中共聊城市委党史研究院
聊城市地方史志研究院　编

LIAO CHENG SHI ZHI

聊城市志

（1997—2015）

【上卷】

方志出版社
Publishing House of Local Records

图书在版编目（CIP）数据

聊城市志 ：1997—2015 / 中共聊城市委党史研究院，聊城市地方史志研究院编. -- 北京 ：方志出版社，2020.8

ISBN 978-7-5144-4278-6

Ⅰ. ①聊… Ⅱ. ①中… ②聊… Ⅲ. ①聊城—地方志—1997-2015 Ⅳ. ①K295.23

中国版本图书馆 CIP 数据核字（2020）第 157276 号

聊城市志（1997—2015）

编　　者：中共聊城市委党史研究院　聊城市地方史志研究院

责任编辑：王海荣

出 版 者：方志出版社

地址　北京市朝阳区潘家园东里9号（国家方志馆4层）

邮编　100021

网址　http://www.fzph.org

发　　行：方志出版社图书经销中心

电话（010）67110500

经　　销：各地新华书店

印　　刷：山东黄氏印务有限公司

开　　本：889×1194　1/16

印　　张：152

字　　数：3912千字

版　　次：2020年8月第1版　2020年8月第1次印刷

印　　数：0001～4500册

ISBN 978-7-5144-4278-6　**定价**：1850.00元

聊城市地方史志编纂委员会

（2015 年）

名誉主任：徐景颜

主　　任：宋军继

第一副主任：马丽红

副 主 任：高洪岩　董智奎　刘全来　刘延勇　隋树军　马保杰
杜泽华　葛　锐

委　　员：靳凤莲　刘　博　张绪阳　焦保强　葛敬方　侯德功　刘东昌
刘德勇　李志华　梁志刚　栾居军　哈宝泉　张同奇　杨　达
孙　峰　任之燕　韩更大

聊城市地方史志编纂委员会

（2020 年）

主　　任：孙爱军

副 主 任：李长萍　李春田　陈秀兴

成　　员：崔宪奎　郭守印　任尚显　刘　博　商　华　秦金星　孙玉臣
刘东昌　程继峰　宋家元　周长岱

《聊城市志》（1997—2015）编纂人员

主　　编： 秦金星　刘延勇

副 主 编： 郭　杰　赵淑慧　尹彦超

编　　辑：（按姓氏笔画排序）

孙善英　纪浩晴　张　静　张建广　宫　磊　葛　凤

助理编辑：（按姓氏笔画排序）

于红蕾　闫　冬　李光辉　董晓军　程义勇

总　　纂： 王笃银

副 总 纂： 刘如峰

特邀编辑：（按姓氏笔画排序）

王光辉　刘玉朴　齐保柱　纪兴本　李　泉　汪庆峰　张　辉

张传庆　赵仕秋　常俊之　韩学斌　裴一璞

编　　务：（按姓氏笔画排序）

曲成立　陈　政　梁长胜　韩　冬　魏洪江

聊城市政区图

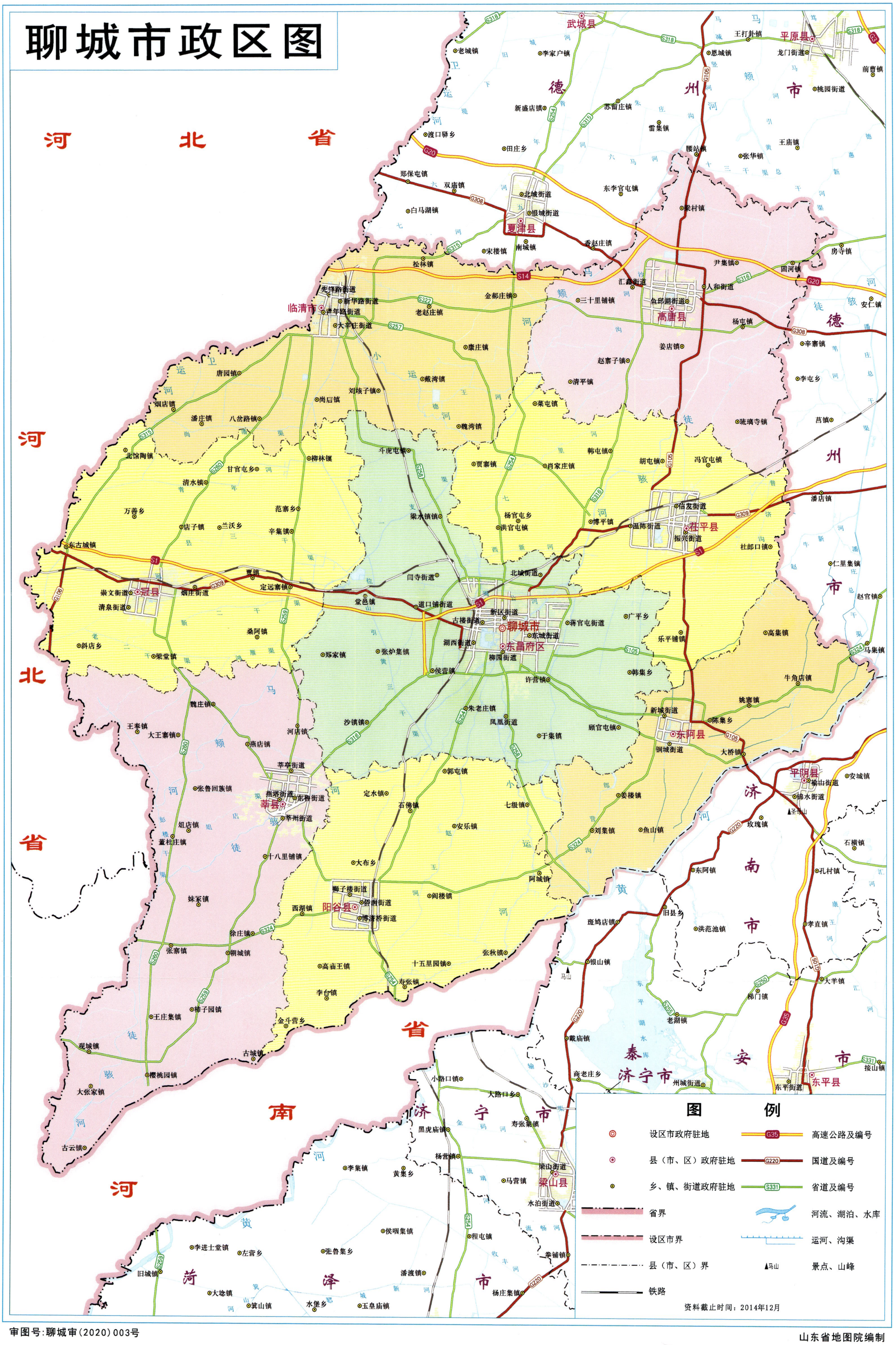

审图号：聊城审（2020）003号

山东省地图院编制

聊城城区图

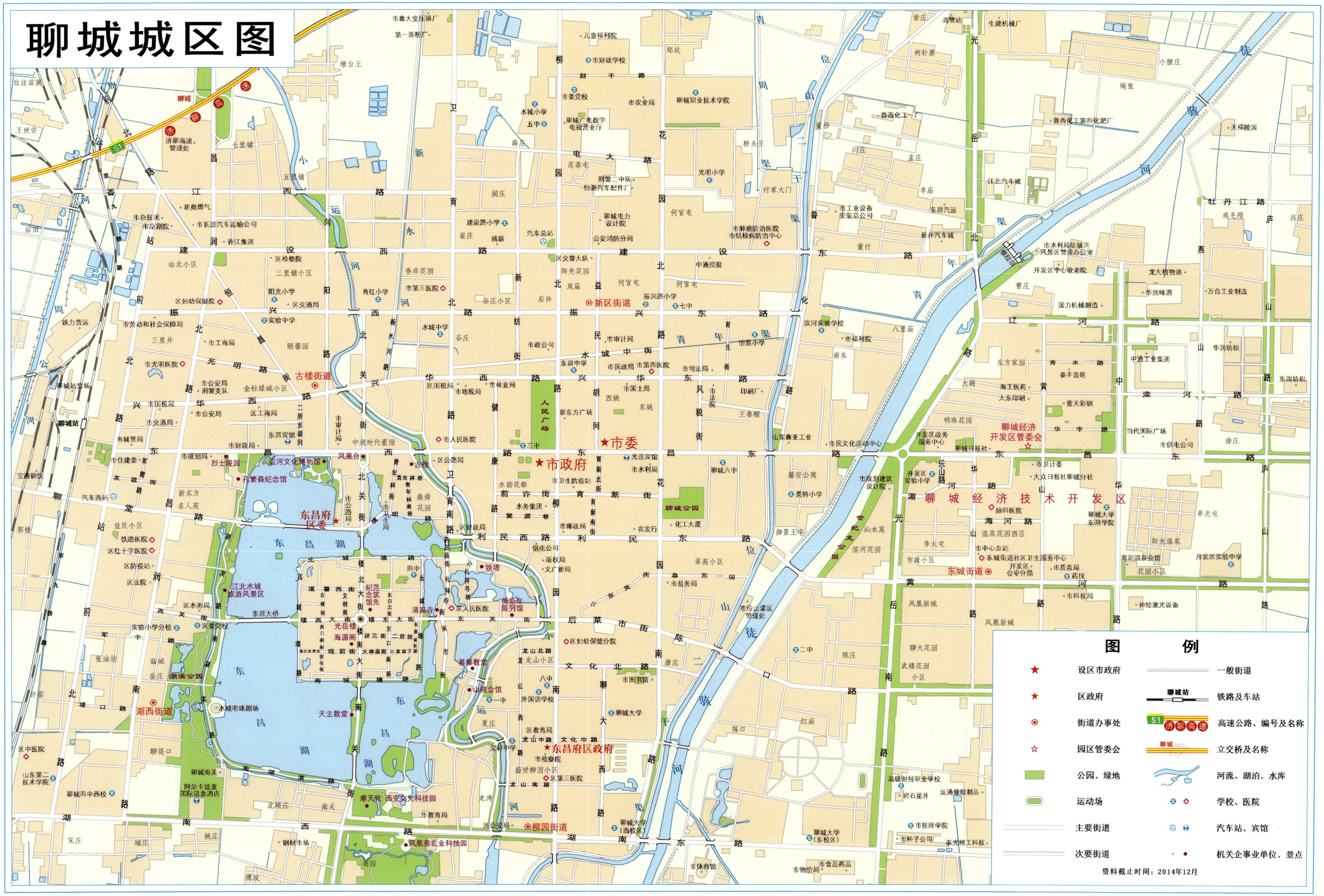

审图号：聊城审(2020)003号

山东省地图院编制

授予：聊城市
中国历史文化名城
中华人民共和国国务院
一九九四年

中国优秀旅游城市
TOP TOURIST CITY OF CHINA
聊城市
证书
中国优秀旅游城市
评定委员会颁发
ISSUED BY CHINA TOP TOURIST CITIES
EVALUATION COMMITTEE
二○○四年

山东省聊城市
国家卫生城市
全国爱国卫生运动委员会
二○○七年十二月

国家
环境保护模范城市
中国人民共和国环境保护部
二○一一年五月

双拥模范城
全国双拥工作领导小组
中华人民共和国民政部
中国人民解放军总政治部
二○一二年一月

授予：聊城市
国家园林城市
中华人民共和国建设部
二○一二年二月

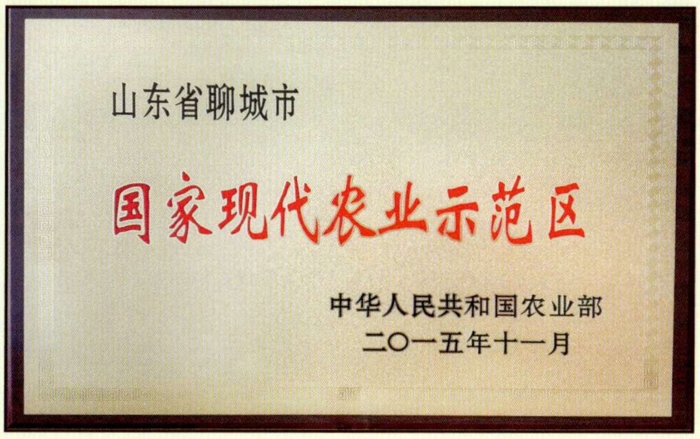
山东省聊城市
国家现代农业示范区
中华人民共和国农业部
二○一五年十一月

授予 山东省聊城市
国家森林城市
国家林业和草原局
二○一八年

聊城市区俯瞰（2015年摄）

聊城古城俯瞰（2016 年摄，蒋志红）

聊城城区夜景

聊城古城夜景 （蒋志红摄）

临清市城南新貌（2017 年摄）

冠县城区新貌（2017 年摄）

莘县城区新貌 （2017 年摄）

阳谷县古城 （2018 年摄）

东阿县城区新貌 （2018年摄）

茌平县城区新貌 （2015年摄）

高唐县俯瞰 （2015 年摄，耿勇强）

聊城经济技术开发区局部 （2019 年摄）

聊城高新技术产业开发区局部 （2018年摄）

聊城江北水城旅游度假区俯瞰 （2018年摄）

光岳楼 （2017 年摄）

山陕会馆 （2016 年摄）

临清市运河钞关 （2017 年摄）

临清市舍利宝塔 （2016 年摄）

东阿县曹植墓 （2015 年摄）

阳谷县景阳冈 （2018 年摄）

隆兴寺铁塔 （2018 年摄）

高唐县兴国寺塔 （2016 年摄）

冠县武训纪念馆 （2017 年摄）

范筑先纪念馆 （2016 年摄）

孔繁森同志纪念馆 （2015 年摄）

高唐县李苦禅艺术馆 （2015 年摄）

东阿县中国阿胶博物馆　（2018 年摄）

中国运河文化博物馆　（2015 年摄）

东昌湖风景区 （2017 年摄）

京杭大运河（会通河）临清段 （2017 年摄）

冠县清泉河 （2016 年摄）

莘县徒骇河湿地公园 （2017 年摄）

阳谷县金水湖

东阿县洛神湖国家湿地公园 （2016 年摄）

茌平县金牛湖 （2018 年摄）

高唐县鱼丘湖 （2018 年摄）

聊城经济技术开发区小湄河湿地公园

聊城高新技术产业开发区位山湿地公园

聊城江北水城旅游度假区望岳湖 （2020 年摄）

莘县张鲁镇小麦喜获丰收 （2016 年摄）

第四届中国（莘县）瓜菜节暨中国（莘县）瓜菜菌博览会活动现

茌平县贾寨乡耿店村蔬菜大棚 （2018 年摄）

茌平县冯官屯镇蒜薹丰收 （史奎华摄）

东阿县黄河鲤鱼 （2018 年摄）

山东凤祥股份有限公司作业现场 （2018 年摄）

山东黑毛驴牧业科技有限公司 （2012 年摄）

位山灌区二、三干渠渠首周店水利风景区 （2018 年摄）

聊城市农科院科研人员开展土壤分析检测实验

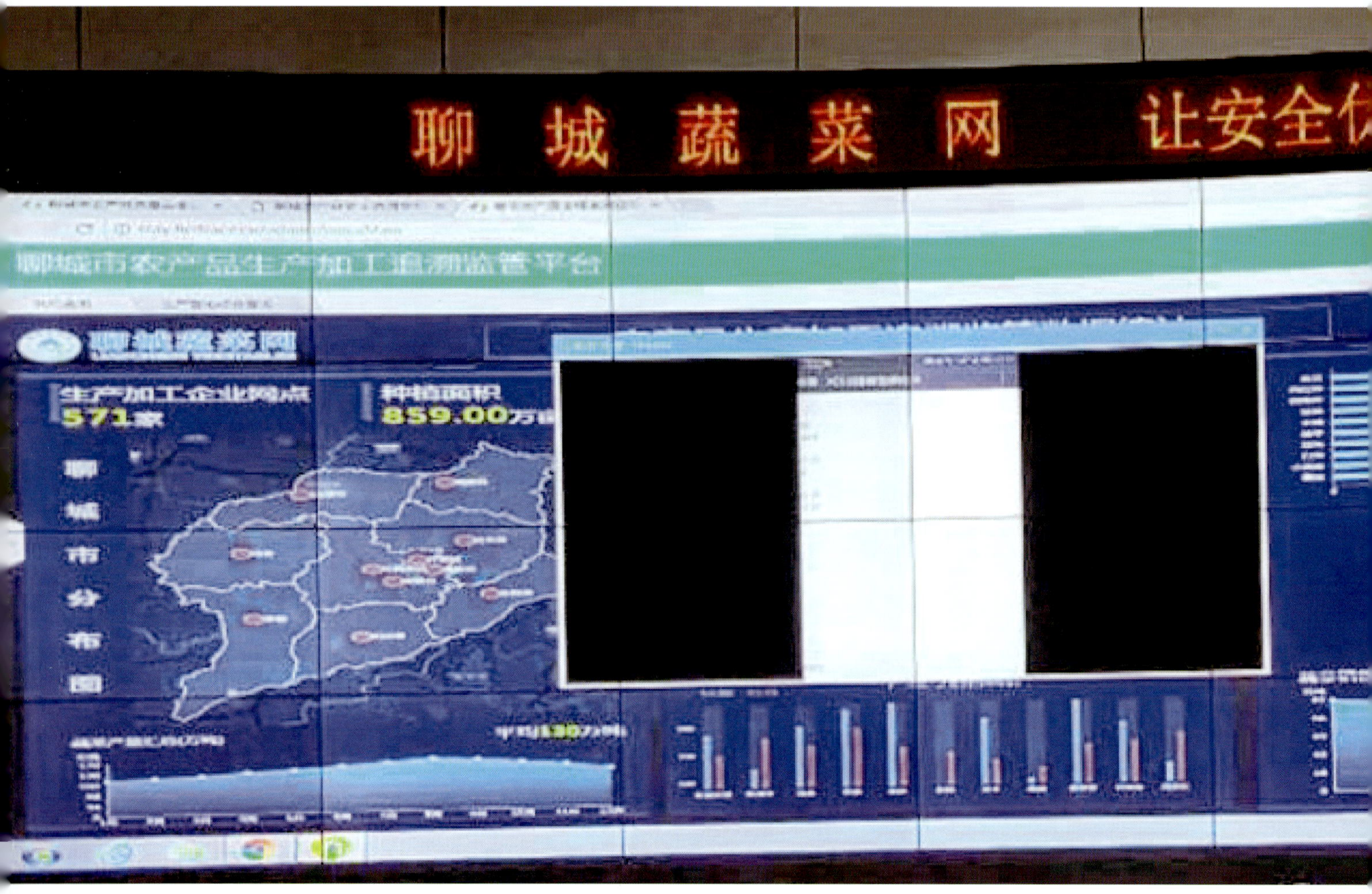

大型小麦联合收获机在田间作业

聊城蔬菜网农产品质量监管平台

信发集团生产厂区远景 （2015年摄）

聊城大东钢管市场俯瞰 （2016年摄）

东阿阿胶股份有限公司厂区俯瞰 （2017 年摄）

鲁西化工集团股份有限公司园区远景 （2018 年摄）

阳谷祥光铜业有限公司厂区俯瞰 （2017 年摄）

中通客车控股股份有限公司新生产线 （2015 年摄）

临清市鸿基集团有限公司厂区 （2017 年摄）

希杰（聊城）生物科技有限公司 （2014 年摄）

山东九鼎新型材料有限公司生产流水线 （2018年摄）

乖宝宠物食品集团生产车间 （2019年摄）

凤祥集团肉食鸡作业现场 （2018年摄）

时风电动汽车产业园自动机器人组装线 （2015年摄）

蓝山集团生产厂区 （2015年摄）

山东阳谷电缆集团有限公司产品展示厅 （2015年摄）

冠星纺织有限责任公司新厂细纱车间 （2017年摄）

三和纺纱工业园纺纱前纺精梳工序 （2015年摄）

中冶纸业银河有限公司高档纸生产线 （2017年摄）

阳谷华泰化工股份有限公司厂区 （2018年摄）

阿尔卡地亚国际温泉酒店（2019年摄）

百货大楼市中心三店一体图（2011年摄，韩春光）

聊建集团建工大厦（2014年摄，韦义春）

红星美凯龙家居商城（2018年摄）

中央商务区星光城市广场（2018年摄）

聊城百货大楼一角（2015年摄）

聊城火车站 （2012 年摄）

聊城汽车总站 （2018 年摄）

聊城汽车西站 （2015 年摄）

济聊高速公路翁庄枢纽立交桥 （2008 年摄，赵献达）

济聊高速公路与邯济、京九铁路在聊城交会成鲁西“黄金大十字”（2008 年摄，赵献达）

聊城经济技术开发区转盘俯瞰 （2015 年摄）

莘南高速张寨北互通立交 （2015 年摄）

漳卫运河大桥 （1999 年摄，林虎）

徒骇河湖南路大桥 （2014 年摄）

聊城江北水城旅游度假区水城大道 （2018 年摄）

聊城经济技术开发区黑龙江路 （2018 年摄）

2020 年 10 月，施工中的跨济聊高速周公河大桥

聊城新版共享单车 （2019 年摄）

2015 年 5 月，聊城交运阳光校车以东阿为试点并在全市全面推行

聊城交运客运为旅客提供温馨服务 （2015 年摄）

2007 年，穿行于城区大街小巷的公交迷巴运营，被央视《新闻联播》报道

聊城市实验幼儿园师生共度国庆

聊城市实验小学邀请专家开展国防教育科普讲座

▲山东聊城第七中学新建校园

►山东聊城第七中学学生在新建操场举办运动会

山东聊城第一中学 （2015 年摄）

2019 年 11 月，聊城职业技术学院成立新凤祥产业学院

聊城市技师学院工业机器人应用与维护专业学生正在一体化教室上课

聊城大学逸夫图书馆 （2015 年摄）

2014 年 4 月 19 日，聊城大学主办“太平洋岛国研究高层论坛”

聊城体育场 （刘威摄）

聊城体育馆 （2018 年摄）

2012 年 5 月 19 日，聊城市篮球协会举办第一届篮球联赛

2013 年 10 月 10 日，聊城市第二届运动会在聊城体育场隆重开幕

2010 年 7 月，全国地掷球健身展示大会在阳谷县举行

2018 年 11 月，举办“跑游山东”聊城半程马拉松赛

2018 年，聊城大学龙舟队参加中华龙舟大赛

2018 年，聊城水上古城定向赛

聊城市人民医院 （2014 年摄）

聊城市中医医院 （2017 年摄）

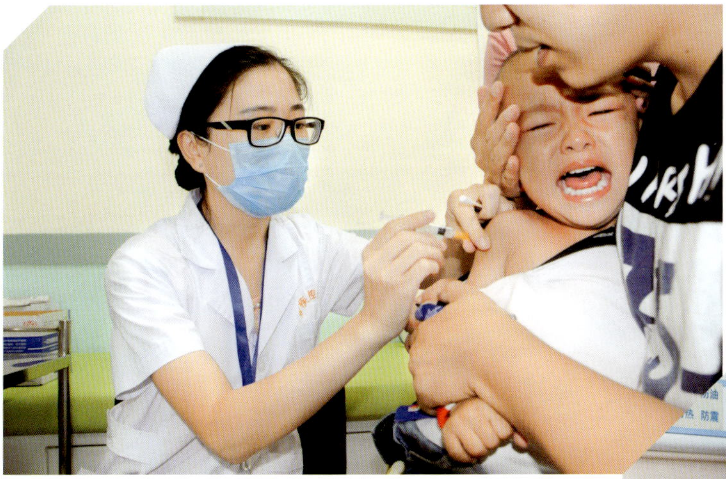

◀聊城市预防接种经费单独列支并成为“聊城模式”在全省推广（2015 年摄）

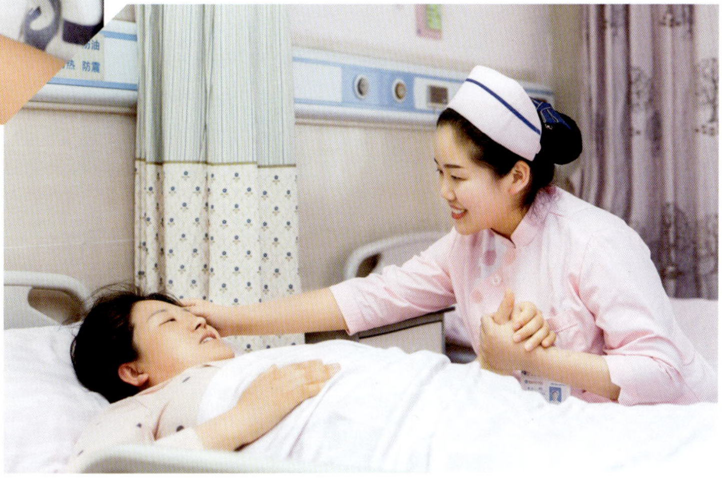

▶医院开展温暖“医”靠微笑服务（2019 年摄）

聊城市中心医院（2019 年摄）

聊城影剧院 （2017年摄）

人民公园一角 （2017年摄）

市民文化活动中心俯瞰 （2014 年摄）

傅家坟村文化广场

2014 年，70 周岁以上老年人领取生活补助金

聊城市善行义举四德榜先模人物发布仪式（2018 年摄）

丰富多彩的老年人文体活动

莘县郎庄面塑

临清市清真八大碗

莘县张鲁烧麦

阳谷县水浒宴

聊城铁公鸡

聊城戏曲文化展览馆

聊城婚俗博物馆

东昌府区闫寺街道单庄村文化墙

傅斯年陈列馆

冠县梨园（2018年摄）

2015年8月，第22届国际历史科学大会·聊城卫星会议

聊城豫剧院新编历史剧山东梆子《萧城太后》

2012 中国（聊城）首届“水文化”节激情之夜综艺晚会

聊城杂技团杂技节目《碟花之恋》

“京杭大运河·山陕会馆”特种邮票

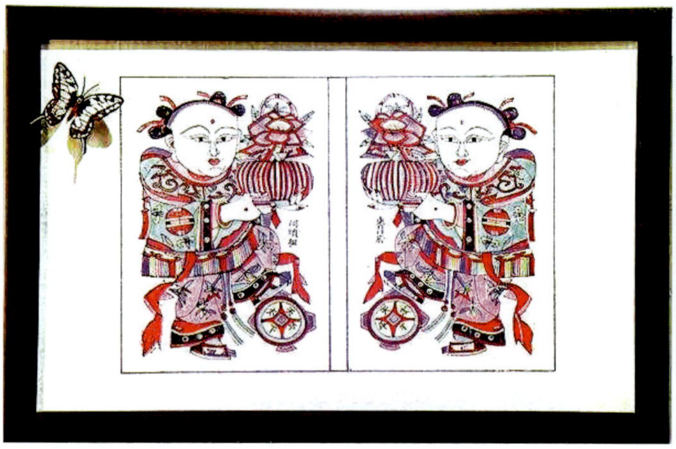
东昌木板年画

临清贡砖

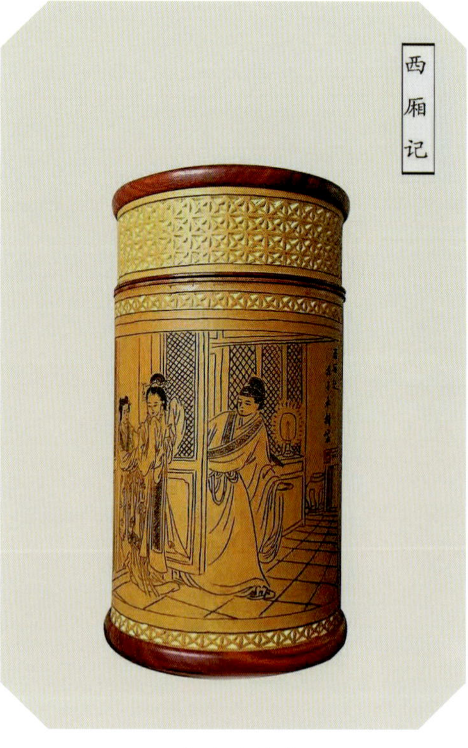

东昌葫芦雕刻

序

地方志是传承中华文明、发掘历史智慧的重要载体，是存史、育人、资政的重要文献。编纂地方志对于弘扬中华优秀传统文化、培育社会主义核心价值观具有重要意义。

盛世修志，志载盛世。新中国成立后尤其是改革开放以来，聊城历届党委、政府高度重视地方志编纂工作，首部社会主义新方志《聊城地区志》于1997年出版。同年，国务院批复同意撤销聊城地区和县级聊城市，设立地级聊城市。为全面总结聊城撤地设市以来，特别是在改革开放重要时期的沧桑巨变和世风民情，经过五年的潜心研究、精心编制和数易其稿，今年《聊城市志（1997—2015）》终于付梓。这是聊城市地方志编纂史上的一个里程碑，也是聊城经济社会发展的又一丰硕成果，值得庆贺！

作为新时代聊城地方志编纂的力作，《聊城市志（1997—2015）》坚持延续地方历史文脉、传承文化遗产，采用述、记、志、传、图、表、录等多种形式，全面、客观、系统地记述了1997—2015年聊城自然、经济、政治、文化、社会、生态文明等方面的发展变化和改革发展的生动实践。全书约375万字，卷帙浩繁、体例完备，内容丰富、资料翔实，结构科学、行文规范，融思想性、科学性、史料性为一体，为领导干部科学决策、专家学者研究聊城地情市情和发展规划提供了极为重要的参考资料。透过这部志书可以感知聊城历届市委、市政府带领聊城人民矢志创业的艰辛历程，可以追忆运河古都穿越千年的时代特色，可以感悟革命老区砥砺奋进的厚重足印，可以领略新时代筑梦前行的彰盈异彩。

修志问道，以启未来。全市上下要在习近平新时代中国特色社会主义思想的指引下，进一步解放思想、凝心聚力，弘扬“勤勉敬业、敢于担当、马上就办、持之以恒”的优良作风，大力实施“新时代兴聊十大工程”，努力在全省争创一流、走在前列，奋力实现在鲁西大地率先崛起，谱写新时代聊城高质量发展的新篇章！

志书编修“功在当代，利在千秋”。此谨代表中共聊城市委、聊城市人民政府，向所有关心、支持、指导和参与《聊城市志（1997—2015）》编纂工作的各级领导、专家学者、各界朋友和工作人员表示衷心感谢！希望各有关方面科学、合理地开发利用该部志书，更好发挥地方志在促进聊城经济社会发展中的作用！希望全市地方志工作机构和工作者进一步继承和弘扬优良传统，多出存世垂鉴、资政育人的精品佳作！

是为序。

中共聊城市委书记

聊城市人民政府市长

2020年10月

凡　例

一、本志以马克思列宁主义、毛泽东思想、邓小平理论、“三个代表”重要思想、科学发展观、习近平新时代中国特色社会主义思想为指导，坚持辩证唯物主义与历史唯物主义的立场、观点和方法，全面、客观地记述时限内聊城市（地区）自然、经济、政治、文化和社会诸方面的历史与现状，力求做到资料性、科学性和思想性的统一，突出时代特点和地方特色。

二、本志上限起于1997年，承接《聊城地区志》，下限止于2015年。为保持史实的连续性，部分内容酌情上溯或下延。

三、本志体裁采用述、记、志、传、图、表、录等，以志为主。在志书中也运用了较有特色的专记。同时，收录具有代表性的照片，随文编排，力求图文并茂。

四、本志由概述、大事记、专业志、人物及附录5部分组成。概述总揽全书，大事记以编年体为主，兼用纪事本末体。专业志遵循“事以类聚”“类为一志”的要求，采用编、章、节结构，节下视内容设目、子目等，横排竖写，力求横排不缺要项、竖写不断主线。

五、本志记述采用现代语体文、记述体。常用词语以最新版本《现代汉语词典》（商务印书馆出版发行）为准；数字、标点符号以2011年发布的《出版物上数字用法》《标点符号用法》为准；机构名称、人员职务（职称）一般使用全称，在不产生歧义又比较得体的情况下，使用规范简称；使用标准简化字，以国家语言文字工作委员会1986年公布的《简化字总表》和教育部、国家语言文字工作委员会2013年制定的《通用规范汉字表》为准。

六、本志收录人物以对聊城经济和社会事业发展贡献突出和影响重大者为主，分人物传、人物简介和人物名录三部分，收录范围为本籍或者客籍具有一定知名度的领导干部、模范人物及行业精英、社会名人等。

七、本志表图所用数据以统计部门提供的数字为准，统计部门没有的以主管部门提供的数据为准。计量单位以国家法定计量单位为主，兼顾习惯用法，历史上的旧制单位使用当时的单位名称。经济统计数据采用当年价。数字类表格中缺失的数字或无此数字者一律用“—”表示。

八、本志所用地图资料以测绘部门公开的资料为准。使用的地名均为当时称谓，必要时标注今名。

九、本志纪年采用公元纪年，以阿拉伯数字表示。特殊情况使用历史纪年的，括注公元纪年。聊城撤地设市时间，以1998年3月地级聊城市成立大会时间为准，“聊城市”此前专指县级聊城市，此后专指地级聊城市。

十、本志资料主要由市直各单位、企业和县（市、区）提供，部分资料来自档案、文献和调查，文中不再注明出处。

总目录

上卷

概述

大事记

第一编 建置区划

第二编 自然环境

第三编　人　口

第四编　城乡建设与管理

第五编　生态环保

第六编　交通　邮电

第七编　体制改革

第八编　经济综述

第九编　农　业

第十编　工　业

第十一编　建筑业

第十二编　乡镇企业　民营经济

第十三编　商贸流通

中　卷

第十四编　开放开发

第十五编　旅　游

第十六编 金 融

第十七编 财政 税务

第十八编 经济管理

第十九编　中共地方组织

第二十编　地方权力机关

第二十一编　地方行政机关

第二十二编　政协地方组织

第二十三编　民主党派

第二十四编　社会团体

第二十五编　公安·司法

第二十六编　军　事

下 卷

第二十七编 人力资源 社会保障

第二十八编 民 政

第二十九编　科学技术

第三十编　教　育

第三十一编　文　化

第三十二编　运河文化

第三十三编　医疗卫生

第三十四编　体　育

第三十五编　社会生活

第三十六编　组织机构

第三十七编 县（市、区）概况

人 物

附 录

索　引

编后记

Contents

Volume I

Overview

Chronicle of Events

Part I Organizational System & Division

Part II Natural Environment

Part III Population

Part IV Urban and Rural Construction and Management

Part V Ecological Environmental Protection

Part VI Transportation, Postal Service and Telecommunication

Part VII System Reform

Part VIII Overview of Economy

Part IX Agriculture

Part X Industry

Part XI Construction Industry

Part XII Rural Enterprises & Private Economy

Part XIII Commercial Circulation

Volume II

Part XIV Opening and Developing

Part XV Tourism

Part XVI Finance

Part XVII Public Finance & Tax Affairs

Part XVIII Economic Management

Part XIX Local Organizations of CPC

Party XX Local Authorities

Party XXI Local Administrative Organizations

Part XXII Local Organizations of CPPCC

Part XXIII Democratic Parties

Party XXIV Social Organization

Chapter XXV Public Security and Judicial Administration

Party XXVI Military Affairs

Volume III

Party XXVII Human Resources and Social Security

Part XXVIII Civil Affairs

Part XXIX Science and Technology

Part XXX Education

Part XXXI Culture

Part XXXII Canal Culture

Part XXXIII Medical and Health Service

Part XXXIV Sports

Part XXXV Social Life

Part XXXVI Organizational Structures

Part XXXVII Overview of County (City, District)

Figures

Appendixes

Index

Afterword

上卷目录

概　述

大事记

第一编　建置区划

第二编　自然环境

第三编　人　口

第四编　城乡建设与管理

第五编 生态环保

第六编 交通 邮电

第七编　体制改革

第八编 经济综述

第九编 农 业

第十编　工　业

第十一编 建筑业

第十二编 乡镇企业 民营经济

第十三编 商贸流通

概述

Overview

聊城志

聊城，因春秋战国时期，齐国西部边境出现的聊、摄等城邑而得名。聊城市历史悠久，隶属多变。1998 年 3 月，国务院批准撤销聊城地区设立地级聊城市。2015 年，聊城市下辖 8 个县、市、区，总面积 8715 平方千米，户籍人口 622 万人。

1997—2015 年的十九年间，聊城市乘着改革开放的春风，励精图治，创新实干，取得了历史性突破，创造了新的辉煌。这十九年，在聊城五千年的历史长河中虽然短暂，但却是聊城有史以来经济发展速度最快、社会面貌变化最大、人民生活改善最显著的时期。

特色优势进一步彰显，在全国全省发展格局中的地位明显提升

1997—2015 年，聊城市按照中央和山东省委、省政府的部署要求，结合实际，发挥优势，突出特色，敢创敢干，先后被列入中原经济区、中原城市群、京津冀协同发展区、山东省省会城市群经济圈和山东西部经济隆起带，成为国家和省区域战略叠加区；在被认定为国家历史文化名城的基础上，打造“江北水城·运河古都”城市名片，先后获中国优秀旅游城市、中国温泉之乡、国家环保模范城市、国家卫生城市、国家园林城市、中国蔬菜第一市、国家现代农业示范区、国家节能减排综合示范城市、国家质量强市示范城市、国家循环经济示范城市等称号。

聊城为国家和山东省区域战略叠加区。聊城市位于山东省西部，冀鲁豫三省交界处，地理坐标为北纬 35° 47′ ～37° 02′，东经 115° 16′ ～116° 32′。北部、东北部与山东省德州市接壤，西部隔漳卫河与河北省邯郸市、邢台市相望，南部、东南部隔金堤河、黄河与河南省濮阳市及山东省济宁市、泰安市、济南市为邻。全境东西直距 114 千米，南北直距 138 千米，总面积 8715 平方千米。面对特定的区位条件，全市融入国家和山东省区域战略。2012 年，聊城加入中原经济区，被列为重要节点城市，一批重大基础设施和产业项目列入规划。2013 年，聊城被列入山东省省会城市群经济圈和山东西部经济隆起带。2015 年，聊城被列入京津冀协同发展区。

聊城为国家现代农业示范区、“中国蔬菜第一市”。聊城全境属温带季风气候区，地质构造属华北地台（Ⅰ）的一部分，地形为黄河冲积平原，主要河流有黄河、金堤河、徒骇河、马颊河、彰卫南运河及小运河，湖泊、水库多为历史或近期挖掘，土壤由黄河泛滥冲积而成，动植物资源较为丰富。特定的气候、土壤、水利条件，为聊城农业发展奠定良好基础。其间，全市始终把农业农村发展摆在重要的战略位置，不断加大支持力度，农业农村经济保持稳定发展，规模化、产业化、组织化、机械化水平不断提高。2013 年，莘县被中国蔬菜流通协会命名为“中国蔬菜第一县”。2014 年，聊城被中国蔬菜流通协会认定为“中国蔬菜第一市”。2015 年，被评为国家现代农业示范区。

聊城为全国部分工业行业重要的生产基地。聊城在农用工业、农产品加工、电力等方面具有良好的产业基础。1997—2015 年，全市大力实施工业强市战略，鼓励支持工业经济发展。发挥农用工业优势，发展农业机械、化工材料；发挥农产品加工优势，发展纺织、造纸、食品；发挥临近山西、河北煤炭基地的优势，发展电力、有色金属冶炼、黑色金属加工；发挥传统中医药优势，发展生物制约，聊城逐步成为全国重要的有色金属、机械制造、纺织、医药、造纸、化工和农副产品深加工基地，形成信发铝电、祥光铜业、时风机械、中通客车、鲁西化工、东阿阿胶、泉林纸业等一批大型企业。

聊城为中国优秀旅游城市。聊城是中华文明较早的发祥地之一，已有 5000 余年的历史，文化厚重、人杰地灵。明末清初，聊城是运河沿岸九大商埠之一，繁荣昌盛 400 余年，是当时的经济都会。景阳冈龙山文化遗址、三国时期的曹植墓、明代的光岳楼、清代的山陕会馆等，都是国家级重点文物保护单位。战国时期的军事家孙膑，唐初名相马周，宋代医学家成无己，明代文学家谢榛，清代开国状元傅以渐，“义学正”武训，中国近现代国画家李苦禅，知名学者傅斯年、季羡林等，都是聊城人。全市充分发挥文化旅游资源优势，始终把文化旅游业作为重点培育的支柱产业来抓，按照打造全国旅游热点城市、冀鲁豫三省交界最大的旅游目的地城市、济南的西花园、京津的度假村等目标定位，开发建设中华水上古城、东昌湖风景区、运河风景区、景阳冈旅游区、曹植墓等文化旅游景区景点，举办中国江北水城文化旅游节等系列推介活动。2003年3月，聊城市通过国家旅游局验收，成为“中国优秀旅游城市”。2012年，阳谷县、东阿县成功创建省级旅游强县。2014年，聊城被国土资源部授牌为“中国温泉之城”。

聊城为“江北水城·运河古都”。聊城的城市特色在于“水”，全市流域面积在30多平方千米以上的河流23条，蜿蜒曲折的母亲河——黄河、历史悠久的京杭大运河、举世瞩目的南水北调东线工程均从聊城经过。中国北方最大的城市湖泊——东昌湖，面积6.3平方千米，烟波浩渺，环抱古城，形成“城中有水、水中有城”的独特城市风貌。2002年，聊城提出打造“江北水城”的城市定位。2008年，提出打造“江北水城—运河古都—生态聊城”城市品牌。相继实施东昌湖风景区开发、运河开发、徒骇河开发等系列水系建设工程，举办系列宣传推介活动，水城特色进一步彰显，“江北水城·运河古都”品牌成为靓丽的城市名片。

改革开放深入推进，社会主义市场经济体制基本建立并不断完善

1997—2015年，聊城市经济社会发展的主题是改革开放，通过改革开放，激发活力，增强动力，推动发展。

政治体制改革不断深入。在党的执政能力建设、党政领导干部选拔任用、反腐倡廉、作风建设、基层党建等方面出台一系列改革举措。随着地级聊城市的设立，党的领导和民主政治建设得到加强。先后开展4次党政机构改革，使机构设置更加科学，部门职能更加明晰、关系更加理顺、运转更加高效。1999年，全市开展第六届村民委员会选举，首次实现村民直选；之后开展的5次直选，推进了村民自治制度，民主选举逐步规范。司法制度改革、事业单位改革、行政审批制度改革等深入推进。

经济体制改革取得突破性进展。1997—2015年，全市所有制结构实现由以国有经济为主向国有经济、民营经济等多种经济成分共同发展的重大转变。农村土地承包经营更加规范，农民专业合作组织逐步形成规模，基本实现“一村一社”全覆盖；农村土地流转逐步展开，至2015年年底，达11.37万公顷，占家庭承包土地总面积的23.43%；取消了延续两千多年的农业税，农民负担大幅度减轻。国有企业通过股份制、股份合作制、租赁、兼并、破产、重组等形式，国有独资公司逐步减少，国有控股企业法人治理结构不断改善。不少民营企业建立起现代企业制度，全市有5家企业在内地和香港上市。供销体制、粮食流通体制发生深刻变革，市场逐步放开，基层单位全面走向市场化。邮政实行政企分开，完善管理体制，增强市场活力。财政税收体制、金融体制、国有资产管理体制改革等均取得历史性突破。特别是金融体制通过改革，出现金融保险机构、民间融资、直接融资由少到多、逐年增多的良好局面。全市金融（保险）服务机构由1997年的11家增加到2015年的市级银行17家、农村商业银行8家、村镇银行8家、财产保险公司26家、人身保险公司23家、证券营业机构6家，共计88家；民间融资担保公司由1998年5家发展到2015年的16家，注册资本21.66亿元，户均注册资本1.35亿元；直接融资由1997年1家发展到2015年的23家，直接融资发生额97.5亿元。

社会事业改革全面推进。1997—2015年，教育改革深入推进，逐步形成政府办学为主、全社会共同参与办学的体制，民办教育得到较快发展，形成一批民办名校；取消初中入学考试，实行划片招生；对家庭困难学生实行资助政策。建立新型农村合作医疗制度，加强基本公共卫生服务，公立医院改革全面展开，实行病人选择医生制度，取消政府定价，实行政府指导价和市场调节价，县级公立医院综合改革全市实现全覆盖，县及县以下医疗机构推行“先诊疗、后付费”服务模式，药品加成全面取消；基层医疗服务体系更加健全，建立和完善覆盖城乡的基本医疗卫生服务体系。国有文艺院团转为企业化经营，首创以“大篷车”流动舞台送戏到基层的演出形式，拓宽农村演出渠道。城镇住房由公有出售给个人，建立住房公积金制度，引入市场化的物业管理。全面建立城镇企业职工养老、事业单位人员养老、城镇居民社会基本养老及失业、医疗、工伤、生育等保险制度；完善的社会保障体系基本建立，对城乡居民生活起到较好的保障作用。

全方位对外开放格局基本形成。1997 年后，聊城对外开放重点是利用外资和对外贸易。随着经济发展水平的提升，对外投资逐步展开。至 2015 年的十九年间，全市利用外资计 14.75 亿美元。2013—2015 年，聊城连续 3 年被评为全国外贸百强市。全市经济技术开发区和各类园区快速发展，省级开发区 9 个。2013 年，聊城经济技术开发区被评为国家级开发区。聊城在扩大对外开放的同时，积极参与国内区域经济合作、高校院所合作和招商引资。其间，聊城参与中原协调会的各项活动，出席市长联席会等，同中原经济区各城市关系较为密切。1997 年，加入大京九协作带，加强与京九沿线各市之间的交流合作。2006 年 4 月，聊城正式成为环渤海市长联席会成员城市。2006 年后，对接“一圈一带”特别重视对接济南的工作。2006 年召开接轨省会城市群经济圈重大课题调研工作会；2008 年参加省会城市群经济圈旅游合作发展洽谈会；2013 年在济南召开“聊城市全面融入济南服务省会、推进济聊合作发展恳谈会”；2014 年加入省会城市群经济圈交通运输专业委员会，建立旅游一体化、边界地区环境执法联动协调机制。同时，开展援藏、援疆、援青、援川、援县（重庆彭水）工作，在资金、人才、技术、项目等方面提供支持和帮助。同高校院所的大规模合作始于 2001 年，是年召开引进高校及科研院所科技成果洽谈会，共邀请清华大学、北京大学、中国科技大学、复旦大学、同济大学及中科院电子研究所、自动化所、化学研究所等高校及科研院所 278 所，568 人参加，共签约 726 项。之后，每年都组织开展活动，不少企业与高校院所建立起合作关系，引进一大批科研成果。全市高度重视招商引资，2000 年成立市招商局，制定招商引资优惠政策、工作考核办法和奖励办法。2001 年，实施“大开放、大招商，促进大发展”战略。据统计，2002—2015 年全市招商引资到位资金 4797 亿元。

经济保持中高速增长，实现由一、二产业为主向二、三产业为主的历史性转变

1997—2015 年，全市把发展作为第一要务，努力加快经济发展步伐，综合经济实力显著增强，产业结构实现以农业和工业为主向以工业和服务业为主的历史性转变。2015 年，全市生产总值 2663.62 亿元，是 1997 年的 215.38 倍，年均增长 15%，三次产业比例由 1997 年的 38.5∶40.7∶20.8 调整为 11.9∶51∶37.1，二、三产业占生产总值的比重提高 26.6 个百分点。

农业保持平稳发展。1997—2015 年，全市把农业农村农民问题摆在重要的战略位置来抓，农业保持平稳发展，农产品产出水平大幅度增长，粮食总产量由 1997 年的 331.8 万吨提高到 2015 年的 504.95 万吨，瓜菜菌总产量由 462.6 万吨提高到 1080.9 万吨，肉类总产由 23.2 万吨提高到 58.4 万吨。农业产业结构发生深刻变化，林牧渔业产值占农业总产值的比重由 25.8% 提高到 31.1%。农业组织结构发生深刻变革，家庭农场、农民专业合作社从无到有，2015 年分别为 581 个和 9805 个，基本实现“一村一社”全覆盖；规模以上农业龙头企业由 1997 年的 289 家发展到 2015 年的 481 家。

工业经济发展实现大的跨越。1997—2015 年，全市坚持工业强市，实施工业带动战略，加大对工业企业的支持力度，多数年份工业经济主要指标增长幅度位居山东省前列，工业逐步成为全市经济发展的主导力量。2015 年，全市工业增加值占生产总值的比重由1997年的36.8%增长到47.8%。2015年，全市规模以上工业企业主营业务收入8188.83亿元，是1997年的50.32倍，年均增长24.3%；工业增加值1273.86亿元，是1997年的77.14倍，年均增长16.51%。工业结构不断优化，培植形成有色金属加工、化工新材料、新能源汽车等一批支柱产业；壮大发展信发集团、东阿阿胶集团、鲁西集团及阳谷祥光铜业有限公司等一批骨干企业。2015年，全市主营业务收入过千亿元的企业1家，过百亿元的8家，过50亿元的15家。产业集群发展步伐加快，形成一批上档次的产业集群和工业园区。工业技术水平和产品质量明显提升。2015年，规模以上企业的高新技术产业产值比重由17.65%提高到26.89%。

服务业保持快速发展。1997—2015年，全市服务业增加值年均增长18.74%，占生产总值的比重由1997年的20.1%提高到2015年的37.1%。商贸流通业规模不断扩大，形成香江光彩大市场、烟店轴承市场、开发区钢管市场等一批大型专业批发市场，建设了一批现代化购物中心，社会消费品零售总额由39.22亿元增加到1060.2亿元，年均增长20.1%。文化旅游业保持快速发展，全市国家AAAA级旅游景区发展到4个，2015年旅游人数1868.25万人次，旅游收入142.65亿元。各类金融机构存款余额由177.44亿元增加到2592.28亿元，贷款余额由166.83亿元增加到771.04亿元。到2015年，全市上市公司6家，“新三板”挂牌17家。

基础设施全面提升，城乡面貌发生历史性变化

1997—2015年，是全市城乡面貌变化最大的十九年。全市城镇化水平由14.90%提高到36.39%，增加21.49个百分点；生态环境建设成效凸显，2009年被评为“全国平原绿化先进市”。

基础设施全面提升。十九年间，济邯高速公路聊城段、青银高速聊城段、德上高速聊城至范县段、济聊一级公路聊城段建成通车，德上高速聊城至夏津段路基完工；各县（市）城区之间基本由高标准的二级以上公路连接；实现所有行政村通油路，路容路貌显著改观。公路通车总里程1.8万千米，其中，高速公路242千米、普通国省干线公路1299千米、农村公路1.64万千米，全市以“三横一纵一环九大出口”高速公路主框架为主，“高标准半小时经济生活圈”普通国、省公路网为辅的干线公路网络正在形成，聊城作为鲁西交通枢纽的地位更加凸显。对聊城火车站进行改造，2015年，聊城车务段所辖车站共发送旅客309.72万人，发送货物228.55万吨。邮政运营网络进一步完善和优化，电信服务跨越式发展，实现以固定电话为主向移动通信和互联网业务为主的历史性突破，移动手机基本普及。发电、供电能力全面提升，全市发电厂投运机组总容量642.47万千瓦，较1997年增长7856.28%，实现了由电力供不应求向境外输出的历史性变化。

城乡面貌发生历史性变化。1997—2015年，加强城乡规划建设管理，编制全市新型城镇化规划、三轮城市总体规划，形成较为完善的规划体系。城市规模显著扩大，全市城镇化水平由1997年的14.90%提高到2015年的36.39%。实施古城保护与改造、运河城区段开发、东昌湖风景区改造、香江光彩大市场建设、徒骇河开发、体育中心建设、人民广场建设、“五环聊城”建设、西安交大科技园建设、棚户区改造等一批重大工程，扩大城市规模，完善城市功能，提升城市形象。全市城区面积292平方千米，其中，中心城区扩展到90平方千米，是1997年建成区面积的3.9倍；常住人口由548.22万人增加到597.06万人。全市新建改建城市道路500千米、雨污管网675千米，人均城市道路面积27.28平方米，比1997年增加10.82平方米。增加新能源公交车1200部、供热管道200千米、管道天然气用户19.8万户，城区居民天然气普及率99.74%。新建污水处理厂16个、垃圾处理厂9个，用水普及率99.99%，污水处理率95%，垃圾无害化处理率100%。各县（市）城区新建湖泊7个、湿地23个，水城特色进一步凸显。农村面

貌发生深刻变化，村镇规划实现全覆盖，污水处理、垃圾处理、燃气、集中供热、环卫等基础设施从无到有、逐步建立。2015年，全市小城镇镇区总人口107.9万人，建成区面积201平方千米；建制镇集中供热面积增加220万平方米，道路长度增加625千米，道路照明灯增加2.3万盏；累计建成农村新型社区363个，建成新居9.6万套，其中，6个社区被省住房和建设厅被评为山东省“农村新型示范社区”；农村住房建设完成3.87万户，农村危房改造完成7865户；开展农村改厕改造试点。全国重点镇14个，省级示范镇12个。

生态环境建设迈出坚实步伐。1998年后，坚持污染防治和生态保护并重的方针，按照高起点、高标准的要求，扎实开展生态环境建设。莘县实行党政“一把手”亲自抓、负总责，加大投入，突出特色，创建国家级生态示范区；冠县以沙荒改造为重点，努力创建省级生态建设示范区。2003年，全面启动生态城市建设，莘县被国家环保局批准为国家级生态示范区建设试点县，东阿县和冠县被省政府批准为生态农业试点县。同时，全市通过植树造林，增加植被面积，累计治理水土流失面积1.2万公顷。2005年，全市林木覆盖率25%以上。2006年9月，东阿县、东昌府区通过国家级生态示范区建设试点验收，全市国家级生态示范区增为3个；有9个乡镇通过省级环境优美乡镇验收。2007年，临清市、阳谷县、茌平县、高唐县4个县（市）成为省级生态示范区；建成东昌湖省级生态功能保护区和冠县西沙河林场、莘县马西林场、高唐清平林场、冠县马颊河林场4处市级自然保护区。2008年，全市建成省级环境优美乡镇35个，累计44个。2011年，开展“绿色学校”“绿色社区”创建活动。2012年，3个县（区）成为国家级生态示范区，其余5个县（市）均建成省级生态示范区。2013年，全市建成省级生态乡镇41个；创建“绿色学校”159所，“绿色社区”41个，其中，国家级和省级“绿色学校”49所、“绿色社区”19个；建设国家级生态工业示范园区1个。2015年，全市新增造林面积26.6万亩，新建农田林网面积36.5万亩，道路绿化13.6万亩，水系生态造林55.2万亩；建有国家级森林公园3处、省级森林公园1处；湿地保护面积14.5万亩，湿地保护率为65.3%。全市城区绿化覆盖率44.6%，人均绿地面积12.63平方米。

社会事业全面进步，人民生活基本达到小康水平

1997—2015年，随着经济发展水平的提高，科教文卫体等各项社会事业得到快速发展发展，社会保障体系不断完善，人民群众生活水平显著提高。

科技研发和推广水平大幅度提升。全市坚持实施“科教兴聊”战略，推进科学技术的研发和应用，科学技术在经济社会发展中的地位和作用不断增强。2015年，全市国内发明专利申请量1335件，是1997年的10.7倍。全市共建立国家级工程技术研究中心2家、省级25家；国家级企业重点实验室1家、省级6家；省级工程实验室9家，省级院士工作站8家，省级以上技术创新战略联盟3家，省级以上高新技术企业36家。聊城市高新技术创业服务中心被科技部认定为国家级高新技术创业服务中心和大学生科技创业见习基地。同高校院所科技合作不断深入，科技特派员工作走在全国前列。气象服务、地震监测水平不断提高。信息技术得到广泛应用。2007年11月，全国科技特派员工作经验交流会在聊城召开。2009年，聊城市顺利通过国家知识产权试点城市验收，市高新技术创业服务中心晋升为“国家级高新技术创业服务中心”。2011年、2013年，聊城市两次被科技部命名为“全国科技进步先进市”。

各级各类教育全面发展。1997—2015年，全市各级始终把教育摆在优先发展的战略位置，加大教育投入，推进教育改革，支持发展民办教育，各级各类教育全面发展，教育教学水平明显提高。基础教育得到全面加强。1997年，全市基本完成普及九年义务教育，基本扫除青壮年文盲。2003年，全市农村基本普及一年学前教育。

1995—2007年，招收飞行员工作连续12年居全国地级市第一名。2008年起，全市农村中小学免课本费，对小学、初中、高中、职业学校、高等学校的资助体系基本形成。职业教育发展加快。2009年，推进职业教育资源整合，将聊城贸易学校等5所学校进行合并，组建聊城高级财经职业学校；将聊城市高级技工学校等6所学校合并，组建聊城高级工程职业学校，保留聊城市高级技工学校的牌子。2015年，全市共有中等职业教育学校20所，在校生人数3.51万人，是1997年的2.75倍。高等教育办学水平大幅度提高。成人教育、民办教育得到进一步发展。2002年，聊城师范学院更名为聊城大学，并成立聊城大学东昌学院。到2015年，聊城大学在校生人数4.66万人，是1997年的8.72倍。

文化事业更加繁荣。1997—2015年，全市高度重视文化事业、文化产业发展，推动由文化大市向文化强市转变，加强文化设施建设，鼓励支持文艺创作，广泛开展群众性文化活动，文化事业全面进步。2015年，全市县级图书馆基本实现全覆盖，有社区（村）文化服务中心1156个；有中国美协会员18人，省美协会员110人；有中国书协会员53人，省书协会员195人。2010年5月，聊城市豫剧院《大明贤后》参加第九届中国艺术节，获文化部第十三届“文华优秀剧目奖”，主演章兰获2010年中国文化艺术政府奖——“文华表演奖”。聊城杂技、东昌木版年画、张秋木版年画、茌平董庄中堂画、冠县郎庄面塑、堂邑葫芦等得到进一步传承和发展，有11项列入国家非物质文化遗产代表性项目名录。社会文化活动丰富多彩，参与人数逐年增加。电影放映向高端化、普惠化发展，商业性电影主要集中在城市电影院，公益性电影多在广场、街道和农村社区，颇受群众欢迎。广播电视频道进一步增加，有线电视实现“村村通”，入村率100%。创办以《聊城日报》为代表的多种报纸刊物，为全市经济繁荣和社会发展搭建了良好的舆论宣传阵地。

医疗卫生保障水平明显提高。1997年，全区卫生机构234个，医疗机构184个，卫生机构床位数9863张，医疗技术人员1.21万人，其中医生5223人，护士1038人。2000年，医疗机构分类管理制度建立，医疗机构分为营利性和非营利性两类，医药实行分开核算、分开管理。2003年，新型农村合作医疗制度在全市实施。2007年，聊城被评为国家卫生城市。2009年，聊城市基本公共卫生服务项目启动。2010年，东阿县基层医疗卫生机构基本药物制度先行实施，实行基本药物统一配送、付款、零差价销售。2010年，全市公立医院改革加快。2011年，基本医疗保障制度全面覆盖城乡居民。2013年，聊城市人民医院通过全国三甲综合性医院评审。2014年，聊城市人民医院被确定为省级区域性医疗中心。2015年，县级公立医院综合改革全市实现全覆盖，药品加成全面取消，所有乡镇卫生院、社区卫生服务中心、省统一规划的1490个和规划外的34个村卫生室实施基本药物制度。全市有各级各类医疗卫生机构552个，其中三级医疗机构5个，二级医疗机构24个，疾病控制机构9个，妇幼保健机构9个，乡镇卫生院及社区卫生服务机构233个；拥有卫生人员3.39万人，其中卫生技术人员2.89万人，业务用房面积185万平方米；全市医疗卫生机构固定资产总额47亿元，其中万元以上设备价值30.8亿元，开放床位2.63万张；全市门诊1799万人次，出院90.24万人，医疗机构总收入88.35亿元。

竞技体育、群众体育全面进步。20世纪90年代后期，聊城体育事业快速发展。1997—2000年，聊城市在县（市、区）城区和部分有条件的乡镇建立全民健身指导站（点、院）125个。在1998年、2002年、2006年、2010年、2014年全省运动会上，聊城运动员共夺得金牌63.5枚。在2009年、2013年全国运动会上，共获得金牌10枚。在2010年、2014年亚洲运动会上分别获得金牌1枚。2000年，在亚洲皮划艇锦标比赛中，聊城市运动员获1枚金牌、1枚银牌，填补了山东省在亚洲皮划艇锦标赛中金牌的空白。2009年，聊城市全运会篮球馆和全民健身中心竣工，并承办第十一届全国运动会男子篮球（小组赛）竞赛。2011年起，聊城市每年都举办中小学生体育联赛。2011—2015年，聊城市连续举办5届全民健身运动会，每届运动会设10个以上竞赛项目。2015年年底，聊城市社会体育指导员有1.06万人，城市社区15分钟健身圈建成率90%。

*市民整体素质和文明程度显著提高。*随着经济社会发展水平的提高，市民受教育程度显著提高，整体素质明显提升。据人口普查资料，2010年与2000年相比较，全市每10万人具有大学受教育程度的由1964人上升为5637人；具有高中受教育程度的由8630人上升为1.2万人；具有初中受教育程度的由3.51万人上升为4.06万人。进一步加强精神文明建设和青少年思想道德建设，广泛开展文明行业、文明单位、文明窗口、文明服务、文明村镇、文明家庭创建活动，涌现出孔繁森、白云等先进典型。对少数民族地区经济社会事业的发展予以支持，注重少数民族干部选拔培养，促进民族团结进步，先后有11个单位和个人受到国务院表彰。依法加强对宗教事务的管理，引导宗教与社会主义事业相适应。

*覆盖城乡居民的社会保障体系基本建立。*企业职工基本养老制度的覆盖范围更加广泛，从原来的国有企业和县以上集体企业的固定工和劳动合同制职工逐步扩大到城镇各类企业的各类劳动者，参保人数由1997年的16.82万人增加到2015年42.97万人。居民养老保险制度全面推行，参保人数由2000年的31.51万人增加到2015年的298.26万人。2000年，实施城镇职工基本医疗保险制度改革，到2015年12月底参保职工59.9万人。2008年，实施城镇居民基本医疗保险，2015年全市参保职工59.9万人。另外，全市还开展生育保险、失业保险、工伤保险，各项保险补助标准不断提高。对老年人、残疾人、儿童等都健全完善福利制度。1997年，建立城镇居民最低生活保障制度。保障性住房建设加快推进，基本建立起以普通商品住房、经济适用住房和廉租住房为主体的多层次的住房保障体系。截至2015年年底，全市完成改造城中村355个，涉及居民10.3万户、47.2万人。

*城乡居民收入大幅度增加。*1997年，城市非私有单位职工平均工资为4629元。2015年城市居民人均可支配收入增加到2.16万元，农民人均纯收入由1851元增加到1.05万元；城乡居民储蓄存款余额由1997年的140.09亿元增加到2015年的1651.19亿元。

回眸十九年，成就卓著；奋进新时代，新篇再谱。富有开拓创新、勤劳勇敢精神的聊城人民将紧密团结在以习近平同志为核心的党中央周围，在省委、省政府的坚强领导下，按照市委、市政府的引领部署，扎实苦干，追求卓越，开创聊城更加美好的明天！

大事记

Chronicle of Events

聊城志

1997 年

1 月 5 日 地直机关教育整顿动员大会在聊城召开。会议按照中共聊城地委意见，对地直机关开展教育整顿工作作出具体部署。

1 月 6 日 中银大厦主体竣工。该大厦高 23 层，地上部分高 99.9 米，总建筑面积 2.7 万平方米，是全区最高层建筑。

是日 聊城市东昌热电厂开工建设。一期工程装机容量 2×12 兆瓦，年发电量 1.44 亿千瓦时，供热量 463 万吉焦。

1 月 20—21 日 省委书记赵志浩到聊城检查指导工作，并看望慰问部分基层干部群众和贫困农户。

1 月 29 日 聊城地区急救中心正式成立，急救电话“120”开通。

2 月 3 日 聊城凤祥集团与法国 LDC 公司合资合同签字仪式在济南举行。其中，法方投资 7511 万元，为法国在山东最大的投资项目。

2 月 7 日 全区首届人才智力交流暨大中专毕业生供需双方洽谈会在地区体育馆举行。

3 月 11 日 地区开展“铸绿色京九　迎香港回归”植树造林活动。全区 110 千米长的京九铁路两侧，万余名干部群众挥锹铲土，栽下具有纪念意义的株株树苗。省直有关部门及地区几大班子领导参加植树活动。

4 月 8 日 山东省“希望杯”武术比赛在临清闭幕，聊城代表队以 18 枚金牌位居榜首。

4 月 10 日 凌晨，新任省委书记吴官正由江西南昌到达聊城，原省委书记赵志浩，省委副书记、省长李春亭及聊城地委书记陈延明等前往聊城火车站迎接。在聊城期间，吴官正参观了孔繁森同志纪念馆，并看望孔繁森同志的母亲，以及其妻子王庆芝。

4 月 15 日 高唐县被文化部命名为“中国书画艺术之乡”。

4 月 21 日 莘县被国务院发展研究中心、中国农学会和《中国特产报》命名为“中国香瓜之乡”和“中国双孢菇之乡”。

是日 全国政协副主席钱正英带领国有大中型灌区问题调查组到聊城考察引黄灌溉工程建设工作。

4 月 22—25 日 由中国商业史学会与聊城地区行署联合主办的全国运河经济与商业文化研讨会在聊城召开。

5 月 8 日 省、地重点工程——220 千伏石（横）聊（城）Ⅱ线全面开工。该工程由石横电厂出线，经大蒋庄变电站到聊城发电厂，线路总长 83 千米。

5 月 10 日 聊城地区红十字会等组织全区第一次无偿献血活动。

5 月 18 日 全国招收飞行员工作现场会在冠县召开。

5 月 26 日 山东省中西部地区中小城市建设现场会在聊城召开。

6 月 5 日 “孔繁森同志纪念馆”被中宣部命名为全国爱国主义教育示范基地。

6 月 6 日 聊城市“迎香港　庆回归”万人签名活动在鲁西商厦广场举行。

6 月 12 日 聊城地区第一个作家创作生活基地在东阿县牛角店镇挂牌成立。

6 月 21—24 日 省委书记吴官正到聊城考察。他强调，要继续围绕农民增收和财政增长，大力发展县域经济。

7 月 15 日 聊城汽车西站竣工并投入运营。

7 月 30 日 山东省第一座生活污水沼气净化池在东阿县建成。

8 月 28 日 中央电视台组织的“在希望的田野上”文艺演出在莘县王铺乡十姓庄村举行。

8 月 29 日 国务院印发《关于同意山东省撤销聊城地区设立地级聊城市的批复》，同意撤销聊城地区和县级聊城市，设立地级聊城市。

9 月 8 日 青岛海关驻聊城办事处由海关总署批准成立，1999 年 8 月 26 日开关。

9 月 24—26 日 省委副书记、省长李春亭在聊城检查指导工作。他强调，要抢抓机遇，加快发展，到 20 世纪末全面实现小康目标，进入全省上游行列。

9月29日 省政府下发《关于撤销聊城地区和县级聊城市设立地级聊城市的通知》，确定撤销聊城地区和县级聊城市，设立地级聊城市、县级东昌府区。

10月21—23日 省人大常委会主任赵志浩在聊城考察工作。

11月2日 济南至聊城高速公路全线贯通。

11月24日 中共中央政治局委员、山东省委书记吴官正到聊城调研。

11月28日 《孔繁森的人生哲学》和《人生楷模——孔繁森》两书首发式在聊城举行；孔繁森陈列馆在堂邑镇五里墩村开馆。

是日 全区第一家由农村青年发起成立的合作经济组织——郝集乡农村青年合作社成立。

12月3日 地委书记陈延明离任，张敬涛任中共聊城地委书记。

12月6日 郭兆信任聊城地区行政公署专员。

12月8日 全国菜篮子工程定点鲜活农产品中心批发市场——聊城蔬菜批发市场挂牌仪式举行。

是日 外经贸部批准《聊城市印刷厂到柬埔寨投资办厂的项目报告》。此为山东省第一家印刷行业在境外合资办厂，也是全区唯一一家境外企业。

12月22日 聊城地区卫生检疫局、聊城地区动植物检疫局经国家有关部门批准成立。

1998年

1月3日 地委、行署在高唐县召开祝捷大会暨新闻发布会，祝贺高唐时风集团1997年机动三轮车产销36.31万台、利税超过2亿元。

2月15—16日 中共中央政治局委员、国务院副总理姜春云在聊城考察农业结构调整、农田水利建设等工作。

2月20日 中共山东省委通知，撤销中共聊城地区委员会，成立中共聊城市委员会。

2月28日至3月3日 中国共产党聊城市第九次代表大会在聊城东昌宾馆召开。大会选举产生第九届中共聊城市委员会和中共聊城市纪律检查委员会，通过市委工作报告的决议。市九届委员会第一次会议选举张敬涛为书记，郭兆信、赵振兰（女）、白志刚、张秋波为副书记，赵立银、张春禄、吕绍勤、薛新民、张桓、金维民、路广业、许立全为市委常委。

3月11—12日 全省沿黄地区植树造林现场会在聊城召开。

3月17—22日 中国人民政治协商会议聊城市第九届委员会第一次会议在聊城召开。会议选举杜九西为市政协第九届委员会主席，胡元亭、王荣亭、梁永康、白万全、陈宗昭（女）、张培生、李荣勤（女）为副主席。

3月18—23日 聊城市第十三届人民代表大会第一次会议在聊城召开。会议选举侯继唐为聊城市第十三届市人大常委会主任，许桂英（女）、孙宗安、刁立山、迟庆斋、李芳林、王冲为副主任；选举郭兆信为市人民政府市长，白志刚、刘玉华（女）、布占祥、孔昭信、董金刚、潘太银、王志刚、郭秀华为副市长。选举魏学平为市中级人民法院院长，选举王启让为市人民检察院检察长。

3月26日 聊城撤地设市庆祝大会在东昌宾馆礼堂举行。省、市部分领导出席大会。会后，省、市领导分别在市委、市人大、市政府、市政协、市纪委所在地举行挂牌仪式。

3月31日至4月1日 3月31日9时起至4月1日3时，聊城市发生特大风雪灾害，覆冰和阵风造成全市193条配电线路停电，直接经济损失360余万元。

4月3日 市委、市政府在东昌宾馆举行首批“聊城市农村科技大王”命名表彰仪式。市委、市政府领导出席仪式，并为陈殿生等20名农村科技大王颁奖。

是日 第二届山东省著名商标颁证大会在聊城召开。聊城市“东阿”“双力”“亚”字牌以及“景阳冈”“雁宾”5件商标获著名商标奖。

4月20日 全国政协副主席毛致用到聊

城考察。

4月28日 聊城市科学技术进步颁奖大会举行。70项科技成果分获聊城市科技进步一、二、三等奖。

5月10日 济聊馆（济南—聊城—馆陶）高速公路开工仪式在东昌府区道口铺乡举行。

6月2—3日 全国人大常委会副委员长丁石孙等在聊城考察。

6月21日 聊城市人民政府印发《关于撤地设市后市、区机构调整和事权划分若干问题的通知》，确定撤地设市后市、区两级事权，调整部分管理机构。

7月28日 聊城市首家二星级宾馆——大地宾馆正式挂牌，结束聊城涉外旅游行业无星级宾馆的历史。

是日 聊城市红十字会与聊城市第四人民医院联合筹建聊城市红十字老年护理院。此为山东省第一家经山东省政府红十字会批准成立的“敬老、爱老、养老”机构。

8月7—8日 中共中央政治局委员、山东省委书记吴官正在聊城检查指导工作。

8月19—20日 省委副书记、省长李春亭在聊城检查指导工作。

10月21日 国家重点建设项目——聊城国家粮食储备库扩建工程开工修建。该工程总投资3014万元。

10月27—28日 山东凤祥集团总公司与法国LDC合资企业开业庆典暨阳谷县与法国萨布雷市发展友好关系签字仪式在阳谷举行。

11月4日 山东中华电力聊城发电厂2×60万千瓦机组由国务院批准正式开工建设。

11月13日 纪念范筑先将军殉国60周年座谈会在聊城召开。

12月24日 聊城市最大的涉外酒店——中银大酒店开业。

12月26日 国家重点建设项目——山东中华发电有限公司聊城发电厂（简称聊城大电厂）工程奠基开工典礼在聊城举行。

12月27—28日 聊城市第一次归侨侨眷代表大会在聊城召开。

1999年

1月18日 时风集团举行面向21世纪，再攀新高峰誓师大会。时风集团1998年完成产值22.78亿元，销售收入22.56亿元，实现利税2.15亿元，产量名列全国同行业第一。

2月初 全国单机生产能力最大的年产3万吨饲料级磷酸氢钙生产线在聊城硫酸厂建成，并一次性试车成功。

3月4日 市委、市政府召开会议，部署全市第六届村民委员会换届选举工作。

3月11日 全市个体私营经济工作会议在聊城召开。会议表彰发展个体私营经济先进乡镇10个、先进私营企业35家。其中，纳税过200万元的临清第二色织厂获特等奖，奖轿车1辆。

3月21—22日 全国武术散打邀请赛在阳谷县举办。来自河北省、湖北省、济南军区及阳谷县等8个代表队参加比赛。该比赛共产生不同级别冠军9项，其中，阳谷代表队获得48公斤级、56公斤级、70公斤级3项冠军。

4月1日 全市首批（包括东昌府区、临清市和阳谷县）总投资为7540万元的农村电网建设改造工程项目完成。

4月18日 聊城市“148”法律服务专线全部开通。

4月29日 聊城市庆祝“五一”国际劳动节暨全国五一劳动奖章（状）、省富民兴鲁劳动奖章（状）颁奖大会在聊城举行。会议代中华全国总工会向聊城电业局等2个单位颁发全国五一劳动奖状，向赵永堂等3人颁发全国五一劳动奖章；代省总工会向双力集团等3个单位颁发富民兴鲁劳动奖状，向史德国等17人颁发富民兴鲁劳动奖章。

5月18日 全市科学技术工作会议在聊城召开。会议授予62项科技成果为“聊城市科技进步奖”，为31项星火科技成果颁发“聊城市科技星火奖”。

5月28日 省委副书记、省长李春亭带领省农委、省黄河河务局等部门的负责同志到聊城检查黄河防汛、三夏生产、粮食收储等工作。

7月9日 聊城交通汽运（集团）有限责任公司成立。

7月14日 聊城市热力公司成立。

8月1日 聊城市天然气有限公司成立并揭牌。是年12月26日，市天然气输配气工程通气点火仪式举行。

8月13—14日 中共中央政治局委员、山东省委书记吴官正在聊城考察工作。

8月18日 聊城市古运河开发建设工程破土动工。

8月28日 聊城市城区第一个由政府组织建设的安居工程小区——站北小区正式开工建设。

9月27日 北京大学教授、88岁高龄的季羡林到聊城参加聊城师范学院建院25周年庆典大会后，参观海源阁并题词“海源名阁，举世闻名。一旦恢复，万民欢腾”。

9月28日 聊城城区无人售票公共汽车开通运营。

10月9—12日 1999年首届中国聊城经贸洽谈会在龙山市场举行。来自53个国家和地区的1200余名嘉宾出席开幕式。大会签约投资项目104个，总投资金额26.2亿元；签订贸易合同135项，合同总金额10.2亿元。

10月17日 聊莘公路建成通车。该项工程总投资6000万元，是全市首条采用石灰碎石作基层和沥青混凝土面结构，路基宽18米，路面宽15米的超二级公路。

10月21日 全市第一座实现无人值守的220千伏枢纽变电站——蒋庄变电站投入运行。

10月28日 中共中央政治局常委、中央书记处书记、中纪委书记、全国总工会主席尉健行到聊城考察。

11月10日 全国造纸十佳企业——山东（临清）银河纸业集团有限公司年产20万吨高强瓦楞原纸项目，被国家经贸委和国家发展计划委员会列入1999年国家重点技术改造项目计划。

11月16日 中华人民共和国聊城出入境检验检疫局成立并对外办公。

11月19日 市十三届人大常委会第十一次会议举行。会议表决通过《聊城市人大常委会开展述职评议工作的意见》，并就市政府组成部门负责人述职评议做出安排部署。

12月4日 中国人民保险公司东阿县支公司获评“全国青年文明号”揭牌仪式在东阿举行。

12月10日 全国公安机关中第一个经济犯罪侦查协作区——晋冀鲁豫四省六市经济犯罪侦查协作区在聊城市公安局成立。

12月23日 中国国民党革命委员会聊城市委员会成立。

12月26日 市委、市政府召开表彰大会，对1995年以来在改革开放和经济建设中作出突出贡献的108名劳动模范进行表彰。

是年 全市国税收入首次突破8亿元大关，为8.52亿元，比1998年增收5647万元，增长16.44%。

2000年

1月20日 聊城市暨聊城开发区投资说明会在北京举办，共签订协议31项，总金额14.5亿元。

1月25日 中国农工民主党聊城市支部成立。

1月27日 聊城市污水处理厂正式开工建设。

2月25—27日 中国人民政治协商会议聊城市第九届委员会第三次会议在聊城召开。会议增选宋来君为市政协副主席。

3月17日 聊城职业技术学院建设工程奠基仪式在市畜牧研究所举行。该学院由市广播电视大学、市卫校、市财校、市建校、市教育学院、市畜牧研究所合并组建。

4月2—3日 中共中央政治局委员、全国人大常委会副委员长田纪云在聊城考察工业发展情况。

4 月 4 日 省委副书记、省长李春亭在茌平县新华密度板厂、信发热电有限公司、三九味精公司和山东金号织业有限公司调研企业发展情况。

4 月 10—12 日 省政协主席韩喜凯在聊城检查贯彻落实全国、全省政协“两会”精神，全面履行政协职能的情况。

4 月 19 日 柬埔寨农业、工业、经济发展委员会委员长黄保嘉，副委员长林桀到聊城考察，并就合作事宜与有关部门进行洽谈。

4 月 23—24 日 中共中央党的建设工作领导小组副组长、全国“三讲”教育联席会议负责人张全景在聊城检查指导“三讲”教育。

5 月 16 日 临清市政协举行座谈会，纪念抗日民族英雄张自忠将军牺牲 60 周年。

5 月 25 日 聊城市首届少儿文化艺术节开幕式在聊城剧院举行。

5 月 29—30 日 省人大常委会主任赵志浩在聊城考察。

7 月 28 日 聊城市在全省率先实行政府采购管理员制度。

8 月 16 日 聊城市经济环境保护委员会成立。

8 月 28 日 冠县被农业部确定为“全国玉米种子质量保证体系试点县”。

9 月 20 日 孔繁森同志纪念馆被团中央命名为“全国青少年教育基地”揭牌仪式举行。

10 月 13 日 中共中央政治局委员、国务院副总理温家宝到聊城考察“引黄济津”调水工程，并参观孔繁森同志纪念馆，察看湖滨公园及古运河开发等城市建设工程等。

10 月 15—17 日 中共中央政治局委员、山东省委书记吴官正到莘县、冠县、茌平县就农村税费改革、加快经济发展等问题进行调查研究。

10 月 18—20 日 2000 年中国聊城经贸洽谈会在聊城华港商城举行。全国人大常委会副委员长铁木尔·达瓦买提、全国政协副主席张克辉等国家领导人出席。来自 44 个国家和地区的 1000 余位嘉宾齐聚于此。洽谈会共签约项目合同 113 个，总投资额 68.29 亿元人民币；签订贸易合同 141 项，合同总金额 1.8 亿美元。

10 月 19 日 济聊馆（济南—聊城—馆陶）高速公路全线贯通，竣工通车仪式在聊城举行。全国人大常委会副委员长铁木尔·达瓦买提，全国政协副主席张克辉等出席仪式并剪彩。

10 月 23 日 以天津市委副书记、市政协主席房凤友为团长，副市长孙海麟为副团长的天津市慰问团一行到聊城调研。

11 月 1 日 全国第五次人口普查，截至 11 月 1 日零时，全市人口总数 541.21 万人，其中，男 271.10 万人，女 270.11 万人。

11 月 12 日 中共聊城市九届委员会第四次全体会议在聊城举行。会议审议并通过《聊城市国民经济和社会发展第十个五年计划纲要（草案）》。

11 月 14 日 经农业部、国家发展计划委员会、财政部、对外贸易部等八部委联合审定，确定山东凤祥集团为农业产业化国家重点龙头企业。

12 月 19 日 山东西部地区（聊城、德州、菏泽）第一家企业博士后工作站在山东时风集团设立。

是年 时风集团有限责任公司利税完成 3.09 亿元，成为全市第一家利税过 3 亿元的企业。该公司连续 5 年经济效益居全国同行业、全省机械系统、全市所有企业第一位。

是年 全市国税系统组织工商税收首次突破 10 亿元大关，为 10.54 亿元。

2001 年

1 月 12 日 市委书记张敬涛离任，郭兆信任中共聊城市委书记。

1 月 16 日 聊城市第十三届人大常委会第十九次会议召开。会议表决通过关于接受郭兆信辞去市人民政府市长职务的决定，任命张秋波为市人民政府副市长，决定为代理市长，仲崇高为市人民政府副市长。

2 月 21 日 省委副书记、省长李春亭，副省长黄可华、陈延明带领省直有关部门负责人到聊城调查农村税费改革工作情况。

2月21—25日 中国人民政治协商会议聊城市第九届委员会第四次会议在聊城召开。会议增选布占祥、孙喜海为市政协副主席。

2月22—26日 聊城市第十三届人民代表大会第四次会议在聊城召开。会议补选潘太银、陈丙申、李望尘为市十三届人大常委会副主任；补选张秋波为聊城市人民政府市长，路广业、刘继恩、徐淑满、刘冠凤（女）为副市长。

3月5日 全市首届“巾帼文化节”开幕式在山陕会馆举行。

3月16日 全省第一家房产超市——当代集团房产超市在鲁西商厦地下商城开业。

4月13日 阳谷县公安局刑警大队队长尹贻平被人事部、公安部授予“全国优秀人民警察”称号。

4月15—16日 全国政协副主席、全国工商联名誉副主席孙孚凌一行在聊城考察，并就民营经济发展、农业与农村工作分别进行座谈。

4月23—26日 中国曹植学术国际研讨会在东阿县举行。

4月27日 聊城市京剧学校成立。

5月15日 聊城市第一届“科技活动周”在莘县燕店镇香瓜大市场开幕。

5月28—30日 2001年首届聊城市引进高校及科研院所科技成果洽谈会在聊城召开。洽谈会邀请清华大学、北京大学、中国科技大学、中科院电子研究所等高校及科研所278家、568人参会，签约科技成果项目724项。

6月13日 山东省首批“人居环境奖”揭晓，东昌府区堂邑镇刘庄村榜上有名，为全省唯一获此殊荣的村级单位。

6月20—22日 中国聊城（香港）招商引资项目推介会在香港会展中心举行。共签订合同、协议47项。其中，投资项目40项，总金额3.16亿美元。

6月25—27日 中国聊城（深圳）招商项目推介会在深圳迎宾馆举行。共签约投资协议合同30项，总投资33.69亿元。

7月21日 临清市运河钞关遗址、阳谷县景阳冈遗址被国务院批准为第五批全国重点文物保护单位。

8月3日 聊城市第十三届人民代表大会常务委员会第二十三次会议审议通过《聊城市2001—2005年依法治市规划》。

8月17日 投资2.6亿元的聊城市城区后菜市街旧城改造工程开工。

8月28日 聊城市凤凰苑农业科技园开园。该园为集农业生产示范、科技开发、观光旅游、餐饮娱乐、综合贸易于一体的新型农业科技观光示范园。

8月30日 韩国体育交流、经贸洽谈代表团到聊城考察。

9月7—9日 中共中央政治局委员、山东省委书记吴官正到茌平县、东昌府区、高唐县、临清市等地进行调研。

9月10—18日 山东聊城旅游推介会分别在济南、天津、青岛三市举行。

10月10—12日 全国硬笔书法教育现场会在阳谷县召开。

10月29—31日 省政协主席韩喜凯在聊城市调查研究。

11月6日 聊城市徒骇河段昌东橡胶坝工程经省、市计委和水利部门验收，质量达到优良等级。该工程于2000年2月动工，7月上旬竣工。设计坝袋1666平方米，坝高5米，跨度93.5米，为省内第一高坝。

11月8日 聊城电信数据宽带网全面建成开通。

11月9日 国内第一笔“综合保理业务”签字仪式在聊城举行。根据双方协定，中国银行聊城分行对时风集团提供综合信贷额度1.25亿元，年保理额2.4亿元。

11月20日 聊城市追授陈承德二级英模和革命烈士大会召开。会上宣读公安部关于追授陈承德全国公安系统二级英雄模范称号的命令、省政府关于批准陈承德为革命烈士的决定。陈承德，聊城市公安局干警，1999年12月17日在追捕拦截走私香烟车辆过程中，被撞成重伤，经抢救无效牺牲。

12月6日 全国农村劳动力开发就业返乡创业专题研讨会在聊城召开。

是日 中国民主建国会聊城市委员会成立。

12月8日 中国民主同盟聊城市委员会成立。

12月12—13日 省人大常委会主任赵志浩在聊城调查研究。

12月18日 中国民主促进会聊城市委员会成立。

12月20日 九三学社聊城市委员会成立。

12月22日 聊城国际和平医院成功为1名患者摘除重7.5千克的巨大脾脏（正常女性脾脏重量约150克）。经检索，该脾脏在医学界较为罕见。

12月29日 全市“富民兴聊”劳动奖章（状）表彰大会在聊城举行。省总工会常务副主席张召盈、市委书记郭兆信等出席会议，并为88名富民兴聊劳动奖章获得者和12名富民兴聊劳动奖状获得者颁奖。

2002年

1月3日 国家环境认证委员会、华夏审核中心专家对东阿阿胶集团环境管理体系进行第一次扩大范围现场审核监督，一致同意给予推荐换证注册，成为全国第一家通过ISO 14001环境体系认证的中药企业。该企业于2000年12月25日通过ISO 14001国际环保论证。

1月16日 聊城师范学院暨聊城市图书馆开馆典礼举行。该馆建筑面积2.24万平方米（时为山东省建筑面积最大的图书馆），藏书161.2万册。

2月12日 中共中央政治局委员、山东省委书记吴官正到聊城看望慰问欢度春节的群众和坚持节日生产的企业干部职工。

2月22—25日 聊城市第十三届人民代表大会第五次会议召开。会议补选郭兆信为市人大常委会主任。

3月17—28日 市委副书记、市长张秋波带领招商团赴香港、深圳招商引资。招商团共接洽外商约900人，签订合作项目169项，其中投资项目120项，投资额12亿美元；贸易项目49项，贸易额2亿美元。

3月19日 聊城市第一家境外贸易公司——一品农业（香港）有限公司在阳谷县正式成立。

4月1—10日 市委副书记、市长张秋波任团长，省贸促会副会长张晓岚、副市长路广业任副团长的130余人招商团赴韩国开展招商活动。共签订项目105个，总投资2.4亿美元，总贸易额1.57亿美元。

4月2—4日 省委副书记、省长张高丽在聊城调查研究。

4月13日 2002年中国江北水城（聊城）文化旅游节新闻发布会在北京中裕世纪大酒店举行。

4月27日 庆“五一”聊城市劳动模范表彰大会召开。大会代表省总工会向15名获得“富民兴鲁”劳动奖章的先进个人和2个获得省“富民兴鲁”劳动奖状的先进集体颁奖；授予“聊城市劳动模范”（先进工作者）称号106人，授予“聊城市先进单位”称号22个。

是日 聊城市行政服务中心挂牌运行。

4月30日 2002中国江北水城（聊城）文化旅游节开幕。

5月1日 全国政协副主席、中共中央统战部部长王兆国到聊城考察。

是日 2002中国江北水城（聊城）文化旅游节“梦幻乐园杯”全国龙舟邀请赛暨聊城首届龙舟赛开幕。

5月11—21日 市委副书记、市长张秋波带领经贸代表团赴日本考察。

5月21—22日 全国政协副主席、中华全国供销合作总社理事会主任白立忱一行在临清市考察工作。

5月24日 聊城市中央科教所“创新教育研究与实验”基地揭牌仪式举行。

5月29日 应文化部等单位邀请，聊城市少儿艺术团北顺小学《水娃娃》节目组赴京参加

“六一”期间全国少儿文艺会演。

6月9—10日 由中国人民银行济南分行、聊城市人民政府联合举办的山东省金融系统银企合作聊城重点项目洽谈会在聊城召开。洽谈会达成意向和协议项目114个，签约金额84.6亿元。

6月11日 山东聊城（北京）引进高校及科研院所科技成果洽谈会在北京人民大会堂举行，共签订技术合作项目445项。

6月15日 聊城运河文化促进会成立，并召开第一次会员大会。

6月16日 聊城市高新技术创业服务中心奠基仪式举行。

6月20日 山东聊城（上海）引进高校及科研院所科技成果洽谈会在上海国际会议中心上海厅举行，共签订技术合作项目211项。

6月25日 山东聊城（哈尔滨）引进高校及科研院所科技成果洽谈会在哈尔滨香格里拉大饭店举行，共签订合作项目301项。同时，聊城市与哈尔滨市签订合作协议。

是日 山东聊城（西安）引进高校及科研院所科技成果洽谈会在西安市唐城宾馆举行，共签订技术合作项目559项。

是日 山东聊城（重庆）引进高校及科研院所科技成果洽谈会在重庆希尔顿饭店举行，共签订技术合作项目493项。

7月4日 中原经济区第十三届市长联席会在临清市举行。

7月7—8日 澳大利亚、美国、俄罗斯、芬兰等国华商侨领考察团一行70余人到聊城参观考察。

7月8日 凌晨2时许，莘县化肥有限公司液氯冲装软管爆裂，造成液氨泄漏，死亡13人。

7月13日 山东临清华润纺织有限公司纺织技改项目正式被列为国家第七批国债专项资金项目，总投入1.95亿元，是中华人民共和国成立以来聊城市最大的一次国债技改项目。

8月6日 聊城市建设中心商贸城的窗口项目——铁塔商贸城一期工程正式开工。

8月13—14日 中共中央政治局委员、山东省委书记吴官正到聊城就农村税费改革工作和经济发展情况进行调研。

8月16日 聊城市首家农业银行金融超市开业。

8月16—25日 聊城市第一届图书文化节暨优秀图书特价展销会在光岳楼开展。

8月30日 山东聊城韩国工业园奠基仪式在聊城经济开发区举行。

9月上旬 东阿县被批准为“全国生态示范试点县”。

9月26日 鲁西首家综合性大学——聊城大学揭牌庆典仪式举行。聊城师范学院正式易名为聊城大学。

9月28日 聊城市政务公众信息网正式开通，并于2004年3月1日启用电子政务邮件系统。

10月1日 “水城之秋观光周”暨中国警察水上马拉松旅游大奖赛开幕式在湖滨公园喷泉奇乐广场举行。

10月6日 由省建工集团承建的新东方广场破土动工。

10月18日 聊城市第一届房地产展示交易会开幕。

10月25日 聊城首届香江商贸文化节开幕式暨香江光彩大市场一期一段工程开业典礼举行。该市场一期一段工程于2002年4月15日开工建设，占地面积33.3万平方米，建筑面积40万平方米。

10月26日 全国第一家阿胶博物馆——东阿阿胶博物馆正式开馆。

10月27日 天津市委副书记、市长李盛霖带领天津市代表团到聊城考察慰问。

10月31日 引黄（河）济津（天津）工程正式开闸放水。

11月12日 聊城市数字证书认证管理有限公司暨山东CA聊城市分中心成立。

12月12日 聊城至阳谷公路（一期工程）、聊城至夏津公路、丈八至观城公路正式通车。

12月27日 聊城市慈善总会成立。

2003年

1月12日 在省内率先采用淹没式生物膜工艺的东阿县污水处理厂投入运行。

1月16日 聊城长途汽车站搬迁到柳园路与建设路十字交叉路口的西北角处。

1月26日 落户聊城经济开发区的第一家韩国独资企业——韩国料理新罗宫正式营业。

2月11—14日 中国共产党聊城市第十次代表大会在聊城召开。会议选举出由37名委员、7名候补委员组成的中国共产党聊城市第十届委员会，选举出中国共产党聊城市纪律检查委员会委员25人。

2月14日 中国共产党聊城市第十届委员会一次全体会议召开。会议选举郭兆信、张秋波、霍正气、林峰海、吕绍勤、金维民、郭兴元、刘加顺、申长海、卢保民、魏惠玉（女）、王改真（女）、贾少勇为市委常委，郭兆信为市委书记，张秋波、霍正气、林峰海、吕绍勤、金维民为副书记。

2月17—23日 中国人民政治协商会议聊城市第十届委员会第一次会议在聊城召开。会议选举赵振兰（女）为市十届政协委员会主席，布占祥、李荣勤（女，回族）、宋来君、孙喜海、杨刚岭、王泽才、张广霞（女）、潘延红（女）、马亮宽为副主席。

2月19—24日 聊城市第十四届人民代表大会第一次会议在聊城召开。会议选举郭兆信为市第十四届人大常委会主任，张春禄为第一副主任，许桂英（女）、潘太银、王冲、张树仁、陈丙申、李望尘、荣向林为副主任；选举张秋波为市人民政府市长，林峰海、孔昭信、董金刚、王志刚、路广业、郭秀华、刘继恩、徐淑满、刘冠凤（女）为副市长；选举魏学平为市中级人民法院院长；选举王启让为市人民检察院检察长。

3月1日 全国青少年大型科普人文知识展览在聊城市香江光彩大市场开幕。

4月24日 2003年中国（聊城）日本经济贸易合作洽谈会在东昌宾馆举行。

5月19日 中共中央政治局常委、书记处书记、国家副主席曾庆红到聊城视察。

6月5日 中国电信集团公司山东聊城电信分公司挂牌成立。

6月21日 聊城市康复中心成立暨揭牌仪式在聊城市脑科医院举行。

6月28日 聊城城区新建立的34个社区居委会揭牌仪式举行。

7月1日 “水城之夏”开幕式暨大型综艺晚会在聊城举行。

7月12日 市政府第三次常务会议召开。会议讨论通过《聊城市突发公共卫生事件应急办法》《聊城市绿化管理办法》《聊城市人口与计划生育暂行规定》，研究进一步精简文电和会议等问题。

7月23日 市委、市政府召开表彰大会，对在抗击传染性非典型性肺炎疫情斗争中作出突出贡献的先进集体和先进个人予以表彰。

7月30日 市国税局机关和8个县（市、区）局、46个基层分局全部通过ISO 9001国际质量认证。

8月5日 济南人民商场入驻聊城新东方广场签约仪式暨新闻发布会在聊城举行。

8月11日 辽宁省葫芦岛市与聊城市缔结友好城市签字仪式在东昌宾馆举行。

9月12—13日 中共中央政治局委员、国务院副总理回良玉在聊城，就引黄济津应急调水工程、南水北调东线工程及黄河防汛抗洪等工作进行视察。

9月14日 聊城水城中学揭牌。

9月16日 山东省第十一届大学生运动会在聊城大学开幕。

9月16—18日 首届中国（聊城）苗木产业战略研讨暨新产品展示交流会在聊城八一宾馆举行。

9月19日 聊城黄河防汛调度中心落成庆典仪式举行。

9月28日 聊城市农民书画研究会成立。

9 月 30 日 全国最大的城市石拱桥——东昌大桥落成通行典礼举行。

10 月 1 日 2003 年中国江北水城国际摩托艇冠军争霸赛在东昌湖畔开幕。

10 月 2 日 2003 中国江北水城（聊城）文化旅游节开幕。

10 月 4 日 2003 中国江北水城（聊城）国际龙舟邀请赛开幕。

10 月 7 日 总政歌舞团大型综艺晚会在聊城人民广场举行。

10 月 14 日 聊城市与澳大利亚新南威尔士州布莱克城市正式缔结为友好城市。

10 月 25 日 聊城市金秋“读书文化周”暨首届“家庭藏书明星”评选颁奖仪式在海源阁图书馆举行。

11 月 18 日 聊城市第一家股份制商业银行——华夏银行聊城支行正式对外营业。

12 月 12—13 日 中共中央总书记、国家主席胡锦涛在聊城就解决好农业、农村、农民问题进行视察。

12 月 20 日 中国银行业监督管理委员会聊城监管分局挂牌成立。

12 月 21—22 日 西藏自治区党委常务副书记、区人大常委会主任列确带领西藏党政代表团到聊城考察。

2004 年

1 月 8 日 在全国旅游工作会议上，聊城市被命名为“中国优秀旅游城市”。

1 月 9 日 在全国拥军优属拥政爱民工作会议上，聊城市被命名为“全国双拥模范城”。

2 月 29 日 聊城市水城明珠剧场落成典礼仪式举行。

3 月 19 日 中国少儿杂技基地落成仪式在聊城举行。

4 月 6 日 聊城市引进的最大外资项目——希杰（聊城）生物科技有限公司开工奠基仪式在聊城经济开发区举行。

4 月 24 日 全国城建档案目标管理经验交流会在聊城召开。聊城市城建档案馆被授予“国家一级城建档案馆”称号。

5 月 1 日 2004 中国江北水城（聊城）文化旅游节开幕式在聊城大学体育场举行。

5 月 11—17 日 中国香港·中国江北水城（聊城）周在香港会展中心举行。

5 月 20 日 省委副书记、省长韩寓群到聊城调研。

6 月 2 日 “大京九”经济协作带第七届市长联席会议在聊城召开。

6 月 5 日 新疆（聊城）中通客车有限公司揭牌仪式在乌鲁木齐举行。

6 月 12 日 聊城市高级技工学校揭牌。

6 月 16 日 聊城（武汉）引进高校及科研院所科技成果洽谈会在武汉市香格里拉大酒店举行。

是日 聊城市第一家保税仓库——华信铝业备料型保税仓库揭牌。

6 月 25 日 聊城（南京）引进高校及科研院所科技成果洽谈会在南京丁山香格里拉大酒店举行。

7 月 2 日 最高人民法院院长肖扬到聊城考察工作。

7 月 15 日 市政府颁发“城市贵宾卡”新闻发布会召开，向第一批获得贵宾卡的聊城市外商投资企业［投资到县（市、区）外资在 400 万美元以上、内资在 5000 万元人民币以上，投资到开发区、市直 200 万美元以上］颁发聊城市“城市贵宾卡”。

8 月 8 日 谭庄水库竣工仪式举行。该水库 2002 年 12 月 6 日开工奠基，建设工期 20 个月。

8 月 15—18 日 市委副书记、市长张秋波率团赴无锡开展招商引资活动。双方共签订项目 120 个，总投资 43.8 亿元。

8 月 20 日 聊城消防协会成立暨第一次会员代表大会召开。

8 月 25 日 聊（城）台（湾）经济合作恳谈会在东昌宾馆召开。

是日 傅斯年与中国文化国际学术研讨会在聊城开幕。

8月27日 聊城市创建“国家卫生城市”动员大会召开。

8月29日 聊城市京剧院新址落成典礼举行。市委副书记、市长张秋波，省文化厅副厅长邢玉斗为京剧院揭牌。

9月28日 中国共产党聊城市第十届委员会第六次全体会议在东昌宾馆召开。会议审议通过《中共聊城市委关于深入学习贯彻党的十六届四中全会精神加强党的执政能力建设的意见》。

10月1日 2004中国江北水城（聊城）水城之秋观光周开幕式在水城明珠大剧场举行。

10月14日 美国、加拿大、韩国等国十几位驻华使馆分管经济工作的参赞到聊城阳谷凤祥集团现场考察出口食品安全生产情况。

10月6—21日 市委书记郭兆信带领聊城市经贸代表团赴美国考察访问。

11月2—5日 市委副书记、市长张秋波带领聊城市考察团，先后到吉林省四平市、天津市塘沽区考察学习创建国家卫生城市的经验和做法。

11月9日 全国民族团结进步教育基地揭牌仪式在孔繁森同志纪念馆举行。

11月24日 2004中国聊城—韩国庆北大邱贸易投资恳谈会在韩国举行。签订出口贸易合同5000余万美元，合资意向5个，合同协议金额6000余万美元。

11月27日 聊城市高新技术创业服务中心揭牌仪式举行。

是日 2004中国聊城新材料专家高峰论坛及成果项目发布会在东昌宾馆举行。

11月28日 聊城市人才市场开业典礼举行。

11月29日 孔繁森铜像揭幕仪式在孔繁森同志纪念馆举行。省委副书记高新亭，省委常委、组织部部长刘伟为孔繁森铜像揭幕。市委书记郭兆信主持仪式。

是日 市委在东昌宾馆召开纪念孔繁森同志逝世十周年座谈会。省委副书记高新亭、市委书记郭兆信分别讲话。

12月12日 市委书记郭兆信在东昌宾馆会见美国威风公司总经理戴人美、美国CN公司总经理约翰一行。

12月28日 全市经济工作会议在东昌宾馆召开。会议传达贯彻中央和全省经济工作会议精神，总结2004年全市经济工作情况，研究部署2005年全市经济工作。市委书记郭兆信出席会议并讲话。

2005年

1月6日 聊城（重庆）引进高校及科研院所科技成果回访座谈会在五洲大酒店举行。

1月9日 市政府第二十次常务会议召开。会议讨论并通过《聊城市政府投资项目管理暂行办法》《聊城市市级收费减免管理暂行办法》《聊城市政府工作重大事项行政决策程序》等。

1月14日 全市保持共产党员先进性教育活动动员大会召开。市委书记、市人大常委会主任、市委保持共产党员先进性教育活动领导小组组长郭兆信出席会议并讲话。

2月26日 最高人民检察院、山东省委在聊城召开“模范检察官”表彰大会。最高人民检察院授予东昌府区人民检察院副检察长白云“模范检察官”称号，山东省委作出《关于向白云同志学习的决定》。会前，最高人民检察院检察长贾春旺，省委书记、省人大常委会主任张高丽接见了白云。

2月28日 全市国防教育暨表彰关心国防建设“双十佳”会议在聊城召开。

3月5日 市委书记郭兆信在东昌宾馆会见台湾大叶集团副总裁兼中国地区执行长、海峡两岸合作发展基金会董事长张世良一行。

3月10日 国家“863”成果——“集成电路用高性能键合丝”项目产业化签约仪式在市高新技术创业服务中心举行。

3月19日 市委书记郭兆信，市委副书记、市长张秋波在东昌宾馆接见2004年度“十大感动中国人物”徐本禹（聊城人，毕业于华中农业大学，支教志愿者）。同时，市委、市政府决定向贵州省大方县教育捐款20万元，为大方县大水乡建设一所“本禹希望小学”。

3月26日 市长公开电话“12345”开通仪式在市政府举行。

4月2日 “建设文明聊城 争创文明城市”主题宣传活动启动仪式在水城广场举行。

4月7日 韩国酪农技术研究会会长权五光、韩国天下第一株式会社社长尹夏云到聊城考察。

4月18日 市政府第二十六次常务会议召开，讨论并原则通过《聊城市城市集中供热管理暂行办法》。

4月22—23日 全省科技特派员示范工程现场会在聊城召开。

4月26日 中国共产党聊城市第十届委员会第七次全体会议在聊城召开。会议主要传达学习胡锦涛总书记视察山东的重要讲话和省委八届十次全会、全省构建社会主义和谐社会工作会议精神，并就贯彻落实问题进行研究部署。

5月3日 聊城市与韩国光明市缔结友好城市签字仪式在市政府举行。

5月9日 “马陵之战”纪念馆奠基仪式在莘县大张家镇马陵村（战国时期齐魏马陵之战的战场旧址）举行。该馆投资80万元，占地5333平方米。

5月12日 聊城市“‘十一五’聊城科技发展规划及2020年展望”专家咨询会在北京举行。

5月15日 全市民营经济工作会议在聊城召开。市委书记郭兆信，市委副书记、市长张秋波出席会议并讲话。

5月18日 中共中央政治局委员、新疆维吾尔自治区党委书记王乐泉带领新疆党政代表团到聊城考察。

5月19日 市委副书记、市长张秋波带领市政府代表团赴欧洲五国（奥地利、德国、芬兰、瑞士、英国）进行为期15天的友好访问。

6月6日 新疆维吾尔自治区党委副书记、区政协主席艾斯海提·克里木带领自治区党政代表团到聊城市考察。

7月3日 中共中央政治局常委、全国人大常委会委员长吴邦国到聊城视察。

7月14—15日 省委、省政府平安山东建设经验交流会在聊城召开。

8月12日 聊城仲裁委员会揭牌。

9月1日 第十一届鲁台经贸洽谈会·聊城招商说明会召开。台湾东南慈恩国际集团有限公司等3家台资企业分别与阳谷县、市贸促会签订投资合同，总投资额1500余万美元。

9月11日 全国政协副主席张思卿带领全国政协文物保护调研组到聊城就历史文物保护工作进行调研。

9月26日 聊城市第一届运动会在聊城大学体育场开幕。该届运动会历时10天，10月5日闭幕。

10月9日 庆祝聊城经济开发区建区10周年大会在东昌宾馆召开。

10月18—19日 市委副书记、市长张秋波在东昌宾馆会见韩国宜宁郡郡守韩右相一行，并陪同客人到高唐县、东阿县、聊城经济开发区考察部分工业企业。

10月21日 市委书记郭兆信主持召开市委常委会议，讨论并原则通过《聊城市国民经济和社会发展第十一个五年规划纲要（讨论稿）》。

10月28日 中国共产党聊城市第十届委员会第八次全体会议召开。会议学习贯彻中共十六届五中全会和省八届十一次全委会议精神，听取和讨论市委常委会工作报告，审议并原则通过《聊城市国民经济和社会发展第十一个五年规划纲要（审议稿）》，决定由市政府进一步修改后提交市十四届人大四次会议审议批准。

11月12—13日 全国人大常委会委员、全国人大农业与农村委员会主任委员刘明祖，副主任委员李春亭带领全国人大农委调研组到聊城就农业龙头企业与农民合作经济组织共同发展问题进行调研。

11月17—18日 全省残疾人从业扶贫开发工作现场经验交流会在聊城召开。

12 月 4 日 聊城市人民政府与中国神力集团联合开发莘县盐化工项目框架协议签字仪式在昌润大酒店举行。

12 月 7 日 省委书记、省人大常委会主任张高丽到东阿县走访慰问基层党员和困难群众。

12 月 8 日 全市第三批保持共产党员先进性教育活动动员大会召开。

12 月 23—27 日 “中国优秀旅游城市”复核检查组到聊城复核检查。27 日，复核验收通报会召开，聊城市顺利通过复核验收。

2006 年

1 月 19 日 市委、市政府在济南召开振兴聊城座谈会。

是日 聊城市农村住宅设计展在中国运河文化博物馆开展。

2 月 6—10 日 中国人民政治协商会议聊城市第十届委员会第四次会议召开。会议增选耿朝玉、李福祥、钟文泽为市政协副主席。

2 月 8—11 日 聊城市第十四届人民代表大会第四次会议召开。会议补选吕绍勤为市十四届人大常委会第一副主任，王启让、尹慧芹（女）为副主任；补选王晨为市人民检察院检察长。

2 月 16 日 市委书记郭兆信在东昌宾馆紫云阁会见韩国希杰集团副社长柳幸俊一行。

2 月 18 日 全市交通工作暨村村通油路工程总结表彰大会召开。

2 月 26 日 “2005 中国法官十杰”评选在北京揭晓。聊城市冠县法院定远寨人民法庭庭长李昆仑当选“中国法官十杰”，并被授予“金法槌”奖。

4 月 5—6 日 省委副书记、省纪委书记赵春兰，省政协副主席王宗廉在聊城调研帮扶工作。

4 月 11 日 聊城市人民政府、中国科学院微生物研究所、聊城大学联合主办的“中国聊城 2006 生物产业高峰论坛”在聊城开幕。

4 月 15 日 中国宋庆龄基金会第一个社会主义新农村建设教育基地和青少年实训基地在聊城姜堤乐园挂牌。

4 月 20 日 中共中央政治局常委、中纪委书记吴官正到聊城考察工作。

4 月 30 日 全市庆“五一”劳动模范座谈会在聊城举行。聊城市“全国五一劳动奖章（状）”、“富民兴鲁劳动奖章（状）”个人和单位获得者接受表彰并参加座谈会。

5 月 15—16 日 全国政协副主席陈奎元带领全国政协大运河保护与申遗考察团到聊城就运河历史与现状、沿河文物资源保护等情况进行考察。

5 月 18 日 市委书记郭兆信在东昌宾馆会见以澳大利亚布莱克城市长利奥·凯利为团长的布莱克城市政府考察团。

5 月 28 日 全省军分区（警备区）人武部全面建设达标观摩会议在聊城召开。

6 月 16 日 由香港新闻工作者联合会副主席、香港《文汇报》助理总编辑焦惠标任团长、《香港商报》副总经理吴秋文为副团长，由 13 名媒体工作人员组成的香港新闻采访团聊城开展采访活动。

7 月 1—10 日 2006 首届中国江北水城（聊城）合唱节在水城明珠大剧场举行。

7 月 20 日 中国·聊城 2006 先进制造技术高峰论坛暨工程技术成果交流洽谈会开幕式在东昌宾馆举行，来自 25 个国家级工程技术中心的 50 余位专家教授及省内外嘉宾共计 300 余人参加开幕式。

7 月 30 日 市委书记郭兆信带领聊城经贸代表团一行 13 人赴俄罗斯莫斯科参加中国聊城（莫斯科）科技合作洽谈会、中国聊城（莫斯科）农副产品加工贸易座谈会，并考察部分企业。

是日 市委副书记、市长张秋波在东昌宾馆会见中非共和国农村发展部部长姆巴伊·帕尔费阿尼塞、中非共和国总统顾问奥依菲奥·让·罗格一行。

8 月 31 日至 9 月 1 日 中共中央政治局委员、全国人大常委会副委员长、中华全国总工会主席王兆国到聊城东昌府区和茌平县、高唐县调研，并看望慰问企业困难职工和部分全国劳动模范代表。

9月8日 为庆祝中国佛教音乐创建1777年，首届2006中国鱼山梵呗节在中国梵呗祖庭——山东东阿鱼山梵呗寺拉开序幕。全国政协副主席阿不来提•阿不都热西提等专门发来贺电。省政协副主席、省委统战部部长齐乃贵，聊城市政府、市政协有关领导出席开幕式；来自中央音乐学院、清华大学、北京师范大学及海内外的教授专家、学者数千人参加开幕式。该节9月10日闭幕。

9月16日 现代书画家、美术教育家李苦禅艺术馆开馆仪式在高唐举行。

9月30日 聊城市公安局交巡警支队莘县大队大队长王峰获“全国最喜爱的十大人民警察”称号。

11月6日 聊城市第十四届人大常委会第二十八次会议召开。会议表决通过关于决定接受张秋波辞去市人民政府市长职务的决定，任命林峰海为市人民政府副市长、决定为代理市长。

2007年

1月24日 山东首届旅游总评榜揭晓。冠县获评“2006山东县域旅游品牌十强”，马颊河度假村被评为“2006山东最具竞争力十大景区”。

1月25—26日 省委书记、省人大常委会主任张高丽到聊城调查研究。

1月25—26日 韩国新村运动中央会会长、前总理李寿成带领考察团到聊城就合作开发中韩有机农产品示范园区进行考察。

2月13日 全省首届“感动山东十佳人物”评选活动揭晓。聊城市东阿县公安局退休民警陈金良榜上有名。

2月28日至3月3日 聊城市第十四届人民代表大会第五次会议在聊城召开。会议补选林峰海为聊城市人民政府市长，补选孙菁为市十四届人大常委会副主任，补选苏勇为市中级人民法院院长。

3月24日 全国首家地市级漫画家协会——聊城市漫画家协会成立。

4月3日 江北水城•冠县第二届梨园文化观光周开幕式在“中华第一梨园”——冠州梨园举行。

4月6日 市委书记郭兆信离任，宋远方任中共聊城市委委员、常委、书记。

4月13—16日 中国共产党聊城市第十一次代表大会在东昌宾馆大礼堂召开。十一届一次全体会议选举宋远方为市委书记，林峰海、金维民为市委副书记。

4月14日 市委副书记、市长林峰海在聊城昌润大酒店会见日本驻华大使馆公使井出敬二。

4月20日 中国聊城（香港）企业境外上市暨产权转让推介会在香港会展中心举行。

4月28—29日 聊城市第十四届人民代表大会第六次会议在聊城召开。会议补选宋远方为市十四届人民代表大会常务委员会主任。

4月30日 中国农工民主党聊城市委筹备委员会成立大会在光岳宾馆召开。

6月7日 联合国教科文组织“生命之水”10周年活动暨世界环境日2007年“水与自然”聊城公益推广活动开幕式在水城广场举行。

6月10日 市委书记、市人大常委会主任宋远方带领代表团访问韩国，并出席在首尔举行的第二届中日韩产业交流会。

是日 山东阳谷祥光铜业有限公司年产40万吨阴极铜（一期20万吨）项目银团贷款签约仪式在济南举行。该项目于11月29日在阳谷县正式投产。

6月29日 全市电子公文传输开通仪式在市政府举行。从7月1日起，市政府办公室将停止下发、受理有关文件的纸制件，所有文件一律从专网传送。

7月 聊城市第一届荷花文化艺术节在聊城植物园开幕。

8月30日 聊城市首家、全省第二家县级党的建设研究会——东昌府区党的建设研究会成立。

是日 聊城市首家农机专业合作社——东昌府区庆成农机专业合作社挂牌成立。

9月29日 市政府门户网站“百件实事网上办”暨“114政务信息一号通”开通仪式举行。

10月2日 首届中国江北水城（聊城）葫芦文化艺术节在运河博物馆馆前广场举行。

10月29日 省体育总会主办、东昌府区政府和市体育局承办的2007年山东省门球锦标赛在聊城举行。

11月8日 全国检察机关信访工作“白云热线”现场会在聊城召开。

11月12日 科技部部长万钢在聊城市调研科技工作。

11月28日 市委书记、市人大常委会主任宋远方在东昌宾馆会见到聊城考察访问的马来西亚国会议员拿督蔡锐明一行。

12月17日 在第十届中国戏剧节闭幕式暨颁奖仪式（苏州）上，聊城市豫剧院排演的新编历史轻喜剧《大明贤后》获3项大奖。其中，《大明贤后》获优秀剧目奖；剧中主角“大脚马皇后”扮演者章兰获优秀表演奖；编剧刘桂成获优秀编剧奖。

12月19日 2007环渤海地区经济联合市长联席会第二次市长特派员集中办公会扩大会议在聊城召开。32个成员市的与会代表齐聚水城，共谋环渤海区域经济协调发展大计。

12月28日 南水北调东线一期穿黄河工程以及南水北调东线山东段第一个截污导流工程在东阿县刘集镇正式开工建设。

是日 聊城市第一个流动人员党支部——中共聊城市人才交流服务中心人事代理人员机关支部正式成立。

是日 东阿县被全国绿化委员会授予“全国绿化模范县”称号。

是日 山东省首家种子专业合作社——聊城市星火种子示范园合作社成立。

2008年

1月3—7日 中国人民政治协商会议聊城市第十一届委员会第一次会议在聊城召开。会议选举王志刚为市政协十一届委员会主席，路广业、徐淑满、孙喜海、张广霞（女）、潘延红（女）、马亮宽、李福祥、张传玄为副主席。

1月4—8日 聊城市第十五届人民代表大会第一次会议在聊城召开。会议选举宋远方为市十五届人大常委会主任，申长海为第一副主任，郭秀华、尹慧芹（女）、孙菁（女）、刘新东为副主任；选举林峰海为市人民政府市长，刘加顺、侯军、刘继恩、刘冠凤（女）、秦传斌、蔡同民（回族）、赵庆忠为副市长；选举苏勇为市中级人民法院院长；选举王晨为市人民检察院检察长。

1月31日 聊城市及东阿县被省政府授予“山东省适宜人居环境奖（2005—2007年）”称号。

2月26日 全省服务标准化工作现场会议在聊城召开。

3月19日 第七届江北水城·运河古都（聊城）文化旅游节暨庆祝建市10周年新闻发布会在国务院新闻办举行。

3月20日 市委书记、市人大常委会主任宋远方会见到聊城访问的世界华人协会会长、香港财富集团董事局主席程万琦一行。

是日 聊城市人民政府与西安交通大学全面合作签约仪式在聊城举行。

3月21日 聊城市人民政府与世界华人协会在聊城举行经贸合作签字仪式。

3月25日 聊城大学运河文化研究中心成立。

3月27日 2008“江北水城·运河古都”山东聊城（温州）经贸合作恳谈会在浙江省温州市举行。来自温州、宁波的30余家客商与聊城市各县（市、区）进行项目签约，项目投资总额达40.01亿元。

4月1日 市委书记、市人大常委会主任宋远方带领聊城经贸代表团赴新加坡、印度尼西亚和中国香港开展为期10天的经贸洽谈和优秀企业境外上市推介活动。

4月1—2日 中央组织部常务副部长沈跃跃带领调研组到聊城市调研。

4月11日 市委书记、市人大常委会主任宋远方在东昌宾馆会见到聊城参加江北水城运河古都中国（聊城）国际樱花节的日本驻华使馆公使道上尚史。

4月19日 由国家体育总局小球运动管理中心、中国地掷球协会主办，阳谷县政府、省体育局小球运动中心承办的“日辉电缆杯”2008年全国地掷球锦标赛在阳谷县举行。

4月21—22日 省委书记姜异康在聊城调研。

4月28日 第七届江北水城•运河古都（聊城）文化旅游节开幕式暨聊城市建市10周年庆典举行。

是日 庆祝聊城市建市10周年图片展在中国运河文化博物馆正式开展。

4月29日 聊城市300余吨冠县鸭梨出口到荷兰。这是聊城市首次在水果外包装上贴自己的品牌出口，实现自营出口“零”的突破。

5月1日 “江北水城•运河古都”2008聊城文化旅游节暨庆祝建市10周年“建设杯”聊城市龙舟比赛在东昌湖举行。

5月19日 省委党校时风集团现场教学基地揭牌仪式在高唐县举行。

6月2日 山东交通聊城公路系统赴四川地震灾区公路抢险队奋勇出征。

6月10日 聊城古城规划设计研讨会举行。

6月18—19日 国家统计局市级调查队党组书记、队长工作座谈暨经验交流会在聊城召开。

7月1日 全省第一家工商仲裁院——聊城仲裁委员会工商仲裁院成立。

7月8日 聊城市阳谷祥光铜业有限公司年产40万吨阴极铜（一期20万吨）工程获第二届“国家环境友好工程”奖。

7月23日 全国人大常委会委员、全国人大内务司法委员会主任委员黄镇东带领调研组到聊城就贯彻实施《全国人大常委会关于完善人民陪审员制度的决定》情况进行调研。

7月26日 人力资源和社会保障部、公安部联合下发文件，授予聊城市公安局民警陈春龙“全国公安系统一级英雄模范”称号。同时，被省政府追授为“革命烈士”，被团省委、省公安厅追授予“山东省杰出青年卫士”称号。

7月30日 由中国人民银行聊城市分行、融源电子设备有限公司联合研制的国内第一台电子残币兑换仪在聊城研制成功。该仪器获国家专利，同时填补国内该项技术的空白。

8月29日 中国国际商会聊城商会成立。

9月28日 “江北水城•运河古都”山东聊城经贸合作恳谈会在上海举办。

9月30日 中国“江北水城•运河古都”第二届葫芦文化艺术节开幕。

10月2日 电视连续剧《武训》创作拍摄仪式在冠县举行。

10月10日 聊城水文水资源勘测局加挂“聊城市水文局”牌子，实行省水利厅、聊城市政府双重管理体制。

10月24日 在杭州举行的“2008中国（国际）休闲发展论坛”颁奖盛典上，聊城市凭借“城中有水，水中有城，城水一体，交相辉映”的水城格局和独特的休闲产业，被认定为“2008中国十大特色休闲城市”。

10月26日 山东省书画交流协会聊城分会、山东羲之书画艺术研究院聊城分院成立。

10月28日 纪念改革开放30周年“东昌杯”全国诗歌大赛颁奖晚会在聊城举行。

10月30日 聊城市第一个社区志愿者协会——高唐县天齐庙社区志愿者协会成立。

10月 力诺太阳能集团首台21平方米全电熔窑炉在莘县古云工业区三元太阳能有限公司成功点火。该窑炉是当时全球熔化面积最大、产能效能最高的高硼硅3.3玻璃拉管项目。

11月12日 国务院南水北调办公室主任张基尧到聊城考察南水北调东线穿黄工程建设情况。

11月26日 2008年山东阳谷第二届蚩尤文化研讨会在阳谷举行。

是日 在青岛市举行的“夕阳秀”全国合唱大赛上，聊城市中老年合唱艺术团《沂蒙颂》《瓦西里》两首参赛歌曲获“合唱金奖”。

是日 祥光铜业申报的“双闪”铜冶金系统集成工艺、“双闪”炼铜综合自动化系统的开发与应用，分别获2008年度中国有色金属工业科学技术一等奖。

12月1日 市委书记、市人大常委会主任宋远方在聊城会见美国德惠投资集团高级顾问、前副国务卿、驻瑞典前大使格里格瑞·纽韦尔带领的美国德惠投资集团商务考察团一行。

12月6日 山东省第一家非公募基金会组织——山东省武训教育基金会成立大会在冠县召开。会议现场收到捐款546.32万元。

12月8日 第一批山东省廉政教育示范基地授牌仪式在聊城举行。仪式为孔繁森同志纪念馆等10个全省廉政教育示范基地进行授牌。

12月26日 聊城市人民医院医疗保健中心获国家建设工程质量最高奖——鲁班金奖。

2009年

1月15日 文化部印发《关于命名中国民间文化艺术之乡的决定》，聊城市有5个县（市、区）获“中国民间文化艺术之乡”称号。其中，临清市为“中国京剧艺术之乡”、高唐县为“中国书画艺术之乡”、茌平县为“中国剪纸艺术之乡”、东阿县为“中国杂技艺术之乡”、东昌府区为“中国葫芦雕刻艺术之乡”。

2月5日 聊城市人民政府与工商银行山东省分行战略合作备忘录签字仪式在聊城市举行。

2月20日 聊城市“江北水城·运河古都”山东聊城杭州经贸合作恳谈会在杭州市举办。

2月24日 聊城市“江北水城·运河古都”山东聊城（东莞）经贸合作恳谈会在东莞市举办。

3月2日 2009“江北水城·运河古都”山东聊城产业合作说明会在北京市举行。

3月13日 聊城·西安科技招商洽谈会在西安市举行。

3月23日 聊城市政府与中国农业银行山东省分行银政战略合作协议签字仪式在聊城举行。省农行将在2009—2011年三年内向聊城市交通、化工、高新技术和现代制造业等领域的重点建设项目提供总额100亿元的信用支持。

4月1日 2009全国青年男子篮球联赛暨“十一运”聊城赛区测试赛在市体育馆开幕。

4月2日 “山东人游山东——满园春色生态之旅”暨江北水城·运河古都·冠县第四届梨园文化观光周在冠县“中华第一梨园”启动。

4月14日 市委书记、市人大常委会主任宋远方带领市经贸代表团到俄罗斯举办2009中国聊城·莫斯科经贸合作交流会。

4月20日 市委书记、市人大常委会主任宋远方率团到芬兰首都赫尔辛基市开展经贸交流活动。

4月21—23日 市委书记、市人大常委会主任宋远方率团分别在瑞典首都斯德哥尔摩、著名港口城市哥德堡举行经贸洽谈活动。

4月24日 2009年聊城市优化金融生态环境暨重点项目建设推进会在聊城举行。推进会期间，各金融机构与聊城市重点项目单位和企业共签约信用总量金额293.08亿元。

5月1日 聊城中国运河文化博物馆正式开馆。

5月13—15日 市委书记、市人大常委会主任宋远方，市委副书记、市长林峰海带领聊城市党政考察团到天津和河北唐山市进行学习考察。

5月18—19日 省政府美国白蛾防控督查组到聊城督查美国白蛾防控工作。

5月19日 由中国林业科学研究院和市政府联合主办的全国第一届阻燃·环保人造板生产及应用论坛在阳谷县开幕。

5月20日 聊城市第一家小额贷款公司——东昌府区天元小额贷款股份有限公司开业。

6月12日 中国阿胶养生文化苑工程在东阿县开工建设。该项目集文化、中医养生、旅游等于一体，先期投资4000万元，总规划占地面积14.8公顷，为山东省百个重点文化产业项目之一。

6月16日 省委书记、省人大常委会主任姜异康到聊城市调研。

6 月 17—18 日　市委书记、市人大常委会主任宋远方，市委副书记、市长林峰海在聊城会见俄罗斯鞑靼斯坦共和国切尔内市市长哈里卡夫·伊利达尔带领的经贸代表团一行。

6 月 19 日　阳谷祥光铜业年产 40 万吨阴极铜二期（20 万吨）工程开工仪式举行。

6 月 22 日　聊城市廉政研究基地（聊城大学廉政研究中心）揭牌仪式在聊城大学举行。该研究基地是全省首家校地联合组建的防腐倡廉理论研究机构。

6 月 24 日　聊城市应急救援支队揭牌仪式举行。

7 月 13 日　2009（香港）山东聊城投资说明会暨经济洽谈会在香港举行。中联办经济部副部长孙文秀、香港贸易发展局中国内地推广部经理罗文生及香港经济界代表 140 多人应邀参加洽谈会。

7 月 19 日　中国城市竞争力研究会发布 2009 年度“中国十佳宜居城市”排行榜，聊城市凭借良好的人居环境，获中国十佳宜居城市第七名。

7 月　聊城市代表山东省迎接国家首次对海河流域水污染防治工作考核，取得第一名。

8 月 1 日　中国江北水城·运河古都（聊城）第三届国际葫芦文化艺术节在东昌府区堂邑镇开幕。

8 月 5 日　聊城市高新技术创业服务中心晋升为“国家级高新技术创业服务中心”暨聊城科技专家工作站晋升为“省级院士工作站”揭牌仪式举行。

8 月 7 日　聊城市企业联合会、聊城市企业家协会成立。

8 月 24—29 日　市委副书记、市长林峰海带领聊城经贸考察团赴台湾考察。

8 月 27—28 日　省委副书记、省长姜大明在聊城市调研。

9 月 2—3 日　海峡两岸关系协会副会长张铭清到聊城考察经济社会发展和对台工作。

9 月 14 日　山东电力集团公司与市政府“2010 年聊城电网建设项目对接会”在聊城举行，双方共同签署《2010 年聊城电网建设项目对接会谈纪要》。

9 月 16 日　聊城高级财经职业学校揭牌。该职校由聊城贸易学校、聊城市财政学校、聊城商业技工学校、聊城水利职业中专学校、聊城外国语学校 5 所学校合并而成。

9 月 19 日　2009 中国·聊城博士创业座谈会在北京举行。

9 月 23 日　巴西巴伊亚州驻联邦政府代表索尼亚·卡内罗一行到聊城参观考察。

9 月 26 日　“京杭大运河—山陕会馆”特种邮票首发仪式在运河文化博物馆广场举行。

10 月 1 日　聊城市技师学院（聊城高级工程职业学校）举行新校园启用揭牌仪式。

10 月 8 日　中华人民共和国第十一届运动会中国石化杯火炬接力聊城传递活动在聊城市举行。

10 月 13—14 日　光大集团总公司执行董事兼副总经理李学明到聊城考察。

10 月 23 日　由香港《文汇报》发起、香港新闻界与工商界共同主办的“影响中国”大型系列评选活动颁奖典礼在香港举行。聊城市以“活力与魅力兼具、古韵与今风并存”的独特之美，获“影响中国特色魅力城市”奖。

10 月 24 日　市委副书记、市长林峰海在东昌宾馆会见台湾中小企业经营策略协会理事长周朝国一行，并向周朝国颁发市政府特邀经济顾问聘书。

10 月 30 日　新凤祥控股有限公司成立暨北京办公区启用仪式在北京举行。

11 月 1 日　聊城市首家五星级餐馆——临清开元山庄五星级餐馆揭牌仪式举行。

11 月 4—5 日　省人大常委会常务副主任高新亭对聊城市经济社会发展和城镇化建设情况进行视察指导。

11 月 9 日　省科技厅正式批准聊城市口腔颌面——头颈医学生物学重点实验室为省市共建山东省重点实验室

11 月 20 日　国家统计局聊城调查队正式成

立并揭牌。聊城调查队是国家统计局派出机构，实行垂直管理领导体制。

11 月 30 日 在北京钓鱼台国宾馆举行的中国城市品牌大会上，聊城市获“中国十大绿色生态城市”称号。

12 月 10 日 聊城市与希杰集团在韩国首尔市签署第五期经济合作框架协议。省委副书记、省长姜大明到会致辞，市委副书记、市长林峰海，希杰集团会长李在贤出席签约仪式。

2010 年

1 月 7 日 聊城市、县政府机构改革动员大会召开。

1 月 9—16 日 市委书记、市人大常委会主任宋远方带领张自忠生平学术交流团赴台湾进行学术交流，并会见台湾亲民党主席宋楚瑜。

1 月 18 日 西安交通大学聊城科技园奠基仪式在聊城市举行。该园一期规划面积 16.27 公顷，总投资 6 亿元，规划建设面积 30 万平方米，将引入西安交大国家大学科技园、技术转移中心、高新技术创业服务中心、产学研中心、国家重点实验室、人才培训中心及陕西省工业技术研究院等机构。

2 月 1 日 省委副书记、省长姜大明到聊城走访慰问困难群众和中华人民共和国成立前老党员。

2 月 8 日 山东社会科学院经济调研基地在聊城市挂牌成立。

2 月 22 日 全国人大常委、全国人大外事委员会主任委员李肇星到聊调研。

3 月 25 日 南水北调东线穿黄河隧洞工程贯通仪式在东阿县位山穿黄隧洞北口举行。

4 月 8 日 聊城市 2010 聊城（重庆）经贸洽谈活动在重庆举办。

4 月 11 日 聊城市广播电视总台（集团）揭牌仪式举行。

5 月 6—13 日 市委副书记、市长林峰海带领聊城经贸代表团赴香港参加“山东—香港国际周”系列贸易投资洽谈活动。

5 月 16—17 日 全国人大常委、全国人大财经委员会副主任委员、省委原副书记、原省长韩寓群到聊城考察。

5 月 18 日 “齐鲁讲坛”聊城分坛建立，首场报告《中国文化与大学生成长成才》于当日在聊城职业技术学院开讲。

5 月 26 日 聊城市古琴学会成立。

6 月 17 日 台湾中小企业经营策略协会理事长周朝国及部分台湾企业负责人到聊城考察经济社会发展和投资环境情况。

6 月 20 日 全国政协副主席、全国工商联主席黄孟复到聊城考察工业企业和城市重点项目建设情况。

6 月 21 日 2010 海内外知名企业家齐鲁行暨中国聊城投资经贸洽谈会在东昌宾馆开幕。

7 月 19 日 市委书记、市人大常委会主任宋远方会见日本富士电机企业中国总部董事长兼总经理三木广志一行。

7 月 23 日 中国红十字基金会幸福天使基金向市红十字会捐赠仪式在聊城举行。

7 月 24 日 聊城市东昌府木版年画研究会在光岳宾馆成立。

7 月 24—25 日 由省生态文明研究会、聊城市政府、省环保厅和省政府节能办共同举办的生态文明与低碳山东高层论坛暨山东省生态文明研究会 2010 年年会在聊城召开。

8 月 3 日 市委书记、市人大常委会主任宋远方会见到访的尼日利亚奥贡州州长奥通巴·本珈·丹尼尔一行。

8 月 9 日 省委副书记、省长姜大明到聊城市检查指导防汛工作。

8 月 10 日 市委书记、市人大常委会主任宋远方会见力拓集团铝业总经理杰妮丝·科特一行。

8 月 28 日 全国政协副主席、民革中央常务副主席厉无畏在聊城市考察文化建设、城市建设等情况。

9 月 15 日 聊城市村村通油路工程竣工大

会在高唐县举行。

9月26日 全市首条城际公交线路——聊城市区至东阿县城公交客车开通运营。

10月8日 省委书记、省人大常委会主任姜异康带领全省转方式、调结构现场观摩团到聊城进行观摩检查。

10月12日 聊城市南水北调工程建设指挥部成员（扩大）会议在聊城召开。

10月26日 市委书记、市人大常委会主任宋远方会见台湾金属工商协进会理事长陈麒钧一行。

11月2—3日 全省烟草局（公司）系统优秀县级局暨优秀营销部创建活动现场会在聊城召开。

11月8日 聊城市新闻工作者协会成立暨第一次代表大会在光岳宾馆举行。

11月10日 2010中国聊城（深圳）投资环境说明会在深圳举行。其间，签约项目43个，投资总额169亿元。

11月15日 市委副书记、市长林峰海在聊城会见韩国希杰集团第一制糖株式会社常务副社长、生化本部和饲料本部部长金喆河一行。

11月24日 聊城市非公有制企业发展联合会成立。

11月28日 冠县“田马园水土保持科技示范园”通过水利部专家组评定验收，为聊城市首个国家级水土保持科技示范园区。

12月2日 全市行政村通客车暨乡镇客运站建设竣工大会举行。

12月7日 聊城市对获得“省级非物质文化遗产”称号的阳谷黄河夯号、东阿凤凰山传说、临清健脑补肾丸制作技艺、冠县蛤蟆嗡、冠县柳林降狮舞、聊城牛筋腰带、临清肘锤、临清潭腿、聊城铁公鸡、莘县温庄火狮、茌平剪纸、东阿杂技、临清时调等13个项目进行授牌。

12月9日 泉林包装境外控股公司——纷美包装有限公司在香港联交所主板上市。

12月10日 2010聊城（深圳）优势产业推介会在深圳举行。

12月19日 东阿国家黄河森林公园通过国家森林公园评审委员会评审，正式晋升为国家级森林公园。

12月25日 第十二届山东省乡村青年文化节在茌平县冯官屯镇开幕。

12月28日 中国有色金属新城授牌仪式暨聊城有色金属研究院成立大会在聊城大学举行。

是年 聊城市政府被省政府授予“‘十一五’山东省节能突出贡献单位”称号，并记集体一等功。

2011年

1月1日 省委副书记、省长姜大明在聊城市调研走访。

1月7—8日 中国共产党聊城市第十一届委员会第八次全体会议在聊城举行。全会听取和讨论市委书记宋远方代表市委常委会所作的工作报告，审议通过《中共聊城市委关于制定国民经济和社会发展第十二个五年规划的建议》等。

1月10日 首届聊城市“市长质量奖”颁奖大会在聊城举行。会议宣读《聊城市人民政府关于表彰2010年度聊城市市长质量奖获奖组织和个人的通报》，为聊城市获2010年山东名牌产品、山东省服务名牌企业进行授牌。该奖项为2010年2月设立。

1月11日 省委副书记、省政协主席刘伟到开发区走访慰问。

1月12日 市委副书记、市长林峰海在聊城会见台湾欧俄集团总裁林天来一行。

1月17—18日 山东省住房和城乡建设工作会议在聊城召开。市委书记、市人大常委会主任宋远方到会致辞，市委副书记、市长林峰海代表聊城市作经验介绍。

1月21—24日 中国人民政治协商会议第十一届聊城市委员会第四次会议在聊城召开。会议补选金维民为市十一届政协主席，万庆阳、姜之厚为副主席。

2月2日 聊城市首届网络春节晚会开播。

2月18日 聊城市2010全面提升年总结表彰大会在东昌宾馆大礼堂举行。市委书记、市人大常委会主任宋远方出席会议并讲话。

2月22日 市委副书记、市长林峰海在聊城会见德国巴斯夫公司无机化学部总裁毕戈奇一行。

3月3日 2011聊城（北京）对接央企联谊会在北京举行，现场签约项目6个、金额104.8亿元。

3月7日 市委副书记、市长林峰海应邀参加中央电视台——全国“两会”特别报道《又是一年春来到》节目，围绕农田水利建设和抗旱保丰收这一主题，介绍聊城的经验和做法。

3月22日 市委副书记、市长林峰海在聊城会见参加“世界郑氏经贸2011中国江北水城交流论坛”的台湾工党中央委员会主席、台湾两岸关系发展促进会理事长郑昭明一行。

3月23日 孔繁森同志纪念馆被命名为“全国廉政教育基地”揭牌仪式在聊城举行。

3月30日 聊城古城总体规划汇报会在市规划局召开。会议原则通过汉嘉集团的《古城总体规划成果方案》。

4月10日 由最高人民检察院主办，省检察院、市检察院承办的“法治与责任——全国检察机关惩治和预防渎职侵权犯罪展览”巡展在聊城中国运河文化博物馆开幕。

4月28日 市委副书记、市长林峰海在东昌宾馆会见韩国希杰集团常务副社长金喆河一行。希杰集团与聊城开发区管委会签订投资1.2亿美元，生产5000吨核苷酸和5万吨赖氨酸项目。

4月30日 聊城市第一个限价房保障性安居工程——南湖新城开工奠基仪式举行。

5月3日 市委副书记、市长林峰海在聊城会见澳大利亚布莱克城市市长爱伦•潘多顿一行。

5月4日 聊城市人民政府与澳大利亚联邦新南威尔士州布莱克城市议会设计与建造中国园（昌莱园）谅解备忘录签约仪式在聊城举行。

5月9日 2011香港•聊城优势产业推介会在香港举行。推介会现场签约项目24个，总投资额11.67亿美元。

5月13日 聊城市担保行业协会成立大会举行。

5月20日 首届全国高校大学（公共）外语教育学院发展专题论坛在聊城大学举行。

5月 聊城市被环保部授予“国家环境保护模范城市”称号。

6月2日 国家粮食局局长聂振邦一行到聊城调研夏粮生产和收购准备情况。

6月14日 山东省企业文化学会聊城理事会成立并揭牌。

6月17日 中国共产党聊城军分区第七次代表大会在聊城召开。

6月23日 2011聊城（南京）科技合作洽谈会在南京举行。

7月6日 市委副书记、市长林峰海在聊城会见日本千叶县鸭川市副市长石田日出夫一行。

是日 市委副书记、市长林峰海在东昌宾馆会见巴西帕拉州州长代表、州政府战略项目部长悉尼•罗萨一行。

7月8—15日 市委副书记、市长林峰海带领聊城市经贸文化交流团赴台湾参加省政府举办的“孔子故里　好客山东”台湾行活动。

8月2日 纪念季羡林先生100周年诞辰座谈会在季羡林家乡临清市举行。

8月11日 纪念张自忠将军120周年诞辰大会在临清市举行。

是日 山东省公安机关网上追逃专项督察“清网行动”现场推进会在聊城召开。

8月16日 聊城市工程咨询院揭牌仪式举行。

8月17日 全省公安机关监管系统执法规范化建设现场会在聊城召开。

8月18日 聊城报业传媒集团揭牌仪式举行。

8月25日 聊城篮球运动协会成立并揭牌。

9月16—17日 中共中央政治局委员、国务委员刘延东到聊城就科技、文化、教育等工作进行调研。

9月22日 恒丰银行聊城分行开业庆典仪

式在聊城举行。

10月17日 聊城（北京）对接央企恳谈会在北京举行。

11月10日 中国共产党聊城市第十一届委员会第十次全体会议在聊城举行。全会审议通过《中共聊城市委关于认真贯彻落实党的十七届六中全会精神推动文化大发展大繁荣的实施意见》和《关于召开中国共产党聊城市第十二次代表大会的决议》。市委书记宋远方讲话。

是日 聊城市人民政府、浪潮集团有限公司签署战略合作协议暨聊城云计算中心揭牌仪式在阿尔卡迪亚酒店举行。

11月14日 市委书记、市人大常委会主任宋远方在聊城会见美国北乔治亚学院暨州大学校长博妮塔雅各布斯一行。

11月17日 2011山东聊城（西安）科技合作洽谈会在西安举行。

11月18日 “廉洁救灾阳光重建”汶川地震抗震救灾和灾后重建监督检查图片展全国巡展在聊城举行。

12月16日 投资聊城企业家联谊会在广东东莞市举行。

12月23日 中国农工民主党聊城市工作委员会成立。

2012年

1月1日 省委副书记、省长姜大明到聊城调研循环经济发展、推进科技创新、产业链条延伸等工作。

1月8日 聊城浙江商会成立。

1月9日 聊城火车站新站房启用仪式举行。新站房建筑面积1.50万平方米，售票窗口15个，可同时容纳2500人候车。

1月15日 市政府第五十九次常务会议召开。会议讨论并原则通过《聊城市“十二五”消防事业发展规划》《聊城市地方水利建设基金筹集和使用管理办法》《聊城地方史志工作管理办法》等。

1月 聊城市被全国双拥工作领导小组、民政部、解放军总政治部命名为“全国双拥模范城”。

2月2—5日 中国共产党聊城市第十二次代表大会在市会议接待中心召开。大会听取讨论并通过《中共聊城市第十一届委员会工作报告》，讨论并通过《中共聊城市纪律检查委员会工作报告》。大会选举中共聊城市第十二届委员会委员49人、候补委员9人；选举中共聊城市纪律检查委员会委员40人；选举聊城市出席中共山东省第十次代表大会代表39人。

2月5日 中共聊城市第十二届委员会第一次全体会议召开。会议选举宋远方、林峰海、王忠林、万志博、刘春华（女）、李希信、侯军、秦传滨、蔡同民（回族）、赵庆忠、刘强、王勇、丛锡钢、刘炤（挂职）为市委常委；宋远方为市委书记，林峰海、王忠林为市委副书记。会议批准中共聊城市纪律检查委员会第一次全体会议选举结果。市委书记宋远方代表新一届市委讲话。

2月15日 聊城市政协委员企业家联谊会成立。

2月26日至3月1日 中国人民政治协商会议聊城市第十二届委员会第一次会议在市会议接待中心举行。会议选举金维民为市十二届政协委员会主席，贾少勇、张广霞（女）、潘延红（女）、马亮宽、万庆阳、张传玄、姜子厚、孟广武为副主席。

2月27日至3月2日 聊城市第十六届人民代表大会第一次会议在聊城召开。会议选举宋远方为聊城市第十六届市人大常委会主任，汪文耀为第一副主任，选举林峰海为市人民政府市长，李希信、侯军、白志坚、李吉增、张旋宇、马丽红（女，回族）、任晓旺为副市长；选举黄伟东为市中级人民法院院长，选举王学军为市人民检察院检察长。

2月 聊城市被建设部授予“国家园林城市”称号。

3月3日 聊城（北京）对接央企联谊会在北京举行，现场签约项目34个，计划投资总额378.6亿元。

3月18日 上海浦东发展银行股份有限公

司聊城分行开业庆典暨捐赠仪式在市会议接待中心报告厅举行。

3 月 19 日　聊城市“2011 继续提升年”总结表彰暨“2012 争先进位年”动员部署大会在东昌宾馆大礼堂举行。

3 月 20 日　市委书记、市人大常委会主任宋远方在聊城会见韩国宜宁郡议会议长姜声文一行。

3 月 29 日　市委书记、市人大常委会主任宋远方在市会议接待中心会见美国艾奥瓦州道奇堡市市长马特伯姆瑞彻一行。

4 月 6 日　2012 投资聊城重点企业恳谈会在深圳举行。恳谈会现场签约合同项目 10 个，计划投资额 112 亿元。

4 月 12 日　全省劳动保障监察工作暨机构队伍建设现场会在聊城召开。

4 月 13 日　聊城市革命老区建设促进会成立。

是日　2012 江北水城、运河古都冠县第七届梨园文化观光周在冠县“中华第一梨园”风景区举行。

4 月 14 日　马本斋纪念馆奠基仪式在莘县张鲁镇举行。纪念馆占地面积 1.33 公顷，整体采用伊斯兰建筑风格，主展馆面积 3242 平方米。张鲁镇为马本斋原安葬地。

4 月 16—27 日　市委书记、市人大常委会主任宋远方带领聊城市经贸代表团到美国、加拿大和韩国进行访问，走访有关企业、商社、跨国公司和聊城驻外机构等。

4 月 18 日　聊城市普通话与传媒协会成立。

4 月 27 日　2012 山东聊城（武汉）科技经济合作洽谈会在湖北省武汉市举行。其间，市有关企业与武汉高校院所签订科技合作项目 90 个，项目总投资 25 亿元；与武汉企业对接洽谈项目 42 个，其中合同项目 19 个，计划投资 44.6 亿元。

5 月 7 日　聊城市青年联合会成立大会在东昌宾馆举行。

5 月 8 日　山东省见义勇为基金会理事长孟庆丰等到聊城走访慰问山东省见义勇为先进分子刘春虎。刘春虎，东昌府区郑家镇郇家村村民，2011 年 9 月，不顾个人安危，飞身火海、抢救老人，全身 70% 以上的皮肤被烧毁。2012 年，他被授予“山东省见义勇为先进分子”称号。

5 月 12 日　市委副书记、市长林峰海在聊城会见韩国驻青岛总领事馆总领事黄胜炫一行。

5 月 23 日　聊城市城镇化发展研究会揭牌成立。

6 月 8 日　2012 投资聊城长三角重点企业恳谈会在杭州举办，现场签约项目 104 个，计划投资额 552.28 亿元。

6 月 14 日　聊城市政府与山东工艺美术学院全面合作共建签约仪式在市会议接待中心举行。

6 月 16 日　聊城市企事业法制建设促进会成立。

6 月 19 日　日本国际贸易促进协会理事长笠井雄一行到聊城经济开发区及阳谷县、东阿县部分重点企业进行考察。

6 月 22 日　2012 中国江北水城·运河古都（聊城）水文化节在水城广场开幕。

6 月 28 日　纪念刘邓大军强渡黄河 65 周年暨渡河指挥部旧址修复工程竣工庆典仪式在阳谷县举行。

7 月 5 日　聊城第六届荷花文化艺术节开幕式在聊城植物园举行。

7 月 9 日　2012 香港聊城经贸合作洽谈会暨重大合作项目签约仪式在香港举行。现场签订投资协议和合同 17 个，涉及有色金属、机械制造、现代农业、商贸物流等产业，总投资额 6 亿美元；签约项目 21 个，总投资额 13.3 亿美元。

7 月 21—22 日　2012 中国聊城首届“水文化”节全国公开水域游泳大奖赛在东昌湖 4 号水域和运河段举行。来自北京、天津、上海、浙江、黑龙江、吉林、安徽、湖南、湖北、江苏、河南、江西、山西等省市和全省各地市、企业的 46 个代表队 1000 多名运动员参赛。

7 月 23 日　聊城市首个社区联合党总支——东昌府区新区街道八一社区联合党总支成立。

7 月 24 日　聊城市双拥工作暨创建全国双

拥模范城表彰大会召开。

8月3日 聊城市人民政府与中国移动山东公司建设“智慧聊城”战略合作签约仪式举行。

8月4日 聊城市政府与首旅集团、盛世百年公司《聊城市古城保护与改造项目合作协议》签约仪式在市会议接待中心举行。

8月8日 聊城市儿童福利院揭牌仪式举行。

8月9—10日 省委书记、省人大常委会主任姜异康到聊城调研。

8月11日 聊城市农产品市场协会成立暨第一届会员代表大会举行。

8月14—15日 市委书记、市人大常委会主任宋远方，市委副书记、市长林峰海在聊城分别会见日本山口县周南市议会议员、日中韩国际贸易促进协会会长岛津幸男一行。

8月16日 聊城市工业产学研合作促进会成立大会举行。

8月22日 全国京剧优秀青年演员折子戏展演在聊城水城明珠剧场开幕。

8月28日 聊城市人民政府、华能山东发电有限公司、山东祥光集团有限公司合作框架协议签约仪式在市会议接待中心举行。其中，聊城市人民政府与华能山东发电有限公司签订战略合作框架协议，华能山东发电有限公司与山东祥光集团有限公司签订合作建设2×600兆瓦超临界发电机组项目框架协议。

9月1日 聊城市政府主办的“有色金属产业发展高端论坛”在东昌宾馆举行。

9月16日 聊城大学与约旦费城大学合作共建的“约旦费城大学孔子学院”在约旦首都安曼皇家文化中心揭牌仪式举行。

9月19—24日 应斐济政府总理办公室邀请，市委书记、市人大常委会主任宋远方带领聊城市经贸代表团对斐济进行考察访问。

10月9—10日 全国政协副主席、农工党中央常务副主席、中国生态文明研究与促进会会长陈宗兴到聊城出席中国（聊城）生态文明建设国际论坛，并考察聊城市文化建设、城市建设等。

11月1日 聊城市生态文明研究与促进会成立。

11月2日 “山东省委重建纪念馆”在莘县古云镇徐庄村正式开展。

11月20日 市委副书记、市长林峰海在聊城会见韩国驻华大使李揆亨及韩国驻青岛总领事馆总领事黄胜炫一行。

11月 聊城市被国土资源部授予“中国温泉之城”称号。

12月8日 市委副书记、市长林峰海，市委副书记王忠林在聊城会见台湾台望集团工会主席、中国国民党中央委员吴祈忠一行。

12月18日 聊城市人民对外友好协会成立。

12月21日 全国公安机关警务访评工作观摩会在聊城召开。

是日 第二届香港论坛中国城市发展新方向暨第二届“让城市更优秀”城市颁奖礼在香港铜锣湾世贸中心举行。聊城市被授予“2012中国十佳美丽城市”“2012中国最具幸福感城市”牌匾。

2013年

1月5日 “中国人民解放军总医院人才培养基地”揭牌仪式在聊城职业技术学院举行。此为中国人民解放军总医院在全国高职院校建立的首家人才培养基地。

3月2日 经国务院批准，聊城经济开发区正式升级为国家级经济技术开发区，定名为“聊城经济技术开发区”，实行现行国家级经济技术开发区的政策。

3月6日 市委书记宋远方离任，林峰海任中共聊城市委书记。

3月7日 聊城市第十六届人大常委会第七次会议召开。会议表决通过关于接受宋远方辞去市十六届人大常委会主任职务的决定、关于接受林峰海辞去市人民政府市长职务的决定，任命王忠林为聊城市人民政府副市长，决定为代理市长。

3月27—29日 聊城市第十六届人民代表

大会第三次会议在聊城召开。会议补选林峰海为市十六届人民代表大会常务委员会主任，补选王忠林为市人民政府市长。

4月8日 原中共中央顾问委员会委员赵健民骨灰安放仪式在聊城天福陵园举行。

4月19日 省委副书记、代省长郭树清到聊城就建设山东西部新的经济隆起带进行调研。

4月26日 全国农村五保供养服务机构建设管理推进会在聊城召开。

4月27日 聊城市举行庆祝“五一”国际劳动节暨劳动模范表彰大会，对获全国五一劳动奖章、全国“工人先锋号”、山东省劳动模范和“全市十大杰出职工”称号的先进集体、先进个人进行表彰。

5月10日 江北水城·运河古都（聊城）第二届水文化节开幕式暨中国首届国际微映像大赛启动仪式在水城广场举行。

5月12日 在深圳举办的2013首届中国城市公共汽车节能大赛上，聊城市中通气电混合动力客车获气电混合组第一名。

5月13—20日 市委副书记、市长王忠林率聊城市经贸文化交流团到台湾进行考察访问。19日，“江北水城·运河古都”台湾行聊城经贸文化交流洽谈会在台北市举行，聊城市与台湾企业界签订协议29个，合同总投资额168.2亿。

5月15日 省委书记、省人大常委会主任姜异康到东阿县联系点调研。

5月23日 2013年山东聊城、东南大学产学研交流会在市会议接待中心开幕。

5月24日 2013投资聊城长三角地区企业家恳谈会在浙江杭州举行。

5月27日 2013香港聊城经贸合作项目签约仪式在香港举行。签约合作项目16个，总投资12.27亿美元，合同协议外资8.64亿美元。

6月28日 德上高速公路聊城至夏津段开工仪式举行。该路聊城市境内118千米，设置聊城北、临清东、夏津西3处出入口。

7月1日 中共聊城市委常委会议召开。会议确定，聊城经济技术开发区与聊城高新技术产业开发区分设管理〔将聊城经济技术开发区以黄河路、东外环路和长江路东延伸线（位山—干渠）为界分成南北两部分，北部为聊城经济技术开发区，南部为聊城高新技术产业开发区〕。启动凤凰湖旅游度假区建设。

7月5日 省委书记、省人大常委会主任姜异康到聊城调研，听取党员干部群众对开展党的群众路线教育实践活动的意见和建议，了解“四风”方面群众反映强烈的突出问题，走访慰问老党员和生活困难党员。

7月11日 全省检察机关民生检察服务热线岗位技能练兵活动在聊城举行。

7月16日 市委书记、市人大常委会主任林峰海调研聊城古城建设。

7月19日 凤凰湖旅游度假区启动工作会议召开。

7月25日 省发展改革委与聊城市签署加快建设西部经济隆起带战略合作框架协议。省发展改革委将在规划引领、政策支持、项目建设、合作共建等方面支持聊城。

8月1日 2013投资聊城珠三角企业家恳谈会在深圳举行。恳谈会现场签约项目40个，签约额422.4亿元；对接珠三角活动共签约项目67个，签约金额487.51亿元；协议项目16个，签约额168.7亿元。

是日 在全国城市党刊研究会第二十二届年会（宁夏吴忠市）上，聊城市委机关刊物《聊城通讯》被评为“全国城市十佳党刊”。

8月14日 市委副书记、市长、市规划委员会主任委员王忠林主持召开市规委会2013年第一次会议，研究《聊城市凤凰湖旅游度假区总体规划》《聊城市火车站站前区当代城市广场规划建筑设计方案》《聊城市徒骇河新天地规划建筑方案》等。

8月27日至9月4日 市委副书记、市长王忠林带领聊城经贸代表团赴欧洲开展友好访问和经贸洽谈活动。

8月29日 经北京韩国商会总会以及山东韩国商会批准，聊城韩国商会正式成立。

9月10日 2013中国聊城（首尔）经贸合作项目恳谈会在韩国首尔举办。韩国政界、工商界、金融界120余名代表出席洽谈会。现场签约合同和协议11个，总投资额3.04亿美元，合同协议外资2.33亿美元。

9月12日 2013首届聊城市金秋绿色食品博览会暨聊城农产品物流交易中心（一期）试营业启动仪式举行。该中心规划用地320公顷，建筑面积500万平方米。

是日 聊城市绿色食品协会成立大会暨“三品一标”专题培训会召开。

9月19—21日 由聊城日报社、聊城市汽车博览会组委会主办的“建行杯”聊城首届汽车文化节在聊城体育馆广场举行。

是日 由聊城报业传媒集团、共青团聊城市委、聊城市妇联、聊城市节庆办公室联合主办，聊城日报社承办的聊城首届婚庆产业博览会暨“玫瑰之约”万人相亲大会在市人民广场举办。

9月24日 2013聊城（上海）创新发展恳谈会在上海市举行，共签约项目60个，签约金额675.65亿元；对接高校院所、科研机构30余所（个），达成科技合作项目15个。

9月25日 聊城市人民政府与华东理工大学科技合作洽谈会在华东理工大学举行。聊城市与华东理工大学签署科技创新框架合作协议，东阿阿胶集团与华东理工大学国际技术转移中心签署科技合作协议。

9月27—28日 2013首都企业家（聊城）论坛在聊城举行。论坛现场签约项目7个，投资额46.75亿元。

9月30日 聊城市见义勇为基金会成立大会在东昌宾馆召开。

10月10日 聊城市第二届运动会在聊城体育场开幕。运动会会期6天，参赛代表团86个、运动员4900人，设运动大项10个、小项186个，金牌291枚。

10月14日 中共聊城市委常委会议召开。研究贯彻落实“一区一圈一带”（“一区”指中原经济区，包括河南全省18个地市及山东、安徽、河北、山西12个地市3个县区；“一圈”指山东省省会城市群经济圈；“一带”指山东省西部经济隆起带，即在鲁苏豫皖冀五省交界的长条地带）发展规划的实施意见。

10月27—29日 市委副书记、市长王忠林率聊城市经贸文化交流团在台湾参加第十九届鲁台经贸洽谈会暨2013台湾山东周，参访台湾大学、木栅垃圾焚化厂等，开展经贸文化交流活动。

1—10月 聊城市完成进出口总额51.3亿美元，同比增长12.3%，高于全省平均增长幅度5.9个百分点，增长幅度列全省第六位，对外贸易综合水平首次跨入全国百强市行列。

11月2日 市委书记、市人大常委会主任林峰海到阳谷县就孙膑兵法文化旅游城项目规划建设情况进行调研。

11月8日 “创建全国法治城市保障聊城跨越赶超”动员大会在聊城召开。

11月11日 2013聊城·香港经贸合作企业家恳谈会在市会议接待中心举行。共签约项目27个，项目总投资77.7亿元，合同协议外资74.5亿元。

11月13日 纪念中共冀鲁豫（平原）分局成立70周年座谈会暨冀鲁豫边区民主民生运动与党的群众路线学术研讨会在莘县举行。

11月22日 2013聊城（福州）开放发展恳谈会在福建省福州市举行。恳谈会共签约项目54个，签约金额512.3亿元。

11月29日 聊城市全面融入济南服务省会推进济聊合作发展恳谈会在济南举行。会议签署《聊城市融入济南服务省会促进济聊合作发展战略合作框架协议》，现场签约项目7个。

是日 孔繁森纪念园揭牌暨孔繁森同志骨灰安葬仪式在天福陵园举行。

12月15日 山东西部经济隆起带（聊城）金融发展研讨会暨金企对接会在市会议接待中心举行。共有13家金融机构与政府、企业进行现场签约，达成融资协议额625亿元。

12月20日 由市委宣传部、市直机关工委、市革命老区建设促进会主办，聊城中国运河文化博物馆承办的纪念毛泽东主席120周年诞辰“李敏善、陈昆麟书毛泽东诗词作品展”在中国运河文化博物馆开展。

12月21—22日 山东省禽业暨聊城畜牧业博览会在亚太农都聊城农产品物流交易中心开幕。本届展会参展企业192家，展位200余个，展览面积1万余平方米。

12月23日 聊城市游泳馆开工奠基仪式在体育公园施工现场举行。该项目总投资1.3亿元，建筑面积2.2万平方米，馆内设有一个50米×25米的标准泳池和一个25米×13.5米的练习池，达到高水平游泳竞技比赛要求。

12月25—26日 2013年全市重点项目建设现场观摩会举行。

12月27日 中国共产党聊城市第十二届委员会第五次全体会议在聊城举行。全会认真学习贯彻中共十八届三中全会、习近平总书记视察山东重要讲话和省委十届七次、八次全体会议精神，听取和讨论市委书记林峰海受市委常委会委托作的工作报告，审议通过《中共聊城市委关于贯彻落实党的十八届三中全会精神的实施意见》。

12月29日 首届“味道聊城”国际美食节暨“盛世乡村杯”厨艺大赛在阿尔卡迪亚温泉酒店开幕。

12月30日 中通客车3万辆节能与新能源客车生产基地投产。

是年 全市新核准境外企业（机构）16家，境外投资1.16亿美元，增长176.3%，增长幅度列全省第二位。

是年 在全国县市科技进步考核中，聊城市再次获“全国科技进步先进市”称号。

2014年

1月6日 市委副书记、市长王忠林与到聊城考察的台湾中华节能协会理事长、展腾投资集团董事长高健智等进行座谈。

1月7日 中国国际贸易促进委员会经济信息部与聊城市人民政府加强战略合作备忘录签约仪式在市会议接待中心举行。

1月11日 聊城市县（市、区）人武部党委第一书记述职会召开。市委书记、市人大常委会主任林峰海出席并讲话。

是日 在浙商华北峰会暨山东省浙江商会成立10周年庆典大会上，聊城市被评为“2013浙商投资环境最佳城市”。

1月28—29日 省委副书记、省长郭树清到阳谷县走访慰问，看望坚持节日生产的一线职工，调研食品药品安全和农村合作金融工作。

2月9日 2014年“春风行动”启动仪式暨企业用工招聘会在市国际会展中心举行。

2月16日 市委副书记、市长王忠林在市会议接待中心会见美国资深娱乐产业专家、北京爱森乐园投资管理公司创意总监Rhodes. DavidMark一行。

2月22日 全市党的群众路线教育实践活动动员会议在聊城召开。会议强调，要进一步加深对教育实践活动重大意义的认识，坚决贯彻落实中央和省委决策部署，着力解决“四风”问题，密切同人民群众的血肉联系，确保教育实践活动取得扎实成效。

2月23日 上海市聊城商会成立大会暨聊城（上海）经贸合作座谈会在上海举行。据统计，在上海的聊城同乡10万人，聊城籍人士兴办的企业超过500家，上海（聊城）商会会员企业100余家。

3月3日 2014山东聊城（北京）创新发展座谈会在北京举行。现场签约项目27个，签约额620.7亿元。

3月25日 市委书记林峰海到中共中央冀鲁豫（平原）分局旧址、孔繁森同志纪念馆等党性教育基地参观调研。

4月2日 全市招商引资暨对接全国知名民营企业促进民营经济发展动员大会举行。

4月4日 全市城镇化工作会议暨“双百大城市”3年攻坚战第二战役誓师大会举行。

4月8日 “聊城革命老区大型图片展览”

在聊城中国运河文化博物馆开展。该展览布置展览展板146块、图片上千幅，展示出第一和二次国内革命战争时期、抗日战争时期、解放战争时期、探索开创发展中国特色社会主义时期，革命先辈为党和民族大业“信念坚定、敢于奉献、勇于牺牲、艰苦奋斗”的革命精神和“实事求是、为了群众、依靠群众、与群众始终保持血肉联系”的优良作风。

是日 市委副书记、市长王忠林在东昌宾馆会见台湾耐斯企业集团总裁陈哲芳一行。

4月13日 市委书记、市人大常委会主任林峰海在东昌宾馆会见“时代楷模”朱彦夫先进事迹巡回报告团一行。

4月14日 2014聊城（广州）开放发展恳谈会在广州举行。现场签约项目20个，其中合同项目8个，金额176亿元；协议项目12个，金额231亿元。

4月22日 山东鲁西融资租赁有限公司取得省商务厅颁发的外商投资企业批准证书，成为聊城市首家外商投资融资租赁企业。

4月26日 市委书记、市人大常委会主任林峰海主持召开党的群众路线教育实践活动征求意见座谈会，面对面征求市民代表对市委常委会及其个人贯彻执行中央“八项规定”精神和省委市委有关规定、在“四风”方面存在的突出问题和进一步改进工作的意见建议。

4月29日 全市职工庆“五一”劳动模范颁奖会举行，表彰聊城市获“全国五一劳动奖状（章）”“全国工人先锋号”“富民兴鲁劳动奖状（章）”称号的先进集体、先进个人以及聊城市十大杰出职工。

5月28日 聊城首批“新三板”企业集中挂牌仪式在北京举行。昌润钻石、五岳钻具、创新科技、广源精密4家企业在全国中小企业股份转让系统挂牌。

是日 2014山东聊城（北京）对接全联直属商会座谈会在北京举行。现场签约项目11个，计划投资总金额232亿元。

6月3日 全国海峡两岸文化交流基地授牌仪式在高唐县李奇茂美术馆举行。

是日 聊城市第四届全民健身运动会暨第三届“水文化”节龙舟比赛开幕。

6月21日 2014年全国公开水域游泳系列赛（聊城站）暨第二届中国江北水城运河古都（聊城）公开水域游泳大奖赛在水城广场开幕。赛期2天，全国有16个省份和香港地区计51支代表队、1000余名运动员参加比赛。

7月3日 在2014中国（南京）亲商大会上，聊城市获“2014年度苏商投资中国十大首选亲商城市（最佳投资环境城市）”称号。

7月11日 季羡林学院揭牌仪式在聊城大学举行。季羡林铜像同时揭幕。

7月17日 聊城市实验幼儿园在高新区开工建设。该项目占地2.2公顷，地上建筑1.3万平方米，地下建筑5000平方米。

是日 聊城市内外环6条道路快车道主路面正式建成通车。

是日 聊城市网络信息化办公系统正式启用。

7月31日 总投资9.25亿元的全国首个“高效农业光伏产业园项目”正式落户冠县。

8月1日 聊城市申报国家循环经济示范城市工作会议召开。

8月2日 聊城电子商务产业发展座谈会暨聊城电子商务产业园、省级大学生创业示范园签约揭牌仪式在开发区汇通智慧大厦举行。

9月11—12日 山东省建筑渣土运输规范化管理现场会在聊城召开。

9月19日 “全国知名民营企业家聊城行”推介会举行。

9月25日 山东省海外发展促进会聊城分会成立。

9月30日 全国首个烈士纪念日，聊城各界开展公祭活动，深切缅怀为民族独立、人民解放、国家富强、人民幸福英勇献身的革命先烈，表达全市人民继往开来、开拓奋进，努力创造聊城人民幸福生活的坚定信念。

10月1日 中华水上古城开街暨国庆欢乐周启动仪式在古城南城门举行。

10 月 16 日 聊城党的群众路线教育实践活动总结大会召开。

10 月 19 日 2014 中国聊城农产品产销对接会暨第二届水城金秋绿色食品博览会在聊城农产品物流交易中心开幕。

10 月 21 日 聊城市第三届“我最喜爱的十佳人民警察”表彰大会举行。

10 月 24 日 聊城市顺利入选 2014 国家节能减排财政政策综合示范城市。中央财政除现有政策向示范城市倾斜外，还将按照 3 年示范期 14.4 亿元的标准，对示范城市节能减排建设项目给予支持。

10 月 25 日 聊城市创业孵化基地（创业大学）揭牌仪式在聊城创业大厦举行。

10 月 25—28 日 在第十二届中国国际农产品交易会暨第三届山东国际农产品交易会（青岛）上，聊城市特色农产品“丁马东方鳖宝”“小杨屯鸭肉”和“胶之源阿胶糕”分获农交会“金奖产品”称号。

10 月 27 日 “聚焦‘一圈一带’第十届中国网络媒体山东行”大型采访活动聊城新闻发布会在聊城中国运河文化博物馆举行。

10 月 聊城市被中国蔬菜流通协会授予“中国蔬菜第一市”称号。

11 月 10 日 2014 山东聊城（杭州）创新发展暨铜及铜深加工产业专题恳谈会在浙江省杭州市举行。现场签约项目 30 个，合同金额 605 亿元。

11 月 12 日 《人民日报》整版刊发《郡县治 天下安——对话聊城市委书记林峰海》《让阳光洒落背街小巷——山东聊城依法依规推进棚户区改造带来的启示》两篇文章，全面介绍聊城改革发展成就。

11 月 20 日 北京银行聊城分行正式开业。北京银行聊城分行隶属于北京银行济南分行，是北京银行在全国设立的第二家二级分行、山东省设立的第一家二级分行。

11 月 28 日 聊城科学发展恳谈会在北京举行。恳谈会现场签约项目 12 个，总投资 121 亿元。

12 月 5—13 日 山东省文明办组织开展全省城乡环卫一体化农村群众满意度电话抽样调查。聊城市在全省综合排名由第十六名升至第二名。

12 月 13 日 聊城第一家农村综合产权交易中心——开发区农村综合产权交易中心投入运行。

12 月 15—20 日 2014 聊（城）台（湾）经贸文化交流周活动在台北市举行。

12 月 21 日 “两岸一家亲 事业更辉煌”山东聊城经贸文化交流洽谈会在台北 101 大楼中华艺术馆举行。

12 月 29 日 聊城金融创新服务大会在市会议接待中心召开。会议主题为“金融服务实体创新成就未来”。

是年 聊城市被评为“全国粮食生产先进单位”。全市粮食总产 615 万吨，居全省第三位。

2015 年

1 月 5 日 聊城市劳动模范表彰大会在聊城举行。聊城市劳动模范以及“工人先锋号”“劳动关系和谐企业”、职业道德及创争活动先进单位和个人等受到表彰。

1 月 17 日 全市 2014 年度县（市、区）党委书记抓基层党建工作述职评议会议召开。

1 月 30 日 国家测绘地理信息局批复山东省国土资源厅《关于将聊城市列入国家智慧城市时空信息云平台建设试点的请示》，聊城市被列入全国 20 个智慧城市时空信息云平台建设试点之一。

2 月 7 日 市委书记、市人大常委会主任林峰海离任，徐景颜任中共聊城市委委员、常委、书记兼市委党校校长。

2 月 27 日至 3 月 2 日 聊城市第十六届人民代表大会第五次会议在聊城召开。会议补选徐景颜为市十六届人大常委会主任，白志坚、朱加云为副主任。

3 月 3 日 2015 年聊城市“辉煌人力 春

风行动”就业促进大会在开发区国际会展中心举行。市内外470余家企业入场招聘，提供就业岗位1.9万个，近3万人次劳动者进场求职，达成初步就业意向6700余人次。

3月20日 聊城市2014年度总结表彰大会在聊城召开。

3月30—31日 山东省乡村文明行动城乡环卫一体化工作现场推进会在聊城召开。

4月8日 十届全国人大常委会副委员长、中国关心下一代工作委员会主任顾秀莲到聊城调研。

4月23日 装载集装箱的首班“景阳冈号”阳谷—黄岛集装箱货运班列开通运行。列车14个小时到达黄岛港。集装箱货运班列站为阳谷京九物资储运中心专用线和青岛港务局黄岛港站，采取循环运输方式，每周对开2个班列，每班列编组30辆，全程529千米。

4月29日 全市庆“五一”暨“富民兴聊”劳动奖状（章）表彰大会在东昌宾馆举行。

5月14日 聊城市政府与葛洲坝集团战略合作协议暨东昌府区棚户区改造项目签约仪式在聊城举行。

5月20日 聊城企业上市挂牌工作推进会在市会议接待中心举行。

5月22日 2015第九届全国食品博览会暨糖酒商品交易会（济南）聊城会场开幕。山东凤祥集团、山东东阿阿胶股份有限公司、山东蓝山集团总公司、山东景阳冈酒业有限公司等145家企业参会。

6月1日 全省邮政服务“三农”工作现场会在聊城召开。会议对聊城“邮政万亩示范田+鸿雁合作社+一体化服务”模式作全面推广。

6月2日 市委副书记、市长王忠林调研乡村旅游重点镇、特色村、示范点及重点旅游项目建设情况。

6月5日 市委书记、市人大常委会主任徐景颜，市委副书记、市长王忠林在市会议接待中心会见山东省浙江商会会长、现代联合集团董事长章鹏飞一行。

是日 2015聊城投资环境说明会暨浙商助推聊城创新发展论坛在市会议接待中心举行。

6月7日 市委书记、市人大常委会主任徐景颜，市委副书记、市长王忠林拜访新华联集团北京总部，与新华联集团董事局主席、总裁傅军等进行座谈，并推介部分合作项目。

6月8日 市委书记、市人大常委会主任徐景颜，市委副书记、市长王忠林拜访汉能集团北京总部，与集团董事局主席、首席执行官李河君进行座谈，并推介部分合作项目。

6月14日 聊城市实施质量强市战略动员暨科学技术奖励大会召开。

6月29日 省委书记、省人大常委会主任姜异康到聊城经济技术开发区调研。

7月29日 聊城市第十六届人大常委会第二十六次会议召开。会议表决通过关于接受王忠林辞去市人民政府市长职务的决定，任命宋军继为市人民政府副市长，决定为代理市长。

8月7日 市委书记、市人大常委会主任徐景颜，市委副书记、代市长宋军继到京杭大运河聊城段，就运河文化旅游开发保护工作进行调研。

8月11日 市委书记、市人大常委会主任徐景颜主持召开“三严三实”专题教育开门征求意见座谈会，征求各层面代表对市委工作的意见建议，查找“不严不实”问题，推动“三严三实”专题教育深入开展。

8月15日 市委副书记、代市长宋军继到市城区部分城建重点项目、棚改项目现场办公，并与部分房地产开发企业和建安企业负责人座谈交流，研究解决企业的困难和问题。

8月20日 市委副书记、代市长宋军继检查国家卫生城市复审迎检工作。

8月24日 第二十二届国际历史科学大会聊城卫星会议开幕。

9月6日 外国专家“国际金融形势分析及国际资本运作”专题讲座在聊城举行，邀请澳大利亚昆士兰州国家银行行长迈克尔·霍尔就当前国际金融形势作专题报告。

9月9日 第五届聊城市道德模范表彰大会在市广电总台举行，对50名聊城市道德模范进行表彰。

9月30日 市委书记、市人大常委会主任徐景颜在其联系点开发区北城街道秦庄村召开座谈会，研究促进贫困村脱贫和加强基层党建工作的思路措施。

10月14日 全市“三严三实”专题教育展览在孔繁森同志纪念馆开展。

10月15日 省委副书记、省长郭树清在聊城出席全国现代畜牧业建设工作会议。

10月26日 市委召开常委扩大会议，研究成立市重大决策咨询委员会、市法律咨询与监督委员会、“第三方评估＋智库”机构方案以及全市农村扶贫工作。

是日 全国政协委员、文史和学习委员会副主任周国富、陈光林带领全国政协部分委员到聊城就“大运河申遗成功后的保护和利用”进行专题调研。

11月2日 中国（聊城）首届“移动互联网＋”创新峰会在市会议接待中心举行。

11月6日 2015聊城（杭州）森林湿地旅游项目专项招商说明会在杭州举办。

是日 浙江省聊城商会在杭州成立。

11月16日 德上高速公路聊城至范县段建成通车，结束莘县和阳谷县不通高速公路的历史。

12月1日 山东省十二届人大常委会第十五次会议决定，12月1日起，聊城市人民代表大会及其常务委员会可以制定地方性法规。

12月17日 2015全国知名行业协会商会聊城行暨信发高新材料产业园区投资说明会在市会议接待中心举行，全国知名行业协会商会的百余名企业家出席会议。

第一编 建置区划

Part I Organizational System & Division

聊城志

1997 年后，聊城市位置境域没有变动，但建置区划略有调整。

1998 年 3 月 26 日，撤销聊城地区和县级聊城市，设立地级聊城市、县级东昌府区。2010 年 7 月 2 日，将东阿县顾官屯镇和茌平县广平乡、韩集乡划归东昌府区管辖。

1998 年起，乡镇级行政区划变动主要采取撤乡建镇、调整乡镇规模、撤乡（镇）设立街道三种方式。至 2015 年，先后撤乡建镇（含更名）46 个、撤乡镇新设立街道（含更名）24 个。

2015 年年底，全市共有 8 个县（市、区）、135 个乡（镇、街道）、6244 个行政村。

第一章 建 置

第一节 位置境域

聊城市位于山东省西部，地理坐标为北纬 35° 47′ ～37° 02′ 、东经115° 16′ ～116° 32′ 。北部和东北部与德州市接壤，西部隔漳卫河与河北省邯郸市、邢台市相望，南部和东南部隔金堤河、黄河与河南省濮阳市及山东省济宁市、泰安市、济南市为邻。全境东西直距 114 千米，南北直距 138 千米，总面积 8715 平方千米，占山东省总面积的 5.68%。

第二节 建置沿革

聊城，因春秋战国时期，齐国西部边境出现的聊、摄等城邑而得名，所辖各县、市，屡经变迁。唐虞三代，属兖州之域。春秋战国时期，系齐国、卫国、晋国、魏国、赵国属地。秦，设郡县，境域属东郡。西汉初，聊城、东阿、阳谷、莘县分属兖州部东郡、冀州部魏郡、青州部平原郡。东汉，分属平原郡、兖州部济北国、司州部阳平郡。三国，境域属魏地。晋朝，分属冀州部平原郡、司州部阳平郡、济北国及东平国。后魏，分属济州部平原郡、司州部阳平郡、济州部济北郡、济州部南清河郡。齐周，分属平原郡、清河郡、济州部济北郡、司州部阳平郡。隋初，分属魏州武阳郡、贝州清河郡、济州济北郡、兖州济北郡。唐朝，分属河北道博州博平郡、贝州清河郡、魏州魏郡及河南道济州济阳郡、郓州东平郡。宋初，分属河北东路博州博平郡、大名府魏郡、京东西路东平府东平郡。辽、金，分属山东西路东平郡博州、东平府、大名路大名府、大名路大名府恩州地。元代，分属东昌路总管府、冠州、高唐州、濮州、东平路。明代，分属山东布政司东昌府、兖州东平州。清代，分属东昌府、兖州府、泰安府、直隶州。

1912 年，境域为济西道（治聊城），1914 年改为东临道。1928 年废道，境内各县直属山东省。1936 年，境内鲁西北 13 个县为第六区，临清、高唐时属第四区。1940 年 4 月，隶属鲁西行政主任公署。1941 年 6 月，中共中央北方局决定鲁西行署和冀鲁豫行署合并，成立新的冀鲁豫行署，辖 7 个专署。境域分属二、三、四、六、八专署。至中华人民共和国成立前，专署名称隶属几经变化。

1949 年 8 月 20 日，聊城行政督察专员公署成立，属平原省。1952 年 11 月，平原省撤销，聊城专署改属山东省。1967 年 3 月，聊城专员公署更名为“聊城地区革命委员会”。1978 年 7 月，聊城地区革命委员会更名为“聊城地区行政公署”。

1997 年 8 月，经国务院同意，撤销聊城地区和县级聊城市，设立地级聊城市。1998 年 3 月，成立聊城市人民政府。

第二章　行政区划

第一节　县级以上行政区划

1949年8月，华北行政区划调整后，境域设平原省聊城专区，辖聊城、茌平、博平、阳谷、寿张、东阿、高唐、清平、堂邑、莘县、冠县等11个县。朝城、观城、濮县、范县4个县属平原省濮阳专区，馆陶、临清2个县和临清市属河北省邯郸专区。

1952年11月，平原省撤销，聊城专署改属山东省，范县、观城、朝城、濮县、临清、馆陶及临清镇划归该区，同时将观城、朝城2个县合并为观朝县，辖16个县、1个镇、86个区、1153个乡。

1956年，德州专区撤销，将夏津、武城、德县、平原、禹城、齐河6个县及德州市划归聊城专区。聊城专区辖聊城、临清、冠县、莘县、阳谷、东阿、茌平、高唐、寿张、范县、馆陶、平原、禹城、齐河、夏津、武城、德县17个县及德州、临清2个市、360个乡。

1958年12月，将原属泰安专区的东平、平阴、肥城及惠民专区的商河、临邑、乐陵、济阳划归聊城专区，撤销临清、莘县、阳谷、东阿、馆陶、禹城、德县、乐陵、济阳、平阴、武城11个县建制，其辖区并入其他县、市。聊城改县为市，辖冠县、茌平、高唐、夏津、商河、临邑、东平、肥城、寿张、范县、齐河、平原12个县，聊城、临清、德州3个市，165个人民公社。

1960年，商河、临邑县划归淄博专区，东平、肥城分别划归菏泽、泰安专区。聊城专区辖冠县、茌平、高唐、夏津、范县、寿张、平原、齐河8个县，聊城、临清、德州3个市。

1961年，德州专区恢复，夏津、平原、齐河3个县及德州市复归德州专区。同时，恢复莘县、阳谷、东阿、馆陶4个县的建制。聊城专区时辖冠县、莘县、阳谷、东阿、茌平、高唐、馆陶、寿张、范县9个县，聊城、临清2个市。

1963年，聊城、临清改市为县。

1964年，撤销寿张县建制，将寿张、范县金堤以南地区合并为范县，连同范县建制划归河南省。

1965年，将馆陶县建制和馆陶、临清卫运河以西地区划归河北省。聊城专区辖聊城、临清、冠县、莘县、阳谷、东阿、茌平、高唐8个县、83个区、508个人民公社。

1967年3月，聊城专员公署更名为“聊城地区革命委员会”。

1978年7月，聊城地区革命委员会更名为“聊城地区行政公署”。

1983年8月30日，聊城、临清2个县复设县级市。

1996年，聊城地区辖聊城市、临清市、高唐县、莘县、阳谷县、东阿县、茌平县、冠县。

1997年8月29日，国务院同意山东省撤销聊城地区和县级聊城市，组建地级聊城市。

1997年9月29日，山东省人民政府印发《关于撤销聊城地区和县级聊城市设立地级聊城市的通知》，确定撤销聊城地区和县级聊城市，设立地级聊城市、县级东昌府区。聊城市辖原聊城地区的高唐县、莘县、阳谷县、东阿县、茌平县、冠县6个县和新设立的东昌府区，代管原聊城地区的临清市，共166个乡（镇、街道）、6510个村（居）。

2001年，聊城市辖东昌府区、临清市、冠县、莘县、阳谷县、东阿县、茌平县、高唐县，共126个乡（镇、街道）。

2010年7月2日，根据山东省人民政府《关于同意调整聊城市部分行政区划的批复》，将东阿县顾官屯镇，茌平县广平乡、韩集乡划归东昌府区管辖。

2015 年，聊城市辖东昌府区、临清市、冠县、莘县、阳谷县、东阿县、茌平县、高唐县和 1 个国家级经济技术开发区、1 个高新技术产业开发区、1 个江北水城旅游度假区。共有 135 个乡（镇、街道）、6244 个行政村。

2015 年聊城市行政区划情况表

表 1-1

县（市、区）名称	乡、镇、街道数量	乡、镇、街道名称
东昌府区	街道 10 个 镇 11 个 乡 2 个	古楼街道 柳园街道 新区街道 湖西街道 东城街道 阎寺街道 北城街道 道口铺街道 凤凰街道 蒋官屯街道 侯营镇 沙镇镇 堂邑镇 梁水镇 郑家镇 斗虎屯镇 张炉集镇 于集镇 许营镇 朱老庄镇 顾官屯镇 韩集乡 广平乡
临清市	街道 4 个 镇 12 个	青年路街道 新华路街道 先锋路街道 大辛庄街道 烟店镇 刘垓子镇 潘庄镇 魏湾镇 康庄镇 松林镇 老赵庄镇 八岔路镇 唐园镇 尚店镇 戴湾镇 金郝庄镇
阳谷县	街道 3 个 镇 14 个 乡 1 个	侨润街道 狮子楼街道 博济桥街道 阎楼镇 阿城镇 七级镇 安乐镇 定水镇 石佛镇 寿张镇 张秋镇 李台镇 十五里园镇 郭屯镇 西湖镇 高庙王镇 金斗营镇 大布乡
莘县	街道 4 个 镇 20 个	莘州街道 莘亭街道 东鲁街道 燕塔街道 张鲁回族镇 朝城镇 十八里铺镇 大张家镇 古云镇 古城镇 观城镇 董杜庄镇 燕店镇 樱桃园镇 河店镇 妹冢镇 王奉镇 魏庄镇 张寨镇 大王寨镇 徐庄镇 王庄集镇 柿子园镇 俎店镇
茌平县	街道 3 个 镇 10 个 乡 1 个	振兴街道 信发街道 温陈街道 乐平铺镇 冯官屯镇 博平镇 菜屯镇 杜郎口镇 韩屯镇 胡屯镇 贾寨镇 洪官屯镇 肖家庄镇 杨官屯乡
东阿县	街道 2 个 镇 7 个 乡 1 个	铜城街道 新城街道 牛角店镇 高集镇 刘集镇 大桥镇 姜楼镇 姚寨镇 鱼山镇 陈集乡
冠县	街道 3 个 镇 11 个 乡 4 个	清泉街道 崇文街道 烟庄街道 东古城镇 桑阿镇 贾镇 清水镇 北馆陶镇 柳林镇 店子镇 定远寨镇 辛集镇 梁堂镇 范寨镇 斜店乡 兰沃乡 甘官屯乡 万善乡
高唐县	街道 3 个 镇 9 个	鱼邱湖街道 人和街道 汇鑫街道 梁村镇 尹集镇 清平镇 琉璃寺镇 固河镇 三十里铺镇 赵寨子镇 姜店镇 杨屯镇
合计	135 个乡、镇、街道。其中：街道 32 个、乡 9 个、镇 94 个	

说明：东城街道、蒋官屯街道、北城街道、广平乡归聊城经济技术开发区管辖；许营镇、顾官屯镇、韩集乡归聊城高新技术产业开发区管辖；朱老庄镇、于集镇、湖西街道、凤凰街道归聊城江北水城度假区管辖

第二节 乡（镇）行政区划

1998 年后，乡镇级行政区划变动较为频繁，主要是撤乡建镇、调整乡镇规模、撤乡（镇）设立街道等。至 2015 年，临清市、高唐县、莘县已无乡的建制。

一、撤乡建镇

1997 年，全市 8 个县（市）有建制镇 61 个。

1998 年后，适应城镇化发展的要求，撤乡建镇工作提上重要议程。是年，阳谷县有 2 个乡撤乡建镇。1999 年，东昌府区有 2 个乡，高唐县、临清市、莘县各有 1 个乡撤乡建镇。2000 年，莘县有 2 个乡，阳谷县、临清市各有 1 个乡撤乡建镇。2002 年，东阿县、莘县各有 2 个乡，

茌平县有1个乡撤乡建镇。2006年，东阿县有1个乡撤乡建镇（实为更名）。2010年，全市8个县（区、市）有14个乡撤乡建镇（临清市3个，东昌府区、莘县、阳谷县、高唐县各2个，冠县、东阿县、茌平县各1个）。2011年，莘县、茌平县、高唐县各1个。2012年，莘县、茌平县各有2个乡撤乡建镇。2013年，冠县有2个乡、阳谷县和莘县各有1个乡撤乡建镇。是年年底，临清市、高唐县已没有乡的建制。2014年，冠县、莘县各有1个乡撤乡建镇。是年年底，莘县已没有乡的建制。2015年，冠县、阳谷县各有1个乡撤乡建镇。至2015年的11年期间，全市累计撤乡建镇（含更名）46个。

2015年年底，全市乡镇（街道）总数为135个，其中建制镇94个，占乡镇总数比例为91.2%。

1998—2015年聊城市撤乡建镇情况表

表1-2

序号	年份	区域	原乡地名	建镇后地名
1	1998	阳谷县	十五里园乡	十五里园镇
2			李台乡	李台镇
3	1999	东昌府区	张炉集乡	张炉集镇
4			于集乡	于集镇
5		高唐县	三十里铺乡	三十里铺镇
6		临清市	八岔路乡	八岔路镇
7		莘县	单庙乡	莘亭镇
8	2000	莘县	董杜庄乡	董杜庄镇
9			燕店乡	燕店镇
10		阳谷县	四棚乡	四棚镇
11		临清市	唐园乡	唐园镇
12	2002	东阿县	顾官屯乡	顾官屯镇
13			姚寨乡	姚寨镇
14		莘县	妹冢乡	妹冢镇
15			河店乡	河店镇
16		茌平县	韩屯乡	韩屯镇
17	2006	东阿县	单庄乡	鱼山乡
18	2010	东昌府区	许营乡	许营镇
19			朱老庄乡	朱老庄镇
20		临清市	金郝庄乡	金郝庄镇
21			尚店乡	尚店镇
22			戴湾乡	戴湾镇
23		莘县	张寨乡	张寨镇
24			魏庄乡	魏庄镇
25		冠县	店子乡	店子镇
26		阳谷县	西湖乡	西湖镇

续表 1-2

序号	年份	区域	原乡地名	建镇后地名
27	2010	阳谷县	郭屯乡	郭屯镇
28		东阿县	鱼山乡	鱼山镇
29		高唐县	赵寨子乡	赵寨子镇
30			姜店乡	姜店镇
31		茌平县	胡屯乡	胡屯镇
32	2011	莘县	大王寨乡	大王寨镇
33		高唐县	杨屯乡	杨屯镇
34		茌平县	肖家庄乡	肖庄镇
35	2012	莘县	王庄集乡	王庄集镇
36			徐庄乡	徐庄镇
37		茌平县	贾寨乡	贾寨镇
38			洪官屯乡	洪官屯镇
39	2013	冠县	定远寨乡	定远寨镇
40			辛集乡	辛集镇
41		阳谷县	高庙王乡	高庙王镇
42		莘县	柿子园乡	柿子园镇
43	2014	冠县	梁堂乡	梁堂镇
44		莘县	俎店乡	俎店镇
45	2015	冠县	范寨乡	范寨镇
46		阳谷县	金斗营乡	金斗营镇

二、调整乡镇规模

1997 年后，随着改革开放的不断深入和农村经济社会的发展，全市乡镇规模小、布局不合理的弊端日益突出。

2001 年 2 月，聊城市按照省委、省政府工作部署，对面积较小、人口较少的乡镇进行撤销合并。由2000年166个乡、镇、街道（街道8个、镇 72 个、乡 86 个）调整为 126 个乡、镇、街道（街道 8 个、镇 68 个、乡 50 个），共撤并 40 个乡镇，撤并比例为 24.1%，是中华人民共和国成立以来调整幅度最大的一次。调整后的乡、镇、街道平均人口为 4.53 万人，平均面积 69.29 平方千米，比调整前分别增加 1.12 万人和 17.11 平方千米。通过调整，扩大了乡镇规模，强化了城关镇、中心镇的集聚带动作用，精简了机构和人员，减轻了财政压力和农民负担。至 2015 年的 14 年间，全市乡镇规模（撤乡镇设立街道办事处除外）未作新的调整。

2015 年年底，全市有建制乡镇 103 个，其中，乡 9 个（东昌府区 2 个、阳谷县 1 个、茌平县 1 个、东阿县 1 个、冠县 4 个），镇 94 个（东昌府区 11 个、临清市 12 个、阳谷县 14 个、莘县 20 个、茌平县 10 个、东阿县 7 个、冠县 11 个、高唐县 9 个）。

2000—2001年聊城市及各县（市、区）乡镇区划调整情况对比表

表1-3

县（市、区）名称	2000年乡、镇、街道个数	2000年乡、镇、街道名称	2001年乡、镇、街道个数	2001年乡、镇、街道名称
东昌府区	街道5个 镇11个 乡7个	古楼街道　柳园街道　新区街道　湖西街道　东城街道　蒋官屯镇　李海务镇　侯营镇　沙镇镇　堂邑镇　阎寺镇　梁水镇　斗虎屯镇　郑家镇　张炉集镇　于集镇　许营乡　朱老庄乡　大张乡　道口铺乡　八甲刘乡　堠堌乡　北杨集乡	街道5个 镇11个 乡4个	古楼街道　柳园街道　新区街道　湖西街道　东城街道　蒋官屯镇　李海务镇　侯营镇　沙镇镇　堂邑镇　阎寺镇　梁水镇　斗虎屯镇　郑家镇　张炉集镇　于集镇　许营乡　朱老庄乡　道口铺乡　北杨集乡
临清市	街道3个 镇12个 乡7个	青年路街道　新华路街道　先锋路街道　临东镇　胡里庄镇　松林镇　老赵庄镇　康庄镇　刘垓子镇　魏湾镇　大辛庄镇　八岔路镇　潘庄镇　烟店镇　唐园镇　石槽乡　金郝庄乡　肖寨乡　康盛庄乡　戴湾乡　尚店乡　朱庄乡	街道3个 镇10个 乡3个	青年街道　新华街道　先锋街道　烟店镇　潘庄镇　刘垓子镇　魏湾镇　康庄镇　松林镇　大辛庄镇　老赵庄镇　八岔路镇　唐园镇　尚店乡　戴湾乡　金郝庄乡
阳谷县	镇13个 乡7个	阳谷镇　阎楼镇　范海镇　阿城镇　七级镇　安乐镇　定水镇　石佛镇　李台镇　寿张镇　四棚镇　十五里园镇　张秋镇　石门宋乡　郭店屯乡　杨庄乡　翟庄乡　西湖乡　高庙王乡　金斗营乡	镇11个 乡5个	阳谷镇　阎楼镇　阿城镇　七级镇　安乐镇　定水镇　石佛镇　寿张镇　张秋镇　李台镇　十五里园镇　郭店屯乡　大布乡　西湖乡　高庙王乡　金斗营乡
莘　县	镇11个 乡17个	城关镇　莘亭镇　张鲁镇　朝城镇　十八里铺镇　观城镇　大张家镇　古云镇　古城镇　燕店镇　董杜庄镇　河店乡　邹巷乡　魏庄乡　大王寨乡　岩集乡　王奉乡　刘庄乡　俎店乡　妹冢乡　张寨乡　徐庄乡　王铺乡　王庄集乡　马集乡　柿子园乡　樱桃园乡　舍利寺乡	镇11个 乡11个	莘城镇　张鲁镇　朝城镇　十八里铺镇　大张家镇　古云镇　古城镇　观城镇　莘亭镇　董杜庄镇　燕店镇　魏庄乡　大王寨乡　王奉乡　俎店乡　张寨乡　徐庄乡　王庄集乡　柿子园乡　樱桃园乡　河店乡　妹冢乡
茌平县	镇6个 乡16个	茌平镇　乐平铺镇　冯官屯镇　菜屯镇　博平镇　杜郎口镇　孙桥乡　郝集乡　韩集乡　广平乡　赵官屯乡　王老乡　胡屯乡　温陈乡　丁块乡　韩屯乡　肖庄乡　张营乡　贾寨乡　大桑乡　杨官屯乡　洪官屯乡	镇6个 乡9个	茌平镇　乐平铺镇　冯屯镇　菜屯镇　博平镇　杜郎口镇　韩集乡　广平乡　胡屯乡　韩屯乡　贾寨乡　杨官屯乡　洪官屯乡　肖庄乡　温陈乡
东阿县	镇5个 乡9个	铜城镇　刘集镇　牛角店镇　大桥镇　高集镇　关山乡　单庄乡　黄屯乡　姜楼乡　顾官屯乡　陈集乡　杨柳乡　姚寨乡　大李乡	镇5个 乡5个	铜城镇　牛角店镇　高集镇　刘集镇　大桥镇　姜楼乡　顾官屯乡　陈集乡　姚寨乡　单庄乡
冠　县	镇7个 乡15个	冠城镇　东古城镇　桑阿镇　贾镇　柳林镇　清水镇　北馆陶镇　孙疃乡　斜店乡　梁堂乡　白塔集乡　定远寨乡　烟庄乡　兰沃乡　辛集乡　史庄乡　范寨乡　元造户乡　甘官屯乡　店子乡　万善乡　杨召乡	镇7个 乡10个	冠城镇　东古城镇　桑阿镇　贾镇　清水镇　北馆陶镇　柳林镇　斜店乡　梁堂乡　定远寨乡　烟庄乡　兰沃乡　辛集乡　范寨乡　甘官屯乡　店子乡　万善乡
高唐县	镇7个 乡8个	高唐镇　梁村镇　尹集镇　清平镇　琉璃寺镇　固河镇　三十里铺镇　韩寨乡　张庄乡　赵寨子乡　南镇乡　赵庄乡　杨屯乡　姜店乡　张大屯乡	镇7个 乡3个	高唐镇　梁村镇　尹集镇　清平镇　琉璃寺镇　固河镇　三十里铺镇　赵寨子乡　杨屯乡　姜店乡

续表 1-3

县（市、区）名称	2000 年乡、镇、街道个数	2000 年乡、镇、街道名称	2001 年乡、镇、街道个数	2001 年乡、镇、街道名称
合　计	全市有166 个乡、镇、街道。其中：街道 8 个、镇 72 个、乡 86 个	—	全市有 126 个乡、镇、街道。其中：街道 8 个、镇 68 个、乡 50 个	—

三、撤乡（镇）设立街道

至 2000 年，聊城市设有街道 8 个，分别是东昌府区古楼街道、柳园街道、新区街道、湖西街道、东城街道，临清市青年路街道、新华路街道、先锋路街道。

2001 年起，扩大县（市、区）城区规模，聊城市开始对城市和县城周边乡镇进行撤并（含更名），新设立或划归原有街道。是年 2 月，撤销临清市石槽乡，将其行政区域划归先锋路街道管辖；撤销胡里庄镇，划归新华路街道；撤销朱庄乡，划归青年路街道；撤销临东镇，分别划入先锋路街道、新华路街道和青年路街道。

2002 年 11 月 15 日，撤销高唐县高唐镇，设立鱼邱湖街道、人和街道和汇鑫街道。鱼邱湖街道机关驻原高唐镇政府驻地一街村；人和街道机关驻张庄村；汇鑫街道机关驻韩屯村。

2003 年 8 月，撤销东昌府区蒋官屯镇，设立蒋官屯街道；撤销道口铺乡，设立道口铺街道；撤销李海务镇，设立凤凰街道；撤销北杨集乡，设立北城街道；撤销阎寺镇，设立阎寺街道。10 月 8 日，东阿县撤销铜城镇，设立铜城街道和新城街道，铜城街道机关驻铜鱼路 8 号（原铜城镇政府驻地），新城街道机关驻金光路 7 号。

2004 年 3 月 25 日，撤销阳谷县阳谷镇，以原阳谷镇育英街以东、书院街以北的行政区域设立侨润街道，同时将大布乡的亓庄、王楼、王胡同、张胡同、郭海、赵堂、大迷阵、小迷阵、杨庄、张海、李庄、杜庄、秦海、孙庄、付唐、门庄、东唐 17 个行政村划归侨润街道管辖，侨润街道机关驻汇源路 48 号；以原阳谷镇育英街、紫荆街以西的行政区域设立狮子楼街道，同时将西湖乡的八里桥、贾庄、石皋窑、刘华、秦庄、陈石、苏庄、陈段俞、国门、邵楼、东老董庄、西老董庄、城角王庄、赵庄、崔王庄、大门、钟海、张楼 18 个行政村划归狮子楼街道管辖，狮子楼街道机关驻棋盘街 89 号；以原阳谷镇紫荆街以东、书院街以南的行政区域设立博济桥街道，博济桥街道机关驻南环路 68 号。是年 5 月 9 日，茌平县撤销茌平镇，以原茌平镇的行政区域和温陈乡、胡屯乡、冯官屯镇的部分行政区域设立信发、振兴 2 个街道，将原茌平镇的雷庄、郭高、魏庄、葛庄、北十里、豆张、路庄、李相武、付庄、北八里 10 个行政村，温陈乡的碱陈、齐刘、大张、刁宋、张东全、华寺杨、徐王、傅楼、高户、周庄、史胡 11 个行政村，胡屯乡的杜庄、明官屯、南薛、金庄、王久、苗屯 6 个行政村，冯官屯镇的张楼、大周、堤子李、孙庄、康庄、林辛、义户庄、徐古庄、刘寨、安庙、刘壕 11 个行政村划归信发街道，街道机关驻顺河街 260 号；将原茌平镇的马沙、杜陈、邓庄、刁洼、后吴、前吴、翟庄、吴小、于庄、赵西、赵东、南十里、泥匠王、花牛陈、谢庄、牛庄、左庄、肖刘、洼李、小井李、尹庄、李寺、姜刘、贾庄、李堂、任匠、大崔、庞李、张刷子、陈庄、薛庄、宋庄、五里、南八里、范庄、赵王、三官庙、后屯、围子里、家庙、前屯、东一甲、李德运、米庄、焦庄、齐韩、北关、丁庄、田庄、西关、红庙、尚庄、南关、王庄、韩庄、小李、大李、王桥、何潘、阁三里、周家楼、后曹、前曹、林庄、马家坊、石刘、阎庄、李孝堂、郝张、朱王、大柳、赵梆子、后张、前张74个行政村划归振兴街道，街道机关设在原茌平镇人民政府驻地。是年8月25日，撤销莘县莘城镇、莘亭镇，以原莘城镇、莘亭镇的行政区域和十八里铺镇的部分行政区域，设立振兴、莘亭、东鲁、雁塔4个街道。将原莘城镇的郝庄、大刘庄、小刘庄、王化、盛屯、武庄、胡楼、老宅、惠庄9个行政村，原莘亭镇的曹屯、四女树、孙庄、柴庙、徐庙、白东、白西、马庄、岳庄、后姜庄、姜庄、曹楼、臧屯、前大里庄、后大里庄、前高庙、后高庙、蒋庄18个行政村，共27个行政村划归振兴街道管辖，街道机关驻振兴街112号（原莘城镇政府驻地）；将原莘城镇的寇楼、后邹梨园、前邹梨园、北街、尹昌楼、乔庙、土楼、孙屯、寇庄、郑庄、套庙王庄、田庄12个行政村，原莘亭镇的申苇园、杜家、小杨家、武庄、冯东、冯西、前关庄、后关庄、徐丁黄、辛林庄、刘庄、边孙家、前十里岔、后十里岔、丁庄、小邹家、前邹家、邹东、邹西、单庙、张吕家、大里王、碱场里、八里铺、王庄、潘庄、李凤桃、于庙28个行政村，共40个行政村划归莘亭街道管辖，街道机关驻莘亭路208号（原莘亭镇人民政府驻地）；将原莘城镇的南街、东街、刘马庄、东彭庄、前孙庄、后孙庄、郭王庄、刘河、蔡庄、大赵庄、朱庄、东王庄、相庄、左庄、汤庄、虞路口、黄河、江鞠庄、王升公庄、四合村、徐庄、后李庄、前李庄、牛庄、东虞庄、王炉、李名杨、林庄、刁庄、盛河、曹庄、温庄32个行政村，十八里铺镇的双庙、范庄、后十里坞、前十里坞、破楼、吴宋庄、刘庄、康夏庄、位庄、尹营、蒋庄、前柳屯、后柳屯、于屯、小营、张洼、西段屯、东段屯18个行政村，共50个行政村划归东鲁街道管辖，街道机关驻东环路48号；将原莘城镇的西街、安庄、后杨庄、堤子王庄、尧舜、礼院、张屯、谷庄、刘二庄、赵王庄、谢庄、段庄、后王楼、前杨庄、肖屯、西毛坊、东毛坊、孙炉、焦庄、前王楼、刘花园、袁花园、李花园、岳花园、田花园、焦花园、十里槽、魏马厂、杨马厂、安马厂、西彭庄31个行政村，划归雁塔街道管辖，办街道机关驻西环路39号。

2009年3月，莘县振兴街道更名为莘州街道，莘县雁塔街道更名为燕塔街道。将莘州街道的曹屯、四女树、孙庄、柴庙、徐庙、白东、白西、马庄、岳庄、臧屯、前大里庄、后大里庄、前高庙、后高庙、蒋庄15个村划归莘亭街道管辖，街道机关驻莘亭路208号。将莘州街道的郝庄、大刘庄、小刘庄、惠庄、王化、盛屯、武庄、胡楼、老宅、后姜庄、姜庄、曹楼12个村划归燕塔街道管辖，街道机关驻振兴街112号。将东鲁街道的康夏庄、位庄、尹营、蒋庄、前柳屯、后柳屯、于屯、小营、张洼、西段屯、东段屯、汤庄、后李庄、前李庄、牛庄、东虞庄、王炉、双庙、范庄、后十里坞、前十里坞、破楼、吴宋庄、刘庄、李名杨、林庄、虞路口、左庄、东街、南街30个村全部划归莘州街道管辖，街道机关驻武阳路49号。将莘亭街道的乔庙、土楼、孙屯、寇楼、寇庄、郑庄、北街、后邹梨园、前邹梨园、群贤堡、尹昌楼、田庄、八里铺、王庄、潘庄、李凤桃、前邹家、邹东、邹西19个村划归东鲁街道管辖，街道机关驻振兴街12号。

2010年5月，撤销冠县冠城镇，设立冠县清泉街道和崇文街道；撤销冠县烟庄乡，设立冠县烟庄街道；撤销茌平县温陈乡，设立茌平县温陈街道。

2011—2015年，全市街道规模趋于稳定，没有出现调整。

2015年年底，全市共设有街道32个。其中，东昌府区10个、临清市4个、阳谷县3个、莘县4个、茌平县3个、东阿县2个、冠县3个、高唐县3个。

四、功能区所辖乡镇（街道）

1995年8月，将聊城市（今东昌府区）的蒋官屯镇和柳园街道的李太屯村划归聊城经济技术开发区管理。1996年2月，聊城经济技术开发区新设立东城办事处。1996年3月，将柳园街道的武楼、马庙、张庄、军王屯和许营乡的徐田5个村划归聊城经济技术开发区管理。2002

年2月，聊城经济技术开发区更名为聊城经济开发区。2009年6月，将东昌府区北城街道划归聊城经济开发区管理。2010年7月，将东昌府区许营镇、顾官屯镇、广平乡、韩集乡划归聊城经济开发区管理。2013年3月，聊城经济开发区升级为国家级经济技术开发区，定名为聊城经济技术开发区。2013年7月，聊城经济技术开发区与聊城高新技术开发区分设，许营镇、顾官屯镇、韩集乡和东城街道的一部分划归聊城高新技术开发区管理，同时聊城高新技术开发区筹建九州街道。是年，聊城江北水城旅游度假区成立，下辖由东昌府区划出的湖西街道、凤凰街道、于集镇和朱老庄镇。

专记：聊城撤地设市

1997年8月29日，经国务院批准，撤销聊城地区及县级聊城市，组建地级聊城市，原县级聊城市改为东昌府区，实行市领导县（市、区）的体制。

一

组建地级聊城市，对于进一步发挥中心城市的辐射带动作用，促进聊城的改革开放和社会主义现代化建设，具有重大的现实意义和深远的历史意义。为确保撤地设市工作的顺利开展，1997年，地委、行署采取多种形式，因势利导，有计划、分层次、按步骤地进行宣传教育，正确引导广大干部群众充分认识撤地设市工作的重要性和必要性。

组建地级聊城市是适应社会主义市场经济、加快聊城经济和社会各项事业发展的客观要求。中华人民共和国成立以来，特别是中共十一届三中全会以来，全区人民认真贯彻党的路线、方针和政策，解放思想，更新观念，深化改革，扩大开放，团结奋斗，开拓进取，国民经济取得巨大成就，各项社会事业有了突飞猛进的发展。1997年，全区实现国内生产总值218亿元，是1978年的7.50倍。农业总产值143.20亿元，是1978年的4.96倍；农民人均纯收入1851元，是1978年的25.01倍。乡及乡以上工业总产值194.36亿元，是1978年的12.59倍。全区实现财政收入（新口径）8.5亿元，是1978年的30.68倍。社会消费品零售额39.20亿元，是1978年的10倍。各项存款余额165.35亿元，是1978年的160倍。外贸出口商品供货值25.7亿元，是1978年的113倍。固定资产投资55.58亿元，是1978年的95.98倍。县级聊城市自中华人民共和国成立以来，在地委、行署的领导下，历届市委、市政府努力做好上级精神同聊城实际结合的文章，带领全市人民，经过近半个世纪的艰苦奋斗，逐步把聊城市建设成为鲁西重要的农产品基地、工业基地和商品集散地，城市建设初具规模，中心城市的辐射带动作用不断扩大，经济发展较快，实力明显增强。国内生产总值、工农业总产值、第三产业在国内生产总值中的比例、地方财政收入等多项经济指标，均已达到国务院关于撤地设市的标准。

组建地级聊城市是领导体制上的一项重大改革。明清时期，聊城就有"漕挽之咽喉，天都之肘腋，江北一都会"之称，是山东的"西大门"，有着重要的区位优势，而且资源丰富，经济和社会发展蕴藏着巨大的潜力。聊城地区作为省派出机构，自建立以来，历届地委、行署带领全区人民为社会主义建设事业作出了显著成绩。特别是随着"兴聊十大工程"的相继竣工和发挥效益，长期制约聊城经济和社会发展的交通、通信、能源等基础条件发生了历史性的变化，聊城正在和即将成为山东省西部重要的交通枢纽和能源基地。但是，随着改革开放的不断深入，经济和社会事业的不断发展，地区管理体制已不适应新形势的需要，只靠一个省的派出机构，无论从领导体制、权限职能、协调能力，还是从对外交往等方面，都受到了很多局限。特别是在同外商、外国地方政府进行经济交流和友好交往中，有诸多不便。因此，振兴聊城，促进经济和社会事业更快更好地发展，组建一个精简、统

一、效能的政权组织，实行市领导县（市、区）的体制有利于理顺关系，提高管理效能，有利于加快中心城市的发展步伐，增强城市功能，发挥中心城市的作用，带动鲁西地区经济和社会事业的发展。

组建地级聊城市是党中央、国务院和省委、省政府对聊城人民的关怀和支持。多年来，省委、省政府就多次酝酿组建地级聊城市，并为此做出很大努力，终于在1997年8月经国务院批准设立。省委、省政府对地级聊城市的组建和今后的发展寄予很大希望。

二

国务院批准聊城撤地设市之后，省委、省政府对地级聊城市的筹建工作非常重视。1997年11月，副省长张瑞凤专门到聊城现场办公，1998年3月又安排时间专门听取聊城撤地设市工作进展情况的汇报，研究部署有关事宜。区委、行署把撤地设市列入重要工作议程，强化组织领导，使撤地设市工作有领导、有步骤、紧张而有秩序地进行。

一是确立撤地设市的指导思想。根据省委、省政府的指示精神，在充分借鉴外地经验和反复讨论研究的基础上，区委、行署确立的组建地级聊城市的指导思想是以中共十四大和十五大精神为指针，根据市场经济和社会发展的需要，按照有利于理顺行政管理体制、有利于增强和完善城市整体功能、有利于调动市区两个方面积极性的要求，充分发挥中心城市的辐射作用，促进全市国民经济和社会事业更快更好地发展。在各项具体工作中，以改革的精神，严格组织纪律和民主法定程序，坚持积极、慎重、稳妥的原则，确保撤地设市工作健康开展。

二是成立领导小组。整个撤地设市工作，在党委的统一领导下进行。成立地级聊城市筹建工作领导小组，地委、行署的主要领导分别任组长、副组长，地委办公室、行署办公室、人事、财政、民政、审计等有关部门的主要负责人为成员，设立专门办公地点，及时研究有关事宜，使撤地设市能够按照法律程序，依法进行。

三是制定撤地设市方案。一方面向上级做好汇报，主动取得省直有关部门的指导帮助。先后到省民政厅、省编委等领导机关，就一些涉及法规程序和事权划分等问题，及时进行请示，确保依法办事。另一方面借鉴外市的经验做法。1997年11月下旬，经地委、行署研究确定，由行署领导带队，地直有关部门负责人及原县级聊城市的有关人员组成考察团，先后到临沂、济宁、德州三市进行考察学习，基本理清撤地设市的工作思路和方法步骤。在此基础上，制定撤地设市方案等具体事宜，酝酿、讨论，广泛地征求意见，抓好实施。1998年2月10日，中共聊城地委办公室、聊城地区行署办公室下发《关于统一制作机关标牌和印章的通知》。

三

开好地级聊城市党代会、人代会和政协会，是撤地设市的重要环节，它标志着聊城撤地设市后各项工作新辉煌的开启。为确保“三会”的成功，地委、地区人大工委和政协工委在省委、省人大和省政协的具体指导下，成立专门班子，设立筹备组，严格“三会”法定程序，进行充分的准备工作。

1998年2月28日至3月3日，撤地设市后的中国共产党聊城市第九次代表大会在聊城东昌宾馆召开。大会选举产生新一届中共聊城市委员会和中共聊城市纪律检查委员会。市九届委员会第一次会议选举张敬涛为市委书记，郭兆信、赵振兰、白志刚、张秋波为副书记，赵立银等8人为市委常委。大会提出“加快发展跨入全省中等行列，从严治党塑造人民公仆形象”跨世纪的奋斗目标，确定了今后五年的总体工作思路。3月17—22日，中国人民政治协商会议聊城市第九届委员会第一次会议召开，杜九西当选为市政协主席。3月18—23日，聊城市第十三届人大第一次会议召开，选举聊城市第十三届市人大常

1998 年 3 月 26 日，举行聊城撤地设市庆祝大会

委会主任、副主任及常委会组成人员；市人民政府市长和副市长；市中级人民法院院长、市人民检察院检察长等。侯继唐当选为市人大常委会主任；郭兆信当选为市人民政府市长。

“三会”结束后，3 月 26 日上午，聊城撤地设市庆祝大会在东昌宾馆礼堂隆重召开。省领导李文全、王渭田、张瑞凤、崔惟琳、郑义堂、陈延明及省民政厅厅长王彦善，市领导张敬涛、郭兆信、侯继唐、杜九西等出席大会。会后，省、市领导分别在市委、市人大、市政府、市政协、市纪委所在地举行挂牌仪式。

新组建的地级市命名为聊城市，原县级聊城市改设为东昌府区，市人民政府驻东昌府区。聊城市辖原聊城地区的高唐县、莘县、阳谷县、东阿县、茌平县、冠县 6 个县和新设立的东昌府区，代管原聊城地区的临清市，共设 7 个街道、55 个镇、104 个乡，6510 个村（居）委会，总面积 8590 平方千米，总人口 544.9 万人。东昌府区以城区为基础，辖古楼、柳园、新区、湖西 4 个街道，阎寺、李海务、蒋官屯、堂邑、沙镇、侯营、梁水镇、斗虎屯、郑家 9 个镇，道口铺、朱老庄、于集、许营、北杨集、大张、张炉集、八甲刘、堠堌 9 个乡，共 22 个居民委员会，993 个村民委员会，总面积 1245 平方千米，总人口 90.59 万人。

四

1998 年 6 月 21 日，聊城市人民政府下发《关于撤地设市后市、区机构调整和事权划分若干问题的通知》，确定撤地设市后市、区两级事权，调整部分管理机构。其中，城市建设方面，东昌府区建委所属的市政工程管理处、城乡规划管理处（含城市建设档案馆）、房产管理处、东昌湖管理处、园林管理处、城市管理监察大队、环境卫生管理处、房屋拆迁办公室、自来水公司、用土管理站、公共汽车公司交市建委管理；省政府批准的 2010 年聊城市城市总体规划区的城市建成区（以下简称城市建成区），以市建委管理为主；区建委主要负责城市建成区以外的乡镇、村的规划建设工作，并协助市建委做好城市建成区的环境卫生、房屋拆迁等方面的工作；东昌府区水利局所属的小运河管理处交市建委管理，其职能兼顾东昌湖用水与沿小运河乡镇、村的农业灌溉。农业方面，东昌府区水产局所属的淡水养殖场交市水产局管理；兽药、饲料的生产经营企业和兽医医疗机构的设置审批，按企业的隶属关系，由市、区分别负责；城市建成区兽药、饲料质量检验和监督管理及动物产品检疫监督由市畜牧局负责；铁路运输的动物及动物产品检疫由市畜牧局负责。技术监督方面，东昌府区技术监督局移交市技术监督局，设立聊城市技术监督局东昌府分局，以市技术监督局管理为主。工商行政管理方面，东昌府区工商行政管理局改称聊城市工商行政管理局东昌府分局，以东昌府区管理为主；城市建成区（不包括专业批发市场）的工商综合稽查工作交由聊城市工商局负责。民政方面，东昌府区民政局所属的革命烈士陵园、范筑先纪念馆、殡仪馆、军队离退休干部修养所，交由聊城市民政局管理。文化方面，东昌府区文化局所属的光岳楼、海源阁、傅斯年陈列馆、铁塔、图书馆、豫剧团交由聊城市文化局管理；市文化局、市广播电视局、市出版局、市公安局及市公安局东昌府分局负责城市建成区的文化市场（不含专业批发市场）管理和稽查工作，东昌府区的有关部门负责城市建成区以外的文化市场管理稽查工作；共青团区委所属的青少年文化宫交共青团市委管理。东昌府区有线电视网移交市广播电视局。社会保障方面，东昌府区劳动局管理的市属以上企业（含劳动服务企业）的社会保障工作移交聊城市劳动局负责。交通方面，东昌府区交通局所属的运输管理所、城区交通管理所、机动车维修行业管理所、出租车管理办公室、搬运装卸管理站及客运办公室交由市交通委交通运输管理处管理，东昌府区交通局负责城市建成区以外的交通运输管理工作；城市建成区以内的客运、货运、维修、出租车的管理由市交委负责。社会治安方面，东昌府区公安局改称聊城市公安局东昌府分局，以东昌府区管理为主；原东昌府区公安局所属的城市交通警察执勤大队交由聊城市公安局交通警察支队管理，并改称为聊城市公安局交通警察支队城市执勤大队。环境保护方面，城市建成区环境保护规划、计划由市环境保护局统一组织实施；城市建成区新上建设项目和投资100万元以上的乡镇建设项目及造纸、酿造、化工、电缆等污染严重的建设项目，由市环境保护局评审；聊城市征收排污费监理站改称聊城市环境监理站；城市建成区所有机关、团体、企事业单位的环境监测工作由市环境监测站负责；城市建成区环境综合治理、定量考核工作由市环境保护局统一规划、统一组织实施，并按企事业单位的隶属关系分别进行监督管理。土地管理方面，东昌府区土地管理局改称为聊城市土地管理局东昌府分局，以东昌府区管理为主；聊城市土地管理局主要负责城市建成区的土地管理工作，聊城市土地管理局东昌府区分局主要负责城市建成区以外的土地管理工作；城市建成区以外国家批准重点项目用地的审批、管理，以市土地管理局为主，东昌府区参与管理。卫生方面，市及市以上所属的医疗机构的设置与管理由市卫生局负责，其他不设床位或床位不满100张的医疗机构设置由东昌府区卫生局负责初审，报市卫生局审批；市及市以上所属的医疗卫生机构使用的药品、消毒产品、医疗卫生用品和所有药品零售企业、消毒产品及医疗卫生用品生产经营企业的审批和监督管理由市卫生局、市医药管理局分别负责；城市建成区各类食品生产经营单位及公共场所（不含专业批发市场）的卫生监督管理由市卫生局负责。财政、税收和财务体制的调整，根据以上机构调整、事权划分的原则，另行确定。

1998年9月16日，聊城市政府办公室印发《关于规范聊城市属及东昌府区属单位名称有关问题的通知》，对市、区属单位名称进行规范。要求机关、事业单位的名称要规范、准确。市属机关、事业单位的名称应冠以“聊城市”字样；东昌府区属机关、事业单位的名称应冠以“聊城市东昌府区”字样。个别单位名称冠以“聊城”而不带“市”字的，至市机构编制委员会办公室办理有关手续。事业单位的设置或更改名称，必须严格按照有关规定进行审批。未经批准设置的机关、事业单位，名称一律视为无效。要求机构编制部门要充分发挥职能作用，进一步加强对机关、事业单位名称规范化管理。对撤地设市后不符合有关规定的单位名称，尽快予以纠正；对个别明知故犯、不按规定及时变更名称的单位，强制进行改正，并视情节追究单位主要负责人的责任。市政府责成市机构编制委员会办公室于1998年12月对机关、事业单位名称规范问题进行一次专项检查。

五

撤地设市期间，市委、市政府加强对撤地设市过程中的组织领导，严肃工作纪律，贯彻执行上级党委、政府的各项决议和规定。组织、人事、编制、劳动及接收部门严格按照市委、市政府的规定，把好人员交接关。移交部门如实提报移交人员情况，对弄虚作假违犯规定突击安插的人员、提拔的干部一律不予承认和接收。审计、财政、国有资产管理等有关部门对移交单位的资产、债权债务等进行认真、严格地界定、清理、评估和审计。严肃执行市委市政府关于“严禁任何单位和个人以任何借口、任何形式平调、转移、挪用、隐瞒和私分国有资产，不但国家资产追回外，还要给当事人党纪、政纪处分”和“各级各部门不准借机构调整、人事变动之机，用公款搞接风送行宴请，不准用公款赠送礼品和纪念品。任何单位和个人不得以任何借口拖延或阻碍交接工作，要严格按照固定程序办理交接”等规定，保证了交接期间生产、工作的正常运转。

第二编 自然环境

Part II Natural Environment

聊城境内地质构造属华北地台（Ⅰ）的一部分，分布许多断裂，走向一般呈北东向。地形为黄河冲积平原，地势西南高、东北低，在东阿县有石灰岩浅丘10余座。主要河流有黄河、金堤河、徒骇河、马颊河、彰卫南运河及小运河。湖泊、水库多为历史形成或近期挖掘，有东昌湖、鱼丘湖、洛神湖、金牛湖、金龙湖水库、张官屯水库、东邢水库等。土壤由黄河泛滥冲积而成，土层深厚、沙黏适中，垦殖率较高，耕地数量较多。地表植物多为农作物和人工栽培的林木及次生草本植物群落，天然植被很少。全境属温带季风气候区，春夏秋冬四季分明。矿产资源、动植物资源较为丰富，主要矿产资源有煤炭、石油、天然气、岩盐、石膏、石灰石、饮用矿泉水和温泉水等，全市有记录的野生维管束植物共有68科234种，动物共有43目212科1049种。干旱、洪涝等气象灾害、农作物病虫害时有发生。

第一章　地质　地貌

第一节　地　质

一、构造

境内地质构造属华北地台（Ⅰ）的一部分，聊考（聊城—河南省兰考）断裂带又将全市分为2个二级构造单元，其西部为辽冀台向斜（Ⅱ1），东部为鲁西台背斜（Ⅱ2）。辽冀台向斜中有2个三级构造单元，即临清坳陷区（Ⅲ1）和内黄隆断区（Ⅲ2）；鲁西台背斜中有1个三级构造单元，即茌平坳断区（Ⅲ3）。自西向东又分7个四级构造单元：馆陶凸起区（N1），临清凹陷区（N2），高唐、堂邑凸起区（N3），莘县凹陷区（N4），阳谷凸起区（N5），东阿凹陷区（N6），平阴凸起区（N7）。

境内分布许多断裂，其走向一般呈北东向。较大的断裂为聊考大断裂，其次有冠广（冠县—广饶）断裂、冠县断裂、堂邑断裂、聊城（今东昌府区）断裂、茌平断裂、东阿断裂、馆陶断裂、马陵断裂。另外，还有许多小断裂。聊考断裂，北自茌平，南至河南兰考，全长270千米，境内长度110千米，是境内辽冀台向斜与鲁西台背斜的分界线，同时控制着境内第三系的发育及构造形态的发展。冠广断裂，西自冠县，穿过聊考大断裂，东至广饶，全长290千米，境内长度约100千米。该断裂北盘下降，南盘上升。冠县断裂，北自临清石槽，南至冠县梁堂，与冠广断裂相交，全长约60千米，其北端是临清凹陷与桑阿凸起的分界线。堂邑断裂，自莘县董杜庄向西北延伸，经过堂邑，至博平与聊考大断裂相交，全长约73千米，其南盘为下降盘。聊城断裂，其东北在东昌府区交于聊考大断裂，西南在莘县河店交于堂邑断裂，全长约40千米，为北盘下降盘的断裂。茌平断裂，为东盘下降的断裂，其北自茌平土老，南至阳谷七级，境内约55千米。东阿断裂，位于境内最东部，是西盘下降的断裂，其北自东阿高集，南至阳谷张秋，全长约50千米。馆陶断裂，位于境内最西部，该断裂将北馆陶构造一分为二，使断裂带两侧孔店组地层与奥陶纪灰岩接触。马陵断裂呈北西走向，全长约15千米，北东为下降盘。该断裂带是临清凹陷与河南内黄隆起的分界线。

二、地层

自晚第三纪以来，境内普遍接受了上第三系和第四系的沉积（主要为黄河泛滥冲击物和洪积物），除东阿县沿黄河一带不足50米高的10余座孤山有古生界奥陶系灰岩出露外，其余均为新生界第四系所覆盖。第四系厚度一般为

东阿鱼山地质公园—沉积岩孤峰 （2013 年摄）

30～270 米，以临清市、莘县、高唐县一带厚度较大。第四系包括全新统和更新统。全新统主要为冲积物和洪积物，沉积厚度 7～25 米，广泛分布于全市；更新统主要为河湖相沉积，厚度 30～260 米。第四系以下主要有上第三系明化镇组、馆陶组；下第三系东营组、沙河街组、孔店组；古生界石炭二叠系、奥陶系、寒武系，还有古生界变质岩等。

第二节 地 貌

境内地形为黄河冲积平原，地势西南高、东北低，地面坡降 1/6500～1/7500，海拔 22.6～49.0 米。由于受黄河历次决口改道和自然侵蚀的影响，形成了微度起伏，岗地、坡地、洼地相间的平原微地貌，其中岗地 4023 平方千米，占 46.8%；坡地 3744 平方千米，占 43.6%；洼地 823 平方千米，占 9.6%。境内地貌主要分为河滩高地、决口扇形地、缓平坡地、浅平洼地、背河槽状洼地、沙质河槽地、浅丘等 7 种类型。

一、河滩高地

由古黄河泛滥主流两侧冲积而成。主要分布在临清市的唐园、潘庄、尚庄、朱庄、路庄、大辛庄、胡里庄、老赵庄、松林，冠县的斜店、冠城、孙疃、杨召、万善、店子、烟店、兰沃、清水、甘官屯、柳林、辛集、元造户，阳谷县的城镇、李台、大布、郭店屯、十五里园、阎楼、七级、阿城等乡镇。地形部位相对较高，地面径流排泄通畅，地下潜水埋深一般为 6～8 米，水质较好，矿化度 0.5～1.0 克／升，基本无涝碱灾害，但受干旱威胁严重。

二、决口扇形地

由黄河决口骨干支流冲积而成。主要分布在高唐县的赵庄、三十里铺、清平、固河，茌平县的菜屯、贾寨、洪官屯、杨官屯、肖庄，冠县的万善、清水、兰沃等乡镇，地下潜水埋深 4～6 米，矿化度 0.5～1.5 克／升。地面起伏不平，土壤质地均为沙质土，保水、保肥能力差，常受风沙危害，有的地块经风力搬运形成沙丘，土壤肥力低，适宜花生、地瓜种植及林业、牧业生产。

三、缓平坡地

由黄河泛滥漫流沉积而成，是境内分布最广、面积最大的地貌类型。除临清市、冠县面积较小外，其他县（市、区）均有大面积分布。地下潜水埋深 3～6 米，矿化度 0.5～2.0 克／升。地势平缓，排水不畅，易涝易碱。土壤类型以潮土、盐化潮土为主，质地为壤质土，适宜多种作物生长，为境内粮、棉、油的主要产地。

四、浅平洼地

由黄河泛滥时分离主河道的静水沉积而成。主要分布在东阿县的陈集、杨柳、高集、大李、牛角店、姚寨、大桥、黄屯、单庄、姜楼及东昌府区牛家洼、谭家洼、城关镇、白家洼，阳谷县的西湖大洼、坡里、七级郝林大洼、王营大洼等。地势低洼，地下潜水埋深较小，一般 2 米左右，矿化度 1.0～2.5 克／升。排水不畅，容易积水成涝，洼地边缘极易盐化。土壤类型以潮土、盐化潮土为主，土壤质地多为黏质土，保肥性好，通气性差，适宜种植粮食作物及发展渔业生产。

五、背河槽状洼地

主要分布在黄河、徒骇河、马颊河及赵王河的两侧，呈带状分布，地势低洼。由于受河水的补给，地下潜水埋深较小，一般为1～3米，呈滞流状态，矿化度高，一般为1.5～3.0克/升，土壤盐渍化严重，有的为大片盐碱荒地，适宜林业及渔业生产。

六、沙质河槽地

由黄河泛滥主流冲积而成。主要分布在莘县的王奉、王庄集、张寨、古云、大张、樱桃园、古城等，临清市的路庄、唐元、朱庄、杨桥、石槽、松林和金郝庄等乡镇，及冠县的南满菜村至柳行头村的沙河地带。地下潜水埋深2～5米，矿化度0.5～1.5克/升。地势低洼，雨季易积水，并有盐碱化威胁。土壤类型多为风沙土及潮土，质地多沙，肥力较低，适宜林业、牧业生产。

七、浅丘

东阿县境内有位山、关山、苫山、贾山、鱼山、曲山、香山、艾山、张山、凌山等10余座不足50米高的石灰岩浅丘，集中分布在沿黄河一带，占地面积2.86万公顷，占全市总面积的3.3%。其中，鱼山坐落于东阿县城东南20千米处的黄河北岸，属泰山西来余脉，海拔82.1米，占地80余公顷。

第二章　气候　物候

境内属于温带季风气候区，具有显著的季节变化和季风气候特征，为半干旱大陆性气候。大陆度为62.8～64.8，年干燥度为1.7～1.9。春夏秋冬，四季分明，干湿季节明显。春季干旱多风，回暖迅速，光照充足，太阳辐射强；夏季高温多雨，雨热同季；秋季气温下降快，太阳辐射减弱；冬季寒冷干燥、日照偏少。

物候观测主要有农作物、草本植物、木本植物、动物4种。

第一节　气　候

一、日照

1997—2015年，全市平均年日照时数为2168小时。其中，临清市最多为2337小时，东昌府区最少为2017小时。一年之中，1—5月逐月递增，此后开始下降，基本呈逐月递减趋势。全年以5月最多，2月、12月最少。最多年份出现在1997年，全市平均年日照时数2578.3小时；最少年份出现在2003年，为1963.8小时。在全市主要作物生长期内，日照资源比较丰富，一般不成为限制因素。但部分年份冬季日照偏少，对大棚蔬菜生产有不利影响。

1997—2015年聊城市各站平均各月日照时数情况表

表2-1　　单位：小时

测站	1月	2月	3月	4月	5月	6月	7月	8月	9月	10月	11月	12月	年平均
东昌府区	137	132	178	205	228	198	164	169	161	165	143	136	2017
临清市	151	152	215	233	262	232	209	205	183	185	159	151	2337
冠县	135	138	199	221	245	213	181	186	172	175	148	139	2152

续表 2-1

测站	1 月	2 月	3 月	4 月	5 月	6 月	7 月	8 月	9 月	10 月	11 月	12 月	年平均
阳谷县	140	139	201	224	241	212	186	185	171	173	150	139	2160
莘县	145	142	195	219	240	215	179	179	169	176	151	145	2154
高唐县	151	148	205	221	247	219	190	186	172	174	146	145	2203
茌平县	147	141	206	225	245	219	181	179	175	179	150	142	2189
东阿县	137	140	198	224	242	208	179	179	169	172	146	137	2130
平均	143	142	200	222	244	215	184	184	172	175	149	142	2168

二、气温

1997—2015 年，全市年平均气温为 13.8℃。全市年平均气温最高年份出现在 1998 年，为 14.5℃，最低年份出现在 2011 年，为 13.1℃。从地域分布看，南部地区较高，北部地区较低，其中，东阿县最高，年平均气温 14.2℃，高唐县最低，为 13.3℃。年变化规律，1—7 月逐月递增，8—12 月逐月递减，以 1 月最低，7 月最高。全市极端最高气温 41.8℃，2006 年 6 月 25 日出现在莘县、茌平县；极端最低气温 -19.2℃，2001 年 1 月 14 日出现在高唐县。

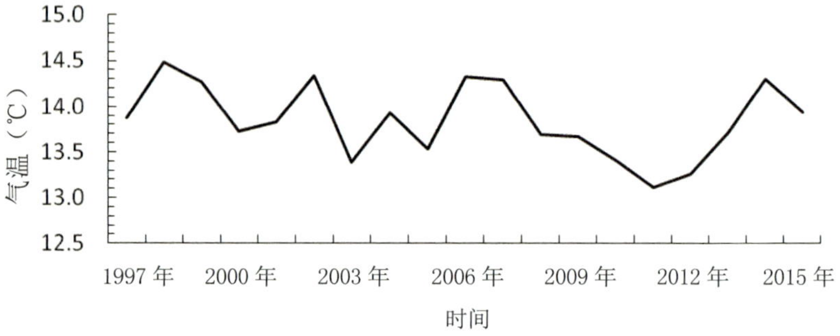

1997—2015 年聊城市逐年平均气温演变图

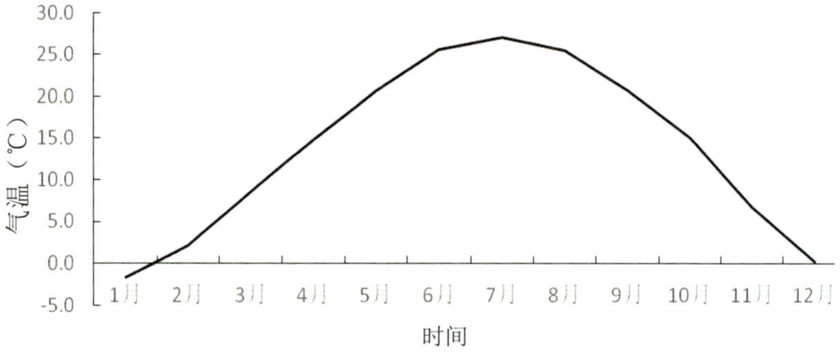

1997—2015 年聊城市逐月平均气温演变图

1997—2015 年聊城市平均各月气温情况表

表 2-2　　单位：℃

测站	1 月	2 月	3 月	4 月	5 月	6 月	7 月	8 月	9 月	10 月	11 月	12 月	年均
东昌府区	-1.8	2.1	8.5	14.8	20.4	25.2	26.9	25.4	20.7	14.7	6.7	0.1	13.7
临清市	-1.9	2.0	8.5	14.9	20.7	25.6	27.1	25.5	20.8	14.9	6.5	0.1	13.7
冠县	-1.7	2.3	8.8	15.1	20.9	25.8	27.1	25.5	20.8	14.8	6.7	0.2	13.9
阳谷县	-1.5	2.4	8.7	14.8	20.5	25.6	27.0	25.4	20.8	15.3	7.0	0.5	13.9
莘县	-1.7	2.3	8.6	14.8	20.5	25.7	27.1	25.4	20.7	15.1	6.9	0.3	13.8
高唐县	-2.3	1.4	8.0	14.5	20.4	25.3	26.8	25.1	20.4	14.5	6.2	-0.4	13.3
茌平县	-1.4	2.2	8.4	14.8	20.6	25.6	27.2	25.5	20.9	15.2	7.0	0.4	13.9
东阿县	-1.2	2.6	8.8	15.2	20.9	25.9	27.3	25.7	21.3	15.6	7.4	0.7	14.2
平均	-1.7	2.2	8.5	14.9	20.6	25.6	27.1	25.4	20.8	15.0	6.8	0.2	13.8

三、降水

1997—2015年，全市年降水量平均为555.9毫米。降水量的地域分布，东北部地区较多，中部和西南部地区较少。各区县以茌平县平均年降水量最大，为594.5毫米；东阿县、东昌府区次之，分别为573.4毫米和571.4毫米；莘县最少，为511毫米。降水呈现明显的年变化规律，夏季降水集中，冬季稀少，秋季多于春季。1—7月逐月递增，8—12月逐月递减，以7月最多，1月最少。降水的年际变化较大。最多年份出现在2003年，全市平均年降水量785.3毫米；最少年份出现在2002年，全市平均年降水量仅314.7毫米。2000年、2003年、2010年，全市平均年降水量超过700毫米；2001年、2002年、2006年，全市平均年降水量不足400毫米。全市平均大于等于0.1毫米年降水日数63.9天，其中，阳谷县最多为68.2天，莘县最少为63.7天。

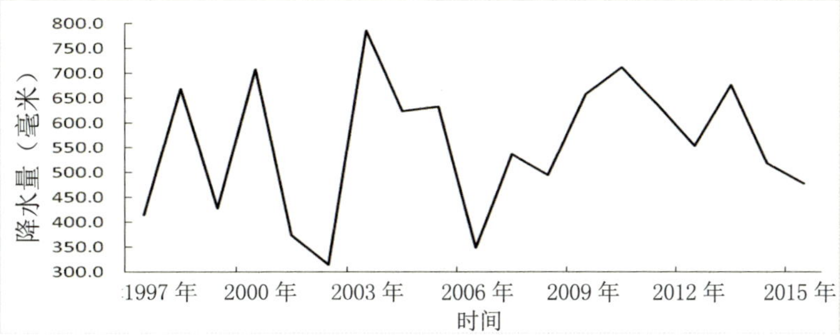

1997—2015年聊城市年平均降水量演变图

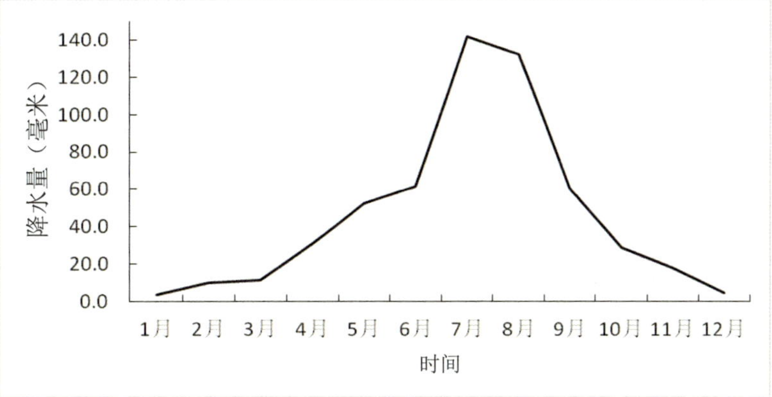

1997—2015年聊城市月平均降水量示意图

1997—2015年聊城市平均各月降水量情况表

表2-3　　单位：毫米

测站	1月	2月	3月	4月	5月	6月	7月	8月	9月	10月	11月	12月	年平均
东昌府区	3.7	10.2	11.2	31.9	50.6	67.1	144.0	140.2	60.8	29.7	18.0	4.6	571.4
临清市	3.2	10.7	9.6	31.1	51.9	67.3	145.2	127.0	60.1	32.9	16.6	3.3	559.0
冠县	3.8	10.2	10.1	26.6	41.6	63.7	153.1	116.1	58.9	30.4	18.8	4.5	537.7
阳谷县	3.8	10.3	13.1	29.0	59.7	56.9	129.8	124.1	63.7	26.5	21.1	6.3	544.2
莘县	3.0	9.6	13.0	27.9	49.3	51.4	119.3	133.1	57.0	26.7	16.3	4.5	511.0
高唐县	2.8	8.7	10.4	29.9	47.2	65.8	151.5	132.9	58.6	28.5	15.6	3.8	555.9
茌平县	3.8	9.8	11.7	35.8	63.2	60.0	154.9	148.2	58.2	26.9	17.4	4.6	594.5
东阿县	4.2	10.1	12.5	35.5	56.9	60.1	138.4	136.9	66.1	28.0	19.3	5.4	573.4
平均	3.5	10.0	11.5	31.0	52.6	61.5	142.0	132.3	60.4	28.7	17.9	4.6	555.9

四、气压

1997—2015年，全市年平均气压为1012.5百帕，全市年平均最低气压为989.9百帕，全市年平均最高气压为1143.6百帕，与气温、降水等其他气候要素相比，气压的年际变化幅度较小，但具有明显的年变化规律。1—7月逐月递减，8—12月逐月递增，冬季气压较高，其中以1月最高，春季、秋季相近，夏季较低，其中以

7 月最低。此规律全市各站基本一致。气压的地域分布规律与各地海拔高度密切相关，阳谷县、莘县地势较高，气压相对较低，而高唐县地势较低，气压则相对较高。

1997—2015 年聊城市平均各月气压情况表

表 2-4　　单位：百帕

测站	1 月	2 月	3 月	4 月	5 月	6 月	7 月	8 月	9 月	10 月	11 月	12 月	年均
东昌府区	1024.0	1021.0	1016.0	1010.4	1005.5	1001.0	999.6	1003.6	1010.7	1016.3	1020.0	1023.8	934.8
临清市	1024.1	1021.0	1016.0	1010.2	1005.3	1000.8	999.4	1003.5	1010.7	1016.3	1020.0	1023.9	934.7
冠县	1023.3	1020.2	1015.2	1009.5	1004.7	1000.1	998.8	1002.9	1010.0	1015.6	1019.3	1023.1	934.0
阳谷县	1023.1	1020.1	1015.1	1009.5	1004.7	1000.2	998.8	1002.8	1009.9	1015.5	1019.1	1023.0	934.0
莘县	1023.1	1020.1	1015.1	1009.5	1004.7	1000.2	998.8	1002.8	1010.0	1015.5	1019.1	1022.9	934.0
高唐县	1025.2	1022.1	1017.0	1011.3	1006.3	1001.9	1000.5	1004.5	1011.7	1017.3	1021.1	1025.0	935.7
茌平县	1024.6	1021.5	1016.5	1010.9	1006.0	1001.5	1000.1	1004.1	1011.3	1016.9	1020.5	1024.4	935.2
东阿县	1024.0	1021.0	1016.1	1010.5	1005.6	1001.1	999.7	1003.6	1010.8	1016.4	1020.1	1023.9	934.8
平均	1023.9	1020.9	1015.9	1010.2	1005.4	1000.9	999.5	1003.5	1010.6	1016.2	1019.9	1023.8	934.7

五、风向、风速

1997—2015 年，全市年平均风速为 2.1 米 / 秒，2005 年、2006 年风速最大，年平均风速为 2.3 米 / 秒，2011 年、2012 年最小，年平均风速为 1.9 米 / 秒。2—4 月风速较大，其中 3 月最大，全市平均为 2.8 米 / 秒；7—10 月风速较小，8—9 月最小，全市平均为 1.6 米 / 秒。莘县年平均风速相对最大，为 2.3 米 / 秒，冠县、东昌府区年平均风速相对最小，为 1.8 米 / 秒。1997—2015 年，全市年平均最大风速 4.6 米 / 秒，年平均最大风速最大的县市有临清市、莘县、茌平县，风速为 4.9 米 / 秒，最小的县（市、区）为东昌府区，风速为 4.1 米 / 秒。2—4 月平均最大风速较大，其中 3 月最大，为 6.0 米 / 秒，7—10 月风速较小，9 月最小，为 3.6 米 / 秒。

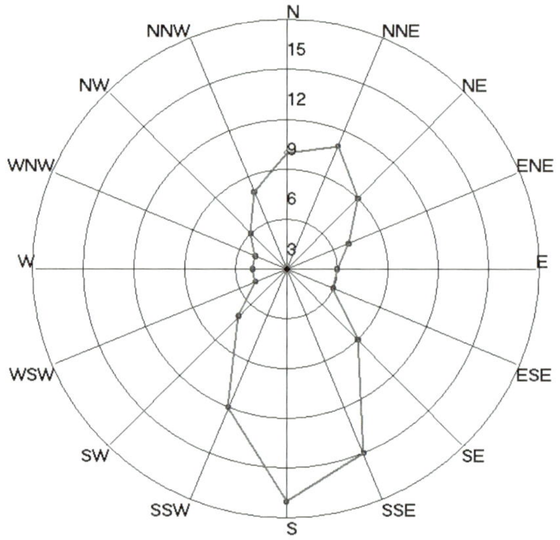

1997—2015 年聊城市平均各风向玫瑰图

1997—2015 年聊城市各月平均风速情况表

表 2-5　　单位：米 / 秒

测站	1 月	2 月	3 月	4 月	5 月	6 月	7 月	8 月	9 月	10 月	11 月	12 月	年平均
东昌府区	1.8	2.1	2.5	2.4	1.9	1.8	1.5	1.4	1.3	1.5	1.7	1.8	1.8
临清市	2.1	2.4	2.9	3.0	2.6	2.4	1.9	1.7	1.7	1.9	2.1	2.1	2.2
冠县	1.7	2.0	2.5	2.5	2.1	1.9	1.6	1.4	1.4	1.5	1.7	1.7	1.8
阳谷县	2.1	2.4	2.9	2.7	2.3	2.2	1.8	1.6	1.7	1.9	2.2	2.1	2.2
莘县	2.3	2.6	3.1	3.0	2.5	2.4	2.0	1.8	1.8	2.0	2.2	2.2	2.3

续表 2-5

测站	1月	2月	3月	4月	5月	6月	7月	8月	9月	10月	11月	12月	年平均
高唐县	2.1	2.4	3.0	2.9	2.4	2.1	1.7	1.6	1.6	1.9	2.1	2.1	2.2
茌平县	2.1	2.4	2.9	2.8	2.3	2.3	1.9	1.7	1.7	1.9	2.2	2.1	2.2
东阿县	2.1	2.4	2.8	2.7	2.2	2.1	1.8	1.6	1.6	1.8	2.0	2.1	2.1
平均	2.0	2.3	2.8	2.8	2.3	2.2	1.8	1.6	1.6	1.8	2.0	2.0	2.1

1997—2015 年聊城市各月平均最大风速情况表

表 2-6　　单位：米 / 秒

测站	1月	2月	3月	4月	5月	6月	7月	8月	9月	10月	11月	12月	年平均
东昌府区	4.1	4.7	5.5	5.1	4.2	4.1	3.6	3.3	3.2	3.5	3.9	4.0	4.1
临清市	4.6	5.2	6.1	6.2	5.5	5.3	4.5	4.1	4.0	4.4	4.6	4.7	4.9
冠县	4.0	4.5	5.5	5.5	4.7	4.5	3.9	3.6	3.3	3.7	4.1	4.2	4.3
阳谷县	4.5	5.0	5.9	5.6	5.0	4.8	4.1	3.7	3.6	4.3	4.5	4.6	4.6
莘县	4.7	5.3	6.2	5.9	5.2	5.2	4.4	4.0	3.9	4.4	4.7	4.7	4.9
高唐县	4.5	5.2	6.3	6.2	5.2	4.6	4.1	3.6	3.6	4.4	4.6	4.5	4.7
茌平县	4.8	5.4	6.2	6.0	5.1	4.9	4.3	4.0	3.7	4.6	4.9	4.9	4.9
东阿县	4.6	5.1	6.1	5.7	4.7	4.5	4.0	3.6	3.6	4.3	4.6	4.7	4.6
平均	4.5	5.1	6.0	5.8	5.0	4.7	4.1	3.7	3.6	4.2	4.5	4.5	4.6

1997—2015 年聊城市平均各风向情况表

表 2-7　　单位：%

测站	北	北北东	北东	东北东	东	东南东	南东	南南东	南	南南西	南西	西南西	西	西北西	北西	北北西	静
东昌府区	6	7	7	4	2	2	5	14	15	6	3	2	1	2	3	4	18
临清市	6	7	6	5	3	3	4	11	15	10	4	3	2	2	3	5	11
冠县	6	10	5	3	2	3	5	15	10	10	3	2	1	2	3	6	17
阳谷县	8	8	4	4	2	5	9	15	9	8	3	2	2	2	3	6	13
莘县	10	8	8	3	3	3	8	11	17	7	5	2	2	2	3	5	6
高唐县	5	8	7	5	3	3	3	7	18	12	4	2	2	2	3	4	12
茌平县	7	8	6	5	3	2	7	14	13	8	3	2	2	2	3	5	12
东阿县	6	10	7	3	3	3	7	10	11	10	5	2	2	2	3	4	15

六、地温与冻土

1997—2015 年，全市年平均地面温度 14.6℃。东阿县相对较高，为 14.9℃，高唐县相对偏低，为 14.1℃。年变化规律与气温相同，1—7 月逐月递增，8—12 月逐月递减。10 厘米地温年变化规律与地面温度相同，1—7 月逐月递增，8—12 月逐月递减。1997—2015 年，全市各站地面极端最高地温 69.9℃，2002 年 7 月 15 日出现在茌平县；极端最低地温 -25.4℃，2001 年 1 月 15 日出现在冠县。

1997—2015年，全市最大冻土深度43厘米，2010年1月出现在临清市。冻土深度1月最大，2月次之。

1997—2015年聊城市各月0厘米平均地温情况表

表2-8　　　　单位：℃

测站	1月	2月	3月	4月	5月	6月	7月	8月	9月	10月	11月	12月	年平均
东昌府区	-1.8	2.7	10.1	18.4	25.3	30.2	30.9	28.7	23.5	15.9	6.8	0.0	14.7
临清市	-2.2	2.4	10.1	18.3	25.0	30.2	30.8	28.7	23.3	15.5	6.3	-0.3	14.5
冠县	-2.2	2.7	10.7	18.9	25.7	30.8	30.9	28.7	23.4	15.6	6.5	-0.3	14.7
阳谷县	-1.7	3.0	10.5	18.5	24.7	29.9	30.6	28.9	23.3	16.1	7.0	0.1	14.7
莘县	-2.0	2.7	10.2	18.3	24.5	29.8	30.8	28.5	23.2	15.9	6.9	0.1	14.5
高唐县	-2.3	2.0	9.7	17.6	24.5	29.3	30.3	28.3	22.8	15.1	6.2	-0.5	14.1
茌平县	-1.8	2.6	10.0	17.9	24.5	29.4	30.5	28.6	23.2	15.9	6.9	0.1	14.4
东阿县	-1.5	3.0	10.5	18.8	25.3	30.3	30.9	28.9	23.6	16.3	7.1	0.2	14.9
平均	-1.9	2.6	10.2	18.3	24.9	30.0	30.7	28.7	23.3	15.8	6.7	-0.1	14.6

1997—2015年聊城市各月10厘米平均地温情况表

表2-9　　　　单位：℃

测站	1月	2月	3月	4月	5月	6月	7月	8月	9月	10月	11月	12月	年平均
东昌府区	-0.4	2.6	8.7	15.9	22.0	26.6	28.5	27.3	22.7	16.2	8.3	1.8	13.8
临清市	-1.2	1.4	8.5	15.9	22.3	27.1	28.5	27.0	22.2	15.9	7.6	0.8	13.6
冠县	-1.1	2.0	9.3	16.7	23.3	28.2	29.0	27.5	22.6	16.3	7.9	0.9	14.0
阳谷县	-0.8	2.2	9.2	16.4	22.6	27.1	28.5	27.1	22.4	16.2	8.1	1.0	13.8
莘县	-0.3	2.6	9.1	16.1	22.0	26.8	28.7	27.4	22.8	16.3	8.2	1.8	13.9
高唐县	-1.1	1.3	8.2	15.3	21.9	26.5	28.2	26.8	22.0	15.7	7.7	0.9	13.3
茌平县	-0.7	1.9	8.4	15.5	22.0	26.8	28.4	27.2	22.3	16.3	8.3	1.5	13.7
东阿县	-0.8	2.1	8.9	16.2	22.9	27.4	28.8	27.4	22.8	16.8	8.5	1.4	14.0
平均	-0.8	2.0	8.8	16.0	22.4	27.1	28.6	27.2	22.5	16.2	8.1	1.3	13.8

第二节　物　候

1997—2015年，全市农业气象业务观测农作物主要有冬小麦、夏玉米和花生等；草本植物有蒲公英、车前草等；木本植物有加拿大杨、旱柳、苹果、刺槐、泡桐等；动物物候有豆雁、家燕、青蛙、蚱蝉（别名“知了”）等。

1997—2015年聊城市冬小麦物候期表

表2-10

生育期物候期	播种	出苗	分蘖	越冬开始	返青	拔节	抽穗	乳熟	成熟
平均	10月13日	10月24日	11月11日	12月23日	2月24日	4月7日	4月30日	5月25日	6月6日

续表 2-10

生育期物候期	播种	出苗	分蘖	越冬开始	返青	拔节	抽穗	乳熟	成熟
最早	9月27日	10月4日	10月20日	11月22日	2月6日	3月30日	3月30日	5月20日	6月6日
最晚	10月14日	10月23日	11月14日	1月14日	3月10日	4月19日	4月19日	5月28日	6月16日

1997—2015年聊城市直播夏玉米物候期表

表 2-11

生育期物候期	播种	出苗	三叶	七叶	拔节	抽穗	乳熟	成熟
平均	6月13日	6月20日	6月27日	7月8日	7月26日	8月7日	9月11日	9月27日
最早	6月9日	6月19日	6月22日	6月30日	7月12日	7月31日	8月23日	9月14日
最晚	7月2日	7月6日	7月9日	7月19日	8月3日	8月20日	9月10日	10月3日

1997—2015年聊城市花生物候期表

表 2-12

生育期物候期	播种	出苗	三真叶	分枝	开花下针	结荚	成熟
平均	4月18日	4月29日	5月1日	5月3日	5月26日	6月19日	9月16日
最早	4月14日	4月26日	4月29日	5月1日	5月24日	6月14日	8月29日
最晚	5月30日	5月14日	5月18日	5月24日	6月13日	6月28日	10月2日

1997—2015年聊城市草本植物物候期表

表 2-13

生育期植物名称	萌芽期	展叶始期	展叶盛期	开花始期	开花盛期	果种成熟期	果种散落期	黄枯期
蒲公英	3月11日	3月16日	3月20日	3月23日	3月28日	4月13日	5月1日	11月12日
车前	3月10日	3月15日	3月29日	4月14日	4月22日	6月18日	7月8日	11月26日

1997—2015年聊城市木本植物物候期表

表 2-14

生育期植物名称	芽开放期	展叶始期	展叶盛期	开花始期	开花盛期	果种成熟期	叶始变色期	叶全变色期	叶落始期	叶落末期
加拿大杨	3月20日	3月24日	3月29日	3月13日	3月19日	—	10月5日	10月25日	10月30日	10月31日
旱柳	3月10日	3月17日	3月20日	3月22日	3月24日	—	10月28日	11月17日	11月1日	11月27日
苹果	3月28日	4月3日	4月9日	4月11日	4月18日	9月9日	10月17日	10月22日	10月24日	12月4日
刺槐	3月31日	4月6日	4月13日	4月26日	5月3日	—	10月3日	10月5日	10月7日	10月21日
泡桐	4月9日	4月17日	4月22日	4月12日	4月18日	10月15日	10月18日	11月4日	10月25日	11月18日

1997—2015 年聊城市动物物候期表

表 2-15

动物名称物候期	豆雁	家燕	青蛙	蚱蝉
始见（鸣）	2 月 28 日	4 月 4 日	4 月 11 日	6 月 14 日
绝见（鸣）	12 月 2 日	10 月 17 日	10 月 10 日	9 月 23 日

第三章　水　文

第一节　河　流

2015 年，境内主要河流有黄河、金堤河、徒骇河、马颊河、漳卫南运河及小运河。除黄河、金堤河属黄河水系外，其余均属海河水系。黄河、漳卫南运河常年流水，徒骇河、马颊河及金堤河均为季节性河流。其中，黄河、金堤河和漳卫南运河属过境边界河流。

黄河　境内现行河道为清咸丰五年（1855）黄河在河南兰考铜瓦厢决口改道夺大清河入海后形成，流经阳谷、东阿两县的阿城、刘集、鱼山、铜城、大桥、牛角店6个乡（镇、街道）。河道长 59.51 千米，流域面积 29 平方千米。境内黄河河床高于背河地面 3～5 米，设防水位高于背河地面 8～10 米，是典型的地上“悬河”。1956—2015 年，经艾山水文站测量，该河流年均径流量为 330.40 亿立方米，年均流量为每秒 1060 立方米，水含沙量年均每立方米为 20.10 千克，年均输沙量 7.24 亿吨。

金堤河　黄河下游的主要支流。源于河南滑县，流经山东莘县、阳谷县的 10 个乡（镇），至张庄闸汇入黄河，河道长 80.8 千米，平均河宽 260 米，流域面积 93 平方千米，1956—2015 年年均径流量 1.99 亿立方米。

徒骇河　古为禹疏九河之一。干流起源于莘县古云镇文明寨村，经阳谷县、东昌府区、茌平县，至高唐县固河镇李集村出境，境内长度 169.5 千米。1956—2015 年，年均径流量 2.20 亿立方米。主要支流有金线河、四新河、羊角河、赵王河、七里河、管氏河、赵牛河等，其中流域面积大于 30 平方千米的支流 36 条，大于 300 平方千米的支流 8 条。

徒骇河莘县段　（2015 年摄）

马颊河　古为禹疏九河之一，因河道上宽下窄，形如马颊而得名。发源于河南省濮阳市金堤河分水闸，自莘县董杜庄镇沙王庄入境，至高唐县梁村镇董姑桥进入德州市夏津县境内。聊城市境内长度 123.2 千米，流域面积 2766 平方千米。1956—2015 年，年均径流量 0.86 亿立方米。境内流域面积大于 30 平方千米的支流 16 条。

漳卫南运河　由漳河与卫河汇聚而成，漳河源出晋东南山地，有清漳河和浊漳河两源。清漳河大部流经太行山区的石灰岩和石英岩区，泥沙较少，水较清。浊漳河流经山西黄土地区，水色浑浊。两源在河北省西南边部的合漳村汇合后称漳河。卫河发源于河南省新乡市的合河乡。漳河和卫河于冠县称沟湾汇流后称漳卫南运河。自冠县班庄入境，至临清市权庄出境。沿境干流长度 74.52 千米，年均径流量 7.00 亿立方米，主要支流有长顺渠、车庄沟等，流域面积 485.6 平方千米。

京杭运河　境内段称“小运河”，为引黄灌溉及排涝河道。自阳谷县张秋镇入境，至临清市入漳卫南运河。境内段长 97.5 千米，仅利用张秋闸至赵王河合流处一段，长 39.26 千米，流域面积 285 平方千米。

第二节　湖　泊

全市天然湖泊较少，多为历史形成或近期挖掘。1997 年后，随着经济社会发展用水量的增加，各级政府加大湖泊清淤扩容力度，改善环境，有的湖泊还兼具旅游休闲、供水保障功能。2015 年，全市主要湖泊有东昌湖、鱼丘湖、洛神湖、双海湖等21处，水面面积约45平方千米。东昌湖面积最大，是长江以北罕见的大型城内淡水湖泊。鱼丘湖位于高唐县城区内，为华北地区最大的县级城区湖泊。洛神湖，位于东阿县旧城区西北部，由贯穿县城南北的官路沟开发而成。双海湖位于高唐县县城城区南部，湖内有湖心岛。

东昌湖　位于聊城市城区西南部，旧称“护城河”，后有“胭脂湖”“凤城湖”之说，1973 年正式命名为“环城湖”，1995 年更名为“东昌湖”。东昌湖由 9 片湖区组成，各湖区之间以桥洞相通，湖面总面积 6.3 平方千米，水深 3 ～ 5 米，常年不竭，可蓄水 1680 万立方米，外围湖岸线 16 千米。湖底海拔 29 米，底质为泥沙质，地势平坦，为典型的鲁西平原地貌。湖水主要来源为黄河水，由谭庄水库和二干渠引进，年均引水量 1800 万立方米。水质清澈，水产资源丰富，生长着鲤鱼、鲫鱼、鲢鱼、鳙鱼、草鱼、青鱼、湖虾、中华鳖、中华绒螯蟹等 50 余种水生动物及菖蒲、芦苇、莲藕、芡实等 10 余种水生植物，栖息有绿头鸭、罗纹鸭、赤麻鸭、黑水鸡、东方白鹳、大天鹅及中华秋沙鸭等 30 多种鸟类。东昌湖始建于北宋熙宁三年（1070），因建城筑堤，掘土成河，河面宽约 10 米。熙宁九年（1076），重修护城堤，湖面相应扩大。中华人民共和国成立后，多次进行治理。1963 年、1964 年完成两次大规模开挖改造，引黄补源，湖面发生根本性变化。1974 年，西北湖面进行大面积清淤，挖土堆积成湖心岛。20 世纪 80 年代，完成砌石护岸、湖周道路绿化硬化及浮春亭、垂钓基地等景点建设。20 世纪 90 年代，特别 1993 年以来，借京九铁路、邯济铁路、济聊馆高速公路建设用土及新建聊城电厂用水等，完成东昌湖深挖清淤、环境整治、开发建设及古城截污工程，湖水污染减轻；建成湖滨公园、广场、码头、水寨、荷香岛、东昌湖游乐园（后称“龙升园”）、水城明珠大剧场、各种景观桥梁等功能性景观景点；添置游艇、游船等旅游设施；完成东南湖、人防

东昌湖　(2015 年摄)

湖水域环境综合整治；实现了东昌湖与古运河连通。湖畔建成古井亭、铃铛湖公园、湿地岛、名人岛、龙堤美食岛、水车园、百竹文化园等游览景点，共同组成集蓄水防洪、景观游览、工业用水、渔业养殖、水上运动等为一体的多功能湖泊。2006年，东昌湖旅游区被评为“国家AAAA级旅游景区”。2013年，东昌湖被评为山东省“省级现代渔业园区”，被纳入国家山东省首批湖泊保护名录。2015年12月，获批“国家级湿地公园（试点）”。

鱼丘湖 位于高唐县城区内，湖面面积0.72平方千米，岸线总长约10千米，平均水深3.2米，为华北地区最大的县级城区湖泊。后梁天平二年至后唐同光二年（908—924），高唐县曾为鱼丘县，故取名为“鱼丘湖”。鱼丘湖为古代历朝撅土筑城而成，由东北湖、西北湖、东南湖和西南湖4部分组成。2003年，建成鱼丘湖风景区，总面积约2.2平方千米，景区内由柴府花园、李逵井、湖心岛望岳亭、孙大石美术馆、九孔玉带桥、八大名人壁、文昌宫大成殿、文化艺术广场、李苦禅艺术馆、大觉寺、船坊茶室、秦王破阵台、历史碑廊、书画一条街、垂钓中心、栈桥水廊、龙起山观湖亭等各具特色的“鱼丘十八景”环绕，形成了完整的亲水历史文化旅游体系。2006年，鱼丘湖风景区被评为“国家AAA级旅游风景区”。2008年，被评为“国家级水利风景区”。

洛神湖 位于东阿县老城区西北部，由贯穿县城南北的官路沟开发而成，水面约40公顷。湖水碧波荡漾，柳垂两岸，燕舞莺歌，宛如《洛神赋》洛神女帝，故名为“洛神湖”。南北长1.8千米，平均宽度为160米，水深为5.5米，可蓄水量220万立方米。湖水由距离县城30千米以外的黄河引入。2005年，东阿县政府建成集文化、观光、休闲于一体的开放式生态型综合性园林公园——洛神湖公园。湖内养殖鲤、鲢、鲫鱼140余万尾。2011年、2014年，对园区景点、园林绿化、园路铺装等进行两次改造和优化，绿化主要栽植石楠球、榆叶梅、玉兰、碧桃、蜡梅、广玉兰、迎春、红枫等绿化树种。

双海湖 位于高唐县城区南部，东临官道街，北连鱼丘湖风景区，南接322省道，西依滨湖路。南北长约1700米，东西宽约800米。总面积240公顷。湖内有湖心岛，面积2.67公顷。建设有李奇茂美术馆、湿地栈道、龙舟竞渡、河滩拾遗等十余处特色景点，及游客接待中心、游客休息长廊、休闲娱乐广场等配套设施。湖内有面积2.67公顷的湖心岛，是开发水上游乐、休闲度假场地的宝贵资源。

双海湖 （2015年摄）

第三节 水 库

20世纪50年代，聊城地区曾修建水库4座，分别是位于莘县和范县（今属河南）境内的金堤河水库、位于莘县境内的马村水库、位于冠县境内的南清河水库和位于高唐县境内的高唐水库。这些水库多建在河与河之间涝洼地上，有的河道贯穿其间，有的隔堤修建而成，有的公路纵穿库内，还有的围堤而建。后因设计不科学、渗水沉陷致水库周围土地碱化，再加上经济困难，排灌工程不配套和泄水建筑物不完善多种原因，均于60年代废除还耕，恢复原来堤防和自然河道流势。2000年后，聊城市适应城乡经济和社会发展用水以及南水北调工程的需要，水库建设列入市及各县（区、市）的重要议程。2002 年 12 月，聊城市首座平原水库——谭庄水库开工建设。2010—2014 年，相继建设信源、城南、店子、莘州、张官屯、古云等 6 座水库。2015 年，先后有金龙湖、陈集、东邢、大秦、太平 5 座水库开工建设。至 2015 年年底，全市共建设水库 12 座，其中谭庄、信源、城南 3 座水库建成并蓄水，总库容 2872 万立方米。张官屯、太平、陈集、金龙湖、大秦、东邢、店子、莘州、古云 9 座水库正在建设中。除古云水库为工业企业供水外，其余 8 座为山东省南水北调续建配套水库。

谭庄水库　位于东昌府区境内。该水库是为保证东昌湖水位稳定、水质优良，打造水城品牌、发展旅游产业、改善生态环境，同时为聊城热电有限责任公司扩大生产而兴建的一项重点工程，也是聊城市自行设计兴建的第一座平原水库。项目累计投资 6300 万元，年均供水主要以引蓄黄河水为主。谭庄水库于 2002 年 12 月 6 日正式开工建设，2004 年 5 月建成主体工程并试蓄水。

谭庄水库建成　（2014 年 5 月摄）

信源水库　中型水库。该水库采用下挖与筑坝相结合的方式修建，利用位山灌区一干渠引入黄河水。主要功能保证工农业供水，同时涵养地下水源。该水库于 2010 年 11 月正式开工建设，2012 年 9 月竣工蓄水。

城南水库　利用废弃窑坑扩挖建设。城南水库北临西周店村，南至洼里村，西临孙庄、汪庄村，东临临莘公路围坝为复合土工膜防渗体土坝，库底采用复合土工膜防渗。该水库利用位山灌区三干渠引水充库，经水库调蓄净化后，向临清市第二水厂供水。水库工程主要包括引水工程、主体工程、供水工程及净水工程 4 部分。入库泵站位于围坝东南角，泵站设计流量 6.4 立方米／秒；出库泵站位于围坝东北角，库水经坝下涵洞进入出库泵站进水池，设计出库流量 0.43 立方米／秒。出库泵站后接输水管道向东沿三干渠向北进入临清市第二水厂，管道全长 10.14 千米，由新建净水厂净化后，加压进入城市供水管网，设计供水能力为 4 万立方米／天。2011 年 9 月 28 日，该水库正式开工建设，2014 年 3 月 18 日正式供水。

店子水库　主要功能是调蓄分配长江水，向水厂及工业企业供水。同时，置换部分深层地下水开采量，改善区域生态环境。2012 年 12 月 13 日，市发改委批复工程可研报告；2013 年 11 月 1 日市水利局批复工程初步设计报告，11 月 17 日开工建设。至 2015 年年底，店子水库围坝、截渗墙、坝内护坡等主体工程全部完工，累计开挖土方 660 万立方米、回填土方 125 万立方米、混凝土浇筑 3.5 万立方米、砌石 2.14 万立方米；引水管道安装完成 40 千米；入库涵闸、出库泵站、引水加压泵站等工程施工进入收尾阶段。

莘州水库　主要功能是改变当地水资源短缺状况，充分发挥南水北调工程效益，实现多水源优化配置，为当地经济社会发展提供水源保障。2012 年 12 月 13 日，市发改委批复工程可研报告；2013 年 8 月 19 日，市水利局批复工程初步设计报告，12 月 31 日开工建设。至 2015 年年底，完成水库库区外调土方 560 万立方米、土石方填筑 42.3 万立方米、混凝土 0.41 万立方米、截渗沟开挖和 4 千米围坝工程填筑。

张官屯水库　位于临清市境内，主要功能是调蓄南水北调分配的长江水量和部分黄河水，提高供水保证程度，缓解临清市区水资源供需矛盾。主要建设内容有水库围坝、引水涵洞、入库泵站、入库闸、出库泵站以及管理设施等。2014 年 4 月 30 日，省发改委批复工程可研报告；10

月30日，省水利厅批复工程初步设计报告。至2015年年底，挖运库区土方600万立方米。

古云水库　位于莘县境内，2014年10月25日正式开工建设，计划2016年7月底具备蓄水能力，为工业企业供水。

金龙湖水库　位于东昌府区境内。主要功能是调蓄分配长江水量，同时根据黄河、金堤河来水情况和城市工业用水情况，调引部分黄河水、雨洪水，与长江水联合调度，向城市工业供水。金龙湖水库工程规模为中型平原水库，2015年5月19日，工程可研报告获得省发改委批复；6月30日，工程初步设计报告获得省水利厅批复。至2015年年底，结合城区道路建设，开挖外运土方160万立方米，完成投资4.93亿元。

陈集水库　主要功能是通过水库调蓄，充分利用长江水、黄河水，为阳谷县城区及附近居民生活及工业供水，提高用水保证程度，改善仅靠地下水水源供水出现的供水能力不足、地下水环境不断恶化及水质不良等问题，为阳谷县经济社会发展提供水源保障。2014年7月21日，省发改委批复工程可研报告；2015年6月24日，省水利厅批复工程初步设计报告，9月30日开工建设。

东邢水库　位于茌平县境内。主要是调蓄（引）南水北调长江水，向茌平县城区居民生活及工业供水，缓解茌平县水资源供需矛盾。2014年6月19日，市发改委批复工程可研报告；12月31日，市水利局批复工程初步设计报告。2015年11月16日开工建设。至2015年年底，完成库区开挖及清基土方300万立方米、筑坝土方14万立方米、弃土堆山土方260万立方米，完成施工投资1.2亿元。

大秦水库　大秦水库库区由围坝工程、马安沟泵站、入库涵洞、出库泵站、截渗沟、管理设施等部分组成。主要功能是实现南水北调鲁北干线在东阿县的输水任务，调蓄分配长江水，向城市和工业供水。2013年6月7日，市发改委批复工程可研性报告。2015年3月26日，市水利局批复工程初步设计报告，12月18日开工建设。

太平水库　主要功能是调蓄年分配长江水量3018万立方米，解决高唐县工业用水问题。2015年6月25日，省发改委批复工程可研报告；6月30日，省水利厅批复工程初步设计报告；12月28日开工建设。

第四章　土壤　植被

2015年，全市土壤面积为70.01万公顷，由黄河泛滥冲积而成。土壤具有土层深厚、沙黏相间，颗粒均匀、无大沙粒，呈中性至微碱性，肥力较强，且含有一定数量的可溶性盐类等特点。土壤分为潮土、盐土、风沙土、褐土4种类型，褐土、潮土、湿潮土、脱潮土、盐化潮土、碱化潮土、潮盐土、流动风沙土、半固定风沙土、固定风沙土10个亚类，27个土属、104个土种。境内天然植被很少，仅有零星灌木林分布在黄河故道沙丘地带，面积0.64平方千米，占全市土地面积的0.07%。地表植被多为农作物、人工栽培的林木和次生草木等。

第一节　土　壤

一、潮土

潮土面积65.74万公顷，占全市土壤面积的93.89%，系全市面积最大的一类土壤。潮土土层深厚、土壤肥沃、是主要的粮棉生产载体，主要分布在缓平坡地、河滩高地和浅平洼地上。潮土分为潮土、脱潮土、盐化潮土、碱化潮土、湿潮土5个亚类。潮土亚类为全市分布最广的一类土壤，占土壤面积的 43.4%，地下潜水埋深 3 米左右。脱潮土亚类原名褐土化潮土，占全市土壤面积的 32.3%，主要分布在冠县、临清市、莘县、阳谷县等相对地形部位较高的河滩高地上，地下潜水埋深一般在 3 ～ 5 米。盐化潮土亚类占全市土壤面积的 16.6%，主要分布在地势较低的浅平洼地的边缘。碱化潮土亚类占全市土壤面积的 1.4%，主要分布在东昌府区、莘县、东阿县、阳谷县的洼地边缘。湿潮土亚类占全市土壤面积的 0.2%，主要分布在沙质河槽地及沿黄一带，地下潜水埋深 1 米以内。

二、盐土

表层含有大量可溶性盐类的土壤，面积 1.51 万公顷，分布在茌平县、高唐县、东昌府区、阳谷县的背河槽状洼地和洼坡地。排水不畅，地下潜水埋深在 2 米左右，水矿化度高。按地表盐分不同，分为氯化物盐土（油碱）、硫酸盐盐土（白碱），及重碳酸盐盐土（瓦碱）。盐分在土壤中的分布是上重下轻，呈“T”字形，耕层盐分多在 0.5% ～ 1.5% 之间。盐土类土壤改良难度较大。

三、风沙土

黏粒含量极少为松砂或紧砂质，极容易受风吹动，全市风沙土面积共 2.76 万公顷，依其固定程度划分为固定风沙土、半固定风沙土和流动沙丘 3 个亚类。主要分布在决口扇形地和砂质河槽地上，主要有“二大片，三条线”。“二大片”是莘县的王奉，冠县的清水、兰沃等地区。“三条线”是冠县西部至临清的黄河故道一线，阳谷县东部七级经东阿刘集至东昌府区许营到开发区韩集、广平一线，茌平县贾寨、菜屯至高唐县的三十里铺一线。其他地方也有零星分布。

四、褐土

在全市的分布范围较小，仅分布在东阿县鱼山镇的曲山、铜城的香山和刘集镇的关山等地的残丘坡麓地带上，面积 29 顷，占全市土壤面积的 0.004%。

第二节　植　被

一、林木植被

主要为人工栽培的用材林、经济林、农田林网以及宅旁、村旁、路旁、水旁树木。其中，用材林主要分布在国有林场和苗木基地，树种有侧柏、毛白杨、杨树、旱柳、钻天柳、白榆、黄榆、水曲柳、国槐、臭椿、苦楝、梓树、楸树、刺槐、泡桐、桑树、杞柳、紫穗槐、白蜡、柽柳等。经济林主要有苹果、樱桃、梨、杏、桃、葡萄、山楂、大枣等。绿化树种主要分布在道路两侧和城镇公园，主要树种有银杏、油松、华山松、雪松、水杉、龙柏、垂枝侧柏、圆柏、刺柏、罗汉松、云杉、垂柳、馒头柳、龙爪柳、朴树、五花槐、龙爪槐、紫花槐、合欢、山皂荚、紫荆、三角枫、五角枫、重阳木、连翘、丁香、大叶女贞、流苏、迎春花、卫矛、大叶黄杨、悬铃木、无花果、构树、牡丹、栾树、爬山虎、木槿、紫薇、石榴、贴梗海棠、西府海棠、三叶海棠、月季、玫瑰、日本樱花、樱花、红叶李、樱桃、碧桃、榆叶梅、腊梅、淡竹、毛竹、火炬树、油用牡丹等。

二、灌草丛植被

多为自然植被，混生丁浅丘和湖洼沿岸。也有少量人工灌木、草丛植被，如白蜡条、紫穗槐、人工草坪等，多分布于沿河沿湖两岸及风景区。

三、水生植被

主要分布于低矮洼地、湿地、水面等，水库库汊及坑塘也有少量分布。常见水生植物有芦苇、蒲草、莲藕等。

四、农作物植被

主要有小麦、玉米、谷子、高粱、大豆、甘薯、花生、棉花及蔬菜和瓜类等。

第五章　自然资源

2015年，全市土地总面积87.18万公顷。矿产资源主要有煤炭、石油、天然气、石膏、石灰石、饮用矿泉水和温泉水等。1997—2015年，全市年均水资源总量为11.87万立方米，其中，地下水9.20万立方米，地表水2.67万立方米；可利用总量为8.39万立方米，人均可用水资源量206立方米，不足全国人均占有量的1/10、全省人均占有量的1/3，远远低于国际公认的人均500立方米的标准，属严重缺水地区。

境内平原微地貌形态齐全，水热条件优越，形成多种局部小气候，有利于植物栽培生长和动物的繁衍生息，动植物资源十分丰富。其中，植物资源中，2015年境内有记录的蕨类植物门4科4属7种，裸子植物门5科7属8种，被子植物门59科138属219种。种子植物禾本科36种、菊科22种、豆科15种。全市有记录的野生维管束植物共有68科234种。其中，国家一级保护植物有银杏和水杉2种，国家二级保护植物有玫瑰、野大豆、莲、中华结缕草、水蕨4种。按其性质和用途主要分为植物类药材、野菜资源、纤维植物、蜜源植物和饲料植物等。境内动物资源主要有两栖动物、爬行类动物、鸟类、兽类、昆虫、鱼类等。

第一节　土地资源

1997年，全区土地总面积86.47万公顷，已利用土地83.41万公顷，占总面积的96.5%。其中，耕地63.60万公顷，占总面积的76.2%；园地1.20万公顷，占总面积的1.4%；林地1.85万公顷，占总面积的2.1%；居民、工厂、机关用地10.24万公顷，占总面积的11.9%；交通用地2.36万公顷，占总面积的2.7%；水域2.83万公顷，占总面积的3.3%。

2001年，全市土地面积为87.15万公顷，人均土地面积0.16公顷。其中，耕地面积55.32万公顷，占总面积的63.48%。其后，历年无显著变化。

2015年，全市土地总面积87.18万公顷。农用地面积70.30万公顷（其中耕地57.19万公顷、园地9975.66公顷、林地5.48万公顷、草地1306.23公顷），建设用地面积15.70万公顷，未利用地面积1.19万公顷。根据行政辖区内年度土地利用变更调查数据显示，全市土地总面积86.28万公顷。农用地面积69.53万公顷（其中耕地56.49万公顷、园地9974.96公顷、林地5.44万公顷、草地1302.84公顷），建设用地面积15.64万公顷，未利用地面积1.11万公顷。人均耕地1.44亩，高于全省、全国人均数量。按全国土地生产力分级标准划分，全市没有一级地，二级地占24.2%、三级地占45.5%、四级地占22.3%、五级地占8%。

第二节　矿产资源

一、煤炭资源

煤主要分布在东部的东昌府区、茌平县、东阿县、阳谷县、莘县、冠县等。至2015年年底，全市共设置煤炭探矿权5个，登记面积661.94平方千米；煤层气探矿权2个，登记面积530.23平方千米。煤炭有阳谷—茌平煤田，面积2297.6平方千米，预测储量（E+F级）217亿吨，-1000米以浅煤层分布范围广，煤层层数多、厚度大，储量丰富，煤质优良，水文地质条件较简单，被评为全国一般矿种重大突破项目之一。东昌府区煤矿区为典型的华北石炭一二迭系煤田，矿区可采煤层8层，局部可采煤层3层。

二、石油和天然气资源

石油、天然气储集地段主要分布在莘县、高唐县大部，东昌府区、临清市中部、在平县西部和冠县东部。其中，中原油田三部油区，生油岩体厚度约700～800米。中原油田三厂设于此区，有生产油井330眼、天然气井2眼，年产原油100万吨左右，伴生气1亿立方米。莘县凹陷生油区，面积约2600平方千米，生油岩体约4333亿立方米，顶板埋深1118～1439米，生油岩体厚度1389～1771米及以上。冠县凹陷生油区，面积约1100平方千米，顶板埋深1688米，生油岩体厚度2000米左右，提及2117亿立方米。1989年，胜利油田钻井队在东昌府区梁水镇梁闸村附近打出贾2号探井，在此井-2400米处发现7米厚油气层，在-2674～-2689米处发现15米厚的质地良好的油气层。2011—2015年，新发现钻井4个，井深1.4万米，分别是东昌府区闫寺街道莘8号探井、东昌府区梁水镇莘9号探井、冠县辛集乡冠古1号探井、冠县范寨乡冠古2号探井。

三、岩盐资源

岩盐矿位于莘县西南53千米，地处古云镇徐庄、同智营、黄庄、西池一带，面积42平方千米。岩盐矿中主要离子成分为Cl^-、Na^+、K^+、Ca_2^+、Mg_2^+、HO、SO_4^{2-}，组成NaCl、Na_2SO_4、K_2SO_4、$MgSO_4$、$CaSO_4$、$CaCO_3$、$MgCO_3$等不同盐类化合物。岩盐中还含有Bsh（水不溶物）。资源储量核实面积10.51平方千米，2012年2月，莘县华祥盐化工有限公司以公开挂牌出让方式竞得莘县古云矿区岩盐矿Ⅰ区段黄庄矿段采矿权，2013年2月取得采矿许可证，面积2.2平方千米，核定生产规模60万吨/年。

四、地热资源

境内地热资源以聊考断裂、齐广断裂为界限分为两种类型。界限以西称为聊城西地热田，面积5637平方千米，以新近纪馆陶组和古近纪东营组砂砾岩孔隙——裂隙型为主，分布范围广，热储层稳定，热储层深度为1000～2000米，出口水温45～70℃，20米降深时，地热流体单井涌水量为40～60立方米/小时；地热流体矿化度一般在6500～11000毫克/升，属咸水，水化学类型属Cl·SO_4—Na型。界限以东称为聊城东地热田，面积3078平方千米，以奥陶——寒武纪碳酸盐岩裂隙岩溶型为主，出口水温62.0℃左右，20米降深时，地热流体单井涌水量为60～100立方米/小时；地热流体矿化度一般在5200毫克/升左右，属咸水，水化学类型属Cl·SO_4—Na·Ca型。经估算，全市地热资源总量为1.89×10^{17}千焦，相当于6.45×10^9吨标准煤的发热量。地热流体总储量为2630亿立方米，按照合理开采100年计算，地热资源可采水量为6.1×10^{10}立方米，可开采热量为3.64×10^{19}焦，折合1.24×10^9吨标准煤的发热量。至2015年，全市共设置地热矿业权9个，其中探矿权3个，登记面积6.9平方千米；采矿权6个，面积11.83平方千米，核定生产规模110.93万立方米/年，实际年生产能力49万立方米（停产2个）。地热井主要分布于聊城市中心城区、临清市城区、高唐县城区、冠县城区以及莘县城区。

五、矿泉水资源

2015年年底，全市共设置矿泉水采矿权2个，面积1.04平方千米，核定生产能力4.8万立方米/年，实际生产能力0.6万立方米/年。

六、铁矿资源

2015年年底，全市共设置铁矿探矿权2个，登记面积81.77平方千米。

第三节 水资源

一、地表水资源

1997—2015年，境内地表水资源量主要有大气降水、径流过境河道引用水量和入境河道径流量等。其中大气降水，年均降水量为562.8毫米，年均地表水资源量为2.67亿立方米，可利用量1.07亿立方米，利用率50%。入境河道（徒骇河、马颊河）年平均径流量0.41亿立方米，过境河流量10.33亿立方米（黄河8.5亿立方米、金堤河 1.12 亿立方米、漳卫运河 0.71 亿立方米），年均引客水资源量 10.74 亿立方米。当地年平均降水径流量为 3.13 亿立方米。

二、地下水资源

境内地下水资源主要评价对象是大气降水和地表水有直接联系并参与水循环的浅层地下水。深层地下水资源由于受地理环境制约，具有相对稳定的区域性隔水层。全市多年平均地下水资源量 9.20 亿立方米，可利用量 7.51 亿立方米，可利用率 82%。1997—2003 年，全市地下水平均埋深迅速增加。1997 年年初，全市地下水平均埋深为 5.20 米。2003 年 1 月 1 日，全市地下水平均埋深为 7.83 米。是年，受降雨较丰沛影响，地下水位较 2002 年回升 1.80 米。2005—2015 年，全市平均地下水埋深处于缓慢增加趋势，由平均埋深 6 米左右增加至 8.30 米，全市相应水位平均每年降落 0.13 米。

三、客水资源

境内客水主要是黄河水源和引江（长江）水源。1997—2010 年，年均引黄水量 10 亿立方米。2010—2015 年，山东省分配聊城的引黄水量指标是 7.92 亿立方米、引江水量 1.80 亿立方米。由于引黄限流，客水资源来量逐年减少，年均进入市内外界水量 306.3 亿立方米。金堤河、卫运河径流量少，年均引、提水量仅 1.12 亿立方米。

第四节　生物资源

一、植物资源

植物类药材　主要有 5 大类 183 种。其中，根茎类有白茅根、芦根、香附子、地骨皮、地黄、藕节、半夏、桑根皮、天花粉等；果实类有葶苈子、菟丝子、蛇床子、牵牛子、白蒺藜、大麻仁、杏仁、桑葚子、苍耳子、地肤子、苦楝子、枸杞子、莲子、柏子仁、枯蒌、槐角、王不留、银杏、枣仁、桃仁等；花叶类有槐米、野菊花、蒲黄、霜桑叶、侧柏叶、石榴花、艾蒿等；全草类有大蓟、小蓟、紫花地丁、蒲公英、马齿苋、青蒿、茵陈、益母草、车前草、瓦松、猫眼草、地绵草、透骨草、旱莲草、罗布麻等；藤枝皮类有臭椿皮、桑白皮、桑枝等。

野菜资源　主要有马齿苋、地肤、马兰、猪毛菜、茵陈蒿、薄荷、苋等。

纤维植物　主要有白茅、芦苇、紫穗槐、长苞香蒲、葎草、拂子茅、柽柳等。

蜜源植物　主要有刺槐、枣、榆等木本植物和蒲公英、地黄大腕花等草本植物。

饲料植物　主要有刺儿菜、芦苇、虎尾草、苜蓿等。

二、动物资源

两栖动物　计有 1 目 3 科 7 种，占全省 9 种两栖动物的 77.8%。其中，蛙科 4 种、蟾蜍科 2 种、姬蛙科 1 种。两栖动物的优势物种为中华大蟾蜍和黑斑蛙。两栖动物中，山东省重点保护动物有金线蛙和黑斑蛙两种。

爬行类动物　计有 2 目 4 科 8 种，占全省爬行动物种数（27 种）的 29.7%。其中，龟鳖目 1 科 1 种、有鳞目 3 科 7 种。爬行类动物的优势物种为丽斑麻蜥、无蹼壁虎等。

鸟类　计有 14 目 45 科 225 种，占全省鸟类记录种数（408 种）的 55.1%。其中，白鹤为国家一级保护动物，国家二级保护植物有灰鹤、鸳鸯、黄嘴白鹭、红隼、苍鹰、白琵鹭、大天鹅、白枕鹤、短耳鸮、长耳鸮、红脚鸮等 10 余种。

兽类　计有 5 目 9 科 17 种。其中，黄鼬、艾鼬列为山东省重点保护野生动物。兽类动物的优势物种为小家鼠、蒙古草兔、刺猬等。

昆虫　林业有害生物昆虫纲共 7 目 82 科 306 种，其中，鳞翅目 26 科 145 种；半翅目 9 科 15 种；鞘翅目 19 科 67 种；双翅目 2 科 3 种；直翅目 2 科 4 种；同翅目 20 科 64 种；膜翅目 4 科 8 种。林业病虫害天敌 6 目 15 科 29 种，其中，膜翅目 2 科 5 种，鞘翅目 6 科 17 种；脉翅目 2 科 2 种；半翅目 2 科 2 种；螳螂目 1 科 1 种；蜻蜓目 2 科 2 种。

鱼类　全部为淡水鱼，共有 53 种，隶属 7 目 15 科 40 属。以鲤科最多，有 41 种，丽鱼科 3 种，鳅科 25 种。东阿黄河鲤鱼是国家农产品地理标志保护产品。

第六章　自然灾害

境内自然灾害主要有旱灾、涝灾、风雹灾等。2000年以前，因水利设施不完备，旱灾多于涝灾，有时一年之中旱灾、涝灾交替出现。病虫害自夏至秋均有发生，多与旱灾相伴。干热风集中出现在5月，每年出现约7天，多发年份出现7～15天，造成小麦青枯逼热、减产。2000年以后，在全球气候变暖和全国气候异常的背景下，境内极端天气气候事件频率高、强度大、损失严重等特点凸显。2002年，全市遇到特大旱灾及部分病虫害、风雹灾，损失严重。2003—2005年汛期，全市连续遭受龙卷风、特大暴雨及冰雹袭击。其中，2004年，境内严重的风雹、暴雨、洪涝等灾害，殃及全市117个乡（镇、街道）、336万多人，倒塌、损坏房屋4460间，农作物受灾32.1万公顷，直接经济损失18.2亿元。2010年，旱灾、洪涝、风雹、低温冷冻等自然灾害频发，全市农作物受灾34.7万公顷、成灾24.7万公顷、绝产5.9万公顷；倒塌房屋2.23万间、损坏房屋3.41万间；死亡大牲畜9.4万头，直接经济损失14.9亿元。2011年上半年旱灾严重，汛期以后洪涝、风雹灾时有发生，秋季阴雨连绵，全市农作物直接经济损失8亿多元。2015年，全市洪涝、风雹自然灾害多发，其中风雹灾9次、洪涝灾5次。农作物受灾面积5万余公顷、成灾面积4万余公顷、绝收面积5700公顷，直接经济损失近3亿元。

第一节　旱　灾

1997年5—8月，全区遭受特大旱灾，累计降雨仅148.2毫米，比常年同期减少40%，东阿县平均降水量比常年偏少96%。流经区内的黄河、漳卫河、金堤河以及徒骇河、马颊河相继于5月下旬断流。全区地下水位平均下降8米，5万眼手压井不能使用，1.9万眼机井无水可提，莘县、冠县部分乡镇地下水降至-100米以下。全区农作物受灾面积45.90万公顷，其中5.19万公顷绝产。

2000年3—6月，全市8个县（市、区）多数乡镇均未形成有效降雨，平均降雨量仅40毫米，夏季农作物成灾面积18.1公顷，绝产面积2.5万公顷。

2001年，全市再次遭遇特大干旱，从3月初到6月20日，全市平均降雨20.5毫米，比上年同期少70%。由于连年干旱，地下水位平均下降3～5米，漏斗区面积占全市总面积的40%。全市56万公顷耕地全部受旱，其中重旱20万公顷，6.67万公顷夏季作物不能按时播种，全市600个村、60万人、12万头大牲畜出现吃水困难。

2002年7月，全市平均降雨量64毫米，为常年同期的17%；茌平县降水更少，仅48.1毫米，比累年平均降水量少145.9毫米；且日照强烈，持续高温，7—8日两天，日均气温均在35℃左右，最高40℃以上。再加上引黄时间晚、流量小，致使全市流域所有河道全部干涸，地下水位急剧下降3～5米。全市840万公顷农作物普遍受灾，减产粮食5亿千克。同时，全市800多个村庄、70多万人、22万头大牲畜出现临时性饮水困难。

2007年、2008年1—5月，无有效降雨，旱情持续发展。其中，2007年临清市、莘县、冠县，2008年东昌府区、高唐县受灾较重。两年造成的春作物受灾面积分别为5.44万公顷、6959公顷；绝产面积分别为2763公顷、260公顷；直接经济损失分别为1.01亿元、5424万元。

2008年11月1日至2009年4月18日，境内平均降水仅10毫米，较历年同期偏少92.5%，为50年一遇。全市30万公顷农作物出现不同程度的灾情，灾害面积涉及126个乡（镇、街道）300多万名农民。成灾面积15万公顷，造成麦田、油菜田死苗6600公顷，造成农业直接经济损失3.25亿元。

2010年9月中旬至2011年2月，全市降水降水量仅为8.4毫米，较常年同期偏少89.7%，是有气象资料以来同期降水量的最低值。农作物重旱面积7万公顷、轻旱面积19.19万公顷、干旱总面积26.19万公顷。

2012—2015年，市境虽出现过局部干旱，但均未形成灾害。

第二节　洪涝灾

1998年秋季，全市遭受洪涝灾害，农作物受灾面积18.4万公顷、成灾面积11.07万公顷、绝产2.59万公顷，因灾减产粮食2.6亿公斤。2001年6月21日晚22时至23时20分，临清市魏湾镇降水147毫米，10个村庄、200公顷农田受灾，重灾133公顷。2008年8月11日，冠县遭受暴雨洪涝灾害，全县1.1万公顷作物受灾，造成经济损失8485万元，受灾人口11万人。2009年5月9—10日，全市遭遇最强降雨，平均降雨量80毫米，最大降雨点出现在茌平县，降雨量为170毫米。茌平县、高唐县、临清市、冠县、东昌府区5个县（市、区）小麦大面积倒伏。全市农作物受灾面积为2.57公顷，成灾面积2万公顷。

2010年8月9—10日，市内出现中到大雨局部暴雨天气，全市平均降水量145.4毫米，其中东昌府区249毫米、高唐县175.9毫米、茌平县178.7毫米、东阿县199.6毫米。因降水强度大而造成严重的城市内涝和农田积水，8个县（市、区）50个乡镇、街道的农作物受灾，农作物受灾面积2024.2公顷，损坏房屋771间，经济开发区冲毁桥梁2座。2012年7月29日至8月6日，全市普降暴雨，市内平均降水量172.2毫米，最大降水330.7毫米，出现在高唐县梁村镇。全市受灾人口111.9万人，转移人口866人，受灾面积10.9万公顷，成灾面积6.8万公顷，绝产面积0.55万公顷，损坏房屋778间，倒塌房屋464间，基础设施损失885万元，财产损失1185万元。

2013年7—8月，境内三次遭遇强降雨和暴雨。7月1—20日，全市平均降水量239.8毫米，比常年偏多151%，其中冠县293.3毫米，比常年偏多217%。全市受灾人口14.18万人，受灾乡镇35个；农作物受灾面积1.01万公顷，成灾面积6173公顷，绝收面积346公顷；倒塌房屋56间。7月25—26日，境内出现强降水天气过程，其中，25日10时至26日1时，全市过程平均降水量65.8毫米，较大降水点在茌平县广平230.3毫米。强降水使城市和农田积水严重。共造成除莘县以外的7个县（市、区）受灾，受灾人口105.26万人，紧急转移467人，倒塌房屋572间；玉米、棉花、大豆、花生等农作物和蔬菜受灾，受灾面积10.94万公顷，成灾面积6.46万公顷。8月12—13日，全市再次遭遇特大暴雨，全市平均降水量65.2毫米，较大降水点在东昌府区凤凰苑201.9毫米、临清市戴湾201.5毫米。造成95万人受灾，农作物受灾面积8.5万公顷，成灾面积6.8万公顷，绝产面积3.5万公顷，倒塌房屋886间，损坏房屋1678间。

2015年7—8月，境内两次遭遇强降雨和暴雨。7月30—31日，东昌府区、阳谷县、东阿县出现暴雨，局部大暴雨，最大降水点出现在东阿县黄屯123.1毫米，3个县（区）14个乡镇农作物受灾，受灾人口7.09万人，农作物受灾面积5713公顷，成灾面积4750公顷，绝收面积540.3公顷。8月3—5日，聊城出现强降水天气，普降大到暴雨，局部大暴雨，最大降水点出现在茌平县贾寨镇169.3毫米，暴雨和大风天气造成东昌府区、阳谷县、茌平县、莘县、冠县共25个乡（镇、街道）农作物受灾。受灾面积7900公顷，绝产面积1300公顷，倒塌房屋6间、严重损坏房屋10间。

第三节 风雹灾

1998年6月2日15时50分至16时许，莘县、阳谷县先后遭受严重风雹袭击。其中，莘县风雹袭击时间持续10多分钟，最大风力8～9级，冰雹大的如枣，有7个乡镇、260多个村不同程度受灾；阳谷县最大风力10级，冰雹大的如鸡蛋，降雹时间5分钟左右，有13个乡镇、269个村受灾。此次风雹灾害，两县共有有2912间房屋倒塌，100头大牲畜死亡，5.2万株树木被折断，刮断电线杆150根，农作物受灾面积70万公顷（莘县67万公顷、阳谷县3万公顷）。另外，8月4日，阳谷县刘集出现暴雨冰雹灾害，240公顷玉米、棉花等农作物受灾。

1999年6月中旬，冠县、莘县、高唐县遭受强风雹灾害，使农作物受灾面积3万公顷、成灾2万亩、绝产2666.67公顷。减产幅度均在3成以上。同时，风雹灾害还使1.33万公顷果树受损，落果率40%；19万株树木连根拔起，损坏房屋1300多间，蔬菜大棚7100个，造成3人死亡，砸死砸伤大牲畜112头。

2001年6月15日4时10—30分，高唐县梁村、尹集、固河、杨屯、琉璃寺、高唐6个乡镇遭受强风雹袭击，352个村庄受灾，平均风力9级，阵风12级。冰雹大的直径50毫米，小的直径20毫米。全县农作物受灾面积2.67万公顷，成灾面积2.13万公顷，其中绝收面积1.67万公顷，受灾农作物为小麦、棉花、蔬菜；损坏房屋4200多间，倒塌围墙30多万米，倒折树木20万株，倒折线杆710余根，毁坏线路15万米；伤5人，其中重伤1人；伤大、小牲畜570多头（只）。

2002年8月，全市有4个县（市、区）21个乡镇180多个村庄不同程度遭遇风雹灾袭击。

2003年7月，冠县、临清市、东昌府区、高唐县等地38个乡镇266个村庄遭受风雹袭击，主要农作物受灾5.1万公顷、成灾3.8万公顷、绝产1.6万公顷；造成6000多根电力通信线杆被折断或倒伏，8万余株树木被刮断刮倒，1.2万个蔬菜大棚被损。

2004年汛期，全市多县（区、市）连续遭受龙卷风及冰雹袭击，涉及97个乡（镇、街道）、近1500个村庄。倒塌、损坏房屋1.15万余间，刮倒、折断树木160多万株。

2005年7月12日，高唐县人和、鱼邱湖等9个乡镇、街道遭受冰雹灾害袭击。农作物受灾面积1万公顷，成灾8万亩，其中绝产4000公顷。受灾农作物主要为玉米、棉花和瓜菜。

2006年6月7日16—21时，冠县、莘县、阳谷县、东昌府区、东阿县遭受严重风雹灾害，雹粒直径最大2.5厘米，风力最大8级。灾害涉及22个乡（镇、街道），受灾人口28.5万人，受伤60人；农作物受灾面积2.79万公顷、绝产面积4380公顷；倒塌房屋80间、损坏房屋150间。

2007年6—7月，冠县、莘县、阳谷县、临清市等地先后遭受风雹灾害，最大风力9级，棉花、春玉米大面积倒伏。

2008年6—8月，莘县、冠县、阳谷县、临清市等先后遭受风雹灾害，棉花、春玉米大面积积水、倒伏，受灾面积3.81万公顷、绝产3070公顷。

2009年6月27日，阳谷县发生冰雹灾害，全县受灾人口7000多人，农作物受灾面积800公顷，成灾面积300公顷。

2011年4月29日22时45分，阳谷县受到冰雹侵袭，并伴有大风，冰雹直径平均1厘米，最大2～3厘米，降雹持续时间5分钟。农作物受灾面积约3866.67公顷，受灾人口4万余人。

2014年6月22日20时半左右，莘县、阳谷县、临清市等地出现7～8级大风，最大风力达9～10级。7月14日17时，高唐县三十里铺镇、清平镇出现冰雹天气过程，造成农作物受灾。受灾作物主要为玉米、棉花、西瓜等，受灾面积3061公顷，成灾面积1045公顷。

2015年，境内风雹灾害频繁，有9次之多，以7、8月间发生的两次灾害损失为重。7月14

日16时，江北水城度假区及阳谷县、东阿具、茌平县等地发生风雹灾，最大风力8级，部分乡镇大棚被砸坏，果树、玉米等农作物受损。农作物受灾面积7300公顷、绝收面积256公顷；倒塌房屋8间、严重损坏房屋5间。8月28日夜间至29日凌晨，冠县、阳谷县、临清市、东阿县4个县（市）34个乡镇发生风雹灾，短时风力7级以上，受灾地区玉米大面积倒伏，1.05万公顷农作物成灾，2300公顷农作物绝产。

第四节 其他灾害

一、风雪灾害

1998年3月31日9时至4月1日3时，境内发生特大风雪灾害，覆冰和阵风造成全市193条配电线路停电。2015年11月23—25日，全市范围内出现大到暴雪天气，降水量6.0～10.8毫米，最大积雪深度8厘米，降雪后气温大幅下降，道路结冰，不少蔬菜大棚受损。

二、病虫灾害

2002年，由于天气干旱等气候原因，境内小麦锈病、玉米钻心虫等病虫害发生，损失较为严重。2007年5—7月，东昌府区、茌平县、莘县等地先后遭受小麦锈病、玉米钻心虫等灾害，农作物受灾面积1.44万公顷。

三、低温阴雨灾害

2007年9月下旬至10月中旬，莘县、冠县、临清市、东昌府区、高唐县、茌平县遭受连续阴雨天气影响，致使新收玉米、花生等不能及时晾晒，造成霉变发芽，棉花花桃脱落，农作物受灾面积14.38万公顷。2008年9—10月，东阿县遭受连续阴雨低温天气，农作物受灾面积5370公顷。

四、凌汛灾害

2001年1月15日凌晨，引黄入津三干渠形成凌汛，东昌府区境内出现多处冰坝，渠内水位急剧抬高，造成多处决口，侯营镇、沙镇、朱老庄乡部分村农田被淹。

1997—2002年聊城市农作物受灾及成灾面积情况表

表2-16　　单位：万公顷

年份	受灾面积	旱灾	洪涝灾	成灾面积	旱灾	洪涝灾	绝产面积
1997	49.29	47.00	0.15	32.63	31.23	0.09	5.19
1998	26.34	34.50	8.95	13.78	1.92	5.20	2.95
1999	34.92	26.16	—	21.08	15.99	—	2.56
2000	35.69	19.64	3.96	21.73	11.60	2.59	3.25
2001	46.85	36.33	—	36.29	31.80	—	3.80
2002	50.53	39.00	—	38.47	33.71	—	3.95

2003—2015年聊城市农作物受灾面积和经济损失情况表

表2-17　　单位：万公顷、亿元

年份	受灾面积	成灾面积	绝产面积	直接经济损失	农业直接经济损失
2003	36.40	30.30	5.60	15.00	13.60
2004	32.10	26.60	10.40	18.20	14.40
2005	39.50	4.90	8.90	7.20	—
2006	38.98	1.45	12.00	11.70	—
2007	20.40	1.50	7.00	6.50	—

续表 2-17

年份	受灾面积	成灾面积	绝产面积	直接经济损失	农业直接经济损失
2008	10.50	7.60	0.30	4.90	4.70
2009	39.70	26.30	1.88	14.40	10.00
2010	34.70	24.70	5.90	14.90	12.00
2011	31.00	20.00	0.40	8.00	7.80
2012	18.00	12.00	1.75	6.60	0.60
2013	17.80	11.70	5.50	16.00	15.00
2014	2.50	1.40	0.04	1.20	1.10
2015	5.00	4.00	0.57	3.00	2.90

第三编 人口

Part III Population

1997—2013年，国家实行控制人口增长的计划生育政策，提倡和鼓励一对夫妇生育一个孩子，全市人口增长得到控制。

2013年后，逐步实施一对夫妇可生育两个孩子政策，全市人口总量平稳增长。

2015年，全市年末常住总人口597.06万人，比1997年增加48.84万人；户籍人口622.34万人，比1997年增加74.12万人。随着经济社会发展水平的提高、人们思想观念的转变，人口流动迁移持续活跃，农村人口不断向城镇转移，流入流出人口大幅度增加，受教育程度显著提升，婚姻、家庭状况发生深刻变化。

第一章 人口总量与分布

第一节 人口总量

1997—2000年，全市（区）人口总量平稳增长，户籍人口由548.22万人增加到553.58万人，年均增长率为3.26‰。2001—2005年，全市户籍人口由557.52万人增加到569.50万人，年均增长率为5.37‰。2006—2010年，全市户籍人口由572.82万人增加到597.53万人，年均增长率为10.78‰。2011—2015年，全市户籍人口由604.22万人增加到622.34万人，年均增长率为7.50‰。2015年年底，全市常住人口总量597.06万人，占山东省总人口的6.06%，在全省17个市中居第八位。

1997—2015年聊城市总人口和总户数情况表

表3-1 单位：万人、‰、万户

年份	总人口（抽样调查数）	户籍人口	户籍人口年增长率	年末总户数	年末总户数增长率
1997	548.22	548.22	3.30	143.65	0.83
1998	550.80	550.80	4.70	143.77	0.86
1999	—	553.88	5.59	145.20	9.90
2000	541.19	553.58	-0.54	149.61	30.38
2001	—	557.52	7.11	154.53	32.92
2002	561.31	561.31	6.81	155.84	8.42
2003	563.75	563.76	4.36	158.31	15.87
2004	566.45	566.45	10.11	160.78	15.60
2005	546.07	569.50	0.08	179.96	119.32
2006	550.38	572.82	5.83	166.45	-75.10
2007	553.66	580.75	13.84	169.66	19.32
2008	557.09	584.92	7.17	176.76	41.83
2009	560.96	590.89	10.22	182.30	31.36
2010	579.77	597.53	11.23	187.80	30.18
2011	584.63	604.22	11.19	189.76	10.43

续表 3-1

年份	总人口（抽样调查数）	户籍人口	户籍人口年增长率	年末总户数	年末总户数增长率
2012	589.33	594.45	-16.16	187.49	-11.97
2013	591.13	597.52	5.17	189.18	9.03
2014	593.57	612.13	24.45	194.39	27.54
2015	597.06	622.34	16.67	197.18	14.35

第二节　人口分布

一、区域分布

1997 年，聊城 8 个县、市中，人口最多的莘县，总人口为 94.39 万人；人口最少的东阿县，总人口为 42.20 万人。其他县份依次为聊城市（今东昌府区）92.53 万人、阳谷县 74.25 万人、冠县 72.83 万人、临清市 69.58 万人、茌平县 56.40 万人、高唐县 46.04 万人。

2010 年后，随着城镇化发展、人口流动以及行政区划的调整，2003 年东昌府区人口增至 100.36 万人，成为全市人口最多的县。2008 年，莘县总人口 100.07 万人。

2015 年，人口最多的属东昌府区，总人口为 129.16 万人；人口最少的仍为东阿县，总人口为 37.31 万人。莘县总人口由 2011 年最多时的 103.34 万人降至 2015 年的 97.22 万人。其他县份依次为阳谷县 79 万人、冠县 78.21 万人、临清市 74.07 万人、茌平县 53.52 万人、高唐县 48.57 万人。

1997—2015 年聊城市各县（市、区）总人口情况表

表 3-2　　单位：万人

年份	东昌府区	临清市	阳谷县	莘　县	茌平县	东阿县	冠　县	高唐县
1997	92.53	69.58	74.25	94.39	56.40	42.20	72.83	46.04
1998	93.88	70.02	74.47	94.71	56.50	42.24	72.89	46.10
1999	94.96	70.93	74.88	94.98	56.58	42.29	73.03	46.23
2000	95.90	71.39	74.20	95.27	55.57	41.77	73.24	46.23
2001	97.32	71.82	74.56	95.72	56.28	41.78	73.42	46.63
2002	98.91	72.21	75.15	95.92	56.70	41.79	73.61	47.03
2003	100.36	72.19	75.29	96.25	56.98	41.79	73.78	47.11
2004	101.22	72.62	75.49	96.63	57.26	41.83	73.94	47.45
2005	102.41	72.86	75.65	97.04	57.65	41.97	74.19	47.73
2006	103.68	73.19	76.00	97.51	57.81	42.15	74.52	47.96
2007	104.36	73.57	77.10	99.25	58.73	42.79	75.79	48.27
2008	104.45	73.77	78.67	100.07	59.20	43.31	77.00	48.45
2009	105.02	74.75	79.70	101.12	59.87	43.70	77.90	48.84
2010	115.65	76.08	80.43	102.06	54.19	39.93	80.06	49.13
2011	117.05	76.71	81.25	103.34	54.77	40.38	81.03	49.67
2012	115.06	75.80	79.48	100.66	54.17	39.97	80.04	49.26
2013	125.58	73.47	78.69	97.89	53.09	36.00	78.08	48.33

续表 3-2

年份	东昌府区	临清市	阳谷县	莘　县	茌平县	东阿县	冠　县	高唐县
2014	126.91	73.87	78.87	97.09	53.30	36.97	78.10	48.46
2015	129.16	74.07	79.00	97.22	53.52	37.31	78.21	48.57

二、城乡分布

1997年，聊城总人口为548.22万人，其中，农业人口466.53万人，非农业人口81.69万人，非农业人口占比14.9%。

1998年后，随着经济社会发展水平的提高，全市呈现出农村人口向城镇转移的明显态势，非农业人口占总人口的比重逐年提高。其中，2000年非农业人口占总人口的比重为17.04%，2005年提高到28.74%，2007年为36.69%。2011—2014年，非农业人口占比在31%～33%之间。2015年，全市总人口为622.34万人，其中，农业人口395.85万人，非农业人口226.50万人，非农业人口占比增至36.39%。

2000年、2010年人口普查，全市城市人口由2000年的66.17万人增加到2010年的82.44万人，城镇人口由76.35万人增加到131.02万人，城镇人口占全市总人口的比例由26.33%增长到36.82%。

1997—2015年聊城市农业人口和非农业人口及非农业人口占比表

表 3-3　　　　单位：万人、%

年份	总人口	农业人口	非农业人口	非农业人口占比
1997	548.22	466.53	81.69	14.9
1998	550.80	467.75	83.05	15.08
1999	553.88	467.77	86.12	15.55
2000	553.58	459.27	94.31	17.04
2001	557.52	451.31	106.21	19.05
2002	561.31	448.67	112.64	20.07
2003	563.76	427.97	135.79	24.09
2004	566.45	426.54	139.91	24.70
2005	569.50	405.80	163.70	28.74
2006	572.82	411.06	161.76	28.24
2007	580.75	367.66	213.09	36.69
2008	584.91	376.73	208.19	35.59
2009	590.89	420.65	170.24	28.81
2010	597.53	412.12	185.40	31.03
2011	604.22	411.93	192.29	31.82
2012	594.45	396.50	197.95	33.3
2013	597.52	396.66	200.87	33.62
2014	612.13	405.80	206.33	33.71
2015	622.34	395.85	226.50	36.39

1997—2015年聊城市各县（市、区）农业人口与非农业人口情况表

表3-4　　单位：万人、%

县（市、区）	年份	1997	1998	1999	2000	2001	2002	2003	2004	2005	2006	2007	2008	2009	2010	2011	2012	2013	2014	2015
东昌府区	农业人口	66.45	66.35	65.96	61.16	63.61	63.94	63.41	62.57	43.52	47.94	—	7.4	46.27	55.95	56.65	55.96	56.59	58.86	69.14
	非农业人口	26.09	27.53	29.01	31.43	33.71	34.96	36.94	38.65	58.90	55.74	—	97.02	58.75	59.70	60.40	59.10	59.87	61.88	53.98
	非农业人口占比	28.19	29.32	30.55	33.94	34.64	35.35	36.81	38.18	57.51	53.76	—	92.89	55.94	51.62	51.60	51.36	51.41	51.25	43.84
临清市	农业人口	56.10	55.70	56.46	55.71	55.08	53.98	39.34.	39.14	43.55	43.45	43.55	43.46	43.94	44.27	44.51	44.26	44.66	45.81	43.06
	非农业人口	13.49	—	14.48	15.57	16.73	18.23	32.85	33.48	29.31	29.74	30.01	30.31	30.80	31.81	32.20	31.54	31.64	32.26	37.16
	非农业人口占比	19.38	20.45	20.41	21.85	23.30	25.25	45.50	46.10	40.23	40.63	41.80	41.09	41.20	41.81	41.20	41.62	41.47	41.32	46.32
阳谷县	农业人口	62.09	65.03	65.21	63.60	63.33	60.90	58.27	58.27	58.65	58.69	60.04	60.87	62.09	62.18	62.80	61.55	61.83	62.97	55.83
	非农业人口	12.16	9.43	9.68	10.60	11.23	14.25	17.02	17.22	17.00	17.31	17.95	17.80	17.61	18.25	18.45	17.93	17.67	17.91	25.52
	非农业人口占比	16.38	12.67	12.92	14.29	15.07	18.96	22.61	22.81	22.48	22.78	23.02	22.63	22.10	22.69	22.70	22.56	22.23	22.14	31.37
莘县	农业人口	84.67	85.05	86.16	85.33	84.11	83.37	82.75	82.16	84.83	85.22	86.59	87.24	89.00	89.74	90.90	79.80	78.43	79.24	74.81
	非农业人口	9.72	9.65	8.82	9.96	11.61	12.55	13.49	14.47	12.21	12.28	12.65	12.83	12.12	12.32	12.44	20.86	23.05	24.55	30.56
	非农业人口占比	10.30	10.19	9.28	10.45	12.13	13.09	14.02	14.97	12.58	12.59	12.75	12.82	11.99	12.07	12.09	20.73	22.71	23.65	29.00
茌平县	农业人口	51.69	50.85	49.49	48.94	48.73	49.26	48.69	48.99	42.90	43.04	43.85	43.86	44.47	34.12	34.41	33.26	33.20	34.02	35.53
	非农业人口	4.71	5.62	7.08	6.64	7.55	7.44	8.30	8.27	14.75	14.77	14.87	15.34	15.39	20.07	20.35	20.91	21.09	21.47	20.42
	非农业人口占比	8.36	9.99	12.52	11.95	13.41	13.12	14.56	14.44	25.58	25.55	25.32	25.91	25.72	37.04	37.17	38.6	38.84	38.69	36.5

续表 3-4

县（市、区）	年份	1997	1998	1999	2000	2001	2002	2003	2004	2005	2006	2007	2008	2009	2010	2011	2012	2013	2014	2015
东阿县	农业人口	37.39	37.00	36.65	35.96	35.45	35.33	34.20	33.87	31.12	31.19	31.20	31.23	31.36	27.91	28.20	27.96	27.91	28.28	28.34
	非农业人口	4.81	5.24	5.64	5.82	6.33	6.46	7.54	7.96	10.85	10.96	11.59	12.08	12.33	12.02	12.18	12.01	11.87	11.99	12.08
	非农业人口占比	11.40	12.41	13.34	13.93	15.15	15.46	18.16	19.03	25.86	26.00	27.09	27.89	28.22	30.11	30.17	30.05	29.83	29.76	29.88
冠县	农业人口	66.35	66.68	66.72	66.83	66.60	66.34	66.15	66.07	68.62	68.77	69.44	70.40	71.02	65.91	62.24	61.66	62.02	63.92	59.63
	非农业人口	6.48	6.21	6.31	6.41	6.83	7.27	7.63	7.87	5.58	57.48	6.34	6.60	6.87	14.15	18.79	18.39	18.50	18.92	25.69
	非农业人口占比	8.90	8.52	8.64	8.75	9.30	9.88	10.34	10.64	7.52	45.53	8.37	8.57	8.83	17.68	23.19	22.97	22.98	22.84	30.12
高唐县	农业人口	41.82	41.09	41.12	38.35	34.41	35.56	35.15	35.47	32.63	32.76	32.96	32.24	32.48	32.05	32.21	32.07	32.00	32.68	29.54
	非农业人口	4.22	5.01	5.11	7.87	12.22	11.48	11.96	11.99	15.10	15.20	15.30	16.21	16.35	17.08	17.46	17.20	17.18	17.33	21.07
	非农业人口占比	9.17	10.88	11.06	17.03	26.20	24.4	25.39	25.26	31.63	31.69	31.70	33.45	33.48	34.76	35.15	34.92	34.93	34.66	41.66

说明：1997 年东昌府区即县级聊城市，下同

三、人口密度

1997年，聊城常住人口密度为638人/平方千米。各县份依次为东昌府区743人/平方千米，临清市732人/平方千米，阳谷县697人/平方千米，莘县680人/平方千米，冠县627人/平方千米，东阿县529人/平方千米，茌平县503人/平方千米，高唐县486人/平方千米。

1998—2004年，全市常住人口密度缓慢增长，每平方千米常住人口在640～650人之间。2005—2014年，全市常住人口密度增长较快，每平方千米常住人口在653～700人之间。其中，2011年每平方千米常住人口700人。

2015年，全市常住人口密度为692人/平方千米。其中，人口密度最高的是东昌府区（含开发区、高新区和度假区），为895人/平方千米；人口密度最低的是东阿县，为513人/平方千米。其他县人口密度为临清市844人/平方千米，阳谷县764人/平方千米，莘县742人/平方千米，冠县734人/平方千米，茌平县557人/平方千米，高唐县534人/平方千米。

1997—2015年聊城市及各县（市、区）人口密度情况表

表3-5　　单位：人/平方千米

年份	聊城市	东昌府区	临清市	阳谷县	莘县	茌平县	东阿县	冠县	高唐县
1997	638	743	732	697	680	503	529	627	486
1998	641	754	737	699	682	504	523	627	486
1999	645	763	747	703	684	505	523	629	488
2000	635	770	751	696	685	496	523	630	488
2001	640	782	756	700	689	502	523	633	492
2002	644	789	760	705	691	506	523	633	496
2003	647	800	760	707	694	509	524	635	497
2004	650	807	764	709	682	511	524	637	500
2005	653	817	767	710	685	515	525	639	503
2006	657	827	770	714	689	516	528	642	505
2007	666	832	774	732	701	524	536	653	509
2008	671	833	777	740	707	529	542	663	511
2009	678	837	701	739	903	749	376	822	514
2010	693	922	800	755	735	484	500	689	519
2011	700	811	807	763	745	546	556	698	524
2012	689	797	797	746	725	540	550	689	520
2013	685	870	773	746	705	529	495	672	510
2014	688	879	822	759	731	553	509	714	529
2015	692	895	844	764	742	557	513	734	534

第二章　人口变动

第一节　自然变动

20 世纪 90 年代中后期，随着计划生育工作的不断加强和完善，聊城地区人口的高出生率得到控制。

1997—2015 年，全市（区）人口出生率徘徊在 10‰左右，最低为 1997 年的 7.47‰，最高为 2014 年的 31.05‰。全市人口死亡率保持相对稳定，除 2000 年为 9.55‰偏高以外，其余年份约在 5‰左右。在人口出生率、死亡率均相对稳定，且出生率高于死亡率的情况下，全市人口保持平稳增长，年均自然增长率为 5.19‰。

1997—2015 年聊城市人口出生、死亡、自然增长情况表

表 3-6　　单位：万人、‰

年份	出生人口	出生率	死亡人口	死亡率	自然增长人口	自然增长率
1997	4.09	7.47	2.90	5.30	1.19	2.17
1998	4.57	8.32	3.00	5.45	1.58	2.87
1999	5.21	9.41	2.77	5.01	2.44	4.40
2000	5.76	10.40	5.29	9.55	0.47	0.85
2001	5.71	10.25	2.60	4.65	3.12	5.60
2002	5.57	9.95	2.68	4.80	2.88	5.15
2003	5.03	8.95	2.86	5.08	2.18	3.87
2004	5.77	10.21	2.88	5.09	2.89	5.12
2005	7.27	13.36	3.35	6.15	3.92	7.56
2006	5.35	9.37	2.82	4.94	2.53	4.43
2007	7.13	12.35	3.13	5.43	4.00	6.92
2008	6.38	10.95	3.73	6.40	2.65	4.55
2009	6.96	11.84	3.09	5.26	3.87	6.59
2010	7.69	12.94	3.72	6.26	3.97	6.68
2011	8.97	14.94	3.49	5.81	5.48	9.13
2012	7.95	13.26	4.50	7.50	3.45	5.76
2013	7.47	12.53	3.40	5.71	4.07	6.82
2014	18.77	31.05	3.60	5.96	15.18	25.09
2015	14.04	22.75	3.08	4.99	10.96	17.76

第二节　机械变动

一、户籍人口机械变动

1997 年，聊城户籍人口净迁入 5.40 万人，2000 年增为 8.75 万人，2005 年降为 6.25 万人，2010 年为 3.13 万人，2015 年增至 4.99 万人。人口净迁出，1997 年为 5.82 万人，1998 年迁出 5.21 万人，2001 为 6.88 万人，2010 年人口净迁出不到 3 万人，2015 年增至 5.54 万人。1997—2015 年，全市（区）户籍人口净迁入计 110 万余人，净迁出计 96 万余人。

1997—2015 年聊城市人口迁入、迁出情况表

表 3-7　　单位：人

年份	迁入人数	迁出人数	年份	迁入人数	迁出人数
1997	54017	58175	2007	96977	58137
1998	58175	52094	2008	61164	54461
1999	50704	52949	2009	47360	44319
2000	87492	87643	2010	31261	29977
2001	74905	68765	2011	45038	29977
2002	77912	70780	2012	38532	42146
2003	64997	63026	2013	42292	46685
2004	68717	72195	2014	43799	46901
2005	62467	58280	2015	49889	55448
2006	64794	58683			

二、常住人口机械变动

1997—2015 年，由于市场经济的发展和人们思想观念的转变，人员跨地区流动、企业跨地区发展的情况，以及聊城总体发展水平与全国平均水平基本相当，与发达地区尚存在一定差距的实际，全市外出务工人员逐年增多，常住人口机械变动呈现净流出状态。

1997 年，聊城常住人口与户籍人口基本相当，均为 548.22 万人。到 2000 年，全市常住人口总量为 541.21 万人，户籍人口总量为 553.58 万人，人口净流出 12.39 万人。2010 年，全市常住人口总量为 578.99 万人，户籍人口 597.53 万人，人口净流出 18.54 万人。2015 年，全市常住人口总量为 597.06 万人，户籍人口 622.34 万人，人口净流出 25.27 万人。从 2000 年到 2015 年的 16 年间，全市人口净流出逐年扩大。

第三章　人口构成

第一节　性别构成

一、总人口性别构成

1997 年，聊城总人口 548.22 万人，其中男性 276.95 万人，女性 271.27 万人，性别比为 102.09。

1997—1999 年，全市人口性别比小幅度回落；2000—2010 年，人口性别比趋于平稳；2011—2015 年，人口性别比缓慢增长，男性人口增长速度大于女性。

2015 年，全市总人口 622.34 万人，其中男性 320.03 万人，女性 302.31 万人，性别比为 105.86。

1997—2015 年聊城市人口性别构成情况表

表 3-8 单位：万人

年份	总人数	其中		性别比（女 =100）
		男性	女性	
1997	548.22	276.95	271.27	102.09
1998	550.80	278.02	272.78	101.92
1999	553.88	279.67	274.21	101.99
2000	553.58	279.55	274.03	102.02
2001	557.52	281.33	276.19	101.86
2002	561.31	283.18	278.13	101.82
2003	563.76	284.59	279.17	102.31
2004	569.45	286.33	280.13	102.21
2005	569.50	288.41	281.09	102.60
2006	572.82	289.50	283.32	102.18
2007	580.75	293.79	286.96	102.38
2008	584.92	296.51	288.41	102.81
2009	590.89	299.50	291.40	102.78
2010	597.53	302.84	294.69	102.77
2011	604.22	307.15	297.07	103.39
2012	594.45	303.64	290.81	104.41
2013	597.52	305.75	291.78	104.79
2014	612.13	314.31	297.82	105.54
2015	622.34	320.03	302.31	105.86

二、出生人口性别构成

1997 年，聊城出生人口 4.09 万人，其中男 2.2 万人，女 1.89 万人，性别比为 116.09。2000 年，出生人口 5.76 万人，其中男 3.04 万人，女 2.72 万人，性别比为 112.04。2005 年，出生人口 5.53 万人，其中男 2.87 万人，女 2.66 万人，性别比为107.89。2010年，出生人口7.69 万人，其中男 4.08 万人，女 3.60 万人，性别比为 113.33。

2011 年后，出生人口性别比有增长趋势。2012 年，聊城市组织召开三省、六市、二十二县域协作会议，签订《跨区域集中整治“两非”（严禁利用超声波技术和其他手段进行非医学需要的胎儿性别鉴定；严禁非医学需要的选择性别的人工终止妊娠）协议书》，联合开展“两非”案件协查和边界地区执法行动，查处跨区域“两非”案件。2013 年，全市出生人口 7.47 万人，其中男 3.92 万人，女 3.55 万人，性别比为 109.95。

2015 年，全市出生人口 14.04 万人，其中男 7.77 万人，女 6.28 万人，性别比为 123.69。

1997—2015 年聊城市人口出生情况表

表 3-9　　　　单位：人、‰

年份	合计	男	女	出生率
1997	40870	21957	18913	7.47
1998	45725	24685	21040	8.32
1999	52142	27749	24393	9.41
2000	57569	30419	27150	10.4
2001	57123	30386	26737	10.28
2002	55646	29415	26231	9.95
2003	50340	26141	24199	8.95
2004	57691	30052	27639	10.21
2005	55317	28729	26588	9.74
2006	53513	27581	25932	9.37
2007	71254	36592	34662	12.35
2008	63802	33097	30705	10.95
2009	69633	36426	33207	11.84
2010	76884	40837	36047	12.94
2011	89742	47491	42251	14.94
2012	79480	41632	37848	13.26
2013	74690	39196	35494	12.53
2014	187782	110788	76994	31.05
2015	140429	77651	62778	22.75

1997—2015 年聊城市各县（市、区）出生人口情况统计表

表 3-10　　　　单位：人、‰

县（市、区）	年份 项目	1997	1998	1999	2000	2001	2002	2003	2004	2005	2006	2007	2008	2009	2010	2011	2012	2013	2014	2015
东昌府区	男	—	4301	4793	5647	5654	5480	4938	4740	4981	4654	5551	6063	6088	9133	11776	8836	7926	26137	14152
	女	—	3517	4090	5017	4833	4796	4498	4302	4494	4341	5093	5541	5398	7989	10400	8137	7364	18089	11193
	合计	—	7818	8883	10664	10487	10276	9436	9042	9475	8995	10644	11604	11486	17122	22176	16973	14990	44226	25345
	出生率	—	8.39	9.35	11.12	—	10.47	9.47	8.97	9.31	8.73	10.23	11.11	10.97	14.86	19.06	14.62	12.95	37.29	20.79
临清市	男	—	3335	4041	—	3844	3947	3307	3860	—	3011	3892	4033	4407	4433	3731	4489	4716	11991	15202
	女	—	2963	3733	—	3364	3498	3141	3566	—	2924	3629	3792	4033	4175	3528	4254	4507	8778	12291
	合计	—	6298	7774	8144	7208	7445	6448	7426	7009	5935	75212	7825	8440	8608	7259	8743	9223	20769	27493
	出生率	—	9.02	10.96	11.41	—	10.34	8.93	10.26	9.64	8.13	10.29	10.62	11.37	11.41	9.50	11.47	12.31	26.91	34.74
阳谷县	男	—	3553	4258	3915	3975	4055	3528	3977	3556	3627	6151	4770	5952	5745	6259	5135	5103	12584	6151
	女	—	3003	3735	3554	3539	3503	3236	3640	3161	3455	5962	4466	5562	5267	5947	4865	4807	7923	4858
	合计	—	6556	7993	7469	7514	7558	6764	7617	6717	7082	12113	9236	11514	11012	12206	10000	9910	20507	11009
	出生率	—	8.82	10.67	10.07	—	10.10	8.99	10.10	8.89	9.34	15.73	11.79	14.54	13.75	15.10	12.44	12.47	25.57	13.57

续表 3-10

县（市、区）	年份 项目	1997	1998	1999	2000	2001	2002	2003	2004	2005	2006	2007	2008	2009	2010	2011	2012	2013	2014	2015
莘县	男	—	4710	4917	4852	5115	4129	4082	4836	5415	5110	7568	5703	6691	7681	9445	7866	6999	19515	12074
	女	—	3573	4063	4096	4249	3646	3687	4512	4960	4768	7139	5205	6004	6457	7841	6877	6065	11498	9733
	合计	—	8283	8980	8948	9364	7775	7769	9348	10375	9878	14707	10908	12695	14138	17286	14743	13064	31013	21807
	出生率	—	8.76	9.45	9.39	—	8.11	8.09	9.69	10.71	10.15	14.95	10.95	12.62	13.92	16.83	14.45	12.93	30.21	20.85
茌平县	男	—	2206	2248	3303	3549	3294	2746	3391	—	2482	3383	2792	3067	3134	4152	3631	3569	8996	4667
	女	—	2077	2059	3235	3231	3096	2463	3231	—	2347	3158	2676	2831	2763	3719	3408	3251	7610	4079
	合计	—	4283	4307	6538	6780	6390	5209	6622	5430	4829	6541	5468	5898	5897	7871	7039	6820	16610	8746
	出生率	—	7.59	7.61	11.76	—	11.31	9.16	11.59	9.45	8.36	11.23	9.27	9.90	10.90	14.45	12.92	12.58	30.26	15.70
东阿县	男	—	1560	1929	2055	2033	2204	1779	2342	—	2074	2055	2384	2415	2415	2757	2697	2718	4937	2864
	女	—	1412	1837	1932	1895	2066	1686	2170	—	1930	1955	2184	2213	2213	2346	2346	2397	3974	2477
	合计	—	2972	3766	3987	3928	4270	3465	4512	4079	4004	4010	4568	4628	4485	5103	5043	5115	8911	5341
	出生率	—	7.04	8.91	9.54	—	10.22	8.29	10.79	9.73	9.52	9.44	10.61	10.64	11.26	12.71	12.55	12.83	22.26	13.24
冠县	男	—	3104	3529	—	3862	3803	3459	4049	—	4276	5208	4869	5375	5401	5424	5151	5343	20038	17134
	女	—	2636	2982	—	3464	3341	3390	3544	—	3928	5014	4514	4905	4983	5000	4828	4936	13291	13409
	合计	—	5740	6511	7645	7326	7144	6849	7593	7814	8204	10222	9383	10280	10384	10424	9979	10279	33329	30543
	出生率	—	7.88	8.92	10.44	—	9.72	9.29	10.28	10.55	11.03	13.60	12.28	13.27	13.15	12.94	12.39	12.80	40.80	36.32
高唐县	男	—	1916	2034	—	2354	2503	2302	2857	—	2347	2784	2483	2431	2807	3947	3827	2822	6590	5407
	女	—	1859	1894	—	2162	2285	2098	2674	—	2239	2712	2327	2261	2431	3470	3133	2467	5827	4738
	合计	—	3775	3928	4174	4516	4788	4400	5531	4418	4586	5496	4810	4692	5238	7417	6960	5289	12417	10145
	出生率	—	8.19	8.50	9.03	—	10.22	9.35	11.70	9.28	9.59	11.42	9.95	9.65	10.69	15.01	14.07	10.75	25.04	20.16

第二节　年龄构成

2000年，第五次全国人口普查资料显示，全市总人口5412115人。0～4岁人口238243人，占4.4%；5～9岁人口292548人，占5.41%；10～14岁人口682704人，占12.61%；15～19岁人口561081人，占10.37%；20～24岁人口366712人，占6.78%；25～29岁人口447264人，占8.26%；30～34岁人口543304人，占10.04%；35～39岁人口468527人，占8.66%；40～44岁人口334355人，占6.18%；45～49岁人口384905人，占7.11%；50～54岁人口311853人，占5.76%；55～59岁人口192302人，占3.55%；60～64岁人口176115人，占3.25%；65～69岁人口160223人，占2.96%；70～74岁人口118136人，占2.18%；75～79岁人口78108人，占1.44%；80～84岁人口38511人，占0.71%；85～89岁人口13017人，占0.24%；90～94岁人口3462人，占0.06%；95～99岁人口707人，占0.01%；100岁及以上38人。

2010年11月1日零时，第六次全国人口普查显示，全市常住人口中，0～14岁的人口为98.24万人，占16.97%；15～64岁的人口为430.27万人，占74.31%；65岁及以上的人口为50.48万人，占8.72%。同2000年第五次全国人口普查数据相比，0～14岁人口的比重下降5.45个百分点，15～64岁人口比重上升4.35个百分点，65岁及以上人口的比重上升1.10个百分点。

第三节 民族构成

2000年，第五次全国人口普查统计，聊城市民族成分主要有汉族、回族、蒙古族、满族、彝族、壮族、维吾尔族等44个，总人口541.21万人。其中，汉族人口535.53万人，占总人口的98.95%；少数民族人口5.68万人，占总人口的1.05%。少数民族中，回族5.06万人，占总人口的0.934%；蒙古族2448人，占总人口的0.045%；满族752人，占总人口的0.014%；100人以上至500人之间的有7个，依次为彝族435人，维吾尔族376人，藏族337人，苗族322人，朝鲜族320人，布依族275人。人口100人以下的少数民族有31个。

2010年，第六次全国人口普查统计，聊城市民族成分主要有汉族、回族、满族、壮族、蒙古族、藏族、苗族等44个，总人口578.99万人，其中，汉族人口549.02万人，占总人口的99.04%；少数民族人口5.55万人，占总人口的0.96%。少数民族中，回族人口仍然最多，为5.35万人，占全市总人口的0.923%，占少数民族总人口的93.4%。人口1000人以下100人以上的少数民族有6个，即满族535人、壮族233人、蒙古族228人、藏族101人、黎族101人、苗族100人；人口100人以下的少数民族有36个。

2015年，聊城市有汉族、回族、满族、蒙古族等44个民族。汉族人口最多，为616.97万人，占全市人口的99.04%。人口过万人的少数民族为回族，有5.34万人，占少数民族总人口的96%。

2000年聊城市各县（市、区）少数民族人口分布情况统计表

表3-11　　　　单位：人

民族＼县（市、区）	东昌府区	临清市	阳谷县	莘县	茌平县	东阿县	冠县	高唐县	合计
蒙古族	549	365	282	333	240	217	241	221	2448
回族	10666	13394	2166	9221	1139	134	13147	690	50557
藏族	62	37	72	70	36	16	50	24	337
维吾尔族	49	72	39	48	136	11	9	12	376
苗族	71	38	34	33	60	32	22	32	322
彝族	72	88	44	66	86	18	34	27	435
壮族	40	50	148	74	53	20	22	8	415
布依族	47	39	40	32	94	8	10	5	275
朝鲜族	77	30	64	52	43	16	18	20	320
满族	244	98	68	95	115	34	37	61	752
侗族	14	8	22	11	2	10	3	9	79
瑶族	1	3	6	4	—	3	4	—	21
白族	13	28	3	3	20	4	5	20	96
土家族	16	5	6	5	7	3	7	4	53
哈尼族	4	8	6	2	3	2	7	1	33
哈萨克族	1	—	—	—	—	—	—	—	1
傣族	5	—	—	6	3	—	—	1	13
黎族	5	1	1	2	4	—	—	—	13

续表 3-11

县（市、区） 民族	东昌府区	临清市	阳谷县	莘县	茌平县	东阿县	冠县	高唐县	合计
傈僳族	7	1	3	1	9	2	—	6	29
佤族	8	12	4	11	6	3	9	—	53
畲族	—	—	1	—	—	2	—	—	3
高山族	1	1	—	—	—	—	—	—	2
拉祜族	—	—	1	—	1	—	—	1	3
水族	2	—	—	—	3	1	—	—	6
纳西族	2	1	1	—	4	29	1	—	38
土族	2	—	—	2	—	—	—	1	5
达斡尔族	7	1	3	2	2	1	2	2	20
仫佬族	—	—	1	—	—	—	6	—	7
羌族	—	1	—	—	—	—	—	—	1
布朗族	—	—	—	—	—	—	—	1	1
撒拉族	1	—	—	—	—	—	—	—	1
仡佬族	—	1	—	1	—	—	—	—	2
锡伯族	7	—	1	—	—	1	—	—	9
阿昌族	—	—	—	—	1	—	—	—	1
塔吉克族	2	1	—	7	2	1	—	—	1
俄罗斯族	—	—	—	—	1	—	—	—	1
鄂温克族	2	—	—	—	—	—	—	—	2
保安族	—	—	1	—	—	—	—	—	1
塔塔尔族	—	—	—	—	—	—	—	1	1
独龙族	1	2	1	3	14	—	1	—	22
鄂伦春族	2	—	—	3	—	—	—	—	5
赫哲族	2	—	—	—	—	—	—	—	2
珞巴族	—	1	—	—	1	—	—	—	2
其他未识别的民族	—	—	2	—	—	1	2	1	6
外国人加入中国籍（入籍）	1	—	—	—	—	—	—	—	1
合计	11983	14286	3020	10087	2085	569	13637	1148	56815

2010 年聊城市各县（市、区）少数民族人口分布情况统计表

表 3-12　　单位：人

县（市、区） 民族	东昌府区	临清市	阳谷县	莘县	茌平县	东阿县	冠县	高唐县	合计
蒙古族	107	25	22	21	12	8	17	16	228
回族	10506	12921	2395	11630	997	43	14406	554	53449
藏族	57	7	9	9	4	4	6	5	101

续表 3-12

县（市、区） 民族	东昌府区	临清市	阳谷县	莘县	茌平县	东阿县	冠县	高唐县	合计
维吾尔族	12	4	7	10	1	1	4	1	40
苗族	54	5	4	11	5	8	6	7	100
彝族	30	17	3	3	2	1	9	8	73
壮族	74	16	56	43	2	12	18	12	233
布依族	14	3	3	1	2	2	2	2	29
朝鲜族	39	10	4	10	3	4	4	6	80
满族	271	78	33	28	48	20	25	32	535
侗族	—	—	—	1	—	—	—	—	1
瑶族	9	1	4	2	—	1	4	—	21
白族	11	1	1	15	2	1	—	—	31
土家族	28	11	6	4	9	3	12	3	76
哈尼族	2	1	1	3	2	1	1	—	11
哈萨克族	7	1	35	—	1	—	—	—	44
傣族	1	1	—	1	—	2	2	1	8
黎族	20	17	13	9	3	7	10	22	101
傈僳族	2	—	3	—	—	3	—	—	8
佤族	15	17	13	8	1	5	7	21	87
畲族	2	1	—	—	—	—	—	—	3
拉祜族	1	—	—	—	1	—	4	—	6
水族	2	—	—	2	—	—	—	—	4
东乡族	—	—	2	—	—	—	—	—	2
纳西族	9	2	—	—	—	11	—	—	22
柯尔克孜族	—	1	—	5	—	—	1	—	7
土族	8	3	1	3	3	—	4	7	29
达翰尔族	5	3	1	—	—	—	—	4	11
羌族	—	1	—	1	—	1	1	—	4
布朗族	—	—	1	—	—	—	—	—	1
撒拉族	—	5	—	—	—	—	—	—	5
仡佬族	3	2	—	—	—	—	—	—	5
锡伯族	5	—	—	2	—	—	—	2	9
怒族	4	4	4	2	—	1	2	3	20
乌孜别克族	—	—	—	1	—	—	1	—	2
鄂温克族	3	—	—	—	—	1	—	—	4
裕固族	1	—	—	31	—	—	2	—	34
京族	7	4	2	4	—	—	1	1	19
塔塔尔族	—	—	—	—	—	—	—	1	1

续表 3-12

县（市、区） 民族	东昌府区	临清市	阳谷县	莘县	茌平县	东阿县	冠县	高唐县	合计
独龙族	3	—	—	—	—	—	—	—	3
赫哲族	—	4	—	1	—	—	2	—	7
鄂伦春族	—	—	—	—	—	1	—	—	1
门巴族	4	—	—	—	1	—	—	—	5
其他未识别的民族	1	—	—	1	—	—	—	—	2
外国人加入中国籍（入籍）	1	1	1	—	2	—	—	—	5
合计	11318	13167	2624	11862	1101	141	14551	708	55472

第四节　文化构成

2000 年，第五次全国人口普查资料显示，全市 6 岁及 6 岁以上人口 513.68 万人，其中未上学 52.68 万人，扫盲班 7.70 万人，小学 205.98 万人，初中 189.98 万人，高中 32.08 万人，中专 14.63 万人，大学专科 7.55 万人，大学本科 2.99 万人，研究生 904 人。

2010 年，第六次全国人口普查资料显示，全市常住人口中，具有大学（指大专以上）受教育程度的为 32.64 万人；具有高中（含中专）受教育程度的为 69.44 万人；具有初中受教育程度的为 235.32 万人；具有小学受教育程度的为 153.24 万人（以上各种受教育程度的人包括各类学校的毕业生、肄业生和在校生）。与 2000 年第五次全国人口普查数据相比，聊城市每 10 万人具有大学受教育程度的由 1964 人上升为 5637 人；具有高中受教育程度的由 8630 人上升为 1.20 万人；具有初中受教育程度的由 3.51 万人上升为 4.06 万人；具有小学受教育程度的由 3.81 万人下降为 2.65 万人。全市常住人口中，文盲人口（15 岁及 15 岁以上不识字的人）为 37.71 万人，与 2000 年第五次全国人口普查数据相比，文盲人口大幅度减少，减少 14.98 万人，文盲率由 9.74% 下降为 6.51%，下降 3.23 个百分点。

第五节　职业构成

2000 年，第五次全国人口普查 10% 住户中长表户统计数据显示，全市在业人口 33.74 万人，其中男性 17.23 万人，女性 16.51 万人。在业人口中，农、林、牧、渔业人口 29.00 万人，其中从事农业人口 28.75 万人；采掘业人口 44 人；制造业人口 1.68 万人，其中食品加工业人口 1315 人，纺织业人口 4044 人，造纸及纸制品业人口 1026 人，化学原料及化学制品制造业人口 1087 人，普通机械制造业人口 1743 人，专用设备制造业人口 1776 人，交通运输设备制造业人口 1254 人，电力、煤气及水的生产和供应业人口 1071 人；建筑业人口 1961 人，其中土木工程建筑业人口 1584 人，装修装饰业人口 203 人；地质勘查业、水利管理业人口 198 人；交通运输、仓储及邮电通信业人口 2418 人，其中铁路运输业人口 232 人，公路运输业人口 1401 人，仓储业人口 156 人，邮电通信业人口 410 人；批发和零售贸易、餐饮业人口 7730 人，其中食品、饮料、烟草和家庭用品批发业人口 1627 人，零售业人口 3633 人，餐饮业人口 1522 人；金融、保险业人口 1017 人，其中金融业人口 911 人，保险业人口 106 人；房地产业人口 94 人；社会服务业人口 1707 人，其中居民服务业人口 729 人，旅馆业人口 330 人，租赁服务业人口 44 人，旅游业人口 8 人，信息咨询服务业人口 67 人，计算机应用服务业人口 23 人；卫生、体育和社会福利业人口 2070 人，其中卫生人口 2017 人，体育人口 13 人，社会福利保障业人口 40 人；教育、文化艺术及广播电影电视业人口 5443 人，其中教育人口 5164 人，文化艺术业人口 94 人，广播电影电视业人口 185 人；科学研究和综合技术服务业人口 158 人；国家机关、政党机关和社会团体人口 5991 人，其中国家机关人口 4697 人，党政机关人口 388 人，社会团体人口 75 人，基层群众自治组织 831 人；其他行业人口 738 人。

2010 年，第六次全国人口普查 10% 住户中长表户统计数据显示，全市在业人口 36.01 万人。在业人口中，农、林、牧、渔业人口 26.27 万人，其中从事农业人口 25.67 万人；采矿业人口 309 人，其中石油和天然气开采业人口 216 人；制造业人口 41253 人，其中农副食品加工业人口 2944 人，食品制造业人口 1566 人，纺织业人口 8099 人，木材加工及木、竹、藤、棕、草制品业人口 2173 人，造纸及纸制品业人口 2018 人，化学原料及化学制品制造业人口 1835 人，医药制造业人口 613 人，塑料制品业人口 717 人，非金属矿物制品业人口 1228 人，黑色金属冶炼及压延加工业人口 1292 人，有色金属冶炼及压延加工业人口 1555 人，金属制品业 1547 人，通用设备制造业人口 6859 人，交通运输设备制造业人口 2701 人；电力、燃气及水的生产和供应业人口 1817 人，其中电力、热力的生产和供应业人口 1540 人，燃气和水分别 101 人、176 人；建筑业人口 9705 人，其中房屋和土木工程建筑业人口 8149 人，建筑装饰业人口 904 人；交通运输、仓储及邮电通信业人口 5936 人，其中铁路运输业人口 590 人，道路运输业人口 3757 人，城市公共交通业人口 929 人，装卸搬运服务业人口 368 人，邮政业人口 146 人；批发和零售业人口 15134 人，其中批发业人口 4421 人，零售业人口 10713 人；住宿和餐饮业人口 3227 人，其中住宿业人口 224 人，餐饮业人口 3003 人；金融业人口 1361 人，其中银行、证券、保险业人口分别为 847 人、18 人、398 人；房地产业人口 517 人；租赁和商务服务业人口 486 人，其中租赁业人口 44 人，商务服务业人口 442 人；科学研究、技术服务和地质勘查业人口 190 人；水利、环境和公共设施管理业人口 545 人；居民服务和其他服务业人口 2858 人，其中居民服务业人口 1176 人；教育业人口 4572 人；卫生、社会保障和社会福利业人口 2712 人，其中卫生业人口 2661 人；文化、体育和娱乐业人口 381 人，其中文化艺术业人口 46 人，体育和娱乐业人口分别为 20 人、56 人；公共管理和社会组织从业人口 5686 人，其中中国共产党机关人口 97 人，国家行政机构人口 5276 人，政协民主党派人口 21 人，群众团体、社会团体和宗教组织人口 65 人，基层群众自治组织人口 227 人。

1999—2015 年部分年份聊城市城镇非私营单位从业人员数情况表

表 3-13　　　　单位：人

行业类别＼年份	1999	2002	2004	2005	2006	2007	2008	2009	2010	2011	2012	2013	2014	2015
企业	189014	187168	190082	194459	217085	183528	195566	191612	194634	218482	227863	309952	302453	272641
事业	99008	99870	101538	102838	102448	95849	100542	99273	102896	106994	109189	109699	117889	112696
机关	43561	51140	52331	51330	56785	52959	53567	54249	56118	57199	58663	62913	57424	57161
民间非营利组织	—	—	—	—	—	—	—	401	214	589	691	628	745	864
农林牧渔业	3880	3882	3757	1229	1178	1443	1348	957	1150	728	617	702	693	629
制造业	120499	121500	118734	123557	139423	113535	126046	123053	123008	129988	135445	171561	164615	162250

续表 3-13

年份 行业类别	1999	2002	2004	2005	2006	2007	2008	2009	2010	2011	2012	2013	2014	2015
电力 热力燃气 水生产供应	10792	11843	14697	10876	10630	10585	10134	9599	10024	11483	12331	10694	10665	10244
建筑业	12207	13687	15004	14139	17759	16014	11945	11082	13837	20363	20642	40036	39800	31555
交通运输仓储 邮政	10995	10424	10778	11570	11205	11454	12415	13943	13240	14210	14228	22281	22766	19304
信息软件技术	—	—	1892	2319	2249	1760	2219	1930	2210	2559	2650	4087	3530	3425
批发零售业	28544	22121	19228	16559	16084	11102	12979	12377	12371	12799	13451	20387	20227	16972
住宿餐饮业	—	—	3078	3014	3192	2851	2652	2433	2325	2522	2355	6404	4443	4536
金融 保险	10222	10473	11169	12147	14122	14145	15864	16006	15787	22771	24092	24809	26211	14537
房地产业	1063	1686	2591	2950	3685	3718	2837	2960	2527	2692	4071	6823	6387	6013
租赁 商务服务	—	—	2999	3026	3589	2953	2755	2440	3098	3717	3265	3140	3353	3011
科学研究技术服务	933	1021	1064	1070	1087	1054	1176	1171	1409	1324	2105	2598	2883	2974
水利环境公共设施	—	—	3465	5323	5401	5174	5359	5299	5431	5743	5681	6070	6047	6252
居民服务	—	—	364	639	514	485	484	447	449	470	550	534	384	356
教育	—	—	58839	59211	60465	53638	58145	55803	55757	58146	57877	58157	63746	59873
卫生社会工作	—	17495	18667	18565	19309	20153	20812	22149	24587	26624	26592	29602	32580	32287
文化 体育娱乐	—	—	3275	1967	1954	1955	2062	1983	2049	2285	2269	3000	2935	2695
公共管理社会保障	45545	52622	54350	60466	90849	60699	61089	66767	64658	64927	68268	73010	67798	66920

说明：因统计口径不一，其中 1999 年社会服务业从业人员 5853 人；卫生、体育、社会福利业从业人员 16116 人；教育、文化、艺术、广播电影视业从业人员 61550 人，2002 年社会服务业从业人员 6794 人；卫生、体育和社会福利业从业人员 17495 人；教育、文化艺术及广播电影电视业从业人员 61418 人

第四章 婚姻 家庭

第一节 婚 姻

1997 年，聊城地区继续贯彻执行 1982 年颁布的《中华人民共和国婚姻法》规定，结婚年龄，男不得早于 22 周岁，女不得早于 20 周岁。晚婚晚育应予鼓励。境内城市青年结婚年龄一般推迟到男 25 周岁、女 23 周岁以上，农村青年大多遵照男不得早于 22 周岁、女不得早于 20 周岁的法定年龄。

2000 年，第五次全国人口普查 10% 住户中长表户统计数据显示，聊城市 15 岁及 15 岁以上 414102 人，其中男性 203427 人，女性 210675 人。未婚 94033 人，其中男性 49472 人，女性

44561人；初婚有配偶289021人，其中男性142871人，女性146150人；再婚有配偶5081人，其中男性2431人，女性2650人；离婚1830人，其中男性1518人，女性312人；丧偶24137人，其中男性7135人，女性17002人。

2004年后，随着人们观念的更新和生活自由权利的维护，离婚案件增多，再婚顺其意愿，是年，全市离婚登记1549人，2009年增加到4088人。

2010年，第六次全国人口普查10%住户中长表户统计数据显示，聊城市15岁及15岁以上45.89万人，其中男性227012人，女性231876人。未婚84120人，其中男性46865人，女性37255人；初婚有配偶344229人，其中男性170056人，女性174173人；离婚2587人，其中男性1792人，女性795人；丧偶27952人，其中男性8299人，女性19653人。

2011年后，离婚登记再度攀升，是年登记5193人，2013年为7551人，2015年8684人。

2012年，全市再婚平均年龄35.3岁。是年起，初婚年龄整体上升趋势明显。是年，全市初婚年龄平均24.7岁，其中聊城城区结婚登记平均年龄为25.6岁，到2015年，全市初婚年龄上升到25.9岁。

第二节　家　庭

二十世纪八九十年代，由于计划生育政策的实施、经济发展水平的提高，聊城地区家庭的户规模一直呈明显下降趋势，家庭规模持续变小。1997年，全区家庭平均户规模为3.66人。

2000年，聊城市第五次人口普查资料显示，全市家庭户数151.75万户，其中一代户34.28万户，二代户96.72万户，三代户20.00万户，四代户7526户，五代户及五代以上户17户。其中单一民族户151.08万户，占99.56%；二个民族户6545户，占0.43%；三个民族户107户，占0.01%；四个及四个以上民族户42户。一人户11.73万户，二人户26.74万户，三人户42.61万户，四人户38.52万户，五人户21.27万户，六人户7.66万户，七人户2.30万户，八人户6345户，九人户1812户，十人及十人以上户873户。全市家庭平均户规模为3.45人。

2010年，聊城市第六次人口普查资料显示，全市家庭户数175.40万户，其中一代户53.82万户，二代户94.07万户，三代户26.34万户，四代户1.17万户，五代户及五代以上户7户。其中单一民族户175.10万户，占99.83%；二个民族户2968户，占0.17%；三个民族户7户。一人户17.18万户，二人户41.67万户，三人户52.18万户，四人户37.17万户，五人户17.77万户，六人户6.44万户，七人户1.85万户，八人户6982户，九人户2573户，十人及十人以上户1786户。全市平均家庭户规模为3.17人，比2000年的3.45人下降0.28人。

2015年，全市共有家庭户197.18万户，家庭户人口为622.34万人，平均家庭户规模为3.16人。

第五章　人口管理

20世纪80年代，计划生育被定为基本国策，提倡一对夫妻只生育一个孩子。到90年代中后期，全区人口再生产类型实现由高出生、低死亡、高增长到低出生、低死亡、低增长的历史性转变。人口控制，宣传先行，教育为本，少生、优生、优育等观念深入人心，促进了人口素质提高。2001年10月，全市开展的“婚育新风进万家”活动，成效显著。其中，高唐县被中宣部、国家人口计生委授予“全国婚育新风进万家活动先进县”称号，被省委宣传部、省人口计生委授予“全省宣传教育进村、婚育新风进家活动先进县”称号。2010 年 9 月，市委、市政府召开全市纪念《中共中央关于控制我国人口增长问题致全体共产党员、共青团员的公开信》发表 30 周年表彰大会，对全市“十佳计划生育模范村”“十佳带头实行计划生育的共产党员”“十佳人口计生先模人物”“十佳计划生育家庭成才青年”进行表彰。

1999 年 8 月，市政府制定《关于加强下岗职工及特殊人群计划生育管理和服务工作的意见》，要求对下岗职工的计划生育工作同正常职工一样管理，一并纳入考核范围。2003 年，聊城市人口与计划生育综合治理工作体系指导组成立，成立宣传教育、依法行政和流动人口计划生育管理体系、政策推动、经费保障、监督监察等 5 个指导组。

2014 年起，加强单独两孩和全面两孩政策的落实工作。2015 年，全市出生人口 14.04 万人，比 2013 增加 6.57 万人。

2012 年，“5.31”独生子女节，聊城市高唐县为独女户发奖金

第一节　人口政策

1997 年，聊城地区严格执行“一对夫妻只能生育一个子女”的人口生育政策。2000 年 8 月，市委、市政府出台《关于进一步加强计划生育利益导向机制建设的意见》，落实独生子女父母奖励费，对终生只要一个女孩的由所在的乡镇或单位给予至少 2000 元的奖励，并从申请之日起至 14 周岁，每月按 20 元的标准发放。在独生子女入学入托、就业、住房等方面给予照顾。2005 年 9 月，全面建立农村部分计划生育家庭奖励扶助制度，实施“少生快富”工程。2002 年 9 月，落实《山东省人口与计划生育条例》，鼓励公民晚婚晚育、少生优生，提倡一对夫妻生育一个子女，符合该条例规定条件的公民，经批准可以生育第二个子女。2008 年 11 月 19 日，市委、市政府出台《关于进一步完善人口和计划生育利益导向机制构建和谐计生的意见》，要求对独生子女家庭给予奖励，落实优先、优惠、扶持政策。

2013 年 6 月，落实山东省人民代表大会常务委员会《关于修改〈山东省人口与计划生育条例〉的决定》，聊城市取消申请生育第二个子女的夫妻对女方年龄的限制，一对夫妇可生育两个孩子政策。2014 年 5 月 30 日，落实《山东省人民代表大会常务委员会关于修改〈山东省人口与计划生育条例〉的决定》，聊城市全面落实夫妻双方或者一方为独生子女的，经夫妻双方申请，县级卫生和计划生育行政部门批准，可以生育第二个子女。2016 年 1 月，全面两孩政策在聊城范围内统一正式实施。

第二节　宣传教育

1997 年 4 月，地委宣传部、计生委、教育局等 13 个部门联合印发《关于进一步加强计划生育宣传教育工作的通知》；6 月，地委、行署召开全区计划生育宣传教育工作会议，加强计划生育宣传教育工作。1999 年 1 月，市委办公室、市政府办公室印发《关于元旦、春节期间广泛深入地开展计划生育宣传和婚育新风进万家活动的通知》，全市深入推进“婚育新风进万家”活动。2001 年 10 月，市委宣传部、市计生委联合印发《关于深入开展“建设新型生育文化、建设文明幸福家庭”活动的意见》。2006年1月6日，市委宣传部、文明办等12部门联合印发《聊城市2006—2010年婚育新风进万家暨“双进、双建”活动实施意见》。2007年后，统筹解决人口问题，以社会宣传、媒体宣传、环境宣传、理论宣传为重点，进一步加强计划生育宣传教育。2008年，强化计划生育宣传教育工作。4月，市委宣传部等12个部门、单位联合印发《关于利用“空中四条线、地上三个一”为载体进一步开展人口和计划生育宣传教育工作的意见》(“空中四条线”，即广播电视、信息网络、咨询热线电话、发送手机宣传短信；“地上三个一”，即人口文化大院、生育文化一条街、群众文艺宣传队)；8月，市人口和计划生育领导小组印发《关于进一步加强人口计划生育宣传教育工作的意见》。2009年，结合庆祝中华人民共和国成立60周年，在《大众日报》《聊城日报》分别设置“聊城市人口计生事业向祖国母亲献礼”专题专版，深化计划生育宣传教育活动。2011年6月，市委宣传部、文明办、人口计生委等联合发布《关于“十二五”期间（2011—2015年）全面推进婚育新风进万家活动的意见》；10月31日，开展纪念“世界70亿人口日”主题宣传活动，唤起民众的人口忧患意识。2012年，开展纪念“计划生育基本国策确立30周年”主题宣传活动，深入普及计划生育政策法规。2013年，开展纪念“计划生育‘三为主’工作方针确立30周年”主题宣传活动。2012年5月，组织全市计划生育服务站建设暨户外宣传环境观摩，并在东阿县召开现场会。2014—2015年，坚持“围绕中心，服务大局，突出重点，正面引导”原则，发挥宣传教育先行先导作用，加强单独两孩和全面两孩政策的宣传。

第三节 管理与服务

一、计划生育管理

1997年，强化人口与计划生育目标管理责任制，控制人口增长。是年，全区共出生4.39万人，出生率8‰。1999年4月，市委、市政府印发《〈聊城市关于进一步加强计划生育工作的若干规定〉的通知》，要求继续实行人口与计划生育目标管理责任制。1999年11月，市纪委、监察局下发《关于对计划生育工作人员失职渎职行为处分的若干规定》。2000年12月，市委、市政府印发《关于贯彻落实〈中共中央国务院关于加强人口与计划生育工作稳定低生育水平的决定〉实施意见》。2001年3月，聊城市人口与计划生育领导小组印发《关于对出生性别比结构进行综合治理工作的意见》；4月，召开全市计划生育依法行政座谈会，开展全市计生系统的“作风建设年”活动；6月，市计生委、市监察局联合转发省计生委、省监察厅《关于对全省计生系统实行收支两条线管理、落实“七个不准”的规定和减轻农民负担工作情况进行执法监察的通知》。2002年4月，市委办公室、市政府办公室印发《关于改革城市计划生育管理体制的意见》，提出实行“属地管理、单位负责、居民自治、社区服务”的管理和服务体制，明确城市计划生育管理体制和各级各单位的管理职责。2003年2月，在聊城市第十四届人民代表大会第一次会议上，市政府提出：坚持和完善人口与

2012年5月28日，市政府指导计划生育服务站建设工作

1999 年，召开聊城市 1999 年度计划生育奖惩兑现大会

计划生育目标管理责任制，认真贯彻落实《中华人民共和国人口与计划生育法》和《山东省人口与计划生育条例》，建立和完善“依法管理、村（居）民自治、政策推动、综合治理”的新机制。2009 年 7 月，市政府印发《关于进一步规范社会抚养费征收管理和使用工作的通知》，要求进一步规范社会抚养费征收、管理和使用工作，稳定低生育水平。2011 年 8 月，全市开展集中整治“两非”专项行动，加强综合治理出生人口性别比的各项措施，规范 B 超、染色体检查技术、分娩等相关技术服务活动的管理，逐步实现出生人口性别比的自然平衡。2012 年 9 月，聊城市人口计生委、卫生局联合下发《关于进一步规范全市终止妊娠技术鉴定工作的意见》，成立聊城市终止妊娠技术鉴定领导小组和专家组。2015 年 5 月，市委、市政府印发《关于贯彻落实〔2014〕22 号文件进一步加强计划生育工作的意见》。

二、计划生育服务

2001 年，全市开展避孕节育措施“知情选择”示范村活动。2003 年，市计生委制定《关于在全市开展计划生育优质服务“三级联创”活动的实施意见》；市计生委、市公安局联合制定《聊城市〈计划生育服务手册〉和生育证发放管理有关规定》，规范人口计生部门的管理、服务行为。2004 年 4 月，按照国务院《计划生育技术服务管理条例》，对查体等免费服务项目，全部实行免费；在部分农村计划生育家庭开展奖励扶助制度试点，针对农村只有一个子女或者两个女孩的计划生育家庭，夫妇年满 60 周岁以后所面临的特殊困难，建立农村部分计划生育家庭奖励扶助制度。2008 年年底，全市领取独生子女父母光荣证的家庭 38.74 万户。2011 年，市人口计生委印发《关于在全市人口计生系统党员干部中开展“以人为本、执政为民”教育活动的实施意见》和《关于切实做好“为民服务创先争优公开承诺事项”督察落实工作的通知》。2014—2015 年，市卫计委简化工作程序，推行网上办事、一站式服务和承诺制，主动公开办理《生育服务手册》、“生育证”所需材料、工作流程、办证时限、工作人员、监督电话等信息，接受群众监督。

第四编　城乡建设与管理

Part IV Urban and Rural Construction and Management

聊城志

1997年后，特别是1998年3月聊城撤地设市以后，全市城乡规划建设管理明显加强，城市规划体系更加完善，编制一批对城乡建设发展具有深远影响的发展规划，促进了城市发展，扩大了城市规模。至2015年，中心城区面积由1997年的25.3平方千米增加到98.7平方千米；常住人口由21.8万人增加到86.1万人。城市功能大幅度完善，城市道路、桥梁、广场、公园数量逐渐增多，城市绿化、亮化逐步升级，供水、供电、供气、供暖、公共交通等公用事业全面发展，逐步升级。全市分批次开展村镇规划，并实现村镇规划的全覆盖，村镇建设快速发展，居民生活条件逐步改善。房地产也从起步逐步走向发展壮大，房地产开发企业、开发投资数量均大幅增加。全市经济适用房、廉租住房、公共租赁房、限价商品房、棚户区改造等保障性住房建设有序开展，房地产开发及交易、中介、物业等管理进一步加强，住房公积金制度建立健全。全市城乡环卫一体化实现全覆盖，城乡面貌发生显著变化。

第一章 城乡规划

1994—1997年，聊城地区开展新一轮城市总体规划编制工作，全区8个县（市）均完成城市总体规划编制，详细规划覆盖率为41.67%。

1996—2015年，聊城市（地区）依次编修3轮城市总体规划。其中，《聊城市城市总体规划（1995—2010年）》《聊城市城市总体规划（2001—2020年）》经省政府批准实施。《聊城市城市总体规划（2014—2030年）》纲要，于2005年1月通过省组织的专家论证。

1998年3月，聊城撤地设市后，市委、市政府要求坚持“四个尊重”（尊重规律，尊重专家，尊重科学，尊重法律），把城市规划当作城市建设的“龙头”，健全机制，科学决策，使城市规划“四个一”（规划一张图，审批一支笔，建设一盘棋，管理一个法）发挥重要作用；9月，组建聊城市城市规划局。是年自主编制的《聊城市古城区控制性详细规划》获“建设部优秀勘察规划设计三等奖”。

2013年，落实国家和省新型城镇化工作部署，推动全市城镇化健康有序发展，编制《聊城市新型城镇化规划（2016—2020年）》。至2015年年底，依据城市总体规划，先后编制城市分区规划4项、城市水系规划1项、城市片区控制性详细规划9项。城市专项规划14项。

第一节 新型城镇化规划

2013年，聊城市委托山东省城乡规划设计研究院、聊城市城乡规划设计研究院联合编制《聊城市新型城镇化规划（2016—2020年）》（亦称城乡统筹规划）。2015年2月，该规划通过山东省住建厅组织的专家论证评审，于2016年6月，市委、市政府以聊发〔2016〕12号文件印发。该规划明确了聊城市未来城镇化发展的路径、目标和战略任务。

该规划以建设“品质活力、融合跨越、包容大度、和谐幸福、秀美宜居、文明诚信”新聊城为发展目标，争创山东省“五化”（硬化、净化、绿化、亮化、美化）同步示范区、鲁西跨越发展先行区。市域内形成“一主、四副、三大板块”城镇化格局。“一主”，即聊茌东都市区，聊城中心城区以及茌平县、东阿县两县县城围合，形成的大三角区域；“四副”，即聊茌东都市区以外的县市城区，其中莘县、阳谷县相向发展，突出专业化功能优势，形成莘—阳协作区，与临清、高唐、冠县等城区共同形成市域4个次中心；“三大板块”，即中部城镇化核心区、西南部城镇化提升区、北部城镇集聚引导区。城镇规模：至2020年，城市新增人均建设用地控制在100平方米以内，县城人均建设用地控制在110平方米以内，镇区控制在120平方米以内。聊城市城区成为100万人左右的大城市；临清市、阳谷县、茌平县、高唐县、冠县、莘县、东阿县等50万以下人口小城市继续扩大规模，其中临清城区人口30万人以上，阳谷县、茌平县、高唐县、冠县、莘县、东阿县城区人口20万～30万人；烟店、石佛、古云等小城镇成长为5万～10万人规模的现代城镇；博平、郑家、冯官屯、顾官屯、沙镇、柳林、清平等7个小城镇人口3万～5万人；其他小城镇人口规模在3万人以下。城市空间结构：形成“一城六区”的布局结构。“一城”，即聊城市中心城区，“六区”，即北部工贸物流区、西部新兴产业区、中心生活服务区、开发区产业城新区、高新区产业城新区和南部旅游商贸区的布局结构。文化传承：保护和延续历史文脉，深入挖掘运河商贸、黄河农耕等多元传统文化丰富内涵；推进阿城、堂邑、柳林、朝城、寿张、张秋、七级、牛角店、博平、清平申报国家、省级历史文化名镇；实施“优秀传统艺术传承发展计划”，重点推进剪纸、雕刻葫芦、木版年画、泥塑、牛筋腰带、蛤蟆嗡、四平调、谷山调、弦子戏、木雕等“非遗”产品开发，增强传统文化的吸引力。旅游发展结构：“一核、两轴、三带、六板块”。“一核”，即聊城市区。“两轴”即京杭运河“运河古镇”发展轴、徒骇河江北水城发展轴。“三带”，即马颊河生活旅游带、水浒文化旅游带、黄河风情旅游带。“六板块”，即运河古都城市度假板块、运河商都文化体验板块、茌平古遗址旅游板块、黄河天音休闲养生板块、好汉故里水浒文化板块、农耕生态温泉度假板块。

第二节　城市总体规划

一、《聊城市城市总体规划（1995—2010年）》

1996年8月，《聊城市城市总体规划（1995—2010年）》由中国城市规划设计研究院、聊城市城乡规划设计研究院编制完成。规划编制立足聊城市情，从整个区域出发，确立聊城市在全省、在京九铁路沿线乃至全国的经济地位，明晰建设冀鲁豫周边地区区域性中心城市的发展思路，构筑历史文化名城保护与现代化建设相协调的城市发展格局。1998年，该规划经省政府批准实施。

规划期限：近期1995—2000年，远期2001—2010年，远景2011—2050年。城市性质：国家级历史文化名城，区域性交通枢纽，省级能源基地，以机械、商贸、旅游为主的晋冀鲁豫接壤地区中心城市。城市规模：规划区人口现状88.7万人，近期100万人，远期120万人，市区现状21.8万人，近期30万人，远期48万人；建设用地近期31.05平方千米，远期57.03平方千米。城市结构：一个中心，四个次中心。城市主中心在现在的市中心（东昌路、柳园路交叉口）的基础上改造扩大，分别在古城区、经济技术开发区和京九火车站站前区及城北柳园路与北内环路交叉处设立四个次中心，城市主要向东发

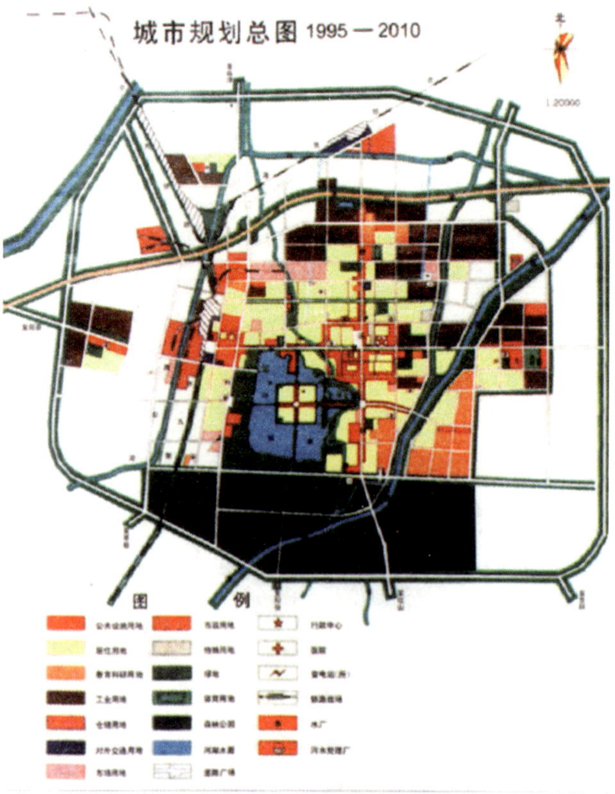

《聊城市城市总体规划城市规划总图（1995—2010）》

展。空间结构：一个中心，两个经济带，四个经济区。“一个中心”是以聊城市为地区中心；“两个经济带”是沿京九铁路形成临清—聊城—阳谷经济带和沿济邯铁路形成冠县—聊城—茌平经济带；“四个经济区”是聊城—茌平加工工业区，临清—高唐棉花、纺织印染区，冠县—莘县食用油、饲料和林牧产业区，阳谷—东阿蔬菜生产、建材工业区。城市对外交通：铁路方面，京九铁路、济邯铁路走向、站场已确定。京九铁路在聊城市区设聊城站（客货站）、聊城北站（编组站），规划期内聊城编组站由现在的一级二场改造为一级三场，在聊城站北建一个客车整备所；邯济铁路一期工程为单线，规划期内改造为复线。两条铁路在规划期内均实现电气化。公路方面，规划期末全面完成市域综合运输网“三纵、三横、三环”的主框架，全部达到二级以上公路标准，形成以聊城为中心的辐射形公路网主框架。规划将现有长途汽车站从中心区迁出，在京九铁路聊城站站前区设立长途汽车总站，在聊城东站和开发区内各设一个长途汽车分站，远景在城市南部再增设一个长途汽车分站。规划确定要加强与济南飞机场的联系，在市区东南部修建一座小型军民合用飞机场。历史文化名城保护范围：“一城、一线、184 点”。“一城”，即古城区;“一线”，即古运河文化带；“184 点”，即聊城范围内保存较完好、有重要意义和研究价值的 184 处文物古迹。坚持“保护旧城，发展新城，新旧分开”的原则，保持原古城格局。同时，对给水、排水、电力、电信、热力、燃气规划等城市基础设施作出总体规划。

二、《聊城市城市总体规划（2001—2020 年）》

到 2000 年，随着城市化进程的加快，聊城城市外部空间形态发生变化，特别经济技术开发区的设立，使城市向东拓展，建设现代化新城区的要求日趋迫切。为适应城市建设与发展面临的新形势，2001 年 9 月，市政府确定启动《聊城市城市总体规划（2001—2020 年）》的修订工作，并委托山东省城乡规划设计研究院、聊城市勘察规划设计院修编。规划修编坚持近、中、远期相结合，科学论证城市发展规模，确定城市性质和发展目标，合理划分城市功能区，正确安排城市建设发展时序，确定前期建设以旧城改造盘活土地存量为主，避免摊大饼式的盲目扩张。2004 年 4 月，该规划经省政府批准实施。

规划期限：近期 2001—2005 年，远期 2001—2020 年，远景 2020 年以后。城市性质：中国江北水城，以发展商贸、旅游为主的历史文化名城。城市人口规模：近期 42 万人，远期 75 万人。城区用地规模：近期 46 平方千米，人均建设用地 109.5 平方米；远期 80 平方千米，人均建设用地 106.6 平方米。城区用地发展方向：以东扩、南展为主，西、北方向适当完善。城市布局结构：一城五区。“一城”，即整个聊城市城区；“五区”，即中心区、开发区、嘉明工贸区、行政文化新区、西部能源仓储区。城市发展总目标：以江北水城和历史文化名城为特色的生态型现代化园林城市。对外交通规划：远期空运主要通过济聊馆高速公路，至济南遥墙机场，城区东部规划的小型机场远期可以部分使用；规划高速公路在聊城设四个出入口，分别位于西环路、东环路、昌润路、光岳路上；规划扩建铁路站场，增大铁路客货运量；规划修建外环路，将过境交通引出城区，减少对城市生活的干扰；扩建汽车西站，提高其运输能力，规划新建客运站 4 处。绿地系统规划：到 2020 年人均公共绿地面积 10 平方米，城市绿化覆盖率 40%；城市主、次干路绿化普及率 100%；城市居住用地绿地率要求新区建设不低于 35%，旧区改建不低于 30%。城镇体系发展战略：在战略方针上，强化中心城市带动作用，着力培植区域次中心城市，发展中心镇，适度发展一般镇，合并发展行政村；提高城镇建设水平，完善城镇基础设施，加快城镇体系现代化进程。在战略总目标上，加快城镇化进程，到 2020 年基本形成经济基础雄厚、职能分工明确、等级规模有序、基础设施完善、生态环境优美的网络式城镇体系，真正成为支撑经济发展的重要载体。市域城镇体系分为中心城市、次中心城市、中心镇、一般乡镇四个层次。城镇体系空间结构为“一个中心，两个经济带”。“一个中心”，即聊城市中心城区；“两个经济带”，即冠县—聊城—茌平经济带和临清—聊城—阳谷经济带。江北水城水系规划：围绕“江北水城”这一城市特色定位，充分利用现状条件，按照自然观、历史观、发展观相结合的规划理念，通过“活、通、连、扩”等设计手法，实现“河湖相连，水水相通，城在水中，水在城中”的城市水系景观特色。水系结构：形成“一湖、两河、一环、五线、十五点”的水系网络结构，使河流总长度 108.2 千米，水域面积 8.4 平方千米。历史文化名城保护：坚持以系统保护与重点保护相结合，保护与开发利用相结合，继承与发展相结合。确定聊城市域文物古迹保护重点为“五区一带”。“五区”指聊城东昌府文物古迹保护区，临清文物古迹保护区，高唐文物古迹保护区，东阿文化古迹保护区，阳谷文物古迹保护区；“一带”指沿京杭古运河，形成运河文化保护带。以保护“一城、一线、十一点”（古城区、古运河历史文化保护带，国家级、省级及市级文物 11 个古迹点）为主要内容，系统地保护聊城名城的历史文化环境、历史文化遗存、河湖水系及自然生态环境。同时，还对给水、排水、电力、电信、热力、燃气规划等城市基础设施做出总体规划。

三、《聊城市城市总体规划（2014—2030 年）》

经过近 10 年的发展，到 2012 年聊城市城市规模已实现前两轮城市总体规划确定的目标，中心城区城市空间格局基本形成。2013 年 7 月，为适应东昌府区行政区划调整及《中原经济区规划》《省会城市群经济圈发展规划》《西部经济隆起带发展规划》相继出台，以及德上高速、青兰高速、郑济客专、聊城机场等重大交通设施陆续规划建设等环境变化的新形势，市政府决定启动《聊城市城市总体规划（2014—2030 年）》编修工作，并委托中国城市规划设计研究院修编。该规划修编立足冀鲁豫交界区域中心城市发展定

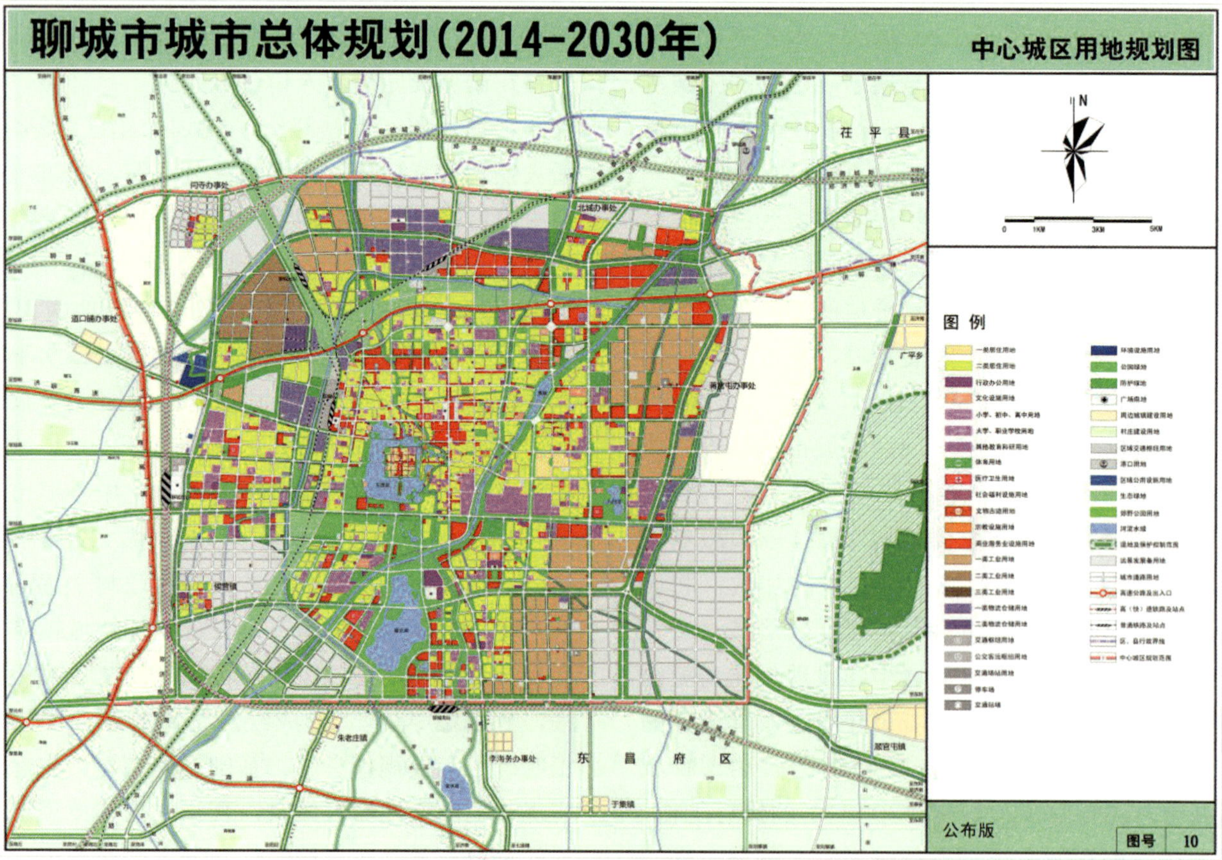

《聊城市城市总体规划中心城区用地规划图（2014—2030）》

位，加快构建聊茌东都市区，全面提升聊城在冀鲁豫三省交界地区的综合竞争力与辐射力；以“河湖秀美大水城、宜居宜业新聊城，建设冀鲁豫三省交界科学发展先行区”为指导思想，突出“河、湖、城”有机结合的“秀美大水城”的特色风貌。2014年5月，该规划初步完成，10—11月进行公示；2015年1月，通过山东省住房和城乡建设厅组织的专家论证。

城市性质：中国江北水城，冀鲁豫交界区域中心城市，国家历史文化名城。人口规模：规划2030年市域常住总人口690万人，市域城镇化水平68%，城镇人口468万人。聊城中心城区常住人口180万人。中心城区城市规模：聊城中心城区规划近期2020年城市常住人口规模125万人，城市建设用地规模134平方千米；远期2030年城市常住人口规模180万人，城市建设用地规模205平方千米，人均规划城市建设用地控制在115平方米以内。城市发展方向：综合分析区域城镇发展格局、现状用地发展趋势与限制条件，确定中心城区城市发展方向为“西进、南展、东优、北拓”，以西向和南向为空间拓展主方向，东向以优化为主，北向适度拓展。发展目标：紧紧抓住“一区、一圈、一带”及京津冀协同发展的战略机遇，实现聊城市的转型发展与跨越发展，成为中国江北水城、国际运河古都、“五化”协调示范、生态发展典范、区域交通枢纽、三省交界中心。城市空间结构：规划中心城区形成“一主两副、三轴、五片”的城市空间结构。“一主”即指柳园路城市主中心，为市级综合性公共服务主中心。“两副”即城市东部副中心和城市西部副中心，为市级综合性公共服务副中心。“三轴”，即沿徒骇河、东昌路、柳园路三条城市发展轴。“五片”即构成聊城中心城区的五个复合型城市片区。城市功能布局：规划中心城区按照“一城五区”组织功能布局，分别为中心生活服务区、北部工贸物流区、西部产业城新区、南部旅游商贸区和东部产业城新区。城市综合交通规划：聊城中心城区规划铁路由郑济客运专线、京九客运专线、济聊城际铁路、聊德城际铁路、聊泰城际铁路、聊邯城际铁路、京九铁路、邯济铁路、聊泰铁路构成，布局于中心城区的北部、西部和南部几个廊道内。规划聊城中心城区形成“七横六纵”的结构性主干路系统和“十横十纵”的一般性主干路系统。规划大力加强并优先发展公共交通，规划了快速公交系统、常规公交干线、常规公交支线、出租车和面向都市区的轨道交通五个系统。规划完善各级交通枢纽建设，实现多方式交通的快捷集散和转换，在聊城中心城区构建起一个集约高效、绿色低碳、便捷安全的综合交通系统。城市河湖水系规划：形成“两河、四湖、不规则网状”的总体水系格局。“两河”即运河和徒骇河;“四湖”即东昌湖、金龙湖、莲湖和九州洼四个核心景观湖；“不规则网状”指由多条低等级河渠连通构成的中心城区水网。历史文化名城保护：中心城区范围内，以京杭大运河和历史城区的保护为重点。其中，历史城区南至湖南路、西至昌润路、东至柳园路、北至东昌路，面积11.25平方千米。规划进一步明确历史城区“城、市、河、湖”的总体保护格局，并对古城保护和“大小礼拜寺街、米市街”两处历史文化街区的保护提出细化要求。

第三节　城市分区规划

2009年起，聊城市在总体规划的基础上，对城市土地利用、人口分布和公共设施、城市基础设施配置做出安排，先后组织编制聊城嘉明经济开发区、聊城经济开发区、聊城市凤凰工业园片区、江北水城旅游度假区4个分区规划。

《聊城嘉明经济开发区概念性发展规划（2010—2030年）》于2009年编制。规划范围：北临西新河、东靠运河、南接高速公路、西依西新河，总用地22平方千米，总人口7.2万人。规划总目标：以产业发展为主，兼顾居住生活设施和旅游业发展，形成与运河文化相融的现代化生态型、外向型经济开发区。产业定位：主导产业为农副产品加工、纺织，适度发展产业为服装加工、电子信息、新材料，划分为服装加工、电子信息、农副产品加工、现代纺织及新材料五个单元。布局结构："一心、二区、四点、六轴"。"一心"，即开发区综合行政服务中心；"二区"，即生产、生活2个区，其中生产和生活区各3片；"四点"，即四个社区服务中心；"六轴"，即沿西外环、北外环及昌润路为城市发展空间主轴线，沿站前北街、嘉和路、圣泉路和北高路为开发区四条主轴线。

《聊城经济开发区空间发展战略规划（2011—2020年）》于2012年编制。规划范围：开发区行政管辖范围，总面积389平方千米。其中，城乡建设用地约110平方千米，总人口约23～25万人。总体定位：绿色高效创新区，现代化综合新城。发展职能：国家新型工业化产业示范基地，冀鲁豫交界处重要商贸物流基地，山东省重要产业聚集区，机械加工、专用汽车生产基地，鲁西地区科技创新产业基地，聊城市东部新区，聊城现代生产服务基地。产业发展引导：打造以生物科技、新材料产业、新能源汽车为主导的高新技术产业体系；利用现有产业优势，打造以化工产业、金属加工业、汽车及汽车零部件产业为主的先进制造业产业集群。具体划分为生态农业及观光旅游区、高新技术及先进制造产业区和服务产业区三个产业区；生物科技产业组团、新能源汽车组团、九州国际高科产业组团、化工新材料产业组团、金属材料深加工产业组团、城市三产服务组团、物流产业组团、教育研发组团和现代农业示范组团等九大组团。空间布局：形成"一核、三组团、三片区、六廊道"的整体空间结构。

《聊城市凤凰工业园片区总体规划（2013—2030年）》于2012年编制，2015年1月获市政府批准。规划范围：北临南环路、东靠中华路、南接南外环、西依二干渠，总用地约13.8平方千米，总人口约8.5万人。功能定位：形成绿色高效的创新基地，以现代高端产业、服务功能为主的城市新区。布局结构："一心、两区、三轴、四点"。"一心"，即工业园片区公共服务中心；"两区"，即生产、生活2个片区；"三轴"，即沿柳园南路、纬三路形成城市发展空间主轴线，沿光岳路形成工业区景观主轴线；"四点"，即四个社区服务中心。园区产业布局：划分为创意产业组团，电子信息产业组团，新材料、环保新能源产业组团，生物科技产业组团和汽车制造、机械加工产业组团5个产业组团。

《江北水城旅游度假区总体规划（2013—2030年）》于2013年编制，2014年3月获市政府批准。规划定位：秉承聊城千年文脉，展现湖、河、山、城、田有机融合的生态魅力，引入时尚、创新和健康的乐活休闲元素，打造融合传统特色、自然特色和时代特色为一体的综合性旅游度假胜地。规划范围：北至湖南路，东至柳园南路，南至远景南外环路，西至京九铁路，总用地约45平方千米，总人口约29万人。规划结构："一核引领、三心驱动、八区共生"的空间形式。"一核"，即凤凰湖及周边生态绿地；"三心"，即环湖形成的商务服务中心、娱乐休闲中心和公共管理中心；"八区"，即滨湖公园区、生态公园区、生态办公区、活力商务区、文创休闲区、养生度假区、田园度假区和生态居住区。旅游规划的核心旅游项目：保留升级四河头水文化观光园、凤凰苑植物园和荷花湿地公园。新增引入项目为古运河文化商业街、梧桐山生态公园、田园度假小镇、科教文化创意园、水城大道文化商业街区、凤凰湖养生城、凤凰湖生态公园。旅游产业集聚带：打造古城新区城市旅游大环线，围绕"一园两湖两城"打造古城—东昌湖—凤凰苑—凤凰湖—养生城的旅游产业集聚带，集中布置生态观光类、水景体验类、文化展示类、商业消费类等多样化的旅游项目。旅游产业特色分区：老城及东昌湖周边以传统商业、特色餐饮为主，体现城市的传统文化特色；凤凰湖和凤凰苑周边以生态观光、现代都市商业和娱乐休闲服务为主，体现城市的生态魅力和时尚风情；养生城以康体养生，特色化的度假休闲服务为主，体现健康、乐活的生活态度。将古城印记、时代风情和健康养生三种不同特色的旅游体验有机融合在一起，提升聊城旅游产业的集聚优势。

《江北水城旅游度假区总体规划（2013—2030 年）》

第四节　城市水系规划

2006 年，为打造“江北水城·运河古都”，提升城市形象，聊城市城乡规划设计院编制完成《聊城市城市水系规划（2006—2020 年）》。

规划范围：东昌府区行政范围，总面积为 1245 平方千米。规划目标：沟通城市河湖水系，加强水系循环，构筑水文化与建设良好的水景观，改善城市生态环境；节约用水，建立雨水收集体系，推进中水回用，提高水资源可利用率；融水系与绿化建设于一体，恢复城市生态；完善城市供水安全保障系统及城市防灾体系建设，增强自然灾害抵抗力；延续城市历史文脉，塑造具有特色的水城景观；精心设计城市桥梁、船舶，使之成为桥的博览会、船的展览馆。

总体规划：通过对水系的梳理、连通和改造，使城区河湖相连、水水相通，整个水系循环、流动。对水系景观进行营造，水景观营造与绿景观营造同步，从而带动旅游景点开发。江北水城以水为灵魂，水和历史名城是水城旅游业坚实的基础。通过延续和完善水、城、绿，和谐共生的生态格局，建设“城林相依、水绿相映”的可持续发展的生态城市。

水体功能：防汛排涝，排蓄结合，保障城市安全；引清调水，改善河湖水质；改善城市景观，促进水上旅游；提升休闲品位，发展旅游等相关产业。

水系结构与组成：依托现有河流湖泊，秉承历史文脉，连通水域网络，构筑城市水系发展的空间格局。确定城市水系结构为“一湖、两河、八环、十五点”的骨架。“一湖”主要指城区内罕见的人工湖泊——东昌湖及其周围环境。“两河”是指古运河、徒骇河风景游览区。“八环”是指由城区内的各条河道围绕形成的八个大小不同、大环套小环、环环相扣、水水相连的水环。

“十五点”是指规划在河道交汇处、重要地段以及历史文化景点周围，形成大小不等、内容各异的水体景观节点。

水系景观规划：水景观从宏观上分分为自然水景观和人工水景观。自然式水景包括自然水体、驳岸、景观桥、木栈道等；人工水景包括泳池式水景、瀑布跌水、溪流、生态水池和装饰式水景。

城区旅游规划：游览线路以车行、步行及游船为主，自行车、步行线路以聊城居民使用为主，沿主要生态及休闲廊道均有设置。游船游览线路相对较集中，主要服务对象为城市居民及外来游客，游船主要游览线路为东昌湖、古运河、徒骇河及8个环行水系游览道。

第五节　控制性详细规划

2006年起，聊城市为加强对城区地块的用地使用控制、环境容量控制、建筑建造控制和城市设计引导，合理配套市政工程和公共服务设施，依据城市总体规划，进一步加强片区控制性详细规划编制工作。至2015年，先后编制《古城区保护与整治规划》《徒骇河两岸控制性详细规划（2008—2020年）》和7项重点片区控制性规划。

《古城区保护与整治规划》于2008年编制，5月获市政府批复。规划范围：古城区所在的陆地部分和周围水体，总面积1.54平方千米，总人口约9700人。规划目标：保护古城区历史格局和历史文化遗存；改善古城区内居民生活环境，提高生活品质；强化古城区历史风貌特色，提升古城区空间环境品质；优化古城区功能，增强古城区活力。规划内容：包括古城区保护、功能调整与居住社区整合、旅游与文化产业发展、道路与交通组织改善、传统历史特征强化、空间环境品质提升、市政设施配套完善等8项。发展定位：聊城市历史文化的核心体现区域，是综合特色居住生活和文化休闲旅游的城市功能区。发展模式为以居住功能和文化展示功能为主，结合文化旅游、休闲旅游功能的综合发展，建设宜居城区。保护重点：古城区整体的历史格局特色，保护要素包括文物保护单位、街巷、院落肌理、天际轮廓线以及古城内外的水环境。文物保护单位有光岳楼、海源阁、范筑先纪念馆。对古城区内居住建筑与院落空间构成传统居住院落肌理以及传统公共建筑肌理进行保护，保护的重点是院落中建筑格局、尺度和院落之间的空间关系。街巷保护：对古城区内的街巷依据现状进行分类保护，保护街巷的尺度和走向，恢复街巷的历史名称。分别是楼东大街、楼西大街、楼北大街、楼南大街、东城墙路、南城墙路、西城墙路、北城墙路、红星街、道署街、古棚街、安宅街、西白衣堂街、观前街、火神庙街、叶家园子街、东口北街、东口南街、流水沟街、考院街、南顺城街、二府街、龙王庙街、西花园街、西顺城街。高度控制：保护古城天际轮廓线，建筑檐口高度不超过12米，光岳楼周边200米范围内建筑檐口高度不超过8米，建设不影响光岳楼在古城天际轮廓线中的主体位置。古城区旅游与文化产业发展：有选择适度恢复建设历史上存在的古建筑，充分利用恢复建设的传统风貌建筑强化文化展示功能。遗迹恢复包括府衙门、府仓、考院、启文书院、文庙、县衙、杨以增故居、城隍庙、清军厅、八腊庙、火神庙。设计观光、休闲、水上游线3种古城游览方式。在古城区设置2处码头。购物功能分布在鼓楼大街，特别是临近光岳楼地段。餐饮功能主要设置在楼西大街和光岳楼附近。道路交通：对道路体系进行整理完善。将环城的城墙路在道路结构上提升为城市次干道，利用城墙路作为主要交通分流道路，允许机动车双向通行，组织大范围出行的交通流；利用古城的井字形道路组织单行交通（较宽的路段可以双向通行），使车辆可以进入古城内部。对宽度条件尚可的街巷进行梳理，作为应急交通通道。保留现状两条公交线路，规划设置一条单向的古城专线，古城专线建议使用小型电瓶车。建筑保护与整治：保护与整治措施包括修缮、改善、保留、整修、改造和拆除6种。街巷空间控制：包括尺度、贴线、连续、院落开口、绿化、铺地的控制。市政设施：包括给水、排水、供电、供热、燃气、通信、环卫、防灾等方面。综合用水总量约为 2000 立方米 / 日，给水管呈环状与枝状相结合布置。总污水量约为 1700 吨 / 日，采用分流制排水体制，所有雨水通过古城北侧、西侧和南侧的 4 处出水口排出。用电负荷 1.34 万千瓦，设 4 个 10 千伏开闭所。电话容量约为 3500 对电话线，设置 1 处邮政所。供热总热负荷约为 7 万千瓦。气源为天然气，总用气量为 3820 立方米 / 日。垃圾总量为 17.6 吨 / 日。

《徒骇河两岸控制性详细规划（2008—2020 年）》于 2008 年编制，12 月获市政府批复。规划范围：西起二干路，东到光岳路，徒骇河两岸南北外环线之间总面积约 20 平方千米的区域。规划总用地 2024.62 公顷，人口约 5.8 万人。功能定位：主体功能为聊城市重要的旅游文化带，城市重要的生态绿化开放带和城市中央滨水区。辅助功能为商务办公、文化娱乐、旅游观光、商贸服务、产业研发、中高档居住。布局结构：采用“三线、四段、四区、十景、十五园”的空间结构形式。“三线”，即水线、岸线、城市天际线。“四段”，即水岸观赏休闲区、水岸观演游览区、滨水度假体验区、水上运动娱乐区；“四区”，即林木种植产业区、都市生活商贸区、生态旅游度假区、中央商务发展区；“十景”，即芦荡荷塘、汽车博览、四龙引河、小镇大观、科技塔影、印象徒骇、绿园书径、水调歌头、姜堤乐园、龙舟探水；“十五园”，即百树园、产业公园、住区公园、科技会展公园、城市雕塑公园、文化公园、体育公园、高尔夫公园、森林公园、水岛风情园、樱花园、渔园、姜堤乐园、农业观光园、运动公园。道路交通：道路系统分为城市主干路、次干路和支路三个等级。城市主干路加强跨徒骇河的趋势，增加过河的联系道路。红线宽度控制在 34 ～ 60 米。城市次干路红线宽度控制在 30 米。城市支路红线宽度控制在 18 ～ 20 米。规划机动车公共停车场 3 处。土地使用强度控制：居住用地开发强度控制以多层为主，小高层、高层为辅。建筑高度控制分为限高 12 米、限高 24 米、限高 50 米、限高 100 米四级控制。城市设计导引：景观节点包括核心节点、门户节点和滨水节点。规划对片区进行风貌分区导引，形成巴拿马苏伊士运河风情段、英国联合运河风情段、德国费诺福运河风情段、徒骇河历史风情段、京杭运河风情段、威尼斯运河风情段、美国伊利运河风情段和荷兰阿姆斯特丹运河风情段。

同时，编制完成《聊城市东南片区控制性详细规划》《聊城市中心城区西北片控制性详细规划》《江北水城旅游度假区一期控制性详细规划》《聊城农产品物流交易中心控规调整规划》《聊城物流园区控制性详细规划》《聊城经济技术开发区控制性详细规划》《聊城市高新区控制性详细规划》等 7 项规划。

第六节　城市专项规划

2005—2015 年，按照统一规划、配套建设原则，依据聊城市城市总体规划，先后组织编制城市专项规划 14 项，分别是《聊城市城市电力专项规划（2005—2020 年）》《聊城市城区商业网点发展规划（2006—2020 年）》《聊城市城市绿地系统规划（2008—2020 年）》《聊城市城市建筑高度分区规划（2008—2020 年）》《聊城市城市人防建设及地下空间开发利用规划（2008—2020 年）》《聊城市城区消防专项规划（2009—2020 年）》《聊城市旅游产业发展规划（2009—2020 年）》《聊城市城区公共设施布局专项规划（2010—2020 年）》《聊城市城市环卫发展专项规划（2012—2020 年）》《聊城市压缩天然气、液化天然气专项规划（2012—2020 年）》《聊城市城区燃气发展专项规划（2012—2020 年）》《聊城市城区供热专项规划（2013—2020 年）》《聊城市城区桥梁命名规划（2014—2030 年）》《聊城市城区中小学布局专项规划（2015—2030 年）》。

第七节　规划决策与审批管理

一、规划决策机制

1998年6月，市政府印发《关于撤地设市后市、区机构调整和事权划分若干问题的通知》，将城市规划管理权上收地级聊城市。至2001年，聊城市建立市政府领导下的城建联席会议制度，对城区一般规划建设项目进行研究审批，重大规划建设项目报市长办公会和市委书记办公会，集体研究决策。同时，设置包括社会各界专家在内的规划建设专家委员会，进行评审论证，听取意见和建议。

2002年8月，市委、市政府印发《关于加强城市规划建设管理的意见》，明确建立聊城市城市规划委员会，由不少于21人的单数成员组成，成员包括公务员、专家学者和群众代表。聊城市城市规划委员会是市政府高层次的城市规划审议机构，负责对城市的重要规划进行审议审查。主要职责是审议城市发展战略、城市总体规划、分区规划、控制性详细规划；审议重要的专业规划和修建性详细规划；审查城市重大建设项目的选址和重要建筑物设计方案。是年9月，市政府办公室印发《关于成立聊城市城市规划委员会暨项目审批委员会、规划专家咨询委员会的通知》，聊城市城市规划委员会正式成立，聊城市规划项目审查委员会、聊城市规划专家咨询委员会分别成立，并明确其主要职责。其中，聊城市规划项目审批委员会的主要职责是在市规划委员会的指导下，依据批准的城市规划，负责城市建设项目的审批与管理。聊城市规划专家咨询委员会的主要职责是在市城市规划委员会的指导下，负责咨询、评议城市总体规划、分区规划、专业规划、详细规划、城市设计等规划方案及建筑方案，为市城市规划委员会和项目审批委员会提供初审意见。

2007年12月，市委、市政府印发《关于加强城市规划管理的意见》。《意见》明确：聊城市规划委员会主任委员由市委书记、市长担任，副主任委员由常务副市长及分管副市长担任，委员由有关部门公务员、技术专家学者、社会各阶层群众代表等组成。同时，明确规划建设项目“四级”审批程序，要求规划建设项目分别报市委常委会、市规划委员会、市规划建设项目审查委员会和市规划建设专家咨询委员会审定和审查。有关城市发展策略、城市总体规划、分区规划、重点专业规划以及对城市性质、规模、发展方向和总体布局等有重大影响的规划建设项目，涉及城市发展目标与空间布局、资源与环境保护、区域与城乡统筹的规划建设项目；涉及区域性重大基础设施、公共服务设施的规划建设项目，城市规划控制的红线、绿线、蓝线、紫线及对城市中心区、历史文化保护区、风景名胜区有重大影响的规划建设项目报市委常委会会议审议决定。健全聊城市城市规划建设管理议事机制，聊城市规划项目审查委员会、聊城市规划专家咨询委员会分别改称为聊城市城市规划建设项目审查委员会、聊城市规划建设专家咨询委员会；聊城市城市规划建设项目审查委员会改为在市城市规划委员会的领导下开展工作。

2008年，市规划委员会换届，市委对市城市规划委员会、市城市规划建设项目审查委员会和市城市规划建设专家咨询委员会进行调整充实，明确各委员会职责，健全规划决策和管理适度分离、集体决策和部门管理衔接协调的规划管理体制。规划委员会会议实现例会化。市委书记宋远方，市委副书记、市长林峰海曾6次主持召开规划委员会会议，对《古城保护与整治规划》《徒骇河两岸控制规划》《城市建筑高度分区规划》《城区消防专项规划》《新东方国际》等18项事关全市城市建设全局的规划和建筑方案进行审议；组织召开市规划建设项目审查委员会会议14次，审议规划和建设项目356个、规划和建筑方案170个；组织召开城市规划建设专家咨询委员会会议21次，对146个规划和建设项目进行科学论证。

2013年，城市规划决策项目审查电子票决系统、城市规划三维辅助决策系统广泛运用，规划决策进一步科学和透明。市城市规划委员会召开会议1次，对《江北水城旅游度假区总体规划》《火车站站前区当代城市广场规划建筑设计方案》《徒骇河新天地规划建筑方案》等进行审定。市城市规划建设项目审查委员会召开会议9次，审议规划和建设项目197个、规划和建筑方案122个。市规划建设专家咨询委员会召开会议23次，论证规划方案231个、建筑方案129个

2014年，市城市规划委员会召开会议1次，审议《中国·聊城国际商贸城规划及建筑设计方案》《聊城市城区桥梁命名规划方案》。市城市规划建设项目审查委员会召开会议7次，审查规划和建设项目124个、规划和建筑方案90个；市规划建设专家咨询委员会召开会议21次，论证规划方案82个、建筑方案33个。

2015年，制定市城市规划委员会章程、市专家咨询委员会工作规则、市规划建设项目审查委员会工作规则等，并以市政府文件形式印发。全年召开市规划建设项目审查会9次，审议规划和建设项目132项、规划和建筑方案56项；召开市规划局项目审查会13次，审查项目364项；召开市规划建设专家咨询会14次，论证规划和建筑方案125项。

二、规划审批管理

1997年，全区8个县（市）坚持“规划一张图，审批一支笔，建设一盘棋”原则，“一书两证”（选址意见书，建设用地规划许可证、建设工程规划许可证）发放率，聊城、临清2个市达到100%，其他6个县达到95%以上。

1998年，强化规划的跟踪管理，建立“建设工程规划许可证”正、副本制度，规划批后建设项目分片包干、责任管理制度和社会举报登记制度。要求规划项目在严格执行城市规划建设道路“红线”的同时，确定绿化“绿线”，并与主体工程同步规划、同步征地、同步建设、同步验收；古城区所有规划建筑不得超过光岳楼一层楼檐12米的高度，且建筑风格要与古城区建筑相协调；东昌湖风景区则为红瓦白墙的现代低层建筑等。1999年4月，率先在全省摸索建立建设工程竣工规划验收制度。

2002—2003年，相继制定《聊城市实施〈城市规划法〉办法》《聊城市城市规划管理技术规定》《关于对聊城市城区规划控制区内违法用地和违法建设问题的处理意见》《关于对聊城市城区城市建设进行综合检查的通知》《关于对聊城市城区规划控制区内村（居）民宅基地和房屋普查有关问题的处理意见》5个规范性文件，要求所有建设项目审查及规划和建筑方案均按程序由市规划局初审、专家咨询委员会论证、项目审批委员会审批，重大建设项目报市城市规划委员会审定。

2004年，城市规划区内增设开发区、嘉明经济开发区和郊区3个规划分局，城区4个办事处及城乡接合部重点乡镇设立规划管理办公室，实行人、财、物垂直管理；在城区和近郊区部分村（居）委聘任兼职规划督察员。对城区86个单位599项（2002.11—2003.12）规划建设项目“一书两证”办理情况、建筑规划退让情况、建筑外观色彩造型和庭院绿化情况进行检查。城区内规划建设活动纳入动态管理，建立项目批后管理个人负责制。

2005年，规划管理电子办公系统启用，建设项目和用地项目实现网上审批、出证。建立健全“阳光规划”体系，从规划制定、审批和实施全程接受社会监督，全年向社会进行公示工程项目14项。2006年，坚持日常检查与集中普查相结合，将规划管理延伸至乡镇、街道和村庄。2008年，市规划局制定《关于规划城区规划建设项目规划许可手续办理时限的规定》《城市规划区村（居）民自建自用房屋建设规划管理暂行办法》和《聊城市城市规划管理技术规定》《关于加强城市建设用地容积率规划管理的意见》等。市规划局建立由领导、科室（单位）负责人及工作人员共同参加的规划建设项目审查会制度，规划和建设项目由集体讨论决定，从根本上杜绝人情项目、关系项目，建立起科学规范、公开透明的规划审查管理机制。落实《聊城市城市规划公示办法》，全年通过报纸、公示栏和项目

现场等方式，对徒骇河两岸控制性详细规划、城市建筑高度分区规划以及建筑方案等126项进行公示。

2010年，市委办公室、市政府办公室印发《关于建立查处城区违规建设长效管理机制的实施意见》，进一步明确市规划局负责城区内建设项目审定，对建设工程放线、±0.0验线、一层查验、裙房查验、主体验收等环节跟踪管理；发现已办理规划许可证的违规建设，及时制止并函告市执法局，由市执法局查处，市规划局依据"建设工程规划许可证"，对违规建设案件的性质进行认定处理。

2012年，全面推行"阳光规划"，严格执行批前公示制度，广泛听取市民的意见和建议。全年核发建设项目选址意见书26件；建设工程规划许可证2件，建筑面积296.4万平方米；建设用地规划许可证30件，用地面积97.8万平方米。2013年，核发建设项目选址意见书8件，建设工程规划许可证566件（含临时），建筑面积423万平方米。核发建设用地规划许可证69件（含临时），用地面积349.5万平方米。

2014年，根据国家法律法规，对规划行政权力事项进行全面梳理、整合，编制行政许可权力清单目录，制定行政许可事项流程图，并对每个事项的许可依据及前置条件逐条规范优化，重新确定申办"一书三证"（建设项目选址意见书，建设用地规划许可证、建设工程规划许可证、乡村建设规划许可证）必备材料。对于法律法规没有明确要求的，不再作为行政许可的前置条件。全年核发选址意见书6件；建设工程规划许可516件，总面积约180万平方米；建设用地规划许可39件，总面积约157万平方米。

2015年，对承担的行政许可审批事项进行清理和规范，完成部门责任清单、规划许可前置审批目录清单的编制、上报等工作；编制《规划审批事项业务手册》《规划审批事项服务指南》，明确行政审批事项的内容、法律依据、办理条件、办理程序、必备材料、办理时限、咨询电话、投诉受理等。全年建设工程规划许可530件，总面积325万平方米；建设用地规划许可42件，总面积182万平方米。

三、规划管理信息化建设

1998年后，市规划局注重信息化技术在城乡规划管理中的研究和应用，推动规划管理信息化建设由"技术导向型"变为"应用导向型"，由"静态信息系统"变为"动态信息系统"，建立起规划建设项目报建、方案技术审查和审批（网上）等信息化管理网络。

2002年，根据规划业务审批发证工作流程，探索建设以地理信息系统（GIS）、办公自动化技术（OA）为支撑的"城乡规划管理信息系统"。经过十几年的不断升级完善，到2015年，已经实现规划建设项目从窗口报建登记、经办人办理、相关科室会办、领导审核审定及审批材料归档、材料打印、制证等工作程序的网上动态流转，形成覆盖规划编制、规划修改、规划审批、批后管理、公文管理、会议管理、档案管理、数据管理为主要内容的一站式、全方位服务平台。

2009年，建设城乡规划管理三维辅助决策虚拟城市系统，聚集包括卫星影像、城市三维地理空间信息、规划、建设等综合数据资源并能够快速分析和输出的三维平台，建立覆盖整个市区的建筑三维模型，实现对城市空间数据三维可视化管理，同时还能与地理信息系统（GIS）无缝对接。在此基础上，依托城区地下管线普查成果，开发"城市地下管线三维信息管理系统"，实现城市地上、地下一体化动态管理，为城乡规划建设管理、防灾减灾及管线工程建设提供可靠的信息服务和辅助决策。2010年10月，"聊城市规划管理三维辅助决策虚拟城市系统"获中国地理信息系统协会颁发的2010中国GIS优秀工程铜奖。2013年9月，"聊城市城区地下管线普查和信息化建设"项目获中国地理信息产业协会"2013中国地理信息产业优秀工程银奖"。

2013年，推动城乡规划由关门决策向民主决策转变，开发应用"无线会议投票系统"，建立规划建设项目票决系统。该套系统主要由投票设备、无线接收设备、数据处理服务器、数据输出终端等组成，具有无线表决、无记名投票和信息交流等优点。

2014年，为实现业务管理集成、共享、高效、一体化要求，在以上信息系统的基础上，市规划局采用统一标准，通过一个入口，将多个信息系统进行集中整合，搭建具备多模块、多功能的一体化管理信息平台。是年9月，聊城市规划管理信息一体化平台获“2014年中国地理信息产业优秀工程金奖”，并被列入国家“十二五”科技支撑计划示范工程。

第二章　城市建设

1997年，全区城市道路总长度606千米，道路总面积760.71万平方米，其中聊城市区343万平方米；桥梁181座，其中聊城市区72座。全区日供水能力26.24万立方米/日，城市用水人口60.08万人；全区绿化覆盖率21.17%，人均公共绿地面积3.92平方米。聊城市区形成5平方千米的东昌湖风景区和环湖公园。聊城市、临清市、茌平县建立城市公共交通，共有城市公交车130辆，运营线路350.4千米，年客运量690万人次。

1998年3月，聊城撤地设市后，按照新一轮城市总体规划，坚持把中心城市作为区域发展的“龙头”，把市政建设作为城建工作的突破口，中心城区建设步伐加快，辐射带动能力增强，逐步形成以中心城市、县城、中心镇三个层次为主体的城镇体系。2000年，市中心区实现集中供热；实施东昌湖风景区、古运河开发工程；开展城区中心干道整治和绿化工作，城市绿化覆盖率32.5%，比1995年提高6.5个百分点；城市化水平24.7%，比1995年提高10.7个百分点。2001年，确立中心城市建设“江北水城”的战略定位，加强规划建设和管理。完成东昌湖开发、水城广场、人民广场、运河开发、徒骇河城区段开发、东昌路改造和振兴路、机场路、光岳路、东昌大桥等一批城市精品工程，构筑起江北水城主体框架。至2005年，新增城市绿地面积712.5公顷、城市道路2100万平方米；完成旧城改造拆迁面积560万平方米，新建住宅944.8万平方米。全市共完成城建投资52亿元，其中聊城市城区22亿元；城镇化水平34%。2006年，坚持把加快城镇化建设作为重点，提出“江北水城•运河古都”的战略定位。实施“运河古都”保护与改造工程，古城风貌初步彰显。水城建设以保护水体、水岸风貌环境为目的，疏通、拓展水域空间，实现湖河水体连通。东昌湖风景区被评为国家AAAA级旅游景区；运河四期开发，形成蜿蜒8千米的古运河风光带。疏通拓宽城市内河，开挖南区新湖，沿湖南路开挖新河，形成“两湖、两河、一环多线”的城市水系格局。至2010年，全市累计完成城市建设投资568亿元，新增城镇道路面积579万平方米、集中供热面积618.6万平方米，用水普及率97.5%。所辖8个县（市、区）城区全部通上管道天然气，在全省第一个实现“气化山东”市的目标。

2011—2015年，全市住房和城乡建设累计完成投资2970亿元。2015年，常住人口城镇化率46.2%，比2010年提高10.1个百分点。市中心城区总面积292平方千米，是2010年的1.4倍。棚户区改造征收面积2823万平方米，是2010年的5.6倍；开工建设回迁安置房10.7万套、基本建成10.4万套，5.4万户群众乔迁新居。全市新建改建城市道路500千米、雨污管网675千米，增加新能源公交车1200部、供热管道200千米、管道天然气用户19.8万户。新建污水处理厂16个、垃圾处理厂9个，污水处理率和生活垃圾无害化处理率分别为95%和100%。中华水上古城风貌基本形成，徒骇河滨河大道、湖南路徒骇河大桥建成通车，市体育公园、市民

京杭运河穿城而过　（2015 年 8 月摄）

文化活动中心等投入使用，城市形象明显提升。各县（市）城区新建湖泊 7 个、湿地 23 个，水城特色进一步凸显。全市林木绿化率 37.5%，比 2010 年提高 6.3 个百分点。中心城区新增提升绿化面积 3500 公顷。

第一节　城市规模

1997 年，聊城地区城市建成区总面积 84.65 平方千米，城市人口 81.69 万人。其中，聊城市城区面积为 25.30 平方千米，城区人口 21.80 万人。

1998 年，市委、市政府提出新城区重点抓好火车站站前区、开放开发综合试验区、城北工业区、城西能源工业区的开发与建设。2000 年市区建成区面积增为 30.9 平方千米，城区人口 22.80 万人，人口密度 762 人 / 平方千米。2001 年起，推进开放开发试验区、嘉明工业园区、能源工业区、高新技术创业园区四个新城区的开发建设，2005 年市区建成区面积扩大至 53.5 平方千米，城区人口 39.65 万人，人口密度为 822 人 / 平方千米。2006 年起，中心城市按照总体规划，加快东扩（扩大经济开发区规模）、南展（将行政中心南移至湖南路以南）和水城建设。2010 年市区建成区面积 69 平方千米，城区人口 61.54 万人，人口密度 1491 人 / 平方千米。2011 年起，发展壮大中心城区，调整东昌府区和聊城经济开发区区划，以及市区布局。市区布局：中部城区作为办公区、居住区、商业区和文化旅游区；东部聊城经济开发区作为工业和高新技术产业新区，西部以马颊河文化旅游度假区为重点作为现代服务业示范区，北部为物流园区、南部城市新区。通过调整，促进中心城区实现“建设规模膨胀、承载能力增强、服务功能优化，容纳人口百万”的目标。2013 年，聊城经济技术开发区和聊城高新技术开发区实行“分设管理”，南部旅游度假区挂牌成立，聊城市城区由原来的两区（东昌府区和经济技术开发区）调整为“四区”（加高新技术产业区、文化旅游度假区）。是年 11 月，启动城区“五环工程”（构建环城水系、环城林带、环城花带、环城公路和环城高速）建设。环城公路分为内四环和外四环，道路全长 99 千米，其中内四环长 40.35 千米，外四环长 58.69 千米，2015 年 5 月 1 日全部通车，形成全新的环城交通网络。

2015 年年底，市中心城区主框架 292 平方千米，建成区面积 98.7 平方千米，是 1997 年的 3.9 倍；城区人口 86.11 万人，比 1997 年增加 64.31 万人；城市人口密度增至 2088 人 / 平方千米，是 2000 年的 2.74 倍。

1997—2015 年聊城市中心城区建设规模情况表

表 4-1

年份	市区总面积（平方千米）	建成区面积（平方千米）	道路面积（万平方米）	人均城市道路面积（平方米）	城市人口（万人）	城市人口密度（人 / 平方千米）
1997	—	25.30	343	—	21.80	—
1998	—	—	353	—	—	—
1999	—	—	369	—	—	—
2000	—	30.90	453	19.87	22.80	762
2001	—	39.10	603	18.28	32.99	781
2002	1245.00	45.50	985	26.10	37.74	789
2003	1245.00	50.01	1301	33.53	38.80	803
2004	1245.00	52.08	2470	63.91	38.65	813
2005	1245.00	53.50	2090	52.71	39.65	822
2006	1254.00	59.00	1312	20.50	64.00	1164
2007	1254.00	59.90	1350	21.77	62.01	1502
2008	1254.00	63.31	1673	28.00	59.75	1448
2009	1254.00	64.63	1701	28.10	60.52	1466
2010	1441.60	69.00	1773	28.81	61.54	1491
2011	1441.60	69.10	1801	28.29	63.68	1543
2012	1441.60	70.00	1888	29.49	64.03	1552
2013	1452.46	73.70	2115	32.90	64.28	1557
2014	1452.46	90.70	2263	31.20	72.54	1759
2015	1452.46	98.70	2351	27.30	86.11	2088

说明：1. 表中“城市人口数”依据《山东统计年鉴·城市建设》“城市设施水平表”和“城市市政施政表”推算得来；具体计算方法为：道路面积 ÷ 人均城市道路面积 = 城市人口。2.2013—2015 年市区总面积为东昌府区、经济开发区、高新区、旅游度假区面积总和

第二节　城市道路

一、道路建设

1997 年，聊城地区聊城市城区道路总长度为 239 千米，道路总面积 343 万平方米。

1998 年后，聊城市中心城区开始改造建设新道路。是年，建设东昌西路、湖西南路；全年新建、改建道路面积 23.8 万平方米。1999 年，新建湖南路、振兴路，翻建路面 13.3 万平方米。2000 年新建、翻建路面 2.5 万平方米。2001 年，新建柳园北路、聊堂路，铺设沥青路面。是年年底，城区主次干道 37 条，全长 79.8 千米，总面积 289.4 万平方米。其中，沥青路面 181.2 万平方米，占道路总面积的 63%；水泥路面 11.8 万平方米，占道路总面积的 33.3%，道路完好率 80%。2002—2003 年，对镜明路、北关街、小东关街、龙山街道路进行硬化，对利民西路、柳园路、湖南路、光岳北路、昌润北路进行罩面。2004 年，实施东昌路改造拓宽工程，由四车道

提升到八车道，新建慢车道、人行道，道路宽度增加到60米，并进行罩面改造；新建设双力路（柳园路至向阳路段），全长1.2千米；翻建利民东路、卫育路、育新街、风貌街等道路；建设古城墙路（东关街、西关街以南部分）。年内，城区新增道路面积89万平方米，铺设城区人行道1万多平方米；对龙山西路、技校东路、益民北路等小街小巷进行硬化，面积10万平方米。2005年，实施建设路、兴华路、花园路、站前街等道路改造拓宽工程。2007年，新建、改建道路14.2万平方米。2008年，对柳园路、卫育路、向阳路、北关街等7条道路进行高标准拓宽改造，新建改建道路长度8千米。2012年，高标准建设改造道路136条，新建、改建城区主次干道和背街小巷54条，占城区全部道路的1/3以上。2013年，实施城区105条主次干道和背街小巷建设改造工程。2014年，实施“五环聊城”（环城道路、环城水系、环城林带、环城花带和环城高速）建设，其中环城道路建设基本竣工。徒骇河滨河大道全线贯通，全长34千米。新建水城大道，全长12千米，采用先进施工技术，沥青层为复合改性沥青，路面总结构层112厘米。2015年，实施内、外环路建设和35条路网改造工程，新建、改建道路180千米。中心城区已形成以东昌路、湖南路、建设路、柳园路、昌润路、光岳路等道路为主线，花园路、利民路、卫育路、向阳路、兴华路等支路为辅线的路网结构。

至2015年年底，聊城市中心区道路总长度690.72千米（主干路444.78千米，次干路155.34千米，支路71.21千米，街坊路19.39千米），道路总面积2351万平方米，分别是1997年的2.89倍、6.85倍。

二、道路养护

1997年起，加强城区主次街道的日常管理维护。至2002年，共维修道路7.24万平方米，调整、更换花砖16.52万平方米，调整沿石1.96万米，沥青封面2600平方米。2005年，修补、铺装人行道板2.90万平方米，补装、更换路沿石1.34万米，道路完好率95%。2006年，维修沥青路面2.62万平方米，调整维修人行路面3.28万平方米。2007年，更换人行道花砖2.22万平方米。2008年，调整铺砖5051米，更换沿石2194米。2012年，全年修补城区沥青路面3.7万平方米，调整更换花砖1万平方米，更换沿石5000余米。2013年，对城区道路进行集中修补，高标准完成沥青补路5万平方米，混凝土补路4024平方米。2015年，重点对兴华路（柳园路—运河桥）南北两侧人行道进行设施改造，用大理石花岗岩代替彩色花砖、替换原水泥混凝土路沿石计1989米、3万平方米。对城区主次干道、道路出入口等影响市民出行的破损路面进行高标准修补2万平方米。

至2015年，聊城市中心城区共维修道路28.12万平方米，维修花砖13.55万平方米，维修沿石7.69万米。全市各县（市）城区道路完好率保持在99%以上。

1997—2015年聊城市中心城区道路情况表

表4-2

年份	道路长度（千米）	道路总面积（万平方米）	人行道总面积（万平方米）	人均拥有道路面积（平方米）
1997	239	343	—	16.46
1998	245	353	—	15.60
1999	257	367	—	16.25
2000	217	453	90	19.87
2001	238	603	102	17.53

续表 4-2

年份	道路长度（千米）	道路总面积（万平方米）	人行道总面积（万平方米）	人均拥有道路面积（平方米）
2002	468	985	165	82.01
2003	579	1301	186	85.00
2004	910	2470	490	98.32
2005	890	2090	390	99.50
2006	329	1312	356	17.84
2007	372	1350	376	21.77
2008	473	1673	479	28.00
2009	478	1700	4790	28.10
2010	487	1773	496	28.81
2011	517	1801	503	28.29
2012	553	1888	506	29.49
2013	672	2115	529	32.90
2014	652	2263	478	31.18
2015	691	2351	504	27.28

2015 年聊城市中心城区主次干道基本情况表

表 4-3　　单位：米

序号	道路名称	起止点	长度	红线宽度
1	中华路	滨河东路—平山卫路	6788	80
2	水城大道	湖南路—南环路	3272	70
3	东环路	北环路—南二环路	16102	70
4	北外环	崇兴路—东外环	16100	60
5	南环路	西外环—聊滑路	15990	60
6	财干路	柳园北路—光岳北路	3557	60
7	黑龙江路	滨河东路—东环路	3383	60
8	香江西路	海源北路—昌润北路	1824	60
9	建设路	站前北路—光岳路	7200	60
10	振兴路	站前北路—滨河西路	6560	60
11	东昌路	站前北路—东环路	11987	60
12	聊堂路	西二环路—湖滨路	8232	60
13	黄河路	光岳南路—东环路	4720	60
14	长江路	光岳南路—东二环路	7990	60
15	湖南路	海源路—东环路	11741	60
16	纬三路	柳园南路—经五路	3112	60
17	西外环	南外环—崇兴路	14439	60

续表 4-3

序号	道路名称	起止点	长度	红线宽度
18	海源路	香江西路—湖南西路	5293	60
19	昌润路	北环路—南环路	13417	60
20	柳园路	北二环路—南二环路	17845	60
21	二干路	柳园路—东昌路	4802	60
22	经三路	南环路—纬四路	3060	60
23	光岳路	北环路—南环路	11783	60
24	庐山路	黑龙江路—长江路	3302	60
25	嘉明路	崇兴路—卫育北路	4472	54
26	嘉和东路	站前北路—昌润北路	1400	46
27	电大路	聚财路—中通胡同	1145	46
28	双力路	昌润路—卫育路	2917	46
29	兴华路	昌润路—鲁化路	5102	46
30	利民路	卫育南路—光岳南路	3933	46
31	西关街	昌润路—湖滨路	600	46
32	后菜市街	柳园南路—花园南路	895	46
33	陈口路	花园南路—光岳南路	2070	46
34	纬一路	柳园路—王堂路	3003	46
35	纬二路	柳园南路—经五路	3208	46
36	纬四路	柳园南路—经五路	3032	46
37	摄城路	嘉园西路—侯庄路	2127	46
38	站前路	北环路—湖南路	9966	46
39	向阳路	北环—东昌路	6440	46
40	卫育路	北环路—利民西路	7123	46
41	花园路	北环路—文化中路	8846	46
42	经一路	南环路—纬四路	3023	46
43	经二路	南环路—纬四路	3039	46
44	经四路	南环路—纬四路	3061	46
45	奥森路	湖南路—松桂路	1825	46
46	清平路	柳园路—聊位河	664	46

附：部分主干道简况

东昌路 该路东至东外环，西至站前街，始建于1958年。2004年，对东昌路进行改造拓宽，分两期施工完成拓宽工程，将原来的四车道提升到八车道，新建慢车道、人行道，道路宽度增加到60米，并进行罩面改造。2012年，进行改造，全长12千米。该路由光岳路—昌润路、站前街—昌润路、光岳路—东外环三个路段组成。其中，光岳路—昌润路段长6.2千米，红线宽60米，快车道宽28米，为双向八车道，慢车道宽6米，人行道宽4米，机非隔离带宽4米，人行道绿化带宽 2 米；站前街—昌润路、光岳路—东外环段全长 5.8 千米，红线宽 60 米，其中快车道宽 22 米，为双向六车道，慢车道宽 8 米，人行道宽 5.5 米，机非隔离带宽 3 米，人行道绿化带宽 2.5 米。

柳园路 该路南至湖南路，北至北外环，全长 9.6 千米，始建于 1959 年。2010 年实施拓宽改造，重建柳园北路。道路红线宽 60 米，其中快车道宽 28 米，为双向八车道，慢车道宽 5.5 米，人行道宽 3 米，机非隔离带宽 4.5 米，人行道绿化度宽 3 米。人行道外侧绿化宽 20 ~ 30 米。

昌润路 该路南至南外环，北至高速入口，2014 年进行改造，全长 9.68 千米，红线宽 60 米，其中快车道宽 28 米，为双向八车道，慢车道宽 5.5 米，人行道宽 3 米，机非隔离带宽 4.5 米，人行道花池宽 3 米。

南外环路 该路东至聊滑路，西至西外环，全长 15.99 千米，红线宽 60 米，其中快车道 32 米，慢车道每侧宽 5.5 米，绿化带每侧宽 4.5 米，人行道每侧宽 4 米，道路总面积 91.39 万平方米，其中快车道面积 51.16 万平方米，慢车道面积 24.76 万平方米，人行道面积 15.47 万平方米。

西外环路 该路南至南外环，北至崇兴路，全长 14.44 千米，红线宽 60 米，其中快车道 32 米，慢车道每侧宽 5.5 米，绿化带每侧宽 4.5 米，人行道每侧宽 4 米，道路总面积 78.02 万平方米，其中快车道面积 46.2 万平方米，慢车道面积 19.5 万平方米，人行道面积 12.32 万平方米。

北外环路 该路东至东外环，西至崇兴路，全长 16.1 千米，红线宽 60 米，其中快车道 32 米，慢车道每侧宽 5.5 米，绿化带每侧宽 4.5 米，人行道每侧宽 4 米，道路总面积 86.17 万平方米，其中快车道面积 51.52 万平方米，慢车道面积 22.24 万平方米，人行道面积 12.41 万平方米。

湖南路 该路东至光岳路，西至柳园路，全长 2.8 千米，红线宽 60 米，其中快车道宽 29 米，为双向八车道，慢车道宽 8.5 米，人行道宽 3 米，机非隔离带宽 4 米。湖南路（柳园路—站前街）全长 4.3 千米，红线宽 60 米，其中快车道宽 29 米，为双向八车道，慢车道宽 5.5 米，人行道宽 2.5 米，机非隔离带宽 4.5 米，人行道花池宽 3 米。

建设路 该路东至光岳路，西至站前街，全长 7.05 千米，红线宽 46 米，其中快车道宽 34 米，为双向八车道，人行道宽 6 米，人行道花池宽 3 米。

水城大道 该路北起聊城湖南路，南至阳谷收费站北侧观堂桥，始建于 2014 年，全长约 12 千米，道路规划红线 70 米，绿线 200 米，全程双向十车道，中间有 8 米的绿化带，机动车道两侧各有 4 米的绿化带、5 米的非机动车道和 3 米的人行道。

第三节 城市桥梁

一、桥梁建设

1997 年，聊城地区城区共有桥梁 72 座。

1998 年 3 月后，聊城市中心城区开始建设新的桥梁，至 2000 年，大中小型桥梁总数 75 座。2001 年 6 月，新建东昌大桥。该桥横跨东昌湖东、西两岸，为石砌拱桥结构，全长 322 米，桥面净宽 15 米。上部结构为石砌拱桥，共 21 孔，象征着跨入 21 世纪，所以又称“世纪拱桥”。中间 5 孔为悬链线拱，两侧为圆弧拱。主孔通航净高 9 米，可供大型游船顺利通过。拱圈、桥身采用花岗岩嵌面，桥面青石铺砌，桥上铺设“汉白玉”板 266 块，汉白玉栏杆上雕刻着《水浒传》人物故事图案。2006 年，建设振兴路景观桥东 1 号桥、振兴路景观桥南 2 号桥、振兴路景观桥北 3 号桥，均位于振兴路跨新水河处，为“T”形钢梁，主跨跨径分别为 8.3 米和 5.5 米，总长不等。2008 年，新建利民路徒骇河桥，为跨连拱桥，主跨跨径 43.8 米，总长 188 米，宽 35 米，总建筑面积 6580 平方米。2009 年，建设陈口路徒骇河桥，为中承式系杆拱桥，主跨跨径

东昌大桥 （2012 年 9 月摄）

100 米，总长 211 米，宽 36.8 米，总建筑面积 7757 平方米。2012 年，新建奥森桥，为奥森路连接湖南路的跨河桥梁（三跨连续箱梁），主跨跨径 15 米，总长 29.6 米，宽 42 米，总建筑面积 1243 平方米。2010 年，大中小型桥梁桥总数 103 座。

2013 年 12 月，湖南路大桥拆旧建新，全长 314 米，桥梁全宽 52 米，主桥全长 218 米，采用双塔双索面自锚式悬索桥，在全国悬索桥中长度位列第三，桥面宽度位列第一。2015 年 5 月竣工。总投资约 1.3 亿元。该大桥位于徒骇河风景区，为徒骇河“世界运河博览园”项目的组成部分，横跨二干渠，处于城市内环线湖南路上，兼顾功能与景观，是济聊一级公路的重要组成部分。是年，新建滨河大道二干渠 3 号桥，为一跨（空腹式）斜拱桥，主跨径 23 米，总长 42.5 米，宽 24 米；新建滨河大道赵王河桥，为单跨系杆拱桥，主跨跨径 50 米，总长 50 米，宽 24 米，总建筑面积 1200 平方米；新建滨河大道四河头桥，为一跨预应力混凝土现浇桥梁桥，主跨跨径 26 米，总长 26 米，宽 80 米，总建筑面积 2080 平方米。2014 年 12 月，对东昌路东板桥、东昌路西板桥、兴华路运河桥、东昌路王口桥、振兴路新水河桥、建设路团结桥、卫育路青年渠桥、卫育路周公河桥、东关街闸口桥、东关街东关桥、南关街南关桥、北关街北关桥、兴华路二干渠桥、振兴路二干渠桥、建设路运河桥、向阳路运河桥、建设路新水河桥等 20 座桥梁，由市城市管理局主导采用政府招标的方式对其进行常规检测及数据复原。2015 年 10 月，修建赵王河桥，位于水城大道南水北调南侧，全长 52 米，宽 70 米，是一种特殊形式的系杆拱桥，于翌年落成。是年，对柳园北路的跨济聊高速桥进行改造，下部结构为柱式墩，肋板式台，钻孔灌注桩基础。翌年竣工。

2015 年年底，聊城市中心城区共有桥梁 133 座（主要桥梁 43 座，其他桥梁 90 座），比 1997 年增加 61 座。

二、桥梁维护

1997 年起，坚持抓好城区桥梁的日常维护工作。1998—2002 年，养护桥梁设施 12 座，粉刷桥梁栏杆 6393 米，更换桥梁立柱 96 根，维修桥面板 1230 平方米，更换维修桥栏杆 322 米，漆刷桥墩 124 个，安装栏杆防护链 256 米。2003—2010 年，粉刷桥梁栏杆 2.94 万米，维修清理护坡 981 平方米，更换桥梁立柱 86 根，维修桥面板 1701 平方米，安装平铺石 4500 平方米，更换维修桥栏杆 307 米，漆刷桥墩 251 个，安装栏杆防护链 616 米。2012 年，维修桥面板 254 平方米，粉刷桥栏杆 230 米。2013 年，更换东昌路徒骇河桥桥栏杆，由水泥栏杆变为不锈钢栏杆；改造其他桥栏杆 520 米。2014 年，对中心城区 20 座桥梁进行检测，并根据结论安装限载标识 33 套，同时对检测结论定为危桥的东板桥、西板桥、兴华路二干渠桥 3 座桥梁提出加固（翻建）方案。2014 年、2015 年，中心城区共养护桥梁设施 27 座、4.87 万平方米。

1997—2015年聊城市中心城区年度桥梁数量情况表

表 4-4　　　　单位：座

年份	桥梁	年份	桥梁	年份	桥梁	年份	桥梁
1997	72	2002	87	2007	111	2012	122
1998	73	2003	93	2008	118	2013	131
1999	73	2004	101	2009	120	2014	132
2000	75	2005	103	2010	120	2015	133
2001	78	2006	108	2011	122		

2015年聊城市中心城区主要桥梁基本情况表

表 4-5　　　　单位：米、平方米

名称	长度	宽度	结构	主跨径	建设时间	改造时间	位置	建筑面积
东昌大桥	322	15	拱桥	—	2001	—	古城西首	4830
湖南路大桥	218	52	悬索	—	2013	—	徒骇河风景区	11336
济聊高速桥	385	16	柱式	—	—	2015	柳园北路跨济聊高速	6160
奥森路滑河桥	—	18	箱梁	30	—	—	奥森路支路	—
南侧河桥	28.7	48.5	柱式	—	—	—	奥森路与松桂路南侧河交界处	1392
财干路二干渠桥	52.2	55.5	—	—	—	—	黑龙江路与二干渠交界处	2897
财干路青周渠桥	291	55.5	—	—	—	—	黑龙江路与青周渠交界处	16121
花园路周公河桥	78.2	41.3	—	65	—	—	花园路与周公河交汇处	3230
松桂路聊位河桥	15.1	54	三跨箱梁	—	—	—	松桂路与聊位河交汇处	815
南水桥	59.5	13.5	梁桥形式	—	—	—	南城门与南关岛之间	803
东昌路东板桥	237	22.6	连续桥梁	10	—	2014	东昌路徒骇河	5356
东昌路西板桥	41.5	24	简支桥梁	12	—	2014	东昌路二干渠	996
东昌路王口桥	31.7	33.5	简支桥梁	12	—	2014	东昌路跨运河处	1062
兴华路运河桥	36.8	40	上承式拱桥	17	—	2014	兴华路跨运河处	1472
振兴路新水河桥	15	46	T形钢结构桥	7	—	2014	振兴路跨新水河处	690
建设路团结桥	41.2	18.6	简支桥梁	13	—	2014	建设路跨二干渠处	766
花园路青年桥	23.5	24.5	简支桥梁	7	—	—	花园路跨青年渠处	576
柳园路市政桥	19.5	29.8	简支桥梁	7	1994	—	柳园路跨青年渠处	581
卫育路青年渠桥	20.5	20.7	简支桥梁	7	2008	2014	卫育路青年渠桥	424
卫育路周公河桥	65	45.9	连续桥梁	13	2003	2014	卫育路跨周公河处	2980
东关街闸口桥	47.4	15	上承式拱桥	25	—	2014	东关街跨运河处	651
东关街东关桥	132	16	上承式拱桥	40	—	2014	东关街环城湖交接处	1980
南关街南关桥	228	12	上承式拱桥	20	—	2014	南关街环城湖交接处	2736
北关街北关桥	200	15	上承式拱桥	20	—	2014	北关街跨环城湖处	3000
兴华路二干渠桥	566	13.6	连续桥梁	13	—	2014	兴华路跨二干渠处	639

续表 4-5

名称	长度	宽度	结构	主跨径	建设时间	改造时间	位置	建筑面积
振兴路二干渠桥	44.3	51.1	连续桥梁	13	2003	2014	振兴路跨二干渠处	2006
建设路运河桥	20	37.6	简支桥梁	6	—	2014	建设路跨运河处	677
向阳路运河桥	52.2	40	上承式拱桥	24	—	2004	向阳路跨运河处	2086
建设路新水河桥	17	46	连续桥梁	7.4	—	2014	建设路跨新水河处	782
利民路运河桥	45	40	石拱桥	27	2003	—	利民路跨运河处	1800
奥森桥	29.6	42	三跨连续箱梁	15	2012	—	奥森路连接湖南路跨河处	1243
陈口路徒骇河桥	211	36.8	中承式系杆拱桥	100	2009	—	陈口路跨徒骇河处	7757
利民路徒骇河桥	43.8	35	无跨连拱桥	43.8	2008	—	利民路跨徒骇河处	6580
振兴路东景观 1 号桥	24.5	2	T 形钢梁	8.3	—	—	振兴路跨新水河处	112
振兴路南景观 2 号桥	22.1	3.8	T 形钢梁	5.5	—	—	振兴路跨新水河处	84
振兴路北景观 3 号桥	19.5	3.8	T 形钢梁	5.5	—	—	振兴路跨新水河处	74
振兴路青年渠桥	26.5	60	预应力空心板		2012	—	兴路跨青年渠处	1590
滨河大道二干渠 1 号桥	60	60	预应力简支梁	20	2013	—	滨河大道跨二干渠处	3600
滨河大道二干渠 2 号桥	60	40	预应力简支梁	20	2013	—	滨河大道跨二干渠处	2760
滨河大道二干渠 3 号桥	42.5	24	一跨空腹式斜拱	23	2013	—	滨河大道跨二干渠处	1020
滨河大道赵王河桥	50	24	单跨系杆拱桥	50	2013	—	滨河大道跨赵王河处	1200
滨河大道四河头桥	26	80	一跨预应力混凝土	26	2013	—	滨河大道跨四河头处	2080
赵王河桥	52	70	系杆拱桥	—	2015	—	水城大道南水北调南侧	3640

第四节　管道沟渠

一、管道建设

1997 年后，聊城地区城区排水管网建设逐年加快。1998 年，聊城市中心城区建设东昌西路、湖西南路等工程，铺设排水管道 9869 米。1999 年，市政工程总投资 4290 万元，建设湖南路排水工程，铺设排水管道 4930 米。全年在新建、翻建路面下，铺设排水管道 7551 米。2000 年，对利民路排水管道进行改造，铺设排水管道 1027 米。全年在新建、翻建路面的同时，铺设排水管道 2440 米。2001 年，全年新建排水管道 4696 米。城区排水管网 114 千米，检查井 3650 座。至是年年底，城区 37 条主次干道铺设排水管网 114.16 千米，最大管直径 1500 毫米，其中东昌路排水管道长 11.97 千米，柳园路排水管道 9.73 千米，城区地下排水网络基本形成。2002 年后，管道建设坚持与道路建设同步规划、同步施工、同步验收，做到路修到那里管道就建到那里。至 2014 年，中心城区新建、改造配套污水、雨水管线 556 千米，均实现雨污分流。2015 年年底，中心城区排水管道长度 1372 千米，中心城区检查井总共 4352 座、雨水井 689 座，建设防汛泵站 1 处。

2015 年，市中心区共有防汛排水沟渠 9 条，总长 1.93 万米；建有闸门 15 座，其中电动启闭闸门 3 座。经过改建，沟渠多为混凝土渠、石砌渠、砖砌渠，有的为混凝土排管渠等。

二、管道及沟渠维护

1997 年后，加强城区管道设施养护。2001 年，共掏挖检查井 1.45 万座（次），疏通排水管道 463.5 千米，调整更换盖板 5551 块，处理冒溢 426 处，维修改造井口 1642 座。2002 年，养护排水管网 114.16 千米、排水检查井 3650 座。2005 年，更换井盖板 2135 块，维护井口 1702 座；防汛河清淤 1.7 万立方米，清障 4.8 万平方米；对东昌路 223 座井口全面进行翻建改造，提升管理档次。2006 年，疏通排水管网 280 千米，防汛清淤 1.96 万立方米。2007 年，加大城市防汛力度，疏通排水管网 148.2 千米，掏挖检查井 5165 座（次）。2008 年，调整更换检查井盖板 1260 块，掏挖检查井 6853 座（次），疏通排水管道 90.4 千米。2012 年，疏通排水管道 93 千米。2013 年，改造提升城区井口、井盖板 1800 套。2014 年汛期，对城区 1 万余座（次）检查井进行掏挖，疏通排水管道 32 千米，调整更换盖板 6589 块，安装排水检查井防坠网 500 套。2015 年汛期，对城区排水管网进行疏通 2 次，疏通排水管网 12.2 千米。经过改造，市区行洪沟渠畅通，涵闸启闭自如。

同时，沟渠养护倍受重视。1997—2001 年，对城区沟渠共打捞漂浮物 3226 立方米，清除杂草 4.78 万平方米，清淤 2141 立方米。2002 年，对 8 条防汛排水沟渠 112 座闸门养护 1 次。2006 年，防汛清淤 1.96 万立方米。2007—2015 年，城区共打捞漂浮物 7226 立方米，清除杂草 4.9 万平方米；青年渠清淤 1941 立方米，新水河清淤 2400 立方米，青周渠清淤 1.46 万立方米，聊大南排水沟清淤 4082 立方米，聊堂排水沟（河）涵洞清淤 2925 立方米，清扫河坡 105.66 万平方米，外运垃圾 3914.9 吨，安装河道防护网 2156 米，维修护坡 3502.5 平方米，喷洒除草剂 9720 平方米，围堰 1350.3 立方米，安装河道警示牌 13 个，维修闸门 132 座，启闭闸门 211 座，净化水面 4.6 万平方米。

1997—2015 年聊城市中心城区排水管道情况表

表 4-6　　单位：千米

年份	排水管道长度	年份	排水管道长度
1997	—	2007	819
1998	—	2008	838
1999	—	2009	854
2000	130	2010	874
2001	310	2011	894
2002	420	2012	916
2003	479	2013	1114
2004	515	2014	1376
2005	195	2015	1372
2006	658		

2015 年聊城市中心城区排水沟渠情况表

表 4-7　　单位：米

沟渠名称	起止点	基础构造	长度	沟渠改建年份	闸门现状
青年渠	徒骇河—新水河	砖砌渠、石砌渠、土渠	4603	2006	1. 青年渠出水口：液压闸门 2. 二干渠闸门：丝杠闸门 3. 青年桥闸门：丝杠闸门 4. 市政桥闸门：丝杠闸门 5. 卫育桥闸门：电动闸门

续表 4-7

沟渠名称	起止点	基础构造	长度	沟渠改建年份	闸门现状
新水河	兴华路—周公河	混凝土渠、石砌渠、砖砌渠、土渠	4365	2005—2006	电动启闭闸门
青周渠	建设路—穿路涵洞口	土渠、混凝土双排管	3042	—	1. 青周渠北首：丝杠闸门 2. 青周渠南首：丝杠闸门
聊张沟	昌润路—周公河	土渠、混凝土管	1706	—	电动启闭闸门（闸门建设时间 2012. 12）
聊堂沟	站前街—周公河	石砌渠	1421	1997	电动启闭（闸门建设时间 2012. 12）
聊临沟	恒昌街出水口—周公河	土渠、石砌渠	1810	—	电动启闭闸门（闸门建设时间 2012. 12）
聊师南沟	柳园路—徒骇河	石砌渠	1400	—	丝杠闸门
利民路渠	二干渠西岸—徒骇河	混凝土渠、石砌渠、钢筋混凝土	320	2008	1. 利民路东闸门：丝杠闸门 2. 利民路西闸门：丝杠闸门
皋东沟	花园路—徒骇河	混凝土管	610	—	液压式闸门

第五节　城市广场

1997 年出版的《聊城地区志》，无城市广场记载。

1998 年 3 月聊城撤地设立地级市后，市委、市政府要求各县（区、市）把城市广场建设列为规划，并部署实施。至 2001 年，先后实施市中心城区英雄广场、运河广场、金龙广场、绿叶广场等工程建设，为市民营造休闲娱乐的“城市客厅”。2002 年，推进中心城区文化广场、人民广场建设进程，开展拆迁清理场地工作。2005 年，人民广场动工兴建。之后相继建设水城广场、东昌湖和运河系列广场等。2008 年年初，进一步完善人民广场基础设施，对广场西侧漂流河进行清理、冲刷，注入新水；新安装三个高档次环保型公厕，安装高档节能型大型梅花景观灯和 50 个不锈钢高档果皮箱等。至 2015 年，市中心城区共建立城市广场 9 个，较大的广场主要有水城广场、人民广场、金凤广场、火车站广场等。

水城广场　该广场位于东昌湖的北岸，南接烟波浩渺的东昌湖，北临聊城最繁华的东昌

水城广场　（2015 年 9 月摄）

路，西靠绚丽多姿态的东昌湖游乐园，东连端庄典雅的运河博物馆，占地面积10.5万平方米，建设总投资2370万元。广场设有8处较大型的活动场所和40多处休闲区，有近2000平方米的下沉式中心广场，喷泉广场，玻璃回廊，水榭长廊，以及高20米的观光塔等。其中点缀着建筑小品、假山、卵石路，无不精心雕琢，匠心独具。栩栩如生的8面大型文化浮雕，均以聊城民间文化和人物为主题，展现出鲜明的水城特色。广场内绿树红花，亭台水榭，内河喷泉，桥梁浮雕，充分展现了鲜明的水城特色。与东昌湖贯通的内河，环绕广场一周，游艇可以直接由东昌湖驶入广场。迤逦千米的广场内河将整个广场分为三大区块，分别是入口广场、中心岛屿和活动娱乐区。广场内小桥流水、亭台楼榭、假山瀑布、绿草繁花，每天都吸引众多的游客和市民游览、漫步、休闲、娱乐。广场内主要景点有下沉式中心广场、浮雕墙、玻璃长廊、藤蔓园、胭脂湖、水榭长廊、音乐喷泉、水晶隧道、观光塔等。是一个集文化、娱乐、休闲、观光旅游于一体的综合型园林式现代化广场。

人民广场 该广场始建于2005年，地处市区黄金地段，与金鼎商厦、五星百货等遥相呼应，集商业、办公、公共服务等多元素于一体。广场南北长585米，东西宽190米，总面积10.6万平方米。广场分为地上、地下两部分。地上部分是一个市民休闲娱乐广场，地下部分为地下商城和停车场。

金凤广场 该广场位于聊城市东昌湖南岸，湖滨公园南面，2000年开始建设，2001年9月竣工。广场面积为2万平方米，是湖滨公园内最大的广场。整个广场主要由双凤雕塑、百鸟朝凤浮雕柱和凤城传说浮雕墙三组雕塑组成。双凤雕塑是用不锈钢材料做成的“双凤和鸣”雕塑，由两只凤和花岗岩圆柱组成，总高度为15.8米，两只凤凰一升一降形成“S”，柔美飘逸，似空中相对而歌，婉约动听，象征着太平盛世。五根百鸟朝凤浮雕柱，成半圆形怀抱着双凤雕塑，分别刻有“鸳鸯戏水”“鹤舞祥云”“双凤衔绶”“喜鹊登枝”“孔雀开屏”吉祥图案。凤城传说（浮雕墙）则讲述了雌凤仙子下凡救水城的神话故事。

火车站广场 该广场始建于1996年，南北长319米，东西宽174米，总面积6.3万平方米。2011年12月对广场进行改造，2012年5月完工。聊城火车站广场由三个景观区和两条文化轴组成，其中“水城印象区”为广场主题区，规划有浮雕墙、主题雕塑和宽敞的入口景观，充分展示聊城市深厚的文化内涵。出站口北侧为公交站场，南侧为地下、地上出租车停车位，南侧地下冰大型停车场，地上、地下通过自动扶梯连接。新颖大气、特色鲜明的聊城火车站广场与雄浑稳重、美观实用的新站房自然融为一体，反映出聊城的环境特征和历史文化内涵，展示出聊城蓬勃向上的精神面貌，彰显出聊城以更加宽广的胸怀、更加开放的姿态迎接来自四面八方的宾客。

第六节 城市公园

1997年，聊城市（县级）有城市公园7处，公园总面积94公顷。1998年3月，地级聊城市建立后，开始建设湖滨公园、古运河公园。2000年，市中心城区公园增为8处，公园总面积97公顷；2005年，中心城区公园12处，公园总面积423公顷。2006年，实施人民公园改造和体育公园一期建设工程。2008年，人民公园增设石桌、石凳、木椅和各类体育设施，建设国家一类公厕，增添便民设施，安装挂衣钩。2010年，中心城区公园增为13处，公园总面积1287公顷。2011年起，优化公园建设布局，调整公园规模。2013年，中心城区公园增为15处，公园总面积为737公顷。2014年，中心城区公园增加1处，共16处，总面积802公顷。2015年中心城区公园个数和面积未变。面积较大、功能完善的公园主要有人民公园、姜堤乐园、南湖湿地公园、湖滨公园、小湄河湿地公园等。

人民公园 始建于1958年，总面积9公顷，其中绿化面积占总面积的78%。2006年进行全面

人民公园（2009年10月摄）

升级改造，实施大规模绿化和配套设施建设。改造后的公园分为文化休闲区、体育活动区、动物观赏区、花卉展览区，成为聊城市中心一座开放式、综合性、多功能的休闲娱乐场所。2008年，本着以人为本的原则，规范整治停车场2处，加装无死角监控7处，安装座椅15套；设置健康知识宣传牌、温馨提示语，增设统一标示垃圾桶和便民挂衣钩；按照海绵城市理念，对环园主路12个节点及园内区域进行改造，设置蓄水池3处，提升园区景观水平。

姜堤乐园 该乐园始建于2000年，位于聊城市南郊，地理位置优越，东临赵王河，北靠徒骇河，西傍聊阳路，占地总面积20公顷，是在原来四河头自然风景区的基础上，建成的透染浓重乡土气息、折射着民族地域文化风采的游乐园。该乐园集林果栽培、园林观光、游览休闲于一体。游于园中，曲径通幽，步移景异，忽而绿树红瓦，忽而池水满塘，忽而农情菜蔬，忽而满树鲜果，亭台轩榭若隐若现，与碧水绿树相映成趣，人工饲养的驼、鸽子等惹人喜爱，山、水、林、禽、兽同生共荣，构成一幅奇特的大自然生态图。从丰富乐园文化内涵入手，恢复聊城历史上曾一度辉煌、消失近百年的依绿园。该园源于宋、成于清，兴盛600余年而不衰，号称“江北名园”，并因其在大运河繁盛时期为东昌八大胜景之一“绿云春曙”而久负盛名。恢复砥斋、晚峭书屋、丽农山房等18个古景点，其建筑皆是翘角飞檐，粉墙黛瓦，尽情展示其深厚独特的文化底蕴和炉火纯青的艺术魅力；新增瀑布、峡谷、绉绿湖等18个新景点。

南湖湿地公园（原聊城植物园） 该公园地处聊城市南环路中段，占地面积72公顷，是一处以人工湿地为基础，集科技示范、农业观光、休闲渔业、种苗繁育、生态餐饮、环境教育于一体的特色园区。园区累计完成总投资1.08亿元，构建了水生植物园、百花园、百果园、良种苗木园、亲水游乐园、荷文化产业园等六大功能区。园区突出水生植物特色，引进种植国内外名优荷花品种280多个，既有国内外优良品种，也有采用现代技术育成的专用型品种，是江北最大的水生植物品种园。建立了相应的湿地园林系统、水质生态净化系统、生态渔业系统。聊城南湖湿地公园先后被确定为东昌府区重点保护服务业单位、市级农业科技园、省级科普示范基地、国家AAA级旅游景区。2009年，公园先后被确定为“全国科普示范基地”“国家重大水专项示范基地”“聊城市环境教育基地”“聊城市湿地公园”“聊城市森林公园”。公园已成为聊城市一个新的旅游品牌，吸引着大批国内外的游客慕名而来。先后组织举办了5届“中国江北水城（聊城）荷花文化艺术节”及环境（科普）教育等重大活动30场次，年接待省内外游客20多万人次。

湖滨公园 市内最大的公园，位于东昌湖西畔，东临东昌湖，北临东昌西路，南至聊城海关。1999年4月动工兴建，2001年9月建成。公园呈带状，由北向南延伸。南北长3千米，东西宽0.2～0.3千米，总面积约54公顷。该公园设计上讲求园景设路、路从景处，宽窄相宜；从北至南的腾龙、喷泉、金凤、绿叶4个大型广场，内涵丰富，形式各异。中间有音乐喷泉广场，中间偏南3座小山绵延分布，十二生肖广场坐落在公园南端。小型广场和路边，有雕塑、喷泉、石凳等园林小品点缀其间。石砌的湖滨渠自南向北穿园而过，12座造型别致的风景桥，将看似分离的东西两岸连为一体。公园绿化设计以乔、灌木为主，辅以适量宿根花卉和大片草坪，分园西侧利用疏透的乔木树丛作为绿色屏障，整个公园树种丰富且采取片植、群植的方式，形成形式简练、主次分明又多姿多彩的植物景观，为东昌湖的西侧镶上了美丽的绿边。

小湄河湿地公园　位于聊城经济开发区中部，是开发区的重要水系和景观构成元素。湿地公园主要有沼泽湿地、人工湿地和两岸的部分林地、农田组成，全长约4.86千米，呈南北向带状分布，总面积为73.86公顷。其中湿地面积22.91公顷，占公园总面积的31.02%。公园内主要植物有56科101属134种（含2变种、1变型），包含国家一级保护植物银杏，二级保护植物莲。公园内有野生脊椎动物55种，包括山东省重点保护动物11种，在《濒危野生动植物种国际贸易公约》中受保护的野生动物1种。

1997—2015年聊城市中心城区公园数量与面积表

表4-8　　单位：个、公顷

年份	公园个数	总面积	年份	公园个数	总面积
1997	7	94	2007	13	985
1998	7	94	2008	13	885
1999	7	94	2009	13	885
2000	8	97	2010	13	1287
2001	9	238	2011	13	667
2002	12	312	2012	13	667
2003	12	312	2013	15	737
2004	12	312	2014	16	802
2005	12	423	2015	16	802
2006	13	443			

第七节　标志性工程

一、古城区保护与改造工程

2007年起，筹划启动古城保护与改造工程。至2015年，聊城市规划局委托省内外有关设计单位完成《聊城市古城保护与整治规划》《聊城市古城形象营建与景观综合整治途径与方法研究》《中华水上古城总体详细规划》，以及《古城区道路竖向与基础设施规划》《古城道路交通规划与交通工程设计》《古城区水景观修建性详细规划》《古城区四大街绿化景观设计及道路铺装设计》《古城区特色街保护和博物馆布点规划》《古城四大街规划文化旅游策划方案》《古城区视觉识别、导向系统及街道设施设计》《古城区夜景照明设计方案》《古城区环湖景观带规划设计》等。同时，先后邀请国内院校和设计单位完成古城区3个城门、3个角楼、15处历史复建景点、10处新建博物馆、6处保留历史建筑及片区住宅商业、古城消防站、垃圾转运站、公厕、牌坊、小品雕塑、城门景观和建筑的文化创意、牌匾楹联编制、景点布展设计等工作。

2009年5月，古城保护与改造项目开始实施，拆迁面积64.8万平方米，安置区望湖小区占地23.6公顷，建筑面积59万平方米。项目实施中，着重调整古城区功能，完善空间功能布局和市政基础设施，强化古城历史风貌特色，改善居民生活环境；选择恢复府衙门、考院、县衙、卫仓等13处历史文化景点；利用现有历史建筑改造成剪纸博物馆、葫芦博物馆、纽扣博物馆等

中华水上古城 （2012 年 10 月摄）

旅游景点；利用历史上有迹可查的故居或大院建成叶家、朱家、蔡家等民俗宾馆；对保留的光岳楼、海源阁、范筑先纪念馆等历史建筑，进一步赋予文化旅游功能，街道两侧布置移动花箱、坐凳、雕塑小品等景观。科学设计滨湖景观带、园林景观和古城墙公园等休闲景观，做好水系连通等“水文章”。建设综合管沟，将电力、通信、供热、给水等市政基础管线集中敷设地下，充分利用地下瓮城、城门等空间，建设停车场和博物馆等公共服务设施。2013 年，及时跟踪、现场服务所有工程项目建设全过程，完成古城四片区修建性详细设计规划的修改完善、道路施工图设计、建筑设计、景点建筑彩画设计及沿街商业牌匾、砖雕、木雕设计。完成景点、牌坊规划设计和施工设计以及古城和沿街建筑夜景照明规划、雕塑小品、公共卫生、座椅、商亭和指示系统设施设计深化。2015 年，完成古城区所有工程项目的规划设计及基础设施、公共服务设施、建设工程的方案设计，全面完成古城 4 个片区的规划设计及 35 处博物馆、13 处景点、3 处古典园林 50 余万平方米的建筑施工图设计。

二、东昌湖开发工程

东昌湖始建于北宋熙宁三年（1070），原为聊城古城的护城河，东昌湖中心就是聊城古城。20 世纪 70 年代以前，东昌湖分片隶属于周围农业生产队开展水产粗养和捕捞，湖区基础设施建设一片空白。

1970 年，经省政府批准，将东昌湖湖面收归国有，成立环城湖管理所，并于 1975—1976 年对西北湖面进行深挖改造。1984 年，成立环城湖管理处。修建部分石砌护岸，建造湖心岛、浮春亭、垂钓基地等，但东昌湖仍是以水产养殖为主。1993 年，地区行署决定对东昌湖大规模开发建设，将其列入“兴聊十大工程”。至 1997 年，经过 3 年多建设，共清挖淤泥 258 万立方米，动用石方 2.4 万立方米，砌石护岸 1.18 万平方米，铺设路面 1.73 万平方米，新辟绿地 2.4 万平方米，栽植花木 5 万余株，增建桥涵闸 9 座、亭阁台榭 4 处以及江北水寨、沙滩浴场、骑行平台、游乐园等场所 10 处，购置船舫 100 只，完成项目 132 个，投资 1.1 亿元，各项基础设施建设初具规模，旅游资源得到初步开发。

1998 年 3 月聊城撤地设立地级市后，东昌湖开发进入快车道。是年 4 月，市委、市政府决定成立东昌湖管理局，并以古城为中心，以东昌湖为依托，设立东昌湖风景区。重点实施对东昌湖东北湖的清淤改造和西南湖岸的砌石、绿化等综合整治；对东南湖养殖场进行搬迁，在湖南岸以水上游乐项目为主建设梦幻乐园，增加游船和水上娱乐项目；建设南关岛、龙湾、月亮岛等景区亮点，实现湖河连通。至 2003 年，东昌湖开发工程完工，全面对游客和居民开放。

三、运河开发工程

1999 年 8 月，市委、市政府决定，对古运河实施开发改造工程。该工程开发分期进行，主要以拓宽整修河道，绿化两岸，新建改建沿河路，“路依河走、水陆并行”，与东昌湖连通，形成独特的水上游览线。古运河风景区南起湖南路北至建设路，全长 6970 米。其中，一期、二期工程水面平均宽度为 32.35 米，三期、四期拓宽至 40 米，景观带绿地面积占总面积的 50%，水面占 27%，铺装场地占 23%。主要实施河道开挖、衬砌、绿化、铺装、道路等工程，着眼于人与自然和谐相处，沿河建设广场，设置雕塑、石凳，供市民和游客休憩驻足，古运河上建有风格各异的桥梁 19 座。坚持走开发带动的路子，通过市场化运作，沿河建设龙湾小区、山水文苑、水韵花都、月亮湾等生态小区，带动了两岸的开发。

四、徒骇河博览园工程

徒骇河属于海河流域，聊城境内流域面积 5189 平方千米，是构成“江北水城”特征的重要水态形态。2011 年年初，市委、市政府将开发建设徒骇河“世界运河（建筑）博览园”列为聊城市 2011 年 20 个城建重点项目之一，是拉大城市框架、带动城市东扩南展的重要项目。该项目南起南外环路，北至高速公路北 500 米，全长 17 千米，用地面积 1708 公顷，其中水域面积 168 万平方米，总投资约 53 亿元。徒骇河拥有生态、水韵、文化三个元素，工程规划分为“三线、四段、四区、十景、十五园”。其中，“三线”指以徒骇河为主轴线形成的水线、岸线、城市天际线三条城市景观线；“四段”指徒骇河沿线的四大亲水活动主题区；“四区”为林木种植产业区、都市生活商贸区、生态旅游度假区、中央商务发展区；“十景”是徒骇河沿岸开发的、从景观主题角度设立的十大重要景观主题区。该工程分为河道防洪治理、滨河大道建设、景观建设和两岸开发三个部分。河道防洪治理：河道防洪治理工程主要对南起南外环、北至北外环的徒骇河河道清淤开挖。同时对东昌路以北、光岳路以西的河道进行拓宽开挖改造，形成占地 66.67 公顷的莲湖。随着城市水系的不断完善，将形成以徒骇河、运河等河流为纽带，北部莲湖、中部东昌湖、南部南湖为节点的相互沟通连接的“江北水城”城市水系新格局。滨河大道作为徒骇河博览园的重要内容之一，设计标准为城市支路，设计车速为 40 千米 / 小时，道路红线宽度为 23 米，通过设置下穿通道、转向匝道，与现状和规划道路实现分离式交通，形成路堤合一的独立的道路网络，形成河滨的观光游览大道。至 2015 年，湖南路至橡胶坝的河道防洪治理基本完成。景观建设和两岸开发：徒骇河世界运河（建筑）博览园项目通过对沿岸建筑和城市控制引导，打造风格多样、特色鲜明的世界运河文化长廊，彰显“江北水城·运河古都”城市特色。至 2015 年年底，湖南路至橡胶坝的河道防洪治理基本完成，莲湖的开挖仍在进行。

五、“五环聊城”建设工程

2013 年，市委、市政府决定启动“五环聊城”（环城道路、环城水系、环城林带、环城花带和环城高速）建设工程。该工程建设总投资 50 亿元。其中，环城道路分为内四环和外四环，全长 99.04 千米（内四环长 40.35 千米，外四环长 58.69 千米），主要实施道路、桥梁、排水、绿化、亮化等工程；环城水系主要指周公河改造、徒骇河橡胶坝建设以及四外环路水系建设等；环城林带和花带是指外环路外侧 70 米和内侧 50 米进行绿化，在外四环外侧建设 500 米宽，以高标准农田林网为骨架的生态林业产业带，在内外四环路间，调整种植结构，改农用地为林业或苗圃用地，建设城市森林；环城高速是指实施西外环德上高速工程，准备南外环青兰高速建设前期工作，东环茌东高速争取列入省高速发展规划，以及济聊高速出入口改造提升，开发区路口、光岳路口、昌润路口、茌平路口建设。是年，开始对内外四环（长 90 千米，宽 300 米）进行实地勘察测量，完成涉及道路设计、绿化景观竖向规划和外环路、水系、花带、林带规划，并对环路中心线、绿线、红线、征地线进行放线、验线。同时，对涉及拆迁的 51 个村庄安置区进行定界选址，对部分安置区进行规划。2015 年，实施内、外环路建设和 35 条路网改造工程，新建、改建道路 180 千米。

六、南关岛、名人岛建设工程

南关岛建设工程　2010 年，南关岛建设工程启动。该岛位于古城南门外，是集旅游观光、购物休闲、商务娱乐、度假于一体的大型仿古景观式商业区，是东昌湖风景区的南入口。南关岛总占地 5 公顷，总建筑面积约 2.7 万平方米，是东昌湖风景区绿色生态岛屿群的重要组成部分，

南关岛俯瞰 （2013年11月摄）

岛上建筑按照江南风格进行规划建设。南城门广场由瓮城遗址纪念广场和扇形绿地组成。瓮城遗址纪念广场南北约34米，东西约17米，面积约500平方米，广场中间设瓮城遗址碑记。扇形绿地每片南北约50米，东西37米，面积1500平方米。2012年，该工程完工并向游人开放。

名人岛建设工程　2010年，名人岛建设工程启动。该岛位于东昌湖风景区西北隅，与古城区隔湖相望，由3个小岛组成，项目总占地4公顷，是集纳水城名人文化、体现水城人文底蕴的重点景区。名人岛以“琼岛瑶台，城湖一览”为设计思路，“一池三山”以喻仙境，“崇楼伟阁”以象仙居，三岛建设了“一览阁”、吕祖堂遗址等亭台楼阁和广场、廊桥等。名人岛的规划建筑风格秉承中国传统文化，营造以观赏、览胜、游憩为主要功能的景观小岛，构建出人间仙境的景观效果。2012年7月，名人岛工程完工，并向游人和居民开放。

七、体育公园建设工程

体育公园位于湖南路以南，徒骇河东岸。项目总占地面积约40公顷，总投资8亿元，主要包括体育馆、全民健身活动中心、体育场、游泳馆、乒羽馆、运动员公寓等。

体育馆　2007年7月，体育馆开工建设，占地面积6.87公顷，主体占地面积8228平方米，建筑面积1.69万平方米，建筑高度31米（地上3层，地下1层），座椅5000座，最大竞赛场地2100平方米。场馆底部呈圆形，空间双曲面呈荷叶状，东、西两侧钢构大拱，如同腾飞的翅膀。场馆满足一馆多用要求，可举办篮球、排球、手球、乒乓球、体操、拳击、柔道、跆拳道等比赛。2009年3月，体育馆建设工程竣工，总投资1.29亿元。

全民健身活动中心　2009年10月，该中心开工建设，占地面积6.66公顷，建筑面积1.43万平方米，主体平面为椭圆形，椭圆长轴长度为98米，短轴长66.2米，主体高23米，地上3层，集体育健身、娱乐、商业于一体。2011年10月竣工使用，总投资1.82亿元。

体育场　2011年12月，体育场开工建设，占地面积10公顷，建筑面积5.2万平方米，建筑主体为4层，外形为南北长轴298米，东西短轴246米的椭圆形，可容纳3万名观众。项目选取水作为建筑形象设计的核心，以水波纹为母题诠释建筑形象，整个建筑圆润、统一、完整。2013年6月，该体育场竣工，总投资4亿元。

至2015年，游泳馆、乒羽馆、运动员公寓等建筑处于规划设计、筹备建设阶段。

第三章　市容管理

1997 年，聊城地区各县（市）均建有城区环卫管理机构和城建监察大队和专业分队。

1998 年 3 月，聊城正式撤地设立地级市后，全市城市环卫管理工作得到进一步完善和加强，至 2001 年，市政府连续出台《聊城市城市市容环境卫生管理办法》《聊城市城市垃管理办法》《聊城市城市公厕管理办法》。2007 年，市环卫处以创建“国家卫生城市”为契机，启动清运队改革，实现道路清扫全覆盖。2015 年，以国家卫生城市复审活动为契机，不断延伸环卫精细化保洁范围，确保生活垃圾“日产日清”，市中心城区环卫处管理的公厕数量 111 座，设施达到国家二类标准。全市城区环卫管理责任明确，卫生保洁“三位一体”（人工保洁、快速保洁、机械保洁），垃圾清运逐步机械化，公厕管理实现现代化，环卫设施齐全，机械化作业率提升 79.5%。市容管理执法进一步加强，户外广告、乱贴乱画、占道经营、店外经营、露天烧烤、乱搭乱建及非法营运三轮车管理实现规范化。至 2015 年年底，聊城市城区绿化覆盖面积 6366 公顷，绿化覆盖率 44.6%。市中心城区路灯共计 4.84 万盏，路灯设施完好率 100%，路灯亮灯率 98% 以上。

2004 年，聊城市被评为“国家卫生城市”。2012 年 2 月，聊城被评为“国家园林城市”。

第一节　环卫管理

一、道路保洁

1997 年，全地区城区道路清扫，均采用传统人工清扫模式。

1998 年 3 月后，按照市政府《聊城市城市市容和环境卫生管理暂行规定》的要求，全市城区环卫系统开始试行道路清扫保洁承包到人管理。市环卫处负责市中心城区 15 米以上的主次道路及公共广场的清扫保洁，道路保洁面积 121 万平方米，2001 年增加到 255 万平方米，全部以公平竞标方式，承包到人，按照环卫清扫保洁作业规范和标准进行作业。2003 年，市环卫处接管振兴路、花园路、柳园路、文化路、闸口东街和西关桥等 10 余条道路共计 47.34 万平方米卫生保洁任务，总保洁面积 300 多万平方米。2004 年，开展“整治城区扬尘，建设清洁环境”活动，对东昌路、兴华路等城市主要干道进行冲洗，城区 381 万平方米道路实现全面保洁，其中机械化清扫面积 43.2 万平方米。2005 年，实行机械化清扫车与人工清扫错时保洁制度，保洁面积 442.87 万平方米，机械化清扫率 20%。是年年底，根据市政府批准的环卫改革方案，通过内部改革、竞争上岗，聘任保洁公司、监理公司经理 8 人。2007 年，以创建“国家卫生城市”为主线，市环卫处在人民广场、东昌路等重点地段设置保洁夜班人员，避免了保洁“空档”。同时，实行机械化清扫与人工保洁联合作业方式，强化对东昌路及扬尘较多路段的日常洒水作业。2008 年，市环卫处接管人民广场卫生管护工作。同时，采取“歇人不歇车”的方法，每天分上午、下午、夜间三个班次轮流作业，保证了路面卫生质量。2009 年，市环卫处新接管城区 17 条道路 11.5 万平方米绿化带卫生保洁，保洁总面积增加至 558.36 万平方米。在东昌路等重点路段、主要景区实现全天候、无缝隙保洁；成立一支 10 人的快速保洁队伍，利用电动自行车的优势，对路面产生的瞬间垃圾进行巡回捡拾，确保瞬间垃圾停留时间不超过 30 分钟；将站前街、聊堂路等 6 条外围干道纳入机械化保洁范围，定期进行清扫、冲洗。2010 年 4 月，成立环境卫生管理督查队，负责对城区在建工地进行督导管理；

道路机械化清扫 （2012 年摄）

进一步发挥环卫机械设备作业效能，机械化保洁率 26%。2011 年，围绕国家卫生城复审、省文明城市检查等活动，市环卫处新接管城区部分分区绿化带，面积 75 万平方米。进一步探索环卫作业“人机结合”模式，将光岳路、昌润路等外围路段纳入重点保洁范围，定时洒水、清洗，机械化作业率 28%，超过国家卫生城市 26% 的标准。成立考核管理办公室，采取日考核、周讲评、月奖惩方式，对各项环卫工作进行考核。2012 年，实行人工保洁、快速保洁、机械保洁“三位一体”的作业方式，实现责任范围内道路的全日保洁、动态监管。制定并完善《特殊天气应急预案》，遇到雨、雪等特殊天气，环卫各部门迅速行动，各负其责，确保最短时间内恢复道路卫生水平，保证雨雪天气期间市民出行安全。2013 年，市环卫处建立“发现及时、处置快速、解决有效、监督有力”的长效管理机制，每天出动人员 1400 余人次，分路段、分区域对城区道路进行综合整治；充分发挥机械作业优势，定人员、定车辆、定任务，每天凌晨 4 时对城区主次干道进行 2 ～ 3 遍清扫，城区机械化保洁率 61%。是年 8 月，接管滨河大道卫生保洁任务，严格按照城区主干道作业质量标准进行保洁，实现滨河大道的常态化管理。是年 11 月，与市行政执法局、市公安交巡警支队共同成立建筑垃圾及散装物料车辆运输联合执法队，督导运输单位严格按照规定的线路、时间运输建筑渣土，从源头上减少建筑渣土运输车辆出车带泥等违规行为。2014 年，市环卫处成立扬尘污染工作领导小组，制定《扬尘污染防治实施方案》，实行网格化管理，全年出动机械化清扫车辆 3.8 万台次、洒水车 4.6 万台次，城区机械化保洁率 71%。2015 年，市环卫处接管新南环、新北环、新西环道路，保洁总面积 1474.36 万平方米。以国家卫生城市复审活动为契机，不断延伸环卫精细化保洁范围，将道路路口、人行道、墙根、下水道口等作为重点，将保洁作业范畴扩大到所有角落；加大机械化清扫力度，每天对城区主次干道进行 2 遍湿扫、1 遍吸尘、1 遍清洗、5 ～ 7 遍洒水，大型冲洗车每天对城区重点路段，特别是有建设任务的路段进行冲洗。

二、垃圾清运

1997 年，聊城地区各县（市）城区责任范围内的垃圾清运及粪便掏挖基本是人工清理、肩挑手提的原始作业方式。

2002 年，市环卫处出动人员 1700 余人次，开展死角垃圾集中清理活动 7 次，共清理死角垃圾 2 万余立方米；粪便清运达到“三清”（公共厕所当日清、单位厕所隔日清、居民厕所三日清）的目标，全年清掏粪便 1.65 万吨，清运生活垃圾 8.46 万吨。2003 年，清除垃圾死角 600 余处，清运生活垃圾 10.62 万吨。防治“非典”期间，成立专业消杀队伍、配备专用汽车，对市区环卫处管理的公共厕所、垃圾站点、生活垃圾处理场及各办公场所每天消毒一次。

2004 年，市中心城区生活垃圾日产量 350 多吨。为确保清运工作，市环卫处改革垃圾收运方式，明确城区垃圾倾倒时间，确立人工收集、垃圾中转的模式，全年累计清运生活垃圾 12.3 万吨，清理死角垃圾 4 万多吨。2005 年，市环卫处采取晚 6 点对城区垃圾站点清理第一遍，第二日早 6 点清理第二遍的方式，全年完成生活垃圾清运 14.65 万吨。2006 年，划分作业区域、合理调配车辆，加强生活垃圾站点的规范性管理，对繁华地段、居住密集区的垃圾站点实行24小时专人看管，实现站点周边50米内卫生整洁有序。全年清运生活垃圾15万吨，掏挖清运粪便1.8万吨，清理死角垃圾1.57万吨。2007年，启动清运队改革，通过内部竞聘将清运队改制为8家作业公司，是年清运生活垃圾15.08万吨、粪便1.46万吨。2009年，根据各站点消纳量，实行划片定点垃圾倾倒制度，凌晨3点半起安排回头车值班巡查，应对突发性事件。2012年，将三中市场、龙山市场及易污染的昌润路、湖南路等列为整治重点，集中人力、车辆清理陈积垃圾6.2万吨，推平整理地面7.7万平方米。2013年，市环卫处协调东昌府区等相关责任单位，对环卫责任范围外的死角垃圾和城区施工垃圾进行彻底清理，是年清运生活垃圾15.98万吨。2014年，实行分片包干负责制，定人员、定车辆、定区域、定质量，重点开展学校周边环境卫生专项治理，清运生活垃圾12.41万吨，粪便清运量1.8万吨。2015年，市环卫处对垃圾运输车辆进行合理调控，增加收集量较大站点的清运频次，确保生活垃圾“日产日清”，并严格按照“车走地净”的工作要求，及时清扫箱旁散落垃圾，定期对车辆箱体进行冲刷，防止垃圾外挂造成二次污染，是年清运垃圾14.95万吨，掏挖、抽排粪便1.1万吨。

新建的环保公厕 （2015年摄）

三、公厕管理

1997年，聊城地区环卫处负责管理聊城市区公厕21座，其他社会公厕大部分为传统旱厕。

1998—2001年，采取代建、共建、捐建方式，新建、改造一大批水冲公厕。2004年，新建英雄广场、光岳路、中银等23座水冲公厕。2005年，对城区公厕进行调整，并安装154块精美的导厕牌，为外地游客提供方便。2006年，对公厕指示牌进行亮化改造，设置夜间使用功能，制定《公厕保洁标准》《公厕保洁办法》，加强公厕管理。2007年，安装100块公厕夜间灯光指示牌，产权属于市政管理局的41座公厕全部免费按时开放，设施管理达到二类或三类以上标准。2011年，在火车站广场附近新建环保公厕2座，通过协调促成火车站广场南侧、聊堂路口北侧及汽车西站3座公厕全部免费向旅客及市民开放。2012年，通过政府招标购置大型车载移动公厕1座，在城区主次干道设置公厕15座，安装公厕指示牌180余块。2014年，在星光停车场、市医院绿地、南关桥等地及滨河大道、运河两岸和东昌湖风景区新增公厕35座，改造公厕10座，更换城区公厕标示牌102个。2015年，在人民公园、徒骇河风景区、聊大西校南头、运河路山陕会馆停车场、八中等地新建公厕8座，并对凤凰台、土口小区、海河、技校等22座公厕进行升级改造；对管理的所有公厕均制作安装、更换公厕指示牌、夜间标志牌；重新修订《公厕管理标准及公厕考核标准》《环保公厕卫生保洁标准》，确保公厕设施齐全、卫生达标。

四、环卫设施

垃圾中转站 1997年，聊城市（今东昌府区）垃圾中转站多以地上垃圾站点为主。1998年起，适应城市发展需要，市中心城区相继增设地上垃圾站点。2005年，撤掉部分地上垃圾站点，增设地下站点12个。2006年，对11座生活垃圾地下站点进行改建，由容积6立方米扩建为8立方米。2007年，对中心城区20个垃圾站点进行升级改造，增加垃圾转运承载量。2009

年，在陈口路与光岳路的交会处、人民公园等地新建地下垃圾站点10个。2011年，新建聊大西门、卫育路和建设西路汽车总站对过及薛庄、健康南路生活垃圾压缩中转站5座。2012年，加大环卫基础设施建设力度，新建水城中街、魏大庙、西板桥、利民路、建设西路、区公安局、军需路、乐园、肖新街等生活垃圾压缩中转站9座，新建地埋式垃圾收集站9处。2013年，新建阿尔卡迪亚、聊大东校区生活垃圾中转站2座。2014年，新建凤凰苑垃圾压缩中转站1座；新建、改建地埋式垃圾站7座。2015年，新建桥头王、王卷帽、青年渠、香江一期、香江二期、五里屯、凤凰台、军干路、铁塔等压缩中转站9座。同时，按照国家卫生城评分标准，对聊大西校区、魏大庙、凤凰苑、健康南路4座垃圾中转站及城区原自建自管的18座垃圾中转站进行升级改造。

垃圾箱　1997年，市城区道路旁置有少量不锈钢单桶垃圾箱。1998年后，根据需要在城区道路旁增设部分水泥垃圾箱。2008年，市环卫处在中心城区主次干道及人民广场、火车站广场增设双桶垃圾箱354个。2009年，在柳园路、卫育路、向阳路等路段，增设、更换双桶垃圾箱300个，并严格垃圾箱保洁员代管制度和垃圾箱破损报告制度，保障垃圾箱清洁卫生与完好率。2010年，增设、更换双桶垃圾箱360个，2012年增设510个。2013年，通过政府采购，购置双桶垃圾箱500个、塑料垃圾桶1000个，分别安装在东昌路、柳园路、利民路等主要路段。2014年，购置双桶垃圾箱650个。2015年，未再购置新垃圾箱，维修垃圾箱200余次。

垃圾处理场　1997年，市城区垃圾处理场多为原始垃圾掩埋式。1998年开始建设较高标准的王屯垃圾处理场。该场位于聊城市城区北郊、卫育路北首，占地6.93公顷。2005年年底，该填埋场饱和，经青岛市科研所封场设计，对其实施封场整治。2006年1月，聊城市生活垃圾处理场投入使用，位于城区西南方向五里屯村，距市中心约8千米，占地8公顷，主要承担城区四环内63.31平方千米、56万人日产400吨生活垃圾及渗滤液的无害化处理。2011年，该垃圾处理场处于饱和状态，市环卫处对其实施扩容改造，并对扩容区域进行防渗处理，增加有效填埋库容；2013年7月该场停用。2009年，聊城市确定实施城区生活垃圾焚烧发电项目建设。该项目位于东昌府区道口铺办事处王尔镇村东1千米处，占地9.4公顷。2010年2月，该项目由山东国环投资有限公司投资建设，采用BOT模式，后变更为BOO特许经营模式，2011年7月通过立项批复，2012年3月动工建设，2013年12月投入试运行。2014年6月，由山东国环投资有限公司投资建设聊城市餐厨废弃物处理厂，该项目位于聊城市生活垃圾焚烧发电厂东厂区，采取BOO特许经营模式，10月开工。2015年12月投入试运行。

环卫车辆　1997年，聊城城区环卫系统作业以人工为主，仅有少量的垃圾、粪便清运车辆。2003年，市环卫处新购置翻斗车1台、摆臂式垃圾车1台。2007年，为提高机械化清扫能力，购置小型机械化清扫车4台、大型抽排车1台、翻斗车1台、垃圾压实机1台、小型机械化清扫车3台。2009年，购置500辆保洁用人力三轮车，并购置10辆电动车，用于捡拾路面瞬间垃圾。2010年，购置铲雪装置2部、翻斗车5台、小型抽排车4台、大型抽排车1台、袋装化垃圾收集人力三轮车4辆、钩臂车7台。2011年，购置洗扫车1台、中型扫路车2台、小型混合动力扫路车12台，茌平信发集团捐赠洒水车5台。2012年，购置机械化清扫车15台、垃圾清运车7台、移动公厕车1台、小型电动垃圾分类收集车6台、快速保洁电动车50辆。2013年，购置道路清扫车6台、洒水车2台、垃圾清运车9台、双排130垃圾清运车1台；同时，为进一步提高车辆监管能力，在全部作业车辆上安装GPS卫星定位系统，建立环卫监控平台，实现环卫车辆作业状态、运行轨迹、工作量及车辆安全、耗油等全天动态监控。2014年，购置道路清扫车10台、垃圾清运车3台、洗车机1部、电动保洁三轮车40辆，在徒骇河风景区人员密集处建设1处浮箱码头和2处督查管理用房，购置2艘巡逻艇用于水上巡逻和救生，改善徒骇河风景区的整体环境。2015年，购置道路清扫车13台、垃圾清运车17台、洒水车3台、多功能雾炮车2台、道路垃圾清理铲车2台、双排130垃圾清运车2台、粪便抽排车1台、电动垃圾收集车50辆、快速保洁三轮车115辆，另购置垃圾压缩箱10个、摆臂车用垃圾箱40个。环卫管理机械化作业率提升到79.5%。

另外，2014年，市环卫处建设环卫工人休息室4处，并号召社会单位为环卫工人提供休息点。2015年，城区商家为环卫工人提供休息点90余处。

第二节　城市绿化

1997年，市城区绿化覆盖率为21.17%，人均公共绿地面积3.92平方米。市区主要道路，包括东昌路、昌润路、建设路、柳园路、古城区4条街道及育新街、前许街、健康路等以行道树绿化为主，绿化面积为1.48公顷。是年，建设文苑绿地1处，面积0.7公顷，植物种类包括雪松、油松、银杏、白蜡、法桐、杜梨、蜀桧、樱花、榆叶梅、牡丹、芍药、月季等。年底，聊城城区绿化总面积为40.84公顷。

1998年，实施东昌湖、古运河、徒骇河高标准绿化工程，东昌湖、古运河两风景区绿化面积66公顷，徒骇河两岸建设沿河绿化带；对东昌路、东环路、湖南路、湖西路进行绿化，绿化面积20公顷，新建凤凰台、人防街头绿地2处，总面积0.52公顷。1999年，市中心城区开展庭院绿化，面积12公顷；与全市254个单位签订庭院绿化目标责任书，其中市东昌宾馆、聊城农校等6家单位被省建委评为省级庭院绿化先进单位。是年，建设石油绿地1处，绿地面积0.26公顷。

2000年，实施中心城区大树进城计划，将聊城至临清、聊城至高唐、聊城至堂邑3条公路上的2万多棵大树移栽到湖滨公园及城区道路。对东昌路、东环路、湖南路、湖西路，实施绿化面积20多公顷；新建英雄广场、聊堤口、六路口、站北花园街头绿地4处，绿地面积共计2.71公顷。2003年，市中心城区新增中银、双庙街头绿地2处，面积计0.68公顷。2004年，市中心城区新增绿化面积160公顷，新增庭院绿化面积40.9公顷。

2005年，实施市中心城区光岳路、聊堂路、聊阳路绿化，建设两侧各15米、总长14千米的绿化风景带；对运河三期、东昌路、滨湖公园进行绿化完善。建设转盘西南角绿地、东板桥绿地、西板桥绿地、火车站广场绿、地亚大绿地等街旁绿地公园5处，总面积5.2公顷。2006年，全市实施包括“绿化、亮化、美化”工程在内的十大工程，中心城区从泰山移植8棵泰山松用于光岳楼绿地绿化；对东昌路、振兴路分车带绿化，对火车站广场绿地进行改造，新建北关街绿地。2007年，中心城区加强城市园林管理，补植各类苗木21.7万株，修建绿篱、色块、草坪51.93万平方米，道旁种植树花灌木8.2万株；实施火车站广场绿化改造。是年，提出“精、深、细、实”的管理理念，新增庭院绿地面积2公顷，更新绿化面积5公顷，绿化达标单位61个，有15个庭院及小区通过省级花园式单位和小区的评选、验收。2008年，加强城市园林管理，中心城区新增绿地18.19公顷，栽植乔木2829株，累计修剪绿篱、色块54.3万平方米，修剪花灌木2624万平方米，行道树3670株；清除杂草6.8万平方米，喷药611.7吨，浇水量8.89万吨，施肥2.43吨。2009年，开展大规模春季植树造绿工作，完成湖南路等13条道路和15块绿地的升级改造工作，栽植乔灌木9000余株，更新改造绿地面积60.75公顷。

2010年，开始创建国家园林城市，在全市城区重点组织实施“公共绿地、小区、单位庭院、居民院落以及生产绿地、防护林地和大环境绿化”等七大类专项绿化。中心城区湖河水系工程及绿化景观全部完工，100个节点绿地建设基本完成，柳园路、东昌路、兴华路等20余条道路实施绿化增量升级；城区新增绿化面积近500公顷，各类绿地总量近1800公顷；并按照国家园林城市养护标准实施绿化维护的精细化管理。对城区主次干道和绿地进行升级改造，累计补植花卉2万株，补植灌木17万株，城区苗木满栽率由2009年的95%提高到98%。

2011年，按照国家一级标准，加强道路绿地的日常管养工作，完成道路、绿地绿篱补植20余种200万株；对城区16块接头绿地、10余条道路实施改造，绿地面积22.5公顷，呈现出“绿不断线、景不断链”“四季有花、四季常绿”的城市道路景观特色。实施拆墙透绿、增绿，提升城区164个单位的庭院绿化，并将40家单位纳入单位庭院绿化考察范围，其中达标单位12个，未达标单位28个；评出省级花园式单位7个，市级花园式单位10个。

2012年2月，聊城市被命名为“国家园林城市”。年内，继续按照国家园林城市标准，全面加强城市园林绿化日常管理养护，开展增绿、补绿行动。全年累计补植各类乔灌花266.8万株，苗木满栽率98%以上；城区各单位庭院新增绿化面积3.2公顷，更新绿化面积5公顷。是年，园林处绿化管养面积403公顷，道路绿地面积374公顷，道路绿地行道树7.11万株。完成聊城东、聊城西两个高速出入口工程改造，改造面积24公顷，栽植各类乔、灌、花30余种，31.9万株，三季有花、四季常绿的景观凸显。

2013年，围绕“靓水城、惠民生”主题，以绿化提升“增绿量、提档次、建精品”为重点，投入资金7611万元，栽植乔、灌、花等各类苗木1020万株；全面提升园林绿化建设管理和维护水平，完成新南环路、光岳北路、东西高速口、昌润路、东昌路、湖南路、卫育路、花园路、兴华路、西板桥绿化、新水河、陈口路等绿化项目的提升工作。开展立体绿化试点，对东昌路西板桥、凤凰台绿地、昌润路高速立交桥、花园路聊大立交桥等桥体，以廊架、网架为依托，栽植攀爬植物，实现立体绿化。

2014年，严格“五无”（无杂草、无垃圾、无裸土、无缺株死苗、无病虫害）和“三定”（定时修剪、定时施肥、定时喷药）标准，栽植苗木372万株，植被3公顷。建设交通局绿地1处、面积0.38公顷。年底，全市庭院绿化面积240.9公顷，137个市直机关事业单位中，市级花园式单位37个，省级花园式单位21个，省级小区3个。

2015年，按照“突出重点、打造精品，全面推进、提升档次，强化管理，全面突破”的工作思路，以迎接国家卫生城复审为契机，完成湖南路及21个路口的破硬建绿任务，破硬面积1017平方米，栽植各类苗木1.4万株；对城区花园路、站前街、柳园南路等道路部分路段绿化进行提档升级，花园路（东昌路—利民路）采取以苗木更换代替补植的方式，栽植北海道黄杨3.7万余株；对东昌路国槐进行更换，完成城区乔灌木修剪10.1万余株、绿篱407万平方米。是年，全市新增和提升绿化面积2850公顷，新栽乔木200万株，绿化覆盖率43.45%。市城区新增绿化面积1800公顷，打造了一批花草木相结合、大组团、多层次的绿色大道。

至2015年年底，聊城市城区人均公共绿地面积12.6平方米，绿化覆盖面积6366公顷，园林绿地面积3818公顷，公共绿地面积1088公顷，绿化覆盖率44.6%。

1997—2015年聊城市中心城区绿化情况表

表4-9

年份	人均公共绿地面积（平方米）	绿化覆盖率（%）	绿化覆盖面积（公顷）	园林绿地面积（公顷）	公共绿地面积（公顷）
1997	—	—	—	774	103

续表 4-9

年份	人均公共绿地面积（平方米）	绿化覆盖率（%）	绿化覆盖面积（公顷）	园林绿地面积（公顷）	公共绿地面积（公顷）
1998	—	—	—	804	107
1999	—	—	—	798	110.9
2000	7.68	28.96	915	848	175
2001	10.16	33.86	1334	1127	335
2002	11.90	33.96	2574	1327	449
2003	13.56	34.03	2969	1462	526
2004	16.09	34.02	3198	1612	622
2005	17.96	36.47	3278	1799	712
2006	13.38	36.95	2988	1785	856
2007	14.23	37.15	3045	1821	882
2008	16.12	41.21	3431	1902	963
2009	17.73	44.95	3922	2428	1073
2010	11.46	44.20	4272	2225	705
2011	11.54	40.30	4412	2400	735
2012	11.70	44.08	4760	2539	749
2013	13.1	46.5	5150	2800	839
2014	15.0	46.9	5970	3457	1088
2015	12.6	44.6	6366	3818	1088

2015 年聊城市中心城区道路绿化情况表

表 4-10

道路名称	起点	止点	绿化形式	绿化面积（万平方米）			植物种类
				总数	分车带	绿化带	
东昌路	光岳路	站前街	三板四带式	5.74	3.82	1.92	大叶女贞、法桐、国槐、白蜡、蜀松、石楠、龙柏、大叶黄杨
利民路	卫育南路	光岳路	一板二带式	1.22	0.80	0.42	国槐、白蜡、北海道黄杨、木槿等
后菜市街	柳园路	花园路	一板二带式	0.52	0.39	0.13	国槐、小龙柏、扶苏藤
陈口路	花园路口	光岳路口	一板二带式	6513	6513	—	国槐、木槿、扶苏藤、金叶女贞等
文化路	柳园路	花园路	一板二带式	0.06	—	—	法桐
柳园小区路	柳园路	老聊位路	三板二带式	0.11	0.11	—	法桐、小龙柏、金叶女贞
湖南路	光岳路	铁路桥东	三板四带式	55.14	10.03	45.11	法桐、白皮松、雪松、银杏、龙柏等
电大路	花园路	大南门	三板二带式	0.18	0.12	0.063	小龙柏、大叶黄杨
双力路	卫育北路	昌润路	三板二带式	1.89	1.53	0.36	白蜡、小龙柏、樱花、金叶女贞等
建设路	光岳路	站前街	一板二带式	6.86	6.20	0.66	白蜡、栾树、大叶女贞、蜀桧、小龙柏、雪松
振兴路	鲁化路	站前街	三板四带式	8.06	4.11	3.95	合欢、大叶女贞、栾树、白蜡、国槐、蜀桧、金叶女贞、大叶女贞

续表 4-10

道路名称	起点	止点	绿化形式	绿化面积（万平方米）			植物种类
				总数	分车带	绿化带	
兴华路	鲁化路	站前街	三板四带式	2.43	1.24	1.20	法桐、白蜡、大叶女贞、小龙柏
站前街	双力路	湖南路	一板二带式	2.11	0.95	1.16	法桐、蜀桧、小龙柏
站南街	昌润路	站前街	一板二带式	0.12	0.12	—	法桐、扶苏藤、龙柏
军需路	聊堂路	兴华路	一板二带式	0.45	0.45	—	法桐、龙柏、红叶石楠
昌润路	湖南路	高架桥西	三板四带式	13.11	5.48	7.63	法桐、白蜡、雪松、白皮松、金叶榆、西府海棠、小龙柏、竹子、碧桃、大叶黄杨等
聊阳路	湖南路	新南环	三板四带式	54.38	4.07	50.31	白蜡、臭椿、蜀桧、水杉、白皮松、金叶女贞、海棠以及水生植物等
向阳路	东昌路	双力路	三板四带式	0.76	0.42	0.34	法桐、连翘、紫薇等
北关街	北关桥	东昌路	一板二带式	0.18	0.18	—	国槐、迎春、龙柏
汇鑫街	振兴路	兴华路	一板二带式	0.21	0.21	—	法桐
新水河	兴华路	双力路	—	20.85	—	—	垂柳、国槐、大叶女贞、雪松、紫荆、石楠等
卫育路	利民路	周公河	三板四带式	17.07	12.73	4.34	臭椿、法桐、小龙柏、金叶女贞、扶苏藤、连翘、垂叶海棠
柳园路	湖南路	高架桥	三板四带式	7.82	6.52	1.30	法桐、龙柏、金叶女贞、扶苏藤、金银木、海棠等
花园路	财干路	湖南路	三板四带式	4.29	2.78	1.51	国槐、红叶李、小龙柏、扶芳藤
鲁化路	东昌路	建设路	三板二带式	5241	5241	—	杨树、大叶黄杨
光岳路	北高速路口	新南环	三板四带式	122.09	6.83	115.26	法桐、红叶李、百日红、木槿、剑麻、丁香、金银木、石榴树、红瑞木、碧桃、北海道黄杨、雪松、杨树、柳树、香花槐、千头椿、龙柏、大叶女贞等
青年渠	新水河	育生街	—	14.51	—	—	垂柳、栾树、法桐、白蜡等
站北街	昌润路	军需路	一板二带式	0.16	—	—	国槐、雪松
聊堂路	湖滨公园	西环路	三板四带式	84.63	—	—	法桐、国槐、蜀桧、雪松、白皮松、金叶女贞、海棠、紫叶李、紫薇、紫荆等
昌润路高速路口	—	—	—	12.00	—	—	雪松、蜀桧、木槿、法桐、白蜡、红叶李、紫薇
光岳路高速路口	—	—	—	9.00	—	—	雪松、蔷薇、法桐、海棠、蜀桧等
女人街	柳园路	健康路	—	—	—	—	国槐
东关街	昌润路	古楼	—	—	—	—	国槐
西关街	西关桥	古楼	—	—	—	—	国槐
南关街	南关桥	古楼	—	—	—	—	法桐、国槐、白蜡
风貌街	东昌路	兴华路	—	—	—	—	楸树
健康路	东昌路	利民路	—	—	—	—	法桐
新纺街	兴华路	建设路	—	—	—	—	法桐
聊大西路	文化路	湖南路	—	—	—	—	法桐
育新街	花园路	育新北街	—	—	—	—	法桐、白蜡

第三节　城市亮化

1997年，全区城市道路路灯数量计2790盏，路灯多为第一代光源，主要是高压汞灯及普通的白炽灯等。

1998年3月聊城撤区设立地级市后，全市城区道路逐年延长，路灯数量逐年增加。2001年，中心城区安装路灯964盏。年底，照明线路44.98千米，路灯6460盏。2002年，对光岳楼、四关桥、西运河二期等实施亮化，对城区7000盏路灯进行维护和维修，亮灯率98%以上。2003年，实施聊城大学周围道路亮化工程建设。同时，以整治城市灯光工程为重点，集中力量治暗。对新落成的东、南、西、北四关桥安装华灯、轮廓灯。实施运河公园和光岳楼灯光工程。全年共维修路灯1.62万盏次，维修路灯控制箱267台，更换电缆2443米，保洁灯罩2193个，更换镇流器17个，处理线路及控制器400余处。

2003年，聊城市中心城区有路灯10132盏，其中第二代光源（高压钠灯）4600盏、节能灯1860盏。是年，全市亮化工程完成投资1000万元，对城区路灯进行维护和维修，城区亮灯率98%以上。

2005年，维修更换控制箱30个，更换灯杆8根，亮灯率98%以上；统一规划完善城市夜景照明，市内大风景区均布置彩灯；完成东昌路、光岳路、昌润北路1000个基路灯编号，实现城区内快速准确定位。2006年，划分路灯养护区域，建立竞争养护新体制；“五一”“十一”和春节期间，实施大规模“火树银花”光亮工程，东昌路遍布彩灯。2007年，安装路灯1400盏。强化“火树银花”光亮工程，重要路段初步实现常态化管理；启动路灯节能工程，由电气公司全额投资，对东昌路、柳园路等6条道路实施节能改造，节能率30%。2009年，开展城区路灯节能改造和夜景照明工程，对北关街、柳园路的52基路灯灯杆进行喷漆；对城区主要道路沿线楼体、桥体、景区、公园、广场实施夜景亮化；城区路灯日常管护得到全面加强，更换灯泡、节能灯4787盏。2010年，引进外资，将城区东昌路、柳园路、昌润路等路段的高耗能、高污染的高压钠灯更换为新型光源灯，改造路灯2000余盏，城区初步实现“绿色照明”的目标。

2011年以前，聊城市建设单位和业主自行进行节假日期间的彩灯亮化。2011年以后，聊城市城区城市经营办公室负责节假日期间的亮化工程。亮化范围主要包括东昌路沿线、徒骇河桥、东板桥、西板桥、王口桥、凤凰台、人民广场、火车站广场等，亮化主要以七彩数码管、灯笼装饰，并在部分绿地、节点进行造型亮化，安装日月同辉、龙凤呈祥、中国结等造型灯具。2013年，按照“路平、灯明、排水畅通”的要求，全面加强市政设施的日常管理维护，更换电缆5000余米，维修灯杆3000根，更换改造灯头8100盏。2014年，实施城区亮化工程，新增路灯1万盏；对城区主次干道路灯灯杆3922基进行刷漆，实现了“杆新灯亮”；推进小街小巷路灯升级改造。2015年，新安装路灯9500盏。

亮化后的明珠剧场　（2015年摄）

2003—2015年，中心城区共维修路灯7.27万盏次，维修路灯控制箱9318次，更换电缆5.29万米，路灯保洁2396盏，更换镇流器1.95万个，更换触发器2.11万个，更换灯口2152个，更换灯罩2056只，更换保险4753只，灯杆喷漆9830根，更换继电器1块，更换DZ47-100A开关187块，更换控制表37块，检测灯杆接地电阻1618个，安装紧固灯杆螺栓192个，灯头灯架喷漆311盏，安装灯架622套，灯杆加固378基，控制箱喷漆251座。

至2015年，中心城区路灯4.84万盏，75%以上的光源为LED光源，10%的光源为高压钠灯，10%的光源为低频无极灯。路灯设施完好率100%，路灯亮灯率98%以上。

1997—2015年聊城市中心城区路灯数量表

表4-11　　单位：盏

年份	路灯	年份	路灯
1997	2790	2007	19000
1998	2790	2008	21436
1999	2790	2009	22276
2000	3496	2010	20550
2001	6460	2011	26061
2002	9660	2012	35492
2003	10132	2013	39312
2004	10190	2014	41964
2005	12060	2015	48410
2006	13000		

第四节　市容环境整治

1997年，聊城地区各县（市）均建有城建监察大队和专业分队，加强市容环境整治工作，城建管理水平逐年提高。至2015年，城区市容环境整治重点主要是户外广告、乱贴乱画、占道经营、店外经营、露天烧烤、乱搭乱建等。

一、户外广告管理

1998年3月聊城撤区设立地级市后，市政府出台《聊城市城市市容环境卫生管理办法》，规范户外广告规划审批，加强对广告设置监督，对不规范、不文明及破旧的牌匾进行清除销毁2300余块。2002年，聊城市城区城市经营办公室成立，负责户外广告管理。是年，聊城市建设委员会、聊城市工商行政管理局印发《关于印发〈聊城市户外广告设置技术标准（试行）〉的通知》，进一步规范广告管理，提高广告的技术标准。2004年，整治广告牌匾3780块。2008年，下达限期整改通知书357份，拆除各种破损设施和画面278处。2009年7月，市政府收费管理办公室印发《关于聊城市城市户外广告资源有偿使用费收费标准及有关问题的批复》，明确户外广告有偿使用费征收标准、户外广告设置区域分类。2010年，下达整改通知书1361份，拆除违规、影响市容市貌的广告设施共计774处。2011年，重点对迎接园林城检查路线、城市出入口及5条主要干道开展广告治理活动，清理拆除各种破损设施和画面278处，下达限期整改通知书705份、限期拆除通知书157份、综合整治通知书381份，拆除违规、影响市容市貌的广告设施共计708处。2012年，开展城乡环境综合整治，制定《户外广告整治实施方案》，确定两个样板街，重点对城区10条道路、3个广场及城市出入口开展广告治理活动，共计查处擅自设置牌匾120起，清理拆除违规广告200处。2015年，为迎接国家卫生城复审，制定《户外广告整治实施方案》，每周进行户外广告集中治理活动，主要针对城区范围内不符合设置规范的门头牌匾和大型户外广告、楼顶楼体空白广告位等进行整改，共计下达责令改正通知书600余份，拆除各类违规设置的楼体广告200余处，整治达到“美、净、齐、明”的要求。

二、乱贴乱画治理

2003年起，城管执勤车配备涂料、清洗剂等清除工具，清除乱贴乱画等不文明现象。是年，清除乱贴乱画4.8万条；加强巡查，抓获办理假证人员44人。2006年，以整治乱贴乱画为重点，全年累计清除乱贴乱画4.32万条，抓获办理假证人员19人，并移交公安部门予以处理；组织沿街建筑工地对围挡墙的乱贴乱画进行清理，保持在建工地环境的美观整洁。2008年，与清大纳洁专业保洁服务中心签订协议，将城区63条、全长17千米道路两侧的建筑物、电线杆、公交站牌等公共设施上的乱贴乱画清除任务承包给该中心，市城市管理行政执法局只负责日常监督和打击乱贴乱画违法人员。通过采取顺藤摸瓜、跟踪追击方式，共抓获乱贴乱画、违法张贴广告人员100余人，收缴非法广告1万余份。

“中国好人”商孝江在东昌路清理小广告　（2014年摄）

2012年，成立乱贴乱画治理办公室，专项治理城区内的各种小广告。全面清除城区主次干道、背街小巷等区域建（构）筑物、桥梁、门闸、路面、路灯杆、隔离栏、路牌、电话亭、邮箱、公交站台、电线杆、通信交接箱、电力控制箱、交通控制箱、交通标志等设施，以及路面的各类“小广告”；依法查处乱张贴、乱涂写、乱散发各类“小广告”的违法违规行为。全年共清除各类小广告130万张，粉刷2万平方米。2015年，在城区居民小区、学校门前、道路两侧等一些不影响交通的“小广告”多发区域，统一设置带有执法局字样统一的“便民信息张贴栏”53个。

三、市容市貌整治

1997年起，市容市貌综合整治以东昌路、柳园路为重点，对占道经营、乱倒垃圾，影响市容的现象进行严肃查处。2004年，集中时间、集中人员清理整顿占道为市现象，规范早点和夜市经营场所，拆除违法设置报亭210个。2006年，以整顿市容市貌为重点，集中力量对乱摆摊点、门外经营进行整治，全年共清除流动摊点8350处、门外经营2930处。按照市政府统一部署，市执法局会同市政管理局、市公安局、市工商局联合印发《关于集中整治占道经营违法行为的通告》，对占道经营集中专项整治，并对各类庆典进行统一审批及规范。集中整治期间，整治流动摊点2000余个，治理城区小饭店探头经营500余次。2007年，以整治建筑物容貌为重点，督促按照标准进行粉刷；以整治扬尘为重点，查处粘带撒漏现象。根据创建平安聊城、建设环境模范城市，以及省政府关于城市环境综合整治要求，由市执法局牵头依法开展非法营运三轮车整治和取缔工作，累计查扣各类非法运营三轮车535辆，4000辆三轮车退出城区运营市场。2008年，实行“以路定人，以人盯路”的管理方法，采取延时管理，人巡、车巡、步巡相结合的管理方法，防止主次干道乱摆摊点现象的反弹。同时，按照疏堵结合原则，在主次干道设立部分临时摊点市场，使部分下岗职工、进城务工农民、残疾人等经营户有市可进；全面清理规范流动摊点1.1万个、门外占道经营8521处。2009年，针对城区流动摊点、占道经营等

清理城区违规报刊商亭 （2014年摄）

严重影响城区交通秩序的问题，由执法局牵头，联合市公安局、市工商局、市卫生局、东昌府区政府等部门和单位，开展为期一个月的市容环境综合整治活动，参加人员2000余人次，出动车辆300余台次，发放各类通告、告知书6000余份，处罚流动摊点562处，取缔120处，清理门外经营462处。2011年，建成使用城区10个便民市场，规范、固化16个便民摊点群，启用24个便民执法岗亭。2013年，将东昌路、柳园路、昌润路、光岳路沿街企事业单位、个体商户等重点纳入“门前五包”（包卫生环境、包园林绿化、包公共秩序、包立面整洁、包城管信息报送）责任制范围，全年签订责任书2000余份。在合理区域设置摊点群24处，规范固化流动摊位1000余个，在城区主要节点设置便民执法岗亭24个；先后建成育新街市场、湖西便民市场二期（夜市）、柳园南路斗虎巷便民市场、光大农贸便民市场和香江、二干渠南、利民东路、振兴西路等便民市场8处，总面积7.4万平方米，容纳流动摊位4000余个，固化摊位2700余个；集中对利民路、健康路、育新四街、柳园北路、建设路等主次干道整治，查处流动摊点、店外经营、占道经营、乱搭乱建等5.58万处。2015年，与商户逐户签订“门前五包”责任书，对常年店外经营和流动摊点较多的区域严管重罚。为便于长效管理，在部分街道两侧安装隔离护栏；出台城区早夜市管理规定，设置阿尔卡迪亚和聊大西门2处早夜市。

四、露天烧烤治理

2009年起，针对城区内露天烧烤摊点等严重污染城市环境的问题，结合为期1个月的市容环境综合整治活动，共清理露天烧烤摊点174个、取缔8家。2011年，健全完善“一天一检查，三天一评比，一周一奖惩”的执法检查考核体系，查处露天烧烤323处，规范35处。2014年，将“综合治污”作为重点工作之一，由突击活动为主转变为经常检查为主、突击活动为辅，把全城烧烤店分包到各城市管理行政执法大队，责任到人，实行追责制。2015年3月，集中整治城区露天烧烤工作。市城市管理行政执法支队将开发区、高新区和江北水城旅游度假区纳入整治范围，所有经营户一律进店经营，并安装除烟设备。通过整治，中心城区、十条主干道、湖河周边、城市出入口等区域，露天烧烤店全部取缔，烧烤工具固定率95%，油烟净化装置安装率为90%。

五、乱搭乱建治理

1998年，开始对城区范围内的房屋进行普查发证工作，普查发证6289户。对抢搭强建户采取强制性拆除。至2001年，累计拆除违章建筑2万余平方米。2002年，在城区开展以“整治城市环境，建设美好家园”为主题的乱搭乱建专项整治活动，共核查整治519个法人单位和17个开发建设工地。2006年，加大城市规划执法工作力度，全年共查处违法建设402处，面积1.01万平方米。其中：查处公建项目55处、面积5.34万平方米；查处民建项目347处、面积3.37万平方米。同时，对城区4个街道的34个社区、113个村居委进行规划建设情况普查，并登记造册。配合有关部门强制拆迁育新北街的小区建设项目和卫育路、花园路、孝清街沿街遗留下来的123处违章建筑。2009年，市城管行政执法局重点查处私人建房，对城中村和城乡接合部的重点部位，坚持每天巡查；加大对公建项目审批后的监管力度，共查处违法建设105处、面积8500平方米；强行拆除36处、面积5600平方米；拆除院墙500米。2011年，建立查处城区违规建设长效管理机制。2013年春，市城管执法局配合东昌府区集中查处违规违建，做好城中村违规建筑物的拆除工作；开展对城区主次干道及城中村的违规建设大检查，全年查处违法建设案件72起，处结59起，结案率81.9%；拆除违法建设8396平方米。2015年，共查处违规建筑74处，其中拆除40处、7001平方米，立案查办34件。

第四章　公用事业

1997年之前，聊城地区城市基础设施建设薄弱，公共事业发展比较滞后。

1998年3月，聊城撤地设市后，市委、市政府把城市公用事业发展列为重要工作议程；9月，成立聊城市公用事业管理局，统一担负全市供水、燃气、热力、公共客运交通等行业的管理任务。至2015年年底，自来水供水能力由1997年的6万立方米/日，提高到的15万立方米/日，城市供水普及率95%。1998年12月之前，聊城市城区利用锅炉供热，均以单位为主；12月之后，东昌热电厂投入运营，聊城市城区集中供热正式开启；2015年市中心城区供热面积2004万平方米。

1999年4月，为加快发展城市燃气事业，市委、市政府决定改变过去单纯靠政府投资建设的模式，吸引多种所有制成分投资参与城市燃气设施的建设。同时，市政府与河北新奥集团组建聊城新奥燃气有限公司，正式签署《关于合作开发聊城市天然气项目的合作意向书》，合资建设天然气管输工程，是年12月正式通气，开启聊城市区天然气应用的新历史。2006年，全市各县（市、区）城区全部通上天然气，成为山东省第一个实现“气化山东”目标的地级市。2015年，全市管道天然气用户发展到48.67万户，管道天然气供气量1.37亿立方米。

全市城区共公共交通发展迅速。1998年，聊城市区公交运营线路9条，公共汽车78部，开通2条无人售票公交线路。2001年，开通城乡公交线路2条，新开通市区公交线路4条，开通2路环城线路和12路旅游线路。2007年，市区新增双燃料公交车辆40部，小街小巷开通公交车，达到“居民在城区只需换乘一次就可到达目的地”的目标。2013年，更新城区LNG环保公交车60辆，新增公交校车20辆。2015年，中心城区全年新增、更新新能源公交车494部，加密15条公交线路运行班次，新建标准化景观式公交候车站亭316组。至是年年底，中心城区公交运营车辆943部，其中新能源公交车724部，清洁能源车辆219部，新能源公交车占总数的76.8%，节能环保车辆占比100%，聊城“掌上公交”用户数突破10万人。

第一节　城市水业

一、水业管理

管理体制　1997年，聊城地区建委履行城区供水管理职能。1998年9月成立聊城市公用事业管理局，负责城市供水管理工作。2002年，理顺城市水务管理体制，市委、市政府决定成立城市水务集团有限公司，为国有独资企业，整合城市引水、供水、污水处理、中水回用等相关涉水事务所有的资产、人员和机关业务建制，实行“城市水业一体化”管理。2003年，以市公用事业管理局为主，成立节水办公室，开展城市节水活动。2003—2005年，全市开展城区自备水源整顿活动，封闭自备水井3178眼。2005年起，委托城市水务集团对公共供水开征污水处理费。

水价调整 1997年8月，全区用水价格居民生活用水0.65元/立方米，工业用水0.75元/立方米，经营及其他用水0.90元/立方米。之后曾进行四次调整。其中：1998年8月1日，上述三项分别调整为0.80元/立方米、0.85元/立方米、1.10元/立方米；1999年11月1日分别调整为1.10元/立方米、1.35元/立方米、1.80元/立方米；2001年7月20日，分别调整为1.70元/立方米、2.50元/立方米、3.50元/立方米，增加行政事业用水2.20元/立方米；2003年4月1日居民生活用水，工业用水，经营及其他用水价格未变，增加特殊行业经营用水10.00元/立方米。此水价至2015年未变。

收费管理 1997年，聊城城区设有供水收费处1家。1999年，市公用事业管理局制定《聊城市公用事业系统服务承诺制度》《职业道德规范》，加强行业收费服务管理。2010年6月，收费处启用POS机收费系统。2014年3月、7月，分别在聊城市政务服务中心、东昌府区政务服务中心各增设收费网点1处，方便市区西部、南部居民缴纳水费；10月，客服中心收费窗口实行午间值班制度，居民缴费时间更加灵活，收费方式除网点缴费外，还可用网银缴费、微信支付、支付宝缴费、银行划账等方式。

水质管理 1998年3月后，市中心城区供水采取企业自检、政府监督和公众参与监督的水质管理模式。其中，城市公共供水企业负责水源水、出厂水和管网水自检工作；市疾病控制中心负责水源水、出厂水和管网水的水质卫生监督工作；市卫生行政主管部门负责生活饮用水卫生许可证的核发；市城市供水主管部门负责城市供水日常水质管理工作。2010年7月划定水源地保护区，建立严格的水质检测制度，实行聊城润达水业有限公司水厂化验室、聊城水务水质检测有限公司化验室两级水质检测。依照《城市供水水质标准》（CJ/T206—2005），聊城润达水业有限公司水厂化验室负责水源水和出厂水的日检项目的检测，聊城水务水质检测有限公司化验室负责水源水、出厂水和管网水月检项目的检测。自2012年起，聊城润达水业有限公司每年委托第三方检测机构对出厂水进行一次106项的全面检测。同时，聊城市疾病控制中心每月对管网点进行抽检，按照《生活饮用水卫生标准》（GB 5749—2006）进行监测。

计量管理 2005年以前，城区用水为“一户一表、计量入户”的方式，自来水公司月月派人上门抄表计量。2005年8月，实施“一户一表、计量出户”改造工程。2007年，城区用水实现“一户一表、计量出户”1万余户，其中改建户数4000余户，并通过与行政服务中心协调，对新建住宅全部纳入建设项目图纸联审程序。2010年“一户一表、计量出户”1.5万户。至2015年，城区“一户一表、计量出户”用户共计3.71万户，其中旧小区改造6559户。

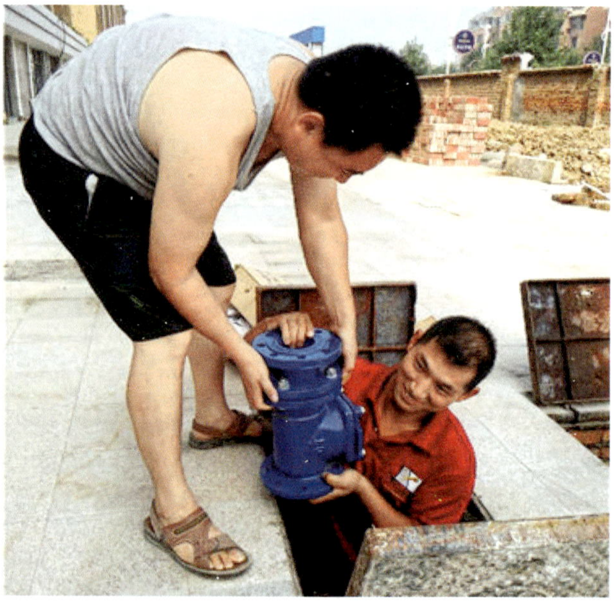

水表技术服务公司安装远传水表 （2015年8月摄）

自备水源整顿 2002年12月6日，为合理开发和保护聊城城区地下水资源，成立聊城市整顿城区自备水源工作领导小组。2003年，以市公用事业局为主组成节水办公室，会同市城市监察支队、市公安局等单位，采取严格措施对自备水进行封闭，全年封闭水井70眼。至2005年，全市封闭自备水井共3178眼。2009年，成立自备水源抄表管理办公室，对城区规划区内（新四环以内）自备水用户进行管理。至2015年，累计抄表计量1322余万立方米，封闭自备水井1300余眼。

二、水源水质

水源　1997年，聊城城区供水水源均为地下水水源，水源地有李海务水源地、王光宇水源地2处，均位于东昌府区境内。1999年，牛角店水源地开工建设。该水源地位于东阿县牛角店镇下马头、周门前村附近，2000年6月投产，建有水源井11眼，每眼井深300米，单井出水量300立方米／小时，采用潜水电泵提水；2003年11月，8号井因出水量小而停止使用，另新建水源井6眼。至2015年年底，牛角店水源地共有水源井16眼，为城区公共供水主要水源地；李海务水源地、王光宇水源地为备用水源地。

水质　聊城市东阿县牛角店地下水水源区为独立的水文地质单元，南依黄河，东西以两条南北向断裂带为界，形成一个“地堑式”天然溶洞形地下水库。该岩溶含水层位于地下300多米，与上层浅表水有200米的岩石层和30多米的黏土层相隔；地下水经过长年矿化，水中富含40多种微量元素，其中锶含量每升0.48毫克，pH值为7.4～7.9，是理想的富锶型弱碱性优质矿泉水。地下水水源水质较为稳定，符合《地下水质量标准》(GB/T 14848—93)。

三、水厂建设

1997年，聊城城区有水厂3座，分别为北水厂、南水厂（二水厂）、三水厂。其中：北水厂始建于1969年，水源为厂区周边地下水。随着城市的发展，北水厂所辖水源井群已全部被占用开发，致使北水厂无水源可处理，2003年取消北水厂供水专项规划。南水厂（1996年三水厂建成后，改称二水厂）于1978年建成投入运行，设计供水能力1万立方米／日，基础供水设施包括二级泵房、低压配电间、加氯间、除铁滤池、反冲洗水塔和1000立方米清水池2座及附属办公设施。1986年，该水厂进行扩建，供水能力扩大至2万立方米／日，采用聊城水为水源。1996年9月三水厂建成后，二水厂将1993年城市应急供水建设打成的水源井划归三水厂管理，水源地实际拥有自王光宇大桥起，沿徒骇河北岸分布至二水厂厂区，深、浅井共计13眼。2005年后，二水厂作为工业用水供水厂，担负鲁西化工集团和聊城大学绿化用水的供水工作，原三水厂李海务水源地部分水源井转为工业用水水源井使用。2014年，由于城市规划需要，二水厂部分供水设施拆除。至2015年年底，仅余二级泵房、低压配电间、清水池等设施。

1996年9月，三水厂建成投入运行，设计供水能力为3万立方米／日。采用聊城水为水源，水源地分为李海务水源地、王光宇水源地、厂周边水源地三部分，拥有深、浅井计44眼。之后，李海务水源地仅有6眼井使用，其他水源井或待报废，或因城市规划拆除。2000年2月，三水厂成为备用水厂，停止正常供水，进入应急供水状态。2014年12月，由于城市规划需要，三水厂进行改、扩建，工程总投资1197万元，设计供水能力5万立方米／日。2015年6月19日基本建成，改供东阿水源水，并更名为湖南路水厂，成为城区第二大主力供水厂。

1999年9月18日，东郊水厂动工兴建，占地面积3.93公顷，水源地为东阿县牛角店镇，共有深井16眼，2000年投入运行，供水能力5万立方米／日。2005年，该水厂进行升级改造，二级泵房增设2台机组，供水能力达10万立方米／日。2011年3月，东郊水厂和东阿水源地双电源10千伏工程竣工，工程总投资120万元，使东阿水源地和东郊水厂因计划停电造成城区停水的问题得到解决。2013年11月18日，山东省城镇供水排水协会命名东郊水厂为“山东省城镇供水行业‘水质提升三年行动计划’示范机构”。至2015年年底，聊城市城区有南水厂（二水厂）、三水厂、东郊水厂3座。

四、供水管网与二次供水

供水管网　1997年，全区城区输配水管道135千米。1998年，市中心城区更新卫育路供水管道1.9千米；在南环路铺设过路管道380米、湖西路铺设管道620米，为用户安装供水管道6千米。年内，全市城区输配水管网长度170千米。

1999年11月3日，东阿引水输水管线工程正式开工，2000年5月20日完成管道安装，管线自水源地巴公河南支线汇入点开始，在牛角店刘文天村西沿聊牛路北侧至聊城市经济技术开发区军王屯村后，折向西北至聊城市东郊水厂，途经东阿县、茌平县、东昌府区、经济技术开发区，穿越巴公河、郭口东干渠、中心河、郭口西干渠、十六米沟、赵牛河、乐平铺分干、茌新河、一干渠、四新河、孙堂干渠等较大河渠11处，穿越省041公路、聊牛路、姚寨—高集公路、陈集—高集公路、105国道、韩集—广平（东、西）公路等重要公路7处，总长43.21千米，总投资6600余万元。2000年，完成东阿引水城区供水管网建设投资3295万元，在东昌东路、板桥北路、花园路、建设路、兴华路、卫育路、向阳路、南环路、军干路、皋东街等地，安装各类供水管道共42.66千米。2001年，聊城市城区供水管网DN150以上的共计301千米。

2004年，实施运河三期给水管网改造工程。2005年，实施老城区供水管网改造工程，建设总长度33.42千米，其中新建管线5.21千米，改造原有管线28.21千米。2011年3月至2014年11月，实施东聊引水复线工程。该工程全长44千米，投资8250万元，跨越东阿县、茌平县、高新技术产业开发区、经济开发区、东昌府区5个县（区），主要采用直径1.2米的预应力混凝土管铺设，过河、过路等特殊地段采用同管径球墨铸铁管。2015年，建设湖南路、海源路、水城大道、双力路、昌润北路、卫育北路6条城区主干道路的供水管道，累计铺设供水管道14.89千米。至2015年年底，市中心城区输配水管道共计694千米（含在建东聊引水输水管线）。

二次供水　2000年后，聊城市区高层用户对供水压力的需求超出供水企业管网的服务压力。2008年，供水企业开始对城区使用二次供水设备设施的单位小区进行登记检查。2011年，供水企业建立二次供水远程监控系统，实现对二次供水设备设施集中化监管。2012年，供水企业委托第三方研发带有独立远程通信模块的智能数字压力表，以保证城区公共供水管网压力减低为下限值时，二次供水设备能停机，防止“抢水”现象发生，从而更好地保障城区公共供水管网的安全。2014年下半年，供水企业自行招标采购二次供水设备，为全面接管二次供水设备做好准备。2015年年初，提出二次供水标准泵房建设要求；2月，首次对望湖小区二区及铁路小区高层用户二次供水设备进行自行管理；10月，升级改造二次供水远程监控平台，实现GPRS无线传输与因特网有线传输共存的监控方式，使实时在线数据传输更加稳定准确。至2015年年底，已接管11个小区23套设备，监管51个小区132套设备。

五、供水与调度

供水　1997年，聊城地区市区自来水日供水能力6万立方米／日，城市用水人口60.08万人；全地区有121个乡镇、1036个村庄用上自来水，受益人口58.66万人。1999年，投资350万元，对一、二水厂的300立方米冲洗水塔过滤设施进行改造，使供水用户的自来水含铁量小于0.5毫升。2000年6月，建成日供水能力5万立方米的东阿引水城市供水工程，城区公共供水用户全部用上优质岩溶水，城区日供水能力11万立方米。2001年，聊城市城区自来水日供水能力11万立方米／日，中心城区供水人口18万人，城市供水普及率95%。2004年，城市供水全年完成售水量1844万立方米，实现销售收入3586万元。2007年，全市城市供水水质、水压得到进一步改善，保障能力进一步增强。年底，全市共有供水企业10家，供水能力13万立方米／日。聊城中心城区、经济技术开发区、阳谷县、莘县、临清市、高唐县、东阿县等供水普及率90%以上。是年，市城区售水量1699万立方米，实现产值3260万元。2008年，全年共完成供水量5638万立方米，同上年比增加1156万立方米，其中聊城中心城区完成供水量1932万立方米，同上年比增加245万立方米。聊城经济技术开发区优质水二期工程完工，铺设优质水专供管道7千米，整个开发区及周边部分村庄饮用上优质水。2012 年，严格执行城区停水审批程序，及时向社会公布停水时间、范围和临时措施。2015 年，聊城市区自来水日供水能力 15 万立方米 / 日。

调度　2001 年，成立市供水企业总调度室（后更名为市供水企业指挥调度中心），负责城区水压监控、水厂运行监控及调度。随着供水产业链的延伸，供水企业提出建设聊城“智慧水务”实施方案，即建立“四个一”（一个网络，一个平台，一个中心，一个窗口）的水务运营监控管理体系。2013 年 12 月，“城市供排水一体化综合信息管理系统”项目申报住房和城乡建设部，被评定为 2014 年科学计划项目。该项目以 GIS 信息为基础，将 GPS 巡线系统、管线地理信息系统、SCADA 系统、视频监控系统等业务系统进行整合，实现供排水各个环节联动作业，具备风险分析、监测监控、预案管理、动态决策、综合协调和应急联动功能，2015 年 6 月正式运行，9 月顺利通过住房和城乡建设部验收。研发“客户服务系统”，将“呼叫中心”与客服报装、营销账务、生产调度、管网 GIS 等信息有机结合，形成从用户报装、设计施工、事故抢修、用户缴费、咨询、投诉在内的全过程客户服务体系；建设融合 PC 网站、手机网站、APP 应用等一体的信息交互窗口，提供供水企业信息展示、供水的水质水压、查询缴费等服务。至 2015 年年底，利用该系统实现调度操作 4700 余次，完成热线服务 6800 余次，处理供水设施隐患 260 余次。

六、节约用水

1996 年，市政府印发《聊城市城市节约用水管理实施细则（草案）》。2000 年 12 月，市城区供水管理工作办公室与东昌府区教育委员会联合举办中小学生“节约用水”征文大赛，共收到稿件 1.5 万余篇，评选出组织奖 10 名，一等奖 10 名，二等奖 50 名，三等奖 300 名，纪念奖 500 名。2007 年，全市推行城市分类供水、中水回用和一水多用，为鲁化集团一厂铺设专门供水管道。2009 年，城市水业贯彻节能减排精神，将达标中水排入橡胶坝前的徒骇河作为景观用水，在全市开展以“加强节水减排，促进科学发展”为主题的节约用水宣传周活动。2013 年，国电聊城发电有限责任公司在市城市污水处理厂和市新水河污水处理厂两个厂区投资铺设管道，安装流量表，根据电厂生产需要，将污水处理厂的达标中水输送到电厂作为生产用水。至 2015 年年底，两污水处理厂累计输送中水 578.8 万吨，节水量 578.8 万吨。

2013 年，供水服务人员增强入冬防护知识的宣传工作

七、污水治理

1997 年前，聊城城区的工业和生活污水一般随河道、下水道自然排泄，造成严重污染，污水处理成为亟待解决的问题。1998 年 9 月，聊城市污水处理厂筹建处成立，隶属于市建委。是年 12 月，省政府批准聊城市污水处理厂筹建处征用东昌府区杨集乡绳张村土地 5.6 公顷，建设污水处理厂。2001 年 7 月，聊城市城市污水处理厂建成投入运行，至是年年底处理污水 500 万吨，各项指标均达到国家二级排放标准，日处理污水占全市污水排放量的 52%。2005 年，委托城市水务集团对公共供水开征污水处理费，全年共收取 1500 余万元。

2006 年，聊城市新水河污水处理厂开工建设，2007 年 8 月竣工投入试运行。该厂为国家海河流域水污染治理和南水北调山东段水污染控制单元项目重要组成部分，经过多年建设，处理后的水达到国电聊城发电有限公司生产用水标准，并根据需要，随时输送到电厂作为生产用水；产生的污泥运送到有机复合肥生产厂家用作制肥原料，实现了资源的重复利用。

2008年，除聊城市城市污水处理厂和聊城新水河污水处理厂外，还建成市经济技术开发区污水处理厂、临清市污水处理厂（二期），以及莘县、冠县、阳谷县污水处理厂，每个县（市）和经济开发区均建有污水处理厂。同时，进一步完善污水处理厂配套管网建设，提高污水处理运行效率，并加快污水处理厂改制，采用企业化管理模式，走市场化产业化道路。2008年11月，聊城市城市污水处理厂被中国城镇供水排水协会授予“全国城镇污水处理厂优秀运营单位”称号。至是年年底，全市共处理污水8769万吨，其中聊城市中心城区处理污水2737万吨，日处理污水能力36万吨，污水处理率82.52%。

2015年，聊城市中心城区污水年排放量5903万吨，污水处理总量5617万吨。

2000—2015年聊城市城市水业基本情况表

表4-12

年份	供水管道长度（千米）	供水总量（万立方米）	生产用水量（万立方米）	生活用水量（万立方米）	用水人口（万人）	非农业人口（万人）	自来水人均日生活用水量（升）
2000	308	2807	1652	1096	21.30	20.30	140.70
2001	320	3563	1571	1642	48.10	32.98	93.53
2002	560	4651	1565	2766	56.00	37.40	135.32
2003	698	3948	1344	2337	58.00	38.64	110.39
2004	707	5365	1346	3744	99.80	38.65	102.78
2005	728	5606	1406	3920	100.30	39.65	107.08
2006	762	5140	1180	3090	57.78	—	146.52
2007	828	4044	760	3144	61.78	—	139.43
2008	886	4279	1245	2875	58.00	—	134.78
2009	897	4335	1141	2889	59.00	—	134.84
2010	916	4788	1387	3007	62.00	—	133.87
2011	792	5430	2187	2806	62.00	—	124.38
2012	964	5647	2255	819	63.00	—	128.07
2013	966	6446	2377	1183	63.70	—	150.00
2014	1007	6684	2466	1194	72.40	—	137.90
2015	1138	6945	2427	1219	86.20	—	123.10

说明：表中2012—2015年第三列生产用水量为“生产运营用水”；第四列生活用水量为“公共服务用水”；第六列非农业人口为“居民家庭用水”

1997—2015年聊城市中心城区供售水情况表

表4-13

年份	新增用户数（户）	用户总数（户）	供水总能力（万立方米／日）	供水量（万立方米）	售水量（万立方米）	漏失率（%）
1997	—	—	6	1351	1251	—
1998	—	—	6	1487	1242	—
1999	—	—	6	—	1211	—

续表 4-13

年份	新增用户数（户）	用户总数（户）	供水总能力（日 / 万立方米）	供水量（万立方米）	售水量（万立方米）	漏失率（%）
2000	—	—	11	1778	1201	—
2001	—	—	11	1363	—	—
2002	—	—	11	—	1096	—
2003	223	3253	10	1617	1433	11.38
2004	291	3544	10	2023	1844	8.85
2005	855	4399	13	2137	1922	10.06
2006	1404	5803	13	1994	1808	9.33
2007	3099	8092	13	1976	1699	14.02
2008	4467	12559	13	1932	1700	12.01
2009	4306	16865	13	1967	1712	12.96
2010	938	17803	13	2090	1789	14.40
2011	4943	22746	13	2214	1943	12.24
2012	5253	27999	13	2411	2140	11.24
2013	1950	29949	15	2590	2277	12.08
2014	4623	39304	13	2964	2527	14.74
2015	5862	45166	15	2903	2562	11.75

2001—2015 年聊城市中心城区污水排放处理表

表 4-14　　单位：万吨

年份	污水年排放量	污水年处理量	年份	污水年排放量	污水年处理量
2001	3700	1850	2009	3685	3019
2002	3900	1950	2010	4070	3856
2003	3020	1510	2011	4615	4196
2004	3945	1475	2012	4800	4369
2005	3960	2000	2013	5479	5184
2006	3700	1720	2014	5681	5377
2007	2738	2421	2015	5903	5617
2008	2875	2737			

附：污水处理厂简况

聊城市城市污水处理厂　该厂位于市区东北部，光岳路东、徒骇河北侧，占地面积 5.6 公顷，主要接纳小运河以东、建设路以南和古城区在内的城区东部污水，服务面积 22.4 平方千米，服务人口 25 万人。该项目属海河流域水污染防治控制单元的重要组成部分，建设规模日处理污水 5 万吨，投资 4683 万元。项目于 2000 年 3 月开工建设，2001 年 7 月建成投入运行。项目荣获 2001 年度山东省工程质量最高奖——泰山杯奖，是聊城市市政公用工程项目第一个“泰山杯”工程。污水处理采用具备脱氮除磷功能的前置反硝化卡鲁塞尔氧化沟工艺，出水 CODcr、

NH3—N 等主要控制指标均达到《城镇污水处理厂污染物排放标准》（GB18918—2002）一级 B 标准。2002 年 9 月，该污水处理厂争取环保补助资金 10 万元，在进、出水口均安装化学需氧量、氨氮在线自动监测装置和视频监控系统，实施在线监测。2012 年，完成对该项目的升级改造，总投资约 2300 万元，改造工艺采用“高效澄清池＋高效纤维过滤池”工艺，处理后排放水水质达到《城镇污水处理厂污染物排放标准》（GB18918—2002）中的一级 A 标准，作为冷却水水源全部回用于中华发电厂，实现水资源的重复利用。2007 年 12 月，聊城市城市污水处理厂与山东聊城金太阳生物化工有限公司签订污泥处置协议，将生产产生的污泥全部供给其用作制肥原料，实现了污泥无害化、资源化处理。

聊城市新水河污水处理厂 该厂横跨新水河东、西两岸，总占地面积 8.14 公顷，设计日处理污水能力 10 万吨，主要接纳小运河以西、建设路以北、周公河以南的城区西部污水。作为国家海河流域水污染治理和南水北调山东段水污染控制单元项目的重要组成部分，聊城市新水河污水处理厂分两期建设。一期工程于 2006 年 9 月 30 日开工，2007 年 8 月底竣工投入试运行，2008 年 11 月通过省环保局验收转入正式运行，厂区概算投资 4886 万元，设计日处理能力 5 万吨，工程采用 AAO 工艺、射流曝气技术，经过厌氧、缺氧、好氧、沉淀、消毒等工段，实现同步脱氮除磷功能，处理后的排放水指标，达到国家一级 B 标准。2015 年 5 月，根据聊城市“十二五”城镇污水垃圾处理设施建设工作目标任务的要求，投资 1811 万元对一期工程实施升级改造，改造工程于 2015 年 8 月全面开工，12 月 30 日达到进水调试条件。改造后，将出水水质提升到一级 A 标准。为适应聊城市建设“双百大城市”的需要，聊城市新水河污水处理厂二期工程于 2014 年 4 月开工建设，12 月 25 日达到进水调试条件，2015 年 5 月经环保局批准试运行，8 月转入正式运行。二期工程占地面积 4.52 公顷，设计日处理能力 5 万吨，总投资 7309 万元，污水处理核心设备由德国进口，采用改良的 AAO 工艺、微孔曝气技术，经过厌氧、缺氧、好氧、沉淀、机械絮凝、活性砂滤、紫外线消毒等工段，具备同步脱氮除磷功能，出水水质达到一级 A 标准，实现进厂污水处理率 100%。为确保出水水质达标，聊城市新水河污水处理厂在进、出水口均安装化学需氧量、氨氮在线自动监测装置和视频监控系统，对进、出水实施在线监测。该厂处理的出水已达到国电聊城发电有限责任公司生产用水条件，根据电厂需要随时输送到电厂作为生产用水。

第二节　城市燃气

一、设施建设

气源引入 1999 年 9 月 24 日，聊城新奥燃气长输管道开口处带气接口将中沧线天然气引入公司一门站。2004 年 10 月，随着聊城新奥第二门站的开工建设，中济线天然气引入聊城，使聊城成为拥有双气源的城市；当月，聊城新奥燃气公司取得榆济线开口气量指标，为聊城市气源供应又获得一条新的气源线路。另外，聊城其他气源有由聊城至泰安高压输气管线聊泰线，只为聊城开发区金鸿天然气有限公司、聊城金捷燃气有限公司供气。

门站建设 1999 年，聊城新奥燃气建设聊城市第一座天然气门站。该门站日供气量 5 万立方米；2004 年开工建设第二门站，并于 2005 年 10 月投入使用。2009 年 8—9 月，聊城新奥燃气实施第一门站改建扩建工程，门站输气能力由 1.5 万立方米 / 时提高到 2 万立方米 / 时。2011 年 10 月 13 日，聊城新奥燃气第二门站工程改造成功，每小时输气能力由原来的 8000 立方米提高到 2.5 万立方米。2009 年 1 月，金鸿燃气公司启动位于崂山路以东、松花江路以南、松花江变电站西邻的开发区门站；3 月，一期工程竣工，高压管道置换完成；3 月 15 日，二期工程开工建设。2010 年 5 月，金鸿燃气公司广平调压站开工建设，2011 年 6 月投产。该站设计压力 4.0

聊城新奥燃气有限公司门站　（2015 年摄，裴军）

兆帕，输气能力 24 万立方米 / 日。2011 年 11 月，聊城新奥燃气筹划建设昌北综合门站，设计综合门站建设项目占地 1 公顷，输气能力 5.7 万立方米 / 时，气源来自中沧线，补充气源为中济线。该站于 2014 年 1 月投入使用。2013 年 9 月 9 日，聊城金捷燃气有限公司第一座天然气调压计量站——九州高科调压计量站投产运行。该站位于高新区许营镇许营小学南，投资 479 万元，占地面积 1.3 万平方米，是聊城市高新区成立后第一座调压计量站。该站设计年供气能力 1.31 亿立方米，最大瞬时供气量为每小时 2.1 亿立方米。该调压计量站为聊城市高新区全境，及聊城化工产业园区以及东阿县、阳谷县提供气源保证。2015 年 9 月，聊城正源天然气有限公司在朱老庄新建一城市门站。建设内容为朱老庄门站、次高压 A 级燃气管道及中压燃气管道和 SCADA 系统。门站建设地点位于朱老庄镇驻地外的东南部，254 省道东侧，总占地面积 1.23 万平方米，设计调压规模为 50 万标准立方米 / 天。

管网建设　2001 年年底，聊城新奥燃气有限公司铺设城区管网 110 千米，同时铺设市区至聊城经济技术开发区的输气干线，形成覆盖市区及开发区面积 50 平方千米的供气规模。2009 年 3 月，聊城新奥燃气实施开发区徒骇河次高压管线定向跨越工程，跨越长度 1.6 千米；6 月，聊城新奥燃气二门站至中石油微波站 2.8 千米次高压管线开工建设。2012 年 5 月，全长 5 千米的 DN250 聊城市新南环市政中压工程竣工；6 月，聊城新奥燃气建设的全长 2.15 千米的聊堂路市政中压燃气工程实现通气。2012 年 11 月，聊城金捷燃气有限公司气源管线——济聊一级路管线破土动工，翌年 9 月建成投产。是月，聊城新奥燃气实施古城改造街道管线入院铺设工程。古城内四条大街燃气管线以古楼为中心，沿东、南、西、北四条大街向外辐射延伸，街道两旁建筑通过中压与主管道连接，管线总长度 3 千米。2014 年，聊城开发区金奥燃气公司铺设开发区东外环（松花江路—东昌路）市政中压线路 3.1 千米，铺设黑龙江路市政中压线路 2.5 千米；2015 年铺设嫩江路（燕山路—泰山路）市政中压线路 1.5 千米；铺设武夷山路（松花江路—汇通路）市政中压线路 1.08 千米。

2014 年 5 月，旅游度假区聊城阳谷三干渠至正源门站中压输气管道动工建设，工程采取两段同时施工对接方式，历时 6 个月，共铺设中压管线 9.18 千米。是年 6 月，启动朱老庄南外环至聊城市南外环段、南外环至湖南路段管道建设工程，历时 3 个月，铺设管线计 8800 米。是年 8 月，正源公司启动昌润路中压燃气管道安装工程，历时 2 个月，铺设管线计 3.78 千米。

2014 年 3 月至 2015 年 4 月，实施聊城市南外环中压管道安装工程，横向连接水城大道和昌润路中压，解决整个民生凤凰城片区用气需求。2014 年 11 月至 2015 年 11 月，实施旅游度假区于沙路中压管道铺设工程，横贯整个旅游度假区，总长 13.2 千米。2015 年 8 月，建设李田路中压管线，跨河越沟 6.16 千米。

至 2015 年年底，全市累计铺设天然气管道 3927.86 千米，其中聊城主城区累计铺设天然气管道 822.12 千米（次高压管道 37.61 千米、中压 393.65 千米、低压 390.86 千米）。

二、燃气供应

液化石油气供应 20世纪90年代后期，聊城市城区液化石油气供应量、使用量均有较大幅度的增加。到2000年，市城区液化石油气液化石油气供应量2560吨，其中家庭用2450吨。2008年，液化气市场保持稳定，全市销售液化气2万余吨。2015年，全市共有液化石油气灌装站48座，液化石油气年供气量为3.3万余吨；LNG汽车加气量4935.14吨，瓶装液化石油气供应量为5.71万吨；液化石油气经营企业62家。

管道天然气供应 1999年，聊城市正式启用管道天然气。至2001年年底，发展民用户1.5万户，工商户31户，日供气量超过万立方米。2002年、2003年，聊城新奥燃气公司加大安全使用天然气宣传，采用新材料、新工艺降低成本，逐步规范各项业务流程，分别发展民用户1.54万户、1.74万户，供气量分别为1.12万立方米/日、1.24万立方米/日，实现经营收入3000万元、3271万元。2006年4月，建成并投入使用天然气汽车加气站1座。年底，全市管道燃气企业8家，管道燃气用户12万余户，天然气年供气量1.2亿立方米。2007年，全市各县（市）均通上天然气，成为全省第一个实现“气化山东”目标的地级市。是年改装出租车561部、公交车40部，城区以天然气为燃料的车辆601部。2008年，聊城市城区新建汽车加气站1座，1200多辆出租车实现“油改气”，平均日加气量2.7万立方米。全市新增管道燃气用户3.19万户，14万余户。2010年，全市管道燃气用户19万户。2012年，按照“保民用、减商业、压工业”的原则，实行分级供应，全市管道天然气用户24万户。其中聊城市城区管道燃气用户累计发展至11.65万户（民用户11.61万户、工商户449户），管道燃气普及率98.92%。2013年，市城区新增民用天然气用户2.09万户、工业用户7户、商业户77户、燃气取暖（壁挂炉）用户700户，管道燃气普及率86.05%。

2015年，全市管道天然气企业18家，汽车加气站40座；累计发展管道天然气用户48.67万余户。至是年年底，聊城主城区天然气供气量为1.37亿立方米，CNG汽车加气量0.96亿立方米；累计发展管道天然气用户共计21.65万余户，其中居民家庭用户20.52万户、用气量3019万立方米。

2000—2015年聊城市中心城区燃气供应情况表

表4-15

年份	天然气供应量（万立方米）	天然气家庭用量（万立方米）	液化石油气供应量（吨）	液化石油气家庭用（吨）
2000	50	15	2560	2450
2001	200	103	2630	2520
2002	361	361	2100	1980
2003	717	370	2460	2100
2004	717	370	2560	2150
2005	1264	560	2610	2210
2006	1000	600	2300	2200
2007	1686	804	2929	1947
2008	2512	1028	2280	1180
2009	5366	1208	4600	4500
2010	10190	1417	4000	3800
2011	14348	1545	4500	4200

续表 4-15

年份	天然气供应量（万立方米）	天然气家庭用量（万立方米）	液化石油气供应量（吨）	液化石油气家庭用（吨）
2012	16741	1771	5000	4500
2013	15905	3754	5200	4600
2014	16040	2597	3600	2000
2015	13703	3019	1400	1120

三、安全管理

1997 年后，聊城市燃气主管部门加强燃气安全管理，坚持每年与各燃气企业签订安全生产管理目标责任书，同时建立完备的应急救援体系，定期开展应急演练；燃气企业投入专门资金用于安全防护设备改造维护和应急救援器材设备的维护保养、重大危险源和事故隐患的评估检测整改、安全新技术的应用和研发等。

2004 年，“6·26”打靶场液化气站燃气爆燃事故发生后，针对城区液化气站多处于居民区、无规划手续、建设不规范等隐患，市政府要求加大现有液化气站的关停力度，对不符合运营条件的液化气站下达停业整改通知书，并决定按照规范建设新的液化气站。

2006 年 6 月，市政府在阳谷召开全市燃气管理工作会议，对燃气市场清理整顿工作进行动员和部署，并印发《关于清理整顿燃气市场的通告》，市、县两级均成立清理整顿燃气市场工作领导小组，制定实施方案，确立工作目标。以液化气市场清理整顿为重点，市公用事业管理局燃气执法队对各种违法行为进行严肃查处。至 12 月底，全市共取缔非法供气窝点 26 处，没收钢瓶 340 余个，查没非法倒气工具 184 个，关停非法燃气企业 16 家，查处违规气化站 19 个、私接私改燃气设施行为 26 起、违法占压管线 19 处。启动燃气器具及维修市场的管理，确保市民用气安全。依据《山东省气源适配性检测管理办法》和建设部《燃气燃烧器具安装维修管理规定》的要求，在全市逐步开展燃气器具气源适配性检测、备案销售工作。加强燃气安全管理，组织 4 次全市燃气安全大检查，检查燃气企业 100 余家，查出各类安全事故隐患 500 多处，下达整改通知书 109 份。聊城城区、高唐县还开展燃气安全社会宣传活动，发放燃气法律、法规和安全使用宣传材料 2 万余份。加大对燃气操作人员的技能培训力度，邀请省市有关专家对全市 90 余家燃气企业的 330 余名燃气操作人员进行技能培训，经考核合格，颁发由省建设厅统一印制的职业技能证书。

2008 年 8 月，聊城新奥燃气有限公司相继引进 SCADA、GIS 系统，建立基于 GPS 定位的智能巡检系统，为管网维护提供可靠的大数据支持；坚持每年对管网进行一次全面检查，对民用户进行一次入户安全检查，每月对工商业用户进行一次入户检查，保持零安全事故的运营纪录。2010 年，全市燃气行业开展“361°优质服务”活动，加强燃气工程安全监管，清理整顿燃气市场。2012 年，完善《冬季天然气供应应急保障预案》，实行分级响应，列出清单，做好对限减用户的解释和宣传工作，确保全市天然气的稳定供应和安全运行。以阳谷县天然气管道泄漏抢修抢险和液化石油气消防处置为演练内容，全市组织开展燃气突发事故抢修抢险实战演练活动。2014 年，开展燃气管道安全隐患排查整治、城镇燃气安全专项整治等系列活动。2015 年，全市开展违规建设燃气场站设施隐患整治活动，至年底，关停违规建设的燃气站 64 座、拆除 9 座、整改 5 座。

附：燃气公司选介

聊城新奥燃气有限公司　1999 年 4 月 8 日，聊城新奥燃气有限公司成立，同时与市政府正式签署《关于合作开发聊城市天然气项目的合作意向书》，合资建设天然气管输工程。该工程于是年8月5日破土动工，12月26日建成通气并点火成功，开启了聊城市天然气应用的新历史。该公司主要担负聊城主城区天然气管输工程的开发、建设和运营工作，被聊城市政府列为国民经济和社会发展“九五”规划、十大重点利民工程。2001年年底，聊城新奥燃气有限公司发展民用户1.5万户、工商户31户，日供气量超过1万立方米，完成城区管网110千米铺设和日供气量5万立方米的大型调压门站工程的建设，同时铺设市区至开发区的输气干线，形成面积50平方千米的供气规模。至2015年，建设各级压力管网800千米，管线铺盖主城区、东昌府区各乡镇和工业园区、开发区，发展工商业户2000户，民用户16余万户。

聊城新奥燃气有限公司 （2014年摄）

聊城开发区金鸿天然气有限公司 2008年5月，聊城开发区金鸿天然气有限公司成立。2009年5月获得燃气经营许可证，经营区域为北起北外环徒骇河向南至牡丹江路沿牡丹江路向东至武夷山路，沿武夷山路向南至辽河路，沿辽河路向西至中华路，沿中华路向南至长江路，分界线以东为聊城开发区金鸿天然气有限公司的管网区域。2013年，经营区域变更为一干渠以东广平乡及韩集乡辖区内。是年，聊城开发区金鸿天然气有限公司与聊城新奥燃气有限公司合作成立合资公司——聊城开发区金奥燃气有限公司（后更名为聊城开发区金奥能源有限公司）。至2015年，公司完成高压管网铺设120米，中压管网铺设10千米，庭院管网铺设1.8千米。

聊城金捷燃气有限公司 2010年5月，聊城金捷燃气有限公司成立。该公司是北京金捷能源投资有限公司与聊城伟基同创燃气有限公司合资成立的国有控股公司。公司主要经营范围为管道燃气供应、CNG、LNG加气站建设和经营。2011年5月，公司取得聊城市开发区25平方千米30年的特许经营权。聊城市开发区分立为开发区和高新区后，2014年2月，聊城金捷燃气有限公司取得聊城市高新区206平方千米30年的特许经营权。2015年11月9日，聊城金捷燃气有限公司茌平分公司成立，主要在茌平县经营LNG加气站。至2015年年底，聊城金捷燃气有限公司拥有天然气调压计量站1座，高中低压管网70.84千米，CNG标准加气站2座，LNG加气站2座。

聊城开发区金奥燃气有限公司 2013年9月，聊城开发区金奥燃气有限公司成立，注册资金1.15亿元，由新奥集团和金鸿能源共同发起成立。公司经营区域为聊城经济技术开发区长江路以北，光岳路以东至徒骇河至中华路北顺延以东（不含广平乡内的一干渠以东，韩集乡内的后姜支渠以北）。2015年，公司主营业务为管道天然气、LNG及CNG配送及加气，其中管道天然气的销售占营业收入的比例75%以上。

聊城正源天然气有限公司 2014年3月，聊城正源天然气有限公司成立，注册资金3000万元。主要负责聊城江北水城旅游度假区的管道天然气运营、燃气具销售以及相关技术咨询服务。在朱老庄镇王堂村南建有储配站1座，气源来自于中石化中济输气线，服务区域辐射整个旅游度假区。至2015年年底，公司共铺设燃气管道103.3千米，其中湖西街道办事处累计铺设33.8千米、凤凰街道办事处铺设12.5千米、于集镇铺设10.6千米、朱老庄镇铺设46.4千米。铺设管线中，中压和次高压占比近70%。累计发展管道天然气用户2.02万户，其中居民用户2.01万户。

第三节　城市供热

一、供热管理

1999 年，市政府印发《聊城市城市集中供热管理试行办法》，明确热电企业、用热单位和用户的职能、职责和要求。2000 年，聊城市中心城区集中供热面积 116 万平方米。

2004 年，启动城区供热管理体制改革，市政府确定把“一网三厂”供热体制，改为“分区划片、厂网合一、布局合理、共同发展、统一管理、保障供应”的供热体制。按照厂网一体的管理模式，热电主管部门会同供热企业制定《聊城市城区供热管理办法》、聊城市城区集中供热申请程序、聊城市城区集中供热申请表、聊城市居民采暖供热合同、聊城市非居民采暖供热合同等办法规定。是年，聊城市城区新增供热面积 55 万平方米，供热普及率为 33%。2006 年，市供热主管部门加强供热协调，妥善解决柳泉花园、新时代小区等单位的供暖问题。集中供热面积扩大，年底时为 1041 万平方米，比上年增加 360 万平方米。2008 年，启动煤、热价格联动机制，市政府在充分考虑居民承受能力的情况下，要求主管部门研究制定调价方案和措施，严格按照法定程序进行供热采暖价格听证，平稳有序适度调整居民采暖价格。各县（市）根据各自实际情况，对供热价格均不同程度地作出调整，缓解购煤资金紧张局面。2011 年，全市集中供热面积破千万平方米大关，为 1206 万平方米。

2012 年，加强供热管理和供热专项规划修编，邀请省住房建设厅对阳谷县、高唐县、冠县供热专项规划进行评审。建立用户发展联席会议制度，督促企业提升改造供热设备设施；建立政府热管部门与供热企业、开发建设单位、银行建立四方监管资金制度，出台《关于规范城市集中供热设施配套费的指导意见》。进行供热计量改革，加强供热产品备案管理，对热量表、温控阀、远程自动化、换热器等产品实行入聊备案管理。加强供热专项工程管理，组织供热企业及专家对金世纪综合楼、鸿顺花园高层住宅楼、一诺水城龙园等工程项目进行供热专项工程验收。

2013 年，聊城市热电主管部门印发《聊城市城区供热专项规划（2013—2020 年）》，进一步规范供热管理。2015 年，加强昌润国电供热工程和华能聊城热电供热工程的监督管理，确保按期投入使用。是年年底，市中心城区集中供热面积 2004 万平方米，住宅供热面积为 1624 万平方米。

1998—2015 年聊城市中心城区供热面积表

表 4-16　　　　单位：万平方米

年份	集中供热面积	住宅供热面积	年份	集中供热面积	住宅供热面积
1998	—	—	2007	792	660
1999	—	—	2008	817	685
2000	116	89	2009	822	671
2001	283	208	2010	931	753
2002	404	308	2011	1206	948
2003	510	370	2012	1208	1053
2004	578	400	2013	1632	1355
2005	681	500	2014	1971	1582
2006	1041	850	2015	2004	1624

二、热源设施建设

至2015年，市中心城区的热源主要是聊城昌润国电热力有限公司（简称“昌润国电”）、华能聊城热电有限公司（简称“华能热电”）；经济开发区、高新区的热源是聊城恒润热力公司（简称“恒润热力”）。

昌润国电热源设施建设 1996年12月，聊城市（今东昌府区）政府成立聊城市东昌热电厂。1997年1月东昌热电厂开工建设，一期建设工程包括两台75吨／小时煤粉炉和1号1.2兆瓦机组，翌年12月正式投入运营，对外供汽量55吨／小时，供5家工业企业、7个换热站用汽，采暖面积30.2万平方米。1998年8月，东昌热电厂改制成立东昌热电有限责任公司。1999年，扩建一炉一机，装机容量24兆瓦，外供汽量提升至150吨／小时，新建7个分散站，敷设供热管道7千米，新增供热面积54万平方米。2000年，根据《聊城市集中供热规划》，东昌热电有限责任公司对古运河以西、湖西路以东供热区域进行供热热网建设，扩建管网14千米，新建36个换热站，增加供暖面积35万平方米，城区供热面积116万平方米。2001年8月，东昌热电有限责任公司更名为聊城昌润热电有限责任公司，开始建设城区南部高温水供热工程和东部蒸汽供热工程。是年，该公司“汽轮机低真空运行循环水项目”实行2号汽轮机低真空运行，将原来的热气供热半径从5千米提高到10千米，利用凉水塔冷却的3600立方循环水经改造汽机运行方式后用作采暖，增加供暖能力，每小时节水40立方米，发电供热煤耗下降。是年年底，公司在城区内铺设管网长度68.58千米，供暖面积180万平方米，建成大型水换热站2座，集中供热单位发展到144家。2003年12月，公司1号机组首次投入低真空循环水供热运行。2003年，公司自主研发的低真空循环水供热技术，获得聊城市科技成果进步一等奖。公司应用该技术对供热机组改造后，新增供热面积50余万平方米。2004年1月，聊城昌润热电有限责任公司更名为聊城市昌润供热有限公司。2006年，为缓解日益增长的居民供热需求与热源不足的矛盾，该公司新建两台2×64兆瓦热水炉，利用高温水供热模式，改造原循环水的供热管网，新建高温水管道及8个大型高温水集中站，解决昌润路以东、建设路以南、振兴西路周边区域的供暖问题。2007年，投资510万元，实施烟气锅炉电除尘脱硫工程建设，完工后，按照燃煤含量1%、脱硫效率90%、年运行时间5000小时计算，二氧化硫排放量每年减少约1800吨。是年，为城区内供热管网安装210个运行监测点，建立远程控制系统，成立供热运行调度中心，提升运行管理水平和供热质量。2008年12月，实施扩建运河蒸汽管道工程，翌年1月正式投入运行，管网总长300米。2008年，新建昌润路高温水管道工程及东昌路、财干路、青年林工程管网改造工程，四段管网全长3.1千米，投资300余万元，增加供暖能力20万平方米。2010年7月，为改善大气环境，公司投资110万元，实施二期脱硫工程；10月，对新水河跨过建设路主蒸汽管网进行改造，该工程为双管路，全长240米，投入资金43万元。2013年，聊城市昌润供热有限公司并入“聊城昌润国电热力有限公司”。是年，公司实施振兴路管网铺设工程，工程投资概算6000万元，管径DN900～DN1200，管道全长6.6千米。2014年4月，根据《聊城市城区供热管网改扩建及配套工程》规划，公司投资4.88亿元，实施供热设施项目改扩建工程，其中，铺设主管网DN1400管道，全长13.7千米；铺设嘉明工业园区内及城区内部分管网，管径DN300～DN700，长度为7.64千米；铺设花园路供热管网，管径DN300～DN600，长度为8.85千米。通过改扩建，公司总供热能力提升至1600万平方米。至2015年年底，聊城昌润国电热力有限公司供热总面积计800万平方米。

华能热电热源设施建设 1987年9月，聊城发电厂成立。20世纪90年代后期，聊城发电厂改制为山东聊城热电有限公司。2000年，公司开始铺设蒸汽管网，对外供热。2004年，山东聊城热电有限公司归属山东鲁能公司。同时，为防止企业垄断经营，市政府将聊城昌润国电热力的部分管网转让给山东鲁能公司聊城热电有限公司，并在厂部成立供热管理部门，管理利民路以南、湖南路周边、昌润路以东的供热用户。2005 年，公司投资 9960 万元，建设供热首站 1 座，供热面积 600 万平方米；2006 年，投资 770 万元，扩建改造供热管网；2007 年，投资 64 万元，扩建铁路房建生活段供热管网支线，建设花园路农业银行储蓄所二级换热站及供热管网支线。2008 年，华能集团收购山东聊城热电有限公司的股权，山东聊城热电有限公司改名为华能聊城热电有限公司。是年，公司投资 45 万元，将闸口桥供热管道及冠达支线井移位，对文化局站支线井进行改造。2009 年，公司投资 2750 万元，建设站前路岳庄小区至聊大东校区供热管网。2011 年投资 67 万元，更换供热首站 1 号换热器芯子，提高供热安全性。2012 年，投资 1100 多万元，建设柳园南路供热管道，敷设 DN500 预制保温管道供热管沟 1.96 千米，增加供热面积 200 万平方米；改造东昌路东板桥西滨河大道供热管网 90 米。根据一、二次网及换热站系统整体设计方案，更换东城区换热站板式 1、2、3 号换热器高温水进出水门；更换闸口—文化路口 DN400 的管网，长度 96 米，DN300 管道、管沟 300 米；改造师院南路并更换 DN450 管道，长度 90 米，更换 DN300 管道，长度 300 米。2013 年，公司投资 2465 万元，对厂内 5 号机组高背压循环水及厂内架空供热循环水管道进行改造；对外网东城区二级供热管网及阀门补偿器进行改造。合并二级换热站，并实施二级站远传改造及监控系统改造，更换文化路供热管道 DN300、管沟长度 400 米；更换红旗路供热管道 DN150、管沟长度 350 米；聊大支线供热管道更换 DN350、管沟长度 370 米，缓解城区南部的供需矛盾，提高供热质量。2014 年，实施南部区域供热管网主管网建设工程，铺设 DN1400 ～ DN600 供热管网 33 千米；改造龙山北路 DN400、长度 260 米、龙山西路 DN300、长度 480 米、龙山西路向南管道 DN250、长度 280 米；铺设站前路规划路口东侧供热一级网管道，实施民政局换热站改造工程；更换东城部分 DN600 一次网及 DN250 二级主管网；更换管道、管沟长度 50 米；改造供热一级网管道的放水井及管道 11 处，共新增供热能力 1386 万平方米。2015 年，公司投资 6328 万元，实施供热首站二期建设工程。首站共安装 3 种型号的换热器 9 台，换热面积共计 8800 多平方米。改造聊堂路管网部分补偿器、截断门及东城供热管网，建设奥森路、陈口路、利民路等支线热管网 4.2 千米。至 2015 年年底，华能聊城热电有限公司供热总面积共计 800 万平方米。

恒润热力热源设施建设　2006 年 5 月，聊城恒润热力公司经聊城开发区管委会批准成立。至是年 11 月，公司建设 DN400 以上供热管网 13 千米，其中蒸汽管网 3.0 千米、循环水管网 10 千米；配套建设供热总站 1 座。同月，公司与希杰（聊城）蓝天热电公司签订供用汽合同，具备供汽条件。12 月，换热站机组启动运营，向聊大东昌学院、市质监局、市消防大队及昌润投资等 12 家非居民单位供热，供热面积 6 万平方米；对首家居民采暖热用户——东方家园小区正式供汽。2007 年，投资 1600 万元，铺设供热管网 13 千米，新建 40 万平方米大型换热站 1 处。与蓝天热电厂合作，解决开发区中华路以东周边供热问题。2011 年，为解决供需矛盾，公司在庐山路东、嫩江路北规划建设供热总站。2013 年，

恒润热力建成后的供热首站运行（2006 年摄）

公司取得庐山路东、嫩江路北的土地所有权，是年建成供热总站并实现运营，设计供热能力为400万平方米。同时，配套建设开发区庐山路、长江路等路段高温水供热管网，解决远端用户技师学院、财经学院、开发区医院等用户的用热需求。2013年，随着聊城市开发区、聊城市高新区分区管理，高新区山东星润供热有限公司成立，并由聊城恒润热力公司管理运营。至2015年年底，聊城恒润热力公司供热面积计460万平方米，供热管网总长度136千米，建设换热站66个，覆盖率70%。

三、供热服务

1998年12月，聊城市城区正式实行集中供暖。1999年，东昌热电有限责任公司根据《聊城市城市集中供热管理试行办法》，实行供热服务“六公开”（服务电话公开，监督电话公开，供热标准公开，收费标准公开，服务标准公开，检修质量公开），推出用热服务卡，设立供热服务温暖热线，建立24小时值班制度，配备专职热线员和供热抢修队，做到文明服务、规范服务。2001年，昌润热电有限责任公司制定《供热服务承诺制度》，加强抢修队伍建设，配备抢修车及备品备件和通信工具，实现接到报修电话30分钟到达现场。2002年，昌润供热公司成立客户服务中心，每年例行对检修人员、收费人员进行培训，在开发区新设热线电话1部，配备抢修车辆10部，抢修率100%。2004年，制定换热站、管网检修质量考核制度和《聊城市昌润供热公司供热预案》，加强供热服务工作，共处理用户求助200余人，运行技术指导100余次。是年，聊城鲁能热电有限公司成立供热办公室，负责供暖工作。2005年，昌润供热公司制定《关于低保户用热收费执行办法》《用热申请工程建设程序》，并将温暖热线与“12319”城建热线联动，接受用户信息反馈。2006年，山东聊城鲁能热电有限公司在供热办公室基础上成立供热公司，保证每年11月15日至次年3月15日按期供暖，供热期内保证用户室内温度不低于16摄氏度。是年，聊城恒润热力有限公司开发区供热工程投入运营。该公司成立供热调度室和供热抢修队，要求“小修不过晌，大修不过夜”。聊城市昌润供热公司完善供热管理标准，制定《面积测量管理规定》《关于办理热费退费工作的规定》，规定每年提前5天对供热主管网进行暖管，保证11月15日暖流进万家。2007年，聊城市昌润供热有限责任公司供热总面积500万平方米，用热面积每年以50万平方米的速度递增。2008年，聊城恒润热力有限公司提出“用户发展到哪里，供热管网就铺到哪里”。2009年，聊城市昌润供热有限公司提出“给东昌蓝天，送水城温暖”的口号，企业负责人走进“行风热线”直播间，现场解决百姓供暖问题。2009年，聊城恒润热力有限公司购置大型发电机、抢修车辆、通信工具、备品备件，做到随叫随到。2010年12月1日，聊城恒润热力有限公司率先在聊城实施换热站无人值守。2011年，聊城市昌润供热有限公司公司成立热网调度中心，为热用户提供故障受理、投诉、技术支持等服务。2012年，华能聊城热电有限公司与新闻单位开展“百姓温暖进万家”的服务活动。2013年，华能聊城热电有限公司完善《供热服务规范标准实施细则》，共征求热用户意见、接受咨询、受理投诉，解答集中供热的有关政策和问题900条，发放宣传资料、宣传品、便民服务手册3500本。2015年，华能聊城热电有限公司供热前召开新闻媒体发布会，市民诉求渠道进一步畅通。是年，聊城市恒润热力有限公司建立高标准供热调度室，实现供热企业和二级用户的联动，通过实时数据监测，了解各站点供热情况，及时调度各站点供热参数，确保供热质量达标。

第四节　公共交通

一、管理体制

1997年，聊城市（县级市）公共汽车公司隶属于聊城市（今东昌府区）建委管理，城区公交运营线路7条。1998年3月，市公共汽车公司上划地级聊城市，归口市建委管理。1999年，

2009 年 3 月，聊城市公共汽车公司改制，组建为聊城市公共交通集团有限公司　（崔高峰供图）

市公用事业管理局成立以后，市公共汽车公司划归市公用事业管理局管理。2000 年 9 月，公司内设机构调整，设 7 个内部科室，下设公交一公司、公交二公司。2003 年 11 月，第三分公司投入运营。2009 年 3 月，组建国有独资企业聊城公交集团公司，整体划归市政府国有资产管理委员会管理；6 月，成立聊城公交集团公司第四分公司，初步形成市区东、西、南、北四个方位公交场站均衡分布的运营格局。2010 年，根据大部制改革的指导思想，市公共交通行业业务指导职能由市公用事业管理局划转至市交通运输局管理。2015 年，聊城公交集团公司内设 12 个处室，下设 5 个分公司、4 个子公司；运营线路 46 条，公共汽车 893 辆。

二、线路站点

1997 年年初，聊城地区公交运营线路 6 条，分别为 1 路、2 路、3 路、4 路、5 路、6 路；5 月 1 日，新辟 7 路公交线路，长度为 7.4 千米。年底，全区运营线路总长度为 350.4 千米。

1998 年，市区新辟线路 2 条，分别为 8 路、9 路。1999 年 2 月 10 日调整线路 1 次，将 8 路终点站由嘉明实业公司延伸至闫寺镇驻地。1999 年年底，聊城市共有公交运营线路 10 条，其中公交线路 9 条，服务专线 1 条，线路总长度 120 千米。2000 年，新辟公交运营线路 6 条，即 10 路、21 路、22 路、23 路、11 路、12 路，是聊城市公交运营史上新辟运营线路最多的年份之一。2001—2010 年，新辟公交运营线路 30 条，分别为 10 路、21 路、22 路、23 路、11 路、12 路、24 路、25 路、19 路、26 路、16 路、27 路、13 路、17 路、18 路、329 路、436 路、345 路、139 路、330 路、315 路、D28 路、D31 路、134 路、131 路、138 路、235 路、437 路、S7、K333。其中 2001 年、2006 年、2007 年各开辟 5 条，是聊城市公交运营史上新辟运营线路最多的三个年份。2010 年，131 路、K333 分别于 11 月、12 月停驶。其中，131 路运行时间 331 天，K333 路运行时间仅 101 天，为聊城市公交运营史上寿命最短的运营线路。是年年底，市区公交运营线路计 38 条。2011—2015 年，新开辟运营线路 12 条，分别为：K351 路、K28 路、K108 路、K147 路、K148 路、K249 路、K346 路、K456 路、K332 路、K431 路、K112 路、K433 路。2015 年年底，聊城市共有公交运营线路 46 条，线路总长度 667 千米，线路网长度 307 千米。

2013 年 12 月，聊城市各县城区均开通公交运营线路。临清市已于 20 世纪 80 年代后期开通城市公交运营线路。1990 年，线路长度 85 千米。

1997 年 5 月 1 日，开通 7 路公交线，自聊城财校（现三中北校）发车经柳园路到达南环路口　（王琮供图）

三、公交车辆

1997年，聊城地区共有城市公交车130台。

1998年3月后，聊城市公共汽车公司开始批量购置更换城市公交车辆。到1999年，聊城市公共汽车公司购置新车86台，其中大型公交车30台，中巴公交车56台。1999年9月28日，首批20台无人售票车投入运营，聊城市开启城市公交车无人售票时代。至1999年年底，聊城市公共汽车公司共有公交车111台。2006年，聊城市公共汽车公司购置中通牌24座中巴车10台，购置小型纯电动公交车10台，开始由传统燃料柴油、汽油向新能源燃料的探索。2007年，购置恒通牌CKZ6590Q油、气两种燃料的中巴公交车40台。2008年，购置星凯龙牌HFX6100SK7型双层公共汽车10台，填补全市双层公共汽车运营的空白。2000—2008年，公司先后购置新车340台。其中，大型公交车280台、小型电动车10台，中巴车10台，油气两用清洁能源公交车40台。至2008年年底，公司共有公交车辆413台。

2009—2015年，聊城市公共交通集团有限公司购置新车966台，其中，公交车893台，公交校车50台，旅游客车23台。893台公交车中，新能源油电混合动力空调公交车30台，LNG环保空调公交车169台，插电式气电混合动力公交车300台，新能源纯电动公交车394台。2010年，购置中通牌LCK6101HEV型油、电混合动力新能源空调公交车30台，改写了全市没有空调公交车的历史。至2015年年底，市公共交通集团有公交车893台，空调车占比100%，环保节能车占比100%，新能源公交车占比84.8%。以上三项指标，在国内同行业居于前列。市中心城区每万人拥有公交车辆8.2标台。

2011年4月，投入100台新能源LNG天然气公交车，同年9月，再次投入47台新能源LNG天然气公交车　（张健供图）

四、票价票制

票价　1997年1月1日起，聊城市（今东昌府区）公交车票价由0.8元调整为1元。1999年2月，8路公交车终点站由嘉明公司延伸到阎寺镇，公交车票价开始实行两段制，即原市区至嘉明公司票价每人次1元不变，由嘉明公司至阎寺镇票价每人次0.5元。随后，21路、22路、23路、9路、11路、12路及延伸后的10路、24路、25路、26路、436路、139路均实行过两段制票价，半程或固定区间内票价1元，全程或固定区间外票价1.5元或2元。2010年5月，新能源空调公交车开通后，票价每人次2元，持IC卡者每人次1.6元，老年人、伤残军人、盲人等仍享受规定的优惠政策，限制电子月票使用。2011年4月，调整部分空调公交车票价，K329路公交车全程票价为2元，K9路、K21路、K26路公交车，全程票价2元。2013年12月，市物价局印发《关于加强公交票价管理的通知》，要求新上公交线路或调整公交线路执行以下规定：（一）聊城市城区及县（市）城区公交线路实行一票制标准，即普通车每人次1元，空调车每人次2元。（二）聊城市城区延伸到乡镇（办事处）的公交票价，普通车全程票价2元，半程以内1元，半程以上2元；空调车实行一票制标准，票价2元。

月票优惠及免费　2001年3月，聊城市公交月票仅对市区1、2、3、4、5、6、7路公共汽车实行优惠。优惠月票分为成人和学生月票两种。成人月票采用卡式和本式相结合的办法，每本月票100张，面值100元，优惠价70元；小学生月票采取卡式月票，每月40元。是年8月，成人月票和学生月票均实行卡式月票。其中，成人月票根据使用期限的长短分为周票、半月票、

1999年9月28日，聊城首批无人售票公交车在火车站广场举行投入运营仪式　（崔高峰供图）

月票3种，成人周票每卡15元，半月票每卡25元，月票每卡50元；学生月票每卡25元。是年9月，继续销售本式月票，本式月票每张面值1元，优惠售价0.7元。

2003年4月，聊城市开始使用市区公共汽车IC卡。普通IC卡每人次0.8元，适用于全部公交线路，可多人使用，也可跨月、跨年使用。月票IC卡，每月40元，贴本人照片限本人使用，限乘120人次。初中和小学生月票IC卡每月25元，贴本人照片，限乘120人次。月票适用范围为全市全部一票制线路，当月有效。为加强对IC卡的管理，每卡收取30元的押金，每月折旧1元，折完为止。使用IC卡后，保留投币制，每人次仍为1元。继续实行70周岁以上老人和盲人乘坐公交车免费政策。

2005年2月，聊城市物价局规定全程票价1.5元的乡镇线路，月票价格为60元，适用范围为城乡1.5元以下的线路；全程票价2元的乡镇公交线路，月票价格为80元，使用范围为城乡所有线路。两种月票均为当月有效。2012年7月起，聊城市开通乘公交手机消费功能，功能开通费用每卡20元，适用于全部公交线路。新开通的手机消费功能与现行IC卡同时并存，用户自行选择，不强制使用。乘车享受8折优惠。继续保留投币制，继续试行70周岁以上老年人、伤残军人乘坐公交车免费政策。2013年4月，15周岁以下学生使用公交IC卡（钱包）乘坐豪华公交车票价由按基本票价8折优惠调整为6折优惠，其他收费标准及规定保持不变。

2013年12月，市物价局印发《关于加强公交票价管理的通知》，明确IC卡和月票优惠政策：（一）电子充值车票（IC卡、手机卡）乘车享受8折优惠，中小学生享受6折优惠。适用于全部公交线路，可多人使用，可跨月、年使用。（二）月票。成人月票40元，中小学生月票25元，适用范围是城区票价1元的线路；乡镇线路月票80元，使用范围乘坐聊城市城区及延伸至乡镇的线路普通车。月票当月限乘120次，当月有效。（三）伤残军人、盲人、70周岁及以上老年人持公交IC卡免费乘车，65周岁以上70周岁以下老年人持公交IC卡半费乘车。（四）按照每卡20元收取押金。自2014年1月1日起执行，有效期至2016年12月31日。

2012年4月，聊城公交在山东省内首批推行手机刷卡乘公交　（王琮供图）

五、场站建设

1996年年底，随着公交车辆的增加，聊城市城区柳园路128号公交停车场地无法满足停车需要，对振兴东路45号场地进行地面硬化，公交车队搬迁到振兴东路45号办公。

1999年，为补贴发展资金不足的现状，柳园南路128号用于出租经营，年收入租金50万元。是年春，根据市政府“城建靓市”的工作要求，在财政资金不到位的情况下，采用公交员工集资建设的方式，由公交公司后勤人员在柳园路、东昌路加班建造不锈钢候车站亭、站牌的安装等。是年夏，在火车站广场南侧租赁聊城市军用饮食供应站院落，并在该院落修建瓦房20余间，一部分用于办公，一部分作为职工宿舍，公交办公场所由柳园路随即迁入火车站广场南军供站院内。是年下半年，公交车队一分为二，一部分仍留在振兴东路45号办公，一部分搬迁至火车站广场军供站院内，并在军供站院内东南角建设加油站1座，设置配件仓库。

2001年，在振兴东路45号投资建设综合办公楼，建筑面积1035平方米，翌年投入使用。是年6月，公司投资100余万元，在开发区辽河路征地2公顷，2002年开始建设第三分公司，翌年11月投入使用。2002年，在柳园路北首高架桥下建设1.2万平方米停车场，建设车队办公室和保安值班室。2003年，第一分公司搬迁至此处。2003年，投资200万元，启动IC卡电子收费系统项目，解决市民乘车换零难的问题。至2003年年底，发行IC卡9500张，回收资金130多万元。2003年，开工建设振兴路45号临街商住楼，一、二楼为经营用房，三楼至六楼为职工住宅，共计32户，2005年建成使用。2004年，投资新建火车站调度室，并与香江光彩大市场、鲁西骨科医院等单位建立良好合作关系，无偿获得停车场2处。是年，随着东昌路拓宽改造工程的开展，原有的东昌路站亭全部拆除，通过招商引资先后对昌润路至光岳路的72个公交站亭进行重新制作安装，耗资100余万元。2005年，在新南环与聊位路交叉路口征地2公顷，于2007年开始建设第四分公司场所设施，2009年4月投入使用。2006年，为所有公交停车场站安装电子监控系统，对场站设施远距离、全方位监控，保证车辆安全停放。2008年，通过社会公开招标合作方式，相继完成对兴华路、振兴路、花园路、向阳路、卫育路等城市主干道公交候车站亭的建设，共安装公交候车站亭305个，改善了市民的候车条件。2009年，采用市场化运作的方式，分别在柳园路、兴华路、振兴路改造更新候车站亭60余个，配合开发区管委会在开发区建成新式公交候车站亭78个。2010年，分别在卫育路、向阳路新建候车亭24个，维修更换柳园路候车亭6个。2011年，在光岳路、建设路建成新式公交候车站亭120个。2012年，规划建设第四分公司LNG加气站，并于是年10月投入使用。2013年，采用市场化运作方式投资200万元，新建、改造城区主干道公交候车站亭90座；建设开发区辽河路297号第三分公司加气站，并投入使用。2014年，采用市场化运作方式，在东昌路、柳园路新建智能公交候车亭67组。

2015年7月，组建新能源汽车公司，并于7月17日正式运营。是年10月，启动新能源公司充电站建设，先后建设花园路、兴华路、振兴路、外环路等12条城区道路标准化景观式公交候车站亭316组；建设第三、第四分公司充电桩60个。

六、公交管理

公交调度　1997—2002年，聊城市区公交车的调度管理沿用传统模式，由运营管理部门（车队、分公司）制订运营计划，在线路比较集中的枢纽站和终点站设置调度室，配备调度员，由调度员依据运营计划签发班次，并为所有调度员配备无线对讲机，为车管人员配备小灵通手机。1998年，在火车站广场东南角公交发车区设调度室。2000年，在区人大站点设置调度室。2002年，在香江市场设置公交发车区，并设置香江市场调度室。2004年，投资新建火车站调度室。2007年，公交公司自筹资金100余万元，安装GPS公交智能管理调度系统，实现公交运营调度的科学化、智能化。2009年，公交集团公司成立后，在科技处成立智能调度中心，配备专职调度员，负责集团运营车辆的集中调度管理。2012年，实施东昌路、柳园路智能化公交候车站亭建设，规范公交车进出站标准，推出公交出行手机查询软件，启用OA办公系统，建设公交车辆3G监控系统。基于原有IC卡系统功能，进一步拓展实现了手机刷卡乘车，领先省内同行业开启聊城智能化乘车的新时代。2013年，拓展GPS智能管理调度系统功能，完善“公交出行手机查询系统”“公交候车亭车辆预报系统”等。2014年，完成2008版GPS智能管理调度系统平台整体切换，所有新增车辆上安装3G视频监控。2015年，所有公交车上安装3G视频监控，公众出行手机查询系统累计使用用户10万人。

公交安全　1997—2000年，为便于运营管理、安全督导和事故应急处置，市公交公司安保科、公交车队、稽查科等车管部门配有对讲机。2004年1月，公司提出“严管体现厚爱，安全就是效益”的安全理念。2011年，公司提出用“铁心肠、铁面孔、铁手腕”抓安全的口号，组织开展“安全生产基层基础深化年”“安全生产集中整顿”“百日安全”活动等，结合处理突发事件和车辆自燃消防应急演练等方式，严格落实安全生产责任制和车辆安全检查制度。2013年，开展“安全生产月”“平安交通创建”“平安行•你我他”“安全生产集中检查”“抵制交通违法、安全文明出行”等主题宣教活动，深刻吸取“6月7日厦门公交特重大车辆爆炸事故”“11月22日中石化东黄输油管道泄漏爆炸特别重大事故”的经验教训，组织广大员工开展“突发事件应急预案演练”和“消防应急实战演练”活动，规范易燃易爆危险品检查流程，制定《三品检查与处置规程》《聊城公交集团关于运营中车辆驾驶员手机关闭的管理规定》，配备酒精检测仪、危化品检测装备等，并在全国同行业中率先推行运营期间驾驶员关闭手机的制度。

公交服务　1997年4月，山东省公交联合会工作经验交流现场会在聊城召开，推广聊城市公交服务管理经验。1999年9月28日，无人售票车投入运营，公交服务开始现代化。至2001年，市公交公司以提高服务质量为目标，组织专门人员对全体乘务员开展岗位轮训、业务技能培训和职业道德培训，开展“爱我公交、爱我聊城”的宣教活动和向李素丽学习活动，并结合服务承诺，深入推进“行风万人评”活动，增强公交员工的服务意识、竞争意识、窗口意识。2002年，推行“星级规范化服务”，定期对全体驾乘人员进行服务等级评定，并将服务水平与工资收入挂钩；设立服务“委屈奖”，奖励在服务中宁肯自己受委屈，也要让乘客满意的优秀驾乘人员。2004年3月，市公共汽车公司开展行风建设活动，强化服务标准，改善行业风气，提升服务水平，树立公交形象；4月15日起，开展为期100天的“规范服务，让乘客满意”大讨论活动。是年，开始对1路、6路和7路公交车实行延时，夏季由原来的18：30时延长到19：30时。2006年7月下旬起，市公共汽车公司集中20天时间开展全员服务礼仪培训。2007年5月起，市公共汽车公司开展“加快建设强市名城我们怎么办”解放思想大讨论活动，下半年全面推行“普通话和微笑服务”。2009年8月，为迎接全运会，市公交集团再次组织开展向李素丽学习活动。2010年，在推行和完善“普通话和微笑”服务的基础上，向亲情化服务推进。2012年，组织后勤管理人员成立“乘客出行需求调查小组”赴城区部分小区，征求市民及乘客对公交发展、线路设置、车辆配置、驾乘服务等方面的建议，并在城区主干道进行客流量调查，以此作为公交服务改进的主要依据；组织集团员工学习“最美司机”吴斌先进事迹，规范“5050123”公交服务热线操作流程，新增3条外线用于热线业务，修改语音导航流程，提高热线受理质量。2013年，加强“德善公交”建设，拓展延伸推出“亲情服务”，与市医院交警岗开展“体验交警，换位感受”活动，有88名公交驾驶员走上交警岗维持交通秩序；高考期间，面向广大考生实行免费乘公交的便民举措，在市区各大考点设立“爱心服务站”。2014年6月1日起，对中心城区1路、2路、4路、6路、7路5条线路运营时间进行延长，夏季运营时间由19：30延长至21：30，冬季由18：30延长至20：30。是年，在政策性亏损补贴不足的重压下，推行残疾人免费乘公交车政策，并将老年人免费卡办理年龄放宽至65周岁，老年卡半费年龄放宽至60周岁。2015年，公交集团争创“市长质量奖”，深化卓越绩效考核评价准则，通过ISO 9000质量管理体系和18000职业健康安全管理体系认证。

第五章　村镇规划与建设

1997年后，特别是1998年3月聊城正式撤地设市以来，全市各级规划部门依法编制县（市）域村镇体系规划、新型城镇化规划、乡镇总体规划、村庄（农村新型社区）规划等，基本形成市、县、镇、村四级规划的框架。随着规划的不断完善和实施，全市村镇基础设施建设、居民生活水平年年都上新台阶。2008年，全市完成村镇建设总投资27.4亿元，新增道路361万平方米，绿化12万平方米。2009—2011年，依据批复的村镇规划，全市大力实施农村新居建设“百亿工程”，共完成投资120亿元，建设农村新居12.1万户，改造危房1.5万户；启动千户社区140个、城中村改造86个，启动整村改造356个，30多万名农民乔迁新居。村镇建设的快速发展，培育创建了一批重点镇、示范镇和中心镇等，形成国家重点镇、省市级示范镇和一般乡镇梯次发展的良好布局，至2015年，全市有全国重点镇14个、省级示范镇12个、市级示范镇7个；省、市级宜居小镇4个、宜居村庄16个；历史文化名镇1个、特色景观旅游名镇1个、传统村落5个。

第一节　村镇规划

1997年，聊城地区继续加大村镇规划和管理力度，要求各项规划都要依据相应的法律法规要求进行制定和报批。年底，全区共完成乡镇区域规划59个，调整乡镇驻地规划140个，村庄规划5578个。同时，在调整新一轮城镇总体规划的基础上，阳谷县七级镇聘请省城镇规划院编制运河商城详细规划，由镇村镇建设开发中心统一组织实施。

1998年3月后，全市各县（市、区）城镇规划建设立足于高起点、高标准，开始新一轮总体规划的修编。至1999年，全市10%的小城镇完成总体规划的调整工作。东阿县小城镇建设规划编制走在全市前列。2000年年初，省政府将东昌府区堂邑镇、沙镇镇，临清市康庄镇、烟店镇，高唐县清平镇，茌平县博平镇、乐平铺镇，东阿县牛角店镇，阳谷县寿张镇、阿城镇，莘县朝城镇、古云镇、张鲁镇，冠县柳林镇、东古城镇等15个镇列为中心镇，全市各级即把中心镇作为小城镇规划建设的重点，纳入国民经济和社会发展的总体规划中。

2004年，全面提升县（市、区）城镇规划管理工作，编制完成城市规划区内乡镇驻地规划，并通过专家评审。同时，对40%的小城镇总体规划作了调整。2005年8月，全市村镇规划建设暨城乡环境综合整治工作会议确立“抓好一个关键，三个重点，三个示范，三个机制”的指导思想，其中，抓好的“一个关键”就是村镇规划。是年，全市有54个乡镇编制完成总体规划，占乡镇总数的51%；16个中心镇中有12个完成总体规划编制，占总数的75%。

2006年，全市105个乡镇中，有71个乡镇完成规划设计，约占总数的68%；1000个中心村中，有360个完成规划设计，占中心村总数的36%。2007年，编制完成全市所有乡镇的总体规划和593个村庄的建设规划。2008年，组织开展村镇规划管理工作观摩活动，促进村镇规划上水平、上台阶，全市全面完成中心村建设规划编制，乡镇驻地详细规划完成16.5%。2009年4月，市政府出台《聊城市规划区内村（居）民自建自用房屋建设规划管理暂行办法》。

2010 年，聊城市村镇规划职能由市建委转至市规划局。2013 年，东昌府区沙镇镇、临清市烟店镇、冠县柳林镇、茌平县博平镇、莘县古云镇 5 个省级示范镇（第一批）总体规划通过省住房和城乡建设厅专家评审，并由市、县政府审批。是年 9 月，《茌平县博平镇总体规划（2012—2030 年）》《冠县柳林镇总体规划（2012—2030 年）》在省住房和城乡建设厅组织的“百镇建设示范行动”示范镇总体规划评优活动中，分别被评为二等奖和三等奖。是年，启动城镇化发展规划编修工作，市政府印发《关于进一步做好市级示范镇规划编制及修编工作的意见》，组织对省、市级示范镇总体规划进行重新编制（修编），全市 86 个乡镇（不包括街道）全面启动总体规划修编工作。2014 年，东昌府区郑家镇、阳谷县石佛镇、茌平县乐平铺镇、茌平县冯官屯镇、东阿县姜楼镇、东阿县大桥镇、高唐县清平镇 7 个省级示范镇（第二批）总体规划通过由省住房和城乡建设厅组织的专家评审，并由市、县人民政府审批。

2014 年 7 月，东昌府区堂邑镇、郑家镇，阳谷县石佛镇，莘县朝城镇、古云镇，茌平县博平镇，东阿县姜楼镇，冠县柳林镇，高唐县清平镇，临清市烟店镇 10 个全国重点镇中，其中有 9 个（同时是省、市级示范镇）总体规划通过审批，东昌府区堂邑镇总体规划也于是年 12 月通过专家评审。是年 10 月，市政府确定在全市分批开展小城镇规划提升工程，东昌府区沙镇镇等 29 个乡镇为第一批重点推进单位，全部委托具有甲级以上规划资质的设计机构进行编制，至是年年底全部完成。该批小城镇提升工程规划，注重紧密结合乡镇民俗文化元素和地域特色，结合单体建筑风格和乡镇总体风貌，针对公共建筑、住宅建筑、工业建筑、商业建筑的不同特点分类设计，既凸显个性又注重形成统一的建筑主色调和主风格。其中，《阳谷县石佛镇总体规划（2013—2030 年）》《东阿县姜楼镇总体规划（2014—2030 年）》于是年 11 月在省住房城乡建设厅组织的“百镇建设示范行动”新增示范镇总体规划评优活动中获二等奖。是年，临清市康庄镇、冠县店子镇、莘县朝城镇、东阿县牛角店镇、高新区顾官屯镇、高唐县尹集镇、阳谷县西湖镇 7 个市级示范镇，启动新的总体规划编制工作。至 2015 年，除高新区顾官屯镇审批工作尚未通过审批，其他 6 个市级示范镇总体规划先后通过由市规划局组织的专家评审，并由市、县人民政府审批实施。

2015 年 2 月，《聊城市新型城镇化规划（2014—2020）》通过由山东省住房城乡建设厅组织的专家论证评审；3 月，召开全市第一批小城镇提升工程规划成果展示交流会，对部分乡镇的提升工程规划进行交流观摩。加强对县、市及村镇总体规划的指导，东阿县、茌平县、阳谷县、莘县、高唐县全部完成建制镇总体规划。到 2015 年年底，第二批小城镇提升工程规划设计全部编制完成。

第二节　村镇建设

一、村镇基础设施

1997 年，针对全区村镇基础设施建设比较滞后的情况，地区行署要求县（市）和乡镇两级政府依据批复的村镇规划，加大投入，切实搞好村镇基础设施建设。年末，全区共修建村镇道路 2.17 万千米，其中硬化道路 3229 千米，有 70% 的行政村通上柏油路；有 121 个乡镇、1036 个村庄用上自来水，受益人口 58.66 万人。

1998 年后，全市坚持城乡统筹，村镇基础设施建设进入新阶段。乡镇驻地新修道路逐渐变宽，两旁绿化面积逐步扩大；中心村、重点村等主要道路硬化、绿化、亮化同规划、同施工。2005 年，全市村镇基础设施投资 13.2 亿元，使自来水普及率、道路硬化率分别为 50%、60% 以上，建设公共绿地面积 230 公顷。2008 年，全市完成村镇建设总投资 27.4 亿元，新增道路 360.8 万平方米，绿化 11.6 万平方米。2010 年，全市所有行政村通油路。

2013 年，全市组织“双百大城市”三年攻坚战，完成村镇建设投资 208 亿元，新增供水能力 23 万立方米 / 日，新增道路 538 千米，绿地面积 392 公顷，启动农村新型社区 174 个。2014 年，建设集中供热社区 242 个、使用管道燃气社区 189 个；建有社区污水处理设施 147 处。2015 年，全市自来水普及率 99.5%。

二、小城镇建设

2000 年年初，东昌府区堂邑镇、沙镇镇，临清市康庄镇、烟店镇，高唐县清平镇，茌平县博平镇、乐平铺镇，东阿县牛角店镇，阳谷县寿张镇、阿城镇，莘县朝城镇、古云镇、张鲁镇，冠县柳林镇、东古城镇等 15 个镇被省政府列为中心镇。随后，聊城市将中心镇作为小城镇建设的重点，纳入经济社会发展总体规划，努力将中心镇建设成为规模适度、规划科学、功能健全、环境整洁、具有较强辐射能力的农村区域性经济文化中心，发展成为带动能力更强的现代化小城镇。至 2015 年，堂邑镇、康庄镇等 15 个镇已成为主导产业比较明晰、镇区功能逐步配套，财政收入大幅度提高，领跑全市经济社会发展的中心镇。

2004 年 2 月，阳谷县阳谷镇、莘县城关镇、高唐县琉寺镇、临清市烟店镇 4 个镇被列入全国重点镇。以此为契机，四镇在集聚人口、扩大就业、带动农村地区发展等方面取得明显成效，并成为县域经济的发展中心。2005 年 8 月，全市村镇规划建设暨城乡环境综合整治工作会议要求，把小城镇建设工作推向新的发展阶段，确定小城镇建设工作的重点放在村镇基础设施建设、环境综合整治、农村新型住宅建设等方面，充分发挥中心镇、中心村、卫生村（镇）、环保村（镇）的示范作用。

2012 年 6 月，在山东省开展的“百镇建设示范行动”中，聊城市先后有 2 批 12 个镇（第一批有临清市烟店镇、莘县古云镇、茌平县博平镇、冠县柳林镇、东昌府区沙镇镇 5 个镇；第二批有东昌府区郑家镇、阳谷县石佛镇、茌平县乐平铺镇、茌平县冯官屯镇、东阿县姜楼镇、东阿县大桥镇、高唐县清平镇 7 个镇）成为全省“百镇建设示范行动”示范镇。这些示范镇根据自身特点，找准发展定位，明确发展方向，突出鲜明特色，打造城镇品牌，形成工业带动型、商贸流动型和文化旅游带动型的小城镇，并充分发挥出重要的引领示范作用。2013 年，市政府出台《关于全面加快新型城镇化步伐的意见》《“双百大城市”战略实施方案》和《城镇化工作考核办法》，全市城镇化科学发展的要求更加明确。

2014 年，全市又有 10 个镇被列入全国重点镇，省级示范镇增加至 12 个，市级示范镇重新调整为 7 个，形成国家级重点镇、省市级示范镇和一般乡镇梯次发展的局面。全年完成村镇投资 196 亿元，同比增长 53%；19 个省、市级示范镇完成基础设施投资 13 亿元，构建起路网框架和完善的基础设施，“一条街、两排房”的形象得到根本改变，建成区共计增加城镇人口 4 万余人。

2015 年，聊城市以重点镇建设、“双百大城市”战役为着力点，全市有 26 个乡（镇）驻地通过增强服务功能，提高承载能力，组织吸引周边村庄人口向小城镇聚集。高唐县清平镇投资近亿元实施千年古镇建设，吸引周边客户到此经商；梁村镇驻地大型千户社区建设一期工程全面完工，工程总投资 1400 万元。临清市烟店镇、康庄镇，冠县定远寨乡、辛集乡，阳谷县李台镇、张秋镇，茌平县博平镇，莘县古云镇等均把小城镇建设作为发展重点，强化产业集聚、人口集中和产品集散功能，形成较大规模的居住区。

三、农村新居建设

到 1997 年，随着改革开放的深入和农民收入的增加，全区农村房屋绝大多数拆旧翻新，农民住房人均面积 16.06 平方米，但仍有不少旧房和危房。

1998 年后，农村新居建设与危房改造摆上全市各级政府的重要议程，推动农村改建了大批农房，但多数样式仍比较陈旧，与新农村建设的要求存有差距。2005 年 8 月起，全市开始推进农村新型住宅建设，并动员有关设计专家设计新型住宅图案，于2006年年初全市“两会”期间展出，征求人大代表和政协委员意见和建议。同时，编辑《优秀农村住宅方案图集》，免费向农民发放。市、县、乡（镇）三级分别确定村镇建房试点，以总结经验，面上推开。阳谷县大布镇刘胡同村率先采用新型农村住宅设计方案，建造多处新型住宅，达到“节能、环保、经济、实用”的要求，其做法在全市推广。

2009年8月，市政府印发《关于推进农村新居建设与危房改造工作意见》，成立市农村新居建设和危房改造工作领导小组。自此，聊城市开始按照新型城镇化、城乡一体化和新农村建设的要求，坚持统一规划、集约用地、规模开发、配套建设，推动农民居住区域由分散向集中转变、平房向楼房转变、村庄向社区转变，同时开展农村住房建设与危房改造工作。是年，全市启动农村新居建设10.31万户，完成6.65万户，危房改造1.1万户；整村迁建236个，启动千户社区建设46个，直接拉动投资消费80亿元，涌现出冠县田马园村、阳谷县七级四合村、东阿县王海村和莘县马西沟村等一批先进典型。2010年，围绕进一步改善农民住房条件，实施农村新居建设“百亿工程”，研究制定一系列保障农房建设质量的政策措施，将农村新居建设纳入基本建设程序，开展质量安全检查，加强质量管理。是年全市完成投资120亿元，建设农村新居12.1万户，改造危房1.5万户，启动千户社区140个、城中村改造86个、整村改造启动356个，有30多万名农民乔迁新居。至2011年的3年间，全市累计建设农村新居21.7万户，60余万名农民搬出危房旧房、住进新农房，改造危房建设规模和质量管理均走在全省前列。

2013年起，全市各级政府坚持把农村新型社区建设作为迅速改善农民生活居住水平、实现“就地城镇化”的重要途径，列入工作日程，确保落实到位。确定农村新居建设主要有三种类型，即以产业带动新居建设，走以企业带农村、村企融合、共同发展的路子；以重点项目建设促进新居建设，通过拆迁，进行城中村改造；以城镇建设辐射带动人口聚集，通过增强服务功能，提高承载能力，组织吸引周边村庄人口向小城镇集中。是年，全市启动农村新型社区174个，累计有40余万户农民搬进楼房新居。争取中央和省奖补农村危房改造资金1.08亿元，改造农村危房1.51万户，改造户数、奖补资金均居全省第一位。2014年，全市稳步推进农村新型社区建设与危房改造，新建社区153个，改造危房1.73万套。全市累计建设农村新型社区510个，其中有26个社区人口规模3000人以上。

2015年，稳步推进农村新型社区建设与危房改造，全市农村住房建设完成3.87万户，完成年度计划的128.9%；农村危房改造完成7865户，完成年度计划的131%，其中纳入中央补助范围的农村危房改造完成3330户。至是年年底，全市累计建成农村新型社区363个，建成新居9.6万套。

第三节 村镇环境整治

2005年，全市城乡环境综合整治工作会议提出加强乡村环境综合整治工作，争取三年内有较大改观。2007年，以省际边界出入口和试点村镇为重点，突出卫生保洁、绿化美化等。2008年，各县（市、区）普遍开展以“三清”（清理柴草堆、清理粪堆、清理垃圾堆）、“四改”（改水、改灶、改厕、改圈）、“四通”（通路、通电、通自来水、通宽带网）、“五化”（居室美化、庭院绿化、房前屋后净化、家庭成员知识化、生活方式科学化）为重点的村镇环境综合整治，村容镇貌发生根本变化。

2014年，省委办公厅、省政府办公厅印发《关于加强城乡环卫一体化工作的意见》。市委、市政府把全面开展城乡环卫一体化工作作为村、镇建设的一项重要工作，列入议程，重点部署。全市各县（区、市）、乡（镇、街道）很快建立起集“保洁、收集、清运”于一体，“户集、村收、镇运、县处理”一条龙的城乡环卫一体化网络。至年底，全市集中清理垃圾395万吨，建设垃圾转运站125个，长期存在的垃圾围村现象基本清除，农村环境明显改善。在全省城乡环卫一体化农村群众满意度电话抽样调查中，聊城市综合排名由第十六名升至第二名。

2015年4月，全省乡村文明行动城乡环卫一体化工作现场推进会在聊城召开，向全省推广聊城市推行城乡环卫一体化的经验做法。是年，全市保洁人员1.8万人，配备垃圾清运人员2200人，垃圾处理人员计有400人；135个乡（镇、街道）全部建成垃圾中转站，6458个村庄（社区）全部纳入城乡环卫一体化管理。按照“10户1个”的标准全部配齐垃圾箱，从村到乡镇转运站再到垃圾处理厂，全部配齐密闭式专用运输车辆，共计1695台。市财政设立5000万元的以奖代补资金，各县（市、区）共计投入资金8.9亿元，县、乡、村三级按照3∶3∶4的比例共同承担垃圾转运费，同时鼓励社会资金投资城乡环卫一体化，建立起“以公共投入为主、多元化投入为辅、社会积极参与”的投入机制，全市累计吸引社会资金11.2亿元。是年，全市生活垃圾治理投入资金13.9亿元，累计硬化镇村道路2700千米、安装路灯5.6万盏、栽植树木57万株；累计清理垃圾564万吨。全市村容村貌明显改观，8个县（市、区）一次通过省环卫一体化办公室的全覆盖认定。

第六章　房地产开发与管理

1997年，聊城城区房地产行业处于初始起步阶段。经过19年的发展，至2015年，全市房地产开发投资从2.19亿元增加到165.27亿元，商品房新开工面积从16.50万平方米增加到336.71万平方米。其中，市中心城区，房地产开发投资从1.78亿元增加到89.90亿元，商品房新开工面积从14.45万平方米增加到203.19万平方米。房地产开发企业从最初的35家逐步发展到281家，从仅有当地企业到当地企业和外地企业并存；房地产开发模式也从项目“招拍挂”（招标、拍卖与挂牌）逐步过渡到土地“招拍挂”；质量要求逐步从注重建筑质量提升到注重住宅小区整体环境质量；房地产行业管理也从粗放式管理逐步升级为规范化管理。

第一节　房屋征收拆迁

1997—2003年，聊城市（地区）为建设江北水城进行旧城改造，城市房屋拆迁任务重、时间紧、困难大。1997年，全区共有拆迁户3662户、3761人，房屋6400间、面积16.42万平方米，补偿费用2843.01万元；就地安置239户、600人，面积为2.1万平方米，异地安置83户、265人，安置面积1.2万平方米；拆迁土地面积4.49公顷，作价补偿250万元。

1999年，市政府出台《聊城市城市房地产开发建设房屋拆迁管理暂行办法》；2000年重新颁布《聊城城区房屋拆迁补偿标准》。至2003年的7年间，全市完成拆迁总面积500万平方米，其中，市中心城区拆迁面积160.36万平方米，涉及湖西公园建设、师院南校区扩建、古运河开发、振兴路贯通、聊大东扩、环城湖公园、文化广场、人民广场等工程项目50余个。

2004年，国家拆迁政策紧缩，聊城市重新出台《拆迁管理办法》《补偿标准》《拆迁估价指导意见》等文件，成立拆迁估价专家委员会，对房地产评估机构进行认证管理。完成市城区拆迁面积20多万平方米，涉及居民1120户，拆迁工作做到“四合法一到位”（项目合法、程序合法、主体合法、补偿标准合法，补偿资金到位）。2005年，全市共实施拆迁32个项目，拆迁面积101.5万平方米。

2005 年，聊城市拆迁管理办公室邀请全国法学界专家、律师举办法律法规讲座　（武振华摄）

2006—2010 年，市政府确定“城建靓市”指导方针，实行拆、管分离改革，理顺拆迁管理体系，成立 10 家独立的拆迁服务公司，建立科学规范的拆迁工作、办事、审批、监督程序；在全省率先开发拆迁管理软件，对房屋征收拆迁全过程进行动态管理。5 年间，全市共计拆迁面积 470 余万平方米，涉及街道 4 个、居（村）委会 100 余个、居民 3.5 万余户、单位 3500 余个。

2011 年，市政府出台《聊城市国有土地上房屋征收与补偿工作暂行规定》。依据该规定，市征收办公室制定《聊城市房屋征收与补偿工作程序》，全年征收房屋面积 5 万余平方米，涉及单位 39 个、居民 102 户、经营户 216 个。2012 年，全市房屋征收拆迁共涉及 4 个街道、30 余个居（村）委、7000 余户，房屋征收面积 80 万平方米。

2013 年，市中心城区先后完成“五环工程”改造、北关片区旧城改建等 86 个项目的房屋征收拆迁工作，拆迁面积 467.78 万平方米，拆迁户 2.14 万户。

2014 年，全市征收拆迁项目 81 个，征收拆迁面积 747.07 万平方米，其中市中心城区 125.54 万平方米。2015 年，全市征收拆迁项目 34 个，共征收房屋面积 68.41 万平方米，其中市中心城区征收拆迁 24.62 万平方米。

2011—2015 年，全市共实施征收拆迁面积 2823.12 万平方米，其中市中心城区征收拆迁面积 683.45 万平方米。

1997—2015 年聊城市中心城区房屋拆迁补偿安置情况表

表 4-17　　　　单位：户、万平方米、万元

年份	主要项目及项目数	拆迁户数	拆迁面积	补偿金额	安置面积
1997	闸口商贸城、乐园小区等 3 个项目	257	5.71	5825	2.02
1998	龙山商场南区工程 1 个项目	74	1.74	740	0.21
1999	师院北校前区、聊城市城区运河（闸北段）开发改造项目等 6 个项目	887	12.18	10295	0.03
2000	闸南名优副食商厦拆迁工程、卫育综合区前许区段等 3 个	210	4.04	4105	0.55
2001	凤凰文化广场工程、聊城师范学院南校区等 15 个项目	2829	53.46	51645	17.14
2002	聊城客运总站、新东方广场等 24 个项目	2681	45.52	41122	10.15
2003	香江光彩大市场二期、聊城大学东校区一二期等 29 个项目	2176	37.35	33052	7.80
2004	三叶综合楼项目、花园南路改造（刘营村）等 8 个	1120	20.11	13947	6.26
2005	名人苑组团二期、颐馨园二期等 5 个项目	281	4.05	4389	3.06
2006	东昌湖风景区治理改造工程、育红小学等 5 个项目	341	3.67	4104	1.88
2007	—	—	—	—	—
2008	运河四期 1 个项目	316	5.56	17366	2.80
2009	古城区改造一二期、体育公园二期等 15 个项目	3655	61.20	138907	56.08
2010	古城改造三四期、古城棚户区改造廉租房建设项目（望湖居住小区）等 14 个项目	4365	59.63	329478	50.86

续表 4-17

年份	主要项目及项目数	拆迁户数	拆迁面积	补偿金额	安置面积
2011	华港卫育二期、王宅等 4 个项目	1362	22.58	74555	18.10
2012	双庙片区旧城改造一期、柳园南路拓宽改造工程等 24 个项目	2164	42.93	58551	10.27
2013	“五环工程”改造、北关片区旧城改建等 86 个项目	21352	467.78	717166	210.57
2014	柳园北路拓宽改造、第二实验小学项目等 23 个项目	5488	125.54	131178	56.74
2015	鲁西化工退城进园、海源路拓宽等 31 个项目	1003	24.62	30937	9.26

第二节　房地产开发

一、投资开发

1997 年，全区新建商品房 16.46 万平方米，竣工商品房 19.2 万平方米，其中竣工商品住宅 14.2 万平方米。

1998—2001 年，全市房地产开发投资 14.73 亿元，施工面积 290.04 万平方米；新开工建设 179.23 万平方米，竣工 111.22 万平方米，销售面积 69.76 万平方米。其中，住宅建设投资 7.72 亿元，施工面积 241.82 万平方米；新开工建设 154.26 万平方米，竣工面积 93.08 万平方米，销售面积 59.62 万平方米。

2004 年，房地产开发坚持以普通商品房为主，开发性质由单一住宅开发逐步向写字楼、商业服务设施等综合性开发延伸。是年，全市投资 28.85 亿元，其中，商品住宅投资 14.52 亿元，新开工面积 234.41 万平方米，其中商品住宅新开工面积 143.83 万平方米，竣工商品房面积 254.45 万平方米，商品住宅竣工面积 167.70 万平方米，销售商品房面积 191.44 万平方米，其中，商品住宅销售 137.45 万平方米。

2005 年，随着国家宏观调控政策的实施，住宅建设与房地产开发投资呈现回落态势。全市房地产开发投资 20.23 亿元，开工 139.43 万平方米，竣工 184.60 万平方米，销售 100 万平方米，比上年同期分别下降 7%、25%、18% 和 12%。其中，商品住宅投资 14.1 亿元，开工 130 万平方米，竣工 90 万平方米，销售面积 85 万平方米，比上年同期分别下降 7%、22%、16% 和 10%；城镇居民人均住宅建筑面积 25.8 平方米。

2008 年，调整住房供应结构，发展普通商品房。全市房地产开发投资 29.25 亿元（其中住宅 20.93 亿元），比上年同期增长 10%（其中住宅增长 7%）；新开工面积 161.06 万平方米（其中住宅 142.54 万平方米），比上年同期下降 10%（其中住宅下降 11%）；竣工商品房面积 149.85 万平方米（其中住宅 126.43 万平方米），比上年同期下降 4%（其中住宅下降 8%）；销售面积 87.71 万平方米（其中住宅 84.1 万平方米），比上年同期下降 39%（其中住宅下降 38%）。

2009 年，房地产价格趋于稳定。全市房地产开发投资 30.59 亿元，同比增长 2%；商品房施工面积 495.01 万平方米，同比增长 5%；商品房新开工面积 194.38 万平方米，同比增长 18%；商品房竣工面积 140.61 万平方米，同比增长 6%。

2012 年，房地产价格保持平稳，房地产消费更趋理性，投资性购房得到一定程度的控制。全市房地产开发投资 111.59 亿元，新开工面积 335 万平方米，竣工面积 269.81 万平方米。2013 年，全市房地产完成投资 98.72 亿元，全市新开工商品房 354.10 万平方米，批准预售商品住房 297.42 万平方米，12 家房地产企业进入全市纳税企业 50 强，金柱集团有限公司、聊城荣盛房地产开发有限公司、星光房地产公司分别位列第三位、第五位和第九位。

2014 年，全市房地产业保持健康平稳发展。全市房地产产业总投资 205.09 亿元，商品房新开工面积827.78万平方米，商品房竣工面积309.08万平方米。

2015年，全市房地产开发投资165.27亿元，房地产业与建筑业缴纳各项税收33.66亿元，占全市地税收入的29.6%；全市商品房登记销售面积499.15万平方米，比上年增长52.32%，商品房库存比上年下降3.58%。

1997—2015年聊城市房地产开发情况表

表4-18　　单位：亿元、万平方米

年份	全市			市城区		
	完成投资	新开工	竣工	完成投资	新开工	竣工
1997	1.47	16.46	19.20	—	—	—
1998—2001	14.73	179.23	111.22	—	—	—
2002—2003	39.16	398.55	204.14	—	—	—
2004	28.85	242.95	266.31	20.13	178.32	201.25
2005	20.23	139.43	184.60	11.90	70.46	116.12
2006	28.30	206.40	141.90	17.89	98.72	97.12
2007	26.56	179.11	155.73	15.46	97.25	78.69
2008	29.25	161.06	149.85	15.34	80.66	66.04
2009	30.59	194.38	140.61	17.81	104.62	74.85
2010	72.89	382.92	180.27	34.63	210.72	94.17
2011	87.68	351.98	197.37	44.21	156.43	104.04
2012	111.59	335.00	269.81	60.98	203.11	132.67
2013	95.72	354.10	180.52	49.60	148.20	140.62
2014	205.09	827.78	309.08	99.10	434.91	190.61
2015	165.27	336.71	251.20	89.90	203.19	151.57

二、开发企业

1997年，全区房地产开发企业有35家，其中三级资质以上的企业11家。2001年年底，聊城市共有开发企业70余家，注册资金4.7亿元；注重招来市外开发企业，市外开发企业在聊城进行房地产投资38亿元。2003年，大批外商纷纷来聊城投资。2008年年底，全市共有房地产开发企业148家。2011年，聊城市实现一级资质房地产开发企业“零”突破，全市3家企业（其中市城区占1家）晋升为一级房地产开发开发资质。2013年，聊城市12家房地产企业进入全市纳税企业50强，金柱集团有限公司、聊城荣盛房地产开发有限公司、星光房地产公司分列第三位、第五位和第九位。至2015年，全市有房地产开发企业281家（其中市城区占128家），其中，一级资质企业9家（市城区6家）、二级资质企业21家（市城区19家）、三级资质企业29家（市城区16家）、四级和暂定资质企业222家（市城区87家）。

三、优质项目

1997年后，随着房地产业的不断发展，房地产开发建设水平有了很大提高，全市（区）相继开发建设了一批高品质住宅小区。是年8月，当代集团公司开发建设的湖北小区被山东省治安综合治理委员会评为“全省安全文明小区”。2002—2003年，涌现出鼎舜花园、新东方广场、凤凰新城等高档楼盘。2005年，昌华房产开发建设的棕澜海小区和南郊集团开发建设的城市主

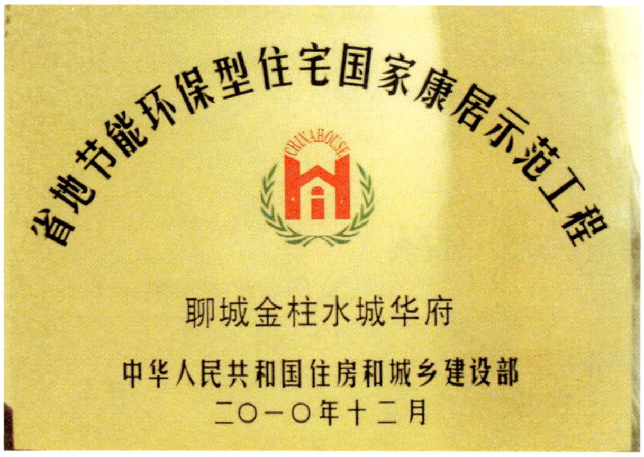

2010 年 12 月，聊城金柱水城华府获得省地节能环保型住宅国家康居示范工程（武振华摄）

人小区通过建设部 A 级住宅性能认定预审。2008 年，“水韵花都”和茌平县“家和苑”小区被评为“山东省优秀住宅小区”。2010 年，金柱集团开发建设的水城华府小区被命名为聊城市首个国家康居示范工程，与东昌华庭和城市主人小区一起荣获住房和城乡建设部 AA 级住宅性能认定证书。2014 年，棕澜海和昌隆——“御龙金湾”项目获得全国住宅质量最高奖“广厦奖”；荣盛房产开发建设的“阿尔卡迪亚四期”项目通过住房和城乡建设部 AA 级性能认定预审；荣盛房产的“水岸花语”通过国家康居示范工程预审。至 2015 年，聊城市重点优质房地产开发项目计有 13 个。

聊城金柱水城华府（2014 年 9 月摄）

第三节　房地产市场管理

一、项目管理

1997—2001 年，聊城市（地区）房地产开发实行的是项目协议出让，即每个开发项目都由房地产开发主管部门先进行经济效益分析，然后用开发规费进行调控，再推出去招标，最后择优实施；招标后严格对资金、资信情况进行审查，然后再签订合同，取得项目开发经营权的企业根据主管部门的相关约定进行开发建设，房地产开发主管部门要在随后的实施过程中跟踪管理。

2002 年起，聊城市房地产开发实行土地“招拍挂”政策，开发企业竞得土地后，根据规划设计条件和通过规划部门审批的规划方案进行开发建设。至 2003 年，全市房地产开发项目改变过去规模小、组团式的开发方式，一般项目均在 5 万平方米以上；在开发性质上也由单一住宅开发逐步延伸到写字楼、商业服务设施等多个领域，规划设计建设品位不断提高。2004 年，为整顿和规范房地产市场秩序，市房管局组建房地产执法监察队伍，对房地产市场违法违规行为进行监督、检查，是年追缴项目价款 48 万元。2005 年，市房管局执法监察队伍共检查 19 个开发项目，下发限期改正通知书 29 份，处罚决定书 8 份，听证告知 5 份，罚款 3.5 万元，补交费用 2.8 万元，追缴项目监管资金 30 万元、开发管理费 37.18 万元。2005 年，市房管局出台《聊城市商品房预售资金监管实施细则》，对商品房预售资金进行监管，确保预售资金使用安全。

2007 年，市房管局针对房地产市场中存在的扰乱市场秩序、侵害消费者合法权益等突出问题，加强对房地产项目广告监管，严肃查处各类虚假宣传和误导消费者的行为；严格执行房地产项目审批和开发经营许可制度，彻底堵死零星插建的口子；建立完善房地产开发项目库，编制房地产开发年度计划，推行房地产项目开发权招标拍卖；加强对在建开发项目的跟踪监控，严格组织综合验收，确保开发项目符合规划要求、按期交付使用，确保基础公用设施配套同步建成、拆迁补偿安置落实到位。2008 年，市房管局实行房地产项目开发手册制度和项目资本金制度，及时掌握开发项目建设情况；对 8 个已建成项目进行督促检查，对 23 个销售场所进行日常巡查和集中检查。2009 年，市政府印发《关于促进聊城市房地产市场健康发展的意见》。

2010 年，聊城市城区住宅开发项目全部实行《住宅开发项目建设意见书》制度，作为商品住宅土地“招拍挂”的前置条件和开发合同的附件，对开发项目实行全过程管理。是年，市政府印发《聊城市城区住房建设规划（2010—2012 年）》《关于保持全市房地产市场稳定健康发展的实施意见》《聊城市房地产开发项目竣工综合验收备案管理办法》，进一步加强开发项目管理，保障购房者合法权益。2013 年，市政府印发《聊城市城区住房建设规划（2011—2015 年）》；2015 年，印发《关于促进全市房地产市场平稳建设发展的意见》等，从住房保障、金融、税收、土地供应、市场监管等方面对市场进行调节，实现住房供求总量基本平衡、结构基本合理、价格基本稳定，促进房地产市场平稳健康发展。

二、产权产籍管理

1997 年，选派专业人员进行产权产籍评估、执法和房产测绘学习培训，组织全区首次房屋大检查。年底，全区累计登记住宅用房 1055.95 万平方米，非住宅用房 671.04 万平方米，应登记面积为 1778.42 万平方米，登记率 97.1%；已发证 1686.22 万平方米，发证率 97.6%。1999 年，对城区所有房屋进行大普查。

2001 年 5 月，全市房地产二级市场全面放开。2002 年，市房管局推动房地产交易与权属一体化。2004 年，全市受理产权业务 5486 户，档案查阅 253 户。2004 年，共受理各项业务 2.35 万户，其中转移登记业务 3613 户，抵押业务 5125 户，预售业务 8820 户，直管公房出租业务 76 户，租赁业务 85 户。2005 年，为进一步加强房屋权属管理，改变农村房屋权属不明、产权不清的现象，开展乡镇房屋确权工作。年内，有 14 个乡镇房屋确权工作全面铺开，完成房屋确权面积 15 万平方米。2006 年，市房管局落实建设部《房地产交易与权属登记规范化管理考核标准》，进一步调整工作流程、简化办证环节，加大对集体土地房屋确权发证和租赁管理的宣传，各项指标比上年同期均有较大增加。2008 年年初，市房管局完成房地产市场信息系统的调研工作，确定房地产信息系统建设规模和发展方向。2010 年，建成以商品房预售信息管理系统为龙头，以房产交易与产权产籍登记系统为核心的房地产信息系统，缩短初始登记和所有权转移登记、抵押权登记的办事时限。2013 年，健全完善房屋登记簿，推进存量房屋登记簿的补建工作；对符合规划的新农村建设的房屋情况进行详细统计，符合办证条件的通过手续审查后进行确权；对 12 个乡镇、37 个社区、80 万平方米面积的农村集体土地范围内的房屋进行摸底，办理乡镇确权业务 236 户，面积 46.39 万平方米。

2011—2015 年，全市办理产权业务 1076 户，面积 485.86 万平方米；办理转移业务 3.39 万户，面积 381.28 万平方米（其中：一手房 1.7 万户，面积 204.48 万平方米；二手房 1.03 万户，面积 106.11 万平方米；其他业务 6556 户，面积 70.69 万平方米）；办理预售登记业务 6.81 万户，面积 842.16 万平方米；办理抵押业务 5.62 万户，面积 946.67 万平方米；办理乡镇确权业务 2109 户，面积 181.42 万平方米；办理租赁业务 5453 户，面积 87.15 万平方米。

三、交易管理

1997 年 4 月，聊城地区行署办公室发布《关于加强房地产交易市场管理报告》。年底，全区共有房地产交易机构 9 个，人员 86 人；预售商品房 3700 套，总面积 3.98 万平方米；共收取契税 183.70 万元，管理费 28.4 万元；累计交易总面积276.98万平方米，成交额8.28亿元，其中：转让面积62.15万平方米，成交额3.06亿元；租赁面积85.34万平方米，成交额5664.45万元；抵押面积129.49万平方米，成交额4.65亿元。

1998年起，规范全市房地产交易管理，市政府出台《聊城市已购公有住房、经济适用住房上市交易办法》《聊城市商品房预售管理办法》，各县（市、区）均出台《已购公有住房、经济适用住房上市出售管理办法》，规范房地产交易管理。1999年，对城区所有房屋进行大普查（包括公房、私房），其中私有房屋普查共普查44个村（居）委，1.54万户，普查房屋面积262万平方米。2001年5月，全市包括各县（市、区）在内的房地产二级市场全部放开，在山东省属首家。2002年，市政府出台《关于进一步放开搞活住房二级市场的意见》，及时调整政策，降低门槛，扩大公房上市范围。2002年、2003年，连续两年举办两届房地产展交易会，成交额7500万元，其中房地产业占85%，达成意向成交额2亿元。

2004年年底，全市房地产交易标志性场所——房金大厦开业运营。该交易场所集房地产转让、抵押、租赁、商品房预售、权属登记发证、二手房交易、房屋档案业务于一体，开设受理、收费、发证、契税征收、测绘评估、中介代理、政策咨询等20多个对外服务窗口，实现“一门受理、统筹协调、规范服务、限时办结、一口收费”的便捷式服务。是年，建立全市二手房交易中心，与建设银行合作开展房地产抵押贷款绿色通道，新增二手房公积金抵押贷款业务，主城区二手房交易量41.43万平方米。2005年，全市城区新建商品房现房销售面积63.21万平方米，成交金额9.3亿元，商品房平均交易价格1471.35元/平方米。其中，住宅现售2961套，成交面积31.08万平方米，成交金额4.04亿元，商品住宅平均交易价格1301.15元/平方米；存量房买卖成交面积15.07万平方米，成交金额1.81亿元，平均成交价格1201.38元/平方米。各项指标与上年同期相比均略微有所增长，且控制在10%之内，平均交易价格比上年同期增长8%。

2007年，聊城市强化商品房预售许可管理，改进和加强对新建商品房预售销售的价格监管，建立价格申报制度，严格执行商品房预售合同备案制度，实行商品房预售资金监管制度等，保障预售商品房交易双方当事人的合法权益。2010年，以商品房预售信息管理系统为龙头，以房产交易与产权产籍登记系统为核心的房地产信息系统建成，并与省级系统的联网，实现了数据共享、数据分析、预报预警及信息透明公开化。年内，各项业务共完成706.6万平方米，3.41万宗。2011年，启动二手房网上交易和资金监管，买房人将首付资金打入指定账户，贷款和房屋过户均由房管局负责，10个工作日买房人就可领房产证，卖房人就可领到房款。全年各项业务共完成478.93万平方米，2.8万宗。2012年，全市商品房平均销售价格3886元/平方米，同比增长3.2%。其中，市城区商品房平均销售价格4305元/平方米，同比增长2.8%；商品住宅平均销售价格3801元/平方米，同比增长2.8%。全市城区商品住宅平均销售价格4260元/平方米，同比增长2.6%。2013年，组建“聊城住建委房产交易中心网”，实现“房产证办证结果查询”“业务指南查询”“公积金查询”“商品房备案查询”，以及部分楼盘等信息的直接查询；年内各项业务共完成408.67万平方米、3.57万宗。2014年，产权交易服务水平不断提升，办理各项业务3.7万件，面积712万平方米。2015年，全市商品房登记销售面积499.15万平方米，比上年增长52.32%，商品房库存比上年下降3.58%。

四、中介管理

1997年，全区共有房地产评估机构9个，职工56人，房地产转让评估2442宗，建筑面积51.44万平方米。2002年、2003年，房地产市场交易活跃，房地产中介服务业得到发展，全市拥有房地产咨询、房地产经纪和房地产评估机构

7 个，从业人员 36 人，促成房地产业交易面积 240 万平方米。2004 年 8 月，聊城市二手房交易中心成立。是年，完成房地产评估业务 1106 宗，评估面积 55.6 万平方米，评估价值 8.23 亿元。2005 年，安康职业担保公司为购房者提供银行担保，年内共担保 1246 户、1.51 亿元；市二手房交易中心客流量 10 万人次，登记出售信息 1400 条，出租信息 1300 条，成交房屋 400 余宗，成交面积 4.2 万平方米，成交额 4300 万元；永辉、中衡评估有限公司全年完成房地产评估业务 1745 宗，评估面积 105.61 万平方米，评估价值 13.36 亿元。2007 年，加强房地产评估机构资质管理，加大对房地产策划、经纪、代理活动中违法违规行为的查处力度，加强行业自律。至 2015 年，全市房地产评估机构资质管理工作逐步实现规范化。

五、物业管理

小区物业管理　1997 年 11 月，聊城地区首家社会化、专业化、市场化的物业服务企业——天工物业成立，并在闸北小区开始试点，推行有偿物业管理服务。年内，为两家物业管理企业办理资质证书，培训物业公司经理 2 名。1998 年 12 月，聊城市房地产管理局成立，下设房地产管理科，具体“引导、规范、发展”物业管理。2000 年 9 月，市政府印发《聊城市城市住宅小区物业管理办法》，进一步规范住宅小区物业管理。2002 年，全市首家住宅小区业主委员会——湖北小区业主委员会成立。2004 年，全市新增物业管理企业 11 家，新增接管物业面积 110 万平方米。年底，全市物业企业发展到 48 家（其中聊城市城区 36 家），管理各类房屋面积计 754.06 万平方米，从业人员 3000 人；物业服务类型涉及住宅小区、办公大厦、医院、写字楼、学校等。2005 年 4 月，聊城市物业管理协会成立。2006 年 11 月，施行《聊城市住宅小区物业管理企业与各专业管理部门职责分工暂行规定》，对住宅小区物业管理相关各方职责进行详细划分。2007 年，全面推行物业项目招投标及物业项目经理注册制度。全市物业服务企业 78 家（城区 52 家、县市 26 家），物业管理面积共计 950 余万平方米，物业管理覆盖率 23%，新建住宅小区物业管理覆盖率 100%。2008 年 3 月，市房管局制定《聊城市物业投诉纠纷处理实施方案》，实行“统一受理，集中梳理，分级办理，限期处理”的纠纷投诉处理工作新机制；5 月，设立全市住宅小区前期物业招投标备案制度。年底，全市物业服务企业 75 家，管理项目 260 个，管理面积 1500 余万平方米，从业人员超过 4000 人；全市城镇物业管理覆盖率为 32%，其中住宅覆盖率 42%，非住宅覆盖率 21%，分别比上年同期增长 14%、8%、23%；全市物业管理行业年内完成营业税收及附加值 170 万元，比上年同期增长 2%。2010 年 10 月，市住建委印发《聊城市物业服务企业资质动态监督管理暂行办法》，创新设立物业服务企业资质动态考核记分机制，建立健全物业管理企业及从业人员信用信息体系。2013 年 2 月，市政府发布《聊城市物业管理办法》。2014 年 7 月，嘉明工业园香格里拉小区党支部成立，初步构建由物业经理兼任小区党支部书记，以小区党支部为核心，居民委员会（居民小组）、业主委员会和物业服务企业共同参与社区事务协商管理的工作平台。2015 年 7 月，实施《聊城市城区老旧小区整治提升工作方案》，老旧小区整治改造工作全面展开；8 月，市政府办公室印发《关于加强社区物业管理工作的意见》。该意见坚持属地管理、权责统一原则，将住宅小区物业管理工作纳入城市管理、社区管理建设工作统筹考虑；9 月，市住建局印发《关于下放物业服务企业三级资质审批权限的通知》，将物业服务企业三级资质核准、延续、变更及物业管理矛盾纠纷协调处理等，下放各县（市、区）物业主管部门。至 2015 年年底，全市共有物业服务企业 178 家（其中，一级资质 1 家，二级 8 家，三级 169 家），物业管理项目 491 个（其中省优项目 17 个，市优 79 个），物业管理面积 3600 万平方米，从业人员超过万人。

维修资金管理　住宅维修资金分住宅专项维修资金和物业质量保修金两项。2003 年，聊城市设立住宅专项维修资金管理制度，在政策制定、资金归集、维修支用和加强监督等方面建立完善规范的工作机制，形成以资金集中筹集、业主共同使用、政府监督管理为基础的房屋“养老”维修保障机制。2004 年，市房管局房地产执法监察队伍追缴物业维修基金 112 万元。2005 年，投资 40 余万元建立住宅专项维修资金管理系统，并在房地产交易中心设立住宅专项维修资金业务受理窗口。年内，建立个人住宅专项维修资金账户信息 1.5 万户，清查住宅专项维修资金 3258 万元，归集到户专项维修资金 1200 余万元。2006 年，归集住宅专项维修资金 3200 万元，涉及 2.8 万余户。2010 年，归集住宅专项维修资金 8200 余万元，涉及 3 万余户。至 2015 年年底，聊城市住宅小区专项维修资金归集总额累计 5.5 亿元，支用总额累计 2757 万元，8 万户业主从中受益。

2010 年 11 月，市政府印发《关于加强物业质量保修金管理的实施意见》，实行新建物业质量保修金管理制度。年内，物业质量保证金累计到达专户资金 900 余万元。至 2015 年年底，共完成 167 个项目的归集工作，归集到户资金余额约 1 亿元。

第七章　保障性住房建设

1997—2015 年，全市（区）围绕“住有所居”的目标，不断加大保障性住房建设力度，完善住房保障政策，通过经济适用房、廉租住房、公共租赁住房、限价商品房、棚户区改造等多种途径，使更多的住房困难家庭切实享受到了住房保障工作成果，起到了调民生、惠民生、促发展的社会作用。特别是棚户区改造，使广大居民从基础设施不完善的城中村，住进了供水、供电、供热、供气以及商业、教育、医疗等公共服务设施较为齐全的新社区，生活环境明显改善。

第一节　保障性住房管理

1997 年后，各县（市）均成立安居工程领导机构，制定安居工程实施方案和有关政策，开始实施安居工程和经济适用房建设。

2005 年，市政府印发《关于聊城市经济适用住房建设管理实施意见的通知》，提出合理确定经济适用房的户型面积和户型比例，明确经济适用住房建设的优惠政策、限定供应对象和价格，即户型标准每套建筑面积控制在 60 ～ 80 平方米，优先向城市低收入家庭和城市房屋拆迁居民、住房困难的“双困难户”，且家庭人均住房建筑面积低于（含）15 平方米的家庭提供。市房管局还根据全市经济发展水平和城市居民家庭住房情况，合理确定中等收入家庭、中低偏下收入家庭和最低收入家庭的收入线划分标准，对城区进行摸底调查，初步掌握城区住房困难户的基本情况并建立档案资料。2006 年，市政府出台《聊城市城镇最低收入家庭廉租住房管理办法》；成立聊城市经济适用房建设指挥部，具体负责经济适用住房的建设工作。2007 年 6 月，启动廉租住房制度建设，制定《聊城市城镇最低收入家庭廉租住房管理暂行办法实施细则》。市房管局结合旧城拆迁改造和公益项目建设，将拆迁改造回迁安置、公益项目建设和集资建房统一纳入经济适用住房建设管理。至是年年底，全市初步建立起以普通商品住房、经济适用住房和廉租住房为主体的多层次的住房保障体系，住房供应结构发生深刻变化。2008 年，经济适用住房和廉租住房完成施工面积 19.42 万平方米。

2010 年，市政府印发《聊城市保障性住房建设规划（2010—2012）》《聊城市公共租赁住房管理办法》《聊城市经济适用住房管理办法》，加强保障住房管理，调整聊城市城区低收入住房困难家庭条件和廉租住房保障标准，并确定争取用3年时间基本解决城市低收入住房困难家庭问题。2012年，全市建立保障性住房分配的“三级审核、两级公示”制度（即街道初审，区民政局复审，住建委复核；社区公告5日、住建委公告15日）。在公开配售环节，严格房源公告和入围排序，实行公开抓号、轮候选房等程序，并邀请监察局、公证处全程监督，保障性住房分配公开透明、公平公正。是年，聊城市出台《聊城市城区政府限价商品住房管理暂行办法》。年底，全市有8000余户住房困难家庭搬进新房。2013年，全市住房保障水平明显提升，全年开工各类保障性安居工程住房2.11万套，有1万余户城镇住房困难家庭改善居住条件。

2014年9月，市住建局印发《关于调整聊城市城区经济适用房准入条件的通知》，将申请经济适用房的家庭人均年收入从低于2013年度人均可支配收入的60%调整为70%，即从1.6万元以下调整至1.9万元以下；印制《聊城市公共租赁住房和廉租住房并轨运行实施意见》，要求公共租赁住房租金标准根据保障对象的支付能力实行差别化租金，实行动态调整，直至按照市场价格收取。年内，全市开工建设各类保障性住房1.35万套，基本建成9500套。

2015年，推进棚户区改造和公共租赁住房项目，全市开工保障性安居工程5.22万套，基本建成3.04万套。聊城市城区共受理住房保障申请4000余户，通过入户调查、产权产籍信息对比、要件审核、社会公示等程序，共计审核通过3966户，共发放租赁补贴1011户。

第二节　经济适用房建设

1997年，全区各县（市）有计划地争取资金，开始实施安居工程和经济适用房建设，以解决中低收入家庭中无房户、住房困难户的住房问题。是年，聊城市（今东昌府区）建设安居小区总面积6万平方米。

1998—2001年，全市批准经济适用房建设项目33个，投资5.31亿元，施工面积91.34万平方米，竣工面积82.34万平方米，销售率100%。

2004年，实施安康工程。市安居中心全年开发建设5万平方米，解决305户困难家庭住房问题。同时，投资3000万元，新开工经济适用住房面积4.5万平方米，占同期商品住房的6%。

2005年，结合旧城改造，实施安康居住工程，全年共建设经济适用住房面积21.4万平方米。2006年，开工建设经济适用房3.06万平方米。2007年，实施柳园新村、怡香园小区、园东小区、回民小区等多个经济适用住房小区建设，竣工面积15.69万平方米。

2008年7月，市中心城区组织位于安居•怡香园小区首批经济适用住房共84套进行摇号配租，房子单套面积均在60平方米左右。2009年，开工建设经济适用房10.72万平方米，年底有1385户低收入住房困难家庭搬进新房。2010年，新开工经济适用住房1372套。2011年，全市建成经济适用住房1658套；2012年建成1422套。2013年，在怡香园小区建设经济适用房128套。2014年，配建奥森花园经济适用房62套。至2015年，聊城市共开工建设经济适用房8018套，建成7696套。

第三节　廉租房建设

2007年6月，聊城市全面启动廉租住房制度建设，制定《聊城市城镇最低收入家庭廉租住房管理暂行办法实施细则》，确定廉租住房保障群体必须具备的基本条件：人均收入不超过本市、县（市）城镇居民最低生活保障标准，且已接受民政部门连续救助6个月以上；家庭成员具有聊城市、县（市）城镇居民常住户口且连续居住5年以上；无房户或虽拥有私有住房和承租公有住房，但人均建筑面积不超过10平方米。9月，开始发放全市城区第一批廉租住房补贴，共23户。2009年，全市全年累计发放廉租住房租赁补贴3022户，发放补贴资金477.48万元。2010年，新增廉租住房补贴户887户。2012年，新增廉租住房租赁补贴户数546户。

2009年，全市12个廉租住房建设项目（其中5个项目获中央投资补助）全部开工，全年累计完成投资9550万元。2010年，新开工廉租住房608套。2011年，新建廉租住房410套。2011年1月13日，聊城市城区组织首批廉租住房摇号配租活动，分配怡香园4号楼，共计72户。2012年，新建廉租住房203套。

第四节　公共租赁住房建设

2010年，为解决全市中等偏下收入家庭、新就业职工和外来务工人员的住房需求，全市启动公共租赁住房建设。聊城市出台《聊城市公共租赁住房管理办法》（以下简称《办法》），推出公共租赁住房政策。《办法》规定：享受公共租赁住房的应为中等偏下收入家庭、新就业人员、进城务工人员。中等偏下收入家庭要满足以下条件：家庭成员至少1人具有聊城市城区常住户口两年以上且实际居住，单身（含离异）申请的，年龄满35周岁且具有完全民事行为能力；申请家庭人均年收入低于（含）2.2万元；申请家庭机动车辆购置价格、工商登记注册资金（资本）和各类非住宅类房屋总价值低于10万元；申请家庭在本市城区无私有住房或虽有私有住房但人均住房建筑面积低于（含）15平方米。新就业人员需具备的条件：申请人具有聊城市城区常住户口且实际居住，具有全日制大学专科（含专科）以上学历且毕业不满8年；单身申请的，年龄满20周岁且具有完全民事行为能力；被市城区行政、事业单位录用为正式工作人员或和市城区用工单位依法签订劳动或聘用合同满一年；申请人在聊城市城区无住房或虽有私有住房但人均住房建筑面积低于（含）15平方米；单身申请的，父母在聊城市城区无住房资助能力。进城务工人员需具备的条件为：申请人为聊城市城区以外的户口且在聊城实际居住，聊城市以外的户口需取得“居住证”；单身申请的，年龄满20周岁且具有完全民事行为能力；被市城区行政、事业单位录用为正式工作人员并缴纳养老保险金；或与聊城市城区用工单位依法签订满一年的劳动或聘用合同，并在市城区缴纳养老保险金满一年或累计缴纳养老保险金满两年；申请家庭在聊城市城区无私有住房或虽有私有住房但人均住房建筑面积低于（含）15平方米；单身申请的，父母在聊城市城区无住房资助能力。《办法》首次将外来务工人员纳入住房保障范围，同时实现与廉租住房、经济适用住房和限价商品住房的合理衔接。《办法》确定的保障面积标准为：1人户25平方米；2人户35平方米；3人户为45平方米；4人以上（含4人）户为50平方米。《办法》确定的租金补贴标准为：城市最低收入住房困难家庭租金补贴为每月每平方米6.0元；其他低收入住房困难家庭租金补贴为每月每平方米5.0元。

2010年，全市建设公共租赁住房184套；2011年增为3429套；2012年为3030套；2015年增至1.09万套。至2015年年底，全市累计建设公共租赁住房1.75万套。

聊城市怡香园小区交付使用的公租楼房　（2014年9月摄）

第五节　限价商品住房建设

2011年，聊城市推出限价商品住房政策，限价商品房的供应对象主要为中等偏下收入住房困难家庭、新就业职工和外来务工人员家庭。2011年，聊城市首批限价商品住房——南湖新城开工建设，共建设限价商品住房2570套。2012年，建设限价商品住房3000套。至2015年，未再有建设统计数据。

第六节　棚户区改造

2009年，聊城市争取上级资金800万元，开始实施棚户区改造，是年改造800套。2011年，全市棚户区改造1.01万套。2014年，全市棚户区改造9.19万套，其中建成6.8万套。全市有96个项目、3.97万户列入中央和省棚改计划，数量居全省第一位，获得上级奖励补助资金9.22亿元。2015年，棚户区改造加速推进，列入国家和省计划的4.43万户全部开工，建成回迁安置房1.95万户；全市完成改造城中村355个，占总数的50%以上，涉及居民10.3万户，47.2万人。

至2015年的7年间，全市共列入省棚户区改造计划11.95万套，累计改造面积2630万平方米；共争取中央和省资金20.19亿元（其中包含配套基础设施中央预算内投资6.47亿元）。

东昌府龙湾回迁安置区　（2015年摄）

2009—2015年聊城市棚户区改造情况统计表

表4-19

年份	改造数量（套）	争取上级资金（万元）	年份	改造数量（套）	争取上级资金（万元）
2009	800	800	2013	12137	24077
2010	3462	300	2014	39688	91875
2011	10126	10006	2015	44271	60108
2012	7650	14777	总计	118134	201943

第八章　住房公积金

1995年6月，聊城地区开始推行住房公积金制度。至1997年年底，全区累计归集公积金8000余万元，到位率40%。2002年3月，根据《国务院关于修改〈住房公积金管理条例〉的决定》的规定，全市缴存住房公积金的范围调整扩大为国家机关、国有企业、城镇集体企业、外商投资企业、城镇私营企业及其他城镇企业、事业单位、民办非企业单位、社会团体及其在职职工。至2015年年底，全市共有3510家单位为35万余名职工建立住房公积金账户，覆盖率93.8%，累计归集总额86.51亿元。1998年，聊城市开始办理住房公积金个人住房贷款业务。2005年，新增二手房公积金抵押贷款业务。2006年、2010年、2015年，三次调整住房贷款额度，最高贷款额度分别为15万元、30万元、50万元。至2015年年底，全市累计放贷总额100.32亿元。

1998年，开办住房公积金提取业务。是年，支取住房公积金454万元，累计支取额653万元。2014年，公积金提取改为全额提取，提取还贷改为先提后还。2015年9月，对公积金提取政策做出调整，落实租房提取政策、放宽购房提取条件、扩大提取范围。是年，全市提取公积金8.43亿元，累计提取公积金31.79亿元。

第一节　公积金管理

1993年12月，聊城地区住房资金管理处成立。1995年6月，全区开始推行住房公积金制度。

1998年3月，聊城地区住房资金管理处改称聊城市住房资金管理处。2003年，聊城市住房资金管理处更名为聊城市住房公积金管理中心。2005年，聊城市住房公积金管理中心完成机构调整。2006年，实现市县垂直管理。2007年，市政府颁布《聊城市住房公积金管理办法（草案）》，市住房公积金管理中心开始在工作中逐步探索建立一套“宣传教育、下达文书、强力执法”依次递进式的归集执法程序。2008年，首次实现公积金贷款零逾期目标。2009年，开展住房公积金管理专项检查，全市有122家正常经营，有56家未启动单位办理开户，共补交412万元，新增缴存人数1.12万人；制定《贷款业务风险控制岗位责任制》，开启连续多年公积金贷款零逾期的历史。2010年，逐步建立健全住房公积金管理信息系统，继归集程序投入使用后，贷款和会计核算程序也相继投入使用；建立服务大厅，中国建设银行等5家国有商业银行和担保公司及业务相关部门全部进驻大厅办公，实现了从公积金缴存、支取到贷款业务受理的“一站式”服务；设立公积金查询和投诉电话，及时更新“16898018”住房公积金查询热线信息数据库，增强公积金管理透明度。2011年，对东阿县和东昌府区两家拒不缴纳公积金的企业，先后送达住房公积金缴交通知书、住房公积金行政处罚告知书、住房公积金行政处罚书，并移交市中级人民法院强制执行。2012年，按照住房和城乡建设部要求，住房公积金使用网络专线和专用设备，建立与住房和城乡建设部直通的通信专用网络，实现了住房和城乡建设部、省监管处、市住房公积金管理中心、受托银行专网连接并独立运行。2013年，实行严格的贷款跟踪审查制度，由稽核科对公积金各项业务活动的真实性、合法性和效益性进行稽核，建立风险分级防范、预警和处置机制。2015年，市政府办公室印发《关于住房公积金使用政策调整的通知》，颁布18项惠民新政策，加大公积金贷款力度，放宽公积金提取条件。

2006年，聊城市住房公积金管理中心高唐县管理部揭牌仪式　（路茂兴摄）

第二节　公积金归集

1996年1月，聊城地区住房制度改革办公室印发《聊城地区住房制度改革领导小组关于印发〈聊城地区住房公积金制度实施暂行办法〉的通知》。该通知规定，凡聊城地区（含中央、省驻聊单位）所有党政机关、群众团体、企事业单位的固定工、合同制职工，经劳动部门批准的计划内临时工以及三资企业的中方职工，均须缴存住房公积金；职工个人和所在单位的公积金缴存率各为5%，外商投资企业及其中方职工各为8%。1997年年底，累计归集公积金8000余万元，到位率40%。

2002年3月，《国务院关于修改〈住房公积金管理条例〉的决定》公布实施后，全市缴存住房公积金的范围调整扩大为国家机关、国有企业、城镇集体企业、外商投资企业、城镇私营企业及其他城镇企业、事业单位、民办非企业单位、社会团体及其在职职工。是年，共有18.7万名职工缴纳公积金。2005年4月1日，全市各缴存单位和个人住房公积金缴存比例提高到8%，经济条件好的单位适当提高缴存比例，最高不得超过15%。是年，住房公积金归集重点向乡镇机关、企事业单位和私营企业、外（合）资企业转移。年底，全市有1900余个单位为18.1万名职工建立住房公积金账户。2006年，全市归集公积金余额10.58亿元。

2009年，聊城市住房公积金管理中心成立法规科，专门负责对公积金应缴未缴单位的催缴。2012年1月1日，全市住房公积金个人和单位缴存比例由各8%提高到各12%。2013年，全市住房公积金月缴存比例不得低于各5%，不得高于各12%；全市住房公积金月缴存基数上下限范围为1080～8442元；全市住房公积金月缴存额范围为108～2026元。

2015年，全市共有3510个单位为35万余名职工建立住房公积金账户，是年归集公积金20.5亿元，累计归集余额86.51亿元，覆盖率93.8%。

1998—2015年聊城市住房公积金归集情况表

表4-20　　单位：万人、万元

年份	总人数	是年归集额	累计归集余额	年份	总人数	是年归集额	累计归集余额
1998	—	6223	10438	2007	25.9	47079	144261
1999	—	—	—	2008	28.3	62829	194955
2000	16.0	8107	25903	2009	30.1	74502	252939
2001	16.5	10135	33316	2010	31.2	84099	316485
2002	18.7	13204	43637	2011	32.3	107349	401437
2003	18.4	15357	54286	2012	33.4	130442	505628
2004	18.4	16492	65590	2013	34.0	153787	620106
2005	18.1	21441	81569	2014	34.7	179639	744382
2006	21.4	32273	105829	2015	35.2	205036	865095

第三节　公积金贷款

1998年，聊城市开始办理住房公积金个人住房贷款业务。办理对象具备条件为年满18周岁具有完全民事行为能力的自然人；连续足额缴存住房公积金；具有购房合同、协议；购房首付款符合规定比例；具有稳定的经济收入、良好的信用和按规定偿还贷款本息的能力。根据办理对象所具备的条件，是年全市共办理个人住房公积金贷款308万元，回收17万元，余额258万元，项目贷款9102.5万元。2001年，全区累计发放公积金贷款1.6亿元。2004年，市住房公积金管理中心对全市范围内公积金的归集、使用、发放和余额进行检查，并对公积金管理中心机构调整前所发放的贷款督促追缴，确保资金安全。2005年，全市新增个人住房贷款额1.57亿元，累计发放个人住房贷款3.88亿元，发放贷款余额2.72亿元，发放人员2.24万人，公积金使用率39%。是年年底，新增二手房公积金抵押贷款业务。

2006年，调整住房贷款额度。住房贷款最高贷款额度调整为15万元，其中：抵押贷款最高额度为15万元；保证贷款最高额度为10万元；单方缴存住房公积金的，最高额度为5万元。是年，累计发放个人贷款12.56亿元，是年发放4.87亿元，存贷比151%，累计帮助4万余户家庭解决住房问题。2010年，住房贷款最高贷款额度为30万元，其中：抵押贷款最高额度为30万元；保证贷款最高额度为20万元；单方缴存住房公积金的，最高额度不得超过住房公积金贷款最高额度的2/3。是年，个人贷款业务迅猛增长，共发放贷款7.4亿元，比上年同期增加1.1亿元，同比增长18%。2012年，全市对逾期项目贷款进行集中清理，共清理逾期项目贷款377.74万元，项目贷款余额为零，不再办理住房公积金项目贷款。2014年，住房贷款最高贷款额度调整为40万元。2015年，住房贷款最高贷款额度为50万元，抵押和质押贷款、保证贷款最高额度均为50万元，取消单方缴存与双方缴存住房公积金贷款额度的区别；最长贷款年限提高至25年，贷款年限延长至法定退休年龄后5年。2015年9月，市政府印发《聊城市住房公积金管理中心关于住房公积金使用政策调整的通知》，大幅调整贷款政策：贷款条件由职工连续足额缴存住房公积金一年以上调整为6个月以上；首套房的首付款比例由30%降至20%；在全国范围内全面推行异地贷款业务；允许缴存职工将已办理的个人商业住房贷款转为住房公积金贷款。是年，全市发放住房公积金贷款11.6亿元，完成全年计划的111%。

1998—2015年聊城市住房公积金贷款情况表

表4-21　　单位：万元

年份	是年放贷金额	累计贷款余额	累计放贷总额	年份	是年放贷金额	累计贷款余额	累计放贷总额
1998	308	258	—	2007	66543	94514	192129
1999	—	—	—	2008	74282	128377	266414
2000	5604	4203	9122	2009	63159	147811	329574
2001	6600	7181	15722	2010	74428	179579	404005
2002	7426	11432	23148	2011	127550	264908	531553
2003	12518	12830	35666	2012	112614	327711	644167
2004	19052	24842	54910	2013	142155	411979	786321
2005	22206	31430	76924	2014	100669	445276	886985
2006	48659	60348	125584	2015	116172	478109	1003156

第四节　公积金提取

1995年，公积金制度实行之初，由于没有完备的提取制度，职工住房公积金实行封存管理，但符合条件的职工如提出申请，经审核同意后，可以办理提取手续。1998年，全市开始办理住房公积金提取业务。是年，支取住房公积金454万元，累计支取额653万元。2004年，全市提取公积金5200万元，累计提取公积金额1.91亿元。2010年，全市提取公积金2.06亿元，累计提取公积金额9.03亿元。

2014年，公积金提取改为全额提取，提取还贷改为先提后还。2015年9月，聊城市住房公积金管理中心印发《关于住房公积金使用政策调整的通知》，对公积金提取政策做出调整，落实租房提取政策、放宽购房提取条件、扩大提取范围。是年，全市提取公积金额8.43亿元，累计提取公积金额31.79亿元。

1998—2015 年聊城市住房公积金提取情况表

表 4-22　　单位：万元

年份	是年提取金额	累计提取金额	年份	是年提取金额	累计提取金额
1998	454	653	2007	8642	41086
1999	—	—	2008	12135	53221
2000	—	—	2009	16519	69741
2001	—	—	2010	20558	90300
2002	—	—	2011	22400	112696
2003	—	—	2012	26258	138951
2004	5200	19113	2013	39298	178250
2005	5314	24427	2014	55364	233619
2006	8017	32444	2015	84323	317942

第五节　公积金增值

1995 年，公积金制度实行之后，住房公积金的增值收益全部用于建立住房公积金贷款风险准备金、住房公积金管理中心的管理费用和建设城市廉租房的补充资金。1998 年，全市全年住房公积金增值收益 335 万元，累计收益金额为 571 万元。2015 年，全市全年住房公积金增值收益 2.15 亿元，累计收益金额为 7.45 亿元。

2007—2013 年的 7 年间，分别办理提取廉租住房建设补充资金 1200 万元、1570 万元、3090 万元、3264 万元、2680 万元、5243 万元、7860 万元。至 2015 年年底，全市累计提取廉租房建设资金额 5.07 亿元。

1998—2015 年聊城市住房公积金增值收益情况表

表 4-23　　单位：万元

年份	增值收益	累计增值收益	年份	增值收益	累计增值收益
1998	335	571	2007	2054	7644
1999	433	1004	2008	2120	9764
2000	274	1278	2009	4160	13924
2001	443	1721	2010	4365	18289
2002	411	2132	2011	4436	22725
2003	694	2826	2012	6294	29019
2004	484	3310	2013	10411	39430
2005	845	4155	2014	13578	53008
2006	1435	5590	2015	21529	74537

第五编　生态环保

Part V Ecological Environmental Protection

聊城志

1997年，聊城地区以水污染防治为重点，关停万吨以下小造纸厂76个，减少废水排放量4159万吨，削减化学需氧量12.77万吨，局部环境质量得到明显提升。

1998年3月聊城撤地设市后，市委、市政府坚持污染防治与生态保护并重，将其纳入国民经济和社会发展计划，通盘考虑，重点加强。2002年起，坚持环境保护为发展服务、为群众服务的宗旨，全面实施“四大工程”（碧水工程、蓝天工程、安静工程、生态工程），全市环境质量得到较大改善。2003年，市委、市政府提出创建国家环境保护模范城市的工作目标。全市各级党委、政府和有关部门坚持可持续发展战略，逐步构建起“治、用、保”的水污染防治体系。在2004年、2005年全省城市环境综合整治定量考核中，连续两年在考核城市中名列前三名。

2008年7月，市委十一届四次全会提出，在北方城市中建设第一个“生态文明城市”的战略目标。推动循环经济试点工作，祥光生态工业园区成为鲁西第一个获准建设的国家级生态工业园区，泉林纸业有限公司被列为国家第一批循环经济试点企业，时风集团等四家企业被列为山东省循环经济示范企业。2009年7月，聊城市代表山东省迎接国家首次对海河流域水污染防治工作考核，并获得第一名。2010年10月，聊城市成功创建“国家环保模范城市”。

2012年，在山东省主要污染物减排考核中，聊城市进入前三名，获一等奖。2013年，聊城市第二次代表山东省参加海河流域迎检，在全国9大流域25个省（市、自治区）的迎检城市中，再获第一名，省政府奖励100万元。省政府在聊城召开全省水污染防治现场会，推广其经验。2014年，实施“生态水城”战略，突出节能减排和污染防治，全市“蓝天白云、繁星闪烁”的天数同比增长50%。是年，聊城成为山东省唯一入选国家节能减排的财政补偿综合示范城市，也是山东省空气质量综合改善幅度最大、获得生态补偿资金最多的城市。2015年，以创建“生态文明城市”为主线，以建设现代化、生态型、卓越秀美的“江北水城”为目标，以发展循环经济为着力点，全市环境持续改善，空气质量优良天数125天，同比增加5个百分点。

第一章 环境质量

至2015年，全市大气环境质量各污染物基本上以1997年最多，然后逐年减少。境内水环境质量，徒骇河、卫运河、马颊河、京杭运河、金堤河等主要河流不同程度地受到污染，大部分河段和出境断面超过Ⅴ类标准，水体中主要污染物为化学需氧量、氨氮；东昌湖水环境质量总体情况较好，水体中主要污染物为有机耗氧物质、总氮和总磷；饮用水水源地水质均达到良好以上。声环境质量中，道路交通噪声除有1个年份为中度污染，2个年份轻度污染，其他年份均为较好年份；区域环境噪声无中度以上污染等级。

第一节 大气环境质量

1996—2000年，全市（区）工业废气排放总量945.35万标立方米，工业废气中主要污染物有二氧化硫（24.93万吨）、烟尘（20.85万吨）、工业粉尘（3.72万吨）。各污染物基本上以1997年最多，然后逐年减少。工业废气、二氧化硫、烟尘排放量以聊城城区最多。2001—2005年，全市工业废气中二氧化硫排放总量25.87万吨，比“九五”期间增长3.8%。同时，由于环保部门加大执法力度，各企业加强对污染的治理，工业废气基本实现达标排放，废气中的污染物基本得到控制和消减。烟尘排放总量9.26万吨，工业粉尘排放总量1.43万吨，烟尘、工业粉尘排放量明显下降。2006—2010年，全市空气质量均达到国家环境空气质量二级标准，环境空气良好率除茌平县为88.1%外，其余县（市）均在90%以上。2014年，全市空气质量改善率位列全省第一名，“蓝天白云、繁星闪烁”天数同比增长50%，获得省级生态补偿奖励资金2403万元。2015年，空气质量持续改善，获得省级生态补偿奖励资金310万元。

1997—2000年，市区大气质量基本良好，大气污染物主要为总悬浮颗粒物，次之为二氧化硫，二氧化氮最轻。2001—2005年，市区环境空气中污染最严重的是可吸入颗粒物。其中，2003—2005年的浓度值符合国家二级标准，整体呈下降趋势；二氧化氮最轻，其浓度均符合国家二级标准。2006—2010年，市区可吸入颗粒物、二氧化硫的年平均浓度均达到国家空气质量二级标准，二氧化氮的年平均浓度均达到国家空气质量标准一级标准。主要污染物可吸入颗粒物、二氧化硫、二氧化氮均为采暖期污染，明显重于非采暖期，以冬季污染最重、夏季污染最轻。2011—2015年，二氧化硫、降尘污染程度略有减轻，二氧化氮、可吸入颗粒物污染程度略有加重。其中，可吸入颗粒物污染程度加大，聊城市城区环境空气质量污染先呈加重趋势，后逐年持续改善，其中2013年污染最重。细颗粒物为首要污染物，可吸入颗粒物为次要污染物，二氧化硫污染最轻。

2001—2015年聊城市区良好天数情况表

表5-1　　单位：天、%

年份	2001	2002	2003	2004	2005	2006	2007	2008
属良好天数	135	130	257	344	342	360	335	344
实测天数	156	157	276	365	365	365	365	365
良好率	86.5	82.8	93.1	94.2	93.7	98.6	91.78	93.99
年份	2009	2010	2011	2012	2013	2014	2015	
属良好天数	181	—	—	—	68	129	135	
实测天数	365	—	—	—	365	365	365	
良好率	49.59	—	53.2	36.5	18.6	35.3	37	

说明：2000年及之前数据缺失

1997—2015年聊城市区环境空气质量情况表

表5-2　　单位：毫克/立方米

年份	二氧化硫	二氧化氮	可吸入微粒物	细颗粒物	降尘
1997	0.031	0.016	0.299	—	—
1998	0.034	0.021	0.303	—	—
1999	0.033	0.022	0.280	—	18.32
2000	0.037	0.023	0.289	—	27.71
2001	0.034	0.027	—	—	26.18
2002	0.039	0.0273	—	—	12.14
2003	0.035	0.030	0.090	—	12.60

续表 5-2

年份	二氧化硫	二氧化氮	可吸入微粒物	细颗粒物	降尘
2004	0.043	0.036	0.099	—	15.38
2005	0.057	0.028	0.099	—	12.99
2006	0.058	0.029	0.098	—	15.50
2007	0.058	0.034	0.099	—	13.20
2008	0.055	0.032	0.093	—	14.40
2009	0.054	0.031	0.093	—	13.10
2010	0.053	0.030	0.092	—	12.80
2011	0.073	0.048	0.152	—	12.70
2012	0.062	0.043	0.152	0.106	14.20
2013	0.068	0.055	0.230	0.132	12.70
2014	0.053	0.050	0.177	0.099	10.60
2015	0.041	0.044	0.164	0.101	9.00

说明：2000 年 1 月 6 日起，取消氮氧化物指标；二氧化氮的二级标准的年平均浓度限值定为每立方米 0.08 毫克；1997—2000 年为总悬浮颗粒物年日均值，其二级标准限值 1996 年起为每立方米 0.2 毫克；2001—2015 年为可吸入颗粒物年日均值，其二级标准限值为每立方米 0.1 毫克；二氧化硫的二级标准限值为每立方米 0.06 毫克；$PM_{2.5}$ 的国家二级标准限值为每立方米 0.035 毫克

二氧化硫

1997—2015 年，二氧化硫平均值 0.048 毫克／立方米，低于国家二级标准，浓度范围 0.031～0.075 毫克／立方米。19 年中该项指标仅有 2011—2013 年三年超标。

二氧化氮

1997—2015 年，二氧化氮平均值 0.0329 毫克／立方米，低于国家二级标准，浓度范围 0.016～0.055 毫克／立方米，该项指标全部低于国家二级标准，无超标现象。

总悬浮颗粒物（TSP）、可吸入颗粒物（PM_{10}）（$PM_{2.5}$）

“九五”期间，总悬浮物颗粒物监测浓度范围为 0.008～2.88 毫克／立方米，超标率为 34%。2001—2002 年，可吸入颗粒物浓度范围是 0.070～1.043 毫克／立方米，超标率为 18.8%。2003～2015 年，可吸入颗粒物（PM_{10}）监测浓度范围为 0.090～0.230 毫克／立方米，平均值为 0.126 毫克／立方米，其中，2011—2015 年超过国家二级标准限值。

2012—2015 年，$PM_{2.5}$ 的监测浓度范围为 0.099～0.132 毫克／立方米，平均值为 0.1095 毫克／立方米，均超过国家二级标准。

降尘

1981 年，开始进行城区降尘监测。“九五”期间，聊城市监测站根据国家及省有关文件，仅 1996 年、1999 年 4～12 月、2000 年对大气降尘进行监测，其浓度范围是 3.50～153.46 吨／平方千米·月，超标率 29.3%。“十五”期间，聊城市监测站大气降尘监测浓度范围是 3.70～76.93 吨／平方千米·月，超标率 15.8%。“十一五”期间，降尘年均值从 15.5 吨／平方千米·月降至 12.8 吨／平方千米·月，5 年下降 17.4%。“十二五”期间，降尘年均值从 12.7 吨／平方千米·月降至 9.0 吨／平方千米·月，5 年下降 3.7 吨／平方千米·月。

硫酸盐化速率

“九五”期间，聊城市监测站共取得大气硫酸盐化速率监测浓度范围是 0.055～2.12mg $SO_2/100cm^2$·碱片·日，超标率为 60.6%。“十五”期间，年均值范围是 0.545～0.684mg$SO_2/100cm^2$·碱片·日，5 年总均值为 0.736mg$SO_2/100cm^2$·碱

片·日，均超标，其中以2001年的年均值最小，2002年的年均值最大。“十一五”期间，硫酸盐化速率年均值从0.376mgSOB 3B/100cmP2P·碱片·日降至0.212mgSOB 3B/100cmP2P·碱片·日，5年下降43.6%。“十二五”期间，硫酸盐化速率年均值从0.148mgSO_2/100cm^2·碱片·日升至0.274mgSO_2/100cm^2·碱片·日，5年上升0.09mgSO_2/100cm^2·碱片·日。

2000—2015年聊城市降水监测情况表

表5-3　　单位：个、%

年份	2000	2001	2002	2003	2004	2005	2006	2007
检出酸雨样品数	0	0	0	0	0	2	0	0
酸雨样品检出率	0	0	0	0	0	5.1	0	0
pH年均值	7.01	7.28	6.97	6.73	6.69	5.94	7.23	6.72

年份	2008	2009	2010	2011	2012	2013	2014	2015
检出酸雨样品数	0	0	0	0	0	0	0	0
酸雨样品检出率	0	0	0	0	0	0	0	0
pH年均值	6.64	6.70	6.18～8.23	6.90	6.47	6.64	6.47	7.72

说明：2000年之前数据缺失。2000—2015年，全市历年降水中的pH值范围为5.94～8.23，无酸性降雨

第二节　水环境质量

一、主要河流水质

1997—2000年，境内徒骇河、卫运河、马颊河、京杭运河、金堤河5条主要河流水质均达不到《地面水环境质量标准》（GB3838—1988）中四类标准的要求。氨氮、化学耗氧量严重超标，全市各县（市、区）所排废水基本为卫运河、徒骇河、马颊河所接纳，3条河流均受到不同程度的污染。2001—2005年，徒骇河、马颊河、卫运河的污染程度比1997—2000年四个年份有所减轻，各河流水质均有不同程度的改善，其中以卫运河最为明显。2006—2010年，全市各主要河流水质呈逐渐改善趋势。水质情况从好到差依次为京杭运河、金堤河、马颊河、徒骇河、卫运河。市区徒骇河及东昌湖水质，均达到国家地表水Ⅳ水质标准，市区内无劣Ⅴ类水体；城市集中式饮用水源水质达标率始终保持100%；5条主要河流均达到省政府确定的“有水就有鱼”的水质目标（化学需氧量为60毫克/升，氨氮为6毫克/升）。2011—2015年，马颊河、金堤河河流水质污染呈加重趋势，其余3条河流水质有所改善。水质状况从好到差依次为京杭运河、马颊河、徒骇河、卫运河、金堤河。

徒骇河　自莘县古云镇文明寨起，至高唐县固河镇李集出境，境内长度169.25千米。其主要支流有金线河、四新河、羊角河、赵王河、七里河、赵牛河等。徒骇河是接纳聊城市废水最多的河流，境内上游有莘县、阳谷县的污水汇入，中游有东昌府区的污水汇入，下游有茌平县的污水汇入；另外，东阿县的污水通过赵牛河在境外入徒骇河。1997—2015年，徒骇河出境断面—油坊桥断面主要污染物化学需氧量和氨氮历年年均值浓度超过Ⅴ类标准。徒骇河综合污染指数及主要控制指标化学需氧量与氨氮均有所下降，综合污染指数从2005年的6.94降到2015年的5.31；化学需氧量由2005年的41mg/L降到2015年的36mg/L，达到了国家地表水Ⅴ类标准；氨氮由2005年2.84mg/L降到2015年的2.23mg/L。

卫运河　自冠县班庄入境，至临清石槽乡权庄北出境，沿境干流长度74.52千米。该河只有临清市的污水排入，其主要支流有长顺渠、车

庄沟等。1997—2015年，卫运河出境断面—前油坊断面的主要污染物化学需氧量和氨氮历年年均值浓度超过Ⅴ类标准。综合污染指数从2005年的22.8降到2015年的5.90。主要控制指标化学需氧量由2005年的223mg/L降到2015年的33mg/L；氨氮由2005年6.54mg/L降到2015年的3.38mg/L。

马颊河　古为禹疏九河之一，因河道上宽下窄、形如马颊得名。自莘县董杜庄乡沙王庄入境，至高唐县梁村镇董姑桥进入德州市夏津县境，境内长度123.24千米。马颊河在聊城市接纳了冠县、高唐县两县的废水。1997—2008年，马颊河出境断面—董姑桥断面主要污染物化学需氧量和氨氮历年年均值浓度超过Ⅴ类标准。2015年与2010年、2005年相比，水质明显好转，其综合污染指数从2005年的9.83降到2015年的5.01。主要控制指标化学需氧量由2005年的76mg/L降到2015年的31mg/L，达到了国家地表水Ⅴ类标准；氨氮由2005年1.38mg/L升到2015年的1.58mg/L，均符合国家地表水Ⅴ类标准。

2015年，徒骇河毕家屯、马颊河任堂桥、卫运河称沟湾3个断面为国控断面，其水质均为劣Ⅴ类水质，水质状况属重度污染；莘县桥、前油坊（徒骇河）、千户营（马颊河）、临清大桥、油坊桥（卫运河）5个省控断面为劣Ⅴ类水质，水质状况属重度污染；1个省控断面董姑桥（马颊河）为Ⅴ类水质，水质状况属重度污染。

1997—2015年聊城市主要河流国控断面水环境质量状况表

表5-4　　单位：毫克/升

年份	徒骇河		马颊河		卫运河	
	化学需氧量	氨氮	化学需氧量	氨氮	化学需氧量	氨氮
1997	278.8	35.30	110.0	4.68	2350.0	16.30
1998	143.7	9.7	267.4	2.49	923.0	13.80
1999	152.3	21.2	232.7	4.80	2128.0	17.60
2000	81.0	6.19	78.7	2.78	740.0	13.30
2001	142.0	21.9	218.0	13.30	371.0	15.10
2002	54.7	2.18	77.5	2.62	465.0	15.90
2003	37.7	1.39	89.7	2.81	336.0	17.0
2004	33.1	1.14	122.0	1.50	248.0	11.50
2005	41.0	2.84	76.0	1.38	223.0	6.54
2006	58.0	6.80	93.0	2.23	168.0	9.33
2007	47.0	4.58	93.0	3.36	183.0	9.73
2008	36.0	3.68	98.0	2.46	85.0	7.21
2009	29.0	2.11	32.0	1.49	52.0	5.98
2010	31.0	2.13	33.0	1.30	50.0	4.79
2011	45.0	3.64	28.0	1.16	51.0	4.94
2012	30.0	1.26	34.0	1.34	33.0	3.73
2013	31.0	2.80	31.0	1.06	35.0	3.85
2014	29.0	2.26	31.0	2.44	33.0	2.99
2015	36.0	2.23	31.0	1.58	33.0	3.38

说明：1.表中指标为各断面年均值；执行标准为《地表水环境质量标准》(GB3838-1988和GB3838-2002)。2.化学需氧量的国家Ⅴ类标准限值为40mg/L、氨氮的国家Ⅴ类标准限值为2mg/L

二、东昌湖水质

东昌湖（又名凤城湖）位于聊城市区内，隶属于东昌府区，是中国北方最大的市内人工湖，水面总面积6.3平方千米。湖水除自然降水外，主要从二干渠、谭庄水库引黄河水补源，水深3～5米，正常库容量约1680万立方米，共分6个湖区。1998—2015年，市监测站在每个湖区各设1个监测点位，其水质评价采用《地面水环境质量标准》（GB3838—2002），东昌湖水质总体情况较好，水体中主要污染物为有机耗氧物质、总氮和总磷。

三、饮用水水质

至2015年，聊城市共有城镇集中式饮用水源保护区8处。其中，地表水源保护区2处，地下水源保护区6处，包括为城区供水水源保护区1处（位于东阿县），临清市1处、冠县1处、莘县1处、阳谷县1处、东阿县2处和高唐县1处。保护区划分方案由省政府于2010年批复。

按照《地下水质量标准》（GB/T14848—1993）对水源地的水质进行评价，全市饮用水水源地水质均达到良好以上，市内各地下水型水源保护区的水质能够满足Ⅲ类标准要求；地表水型饮用水水源保护区的水质能够满足Ⅲ类标准要求。

2015年聊城市地表水型城镇集中式饮用水水源保护区情况表

表5-5

类别	序号	名称	所在县	水源保护区称	设计供水量（万立方米/年）	实际供水量（万立方米/年）	保护区划分
地表水型	1	临清市城南水库饮用水水源保护区	临清市	城南水库	1480	1100	未批复
	2	高唐县南王水库饮用水水源保护区	高唐县	南王水库	1095	730	—

2015年聊城市地下水型饮用水水源保护区情况表

表5-6

类别	序号	名称	所在县	开采井（个）	井位埋深（米）	可开发量（万立方米/天）	实际开量（万立方米/天）	取水层地质	保护区划分
地下水型	1	东郊水厂东阿牛角店饮用水水源保护区	东阿	16	300	13.0	8.0	石灰岩地层	鲁环函〔2010〕505号
	2	冠县自来水公司三水厂用水水源保护区	冠县	8	86	1.2	0.7	细砂	
	3	莘县自来水公司饮用水水源保护区	莘县	18	50	1.5	0.6	细砂	
	4	阳谷县城区饮用水水源保水水源护区	阳谷	21	80～240	2.0	1.2	细砂	
	5	东阿县自来水公司二水饮用水水源保水水源护区	东阿	8	450	3.0	1.0	石灰岩地层	
	6	东阿县城区饮用水水源保水水源护区	东阿	5	400	1.0	0.5	石灰岩地层	

第三节　声环境质量

一、功能区噪声

1997 年，聊城城区功能区噪声监测主要是居民文教区、混合区、工业区、交通干线等 4 类。至 1999 年，各类功能区噪声夜间超标现象较多。2003 年后，各测点噪声监测结果逐渐好转。2006—2015 年，各类功能区昼夜噪声均未出现超标现象。

1997—2015 年聊城城区功能区噪声一览表

表 5-7　　单位：分贝

年份	项目	居民文教区	混合区	工业区	交通干线
1997	Ld	57.0	60.0	57.7	—
	Ln	47.4	54.7	49.2	—
	Ldn	57.2	62.1	58.3	—
1998	Ld	57.3	58.6	56.5	—
	Ln	49.6	54.5	48.6	—
	Ldn	58.2	61.5	57.3	—
1999	Ld	53.3	59.3	57.1	—
	Ln	50.3	53.0	51.7	—
	Ldn	57.0	60.9	59.2	—
2000	Ld	51.9	59.0	—	—
	Ln	45.6	50.2	—	—
	Ldn	53.5	59.4	—	—
2001	Ld	51.2	55.6	54.1	55.0
	Ln	47.3	48.6	44.2	47.0
	Ldn	54.3	56.9	54.1	55.8
2002	Ld	53.4	55.9	57.4	58.9
	Ln	54.7	59.3	58.3	61.0
	Ldn	60.8	64.9	64.2	66.8
2003	Ld	45.2	50.8	58.7	62.2
	Ln	36.0	41.4	42.6	54.4
	Ldn	45.5	51.0	57.5	63.6
2004	Ld	46.2	54.0	57.9	59.5
	Ln	39.0	43.7	51.6	48.3
	Ldn	47.4	53.9	59.5	59.1
2005	Ld	53.3	55.9	60.6	59.3
	Ln	41.4	43.2	53.5	54.6
	Ldn	51.7	54.3	59.3	58.4
2006	Ld	50.2	50.5	53.8	64.5
	Ln	41.2	44.3	46.9	51.1
	Ldn	50.6	52.2	55.1	63.6

续表 5-7

年份	项目	居民文教区	混合区	工业区	交通干线
2007	Ld	51.1	51.0	53.5	64.6
	Ln	40.5	44.4	46.3	50.2
	Ldn	50.9	52.4	54.6	63.6
2008	Ld	49.8	50.3	52.9	64.2
	Ln	39.1	43.8	45.2	51.5
	Ldn	49.6	51.8	53.8	63.5
2009	Ld	50.8	51.3	54.2	65.7
	Ln	39.6	44.6	46.5	50.8
	Ldn	50.4	52.7	55.1	64.6
2010	Ld	49.6	50.2	53.3	64.7
	Ln	39.3	43.5	45.8	50.7
	Ldn	49.5	51.6	54.3	63.7
2011	Ld	44.2	49.8	50.6	56.2
	Ln	38.1	43.0	44.2	48.3
	Ldn	45.9	51.1	52.2	57.0
2012	Ld	45.1	50.9	53.5	55.8
	Ln	38.6	42.3	45.5	46.4
	Ldn	46.6	51.4	54.3	56.1
2013	Ld	44.6	50.8	53.5	55.8
	Ln	39.0	41.5	45.2	48.4
	Ldn	46.6	51.0	54.1	56.8
2014	Ld	44.3	49.5	51.1	54.9
	Ln	38.5	44.0	44.0	47.4
	Ldn	46.2	51.6	52.3	55.9
2015	Ld	43.2	49.6	49.9	55.7
	Ln	38.4	41.8	43.3	45.3
	Ldn	45.7	50.4	51.3	55.6

说明：表中 Ld 为昼间等效声级平均值，Ln 为夜间等效声级平均值，Ldn 为昼夜间等效声级平均值

二、道路交通噪声

1997 年，聊城城区道路交通噪声分贝为 72.8，1998 年为 71.3，是 1997—2015 年间道路交通噪声分贝最高的两个年份。其中，1997 年为中度污染，1998 年为轻度污染。分析原因主要是道路质量较差等情况所致。1999 年后，全市开始对城区道路大规模改造改建，交通噪声分贝总均值逐渐递减。2001—2005 年，各年度道路交通噪声均值以 2001 年最高为 68.4 分贝，2004 年最低为 65.7 分贝，均符合国家标准。2006—2010 年，道路交通噪声年均值变化范围为 67.2 ~ 67.9 分贝，均达标；按照国家声环境质量评价方法评价，其道路交通声环境质量等级均属于“好”。2011—2015 年，道路交通噪声污染基本持平，但 2015 年度道路交通噪声有上升趋势，分贝升至 70.1，达到轻度污染等级。

分析原因，主要源于全市机动车保有量的迅速增加，如 2011 年小时平均车流量为 1458 辆，2015 年迅速增加到 2413 辆，交通噪声污染隐患加重。特别是各种重型装载汽车的使用，更加重了城区夜间的交通噪声污染程度。

1997—2015 聊城市交通噪声监测情况表

表 5-8　　　　单位：分贝

年份	交通噪声 Leq	年份	交通噪声 Leq
1997	72.8	2007	67.5
1998	71.3	2008	67.2
1999	69.8	2009	67.9
2000	67.5	2010	67.5
2001	68.4	2011	67.8
2002	67.4	2012	67.9
2003	66.3	2013	67.0
2004	65.7	2014	65.8
2005	67.1	2015	70.1
2006	67.5		

说明：城市交通噪声环境质量等效声级：≤ 68.0，属于好；68.1 ～ 70.0，属于较好；70.1 ～ 72.0，属于轻度污染；72.1 ～ 74.0，属于中度污染；＞ 74.0，属于重度污染

三、区域环境噪声

1997 年，全区区域环境噪声超标率 17%，1999 年升至 27.4%；2001 年 28.2%。2002—2015 年，随着消声降噪措施的推进，区域噪声得到有效控制。

至 2015 年的 19 年间，全市区域环境噪声平均值有 8 个年份为较好等级，11 个年份为轻度污染。全市区域环境噪声既无“好”等级，也无中度以上污染等级。

1997—2015 年聊城市区域噪声平均值情况表

表 5-9　　　　单位：分贝

年份	区域噪声平均值（A）Leq	年份	区域噪声平均值（A）Leq
1997	56.0	2007	54.0
1998	56.7	2008	54.1
1999	55.2	2009	55.0
2000	55.0	2010	55.2
2001	55.2	2011	55.2
2002	54.0	2012	55.2
2003	54.6	2013	55.1
2004	55.0	2014	54.2
2005	54.2	2015	55.3
2006	54.0		

说明：城市区域噪声环境质量等效声级：≤ 50.0，属于好；50.1 ～ 55.0，属于较好；55.1 ～ 60.0，属于轻度污染；60.1 ～ 65.0，属于中度污染；＞ 65.0，属于重度污染

第二章　环境保护

1997年后，全市（区）环境监测逐步加强，基本实现常态化、规范化。环境污染防治特别是大气环境治理，目标任务细化分解，严格考核奖惩。2009年，全市建立烟尘控制区10个，烟尘控制面积155.8平方千米。2014年，聊城市空气质量明显改善，全省考核排在第一位。

1998—2003年连续6年开展“聊城环保世纪行”宣传活动，对100余个单位和企业保护环境、治理污染及生态建设情况进行报道。

2003年8月，加快环保产业发展，成立聊城市环境保护科学学会。2004年、2013年，两次开展环境保护相关产业基本情况调查。全市共有42家从事环境保护相关产业的企事业单位专营或兼营环保产业，职工总数2108人。

2012—2013年，确定“预警于界、治污于内”的水污染防治工作思路，构建“企业源头治污、污水处理厂集中治污和人工湿地深度治污相结合，层层消减污染物，最大限度回用，枯水期污水零排放”的水污染防治体系。2014年，全市建成城市污水处理厂18家，日处理污水能力72万吨。徒骇河、马颊河、卫运河3条省控重点河流，化学需氧量和氨氮平均浓度分别为31.3毫克/升和1.6毫克/升，同比分别改善4%和30%。至2015年，全市共计征收排污费7.4亿元。

第一节　环境监测

一、监测机构

1997年，聊城地区建有环境保护监测站，是聊城地区环境保护局属下具有独立法人地位的社会公益性全额事业单位。1998年3月，聊城地区环境保护监测站改称为聊城市环境保护监测站。2005年，聊城市编委批准聊城市环境保护监测站升格为副县级单位，并更名为聊城市环境监测中心，业务上接受中国环境监测总站和山东省环境监测中心站的指导，在国家环境监测网络体系中属二级监测站。主要职能是承担聊城市辖区内环境质量监测（包括地表水、地下水、环境空气、降水、降尘、土壤、噪声、振动、辐射、生态等环境要素）、污染源监督性监测（废水、废气、噪声、振动、辐射、固废等）、突发性环境污染事件应急监测及其他社会服务性监测等工作。市环境监测中心内设行政管理科、综合质控科、现场监测科、分析化验科、自动监测科5个科室。下辖临清市、茌平县、东阿县、阳谷县、莘县、冠县、高唐7个县（市）级监测站（三级站）。除市环境监测中心外，聊城市环境信息与监控中心同为市环保局下属环境监测机构，主要负责环境质量及污染源自动监测监控工作。2015年，市环境监测中心有在岗人员53人；专业技术人员46人，其中高级专业技术职称11人，中级专业技术职称9人，初级及以下专业技术职称26人；硕士11人，大学本科27人，专科以上学历人员占人员总数的96.2%；涉及化学、生物、环境工程、环境科学、计算机、自动化等10多个专业。2015年，市环境监测中心有监测用房2105平方米，其中实验用房面积1071平方米，办公用房面积801平方米，有仪器设备总计346台（套），固定资产3000万元。

二、质量监测

环境空气质量监测　2002年，聊城市环境空气自动监测站3个，分别设在东昌府区人民政府、二轻机械公司和市委党校院内。2003年6月，增建空气质量自动监测站2个，并实现空气质量日报。2004年，建成环境空气自动化监测系统，实现环境空气日报和预报。市区二氧化氮年平均浓度值 0.043 毫克 / 立方米，二氧化硫年平均浓度值 0.036 毫克 / 立方米，均符合环境空气质量二级标准。2006 年，聊城市所辖 8 县（市、区）建设空气自动监测站 24 个，全部开展环境空气质量自动监测工作。2008 年年初，新建海关、鸿顺花园、开发区空气自动监测站 3 个，城区空气自动监测站 6 个。至 2015 年年底，聊城市环境空气质量监测点位中，有聊大东校、东昌府区政府、市委党校国控点 3 个，有海关、鸿顺花园、经济开发区省控点 3 个，还有市控点 24 个，共计 30 个。省控点位及以上监测项目为 SO_2、NO-NO_2-NOx、$PM_{2.5}$、PM_{10}、CO、O_3 能见度及气象五参数。县（市）环境空气点位监测项目为 SO_2、NO-NO_2-NOx、$PM_{2.5}$、PM_{10}。二氧化硫、二氧化氮均为每日 24 小时连续监测，在自动监测系统上可读取到每小时监测值。

降水、降尘和硫酸盐化速率监测　该项目中的降尘监测始于 1981 年。1984 年在市城区设置降水监测点位 1 个，只对降水 pH 值进行监测，1985 年降水监测项目增加至 5 项（pH、硫酸根、硝酸根、钙离子和雨量）。1990 年，市城区降尘监测点位新增加硫酸盐化速率监测。至 2015 年，市城区共设置省控降水监测点位 3 个、大气降尘和硫酸盐化速率监测点位 3 个。降水监测项目包括 pH、电导率、降水量及硫酸根、硝酸根、氟、氯、铵、钙、镁、钠、钾等 9 种离子浓度。降水、降尘和硫酸盐化速率均为每月连续监测。

地表水质量监测　该项监测始于 1981 年。聊城市地表水监测对象为卫运河、徒骇河和马颊河 3 条主要河流，共设置监测断面 7 个，全年按照枯水期（5 月）、丰水期（8 月）和平水期（10 月）进行监测，监测项目计 10 项。1990 年，地表水监测断面增至 8 个，监测项目增为 15 项；1991 年，开展地表水环境质量功能区划分，设置省控点位 5 个，市控点位 10 个。2001 年，增加对金堤河和环城湖水环境质量的监测。随着聊城市社会经济的快速发展，地表水环境质量监测范围越来越广，监测覆盖率逐年增高。至 2015 年年底，聊城市地表水环境质量监测对象主要包括：徒骇河、马颊河、卫运河、金堤河、京杭运河、赵牛河、周公河、西新河、小湄河、刁金河、金线河、赵王河、茌中河、茌新河及唐公沟、班滑沟等 16 条河流（沟）及东昌湖、鱼丘湖 2 座湖泊。

2015 年，境内河流设国家控断面监测点 6 个（毕屯、任堂桥、张秋、称钩湾、仲子庙和高唐北湖），省控监测断面 7 个（莘县桥、千户营、王堤口、临清大桥、前油坊、董姑桥和油坊桥）。国控、省控和市控河流断面均每月监测 1 次；湖泊测点全年监测 2 次。河流水质监测项目共计 25 项，包含《地表水环境质量标准》（GB3838-2002）中的基本项目 23 项：水温、pH、溶解氧、化学需氧量、高锰酸盐指数、五日生化需氧量、氨氮、总磷、氟化物、氰化物、硫化物、挥发酚、石油类、铜、锌、硒、砷、汞、镉、六价铬、铅、阴离子表面活性剂、粪大肠菌群，以及流量、电导率 2 个测定项目。湖泊水质监测项目包括水温、pH、溶解氧、化学需氧量、高锰酸盐指数、五日生化需氧量、氨氮、总氮、总磷、氟化物、氰化物、硫化物、挥发酚、石油类、铜、锌、硒、砷、汞、镉、六价铬、铅、阴离子表面活性剂、粪大肠菌群、透明度、叶绿素 a 和水位等 27 项。

此外，聊城市共建设地表水水质自动监测站 18 个（国家控点位 1 个，省控点位 6 个，市控点位 11 个），由市环境信息与监控中心负责开展地表水自动监测工作。

噪声环境质量监测　全市噪声环境监测始于 1984 年。1997 年，市城区（今东昌府区）在功能区设有噪声环境监测点位 4 个，交通噪声监测点位 6 个。2001 年，市城区区域噪声监测点位 124 个。2012 年，市政府办公室印发《关于调整市城区及经济开发区声环境功能区的通知》，进一步规范声环境监测。2015 年，市城区功能区噪声监测点位 4 个，道路交通噪声监测点位 99 个，主要布设在市区 22 条主次干道上，区域环境噪声监测点位 304 个。至 2015 年年底，功能区噪声监测每季度监测 1 次，全年 4 次。其中，监测频率为省控点每季度监测 1 次，全年 4

次，分别于2月、5月、8月、11月1—20日进行，每次监测时间为1昼夜，每1小时连续监测20分钟。市区道路两侧交通噪声监测每年1次，于5月进行。区域环境噪声监测，每年1次。

2015年聊城市中心城区功能区噪声监测点位表

表5-10

功能区	点位	功能区	点位
4类	百货大楼	2类	闸口
3类	聊城市污水处理厂	1类	聊城一中

2015年聊城市中心城区道路交通噪声监测点位表

表5-11

道路名称	测点名称	测点编号	路段长度（米）	路段宽度（米）
柳园路	市广播局	1	1900	40
	工业学校	2	500	36
	金纬纺织	3	500	36
	新东方广场	4	700	36
	市自来水公司	5	700	32
	（原）市教委（现）聊城市青少年活动中心	6	800	32
	（原）市师范学校（现）聊城市外国语学校	7	1000	32
	美景集团	8	800	32
	柳园路	—	6900	35
花园路	（原）双力集团西门（现）阿尔卡迪亚小区	9	1900	45
	市农机学校	10	500	36
	（原）市劳动局（现）劳动局职业中专	11	500	36
	（原）活塞环总厂（现）宝徕花园	12	700	36
	市公园	13	700	36
	玉皇皋	14	800	36
	区农行	15	1000	36
	聊大西校区东	16	800	38
	花园路	—	6900	39
文化路	区广播局东	17	400	8
	聊大西校区北门西	18	500	15
	文化路	—	900	12
湖南路	聊大西校区南门西	19	700	50
	凤凰苑	20	2000	50
	聊城海关南	21	1800	50
	聊大东校南门西	22	2100	50
	湖南路	—	6600	50

续表 5-11

道路名称	测点名称	测点编号	路段长度（米）	路段宽度（米）
光岳路	聊大东校区东	23	1300	46
	聊大花园	24	2100	46
	市水泥制品厂	25	2000	46
	光岳路	—	5400	46
利民路	铁塔商场	26	1000	20
	（原）天香酿造厂（现）明星小区	27	800	20
	金柱文苑	76	900	30
	纺校北	77	1200	30
	利民路	—	3900	25
东关大街	新时代广场东	28	900	35
	区粮食局	29	500	8
	东关小学	30	1200	8
	区政府	31	500	8
	东关大街	—	3100	15
西关街	蒲公英聊城杂技艺术学校	32	700	9
	区水利局	33	1300	12
	西关街	—	2000	11
卫育路	鼎顺花园	34	700	32
	市医院	35	700	26
	水城中学	36	600	26
	东昌医院	37	500	26
	昌润热电	38	1700	26
	卫育路	—	4200	27
昌润路	湖西办事处	39	1800	50
	区防疫站	40	800	50
	名人苑	41	700	50
	市公安局	42	400	50
	昆仑集团南	43	800	50
	站北花园	44	600	50
	香江一期	45	1300	50
	胶东庄户城北	78	900	50
	昌润路	—	7300	50
东昌路	市人大	46	1900	46
	王口桥西	47	1000	46
	聊城三中	48	900	46
	聊城军分区	49	900	46

续表 5-11

道路名称	测点名称	测点编号	路段长度（米）	路段宽度（米）
东昌路	（原）二轻机（现）中央丽都	50	1000	46
	（原）化工厂（现）昌润莲城	51	1000	46
	市建委	79	400	46
	东昌路	—	7100	46
振兴路	聊城七中	52	1200	44
	原锅炉厂	53	900	44
	振兴路 10 号楼	54	900	44
	育红小学	55	1100	44
	实验中学	56	1200	44
	劳动保障大厦	80	400	44
	振兴路	—	5700	44
向阳路	三里铺小学	57	500	34
	市五建公司	58	700	34
	区劳动局	59	600	34
	向阳路	—	1800	34
鲁化路	市商储公司	60	1000	26
	市生资	61	700	26
	正泰工业设备安装公司	81	1300	26
	鲁化路	—	3000	26
建设路	中通客车厂	62	2800	32
	市种子公司	63	900	32
	原市四建公司	64	900	32
	香江二期	65	1100	32
	香江一期	66	1000	32
	站北小区北门	82	400	32
	建设路	—	7100	32
南关街	海源阁图书馆	67	500	8
	南关街	—	500	8
北关街	原市监察支队	68	600	16
	市公路局家属院	69	1000	16
	中通时代豪园	70	600	16
	贵华苑	83	1200	16
	北关街	—	3400	16
兴华路	市建筑设计院	71	1200	36
	（原）啤酒厂（现）新水明珠	72	1100	36
	区保险公司	73	900	36

续表 5-11

道路名称	测点名称	测点编号	路段长度（米）	路段宽度（米）
兴华路	武警支队	74	900	36
	市法院	75	1200	36
	柳泉小区南门	84	400	36
	兴华路	—	5700	36
聊堂路	名人苑一期	85	300	18
	太和医院	86	400	18
	聊堂路	—	700	18
香江西路	宜佳家居广场	87	1100	36
	香江一期后	88	1000	36
	昌润路西中段	89	400	36
	香江西路	—	2500	36
后莱市街陈庄路	后莱市街陈庄路中段	90	600	34
	消防支队	91	1400	34
	后莱市街陈庄路	—	2000	34
财干路	金丰苑	92	800	16
	财干路	—	800	16
站前路	香江西路至建设路中段	93	500	40
	建设路至振兴路中段	94	500	40
	柳泉小区西	95	700	40
	火车站广场北	96	500	40
	东昌路至聊堂路中段	97	400	40
	阿尔卡迪亚小区	98	900	40
	一诺林花小筑小区	99	1700	40
	站前路	—	5200	40

三、污染源监测

1997 年，境内工业污染源分为省控污染源和市控污染源。其中，省控废水污染源每季度监测 1 次，省控废气污染源每半年监测 1 次；市控废水污染源每半年监测 1 次，市控废气污染源境内每年监测 1 次。2006—2010 年，对国家、省下达的重点国控、省控污染源名单和城镇污水处理厂名单，市环境监测中心均按年度环境监测方案，对其开展监督性监测。2011—2015 年，市环境监测中心共对辖区内市控以上 178 家重点污染源进行监督性监测。2015 年年

2010 年 7 月，市监测中心人员在华能热电厂进行现场烟气监测 （韩明摄）

底，市控以上重点废水污染源（包含污水处理厂）共计109家，每季度开展1次监督性监测，其项目包括pH、化学需氧量、氨氮、特征污染物和排水量等；市控以上重点废气污染源共计35家，每季度开展1次监督性监测，其项目包括二氧化硫、二氧化氮、烟尘、特征污染物和烟气排放量等。

此外，市环境监测中心对重点污染源企业，每2个月开展1次监督性监测，每季度对市直重点监控企业自动在线监测设备进行1次比对监测；市环境信息与监控中心对全市重点监控企业，进行24小时连续自动在线监测监控。

2015年聊城市重点工业企业废水污染源污染物排放情况统计表

表5-12　　单位：吨

序号	企业名称	化学需氧量排放量	氨氮排放量
1	山东泉林纸业有限责任公司	857.05	76.39
2	阳谷盛昊化工有限公司	363.25	35.43
3	山东聊城鲁西化工第二化肥有限公司	286.21	24.11
4	中冶纸业银河有限公司	429.96	16.05
5	希杰（聊城）生物科技有限公司	288.45	8.80
6	临清三和纺织集团有限公司	199.89	7.74
7	山东时风（集团）有限责任公司	168.26	5.98
8	山东齐鲁生物科技集团有限公司	112.80	7.06
9	山东省高唐蓝山集团总公司	95.80	7.18
10	山东信乐生物工程有限公司	115.60	5.78
11	华能聊城热电有限公司	113.02	4.60
12	山东中奥毯业有限公司	22.40	8.86
13	中色奥博特铜铝业有限公司	65.40	6.55
14	山东聊城鲁西化工第一化肥有限公司	88.64	5.20
15	山东金号织业有限公司	68.90	6.11
16	冠县新瑞实业有限公司	125.78	2.77
17	山东嘉华保健品有限公司北厂	81.23	3.22
18	山东三九味精有限公司	60.86	3.10
19	山东信莱大豆生物科技有限公司	48.43	3.63
20	山东茌平春蕊生物食品有限公司	45.00	3.50
21	茌平泉林纸业有限公司	64.37	2.01
22	山东冠华蛋白有限公司	60.00	2.00
23	临清市卫河酒业有限责任公司	30.70	2.73
24	聊城六和荣达农牧有限公司	31.77	2.63
25	山东东阿阿胶股份有限公司	31.80	2.51
26	山东华鲁制药有限公司	27.30	2.30
27	山东高唐锦博士生物工程有限公司	24.00	2.07
合计		3906.88	258.32

2015 年聊城市重点工业企业废气污染源污染物排放情况统计表

表 5-13 单位：吨

序号	企业名称	区域	二氧化硫排放量	烟（粉）尘排放量
1	茌平信源铝业有限公司	茌平县	17335.86	992.96
2	山东信发华源铝业有限公司	茌平县	14580.23	1368.00
3	茌平信发华宇氧化铝有限公司	茌平县	10754.96	1850.00
4	华能聊城热电有限公司	东昌府区	3080.91	761.62
5	临清运河热电有限责任公司	临清市	2706.69	278.17
6	国电聊城发电有限公司	东昌府区	1889.37	1665.00
7	山东中华发电有限公司聊城发电厂	东昌府区	1610.52	1518.14
8	临清三和纺织集团有限公司	临清市	2054.03	84.79
9	山东聊城鲁西化工第一化肥有限公司	东昌府区	1721.20	288.90
10	中冶纸业银河有限公司	临清市	1516.90	211.87
11	山东时风（集团）有限责任公司	高唐县	1204.65	110.31
12	山东省莘县森源实业有限公司	莘县	1073.95	218.90
13	临清德能生物科技有限公司	临清市	1084.85	194.10
14	东阿华通热电有限公司	东阿县	1126.18	40.00
15	鲁西化工集团氯碱化工分公司	开发区	625.33	717.29
16	山东泉林集团热电有限公司	高唐县	680.59	81.04
17	山东高唐热电厂	高唐县	661.15	71.80
18	山东聊城鲁西化工第二化肥有限公司	东阿县	535.50	252.00
19	阳谷森泉热电有限公司	阳谷县	424.47	337.82
20	聊城蓝天热电有限公司	开发区	512.88	149.50
21	山东聊城昌润金热电有限公司	东昌府区	444.64	150.00
22	茌平齐鲁供热有限公司	茌平县	408.72	167.98
合 计		—	66033.57	11510.18

四、专项监测

饮用水源地水质监测　1997 年，全区县（市）集中饮用水水源地有 8 个水质监测点位，其中聊城市城区（今东昌府区）集中饮用水源地为省控点位。2001 年，聊城市城区集中式饮用水水源地为南源水源地。2006 年，城市集中式饮用水源改为东阿牛角店水源地供水，水源地监测点位定为聊城市东郊水厂进水口；各县（市）环保局负责对各自辖区内饮用水水源地水质进行监测。监测项目包含 pH、总硬度、硫酸盐、氯化物、铁、锰、铜、锌、挥发酚、阴离子表面活性剂、高锰酸盐指数、硝酸盐、亚硝酸盐、氨氮、氟化物、氰化物、汞、砷、硒、镉、六价铬、铅、总大肠菌群等 23 项。聊城市城区集中式生活饮用水水源地水质每月监测 1 次。每年 6—7 月，市环境监测中心对市城区集中式生活饮用水水源水质进行全分析监测 1 次，共 39 项指标。

土壤环境质量监测　2006 年 7 月，国家环境保护局宣布全国土壤污染状况调查正式启动。2008—2010 年，市环境监测中心对全市土壤污染状况首次进行调查监测。2011—2015 年，根据环保部要求，将土壤环境质量监测作为专项监测工作，并针对不同污染类型、重点区域，每年开展监测，形成监测报告，供市委、市政府决策参考。

农村环境质量监测　2010 年，首次启动“以奖促治”村庄环境质量监测试点工作，市选定茌平县肖庄乡高营村为农村环境质量监测试点村。2011—2015 年，全市农村环境质量试点监测，每年选择 2 个县，每个县选择 1 个必测村庄连续监测，2 个备选村庄进行变换监测。监测内容包括环境空气质量、饮用水环境质量和土壤环境质量等。环境空气质量监测项目为二氧化硫（SO_2）、二氧化氮（NO_2）和可吸入颗粒物（PM_{10}），监测频次为每季度监测 1 次；饮用水监测项目为《地下水质量标准》（GB/T14848—1993）中 23 项，监测频次为每季度监测 1 次；地表水环境质量监测项目为《地表水环境质量标准》（GB3838—2002）表 1 中 24 项，监测频次为每季度监测 1 次；土壤环境质量监测项目包括土壤 pH、阳离子交换量、镉、汞、砷、铅、铬等，监测频次为每年 1 次。

生态遥感监测　2010 年起，全市逐年开展生态环境遥感监测与评价工作。至 2015 年，主要根据省环保厅下发的卫星遥感影像数据，每年对遥感影像进行解译、野外核查、收集土地利用 / 覆盖数据（6 大类，26 小项）及土壤侵蚀及水资源量、降水量、二氧化硫排放量、化学需氧量排放量、固体废物排放量、氨氮排放量、烟（粉）尘排放量、二氧化氮排放量等资料，结合聊城实际，进行分析，编制聊城市生态环境质量评价报告，共 6 期。

辐射环境监测　该专项监测始于 2006 年，主要是配合山东省核与辐射环境管理中心完成辐射环境监测工作。全市辐射环境监测包括两部分：一是国控点监测，包括陆地监测点、饮用水源地监测点和土壤监测点各 1 个；二是放射源及射线装置应用单位监督性监测。其中，陆地监测点位为聊城市东昌府区，监测频次为每季度 1 次；饮用水源地监测点为聊城市东郊水厂，监测频次为半年 1 次；土壤监测点位为聊城市湖西带状公园，监测频次为每年 1 次；Ⅰ类放射源及Ⅰ类射线装置应用单位为聊城市人民医院，监测项目为 γ 辐射剂量率，监测频次每年 1 次。

五、监测管理

质量管理与计量认证　1990 年，聊城地区环境监测站成立质控室，开始对地表水监测进行重点质控。1995 年，监测中心首次通过省技术监督局计量认证，并建立质量控制体系，对境内实施环境监测全覆盖、全过程质量控制。2001 年 12 月通过计量认证复审；2007 年 3 月，通过产品质量检验机构计量认证复审；2010 年 7 月通过实验室资质认定计量认证复审；2012 年 2 月，通过计量认证监审；2013 年 7 月，通过计量认证复审。2015 年，市环境监测中心日常质控工作主要采取全过程空白、平行样、定期发放质控样、密码标样、加标回收、密码平行样等措施，强化监测工作全过程质量控制，确保监测人员操作技能、实验环境条件和仪器设备满足工作要求。建立日常监测质量管理工作程序和保证检查制度，对每批原始监测记录进行质控审核，对每批样品进行质量控制，确保数据准确性。同时，每年组织 1 次针对质量体系的管理评审。内容包括：制度建设与管理，质量体系审核和管理评审、人员、设施和环境、设备和标准物质、测量溯源性和校准、监测方法、采样和样品管理、记录（档案）、监测报告、监测分包、外部支持和供应、申诉等。

科研及学术成果　2011 年起，市环境监测中心及时按照最新国家环境保护标准，对汞、砷项目监测方法进行变更确认，拓展土壤中苯并芘、有机质等项目监测能力。初步开展环境空气受体源解析项目分析测试实验，对颗粒物浓度、金属元素、水溶性离子、多环芳烃均具备分析能力。参与省环保厅组织的废气低浓度颗粒物监测方法、废气一氧化碳监测方法的编制验证工作；组织技术人员参与科学研究、论文写作等，组织编写“聊城市水环境生态安全评价与预警研究”课题报告。至2015年，共发表专业论文11篇，获市青年科技奖1人、自然科学优秀成果奖10人次。

第二节 污染防治

一、大气环境治理

治理措施 1997年后，特别是1998年3月以来，聊城市委、市政府高度重视大气环境的治理工作，并研究制定多项治理方案和措施。1998年，市政府印发《关于加快聊城市城区烟尘控制区建设的通知》，扩大烟尘控制区范围，对各种炉窑建设和治理作出严格规定，并将限期治理权授予环保部门。2009年，市政府出台《聊城市十一届全运会空气质量保障工作方案》，对全运会期间聊城市大气环境质量提出明确要求。2011年，出台《聊城市扬尘污染综合治理工作方案》，成立由环保、住建、农业、公安、交通、市政公用、行政执法等部门组成的扬尘综合整治领导小组和办公室。是年年底，市政府组织成立4个检查组，开展第一次扬尘防治联合检查活动，并下发检查结果通报。2013年，市委、市政府出台《关于加强大气污染防治工作的意见》，市政府办公室印发《聊城市城区扬尘污染防治实施方案》，建立完善大气污染防治工作领导小组、综合办公室和联合执法队三级工作机制。是年，市政府印发《聊城市城区黄标车禁行工作方案》，自2014年1月1日起全面实施。2014年3月，市政府与市直单位、各县（市、区）和有关重点企业签订2014—2015年生态环保工作目标责任书，将工作任务进行细化分解，层层落实；6月，市委办公室、市政府办公室印发《聊城市2014年度大气污染防治工作考核奖惩办法》，实行半年和年终两次考核，兑现奖惩；出台《聊城市环境空气质量生态补偿暂行办法》，每季度根据各县（市、区）空气质量同比情况，落实生态补偿款项。是年，坚持每月对各县（市、区）空气质量进行排名，并在报纸头版和电视台进行公开宣传。2015年，市政府印发《关于在市驻地城区禁限燃放烟花爆竹的通告》，环保、农业、公安、行政执法、市政等部门联合开展秸秆垃圾禁烧、烟花爆竹禁燃等督导巡查工作。在第二十二届国际历史科学大会和中国人民抗日战争胜利70周年纪念活动期间，实施燃煤企业、施工工地停产限产工作，并建立“四个责任人”和“驻厂员”制度，开展巡查，空气质量得到保障。是年11月，聊城与济南、淄博、泰安、莱芜、德州、滨州六市政府签订省会城市群大气污染联防联控协议书，建立协同治污、联合执法、应急联动等机制。

2013年，市政府印发《重污染天气监测预警和应急处置方案》，成立重污染天气监测预警和应急处置工作指挥部。2015年12月10日、23日，两次发布红色预警，落实Ⅰ级响应措施：市区内机动车实行单双号限行，幼儿园、中小学校停课，非民生保障的大气污染物排放企业，一律采取停产措施。

烟尘控制 1998年，市政府将城区烟尘限期治理权授予环保部门。至2001年，市环保局对城区90个单位的锅炉、窑炉实行限期治理，对所有燃煤茶水炉实行环保改造。全面推行低硫煤用煤，市城区建成烟尘控制区70.89平方千米。2003年，全市烟尘控制区面积81平方千米，其中市中心区累计建成50平方千米。2006年，加强燃煤电厂二氧化硫污染防治工作力度，实施19家电厂的二氧化硫在线监测装置安装工程，其中有8家电厂循环硫化床锅炉建成石灰石自动添加系统，实现炉内脱硫。2007年，全市29家燃煤电厂投资18亿元，配套建设脱硫设施，脱硫装机容量占装机总容量的98.12%。防治城市低空煤烟型污染，淘汰华能聊城热电有限公司

2台5万千瓦、2台10万千瓦火电机组等落后产能。发展城市集中供热，昌润热电有限公司、华能聊城热电有限责任公司通过连续扩建，供热能力快速提高，供热范围不断扩大。2008年，实施燃煤电厂脱硫设施改造，全年二氧化硫、化学需氧量分别削减6000吨、2000吨。2009年，8家燃煤电厂实施脱硫再提高工程，污染物达标排放。2011年，全市建立烟尘控制区10个，烟尘控制面积155.8平方千米。2012年，采取外出学习、会议调度、现场办公等形式，加快脱硝工程及脱硫再提高工程建设进度。全市有9家燃煤电厂建成脱硝工程，3家燃煤电厂实施脱硫工程再提高，有2家企业的2台机组完成低硫燃烧器改造。2013年9月1日起，在火电、钢铁、建材、锅炉、工业炉窑等行业，全部执行更加严格的排放标准。2014年，聊城市空气质量改善排在全省第一位，空气质量4项主要污染物指标$PM_{2.5}$、PM_{10}、SO_2及NO_2分别同比改善24.2%、23.5%、22.1%、5.6%，“蓝天白云”天数同比增长50%。全年共获得省级生态补偿奖励资金2403万元。

2015年，全市27家火力发电及热电联产企业，除1家计划实施“上大压小”关停锅炉外，其余26家投入运行的锅炉全部实现治污设施达标。信发集团对7台设备老旧锅炉实施爆破拆除。推进废气超净排放示范项目，鲁化集团、信发集团、时风集团陆续开展超净排放建设。推动部门联动治理城区扬尘污染，全市淘汰或改造分散燃煤锅炉54台，城市建成区全部淘汰10蒸吨以下燃煤锅炉和燃煤茶浴炉；对全市214家堆场料场进行专项检查，对城区1027个餐饮服务经营场所实行台账管理，督促安装高效消烟、除油、除噪、除尘净化设施；对主城区109家露天烧烤摊全部予以取缔。将烟尘控制建成区内178处在建工程项目，全部纳入扬尘治理网格化管理平台，视频监控系统和洗车平台配备率均100%。全市618台渣土运输车全部进行密闭式改装，半数以上安装卫星定位系统。开展大气颗粒物源解析工作，筹集经费300多万元，配备源解析设备与专职技术人员。与中国环科院建立合作关系，技术服务期限延至2016年12月31日。聊城市环境空气质量4项主要污染物指标持续改善，年内获省级生态补偿奖励资金310万元。

机动车污染防治 2002年，建立市机动车尾气监测管理中心，与公安部门密切配合，对机动车排污情况进行监督管理。2006年7月，聊城市被山东省环保厅列为机动车尾气检测制度试点城市，市环保局全面开展机动车尾气简易工况法监测等工作。2007年，聊城市区空气质量良好以上天数360天，良好率98.36%。2013年，市政府印发《聊城市城区黄标车禁行工作方案》，自2014年1月1日起全面实施。全市强力推进机动车燃油品质升级活动，推广使用天然气汽车和新能源汽车，开展油气回收治理工作。2015年，全市累计淘汰黄标车4.04万辆，其中淘汰营运黄标车9704辆。全市520余处加油站全部完成油气回收改造。

阳谷县森泉热电脱硫、脱硝改造完成后全景 （2015年摄）

二、水环境治理

关停污染企业 1997年，全区水环境治理坚持“关小治大，以治理求生存、促发展”的指导思想，开始对小造纸厂实行关停措施。1998年，市政府制定工业废水达标排放计划，向社会公布限期治理名单，对逾期未完成治理任务和长期运行不能达标排放的企业，分别予以限产治理、关闭或停产治理。全区关停万吨以下小造纸厂 76 个，对阳谷广大造纸厂 2 万吨草浆生产线实施关闭，减少废水排放量 4159 万吨，消减化学需氧量 12.77 万吨。至 2000 年年底，全市 115 家重点废水工业污染源全部实现达标排放，其中主要污染物化学需氧量排放量降到 5.56 万吨，比 1998 年减少 72%。2003 年，按照省政府要求，按期关闭 2 家 5 万吨以下的造纸草浆生产线和 3 家 5000 吨以下的酒精生产线。2005 年，与河南濮阳、河北邯郸等市主动沟通，互通情报，联合查处两省交界处归属不清、向聊城辖区内排污的 6 家小造纸厂，主要污染物化学需氧量减少 3 万余吨。2011—2012 年，全市共淘汰关闭落后产能企业 36 家，拒批不符合环保要求的项目 39 个。2011—2015 年，全市共拒批影响环境的较大项目 99 个，防止新污染源的产生。

2009 年，建成的优艺污水处理厂

污水处理 1997 年之前，聊城市区（今东昌府区）及各县（市）城区的工业和生活污水一般随河道、下水道自然排泄。1998 年 12 月，聊城市污水处理厂筹建，2001 年 7 月投入运行，日处理污水量占全市污水排放量的 52%。2003 年，全市污水处理工程完成投资 8150 万元，东阿县、临清市污水处理厂建成并投入运营，高唐县、茌平县污水处理厂开工建设。2006 年，作为国家海河流域水污染治理和南水北调山东段水污染控制单元项目重要组成部分的聊城市新水河污水处理厂开工建设，2007 年 8 月投入试运行。2008 年，建成开发区污水处理厂和临清二期及莘县、冠县、阳谷县污水处理厂。是年年底，全市 9 座污水处理厂建成并投入运营，日处理能力 36 万吨，污水处理率 82.52%。2011 年，新建污水处理厂 1 座，升级改造工程 2 个，全市建成集中式污水处理厂 12 座，日处理废水能力 55 万吨。2012 年，全市城市污水处理厂计有 14 座，污水日处理能力 61 万吨。2014 年，全市城镇污水处理厂 18 座，日处理污水能力 72 万吨。2015 年，全市建成投运城镇污水处理厂 20 座，日处理污水能力 84 万吨。

水污染综合防治 1997 年后，水污染综合防治工作列入各级党委、政府的重要议程。2002 年，全市实施“四项工程”（碧水工程、蓝天工程、安静工程、生态工程），全面开展小流域治理，组织编制《小流域污染综合治理规划》。2006 年，编制《2006—2007 年南水北调东线工程治污方案实施计划》，对徒骇河、马颊河、卫运河、小运河、东昌湖的污染进行全面综合整治，将治理任务细化到乡镇；督促南水北调沿线 30 家重点排污企业制定编制环境突发事故应急预案。2007 年，实施《城市污水处理厂水质监管办法》《主要河流水质监测办法》等，联合有关部门开展环保专项行动，全面实行排污许可证管理制度，依法处理违法、违规企业 84 家。有 4 名副市长带队分赴各县（市、区）及经济开发区开展“整治违法排污企业、保障群众健康”环保专项行动。2009 年，按照“点、线、面”相结合的工作思路，对全市所有河流实施全流域、全过程、全方位立体治理和监管。在各县（市、区）城市总排口建设人工湿地，在城市污水处理厂、工业企业推行废水深度治理和中水回用工作。2010 年，根据省政府制定的“有水就有鱼”（化学需要量为 60 毫克／升，氨氮为 6 毫克／升）

的目标，聊城市以海河迎检为契机，按照“治、用、保”（“治”即污染治理、“用”即水资源的循环使用、“保”即生态修复与保护）和“御污于外，治污于内”的水污染防治工作思路，进一步改善海河流域水环境质量。2011年，新建成阳谷聊阳沟、高唐马颊河、经济开发区小湄河二期等9处人工湿地；实施列入国家海河流域水污染防治规划项目14个，投资1045万元，新建应急闸坝9座，维修10座。是年年底，全市基本构建起覆盖全市的“治、用、保”水污染防治体系。2011—2012年，在33家工业污染源，建设污水深度处理工程或再生水回用工程。2012年，在61家重点废水排放企业和14家城市污水处理厂，安装自动在线监测设施；在102家重点废水排放企业和12家污水处理厂，安装视频在线监控装置；在主要河流出入境断面，建设15个河流断面自动监测站，实现了对重点污染源、重点河流断面的实时监控。2013年，构建“企业源头治污、污水处理厂集中治污和人工湿地深度治污相结合，层层消减污染物，最大限度回用”的防治体系。全市污水处理厂日处理能力61万吨，出水水质均达到一级A标准。建成人工湿地23处，建成污水直排口整治工程26个。

2014—2015年，按照污水收集和处理能力适度超前于城镇化发展进程的原则，加大对雨污分流管网、新建污水处理厂以及配套管网建设进度的督导，全市城区新增雨水管网和污水管网689千米。全市所有城镇污水处理厂在实现一级A标准排放的基础上，实施提标改造，氨氮浓度低于2毫克/升。共规划建设表流湿地2.45万亩、潜流人工湿地2000多万亩，年可消减化学需氧量约3900吨、氨氮约600吨；建设环境智慧平台，实现省、市、县三级联网和第三方运营管理，运行率和准确率均90%以上。治污独立调查采取“三不三直”（不定时间、不打招呼、不听汇报，直奔现场、直接检查、直接曝光）的方式，严厉查处环境违法和环境犯罪行为。市内列入海河流域水污染防治规划的90个项目，建成89个，远超国家要求项目完成率达到80%的目标。全市开展黑臭水体及直排口调查，共摸排污水直排口113个、黑臭水体68处，治理完成污水直排口94个、黑臭水体59个。

饮用水源保护 2006年，市环保局完成饮用水水源地GPS定位，对饮用水源地的环境质量状况、污染源分布状况、水质安全等基础性资料进行评估论证。开展饮用水源地环境保护专项执法检查，查处超标排污企业199家，对49家超标排污企业采取限期治理。取缔小造纸、小电镀企业9家，确保饮用水安全。2014年，完成饮用水水源保护区的调查评估工作，水源地水质、水量达标率均为100%。

三、噪声污染防治

1997—2000年，聊城市区及各县城区在功能区、道路交通、定点区域等布有噪声检测点。通过检测，发现噪声污染愈加严重，特别是夜间有的影响到居民正常生活。2001年，全市开始改进城市功能区布局，禁止在噪声敏感建筑物集中区域内新建工厂，已经设立的，必须采取治理措施，限期达到所在区域的环境噪声标准，逾期未达到标准的或噪声污染较重且难以治理的，限期退城进园，搬出城区。严格控制建筑施工噪声污染，禁止夜间在居民区、文教区、医院、机关等噪声敏感建筑物集中区域内进行环境噪声污染的建筑施工作业。确需在夜间连续施工的，须经环境保护主管部门批准，并公告附近居民，方可进行施工。不断改善城市道路交通设施。2005年，聊城市道路总长、道路面积分别比2000年增长162%、253%。道路面积的增长高于用汽车量的增长，车辆密度降低。同时，改善路面状况，修建护栏，实行人车分流；扩大道路禁鸣路段，把机动车辆的噪声污染防治列入机动车辆初检、年检和道路行驶抽检内容。对超过机动车辆噪声排放标准的，公安部门不予以办理行车执照、年检合格证。

2006年起，创建良好交通环境，在市区以“九横九纵”主要交通要道为重点，加快市区道路硬化建设，实施市区振兴路等道路的新建，扩宽改造东昌路、兴华路、花园路、利民路、光岳路、文化路、向阳路等道路，延长卫育路、兴华路、柳园路、站前街、花园路、向阳路、建设路、利民路等道路，在城区小运河两岸新建沿河路。加快停车场、临时停车泊位的建设。在东昌路金鼎大厦门前、柳园路五星百货门前等设立临时停车泊位。优先发展公共交通，到2010年年底，市区公交车线路增至40条。加强机动车管理，降低交通噪声污染。在市区东昌路、柳园路等路口设置37处固定电子警察、42处流动电子警察、2处交通诱导屏，在53个路口设立信号灯，对繁忙路段进行交通分流，必要路段实行交通限制，使主干道平均车速达到40千米/小时。自2010年开始，境内各县（市）相继制定并实施《声环境功能区划分方案》；继续实施“安静工程”，开展中高考期间和夏季噪声专项污染整治行动，由环保、公安、文化、城市管理政执法及新闻单位组成检查组，对城区噪声污染进行集中检查和重点整治，基本取缔夜间露天卡拉OK，夜间建筑施工情况也得到有效制止。加强法制建设，市环保局印发《关于加强中高考期间环境噪声污染管理的通告》《关于治理临街商铺噪声污染的通告》《关于规范夜间施工管理的规定》等多项规范性文件；拒绝审批有噪声且无法治理的建设项目。进行城市布局优化和产业结构调整，城区内企业基本实现退城进园，部分事业单位分散到开发区，在居民密集和对环境要求较高的地区，不再建设可扰民的餐饮、商业或文化娱乐设施，减少城区内声源数量，创造舒适安静的生活环境。

2012年，市政府办公室印发《关于调整市城区及经济开发区声环境功能区的通知》，对市城区原声环境功能区进行调整。其中：一类区为昌润路—湖南路—光岳路—东昌东路（二干渠桥—徒骇河桥段）—二干渠—利民路—小运河—东昌西路连线内的区域；二类区为除一类区和三类区以外的区域；三类区为徒骇河—财干东路—双力东路—二干渠连线内区域；四类区为柳园路、花园路、文化路、湖南路、光岳路、利民路、东关大街、西关街、卫育路、昌润路、东昌路、振兴路、向阳路、鲁化路、建设路、北关街、南关街、聊堂路、香江西路、后菜市街陈庄路段、兴华路、财干路和站前路以及京九铁路、邯济铁路的两侧区域。对经济开发区声环境功能区进行划分，其中：一类区为华山路以东至中华路，东昌东路以南至黄河路；二类区为徒骇河—光岳路—湖南路—中华路—黄河路—华山路—东昌东路—黄山路—辽河路—中华路—松花江路—庐山路—黑龙江路—徒骇河东岸连线内区域；三类区为经济开发区一类和二类区东边界以东，北至黑龙江路，沿黑龙江路向东至东二环路，沿东二环路南至湖南路，沿湖南路西至中华路；四类区为黑龙江路、东昌东路（光岳路至东环路段）、黄河路、长江路、湖南路、光岳路、中华路、庐山路、东外环路和辽河路的两侧区域。严格按照国家相关规定划定的4类噪声功能区，确定城区主要路段为交通噪声重点监测区域，实施网格化管理。

至2015年，加强噪声监管，确保城区交通噪声达标。严格规定：全市文化娱乐场所在建设前必须到环保部门办理审批手续；居民区内的娱乐场所，要采取有效的隔声减振措施，并达到所在功能区的排放标准。不符合标准的娱乐场所，环保部门不予发放排污许可证，文化部门不予发放文化经营许可证，工商部门不予发放营业执照。环保部门对施工工地噪声实施严格建设审批制度。主要对所有施工场地申报项目名称、施工场所、占地面积、施工总期限、各施工期环境噪声的污染范围和污染程度，执行严格的制度管理，促使建筑单位采用低噪声的新技术和施工机械，最大限度地降低噪声排放。同时，采用突击抽查或检查方式监督其噪声排放状况，并根据施工方的污染范围、强度、时间及建设规模，向建筑单位征收建筑噪声排污费，以此来控制施工噪声对环境的影响。加大对厂界噪声的监管力度，要求噪声污染严重的企业要远离学校、居民区等声敏感区，并达标排放。如因特殊原因距离声敏感区较近的噪声污染企业，需妥善布置噪声辐射方向，合理布置建筑结构，加强厂区界的立体绿化，采用生物降噪、工程降噪等方式，减小噪声对周边环境的影响。

四、固体废物处置

工业固体废物处置 工业固体废物主要包括一般工业固体废物和危险废物。1997—2000年，全市（区）工业固体废物产生总量319万吨，年均工业固体废物产生量为79.75万吨，平均固体废物综合利用率93.7%。2001—2005年，聊城市一般工业固体废物主要有电厂粉煤灰、炉渣、冶炼度渣、尾矿及其他固体废物，综合利用方式主要是铺路造砖、生产水泥等。一般工业固体废物产生量呈明显的上升趋势，全市工业固体废物产生总量904.32万吨，年均工业固体废物产生量180.94万吨。2006—2010年，全市一般工业固体废物年均产生量530.27万吨。其中，2006年产生量518.9万吨；2008年产生量下降，2009产生量有回升，2010年生产量588.17万吨。其间，全市贯彻《中华人民共和国固体废物污染环境防治法》，以工业固体废物排污申报为基础，逐一核实，现场检查，加强工业固体废物处置利用设施建设，强化监督管理和环保执法，确保处置、贮存设施规范建设和正常使用；推进清洁生产，促进废物在企业内部的循环使用和综合用，从源头减少工业固体废物产生量。以循环经济思想指导企业寻找合理的固体废物综合利用途径，促使处理处置向社会化、市场化、产业化发展。2011—2015年，全市工业固体废物处置利用率95%以上。其中，2011年产生的工业固体废物量最多，为1251.8万吨。

2001年后，环保部门加强对危险废物的监管力度，化工化肥、机械制造、供热发电企业产生的废酸废碱全部综合利用。2006年后，工业危险废物量逐年增加。大部分危险废物由企业自行利用，部分无法利用的危险废物由产生企业交由具有危险废物处理资质的单位进行处理。市区产生的医疗废物全部交由市优艺环保科技有限公司焚烧处置。2006年处置工业危险废物量14.48万吨，2010年21.92万吨。至2015年，全市工业危险废物利用率均为100%，连续10年实现危险废物零排放。

2006年前，医疗机构产生的医疗垃圾，采用自建焚烧炉全部焚烧处理。2006年，采用BOT模式建成聊城市医疗废物集中处理中心，全市所有医疗机构产生的废物得到集中安全处置。是年，处置医疗废物量计512吨，2010年873.1吨，2013年856.71吨。至2015年，医疗废物经集中安全焚烧后，对灰渣进行填埋处置，安全处置率100%。

1997—2015年聊城市工业固体废物产生及综合利用情况表

表5-14　　单位：万吨、%

年份	工业固体废物产生量	工业固体废物综合利用量	工业固体废物综合利用率	年份	工业固体废物产生量	工业固体废物综合利用量	工业固体废物综合利用率
1997	60.54	58.17	96.08	2007	537.70	537.70	100.00
1998	69.80	69.00	98.85	2008	496.40	477.40	96.18
1999	—	—	—	2009	651.90	582.80	89.40
2000	—	—	—	2010	660.50	588.60	89.10
2001	—	—	—	2011	1251.80	1229.30	98.20
2002	131.01	—	100	2012	574.10	548.30	95.50
2003	182.80	182.80	100	2013	583.08	574.42	98.51
2004	183.55	183.55	100	2014	612.60	603.90	98.60
2005	264.90	264.90	100	2015	748.90	729.60	97.42
2006	518.90	518.90	100				

城区生活垃圾处置 1997年，聊城地区城市生活垃圾主要包括居民生活垃圾、商业垃圾、清扫垃圾等，主要处置手段为无害化填埋处理。2001年，城市生活垃圾产生量为18.51万吨，处理率100%。之后，垃圾产生量逐年增加。2005年城市垃圾产生量31.59万吨，为历史最高年份，处理率均为100%。2006年后，垃圾产生量锐减至17.07万吨，处理率91.62%。2008年，垃圾产生量15.31万吨，处理率91.58%，均为历史最低年份。2009年，聊城市区五里屯生活垃圾无害化处理场建设防渗系统、渗滤液导排系统、填埋气收集系统等，实行分区分单元作业，严格执行消杀、压实、覆盖作业程序，确保生活垃圾填埋无渗漏、无隐患。市环境监测中心对生活垃圾卫生填埋场渗滤液按季度进行监测，出水浓度均达到相关标准要求。同时，对填埋堆表面土层进行植被绿化，渗滤液经处理后用于场区降尘和绿化灌溉等。

2011年后，城区生活垃圾产生量总体呈现增长趋势。2015年，垃圾产生量19.06万吨，无害化处置率均100%。

1997—2015年聊城市城市生活垃圾产生量及处置情况表

表5-15　　单位：万吨、%

年份	生活垃圾产生量	无害化处理率	年份	生活垃圾产生量	无害化处理率
1997	—	—	2007	17.57	93.14
1998	—	—	2008	15.31	91.58
1999	—	—	2009	16.42	100
2000	—	—	2010	16.12	100
2001	18.51	100	2011	16.88	100
2002	18.48	100	2012	18.27	100
2003	21.24	100	2013	17.98	100
2004	24.60	100	2014	18.83	100
2005	31.59	100	2015	19.06	100
2006	17.07	91.62			

五、辐射环境管理

2003年以前，辐射环境管理工作的统一监管由卫生行政主管部门负责。2003年后，放射性污染防治工作由环境保护行政主管部门实施统一监督管理；有关放射性污染防治，由卫生行政主管部门和其他有关部门依法实施监督管理。

放射源申报登记 2004年6月，首次组织开展放射源申报登记工作。全市共有29家涉源单位，使用99枚密封放射源。2005年起，辐射申报登记由最初的放射源申报登记普及到放射源、射线装置申报登记。2005年5—10月，组织开展全市电磁环境污染源申报登记工作。全市共有60家电磁辐射设备应用单位，设备总数980台（套）、高压输电线路1018条，涉及广播电视、通信、雷达、工科医、输变电共4类。2007年7—9月，按照山东省环保厅统一部署，开展伴生放射性污染源普查监测工作。在全市范围内对火力发（热）电、钢铁、有色金属冶炼、化工4个行业22家单位的原料、尾矿、废渣的伴生放射性进行监测，取得监测数据600余个。

辐射行政许可 依据《中华人民共和国放射性污染防治法》和《放射性同位素与射线装置安全和防护条例》规定，辐射行政许可实行“两级审批，四级管理”（即国务院环境保护主管部门、省级人民政府环境保护主管部门负责审批，国家、省、市、县四级环境保护主管部门对辐射安全监管工作实施统一监督管理）。2003—2009年，辐射行政许可事项由国家、省环境保护行政主管部门审批。2009年8月，省环保厅印发《关于委托潍坊等三市环保局审批颁发辐射安全许可证的通知》，委托聊城市负责使用Ⅳ、Ⅴ类放射源及Ⅲ类射线装置单位的环境影响评价文件审批、竣工环境保护验收及辐射安全许可证颁发。2015年7月、11月，山东省环保厅进一步简政放权，以《关于发布山东省环境保护厅审批环境影响评价文件的建设项目目录（2015年本）的通知》《关于委托设区市环保局审批核技术利用项目环境影响评价文件和颁发辐射安全许可证的通知》等文件，将部分二类射线装置及部分电磁辐射应用项目的审批权限进行下放或委托。自2009年委托至2015年年底，全市共审查、审批辐射环保手续580余项，确保全市辐射设备合法、规范使用。

辐射监督检查 2003年后，按照《山东省放射源安全监管办法》《山东省核技术利用辐射安全监管办法》规定，全市每年组织开展辐射日常监督检查及各类专项检查工作。2004年5—12月，国家环保、公安、卫生部门联合在全国范围内组织开展"清查放射源，让百姓放心"专项行动。全市环保部门与公安、卫生部门对32家涉放射源单位进行联合检查，共检查放射源112枚，拍摄放射源图片200余张，对12个单位下达限期整改通知书。2008年6—7月，组织开展"迎奥运，保平安"放射源安全检查专项行动。2009年，组织开展第十一届全国运动会辐射环境安全大检查，对市内全运会比赛会馆及运动员住宿场所进行辐射监测。2010年上海"世博会"召开，组织对全市放射源应用单位进行拉网式检查。2011—2013年，根据环保部、省环保厅要求，相继组织开展全市放射源安全检查专项行动、全市核技术利用辐射安全综合检查专项行动、全市核与辐射安全大检查专项行动。2014年，南京放射源丢失事故发生后，市环保部门会同公安部门联合开展以移动探伤放射源为重点的专项检查。2015年，开展核技术利用辐射安全大检查专项行动、抗日战争胜利70周年纪念活动专项检查，进一步摸清放射性设备底数，消除安全隐患，确保辐射环境安全。

2008年，山东省环保厅在聊城高唐光明特钢有限公司进行辐射检查 （徐华立摄）

废弃放射源安全送贮 把废弃放射源安全收贮作为放射源安全管理的重要环节。2004年，在"清查放射源，让百姓放心"专项行动中，完成聊城市第一化肥厂等7家单位15枚废放射源弃放射源送贮工作，开启废弃放射源送贮之先河。2014年，全市6家停产、破产企业有7枚废源，通过向省环保厅请示并递交政府免费收贮的申请报告，使其得到安全处置。2004—2015年，完成40家单位91枚废弃放射源的送贮工作。

辐射应急装备及演练 2004年，市环保局配备辐射环境 x—γ 剂量率仪1台、辐射防护

2009年10月，全市环保系统辐射事故应急实兵拉动演练 （徐华立摄）

铅衣 4 套、个人剂量报警仪 5 个和警戒线 1 盒等辐射防护应急装备。2009 年增配辐射巡测仪 2 台、个人剂量报警仪 4 个、GPS 卫星定位仪 1 个。2008 年，制定《聊城市环境保护局辐射事故应急预案》。2009 年年底，市环保局会同公安局、卫生局、财政局联合制定《聊城市辐射事故应急预案》，并于 2010 年 1 月经市政府第 29 次常务会议通过，并发布实施。为锻炼辐射应急队伍，2009 年 10 月，市环保局组织全市环保系统共 110 余人联合开展全市环保史上首次辐射事故应急实兵拉动演练活动。2011 年 3—5 月，日本福岛核电站因地震发生核泄漏事故，全市立即启动辐射事故应急预案，辐射应急分队全天 24 小时进入待命状态，对辐射国家控制点实施定时监测并上报监测数据。其间，加强宣传和指导，应对全市“抢盐事件”的影响。2015 年 12 月，全市环保系统在茌平县开展辐射事故应急实兵演练，参加人员 40 余人。

2004—2015 年聊城市辐射设备情况表

表 5-16

年份	辐射单位数（家）	放射源（枚）	射线装置（台、套）	非密封放射工作场所（处）
2004	29	99	—	4
2005	92	173	136	3
2006	117	265	164	3
2007	132	292	174	3
2008	169	330	193	3
2009	185	360	261	3
2010	216	417	272	3
2011	232	460	296	3
2012	239	471	345	3
2013	244	482	386	3
2014	251	492	433	3
2015	253	504	474	3

第三节　环境执法监察

一、环境执法

1997 年后，全市（地区）各级环保部门全面推行环境保护依法行政规范化和行政执法责任制，规范执法工作程序和岗位要求，将执法职责量化到有关科室和个人。1998 年，市环保局成立环境执法稽查支队，加强一线执法力量。至 2002 年，严肃查处各种环境违法行为，对未按期完成限期治理任务的企业全部依法进行关闭、停产治理、限期整改、限产治理、罚款等处理；开展严肃查处专项行动，现场检查 2100 多次。其中，2001 年全市共出动执法人员 800 余人次，现场检查 600 多次，查处违法行为 109 起，关闭、取缔小造纸 14 家、小电镀 13 家。各级环保部门认真执行建设项目有关法规，坚决落实“环保第一审批权”和“环保一票否决权”，严把项目审批关和验收关。全市大中型建设项目环境影响报告书（表）审批率 100%，“三同时”执行合格率年年达 98%。2005 年，开展“严肃查处环境违法行为保障群众健康”专项行动和“清查放射源让百姓放心”专项行动。通过开展“110”环保联动、开通“12369”环保举报热线电话等形式，动员社会参与。2006年8月，对新开工的建设项目进行全面清理，依法对27个没有环评批复文件的项目严令停止建设（或停止生产）、限期到有审批权的环保部门补办环评手续。开展“严肃查处环境违法行为保障群众健康”专项行动。全市共出动执法人员5800余人次，检查重点流域排污企业2000余次，查处超标排污企业199家，分别实行罚款、加倍征收超标准排污费、限期治理、停产整顿等行政处罚。取缔9家小造纸、小电镀等企业。市政府先后对49家企业实施限期治理，对29家污染严重企业实行“挂牌督办”。2013年，印发《聊城市2013年整治违法排污企业保障群众健康环保专项行动工作方案》，出动执法人员3000余人次，全年市级收缴罚款757.93万元，同比增长27.7%。2014年，市环保局共出动执法人员2.46万余人次，检查重点污染源及企业1200余家次，行政处罚结案189件，收缴罚款806万元。2015年，全年组织开展各类环境执法检查专项行动20项，检查企业5700余家次。共立案查处行政处罚案件320件，责令限产、停产企业4家，查封污染企业6家，按日计罚企业2家，移交公安机关适用行政拘留环境违法案件19件，移交公安机关涉嫌环境污染犯罪案件12件，收缴罚款金额共计1680.86万元；全市入库4471.72万元，其中市本级874.33万元。

二、环境监察

监察机构 1986年，成立聊城地区排污费征收管理站。1998年，聊城地区排污费征收管理站更名为聊城市环境监理站。2004年3月，根据国家环保总局《关于统一规范环境监察机构名称的通知》和山东省机构编制委员会《关于省环境监理站更名的批复》要求，聊城市环境监理站更名为聊城市环境监察支队。2005年11月，聊城市环境监察支队升格为副县级全额事业单位，内设综合科、法制科、环境监察科和排污费征收管理科4个科。

监察行动 2004年，市环境监察支队牵头组织全市第一次环保专项行动。该次行动，重点做好挂牌督办单位监督管理工作，解决全市突出的环境问题，保障群众身体健康。同时，继续加大对辖区内各污染源执行环保法律法规情况的日常监察力度。提高监控能力，完善监管手段，深入开展水质在线监测设施安装工作。根据国家、省有关规定，制定《聊城市重点污染源COD自动监控系统管理办法》和《聊城市重点污染源COD自动监控系统运营管理办法》，为化学需氧量自动监控系统以后的正常运行提供保障，完成省控污染源化学需氧量自动监控第三方运营试点工作。2006年，按上级要求的频次，对市属重点污染源开展现场监察，采取不定期巡查、夜查等行动，重点检查工业企业污染防治设施运行情况。对全市集中式饮用水源地保护情况开展环保专项检查。2007年，实施《重点企业监管办法》《城市污水处理厂水质监管办法》《主要河流水质监测办法》《城市建成区空气质量监管办法》四个办法，联合有关部门开展环保专项行动；对造纸行业和大型电力行业开展环境监督员制度试点工作。2008年10月，将全市36家国控企业和9家污水处理厂纳入环境监督员制度试点范围。2007—2012年，对150家市控以上工业企业强化重点监管。现场检查填写“环境监察记录表”，并做好现场监察记录等；按照“一企一档”的要求，对每个企业建立完善的监管档案。2013—2015年，分责任区对全市140余家市控以上重点排污企业进行日常监管。2006—2015年，共组织环境监察人员现场执法1.4万人次，现场检查排污单位2.6万家次。

排污费征收 全市排污费征收始于1982年。是年聊城地区部分县（市、区）相继开展排污收费试点，并逐步扩大试点范围。1986年3月，聊城地区行政公署印发《关于贯彻〈山东省征收排污费实施办法〉的补充规定》，同意设立聊城市、临清市排污收费站。1991年，落实国家环保局、国家物价局、财政部《超标污水排污费征收标准》《超标环境噪声收费标准》，全区环保部门加大宣传力度，建立健全排污收费工作制度。2003年7月，《排污费征收使用管理条例》颁布实施，排污费收费依据、标准、程序均发生重大变革。全市排污收费工作从建立健全工作程序入手，其执法范围由单一的对企业污染源监察扩展到全方位的环境监督管理。2014 年，依法开展年度排污申报登记，严格执行排污申报核定和排污费征收制度，依法、足额、全面、及时征收排污费，全年排污费征收入库 6433 万元。至 2015 年年底，排污收费共征收排污费约 7.4 亿元，其中 2002 年之前的 21 年间共征收 9041 万元，2003—2015 年征收 6.5 亿元。

1982—2015 年聊城市排污费征收情况表

表 5-17　　单位：万元

征收年份	入库金额	征收年份	入库金额	征收年份	入库金额	征收年份	入库金额
1982—1997	3200	2002	661	2007	3849	2012	7750
1998	2124	2003	912	2008	4519	2013	10504
1999	1639	2004	1404	2009	5225	2014	6433
2000	595	2005	2568	2010	7419	2015	4473
2001	822	2006	3475	2011	6657		

第四节　环保宣传

一、“6·5”世界环境日宣传

1997 年后，开展纪念“6·5”世界环境日宣传，每年一个主题，通过张贴宣传标语、向市民发放环保宣传手册、举办图片展览、开展环保法律法规咨询等方式，介绍环保基本知识和生态文明建设等内容。1998 年，通过设立宣传站、设置永久性宣传标语、举办知识竞赛和科普展览等形式，宣传环保法律法规和环境知识。2002 年，制作宣传环境标准展板，悬挂在市中心繁华地段。2009 年起，每年 6 月 5 日在《聊城日报》刊登分管副市长等署名文章。2007 年“6·5”世界环境日，举办环保专场文艺晚会、环保书画笔会和首届环保征文大赛。2008 年，围绕“绿色奥运与环境友好型社会”主题，举行“人人参与，保护环境，拒绝白色污染”万人签名和污染源普查知识竞赛颁奖活动。2009 年“6·5”世界环境日，举行聊城市 2009 年“信乐杯”首届绿色环保十大杰出人物评选活动及颁奖仪式。2012 年“6·5”世界环境日，以“绿色经济，你参与了吗？”为主题，举办全市首届环保书画大赛等；创办《环保信息》，将环保工作情况及时报送各级领导和部门。“6·5”环境日宣传活动：2014 年，联合聊城大学环保志愿者开展环保宣传和咨询活动，向市民发放环保宣传手册 3000 余册，在市区悬挂环保条幅 60 多幅。2015 年，在市区设置 6 个环保法律法规咨询站，联合聊城大学东昌学院环保志愿者和市政府学雷锋志愿者服务队开展环保宣传和咨询活动。

2008 年 6 月 5 日，“保护环境　从我做起”万人签名活动　（杨小川摄）

二、“环保世纪行”宣传

1993年起，全市开展“中华环保世纪行”和“齐鲁环保世纪行”宣传活动。1998年起，由市人大常委会组织，市环保局、聊城日报社、市广播电视台等单位参加，连续18年开展“聊城环保世纪行”宣传活动。活动先后以“污染减排，我们在行动”“创建国家环境保护模范城市，推进资源节约型、环境友好型社会建设”“发展循环经济、共建绿色家园”“巩固创模成果，加强水污染防治”“加强水污染治理，保障饮用水安全”“碧水蓝天　幸福聊城”等为主题，以水气污染防治、节能减排、创建国家环保模范城、海河迎检、发展循环经济和生态文明建设等人民群众关心关注的热点问题为重点，坚持“法律监督、舆论监督和群众监督相结合、正面报道与批评曝光相结合、明察与暗访相结合”的原则，集中采访、集中报道，宣传全市环保工作的好典型、好经验，曝光环境问题和违法行为。全市共有246人次记者参加宣传活动，行程万余千米，对100余个单位和企业保护环境、治理污染及生态建设情况进行报道，有23篇稿件被评为“齐鲁环保世纪行”好新闻，143篇稿件被评为“聊城环保世纪行”好新闻。

2014年8月22日，以“碧水蓝天，幸福聊城”为主题的2014年聊城环保世纪行启动（杨小川摄）

三、绿色创建系列宣传活动

1998年起，以创建“绿色学校”为载体，将环境保护常识引进课堂，渗入家庭，影响社会。至2001年，全市建成绿色学校13所，东阿县实验小学、冠县北陶镇希望小学作为绿色学校试点，率先通过省级验收。该活动坚持环境保护从娃娃抓起，从培养中小学生环保理念入手，加强学校环境文化建设，各学校根据创造标准，结合中小学生特点，通过环保知识讲座、环保课堂、环保兴趣小组等活动，将绿色教育融入学校德育活动中。至2015年，全市有181所学校被评为市级“绿色学校”，其中，国家级1所，省级“绿色学校”48所。

2002年起，加强社区环境文化建设，开展以“绿色社区”创建为载体的环境文化教育。2015年，开展“环保进社区”宣传活动，通过展出展板、发放环保宣传资料、现场解答群众咨询等多种方式，向广大社区群众宣传环保法律法规和低碳理念，增强低碳生活、绿色消费、绿色出行的环保意识，激发其关注环保、参与环保的热情。至2015年，全市有48个社区被评为“绿色社区”，其中，国家级1个，省级“绿色社区”16个。

2007年起，全市开展“环境教育基地”创建活动，为公众特别是广大青少年提供生动直观、特色鲜明、功能多样的环境宣传教育场所，搭建学习环保知识、掌握环保技能、开展环保实践的平台。至2015年，全市创建市级环境教育基地15个，省级环境教育基地4个。

四、新闻媒体环保宣传

1997年后，注重在市及市级以上各类新闻媒体开展环保宣传活动，做到报纸有文字、荧屏有影像、广播有声音。

2006—2015年，每年在《中国环境报》上开辟聊城市环境保护工作专版，报道全市环保工作动态。

2007年，在《聊城晚报》开办《水城环保风采》栏目；在聊城市电视台开办《环保聊城》栏目；2008年，在互联网上设立“聊城环境信息网”网站。

2007—2011年，在聊城电台开办《早间环保新闻》，在《聊城日报》开设《环保之窗》和《环保视野》栏目；2012—2015年，与市电视台联合开办《生态聊城—环保视窗》栏目，每周一期，围绕环保热点、重点工作及时开展宣传报道，展现全市环保工作成就和理念，普及环保知识。

2013 年起，每月在聊城电视台、《聊城日报》《聊城晚报》及聊城新闻网上对各县（市、区）空气及水质质量排名进行发布。

2014 年 9 月，市环保局正式开通“聊城环境”官方微博，至 2015 年年底，粉丝 10 万余名，共发布国家、省、市环保信息 800 余条，接到网络舆情 120 余起，及时上报并移交相关科室调查处理。

2015 年 6 月 18 日和 12 月 17 日，在市政府新闻办分别召开题为“关于全市绿色创建工作和大气污染防治工作的情况报告”和“聊城市流域水污染防治情况”的新闻发布会。

五、社团、学校等联合宣传

1997 年后，市环保部门与社团组织、学校等联合举办环境保护知识竞赛等宣传活动。2007 年，与聊城大学生物系践行者协会联合举办“探索生命奥妙，关爱人类地球”活动；面向中小学生举办“保护家乡环境，我该怎么办？”有奖征文活动。2008 年，与聊城大学共同开展“保护环境　你我同行——共建碧水蓝天新聊城”“喜迎绿色奥运”“绿色实践行动”“创模大家一起来”等系列宣传活动。2009 年，市环保局与聊城大学联合开展“爱心资源回收站”搭建绿色校园活动、征集环保手工艺品活动展、拒绝“白色污染”手工缝制购物袋等活动；与山东大学联合策划“绿色全运，绿色水城，绿色交通”活动。2010 年，与聊城大学联合开展 2010 绿色长征“运河沿岸林业生态发展与变迁调研”赴运河（聊城段）开展水质检测调研活动及“爱心资源回收站”搭建绿色校园活动及环境调查宣传活动等；与聊城大学、东昌学院共同举办以“低碳减排　绿色发展”为主题的宣传活动。2011 年，与市邮政局联合开展暑期中小学环保征文大赛活动。2012 年，与聊城大学环保志愿者协会开展“学雷锋，保护环境”捡拾废旧电池活动；与龙根绿生态环保协会聊城支会、山东法治网、全民记者协会、中国网络新闻网、聊城大学美术学院等，在聊城大学举办“生态之春”讲座，同时评出聊城大学“十佳”环保志愿者大学生并进行颁奖；与龙根绿生态环保协会山东分会联合举办首届“聊城市环境保护书画展”大赛。2013 年，联合聊城大学绿野协会志愿者利用课余时间走进农村，举办以“追求绿色环保时尚，拥抱绿色农村之风”为主题的系列活动；与聊城大学环境与规划学院联合举办“珍惜每一滴水，让我们节水、惜水、爱水”节水宣传活动。2014 年，市环保局与山东环保基金会、农工党聊城市工委、共青团东昌府区委、《齐鲁晚报·今日聊城》、安利（中国）日用品有限公司等在聊城人民广场共同举办为期 2 天的“环保嘉年华主题公园”活动；与聊城大学历史文化与旅游学院联合举办“绿色家园　水城印象”环保服装秀活动。

第三章　能源节约

1997 年后特别是 1998 年 3 月以来，全市能源节约管理机构逐步建立健全，能源监测、节能改造、节能监察等工作全面展开。2010 年，聊城市政府被省政府授予“‘十一五’山东省节能突出贡献单位”称号，并记集体一等功。2015 年年底，全市能源产出率 1.08 万元 / 吨标准煤；规模以上工业万元增加值取水量累计下降 41.6%，工业固体废物综合利用率 78.97%；主要再生资源回收利用率 80.38%；农田灌溉水有效利用系数 0.625，农作物秸秆综合利用率 86.57%，适宜农村沼气用户普及率 66.4%。

第一节　能源监测

一、工作机构

1997 年，聊城地区建有能源监测站，成立资源节约综合利用服务中心。1998 年 3 月，聊城地区能源监测站更名为聊城市能源监测站；聊城地区资源节约综合利用服务中心更名为聊城市资源节约综合利用服务中心。2008 年，市能源监测站在省内于第一批次通过清洁生产资质审核，并作为清洁生产审核单位在全省范围内开展清洁生产审核工作。2012 年 5 月，聊城市能源监测站、聊城市资源节约综合利用服务中心合并成立聊城市节能服务中心，隶属于市经济和信息化委员会管理，为科级差额事业单位，核定人员编制 34 名，配备领导职数一正三副。节能服务中心内设机构沿袭能源监测站机构设置，为监测一室、监测二室、评估室、办公室、化验室。主要依据市政府或市经委下达的能源监测名单依法对用能单位用能设备进行用能监测，并提出整改意见，实现节能降耗；承担全市节能政策、法规、规划及管理制度等研究任务。

2000 年前，由于监测站自身技术和设备原因，每年监测工业企业 20 ～ 30 家，整个监测面积不到全市用能企业的 20%。2000 年后，监测站人员增加 24 人，增加设备 30 余台，对全市重点用能企业进行全面监测，并出具能源监测报告，评价能耗、提出解决方案。同时，全面分析全市用能状况，为市政府节能减排决策提供第一手资料。

二、质量监测

煤炭质量监测　2000 年前，境内煤炭化验不对外独立开展化验工作。2000 年后，市能源监测站购置元素分析仪、定硫仪、量热仪等设备，建立实验室，并通过计量认证，开始承接煤炭质量监测业务。是年冬，政府采购煤炭政策规定出台，能源监测站参与煤炭采购质量监督。对政府采购中标单位运送的取暖用煤，每家进行取样化验，并出具化验报告；市采购办公室依据化验报告对所采购煤炭进行分析评判。对不达标者进行处理，对有争议者进行现场抽样化验，从而保证了煤炭采购质量。煤炭质量由原来平均热值 4500 大卡 / 千克提升到热值 5500 大卡 / 千克，价格下降 30%。2001 年，煤炭在流通领域质量参差不齐，掺杂混级现象导致所购煤炭质量下降。经过政府招标采购，监测站作为第三方受政府委托参与到煤炭流通市场大整顿工作。对鲁能聊城市燃料公司等几十家煤炭经营者进行抽样检查，出具抽样监测报告。2005 年，市能源监测站实验室监测水平达到省内先进水平。至 2015 年，实验室资质认证采用新标准、新办法。

成品油质量监测　2005 年前，成品油质量一直为社会诟病，市工商局受市政府委托对所在辖区流通领域成品油进行抽样检查。市能源监测站作为油品抽样化验者参与全过程，对中石油、中石化及各大小零售点进行抽样化验，有近 1/3 的油品不合格。通过大检查，市工商局对不合格单位进行通报等相关处理。2008—2015 年，不定期进行油品抽样化验，劣质油品基本被堵在流通领域之外。

三、清洁生产审核

2006 年，按照《中华人民共和国清洁生产审核促进法》确定的强制清洁生产范围，先后在全市火电、非金属矿物制品业、黑色金属冶炼及压延加工、化学原料及化学制品制造、制药、轻工、纺织、交通设备制造、炼焦、金属表面处理及热处理加工、有色金属冶炼及压延加工、皮革及其制品、电气机械及器材制造、环境治理等 20 多个行业内，启动清洁生产审核工作。2008 年，在水泥、热电、化工、制药、轻工、有色金属等行业的重点企业中推行清洁生产。全市开展清洁生产审核 300 余家。编制的清洁生产审核报告均一次性通过省、市主管部门验收。至 2010 年，累计组织 80 余家企业开展清洁生产培训；有 114 家企业开展清洁生产审核，共实施清洁生产方案 3000 余个，累计投入资金 12 亿元，年可削减化学需氧量（COD）3471 吨、削减二氧化硫（SO_2）4975 吨、节电 9348 万千瓦时、节约蒸汽 20 万吨、节水 3402 万立方米、减排废水 654 万吨、节煤 24.3 万吨、节约原辅料 3.87 万吨。2011—2015 年，累计实施清洁生产审核企业 302 家，其中有 138 家重点企业通过评估验收，实现节能量 33.34 万吨标准煤，节水 2234.81 立方米，二氧化硫、二氧化氮等污染物消减量 1.1 万吨，产生经济效益 14.66 亿元。

2006—2015 年的 10 年时间内，全市实施清洁生产审核方案 5100 余项，促使企业减少氮氧化物排放量 1231 吨／年，减少烟粉尘排放量 78 吨／年，减少二氧化硫排放量 65 吨／年，节约用电量 260 万千瓦时／年，节约能量 160 万吨标准煤／年，节约用水 50 万立方米／年。全市共有国家级清洁生产审核师 4 人、省级清洁生产审核师 6 人；建立清洁生产专家库，储备综合政策类和有色金属、造纸、建材、冶金、机械制造等行业类清洁生产专家共 80 余名。

四、能源审计

2006 年，国家经信委、发改委要求全国范围内千家重点用能企业全面开展能源审计工作，其中聊城市信发集团、银河纸业、鲁化一厂、鲁化二厂 4 家企业被列入能源审计名单。市委、市政府要求市经信局组织人员对该 4 家用能企业进行审计，提出改进建议 40 余条。至年底，全市完成 50 家重点用能企业的能源审计工作。

2007 年起，按照省、市节能办的要求对全市 108 家重点用能单位开展能源审计工作，审计周期为 2 年 1 次。2008 年，组织开展能源审计、能效水平对标活动。全市共审计企业 56 家，给企业提出整改建议 461 条，年节能潜力约 12 万吨标准煤，为企业节约能源成本 9600 万元。2011 年，对全市 41 家企业进行能源审计，为企业提出整改建议 300 多条，整改后实现节能量 6 万余吨标准煤。2012 年 8 月，聊城市公共机构节能工作领导小组下发《聊城市公共机构能源消耗量定额（试行）》通知，市节能中心审计范围逐渐扩大至部分政府机关、宾馆、医院、学校等公共机构单位。

2013 年，全市 78 家重点用能单位实行能效对标、改进节能管理和节能技改等措施。2014 年，对聊城供电公司、华能聊城热电有限公司等 100 家企业，聊城大学、聊城市人民医院等公共机构进行能源审计。

至 2015 年，累计查找出上述企业和公共机构能源管理和能源利用方面的薄弱环节及问题 1020 余处，提出改进建议 5200 余条，挖掘节能潜力近 3000 万吨标准煤。

五、节能产品推广

1987—2000 年，主要推广节能灯分层燃烧装置——变频器。2000 年开始，按照国家《节能技术推广目录》和省、市发布的《重点节能技术、产品和设备推广目录》，对市内企业设备更新换代提供指导，对新上企业及设备改造进行节能评估，为企业节能提供第一手资料。2009 年，开展“高效照明产品推广示范村（镇）”创建活动，全市高效照明产品实际共推广 77.09 万支，年可节电 4734 万千瓦时。阳谷宾馆率先在全市安装并使用太阳能集热系统。2011 年，聊城一中在全市学校中第一家新上太阳能集热系统项目。2014 年，充分利用国家优惠政策，大力推广节能灯具，全年推广节能灯 78 万只，推广数量居全省第二，历年来累计推广数量占全省 1/8。

第二节 节能改造

一、工作机构

1997 年，建有聊城地区能源办公室，为全额预算管理事业单位。1998 年 3 月后改称聊城市能源办公室。2002 年 7 月，撤销聊城市能源办公室，成立聊城市能源和资源节约综合利用办公室（副县级），由市经贸委管理。2007 年 4 月，以市能源和资源节约综合利用办公室为基础，组建聊城市人民政府节约能源办公室，为副县级行政单位，归口市经济贸易委员会（2010 年 8 月，市经济贸易委员会改为市经济和信息化委员会）。2010 年 8 月，市政府节约能源办公室下设资源节约科、循环经济与清洁生产科。

2001—2015 年，市政府节约能源办公室坚持与国民经济和社会发展计划同步，连续组织实施 3 个五年节能改造计划。

二、“十五”时期节能改造

2001—2005 年的五年间，在全市重点企业中，开展资源节约活动，加强节能管理，推进技术进步。

2004 年，聊城市被山东省确定的重点用能企业 35 家，除冠县劳武造纸厂关停、茌平光明淀粉厂因扩街停产、山东高唐棉纺织厂被重组外，其余 32 家重点用能企业，综合能源消耗量 393.59 万吨标准煤，同比增长 34.24%；万元产值能源消耗量 1.28 吨标准煤，同比上升 5.79%，超耗能源 21.59 万吨标准煤。32 家企业中 22 家企业万元产值能耗稳定下降。2005 年，市经贸委印发《关于开展建设节约型企业活动的决定》，以电力、造纸、化工、纺织、机械五大行业的重点耗能、耗水企业为重点，深入开展节约型企业创建活动。制定完善了重点行业、重点企业和重点产品的能耗基本定额、能耗限额和取水定额，并严格进行考核。对超定额企业，分析原因，督促整改，切实降低消耗；对重点用能用水企业进行能量平衡测试，发现问题及时整改。对 14 家重点企业进行能量平衡测试，监测企业 49 家，测试设备 1848 台（套），提出整改建议 264 条，实现节能量 6.09 万吨标准煤。对 10 家企业的 12 个在建和拟建项目进行评估，得到了企业认可。对建材、发电、轻工、化工四大行业和农作物秸秆，重点搞好资源综合利用；对东昌水泥、金兴人造板、高唐化工、泉林纸业等企业进行重点培育。重点推广应用高掺量粉煤灰水泥、砌块、砖，次小薪材、林业“三剩物”和玉米芯深加工及磷石膏制石膏板、砌块，造纸黑液提取木质素生产复合肥等技术；重点发展水泥、砌块、纸面石膏板、复合肥、糠醛、中高密度纤维板等产品。

2005 年，开展资源综合利用企业认定工作，累计认定资源综合利用企业 58 家。是年，聊城市在全省率先对固定资产投资项目实行节能评估，严控高耗能行业产能。

三、“十一五”时期节能改造

2006—2010 年的五年间，市委、市政府确立节能减排和经济发展并重的发展战略，形成“以发展促节能、以节能求发展”的工作思路。2007 年，市政府印发《聊城市节能减排综合性工作实施方案》；2008 年，市委、市政府出台《关于进一步加强节能减排工作的实施意见》。市政府成立由市长任组长的“节能减排领导小组”；组建市政府节能办和节能执法支队，建筑、交通运输、公共机构等管理部门设置节能管理科室或岗位。建立各县（市、区）、重点部门和重点企业节能目标责任制，市政府按年度下达节能目标并实施考核奖惩。全市实施“2320”工程［培育 2 个循环经济型县（市、区）、3 个循环经济型园区、20 家循环经济型企业］。

2006 年，全市 50 家重点用能企业主要产品单位产品能耗指标稳定降低率 85%；44 家重点用水企业万元产值取水量 9.17 立方米，工业用水重复利用率 94.95%。2007 年，全市 50 家重点用能企业上报的 17 项单位产品能耗指标中，有 12 项比上年同期下降，占 70.59%；列入省千户重点的 34 家企业主要产品实现节能量 22.2 万吨标准煤，完成年度目标的 188.94%。对 61 家企业的 72 个项目进行节能评估，对 8 家企业实施差别电价。是年，对聊城（华润）啤酒有限公司、聊城山水水泥有限公司、山东金纬纺织有限公司等 97 家企业进行能量平衡和能源利用检测。2008 年，加强能源利用监测。全市共监测 46 家企业，给企业提出整改建议 126 条，年节能潜力 8 万吨标准煤，为企业节约能源成本 6400 万元。2009 年，全市 50 家重点企业 18 项主要产品单耗指标，比上年下降 14 项，占 77.8%，实现产品节能量 6.06 万吨标准煤。上报省节能技术产业化奖励资金项目 6 个，其中 4 个项目共获得省奖励资金 250 万元、1 个项目获得省 1500 万元调控资金低息贷款；申报 2009 年中央预算内投资备选项目 2 个、国家节能技改财政奖励资金项目 11 个，其中 6 个项目获批，获得 2700 多万元的奖励和补贴资金。2010年，累计淘汰变压器240台、电动机154台、空压机和风机20台、锅炉11台，关闭纺纱生产线3条、无水酒精生产线1条、铸造生产线1条。全市严格执行新建项目节能评估审查规定，对50个固定资产投资项目进行节能评估，加强源头控制。按照国家、省产业政策规定，严格限制“两高”和产能过剩项目启动，全年拒批小钢铁、水泥、玻璃、小造纸等项目13个。

至2010年年底，全市万元GDP能耗由2005年的1.79吨标准煤降为1.38吨标准煤，累计降低23.01%，降幅比全省平均水平高0.92个百分点，比全国平均水平高4个百分点，以能源消费年均8.7%的增速支撑国民经济年均14.6%的增长，保障了全市经济平稳较快发展。

四、“十二五”时期节能改造

2011年4月，市政府与各县（市、区）分别签订节能目标责任书，实行“双目标”责任考核，建立节能预警调控长效机制和能耗数据联审制度；8月，启动节能预警调控方案，对各县（市、区）和经济开发区累计下达4个节能预警通知，共对63家高耗能企业实施限产、限电、轮修、停产等调控措施，累计减少能源消耗90.41万吨标准煤。开展全市百家企业节能低碳行动，核实全市年综合能耗超过5000吨标准煤以上企业，对50家重点用能企业进行适时调整；对列入是年国家淘汰落后产能计划的9家企业、未列入国家计划主动淘汰的33家企业和列入国家关闭小企业计划的8家企业、未列入国家计划主动关闭的7家企业，全部淘汰和关闭。扩大节能自愿协议试点，与包括6个公共机构在内的20个企事业单位签订节能自愿协议。

2012年，对149个项目进行节能评估审查，实现节能量54万吨标准煤。定期分析高耗能行业电耗、能耗情况，对增长过快的县（市、区）和企业实施预警调控，抑制高耗能行业过快增长。全市六大高耗能行业产值占工业总产值比重由2011年的37.17%降为36.43%，下降0.74个百分点。列入国家和省计划的7家企业全部淘汰，

2012年11月，时风集团荣获“全国节能先进集体”称号

10家未列入计划的企业主动淘汰并通过验收，另外关闭小企业7家，年节约标准煤3万吨。申报国家和省的重点节能工程项目85个，其中申报国家工业企业能源管理中心示范项目6个、节能技改财政奖励项目14个、中央预算内投资项目23个、清洁生产示范项目2个、合同能源管理项目15个、省重大节能技术产业化奖励资金项目15个、省太阳能集热系统补贴项目10个。这些项目总投资32.4亿元，年实现企业和社会节能量127.7万吨标准煤。加大节能资金投入，市财政列支1050万元节能专项资金，支持节能、节水、循环经济等18个重点项目建设。市级节能专项资金占财政收入比重为0.38%，比上年增长0.17个百分点。年新增主营业务收入28.77亿元，节能58.8万吨标准煤，节水180.6万立方米。

2013年，全市万元GDP能耗下降3.7%，累计下降11.37%；全市规模以上万元工业增加值能耗下降6.42%，累计下降21.35%，提前完成“十二五”目标任务并超出0.35个百分点。分解落实百家重点用能企业节能目标任务，组织对列入省千家的78家重点用能单位评价考核，将考核结果纳入县级政府的节能考核。加强重点用能企业节能技术改造，累计实现节能量198.93万吨标准煤。

2014年，实施项目节能和工程节能，建立节能重点项目库。全年总投资401.5亿元，入库项目119个，实行每月一调度，每月一汇报，及时解决项目建设中的困难和问题，年实现社会节

能量66.4万吨标准煤，减排废弃物232.4万吨。实施低温余热利用和电机能效提升工程，全年共实施低温余热利用项目5个、电机能效提升项目3个，年实现节能量2.83万吨标准煤。推动燃煤企业治污设施升级改造和脱硝工程。所有燃煤电厂的烟气旁路取消、脱硫除尘设施升级改造、脱硝工程建设全面完工。

2015年，全市万元GDP能耗累计下降17.5%，超额完成国家和省下达的目标任务。全市六大高耗能行业产值占工业总产值比重下降3.8个百分点；规模以上高新技术产业占工业产值比重为27.5%，比年初上升1.5个百分点。把产业低碳化、建筑节能、交通节能、新能源等领域的65个项目，纳入第一批节能减排综合示范奖项目范围，总投资170亿元，全年完成投资40.3亿元。共实施太阳能集热项目45个，年节能1500吨标准煤；推广实施合同能源管理项目17个，年实现节能量9.6万吨标准煤。全市列入省千家重点用能单位78家，除8家企业停产外，全部完成省下达的节能目标任务。自2011年起，累计实现节能量380.83万吨标准煤，完成“十二五”总目标的273.4%。

第三节　节能监察

一、监察能力建设

设立工作机构　2007年4月，设立聊城市节能执法大队，为科级全额事业单位。2009年4月，市节能执法大队更名为市节能执法支队。2012年5月，市职业教育办公室和市节能执法支队合并，组建市节能执法监察支队，隶属市经信委管理，副县级规格，为全额拨款事业单位，核定人员编制14名，配备领导职数一正二副，内设综合室、监察一室、监察二室，配备科级职数3名。

设备配套采购　2012年，根据国家发展改革委《关于下达节能重点工程、循环经济和资源节约重大示范项目及重点工业污染治理工程2012年中央预算内投资计划（第二批）的通知》，聊城市节能执法监察支队节能监察能力建设项目计划总投资335万元，其中中央预算内资金奖励101万元、市财政配套234万元。市节能执法监察支队购买68台，包括46台监测仪器、12台实验设备、7台取证设备和3辆执法车辆，另外还购买2台实验仪器、附件和办公设备等，共投资233.23万元。2013年，市节能专项资金拨付50万元，继续对该项目资金进行配套，与中标公司签订合同，购买实验设备5台、取证设备6台等，投资35.6万元。是年年底，市节能执法监察支队节能监察能力建设项目总投资268.8万元，共购买仪器设备和执法车辆81台（辆），其中监测仪器46台、实验设备19台、取证设备13台、执法车3辆，基本满足工作需要。至2015年，未再增加新设备。

信息系统建设　2012年，市节能执法监察支队加强调度，对注册已经关停的企业保存数据并删除账号，责令未按时报送的30个单位限期整改。至11月底，按照国家、省的有关要求，全市完成注册的重点用能单位能源利用状况报告全部上报。2013年，争取财政专项资金30万元，对节能信息系统进行升级改造。2014—2015年，实施市节能信息系统升级扩容项目。申请采购路由器、核心交换、数据库服务器、内网服务器、HBA卡、安全防护、磁盘阵列、维护终端、终端外设和服务器托管等，为加强节能监察，服务政府决策提供有利的技术支撑。

二、节能日常监察

2008年5月，市节能执法支队开始对重点用能企业的节能机构建设、节能方针目标、设备管理、能源利用监测、能源审计、节能评估等情况进行全面监察，重点监察企业淘汰落后设备和工艺等。全年共监察重点耗能及规模以上企业63家，发现大部分企业不同程度在用淘汰变压器193台，淘汰机床、车床、电动机等设备910余台；部分企业节能机构不健全，无专职的能源管理负责人；个别企业设备管理混乱，没有建立设备台账；部分企业违章增容；节能管理人员及操作人员未进行节能培训等5个方面的问题。支队出具现场监察报告63份，下达限期整改通知书63份，提出整改建议630余条。督促企业更换淘汰变压器40余台，淘汰电机等300多台，对4家既不整改、又不上报整改计划的企业进行行政处罚。

2009年，对全市重点耗能企业在用淘汰落后设备，开展书面监察和现场监察。推广S11、SC10型节能变压器，鼓励使用S13型及以上节能变压器，淘汰S7、SL7及以下高耗能变压器300余台。其中，临清市淘汰变压器120台，关停高耗能小型炼钢厂2家。是年，处罚企业6家。其中，主要用能设备没有办理增容审批手续的1家、违法使用国家明令淘汰的用能设备的5家，处罚金额39.8万元。2010年5月，书面监察并现场监察重点用能单位32家。2011年5—10月，从重点用能单位的节能管理制度建立和执行情况、能源管理岗位设立和能源管理负责人聘任制度执行情况等10个方面监察企业38家，其中省千户重点用能单位30家、其他用能单位8家。编制《节能监察报告》38份，制作并送达节能监察告知书34份、限期整改通知书24份、节能监察建议书20份。2012年5月，市节能执法监察支队完善重点用能单位能源管理负责人管理工作。全年书面监察和现场监察重点用能单位124家，下达限期整改通知书103份，出具《节能监察报告》65份，提出合理化建议276条。印发《关于重点用能单位聘任能源管理负责人的通知》，全市百家重点用能企业的能源管理负责人均备案。

2013年，书面监察和现场监察重点用能单位63家，下达限期整改通知书43份。2014年8月，坚持节能执法监察和服务相结合，组织开展重点用能企业节能诊断和能效对标。在对鲁西集团检查调研时发现，该企业在能源利用过程中存在一定程度的浪费现象。市节能执法监察支队联系市节能服务中心和锅炉设计单位，对该企业进行现场诊断。改造后，年可实现节能量11万吨标准煤。全年监察开展重点用能单位20家，监察新增用能企业8家，下达限期整改通知书8份。2015年，书面监察重点用能单位90家；现场监察重点单位能源利用状况报告制度执行情况37家，下达限期整改通知书16份、节能监察意见书6份；现场监察高耗能行业能耗增速高的企业15家。

三、节能专项监察

2009年，开展固定资产投资项目合理用能评估制度落实情况专项监察，现场监察用能单位50家，投资项目85个。开展节约用电情况专项监察，市节能执法监察支队会同市节能办、建委、机关事务管理局从节电管理制度情况等5个方面，现场监察办公场所、宾馆、饭店等公共机构20家。2012年，开展2011年度新增用能企业能耗情况专项监察。3—7月，采取现场监察方式，通过供电公司填报节能监察调查表、查阅设备台账、抽查变电站等手段，对市供电公司和7个县级供电公司进行节能专项监察；7—9月，从基本情况、生产用能情况、项目审批和节能评估审查情况及新增产能对聊城能耗负荷的影响等方面，全面监察2011年新增规模以上用能企业29家；7月，全市开展宾馆饭店取消一次性日用品情况专项监察。共监察宾馆、酒店、招待所54家，一次性日用品购买金额为541万元。10月，开展节能咨询服务机构专项监察。要求对节能服务机构提供的信息和出具的技术报告进行书面监察和现场监察，抽查相关内容并对具真实性进行验证核实。2013年，在全市开展电力、冶金、有色金属等重点耗能企业专项监察。2014年，开展能源利用状况报告审核专项监察。先后三次利用两个多月的时间，对全市78家重点用能单位报送的能源利用状况报告进行联合初审、退回修改、终审和上报，并按照省经信委、节能办的要求，对省反馈的11户重点用能单位报送的能源利用状况报告进行现场监察，配合省总队对金号织业有限公司和聊城中钢联金属制造有限公司等2家企业进行现场监察。开展电解铝行业阶梯电价政策执行情况专项监察。支队配合省总队，对信发集团下属华信、信源、华源铝业3家企业进行现场监察，3家企业吨铝液交流电耗全部低于国家限额标准。开展固定资产投资项目节能验收工作，主要验收聊城新奥燃气有限公司加气站项目5个。

2014年起，根据《电机能效提升计划（2013—2015年）》，对列入市内百家企业节能低碳行动实施方案的100家工业企业开展电机专项监察调查，其中现场监察调查企业16家。经监察调查，至2015年，全市百家企业在用2003年年底前生产的低压Y系列电机数量4410台，总功率5.3万千瓦。

第四节　能源管理体系建设

2013年4月，启动企业能源管理体系建设，召开全市重点用能单位能源管理体系建设动员大会，成立由市经济和信息化委员会主任为组长的聊城市能源管理体系建设工作领导小组，办公室设在市节能执法监察支队。5—6月，市能源管理体系建设工作领导小组在8个县（市、区）及市经济开发区和市直企业分别举行10次体系建设工作启动仪式。同时，落实能源利用状况报告和能源管理师制度，设立能源管理岗位，聘任能源管理负责人并在市节能办备案。先后组织人员赴德州和山东省质量认证中心考察学习，熟悉企业能源管理体系认证流程、方法及注意事项等；分两期参加全省能源管理体系咨询机构培训班。是年，祥光铜业能源管理中心项目投入运行后，年实现节能1.3万吨标准煤，仅制氧车间每月节省资金140万元。2014年3月，对全市49个重点用能单位负责生产、统计、设备、财务、采购、企管、车间等部门人员进行培训。建立每周一对咨询机构工作情况调度、每月5日对各县（市、区）和相关企业调度制度。2015年，持续推进能源管理体系建设。全市重点用能单位开展能源管理体系建设的共22家；组织开展重点用能单位能源管理体系培训企业78家；开展能源管理体系评价9家。至年底，全市重点用能76家企业中，因关停并转等原因不能建立能源管理体系的16家，加上其他重点用能企业5家，全市建立体系并通过认证或评价的共65家。

2014年，聊城市召开重点用能单位能源管理体系建设现场会

第五节　节能宣传培训

1997年后特别是1998年3月以来，市节能服务中心（市能源监测站）、市政府节约能源办公室、市节能执法支队3家单位密切配合，全力做好全市节能宣传培训工作。

至2003年，市能源监测站、市政府节约能源办公室等于每年的11月组织全市开展“节能宣传周”活动。2004年起，全市“节能宣传周”活动改为每年的6月12—18日进行。主要方式有搭建活动平台、扎制大篷车、制作宣传标语、发放节能宣传页、现场示范节能小窍门小知识、深入企业开展节能知识培训、进入各办公大楼张贴宣传画等。

2008年4月，召开各县（市、区）经贸局分管副局长、科长及各企业单位的能源管理负责人参加的节能监察法规政策与节能标准技术宣传培训会，学习《中华人民共和国节约能源法》，传达山东省地方节能新标准的实施情况及2008年节能工作的安排，邀请能源法律专家和省监察总队领导到会主讲。11月，市节能执法监察大队联合市能源监测站对大型企业节能管理人员进行4期培训，学员经过考试全部取得省经贸委颁发的“山东省节能管理人员经济运行上岗证”。

2011年，市节能执法监察支队组织培训全市能源管理师225人。2012年5月，举办全市重点用能企业能源利用状况报告培训班，培训节能监管人员 180 人。组织重点耗能企业的负责人及节能监管人员 133 人参加能源管理师培训。

2012 年起，落实国家修订的《能源管理体系要求》和《能源管理体系实施方案》两个标准，要求全市 78 个重点用能单位按季度和年度网上填报能源利用状况报告，市节能服务中心每年对全市能源利用状况报告填报人员培训 1 次。

2013 年，市节能执法监察支队配合省总队对能源管理师、县级节能监管人员、节能技术与能源管理高级研修人员进行培训，分 3 期培训司炉操作工 100 余人。

2014 年 5 月，举办全市节能监察人员业务班，培训市县两级节能监察人员 60 人；12 月，组织培训鲁西集团节能管理和锅炉操作人员 120 名，培训各县（市、区）和市百家重点用能单位能源利用状况报告填报和审核人员 140 余人。2015 年 10 月，培训全市节能监察人员 60 人；11 月，培训全市重点用能单位能源管理体系建设负责人和内审员 160 余人。

第四章　循环经济建设

2009 年 12 月，高唐县被评为山东省第一批循环经济示范县；2010 年 10 月，阳谷县被评为山东省第二批循环经济示范县。从此后，聊城市注重发挥两县的示范引领作用，突出高效发展、生态发展两大主题，以转方式、调结构为主线，以观念创新、管理创新、机制创新和科技创新为动力，努力探索全市资源循环利用的产业链接模式和实现循环经济发展的有效途径。至 2011 年，全市逐步形成“企业带动行业、行业带动园区、园区带动区域”的循环经济发展新格局。2011—2015 年，全市万元 GDP 能耗累计下降 17.5%，超额完成国家和省下达的节能目标任务。到 2015 年年底，能源产出率 1.08 万元 / 吨标准煤；规模以上工业万元增加值取水量累计下降 41.6%，工业固体废物综合利用率 78.97%；主要再生资源回收利用率 80.38%；农田灌溉水利用系数 0.625，农作物秸秆综合利用率 86.57%，适宜农村沼气用户普及率 66.4%。

2015 年，聊城市被列为国家循环经济示范城市；2016 年 1 月，被正式批准为国家循环经济示范城市。

第一节　工作机制

2009 年，高唐县、阳谷县均成立由县长任组长、分工副县长任副组长的发展循环经济领导小组，设立县政府节能办公室和执法大队；制定《循环经济工作实施方案》，印发《关于加快循环经济发展的实施意见》；设立发展循环经济专项资金，专项用于支持循环经济关键链接技术研发、循环经济重点项目建设等。其中，高唐县安排 1140 万元重点用于扶持节能减排、循环经济项目，同比增长 57.2%；对节能减排有突出贡献企业、先进企业和循环经济项目进行表彰奖励，奖励金额 60 万元；落实资源综合利用企业减免税 1000 多万元。阳谷县对被评为山东省循环经济示范单位的凤祥集团、祥光铜业分别给予 25 万元的奖励；组织国地税、财政等部门对资源综合利用、节能环保产品设备等税收优惠政策给予落实，鼓励支持企业开展循环经济工作。

2014 年，市委、市政府提出申请创建国家循环经济示范城市。是年 7 月，进一步完善市级循环经济工作机制，市政府组织有关人员赴潍坊市（2013 年全国第一批示范城市）考察学习；8 月，成立市政府建设国家循环经济示范城市工作领导小组，制定筹备工作方案，下设10个专项工作组。聘请山东大学可持续发展研究中心编制《聊城市循环经济示范城市建设实施方案》。2015年8月，召开全市申报工作会议，对申报工作进行安排部署。在省经信委、省财政厅、省住建厅的支持下，市经信委、市财政局、市住建局等多个部门争取，获得建设国家循环经济示范城市申报资格；11月，市政府调整建设国家循环经济示范城市领导小组，市委副书记、市长宋军继任组长，市委常委、常务副市长耿涛任副组长。建立由27个部门组成的循环经济联席会议制度。市政府与各县（市、区）政府、园区、重点企业签订责任书，制定督查考核与奖励问责办法，形成"政府主导、部门联动、全社会共同参与"的工作运行机制。建立循环经济评价指标体系，并将主要指标纳入全市国民经济和社会发展计划。市财政局制定《聊城市节能专项资金管理办法》，每年设立1000万元专项资金，支持循环经济重点工程及示范项目建设。落实国家资源综合利用税收优惠政策，为50家企业累计减免税收7亿元。

第二节　产业体系

一、循环型工业体系

2011年起，围绕有色金属、能源电力、化工、造纸等8个重点行业，推进循环经济示范技术、示范项目、示范企业和示范模式建设，实现各产业间物质、能量和信息的交换与集成，形成产业间的工业代谢和共生耦合。深入推进节能减排，确保完成节能减排任务目标。在全国率先建立节能降耗预警调控机制，2011—2015年，减少能耗量104万吨标准煤；7家企业建成能源管理中心，54家企业建成能源管理体系，均居全省第一位；14家公共机构建成能耗在线监测系统。落实清洁生产财政补贴政策，在节能专项资金中设立清洁生产专项资金，对自愿开展清洁生产审核的单位实行政府购买服务，共落实政策补贴330万元。对273家企业进行清洁生产审核，实施清洁生产技术改造项目1574个。在钢铁、水泥、化工、石化、有色金属冶炼等行业的14家企业中，实施清洁生产技术改造项目15个，项目总投资1.45亿元，全部实施后实现二氧化氮消减量2513.14吨、二氧化硫消减量28.51吨、烟粉尘消减量4467.6吨，节电1258万千瓦时（折合标准煤4000吨）。建立清洁生产专家库，储备综合政策类和有色金属、造纸、建材、冶金、机械制造等行业类清洁生产专家共80余名。2013年，聊城代表山东参加海河流域水污染防治核查，总分列全国9大流域25省（市、自治区）第一名。2014年，在山东省17个市中，聊城空气质量改善幅度最大、获得生态补偿资金最多。

二、循环型农业体系

2009年起，全市推进资源利用节约化、生产过程清洁化、产业链接循环化、废物处理资源化，调整农药、化肥使用结构，推动农业节地、节水。高唐县金铭实业公司种植有机饲草，建设有机种植基地1300亩，每年收获苜蓿干草5000吨、有机牧草1000吨、有机玉米800吨、有机大豆28吨、有机胡萝卜160吨，肥料用的是牛粪、兔粪、泉林有机肥料；利用蓝山集团花生种植基地回收花生秧，加工生产绿色饲料，养殖有机牛、有机兔。建成高档肉牛育肥场和屠宰加工厂，年存栏1万头，出栏2万头，宰牛2万头，宰兔7.2万只。建成的生物质沼气发酵池，生产有机生物肥，回用于土地，种出有机饲草，形成"种植—养殖—深加工—沼气—肥料—还田"的生态产业链。山东绿源牧业有限公司为遏制畜禽粪便给生态环境造成的影响，建设1500立方米CSTR反应器2座、300立方米贮气柜1座、2000立方米沼气池1座及配套燃气锅炉1套。年产沼气36.5万立方米，供周围1000户农民用气；年产沼渣沼液肥1.6万吨，年增经济效益130余万元，节煤356.5吨。形成"养殖—沼气—沼肥—种植"良性循环。冠县合顺渔业专业合作社于2008年、2014年先后投资2000万元建设2座污水处理厂，完善污水处理的管网配套，加快中水回用设施建设，提高中水回用率。根据黄河故道区位、资源和环境特点，推广“上农下渔”的循环经济发展模式。养殖尾水进入污水处理厂，经处理之后的中水，用于产业园种植有机稻，稻田水体养殖泥鳅和龙虾以及其他一些水产品，龙虾、泥鳅食用水中生物，其排泄物可作稻田肥料，泥鳅在土中活动可替水稻松土助长，亩效益扩大5倍。

三、循环型综合体系

2008年起，全市构建绿色综合交通运输体系，开展绿色建筑行动，加快国家餐厨废弃物资源化利用和无害化处理试点城市建设，规范再生资源回收利用，推进再制造产业发展。健全城乡生活垃圾分类回收利用体系，实现生产系统与生活系统的循环链接，加快构建循环型社会体系。阳谷县三山集团回收利用再生资源，发展再制造产业，建立98个废金属产品收购网点，收购废金属熔炼加工再制造。2008年，回收废金属9.2万吨，其中钎具旧件1.2万吨；2009年新上重型钎具清洗、修复设备，进行专业化、批量化再生产。森泉板业公司利用农林业废弃物枝丫材90万吨，生产中、高密度板60万平方米；景阳冈木业公司利用农林业废弃物枝丫材43.2万吨，生产中、高密度板24万平方米；凤祥集团累计收购农作物秸秆5.6万吨，用于奶牛饲养。投资6455万元建设的日处理污水4万吨的阳谷县城市污水处理厂通过验收后，污水收集管网不断完善，满负荷运转率95%以上，生活污水处理率70%以上。阳谷县重点培育了鲁西化工第五化肥厂的废弃物磷石膏用于泰康建材制造石膏板、石膏砌块产业链。至2009年年底，累计综合利用废弃物磷石膏17.8万吨，生产纸面石膏板2300万平方米；森泉热电的废弃物粉煤灰用于张秋镇、阿城镇、七级镇等砖厂生产免烧砖产业链，3年综合利用粉煤灰8万吨，生产免烧砖5000万块；凤祥集团公司污水处理厂处理后的中水通过10余千米管网，全部回用于祥光铜业产业，每年实际削减化学耗氧量1650余吨、氨氮80余吨，年可为祥光铜业提供中水约205万吨，直接经济效益200多万元。

第三节　循环经济发展模式

2009年起，全市按照“源头减量、过程循环、纵向延伸、横向耦合、系统复合”的循环经济发展思路，突出“工业、农业、服务业、园区、社会”五大重点领域，优化资源配置和经济发展方式，推进产业间的协作和区域内的系统整合。精心打造10种重点工业循环经济发展模式，促进工业高端高质高效发展。祥光铜业采用“双闪技术”高效炼铜，烟气制酸，余热发电，尾矿提炼稀贵金属，并入选省级“城市矿产”示范园区，被评为“国家环境友好工程”；祥光工业园被评为国家生态工业示范园区。信发集团围绕铝电打造全产业链，构建赤泥综合利用、粉煤灰制砖、电石渣用于氧化铝生产等循环链条。两家企业均列入国家第一批资源节约型、环境友好型企业创建试点。培育6种农业循环经济发展模式，提高农业可持续发展能力。凤祥集团分割鸡的副产品用于生产保健品、调味品，粪便生产有机肥，废水集中处理后，供应铜冶炼企业使用。该企业入选国家农产品深加工专项工程示范项目、全国食品加工示范工程。创新两大特色服务业循环经济发展模式，促进服务业跨越发展，形成以阿胶养生文化、生态旅游度假文化等为主题的生态旅游业和以聊城物流园区、聊城农产品物流交易中心等大批物流商贸市场为核心的商贸物流仓储资源回收循环产业链。

2009年12月，聊城市总结信发模式、泉林模式、凤祥模式、时风模式等18个有行业示范作用的循环经济发展模式上报省经信委。在省经信委公布的48个循环经济发展模式中，市内鲁西集团、时风集团、蓝山集团等9家企业的循环经济发展模式入选。其中，山东泉林纸业的“构建清洁型草纸循环产业链的造纸企业循环经济发展模式”入选“中国循环经济典型模式案例”。

附：循环经济模式选介

造纸行业——泉林模式 2005年，山东泉林纸业有限责任公司被列为全国第一批循环经济试点企业。企业加大循环经济技术研发和项目建设力度，突破纤维原料、环境保护、水资源等行业发展的三大瓶颈，逐步形成具有“泉林特色”的循环经济发展模式：采用“亚硫酸铵法”清洁制浆技术将秸秆纤维素用于生产优质本色浆，进而替代部分阔叶木浆生产高档本色文化纸、本色生活用纸、本色食品包装纸、本色食品包装盒等制品。秸秆中的木质素、钾硫等物质和微量元素在制浆过程经磺化、降解制成黄腐酸系列产品，秸秆的叶、节、穗等杂质经发酵生产基质或饲料，电厂“铵法脱硫”生产物亚硫酸铵直接回用于蒸煮，制浆造纸中段水经综合处理后回用于生产或农业灌溉，各产业链横向耦合、纵向衔接，实现秸秆“一草多用”与生产过程污染物的资源化，构建资源—产品—再生资源的良性循环。2011年，公司秸秆清洁制浆造纸“泉林模式”成为国家发展改革委员会确定的60个“国家循环经济典型模式案例”之一。2012年“秸秆清洁制浆及其废液肥料资源化利用新技术”获国家科技发明二等奖。2015年，泉林集团“秸秆立式连续蒸煮制浆技术”通过中国轻工业联合会科学技术成果鉴定，被认定为国际领先水平。

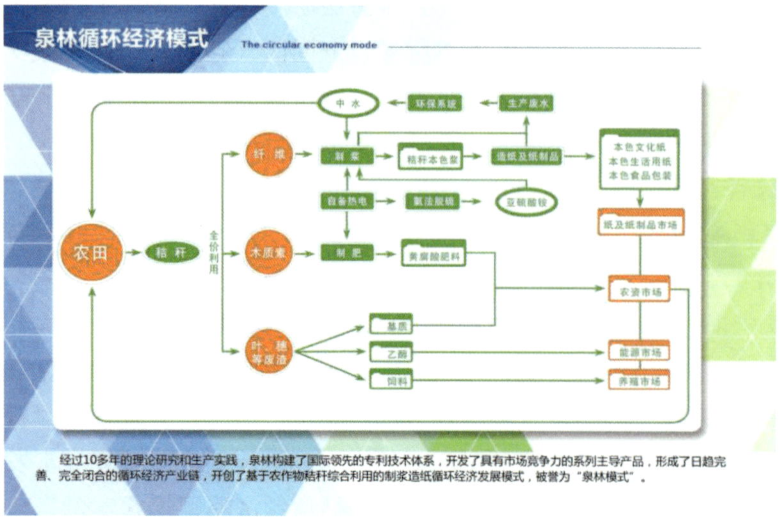

高唐县泉林循环经济模式（2011年摄）

有色金属——祥光模式 阳谷祥光铜业有限公司以先进的循环经济理念和工艺技术装备被列为山东省300家循环经济试点企业之一。公司采用蒸汽干燥、闪速熔炼、闪速吹炼、大型阳极炉精炼、不锈钢阴极电解、板式真空蒸发生产硫酸铜、卡尔多炉回收贵金属、高浓度二氧化硫转化制酸、闪速炉渣选矿、硫化法处理废酸等技术工艺，使资源得到充分高效利用，初步形成公司的循环经济发展模式：硫酸车间冶炼烟气回收制酸；选矿车间从熔炼渣中选出渣精矿后的尾矿成为下游企业的优质原料；贵金属车间对阳极泥处理回收金银外，还对硒、锑等稀散金属富集后有效回收；凤祥等企业排放的废水收集后用于铜冶炼工艺；吹炼和熔炼过程中的余热进行发电。循环经济的发展使公司获得最大经济和社会效益。全厂总能耗指标450千克标准煤/吨阴极铜，比国家规定的准入指标低35.71%，比国内铜冶炼企业先进指标低18%；二氧化硫转化率99.8%、吸收率99.99%，尾气中硫的总固化率99.9%；水的循环利用率95.67%，无重金属排放。

食品行业——凤祥模式 凤祥集团与山东省清洁生产中心、山东大学可持续发展中心合作，在公司大力推行清洁生产，制定并实施循环经济发展规划。先后实施鸡副产品生产医药保健品、调味品项目、粪便无害化处理生产绿色有机肥项目、家禽废弃物处理生产肠羽粉项目、废水集中处理及中水工业（祥光铜业）利用项目等。集团与北京中科前方生物技术研究所合作，引进国际先进技术设备，应用生物工程、膜分离、超临界萃取、微胶囊化等10多项高新技术和20多项专利高新技术，建设专门对鸡副产品深加工的凤祥生物城，以原本价值低且易对环境造成污染的新鲜鸡血、鸡内金、鸡骨等副产品为主要原料，生产凤祥牌血肽、胃泌素等新型医药保健品，及“妙味哆”鸡精、鸡汁、鸡粉、鸡汤、调味酱等复合调味品。2007年，其肉鸡及副产品深加工项目被国家发改委列为“国家农产品深加工专项工程示范项目”。集团引进国际先进水平的家禽废弃物处理设备，将鸡毛加工成羽毛粉，用于猪牛羊鸭鹅等养殖。日可综合利用12万只鸡的羽毛、鸡肠等废弃物，日生产肠羽粉8吨，年利润435万元。集团废水处理厂日处理废水1.2万吨，配套建设总长度10余千米的废水收集管网，处理后中水全部回用于祥光铜业。每年削减化学需氧量1650余吨、氨氮80余吨，为祥光铜业提供中水约205万吨，直接经济效益200多万元。

化工行业——奥克特模式 山东奥克特化工有限公司主导产业逐步实现资源消耗和污染排放的减量化、再利用和资源化。糠醛渣综合利用项目：糠醛渣的发热量是2000千卡／千克，2吨渣的发热量相当于1吨烟煤的发热量。公司开发出“糠醛渣烘干全燃锅炉”，让锅炉燃煤变为直接燃烧糠醛渣，变废为宝；投资5106万元，建设糠醛渣锅炉3台，年可产生蒸汽11.2万吨，节约资金2061万元。产生的蒸汽满足糠醛、氯化胆碱等主要产品的生产。糠醛渣燃烧后排出的炉渣生产有机肥原料，使资源得到循环利用。糠醛生产过程产生的糠醛渣，有机质含量76%～78%。公司新型肥料研制开发中心通过对糠醛渣深度加工，用40%的糠醛渣为原料通过添加氮、磷、钾等元素，研制开发年产5万吨新型有机肥项目。废水治理项目：公司新上废水蒸发器，利用锅炉产生的蒸汽对塔下废水进行加热，使塔下废水由液态转换为气态，产生的废水蒸气经过分离器分离后，废水蒸气进入糠醛生产系统使用；废水蒸气约含有1.5%的醋酸，在生产过程中代替了催化剂硫酸。废水蒸发器产生的蒸汽冷凝水进锅炉补充水箱，供锅炉使用冷却水循环使用。糠醛和氯化胆碱生产过程中使用大量的冷却循环水，因冷却循环水不参与生产，只起到降温的作用，因此不含有其他有害物质，对这部分冷却水，通过管道、凉水塔排入蓄水池，循环使用。两项目共投入资金8106万元，冷却水循环使用设备、糠醛塔下废水蒸发器均投入使用，实现全厂废水、污染物零排放的目标。

机械制造——时风模式 2015年，企业建立研发中心，研究解决循环经济发展过程中的关键技术，形成时风特色的循环经济发展模式。时风循环经济核心技术包括铸铁电熔炼技术、废旧轮胎再生胶技术、铸造废砂生产再生砂技术、废漆渣生产再生漆技术、电动机和汽车零部件再造技术。12万吨废铁屑再生利用项目完全达产达效，年新增效益8000万元，节能5万吨标准煤；年产2万吨再生胶项目满负荷运行，年可回收废旧轮胎400万条，增加效益800万元；废砂循环再生利用项目完全投产达效，铸造废砂全部实现循环利用，年可新增效益1500万元；年产800吨再生漆项目满负荷运行，时风集团涂装废弃物全部实现回收再利用，年可增加效益200万元。引进国际先进的清洗、修复和表面处理技术装备，形成再制造启动机、发电机各1万台的能力。

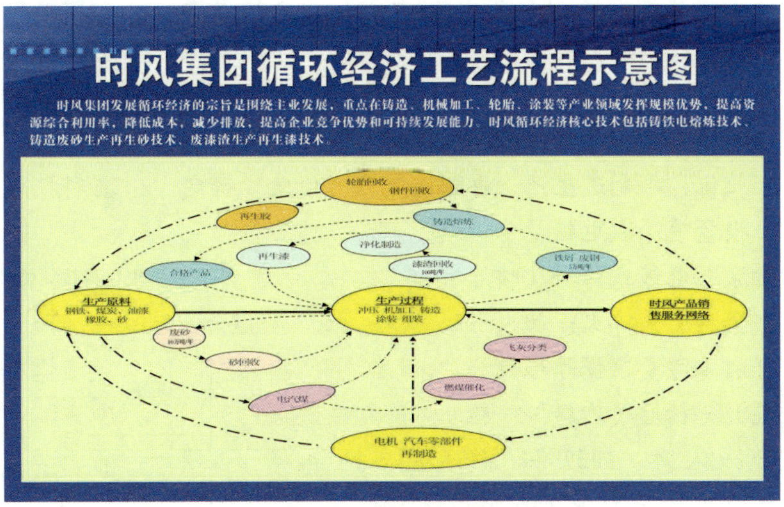

时风集团循环经济流程图 （2015年摄）

电力行业——国能高唐模式 2006年6月，国能高唐生物发电有限公司投资5000万元，建设1台额定容量为130吨／小时高温高压电站锅炉和1台额定容量为30兆瓦的凝汽式高温高压参数的汽轮发电机组。公司每年可把25万余吨废弃的农林剩余物转化为绿色电能，开拓可再生能源利用的新领域。生物质发电后的灰渣是很好的钾肥，可以直接还田使用。公司每年可提供绿色电力2亿千瓦时，消耗农林废弃物25万余吨，节省标准煤近10万吨，减少二氧化碳排放量近10万吨，提供有机肥1.5万吨。

人造板行业——信力达模式 茌平县信力达木业有限公司是以树木的枝丫材（或树木的下脚料）为原料，生产中、高密度纤维板的资源综合利用企业。企业和东北林业大学等高等院校联合，研发制造专门焚烧生产垃圾、生活垃圾的有机热载体导热油炉，油炉热效率600万大卡/小时。经过技术改造，公司产能由5万立方米提高到8万立方米，新上1台1000万大卡/小时专门焚烧生产、生活垃圾的有机热载体导热油炉，配套建设1套中水回用系统，生产用水达到零排放。2008年，公司年产纤维板17.9万立方米，产值3.2亿元，利税5000万元，消耗树木的下脚料30万吨。

再制造业——三山模式 山东三山集团回收利用再生资源，发展再制造产业。企业建立了98个废金属产品收购网点和60多个产品营销办事处，形成覆盖全国的回收和营销网络。2008年废金属回收9.2万吨，其中钎具旧件回收1.2万吨。2009年，新上重型钎具清洗、修复设备，进行专业化、再制造生产。再制造流程：检验（确定磨损量喷涂或电镀量）—喷涂或电镀或焊补（喷涂合金层）—淬火—回火—磨削（留量、保障形位公差）—精磨（珩磨）—检验—入库。2009年，修复重型凿岩钎具1万套，实现销售收入6000万元。2010年，修复3万套，实现销售收入1.8亿元。2011年，形成规模化再制造产业，修复能力5万套，销售收入3亿元。

农副产品加工业——嘉华模式 山东新嘉华实业集团围绕发展循环经济，开发实施沼气的综合利用项目、大豆蛋白生产产生的废渣生产大豆膳食纤维项目、利用大豆废水提取大豆乳清蛋白和大豆低聚糖项目等。公司回收污水处理设施产生的大量沼气，用于锅炉和职工食堂，每天可节约用煤4吨，每年可节约46万元。公司大豆膳食纤维生产线年可生产大豆膳食纤维1500吨，产品出口到40多个国家和地区，每年增加经济效益450万元。

食品行业——齐鲁味精模式 山东齐鲁味精集团建立“山东省谷氨酸发酵工程技术中心”，与复旦大学、中国农科院、山东轻工业学院等多家院校和科研单位建立长期合作关系，不断将最新的科研技术成果转化为生产力，解决循环经济发展过程中的关键问题。2007年，公司通过发酵工艺优化与代谢调控技术及新型分离技术的集成，提高味精的发酵产酸率、糖酸转化率、产品收得率，达到降低生产成本，节能减排和提高产品质量的目标。2013年，公司自主研究的谷氨酸低糖流加发酵新工艺获聊城市科学技术成果奖；公司自行研发的“味精生产联产有机肥的技术研究”“味精生产联产含氨基酸水溶肥的技术研究”“功能性营养型味精生产技术”通过山东省科技成果鉴定。

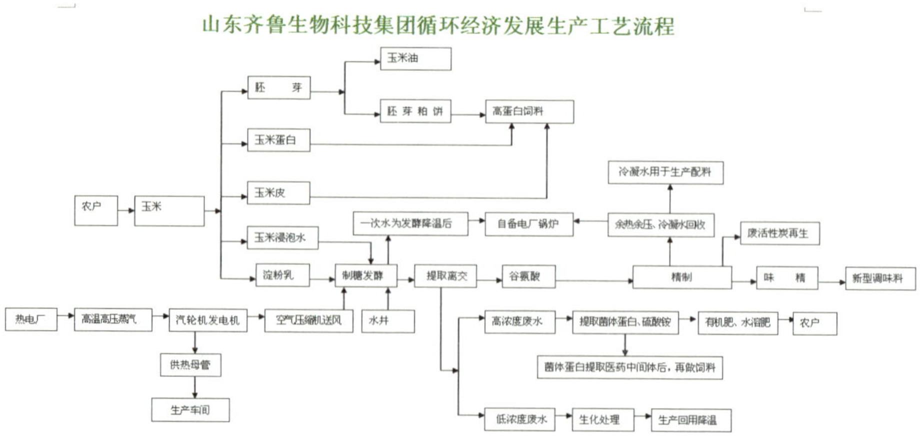

齐鲁生物科技集团循环经济发展生产工艺流程图 （2015年摄）

第四节　循环经济试点示范

2012年12月，在省园区循环化改造目标3年计划中，聊城市有阳谷祥光经济开发区、茌平经济开发区被列入2013年改造计划；高唐工业园区、鲁西经济开发区、聊城经济开发区被列入2014年改造计划。

2014年2月，山东省政府能源节约办公室公布第一批全省循环经济示范单位（创建），聊城市泉林纸业有限责任公司、时风（集团）有限责任公司、鲁西化工集团股份有限公司、信发集团有限公司、凤祥股份有限公司、阳谷祥光铜业有限公司、高唐县金铭实业总公司等7家企业入围。其中，祥光铜业、信发集团为全省第一批“资源节约型、环境友好型企业”创建试点；信发集团入选国家资源综合利用“双百工程”骨干企业；凤祥集团选国家农产品深加工专项工程示范项目和全国食品加工示范工程项目。是年10月，环保部、商务部、科技部三部门联合发文，同意山东茌平经济开发区信发工业园区创建国家生态工业示范园区。是年，泉林纸业公司成为全国第一批循环经济试点企业，2015年，被确定为国家级循环经济标准化试点单位。

2015年1月，在全省第二批循环经济示范单位（创建）中，阳谷丰源现代农业科技有限公司、高唐蓝山集团总公司、临清德能金玉米生物有限公司、齐鲁生物科技集团有限公司、冠县合顺渔业专业合作社、国能高唐生物发电有限公司等6家企业入围。

至2015年年底，全市省级循环经济示范县2个，山东省循环经济示范企业13家，有5个省级及以上开发区实施园区循环化改造，位居全省前列；泉林纸业入选国家级循环经济教育示范基地；阳谷祥光铜业产业园入选省级“城市矿产”示范园区。同时，创新性开展市级示范单位创建活动，共培育循环经济示范乡镇10个、示范园区7个、示范企业70个，循环经济教育示范基地3个。

第五节　重点工程及项目实施

2011年起，全市重点实施循环经济科技支撑工程、减量化工程、再利用工程、资源化工程、循环经济能力建设工程等“五项工程”；实施减量化、再利用、资源化和能力建设项目53个。其中，围绕企业内部、企业之间、区域之间能源梯级利用和水资源循环利用，实施减量化项目17个；围绕汽车零部件、机电设备、采矿机械、办公信息设备等行业，实施再利用项目5个；围绕工业、农业、城市废弃物的循环利用，实施资源化项目31个。依托信发集团、祥光铜业、中色奥博特等龙头企业，强化有色金属工业生产过程的源头减量化技术，突破有色金属中贵金属深度资源化关键技术；依托泉林纸业、银河纸业等龙头企业，加强废物的循环利用技术，突破造纸废水循环利用、厌氧污泥发电、黑液直接利用等关键技术。推荐山东凤祥股份有限公司的“鸡舍保温二级缓冲室技术”“鸡舍节水清洁技术”“鸡羽毛及病死鸡无害化处置及资源化利用技术”“现代化养殖早期箱体育雏技术”和阳谷祥光铜业有限公司的“VPSA制氧装置技术”“环保节能管控中心项目技术”及山东首信高分子材料股份有限公司“利用废旧农膜一步法生产PE护套料技术”等3家企业的7项循环经济关键链接技术申报省循环经济关键链接技术。建设2×6兆瓦生活垃圾焚烧发电项目，日处理垃圾600吨；建成餐厨废弃物资源化利用和无害化处理厂1座，达到年处理餐厨废弃物100万吨的能力。实施城市中水回收利用、小湄河人工湿地等工程，建成集中式污水处理厂15座、污泥集中处置场6座，污水日处理能力66万吨，集中处理率95%，再生水回用量每年近4000万吨，其间，地下水位持续回升0.2米。依托有色金属、建材、电力、造纸等产业优势，以信发集团、祥光铜业、山水水泥、华能热电、信发盛吉、国环产业等为核心企业，开展粉煤灰、氧化铝赤泥、农作物秸秆、餐厨废弃物资源化利用、垃圾发电等综合利用。

2015 年，全市资源综合利用企业实现产品产值 31.90 亿元，销售收入 29.96 亿元，利税 1.99 亿元。综合利用工业固体废物 394.38 万吨、工业废气 17.94 亿立方米、废水 281.4 万吨、“三剩物”及次小薪材 221.41 万吨、农林废弃物及农作物秸秆 61.76 万吨，综合利用率 76%。

第五章 新能源开发与利用

2015 年，聊城市新能源开发与利用主要有太阳能、地热能、生物质能等。太阳能利用有光热利用和光伏利用两种。其中，光热利用，全市太阳能热水器采光集热面积 100 万平方米；光伏利用，全市建成光伏发电并网项目总规模 29.5 万千瓦，太阳能路灯在市政道路工程等方面少量应用。聊城市地热资源丰富。全市建成“天沐•江北水城温泉”度假村、阿尔卡迪亚国际温泉大酒店、盛世天湖生态科技园等多处以地热温泉为主题的大型休闲娱乐度假中心。2012 年，聊城被国土资源部命名为“中国温泉之城”。生物质能利用前景广阔。全市农业生物质能资源综合利用率 87%，林业生物质能资源年产量 200 万吨；畜禽粪便资源年产畜禽粪便量约 733 万吨，其主要利用方式为直接肥料化，少量用于制沼气。全市有大型沼气工程 12 处，农村用沼气户数历年累积 16 万多户。市建垃圾焚烧发电厂，日处理生活垃圾 600 吨。

第一节 太阳能

一、资源与其分布

聊城市的太阳能资源在山东省属于较丰富区域。据 2005—2015 年检测，全市年均日照时数 2200 ～ 2450 小时，年均日照率 56% ～ 62%，年均总辐射能量 4900 ～ 5170 兆焦 / 平方米，年均有效辐射 2465 ～ 2607 兆焦 / 平方米。其资源分布呈由市境西南向市境东北递增。根据《太阳能资源评估方法》（QX/T89—2008）判定，聊城市太阳能资源丰富程度属Ⅱ～Ⅲ类。其中，西南及中部地区属Ⅲ类上限的区域，市境东北部地区属Ⅱ类下限的区域，具有较好的开发利用价值。

2015 年聊城市太阳能资源分布平均数据表

表 5-18

数据地点	全年辐射量（兆焦 / 平方米）	光照小时数（小时）	日峰值日照小时数（小时）	年峰值日照小时数（小时）
高唐县	5068	2433	3.95	1407.78
东昌府区	5028	2206	3.82	1396.67
莘县	4980	2231	3.79	1383.33
全市平均	5000	2350	3.80	1387.56

二、太阳能利用

光热利用　聊城市太阳能热利用推广，始于 20 世纪 80 年代初，城镇居民多采用黑色橡胶皮囊连接自来水管置于房顶采光集热产生热水，供生活所用。1997 年，全区城镇居民户均依托在屋（楼）顶安装的太阳能热水器，其中市县城区居民户均普及；极少数学校、医院、企业等单位利用楼顶安装采光热水器产生热水，供生产、服务使用。2000 年后，随着农村自来水的普及和住房的改善，大多数农户在房顶安装使用了太阳能热水器。至 2015 年年底，全市太阳能热水器采光集热约计 100 万平方米。其中，城镇太阳能热水器集热 70 万平方米，农村太阳能热水器集热 30 万平方米。

光伏利用　聊城市太阳能光伏发电起步于 2010 年，从建筑物屋顶的金太阳工程、建筑一体化示范的点状发展，到地面电站规模化发展，建设一批地面电站项目。至 2015 年年底，全市建成并网的光伏发电项目总规模约 29.5 万千瓦，绝大多数为集中上网型电站；光伏发电项目利用屋顶面积 120 万平方米，尚有可利用屋顶面积 2200 万平方米。太阳能路灯在市政道路工程等方面少量应用，个别农村安装使用太阳能路灯。

第二节　地热能

聊城市地热井主要分布于聊城市东昌府城区、临清市城区、高唐县城区、冠县城区以及莘县城区，开发利用方式主要为供暖、温泉旅游、医疗保健等。2005—2007 年，市政府出台《聊城市地热资源管理办法》，制订《聊城市城区地热资源勘查开发规划》，将城区划分禁采区 2 个、限制开采区 17 个、鼓励开采区 16 个。2008 年，成立矿产资源开发监理站，具体承担全市矿产资源补偿费等有关规费的征收工作；负责全市地热、矿泉水等矿产资源的开发利用及监督管理工作。2010 年，市国土资源局印发《关于全面整顿规范城区地热资源开发秩序的通知》；2013 年，市国土资源局出台《关于加强全市地热资源管理的意见》等系列规范性文件。至 2015 年年底，全市持证开采地热井全部安装远程动态监测系统，实现对水量、水温、水位及开采总量的动态监控。同时，聊城市探索地热资源科学开发利用新模式，争取资金 575 万元，在境内古近纪东营组和奥陶纪灰岩分别开展地热回灌试验，试验结果显示，东营组回灌率最大 50%，奥陶纪灰岩回灌率 100%。

2011 年后，聊城市依靠地热资源分布稳定，勘查风险小，易于开发利用的特点优势，以建设温泉度假旅游目的地为目标，打造具有国内乃至国际竞争力的温泉产业群，构建运河温泉带、黄河温泉带、马颊河温泉带、徒骇河温泉带产业结构，推出高端温泉商务会馆、生态温泉、乡村温泉、大众温泉等一批特色鲜明、消费群体多元化的温泉产品。同时，把温泉产业与旅游产业相结合，发展以温泉资源为特色的复合型旅游，突出“水文化”、运河文化及水浒文化、养生文化等具有独特优势的特色资源，提高聊城市旅游业在市场中的竞争力，打开济南及周边、中原地区、京津唐等重点市场。至 2015 年，全市通过招商引资，先后建成“天沐·江北水城温泉”度假村、阿尔卡迪亚国际温泉大酒店、盛世天湖生态科技园等多处以地热温泉为主题的大型休闲娱乐度假中心，每年接待游客 115.5 万人次，直接经济收入 5225.5 万元，旅游增加值 6 亿元。同时，聊城市将地热资源广泛应用于住宅小区供暖、供热水等，先后建成聊城市区名人苑、星光家园，以及临清市御临苑小区、颐清园小区等大型的地热供暖小区，供暖面积 43.6 万平方米，成为名副其实的“中国温泉之城”。

截至 2015 年年底，在省国土资源厅备案的地热资源可开采量为 1.46 万立方米 / 大。

第三节　生物质能

一、农林业生物质能资源及利用

农业生物质能资源及利用　聊城市是农业大市，农业生物质能资源丰富，分布广泛。1997—2015 年，全市（区）每年农作物总播种面积 106.67 公顷，在农作物收获时，其秸秆（玉米秸、高粱秸、麦秸、稻草、豆秸和棉秆等）生产总量每年均在 800 万吨。在利用上，多为秸秆还田，少为饲料化、原料化、能源化、基料化等。

林业生物质能资源及利用　1997—2015 年，

每年在森林抚育和间伐作业中，其产生的零散木材、残留树枝、树叶和木屑，以及木材采运和加工过程中的枝丫、锯末、木屑、梢头、板皮和截头等废弃物，年产量均约 200 万吨。其废弃物主要利用方式为燃料化（家庭用燃料），部分废弃物未利用。

农林业生物质能资源综合利用　聊城市农作物秸秆和林木废弃物直燃发电或综合利用项目主要包括：国能高唐 30 兆瓦生物质电厂、国电聊城（冠县）2×15 兆瓦生物质电厂，以及聊城惠辉 25 兆瓦生物质电厂等。秸秆气化在部分村设有村级供气站，供村民生活用气；有用秸秆热解制取生物燃料油、固体成型燃料、制作沼气等；有用零散木材、残留树枝造纸浆等。2015 年，全市农作物秸秆综合利用量为 686.4 万吨，综合利用率 87%，未利用率 13%。

2015 年聊城市农作物秸秆利用情况表

表 5-19　　单位：万吨、%

项目	秸秆还田	饲料化	原料化	能源化	基料化	综合利用	未利用	合计
利用量	366.00	126.00	71.00	83.00	40.00	686.40	101.60	788.00
利用率	46.50	16.00	9.00	10.50	5.00	87.00	13.00	100.00

二、畜禽粪便资源利用

聊城市是传统畜禽养殖大市，畜禽粪便产生较多，主要有猪、牛、羊、禽类及其他大型牲畜（驴、骡）等粪便。2000 年前后，养殖方式以集中养殖场为主。按照畜禽种类及平均产生粪便量计算，全市年产畜禽粪便量约为 732.97 万吨，其主要利用方式为直接肥料化，少量用于制沼气。2015 年，全市拥有大型沼气工程（单体容积≥ 500 立方米）12 处，农村用沼气历年累积户数 16.24 万户（其中 2013 年新建 2900 户）。按照户用沼气池年均耗粪便量 12 吨、大型沼气池年均耗粪便量 2000 吨计算，至 2015 年年底，大型沼气化利用粪便量为 197.25 万吨 / 年，粪便利用率 26.91%。

三、生活垃圾及利用

2000 年前后，聊城市城乡生活垃圾主要处理方式为填埋。2013 年 12 月，建成运行的聊城市垃圾焚烧发电厂为城市生活垃圾焚烧发电项目，日处理生活垃圾 600 吨。同时，该厂规划有二期建设项目，日处理垃圾 800 吨。2014 年，临清市生活垃圾焚烧发电项目开展环境影响评价工作，规划日处理垃圾 800 吨；阳谷县金蔡伦垃圾焚烧供热项目开展前期环境影响评价工作，规划日处理垃圾 600 吨；2015 年，茌平生活垃圾量焚烧发电项目开展监理招标工作，规划日处理垃圾 600 吨。

第六章　生态建设

1998 年后，聊城市生态建设迈开坚实步伐。特别是 2001 年莘县国家级生态示范区的建设通过验收，使全市生态建设工作迈上新的台阶。2002 年，聊城市被国家林业局评为“全国平原绿化先进单位”。2005 年，根据全省生态省建设动员大会精神，聊城市委、市政府及时作出“生态市”建设的决定。东阿县和冠县被省政府批准为生态农业试点县。2006 年 9 月，东阿县、东昌府区通过国家级生态示范区建设试点验收，全市国家级生态示范区增为 3 个。有 9 个乡镇通过省级环境优美乡镇验收。2007 年，临清市、阳谷县、茌平县、高唐县 4 个县（市）成为省级生态示范区；建成东昌湖省级生态功能保护区和冠县西沙河林场、莘县马西林场、高唐县清平林场、冠县马颊河林场4处市级自然保护区。2008年，全市建成省级环境优美乡镇35个，累计44个。2009年，聊城市被评为“全国平原绿化先进市”“全国防沙治沙先进市”。2012年，除3个县（区）成为国家级生态示范区外，其余5个县（市）均建成省级生态示范区。

2015年，全市新增造林面积17777公顷，新建农田林网面积24333公顷，义务植树1395万株，林木绿化率37.5%；道路绿化90067公顷，栽植乔木474万株、灌木1015万株；水系生态造林36800公顷；市级自然保护区5个；森林公园有10处（国家级3处、省级1处、市级6处）；湿地保护面积14.5万亩，湿地保护率65.3%。

第一节　生态建设管理

2002年，市政府向省政府申报东昌湖生态功能保护区；筹备建设马颊河度假村生态旅游示范区、景阳冈生态旅游示范区、茌平县广平古漯河故道（涝洼地）生态功能示范区等自然保护区。2003年11月，市委、市政府召开全市生态建设动员大会，研究部署生态建设的各项任务。2005年，聊城市委、市政府及时作出“生态市”建设的部署，并召开动员大会。市政府成立以市长任组长，分管副市长任副组长，有关部门主要负责人为成员的聊城市生态市建设工作领导小组，下设办公室，由分管副市长兼任办公室主任。市政府印发《聊城生态市建设工作领导小组成员单位职责分工》《聊城生态市建设工作领导小组工作职责和会议制度》《聊城生态市建设工作领导小组办公室职责》等一系列文件，并与各（市、区）签订生态市建设责任书。《聊城市生态市建设规划》经市人大常委会批准实施。是年，全市8个县（市、区）分别成为国家级、省级生态示范区和建设试点，9个乡镇被批准为省级环境优美乡镇；确定90个乡（镇）、村进行市级生态建设示范试点；确定对姜堤乐园、景阳冈旅游区、马颊河旅游度假区、凤凰苑农业示范园、高唐清平森林公园、东阿阿胶工业旅游区6个生态旅游示范区进行重点扶持。

2006年，进一步完善生态市建设目标考核体系、奖惩办法和责任追究制度。市政府再次召开全市环境保护暨生态市建设大会，并与各县（市、区）政府签订聊城市2006—2007年生态市建设县（市、区）长目标责任书，各县（市、区）政府也通过签订责任书的形式将任务指标分解到乡镇、街道、有关部门和企业。2007年，组织临清市魏湾镇、冠县兰沃乡等37个市级生态示范乡（镇）开展创建省级环境优美乡镇建设工作；组织姜堤乐园、阳谷县景阳冈、冠县马颊河度假村、冠县梨园4个风景区开展省级生态旅游示范区创建工作；组织聊城市凤凰新城、中通时代豪园、高唐县怡园小区、大田小区4个住宅小区开展省级生态居住小区创建工作。2008年，召开生态市建设工作会议，安排部署新一轮建设任务。按照市委、市政府《建设生态文明市的意见》要求，启动《优化生态环境规划》和《建设生态文明市战略课题研究》的编制工作。2012年，举办中国（聊城）生态文明建设国际论坛，来自国内外的领导和专家学者，共同探讨以“绿色、低碳、循环、高速发展的工业与生态文明”为特征的“聊城现象”，提升聊城形象；成立聊城市生态文明研究与促进会，在生态聊城、生态山东建设工作中发挥推动作用。

至2015年年底，全市8个县（市、区）中成功创建国家级生态示范区3个，省级生态示范区5个。生态工业园区创建工作走在全省前列，祥光生态工业园创建成为国家级生态工业示范园区，成为全国重污染行业中创建成功的第一家。

第二节　植树造林

一、人工造林

1997年，全区人工造林面积3689公顷，有林地面积12.07万公顷，农田林网化面积48.20万公顷，林木覆盖率19.9%。2001年，全市有林地面积 7.67 万公顷，是年人工造林面积 6638 公顷，农田林网化面积 42.33 万公顷，林木覆盖率 15.7%。2005 年年底，全市有林地面积 16.33 万公顷，是年人工造林面积 9874 公顷，农田林网化面积 57.33 万公顷，建设绿色通道 6000 多千米，全市林木覆盖率 25.13%。2009 年，全市有林地面积 19.60 万公顷，是年人工造林面积 6830 公顷，农田林网化面积 53.33 万公顷，林木覆盖率 30.2%。2006—2010 年，全市完成造林 3.59 万公顷，有林地面积 20.33 公顷，林木蓄积量 1194 万立方米，林木覆盖率 31.26%。2015 年年底，全市有林地面积 26.33 万公顷（其中防护林 11.67 万公顷、经济林 5.33 万公顷、用材林 9.33 万公顷），林木种苗和花卉种植面积 1.04 万公顷，农田林网面积 42.67 万公顷。活立木蓄积量 1179 万立方米，林业总产值 200 亿元，是年人工造林面积 1.78 万公顷，全市林木绿化率 37.5%。2011—2015 年，共完成新造林 6.23 万公顷，新增名优特经济林 2 万公顷。其中，2015 年，人工造林 1.78 万公顷。

1997—2015 年聊城市人工造林及木材采伐量情况表

表 5-20

单位：公顷、立方米

年份	人工造林面积	木材采伐量	年份	人工造林面积	木材采伐量
1997	3689	51541	2007	5688	87219
1998	6880	93805	2008	7049	63247
1999	5942	64098	2009	6830	93338
2000	3851	57642	2010	9226	134600
2001	6638	71068	2011	10015	180449
2002	15068	76805	2012	8607	189934
2003	26319	78045	2013	11431	238047
2004	23164	107490	2014	18549	295821
2005	9874	139194	2015	17758	176180
2006	7705	234547			

二、平原绿化

1997 年，全区林木覆盖率 25%。

1999 年，省委、省政府确定聊城市为全省高标准平原绿化示范市，要求 3 年实现高标准绿化。聊城市委、市政府出台《关于建设高标准绿化市的意见》，成立市高标准平原绿化建设领导小组，制定《聊城市建设高标准平原绿化市检查验收标准及奖惩办法》。是年，全市基本实现农田林网化。

2002 年，市委、市政府把平原绿化作为“造福子孙的富民工程、江北水城建设的环境工程、林业产业化的基础工程”，全年新建农田林网 3.87 万公顷。年底，全市有林地面积 9.27 万公顷；农田林网化面积 52.67 万公顷；农林间作化面积 3.3 万公顷；村镇树木 5900 多万株，活立木蓄积量 630 多万立方米；林木覆盖率 18.2%。

2007 年，全市植树造林 1 万公顷，完善绿色通道 1092 千米，新建和完善农田林网 7.73 万公顷。至年底，全市有林地面积 18.67 万公顷，农田林网化面积 57.3 万公顷，活立木蓄积量 1100 万立方米，林木覆盖率 28.13%。2009 年，全市完成造林 7.33 万公顷，新建和完善农田林网化面积 7.47 万公顷，义务植树 1481 万株。2010 年，全市农田林网为主框架的高标准平原绿化体系基本建成。

2013 年，全市新增造林面积 1.95 万公顷，义务植树 1333 万株，新建完善农田林网 8 万公顷，林木绿化率 34.6% 以上。2014 年，全市抓住春季造林有利时机，以城乡道路综合整治工程、环城林带建设、村镇片林及“四旁”植树建设、鲁冀边界大型林带工程建设、水系生态工程建设、农田林网建设等六大重点造林工程，推进植树造林的开展，全市新增造林面积 1.87 万公顷，新建和完善农田林网面积 83.33 万公顷，义务植树 1344 万株，林木绿化率 37.5%。2015 年，全市新增造林面积 1.77 万公顷，新建农田林网面积 2.43 万公顷，义务植树 1395 万株，林木绿化率 37.5%。

三、绿色通道建设

1999 年，根据省委、省政府确定聊城市为全省高标准平原绿化示范市的要求，对 329 省道、邯济铁路和济聊馆高速公路 3 条主要道路实施高标准绿化。

2002 年，市委印发《关于大力实施绿色通道工程建设的决定》，把绿色通道建设列为林业生产的重点，全市新建绿色通道 1600 千米，绿色通道总长度 2300 余千米。2003 年全市绿色通道总长度增至 6000 千米。2007 年，新建绿色通道 1000 余千米。2009 年，新建和完善绿色通道 1009 千米。

2013 年，市委、市政府确定利用 3 年时间，实施城乡道路综合整治工程。该项工程包括 3 条高速公路两侧各建设 100 米宽的绿色通道，以及 3 条高速（济聊高速、邢高高速、青银高速）整理区段、3 条国道（G309、G105、G308）整治区段、12 条省道（S316、S258、S260、S259、S333、S315、S257、S322、S254、S329、S324、S710）整治区段、8 条环城（聊城市区外环、临清市区外环、冠县县城外环、莘县县城外环、阳谷县城外环、东阿县城外环、茌平县城外环、高唐县城外环）整治区段，道路绿化面积共计 8266.67 公顷。

绿化后的乡村道路（2013 年摄）

2015 年，市委、市政府研究确定，自 2015 年 10 月起到 2016 年 5 月底前，在全市开展 7 个月的路域绿化提升工程。整个工程涉及道路长度 1567 千米，包括高速公路 291 千米、国道 244 千米、省道 1033 千米（其中，东昌府区 173.6 千米、临清市 232.8 千米、冠县 183.2 千米、莘县 235 千米、阳谷县 105 千米、东阿县 133 千米、茌平县 168 千米、高唐县 179 千米、经济技术开发区 53 千米、高新技术开发区 59 千米、江北水城旅游度假区 45 千米）。国道、省道两侧路肩绿化宽度不少于 3 米，高速公路路边、沟外每侧绿化带不低于 100 米，国道、省道两侧沟外，每侧绿化带不低于 50 米。每条道路纵向统一与横向多样相结合，本土树种与景观树种相结合。路肩绿化植树至少 4 行，两行乔木林，两行灌木林；路边沟以外的绿化，生态效益和经济效益相结合，在保障生态景观前提下，突出经济效益。至 2015 年年底，该工程投入资金 16.6 亿元，其中绿化提升方面投入资金 12 亿元；全市范围内国省道路肩均进行绿化提升，在土地流转的基础上，对国省道边沟外 50 米和高速隔离网外 100 米进行林带建设，共流转土地 9066.67 公顷，流转出的土地全部进行绿化，栽植乔木 474 万株、灌木 1015 万株。

四、生态林业建设

2003 年 8 月，中日合作利民工程“山东省冠县治沙造林项目”实施。该项目总投资 183.16 万元，日方无偿提供 67.16 万元人民币、地方配套资金 116 万元，用于营造生态防护林 160 公顷。2008 年 3 月，中日合作“小渊基金”山东冠县防沙治沙项目启动实施；10 月，“小渊基金”合作伙伴山崎到冠县，对项目造林保存情况进行实地勘查，认为生态防护林项目保存好、标准高，表示满意。是年，国家农业综合开发防沙治沙示范项目涉及阳谷县和冠县，国家共投资160万元、建设生态防护林400公顷，造林成活率95%以上。

2009年，市委、市政府《关于加强全市水系生态建设的意见》中，把生态林业建设作为重要内容。市林业局即制定水系林业生态保护带规划，规划内容包括南水北调主干线115.7千米，30千米以上的河流及其他河流、干渠共687.3千米。南水北调主干线两侧每侧建150米宽的林业生态保护带；30千米以上河流每侧建50米宽的林业生态保护带；其他河流每侧建30米宽的林业生态保护带。以上三类河流堤岸外延6千米，除建设上述要求的林业生态保护带外，其余部分营造10公顷网格的林网。2013年，实施南水北调工程、徒骇河、马颊河、黄河—金堤河等4条绿色生态保护带建设，长度分别为90千米、125千米、117千米、140千米，共计472千米。至2015年年底，共完成水系生态造林3.68万公顷。

第三节　自然保护区建设

2001年，新建冠县西沙河林场、莘县马西林场、高唐县清平林场市级自然保护区，规划面积1.92万公顷。

2004年，建设东阿县鱼山自然保护区、阳谷县景阳冈自然保护区。

至2015年年底，全市有市级自然保护区5个，其中森林生态系统自然保护区4个，分别为冠县西沙河林场、莘县马西林场、高唐县清平林场和东阿县鱼山自然保护区；野生植物自然保护区1个，即阳谷景阳冈自然保护区。

2015年聊城市自然保护区基础情况表

表5-21　　　　单位：公顷

自然保护区名称	类型	主要保护对象	所在地	主管部门	面积	批建时间	级别
冠县西沙河林场市级自然保护区	森林生态	毛白杨林、欧美杨林	聊城冠县西沙河林场	县林业局	11200	2001年	市级
高唐清平市级自然保护区	森林生态	毛白杨林、杂交杨林、刺槐林等	聊城高唐县清平镇	县林业局	4200	2001年	市级
莘县马西林场市级自然保护区	森林生态	森林生态系统	聊城莘县大王寨乡	县林业局	3800	2001年	市级
东阿鱼山市级自然保护区	森林生态	曹植墓	聊城东阿县鱼山镇	县旅游局	355.53	2004年	市级
阳谷景阳冈市级自然保护区	野生植物	合欢树、古柏	聊城阳谷县张秋镇	县旅游局	46.70	2004年	市级

附：自然保护区选介

高唐县清平林场自然保护区　2001年，由市政府批准建立，以清平林场为核心区、周围沙区为试验区，总面积4200公顷。该自然保护区是在高唐县国有林场的基础上批准建设的。最初为“县苗圃基地”，于1951年成立，主要任务是育苗、造林、防风固沙。1959年9月，在县旧城苗圃的基础上，县治沙委员会筹建林场，面积扩大为211.53公顷。1997年7月至2000年10月，为提高其知名度，增加效益，探索沙地高效利用渠道，林场与中国科学院地理研究所共同承担“沙质土高效利用研究”科研课题，进行间作

高唐县清平林场自然保护区　（2015年摄）

种植试验，取得丰硕成果。

2001 年，为更好地保护和建设沙区生态系统，促进高唐县经济发展，市政府批准成立市级自然保护区。整个保护区布局合理。南北主干道 3 条，东西路 9 条，全长 17.5 千米，通电、通水，交通方便，通信设备齐全，有林地面积 933.3 公顷，其中经济林 67 公顷，活立木蓄积量 8.6 万立方米。保护区内野生资源丰富，有木本植物 108 种，隶属 43 科、72 属，主要为人工植被。以白杨林、杨树林和刺槐林为主要景观，乔、灌、藤、草及微生物交互混生，相辅相成，森林环境优美，构成和谐、稳定的平原森林景观。茂密的森林，丰富的资源，给野生动物栖息繁衍创造了条件，有野生脊椎动物 199 种，其中两栖类 6 种、爬行类 8 种、鸟类 167 种，兽类 18 种。在各类野生脊椎动物中，国家二级保护动物有苍鹰、红隼、长耳鸮等 14 种，山东省重点保护动物有黄鼬、艾鼬、狐和金线蛙、黑斑蛙等 37 种。在《濒危野生动植物种国际贸易公约》中受保护的野生动物有 24 种；动植物药材 80 余种，是鲁西北植被资源、野生动物和药材资源最为集中的地方。

冠县西沙河林场自然保护区 2001 年由市政府批准建立，以毛白杨林场为核心区、周围沙区为试验区，是在冠县国有毛白杨林场的基础上批建的，是原水电部移交给地方的畜牧场。1975 年 5 月，改建为冠县国有毛白杨林场，总经营面积 408.7 公顷。

2001 年，为更好地保护和建设沙区生态系统，促进冠县经济发展，市政府批准成立市级自然保护区。西沙河自然保护区位于黄河故道，地势西南高、东北低，绝大部分地形属河槽状洼地，小部分地形属于缓岗平地，边沿地段有零星分布的小型沙丘，海拔在 36.7 ~ 40.3 米之间。山东省树龄最长、面积最为集中的毛白杨森林群落位于该保护区内。2010 年后，随着经济社会发展，保护区的交通通信设施基础建设有了较大的改观。邯济铁路、济聊馆高速公路、329 省道（原 309 国道）、008 省道纵横贯穿，冠北（县乡）公路、岳杨路、区内公路均通车，交通便捷。同时，通信条件也得到快速改善，全国互联网开通，为保护区发展提供信息、新技术等方面的便利条件。2015 年，保护区有林地面积 340 公顷，主要有毛白杨、黑杨、槐树、泡桐、榆树、柳树、臭椿、悬铃木、合欢、法桐等，林木蓄积量 2.58 万立方米。其中，经济林面积 102 公顷，主要有苹果树、梨树、桃树、大樱桃树、枣树等，森林资源较为丰富。

莘县马西林场自然保护区 马西林场自然保护区以马西林场为核心区，周围沙区为试验区，是 2001 年在马西林场的基础上由市政府批准建立的。最初为国营王奉苗圃，始建于 20 世纪 50 年代初，是联合国世界粮食计划署援建的 2606 项目工程，规模造林始于 1982 年年底。

2001 年，为更好地保护和建设沙区生态系统，促进莘县经济发展，市政府决定批准成立市级自然保护区。保护区地处鲁西黄河故道，现有林木主要为人工栽培，活立木总蓄积量 3.8 万立方米。至 2015 年年底，马西林场自然保护区总面积为 3800 公顷，其中，经济林面积 81.4 公顷。保护区共有树种 31 科 50 属 81 种。主要乔木有毛白杨、泡桐、黑杨类各品系、国槐、刺槐、榆树、旱柳、苦楝、悬玲、臭椿等。主要经济林树种有苹果树、梨树、桃树、杏树、枣树、葡萄树、柿树等。灌木主要有紫穗槐、杞柳、黄杨等。观赏树种主要有雪松、合欢、垂柳、龙爪槐、大叶女贞、淡竹、侧柏、紫荆、紫薇等。野

莘县马西林场自然保护区 （2015 年摄）

生动物主要有野兔、黄鼬、刺猬、鼹鼠等。野生鸟类主要有野鸡、猫头鹰、麻雀、啄木鸟、布谷鸟、乌鸦、斑鸠、喜鹊等。昆虫主要有蝴蝶、蝉、蝈蝈、蟋蟀等。林下植被主要有马唐、狗尾草、牛筋草、节节草、藜等。

景阳冈自然保护区 该保护区位于阳谷县张秋镇，2004年9月被市政府批准为市级自然保护区。是年，景阳冈自然保护区管理中心成立并进行日常管理。2015年，自然保护区总占地面积46.7公顷。保护区内拥有丰富的湿地资源，是重点保护对象濒危野生白鹭的栖息地，另有10余种陆生野生动物，同时有合欢树、樱花树、大叶女贞、小叶女贞、冬青、银杏树、法桐、杏树、梧桐树、皂角树、白蜡树、古柏等植被；丰富的动植物群落生态系统，在科学研究、生态效益、物种保护等方面，具有重要的科学价值。

第四节　森林公园建设

1999年10月，聊城市第一处森林公园——马颊河林场森林公园建立。该公园立足于原有林场的森林植被资源、湿地资源、地热资源，以及鲁西历史悠久的民俗风情，与台商合作，建设林间木质别墅及蒙古包；与天沐投资集团联合开发建设室内温泉、室外温泉及五星级酒店、娱乐广场等。森林中，还建有情人长廊、儿童游乐园、民风民俗园等。2006—2009年，马西林场森林公园、高唐清平森林公园、聊城植物园森林公园、聊城市中心苗圃森林公园先后建立。2010—2013年，先后建成东阿黄河森林公园、临清古沙洲森林公园、阳谷景阳冈景区森林公园、茌平森林公园、中华第一梨园森林公园5处。2015年，建设茌平国家森林公园、冠县古梨园省级森林公园3处。

至2015年年底，聊城市共有森林公园有10处（国家级2处、省级2处、市级6处）。其中，依托国有林场（苗圃）建立的森林公园5处，分别是高唐清平省级森林公园（高唐县国有旧城林场）、茌平国家森林公园（茌平县菜屯林场）、冠县马颊河森林（林场）公园、莘县马西森林（林场）公园、聊城市中心苗圃森林公园。发挥社会森林资源优势，建立的森林公园5处，分别是东阿黄河森林公园（国家级）、聊城植物园森林公园、临清古沙洲森林公园、阳谷景阳冈景区森林公园、冠县古梨园省级森林公园。按照旅游功能及资源特点，聊城森林旅游可分为四类，即以黄河森林公园、景阳冈景区森林公园为代表的文化古迹旅游；以清平森林公园、马颊河林场森林公园为代表的休闲度假旅游；以茌平森林公园、中华第一梨园森林公园为代表的果品采摘和农家乐旅游；以聊城植物园森林公园、临清古沙洲森林公园为代表的植物科普旅游。

2015年聊城市森林公园基本情况一览表

表5-22　　　　单位：公顷

序号	公园名称	建园时间	批复面积	公园地址	级别
1	东阿黄河森林公园	2010年12月	2446.00	东阿县	国家级
2	高唐清平森林公园	2009年10月	1038.00	高唐清平镇	省级
3	茌平森林公园	2013年12月	1254.00	茌平县菜屯镇	省级
	茌平国家森林公园	2015年1月	2126.60	茌平县	国家级
4	马颊河林场森林公园	1999年10月	181.00	冠县马颊河林场	市级
5	马西林场森林公园	2006年12月	666.67	莘县马西林场	市级
6	聊城植物园森林公园	2009年12月	105.00	聊城东昌府区	市级
7	聊城市中心苗圃森林公园	2009年12月	133.87	茌平王老苗圃	市级

续表 5-22

序号	公园名称	建园时间	批复面积	公园地址	级别
8	临清古沙洲森林公园	2011 年 6 月	800.00	临清青年路街道	市级
9	阳谷景阳冈旅游区森林公园	2012 年 9 月	120.00	阳谷县张秋镇	市级
10	中华第一梨园森林公园	2013 年 9 月	733.33	冠县兰沃乡	市级
	冠县古梨园省级森林公园	2015 年 5 月	451.60	冠县兰沃乡	省级

附：森林公园简介

东阿黄河森林公园 2010 年 12 月，国家林业局同意设立“东阿黄河森林公园”，是聊城市第一处国家级森林公园。公园经营面积 2446 公顷，黄河、泰山（泰山余脉的鱼山）在此交汇，具有独特的黄河自然风光。公园内的鱼山景区作为曹植墓及梵呗音乐发祥地，具有较高的知名度和历史地位。公园景区沿黄河河堤建造而成，为取得良好的景观效果，近年来，公园建设单位打造“百里黄河、百里牡丹”新景观，即沿黄河大堤淤背区实行油用牡丹与核桃间作搭配种植，2011 年种植 3.33 公顷，每亩种植核桃 28 株，种植油用牡丹 3300 株；2012 年艾山景区种植油用牡丹示范园面积 66.67 公顷，间作海棠、紫薇和白玉兰；2013 年淤背区种植 50 公顷；2014 年淤背区种植 133.33 公顷，艾山景区种植 200 公顷。至此，森林公园范围内共种植油用牡丹 453 公顷、牡丹苗 2244 万株，其中核桃间作 387 公顷、苗木 16.24 万株、绿化树间作 66.7 公顷，海棠 2000 株、白玉兰 400 株、紫薇 1.2 万株。2015 年，每亩牡丹籽收益 600 元。

东阿黄河森林公园 （2015 年摄）

高唐清平森林公园 该公园是 2009 年依托高唐国有旧城林场建设的森林公园。高唐旧城林场是山东省第一大平原林场，有丰富的森林资源。2003 年，县政府出资建设公园南、北大门及公园东大门，硬化道路 8.8 千米，在公园边界处种植香花槐。2009 年年底，晋升为省级森林公园。通过招商引资等方式多渠道筹集资金 5000 多万元，于 2010—2012 年间先后建仿古四合院 1 座、森林木质别墅 5 座、垂钓园和生态采摘园各 1 处，开发白杨林林间娱乐场所；建设柏油路 20 多千米，其中环形车（观光车）游路 11 千米。2009—2015 年，每年种植油菜花 200 ~ 300 公顷，形成壮观的“林下花海”。2012 年，通过招商引资以租赁方式将森林木质别墅区交于他人开发建设，建成集休闲、娱乐、观赏、餐饮、住宿等多功能于一体的综合性御临度假村，建有“二人转”演艺广场、动物园、儿童乐园、CS 射击跑马场、地道战教育基地等设施。2010 年，以“倡导低碳、快乐骑行”为主题，以森林生态资源为依托，举办第一届全国山地自行车友谊邀请赛，自此开始每年一届，参赛者来自湖北、河北、河南、黑龙江、江苏及山东等省、市（地区）。高唐清平森林公园已经成为周边地区群众休闲度假的首选之地。2015 年 12 月 29 日，国家林业局正式批准建设高唐清平国家生态公园（试点）。

马颊河林场森林公园 1999 年 10 月，聊城市林业局批准建立马颊河林场森林公园（天沐·江北水城温泉度假村）。这是聊城市第一处森林公园，开创全市森林旅游之先河。公园建设立足于林场的以下几个资源：一是经过几代人台田、引黄、压碱等而营造的森林植被资源；二是林场的湿地资源；三是马颊河林场处于济聊考断裂带，地热资源丰富；四是鲁西历史悠久的民俗风情。整个林场沟渠和水面连续贯通，驳岸曲折，水体相连。水边是森林及水生植物植被，野趣横生。2000年，与台商黄湘雯合作，在林间建木质别墅5座及蒙古包16个。2003年，与天沐投资集团联合开发，建室内温泉1800平方米、室外温泉600平方米、五星级酒店1座、娱乐广场100平方米。同时，建有情人森林长廊、儿童游乐园、民风民俗园，栖息着105种珍稀鸟类。吃、住、行、娱乐配套齐全，体现了森林休闲游的效果。

茌平国家森林公园 2015年，该公园被批建为国家级森林公园，规划面积2126.6公顷，由南北两大片区组成。该公园属暖温带落叶阔叶林区，植被资源丰富，有38个科、11个亚种、63个属、121个种；园区果树风景林规划面积40公顷，有面积20余公顷，苹果、杏、桃、李子等树种应有尽有，更有茌平特产“茌梨”和引进的大樱桃树等外来品种。园内有圆红枣、冬枣、小枣等树种，规划面积333公顷，有面积147公顷。该公园以国有菜屯林场为中心，辐射周边15个村。公园森林覆盖率86.2%，形成优美的森林景观和生态清新的自然环境。公园建设面积总1253.8公顷，其中国有林场118.73公顷。公园内建有占地面积6公顷的英纯血、半血马及国产赛马20余匹的天骏马术俱乐部。园内有百年以上的圆红枣采摘园200公顷，特别是树龄500余年的枣树王，树高7米，树冠覆盖面积200平方米。有苹果、李子、杏、桃、大樱桃等鲜果的采摘园100公顷；林间种植有机韭菜、食用菌、地瓜、花生等；枣林内养殖鸡鸭鹅的林禽立体养殖业为旅游提供绿色食品。公园形成独具特色的休闲、采摘、农家乐的旅游模式。2013年12月由市级晋升为省级森林公园。2015年1月，国家林业局批准茌平森林公园为国家森林公园。

阳谷景阳冈旅游区森林公园 该公园为水浒文化旅游的组成部分，也是龙山文化城遗址。景阳冈景区于2012年9月被批准为市级森林公园，是以景阳冈景区为基础建立的生态森林公园。2015年，公园有职工31人，规划占地113公顷，以适于北方种植的国内外优质树种为主体，共栽植各类林木150余个品种，林木覆盖率75%，为国家AAAA级旅游景区。

聊城植物园森林公园 位于江北水城旅游度假区，面积72公顷，始建于2009年，是年12月批复为市级森林公园。园区以湿地生态园林为基础，以水生植物为特色，构建了百花园、百果园、荷香园、良种苗木园、休闲游乐园、生态文化科普等功能区。园区引进种植国内外名优荷花品种230多个、其他水生植物品种60多个；栽植生态林、经济林、绿化树种及各类花卉品种80多个，栖息各种野生鸟类品种20多个；配置休闲游乐、文化建筑小品、环境科普教育、生态餐饮等设施，年接待游客量20余万人次，年综合收入600余万元。园区先后被认定为省级环境教育基地、省四星级科普教育基地、省级农业旅游示范点、国家AAA级旅游景区，并连续承办10届“中国江北水城荷花文化艺术节”，成为聊城市生态旅游的特色亮点。

聊城植物园森林公园千亩荷塘　（2015年摄）

临清古沙洲森林公园　该公园是以银杏种植为主的园区，银杏种植面积53.3多公顷，辅以黄金梨、山茱萸等树种。公园于2011年始建，占地面积800公顷，系黄淮海冲积平原，以沙质土为主。围绕彻底治沙，公园选择银杏、山茱萸、黄金梨为主导栽植树种。2012年，被批建为聊城市级森林公园。2015年，公园内栽植树种86个，形成特色明显、树种众多的科普林区。是一座一年四季有绿色，一年三季有花看，一年三季有品果、观果的特色森林公园。公园内存有银杏树15.8万株，山茱萸树4.2万株，黄金梨树1.8万株，白皮松、龙柏、五角枫、杜仲、红玉兰、白玉兰、黄玉兰、龙枣、金银花、柿子、美人梅等树11万余株。林下种植油用牡丹30万株、菊花50万株。形成沙洲中的绿色美丽画卷，每年吸引北京、石家庄、邢台、邯郸、济南、德州、聊城等周边各地的游客和摄影爱好者的光顾，年接受游客20余万人次。2015年，实现总收入1865万元，并在上海股权交易托管中心挂牌上市。

中华第一梨园森林公园　该公园地处冠县兰沃乡韩路村，具有悠久的梨树栽培历史。早在汉武帝时期，冠县鸭梨即名扬四方，百年老树遍布梨园。春赏花、秋摘果，万亩梨园成为冠县保存完好的一道靓丽风景区。冠县古梨园省级森林公园是以中华第一梨园为基础建立的省级森林公园，成立于2013年，经营面积451.6公顷。森林公园的管理体制实行国有林场一套班子、两块牌子的管理模式，设立有冠县古梨园省级森林公园管理处，具体负责森林公园的开发建设和经营管理工作。2015年，冠县古梨园省级森林公园共投入建设资金220万元，旅游接待10万人次，实现经营收入60万元，社会旅游从业人员500人左右。

马西林场森林公园　始建于2006年。该公园以林业生产为主，公园建设投入较少，未形成完整的旅游项目。2008年5月，莘县启动马西林场平原生态示范区建设。该示范区以“联合国2606项目”为依托，利用马西区域得天独厚的林木资源，规划建成集旅游、休闲于一体的生态旅游示范区。是年，建设景点2处，打地热井1眼，深1642米，水温58℃；新硬化林间路8千米。2010年，聊城市中心苗圃森林公园在原旧房基础上平整土地投资兴建花园广场。2013年，投资100多万元建设环场水泥路。2014年春，对道路两侧实施绿化美化，栽植冬红果海棠、绚丽海棠、黄山栾等花木3000余株。2015年，结合公园地理条件，从外地开始引进新疆灰枣树，丰富公园果树采摘品种。公园客流量逐年增加，至2015年年底，累计接待游客2万余人，职工人均增收3000～4000元/年。

聊城市中心苗圃森林公园　始建于2009年，位于美丽富饶的中国圆铃大枣之乡--茌平区城东10公里处，经营面积149公顷，是一处集生产销售、观光旅游、休闲采摘、试验示范、科技培训为一体的综合性森林公园。该园以独特的资源优势围绕建设“生态、文明、宜居、特色”和幸福城市的总体要求，按照自然、生态、野趣的原则，完成三区一渠建设：一区植物景观区。植物景观布局搭配合理、相互协调，有各类苗木100余种、66.7公顷。在充分利用现有资源的基础上，将适宜北方的观花、观叶、观果、观形的珍贵树种、名优特杂果、名优珍稀花卉引进汇集到观光园中，形成了三季有花、四季有景的独特景观。二区野生动物保护区。苗圃有珍惜鸟类30余种，为确保其正常栖栖繁衍，苗圃建原生林一片，面积6.67公顷。三区休闲采摘区。苗圃建有圆铃大枣采摘园13.3公顷、黄金梨采摘园2公顷、苹果采摘园2公顷，优质核桃采摘园2公顷。一渠是沟渠设施建设区，利用紧靠黄河干渠的优势，打造干渠风光，改造园区内现有沟渠，建成数百亩的人工百河流，形成路随河流转、河流随景转的独特景色。

第五节　人工湿地建设

2006年起，聊城市开始对境内的主要河流、湖泊生态环境进行修复、改造和提升，以建设人工湿地为目标，使全市1亿多立方米河流库容水体得到休养生息。至2001年，全市累计投资6000多万元，在徒骇河、马颊河、卫运河流域实施“治荒还湿”工程7个，面积566.7公顷；建成阳谷聊阳沟、高唐马颊河、经济开发区小湄河二期等人工湿地9处。2012年，根据国家林业局、省林业厅统一部署，开展全市湿地资源调查工作，首次全面掌握市内湿地资源概况。全市人工湿地面积8201公顷，占湿地总面积的53.55%。人工湿地主要有库塘、运输河、水产养殖场3种类型。2013年，全市规模较大、未保护的湿地58处，均列入县级林业部门湿地保护三年规划，保护面积7333公顷，通过建立湿地自然保护区、湿地公园、湿地多用途管理区、湿地小区等形式，加以保护、开发和利用。是年，加大湿地保护宣传和争取力度，成功申报批建4处湿地公园，其中国家级湿地公园1处、省级湿地公园1处、市级湿地公园2处，全年全市新增湿地保护面积3467公顷。对东昌湖、九州洼湿地实施生态修复，投入55.7亿元，累计建成临清卫运河、开发区小湄河等人工湿地23处。全市每个县（市、区）和经济开发区主要排水河流上，均有1处可处理3倍废水排放量的湿地。2015年12月，经省政府同意，东阿洛神湖国家湿地公园和茌平金牛湖国家湿地公园入围山东省重点保护湿地名录（第一批）。全市新增湿地保护面积2000公顷。至年底，全市湿地保护面积9667公顷，湿地保护率65.3%。

2013年聊城市各县（市、区）人工湿地类型面积统计表

表5-23　　单位：公顷

县（市、区）＼人工湿地类型	库塘	运河、输水河	水产养殖场	合计
东昌府区	709.18	759.57	—	1468.75
临清市区	56.34	1031.11	—	1087.45
冠县	44.36	617.88	—	662.24
莘县	16.41	567.44	—	583.85
阳谷县	499.85	416.42	—	916.27
东阿县	468.19	539.64	—	1007.83
茌平县	952.18	334.67	145.38	1422.23
高唐县	265.18	693.28	84.29	1042.75
总计	3011.69	4960.01	229.67	8201.37

专记：聊城市创建“国家环境保护模范城市”

2003年，聊城市正式向环境保护部提出“创建国家环保模范城市”申请。2006年10月，按“十五”考核指标通过省级技术评估，是年12月通过国家级技术评估，省环保局随即向国家环境保护局推荐正式验收。同时，全市按照“十一五”指标体系持续改进工作，并于2008年11月通过省级验收。2009年12月，按照创模修订后的“十一五”指标，通过环境保护部组织的技术评估，2010年5月通过省环保厅组织的省级验收。2010年10月，聊城市成为第一个通过新的指标考核验收的城市，也成为潍坊以西、银川以东的广大中间地带的首个国家环保模范城市。

一、加强领导，把“创模”目标任务落到实处

2003年，聊城市委、市政府召开“创模”动员大会，成立聊城市创建国家环境保护模范城市工作领导小组，由市长担任组长、各有关部门“一把手”，各县（市、区）政府、经济开发区管委会“一把手”为“创模”领导小组成员，正式

启动“创模”工作。市政府委托山东省环境保护科学研究院编制《聊城市创建国家环保模范城市总体规划》和10个《聊城市创建国家环保模范城市专项规划》，并多次召集有关专家召开专题会议进行讨论、修改。市委、市政府印发《关于印发聊城市创建国家环保模范城市宣传教育工作方案的通知》，市政府专门印发《关于印发聊城市创建国家环保模范城市实施方案的通知》等一系列文件，明确“创模”的目标任务。2008年6月，聊城市委、市政府印发《聊城市创建国家环境保护模范城市任务分工》，市政府与46个责任单位签订“创模”责任书，将各项指标内容分解到各县（市、区）党委、政府及有关部门。为确保各项任务落到实处，市委、市政府出台严格的考核奖惩政策，对完不成任务的责任单位，实行“一票否决”。

二、突出重点，加强城市环境综合整治

实施城市污水处理工程和污水管网建设工程。2007年市城区两座日处理规模5万吨的城市污水处理厂相继建成，经济开发区建成一座日处理规模3万吨的城市污水处理厂并投入运行。按照“厂网并建、管网先行”的原则，聊城市对城区污水管网进行科学规划和分区，城市污水处理率90%以上。

实施城区集中供热工程，聊城昌润金热电公司、华能聊城热电公司、聊城昌润东城热电有限公司和聊城蓝天热电公司等4家企业为城区供暖，城市集中供热普及率逐年提高。开发清洁能源和地热资源，每日可供城区生产、生活用热水4万多立方米。通过集中供热和推广清洁能源，拆除了城区分散的生活供热锅炉。加大对机动车尾气的管理，建成15条简易工况法尾气检测线，年检测能力15万辆机动车。建设了机动车环保检测监控网络系统，严格执行机动车环保检验合格标志管理制度，经检验合格的机动车核发环保检验合格标志后，公安部门方可办理年审手续。

聊城市紧紧抓住人民群众关注的热点和难点，集中力量实施一大批环保民心工程、德政工程。东昌湖风景区规划面积21平方千米，是江北水城的重要载体。景区内建设占地106.67公顷的湖滨公园，成为市民休闲娱乐和游客观光赏景的好去处。对城区内的古运河、新水河及青年渠进行开发改造，建设截污管道和沿岸绿化带，原来散发臭气的污水沟，变成了环境优美的风光带。加强古城区和东昌湖的保护，实施古城区截污工程和东昌湖截污工程，东昌湖周边污水均通过截污管网收集到污水处理厂进行处理，保证了东昌湖水质。实施徒骇河河道开挖和沿河绿化等工程，建成占地66.67公顷的国家级水利风景区。重点加强饮用水水源保护，城市饮用水源达标率为100%。按照“城外森林带，城内是花园，疏林依草地，组团大色块，绿化出精品，大树进城栽”的思路，先后建设一批大型绿化工程，建成区绿化覆盖率44.95%。

高标准建设生活垃圾无害化处理厂、垃圾渗滤液处理工程和医疗废物集中无害化处置工程，对生活垃圾和医疗废物进行无害化处置。对各类噪声污染源进行严格管理，城市交通噪声和区域环境噪声也全部达到功能区标准。在山东省城市环境综合整治定量考核中，聊城市连续三年在全省名列前茅，2008年、2009年连续两年取

2003年4月，聊城召开创建国家环境保护模范城市动员大会

得第一名的好成绩。

三、围绕城市特色，狠抓水污染综合整治

构建"治、用、保"的环境保护体系，严格落实"防、管、控、服"措施，对聊城市所有河流实施全流域、全过程、全方位的立体治理。强化水污染防治工作的组织领导。市政府成立海河流域水污染防治工作领导小组，与各县（市、区）政府签订水污染防治工作目标责任书，并定期调度任务完成情况。"治"污染，降低流域内污染负荷。"用"中水，最大限度地实现水资源的流域内循环。"保"生态，全面改善水质与生态环境。立足"防"，严把新建项目准入关，建立应急预防体系。强化"管"，提升环境监管水平，实现自动化、数字化和经常化。严格"控"，提高污染物排放标准，严控超标超总量排放。注重"服"，促进经济平稳较快发展，保障人民群众环境权益。2009年，聊城市境内河流水质明显改善，徒骇河、马颊河、卫运河出境断面化学需氧量均优于国家海河流域70毫克/升的标准要求，7月代表山东省接受国家对海河流域水污染防治工作的核查并取得第一名。2010年，全市11条主要排污河流规划建设水质自动监测站和人工湿地水质净化工程，进一步加强跨县水质考核和污染防治，水环境质量得到持续改善。

四、构建资源节约型和环境友好型社会，狠抓生态文明市建设

2008年，聊城市召开由市、县、乡三级干部参加的建设"生态文明市"工作会议，市长主持会议，市委书记作动员讲话，并邀请专家做报告。在"生态是借贷而不是继承""抓好节能减排就是发展经济""保护环境就是保护生产力"等发展理念的引导下，聊城市坚持节能降耗，节约资源，大力发展循环经济。对稳定达标排放的企业，推行清洁生产工艺，采用节水、节能、降耗技术，提高重复用水率，进一步削减污染负荷。抓好机械、电解铝、电力、化工、轻工等行业的技术改造和节能降耗，狠抓粉煤灰、金属冶炼废渣、农副产品加工废料的控制管理和综合循环利用。在重点企业、工业园区和城市（镇）开展循环经济发展试点，鼓励产业循环式组合和企业循环式生产。聊城市制定《聊城市发展循环经济工作实施方案》，实施循环经济"2320"工程，着力延伸有色金属、电力、化工、汽车及农业装备制造、造纸、建材、纺织服装、医药食品等八大行业的产业链条，打造特色循环经济发展模式。重点培育的3个县（市）、3个园区和30家企业均完成循环经济实施方案的编制，提出循环经济重点支撑项目。山东时风（集团）有限责任公司"12万吨/年铸铁屑清洁高效利用技术产业化工程"被列为"2009年度山东省循环经济优秀工程"，山东泉林纸业有限责任公司"20万吨秸秆清洁制浆、废液资源化工程"被列为"2009年度山东省循环经济十大示范工程"，阳谷祥光铜业有限公司2009年"双闪"铜冶炼工艺清洁生产技术示范被山东省科技厅批准为山东省十大可持续发展科技示范工程"企业清洁生产技术示范"。推行城市分类供水、中水回用和一水多用，推广节水型农业。

截至2010年年底，聊城市建成莘县、东昌府区、东阿县3个国家级生态示范区，临清市、高唐县、茌平县、阳谷县4个省级生态示范区建设试点通过了山东省环保厅的验收。建成东昌湖省级生态功能保护区，建成一批自然保护区、森林公园和风景名胜区，建成35个省级环境优美乡镇。聊城凤凰新城、中通时代豪园等4个住宅小区开展了省级生态居住小区创建工作。冠县万亩梨园、阳谷县景阳冈等4个风景区开展省级生态旅游示范区创建工作。

五、深入开展清洁生产审核工作

自2006年起，聊城市开展清洁生产审核工作，印发《聊城市清洁生产审核试点工作实施方案》，确定开展清洁生产审核的重点领域和行业，并对各县（市）提出明确的进度和要求。充分利用广播、电视、报纸、网络等多种宣传工具，采取召开座谈会、专题讲座等形式，广泛深入地宣传《中华人民共和国清洁生产促进法》的意义和作用。坚持技术进步与淘汰落后产能相结合，拓展清洁生产范围，引导达标排放的企业开展自愿

清洁生产审核工作，同时加强督导检查，提升企业清洁生产审核质量。截至2010年年底，聊城市有92家企业完成清洁生产审核，在山东省位居前列。

六、深化环境宣传教育，提高全社会的环境意识

聊城市在创建过程中，层层发动、广泛宣传，调动群众自觉参与环保工作的积极性。通过加强宣传工作，让市民及时了解城市环境改善情况，反馈环境问题，并发挥舆论监督作用，使很多环保热点、难点问题得以及时解决。

开展创建“绿色学校”“绿色社区”活动。2003—2010年，聊城市共创建市级绿色学校116所，省级绿色学校40所，国家级绿色学校1所；评选出国家级“绿色社区”1个、省级“绿色社区”14个。

聊城市围绕“创模”中心任务，每年在《中国环境报》上开辟聊城市环境保护工作专版，发表主要领导的署名文章，并及时报道聊城市的环保工作动态。在每年的“6·5”世界环境日前后，通过举办中小学生环保征文比赛，设立咨询站、出动宣传车、举办专题文艺演出和万人签名等群众喜闻乐见的活动，普及环保知识，提高群众的环境意识。组织环保有奖竞猜、“创模”知识竞赛等宣传活动。文化部门组织上演以环保为题材的相声、小品等文艺节目。聊城市共设置大型环保宣传牌500多块，宣传条幅2000多条，印发中小学环境教育读本3万册，致全体市民的一封信12万份，“创模”宣传画6万份，在手机上开通“创模”宣传绿色信息通道，平均每天发送“创模”宣传短信1万余条。市区的5000多辆出租车和公交车张贴“创模”宣传标语。

七、强化环境执法，切实维护群众的环境权益

每年认真开展“整治违法排污企业保障群众健康”环保专项行动，促进环境执法，解决一批群众反映强烈、影响社会稳定的各类环境污染和生态破坏问题。采取开展“110”环保联动、开通“12369”环保举报热线电话等形式，动员社会参与，群众反映的环保投诉案件全部得到及时查处和整改。各级各部门严格执行环境影响评价制度和“三同时”制度，坚决落实建设项目“环保一票否决权”，对建设项目认真论证，严格把关，对不符合产业政策和环保规定的项目，坚决不予审批，堵住产生新污染源的口子。着力解决结构性污染问题。聊城市先后关闭阳谷景阳冈造纸厂等5条年产5万吨以下的草浆生产线、6条5000吨以下的酒精生产线。实施“数字环保工程”，每个县（市、区）都建设空气质量连续自动监测系统，在市控以上废水重点污染源和所有燃煤电厂安装在线监测装置，并与省、市、县三级环境监控中心实现联网。

第六编　交通　邮电

Part VI Transportation, Postal Service and Telecommunication

20 世纪 90 年代中后期，京九铁路、邯济铁路、济聊馆高速公路先后在境内兴建。以此为契机，1996 年 5 月，聊城地委、行署正式提出实施“借路兴聊”战略。1998 年 3 月，聊城撤地设市后，市委、市政府继往开来，“借路兴聊”，全市公路建设步入快速发展的时期。1999 年，全市所有乡镇（街道）全部通油路。2000 年，建成济聊高速公路二期工程聊馆段及漳卫运河大桥。2005 年，全市 8 个县（市、区）中有 4 个通达高速公路，县城之间基本建立起高标准二级公路。2008 年起，全市城区公交车辆加快更新换代步伐，新能源和清洁能源、纯电动公交车成为主流。2010 年，全市所有行政村实现通油路。至 2015 年，全市以“三横一纵一环九大出口”高速公路主框架为主，普通国道、省道公路网为辅的公路网络基本形成，聊城作为鲁西交通枢纽的地位凸显。

1998 年聊城市邮政局独立运营后，面向党政军机关、企事业单位以及城乡广大居民开办函件、包裹、汇兑、报刊发行、机要通信、邮政储蓄、特快专递、集邮、电子商务、物流分销等 10 项业务。全市快递业务发展迅速，中通、EMS、圆通、百世、申通、韵达、顺丰、宅急送、国通、D 速等 10 个快递品牌，其末端延伸至乡镇一级。伴随着电信体制改革的不断深入，经过重组、融合，至 2015 年，全市形成中国联合网络通信有限公司聊城市分公司、中国移动通信有限公司聊城市分公司、中国电信集团公司聊城市分公司等 3 家运营商和中国铁塔股份有限公司聊城市分公司 1 家通信网络基础设施服务商，共同服务聊城政治、经济和社会发展，以及人民群众生产生活的新格局。

第一章　公　路

1997 年，聊城地区国道省道公路里程 1029.8 千米，县乡公路 1885.4 千米，乡村公路 1107.8 千米。1998 年后，全市公路建设得到快速发展。到 1999 年年底，全市公路通车里程 5269 千米，其中，高速公路 48 千米、一般干线公路 1137 千米、县乡公路 2210 千米、乡村公路 1874 千米。2003 年后，全市公路建设投资逐年增加，通车里程快速增长。2006 年，全市完成投资 4.18 亿元，新改建农村公路 2382 千米，通油路行政村 94.2%。2011 年，推进村级公路网化示范工程，重点解决村与村之间的互联互通，提高农村公路通达和网络化水平。2012 年，完成投资 8 亿元，全市新建、改建农村公路 1790 千米。

至 2015 年，全市干线公路通车里程 1541 千米，其中高速公路 242 千米、一级公路 538 千米、二级公路 761 千米。全市干线公路密度 17.68 千米 / 百平方千米，2.52 千米 / 万人。

第一节　国道省道线路

一、国道线路

1997 年，聊城地区境内有国道线路 4 条，总长度为 237.9 千米。2003 年，增加 G35 高速公路（2008 年改为 G20 高速）23.22 千米。2012 年，增加 S39 高速公路（2015 年改为 G3W 高速）68.94 千米。至 2015 年年底，聊城市境内国道线路共 6 条，总长度 344.3 千米。

国道 105 线（北京—珠海）　聊城境内起于平原与高唐界，止于平阴黄河大桥南东阿县、平阴县，全长 95.3 千米。该路 1958 年名为德州至高唐线，1970 年前是县社道路，1970 年腰站至东阿段称为德（州）铜（城）公路，1974 年改称德州至东阿公路。1987 年公路普查将腰站至东阿和泰（安）临（清）路的东阿至黄河大桥合并为北京至珠海线，途经高唐梁村镇、高唐县城北环和东环、姜店镇、胡屯镇，茌平县城西环和南环、乐平铺，东阿县东部过平阴黄河大桥进入济南市平阴县，依次与国道20、省道316、国道308、省道322、国道309、济聊高速S1、省道324、省道329交叉相接，途经高唐县、茌平县、东阿县3个行政区。其中，腰站至高唐段1973年修建，1976年修建高唐至茌平段，1975年修建茌平至东阿段，为沥青路面。东阿至滑口段始建于1965年，为泥结碎石路面；1971年修建腰站至东阿城北为三级路，为5.5～7米沥青路面；东阿城北至滑口段1989年修建，为宽14米水泥混凝土路面。后经多次改造提升，高唐至东阿段历经1990—1995年改线改造为二级公路，沥青路面，路面宽9～15米；2004年加宽改造为沥青混凝土路面，全长93.86千米，宽15～22米，双向二至四车道。2009年9月，济南至馆陶高速公路茌平西互通立交及国道105线连接线工程开工建设。该工程分为主线互通和连接线两部分，互通立交采用全互通—双喇叭型，立交范围内高速公路主线长1.05千米，匝道全长3.22千米，连接线全长9.7千米，于2011年6月竣工通车。2015年国道105线高唐至东阿段大修，保持原有宽度、长度。

国道106线（北京—广州）　聊城境内起于冠县东古城鲁冀界，止于冠县斜店鲁冀界，全长13.59千米。该线位于冠县西部，自河北省交界向东，与国道309荣兰线和省道315永馆线交叉后，向南至河北省界，途经东古城镇、斜店。七一桥至冠县水泵厂（荣兰路G309线与京广路G106线交叉口）段，1920年由美国牧师修建，中华人民共和国成立后，经养护改善形成现路基，此段长2.41千米，宽30米。国道309与106交叉口至乜村段，1954年属德州至濮阳线，1970年建为沥青路面，1987年公路普查时划属北京至广州公路。2010年4月，境内路面翻修，路线全长11.18千米，建设标准为二级路，是年10月竣工通车。

国道308线（青岛—石家庄）　聊城境内起于禹城、高唐交界处施屯，止于高唐、夏津交界，全长28.16千米，其中一级路910米、二级路27.25千米。该路1954年属于清凉江至齐河线，1957年属于清凉江至高唐线，1958年属枣强至高唐线，1984年改称高唐至清河线，1987年公路普查时将施屯至马桥段划归青石路。该线段位于聊城市东北部、青银高速公路南侧，自齐河高唐交界处进入高唐，自东向西，贯穿高唐县经马桥归进入河北夏津县。施屯至高唐段原为山东省公路局引用国际贷款修建，建成于1989年，高唐至夏津段建于1979年。2002年，境内线路全部改建，设计标准为宽15～22米的沥青路面，双向二至四车道。穿过固河镇、杨屯镇、鱼丘湖街道、人和街道、经济技术开发区、汇鑫街道，经马桥进入夏津县，与S322、S316、G105、S14相接，途经高唐县1个行政区。2015年10月，高唐段改建，长28.15千米，为双向四车道一级公路。

国道309线（荣城—兰州）　聊城境内起于齐河茌平界，止于冠县东古城鲁冀界，全长125.48千米，扣除重复里程后全长115.06千米，其中一级路72.65千米、二级路42.41千米。2000年，新修建的聊城至馆陶高速公路（全长约64千米）并入G309荣兰线，原该线聊城至馆陶段57.9千米并入S329薛馆线。该线段位于聊城市中部，与济聊高速公路交叉并行，横贯聊城市，自齐河、茌平交界处的刘集村进入聊城市，自东向西贯穿茌平，斜插东昌府区，沿东环、南环西行进入冠县，跨漳卫运河进入河北省。刘集至聊城段始建于1956年；聊城至七一大桥段建于1967—1968年，路面为沥青路面，双向二至六车道。经刘集镇、温陈镇、博平镇、城北街道、道口铺镇、堂邑镇、阎营、贾镇、烟庄街道、孙疃、东古城，跨漳卫运河直入河北省馆陶县，与G105、S316、S706、S1、S259、S260、S315、G106相交接，经过茌平县、东昌府区、冠县3个行政区。2010年4月聊城西环至省界路面翻修，是年9月通车，路线全长60.54千米，其中一级路段长21.14千米、二级路段长39.40千米。

青银高速公路（G20，青岛—银川） 聊城境内东起禹城高唐界，西至高唐夏津界，全长23.22千米，双向四车道，路基宽度28米，主线设高唐东互通立交、高唐互通立交。该路于2003年8月开工建设，2005年12月建成通车，采用BOT方式，由山东高速集团建设和运营管理。青银高速公路是国家“五纵七横”主骨架的重要组成部分，是一条连接东、中、西部的交通大动脉，增强聊城同德州、济南和半岛城市群的联系，为聊城的经济发展增添新的力量。该路线原编号为G35，2008年改为G20。

德上高速公路（G3W，德州—上饶） 聊城境内北起济聊高速聊城西枢纽立交，南至莘县古城鲁豫界，全长68.94千米，概算投资37.43亿元，双向四车道，路基宽度28米。主线设聊城西枢纽立交、聊城南互通立交、莘县北互通立交、莘县互通立交、莘县南互通立交、古城互通立交。该工程于2012年10月开工建设，2015年11月建成通车。

2015年聊城市国道线路基本情况表

表6-1　　单位：千米

路线编号	路线名称	通车里程	境内路段起止点	经过主要地点
G20	青岛—银川	23.22	禹城高唐界—高唐夏津界	固河镇、尹集镇、人和街道、高唐互通立交1号桥、梁村镇
G3W	德州—上绕	68.94	聊城西枢纽立交—莘县古城鲁豫界	济聊高速、道口铺街道、侯营镇、位山三干渠大桥、沙镇镇、徒骇河大桥、定水镇、新金线河大桥、东鲁街道、莘州街道、十八里铺镇、徐庄乡、朝城镇、柿子园乡、古城镇、北金堤大桥、金堤河大桥
G105	北京—珠海	95.30	平原高唐界—平阴黄河大桥济聊界	高唐梁村镇、北环东环、姜店镇、胡屯镇、茌平西环、南环、乐平铺镇、平阴黄河大桥
G106	北京—广州	13.59	冠县东古城鲁冀界—冠县斜店鲁冀界	东古城镇、斜店乡
G308	青岛—石家庄	28.15	禹城高唐界施屯—高唐夏津界	固河镇、杨屯镇、鱼丘湖街道、人和街道、经济技术开发区、汇鑫街道、马桥
G309	荣城—兰州	125.48	齐河茌平界—冠县东古城鲁冀界	刘集村、温陈镇、博平镇、城北街道、道口铺镇、堂邑镇、阎营、贾镇、烟庄、孙疃、东古城，漳卫运河桥

二、省道线路

1997年，聊城地区境内省道11条，总长度791.9千米。1998年、2009年、2015年，济聊高速（S1，济南—聊城）二期工程聊城至馆陶段、高邢高速（S14，高唐—邢台）、省道105线（济南—聊城）先后开工建设。2001年，原国道309线聊城高速西环段8.3千米调整为省道706聊城外环线；2003年，S706聊城外环线新增高速里程51千米。至2015年年底，聊城市境内省道线路共16条，总长度1197千米。

济聊高速公路（S1，济南—聊城） 该路为境内第一条高速公路，是当时聊城乃至鲁西地区通往济南和东部沿海城市的唯一高速通道，被列为全市“兴聊十大工程”之一。1993年由山东省计划委员会立项，是年9月28日，聊城至齐河段奠基，为一期工程，1994年4月20日开工建设，1996年12月28日竣工通车；二期工程聊馆段于1998年5月10日开工建设，2000年10月18日建成通车。该工程东起德州聊城界，西至漳卫运河大桥鲁冀界，全长103.51千米，双向四车道，路基宽度24.5米。主线设茌平互通立交、茌平西互通立交、开发区互通立交、聊城东互通立交、聊城互通立交、聊城西互通立交、冠县东互通立交、冠县互通立交。该路原编号为G309荣兰线聊城段高速公路，2008年变更为S1济聊高速公路。

高邢高速公路（S14，高唐—邢台） 该路东起高唐县西北侧汇鑫街道张唐村西，与青银高速公路衔接，依次穿过高唐县和临清市，在临清市西北侧先锋街道李庄村北跨越漳卫运河进入河北境内，东西走向。该线全长46.10千米，设计时速100千米/小时，概算投资24.45亿元，双向四车道，路基宽度26米，2009年6月开工，2012年6月竣工。途经青银高速、梁村镇、汇鑫街道、卅里铺镇、金郝庄镇、松林镇、先锋街道进入鲁冀界收费站，进入河北省境内，与邢临高速威县至鲁冀界段衔接。高邢高速公路的建成通车，提高了山东西北部区域公路的通行能力和通达深度，改善了区域出行条件，向东接通青银高速，打通了鲁西北地区的出海口，为鲁西北更快融入“济南都市圈”创造了先决条件；向西衔接邢台至临清高速公路，与河北、山西乃至陕西的公路网连成一片，加强了山东与河北、山西等内陆省份的经济合作与社会交流。

省道105线（济南—聊城） 聊城段起于东阿县牛角店德聊界，止于东昌府区湖南路光岳路交叉口，全长45.53千米。建于2015年，设计标准为一级路，沥青混凝土路面，路面宽31～39.5米，双向六车道，穿牛店镇、姚寨镇、广平乡、蒋官屯街道，韩集乡、许营镇、九州街道，与S324、G105、S706、G309、S329相交接，依次途经东阿县、茌平县、东昌府区3个行政区。该线的建成通车为完善区域路网优化奠定了良好的基础，对促进区域经济发展，为省会城市群经济圈的发展和崛起以及实现聊城市东融西借、跨越赶超，建设冀鲁豫三省交界科学发展先行区的目标起到推动作用。

省道254线（德州—商丘） 聊城段起于临清市金郝庄德聊界，止于阳谷县寿张鲁豫界，全长110.35千米。沿途经过金郝庄镇、洪屯镇、朱老庄镇、郭屯镇、石佛镇、寿张镇，经寿张大堤进入河南省台前县，穿临清市、茌平县、东昌府区、阳谷县4个行政区，与S322、S257、S706、S1、S324相交接。夏津至聊城段原为县乡路，2002年升级改造为二级路，聊城至寿张

省道254线（2000年摄，李明强）

段原为省道039聊城至商丘的一段，2000年公路普查时将聊夏路与原039省道聊城至商丘合并为省道德州至商丘，称为254省道。其中聊城至阳谷段路线名称多变。该路线1954年属临清至商丘线，1955年改属临清至郑庄线，1957年属聊城至西刘庄线，1959年属聊城至孙口线，1970年属聊城至阳谷线，1974年改名为聊城至商丘线。

1970年，修建为三级路，路宽6米，1992年改建为二级路宽9米。2002年夏津临清交界处—聊城段修建为二级路，沥青混凝土路面宽12米；聊城至阳谷南环于2003年改建为一级路，路面宽22米；阳谷南环至寿张段2005年改建，宽12～18米；寿张至省界三级路宽7米。路面质地沥青混凝土，双向二至四车道。2015年，旅游度假区管委会出资对东昌府区南环路口至阳谷界11.60千米路面加宽至48米，按城市道路设计，机动车道宽37米，均为沥青路面，双向10车道。

省道257线（临清—博平） 路线起于临清先锋大桥西鲁冀界，止于茌平县博平镇，全长54.59千米。该线全线位于聊城市境内偏北部，临清东部、茌平西部，西北东南走向，穿过临清市城里，向东南方向前行进入茌平县，交叉省道316至博平汽车站。沿途经先锋大桥、康庄镇、肖庄镇、博平镇，与S315、G3W、S254、S316相交接。该路始建于1959年，1968年修建6米宽沥青表处路面，1986年改建成二级公路，沥

青双层表处路面宽 9 米，2012 年 10 月进行改建，2013 年 9 月通车。

省道 258 线（临清—邹平） 路线起于临清市五里庄，止于东阿县位山村，全长 98.49 千米，扣除重复里程后全长 89.91 千米，其中一级路 46.45 千米、二级路 43.46 千米。该线位于聊城市中部，西北东南走向，起自临清北环五里庄路口，自北向南穿临清中部、向东南方向调头进入东昌府区，穿过聊城城区继续南偏东方向行驶经阳谷县、东阿至位山闸桥南，途经堠堌镇、斗虎屯镇、梁水镇、李海务乡、七级镇、高村经位山闸大桥进入东平县，与 S315、S706、S1、S324 相交接。该路分三段建设，其中，临清至聊城段建于 1971 年，聊城至位山段始建于 1972 年，后经历年改建维修；聊城至位山段于 2001 年 3 月开工建设，10 月完工，建设标准为二级路，路面宽 12 米，全长 35.64 千米；临清至聊城段改建于 2007 年 5 月开工，建设标准为一级路，路面宽 24 米，全长 45.2 千米，2008 年 10 月竣工通车。

省道 259 线（临清—商丘） 聊城段起于临清市郭屯，止于莘县樱桃园鲁豫界，全长 117.86 千米，其中一级路 15.03 千米，二级路 102.83 千米。该线位于聊城市中偏西部，南北走向，途经大辛庄街道、青年街道、尚店镇、范寨镇政府、辛集卫生院、定远寨政府、定远寨卫生院，河店镇、莘亭街道、燕塔街道、莘州街道、十八里铺镇、妹冢镇、徐庄镇、朝城镇、柿子园镇、樱桃园镇至莘县范县交界处，与 S315、S1、G309、S324 相交接。该路始建于 1970 年，设计为沥青混凝土路面，双向二至四车道。其中，莘县至范县段于 2001 年 3 月开工改建，7 月完工，建设标准为二级路，路面宽 15 米，全长 44.94 千米；临清至莘县段长 70.33 千米，二级公路，于 2012 年 10 月开工，2013 年 9 月竣工通车。

省道 260 线（临清—观城） 路线起于临清市西窑，止于莘县观城鲁豫界，全长 119.12 千米，其中一级路 7.3 千米、二级路 111.82 千米。该线位于聊城市西部，大致南北走向，沿途经八岔路、甘官屯乡、清水镇、店子镇、崇文街道、清泉街道、梁堂乡、丈八烈士陵园、大王寨镇、张鲁回族镇、董杜庄镇、张寨镇、苏村烈士陵园、王庄集镇、观城镇，与 S315、S1、G309、S333、S324、S259 相交接。临清至冠县莘县界始建于 1977 年，丈八至观城始建于 1994 年，2002 年改建升级二级路，全长 119.12 千米，路面宽 12～28 米，路面质地为沥青混凝土路面，双向二至六车道。临清至冠县段于 2006 年 3 月开工建设，9 月完工，建设标准为二级路，路面宽 12 米，全长 46 公里；冠县城区拓宽段改建于 2007 年 5 月开工，建设标准为一级路，路面宽 24 米，全长 9.6 千米，10 月竣工通车。

省道 315 线（永城—馆陶） 聊城段起于临清市松林德聊界，止于冠县东古城鲁冀界，全长 76.62 千米，扣除重复里程后全长 69.92 千米，其中一级路 14.02 千米、二级路 55.9 千米。该线聊城段位于聊城市西北边缘，大致东北西南走向，自东北向西南方向经临清东环、南环继续西南方向进入冠县至 G309 交叉口，重合 G106 西行过漳卫运河至七一大桥西头馆陶县省界。沿途松林镇、先锋街道、新华街道、青年街道、唐元镇、潘庄镇、烟店镇、北馆陶镇、东古城镇至七一大桥西头山东省河北省界馆陶县，与 S322、S257、S258、S259、S260、G309、G106、S1 相交接。该路路面始建于 1958 年。后经历年改建维修，其中临清绕城东线桥涵路面于 2005 年 3 月开工建设，10 月完工，建设标准为二级路，路面宽 15 米，全长 12.8 千米；聊城境内路面翻修工程于 2010 年 4 月开工，路线全长约 60.08 千米，建设标准为二级路，10 月底竣工通车。

省道 316 线（永城—莘县） 聊城段起于禹城高唐界，止于莘县南环，全长 128.67 千米，扣除重复里程后全长 110.36 千米，其中一级路 94.12 千米，二级路 16.24 千米。该线聊城段位于聊城市中偏东南部，大致东北、西南走向，自东北向西南方向经高唐北环、西环南下至博平，重合G309至聊城北环，经聊城北环西环斜插莘县至莘县南环S259交叉口，沿途经固河镇、尹集镇、赵寨子镇、韩屯镇、博平镇、侯营镇、沙镇、大张镇、东鲁街道、莘县一中、莘县公路管理局、武阳街至莘县南环S259交叉口，与G105、G308、S316、S322、S257、G309、S706、S259相交接。该路面始建于1957年，后经历年改建维修，其中高唐西环段于2001年4月开工，9月完工，建设标准为二级路，路面宽15米，全长5.18千米，投资800万元；聊城城区拓宽段于2004年4月开工，11月完工，建设标准为一级路，全长21.6千米；高唐—聊城段桥涵路面工程于2005年3月开工，2006年10月完工，建设标准为一级路，路面宽15米，全长58千米；德聊界至高唐段于2006年3月开工，9月完工，建设标准为二级路，路面宽15米，全长20.5千米；聊城至莘县段大中桥路面工程于2010年8月开工建设，建设标准为一级公路，全长42.17千米，2011年11月竣工通车。

省道324齐南线 （2011年摄，李刚）

省道322线（高唐—临清） 路线起于高唐G308交叉口，止于临清卫运河大桥西鲁冀界，全长63.93千米，其中一级路7.72千米、二级路56.21千米。该线位于聊城市境内北部，东西走向，沿途经固河镇、杨屯镇、鱼丘湖街道、经济技术开发区、汇鑫街道、赵寨子镇、卅里铺镇等7个镇街，与G105、G308、S316相接。该路原为县乡路，2003年改建升级成二级路，沥青混凝土路面，其中高唐县境内一级路5.68千米，宽22米；临清北环一级路2.03千米，宽30米，双向八车道。其余为二级路，路面15米宽，双车道。2015年大修，保持原有长度、宽度。

省道324线（齐河—南乐） 聊城段起于东阿县牛角店德聊界，止于莘县张寨鲁豫界，全长122.67千米，扣除重复里程后全长120.82千米，其中一级路27.12千米、二级路93.7千米。该线聊城段位于聊城市南部，大致东北西南走向，起点山东省德州齐河聊城东阿界，自东北向西南方向经东阿北环、西环继续西南方向进入阳谷县界，经阳谷北环向西南方向延伸至莘县境内，经张寨镇向西至山东河南省界。沿途经牛角店镇、姚寨镇、陈集乡、东阿工业园区、铜城街道、姜楼镇、刘集镇、阿城镇、阎楼镇、西湖镇、徐庄镇、朝城镇、张寨镇向西至山东河南省界，与G105、S329、S710、S258、S254、S333、S259、S260相交接。该路始建于1969年，后经历年改建维修，其中阳谷城区改线段于2003年12月开工，2004年10月完工，建设标准为二级路，全长17.98千米；东阿至朝城桥涵路面，2005年3月开工，10月完工，建设标准为二级路，路面宽15米，全长59.6千米；德聊界至东阿老路改造于2007年5月开工，10月完工，建设标准为二级路，路面宽12米，全长24.6千米；朝城至鲁豫界大中桥路面工程，2008年5月开工，建设标准为二级路，路面宽12米，全长12.5千米米，10月竣工通车；东阿城区改线大中桥路面工程于2011年1月开工建设，设计标准为一级公路，长11.19千米，路基宽24.5米，路面宽23米，2011年11月竣工通车。

省道329线（薛家岛—馆陶） 聊城段起于平阴黄河大桥南济聊界，止于冠县东古城鲁冀界，全长108.70千米，扣除重复里程后全长29.57千米，一级路。该线聊城段位于聊城中部，自东向西贯穿聊城市，起自平阴黄河大桥南济聊界，沿东阿北环西行至聊城东环，湖南路、昌润路至聊堂路，国道309一直向西，至国道106交叉，国道106至七一大桥西馆陶县山东省河北省界。沿途经东阿工业园区、新城街道、鲁西化工集团、聊城大学、王令喜中医院、中央直属粮食储备库、道口铺镇、堂邑镇、阎营、贾镇、烟庄街道、孙疃、东古城镇，跨漳卫运河直入河北省馆陶县，与G105、S324、S710、G309、S254、S258、S706、S1、S259、S260、S315、G106相接。2004年新建东阿至聊城段31.6千米，一级公路，宽30米，沥青路面；2014年加宽改造，路面宽30～43米，为沥青路面，双向四至八车道。

省道333线（蒙阴—馆陶）　聊城段起于阳谷寿张鲁豫界，止于冠县东古城鲁冀界，全长92.78千米，扣除重复里程后全长51.17千米，其中一级路27.76千米，二级路23.41千米。该线位于聊城市西南部，自东南向西北方向经阳谷南环、西环斜插莘县，自莘县东环北环斜向伸入冠县东环后与G309重合，后一直西行至七一大桥西馆陶终点。沿途经四棚、燕店镇、魏庄镇、梁堂乡、烟庄街道、清泉街道、东古城镇，与S254、S324、S316、G309相交接。该路始建于1970年，后经历年改建维修，其中莘县至冠县段于2004年4月开工建设，11月完工，建设标准为二级路，全长36.72千米；莘县—鲁豫界桥涵路面工程，2005年3月开工，建设标准为二级路，路面宽12～18米，全长44千米，2006年10月竣工通车。

省道706线（聊城外环线）　路线起于东昌府区道口铺，止于东昌府区侯营，全长49.45千米，扣除重复里程后，一级路31.93千米。2001年，原国道309荣兰线聊城高速西环段8.3千米调整为S706聊城外环线，路线起于东昌府区侯营，止于东昌府区道口铺。2003年，S706聊城外环线新增里程51.1千米，路线起于东昌府区侯营，经道口铺、阎寺、北城、蒋官屯、许营，止于东昌府区侯营。2008年，S706聊城外环线高速西环段变更为S39德商高速。

省道710线（东阿—聊城）　路线起于东阿县大桥镇，止于东昌府区光岳路，全长33.7千米。2004年由省道329薛馆线东阿至聊城段调整为省道710（东阿至聊城连接线），路线起于东阿大桥镇G105交叉口，止于聊城南环S706交叉口，全长32.6千米。该路始建于1965年，泥结碎石路面，1971年修建沥青路面，6米宽，三级路；1978年加宽至12米，改建成二级路；1989年阳谷路口改建成14米宽水泥混凝土路面；1991年阳谷路口至聊城改建成12.3米宽水泥混凝土路面；2013年东阿县大桥镇至S324与S710交叉口改建为路面宽12～23米的沥青混凝土路面，双向二至四车道；2015年，S324与S710交叉口至聊城光岳路口改建为路面宽12米的双车道沥青混凝土路面。

2015年聊城市省道线路基本情况表

表6-2　　单位：千米

路线编号	路线名称	境内通车里程	境内路段起止点	经过主要地点
S1	济南—聊城	103.51	德州聊城界—漳卫运河大桥鲁冀界	冯官屯镇、杜郎口镇、振兴街道、温陈街道、蒋官屯镇、徒骇河大桥、北城街道、新区街道、阎寺街道、京九公铁立交、道口铺街道、堂邑镇、马颊河大桥、定远寨乡、贾镇、烟庄街道、崇文街道、东古城镇、漳卫运河大桥
S14	高唐—邢台	46.10	张唐村西—鲁冀界漳卫运河	梁村镇、汇鑫街道、三十里铺镇、金郝庄镇、松林镇、先锋街道进入鲁冀界收费站

续表 6-2

路线编号	路线名称	境内通车里程	境内路段起止点	经过主要地点
S105	济南—聊城	45.53	东阿牛角店德聊界—东昌府湖南路光岳路交叉口	牛店镇、姚寨镇、广平乡、蒋官屯街道、韩集乡、许营镇、九州街道
S254	德州—商丘	110.35	临清市金郝庄德聊界—阳谷县寿张鲁豫界	金郝庄镇、洪屯镇、朱老庄镇、郭屯、石佛、寿张镇
S257	临清—博平	54.59	临清先锋大桥西鲁冀界—茌平县博平镇	先锋大桥、康庄镇、肖庄镇、博平镇
S258	临清—邹平	98.49	临清市五里庄—东阿县位山村	埃堌镇、斗虎屯镇、梁水镇、李海务乡、七级镇、高村经位山闸大桥
S259	临清—商丘	117.87	临清市郭屯—莘县樱桃园鲁豫界	大辛庄街道、青年街道、尚店镇、范寨镇政府、定远寨、河店镇驻地、莘亭街道、燕塔街道、莘州街道、十八里铺镇驻地、妹冢镇、徐庄镇、朝城镇驻地、柿子园镇驻地、樱桃园镇驻地
S260	临清—观城	119.12	临清市西窑—莘县观城鲁豫界	八岔路、甘官屯乡、清水镇、店子镇、崇文街道、清泉街道、梁堂乡、大王寨镇驻地、张鲁镇、董杜庄镇、张寨、王庄集、观城镇
S315	永城—馆陶	76.62	临清市松林德聊界—冠县东古城鲁冀界	松林镇、先锋街道、新华街道、青年街道、唐元镇、潘庄镇、烟店镇、北馆陶、东古城镇、七一大桥
S316	永城—莘县	128.67	禹城高唐界—莘县南环	固河镇、尹集镇、赵寨子镇、韩屯镇、博平镇、侯营镇、沙镇、大张镇、东鲁街道、武阳街至莘县南环 S259 交叉口
S322	高唐—临清	63.93	高唐 G308 交叉口—临清卫运河大桥西鲁冀界	固河镇、杨屯镇、鱼丘湖街道、经济技术开发区、汇鑫街道、赵寨子镇、三十里铺镇
S324	齐河—南乐	122.67	东阿县牛角店德聊界—莘县张寨鲁豫界	牛角店镇、姚寨镇、陈集乡、工业园区、铜城镇、姜楼镇、刘集镇、阿城镇、阎楼镇、西湖、徐庄镇、朝城镇、张寨镇
S329	薛家岛—馆陶	108.70	平阴黄河大桥南济聊界—冠县东古城鲁冀界	东阿工业园区、新城街道、鲁西化工集团、聊城大学、王令喜中医院、中央直属粮食储备库、道口铺镇、堂邑镇、阎营、贾镇、烟庄、孙疃、东古城
S333	蒙阴—馆陶	92.78	阳谷寿张鲁豫界—冠县东古城鲁冀界	四棚、燕店、魏庄、梁堂乡、烟庄街道、清泉街道、东古城
S706	聊城外环线	49.45	东昌府区道口铺—东昌府区侯营	道口铺、阎寺、北城街道、蒋官屯街道、许营镇、侯营镇
S710	东阿—聊城	33.70	东阿县大桥镇—东昌府区光岳路	大桥镇、铜城街道、顾官屯镇、许营镇

第二节　公路建设

一、干线公路建设

1997 年，全区干线公路计 1029.8 千米，其中，高速公路 47.9 千米，二级公路 899 千米，三级公路 82.9 千米。

1998 年 3 月，地级聊城市设立后，全市干线公路建设步伐加快，是年新增里程 163.9 千米。其中，二级公路 17.1 千米，三级公路 125.8 千米，四级公路 21 千米。至 2001 年的 4 年间，全市共投资 18.7 亿元，新修建干线公路 449.67 千米。2001 年年底，全市干线公路通车总里程 1289.3 千米。其中，高速公路 111.8 千米，二级公路 1025.6 千米，三级公路 132.2 千米，四级公路 19.7 千米；公路密度 71.2 千米/

百平方千米。

2002—2003 年，全市投资 9.5 亿元，新修建干线公路 550 千米。其中，2002 年消除了四级路。2003 年年底，全市干线公路通车总里程 1330.5 千米，其中，高速公路里程与 2001 年相同，增加一级公路里程 96.5 千米，二级公路 1122.1 千米，三级公路减至 1.1 千米。2005 年，投资 5 亿元，实施干线网改工程计 5 项、194 千米。

2006 年，投资 3.95 亿元，实施路网改建工程 5 项 130 千米。2007 年，干线路网升级改造，省道 324 线东阿至德聊界二级公路、省道 260 线冠县城区拓宽段一级公路、省道 258 线马颊河大桥（聊临路）、省道 329 线马颊河大桥（薛馆路）先后建成通车。

2008 年，投资 2.95 亿元，实施网改建工程 3 项 61.3 千米。其中，省道 258 线聊城至临清一级公路 45.2 千米、省道 324 线齐南路朝城至鲁豫界 12.5 千米、临高路临清城区段一级公路 3.6 千米。是年年底，全市干线公路通车里程 1379 千米，其中，高速公路 135 千米，一级公路 376 千米，二级公路 868 千米。

2012 年，投资 5.8 亿元，改建省道 257 临博路、省道 259 临莘路，对国道 105 贾庄至平阴黄河大桥段、省道 710 平阴黄河大桥至齐南路口段进行大修，对 12 座国省道危桥进行改造。年底，全市干线公路通车里程 1438 千米，比 2011 年增加 46 千米。其中，高速公路 181 千米，一级公路 460 千米，二级公路 797 千米，高速公路、一级公路比重上升至 47%。

2014 年，全市高速公路和普通国省道建设共投资 63.6 亿元，占全省投资总量的 1/7。主要对国道 309 王老至博平、博平至聊莘路口，省道 329 聊城至东阿、省道 254 聊城至夏津等 4 项、143 千米干线公路进行大修；对济聊高速冠县西收费站收费广场、冠县收费站出入口、茌平收费站匝道改造升级；对市外环路快车道实施改建。2015 年，投资 10.9 亿元，实施省道 322、省道 324、省道 710 等 6 项 169 千米路面大中修、2 项危桥改造和 2 期安全生命防护工程建设，推进国道 308、国道 105、省道 258 部分路段等 4 项、104 千米改建及大修工程。

至 2015 年年底，全市干线公路通车里程共计 1540.8 千米。其中，高速公路 241.8 千米，一级公路 537.5 千米，二级公路 760.4 千米，三级公路 1.1 千米。公路密度 17.68 千米 / 百平方千米，2.52 千米 / 万人。

二、农村公路建设

1997 年，全区县乡公路 1885 千米，乡村公路 1108 千米，好路率 63%。

2003 年，省委、省政府启动农村公路改造工程，决定用 3～5 年时间，基本实现全省行政村通油路，并确定对全国百强县、一般县、贫困县分别给予每千米 1 万元、4 万元和 7 万元的无偿补助。聊城市各级政府抓住机遇，全面加速农村公路改造步伐。是年，全市投资 4.2 亿元，新改造农村公路 3480 千米，1801 个行政村通了油路，行政村通油路率 53.1%。

2004 年，投资 5.8 亿元，新改建农村公路 3932 千米，通油路行政村占比 70.7%。2005 年，投资 3.9 亿元，新改建农村公路 1994 千米，88.5% 的行政村通油路。

2006 年，投资 4.18 亿元，新改造农村公路 2382 千米，通油路行政村 94.2%。

2007 年，稳步推进农村公路网络化建设，全市投资 3.8 亿元，新建、改造农村公路 1641.3 千米，建设公路桥梁 42 座。全市所有农村公路建设完成项目全部列入国家和省补范围。

2008 年，投资 3 亿元，新建改造农村公路 1295.5 千米，改造危、窄桥梁 56 座，新增通油路行政村 45 个，全市通油路行政村比例 96.5%。同时，开展农村公路建设质量年活动，所有项目工程合格率均 100%。

2010 年，市政府启动包括 100% 行政村通油路目标在内的“4 个百分百工程”，是年新改建农村公路 551 千米，完成投资 1.99 亿元，全市 100% 行政村通了油路和客车；每个乡镇建有 1 处“四位一体”的交通运输所。

2011 年，高唐县、茌平县、莘县被列入第一批全省村级公路网化示范县。2012 年，全市开展千村公路扶贫专项行动，投资 8 亿元，新、改建农村公路 1790 千米。

2013 年，投资 9 亿元，新改建农村公路 1648 千米。第一批高唐县、茌平县、莘县三县村级公路网化示范县通过省验收。临清市、冠县、东阿县三县（市）列入全省第二批村级公路网化示范县活动范围。年内，阳谷县寿郭国防公路、东昌府区薛馆国防公路计 54 千米竣工通车。

2014 年，投资 9.3 亿元，新改建农村公路 1448.4 千米。其中临清市、冠县、东阿县三县（市）完成投资 6.2 亿元，新改建农村公路 1123 千米，并于是年年底通过省村级公路网化示范县验收。

2015 年，深入推进省、市“第一书记”帮扶村道路改造工程，提升内公路路网水平，全年投资 4.9 亿元，改造农村公路 507.9 千米。至年底，全市农村公路 1.64 万千米。

1997—2015 年聊城市干线公路密度情况表

表 6-3

年份	全市土地面积（平方千米）	全市人口（万人）	公路里程（千米）	公路密度	
				按面积计（千米／百平方千米）	按人口计（千米／万人）
1997	8715	541.37	1029.8	11.82	1.90
1998	8715	545.41	1184.5	13.59	2.17
1999	8715	549.48	1187.6	13.63	2.16
2000	8715	553.58	1259.7	14.45	2.28
2001	8715	557.71	1289.3	14.79	2.31
2002	8715	561.31	1284.5	14.74	2.29
2003	8715	563.76	1330.5	15.27	2.36
2004	8715	566.45	1357.7	15.58	2.40
2005	8715	546.07	1389.3	15.94	2.54
2006	8715	572.82	1391.1	15.96	2.43
2007	8715	580.75	1379.7	15.83	2.38
2008	8715	584.91	1379.0	15.82	2.36
2009	8715	590.89	1379.0	15.82	2.33
2010	8715	597.53	1379.0	15.82	2.31
2011	8715	604.22	1391.9	15.97	2.30
2012	8715	594.45	1438.0	16.50	2.42
2013	8715	597.52	1436.5	16.48	2.40
2014	8715	612.13	1436.5	16.48	2.35
2015	8715	612.13	1540.8	17.68	2.52

1997—2015 年聊城市公路等级情况表

表 6-4　　　　　　　　　　　　　　　　　　　　　　单位：千米

年份	总里程	按行政等级分						按技术等级分						按路面状况分			
		国道	省道	县道	乡道	村道	专用道路	高速公路	一级公路	二级公路	三级公路	四级公路	等外公路	高级		次高级	中低级
														水泥混凝土	沥青混凝土		
1997	1029.8	237.9	791.9	—	—	—	—	47.9	—	899	82.9	—	—	62.5	67	900.3	—
1998	1184.5	237.9	946.6	—	—	—	—	—	—	906.9	208.7	21	—	62.5	67	10550.0	—
1999	1187.6	237.9	949.7	—	—	—	—	47.9	—	944.1	174.6	21	—	63.1	67	1057.5	—
2000	1259.7	245.8	1013.9	—	—	—	—	111.8	—	952.3	174.6	21	—	63.1	125.4	1071.2	—
2001	1289.3	240.5	1048.8	—	—	—	—	111.8	—	1025.6	132.2	19.7	—	77.1	513	699.0	0.2
2002	1284.5	242.3	1042.2	—	—	—	—	111.8	—	1128.1	44.6	—	—	80.0	649.9	554.4	0.2
2003	1330.5	242.3	1088.2	—	—	—	—	111.8	95.5	1122.1	1.1	—	—	80.4	816.2	433.7	0.2
2004	1357.7	239	1118.7	—	—	—	—	111.8	210.5	1034.3	1.1	—	—	73.4	960.5	323.6	0.2
2005	1389.3	262.8	1126.5	—	—	—	—	134.7	243.5	1010.0	1.1	—	—	53.0	1073.2	263.1	—
2006	1391.1	262.8	1128.3	—	—	—	—	134.7	308.5	946.8	1.1	—	—	52.4	1143.5	195.2	—
2007	1379.7	263.5	1116.2	—	—	—	—	134.7	324.3	919.6	1.1	—	—	49.1	1162.9	167.7	—
2008	1379.0	275.2	1103.8	—	—	—	—	135.0	376.1	866.8	1.1	—	—	47.5	1214.3	117.2	—
2009	1379.0	275.2	1103.8	—	—	—	—	135.0	379.5	863.4	1.1	—	—	47.5	1214.3	117.2	—
2010	1379.0	275.2	1103.8	—	—	—	—	135.0	393.7	849.2	1.1	—	—	46.6	1238.8	93.6	—
2011	1391.9	275.3	1116.6	—	—	—	—	135.0	460.2	795.6	1.1	—	—	45.1	1279.6	67.2	—
2012	1438.0	275.3	1162.7	—	—	—	—	181.1	460.2	795.6	1.1	—	—	42.7	1328.1	67.2	—
2013	1436.5	275.3	1161.2	—	—	—	—	181.1	492	762.3	1.1	—	—	25.9	1410.6	—	—
2014	1436.5	275.3	1161.2	—	—	—	—	181.1	492	762.3	1.1	—	—	25.9	1410.6	—	—
2015	1540.8	344.3	1196.5	—	—	—	—	241.8	537.5	760.4	1.1	—	—	25.9	1514.9	—	—

三、公路桥梁涵洞

公路桥梁　1997 年，全区公路桥梁 289 座，总长度 1.36 万米。1998—2001 年，全市新改建公路大桥、特大桥 19 座、3557 米；中小桥梁 211 座、2910 米。2002—2003 年，新建、改造大中小桥 67 座（其中大桥 7 座、中小桥 60 座）、3900 米，新建公铁立交桥 3 座。2005 年，建设分离式立交桥 8 座、互通式立交桥 4 座。2010 年，全市公路桥梁 529 座，总长度 2.47 万米。2015 年，全市公路桥梁共计 758 座，总长 4.15 万米，分别比 1997 年增长 162%、204%。

2001—2015 年的十五年间，全市共改造危桥 72 项，总计投资 3.33 亿元。

至 2015 年年底，全市有国、省道干线公路长度 100 米以上桥梁 63 座，其中特大桥 2 座、互通式立交桥 19 座、分离式立交桥 37 座、非立交百米以上大桥 46 座。两座特大桥主要是临清高架桥、卫运河特大桥。其中：临清高架桥位于高邢高速公路 K43+576.6 处，跨京九铁路，设计荷载为公路 -I 级，全长 2201 米，桥面宽 23 米，高 15.2 米，最大跨度 45 米，高 6 米，双向 4 车道。连续箱梁，预应力钢筋混凝土结构，最大载重量 120 吨，为特大型公路桥。该桥 2009 年开始建设，2012 年建成通车。卫运河特大桥位于高邢高速公路 K45+922 处，下穿卫运河。设计荷载为公路 -I 级，全长 1052 米，桥面宽 22.5 米，最大跨度40米，高度5米，双向4车道；结构为连续钢构，预应力钢筋混凝土，最大载重量120吨；2009年开始建设，2012年建成通车。

2015年聊城市国、省干线公路长度100米以上桥梁情况表

表6-5　　单位：米

桥梁名称	所属路线	长	宽	桥梁分类	桥梁类别
北田大桥	105国道	251.00	13.60	大桥	非立交
平阴黄河公路大桥	105国道	968.59	15.20	大桥	非立交
七一大桥	106国道	975.08	16.00	大桥	非立交
K406+896高唐东互通立交1号桥	青银高速	100.06	34.40	中桥	互通式立交
K419+851高唐互通立交1号桥	青银高速	116.06	32.30	大桥	互通式立交
徒骇河大桥（旧）	308国道	224.60	10.50	大桥	非立交
徒骇河大桥（新）	308国道	224.60	7.80	大桥	非立交
马桥（旧）	308国道	204.80	10.50	大桥	非立交
马桥（新）	308国道	204.80	7.80	大桥	非立交
徒骇河桥	309国道	268.00	31.20	大桥	非立交
徒骇河桥	309国道	296.40	27.00	大桥	非立交
京杭运河大桥	309国道	104.80	13.00	大桥	非立交
任家洼桥	309国道	546.55	16.00	大桥	非立交
K112+347.8省道S316分离立交桥	德上高速	108.40	28.00	大桥	分离式立交
K115+463李田路分离立交桥	德上高速	102.04	27.50	中桥	分离式立交
K117+585.5位山三干渠大桥	德上高速	882.04	27.50	大桥	非立交
K124+145扈庄分干渠大桥	德上高速	126.04	27.50	大桥	非立交
K129+496组店渠大桥	德上高速	106.04	27.50	大桥	非立交
K131+422.942徒骇河大桥	德上高速	472.04	27.50	大桥	非立交
K134+657新金线河大桥	德上高速	217.04	28.00	大桥	非立交
K140+157.5S333省道分离立交桥	德上高速	187.00	28.00	大桥	分离式立交
Ak0+713.210莘县互通A匝道桥	德上高速	172.00	17.50	大桥	互通式立交
K153+659.875莘县南互通立交桥	德上高速	132.00	28.00	大桥	互通式立交
K154+347省道324分离立交桥	德上高速	157.04	26.50	大桥	分离式立交
AK0+560.8主线分离桥	德上高速	127.04	15.50	大桥	互通式立交
K172+115.347北金堤大桥	德上高速	483.02	26.50	大桥	非立交
K172+731.5金堤河大桥	德上高速	547.04	26.50	大桥	非立交
赵牛新河桥	105省道	126.12	33.50	大桥	非立交
四新河桥	105省道	126.12	33.50	大桥	非立交
徒骇河大桥	济聊高速	325.64	24.50	大桥	非立交
京九公铁立交桥	济聊高速	783.00	24.50	大桥	分离式立交
西外环跨线桥	济聊高速	451.82	24.50	大桥	分离式立交
京杭运河大桥	济聊高速	105.90	24.50	大桥	非立交

续表 6-5

桥梁名称	所属路线	长	宽	桥梁分类	桥梁类别
马颊河特大桥	济聊高速	627.02	24.50	大桥	非立交
漳卫河大桥	济聊高速	923.86	24.50	大桥	非立交
马颊河大桥	高邢高速	548.20	25.80	大桥	非立交
临清互通主线桥	高邢高速	428.20	25.80	大桥	互通式立交
南水北调大桥	高邢高速	132.40	29.80	大桥	非立交
临清高架桥	高邢高速	2201.20	25.80	特大桥	分离式立交
卫运河特大桥	高邢高速	1052.00	25.00	特大桥	非立交
马颊河大桥	254 省道	269.00	13.20	大桥	非立交
柳园立交桥	254 省道	387.00	16.00	大桥	分离式立交
王光宇大桥	254 省道	199.50	25.30	大桥	非立交
先锋桥	257 省道	581.00	9.00	大桥	非立交
吕桥	257 省道	324.50	15.00	大桥	非立交
马颊河大桥	258 省道	522.20	24.00	大桥	非立交
前罗庄桥	258 省道	224.40	25.60	大桥	非立交
位山闸桥	258 省道	153.00	11.90	大桥	非立交
任莱庄桥（马颊河桥）	259 省道	107.14	16.00	大桥	非立交
徒骇河大桥	259 省道	172.64	23.00	大桥	非立交
马村桥	260 省道	225.86	13.00	大桥	非立交
毕屯桥	260 省道	125.60	13.00	大桥	非立交
S315 跨线桥	315 省道	123.50	13.00	大桥	非立交
S316 跨线桥	316 省道	132.24	24.00	大桥	分离式立交
蔡庄大桥	316 省道	155.60	24.50	大桥	非立交
马颊河桥	322 省道	340.60	13.00	大桥	非立交
临清卫运河桥	322 省道	622.74	18.50	大桥	非立交
赵牛新河大桥	324 省道	104.88	24.50	大桥	非立交
徒骇河大桥	333 省道	185.30	23.40	大桥	非立交
孙庄大桥	333 省道	104.44	19.00	大桥	非立交
徒骇河大桥	706 省道	205.80	25.60	大桥	非立交
安柳互通立交桥	706 省道	210.20	18.00	大桥	互通式立交
徒骇河大桥	706 省道	225.80	27.50	大桥	非立交

2015 年聊城市互通式立交桥一览表

表 6-6　　单位：米

桥梁名称	路线名称	中心桩号	桥梁长度	桥梁宽度	建造年月
K406+896 高唐东互通立交 1 号桥	青银高速	406k+896	100.06	34.40	2005 年 12 月
K407+284 高唐东互通立交 2 号桥	青银高速	407k+284	60.06	32.30	2005 年 12 月

续表 6-6

桥梁名称	路线名称	中心桩号	桥梁长度	桥梁宽度	建造年月
K419+851 高唐互通立交 1 号桥	青银高速	419k+851	116.06	32.30	2005 年 12 月
K420+173 高唐互通立交 2 号桥	青银高速	420k+173	60.06	35.90	2005 年 12 月
道口铺立交桥	德上高速	144k+107	86.04	29.50	1999 年 10 月
K112+687.614 匝道桥	德上高速	151k+276	96.04	28.00	2015 年 11 月
AK0+816.389A 匝道桥	德上高速	169k+230	96.00	20.50	2015 年 11 月
Ak0+713.210 莘县互通 A 匝道桥	德上高速	179k+391	172.00	17.50	2015 年 11 月
K153+659.875 莘县南互通立交桥	德上高速	192k+281	132.00	28.00	2015 年 11 月
AK0+560.8 主线分离桥	德上高速	210k+073	127.04	15.50	2015 年 11 月
105 互通立交桥	济聊高速	55k+528	52.64	29.50	1996 年 10 月建，2006 年 10 月大修
翁庄立交桥	济聊高速	77k+870	60.54	24.50	1996 年 10 月建，2006 年 10 月大修
七里铺立交桥	济聊高速	84k+605	60.62	32.00	1996 年 10 月建，2006 年 10 月大修
定远寨跨线桥	济聊高速	111k+599	58.40	28.50	2000 年 12 月
冠县互通立交桥	济聊高速	128k+703	78.04	24.50	2000 年 12 月
臧家互通主线桥	高邢高速	5k+540	98.20	25.80	2012 年 6 月
金郝庄互通主线桥	高邢高速	20k+762	98.22	25.80	2012 年 6 月
临清互通主线桥	高邢高速	39k+894	428.20	25.80	2012 年 6 月
安柳互通立交桥	706 省道	30k+426	210.20	18.00	2003 年 10 月

2015 年聊城市分离式立交桥一览表

表 6-7　　单位：米

桥梁名称	路线名称	中心桩号	桥梁长度	桥梁宽度	建造年月
K404+221 分离立交桥	青银高速	404k+221	66.04	28.00	2005 年 12 月
K405+010 分离立交桥	青银高速	405k+010	44.44	28.00	2005 年 12 月
K409+924 分离立交桥	青银高速	409k+924	53.44	28.00	2005 年 12 月
K411+161 分离立交桥	青银高速	411k+161	66.04	28.00	2005 年 12 月
K413+772 分离立交桥	青银高速	413k+772	53.44	28.00	2005 年 12 月
K415+693 分离立交桥	青银高速	415k+693	44.44	28.00	2005 年 12 月
K417+198 分离立交桥	青银高速	417k+198	44.44	28.00	2005 年 12 月
K421+866 分离立交桥	青银高速	421k+866	53.44	28.00	2005 年 12 月
道口铺跨线桥	309 国道	682k+354	79.00	23.20	2000 年 10 月
聊郑路立交桥	德上高速	147k+936	57.04	24.50	2000 年 10 月
K112+347.8 省道 S316 分离立交桥	德上高速	150k+950	108.40	28.00	2015 年 11 月
K115+463 李田路分离立交桥	德上高速	154k+069	102.04	27.50	2015 年 11 月
K121+076 于沙路分离式立交桥	德上高速	159k+693	54.04	27.50	2015 年 11 月

续表 6-7

桥梁名称	路线名称	中心桩号	桥梁长度	桥梁宽度	建造年月
K136+290.781 莘赵路分离立交桥	德上高速	174k+898	45.00	28.00	2015 年 11 月
K140+157.5S333 省道分离立交桥	德上高速	178k+777	187.00	28.00	2015 年 11 月
K144+434.273 宁沙路分离立交桥	德上高速	183k+061	45.00	28.00	2015 年 11 月
K154+347 省道 324 分离立交桥	德上高速	192k+725	157.04	26.50	2015 年 11 月
K157+672.5 王古路分离立交桥	德上高速	196k+267	86.04	27.30	2015 年 11 月
K161+516.75 郝马路分离立交桥	德上高速	200k+151	54.04	26.50	2015 年 11 月
K166+265.7 舍王路分离立交桥	德上高速	204k+892	66.04	26.50	2015 年 11 月
K169+877.3 岔古路分离立交桥	德上高速	208k+507	45.00	13.25	2015 年 11 月
K171+845.347 古将路分离立交桥	德上高速	210k+483	63.02	26.50	2015 年 11 月
S804 线跨线桥	济聊高速	43k+864	46.54	24.50	1996 年 10 月建，2006 年 10 月大修
花园路跨线桥	济聊高速	80k+552	14.14	24.50	1996 年 10 月建，2006 年 10 月大修
柳园路桥	济聊高速	81k+466	27.00	24.50	1996 年 10 月建，2006 年 10 月大修
卫育路跨线桥	济聊高速	82k+334	30.94	24.50	1996 年 10 月建，2006 年 10 月大修
京九公铁立交桥	济聊高速	85k+746	783.00	24.50	1996 年 12 月建，2008 年 9 月大修
西外环跨线桥	济聊高速	87k+800	451.82	24.50	2000 年 10 月
侯庄南桥	济聊高速	88k+702	21.01	24.50	2000 年 10 月
临莘路立交桥	济聊高速	111k+294	48.04	28.50	2000 年 10 月
贾桑路跨线桥	济聊高速	116k+139	20.76	24.50	2000 年 10 月
分离式立交桥	济聊高速	119k+479	65.16	24.50	2000 年 10 月
松金路分离立交桥	高邢高速	25k+094	64.52	25.80	2012 年 6 月
松斗路分离立交桥	高邢高速	31k+794	68.02	25.80	2012 年 6 月
临清高架桥	高邢高速	43k+577	2201.20	25.80	2012 年 6 月
柳园立交桥	254 省道	124k+827	387.00	16.00	2001 年 11 月
S316 跨线桥	316 省道	349k+735	132.24	24.00	2000 年 10 月建，2011 年 11 月改建

2015 年聊城市非立交百米以上大桥一览表

表 6-8　　单位：米

桥梁名称	路线名称	中心桩号	桥梁长度	桥梁宽度	建造年月
北田大桥	105 国道	431k+329	251.00	13.60	1996 年 1 月建，2015 年 8 月大修
平阴黄河公路大桥	105 国道	487k+139	968.59	15.20	1970 年 12 月建，2014 年 6 月大修
七一大桥	106 国道	433k+851	975.08	16.00	2012 年 12 月

续表 6-8

桥梁名称	路线名称	中心桩号	桥梁长度	桥梁宽度	建造年月
徒骇河大桥（旧）	308 国道	414k+715	224.60	10.50	1989 年 10 月建，2014 年 7 月大修
徒骇河大桥（新）	308 国道	414k+715	224.60	7.80	2002 年 9 月建，2014 年 7 月大修
马桥（旧）	308 国道	440k+243	204.80	10.50	1992 年 10 月
马桥（新）	308 国道	440k+243	204.80	7.80	2002 年 10 月
徒骇河桥	309 国道	646k+432	268.00	31.20	2006 年 11 月
徒骇河桥	309 国道	662k+263	296.40	27.00	1996 年 10 月建，2013 年 7 月大修
京杭运河大桥	309 国道	691k+350	104.80	13.00	2001 年 10 月
任家洼桥	309 国道	698k+484	546.55	16.00	1990 年 10 月建，2007 年 10 月重建
K117+585.5 位山三干渠大桥	德上高速	156k+117	882.04	27.50	2015 年 11 月
K124+145 扈庄分干渠大桥	德上高速	162k+737	126.04	27.50	2015 年 11 月
K129+496 俎店渠大桥	德上高速	168k+105	106.04	27.50	2015 年 11 月
K131+422.942 徒骇河大桥	德上高速	170k+023	472.04	27.50	2015 年 11 月
K134+657 新金线河大桥	德上高速	173k+277	217.04	28.00	2015 年 11 月
K172+115.347 北金堤大桥	德上高速	210k+756	483.02	26.50	2015 年 11 月
K172+731.5 金堤河大桥	德上高速	211k+370	547.04	26.50	2015 年 11 月
赵牛新河桥	105 省道	51k+486	126.12	33.50	2015 年 4 月
四新河桥	105 省道	70k+730	126.12	33.50	2015 年 4 月
徒骇河大桥	济聊高速	74k+971	325.64	24.50	1996 年 10 月建，2006 年 10 月大修
京杭运河大桥	济聊高速	99k+549	105.90	24.50	2000 年 10 月
马颊河特大桥	济聊高速	106k+618	627.02	24.50	2000 年 10 月
漳卫河大桥	济聊高速	143k+069	923.86	24.50	2000 年 10 月建，2010 年 10 月中修
马颊河大桥	高邢高速	11k+047	548.20	25.80	2012 年 6 月
南水北调大桥	高邢高速	41k+919	132.40	29.80	2012 年 6 月
马颊河大桥	254 省道	97k+877	269.00	13.20	2001 年 10 月
王光宇大桥	254 省道	138k+501	199.50	25.30	2003 年 9 月
先锋桥	257 省道	0k+473	581.00	9.00	1958 年 9 月建，2005 年 9 月中修
吕桥	257 省道	37k+235	324.50	15.00	2003 年 10 月
马颊河大桥	258 省道	36k+308	522.20	24.00	2008 年 10 月
前罗庄桥	258 省道	63k+598	224.40	25.60	2001 年 10 月
位山闸桥	258 省道	98k+296	153.00	11.90	1958 年 10 月建，1982 年 6 月大修
任菜庄桥（马颊河桥）	259 省道	47k+478	107.14	16.00	1993 年 9 月建，2007 年 9 月重建
徒骇河大桥	259 省道	72k+663	172.64	23.00	2013 年 10 月
马村桥	260 省道	67k+867	225.86	13.00	2002 年 10 月

续表 6-8

桥梁名称	路线名称	中心桩号	桥梁长度	桥梁宽度	建造年月
毕屯桥	260 省道	81k+961	125.60	13.00	2002 年 10 月
S315 跨线桥	315 省道	387k+809	123.50	13.00	2000 年 9 月
蔡庄大桥	316 省道	384k+706	155.60	24.50	1994 年 10 月建，2011 年 11 月改建
马颊河桥	322 省道	28k+388	340.60	13.00	2000 年 10 月
临清卫运河桥	322 省道	63k+509	622.74	18.50	1991 年 10 月建，2013 年 7 月重建
赵牛新河大桥	324 省道	82k+923	104.88	24.50	2011 年 12 月
徒骇河大桥	333 省道	271k+138	185.30	23.40	2005 年 10 月
孙庄大桥	333 省道	288k+244	104.44	19.00	1996 年 10 月建，2004 年 10 月改建
徒骇河大桥	706 省道	28k+989	205.80	25.60	2003 年 9 月建，2004 年 10 月改建
徒骇河大桥	706 省道	51k+269	225.80	27.50	2002 年 10 月

公路涵洞　1997 年，全区公路涵洞有 1393 道。2000 年全市公路涵洞增为 1804 道，2005 年增至 2228 道，2010 年减至 2038 道。2015 年年底，全市公路涵洞 2192 道，比 1997 年增加 799 道。

1997—2015 年聊城市公路涵洞情况表

表 6-9　　单位：道

年份	涵洞	年份	涵洞	年份	涵洞	年份	涵洞
1997	1393	2002	1951	2007	2229	2012	1916
1998	1573	2003	2191	2008	2228	2013	1947
1999	1591	2004	2160	2009	2207	2014	1947
2000	1804	2005	2228	2010	2038	2015	2192
2001	1866	2006	2256	2011	1960		

附：国省道大桥和中小桥选介

一、国省道大桥选介

七一大桥　该桥为 1971 年始建而得名。位于国道 106（京广）线 K433+851 处，距冠县东古城镇政府 1.3 千米，跨漳卫运河。设计荷载为公路-I 级，桥下不通航，桥梁全长 975.08 米，桥面全宽 16 米，净宽 15 米。该桥为 38×20+1×35+1×60+1×35+4×20 米预应力钢筋混凝土连续梁桥，双柱式桥墩，埋置式桥台，桩基为钻孔灌注桩，桥面为双向二车道。该桥 2011 年始建，2012 年通车。

七一大桥 （2001 年摄，李征）

临清卫运河桥　该桥位于临清与河北清河

交界处，跨漳卫运河，全长622米，桥面宽18米，中间行车道17米，最大跨度主桥3孔，箱梁结构，跨径33米+55米+33米。引桥结构为空心板，1991年大桥建成通车。

马颊河桥　该桥位于高唐县境内S322线28K+388处，为大型公路桥，所跨河流为马颊河。设计荷载为汽车-20、挂-100，桥下净高6.8米。桥梁全长340.6米，桥面全宽13.0米，净宽12.0米，中间行车道宽度为7.5米，两侧人行道各2.25米，双向二车道。最大跨度主桥17孔，孔径为20米。该桥为新桥17×20米钢筋混凝土空心板梁，多柱框架桩（柱）式桥台，基础为钻孔灌注桩。该桥2003年始建，是年10月通车。

徒骇河大桥　该桥位于高唐县境内G308线414K+715处，为大型公路桥，所跨河流为徒骇河。2002年进行加宽，2014年4月，实施危桥改造。其设计荷载为汽车-20，挂-100，桥下净高10.28米。桥梁长度为新桥224.6米、旧桥224.6米，桥面总宽度为新桥7.8米、旧桥10.5米，净宽为新桥7.3米、旧桥10米，中间行车道宽度为7.5米，两侧人行道各3.75米，双向二车道，最大跨度为新旧桥各14孔，孔径各16米。该桥为新桥14×16米、旧桥14×16米钢筋混凝土空心板梁，多框架桩（柱）式桥台，基础为钻孔灌注桩。

北田大桥　该桥位于茌平县胡屯镇政府驻地北，因在茌平县胡屯镇北田村东北方向而得名，为国道105线跨徒骇河桥梁。桥梁桩号431K+329，是大型公路桥梁，结构为简支空心板桥，设计荷载汽-20、挂-100，桥长251米。桥面宽度13.5米，为双向二车道，桥梁最大跨度13米，桥下净高8.8米。1995年3月始建，1996年1月通车。

柳园立交桥　该桥位于省道254（德商）线德州—商丘公路与市区柳园路重合段上，柳园路北首、聊城市委党校北800米处，里程桩号为K124+827。该桥为大型公路桥梁，所跨道路为济馆高速公路。设计荷载为汽-20、挂-100，桥下净高为5.5米，桥梁全长387.00米，桥面全宽16米，净宽15米，中间行车道宽度为12米，两侧人行道各1.5米，双向二车道。该桥主桥为3×28米现浇预应力连续箱梁，引桥为20米预应力空心板梁，双柱式轻型桥台，桩基为钻孔灌注桩。该桥2000年始建，2001年通车。

王光宇大桥　该桥位于省道254（德商）线聊城至阳谷公路上，光岳楼正南3.6公里处，里程桩号为K138+501。该桥为大型公路桥梁，所跨越河流为徒骇河。设计荷载为汽超-20、挂-120，桥下暂时不通航，桥梁全长199.50米，桥面全宽25.3米，净宽22米，双向四车道，中间行车道宽度为22米。该桥为15×13米钢筋混凝土预应力空心板桥，双柱式轻型桥台，桩基为钻孔灌注桩。该桥2002年始建，2003年通车。

京九公铁立交桥　该桥跨越京九铁路而建设，同时跨越邯济铁路、南水北调工程、地方运煤专线3条地方道路，因公路与京九铁路相跨越，故命名为京九公铁立交桥。该桥桩号为K85+746。设计荷载为汽超-20、挂-120，桥下净高7.2米，全长783米，桥梁全宽25米，桥面宽21米，双向四车道，空心板、混凝土结构。该桥1994年5月始建，1996年12月通车。

漳卫运河大桥　该桥是济聊高速公路聊城段跨越山东、河北界河流漳卫运河而建设，桩号为K143+069，类型为大桥。设计荷载为汽超-20，挂-120，跨越漳卫运河，桥下通行净高5.7米。全长923.86米，桥梁全宽24.5米，桥面宽21米，为双向4车道。上部结构为3×25+10×30+1×35+1×52+1×35+14×30米箱型连续梁，下部结构为薄壁墩台。该桥于1998年5月始建，2000年9月通车。

安柳互通立交桥　该桥位于省道706线聊城外环路上，S706聊城外环路与济馆高速公路的立体交叉点处，里程桩号为K30+426。该桥为大型公路桥梁，所跨越道路为济馆高速公路。设计荷载为汽-20、挂-100，桥梁全长210.20米，桥面全宽58米，净宽57米，中间行车道宽度1米，两侧人行道各2.5米，双向6车道。该桥主跨为25+35+25预应力连续箱梁，边跨分别为3×20米预应力空心板，双柱式轻型桥台，桩基为钻孔灌注桩。该桥于2002年始建，2003年通车，后在2014年聊城“新五环工程”中进行部分拓宽，并于是年年底完工。

南水北调大桥　该桥位于高邢高速公路K41+919处，下穿南水北调河道，设计荷载为公路-I级，全长132.4米，桥面宽22.5米，最大跨度25米，高度6米，为双向四车道，最大载重量120吨，结构为连续箱梁，预应力钢筋混凝土。该桥于2009年始建，2012年通车。

二、中小桥选介

七里河桥　该桥位于高唐县境内G105线426K+652处，1976年始建，1977年9月通车，1995年西侧加宽3米，2004年拆除，1995年加宽部分重新修建，2011年7月拆除左幅改建。设计荷载为汽车-20、挂-100，桥下净高5.6米，桥长72.4米，新桥宽7.5米，旧桥宽9.5米，新桥净宽7米，旧桥净宽9米，中间行车道宽度7.5米，两侧人行道各3.75米。最大跨度为新桥四孔孔径为16米、20米，旧桥9孔孔径为8米。该桥为新桥1×20+2×16+1×20米、旧桥9×8米钢筋混凝土空心板梁，“八字”形重力式桥台，桥面为双向2车道，中型公路桥。

二支渠桥　该桥位于茌平县乐平铺镇政府驻地南、大尉村东南，为国道105线跨乐平铺二支渠桥梁，桥梁桩号469K+091，结构为简支空心板桥。设计荷载为汽-20、挂-100，桥长10米，桥面宽度17米，双向二车道，最大跨度8米，桥下净高3米，为小型桥梁。该桥于2004年3月始建，2004年12月建成。

班庄桥　该桥位于国道106（京广）线K447+181处，距莘县斜店乡政府3.2千米。该桥为中型公路桥梁，所跨河流为一干渠。1970年始建，1971年通车，2008年改建。设计荷载为汽车-20级，桥下不通航，桥梁全长70.3米，桥面全宽13米，净宽12米。该桥为5×13米钢筋混凝土空心板桥，多柱墩轻型桥台，桩基为钻孔灌注桩，桥面为双向二车道。

官道沟桥　该桥位于高唐县境内G308线429K+644处，设计荷载为汽车-20、挂-100，桥下净高5.3米。桥梁全长24.6米，桥面全宽18.2米，净宽17.2米，中间行车道宽度为7.5米，两侧人行道各3.75米。主桥3孔，孔径各8米。该桥为3×8米钢筋混凝土空心板梁，多柱框架式桥台，桩基为钻孔灌注桩，双向二车道，为小型公路桥。该桥于1999年始建，1999年10月建成。

沙河沟桥　该桥位于高唐县境内G308线436K+025处，1979年始建，1979年10月建成，1993年右侧加宽7米，2004年喷射混凝土加固，2009年9月对左侧原有旧桥改建，2010年4月竣工。设计荷载为汽车-20、挂-100，桥下净高2.9米。桥梁全长新桥37.5米、旧桥38.4米，新桥桥面全宽8.2米、旧桥宽7.5米，新桥净宽7.7米、旧桥为7米，中间行车道宽度7.5米，两侧人行道各3.75米。新桥跨径为2孔，孔径为18.75米、18.65米，旧桥3孔，孔径分别为13米、13.05米、11.45米。该桥为新桥1×18.75+1×18.65米，旧桥1×13+1×13.05+1×11.45米钢筋混凝土空心板梁，埋置桩（柱）式桥台。桥面为双向二车道，该桥为中型公路桥。

烟庄桥　该桥位于国道309（荣兰）线K716+605处，设计荷载为汽车-20级，桥下不通航，桥梁全长81.2米，桥面全宽18米，净宽17米。该桥为6×13米钢筋混凝土空心板桥，多柱式轻型桥台，桩基为钻孔灌注桩，桥面为双向四车道，为中型公路桥。该桥2000年始建，2001年通车。

茌新河桥　该桥位于省道105线济聊一级路上，聊城高新产业技术开发区韩集乡政府北偏东3.1公里处，里程桩号为K59+500，设计荷载为公路-I级，桥下不通航。桥梁全长45米，桥面全宽33.5米，桥面净宽32.5米，中央分隔带宽1米。该桥为3×13米预应钢筋混凝土空心板桥，多柱式轻型桥台，桩基为钻孔灌注桩，桥面为双向六车道，为中型公路桥梁。2014年始建，是年通车。

周公河桥　该桥位于省道254（德商）线聊城—夏津公路南首、聊城市市区柳园路北首、聊城市委党校北1.7千米处，里程桩号为K123+894，设计荷载为汽-20、挂-100，桥下不通航。桥梁全长55.70米，桥面全宽49.5米，净宽46.5米，中间行车道宽度为22米，两侧人行道各4.25米。该桥为4×13米钢筋混凝土空心板桥，双柱式轻型桥台，桩基为钻孔灌注桩，桥面双向四车道，为中型公路桥梁。该桥于2003年始建，2004年通车。

肖庄桥　该桥位于茌平县肖庄镇政府驻地西，为省道257线跨七里河桥梁，桥梁桩号44K+830，结构为简支空心板桥，设计荷载为汽-20、挂-100。桥长43米，桥面宽18米，双向二车道，最大跨度13米，桥下净高3.5米，为中型公路桥。该桥于1992年2月始建，1992年9月通车。

西新河桥　该桥位于省道258（临邹）线聊城至临清公路上，东昌府区嘉明街道邓王行政村北，东侧毗邻聊城公墓万寿陵园，里程桩号为K46+265。设计荷载为公路-I级，桥下不通航，桥梁全长62米，桥面全宽24米，净宽23米，中间行车道宽为22米，中央分隔带宽1米。该桥为3×20米钢筋混凝土预应力空心板桥，多柱式轻型桥台，基础为钻孔灌注桩，桥面为双向四车道，为中型公路桥梁。2007年始建，2008年建成通车。

邹六庄桥　该桥位于省道260（临观）线K50+202处，距冠县县政府13.2千米。设计荷载为汽车-20级，桥下不通航，桥梁全长19.6米，桥面全宽16.5米，净宽15.5米。该桥为2×8米钢筋混凝土空心板桥，双柱式轻型桥台，桩基为钻孔灌注桩。桥面为双向二车道，为小型公路桥梁。该桥于1995年始建，1996年通车，2004年改建。

三十里铺桥　该桥位于S322线26K+099处，所在河流为王浩沟。设计荷载为汽车-20、挂-100，桥下净高3.0米。桥梁全长13.75米，桥面全宽17.0米，净宽16.0米，中间行车道宽7.5米，两侧人行道各宽3.75米。最大跨度主桥1孔，孔径为13米。新桥为1×13米钢筋混凝土空心板梁，八字形重力式桥台，桥面为双向二车道，为小型公路桥。该桥于2003年始建，2003年10月通车。

四新河桥　该桥位于省道329（薛馆）线聊城—滑县公路上，东昌府区许营镇政府北偏东430米处，里程桩号为K436+898。该桥为中型公路桥梁，2004年年初始建，2004年年底通车，后在2013年聊滑路拓宽工程中进行了部分增建，并于是年年底完工。设计荷载为汽-20、挂-100，桥下不通航，全长56.80米，桥面全宽31米，净宽30米，中央分隔带宽1米，为4×13米空心板桥，多柱式轻型桥台，桩基为钻孔灌注桩，桥面为双向六车道。

金线河桥　该桥位于莘州街道东南5.2千米、蒙馆路与金线河交叉处。设计荷载为公路-II级，全长68.55米，桥面宽19米，中间行车道宽18米，桥高4.6米，主桥孔数为5孔，最大跨度13米，为水泥混凝土空心板桥，中型公路桥。该桥于2005年5月始建，是年9月建成。

东边沟小桥　该桥位于省道706线聊城外环路上、东昌府区柳园街道姜堤乐园南偏东50° 2.4千米、凤凰街道代庄村正北、S258与S706交叉口东170米处，里程桩号为K46+768。设计荷载为汽-20、挂-100，桥下不通航。桥梁全长27.90米，桥面全宽55米，净宽52.5米，中间行车道宽2.5米，两侧人行道各宽3.0米。该桥为3×8米钢筋混凝土空心板桥，多柱式轻型桥台，桩基为钻孔灌注桩，桥面为双向八车道，为小型公路桥梁。2003年始建，2003年通车，后在2014年聊城“新五环工程”中进行部分拓宽，并于是年年底完工。

许营桥　该桥位于省道710线聊东连接线上、许营镇东侯营村村北70米处，里程桩号为K28+966。设计荷载为汽-15、拖-80，桥下不通航，桥梁全长41.60米，桥面全宽13米，净宽12米。该桥为5×8米钢筋混凝土空心板桥，多柱式轻型桥台，桩基为钻孔灌注桩，桥面为双向二车道，为中型公路桥梁。该桥于1988年始建，1988年通车。

第三节　公路养护

一、养护体制

养护分工　1997—2015年，聊城市内国道、省道干线公路养护由市公路局负责，具体由东昌府区、临清市、冠县、莘县、阳谷县、东阿县、茌平县、高唐县等8个县（市、区）公路局组织实施。高速公路由山东高速股份有限公司和齐鲁发展集团管养。2004年，探讨农村公路养护管理新办法；2007年，部分县（市、区）交通局及乡镇（街道）成立专门管护机构，组织开展群众性农村公路集中整治活动。

养护模式　1997—2000年，干线公路养护管理是计划模式，由市公路部门下达计划，县（市、区）公路管理局组织道班工人实施养护；实行公路分级养护制度，落实养护资金、配备养护工具、器材。2001年始，试行公路养护管理模式改革，日常养护由县（市、区）局组织对外承包，社会上其他企业或个人可参与承包；小修工程实行计量支付，对投资额30万元以上的大中修工程实行招标、投标管理，通过竞争，寻求质量与效益的最佳契合点。在此基础上，建立养护公司试点，探索集团化、机械化和专业化养护的新路子，促使全市公路养护水平稳步提高，保证公路平顺畅通。

养护站点及人员　1997年，全区建有公路站18个，道班103个，有公路养护职工437人，其中固定工281人、合同制156人。至2015年，随着时代的变迁和公路建设的快速发展，以及公路养护管理规范化、集约化、机械化程度的提高，小道班房式的公路养护逐渐失去原有职能，主要用于对外租赁。2015年年底，建有公路养护中心19个。

二、干线公路养护

公路日常养护　1997年，全区公路养护里程1060.3千米。其中，国道237.9千米、省道774.5千米、高速公路47.9千米。1998年起，全市干线公路养护坚持建养并重原则，至2001年共实施公路改造大修工程4.61万米，中修工程20.16万米，全市干线公路好路率81.3%。2002—2003年，两年间共完成中修罩面1.51万平方米，实施路宅分家8.2万延米。2004年，实施油路挖补更换基层2.34万平方米、面层9.21万平方米，灌缝27.26万延米，刷油3.6万平方米；中修罩面1.44万米，稀浆封层1.9万米；维修加固桥涵8座；高速公路中修1.1万米，桥涵（通道）维修24座。2005年，全年投资6000余万元，实施油路挖补更换基层1.1万平方米、面层5.7万平方米，灌缝60.16万延米；中修罩面7.8万米，稀浆封层1.68万米；维修加固桥涵8座，改造3座；投资3.2亿元，实施济聊馆高速路大修工程。2006年，进行路面挖补40.2万平方米，灌缝38.07万延米，刷油9.73万平方米；中修3.0万米，罩面封层2.71万米，大挖大补2.56万平方米；桥梁加固维修75座。2007年，日常养护突出小修工程标准科学化、管理系统化、施工过程的程序化和工程验收的规范化，全年养护投资6828万元，完成挖补3.2万平方米，热沥青刷油1.78万平方米，路面灌缝18.58万延米。组建桥梁养护专业队伍，划出专项资金，对全市桥梁进行断巡回式养护，改造危桥2座，加固桥梁2座，处理单板受力9座。实施安保工程投资694万元、水毁投资838万元，全年公路养护累计投资9271万元。全市干线公路好路率86.5%。2008年，全年干线公路养护投资8500万元。其中，投资3800万元，实干线公路大中修84千米，改造危桥2座；小修挖补基层7.88万平方米，挖补面层10.37万平方米，刷油35.56万平方米，处理路面裂缝50.5万延米。2009年，全市干线公路综合优良路率80.76%。2012年，开展公路管理养护年活动。突出日常养护、公路绿化、标

美化后的聊阳路　（2005年摄，李刚）

志标牌增设、路肩边坡整修、穿村镇路段等，以及高速公路出入口的绿化、美化、亮化工作等。2013年，实施通行能力、安全应急、规范管理、人本服务、创新引领、生态环保“六大提升工程”，突出路面保洁、公路绿化、公路防汛和安全设施等工作。全年完成路面保洁投入727万元，各类小修保养投入2700万元，危桥改造和桥梁维修投入3500万元。2014年，围绕提升公路综合服务水平，推进“畅安舒美山东路”创建活动，实施公路绿化美化、路肩边坡整修标准化、公路设施设置规范化、路面病害处治和保洁常态化、穿村镇路段整治彻底化、车辆超限超载治理社会化“六化提升工程”，全年挖补、刷油路面42万平方米，完成危桥改造4座，维修桥梁80座；投入保洁、扬尘治理资金1200余万元，清除非公路标志1670块；清理“五大堆”（柴草堆、垃圾堆、土堆、石堆和粪堆）900余处，全市国省道干线公路的通行能力和路域环境进一步改善。2015年，结合全市“城乡环卫一体化”创建，开展“畅安舒美山东路”创建活动，实施路面病害处治、路肩边坡整修、路面日常保洁、公路扬尘治理、公路设施设置、穿村镇路段整治、超限超载治理“七大提升工程”。全年挖补、刷油路面22万平方米，贴缝、灌缝13.2万延米，维修桥梁31座，公路保洁和扬尘治理投入1400余万元，清除非公路标志1474块，清理乱搭乱建和占路集市摊点2012处。全年完成工程投资10.9亿元，推进省道322、省道324、省道710等6项16.9万米大中修及2座危桥改造和2期安全生命防护工程完工，国道308、国道105、省道258部分路段等4项10.4万米改造维修工程。2015年年底，全市普通干线公路养护里程154.08万米，其中国道34.43万米、省道119.65万米；养护桥梁261座、1.59万米。

文明样板路建设　1997年后，全市（区）严格按照山东省干线公路文明样板路实施标准，加强文明样板路建设。养护标准主要包括路面、路基、桥涵、沿线设施、绿化等方面。要求：路面保持平整、整洁、完好；路基“三线”（路面标线、路缘石线、路肩外缘线）整齐划一。桥涵，桥面保持整洁，所有桥涵的帽石、栏杆、扶手保持完整无缺，涵洞纵坡平顺，水流畅通，无淤塞。沿线设施，公路沿线标志、标线、里程碑、百米桩、示警桩、轮廓标、界碑等，其设置一律要按《道路交通标志和标线》（GB5768—1999）要求设计。绿化，则因地制宜，因路制宜，宜乔则乔，宜灌则灌，宜花草则花草。根据以上标准，1999年，建设文明样板路9.26万米。2002—2003年，投入5550万元，实施济聊馆高速公路及其城区聊城东南连接线15.5万米的绿化工程和省道316线聊城至高唐、国道308线10万米高标准文明样板建设。2004年，投入专项资金1500余万元，重点实施济聊馆高速公路文明大通道绿化2万米，以及聊阳、临高、临博、聊城市东南环17.74万米的绿化工程。2007年，以努力构建“更畅通、更安全、更和谐、更高效”的公路通行环境为目标，建设绿色通道10.78万米，建设高标准文明样板路5.23万米；2008年，建设文明样板路6.1万米。2011—2015年，建设文明样板路65.76万米。至2015年年底，全市建设文明样板路共计

79.55万米。

三、农村公路养护

1997年，农村公路养护主要以县乡公路为主，养护工程按照计划管理模式，由县（市、区）交通部门组织实施，只有部分县级公路配备专职养护员。是年，全区县乡公路各项养护资金投入840万元。

2003年后，随着村级公路的大规模建设，农村公路通车里程成倍增加，建养管并重的指导思想逐步确立。2004年，根据《中华人民共和国公路法》和有关法律法规，按照分级管理原则，明确农村公路养管责任、义务，各县（市、区）初步建立起公路管养机构、队伍和资金筹集渠道等，结束了农村公路长期失管失养的局面。2006年，市、县（市、区）开始酝酿制定农村公路管理养护办法，茌平县、高唐县、东阿县、阳谷县等成立正科级或副科级管护机构。全年实施农村公路大中修工程92.04万米，县道达标路段建设21.72万米，县乡公路综合好路率76.37%。2007年，全市完成农村公路养护投资1.15亿元，累计实施县道达标路段建设21个、39.53万米。各县（市、区）乡镇（街道）专门管护机构建立健全，群众性农村公路集中整治活动实现经常化，中央电视台、《光明日报》及《大众日报》等媒体曾给予宣传报道。高唐县、茌平县两县获"全省农村公路养护管理群众满意县"称号。2008年，学习借鉴兄弟市先进经验，探索建立农村公路管理养护的长效机制。全年共筹措养护资金7065万元，实施农村公路大中修24.6万米，小修保养272.4万米。

2010年3月，市政府制定《聊城市农村公路管理养护暂行办法》，对县、乡、村三级养管责任、职责、养护资金筹作出明确规定。2011年，将农村公路管养列入市对县（市、区）的年度考核内容。2014年，市人大常委会第十九次会议专门听取市政府关于农村公路养护工作情况的汇报，形成《关于加强农村公路管养的审议意见》，建议将农村公路养护"两纳入一考核"，即将农村公路日常养护（包括罩面、封面、挖补、路基整修）养护员报酬、标线制作等资金纳入市、县财政年度预算，并根据财力增长情况，逐年提高养护经费；将农村公路大修以上工程配套资金纳入市、县年度重点项目投资计划；将农村公路养护工作列入市、县政府年度目标管理考核。是年11月，市政府落实市人大常委会审议意见，明确市、县两级财政分别按照上年度财政收入的2%、2.5%的比例，将农村公路养护资金纳入财政预算。2015年，第二批东阿县、冠县、临清市3个县（市）农村公路网化建设通过省级验收；省、市"第一书记"帮扶村道路改造工程深入推进，安全生命防护工程实现两年任务一年基本完成，对全市所有县乡公路进行全面安全隐患整治，并有步骤地加快农村公路危窄桥梁维修加固和改造升级。全市完成投资4.9亿元，实施路网改造提升50.79万米。至2015年年底，全市农村公路养护里程16.4万米，好路率98%以上。

四、公路绿化

绿化里程　1997年，全区干线公路绿化里程为97.99万米，绿化率93.7%；高速公路绿化里程4.79万米。2002—2003年，干线绿化公路31.54万米。2004年，投入专项资金1500余万元，重点实施济聊馆高速公路文明大通道绿化2万米。2005年，投入专项绿化资金812万元，重点实施国道105线，省道329线、333线、324线阳谷北环16.38万米的高标准绿化工程。2006年，公路绿化13万米。2007年，以创建"生态公路"为目标，建设绿色通道10.78万米，公路绿化率99.6%。2008年，全市干线公路新植、补植路旁树18万株。2009年，绿化路段5.1万米。2013年，全年公路绿化投入1600余万元。2014年，公路栽植绿化苗木10万余株。2015年干线公路绿化里程122.91万米，绿化率100%；高速公路绿化里程24.18万米，绿化率100%。

2003年前，农村公路绿化任务主要是县乡公路。2003年后，农村公路绿化特别是村级公路绿化任务逐年加重，且绿化苗木逐步由单一的用材树木转向乔木、灌木等，不少县乡公路两旁植栽有大量的花草。2015年，农村公路绿化里程16.4万米。

国省道“GBM工程” 该工程始于1993年。国省道“GBM工程”，即公路标准化美化。1998—2001年，实施GBM工程19.74万米；2002—2003年，结合路宅分家、排水设施修建，实施GBM工程47万米；2007年实施GBM工程7.17万米；2010年实施GBM工程21.16万米。2001—2015年，实施GBM工程87.7万米。至2015年年底，全市国省干线公路GBM工程路段共计121.61万米。

第四节　公路运输

一、运输管理

管理体制 20世纪90年代后期，聊城交通运输管理部门按照“人便于行，货畅其流”的要求，争取纳入国家公路枢纽规划，围绕全市人流、物流、信息流建设，有计划有重点地引导聊城地区汽车运输企业对县级客运站进行改扩建，着力建设一批县域货运市场。1998年，经市政府批准，聊城地区汽车运输公司改造成立聊城交通汽运集团有限公司，为国有独资公司。2000年，对子公司实行多元化产权改造，初步形成现代企业集团。2003年，经市政府批准，聊城交运集团改制为产权多元化的有限责任公司，依法组建“三会一层”（股东大会、董事会、监事会和高级管理层），形成各尽其责、有效制衡、协调运转的法人治理结构，解决企业的产权体制问题。2015年，集团公司业务分为客运、货运、汽车销售与维修、房地产开发、多种经营“五大业务板块”，下辖28个分公司，11个子公司，分别分布在聊城的8个县（市、区）。

客运机制 1999年，聊城交运集团参与山东省全直通高速客运股份有限公司筹建，首次投资105.16万元，占总股本的4.78%，同时投资413.6万元，控股88%，成立全省直通高速客运股份有限公司聊城分公司。是年，茌平县城乡客运分公司成立。2002年12月，聊城交运集团收购茌平城乡客运公司。2010年，交运集团在8个县（市、区）注册成立民生、民强等8个公交公司，在聊城至东阿、聊城至康庄及县乡线，推行公交化运营；成立集团旅游客运分公司，并开展通勤车业务。2011年，交运集团全面收购高唐城市、城乡公交，并重新规划运营；成立“千千佳”旅行社及各县（市）分社，合作成立中旅聊城分公司，具备国际旅游业务运作资格。2012年，成立并启动东阿阳光校车公司。

货运机制 1999年，聊城交运集团由管车辆为主开始转向管站场为主，成立山东省快速货运公司聊城营业处东阿客货运输管理中心，新配载站点8个，建成配载站24个及网络信息配载系统，并运作国际货代业务立项。2000年，发展信息配载，在青岛、上海、福建、广州、深圳、遵义等地建立街道配载站，跨区域发展货运。同时，成立快货分公司，并在各站设营业处，开展海运代理、航空代理、铁路代理、报关监管以及多种形式的联合运输。2004年，鼓励产运联合，发展包厂运输，专线配载、快货运输，货运开始向第三方物流转变。新开辟济钢、莱钢、新飞电器、鲁西化工集团等大型集团的包厂运输和包线运输业务。在德州新设立可口可乐配送库，并与内蒙古伊利集团建立友好合作关系。2006年，聊城至德州线路由5家公司合作成立德昌运业公司，扩大集约化货运规模。运输企业由经营车辆开始向经营货源转变。2012年，成立宏茂危险品贸易公司，走危险品运贸和集约车联合发展的路子。全市从体制建设、场站建设、车辆投入、项目推进及内部管理等方面推进甩挂运输试点工作。2015年6月底，甩挂运输信息化系统正式运营。

二、客运

线路客运 1997年，聊城地区汽车运输公司采取“区内加密，区外上档”的经营策略，开辟长途、超长途客运班线12条；在聊城至东阿、聊城至临清的线路上集中投入豪华中巴客车，在聊城至济南线路上投入依维柯及豪华大宇客车，推行节约化经营，告别聊城无高档高速客车的历史。全年完成客运量1088万人次，客运周转量

9.45亿人千米。1998年，新开和恢复线路26条，增加跨省班次13个，跨区线路34个，区内班次62个，完成客运量1274万人次。除聊城站外，其他车站均对外开放，共吸纳社会车辆1290部。1999年，新开和恢复线路22条，增加班次82个；聊城站实现对社会开放，并实现条码检票，全市汽车站开放率实现100%。茌平、博平两个汽车站有始发车辆25部，过境车辆230余部。2000年，全年完成客运量1586万人次，客运周转量11.59亿人千米。新增开线路17条，增加班次145个。在区内临清线路投放豪华客车8部，设立卫星站22个。2001年，新开辟线路16条，增加班次350个；新开辟跨省区线路26条，增加班次226个。在省内开辟聊城至济南、淄博、东营、青岛等4条高速客运线路；在市内实施集约化经营，相继开通聊城至各县的快客班车。率先在全省实行“一票直达”，年内，有2条客运线路被命名为“省级文明客运线路”。莘县新汽车站在香江光彩大市场设立发车区，社会车辆进站车次1239部。全年完成客运量1779万人次，客运周转量13.67亿人千米。2004年，全年完成客运量2284万人次，客运周转量17.12亿人千米。新开辟跨省、跨区线路3条，开通客运集约经营线路16条，并优化整合聊城—茌平、聊城—东阿线路。同时，调整客运运力结构，客车中的中高档客车占比59%，出租车“轿的”占到95.9%，城区中高档出租车占到24%。特别是在区内客运市场上创新经营推行的“聊运快客”“聊运快车”，提升了短途客运服务质量和竞争力，走在全省前列。2005年，对临清—济南、阳谷—济南线路实行集约化改造，全市开通集约客运线路17条，增发客运班次109次。聊城汽车总站正式启用远程节点售票系统，部分车站实现封闭或半封闭式发车。2006年，全市全年完成客运量2942万人次，客运周转量22.45亿人千米。先后对聊城至济宁、聊城至德州、聊城至泰安、临清至济南（二期）线路进行集约化改造。全市开通集约客运线路25条，集约化客车380辆，占跨县以上客车总量的30%，道路客运班车公司化经营率99.2%。全面推行客运远程节点售票系统，聊城站开通客服热线，在优质服务方面实现新突破。2008年，全市跨县以上班车1268部，发往外省市客运线路215条。2009年，市交运集团发往外省市客运线路计220条，全市跨县以上客运班车高、中、普比例为32∶52∶16。2010年，全市发往外省市客运线路共计241条，跨县以上集约客运线路40条，集约客车发展到407部。全年完成客运量8439万人次，客运周转量47.05亿人千米。聊城至济南长途汽车东站豪华班车开通。各汽车站联网远程售票11.2万张。交运集团“96596”客服热线在各县（市）汽车站全面开通。网上售票业务在聊城站开通。2011年，全市完成道路客运量8726万人次。发往外省市客运线路计248条，跨县以上客运班车高中普比64∶35∶1，集约化车辆占到51%，集约化线路60条。对聊城至东阿县、阳谷县、茌平县、临清市4条市到县（市）线路和25条城乡线路实行公交化改造。发展旅游客运和通勤客运，省市际包车及机动车发展到109部。新拓展网络售票、手机售票、集约化公交车无人售票、IC卡售票等服务方式，邮政代售票业务在全市推行，全市联网售票网点182个。2012年，全市有等级客运站121个，全市跨县以上客运班车1149辆，其中中高级客车占99%；集约化线路62条，集约化

聊城交运之聊城—济南客运线路　（2015年5月摄）

车辆占54.7%。2013年，全市发往外省市客运线路计249条。新开辟聊城至章丘、临清至莘县、朝城至阳谷、东阿至鱼山等11条班线。东阿校车业务新增校车8辆、线路4条，运送学生人数翻倍。2014年，全市发往外省市客运线路计252条。全年完成客运量2148万人次，客运周转量14.72亿人千米。全市新增一级客运站1个，二级以上汽车站全部开通网上售票业务；推进VIP会员制试点和“96596”客服热线升级工作。2015年，全市全年完成客运量2118万人次，客运周转量15.13亿人千米。全市跨县以上客运线路397条。市交运集团发往外省市客运线路共计206条，其中集约化线路64条，实行集约化经营的客车659部，占总数的60.9%。全面开通“96596”客服热线，有省际包车108部、通勤车49部，合作单位25家。

农村客运　2004年，全市实施村村通客车工程，全年开通农村客运线路83条，投放班车433辆；新建候车亭（棚）84个，安装客运站牌148个，90%的行政村通客车。2006年，完成投资1500万元，建设农村客运站25个、候车亭107个、站牌350个。2007年，开展农村客运“示范县”“示范站”“示范线路”“示范客车”等活动，农村客运网络化、规范化水平明显提高，全市行政村通客车率98.5%。2008年，建设农村“四位一体”客运站86个，全市农村客运站109个，基本实现每个乡镇建有一处客运站的目标。2010年，全市农村客运线路260余条，实现全市100%的行政村通油路、通客车。2011年，新启用临清站金郝庄、冠县站店子、莘县站观城、阳谷站阎楼、东阿站高集、茌平站郝集6个乡镇客运站。

客运站建设　20世纪90年代中后期，聊城地区汽车运输公司开始对聊城长途客运总站及县（市）汽车站计划或实施改扩建。其中，聊城长途客运总站、聊城客运西站（公铁联运站）按一级标准设计，县（市）按二级汽车客运站标准设计。1996年投资180万元，扩建茌平汽车站，建筑面积4408平方米。1996年投资850万元，开工建设临清汽车站新站。2002年，聊城交运集团投资1221万元，开工建设聊城市长途客运总站，建筑面积1.66万平方米，设计发送能力为2.2万人／日，年均旅客日发送量为1.8万人次，日发班次1200余班次。是年，投资910万元，实施莘县汽车站新站建设，建筑面积7289.67平方米。2003年投资800万元，新建冠县汽车站，建筑面积9000平方米。2006年始建东阿汽车站，投资2000万元，建筑面积1.67万平方米。2006年投资1500万元，建设高唐汽车站，建筑面积1万平方米。2009年投资2400万元，建成使用阳谷汽车站，建筑面积6784.71平方米。2011年投资2600万元，扩建聊城客运西站（公铁联运站），建筑面积1.7万平方米。至2015年，聊城交运集团拥有二级以上汽车客运站9个，其中一级汽车客运站2个、二级汽车客运站7个。

附：客运站简介

聊城长途客运总站　为一级汽车客运站，位于柳园路与建设路交叉口的西北侧，2002年3月始建，2003年1月中旬投入运营。总投资1221万元，规划占地面积8万平方米，建筑面积1.66万平方米，设计发送能力2.2万人／日，年均旅客日发送量1.8万人次，日发班次1200余班。按一级标准建设，主要功能是为聊城居民及来往旅客提供长途客运服务，同时兼顾短途公路出行服务。被交通部和省交通厅连续八年评为先进集体，实行微机售票，电视监控，服务功能齐全，被人们称为“旅客之家”，成为鲁西重要的人流物流中心。

聊城客运西站（公铁联运站）　为一级汽车客运站，位于站前街与聊堂路交叉口东北侧、火车站对面。规划面积5万平方米，按一级标准设计，设计发送能力1.4万人／日。该站主要功能是为公铁联运旅客提供便利的中转换乘服务。聊城客运西站始建于1996年，1997年7月投入使用，2011年扩建，2014年8月18日正式投入运营，投资2600万元。功能区有办公楼、售票厅、检票厅、临街楼。建筑面积1.7万平方米，设计旅客日进出量4万人次，实际进出1.5万人次，日发班次400班，售票窗口16个。

临清汽车站 为二级汽车客运站，位于临清市杨桥街745号，占地面积1.71万平方米。临清汽车站新站始建于1996年4月，1997年8月竣工投入运营。投资额850万元，设有车辆进站口、出站口、候车室、发车区、洗车台、出入库检测。旅客日进出量3300人次、售票口2个、发车门位19个、日发班次320班。

冠县汽车站 为二级汽车客运站，位于聊城市冠县北环路南侧，占地面积2.03万平方米，日发班次200班，日旅客发送量2000人次。冠县汽车站始建于2003年6月，2004年9月投入运营，投资800万元，建筑面积9000平方米，设有东、西候车室、办公楼（二、三层）及商业楼，售票口2个，发车门位28个。

莘县汽车站 为二级汽车客运站，位于聊城市莘县北环路东首路南，占地面积2.06万平方米，日发班次270班，日旅客发送量2000人次。莘县汽车站建于2002年11月30日，投资910万元，建筑面积7289.67平方米，站内东部是办公区域、中间部分为汽车销售展厅、西部是候车大厅。旅客日进出量3900人次，售票口2个，发车门位15个，日发班车次289班。

阳谷汽车站 为二级汽车客运站，位于聊城市阳谷县燕山北路，占地面积2.42万平方米，日发班次200班，日旅客发送量2300人次。阳谷汽车站2009年9月18日建成使用，总投资2400万元，建筑面积6784.71平方米，设有主体候车室、出站口、候车室、发车区、附属用房等。旅客日进出量2346人次，售票口3个，发车位13个。

东阿汽车站 为二级汽车客运站，位于聊城市东阿县前进街2号，占地面积4.69万平方米，日发班次170班，日旅客发送量2000人次。东阿汽车站始建于2006年10月，2008年4月29日正式启用。投资额约2000万元，建筑面积约1.67万平方米。有站前广场、候车大厅、发车区、停车区。占地面积约5.2万平方米，旅客日进出量约1500人次，有2个微机售票口和1个火车票售票口及3个自助售票机，发车门位16个。

茌平汽车站 为二级汽车客运站，位于聊城市茌平县公交路385号，占地面积5.27万平方米，日旅客发送量1000人次。茌平汽车站始建于1996年1月，投资额180万元，建筑面积4408平方米。设有发车场、候车室、站前广场、售票厅，占地面积6246.15平方米。有售票口3个、发车门位10个，日发班次100班。

高唐汽车站 为二级汽车客运站，位于聊城市高唐县滨湖北路11号，占地面积3.57万平方米，日发班次180班，日旅客发送量1100人次。高唐汽车站建于2006年，投资额1500万元，建筑面积1万平方米，设有站前广场、停发车场、候车室及候车长廊，旅客日进出量700人次；有售票口2个、发车位12个，日发班次200班。

三、货运

货运业务 1997年，全区营运性货运汽车完成货运量704万吨，货运周转量11.18亿吨千米。1998年，市交运集团更新货车250部，全市货运突出建立集配载、停车、修理、加油、食宿等多种服务于一体的货运有形市场，建立海尔、三株、创维等初具规模的货运中转站以及3个配货点。2000年，全市营运货车1.26万部，营运性货运汽车完成货运量844万吨，货运周转量11.86亿吨千米。全市拥有100辆以上的货运企业27家，集约货车517辆。其中，聊城交运集团货运车辆980部。集团二公司、四公司建起集停车、配货、维修、加油、食宿于一体的综合性服务基地，发展适应市场的大、专、特车型和节油车，新增大吨位车辆22部、厢式货车11部、柴油车15部。2001年，交运集团货车增至1063部，与东阿阿胶、华鲁、阿华等制药厂家建立运输业务关系，闯出一条依托生产厂家、包厂运输的货运发展路子。2004年，全市营运货车1.31

万部，营运性货运汽车完成货运量1336万吨，货运周转量20.98亿吨千米。交运集团新开辟济钢、莱钢、新飞电器、鲁西化工集团等大型集团的包厂运输和包线运输业务。在德州新设立可口可乐配送库，与内蒙古伊利集团建立友好合作关系。2005年，交运集团与东阿钢厂、阳谷钢厂等多家企业建立业务关系，与莱钢永峰钢厂开展焦炭原料供应业务。2006年，专用货车、厢式货车分别占载货汽车的17.8%、17.6%。交运集团先后与临清银河纸业集团、邹平魏桥铝业、临清华润纺织等大中型企业结成新的合作伙伴，发展包厂运输业务。2008年，全市营运货车5.2万部，营运性货运汽车完成货运量1.21亿吨，货运周转量275.1亿吨千米。交运集团货运车辆1769部，与聊城希杰、山东日信化工、山东铝业等大中型企业建立新的合作关系，货源经营客户19家，区域市场主导地位更加巩固。新开辟聊城—济南—北京、聊城—济南—上海2条货运专线。2009年，交运集团货源经营客户21家、集约化货车24部。2010年，交运集团有集约货车46部、货运专线7条。2011年，全市营运货车4.53万部，营运性货运汽车完成货运量1.47亿吨，货运周转量378.54亿吨千米，等级货运场站27个。交运集团新开辟聊城至广州、成都、常州、宜兴货运专线4条，专线数量增为8条，其中零担专线5条、整车专线3条，集约货车54部。恢复启动了海运代理、公铁联运、航空快件代理业务。2012年，交运集团包厂运输及合同客户33家。2014年，交运集团开展伊利液态奶运输、奶油冷链仓储运输、国电液氨运贸等业务。2015年，全市营运货车6.4万部，营运性货运汽车完成货运量1.66亿吨，货运周转量402.55亿吨千米。

场站建设　1997年，聊城集装箱货场完成工程投资95%以上，达到试运营条件。1998年，新建一期卡车服务站2739.38平方米，冠县站扩建货运场地2243平方米。2000年，新建货运信息配载站53个，货运交易市场7处，货运站12处。2001年，聊城货运中心主体楼竣工，投资2000万元。2004年，全年完成场站投资7000余万元，聊城货运综合楼和分拣中心及仓库投入使用，成为鲁西最大的社会公用型一级货运场站。2007年，长安汽车货场等项目开工建设。2011年，全市等级货运场站27个；2012年增为32个。至2015年，全市货运场站建设共完成投资1.3亿元。

四、现代物流

设施建设　1997年，以联运集装箱货场和聊城、临清等客运站为主体，建设融客运、货运、服务功能于一体的集疏运中心。以此为依托，建设集仓储、包装、运输、配送为一体的现代物流中心，引导和推动运输企业向第三方物流服务转化。1999年，聊城集疏运中心列入全省建设规划；市联运集装箱货场经国家有关部门验收，具备运营条件（市联运公司于2001年破产）。2004年，临清物流园中心动工兴建。2010年，聊城市规划建设4个物流园区，其中，火车北站物流园区，位于火车北站两侧，占地规模75万平方米，设计生产能力1300万吨/年。主要功能是面向聊城地区及周边省市的大型工业企业及粮食、农产品交易市场，为其提供物流服务；正大物流园区，位于聊城火车站的西侧，占地面积33万平方米，设计生产能力580万吨/年。园区的功能主要是为生产企业提供原材料及产成品物流服务及集装箱服务；火车东站物流园区，位于火车东站北侧，规划占地约为40万平方米，设计生产能力680万吨/年。主要功能是面向冀鲁豫三省区域及华东地区，提供煤炭及钢铁物流服务；开发区千千佳物流园区，位于开发区内东外环路与黄河路交叉口的东北角，项目总占地30万平方米，设计生产能力500万吨/年。主要功能是为聊城市经济技术开发区的企业提供物流服务，同时为聊城市提供城市配送服务。2014年，千千佳铁路物流新园区正式启用。

物流网络及企业　2008年，组建东阿县、阳谷县、莘县、高唐县千千佳物流公司。2010年，全市各县市千千佳物流公司全部注册成立。冠县依托基层交管所网络，开发农村物流信息平台，搭建起县、乡、村三级物流网络，被山东省交通厅列为“全省农村物流试点县”。2012 年 6 月，千千佳物流公司被列入国家甩挂运输试点企业后，引进先进运输方式，加快甩挂运输发展。2015 年，全市重点物流企业计 8 家，分别是聊城市鑫秀达物流有限公司，成立于 2009 年 12 月，有车辆 230 辆；聊城市瑞达物流有限公司，成立于 2011 年 5 月，有车辆 200 辆；聊城市腾翔货运有限公司，成立于 2011 年 5 月，有车辆 200 辆；聊城市金峰物流有限公司，成立于 2012 年 10 月，有车辆 210 辆；聊城市豪达物流有限公司，成立于 2014 年 12 月，有车辆 246 辆；聊城市泰达物流有限公司，成立于 2015 年 8 月，有车辆 205 辆；聊城市海河物流有限公司，成立于 2014 年 12 月，有车辆 198 辆；聊城市高鑫物流有限公司，成立于 2014 年 6 月，有车辆 195 辆。

2000—2015 年聊城市公路运输运力情况表

表 6-10　　　　单位：辆、户

年份	公交车辆	出租车辆	客运车辆	货运车辆	个体运输户
2000	—	1363	1148	12631	—
2001	—	1641	1306	19897	—
2002	—	1785	2212	18381	—
2003	—	1896	1250	23646	—
2004	—	1996	2284	13060	—
2005	—	2030	2286	22714	—
2006	—	2233	2289	21067	—
2007	—	2408	2321	13226	—
2008	—	2418	2375	51993	—
2009	426	3524	—	56163	—
2010	1286	2662	1908	57275	38226
2011	1500	2767	1631	45307	25206
2012	1698	2827	1513	40769	13713
2013	1607	2837	1480	48980	8279
2014	1617	2920	1566	56435	6864
2015	2551	2972	1519	64022	4284

1997—2015 年聊城市公路运输运量情况表

表 6-11

年份	客运		货运		公交	出租
	客运量（万人）	周转量（万人千米）	货运量（万吨）	周转量（万吨千米）	客运量（万人）	客运量（万人）
1997	1088	94533	704	111767	—	—
1998	1274	103012	733	129637	—	—
1999	1320	111645	765	111015	—	—

续表 6-11

年份	客运		货运		公交	出租
	客运量（万人）	周转量（万人千米）	货运量（万吨）	周转量（万吨千米）	客运量（万人）	客运量（万人）
2000	1586	115940	844	118593	—	—
2001	1779	136682	882	137304	—	—
2002	1999	147156	960	139336	—	—
2003	2040	151571	1152	177829	—	—
2004	2284	171214	1336	209838	—	—
2005	2581	195184	1576	249706	—	—
2006	2942	224461	1891	304643	—	—
2007	3181	272370	2120	441732	—	—
2008	4118	320980	2723	2750995	—	—
2009	8042	453734	13112	3490668	7075	4705
2010	8439	470462	14093	3577935	7886	3775
2011	8726	481885	14747	3785412	8063	4834
2012	9056	499938	15063	3922131	9154	5394
2013	9305	517171	15712	4239866	8810	4826
2014	2148	147205	15891	4006376	8804	4806
2015	2118	151338	16635	4025508	8594	5336

第五节　公路管理

一、路政管理

管理主体　1997 年，聊城地区国省干线公路路产和路权的管理和保护工作由聊城地区公路局管理；1998 年 3 月，聊城撤地设市后，改为聊城市公路局管理。全市共有鲁冀界治超检测站、济聊馆高速路政大队、高邢高速路政大队，以及东昌府区、临清市、冠县、莘县、阳谷县、东阿县、茌平县、高唐县公路局路政大队和东阿黄河大桥管理处 12 个单位具体从事路政管理。2004 年，冠县、莘县、阳谷县、东阿县、茌平县、高唐县等 6 个县公路局和高速公路建设路政办案大厅 7 处，完成 GPS 路政指挥中心和“96660”服务中心的建设工作。2005 年，对建好的公路全部办理土地确权，全市所有县（市）局和高速公路路政办案大厅全部建成路政监控指挥中心并投入使用。至 2015 年年底，全市在岗路政执法人员 291 人。

标志标线管理　1991 年，山东省政府将公路标志、标线由公安部门划归交通部门统一设置、维护和管理。2002 年，为加强公路交通安全和路政管理，市公路局路政科开始对全市国省道公路标志进行全面普查和建档工作。2005 年，省交通厅公路局印发《山东省公路系统公路标志和非公路标志管理办法》，市公路局按规范要求，更新设置公路标志、标线，达到“清晰、齐全、规范”的国省道干线公路标志、标线标准。自此，公路标志、标线成为公路部门的日常路政管理工作。2007 年，设置公路标志 683 块，清除非公路标志 2756 块。2009 年，清除非公路标志 2926 块，巡查公路 1303 千米，施划标线 116.5 千米。2014 年，清除非公路标志 1670 块。2015 年，巡查公路 1654.2 千米，施划标线 74.9 千米，清除非公路标志 5168 块。

路域环境整治 1998—2001年，以治理违章建筑、侵权占用和穿越路段脏乱差为重点，对沿线非公路标志标牌和红线控制区内违章建筑进行清理整顿，统一实施高标准的“路宅分家”和“一低三化”，解决穿村路段排水不畅的问题。2002—2005年，逐步完成聊高路（S316）、聊滑路（S329）、聊城东南环（S706）、临博路（S257）、临高路（S322）、临莘路（S260）、聊阳路（S254）、国道308、国道105、济聊馆高速（G309）等11条文明样板路建设，全市路政人员巡查公路238万千米，出动宣传车1930台次，发放宣传材料1.69万份，培训人员4440人次，悬挂宣传标语408条，书写墙体广告510幅，设置可变信息板3块，设置宣传“96660”固定式标牌16块，设置公路标志1002块，清除非公路标志6253块，拆除违章建筑50间756平方米，清除公路两侧堆积物420立方米，有效地维护了路产路权，保障了公路的完好、安全和畅通。2005—2006年，完成国道105全国文明样板路建设，共设置标牌539块，施划标线4.6万平方米，安装黄闪灯2个、电子显示屏10块，突起道钉95个，减速丘795平方米，彩色路面薄层铺装2604平方米，拆除违章建筑236平方米，迁移集市1处，拆除非公路标志267块，清除公路两侧堆积物193立方米。第一次使用振荡标线、可视变窄标线、突起道钉和彩色路面薄层铺装以及玻璃钢材料的警告标志，安装实时数据传递功能的大型电子显示屏，给过往司机及时预告路况信息，在交通部组织的国道105检查评比中获得第一名。2007年，开展省际交界公路路域环境整治，清理垃圾126立方米、乱搭乱建棚屋23个、非公路标牌591块。2014年，全年挖补、刷油路面42万平方米，完成危桥改造项目4项，维修桥梁80座，投入保洁、扬尘治理资金1200余万元，清理“五大堆”900余处。2015年，结合全市“城乡一体化”创建工作，全年挖补、刷油路面22万平方米，贴缝、灌缝13.2万延米，维修桥梁31座，公路保洁和扬尘治理投入1400余万元，清理乱搭乱建和占路集市摊点2012处。

超限超载治理 2003年，根据交通部联合国家七部委下发的《关于全国开展超限超载治理工作的实施意见》，聊城市分别在济聊馆高速冠县服务区、国道308高唐检查站、省道259莘县检查站、省道329冠县检查站、省道324阳谷检查站设置超限超载检测站5处。2004年，将治理“双超”作为重点，查处超限超载车辆14万余辆次，卸载分载货物10万余吨，行政处罚2000余万元。2006年，查处超限超载车辆3560辆次、非法改装车辆30辆，卸货2.8万吨。2007年后，阳谷二类治超检测站（2007年）、东阿县、临清市等一类治超检测站（2008年）、济聊馆高速鲁冀界一类治超检测站和高唐一类治超检测站（2009年）、冠县、莘县、茌平等二类治超检测站（2009年）先后建成并投入使用。2010年，全市查处超限超载车辆2176辆次，卸货2万吨，车辆超限率持续控制在4%以内。2013年，聊城市一类治理车辆超限超载检测站建成使用，是年查处超限超载车辆300余辆次。是年10月至2014年年底，全市连续两次集中开展治理车辆超限超载活动，共查处超限超载车辆2594辆、强制拆除非法改型车辆361辆、卸货3.8万吨。2015年，查处超限超载车辆1300余车次。2009至2015年的7年间，共出动执法人员6143人次，进行超限车辆检测10.07万车次，查获违法车辆2090车次，超载超限率由建站以前的15%下降至1.3%以下，超限超载车辆查处率100%，结案率100%。

二、运政管理

运输市场管理 1997年，全区共检查车辆7.02万辆，查出违章车辆4.23万辆，共补罚各项规费256.8万元。2002年，聊城市交通运输局运输管理处运政大队成立，主要职责是负责市区内的道路运输市场的管理稽查工作，落实国家和上级交通主管部门的有关方针政策，协调与市场管理相关的关系，运用行政、经济、法律等手段，规范市场经济秩序和行为，打击非法经营，保护合法经营。是年，聊城市运输管理处运政大队即投入工作第一线，检查车辆540辆次，查扣违法车辆69辆次。2003年4—7月，“非典”疫情肆虐全国，市交通局以“堵住源头不输入，一旦输入不扩散”为目标，落实旅客登记、卫生防疫、巡视测温、信息报告和进站上下旅客登记等5项制度，严把堵截关、消毒关、登记关、查验关、治疗关和自我防护6个关口，共检查运输车辆7万辆次，人员100多万人次，消毒车辆23.8万辆次，共投入资金400余万元，有效防止疫情通过交通工具传播。2005年，在全省率先开通“96660”路政服务电话，打击道路运输“四黑”及各项非法运营活动。检查违章车辆455辆次，查出违章车辆233辆次。2006年，集中整顿运输市场经营行为，全市查处违章违规车辆515辆次。2007年，按照市政府要求，联合公安、交警打击非法经营黑车，共查扣黑车47辆次、客车33辆次、货车25辆次、出租49辆次。2009年，针对城区以内营运车辆、非营运车辆违反《中华人民共和国道路运输条例》及《山东省道路运输条例》相关条款行为，开展全市“打黑”专项行动。查扣非法经营“黑车”464辆次、处理违章3000余件，客车206辆次、出租车134辆次、其他违规违章车辆10辆次，取缔城区非法运营三轮车400余辆。2010年，开展“道路运输管理年”活动，以打击“黑车”为重点，查扣违法经营和违章车辆1301辆次。2011年，开展化学危险品车辆运输的专项整治活动，查扣化学危险品车辆75辆次。2013年，与公安交警联合执法，开展客运运输市场“促畅行　保安全”活动。查扣非法经营的各类“黑车”140余辆次、其他违章违规车辆90辆次。2015年，以促进道路客运持续、稳定和健康发展为核心，加大打击非法营运行为的工作力度，重点打击查扣“黑车”57辆次，查扣“滴滴专车”11辆次、其他违章违规车辆12辆次，净化了道路运输市场环境。

运输安全管理　2007年，聊城市运管处安全科成立。开始推行《客运线路安全运行指导书》及“行车日志”“亲情签字制度”，组织编写《车站安全作业指导书》，为全市1321辆客车安装GPS行驶记录仪等。吸取湖南省凤凰县“8·13”沱江大桥坍塌特别重大事故教训，对全市交通系统各级单位开展“拉网式”检查，促进交通工程质量安全。2010年，全省道路运输系统安全生产现场会在聊城召开，推广聊城道路运输安全管理经验和做法。2011年，突出工程建设、水上运输等重点领域和要害部位的安全监管，组织开展为期3个月的安全生产集中整顿活动，全面实施安全隐患排查整改。全市二级以上汽车客运站全部安装安检仪和视频监控系统，消除和预防安全隐患。2012年，严格主体责任，层层签订安全生产管理目标承诺书，建立起网格化安全责任体系。推进科技兴安，完善“一卡通”系统，全市二级以上客运站实行全封闭发车。2013年、2014年连续两次被交通运输部表彰为全国“客运安全年”活动先进单位。2015年，严把市场准入关及从业人员资质许可，重点加强企业内部车辆技术管理工作。组织安全生产培训教育、隐患排查治理，对全市“两客一危”运输企业和二级及以上客运站等60多家单位，开展针对性应急预案演练活动，确保关键时候拉得出、用得上、起作用。

收费人员正收取高速路通行费　（2015年摄）

三、驾培市场管理

1997年，贯彻落实《山东省道

路运输管理条例》，严格执行“开办驾校必须经交通主管部门批准”的规定。年内，全区开展营运性驾驶员培训7320人次。2004年，机动车的驾驶培训实行社会化，市交通主管部门对驾驶培训学校、驾驶培训班实行资格管理。根据国家规定，市正大机动车驾驶培训中心改制组建，隶属于正大实业有限公司管理。学校占地28公顷，拥有各类车辆500余台，教职员工270余人。培训车型包括A1、A2、A3、B1、B2、C1、C2等。至2015年，聊城市交通局运输管理处负责全市驾培单位的准入和驾培市场的监管。全市驾驶员培训单位35家。

四、机动车维修市场管理

1997年，全区实行汽车定期维修检测制度，严格开业条件，提高维修质量。2000年6月，聊城市首家汽车综合性能检测站建成并投入试运行，开始对全市营运车辆技术状况和维修出厂的车辆质量进行社会监控，统一使用符合国家和交通部的新标准和“汽车综合性能和车辆技术监测系统”。是年年底，聊城市形成以一类企业为骨干、二类企业为基础、三类业户（三类为实施汽车专项维修业户）为补充的注重发展特色维修、提供特色服务、提高维修档次的维修服务网络，先后建成东风、上海大众、五十铃粤泰等特约维修站。2002年，聊城市交通局运输管理处对道路运输车辆实施技术管理备案制度，核发车辆二级维护备案卡。至2015年年底，全市共有机动车维修企业526家，其中一类维修企业29家、二类维修企业199家、三类维修企业298家。

五、规费征收管理

1997年，全区征收各项交通规费7152万元。1998年，严格执行国务院办公厅《关于继续做好养路费等交通规费征收工作的意见的通知》精神，实行规费征收领导责任制，责任落实到人，做到各项规费应征不漏，征收7420.5万元。1999年，全市征收各项交通规费2.81亿元。其中，汽车养路费6475万元，拖拉机养路费1704万元，客运基金1741万元，货运基金2069万元，运管费1146万元，车购费3868万元。2000年8月，根据省财政厅、物价局规定，取消公路建设附加费。是年，市交通局对基层单位的客货运基金实行全额上缴、超上缴基数返还的办法。2001年，按照国务院《关于加强预算外资金管理的决定》，市交通局、市财政局将原来放到县（市、区）交通局坐支使用的拖拉机养路费，统一纳入市财政基金预算管理，按专款专用的原则安排支出。车辆购置附加费更名为车辆购置附加税，暂由交通部门代征，税率为购车价的10%。全市各项规费共计征收9703万元，其中，客运附加费3181万元；货运附加费2326万元，农用车养路费及路（港）费2812万元，运管费1382万元，道安费2万元。2002年，公路客运站货运建设基金更名为公路货运附加费。同时，取消经济欠发达地区公路建设还贷资金和停止收取营运人力三轮车运输管理费。全市各项规费共计征收1.13亿元。2006年11月，国务院办公厅印发《关于在燃油税正式实施前切实加强和规范公路养路费征收管理工作的通知》，保证公路养路费的正常征收。

2008年，国家推行税费改革，取消养路费征收；2009年，全面停征各项交通规费，开征燃油税。1997—2009年的13年间，全市共征收养路费24.03亿元。

1997—2009年聊城市养路费征收情况表

表6-12　　单位：万元、%

年份	征收计划	实际征收	完成计划
1997	8470	9317.12	110.00
1998	8751	9306.38	106.35
1999	9333	9230.21	98.90

续表 6-12

年份	征收计划	实际征收	完成计划
2000	9153	10061.60	109.93
2001	9433	10905.57	115.61
2002	11762	13621.65	115.81
2003	15068	15800.20	104.86
2004	17220	21700.21	126.02
2005	23437	28124.19	120.00
2006	30700	31556.93	102.79
2007	33600	37693.86	112.18
2008	40709	42997.59	105.62
2009	—	15.69	—

第二章　铁　路

1996 年 9 月 1 日，京九铁路正式开通，济南铁路分局在聊城设立聊城车务段、聊城工务段；10 月，聊城车务段、聊城工务段挂牌成立。聊城车务段管辖临清、杨庙、聊城北、聊城、付楼、石佛、阳谷、台前 8 个车站，全段固定资产 180.1 万元。是年，全段车站发送旅客 7.72 万人，运输收入 259.9 万元。1997 年，全段车站发送旅客 33.4 万人，货物发送量 3200 吨。聊城工务段段址设在聊城火车站北 300 米处。1998 年起，京九铁路聊城工务段进行铁路“改立改造”。

2000 年 11 月，聊城车务段与菏泽车务段合并成立新的聊城车务段，主要担负京九铁路曹县至临清、新兖线菏泽站至菏泽南客场、邯济铁路堂邑至伦镇间行车组织以及鲁西、鲁西南及周边 20 多个县市的客货运输组织工作，以及衡商、新兖线、邯济线部分列车解体、编组等技术作业和绝大部分客车的运转值乘任务。管辖京九线、新兖线 21 个车站和 1 个菏泽运转乘务队，代管邯济线西起堂邑站东至伦镇站 7 个车站。共计管辖车站 28 个，其中二等区段站 2 个、三等站 10 个、四等站 9 个、邯济线 7 个（未定级）。辖区跨度共计 411.5 千米。2003 年 12 月，第五次提速京九线铁道部实验车通过。2004 年 12 月，聊城车务段邯济通勤车正式开通运行，聊东货场新建轨道车线正式开通运营。

2005 年 3 月，济南铁路分局聊城车务段更名为济南铁路局聊城车务段；6 月，原济南铁路分局聊城工务段、济南铁路分局菏泽工务段整建制撤销，重新组建济南铁路局聊城工务段，段机关设在聊城，为正处级单位，负责京九、新兖、瓦日、邯济、新阜联络线计 1123.6 千米线桥涵的养护维修任务；9 月 1 日起，增开青岛—菏泽、烟台—菏泽普快列车各 1 对，由青岛客运段担当。2006 年 3 月 2 日 18 时，京九线 TDCS（即 TMIS）设备在临清至曹县区段各站开通试运行；12 月 15 日，京九铁路数字调度系统正式开通使用。是年，聊城车务段被铁道部授予“优质车务段”，临清站为“先进中间站”。2009 年 12 月 29 日，京九线电气化改造工程完工，客车运行时速提高至 160 千米 / 小时。2010 年 5 月，聊城站新旧站房过渡搬迁；同时，聊城站 7 股线道顺利开通，管内第一座高站台正常使用。2012年1月，聊城火车站新站房正式投入使用，由铁路总公司、聊城市共同投资4.3亿元建设。全年发送旅客166.14万人，装车135.98吨，卸车271.67吨。2015年，聊城车务段全部车站货物发送量1140.6万吨，发送旅客992.4万人。其中，聊城市所辖车站发送旅客309.72万人，发送货物228.55万吨（包含邯济线335.13万吨）。聊城火车站全年发送旅客226.27万人，装车133.69万吨，卸车343.63万吨。

第一节　铁路线路

一、京九铁路聊城段

京九铁路线路呈北南走向，它北起北京西站，南至香港九龙车站，正线2397千米，包括联络线在内全长2553千米，是中国第五条南北铁路干线，被誉为“20世纪中国最伟大的铁路工程之一”。

1996年9月1日，京九铁路聊城段建成通车。途经区内临清、聊城、阳谷3个县（市）22个乡镇144个村庄，北起临清市石槽乡（今先锋街道）张窑村，南到阳谷县寿张镇满坑村，境内长度112.15千米。境内共设7个站，从北至南依次为临清站、斗虎屯站、聊城北站、聊城站、付楼站、石佛站、阳谷站。

1998年8月4日，聊城工务段管段内遭受暴雨袭击，造成上下行中断，影响客车16列，济南铁路分局主要领导带领有关人员亲临现场指挥抢险；8月5日8时15分，中断线路开通。为确保行车安全，是年起，京九线聊城工务段管内进行铁路改立改造，1999年7月26日，成为济南铁路局第一个无道口工务段。

2001年3月15日，京九线提速动员会召开，京九线提速工作正式开始。2001年4月15日，铁道部提速试验车以140千米／小时的速度顺利通过聊城，最高时速158千米。2003年7月14日，京九线换铺无缝线路，第二次提速工程全面启动。2003年12月10日，铁道部提速试验车以每小时160千米的速度在京九线完成提速试验。2005年4月，济南铁路局调整设备管界，聊城工务段管辖北起临清市K372+777米，南至曹县K650+273米，计555.02延长千米铁路线路，另外管辖站线172.29千米，专用线54.11千米，道岔564组，其中正线道岔250组。管辖桥梁173座、1.86万米，涵洞1128座、2.39万米。2006年12月，京九铁路数字调度系统正式开通使用。

2007年4月，京九线首列直达特快旅客列车Z68次（南昌—北京西）安全顺利从曹县站接入通过，新增的直达特快旅客列车在京九线段管内正式运行。2009年12月29日，京九线电气化改造工程完工，客车运行时速提高至160千米／小时。

二、邯济铁路山东段

邯济铁路西起京广线邯郸南站，并连接邯长铁路，东至京沪铁路线上的晏城北站，并连接济南站，全长233千米。其中，河北省境内86千米，山东省境内147千米。途经聊城境内冠县、东昌府区、茌平县、高唐县4个县（区）。该铁路为国家Ⅰ级铁路干线，年运力2000万吨，总投资约31亿元，于1996年11月开工建设。2009年11月，国家发改委批复邯济铁路扩能改造工程可行性研究报告。2011年4月22日，邯济铁路扩能改造工程正式破土动工。2014年12月30日，邯济双线电气化铁路并与邯长（双线电气化铁路）、邯黄铁路（单线电气化铁路）同时正式投入运营。聊城工务段管辖邯济正线上行K145+491米—K147+904米、下行K143+204米—K146+795米，合计6延长千米。另有站线5.91千米，专用线0千米，道岔19组，其中正线道岔10组。管辖桥梁3座、161.83米，涵洞19座、691.05米。

三、铁路专用线

2005年7月6日，聊城市海昌货运有限公司铁路专用线（聊城站接轨）开通启用。该专用线在聊城站石油专用线K1+594.3处接轨。设装卸线3条，限速25千米／小时，限制机型为内燃机车。2006年8月5日，位于大山头火车站的梁宝寺矿（铁路）专用线正式开通。该专用线在大山头站西咽喉北侧接轨（K242+063）处，走行线16.7千米。装车站设走行线1股、到发线2股、装车线2股，均满足1050米；牵出线1股，全长579米，另设机车整备线、车辆边修线各1股。2007年7月5日，山东凤祥（集团）有限公司铁路专用线工程竣工验收，并被批准开通运营。凤祥（集团）有限公司铁路专用线在石佛站南咽喉东侧（K454+960）处接轨，走行线长440米。专用线内设贯通式到发线3股，线路有效长度分别为950米、890米、770米；货物线5股，其中贯通式1股（有效长840米）、卸铜砂线2股（线路有效长度分别为470米、540米）、卸煤线2股（线路有效长各450米）；企业自备机车1台（DF10D型），担当取送车及专用线内调车作业。2008年3月27日，在龙固集站接轨的新汶矿业集团龙固煤矿铁路专用线工程正式开通。该专用线在龙固集车站南侧设贯通式装车线1条，有效长度1123米；尽头式装卸线1条，有效长度70米。两端设牵出线（均满足1050米）与车站连接。

2015年，聊城工务段段管内有用于厂矿企业运输的铁路专用线共计23条，计69.05千米；聊城车务段管内专用线共计44条（其中邯济线5条），专用铁路5条。专用铁路分别是大山头站—肥城矿业集团梁宝寺能源有限责任公司专用铁路；石佛站—阳谷祥光铜业有限公司专用铁路；茌平站—信发集团专用铁路；解庄站—聊城电厂专用铁路和华能聊城热电有限公司专用铁路。

第二节　车　站

一、聊城北站

该车站为二等区段站，主要担负区段列车、摘挂列车的调车作业。站场规模为1期二场：货物列车到发场设14股道，除京九线2条、邯济线1条正线外，其余11股道为到发线；调车场设调车线10条，牵出线2条，简易驼峰1座。

聊城北站（1998年摄）

1996年10月开通编组场TWZ-Ⅰ型驼峰微机自动集中系统，实现驼峰溜放进路、溜放速度、推峰机车等微机自动控制。站内正线采用60千克/米、长25米新轨；到发线采用50千克/米、长25米新轨；牵出线、调车线采用43千克/米、长12.5米新轨。正线采用Ⅱ型轨枕，双层道床；站线采用S-Ⅰ型轨枕，单层道床。

二、聊城站

该车站为客、货、运混合三等站，站场工程于1994年8月开工，1996年6月竣工。旅客站房建筑面积3591平方米，二层框架砖混结构，长129.6米，宽30米，局部高35.8米。钟楼主体高29.8米，27米处设钟表4块。站内有旅客一、二、三站台，基本站台风雨棚中间净宽11.75米，两边宽9米；中间站台风雨棚净宽9米；军用站台（兼旅客站台）风雨棚净宽12米。旅客地道全长78.3米，最大挖深2.94米，洞身净宽6米，净高3米。站内设计轨道18股，其中，1、2股为正线，到发线9股，货物线4股，北牵出线1股，机待线2股。实际铺设17股道，到发线9股预留。到发线有效长度1050米，货物线有效长度分别为503米、512米、486米、418米。正线采用60千克/米、长25米新轨，Ⅱ型轨枕，双层道床；到发线采用50千克/米、长25米新轨；货物线、牵出线采用43千克/米钢轨。

新站改造工程于2009年10月10日在原址开工建设，2011年11月30日竣工，2012年1月9日正式投入使用，由铁道部和聊城市共同投资建设，总投资4.3亿元。新站房建筑造型取意于历史文化名城聊城的象征——光岳楼，建筑面积 1.5 万平方米，总长度 164.8 米，进深 43.5 米，站房总高度 27.6 米（从站房平台算至最高点），共分为 3 层，分别为广场层、一层和二层并局部设夹层。一层为进站广厅、基本站台候车室及行包、售票、贵宾用房，二层为中间站台候车室和 VIP 候车室，办公和设备用房主要设在夹层，整个候车室能容纳 2500 人同时候车。候车室夏季使用中央空调，冬季采用地暖。车站在候车室、天桥和旅客地道等处设有 7 部扶梯、3 部垂梯。共有 15 个售票窗口，售票大厅还设置 6 台自动售票机、2 台车票车次查询机，方便旅客购票。

聊城站正线 2 条，到发线 9 条；常用 5 个站台全部为 1.25 米的高站台，站台面与列车车梯平齐。无柱风雨棚可覆盖一、二、三、四、五站台，雨棚纵向长度 494 米，跨度 65.45 米。旅客天桥建在站房中间位置，由站房二层候车室连接至二、三、四、五站台，天桥宽 12 米，总长 60.3 米，桥面至钢轨顶高 9.4 米。旅客地道是所有站台下车旅客的通道，宽 12 米，总长 98.3 米，净高 4.8 米。车站所有静态标识及灯光采用智能照明，消防系统采用消防自动喷淋、感烟感温探测器及固定消防水炮等更为安全的先进设备。旅客服务平台将广播系统、综合显示系统和时钟系统有效连接并实现联动，实现系统集成控制。布控在新站房站区内的 82 个监控点位，覆盖车站的所有角落。

三、临清站

1996 年，京九铁路全线贯通，临清站建成启用，时隶属济南铁路局济南铁路分局管辖。2005 年，全路裁撤铁路分局，采用站段管辖，临清站隶属济南铁路局聊城车务段管辖。2013 年 1—5 月，对站台和前面广场进行改造。临清站是京九铁路大动脉自北向南进入山东的第一站，在京九线上行距离北京西站 380 千米，下行距离深圳站 1992 千米。站址在临清市新华路街道站前路，为三等站。车站客运主要办理旅客乘降，办理行李、包裹托运；货运主要办理整车货物发送。2015 年，临清站途经车次 17 辆。

四、阳谷站

1996 年，京九铁路全线贯通，阳谷站建成启用，时隶属济南铁路局济南铁路分局管辖。2005 年，全路裁撤铁路分局，采用站段管辖，阳谷站隶属济南铁路局聊城车务段管辖。阳谷站在京九线上行距离北京西站 468 千米，下行距离深圳站 1904 千米。站址在阳谷县博济桥街道燕山路，至 2015 年，车站为四等站。车站客运主要办理旅客乘降，办理行李、包裹托运；货运主要办理整车货物发送。2015 年，阳谷站途经车次 12 辆。

五、其他管辖站

1996 年 10 月，济南铁路分局聊城车务段管辖杨庙站、聊城北站、聊城站、付楼站、石佛站、台前站 6 个车站。2000 年 11 月，与菏泽车务段合并成立新的聊城车务段，管辖京九线、新兖线 21 个车站和 1 个菏泽运转乘务队，代管邯济线西起堂邑站东至伦镇站 7 个车站。管辖车站 28 个，其中二等区段站 2 个、三等站 10 个、四等站 9 个、邯济线 7 个（未定级），辖区跨度共计 411.5 千米。2015 年，聊城车务段管辖 35 个车站、1 个聊城车务段货运中心。其中二等区段站 2 个（聊城北站、菏泽南站运转场）、三等客货运站 12 个（临清站、聊城站、阳谷站、台前站、梁山站、郓城站、鄄城站、菏泽站、定陶站、曹县站、巨野站、嘉祥站）、四等中间站 10 个（杨庙站、付楼站、石佛站、马寨站、田水井站、普连集站、菏泽南站、沙土集站、龙堌集站、大山头站）。邯济线属合资铁路，8 个车站（堂邑站、解庄站、聊城东站、博平站、茌平站、高唐站、潘店站、伦镇站）委托管理，未定级。另外，管理瓦日线台前北站、梁山北站和东平站等 3 个车站。

第三节　铁路运输

一、客运

客运设施　建段初期，全段客运设施比较齐全，主要设有客运站台、站台风雨棚、地下通道、候车室、行包房、售票房、贵宾室等，有“三品”检查仪1台。2000年11月，菏泽车务段并入聊城车务段后，全段客运设施：客运站台25个，站台风雨棚23个，地道11个、候车室、行包房、售票房各11个，贵宾室2个，有“三品”检查仪2台。

2002年12月，菏泽站候车室拆除；2003年12月，菏泽站新候车室通过路局验收，并于2004年1月8日正式交付济南分局，4月10日正式启用。菏泽站新候车室建筑面积4738平方米，为两层框架结构，能同时容纳1500人候车。2009年10月，聊城站客运设施改造工程开工建设，2010年5月，站房工程进入施工阶段，是年12月竣工；2011年5月，无站台柱雨棚主体完成，全部工程于11月竣工。是年，全段主要客运设施有：旅客站台27座；风雨棚22个；旅客地道10个；候车室12个，面积8359平方米；贵宾室2个，行包房9个，总面积1850平方米；售票窗口35个。2013年5月，菏泽站客运设施改造工程正式开工建设，新站房于2014年7月正式启用。2015年，主要客运设施有旅客站台28座，风雨棚23个，旅客地道10个，候车室12个（1.67万平方米），贵宾室2个，售票窗口41个。

在行车设施方面，聊城车务段在菏泽车务段并入前后行车设备没有变化，京九线接发列车为6502G型电气集中信号设备，闭塞方式为双线双向全自动；新兖线菏泽至菏泽南客场接发列车设备为PR-9型微机连锁信号设备，闭塞方式为双线双向半自动。1996年，聊城北站编组场TWZ-1型驼峰微机自动集中启用，实现驼峰溜放进路、溜放速度、推峰机车等方面的微机自动控制。

客运业务 1997年，全段旅客发送33.4万人。2003年，旅客发送93.4万人。2005年，根据《关于胶济线9.1提速并实行调整列车运行图的通知》精神，自9月1日起增开青岛－菏泽、烟台－菏泽普快列车各1对，由青岛客运段担当。使用3组普通车底套用方案，具体为青岛—菏泽列车车次4972/3、4974/1，经胶济、济邯、京九线运行；烟台－菏泽列车车次4964/5、4966/3，经蓝烟、胶新、新石线运行。交路为4964/5 → 4974/1 → 4972/3 → 4966/3 → 入库 → 4964/5次。是年，旅客发送量333.4万人次，客运收入实际完成1.84亿元。2006年，旅客发送456.3万人次，客运收入2.56亿元。2011年，全段客运收入5.62亿元，同比增加1.07亿元；旅客发送602.7万人次，同比增加9.7万人次。2015年，全段客运收入9.03亿元，旅客发送量992.4万人次。

二、货运

货运设施 建段初期，全段有货场4个，建筑面积30.99万平方米；仓库6个，建筑面积5730平方米，使用面积4294平方米；站台8个，建筑面积3.6万平方米，使用面积3900平方米；露天货区使用面积1.24万平方米，并全部硬化；专用线8条，货物装卸线11条；货场营业厅3个，建筑面积230平方米，使用面积180平方米。2000年11月，菏泽车务段并入后，货运设施变更为全段共有货场10个，建筑面积61.06万平方米；仓库19个，建筑使用面积1.14万平方米；站台14个，建筑面积7.64万平方米，使用面积8280平方米；露天货区使用面积4.54万平方米，并全部硬化；专用线29条，货物装卸线25条；货场营业厅7个，建筑面积571平方米，使用面积452平方米。2005年12月，聊城站聊东货场新建轨道车线并开通运营。聊东货场新建轨道车线，编号为聊东站10道，接轨于聊东站9道（货3道），接轨道岔编号21号，有效长度为145.35米。至2015年年底，全段主要货运设施有：货场15个，建筑面积77.98万平方米；仓库36个，建筑面积2.94万平方米；站台21个，建筑面积9.46万平方米；露天货区使用面积6.81万平方米；营业厅15个，建筑面积1775平方米。

货运业务 1997年，货物发送3200吨。1999年，货物发送增为24.9万吨。2003年，全段开展以货补客，降低“非典”影响，货物发送 76 万吨，完成计划的 105%。2005 年，行包收入实际完成 765.4 万元，货物发送量实际完成 176.2 万吨，货运收入 1.58 亿元。2007 年，货物发送 464 万吨，货运收入 3.43 亿元。2011 年，货运收入 9.81 亿元，同比增加 2.21 亿元；货物发送量 857.3 万吨，日均卸车 1133 车，同比增加 135 车。2014 年，货运收入 12.45 亿元，同比增加 1.15 亿元，增长幅度 10.2%。发送量 926.9 万吨，其中聊城市所辖车站发送货物 208.42 万吨。2015 年，货运收入 14.40 亿元，比上年增加 4.17 亿元，增长 40.8%。发送量 1140.6 万吨，比上年增加 151.3 万吨，增长 15.3%。聊城市所辖车站共发送货物 228.55 万吨（包含邯济线 335.13 万吨）。

1997—2015 年聊城车务段客、货发送情况表

表 6-13　　单位：万人、万吨

年份	旅客发送	货物发送	年份	旅客发送	货物发送
1997	33.40	0.32	2007	471.00	464.00
1998	42.20	14.90	2008	—	—
1999	49.40	24.90	2009	—	—
2000	—	—	2010	593.00	768.60
2001	—	—	2011	606.10	857.30
2002	—	—	2012	713.60	886.20
2003	93.40	76.00	2013	728.40	958.40
2004	—	—	2014	828.50	989.30
2005	333.40	176.20	2015	992.40	1140.60
2006	456.30	283.80			

第四节 运营管理

1996 年，聊城车务段成立之初，其从整章建制入手，创新安全管理方法。从建段之初的岗位卡死制度、安全系统诊断、班组滚动升级以及防大防死，细化安全管理等办法，逐步发展到抓小防大、安全检查考核、自控型班组建设、职工“三违”（违章、违纪、违标）积分待岗以及干部安全管理责任考核、失职处理及干部不作为“问责”和以安全、效益清算收入为主要内容的收入分配等。这些新制度、新办法，对于加强车务段管理特别是安全管理起到重要作用。至 2003 年，全段实现安全生产 2677 天。2004 年 7 月，任祥屯站 10915 次发生脱轨事故，聊城车务段严格措施办法，层层签订安全和经营两个责任状。2005 年 6 月 30 日下午，京九线菏泽地区出现罕见的暴风雨加冰雹天气，造成菏泽南站、田水井站、定陶站、普连集站、曹县站 5 个车站停电，信号、连锁及区间闭塞设备全部停用。接报后，各站及时启动应急处理预案，做好运输组织工作。各站在停电期间，采用非正常接发列车共 22 列，其中旅客列车 13 列，确保了大动脉的安全畅通。是年 10 月始，全段分 4 期在日照举办客运、货运、调车、行车人员培训班，邀请段兼职教师和安全调度科管理人员对参培人员进行专业素质、管理业务、安全知识等新技术、新知识的授课培训。2006 年 8 月，车务段举办由 86 名复员退伍军人和新学员参加的劳动安全培训班；9 月，组织菏泽南站、菏泽站、聊城站、聊城北站、临清站、曹县站 6 个车站救援队和机关科室有关业务人员共 100 多人，在聊城站货场举行救援演练。现场对脱轨车辆进行起复演练，并邀请北京有关专家介绍新型救援设备和救援器具使用

方法。2007年12月，车务段组织有关业务科室、车站干部一行33人赴济南进行电气化安全培训。2011年10月，车务段组织“三新”（新任职、新转职、新晋升）人员开展防寒过冬及劳动安全知识培训。2015年，聊城工务段实施线路维修470千米，桥梁维修51座，道岔维修508组，涵渠维修10座。

第三章　水路　管道

聊城境内水运主要是黄河和东昌湖的航运。20世纪80代后期，境内沿黄河两岸群众以集资入股、联营等形式，搭建浮桥，承揽黄河水上运输业务。至2015年，全市境内黄河有浮桥9座，东昌湖建有旅游码头14座。

1997年，聊城地区境内建有管道2条，分别为临濮输油管道、中沧输气管道。至2009年，聊城市境内增加油气长输管道榆济线、中济线、鲁皖线、聊泰线等4条。至2015年年底，全市境内油气长输管道共计6条，总长808.6千米；建有分支管线7条，总长176.78千米。

第一节　水　路

一、黄河浮桥

1988年8月，境内第一座黄河浮桥（顺民浮桥）在东阿县关山乡位山村建成通行，对岸为东平县班鸠店镇解山村。该桥由30对双体承压舟、2艘双体渡船、2艘趸船连接而成。桥面总长411.7米，行车道宽6米，最大通过能力40吨。2012年，因经长期治理和加固边岸，河宽变窄，统一更换为由10对双体承压舟、2艘趸船连接而成，桥面总长300米，行车道宽6米，最大通过能力55吨。1997年1月，境内第二座浮桥（东大浮桥）在东阿县大桥镇建成通行，对岸为平阴县刁山坡镇孙庄村。该桥由12对双体承压舟、2艘趸船连接而成。桥面总长330米，行车道宽6米，最大通过能力55吨。是年12月，第三座浮桥（燕李浮桥）在东阿县牛角店镇李营村建成通车，对岸为长清县孝里镇燕庄村。该桥由15对双体承压舟、2艘趸船连接而成。桥面总长380米，行车道宽6米，最大通过能力55吨。2000年，第四座浮桥（鱼龙浮桥）在东阿县单庄乡鱼南村建成通行，对岸为东平县龙山村。该桥由15对双体承压舟、2艘趸船连接而成。桥面总长380米，行车道宽6米，最大通过能力55吨。是年，第五座浮桥（鱼姜浮桥）在东阿县单庄乡渔南村建成通行，对岸为平阴县东阿镇后姜沟村。该桥由14对双体承压舟、2艘趸船连接而成。桥面总长350米，行车道宽6米，最大通过能力55吨。2001年11月，境内第六座浮桥（黄金浮桥）在东阿县牛角店镇黄渡村渡口建成通车，对岸为平阴县滦湾乡刘山关村。该桥由10对双体承压舟、2艘趸船连接而成。桥面总长300米，行车道宽6米，最大通过能力55吨。2002年12月，第七座浮桥（众鑫浮桥）在东阿县铜城镇前张村渡口建成通行，对岸为平阴县东阿镇村。该桥由12对双体承压舟、2艘趸船连接而成。桥面总长330米，行车道宽6米，最大通过能力55吨。2003年5月，第八座浮桥（富民浮桥）在东阿县刘集镇关山渡口建成通车。对岸为东平县斑鸠店镇柏松山村，该桥由16对双体承压舟，2艘趸船连接而成。桥面总长400米，行车道宽6米，最大通过能力55吨。2004年8月，第九座浮桥（众川恒信浮桥）在东阿县王洼村湖溪渡滩区建成通行，对岸为平阴县翟庄村，该桥由12对双体承压舟、2艘趸船连接而成。桥面总长330米，行车道宽6米，最大通过能力55吨。

2015年，东阿县境内浮桥共计9座，总长

3100 米，另有承压舟 56 对，机动拖轮 6 艘。浮桥年通行车辆约 32.7 万辆次，年经营收入约 2000 万元。

二、东昌湖游船与码头

东昌湖游船　2001 年之前，东昌湖有专业旅游船舶 6 艘，在西关大桥湖边简易码头停靠，由东昌湖管理局统一管理。2002—2005 年，购置机动旅游船舶 23 艘和非机动船舶 80 余艘，经营水上专业旅游项目。2006 年，成立聊城江北水城湖河游船经营管理有限公司，机动旅游船舶发展到 29 艘，非机动船增加到 260 余艘。是年，省、市交通管理部门对水上交通安全进行治理整顿，明确法人代表；同时，组织技术专家对旅游船舶按规范要求进行检验，合格者发证挂牌。至 2015 年年底，东昌湖共有 5 家旅游公司有游船项目，分别为聊城江北水城湖河游船经营管理有限公司、聊城柿子园会馆酒店有限公司、聊城市东昌府区天运茶楼、聊城市永安餐饮有限公司、聊城江北水城运河经营管理有限公司。船检合格发证挂牌的有 33 艘，年经营收入 200 多万元。

东昌湖游船　（2015 年摄）

东昌湖旅游码头　2001 年之前，在东昌湖的西关大桥湖边建有简易码头，占地 500 平方米，容纳 300 余人，旅游旺季日发送游客 200 多人次。2002—2005 年，增加明珠剧场码头和孔繁森同志纪念馆码头，占地 1500 平方米，容纳 1000 余人，旅游旺季日发送游客 800 多人次；同时，增加非机动船码头，占地 1500 平方米，容纳 1000 余人，旅游旺季日发送游客 1500 多人次。至 2015 年年底，东昌湖共建有旅游码头 14 座，其中，机动船码头 6 座，占地 3000 平方米，容纳 2000 余人，旅游旺季日发送游客 1200 多人次；非机动船码头 8 座，占地 2000 平方米，容纳 1500 余人，旅游旺季日发送游客 2000 多人次。

第二节　管　道

一、长输管道

“临濮”输油管道　德州临邑—河南濮阳（青岛黄岛—河南濮阳炼油厂），1979 年投产运行，在聊城市境内 172 千米，管径 377 毫米，设计压力 4 兆帕，年输油量 300 万吨 / 年。途经莘县、东昌府区、经济技术开发区、茌平县、高唐县，共有范县站、莘县十八里站、东昌府区侯营站、开发区北城街道站、高唐赵寨子站、固河站 6 个站。

“中沧”输气管道　中原油田—沧州管线，是中国第一条长距离大口径高压天然气管道，始建于 1985 年 3 月，1986 年 8 月建成投产。管道起自河南省濮阳市的柳屯镇，终到河北省沧州市化肥厂。在聊城市途经莘县、东昌府区、经济技术开发区、茌平县、高唐县，共设有范县站、莘县站、开发区北杨集站、高唐站 4 个站。

“中济”输气管道　中原油田—济南段管线于 2001 年年底建成投运。线路总长 273 千米，聊城市境内 171 千米，管径 377 毫米，设计压力 6.4 兆帕，设计年输气量 10 亿立方米。该管道属中石化公司所有。从中石化安济、榆济管线下气送至聊城市的六县、一市、一区。“中济”输气管道途经莘县、东昌府区、经济技术开发区、茌平县、高唐县，设莘县十八里站、开发区北杨集站、高唐赵寨子站3个站。

“榆济”输气管道　陕西榆林—濮阳—济南段管线，先后于2008年、2010年建成投产。线路全长876.33千米，聊城市境内120千米。“榆济”线榆林—濮阳段设计压力10兆帕，管径711毫米；濮阳—济南段设计压力8兆帕，管径610毫米，设计年供气量30亿立方米。该管线是中石化供应山东的主气源。途经聊城市莘县、东昌府区、经济技术开发区、茌平县、高唐县，设道口铺1个站。

“鲁皖”成品油管道　青岛—安徽和河南成品油管道，2009年投产运行，聊城市境内121.6千米，管径457毫米，设计压力10兆帕。途经莘县、东昌府区、经济技术开发区、茌平县，设有聊城站1个站。

“聊泰”输气管道　聊城—泰安输气管道建于2001年，原由泰安市政府投资建设，由金鸿燃气公司收购，在泰安分别与中石油的冀宁线、中石化的安泰线连接，北端在经济技术开发区北杨集分输站与中石化的中济线连接，管线长度118千米，聊城境内47千米，管径355.6毫米，设计压力4兆帕。为经济技术开发区和东阿县供气。途经经济技术开发区、高新区、茌平县、东阿县，有开发区北杨集站1个站。

二、分支管道

2015年，全市分支管线共有7条总长176.78千米。其中，“莘冠”输气管道（莘县十八里铺—冠县输气管道），全长42千米，管径219毫米，设计压力4兆帕，设计日常输气为30万立方米。“莘阳”输气管道（莘县十八里铺—阳谷），全长11千米。“莘阳”输气管道复线（莘县城区—阳谷），全长14千米。“临清新能”输气管道（高唐赵寨子—临清），管径219毫米，全长40.9千米，设计压力4兆帕，设计日常输气为30万立方米。“实华”输气管道（经济技术开发区—茌平），全长18.1千米。“厚德”输气管道（经济技术开发区—茌平博平），管径323毫米，全长18.5千米，设计压力4兆帕，管理单位为聊城厚德燃气有限公司。“信发”输气管道（冀宁线禹城站—茌平），设计压力6.3兆帕，管径508毫米，全长32.28千米。

聊城市输油气管网图　（2015年摄，张衍明）

2015年聊城市油气管道基本情况表

表6-14　　单位：千米（里程）、万吨/年（油）、亿立方米/年（气）

项目名称	管道里程	运营状况	途经省市	途经站场	投产时间	输送介质	设计输送量	实际输送量
临濮输油管道	172	运营	山东聊城	范县站、十八里站、侯营站、北城办事处站、赵寨子站、固河站	1979	原油	300	300

续表 6-14

项目名称	管道里程	运营状况	途经省市	途经站场	投产时间	输送介质	设计输送量	实际输送量
鲁皖管道二期西线输成品油管道	121.6	运营	山东聊城	聊城站	2009	成品油	—	21.47（聊城下载量）
中沧线天然气管道	177	2016 年停输	山东聊城	范县站、莘县站、开发区北杨集站、高唐站	1986	天然气	10	6
中济线天然气管道	171	运营	山东聊城	十八里站、开发区北杨集站、赵寨子站	2002	天然气	10	3.65
榆济线天然气管道	120	运营	山东聊城	道口铺站	2009	天然气	30	2.92
聊泰输气管道	47	运营	山东聊城	开发区北杨集站	2002	天然气	2.40	2
信发天然气管道	32.28	运营	山东聊城	信发门站、高唐分输站	2014	天然气	14.60	3.30
实华天然气管道	18.10	运营	山东聊城	实华门站	2004	天然气	3.60	0.50
临清新能输气管道	40.90	运营	山东聊城	高唐下设马颊河阀室（位于马颊河东岸，作用为中间阀门）	2003	天然气	1.10	0.20
莘阳输气管道	25	运营	山东聊城	中石化莘县分输站	2006	天然气	1.46	0.50
莘冠输气管道	42	运营	山东聊城	—	2004	天然气	1.10	0.57

第四章　邮　政

1997 年，聊城地区共有邮电混业经营的营业网点 171 个，其中农村支局 135 个、城市支局 36 个。1998 年 10 月邮电业务分营，产权划归邮政企业的农村支局有 41 个，且全部为低矮破旧的平房，8 个邮政企业中有 4 个无生产办公场地，其他 94 个乡镇无营业生产场地，靠租赁电信局所辖场地办理业务，独立运营。2001 年，所有城乡邮政生产经营场所全部恢复。

2013 年 4 月，市邮政管理局建立起覆盖各县（市、区）的城乡邮政特邀社会监督员队伍，对邮政业务服务进行全方位的监督检查。2014 年 11 月，成立邮政业消费者申诉中心，维护了邮政业消费者的合法权益，促进了邮政业服务质量提高。2015 年 6 月，全省邮政服务“三农”现场会在聊城召开，对聊城邮政服务“三农”新模式提出表扬；12 月，联合聊城大学共同建立聊城市现代邮政业人才培训基地，为邮政业健康发展提供人才保障和智力支撑。

至 2015 年年底，通过新建、购置、改建、扩建等方式，全市共建有城乡邮政营业窗口 176 个，邮政便民服务站 5615 个。全年邮政业务收入 5.07 亿元，是 1998 年的 9.67 倍；实现利润 5753 万元，绝对值列全省同行业第三位。

第一节　体制沿革

1997 年，境内邮政和电信业务均由聊城地区邮电局承担。1998 年 3 月，聊城撤地设市，原聊城地区邮电局更名为聊城市邮电局。是年 10 月，根据国务院邮电体制改革统一部署，聊城市邮电局分离为聊城市邮政局、聊城市电信局。10 月 8 日，聊城市邮政局正式挂牌并独立运营，隶属于山东省邮政局。其主要职能是负责对全市邮政通信行业进行管理，为全市党政军机

1998年10月8日，聊城市邮政局挂牌成立

关、企事业单位以及城乡广大人民群众提供邮政普遍服务。聊城市所辖7个县、市邮电局（及所属城乡邮电支局）亦同期分离成邮政局（支局）和电信局（支局）。

2003年，为适应城乡邮政营业网点业务发展需要，各城乡邮政支局更名为邮电支局。2007年2月，山东省邮政局撤销，设立山东省邮政管理局与山东省邮政公司。聊城市邮政局隶属于山东省邮政公司，不再担负全市邮政通信行业管理职责。

2008年3月，中国邮政储蓄银行聊城市分行挂牌成立。邮政储蓄业务经营范围得到扩展。聊城市邮政局及所属邮政营业网点仍经办邮政储蓄业务，与中国邮政储蓄银行聊城市分行为代办关系。

2010年6月，山东省邮政速递物流有限公司聊城分公司注册成立。特快专递（即EMS）从原邮政业务分离，聊城市邮政局各营业网点仍代理特快专递寄递业务。

2012年10月25日，聊城市邮政管理局成立。2014年2月，聊城市邮政局更名为山东省邮政公司聊城市分公司。2015年5月1日，山东省邮政公司聊城市分公司更名为中国邮政集团公司聊城市分公司，隶属于中国邮政集团公司山东省分公司。

至2015年年底，中国邮政集团公司聊城市分公司下辖7个县（市）分支机构和聊城市区两个生产分局，共有邮政营业网点176个，其中农村支局136个、城区支局40个、纪特邮票发行网点8个、机要通信网点8个、邮政便民服务站5615个。

2015年聊城市邮政营业网点分布情况表

表6-15

业务范围区域	城区网点			农村网点	
	邮政业务、金融业务	金融业务	邮政业务	邮政业务、金融业务	邮政业务
聊城市区	大楼、火车站、建设路、兴华路、开发区、龙山、香江	—	古楼、东昌、市中、花园、电大、聊大	斗虎屯、梁水镇、八刘、阎寺、嘉明、道口铺、堂邑、张炉集、大张、沙镇、湖西、朱老庄、李海务、于集、许营、蒋官屯、北杨集	郑家、候营、电厂
高唐县	国棉、湖滨、汇鑫	—	鼓楼	固河、韩寨、姜店、梁村、琉璃寺、南镇、清平、杨屯、尹集、张大屯、张庄、赵寨子	三十里
东阿县	工业街、环球	—	府前街	陈集、大李、大桥、单庄、高集、顾官屯、关山、黄屯、姜楼、刘集、杨柳、姚寨	牛店
阳谷县	博济、狮子楼	侨润、大众路	北环	阿城、七级、安镇、大布、定水镇、范海、高庙王、郭屯、李台、金斗营、十五里园、石佛、四棚、西湖、张秋、阎楼	寿张

续表 6-15

业务范围区域	城区网点			农村网点	
	邮政业务、金融业务	金融业务	邮政业务	邮政业务、金融业务	邮政业务
莘县	—	新华、莘城	振兴街	莘亭、河店、燕店、魏庄、张鲁、俎店、十八里、朝城、徐庄、古城、柿子园、王庄、樱桃园、观城、古云、三厂、妹冢、大张、董杜庄	张寨、大王寨、王奉
冠县	冠宜春、环路、和平	—	—	北陶、店子、丁寨、东古城、范寨、甘屯、贾镇、兰沃、梁堂、柳林、清水、桑阿镇、万善、斜店、辛集、烟庄	—
临清市	大桥、东风、京华、温泉、先锋	—	新华路	八岔路、大辛庄、戴湾、胡里庄、金郝庄、康庄、康圣庄、老赵庄、刘垓子、潘庄、尚店、石槽、松林、唐园、魏湾、肖寨、朱店、	烟店
茌平县	车站、城关	—	新政	胡屯、冯官屯、王老、杜郎口、郝集、乐平铺、韩集、广平、丁块、博平、菜屯、肖庄、贾寨、洪官屯、杨官屯、韩屯	温陈

第二节 邮政设备

一、邮政运输车辆

1997 年，全区有邮政汽车 60 辆。1998 年，邮电分营时，聊城邮政共有机动车辆 65 辆，除行政公务用车外，有 54 辆用于邮件运输、储蓄运钞、揽收投递特快专递邮件等。2000 年，全市投递网络改造扩建，为减轻投递员邮件负重，聊城及各县（市）城区组建 11 条汽车投递段道。2008 年，全市投资 400 万元，为城市投递员统一配置电动自行车 459 辆，为乡镇邮政投递员配置摩托车 396 辆。是年，为配合至潍坊航站夜间快速邮路及各县（市）快速邮路的开通，新增和更新速递专用汽车 33 辆。2013 年，投资 376 万元，对运钞和邮运车辆进行更新。2014 年，投资 291 万元，购置 12 辆邮运车辆和 7 辆运钞车辆；投资 38 万元，更新 197 辆投递电动自行车。2015 年，为提升邮政投递服务能力，促进邮政农村电商业务的发展，以“带车加盟”形式，先后为农村投递员购置 300 余辆电动厢货汽车。至 2015 年年底，聊城邮政企业拥有生产用汽车 154 辆，其中金融专用车辆 35 辆、速递专用车 3 辆、邮运汽车 26 辆、投递专用汽车 11 辆、其他生产用车 79 辆。

新配备的邮运车辆 （2014 年摄，赵阳磊）

二、邮件处理设备

1997 年，全区仅有商函处理作业线 1 台。邮件处理主要靠人工分拣，除有少量包裹传送带外，基本无其他机械设备。1998 年 12 月，聊城市邮政包裹分拣设备主体工程建成，1999 年 5 月投产运行。该系统包括包裹细分机、开拆除尘台、胶带机、电控室、螺旋滑槽及推挂设备等。1999 年，购置报刊分发流水线 1 套，由报刊分发中心分发报刊，至 2015 年仍在使用。2003年8月，随着聊城邮区中心局封发功能弱化，包裹自动分拣设备停止使用。2015年，投资45万元购置智能包裹柜16套，布放于部分行政企事业单位和居民小区，用于投递用户信件、快递和包裹。是年，将处理快包车间和转运车间合并，安装安检机、胶带传送分拣设备1套。

三、储蓄自助机具

1997年，全区邮政储蓄无任何自助机具，储蓄业务均由储蓄营业员双人临柜办理。1999年，购置ATM自动柜员机10台，其中，聊城市区3台、县（市）各1台。2000年，与合作运营商合作运营，累计开通ATM机13台。2008年，更新ATM机9台。2010年，新增更新ATM机11台。2011年，投资800余万元，分两批布放ATM机95台，全市ATM机118台。2012年，投资100万元，购置ATM机37台、CRS存取款一体机6台。2013年，投资914万元，新增CRS机56台、ATM机3台。2014年，全市再次投资826万元，布放CRS机54台。2015年，新增CRS机83台。至2015年年底，全市累计在线使用自助机具353台。

四、信息技术设备

1997年，市邮电局共有计算机390台，其中用于邮政生产172台。1998年10月邮电分营后，邮政营业窗口用计算机271台、内部生产单位用计算机139台、行政办公用计算机42台，总计452台。是年，在资金十分紧张的情况下，全局投资371万元购置微机174台，新建电子化支局161处。购置邮政多媒体查询系统10套，为用户在各县（市）邮政中心营业厅查询邮政业务提供便利条件。1999年，全市171处城乡邮政支局全部实现电子化，邮政营业实现微机处理。2000年，全市配备邮资机20台，其中聊城市15台，临清市、阳谷县、莘县、茌平县和冠县各1台。2009年，先后投资183万元，为各生产经营单位配备自动化办公设备。至2015年年底，全市有综合管理用计算机278台、内部生产环节用计算机350台、邮政营业窗口用计算机52台、对外服务台席或其他单位用终端机708台（套），共计1388台。

第三节　邮政业务

一、函件寄递

函件为邮政传统业务。1997年，全区年函件业务量1502.67万件，人均信函量2.73件。1999年3月1日，国家调整邮政资费，规定：国内平信，每重20克或其零数，本埠由0.5元提高到0.6元，外埠由0.5元提高到0.8元，挂号信每件加收挂号费2元，明信片不分本、外埠一律0.6元。2000年，由电脑系统控制的邮资机开始投入使用。是年12月15日，随着邮资机的普及，全部取消“邮资已付”戳记。2001年起，个人交寄函件量逐年下降，单位寄递的以产品宣传、业务推介为主的邮资封、片、卡和无名址函件寄递量逐年上升。2001年，全市实现函件业务量2032.75万件，包括函件、包件、汇兑、广告明信片等项业务增幅均居全省第一位。2002年8月1日，经国家邮政局批准，市邮政局开发的“光岳楼”邮资信封正式发行，是年为全市党政军机关、企事业单位及各类社会组织印制“光岳楼”邮资封158.6万枚。2003年“非典”防治期间，全市邮政员工克服种种困难，确保通信畅通，是年完成函件业务量2800.1万件。2006年11月15日，国家再次调整邮政资费，国内平信，本埠由0.6元提高到0.8元，外埠由0.8元提高到1.2元，挂号信每件加收挂号费3元。2008年，全市函件量发展迅速，业务量完成2836.6万件，跻身全国函件发展“百团大战”竞赛行列。2009年，全市函件业务量4382.19万件，人均信函量7.52件，其中以中邮广告（DM）为主体的无名址函件量3804.24万件。2012年以后，随着信息技术和快递业的发展，函件业务量逐年下降，至2015年，全市函件业务量降至877.51万件，人均函件量1.45件。其中国内平常信件60.43万件，国内挂号信件25.01万件，无名址函件681.95万件。

二、包裹寄递

1997年，全区邮政各营业网点均办理国内普通包裹寄递业务，城市中心邮政营业室办理国际及中国港澳台地区包裹寄递业务。1997年、1998年、1999年三个年度，全市收寄普通包裹分别是19.47万件、24.15万件和30.93万件。国际及中国港澳台地区包裹每年不足百件。2001年，开办时限和资费均介于普通包裹和特快专递之间的快递包裹，开办是年收寄772件。2004年，在普通包裹量持续走低的情况下，快递包裹业务1.42万件。2010年，收寄普通包裹5.32万件、快递包裹6.53万件、国际及中国港澳台地区包裹600件。2013年，针对电商开办国内小包业务，是年收寄国内小包7.14万件。2014年迅速增长至64.07万件。2015年，全市邮政包裹总量104.63万件，其中国内小包95.52万件、普通包裹7.94万件，快递包裹1.16万件、国际及中国港澳台包裹185件。

三、邮政汇兑

1997—2000年，全市办理的邮政汇兑业务有普通汇款、电报汇款两种。2000年，开发普通汇票24.38万张、电报汇票1.53万张。是年，兑付进口汇票671.8万张，金额4.98亿元。

1999年，开办礼仪汇款业务。2001年12月，全市开始办理电子汇兑业务，同时停办电报汇款。是年，开发汇票22.72万张，电子汇兑业务仅有361笔。2002年，新增入账汇款业务。2006年，开办自行通知汇款业务。2008年，邮政储蓄体制改革后，汇兑业务纳入邮政储蓄银行业务范围内。邮政企业办理的汇兑业务为代理业务。2015年，全市邮政企业办理国内电子汇款业务14.43万笔，汇款金额2.18亿元；兑付汇票5.42万笔，兑付金额6000万元；出口国际汇票7笔，金额8207.3美元。

四、报刊发行与零售

报刊发行分为集中订阅和日常零售。1996年7月，设立聊城地区报刊零售中心，主管全区邮政报刊零售业务，并开办期刊零售批发、特发报刊零售及音像租赁服务项目。1997年，全区订阅报纸期发份数18.67万份、杂志期发份数10.05万份，报刊流转额2215.21万元。1998年，与上年报刊期发份数和报刊流转额基本持平。

2000年，以聊城市区为主，新建邮政报刊亭70余处。2003年，全市邮政报刊亭130余处，被誉为“城市文明建设的一道亮丽风景线”。是年，零售邮发和零售特发报纸累计338.82万份、杂志累计234.64万份。订阅和零售共实现报刊流转额4063万元。2007年，市邮政企业成功开发商务期刊。至2009年，《特别文摘》形象期刊一次性收订3.75万份，实现收入112.58万元。该开发项目被集团公司、国家邮政工会授予“全国邮政系统营销创百优劳动竞赛”优秀营销项目。2011年，投资399万元，全市更新报刊亭133处。2015年，订阅报纸26.07万份、杂志期刊31.69万份，零售邮发、特发报纸和杂志期发份数分别为4642份和2.85万份，报刊流转额7656.75万元；全市邮政报刊亭存量为187处。

五、集邮

集邮业务与邮品制作　1997年，全区集邮邮票业务量1001.83万枚。是年7月，《香港回归祖国》金箔小型张作为首枚金箔邮票发行。1999年，开始注重集邮票、集邮品并举，是年集邮邮票业务量902.33万枚，开发集邮邮品10.70万册。2001年，配合市政府旅游发展战略的实施，设计发行《江北水城——聊城风光》邮册，为市内形象邮册、企业年册等邮品定向开发之始。2003年，开发个性化邮票1.4万版、企业形象年册7000本。2007年，开发《京杭大运河——聊城段》专题邮册。2009年9月26日，《京杭大运河——山陕会馆》特种邮票首发式活动在中国运河文化博物馆举办。是年，制作个性化邮票2.07万版。2015年，全市集邮邮票业务量265.57万枚、集邮邮品5.48万册，集邮收入实现1821.7万元。

集邮协会　聊城市集邮协会于1986年1月5日成立。1997年，全区集邮协会会员738人。1998年6月，聊城市集邮协会召开第三次代表大会，会议通过新的协会章程。1999年10月，集邮协会举办“庆祝中华人民共和国成立五十周年暨聊城市第三届集邮展览”。2000年7月，山东省内第一个企业家集邮组织——聊城市企业家集邮协会成立。是年12月，山东省第一家集邮培训学校——聊城集邮学校成立。集邮学校设立于聊城市邮政局邮票公司办公楼内，时任中华全国集邮联合会会长刘平原为聊城集邮学校揭牌。2003年12月，聊城集邮学校被全国集邮联合会授予“全国青少年集邮活动示范基地”称号。2006年1月，聊城市集邮协会举办庆祝聊城市集邮协会成立20周年暨第四次集邮展览。2009年5月，聊城市集邮协会召开第四次会员代表大会，并举办聊城市第五届集邮展览。9月，举办庆祝中华人民共和国成立60周年暨第六届集邮展览。2014—2015年，聊城市集邮协会多次深入大中专及老年大学开展集邮文化进校园活动。至2015年年底，全市有集邮协会9个，集邮协会个人会员4328人。

六、特快专递

1997年，聊城邮电企业办理特快专递业务有4年的业务发展经历，并于1996年设立专门机构经营此项业务。1998年邮电分营，全市收寄国内特快专递（含同城）8.52万件、国际特快专递1412件，业务收入共计224.01万元。1999年，先后开办速递新娘、鲜花礼仪、生日祝福、快货直运、高考录取通知书专递业务。2003—2006年，全市邮政速递部门大力开发包括驾驶员信息卡、居民二代身份证、法律文书在内的同城快递业务，四年间其业务量分别为23.7万件、29.2万件、42.7万件和91.5万件。2007年，相继开办省内“次晨达”“当日递”、电子商务、香港限时递业务，“当日递”业务量日均30件。2008年，E邮宝、代收货款项目规模快速膨胀，E邮宝业务完成收入15万元，代收货款业务完成收入25万元。2009年，全市收寄各类特快专递邮件107.60万件。其中，信函类国内异地邮件50.85万件、同城邮件34.03万件、国际及中国港澳台地区邮件3437件，物品类国内异地邮件21.25万件、同城邮件8094件，国际及中国港澳台邮件3299件。2010年6月23日，山东省邮政速递物流有限公司聊城分公司注册成立，全市邮政企业改为代理速递业务。2014年3月，市邮政管理局组织8家快递企业将超保存期限的近440万份快递运单集中销毁，保障客户寄递信息440余万条；10月，聊城市政府《关于促进邮政快递服务业健康发展的意见》出台，将邮政业纳入地方经济中长期发展规划，在政策扶持、人才支撑、市场监管、惠民通邮等诸多方面明确了要求。2015年，全市邮政企业代理速递业务量10.70万件，其中，国内异地特快专递6.77万件、同城快递3.92万件、国际及港澳台特快专递83件；代理2千克以下速递邮件6.70万件。

七、电子商务

2000年，邮政企业设置电信业务局，由省级邮政企业统一开设的邮政无线寻呼台开台并在聊城市放号。2001年起，开始试办代收话费业务；至2002年，先后与网通公司、移动公司、联通公司和铁通公司等电信运营商达成话费代收协议。2003年，对各通信公司业务虚拟运营取得突破，邮政综合计算机网话费代收平台的开通和代维、代修、代放号的开办，使邮电分营后

2015年5月，举办全市邮政“互联网+”培训班 （赵阳磊摄）

邮政服务网点服务范围由单一的邮政领域向电信领域拓展，网点名称也由邮政支局变更为邮电支局。是年，实现电信业务收入 213 万元，其中代放号 3.7 万个、代售电话卡 7300 张。2004 年，全市放号 10.24 万部，其中代办小灵通 1.82 万部、代放手机卡 7.93 万张。2006 年，全市邮政系统代放移动号 20.4 万个，放号量占全省邮政总放号量的 40%；安装公用电话 5582 部，代收话费 262 万笔。2007 年，邮储短信业务发展迅速，邮储短信户数 21.2 万户。2010 年，电子商务业务进一步拓展，销售航空客票、“送旅游下乡”“自邮一族”等项目相继开办。2011 年，依托各邮政营业网点和邮政便民服务站平台，开通代理汽车票和火车票业务。2014 年，开通代办 ETC 业务。2015 年，开通代开国税发票业务。2015 年，全市邮政电子商务完成代收代缴 1602.69 万笔，代收代缴金额 11.75 亿元，邮储和集邮短信户数 75.33 万户，代理各类客票 7.55 万张。

2014 年，随着“互联网 +”时代的到来，邮政营业网点正式开始拓展农村电商业务，建立了“一大平台 + 六大服务”的新模式。“一大平台”，即将电商服务、双向物流服务和金融服务充分融合，构建覆盖全省的线上线下、三流融合、运转高效、管理规范、城乡一体的开放化、社会化平台；“六大服务”，即工业品下乡服务、农产品进城服务、物流配送服务、便民服务、创新孵化服务、金融服务。通过这一模式，基本实现让广大村民购物不出村、销售不出村、生活不出村、金融不出村、创业不出村、寄递不出村。2015 年，平台交易额 1726 万元。

八、物流分销

2002 年，物流分销业务在聊城邮政正式启动。自是年起，物流分销业务发展以“连锁经营 + 配送到户 + 科技服务”为运作模式。以搭建农村物流网络为基础，形成连锁配送能力；以农业科技推广普及为支撑，形成农技服务的新渠道；以农民经营“三农服务站”为基础，形成最广泛的连锁加盟分销网络。2011 年起，探索并在全国率先创造了“鸿雁合作社 + 万亩示范田 + 一体化服务”新模式。此外，在配送农资的同时，开拓酒水、日常生活用品等各类快消品配送服务。2015 年，业务收入 1862 万元。

第四节　邮政网络

一、营业网点

1998 年邮电分营前，全市所有邮政营业网点均为邮政、电信混营。分营后，全市 170 多处邮电营业用房仅有 40 处分配给邮政，其余 130 余处邮政营业网点，为租赁电信企业营业场所。是年 12 月 1 日，聊城大楼邮政综合营业厅正式开业，成为全市第一个独立运营的邮政营业网点。至 2001 年，邮政企业通过新建、购置、租赁等形式，逐步解决全市所有邮政营业用房问题。为适应不断扩大的城市建设规模，聊城龙山、香江、火车站、建设路、电大、聊大、市中，阳谷博济桥、侨润，冠县冠宜春、环路，临清温泉、京华，茌平新政路，东阿工业街，高唐汇鑫，莘县莘城等一批城市邮政营业网点先后建成。至 2015 年年底，全市共有邮政营业网点 176 个，其中城区网点 40 个、农村网点 136 个，153 个网点代办邮政储蓄业务。

二、邮政线路

1997 年，全区共有邮路 35 条，总长度 2138 千米。其中，二级干线邮路 4 条，长 355 千米；其他为县至乡镇农村支线邮路。由济南邮政派押的济聊南线（济南—长清—东阿—阳谷—聊城）和济聊北线（济南—齐河—茌平—聊城—临清—聊城）成为贯穿全市两条主干邮路。聊城邮政承担聊城—莘县—冠县、聊城—高唐两条区内干线邮路和于集、阎寺方向两条支线邮路和市区两条趟班邮路报刊邮件的接转任务。自 1997 年始，聊城邮政先后接发京九铁路火车邮路 4 对（南昌—北京、合肥—北京、郑州—北京、菏泽—哈尔滨），至 2009 年前火车邮路陆续停接。1998 年 11 月，聊城邮政三级邮区中心局体制正式启动，月均进、出口总包量由过去的 332 袋增

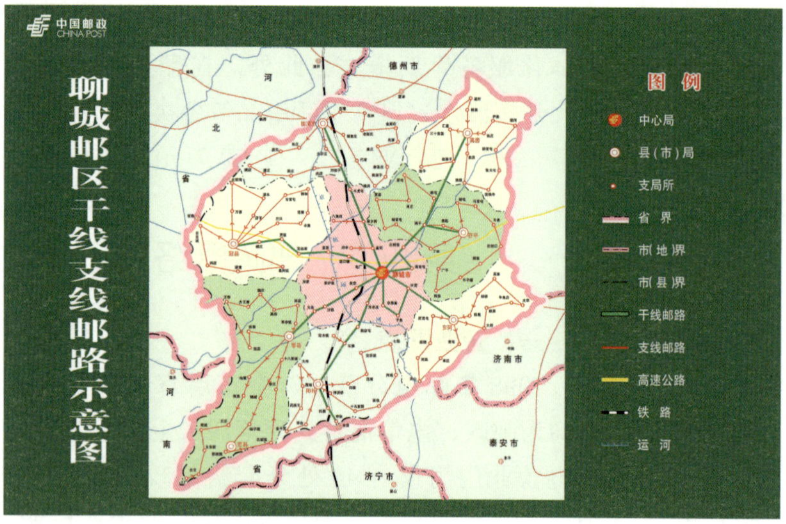

聊城邮区干线支线邮路示意图　（2015 年摄）

区中心局正式运行，聊城市市区各营业网点及各县（市）城区、农村支局营业网点收寄的各类邮件，一律封发至聊城邮区中心局或速递局处理，平常信函、挂号信函分别建有直封格口 52 个，包裹直封格口 69 个。2000 年 2 月，对封发关系作了部分调整。进口各类邮件，聊城市区的挂号邮件由邮区中心局分拣并封至各投递中心，平常函件分发并封至各投递段。各县（市）城区及农村支局的进口邮件由邮区中心局直封至各县（市）封发部门或乡镇支局。

至 1377 袋，出口邮件对全国各省及省内 16 地市局全部建立固定直封关系，进口邮件直封至支局。配合邮区中心局体制的施行，自 1999 年 7 月起，济南邮政派押的济聊南线和济聊北线沿途县（市）乡镇的报刊邮件不再卸交、接收。聊城邮政开通 9 条区内邮路，邮路总长度 2747 千米。2003 年，开通聊城—济南夜间直达邮路，次日早 8 时返回聊城。2008 年，开通聊城至七县（市）快速邮路 7 条和聊城—潍坊邮政航站夜间直达邮路，使聊城出口的特快专递邮件赶发有效航班（2010 年全部调至分离出去的山东省邮政速递物流有限公司聊城分公司派押）。2015 年，全市邮路共 38 条，其中省内干线邮路 3 条（含济南邮区中心局派押 2 条）、市至县（市）区内邮路 14 条、县（市）至乡镇农村邮路和市内转趟邮路 21 条，邮路总长度（单程）3096 千米（不含济南派押 2 条邮路里程）。全年实际运行里程 171.05 万千米。

三、分拣封发

1997 年至 1998 年 10 月，聊城邮件分拣封发部门隶属于原县级聊城市邮电局城市邮政通信处，其职责为聊城市城区支局和乡镇农村支局收寄各类邮件和进口邮件的分拣封发，以及聊城区域内各县（市）邮件的经转。平常信函出口直封格口建有 45 个，挂号信函直封格口 22 个，普通包裹直封格口 26 个。1998 年 11 月，聊城邮

2001 年 6 月，省邮政管理局决定弱化三级中心局功能，取消聊城邮区中心局邮件集中处理。出口邮件由县（市）汇总封至济南邮区中心局，聊城到县（市）邮路沿途支局的出口邮件，交聊城邮区中心局处理，其他符合直封条件的可直封济南经转。进口的各类邮件，仍按原处理模式运行。2003 年 8 月，改为由济南中心局分拣、封发至聊城各县（市）和部分投递局。2015 年，聊城市区及本部农村支局的进口邮件，由聊城中心局分拣封发处理，并经转各县域之间互寄的邮件。

四、投递段道

1997 年，全区城乡投递段道共 447 条，投递总里程 1.74 万千米。其中聊城市城区投递段道 12 条、郊区段道 6 条、乡镇支局投递段道 43 条。城区投递为逐日班，农村投递为周六班。进口特快专递邮件，区、县（市）城区由速递部门专门投递，乡镇由农村支局投递员投递。1999 年，市、县两级邮政企业成立发行投递分局。2000 年，配合报刊发行翻番目标的提出，细分投递段道，加大投递深度，全市城区投递段道调整为 212 条，聊城市区投递段道由原来的 12 条增加至 65 条。城区投递频次实现日出两班、早报早投。聊城市发投分局下属报刊分发中心，设有粗分台 1 个、细分台 5 个，对聊城市区 4 个投递中心和全市 135 个农村支局的报刊分发和封

发，聊城市区分封到投递段。全市建有信报箱格口 5.98 万个，妥投点 3.74 万处。2012 年，建邮政信报箱群 1369 处，信报箱群格口 6.94 万个，妥投点 7.63 万个。2015 年，省邮政公司在聊城市区试点，撤销发行投递局，保留报刊发行局，投递专业下沉至营业局所辖网点，原发投分局 4 个投递中心分别划归城区 6 个营业网点。

至 2015 年年底，全市投递段道共计 544 条，其中城市段道 178 条、农村投递段道 366 条。投递段道总里程 2.39 万千米，其中城市段道 4945.2 千米。设城区信箱（筒）48 个、农村信箱（筒）189 个。

五、信息技术

1999 年 3 月，全市邮政储蓄计算机联网工程开始运营，共计投资 2000 余万元。2000 年，邮政储蓄计算机网络实现全国联网，全市 153 个城乡邮储网点并入省网、国网，实现了“一卡在手，神州遍游”的目标。2001 年，邮政综合计算机网完成了广域网、局域网和交换机设备的安装调试，聊城 178 个邮政营业网点可对外办理电子汇兑业务，以及报刊要数，数据传递实现了网上运行。2007 年，完成 ATM/POS 银联前置、电子化支局省集中、储蓄汇兑支局网点服务器省集中、中间业务平台系统、邮储核心主机系统扩容改造。2008 年，邮储账户管家、小额信贷、电话银行系统顺利上线；完成“11185 客服中心”省集中改造工程上线切换、电子商务信息平台推广、省内短信平台改造、办公自动化信息化建设等工作。电子汇兑大集中工程，数据主机上移国家中心，应用前置上移省中心，系统稳定性和数据安全性明显提高。2009 年，完成投递信息系统、信息网络安全防范系统、代理保险大集中工程、信报箱信息系统、物流分销信息系统建设和功能扩充。2015 年，对柜员实行办理储户大额取款及特殊业务的远程授权。是年，重新高标准建设远程监控中心，实现了对全市所有邮政自营网点和代理金融网点、各级金库、邮车、押运车运行、邮件处理中心等重点区域的远程联网集中监控和非现场检查。

第五节　社会快递

一、行业发展

1996 年 6 月，顺丰快递进驻聊城市场并开展业务，公司在聊城的员工规模由最初的 7 ～ 8 人增加至 2015 年的 300 余人。2006 年、2007 年、2008 年，先后有中通快递、韵达快递、圆通快递进驻聊城市场并开展业务。2011 年，百世快递进驻聊城市场，公司员工规模由最初的 5 人增至 2015 年的 200 余人，快件数量由最初的每天 200 余件增加至每天 1.5 万余件。2013 年，全市快递服务企业业务量累计完成 812.11 万件，业务收入累计完成 1.11 亿元。2014 年，全市快递服务企业业务量累计完成 1255.44 万件，业务收入累计完成 1.36 亿元。2015 年，全市快递服务企业业务量累计完成 2079.98 万件，业务收入累计完成 2.06 亿元。

至 2015 年年底，全市获得快递业务经营许可的企业（含分支机构）106 家，行业从业人员 3300 余人。

二、快递协会

2013 年 7 月 31 日，聊城市快递协会成立，协会接受市邮政管理局的业务指导，搭建市邮政管理局、企业和消费者之间的交流平台，提供快递行业信息，维护会员合法权益，加强快递行业自律，规范快递行业经营服务行为和市场秩序。聊城市邮政管理局、聊城市快递协会落实山东省邮政管理局《关于在全省快递行业开展创建青年文明号活动的通知》，推动创建“全省快递行业青年文明号”工作。2015 年，东昌府区四方物流有限责任公司客服部被共青团山东省委、山东省邮政管理局、山东省快递协会联合授予“快递行业 2013—2014 年度山东省青年文明号”称号。全市快递行业中的 EMS、韵达、圆通、百世等 6 家快递企业的 11 个基层部门申报快递行业省级青年文明号，并现场观摩和学习获得“国家级青年文明号”称号的聊城市邮政分公司大楼支局的经验做法。是年，在系统内组织开展“青年安全

2013 年 7 月 31 日，聊城市快递协会成立

生产示范岗”“青年突击队”“青年岗位能手”等争创活动。全市寄递企业有 3 名女职工获得省级“巾帼建功先进个人”，1 名女职工获得省级“巾帼建功十大标兵”称号。

第六节　邮政服务“三农”

2002 年，聊城市邮政企业充分利用邮政网络优势，在全国邮政行业率先创办农资配送服务项目，开启邮政服务“三农”（农业、农村、农民）的先例。2004 年，以服务“三农”为重点，邮政物流及分销业务实现收入 921 万元，绝对值列全省第七位。2005 年，创建以分销化肥、农药、良种和部分日用品为内容的邮政“三农”服务站 712 处。是年，全国邮政服务“三农”座谈会在聊城召开，聊城邮政的做法得到首肯并在全国推广。

2011 年始，率先在全国启动“邮政万亩示范田”项目，把邮政服务“三农”向全方位、多领域推进。逐渐发展成为“七统一”（统一供种、统一供肥、统一培训、统一防治、统一深耕、统一收购、统一销售）的“邮政万亩示范田＋鸿雁合作社＋一体化服务”半托管模式的邮政便捷服务“村村通”工程。至 2015 年，全市邮政示范田面积保持在 200 万亩，鸿雁合作社社员保持 29.1 万户，打造精品示范村 637 个，玉米示范田亩产 700.10 千克，高出对照田 85.55 千克。

2011 年起，利用邮政点多、面广、线长的行业优势，以开办村级邮政便民取款点、邮政便民服务站为起点，逐步建立起统一操作，以“邮掌柜、买卖惠”线上平台为支撑，以县、乡、村三级线下运营为基础，以邮政物流配送体系为保障的“020”营销模式（离线商务模式）。至 2015 年，全市建成农村电商旗舰店 1082 处，入驻商户 687 家，上线产品 3.7 万余种；累计建成县级运营中心 8 处、镇级服务中心 135 处、村级电子商务服务站 4171 处。同时，结合农村信件、报刊投递网络建设，累计配发电动箱货汽车 300 余辆，彻底解决配送最后 100 米问题。

2015 年，全年农村电商平台累计订单 13.2 万笔，交易量 1726 万元。借助便民服务站综合平台，是年累计代收话费 4.12 亿元、电费 4.84 亿元，代办车险 4073 户，助农取款 13.9 万笔，安装 POS 机 3805 部，1200 个站点实现代投自提，分销农肥 6100 吨。

第五章　电　信

1997 年以来，聊城境内电信技术日新月异，呈现多家竞争、全面普及发展态势。至 2009 年，除延续百多年的邮电局分营成立各个电信机构外，先后成立中国联合通信有限公司聊城市分公司（简称原聊城联通）、中国铁通集团有限公司聊城市分公司（简称聊城铁通）等，并随着电信体制改革不断深入，经过重组、融合，形成了中国联合网络通信有限公司聊城市分公司（简称聊城联通）、中国移动通信有限公司聊城市分公司（简称聊城移动）、中国电信集团公司聊城分公司（简称聊城电信）3家运营商和中国铁塔股份有限公司聊城市分公司（简称聊城铁塔）1家通信网络基础设施服务商，共同发展聊城电信事业的格局。至2015年12月，境内聊城联通、聊城移动、聊城电信运营商主要经营范围包括GSM、WCDMA、CDMA、TD-SCDMA、TD-LTE、FDD-LTE移动通信业务，固网通信业务（包括固定电话、宽带），国内国际长途电话业务，批准范围内的本地电话业务、数据通信业务，互联网业务，IP电话业务，卫星通信业务，电信增值业务以及与主营业务有关的其他电信业务。

第一节　体制沿革

1997年，境内电信业务均由聊城地区邮电局承担。1998年3月，聊城撤地设市；4月，撤销聊城地区邮电局，成立聊城市邮电局；10月，聊城市邮电局实行邮电分营，设立聊城市邮政局和聊城市电信局。聊城邮电局所辖临清市、高唐县、茌平县、东阿县、阳谷县、莘县、冠县邮电局于是年9月分别实行邮电分营。

1999年2月，中国联合通信有限公司在聊城设立分公司经营部，2000年10月，成立中国联合通信有限公司聊城市分公司。1999年7月，聊城市电信局剥离移动业务成立山东移动通信有限公司聊城市分公司，实现和原聊城联通同质竞争。2000年12月，聊城市电信局对多种经营业务实行独立经营，成立聊城电信鲁通有限公司，2003年6月撤销并融入主体单位。2001年2月，根据上级统一部署，聊城市电信局进行政企分开，不再履行地方通信行业管理职能，更名为山东省电信公司聊城市分公司，各县（市）电信局相继更名为山东省电信公司县（市）电信公司。至此，聊城市以邮电分营、电信重组、政企分开为主要内容的邮电管理体制改革工作基本完成，聊城电信进入市场经济下的企业化运作新阶段。山东省电信公司聊城市分公司的经营范围包括：本地各类国内、国际固定电信网络与设施（含无线市话）；基于固定电信网络的语音、数据、图像及多媒体通信与信息服务；与通信及信息业务相关的系统集成、技术开发等业务以及国家批准经营的其他电信业务。

1998年10月8日，聊城邮电实行分营

2002年5月，中国电信重组分为中国电信（南方）、中国网通（北方），山东省电信公司聊城市分公司归属中国网通；12月，山东省电信公司聊城市分公司更名为山东省通信公司聊城市分公司（简称聊城通信），各乡镇电信支局更名为山东省通信公司某某分公司某某营业部。2004年11月，中国网通集团在纽约和香港成功上市后，以山东省通信公司聊城市分公司上市部分资产为资本，成立中国网通（集团）有限公司聊城市分公司（简称聊城网通）。2008年10月，聊城网通与原聊城联通进行融合，于2009年3月成立新的中国联合网络通信有限公司聊城市分公司

（简称聊城联通），在内部管理体制上仍沿袭“市管县”模式。

2004 年 1 月，聊城铁通成立；2008 年 5 月，聊城铁通并入聊城移动，成为全资子公司；2015 年 11 月，被聊城移动全资收购。

第二节　电报传真

1997 年年初，全区有公众电报线路 21 路，载报终端设备容量 56 路，电传机 22 部。是年 11 月，聊城邮电局对电报通信终端设备进行改造，淘汰沿用 8 年的 BDD-4202 发报机和沿用 6 年的翰林机，使用传真终端设备，7 个县（市）局使用 YBD-1000B 电报分集器，166 个乡镇支局使用传真机进行收发，是年电报去报业务量 18.05 万张。1998 年，全市共有公众电报业务电路 21 条、用户电报业务电路 4 路、电传机 17 部。随后电报数量不断减少，1999 年电报业务比重占 0.2%。

1999 年 12 月，全市公众电报业务实行“一点受理”〔市、县（市）中心只设一个电报受理点〕、“一点投递”〔市、县（市）中心只保留一个投递点〕的办法。聊城市区“一点受理”点设在柳园南路营业厅内，来报有专职递报人员投递。2000 年 10 月，聊城市电报营业房撤销，境内公众电报均由济南经转。2001 年 6 月，撤销各县（市）局电传 / 传真电报分集机，其公众电报终端借分组网与济南分组服务器互联传递公众电报；8 月，取消加急电报业务，普通电报全程最大时限由原来的 6 小时调整为 12 小时，投递频次由原来的每天 6 次改为 3 次；9 月，除特别重要文件外，电子与纸质传真并行传送方式结束，只保留电子传真，由收发室通过办公自动化系统向各单位发送电子传真。2002 年 2 月，聊城市全部实行委托邮政局投递公众电报的办法。2003 年 12 月，根据省公司安排，组织实施当地公众电报电路退网工作，省内公众电报分两级传输，济南至市分公司采用 DDN 传输，市公司到本地县（市）分公司采用 PTSN 传真方式。2005 年 12 月 1 日，取消公众礼仪和鲜花礼仪电报。至 2005 年，普通电报资费每字 0.13 元，每份电报以 10 个计费字数起算，不足 10 个按 10 个字计算。另外，加收译电费，按计费字计算，每字 0.01 元。

2006 年 9 月 9 日起，聊城网通收缩公众电报营业受理网点，对公众电报业务投递方式作出调整。发往省会及地市级城市城区的电报，采取人工投送方式；发往其他地区的电报，送交邮政部门按挂号信邮寄至收报人。是年年底，电报业务正式退网，仅保留国家基准气候站至莘县气象局发送水文气象信息专用电报。

第三节　固定电话

一、市内电话

电话数量　1997 年，聊城邮电局本地电话网实现传输光缆化，交换程控化。是年，全区固定电话用户 11.77 万户，电话普及率 2.74%；交换机容量 11.58 万门，市话用户 7.56 万户。1998 年，电话用户 17.78 万户，电话普及率 3.85%；交换机容量 24 万门，其中市话 14.6 万门，市话用户 10.13 万户。1999 年，全市电话用户 23.3 万户，电话普及率 4.3%；交换机容量 45 万门，其中市话 24 万门，市话用户 13.3 万户，市话普及率 12.3%。2000 年 8 月，按照创建“电话县（市）”的要求，聊城市电信局成立“电话县（镇）”工程建设领导小组，加强“电话县（市）”创建工作。是年，新装电话 33 万户，累计用户 56.3 万户，电话普及率 10.4%；建成临清市、高唐县及聊城经济技术开发区 3 个电话县（市、区），电话乡镇发展到 42 个。全市交换机扩容 55.14 万门，总量 100 万门。其中，市话新增 13.71 万门，累计 35.72 万门；农话新增 39.12 万门，累计 64.35 万门。2001 年，全市固定电话总数 76.19 万户，普及率 13.76%，新增交换机容量 4.78 万线。2004 年，固定电话用户累计 90 万户，电话主线普及率每百人 19.31 部。2008 年后，随着小灵通及移动电话的替代和逐步普及，固定电话开始进入衰减期。2010年，固定电话收入占总收入26%。至2015年，全市固定电话总数52.65万户。

服务网点　2000年11月，聊城市电信局向社会推出“1000号”电话服务，主要用于电信业务处理、业务咨询、服务投诉、障碍处理、电话卡充值、电话号码查询等各类电话服务。同时，以原“114”查号台和“112”障碍台为主体，兼纳“189”业务受理台、“160”信息服务台、“180”服务投诉台、“170”话费咨询台等特殊服务台，组成综合性电信业务服务窗口1000号，实行一个窗口对外，向用户提供一揽子服务。随着通信技术的不断发展，“1000”号电话服务中心逐步将业务扩大到业务通知、业务宣传、考试查分、人工声讯服务以及电话装移机、来电显示受理等综合服务。2003年，“1000”号电话服务中心更名为“10060”号客户服务中心，实现电信全业务受理，用户拨打“10060”号可以办理固定电话和宽带装机、移机、改号、宽带改速率、来电显示、小灵通、程控业务开通或取消业务。2009年，“10060”号客户服务中心更名为“10010”号服务中心。2011年，“10016”电话营业厅投入运营，集服务、营销、维系于一体的电子服务模式初步建立。

安装费用　1999年3月，根据省物价局、省邮电管理局有关文件精神，市话初装费由不到3000元调整为500～1000元，农村电话初装费由不到1000元调整为300～500元，另收取150元工料费和30元手续费；月租费甲种用户每月19～40元，企事业单位、个体经营者用户每月25～40元。2000年7月，全市统一初装费，市话不低于400元/部，农话不低于200元/部。2001年7月起，聊城电信正式取消电话初装费，取消范围包括普通固定电话、模拟和数字用户中继线、语音（音频）、电路、集中用户交换机用户的初装费和ISDN设备接入费。至2015年年底，固话装机FTTH区域为装机费用120元加200元工料费（光猫费用），LAN区域为装移机费用120元，固话移机统一为60元装移机费用。

二、农村电话

1997年3月27日，聊城地委、行署在阳谷县召开全区农村通信工作会议，部署农村通信发展工作。是年，全区新增通电话乡镇46个、电话行政村1300个，村庄通话面55%；农话交换机容量4.79万门，发展农村电话2.87万户。1998年5月，临清市成为全市第一个实现村村通电话的县级市。全市农话交换机容量累计9.4万门，发展农村电话4.42万户，农村通话面70%。1999年，全市6467个行政村全部开通程控电话，全市农话放号5.7万部，通话面实现100%；农话用户10万户，农话交换机容量21万门，农话普及率2.1%；光缆总长度2215皮长千户米，覆盖全市所有乡镇及部分富裕村。2000年7月11日，市政府在临清市烟店镇召开全市农村电信工作现场会，推广其经验。烟店镇拥有电话部数5068部，农村电话入户率66%，被市政府授予“鲁西电话第一镇”称号。各县（市、区）电信局采取成片开发、规模放号、批量装机、重点发展方式，促进全市农村电话业务的发展。2000年年底，全市农话交换机扩容39.12万门，累计64.35万门。2006年，聊城网通实施全市“光进铜退”工程，用光纤电缆替代原有的铜制电缆。同时对标准化机房进行整合优化，对农村网点进行撤点合并，通信手段不断丰富，农村电话逐步减少。至2015年年底，聊城联通全市农村电话用户累计19.45万户。

三、长途电话

1997年，聊城邮电局长途交换机容量8010门，实装3189门，长途电路2657条。1999年12月，聊城市电信局开始经营国内长途通信业务。2000年，长途交换机容量11010路端，长途电路3168条，其中省际300条、省内2868条。随着固网融合业务逐步推进，渗透率逐步提高，2007年12月18日，聊城网通长途设备退网，长途业务迁移到汇接局设备，实现长途、市话合一。

四、公用电话

1997年3月1日，聊城地区邮电局对全区公用电话代办点进行全面整顿，统一悬挂公用电话代办证和公用电话标志牌，提升服务水平。是年发展磁卡电话41部，公用电话累计6577户。公用电话品种有计价器话机、桌式投币机及无人值守的磁卡机、IC卡话机和壁挂式投币话机等。用公用电话拨打“119”“110”“120”“122”“112”等特种服务电话均免费。IC卡公话业务自1996年开通，具有技术先进、成本低、防卫能力强、安全稳定、计费精准、全国漫游、全天候服务等优点。1999年，聊城市电信局加大IC卡公话发展力度，健全公话组织网络，发展社会代售IC卡网点，建立公话服务监督巡检队伍。1999年3月1日，调整公用电话资费，所有公话拨打本地网区电话每3分钟0.5元，拨打本地网区间电话每分钟1元；国内长途电话代办手续费每次1元，国际及中国港澳台地区长途电话代办手续费每次2元；公话代办户代办费标准为区内电话每3分钟0.15元，区间电话每分钟0.2元；所有值守计价器公话按照计价器上显示数额收费。

2002年12月31日，全面停止使用电话磁卡。随着电信市场竞争的加剧，大力发展IP公话超市。2003年，在公话的品种上增加了小灵通公话（无线公话），是年拆除全部磁卡电话机。有人值守智能公话累计8604部，在全省率先完成全年发展任务。2004年，聊城通信先后推出“智能小型电话超市”“预付费IP超市”等公话新产品。是年，有人值守智能公话累计1.16万部。2005年起，随着移动电话的不断普及，聊城市公话业务逐渐萎缩。至2015年年底，全市有公用电话机8.55万部，其中农村2.9万部。

第四节　无线通信

一、无线寻呼

无线寻呼是一种将选呼信号发送给携带寻呼机（又称BP机）的移动用户的单向个人选呼系统，境内其业务始于1993年5月。1994年5月，各县（市）邮电局无线寻呼操作台撤销，改由聊城邮电局统一操作、统一管理，并开通127自动寻呼台和128人工寻呼台。1997年11月，聊城地区邮电信息公司开通9898、9899第二寻呼台，是年全区无线寻呼容量增至10万门，无线寻呼用户累计4.41万户。

1998年下半年，无线寻呼业务从市邮电局划出，成立国家寻呼有限责任公司聊城市分公司（简称聊城国信寻呼）。1999年4月，中国国信寻呼集团、中国联通寻呼公司整建制划归原中国联通，成立无线寻呼事业部。2000年10月，聊城国信寻呼三大网络（126/127、128/129、198/199）与原聊城联通全面融合。2001年2月，原中国联通自有寻呼网络聊城分支机构（俗称小联通191/192）划归原聊城联通无线寻呼事业部统一管理。至此，126/127、128/129、198/199、191/192等4网统称为原中国联通寻呼。

2001年起，原聊城联通寻呼用户数量急剧下滑，业务收入不断下降。2002年6月，全省网络整合后，原聊城联通寻呼所有台号数据库合并为一，实现了寻呼业务一台清，人工、自动接通率均在98%以上。2002年4月，推出新资讯业务，为信息机用户、手机用户提供各类信息的定制与点播。2002年5月，推出两网通业务，可用手机接收寻呼信息、用寻呼机接收手机短信。推出“198”短信秘书业务，实现了用户拨通“198”，信息全办理。

2002年10月，推出“198”股票信息业务，可用PDA、股票信息机等终端接收股市行情信息、股评、专家荐股等大量与股市相关的信息。2005年年初，为保障在网缴费客户的利益（主要为股票机客户），原聊城联通提出无条件接纳原中国联通寻呼客户转为移动客户的承诺，并为客户办理退网退费。对部分仍有股票信息需求的客户，主动联系股票寻呼台，帮助客户顺利转网。

2005年7月20日，根据原中国联通总部的统一部署，原聊城联通宣布关闭无线寻呼业务。2007年3月正式停办，寻呼机正式退出中国移动通信行业。

二、无线市话

2001年，聊城电信试点建设无线市话（小灵通）一期、二期工程，受到市民普遍欢迎。2002年11月，聊城通信在聊城市城区、临清市、高唐县建设无线市话网络，2003年1月18日正式开通运行。2003年，全市无线市话投资1.04亿元，新建覆盖茌平县、东阿县、阳谷县、冠县、莘县5个县城区的无线市话网，并对各县市无线市话网进行优化扩容，共增加网络容量17.6万线。2004年，小灵通放号累计16.8万部，新增网络容量9万线，无线市话网覆盖到经济较发达的乡镇驻地和市县间主干公路沿线。

2006年9月，推出同号小灵通，即固定电话和小灵通共同使用一个固定电话号码。2008年4月，推出“灵通敞开打”业务。2009年，融合后的聊城联通统筹做好小灵通与移动业务协调发展，通过组合捆绑产品的推广，逐步减少小灵通用户规模；采取融合产品优惠、携号转网功能以及转网送话费、购机补贴等政策，小灵通用户向G网顺利转移。2010年，全市小灵通用户17万户。此后，根据国资委统一部署，实施3年内退出小灵通计划。2011年，加快推广小灵通转网合约计划，稳步有序推进小灵通用户转网。2013年年底，聊城及所属县（市）范围内PHS无线接入系统基站全部拆除，用户业务通过其他网络承载。2014年年初，后付费出账小灵通用户1565户，预付费用户1.79万户；7月，聊城联通成立小灵通转网综合处理室，专项解决小灵通转网问题；9月，所有小灵通用户全部退出，大部分选择转网，最后一个小灵通基站正式关闭。

第五节　数据通信

1997年3月，聊城地区邮电局建成全区地到县（市）DDN网；4月，中国公用计算机互联网骨干网聊城节点开通，建成本地计算机互联网、多媒体通信网和ATM宽带多媒体信息网，实现了信息高速传输，普通用户通过拨163/169实现上网服务，专线用户主要采用DDN接入方式连接到聊城节点；12月，聊城市邮电局开通聊城信息港。是年，数据基础业务（DDN、分组交换）发展237户，数据增值业务（计算机互联网、多媒体、电子信箱）发展63户。1998年，发展DDN用户129户、分组用户259户、国际计算机互联网用户578户、169多媒体用户722户。1999年，光缆总长度2215皮长千米，覆盖全市所有乡镇及部分富裕村庄，分组交换端口646个，DDN端口515个，163、169网拨号端口480个，设计容量9600户。2000年10月，对163、169进行并网，将169网的业务和客户向163网转移，把169网的物理网络作为IP电话的承载网，并支持ISDN方式拨号用户上网，专线方式用户接入能力大大增强，聊城IP网出口增加到155Mb/s和多条2Mb/s的数字数据电路。政府上网、企业上网、校园上网进展迅速，乡镇以上基本实现上网，有2400余家企业、26所学校实现上网。同时，对家庭上网采取分段封顶资费政策，163、169家庭用户与使用60小时之内的其他用户，信息费80元封顶，使用60～100小时，封顶100元，100小时以上照实收费。对教师、学生免收开户费，赠送20小时上网时长。是年，新增PC机各类上网用户2.28万户；数据通信增加DDN端口565个，拨号端口2670个；全市注册网吧50余家。

2001年9月20日，为丰富用户上网方式，聊城电信局开放“96168股市直通车”业务。是年，建成市到县宽带骨干网，具备4100个100兆端口接入能力，ADSL接入点新建22个，具备1512户接入能力；建设宽带小区16个，覆盖3800户；基础数据业务966户，互联网用户5.66万户，宽带新增434户。2003年1月，聊城通信建成城域网、光缆接入网、ADSL端口接入等工程，推出计时制ADSL拨号业务，解决宽带上网最后一公里瓶颈问题，新增宽带数据网LAN端口1万个，ADSL接点240个，ADSL端口3万线；基础数据业务用户1512户，宽带用户1.44万户，建成169个宽带小区，并对全市宽带IP城域网进行优化。2004年，电子政务、电子商务和企业信息化、社区信息化建设不断深入，网上纳税、网上证券、电话彩票投注等应用得到推广。宽带用户 3.48 万户，新建宽带小区 170 个，改造接入网点 18 个，搬迁乡镇模块局 7 处。2005 年，进行各县（市）光缆骨干网扩容建设，提高数据业务的传送速率。2006 年，完成 SDH10G 传输环网、ADSL 扩容、宽带城域网优化等工程；启动信息化“5+1”工程（政务信息化、教育信息化、企业信息化、社区信息化、家庭信息化，光进铜退），“平安聊城”视频监控项目获政府授权建设，2008 年建成聊城本地视频监控系统平台。

2007 年 2 月 27 日，聊城网通对全国“两会”全程网上视频直播，在聊城市“两会”报道中尚属首次。10 月，山东首家电子竞技培训基地落户聊城网通。2008 年，聊城网通投资 600 万元，对 NGN 网络进行改造，实现两套核心设备的主、从双归属；投资 3921 万元，对城域网核心设备进行扩容和改造。全面推行“光进铜退”和光缆进村工程，全市新增光缆 3.77 万芯千米，改造网点 519 个，新增下沉网店 1060 个，割接迁移语音用户 23.41 万户，新增 LAN 小区 126 个，新增 LAN 端口能力 5.67 万个，DSLAM 设备新扩 6.57 万线。农村宽带开通覆盖率由 80% 提高到 100%，均具备 2 兆及以上宽带业务提供能力。深入推进信息化“5+1”工程，县级以上政府建站率 100%，780 个行政村完成信息化村建设目标；新建信息咨询服务站 1942 个，建设平安互助村 2423 个；农村远程教育和计生委组网接入行政村新增 1880 个。是年宽带用户净增 7.11 万户，宽带收入完成 9569.36 万元。2009 年，全市新建小区 97 个、改造小区 113 个，均具备 16 兆以上接入能力，全市宽带接入网 2 兆以上速率提供能力达 95%，城市地区普遍能够提供 4 兆宽带服务，是年发展宽带用户 1.3 万户。

2010—2011 年，宽带网络建设呈现出高速度、大容量的发展态势。聊城联通先后实施骨干光缆网、城域网和 NGN 网、视频监控平台、“光进铜退”等工程建设。2011 年，重点推动全光网络、宽带网络升级提速等重点工程。是年，网络扁平化改造顺利实施，IP 网出口带宽实现 140G，城域网出口带宽实现 70G；宽带接入端口容量 65.8 万户，其中 FTTB/H 端口占比 39.5%；全市光纤到商务楼和住宅楼的比例分别为 100% 和 92%。宽带业务净增 7.8 万户，用户规模 37.05 万户。

2012 年，加快宽带 FTTH 用户转化和提速升级步伐，落实宽带无条件受理强推机制，建立贯穿市场营销、装移修、工程建设等环节的支撑保障体系。全市 4M 及以上宽带占比 54.7%，FTTH 转化率 42.39%；宽带净增 5.59 万户，用户规模 42.65 万户，收入比例占总收入的 27.7%；深入实施“5+2”信息化行业应用推广工程，信息化带动 3G 发展 3.91 万户；中小企业市场渗透率由年初的 12.69% 提升为 23.73%。是年，聊城联通投资 3.1 亿元，安排 112 支施工队伍，投入人力 7.2 万工日，对全市 126 个乡镇（街道）、6516 个行政村以及城区 400 余个小区进行光网改造和新建。2013 年，开展“智慧聊城”信息化推介会活动，拓展重点行业 37 个，涉及重点项目 448 个。在全市推广“工商移动执法”“检务通”“班班通”“移动 OA”等信息化应用业务。2014 年 2 月，推广网络机顶盒和宽带捆绑业务，推进“产品 + 项目 + 模式”转型。在加快城区宽带网光纤改造工作的同时，启动农村专项改造工程，宽带接入项目严格执行名单制管理；改造工程铜缆退网 10 万芯千米，临清市、东昌府区、冠县、阳谷县、莘县等建成全光网络县市。至是年年底，全市新增 FTTH 覆盖区域 678 处，共计 1476 处，高速率端口占比 58%；宽带累计发展 6.8 万户，在网用户数 43.7 万户。2015 年，宽带累计发展 6.5 万户，出账用户 39.3 万户，联通电视累计发展到 3.8 万户。

2015 年，聊城联通对 150 余万门程控交换机进行下电。全市建成光缆 982.9 皮长千米，建成 FTTH 端口 56 万个，改造 ADSL 用户 23 万户，转化纯语音用户 24 万户，网速从 2 兆、4 兆提高到 20 兆、50 兆，部分商户和行业客户宽带提速到百兆以上。至此，聊城联通具备“十兆起步、百兆到户、千兆到楼”的端到端网络能力。

第六节　移动通信

一、聊城联通

体制沿革　1999年2月，原中国联合通信有限公司在聊城设立分公司经营部。设置岗位为经营部经理、经营部经理助理、清欠办公室内勤岗和联系岗、代理部管理岗、直销大客户开发岗、资料录入岗、内勤岗、SIM卡资料管理岗、营帐会计岗、营业部助理经理（分管营业厅、客服中心）、客户服务中心主任、客服接待员岗。2000年5月，外经贸部同意国有独资的原中国联合通信有限公司变更为外资企业。原中国联合通信有限公司聊城分公司经营部变更为外资企业分支机构。10月，原中国联合通信有限公司聊城分公司经营部完成整个机构改革与融合工作，正式成立中国联合通信有限公司聊城市分公司，下设综合部（含人力资源部）、财务部、计划部、市场营销部（大客户发展中心）等9个部门。2001年年底，原聊城联通有人员104人，其中中层以上13人。2004年4月，原聊城联通将8个县（市、区）经营部更改为县级分公司，同时撤销原县（市、区）经营部称谓。是年11月，中国网通（集团）有限公司在纽约和香港上市后，以山东省通信公司聊城市分公司上市部分资产为资本，成立中国网通（集团）有限公司聊城市分公司。2008年11月，根据工业和信息化部、国家发展和改革委员会、财政部《关于深化电信体制改革的通告》精神，按照省公司要求，原聊城联通与聊城网通重组融合，成立中国联合网络通信有限公司聊城市分公司（简称聊城联通），下设部门机构36个，在全市7个县市设立分公司。资产总额11.16亿元。至2015年年底，聊城联通共有人员1044人，其中中层以上99人；设有18处部室、25处中心、8处县（市、区）分公司。

1999年9月15日，聊城电信局与聊城联通GSM网实现互联互通

网络建设　1999年2月，原中国联合通信有限公司聊城市分公司经营部，在聊城电子集团商用楼设立MSC中心机房，投资6550万元建设聊城数字移动电话（GSM）一期工程，建设规模1.5万门，新建BTS基站30个，其中市区基站4个，共计载频数107个，通信信道707个。2000年3月，四期工程新建基站率先在全省开通；4月，与聊城电信局市话网接口局完成割接，手机上线速度、接通率、通话质量有较大改善。2005年，网络规模进一步扩大，GSM基站239个，无线容量27万户，交换容量22.9万户；CDMA基站241个，无线容量21.7万户，交换容量13万；室内分部系统45个。完成GSM九期工程建设，搬迁基站42个，改造基站（全向改定向）16个；完成CDMA网三、四期工程建设。

2008年5月，中国联通分拆双网，其中CDMA网络并入中国电信；完成GSM网一期、二期建设工作，基站399个，农村网络覆盖率65%。开展全市移动网建设大会战，130个基站全部割接入网，新增载频869个。2009年，完成WCDMA一期、二期工程建设，全市共开通3G基站185个，覆盖城区和部分发达乡镇。继续加大网络覆盖，基站增至658个，农村网络覆盖率提高到85%。新建和改造200处2G/3G室内覆盖站点，对部分WLAN热点区域进行有效规划；建设第二移动网机房，端局容量97万户，新增2套HLR，总容量175万户。2010年，移动网络建设工作深入开展，新建GSM基站118个，累计745个；新建WCDMA基站99个，累计363个；新增室内分布系统35套，累计235套，WLAN开通15个点。2G农村区域覆盖率94%以上。组织开展移动网农村郊区优化、高速铁路优化以及室内分布专项优化工作，各项KPI指标及用户感知度大幅提升，达到省公司验收标准。2011年，完善城区、县城深度覆盖，城区覆盖率93.12%，县城覆盖率80.43%，高速公路覆盖率24%，乡镇覆盖率15%；新建GSM基站168个，累计911个；开通EDGE载频881个，占GSM基站总规模的22.2%；GSM网主要交通干线覆盖率92%；室内分布系统新建69套，累计320套，其中A类建筑物95%；新建WLAN热点44个，累计75个。2012年，新建3G基站316个、2G基站188个，新建分布系统106套，A类覆盖率由88.6%上升至92.6%。2013年，新增3G基站83个，累计878个，3G城市网络覆盖率97%，全网升级到21兆，216个小区升级到42M网络；2G城市、农村、交通干线良好覆盖率分别为98.7%、84.5%、98.3%。2014年，移动网络新建4G基站201个，实现市区及县城区密集区域覆盖；新建3G基站106个，总量1033个，实现高速路线和乡镇驻地覆盖，以及市区和县级城区的连续覆盖；室内分布3G、4G同步建设，A类区域覆盖率95%；2G基站资源调整盘活优化85个，总数1225个。

2015年，开通4G基站832个，累计1021个；新建3G基站165个，累计1080个；新建2G基站137个，累计1439个；新建室内分布系统133套，解决了部分业务密集、客户密集区覆盖率问题。

业务运营 1999年9月28日，原中国联合通信有限公司聊城市分公司经营部GSM130数字移动通信网开通试运营；9月29日，GSM网全网开通，并正式开始对外营业，当天“亲情卡”放号5000户；11月，推出“130赠130”等促销举措，用户激增7000户；12月18日，对全市支持短信功能手机的联通用户开通中文短信，实现手机寻呼二合一，当月发展1000户。次年1月20日起，每月收取短信月租费9元，开户免收10元／户手续费。2000年11月，临清市松林镇建成全市首个移动电话乡镇。

2001年2月，开通“193”长途电话业务；3月，开通“17910”“17911”数据业务；4月，开通互联网165业务、固定通信“193300”业务。2002年上半年，G网移动业务净增4.33万户，累计19.68万户；发展无线公话用户430户，发展165、193注册用户1243户。2005年，新建IP超市3户，扩容2户；IP卡业务累计售卡面值600万元；公话业务规模3万户。新开办点对点短信、10157丽音、联通在信、198人工短信、炫铃、互动视界、彩e、神奇宝典、uni、掌中宽带等新业务。2007年年初，实施CDMA和GSM两网分营。新开办如意邮箱、如意杀毒、95013等固网增值业务；3月停办寻呼业务。2008年，GSM出账用户33.8万户。移动交换端局容量新增15万户，累计60万户。

2008年10月，133和153号段并入中国电信，原聊城联通停止CDMA业务，保留GSM网络与聊城网通组成新的联通网络。是年，原聊城联通主要经营GSM移动通信、数据通信、长途通信、互联网与电子商务、各类电信增值业务及通信电路出租业务，是聊城唯一经营综合电信业务的运营商。公司拥有的号码资源为GSM130、131、132，寻呼126、127、128、129、198、199。2009年，8月1日3G试商用，10月1日起正式投入商用，发展3G用户7849户。梳理2G产品资费体系，实现G网用户量突破，2G用户47.6万户。2010年，全市3G净增出账用户2.3万户，累计3.1万户；2G净增出账用户9.6万户，累计57.2万户。2011年，全市3G净增出账用户4.43万户，累计9.8万户；2G净增出账用户9.5万户，累计84.5万户。2012年，3G净增出账用户10.38万户，在网用户21.73万户；2G净增出账用户7.9万户。2013年，3G净增7.31万户，累计发展17万户，同比增长7.6%，在网用户27.43万户，同比增长55.4%；2G净增5.55万户，累计60万户，用户规模 88.83 万户。2014 年，4G 累计发展 2.4 万户，实现迁转 1.19 万户；3G 累计发展 19.9 万户，出账用户 31.9 万户；2G 累计发展 34.6 万户，出账用户 61.1 万户。

2015 年，移动网络重点转向 4G 销售，统一产品营销策略，推广智慧沃家，4G 出账用户净增 15.2 万户，3G 出账用户净增 5.7 万户。至 2015 年 12 月，聊城联通主要经营 GSM 移动通信业务、WCDMA 移动通信业务、FDD-LTE 移动通信业务、TD-LTE 移动通信业务、固网通信业务（包括固定电话、宽带）、国内国际长途电话业务（接入号 193）、批准范围内的本地电话业务、数据通信业务、互联网业务（接入号 16500）、IP 电话业务（接入号 17910/17911）、卫星通信业务、电信增值业务以及与主营业务有关的其他电信业务。

2011 年，聊城移动与聊城大学签订数字校园战略合作协议

二、聊城移动

管理体制 1997 年，移动通信业务由聊城地区邮电局移动通信分局管理。1999 年 7 月，在聊城市电信局移动通信分局资产总体剥离的基础上，成立山东移动通信公司聊城分公司，隶属山东移动通信公司，下设临清市、高唐县、茌平县、东阿县、冠县、莘县、阳谷县 7 个县（市）分公司。2000 年 10 月，山东移动通信公司在美国和香港上市后，聊城分公司更名为山东移动通信有限责任公司聊城分公司。

2004 年 1 月，中国铁通山东省公司聊城分公司成立。2008 年 5 月，聊城铁通并入聊城移动，成为全资子公司；2015 年 11 月，被聊城移动全资收购。

网络建设 1997 年，新建模拟电话 EMX—2500 交换机，基站 19 个、560 个信道，用户容量 1.65 万户；实施数字 GSM 四、五期工程，新增基站 40 个，用户容量 2.5 万户，信道 1336 个。1998 年，以发展数字移动 GSM 网为重点，建设 GSM 六期扩容工程，新建 GSM 交换机 1 台、GSM 基站 17 个。2003 年，新建基站 300 多个，交换容量突破 100 万门，全市城乡实现 100% 全覆盖。2008 年，完善乡镇营业厅和村级移动通信信息化服务站建设，至年底，移动基站 1108 个，载频总数 1.65 万个。2013 年，以 WLAN 网络建设为重点，新建农村站点 1500 个，整体覆盖比例 60%，WLAN 网络满足约 40 万用户电脑手机无线上网需求。市城区实现居民社区、公共交通枢纽、医院、酒店、校园、金融商业营业办公场所、餐饮娱乐场所等区域 WLAN 网络城区全覆盖，聊城大学、东昌学院、聊城大学城等高校校园实现无线网络全覆盖。全面启动 4G 建设，建设 4G 基站 712 处。2014 年，投资 4.2 亿元，用于网络建设与维护，其中 4G 建设总投资 2.8 亿元，建设 4G 基站 2200 个。

2015 年，投资 1.2 亿元，建设 4G 基站 1445 个，实现全市所有县（市、区）城区、乡镇驻地及部分村庄、重要商业场所和办公机构、济聊馆高速公路和全市所有国道、省道等 4G 网络覆盖。

业务运营 1997 年，聊城地区累计移动电话用户 1.3 万户。1998 年，全年移动电话放号 1.88 万户，累计 3.23 万户。至 1999 年，聊城移动主要经营移动语音、数据、IP 电话、多媒体等业务，以及互联网介入服务。2000 年，聊城移动取得计算机互联网国际联网单位经营权和国际出入口局业务经营权。除提供基本话音业务以外，还提供传真、数据 IP 电话等多种增值业务，拥有“全球通”“动感地带”“神州行”等著名客户品牌，以及境内 134、135、136、137、138、139、147、150、151、152、157、158、159、182、183、187、188 等数字通信网。2003 年，网内客户超过 45 万户，推出语音短信、彩铃等多项电信增值业务。2008 年，以乡镇村为重点，发展全球通、彩信、飞信、移动无线上网卡、139 邮箱等新业务增值项目；推广集团信息化和行业应用解决方案，带动产业发展，直接或间接为社会创造就业岗位 8000 多个；推出移动代理服务器和应用托管服务。围绕新农村和“平安聊城”建设，持续推进农村“平安村村通”“信息机”等；发展农信通、警务通、校讯通、政务通、物流通等系列移动信息化产品，满足集团客户、行业客户的需求。至 2008 年年底，客户总数 245.1 万户。

2013 年，新增用户 10 万户。在聊城市主城区、县城及部分重点乡镇推出山东移动网上商城，登录后可实现手机购买、选号入网、手机缴费等多种业务。优化完善网上营业厅、短信营业厅、掌上营业厅及 24 小时自助终端等全方位 24 小时电子自助渠道，满足查询资金余额、账单、详单，或办理改密码、使用新业务或流量包等业务。2014 年，与聊城市人民政府签约市政府电子政务 OA 办公信息化业务，为“12345”市长热线、纪委“纪务通”、公安三级网等项目提供建设与服务。推进行业信息化，在全市多个行业提供远程监控、无线信息传输等功能和服务。推进“光网工程”，全市基于光纤入户的有线宽带用户 15 万户，其中农村用户 10 万户。

2015 年，累计为全市 1.2 万家政企单位提供信息化解决方案，专线累计 6000 余条。快速融合“互联网 +”元素到信息化建设，打造出政务一点通、市公安局多媒体固话、消防支队车载监控等亮点服务项目，并入围全省信息化建设优秀案例进行推广。其中，聊城市政府“政务一点通”项目，在市直单位服务大厅和人群密集的公共场所部署触摸一体机，方便群众查询各类政府信息、政策法规、公众服务、社会信息等。在 5600 余个行政村建起移动通信服务站，全市村庄移动服务网点覆盖面 95% 以上。推出网上商城，网上缴费等电子渠道，业务服务途径更加多样化。

附：聊城铁通网络建设与业务开展简介

2001 年 8 月，依托京九铁路先进通信技术，形成分布聊城 8 个县（市、区），功能齐全、设备先进的光传输数字通信网、CRIS 综合信息网、多媒体宽带网，程控交换机容量 6 万多门，用户 4.2 万户。2002—2003 年，发展聚类市场、各类院校、党政机关等单位客户。2004 年，光电缆敷设 4000 多千米，杆路、管道 500 余千米。2005 年，建设新增局点 30 多处。2006 年，新建聊城军王屯、凤凰工业园、聊城经贸委、聊城嘉明工业园、聊城有色金属城、聊城商业局、高唐杜庄及大田小区等一体化交换局点，建设金羊汽车等互联网专线 30 多条，建成交换局点 100 余处。2007 年，新建一体化模块 12 个，新增用户线 6000 多线。实施聊城汽车总站宾馆四海 E 视、新开汽车城、阳谷辉煌房产等互联网专线工程 50 多个，形成接入能力 2900 线，累计 5500 多线。2008 年，敷设光缆 490 多芯千米，对中心所等机房 900 多线 DSLAM 进行扩容和新建，新增端口 3000 多线；实施电缆扩容工程 83 项，共敷设本地电缆近 700 对千米。2009 年，新建 LAN 端口 4000 个，新增交换容量 1024 线，新增主干电缆 240 对、分支电缆 520 对。2011 年，新建宽带端口 2 万多个、语音端口 3500 多个；敷设光缆 2000 芯千米。2012 年，新增覆盖小区 100 多个，集团客户接入 40 个；新建端口 2 万多个，其中 FTTH 端口 1 万多个，敷设光缆 8000 芯千米。优化改造网络，增强 IP 城域网安全性，敷设各类光缆 32.4 千米。2013 年，新建端口 1 万多个，其中 FTTH 端口 7800 个、FTTB 端口 2200 个。2014—2015 年，以配合移动全业务发展为基调，立足语音业务保稳，突出移动有线宽带装维和其他业务代维，确保公司过渡期平稳发展。

三、聊城电信

2002 年 12 月，筹建中国电信集团公司聊城分公司，2003年6月5日正式挂牌成立。公司下辖8个县（市、区）分公司，内设职能（业务）部门10个，共有员工121人。2004年6月，为世博园小区办理首项固定电话业务。2005年，发展中华电厂、山水水泥等单位固定电话和宽带业务。2006年，业务收入同比增长39.9%。2008年10月，将宽带作为主要业务，收购CDMA网络；12月，推出“天翼”品牌，开启移动互联网。2009年1月，获3G业务牌照；4月，3G正式商用，为市境首家运营商。2010年，宽带净增用户同比增长19.3%。2011年，“号百业务”与C网业务融合，翼机通用户净增出账用户4715户。

2012年，在全市112个乡镇建设60个支局，组织进行“精彩智能机”专项优化、“天馈线”专项整治、校园专项优化、农村专项优化、边界专项优化、路网专项优化、深度覆盖专题优化、旅游景点专项优化和资源增效专项优化等，提升网络运行质量。2013年，启动支局划小、营业厅划小、营销单元划小、投资划小等4项划小项目，提升末梢营销组织活力，新拓展门店332个；建成LTE基站195个，其中旧站利用149个、新建站46个。信息化应用外勤助手、综合办公由年初的93户累计发展到4516户。2014年，将乐享3G和3G/4G一体化套餐作为主打产品，推出优惠的省内流量、闲时流量包和定向流量包，满足不同用户需求。2015年，以4G建设、光网改造为重点，实施PSTN和ADSL退网项目。

2003年6月5日，聊城市电信分公司正式挂牌成立

开展宽带、ITV体验式营销活动，发展东阿县为全省第一个全光网县，阳谷开发区许营村等被评选为全市首批光网示范村。

四、聊城铁塔

2014年12月，为推动全市移动通信网络基础设施统筹规划、共建共享，解决重复建设、无序建设的问题，中国铁塔股份有限公司聊城市分公司成立。2015年1月，聊城移动通信网络基础设施共建共享工作小组成立，铁塔公司总经理任组长；3月，聊城市政府成立移动通信网络基础设施建设领导小组，统筹推进全市移动通信基础设施建设；7月，聊城市交通局等委（局）联合印发《关于加快推进我市4G等宽带网络基础设施建设的通知》；8月，8个县（市、区）均成立移动通信网络基础设施建设领导小组；12月，《聊城市中心城区移动通信网络基础设施规划（2015—2020年）》完成公示，各县（市、区）同期启动本地移动通信网络基础设施规划编制工作。公司成立之初设有综合部、财务部、建设维护部、运营发展部4个部门，后因工作需要，增设维护中心。

2015年1月起，聊城铁塔独家负责承建铁塔等基站配套设施，以及地铁、机场、交通枢纽、特大型场馆、大型楼宇、党政机关等重大公用场所室内分布系统，共承接移动、联通、电信3家通信运营企业铁塔类需求987个，是年交付订单891个，新建站址共享率95.13%；承接室分需求涉及站址20个，是年交付16个，交付及时率实现100%；移动通信网络基础设施3家共享率由2014年的15%提升至2015年的25%。

2015年11月1日，聊城铁塔与移动、联通、电信3家通信运营签署交割函，即日起，三家通信企业的存量铁塔、机房及配套设施划转至聊城铁塔公司。至年底，聊城铁塔共接收站址4306个，接收注入净资产6.75亿元，全市移动通信站址资源，进入统一运营和管理的新阶段。

第六章　无线电管理

1997 年，根据省政府办公厅和聊城地区编制委员会办公室有关文件规定，聊城地区无线电管理委员会办公室改属省无线电管理办公室派出机构，名称为山东省无线电管理办公室聊城管理处（副县级单位），加挂聊城市无线电管理处牌子。业务工作由省无线电管理办公室统一管理，党务、人事、财务、物资、后勤保障等由地区行署办公室管理。1998 年起，全市无线电管理部门面对无线电产品的日益普及，各类无线电业务渗透到社会经济生活各个领域的实际，加强设施建设，严格履行职责，开展对传统工业、生产、信息安全的干扰查处，同时担负起全市某些经济发展项目中电磁环境的保护及重大考试无线电安全保障等公共服务职能。至 2015 年年底，全市拥有各类无线电台（站）5160 个。

第一节　频率台（站）管理

1997—2001 年，为保证京九铁路、黄河河务等重点部门的调度，使无线电通信及空军雷达、航空导航业务免受干扰，聊城市无线电管理处在工作中跨地市甚至跨省协调任务繁多。2002 年，按照省无线电管理办公室要求，市无线电管理处发布《聊城市清理整顿卫星通信网和地球站的通告》，开展清理整顿卫星通信地球站专项工作。对辖区内的 7 个地球站进行现场重新确认，发放电台执照，在各天线显著位置加挂信息产业部统一制作的确认标志。2003 年年初，按照省无线电管理办公室部署，对市辖区内 450 ～ 470 兆赫频段的使用情况进行严格审查和清理。截至是年 3 月 27 日，在 450 ～ 470 兆赫频段内，按审批权限指配频点 30 对，使用单位 20 个。自收文之日起，停止指配 450 ～ 470 兆赫频段频率、审批新设无线电台站。

2007 年，在市行政服务大厅设立无线电行政审批窗口，集中行使行政许可职能。市无线电管理部门制定《聊城市无线电管理窗口行政许可标准》和《聊城市无线电管理窗口人员服务标准》。同时，根据《中国无线电管理条例》和《山东省无线电管理条例》规定，制定《聊城市无线电频率台站管理长效机制》《聊城市无线电执照管理规定》《聊城市无线电频率台站收费规定》等。2010 年，成立台站检查联合工作小组，开展台站年审工作。2011 年，规范台站管理，建立无线电频率台站数据月报工作长效机制。2012 年，将个人业余电台承诺办理时限由 15 个工作日缩短为 10 个工作日，并实行窗口岗位工作 AB 制。2013 年起，实行业余无线电台操作技术能力验证一年两次考试常态化管理模式，新发、换发业余电台 A 类、B 类操作证。2014 年，共办理行政许可 54 项，其中频率批复 3 项、业余电台许可 36 项。初审新建公众移动通信 GSM 基站 275 个、TD-SCDMA 基站 887 个、TD-LTE 基站 1642 个、CDMA 基站 24 个；验收 GSM 基站 555 个、TD-SCDMA 基站 586 个、WCDMA 基站 94 个。超短波设台 51 个，短波设台 1 个，验收卫星地球站 1 个。撤销联通 PHS 基站 2365 个、微波站 24 个，停用超短波设备 5 台、230 兆赫数据传输设备 26 台。批复微波频率续用 1 项、230 兆数据传输频率续用 1 项、指配超短波频率 1 项。全年共新发执照 1287 份，换发执照 2203 份。

2015 年，办理行政许可业务 79 项，初审批准新建公众移动通信基站 1222 个，新增业余电台 89 部，撤销台站 148 个。组织编制完成《聊城市无线电管理处行政权力清单》，明确聊城行政主体所具备的行政权力事项：行政审批 5 项、行政处罚 2 项、行政强制 1 项、行政监督 1 项，其他权利 5 项（包括年检、备案等事项）。

第二节　无线电监测

1997 年，地区无线电管理处利用无线电检测设施，配合省公安厅、省工商局等部门在全区开展非法设置使用电台查处行动，进行无线电监测 1468 小时，人工监听 514 小时；查处擅自使用无线电频率现象 7 起，查处拥有非法电台人员 11 名；收缴无线电对讲机 20 部、发射机 8 套。1998—2000 年，共计进行监测 2370 小时，查处擅自使用无线电频率现象 5 起，快速排查无线电干扰 7 起。2001 年，市政府成立以市无线电管理处为主，工商、公安、技术监督部门派人参加的联合检查组，突击清查违规使用大功率无绳电话。通过检查，发现并当场没收大功率无绳电话 4 部。是年，进行公众网基站测试 20 个、微波站电磁环境测试 34 个。2002 年，投资 15 万元，建设监测塔；投资 17 万元，安装变压器；投资 20 万元，实施监测站防雷工程建设及监测站装修。2003 年，进行电磁环境测试 21 个、基站测试 108 个。2004 年，完成联通 C 网 3 期、移动 10 期、网通新建小灵通基站的设备测试工作。2005 年，组织开发“地理信息系统支持下的微波空间通道保护分析软件”，并经专家鉴定，在技术上达到国内同类研究先进水平。是年，建设固定监测站，面积 1600 平方米（包括监测设备室、操作控制室、计算机房、办公培训用房），配备 VHF/UHF 频段的无线电固定监测系统、测向系统、计算机管理系统和移动监测系统。全年监测 1100 小时，整理监测资料 140 余份。2006 年，开机监测 1000 余小时，排查擅自使用手机屏蔽器干扰网通小灵通通信系统和有线电视放大器干扰网通基站事件，查处非法设台单位 3 家。对移动监测设备进行升级改造，并配合生产厂家完成对固定站和移动站的测试验收工作。2007 年，查处 2 起手机屏蔽器干扰移动运营公司、1 起大功率发射设备之间的互调干扰、1 起某县广电系统私自安装卫星干扰器干扰正常卫星信号接收案件。对广电系统 2.4GHz 无线电电视数字微波频段进行电磁环境测试。在重大考试保障中，共计排查 15 个刻意频点，压制作弊信号 5 起，抓获 1 起。全年监测 3000 余小时。2008 年，加强对 450～470 兆赫频段的监测。全年监测 3210 小时，排查不明信号 9 次，查处各类干扰 4 起，检测无线电设备 45 部。

2009 年，制定《聊城市无线电管理办公室第十一届全国运动会聊城赛区无线电频率保障工作方案》，协调建立由市公安局、市工商局、市体育局、市广播电视局参加的安全保障联席会议机制，对第十一届全运会火炬传递和第十一届全运会进行无线电安全保障。运动会期间，监测站在比赛场馆共计监测 130 余小时，分析处理监测数据 50 余份。是年，在重大考试保障中查获作弊案件 1 起，收缴作弊设备 1 套，抓获作弊人员 2 名。全年累计监测频段 33 段，共计监测 7000 余小时。2010 年，查处无线电干扰案件 5 起，处理群众投诉案件 7 起；全年查获作弊案件 10 起。累计监测频段 48 段，共计 7990 小时。开展蜂窝移动基站及调频电台的专项检查工作，累计监测各类站台 100 余个。与驻聊城部队探讨建立长效航空无线电专用频率保障机制，提取储存电磁频谱图样板，为军地无线电技术保障提供支持。2011 年，全年累计监测 8700 余小时，检测基站等电台 200 余个，排查无线电干扰投诉案件 1 起，处理频率超宽现象 2 起，查处作弊案件 11 起。

2012 年，加强对民航频率、部队频率及通信基站、人防、公安通信频率等专项用频的监测力度。处理 5 起专项频率受干扰事件，全年排查非法信号 42 个。2013 年，新增可搬移监测站 1 处，便携监测设备 1 部。检查各类基站设备、专业通信设备、广播电台等共计 180 余部，查处 5 起卫星电视干扰器投诉案件。高考期间，查处 1 起作弊案件，查获作弊人员 2 人。全年共计查获 5 起作弊案件，收缴设备 8 套，涉案人员 9 人。2014—2015 年，连续开展专项整治活动，查处伪基站 16 起、卫星干扰器 4 起、黑广播 5 起。联合市公安局、市移动通信公司等部门，组织专项技术演练 3 次。新增三类站 1 个，四类站 6 个、移动监测站 1 个和多部便携设备。投入 200 余万元在市中心新增固定监测站 1 处。同时，完成旧站的搬迁工作，实现市区信号全覆盖。

第三节　无线电执法检查

2010 年 4 月，市无线电管理处成立稽查组。2013 年，清理各类非法设台共计 19 余台，下达责令改正通知书 14 份，对某电信公司擅自设置基站违法行为进行现场查封，对莘县张鲁镇一居民擅自安装卫星电视干扰器违法行为，依照相关法律法规予以没收。

2014 年，牵头开展多次专项整治活动，共查处伪基站 9 起、卫星干扰器 2 起、黑广播 2 起。是年 11 月，协调市交通局运管处印发《关于规范我市出租车无线电调度设备使用的通知》，并一次性办理无线电设备 200 余部，规范出租车使用无线电发射设备行为。

2005 年 1 月 27 日，市无线电管理处组织监测技术演练活动

2015 年，推动与市文广新局、市公安局专项联合执法，开展打击“黑广播”专项活动，共查处“黑广播”设备 5 套。全年查处卫星电视干扰器 1 台、非法车载台和对讲机 76 部。

第七编　体制改革

Part VII System Reform

聊城市志

1997—2015年，聊城市（地区）政治体制改革亮点较多，特别是1998年聊城撤地设市后，在中共聊城市委的领导下，市级权力运行机制、行政执行机制、政治协商机制建立健全，全市民主政治建设进入新的历史时期。农村经济体制改革，特别是农村二轮土地延包工作，先行试点，全面推开，实现了省委、省政府提出的三年基本完成的目标；坚持“依法、自愿、有偿”原则，推进农村土地流转。聊城作为全国唯一的农村税费改革地级试点市，以落实减轻农民负担“四项制度”为重点，把乡镇政府机构改革、乡镇财政体制改革、农村教育体制改革等作为重要配套部分，同步实施，整体推进。工业企业体制改革以产权制度改革为重点，推进国有资产从一般竞争性领域退出；对困难企业，把依法破产作为改革的主要措施，逐步推进劣势企业退出市场；推动企业兼并、联合、参股、控股、股权转让，培植重点骨干企业，企业资产重组等，增强了企业活力和发展后劲。商贸流通体制改革，商业企业实行租赁经营、股份合作制；供销体制改革按照“党委政府领导、供销社主办、多方参与、市场化运作”原则，全力构筑农村现代经营服务体系；粮食流通体制改革坚持“放开收购市场，直接补贴粮农，转换企业机制，维护市场秩序，加强宏观调控”，放开价格、放开收购、放开销售；物资体制改革推行投资主体多元化，培育新的经济增长点；外贸体制改革以建立适应国际通行规则的外贸运行机制为重点，加强市场经济机制的调节作用，促进对外贸易市场化的进程等。财税金融等体制改革步步深入。财政体制改革以调整完善财政管理，促进财政增收为重点，转方式、调结构，提升县域经济发展水平。国税、地税在抓好依法征收管理的同时，深化行政审批制度改革，推进税收执法规范化建设。金融体制通过改革，出现金融保险机构、民间融资、直接融资由少到多、逐年增多的良好局面。工商行政管理改革经历了人员、资产上收，垂直于省管理，到由省级以下垂直管理改为地方政府分级管理的过程。国有资产管理实施授权经营、优化重组、监管运营等。社会事业体制改革事关千家万户，市委、市政府多次制发文件，推动各项改革实施。教育体制改革，基础教育实行政府办学为主，全社会共同参与办学的新体制；城市义务教育阶段学校和义务教育阶段的民办学校实行免学杂费政策；职业教育推行教学、生产、科技推广与服务多位一体的教学体制和突出实践教学环节为特点的教学模式等。卫生体制改革，重点建立新型农村合作医疗制度；实施公共卫生服务项目改革和公立医院改革。特别是公立医院改革，破除“以药补医”机制，落实财政补偿政策；县及县以下医疗机构推行“先诊疗、后付费”服务模式等。文化体制改革重点是文艺院团“转企改制”，首创以“大篷车”流动舞台送戏到基层演出形式，拓宽农村演出渠道。城镇住房制度改革，全面推行住房公积金制度，组织实施安居工程。全市城镇企业职工养老保险、机关事业单位养老保险、城乡居民社会基本养老保险、失业保险制度、医疗保险、城镇职工工伤保险、城镇职工生育保险等普遍建立健全，城乡居民得到切实有效的社会保障。

第一章 政治体制改革

1997—2015年，聊城市（地区）政治体制改革主要是党的建设制度改革、民主政治建设、党政机构改革、纪律检查体制改革、司法制度改革、事业单位改革、干部人事制度改革及行政审批制度改革等方面。党的建设制度改革，侧重健全和完善对领导干部谈话、函询、诫勉、信访受理、个人重大问题请示报告制度；新提拔干部实行考察预告制、公示制、差额考察制、任前公示制；县级领导干部试行公推公选制，强化对乡镇党政正职的选拔任用、教育、培养、管理监督和激励约束；差额选拔市直机关副县级干部；建立和完善机关干部包村联户长效机制等。民主政治建设，主要是完善建立聊城市人民代表大会制度、聊城市政治协商制度以及全市实行基层政权村民选举制度。通过4次党政机构改革，全市机构设置更加科学，部门职责关系更加理顺，促进了政府职能转变。纪律检查体制改革方面，主要是强化党风廉政建设“两个责任”和“两个为主”要求以及党风廉政建设责任制的落实。司法制度改革突出依法治市的基本方略，全市司法制度得到进一步完善和发展。事业单位改革已完成分类工作，并明确改革重点、改革路径、完成时限及任务分工。干部人事制度改革，全市实行干部异地交流、试用制和聘任制、县乡两级班子年龄梯次搭配以及公开选拔、竞争上岗等；干部监督坚持完善函询、诫勉、谈话、“打招呼”制度，实行机关事业单位录用人员“逢进必考”制度等。行政审批制度改革方面，市县（市、区）成立聊城市行政服务中心，将市本级行政审批事项全部纳入中心集中办理，提供“一站式”服务，规范了审批流程，提高了工作效率。

第一节　全面加强党的建设

1995—1997年，聊城地区各级党组织贯彻落实《党政领导干部选拔任用工作暂行条例》，健全和完善对领导干部的谈话、函询、诫勉、信访受理、个人重大问题请示报告制度。

2002年，聊城市委印发《关于学习贯彻〈党政领导干部选拔任用工作条例〉的通知》，严格按照条例要求，在干部考察中，坚持扩大民主，提高群众的参与、知情和监督程度，干部工作的透明度，对考察中得不到群众公认的干部不提拔、不重用。同时，对新提拔的干部实行考察预告制、公示制、差额考察制、任前公示制。2004年，出台《中共聊城市委关于认真学习贯彻党的十六届四中全会精神加强党的执政能力建设的意见》，建立和完善党内情况通报制度、情况反映制度、重大决策征求意见制度等。2005年，市委制定《认真贯彻落实〈关于建立健全教育、制度、监督并重的惩治和预防腐败体系实施纲要〉的办法》，要求反腐倡廉工作必须形成按制度办事、靠制度管人的科学机制；市委、市政府下发《关于全市党风廉政建设和反腐败工作实施意见》，将全年的反腐败工作任务细化分解，每项工作明确一个或几个责任部门。

2007年，市委制定《聊城市领导干部报告个人有关事项实施办法》，实行领导干部个人事项报告制度。市委印发《关于认真贯彻落实〈地方党委委员、纪委委员开展党内询问和质询办法（试行）实施细则〉的通知》，增强地方党委委员、纪委委员履行职责的责任感和自觉性。2008年，市委出台《关于进一步加强和改进干部选拔任用工作的意见》，市委组织部制定《关于公推公选县级领导干部的试行办法》和《公开选拔副县级领导干部实施方案》，增强选拔任用县级领导干部的公开、公平和竞争的透明度。出台《关于印发〈县（市、区）委书记基层党建工作述职实施办法〉的通知》，实行县（市、区）委书记履行基层党建工作责任专项述职制度，并将履行责任制情况作为实绩考核评定的重要内容。出台《关于建立市直部门预防腐败工作联席会议制度的通知》《关于坚决禁止用公款大吃大喝等铺张浪费行为的通知》《关于严肃纪律强化问责切实转变作风的若干规定》等制度，推进党风廉政建设。2009年，市委出台《关于认真学习贯彻党的十七届四中全会和省委八届会议精神加强和改进新形势下党的建设的通知》《关于在全市党员领导干部中开展警示教育活动的实施意见》，加强党的建设。研究制定《关于进一步加强和改进领导班子思想政治建设的实施意见》，对各级领导班子和干部队伍建设作出明确规定。下发《关于进一步加强乡镇党政正职队伍建设的意见》，强化对乡镇党政正职的选拔任用、教育、培养、管理监督和激励约束。制定《聊城市村党支部书记“十要十不准”和“八个严禁”履职规范》，促进村党支部书记作风转变。

2010年，市委出台《关于建立健全推进基层党建工作长效机制巩固和拓展学习实践科学发展观活动成果的实施意见》，加强基层党建工作。出台《关于开展反腐倡廉“制度创新年”活动的实施意见》《关于在全市开展纪律作风集中整顿活动的意见》，加强党风廉政建设。制定出台《聊城市差额选拔市直副县级干部暂行办法》。2011年，出台《关于进一步加强县（市、区）直部门、乡（镇、街道）中层干部管理的意见》，全面落实机关事业单位“逢进必考”的规定，严肃人事编制纪律。2012年，出台《关于加强市直部门（单位）领导班子制度建设的意见》，健全完善各项制度。2013年，印发《关于进一步健全落实市直部门（单位）党委（党组）工作制度的通知》，强化领导责任。停止执行《聊城市差额选拔市直副县级干部暂行办法》。

2014—2015年，贯彻落实《山东省深化党的建设制度改革实施方案》，市委制定出台县、乡、村和市直部门党组织书记落实管党职责的4个文件，形成“四位一体、上下联动”推动管党责任落实的工作机制。市委印发《关于建立和完善机关干部包村联户长效机制的通知》，在驻村“第一书记”开展“双联共建”工作的基础上，紧密结合扶贫工作，改进选派方式，选优配强力量。2015年，出台《关于加强全市组织员队伍建设的意见》《关于加强乡镇（街道）党委组织委员队伍建设的意见》，建立一支符合当前工作需要、熟悉党务工作的组织员和乡镇组织委员队伍。

第二节　民主政治制度建设

一、完善建立人民代表大会制度

1997年，聊城地区人大工作委员会（地区人大工委）为山东省人大常委会派出机构。

1997年11月，聊城地区人大工委向山东省人大常委会呈报《关于依法建市几个问题的报告》，12月，山东省第八届人大常委会第三十一次会议通过《山东省人民代表大会常务委员会关于设区的聊城市人民代表大会有关问题的决定》，内容包括：设区的聊城市人民代表大会代表名额为460名，市人民代表大会常务委员会组成人员名额为15名；设区的聊城市人民代表大会代表由所辖各县（市、区）人民代表大会中国人民解放军驻聊城部队分别按照《中华人民共和国全国人民代表大会和地方各级人民代表大会选举法》和《中国人民解放军选举全国人民代表大会和县级以上地方各级人民代表大会的办法》选举产生；设区的聊城市人民代表大会顺延原县级聊城市人大届次，为第十二次人民代表大会。

1998年3月18—23日，聊城市第十三届人大第一次会议召开。参会代表460名。选举产生新的聊城市人民代表大会常务委员会、聊城市人民政府及其组成人员，并通过有关报告的决议。聊城市人民代表大会设法制委员会、财政经济委员会、农村经济委员会、城乡建设环境保护委员会、教育科学文化卫生委员会、民族侨务外事委员会6个专门委员会。2003年，法制委员会更名为内务司法委员会、农村经济委员会更名为农业与农村委员会、教育科学文化卫生委员会更名为教育科学文化卫生人口委员会。

聊城市人民代表大会制度建立以后，市人大及其常委会依法行使监督权，对“一府两院”实施监督，定期召开人民代表大会、人大常委会和主任会议，讨论决定地方重大事项，听取审议“一府两院”工作报告，依法行使人事任免权。2011年，市人大常委会开始对部分政府组成部门工作评议，是年选出5个政府组成部门作为评议对象。2014年开始，被评议对象涉及政府工作部门、管理部门和垂管部门，每年评议数量也增加到10个部门。2014年，常委会履职评议市法院法官6人。2015年，常委会围绕市委高度重视、人民群众热切期盼的大气污染防治工作开展专题询问。

2015年12月1日，聊城市人大及其常委会被省人大常委会正式赋予地方立法权，设立立法工作机构。

二、完善建立政治协商会议制度

1997 年，政协聊城地区工作委员会山东省政协派出机构。

1997 年 8 月，国务院批准聊城撤地设市后，12 月 29 日聊城市政协筹委会成立。筹委会由中共和民主党派、工商联、工会、妇联、经济、卫生、农业等十几个方面的人员组成，共 34 人。地委书记张敬涛任筹委会主任。筹委会协商确定政协委员会的届次称谓，协商产生聊城市九届政协委员；协商决定政协第九届聊城市委员会第一次会议召开时间和向第一次会议预备会议提交的关于市政协九届一次会议大会主席团成员、秘书长建议名单以及大会议程、日程等多项建议草案；推荐安排市政协委员 321 人。

1998 年 3 月 16—22 日，政协第九届聊城市委员会第一次会议召开。会议听取并讨论市委书记张敬涛重要讲话；选举政协第九届聊城市委员会主席、副主席、秘书长和常务委员。政协第九届聊城市委员会成立后，履行政治协商、民主监督、参政议政职能，定期召开市政协全体委员会议、常委会议，协商决定重大事项。

2006 年 6 月，聊城市委召开全市政协工作会议，制定出台《中共聊城市委关于进一步加强新形势下人民政协工作的意见》《聊城市人民政府关于支持人民政协履行职能的意见》，明确新世纪新阶段人民政协工作的重要地位和作用，加强党对政协工作的领导，规范政治协商、民主监督、参政议政的程序，强化政协领导班子、委员队伍、工作机构建设的措施，强调民主党派、无党派人士在政协工作中的作用，营造全党全社会关心支持政协工作的浓厚氛围，推进政协工作的制度化、规范化和程序化。

2011 年 12 月，市委召开全市政协工作会议，制定出台《中共聊城市委关于加强人民政协政治协商制度的意见》，明确和完善政协政治协商的原则、内容、方法和程序。加强基层政协组织建设，在乡镇和街道设立政协工作机构。2015 年 10 月，召开中共聊城市委政协工作会议，贯彻落实山东省委政协工作会议精神，印发《中共聊城市委关于加强人民政协政治协商民主建设的实施意见》，就政协政治协商民主建设作出制度性安排，明确政协政治协商的原则、内容、形式以及保障措施，规范协商一体、酝酿提出、组织实施和成果报送的工作程序，标志着全市政协政治协商制度化、规范化、程序化建设迈上新台阶。

三、实行基层政权村民选举制度

1987 年 11 月，第六届全国人大常委会第二十三次会议审议通过《中华人民共和国村民委员会组织法（试行）》（简称《村委会组织法》）。该法规定：村民委员会主任、副主任和委员，由村民选举产生。1989 年，聊城地区普遍开展贯彻落实《村委会组织法》试点，摸索搞好村民自治的新路子、新经验。

1998 年 11 月，第九届全国人大常委会第五次会议审议通过《中华人民共和国村民委员会组织法》；山东省第九届人大常委会第五次会议审议通过并发布实施《山东省村民委员会选举办法》。1999 年 1—5 月，依据新《村委会组织法》和省《村委会选举办法》，全市组织开展第六届村民委员会换届选举。此次换届，是首届村民直选村民委员会主任、副主任和委员。全市坚持公开、公平、公正和直接、差额、无记名投票的原则，经过准备、投票选举、建章立制和干部培训及检查验收 4 个步骤进行。自此开始，聊城市分别于 2002 年 3—9 月、2004 年年底至 2005 年、2008 年举行第七、第八、第九届村民委员会换届选举。

2011 年 3—5 月，聊城市组织第十次村委会换届选举，在 5783 个行政村中有 5761 个村委会完成换届，换届成功率 99.6%。全市有 5233 个村采取“两推一选”“两推直选”等方式，5783 个村选举村“两委”成员 2.21 万人。有 5006 个村实现党组织书记、村委会主任“一人兼”，占 86.6%，村“两委”交叉任职 1.71 万人，交叉任职率 71.1%，减少干部职数，降低行政成本，提高工作效率。有 6011 名妇女被选进“两委”班子，达到省要求的每个村委会至少有 1 名女性委员的目标要求。

2014年10月至2015年3月，聊城市组织第十一次村民委员会换届选举和第一次城市社区居民委员会选举。全市有6244个村民委员会换届选举、126个城市社区居民委员会首次选举。此次选举，优化新一届村“两委”班子性别、年龄、学历结构，支书、主任“一人兼”比例82.4%，女性成员6532人，45岁以下的1.09万人，占39.5%；高中以上学历的占50%。

第三节　党政机构改革

一、2001年党政机构改革

党委机构改革　2000年10月14日，经省编委审核，省委、省政府批准《中共聊城市委机构改革方案》。2001年，按照主体格局不变、重点理顺关系的原则，市委机构：保留纪律检查委员会机关（监察局与其合署）、市委办公室（内设市委机要局、市委保密委员会办公室，市委保密办挂市政府保密局牌子）、组织部、宣传部（内设精神文明建设委员会办公室、市委对外宣传办公室，市委外宣办挂市政府新闻办公室牌子）、统一战线工作部、政法委员会、政策研究室、市直机关工作委员会。保留市委市政府信访局，由市委办公室、市政府办公室管理，以市委办公室管理为主。保留市委老干部局，由市委组织部管理。市档案馆挂市档案局牌子，授权行使有关行政管理职能。改革调整后，市委设置工作部门8个，部门管理机构2个。市委设书记1名，副书记2～4名，部门领导职数一般配备2～3名，工作任务重、业务面宽的可增配副职1名；市委办公室主任由秘书长兼任，副主任可由副秘书长兼任，待条件成熟后逐步到位。部门内设科室一般配备正副科长（正副主任）1～2名。纪律检查委员会领导职数和干部职级配备按有关规定执行。

政府机构改革　2000年10月14日，经省编委审核，省委、省政府批准《聊城市人民政府机构改革方案》。2001年，根据方案要求，市政府机构：保留市政府办公室、公安局、监察局（与纪律检查委员会机关合署）、民政局、司法局、财政局、人事局（机构编制委员会办公室与其合署）、劳动和社会保障局、建设委员会、水利局、卫生局、计划生育委员会、审计局、环境保护局、广播电视局、统计局、林业局、粮食局、市政府外事与侨务办公室。更改名称的机构：计划委员会更名为发展计划委员会，教育委员会更名为教育局，科学技术委员会更名为科学技术局，交通委员会更名为交通局，对外经济贸易委员会更名为对外贸易经济合作局，体育运动委员会更名为体育局，国有资产管理委员会更名为国有资产管理局。贸易局（市政府财贸办公室）与经济委员会合并，组建经济贸易委员会。撤销第一轻工总会、第二轻工总会、纺织总会、机械电子总会和化工总会，分别根据各行业特点，组建不同类型的企业经济组织。原各总会的行政管理职能由经济贸易委员会承担。农业委员会和农业局合并，组建农业局。不再保留农业机械管理局、农业综合开发办公室，分别改为市农业机械服务中心、市农业综合开发服务中心；不再保留畜牧局、水产局，分别改为市畜牧服务中心、市水产服务中心。原农业机械管理局、农业综合开发办公室、畜牧局和水产局的行政管理职能，移交给农业局承担。民族宗教事务局由市政府办公室管理的机构改为市政府工作部门。矿产资源局、测绘管理办公室与土地管理局合并，组建国土资源局。文化局与旅游局合并，组建文化旅游局，挂新闻出版局、版权局牌子。市政府法制局更名为市政府法制办公室，由市政府办公室管理；保留市政府调查研究室，由市政府办公室管理；保留物价局，由发展计划委员会管理；保留规划局、房地产管理局，由建设委员会管理；组建中小企业办公室，由经济贸易委员会管理。组建经济体制改革委员会，为市政府的议事机构。原经济体制改革委员会改为经济体制改革办公室，为经济体制改革委员会的办事机构。人民防空办公室为国防动员委员会的常设办事机构，也是市政府人民防空工作的主管部门。开放开发综合试验区管理委员会为市政府派出机构。改革调整后，市政府设工作部门30个（监察局与纪律监察委员会机关合署，列入政府工作部门序列，不计政府机构个数），部门管理机构6个，议事协调机构的办事机构2个，共计38个。市政府设市长1名，副市长3～5名。市政府各部门领导职数一般配备2～3名，工作量大、业务面宽的可增配副职1名。市政府办公室主任由秘书长兼任，副主任可由副秘书长兼任，待条件成熟后逐步到位。市政府部门除非党员干部担任正职的外，不配备专职党组（党委）书记。部门内设科室的领导职数一般配备1～2名。

二、2004年政府机构改革

2004年，根据省委、省政府《关于市县政府机构改革的实施意见》精神，2005年1月，市委、市政府印发《关于聊城市人民政府机构改革的实施意见》，动员部署市政府机构改革工作。市委、市政府召开全市县（市、区）政府机构改革工作座谈会，印发《关于县（市、区）政府机构改革有关问题的通知》，对县（市、区）政府机构改革工作动员部署。改革的指导思想是以邓小平理论和"三个代表"重要思想为指导，贯彻党中央、国务院和省委、省政府关于地方政府机构改革的方针和原则，按照完善社会主义市场经济体制和深化行政管理体制改革的要求，坚持政企分开，精简、统一、效能和依法行政的原则，抓住转变政府职能关键，调整完善政府机构设置，科学规范政府部门职能，改进管理方式，提高行政效率，减轻财政负担，逐步形成行为规范、运转协调、公正透明、廉洁高效的行政管理体制。

组建市政府国有资产监督管理委员会（简称市国资委），为市政府直属特设机构。将原市国有资产管理局的职能，市委组织部管理部分市属国有企业领导干部的职能，市经济贸易委员会承担的国有企业改革和管理职能以及市劳动和社会保障局承担的拟定国有企业经营者收入分配政策、审核企业工资总额和主要负责人工资标准的职能逐步进行整合，划归市国资委，市政府授权市国资委代表国家履行国有资产出资人职责，实行管资产与管人、管事相结合。撤销市国有资产管理局。将市发展计划委员会改组为市发展和改革委员会（以下简称市发展改革委），为市政府工作部门，承担综合研究拟定经济和社会发展政策、进行总量平衡、指导经济体制改革的职能。将原市经济体制改革办公室的职能，划入市发展改革委，撤销市经济体制改革办公室。将市计划生育委员会更名为市人口和计划生育委员会。将市粮食局由市政府工作部门改为市发展改革委的部门管理机构。撤销市中小企业办公室。市经济贸易委员会内设中小企业办公室。组建市安全生产监督管理局，为市政府工作部门，同时为市安全生产委员会的常设办事机构。组建市城市管理行政执法局，为市政府工作部门。改革调整后，市政府设置工作部门30个，直属特设机构1个，部门管理机构6个，议事协调机构的常设办事机构1个，派出机构1个。市政府工作部门的人员编制在省核定的行政编制总额内调剂。

聊城市人民政府设置市政府办公室和工作部门30个，直属特设机构1个。分别是市政府办公室、市发展和改革委员会、市经济贸易委员会、市教育局、市科学技术局、市公安局、市监察局（与市纪律检查委员会机关合署）、市民政局、市司法局、市财政局、市人事局（市机构编制委员会办公室与其合署）、市劳动和社会保障局、市国土资源局、市建设委员会、市交通局、市水利局、市农业局、市林业局、市对外贸易经济合作局、市文化旅游局（挂市新闻出版局、市版权局牌子）、市卫生局、市体育局、市人口和计划生育委员会、市环境保护局、市民族宗教事务局、市广播电视局、市审计局、市统计局、市政府外事与侨务办公室、市安全生产监督管理局、市城市管理行政执法局。特设机构是市政府国有资产监督管理委员会。议事协调机构的常设办事机构1个：市人民防空办公室。设置市政府派出机构1个：聊城经济开发区管理委员会。市监察局与市纪律检查委员会机关合署，列入市政府工作部门序列，不计入市政府机构个数。此外，设置部门管理机构6个：市政府法制办公室、市政府调查研究室由市政府办公室管理；市物价局、市粮食局由市发展和改革委员会管理；市规划局、市房地产管理局由市建设委员会管理。

三、2010 年市、县政府及乡镇机构改革

市级政府机构改革　2010 年 1 月，根据省委、省政府《关于市县政府机构改革的意见》精神，聊城市委、市政府印发《关于聊城市人民政府机构改革的实施意见》，动员部署市政府机构改革工作。组建市经济和信息化委员会。将市经济贸易委员会工业行业管理、经济运行调节和煤电油气运输保障等职责、市信息化办公室的职责，整合划入市经济和信息化委员会，不再保留市经济贸易委员会、市信息化办公室。组建市人力资源和社会保障局，加挂聊城市外国专家局牌子。将市人事局的职责、市劳动和社会保障局的职责，整合划入市人力资源和社会保障局。原与市人事局合署的市机构编制委员会办公室单独设置，列入党委机构序列。不再保留市人事局、市劳动和社会保障局。组建市商务局，加挂市经济合作局牌子。市对外贸易经济合作局的职责、市经济贸易委员会内贸管理和机电产品进出口管理职责，整合划入市商务局。不再保留聊城市对外贸易经济合作局。组建市农业委员会。将市农业局、市政府农业办公室的职责，市蔬菜办公室、市畜牧兽医局、市农业机械管理局、市水产局的行政管理职责，整合划入市农业委员会。不再保留聊城市农业局、市蔬菜办公室、市政府农业办公室。市林业局由市政府工作部门调整为部门管理机构，由市农业委员会管理。组建市住房和城乡建设委员会。将市建设委员会、市房地产管理局的职责划入市住房和城乡建设委员会。不再保留市建设委员会、市房地产管理局。市规划局由部门管理机构调整为市政府工作部门。组建市市政公用事业管理局。市政管理局和市公用事业管理局除指导城市客运以外的行政管理职责，整合划入市政公用事业管理局。不再保留市市政管理局、市公用事业管理局。组建市交通运输局。将市交通局的职责、市市政公用事业管理局指导城市客运的职责，整合划入市交通运输局。不再保留市交通局。组建市旅游局，为市政府工作部门，组建市文化广电新闻出版局，将市文化旅游局（挂市新闻出版局、市版权局牌子）除旅游管理以外的职责、市广播电视局的职责，整合划入市文化广电新闻出版局。不再保留市文化旅游局（挂市新闻出版局、市版权局牌子）、市广播电视局。将市政府国有资产监督管理委员会由市政府直属特设机构调整为市政府工作部门。将原由省垂直管理的市食品药品监督管理局列入市政府工作部门。将市政府调查研究室的职责划入市政府办公室，不再保留市政府调查研究室。将市物价局、市粮食局的职责划入市发展和改革委员会，市发展和改革委员会加挂市物价局牌子和市粮食局牌子。将市政府法制办公室的职责划入市政府办公室，市政府办公室加挂市政府法制办公室牌子。将市人民防空办公室由市政府议事协调机构的常设办事机构调整为部门管理机构，由市政府办公室管理。市政府机构改革后，设置工作部门 32 个，部门管理机构（副处级规格）2 个。市政府各工作部门加强的职责 27 项、增加的职责 19 项、部门与部门之间职责调整划转 21 项，减少的职责 8 项。

聊城市人民政府设置工作部门 32 个：市政府办公室、市发展和改革委员会、市农业委员会、市经济和信息化委员会、市住房和城乡建设委员会、市人口和计划生育委员会、市政府国有资产监督管理委员会、市教育局、市科学技术局、市民族宗教事务局、市公安局、市民政局、市司法局、市财政局、市人力资源和社会保障局、市国土资源局、市交通运输局、市水利局、市商务局、市文化广电新闻出版局、市卫生局、市审计局、市环境保护局、市政府外事与侨务办公室、市统计局、市安全生产监督管理局、市城市管理行政执法局、市食品药品监督管理局、市市政公用事业管理局、市规划局、市体育局、市旅游局。市监察局与市纪律检查委员会机关合署，列入市政府工作部门序列，不计入市政府机构个数。市政府办公室挂市政府法制办公室牌子。市发展和改革委员会挂市物价局、市粮食局

牌子。市人力资源和社会保障局挂市外国专家局牌子。设置部门管理机构2个：市人民防空办公室由市政府办公室管理，市林业局由市农业委员会管理。

县级政府及乡镇机构改革 2010年1月，根据市委、市政府印发《关于县（市、区）政府机构改革的意见》。县（市、区）政府机构不分组成部门、直属机构、特设机构和办事机构，统称为政府工作部门，并且不设部门管理机构。从严控制设立新的议事协调机构，确需设立的，必须严格按规定程序审批。议事协调机构不设实体办事机构。明确县（市、区）政府机构限额：临清市、冠县、莘县、阳谷县各24个，东昌府区21个，东阿县、茌平县、高唐县各23个。县（市、区）政府工作部门不再分设机构层次。县（市、区）政府工作部门领导职数一般按2～3名配备，工作任务重、业务面宽的综合管理部门可增配1名副职。

2010年10月15日，根据省委、省政府《关于进一步深化乡镇机构改革的实施意见》，市委、市政府印发《关于进一步深化乡镇机构改革的实施方案》。综合考虑乡镇总人口、财政总收入、行政区域面积等因素，以2009年12月31日统计部门的数据为依据，将乡镇分为3类。参与改革的乡镇103个，其中，一类乡镇1个，二类乡镇77个，三类乡镇25个。另外，还有10个街道。综合设置机构：一类乡镇党政工作机构不超过5个，财政拨款事业机构不超过6个；二、三类乡镇党政工作机构不超过4个，财政拨款事业机构不超过5个。编制核定：一类乡镇按45～60名核定（一类1档按55～60名核定、一类2档按50～54名核定、一类3档按45～49名核定），二类乡镇按30～44名核定（二类4档按40～44名核定、二类5档按35～39名核定、二类6档按30～34名核定），三类乡镇按25～29名核定（三类7档按25～29名核定、三类8档按25名以下核定）。乡镇事业编制：一类乡镇按40～45名核定，二类乡镇按35～39名核定，三类乡镇按30～34名核定。规定以县为单位，在已有行政编制总额内，乡镇之间可进行动态调整，跨层级调整的，必须按程序报批。核定后的事业单位不突破现有规模。乡镇不再新增工勤人员编制，后勤服务实行社会化。职数核定：一类乡镇领导职数按9名核定，二类乡镇按8名核定，三类乡镇按7名核定。党委设书记1名，副书记2名，纪委书记1名；政府设乡镇长1名、副乡镇长2～3名；人大主席1名，人民武装部部长1名。在领导职数内，加大乡镇领导交叉任职力度。人大主席可由书记兼任，乡镇长由副书记兼任，纪委书记可由副书记兼任，副乡镇长应有1～2名进入党委班子，党政工作机构主要负责人由乡镇领导副职兼任，另可配备1名副科级的副主任。除上述规定职位外，乡镇一般不设其他享受正副乡级干部待遇的领导职位。改革后，乡镇党政工作机构严格按规定设置，乡镇财政拨款事业机构总量减少，由改革前的610个减到566个，精简44个；113个乡（镇、街道）领导职数由改革前的1164名精简到879名，减少285名。

四、2014年政府机构改革

2014年12月16日，根据省委、省政府《关于市县政府职能转变和机构改革的意见》精神，聊城市机构编制委员会印发《关于聊城市人民政府职能转变和机构改革的实施意见》。此次改革，主要是转变政府职能，推进简政放权，改善政府管理与服务，规范行政权力运行。

规范机构设置 组建市卫生和计划生育委员会，为市政府工作部门。将市卫生局的职责、市人口和计划生育委员会的计划生育管理和服务职责进行整合，组建市卫生和计划生育委员会，加挂市中医药管理局牌子，不再保留市卫生局、市人口和计划生育委员会。重新组建市食品药品监督管理局，为市政府工作部门。将市政府食品安全工作办公室的职责、市食品药品监督管理局的职责、市工商行政管理局流通环节食品安全监督管理职责、市质量技术监督局生产环节食品安全监督管理职责进行整合，重新组建市食品药品监督管理局，加挂市食品安全委员会办公室牌子，不再保留市政府食品安全工作办公室和原市食品药品监督管理局。原由省垂直管理的市工商行政管理局、市质量技术监督局列为市政府工作部门。组建市城市管理局，为市政府工作部门。将市城市管理行政执法局、市市政公用事业管理局的职责进行整合，组建市城市管理局，不再保留市城市管理行政执法局、市市政公用事业管理局。市住房和城乡建设委员会更名为市住房和城乡建设局。具体职责调整待制定“三定”规定时再进一步明确。将市人民防空办公室并入市住房和城乡建设局，由市政府办公室管理机构调整为在市住房和城乡建设局加挂市人民防空办公室牌子。市林业局并入市农业委员会，由市农业委员会管理机构调整为在市农业委员会加挂市林业局牌子。整合农业、畜牧兽医、农业机械管理等涉农领域执法机构，组建市农业综合执法支队，为市农业委员会所属副处级事业单位。市发展和改革委员会不再加挂市物价局、市粮食局的牌子。将市物价局、市粮食局调整为市发展和改革委员会直属机构，副处级规格。现有领导班子成员保留原职级，新配干部按调整后规格配备。市中小企业办公室更名为市民营经济发展局，调整为市经济和信息化委员会直属机构，副处级规格。现有领导班子成员保留原职级，新配干部按调整后规格配备。机构改革后，市政府设置工作部门32个。

优化部门职能配置　原市人口和计划生育委员会研究拟订人口发展规划及人口政策职责划入市发展和改革委员会。市商务局生猪定点屠宰监督管理职责划入市农业委员会，具体工作由市畜牧兽医局承担。将房屋登记、林地登记、土地登记等不动产登记职责整合到市国土资源局，待《不动产登记条例》和省实施细则出台后，再具体实施。将城镇职工基本医疗保险、城镇居民基本医疗保险、新型农村合作医疗等职责整合到一个部门，由市人力资源和社会保障局牵头负责。整合工程建设项目招投标、土地使用权和矿业权出让、国有产权交易、政府采购等平台，加快建立统一规范的市级公共资源交易平台。将道路交通安全管理由市以下垂直管理调整为市县政府分级管理体制。明确县（市、区）政府机构限额：县（市）政府工作部门不超过24个，市辖区政府工作部门不超过22个。

第四节　纪律检查体制改革

一、转变职能

精简参与议事协调机构　坚持聚焦纪检监察主责主业，精简参与的议事协调机构。2013年，市纪委、监察局清理精简参加的各类议事协调机构58个。2014年，市纪委、监察局第二轮清理参与或继续保留的38个议事协调机构，保留或继续参与10个，精简比例73.68%。

调整内设机构增加人员　坚持工作重点向办案转移，人员力量向办案倾斜，领导力量向办案集中，通过盘活存量、内部挖潜，突出执纪审查工作中心地位。2013年，按照山东省纪委、监察厅《关于进一步加强纪检监察干部队伍管理监督的通知》要求，规范纪委书记、纪检组长职责分工，集中精力做好纪检监察工作。在全省率先整合设立党风政风监督室，增设第三纪检监察室，并对纪检监察室分工进行调整；面向县（市、区）纪检监察机关、全市公检法和审计系统，公开遴选工作人员12人，突出执纪监督职能，优化执纪监督力量，提高执纪监督能力。2014年，继续调优、调顺内设机构，增设纪检监察室，新成立干部监督室，执纪监督机构占机关内设机构总数的69%，从事监督执纪人员38人，占机关编制总数的75%。

二、落实党风廉政建设“两个责任”

2014年8月，市委召开十二届六次全会，专题对党风廉政建设进行研究部署。2015年，市委印发《关于落实党风廉政建设党委主体责任和纪委监督责任的意见》《关于2015年落实党风廉政建设主体责任重点工作的意见》，明确责任内容，列出责任清单。是年7月16日，市委召开落实党风廉政建设主体责任座谈会，各县（市、区）和市属开发区的主要负责人汇报主体责任落实情况、存在的问题和下步工作打算，压实主体责任要求。市纪委分别召开县（市、区）纪委书记和派驻机构主要负责人座谈会，分8次召开市直部门落实党风廉政建设主体责任座谈会。组织各县（市、区）、市直各部门主要负责人，在市内主要媒体开展“党风廉政建设主体责任大家谈”访谈活动。

三、落实“两个为主”要求

落实纪委书记、副书记的提名和考察，以上级纪委会同组织部门为主的要求。2014年，推进市纪委和县（市、区）纪委干部交流的制度化、常态化，采取交流任职、挂职锻炼等方式，加大市县纪委、各县（市、区）纪委之间干部交流力度，从市纪委机关选派2名年轻干部任县（市、区）纪委副书记，选调2名县（市、区）纪委副书记到市纪委工作。2015年9月22日，召开纪律检查体制改革专项小组会议，讨论通过《县（市、区）纪委书记、副书记提名考察办法（试行）》《市纪委派驻纪检组组长、副组长提名考察办法（试行）》《市管企业纪委书记、副书记提名考察办法（试行）》，提交市全面深化改革领导小组会议审议通过，以聊城市委办公室〔2015〕33号文件印发。

落实查办腐败案件以上级纪委领导为主的要求。2014年，制定《聊城市纪检监察机关关于实行报告工作制度的暂行办法》，要求全市下级纪检监察机关向上级纪检监察机关、派驻纪检监察机构向派出纪检监察机关定期报告工作，并实行量化管理，纳入年度目标考核。探索建立市县纪委办案工作一体化模式。2015年，印发《关于建立市县纪委办案一体化机制的意见》，实行线索管理、初核立案、调度指挥、审查把关“四个统一”，特别重要案件由市纪委下查一级，推行县域间交叉办案、指定办案，加强上级纪委对下级纪委的统一领导。

四、党风廉政建设巡查

2014年10月，探索完善党的巡视制度向基层延伸的有效办法，市委印发《聊城市党风廉政建设巡查工作办法（试行）》，开展党风廉政建设巡查工作。11月，以市纪委各派驻机构为主体，在市委组织部、市财政局、市审计局抽调骨干力量，组成8个巡查组和2个财务审计组，对市科技局、市民政局、市人防办、市旅游局、市药监局、市农委、市商务局、市质监局8个市直部门开展第一轮巡查。

2015年4月，市纪委对市发改委、市交通运输局、市人社局、市旅游局、市水利局、市卫计委、市规划局、市经信委8个市直部门开展党风廉政建设巡查工作。是年7月，市纪委对市物价局、市公路局、市教育局、市国资委、市文广新局、市国土局、市住建局、市工商局8个市直部门开展党风廉政建设巡查工作。是年10月，市纪委以各派驻纪检组为主体，抽调市纪委机关、市委组织部、市财政局、市审计局、市国资委人员组成巡查组，对鲁西集团、昌润集团、水城集团、水务集团、公交集团、市级粮食储备库、东元集团、鲁西市政建设有限公司等8家市属国有企业开展党风廉政建设巡查工作。是年年底，全市8个县（市、区）全部建立党风廉政建设巡查工作制度，普遍开展2轮常规巡查，巡查107个县（市、区）直单位和乡（镇、街道），发现问题1400余个。

第五节　司法制度改革

一、社会治安体制改革

1997年6月，根据省公安厅关于派出所改革的精神，按照“一区一警、一警多能”的要求，采取搞试点、推典型、以点带面、全面推进的方法，推动派出所改革。全区173个派出所设警区513个。建立以管理、防范为主的工作机制，落实警务区人员、工作、责任、考核、奖惩“五到位”。2002—2003年，各县（市、区）分别组建8个50人左右的治安巡防大队，在繁华地带和治安问题多发区域设立治安服务岗亭。加强派出所队伍建设，全市向基层派出所充实警力143人，所有农村派出所民警达到5人以上；推行社区警务建设，在城区建成的社区和相对集中的居民区设立警务工作站。2004 年，推进警务体制改革，开展清理执法队伍、辞退非执法主体活动。东昌府区公安分局整体上划市公安局。推行警力下沉工作，市、县两级公安机关抽调不少于机关干警人数 10% 的干警充实到基层派出所，缓解基层警力不足的矛盾。2005 年，深化户籍管理制度改革，从 2 月 1 日起，实行新的户籍管理模式，取消农业、非农业户口性质的划分，统一登记为居民户口；全面放开县域内户口迁移政策，同时放宽投亲人员户口迁移条件的限制。在全市逐步推行“以房管人、以静制动”的实有人口新型管理模式。2015 年，把服务发展、保障民生作为深化公安改革的重要方向，出台《聊城市公安局简政放权优化服务二十条》和《关于进一步推进户籍制度改革的意见》，取消市内、市外迁移政策差别，引导农业转移人口有序落户城镇。建立“互联网 + 警务”网上服务平台，为群众和市场主体提供 118 项网上服务。户籍、出入境、交警、消防实行“首问负责、限时服务、预约服务、跟踪服务”。

二、检察体制改革

1997—2001 年，全区检察机关推进检务公开，建立完善检察工作情况定期通报制度和“告知”制度，增加检察工作透明度。同时，推行主诉、主办检察官办案责任制。2001 年全市选配主诉检察官 31 人，一些主要业务部门选配主办检察官。改革审查批捕、公诉方式，逐步推行适时介入侦查、引导侦查取证，试行普通程序简化审查，重视适用简易程序，提高办案的质量和效率。2002—2003 年，稳妥推行庭前证据展示、量刑建议和普通程序简化审，探索运用检察建议启动再审程序的监督方式。全面推行办案期限预警和羁押期限倒计时制度，保障案件当事人的合法权益。实行刑事、民事申诉、不起诉公开审查、听证制度，增强执法透明度。实践民事行政检察代表国家和社会支持起诉工作，维护国有资产安全。试行抗诉案件向人大备案制度，邀请人大代表、政协委员参加重大案件的庭审，以人大和社会的监督促进公正司法。各县（市、区）检察院按照精简、统一、效能的原则，普遍推行机构和干部人事制度改革，全面实行竞争上岗、双向选择，优化班子、队伍结构，合理配置人员。2004 年，全面推开人民监督员制度试点工作，市、县两级检察机关聘任人民监督员 48 人。探索以检察建议对民事行政申诉案件监督的新模式。试行对未成年人犯罪暂缓起诉制度。2005 年，探索处理涉法上访工作机制，信访案件严格落实“四定一包”（定时间、定人员、定领导、定责任、包案处理）和首办责任制。探索建立信访预警、信息传输和快速反应处置机制，全面建立公开听证和答询工作制度。建立健全青少年维权工作机制和维权组织体系，落实维权责任人。建立行政执法与刑事执法相衔接的工作机制，严厉打击破坏市场经济秩序的犯罪。探索以检察建议启动“民行案件”再审机制。

2015 年，以改革为导向，配合组织部门加强领导干部的职级配备，坚持检察人员向一线倾斜，实现领导班子和办案资源的优化配置。强化办案责任制管理，制定检察官权力清单、岗位设置等意见，推动建立权责明晰、制约有力、运行高效的检察运行机制。深化涉法涉诉信访改革，建成三级联网视频接访系统，实行诉访分离、司法救助、律师参与化解等机制。

三、审判体制改革

1995—1997 年，全区审判机关在审判方式、服务方式、管理方式、用人制度等方面进行一系列改革，逐步建立起适应法院实际的工作运行机制，刑事、民事、经济、行政等各项审判和各个审级的审判方式改革全面展开。1998—2001 年，推行审判方式改革，以公开审判为重心，强化当事人举证责任，强化庭审功能，强化合议庭职责。实行立案、审执、审监“三个分立”改革。撤销原告申庭，组建立案庭和审判监督庭，全市法院内部形成立案机构、审判机构、执行机构、审判监督机构相互独立、相互制约的科学内设机构体系。普遍推行“大立案”和“案件审判流程管理”改革。前者是指在立案审判机构分立的基础上，依法扩充立案庭职能，由立案庭对所有涉诉案件统一行使审查立案、排期开庭、送达文书等职权，做好各项审判的辅助性工作，使审判庭能够集中精力审判案件。后者是指充分发挥立案庭的监督和服务职能，由其对审判工作从立案、审判到执行各个环节的工作运行期限和质量进行监督、协调和管理，对即将超审限的案件及时警示催办。普遍推行审判长和独任审判员选任制改革，将116名素质较高、坚持原则、严于律己的审判人员选拔到审判长和独任审判员岗位上来。全市两级法院普遍成立执行局，建立起统一管理、统一协调和统一指挥的新执行工作体制。推行法庭撤并改革，按照“三五个乡镇设一处法庭”的原则，将全市163处人民法庭撤并调整为48处。2002—2003年，深入开展“阳光工程”活动，提高审判工作的公开性和透明度。推行案件繁简分流和普通程序简化审，提高案件审判效率。实施证据制度改革，实行当庭举证、当庭质证、公开认证制度。加大裁判文书改革，增强裁判文书的说理性，维护司法裁判的公信力。推进法院工作机制改革，建立起以审判委员会为主体的审判工作宏观指导机制，以立案庭为主体的审判流程管理机制，以审监庭为主体的审判质量管理机制，以执行局为主体的执行工作“三统一”管理机制，以政工和纪检等部门为主体的法院队伍管理机制，以办公室和装备处为主体的办公运行与后勤保障机制等“六个机制”。完善机构改革，撤销原经济审判庭，建立“大民事”审判格局。2004年，围绕加强审判管理，制定审判流程管理的各项细化措施，推行内部“审限制度”和各业务部门的小流程管理。完善“三统一”的执行工作机制，探索执行裁决权、实施权分离制度。2005年，制定下发《关于加强案件质量与效率监控的实施意见》，建立在审委会领导下、以审监庭和立案庭为主体的案件质量与效率监控体系。探索建立解决影响案件效率问题的长效机制，对案件审判实行“大流程管理”。同时，推广实施以“微机自动分案，细化审执环节，强化考核监督，规范庭内运作”为内容的“小流程管理”机制。2015年5月，改革案件受理制度，变立案审查制为立案登记制，做到有案必立、有诉必接。深化陪审员制度改革，保障人民群众对司法的知情权、参与权和监督权。全市718名人民陪审员参审一审普通程序案件2.09万件，参审率93.6%。推进涉诉信访改革，全面推行视频接访和网上申诉。深化“诉访分离”改革，将涉诉信访导入诉讼程序办理。全面启动司法责任制改革试点，探索下放案件审批权，大幅压缩审委会讨论案件的数量，做到“让审理者裁判、由裁判者负责”。

四、司法行政改革

1995—1997年，实行乡镇司法行政和法律服务机构“两所”分离、各司其职。到1997年年底，全区167个乡（镇、街道）建立司法所166个、法律服务所173个。建立律师事务所“四个机制”（内部激励机制、内部和外部竞争机制、凝聚人才引进人才机制、宏观管好微观搞活的管理体制），培育建立多层次、多形式、适应社会主义市场经济体制需要的律师机构。允许3名以上符合条件的人创办合伙管理形式的律师事务所，试办乡镇律师事务所。改革原有办所模式，探索自律性事务所的新路子，逐步转变到不占国家编制和经费，实行自愿组合、自收自支、自我发展、自我约束的轨道上来。1998年，全市开通“148”专线。1999年，各县（市、区）成立司法调解中心。2000年，律师事务所改革为中介组织，形成司法行政机关宏观管理和律师协会行业管理相结合的管理体制。2001年，各县（市、区）成立法律援助机构。2002年，出台《全市公证机构改革实施方案》，公证处由行政体制改为事业体制。2003年，全市129个乡（镇、街道）全部建立和恢复司法所。2004年，市委、市政府出台《关于进一步加强乡（镇、街道）司法所建设的意见》，加强司法所规范化建设。是年6月，成立由分管政法的副书记任主任、政法委书记、分管副市长任副主任，有关单位负责人为成员的聊城市社会矛盾调解中心建设指导委员会，加强乡（镇、街道）调解中心建设。2005年，实施司法所和调解中心规范化改革。全市133个乡（镇、街道）普遍建立调解中心和司法所，其中有 78 个司法所达到省级规范化标准。高唐县、莘县两县县委、县政府明确规定，司法所为县局派出机构，实行以县局管理为主、乡镇为辅的管理体制。

2015 年，改革人民监督员制度，市人民检察院选聘人民监督员 60 人。推出学法、考法、述法、普法考试人民监督员登记证等制度。实施律师援助应援尽援工程，打造“城区半小时、乡村小时”律师援助服务圈。

第六节　事业单位改革

在 2001—2002 年、2004 年、2010 年聊城市进行的三次党政机构改革中，对事业单位都有所涉及，有些行政单位改为事业单位，有些事业单位则并入行政单位。

2006 年 11 月，根据国务院办公厅《关于城镇医药卫生体制改革的指导意见》和省编办、省卫生厅《关于市级卫生监督和疾病预防控制体制改革的通知》，市编办与市卫生局联合印发《关于县级卫生监督和疾病预防控制体制改革的通知》。改革后，集中原有分散的卫生监督职能，组建卫生监督机构和疾病预防控制机构，分别承担辖区内综合卫生执法监督和疾病预防控制工作。

2007 年 7 月，根据国务院办公厅转发国务院体改办《关于水利工程管理体制改革实施意见的通知》和山东省人民政府办公厅转发省水利厅等部门《关于水利工程管理体制改革的实施意见的通知》，市编办制定《关于水利工程管理体制改革的实施意见》。改革后，划分水管单位类别和性质，严格定编定岗，规范财政支付范围和方式，强化资金管理。

2008 年，根据国务院办公厅《关于推进种子管理体制改革加强市场监管的意见》、山东省人民政府办公厅《关于贯彻国办发〔2006〕40 号文件，推进种子管理体制改革，加强市场监管的通知》，制定有关种子管理体制改革贯彻落实意见。种子生产经营机构主要指农业行政主管部门所办的种子公司。改革后，农业行政主管部门不再从事和参与种子生产经营活动，也不再主管种子生产经营企业，只负责种子管理工作。将种子生产经营机构从农业行政主管部门剥离出去，移交同级国有资产监督管理机构管理，实现人、财、物的彻底分离。

2009 年 2 月，根据国务院《关于兽医管理体制改革的意见》和省政府《关于兽医管理体制改革的意见》的规定，制定《聊城市人民政府畜牧兽医管理体制改革的意见》。改革的内容和结果：建立健全畜牧兽医行政管理机构。按照与国家、省相对应的原则，市、县畜牧局统一更名为畜牧兽医局。建立健全兽医行政执法机构。市、县两级整合强化动物防疫、检疫、监督等现有机构及其行政执法职能，建立健全动物卫生监督所，作为兽医行政执法机构，依法承担动物防疫、检疫与动物产品安全监管的行政执法工作。建立健全兽医技术支持机构。按照综合设置的原则，组建县级动物疫病预防与控制中心，为县级兽医技术支持机构。加强乡（镇）动物防疫机构建设。整合原乡（镇）畜牧兽医站等现有资源，构建新型的乡（镇）畜牧兽医站，为县级畜牧兽医局的派出机构，人、财、物由县（市、区）畜牧兽医局统一管理。聘任配齐村级动物防疫员。凡饲养畜禽的村庄，原则上每村聘任 1 名动物防疫员，协助做好动物防疫、检疫、疫情报告等工作。饲养畜禽少的村庄，也可 2～3 个村庄聘任 1 名动物防疫员；饲养畜禽特别多的村庄，也可 1 个村聘任 2 名动物防疫员。村级动物防疫员由县畜牧兽医局管理和组织技能培训。根据所承担的任务，应当给予村级动物防疫员一定的误工补贴，经费由市、县级财政解决。是年 7 月，市委常委会议研究市直中等职业教育资源有关问题。按照要求，研究两所新组建学校机构编制问题；8 月，将山东省聊城贸易学校、聊城市财政学校、聊城市商业技工学校、聊城市水利职工中等专业学校和山东省聊城外国语中等专业学校（原山东省阳谷师范学校）等 5 所学校整合，组建聊城高级财经职业学校，加挂“聊城市第一职业学校”和“聊城农民培训学院”的牌子。整合后的学校为正县级全额事业单位（已有人员的身份、拨款性质暂时不变），隶属市政府管理，业务指导由市教育局负责。暂定全额事业编制580人；核定领导职数6人，其中，书记1人，校长1人，专职副书记1人，副校长3人。整合期间，领导职数按现有领导实际人数配备。整合聊城市高级技工学校、山东省聊城建设学校、聊城市轻纺技工学校、聊城市机电工程技术学校、聊城市劳动技工学校和山东省聊城电子信息学校（原山东省莘县师范学校）等6所学校，组建聊城高级工程职业学校，保留“聊城市高级技工学校”，加挂“聊城市第二职业学校”的牌子。整合后学校为全额事业单位（人员的身份、拨款性质暂时不变），隶属市政府管理。暂定全额事业编制638人；核定领导职数6人，其中，书记1人，校长1人，专职副书记1人，副校长3人。整合期间，领导职数按现有领导实际人数配备。

2011年8月，根据中共中央、国务院《关于分类推进事业单位改革的指导意见》和省编委《关于印发〈山东省事业单位清理规范工作实施方案〉的通知》要求，市编委印发《关于印发〈聊城市事业单位清理规范工作实施方案〉的通知》，在对事业单位机构编制、人员情况等基础信息核实、摸清底数的基础上，采取“撤、并、转”等方式，统筹清理事业单位资源。按照机构编制管理有关法律法规和政策规定，规范事业单位名称、职责任务、经费形式、人员编制、编制比例、内设机构、领导职数等事项。市直事业单位清理规范工作完成后，市直撤销机构22家，清理收回事业编制68人。9月，聊城市委、市政府印发《关于调整聊城市事业单位改革领导小组组成人员的通知》，调整聊城市事业单位改革领导小组组成人员，统筹领导事业单位改革事宜。

2014年3月，根据全省政府职能转变机构改革暨事业单位改革工作电视会议要求，研究制定聊城市事业单位分类目录，制定事业单位分类工作方案。2015年5月，完成市直事业单位分类批复工作。市直事业单位571个（含市属开发区），划为公益一类的370个，划为公益二类的83个，公益三类的66个，划入生产经营类的11个，暂未明确类别的41个，市直整合撤销机构25个。

2015年7月，根据省事业单位改革领导小组扩大会议要求，制定聊城市《分类推进事业单位改革重点任务分工》，将分类推进事业单位改革6个方面的重点任务，细化分解为16项重点工作，明确责任单位包括牵头单位和参与单位，以及改革路径、完成时限等。

第七节　干部人事制度改革

一、干部选拔任用制度改革

1997年，加大干部交流力度，异地交流党政领导班子成员、公检法“三长”、新提拔的年轻干部，岗位轮换机关干部。1998年，在干部选任工作中，深入贯彻《党政领导干部选拔任用工作暂行条例》（简称《干部任用条例》），对拟提拔的人选普遍实行考察预告、任前公示。1999年10月，市委印发《关于选拔任用领导干部实行试用制和聘任制的暂行规定》，坚持和完善领导干部试用期制，在事业单位试行领导干部聘任制。2002年，对新提拔的干部实行考察预告制、公示制、差额考察制、任前公示制。2004年，以学习贯彻《干部任用条例》和“5+1”法规文件为契机，改进完善公开选拔、竞争上岗等工作，落实和完善民主推荐、民主测评、民主评

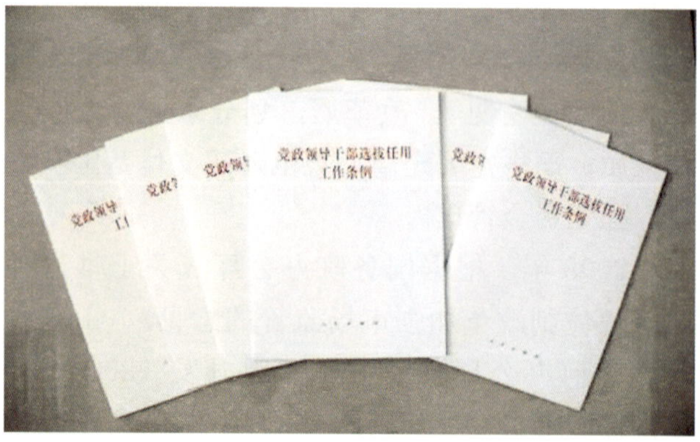

2014年1月，新修订的《党政领导干部选拔任用工作条例》

议和考察报告、差额考察、任前公示、试用期等制度。2005年，印发《关于明确和规范县级学校、医院领导干部管理体制的通知》，经主管单位申报、组织考察等环节，为41名县级学校、医院聘任制行政副职，明确副县级干部待遇。2006年，学习贯彻党政领导干部职务任期、交流、任职回避等5个法规文件，落实完善民主推荐、民主测评、民主评议和考察预告等制度。2008年，制定出台《关于加强干部双重管理工作的通知》，维护干部管理工作的严肃性，强化干部双重管理意识。2010年，制定出台《聊城市差额选拔市直副县级干部暂行办法》，在随后的市直部门个别调整中，使用该办法提拔干部54人。2014年，贯彻落实新修订的《干部任用条例》，根据条例的新规定、新要求，废止市直单位副县级干部差额选拔办法。出台《关于加强县（市、区）干部选拔任用工作指导的意见》《关于规范领导干部职务变动谈话制度的暂行规定》，建立与《干部任用条例》相配套的制度规定，为严格执行条例提供制度保证。2015年，制定《市管干部选拔任用工作流程》，建立健全程序严密、简便易行、有效管用的干部选拔任用机制。坚持把干部档案审核、征求纪检监察机关等单位意见、个人有关事项报告核查“三个关口”前移到动议环节，严格干部标准条件。强化党委（党组）的领导和把关作用，压实推荐提名责任。实行市委常委会“票决制”任用干部制度，严格执行研究干部任免事项时主要负责人末位发言制度。

二、干部队伍建设改革

1997年，地委印发《关于培养选拔优秀年轻干部三年规划》，要求在选拔干部和组建领导班子时，坚持标准，好中选优，打破论资排辈和迁就照顾的陈旧思想，对看准的优秀年轻干部敢于大胆提拔。是年年底，县、乡两级班子均形成年龄上合理的梯次搭配，县市党政班子成员平均年龄41.7岁，40岁以下的占37.8%。1998年，抓好乡镇机关人员的精简分流，全面开展机关干部轮流离岗工作。会同有关部门进行公务员和公安人员的招录工作。2003年，市委组织部制定《关于市属国有及国有控股企业领导人员管理暂行办法》，调查摸底市属国有（控股）企业干部，编制企业干部名册，组建聊城市水务集团有限公司企业领导班子，健全市医药集团总公司党委会、董事会、监事会。按照机构改革的规定，对年满56岁的正县级干部和年满55周岁的副县级干部办理离岗手续。鼓励和组织机关工作人员到经济建设一线干事创业，全市离岗创业人员7505人。2008年，市委组织部制定《关于加强干部双重管理工作的通知》，维护干部管理工作的严肃性，强化干部双重管理意识。2009年，中共聊城市委组织部印发《关于进一步加强乡镇党政正职队伍建设的意见》，规范乡镇党政正职队伍的选拔标准、条件、结构、程序、考核等，省委组织部《山东组工信息》对此项工作做法予以刊登。2011年，市委组织部研究制定《关于进一步加强县（市、区）直部门、乡（镇、街道）中层干部管理的意见》，明确县（市、区）直部门、乡（镇、街道）中层干部管理权限、任职资格和任免程序。2014年，开展超职数配备干部消化整改工作，全面停止干部提前离岗做法，妥善安排提前离岗干部的返岗工作，保证提前离岗干部政治生活待遇、经济待遇的落实。2015年，集中调整县级副职后备干部，以近距离接触为基础，深入开展专题调研活动，掌握一大批思想政治素质好、工作表现突出的优秀年轻干部，为事业长远发展储备一批骨干力量。

三、公开选拔、竞争上岗

1997年，运用“一推双考”的办法，对班子成员缺职、年龄偏大、梯次结构和班子专业结构不合理的8个地直部门的副县级领导职务，面向社会公开招考。通过笔试、面试答辩、考察考核等环节，从全区633名符合条件的年轻干部中选拔出8名副县级领导干部。结合机构改革，在部分地直机关推行竞争上岗、双向选择，通过笔试、面试答辩、群众评议等程序选择中层干部。1998年，普遍推行党政机关中层干部竞争上岗制度。2002年，面向全省公开选拔县级领导干部，664人报名，涉及9个城市4所高校10个省直部门，经资格审查、笔试、面试、考察等环节，最后研究确定副县级干部人选27人。2008年，市委组织部印发《关于进一步加强和改进干部选拔任用工作的意见》，制定《关于公推公选县级领导干部的试行办法》，组织对市直教育、卫生系统采取公推公选的办法进行调整，实行“四公开、一陈述、四差额”制度，增强干部工作的公开性和透明度。2010年，按照省委组织部《“两公开四差额”选拔任用县乡党政正职试行办法》要求，选拔县（市、区）党政正职2人，乡镇党委书记3人，为选拔县乡党政正职提供新经验。2013年，完善竞争性选拔干部工作办法。按照省委组织部《关于选派省第七批援藏干部人才和第二批援青干部有关问题的通知》要求，采取竞争性选拔方式，选拔任用援青（海）干部3人。

四、干部监督工作改革

1999年，市委组织部研究制定《关于加强干部监督工作的意见》，坚持完善函询、诫勉、谈话“打招呼”制度。2007年，制定《聊城市领导干部报告个人有关事项实施办法》，组织市管干部首次集中报告个人有关事项工作。2011年，市委组织部出台《关于进一步规范干部人事制度严肃组织工作纪律的若干意见》，在全市组织系统深入开展纪律作风整顿工作。针对县（市、区）机关事业单位“违规进人”的问题，督导各县（市、区）全面落实机关事业单位录用人员“逢进必考”的规定，狠刹机关事业单位“违规进人”风气。2012年，建立组织部长“双向约谈”长效机制，部领导班子成员相对固定联系县（市、区）和市直单位，定期与干部谈心谈话，了解班子运行情况，掌握干部思想动态，征求意见建议。2013年，市委组织部研究制定《关于受理党政领导干部选拔任用工作有关事项报告分工的建议》，结合全市干部管理和干部监督工作实际，明确干部工作机构和干部监督工作机构职责和相关工作程序。2014年，市委组织部印发《关于严格落实组织工作事项报告制度的通知》，建立和落实组织工作重要事项报告责任制，规范组织工作重要事项报告。开展规范清理党政领导干部在企业兼职（任职）、相关人员在行业协会商会类社会组织兼职（任职）等工作，规范党政领导干部从业行为，加强领导干部监督管理。2015年，严肃认真开展领导干部个人有关事项报告核查，制定《领导干部个人有关事项报告抽查核实结果处理办法（试行）》，重申纪律底线，强化制度约束。

五、干部信息管理改革

2007年，市委组织部制定《聊城市干部人事档案、信息管理工作五年规划》，把市管干部档案基本信息录入信息库，严格执行干部任前档案审核制度。2008年，市委组织部印发《关于加强干部人事档案管理工作的通知》《新任市管干部档案接收标准》，规范档案整理和材料收集。2010年，对全市干部档案统一进行集中审核，补充完善档案材料、确认干部“三龄一历”，审核结果在本单位公示，全面整理规范干部档案；完成“大组工网”市级分级保护项目建设。2012年，实现“大组工网”延伸，完成县（市、区）分级保护项目建设，提高和改善组织系统办公自动化效能，提高工作质量和效率。2014年，贯彻落实《关于严格实行干部任前档案审核的规定》《关于严格干部档案日常管理的通知》，集中审核和摸底排查县（市、区）党政班子领导干部档案。2015年，市委组织部制定印发《全市干部人事档案专项审核工作实施方案》《干部人事档案工作文件选编》，在全市范围内开展干部人事档案专项审核，按照干部管理权限，整理和审核干部档案，审核情况录入干部信息库，逐人形成档案问题清单，全面梳理干部档案问题。完成“大组工网”安全管理平台升级和分级保护工作，通过省委组织部测评验收。

第八节　行政审批制度改革

2001年，为更好地服务外来投资者，聊城市设立外来投资者服务中心和外来投资者投诉中心，主要负责为外来投资者提供行政审批服务，受理对相关部门审批服务不到位的投诉。是年，中央和地方新一轮行政审批制度改革启动，市委、市政府决定，在外来投资者服务中心和投诉中心的基础上，成立聊城市行政服务中心，将市本级行政审批事项全部纳入中心集中办理，提供“一站式”服务。首批进驻行政审批部门34个，集中办理行政审批事项234项。在此之前，全市行政审批项目1012项。到2005年，通过深化行政审批制度改革，累计取消599项，减少60%，保留的行政许可及审批项目413项，以市政府令形式向社会公布。

2004年12月29日，聊城市行政服务中心迁入现址，进厅设立服务窗口单位87个，其中，职能部门独立窗口31个，纳入综合窗口管理部门13个，中介及公共便民服务企业43个；进厅办理服务事项345项，其中行政审批事项278项，中介及公共便民服务事项67项。

2005年5月，市行政服务中心按照合法、合理、精简和效能的原则，削减繁杂的办事环节，规范审批流程，提高工作效率，进厅集中办理的审批事项比中心成立时审批时间平均缩短50%～70%。到2007年，经过清理和精简，中心承诺件的办事环节由平均4.3个精简到2.1个，需提供申请材料由平均4.5份/件减少为3份/件，办件时间由平均11.8天/件压缩到5.2天/件。

2007年，分两批调整市直部门内部行政许可职能38个，按照不增加编制、只作内部调整的原则，组建行政许可科，强化审批权集中和向窗口授权，实现“两集中、两到位”，即部门行政审批（服务）职能向一个处室集中，部门行政审批服务处室向行政服务中心集中；部门行政审批（服务）事项进行政服务中心要落实到位，部门对窗口工作人员要授权到位。年底，具有审批权的61个市直部门，有28个实现行政审批“两集中、两到位”。至2015年年底，具有审批权的42个市直部门，全部实现行政审批“两集中、两到位”。

2013年6月，深化行政审批制度改革，按照“三个一律”的原则，逐项审查和评估论证市级行政审批事项，通过精简、下放等方式，减少行政审批事项207项，最终保留160项，精简率56%；行政许可主体由53个减少为42个，精简率21%。强化窗口100%授权，实施审批流程优化再造，仅需书面审查的事项，即时办结；一般事项实行“一审一核”，3个工作日内办结；需要现场踏勘、集体论证等特别程序的事项，7个工作日内办结。

2014年，根据国务院和省政府要求，聊城市推行行政权力清单制度，对行政审批事项在清理规范的基础上，实行目录清单管理。至2015年年底，纳入市级行政审批事项目录管理的审批事项297项，行政审批主体42个。

第二章　农村经济体制改革

中共十一届三中全会后，聊城市逐步形成以家庭联产承包经营为基础、统分结合的双层经营体制。1998年，开展农村第二轮土地延包工作，全市经历了围绕农村税费改革，落实承包地块、核定计税面积、颁发经营权证；完善二轮土地延包，开展农村土地突出问题专项治理；按照省委、省政府“市先行试点，全面推开，三年基本完成”的部署和要求，开展农村土地承包经营权确权登记颁证工作等3个阶段。1999年以后，全市在土地流转和适度规模经营方面进行了一些实验和探索，主要是农户间自发流转，向外部经济组织流转数量很少。2008年起，全市各级政府注重引导农户土地流转和适度规模经营。2013年，市委、市政府坚持“依法、自愿、有偿”原则，把“换脑筋”作为首要任务来抓，通过算发展账和经济账，提高各级各相关部门对农村土地流转工作的重要性和必要性的认识，调动农村广大干部群众对农村土地流转工作的主动性和积极性。至2015年年底，全市土地流转面积11.37万公顷，占家庭承包土地总面积的23.43%。2001年10月，聊城市被国务院农村税费改革领导小组办公室批准为全国唯一的农村税费改革地级试点市，市委、市政府制定《聊城市农村税费改革（试点）实施方案》，部署开展农村税费改革工作。2003年9月，根据国务院办公厅《关于进一步加强农村税费改革试点工作的通知》精神，落实减轻农民负担“四项制度”（即涉农税收价格收费“公示制”、贫困地区农村义务教育收费“一费制”、农村订阅报刊费用“限额制”、违反减轻农民负担政策“责任追究制”）。同时，市纪委、市监察局印发《关于认真执行对涉及农民负担案（事）件实行责任追究制度的通知》，对查处涉负案（事）件提出具体要求。自2006年1月1日起，《中华人民共和国农业税条例》废止，农业税征收成为历史。在农村税费改革中，聊城市同步推进乡镇政府机构、乡镇财政体制、农村教育体制等改革。

第一节　完善土地承包经营体制

1998年6月至2003年2月，按照中央和省委、省政府的部署，聊城市全面落实农村第二轮土地延包政策。2002年年底，全市第二轮延包的村6358个，占全市总村数的97.5%；延包土地面积48.41公顷，占计税总面积的98.3%；签订土地承包合同122.38万份，占总户数的97.9%；颁发土地承包经营权证118.13万份。全市未进行第二轮土地延包的村162个，涉及2.15万户。这一阶段中央土地承包政策的主要规定是第一轮土地承包到期后（1999年），第二轮土地承包期再延长30年。同时，提倡“增人不增地、减人不减地”，在承包期内坚持“大稳定、小调整”的原则，适当调整土地。由于全国全省没有统一的土地承包经营权证格式，聊城市借鉴外地经验，制发经营权证，证书上不加盖县级以上人民政府公章，由乡镇经管站代行政府职责。由于政策规定的原因，尽管签订土地承包合同，颁发经营权证，但农户之间的承包地，随着人口的增减，随时在发生变化。

2003年3月至2012年，贯彻《中华人民共和国农村土地承包法》《山东省实施〈农村土地承包法〉办法》，完善第二轮土地延包和开展农村土地突出问题专项治理。按照农村土地承包法的规定，明确“承包期内，发包方不得收回承包地”“承包期内，发包方不得调整承包地”。同时，对保护出嫁妇女、离婚妇女的土地承包权益，也作出明确规定。但由于法律法规宣传贯彻的滞后和农村传统习惯的影响，在中央和省两部法律法规颁布实施后，一些村庄仍按照村规民约实行“增人增地、减人减地”的老办法，造成土地承包合同、经营权证与农户实际承包土地不符。为妥善解决好以上问题，在2007年国家7部委联合下发《关于开展全国农村土地突出问题专项治理工作的通知》，特别是2007年8月14日，全省农村土地突出问题专项治理工作电视电话会议之后，聊城市把开展专项治理工作作为贯彻执行农村土地承包法规，全面落实党的农村土地承包政策，纠正侵害农民土地承包权益行为，促进农村社会稳定和经济发展的重大任务，列入党委、政府工作的重要议事日程。市政府办公室先后转发《市农业局关于聊城市农村土地承包经营权证换发补发工作实施方案的通知》和《市农业局等部门关于聊城市农村土地突出问题专项治理工作实施方案的通知》。各县（市、区）和各乡镇也分别制订实施方案，下发农村土地突出问题专项治理和换发、补发农村土地承包经营权证工作的专门文件，开展土地承包情况调查摸底。针对排查出的问题，制定整改方案，分门别类地提出整改措施，逐项研究解决办法，逐一进行化解。对明显违反农村土地承包法律法规和政策的问题，要求各县（市、区）和乡镇，列出时间表，限定期限，明确责任，务必全部纠正农民土地承包经营权落实不到位问题。通过整改，落实土地承包期30年不变的政策，纠正“增人增地、减人减地”的土政策和侵害妇女权益的行为，纠正超规定多留机动地的行为。对多留的机动地依法分包到户，对符合规定预留的机动地，依法管理好、使用好，杜绝超期限发包机动地。对于机动地长期发包的，依法变更合同，合同期限不得超过3年。对一次性收取全部承包费难以退还、导致合同不能变更的，通过召开村民大会或村民代表大会，在充分尊重绝大多数村民意愿的前提下妥善解决，纠正“两田制”。对没有实行二轮土地延包、土地严重不均、群众意见大、矛盾比较突出的村，依法进行二轮土地延包。抓好农户土地承包情况的微机录入和经营权证的发放，根据省政府的部署和市政府有关文件规定，按照承包面积、承包地块、承包合同、承包经营权证及基本农田“五到户”的要求，将整改后农户承包土地的翔实数据录入微机，稳妥地开展土地承包信息化管理。以此为依据，做好土地承包经营权证换发补发工作。聊城市在纠正土地承包中存在的突出问题、规范完善土地承包关系和换发补发土地承包经营权证等方面取得明显成效。全市纠正延包不到30年、随意调整土地的村1465个，纠正“两田制”的村624个，纠正超规定限额多留机动地的村307个。全市5689个村取消“增人增地、减人减地”的老办法，占总村数的87.7%。同时，纠正侵害农村出嫁妇女土地承包权益等问题。聊城市农村土地承包期一律延长为30年。

2013年起，按照省委、省政府“先行试点，全面推开，三年基本完成”的部署和要求，聊城市扎实开展农村土地承包经营权确权登记颁证工作。全市确权登记颁证工作坚持做到“七统一”，即统一航拍制作1∶2000比例尺、分辨率优于0.16的正射影像图作为工作底图；统一采购印制“农村土地承包经营权证”；统一组织举办大规模的业务培训；统一土地承包合同和登记簿的文本内容；统一设计制作粘贴在经营权证书上的含全部家庭成员信息的“承包地块示意图”；统一规范确权登记工作档案和农户档案的整理内容；统一规范经营权证书和承包地块示意图“骑缝专用章”的内容和标准。这些做法，为全市确权登记颁证工作的推进奠定了坚实基础。至2015年年底，全市应开展耕地确权登记颁证的村6253个，基本完成确权登记颁证工作的村6089个，占应开展村的97.4%；确权农户116.98万户，占家庭承包农户总数的96.53%；确权面积723.71万亩；签订承包合同467.92万份（一式四份），建立登记簿116.98万本，颁发经营权证书116.98万本。

第二节　推进农村土地流转

自20世纪80年代初实行家庭联产承包责任制以后，聊城市实现农业生产用地的集体所有权、家庭承包权、土地经营权的分离，为土地承包经营权的流转奠定基础。进入90年代，随着国家“以工补农、以城带乡”政策的落实，坚持在农户家庭承包经营制度和稳定农村土地承包关系的基础上，积极、依法、有序地推进土地流转和适度规模经营，成为农村城镇化和现代农业发展的客观要求。1999年以后，全市在土地流转和适度规模经营方面进行一些实验和探索，主要是农户间的自发流转，向外部经济组织流转数量很少。同时，因为缺乏对土地流转的统一管理和指导、服务，全市农村土地流转处于起步阶段。

2000年12月，全市农村承包土地核定面积488.30万公顷。到2006年，全市农户家庭承包耕地流转总面积5386.67公顷，占全市总承包耕地面积的1.10%，涉及农户4.9万户。其中，转包面积2213.33公顷、转让面积713.33公顷、互换面积620公顷、出租面积733.33公顷、入股面积18.8公顷，其他形式的流转面积1080公顷。全市实行适度规模经营的耕地面积504.47公顷，流转和适度规模经营的比例很小，其形式主要是转包、出租和转让，土地流转仍处在缓慢发展阶段。2008年起，全市各级政府注重引导土地流转和适度规模经营，农户家庭承包耕地流转总面积增为1.24万公顷，占全市总承包耕地面积的2.54%，涉及农户4.18万户。2012年，全市土地流转面积4.36万公顷，占全市总承包耕地面积的8.93%。

2013年，稳步推进农村土地流转工作。市委、市政府坚持“依法、自愿、有偿”原则，把“换脑筋”作为首要任务来抓，通过算“发展账”，提高各级各相关部门对农村土地流转工作的重要性和必要性的认识；通过算“经济账”，调动干部群众对农村土地流转工作的主动性和积极性。是年9月，开展扩大试点工作，覆盖全市131个乡（镇、街道）的262个村庄，涉及农户3.7万户、13.8万人、1.46万公顷耕地。建设土地流转服务大厅125个，基本实现乡镇全覆盖。农村土地流转呈现规范发展，逐步向新型农业主体集中的趋势。是年年底，全市土地流转面积6.76万公顷，其中，流转面积超百亩的农业专业户238个、家庭农场77家。

2014年，按照省委、省政府部署要求，在试点先行的基础上，全面推开流转土地确权登记颁证工作。全市11个县（市、区）建设县级农村产权交易平台并规范运行，136个乡（镇、街道）设立分支机构，5845个涉农村（居）设立村级土地流转服务站点，建立信息员队伍等。市委、市政府印发《关于引导农村土地经营权有序流转发展农业适度规模经营的实施意见》，在财政扶持、信贷支持、税收减免、用地优惠、项目申报等方面向农村土地规模流转倾斜，鼓励扶持土地流转。对农业龙头企业、农民合作社、家庭农场、专业大户等集中连片流转土地，并用于发展农业主导产业、特色高效农业，给予奖励扶持；对是年新增连片规模面积较大的村，给予资金奖励。是年，全市有3827个村庄完成流转土地确权登记颁证工作，占农村总数的65.47%，涉及农户75.26万户、耕地32.52万公顷。规范土地流转，全市131个乡（镇、街道）土地流转服务大厅健全完善，设立村级土地流转服务站点3863个，全市土地流转面积10.08万公顷，占家庭承包土地总面积的20.76%。同时，加快县级农村综合产权交易平台建设，在全市19个乡（镇、街道）的19个村（居委会）开展农村集体经济组织产权制度改革试点。

2015年，全市致力于打造以“精致农业”为示范主题的国家现代农业示范区，通过实施“园区带动、科技创新、质量强市、产业融合”4大工程，打造具有聊城特色的产业精深、产出精品、经营精准、技术精湛、服务精细、装备精良、景观精美、文化精辟的现代农业，建设中国北方地区最大的精致农业示范区。加快农村土地流转步伐，发展集约化、组织化、专业化的现代农业。至2015年年底，全市基本完成确权登记村5973个，占应开展村数的95.23%。县、乡级农村综合产权交易平台全面建成运营，有5个县（市、区）出台《农村承包土地经营权抵押贷款管理办法》。农村集体经济组织产权制度改革试点稳妥开展，涉及全市19个村、村组48个、1.19万人，耕地893.33公顷。农村土地经营权流转规范发展，全市土地流转面积11.37万公顷，占家庭承包土地总面积的23.43%。

2015年9月，全国农村土地承包经营权流转试点工作启动座谈会在聊城市东昌府召开

第三节　农村税费改革与配套改革

一、农村税费改革

2000年3月，中共中央、国务院印发《关于进行农村税费改革试点工作的通知》。是年4月，省委、省政府在山东省东、中、西部地区分别选择莱州市、肥城市和茌平县作为全省农村税费改革试点县。是年，全市借鉴茌平先期试点经验，采取“典型引路，点面结合，压茬进行”的方式，在每个县（市、区）选择3个不同类型的乡镇，在每个乡镇选择3个不同类型的行政村进行试点。

2001年10月，国务院农村税费改革领导小组办公室正式批准聊城市为全国唯一的农村税费改革市级试点市。10月19日，市委、市政府召开全市农村税费改革工作会议。会后，各县（市、区）、乡镇分别召开会议，安排对前两个阶段工作，包括计税土地面积、常年产量、“两证一书”的发放情况等全面检查，做到该补的补，该完善的完善。为适应税费改革后农业税征收的新形势、新要求，市、县（市、区）建立农业税收征管局，乡镇建立农业税收征管所（与乡镇财政所一个机构、两个牌子），各行政村选聘有威信、办事公道、有组织能力、有事业心的1名群众担任农业税协税员。在农业税征收工作中，严格规范征收程序，明确征税主体，纠正过去干部上门催收的做法。各乡镇建立农业税征收大厅，实行微机开单，网络化管理。同时，在村里设立征收点，乡里派专人到村，与村农业税协税员一起进行征收，解决部分村庄农户缴税不方便问题。至2001年12月25日，全市完成2001年全年农业税收3.18亿元的征收任务。

2001年11月，市政府制定《聊城市农村税费改革（试点）实施方案》。2003年7月1日起，全市全部取消农业特产税，改征农业税，全部暂停征收乡村公益金。取消农业特产税和暂停征收乡村公益金之后，对农业特产税政策调整形成的缺口，是年由各县（市、区）自行消化，对停征乡村公益金造成的收入缺口，乡村两级妥善解决，禁止向农民伸手。各县（市、区）加强农业税附加的征管，做到乡管村用，不截留、不挪用、不平调，对运转确有困难的行政村，从转移支付资金中给予适当补助，坚决不把经费缺口留在村级。同时，严格规范村级支出管理，发展村集体经济，增收节支，开源节流，确保村级组织正常运转。

在农民均衡减负改革中，聊城市把农民负担是否得到明显减轻作为衡量改革成败的关键。改革前是“地税人费”，改革后税费全部跟地走，人均地亩多的农民负担就相对重一些，种地少或经商不种地的农民负担反而较轻，为体现公平负担、均衡减负和权利义务对等原则，市委、市政府对有关问题做出相应规定。主要有人均占有土地较多、税费改革后没有减负、反而增加了负担的户，原则上维持改革前的负担水平，对负担增加的部分，通过税前减免的办法解决。对超过人均占地5倍以上并达到2公顷地的种粮大户，为保护其生产积极性，从轻确定负担水平，对超过改革前的负担户，给予适当补贴。对不承包土地或承包土地少于县（市、区）人均水平40%以上，从事工商业活动或养殖业的农村居民，收取一定数量的乡村集体公益事业金，每人每年新征收的农业税、农业特产税、两税附加和乡村集体公益金总和不超过90元。经济中心镇和街道在保证村级经费开支的前提下，在30%的比例以内，对乡村公益金适当集中，专项用于乡级的公益事业建设和维护。

2003年6月27日，市委、市政府印发《关于认真贯彻全省农村税费改革电视电话会议精神的通知》，明确提出取消农业特产税、暂停征收乡村公益事业基金。对引黄水费等生产性费用的监管、农村其他生产公益事业筹资的监管、清理整顿“两田制”、化解乡村债务以及规范农业税征管等提出具体指导性意见。9月20日，根据国务院办公厅《关于进一步加强农村税费改革试点工作的通知》精神，落实减轻农民负担的“四项制度”，即涉农税收价格收费“公示制”、贫困地区农村义务教育收费“一费制”、农村订阅报刊费用“限额制”、违反减轻农民负担政策“责任追究制”。取消地方政府和部门出台的文件54份，停止执行国家已取消的收费项目73项，并对省委、省政府公布命令取消的88项面向农民收取的行政事业性收费、基金、集资项目和47项达标升级项目进行公示。至2003年年底，全市128个乡镇、6520个行政村和市、县两级1997个行政事业部门和单位，全部设立统一价格和收费公示栏，向全市1891所城乡中小学发放“收费明白卡”资料94万份，涉农价格和收费及市县乡三级行政事业单位价、费公示制度的公示率100%。各行政村报刊费实行上限控制：500人以下的村，每个村每年不超过400元，500～1000人的村，不超过600元，1000人以上的村不超过800元。聊城市纪委、监察局印发《关于认真执行对涉及农民负担案（事）件实行责任追究制度的通知》，对查处涉负案（事）件提出严格要求。

2005年12月29日，第十届全国人民代表大会常务委员会第十九次会议决定：《中华人民共和国农业税条例》自2006年1月1日起废止。在中国延续两千多年的农业税正式成为历史。此后，聊城市农村进入巩固农村税费改革成果，探索建立农民减负增收长效机制，全面推进社会主义新农村建设，推进农村综合改革工作向纵深发展的新阶段。

二、农村税费配套改革

乡镇党政机构与事业单位改革　2000年12月20日，全省加快乡镇综合配套改革工作座谈会要求，适应农村税费改革的新形势，加快推进乡镇规模调整，搞好乡镇党政机构和事业单位改革，精简分流乡镇人员，调整农村中小学布局、精简优化教师队伍，精简村干部职数、压缩村级吃补贴人员等配套改革工作。聊城市坚持把配套改革纳入农村税费改革总体规划之中通盘考虑，整体部署，同步推进。全市从有利于行政管理和区域经济发展、减轻财政负担出发，科学调整乡镇行政区划，撤并小规模乡镇42个，撤并幅度25%。

2000年，精简农村干部职数，实行村“两委”干部交叉任职和村组干部兼职，严格控制吃“固定工资”的村干部人数，减少吃误工补贴的人数。规模较大的村，“两委”干部职数不超过5人，小村不超过3人，其他吃误工补贴的人员不超过村总人口的2‰。通过连续三届的换届选举，至2005年，全市村党支部书记与村委主任“一人兼”的比例92.2%，村“两委”成员交叉兼职率88%。大多数村“两委”成员按规定程序兼任村民小组长、群团组织负责人等职，使全市村干部总数比1998年以前减少2.36万人，村民小组长、群团组织负责人等干部减少1.8万人，仅村干部报酬一项每年可节约1500余万元。2005年，聊城市结合第八届村民委员会换届选举，在全市试行“联村自治”，即按照优势互补、互惠互利、群众自愿、就近便利的原则，由若干个相邻行政村组成适度规模的联村，组建联村党总支（支部）和联合村民委员会，实行大事合议、发展统筹、“五好”同创、文明共建。全市组建联村741个，覆盖行政村1838个，占全市行政村总数的28.3%。

2005年，调整农村中小学布局，调整农村中小学师生比，精简优化教师队伍。乡镇设1所初中，3～4所小学和若干低年级教学点。结合中小学危房改造，撤并农村中小学550所，异地新建130所，减少35.4%。后期继续调整农村中小学布局，精简优化教师队伍，调整农村中小学师生比例，小学为1∶27，中学为1∶23。撤并农村中小学和教学点134所（个），改造各类中小学危房12万平方米，安排87个农村中心中小学建设项目，总投入资金8941万元。对农村中、小学教师进行业务考试，按照德、能、勤、绩进行竞争上岗。将农村义务教育经费支出纳入县、乡财政预算管理。

农村义务教育事业改革　税费改革后，聊城市坚持把保证农村义务教育经费放在各项财政开支的首位。对农村中小学，逐乡按校定编、定岗、定员，对教职工实行竞争上岗，清退代课教师，分流多余人员，压缩财政供养经费。在此基础上，把农村中小学教师的工资全部上收到县，由县级财政统一发放。同时，加大保障教育经费的投入。原在预算内列支的部分，仍从原渠道列支。在“五统”中列支的部分，改革后从上级财政安排的农村税费改革转移支付资金中优先安排，并要求当年教育经费开支，占转移支付资金的比例不能低于35%，占新增农业税收的比例不能低于20%。通过规定这两个硬性比例，使教育事业的发展得到根本保障。此外，结合农村中小学布局调整，进行学校危房改造，继续鼓励社会办学，逐步形成政府办学为主体、社会办学为补充的多元化办学格局。

农村财务管理改革　实行税费改革后，乡村两级出现较大的资金缺口，聊城市按照“减负、规范、稳定、发展”的八字方针，坚持“输血、造血、减支”三管齐下，综合整治，减人、减事、减支。如对村级全面落实“村账镇管”制度和财务公开制度，规范完善民主理财制度，推行农村财务电算化管理。同时，向乡村两级“输血”。一方面，调整农业税正税和附加比例，开征农业特产税附加。在总税赋水平不超过中央规定的8.4%的前提下，按省文件规定从新的农业税正税中拿出1%转化为农业税附加，作为村级经费，农业税税率由7%降到6%，附加则由20%提高到40%，同时开征农业特产税附加，税率为20%，为增加村级经费在体制上提供条件。另一方面，加大财政转移支付力度，加大对基层的扶持力度。调整县乡财政体制，重新界定支出范围，把农村税费改革后的农业税、农业特产税全部留给乡镇，对乡镇财力不能满足基本支出需要的，差额部分由县财政通过转移支付给予足额弥补。同时，提出“靠民营经济强乡、靠集体经济富村”的工作思路，开展招商引资活动，发展民营经济，提出每个乡镇每年增加工商税收100万元的目标。通过盘活集体资产、创办集体服务组织、兴办各类村级加工服务龙头企业、发展特色农业等，发展村级集体经济，增加村集体收入。

第三章　工业企业体制改革

1995—1997年，贯彻落实《中华人民共和国企业法》《全民所有制工业企业转换经营机制条例》，落实企业14项经营自主权，推进企业劳动、人事、分配3项制度改革。在企业干部任用方面，坚持“本人申请、群众拥护、组织选择”原则和程序，把干部对上负责和对下负责有机结合起来，形成干部管理与监督的动态管理机制。在收入分配方面，引入等价交换原则，劳动报酬由市场说了算，分配标准由市场提供。实行劳动报酬与目标利润挂钩的办法。在劳动用工方面，全面实行劳动合同制，对没有认真履行劳动合同的职工，或下岗培训，或限期离职，做到职工能进能出。1998年，全市以产权制度改革为重点，加大国有企业改革改制力度，推进国有资产从一般竞争性领域退出。对困难企业，把依法破产作为改革的主要措施。一企一策，不搞“一刀切”，逐步推进劣势企业退出市场。

2001—2005年，实行工业管理机构调整，各工业行业管理机构合并为聊城市工业行业管理办公室，企业生产指导功能进一步弱化，逐步实现由管理到服务的转变。国资委对国有企业资产综合管理。市直工业企业44家，改制40家，改制面91%。推进企业兼并、联合、参股、控股、股权转让，培植重点骨干企业，企业资产重组取得进展，重点企业改革逐步规范。18家重点企业集团按照现代企业制度的要求，完善公司管理体制，建立法人治理结构。开展市直国有工业企业改革情况调查，研究拟定市直国有企业改革指导意见。2004年，深化市属企业产权制度改革，优化国有经济布局，加快推进企业管理体制创新，增强企业活力和发展后劲。市政府出台《关于进一步深化市属国有企业产权制度改革的意见》。2005年，制定《聊城市市属国有企业改制工作程序（试行）》。

2006—2010年，市属国有企业、集体企业，全部实行股份制、兼并、租赁、破产等形式的产权制度改制，企业经营体制发生根本变化。

第一节　股份合作制改革

1996—2000年，在工业企业中推行股份合作制，以盘活存量、扩大总量、培植骨干企业、活化资产，一厂一策，推进企业改制。规模小、竞争力不强、盈利不多、亏损不大的中小型企业，全部或部分资产定向出售给内部职工，以职工全员入股的方式，建立起劳动者和资产所有者、按劳分配和按股分红的股份合作制关系，使企业成为职工共同出资、共同劳动、共享利益、共担风险的共同体。聊城运输机械厂、聊城油泵油嘴厂、阳谷电缆集团3家大型企业改制为股份有限责任公司，3家企业根据权力机构、决策机构、执行机构和监督机构相互独立、相互制衡和相互协调的原则，建立由股东大会、董事会、经理和董事长组成的公司治理结构，通过公司章程确定权责，各司其职，促进企业发展。1996年，聊城活塞环厂股份制改造，合资入股济南柴油机厂，并入济南柴油机股份有限公司。1997年，东阿阿胶集团完成股份制改造，市服装厂、纺织厂，国营莘县染织厂完成股份制改制。山东省聊城客车厂改制为山东聊城客车工业集团有限责任公司。1998年，山东客车股份有限公司更名为中通客车股份有限公司。10月，成立于1968年的原国有企业茌平毛巾厂职工自愿出资，进行股份制改造，组建为山东金号织业有限公司，成为一家全部由自然人出资成立的综合性家用纺织品生产企业集团。对原企业实行零价格、租赁式出让的方法，新公司整体接受原企业的全部债权债务和在职职工及离退休职工，并于1998年10月18日正式挂牌投入运营。

1999年4月，高唐县木器厂实行出售改制，按照主要经营者持大股、领导班子和经营骨干控股、一般职工参股原则，由原来的集体企业改造为内部职工持股的风帆电机有限公司。5月，信发集团由地方国有企业改制为股份制企业。茌平县委、县政府还对茌平县热电厂进行股份制改造，6月4日注册成立茌平信发热电有限责任公司后完成股份制改造，成为真正意义的股份有限公司。7月，国有企业聊城机械制造厂企业实施改制，更名为山东聊城双力集团东昌机械制造有限公司；茌平光华冷却器厂批准改制为股份有限公司，更名为聊城市德通交通器材制造有限公司。8月，“神盾”电子有限公司实行规范股份制改造，由原来的集体资产控股改组为向内部职工出售的有限责任公司，公司集体股权定向出售给公司领导班子与业务骨干。10月26日，组建于1993年的“冠星集团”改制为民营企业，国有资产全部退出。至是年年底，该集团生产规模4万纱锭、26台针织大圆机、400台缝纫机，资产1.5亿元，销售收入2.01亿元。是年12月，时风集团成立山东时风（集团）有限责任公司。机械电子系统内32家企业中，29家完成企业改制工作，企业普遍健全“三会一层”的法人治理结构，企业活力增强。东阿钢球厂实行股份制改造，成立东阿钢球有限公司，原山东东阿钢球厂不注销，保留法人地位。市场竞争力较差的市活塞环厂、市机械设备厂等国有企业，国有资产相继退出。国有企业高唐国棉厂、国有企业莘县精细化工厂国有资产也相继退出，股份制改造成为企业加快发展的催化剂。

2001年1月，临清重型汽车改装厂改制更名为山东迅力特种汽车有限公司；聊城印刷厂改制组建聊城新华印刷有限公司；康宁药业公司改制更名为山东康宁药业有限公司。在推进市属企业资产优化重组方面，重点抓产权制度改革和劣势企业的退出工作。同济化工有限公司、鲁西化工工业设备安装公司、鲁西第六化肥厂等企业依法改制并产权转让。高唐纸业集团改制为山东泉林纸业有限责任公司。其间，完成市区供热管网资产管理体制改革，原来城区供热“一网三厂”改为按区域厂网合一、分区供热，9 月底全部完成城区供热管网资产转让工作。12 月，原集体所有制企业阳谷县第三棉纺厂改制，新成立山东阳谷顺达纺织有限公司。

2002 年 10 月，聊城市生化制药厂改制更名为山东中泰药业有限公司。成立于 2000 年的临清市丰源复合肥有限公司实现企业改制，成为民营企业。莘县雁宾酒厂由国有企业扩股改制成立山东雁宾酒业有限公司。聊城电业局进行公司化改制更名为国网聊城供电公司，原行政职能划归地方政府电力管理办公室。东阿酒厂改制为东阿酒厂有限责任公司，改制后新上项目——益生堂保健品有限公司依托东阿阿胶开发保健品。12 月，山东医疗器械厂改制为聊城万合工业制造有限公司。

2003 年 3 月，阳谷广大造纸总厂企业改制后更名为阳谷蔡伦造纸厂。2004 年，同济化工有限公司、鲁西化工设备安装公司、鲁西第六化肥厂等企业依法进行改制和产权转让。6 月，高唐县政府与福建石狮客商潘义泉签订“合作经营高唐棉纺织厂”的合同书。7 月，高唐棉纺织厂改制为私营企业，成立山东超越纺织有限公司，公司注册资金 1000 万元，占地面积 10.67 公顷，棉纺纱锭 5 万枚，职工 1488 人。东阿钢球厂改制为东阿钢球有限公司后迅速发展，2005 年实现销售收入 3.6 亿元，成为是年亚洲钢球产量第一的知名企业。2005 年 6 月，高唐化工总厂经高唐县人民政府批准，国有股份全部退出，改制成立奥克特公司。

2007 年 8 月 8 日，银河纸业加入中冶集团，更名为中冶纸业银河有限公司。聊城市金帝保持器厂改制为股份制公司，更名为聊城市新欣金帝保持器科技有限公司。2008 年 4 月 1 日，山东聊城鲁西化工集团有限责任公司成为市国资委履行出资人职责的企业。

2011—2015 年，全市股份合作制改革的重点是建立健全符合现代企业制度要求的公司法人治理结构，先后充实调整部分市管企业的董事会和监事会，修订完善涉及业绩考核与薪酬管理、市管企业负责人管理、重大事项管理、企业负责人廉洁从业等各类规范性文件 15 件，完善企业负责人业绩考核办法，经营性企业加大技术创新和主业投入在考核中的权重，实行对标管理，探索 EVA（经济增加值）考核。成立聊城市管企业重大事项审核工作小组，规范工作程序，加强对市管企业合并、分立、解散、破产、产权转让、重大资产处置、重大资产损失核销等重大经济事项的管理。2012 年，建立企业领导班子述职述廉制度，组织企业开展述职述廉工作，健全教育、制度、监督、惩治体系，提高企业领导干部的拒腐防变能力。

2015 年 6 月，临清市建筑机械厂改制为临清市建筑机械厂有限公司。11 月，中科凤祥生物工程有限公司改制为中科凤祥生物工程股份有限公司。是年，出台《深化市属国有企业改革完善国有资产监管体制的意见》等 4 个相关配套文件，按照简政放权的新要求，修订完成《聊城市国资委监管企业重大事项报告制度》。

第二节　租赁、兼并与重组

一、租赁、托管与出售

1997 年，聊城市家具厂、聊城市第二毛纺厂对外租赁。临清棉纺织厂以不同形式完成租赁经营。1998 年，临清市纺织工业办公室按照“盘活资产，强化企管，稳定优先”的发展思路，本着“资产增值、职工上岗”的原则，对临清二棉、临清麻纺厂、色织集团公司、针织厂，以不同形式完成租赁经营。临清市纺织工业企业盘活固定资产 5000 余万元，1000 余名下岗职工重新走上工作岗位。按照市委、市政府《关于深化中小企业产权制度改革的试行意见》，聊城印染厂进入改制程序。改制前，印染厂负债率 175%，生产经营无法正常进行。后确定“剥离租赁，切块反哺”的改制方案，租赁印染线给承租方。高唐染织厂被高唐棉纺织厂租赁，租期为 40 年，组建成高唐金苑色织有限公司。莘县棉纺织厂经县政府同意，将织布车间整体租赁给浙江慈溪浒山镇创业轻纺经营部，租期5年，租金1850万元，安排下岗职工1300人。织布车间采取职工入股的方式，吸纳股金638万元，使生产得到正常运行。莘县巾被厂由聊城东昌集团公司租赁托管租期5年，安排职工1000余人。年底，全市乡村企业出售402家，占改制企业的25.4%。

2000年5月，河南中奥毯业集团有限公司租赁聊城第二毛纺厂的厂房、设备和人员，在原厂区内生产经营，成立聊城市金都毛绒制品有限公司，成为专业生产经营毛毯、地毯的大型毛纺织民营企业，注册资金1.5亿元，总资产近15亿元。聘请专业技术人员，加大资金投入，生产经营步入正常渠道，80%以上的产品实现出口。原有设备加大革新和技术改造，添置新设备，扩招生产、经营、管理职工队伍，企业生产经营规模得以发展壮大。后建设中奥工业园，成立山东中奥毯业有限公司，并搬迁到凤凰工业园。

2001年，东昌府区布鞋厂租赁给社会自然人经营。2005年，东昌府区皮件厂厂房租赁给西安三联防水材料公司经营。东昌府区橡塑制品厂、东昌府区标志服装厂等企业，通过改制、改组，实现企业运营机制的转换和产业的转移。

二、兼并与重组

1995—1997年，经济效益好的优势企业对扭亏无望和破产重组企业的全部或部分资产实施兼并，接受企业全部职工。机械系统内组建成立县级以上企业集团6个，兼并联合中小企业16家，盘活存量资产2.5亿元，新增生产能力产值10亿元。此时期，高唐时风集团由一个仅有固定资产160万元、职工286人、年产1456辆三轮农用运输车小厂，通过兼并、联合、租赁等办法，先后将原县机械厂等8家企业闲置的210台（套）设备、32万平方米厂区、2.2万平方米厂房重新配置，实行人财物、产供销一体化经营，仅投入4690万元，就使该厂三轮农用运输车生产能力扩大到60万辆，生产规模和经济效益跻身全国同行业首位。山东双力集团兼并联合临清电机厂、山东省供销社机械厂、聊城起重机械厂、聊城机械制造厂后，建立完善以资本为纽带的母子公司体制，发挥集团规模经营的优势。其中，聊城机械制造厂1997年实现销售收入3614万元、利税124万元，分别比1996年增长259.2%、153.1%；聊城起重机械厂销售收入增长57%，实现利税43.5万元，比1996年减亏220万元。通过企业间的兼并联合和资产重组，形成适度经济规模，市场竞争能力明显增强。高唐时风集团、山东双力集团、阳谷电缆集团、东昌农机集团、聊城油泵油嘴厂、山东活塞环总厂、聊城电机厂、东阿钢球厂、茌平冷却器厂、临清机床附件厂10家企业的专业化生产水平和专业化生产规模，位居全省同行业前列，进入全国同行业前十位。鲁西化工集团兼并平阴化肥厂和东阿化肥厂，形成以鲁西化肥厂为核心，包括阳谷化工厂、聊城化机厂、聊城锅炉厂、平阴化肥厂、东阿化肥厂等6家紧密层企业和山西襄垣化肥厂1家半紧密层企业的大型集团，拥有总资产15.5亿元，职工6667人。

1998年，临清棉纺织厂与香港华润纺织有限公司与山东省纺织品进出口公司合资经营，组成山东（临清）华润纺织有限公司。聊城棉纺织厂压锭减员，压掉落后的棉纺锭，做资产重组和技术改造，以科技管理为无形资产入股方式，与原阳谷棉纺织厂实行合资经营，采取互惠互利原则，新组建山东阳谷东昌纺织有限公司，使处于停产的2万纱锭、52台喷气织机设备重新运转，2000余名下岗职工重新上岗。高唐棉纺织厂兼并高唐针织厂和高唐金城棉纺厂，组建金洲针织有限公司和金城纺织有限公司。阳谷县景阳针织有限公司被济南元首集团兼并，盘活资产3000余万元。是年3月，东阿阿胶股份有限公司对聊城制药厂以“吸收股份”的形式进行资产重组，组建聊城阿华制药有限公司。1999年，阿胶集团兼并聊城啤酒厂，组建东阿泉啤酒有限公司。是年，临清国棉厂亏损严重，达到资不抵债地步，与华润纺织集团达成合作协议，于3月改制成立山东临清华润纺织有限公司。阳谷凤祥集团总公司兼并乡镇企业与县外贸公司，规模扩大。

阳谷凤祥集团与环达集团资产重组，完善凤祥公司的饲料加工系统。2001年，山东省第二轻工业机械厂重组为山东昌华造纸机械有限公司，为股份制企业，成为轻工业部生产造纸机的定点厂家、山东省造纸机械生产的龙头企业。阿胶系列开发公司依法破产，重组为阿胶生物工程有限公司。2002年，山东福临装备集团有限公司重组临清机床厂。华润纺织（集团）有限公司收购山东省纺织品进出口有限公司、国营临清棉纺织厂的股份，山东临清华润纺织有限公司成为华润纺织集团全资企业。聊城市木器厂兼并聊城市弹簧厂，重组聊城市东昌府区鲁阳木器厂。聊城锅炉厂并入鲁西化工集团。至2003年，全市被优势企业兼并重组的劣势企业150多家。

2004年，将拟合资组建的华润东阿阿胶有限公司中聊城市49%的产权、山东鑫亚工业股份有限公司中2135万股国家股权、聊城双力农用车集团公司全部国有净资产及山东双力股份有限公司3050万股国家股、聊城客车工业集团公司中聊城市49%的国有产权，全部整合到一起，组建市工业国有资产经营公司，实行授权经营，使该企业成为市属工业领域国有资产营运的重要载体。聊城华润和临清华润各15%的国有股权有偿转让给香港华润公司，一次性实际收回变现资金1070万元。香港华润集团对东阿阿胶集团增资扩股，在新组建的公司中华润集团控股51%，东胶集团以原有资产参股49%。是年，临清三和纺织集团一次性整体购买破产的临清毛巾厂，企业规模膨胀，闲置多年的资产得到活化，成为新的生产要素。是年12月10日，东阿阿胶集团和香港华润集团合资合作，新组建的合资公司正式挂牌运营，引进外资3.1亿元，同时启动闲置多年的开发区啤酒项目，依托华润集团强大的经济实力以及国内营销优势，实现跨越式发展的战略目标。原来医药集团持有的临清华威药业有限责任公司350.2万股国有股权，划转到东阿阿胶集团管理，由东阿阿胶集团围绕该企业的优势产品综合开发和投资扩建。2005年，昌润投资公司出资1亿元参股茌平信发集团40万吨氧化铝和2×15.5兆瓦机组项目。昌润纺机公司与国内著名民营企业——浙江日发控股集团有限公司合资合作，顺利完成鲁化股份公司的股权分置改革工作。鲁化工业园园区内部分企业生产顺利启动，将东阿泉啤酒有限公司的10万吨啤酒在建工程转让给华润（聊城）啤酒有限公司，盘活呆滞资产，启动华润（聊城）啤酒有限公司的生产经营。2006年，鲁西化工集团向中信建投等10家特定机构投资者非公开发行3.12亿股新股，募集资金约7.8亿元；顺利完成中通股份公司的股改工作，增强再融资和持续发展能力。2007年，开展中通客车集团转让山东东岳华盛强汽车空调有限公司股权、昊升公司转让上海慧资科技创业发展有限公司股权、济柴聊城机械有限公司“退城进园”。2008年10月25日、11月29日召开两次债权人大会，完成双力集团破产工作。2009年6月1日，山东新丝丽织造技术有限公司兼并胡屯毛巾厂，投资2000余万元更新相关织造设备，加工毛巾类产品。9月8日，临清市国有资产管理局与中国有色矿业集团有限公司在北京签订《关于无偿划转山东奥博特铜铝业有限公司国有产权协议书》。是年11月12日，山东奥博特铜铝业有限公司更名为中色奥博特铜铝业有限公司。2010年，完成鲁西化工股份公司定向增发，募集资金25亿元。

2011年1月，鑫鹏集团收购聊城永固水泥制品有限公司。鲁西化工集团采用融资与改制并举的方式，引入鼎晖投资管理公司，一方面实现股权多元化，完善公司治理结构，引入新的管理理念，提升决策能力；另一方面募集资金9.6亿元，新公司权益资本19.6亿元，为鲁化工业园建设带来资金支持。是年，将鑫亚公司的国有股权划入昌润投资集团，实现优势互补，推动新产品的研发和生产，加快“退城进园”和电控产业园建设步伐。2012年，聊城昌润超硬材料有限公司增资扩股，引进战略投资机构及个人资金8138万元，使该公司注册资本增加到1.43亿元。济柴聊城有限公司整体划转到昊升公司持股，昊升公司持有的部分华润阿胶公司的股权划转到昌润集团，加强市管企业融资平台建设。11月，鑫鹏集团收购聊城华瑞电气有限公司。成立于1991年的山东阳谷税务标志服装厂依法破产后，2013年4月，其企业部分人员联合成立山东亨博尔服饰有限公司。

第三节　企业破产

1997年，聊城机械厂破产，资产重组后成立聊城机械制造总厂，后整体租赁给时风集团。1998年，聊城染织厂依法破产，后被东胶集团兼并。之后，聊城造纸厂、聊城啤酒厂、聊城酒厂、聊城第一食品厂、聊城化肥厂、聊城裘皮服装厂、聊城轴承厂、聊城减震器厂、聊城针织厂、聊城第二毛纺厂、羊毛衫厂等市属全民所有制企业依法相继实施破产。2001年，聊城第一食品厂依法破产。2002年，东阿金刚石总厂依法破产，重组为钻宝金刚石有限公司。2003年，东阿轴承厂依法破产，后整体出售，分别成立双冠轴承有限公司、美亚轴承有限公司。通过依法运作，对长期经营亏损、扭亏无望，严重资不抵债的东昌农机集团、聊城手表厂、起重机械厂、阳谷造纸厂、临清电机厂等企业实施破产重组。2004年，东昌农机集团、聊城手表厂、莘县化肥厂、聊城机械制造厂等企业依法破产清算。2005年，妥善进行劣质国有资产的退出工作。双力集团资金链断裂，市政府曾多次救急，但最终因为企业债务过于沉重、资产质量太差等因素，债权人依法提出破产申请，12月底企业破产还债。其后依法对双力集团实施破产，完善国有企业退出通道。东方电子、起重机械厂依法破产，临清电机厂、高唐国棉厂分别交给临清市、高唐县政府。2006年，鲁西化工权属企业锅炉厂和化机厂实施依法破产。

第四节　融资上市

1996年7月，东阿阿胶股票在深圳交易所挂牌交易，为全区首家上市公司。该集团于1996年、1998年、2000年、2009年共计发行股票2.02亿股，募集额为12.13亿元。

1998年，鲁西化工集团在深圳证券交易所上市。2000年1月，中通客车控股股份有限公司在深圳证券交易所挂牌上市。

2004年，企业上市、证券融资工作稳步推进，市政府制定《关于进一步促进企业上市融资工作的意见》，培植企业上市后备资源，组织拟上市企业参加深交所、山东证监局、省发改委3家联合举办的“中小企业上市培训班”等。至年底，19家拟上市企业中，通过中国证监会济南证监局辅导验收的有冠州、双力2家。是年，阳谷凤祥进入上市辅导，双力向中国证监会报送上市材料。

2009年起，中国人民银行聊城市中心支行、市银监局及各专业银行联合中国中小企业聊城网，建立聊城市中小企业融资渠道。同时，加强对担保公司的管理，提高运行质量。加快推进中小企业信息化进程，开展多种形式信息化推进工作，发展电子商务平台。开展融资服务，

2010年9月，山东阳谷华泰化工股份有限公司在深圳证券交易所创业板挂牌上市。山东阳谷华泰化工股份有限公司经中国证券监督管理委员会证监许可、核准，非公开发行公司债券1.5亿元。

2014年8月，高唐天泰集团独辟蹊径，经过多方努力，在英国伦敦证券交易所创业板上市，为聊城首个在伦敦证交所上市的企业。

2015年1月，市国资委下发《山东省国资委关于中通客车控股股份有限公司非公开发行股票有关问题的批复》，省国资委批准中通客车控股股份有限公司非公开发行股票方案。10月26日，中通客车控股股份有限公司发行新增股份在深圳证券交易所挂牌上市。

第四章 商贸流通体制改革

1997—2015年，聊城商贸流通体制改革不断深化。商业体制改革注重加强对全市商贸流通行业管理，组建聊城市商会及聊城市酒店业协会、聊城市肉类协会、聊城市糖酒茶副食品协会等。在经营体制上，全民所有制小型工业企业实行租赁经营、股份合作制等。供销经营体制改革，按照“党委政府领导、供销社主办、多方参与、市场化运作”原则，全力构筑全市农村现代经营服务体系。基层供销社坚持“三个转换”（转换基层供销合作社体制，转换社有企业机制，转换联合社职能）、“四项改造”（改革、改制、改造、改貌）的要求，以建站（村级服务站）办社为重点，实施“布点、连线、织网”工程，大力发展网点、专业合作社、行业协会等。深化农产品从生产到市场终端的农产品服务体系改革，引导农民合作社推进农产品标准化生产，创建优质品牌，组织产销对接及展示展销活动，增强农产品市场的竞争力。粮食流通体制改革按照“放开收购市场、直接补贴粮农、转换企业机制、维护市场秩序、加强宏观调控”的总要求，深化粮食流通体制和粮食企业两项改革，放开粮食价格、放开粮食收购和销售市场，对种粮农民实行直接补贴；采取“内退一批、协议保留劳动关系一批、理顺劳动关系一批、自愿解除劳动关系一批”的办法，稳妥做好职工的身份置换和分流安置工作。以产权制度改革为重点，采取多种形式对国有粮食购销企业重组改造，实行国有资本最大限度地退出。按照政企分开和稳定加强粮食行政管理机构的要求，县级粮食局结束政企不分的管理体制，人员列入行政编制，工资经费纳入财政预算。物资体制改革以建立现代企业制度为目标，对资不抵债企业进行破产重组改造，同时推行投资主体多元化，盘活存量资产，强力培育新的经济增长点。外贸体制改革坚持统一政策、平等竞争、自负盈亏、工贸结合、推行代理，以建立适应国际通行规则的外贸运行机制为重点。加强市场经济机制的调节作用，促进对外贸易市场化的进程，全市全面放开外贸经营权，外贸主体逐步壮大，多元化格局初步形成。2013年，进出口总额62.4亿美元，为历史最高点。盐业购销体制改革、石油购销改革稳步推进，经营管理迈开新的步伐。

第一节 商业体制改革

一、管理体制改革

1996年7月，地委、行署决定，撤销聊城地区商业贸易委员会，设立聊城地区贸易局（挂行署财贸办公室的牌子），为全区商品流通的主管部门。同时，组建聊城地区商业集团总公司，为行署管理单位。原属聊城地区商业局机关工作人员及其下属单位归地区商业集团总公司。聊城地区商业集团总公司不是企业法人，为行政性管理公司，对原聊城地区商业局直属单位行使行政管理职能。其直属单位：聊城百货（集团）总公司、聊城糖酒茶副食品采购供应站、聊城地区五交化采购供应站、聊城地区商业技工学校、聊城地区宾馆、聊城地区肉类联合加工厂、聊城地区商业储运公司、聊城地区食品公司、聊城地区饮食服务公司。

1998年8月，为加强对全市商贸流通行业的管理，市委常委会研究确定，组建聊城市商会。经费实行全额预算管理。职责是负责县（市、区）原国有商业系统的行业管理和考评，负责社会商业的行业管理工作，指导各县（市、区）商会和所属专业协会的业务工作指导，组织招商引资、开展内外合作交流、经贸洽谈活动

二、经营体制改革

1997年5月，根据国务院《全民所有制小型工业企业租赁经营暂行条例》有关规定，经聊城地区体改委批复，同意聊城地区生物化学制药厂以风险抵押的租赁形式，由山东智灵生物工程有限公司（中外合资企业）租赁经营，租赁期限为20年。同时，成立聊城地区生物化学制药厂留守处，留守处直属地区商业集团总公司领导，生化制药厂的资产归留守处所有（1998年留守处撤销）。7月，根据国家体改委经济体制改革实施要点，推进大集团发展战略，成立聊城五交化站，为国有中型二级独立法人企业，隶属于聊城地区商业集团总公司，对国有资产保值增值负责。11月，聊城市商会同意聊城宾馆将北楼改组为聊城五洲大酒店，为股份合作制企业，独立核算、自负盈亏，由聊城宾馆以部分资产折价入股、内部职工参股组成。1998年5月，为适应市场经济需要，聊城市商业集团总公司对聊城糖酒站进行内部股份制改造，组建聊城市国信糖业有限公司、聊城市国信酒业有限公司、聊城市国信茶叶有限公司、聊城市国信副食品有限公司、聊城市国信广告有限公司。五公司均为聊城糖酒站控股、职工参股的股份合作制企业。2003年，依托聊城市食品公司成立聊城市畜禽屠宰管理办公室（市畜禽屠宰管理稽查大队），为财政拨款全额事业单位，行政上隶属聊城市商会。聊城市食品公司与市畜禽屠宰管理办公室实行两项工作、一套班子运行模式，先后受市经贸委、市商务局、市农委的委托，负责全市畜禽屠宰工作管理。2009年8月，经聊城市政府批准，聊城贸易学校、聊城财政学校、聊城商业技工学校、聊城水利职工学校、聊城外国语学校合并为聊城高级财经职业学校。聊城商业技工学校不再隶属于聊城市商业集团总公司。至2015年12月，聊城市商业集团总公司下辖聊城百货总公司、聊城市五交化站、聊城市商业储运公司、聊城市饮食服务公司、聊城市食品公司、聊城糖酒茶副食品采购供应站、聊城宾馆等7家企事业单位，代管6家社会组织。

三、行业管理改革

2006—2010年，加强行业管理，建设市内外交流合作平台，先后组建聊城市酒店业协会、聊城市肉类协会、聊城市糖酒茶副食品协会3家协会。三家协会是非营利性的社会组织，具有独立的社团法人资格，业务主管单位是聊城市商会，登记注册机关为聊城市民政局。其中，聊城市酒店业协会于2006年8月筹备成立，有1000余个团体和个人会员。协会内设秘书处，辖聊城市烹饪技术专家委员会、聊城市厨师专业委员会、聊城市婚宴婚庆专业委员会3个分支机构。2015年，被民政部门认证为中国社会组织AAAA评估等级，具备购买政府服务的资格。聊城市肉类协会于1998年12月筹备成立，会员企业136家，涉及全市畜禽屠宰、肉类加工、冷藏物流、连锁经营等领域，多次获得上级单位授予的“优秀社团组织”称号。城市糖酒茶副食品协会于2010年7月筹备成立。至2015年，先后组织会员企业举办10余场聊城当地酒类品牌发布会，引导会员企业开拓国内外市场，每年组织会员企业参加全国和山东省糖酒会等。组织会员参加人力资源社会保障部组织的行业资格学习班，11人获“中国酒业高级营销师”证书。

第二节　供销体制改革

一、管理体制改革

1997年，聊城地区供销合作社经费来源枯竭，向财税部门申请恢复1987年之前的经费列支渠道。地区供销合作社及下属供销干校、疗养院在职职工160人，离退休人员65人，年开支经费（含折旧费60万元）220万元。是年，由于县级供销合作社、省农资公司聊城分公司及供销合作社直属企业难以完成管理费上缴任务，再加上市财政局划拨经费较少，至1998年6月，市供销社机关有3个月未能发出工资。对此，市政府要求搞活社直企业，分流管理人员。到1998年年底，市社机关由61人减为（轮岗）30人，市、县（区、市）两级供销社机关和棉麻公司分流人员 290 人。在由行政指导型向经营服务型的职能转变上迈出重要一步。

2000 年 4 月 8 日，市政府办公室印发《关于供销社改革中几个问题的通知》，要求市供销社机关应进一步精简机构，压缩人员，经费自 2000 年 1 月 1 日起全额列入市财政经费预算，不再向所办企业提取管理经费。

2006 年 9 月，聊城市供销合作社农村合作经济组织联合会成立，推进开放办社。以供销合作社为依托，县（市、区）级相继成立农村合作经济组织联合会，为全市各类农村合作经济组织搭建起服务平台。

2008 年 6 月，聊城市供销合作社机关参照公务员管理，办理人员登记及相关事宜。

2014 年 3 月，根据市政府要求，聊城市供销社机关工作人员不再兼任农村合作经济组织联合会法人代表。年底，市供销社机关被确定为参照公务员管理单位，使用全额预算管理事业编制。有干部职工 29 人（其中 12 人享受原离岗政策），与省供销社对接科室 11 个（包括机关党支部、工会）。

2015 年，东阿县、莘县注册成立县级农民专业合作社联合社，与县供销社机关一套机构、两块牌子。全市县级供销合作社机关中，东阿县、茌平县社为参照公务员法管理单位，东昌府区、临清市、高唐县、冠县、阳谷县社为全额事业单位，莘县县社为差额事业单位。

二、经营体制改革

1997 年以后，随着市场经济的发展和国家财力增长，对农民、农村、农业的扶持力度进一步加大，一系列惠农政策得到落实。2001 年，国家拨付专项资金 6000 万元，用于化解全市供销社社员股金风险，稳定金融秩序。

2003 年 7 月，聊城市供销社根据市委、市政府的有关文件要求，动员机关干部职工带工资下海经商办企业，培植农产品深加工龙头企业。是年，全市供销社系统实行内引外联、招商引资，调整经营业态，整合供销网络，并引进“上海联华”“上海华联”“上海多乐多”等超市。

2004 年 1 月，根据财政部、国家发展和改革委员会、中国人民银行、审计署、供销合作总社、中国农业发展银行、中国农业银行联合发文要求，全市分解落实供销合作社财务挂账。2005 年，系统内培植“东阿利群”“茌平民生”等先进连锁配送经营企业，在县、乡（镇）驻地发展供销社连锁超市 62 家，在大村发展供销社便民连锁店 500 余家。

2006 年 10 月 31 日，十届全国人大常委会第二十四次会议表决通过《中华人民共和国农民专业合作社法》，全市供销社立足服务“三农”，按照“党委政府领导、供销社主办、多方参与、市场化运作”原则，推进“一个网络，两个平台”建设，全力构筑全市农村现代经营服务体系。2007 年，加强行业协会建设，搭建农村合作经济组织发展平台，全系统发展各类行业协会 133 个。

2010 年 3 月，全市供销社系统推进日用品、农资、农产品、再生资源四大农村现代流通服务网络建设。至年底，全系统发展各类经营服务网点 5465 个，初步形成覆盖县、乡、村三级的连锁配送经营服务网络。是年，全市各级政府抓紧解决供销社政策性亏损挂账，加快供销社土地确权、登记、颁证工作，并将县及县以上供销社联合社经费列入财政预算。

2011 年 1 月，市政府出台《关于构建农村现代经营服务新体系，全面推进供销合作社改革发展的意见》，将建设农村现代经营服务新体系的职责明确赋予供销社，并设立供销社改革发展专项资金。8 个县（市、区）相继出台文件，每县（市、区）均列 80 万元到 100 万元不等的改革发展专项资金，支持和推动供销社发展。聊城市级财政实际拨付供销社改革发展专项资金：2012 年、2013 年分别为 300 万元，2014 年、2015 年分别为 400 万元。2011 年，全市供销社系统主办的 7 个农业产业振兴计划项目全部或超额完成投资计划，有 6 个项目完成两年总投资计划的 85% 以上，实际完成总投资额 5.25 亿元，占 2011 年至 2012 年两年总投资计划的 56%。全市供销社系统建成农业生产基地14处，完成总投资3620万元，占计划的102.3%。大田作物托管业务取得重大进展，托管面积133.33平方千米。2014年，全市供销社系统深化“新网工程”建设，以突出流通现代化为重点，加快用现代流通理念、信息化和物流技术建设现代化流通网络，着力培育品牌企业，逐步形成跨区域、跨层级，上下贯通、纵横一体的全市供销社现代化流通网络。

2015年3月，根据中共中央、国务院《关于深化供销合作社综合改革的决定》精神，全市供销系统按照政事分开、社企分开的方向，因地制宜推进体制改革和机制创新，加快建设适应社会主义市场经济需要、适应城乡发展一体化需要、适应中国特色农业现代化需要的组织体系和服务机制。

三、基层供销体制改革

1996年6月，根据地委、行署统一部署，聊城地区供销合作社将1993年下半年划归乡镇管理的137个基层供销社（当时保留10处基层供销社归属供销系统管理）重新收回。针对部分基层社经营欠佳的状况，按照“调整建制，理顺体制，完善机制，选准路子，建好班子，政策帮扶”的总体改革思路，以大带小、以强帮弱，按经济区域，将部分基层社重组合并，组建中心社62处。被合并的基层社保留原来牌子，但不具备法人资格，人、财、物由中心社管理。中心社与其他乡镇基层供销社一样，直接归属县（市）供销合作社联合社管理。至1997年，发展专业合作社47处，扶持与建立商品基地23个，扩大了为农业、农村和农民服务的领域。

1998年，按省供销社要求，以专业社为突破口，强化基层社改革措施。基层社职工可以到专业社工作，身份不变，档案在基层社，逐步将基层社变为专业社的联合基层社。专业合作社的股金不能保息，只能分红。是年3月，聊城地区供销合作社改称聊城市供销合作社（简称聊城市供销社）。同时，制定《流通企业改制的主要形式和方法》《关于发展、规范农村专业合作社工作的意见》。2001年，全市以供销社为依托，加强中心社、专业合作社、村级综合服务站和庄稼医院等农村综合服务网络建设。

2003年，根据中华全国总社提出的坚持“三个转换”“四项改造”的要求，全市供销社以建站（村级服务站）办社为重点，实施“布点、连线、织网”工程，发展网点523个、专业合作社5处、行业协会9个，农民社员（会员）200余户。至年底，全市供销社系统通过协调长城资产管理公司，打包处理基层社债务4.2亿元，使90%的基层社减掉债务。在此基础上，配合小城镇建设，改造门店，充分利用闲置场地、沿街黄金地段搞开发，办市场，建商城，解决供销社资产运营效率低、闲置和浪费严重等问题，增强服务功能，重塑供销社形象。

2004年10月，市供销社制定《关于对基层供销社建设实行目标管理的意见（讨论稿）》，实行开放办社，整合社会资源，发展农村合作经济组织，建立农村现代流通网络，构建并完善基层社建设目标管理体系和评价体系。采取以资抵债、抵贷返租、资产开发、产权多元化等形式，指导基层社卸除历史经济包袱。同时，全市供销社还以基层社为依托，围绕当地资源优势、产业优势和经营优势，发展专业合作社和农产品行业协会，从机制上探索解决基层社人员吃“大锅饭”、吃租赁费和承包费的问题。全系统发展各类专业合作社85个，行业协会99个，农村合作经济组织联合会7个，带动农民10万余户，增加农民收入8亿多元。

2011年7月，市供销社印发《聊城市供销合作社农民专业合作社信用合作资金互助管理指导意见（试行）》。2013年，市、县供销社加大对基层社的改革和扶持力度，116个基层社全面启动，创办、领办、合办及服务的各类农民专业合作社765个、社员11.3万个，带动农户35万余户，助农增收超过20亿元。冠县合顺渔业专业合作社被纳入全国供销总社2013年农民专业合作社示范社名单。

2014年，深化农产品从生产到市场终端的农产品服务体系改革，市供销社引导农民合作社推进农产品标准化生产，开展产品质量认证，创建优质品牌，组织产销对接及展示展销活动。全市供销系统创办、领办、合办和服务的各类农民专业合作社3367家。开展县级农民合作社联合社改革试点，注册区域联合社75个，创建国家级示范社1个、省级示范社9个，农民合作社社员总数23.5万个（其中农民社员数23.3万个）。专业合作社出资总额2.5亿元，带动农户35.2万户增收30亿元以上。新规范发展有资金互助业务的专业合作社16家，互助资金总规模稳控在2亿元左右。2015年，全市供销社系统打造“3千米土地托管服务圈”，建成大型为农服务中心18个。

四、社属企业改革

进入20世纪90年代，棉花、农资等专营政策逐渐取消，社属企业陆续陷入经营困难境地。1998年2月，聊城市级供销社决定，深化社属企业改革，抓住关系国计民生的重要商品和大型骨干企业，逐渐退出一般性经营领域的国有资本，退出县级以下领域的大部分国有资本，扩大非国有资本。至3月底，市级供销社直属企业资产只有2000余万元，历史经济包袱1700余万元。对此，市供销社决定：理顺产权，有偿占用，一企一制。是年4月，市供销社代管的山东省供销社聊城机械厂正式由山东双力集团股份有限公司收购；8月，经市政府批准，聊城市供销合作社把社属企业聊城市果品摩托车总公司产权及人员整体转让给山东亚太经贸集团总公司，市社原来对市果品摩托车总公司总计624.5万元的贷款担保责任完全交由山东亚太经贸集团总公司承担；9月，对于市社办公楼前临街商业楼（饭店）及办公楼后面的招待所，市社确定机关不再投资，招标承包，维修也一律由承租者负责。同时，根据《聊城市政府关于中小企业实行股份合作制的意见》，内部按股份合作制运作；12月，市社批准市棉麻公司、市盐业公司、驻禹城土产站等单位的改革方案，出售公有住房。

1999年5月，聊城市体改委批复聊城市盐业公司、聊城市供销社驻禹城储运贸易公司、聊城市供销社驻禹城土产站、聊城市土产杂品公司等4个改革方案。为协调聊城市盐业公司与东昌府区盐业公司的恶性竞争，是年6月，经市政府同意，聊城市供销社决定将市、区盐业公司合并重组为聊城市盐业总公司。12月，位于东昌湖畔的聊城市供销干部学校校区被政府征收利用，学校的所有人员带着校区的拆迁补偿费与聊城市建设学校合并。

2000年9月，全市供销社系统内参与改制的流通企业20家，占企业（流通）总数的41.7%；实行股份制改造、兼并联合、租赁的棉麻企业64家，占棉麻企业总数的80.5%。10月，市供销合作社系统将全市盐业经营机构及盐业管理职能整体划转给山东省盐务局系统。2001年4月，市供销社出台《关于进一步规范市社直属单位改革改制工作的意见》。年内，全市供销系统达到全国总社级的龙头企业3家（临清汇通纺织集团、阳谷广大造纸厂、临清丰源复合肥厂），省社级龙头企业5家，其利税均在100万元以上。

2002年1月，市供销社印发《关于进一步深化社有企业改革的意见（讨论稿）》，要求全市供销社系统深化社有企业改革，结合实际，明晰产权，创新体制，解脱包袱，盘活资产，增强活力，壮大实力，做到减债、减员、增效。3月，市供销社同意驻禹城储运贸易公司更名为驻禹城农业生产资料总公司。3月28日，始建于1981年的社属企业聊城市再生资源公司进入破产程序，是年10月21日破产终结；4月3日，始建于1989年的社属企业聊城市土产杂品公司进入破产程序，2004年3月12日破产终结；4月22日，山东省棉麻公司聊城棉麻采购供应站更名为聊城市棉花储备库。

2003年4月，成立棉花企业改革改制、清产核资工作领导小组。市棉麻公司注册成立聊城市棉花协会。至年底，全市棉花企业以破产重组为主要形式的产权制度改革基本完成，78家棉花企业破产减债32亿元，90%以上的棉花企业重组产权明晰的股份制有限公司。

2005年5月，市棉麻公司以570万元买断信达资产管理公司的3850万元债务，保住市棉麻站近亿元有效资产，使棉麻站的资产负债率降到10%以下。8月，成立山东省聊城新兴棉花储备有限责任公司。是年年底，全市供销系统社有企业改革改制面80%以上；市属单位有效资产2.3亿元，资产负债率在20%以下。2007年8月24日，市供销社驻禹城农业生产资料公司进入破产程序，2013年12月5日破产终结。

2008年10月，始建于1953年的聊城市供销社驻禹城土产杂品采购供应站破产终结。同时，市供销社完善资产管理体制，健全对社有企业的监管考核体系，推进联合社由“管企业”向“管资产”的转变。2011年11月，聊城市供销社做出《关于接收山东聊城亿沣连锁超市有限公司的决定》。

至2015年，全市农资供销企业在市场全面放开的情况下，主动参与竞争，巩固市场占有率，成为当地政府进行宏观调控的重要抓手。全系统化肥销售量仍占全市社会用肥量的70%以上，烟花爆竹经营确立行业优势，再生资源经营重新确立行业发展目标。

五、供销社医院改革

1998年12月，市社批准供销社干部职工疗养院改革方案。供销社干部职工疗养院，又称供销社医院，是市社拨款的事业单位，由于长期受计划经济体制的影响，观念滞后，机制不活，面对医疗市场竞争日益激烈的局面，一度陷入工资发不出、医疗费无法解决、职工上访的困难境地。1999年2月，市供销社面向社会公开招聘院长，实行在定员定岗基础上的全员聘任制和按劳取酬的分配机制，高职可以低聘、低职也可以高聘，活化内部运行机制，调动广大医护人员学习业务、周到服务的积极性。为寻找医疗市场空间，是年8月，医院更名为聊城市光明眼科医院。同时，自筹资金数百万元，购进准分子激光治疗仪等世界一流的眼科先进设备，聘请6名全国和省内的眼科专家，使医院医疗水平迅速提高，到院就诊人数逐年扩大，取得良好的经营业绩。

2004年2月，社属聊城市光明眼科医院向市卫生局申请成立以治疗心脑血管病和肿瘤为主的光明医院，得到批准。2010年1月，聊城市卫生局同意聊城市光明眼科医院成立聊城市光明医疗集团，下设聊城市光明眼科医院、聊城市光明医院肿瘤治疗中心、聊城市光明投资咨询公司、菏泽市光明眼科医院。2015年5月5日，聊城市机构编制委员会《关于市供销社所属事业单位类别划分的通知》确认，市光明眼科医院为公益三类。

第三节　粮食流通体制改革

2004年7月，根据国务院关于进一步深化粮食流通体制改革“放开收购市场、直接补贴粮农、转换企业机制、维护市场秩序、加强宏观调控”的总要求，省政府印发《关于深化粮食流通体制改革的意见》，明确提出，从2004年6月1日起，全面放开粮食收购市场，稳妥推进粮食流通体制改革。根据国务院和省政府有关文件精神，2005年9月，聊城市政府提出要深化粮食流通体制和粮食企业两项改革，放开粮食价格，放开粮食收购和销售市场，对种粮农民实行直接补贴，推进以产权制度改革为重点的粮食企业改革。

2004年9月，根据中央和省的要求，聊城市审计、财政、农发行、粮食等部门组成工作组，对国有粮食购销企业全面的清理审计，认定1998年6月至2004年5月底，聊城市粮食政策性挂账5.35亿元。同时，对清理审计的粮食政策性财务挂账从国有粮食购销企业划转剥离，集中到县级以上粮食行政管理部门管理。

2005年8月，市政府统一安排，审计、国资部门牵头，财政、粮食、农发行以及社会中介机构参加，历时3个多月，在企业自查的基础上，对企业的人员、资产、债权债务及经营情况等全面的清理核实和审计，对企业资产重新评估。改革中，采取“内退一批、协议保留劳动关系一批、理顺劳动关系一批、自愿解除劳动关系一批”的办法分流安置职工，稳妥做好职工的身份置换和分流安置工作。对离退休人员交付10年的医疗保险费，全部移交社会劳动保障部门，对截至2005年年底符合内部退养条件的职工实行内退，为其交清至退休年龄期间的各类社保金和最低生活费后移交社会劳动保障部门，待达到退休年龄后正式办理退休手续。对截至2005年年底不符合内部退养条件，女职工年龄40周岁以上，男职工50周岁以上人员实行协议保留劳动关系，为其交清至退休年龄期间的各类社保金后移交社会劳动保障部门。对其他在职职工全员置换身份，依法解除原劳动关系，足额发放经济补偿金，结合新企业组建参与竞争上岗，对竞争上岗重新聘用职工重新签订劳动合同，对自愿解除劳动关系或竞争上岗后落聘人员及时办理失业证等移交手续。对职工遗属和60年代精简下放等人员一次性发放安置费，移交社区管理。对伤残、患重病职工等特殊人群，落实工伤及医疗保险待遇。对企业原欠缴职工的社保费、拖欠职工的工资、医疗费等补缴补发，一次性难以清偿补缴的，从企业资产中预留，明确清缴时限。截至2006年5月底，全市国有粮食购销企业参与改革的各类职工及遗属总人数1.04万人，对1423名离退休人员、109名60年代精简下放人员、695名职工遗属、79名伤残、患重病人员全部落实相应的政策待遇；对671名符合内部退养条件和597名不符合内退条件的人员办理内退手续和协议保留劳动关系手续，对其他6539名职工全部置换身份，发放经济补偿金，结合新企业组建，返聘安置上岗职工1306人。经清算，全市国有粮食购销企业改革总须改革资金1.94亿元，通过省财政补助和企业现有资产变现等渠道共筹集改革资金1.53亿元。其中，支付解除劳动关系职工经济补偿金9346万元，欠缴“三金”4956万元，拖欠职工工资、医疗费、住房公积金及各项津贴2342万元，伤残职工补助金287万元，遗属及60年代精简下放人员安置费1056万元，其他人员补助金1362万元，其缺口4023万元从企业资产中进行预留，三年内逐步偿还到位。

2006年，市委、市政府提出“彻底改、改彻底”总体要求，全市以产权制度改革为重点，因地制宜，采取多种形式对国有粮食购销企业重组改造，实行国有资本最大限度退出。主要措施：1. 对承担各级储备粮管理任务的县级储备库实行国有独资，人员全部置换身份，按市场化取向建立新的经营机制。2. 引资联合，兼并重组。冠县引进河南大程集团通过在冠县投资面粉及挂面加工项目，兼并6个粮站，县棉厂兼并购买1个粮站。3. 实施股份合作制改造。临清市对6个粮站、冠县对12个粮站采取将产权转股权的方式，由原企业职工购买后组建起股份合作制企业，使国有资本全部退出。4. 资产租赁，股份经营。阳谷县、高唐县采取“先股后租”的形式，通过整合原有企业，先组建股份有限责任公司后，再租赁国有资产经营。5. 对地处偏僻、无经营价值的项目，实施整体出让。6. 对资产处置，严格依法办事，按程序操作，确保国有资产不流失。全市原有国有粮食购销企业186个，通过改制重组，组建新企业94家，减少92家。新组建企业中，实行国有独资的县级储备库8个，股份制有限公司30个，租赁国有资产的有限责任公司56个。

2006年，按照国务院和省、市政府关于深化粮食流通体制改革，实行政企分开，稳定加强粮食行政管理机构的要求，县级粮食局人员列入行政编制，工资经费纳入财政预算，结束了政企不分的管理体制。同时，地方储备体系建设得到加强，储备规模不断扩大，粮食市场体系初步健全，多元化市场主体初步形成。至2006年4月，全市办理粮食收购许可证499个，其中，其他经济组织和个体工商户308个；5月，全市8个县（市、区）全部完成职工身份置换和分流安置；组建新企业，第一批返聘安置职工陆续上岗，国有粮食购销企业改革任务完成。

第四节　物资体制改革

1997 年 5 月，成立聊城地区物产金属回收有限公司，是全地区唯一一家具有国家认证资格的报废汽车回收拆解企业，经过规范改制和强化管理，步入良性循环的轨道。至 1998 年 3 月，聊城地区的物资流统归聊城地区物资集团总公司管理，负责全市生产资料的统筹规划和管理，下属再生、金属、化轻、机电、建材等 11 家物资企业。但由于经济形势变化，物资企业长期亏损。

1998 年 4 月，聊城地区物资集团总公司更名为聊城市物资集团总公司，实行企业化运营。是年，聊城市物资集团总公司全面彻底改制，建立现代企业制度，对资不抵债企业进行破产重组改造，组建物产机电、物华贸易、物昌建材、物产木材 4 个有限责任公司。根据时代特点，转变业务方向，在原办公场所建设劝业商城，成为鲁西及周边地区最大的机电化工专业批发市场。根据自身优势，促成鲁西煤炭集散中心合资项目，1998—2001 年，实现销售利润 2000 万元。1999 年，组建全市唯一一家经省级批准的旧机动车交易中心，1999—2001 年，分别交易旧车 767 辆、1485 辆、2637 辆。2000 年 8 月，在全国物资流通企改革改制经验交流会上，市物资集团总公司作为山东省物资系统的唯一先进典型作经验介绍。

2002 年，聊城市物资集团总公司规范改制为聊城市物资有限责任公司，进一步深化产权制度改革，推行投资主体多元化。盘活存量资产，强力培育新的经济增长点，投资 4000 万元，在市中心组建成立新开国贸城有限公司，引进永和豆浆、德克士、巴黎春天等国际知名品牌连锁企业加盟进店经营。组建成立聊城市物资集团燃料有限公司、聊城市新开汽车城有限公司、新开废金属回收有限公司等多个项目。其中，2003 年兴建的新开物流配送中心形成新旧汽车交易、汽车加油、汽车维修、汽车美容、机电产品物流配送“五位一体”的经营格局。组建成立聊城市新开废金属回收有限公司，是全市唯一一家具有报废汽车回收拆解资格证书的企业。与省鲁能恒源经贸集团有限公司、聊城电厂赛达实业有限公司三方联合，组建成立聊城鲁能燃料有限公司，建立鲁西煤炭集散中心。

第五节　外贸体制改革

1997—2001 年，对外贸易体制进入深化改革阶段，改革方向是统一政策、平等竞争、自负盈亏、工贸结合、推行代理，以建立适应国际通行规则的外贸运行机制。经过多次降低关税，整体关税已经与国际平均水平较为接近，与世界市场更加接近，进口配额及其他的非关税措施数量也在逐年减少。同时，以建立现代企业制度为核心，推动外经贸行业实现两个根本性转变，即实现经济体制从传统的计划经济向社会主义市场经济转变，经济增长方式从粗放型向集约型转变。这一阶段，按照社会主义市场经济要求，逐步推行政企分开，强化政府对外贸企业宏观调控和宏观管理的同时，弱化对外贸企业的直接管理和微观管理。另外，聊城市外贸出口增长主要靠以追求数量为主的粗放型经营方式实现，初级产品出口占比较大，出口产品附加值低、技术含量低。聊城外贸系统狠抓技术含量高、附加值大的产品出口，逐步实现由粗放型经营向集约型经营转变。这一轮外贸体制改革的实施，加强市场经济机制的调节作用，促进对外贸易市场化的进程。一方面，企业获得更大的外贸自主权，在自主经营、自负盈亏的前提下，建立和完善自我发展、自我约束的经营机制，提高国际竞争能力。另一方面，政府的行政干预大大弱化，逐步向以经济手段、法律手段实行宏观间接调控为主的方向发展。除 1998 年受亚洲金融危机影响外，聊城市进出口增长率均保持在两位数以上，尤其是 2000 年，进出口增长率 81%。这一阶段，聊城对外贸易取得长足发展。

2001 年 12 月，中国加入世界贸易组织。聊城市全面放开外贸经营权，外贸主体逐步壮大，多元化格局初步形成。推进行政审批制度改革，大幅度消减进出口配额许可证管理商品的品种和范围。随着外贸体制改革的日趋成熟，汇率、进出口商品价格、利率及税率等制度逐步走向市场化，聊城市外贸企业进出口产品结构进一步优化，高新技术产品和高附加值产品进出口逐年增加。2013 年，聊城市进出口总额达到历史最高点，为 62.4 亿美元。2015 年，全市实现进出口 50.73 万美元，比上年的 57.53 万美元下降 11.3%。其中进口 25.36 万美元，比上年的 33.68 万美元下降 23.9%。完成出口 25.37 万美元，比上年的 23.99 万美元增长 6.3%。

第六节　盐业购销体制改革

1996 年 6 月，聊城地区盐业公司从聊城地区果品盐业公司独立，成立为具有自主经营、独立核算、具有法人资格的独立企业，隶属于地区供销社。1998 年 5 月，聊城地区盐业公司名称变更为聊城市盐业公司。2000 年，聊城市盐业公司更名为聊城盐业公司，系山东省盐业总公司的下属企业，为独立核算、自负盈亏的企业法人实体组织，依法从事聊城行政区域内的盐资源开发、利用和盐产品生产、加工、储运、批发经营业务。同时，加挂聊城市盐务局的牌子，为聊城市人民政府的盐业行政主管机构和盐业行政执法主体，负责聊城市行政区域内的盐业行业管理，盐政执法和食盐专营的行政管理工作。

2000 年 4 月，聊城市盐务局设立聊城市盐政管理稽查支队。5 月，原临清市盐业公司更名为临清盐业公司，并加挂临清市盐务局的牌子；原冠县盐务中心更名为冠县盐业公司，并加挂冠县盐务局的牌子；原莘县盐业公司保持原名称并加挂莘县盐务局的牌子；原高唐果品公司盐业科更名为高唐盐业公司并加挂高唐县盐务局的牌子；原茌平县供销社盐业公司更名为茌平盐业公司并加挂茌平县盐务局的牌子；原东阿县盐业公司更名为东阿盐业公司并加挂东阿县盐务局的牌子；原阳谷县盐业公司更名为阳谷盐业公司并加挂阳谷县盐务局的牌子。10 月，聊城盐业公司将原东昌府区盐业公司合并。更名后的各县（市）盐业公司为聊城盐业公司的下属企业。为独立核算、自负盈亏的企业法人实体组织，从事各行政区域内的批发经营业务。各县（市）盐务局均为各县（市）人民政府的盐业行政主管机构和盐业行政执法主体，负责各行政区域内的盐业行业管理，盐政执法和食盐专营的行政管理工作。

2003 年 6 月，聊城盐业公司聊城市盐务局设立直属分公司直属分局，2008 年，茌平盐业公司划归为聊城盐业公司直属公司。至 2015 年，盐业购销体制未发生新的变化。

第七节　石油购销体制改革

聊城地区石油购销主要由中石油和中石化经营。1997 年之前，中国石化聊城地区相关业务由山东省石油集团聊城总公司管理。1998 年，划归中国石油化工集团公司，更名为中国石油化工集团山东聊城石油总公司（简称聊城石油总公司），是当时聊城市唯一一家经国家经贸委批准的成品油批发企业。2000 年 3 月，中国石油化工集团公司实施重组改制，设立中国石油化工股份有限公司山东聊城石油分公司。2001 年之前，中国石油聊城地区相关业务由中国石油华北销售山东分公司管理。2002 年，成立中国石油天然气股份有限公司华北销售山东聊城分公司，后更名为中国石油天然气股份有限公司山东聊城销售分公司，成为聊城市又一家成品油销售企业。2005 年，聊城公司开展非油业务，在加油站开设便利店，增加营业种类。2014 年，成立中国石化销售有限公司山东聊城石油分公司，专门负责聊城地区销售任务。至 2015 年，石油购销体制未发生新的变化。

第五章　财税金融工商体制改革

1997—2015年，财税金融工商体制改革步步深入。财政体制改革经历了由实行分税制财政管理到实施税收分享、完善原体制定额补助政策；将原体制对县（市、区）定额补助，并入增值税、消费税税收返还基数，增幅与上缴中央的“两税”增幅挂钩，到调整完善财政管理体制，理顺分配关系，转方式、调结构，提升县域经济发展水平的过程。自1994年实行国税、地税分设后，全市（地区）国税和地税系统每年都按照调整的税种征收范围，依法征收管理。2015年，国家税务深化行政审批制度改革，落实“三证合一”“一照一码”登记制度，落实税收征管规范，编制操作指南等；地方税务严格主体税种管理，推进税收执法规范化建设，强化税收执法督察。金融体制改革比较活跃，全市金融（保险）服务机构由1997年的11家增加到2015年的市级银行17家、农村商业银行8家、村镇银行8家；财产保险公司26家、人身保险公司23家；证券营业机构6家，共计88家；民间融资、直接融资迅速发展。其中，融资性担保公司由1998年5家发展到2015年的16家，注册资本21.66亿元，户均注册资本1.35亿元；直接融资由1997年1家发展到2015年的22家（上市公司6家，“新三板”挂牌企业总数16家），直接融资发生额97.5亿元。全市工商行政管理改革经历了人员、资产上收，垂直于省管理，到由省级以下垂直管理改为地方政府分级管理的过程。2015年，全面下放注册资本3000万元的企业注册登记管理权限，实行企业名称登记改革，简化名称预先核准程序，放宽名称登记条件；实行经营范围登记改革，推进“先照后证”工作。国有资产管理体制改革，以建立市级国有资产出资人制度为重点，在对已实施授权经营的东阿阿胶集团等3家集团进行规范运作的基础上，对规模稍小、辐射力较强的供水、物资、医药、旅游等四类资产，再度进行功能定位，打破部门界限，实现优化重组，将其置入市级监管运营体系，参照市级营运机构的模式进行规范管理；2015年，成立聊城市管企业重大事项审核工作小组，加强对市管企业合并、分立、解散、破产、产权转让、重大资产处置、重大资产损失核销、企业改制等重大经济事项的管理。

第一节　财政体制改革

一、管理体制改革

1994年1月1日起，改革原财政包干体制，聊城地区对各县（市）实行分税制财政管理体制。1997年，延续执行该体制。地区与县（市）的支出划分，仍按原体制规定执行。地区对各县（市）税收返还的确定，执行国家和省里统一规定。1998年3月聊城撤地设市后，加强宏观调控，完善城市整体功能，经市政府研究同意，对市、区两级财政收入、征收管理范围进行划分。2002年实施税收分享改革。2005年，完善原体制定额补助政策。自2005年1月1日起，改革个人所得税分享办法，调整原定额补助政策。将原体制对各县（市、区）的定额补助，并入各县（市、区）增值税、消费税（简称“两税”）税收返还基数，增长幅度与各县（市、区）上缴中央的“两税”增长幅度挂钩，按1∶0.3系数确定。自2007年1月1日起，调整完善财政管理体制。

2013—2015年，贯彻落实省政府《关于进一步深化省以下财政体制改革的意见》，推进财政体制改革，理顺市财政分配关系，引导县（市、区）转方式、调结构，提升县域经济发展水平。

二、收入体制改革

1997 年，地区级财政收入包括：地区级工业企业及所属企业缴纳的增值税 25% 部分和营业税；城市维护建设税及教育附加费收入；地区级工业企业及所属企业缴纳的土地使用税、印花税、车船税、房产税、固定资产投资方向调节税；地区级工业企业及所属企业缴纳的所得税、利润及亏损补贴（不含地方非金融企业所得税）；地、县市烟草公司缴纳的增值税的 25% 部分和营业税；临清卷烟厂增值税的 25% 部分；国有土地使用权有偿出让收入的 5% 部分；其他原属地区级的各项收入以及新建的地直企业的各项收入。县（市）级财政收入包括：县（市）及县市以下所属企业增值税的 25% 部分和营业税；县（市）及县（市）以下所属企业缴纳的城市维护建设税、教育费附加收入；县市及县市以下所属企业缴纳所得税、利润及亏损补贴（不含地方非金融企业所得税）；县市及县市以下所属企业缴纳的土地使用税、印花税、车船税、房地产税、个人所得税、固定资产投资方向调节税、屠宰税；农牧业税；农林特产税、耕地占用税、契税；遗产税、土地增值税、国有土地使用权有偿出让收入的 90% 部分；资源税中的其他资源税；其他原属于县（市）的各项收入。

1998 年，市级财政收入主要包括：中央、省属驻聊城企事业单位，市级行政、事业、企业单位（含所属单位及经济实体），及其与外商、外地（东昌府区外）单位和个人组成的合资、合作、联营、股份制单位缴纳的地方收入；聊城市建成区内东昌府区所属单位（含个体私营）缴纳的城建税、排污费、国土出让收入；聊城市建成区内在市工商行政管理局登记注册的私营企业和外商、外地企事业单位缴纳的地方收入；其他属原地区级的地方收入。区级财政收入主要包括：东昌府区所属行政、事业、企业单位（含所属单位及经济实体）、聊城市建成区内在聊城市工商行政管理局东昌府分局登记注册的个体工商户和私营企业，及其与外商、外地单位和个人组成的合资、合作、联营、股份制单位缴纳的地方财政收入（不含建成区内的城建税、排污费、国土出让收入）；农业税、农业特产税、耕地占用税和契税；聊城市建成区外的个体工商户和私营企业及外商、外地企事业单位缴纳的地方收入；其他属原县级市的地方收入。共享收入主要包括：中央、省属驻聊城和市级单位与东昌府区所属单位组成的合资、合作、联营、股份制单位缴纳的地方收入按投资比例划分。中央、省属驻聊城企事业单位和市级单位与东昌府区所属单位联合举办的活动应缴纳的地方收入归主办单位同级财政。

2007 年 1 月 1 日起，调整完善财政管理体制。对电力行业实行有区别的税收分成办法对原属省级收入范围的发电企业（中华发电、聊城热电、鲁能热电）缴纳的增值税，改为中央、省、市与县共享收入。分享比例：中央 75%，省级 15%，市级 5%，东昌府区 5%。对原属省级收入范围的发电企业（中华发电、聊城热电、鲁能热电）缴纳的企业所得税，改为中央、省、市与县共享收入。分享比例：中央 60%，省级 24%，市级 8%，东昌府区 8%。对原属省级收入范围的电力辅助企业（非电力生产企业），以及利用风能、太阳能、生物质能等可再生能源进行电力生产企业缴纳的增值税，改为中央、市与县共享收入。东昌府区分享比例：中央 75%，市级 12.5%，东昌府区 12.5%；其他县（市、区）分享比例：中央 75%，市级 5%，县级 20%。

三、征管体制改革

1998 年，市级征管范围：中央、省属驻聊城和市级行政、事业、企业单位（含所属单位及经济实体）及其与外商、外地单位和个人组成的合资、合作、联营、股份制单位（包括主办的活动）缴纳的各项收入；聊城市建成区内东昌府区所属单位（含个体私营）缴纳的排污费、国土出让收入；中央、省属驻聊城和市级单位与东昌府区所属单位组成的合资、合作、联营、股份制单位缴纳的各项收入；聊城市建成区内在市工商行政管理局登记注册的私营企业和外商、外地企事业单位缴纳的各项收入；其他属原地级的收入。具体征管部门市国税局、市地税局、市环保局、市土管局、市财政局。市国税局主要负责规定范围内的消费税、增值税、外商投资企业所得税以及按规定应由国税局征收的收入。市地税局主要负责规定范围内的地方税、教育费附加以及按规定应由地税局征收的收入。市环保局主要负责征收规定范围内的排污费。市土管局主要负责征收规定范围内的国土出让收入。市财政局主要负责征收规定范围内的罚没收入、按规定应由财政部门征收的纳入预算的各项收费和其他收入等。区级征管范围：东昌府区所属行政、事业、企业单位（含所属单位及经济实体）、聊城市建成区内在聊城市工商行政管理局东昌府分局登记注册的个体工商户和私营企业，及其与外商、外地单位和个人组成的合资、合作、联营、股份制单位（包括主办的活动）缴纳的各项收入（不含建成区内的排污费、国土出让收入）。农业税、农业特产税、耕地占用税和契税。聊城市建成区外的个体工商户、私营企业和外商、外地企事业单位缴纳的各项收入。其他属原县级市的收入。具体征管部门由东昌府区政府按规定确定。共享收入平时入市级库，年终结算按规定返还。为便于征收管理，聊城市建成区内东昌府区所属单位缴纳的城建税由东昌府区负责征收，平时入区级库，年终按是年增值税、营业税、消费税比上年增长的比例结算。通知自1998年1月1日起执行。市区两级征收机关，1998年11月底前办理完调库等交接手续。此次划归市级征管的各项税收，12月暂委托东昌府区征收机关代征，并严格按划定的范围分别按级次入库。从1999年1月1日起按该通知划定的征管范围执行。

2013年，建立税收增长激励机制。对财政困难县实行补助政策。2013—2015年，对省级因体制改革从财政困难县集中的税收收入，给予全额返还。财政困难县按上年全省县级基本财力保障范围确定。对省级返还资金，重点用于培植优势产业、壮大支柱财源、加快园区建设、促进城镇化发展等方面。同时，对因收入规模增加导致县级基本财力保障范围变化而受到影响的县（市、区），市财政将给予适当支持。税收增量返还政策：对省级分享聊城市的主体税种和资源财产类地方小税的收入，以市为单位计算比上年增长超过15%以上部分，给予全额返还，对省级返还资金由市统筹考虑安排。对已享受省级集中收入全额返还政策的财政困难县，不再重复计算返还。同时，对县（市、区）的资源财产类地方小税的收入比上年增长超过15%以上部分，给予全额返还。县域税收增长上台阶奖励政策：以每5亿元为一个台阶，对税收收入（入地方库部分）规模首次迈上新台阶，且税收收入增幅和税收比重达到一定要求的县，市财政将给予奖励。出口退税分担机制：为进一步减轻市县的出口退税压力，从2013年起，对市县负担的出口退税额比上年增长部分，省级对聊城市补助比例由25%高提到70%。对省级补助以后的差额部分，市与县（市、区）按50：50分担。

四、税收分享改革

2002年，根据国务院《关于印发所得税收入分享改革方案的通知》和省政府《关于印发山东省所得税、营业税收入分享改革方案的通知》要求，聊城市确定，从2002年1月1日起，改革现行按企业隶属关系划分税收收入的办法，对税收收入实行中央、省、市与县分税种按比例分享。

所得税收入分享改革　分享范围。铁路运输、国家邮政、中国工商银行、中国农业银行、中国银行、中国建设银行、国家开发银行、中国农业发展银行、中国进出口银行，中国石油天然气股份有限公司、中国石油化工股份有限公司（纳入汇总缴纳企业所得税范围的成员企业）以及海上石油天然气企业缴纳的企业所得税继续作为中央收入。山东国际电源开发有限公司及其分公司、山东中华发电有限公司及其所属发电厂、华能国际发电有限公司山东分公司及其投资的电厂、山东省高速公路经营企业、山东省地方铁路局所属运输企业缴纳的所得税以及储蓄存款利息所得个人所得税为中央与省级共享收入。山东东阿阿胶股份有限公司、山东鲁西化工股份有限公司、中通客车控股股份有限公司、山东聊城昌

润热电有限责任公司、山东聊城热电有限责任公司、中央所列七家国有银行之外的其他银行（含聊城市城市信用社）缴纳的企业所得税为中央、省与市共享收入。中央和省所列跨地区经营集中纳税企业缴纳的按因素法分配的企业所得税为市级收入，县级以下不参与分享。除上述以外的其他一般企业所得税和个人所得税为中央、省、市与县共享收入，其中，个人所得税省级暂不参与分享。

分享比例。特殊企业所得税分享比例：山东国际电源开发有限公司及其分公司、山东中华发电有限公司及其所属发电厂、华能国际发电有限公司山东分公司及其投资的电厂、山东省高速公路经营企业、山东省地方铁路局所属运输企业所得税收入。2002 年中央分享 50%，省分享 50%；2003 年中央分享 60%，省分享 40%。山东东阿阿胶股份有限公司、山东鲁西化工股份有限公司、中通客车控股股份有限公司、山东聊城昌润热电有限责任公司、山东聊城热电有限责任公司、中央所列七家国有银行之外的其他银行（含聊城市城市信用社）企业所得税收入，2002 年中央分享 50%，省分享 10%，市级分享 40%；2003 年中央分享 60%，省分享 8%，市级分享 32%。一般企业所得税分享比例：2002 年，七县、市及开发区分享比例为中央 50%，省级 10%，市级 7%，县级 33%；东昌府区的分享比例为中央 50%，省级 10%，市级 20%，区级 20%。2003 年，七县、市及开发区分享比例为中央 60%，省级 8%，市级 7%，县级 25%；东昌府区的分享比例为中央 60%，省级 8%，市级 16%，区级 16%。个人所得税分享比例：2002 年，七县（市）及开发区分享比例为中央 50%，市级 10%，县级 40%；东昌府区的分享比例为中央 50%，市级 25%，区级 25%。2003 年，七县、市及开发区分享比例为中央 60%，市级 10%，县级 30%；东昌府区的分享比例为中央 60%，市级 20%，区级 20%。储蓄存款利息所得个人所得税收入分享比例：2002 年，中央分享 50%、省级分享 50%；2003 年，中央分享 60%、省级分享 40%。2003 年以后年份的分享比例根据中央和省分享比例和实际收入情况再行考虑。

基数计算。以 2001 年为基期，按改革方案确定的分享范围和比例计算确定。各县（市、区）分享的所得税收入：如果小于各县（市、区）实际所得税收入，差额部分由市财政作为基数予以返还；如果大于各县（市、区）实际所得税收入，差额部分由各县（市、区）作为基数上解市财政。2005 年 1 月 1 日起，按照改革个人所得税分享办法，调整原定额补助政策。理顺个人所得税分享体制。将原属中央与市以下共享的个人所得税（中央 60%、市以下 40%）实行中央、省、市和县按比例分享。市与 7 县、市及开发区分享比例为市级 10%，县级 15%；市与东昌府区分享比例为市级 12.5%，区级 12.5%。将原属中央与省级共享的储蓄存款利息个人所得税（中央 60%、省级 40%），下划县级。七县（市）及开发区分享比例为 25%；市与东昌府区的分享比例为市级 12.5%、区级 12.5%。

营业税收入分享改革 分享范围：山东省高速公路经营企业集中缴纳的营业税、城市维护建设税及教育费附加继续作为省级收入，银行（含聊城市城市信用社）、保险公司及地方铁路（运输部分）缴纳的地方营业税作为省与市共享收入，其他地方营业税实行省、市与县分享。分享比例：银行（含聊城市城市信用社）、保险公司及地方铁路（运输部分）营业税分享比例为省级 20%，市级 80%。其他地方营业税分享比例为七县、市及开发区分享比例省级 20%，市级 15%，县级 65%；东昌府区分享比例为省级 20%，市级 50%，县级 30%。基数计算：以 2001 年为基期，按改革方案确定的分享范围和比例计算确定。各县（市、区）分享的营业税收入，如果小于各县（市、区）实际营业税收入，差额部分由市财政作为基数予以返还；如果大于各县（市、区）实际营业税收入，差额部分由各县（市、区）作为基数上解市财政。

增值税收入分享改革 分享范围：中央四大部门企业缴纳的增值税 25% 部分，作为省级收入，市以下不参与分享。山东东阿阿胶股份有限公司、山东鲁西化工股份有限公司、中通客车控股股份有限公司、山东聊城昌润热电有限责任公司缴纳的增值税25%部分作为市级收入，县以下不参与分享。除上述特殊企业增值税外，其他企业及个人缴纳的增值税25%部分，一律作为市、县共享收入。分享比例：特殊企业增值税收入，2002年中央分享75%，市分享25%，市以下不参与分享。一般企业及个人增值税收入，七县（市）及开发区分享比例为中央75%，市级5%，县级20%；东昌府区分享比例为中央75%，市级12.5%，区级12.5%。基数计算：以2001年为基期，按改革方案确定的分享范围和比例计算确定。各县（市、区）分享的增值税收入，如果小于各县（市、区）实际增值税（25%部分）收入，差额部分由市财政作为基数予以返还；如果大于各县（市、区）实际增值税收入，差额部分由各县（市、区）作为基数上解市财政。2007年后，下划部分石油石化企业增值税收入。中国石油化工集团重点企业缴纳的增值税地方分成部分仍为省级收入，市以下不参与分享。其他原属省级收入范围的石油、石化企业（中国石油化工股份有限公司中原油田分公司采油三厂、中原石油勘探局第三社区管理中心）缴纳的增值税，改为中央、市与县共享收入。分享比例为中央75%，市级5%，县级20%。

地方小税收入分享改革　分享范围及比例：东昌府区辖区内的地方小税（包括资源税、房产税、印花税、城镇土地使用税、土地增值税、车船使用和牌照税，下同）实行市与东昌府区按比例分享。分享比例为市级60%，区级40%。基数计算：以2001年为基期，按改革方案确定的分享范围和比例计算确定。东昌府区分享的地方小税收入，如果小于东昌府区实际地方小税收入，差额部分由市财政作为基数予以返还；如果大于东昌府区实际地方小税收入，差额部分由区作为基数上解市财政。市下划给其他县、市的地方小税以2001年为基期，实行定额上缴。2007年，东昌府区辖区内的地方小税（资源税、印花税、车船税）全部下划为东昌府区收入，市级不再参与分成。

2013年，科学划分收入分享范围。自2013年起，聊城市市级保留收入包括：电力生产企业（国电聊城发电有限公司、山东中华发电有限公司聊城发电厂、华能聊城热电有限公司、山东华能聊城热电有限公司及以后新开工建设的电力生产企业）增值税、企业所得税、教育费附加及地方教育附加，银行、保险公司和证券公司及其分支机构营业税，跨市总分机构（中国移动通信集团山东有限公司、新华书店、齐鲁证券、中信万通证券、齐鲁银行、中国邮政储蓄银行及以后新入驻聊城市的跨市总分机构）企业所得税。除上述保留收入以外的其他一般企业缴纳的收入全部下划县（市、区），实行属地管理，就地缴库。税收分享比例：增值税，中央75%、县（市、区）25%；营业税，县（市、区）100%；企业所得税，中央60%、县（市、区）40%；个人所得税，中央60%、县（市、区）40%；地方小税（含资源税、城市维护建设税、房产税、印花税、城镇土地使用税、土地增值税、车船税、耕地占用税、契税等），县（市、区）100%。合理确定收入基数。以2012年决算数确定下划基数，每年年底通过体制结算由县（市、区）定额上解市财政。对县（市、区）截留的市级按原体制分享的收入，市财政通过体制结算予以扣解。建立税收增量分享机制。税收增量省级分享范围及比例。从2013年起对增值税、营业税、企业所得税、个人所得税、资源税、房产税、城镇土地使用税、土地增值税、耕地占用税和契税收入比核定的2012年收入基数增长部分，省级统一分成15%。其中，耕地占用税2013—2015年省级暂不分成。省级分享的税收，年终由市县通过体制结算上解。对以后国家新设立或下放的税种，省级将适时进行调整。改革后，每年各县（市、区）的增值税、资源税、房产税、城镇土地使用税、土地增值税和契税等税收收入，不得低于核定的基数和上年执行数，且增长幅度不得低于本县（市、区）是年公共财政收入增长幅度，否则，将按照“就高”原则对其差额进行扣解。税收增量市县级分成比例。市级以2012年下划收入占各县（市、区）税收比重、市级近三年税收收入增长幅度、市级下划企业2012年税收收入及以后年度增长趋势等因素为依据，确定市、县级的税收增量分成比例，其中，市级与东昌府区按50∶50分成，市级与临清市和高唐县均按15∶85分成，市级与阳谷县按17∶83分成，市级与茌平县按19∶81分成，市级与东阿县按45∶55分成，市级与经济技术开发区和高新技术产业开发区均按30∶70分成（市与两区的增量分成政策自2014年起执行），2013—2015年，耕地占用税市级暂不分成。市级分享的税收缴入县（市、区）国库，作为县（市、区）收入，年终通过体制结算上解市财政。按新体制由市级分享的财力，不得低于核定的基数和上年执行数，且增长幅度不得低于各县（市、区）人代会通过的是年税收收入预算增长幅度，否则，将相应扣减该县（市、区）财力。从2013年起，市财政新增财力将加大对财政困难县的扶持力度，逐步完善奖补结合的转移支付制度，促进县（市、区）基本公共服务均等化。

第二节 税务体制改革

1994年，为理顺中央与地方的财政分配关系，发挥国家财政的职能作用，增强中央的宏观调控能力，促进社会主义市场经济体制的建立和国民经济持续、快速、健康的发展，国家实行分税制改革，聊城也相应配套改革税收管理机构，分设为聊城地区国家税务局和聊城地区地方税务局。

按照分税制财税体制的规定，国税和地税有着不同的税收征收范围。由国家税务局主要负责征收和管理的有增值税、消费税、进口产品消费税、增值税（委托海关代征），铁道、各银行总行、保险总公司集中缴纳的营业税、所得税和城市建设维护税，中央企业所得税，中央与地方所属企、事业单位组成的联营企业、股份制企业的所得税，2002年1月1日以后，在各级工商行政管理部门办理设立（开业）登记企业的企业所得税，地方和外资银行及非银行金融企业所得税，海洋石油企业所得税、资源税，个人所得税（储蓄存款利息所得），证券交易税（未开征前对证券交易征收的印花税），车辆购置税，对境内外商投资企业和外国企业的各项税收（增值税、消费税、外商投资企业和外国企业所得税），出口产品退税的管理，集贸市场和个体户的增值税、消费税，中央税的滞补罚收入，按中央税、共享税附征的教育费附加（属于铁道、银行总行、保险总公司缴纳的入中央库，其他入地方库）。

2000年10月22日，国务院颁布《中华人民共和国车辆购置税暂行条例》，从2001年1月1日起在全国范围内开征车辆购置税，同时取消车辆购置附加费。是年，聊城市内开征车辆购置税。2002年，在出口退税方面，根据《财政部国家税务总局关于进一步退进出口货物实行免抵退税办法的通知》《国家税务总局关于印发生产企业出口货物“免抵退”税管理操作规程》，聊城市生产企业实行“免抵退”税管理方式。

2006年4月1日起，调整中国消费税税目、税率及相关政策。此次调整是1994年税制改革以后对消费税最大规模的一次调整，新增高尔夫及球具、高档手表、游艇、木制一次性筷子、实木地板等税目，取消“护肤护发品”税目，调整部分税率。2009年1月1日，根据国务院《中华人民共和国消费税暂行条例》，聊城市内开征消费税。

从2009年起，根据国家统一规定，聊城市下列新增企业的企业所得税由国家税务局系统负责征收和管理：应当缴纳增值税的企业，企业所得税全额为中央收入的企业，在国家税务局缴纳营业税的企业，银行（信用社）、保险公司，外商投资企业和外国企业常驻代表机构，在中国境内设立机构、场所的其他非居民企业。应当缴纳营业税的新增企业，其企业所得税由地方税务局系统负责征收和管理。非居民企业没有在中国境内设立机构、场所，来源于中国境内的所得。或者虽然在中国境内设立机构、场所，但取得的来源于中国境内的所得与其在中国境内所设机构、场所没有实际联系，中国境内的单位、个人向非居民企业支付上述所得的，该项所得应当扣缴的企业所得税的征收管理，分别由主管支付该项所得的中国境内单位、个人所得税的国家税务局或者地方税务局负责（其中不缴纳企业所得税的单位由国家税务局负责）。

2008年以前，已经成立的跨区经营汇总纳税企业，2009年以后新设立的分支机构，其企业所得税的征收管理机关应当与其总机构企业所得税的征收管理机关一致。2009年以后，新增跨区经营汇总纳税企业，其总机构企业所得税的征收管理机关按照上述第一条规定的原则确定，其分支机构企业所得税的征收管理机关也应当与总机构企业所得税的征收管理机关一致。依法免缴增值税、营业税的企业，按照其免缴的上述税种确定企业所得税的征收管理机关。既不缴纳增值税，也不缴纳营业税的企业，其企业所得税暂由地方税务局系统负责征收和管理。既缴纳增值税，又缴纳营业税的企业，原则上按照其税务登记的时候自行申报的主营业务应当缴纳的上述税种确定企业所得税的征收管理机关。企业办理税务登记证的时候无法确定主营业务的，一般以工商登记注明的第一项业务为准。

全市交通运输业、部分现代服务业和广播影视服务业纳税人开始缴纳增值税。2014年1月1日起，聊城市铁路运输业和邮政业纳税人开始缴纳增值税，2014年6月1日起，聊城市电信业纳税人开始缴纳增值税。随着营改增的推进，增值税的税率增加为6%、11%、13%、17%四档。该税种由国税局征收。

2015年，国家税务深化税务行政审批制度改革，完善法律顾问制度；落实“三证合一”“一照一码”登记制度；制定深化征管改革方案，落实税收征管规范，编制操作指南，取消45种涉税文书报表、19项25种附报资料；强化税收风险管理，深化预警评估系统应用，评估增加税收1.84亿元。是年，地方税务严格主体税种管理，推进税收执法规范化建设，推进税务行政审批制度改革，建立税收执法权力清单动态管理机制，完善重大税务案件集体审理制度，强化税收执法督察，严格执法过错责任追究，进一步规范税收执法行为。

第三节　金融体制改革

一、管理服务机构改革

1997年以前，聊城地区金融管理部门只有人民银行，由人民银行聊城地区中心支行及各县（市）支行负责对全区金融机构的监管。聊城地区银行业金融机构有工行、农行、中行、建行4家国有银行，以及遍布各县（市、区）的城市信用社和农村信用社，农业发展银行聊城地区分行，中国人民保险公司聊城分公司（1996年7月，中国人民保险公司聊城分公司实行分业经营，分为中保财产保险有限公司聊城分公司、中保人寿保险有限公司聊城分公司），山东证券公司聊城营业部。

1998年10—12月，全市城市信用社并入当地农联社。太平洋保险公司、泰康人寿保险公司等先后成立。2001年，齐鲁证券聊城营业部设立，收购山东聊城企业产权交易服务中心的资产，是齐鲁证券在聊城设立的全资证券经营机构，网上交易获准券商。此后，聊城先后成立中信证券（山东）有限责任公司聊城营业部、西部证券聊城兴华西路营业部、国都证券股份有限公司聊城东昌东路证券营业部、恒泰证券股份有限公司聊城黄山南路证券营业部、中投证券营业部、海通证券聊城东昌路营业部。

2003年3月，聊城市保险行业协会成立，根据主管单位山东保监局的授权，在聊城不设保监局的情况下，除具有自律、服务、协调、宣传等正常职能之外，履行部分保险监管职能和市委、市政府安排的综合协调全市保险系统的任务。11月，聊城市城市信用社中心社被华夏银行收购，成为华夏银行聊城支行。12月，中国银行业监督管理委员会聊城监管分局从中国人民银行聊城市中心支行分出，负责对全市银行业的机构设置、高管人员和业务经营的监督管理。2008 年以后，交通银行、浦发银行、恒丰银行、招商银行、兴业银行等国有和股份制银行，齐鲁银行、潍坊银行、莱商银行、北京银行等城市商业银行纷纷入驻聊城，上海农商银行、青州农村商业银行、临淄农村商业银行纷纷在聊城市新设村镇银行，全市农信社改制成为农村商业银行。此一时期，随着聊城经济社会发展，保险机构数量逐年增多。又随着保险机构数量的增加，保险市场规模不断扩大，保险服务遍布城乡，初步形成功能互补、统一开放、公平竞争、共同发展的保险市场体系。

2010 年 8 月，聊城市人民政府金融工作办公室成立，负责协调、配合中央驻聊城金融监管机构对全市各类金融机构实行监督管理，负责监管中央驻聊城金融监管部门法定监管范围之外的新型金融组织和金融活动，负责全市多层次资本市场的培育、改革和发展。至此，聊城市银行、保险、证券、地方金融分业经营、分业监管的格局基本形成。

2015 年年底，聊城市级银行 17 家、农村商业银行 8 家、村镇银行 8 家，形成覆盖城乡社区、类型丰富、功能完备、分工协作的多层次、广覆盖、有差异的银行业服务体系。在聊城市开业运营的保险公司 49 家（财产保险公司 26 家、人身保险公司 23 家），全市证券营业机构 6 家。

二、民间融资改革

自 1998 年成立第一家融资性担保公司以后，聊城市先后成立东阿县鑫诺融资担保有限公司、茌平县宏信融资担保有限公司、山东聊城鼎诚融资担保有限公司、聊城市天弘融资担保有限公司等机构。2009 年 4 月，聊城市东昌府区天元小额贷款股份有限公司成立，这是聊城市第一家小额贷款公司。随后，茌平县嘉丰小额贷款有限公司、东阿县中夏小额贷款有限公司、聊城经济开发区昌润小额贷款股份有限公司、聊城市东昌府区百诺鑫合小额贷款股份有限公司等相继成立。2013 年，省政府办公厅印发《关于进一步规范发展民间融资机构的意见》。根据文件要求，并借鉴温州、东营、临沂等地经验，聊城市自 2014 年起，开始民间资本管理公司和民间融资登记服务公司的规范设立工作，先后成立茌平县鑫浩民间资本管理有限公司、高唐县金城民间资本管理有限公司、聊城和创民间资本管理有限公司、临清中兴民间资本管理有限公司、聊城鑫亚民间资本管理有限公司。至 2015 年年底，全市融资性担保机构 16 家，注册资本 21.66 亿元，户均注册资本 1.35 亿元。其中，政策性担保机构 11 家，注册资本 3 亿元以上的 3 家，注册资本 1 亿元以上的 11 家。全市融资性担保机构总资产 27.5 亿元，在保责任余额 31.38 亿元。经过规范整顿，聊城各融资性担保机构规范经营管理，融资性担保业务稳步发展。全市小额贷款公司 18 家，注册资本 19.43 亿元。其中，注册资本 1 亿元以上的 12 家、1.5 亿元的小贷公司 2 家、2 亿元的小贷公司 1 家、3 亿元的小贷公司 1 家。聊城市民资公司 25 家，民间融资登记公司 3 家。

三、直接融资体制改革

1997 年以前，聊城地区只有东阿阿胶一家上市公司。1997 年以后，东阿阿胶先后通过发行股票募集资金 1.12 亿元、3.35 亿元、7.08 亿元；中通客车通过非公开发行股票的方式融资 7 亿元；阳谷华泰化工股份有限公司非公开发行 1.5 亿元公司债券。1998 年 3 月，鲁西化工集团股份有限公司经中国证监会批准上市，是年 8 月，在深圳证券交易所正式挂牌交易。2000 年 1 月，中通客车在深圳交易所上市，是年更名为中通客车控股股份有限公司。企业在“新三板”市场挂牌工作进展较快，此后，聊城市陆续有山东昌润钻石股份有限公司、聊城金新建筑节能股份有限公司、聊城市东昌府区天元小额贷款股份有限公司、众信易诚保险代理股份有限公司、山东五岳钻具股份有限公司、山东首信高分子材料股份有限公司等企业在“新三板”挂牌。2010 年，纷美包装成为在香港联交所主板上市的公众公司。8 月，阳谷华泰公司获得首次公开发行股票（IPO）并在深圳证券交易所上市。2014 年 8 月，山东天泰集团在英国伦敦证券交易所上市。2015 年，中通客车控股股份有限公司非公开发行 5794.70 万股新股。至是年年底，聊城市上市公司 6 家，"新三板"挂牌企业总数 16 家，直接融资发生额 97.5 亿元。

第四节　工商体制改革

1997 年，聊城地区工商局机关按照"三定"方案进行机构改革，内设办公室、政工科、财务装备科等 10 个职能科室。1998 年，实行省以下工商行政管理机关垂直管理，市内各县（市、区）工商行政管理局的机构、编制、人员全部上收至市工商局管理。

1999 年，全市工商行政管理体制改革工作完成，向省工商局移交上划全市工商行政管理系统公务员 1038 人，管理体制改革为省工商局垂直管理。

2002 年，根据国家工商总局《关于商标代理机构脱钩改制的通知》，商标事务所与市工商局机关脱钩，自主经营，自负盈亏。是年，全市工商行政管理机关进行机构改革，划出指导广告业发展，市场培育建设、市场布局规划以及对个体、私营经济的规划、指导和政策管理职能；增加对租赁柜台经营活动、粮食等重要商品市场的监督管理，查处传销、变相传销，对开办商品展销会登记管理、辖区内特殊标志管理、户外广告登记管理以及对商标代理、商标评估以及商标民间社团组织的指导和监督职能。

2004 年，启动全市工商系统职权下放。2005 年，全市工商系统推进"小局大所"改革，推行工商所属地综合监管责任制。2008 年，市工商局设立聊城仲裁委员会工商仲裁院，与聊城市仲裁委员会一道仲裁有关经济合同纠纷案件。是年，市工商局贯彻落实上级要求，自 9 月 1 日起停止征收个体工商户管理费和集贸市场管理费。

2010 年，全市工商系统换发新版执法证。2012 年，聊城市工商行政管理系统实行"预约式"指导检查办法。2013 年 12 月，市政府印发《关于改革完善食品药品工商质监管理体制的实施意见》，由省级以下垂直管理改为地方政府分级管理体制。2014 年，市工商局实行注册资本登记制度改革，颁发全市首张新版营业执照。

2015 年，全面推行"三证合一、一照一码"登记制度，下放注册资本 3000 万元企业注册登记管理权限。实行企业名称登记改革，简化名称预先核准程序，放宽名称登记条件。实行经营范围登记改革，推进"先照后证"工作。

第五节　国有资产管理体制改革

2000 年 4—5 月，调查摸底市级国家资产的总量、结构、分布和质量状况，提出以东阿阿胶集团、鲁化集团和市基本建设投资公司为主体组建营运机构的预案。2000 年 8—11 月，山东鲁西化工集团有限责任公司、山东东阿阿胶集团有限责任公司、聊城市基本建设投资公司 3 个公司的《国有资产授权经营实施方案》和作为营运机构的公司章程分别获市政府批准，正式被规范为市级国有资产营运机构。3 个营运机构授权经营资产总额为 11.9 亿元，占市属经营性国有资产的 48%。

2002—2003 年，市国资委以建立市级国有资产出资人制度为重点，在对已实施授权经营的东阿阿胶集团、昌润投资公司、鲁西化工集团进行规范运作的基础上，对规模稍小、辐射力较强的供水、物资、医药、旅游等四类资产，再度进行功能定位，打破部门界限，实现优化重组，将其置入市级监管运营体系，参照市级营运机构的模式进行规范管理。

2002 年，将原来分属于不同行业和部门的市自来水公司、东聊引水中心、污水处理厂的资产重组到一起，组建以产权为纽带、母子公司体制的市城市水务集团有限公司。在改革市物资集团原行政性公司的基础上，将市金属回收公司、市燃料公司等 6 家企业的国有资产，无偿划转给规范后的新开集团有限公司，由其按照母子公司体制统一管理和运营。将政企分开后的市医药集团总公司规范为国有资产出资人，由其对权属企业占有使用的国有资产统一履行出资人职责。将东昌湖、小运河、湖滨公园及其相关的旅游资产整合到一起，组建江北水城风景名胜区开发建设集团有限公司，由其作为市场主体，具体承担招商引资、开发建设、经营部分城市资产等国有资产出资人职能。2003 年年底，市级国有资产监管运行体系基本形成“4+3”的管理模式（4 个营运机构 +3 个参照营运机构管理的企业集团）。7 家企业下辖权属企业 45 家，占市直企业户数的 60%；占有国有资产总额 16.8 亿元，占市直国有资产的近 70%。

2004 年年初，将拟合资组建的华润东阿阿胶有限公司中聊城市 49% 的产权、山东鑫亚工业股份有限公司中 2135 万股国家股权、聊城双力农用车集团公司全部国有净资产及山东双力股份有限公司 3050 万股国家股、聊城客车工业集团公司中聊城市 49% 的国有产权，全部整合到一起组建市工业国有资产经营公司，并实行授权经营，使该企业成为市属工业领域国有资产营运的重要载体。是年年底，国有资产总额 19.31 亿元，占市级国有资产的 92%。

2005 年，对市属重点企业实行财务预决算管理制度、外派监事会及财务总监委派制度，市国资委领导班子成员兼管市属重点企业的外派监事会工作，并面向社会公开招聘财务总监 4 人，加强对市属企业的财务监督和管理。完善市属企业收入分配管理制度、企业负责人年薪制和期权期股激励机制，研究出台市级国有资产收益收缴管理暂行办法，拟定市管企业重大失误追究暂行办法。

2008 年 4 月 1 日，市政府办公室公布市国资委履行出资人职责的 5 家企业名单：山东聊城鲁西化工集团有限责任公司、聊城市昌润投资发展有限责任公司、聊城江北水城风景名胜区开发建设管理集团有限公司、山东聊城昊升资产经营有限公司、聊城市城市水务集团有限公司，上述五家企业资产 54.4 亿元，占市属国有资产的 94.5%，一、二级企业 56 家，占市属企业户数的 74%。

2009 年 3 月，组建聊城市公共交通集团公司，将其纳入市国资委的监管范围，指导其按照城市公交规划建设完善公交网络。4 月，通过在山东省产权交易中心挂牌转让，全面完成聊建集团的改制工作。

2011 年，市政府办公室印发《聊城市市属经营性国有资产划转移交实施方案的通知》，将隶属于不同部门管理的 31 家市直经营性国有企业纳入国资监管体系，顺利完成划转移交工作（其中，10 家直管，21 家委托原主管部门托管），并与市直有关部门、企业签订委托管理协议书。

2015 年，深化国有资产管理体制改革，夯实国有资产管理基础，推进国有企业改革和重组。市政府出台《深化市属国有企业改革完善国有资产监管体制的意见》《聊城市管国有企业领导人员实行任职回避和公务回避及报告制度的暂行办法》《关于加强市管企业审计监督工作的意见》《关于进一步加强市管企业财务监督管理工作的意见》《聊城市市管企业财务等重大信息公开暂行规定》等相关配套文件。成立聊城市管企业重大事项审核工作小组，规范工作程序，简化工作流程，加强对市管企业合并、分立、解散、破产、产权转让、重大资产处置、重大资产损失核销、企业改制等重大经济事项的管理。

第六章　社会事业体制改革

对社会事业体制改革，市委、市政府多次制发文件，推动各项改革的实施。教育体制改革，基础教育实行政府办学为主，全社会共同参与办学的新体制，出现公办民助、公有民办、民办公助、民办民营等多种办学模式。2007年，在城市义务教育阶段公办学校和义务教育阶段的民办学校实行免杂费政策。2008年在农村中小学实行免课本费。职业教育推行教学、生产、科技推广与服务多位一体的教学体制和突出实践教学环节为特点的教学模式。全市中小学校长实行持证上岗制度，中小学教师实行“继续教育证书”制度。2001年全面实施教师资格制度；2015年实行教师“县管校聘”“交流轮岗”制度。卫生体制改革，重点建立新型农村合作医疗制度；实施公共卫生服务项目改革和公立医院改革。特别是公立医院改革，破除“以药补医”机制，落实财政补偿政策，并列入财政预算；县及县以下医疗机构推行“先诊疗、后付费”服务模式；开展“百名专家下基层　千名主治进乡村（社区）”活动。各县（市）对县级公立医院新进人员实行人事代理制。实施“卫生强基工程”，全市形成“小病在基层、大病去医院”的就医新秩序。文化体制改革重点是文艺院团“转企改制”。实行院（团）长负责制；引入演出经纪人模式；按需设岗，一专多能的用人制度等。首创以“大篷车”流动舞台送戏到基层的演出形式，拓宽了农村演出渠道。城镇住房制度改革，在房改试点的基础上，稳步出售公有住房，同时加强售后服务工作；全面推行住房公积金制度，并搞好监督管理，确保其保值增值；组织实施安居工程，解决中低收入家庭中无房户、住房困难户的住房问题。至2015年，全市城镇企业职工养老保险、机关事业单位养老保险、城乡居民社会基本养老保险、失业保险制度、医疗保险、城镇职工工伤保险、城镇职工生育保险普遍建立健全，城乡居民得到切实有效保障。至2015年，全市普遍推行国家基本药物制度。

第一节　教育体制改革

一、基础教育改革

1998年，根据省教委《关于改革中考招生制度的决定》，在聊城市范围内（临清除外）首次实行初中划片招生，取消入学考试。是年，为落实省教委文件精神，在聊城市范围内首次取消初中入学考试，实行划片招生；初中划片招生，原则是按区域，本着就近入学的原则划片。

1999年，继续改革高中招生制度，提高定向分配指标比率和先录取统招计划、后录取定向分配计划。2000年，聊城市中考在文化课考试基础上加试物理、化学、生物三种实验操作考试。2001年，高中招生考试中，思想政治学科实行开卷考试。是年，落实省教育厅《关于改革高中毕业会考制度的意见》，对高中毕业会考制度进行改革，调整考试科目和考试时间。

2000年7月，为贯彻落实《中国教育改革和发展纲要》，对普通高中的办学体制和模式进行改制。聊城市教育委员会同意东阿一中、东阿实验高中进行“公办民助”办学体制改革，在莘县一中、莘县实验高中进行“国有民办”办学体制改革试点。

2002年，聊城市加强薄弱高中建设，缩小校际差距，有计划、分步骤地重点建设起试验、示范作用的普通高中。2004年，“以县为主”的基础教育体制综合改革基本完成。2005年，市教育局印发《关于组织开展初中学生综合素质评价工作的通知》等文件，严禁单纯以升学率作为教育质量指标，严禁以升学率对学校进行排名和奖惩。基本形成政府办学为主，全社会共同参与办学的新体制，改变过去办学模式单一的状况。在保证公办学校为办学主体的前提下，出现公办民助、公有民办、民办公助、民办民营等多种办学模式。

2006年9月，聊城市成立农村义务教育经费保障机制改革领导小组。11月，市政府召开聊城市农村义务教育经费保障机制改革工作会议，市政府印发《关于农村义务教育经费保障机制改革的实施意见》，制定聊城市保障机制改革实施方案和实施细则，确定实施改革所需的资金总额以及市、县各级财政分担比例。聊城市义务教育经费保障机制改革于2007年春季开学正式实施。是年秋季开学起，在城市义务教育阶段学校和义务教育阶段的民办学校实行免杂费政策。

2008 年开始，在农村中小学实行免课本费。是年，为推进中小学评价与考试制度改革，市政府出台《聊城市初中学生综合素质评价实施方案》，市教育局印发《聊城市初中学生学业考试工作管理暂行规定》，实行初中学业考试加综合素质评定为主（重点参考学生成长记录的标志性成果）的招生办法，统一推荐录取特长生。从 2008 年新入学初一学生开始，实施普通初中学生学业考试。

2014 年，启动“全面改薄”工作，市政府出台《关于进一步做好全市义务教育学生入学工作的意见》。2015 年，实施名校办分校工程。城区名校采取新建、带动、兼并、托管等方式办分校，盘活薄弱学校和农村教育资源，实现优质教育平民化、普及化。推进基础教育综合改革。7 月，市委办公室、市政府办公室印发《关于推进基础教育综合改革的意见》，出台 18 个相关配套文件。

二、九年义务教育改革

1999 年，市教育委员会印发《聊城市全面实施素质教育的有关规定》。2001 年，市政府《关于推动基础教育改革和发展的意见》提出，进一步巩固“两基”成果，大力推进素质教育，使基础教育改革进一步深化，到 2010 年初步实现基础教育现代化。

2002 年，市政府印发《关于小学阶段学制改革的意见》，提出聊城市小学阶段的改制工作从 2002 年起，两年时间完成“五三学制”到“六三学制”的过渡。是年，根据省政府办公厅有关通知精神，农村义务教育实行“在国务院领导下，由地方政府负责、分级管理、以县为主”的体制。至 2003 年年底，聊城市基本完成“以县为主”的基础教育管理体制综合改革工作。教师工资全部上划到县管理。

自 2005 年秋季学期起，对农村义务教育阶段的部分贫困家庭学生实施“两免一补”（免课本费、免杂费、补助寄宿生生活费），资助比例不低于 8%。自 2006 年秋季开始，对享受城市居民最低生活保障政策家庭的义务教育阶段学生实施“两免一补”政策。2007 年 10 月，市政府办公室印发《关于免除城市义务教育阶段及农村民办义务教育学校学生杂费的通知》，规定自 2007 年秋季开学起，全部免除城市义务教育阶段学生杂费。2007 年秋季学期起，向聊城市农村义务教育阶段学生免费提供国家课程的教科书，从 2008 年春季学期起，免费提供地方课程的教科书，并适当提高国家课程免费教科书补助标准。2008 年 1 月，市政府办公厅印发《关于调整完善农村义务教育经费保障机制改革有关政策的通知》，进一步落实好家庭经济困难寄宿生生活费补助政策，从 2008 年春季学期起，提高农村义务教育阶段家庭经济困难寄宿生生活费补助标准。2008 年，聊城市决定农村小学生均公用经费定额由 240 元提高至 295 元，农村初中生均公用经费定额由 340 元提高至 445 元。2009 年，农村小学生均公用经费定额提高至 350 元，农村初中生均公用经费定额提高至 550 元。

根据山东省政府相关文件精神，从 2013 年起，取暖费标准由每生 50 元提高到 60 元，农村小学生均公用经费定额提高至 610 元，农村初中生均公用经费定额提高至 810 元。从 2014 年起，生均公用经费定额分别为小学 670 元、初中 870 元。到 2014 年年底又提高 40 元，生均公用经费定额分别为小学 710 元、初中 910 元。特殊教育学校学生按每生每年 6000 元拨付。2014 年、2015 年不足百人教学点按百人拨付公用经费。2015 年 6 月，贯彻山东省教育厅等六部门印发的《关于进一步加强残疾儿童少年随班就读工作的意见的通知》，加强随班就读工作的经费保障。聊城市特殊教育学校按每生每年 6000 元标准拨付。

三、职业教育改革

1998 年，市政府办公室印发《关于加快职业技术教育发展的实施意见》，对每个职业技术学校进行调查摸底，加强学校布局调整、专业设置、招生计划的指导。各类职业学校推进办学体制、教学体制和招生就业制度改革，大力实施素质教育，注重培养学生的创新精神，推行教学、生产、科技推广与服务多位一体的教学体制和突出实践教学环节为特点的教学模式，坚持走校企结合、产教结合的办学路子。面向市场办学，实行工学结合、招生与招工结合等灵活多样的招生形式，建起学校与市场、育人与用人之间的桥梁。

2014年，深化体制改革，构建现代职业教育体系。市政府出台《关于加快推进现代职业教育体系建设　构建鲁西技能型人才培养高地的实施意见》，成立聊城市高校（含职业、技工院校）工作领导小组，负责统筹全市的职业教育工作。市委、市政府印发《关于建设鲁西大学科技城的实施意见（征求意见稿）》，在聊城大学召开鲁西大学科技城建设座谈会，就鲁西大学科技城的建设征集意见、建议。成立聊城市第一职业教育集团。聊城市六大主导产业集团、3所高职院校、10所中职院校和多家企业共62个单位参加。2015年，促使中通客车集团与德国知名高校联合建设“中通新能源汽车学院”，东阿阿胶集团与北京中医药大学联合建设“阿胶学院”。

四、教师队伍改革

1997年起，全市（区）中小学校长逐步实行持证上岗制度，中小学教师实行“继续教育证书”制度。1998年，清退代课教师，优化教师队伍结构。市教育局制定《中小学教师通用基本功训练考核工作实施意见》，提出“学以致用，以考促练”的基本要求。大力开展以教师基本功训练为主的继续教育工作。为2080名民办教师办理转正手续，为772名民办教师解决退养问题。2000年以后，加强中小学教职工编制管理，合理配置教育资源，继续实行民办教师退休制度，贯彻“关、转、招、辞、退”五字方针，加快解决民办教师问题，

2001年，全国教师资格制度实施工作会议召开，在全国正式启动全面实施教师资格制度的工作。市教委转发《山东省实施〈教师资格条例〉细则》，开始实施聊城市的教师资格制度工作。2002年，民办教师问题得到解决，结束聊城市公办教师、民办教师并存的历史。对中小学教职工编制标准进行规定，确定合理的教师队伍规模，进一步调整优化教师队伍的学科结构，优先保证农村中小学对师资的需求，大力发展农村学校教师队伍。

2003年，首次面向社会人员认定中等职业学校、中小学、幼儿园教师资格。由省教育厅统一组织教师资格考试。2004年，市教委印发《农村支教活动的实施方案》，首次启动“水城名师”“水城名校长”工程，聊城市评选出水城名师31名、水城名校长11名。2005年，实施水城名师名校长带动工程，特级教师、骨干教师、教学能手送教下乡工程，全面提高教师队伍整体素质。2006年，严格实行教师资格证制度，近3000人参加面向社会认定教师资格考试。2007年，聊城市教育系统人事制度改革不断深化，人事管理制度逐步完善。

2011年，对中小学教师队伍基本情况、核编定岗情况、中小学教师管理及录用等进行调研。在调研基础上，市教委联合市编办、市财政局出台《关于开展2011年全市中小学教职工核编工作的通知》，加强编制管理。2015年，根据教师“县管校聘”“交流轮岗”改革精神，通过县级申报、省市审核，聊城市确定莘县、阳谷县、高唐县为“县管校聘”实验区，东昌府区等其他县（市、区）为义务教育学校校长教师交流轮岗实验区，实现教师队伍改革项目的全市覆盖。

第二节　卫生体制改革

1998—2001年，根据中央和省的要求，聊城市卫生改革完成403家医疗机构的非营利性和营利性分类核定工作。从2000年7月开始，启动市直医疗卫生单位药品集中招标采购工作。全面推行病人选医生和住院费用日清单制度。2002年后，推进基本医疗保障制度建设，建立国家基本药物制度，健全基层医疗卫生服务体系，促进基本公共卫生服务逐步均等化，推进公立医院

改革等。

一、建立新型农村合作医疗制度

2002 年 10 月，中共中央、国务院出台《关于进一步加强农村卫生工作的决定》提出，要在全国范围内大力实施新型农村合作医疗（以下简称新农合）。2003 年 2 月，省委、省政府确定在全省建立新型农村合作医疗制度。是年 9 月，市委、市政府专门召开全市农村卫生工作会议，部署建立新型农村合作医疗制度工作。市政府成立由分工副市长任组长、各部门有关负责人参加的新型农村合作医疗工作领导小组。同时，成立聊城市新型农村合作医疗技术指导小组。制定《聊城市新型农村合作医疗制度暂行规定》《聊城市新型农村合作医疗定点医疗机构管理办法（试行）》《聊城市新型农村合作医疗定点医疗机构协议文本》《聊城市新型农村合作医疗定点医疗机构考核标准（试行）》，以及用药、住院病种、诊疗项目、服务设施项目等四个目录，对合作医疗资金筹集、使用、管理，定点医疗机构的管理、监督、考核，医疗用药范围等明确具体的规定。2003 年，全市开始新农合试点工作。是年 11 月，试点工作在冠县柳林镇、茌平县贾寨乡、东阿县姜楼乡 3 个乡（镇）启动。2004 年 9 月、2005 年 7 月，临清市、东阿县先后被省政府批准为第二批、第三批省级试点，以县（市）为单位启动报销工作；2006 年，高唐县、茌平县、东昌府区、经济技术开发区被列为第四批省级试点县（市、区），并于 3 月正式启动报销工作；2007 年，省政府又将莘县、冠县、阳谷县纳入省级试点，5 月 1 日正式启动报销工作。至此，全市 8 个县（市、区）和经济开发区、135 个乡镇全面建立新型农村合作医疗制度。

至 2013 年年底，全市建立起覆盖全体居民的城乡基本医疗保障体系，基本实现“应保尽保”，新农合人均筹资标准 350 元，其中政府补助 280 元；重大疾病医疗保障范围扩大到 20 种，最高年补偿限额 20 万元。2013 年，聊城市大病保险共补偿 3.76 万人次，支付保额 6265.89 万元，实际补偿比例 64.41%。进一步加强新农合的管理，开展新农合专项整治活动，严厉查处多起违规违纪行为；推进支付方式改革，实行总额预付与单病种限价相结合的付费方式，至 2015 年，市、县、乡三级定点医疗机构次均住院费用增长幅度同比分别下降 15.6%、9.07%、19.93%，农民“看病难，看病贵”问题得到缓解。

二、公共卫生服务项目改革

2009 年，中共中央、国务院《关于深化医药卫生体制改革的意见》规定，全面加强公共卫生服务体系建设，明确国家基本公共卫生服务项目，逐步增加服务内容。为保障基本公共卫生服务项目的实施，国务院将基本公共卫生服务项目列为 2010 至 2011 年医药卫生体制改革重点。结合聊城实际，2010 年全市实施《国家基本公共卫生服务规范（2009 年版）》明确的基本公共卫生服务项目内容 9 类 21 项。2011 年实施《国家基本公共卫生服务规范（2011 年版）》明确的基本公共卫生服务项目内容 10 类 41 项；2013 年增加为 11 类 43 项。在基本公共卫生服务项目内容不断增加的同时，项目服务经费不断增加，人均服务经费由 2009 年的 15 元增加到 2015 年的 40 元。

自 2009 年基本公共卫生服务项目实施以后，重点人群规范化管理率逐年提高。至 2015 年 10 月，全市共建立城乡居民健康档案 510.71 万人份，管理 0～6 岁儿童 31.96 万人，管理孕产妇 5.01 万人，预防接种建证人数 47.96 万人，管理高血压患者 36.57 万人，管理糖尿病患者 9.81 万人，管理 65 岁以上老年人 41.39 万人，管理重性精神病患者 1.03 万人。

三、公立医院改革

2010 年 6 月，市卫生局印发《关于公布市直医院公立医院改革单项试点项目加快推进全市公立医院改革试点工作的通知》《聊城市临床路径管理试点工作方案》，以优质护理服务和临床路径管理为突破口，稳妥地推进单项改革试点工作。

2011 年 10 月，东阿县政府印发《东阿县公立医院改革试点实施方案》，率先在全市进行公立医院改革试点。自2011年10月起，东阿县级公立医院全面取消药品加成，破除“以药补医”机制，落实财政补偿政策，并列入财政预算。是年，全市16家二级以上综合医院及部分专科医院开展临床路径管理试点工作，78家医疗机构的238个病房开展“优质护理服务示范工程”创建活动，二级以上医院实现全覆盖，乡镇卫生院覆盖率40%。在所有二级以上公立医院落实院务公开、预约诊疗等十项惠民便民措施。制定实施《聊城市控制医药费用“三双行动”实施方案》，着力控制医药费用过快增长，门诊次均费用和住院床日费用分别低于上年增长幅度2个和3个百分点，公立医院综合改革试点工作取得实质性进展。在推进公立医院改革的同时，为彰显其公益性质，聊城市市直医疗单位还开展“为贫困母亲送健康”活动，为全市农村2万名35～59岁的贫困妇女免费健康体检，免除健康检查费用500万元。

2012年1月，东阿县开始试行“先看病、后付费”模式；4月，全市县及县以下医疗机构推行“先诊疗、后付费”服务模式；6月，东阿县被确定为国家级改革试点县；11月，根据省卫生厅《关于三级综合医院对口支援公立医院综合改革试点县（市、区）工作的通知》精神，聊城市人民医院对口支援东阿县。

2013年，稳步推进县级公立医院综合改革试点，东阿县人民医院在破除以药补医机制、建立财政投入、政府监管长效机制的基础上，在全省率先进行法人治理结构改革，取消院长行政级别，建立决策权、执行权和监督权相互协调、相互制衡的运行机制。临清市、冠县、莘县、阳谷县、茌平县、高唐县等6个县（市）县级公立医院改革试点申报材料报省审批。全市公立医院实施“三控行动”，医药费用总额增长幅度同比下降21.2%，药品收入占医药收入比例同比下降1.6%，成本支出同比下降8.3%。“先诊疗、后付费”服务模式覆盖县级以下公立医疗机构，并在部分市级医疗机构推行。

2014年7月，审议通过《聊城市推进县级公立医院综合改革试点工作的实施方案》；8月，临清市、高唐县、茌平县、阳谷县、冠县被列为第二批县级公立医院综合改革国家级试点县，莘县被列为省级试点县；10月，临清市、冠县、莘县、阳谷县、茌平县、高唐县6家人民医院、6家中医院和莘县第二人民医院、第三人民医院共14家县级公立医疗机构全面取消药品加成，执行药品零差率销售政策。市物价局、市卫生计生委、市人力资源社会保障局经过调研、测算，制定医疗服务价格调整方案，调整完善医疗服务价格政策。调整的总量：改革试点医院2013年药品（不含草药、中药饮片）差价的80%。具体方案：门诊诊疗费由原来的每人次2元增至6元；住院诊疗费由原来的每天3元增至12元；普通病床的床位费由原来的每床日27元调增至34元，急诊观察床位费由原来的每床日9元调增至16元，非普通病房床位费在原来的基础上每床日增长25%；重症护理费和特殊护理费每小时增加1元，其他护理费每床日增加6元；手术费在原来的基础上增长20%（中医院增长30%）；中医服务治疗费在原来的基础上增长10%。调整后，床位费医保结算标准相应提高7元。门诊诊疗、住院诊疗、床位、护理、手术、中医服务治疗项目按调整后的价格方案执行，纳入医保报销范围。

同时，人事编制改革普遍展开。各县（市）对县级公立医院新进人员实行人事代理制，工资待遇、医疗保险、养老保险与正式在编人员同等对待；分配制度改革，向临床一线倾斜，向高技术含量的技术岗位倾斜；县级公立医院采购药品和高值医用耗材，必须通过省级采购平台采购进行网上采购；实施“百名专家援基层，千名主治进农村（社区）”工程，建立帮扶考核制度和卫生下乡帮扶与职称晋升挂钩制度，未下乡帮扶或考核不合格的医务人员不得晋升高一级技术职称。

第三节　文化体制改革

一、管理体制改革

1997—2000年，聊城市（地区）文化局以调动文化工作者的积极性为出发点，深化文化单位人事、分配和管理方面的改革。全面推行聘任制、竞争上岗，做到能上能下；按照贡献大小拉开工资档次，实行多劳多得，能者多得；严格考核奖惩制度，实行目标管理。

2000 年 10 月，聊城市政府进行机构改革，将市文化局与市旅游局合并，组建聊城市文化旅游局，加挂聊城市新闻出版局、聊城市版权局的牌子。

2010 年 1 月，聊城市政府进行机构改革，组建聊城市文化广电新闻出版局，将市文化旅游局（加挂市新闻出版局、市版权局牌子）除旅游管理以外的职责、市广播电视局的职责，整合划入市文化广电新闻出版局。不再保留市文化旅游局（加挂市新闻出版局、市版权局牌子）、市广播电视局。8 月，根据省委、省政府批准的《聊城市人民政府机构改革方案》和《中共聊城市委、聊城市人民政府关于聊城市人民政府机构改革的实施意见》，聊城市政府办公室印发《关于印发聊城市文化广电新闻出版局主要职责内设机构和人员编制规定的通知》，根据文件要求，新组建的文化广电新闻出版局除承担原文化局、广电局、新闻出版局的职责外，又有新的调整，即取消已由国务院、省政府和市政府公布取消的行政审批事项，增加对从事演艺活动、出版活动、广播电影电视制作的民办机构进行监管的职责；加强推进公共文化服务、指导基层文化建设和保护非物质文化遗产的职责；加强对信息网络视听节目（包括影视类音像制品的网上播放）服务和公共视听载体播放节目的业务监管职责；将文化市场管理方面法律、法规、规章规定的对在中小学门前 200 米半径内设置台球、电子游戏机经营点行为处罚职责，对未批准或未领取文化经营许可证而擅自从事文化娱乐经营行为的行政处罚职责划给市文化广电新闻出版局。新组建的聊城市文化广电新闻出版局承担的主要职责确定为 30 条。此次改革，建立统一的行政责任主体，新闻出版和广电系统行政管理部门基本实现了局社分开、局台分开。这一体制，至 2015 年未变。

二、文艺院团改革

2010 年，聊城市有事业单位性质的文艺演出院团 7 个，即聊城市杂技团、聊城市京剧院、聊城市豫剧院、临清市京剧团、茌平县京剧团、莘县豫剧团、阳谷县河北梆子剧团。在单位性质上，莘县豫剧团、阳谷县河北梆子剧团被确定为自收自支事业单位，聊城市杂技团、聊城市京剧院、聊城市豫剧院、临清市京剧团、茌平县京剧团为国有差额事业单位。在机构设置上，聊城市杂技团为副县级单位，聊城市京剧院、聊城市豫剧院为正科级单位，其他县级剧团为正股级单位，有关行当角色和科室的设置基本齐全。

2011 年 5 月，根据中宣部、文化部《关于深化国有文艺演出院团体制改革的若干意见》，和《关于加快国有文艺院团体制改革的通知》明确提出的国有文艺演出院团体制改革的路线图和时间表，聊城市开始有序推进国有院团体制、机制改革。至 2012 年，全市文艺演出院团体制改革任务基本完成。7 个文艺演出院团中，阳谷县河北梆子剧团、莘县豫剧团两家县级剧团按照有关程序完成注销，临清市京剧团改革为临清市京剧团有限公司，茌平县京剧团改革为茌平县京剧团演艺公司，市直三家文艺院团（聊城市杂技团、聊城市京剧院、聊城市豫剧院）制定《聊城市市属国有文艺院团改革方案》，实行转企改制。

改革后的院团在人事管理、演出形式方面继续深化改革。人事管理方面：实行院（团）长负责制，院（团）长负责、集体领导、分工合

2015 年 9 月，聊城市社会组织联合会成立，系省非试点地市首家

作，院（团）长是法定代表人；引入演出经纪人模式，利用经纪人先进的理念和广泛的人际关系及业务渠道，为剧团拓展演出市场，增加业务收入；实行按需设岗，一专多能的用人制度，尽力压缩用人编制，提高工作效能；建立和完善人才培养机制，利用外聘、签约等多种方式，力求挖掘人才、培养人才、留住人才，进一步扩大用人渠道，实行“不唯学历、不唯职称、不唯资历，唯才是举，唯才是用”的用人制度。演出形式方面：聊城市京剧院首创以“大篷车”流动舞台送戏到基层的演出形式，以一台特种半挂货车和一辆客车组成演出队伍，提高了剧团的流动性，拓宽农村演出渠道，走出一条企业出资赞助、剧团根据企业需要创作宣传企业的剧目、文企联姻巡演新路子。聊城市豫剧院与聊城双力集团合作创排《双力情缘》、与聊城市人民检察院合作创排《长青街》，市京剧院与移动公司合作“送戏下乡”100余场。还有些县级剧团与当地企业联合创排一些小戏宣传企业形象等。劳务分配方面：实行低职高聘，高职低聘，按劳取酬，多劳多得的分配制度。打破职称限制，每年进行考核，根据业务水平高低评定等级、定报酬。

第四节　城镇住房制度改革

1995年5月，聊城地区启动城镇住房制度改革，研究出台《聊城地区深化城镇住房制度改革的实施方案》，在地直单位开展房改试点工作。至1997年年底，全区有13万名职工缴纳公积金、累计归集公积金8000余万元，到位率占40%。租金由1996年的每平方米1元提高到每平方米1.2元，提租到位率占43%。公有住房稳步出售240余万平方米，占可售房面积的50%。加强售后服务工作，组建物业管理企业。安居工程和经济适用房建设开始实施。

1998—2001年，按照房改政策，出售公有住房590万平方米。全面推行住房公积金制度，监督做好住房公积金的管理和使用，确保其保值、增值。归集住房公积金2.9亿元，归集售房款2.28亿元，累计发放公积金贷款1.6亿元。加大公有住房提租力度，公有住房租金达到或接近成本租金。组织实施安居工程，解决中低收入家庭中无房户、住房困难户的住房问题，批准经济适用房建设项目33个，完成施工面积91.34万平方米，完成投资5.31亿元，竣工面积82.34万平方米，销售率100%。

2002年，进一步深化住房制度改革，累计共出售公房622万平方米，占可售公房数的99%，住房补贴发放总人数3.4万人。2003年，开展房改扫尾工作，理顺住房公积金的管理，并加大归集力度。全市共归集公积金6.34亿元，累计发放贷款3.2亿元。

2004年，对没有进行公房出售工作的大型企事业单位摸底调查，上门业务指导，审批审核出售公房3000套、面积24万平方米。年底，全市房改工作结束。

第五节　社会保障制度改革

一、城镇企业职工养老保险改革

聊城市推行企业职工养老保险始于1986年，由市劳动保障部门主管。1998年8月，改革养老保险基金缴拨方式，由原来的差额拨改为全额征缴、全额拨付，实行养老保险基金“收支两条线”管理办法；完善市级统筹机制，建立市级调剂金制度，增强全市养老保险基金的统筹调剂能力。1999年8月底，全市实现养老金100%社会化发放。

2002年，完善养老保险体系，建立养老保险财政备付金制度，推行社会保险扩面征缴奖惩激励机制和部门联动机制，落实市级调剂金制度。2003年，聊城市被省政府确定为全省扩面试点城市之一。通过落实目标责任制、加强社会保险稽核、推行缴费公示和滞纳金制度等措施，参保人数比2002年净增2.68万人，实际缴费人数2.01万人。

2006年12月，市政府印发《关于聊城市完善企业职工基本养老保险制度实施意见的通知》，对确保基本养老金按时足额发放、做实个人账户、基金征缴与监管、基本养老金计发办法、基本养老金正常调整机制、基本养老保险市级统筹、发展企业年金等提出明确要求。从2007年起，开始进行全市企业职工养老保险个人账户做实试点，纳入省级统筹。2008年，市劳动和社会保障局印发《关于进一步完善企业养老保险政策的意见》，社会保险经办工作实现市、县（市、区）信息化平台联网。2015年5月，市政府办公室印发《关于完善企业职工基本养老保险市级调剂金制度的通知》，明确调剂金上解下拨办法、财政分级兜底责任和奖励激励措施。

二、机关事业单位养老保险改革

聊城市机关事业单位的养老保险始于1993年6月，由市人事部门主管。1999年7月，机关事业单位养老保险处及其负责的该项工作整体划入劳动保障部门。

2002年，全市所有县（市、区）及市直开展基本养老保险全员统筹工作。启动全市机关事业单位离退休人员养老金社会化发放工作。2003年年底，全市社会化发放总人数为1.3万人，社会化发放率68.68%。到2008年，实行养老金社会化发放的离退休人员3.23万人，社会化发放率100%。

2015年10月，市政府办公室出台《关于印发聊城市机关事业单位工作人员养老保险制度改革实施方案的通知》，全面展开养老保险并轨工作。是年年底，全市机关事业单位养老保险参保人员13.92万人。全年征缴养老保险费25.19亿元，为4.71万名离退休人员拨付养老保险费21.95亿元，全市养老保险基金累计结余3.78亿元。

三、城乡居民社会基本养老保险改革

聊城市农村养老保险工作始于1992年12月，由市民政部门具体负责。1995年3月，聊城地区民政局成立农村社会养老保险办公室。1999年7月，农村社会养老保险职能由聊城市民政部门划归劳动保障部门。

1998—2003年，聊城市农村社会养老保险处于整顿规范阶段，2003年重新启动，参保对象主要是富裕村、富裕户、村干部等。此业务由政府组织实施，资金由农民个人、集体共同筹集、储备积累。聊城市保险对象缴纳保险的年龄为20～60周岁，一般以60周岁作为领取养老金的起始年龄。月缴费标准是2～20元，设立10个档次，每隔2元设一档次。各缴费单位和保险对象，根据各自经济条件选择不同的投保档次。保险费采用月缴纳、季缴纳、年缴纳或“趸缴”等方式。农村社会养老保险为每位投保人设立个人账户，集体补助、个人交费全部记在个人名下，积累期间分段计息，计算复利，根据积累总额的多少确定发放标准，领取阶段按年息8.8%复利计算发放标准。全市农村社会养老保险自1995年开展至2003年12月底，累计滚存农保基金5677万元，投保人数33万人，有2814位农民开始领取养老金。2009年12月，聊城市国家首批新型农村社会养老保险试点在东昌府区启动，2010年10月，国家第二批新型农村社会养老保险试点县茌平县、经济开发区相继启动。2011年7月，临清市、阳谷县、莘县、东阿县、冠县、高唐县被确定为国家新型农村社会养老保险试点县（市），城镇居民社会养老保险同步试点，比全国提前1年实现农村社会养老保险制度全覆盖；8月，市政府印发《关于开展城乡居民社会养老保险试点实施意见》，将新型农村社会养老保险与城镇居民社会养老保险合并实施，统称为“居民社会养老保险”。2014年2月，市政府出台《聊城市居民基本养老保险工作实施方案》，对原有政策进行规范完善。

2004年，市政府印发《关于建立失地农民基本生活保障制度的意见》，建立失地（被征地）农民基本养老保险制度。2013年12月，选择被征地农民比较集中的东昌府区开展被征地农民养老保障制度先行试点。2011—2015年，全市核实被征地农民养老保障政府补贴资金11.94亿元。至2015年年底，落实到个人账户8.9亿元，涉及被征地农民20.16万人。

四、失业保险制度改革

聊城市企业职工失业保险制度改革始于20世纪80年代中期。

1999年，按照《失业保险条例》规定，城镇企业事业单位按照本单位工资总额的2%缴纳失业保险费，城镇企业事业单位职工按照本人工资的1%缴纳失业保险费；城镇企业事业单位招用的农民合同制工人本人不缴纳失业保险费。是年，根据省政府《关于实施〈失业保险条例〉有关问题的通知》，全市失业保险金发放标准按当地最低工资75%计发。2003年8月，《山东省失业保险规定》发布。2009年6月，市劳动和社会保障局、市财政局印发《关于实施减轻企业负担稳定就业局势有关问题的意见》。2010年10月，出台《聊城市失业保险基金市级统筹办法》，失业保险实行统一筹集，统一管理，统一使用。2011年，启动失业保险金标准与物价上涨挂钩联动机制，自2011年7月1日起，为领取失业金期间失业人员缴纳职工基本医疗保险费。2012年，下调失业保险费费率，按照单位1%，个人0.5%的费率征缴失业保险费。

至2015年年底，全市失业保险参保33.3万人，全年征缴失业保险费1.36亿元，为1.18万名失业人员发放失业金7892.92万元；从2007起，连续9年提高失业保险金标准，失业金由2007年的210元提高至2015年的850元。

五、医疗保险改革

2000年8月，聊城市出台《聊城市城镇职工基本医疗保险暂行规定》和一系列配套政策规定，形成聊城市城镇职工基本医疗保险政策框架。是年10月1日，基本医疗保险制度在市直和开放开发试验区率先启动运行。2008年6月，《聊城市城镇居民基本医疗保险暂行办法》颁布实施，全市同步启动城镇居民医疗保险，覆盖范围为城镇老年居民、重度残疾人、学生儿童及其他非从业居民。2010年，实现居民医保市级统筹。2004年6月，聊城市人民政府出台《关于完善城镇医疗保障体系有关问题的意见》，参保单位缴纳基本医疗保险费的比例调整为7%，个人2%；不再为退休人员缴费。

2014年2月，按照《聊城市整合城乡居民基本医疗保险工作实施方案》，对全市城镇居民基本医疗保险和新型农村合作医疗整合，将新型农村合作医疗管理职能、机构、人员、基金、信息系统由市卫生局整体划转市人力资源和社会保障局，并入市医疗保险事业处。2015年1月，全市实施统一的居民基本医疗保险制度。

六、城镇职工工伤保险改革

1998年前，全市企业职工因工负伤治疗补偿，依据《中华人民共和国劳动保险条例》办理。1998年起，根据劳动部《企业职工工伤保险试行办法》办理。

2000年10月，市政府印发《聊城市城镇职工工伤保险暂行办法》，启动城镇职工工伤保险改革。聊城市市直和东昌府区部分企业自2000年10月启动工伤保险，其他县（市）自2004年1月1日全面施行。

2003年，聊城市成立聊城市劳动能力鉴定委员会，负责工伤职工劳动能力鉴定工作。从2007年7月1日起，启动事业单位和民间非营利组织工伤保险。2010年12月起，实行工伤保险市级统筹制度，全市范围内统收统支，基金统一预算管理。2015年12月，聊城市被列为全省工伤预防试点市。至2015年年底，全市工伤保险参保职工48.22万人，其中农民工参保人员16.36万人。全年征缴基金1.8亿元，为4009名工伤职工支付工伤保险待遇1.2亿元，基金累计结余3.02亿元；连续多年调整一至四级工伤职工伤残津贴、生活护理费和供养亲属抚恤金标准。

七、城镇职工生育保险改革

2000年9月，市政府印发《聊城市城镇职工生育保险暂行办法》，全市推行企业职工生育保险制度。生育保险基金按照“以支定收，收支基本平衡”原则，由社会保险经办机构负责收缴、支付和管理。2007年12月，根据《山东省企业职工生育保险规定》，企业按照上年度本单位职工工资总额的1%按月缴纳生育保险费。

2012年12月，开展市直参保职工生育医疗费用与定点医疗机构联网结算试点工作。2013年4月，根据《女职工劳动保护特别规定》，女职工正常生育的产假调整为98天，自2013年10月1日起施行。至2015年年底，全市生育保险参保职工22.5万人，全年征缴基金7184万元，支付4748万元，享受生育保险待遇7706人次。

第六节 药品流通体制改革

一、基本药物制度改革

2010年3月1日，东阿县为山东省第一批实施基本药物制度的县，13所政府举办的基层医疗卫生机构，在全省率先实施药品零差率销售；15日，市政府办公室印发《关于推行国家基本药物制度的实施意见》，提出按规定配备使用基本药物，药品零差价销售；实行基本药物统一招标、统一配送、统一付款；提高基本药物报销比例等7项任务；3月16日，市长办公会确定市级投入政策，原则上对各县（市、区）的补助比例不超过市本级财政占整个财政盘子的比例，县级人均财力超过聊城市本级的，不再进行补助，省直管县考虑特殊政策。同时，市卫生局印发《关于将基本纳入新农合报销目录的通知》，基本药物全部纳入医保报销范围，报销比例提高10%。市卫生局转发《山东省增补药物目录（2010年版农村基层部分和社区部分）》，开始实行省增补的基本药物品种。7月1日，东昌府区、冠县、莘县、阳谷县和经济开发区实施基本药物制度。12月23日，市卫生局下发《关于做好基本药物制度扩大实施工作的通知》，临清市、茌平县、高唐县政府办基层医疗卫生机构于2011年1月1日起实施基本药物制度。

2012年6月，市财政局、市卫生局联合印发《关于村卫生室实施国家基本药物制度的指导意见》，建立省统一规划村卫生室实施基本药物制度的运行新机制。2013年7月，公立医院改革试点县开始执行全省县级医院常用药品目录。至是年年底，在全市政府办的基层医疗卫生机构和纳入省统一规划的1490所村卫生室实施基本药物制度的基础上，按照自愿原则，将规划外的34个村卫生室纳入制度实施范围。全年基本药物销售2.8亿元，让利患者5000余万元。基层长期存在的"以药补医"机制退出历史舞台。2015年1月，市级增补100个品种在山东省药品集中采购平台挂网，供医疗卫生机构参考，有效缓解基层药品短缺问题。

中央电视台报道东阿县药品零加价 （2012年摄）

二、药品采购行为规范改革

自2012年起，除麻醉药品、精神药品等国家规定的特殊药品外，全市市县两级公立医院配备使用的药品必须全部通过山东省药品集中采购平台进行集中采购，坚持一个渠道，严把一个"口子"，严禁违规采购行为，杜绝网下交易、暗箱操作、弄虚作假等行为发生。在采购途径上，要求医疗机构根据各自实际，从中标（挂网）企业委托的配送企业中，按照方便、快捷、守信原则，选择药品配送企业，优先选择规模大、网络广、服务优、信誉好且具备现代物流能力的企业。在药品配送过程中，全部在网上进行交易，在药品集中采购政策的框架之内规范运作，严禁网下配送药品。这些做法至2015年未变。

第八编　经济综述

Part VIII Overview of Economy

1997年起，聊城经济保持快速发展，经济结构发生深刻变化，综合经济实力显著增强。2015年，全市生产总值达2663.62亿元，较1997年年均增长14.93%；产业结构实现了以农业和工业为主向以工业和服务业为主的根本性转变，三次产业比例由1997年的37.94∶41.16∶20.90调整为11.9∶51.0∶37.1；所有制结构实现了由以国有经济为主向国有经济、民营经济等多种经济成分共同发展的重大转变，民营经济所占比重达55.9%；经济发展的科技水平大幅度提高，2015年农业机械化水平达1248.01万千瓦，较1997年年均增长5.28%。是年，高新技术产业产值占规模以上工业比重达26.26%；企业规模化水平显著提高，涌现出信发集团、祥光铜业、中通客车、东阿阿胶、鲁西集团、时风集团等一批在全国同行业居于重要地位的大型企业集团，其中营业收入过百亿元的企业7家，信发循环经济产业园达1542亿元；全市经济布局呈现出明显的特色化、差异化趋势，形成了一批各具特色的农业生产基地、工业经济园区和现代服务业基地。

第一章　发展成就

1997—2015年，随着国内外宏观环境的变化，聊城市遵循区域经济发展的规律，在不同的时期。有着不同的工作思路和发展重点。总体上看，基本上沿着工业化、城镇化、协调发展的轨迹，以聊城市五年经济发展规划为节点，每个时期均有一个较大的调整与发展。

第一节　“九五”（1996—2000年）发展成就

“九五”期间，聊城市紧紧抓住交通条件根本改善、撤地设市等历史性机遇，解放思想，振奋精神，团结实干，开拓进取，深化改革，扩大开放，加快结构调整，国民经济取得显著成就，为全市21世纪的发展奠定了良好的基础。

国民经济持续快速发展，综合经济实力明显增强。到2000年，全市国内生产总值达到280亿元。按可比价格计算，“九五”期间年均增长12%；人均国内生产总值为5057元，年均增长0.8%。地方财政收入达12.4亿元，年均增长20.3%。城镇居民人均可支配收入达5340元，农民人均纯收入2222元，分别比1995年增加2362元和1022元。结构调整取得明显成效，经济素质有所提高。二、三次产业占国内生产总值的比重逐步提高，并成为支撑经济发展的重要力量。到2000年，三次产业比例由1995年的41∶38∶21，调整为33∶41∶26。共有上市公司3家，出现了几个在国内市场具有一定影响的企业和名牌产品。

固定资产投资保持较快增长，基础设施发生根本性改善。“九五”期间累计完成固定资产投资296.5亿元，年均增长16.6%。京九铁路、邯济铁路、济聊馆高速公路相继建成通车，聊城一跃成为山东省交通条件最为优越的市地之一。农村电网改造工程完工，山东中华聊城发电厂、彭楼引黄入鲁、位山灌区配套工程开工建设。

市场供求关系发生重大变化，外向型经济有了较快发展。“九五”以来，由于有效供给的大幅度增长，市场供求状况出现重大转变，买方市场初步形成。到2000年，社会消费品零售额50.5亿元，年均增长9.6%。出口创汇9145万美元，年均增长34%。“九五”期间，累计利用外资1.32亿美元，比“八五”时期增长65%。海关、二类陆路口岸、动植物检疫机构的建成开放，使聊城成为京九线上对外开放的窗口之一。

各项改革进一步深化，经济和社会发展活

力进一步增强，以建立现代企业制度为核心的国企改革迈出较大步伐，国有大中型企业改革与脱困“三年两个目标”基本实现，中小企业改制面达90%以上，资产重组、资本运营初见成效。民营经济发展迅速，以公有制为主体、多种经济成分共同发展的格局已经形成。政府机构、投融资、住房、粮食流通、社会保障等各项改革迈出新的步伐。

城市建设日新月异，城市化水平有所提高。城市基础设施建设取得空前成就，城市功能不断完善。聊城市区实现了集中供热、供气。东聊城市供水工程的竣工，从根本上改善了聊城的供水状况。东昌湖风景区、古运河开发工程开工建设，城区中心干道整治取得明显成效。到2000年，城市绿化覆盖率由1995年的26%，提高到32.5%；城市化水平由1995年的14%提高到24.7%。七县、市城区建设取得了较大进展。

第二节 “十五”（2001—2005年）发展成就

“十五”期间，聊城市推进改革开放，经济发展继续呈现速度快、活力强、效益高的良好态势，科学发展、和谐发展迈出了新步伐。

经济总量迅疾跃升，经济增长速度逐年加快。继2001年、2002年、2003年、2004年地区生产总值分别比上年增长12%、14.2%、16.4%和17%后，2005年经济继续保持稳定回升势头，全年实现地区生产总值689.11亿元，比上年增长17.4%，远高于15.2%的全省平均水平。其中，第一、二、三产业增加值分别增长5.9%、22.8%和17.5%。“十五”期间地区生产总值整整翻了一番，5年间年均增长15.4%，比“九五”期间年均提高3.4个百分点。2005年，全市人均生产总值1.21万元，按2005年年均汇率折合1480美元。

主要经济指标创近年来最好水平。粮食生产在连续4年滑坡后于2004年呈现恢复性增长，2005年夏秋两季均创历史最高水平。实现粮食总产400.98万吨，比2000年增长21.2%；肉类总产62.2万吨，比2000年增长81.7%。全市规模以上工业企业实现增加值288.79亿元，为近年来最好水平；通信设备、计算机及其他电子设备制造业产值增长幅度达44%，比2000年增长4.5倍；高新技术产业产值178.09亿元，所占规模以上工业产值的比重升至17.65%。社会消费品零售总额233.1亿元，比2000年增长94.2%，增长幅度创1997年以来的新高。进出口总额6.38亿美元，比2000年增长2.72倍。其中，出口3.94亿美元，比2000年增长2.64倍；累计实现贸易顺差2.82亿美元，比2000年增长2.48倍。实际到账注册外资1.09亿美元，比2000年增长3.34倍。年末规模以上私营工业实现增加值75亿元，比2000年提高14.6个百分点；私营企业出口额占全市出口总额的31.2%，比2000年提高4.3个百分点。

经济增长质量进一步改善。2005年，全市地方财政一般预算收入26.24亿元，比2000年增长3.06倍；境内财政总收入52.52亿元，比2000年增长1.55倍。主体税种税收高速增长，其中增值税比2000年增长110.1%。规模以上工业企业实现产品销售收入989.31亿元、利润62.01亿元，分别比2000年增长3.1倍、3.41倍。工业产销率由2000年的98.7%升至2005年的98.9%；工业经济效益综合指数由2000年137.28%升至2005年的199.44%，为近年来最高水平，提高62.16个百分点。城镇居民人均可支配收入9019元，比2000年增长68.9%；农民人均纯收入3448元，比2000年增长55.2%。全市农民人均外出打工劳务收入650.1元，对农民增收的贡献份额为47.1%。年末金融机构人民币居民储蓄存款余额359.15亿元，比2000年增长82.2%。

就业保持较快增长，城镇登记失业率总体呈下降趋势。就业总量持续扩大。5年间，全市城镇新增就业26.89万人，2005年达7.29万人，比2000年增长1.66倍；下岗失业人员再就业12.71万人，2005年达3.38万人，比2000年增长4.54倍。城镇登记失业率总体呈下降趋势。

2005年年底城镇登记失业率3.49%，比2001年下降0.21个百分点。5年中，2003年达到最低，2005年因个别企业破产造成职工集中失业，城镇登记失业率回升。城市化和工业化的加速为农村剩余劳动力加快转移释放了空间。2005年年底，农村劳务输出总量达101.6万人，新增18.4万人，比2000年增加72.78万人。

物价基本稳定，但呈结构性上涨趋势，涨幅在可承受范围内。从总水平涨幅看，全市居民消费价格指数（CPI）5年间上涨3.1%，平均每年上涨0.6%，说明全市的居民消费价格比较稳定，最高涨幅和最低涨幅之差仅为2个百分点，与“九五”最高涨幅和最低涨幅之差相比低了9.3个百分点，年度涨幅之间比较均衡。2005年涨幅为1.7%，是自1998年物价走低以来涨幅最高的一年，但处于稳定区域内。从价格上涨范围看，5年间八大类分项指数五升三降，没有出现消费品和服务业的全面上涨，主要表现为农产品价格的上涨，结构性特征十分显著。“食品类”价格上涨8%，居涨幅榜首位，主要是粮食价格呈恢复性上涨势头，涨幅为13%，带动相关农副产品价格普遍上涨，是推动价格总水平上涨的直接因素。房价上涨较快，导致与房价联系紧密的“居住类”价格上涨7.2%。“娱乐教育文化用品及服务类”上涨5.9%,“烟酒类”价格上涨2.2%，“家庭设备用品及服务”微涨0.1%。在绝大部分商品价格供求格局未发生根本变化的市场环境下，加上市场竞争激烈和技术进步的影响，主要工业消费品价格仍呈下降态势。“衣着类”价格下降4.7%，“交通和通信类”下降0.7%，“医疗保健及个人用品”下降0.7%。

第三节　“十一五”（2006—2010年）发展成就

“十一五”期间，聊城市深入贯彻落实科学发展观，积极作为、科学务实、迎难而上、奋力开拓，实现了经济社会的快速健康发展。特别是成功创建国家卫生城市和国家环保模范城、代表山东省参加全国海河流域水污染防治工作考核取得第一名、先后被评选为“2008年度中国十大特色休闲城市”和“2009年度中国十大宜居城市”、茌平县首次进入全国县域经济基本竞争力百强县行列等几件大事，更加鼓舞人心、催人奋进。

综合实力跃上新台阶。全市生产总值1606.5亿元，年均增长15%。地方财政收入达到70.5亿元，年均增长22%。全社会固定资产投资五年累计完成2879亿元，年均增长21%。实现社会消费品零售总额536.8亿元，年均增长18%。城镇居民人均可支配收入17889元，年均增长14.7%；农民人均纯收入6377元，年均增长13%。

结构调整取得新进展。三次产业比例调整为13.8∶58.2∶28，第三产业所占比重提高了4.1个百分点。粮食总产达520万吨，连续8年实现增产。规模以上工业增加值达1072.22亿元，年均增长20.1%，高新技术产业产值占规模以上工业总产值的比重提高到28.6%。第三产业增加值达到449.2亿元，年均增长17.4%。

生态建设取得新成效。万元生产总值能耗、二氧化硫和化学需氧量排放五年累计分别下降23%、9.5%和18%，完成省下达的“十一五”减排任务。市区空气质量良好率始终保持在90%以上，全市城市生活垃圾无害化处理率77%，城市污水处理厂集中处理率84%，建成区绿化覆盖率达43%。

城乡建设迈出新步伐。“江北水城·运河古都——生态聊城”的城市品牌影响力进一步提高，城乡面貌得到明显改观，城镇化率达37.5%。基础设施保障能力不断增强，全市电力装机容量达640万千瓦，临高高速公路、京九铁路聊城站客运设施改造、邯济铁路扩能改造等一批重大交通基础设施项目开工建设，德上高速公路获国家和省批复，即将开工建设。

改革开放实现新突破。国有资产监管体制和国企改革不断深化。政府机构、事业单位改革有序推进。医药卫生体制改革全面启动。资本市场发展取得新进展。非公有制经济快速发展，占

GDP 的比重达 51%。进出口总额累计完成 115 亿美元，年均增长 42%；利用外商直接投资累计完成 5 亿美元；招商引资到位资金累计 897.3 亿元，占同期全社会固定资产投资的 31.2%。

第四节 “十二五”（2011—2015 年）发展成就

“十二五”期间，聊城市抢抓机遇、团结实干、改革创新、攻坚克难，统筹稳增长、促改革、调结构、惠民生、防风险各项工作，全市经济主要指标增长幅度高于全省平均水平，为全面建成小康社会奠定了坚实基础。

综合实力大幅度提升。2015 年，全市生产总值完成 2663.6 亿元，年均增长 10.6%，人均达到 7185 美元；公共财政预算收入 175.9 亿元，年均增长 20.1%；固定资产投资突破 2100 亿元，年均增长 18.8%；实现社会消费品零售总额 1060.2 亿元，年均增长 14.6%；进出口总值 50.7 亿美元，年均增长 6.9%。

产业结构不断优化。三次产业比例调整为 11.9∶51∶37.1。粮食总产实现“十三连增”，达到“吨粮市”标准，瓜菜菌总产居全省第一位。全市规模以上农业龙头企业 386 家，农民专业合作社 9805 家。8 个县（市、区）全部建立了农产品质量可追溯体系。被列为国家现代农业示范区，被授予全国粮食生产先进单位、“中国蔬菜第一市”称号。

全市规模以上工业企业达 2867 家，实现主营业务收入、利润、利税年均分别增长 17.5%、16.9%、16.1%；工业增加值年均增长 14.4%。服务业占比达 37.1%，比 2010 年提高 7.7 个百分点，被授予“全省服务业发展先进市”称号。

区域战略深入实施。聊城市列入国家中原经济区、环渤海合作发展经济区，被定为中原经济区区域性中心城市和东向出海的桥梁纽带城市，享受到中部地区产业政策。列入山东省省会城市群经济圈和山东西部经济隆起带，与山东省发改委、济南、泰安、济宁等签订经济发展和旅游合作等多个战略协议，与省会城市群经济圈和海河流域各市签订环境执法联动协议，各项区域合作取得了重大进展。

基础设施日趋完善。现代综合交通体系初步形成，累计实施公路建设 6732.4 千米，公路通车总里程 18006.5 千米，被列为国家公路运输枢纽城市。完成了邯济铁路扩能改造、京九铁路聊城站站房改造工程；高邢高速、德上高速公路聊城至范县段、济聊一级公路建成通车，德上高速公路夏津至聊城段即将竣工通车，青兰高速（G22）、莘县至南乐高速公路加快推进，德郓高速公路列入省交通运输“十三五”发展规划；济郑高铁、京九高铁（霸州至商丘段）列入国家铁路“十三五”规划，聊泰铁路、聊城机场前期工作取得较大进展。国电二期项目建成运营，大唐临清 2×35 万千瓦热电联产项目开工建设；建成分布式光伏电站 11 座，建设总规模 197.25 兆瓦。实施了徒骇河城区段防洪综合治理工程，南水北调东线一期工程聊城段实现通水。新增蓄水能力 2 亿立方米，460 万名农民用上了自来水。

城乡建设跨越发展。全市住房和城乡建设累计完成投资近 3000 亿元，常住人口城镇化率达 46.15%。实施了古城保护与改造、徒骇河滨河大道、城市外环道路等一批城建重点项目，城市发展框架进一步拉开，全市城市建成区面积 292 平方千米，市城区面积 90 平方千米，城市道路 2403.61 千米，绿地面积 12850 公顷。完成房地产开发投资 1200 亿元，累计建成回迁安置房 10.47 万套，5.4 万户群众实现回迁入住；开工建设各类保障性住房 4.35 万套，基本建成 2.9 万套；累计建设农村新型社区 510 个；改造农村危房 5.3 万户；棚户区改造工作经验在全国推广。全市 10 个镇被列为全国重点镇，12 个镇被列为山东省百镇建设示范行动示范镇。

科技创新扎实推进。全市高新技术产业实现产值占规模以上工业企业总产值的比重达 26.26%，建成省级以上高新技术企业 36 家。被确定为国家新能源汽车推广示范城市、全国质量强市示范城市、国家智慧城市时空信息云平台建设试点城市，连续两次被评为全国科技进步先进市。

生态治理全面加强。万元生产总值能耗、二氧化硫和化学需氧量排放累计分别下降18%、17%和12.7%，规模以上工业万元增加值取水量累计下降41.6%，完成省下达的“十二五”节能减排任务。代表山东省参加全国海河流域水污染防治检查，两次均取得第一名。创建成为国家环境保护模范城市、国家园林城市；被确定为国家节能减排财政政策综合示范城市；被国土资源部授予“中国温泉之城”称号；通过国家卫生城市复审。

改革开放深入推进。全市5904个村开展了农村土地承包经营权确权登记颁证工作，土地流转面积170.6万亩。累计新增建设用地指标7.39万亩，完成土地挖潜改造3.69万亩、增减挂验收1.69万亩。引进世界500强投资项目7个，中国500强、民营500强等投资项目38个，全市招商引资累计实现到位资金3350亿元。在境外投资企业40多家，分布在22个国家和地区。聊城经济技术开发区升格为国家级开发区。

第二章 经济总量

1997—2015年，全市经济保持高速、中高速增长，经济总量不断扩大，人均占有水平显著提高。全市生产总值由1996年的196.34亿元，连续迈上500亿元、1000亿元、2000亿元台阶，2015年达2663.62亿元；人均生产总值44743元。三次产业规模也都迈上大的台阶。

第一节 地区生产总值

1997—2001年，全市（区）生产总值年均增长速度在10%～12%之间。1997年，实现生产总值215.38亿元，突破200亿元；2001年达310.65亿元，突破300亿元。2002—2007年，全市生产总值增长速度进一步加快，在14%～18.1%之间。2004年，突破500亿元，达552.4亿元；2007年突破1000亿元，达1023.43亿元。2008—2012年，受国际金融危机和国内经济下行压力影响，增长速度有所放缓，在12%～13.3%之间。2012年突破2000亿元，达2146.75亿元。2013—2015年，随着全国经济增长由高速向中高速的转换，全市生产总值增长速度进一步下降。2013年为10%，2014年、2015年下降到个位数，分别为9.4%和8.8%。2015年，全市实现生产总值2663.62亿元，较1997年年均增长15%。

1997—2015年聊城市生产总值统计表

表8-1

年份	全市生产总值（亿元）	比上年增长幅度（%）	人均生产总值（元）
1997	215.38	10.3	3935
1998	232.06	11.4	4223
1999	249.13	11.2	4498
2000	274.75	12.1	4962
2001	310.65	12.0	5592

续表 8-1

年份	全市生产总值（亿元）	比上年增长幅度（%）	人均生产总值（元）
2002	365.10	14.2	6526
2003	439.68	16.4	7816
2004	552.40	17.0	9775
2005	692.08	18.1	12708
2006	839.04	17.2	15305
2007	1023.43	16.4	18540
2008	1250.33	12.9	22513
2009	1378.37	13.3	24657
2010	1622.38	13.2	28464
2011	1919.42	12.3	32968
2012	2146.75	12.7	36573
2013	2365.87	10.0	40083
2014	2516.40	9.4	42482
2015	2663.62	8.8	44743

第二节 三次产业增加值

1997—2015年，全市（区）三次产业均保持增长，但增长速度差异较大。第一产业为平稳增长，速度相对较低，第二、第三产业则是高速增长。

一、第一产业增加值

1997—2015年，全市（区）第一产业增加值增幅一般在4%～5%左右徘徊，只有个别年份低到2%～3%，高至6.9%。从总量看，1997年为82.95亿元；2003年突破100亿元，达到101.51亿元；2010年突破200亿元，达到221.64亿元；2014年突破300亿元，达到304.19亿元；2015年为316.39亿元，较1997年年均增长7.72%。

二、第二产业增加值

1997—2015年，全市（区）工业增加值增幅呈现出先升后降的态势。1997—2000年，全市（区）第二产业增加值增长幅度在13.3%～14.8%之间。其中，1997年全区工业增加值为87.57亿元，2000年达到112.69亿元，突破100亿元。2001—2007年，全市工业经济高速增长，第二产业增加值增幅在16%以上。其中，2003—2006年年均达到20%以上，最高的2004年为24.3%，2007年工业增加值达603.52亿元，实现了跨越式发展。2007—2015年，第二产业增加值增速趋于下降，从2007年的17.6%下降到2014年、2015年的10%左右。2011年，全市第二产业增加值突破1000亿元，达1087.48亿元；2015年，为1360.25亿元，较1997年年均增长16.46%。

三、第三产业增加值

1997—2015年，全市（区）第三产业增加值增幅同样呈现出先升后降的态势。1997—2001年，在10%～15%左右，总量由1997年的44.85亿元增加到2001年的83.59亿元。2002—2007年，除2004年增长幅度为14.2%之外，其余年份增长幅度均在16%以上，最高的2007年达22.1%；总量也在2002年突破100亿元，达103.13亿元，2006年突破200亿元，达209.38亿元。2008—2015年，增长幅度趋于下降，由2008年的15.6%下降到2015年的7.9%；总量在2011年突破500亿元，达 588.57 亿元，2014 年突破 900 亿元，达 907.16 亿元，2015 年为 986.98 亿元，较 1997 年年均增长 18.74%。

1997—2015 年聊城市三次产业增加值统计表

表 8-2　　单位：亿元、%

年份	第一产业产值	比上年增长	第二产业产值	比上年增长	第三产业产值	比上年增长	三次产业比例
1997	82.95	5.9	87.57	13.3	44.85	10.7	38.5∶40.7∶20.8
1998	86.15	6.9	93.35	13.2	52.57	14.2	37.1∶40.2∶22.7
1999	88.91	5.8	98.80	13.6	61.42	13.5	35.7∶39.6∶24.7
2000	92.02	5.6	112.69	14.8	70.03	14.6	33.5∶41.0∶25.5
2001	94.47	4.3	132.60	16.1	83.59	15.2	30.4∶42.7∶26.9
2002	96.68	2.3	164.99	19.2	103.13	19.5	26.6∶45.2∶28.2
2003	101.51	4.6	217.02	23.8	121.15	16.0	23.1∶49.3∶27.6
2004	117.59	5.9	297.16	24.3	137.65	14.2	21.3∶53.8∶24.9
2005	129.78	5.9	396.64	22.7	165.67	18.0	18.8∶57.3∶23.9
2006	138.84	3.6	490.83	20.4	209.38	20.3	16.5∶58.5∶25.0
2007	154.50	3.8	603.52	17.6	265.41	22.1	15.1∶59.0∶25.9
2008	187.03	4.3	735.54	13.9	327.77	15.6	15.0∶58.8∶26.2
2009	198.63	4.0	808.45	15.4	371.29	13.4	14.4∶58.7∶26.9
2010	221.64	4.3	924.09	13.8	476.65	15.9	13.7∶56.9∶29.4
2011	243.37	4.3	1087.48	14.3	588.57	12.2	12.7∶56.6∶30.7
2012	257.80	4.6	1186.38	14.8	702.57	11.9	12.0∶55.3∶32.7
2013	287.15	3.5	1264.06	11.1	820.57	10.3	12.1∶53.2∶34.7
2014	304.19	4.1	1305.05	9.9	907.16	10.3	12.0∶51.9∶36.1
2015	316.39	4.5	1360.25	10.0	986.98	7.9	11.9∶51.0∶37.1

第三章　经济结构

第一节　产业结构

一、三次产业结构比重

1997—2015 年，随着工业化、城镇化的快速推进，全市第一产业占生产生产总值比重持续下降，第二、第三产业占生产总值的比重大幅度提升，实现了以农业、工业为主，向工业和服务业为主要根本性转变，基本实现了工业化。1997 年，三次产业比例调整为 38.5∶40.7∶20.8，第二产业所占比重首次超过第一产业。2002 年，三次产业比例为 26.6∶45.2∶28.2，第三产业所占比重首次超过第一产业。其间，第一产业占生产总值的比重持续下降；第三产业占生产总值的比重持续上升；而第二产业占生产总值的比重则呈现出先上升后下降的态势，1997—2007年所占比重基本上是逐年提高，从40.7%提高到59%，但从2008年开始，比例逐年下降，从2007年的59%下降到2015年的51%。

1997—2015年聊城市三次产业比重表

表8-3 单位：%

年份	第一产业	第二产业	其中		第三产业
			工业	建筑业	
1997	38.5	40.7	35.8	4.9	20.8
1998	37.1	40.2	35.2	5.0	22.7
1999	35.7	39.6	34.1	5.5	24.7
2000	33.5	41.0	35.6	5.4	25.5
2001	30.4	42.7	36.7	6.0	26.9
2002	26.6	45.2	39.1	6.1	28.2
2003	23.1	49.3	42.6	6.7	27.6
2004	21.3	53.8	46.1	7.7	24.9
2005	18.8	57.3	51.0	6.3	23.9
2006	16.5	58.5	53.9	4.6	25.0
2007	15.1	59.0	55.0	4.0	25.9
2008	15.0	58.8	55.1	3.7	26.2
2009	14.4	58.7	54.6	4.1	26.9
2010	13.7	56.9	52.6	4.3	29.4
2011	12.7	56.6	52.0	4.6	30.7
2012	12.0	55.3	50.7	4.6	32.7
2013	11.9	53.4	50.1	3.3	34.7
2014	12.0	51.9	48.5	3.4	36.1
2015	11.9	51.0	47.8	3.3	37.1

二、第一产业结构

聊城一直是全国重要的商品粮基地。1997年，随着聊城“十大农产品基地开发工程”和科技兴农战略的实施，聊城成为食用菌之乡、香瓜之乡、油菜之乡，鲁西大菜园的格局基本形成，逐步实现聊城农业由粮食主导型向多种经营主导型、乡镇企业主导型的转变。全区农村第二产业产值210亿元，第三产业产值29亿元，农村一、二、三产业比重为42.3∶50.7∶7，林牧渔业占农业增加值比重为8.9%。1998—2001年，推进农业产业化和农村经济结构调整，蔬菜、畜牧、林果、水产等农业主导产业基本形成。2001年，林牧渔业占农业增加值比重达20.7%，粮经作物种植比例5.4∶4.6。2002年，全市围绕“一产调优”的要求，压缩粮田，扩大了蔬菜、林果、牧草、桑蚕、花卉、药材等高效经济作物的种植，全市粮食与经济作物种植比例由1997年的6.2∶3.8调整为5.2∶4.8。2003年，大力发展林牧渔业，人工造林面积比上年提高74.67%，林业占农林牧渔产值从上年的0.85%提升至1.5%，瓜菜总产量比上年提高13.5%。2004年，在全市启动优质牧草、精品水果、用林材、无公害蔬菜、食用菌五大优势农产品产业带建设，粮经作物比例为5∶5。2007年，林牧渔业产值占农业产值比重提高4.5%。2010年，制订《聊城市农业产业调整振兴计划》，将粮食产业调整振兴列入十大农业产业调整之首。同时，将畜牧业产业化发展作为农业产业化发展的重点，畜牧业成为促进全市农村经济发展的支柱产业。

三、第二产业结构

1997年，聊城第二产业主要行业有机械电子工业、化学工业、一轻工业、二轻工业、建材工业、医药工业、纺织工业、汽车制造工业等。1998年后，重点支持农用车、造纸、化肥、阿胶、电解铝等优势行业发展，纺织业占生产总值比例逐步下降。2002—2003年，全市形成机械、化工、轻工、汽车、医药、冶金、电力、造纸、纺织九大支柱产业。大力培植铝深加工、铜深加工、化工新材料和新能源汽车等四大战略性支柱产业，向高端延伸产业链条，开发新产品。2005年，轻工、机械分别占全市工业经济总量的26%、24%，纺织、冶金分别占13%，化工、医药分别占7%。2008年，发展高新技术产业，该类产业占规模以上工业总产值的26.26%；耗能行业比例下降，六大高耗能行业占规模以上工业总产值的32.5%。

1997年后，全市的工业和建筑业均取得较快发展。1997年，建筑业与工业总产值比例为4.9∶35.8。2000年以后，房地产市场开发步伐加快，城市商品房建设进入高速增长时期，建筑业实现较快发展，2004年建筑业和工业比重为7.7∶46.1。2010年，随着“工业强市”战略的实施和城镇化建设的推进，全市的工业和建筑业均实现快速增长，是年比例为4.3∶52.6。2015年，工业和建筑业发展均趋于平稳。

调整轻重工业比例。2002年，轻重工业均增长迅速，轻重工业比例为41.1∶58.9。2006年，轻工业增长28%，重工业增长28.6%，重工业增长速度首次超过轻工业，轻重工业之比为34.5∶65.5，重工化特征明显。2007年，轻重工业比例为30.7∶69.3。2008年后，由于受到国际金融危机的影响，原材料价格出现大幅波动，部分重工业产品价格回落，时风集团、鲁西化工、中通汽车等重点企业出口额下降，影响了重工业的发展。2010年，轻重工业比例为35.8∶64.2。2012年，轻重工业比例为34.5∶65.5；2013年，上升为30.6∶69.4。2015年，轻重工业比例为30∶70。

四、第三产业结构

1997年，聊城交通运输、仓储、邮电通讯业发展转缓，社会服务业发展迅速，比重大幅度上升。1998年，交通运输、仓储、邮电通信业产值占生产总值的比重为2.9%，批发零售贸易餐饮业为4.1%。2000年，聊城市大力发展第三产业，特别是发展旅游业、现代物流业、房地产业，以社区卫生、家政服务和物业管理为重点，发展社区服务业。是年，交通运输、仓储及邮电通信业占国内生产总值的3.4%，批发和零售贸易业、餐饮业占4.0%，金融保险业占1.7%，房地产业占5.2%，社会服务业为占2%。

2004年，市委、市政府提出，大力发展服务业，提高服务业在国民经济中的比重，发展商贸流通、现代物流和餐饮服务业，加快发展交通、通信、房地产和广告、工程、科技、会计、律师等服务业。2005年，交通运输、仓储及邮电通信业占全市生产总值的2.7%，批发和零售业占4.8%，住宿和餐饮业占1.8%，金融业占1.7%，房地产业占3.9%，居民及其他服务业占1.4%。新兴的信息技术产业和商务服务业开始发展，信息传输、计算机服务和软件业占1.5%，租赁和商务服务业占0.3%。

2008年，市委、市政府提出，大力发展第三产业，重点发展服务业中的旅游度假业和商贸物流业，同时，发展金融保险、交通通信、科技咨询、职业培训、节庆会展、商务服务、信用担保等现代服务业。2010年，交通运输、仓储及邮电通信业占全市生产总值的3.6%，批发和零售业占6.3%，住宿和餐饮业占2.0%，金融业占2.4%，房地产业占3.4%，居民及其他服务业占1.4%，信息传输、计算机服务和软件业占1.5%，租赁和商务服务业占 0.9%，传统的批发和零售业仍保持较快增长。除此之外，社会服务行业发展迅速。2010 年，公共管理和社会组织占比为 3.5%，文化、体育和娱乐业占 0.35%，卫生、社会保障和社会福利业占 1.8%，所占生产总值比例分别比 2005 年增长 1.1%、0.2%、2.7%。

2015 年，现代服务业增加值比重为 37.1%，成为第三产业的重要支柱产业。交通运输、仓储及邮电通信业占全市生产总值的 3%，批发和零售业占 10%，住宿和餐饮业占 2.4%，金融业占 4.1%，房地产业占 3.2%，居民及其他服务业占 1.8%，信息传输、计算机服务和软件业占 1.8%，租赁和商务服务业占 1.5%。

1998—2004 年聊城市第三产业产值统计表

表 8-4　　单位：亿元

年份	交通运输、仓储及邮电通信业	批发和零售贸易业、餐饮业	金融保险业	房地产业	地质勘查业、水利管理业	科学研究和综合技术服务业	社会服务业	卫生、体育和社会福利业	教育、文化、艺术及广播电影电视业	国家机关、政党机关和社会团体服务业
1998	6.78	9.68	3.03	10.65	0.36	0.17	3.82	7.09	2.95	8.24
1999	8.15	10.45	4.11	12.47	0.75	0.20	4.51	8.43	3.43	9.61
2000	9.48	11.35	4.77	14.56	0.83	0.22	5.56	9.77	3.93	10.74
2001	11.55	13.91	5.53	16.96	0.97	0.24	6.85	11.01	4.48	13.48
2002	14.62	17.55	6.57	22.11	1.14	0.28	8.00	13.21	5.36	15.87
2003	17.75	20.33	7.90	26.41	1.28	0.32	9.04	15.46	6.44	18.06
2004	20.64	23.43	9.03	26.46	1.41	0.48	11.41	18.05	8.10	19.69

2005—2015 年聊城市第三产业产值统计表

表 8-5　　单位：亿元

年份	交通运输、仓储、邮政业	信息传输、计算机服务和软件业	批发零售业	住宿餐饮业	金融业	房地产业	租赁和商务服务业	科学研究、技术服务和地质勘查业	水利、环境和公共设施	居民服务和其他服务业	教育	卫生、社会保障和社会福利业	文化、体育和娱乐业	公共管理和社会组织
2005	18.70	10.31	32.94	12.41	11.97	26.80	2.31	0.40	3.84	9.83	12.74	6.21	1.07	16.77
2006	27.68	11.95	38.09	16.86	13.42	32.34	3.18	0.61	4.79	15.21	15.16	7.92	1.18	22.16
2007	37.35	14.45	46.38	22.76	15.51	39.94	4.28	0.86	5.58	19.75	18.35	10.58	1.62	26.89
2008	58.13	18.01	55.30	29.25	18.44	50.93	10.54	1.60	3.34	12.88	20.76	19.56	3.94	36.41
2009	50.13	21.56	67.62	23.09	33.77	43.97	12.49	1.79	4.66	16.38	26.80	25.41	4.72	38.91
2010	58.06	24.52	101.61	32.18	38.80	55.51	14.47	2.85	6.52	22.31	27.99	29.16	5.74	56.94
2011	67.88	28.66	143.25	41.93	49.49	63.60	16.98	3.68	7.11	27.65	30.79	35.43	8.35	63.78
2012	77.86	33.02	175.43	50.21	62.93	76.93	20.12	4.66	9.20	30.40	37.20	41.08	9.47	74.05
2013	88.25	37.66	205.30	58.65	71.63	94.90	—	—	—	—	—	—	—	87.02
2014	80.18	42.28	256.25	62.43	94.17	76.03	31.60	11.73	12.75	4.018	46.76	38.59	13.35	93.21
2015	78.99	47.76	263.70	65.06	107.89	85.12	39.88	12.13	13.70	47.34	54.53	44.22	15.30	103.49

第二节　所有制结构

随着经济发展和体制改革的较快推进，聊城市积极调整、完善所有制结构，国有和集体经济比重逐年下降，非公有制经济成分特别是私营经济的比重及影响力均逐年上升，形成了国有经济、集体经济、股份制、股份合作制、个体私营企业、港澳台商投资企业、外商投资企业等多种经济成分共同发展的局面。

1997年，对工业企业进行股份制改革，改革企业484家，建立现代企业制度试点的企业12家。全区工业增加值中，国有企业占41.15%，集体企业占28.37%。1998年2月，市出台《关于鼓励扶持个体私营经济发展的意见》，加大对民营经济的扶持力度，发展个体私营经济，全市非公有制企业迅速发展。1998—2000年，对重点企业实施股份制改造，全市县属162家国有工业企业中，完成改组改制141家。全市限额以上工业企业中，国有企业和集体企业占据绝大部分比重，1998年，国有企业和集体企业占限额以上工业企业产值的86%，有限责任公司和股份有限公司占6%，私营企业占2%，外商及港澳台商投资企业占4%。2000年，国有企业和集体企业占限额以上工业企业产值的75%，有限责任公司和股份有限公司占7%，私营企业占3%。

2000年后，股份合作制企业、股份有限公司、有限责任公司等企业逐渐增多，占工业产值比重有所增加。2003年，全市限额以上民营工业完成工业增加值36.34亿元，占限额以上工业增加值的24.89%。全部工业增加值中，国有和集体企业占18.93%，外商及港、澳、台商投资企业占5.03%，股份制企业占43.46%。2005年，推动民营工业企业发展，推进国有大中型企业的股份制改造，民营工业企业增加值为130.9亿元，占全市工业增加值的45.33%。是年，全市共有规模以上工业企业956家，其中国有企业和集体企业60家，占规模以上工业企业总产值比重为6.3%；股份合作制企业、股份有限公司、有限责任公司218家，比重为22.8%；私营企业620家，比重为64.9%；外商及港澳台投资企业45家，比重为5%。

2005年后，逐步建立现代企业制度，商企业管理更加规范完善，私营企业快速发展，国有及集体经济比重下降至个位数。2010年，全市共有规模以上工业企业2403家，其中国有及集体企业34家，比重为1.4%；股份合作制企业、股份有限公司、有限责任公司251家，比重为10.4%；私营企业2043家，比重为85%，占规模以上工业经济的50%以上；外商及港澳台投资企业42家，比重为1.7%。

2010—2015年，非公有制经济成为推动经济发展的主力军。2014年，全市规模以上工业企业2830家，国有和集体企业18家，外商及港商、澳商、台商投资企业42家，私营企业2270家。2015年，全市规模以上工业企业2852家，国有和集体企业18家，外商及港商、澳商、台商投资企业40家，私营企业2305家。

1997—2015年聊城市规模以上工业企业所有制结构表

表8-6　　单位：个、亿元

年份	企业个数					总产值					工业利税				
	共计	国有企业	集体企业	私营企业	外商和港澳台投资企业	共计	国有企业	集体企业	私营企业	外商和港澳台投资企业	共计	国有企业	集体企业	私营企业	外商和港澳台投资企业
1997	1135	208	898	—	—	194.40	—	—	—	—	15.62	—	—	—	—
1998	336	157	115	30	14	172.00	111.60	36.33	4.40	8.28	14.29	9.15	2.77	0.28	2.55

续表 8-6

年份	企业个数					总产值					工业利税				
	共计	国有企业	集体企业	私营企业	外商和港澳台投资企业	共计	国有企业	集体企业	私营企业	外商和港澳台投资企业	共计	国有企业	集体企业	私营企业	外商和港澳台投资企业
1999	309	137	95	38	15	205.70	134.12	37.80	6.00	9.44	18.47	11.74	2.90	0.34	0.54
2000	346	121	77	89	17	241.10	134.81	38.07	17.40	11.27	24.78	—	—	—	—
2001	362	68	36	152	19	273.60	168.04	19.24	—	14.57	—	—	—	—	—
2002	416	64	33	167	22	357.50	58.64	10.55	41.70	17.24	35.24	6.85	0.83	2.74	1.24
2003	468	55	34	222	26	483.20	69.36	30.22	79.50	90.95	49.22	8.48	1.63	5.71	3.27
2004	659	36	21	298	26	706.10	—	—	—	—	68.00	7.61	2.67	13.86	6.84
2005	956	38	22	620	45	1009.40	322.02	10.01	278.90	53.34	96.26	8.09	2.61	27.41	3.53
2006	1268	28	20	951	52	1432.30	83.03	27.12	470.80	78.49	145.00	6.81	2.03	43.83	5.17
2007	1591	22	19	1251	52	2104.30	107.68	34.83	786.60	105.01	214.16	8.83	2.64	19.45	7.71
2008	1756	25	19	—	54	2632.10	—	—	—	—	248.49	6.50	6.18	—	9.86
2009	2282	25	11	1935	48	3176.80	103.65	13.10	1557.30	97.37	338.67	10.60	1.68	167.93	10.84
2010	2403	23	11	2043	42	4026.90	242.03	14.96	2097.40	100.58	470.82	22.17	1.74	266.43	13.39
2011	2148	22	8	1827	35	5323.78	463.18	7.82	2847.06	139.28	506.97	36.66	1.14	291.44	15.22
2012	2332	20	7	1794	39	6649.82	158.54	16.55	3056.37	155.61	655.85	8.70	1.90	99.57	16.34
2013	2620	15	6	2067	41	7502.58	213.01	18.8	3928.96	191.06	757.36	7.79	2.03	419.05	16.96
2014	2830	15	3	2270	42	8663.63	157.61	3.82	4768.87	215.93	826.19	7.79	0.35	465.94	15.93
2015	2852	14	4	2305	40	8929.71	186.49	4.01	5117.89	163.73	829.23	8.08	0.35	470.22	5.95

第三节　投资结构

1997—2015年，聊城固定资产投资呈高速发展时期，完成投资额从1997年的55亿元增加至2015年的2100.82亿元，增长37.2倍。除少数年份外，投资年度增长率基本保持在15%以上，部分年份甚至达到50%。在此期间，持续、高强度、大量的固定资产投资增长对聊城经济发展起到了强力带动作用。一方面，在投资项目投产后，直接拉动经济发展，另一方面，投资过程中产生了投资品需求，带动了社会全面进步。

一、所有制投资结构

在固定资产投资中，内资投资特别是国有经济一直占据主导地位，是投资发展的中坚力量，投资比例基本占据90%左右。伴随国有经济布局调整，国企进行战略性改组，国有资产投资对国民经济发展的影响力也在不断变化。与此同时，在市场经济发展过程中，深化经济体制改革，扩大投资规模，拓宽投资来源渠道，个人投资和外来投资逐渐增多，保证了市场经济的顺利运行。

1997—2015 年聊城市固定资产投资所有制结构情况表

表 8-7　　　　单位：亿元

年份	共计	内资	外商和港澳台投资	个体经营
1997	55.00	35.98	—	—
1998	—	—	—	—
1999	26.82	26.47	0.35	—
2000	39.30	38.87	0.44	—
2001	—	—	—	—
2002	71.15	68.54	2.60	—
2003	119.71	114.54	5.09	0.09
2004	142.37	132.73	9.56	0.07
2005	340.28	327.46	12.36	0.40
2006	351.77	342.42	8.98	0.37
2007	414.19	397.58	13.81	2.80
2008	525.22	509.79	10.68	4.75
2009	700.04	681.17	12.14	6.73
2010	876.80	871.54	9.80	6.34
2011	1041.11	1017.07	18.83	5.2
2012	1260.74	1246.96	11.87	1.92
2013	1511.09	1495.65	15.05	0.39
2014	1833.13	1811.49	20.21	1.43
2015	2100.82	2084.28	14.00	2.55

二、行业投资结构

1997—2015 年，聊城合理引导资金流向，提高固定资产投资效率，固定资产投资不断进入具有发展前景的优势行业，进一步优化调整产业结构。特别是 2000 年后，大规模城市建设和小城镇开发开始启动，房地产行业投资迅速增加，成为制造业外的第二大投资行业。同时，政府引导投资健康有序发展，对第三产业投资和公共服务、社会福利等关系民生的行业投资增加，资产流入基础设施建设和重点领域建设，改善了全市经济发展环境。

1998—2015 年聊城市分行业投资情况表

表 8-8　　　　单位：亿元

年份	农林牧渔业	制造业	电力、热力、煤气和水的生产和供应	建筑业	交通运输、仓储及邮政业	批发和零售业	住宿和餐饮业	信息传输、软件和信息技术服务业	金融保险业	房地产业	租赁和商务服务业	科学研究和综合技术服务业	水利、环境和公共设施管理业	居民服务、修理和其他服务业	教育	卫生、体育和社会福利	文化、体育和娱乐业	国家机关、政党机关和社会团体
1998	0.10	9.33	3.49	0.17	4.18	1.00	—	1.49	0.03	—	0.01	0.33	—	—	0.38	—	3.07	—
1999	0.14	9.73	3.94	0.28	3.84	0.61	—	—	1.24	0.29	—	—	—	—	1.21	0.38	—	4.03

续表 8-8

年份	农林牧渔业	制造业	电力、热力、煤气和水的生产和供应	建筑业	交通运输、仓储及邮政业	批发和零售业	住宿和餐饮业	信息传输、软件和信息技术服务业	金融保险业	房地产业	租赁和商务服务业	科学研究和综合技术服务业	水利、环境和公共设施管理业	居民服务、修理和其他服务业	教育	卫生、体育和社会福利	文化、体育和娱乐业	国家机关、政党机关和社会团体
2000	0.002	16.94	9.32	0.30	3.28	0.32	—	—	0.16	0.19	—	0.02	0.03	—	3.19	0.32	—	3.41
2001	—	—	—	—	—	—	—	—	—	—	—	—	—	—	—	—	—	—
2002	0.10	30.02	19.38	2.40	1.50	5.57	—	—	0.20	—	—	0.17	0.40	—	1.45	0.83	—	5.97
2003	0.88	51.09	21.74	2.56	5.85	4.18	0.53	0.47	0.12	22.96	0.48	0.11	0.68	0.22	1.93	0.55	—	5.33
2004	0.54	64.32	16.65	3.08	8.36	2.75	1.31	1.37	0.07	2.70	0.47	0.10	1.42	0.55	1.98	0.74	0.37	11.34
2005	1.13	251.46	25.93	6.22	6.51	6.81	0.86	—	0.15	20.12	0.53	—	1.08	0.12	2.38	1.43	1.49	13.96
2006	5.45	256.09	22.02	19.24	0.79	5.12	2.30	2.18	—	24.82	—	0.06	4.91	0.61	1.49	2.08	2.42	2.20
2007	4.82	324.19	9.09	9.22	7.32	9.33	1.49	2.99	—	26.96	0.30	0.07	4.24	1.04	2.60	3.28	0.60	6.65
2008	11.43	381.34	18.00	9.88	21.6	12.62	5.99	3.24	0.30	34.34	0.09	0.50	7.42	1.00	3.01	2.04	4.60	7.85
2009	12.11	505.63	22.74	10.37	27.39	24.71	9.30	1.91	0.26	40.04	0.94	2.16	11.48	1.38	3.76	6.59	9.15	10.11
2010	12.80	650.82	23.28	21.57	26.39	22.19	5.73	1.79	0.36	75.38	0.12	0.54	16.9	1.34	2.30	7.66	3.74	14.77
2011	19.79	699.92	18.01	23.06	44.58	29.08	5.91	3.61	0.24	125.9	4.04	0.34	25.02	0.95	5.89	8.27	5.13	21.32
2012	25.09	813.17	24.77	25.05	60.38	44.9	8.48	1.38	1.13	146.22	15.86	6.84	34.35	4.27	10.42	8.65	6.87	22.93
2013	21.75	934.59	23.30	11.98	93.43	55.56	7.84	—	2.61	236.7	15.28	15.21	49.74	2.66	12.53	9.18	8.90	9.82
2014	24.43	1123.28	40.25	11.27	134.12	65.60	5.00	1.23	0.46	298.32	10.14	16.25	50.00	4.71	15.33	11.96	7.20	13.60
2015	36.15	1242.38	71.32	15.79	163.48	124.93	6.28	0.76	0.75	284.82	11.82	26.43	47.20	7.14	18.26	22.25	4.77	16.29

第九编 农业

Part IX Agriculture

1998 年 3 月聊城撤地设市后，全市蔬菜、畜牧、林果、水产等农业主导产业基本形成。2002 年，全市粮食与经济作物种植比例由 1997 年的 6.2∶3.8 调整到 5.2∶4.8。全市龙头企业连基地、连农户、贸工农一体化的进程明显加快，以凤祥集团、蓝山集团、嘉明集团为代表的一大批农副产品加工企业迅速崛起。

2003 年起，全市相继取消农业特产税、农业税，对种粮农民实施良种补贴、大型农机具购置补贴、优质专用小麦良种推广补贴、农资综合补贴等。2006 年，临清市作为全国首批政策性农业保险试点，对小麦进行政策性保险；至 2012 年，政策性农业保险在聊城市全面铺开，保险作物扩大到小麦、玉米、棉花、花生以及能繁母猪、育肥猪、大蒜价格指数保险等 10 余个品种，全市小麦、玉米参保率 90% 以上，理赔额 3.9 亿元。

2010 年，市委、市政府实施《聊城市农业产业调整振兴计划（2010—2012）》，优质粮食、绿色蔬菜、生态林果、优质畜禽和特色水产养殖等五大特色主导产业逐渐发展壮大。到 2012 年，全市粮食总产 549 万吨，列全省第三位，实现“十连增”，连续三年突破 500 万吨大关；瓜菜菌总产 1440 万吨，位列全省第一；畜牧业、渔业、林业产值分别为 118.2 亿元、6.06 亿元和 2.43 亿元，比 2010 年分别增长 20%、28.9% 和 27.2%，年均分别增长 10.1%、14.5% 和 13.6%。

2013 年 4 月 12 日，聊城市委第十二届四次全体（扩大）会议确定实施“农业龙头带动”战略、建设中原经济区现代农业发展先行区战略。随后，市委、市政府印发《关于贯彻落实“一区一圈一带”规划加快推进跨越赶超的实施意见》，提出打造全国最大的绿色安全蔬菜生产基地和全国最大的精致农业示范基地的战略目标。2014 年，农业部规划设计院为聊城市编制《聊城市精致农业发展规划（2015—2020）》，明确提出以精致农业为特色的现代农业发展模式和建设北方平原地区精致农业示范区的建设目标。是年 11 月，聊城以山东省第一名和全国前五名的成绩，创建为第三批“国家现代农业示范区”。2015 年 6 月，市委、市政府联合印发《关于推进聊城市国家现代农业示范区建设的意见》。至是年年底，国家现代农业示范区建设开局良好，为实现到 2020 年把聊城建设成为北方平原地区精致农业示范区、率先基本实现农业现代化的目标奠定了坚实的基础。

至 2015 年，全市优质粮食、绿色蔬菜、生态林果、优质畜禽和特色水产养殖等五大特色主导产业逐渐发展壮大。是年，全市农林牧渔业总产值 583.12 亿元，较 1997 年增长 3.16 倍，年均增长 8.24%；粮食总产 619.9 万吨，居全省第三位，实现“十三连增”，连续 4 次获得“全国产粮大市”称号；瓜菜菌总产量 1626.3 万吨，被中国蔬菜流通协会命名为“中国蔬菜第一市”；家禽存栏 1.54 亿只，居山东省第一位，肉鸡饲养、加工、出口居全国前列。全市农机总动力 1240 万千瓦，农作物耕种收综合机械化水平 86%。全市成立农民专业合作社 9805 家，基本实现一村一社全覆盖；市级以上重点龙头企业 439 家，其中国家级 4 家、省级 38 家，年实现销售收入 1150 亿元；建起农业标准化生产基地省级 19 家、市级 100 家，成为山东省第一个初级农产品质量追溯体系市、县全覆盖的市；全市“三品一标”（无公害农产品、绿色食品、绿色食品、有机农产品和农产品地理标志）总计 1066 个，基地面积 498.25 万亩，连续两年居全国地级市绿色食品认证数量首位。

2014 年 10 月，聊城市被中国蔬菜流通协会授予“中国蔬菜第一市”称号

第一章　农业综情

第一节　农业产业结构调整

1997年至撤地建市前，地委、行署进一步加大农业产业结构调整力度，由粮棉一起抓、重点抓棉花向重点抓好蔬菜、畜牧、林果、水产四大主导产业调整。至1997年年底，全区初步形成蔬菜、畜牧、林果、水产四大主导产业，实现由粮棉主导型向多种经营主导型的转变。全区蔬菜收获面积180.8万亩，其中冬暖式大棚20万个、小拱棚和保护地栽培65万亩，总产477.57万吨；肉类总产23.22万吨，禽蛋总产21.51万吨。淡水养殖面积12.4万亩，总产3.2万吨，产值2.61亿元。全区多种经营收入135.3亿元，占农业总收入的55%以上。是年，全区农村第二产业产值210亿元，三产产值29亿元，农村一、二、三产业比为42.3∶50.7∶7，全区农副产品加工增值率和市场占有率明显提高。

2001年，市委、市政府出台《关于加快农村产业结构调整的若干政策》，确立“优化提升种植业，大力发展林牧业，重点突破加工业，全面搞活流通业，加快农业优质化、产业化和国际化进程”的工作思路。2002年，全市粮经作物种植比例由1997年的6.2∶3.8调整为5.2∶4.8，以凤祥集团、蓝山集团、嘉明集团为代表的一大批农副产品加工企业迅速崛起，全市龙头企业连基地、连农户、贸工农一体化的进程加快。坚持以增加农民收入为中心，走调整结构、产业化经营、统筹城乡三位一体的发展路子。

2004年后，聊城市按照中央部署始终做好“三农”工作。2008年1月，市委、市政府确立“三农稳市”的工作方针，在坚持稳定粮食产量的基础上，按照农业市场化、产业化、标准化的原则，不断调整优化农业产业结构，着力优化种植业结构、农林牧渔业结构和农村经济结构，大力发展优质、高产、高效、生态、安全农业，重点发展小麦、棉花、花生、蔬菜、食用菌、鲁西黄牛、小尾寒羊、畜禽养殖加工、造纸林、特色水果等“十大特色农产品基地”。

2005—2009年，全市把调整优化农业结构作为促进农民增收的重要措施来抓。在种植业内部主要是调优种粮结构和粮经作物比例，突出抓好蔬菜、水果生产。在保障粮食生产的前提下，重点发展优质小麦、蔬菜、食用菌、水果、花卉等优质、高效农业。其间，全市优质小麦面积450万亩，占小麦面积的73%，超过全省平均水平20个百分点；水果面积70万亩，其中高档优质水果占50%；食用菌产量占全省的1/3，连续两年被评为“山东省食用菌生产先进市”，莘县被评为全省食用菌大县。在农业结构内部，重点突破林业、畜牧业和水产业。仅2006年，全市新造林面积20万亩，新建和完善绿色通道1660千米，全市速生丰产林面积120万亩，林木覆盖率26%，被国家林业局评为“全国高标准平原绿化先进市”。

2010年，市委、市政府在全省率先制订实施《聊城市农业产业调整振兴计划（2010—2012）》，明确粮棉油产业、蔬菜产业、林果产业、畜牧业、水产业、农业综合开发、市场建设、农村流通服务体系建设、农机化建设、农业水利基本建设等10个方面的调整振兴措施，使农业生产项目化、具体化、数量化。2012年，实施以“100个农业项目、100个农业产业化示范基地、100个农民专业合作社示范社和百村扶贫攻坚计划”为主的“四百工程”建设，全市粮食总产549万吨，列全省第三位，实现“十连增”，连续三年突破500万吨大关；瓜菜菌总产990.11万吨，位列全省第一；畜牧业、渔业、林业产值分别为118.2亿元、6.06亿元和2.43亿元，比2010年分别增长20.25%、28.97%和26.95%，年均分别增长9.66%、13.57%和12.67%。

2013年4月，市委、市政府确定实施“农业龙头带动”战略，提出打造全国最大的绿色安全蔬菜生产基地和打造全国最大的精致农业示范基地的战略目标，引导广大农民发展冬暖式大棚、大拱棚、层架式菇房等先进农业设施。2015年，全市粮食总产619.9万吨，比1997年增长52.19%，年均增长2.37%；粮食单产连续两年达到“吨粮市”标准，连续四次获“全国产粮大市”称号，产量居全省第三位。全市瓜菜菌总产量1626.3万吨，比1997年增长2.4倍，年均增长7.04%。全市家禽存栏居山东省第一位，肉鸡饲养、加工、出口居全国前列。聊城成为国家和山东省重要的粮油、蔬菜、畜禽、林果、特色水产品生产及加工基地。是年，全市实现农林牧渔业总产值583.12亿元，其中种植业427.81亿元、畜牧业140.99亿元、渔业11亿元、林业3.31亿元，分别比1997年增长3.03倍、3.27倍、3.22倍、1.41倍，四大产业占总产值的比重分别为73.37%、24.18%、1.89%、0.57%。

1997—2015年聊城市农林牧渔业产值情况表

表9-1　　　　单位：万元、%

年份	农林牧渔业总产值	农业		林业		畜牧业		渔业	
		产值	比重	产值	比重	产值	比重	产值	比重
1997	1432043	1062329	74.18	13777	0.96	329847	23.03	26090	1.82
1998	1479622	1083981	73.26	13293	0.90	355868	24.05	26480	1.79
1999	1518550	1098378	72.33	14821	0.97	376810	24.81	28541	1.88
2000	1569471	1132376	72.15	15488	0.99	391531	24.95	30076	1.91
2001	1630592	1148310	70.42	16147	0.99	435955	26.73	30180	1.85
2002	1697313	1197785	70.57	14487	0.85	454040	26.75	31001	1.82
2003	1780077	1203391	667.60	27009	1.52	516057	29.00	33620	1.89
2004	2064081	1419788	68.79	28547	1.38	580800	28.14	34946	1.69
2005	2282719	1508905	66.10	35316	1.55	697928	30.57	40570	1.78
2006	2428117	1638065	67.46	34141	1.41	710461	29.26	45450	1.87
2007	2799233	1750794	62.55	35341	1.26	914261	32.66	50477	1.80
2008	3377703	2469632	73.12	19397	0.57	849807	25.16	38967	1.15
2009	3621583	2606570	71.97	16626	0.46	905588	25.01	39989	1.10
2010	3968043	2918940	73.56	19149	0.48	982965	24.77	46989	1.18
2011	4441040	3136244	70.62	22472	0.51	1150480	25.91	53154	1.20
2012	4695343	3340385	71.14	24309	0.52	1182036	25.17	60603	1.29
2013	5209957	3798800	72.91	29045	0.56	1214378	23.31	69684	1.34
2014	5644997	4084292	72.35	31171	0.55	1332524	23.61	87010	1.54
2015	5831187	4278128	73.37	33140	0.57	1409932	24.18	109987	1.89

说明：比重为该栏产值占农林牧渔业总产值的百分比

第二节　农业专业合作经济组织

聊城市农民专业合作经济组织始于2006年。是年，市委、市政府以稳定和完善家庭承包经营为基础、统分结合的双层经营体制，健全在依法、自愿、有偿基础上的土地承包经营权流转机制，有条件的地方可发展多种形式的适度规模经营。在增强农村集体组织经济实力和服务功能、发挥国家基层经济技术服务部门作用的同时，鼓励、引导和支持农村发展各种新型的社会化服务组织。推动农产品行业协会发展，引导农业生产者和农产品加工、出口企业加强行业自律，强化信息服务，维护成员权益。鼓励发展农村法律、财务等中介组织，为农民发展生产经营和维护合法权益提供有效服务。至2008年，全市农民专业合作经济组织共有595家，其中协会类合作经济组织539家、较规范的合作社56家，在民政局注册的450家、工商局注册的56家，未注册的89家。入会会员总数5.9万人，辐射带动农户4.8万户，总资产1.4亿元，年销售额4.1亿元。从覆盖行业看，全市农民专业合作经济组织大多集中在养殖业和种植业，涉及加工、运输、销售、服务等行业。在各类专业合作经济组织中：种植业289家，占49%；养殖业216家，占36%；其他行业90家，占15%。全市农民专业合作组织多数由部门、企业或经营大户领办，主要是协会性质，对照《中华人民共和国农民专业合作社法》的要求，真正规范的农民专业合作社数量很少。其中，全市涉及瓜菜菌及棉花的农民专业合作经济组织97家，包括农民专业合作社28家、行业协会69家。发展会员3.17万人，带动农户23.52万户，资产总额8600万元，年销售额10.69亿元。这些专业协会和合作社在开展信息咨询、技术服务、产销衔接、行业自律等方面，普遍按照市场规则，运用经济手段，实现各方利益的有效整合，填补政府和企业间的空间地带，对全市蔬菜产销发挥着积极的作用，有力地推动农业农村经济结构调整和农业现代化、产业化、市场化进程。是年，全市各类畜牧合作经济组织120多家，带动农户2.5万个，每户收入平均增长25%以上。全市在工商部门注册登记的水产专业合作经济组织有2家，渔业协会1家，分别是临清丁马甲鱼养殖专业合作社、莘县博友渔业专业合作社和东昌府区聊城名特优水产养殖协会。这些专业合作社和协会促进了生产由分散型向规模化方向发展，提高了渔民组织化程度。

2014年9月15日，聊城市召开农村土地确权登记颁证工作现场会

2009年，全市农民专业合作社2800余家，次年2988家。2011年，农民专业合作社4151家，其中农机服务组织180余家，种子、农资、植保、栽培等社会化服务组织近400家，促进了粮食生产的专业化、产业化。是年，全市市级示范社42家，全省重点农民专业合作社18家。年内成立东阿姚寨、鱼山水城、冠县正和、合顺等渔业专业合作社，至年底有21家，渔民组织化程度进一步提高，有力地促进了全市渔业的规模化、产业化。2012年，农民专业合作社发展到5949家。2013年，全市农民专业合作社增至7592家，基本实现“一村一社”的目标；建立家庭农场109个，经营面积3.51万亩。

2014年，全市农民专业合作社9236家，引导发展农民合作社、联合社7家，新增国家级示范社12家、省级示范社53家。年内开展国家级、省级、市级渔民专业合作社示范社、健康养殖示范场等创建活动，批准“国家级渔业合作社示范社”1家、“省级渔业合作社示范社”1家，批复“省级现代渔业园区”6个。是年，全市家庭农场增至 343 个，经营面积 7.4 万亩。全市发展农民专业合作社主要围绕农产品标准化生产，新品种新技术的引进和推广，农产品储存、加工、运输、销售，技术培训和信息服务、品牌培育和营销服务等重点，开展服务活动。鼓励引导龙头企业、生产大户、经营大户、农业科研和技术推广机构，以及社会力量创办和领办各类专业合作组织。同时，对现有专业合作组织进行规范引导，有条件的逐步过渡为农民专业合作社。

2015 年，全市农民专业合作社 9805 家，基本实现一村一社全覆盖。其中，农民合作社联合社 25 家；国家级示范社 31 家、省级示范社 122 家、市级示范社 440 家。是年，全市家庭农场 581 个，经营面积 10.19 万亩。

2009—2015 年聊城市土地流转、合作社、家庭农场发展情况表

表 9-2

年份	土地流转			农民合作社		家庭农场	
	面积（万亩）	流转出农户数（万户）	签订流转合同份数（万份）	个数（个）	入社成员（万人）	个数（个）	面积（万亩）
2009	17.72	3.39	1.15	1453	6.84	—	—
2010	43.68	6.14	1.95	2937	8.25	—	—
2011	59.59	8.37	2.59	4151	12.14	—	—
2012	68.52	9.99	3.58	5949	14.29	—	—
2013	107.02	21.71	14.07	7592	20.36	109	3.51
2014	158.48	30.57	21.60	9236	25.35	343	7.40
2015	174.96	33.13	24.37	10140	26.23	581	10.19

第三节 农业产业化经营

1997 年，全区有各类农业龙头企业和项目 1032 个，其中较大型农副产品加工龙头企业 289 家，各级各类市场 338 个。在这些龙头企业的辐射带动下，全区初步形成粮食、油料、肉鸡、肉牛、果品、蔬菜、水产、皮革、木材、工艺品等十大加工系列，集高科技、高投入、高产出为一体，走集约化经营的路子，农副产品加工增值率和市场占有率提高。

1998—2001 年，注重发展规模大、起点高的加工和流通龙头企业，鼓励并引导在农产品贮藏、加工、转化、流通、增值环节上做文章，有效地提高了农产品商品率和农业综合效益。全市的农产品商品率由 1992 年的 50% 提高到 2001 年的 65%，农产品加工增加值由 1992 年的 15 亿元，提高到 2001 年的 42 亿元。依托农业产业化经营，注重农业运行机制的完善。在充分尊重龙头企业和农户生产经营自主权的同时，因地制宜，支持龙头企业通过贷款扶持、合同定购、提供服务等方式与基地、农户建立“公司 + 基地 + 农户”“公司 + 科技企业 + 农户”“公司 + 合作组织 + 农户”，以及订单农业等多样化的运行机制，逐步建立起风险共担、利益均沾的利益共同体，保证农民收入稳步增加。在全市 1472 家龙头企业就业的农村劳动力 12 万人左右，阳谷凤祥集团 1 家就业劳动力 1 万人以上。

2002—2003 年，通过政策扶持、招商引资和争取社会资金等渠道，壮大农业龙头企业。2003 年，全市龙头企业共投入资金 4.6 亿元，其中利用外资 1575 万元；农产品加工年销售收入 78 亿元，实现利税 10.3 亿元，出口创汇 6485 万美元，带动农户 58 万户，连接基地 390 万亩。

2003 年年底，全市各类畜牧产业化龙头企业 100 余家。凤祥、蓝山两个集团继续保持良好的运行态势，在巩固原有的肉鸡产业的基础上，

分别向乳业、生物、生猪熟制品等领域进军。奥士达、华鲁等外来牛肉加工企业全面运营。嘉明公司被南京雨润公司收购，继续成为家禽加工的生力军。年宰杀30万只羊能力的阳谷新世纪清真食品厂建成投产。

2004年2月，聊城市政府作出《关于鼓励扶持农业产业化发展的决定》，进一步鼓励扶持农业龙头企业发展，加快推进全市农业产业化经营，促进农业和农村经济结构战略性调整，增加农民收入。2004年以来，把推行农业产业化作为打造聊城农业品牌、提高市场竞争力、增创农业发展新优势的关键措施来抓。是年年初，市委、市政府制定《关于促进全市农业产业化发展的意见》，出台一系列扶持政策和措施，并在全市范围内，筛选100个项目予以重点扶持。市财政安排发展资金1000万元，吸引银行贷款3.2亿元，重点扶持市级以上龙头企业发展，龙头企业的数量、规模、档次均有新的发展和提高，产业链条不断延伸。全市具有一定规模的龙头企业发展到302家。同时，加大招商引资力度，主动走出去，宣传推介“聊城农业”这一品牌，吸引国内外大企业、大集团到聊投资办厂，借助外力发展农业龙头企业。冠丰种业被列入第三批农业产业化国家重点龙头企业，全市国家级重点龙头企业增至3家，省级重点农业龙头企业8家，市级重点龙头企业40家，流通型龙头企业发展到106家。2004—2006年，市财政每年安排500万元专项资金，支持农业产业化发展，用于龙头企业、基地乡镇、农产品批发市场、合作经济组织的贷款贴息和奖励。制定《聊城市市级重点农业龙头企业标准（试行）》，龙头企业逐步壮大，农业产业化呈现良好发展势头。一是通过落实发展农业产业优惠政策、招商引资和吸引社会资金等渠道，培植壮大农业龙头企业。全市符合农业部统计标准、并与农户利益联系较密切的龙头企业近300家，销售收入过亿元的10家，过500万元的16家，过500万元的130家。其中，国家级龙头企业3家（凤祥、蓝山、冠丰），省级龙头企业6家（临清兴隆、聊城新星、冠县植物油、冠县纺信、高唐泉林、高唐金星）。全市初步形成了以国家级龙头企业为核心，省级龙头企业为骨干，中介组织、专业市场、小型龙头企业加农户为基础的农业产业化组织群。二是巩固和扩大粮油、蔬菜、林果等生产基地，进一步规范各类专业化合作经济组织和市场流通体制，增强农民进入市场的组织化程度。2004年，共组织参加国家、省举办的农产品展销会、经贸洽谈会4次，签订合同、协议500万元。

2005年，全市开展首批农业产业化市级重点龙头企业推荐申报工作，年内农业龙头企业发展到506家，其中年销售收入在100万元以上的267家、亿元以上的25家、10亿元以上的1家。通过认定的国家级龙头企业3家、省级6家、市级36家。带动种植基地175万亩，带动牲畜养殖78万头，带动农户92万户，户均增收1136.4元。是年1—9月，带动农产品出口8700万美元，与上年同期相比翻了一番。扶持龙头企业，加大招商引资力度，发展水产品精深加工，扩大规模，加大科技投入，提高产品档次，实行规模养殖，加快水产产业化进程。全市涌现出一批水产龙头企业。其中，临清市魏湾甲鱼良种繁育基地，被山东省海洋与渔业厅批准为山东省优良甲鱼苗种繁育基地；莘县科瑞特生物工程有限公司，以苗种生产供应、成鱼养殖、购销、渔用饲料和渔用机械加工为主，是全省淡水地区唯一的集产、供、销于一体的龙头企业；东阿县重新启动阿胶烤鱼加工项目，发展势头良好。

山东省聊城市临清丁马甲鱼标准化规模养殖池俯瞰（2010年摄）

2007年，突出发展龙头企业，进一步完善种植业产业化发展体系。全市认真落实扶持产业化龙头企业的优惠政策，对凤祥集团、蓝山集团、冠丰种业3家国家重点龙头企业的初加工产品给予减免税收的优惠政策，出口龙头企业按有关规定办理退税；争取省财政272万元、市财政300万元对农业产业化龙头企业进行扶持。全市规模以上龙头企业340家，年销售收入在500万元以上的龙头企业189家，其中，国家级、省级龙头企业分别为3家和14家，认定市级龙头企业87家。规模以上龙头企业总资产225.4亿元，销售总收入230.54亿元，带动农户134.9万户。

2008年10月，市委、市政府制定《关于推进农业产业化经营加快发展现代化农业的实施意见》，着力加强"五大体系"建设，即构建现代农业产业体系，健全农业生产标准体系，完善农产品流通市场体系，创新农业产业化经营体系，加强农业社会化服务体系。从财政、税收、金融、环境等方面制定优惠政策。应对世界金融危机，加大龙头企业扶持力度。市政府印发《关于开展金政助农活动与支持全市农业产业化龙头企业加快发展的意见》，第一次对市级以上重点龙头企业进行财政贴息和以奖代补800万元，扶持30多家龙头企业；争取出口农产品标准化基地建设补助资金、龙头企业财政贴息资金、农业部"一村一品"项目、国家重点龙头企业产业化扶持资金等共计440多万元，为促进农业龙头企业发展、抵御金融危机、提高竞争力发挥了重要作用。全市紧紧围绕粮棉、蔬菜、畜牧、林果四大主导产业，加大农业龙头企业和专业生产基地建设、农业龙头企业管理。组织10家新认定的农业产业化省重点龙头企业负责人培训，选出区域优势明显、发展潜力大、市场前景广阔的61家龙头企业为第三批市重点龙头企业，并开展全市农业"走出去"情况调研，促进全市农业产业化经营体系的发展。是年，全市市级以上农业（畜牧）产业化龙头企业发展到40家，规模化养猪场（小区）212个，各类畜牧合作经济组织120多个，带动农户2.5万户，每户收入平均增长25%以上。至是年年底，全市年销售收入在500万元以上的龙头企业210家，其中，国家级龙头企业3家、省级龙头企业22家、市级龙头企业125家；总资产233.26亿元，销售总收入289.22亿元，出口创汇额1.85亿美元，上缴税金9.4亿元，带动农户28.42万户，安排劳动力就业9.93万人，带动基地农民增加收入5.46亿元。

2010年，全市规模以上农业龙头企业350家，其中国家、省、市级龙头企业分别为3家、31家和261家，省、市级农业龙头企业分别新增14家和63家；规模以上龙头企业实现销售收入450亿元，较上年增长16.8%，实现利税40亿元，较上年增长5.2%；农产品出口创汇1.5亿美元。2011年，全市新增规模以上龙头企业30家，总数400余家，其中国家级、省级、市级龙头企业分别为4家、34家、300家，带动农户93万户，人均增收近2000元。进一步完善"龙头企业+专业合作社+基地+农户"的粮食产业化利益联结机制，推进粮食龙头企业与粮食专业合作社深度融合，扩大粮食"订单"生产规模，辐射带动更多农户。全市销售额1000万元以上的粮食产加销龙头企业48家，优质粮食订单面积120多万亩，粮食产业产加销一体化经营水平明显提高。

2012年，贯彻落实《国务院关于支持农业产业化龙头企业发展的意见》，开展"金政助农"活动，农业组织化、产业化程度不断提高。全市新增省级龙头企业9家，新增规模以上龙头企业36家，超额完成政府工作报告中确定的新增30家的目标。至是年年底，全市规模以上的龙头企业452家，销售总收入801.8亿元，其中国家级4家、省级38家、市级322家。

2013年7月，市委办公室、市政府办公室联合印发《聊城市"农业龙头企业带动"战略实施方案》，建设聊城农产品物流交易中心，抓好"龙头打造"工程，发展集约化、专业化、组织化、社会化相结合的现代农业。是年，投资19亿元开工建设蔬菜市场、副食市场、物流配送中心等基础设施。全市规模以上农业龙头企业累计500家，新增50家，其中新增投资额2000万元以上的龙头企业12家，龙头企业销售总收入850亿元。

2014年，全市新发展投资2000万元以上龙头企业36家，新增规模以上龙头企业85家、农业龙头企业590家，总产值1051亿元。全市市级以上畜牧龙头企业89家，其中国家级重点龙头企业3家、省级重点龙头企业10家，带动全市90%以上畜禽产品实现畜牧产业化经营。是年，投资65亿元开工建设国际会展中心、果品及蔬菜净食加工及冷藏中心等项目。

2015年，全市开展8批农业产业化市级重点龙头企业推荐申报工作。是年，全市共有国家级重点龙头企业4家、省级重点龙头企业37家、市级以上重点龙头企业439家。龙头企业年实现销售收入1150亿元，出口4.5亿美元。农业龙头企业境外投资取得明显成效。冠丰种业巴西棕榈系列开发项目累计投资1200万美元，是山东省最大的境外农业种植项目；百佳食品美国加利福尼亚并购营销网络建设、泉林集团美国弗吉尼亚州生活用纸、乖宝宠物食品公司泰国原材料生产基地等项目建设进展顺利，完成投资2.66亿美元；鑫丰种业收购以色列托普蔬菜种业公司正在进行沟通接洽。全市产业化龙头的辐射带动能力持续增强，初步形成了“公司（合作社、市场）+基地+农户”“公司+合作社（市场）+农户”等农业产业化经营模式。与龙头企业建立对接关系的农民合作社400多家，专业批发市场7家。全市参与产业化经营的农户91万户，户均增收3050元，超过农民家庭收入的60%；龙头企业吸纳社会人员就业14万人，年人均工资3.1万元。

2015年聊城市省级以上龙头企业基本情况统计表

表9-3　　　　单位：万元

龙头企业 级别	所在县（市、区）	企业名称	企业厂址	主营产品	资产总额
国家级	阳谷县	山东凤祥集团有限责任公司	安乐镇刘庙	玉米、豆粕、鸡肉、鸡肉制品、饲料	803732
国家级	冠县	山东冠丰科技有限公司	冠县县直	谷物种子	85280
国家级	高唐县	山东省高唐蓝山集团总公司	山东省聊城市高唐县滨湖北路2号	花生油、大豆油、蛋白、鸡产品、饲料	366306
国家级	临清市	山东丁马生物科技有限公司	临清市魏湾镇丁马村	甲鱼	42608
省级	茌平县	山东同创生物技术有限公司	茌平县温陈工业园	玉米淀粉、葡萄糖、山梨醇	68512
省级	东阿县	山东东阿阿胶股份有限公司	东阿县阿胶街78号	阿胶、桃花姬	477919
省级	东阿县	山东东阿绿佳食品开发有限公司	东阿县姜楼镇驻地	肉鸭	6135
省级	东阿县	山东东阿史美生阿胶保健股份有限公司	东阿县工业园区胶光路	阿胶系列	17105
省级	高唐县	山东吉地尔（集团）有限公司	山东省高唐县管道街北首3号	有机肥	67558
省级	高唐县	山东荣达农业发展有限公司	高唐县琉璃寺镇康庄林场	肉鸭	36427.5
省级	高唐县	山东智德纺织有限公司	高唐县汇鑫街道汇鑫路	皮棉	33079
省级	高唐县	山东和兴面粉有限公司	高唐县姜店乡苦水郭村1号	面粉	9455
省级	高唐县	山东省高唐金铭实业总公司	高唐县鱼丘湖街道东兴11号	分割牛	55837

续表 9-3

级别 \ 龙头企业	所在县（市、区）	企业名称	企业厂址	主营产品	资产总额
省级	高唐县	山东泉林纸业有限责任公司	高唐县光明东路 15 号	机制纸	1160446
省级	高唐县	聊城好佳一生物乳业有限公司	高唐经济开发区太平北路路东	植物蛋白饮品	5498
省级	高唐县	山东超越纺织有限公司	高唐县金城路西首超越路 1 号	棉布棉纱	38017.2
省级	高唐县	山东新超农业科技有限公司	高唐县晏高收费站南	有机肥、配方施肥	8956
省级	冠县	山东嘉华油脂有限公司	冠县县城	食用植物油	22330
省级	冠县	冠县瑞祥生物科技开发有限公司	冠县烟庄街道	面粉及谷朊粉	29500
省级	冠县	山东百佳食品有限公司	冠县东古城镇	蔬菜加工产品	9200
省级	冠县	山东百果庄园食品有限公司	冠县甘屯乡	蔬菜水果罐头	7900
省级	临清市	临清德能金玉米生物有限公司	临清市大辛庄街道	玉米淀粉	51267
省级	临清市	临清市东盛食品有限公司	临清市新华街道	肉鸡	14158
省级	临清市	临清京派粮油集团中兴面粉有限公司	临清市新华街道	面粉	14620
省级	莘县	山东盛大食品有限公司	莘县工业园区	鸡产品	9378
省级	莘县	山东立信食品集团有限公司	莘县莘亭镇西一公里	鸡产品	15228
省级	莘县	山东鑫丰种业有限公司	莘县工业园区中路东首	齐单 1、齐单 6	13754
省级	阳谷县	阳谷县鲁信清真食业有限公司	阳谷县张秋镇工业园区	牛、羊、猪分割肉	29572.2
省级	阳谷县	山东维尔康三阳食业有限公司	阳谷县张秋镇	冷冻、鲜分割猪肉	7925
省级	阳谷县	阳谷健发食品有限公司	阳谷县安乐镇刘庙	猪肥肉、猪精肉、猪排骨、中方肉	9856

第四节 农产品质量安全管理

1997—2015 年，聊城市（地区）科学筹划，精心组织，不断加大农产品质量安全监管工作力度，建立健全各级农产品质量安全监管、质检体系，强化和完善农产品质量追溯体系建设，加快推进农业生产标准化、绿色化进程。市农委不定期联合公安、工商、质监、食药等相关部门扎实开展好农产品质量安全隐患排查、“放心农资下乡进村宣传周”“双百行动”“四查四看”“夏季百日行动”，以及农资打假等各项农产品质量安全专项整治行动。以化肥、种子、剧毒高毒农药产品作为农资专项打假工作的重点，加大对肥料生产企业、农药种子经营门店的巡查抽检力度，同时抽调县级执法人员继续开展跨县域、综合督导和“区域回避”农业投入品督导模式，八个县（市、区）及市属开发区异地交叉进行执法检查。通过开展创建农产品质量安全市（县）活动及各类农产品质量安全专项整治行动，农产品质量安全状况总体稳定、逐步向好，全市农产品质量监测合格率始终保持在 98% 以上，没有发生农产品质量安全事件。

一、标准化基地认证

2009 年，按照省农业厅要求，制订《聊城市瓜菜果茶食用菌标准化生产发展规划（2009—2012）》，开展瓜菜果茶食用菌标准化工作。

2010 年，依据全市瓜菜果食用菌标准化生产和“三品”认证发展规划及年度计划，全市规划建立起各类瓜菜果食用菌标准化生产基地 87

个，基地面积278万亩，其中是年新增标准化生产基地49万亩。市级财政拨款715万元，对农产品生产企业及农村经济合作组织建立的基地进行补贴奖励，有力地推动了基地建设。

2011年，全市完成瓜菜果食用菌标准化生产基地发展规划，其中瓜菜完成44.99万亩、果品完成11.9万亩、食用菌完成658万平方米。市农委争取财政扶持，落实标准化生产基地奖补资金622万元，对新建或规模扩大的标准化基地进行奖励。为切实抓好标准化生产基地生产技术规程的推广应用，全市共印制各类技术规程71种，26万余份。

2012年，是《聊城市瓜菜果茶食用菌标准化生产发展规划（2009—2012)》全部完成的收官之年，瓜菜果菜食用菌标准化规划面积超额完成。共完成瓜菜面积63.82万亩、果品面积12.98万亩、食用菌面积793.47万平方米。全市标准化基地123个，面积347.3万亩，新（扩）建标准化基地97个，面积185万亩。

2013年，按照《聊城市市级农业标准化生产基地认定管理办法》，市农委组成专家组进行考察审核，认定市级农业标准化生产基地100处，同时督导各县（市、区）加强对标准化基地的动态跟踪管理。

2015年8月，省农业厅验收组对全市35家基地进行省级验收，认定公布19家省级农业标准化生产基地。

二、农产品质量安全县创建

2009年、2012年、2013年，莘县、东昌府区、冠县先后实施省级农产品质量安全示范县创建项目。2014年，东昌府区实施省级农产品质量安全县创建项目。

2015年5月，按照省政府办公厅的统一部署和省农业厅的具体要求，市政府研究决定全市整建制创建农产品质量安全市，并印发《关于整建制创建农产品质量安全市的意见》，成为全省第一个自启整建制创建省级农产品质量安全市的地级市。加快发展生态循环农业，开展生态农业示范县、耕地质量提升等项目，加快大型沼气工程项目建设，积极推广黄腐酸有机肥，推进应用测土配方施肥、水肥一体化等技术。农药登记备案、定点经营“两项制度”全面落实。至是年年底，纳入全市农产品质量安全生产单位102个、农资经营点（店）73个、乡镇农产品质量安全监管站66个。

三、农产品检测体系建设

2008年，完成市农业综合监督检测中心基础设施建设，并购置部分仪器设备。2009年，投资400余万元购置18台进口设备、135台国产设备。2010年，着重解决了人员编制，开展了技术人员的培训工作。2015年，通过国家有关部门的计量认证和机构考核，取得检测资质。莘县于2009年，东昌府区、冠县于2010年，茌平县、东阿县于2011年，阳谷县、临清市、高唐县于2012年，陆续组织实施了县级农产品质量安全质检体系建设项目，并全部建设完成通过省级竣工验收。2014年，莘县通过计量认证和机构考核，取得了检测资质。基地、市场、龙头企业建立检测室87个，

四、质量安全监测

1997—2009年，在配合省农业厅搞好省级例行监测和监督抽查的同时，不定期开展市

2013年，技术人员在阳谷金鑫蔬菜种植专业合作社示范基地，利用蔬菜农药残毒快速检测器检测蔬菜农药残留

级抽检，合格率均在95%以上。2010年，争取专项监测资金8万元，开展3次蔬菜农药残留例行监测，合格率98%以上。2011年，市、县（市、区）农业部门均建立蔬菜农药残留例行监测制度，对农产品生产基地、农贸市场、批发市场实行抽样检测，共抽取样品643个，合格率99.2%；配合全省蔬菜农药残留例监3次，抽取样品210个。2012年，市级开展2次例行监测，共抽取各类蔬菜样品200个，合格率99%；配合全省蔬菜农药残留专项监测3次、例行监测3次，共抽取各类蔬菜样品550个，平均合格率98.2%。各县（市、区）按照监测计划，积极利用简易速测设备开展不定期抽样检测，共抽取各类蔬菜样品1888个，合格率98%以上。2013年，配合全省蔬菜农药残留例行监测4次、专项监测1次、督导抽查3次，配合农业部农产品质量安全评估5次。其中，例行检测中共抽取各类蔬菜样品410个，合格率99.3%。委托有质资的检测中心自行开展例行监测1次，共抽取瓜菜样品60个，合格率97%。督导各县（市、区）利用速测设备开展抽样检测，共抽取各类蔬菜样品1063个，合格率97%以上。2014年，配合农业部开展4次瓜菜果茶质量例行监测、3次农产品质量安全风险评估，合格率97%以上；配合全省蔬菜水果农药残留专项监测4次、监督抽查4次，共抽取样品700个，平均合格率99.1%。同时，委托有质资检测中心定期自行开展蔬菜农药残留例行监测，抽取样品300个，合格率100%。全年督导各县（市、区）利用速测设备开展抽样检测，共抽取各类蔬菜样品4057个，合格率98.5%以上。

2015年，配合全省开展韭菜专项监测1次，合格率100%；监督抽查、例行监测各4次，抽取样品660个，平均合格率98%。是年，市级开展农产品质量安全监督抽查、例行监测各2次，共监测样品389个，合格率均100%。对监测不合格的农产品生产主体，市农委协同有关县（市、区）农业部门、公安部门及时进行追查，并依据有关规定，全部进行了处理，严格惩办、处罚有关责任单位和人员，并责令其限期整改。全年对问题发现处置率为100%。

五、农产品监管体系建设

2010年，进一步加强三级农产品质量安全监管体系建设，特别是乡镇一级监管机构的建设，在全市推广莘县设立乡镇农产品质量监管办公室的做法，按照“先工作，后规范”的思路，设立乡镇农产品质量监管办公室或类似机构113个。2011年，市编委批复成立市农委农产品质量监管科，全面负责农产品质量安全工作，并在全市所有县（市、区）设立监管机构。在乡镇监管机构建设方面，采取与乡镇农技站并设的方式，在132个乡镇成立农产品质量办公室（站），同时监管向村级延伸，在重点村庄设立1～2名农产品质量安全信息员，覆盖全市总村数的49%。2012年，乡镇监管机构覆盖率100%，村级农产品质量安全信息员覆盖率65%。

2013年，村级农产品质量安全信息员覆盖率100%。2014—2015年，按照“三有”要求，对市、县、乡、村四级农产品质量安全监管体系进行逐年完善规范，使其发挥应有作用。2015年，市政府印发《聊城市禁止销售使用剧毒高毒农药管理规定》，全市逐步形成打违治劣的高压态势。创新实施“市场倒逼”的监管模式。与北京首农集团达成战略合作协议，开辟出聊城安全农产品直供北京市场的“绿色走廊”。

六、追溯体系建设

2014年开始，市委、市政府决定建立市、县两级农产品质量安全监管追溯体系，并印发《关于加强全市农产品质量安全追溯体系建设的意见》。8月，聘请专家论证评估，形成功能齐全、有可操作性的追溯体系建设方案。至2015年，共投入资金1143万元，于是年建成市级监管追溯平台1个、县级监管追溯平台11个，纳入第一批追溯试点单位241个，包括102个农业生产基地、73个农资经营点和66个乡镇农产品质量安全监管站，聊城市成为全省唯一市、县（市、区）实施农产品质量安全追溯体系全覆盖的市。

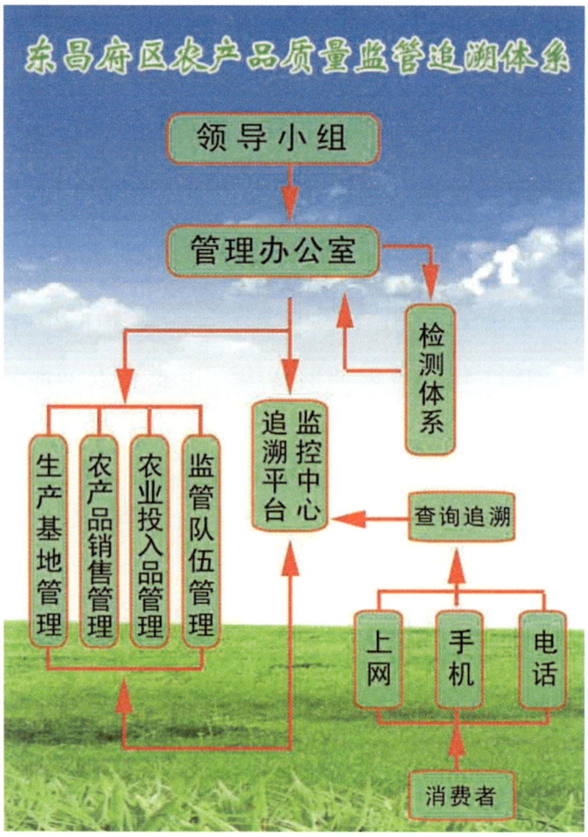

东昌府区农产品质量监管追溯体系　（2014年摄）

七、食用林产品质量安全监管

市林业部门专门成立食用林产品质量安全工作领导小组，统筹安排全市质量安全监管工作。建立了市、县、乡（镇）三级监管体系，并对基层监管人员年年组织进行统一培训，传达学习最新食品安全方面的会议精神和相关业务知识。2013年出台《聊城市果品安全生产农药使用技术指导意见》《聊城市苹果无公害试行标准》《聊城市梨无公害试行标准》《果树生产中禁、限用农药和提倡使用农药目录》。2013—2015年，每年制定《食用林产品质量安全专项整治实施方案》。

聊城市食用林产品质量安全监督抽检工作于2013年正式启动。省级食用林产品质量安全监管工作抽检的树种是苹果、梨、葡萄、樱桃、圆铃大枣、桃，抽检分为监督抽检、风险监测和评价性抽检3种类型。

食用林产品质量安全监管工作抽样区域是规模化经济林种植基地和个体果园。其中，“省级标准化示范园”“山东省十佳观光果园”“省级观光示范果园”全部抽检。每个县（市、区）抽样的生产企业或农民专业合作社原则上不得少于2个，抽检的村不少于3个；抽检的生产企业或农民合作社不得与抽检的村重合。抽样品种为枣、苹果、梨、桃、葡萄、樱桃。2015年，全市开展食用林产品监督抽检270次、风险监测270次，分别比2013年增长1.87倍、12.5倍。

2013—2015年聊城市食用林产品抽检统计表

表9-4　　单位：次、%

年份	类别	小计	枣	苹果	梨	桃	葡萄	樱桃	合格率
2013	监督抽检	94	26	28	16	8	8	8	86.2
	风险监测	20	0	20	0	0	0	0	100
2014	监督抽检	295	8	145	94	28	20	0	100
	风险监测	303	8	145	94	28	20	8	100
2015	监督抽检	270	20	130	70	20	20	10	100
	风险监测	270	20	130	70	20	20	10	96.7
	评价性抽检	18	6	6	6	0	0	0	100

第五节　农业综合开发

1997—1998年，聊城注重综合开发、综合治理、综合投入、综合效益，提高开发治理标准，探索发展高产、优质高效农业路子；在搞好中低产田改造的同时，与农业产业化相结合，扶持兴建了一批农产品生产基地和多种经营项目。针对当时出现的卖粮难、卖棉难、农民增产不增收的状况，优化农业种植结构、农业经济结构、农产品品质结构。其间，全市完成土地治理31.87万亩；扶持产业化龙头企业和多种经营项目13个，项目总投资1.04亿元，其中财政资金5427万元，自筹资金4242万元，银行贷款700万元。

1999—2003年，聊城农业综合开发由改造中低产田与开垦宜农荒地相结合转移至以改造中低产田为主，尽量少开荒甚至不开荒，把提高农业综合生产能力与保护生态环境相结合，由增加农产品产量为主转到积极调整结构、发展高产优质高效农业上来，着力加强农业基础设施建设和生态环境建设，保证国家粮食安全，提高农业综合效益，增加农民收入。此间，全市完成土地治理62.4万亩，扶持产业化经营项目31个，项目总投资2.92亿元，其中财政投资1.68亿元，自筹资金1.19亿元，银行专项贷款500万元。

2004—2015年，聊城市农业综合开发由高标准农田建设聚焦、项目区布局向粮食主产区聚焦。在全面提升土地治理水平、高标准农田建设的同时，加大产业化经营项目的扶持力度，为农业增产、农村经济发展、农民增收发挥积极的推动作用。此间，全市完成土地治理139.5万亩，扶持产业化经营项目144个，项目总投资16.76亿元，其中财政资金11.88亿元，自筹资金4.77亿元，银行专项贷款1100万元。至2015年，全市19年间农业综合开发共计改造中低产田233.77万亩，培育扶持产业化多种经营项目188个，项目总投资20.72亿元，其中中央财政资金9.01亿元，省级财政资金3.96亿元，市级财政资金5756.3万元，县级财政资金5668.5万元，自筹资金6.38亿元，银行专项贷款2300万元。

1997—2015年聊城市农业综合开发项目投资情况表

表9-5

年份	综合开发		总投资（万元）	其　中					
	土地（万亩）	项目（个）		中央	省	市	县	自筹	贷款
1997	13.87	8	5360.00	2065	—	151.0	294.0	2250.00	600
1998	18.00	5	5009.00	2437	—	162.0	318.0	1992.00	100
1999	14.50	7	4592.00	2495	—	174.0	346.0	1577.00	—
2000	13.50	8	6115.00	2593	—	178.0	363.0	2981.00	—
2001	11.60	4	4956.00	1390	1082.0	170.0	337.0	1977.00	—
2002	12.90	4	6725.00	1833	1518.0	320.0	639.0	1915.00	500
2003	9.90	8	6809.00	1667	1195.0	215.0	320.0	3412.00	—
2004	13.00	4	7897.00	2407	1807.0	245.0	355.0	2983.00	100
2005	10.00	5	9520.00	2309	1764.0	231.0	314.0	4802.00	100
2006	12.50	3	7542.50	2615	2083.0	262.0	270.0	2312.50	—
2007	11.10	4	9046.00	3187	2436.0	312.0	374.0	2737.00	—
2008	11.50	3	10391.00	4000	3183.0	403.0	414.0	2391.00	—
2009	12.37	11	13892.00	3607	2585.0	334.0	411.0	6755.00	200

续表 9-5

年份	综合开发		总投资（万元）	其中					
	土地（万亩）	项目（个）		中央	省	市	县	自筹	贷款
2010	9.40	11	12752.20	4916	2285.8	406.0	490.0	4454.40	200
2011	10.00	21	11979.26	6541	2743.0	308.1	—	2387.16	—
2012	13.70	17	15146.00	9009	3595.0	415.7	—	2126.30	—
2013	12.38	24	19613.00	9264	5390.0	571.5	423.5	3964.00	—
2014	11.20	21	21285.00	10480	3919.0	505.0	—	6381.00	—
2015	12.35	20	28549.00	17277	3967.0	393.0	—	6412.00	500

第六节　农村扶贫开发

1994 年 3 月，国务院制定和发布关于全国扶贫开发工作的纲领，即“八七扶贫攻坚计划”，计划用 7 年左右的时间（1994—2000 年）基本解决当时全国农村 8000 万贫困人口的温饱问题。由此，聊城市扶贫开发进入初步实施阶段。1994—2000 年，全市共争取财政扶持资金 1508 万元，市级完成配套资金 383 万元。累计打机井 438 眼，新建扬水站 6 座，建桥涵闸 106 座、挖沟渠 77.8 千米，完成道路建设 117.4 千米，新建蔬菜大棚 2965 个，发展畜牧养殖户 840 户，解决了 4 个贫困村吃水难问题。进一步完善领导干部帮扶责任制，市、县领导确定帮扶点，定期到贫困村检查指导工作，帮助群众解决困难，使领导干部帮扶工作经常化、制度化。市委、市政府抽调机关干部驻村入户，实行年度定指标、季度定任务、每月有检查的帮扶工作制度。1994—2000 年，全市共扶持 28 个乡镇、98 个贫困村，完成扶贫项目 229 个，覆盖贫困人口 11 万人。贫困农民平均增加收入 380 元。全市扶贫工作由解决贫困人口温饱问题阶段，逐步转移到巩固扶贫成果、稳定增加农民收入的新阶段。

2001 年，国务院印发《中国农村扶贫开发纲要（2001—2010 年）》，由此扶贫开发进入一个新的历史时期。全市继续坚持开发式扶贫方针，着重提高扶贫开发向更高层次发展，走区域开发、产业开发的新路子；继续以农村基础设施建设为重点，努力改善农民生产生活条件，增强农业发展后劲；以抓农业结构调整为突破口，发展多种经营，努力增加农民收入；以抓科技为手段，提高农民素质，促进农业科技含量的提高。在认真分析全市贫困状况，特别是冠县、莘县、东阿县重新被列为全省扶贫工作重点县的情况后，研究全市具体扶贫开发工作，提出了总体思路，制订了全市十年扶贫规划。

2004 年，全市共完成开发项目 27 个，完成项目投资 4107 万元，所扶持的乡镇初步形成各自的主导产业，区域开发初具规模。实施盘点帮扶，启动了马颊河以西（以下简称“马西”）地区扶贫工程，21 个市直单位对口帮扶 10 个乡镇、21 个后进村。是年，各单位投入资金 230 万元，已在运作的项目 26 个。2004 年 6 月 27 日至 7 月 3 日，国务院扶贫办决定在聊城举办全国农业产业化扶贫专题研讨班，来自全国 27 个省（市、自治区）的省级扶贫办、各市地级扶贫办、重点县市党政领导、县市级扶贫办主任正式代表 248 人参加会议。会议期间，与会代表参观了阳谷风祥集团，蓝山集团、泉林集团等企业作了大会发言，向全国推广了聊城市农业产业化带动农民增收的经验。

2005 年，加大对马西地区的帮扶力度。市委、市政府选派 21 个市直单位，对口帮扶马西 21 个贫困村，共完成包括挖渠、打井、架电、建学校等帮扶项目 103 个，投入资金 1153.36 万元，当地扶贫工作实现新的突破。2006 年，全市完成扶贫项目 24 个，项目覆盖贫困村 298 个，累计投入财政扶贫资金3504万元，使13.15万人摆脱贫困，全市贫困人口由2001年的37.9万人减少到21.75万人；发放扶贫贴息贷款1.03亿元，重点扶持凤祥、冠丰等10家龙头企业；实施贫困地区劳动力培训工程，累计培训学员2428人，安置就业2152人，聊城市被列为全省扶贫开发培训基地。

2007年，全市各级把扶贫开发工作与建设现代农业有机结合起来，组织实施扶贫开发项目。是年，累计投入财政扶贫资金3504万元，完成扶贫开发项目76个，发放扶贫贴息贷款1.03亿元，扶贫项目覆盖贫困村298个，使14.65万人摆脱了贫困。同时按照“整乡推进”的开发原则，重点扶持3个县、7个乡镇的22个项目，共争取资金755万元，比上年增加105万元，项目共涉及贫困村116个，覆盖贫困人口6万人。做好扶贫技能培训工作，全年培训农民技能工1500人。

2008年，全市共实施扶贫项目26个，项目覆盖3个县、6个乡镇、98个贫困村、6.13万人，项目总投资9600万元。新建优质果园2160亩，新建冬暖式大棚1061个，新建春秋式大棚3660亩、小拱棚3240亩，新建养猪小区15个、存栏生猪6000头。争取贷款贴息51万元，项目区实现人均增收643元。

莘县冬暖式大棚 （2015年摄）

2009年，全市农业项目争取和扶贫开发工作成效显著。是年，共争取在建标准粮田建设项目、现代农业资金项目、测土配方施肥项目、沼气建设、人力培训项目等21个，总投资2.9亿元，储备项目5个，资金预算1720万元。6个重点扶持乡镇新建果园3000亩，新建高标准蔬菜大棚2740亩、中小拱棚1.1万亩，发展露地蔬菜1.5万亩、食用菌8万平方米，新建养殖小区10处。

2011年，中共中央、国务院印发《中国农村扶贫开发纲要（2011—2020年）》，强调着力推进集中连片特殊困难地区扶贫攻坚，着力巩固和发展专项扶贫、行业扶贫、社会扶贫的大扶贫格局。是年，全市共争取扶贫资金1202万元，实施产业开发、农民转移培训和互助扶贫，重点扶持乡镇农民收入快速提高。在全国扶贫工作会议上，聊城市获全国性奖项2项。2012年，全市实施“整村推进”和“百村扶贫攻坚”扶贫战略，全年扶持了126个村，建设扶贫项目206个，争取省直部门帮包村111个，争取资金3000余万元。是年贫困乡村农民人均纯收入6212元，比上年增加1089元，增长19.5%，比全市平均增长幅度高出2个百分点。

2013年，全市争取省级财政扶贫资金1830万元，实施项目226个，重点扶持61个省级贫困村。“雨露计划”扶贫技能培训项目共培训学员2640人；年新增互助资金试点村19个，累计94个，贫困农户入社率78.71%，较好地解决了脱贫资金难题。开展党员干部联系贫困群众、扶贫资金自查自纠、年度考核等工作，农村贫困人口建档立卡实行动态管理。是年，全市重点贫困村人均纯收入8700多元，增长幅度超出全市农民人均纯收入增长幅度，5.6万贫困人口摆脱了贫困。

2014年，全市遵循“精准扶贫”理念，争取省级以上财政专项扶贫资金5600万元，在贫困村实施产业扶贫项目175个，覆盖贫困人口14万人。开展农业产业化龙头企业对口帮扶贫困村活动，组织139家龙头企业对口帮扶贫困村389

个，实施帮扶项目400余个。引进中国扶贫基金会，分别在冠县、莘县注资成立农民自立服务社，建成全省首批小额信贷扶贫机构。同时，开展农村扶贫开发精准识别工作，识别省级贫困村650个、贫困户18.24万户，为精准扶贫工作的继续开展奠定坚实基础，扶贫工作进入新阶段。

2015年，重新调整了聊城市扶贫开发领导小组，领导小组组长由市委书记、市长共同担任，在领导小组成员单位中抽调21名业务骨干实行集中办公；减贫计划细化后，与各县分别签订了减贫责任状。是年，专项扶贫方面。市出台搞好新一轮扶贫开发和全市养驴扶贫五年行动计划的实施意见；编制扶贫工作手册、贫困人口分布、产业扶贫和龙头企业帮扶地图；建立了贫困人口精准扶贫台账；依托财政专项资金在585个贫困村重点发展产业项目。行业扶贫方面。市出台《贯彻落实省委37号文件　扎实推进农村扶贫开发工作的实施意见》，明确行业部门12项重点工作，制定十二项重点工作任务分解表，强化落实行业扶贫责任。社会扶贫方面。实现了399个贫困村“第一书记”全覆盖；新增100家龙头企业帮扶210个贫困村，覆盖3.2万个贫困户。出台《聊城市工业项目下乡参与扶贫工作的实施意见》，鼓励工商企业到贫困村开办新厂或加工车间。金融扶贫方面。依托市级财政列支5000万元，通过招标遴选确定由邮储银行、潍坊银行和兴业银行开展金融扶贫融资增信试点工作，资金准时全部拨付到位。向金融机构推荐首批21家参与扶贫开发的企业，其中3家完成评级授信，年底前放贷3000万元，第二批企业筛选审核完毕。拟定《金融扶贫贴息工作方案》，用于对参与扶贫的各类企业、新型经营主体和建档立卡贫困户给予贴息奖励。是年，全市共争取投入扶贫的各级财政扶贫资金1.48亿元，其中省级以上财政扶贫资金8359万元（包括中央专项扶贫资金956万元、省财政专项扶贫资金7546万元）；市级财政专项资金1410万元、金融扶贫担保金5000万元。

第七节　农业政策支持

1998年12月，市委《关于贯彻落实党的十五届三中全会和省委六届十二次全会精神的意见》提出，要加大对20家区域性龙头企业建设的扶持力度，集中兴建较大规模的农副产品加工龙头企业；鼓励、引导有条件的工商企业和乡镇企业，转产从事农副产品加工、储藏、保险、运销业，特别是搞好畜、果、菜的加工和销售；建立健全农业社会化服务体系，大力发展各类协会和合作社等合作经济组织。

2002年，市委、市政府印发《关于推进农业产业化经营的决定》，提出“十五”期间全市加快农业产业化经营的任务目标，并从2002年起连续5年，市财政每年安排500万元专项资金，扶持农业产业化经营。2003年，多数县（市）出台有力的扶持政策。高唐县规定新建1个冬暖式大棚补贴500元，新建1亩大拱棚补助200元，发展1亩速生林补助50元，一年下发补助资金1300多万元。

2010年，全市实施农业产业调整振兴计划，先后实施“四百产业工程”“双百项目”“四百工程”等重点项目。2010年、2011年，市财政先后设立1000万元、2400万元的农业产业发展基金，用于项目奖补和贴息，通过“以奖代补”的方式，促进工作落实。2012年，重点实施“100个农业项目、100个农业产业化示范基地、100个农民专业合作社示范社和百村扶贫攻坚计划”为主的“四百工程”建设。

2015年，全市继续实施新型农民科技培训、新型职业农民培育和新型农民创业培训三大工程，实施“万名科技人员下乡”行动，全年培训新型农民20万人次以上。

专记　聊城市国家现代农业示范区创建

创建动因　聊城市作为传统的农业大市，八县（市、区）全部列入《全国新增1000亿斤粮食生产能力规划》《全国蔬菜重点区域发展规划》、沿黄肉牛肉羊高质高效产业区。全市70%以上蔬菜、肉蛋奶销往北京、天津、济南，是京津济重要的菜篮子。保障国家粮食安全、京津济农副产品供应，发展现代农业的需求尤为迫切。

建设历程 聊城国家现代农业示范区创建工作始于2014年。是年9月，获得参加农业部国家现代农业示范区评审的资格。11月28日，聊城市市长王忠林亲赴现场陈述答辩，最终以山东省第一名和全国前五名的优异成绩通过答辩。2015年1月22日，农业部〔2015〕1号文件，正式认定聊城市为“国家现代农业示范区”。

聊城市国家现代农业示范区申报成功后，市委、市政府印发了《关于推进聊城市国家现代农业示范区的意见》，全市上下紧紧围绕国家现代农业示范区建设，重点抓了五个方面的工作。

1. 提升农业综合生产能力。大力开展粮食高产创建活动，落实农业支持保护政策，实施藏粮于地、藏粮于技，保持粮食产能稳定。2015年，全市粮食总产619.9万吨，连续6年突破50亿千克大关，实现“十三连增”；瓜菜菌面积378.2万亩，总产1626.3万吨。

2. 建设新型农业经营体系。深入开展龙头企业转型升级、工商资本进入农业等调研活动，促进农业产业化发展，提高农产品转化增值能力；加大企业“走出去”培训力度，增强农业企业前进视野和市场竞争力；不断推进农民专业合作社规范发展。2015年，全市新增销售收入2000万元以上的龙头企业25家，总计411家，实现销售收入1100亿元；农民专业合作社1.01万家；新创建省级家庭农场示范场5家，农场总数543家。

3. 建设农产品质量安全和品牌。在全省范围内率先建成市、县两级全覆盖的农产品质量可追溯体系，并在山东省第一家提出整建制创建农产品质量安全市，以市政府令下发《聊城市禁止销售使用剧毒高毒农药管理规定》，将全市整建制设为剧毒高毒农药禁止销售、使用区域。全力打造绿色农产品之都。2015年，全市“三品一标”

“聊·胜一筹”品牌符号 （2015年摄）

累计1061个，基地面积453.16万亩，全市绿色食品认证数量连续两年居全国地级市首位。打造聊城市农产品整体品牌形象，委托浙江大学编制《聊城市农产品区域公用品牌战略规划》，并利用第七届中国国际现代农业博览会的平台，举办聊城市农产品区域公用品牌发布会，宣传推介聊城市“聊·胜一筹”品牌符号和“放心吃吧，聊城产的”宣传口号。

4. 加快农业科技创新推广。依托冠县玉米良种繁育及加工基地建设、聊城市玉米原种扩繁基地建设、山东省早熟高产粮饲兼用夏玉米育种研究聊城创新基地建设等项目，加快推进大宗农作物育种高标准制种基地建设。进一步加快蔬菜、畜禽特色农产品新品种的研发改良、集成引进、示范推广步伐。以莘县为核心，加快推进聊城国家农业科技园区建设。继续实施新型农民科技培训、新型职业农民培育和新型农民创业培训3大工程，实施“万名科技人员下乡”行动，实现年培训新型农民20万人次以上。

5. 加强区域协同与交流合作。2015年，国家明确支持聊城融入京津冀协同发展国家战略以来，市农委多次与北京首农集团进行对接，签订了战略合作协议，探索农产品直接产销对接模式。3月21日，市长宋军继率团参加聊城市与首农集团战略合作座谈会，并与首农集团和海淀区商委领导就聊城蔬菜进入北京市场问题进行精准对接，达成广泛共识。4月19日，在北京举办“聊城市农产品区域公用品牌发布会暨对接京津冀合作项目签约仪式”，进一步促进聊城农业与京津冀的深度融合。同时，市农委加强对台交流合作工作，先后组织多次考察对接交流活动，在台北举办“聊城精致农业开发项目合作恳谈会”，市农委与台湾中华两岸连锁经营协会签订“共同推进聊城台湾精致农业发展战略合作框架协议”；两次邀请台湾企业家到市内考察现代农业项目；市农委还与市委台办共同编制《对台交流培训工作计划》。

第二章　种植业

1997年起，境内种植业生产重点发生转移，由原来的只重视粮棉生产和农产品产量转移到调整优化产业结构、优化产业布局，提高农产品产量、质量和效益，增加农民收入上来。是年，全区农作物总播种面积92.83万公顷，其中粮食播种面积69.94万公顷，占农作物总播种面积的75.35%。2012年，粮食总产549万吨，列全省第三位（列德州市、菏泽市之后），实现“十连增”，连续三年突破500万吨大关；瓜菜菌总产1440万吨，位列全省第一。随着种植业的不断发展，全市农产品产量和质量不断提高。

2015年，全市粮食总产619.9万吨、单产每公顷6793千克，分别比1997年增长52.2%、43.19%；棉花总产4.05万吨、单产每公顷1352.4千克，分别比1997年增长44.13%、42.13%；花生总产9.93万吨、单产每公顷4445.5千克，分别比1997年下降57.38%、增长29.58%；瓜菜菌总产1626.3万吨、单产每公顷6.45万千克，分别比1997年增长240.23%、62.47%。全市种植业结构实现了由以粮棉为主向粮、棉、油、蔬菜、食用菌等多种经营发展转变，形成一批规模化、产业化基地，拥有“国家级蔬菜标准园”18家，“三品一标”总数1066个。是年，聊城市被确定为“国家现代农业示范区”，2014年，被中国蔬菜流通协会授予“中国蔬菜第一市”称号。

1997—2015年聊城市粮食生产占全省比重情况表

表9-6

年份	播种面积（千公顷）	全省播种面积（千公顷）	占全省播种面积比重（%）	总产量（万吨）	全省总产（万吨）	占全省总产比重（%）	单产（千克/公顷）		
							聊城市	山东省	全国
1997	699.42	8083.1	8.7	331.8	3852.2	8.6	4744	4766	4377
1998	697.65	8132.5	8.6	335.6	4264.8	7.9	4811	5244	4502
1999	693.63	8099.3	8.6	354.9	4269.0	8.3	5116	5271	4493
2000	621.40	7772.4	8.0	330.9	3837.7	8.6	5326	4938	4261
2001	617.70	7153.5	8.6	339.1	3720.6	9.1	5489	5201	4267
2002	597.93	6912.6	8.6	309.1	3292.7	9.4	5170	4763	4396
2003	550.76	6415.4	8.6	292.4	3435.5	8.5	5308	5355	4332
2004	552.85	6313.9	8.8	327.2	3516.7	9.3	5919	5570	4620
2005	669.86	6711.7	10.0	401.0	3917.4	10.2	5986	5837	4642
2006	684.71	6999.1	9.8	423.9	4093.0	10.4	5956	5848	4745
2007	730.96	6936.5	10.5	455.5	4148.8	11.0	6232	5981	4748
2008	715.52	6955.6	10.3	459.9	4260.5	10.8	6428	6125	4951

续表 9-6

年份	播种面积（千公顷）	全省播种面积（千公顷）	占全省播种面积比重（%）	总产量（万吨）	全省总产（万吨）	占全省总产比重（%）	单产（千克／公顷）		
							聊城市	山东省	全国
2009	720.83	7030.1	10.3	468.8	4316.3	10.9	6504	6140	4871
2010	776.14	7084.8	11.0	519.9	4335.7	12.0	6699	6120	4974
2011	785.54	7145.8	11.0	537.7	4426.3	12.1	6845	6194	5166
2012	801.71	7202.3	11.1	549.0	4511.4	12.2	6848	6264	5302
2013	733.31	7294.6	10.1	466.6	4528.2	10.3	6208	6208	5377
2014	743.93	7440.0	10.0	509.8	4596.6	11.1	6852	6178	5385
2015	743.33	7492.1	9.9	619.9	4712.7	10.7	6793	6290	5483

第一节 粮食作物

一、小麦

小麦是全市种植面积最大的粮食作物。1997年，全区小麦播种面积36.94万公顷，占粮食播种面积的52.81%，总产量195.59万吨，平均单产5295.1千克／公顷。此后，随着种植业结构的调整，全市小麦种植面积有所减少，同时优质专用小麦在全市得到发展。2003年，优质专用小麦种植面积25.67万公顷，总产125.5万吨。2004年，全市小麦种植面积27.06万公顷，占粮食播种面积的48.9%，总产157.42万吨，占粮食总产的48.11%。1997年后，小麦生产以提高单产、增加总产为重点，先后推广深耕深松、规范化播种、宽幅精播等技术，大幅提高整地播种水平；推广氮肥后移技术，春季返青肥改为起身拔节肥。生产技术推行适期晚播，播种期一般日期为10月3—12日，比20世纪90年代后延7天左右。2002年，因受干旱天气影响，小麦产量降低。是年，全市小麦种植面积33.8万公顷，总产167.78万吨，单产仅4963.4千克／公顷，比2001年减产24.8%。2004年，随着种植技术的不断提高和种子品质的提升，小麦产量不断增加。2005年，全市开始实施小麦良种补贴，小麦良种推广补贴面积270万亩，按照每亩10元的补贴标准，通过供种单位统一向农民提供质优价廉的种子，对推广优质专用小麦良种的农民进行补贴。2015年，取消小麦良种补贴。是年，全市小麦种植面积38.42万公顷，占粮食作物播种面积的51.69%，总产259.55万吨，占粮食总产量的51.4%。

二、玉米

玉米是全市种植面积仅次于小麦的粮食作物。1997年，全区玉米种植面积26.13万公顷，占粮食播种面积的37.35%，总产114.61万吨，平均单产4386.15千克／公顷。1997年后，通过大面积推广紧凑型玉米杂交种，扩大夏直播、机械化单粒精播及实施综合高产配套技术，实现玉米生产的快速增长。从20世纪90年代末期开始，全市加大种植业结构调整力度，玉米面积呈增长趋势，至2005年，全市玉米种植面积形成常年在33万公顷左右。阳谷县、莘县、东昌府区等县（区）开始示范种植特用玉米（糯、甜、高油），以鲜食糯玉米品种为主。2006年，莘县开始试点实行玉米良种补贴，补贴面积20万亩，随后玉米良种补贴在全市推广，到2015年，实行“三项补贴”改革，玉米良种补贴退出历史舞台。2015年，全市玉米种植面积35.27万公顷，占粮食作物面积的47.45%；总产242.39万吨，占粮食总产量的48%，平均单产6872.47千克／公顷。

三、杂粮

大豆　1997年，全区种植面积4.02万公顷，总产8.92万吨，平均单产2218千克／公顷。此后，随着玉米产量的提高和化学除草技术的推广应用，大豆种植面积大幅度减少，至2015年减少到3850公顷。其间，先后实施了改进种植方式，改大豆与玉米的间作为直播，增施肥料、科学灌溉、精细管理，重点是抢时早播、合理密植、人工间苗、化学除草等生产技术。2015年，全市大豆种植面积3850公顷，总产1.13万吨，平均单产2927.15千克／公顷。

甘薯　又称“地瓜”，主要分布在黄河故道等沙壤土区域，用途以鲜食、烤食为主。1997年，大力推广脱毒甘薯种苗技术，解决了甘薯因长期无性繁殖而造成的病毒积累、品种种性变劣、产量品质下降等问题。是年，全区种植面积8710公顷，占粮食播种面积的1.25%，总产5.01万吨，占粮食总产的1.51%，平均单产5752千克／公顷。20世纪90年代后，随着小麦、玉米产量的不断提高，两季连作单产收益高于甘薯，以及人民生活水平的提高，甘薯逐步从人们的主食中退出，种植面积逐年减少。2015年，全市甘薯种植面积1568公顷，占粮食播种面积0.21%，总产1.26万吨，平均单产8035.1千克／公顷。

谷子　自1997年起，境内谷子播种面积总体呈递减趋势，2014—2015年略有回升。1997年，种植面积1.41万公顷，占粮食播种面积的2.02%，总产5.45万吨，平均单产3852.1千克／公顷。其后，谷子平均单产基本稳定在4000千克／公顷左右。至2007年，谷子产量骤减。是年，播种面积3142公顷，总产6200吨，平均单产1973.27千克／公顷。2013年，种植面积102公顷，总产400吨，平均单产3921.6千克／公顷。2015年，全市谷子种植面积459公顷，总产1400吨，平均单产3050.1千克／公顷。

高粱　1997年，境内种植面积2174公顷，占粮食播种面积的0.03%，总产8900吨，平均单产4093.8千克／公顷。1997年后，高粱的种植面积逐年减少。2002年，种植面积1463公顷，占粮食播种面积的0.24%，总产5100吨，平均单产3488.4千克／公顷。2015年，种植面积92公顷，总产310吨，平均单产3369.57千克／公顷。

水稻　主要分布在黄河沿岸的东阿县鱼山镇，常年种植面积200公顷左右，以春稻为主。

其他杂粮　市内的其他杂粮种植有绿豆、红小豆、豇豆、豌豆等，多半是在沟边地头零星种植，以农民自食为主，少量在集市出售。进入21世纪后，随着人们对杂粮需求的增加，杂粮生产有恢复性增长，价格也有较大提高。

1997—2015年聊城市主要粮食作物播种面积、产量情况表

表9-7　　　　单位：公顷、万吨

年份	小麦		玉米		谷子		高粱		大豆		地瓜（薯类）	
	面积	总产	面积	总产	面积	总产	面积	总产	面积	总产	面积	总产
1997	369381	195.59	261280	114.61	14148	5.45	2174	0.89	40238	8.92	8710	5.01
1998	370929	168.03	267729	148.53	11502	4.40	2281	0.94	36011	8.56	6624	4.26
1999	366820	198.63	270950	137.22	10755	4.58	2366	1.02	33650	8.01	6872	4.54
2000	358768	180.39	211169	132.28	9169	3.85	1948	0.72	31260	7.94	6502	4.58
2001	337367	168.94	235186	154.20	8558	3.58	1587	0.68	27173	6.90	5380	4.00
2002	338025	167.78	218215	125.59	7658	2.97	1463	0.51	21640	6.10	7975	5.58
2003	298483	156.48	213699	121.26	6870	2.52	1122	0.68	20203	4.87	8114	6.08
2004	270552	157.42	251766	157.33	5426	2.19	1122	0.43	16226	3.49	5869	5.39
2005	367901	210.63	274293	178.37	4931	2.03	984	0.45	14587	3.80	5509	5.26
2006	367966	219.30	290502	193.58	4375	1.77	827	0.32	13479	3.55	5223	4.65

续表 9-7

年份	小麦		玉米		谷子		高粱		大豆		地瓜（薯类）	
	面积	总产	面积	总产	面积	总产	面积	总产	面积	总产	面积	总产
2007	392215	236.31	318158	212.09	3142	0.62	586	0.15	10153	2.68	4856	3.22
2008	366728	229.89	330563	222.65	2543	0.59	422	0.14	9036	2.50	4917	3.83
2009	367380	231.73	339729	231.00	1973	0.53	275	0.09	6559	1.87	3705	3.26
2010	395931	266.10	369310	248.59	637	0.17	159	0.05	5773	1.48	3373	3.22
2011	398930	275.67	376532	257.28	1150	0.36	165	0.06	5279	1.45	2713	2.62
2012	400831	282.52	392151	262.49	654	0.20	107	0.04	4871	1.30	2189	2.03
2013	368053	242.20	359086	221.26	102	0.04	25	0.006	3889	0.97	1811	1.47
2014	381593	256.85	354979	249.94	519	0.20	91	0.03	4426	1.35	1714	1.12
2015	384207	259.55	352697	242.39	459	0.14	92	0.03	3850	1.13	1568	1.26

第二节　经济作物

一、棉花

“八五”以来，全市农业在由粮棉主导型向多种经营主导型转变的过程中，棉花这一农村经济的支柱产业逐年变弱，种植面积逐年减少，加之连年自然灾害，棉花连年歉收。1997年，全区种植面积2.94万公顷，比1996年减少37.7%，总产2.81万吨，平均单产955.8千克/公顷。1998年，全市引进种植抗虫棉1700公顷。是年，棉花种植面积3.79万公顷，总产3.73万吨，平均单产984.2千克/公顷。自1999年开始，大力推广抗虫棉（主要抗虫棉品种：33B、中30、99B），强化配套技术的培训和指导，扩大棉薯、棉瓜、棉菜间作套种栽培技术。2001年，全市棉花播种面积6万公顷，总产6.58万吨，平均单产1096.7千克/公顷，其中抗虫棉品种占总面积的90%以上。2002年，棉花播种面积6.57万公顷，总产7.23万吨，平均单产1100.5千克/公顷。从2004年开始，棉花生产逐步恢复，2005年、2006年、2007年，棉花种植面积分别6.99万公顷、6.95万公顷和7.35万公顷。棉花良种普及率进一步提高，主要品种为鲁棉研28、晋棉38、国欣棉3号、鲁棉研19等。2007年，争取国家棉花良种补贴项目，补贴面积3.73万公顷，补贴金额840万元。2010年，山东省首次实施棉花良种直补，实现了棉花种植补贴全覆盖，补贴标准每亩15元，直至2015年取消棉花良种补贴。2009—2015年，随着国家产业政策和农业结构调整，棉花种植面积逐年萎缩。2011年，植棉面积5.92万公顷，总产7万吨，平均单产1182.4千克/公顷。2013年，种植面积3.95万公顷，较2011年下降33.3%，总产4.76万吨，平均单产1205.1千克/公顷；植棉县市主要集中在高唐县、茌平县、临清市3个县（市）。2014年，植棉面积3.34万公顷，比上年下降15.4%，总产4.31万吨，平均单产1290.4千克/公顷。是年，国家开始实施目标价格补贴。2015年，植棉面积2.99万公顷，比上年下降10.5%；总产4.05万吨，平均单产1354.5千克/公顷。

二、花生

1997年，全区种植面积6.8万公顷，总产23.33万吨，平均单产3430.9千克/公顷；主要集中在莘县、冠县、高唐县等县的沙壤土区域，品种主要为海花1号、鲁花11、花育25、花育36等。其后，先后推广地膜覆盖技术、化学除草技术、化学调控及种子包衣技术、叶面施肥技术、机械化单粒精播技术等。2015年，全市种植面积2.23万公顷，总产9.93万吨，平均单产4452.9千克/公顷。

1997—2015 年聊城市棉花、花生播种面积、产量情况表

表 9-8　　　　单位：公顷、万吨

年份	花生		棉花	
	面积	总产	面积	总产
1997	68001	23.33	29427	2.81
1998	75105	27.08	37893	3.73
1999	71038	23.26	33688	3.88
2000	80155	31.10	60039	6.54
2001	71365	26.97	59978	6.58
2002	68019	23.92	65703	7.23
2003	62902	21.88	75334	6.93
2004	49575	19.16	95733	10.80
2005	47780	19.70	69904	8.09
2006	43164	18.32	69472	8.47
2007	36201	15.29	73548	9.20
2008	37788	15.76	73983	9.74
2009	37982	15.80	73484	9.58
2010	34830	13.68	66587	8.25
2011	34116	13.40	59239	7.00
2012	29508	12.33	47316	5.65
2013	26749	11.44	39450	4.76
2014	22322	9.82	33370	4.31
2015	22337	9.93	29946	4.05

三、药材

境内药材品种较少，20 世纪 90 年代末期，多为野生采集，主要有茵陈、草决明、苍耳子、栝蒌、丝瓜络、大蓟、蒲公英、白茅、天花粉、香附、蛇床、地丁等。进入 21 世纪，药材种植面积逐步扩大。各县（市、区）均有分布，主要品种有牡丹、丹参、灵芝、玫瑰、菊花、天南星、天花粉、金银花、银杏、栝蒌、甜叶菊、黄芪、生地、白术等。至 2015 年，全市药材栽培面积 2945 公顷。

四、蔬菜与瓜类

境内种植的蔬菜品种分茄果类、根菜类、薯芋类、瓜类、豆类、葱蒜类、白菜类、甘蓝类、食用菌类、水生类、绿叶类 11 大类、77 种类、812 个品种。其中排名前十位的主要经济作物品种为西红柿、黄瓜、大蒜、西瓜、茄子、辣椒、白菜、西葫、韭菜、油菜。

1996 年开始，聊城地委、行署将蔬菜作为农业四大支柱产业之一来抓。至 2000 年，全市

1996 年 3 月，莘县荣获“中国香瓜之乡”称号

蔬菜播种面积18.41万公顷，其中冬暖式大棚1.67万公顷、大拱棚1.73万公顷、中小拱棚3.07万公顷，地膜覆盖栽培3.73万公顷、露地栽培4.25万公顷；总产690.66万吨，产值52亿元。全市初步形成四大蔬菜区域带和一批各具特色的反季蔬菜生产基地。

2005年，全市蔬菜种植面积发展至19.47万公顷，总产量增至921.11万吨，总产值增至97.9亿元，无公害种植面积7.5万公顷。蔬菜产业成为全市农民增收的主要途径之一。

“十一五”期间，市委、市政府提出打造京九沿线著名蔬菜基地的目标，把蔬菜作为农业产业结构调整的重中之重来抓。全市大力发展反季节蔬菜种植面积，压缩科技含量低的露地菜面积，提高精细菜、特种菜、时差菜在总量中的占有份额。2010年，蔬菜播种面积18.63万公顷，瓜菜总产983.16万吨，总产值129.4亿元。蔬菜总产量、总产值均大大超过制定的蔬菜发展目标。2015年，全市瓜菜种植面积18.99万公顷，总产量1080.87万吨。

1997—2015年聊城市瓜菜种植面积和产量一览表

表9-9 单位：万公顷、万吨

年份	播种面积	总产量	年份	播种面积	总产量
1997	12.05	462.61	2007	18.14	951.63
1998	12.86	509.38	2008	19.36	1017.98
1999	15.03	580.22	2009	18.92	1000.37
2000	18.41	690.66	2010	18.63	983.16
2001	18.99	743.66	2011	17.95	979.71
2002	21.74	866.39	2012	18.00	990.11
2003	23.94	983.48	2013	48.43	1017.68
2004	23.05	1020.52	2014	18.65	1050.33
2005	19.47	921.11	2015	18.99	1080.87
2006	19.62	966.73			

五、食用菌

1997年以来，境内食用菌生产发展迅速。是年，全市食用菌种植面积1400公顷，总产1.47万吨。1999年，食用菌总产3.47万吨，主栽品种有双孢菇、平菇、香菇。是年10月，成立了聊城市食用菌学会，强化了对食用菌菌种生产和菌种市场的监督管理。2000年，食用菌总产3.3万吨，总产值6.7亿元。

“十一五”期间，聊城市委、市政府提出“打造江北著名的食用菌基地”的目标。2006年，全市食用菌种植面积1831公顷，总产24万吨。2007年，食用菌种植面积2048公顷，比上年增长12%，总产25.6万吨，比上年增长6.7%。2008年，食用菌种植面积2050公顷，总产39万吨，比上年增长52%，产值11.6亿元。2009年，食用菌种植面积3050公顷，总产44.5万吨，产值15.6亿元。2011年，食用菌种植面积

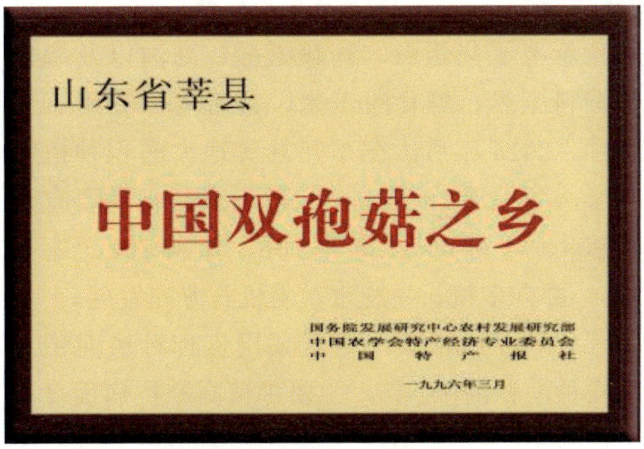

1996年3月，莘县荣获“中国双孢菇之乡”称号

3000公顷，总产58万吨，产值16亿元。2015年，食用菌总产51.7万吨，总产值17.2亿元，其中出口4.5万吨，创汇6000万美元。主要生产品种为平菇、双孢菇、金针菇和鸡腿菇，产量分别为29.8万吨、6.9万吨、5.4万吨和3.2万吨，总体效益趋于稳定。全市形成了以平菇、双孢菇、鸡腿菇、草菇、金针菇为主导，灵芝、黑木耳、杏鲍菇、白灵菇等多品种发展的格局。

第三节　种子　肥料

一、种子

主要农作物品种　小麦。1997年，全区播种鲁麦23号5.73万公顷、鲁麦21号1.47万公顷，分别占全市小麦总播种面积的45.6%、11.7%。1997年后，开始发展优质高产小麦，试验推广济麦系列。2006年，济麦22号和济南17种植面积占全市小麦总播种面积的50%。2015年，济麦22号和鲁原502种植面积占全市小麦总播种面积的76.4%。

玉米。1996年，玉米推广品种以掖单号为主，其中掖单12号、13号、19号推广面积分别为122.6万亩、93.7万亩、55.5万亩，共计占一代种推广面积的67.5%。引进推广种植株型紧凑、抗病、抗倒、高产新品种西玉319.6万亩。1998年，全市鲁玉10号、鲁玉16号种植面积6.93万公顷，占玉米播种面积的60.1%。2000年后，开始示范推广农大108、鲁单981、郑单958等多抗、大穗型高产玉米良种。同时，引进试验示范了高蛋白、高赖氨酸、高油以及墨西哥饲料玉米、鲜食甜玉米、糯玉米等专用玉米品种。2014年后，在东阿县等地大面积种植糯玉米，面积近10万亩。大田玉米品种主要有郑单958、登海605、隆平206、伟科702、先玉335，并向多抗、易脱水、易机收方向发展。

甘薯。1996年，全区采用良种种植面积占总播种面积的72.4%，主要种植高产抗病优良品种徐薯18号。1997—2002年，全市主要推广品种有徐薯18号、鲁薯1号、鲁薯7号、鲁薯8号、北京553、南京92等品种。2003—2015年，境内主要推广品种有商薯19号、龙薯9号等，种植面积均不大，最大不超过5000亩。

大豆。1996年，全区采用良种面积占总播种面积的68.3%，主要选用东解1号、吉林18，向阳1号、鲁豆1号等。此后至2002年，主要引进推广鲁豆4号、鲁豆11号、鲁豆12号、利选6号等。2003—2015年，主要引进推广菏豆12号、中黄25、中黄35、菏84-5、鲁豆11号、中黄40、圣丰1号、早熟5号等，种植面积由10万亩左右逐步减少到4万亩左右。

棉花。20世纪90年代，境内先后推广低酚棉中棉所13、冀无252、鲁棉12号和中棉所19等。1999—2001年，主要选用抗虫棉品种中棉所29、中棉所30、新棉33B、DP-99B等。2002—2003年，主要选用品种是99B、标记杂交抗虫棉。2006年，推广普及高产、抗病、优质、抗虫棉种，春棉以鲁棉研28为主，搭配种植鲁棉研21、鲁棉研22，夏棉以鲁棉研19为当家品种。新推广的鲁棉研28综合性状优良，抗病能力强、早熟不早衰、优质高产。2007年，全市承担棉花良种推广补贴项目56万亩，主要棉花品种7个，分别为鲁研棉15、16、18、19等。2008年，聊城市重点推广综合性状表现较好的鲁棉研28号、晋棉38、国欣棉3号、鲁棉研22号等品种，在国家实施良种补贴项目带动下，全市棉花良种普及率95%以上。2010年，推广适宜聊城种植的鲁棉研28、鲁棉研19、晋棉38、国欣棉3号等优良品种。2011年，因地制宜地选用了棉花良种推广补贴主导品种，以鲁棉研15、鲁棉研28、晋棉38、国欣棉3号为主。

花生。1996—2002年，种植品种主要为鲁花11号、鲁花14号和花育16号等。2003—2015年，种植品种主要为花育22号、花育25、丰花1号、潍花8号等，种植面积在60万亩左右。

农作物良种繁育　小麦。1995年后，聊城良种繁育推广体系进入种子产业化阶段。到1998年，全市小麦统一供种播种9.33万公顷，占小麦播种面积的74%。是年，建成小麦种子田4466.67公顷，其中穗行圃3.95公顷、原种田77.5公顷、一级与二级种子田4000多公顷。

由聊城市鑫丰种业所选育的高产、优质小麦新品种“鑫麦296”，2010—2012年参加山东省冬小麦区域试验，平均亩产分别为615.5千克、601.7千克，比济麦22号分别增产5.2%、5.85%，均居参试品种第一位；2012—2013年，参加山东省冬小麦生产试验，平均亩产544.99千克，比济麦22号增产5.18%，居第一位；2011—2012年，参加黄淮冬麦区北片水地组区域试验，平均亩产519.6千克，比良星99增产3.4%；2012—2013年续试，平均亩产522.6千克，比良星99增产5.5%；2013—2014年，参加生产试验，平均亩产597.5千克，比良星99增产7.5%，居参试品种第一位。2015年，万亩示范片平均亩产614.09千克，超出全市小麦大田亩产16.5%；其中茌平县韩屯镇最高单产实打721.3千克/亩，创全市历史最高纪录。

玉米。1995年后，玉米制种越来越少，以从外地调运为主。2000年以后玉米杂交种的推广应用基本上靠外地调入。调入农大108、郑丹958、先玉335、鲁丹981等。2015年，建设农业部小麦、玉米高产创建示范片65万亩，省级粮食高产创建示范方61.3万亩，万亩示范片玉米平均亩产668.9千克，攻关田实打最高单产1.19万千克/亩。

瓜果蔬菜。1998—2001年，先后引进美国、荷兰、日本、以色列等国家的樱桃番茄、香蕉西葫、黑美人小型西瓜、菊苣、紫生菜、紫甘蓝、橘红白菜、西葫、巨型南瓜、草菇等名特新稀瓜菜菌品种。2002—2003年，新引进的瓜菜品种有以色列189西红柿、格鲁吉亚甜椒、荷兰乳黄瓜、香蕉西葫、凯特杏、黄金梨，日本黑甜五寸人参胡萝卜、巨型南瓜等30多个。2004年，新引进的瓜菜品种辣椒有以色列甜椒、瑞士曼迪、塔纳多、格鲁吉亚甜椒等，色泽、产量、口感均很好；西红柿有以色列144、189和圣女红果、千禧等；其他还有荷兰乳黄瓜、香蕉西葫、日本黑甜五寸人参胡萝卜、巨型南瓜等40多个瓜菜品种；食用菌主要有杏鲍菇、袖珍珠菇等名优品种。至2005年，全市从美国、荷兰、日本、以色列等国家和地区引进樱桃番茄、香蕉西葫芦、黑美人小型西瓜、香瓜、菊芭、紫生菜、紫甘蓝、橘红白菜、番茄、曼迪、塔兰多辣椒、布里塔长茄、彩椒、牛芬、杏鲍菇、鸡腿菇、双孢菇等上百个品种。2007年，加大蔬菜产品新技术、新品种的引进推广力度，引进、试种法国凯撒西葫、杭椒等新品种6个，繁育秋延迟茬、越冬茬荷兰、以色列、法国、日本等名优品种600多万株。2010年，进一步深化与以色列海泽拉公司、瑞士先正达公司、法国太子公司等优质种苗公司的合作，引进推广30多个优良瓜菜品种。2011年，引进国内外优良菌菜新品种61个，推广面积30万亩。2012年，继续拓展深化与农业院校、科研院所及国内外种苗繁育推广机构的合作，有计划地引进推广品质好、产量高、抗病性强、品相好、市场畅销的甜椒金规、劳拉、玛特尔，尖椒绿新长剑、冠王、圣箭，黄瓜津优35、博新39、恭喜发财，西红柿粉丽亚、粉亚、中宝，圆椒黄帝、圣菲利、普拉多、方泰等优良品种30余个。2013年，有计划地引进甜椒金规、尖椒绿新长剑等产量高、品质好、抗逆性强、市场潜力大的国内外新品种。2015年，创建国家级蔬菜标准园5个，引进、推广蔬种21个，总结推广“平菇—毛木耳”轮作高效栽培模式。

其他。大豆、棉花、花生、谷子、甘薯等良种繁育，主要靠外地调入和农民自留。

二、肥料

肥料品种　1997年，全区有机肥种类有厩（圈）肥、人粪尿、堆肥、饼肥、草木灰、商品有机肥等，化学肥料有碳酸氢铵、尿素、硫酸铵、过磷酸钙、磷酸二铵、硫酸钾及微量元素肥料。1997年后，有机肥料除传统的畜禽粪尿外，相继开发推广秸秆肥、工业污泥、精制有机肥和沼渣肥等。进入21世纪，各种复合（混）肥得以迅速推广。复合肥品种有磷酸一铵、磷酸二铵、磷酸二氢钾、硝磷钾肥等；复混肥品种主要有氮磷钾三元复合肥、氮钾二元复合肥、氮磷二元复合肥、有机无机复混肥等。另外还出现一些养分含量高、肥效快、使用方便的新型肥料品种，如作物专用肥、叶面肥、稀土微肥、硅钙肥、水溶肥、土壤调理剂、复合微生物肥、农用微生物菌剂和缓控释肥等。

施肥方法　1997年之前，有机肥和磷肥主要做基肥，大部分化肥主要以分期追肥为主。1997年，全区共施用化肥27.48万吨（折纯），每公顷耕地平均施用化肥494千克。1998年后，有机肥料施用量逐年减少，化学肥料施用量逐年增加。2015年，全市共施用化肥41.24万吨（折纯）。每公顷耕地平均施用化肥721千克，与1997年相比，化肥施用总量增长50.06%，每公顷耕地平均施用化肥增长45.95%。

随着肥料品种的不断丰富、栽培作物品种的增加和栽培方式的改进，施肥技术也相应发生变化。秸秆还田逐渐成为土壤补充有机成分的主要方式。2015年，作物秸秆总量的80%～85%实现机械粉碎还田，连年秸秆还田补充了土壤有机质及大中微量元素，培肥了地力。化肥施肥主要是基肥、追肥和叶面喷肥三种方式。基肥一般开沟、挖穴施用，追肥有地面撒施、浇水冲施、穴施、条施，叶面肥一般在作物生长的中后期喷施。

肥料用量　氮肥。1997—2015年，全市（区）氮肥用量在15万吨（折纯）左右，但在肥料总用量中所占的比例呈下降趋势。1997年，全地区氮肥用量15.01万吨（折纯），占化肥使用总量的54.63%，每公顷耕地用量269.7千克（折纯）。2015年，全市氮肥用量15.9万吨（折纯），占化肥使用总量的38.56%，每公顷耕地用量277.87千克（折纯）。

磷肥。1997—2008年，随着磷酸二铵的推广应用，全市磷肥用量总体呈增长趋势。1997年，全区磷肥用量5万吨（折纯），占化肥使用总量的18.16%，每公顷耕地用量89.68千克（折纯）。2005年，全市施用农用化肥34.74万吨、氮肥16.22万吨、磷肥5.52万吨、钾肥3.37万吨、复合肥9.63万吨，每公顷耕地施用量650.97千克。2008年后，全市磷肥用量在6.4万吨（折纯）左右。2015年，全市磷肥用量6.45万吨（折纯），占化肥使用总量的15.64%，每公顷耕地用量112.74千克（折纯）。此期，全市磷肥用量在化肥用量中的比例有所下降，但每公顷耕地用量呈增长趋势。

钾肥。1997年，全地区钾肥用量只有1.9万吨（折纯），占化肥使用总量的6.92%，每公顷耕地用量34.18千克（折纯）。2015年，全市钾肥用量增至3.62万吨（折纯），占化肥使用总量的8.77%，每公顷耕地用量63.19千克（折纯），与1997年相比，增长84.87%。

1998—2015年聊城市农用化肥施用量（折纯）表

表9-10

年份	农用化肥施用量（吨）	氮肥（吨）	磷肥（吨）	钾肥（吨）	复合肥（吨）	每公顷耕地施用量（千克）
1998	276262	147144	48707	21840	61271	497.00
1999	287755	159457	48028	22302	57968	518.00
2000	306715	163875	48870	25582	68388	553.49
2001	317822	159708	52796	33030	72288	547.53
2002	318893	157277	54590	32086	74940	588.56
2003	313480	144858	50412	31608	86602	583.68
2004	365007	170010	58295	37261	99441	681.79
2005	347363	162224	55229	33653	96257	650.97

续表 9-10

年份	农用化肥施用量（吨）	氮肥（吨）	磷肥（吨）	钾肥（吨）	复合肥（吨）	每公顷耕地施用量（千克）
2006	335413	167516	48703	30360	88834	633.66
2007	344947	170497	48031	31442	94977	655.49
2008	382569	156905	64720	43018	117926	676.49
2009	398898	154902	63384	43060	137552	703.14
2010	419573	157834	62672	44648	154419	790.33
2011	423677	162655	65850	46636	148537	794.00
2012	419559	162363	65003	44115	148078	779.97
2013	417970	164425	65743	42883	144919	787.12
2014	424433	165133	65218	43840	150241	750.94
2015	412414	159022	64520	36162	152708	721.64

第四节 种植技术

一、粮食作物

小麦种植 20世纪90年代，境内种植方式以小麦—玉米一年两季栽培为主。小麦重点推广精播、半精播高产配套栽培技术。至21世纪初，推广宽幅精播、规范化播种、氮肥后移、后期“一喷三防”等技术。2003年，全市优质专用小麦，播种面积25.67万公顷。主要栽培措施有适度降低播种量、播期适当后延，优质专用小麦品种精量播种一般控制在6～8千克/亩左右，基本苗在12～16万株/亩；播期后延，一般日期在10月3—12日。通过以上措施，小麦冬前群体一般控制在60～80万株/亩。冬前，对旺长麦田进行深耘断根，控制旺长。春季，喷施壮丰安、多效唑等化控药剂，防止后期倒伏。肥料施用上，推广氮肥后移技术，改变以往“一炮轰”施肥方式，春季追肥在拔节期进行。灌浆期实施“一喷三防”，达到防病、防虫、防干热风的目的。2008年后，全市先后实施农业部粮棉油高产创建项目和省粮食高产创建项目，带动高产创建综合配套技术的普及，推动全市粮食种植技术大幅提高。2015年，全市小麦总产245.4万吨。

玉米种植 20世纪90年代末期，实施玉米密植和配方施肥综合栽培技术，主要技术措施是增加种植密度。进入21世纪，推行“一增四改”高产配套栽培技术，种子包衣，适度增加种植密度。2010年后，推广机械化“单粒精播”技术，全市95%以上的地块改变以往套种种植习惯，改为夏直播，施肥方式改粗放用肥为配方施肥；改种耐密型品种，改套种为直播，改粗放用肥为测土配方施肥，改人工种植为机械化作业，后期实行“一防双减”减少穗期病虫害，并适期晚收。

甘薯栽培 1997年后，推广脱毒甘薯种苗；适时早栽，春甘薯“立夏”前栽完。采用“小垄密植”和“短芽深插”的种植方式，春甘薯每公顷6万株左右，夏甘薯每公顷6.75万株左右。成活后中耕除草，不翻蔓保茎叶，及时培土、防寒陪老和及时防治病虫害。

大豆种植 20世纪90年代末，大豆的主要种植方式是与玉米间作，并由过去的2∶2或4∶2窄幅间作改为4∶4至2∶5的宽幅间作。2000年后，多为夏直播。2010年后，机械化播种技术逐渐推广并日趋成熟。改变大豆既不施底肥也不追肥和不浇水的传统做法，增施肥料，科学浇灌，加强精细管理，重点实施麦田套种、抢时早播、合理密植、人工间苗、中耕除草、及时灭虫、消除大豆菟丝子等配套增产措施。

二、经济作物

棉花种植 1997年以来，全市（区）大力推广棉薯、棉瓜、棉菜间作套种技术。1999年开始推广抗虫棉，并强化配套技术的培训和指导。自2007年始，实施棉花良种补贴项目。2008年，市内棉花良种普及率95%以上，主要推广品种为鲁棉研28、晋棉38、国欣棉3号、鲁棉研19等，并宣传推广配方施肥、精细播种、地膜覆盖、全程化控及综合防治病虫害先进技术。2009年后，全市实施农业部粮棉油高产创建项目，有效带动高产创建综合配套技术的普及，推动全市棉花种植技术大幅提高。

花生种植 1997—2015年，全市花生种植经历了逐步减少、近期略有回升的过程。进入20世纪90年代末以来，随着玉米机械化种植技术的推广普及，花生种植面积减少。2015年，玉米价格下行，花生面积再度回升。大面积推广的花生种植技术主要有机械化单粒精播、种子包衣、地膜覆盖、化学除草、化学调控、叶面施肥防止后期早衰、机械化收获等技术。

第五节 植物保护

一、主要病虫害

1997年后，随着种植业结构调整，境内棉花种植面积逐年减少，以小麦、玉米为主的粮食作物逐年增加，果树、蔬菜生产得到较快发展，农业有害生物的发生也相应发生了变化。一是次要有害生物上升为主要有害生物，如玉米二点委夜蛾、玉米褐斑病、蜗牛等。二是老虫新发，如麦根蝽象、小麦吸浆虫等。三是南方病虫害北移，如小麦赤霉病、大螟等。四是随着国际、国内贸易交往的频繁，新的检疫性有害生物不断传入发生，如加拿大一枝黄花、黄顶菊、瓜类果斑病等。植保工作的重点由以棉花为重点向粮食作物转移，并兼顾果树、蔬菜等经济作物有害生物。2011年，小麦吸浆虫发生45万亩次；2015年，小麦白粉病发生达中等偏重，发生面积500万亩次。2012年，玉米三代黏虫发生面积195万亩次；玉米蜗牛自2003年起，呈逐年加重趋势，发生范围逐年增加，2015年发生面积20万亩次。

二、病虫害检疫

2003年，在莘县、东阿县发生小麦腥黑穗，发生面积33亩次，发病品种为冀麦22号。2005年，在市主城区湖南路城区原梦幻乐园内发现了加拿大一枝黄花，发生面积1000平方米，为梦幻乐园引进娱乐设备时带来的草种子。2006年，在临清市的京九铁路边发现黄顶菊，后陆续在全市八县（市、区）均发现该草，至2015年，发生面积3000亩次，均发生在路边、沟渠以及荒废场地等。2012年，在莘县一西瓜育苗基地内发现瓜类果斑病3亩，瓜苗17万株；2015年，分别在高新区、东阿县、阳谷县等地西瓜育苗棚内发现该病，依法查封（扣押）西瓜种384盒，消除疫情瓜棚46个，并对西瓜种植户进行经济补偿80余万元，保护了瓜农的利益，控制了瓜类果斑病的蔓延。

三、病虫害防治

1997年起，全市（区）每年主要农作物病虫害发生面积8000多万亩次，指导防治面积1亿多亩次，挽回粮食损失80多万吨、蔬菜等经济作物损失140多万吨，保障了全市（区）农业的连年丰产丰收。2010年开始，飞机防治在全市逐步推广，从而提高了全市的病虫害防控水平。推广小麦“一喷三防”和玉米“一防双减”技术、绿色防控和科学安全用药技术，高效低毒低残留农药和生物农药使用量在境内逐年增加。

专记一 中国蔬菜第一市

聊城市地处鲁西，位于华东、华北、华中交界处，耕地829万亩，是传统的农业大市。聊城属黄河冲积平原、土地有机质含量丰富，四季分明、雨热同期、光照充足，所属各县（市、区）全部为农业部《全国蔬菜重点区域发展规划》中规划的“黄淮海与环渤海设施蔬菜重点区域”，是全国少有的蔬菜瓜果种植黄金地带之一。聊城蔬菜种植历史悠久，品质优良，茌平贡藕、莘县辣椒、莘县荸荠等，一直是皇家贡品，于集油菜、斜店黄瓜、东昌府平菇、肖庄韭苔、冯屯大蒜、冠县灵芝等产品驰名中外。同时，聊城还是全国著名的畜禽养殖大市，发展现代蔬菜种植具有良好的自然、生态条件和丰富的畜禽粪便、农作物秸秆等有机质投放资源。

聊城市蔬菜规模化种植起步于20世纪90年代初期，以设施反季节栽培为主导，经过20多年持续发展，至2013年，全市拥有日光温室64.6万亩、大中拱棚122万亩、周年化栽培菇房2万亩，设施规模210万亩，成为全国最大的设施瓜菜菌种植基地，形成了全国最大的早春香瓜、秋延迟黄瓜、早春豆角等季节性优势品种。境内种植的蔬菜品种分茄果类、根菜类、薯芋类、瓜类、豆类、葱蒜类、白菜类、甘蓝类、食用菌类、水生类、绿叶类11个大类、77个种类、812个品种。其中，排名前十位的主要经济作物品种为西红柿、黄瓜、大蒜、西瓜、茄子、辣椒、白菜、西葫、韭菜、油菜。全市瓜菜菌播种面积370万亩，年产瓜菜菌1600万吨，设施面积和产量均居全国前列。

2010年，莘县作为鲁西唯一直供上海世博会蔬菜的县。之后，陆续开辟对北京、上海、广州、沈阳、南昌、太原、西安、济南等众多大中城市超市、批发市场的直供直销业务。2012年，在北京新发地市场开设首家县级经销专区——莘县瓜菜专销区，莘县香瓜占到北京香瓜市场60%的份额，北京电视台做了专题报道，商务部给予充分肯定。自2013年开始，聊城以创建“全国最大的绿色安全蔬菜生产基地”为目标，以发展合作化种植和推进产业化经营为切入点，加快推进蔬菜业发展方式转变和经营机制创新，加快规模化、集约化、标准化高端种植基地建设，加快高端产品品牌培育和包装宣传，加快与大中城市骨干批发市场、大型超市、机关学校的产销对接。2015年，全市拥有各类新型农民合作组织8568家，有较大规模的批发市场70家，其中经营收入过2亿元的农产品交易市场10家；全市“三品一标”认证数508个，标准化基地面积359.7万亩，其中绿色食品231个，基地面积276.6万亩；农产品地理标志登记产品8个，基地面积18万亩；东昌府区、莘县通过国家进出口商品检验检疫局备案的供港澳蔬菜基地3000亩。聊城市及所辖各县（市、区）先后获“全国食用菌行业先进市”“山东省食用菌生产先进市”“小蘑菇新农村行动全国先进市”“中国香瓜之乡”“中国双孢菇之乡”“中国油菜第一镇”“江北黄瓜第一乡”“全国食用菌行业十大主产基地县”“国家首批出口农产品质量安全示范区”等称号，有“国家西甜瓜产业技术体系示范县”1个、“国家食用菌产业技术体系示范县”2个。

2014年10月19日，在2014’中国·聊城农产品产销对接会暨第二届水城金秋绿色食品博览会开幕式上，中国蔬菜流通协会会长戴中久将“中国蔬菜第一市”牌匾授予聊城市。同时，中国蔬菜流通协会就共同推进聊城蔬菜产业发展与聊城市签订战略合作框架协议。

专记二 中国蔬菜第一县——莘县

莘县隶属聊城市，下辖20个乡镇、4个街道、1154个行政村，104万人，总面积1416平方千米，耕地面积129万亩。

莘县属黄泛平原，四季分明，雨热同期，光照充足。境内地势平坦，沟渠纵横，土壤有机质含量丰富，是国家级生态示范区，发展蔬菜种

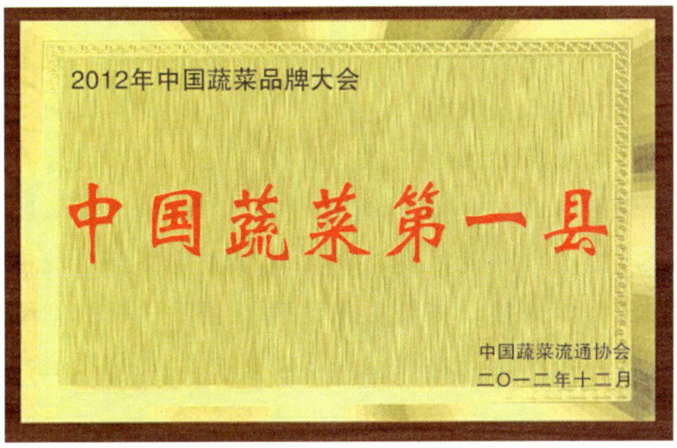

2012年12月25日，山东莘县被评为“中国蔬菜第一县”称号

植具有独特的自然和生态资源优势，是国内少有的蔬菜瓜果种植黄金地带之一。

莘县蔬菜种植历史悠久，品质优良，历史上所产辣椒及辣椒油、荸荠等一直是皇家贡品。莘县现代蔬菜规模化种植起步于1992年，1995年后进入快速发展阶段，以节能日光温室和大拱棚设施反季节栽培为主导。经过20多年持续发展，全县拥有日光温室26万座、大拱棚19万亩、周年化栽培菇房1万座，设施规模46万亩，成为全国最大的设施瓜菜菌种植基地，再加上常年种植山药、菜花、朝天椒、圆葱、大蒜、香菜等露地蔬菜，全县瓜菜菌年播种面积97万亩以上，年产量470万吨以上，蔬菜年种植规模、产量位居全国县域之首，成为全国蔬菜生产第一县。莘县在推进蔬菜发展过程中，充分挖掘设施潜力，科学调整优化种植茬口，最大限度地拉长产品上市期，做到品种丰富、供应量稳定。坚持了蔬菜种植、食用菌、畜禽养殖同步推进、循环利用、协调发展的路子。畜牧养殖为食用菌栽培提供了丰富的畜禽粪便原材料，畜禽粪便连同栽培食用菌的下脚料是发展无公害、绿色、有机蔬菜的优质有机肥料，土壤生态得到有效保护。山东农科院数次抽样检测，莘县土壤各项理化指标均保持在优良水平。坚持质量至上、安全立县的原则，大量施用有机肥、减少化肥施用量，推广普及产量高、品质好、品相优的优良品种，全面推行无公害标准化生产技术，稳步推进绿色食品和有机食品生产基地建设。

为了把蔬菜业进一步做大做强、争创蔬菜产业新优势，自2010年开始，莘县县委、县政府顺应时代发展要求，确立了推动蔬菜产业向现代高端发展的战略，在全县掀起新一轮瓜菜菌产业提升工程。一是以发展合作化种植为基本途径，通过成方连片发展新区域、改造整合老种植片区和加快建设市场主体明确、经营管理机制健全的现代农业产业可追溯基地，全面提升基地档次。二是以提升扩大现代产业基地为契机，组建由所有种植户参加的各具特色的农民专业合作社，建立完善现代农业合作经营组织架构。三是以建设绿色、有机农业大县为目标，加快无公害食品向绿色食品、有机食品的方向转化，申请注册地理标志证明商标，培树高端产品品牌。四是引导扶持县内外农业龙头企业、种植运销大户、村两委干部开拓市场，引领带动种植基地建设，开展与基地的产销对接，实施产供销、产加销一体化经营。五是以拓展对机关学校、城市超市、直营店的配送直供和保鲜出口为主攻方向，发展现代冷链物流，开辟高端消费市场，培育高端品牌。六是举办大型产销对接会、国际瓜菜节、商贸节等节庆活动，吸引国内外产业要素快速向莘县集结。莘县实施蔬菜强县战略受到国家、省市领导的充分肯定，2012年，山东省政府、聊城市政府再次在莘县召开全省、全市农业现场会，推广莘县发展现代农业、促进农民致富的经验，省内外众多市县到莘县参观学习。至2015年年底，全县注册各类农民合作组织1800多个，建起市场主体明确、管理经营规范的园区化瓜菜菌产业基地200多处，面积3万多亩。申报注册无公害、绿色、有机三品认证137个。注册完成“莘县香瓜”“莘县蘑菇”“莘县西瓜”3个地理标志证明商标。北京、天津等众多大中城市超市纷纷把莘县作为其稳定蔬菜采购地，农超对接、农校对接为主要形式的配送直供发展到周边十几个大中城市。

中国蔬菜流通协会经过两个月的调查论证，认可莘县设施蔬菜种植规模和产量在全国最大。2012年10月，正式复函决定授予莘县“中国蔬菜第一县”称号，并在流通协会主办的《蔬菜经济》刊物第九、十期合刊上为莘县蔬菜作专刊，宣传莘县蔬菜发展的成就。2012年12月25日，在首届莘县商贸文化节开幕式上，中国蔬菜流通协会正式授予莘县“中国蔬菜第一县”称号。

第三章　林　业

1997年起，聊城更加重视种苗培育、花卉种植和场圃建设，积极发展经济林木，林业产量、产值均有较大发展。至2015年，全市林地资源面积406万亩，其中经济林面积87.23万亩，经济林总产值22.71亿元，果品总产量62.34万吨，冠县鸭梨之乡、茌平圆铃大枣之乡、东阿油用牡丹之乡获评中国特色经济林之乡，全市林板加工能力居全省第一位。

第一节　林业资源

一、林地资源

2015年，聊城市拥有林地资源面积406万亩，占全市土地面积的31%。其中，有林地面积395万亩，占资源面积的97%、土地面积的30%。有林地资源中，防护林175万亩，占比43%；用材林140万亩，占比35%；经济林80多万亩，占比20%。依树种划分，用材防护林315万亩，经济林80.65万亩，未成林造林地6.3万亩，苗圃用地3.9万亩。在经济林中，苹果园29，92万亩、梨园14.13万亩、桃园6.26万亩、葡萄园4.85万亩、樱桃园3.69万亩、杏园1.46万亩、枣园4.46万亩、油用牡丹园9.03万亩、核桃园3.44万亩。

二、树种资源

用材树种　包括侧柏、毛白杨、中林-46杨、107杨、108杨、鲁林-1杨、L-35杨、三倍体毛白杨、欧美杂交杨、旱柳、钻天柳、白榆、黄榆、水曲柳、国槐、臭椿、苦楝、梓树、楸树、刺槐、毛泡桐、白花泡桐、桑树、杞柳、紫穗槐、白蜡、柽柳等。

经济林树种　包括苹果、樱桃、鸭梨、丰水梨、黄金梨、金玉沙梨、茌梨、白梨、沙梨、杜梨、李子、欧李、杏、桃、蟠桃、葡萄、山楂、大枣、柿子、核桃、板栗、花椒、黄连木、香椿、杜仲、木瓜、金银木、接骨木、酸枣、黄柏、桑树、胡桑、鲁桑、金银花、枸杞、玫瑰、油用牡丹等。

绿化树种　包括银杏、油松、华山松、雪松、水杉、龙柏、垂枝侧柏、圆柏、刺柏、罗汉松、云杉、崔柳、馒头柳、龙爪柳、朴树、构树、五花槐、龙爪槐、紫花槐、合欢、山皂荚、紫荆、三角枫、五角枫、重阳木、连翘、丁香、大叶女贞、流苏、迎春花、柳叶桃、卫矛、大叶黄杨、悬铃木、无花果、构树、牡丹、栾树、爬山虎、木槿、紫薇、石榴、常山、贴梗海棠、西府海棠、三叶海棠、月季、玫瑰、日本樱花、樱花、红叶李、樱桃、碧桃、榆叶梅、蜡梅、淡竹、毛竹、火炬树、油用牡丹等。

古老、珍稀、濒危树种　2011年，根据山东省绿化委员会办公室和山东省林业局要求，展开了覆盖全市9个县（市、区）的古树名木调查工作，调查包括编号、拍摄照片和测量、定位等。经过普查，发现现存古树名木5万余株，其中单株古树名木387株，古树群55个，共分为24科37属44种，1000年以上古树16棵，500年以上古树53棵。2014年11月，出版《聊城市古树名木志》一书。至2015年，古老、珍稀、濒危树种共有古树427号，名木2株，涉及24科37属44种。

2015年聊城市古树名木一览表

表 9-11　　单位：年

编号	树种	拉丁名	科	属	树龄
1	银杏	Ginkgo biloba Linn.	银杏科	银杏属	100
2	油松	Pinus tabuliformis Carr.	松科	松属	100
3	水杉群	Metasequoia glyptostroboides Hu et Cheng	杉科	水杉属	70（名木）
4	圆柏	Sabina chinensis (L.) Ant.	柏科	圆柏属	1000
5	洒金柏	Platycladus orientalis cv. Aurea Nana	柏科	侧柏属	450
6	洒金柏	Platycladus orientalis cv. Aurea Nana	柏科	侧柏属	350
7	侧柏	Platycladus orientalis (Linn.) Franco	柏科	侧柏属	1300
8	侧柏	Platycladus orientalis (Linn.) Franco	柏科	侧柏属	1200
9	侧柏	Platycladus orientalis (Linn.) Franco	柏科	侧柏属	1000
10	侧柏	Platycladus orientalis (Linn.) Franco	柏科	侧柏属	800
11	侧柏	Platycladus orientalis (Linn.) Franco	柏科	侧柏属	600
12	侧柏	Platycladus orientalis (Linn.) Franco	柏科	侧柏属	600
13	侧柏	Platycladus orientalis (Linn.) Franco	柏科	侧柏属	600
14	侧柏	Platycladus orientalis (Linn.) Franco	柏科	侧柏属	600
15	侧柏群	Platycladus orientalis (Linn.) Franco	柏科	侧柏属	500～600
16	侧柏	Platycladus orientalis (Linn.) Franco	柏科	侧柏属	500
17	侧柏群	Platycladus orientalis (Linn.) Franco	柏科	侧柏属	500
18	侧柏	Platycladus orientalis (Linn.) Franco	柏科	侧柏属	500
19	侧柏群	Platycladus orientalis (Linn.) Franco	柏科	侧柏属	400
20	侧柏群	Platycladus orientalis (Linn.) Franco	柏科	侧柏属	100～400
21	侧柏	Platycladus orientalis (Linn.) Franco	柏科	侧柏属	360
22	侧柏	Platycladus orientalis (Linn.) Franco	柏科	侧柏属	360
23	侧柏群	Platycladus orientalis (Linn.) Franco	柏科	侧柏属	312
24	侧柏	Platycladus orientalis (Linn.) Franco	柏科	侧柏属	300
25	侧柏	Platycladus orientalis (Linn.) Franco	柏科	侧柏属	300
26	侧柏	Platycladus orientalis (Linn.) Franco	柏科	侧柏属	300
27	侧柏	Platycladus orientalis (Linn.) Franco	柏科	侧柏属	300
28	侧柏群	Platycladus orientalis (Linn.) Franco	柏科	侧柏属	200～300
29	侧柏	Platycladus orientalis (Linn.) Franco	柏科	侧柏属	240
30	侧柏群	Platycladus orientalis (Linn.) Franco	柏科	侧柏属	234
31	侧柏	Platycladus orientalis (Linn.) Franco	柏科	侧柏属	220
32	侧柏	Platycladus orientalis (Linn.) Franco	柏科	侧柏属	220
33	侧柏	Platycladus orientalis (Linn.) Franco	柏科	侧柏属	220
34	侧柏	Platycladus orientalis (Linn.) Franco	柏科	侧柏属	220
35	侧柏	Platycladus orientalis (Linn.) Franco	柏科	侧柏属	220

续表 9-11

编号	树种	拉丁名	科	属	树龄
36	侧柏	Platycladus orientalis (Linn.) Franco	柏科	侧柏属	220
37	侧柏	Platycladus orientalis (Linn.) Franco	柏科	侧柏属	200
38	侧柏	Platycladus orientalis (Linn.) Franco	柏科	侧柏属	200
39	侧柏群	Platycladus orientalis (Linn.) Franco	柏科	侧柏属	200
40	侧柏	Platycladus orientalis (Linn.) Franco	柏科	侧柏属	200
41	侧柏	Platycladus orientalis (Linn.) Franco	柏科	侧柏属	200
42	侧柏	Platycladus orientalis (Linn.) Franco	柏科	侧柏属	200
43	侧柏群	Platycladus orientalis (Linn.) Franco	柏科	侧柏属	100 ～ 200
44	侧柏	Platycladus orientalis (Linn.) Franco	柏科	侧柏属	150
45	侧柏	Platycladus orientalis (Linn.) Franco	柏科	侧柏属	150
46	侧柏	Platycladus orientalis (Linn.) Franco	柏科	侧柏属	150
47	侧柏群	Platycladus orientalis (Linn.) Franco	柏科	侧柏属	150
48	侧柏	Platycladus orientalis (Linn.) Franco	柏科	侧柏属	170
49	侧柏	Platycladus orientalis (Linn.) Franco	柏科	侧柏属	130
50	侧柏	Platycladus orientalis (Linn.) Franco	柏科	侧柏属	120
51	侧柏	Platycladus orientalis (Linn.) Franco	柏科	侧柏属	120
52	侧柏	Platycladus orientalis (Linn.) Franco	柏科	侧柏属	120
53	侧柏	Platycladus orientalis (Linn.) Franco	柏科	侧柏属	120
54	侧柏	Platycladus orientalis (Linn.) Franco	柏科	侧柏属	120
55	侧柏群	Platycladus orientalis (Linn.) Franco	柏科	侧柏属	100
56	侧柏群	Platycladus orientalis (Linn.) Franco	柏科	侧柏属	100
57	侧柏群	Platycladus orientalis (Linn.) Franco	柏科	侧柏属	100
58	侧柏群	Platycladus orientalis (Linn.) Franco	柏科	侧柏属	100
59	侧柏群	Platycladus orientalis (Linn.) Franco	柏科	侧柏属	100
60	法桐群	Platanus acerifolia (Ait.)	悬铃木科	悬铃木属	80（名木）
61	榆树	Ulmus pumila L.	榆科	榆属	200
62	白榆	Ulmus pumila L.	榆科	榆属	100
63	白榆	Ulmus pumila L.	榆科	榆属	100
64	桑树群	Morus alba Linn.	桑科	桑属	500
65	桑树	Morus alba Linn.	桑科	桑属	220
66	桑树群	Morus alba Linn.	桑科	桑属	140
67	桑树群	Morus alba Linn.	桑科	桑属	100
68	桑树	Morus alba Linn.	桑科	桑属	100
69	构树	Broussonetia papyrifera L’ Her. ex Vent.	桑科	构属	150
70	柘树	Cudrania tricuspidata (Carr.) Bur	桑科	柘属	600
71	柘树	Cudrania tricuspidata (Carr.) Bur	桑科	柘属	230

续表 9-11

编号	树种	拉丁名	科	属	树龄
72	柘树	Cudrania tricuspidata (Carr.) Bur	桑科	柘属	150
73	柘树	Cudrania tricuspidata (Carr.) Bur	桑科	柘属	150
74	柘树	Cudrania tricuspidata (Carr.) Bur	桑科	柘属	100
75	柘树	Cudrania tricuspidata (Carr.) Bur	桑科	柘属	100
76	柘树	Cudrania tricuspidata (Carr.) Bur	桑科	柘属	100
77	柘树	Cudrania tricuspidata (Carr.) Bur	桑科	柘属	100
78	核桃群	Juglans	胡桃科	胡桃属	150
79	柽柳	Tamarix chinensis Lour.	柽柳科	柽柳属	110
80	毛白杨	Populus tomentosa Carr	杨柳科	杨属	200
81	毛白杨	Populus tomentosa Carr	杨柳科	杨属	180
82	毛白杨	Populus tomentosa Carr	杨柳科	杨属	150
83	毛白杨	Populus tomentosa Carr	杨柳科	杨属	150
84	毛白杨	Populus tomentosa Carr	杨柳科	杨属	150
85	毛白杨	Populus tomentosa Carr	杨柳科	杨属	100
86	毛白杨	Populus tomentosa Carr	杨柳科	杨属	100
87	毛白杨	Populus tomentosa Carr	杨柳科	杨属	100
88	毛白杨	Populus tomentosa Carr	杨柳科	杨属	100
89	旱柳	Salix matsudana Koidz	杨柳科	柳属	150
90	旱柳群	Salix matsudana Koidz	杨柳科	柳属	100
91	旱柳	Salix matsudana Koidz	杨柳科	柳属	100
92	旱柳	Salix matsudana Koidz	杨柳科	柳属	100
93	旱柳	Salix matsudana Koidz	杨柳科	柳属	100
94	柿树	Diospyros kaki Thunb	柿树科	柿树属	130
95	柿树群	Diospyros kaki Thunb	柿树科	柿树属	130
96	柿树群	Diospyros kaki Thunb	柿树科	柿树属	110
97	杏树	Armeniaca vulgaris Lam.	蔷薇科	李属	150
98	杏树群	Armeniaca vulgaris Lam.	蔷薇科	李属	100
99	鸭梨树	Pyrus sorotina	蔷薇科	梨属	200
100	梨树（梨树王）	Pyrus sorotina.	蔷薇科	梨属	400
101	梨树（梨王后）	Pyrus sorotina.	蔷薇科	梨属	400
102	梨树	Pyrus sorotina.	蔷薇科	梨属	260
103	梨树群	Pyrus sorotina.	蔷薇科	梨属	200
104	梨树群	Pyrus sorotina.	蔷薇科	梨属	200
105	梨树群	Pyrus sorotina.	蔷薇科	梨属	120
106	梨树	Pyrus sorotina.	蔷薇科	梨属	100

续表 9-11

编号	树种	拉丁名	科	属	树龄
107	梨树群	Pyrus sorotina.	蔷薇科	梨属	100
108	杜梨	Pyrus betulaefolia Bunge	蔷薇科	梨属	500
109	杜梨	Pyrus betulaefolia Bunge	蔷薇科	梨属	500
110	杜梨	Pyrus betulaefolia Bunge	蔷薇科	梨属	400
111	杜梨	Pyrus betulaefolia Bunge	蔷薇科	梨属	300
112	杜梨	Pyrus betulaefolia Bunge	蔷薇科	梨属	260
113	杜梨	Pyrus betulaefolia Bunge	蔷薇科	梨属	260
114	杜梨	Pyrus betulaefolia Bunge	蔷薇科	梨属	230
115	杜梨	Pyrus betulaefolia Bunge	蔷薇科	梨属	200
116	杜梨	Pyrus betulaefolia Bunge	蔷薇科	梨属	200
117	杜梨	Pyrus betulaefolia Bunge	蔷薇科	梨属	160
118	杜梨	Pyrus betulaefolia Bunge	蔷薇科	梨属	150
119	杜梨	Pyrus betulaefolia Bunge	蔷薇科	梨属	150
120	杜梨	Pyrus betulaefolia Bunge	蔷薇科	梨属	150
121	杜梨	Pyrus betulaefolia Bunge	蔷薇科	梨属	150
122	杜梨	Pyrus betulaefolia Bunge	蔷薇科	梨属	140
123	杜梨	Pyrus betulaefolia Bunge	蔷薇科	梨属	140
124	杜梨	Pyrus betulaefolia Bunge	蔷薇科	梨属	100
125	皂荚	Gleditsia sinensis Lam.	苏木科	皂荚属	750
126	皂荚	Gleditsia sinensis Lam.	苏木科	皂荚属	700
127	皂荚	Gleditsia sinensis Lam.	苏木科	皂荚属	650
128	皂荚	Gleditsia sinensis Lam.	苏木科	皂荚属	560
129	皂荚	Gleditsia sinensis Lam.	苏木科	皂荚属	500
130	皂荚	Gleditsia sinensis Lam.	苏木科	皂荚属	500
131	皂荚	Gleditsia sinensis Lam.	苏木科	皂荚属	400
132	皂荚	Gleditsia sinensis Lam.	苏木科	皂荚属	300
133	皂荚	Gleditsia sinensis Lam.	苏木科	皂荚属	300
134	皂荚	Gleditsia sinensis Lam.	苏木科	皂荚属	300
135	皂荚	Gleditsia sinensis Lam.	苏木科	皂荚属	300
136	皂荚	Gleditsia sinensis Lam.	苏木科	皂荚属	220
137	皂荚	Gleditsia sinensis Lam.	苏木科	皂荚属	220
138	皂荚	Gleditsia sinensis Lam.	苏木科	皂荚属	200
139	皂荚	Gleditsia sinensis Lam.	苏木科	皂荚属	200
140	皂荚	Gleditsia sinensis Lam.	苏木科	皂荚属	180
141	皂荚	Gleditsia sinensis Lam.	苏木科	皂荚属	180
142	皂荚	Gleditsia sinensis Lam.	苏木科	皂荚属	180

续表 9-11

编号	树种	拉丁名	科	属	树龄
143	皂荚	Gleditsia sinensis Lam.	苏木科	皂荚属	150
144	皂荚	Gleditsia sinensis Lam.	苏木科	皂荚属	120
145	皂荚	Gleditsia sinensis Lam.	苏木科	皂荚属	120
146	皂荚	Gleditsia sinensis Lam.	苏木科	皂荚属	120
147	皂荚	Gleditsia sinensis Lam.	苏木科	皂荚属	110
148	皂荚	Gleditsia sinensis Lam.	苏木科	皂荚属	100
149	皂荚	Gleditsia sinensis Lam.	苏木科	皂荚属	100
150	皂荚	Gleditsia sinensis Lam.	苏木科	皂荚属	100
151	皂荚	Gleditsia sinensis Lam.	苏木科	皂荚属	100
152	皂荚	Gleditsia sinensis Lam.	苏木科	皂荚属	100
153	皂荚	Gleditsia sinensis Lam.	苏木科	皂荚属	100
154	皂荚	Gleditsia sinensis Lam.	苏木科	皂荚属	100
155	龙爪槐	Sophora japonica var.pendula Loud.	蝶形花科	槐属	330
156	国槐	Sophora japonica Linn.	蝶形花科	槐属	1500
157	国槐	Sophora japonica Linn.	蝶形花科	槐属	1400
158	国槐	Sophora japonica Linn.	蝶形花科	槐属	唐代
159	国槐	Sophora japonica Linn.	蝶形花科	槐属	1300
160	国槐	Sophora japonica Linn.	蝶形花科	槐属	1200
161	国槐	Sophora japonica Linn.	蝶形花科	槐属	1200
162	国槐	Sophora japonica Linn.	蝶形花科	槐属	1200
163	国槐	Sophora japonica Linn.	蝶形花科	槐属	1150
164	国槐	Sophora japonica Linn.	蝶形花科	槐属	1050
165	国槐	Sophora japonica Linn.	蝶形花科	槐属	1100
166	国槐	Sophora japonica Linn.	蝶形花科	槐属	1100
167	国槐	Sophora japonica Linn.	蝶形花科	槐属	1000
168	国槐	Sophora japonica Linn.	蝶形花科	槐属	1000
169	国槐	Sophora japonica Linn.	蝶形花科	槐属	800
170	国槐	Sophora japonica Linn.	蝶形花科	槐属	800
171	国槐	Sophora japonica Linn.	蝶形花科	槐属	800
172	国槐	Sophora japonica Linn.	蝶形花科	槐属	700
173	国槐	Sophora japonica Linn.	蝶形花科	槐属	700
174	国槐	Sophora japonica Linn.	蝶形花科	槐属	700
175	国槐	Sophora japonica Linn.	蝶形花科	槐属	700
176	国槐	Sophora japonica Linn.	蝶形花科	槐属	700
177	国槐	Sophora japonica Linn.	蝶形花科	槐属	700
178	国槐	Sophora japonica Linn.	蝶形花科	槐属	650

续表 9-11

编号	树种	拉丁名	科	属	树龄
179	国槐	Sophora japonica Linn.	蝶形花科	槐属	650
180	国槐	Sophora japonica Linn.	蝶形花科	槐属	650
181	国槐	Sophora japonica Linn.	蝶形花科	槐属	650
182	国槐	Sophora japonica Linn.	蝶形花科	槐属	600
183	国槐	Sophora japonica Linn.	蝶形花科	槐属	600
184	国槐	Sophora japonica Linn.	蝶形花科	槐属	600
185	国槐	Sophora japonica Linn.	蝶形花科	槐属	600
186	国槐	Sophora japonica Linn.	蝶形花科	槐属	600
187	国槐	Sophora japonica Linn.	蝶形花科	槐属	600
188	国槐	Sophora japonica Linn.	蝶形花科	槐属	600
189	国槐	Sophora japonica Linn.	蝶形花科	槐属	600
190	国槐	Sophora japonica Linn	蝶形花科	槐属	500 ～ 600
191	国槐	Sophora japonica Linn.	蝶形花科	槐属	500 ～ 600
192	国槐	Sophora japonica Linn.	蝶形花科	槐属	500 ～ 600
193	国槐	Sophora japonica Linn.	蝶形花科	槐属	500 ～ 600
194	国槐	Sophora japonica Linn.	蝶形花科	槐属	500 ～ 600
195	国槐	Sophora japonica Linn.	蝶形花科	槐属	500 ～ 600
196	国槐	Sophora japonica Linn.	蝶形花科	槐属	500 ～ 600
197	国槐	Sophora japonica Linn.	蝶形花科	槐属	500
198	国槐	Sophora japonica Linn.	蝶形花科	槐属	500
199	国槐	Sophora japonica Linn.	蝶形花科	槐属	500
200	国槐	Sophora japonica Linn.	蝶形花科	槐属	500
201	国槐	Sophora japonica Linn.	蝶形花科	槐属	500
202	国槐	Sophora japonica Linn.	蝶形花科	槐属	500
203	国槐	Sophora japonica Linn.	蝶形花科	槐属	500
204	国槐	Sophora japonica Linn.	蝶形花科	槐属	500
205	国槐	Sophora japonica Linn.	蝶形花科	槐属	500
206	国槐	Sophora japonica Linn.	蝶形花科	槐属	500
207	国槐	Sophora japonica Linn.	蝶形花科	槐属	500
208	国槐	Sophora japonica Linn.	蝶形花科	槐属	500
209	国槐	Sophora japonica Linn.	蝶形花科	槐属	500
210	国槐	Sophora japonica Linn.	蝶形花科	槐属	500
211	国槐	Sophora japonica Linn.	蝶形花科	槐属	500
212	国槐	Sophora japonica Linn.	蝶形花科	槐属	500
213	国槐	Sophora japonica Linn.	蝶形花科	槐属	500
214	国槐	Sophora japonica Linn.	蝶形花科	槐属	500

续表 9-11

编号	树种	拉丁名	科	属	树龄
215	国槐	Sophora japonica Linn.	蝶形花科	槐属	500
216	国槐	Sophora japonica Linn.	蝶形花科	槐属	450
217	国槐	Sophora japonica Linn.	蝶形花科	槐属	420
218	国槐	Sophora japonica Linn.	蝶形花科	槐属	410
219	国槐	Sophora japonica Linn.	蝶形花科	槐属	400
220	国槐	Sophora japonica Linn.	蝶形花科	槐属	400
221	国槐	Sophora japonica Linn.	蝶形花科	槐属	400
222	国槐	Sophora japonica Linn.	蝶形花科	槐属	400
223	国槐	Sophora japonica Linn.	蝶形花科	槐属	400
224	国槐	Sophora japonica Linn.	蝶形花科	槐属	400
225	国槐	Sophora japonica Linn.	蝶形花科	槐属	400
226	国槐	Sophora japonica Linn.	蝶形花科	槐属	400
227	国槐	Sophora japonica Linn.	蝶形花科	槐属	400
228	国槐	Sophora japonica Linn.	蝶形花科	槐属	400
229	国槐	Sophora japonica Linn.	蝶形花科	槐属	400
230	国槐	Sophora japonica Linn.	蝶形花科	槐属	384
231	国槐	Sophora japonica Linn.	蝶形花科	槐属	360
232	国槐	Sophora japonica Linn.	蝶形花科	槐属	360
233	国槐	Sophora japonica Linn.	蝶形花科	槐属	360
234	国槐	Sophora japonica Linn.	蝶形花科	槐属	350
235	国槐	Sophora japonica Linn.	蝶形花科	槐属	350
236	国槐	Sophora japonica Linn.	蝶形花科	槐属	350
237	国槐	Sophora japonica Linn.	蝶形花科	槐属	330
238	国槐	Sophora japonica Linn.	蝶形花科	槐属	300
239	国槐	Sophora japonica Linn.	蝶形花科	槐属	300
240	国槐	Sophora japonica Linn.	蝶形花科	槐属	300
241	国槐	Sophora japonica Linn.	蝶形花科	槐属	300
242	国槐	Sophora japonica Linn.	蝶形花科	槐属	300
243	国槐	Sophora japonica Linn.	蝶形花科	槐属	300
244	国槐	Sophora japonica Linn.	蝶形花科	槐属	300
245	国槐	Sophora japonica Linn.	蝶形花科	槐属	300
246	国槐	Sophora japonica Linn.	蝶形花科	槐属	300
247	国槐	Sophora japonica Linn.	蝶形花科	槐属	300
248	国槐	Sophora japonica Linn.	蝶形花科	槐属	300
249	国槐	Sophora japonica Linn.	蝶形花科	槐属	300
250	国槐	Sophora japonica Linn.	蝶形花科	槐属	300

续表 9-11

编号	树种	拉丁名	科	属	树龄
251	国槐	Sophora japonica Linn.	蝶形花科	槐属	300
252	国槐	Sophora japonica Linn.	蝶形花科	槐属	300
253	国槐	Sophora japonica Linn.	蝶形花科	槐属	300
254	国槐	Sophora japonica Linn.	蝶形花科	槐属	300
255	国槐	Sophora japonica Linn.	蝶形花科	槐属	300
256	国槐	Sophora japonica Linn.	蝶形花科	槐属	300
257	国槐	Sophora japonica Linn.	蝶形花科	槐属	300
258	国槐	Sophora japonica Linn.	蝶形花科	槐属	300
259	国槐	Sophora japonica Linn.	蝶形花科	槐属	300
260	国槐	Sophora japonica Linn.	蝶形花科	槐属	280
261	国槐	Sophora japonica Linn.	蝶形花科	槐属	280
262	国槐	Sophora japonica Linn.	蝶形花科	槐属	280
263	国槐	Sophora japonica Linn.	蝶形花科	槐属	260
264	国槐	Sophora japonica Linn.	蝶形花科	槐属	260
265	国槐	Sophora japonica Linn.	蝶形花科	槐属	250
266	国槐	Sophora japonica Linn.	蝶形花科	槐属	250
267	国槐	Sophora japonica Linn.	蝶形花科	槐属	240
268	国槐	Sophora japonica Linn.	蝶形花科	槐属	230
269	国槐	Sophora japonica Linn.	蝶形花科	槐属	230
270	国槐	Sophora japonica Linn.	蝶形花科	槐属	220
271	国槐	Sophora japonica Linn.	蝶形花科	槐属	220
272	国槐	Sophora japonica Linn.	蝶形花科	槐属	220
273	国槐	Sophora japonica Linn.	蝶形花科	槐属	220
274	国槐	Sophora japonica Linn.	蝶形花科	槐属	200
275	国槐	Sophora japonica Linn.	蝶形花科	槐属	200
276	国槐	Sophora japonica Linn.	蝶形花科	槐属	200
277	国槐	Sophora japonica Linn.	蝶形花科	槐属	200
278	国槐	Sophora japonica Linn.	蝶形花科	槐属	200
279	国槐	Sophora japonica Linn.	蝶形花科	槐属	200
280	国槐	Sophora japonica Linn.	蝶形花科	槐属	200
281	国槐	Sophora japonica Linn.	蝶形花科	槐属	200
282	国槐	Sophora japonica Linn.	蝶形花科	槐属	200
283	国槐	Sophora japonica Linn.	蝶形花科	槐属	200
284	国槐	Sophora japonica Linn.	蝶形花科	槐属	200
285	国槐	Sophora japonica Linn.	蝶形花科	槐属	200
286	国槐	Sophora japonica Linn.	蝶形花科	槐属	200

续表 9-11

编号	树种	拉丁名	科	属	树龄
287	国槐	Sophora japonica Linn.	蝶形花科	槐属	180
288	国槐	Sophora japonica Linn.	蝶形花科	槐属	180
289	国槐	Sophora japonica Linn.	蝶形花科	槐属	180
290	国槐	Sophora japonica Linn.	蝶形花科	槐属	160
291	国槐	Sophora japonica Linn.	蝶形花科	槐属	160
292	国槐	Sophora japonica Linn.	蝶形花科	槐属	160
293	国槐	Sophora japonica Linn.	蝶形花科	槐属	150
294	国槐	Sophora japonica Linn.	蝶形花科	槐属	150
295	国槐	Sophora japonica Linn.	蝶形花科	槐属	150
296	国槐	Sophora japonica Linn.	蝶形花科	槐属	150
297	国槐	Sophora japonica Linn	蝶形花科	槐属	150
298	国槐	Sophora japonica Linn.	蝶形花科	槐属	150
299	国槐	Sophora japonica Linn	蝶形花科	槐属	150
300	国槐	Sophora japonica Linn.	蝶形花科	槐属	150
301	国槐	Sophora japonica Linn.	蝶形花科	槐属	150
302	国槐	Sophora japonica Linn.	蝶形花科	槐属	150
303	国槐	Sophora japonica Linn.	蝶形花科	槐属	150
304	国槐	Sophora japonica Linn.	蝶形花科	槐属	150
305	国槐	Sophora japonica Linn.	蝶形花科	槐属	150
306	国槐	Sophora japonica Linn.	蝶形花科	槐属	150
307	国槐	Sophora japonica Linn.	蝶形花科	槐属	150
308	国槐	Sophora japonica Linn.	蝶形花科	槐属	140
309	国槐	Sophora japonica Linn.	蝶形花科	槐属	130
310	国槐	Sophora japonica Linn.	蝶形花科	槐属	130
311	国槐	Sophora japonica Linn.	蝶形花科	槐属	130
312	国槐	Sophora japonica Linn.	蝶形花科	槐属	130
313	国槐	Sophora japonica Linn.	蝶形花科	槐属	120
314	国槐	Sophora japonica Linn.	蝶形花科	槐属	120
315	国槐	Sophora japonica Linn.	蝶形花科	槐属	120
316	国槐	Sophora japonica Linn.	蝶形花科	槐属	120
317	国槐	Sophora japonica Linn.	蝶形花科	槐属	120
318	国槐	Sophora japonica Linn.	蝶形花科	槐属	120
319	国槐	Sophora japonica Linn.	蝶形花科	槐属	120
320	国槐	Sophora japonica Linn.	蝶形花科	槐属	120
321	国槐	Sophora japonica Linn.	蝶形花科	槐属	120
322	国槐	Sophora japonica Linn.	蝶形花科	槐属	120

续表 9-11

编号	树种	拉丁名	科	属	树龄
323	国槐	Sophora japonica Linn.	蝶形花科	槐属	120
324	国槐	Sophora japonica Linn.	蝶形花科	槐属	120
325	国槐	Sophora japonica Linn.	蝶形花科	槐属	120
326	国槐	Sophora japonica Linn.	蝶形花科	槐属	120
327	国槐	Sophora japonica Linn.	蝶形花科	槐属	120
328	国槐	Sophora japonica Linn.	蝶形花科	槐属	120
329	国槐	Sophora japonica Linn.	蝶形花科	槐属	120
330	国槐	Sophora japonica Linn.	蝶形花科	槐属	120
331	国槐	Sophora japonica Linn.	蝶形花科	槐属	120
332	国槐	Sophora japonica Linn.	蝶形花科	槐属	120
333	国槐	Sophora japonica Linn.	蝶形花科	槐属	120
334	国槐	Sophora japonica Linn.	蝶形花科	槐属	120
335	国槐	Sophora japonica Linn.	蝶形花科	槐属	120
336	国槐	Sophora japonica Linn.	蝶形花科	槐属	120
337	国槐	Sophora japonica Linn.	蝶形花科	槐属	110
338	国槐	Sophora japonica Linn.	蝶形花科	槐属	110
339	国槐	Sophora japonica Linn.	蝶形花科	槐属	110
340	国槐	Sophora japonica Linn.	蝶形花科	槐属	110
341	国槐	Sophora japonica Linn.	蝶形花科	槐属	100
342	国槐	Sophora japonica Linn.	蝶形花科	槐属	100
343	国槐	Sophora japonica Linn.	蝶形花科	槐属	100
344	国槐	Sophora japonica Linn.	蝶形花科	槐属	100
345	国槐	Sophora japonica Linn.	蝶形花科	槐属	100
346	国槐	Sophora japonica Linn.	蝶形花科	槐属	100
347	国槐	Sophora japonica Linn.	蝶形花科	槐属	100
348	国槐	Sophora japonica Linn.	蝶形花科	槐属	100
349	国槐	Sophora japonica Linn.	蝶形花科	槐属	100
350	国槐	Sophora japonica Linn.	蝶形花科	槐属	100
351	国槐	Sophora japonica Linn.	蝶形花科	槐属	100
352	国槐	Sophora japonica Linn.	蝶形花科	槐属	100
353	国槐	Sophora japonica Linn.	蝶形花科	槐属	100
354	国槐	Sophora japonica Linn.	蝶形花科	槐属	100
355	国槐	Sophora japonica Linn.	蝶形花科	槐属	100
356	国槐	Sophora japonica Linn.	蝶形花科	槐属	100
357	国槐	Sophora japonica Linn.	蝶形花科	槐属	100
358	国槐	Sophora japonica Linn.	蝶形花科	槐属	100

续表 9-11

编号	树种	拉丁名	科	属	树龄
359	国槐	Sophora japonica Linn.	蝶形花科	槐属	100
360	国槐	Sophora japonica Linn.	蝶形花科	槐属	100
361	槐抱椿	Sophora japonica Linn.	蝶形花科	槐属	100
362	国槐	Sophora japonica Linn.	蝶形花科	槐属	100
363	国槐	Sophora japonica Linn.	蝶形花科	槐属	100
364	国槐	Sophora japonica Linn.	蝶形花科	槐属	100
365	国槐	Sophora japonica Linn.	蝶形花科	槐属	100
366	国槐	Sophora japonica Linn.	蝶形花科	槐属	100
367	国槐	Sophora japonica Linn.	蝶形花科	槐属	100
368	国槐	Sophora japonica Linn.	蝶形花科	槐属	100
369	国槐群	Sophora japonica Linn.	蝶形花科	槐属	100
370	锦鸡儿	Caragana sinica（Buc'hoz）Rehd.	蝶形花科	锦鸡儿属	150
371	刺槐	Robinia pseudoacacia Linn.	蝶形花科	刺槐属	120
372	刺槐	Robinia pseudoacacia Linn.	蝶形花科	刺槐属	120
373	刺槐	Robinia pseudoacacia Linn.	蝶形花科	槐属	100
374	刺槐	Robinia pseudoacacia Linn.	蝶形花科	槐属	100
375	紫藤	Wistevia Sinensis Sweet	豆科	紫藤属	120
376	紫荆	Cercis chinensis Bunge	豆科	紫荆属	100
377	合欢	Albizia julibrissin Durazz.	豆科	合欢属	120
378	合欢	Albizia julibrissin Durazz.	豆科	合欢属	100
379	紫薇	Lagerstroemia indica Linn.	千屈菜科	紫薇属	100
380	石榴	Punica granatum Linn.	石榴科	石榴属	200
381	石榴	Punica granatum Linn.	石榴科	石榴属	120
382	石榴	Punica granatum Linn.	石榴科	石榴属	120
383	酸枣	Ziziphus jujuba Mill.	鼠李科	枣属	600
384	枣树群	Ziziphus jujuba Mill.	鼠李科	枣属	110 ～ 300
385	枣树群	Ziziphus jujuba Mill.	鼠李科	枣属	220
386	枣树群	Ziziphus jujuba Mill.	鼠李科	枣属	100 ～ 200
387	枣树群	Ziziphus jujuba Mill.	鼠李科	枣属	100 ～ 150
388	枣树群	Ziziphus jujuba Mill.	鼠李科	枣属	120
389	枣树群	Ziziphus jujuba Mill.	鼠李科	枣属	110
390	枣树群	Ziziphus jujuba Mill.	鼠李科	枣属	100
391	枣树	Ziziphus jujuba Mill.	鼠李科	枣属	1000
392	枣树	Ziziphus jujuba Mill.	鼠李科	枣属	500
393	枣树	Ziziphus jujuba Mill.	鼠李科	枣属	300
394	枣树	Ziziphus jujuba Mill.	鼠李科	枣属	300

续表 9-11

编号	树种	拉丁名	科	属	树龄
395	枣树	Ziziphus jujuba Mill.	鼠李科	枣属	300
396	枣树	Ziziphus jujuba Mill.	鼠李科	枣属	200
397	枣树	Ziziphus jujuba Mill.	鼠李科	枣属	200
398	枣树	Ziziphus jujuba Mill.	鼠李科	枣属	200
399	枣树	Zizyphus jujuba Mill.	鼠李科	枣属	160
400	枣树	Zizyphus jujuba Mill.	鼠李科	枣属	160
401	枣树	Ziziphus jujuba Mill.	鼠李科	枣属	160
402	枣树	Zizyphus jujuba Mill.	鼠李科	枣属	160
403	枣树	Zizyphus jujuba Mill.	鼠李科	枣属	150
404	枣树	Ziziphus jujuba Mill.	鼠李科	枣属	150
405	枣树	Ziziphus jujuba Mill.	鼠李科	枣属	150
406	枣树	Ziziphus jujuba Mill.	鼠李科	枣属	150
407	枣树	Ziziphus jujuba Mill.	鼠李科	枣属	150
408	枣树	Zizyphus jujuba Mill.	鼠李科	枣属	120
409	枣树	Zizyphus jujuba Mill.	鼠李科	枣属	120
410	枣树	Zizyphus jujuba Mill.	鼠李科	枣属	120
411	枣树	Ziziphus jujuba Mill.	鼠李科	枣属	100
412	枣树	Ziziphus jujuba Mill.	鼠李科	枣属	100
413	枣树	Zizyphus jujuba Mill.	鼠李科	枣属	100
414	枣树	Ziziphus jujuba Mill.	鼠李科	枣属	100
415	枣树	Zizyphus jujuba Mill.	鼠李科	枣属	100
416	铃枣	Ziziphus jujuba Mill.	鼠李科	枣属	360
417	文冠果	Xanthoceras sorbifolia Bunge	无患子科	文冠果属	350
418	文冠果	Xanthoceras sorbifolia Bunge	无患子科	文冠果属	350
419	文冠果	Xanthoceras sorbifolia Bunge	无患子科	文冠果属	200
420	黄连木	Pistacia chinensis Bunge	漆树科	黄连木属	100
421	臭椿	Ailanthus altissima (Mill.) Swingle in Journ.	苦木科	臭椿属	110
422	臭椿	Ailanthus altissima (Mill.) Swingle in Journ.	苦木科	臭椿属	110
423	臭椿	Ailanthus altissima (Mill.) Swingle in Journ.	苦木科	臭椿属	100
424	苦楝	Melia azedarach Linn.	楝科	楝属	100
425	香椿群	Toona sinensis (A. Juss.) Roem.	楝科	香椿属	100
426	香椿	Toona sinensis (A. Juss.) Roem.	楝科	香椿属	120
427	丁香群	Syzygiumaromaticum	木犀科	丁香属	100
428	泡桐	Paulownia	玄参科	泡桐属	100
429	梓树	Catalpa ovata G. Don.	紫葳科	梓属	300

第二节　种苗花卉

一、种苗培育

1997 年，全区 11 处国营苗圃经营总面积 1.3 万亩，产苗量 185 万株，总产值 906 万元。是年，东阿县大王苗圃以资产划转方式被聊城鲁西化工集团兼并，全区国有苗圃减为 10 个。2001 年，全市育苗总面积 4.2 万亩。此后几年，种苗培育大幅萎缩，育苗总面积在 3 万亩左右，出圃苗木在 5000 万株左右。2014 年，市林业局筹办成立聊城市林木种苗花卉协会，推动全市种苗花卉产业健康发展，全市育苗总面积 11.89 万亩，出圃各类苗木 2.5 亿株。2015 年，全市林业系统以创建国家森林城市为主抓手，与北京林业大学、山东农业大学等科研院校建立良好合作关系，推进林木良种选育和推广，引进、培育新品种 50 多个，全市良种普及率 95% 以上。建立院士工作站 1 处，与荷兰费尔贝克苗圃建立良好合作关系，推进林木种苗品种创新、栽培模式创新，引进高端生产设备，提升产品质量和档次，增加产品附加值和科技含量。是年全市育苗总面积 15.51 万亩，出圃各类苗木 3.34 亿株。

二、花卉种植

1997—2001 年，全市（区）花卉种植未形成规模。2002 年，全市花卉种植面积 111 亩，花卉生产企业 8 家。2004 年，全市花卉种植面积增至 414 亩，花卉生产企业发展到 12 家。2009 年 9 月，聊城市参加由山东省人民政府主办的（青州）第七届中国花卉博览会，参展面积 80 平方米，参展品种有红掌、火炬等组培花卉 7 个，获得集体奖 2 个、单项奖 5 个。2009 年 11 月，市花卉协会、市种苗站组织各县（市、区）林业局相关科站人员进行全市花卉生产现状和“十二五”花卉生产发展规划调研，并制定聊城市“十二五”花卉发展规划。2010 年，全市花卉种植面积 3500 亩，花卉市场 5 个，花卉企业 8 家，年产值 4200 万元左右。2012 年，全市花卉种植面积 6900 亩，花卉市场 6 处，花卉企业 21 家，其中大中型企业 5 家，花农 45 户，从业人员 2500 余人，产值 2 亿多元。2014 年，市林业局筹办成立聊城市林木种苗花卉协会，推动全市种苗花卉产业健康发展，全市花卉种植面积 7845 亩，各类种苗花卉生产企业 28 家。推动油用牡丹产业发展，引导各县（市、区）扩大种植规模，提高种植质量，东阿县成功申报为“中国油用牡丹之乡”。2015 年，全市花卉种植面积 7930 亩，各类花卉生产企业 35 家，主要种植月季、菊花、海棠等花卉品种。

2001—2015 年聊城市苗木花卉种植情况表

表 9-12

项目＼年份	2001	2002	2003	2004	2005	2006	2007	2008	2009	2010	2011	2012	2013	2014	2015
育苗总面积（万亩）	4.20	6.37	6.90	4.78	5.25	2.79	2.11	3.95	3.24	3.06	3.22	3.22	3.83	11.89	15.51
出圃苗木花卉（亿株）	—	1.17	1.27	0.93	1.00	0.58	0.65	0.77	0.59	0.52	0.51	0.51	0.88	2.50	3.34
苗木生产企业（家）	—	225	229	232	287	296	310	328	360	330	405	445	493	651	351
花卉种植面积（亩）	—	111	490	414	315	630	730	1010	1030	3500	2420	6900	6990	7845	7930
花卉生产企业（家）	—	8	9	12	15	16	14	18	12	8	15	21	23	28	35

第三节　场圃建设

一、国有林场

1997年，全区有8处国有林场，分别是冠县马颊河林场、冠县毛白杨林场、莘县马西林场、莘县十八里林场、高唐县旧城林场、茌平县广平林场、茌平县菜屯林场、阳谷县赵王河林场。经营面积2967公顷，有林地面积占75%。1998年10月，全市8处国有林场依照省林业厅《山东省国有林场苗圃分类经营类型划分标准》全部划为生态公益型林场。

2001—2003年，全市8处国有林场的经营面积、林木资产总量、职工人数相对稳定，利润总额逐年增加，冠县马颊河林场、高唐旧城林场、莘县马西林场森林旅游公园项目先后开业，冠县马颊河林场度假村建成集餐饮娱乐、野外休闲、水陆观光、会议度假、科普教育等为一体的森林公园旅游区，年旅游收入100多万元。其中，2001年年底，全市8处国有林场经营面积4.46万亩，其中有林地3.41万亩，林木资产1214万元，木材蓄积量8.1万立方米；职工417人，离退休人数员89人；资产总额3758万元，实现主营业务收入578万元，主营业务利润106万元，其他业务利润58万元，承包户上缴净收入82万元，投资收益20万元，营业外收入3万元，利润总额64万元。2002年年底，全市8处国有林场林木资产1256万元，木材蓄积量8.2万立方米；资产总额4457万元，实现主营业务收入546万元，主营业务利润84万元，其他业务利润26万元，承包户上缴净收入107万元，投资收益40万元，营业外收入2万元，利润总额82万元。2003年年底，全市8处国有林场有林地3.53万亩，林木资产1280万元，木材蓄积量5.7万立方米；资产总额5031万元，实现主营业务收入598万元，主营业务利润120万元，其他业务利润80万元，承包户上缴净收入119万元，投资收益20万元，补贴收入11万元，营业外收入6万元，利润总额97万元。

2004—2008年，全市8处国有林场年均利润总额突破100万元，资产总额突破5000万元。莘县启动了马西林场平原生态示范区建设，打造集旅游、休闲于一体的生态旅游示范区。2004年年底，8处国有林场林木资产1315万元，木材蓄积量5.9万立方米；资产总额5090万元，实现主营业务收入706万元，主营业务利润214万元，其他业务利润95万元，承包户上缴净收入118万元，投资收益20万元，补贴收入22万元，营业外收入11万元，利润总额177万元。2005年年底，8处国有林场有林地3.69万亩，林木资产1340万元，木材蓄积量5.9万立方米；资产总额5090万元，实现主营业务收入697万元，主营业务利润130万元，其他业务利润85万元，承包户上缴净收入135万元，投资收益18万元，补贴收入32万元，营业外收入20万元，利润总额174万元。2006年年底，8处国有林场有林地3.93万亩，林木资产1376万元；资产总额5431万元，实现主营业务收入675万元，主营业务利润149万元，其他业务利润87万元，承包户上缴净收入120万元，投资收益20万元，补贴收入15万元，营业外收入11万元，利润总额143万元。2007年年底，8处国有林场林木资产1317万元；资产总额5442万元，实现主营业务收入703万元，主营业务利润150万元，其他业务利润77万元，承包户上缴净收入151万元，投资收益20万元，补贴收入12万元，营业外收入30万元，利润总额156万元。2008年年底，莘县启动马西林场平原生态示范区建设；建成景点2处，打深1642米、水温58℃的地热井1眼，新硬化林间路8千米。

2011—2015年，全市8处国有林场职工人数增加，至2015年，共有职工610人，年销售收入683万元。其中，2013年，全市国有林场有林业用地3.82万亩，其中用材林1.99万亩、生态防护林1.26万亩、经济林3760亩、苗圃地1935亩、林木蓄积量18.78万立方米，林木覆盖率85.6%。全市国有林场通柏油路95.6千米、高压线路4.2万米、机井351眼、柴油机15台、拖拉机5辆、汽车20辆、房屋建筑面积3.46万平方米；生产总值近千万元，年销售收入702.5万元，干部职工平均年收入3万元。全市国有林场年产大苗158.2万株。2015年，全市8处国有林场有林地面积3.68万亩，其中国家公益林面积1.25万亩。

二、国有苗圃

1998年3月撤地设市后，全市国有苗圃10个，包括市直1个（田庄苗圃），东昌府区2个（白洼苗圃、堂邑苗圃），临清市1个（临清市国有苗圃），冠县1个（冠县国有苗圃），阳谷县3个（孟洼苗圃、马庙苗圃、朱庄苗圃），东阿县1个（张汉吴苗圃），茌平县1个（聊城市中心苗圃）。大部分建于二十世纪六七十年代，到八十年代末，各国有苗圃进行了确权发证，落实了边界面积。是年，全市国有苗圃总面积1.21万亩，主要育有毛白杨、杂交杨、泡桐。东昌府区国有白洼苗圃被省林业局评为“全省先进苗圃”。1999年3月，经山东省政府批准，全市10个苗圃全部为生态公益型苗圃，自收自支单位，负责林木基因资源保存、良种选育、表型测定、科学实验等工作。

2000年，东昌府区国有白洼苗圃被聊城市农行评为AA级信得过企业。2005年，聊城市中心苗圃被省林业局命名为“山东省林木种苗示范基地”。

2006年起，全市国有苗圃主要培育毛白杨、杂交杨、国槐、法桐等品种。2006年，冠县国有苗圃被省林业局评为“全省十佳苗圃”，聊城市中心苗圃被省林业局评为“山东省先进苗圃”。2008年，全市国有苗圃实际育苗面积6480亩，产苗量1200万株。核定编制人员267人，固定职工222人。聊城市中心苗圃获“全省十佳苗圃”称号。2009年，全市国有苗圃实际育苗面积7080亩，产苗量1400万株。冠县国有苗圃被国家林业局确定为“国家重点林木良种基地”。聊城市中心苗圃被山东省人力资源和社会保障厅、山东省林业局表彰为“林业工作先进集体”。2010年，新育苗面积3345亩，产苗量600万株。冠县苗圃被国家林业局授予“全国生态建设突出贡献奖——林木种苗先进单位”称号。

2011年起，全市国有苗圃实际育苗面积大幅增长，育苗品种进一步丰富，主要有毛白杨、白蜡、杂交杨、国槐、法桐、悬铃木、海棠、国槐、金叶榆等品种。2011年，实际育苗面积7300亩，产苗量1450万株。聊城市中心苗圃被山东省林业局授予“全省林木种苗和花卉工作先进单位”称号。2012年，实际育苗面积8080亩，产苗量1350万株。聊城市中心苗圃被中国林学会评为“全国科普示范基地”，被山东省林业局授予“现代化示范苗圃”称号，被山东省林木种苗协会评为“全省林木种苗产业先进单位”。东阿县国有张汉吴苗圃统一规划建基地，建设了东阿县油用牡丹示范基地，示范带动作用明显。2013年，实际育苗面积8100亩，产苗量1450万株，聊城市中心苗圃被山东省科学技术协会、山东省财政厅命名为“山东科普教育基地”。2014年，实际育苗面积8000亩，产苗量1400万株。2015年，全市国有苗圃实际育苗面积8655亩，产苗量1802万株。聊城市田庄苗圃被划为公益一类苗圃，成为全额事业单位；临清市国有苗圃被山东省人事厅、山东省林业厅授予“全省林业系统先进集体”称号。

第四节　经济林木生产

1997年起，全区在果树生产中重点抓果树基地建设。至2000年，基地乡镇由37个扩大到42个。注重引进名、特、优新品种和推广高、精、尖新技术，果树良种化程度在全省名列前茅。

2001年起，每年制订全市林果高新技术推广计划，引进名优特稀果树品种，调整果树生产结构，大力推广先进果树生产管理技术，发展果树设施栽培。2002年，全市经济林总面积68.8万亩。其中，发展果树12.5万亩，新发展的果园名优品种率100%，先后引进日本三水梨、黄

茌平圆铃大枣优良品种——茌圆金枣 （2015 年摄）

金梨、甜油桃、凯特杏、大樱桃等名优果种 40 多个。大力推广果实套袋、摘叶转果、棚架栽植、大棚栽培等先进技术 20 多项，同时对传统的鸭梨品种进行了提纯先优和更新换代。冬暖式、春暖式果树大棚发展到 2000 多个，果品总产量 36.61 万吨、总产值 6.56 亿元。2006 年，全市新增经济林 5 万亩，经济林总面积 76 万亩。2007 年，全市新增经济林 3.66 万亩，是年共选育出苹果、梨、枣等 5 个经济林新品种。东昌府区选育出新苹果品种“奥冠”红利，临清市林业局选育出“贡梨”新品种，茌平林业局选育出“茌园金”和“茌园银”园铃大枣新品种，聊城市林业局果树站与山东农业大学合作成功选育了极早熟苹果新品种“泰山早霞”。2008 年，市林业局承担省良种工程 3 项：特早熟苹果新品种“泰山早霞”的选育、临清“贡梨”新品种的选育、阳谷县“银梨”新品种的选育。是年年底前，进入推广阶段。同时，探讨林下经济模式，生产上由纯果树经济的范畴向果园经济生产的范畴发展，开展树下养殖家禽、地下养殖金蝉立体种养模式的研究和试验，取得了初步成绩，形成了树上绿色、树下银色、地下金色“三色”林业的新亮点。是年全市新增经济林 3 万亩，经济林总面积 65 万亩。

2009 年起，强化品牌建设，推进经济林产业提质增效。2009 年，全市新增经济林 2 万亩，经济林总面积达到 63 万亩。是年 8 月，冠县被山东省林业局命名为“山东省经济林产业示范县”，冠县果树总面积 25 万亩，年产量 28 万吨，年产值 5 亿元，占全县农业收入的 30%，果品业成为冠县农村经济四大支柱产业之一。2010 年，实施经济林发展计划，全市经济林总面积 67 万亩，果品总产值 20.56 亿元。新增果园呈现出规模大、品种优、组织化程度高、企业化运作等新特点。2011 年，全市经济林总面积 71.1 万亩，经济林年产量 67.9 万吨。2014 年，围绕打造“两大绿色经济长廊、八大特色经济林生产基地”，突出“标准、科技、品牌、名优特”，加强品牌建设，做好“三品一标”认证。全市新发展经济林面积 12.15 万亩，经济林总面积 87.23 万亩。广泛开展经济林产品质量安全知识宣传和培训工作，完成省级抽检监测任务 598 批次。其中，果品监督抽检 295 批次，风险监测 303 批次，监督抽检合格率与风险监测合格率风险监测合格率均为 100%。经济林年产量 90.06 万吨，总产值 26.76 亿元。2015 年，新发展经济林面积 8.17 万亩，全市经济林总面积 80.65 万亩，经济林年产量 84.72 万吨。至是年年底，全市获“中国特色经济林之乡”3 个（冠县鸭梨之乡、茌平圆铃大枣之乡、东阿油用牡丹之乡），建成市级以上经济林标准化示范园 40 处（其中省级示范园 8 处），创“三品一标”认证 80 个（其中地理标志产品认证 5 个）。

冠县鸭梨 （2015 年摄）

第五节　林业产业

一、板材加工

聊城市地处鲁西北平原，林业产业发展相对滞后，产品单一。历史上主要以简单的林果加工、木制家具生产为主，没有形成规模化、产业化。1997年，聊城大力推进林业产业化发展，阳谷县、茌平县零星出现速生杨旋皮作坊、人造板生产厂。

2010—2015年聊城市林业产业柱状图

2000—2003年，木材加工、人造板生产、林果生产及加工、种苗繁育等逐步向产业化方向发展。以木材单板加工为主的茌平县菜屯镇、阳谷县的大布乡、高唐县的清平镇逐步实现规模化、产业化。以冠县百果庄园食品有限公司为代表的林果加工业、以聊城市绿泽园林科技有限公司为代表的现代化苗木繁育基地等林业龙头企业快速崛起。全市林业木材加工企业300多家，产值逐年提高。其中，2001年，全市有19家生产规模较大的木材加工企业，23条中、高密度板生产线，2条木地板生产线，236家个体木材加工小厂，固定资产6.2亿元，年产中、高密度板65万立方米，细木工板12万平方米，各种胶合板15万平方米，木芯皮280万平方米，年消耗木板、枝丫材90余万立方米，产值9.8亿元，利税9500万元。

2005年，市委、市政府印发《关于加快林业发展建设绿色聊城的决定》，大力培育和发展木材加工、果品贮藏加工等林业龙头企业，延长产业链，增加附加值。是年，全市木材加工生产线52条，人造板加工年产量344万立方米，纸浆加工310万吨。2008年，全市规模以上林业企业86家，密度板生产线42条、复合板生产线43条、胶合板生产线58条，年生产密度板172万立方米，复合地板300平方米，胶合板及建筑模板16万立方米，果品产量7亿千克，林业一、二、三产业产值55亿元。

2010年11月，山东省人民政府印发《关于加快全省林业产业发展的意见》后，全市林业产业得到跨越发展，规模化、产业化水平显著提高，全市有生产规模较大的林板企业86家，林板加工能力居全省第一位，占全省的20%～30%；中小型木材加工厂（主要是杨树旋切板皮厂）4000多家，年生产各类板皮700多万立方米，是年林业产业总产值129.5亿元。市林业局为茌平县菜屯镇、高唐县清平镇分别申请山东木业名镇、山东板材加工基地、山东省林业产业特色区域称号。2011年，全市林业产业总产值超过160亿元。2015年，全市省级林业产业化龙头企业33家，林业总产值200亿元。山东高唐金如意木业股份有限公司获“国家林业标准化示范企业”称号；聊城市东正实业有限责任公司被国家林业局评为“国家重点林业龙头企业”。

2011—2015年聊城市林产品获奖情况一览表

表9-13

生产厂家	产品名称	所获奖项
聊城市绿泽园林科技有限公司	“王子”海棠苗	2011年第二届中国国际林业产业博览会金奖
山东百果庄园食品有限公司	“悦鲜庄”牌水果罐头	2013年第十届中国林产品交易会优质产品奖

续表 9-13

生产厂家	产品名称	获奖等级
茌平县恒丰耐火装饰板有限公司	“恒丰”木地板	2014 年第十一届中国林产品交易会金奖
聊城德晟木业有限公司	“绿室”牌高密度板	2014 年第十一届中国林产品交易会金奖
聊城市唯真国色农林科技有限公司	“黄金蕊”牌牡丹花蕊茶	2014 年第十一届中国林产品交易会银奖
聊城鲁福木器有限公司	“鲁福”牌木制工艺品	2014 年第十一届中国林产品交易会金奖
高唐县冠泉农林科技有限公司	“冠泉”牌锦玉沙梨	2014 年第十一届中国林产品交易会金奖
聊城祥麟农业科技有限公司	玫瑰花茶	2015 年第十二届中国林产品交易会金奖
高唐县傲犁水果种植专业合作社	“唐家果汇”牌葡萄	2015 年第十二届中国林产品交易会金奖
阳谷县绿彩苗木专业合作社	“绿彩千缘”牌海棠果	2015 年第十二届中国林产品交易会金奖
莘县十八里林场果品中心	“雪川源”牌苹果	2015 年第十二届中国林产品交易会银奖
阳谷景阳冈木业有限公司	“舒美佳”木地板	2015 年第十二届中国林产品交易会金奖

二、果品产业

1997 年，全区果品以苹果、梨、桃、杏为主，果园总面积 10.05 万公顷，果品总产量 28.32 万吨，平均亩产 187.9 千克。自 2000 年开始，引进名、优、特、稀果树品种，调整果树种植结构，先后引进日本三水梨、黄金梨、甜油桃、凯特杏、大樱桃等名优果品 40 多个。2000 年 2 月，茌平县被山东省林业厅、山东省经济林协会命名为“圆铃枣之乡”。2001 年，冠县被国家林业局命名为第二批“中国名优特经济林之乡”——中国梨乡。2002 年 11 月，茌平圆铃大枣被中国经济林协会命名为“中国名优果品”。2005 年，茌平县被国家林业局命名为第三批“中国名优特经济林之乡”——中国圆铃大枣之乡。是年，对品质较差，缺乏市场竞争力的品种，实行改接换优，苹果改接为藤木一号、松本锦、美国 8 号、红嘎啦，珊夏等极早熟、早熟品种，梨改接为新高、爱宕、新世纪、三水、绿宝石等。同时，以冠县、东昌府区为轴心，各县（市、区）相对集中地发展保护设施栽培。2006 年 3 月，茌平县圆铃大枣地理标志产品申报成功并通过专家审查，茌平县大枣进入产业化发展新阶段。

2007 年，全市果品总产量 50.83 万吨，其中贮藏量 1.86 万吨，加工量 6030 吨。2009 年，冠县被山东省林业局命名为“山东省经济林产业示范县”。2011 年，全市果品总产量 54.83 万吨，其中加工量 2.05 万吨，出口 2.15 万吨，总产值 20.37 亿元。2012 年，为促进旅游业发展，举办了首届圆铃大枣采摘节。2013 年，全市果品总产量 57.14 万吨，其中储藏量 5.2 万吨，加工量 2.27 万吨，出口 2.35 万吨，总产值 24.6 亿元，全市有规模较大的恒温库 51 座。2014 年，冠县中华第一梨园风景区被评为“山东省十佳观光果园”，茌平县肖庄枣乡观光园被评为“省级观光示范园”。2015 年，以经济林为依托，观光采摘、休闲度假、乡村旅游和节庆活动等生态休闲观光产业快速发展，打造了“百里黄河、百里牡丹”“梨园人家”“两园一廊”等一批富有地方特色、个性鲜明的村庄精品。全市果品总产品 62.34 万吨，其中贮藏量 5.38 万吨，加工量 2.45 万吨，出口 2.5 万吨，总产值 22.71 亿元。

三、林下经济

21 世纪初，全市集体林地大多分包到户，林下经济呈现初期发展状态，多以林菌、林下养殖为生产模式。2001 年，全市林下经济总面积不足 3 万亩、产值 1 亿元。至 2005 年，出现了林菜、林药种植模式，面积 5 万亩、产值 2 亿元。

2008 年，实行集体林权制度改革以来，土地、林地大量流转，林地经营面积有了一定规模，林下经济呈现较快的发展态势，开展树下养殖家禽、地下养殖金蝉立体种养模式的研究和试验，形成了树上绿色、树下银色、地下金色“三

2000 年，茌平县被授予“圆铃枣之乡”称号

色”林业的新亮点。至 2010 年，全市发展林下经济总面积 12 万亩，产值 5 亿元。出现了千亩、万亩经营组织，如东阿县的万亩林下牡丹种植合作社、东昌府区的 5000 亩林下药材种植基地。

2015 年，全市林下经济经营面积发展到 18 万亩，产值 7 亿元。是年年底，东阿县林下种植油用牡丹 5 万余亩，木本油料与高档苗木间作 4 万余亩，带动了周边农民发展林业增收致富的积极性。

2012 年，中华第一梨园第七届文化观光周开幕现场

第六节　林业技术

一、树种引进与技术推广

20 世纪 90 年代初期引进的中林 -46 速生杨，经过十几年的栽植后出现“折头、干形不直、病虫害较严重”的情况，被逐渐淘汰；2000 年前后，新引进 107、108、L-35 速生杨，并在全市范围内进行推广替换中林 -46，经过 3 个轮伐期后引进品种出现严重退化。2000 年后，全市毛白杨主要推广了鲁毛 -50、三倍体毛白杨，并开始推广无飞絮雄株毛白杨，如北林雄株 -1 号、-2 号、三倍体毛白杨、鲁毛 -50 毛白杨等。1997 年，注重引进名、特、优新品种和推广高、精、尖新技术，果树良种化程度在全省名列前茅，在全省果品鉴评会上，聊城地区选送的 4 个样品全部获奖。

2000—2005 年，为增加全市林果业高新技术的科技含量，制订全市林果高新技术推广计划。一是引进名、优、特、稀果树品种，调整果树种植结构。稳定苹果、梨树种植面积，对品质较差、缺乏市场竞争力的品种实行改接换优，以调整苹果、梨的品种结构。苹果改接为藤木一号、松本锦、美国 8 号、红嘎啦，珊夏等极早熟、早熟品种，梨改接为新高、爱宕、新世纪、三水、绿宝石等。二是推广先进果树生产管理技术。大力发展管灌、滴灌和微喷等节水型果园。全面推广科学修剪、果园覆盖、配方施肥、人工授粉、疏花疏果等生产技术，并按照绿色食品的要求搞好病虫害的综合防治，生产无公害、低残毒的优质果品。推广套袋、铺设反光膜、微肥喷洒、摘叶、转果等新技术，生产优质高档果品。三是发展果树设施栽培。以冠县、东昌府区为轴心，各县（市、区）相对集中地发展保护设施栽培。

2002 年，全市先后引进日本三水梨、黄金梨、甜油桃、凯特杏、大樱桃等名优果树品种 40 多个。推广果实套袋、摘叶转果、棚架栽植、大棚栽培等先进技术 20 多项，同时对传统的鸭梨品种进行提纯先优和更新换代。2003 年春，冠县、莘县等与上海禾阳生物科技发展有限公司签订合作营造杨树速生丰产林基地项目协议，计划自是年始五年内完成杨树速生丰产林基地 60 万亩。2005 年 2 月 28 日，在冠县东古城镇田马元村召开现场会，向全市推介田马元村的苹果高光效树体改造技术。该技术由国家科委和北京日川河果树开发中心共同开发试验成功，是在苹果生产管理常规技术的基础上，吸收国外先进技术，总结出的一套树体改造方法。

2007年，全市经济林品种选育工作成效明显，共选育出苹果、梨、枣等5个经济林新品种。东昌府区选育出新品种“奥冠”红梨，临清市林业局选育出“贡梨”新品种，茌平林业局选育出“茌园金”和“茌园银”圆铃大枣新品种，聊城市林业局果树站与山东农大合作成功选育了极早熟苹果新品种“泰山早霞”。2008年，经济林新品系选育工作取得新进展，市林业局承担省良种工程3项：特早熟苹果新品种“泰山早霞”的选育、临清“贡梨”新品种的选育、阳谷县“银梨”新品种的选育，并于2008年年底前进入推广阶段。2010年，高唐县与知名院士合作，建设高标准有机果品示范基地。套袋技术得到广泛推广，苹果生产果实套袋率90%，梨套袋率85%，葡萄套袋率80%，桃套袋率40%。

2013年，重点研究推广苹果矮砧集约栽培模式（2013年建示范点5处，育苗基地2处）、春暖式促成栽培、延迟栽培技术，大力推广葡萄小龙干一边倒栽培管理技术，比传统的管理方式提高产量30%以上。开展品种引进选育，大力发展材果兼用核桃，研究新的栽培管理技术。2015年，聊城市对接山东农业大学的苹果质量追溯项目，成为全省20个试点之一。冠县规划建设以矮砧苹果、大樱桃、葡萄和鸭梨为主的千亩示范基地，从品种规划、种苗选购、起垄标准、田间管理、技术指导等方面形成一整套规范。东阿县引导带动全县果农完成果实套纸袋和“膜＋纸”双套袋，推广安装太阳能杀虫灯、粘虫板，架设高标准护栏等林业技术。

二、技术交流

2003年9月16—18日，聊城市政府与中国经济林协会、中国村社发展促进会联合举办首届中国（聊城）苗木产业战略研讨暨新产品展示交流会。这次交流会，增进了聊城市与山东省内外苗木信息的沟通，提高了聊城市林木种苗业的知名度，并为林木种苗良种引繁推广和销售工作开辟了有效渠道。

2013年，加强与科研单位、院校合作。构建林业科技体系，提高林业技术推广能力。与山东省水果创新体系合作，完成2011—2013年第一期体系合作任务。配合山东农业大学、青岛农业大学、聊城大学农学院等院校知名教授，进行新品种选育和新技术研究推广工作。强化技术培训，提高果农科技素质。全市举办各种形式技术培训班37场次，培训人员1.5万人次，真正把新技术、新知识送到农民手中。

2014年，美国白蛾绿色综合配套防治技术集成与应用、周氏啮小蜂对不同寄主的适应性及快速扩繁技术集成研究2个研究项目分别获聊城科技进步二、三等奖。参展第十一届中国林交会，选送参展的30多种林产品获得4个金奖、3个银奖、1个优秀产品奖，林果销售达成意向金额1.5亿元；市林业局获得大会组委会颁发的“优秀组织奖”，聊城展厅获得“优秀设计奖”。

2015年，同山东农业大学共同承担科技部“十二五”科技支撑梨产业项目、山东省重大科技果树设施栽培项目。开展自主创新和试验，重

2015年5月19日—20日，中国樱桃年会暨全国现代大樱桃产业提质增效研讨会在聊城举行

点研究推广苹果矮砧集约栽培模式（建设示范点5处，育苗基地2处），先后开展苹果、梨的套袋前木霉菌处理试验、果树促控技术试验等。开展技术推广与培训活动，承办“2015年中国樱桃年会暨全国现代大樱桃产业提质增效研讨会”，同时深入群众、走进田间地头，送技术进家门，解决联系服务群众“最后一公里”问题。

第七节　林业管护

2002年，聊城市政府印发《关于加强林木资源保护的通知》，全市8个县（市、区）林业局先后设立公安科和林政科，全市有林业公安干警和林政执法人员120多人。2003年8月，聊城市林业行政稽查支队正式成立。2008年12月，聊城市林业局森林公安科更名为聊城市森林公安局暨聊城市公安局森林警察支队，机构初设3个科室：指挥中心、法制科、治安刑警大队。

一、病虫害防治与检疫

1997—2004年，全市（区）林业病虫害防治工作逐渐迈入正轨，信息化进一步加强。2003年1月1日始，聊城市林业实现了森林植物检疫信息网上传输。网上传输可使当日的植物检疫信息通过国家林业局森林植物检疫网站，发至植物调运目的地县、市林业检疫机构，极大地提高了检疫工作效率。是年，国家林业局批准聊城市建立一处国家级森林病虫害预测预报站，站址设在冠县林业局森保站。2004年2月，预报站正式成立，国家林业局投资近8万元，为该站配备了微机、传真机、照相机、车辆、GPS卫星定位仪及其他测报必要设备。该站的建立，使全市森林病虫害预测预报技术达到了国内先进水平。是年3月始，与山东省林业局及全市各县（市、区）林业局实现了森林病虫害发生防治信息的网上传输，全市森林病虫防治工作初步实现办公现代化。

2005—2010年，控制美国白蛾危害成为这一阶段病虫害防治的重要工作，防治成效显著。其中，2008年，全市8县（市、区）和开发区美国白蛾危害均有不同程度发生，总面积16万亩，涉及70多个乡镇（街道）。全市建立了组织领导、资金投入、宣传培训、综合防控、联防联治等方面的防控工作长效机制。是年，全面完成与山东省政府签订的2008年度美国白蛾防治责任目标，美国白蛾没有发生大面积爆发和严重危害。2009年，美国白蛾在全市各县（市、区）均不同程度出现疫情，全市发生面积70万亩。是年2月，市林业局召开全市美国白蛾防控工作研讨会，成立专门的美国白蛾防控办公室，组建防控专业队。全市完成防治面积420万亩次，叶片保存率保持在70%以上，有虫株率基本控制在5%以下。2009年春，在聊城市田庄苗圃建立周氏啮小蜂繁育基地，并成功繁育周氏啮小蜂7.5亿头，投入各县（市、区）开展生物防控试点。周氏啮小蜂防治美国白蛾取得良好效果，寄生率85%以上。2010年，落实“群防群控和专业队防控互为补充”的防控机制，通过联防联控、群防群控，疫情发生面积大幅减少，虫口密度大大降低。全市各级财政投入防控资金4100余万元，防治面积464万亩次，美国白蛾死亡率在98%以上，林木有虫株率控制在1%以下，重点区域林木有虫株率控制在1%以下，美国白蛾防控工作成效明显，受到省政府通报表彰。

2011—2015年，全市森林病虫害防治实现无公害、全覆盖。2012年，全市有害生物累计防治面积110万亩次，其中人工物理、器械防治63万亩次，飞机防治37万亩次，生物防治10万亩次，市、县、乡三级累计投入防控资金1080万元。加强检疫执法工作，开展“绿盾2012”林业植物执法行动，全市检查苗木花卉基地3583个，涉木企业1273家，查验并复检运输林业植物及其产品的车辆98起。2013年，林业有害生物防控投入资金2000余万元，飞机防治林业有害生物作业面积200余万亩次，林业有害生物总防治作业面积300余万亩次，监测覆盖率99.3%，无公害防治率98.1%，种苗产地检疫率100%，基本实现了有虫不成灾的防控任务目标。2014年，累计有害生物防治面积133万亩次，县、乡两级投入防控资金1290万元。是年，《周氏啮小蜂对不同寄主的适应性及其快速扩繁技术集成研究》《美国白蛾绿色综合配套防治技术集成与应用》分别荣获2014年聊城市科学技术进步奖二等奖、三等奖。2015年，推动构建了全覆盖林业有害生物防控网络。全市防治作业面积96.02万亩次，其中飞防48.08万亩次，地面喷药39.4万亩次，人工物理及生物防治8.55万亩次，购买无公害农药124吨，投入人工9.8万人次，动用施药机械2606台次，有效控制住了美国白蛾、春尺蠖、杨树舟蛾等疫情的扩散蔓延。截至2015年年底，全市共有专职森林植物检疫员49人。

二、林地管理

1997年1月，山东省林业厅印发《关于修订山东省森林植被恢复费征收管理办法的通知》，聊城对森林植被恢复费的征收范围、征收标准、管理、使用和监督等作出具体规定。1998年8月起，根据国务院《关于保护森林资源制止毁林开垦和乱占林地的通知》，聊城冻结各项工程建设征占用林地，同时对违法使用和毁坏林地案件进行清查清理。

2000年1月起，根据国家、省相继印发《森林法实施条例》《占用征用林地审核审批管理办法》《山东省森林资源管理条例》，聊城市将林地使用审批权上收，规定征占用林地实行国家、省两级核准制，明确违反林地使用管理行为的行政法律责任。2002年9月，根据山东省林业局《关于加强林地征占用管理有关问题的通知》，聊城市对使用林地申请表、使用林地查验表等征占用林地的审核审批上报材料的填写作出进一步规范说明。2003年5月，山东省财政厅、山东省林业局联合转发财政部、国家林业局《森林植被恢复费征收使用管理暂行办法》，并对森林植被恢复费的征收、缴库、使用管理、违规处理作出新的规定。

2004年4月，聊城市林业局集中对全市征占用林地情况进行清理检查，纠正征占用林地管理工作中的问题。至是年6月，全市依法办理各类建设项目征占用林地2起，面积35.5公顷；清查违法占用林地案件1起，涉及林地0.73公顷。2005年6月，山东省林业局印发《山东省森林植被恢复管理办法》，对植被恢复费的使用和管理、森林植被恢复工作、建立异地植被恢复基地、检查验收，以及森林植被恢复基地规划设计方案的格式等作出明确规定，并在聊城市东昌府区建立森林植被异地恢复基地。

2006年11月，在全市开展以严厉打击破坏林地为重点的“绿盾行动”，有效遏制破坏林地等违法犯罪活动的上升势头。2007年6月，根据山东省林业局印发的有关通知精神，聊城市开展以非法征用占用林地项目为工作重点的“绿盾二号行动”，进一步促进林业依法行政工作。2008年4月，根据山东省林业局《关于进一步做好矿区植被保护与生态恢复工程规划工作的通知》要求，对莘县矿区森林植被与生态的保护与恢复情况开展调查。

2010年10月，根据山东省政府办公厅和山东省林业局的通知要求，聊城市林业局组织各县级林业主管部门编制全市林地保护利用规划纲要（2010—2020年）。2011年1月，市林业局根据市政府办公室下发的2010年度违法违规用地专项整治行动工作方案，对征占用林地进行专项整治。是年3月，启动林地保护利用规划编制工作。下半年，进行林木种质资源调查工作。查清全市范围内的野生林木种质资源、主要栽培树种、古树名木及引进树种的类别、数量和分布情况，客观反映林木种质资源的数量、质量及变化动态，建立聊城市林木种质资源信息管理系统。

2012年，完善和规范征占用林地的审核审批程序，加强审核审批前的现场查验和审核审批后的检查监督。是年5月，国家林业局驻合肥森林资源监督专员办有关人员对聊城市“南水北调东线一期鲁北段工程小运河段工程建设项目”征占用林地实施行政许可情况进行监督检查，对征占用林地工作给予充分肯定。2013年，聊城市林业局在全市范围开展破坏森林资源行为的自查自纠，在自查自纠工作中，全市未发现违法征占用林地行为。

2014年2月，根据山东省林业局有关通知精神，聊城市各县（市、区）林业局结合当地林地管理实际情况，按照记录格式要求，建立林地管理台账制度。5月，山东省林业厅印发《关于做好占用征收林地审核审批网上申报工作的通知》，聊城市实行占用征收林地审核审批网上申报制度，简化了行政许可程序。11月，山东省林业厅通知开展非法侵占林地清理排查专项行动，聊城市林业局结合工作实际制定《聊城市开展非法侵占林地清理排查专项行动工作方案》，在全市范围开展清理排查专项行动。至2015年1月活动结束，全市境内未发现非法侵占林地行为。

三、林木采伐管理

限额管理 1998—2000年，山东省政府批准聊城市“九五”期间年森林采伐限额为28.16万立方米。2001—2005年，山东省政府批准聊城市“十五”期间年森林采伐限额为14.69万立方米。其中，主伐3300立方米，抚育采伐2.64万立方米，其他采伐11.72万立方米。

2006—2010年，山东省政府批准聊城市“十一五”期间年森林采伐限额为25.78万立方米。其中，主伐17.26万立方米，抚育采伐5.61万立方米，更新采伐6700立方米，低产（效）林改造1200立方米，其他采伐2.13万立方米。2011—2015年，山东省政府批准同意聊城市“十二五”期间年森林采伐限额为86.5万立方米。其中，主伐72.27万立方米，抚育采伐12.87万立方米，更新采伐1.29万立方米，其他采伐600立方米。市林业局严格执行采伐限额，并加强采伐许可证和木材运输证管理。

采伐许可 1999年9月，山东省林业厅转发国家林业局《关于坚决制止超限采伐森林的紧急通知》，聊城市林业局要求各县级林业主管部门认真执行限额管理制度，加大林木采伐许可管理力度。2000年11月，山东省林业局印发《关于启用林木采伐和木材流通管理有关印章的通知》，聊城市在全市范围内自2001年1月1日起启用带有“山东省林业局林木采伐管理专用章”统一式样的林木采伐许可证。

2001年1月，山东省林业局办公室印发《关于启用新版林木采伐许可证的通知》，自是月1日起，在全市范围内启用新版林木采伐许可证。2002年6月，聊城市政府办公室印发《关于加强林木资源保护的通知》，要求聊城市采取有效措施，管护好林木资源。7月，山东省林业局印发《关于开展林木采伐管理等执法检查与调研活动的通知》，聊城市根据活动方案对林木采伐审批情况开展自查。2005年11月，东昌府区林业局、东阿县林业局、茌平县林业局林政科、临清市林业局林政科获得“全省依法治林保护森林资源工作先进单位”称号；全市7人获得“全省依法治林保护森林资源先进工作者”称号。2006年1月，聊城市林业局转发山东省林业局通知，规定农田防护林各树种的更新采伐年龄按《森林采伐更新管理办法》规定的各树种主伐年龄执行，并实行公示制度。2007年，聊城市森林采伐量为5.87万立方米，发放林木采伐许可证1556份。2008年，聊城市森林采伐量为10.83万立方米，发放林木采伐许可证2259份。2009年2月，东阿县经山东省林业局批准先行开展森林采伐管理改革试点工作，对森林采伐管理新机制开始探索。8月，聊城市林业局印发《关于加强林木采伐和木材运输管理的紧急通知》，要求针对存在的无证采伐或滥伐林木等情况，严格林木采伐管理、加大木材检查站的工作力度。2011年6月，聊城市林业局印发《关于做好保护发展森林资源目标责任制工作的紧急通知》，要求各县（市、区）林业局进一步落实森林资源保护管理责任制。2012年2月，聊城市绿化委员会印发《关于加强全市古树名木及城镇大树保护工作的意见》，对聊城市的古树名木保护与管理作出了规定。2013年1月，根据山东省林业局《关于转发〈国家林业局关于启用新版林木采伐许可证的通知〉通知》精神，聊城市于3月1日启用新版林木采伐许可证。11月，针对聊城市城乡结合区域出现的砍伐林木现象，聊城市林业局印发《关于加强城乡结合区域林木资源管理的紧急通知》，优化城乡生态环境。12 月，聊城市 5 名森林资源管护人员被山东省林业厅评选为全省“百佳”森林资源管护先进个人。2014 年 5 月，聊城市林业局举办林业行政许可网上审批系统应用培训班，就全市行政许可网上审批工作有关人员进行业务培训。10 月，聊城市林业局举办聊城市“十三五”期间年森林采伐限额编制工作培训班，就编制工作进行业务培训。2015 年 2 月，聊城市各县（市、区）林业局严格按照《国家级公益林区划界定办法》进行区划、界定，禁止商业性采伐国家级和省级生态公益林。10 月，东阿县通过国家林业局合肥专员办对其森林资源目标责任制的检查。

四、森林防火

1990 年，聊城市建立专职护林防火办公室，列入正式编制，与市林业公安科合署办公。全区各县、市和重点林区乡镇、林场、苗圃均成立护林防火指挥机构，国有林场组建专业防火队，初步形成了森林防火体系。20 世纪 90 年代，在夏收、秋收期间，农民有将农作物运到公路上打轧的习惯，将柴草和秸秆堆积在路旁树边，极易引起火灾；春节、清明节等重大节日时，在林区或林边坟地烧纸也是火灾诱发的因素之一。聊城森林公安系统会同公路、公安等部门，组织人员和车辆进行宣传和清除，对不服从管理和造成后果者进行严肃处理。

进入 21 世纪后，市政府及时调整充实护林防火指挥部组成人员，与各县（市、区）主要责任人签订护林防火目标责任书；各国有场圃及时调整灭火队员，制定护林防火措施，在重点林区先后与千余名专职护林员签订合同；实行重点区域联防，重点抓好大林场、三大林带（铁路、高速公路、沿黄 5 千米防护林）和林业重点乡镇护林防火责任制。2007 年，组织编制《聊城市森林火灾应急预案》，进行森林火灾应急救援演练。2003—2015 年，按照山东省森林公安局统一部署，全市每年 4 月开展“打击野外违规用火”活动，在广泛开展森林消防宣传教育的同时，以清明节为重点开展大规模的野外巡查。组织县级以上的森林消防督查组 61 个共 377 人，深入县、乡、村开展明察暗访；有 5.57 万人次深入林区一线开展巡查，处罚违章用火行为人 68 人。清明节期间，各地对 8466 名祭祖人员进行劝阻，收缴香烛 383.3 千克，实现清明节期间“零火灾”的目标。

五、木材流通监督管理

1998 年 8 月，聊城市林业局印发《关于委托县（市、区）区林业局核发〈出省木材运输证〉的通知》，委托各县（市、区）林业局核发出省木材运输证。1999 年 4 月，根据山东省政府《关于调整公布全省交通稽查站、木材检查站名录的通知》，聊城在临清市设立卫运河大桥木材检查站。2003 年 4 月，山东省政府《关于同意调整和增设木材检查站等有关问题的批复》公布，在聊城市设立东昌府区城关木材检查站，编号为 20 号；在东阿县设立黄河大桥木材检查站，编号为 24 号。2004 年 10 月，山东省林业局《关于公布出省木材运输证签证点及签证人员名单的通知》，公布聊城市有 9 个出省木材运输证签证点、26 名签证人员。

2005 年 3 月，根据山东省林业局《关于启用森林资源林政管理信息系统有关问题的通知》，聊城市各级林业主管部门全面启用木材运输森林资源林政管理信息系统。7 月，山东省政府印发《关于同意调整和增设木材检查站的批复》，同意取消聊城市东昌府区城关木材检查站。2007 年 6 月，根据山东省林业局《关于转发〈国家林业局资源司在森林资源管理系统开展对治理商业贿赂自查自纠工作进行检查评价的通知〉的通知》，聊城市各级林业主管部门开展治理商业贿赂自查自纠工作，全市林业系统未出现不正当交易行为。2009 年 7 月，聊城市各级林木资源管理和木材检查站有关人员参加山东省林业局举办的全省林木采伐和木材运输信息管理培训班，通过网上审批信息软件的掌握和文件的学习，提高林木资源管理水平和执法人员的基本素质。

2010 年 11 月，聊城市各级林木资源管理和木材检查站有关人员参加山东省林业局举办的全省林政执法和木材运输签证人员培训班，学习掌握木材运输证管理系统的使用和打印木材运输证。2011 年 7 月，聊城市在全市木材运输检查系统开展“执法监督年”活动，加强思想作风建设、队伍建设、基础设施建设，并取得明显成效。2013 年 6 月，根据国家林业局《关于规范木材运输检查监督管理有关问题的通知》，聊城对木材凭证运输的范围进行统一规定，对木材运输证的核发管理和木材运输检查作出规范。2014 年 1 月，根据国家林业局《关于进一步规范树木移植管理的通知》，聊城市对运输采挖的树木办理木材运输证。

六、行政案件查处

1998 年 12 月，根据山东省政府办公厅《关于坚决制止乱砍滥伐林木　加强森林资源保护工作的通知》，集中对全市范围的破坏林木资源行为进行全面清理。2000 年 7 月，根据山东省林业局《关于认真贯彻落实〈保护森林资源三号行动实施方案〉的通知》，聊城市迅速开展三号行动。2001 年 3 月，根据山东省高级法院、山东省检察院等部门《关于开展严厉打击破坏森林资源违法犯罪活动专项斗争的通知》，聊城在全市范围内严厉打击破坏森林资源违法犯罪行为，查处案件 4 起。

2003 年 8 月，聊城市林业行政稽查支队成立，负责全市涉林行政重大案件、特大案件的查处，协助各县（市、区）林业行政执法单位处理案件等。2004 年，聊城市查处各类林业行政案件 1057 起。其中，盗伐林木 24 起，滥伐林木 409 起，违法运输木材 393 起，违反森林植物检疫规定 200 起，其他案件 31 起；补种树木 1.2 万株。2005 年 4 月，在全市范围内开展以打击乱垦滥占林地、乱砍滥伐林木、乱捕滥采野生动植物等违法现象为主的破坏森林资源专项行动。查处违法案例 69 起，挽回经济损失 20 余万元。

2006 年 1 月，聊城市成立冬季严打领导小组，组织开展“冬季行动”。是年，全市查处各类林业行政案件 709 起。其中，滥伐林木 407 起，违法运输木材 230 起，其他案件 72 起；补种树木 2.3 万株。2007 年上半年，聊城市查处各类林业行政案件 355 起。其中，滥伐林木 211 起，违法运输木材 110 起，其他案件 34 起；补种树木 2.2 万株。

2009—2013 年，聊城市查处各类林业行政案件 3836 起。其中，滥伐林木 2507 起，非法收购、运输木材 676 起，违反森林植物检疫规定 570 起，其他案件 83 起；补种树木 23.1 万株。

2014 年 4 月，《聊城市林业行政处罚自由裁量实施标准（试行）》印发，对全市林业行政处罚自由裁量权作出规范。2014—2015 年，全市共查处各类林业行政案件 488 起。其中，滥伐林木 400 起，违反森林植物检疫规定 78 起，其他案件 10 起；补种树木 4.3 万株。

七、打击涉林犯罪

1998 年，全市查处各种毁林案件 207 起，非法收购、运输、出售国家和省重点野生动物案 21 起。其中，刑事案件 12 起、治安案件 75 起，批捕和刑拘 6 人，行政拘留 21 人，罚没款 40 余万元，处理人员 500 余人次；没收青蛙腿 1500 余千克，放生青蛙 15 万余只，放飞黑尾腊咀雀 20 只、灰斑鸠 120 只、杜鹃 8 只、翠鸟 4 只。1999 年，全市先后查处各类毁林案件 443 起。其中，盗伐林木案 76 起、滥伐林木 327 起、毁坏林木案 40 起，治安案件 10 起，非法收购、运输、出售国家和省重点野生动物案件 20 起；捣毁收购窝点 2 处，销毁贩运野生动物工具 532 具，处罚违法犯罪分子 434 人次，刑事拘留 13 人，为国家挽回经济损失 93 万元。

2001 年 4—7 月，在全市组织开展严厉打击破坏森林资源违法犯罪活动专项斗争（统称“严打斗争”）和严厉打击破坏野生动物资源违法犯罪行动（代号“猎鹰行动”）。是年，查处各类案件 544 起。其中，伐林木案件 36 起、盗窃林木案件 8 起、故意毁林案件 31 起、非法收购、运输木材案件 138 起、滥伐林木案件 313 起、非法猎捕杀害国家和省重点保护野生动物案件 18 起，取缔收购窝点 6 处，缴获野灰斑鸠 8 万余只、麻雀4万余只，放生青蛙和缴获加工成品蛙近5吨，刑事拘留45人，行政处罚581人次，经济处罚102万余元，挽回经济损失80余万元。2002年12月16—25日，按照省统一部署，全市组织开展严厉打击破坏鸟类资源违法犯罪活动的行动（代号“候鸟行动”），10天出动干警400余人次，清理宾馆饭店630余家，清理市场40个，取缔黑窝点8处，缴获作案工具230套，缴获并放飞各种野生鸟类4200余只，抓获犯罪嫌疑分子15人。是年，查处涉林案件和野生动物案件704起，行政处罚600余人次，治安处罚92人次，行政和刑事拘留46人次，依法逮捕和判刑15人次。

2005年12月30日至2006年2月20日，在全省统一部署的“冬季行动”中，聊城市森林公安机关先后查处各类案件730起。其中，盗伐森林案件30起、滥伐林木案件600起、毁坏林木案件40起，非法收购、运输、出售国家和省重点野生动物案件60起，取缔收购点2处，销毁贩运和猎捕野生动物工具5003具，处罚违法犯罪分子800余人次，拘留40余人，挽回经济损失90万元。2007年，在全市开展的“春季严打”和“绿盾二号行动”等专项行动中，森林公安机关出动警车1425车次、警力1980人次，受理各类涉林案件1075起。其中，森林刑事案件2起、森林行政案件1072起、森林火警火灾案件1起；综合打击处理各类违法犯罪人员1174人，收缴林木171.2立方米、木材28.5立方米，综合案件查处率为99%，为国家挽回经济损失127万元。

2008年，在全市范围内先后组织开展“春季严打行动”“候鸟三号行动”“飞鹰行动”等，查处各类涉林案件20余起，非法经营加工木材专业户2家，非法猎捕、收购、运输、出售国家和省重点保护野生动物案件6起，取缔收购点3处，销毁贩卖野生动物和猎捕野生动物工具10余具，解救、放飞野生动物200余只，处罚违法犯罪分子20余人次，刑事拘留2人。是年5月，聊城市森林公安局在聊城南郊某游乐场查处1起非法收购、运输国家重点保护野生动物案件，当场查获国家级和省级重点保护野生动物9类13只，其中虎1只、孔雀2只、非洲狮1只、小浣熊2只、小熊猫1只、狐狸1只、旱獭1只、短尾猴2只、火鸡2只，抓获犯罪嫌疑人2人。是年12月1日，聊城市机构编制委员、聊城市公安局、聊城市林业局联合印发《关于调整规范森林公安机构设置编制分配等有关问题的通知》，明确森林公安机构继续实行林业和公安部门双重领导体制，党政工作以林业主管部门管理为主，公安业务工作以公安部门管理为主，列入同级公安机关序列，统一规范名称，纳入国家政法专项编制管理，撤销全市原森林公安机构，收回原使用的行政、事业编制。机构名称统一为：市级称聊城市森林公安局（聊城市公安局森林警察支队），县级称县（市、区）森林公安（分）局（县公安局森林警察大队）。

2009年，按照国家林业局和山东省林业局统一部署，在全市先后开展“打击破坏鸟类资源违法犯罪”和“绿盾三号”专项行动，全市查处森林行政案件824起，抓获违法犯罪人员11人，行政处罚38人，收缴林木树木96.4立方米，为国家挽回经济损失77万元。是年，美国白蛾在境内不同程度出现疫情，并呈扩散蔓延的态势，严重威胁着聊城林业建设成果和生态环境安全。个别基层单位、林农以防治美国白蛾为由，乱砍滥伐林木，致使部分区域林木资源遭受严重破坏。8月中旬，全市开展了以打击乱砍滥伐为重点的“执法周”专项行动，一周内查处无证采伐、运输木材等违法行为43起，挽回经济损失10余万元，补交育林基金2.06万元，乱砍滥伐林木行为得到有效遏制。

2010年，在全国开展严厉打击野生动物及其制品网络犯罪和非法贸易活动专项行动中，全市森林公安系统查处各类涉林案件201余起，非法经营加工木材专业户8户，非法猎捕、收购、运输、出售国家和省重点保护野生动物案件6起，捣毁收购点3处，销毁贩卖野生动物和猎捕野生动物工具10余具，解救、放飞野生动物200余只，处罚违法犯罪分子20余人次，刑事拘留4人，批捕1人，取保候审1人，依法判刑3起。行政罚款11.25万元。2011年，在开展网上追逃专项督查“清网行动”中，市森林公安局配合市公安局进行网上清查，加大林区巡逻巡查，对来往车辆和可疑人员进行盘查，对生产经营木材加工场所和花鸟市场进行涉林违规违章检查。检查木材加工场所13家、花鸟市场4家，查获国家保护的有益的或者有重要经济、科学研究价值的陆生野生动物147只（已放生），查处无证经营木材加工场2家，全年无刑事案件，行政案件立案225起，罚款9.11万元。是年，茌平县成立森林公安局（茌平县公安局森林警察大队），自此，全市共有森林公安干警54人。

2012年，在全市开展打击非法违法生产经营建设、治理纠正违规违章行为（简称“打非治违”）专项行动中，全市森林公安强化林业执法力度，要求所属辖区要掌握第一手资料，明确重点区域管理，加强打击。清理清查花鸟市场7家，处罚违法犯罪分子3人；全市刑事立案4起，刑事拘留2人，取保候审2人，判刑2起。行政案件立案428起，罚款11.58万元。是年，开展“绿盾2012”林业植物执法行动，全市检查苗木花卉基地3583个，涉木企业1273家，查验并复检运输林业植物及其产品的车辆98起。2013年，结合全国开展打击破坏野生动植物资源违法犯罪联合行动（代号“眼镜蛇二号行动”），全市实行无缝衔接执法，不留一个盲区，不放过一个隐患，严厉打击破坏野生动植物资源违法犯罪行为。全年刑事立案5起，刑事拘留2人；行政案件立案423起，补种滥伐林木株数512株，罚款24.25万元。

2014年，按照国家林业局和山东省林业局统一部署，全年进行两次大的专项活动。在“2014天网行动”和“2014利剑行动”中，全市立刑事案件7起，刑事拘留2人，取保候审1人，批捕1人，依法判刑2起，移送检察院1起。行政案件立案545起，补种滥伐林木株数1165株，罚款24.88万元。2015年，在全国统一部署的集中打击破坏森林和野生动植物资源违法犯罪专项行动（代号“雷霆行动”）中，全市刑事立案16起，取保候审6人，刑事拘留22人，移送检察院4起，依法判刑1起；行政案件立案651起，罚款20.69万元。

第四章　畜牧业

1997年起，全市（地区）各类畜禽种类、产量产值大幅度增加，大量畜产品远销国内外。养殖经济效益大幅度提高，农民收入的三分之一来自畜牧业。2000年，全市存栏家禽5063.31万只，居全省第五位，其中肉鸡2300万只，居全省第四位。肉鸡业在市内率先形成产业化格局。2002年，以肉鸡为主的畜产品出口创汇占全市出口总额的43.95%。2006年，全市大规模养殖场（小区）500多个，畜禽养殖量占全市饲养总量的50%。2015年6月，全国现代畜牧业建设工作会议在聊城召开，聊城市畜牧业生产为全国所瞩目。

第一节　畜禽饲养

一、养禽业

20世纪90年代中后期，为适应不同层次生产力水平和市场发育程度，聊城培育了一批按照市场机制运作、品牌优势逐步确立、从家禽饲养到畜产品深加工的龙头企业。阳谷凤祥、聊城嘉明、高唐蓝山、临清康宏等龙头企业，形成了产加销一条龙、牧工商一体化的发展模式。1997年，全区肉鸡生产加工企业8家，年宰杀肉鸡5000多万只，带动肉鸡饲养专业户7000多个。

凤祥集团标准化养殖基地俯瞰 （2015年摄）

2001年，高唐蓝山、阳谷凤祥被确定为国家级农业产业化龙头企业，集蛋用种鸡饲养、饲料加工、商品鸡孵化于一体的企业有了新发展。2000年年底，聊城存栏家禽5063.31万只，居全省第五位，其中肉鸡2300万只，居全省第四位；肉鸡业率先形成产业化格局，跃居全省第二位。到2002年11月，以肉鸡为主的畜产品出口创汇占全市出口总额的43.95%。2003年，中共中央总书记、国家主席胡锦涛视察了凤祥集团等一系列聊城项目和产业。2005年，阳谷凤祥集团投资500万元建设符合国际标准要求的20多栋现代化肉鸡场（舍）全部投入使用。2006年，针对禽流感对家禽业的影响，聊城市出台《关于扶持家禽业发展的实施意见》，在种禽补贴、部分税收减免、金融扶持、加大财政投入等10个方面给予政策倾斜。

2013年年底，全市家禽存栏4957.35万只，出栏1.77亿只。2014年，全市更加注重生态养殖，凤祥集团投资1000万元建无害化处理车间，六和荣达推行新型“鸭桑蚕一体化”生态牧场养殖模式。全市新建生态农场100余处。依托全国第一部鹅养殖标准化示范场验收标准，莘县新建一批鹅养殖基地和加工厂，全县鹅存栏量突破百万只。2015年6月15日，全国现代畜牧业建设工作会议与会代表现场观摩凤祥食品产业现代化养殖及废弃物无害化处理的先进做法。聊城以六和荣达、立海集团为代表的肉鸭产业发展迅速，产业链完整，养殖、屠宰加工、销售等环节总体水平在全国名列前茅。是年年底，全市家禽存栏5649.79万只，出栏1.95亿只。

二、养猪业

从20世纪90年代起，生猪养殖从分散饲养向适度规模经营方向发展。1997年，全区存栏百头猪的育肥场80处，年出栏万头猪的规模猪场8处，全区生猪宰杀企业2家。其中，莘县国棉厂兴办的万头猪场采用了现代化的工厂化饲养管理模式。先后涌现出阳谷景阳冈生猪产销合作社、东昌府区生猪产销协会等生猪产销合作经济组织。到2000年年底，畜牧业科技含量不断提高，生猪实现良种化，三元杂交型瘦肉型猪比例达40%。2004年，全市生猪存栏207.08万头，出栏314.70万头。2007年，聊城市制定出台支持生猪发展的政策措施，先后实施了能繁母猪补助项目、生猪人工授精项目、生猪标准化规模养殖场（小区）建设项目等，省扶持资金到位2300多万元，市以下落实配套资金400多万元，累计受惠农户1万多个。成立市畜牧合作组织发展指导办公室，指导建立聊城标准化养猪专业合作社、莘县合力养猪专业合作社、东阿县喜盈盈养猪合作社、阳谷县景阳冈生猪产销合作社。其中，阳谷县景阳冈生猪产销合作社、东阿县喜盈盈养猪合作社跨入全省先进行列。全市市级以上畜牧产业化龙头企业24家，其中生猪企业8家。2010年，

阳谷县景阳冈专业合作社纯种猪现代化种猪产房（2013年摄）

全市生猪饲养量增至376.7万头。

2011—2015年，全市生猪存栏量、出栏量相对稳定。2012年2月，阳谷养猪大户孟现壮作为全国畜牧行业唯一基层群众代表参加国务院政府工作报告征求意见座谈会。2015年，全市生猪存养量334.56万头。

三、牛羊业

1997年，全区牛存栏量177.58万头，养牛业连续15年增长，存栏量一直居全省第三位，是年，莘县和东阿县被列入国家级秸秆养牛示范县。2001年，牛、羊的规模饲养发展迅速，存栏10头牛以上的规模牛场300多个，存栏30只羊以上的规模羊场1000多个。2003年年底，全市规模饲养场1.1万多个，其中存栏20头以上的牛场700多个，存栏50只以上的羊场1600个。

2004年年底，全市牛存栏131.15万头（其中奶牛0.98万头），出栏52.21万头；羊存栏268.95万只，出栏321.52万只。2007年，聊城市实行奶牛良种补贴，支持奶牛养殖业发展。2010年，全市肉牛、奶牛和肉羊存养量分别为61.09万头、5.08万头、369.03万只。2012年，聊城市争取融入山东省畜牧兽医局制定的《山东省畜牧业振兴规划（2011—2015年）》，在全省规划的“五大产业区”中，高唐县等8个县（市、区）全部纳入“沿黄肉牛肉羊高质高效产业区”规划，阳谷县和冠县2个县纳入“沿高速公路奶牛健康养殖区”规划。2013年，聊城市出台《优质肉羊产业发展规划（2013—2020）》，并培植临清润林养殖有限公司、冠县二运养殖场等一批肉羊标准化规模养殖场。2014年，肉羊养殖龙头企业发展迅速，以临清润林为代表的大龙头企业逐渐成熟，临清市湖羊规模在500只以上的肉羊养殖场405家，1000只以上规模养殖场210家。一些大型肉羊加工企业、养殖专业合作社快速发展，养羊逐渐成为聊城新兴的、产业链条完善的畜牧产业。临清市润林牧业的肉羊养殖场养羊实现自动给水、投料、消毒、清理粪便和粪尿分离，一个1万只羊的养殖棚，只需要3名饲养员。2015年，聊城市存养牛37.6万头，羊221.01万只。

鲁西黑头肉羊示范基地 （2015年摄）

四、养驴业

聊城市有饲养疫用毛驴的传统。随着现代农业的发展，毛驴饲养量呈逐年下滑的趋势。1997年年底，全区驴存栏25.91万头，出栏5.82万头；1999年，聊城市驴存养量21.75万头；2012年，全市驴存养量3.75万头。2013年开始，聊城市肉驴产业得到较快发展，东阿黑毛驴通过国家地理标志认证，东阿阿胶集团与山东省农科院合作开发驴细管冻精技术项目取得成功，具备了产业化推广的技术条件。东阿阿胶集团投资1亿元在东阿县城西建设占地200亩的国家种公驴站（山东天龙牧业科技有限公司）。是年8月，省畜牧兽医局为山东天龙牧业科技有限公司颁发原种驴生产经营许可证。市委、市政府出台《关于聊城市养驴产业发展的实施意见（2015—2019）》，鼓励大力发展肉驴产业，并依托东阿阿胶龙头企业，推行“政府＋企业＋银行＋合作社＋家庭养驴场”发展模式。该实施意见明确提出：对建设规模化养驴场提供10～30万元的补贴；出资500万元进行“融资增信”，与银行合作为养殖户提供基准利率贷款；由东阿阿胶公司定价提供驴驹，定价回收成品驴，扶持成立合作社，推广养殖技术。

2014年，全市肉驴出栏1.8万头，市财政对300头以上规模肉驴养殖场分别给予10万元、20万元、30万元一次性资金扶持，年内新增（含在建）规模驴场66家，新增驴近3万头。

至2015年，全市建设养驴示范场101家（其中东阿41家，存栏黑毛驴5.4万余头），养殖规模在300头以上的家庭养驴场47家，全市驴存养量增至5.4万头。

1997—2015年聊城市畜禽存养量及肉蛋奶产量情况表

表9-14

年份	大牲畜合计（万头）	其中		马（万匹）	驴（万头）	骡（万匹）	猪（万头）	羊（万只）	禽（万只）	兔（万只）	肉（万吨）	蛋（万吨）	奶（万吨）
		牛（万头）	奶牛										
1997	212.93	168.22	—	—	25.91	—	229.97	465.32	7924.5	120.24	49.32	32.20	0.29
1998	142.45	114.43	—	—	—	—	139.75	257.78	3749.0	57.61	24.26	23.88	0.34
1999	158.10	131.09	—	2.97	21.75	2.29	145.99	289.92	5235.8	64.16	33.77	28.10	0.46
2000	159.80	134.17	—	—	—	—	158.25	294.18	5063.31	—	32.24	28.49	0.81
2001	150.55	127.02	—	—	—	—	170.28	268.61	6321.43	—	39.20	30.10	0.87
2002	149.05	127.46	0.42	—	—	—	184.62	325.53	5961.2	100.79	56.75	31.38	0.88
2003	155.88	135.89	0.92	—	—	—	190.61	288.71	6099.6	106.21	51.85	31.74	2.49
2004	147.57	129.83	1.05	—	—	—	217.01	269.84	6466.5	108.03	56.29	31.94	3.43
2005	66.25	56.54	1.07	—	—	—	139.72	139.12	3379.6	107.52	49.42	29.11	3.65
2006	54.10	47.65	1.20	—	—	—	138.34	141.37	4108.0	108.83	53.55	26.61	3.90
2007	58.90	53.35	2.53	—	—	—	195.64	156.54	6458.2	112.42	71.25	26.35	7.89
2008	55.70	52.06	3.49	0.50	2.78	0.36	265.43	156.36	10814.0	103.74	90.61	32.55	11.95
2009	60.61	56.50	3.95	0.35	3.50	0.26	299.18	164.46	13154.0	110.03	102.96	38.56	13.62
2010	65.41	61.09	5.08	0.32	3.72	0.28	304.14	177.06	15142.0	123.45	115.00	43.12	18.80
2011	62.58	58.52	5.58	0.29	3.48	0.29	333.79	184.00	17514.0	140.53	135.94	47.43	18.61
2012	66.73	62.44	6.11	0.27	3.75	0.27	360.01	207.31	15460.0	138.73	156.85	46.92	20.80
2013	66.77	62.66	6.48	0.25	3.62	0.24	365.18	231.82	14151.0	145.66	172.01	40.57	22.43
2014	51.31	46.33	4.68	0.15	4.68	0.15	325.83	231.71	15748.0	135.52	175.01	39.33	19.72
2015	43.22	37.60	4.24	0.12	5.40	0.10	334.56	221.01	15566.0	132.14	156.11	39.53	16.59

1997—2015年聊城市畜禽存出栏情况表

表9-15

年份	大牲畜存栏（万头）	牛		猪		羊		家禽	
		存栏（万头）	出栏（万头）	存栏（万头）	出栏（万头）	存栏（万只）	出栏（万只）	存栏（万只）	出栏（万只）
1997	130.64	99.51	28.60	122.59	131.05	226.11	206.40	3260.25	4120.07
1998	142.45	114.43	20.48	139.75	149.34	257.78	234.91	3749.00	4738.00
1999	156.11	129.09	23.67	148.99	177.72	276.93	268.90	4935.76	6558.59
2000	159.80	134.17	30.21	158.25	204.46	294.18	295.09	5063.31	7666.19
2001	150.55	127.02	41.03	170.28	233.88	268.61	274.97	6321.43	9471.29
2002	148.67	126.09	45.78	179.89	270.50	274.86	300.58	5583.72	10011.78

续表 9-15

年份	大牲畜年末存栏（万头）	牛		猪		羊		家禽	
		年末存栏（万头）	年末出栏（万头）	年末存栏（万头）	年末出栏（万头）	年末存栏（万只）	年末出栏（万只）	年末存栏（万只）	年末出栏（万只）
2003	151.20	131.69	51.61	188.10	288.74	274.39	318.71	5774.17	10817.85
2004	148.27	131.15	52.21	207.08	314.70	268.95	321.52	6385.37	13868.38
2005	132.25	118.17	58.87	204.58	363.04	254.53	335.51	5213.14	17173.00
2006	58.36	50.72	43.01	141.55	299.87	141.42	259.93	4103.81	14504.54
2007	33.39	28.98	26.94	102.14	174.69	82.71	146.92	3100.80	10926.30
2008	36.59	34.29	27.77	119.09	198.34	116.32	193.48	3797.38	13222.85
2009	39.66	37.56	30.82	133.21	224.73	132.48	223.72	4089.09	14332.97
2010	39.69	37.79	30.31	142.16	234.54	145.16	223.87	4457.86	15673.56
2011	40.11	38.14	26.94	151.17	249.74	137.86	212.80	4735.95	16893.36
2012	39.80	37.78	26.18	156.03	257.90	142.90	224.30	4973.08	17750.61
2013	39.39	37.50	26.15	160.69	265.56	142.62	224.21	4957.35	17716.84
2014	41.86	37.42	25.90	160.64	274.64	150.30	238.30	5156.33	18080.56
2015	40.88	37.6	25.30	166.31	283.46	221.01	244.08	5649.79	19545.76

附：东阿肉驴产业化

随着农业现代化的发展，驴的役用功能被现代机械所替代，数量急剧减少，全国存栏量由20世纪90年代的1100万头，下滑到2015年的600万头。驴皮作为阿胶产业生存和发展的战略性资源严重短缺，极大地阻碍了东阿县内国家级龙头企业东阿阿胶股份有限公司的发展。对此，东阿县委、县政府组织开展多次专题调研，认为发展驴产业是为养殖业发展培育新的增长点，是调整畜牧业结构、发展畜牧业特色养殖、开创农民增收致富新途径的必然选择。同时，发展驴产业有利于地方品种遗传资源保护和开发利用，对带动相关产业，满足市场供应，落实国家中药产业发展规划和政策，保护中药资源的需要都有重要的意义。

2014年7月，经东阿县畜牧站申请，“东阿黑毛驴”获得农业部农产品地理标志登记证书。是年9月，经调查研究破解了“地从哪里来、钱从哪里来、驴舍怎么建、驴从哪里来、肉驴怎么养、驴到哪里去、手续怎么办”7大难题。

2015年1月，围绕黑毛驴产业的开发，东阿县委、县政府邀请相关高校和科研院所的专家进行产业开发研讨，制订《东阿县黑毛驴养殖五年发展规划》，初步形成驴皮、驴肉、驴奶加工等品牌，并在专门饲料、屠宰加工、生物制药等方面进行系统开发，拉长产业链条，助推产业升级。是年6月15—16日，全国现代畜牧业建设

2015年，首届中国驴业发展大会暨中国畜牧业协会驴业分会成立大会

工作会议在聊城召开。农业部部长韩长赋、山东省政府副省长赵润田等领导对东阿县现代畜牧业发展工作给予肯定。韩长赋部长两次在部务会议上强调，在聊城召开的全国现代畜牧业建设工作会议，是全国现代畜牧业发展的分水岭，必将开启中国畜牧业发展的新时代。是年7月，东阿黑毛驴繁育中心被列入“省级农业科技园区”；11月，东阿县被列为“全省高效特色畜牧业示范县”。是年9月，第一个养殖周期完成出栏。2015年，16个养驴场通过市专家组规模化养驴示范场验收，获得聊城市政府奖励220万元。随着驴头产业化的发展，国内驴驹的市场价从28元/千克提高到34元/千克，成驴的市场价从26元/千克提高到32元/千克。东阿黑毛驴养殖产业撬动了全国毛驴市场。是年11月22—23日，中国首届驴业发展大会、中国畜牧业协会驴业分会暨中国中药协会阿胶专业委员会成立大会相继在东阿召开，标志着中国驴产业全面踏上复兴之路。

第二节 畜牧技术

一、畜禽良种繁育推广

1996—1998年，聊城畜牧系统主持完成“聊城市70万头良种肉牛鸡配套饲养技术丰收计划项目”，累计增加牛肉6706.9万千克，获全国农牧渔业丰收计划三等奖。1997年，聊城地区祖代鸡场的建立受到山东省畜牧局认可。科技进步在畜牧增产中的作用60%以上，蛋鸡良种率95%，瘦肉型猪良种率65%，肉牛良种率33%。1999年，全市家畜改良站点270个，牛、猪、羊改良率分别为33%、68%、13%，仅辖15个乡镇的高唐县，家畜改良站点就有85个。到2000年年底，全市畜牧业科技含量不断提高，生猪实现良种化，三元杂交型瘦肉型猪占40%，肉牛改良率40%以上，蛋鸡良种覆盖率90%以上，肉鸡生产全部实现良种化。

2001年，市、县、乡、村四级良种繁育推广体系建立健全，有家畜改良站点400多个。利用梨木赞、西门塔尔、夏洛克等良种牛冻精液颗粒改良聊城黄牛，改良率40%，采取本交直配、冷配技术杂交改良波尔山羊存栏5万余只。利用杜洛克种公猪作为终端父本，推广外三元杂交本地猪技术，猪肉杂交改良率80%以上。通过改良，每头改良牛、改良羊、改良猪较之前分别增加效益300～500元、100～200元、50多元。2004年，开展高产奶牛性控胚胎移植。聊城新安公司与北京向中生物技术有限公司以向租农户牛的形式，对自然发情的牛实施性控胚胎移植，全年完成516枚，胚胎移植成功率43.3%。

2006年，畜禽良种繁育体系进一步完善，拥有大尾寒羊、鲁西黄牛、临清狮猫、山东细犬、鲁西茌平长毛兔等众多地方优良畜禽品种，还引入一大批国外畜禽良种。全市有种畜禽场80多家，其中，祖代种鸡场3家，原种猪场1家，家畜改良点200多个，基本建立起“原种场—祖代场—二级扩繁场—商品代场”四级配套的良种繁育体系。2009年，全市有种畜禽场95家，家畜改良站点100多个，全市畜牧科技成果应用率62%，科技进步在畜牧增产中的贡献率65%以上。2012年，全市种畜禽场增至117家，家畜改良站点150多个，“原种场—祖代场—二级扩繁场—商品代场”四级配套的良种繁育体系进一步健全完善。2014年，围绕“畜禽良种化、养殖设施化、生产规范化、防疫制度化和粪污无害化”标准，启动“部、省、市、县”四级联创，围绕猪、奶牛、蛋鸡、肉鸡、肉牛、肉羊、肉鸭、兔8个畜禽品种，开展畜禽养殖标准化示范市创建活动。至2015年年底，全市共创建国家级畜禽养殖标准化示范场13个，省级畜禽养殖标准化示范场124个、市级畜禽养殖标准化示范场200个。

二、自然养猪法

2009年，聊城市委、市政府决定加快推进生态畜牧业发展，坚持规模化、集约化、标准化和产业化的原则，把推进标准化规模养殖（场）小区建设作为发展生态畜牧业的突破口。至是年年底，全市标准化畜禽养殖场（小区）发展至

2106 处，畜禽养殖专业户 10 万户，畜禽养殖量占全市饲养总量的 82%。生猪生产按照“示范—推广—普及”的目标，大力推广“自然养猪法”这一生态环保养殖技术。该项技术成功应用于 134 处养猪场，建设发酵床面积 5 万平方米，承载生猪 4.27 万头，年减少排污 15.68 万吨，提供有机肥 1.08 万立方米，在一定程度上解决了养猪业面临的质量安全、效益较低和环境污染等问题。2010 年，有 179 个养猪场应用该项技术，建设发酵床面积 9.05 万平方米，存养生猪 7.81 万头，年减少排污 28.64 万吨，提供有机肥 1.95 万立方米。2012 年，市畜牧站主持完成的自然养猪法综合配套技术研究与应用项目成果，被聊城市科学技术进步奖励委员会评为“聊城市科技进步奖一等奖”。至 2015 年，“自然养猪法”优越性更加突出，不仅解决了粪尿处理和恶臭难题，改善了农村生态环境，而且提高了猪的生长速度、猪肉品质、劳动生产效率，即使不考虑人力的节约和优质优价的因素，仅节约的饲料、兽药、水电等费用，每头猪可增加 50～80 元收入。

三、养殖技术推广与服务

1997 年起，聊城大力实施畜禽“种子工程”，相继开展牛、猪、羊良种培育和改良。1999 年，全市家畜改良站点有 270 个，年底牛、猪、羊改良率分别为 33%、68%、13%，高唐县家畜改良站点增至 85 个。1996—1998 年，聊城畜牧系统还主持完成“聊城市 70 万头良种肉牛鸡配套饲养技术”丰收计划项目，累计增加牛肉 6706.9 万千克，获全国农牧渔业丰收计划三等奖。

2002 年，聊城市委、市政府决定实施科技特派员工程，推进农业科技进步，着力建设新型科技推广服务体系，不断提高农业自主创新水平，被科技部称为“聊城做法”，并与“南平经验”“宁夏模式”一起成为全国科技特派员工程的参考样板。2004 年，各级畜牧部门共选派 84 个具有中高级技术职称的科技专家，联系专业户、饲养场、养殖小区（基地）226 个（户），这一举措加速了科技成果的转化，促进了科技与生产的衔接。2008 年，选派具有中高级技术职称的畜牧专家联系场户 789 个，组织培训农民 30 万人次，发放畜牧科技资料 15 万份，加快性控胚胎移植等先进实用技术的推广应用。至是年年底，全市累计移植高产奶牛性控胚胎 1.2 万枚，移植受胎率 42%，受益农户 4030 户，实现社会效益 980 万元。

2010 年，聊城市先后选派畜牧专家联系场户 1052 个（户），培训农民 30 多万人次，发放畜牧科技资料 15 万份，实现了“科技人员直接到场、良种良法直接到户、技术方法直接到人”的目标，有效地提升了畜牧从业者的科学发展意识。至是年年底，全市累计移植高产奶牛性控胚胎 1.6 万枚，受益农户 5358 户，新增社会效益 1300 万元。2013 年，依托全市畜牧兽医协会整合现有资源，聘请 39 名驻聊城高校的专家、学者和长期工作在畜牧兽医第一线具有高级职称的科技人员，组建聊城市畜牧兽医专家团。2014 年 5 月，市畜牧局组织畜牧兽医专家团制定国内第一部《鹅的养殖标准化示范场验收标准》，参与标准化验收、项目管理等工作，为企业提供技术服务。

2014—2015 年，全市畜牧系统引导大型龙头企业加快畜牧业污染治理。凤祥集团投入 1000 余万元建有专业的无害化处理车间及羽毛无害化处理车间，通过化制病死畜禽和羽毛可以生产土杂肥及水解羽毛粉，年销售额 1000 万元。高唐县探索出“龙头企业 + 生态农场 + 养殖”模式，首创以生态农场为支撑的“鸭桑蚕一体化”生态高效特色畜牧业，生态农场集种养殖于一体达到养殖废弃物零排放。至 2015 年年底，高唐县新建生态农场 170 处，实现土地流转 1.5 万余亩。东阿县发展规模养殖户 167 户、养殖小区 31 个，林下养殖存栏量占畜禽总量的 20% 以上，年实现林下畜牧业总产值 1 亿多元。全市规模以上的畜禽养殖场、屠宰加工场均配备了与企业规模相适应的无害化处理设施。全市 20 家龙头企业建有有机肥生产车间，269 家养殖场建有沼气池等粪污处理工程。

第三节　畜牧产业化

1997年后，全市（区）畜牧业打破过去以养猪为主的生产格局，实施猪、鸡、羊、兔全面发展。1997年，全区肉鸡饲养专业户7000多户，肉鸡生产加工企业8家，年宰杀肉鸡5000多万只，全区肉牛宰杀加工企业4家，年宰杀肉牛15万头；全区生猪宰杀加工企业2家。1998年，聊城市政府及有关部门提出“稳定发展生猪，突出发展牛羊，积极发展禽兔，建立优质、低耗、节粮、高效的畜牧业结构”的工作思路。为适应不同层次生产力水平和市场发育程度，先后培育一批按照市场机制运作、品牌优势逐步确立、从畜禽饲养到畜产品深加工的龙头企业。“公司+农户”、以场带户、专业协会、联合体等畜牧业一体化经营的合作组织不断增加。以区域化布局、专业化生产、一体化经营、社会化服务为主要特征的“畜牧小区”在全市推广。阳谷凤祥、聊城嘉明、高唐蓝山、临清康宏等龙头企业，形成产加销一条龙、牧工商一体化的发展模式，促进了全市肉鸡产业化向更深层次迈进。

2001—2005年，全市畜牧产业化进程加快，畜牧合作组织初步壮大，推进了肉羊、肉牛产业化发展。2001年，落实《聊城市畜牧业科技规划意见》，开始推进牛羊产业化开发，突出发展奶牛业；建立畜禽无公害产品生产技术体系，培育无公害产品生产基地；推进规模化饲养，增加科技含量；稳定猪鸡生产，重点提高生产水平和产品质量，推广三元结构种植（粮食、经济作物、牧草），完善畜牧市场体系建设，加强畜牧业保障体系建设。是年，高唐蓝山、阳谷凤祥被确定为“国家级农业畜牧产业化龙头企业”，集蛋用种鸡饲养、饲料加工、商品鸡孵化为一体的企业有了新发展。2004年，通过招商引资、重组、兼并等方式培植一批畜产品加工龙头企业。各类加工龙头企业106家，生产范围覆盖鸡、猪、牛、羊、奶等产业。2005年，在龙头、基地、合作经济组织建设等环节上，主动配合，强化服务，着力解决发展中存在的问题，全市畜产品加工企业增至80多家，其中新增26家；规模饲养场（区）580个，新增畜牧合作经济组织31个，畜牧合作经济组织总数96个。

2006年，全市各类畜产品加工企业80余家，总资产50多亿元，畜产品销售收入48亿元，出口创汇3700多万美元。至是年年底，全市发展各类畜牧合作经济组织200多个，拥有会员（社员）3.5万人，其中阳谷县肉鸡合作社联合社、阳谷景阳冈生猪产销合作社、鲁西毛皮动物研究会、东昌府区生猪产销协会、茌平小杨屯鸭业协会等合作经济组织成为全省的先进典型。2008年年初，市委、市政府提出“以产业化为总抓手，重点突破畜牧和蔬菜”的工作思路，出台《关于加快推进畜牧产业化发展的意见》，采取召开全市畜牧产业化现场会等一系列措施，促进畜牧产业化的发展。在凤祥、蓝山2个国家重点龙头企业的带动下，肉鸡业率先形成产业化格局，年出栏5万只以上的肉鸡场（小区）314个，具备年加工肉鸡1.5亿只的能力。全市拥有市级以上农业（畜牧）产业化龙头企业24家，其中国家级2家、省级7家。2010年4月，聊城市政府出台《聊城市畜牧业产业调整振兴计划（2010—2012年）》，在全市范围内开展畜禽标准化规模养殖创建活动。是年，全市市级以上畜牧产业化龙头企业75家，其中国家级2家、省级7家。全市各类畜牧合作经济组织120多个，带动农户2.5万户，户均增收25%以上。

2011年，聊城以畜牧产业调整振兴为总抓手，重点确定畜牧产业调整振兴计划建设项目27个，计划总投资10.76亿元，其中2011年计划投资9.18亿元。是年，26个项目全部开工，并按要求完成计划投资；落实畜牧产业调整振兴基地16个。至是年年底，全市市级以上畜牧产业化龙头企业84家，其中国家级2家、省级7家。2013年，研究制订《聊城市优质肉羊产业发展规划（2013—2020）》，培植了临清润林养殖有限公司、冠县二运养殖场等一批肉羊标准化规模养殖场。至是年年底，全市年出栏100只以上的肉羊场1516个。其中，临清润林牧业有限公司存栏基础母羊（湖羊）9000多只，总存栏量2万多只，成为全省规模最大的肉羊养殖基地之一。东阿阿胶集团作为省级农业产业化重点龙头企业，年内投资1亿元，在东阿县城西3千米处建设占地200亩的国家种公驴站（山东天龙牧业科技有限公司）。是年8月，山东省畜牧兽医局为山东天龙牧业科技有限公司颁发原种驴生产经营许可证。同时，东阿阿胶集团与山东省农科院合作开发驴细管冻精技术项目并取得成功。东阿黑毛驴年内通过国家地理标志认证。是年，聊城养殖规模在300头以上的家庭养驴场47家，阳谷县凤祥食品公司自主研发的现代化养殖远程控制系统，可以远程控制鸡舍内的温度、湿度、供料、供水、通风、配电等，实现了养殖环节的全程自动化控制，开创了高科技养鸡新时代，养殖管理自动化程度达到世界一流。有此保障，1名饲养员可养殖肉鸡8万只以上。肉羊产业是聊城畜牧产业的新兴优势产业。是年，聊城出台《优质肉羊产业发展规划》后，全市肉羊养殖龙头企业发展迅速，以临清润林为代表的大龙头企业逐渐成熟，临清市湖羊规模在500只以上的肉羊养殖场405家，1000只以上规模养殖场210家。一些大型肉羊加工企业、养殖专业合作社快速发展，养羊逐渐成为聊城新兴的、产业链条完善的畜牧产业。临清市润林牧业的肉羊养殖场养羊实现自动给水、投料、消毒、清理粪便和粪尿分离，1个1万头的养殖棚，只需要3名饲养员。公司建有年产12万吨的有机肥料加工厂和4万吨的综合饲料加工厂，发展生态循环农业。以六和荣达、小杨屯鸭业、立海集团为代表的肉鸭产业发展迅速，产业链完整，养殖、屠宰加工、销售等环节总体水平在全国名列前茅。高唐县探索出“龙头企业+生态农场”的养殖模式，首创以生态农场为支撑的“鸭桑蚕一体化”生态高效特色畜牧业，生态农场集种养殖于一体，实现养殖废弃物零排放，至2015年6月，高唐县新建生态农场100处。2014年，聊城市委、市政府出台《关于加快发展优质安全畜牧业的意见》，推进畜牧强市、畜牧标准化示范市、畜产品质量安全监管示范市、无疫市等“四市”建设，全市启动“部、省、市、县”四级联创，围绕生猪、奶牛、蛋鸡、肉鸡、肉牛、肉羊、肉鸭、兔等多个畜禽品种，开展畜禽养殖标准化示范市创建活动。依托大尾寒羊、小尾寒羊、鲁西黄牛、东阿黑毛驴、鲁西黑头羊、817肉鸡品种、湖羊、鲁西长毛兔等优质种质资源和优势产业，打造九大特色产业基地，即以临清为重点，打造湖羊养殖基地；以东昌府区为重点，打造鲁西黑头羊养殖基地；以阳谷县为重点，打造肉鸡养殖基地；以莘县为重点，继续发挥中国小肉食鸡之乡优势，打造肉鹅养殖基地；以冠县为重点，打造鲁西黄牛养殖基地；以高唐县为重点，打造肉鸭生态养殖基地；以茌平县为重点，打造鲁西长毛兔养殖基地；以东阿县为重点，打造肉驴养殖加工基地；以开发区为重点，打造饲料产业基地。2015年，市级以上畜牧龙头企业95家，其中国家级重点龙头企业3家、省级龙头企业10家，带动全市90%以上畜禽产品实现畜牧产业化经营。

第四节　饲草　饲料

聊城是传统农业大市，种植业发达，饲草、饲料资源丰富。聊城市畜牧业属农区畜禽饲养业，基本上是舍饲，精饲料以粮食为主，粗饲料主要是作物秸秆及牧草。

一、饲草

聊城市秸秆类饲料资源丰富，常年农作物播种面积1420万亩，每年生产农作物秸秆50亿千克，通过青贮氨化等措施利用的作物秸秆12.5亿千克，可替代饲料粮1.75亿千克。同时，聊城市推进种草养畜发展步伐，通过林草间作等模式，牧草种植快速发展，面积8万亩，充足的饲料饲草资源为畜牧业循环发展，特别是食草家畜产业发展奠定了坚实的基础。1997年，青贮氨化饲料取得突破性发展，全区青贮氨化饲料累计35亿千克，推动了大牲畜的饲养。是年，莘县、东阿县被农业部命名为“国家级秸秆养牛示范县”。1998年，进行牧草种植试验。聊城市科技农业园试种的杂交玉米作饲料喂猪，比用掖单4或掖单13，每长1千克肉节约1.2千克玉米，可降低成本20%。甜高粱在高唐县试种成功，亩产秸秆1.25万千克，籽粒550千克，每亩秸秆产量相当于6～8亩玉米秸秆的产量，且秸秆糖分高，适口性好。每亩籽粒相当于1.5～2亩玉米的产量，且比玉米价格每千克高出2～4角。1999年，“粮—经—饲”三元种植试验成功，如推广种植甜高粱、籽粒苋、墨西哥黑玉米、紫花苜蓿、黑麦草等。2002年，聊城市政协九届二十次常委会上提出，积极扩大牧草种植面积，推进以草促畜、种养结合的深入发展的倡议，促进聊城逐步建立优质低耗、高产高效的畜牧业结构。2003年，全市牧草种植面积15万亩，有力地支撑了以畜产品为原料的食品、毛纺、制革、医药等加工业的不断发展。至2015年，全市自然草地面积15.6万亩，人工牧草种植面积8.18万亩（主要以紫花苜蓿为主），肉牛、奶牛、肉羊等食草家畜年饲养量500.96万头（只）。

二、饲料

20世纪90年代后期，推广颗粒饲料、预混精料和不同品种、不同生长阶段、不同用途的专用型全价饲料；生产手段也由传统的简单搭配粉碎搅拌的作坊式生产发展到全自动控制电脑配方的集约化生产。

2004年，全市饲料企业120家，产值13亿元，其中，鲁莘饲料、金牌饲料、鲁源饲料等饲料加工企业年生产饲料50万吨，带动畜牧从业人员10万人。

2008年，全市饲料产量130万吨。饲料添加剂销往比利时、法国、荷兰、日本、西班牙等30多个国家，聊城成为冀鲁豫周边地区较大的饲料生产、经销集散地。2009年，全市有规模以上饲料企业58家，其中7家被评为“山东省饲料企业五十强”，全市饲料产量、产值分别为120万吨、40亿元，为加快畜牧产业化进程提供了强有力的物质保障。

2011年，全市规模以上饲料企业69家。2013年，全市饲料企业102家，饲料产量231万吨、产值98亿元。2014年，全市饲料企业107家，饲料产量250万吨、产值104亿元。至2015年，全市饲料企业115家，饲料产量249万吨、产值104亿元。希杰（聊城）生物科技、帝斯曼维生素（山东）等7家企业连续被评为“山东省饲料企业五十强”。

第五节　疫病防控

1997—2015年，根据《中华人民共和国动物防疫法》要求，聊城市（地区）不断加大重大动物疫病防控工作力度，制定“预防为主，防检结合，全面控制和重点扑灭”的防治方针，全面落实免疫、监测、检疫、监督和疫情处置等综合防控措施，强化了对动物疫病的预防和控制。

一、防疫

2001年，全市采取一系列行政或经济手段，推动动物防疫工作的开展，阳谷县、东阿县率先开展逐级签订责任状，实行领导责任追究制及乡镇统一组织、集中强制免疫的做法。2004年，聊城市成立市级重大动物疫病防控指挥部，初步建立市、县、乡、村四级动物防疫体系，建立以检促防、防检结合的运行管理机制。2006年，强化资金、物资、队伍保障，市、县两级，选配村级动物防疫员5776名，落实防控专项资金230万元，购进各类疫苗4574.7万毫升，防疫密度95%以上。2014年，聊城市被山东省畜牧兽医局评为“重大动物疫病防控工作先进单位”，在全省工作考核中列第六位。2015年，组织编写《村级防疫员培训教材》，免费下发给防疫员，并在全省率先连续举办两期基层防疫员防疫技术培训班，邀请国内外疫病防控专家就防疫政策、防疫技术要点对全市骨干村级防疫员开展集中培训，受训人员300多人次。各县（市、区）均结合阳光培训工程，主动邀请专家教授授课，对村级防疫员分期分批开展培训。是年，全市市、县、乡三级举办培训班120多场，受训村级防疫员近5000人。是年年底，全市消灭了牛瘟、牛肺疫、马传染性贫血等重大动物疫病，没有发生高致病性禽流感、口蹄疫、高致病性猪蓝耳病、小反刍兽疫等重大动物疫病，其他各类动物疫病及人畜共患病均得到有效控制，各类动物疫病的发病率、病死率和发病数量明显减少。

高致病性禽流感防疫 1998年冬，聊城发生大面积禽流感，造成经济损失1.5亿元。自2004年开始，国内外相继发生高致病性禽流感疫情，全市畜牧系统通过加强疫苗免疫、及时监测疫情、发展规模养殖等措施，有效防控了疫情。至2015年年底，全市没有发生高致病性禽流感疫情。

口蹄疫防疫 1999年5月起，莘县、临清市、冠县、聊城开发区、东昌府区、东阿县相继发生牲畜口蹄疫疫情，均严格按照国家有关规定，进行封锁、扑杀和无害化处理。至2015年年底，全市没有发生大规模的口蹄疫疫情。

高致病性猪蓝耳病防疫 2006年8月下旬，中国南方发生了猪热病疫情，对聊城市部分地区造成不同程度的影响，部分县（市、区）发生以猪高热为主要特征的疾病，最后经排查确诊，均排除了高致病性猪蓝耳疫情。

猪瘟防疫 2002年，莘县、冠县、阳谷县、东阿县、高唐县、茌平县、东昌府区等县（市、区）的个别村庄出现猪瘟散发疫情，均得到有效控制。

二、检疫

2008年，完成了供奥动物及动物产品监管任务。北京奥运会期间，全省共有8家供奥动物及动物产品加工企业，其中聊城市占5家，共承担着2542头生猪和10.07吨分割鸡肉的供应任务，另有53家涉奥企业。市畜牧兽医局严格确定责任目标，对畜产品生产、运输、消费、储藏等多个环节实施全程监督，使畜产品在防疫、检疫、无禁用兽药、可追溯、自检率等方面均实现100%。市畜牧局被山东省委、省政府表彰为“山东省北京奥运会、残奥会先进集体”，是全省畜牧系统唯一获此殊荣的单位。2010年，强化动物及动物产品外调企业的监管工作。对21家上海世博会、17家广州亚运会动物和动物产品供应企业进行重点监管，确保了世博会、亚运会期间畜产品质量安全；并以此为契机，进一步开拓上海、广州两地市场，为提高全市优质畜禽产品的国内、国际信誉和市场份额奠定了坚实的基础。2015年，为做好免疫标识的佩戴及免疫档案记载等工作的“痕迹化”管理，散养畜禽、规模饲养场防疫档案和养殖场动物卫生监管记录全部统一格式，耳标、免疫证、免疫档案“三位一体”的免疫标识制度全面实施。

三、监（检）测

2006年，根据畜牧兽医管理体制改革的总体要求，聊城市成立市级动物疫病预防与控制中心，为副县级全额预算事业单位，编制15人。自是年起，全市启用“全国动物疫病监测和疫情信息系统”，建立起乡镇、县、市的报告体系。至2015年年底，全市8个县（市、区）70个病种全部实现在线上报，开展18项动物疫病流行情况调查项目。

2008年，全市确立三级动物疫病检测体系。按照国家规划，县（市、区）检测化验室全部建设完成。是年，全市50%以上的乡镇兽医站得到国家检测化验项目的建设批复。2011年7月，聊城市兽医实验室通过农业部的考核验收，标志着聊城市兽医实验室取得承担动物疫病诊断、监测和检测等任务的资格。是年，聊城市疫控中心被授予“2011年全省兽医实验室考核工作先进单位”称号。至2015年，高唐县、东阿县、东昌府区、莘县、阳谷县动物疫情测报站等实验室通过农业部考核，取得承担动物疫病诊断、监（检）测等任务的资格。

第五章 水产业

1997年起，聊城水产养殖面积总体平稳，养殖品种不断增加，鱼类养殖总产值呈不断增长势头。2014年、2015年，东阿县、高唐县分别被中国渔业协会命名为“中国黄河鲤鱼之乡”“中国锦鲤第一县”。2015年年底，全市水产总利用面积26.51万亩，总产值39.67亿元。其中，鱼类养殖面积13.9万亩，产量7.94万吨，渔业产值15.71亿元，前两项分别比1997年增长12.21%、147.98%。

第一节 水产资源

据2010年全市第三次水产资源普查显示：全市渔业养殖面积10.41万亩，其中池塘8.11万亩、水库2950亩、湖泊1.44万亩、河沟4528亩、网围1161.5亩。水产批发市场营业面积6714平方米，经营户274个，年交易量194万吨，年交易额5.6亿元；冷库113座，冻结能力118吨/日，冷藏能力101吨/日，生产经营活动单位143家。

境内鱼类均属淡水鱼，有53种，隶属7目、15科、40属。以鲤科最多，有41种，丽鱼科3种，鳅科25种。依发展历史可分为本地鱼类、引进鱼类、自育品种。其中，本地鱼类有鲤、鲫、黄鳝、鲶、黄桑、黄鲦、棒花、麦穗、红鳍、鲦鱼、泥鳅、青鳉、银鱼、鳑鲏、鰕虎、斗鱼，其中鲤鱼、鲫鱼为养殖品种。引进鱼类有青、草、鲢、鳙、罗非鱼、白鲫、鲂鱼、鳊鱼、乌鳢、鳜鱼、翘嘴红鲌、虹鳟鱼、革胡子鲶、斑点叉尾鮰、建鲤、黄河鲤鱼、淡水白鲳、锦鲤等。自育品种聊鲤一号，是聊城市淡水养殖试验场于1975年用散鳞镜鲤作父本、兴国红鲤作母本杂交育成的一个新品种，1990年后全市普遍养殖。全市每年培育200～300万尾鱼种。

按食性分，可分为以草、浮游生物、杂食、肉食为主等四大类。以草食性为主的鱼类有草鱼、鳊鱼、三角鲂、赤眼鳟等；以浮游生物为主的鱼类有鲢鱼、鳙鱼等；以杂食性为主的鱼类有鲤、鲫鱼、麦穗鱼、银鲴、泥鳅、鲦鱼、棒花鱼等；以肉食性为主的鱼类有鲶鱼、黄鳝。性情温和的翘嘴红鲌、青鱼，以及凶猛的乌鳢、鳜鱼等。

在其他水生动物中，软体动物类主要有蚌类和螺类等10多种，其中褶纹冠蚌为淡水培育珍珠的优良品种。甲壳动物类有青虾、鹰爪虾、南美白对虾、中华绒螯蟹等。爬行动物有甲鱼（中华鳖）等。

浮游动物有63种，其中原生动物40种、轮虫15种、枝角类3种、桡足类5种。

第二节 渔业养殖

聊城水产养殖主要以池塘为主，养殖品种有鲤鱼、草鱼、鲢鱼、鳙鱼、鲫鱼、中华鳖（甲鱼）、罗非鱼、黄颡、观赏鱼（锦鲤、金鱼）、淡水白鲳、鳜鱼、乌鳢、鲶鱼、泥鳅、南美白对虾、河蟹等品种。1997年前，主要以传统的鲤鱼、草鱼、鲢鱼、鳙鱼为主，占养殖总面积的55%以上，养殖总产量占90%以上。1997年，名特优高效渔业有了较大发展，养殖品种发展到10多个，主要有甲鱼、河蟹、罗非鱼、金鱼、革胡子鲶、乌鳢、黄鳝等。2000年后，养殖品种增加了黄颡、大鲵、淡水白鲳、彭泽鲫、泥鳅、斑点叉尾鮰、大口胭脂鱼、锦鲤、南美白对虾、湘云鲫等。21世纪初，临清市开始进行甲鱼工厂化养殖，之后全市工厂化养殖得到迅速发展。2007年始，全市甲鱼养殖逐渐发展壮大，到2012年，集甲鱼繁育、养殖、饲料、深加工于一体的甲鱼产业成为全市渔业主导优势产业。2013 年，以高唐县为主的锦鲤养殖发展壮大。2014 年，东阿县黄河鲤鱼繁育、养殖取得丰硕成果，东阿县被中国渔业协会命名为“中国黄河鲤鱼之乡”。2015 年，高唐县被中国渔业协会授予“中国锦鲤第一县”称号。

至 2015 年年底，全市水产总利用面积 26.51 万亩，总产值 39.67 亿元。其中，鱼类养殖面积 13.9 万亩（其中包括标准化生态养殖池塘 2.8 万亩、工厂化养殖 67.4 万立方水体），养鱼产量 7.94 万吨，渔业产值 15.71 亿元。养殖品种有青鱼、草鱼、鲢鱼、鳙鱼、鲤鱼、鲫鱼、泥鳅、鲶鱼、黄鳝、鲈鱼、乌鳢、罗非鱼、鲟鱼、南美白对虾、河蟹、甲鱼、锦鲤、雪龙鱼、淡水白鲳等 20 余个品种。

1997—2015 年聊城市淡水鱼类养殖面积、产量统计表

表 9-16

年份	鱼类养殖面积（亩）			鱼类养殖总产量（吨）	工厂化养殖		鱼类养殖总产值（万元）
	总养殖面积	池塘养殖面积	河道、湖泊等其他养殖面积		面积（立方水体）	产量（吨）	
1997	123950	109791	14159	32030	—	—	—
1998	134910	120651	14259	35357	—	—	—
1999	145240	132581	12659	39010	—	—	32471
2000	135200	122441	12759	40914	—	—	32217
2001	157000	144341	12659	43011	—	—	36019
2002	162350	149891	12459	45506	—	—	42276
2003	169070	156311	12759	49744	159840	50	43978
2004	178935	164220	14715	62335	162300	100	55254
2005	186450	169125	17325	60825	166234	480	57598
2006	196380	178425	17955	65660	185000	500	42536
2007	30930	26700	4230	39039	20000	200	72262
2008	102450	85155	17295	41823	60800	1007	62187
2009	112635	95370	17265	45860	62640	1612	61536
2010	117435	96855	20580	60784	69840	3726	71484
2011	120240	108700	11540	64865	96490	4620	101813
2012	123300	109680	13620	67819	98300	4915	111512
2013	129975	114705	15270	69868	114300	5026	120649
2014	133830	118335	15495	75360	721948	6279	140507
2015	138960	120540	18420	79429	673950	7062	157082

一、鱼苗、鱼种生产

1997 年，全区共生产鱼苗 3.8 亿尾、鱼种 3.51 亿尾，品种以草鱼、鲢鱼、鳙鱼、鲤鱼为主；有国营渔场 2 家：聊城市（今东昌府区）淡水养殖试验场、东阿县淡水养殖试验场。是年，全区繁育稚鳖（甲鱼）21.2 万只，繁育、养殖地主要在临清市、聊城市（今东昌府区）、茌平县等地。之后，部分国营渔场进行了改制，苗种繁育能力有所下降，由原来最高的 3.8 亿尾降至 2004 年的 1 亿多尾。但名特优苗种生产逐

步得到发展，常规鱼类苗种繁育和鱼种培育稳步提升。

2005 年，临清丁马甲鱼繁育基地被山东省海洋与渔业厅批准为“省优良甲鱼苗种繁育基地”。2006 年，该基地被山东省海洋与渔业厅命名为“省级中华鳖原种场”。

2007 年，市淡水养殖试验场引进乌鳢并繁育成功，被山东省海洋与渔业厅命名为“省级乌鳢良种场”。

2011 年后，全市加大甲鱼、锦鲤、黄河鲤鱼 3 大特色鱼类发展力度，临清丁马生物科技有限公司、开发区科淼甲鱼养殖场、茌平绿源甲鱼养殖专业合作社成为全市甲鱼繁育龙头企业，甲鱼繁育水平显著提升。锦鲤、黄河鲤鱼、革胡子鲶、雪龙鱼、泥鳅、乌鳢、罗非鱼等名优品种苗种繁育也取得突破和发展。

2015 年，冠县合顺渔业专业合作社被山东省海洋与渔业厅命名为“省级罗非鱼良种场”；东阿绣青渔业专业合作社被山东省海洋与渔业厅命名为“省级黄河鲤鱼良种场”。至是年年底，全市繁育鱼苗 4.03 亿尾，培育鱼种 1.75 亿尾、稚鳖 2423 万只，分别比 1997 年增长 6.06%、-52.29%、113.29 倍。其中，繁育锦鲤 1.06 亿尾、繁育黄河鲤鱼 1 亿尾。

1997—2015 年聊城市鱼苗、鱼种、稚鳖繁育情况表

表 9-17

年份	鱼苗（万尾）	鱼种（万尾）	稚鳖（万只）
1997	38000	35128	21.2
1998	35000	6988	25
1999	20000	15848	30
2000	28000	9478	31
2001	31000	9852	42
2002	26000	10705	51
2003	16000	5869	59
2004	10000	5780	71
2005	30000	7990	79
2006	50000	8992	112
2007	54000	10134	95
2008	30050	10426	480
2009	40000	12352	36
2010	50900	17208	579
2011	51230	13180	890
2012	32703	19192	1222
2013	62000	9902	1669
2014	58200	14712	2196
2015	40303	17462	2423

二、成鱼养殖

池塘养殖 1997 年，坚持“以鱼为主、综合开发”的原则，走出了以“上粮下渔”为基本模式的新路子，全区池塘养殖面积 12.39 万亩，水产品养殖产量 3.2 万吨，比上年增加 4692 吨，增长 17.1%。同时，各县（市）因地制宜地搞开

发，形成多种开发类型和开发模式。1998年，养殖面积增加较快，全年增加养鱼水面1万余亩，增长幅度超过16%。是年，全市池塘养殖面积12.07万亩，水产品产量3.54万吨。2001年，引进彩虹鲷、刀额新对虾、美国大口胭脂鱼、建鲤等10多个名优新品种，推广“建鲤夏花九十天养成技术”和“池塘双季双吨养殖技术”，促进建鲤发展迅速，形成了2万多亩的养殖规模。

2003—2010年，水产业以提高经济效益为中心，坚持科技兴渔，大搞宜渔资源综合开发，全面调整养殖结构，发展名优高效渔业，休闲渔业有了突破发展。2003年，先后引进和推广河蟹、甲鱼、罗非鱼、鲫鱼、黄颡鱼、革胡子鲶、乌鳢、南美白对虾等20多个优良品种的养殖，名优品种面积2.3万亩，占全市养殖面积的13.69%，产值9869万元，占全市渔业总产值的22.5%。把南美白对虾养殖作为重中之重，成立南美白对虾养殖协会，是年全市南美白对虾养殖面积1355亩。2007年，名优鱼类养殖继续扩大，甲鱼、泥鳅、革胡子鲶得到不同程度发展。丁马生物科技有限公司养殖的“丁马甲鱼”被国家质检总局认证为中华鳖唯一的“国家地理标志保护产品”。同时，甲鱼深加工新产品甲鱼胶系列开始开发与生产。2008年，全市名优品种养殖面积2.55万亩，占养殖总面积的25%。临清市、茌平县的甲鱼、莘县的泥鳅、阳谷县的观赏鱼各具特色，各具优势。丁马甲鱼获山东省“十大渔业品牌”称号。2010年，全市水产养殖面积11.74万亩，水产品总产量6.62万吨，名优养殖面积3.9万亩。冠县万义淡水养殖场按照国家级良种场建设要求进行建设，进行工厂化高密度养殖革胡子鲶，亩产40万千克。休闲渔业有了新突破，冠县天沐、东昌湖区景区、九州洼渔村、天运怡园4家被山东省海洋与渔业厅评为“省级休闲渔业基地”。

2011年，聊城市政府印发《进一步做大做强甲鱼产业的通知》，加快甲鱼产业的发展步伐，以山东丁马生物科技有限公司、科淼基地、绿源甲鱼养殖示范场等为龙头带动，全市甲鱼养殖面积7931亩，产值3亿元。出现了冠县万顺工厂化革胡子鲶养殖、高唐池丰独秀锦鲤养殖、东阿黄河鲤鱼养殖等一批独具特色的名优养殖业。2012年，全市甲鱼养殖面积增至1.5万亩，比上年增长89.13%；产量2972吨，增长91%；产值3.8亿元，增长26.67%。甲鱼养殖与深加工在全省乃至全国处于领先位置，在丁马公司开始实施省级农业发展资金优质鱼项目。开展现代渔业创建活动，2家养殖企业被列为“部级水产健康养殖示范场”、4家被列为“省级健康养殖示范场”、18家被认定为“市级健康养殖示范场”。新增发养殖证45家，全市累计53家。2013年，甲鱼养殖面积1.6万亩，产值3.8亿元，甲鱼深加工产品4大系列32品种，甲鱼成为市内渔业重要的主导产业。高唐锦鲤发展迅速，池丰锦鲤合作社占地1100亩，带动养殖户360户，带动全市锦鲤养殖面积4000余亩，在广东的全国锦鲤大赛中，高唐县获3个冠军、3个亚军，在行业内有“全国锦鲤看广东，江北锦鲤看高唐”的说法。“东阿黄河鲤鱼”被认定为全国地理标志保护产品。举办了首届“江北水城运河古都”放鱼节，在全市四湖（东昌湖、双海湖、金牛湖、洛神湖）、两河（马颊河、徒骇河）开展增殖放流活动，投放鲢鳙草鲤各类苗种110多万尾。2014年，甲鱼养殖面积1.8万亩，产量3803吨，产值4.3亿元。高唐县被山东省渔业协会授予“山东锦鲤第一县”称号。冠县合顺渔业专业合作社利用地热优势资源南鱼北养，扩大规模，新增流转土地上千亩，扩大草胡子鲶订单生产，加大巴沙鱼（雪龙鱼）、淡水白鲳、罗非鱼等名优品种的精养力度，同时向稻田泥鳅、鱼藕混养等养殖模式和循环渔业上拓展，形成了比较完整的生态产业链。2015年年底，全市水产总利用面积26.51万亩，总产值39.67亿元。其中，养鱼面积13.89万亩，养鱼产量8.41万吨，渔业产值18.56亿元，同比增长14.5%。山东丁马生物科技有限公司进一步壮大，带动发展临清汇川、茌平绿源、开发区科淼等规模化甲鱼养殖基地10余处，形成聊城“全市大养其鳖”的势头。

在东阿县形成了2000多亩的黄河鲤鱼养殖核心区。涌现出阳谷大金堤鲟鱼、莘县跃廷罗非鱼养殖专业合作社等特色鲜明的养殖基地。是年，新增部、省级“健康示范场”2处。

湖泊养殖 1997—2012年，聊城东昌湖、高唐鱼邱湖、茌平金牛湖等湖泊中均每年投放一定的苗种，主要品种有鲢、鳙、草、鲤等，但产量不高，亩产仅在25千克。自2013年起，根据山东省海洋与渔业厅增殖放流实施方案，每年向东昌湖、鱼邱湖、金牛湖、洛神湖等城市水系湖泊中投放近千万尾鲢、鳙、草、鲤苗种。到2015年年底，在全市城市公共水域共放流鲢、鳙、鲤、草苗种2200万尾。通过增殖放流，年增有机水产品480吨，增加养殖收入350万元，年转化削减水体中总氮16.8吨、总磷4.32吨（据测算，平均每千克鱼可转化水体中氮25～35克、磷3～9克）。

工厂化养殖 境内工厂化养殖雏形是温室大棚养殖。20世纪90年代中后期开始，临清市等地利用温室养殖甲鱼。2003年，全市工厂化（温室养殖）15.98万立方水体，主要分布在临清丁马甲鱼养殖基地，东昌府区、茌平县等地。2007年，莘县工厂化革胡子鲶养殖、泥鳅养殖效益较好，但因喂养鸡肠等饲料对环境产生一定影响，逐渐转型。2008年，临清丁马生物科技有限公司甲鱼工厂化养殖温室6万平方米。2011年，冠县定寨乡张洼村工厂化革胡子鲶养殖基地，占地20余亩，有46个温水池，依靠600米深井地温水四季养殖革胡子鲶，一年生产3～4茬，年产鱼400多万千克，产值3200多万元。

丁马甲鱼综合产业园区 （2015年摄）

2013年，推广冠县合顺渔业专业合作社名优高产高效工厂化养殖模式，该合作社工厂化养殖水体24.3万立方米，年产革胡子鲶300千克/立方米，年产淡水白鲳、湘云鲫、罗非鱼等名优鱼类60千克/立方米，年销售收入8000万元。2015年，丁马生物科技有限公司工厂化养殖甲鱼温室30多万立方水体；全市工厂化养殖企业10余家，工厂化养殖水体70万立方米，基本形成聊城“三鱼一高”的特色渔业。

三、水产品加工

聊城水产品加工起步较晚。20世纪90年代末，莘县科瑞特渔业公司集养殖、销售、饲料加工于一体，年产饲料2万吨。到2003年年底，聊城水产加工企业发展到6家，加工能力4万吨/年，其中饲料3.16万吨，占79%。2004年，东阿县开始启动曾获国际金奖的东阿阿胶烤鱼项目。2005年，淡水鱼加工60吨、饲料生产1.45万吨。2006年，临清丁马生物有限公司与北京解放军301医院合作开发中华鳖胶深加工项目，包括冷冻系列、即食系列、保健系列，2007年9月正式投产。2008年，全市水产加工企业2家（临清市、东阿县各1家)、水产冷库1个，水产品加工能力1582吨，临清丁马生物科技有限公司年加工甲鱼1500吨。2010年，水产加工品总量7545吨，其中水产品加工1540吨、水产饲料6005吨。2012年后，临清丁马生物科技有限公司进一步扩大加工规模，提升甲鱼深加工产品科技含量，研发出甲鱼饮料、甲鱼肠、甲鱼丸等功能性饮品和即食产品。2015年，全市有水产冷库4座，加工企业3个，年加工2万吨，其中饲料1.75万吨，水产品2500吨。

第三节 技术推广

聊城市推广渔业技术主要包括中华鳖池塘健康养殖技术、淡水池塘水质底质综合调控及节能减排技术、淡水池塘鱼菜生态高效种养技术等。

一、中华鳖池塘健康养殖技术

中华鳖是市内淡水养殖的主要品种，养殖面积一直保持在2万亩左右，产量1.5万吨以上，产值4亿元。该技术推广项目于2012年秋开始实施，2013年年底全面完成。经过水产专家组及有关人员验收。是年，推广面积3374亩，亩产中华鳖400千克，亩产值4万元，亩盈利2.5万元。每年可向社会提供优质中华鳖120万千克，年产值1亿元，经济效益、社会效益、生态效益显著。

二、淡水池塘水质底质综合调控及节能减排技术

该项目技术主要通过“池塘微孔增氧技术”“池塘微生态制剂水质底质调控技术”，示范推广微孔增氧、微生态制剂等渔业应用技术集成，使耗电、耗水量大大下降，在改善水质、提高饲料利用率方面取得良好效果。2015年，临清市、阳谷县、东昌府区利用省财政支持渔业技术推广资金对“淡水池塘水质底质综合调控及节能减排技术”进行推广，推广面积5000余亩，通过采用池塘微孔增氧技术、池塘微生态制剂水质底质调控技术达到池塘水质综合调节，经济效益、生态效益显著。

三、淡水池塘鱼菜生态高效种养技术

“池塘鱼菜共生生态种养技术”是根据鱼类和植物的生存环境、营养需求和理化特点，将水产养殖和蔬菜种植两种不同的农业技术，通过科学的生态设计，实现“养鱼不换水，种菜不施肥”的一种新型的鱼、水、菜和谐协同共生复合种养模式。池塘鱼菜共生生态种养技术利用水生蔬菜扎根在养鱼水体中生长、需从水体中汲取营养物质的生理特点，将养鱼过程中产生的有害物、废物（养鱼产生的排泄物、剩余饲料、氨氮等）转化成蔬菜生长所需的养料，在池塘内形成“鱼肥水—菜净水—水养鱼”的循环系统，让鱼类和蔬菜之间达到一种和谐共生的生态平衡关系，不仅能使养鱼水体自然净化、水质保持长期稳定，而且能在养鱼的同时收获一定量的水生蔬菜，具有净水、提高水产品质量、促进蔬菜增收、减少水电药等成本投入、形成景观工程等优势。2013年、2015年，东昌府区、东阿县先后利用省财政支持渔业技术推广资金推广“池塘鱼菜共生生态种养技术”。

四、澳洲淡水龙虾池塘健康养殖技术推广

澳洲淡水龙虾又名“红螯螯虾”，原产于澳大利亚，于20世纪90年代引进养殖试验获得成功，是继罗氏沼虾之后引进的又一个世界上最名贵的淡水优良品种之一，也是淡水虾类中的大型虾类。2013年，对此虾的池塘健康养殖技术进行重点推广并获得成功，在冠县合顺渔业专业合作社随机抽样池塘4亩，测量澳洲淡水龙虾30只，平均体长17.1厘米、体重112克，成活率58%，总产量1800千克，平均亩产450千克，亩产值8.1万元，超额完成项目指标要求。2013年12月，该技术通过聊城市科技局组织的专家鉴定，项目技术达国内先进水平。

五、建鲤暴发性出血病无公害综合防治技术

建鲤暴发性出血病，亦称细菌性败血症。该病呈暴发性，来势猛，往往发病2～3天即出现大批死亡，每年4—11月流行，1～2龄建鲤均可发病，发病率一般为50%～100%，死亡率20%～80%。2003年，全市发病面积5万亩，发病率60%，死亡率30%，造成直接经济损失5000万元。此病发病急，死亡率高，一般常规防治方法导致环境污染、鱼类药残高，效果也不理想。2004年，对此病重点进行无公害综合防治试验并获得成功。2005年，该技术获“聊城市科技进步三等奖”。

第四节　病害防治

鱼类疾病主要以预防为主，防治结合。在预防疾病的过程中，向广大养殖户传播健康养殖技术、病害防治技术，做好每月的鱼病测报工作并及时发布，使养殖户掌握病害流行情况，提前做好病害预防。同时，刊登农业部下发的水产养殖禁用鱼药目录，使养殖户不使用禁用药品。每年不定期聘请有关专家及技术人员举办无公害养殖

技术讲座、新品种介绍及病害防治技术讲座，解答养殖户在养殖过程中遇到的疑难问题。技术人员不定期到基层进行技术指导。

在池塘管理及防治鱼病方面，放苗前做好池塘清整及消毒工作；选择健康体质的鱼苗，鱼苗入池前要进行鱼体消毒，杀死鱼体上的病原体；严把饵料关，投放的饵料必须新鲜、清洁、质量好，不投喂发霉变质的饵料；食场消毒，在鱼病流行季节，每隔 1～2 周，在食场周围进行消毒；在鱼病流行季节前，定期用药物全池泼洒。

根据 2002—2015 年水产养殖病害监测报告，聊城市范围内经常发生的鱼类疾病有水霉病、烂鳃病、肠炎病、打印病、出血病等。

水霉病　俗称“白毛病”，一般在早春易流行。春季投放鱼种时，如果操作不当，鱼体受伤，易发生水霉病。水霉菌最初寄生时，一般看不出病鱼有何异常，当看到病症时，菌丝已侵入鱼体伤口，向外生长，逐步长出棉毛状菌丝。

防治方法：鱼类入池操作过程尽量仔细，勿使鱼体受伤，入池前用 3%～5% 食盐水浸泡鱼种 8～10 分钟。若发现鱼类感染水霉病，可全池泼洒小苏打与二溴海因合剂。

烂鳃病　病鱼体色发黑，对外界刺激反应迟钝，呼吸困难，鳃盖内表面的皮肤发炎充血，中间部分常糜烂成　圆形或不规则的透明小窗，鳃上黏液增多，严重时鳃小片坏死脱落，鳃丝末端缺损，软骨外露。该病对鱼种及成鱼有危害，水温越高，越易暴发流行。

防治方法：挖除塘底过多淤泥，每立方米水体用生石灰 200 克或漂白粉进行清塘；鱼种下塘前用 2%～3% 食盐水药浴 4～10 分钟，或用 15～20 克高锰酸钾药浴 15～30 分钟；在发病季节，每月全池遍洒生石灰 1～2 次，使池水 pH 值保持在 8 左右，每隔 1～2 周用漂白粉消毒食场 1 次。

肠炎病　病鱼一般表现为食欲不振、离群独游、肛门红肿，尾部有黄或黄带红色的液体从肛门处流出，此病一般不引起大批死亡。主要发生在春天开始进食时或春夏气温多变的季节。

防治方法：采取“定时、定位、定质、定量、看天、看水、看鱼”的科学投喂方法进行投饵；定期泼洒微生物制剂，保持水体的良好状况，控制有害菌的生长繁殖；早春开食或疾病多发季节定期采用药物进行预防，使用药物有肠炎停、大蒜素等。

打印病　该病夏秋季易发生。病鱼初期皮肤肌肉发炎，出现红斑，随着病情发展，鳞片脱落，肌肉腐烂。病灶呈圆形或椭圆形，周缘充血发红。

防治方法：用生石灰彻底清塘，经常保持池水清洁。在夏季，常加注新水，此病可减少；在发病季节，用 1pp 米漂白粉全池泼洒；将病鱼集中在水泥池中，用 20 克 / 立方水体土霉素药浴（上市前 30 天停用），每次 30 分钟，每天 1 次，连用 2～3 天。

出血病　每年 5—9 月均有发生，水温 27℃以上最为流行。病鱼体两侧出血，眼眶、鳃盖、胸、背、腹鳍基部出血，眼球外突。

防治方法：每年清除鱼塘中淤泥，鱼塘所用有机肥要经过发酵，在堆肥的四周要经常用生石灰及漂白粉进行消毒，不投喂腐烂变质的饲料，及时捞取塘中的残草剩物。定期用生石灰进行全池泼洒。

第六章　农业机械

1997 年起，聊城境内农业生产实现了由人力、畜力作业为主向机械化作业为主的历史性跨越。2004 年农机补贴政策实施后，全市农机装备实力不断增强，农机作业水平显著提高，农业机械化进入了又好又快的发展阶段，农业机械成为农民手中最值钱、最直接和首选的生产致富工具。2015 年，全市农机总动力 1248 万千瓦，耕种收获综合机械化水平 86%，分别比 1997 年增长 152.63%、36%，农机作业由原来的一家一户经营向规模化、专业化经营转变，出现了一批农机合作社和农机大户。

第一节 机械机具

一、农机装备

1997 年，聊城地区行政公署《关于加快聊城地区农业机械化发展的意见》出台后，聊城农机部门突出重点、强化措施，扶持各类大型高效机械快速发展，农机装备总量持续增长。是年，全区农机总动力 494 万千瓦，农用拖拉机 6.6 万台，每万亩耕地平均拥有量 79 台；各类配套农具 9 万台；排灌动力机械 33 万台，每万亩耕地平均拥有排灌动力机械 393 台；机动三轮车 8.19 万辆；农业机械总值 15.6 亿元，农业机械总值占全区农业生产性固定资产总值的 70% 以上，成为农业生产力的重要组成部分。随着农村改革的不断深化和对农机宏观管理的加强，农机装备结构进一步优化，大型高效配套机械迅速发展。至是年年底，全区大中型拖拉机 4462 台，其中链轨式拖拉机 588 台；大型工程机械 208 台；小麦联合收割机实现“零”的突破，并迅速发展到 537 台。配套机械基本保持了与主机同步增长，机具配套比 1∶1.36。小麦精播机 3673 台，化肥深施机 1186 台，机引犁保有量 3.95 万台，旋耕机 2319 台。

2001 年，全市农机总动力 836.4 万千瓦，农业机械原值 26.5 亿元。农用拖拉机 10.1 万台，排灌动力机械 42.3 万台，农副产品加工机械 7.49 万台，机动三轮车由 1998 年年初的 8.2 万辆增至 27.5 万辆，各类配套农具 13.3 万台。大中型机械进一步发展，到是年年底，全市大中型拖拉机 8697 台，大型小麦联合收获机由 1998 年年初的 537 台增至 4606 台。玉米联合收获机由 1998 年的 8 台增至 77 台，增长 8 倍多。大型工程机械 472 台。配套机械基本保持了与主机同步增长，机具配套比 1∶1.32。大型深耕犁、深松机 5196 台，旋耕机 3470 台，小麦精播机 7784 台。秸秆还田机 1162 台。同时，紧紧围绕农业产业结构调整，发展各类大棚耕作、植保、灌溉、电动卷帘等设施农业机械，减轻农民劳动强度，提高了劳动效率。

2004 年，中共中央、国务院《关于促进农民增加收入若干政策的意见》《中华人民共和国农业机械化促进法》，以及农机购置补贴政策同时出台实施。是年，聊城市争取落实补贴资金 50 万元，在农机补贴政策扶持下，农业机械装备总量快速增长。是年，全市农机总动力 911 万千瓦，农机总值 30.35 亿元。农用拖拉机 9.6 万台，各类配套农具 14 万台，其中大中型配套机具 1.7 万台；农用运输车 32 万辆，农田排灌机械 42 万台；各类设施农业机械 1467 台（套），其中电动卷帘机 1213 台；农副产品加工机械 5.2 万台。至是年年底，全市大中型拖拉机 1.19 万

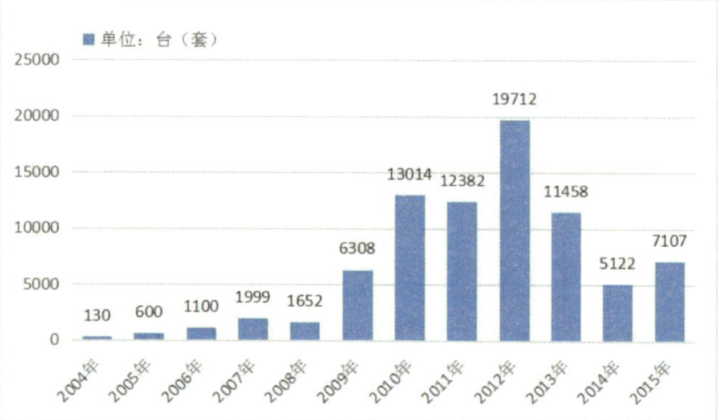

2004—2015 年聊城市补贴机具柱状图

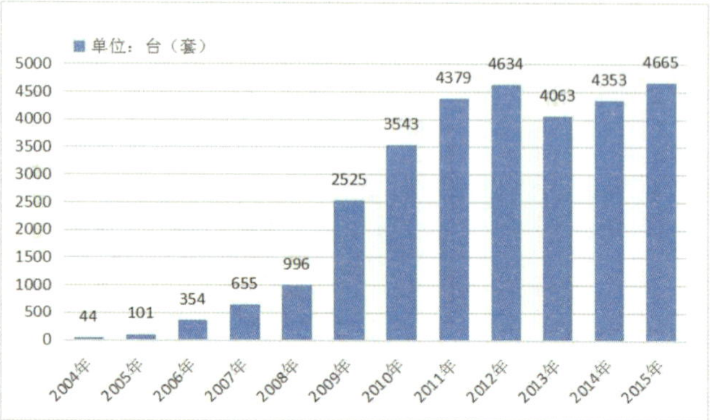

2004—2015 年聊城市补贴大型机具柱状图

台、大型小麦联合收获机6000台、玉米联合收获机113台、秸秆还田机3178台、大型深耕犁和深松机5700台、旋耕机4566台、小麦精播机1.08万台。各类配套机械基本保持了与主机同步增长，机具配套比1∶1.45，农机配置结构不断优化。

2009年，全市农机总动力1010万千瓦，农机总值39.1亿元。各类拖拉机6.67万台，其中大中型拖拉机2.2万台，比重由上年的28%提高到33%。各类配套农机具13.3万台（套），其中大中型配套机具5.6万台（套）；小麦、玉米联合收割机分别为8983台、1948台，免耕播种机3777台，秸秆还田机1.05万台，精少量播种机9561台，农机化水平显著提高。

2010年，国务院制定《关于促进农业机械化和农机工业又好又快发展的意见》，聊城进一步深化农机工作各项改革，农业机械化水平持续提升，农业机械的智能化、自动化水平逐步提高。是年，全市农机总动力1041万千瓦，农机总值40.8亿元；各类拖拉机7万余台，其中大中型拖拉机2.37万台，比重由上年的28%提高到32%；各类配套农机具13.3万台（套），其中大中型配套机具5.6万台（套）；小麦、玉米联合收割机分别为9291台、3503台，免耕播种机5005台，秸秆还田机1.19万台，精少量播种机9671台，农机装备水平大幅度提升。

2012年，聊城市农机购置补贴资金1.06亿元，首次突破亿元。农机补贴的增长为农机事业发展发挥了强大的支持带动作用，全市农作物综合机械化水平快速提高，由2004年的54%增长到2012年的82%。全市农机总动力1150万千瓦，农机总值47.9亿元；各类拖拉机7.5万余台，其中大中型拖拉机2.81万台，比重由上年的31%提高到37.5%；各类配套农机具12.6万台（套），其中大中型配套机具6.3万台套；小麦、玉米联合收割机分别为1.16万台、8049台，免耕播种机6606台，秸秆还田机1.49万台，精少量播种机1.14万台。

2013年，聊城市农业现代化和农业机械化发展步伐进一步加快。全市农机总动力1182万千瓦，农机总值58亿元。全市共落实中央和省农机补贴资金1.168亿元，带动农民投资2.7亿元，受益农户6521个。全市补贴发展各类农机具1.16万（套），其中玉米收获机械1544台，保有量9593台，小麦收获机械1263台，保有量12824台，免耕播种机414台，保有量6820台，深松类机械741台，保有量2470台，大中型拖拉机1717台，保有量3.14万台。

2015年，聊城市农机购置补贴资金1.45亿元，全市农机化发展水平跨入了更高阶段。全市农机总动力持续增加，农机装备结构得到优化，全市农机总动力1248万千瓦，农机总值62.3亿元，推广各类农机具6.8万台（套）。全市拖拉机拥有量7.3万台，其中大中型拖拉机3.5万台；各类配套农机具13万台（套），其中大中型配套机具7.7万台（套）；小麦、玉米联合收获机分别为1.48万台和1.28万台，精少量播种机1.4万台，秸秆粉碎还田机1.65万台，大型粮食烘干机46台（套），各类经济类作物机械320台。提高耕地质量的作业机械增加迅速，其中深松机2172台、免耕播种机7123台、化肥深施机723台。

2015年9月，聊城市农机购置补贴检查小组到临清市检查督导农机购置补贴工作

2014—2015年，市农机局连续两年被省局评为“山东省年度农机购置补贴政策落实延伸绩效管理优秀单位”，2015年被省人社厅、省公

务员局、省农机局授予“全省农机系统先进单位”称号。

二、农机更新

2009 年，根据中央一号文件精神，聊城市完善农用燃油供应保障机制，建立高能耗农业机械更新报废经济补偿制度。2012 年，山东省开始实施农机报废更新补贴试点工作，临清市是唯一代表聊城市承担全省拖拉机报废更新试点工作的单位。两年间，该市共完成农机报废更新补贴资金 600 万元，报废机械 146 台，更新机械 146 台，其中收割机 42 台、拖拉机 104 台。2014 年，聊城市农机报废更新试点县增加到包括临清市、东阿县和茌平县 3 个市、县。2015 年，全市共完成农机报废资金 158.15 万元，用于更新补贴资金 1799.23 万元，报废机械 580 台，更新机械 580 台，受益农户 558 户。

三、农机作业

随着农业机械持续增长，聊城农机作业能力进一步增强，农业机械化水平不断提高。1997 年，全区完成机耕面积 830 万亩，占总耕地面积的 95%，小麦机播 326 万亩，占小麦面积的 60%，小麦机收面积 508 万亩，占小麦面积的 92%；农田排灌、农副产品加工、粮食脱粒等基本实现机械化，全区农作物综合机械化水平 50%。参加“东机西调”跨区作业的小麦联合收割机和大型拖拉机分别为 783 台、858 台，小麦联合收获面积 36.45 万亩；机械深耕面积 200 万亩。跨区作业的开展提高了机械的利用率，带动了农机作业的开展。

2001 年，全市机耕面积 801.6 万亩，机耕率 96.2%，小麦机播面积 426.5 万亩，机播率 83.5%，小麦机收率 96.6%；玉米联合收获完成作业 7.96 万亩，农田排灌、粮食脱粒、冬季农田水利建设基本实现了机械化作业，全市农作物综合机械化水平提高到 60%。

2004 年，全市机耕面积 817 万亩，机耕率 97.2%；小麦机播面积 454.2 万亩，机播率 89%，小麦机收率 97%，其中联合收获面积 380 万亩，联合机收率 73%；玉米机收面积 16.9 万亩，农田排灌、农村运输、农副产品加工、农田水利作业基本实现了机械化作业，全市农作物综合机械化水平 70% 以上。

2008 年，全市小麦生产机械化水平 90% 以上，玉米机播、机收和秸秆还田机械化水平分别为 69%、20% 和 70%；实现小麦保护性耕作面积 41.8 万亩，连续两年在全省位列第一位，全市主要农作物综合机械化水平 71%。

2009 年，全市小麦生产机械化水平 98%；玉米机播、机收和秸秆还田面积分别为 453 万亩、168 万亩和 380 万亩，机械化水平分别增至 85%、33% 和 80%；经济作物及农副产品加工机械化水平明显提升，全市农作物综合机械化水平 72%。

2010 年，全市小麦生产基本实现全过程机械化，机收率 99%；玉米机播、机收和秸秆还田机械化水平分别为 96%、56% 和 97%。小麦免耕播种面积 185.8 万亩，占小麦播种面积的 30%，覆盖所有乡镇，继续保持在全省领先地位。经济作物及农副产品加工机械化水平明显提升，全市农作物综合机械化水平 75%。

2013 年，全市小麦机收率 99.4%，小麦生产基本实现全程机械化。玉米机播面积 526.7 万亩，机播率 99.2%。玉米机收面积 454 万亩，机收率 85.6%，秸秆还田 503 万亩，还田率 95%。保护性耕作实施面积 253 万亩，覆盖率 42%。全市先后有 5 个县区，承担了农机深松整地项目，完成深松面积 260 余万亩，对于提高全市粮食产量起到了重要的推动作用。

2015 年，全市农作物耕种收综合机械化水平 86%，主要粮食生产机械化水平 99%，其中小麦生产基本实现全程机械化、玉米生产机械化水平 99%。小麦免耕播种保护性耕作面积 246 万亩，土地深松面积 320 万亩。经济作物机械化水平快速提升，花生综合机械化水平增至 75%，大蒜综合机械化水平增至 51%，设施农业机械和畜牧、水产、林果机械化水平有了进一步提高。

第二节　农机合作社

1997—2015年，在农机购置补贴、农机作业补贴等政策的带动下，全市农业机械化水平提高，促进了农机合作社的成立与发展。全市农机合作社数量增长迅速，基础设施建设日趋完善，运行机制、财务制度逐步健全，服务规模逐年扩大，综合效益显著提高。

一、农机合作社的成立与发展

聊城最早的农机合作社注册成立于2008年1月14日，共计4家，分别为东昌府区现代农机专业合作社、东阿县尚田农机服务专业合作社、东阿县付波农机服务专业合作社和东阿县学彬农机服务专业合作社，是年共计完成工商注册45家。

2009年，山东省农机局依靠农机规模化作业推进项目，奖励一批规模较大、发展前景较好的农机合作社。是年，全市共有9家农机合作社获得45万元奖励资金。年内，聊城印发《关于进一步加快发展农机专业合作社的意见》，并组织各县（市、区）农机局局长赴河南、济宁等地学习先进经验，各农机专业合作社采取“订单、一条龙及保姆式”农机服务模式，提升农机社会化服务水平。

2010年，东阿县尚田农机服务专业合作社被农业部评为“全国农机示范社”。是年，新增注册农机合作社36家，总计81家。2011年，茌平县三和农机合作社、东阿县尚田农机服务专业合作社被山东省农机办评为“全省明星农机合作社”。是年，农机合作社总数177家。2012年，东昌府区顺丰农机专业合作社等10家农机合作社被山东省农机局评为第一批农机专业合作社“省级示范社”，聊城市润发农机专业合作社等8家农机合作社被农业部评为“全国农机专业合作社示范社”。是年，市农机局根据《聊城市农机化发展专项资金管理暂行办法》，制定《聊城市2012年农机化专项扶持资金项目实施意见》，首次对农机合作社进行市级奖励，重点支持发展东昌府区博凯农机专业合作社等6家农机专业合作社，发放奖励资金30万元。至2015年，全市共计24家次获市级奖励资金228万元。是年，农机合作社267家。

2013年，市农机局联合市财政局、国土资源局、规划局制定印发《关于加快推动农机专业合作社发展的意见》。要求各级各部门把发展农机专业合作社作为建设农业经营主体、促进农业现代化的举措，以全市实施“农业龙头带动”，打造中原经济区现代农业发展先行区为契机，全面提高农机专业合作社规模化服务能力和社会化经营效益。是年，全市农机合作社343家。2014年3月，市农机局制定《聊城市农机专业合作社市级示范社认定管理暂行办法》，并评选出东昌府区顺丰农机专业合作社等35家农机合作社为第一批农机专业合作社“市级示范社”。5月，东昌府区博凯农机合作社、高唐县瑞杰农机专业合作社被山东省农业厅等11家省直单位联合评为农民合作社“省级示范社”。

2015年，高唐县超越农业机械服务专业合作社等7家农机合作社被评为农民合作社“省级示范社”。是年，全市农机合作社共计服务整建制乡村2477个，农户49万余户，全年作业面积384.6万余亩，农机服务总收入2.67亿元。

至2015年年底，全市在工商部门注册登记农机合作社482个，其中全国农机示范社8个，省级农机示范社10个、省级农民示范社9个，市级农民示范社11个、市级农机示范社35个，建立党组织的合作社4个；合作社成员6339户，从业人员7801人，其中常年聘用565人，专业技术人员268人，机手及修理工3551人；拥有各类农业机械1.5万台（套），其中大型拖拉机3857台，小麦、玉米联合收获机械3202台（套），深松机764台，粮食烘干机35台（套），配套机械7522台（套）；基础设施面积30万余平方米，机库房面积近12万平方米，维修车间1.5万平方米，资产总值5.6亿元。

二、农机合作社发展的类型、管理和服务

主要类型　2015年，全市农机合作社有农

机大户联合型、村干部带动型、农村能人带动型、农机企业领办型4种。其中农机大户联合型有临清市华力农机专业合作社、东阿县尚田农机专业合作社、东昌府区顺风农机专业合作社等294家，占总数的61%；村干部带动型有茌平县春雨农机专业合作社、高唐县超越农机专业合作社等116家，占总数的24%；农村能人带动型有高新区丰收农机专业合作社、高唐县瑞杰农机专业合作社等62家，占总数的12.8%；农机企业领办型有临清市润发农机专业合作社、东昌府区博凯农机专业合作社等10家，占总数的2.2%。

管理方式 包括松散型、较为紧密型、股份制型等3种。松散型没有集中管理的场所，农忙作业时随时集中。较为紧密型如阳谷华阳、冠县庆丰及高新区丰收等合作社，均建有标准化车库、维修车间，具有办公场所和独立院落，机械由合作社统一调配、统一存放、统一管理、统一维修保养，合作社统一联系业务、统一组织作业、统一收费价格、统一作业标准、统一提取公益金，在利润分配上则按照比例进行分配。股份制型以聊城市润发农机专业合作社为代表。该合作社依托山东润源集团成立，组建了技术部、业务部、维修部、财务部，拥有标准化库棚和维修车间及2800平方米配件库，对于带机入社的成员，分配按照5∶3∶2进行分配，即50%分配给经营者、30%上缴给合作社、20%作为风险基金留存合作社用作以丰补歉或长期投资，滚动使用，每3年结清1次。对带资入社的成员，作业时领取规定的工资和作业补助，年终分配时，按业务量大小获得相应收益。

农机合作社作为农民自助合作组织，共同投资，共同分利。2015年，合作社年度纯利润2.67亿元，分配给成员2.64亿元，占总收入的99%；合作社提取公积金及公益金265.8万元，占总收入的1%。

服务模式 包括跨区作业、订单作业、土地经营、维修服务、经营销售、承担项目6种作业服务模式。2015年，全市开展跨区作业业务的合作社128家，作业面积120万亩，收入近7200万元；从事订单作业的合作社有120家，签订作业合同248万亩，收入1.23亿元；从事土地经营的合作社63家，经营土地16.8万余亩，其中成员带地入社近1.7万亩、托管土地6.4万亩、流转土地近8.8万亩，流转费用每亩每年1000～1200元；对外开展维修业务的合作社45个，营业收入716.5万元，其中开展较好的有阳谷县华阳农机专业合作社等；从事农资经营的合作社23家，从事农产品加工的5家，经营销售收入2475万元，其中高唐县瑞杰农机专业合作社、开发区金舟农机专业合作社经营销售各品种优良种子和各类标准化肥、高效无公害农药、农膜、杀菌等，东昌府区现代、冠县兴农农机专业合作社经营销售各类农机配件；有46家农机合作社承担作业任务，共获得深松整地作业补贴资金1302.5万元，其中高唐县超越农机专业合作社、临清市福来农机专业合作社等合作社承担农田水利、林业等农业基本建设项目。

三、农机修配经营

2002年以来，聊城市逐步开展农机职业技能鉴定工作。2002—2004年，累计完成职业技能鉴定1.37万人，2004年，依法审定农机维修、供应网点2268个。2003年，市农机局被农业部农机化管理司评为“2002—2003年全国农机职业技能鉴定工作先进单位”。

2006年7月起，由农业部、国家工商行政管理总局联合发布的《农业机械维修管理规定》开始施行。聊城市各县市都建立健全了农机职业技能鉴定档案，农机修配管理工作逐步走向规范化。

自2007年以来，聊城市开展“星级文明农机维修网点”创建活动，全面实行农机维修人员特证上岗。2009年，聊城市星级文明维修网点达到423个。市农机局还专门印发《关于进一步规范职业技能鉴定工作程序的通知》，全年颁发农机职业技能鉴定资格证书3610个，被评为“全省农机修配管理和职业技能开发工作先进单位”。

2010年以来，在申办工种不断减少的情况下，聊城市每年完成职业技能鉴定始终位居全省同行业前列。2010 年，全市颁发农机职业技能鉴定资格证书 3421 个，居全省同行业之首。2010 年和 2012 年，市农机局均被评为“全省农机修配管理和职业技能开发工作先进单位”。2013 年，全市共完成职业技能鉴定 3654 个，完成鉴定人数是省站下达全年任务的 4.6 倍。

2015 年，聊城市完成农机职业技能鉴定 2229 人，举办了全市首届农机职业技能大赛，市农机局和 4 个县（市、区）被评为“全省农机职业技能鉴定先进单位”，全市实现网上可查询的农机维修网点 530 个，其中阳谷县华阳农机专业合作社维修部被评为全省首批五星级农机维修网点。

第三节　安全监理

一、农机安全监理

1997 年起，聊城基本健全农机安全监理体系，监督管理功能逐步完善，队伍不断壮大，体系不断完善。至 2015 年，全市共有县级以上农机监理机构 12 个，农机安全监理人员 130 余人；各县农机部门积极争取当地政府和有关部门的支持，在乡镇设立农机安全监理员，延伸了安全监管网络，基本形成一个完整的农机监理体系。各县监理机构推行培训办证到乡村、年度检验到村屯、维修服务到田头等便民服务措施，增强服务意识，提高执法水平，保障农机安全。

2004 年 5 月，《中华人民共和国道路交通安全法》实施，以法律授权形式赋予农机管理部门对上道路行驶的拖拉机、联合收获机登记、检验、核发牌证和对拖拉机、联合收获机驾驶员考试、发证的职责。农用运输车划归公安交通部门管理后，市农机部门和公安部门对拖拉机和农用运输车的管理业务进行相互移交，农机安全监理机构按照国家有关法律法规的规定调整工作思路、完善工作制度、探索工作方法、改善工作措施，对农机安全监理业务进行调整，开始走依法管理的发展道路。在这个时期，农机安全管理法规逐步完善。是年 11 月，《中华人民共和国农业机械促进法》颁布实施。按照农业部和省农机局通知要求，全市自 2006 年开始，连续开展“创建平安农机、促进新农村建设”活动，提高农民群众安全意识，减少农机事故的发生，保障农机安全生产形势稳定，促进农业机械化又好又快发展。是年，市政府将农机安全乡生产主要指标作为考核县政府的重要工作内容，县政府也将其作为考核镇政府工作的重要内容。2011 年，《中华人民共和国道路交通安全法》修订，农机部门上路执法的职能被取消。

2015 年，东昌府区农机局开展安全生产月咨询活动

至 2015 年，全市各级农机部门主动与交警部门开展联合执法，加强与其他部门单位的协调配合，初步形成农机、派出所、120 急救应急救援及联合执法的机制，增强农机监理工作效能。

二、农机“三率”（上牌率、年检率、驾驶员持证率）管理

1997 年，全区拖拉机、联合收割机的挂牌率和年检率均 90% 以上，驾驶员审验率 90%。2001 年，全市拖拉机、联合收获机挂牌率、年检率均在 85% 以上，驾驶员持证率 90%。2004 年，全市拖拉机挂牌率 95%，驾驶员办证率 85%，联合收获机挂牌办证率、年检率、年审率均 95% 以上。2005 年，全市拖拉机、联合收获机新挂牌 9000 副，挂牌率 94%；新核发驾驶证 3000 个，有证率 75%；年检 3000 台。

2006 年，全市核（换）发拖拉机、联合收割机号牌 1.87 万个，新办证 3178 个，检车 2.35 万台，挂牌量比上年增长 112%。2007 年，全市核（换）发拖拉机、联合收割机号牌 1.11 万个，新办驾驶证 2541 个，检验车辆 2.25 万台。

2008 年起，聊城农机“三率”管理工作进入精细化管理阶段，全市农机系统着重从减少无牌行驶、无证驾驶，以及从源头消除事故隐患、减少事故等方面着手，加大执法力度，提高管理水平。至 2015 年，全市挂牌农机、检车、核发驾驶证数量呈逐年上升态势，农机“三率”基本做到稳中有升。

2008—2015 年聊城市农机“三率”情况表

表 9-18

年份	挂牌（个）	挂牌率（%）	驾驶证数（个）	持证率（%）	检车（台次）	检验率（%）
2008	41903	85.0	37272	70.0	21940	50.0
2009	49147	59.2	42494	55.50	23549	62.9
2010	54844	72.0	45486	60.0	34227	58.0
2011	59163	81.0	47800	65.0	31140	46.0
2012	65435	80.0	53360	65.0	38749	55.0
2013	65763	79.7	56466	68.4	40396	57.7
2014	65496	74.5	58260	66.3	36560	56.9
2015	71648	77.9	61828	67.2	41520	63.4

三、“平安农机”创建活动

根据全市建设社会主义新农村、推进农机化事业又好又快发展的形势和促进安全生产的客观要求，自 2005 年始，聊城市农机局按照《“创建平安农机，促进新农村建设”活动实施方案》要求，开展创建“平安农机”活动，推动全市农机化事业又好又快发展。

2005 年，东昌府区创建全市第一个“平安农机示范县”，成为全市农机安全生产标杆示范县。是年，全市 11 个乡镇获得“示范乡镇”、88 个村获得“示范村”称号。2006 年，临清市创建“省级平安农机示范县”。2011 年，东昌府区创建“全国平安农机示范县”，阳谷县创建“省级平安农机示范县”。2012 年，临清市创建“全国平安农机示范县”。至 2015 年，全市创建“全国平安农机示范县”2 个、“省级平安农机示范县”3 个、“省级平安农机示范乡镇”34 个、“省级平安农机示范社”26 个。

四、农机安全培训

2002—2004 年，聊城市各级依托农机化学校，强化农机驾驶员培训，三年培训各类农机人员 6 万人。2009 年，全市启动农机化教育培训大行动，积极创办农机社会化培训机构，全市有 7 个县（市、区）建立社会化培训机构，具备培训资格的培训机构 15 个。至 2012 年年底，完成农机化教育培训大行动任务目标，累计培训农机化人员 10.5 万余人次。2014 年—2015 年，围绕提高农机作业能力，开展一系列农机手实用技术培训等活动。2015 年，举办全市农机监理规范执法培训班，各县（市、区）农机局分管局长、监理站长及执法业务骨干共计 50 余人参加了培训。

第四节　技术推广

1997—2015 年，聊城市农机局围绕玉米联合机收、保护性耕作等重点推广应用农机技术，围绕创建“农机化作业示范基地”，加强对农机手、农民群众的技术培训，普及应用以玉米联合收获机、小麦免耕播种机为代表的一批科技含量高、适应性强、性能稳定可靠的农业机械化新机具，新技术得到大面积推广应用。

一、耕作技术推广

1997 年，全区推广各类新技术 10 多项、新机具 4000 余台，其中小麦联合收割机 466 台，作业面积 36.45 万亩，推广小麦精播机 2210 台，作业面积 326 万亩，推广化肥深施机械 1000 余台，化肥深施面积 334 万亩。2001 年，推广深耕犁、深松机 2392 台套，全市累计 5196 台，深耕作业面积 312 万亩，推广小麦精播机 4111 台。

2006 年，小麦免耕播种在全市（除冠县、高唐县外）6 个县 44 个乡镇 213 个村展开，免耕播种面积 2.32 万亩。2007 年，全市对保护性耕作在政策上给予倾斜，全市共推广小麦免耕播种机 395 台，保护性耕作完成作业面积 23 万亩，比上年增长 10 倍，居全省第一名。

2008 年，推行玉米机收、秸秆还田、保护性耕作一条龙作业，玉米收获保护性耕作机械化实现跨越发展。全年完成玉米收获 82 万亩，实现保护性耕作 41.8 万亩，较 2007 年分别增长 58% 和 82%。各级通过层层举办培训班、召开现场会、组织观摩活动、开展媒体宣传，加快玉米收获保护性耕作技术的推广普及步伐。至 2008 年年底，保护性耕作在全市 8 县（市、区）及经济开发区全面展开，每个县市都建立了 2～3 个高标准示范点，大者 1000 多亩，小者有 200 多亩，全市保护性耕作示范点 50 多个。是年，聊城市农机局被山东省农机办评为“保护性耕作先进单位”和“玉米收获跨越式发展先进单位”。2010 年，全市累计建立玉米收获保护性耕作示范基地 150 余处，覆盖全市所有乡镇。

2012 年，全市用于保护性耕作推广的资金 136 万元，实施乡镇 134 个，辐射人口 340 余万人，保护性耕作实施面积 236 万亩，连续 5 年保持全省领先。全市各级农机系统深入开展“大培训、大推广、大普及”活动。“三秋”期间，全市召开各类现场演示会 60 余场次，发放宣传材料 15.7 万余份，举办培训班 112 班次，培训人员 1.8 万余人次。

2015 年，全市农机部门组织广大干部群众观摩保护性耕作示范基地，组织专家对保护性耕作地块小麦和传统耕作的小麦进行测产对比。经过测产，全市保护性耕作小麦比传统小麦亩均增产近 40 千克，平均每亩 570 千克，其中东阿县保护性耕作示范田同时采用保护性耕作、土地深松、“一喷三防”等技术，小麦平均亩产 681 千克，高于使用其他耕作技术的农田近 150 千克。至是年年底，全市小麦免耕播种面积 246 万亩，占小麦种植面积的 41%。

二、经济作物机械化技术推广

1998—2001 年，围绕农业产业结构调整，发展各类大棚耕作、植保、灌溉、电动卷帘等设施农业机械，减轻农民劳动强度，提高劳动效率。2011 年，各县（市、区）主要围绕棉花、花生、大蒜、大棚蔬菜等经济作物的关键生产环节搞好机具试验与选型，全年推广各类经济作物机械 3736 台。

2012 年，临清市、茌平县建立大蒜机械化收获示范区，并举办机械化收获现场演示会；高唐县、冠县召开花生机械化收获现场会。是年，全市推广发展各类经济作物机械 2617 台，设施农业机械 8795 台。

2014 年，经济作物、设施农业机械化技术推广取得新进展，全市花生播种机 680 台，机械化种植 34 万亩，机播率 97%；拥有棉花播种机 2300 台，机械化播种 30 万亩，机播率 97%；马铃薯种植面积 3 万亩，专用播种机 100 台，机械化播种面积 2 万亩，机播率 67%。全年推广花生收获机 8 台、棉柴拔除机械 111 台、大蒜收获机 30 台、畜牧水产养殖机械 218 台。

2015 年，各县（市、区）建立经济作物机械化作业示范园区，其中东昌府区、茌平县、临清市建立大蒜机械化收获示范区，东昌府区、高唐县建立花生起垄种植及机械化收获示范园区，并召开现场演示会。是年，全市花生联合收获机保有量 65 台、棉柴拔除机械保有量 70 台、大蒜收获机保有量 170 台。

三、秸秆回收利用推广技术

1997 年，全区推广秸秆还田机 120 台，还田面积 13 万亩。2001 年，推广秸秆还田机械 1086 台，作业面积 42.45 万亩，增加土壤有机质含量，减少秸秆随意焚烧。2004 年，全市推广秸秆粉碎还田机、秸秆打捆机等先进农机装备，提高秸秆综合利用水平。是年，全市新推广秸秆还田机械2016台，保有量3178台；秸秆还田面积164.8万亩。2009年，全市推行玉米联合收获、秸秆还田和保护性耕作一条龙作业，提高机械的作业效率，实现玉米机收170万亩，秸秆还田面积380万亩。

2012年，全市各级农机系统高度重视秸秆回收利用的研发和推广工作，开展农作物秸秆粉碎还田，加大综合回收利用力度，加强与有关部门和企业的沟通协调。特别是高唐县农机局与当地造纸企业联合，推广秸秆打捆机38台，总量120台，回收小麦秸秆3万余吨，为农民增收1650万元。2014年，全市推广秸秆打捆机近200台、保有量610余台，青饲料收获机12台、保有量28台；全市小麦秸秆产量157万余吨，其中粉碎还田144万吨，回收利用12.5万吨，综合利用率99.7%；玉米秸秆产量885万吨，其中粉碎还田840万吨，青贮21.5万吨，综合利用率97.3%。

2015年年底，全市秸秆粉碎还田机1.65万台，秸秆捡拾打捆机保有量近700台，青饲料收获机保有量50台；小麦秸秆还田510万亩，回收小麦秸秆90余万亩，综合利用率99.8%；玉米秸秆还田563万亩，秸秆青储15万亩，秸秆综合利用率98%。农作物秸秆回收总量是上年的1.5倍，仅秸秆回收一项就为农民增收1.5亿余元。

四、粮食烘干机械化推广技术

2014年，聊城市将粮食烘干机械列为重点推广农机具，粮食烘干设备开始应用。年内全市引进安装粮食干燥设备11套，保有量15套。在“三秋”生产中成功投入运行，与玉米籽粒收获机配合，形成新的粮食生产一条龙作业模式。至2015年，全市引进安装粮食干燥设备22套，保有量46台套，继续与玉米籽粒收获机配合，形成新的粮食生产一条龙作业模式。市农机局组织各县（市、区）农机局局长、重点农机合作社理事长赴粮食烘干机械生产厂家参观考察，并举办全市粮食烘干机械及技术应用培训班。东阿县承担省创新示范工程粮食烘干机械化项目，东阿县义松农机专业合作社一次性新上12台谷王DF168混流式烘干机组。在此基础上，建立粮食烘干机械化示范基地，并召开粮食烘干机械化现场演示观摩会。

粮食烘干设备 （2015年摄）

第五节　跨区作业

聊城农机跨区作业始于1997年，至2015年经历了由小到大、由夏到秋、由试点到全面推广再到辉煌发展的过程，成为深受农民和农机手欢迎的农机社会化、市场化服务模式，在抢收、抢种、保农时，促进农业增效、农民增收等方面发挥了重要作用。

1997年，最初的农机跨区作业是由全区各级农机部门组织开展的。这一时期的农机跨区作业市场处于起步阶段，机械化作业供不应求，市场利润十分可观，从而极大地带动了市内农机手参加跨区作业的积极性。至2003年，参与机具增至1200余台（套），较1997年增长5倍。这一时期，参加跨区作业的机具的装备水平较低，以背负式小麦收割机为主，机手劳动强度较大。因系政府主导，市场秩序良好。

2003年6月26日，贯彻农业部《联合收割机跨区作业管理办法》（以下简称《办法》），市内农机跨区作业市场进入法治阶段，有能力的农机合作组织、农机经理人开始进入跨区作业市场。根据《办法》规定，参加跨区作业的机手可以在当地农机部门免费领取“联合收割机跨区收获作业证”，自主选择是“组团”还是“散客”的外出作业模式。政府管理、市场运作，参与农机跨区作业的机手的收入开始由自己决定。随着农机购置补贴政策的实施，参加跨区作业的机具基本全部更换为大马力的自走式联合收割机，机手的作业环境及作业质量提高，带来的市场竞争越来越激烈，“组团”的跨区作业队受到越来越多的“散客”的冲击。为稳定市场秩序，每年“三夏”期间，由市农机部门牵头，与公安、交通、工商等部门组成联合工作组，将打击非法拦截农机的现象作为工作重点，确保参加跨区作业农机手的合法权益。推动市场走向成熟。2005年，市农机局被全国跨区机收工作领导小组评为“全国跨区机收工作先进单位”，2006年，被省农机办评为“2005—2006年度全省农机跨区作业先进单位”。2012年，市内参与外出跨区作业的小麦联合收割机2800余台，引进的机具近1400台。作为农机跨区作业市场主力的农机跨区作业队主要由农机合作社领导，合作社社长作为跨区作业队的领导者直接或在农机部门牵头下与作业地的经纪人洽谈联系，签订作业合同，选择作业方案。参加跨区作业的“散客”则通过与经纪人或直接与农户现场交易，灵活的调整作业时间、地点、价格等。在效益的驱动下，市内农机手的“三夏”农机跨区作业范围南至襄阳、东到威海、北达赤峰，跨区作业时间自5月底至8月初。

2013年起，在农机购置补贴政策的带动下，各地农机具保有量逐年增加，农机跨区作业市场逐步萎缩。“僧多粥少”的现象，促使参与跨区作业的机手开始打“价格战”。此时，人工、油料成本持续上涨，农机跨区作业队采取集中采购（油料、配件、维修等）、机具拖运、人歇机不歇等方式，有效地降低作业成本，并依靠严格的纪律、齐全的机具、良好的作业质量，承担作业量较大的任务。在此情况下，“散客”开始渐渐退出农机跨区作业的市场。全市外出作业机械，2013年1500余台，2014年1400余台，2015年1200余台，外出作业机具呈现逐年递减的趋势。2015年，市内参与“三秋”农机跨区作业的玉米联合收割机400余台。由于农村劳动力的普遍紧缺，在春、冬季渐渐出现农机大规模跨区作业，主要是参与大型农场、生产基地的农田作业，并取得良好效果。

2015年，高唐县安全监理人员向农机手颁发跨区作业证

第七章 水 利

1997—1999年，聊城市（地区）累计完成各类水利工程项目11.02万个，新增和改善灌溉面积167万亩，新增和恢复除涝面积46万亩、减少缓排面积70多万亩。2000—2011年，聊城市重点水利工程加速建设。中小河流治理稳步推进。灌区续建配套与节水改造成绩显著，共投入资金6.96亿元。平原水库蓄水工程取得新突破，建成谭庄水库、信源水库。引黄济津济淀工程、徒骇河城区段防洪治理工程顺利完成。2011—2015年，积极应对旱涝灾害，防灾减灾能力不断提升，开展农田水利基本建设3年会战，成绩显著。重点工程建设加快推进，现代

水网工程体系不断完善，徒骇河城区段防洪标准由20年一遇提高至50年一遇。农业发展基础不断加强，全市462万名农村居民用上自来水，普及率96%。水系生态建设有序推进，水生态环境不断改善。

第一节　水利设施建设

一、灌区建设

位山灌区　始建于1958年，1960年建成运行，1962年因涝碱停灌，1970年复灌，是引进与配置黄河水资源的重要水利设施，也是黄河中下游和山东省最大的引黄灌区，居全国6个特大灌区第五位。灌区渠首工程——位山引黄闸位于东阿县位山村南，设计引水流量每秒240立方米。灌区骨干工程包括东、西2条输沙渠，2个沉沙区和3条干渠，总长274千米；分干渠53条，总长797千米；流量大于每秒1立方米的支渠393条，总长1419千米；各类水工建筑物5000余座。灌区初建标准低，长期超负荷运行，具有“先天不足，后天失调，带病运行”的特点。1997年4月20—22日，全国政协副主席钱正英率国有大中型灌区问题调查组赴位山灌区考察，专题研究引黄灌区的发展和治理问题。

1998—2015年位山灌区工程建设、投资情况表

表9-19

年份	工程项目				投资情况（万元）				效益
	渠道（千米）	小建筑物（座）	建筑物（座）	管理道路（千米）	总投资	中央投资	省投资	地方配套	
1998	7.80	—	24	8.00	1500	600	0	900	—
1999	10.81	—	25	11.03	2411	900	0	1511	可节约用水1000万立方米，新增灌溉面积1.24万亩，改善灌溉面积11.9万亩
2000	10.39	—	15	10.60	1654	600	0	1054	可新增灌溉面积3.5万亩，改善灌溉面积12万亩，年灌溉增产效益472万元，年节约用水量725万立方米。同时年减少泥沙处理费80.8万元
2001	7.96	—	18	—	1660	500	0	1160	可恢复灌溉面积4.2万亩，年节水830万立方米，年减少渠道淤积13万立方米，年增产粮食320万千克，年净效益336万元
2002	9.5	—	16	11.00	1260	500	0	760	可恢复灌溉面积2.54万亩，年节水496万立方米
2003	55.84	64	1	63.20	8260	3200	0	5060	—
2004	18.40	—	70	19.70	1996	800	0	1196	可恢复灌溉面积3.55万亩
2005	8.38	15	16	—	1230	400	0	830	年可节约水量449.3万立方米，恢复灌溉面积2.48万亩
2006（一期）	17.15	—	35	—	2150	600	0	1550	年可节约水量532.2万立方米，恢复灌溉面积2.96万亩
2006（二期）	4.45	—	—	—	1031	400	0	631	—

续表 9-19

年份	工程项目				投资情况（万元）				效益
	渠道（千米）	小建筑物（座）	建筑物（座）	管理道路（千米）	总投资	中央投资	省投资	地方配套	
2007	25.69	—	68	10.79	4227	1350	0	2877	年新增节水能力 324 万立方米，恢复灌溉面积 1.8 万亩，年增产效益 153 万元
2008（一期）	11.84	—	83	2.53	2009	650	0	1359	年新增节水能力 323 万立方米，恢复灌溉面积 1.8 万亩，年增产效益 189 万元
2008 泥沙治理	7.90	—	15	—	2046	650	0	1396	正常年份可减少淤泥淤积 48 万立方米，减少清淤费用 480 万元
2008 泥沙治理新增	—	—	—	30.30	3228	1000	0	2228	年增产效益 260.12 万元
2008（新增方案）	16.76	—	118	7.30	3054	1000	0	2054	年新增节水能力 423 万立方米，恢复灌溉面积 2.35 万亩，年增产效益 246.75 万元
2009（一期）	27.23	—	93	—	4984	1700	0	3284	可恢复灌溉面积 3.8 万亩，改善灌溉面积 2.7 万亩，年增效益 649.47 万亩
2009（二期）	19.27	—	63	—	3255	1100	0	2155	可改善灌溉面积 2.3 万亩，年节水 420 万立方米，年增产效益 299 万元，年可减少泥沙处理费 47.81 万元
2010	35.15	—	173	14.40	7904	2660	1330	3914	可恢复灌溉面积 4.50 万亩，改善灌溉面积 2.33 万亩，年增产效益 990 万元
2011	38.07	—	175	38.90	10248	3417	1706	5125	可恢复灌溉面积 6.18 万亩，改善灌溉面积 3.53 万亩，年增产效益 1446.77 万元
2012（追加中央预算投资）	36.58	—	221	—	6016	2000	600	3416	改善及恢复灌溉面积 8.9 万亩，年节水 870 万立方米，年增产效益 885 万元
2013	21.90	—	80	25.67	6908	2300	300	4308	可改善及恢复灌溉面积 9.2 万亩，年增产效益 736 万元
2014	23.50	157	48	21.32	7502	2500	1250	3752	可改善及恢复灌溉面积 5.38 万亩，年增产效益 505 万元
2015	—	—	2	—	1512	900	375	237.18	可改善恢复灌溉面积 4 万亩，年灌溉总增产效益 384 万元

2002 年，春季实施西六号池一期清淤工程，冬季分别对一、二干渠部分段进行清淤开卡。对六号池高地进行高标准原状土盖顶，恢复耕地 3000 多亩。2003 年，实施西一、五号池和东一号池的清淤施工。2004 年，春秋两季分别对西渠进行 2 次清淤开卡，总清淤量 752 万立方米。2005 年，实施西渠应急清淤工程、西一号池和五号池清淤工程，以及东三号池清淤开卡工程，清淤土方 405 万立方米。2007 年，完成位山闸前、东渠、东三号池 6.9 千米清淤施工，

动土方16.2万立方米，实施西一、五号池进口段、西六号池（跨年度施工）9.5千米清淤工程，动土方215万立方米；实施二干渠6.1千米清淤，动土方6.4万立方米。2008年，实施位山闸前、东渠、东三号池共3.25千米清淤，动土方16.5万立方米；开挖西一、五号池输水输沙通道，总长6.09千米，动土方58万立方米。2009年，缩窄西输沙渠断面、开挖西一号和五号沉沙池输沙通道。平整东、西输沙渠堤防11千米，建设西输沙渠、西一五号沉沙池堤顶石渣路30.3千米。2010—2013年，实施西沉沙池搬村工程，将原来位于西沉沙池二、三号池内的江北水城旅游度假区于集镇以及阳谷县七级镇共4个村庄1800余人、560余户，搬迁至西六号池东堤，工程投资5000余万元。2011年，清淤东3号池入口和一干渠截渗沟7.44千米，清淤土方5.43万立方米，投资15.96万元。2012年，清淤西六号池、东三号池口和二干渠共8.57千米，清淤土方193.2万立方米，投资1865万元。2013年，清淤西一号、五号池、东三号池和二干渠共13.3千米，清淤土方334万立方米，投资3773.8万元。2014年，对位山闸前、总干渠、三干渠、二干渠、东输沙渠、广平分干60千米的渠道清淤，动土方202万立方米。2015年，对闸前闸后、西输沙渠和一、二、三干渠70.58千米的清淤疏浚，清淤土方185.11万立方米。

位山灌区相继建设灌溉试验站和四河头倒虹吸等大型枢纽工程，改建王铺渡槽和王堤口渡槽，改建固堆王、马明智、兴隆村、高营、郭庄等节制闸，改造二刘、王铺、刘集、马明智、小冯、兴隆村、派出所等基层管理设施。市管骨干工程衬砌率和建筑物配套率100%。新增灌溉面积8.74万亩、恢复灌溉面积42.2万亩、改善灌溉面积78.82万亩，灌区粮食每亩产量由1998年的273千克提高到2015年的510千克，约为非灌区的2倍。

1998—2015年，位山灌区连续18年被发改委、水利部列入大型灌区续建配套与节水改造计划，共投入资金9.51亿元，累计争取国家投资3.27亿元，省级投资6461万元，灌区自筹5.59亿元；开展22期大规模的节水改造与续建配套工程建设，共衬砌改造渠道434.33千米，建设建筑物1791座，建设管理道路335.09千米，改造基层管理设施8处。

二、彭楼灌区

彭楼引黄灌区是由国家农业开发办批准建设的跨省跨流域大型灌区，位于聊城市西南部，南依金堤，北至冠县、临清市，东邻陶城铺灌区和位山灌区，西靠冀鲁豫省界和漳卫河。涉及莘县、冠县的36个乡（镇）、1457个自然村、125.8万人，土地总面积1930.5平方千米。灌区自1998年5月开工建设，至2003年8月灌区工程按批复全部完成，2004年7月水利部对工程进行项目竣工验收。输水干渠自彭楼引黄闸开始，经范县境内17.5千米，于北金堤高堤口涵闸进入山东省境内，引黄入鲁设计流量每秒30立方米，山东省境内骨干输水渠道总长度90.7千米，其中输沙渠4.85千米、沉沙池6.74千米、输水连接渠7.95千米、输水干渠70.36千米；分干渠18条总长381.6千米，支渠38条总长410千米。灌区属海河流域，输水干渠中段与徒骇河、马颊河交叉，建有2座立交输水渡槽，

2000年12月26日，彭楼引黄入鲁工程通水仪式在莘县高堤口举行（贺兢供图）

共计105座干渠建筑物，47座支渠配套建筑物，工程投资1.26亿元。

三、蓄水设施

谭庄水库位于东昌府区凤凰街道境内，谭庄村北，位山二干渠以西、李朱公路以南、谭庄公路以东，库区总占地2183亩，水库围坝全长4262米，总库容813万立方米，兴利库容640万立方米，死库容173万立方米，设计蓄水位39.2米，死水位33米。该供水工程由入库泵站、调蓄水库、出库泵站和供水管线组成。入库泵站自位山二干渠自流或提水充库，经水库调蓄后，经供水管线输水至东昌湖沉沙池，后经小运河入东昌湖。工程于2002年12月6日开工，2003年6月13日，围坝填筑工程完工，10月3日，搅拌桩防渗墙工程完工；2004年5月28日，供水管道全线对接完毕，8月8日正式向东昌湖送水。2004年11月6日，蓄水达到设计水位39.4米。2005—2012年，水库完成调蓄任务，年均可向东昌湖供水1600万立方米。2013年3月，组建市水政监察支队谭庄水库直属大队。是年7月19日，谭庄水库被选定为农村饮水安全工程水源地。2015年，全年共7次向东昌湖供水2200多万立方米，连续多年确保东昌湖生态用水和华能聊城电厂生产用水需要。

四、农田水利设施

小型农田水利项目　小型农田水利项目采取在全省公开竞争的方式争取立项资格，立项后连续三年实施。2009年，东阿县和高唐县率先纳入小型农田水利项目实施范围；2011年，全市8个县（市、区）全部纳入实施范围。至2015年年底，项目累计建成节水灌溉面积151.85万亩，工程总投资12.87亿元，其中中央财政投资5.28亿元、省财政投资4.04亿元，市财政投资6920万元、县级财政投资2.03亿元、群众投劳折资8383.3万元。小型农田水利项目共涉及67个乡镇（街道）、1231个村庄、93万人，年可节水8300万立方米，年新增粮食生产能力12万吨，项目区农民年人均增收306元。

2012年6月，全国小型农田水利重点县项目　（贺兢供图）

农田水利基本建设三年会战项目　2010年、2013年，聊城市汛期连续出现多次强降雨，造成部分农田积水严重，大面积良田积涝成灾，严重威胁农作物、大棚经济作物的生产。同时，造成部分农田排水沟渠坍塌和淤积，排涝能力大大降低，严重阻碍农村地区社会经济的可持续健康发展。聊城市委、市政府及时安排市水利部门实施“全市农田水利基本建设三年会战”，利用2013年冬至2016年春的3个冬春时节，按照轻重缓急原则，重点治理全市农田涝洼区域和淤积严重的排灌沟渠，改善全市的农田排灌问题。农田水利基本建设三年会战共治理沟渠5142条，治理长度6842千米，完成土方5233万立方米。通过三年的治理，聊城市工程建设各乡镇主要渠道基本实现境内连通，增强了排水能力，在灌溉引水时也发挥了重要作用。

五、农村饮水工程设施

人畜饮水工程　1997—2001年，聊城市（地区）开展以解决农村人畜饮水困难为重点的农村饮水工作。1997年，全区农村人畜饮水工程建设，解决了66个村、3.25万人、4500头大牲畜的饮水困难。1998年，新建乡镇供水工程7处，解决25个村的6.27万人、2802头大牲畜用水困难。在投入体制上，出现了股份制投资办乡镇供水工程的典型案例。1999年，新建、续建乡镇供水和人畜饮水工程37处，解决4.3万人、1.2万头大牲畜的饮水问题。2000年5月，聊城市政府颁布实施《聊城市乡（镇）村供水建设与管理办法》，使聊城市农村饮水工程的建设与管理有法可依、有章可循。2001 年，全市新建、扩建人畜饮水工程 32 处，解决 10.6 万人、2.6 万头大牲畜的吃水困难。2002 年，聊城市政府提出从 2002—2004 年，利用三年时间集中解决全市饮水特困问题。2002 年，新建、扩建乡村供水工程 79 处，解决 167 个村庄的 13 万人饮水困难。2003 年，全市饮水解困攻坚计划全面结束，农村饮水解困三年攻坚计划提前一年完成。两年共解决 467 个村、39.5 万人的饮水困难。

通自来水工程　2005 年，聊城市政府提出全市农村通自来水“三年实现 65%”的工作目标。是年，建设工程 55 处，使 543 个村、40.56 万人用上自来水。2006 年，全市建设农村自来水工程 151 处，新增受益农民 207 万人，自来水普及率 81%，提前一年超额完成“三年 65%”的任务目标。至 2008 年，全市农村饮用自来水人口 375.5 万人，自来水通水率 84.9%。2009 年年底，全市农村饮用自来水人口 378.91 万人，自来水普及率 85.7%，仍有 102.5 万名农村人口没有用上自来水。

2006 年 12 月 30 日，冠县村村通自来水工程竣工仪式

饮水安全工程　2009 年，农村饮水安全工程项目分两批共投资 4005 万元，解决 105 个村、9.53 万人饮水安全问题。2010 年，解决 16.2 万人饮水安全问题。2011—2015 年，共解决 104.12 万农村居民和 18.49 万学校师生的饮水安全问题，总投资 5.6 亿元。至 2015 年年底，解决 278 个村、23.45 万人饮水困难问题。按照“千吨万人”以上规模水厂都要设置水质化验室、出厂水进行常规检测、建立化验结果和加药环节联动机制国家要求，2014—2015 年共投资 730.35 万元建设 7 处水质检测能力项目。阳谷县、高唐县等县的 1253 个村、83.4 万人实现城乡一体化供水。同时，“十二五”期间，全市推广以平原水库为水源的农村供水工程建设，取得一定成效。至 2015 年年底，全市共计建成农村供水工程 234 处，受益村庄 6012 个、人口 462 万人，农村自来水普及率 96%。

第二节　河道治理

聊城市属华北平原海河流域，西靠漳卫河，南依金堤河，东部东南部濒临黄河。聊城市海河流域骨干河道有徒骇河、马颊河和漳卫河，共有主要支流 58 条，总长度 1228 千米。

二十世纪六七十年代，为提高海河流域防洪除涝能力，按“64 年雨型排涝、61 年雨型防洪”标准进行扩大治理。治理的支流河道有新金线河、赵王河、小运河、四新河、七里河、西新河、管氏河、赵牛河、鸿雁渠、德王河、裕民渠和唐公沟，治理内容为扩大河道断面、清淤筑堤，以及桥梁、涵闸等建筑物配套。90 年代，按照山东省水利厅的统一部署，对聊城市与德州市的边界河道管氏河、赵牛河、中心河、新巴公河、范公河、普及沟按照“64 年雨型”除涝标准进行治理，治理长度 130 千米，完成土方 500 万立方米，新、改建建筑物 60 余座。

2008 年，根据工程现状情况及社会经济发展需求，按照山东省海河流域综合规划修编技术要求，全市共计规划治理中小河流 27 条，治理河道总长度860.75千米。治理标准按照“64年雨型”排涝、“61年雨型”防洪标准进行综合治理。治理规划方案为各河道按照设计指标进行清淤、疏浚，修筑堤防，维修、改建、新建相应的桥梁、涵闸等建筑物。中小河流治理规划的主要工程量为完成土方5839万立方米、石方49万立方米、混凝土及钢筋混凝土12.6万立方米，匡算总投资6.36亿元，计划于2020年前完成。

“十二五”期间，聊城市共治理18条河流23个项目，分“08省规划”“09国家规划”和“13—15规划”三期实施，累计完成投资约7.2亿元，治理河道23段，治理河长455.18千米，修筑建筑物676座、堤防609.24千米、管理道路137.91千米、管理设施5处。工程的实施可提高河道防御涝灾能力，减轻聊城市洪、涝灾损失，在较长的时间内流域构成一个水网体系，实现该区域水资源的优化配置，在保证农业、工业和生态用水的同时，改善区域水环境。

一、徒骇河治理

境内徒骇河干流长169.5千米，流域面积5182.75平方千米。在聊城市境内支流有37条，总长度788千米。其中流域面积在200平方千米以上的中小河流11条，分别为新金线河、俎店渠、赵王河、小运河、西新河、茌新河、四新河、七里河、管氏河、赵牛河和中心河，总长度423.7千米。另外，流域面积在200平方千米以下较重要小河流有范莘干沟、周公河、茌中河和巴公河4条，总长度111.2千米。1997年，新建成徒骇河滑营拦河闸，新建部分支流河道蓄水闸。1998年，山东省政府确定按“1964年雨型”标准立项治理徒骇河，是年完成36.48千米的干流一期治理任务。1999年，完成62.24千米的干流二期治理任务。二期工程共投入各类施工机械2548台次，完成土方量916万立方米。1999年11月至2000年6月，建设昌东橡胶坝蓄水工程，增加蓄水量1100万立方米。2000年，对徒骇河陈口桥至昌东橡胶坝段进行扩挖，完成土方量170多万立方米，河槽由原来的110米拓宽至140～180米。2001年，完成陈口桥至昌东橡胶坝段4.7千米的绿化美化。2002年，实施王堤口、刘桥节制闸、陈口桥等维修加固工程。2003年，徒骇河风景区被水利部评为第三批“国家级水利风景区”。2004年，对两岸河道综合整治，加强旅游基础设施建设。2005年，在东板桥附近建设完成“水之魂广场”。2006年，徒骇河风景区总体规划通过聊城市政府组织的审查，景区局部景点形成。2007年，按照聊城市委、市政府确定的“两城一河”的总体规划，对巨龙广场、太极广场进一步美化绿化。2008年，加快徒骇河风景区的开发建设力度，对王堤口节制闸及钱庄险工等加固处理。是年12月至2009年9月，对莘县徒骇河干流（南关—滑营）段按“61年雨型”防洪、“64年雨型”排涝标准进行治理。2011年4月至2013年10月，对徒骇河城区段一期工程湖南路至光岳路桥（100+800—110+600）进行治理，投资3020.54万元、清淤土方114.56万立方米，新建陈口闸、昌东橡胶坝导流闸，并对东岸湖进行扩挖。2012年，对徒骇河南环路桥至湖南路桥5.76千米河道综合治理；莲湖扩挖工程及滨河大道前期迁占工作有序展开。2013年，实施完成徒骇河陶桥拦河闸维修加固工程，更换拦河闸门，安装自动化控制与视频系统。2014年，实施完成河道闸坝监控系统、会议系统、水位自动测报系统和沿河部分涵闸维修、防洪堤防硬化工程建设项目。2015年，继续实施堤防硬化工程建设，实现沿河拦河闸单堤通。开始实施王堤口、博平闸上下游河道清淤工程。同时，先

2014年5月，完成的聊城市徒骇河北城橡胶坝工程（贺兢供图）

后对新金线河、俎店渠、赵王河、周公河、西新河、茌新河、茌中河、四新河、七里河、赵牛新河、中心河等11条直流进行治理。

二、马颊河治理

境内马颊河干流长123.24千米，流域面积2870.8平方千米；支流有16条，总长度363千米。其中，流域面积200平方千米以上的中小河流6条，分别为鸿雁渠、冠堂渠、冠县三干渠、德王河、裕民渠和唐公沟，总长度206.7千米。流域面积200平方千米以下较重要小河流辛庄沟、青年渠、德王东支和胡姚河4条，总长度75.3千米。

1997年，建成马颊河裴庄拦河闸，开工兴建马颊河张洼拦河闸，新建部分支流河道蓄水闸。汛前，对马颊河干流王铺上下3.3千米进行清淤开卡，完成土方26万立方米。1998—1999年，除完成防汛岁修工程外，未进行大规模的治理。2000年，对王铺节制闸上下1.9千米河道进行了清淤开卡，完成土方10万立方米。2001年，完成王铺闸上下2.4千米河段清淤开卡任务，完成土方24万立方米。完成王铺节制闸除险加固工程施工任务，完成投资60万元。2002年，完成李奇节制闸维修加固工程和薛王刘节制闸高压线路改造工程。2004年，对马颊河王铺闸上下1.16公里河段清淤开卡，共投资127.4万元，清淤土方18.2万立方米。对李奇节制闸进行维修改造。2005年7—8月，投资228万元完成王铺闸清淤开卡工程，完成土方36.9万立方米。2006年，投资40万元完成王铺闸清淤开卡工程，并对薛王刘闸及部分涵闸进行维修改建。2007年，对马颊河王铺、薛王刘等局部河段进行清淤开卡。2008年，实施马颊河聊城段单位工程并通过验收，主要对淤积最严重的冠堂渠至松树李桥河段进行治理，工程总长15.46千米，土方量151.32万立方米，工程预算总投资2400万元。对薛王刘节制闸进行维修改造。2009年，完成马颊河松树桥至苗庄桥11.475千米清淤开卡工程。2012年，实施马颊河张洼闸上下游应急开卡工程，维修加固部分涵闸。2013年，实施完成马颊河李奇拦河闸维修改造工程，完成马颊河冠堂公路至郭官庙桥段河道整治及部分防汛道路硬化工程，对薛王刘闸门进行除锈喷锌维护。2014年，实施完成河道闸坝监控系统、会议系统、水位自动测报系统工程，对张洼和裴庄节制闸进行维修改造、沿河部分涵闸维修、防洪堤防硬化工程。2015年，继续实施堤防硬化工程建设，实现沿河拦河闸单堤通；同时实施薛王刘、王铺、裴庄、李奇庄闸上下游清淤工程。同时，相继对冠堂渠、青年渠河、裕民渠、唐公沟、沙河沟等5条支流进行治理。

三、金堤河治理

金堤河是黄河下游跨豫鲁两省的一条边界河道。发源于河南省新乡市，流经河南省新乡、鹤壁、安阳、濮阳和山东省聊城5个市，在河南省台前县张庄汇入黄河，干流全长158.6千米，上游78.6千米全部在河南境内，下游80千米为豫鲁两省交界河段，流域面积5047平方千米。为解决金堤河洪涝灾害和聊城市西部缺水问题，1995年，国家农业综合开发办公室批复将金堤河干流近期治理工程和彭楼引黄入鲁工程作为两省利益交换一揽子工程一期治理同步立项实施。1999年汛期，聊城市水利部门完成金堤河干流阳谷段施工任务。2000年冬至2001年春，完成金堤河干流莘县段治理任务。聊城市和河南省濮阳市本着团结治水的原则，共同联合申报金堤河干流二期治理工程。2005年，推进金堤河续建治理等一批项目的前期准备工作。2006年，聊城、濮阳两市水利局委托黄河勘测规划设计有限公司编制的《金堤河二期治理工程项目建议书》，通过黄河水利委员会组织的预审查。经省、国家有关部门批复，2014年12月，金堤河干流二期治理工作正式启动。2015年，金堤河干流桥梁改建项目取得突破。莘县、阳谷县境内18座桥梁的新建改建工程全面开工，进一步解决沿岸群众“过桥难、过桥险、生产条件差”的问题。

第三节 农田灌溉

一、引黄灌溉

1997—2015年，位山灌区充分发挥抗旱主力军的作用，农业供水累计2471天，引水136.71亿立方米，灌溉农田1.75亿亩次，灌区粮食产量逐年递增。

1998年，聊城市出现较为严重的春旱、夏旱和秋旱，位山灌区千方百计抢引抢蓄黄河水，全年农业供水177天，引水9.94亿立方米，灌溉农田463万亩、1300万亩次。1999年，春夏秋三季均发生严重干旱，旱情最严重时，全市受旱面积700万亩、重旱180万亩。位山灌区全年农业供水203天，引水10.47亿立方米，灌溉农田461万亩、1266万亩次，保证农业丰收。2000年，全市平均降雨量681毫米，与常年持平，但时空分布极不均匀，1—6月，全市平均降雨106毫米，是聊城市有水文资料记载以来同期雨量最少的一年；同时，国家对沿黄地市城乡群众用水采取严格的统一配水、轮灌和限流等措施。旱情造成全市840万亩农田受旱，其中重旱400万亩。位山灌区全年农业供水138天，引水5.16亿立方米，灌溉农田423万亩、662.7万亩次。全市粮食总产量在全省各市地中减产幅度最低。2001年，全市再次遭遇特大干旱，从3月初到6月20日，全市平均降雨20.5毫米，比上年同期少70%，由于连年干旱，地下水位平均下降3～5米，漏斗区面积占全市总面积的40%。位山灌区全年农业供水84天，引水6.79亿立方米，灌溉农田465万亩、1007万亩次。2002年，聊城市遭遇约为200年一遇旱情，位山灌区2月10日开闸引水，比往年提前21天，全年农业供水172天，引水11.13亿立方米，灌溉面积465万亩、1317万亩次。2003年上半年旱情十分严重，春节后600多万亩小麦均出现不同程度的旱情，其中重旱180多万亩，黄河来水量达历史同期最低水平。位山灌区累计农业供水93天，引水4.16亿立方米，灌溉面积425万亩、650万亩次。2004年春灌和秋种期间，全市均遭遇不同程度的旱情。春灌期间全市平均降雨量49毫米，较常年降雨量偏少10.9%，500多万亩小麦均受到不同程度的旱情威胁，秋季也有不同程度的旱情。位山灌区全年农业供水102天，引水5.41亿立方米，灌溉面积428万亩、695万亩次。2005年，聊城市降水时间分布极不均衡，呈现春季干旱、秋季多雨的特点；上半年黄河来水偏少且限流严格。位山灌区全年农业供水78天，引水6.32亿立方米，灌溉面积417万亩、795万亩次。灌区粮食产量264万吨，较上年增长22.6%。2006年，全市遭受30年一遇大旱，但大旱之年不见旱，全市粮食生产再创历史新高。位山灌区全年农业供水139天，引水9.79亿立方米，灌溉面积424万亩、1320万亩次。2007年，位山灌区全年农业供水101天，引水5.59亿立方米，灌溉农田413万亩、670万亩次。2008年，全市平均降雨量499.2毫米，较多年平均偏少10.6%，春、秋、冬不同时段均发生严重干旱。位山灌区全年农业供水156天，引水4.77亿立方米，灌溉面积409.8万亩、682.3万亩次，较好地满足各个农时环节的用水需求。灌区粮食总产319万吨，单产由上年的834千克

2013年5月，位山灌区渠首引黄闸（贺兟供图）

提高到860千克，均创历史最高水平。2009年春季，聊城市遭遇严重旱灾，降雨量较历年同期偏少73%，农田受旱比例80%，个别地方甚至出现人畜饮水困难和麦苗枯萎现象。位山灌区全年农业供水116天，引水6.65亿立方米，灌溉农田420万亩、850万亩次，缓解严峻旱情。同时，灌区还实施向徒骇河、马颊河等境内河道冲污供水。2010春季，全市降雨量比历年同期偏少21%，位山灌区全年农业供水108天，引水7.54亿立方米，灌溉面积428万亩、953万亩次。2011年春季，全市遭遇百年一遇特大旱情，灌区内60%以上农田持续受旱。位山灌区全年农业供水131天，引水5.88亿立方米，灌溉农田430万亩、750万亩次，使大旱之年小麦产量再创新高，单产比上年增加18千克。2012年春，全市出现大范围旱情，位山灌区全年农业供水77天，引水7.17亿立方米，灌溉农田431万亩、922万亩次。2013年春秋两季，全市范围内出现不同程度旱情，位山灌区全年农业供水100天，引水5.36亿立方米，灌溉农田434万亩、697万亩次。2014年，位山灌区克服黄河来水少、农田失墒快、灌溉需水集中、闸前水位下降、大幅度消减引黄能力等困难，全年农业供水142天，引水5.6亿立方米，灌溉农田435万亩、728万亩次，夏粮单产509千克，秋粮单产511千克，总产39.5亿千克。2015年，春灌、秋灌期间，开展闸前综合治理、昼夜实施渠道清淤疏浚、加强灌溉研究督导，完成造墒。全年农业供水160天，引水7.34亿立方米，灌溉农田436万亩、956万亩次，灌区夏粮产量实现十三连增。

二、泵站提水灌溉

1990年年底，全市共拥有固定泵站289处，总装机4.05万千瓦、533台，提水能力每秒315.62立方米，设计灌溉面积517.95万亩，有效灌溉面积362.57万亩。2006年，全市固定泵站320处，总装机4.68万千瓦、570台（其中，1000千瓦以上的泵站8处，装机1.27万千瓦、76台），设计灌溉面积591.07万亩，有效灌溉面积498.96万亩。至2015年年底，全市拥有固定泵站376处，总装机5.45万千瓦（其中，大型泵站1处，装机8195千瓦，中型泵站6处，装机8995千瓦），灌溉面积422.09万亩。新增泵站主要为小型农田水利重点县项目。

三、机井灌溉

境内井灌各县（市、区）均有分布。1997年，黄河断流累计226天，给农业生产造成严重威胁。全区注重机井建设，是年建井1.21万眼，大旱之年保证农业的丰收。2002年，系聊城市遭受有史记载以来降雨最少的年份，全市新打机电井1.33万眼，修复病次井8370眼，总投资700多万元。至2015年年底，全市新打、更新机电井9.21万眼，维修病次井9.59万眼，报废机电井7.24万眼，报废井占新建井的45%；共拥有机电井11.08万眼，其中机配5.56万眼、电配5.52万眼，最大井灌面积652万亩。全年最多利用机井9.96万眼，地下水开采量8.3亿立方米，其中农业用水6.43亿立方米。

四、中型灌区建设

2011年7月22日，冠县班庄中型灌区节水配套改造项目实施计划获山东省水利厅、财政厅批复。项目核定总投资1654万元。其中：中央财政投资1000万元，省、市财政投资500万元，县级投资154万元。该项目2013年10月16日由山东省水利厅、农发办组织竣工验收。2014年12月31日，临清市王庄、莘县仲子庙两中型灌区节水配套改造项目实施计划获山东省水利厅、财政厅批复。项目核定总投资3051.76万元（临清王庄1520.64万元、莘县仲子庙1531.12）。其中，中央财政投资2000万元，省、市财政投资800万元，县级投资251.76万元，项目2015年年底完工。

第四节　水土保持治理

聊城市地处鲁西黄泛平原风沙区，域内水土流失主要以风蚀为主，兼有水蚀。据1987年水土保持普查数据显示，全市原有风沙区面积2521平方千米，占土地总面积的29%，其中水土流失面积2005平方千米。市内自1984年开始开展水土流失综合治理工作，至2015年年底，治理水土流失面积1770.57平方千米，水土流失基本得到控制。

一、综合治理开发

重点治理工程　1997—2015年，全市（区）完成水土流失治理投资2.35亿元，治理水土流失面积624.86平方千米。完成重点水土流失综合治理开发项目54个，包括莘县田六风沙片、冠县清泉河水系生态建设、高唐梁村镇四荒开发生态治理、东昌府区于集片等24个中央投资重点治理工程；临清松林、东阿郭口灌区沉砂池、茌平韩集、阳谷七级镇小运河流域治理等30个省级重点治理工程。创造了东阿县“10631”开发治理沙碱荒地模式，即以10亩荒地为1个单元，挖鱼池3亩，挖深2.45米，所挖土方抬高周围7亩地面1.05米，其中6亩进行种植、养殖，1亩作为配套水工建筑物及道路、林、渠用地。在治理水土流失的同时，使当地土地利用结构与农村生产结构得以优化。

“三荒”治理　1998年，聊城市政府成立聊城市治理开发“三荒”资源领导小组。是年11月5日，市政府印发《关于开发治理“三荒”资源　加强水土保持工作的通知》，进一步加快聊城市“三荒”（荒地、荒水、荒河道堤防）资源的开发治理，提高“三荒”资源利用水平，促进水土流失治理与资源开发的良性循环，推动聊城市农村经济的健康发展。至2015年年底，全市采取拍卖、承包、租赁及股份合作等形式开发治理的“三荒”面积2.1万公顷，完成治理面积1.91万公顷。

水土流失普查与规划　1998年，在全市开展县级人为水土流失普查工作，通过普查划定各县（市、区）重点预防保护区、重点监督区、重点治理区。2010—2012年，配合第一次全国水利普查开展全市水力土壤侵蚀情况和现有水土保持措施普查工作：全市水力侵蚀面积254.08平方千米，占土地总面积的2.92%；水土保持措施面积99719.1公顷。2010年，编制完成《聊城市水土保持十二五规划》和《聊城市水系生态建设规划》，明确“十二五”期间水土保持建设的目标、任务和保障措施。2014—2015年，根据部、省、市有关工作部署和要求，委托市水利勘测设计院开展水土保持规划编制工作。

二、水土保持

配套法规建设　2009年，市政府印发《关于加强水利规费征收工作的通知》，水土保持方案审批列入市行政服务大厅项目。2012年，聊城市水利局和市环境保护局联合印发《关于加强生产建设项目水土保持方案审批管理的意见》，进一步规范水土保持方案在市行政服务大厅的报批手续。是年，全市共审批开发建设项目水土保持方案报告书48份，依法征收水土保持补偿费429万元。2013年，制定印发《聊城市生产建设项目水土保持设施验收管理暂行规定》，为开展水土保持设施验收奠定基础。2014年，市政府出台《聊城市水土保持管理办法》，使全市水土保持工作的规范开展有了更具体的法规支持。2015年，根据山东省制定的水土保持补偿费征收使用管理规定和水土保持补偿费新的收费标准，聊城市水利局与发改委、财政局、物价局等部门进行联合转发，对进一步规范聊城市水土保持补偿费征收使用管理工作提出明确要求。

水保“两费”征收　1997—2015年，各级水保部门进一步规范完善水保执法体系，在严格审查水土保持方案的同时，加大水保“两费”（水土保持补偿费、水土流失防治费）的征收力度。至2015年年底，全市累计审批开发建设项目水土保持方案1578份，征收水土保持补偿费1695.01万元。

第五节　抗旱防汛

1997—2015年，聊城市（地区）旱涝交织，水旱灾害频繁。年均降雨量566.7毫米，全年降水量的近70%集中在夏季，汛期降水占全年的65%～68%，易出现旱涝急转现象。秋季雨量多于春季，春季干旱发生频繁，冬季降水最少，约占全年的3%。局部性干旱连年发生，1997年、1999年、2000年、2002年、2009年、2011年发生重大旱情。汛期局部水灾频发，1998年、2003年、2005年、2010年、2013年发生严重涝灾。

一、抗旱

1997年，春、夏、秋、冬均发生严重干旱。5月13日至7月2日，平均降雨量不超过4毫米，6月不超过3毫米，降雨量为境内有水文气象资料记载以来最少。农田全部遭受伏旱，重旱400万亩，60万亩夏作物因缺水无法适时播种，350万亩农田因旱减产，5万多眼手压井、1.9万眼机井因旱不能使用，784个村、77万人和24万头大牲畜吃水困难。全区先后投入抗旱劳力最多110.5万人次，利用机井7.8万眼、扬水站175处、机器18.84万台套；全年提引水量26.17亿立方米，抗旱浇灌面积800万亩、3433万亩次，抗旱挽回粮食产量10.66亿千克。

1999年1—3月，农田受旱较重；7—9月，降雨仅为同期的16%，降雨偏少，持续高温，旱情发展迅速。8月7日，位山、郭口、陶城铺3座引黄闸按省政府要求关闸，卫河、卫运河、徒骇河、马颊河无水可引，6000多个坑塘干涸。农作物受灾面积728万亩，重旱57万亩、轻旱671万亩；2万眼机井出水量减少，1.1万眼机井无法提水，995个村的80.56万人和18.945万头大牲畜吃水困难，全市因旱灾损失近亿元。抗旱期间，全市下派干部5000余人次，实行两天一检查，五天一调度。共计投入抗旱用油1.24万吨、用电5800万千瓦时，新打机井2500眼。维修旧井1800眼，累计投入抗旱资金1.7亿元。挽回粮食损失1.9亿千克，折资4.1亿元。充分发挥抗旱服务组织作用，大力推广FA旱地龙。全市11个县级、68个乡级抗旱服务组织深入田间地头。推广FA旱地龙3.5吨，推广面积5.25万亩，每亩增收效益10%以上，节水增收效果明显。

2000年，遭受历史上少有的春旱。1—6月，全市平均降雨量62.7毫米，仅相当于历年同期的52%。1999年7月至2000年6月20日，全市平均降雨不足331毫米，是全市有水文资料记载以来同期雨量最少的一年。国家对黄河采取严格的统一配水、轮灌、限流等措施，1—7月，全市引黄不足4亿立方米，不到正常年份同期的一半，造成全市840万亩农田全部受旱，其中重旱400万亩，5万眼手压井、2万眼机井无法使用，70个村庄、50万人、20万头大牲畜吃水困难。是年，全市共投入抗旱资金1.39亿元，聊城市政府拿出300万元资金用于机井建设，各县（市、区）财政至少安排100万元用于机井建设补助。全年投入抗旱劳力68万人次，提引水16亿立方米，利用机井7.5万眼，浇地3500多亩次，在全省各市地中粮食减产幅度最低，受到省委、省政府表彰。

2002年7月1日至9月10日，全市无有效降雨，平均降雨量59毫米，比历年同期偏少259毫米，为有水文资料记载以来同期降水最少年份。全市826万亩农作物出现旱情，其中重旱面积600多万亩，致使31万亩农田无法播种、5万亩农田绝产；800个村庄、70万人、22万头大牲畜吃水困难；河道坑塘全部干枯，地下水大幅度下降，平均埋深比往年同期增加3.5米。全市上下紧急动员，充分利用机井抗旱保苗，伺机巧引黄河水。7月21日，位山、郭口、陶城铺引黄闸提闸放水，7月19日，彭楼引黄闸提闸引水，全力抗灾自救。全市投入抗旱劳力高峰期102万人次，新打机井1.3万眼，抗旱活动机井9.5万眼、扬水站182处、机械20.3万台套，抗旱实灌面积810万亩、3720万亩次，最大限度地降低因旱灾造成的损失。

2008年11月1日至2009年2月1日，全市平均降雨量2毫米，比历年同期的26.7毫米偏少92.5%，是1951年以来同期降水稀少年份，造成50年一遇严重旱情。春季农田受旱面积767万亩，330万亩小麦严重受旱，0.8万眼机井提不上水，1.6万眼机井出水不足，52个村庄、2.5万人、0.8万头大牲畜吃水困难。全市因旱造成粮食减产12.1万吨，蔬菜、瓜果及林木经济作物受灾减产，经济总损失1.02亿元。

市委、市政府及有关部门面对旱情，及时启动预案，争取水源，2月25日，全市98%的小麦得到有效浇灌。

2011年春季，全市遇到百年一遇的严重旱情，近600万亩农作物受旱、5000多眼机井出水量明显减少、4.8万名农村群众临时性饮水困难。聊城市水利部门全面启动引黄灌区、引河灌区、引金引卫灌区和井灌区应急预案，根据不同时期、不同区域、不同旱情综合调度水资源，确保有限水源发挥最大效益。是年，全市引黄、引金、引卫水量11亿立方米，投入抗旱资金1.64亿元，其中中央拨款1500万元、省级拨款730万元、市县拨款1496万元；全市补充机动运水车120辆次，投入机电井8.5万眼、抗旱设备33.5万台套、泵站191处；挽回夏粮51.11万吨、折资10.23亿元，挽回夏收经济作物共计金额2.1亿元。

2011年2月24日，东昌府区税务局抗旱服务队积极打井抗旱 （贺兢供图）

二、防汛

1997—2015年，每年汛期，市、县（市、区）政府均成立防汛抗旱指挥部，指挥部下设办公室。市与各县（市、区）、各县（市、区）与各乡镇均分级签订防汛责任状，明确重点河道、重点工程和建筑物的防汛责任，并向社会公布。对工程普查治理、河道清障、报汛制度、防汛准备、防汛检查等工作进行细致安排；对度汛工程、河道清障等进行全面普查，抓好治理实施。每年修订全市、重点河道及城区防汛预案。加强防汛队伍建设，加强防汛物资储备。市防汛抗旱指挥部成立专门督导组，对各县（市、区）防汛情况进行全程跟踪督查和指导。

1998年8月，全市平均降雨量291毫米，为1953年以来同期雨量最大值。徒骇河上游连续发生洪水过程，8月12日，金堤河明堤水位44.37米，超警戒水位0.93米，为中华人民共和国成立以来最高水位，造成1.5万人被洪水围困、1人死亡，金堤以南莘县、阳谷县13.5万亩耕地被淹。是年汛期，全市农作物受淹面积59.5万亩，成灾48.9万亩（绝产24.63万亩）；全市损坏房屋5100间，倒塌房屋3200间，灾情涉及阳谷县、莘县、东阿县三县的18个乡镇、450个村庄、42万人；全市洪涝灾害直接经济损失1.86亿元。灾情发生后的8月12日，山东省防汛指挥部派员到现场指导，市县政府、防指领导人和专家组在一线指导抗洪抢险工作。经过省、市、县的共同努力，开启张庄泄水闸和赵升白、张秋、明堤、仲子庙等引金水闸，洪水得到快速下泄。

2002年，建成防汛抗旱自动化系统中心站1处、分中心站8处、测站75处，实现雨情实时自动测报。市、县两级实现与市漳卫河管理局、市黄河河务局计算机联网，适时调看漳河、卫河、卫运河、黄河、金堤河流域雨情和水情。同时实现与聊城市委、市政府、山东省防指计算机联网。与河海大学合作，开发了《聊城市防汛抗旱决策支持系统》软件。

2003年10月1—20日，全市普降大到暴雨，平均降雨量146毫米，致使严重秋汛发生。降雨造成大范围渍涝灾害，受灾严重的东昌府区、阳谷县、莘县、临清市、冠县农田大面积积水，受灾村庄1200个，其中重灾村庄982个。金堤河沿岸13个村庄长期被水围困，滩区13.57万亩耕地长期被水浸泡，房屋倒塌650间，桥梁冲毁16座，树木折断13万株。全市全年累计受灾面积256.5万亩，其中重灾59.63万亩。树木折断38.9万株，房屋倒塌13004间，桥梁损坏476座，蔬菜大棚损坏6878个，直接经济损失

11.57 亿元。各级按照“防大汛、抗大洪”的要求，扎实做好各项应对工作。在保障防洪安全的前提下，坚持洪水资源化战略，调蓄洪水 4000 万立方米，有效地补充了地下水。

2005 年汛期，全市平均降雨量 508 毫米，比历年同期偏多 106 毫米，6 月、7 月、9 月分别比历年同期偏多 37%、6.0% 和 198%。全市农田积水面积 16 万亩，其中金堤河滩区 7 万亩全部受灾绝产。7 月 12 日，部分县（市）发生冰雹灾害，临清市 8 万亩经济作物受灾，损失 4157 万元。全市 3216 间房屋被水浸泡，2589 间倒塌或损坏。受损蔬菜和养殖大棚 980 个，冲毁堤防 6 处、桥涵 50 处，2.5 万千克储存小麦被淹泡，直接经济损失 11.52 亿元。

2010 年汛期，全市平均降雨量 648.3 毫米，比历年同期的 405.3 毫米偏多 60%。其中，8 月降雨 338.9 毫米，比历年同期的 116.7 毫米偏多 190%。降雨集中的 8 月和 9 月上旬，造成严重内涝。是年，发生“8·9”强降雨和“9·5”金堤河特大险情。“8·9”强降雨自 8 月 8 日 23 时至 10 日 14 时基本结束，全市平均降雨量 180 毫米，最大降雨点在茌平县乐平铺 390 毫米，最大 12 小时降水量 337 毫米，相当于 500 年一遇；高唐县、茌平县、东阿县、聊城城区和经济技术开发区以及东昌府区部分乡镇降雨相当于 200 年一遇。徒骇河刘桥闸水文站最高洪水位 25.08 米，最大流量每秒 465 立方米，水位、流量均超过河道“64 年雨型”除涝设计标准。9 月 5—8 日，金堤河流域普降大到暴雨，局部大暴雨，平均降雨量 137.6 毫米，发生自 1976 年以来最大洪水过程，范县站最大流量每秒 360 立方米、最高水位 47.15 米、超警戒水位 1.11 米。山东省“防指”“海委”、省“海河局”先后派出 5 个工作组协调指挥救灾工作。聊城市防指启动全市防汛Ⅲ级应急响应和防汛Ⅱ级预警响应，及时向省防指汇报灾情，并请省防指协调开启津期店闸和南营闸，缓解聊城市排涝压力。同时，省支援抽排水设备 120 台套，缓解城区防汛压力。

2010 年，冠县在漳卫河开展民兵防汛抢险演练　（贺兢供图）

2011 年 3 月，聊城建成全省水利系统第一套 1080p 高清视频会议系统，可同时满足 40 点视频会议终端及语音接入防汛抗旱视频会商需要，全市建设防汛抗旱会商室 9 处，可实时显示全市雨水情信息，调看气象、黄河、漳卫河等部门的卫星云图和雨水情及工情信息。

2013 年汛期，全市平均降雨量 524.8 毫米，比历年同期偏多 32.4%。7 月、8 月出现两次特大降雨过程：7 月 25 日 6 时至 28 日 6 时，全市平均降雨量 68.8 毫米，最大点雨量 263.5 毫米。东昌府区、临清市、茌平县、高唐县、开发区降雨量均接近或超过 100 毫米。此次降雨强度大、范围广，为聊城市罕见。7 月 26 日凌晨，聊城城区及开发区城区最大 6 小时平均降雨量 219.8 毫米，为中华人民共和国成立以来第三大降雨量（1985 年 314.9 毫米、2010 年 225.5 毫米），暴雨量为 60 年一遇。8 月 12 日 20 时至 13 日 6 时，全市平均降雨量 69.5 毫米，最大点雨量 241.5 毫米。东昌府区、临清市、茌平县、开发区均再次接近或超过 100 毫米，聊城城区降雨量 169.5 毫米。8 月 14 日 8 时，马颊河李奇庄闸洪水流量 300 立方米每秒，洪水水位 26.60 米，超警戒水位 0.55 米。受“7·26”和“8·12”两次特大暴雨影响，徒骇河和马颊河下游均出现较大洪水过程，马颊河下游李奇闸、徒骇河下游陶桥闸、刘桥闸最高洪水位和流量均超过“64 年雨型”除涝设计标准。强降雨均造成聊城城区严重积水，积水最深 1 米，部分小区地下室受淹，城区道路积水严重；农田大面积内涝。全市累计受灾乡镇 140 个，受灾面积 373.23 万亩，成灾面积 266.74 万亩、绝收面积 104.68 万亩，受灾人口 47.68 万人，倒塌房屋 2756 间，所幸无人员伤亡；造成直接经济损失 15.99 亿元，其中农林牧渔业直接经济损失 12.95 亿元。强降雨造成水利工程受损严重，桥、涵、闸、水文测站等水利设施 1258 处工程受损，造成直接经济损失 1.09 亿元。汛情发生后，聊城市委、市政府、市防指领导第一时间现场指挥部署排涝泄洪工作。市防指召开紧急调度会议，明确职责任务，全力防汛救灾。两次启动全市防汛Ⅲ级应急响应，共投入抢险救灾人员 27.2 万人次，投入机械设备 1.12 万台套。全市未出现因汛情导致的人员伤亡情况，各河道泄洪情况稳定，城市道路积水问题有效解决，农田积水得以迅速排出。

2014 年，实施全市防汛视频监控系统建设。在重点防洪河道黄河、金堤河、漳卫河、徒骇河，马颊河和城区重点路段布设监控设备，在市防指指挥会商中心，可实时监控黄河、金堤河、漳卫河、徒骇河、马颊河及城区防汛工程运行情况，为掌握汛情、提前预警、决策调度提供重要依据。

第六节　水资源利用管理

境内主要供水水源有地表水、地下水、外调水和其他水源。用水行业分工业、农业、生活、城镇公共用水、环境用水。

1997—2015 年，聊城市年均水资源开发利用量 23.23 亿立方米。其中，地表水年均开发利用量 1.39 亿立方米，年均调入量 11.35 亿立方米，地下水资源年均开发量 10.15 亿立方米，其他水资源利用量 3409 万立方米。聊城市年均用水总量 23.23 亿立方米。农业年均用水量 19.54 亿立方米，占用水总量的 84%。

1997—2015 年聊城市供用水统计表

表 9-20　　单位：万立方米

年份	供水量					用水量					
	地表水	地下水	调入量	其他水量	合计	农业	工业	生活	城镇公共	环境用水	合计
1997	6974	116447	130728	26880	281029	252436	16214	12379	—	—	281029
1998	6336	100094	149429	—	255859	227150	17794	10915	—	—	255859
1999	4290	100672	157106	750	262818	230598	18653	13567	—	—	262818
2000	5193	117717	108138	445	231493	194027	24348	13118	—	—	231493
2001	6652	127777	118718	1185	254332	215808	24682	13171	542	129	254332
2002	6646	121748	153857	651	282902	246379	24352	11689	442	40	282902
2003	4906	118219	102095	2036	227256	193975	20049	9825	2425	982	227256
2004	22616	89442	80314	952	193324	156006	20399	14455	1764	700	193324
2005	9504	93864	104811	1322	209501	168899	22253	15403	1923	1023	209501
2006	24816	95351	135377	1334	256878	223912	15630	14517	2288	531	256878
2007	27944	92923	93513	1165	215545	178916	17331	14074	2766	2458	215545
2008	20982	82115	104299	1145	208541	173444	15801	14271	2139	2886	208541
2009	13310	75137	109741	1475	199663	166695	15865	12235	2930	1938	199663
2010	6906	76534	114651	2035	200126	166146	16846	12953	2388	1793	200126
2011	13728	79211	72532	450	165921	132472	17214	13036	2281	918	165921

续表 9-20

年份	供水量					用水量					
	地表水	地下水	调入量	其他水量	合计	农业	工业	生活	城镇公共	环境用水	合计
2012	15061	84683	79002	—	178746	145331	17267	12287	2810	1051	178746
2013	18524	82105	75094	2947	178670	141494	21377	12098	2501	1200	178670
2014	20247	81370	73656	4414	179687	139136	22039	12890	2661	2961	179687
2015	16612	79082	81373	3730	180797	143613	18999	12998	3098	2089	180797

一、节约用水

1985 年，全区启动水资源管理工作。2000 年 2 月，成立聊城市节约用水办公室。《聊城市节水型社会建设“十二五”规划》明确要求，电力、纺织、化工、造纸等重点取用水户每三年开展一次水平衡测试工作，使企业用水更合理、更科学、效率更高，保证节水设施与主体工程同时设计、同时施工、同时投产；未编制节水方案，或者编制的节水方案不合理的，水资源论证报告不予通过审查，建设单位不得擅自开工建设和投产使用。按照实行最严格水资源管理制度的要求，聊城市高度重视节水工作，市政府先后出台《聊城市用水总量控制管理办法》《聊城市实行最严格水资源管理制度考核办法》，明确将用水总量、万元工业增加值用水量下降率、农田灌溉用水有效利用系数等节水指标纳入对各县（市、区）政府的考核，明确政府主要负责人对各自行政区域水资源管理和保护工作负总责。

二、水资源保护

1997—2013 年，聊城市（地区）水资源保护工作相对滞后，水质达标率较低，全市共有地表水质站 12 处、地下水质站 16 处。地表水于每年的 3 月、5 月、8 月、11 月取样化验；地下水于每年的 6 月、11 月取样化验。每年编制水质通报 4 期，印发至各有关领导和部门。2013—2015 年，为做好聊城市水资源保护工作，对水功能区的监测由原来的每季度监测 1 次调整为每月监测 1 次，由 31 个监测断面增加到 60 个监测断面。每月发布 1 期《聊城市水功能区水质通报》，实现信息共享。

2010 年 7 月 1 日，山东省环境保护厅批复聊城市政府上报的《关于聊城市饮用水水源保护区划分方案的请示》，对聊城市各个城镇集中饮用水水源保护区进行划定。市环保局、市水利局开展农村饮用水水源地划定工作，及时转发《关于进一步加强农村饮用水水源保护工作的指导意见》文件，要求各县（市、区）严格按照省要求组织实施。2013 年 6 月，市政府实施《聊城市水功能区划》，全市共划分水功能一级区 42 个、二级区 95 个。至 2015 年，全市乡镇及农村饮用水水源保护区划定工作全部完成。

三、水资源费征收

1997 年起，水资源费的征收标准按照聊城地区行政公署《聊城地区水资源管理办法》执行，直接从地下取水和矿坑排水用于生产经营的，每立方米缴纳 0.10 ～ 0.30 元；用于生活的每立方米缴纳 0.05 ～ 0.10 元；直接从河流、湖泊、水库灌溉渠道取水，不论用于生产和生活，每立方米缴纳 0.05 ～ 0.10 元。水资源费由水资源办公室按月直接征收，每月 10 日前用水户必须缴纳上一月的水资源费。征收的水资源费必须存入水资源专用账户。水资源费主要用于水资源业务管理、调查评价、规划、保护、监测、补源以及补助节约用水等。2002 年起，水资源费的征收标准执行山东省物价局、山东省财政厅、山东省水利厅联合《关于发布全省十七市水资源费标准的通知》，从河流、湖泊、水库取水水资源费征收标准为每立方米 0.2 元，从地下取水的水资源费标准为每立方米 0.45 元。2015 年，根据国家发展改革委、财政部、水利部《关于水资源费征收标准有关问题的通知》，山东省物价局、山东省财政厅、山东省水利厅《关于加快推进水资源费标准调整工作的通知》要求，结合聊城市的实际，聊城市物价局、市财政局、市水利局制定印发《关于调整聊城市水资源费征收标准的通知》。规定地表水水资源费的征收标准由现行统一的每立方米0.2元调整为公共供水管网内居民生活用水每立方米0.3元，非居民生活用水每立方米0.42元；自备水源每立方米0.42元；地下水资源费的征收标准由现行统一每立方米0.45元调整为公共供水管网内居民生活用水每立方米0.52元，非居民生活用水每立方米1.65元，自备水源每立方米1.65元；三矿坑生产和建设施工疏干排水，按每立方米0.3元征收。

自1997年至2015年，全市累计征收水资源费3.75亿元，其中市直征收1.66亿元。

1997—2015年聊城市水资源费征收情况表

表9-21　　单位：万元

年份	全市征收	市直征收	年份	全市征收	市直征收
1997	305.70	—	2007	2032.21	812.00
1998	353.90	—	2008	1879.71	750.00
1999	409.20	—	2009	1981.83	1008.00
2000	505.70	223.40	2010	2196.70	964.00
2001	635.60	305.00	2011	3591.71	1425.00
2002	846.20	465.00	2012	3476.54	1417.39
2003	1362.80	600.00	2013	4039.89	1624.00
2004	1381.30	682.00	2014	4144.34	1722.00
2005	1691.49	692.00	2015	5688.00	3548.00
2006	2003.68	812.00			

第七节 水政执法

1997年，区、县水政监察队伍全部成立，开展水法律法规宣传、普法宣传教育、执法人员培训、河道工程维护管理费征收和水行政执法工作。1999年，全市加大对水事案件的查处力度，通过与市公检法等部门密切配合，严格按照法定程序查处各类水事违法案件299起，挽回经济损失299万元，赔偿损失9.8万元。2000年，聊城市水利局先后制定《水行政执法责任实施办法》《水行政错案责任追究制度》等，是年全市查处水事违法案件284起，调处水事纠纷62起，挽回直接经济损失283万元，征收河道工程维护管理费545万元。2002年，按照山东省水利厅制定的水政监察规范化建设验收标准，全市各级水利部门充实和加强水政执法队伍，查处水事违法案件259起，责令赔偿22.8万元，挽回直接经济损失148万元，调处水事纠纷19起。2003年，全市查处水事违法案件29起，挽回直接经济损失21万元，调处水事纠纷25起。2004—2011年，全市共查处各类水事违法案件1430起，责令赔偿162.41万元，没收违法所得7.25万元，挽回直接经济损失645.61万元，调处水事纠纷279起。2012年，制定聊城市“水利执法年”活动实施方案、水政巡查制度实施细则、水行政许可稽查实施细则和重大水事案件挂牌督办制度，指导、督促各县（市、区）水务局认真贯彻执行各项执法制度。2013年，全市着力开展河湖专项执法检查活动，重点对堤防偷土、盗伐护堤树木、河道内设置影响行洪障碍物，以及跨河穿河建设项目等违法行为进行查处，做好资料整编工作。2014年，聊城市水利局举办全市水政执法人员执法实务培训班，参训人员在执法形象、工作作风和能力方面有了很大提高。2015年，联合山东、河南两省水利、公安和当地乡镇政府对金堤河河道中7艘非法采砂船进行集中查处，完成首次跨省联合执法。

第八节 水利科技

一、科技成果

1997—2015年，聊城水利系统共计完成水利科技成果55项，获得市（厅）级以上科技进步奖励24项。其中，获省、部级奖励3项，市、厅级奖励21项。经专家鉴定，“江北水城河湖水系健康生命研究”“位山引黄灌区沉沙池覆淤还耕技术研究与示范”2项达到国际领先水平，另外7项达到国际先进水平、12项达到国内领先水平、3项达到国内先进水平。同期，全市共获得省、市级自然科学学术成果奖567项；被省、市科协评为优秀科技建议奖53项，青年科技奖19项。2005年，聊城市水利局与河海大学共同承担完成的“聊城市防汛抗旱实时信息监控及信息管理系统研究”成果获山东省科技进步三等奖。2007年，由聊城市水利局、山东大学共同承担完成的“江北水城河湖水系健康生命研究”成果获山东省科技进步三等奖。

1997—2015年，聊城市水利学会先后组织开展31次科技咨询活动，多种形式的学术交流活动12次，交流论文403篇；先后完成18次优秀论文推荐申报工作。累计向省水利厅、山东水利学会推荐优秀论文285篇。向聊城市科协推荐优秀论文534篇、优秀科技建议44项、青年科技奖19项。

二、科技管理

1997年起，聊城市水利科技管理工作主要是围绕农业生产和水利建设中的热点、难点问题，开展科技项目申报、立项、实施管理、组织鉴定、申报奖励等。2009年，聊城市水利科技推广站组织编写制定《聊城市水利科技工作管理暂行办法》，全市水利科技管理工作纳入了规范化、标准化、科学化管理轨道。2005年6月9日，与山东大学土建与水利学院达成全面合作协议。聊城市水利局成为山东大学教学实验基地，并就下一步双方在科学研究、科技开发与咨询、人才培养、学术交流、合作机制等方面开展合作进行协商和探讨。采取“走出去、请进来”方式先后多次组织各级干部及科技骨干到发达国家和国内发达地区开展考察学习活动。并邀请中科院院士张新时，中国林科院首席科学家、教授慈龙骏，国际水务专家高中等多次到聊城市就灌区泥沙综合治理等课题开展合作研究。全市水利系统本着“提高县级、强化乡级、发展村级”的原则，狠抓全市各级水利科技推广服务体系的建设、巩固、充实和完善工作。由聊城市水利局承担完成的水利部科技成果重点推广计划“江北水城河湖水量水位水质实时监控技术推广”项目于2010年4月28日通过水利部国际合作与科技司主持的专家组验收。

至2015年，全市水利系统先后完成并组织鉴定水利科技项目33项。其中，“江北水城河湖水系健康生命研究”经山东省科技厅组织的由两院院士组成的专家组评审，成果达到国际领先水平，并获山东省科学技术进步三等奖、省水利科学技术进步一等奖、聊城市科学技术进步二等奖。

第八章 黄河河务

聊城市位于黄河下游左岸，境内黄河现行河道是清咸丰五年（1855）黄河在河南兰考铜瓦厢决口改道夺大清河入海后形成的，流经阳谷县、东阿县两县的阿城、刘集、鱼山、铜城、大桥、牛角店6个镇（街道）。河道长59.51千米，上与河南省台前县相接，下与德州市齐河县相连，对岸分属泰安市东平县和济南市平阴县、长清区管辖。黄河下游的主要支流金堤河由莘县高堤口入境，流经莘县、阳谷县两县10个乡（镇），至张庄闸汇入黄河，河道长80.8千米。黄河水是聊城市最大的客水资源。聊城黄河段建设控导（护滩）工程13处，1997年以来整修上延南桥、丁口等控导、护滩工程，确保黄河下游19年没有发生洪水；先后兴建4座引黄闸，1997年至2015年累计引黄河水219亿立方米。

滞洪区分滞黄河洪水即可以控制艾山站下泄流量不超过1万立方米/秒，利用东平湖分洪概率为20～30年一遇。

1997—2015年，除花园口站2010年7月5日发生最大流量6660立方米每秒外，艾山、泺口、利津、高村、孙口等站均未发生5000立方米每秒以上的洪水，花园口站洪峰流量大于4000立方米每秒的洪水仅9次，黄河下游没有发生较大洪水。

第一节　黄河防汛

山东黄河河道具有上宽下窄、排洪能力上大下小的特点，陶城铺以下窄河道设计排洪能力1.1万立方米/秒，从陶城铺到济南有数条支流汇入黄河，当黄河发生较大洪水时需利用东平湖滞洪区分洪。小浪底水库运行以后，花园口站2.2万立方米/秒洪水接近千年一遇，仅利用东平湖

1999年5月，聊城市举行黄河防汛抢险实战演习

1997—2015年黄河下游最大洪水情况统计表（一）

表9-22-1　　　　单位：立方米/秒、米

年份	艾山				泺口				利津			
	月	日	最大流量	最高水位	月	日	最大流量	最高水位	月	日	最大流量	最高水位
1997	8	5	1590	40.23	8	6	1430	29.82	8	6	1330	12.53
1998	8	29	3130	41.57	8	29	3090	31.18	8	29	3020	13.84
1999	7	27	2300	41.04	7	27	2120	30.45	7	29	2090	13.33
2000	11	11	1030	40.55	11	12	930	29.61	11	5	894	13.01
2001	3	11	1340	40.54	3	11	880	29.58	3	12	662	12.95
2002	7	18	2670	41.76	7	18	2550	31.03	7	19	2500	13.8
2003	10	15	3030	41.76	10	16	2960	31.07	10	20	2890	13.93
2004	8	26	3440	41.63	8	26	3280	30.96	8	27	3200	13.51
2005	6	26	3310	41.43	6	27	3120	30.5	6	28	2950	13.33
2006	6	29	3830	41.70	6	30	3770	30.99	6	30	3730	13.77
2007	7	2	4050	41.95（6月30日）	6	29	3780	31.18	7	1	3910	13.95（7月4日）
2008	6	28	4060	41.86	6	29	4170	31.12	6	29	4140	13.73
2009	7	1	3780	41.42	6	29	3710	30.76	7	2	3730	13.31

续表 9-22-1

年份	艾山				泺口				利津			
	月	日	最大流量（m³/s）	最高水位（m）	月	日	最大流量（m³/s）	最高水位（m）	月	日	最大流量（m³/s）	最高水位（m）
2010	7	7	4450	41.68	7	7	4370	30.83	7	8	3900	13.25（7月3日）
2011	9	22	3790	40.97	9	22	3500	30.20（7月2日）	9	23	3340	12.98（7月3日）
2012	7	3	3680	41.22	7	3	3630	30.46	7	4	3530	13.21
2013	7	29	4260	41.64	7	30	4360	30.79	7	31	4390	13.77
2014	7	5	3280	40.41	7	6	3130	29.69	7	7	3350	12.75
2015	7	8	3080	40.25	7	9	3000	29.25	7	9	2980	12.42

1997—2015 年黄河下游最大洪水情况统计表（二）

表 9-22-2　　单位：立方米/秒、米

年份	花园口				高村				孙口			
	月	日	最大流量	最高水位	月	日	最大流量	最高水位	月	日	最大流量	最高水位
1997	8	4	3860	93.95	8	4	2200	62.84	8	5	1910	48.36
1998	7	16	4660	94.40	7	18	3030	63.40	7	20	2800	48.56
1999	7	24	3340	94.04	7	26	2700	63.31	7	26	2450	48.38
2000	4	1	1340	93.41	11	6	1130	63.01	2	24	1200	48.14
2001	10	2	1170	92.72	4	7	1420	63.03	4	7	1360	48.18
2002	7	6	3080	93.66	7	11	2980	63.76	7	17	2800	49.00
2003	9	3	2780	93.44	10	13	2970	63.66	10	13	2910	48.92
2004	8	24	3550	93.31	8	25	3840	63.10	8	25	3740	48.94
2005	6	24	3530	92.85	6	26	3490	62.95	6	26	3400	48.89
2006	6	23	3920	92.86（6月21日）	6	28	3900	62.86（6月29日）	6	24	3720	48.9（6月29日）
2007	6	28	4290	92.91（7月31日）	6	30	3940	62.99（6月29日）	6	30	3920	49.03
2008	7	1	4610	92.79（6月26日）	6	27	4170	62.79	6	28	4090	48.89
2009	6	29	4170	92.84（6月22日）	6	30	2890	62.28（6月27日）	6	28	3900	48.46
2010	7	5	6680	93.16	7	6	4700	62.42	7	7	4510	48.62
2011	6	25	4100	92.53（6月24日）	7	1	3640	61.94（6月27日）	7	1	3560	47.93
2012	6	30	4320	92.22（7月1日）	7	2	3810	61.84	7	3	3770	48.21
2013	6	24	4310	92.06（7月27日）	7	28	4020	61.89	7	29	4100	48.37
2014	7	2	4000	91.99	7	4	3480	61.41	7	5	3350	47.53
2015	7	6	3520	91.78	7	7	3220	61.26	7	8	3300	47.43

1997—2015 年聊城市黄河段各观测站最高水位表

表 9-23　　单位：米

站名	1997 年		1998 年		1999 年		2000 年		2001 年		2002 年		2003 年		2004 年		2005 年		2006 年	
	时间	水位	时间	水位	时间	水位	时间	水位	时间	水位	时间	水位	时间	水位	时间	水位	时间	水位	时间	水位
陶城铺	8月5日	44.08	7月20日	44.97	7月26日	44.7	7月7日	43.85	7月3日	42.84	7月17日	45.27	9月12日	45.06	8月26日	45.42	6月27日	45.12	6月29日	45.41
位山	8月6日	43.32	8月27日	44.48	7月27日	43.69	—	—	—	—	7月17日	44.45	—	—	8月26日	44.19	6月27日	44.23	6月29日	44.47
范坡	8月5日	42.4	8月28日	43.39	7月27日	43.00	—	—	—	—	7月18日	43.25	9月12日	43.36	8月26日	43.18	6月27日	43.18	6月29日	43.40
南桥	8月6日	41.4	8月28日	42.52	7月27日	42.2	11月1[illegible]日	41.77	3月11日	41.65	7月18日	42.66	9月11日	42.73	8月26日	42.47	6月26日	42.35	6月29日	42.70
旧城	—	—	8月28日	42.14	7月27日	41.88	—	—	—	—	7月17日	42.28	9月11日	42.35	8月26日	42.33	6月27日	42.03	6月29日	42.35
艾山	8月5日	40.2	8月29日	41.57	7月27日	41.02	11月1[illegible]日	40.43	10月29日	39.86	7月17日	41.70	10月15日	41.75	8月26日	41.69	6月27日	41.41	6月29日	41.70
井圈	—	—	7月20日	41.06	7月27日	40.89	—	—	—	—	7月18日	41.38	9月11日	41.37	—	—	—	—	—	—
滑口	8月4日	39.84	8月29日	41.12	7月27日	40.83	—	—	—	—	7月17日	41.23	10月2日	41.19	8月26日	41.24	6月27日	41.07	6月29日	41.34
大桥上	8月5日	39.29	8月28日	40.72	7月27日	40.21	—	—	—	—	—	—	—	—	—	—	—	—	—	—
大桥下	8月5日	39.27	8月29日	40.68	7月27日	40.19	—	—	—	—	7月18日	40.74	10月20日	40.95	8月26日	40.82	6月27日	40.65	6月30日	40.90
康口	—	—	8月28日	40.64	7月27日	39.63	—	—	—	—	7月18日	40.50	—	—	—	—	—	—	—	—
周门前	8月5日	38.64	8月28日	40.08	7月27日	38.34	—	—	—	—	7月18日	40.14	10月20日	40.14	8月26日	40.2	6月27日	39.54	6月29日	40.17
陶邵	8月5日	37.55	8月28日	38.91	7月27日	38.33	—	—	—	—	7月18日	39.18	9月11日	38.83	8月26日	38.81	6月27日	38.44	6月29日	38.85

站名	2007 年		2008 年		2009 年		2010 年		2011 年		2012 年		2013 年		2014 年		2015 年	
	时间	水位	时间	水位	时间	水位	时间	水位	时间	水位	时间	水位	时间	水位	时间	水位	时间	水位
陶城铺	8月2日	45.43	6月28日	45.31	6月29日	44.83	7月7日	45.24	7月1日	44.39	7月3日	44.53	7月29日	44.82	7月6日	43.96	7月9日	43.91
位山	8月4日	44.34	6月29日	44.45	6月29日	44.02	7月7日	44.28	7月1日	43.62	7月3日	43.98	7月29日	44.09	7月5日	43.13	7月8日	43.01
范坡	8月4日	43.20	6月29日	43.48	6月29日	43.21	7月7日	43.33	7月2日	42.66	7月3日	42.80	7月30日	43.07	7月6日	41.85	7月9日	41.82
南桥	6月3日	42.91	6月29日	42.75	6月30日	42.42	7月7日	42.66	7月2日	41.93	7月3日	42.12	7月30日	42.50	7月5日	41.35	7月8日	41.18
旧城	8月2日	42.33	6月28日	42.47	6月28日	42.06	7月7日	42.33	7月1日	41.54	7月3日	41.70	7月30日	42.36	7月5日	41.22	7月8日	40.96
艾山	8月2日	41.91	6月28日	41.86	7月1日	41.42	7月7日	41.68	7月2日	40.96	7月3日	41.22	7月29日	41.64	7月5日	40.41	7月8日	40.25
井圈	8月3日	41.32	6月28日	41.39	6月29日	40.97	7月7日	41.17	7月2日	40.53	7月3日	40.82	7月30日	41.24	7月5日	40.03	7月9日	39.82
毕庄	8月3日	40.9	6月29日	41.03	6月29日	40.69	7月7日	40.92	7月2日	40.09	7月3日	40.44	7月30日	40.83	7月5日	39.51	7月8日	39.49
周门前	8月2日	39.9	6月29日	40.10	7月1日	39.70	7月7日	40.06	7月2日	39.27	7月3日	39.67	7月29日	40.09	7月5日	38.91	7月9日	38.83
陶邵	8月3日	38.77	6月29日	39.01	6月30日	38.61	7月7日	39.01	7月2日	38.35	7月3日	38.61	7月29日	39.17	7月6日	37.96	7月8日	37.8

第二节　引黄供水

二十世纪八九十年代，随着经济社会快速发展，黄河水资源供需矛盾日益突出，黄河断流频繁，对工农业生产、人民生活、生态环境等造成严重影响。1999 年 3 月，国务院授权黄河水利委员会开始对黄河干流水资源实施统一调度。至 2015 年，黄河未再出现断流。为开发利用黄河水资源，聊城先后兴建 4 座引黄闸，1997—2015 年累计引黄河水 219 亿立方米。

一、引黄涵闸

黄河聊城河段内有陶城铺、陶城铺东、位山、郭口 4 座引黄涵闸，总设计流量 415 立方米 / 秒。位山引黄闸位于东阿县刘集镇位山村南，始建于 1958 年，为开敞式钢筋混凝土结构，钢板弧形闸门。由于防洪标准不足，于 1981 年冬改建，1983 年 10 月竣工。改建后闸型未变，由原来的 10 孔改为 8 孔，每孔净宽 7.7 米，净高 3 米，闸底高程 38.5 米，设计引水流量 240 立方米 / 秒，加大引水流量 600 立方米 / 秒，设计灌溉面积 432 万亩。

郭口引黄闸位于东阿县大桥镇郭口村西南，建于 1984 年，为钢筋混凝土箱式涵洞，共 3 孔，每孔净宽 2.6 米、高 2.8 米，闸底高程 35.3 米，设计流量 25 立方米 / 秒，设计灌溉面积 35 万亩。

陶城铺引黄闸位于阳谷县阿城镇陶城铺村南，建于 1987 年，为两联四孔钢筋混凝土箱式涵洞，每孔净宽 3 米、高 3 米，设计流量 50 立方米 / 秒，设计灌溉面积 114 万亩。

2006 年 12 月 11 日，位山引黄闸首次引黄济淀开闸放水

陶城铺东引黄闸位于陶城铺引黄闸以东，建于 1996 年，为三联八孔钢筋混凝土箱式涵洞，每孔净宽 3 米、高 3 米，闸底高程 39.15 米，设计流量 100 立方米 / 秒。竣工后，由于闸后渠系不配套，工程一直未开启使用。

二、供水制度

1993 年 7 月 1 日起，山东黄河引黄供水实行供水协议制度。由用水单位与引黄闸管理单位签订协议，2003 年，对该制度进行修订，重申了供需双方的责任和权利。2001 年 11 月，黄河水利委员会制定《黄河下游订单供水调度管理办法》，引黄供水开始实行订单供水制度。引黄闸管理单位根据用水单位需求，每月下旬用水单位将下月计划逐级上报到山东省河务局。3—6 月春季用水高峰期实行旬计划上报，要逐级上报黄委进行审批。各引黄闸严格按照批准的计划引水。

三、引黄供水和跨流域调水

1997—2015 年，聊城市（地区）工农业生产用水和跨流域调水累计 219 亿立方米，年均引水 11.5 亿立方米。其中，聊城农业用水 128.6 亿立方米（通过位山闸引水 100.8 亿立方米、通过陶城铺引水 18.9 亿立方米、通过郭口闸引水 11.9 亿立方米）；工业用水约 3 亿立方米；向天津市送水 38.3 亿立方米；向河北省送水 49.1 亿立方米。

第三节　河道控导工程

至 2015 年年底，聊城临黄堤原有控导（护滩）工程 13 处，纳入管理的有 8 处，共计 59 段坝岸，工程长度 8.37 千米，护砌长度 7.48 千米。1997—2015 年，整修上延了南桥、丁口、于庄、杨庄、陶咀控导和陶城铺护滩等工程，主要作用为约束黄河河道主流摆动范围、控制河势、引导主流沿规划治导线下泄。

一、南桥控导上延工程

1999 年 11 月 27 日开工，2000 年 4 月 8 日

竣工。完成土方开挖4893.1立方米，土方回填9982.85立方米，石方2799立方米，投资38万元。实际挖地25.3亩，踏压地2.53亩，占地12.4亩。完成投资49.66万元。

二、丁口控导整修工程

1999年11月27日开工，2000年4月30日竣工。完成土方8800立方米，抛石护坡4178.4立方米，乱石拆除340立方米，备防石1500立方米。该工程设计挖地25.77亩，踏压地2.58亩，占地19.7亩；实际挖地、踏压地、占地均与工程设计相同。完成投资80.11万元。

三、于庄控导修复工程

1999年11月26日开工，2000年4月9日竣工。完成基础清理3646立方米，开挖土方3646立方米，土方填筑2879立方米，乱石粗排2073立方米，备防石1050立方米。工程设计挖压地23.8亩，实际完成挖压地23.8亩。完成投资39.52万元。

四、杨庄控导整修工程

2000年6月4日开工，2000年10月30日完成全部施工任务。完成整修加固长度500米，裹护长度550米。完成土方开挖2506立方米，土方回填1.23万立方米，抛根石1.04万立方米，乱石粗排2536立方米，乱石拆除604立方米，备防石2500立方米。完成投资152.39万元。

五、陶咀控导工程上延续建工程

2000年6月4日开工，2000年11月30日竣工。完成土方开挖1040立方米，土方回填11345立方米，抛根石4176立方米，粗排乱石1618立方米，备防石1250立方米，拆除石方494立方米。工程设计挖地25.95亩，踏压地23.21亩，树150棵；实际挖地25.95亩，踏压地23.21亩，树150株，完成投资80.84万元。

六、南桥控导工程上延工程

2002年4月1日开工，2002年6月22日完工。完成土方开挖2.54万立方米，土方回填1.72万立方米，管袋充填4523立方米，土工布铺设2567平方米，石方1235.43立方米，编抛铅丝笼344立方米。该工程征地26亩，挖地12亩，压地1.2亩。完成投资119.33万元。

七、陶城铺控导工程上延工程

2002年4月1日开工，2002年6月23日完工。完成土方开挖1318立方米，土方回填11683立方米，石方1787立方米，新增备防石500立方米。该工程挖地24.13亩，临时占地2.41亩，工程占地（青苗赔偿）4.7亩。完成投资72.3万元。

第四节 防洪工程建设与管理

一、堤防工程建设

黄河聊城段处于黄河下游弯曲性窄河段的最上端，河道弯曲狭窄，最窄处河宽仅275米，是黄河下游重要卡口，排洪能力仅为上游高村附近河段的一半。在聊城河段内，除鱼山、艾山2座山头外，其余均为人工修筑的黄河大堤，对岸为东平、平阴、长清中低山区，8座山基突出河岸，控导河势，地理位置险要，防守难度大。黄河含沙量大，河道淤积严重，聊城黄河断河床高于背河地面3～5米，设防水位高于背河地面8～10米，是典型的地上“悬河”。

聊城段黄河有临黄堤防工程60.36千米、旧金堤59.59千米。临黄堤为设防大堤，承担防洪任务。旧金堤为不设防大堤，无防洪任务。

自中华人民共和国成立至1986年，临黄堤经历3次培修。堤防按防御1983年艾山下泄流量1.1万立方米/秒洪水的设防标准培修。培修标准：艾山以上大堤超高2.5米，顶宽平工9米、险工11米，临背边坡均为1∶3。艾山以下超高2.1米，顶宽平工8米、险工10米，临河边坡1∶2.5，背河边坡1∶3。堤身断面按浸润线平工1∶8，险工1∶10考虑，不足者加修后戗。至1983年年底，除平阴黄河公路大桥北段留有53米的缺口高度不足外，全部按照1983年设防标准进行培修。

1986—2005年，为黄河下游堤防第四次大规模培修时期。大体经历三个阶段。第一阶段为1986—1989年，国家投入治黄经费较少，每年经费安排以堤防除险加固为重点，仅完成少量的 1983 年设防标准的遗留工程；第二阶段为 1990—1997 年，由于河道淤积，防洪水位抬高，有些堤段防洪水位接近或超过 1983 年设防标准，为确保防洪安全，按 1995 年设防标准（1994 年后改为 2000 年设防标准）陆续对堤防进行帮宽加高；第三阶段为 1998—2002 年，国家加大对黄河下游治理的力度，其中，2000 年按是年设防标准对欠高 0.5 米以上堤段全部进行加高帮宽。

2000 年山东境内黄河水平设计防洪水位表

表 9-24

站名	设防流量（立方米／秒）	2000 年设防水位，无小浪底（米）	2010 年设防水位，有小浪底（米）	差值（米）	
				2000—2010 年	2000—1995 年
高村	20000	66.38	65.27	1.11	0.00
孙口	17500	52.56	51.76	0.80	0.13
艾山	11000	46.33	45.23	1.10	0.39
泺口	11000	36.02	35.41	0.61	0.22
利津	11000	17.63	17.31	0.32	-0.20

说明：水位以大沽基面为参照

二、堤防加固

1997—2015 年，聊城黄河河务局共计完成堤防加高帮宽土方 434.62 万立方米（含杂项土方 23.3 万立方米）、石方 2.54 万立方米，投资 1.27 亿元，加高帮宽堤防长度 111.85 千米；完成机淤固堤 3.15 万米，土方 1860.01 万立方米，投资 5.31 亿元。

1997—2015 年聊城黄河大堤加高工程完成情况统计表

表 9-25

桩号	工程长度（米）	完成工程量（万立方米）		完成投资（万元）	完成时间
		土方	石方		
9+540—12+900	3360	36.48	—	598.21	1997 年 6 月
12+900—21+460	7793	43.97	0.66	1203.35	2000 年 2 月
21+460—31+040	9580	70.30	—	1665.34	1998 年 12 月
31+040—32+116	1076	17.39	0.21	456.78	2000 年 8 月
32+116—42+500	10384	65.19	—	1913.63	1999 年 8 月
42+500—62+516	20016	142.84	1.67	3785.85	2000 年 8 月
194+480—194+605（3+000）—62+516	59641	58.45	—	3085.69	2009 年 9 月

1997—2015 年聊城段黄河机淤固堤统计表

表 9-26

县局	大堤桩号（起—止）	淤区尺度（米）			淤区顶高程（米）	完成土方（万立方米）	完成投资（万元）	完成年份
		长	宽	厚				
东阿局	6+104—8+580	2476	76.67	8.85	47.165 ～ 46.97	194.09	1972.74	2005
	15+350—16+350	1000	89.00	1.18	44.61 ～ 43.71	35.60	359.49	1997
	16+350—17+100	750	95.00	3.68	44.81 ～ 44.81	2.28	4.40	1998
	19+100—21+680	2580	85.00	12.37	46.00 ～ 45.78	245.64	1597.60	2003
	25+500—27+000	2195	60.60	10.47	42.18 ～ 42.21	49.50	399.11	1999
	27+000—28+100	1100	55.00	3.70	42.01 ～ 41.92	31.71	246.19	2005
	30+250—31+150	900	64.00	2.05	41.73 ～ 42.34	37.62	262.79	2003
	31+995—32+428	433	85.00	4.48	44.91 ～ 44.89	25.79	238.22	2002
	33+710—36+100	2390	84.10	6.70	43.74 ～ 42.8	89.28	1368.16	1999
	36+100—36+400	300	98.00	5.70	43.93 ～ 44.11	11.66	104.40	2004
	40+960—41+790	830	79.00	3.05	42.40 ～ 42.35	39.01	339.60	2004
	42+100—42+840	740	63.00	6.53	41.29 ～ 41.21	24.64	188.08	2004
	44+200—46+680	2480	100.00	8.26	43.68 ～ 43.42	288.16	3600.41	2005
	46+680—47+940	1260	75.00	8.24	41.76 ～ 39.42	54.96	300.27	1997
	51+800—52+600	800	87.00	2.74	40.28 ～ 40.20	21.35	287.12	2003
	55+000—55+800	800	100.00	6.77	42.57 ～ 42.48	50.57	673.51	2002
	59+200—60+500	1300	100.00	7.05	42.13 ～ 41.99	105.15	1130.57	2002
	60+500—61+472	972	65.00	2.95	39.37 ～ 40.16	19.26	290.71	2004
	61+470—61+990	520	68.00	9.51	41.89 ～ 41.84	33.36	207.67	2003
	61+990—62+428	438	79.00	1.43	40.11 ～ 40.06	—	—	2004
	62+428—62+516	88	95.00	6.53	41.79 ～ 41.78	8.95	81.46	2003
	3+050—3+710 至 55+800—59+200 等 4 段	5442	100.00	—	45.41 ～ 40.15	257.39	36828.15	2013—2015
阳谷局	—	1504	—	—	—	58.83	454.25	—
阳谷局东翼堤	0+000—1+000	1000	—	—	—	5.00	34.71	1997
	5+600—6+104	504	100.00	8.85	47.21 ～ 47.17	53.83	419.54	2002
位山闸	—	207	—	—	—	10.33	79.27	—
位山闸东翼堤	0+000—0+216	207	86.30	7.18	—	10.33	79.27	1997

三、堤顶道路建设及堤防绿化

黄河河务局分三次对东阿、阳谷段堤顶道路进行施工。2001 年，完成东阿段工程长度 1 万米，土方 5.23 万立方米、石方 700 立方米，投资 558.99 万元；2002 年，完成东阿段工程长度 1 万米，投资 654.2 万元；2010 年，完成阳谷至东阿堤顶道路，三段工程长度 3.96 万米，投资 3407.17 万元。

1998 年 3 月，在东阿临黄堤建设两段防浪林工程，长度 5050 米、宽度 23 米。共植柳 5000 株、白蜡条 7.21 万墩。2001 年 3 月，在阳谷临黄堤建设两段防浪林工程，长度 1994

聊城黄河大堤 （2007 年摄）

米，宽度 30 米，植柳 1.56 万株；东阿临黄堤 6+104—61+350 共建防浪林 11 段，工程长度 31588 米、宽 30 米，植柳 15.69 万株。至 2011 年 3 月 19 日完成种植任务。

四、险工工程

1999—2005 年，根据《山东黄河 2000 年防洪工程标准》，聊城黄河河务局对聊城黄河临黄堤险工坝岸进行加高改建。通过加高改建由原来的 471 段坝岸变成 423 段（含新建 5 段）坝岸，减少的 53 段坝岸中的一部分坝岸由于退坦加高予以合并，另一部坝岸因失管而没有进行统计。至 2005 年年底，改造险工坝岸 418 段，其中 400 段坝岸全部按 2000 年设防标准进行加高改建，增建坝岸 5 段；改建和新建后险工坝岸的主要结构形式为乱石粗排和丁扣坝两种形式，其中乱石粗排 225 段，丁扣坝 175 段。

聊城黄河临黄堤险工改建前后险工坝岸对照表

表 9-27　　　　单位：段

单位	险工名称	改建前坝岸数	减少坝岸数（471-418=53）			
			合计	改建合并坝段	已脱河坝段	涵闸工程占压
阳谷局	陶城铺	16	3	—	—	陶城铺闸和东闸占压 6-1，6-2，8
东阿局	位山	51	4	8-1	—	位山闸占压，20-1，20—2，20-3
	范坡	113	5	29+1，73+1，75+1，76-1，76-2	—	—
	鱼山	3	0	—	—	—
	南桥	12	3	9+1	3，6	—
	旧城	47	15	19+2，19+3，19-2，31+2，33+2，35+1，35-2	4，18，28，38-1，38-2，38-3，38-4，38-5	—
	井圈	119	15	13+1，40-5，28-1，55+4	44-1，44-2，46-1，46-2，48，50-2，50-3，50-4，	郭口闸占压 72-1，72-2，73
	毕庄	4	1	—	于窝大坝	—
	康口	21	0	—	—	—
	周门前	22	3	—	1，24，26	—
	朱圈	11	4	—	0，1，2-1，2-2	—
	陶邵	44	0	—	—	—
	李营	8	0	—	—	—

陶城铺险工　1999年11月14日，对6段坝按2000年水平设防标准进行加高改建，由原来的平扣码面乱石坝改为丁扣坝，其中13号改建为平扣人字坝。工程于2000年4月17日完工，共计完成土方4400立方米、石方7400立方米。

陶城铺险工（2009年摄）

位山险工　2000年5月，对16段坝按2000年水平设防标准进行加高改建，将砌石坝改建为丁扣石坝。工程于2000年9月2日完工，共完成土方1.13万立方米、石方4300立方米。2005年4月，对31段坝岸按2000年水平设防标准进行加高改建。2005年6月30日工程完工，完成土方9.17万立方米、石方1.41万立方米、根石5400立方米。

范坡险工　1999年11月20日，对45段坝进行加高改建，将砌石坝和乱石坝改建为丁扣石坝。工程于2000年4月10日竣工，完成土方3.50万立方米、石方2.19万立方米。2000年5月31日，对16段坝进行加高改建，将砌石坝改建为丁扣石坝。工程于2000年7月31日完工，共完成土方1.74万立方米、石方7700立方米。2005年4月1日，对34段坝进行加固改建，由砌石坝改建为丁扣坝、乱石坝改建为粗排乱石坝。工程于2005年6月30日完工，完成土方4.72万立方米、石方1.61万立方米、根石7600立方米。

鱼山险工　由于该险工3段坝岸均存在坝顶高度不足、坝岸质量差、根石不足等问题，2001年3月26日对其按照2000年标准进行拆除加高改建，结构为粗排乱石坝。工程于是年5月30日完工，共完成土方1.53万立方米、石方3000立方米。

南桥险工　2000年5月29日，对4段坝按2000年标准进行拆除加高改建，将砌石坝改建为扣石坝。工程于2000年7月31日完工，共完成土方1.56万立方米、石方2500立方米。2001年3月26日，对5段坝按2000年标准进行拆除加高改建，结构为粗排乱石坝。工程于5月30日竣工，完成土方1.97万立方米、石方3800立方米。

旧城险工　2000年5月31日对12段坝按2000年设防标准进行拆除加高改建。将砌石坝改建为扣石坝，并对坝基进行帮宽加高。工程于2000年7月31日完工，共完成土方5.28万立方米、石方0.86万立方米。2001年4月21日，按2000年标准对9段坝岸进行顺坡加高，对20段坝岸进行拆除改建，由乱石坝改建为粗排乱石坝。工程于7月5日完工，共完成土方8.14万立方米、石方1.29万立方米。

其他尚有井圈险工、毕庄险工、康口险工、周门前险工、朱圈险工、陶邵险工、李营险工等，均进行不同程度拆、改建。

第五节　北金堤滞洪区工程

北金堤滞洪区工程位于黄河下游左岸，处于黄河河道宽河段转向窄河段的过渡段，是处理黄河特大洪水的工程措施。在遇到黄河特大洪水时，经运用三门峡、陆浑、故县等水库拦洪后，按照“舍小就大”的原则，相机运用北金堤滞洪区配合东平湖水库分滞洪水，以确保黄河防洪安全。1999年，小浪底水库建成运用后，北金堤滞洪区运用几率大大减小。至2015年，滞洪区尚未分洪运用过。滞洪区上起河南省滑县，下至台前县张庄，与山东省阳谷县陶城铺交界，东西长171千米，南北上端宽40千米，下端宽7千米，南侧为黄河临黄堤，北侧为北金堤。滞洪区面积2316平方千米，大部分位于河南省，山东省境内面积 98.85 平方千米，分属阳谷县和莘县管辖。滞洪区内涉及阳谷县、莘县 2 个县 10 个乡镇，132 个自然村，涉及人口 8.44 万人。属山东聊城黄河河务局管理的工程主要是北金堤工程，包括堤防工程、险工工程和涵闸工程。

一、堤防工程

北金堤全长 123.34 千米，其中山东聊城管辖 83.4 千米，分属阳谷县和莘县河务局管理。莘县 33.7 千米，阳谷县 49.7 千米。北金堤堤防按渠村闸分洪 1 万立方米 / 秒，有效分滞黄河洪水 20 亿立方米，另加遭遇金堤河来水 7 亿立方米的标准进行全线加培。根据设计滞洪水位，按堤顶超高 2.5 米、顶宽 10 米、临背边坡均为 1∶3 修做，1995 年基本完成。此后，堤防工程未再安排建设和投资。

二、险工工程

随着北金堤滞洪区的开辟，对北金堤险工埽坝工程也进行大规模整修、改建，土坝头和草埽全部改为石坝并增建 18 段坝、6 段石护岸。2015 年，聊城北金堤共有险工 13 处、坝岸 83 段，工程长度 22.6 千米，护砌长度 8887 米，累计用石 5.32 万立方米。

2015 年聊城北金堤险工坝岸工程统计表

表 9-28

险工名称	起止桩号	险工长度（米）	始建年份	修后坝岸（段）			护砌长度（米）	累计用石（立方米）	设计滞洪水位（米）	坝基高程（米）
				坝	岸	小计				
白庄险工	41+800-42+340	540	1877	4	—	4	169	785	50.78	51.52
葛楼险工	43+250-44+900	1650	1877	7	—	7	296	1912	50.17	51.00
道口险工	55+000-55+700	700	1877	4	—	4	319	374	48.8	50.00
姬楼险工	59+800-60+300	500	1877	3	—	3	200	820	48.19	49.60
朱楼险工	63+450-64+100	650	1877	5	—	5	355	2169	48.15	49.1 ～ 49.8
古城险工	66+700-68+900	2200	1877	13	—	13	779	4009	48.12	49.5 ～ 50.3
古城险工	72+100-72+500	400	1877	2	—	2	163	828	48.07	50.2
斗虎店险工	73+604-74+542	938	1885	6	—	6	306	3765	48.06	48.0 ～ 48.6
金斗营险工	79+200-80+120	920	1885	6	—	6	262	2580	48.00	47.75 ～ 48.3
莲花池险工	82+500-83+000	500	1965	3	—	3	145	1330	47.97	49.47
贾垓险工	103+850-107+200	3350	1884	7	—	7	576	4398	47.78	47.4 ～ 47.8
张秋险工	109+970-118+750	8780	1884	16	6	22	5154	22361	47.72	45.5 ～ 47.5
东堤险工	1+500-3+000	1500	1884	1	—	1	163	7870	47.60	—

三、涵闸改建工程

聊城北金堤有高堤口、东池、道口、仲子庙、明堤、赵升白、八里庙和张秋共 8 座涵闸，主要用于灌溉和排涝。1997—2005 年，先后对明堤闸、赵升白闸和道口闸进行改建，3 座涵闸设计流量 52.53 立方米 / 秒，灌溉面积 62.1 万亩。其他涵闸由于设计标准低，运行时间长，维护费低等原因存在工程老化失修严重等问题，亦需进行改建。

阳谷明堤闸改建 明堤闸始建于 1959 年 3 月，1971 年 9 月进行改建。改建后的明堤闸其标准较低，且由于年久失修，存在洞身和闸底板多处断裂，闸门启闭困难，闸上下游护坡蛰裂等问题，已不能满足防洪和引水需要。1998 年 7 月，山东河务局上报黄委《关于阳谷县北金堤明堤闸改建工程初步设计请示》，1998 年 12 月，水利部黄河水利委员会批复同意对该闸进行改建。改建后的明堤闸位于阳谷县李台乡明堤村西，北金堤桩号 83+650 处，为一联两孔钢筋混凝土箱涵结构，每孔净宽 1.8 米、净高 2.5 米，涵洞全长 114 米，闸底板高程为 39.18 米，设计防洪水位 50.32 米，设计引水流量 10 立方米／秒，加大流量 20 立方米／秒。工程于 1999 年 11 月 5 日开工，2000 年 8 月 10 日竣工，共完成土方 9.99 万立方米、石方 1000 立方米、混凝土 1300.67 立方米，投资 399.28 万元。

莘县道口闸重建　道口闸位于聊城市莘县境内北金堤堤防上，相应北金堤桩号 55+280 处（现根据测量为 55+255）。在原址拆除重建道口闸上下游连接段、闸室段、涵洞段和上下结构等，该闸具有防洪、排涝、灌溉等作用。设计防洪水位 48.64 米，闸前设计引水位 43.59 米，设计流量 20 立方米／秒、加大流量 30 立方米／秒，闸设计底板高程 40.54 米，该工程于 2014 年 7 月 24 日开工，2015 年 5 月 10 日完工，共完成土方 3.85 万立方米、石方 2200 立方米、混凝土 2000 立方米，投资 942 万元。

阳谷赵升白闸重建　赵升白闸位于聊城市阳谷县境内北金堤堤防上，相应北金堤桩号 92+012 处。在原址按原规模拆除重建，该闸具有防洪、排涝、灌溉等作用。设计防洪水位 47.79 米，设计流量 22.53 立方米／秒、加大流量 26.84 立方米／秒，设计闸底板高程 39.08 米，该工程于 2014 年 7 月 24 日开工，2015 年 5 月 10 日完工，共完成土方 4.29 万立方米、石方 3200 立方米、混凝土 1200 立方米，投资 943 万元。

2015 年 9 月 21 日，竣工的赵升白涵闸

2015 年聊城北金堤涵闸情况统计表

表 9-29

涵闸名称	桩号	工程规模						设防水位（米）	底板高程（米）	修（改）建时间
		孔数	孔宽（米）	孔高（米）	洞身长（米）	设计流量（立方米／秒）	灌溉面积（万亩）			
道　口	55+280	2	2.6	2.8	61	20.00	42.3	48.64	40.54	2014
明　堤	83+650	2	1.8	2.5	114	10.00	14.8	50.32	39.18	1999
赵升白	92+012	4	2.0	2.9	25	22.53	5.0	47.79	39.08	2014

四、金堤河洪水

1997—2015 年，金堤河范县站流量在 100 立方米／秒以上的年份有 5 次，分别是 2000 年、2003 年、2005 年、2006 年和 2010 年。2000 年 7 月 7 日，范县站洪峰流量 276 立方米／秒，由于入黄闸张庄闸改建后闸底板抬高，金堤河排水入黄不畅，洪水期间，金堤河末端最大水深 7～8 米，北金堤偎堤水深 5 米以上。2005 年 7 月 24 日，范县站洪峰流量 288 立方米／秒，金堤河末端严重积水，北金堤长 54.87 千米的堤防偎水，偎堤水深一般在 1.10～2.61 米，最大 4.73 米。莘县仲子庙闸漏水流量 3 立方米／秒，致使下游部分农田淹没。2010 年 9 月 10 日，范县站流量 359 立方米／秒，北金堤最长偎堤长度 5.38 万米，占全线长度的 65%；最大偎堤水深 3.8 米，北金堤张秋闸（大堤桩号 113+750）闸前水深 4 米以上。北金堤三里营 69+100 处背河堤脚外发生管涌群险情，大小管涌 31 个，最大

管涌直径 7 厘米；三里营 69+160 处背河堤脚外发生管涌险情，管涌直径 2 厘米；仲子庙闸发生闸门漏水险情。

1997—2015 年金堤河范县站最大洪水统计表

表 9-30

年份	时间	水位（米）	流量（立方米 / 秒）	年份	时间	水位（米）	流量（立方米 / 秒）
1997	3 月 2 日	44.88	6.60	2007	8 月 12 日	44.88	60.40
1998	8 月 12 日	46.62	84.00	2008	7 月 7 日	45.20	76.90
1999	10 月 18 日	45.06	4.66	2009	8 月 20 日	44.50	35.80
2000	7 月 7 日	47.18	276.00	2010	9 月 10 日	47.14	359.00
2001	7 月 27 日	44.32	39.80	2011	8 月 3 日	45.15	63.40
2002	7 月 6 日	44.34	37.10	2012	7 月 12 日	45.69	79.50
2003	10 月 14 日	45.83	140.00	2013	7 月 1 日	45.78	64.50
2004	8 月 1 日	45.15	73.20	2014	7 月 7 日	44.93	34.70
2005	7 月 26 日	46.68	268.00	2015	6 月 29 日	45.21	29.40
2006	7 月 6 日	45.62	141.00				

第九章　南水北调（聊城段）工程

南水北调东线工程聊城段主体工程，涉及东阿县、阳谷县、东昌府区、经济开发区、茌平县、临清市等 6 个县（市、区）、21 个乡镇（街道）、136 个行政村，建设项目包括干线工程和配套工程两部分，干线工程分穿黄河工程导流工程、小运河输水工程、灌区影响处理工程和七一、六五河输水工程等 5 个单项工程，配套工程主要包括 261.8 千米输水管线和总库容 9700 万立方米的 8 座水库。小运河输水工程自位山穿黄隧洞出口，新建、重建、改建、维修加固倒虹吸、节制闸、渡槽、涵闸、公路桥、生产桥和铁路桥等七类交叉建筑物共计 394 座，全长 98.29 千米，设计流量为 50 立方米 / 秒。其中，七一河、六五河输水工程线路全长 77.01 千米，涉及临清市、夏津县、武城县 3 个县（市），将调入小运河的长江水继续北送至临清、德州，向聊城北部地区和德州地区送水，基本解决聊城北部地区、德州城区和武城县城区的供水需求。

2007 年 12 月，南水北调东线穿黄河工程开工仪式 （贺兢摄）

第一节　输水干线工程

一、穿黄河段工程

穿黄河段工程是南水北调东线一期工程的关键控制工程，位于聊城市东阿县和泰安市东平县境内，黄河下游中段，全长7.87千米。主要任务是建设南水北调东线穿黄河隧洞，连接东平湖和鲁北段输水干渠，实现调引长江水至鲁北地区，同时具备向河北省东部、天津市应急供水的条件。工程主要由南岸输水渠段、穿黄枢纽段和北岸穿引黄渠埋涵段3部分组成，其中南岸输水渠段全长2.54千米；穿黄枢纽段全长4.61千米；北岸穿引黄渠埋涵段全长0.72千米。穿黄河隧洞工程在黄河主河槽隐伏山梁下穿过，最大埋深70米，开挖洞径8.9～9.5米，洞长585.38米，设计流量100立方米/秒。工程总投资6.95亿元。

南水北调东线山东干线有限责任公司为穿黄河工程的项目法人。公司组建穿黄河工程南区工程建设管理局，承担东平湖湖内疏浚、出湖闸、南干渠、埋管进口检修闸、滩地埋管的上游段2.34千米的建设管理任务。公司委托水利部海河水利委员会，组建南水北调东线第一期工程穿黄河工程北区工程建设管理局，承担滩地埋管的下游段1.6千米、隧洞主体工程及黄河以北穿引黄渠工程、出口闸、北岸交通工程的建设管理任务。

2008年3月1日，工程正式开工建设；2010年3月25日，穿黄隧洞全线贯通；2012年9月26日，通过设计单元工程完工验收技术性初步验收。完成土石方开挖414.22万立方米，土石方回填294.8万立方米，混凝土浇筑22.07万立方米，钢筋制安9245.29吨。

二、小运河段工程

小运河段工程自位山穿黄隧洞出口至临清邱屯闸，长98.29千米，涉及东阿县、阳谷县、江北水城旅游度假区、东昌府区、经济技术开发区、茌平县、临清市。主要任务是将穿黄河工程调入黄河北的江水北送至临清邱屯闸，同时通过七一·六五河段工程向下游供水。小运河段工程输水规模50立方米/秒，多年平均过黄河进入小运河的水量为4.42亿立方米，经邱屯闸向七一·六五河段输水流量为25.5立方米/秒，北送水量2.6亿立方米。主要建设内容为河道开挖和护砌，新建、重建及加固改造建筑物。工程总投资24.01亿元。

小运河段工程项目法人为南水北调东线山东干线有限责任公司。公司组建“山东省南水北调鲁北段工程建设管理局”，作为公司派出机构，负责鲁北段工程的现场建管工作。管理局下设小运河建管处，具体负责小运河段工程建设管理工作。

2011年3月18日，工程开工建设；2013年4月1日，设计单元工程完工验收技术性初步验收。实际建成各类建筑物394座，包括新建分水闸7座，节制闸11座，新建、重建、改建公路桥23座、生产桥97座、人行桥12座，倒虹42座（其中附属倒虹19座、输水渠穿其他沟渠倒虹3座、其他倒虹20座），涵闸166座（其中附属涵闸37座、其他涵闸129座），渡槽7座、附属渡槽4座，穿路涵10座；涵管3座，暗涵3座，七级分干枢纽、湖南路暗涵枢纽各1处，铁路桥7座（其中新建2座，扩建、加固5座）。新建交通管理道路99.5千米。完成土石方开挖1617.8万立方米，土石方回填723.1万立方米，混凝土浇筑56.2万立方米，砌石10.45万立方米，钢筋制安6.72万吨，复合土工膜212.3万立方米，保温板铺设201.9万立方米。

三、七一·六五河段工程

七一·六五河段工程全长77.01千米，涉及临清市、夏津县、武城县3个县（市）。工程主要任务是将调入小运河的江水取道临清市继续北送至德州市，解决聊城北部地区、德州市德城区和武城县城区及其他县（市）工业和城市供水需求，保证聊城市、德州市可持续用水发展需要。七一·六五河段工程在聊城市境内长11.72千米，自临清市境内邱屯闸至聊德边界，设计输水规模25.5立方米／秒，工程投资1.72亿元。主要工程内容为：渠道土方开挖与回填、渠道衬砌及34座建筑物（制闸1座、分水闸1座、公路桥8座、生产桥13座、涵闸9座、倒虹吸1座、引水闸1座）。工程项目法人为南水北调东线山东干线有限责任公司，公司组建“山东省南水北调鲁北段工程建设管理局”，作为公司派出机构，负责鲁北段工程的现场建管工作。管理局下设七一·六五河建管处，具体负责七一·六五河段工程建设管理工作。

2011年6月28日，工程开工建设；2012年12月30日，通过设计单元工程完工验收技术性初步验收。2013年10月25日至11月16日，市内输水干线工程进行通水试运行。试运行期间，工程运行状况良好，最大输水流量18立方米／秒。

第二节　截污导流工程

一、金堤河截污导流工程

金堤河截污导流工程是山东省截污导流项目的重要组成部分，位于阳谷县、东阿县、东昌府区境内。总体布置：从张秋闸排水至小运河马湾节制闸，在小运河右岸向东新开渠道3.7千米连通郎营沟，经整治郎营沟、改建油坊穿涵排水至老四干渠，通过老四干渠扩挖治理2.3千米连通四新河，最后经疏浚治理四新河老四干渠入口至郭老虎闸段5.85千米渠道后排入徒骇河。工程主要任务是确保南水北调干线输水期间金堤河污水不进入输水干渠，保障南水北调输水干线水质。根据《南水北调东线工程山东段控制单元治污方案》，金堤河排水规模为15立方米／秒。

工程项目由山东省南水北调工程建设管理局委托聊城市南水北调工程建设管理局为项目法人，具体负责项目的建设与运行管理工作。工程征迁工作由工程所在地县级政府负责实施。2008年12月24日开工建设，2011年4月30日完工。完成土方开挖90.24万立方米，土方回填8.76万立方米，砌石7700立方米，混凝土及钢筋混凝土1.41万立方米，钢筋制安530吨，金属结构安装10.1吨，机房36.72立方米，闸门3扇，闸门启闭机3台。山东省发展和改革委批复工程概算总投资4839.6万元，实际完成投资3896.59万元。

2012年9月至2013年9月，实施金堤河截污导流工程增补项目，项目包括阳谷段、东阿段和东昌府区段3个单位工程。阳谷段完成土方开挖8700立方米、土方回填3600立方米、浆砌石1600立方米、抛石943立方米、混凝土和钢筋混凝土475立方米、土工布1.21万平方米、钢筋制安8.2吨；东阿段完成土方开挖2.29万立方米、土方回填1.71万立方米、浆砌石1600立方米、混凝土1500立方米、钢筋制安31.18吨、土工布铺设2.4万平方米、中砂反滤层873.52立方米、混凝土管道安装198米；东昌府区段完成土方开挖5400立方米、浆砌石1000立方米、混凝土299.3立方米、钢筋制安21.2吨、轴流泵1台（套）、发电机组1台、铸铁闸门6套、混凝土管道130米。

2014年3月至2015年5月31日，实施金堤河截污导流工程结余资金续建项目，项目位于东阿县，完成土方开挖1.32万立方米、土方回填1.72万立方米、浆砌石841立方米、混凝土及钢筋混凝土1000立方米、钢筋制安46.5吨、混凝土管道安装32米。

二、汇通河截污导流工程

汇通河截污导流工程在临清市境内，其主要任务是将污水处理厂处理后的中水改排，不再排入临清市六分干渠，以保证南水北调输水干线的水质；同时通过河渠、管道连接工程输送中水，利用胡家湾水库、友谊渠和尚潘渠等拦蓄利用，实现污水资源化。中水排放规模6万吨／天。工程主要建设内容新建红旗渠入卫穿堤涵闸1座；北大建红旗渠入卫穿堤涵闸1座；洼水库至大众路口铺设管线长度417米（单排直径2000毫米管）、顶管管线长度85.15米（双排直径1500毫米管）；大众路口至石河铺设管线长度2159.25米（双排直径2000毫米管）；红旗渠4.03

千米河道清淤疏浚及红旗渠纸厂东公路涵洞、红旗渠纸厂1号公路涵洞、红旗渠纸厂2号公路涵洞、红旗渠纸厂3号公路涵洞4座过路涵改建。工程总投资3155.99万元。

工程项目由山东省南水北调工程建设管理局委托临清市南水北调工程建设管理局为项目法人，具体负责项目的建设与运行管理工作。2008年12月27日，工程开工建设，2010年7月30日完工。建设管理局设立临清市汇通河截污导流工程管理所，具体负责该工程的管理和运行。

第三节　干线附属工程

一、周公河截污管道工程

周公河为境内城区西部和北部重要的排水河道，小运河段工程占用周公河8.8千米河道，为解决南水北调输水期间两岸排水问题，自八东闸至十里铺闸，沿周公河两岸各设计一条排水管道，将雨污水导入周公河下游。周公河截污管道工程是南水北调干线占用周公河城区段的补偿项目，是南水北调水质不受污染、实现南水北调输水期间周公河两岸区域排水通畅的重要保证。周公河截污管道工程排污管道沿周公河两岸布置，管中心线距堤脚线外4米，左岸管道全长8906米，右岸管道全长8656米。选用玻璃钢管，不同管径采用管顶平接，设计比降1/12500～1/6000，设计管径1400～2200毫米，左岸管道排水量为130～2524升/秒，右岸管道排水量为317～1680升/秒。工程总投资1.06亿元。

工程为南水北调东线山东干线有限责任公司委托建管项目，聊城市水利局成立“聊城市南水北调周公河截污管道工程建设管理处”，作为公司委托的现场管理机构，负责工程建设管理工作。2011年8月11日，工程开工建设；2013年4月1日，通过设计单元工程完工验收技术性初步验收。实际完成玻璃钢管道安装13.79千米、钢筋混凝土管道安装640米、螺旋钢管安装2.06千米、穿路顶管680米；完成土方开挖49.5万立方米、土方回填41.3万立方米、砌石工程1137.9立方米、混凝土及钢筋混凝土1.1万立方米、钢筋制安938.3吨。2014年8月5日，工程移交至聊城市市政工程管理处，由其负责运行管理。

二、临清灌区影响处理工程

临清灌区影响处理工程是鲁北段输水工程的重要组成部分，涉及王坊分干渠和裕民渠控制的两个灌区，位于临清市境内。由于鲁北段输水工程利用临清市境内小运河输水，从而使其失去原有的灌溉排涝功能，打破现状的排灌体系。该工程兴建的主要任务就是充分利用现有沟渠，通过扩大现有工程输水规模、扩挖（新挖）渠道、改建（新建）建筑物等措施，消除南水北调东线输水工程带来的不利影响，满足受影响灌区的灌溉供水要求。该工程设计灌溉面积58.75万亩，其中王坊分干灌区设计灌溉面积20.9万亩、裕民渠灌区设计灌溉面积37.85万亩。王坊分干输水渠渠首设计引水流量10.6立方米/秒，裕民渠输水干渠渠首设计引水流量17.7立方米/秒。工程总投资1.3亿元。

工程为南水北调东线山东干线有限责任公司委托建管项目，市水利局成立聊城市南水北调鲁北段灌区影响处理工程建设管理处，作为公司委托的现场管理机构，负责工程建设管理工作。2011年8月10日，工程开工建设；2012年12月30日，通过设计单元工程完工验收技术性初步验收。实际完成输水渠道总长30.53千米，其中王坊分干输水渠长17.86千米，裕民渠输水渠长12.67千米；新建、改建、重建各类建筑物47座，其中桥梁38座（公路桥8座、穿公路涵洞1座、生产桥29座）、各类水闸8座、泵站1座。完成土方开挖232.97万立方米、土方回填8.38万立方米、砌石1.11万立方米、混凝土及钢筋混凝土4.54万立方米、钢筋制安1782.57吨。工程建成后，移交至临清市排灌工程管理处运行管理。

三、七级镇生活污水处理工程

七级镇生活污水处理工程位于阳谷县七级

镇。主要任务是在南水北调干线输水期间，利用截污管道拦截收集七级镇镇区内的生活污水及输水期间雨水，并导流至新建的氧化塘，通过生物降解方式对污水进行存储、降解、净化，处理后的中水排放至附近排灌沟系，加以利用或非输水期排入小运河，从而保证南水北调所调江水穿越七级镇过程中的水质安全。主要建设由镇区入河污水收集管道工程、污水处理工程及中水存蓄回用工程三部分组成。该工程设计规模为552.5升／秒，输水期间设计排污量为11.07万立方米，工程总投资1000万元。

工程为南水北调东线山东干线有限责任公司委托建管项目，聊城市水利局成立“聊城市南水北调七级镇污水处理工程建设管理处”，作为公司委托的现场管理机构，负责工程建设管理工作。2012年11月1日，工程开工建设；2013年4月1日，通过设计单元工程完工验收技术性初步验收。完成土方开挖9.2万立方米、土方回填7.6万立方米、混凝土991立方米、钢筋制安62.1吨、砌石479立方米、混凝土管铺设3350米、钢管安装72米。工程建成后，移交至七级镇政府运行管理。

第四节　续建配套工程

一、临清市续建配套工程

临清市续建配套工程位于京九铁路以西，权庄以东，卫运河以南，邢临高速、315省道以北，工程永久占地4455.15亩。工程主要任务是通过新建张官屯水库，调蓄南水北调分配的江水量和部分黄河水，提高供水保证程度，缓解临清市区水资源供需矛盾。主要建设有水库围坝、引水涵洞、入库泵站、入库闸、出库泵站，以及管理设施等。张官屯水库设计死库容271万立方米，死水位24.25米，最大库容2293万立方米，最高水位32.7米。水库年充库水量5999万立方米，其中南水北调充库水量3684万立方米，黄河水充库水量2315万立方米，日供水能力15万立方米。工程总投资8.49亿元。根据《山东省南水北调续建配套工程建设管理若干意见》，工程由临清市政府负责实施。临清市政府与北控集团按照约定出资比例组建临清北控水务有限公司，作为项目法人单位具体承担工程建设资金筹措和工程建设运行管理工作。2014年4月30日，山东省发改委批复工程可研报告；2014年10月30日，山东省水利厅批复工程初步设计报告。至2015年年底，挖运库区土方600万立方米，累计完成投资6.05亿元。

二、高唐县续建配套工程

高唐县续建配套工程自南水北调鲁北干线高唐分水口取水，引江输水管道沿马颊河右岸滩地铺设至裴庄闸，再沿王浩沟右岸铺设引江输水管道至太平水库西南角入库泵站，经太平水库调蓄后，通过出库泵站经供水管道供水，调蓄年分配长江水量3018万立方米，解决高唐县工业用水问题。主要建设包括引江输水管道工程、太平水库工程、供水工程及管理设施等。太平水库位于高唐县城西郊、王浩沟东南、省道316以西、国道308以北、太平庄以南，工程永久占地2577.61亩。水库总库容1141万立方米，最高蓄水位33.29米，死库容113万立方米，死水位24.25米。工程总投资8.32亿元。

根据《山东省南水北调续建配套工程建设管理若干意见》，工程由高唐县政府负责实施。高唐县政府组建高唐县金诚水利工程有限公司，作为项目法人单位，具体承担工程建设资金筹措和工程建设运行管理工作。2015年6月25日，山东省发改委批复工程可研报告；是年6月30日，山东省水利厅批复工程初步设计报告；2015年12月28日，水库工程开工建设，至年底，累计完成征迁和施工投资6.32亿元。

三、阳谷县续建配套工程

阳谷县续建配套工程位于阳谷县南外环路以南、明堤东干渠以西、朱施董村以北、曹集村以东，工程永久占地2519.06亩。工程主要任务是通过兴建陈集水库调蓄工程，充分利用长江水、黄河水为阳谷县城区及附近居民生活及工业供水，提高用水保证程度，改善仅靠地下水水源供水出现的供水能力不足、地下水环境不断恶化及水质不良等问题。工程主要建设有提水加压泵站、入库输水管线、引黄入库泵站、入库涵闸、水库围坝、出库涵闸、出库泵站、出库供水管线、管理设施等。陈集水库死库容为146万立方米，死水位37.7米；最大库容1037万立方米，对应最大水位45.14米。陈集水库每年长江水充库水量2278万立方米、黄河水充库水量881万立方米，年供水量2920万立方米，日供水能力8万立方米。工程总投资7.14亿元。

根据《山东省南水北调续建配套工程建设管理若干意见》，工程由阳谷县政府负责实施。阳谷县政府组建阳谷鑫源开发建设有限责任公司，作为项目法人单位，具体承担工程建设资金筹措和工程建设运行管理工作。2014年7月21日，山东省发改委批复工程可研报告；2015年6月24日，山东省水利厅批复工程初步设计报告。2015年9月30日，开工建设；至2015年年底，完成投资5.34亿元。

四、东昌府区续建配套工程

2011年7月10日，山东省政府批复的《南水北调东线一期工程山东省续建配套工程规划》中，东昌府区续建配套工程位于李海务曹庄村，库容724万立方米，工程规模为小（一）型，年分配江水量1614万立方米，估算投资4.24亿元。

由于市内经济社会发展势头迅猛，用水量不断增加，水资源供需矛盾日益突出。经聊城市政府研究确定，2013年10月31日，聊城市人民政府报请山东省政府调整规模，增加库容。经省政府同意，2015年2月12日，山东省南水北调工程建设管理局以《关于同意聊城市增加南水北调东线一期工程东昌府区续建配套工程库容的复函》给予回复。

调整后的东昌府区续建配套工程位于江北水城旅游度假区徒骇河以南、聊阳路以东、规划碧水路以西、凤凰街道东曹村以北区域内，涉及湖西、凤凰2个街道，工程永久占地4886.1亩。工程主要任务是通过新建金龙湖水库，调蓄分配江水量，同时根据黄河、金堤河来水情况和城市工业用水情况，调引部分黄河水、雨洪水，与长江水联合调度，向城市工业供水。主要建设内容包括引水工程、金龙湖水库工程、供水工程和管理设施等。金龙湖水库工程规模为中型平原水库，设计蓄水库容2071.7万立方米、年调蓄水量5741.4万立方米，其中长江水1614万立方米、黄河水3127.4万立方米、雨洪水1000万立方米，日供水能力14.2万立方米。工程总投资104799万元。

根据聊城市政府办公室印发的《全市南水北调配套工程建设责任分工》，市南水北调局负责督促协调前期工作，旅游度假区管委会负责项目招投标、资金筹措、移民征迁和建设管理等工作。度假区管委会组建工程建设管理处，作为项目法人单位，具体承担工程建设管理工作。2015年5月19日，工程可研报告获得山东省发改委批复；是年6月30日，工程初步设计报告获得山东省水利厅批复。至是年年底，结合城区道路建设，开挖外运土方160万立方米，完成投资4.93亿元。

五、东阿县续建配套工程

东阿县续建配套工程位于东阿县城西南部S324与S710交叉处，大秦村以东、马安沟及韩堂沟以北，工程永久占地2390亩。主要建设包括大秦水库、输（供）水管道和取水加压泵站3部分。工程主要任务是实现南水北调鲁北干线在东阿县的输水任务，调蓄分配江水，向城市和工业供水。大秦水库总库容722万立方米，最高蓄水位34.9米，死库容139万立方米，死水位29.8米，年供水量2957万立方米，日供水能力8.1万立方米。工程总投资6.24亿元。

根据《山东省南水北调续建配套工程建设管理若干意见》，工程由东阿县政府负责实施。县政府与鲁西集团按照约定出资比例组建东阿鲁西水务有限公司，作为项目法人单位，具体承担工程建设资金筹措和工程建设运行管理工作。2013年6月7日，聊城市发改委批复工程可研报告；2015年3月26日，聊城市水利局批复工程初步设计报告。2015 年 12 月 18 日开工建设。

六、茌平县续建配套工程

茌平县续建配套工程位于聊夏公路（S254）以西、东邢庄以东、邢郭沟以南、贾寨分干以北，工程永久占地 2869.79 亩。工程主要包括引江泵站、引水输水管道、东邢水库枢纽、供水管道等。工程主要任务是通过新建东邢水库，调蓄调引江水，向茌平县城区居民及工业供水，缓解茌平县水资源供需矛盾。东邢水库最高蓄水位 34 米、死库容 126 万立方米、死水位 28.01 米，年供水量 2057 万立方米。设计日供水能力 10 月到翌年 5 月为 5 万立方米、6 月到 9 月为 6 万立方米。工程总投资 5.94 亿元。

根据《山东省南水北调续建配套工程建设管理若干意见》，工程由茌平县政府负责实施。县政府组建茌平县东邢水库工程建设管理处，作为项目法人单位，具体承担工程建设资金筹措和工程建设运行管理工作。2014 年 6 月 19 日，聊城市发改委批复工程可研报告；是年 12 月 31 日，聊城市水利局批复工程初步设计报告。2015 年 11 月 16 日，开工建设。至 2015 年年底，完成库区开挖及清基土方 300 万立方米、筑坝土方 14 万立方米、弃土堆山土方 260 万立方米，完成施工投资 1.2 亿元。

建设中的茌平东邢水库工程 （2015 年摄，贺兢）

七、冠县续建配套工程

冠县续建配套工程主要建设包括 42.49 千米引水管道工程、店子水库枢纽工程和 9.486 千米供水管道工程。店子水库位于冠县店子乡，库址距县城正北约 6.5 千米，董当铺和王当铺以南，高庄子、赵固村和西化村以北，S260 省道以西，里固渠以东，工程永久占地 2152 亩。工程主要任务是通过新建店子水库，调蓄分配江水，向水厂及工业企业供水，满足其用水需求；同时置换部分深层地下水开采量，改善区域生态环境。店子水库总库容 717 万立方米，最高蓄水位 40.87 米，死库容 151 万立方米，死水位 35.50 米，年供水量 1394 万立方米，日供水能力 3.82 万立方米。工程总投资 7.07 亿元。

根据《山东省南水北调续建配套工程建设管理若干意见》，工程由冠县政府负责实施。县政府组建冠县冉海水库建设管理有限公司，作为项目法人单位，具体承担工程建设资金筹措和工程建设运行管理工作。2012 年 12 月 13 日，聊城市发改委批复工程可研报告；2013 年 11 月 1 日，聊城市水利局批复工程初步设计报告。2013 年 11 月 17 日，开工建设。至 2015 年年底，店子水库围坝、截渗墙、坝内护坡等主体工程全部完工，累计开挖土方 660 万立方米、回填土方 125 万立方米、混凝土浇筑 3.5 万立方米、砌石 2.14 万立方米；引水管道安装完成 40 千米；入库涵闸、出库泵站、引水加压泵站等工程施工进入收尾阶段。累计完成投资 4.51 亿元，占施工总投资的 98.2%。

八、莘县续建配套工程

莘县续建配套工程主要建设包括新建分水口引水加压泵站、埋设 34.91 千米输水管道、莘州水库及 0.8 千米供水管道等。莘州水库位于莘县规划南外环路以南、范莘干沟以西、刘庄和十里坞以北、范庄和双庙村以东，工程永久占地 2107.5 亩。工程主要任务是改变当地水资源短缺状况。莘州水库总库容 787.6 万立方米，最高蓄水位 39.8 米，死库容 140.7 万立方米，死水位 33.5 米，年供水量 1671.7 万立方米，日供水能力 4.58 万立方米。工程总投资 6.84 亿元。

根据《山东省南水北调续建配套工程建设管理若干意见》，工程由莘县政府负责实施。县政府组建山东莘州建筑工程有限公司，作为项目法人单位，具体承担工程建设资金筹措和工程建设运行管理工作。2012年12月13日，聊城市发改委批复工程可研报告；2013年8月19日，聊城市水利局批复工程初步设计报告。2013年12月31日，开工建设。至2015年年底，完成水库库区外调土方560万立方米、土石方填筑42.3万立方米、混凝土4100立方米，截渗沟开挖和4千米围坝工程填筑。累计完成投资5.74亿元，占总投资的84%。

建设中的莘州水库（2014年摄，黄丽芹）

第十编 工 业

Part X Industry

1997 年起，聊城始终把工业摆在重要位置来抓，工业经济保持快速发展，逐步成为全市经济发展的主导力量。1998 年，聊城市确立“工业立市”的指导思想，把发展工业作为“一把手”工程来抓，重点抓投入、抓骨干、抓市属、抓改革、抓市场，加快工业经济的发展步伐。鲁西化工年内在深圳证券交易所成功上市。“十五”期间，全市实施“1030”工程，即力争到 2005 年培植起 10 个销售收入过 30 亿元的企业集团，其总销售额 500 亿元。2000 年，全市限额以上工业实现销售收入 241.4 亿元、利税 24.78 亿元、利润 14.06 亿元，分别比 1997 年增长 37.7%、58.8% 和 68.2%。中通客车在深圳证券交易所成功上市；时风集团、信发集团、东阿阿胶集团、泉林纸业和聊城热电公司 5 家企业实现利税过亿元。

2003 年 2 月，聊城市委、市政府提出建设十大百亿产业工程，即在全市培植有色金属、农业装备、造纸、食品、电力、汽车、纺织、化学、医药和信息产业等 10 个具有较大规模和较强竞争力的年销售收入过百亿元的产业。2005 年，提出实施“5513”工程，即利用 5 年时间，全市实现 5 家企业利税超 10 亿元、5 家企业利税 5 亿元、10 家企业利税 3 亿元、30 家企业利税 1 亿元以上，形成一批主业突出、核心竞争力强、拥有自主知识产权的重点企业。是年，全市规模以上工业实现销售收入 965.96 亿元、利税 96.26 亿元、利润 60.09 亿元，分别较 2001 年年均增长 37.26%、37.22% 和 41.01%；实现利税过千万元的企业 145 家。

2010 年，聊城开始着力打造有色金属及深加工、运输设备及零部件、基础化工及精细化工、轻纺造纸及生物医药、能源电力及节能设备等五大产业基地建设，出台《关于加快战略性新兴产业发展的意见》《关于加快战略性支柱产业发展的意见》。是年，聊城市被中国有色金属工业协会命名为“中国有色金属新城”。2011 年，提出在“十二五”期间实施“4455”工程，即培植铜及铜加工、铝及铝加工、新能源汽车和精细化工等四大战略性支柱产业，培育新能源、生物医药、节能环保和高端装备制造等四大战略性新兴产业，发展轴承、冶金板材、钢管、钎具、畜禽加工等五大民营特色产业，重点壮大 50 家龙头骨干企业。“十一五”期间，全市规模以上工业增加值、利税、利润年均分别增长 20.1%、33.1% 和 35.5%；利税过千万元的企业 520 家，其中过亿元的 30 家。祥光铜业被工业和信息化部、财政部和科技部联合确定为第一批“资源节约型、环境友好型试点企业”。

2013 年，聊城市政府提出实施“万亿工业”战略，即到 2015 年，全市规模以上工业主营业务收入突破万亿元大关，年均增长 25% 以上。是年，阳谷祥光生态工业园区通过国家生态工业示范园区建设领导小组专家验收；阳谷县获批国家级新型工业化产业示范基地（铜加工）。2015 年，全市规模以上工业企业 2852 家，实现业务收入 8818.83 亿元、利税 829.29 亿元、利润 590.46 亿元，分别较 1997 年年均增长 5.25%、24.32%、24.69%、26.68%；工业增加值占生产总值的比重由 1997 年的 36.8% 增长到 47.8%。

第一章　工业综情

1997—2015 年，全市工业经济保持快速发展，多数年份主要经济指标增幅位居山东省前列。2015 年，全市规模以上工业企业主营业务收入 8818.83 亿元，是 1997 年的 50.32 倍，年均增长 24.32%；全部工业增加值 1273.86 亿元，是 1997 年的 16.51 倍，年均增长 16.86%。工业结构不断优化，培植形成有色金属加工、化工新材料、新能源汽车等一批支柱产业，以及信发集团、东阿阿胶集团、祥光铜业、鲁西集团等骨干企业；工业集群化步伐加快，形成了一批产业集群和工业园区；工业技术水平和产品质量明显提升。2015 年，国家级研发机构由 1997 年的 2 个增加到 15 个，省级研发机构 135 个。其中，国家级企业技术中心由 1997 年的 1 个发展到 9 个，省级企业技术中心由 1997 年的 2 个发展到 72 个。国家级地方联合实验室 3 个。国家级工程技术研究中心 2 个，省级工程技术研究中心 26 个。国家级重点实验室 1 个，省级实验室 25 个，省级工程实验室 12 个。中国名牌产品由 2004 年的 1 个增加到 10 个，山东省名牌产品由 2003 年的 25 个增加到 125 个；中国驰名商标 20 个，山东省著名商标 94 个。

第一节　工业总量

1997 年，聊城地区工业规模较小，在全区经济总量和山东省工业总量中所占比重较低。1998 年，全市工业增加值 78.65 亿元，占全市生产总值的 36.8%；工业总产值 306.91 亿元，占全省工业总产值的 3.07%，远远低于总人口占山东省 6.22% 的比重。通过 19 年的发展，聊城工业总量大幅度增加，所占比重也明显提高。2015 年，全市工业增加值占全市生产总值的比重到 47.8%，比 1997 年提高 12 个百分点；规模以上工业总产值 8929.71 亿元，占全省比重达到 6.12%，比 1997 年提高 3.94 个百分点，已经超过人口占全省 6.1% 的比重；规模以上工业主营业务收入 8818.83 亿元、利税 829.29 亿元，分别比 1997 年增长 49.31 倍、52.09 倍；主营业务收入过 50 亿元企业 15 家，其中信发集团有限公司过千亿元、另有过百亿元企业 7 家。

1997—2015 年聊城市规模以上工业主要经济指标一览表

表 10-1　　单位：家、人、万元

年份	企业数	全部从业人员年平均人数	总产值（当年价）	工业资产	工业主营业务收入	利税总额	利润总额
1997	1135	—	1943586	2351022	1752613	156218	83586
1998	356	196635	1689974	2182337	1642497	142856	68170
1999	309	191231	2057044	2459885	1975484	184701	97083
2000	346	178475	2410568	2896633	2413990	247786	140564
2001	362	—	2736431	3008539	2721112	271534	151999
2002	416	196122	3574870	3727155	3520084	352398	210928
2003	468	217230	4831975	4853206	4898264	492234	304323
2004	659	226460	7060690	6304722	6930598	683005	414633
2005	956	267173	10094177	7684618	9659585	962626	600858
2006	1268	285637	14323026	9395814	13948341	1449986	923703
2007	1591	313971	21043349	14884648	20664888	2141633	1381447
2008	1756	329081	26321057	18128507	26074580	2484854	1603615
2009	2282	363916	31768237	20548753	31882145	3386684	2160629
2010	2403	375592	40268609	24541244	40618737	4708204	2927411
2011	2148	—	53237817	28971234	52829076	5069671	3513689

续表 10-1

年份	企业数	全部从业人员年平均人数	总产值（当年价）	工业资产	工业主营业务收入	利税总额	利润总额
2012	2332	402095	66498160	31785535	67038990	6558537	4457853
2013	2620	429400	75025763	41961436	75103378	7573592	5248032
2014	2830	448300	86636309	42360542	86217489	8261810	5774980
2015	2852	246800	89297058	46732777	88188294	8292922	5904648

2015 年聊城市主营业务收入过 50 亿元企业情况表

表 10-2　　单位：亿元

序号	单位名称	主营业务收入	利税总额
1	信发集团有限公司	1821.96	186.10
2	山东祥光集团	419.62	21.12
3	中色奥博特铜铝业有限公司	365.89	35.54
4	时风集团有限公司	340.98	18.04
5	鲁西集团有限公司	315.35	7.96
6	临清三和纺织集团有限公司	127.03	17.51
7	山东泉林纸业有限责任公司	113.03	13.76
8	聊城鑫鹏集团	106.91	1.31
9	冠县冠星纺织	88.95	8.66
10	阳谷电缆集团	88.64	8.65
11	山东冠洲集团	86.75	7.69
12	中通客车控股股份有限公司	86.19	4.77
13	高唐蓝山集团	68.95	4.46
14	山东鑫华特钢集团	56.52	2.62
15	国电中华电厂	50.27	29.87

第二节　工业结构

一、所有制结构

1997 年起，随着改革开放的不断深入，聊城国有工业企业呈现减少态势，而集体企业、股份合作制企业、股份制企业、外商及港澳台商投资企业呈现增加态势；内资企业比重平稳居高，港澳台商投资企业、外商企业产值稍有提升。

2015 年，内资企业中，国有企业产值比重由 2000 年的 60.55% 下降至 2.13%，集体企业产值比重由 2000 年的 16.01% 下降至 0.05%。港澳台商投资企业中，合资经营企业（港澳台资）产值比重由 2000 年的 58.72% 上升到 64.54%，港澳台商独资经营企业产值比重由 2000 年 39.45% 下降到 28.99%。在外商投资企业中，中外合资经营企业比重由 2000 年 93.93% 下降到 38.05%，中外合作经营企业由 2000 年的 1.89% 上升至 25.16%，外资企业由 2000 年的 4.17% 上升至 36.79%。

1997—2015年部分年份聊城市分经济类型规模以上工业企业主要经济指标一览表（一）

表10-3 单位：个、亿元、%

分组	企业单位数				工业总产值（当年价）				总产值比重	
	2000年	2005年	2010年	2015年	2000年	2005年	2010年	2015年	2000年	2015年
总计	346	956	2403	2852	199.43	1009.42	4026.86	8929.71	—	—
内资企业	329	911	2361	2812	190.42	956.08	3926.28	8765.97	95.48	98.17
国有企业	121	38	23	14	115.29	96.05	242.03	186.49	60.55	2.13
集体企业	77	22	11	4	30.48	10.01	14.96	4.01	16.01	0.05
股份合作企业	9	12	8	2	7.65	11.70	23.96	4.84	4.02	0.06
联营企业	1	2	1	1	2.01	0.11	0.26	2.90	1.06	0.03
有限责任公司	15	162	199	395	10.26	465.57	1337.01	3038.39	5.39	34.66
股份有限公司	17	44	44	58	10.78	83.67	174.46	345.68	5.67	3.94
私营企业	89	620	2043	2305	13.95	278.88	2097.44	5117.89	7.33	58.38
其他企业	11	32	33	1009	36.16	65.76	0.75	—	—	—
港、澳、台商投资企业	7	12	7	11	1.09	11.93	29.33	47.87	5.98	0.54
合资经营企业（港或澳、台资）	4	3	3	7	0.64	0.34	20.07	30.90	58.72	64.54
合作经营企业（港或澳、台资）	—	1	—	—	—	0.15	—	—	—	—
港澳台商独资经营企业	2	7	4	3	0.43	11.39	9.26	13.88	39.45	28.99
港澳台商投资股份有限公司	1	1	—	—	0.02	0.05	—	—	1.83	—
其他港澳台商投资企业	—	—	—	1	—	—	—	3.10	—	6.47
外商投资企业	10	33	35	29	7.92	41.40	71.26	115.86	20.76	1.29
中外合资经营企业	7	18	17	15	7.44	9.68	38.06	44.09	93.93	38.05
中外合作经营企业	1	2	3	2	0.15	20.31	5.98	29.15	1.89	25.16
外资企业	2	12	14	12	0.33	10.57	24.91	42.63	4.17	36.79
外商投资股份有限公司	—	1	1	—	—	0.84	2.32	—	—	—

2000—2015 年部分年份聊城市分经济类型规模以上工业企业主要经济指标表（二）

表 10-4　　　　单位：亿元、%

分组	资产总计				资产比重		主营业务收入			主营业务收入比重
	2000 年	2005 年	2010 年	2015 年	2000 年	2015 年	2005 年	2010 年	2015 年	2015 年
总计	289.66	768.46	2454.12	4673.28	—	—	965.96	4061.87	8818.83	—
内资企业	279.43	743.69	2384.88	4565.28	96.47	97.69	937.05	3958.33	8682.56	98.45
国有企业	186.32	100.79	135.65	96.49	66.68	2.11	90.39	242.68	160.22	9.85
集体企业	43.53	9.46	8.54	5.31	15.58	0.12	10.24	136.90	4.03	0.05
股份合作企业	3.95	31.60	15.43	0.83	1.41	0.02	11.60	15.32	4.83	0.06
联营企业	2.32	1.08	0.09	0.41	0.83	—	0.15	23.85	2.90	0.03
有限责任公司	16.69	370.34	1237.06	2421.92	5.97	53.05	459.22	1345.76	3030.97	34.91
股份有限公司	17.15	66.66	121.90	293.98	6.14	6.44	80.95	174.07	337.03	3.88
私营企业	9.47	160.97	860.72	1722.29	3.39	37.73	274.50	2118.53	5077.59	58.48
其他企业	—	2.80	5.49	24.05	—	0.53	9.99	37.86	64.99	0.75
港、澳、台商投资企业	1.87	12.19	26.39	42.21	0.65	0.92	11.76	29.53	46.69	0.53
合资经营企业（港或澳、台资）	1.10	1.65	14.73	20.64	58.82	48.90	0.60	19.51	30.11	64.49
合作经营企业（港或澳、台资）	—	0.23	—	—	0.36	—	0.15	—	—	—
港澳台商独资经营企业	0.67	10.23	11.65	16.26	35.83	38.52	10.97	10.02	13.58	29.09
港澳台商投资股份有限公司	0.10	0.08	—	—	5.35	—	0.05	—	—	—
其他港澳台商投资企业	—	—	—	5.31	—	12.58	—	—	3.00	6.43
外商投资企业	8.36	12.58	42.86	65.79	2.89	1.41	17.14	74.01	89.58	1.02
中外合资经营企业	7.92	4.50	17.36	32.27	94.74	49.05	9.51	39.04	43.65	48.73
中外合作经营企业	0.22	0.15	1.44	1.16	2.63	1.77	0.08	5.94	2.86	3.19
外资企业	0.22	7.81	23.95	32.35	2.63	49.18	6.71	26.73	43.08	48.09
外商投资股份有限公司	—	0.12	0.11	—	—	—	—	2.32	—	—

说明：二级目产值是占工业总产值的比重，二级目产值是占一级目产值的比重

2000—2015 年部分年份聊城市分经济类型规模以上工业企业主要经济指标表（三）

表 10-5　　　　单位：亿元

分组	利润总额				利税总额			
	2000 年	2005 年	2010 年	2015 年	2000 年	2005 年	2010 年	2015 年
总计	14.06	60.09	292.74	590.46	24.78	96.26	470.82	829.29

续表 10-5

分组	利润总额				利税总额			
	2000 年	2005 年	2010 年	2015 年	2000 年	2005 年	2010 年	2015 年
内资企业	13.60	59.13	283.64	587.65	23.99	92.74	457.43	823.35
国有企业	7.53	4.38	136.82	5.06	13.84	8.09	22.17	8.08
集体企业	1.92	0.34	0.98	0.23	3.04	0.62	1.74	0.35
股份合作企业	0.22	0.99	1.35	0.13	0.30	1.31	2.01	0.35
联营企业	0.12	0.005	0.02	0.14	0.20	0.01	0.02	0.17
有限责任公司	1.39	29.90	94.75	208.72	2.52	44.97	138.16	290.51
股份有限公司	1.66	6.20	16.05	36.24	2.78	9.49	22.74	47.42
私营企业	0.76	16.9	154.18	332.79	1.32	27.41	266.43	470.22
其他企业	—	0.61	2.62	4.34	—	0.84	4.15	6.24
港、澳、台商投资企业	0.01	0.06	2.32	1.49	0.08	0.40	3.12	2.01
合资经营企业（港或澳、台资）	0.02	0.06	0.87	0.51	0.04	0.09	1.31	0.41
合作经营企业（港或澳、台资）	—	0.02	—	—	—	0.02	—	—
港澳台商独资经营企业	-0.01	-0.02	1.45	1.35	0.04	0.29	1.81	1.92
港澳台商投资股份有限公司	-0.003	0.003	—	—	-0.002	0.006	—	—
其他港澳台商投资企业	—	—	—	-0.36	—	—	—	-0.32
外商投资企业	0.45	0.90	6.79	1.32	0.71	3.13	10.27	3.94
中外合资经营企业	0.44	0.61	2.34	1.34	0.68	1.07	3.88	2.21
中外合作经营企业	0.003	0.0001	0.70	0.19	0.006	1.70	1.16	0.40
外资企业	0.009	0.29	3.74	-0.21	0.03	0.33	5.14	1.33
外商投资股份有限公司	—	0.005	0.01	—	—	0.03	0.08	—
其他外商投资企业	—	—	—	—	—	—	—	—

二、行业结构

1997 年后，全市工业行业结构总体呈现出重化工业比重逐步加大的特征。2015 年，全市规模以上轻重工业之比由 1997 年的 1∶0.81 调整为 1∶2.4，重工业比重增加 30 个百分点。与之相对应，黑色冶炼和压延加工、有色金属冶炼和压延加工业迅速崛起，成为全市工业的重要支柱。是年，有色金属冶炼及压延加工业、纺织业、通用设备制造业行业比重分别在 10% 以上，农副食品加工业、汽车制造业、化学原料及化学制品制造业、黑色金属冶炼及压延加工业行业比重分别在 6% 以上。

2000—2015 年部分年份聊城市分行业规模以上工业总产值情况表

表 10-6　　单位：个、亿元、%

序号	名称	单位数				总产值				总产值比重
		2000 年	2005 年	2010 年	2015 年	2000 年	2005 年	2010 年	2015 年	2015 年
1	农副食品加工业	44	110	242	295	42.59	105.37	429.45	729.22	8.17
2	食品制造业	13	16	66	80	6.33	20.38	137.65	227.82	2.55
3	酒、饮料和精制茶制造业	12	15	21	28	4.67	16.62	45.35	57.57	0.64
4	纺织业	50	135	260	296	24.60	123.46	402.15	912.64	10.22
5	纺织服装、服饰业	3	12	32	55	0.35	1.83	39.52	102.33	1.15
6	皮革、毛皮、羽绒及其制品和制鞋业	3	10	21	16	2.09	5.13	19.79	21.35	0.24
7	木材加工和木、竹、藤、棕、草制品业	4	43	152	193	0.79	23.68	97.18	324.87	2.13
8	家具制造业	—	3	9	20	0	0.31	3.16	24.16	0.27
9	造纸及纸制品业	11	25	46	43	15.40	82.48	221.28	237.47	2.66
10	印刷和记录媒介复制业	6	14	29	39	0.63	2.77	18.36	60.84	0.68
11	文教、工美、体育和娱乐用品制造业	—	1	2	9	—	0.07	1.40	56.22	0.63
12	石油加工、炼焦和核燃料加工业	2	4	11	10	0.71	11.40	20.21	18.67	0.21
13	化学原料及化学制品制造业	24	64	177	186	20.48	69.64	281.28	618.90	6.93
14	医药制造业	7	12	25	25	7.22	16.77	45.52	142.64	1.60
15	化学纤维制造业	0	2	2	5	0	1.21	1.93	18.09	0.20
16	橡胶和塑料制品业	15	34	92	108	3.81	17.27	84.75	229.44	2.57
17	非金属矿物制品业	11	33	122	170	3.30	21.13	87.56	257.00	2.88
18	黑色金属冶炼及压延加工业	1	20	78	134	0.16	27.77	209.47	599.44	6.71
19	有色金属冶炼及压延加工业	2	17	45	58	2.51	102.64	710.16	1462.30	16.38
20	金属制品业	12	29	60	124	1.12	9.66	53.13	220.37	2.47
21	通用设备制造业	69	186	494	461	15.12	64.35	357.48	900.76	10.09
22	专用设备制造业	26	42	107	115	57.35	140.41	320.83	321.45	3.60
23	汽车制造业	9	29	123	149	6.55	32.68	176.71	745.05	8.34
24	电气机械及器材制造业	14	46	105	112	9.22	35.18	123.24	384.27	4.30
25	计算机、通信和其他电子设备制造业	1	3	5	13	0.10	0.58	1.54	28.56	0.32
26	仪器仪表制造业	1	5	12	31	0.06	6477	10.20	92.86	1.04
27	工艺品及其他制造业	—	8	5	—	—	5.14	16.53	0	—
28	废弃资源综合利用业	—	3	8	7	—	0.40	6.19	18.40	0.21

续表 10-6

序号	名称	单位数				总产值				总产值比重
		2000 年	2005 年	2010 年	2015 年	2000 年	2005 年	2010 年	2015 年	2015 年
29	金属制品、机械和设备修理业	—	—	—	1	—	—	—	0.94	0.01
30	其他制造业	4	—	—	1	0.95	—	—	0.20	—
31	电力、热力、燃气及水生产和供应业	22	30	39	42	6.92	69.3	102.08	198.65	2.22

三、企业结构

1997 年，全区规模以上工业企业 1135 家，其中利税过千万元的企业 36 家。1997 年后，聊城在大力支持骨干企业发展的同时，制定出台一系列鼓励中小企业发展的政策措施，大型企业、中型企业、小型企业、微型企业均保持较快发展。但总体而言，大型骨干企业发展更快，在全市工业总量中所占比重不断提高，对全市工业经济的发展起到重要支撑和带动作用。2000 年，全市规模以上工业企业 346 家，完成工业总产值 345.6 亿元。2005 年，全市规模以上工业企业 956 家，其中利税过千万元的企业 145 家、过亿元的企业 18 家，信发铝电集团利税 10.66 亿元，规模以上工业企业完成工业总产值 1227.44 亿元。2010 年，全市规模以上工业企业 2403 家，其中利税过千万元的企业 552 家、过亿元的企业 37 家，完成工业总产值 4323.86 亿元。2015 年，全市规模以上工业企业 2852 家，其中利税过千万元的企业 1550 家、过亿元的企业 89 家，完成工业总产值 8929.7 亿元。

1997—2015 年部分年份聊城市规模以上工业企业结构表

表 10-7　　单位：个、亿元、%

名称		大型企业	中型企业	小型企业	微型企业	全部工业总产值
企业单位数	1997 年	108		1027	—	—
	2000 年	54	62	230	—	—
	2005 年	15	106	835	—	—
	2010 年	19	140	2244	—	—
	2015 年	35	169	2513	—	—
工业总产值（当年价格）	2000 年	137.51	28.52	33.41	—	345.60
	2005 年	385.75	289.30	334.40	—	1227.44
	2010 年	1292.55	960.58	1773.74	—	4323.86
	2015 年	2681.54	1218.08	4863.74	166.34	8929.70
总产值比重	2015 年	30.00	13.64	54.46	1.86	—

四、从业人员结构

2000 年，聊城市制造业从业人员 17.6 万余人，其中纺织业 4.1 万余人、专用设备制造业 2.91 万人、农副食品加工业 1.87 万人。2010 年，全市制造业从业人员增至 37.56 万人，其中纺织业 8 万余人、农副食品加工业 3.81 万人、通用设备制造业 3.79 万人、专用设备制造业 3.1 万余人。2015 年，全市制造业从业人员 44.89 万人，其中纺织业 7.99 万人、通用设备制造业 4.44 万人、农副食品加工业 4.37 万人、交通运输设备制造业 4.26 万人。

2000 年、2010 年、2015 年聊城市人口普查制造业从业人数表

表 10-8　　　　单位：人

行业	2000 年 全部从业人员年平均人数	2010 年 全部从业人员年平均人数	2015 年 从业人员年平均人数
农副食品加工业	18661	38110	43700
食品制造业	4380	13115	12600
饮料制造业	4264	3305	1000
烟草制造业	390	—	—
纺织业	41036	80022	79900
纺织服装、鞋帽制造业	—	6189	—
皮革、毛皮、羽毛（绒）及其制品业	1139	1894	—
木材加工及木、竹、藤、棕草制品业	742	11916	16400
家具制造业	—	523	1300
造纸及纸制品	10582	19214	22000
印刷和记录媒介的复制	353	1808	3000
文教体育用品制造业	—	96	2700
石油加工、炼焦及核燃料加工业	331	1251	1500
化学原料及化学制品制造业	12489	22974	24100
医药制造业	3610	7221	11200
化学纤维制造业	—	196	600
橡胶制品业	300	1701	2300
塑料制品业	2080	7228	10800
非金属矿物制品业	3341	10128	14400
黑色金属冶炼及压延加工业	24	11862	20300
有色金属冶炼及压延加工业	1413	17869	23300
金属制品业	2040	5144	12200
通用设备制造业	14001	37932	44400
专用设备制造业	29137	31005	11700
交通运输设备制造业	6948	17008	42600
电气机械及器材制造业	5315	10155	15200
通信设备、计算机及其他电子设备制造业	124	871	1600
仪器仪表及文化、办公用机械制造业	2030	654	3800
工艺品及其他制造业	962	745	—
废弃资源和废旧材料回收加工业	—	392	500
电力、燃气及水的生产和供应业	10005	9913	11700
电力、热力的生产和供应业	—	8339	10400

续表 10-8

行业	2000 年人数（全部从业人员年平均人数）	2010 年人数（全部从业人员年平均人数）	2015 年人数（从业人员平均人数）
燃气生产和供应业	314	358	500
总计	176011	375592	448900

第三节　工业布局

1997—2015 年，全市工业经济在发展的同时，逐步向区域化、规模化方向发展，形成一批产业集群和重点工业园区。

一、产业集群

2008 年以后，聊城市形成轴承、轴承保持器、钢管、冶金板材、铝加工、密度板、棉花加工、纺织、畜禽肉加工、阿胶、电缆、钎具、钢球、木材加工等工业产业集群。2009 年，1 个产业集群被认定为省级中小企业产业集群。2013 年，培植产业集群发展，各级财政予以补贴，引导产业聚集发展。市级以上产业集群 14 个，其中省级 5 个，市级中小企业产业集群 9 个。2015 年，全市形成产业集群 32 个，其中省级 6 个，市级 10 个，营业收入过 10 亿元的中小企业集群 32 个，集群企业 9418 家。主营业务收入 3475.8 亿元。省级产业集群为临清市轴承产业集群、聊城经济开发区钢管产业集群、东昌府区轴承保持器产业集群、莘县畜禽肉食加工产业集群、茌平县铝加工产业集群、东阿县阿胶产业集群、冠县精品板材产业集群。

二、工业园区

1997—2015 年，依托骨干企业的带动，加强机制引导，逐步形成一批具有较大规模的重点工业园区。2011 年，全市实施“4455”工程（培植四大战略性支柱产业，培育四大战略性新兴产业，发展五大民营特色产业，壮大 50 家龙头骨干企业），围绕培植铜及铜加工、铝及铝加工、新能源汽车和精细化工四大战略性支柱产业，加快信发循环经济示范园、祥光生态工业园、时风汽车产业园、中通新能源汽车产业园、鲁西化工循环经济产业园建设。2012 年，将四大“千亿产业园”建设写入聊城市政府工作报告。是年，“3+4”千亿产业园建设（“十二五”期间祥光生态工业园、信发循环经济产业园和鲁西化工新材料产业园主营业务收入均达到 1000 亿元以上；2020 年前新能源汽车、泉林循环经济、临清轴承、莘县油盐化工 4 个园区主营业务收入达到 1000 亿元以上）全面展开，总计完成基础设施投资 150 亿元，建成区面积 55 平方公里，阳谷祥光生态工业园通过国家级生态示范区验收。2014 年，将“3+4”千亿产业园扩展为“3+5”千亿产业园，11 个重点产业园区新增建成面积 8 平方千米，累计建设区面积 68 平方千米，新入驻企业 38 家，全市重点产业园入驻规模以上企业 290 家。

至 2015 年，全市工业园区累计完成项目投资 619 亿元，其中信发、中通、时风、经济开发区有色高端加工产业园和泉林循环经济产业园项目投资增长幅度均在 30% 以上。2015 年，全市重点工业产业园区实现主营业务收入 3616 亿元，比上年增长 1.02%；实现利税 317.4 亿元，增长 6.45%。其中，信发循环经济产业园实现主营业务收入 1542 亿元，祥光生态工业园实现主营业务收入 237 亿元，中色奥博特产业园实现主营业务收入 432 亿元，时风电动汽车产业园实现主营业务收入 419 亿元，莘县盐油化工产业园实现主营业务收入 308 亿元，鲁西化工新材料产业园实现主营业务收入 90 亿元，临清轴承产业园实现主营业务收入 173 亿元。

2015 年聊城市重点工业产业园区主要经济指标一览表

表 10-9 单位：家、亿元、%

重点园区	企业数	项目投资		主营业务收入		利税合计		利润	
		完成	增减	累计	增减	累计	增减	完成	增减
园区合计	326	574.24	-7.17	3616.00	1.02	317.40	6.45	229.05	4.61
信发循环经济产业园	66	142.00	14.50	1542.00	4.30	103.24	6.32	83.36	7.03
祥光生态工业园	11	67.40	7.80	236.56	-20.74	25.00	50.27	9.69	-2.77
鲁西化工新材料工业园	12	107.00	3.88	90.11	-2.57	3.77	34.74	2.90	96.92
中色奥博特产业园	21	33.20	12.50	432.46	-0.96	42.63	2.98	29.41	2.37
中通新能源客车产业园	3	6.90	-48.58	87.71	57.74	4.90	23.60	4.01	19.40
时风电动汽车产业园	23	61.51	7.20	419.31	4.16	25.32	-2.07	20.02	-2.94
经济开发区有色高端加工产业园	9	21.67	10.56	63.52	-3.87	2.86	0.54	2.57	3.25
莘县油盐化工产业园	54	35.00	2.00	308.22	-2.12	32.47	-5.50	21.50	-3.06
临清轴承产业园	92	54.50	11.30	172.77	15.97	23.52	4.98	15.60	4.34
高唐泉林循环经济产业园	13	44.06	5.60	146.00	4.10	18.66	2.52	13.53	1.27
东阿阿胶生物产业园	22	1.00	-33.30	117.91	-6.30	35.04	7.41	26.46	10.57

信发循环经济产业园 位于茌平县城北部信发街道，包括县工业园区和信发郝集工业园两部分。2002 年 12 月，经聊城市政府批准成立，为副县级单位。2006 年 4 月，被山东省政府批准为省级园区。产业园区与信发街道合署办公，产业园区规划面积 4300 公顷，与信发街道区划面积重合，经国家核准的产业园区面积 400 公顷，实际开发面积 1680 公顷。

郝集产业园区产业项目建设占地 475 公顷，占地范围在茌平县城东南方向，乐平镇郝集村东 1000 米，东临赵牛河，西邻郝集村，北邻王营村，南邻张楼村。区内形成热电、铝及深加工、氧化铝粉、密度板、纺织、味精、化工等主导产业。围绕主导产业延伸出铝、密度板、纺织、味精 4 个产业链。在铝产业链条上集聚电解铝、氧化铝粉、碳素、铝板带箔等几十家企业；在密度板产业链条上集聚中高密度板、装饰板、强化木地板等众多企业；在味精产业链上集聚生产淀粉、味精、硫酸、复合肥等企业；在纺织产业链上延伸出棉花加工、纺纱、织造、家饰用品四大系列上千个品种。设施建设逐步完善。园区建设“两环、一横、六纵”的交通框架，实现“七通一平”。区内重点发展高新技术，提高发展效益，企业的技术装备水平、产业规模档次得到较大幅度的提升。产业园区建成以资源高效利用、环境保护为主的循环经济链网；以电为主的电解铝、碳素到铝深加工的循环经济产业链条；以氧化铝为主的氧化铝、液碱、聚氯乙烯、石灰、电石、电石渣脱硫综合利用、炼铝、粉煤灰制砖的循环经济产业链条；以汽为主的密度板、装饰板、木地板、家具到林业生产的循环经济产业链条；上下产业链条相互衔接、优势互补，实现低消耗、低排放、高效率的循环经济链网，走出一条以产业链为主体，自主开发和科技引进为支撑的创新型循环经济发展模式。重点发展赤泥、粉煤灰等固体废物的资源化利用，实现固废排放的最小化；对水资源进行优化配置和回收利用，实现废水的零排放。通过对集团物流、能流、信息流进行分析与集成，实现企业集团内部能源、物质的循环利用，建立基础设施、信息的共享机制，优化集团循环经济产业布局，构建循环经济园区的基本框架。以“氧化铝—电解铝—铝材加工”为主体的铝业产业群是信发集团发展循环经济的主导型产业，拉动信发集团迅速膨胀、充分发展的龙头产业。2015年，园区规模以上企业66家，实现主营业务收入1542亿元，利税103.24亿元，利润83.36亿元。

山东阳谷祥光生态工业园 是2009年以祥光铜业为龙头规划的铜产业工业园区。2010年8月，山东省商务厅批准设立祥光铜业科技园。2012年，经阳谷县委、县政府批准，设立山东阳谷祥光生态工业园区管理委员会，管委会作为县政府的派出机构，对园区实施统一领导、统一规划和统一管理。2013年2月，被环保部、商务部、科技部联合批准为国家生态工业示范园区，成为中国县域经济和有色金属行业中第一家国家级生态工业示范园区，是国家新型工业化示范基地，山东省"城市矿产"示范园区。在全市重点工业园区考核中，连续两年获得一等奖。

园区规划面积25平方千米，包括铜冶炼区、铜精深加工区、再生资源加工区、贵金属加工区、研发区和生活区。打造集研发、冶炼、加工生产于一体，以生态高效、全产业链集循环经济为特色，以铜冶炼、铜精深加工、铜再生资源利用为主的产业园区、铜产业基地。园区龙头企业——祥光铜业是世界上单系统产能大、技术先进的生态铜冶炼厂。祥光铜业建成后，园区围绕铜产业链条的延伸，利用阴极铜的原料优势，相继引进祥瑞铜材、中大矿缆、绿灯行电器、鑫辉电缆、昊辉电缆等20余家企业，其中被列为省重点项目1个，市重点项目10余个。园区主要产品有高纯阴极铜、铁路架空导线、铜杆、精密铜线、特种电缆、机械和电器产品等，涉及电力、铁路、家电、机械制造等多个行业，形成60万吨阴极铜、40万吨铜精深加工产品的生产能力。先后建成祥光大道、祥瑞路、祥光路等道路，通车里程30余千米，形成"三纵四横"的路网格局，配套建设绿化、亮化工程。铺设燃气、供水、供电、通信、排水等管道，建有公用型保税仓库和专用铁路线，建成湿地公园、日处理污水3万吨的污水处理厂和220千伏、110千伏变电站，基础设施逐步完善。完善铜产业链条，引进铜管、铜箔、铜工艺品生产、金银贵金属加工销售一条街建设项目，加快祥瑞铜材铜杆、铜丝、铜板带及铁路架空导线项目合资、合作。2015年，园区规模以上企业11家，实现主营业务收入236.56亿元，利税25亿元，利润9.69亿元。

祥光铜业 （2010年摄）

鲁西化工新材料工业园 鲁西化工集团中国化工新材料（聊城）产业园（鲁西化工新材料工业园）位于聊城经济技术开发区，建设以化工新材料为特色的国家新型工业化产业示范基地，规划占地17.95平方千米。园区规模以上企业11家。以高端发展、内引外联等产业发展模式为指导，产业多元发展，以研发、物流为配套的综合性高端产业体系。丁辛醇、己内酰胺等项目陆续投产，产品结构合理，依靠一体化及装备设计能力，鲁西集团形成以煤化工、盐化工、氟硅化工为主要产品链条的"一体化、集约化、园区化"发展模式。园区坚持"集约化、一体化、园区化"的总体发展思路，坚持高起点、高标准，以煤化工、盐化工、氟硅化工3条产品链为主链，重点规划10个相对独立的功能区，包括煤化工区、石油化工区、高端装备区、光气产品区、氟硅化工及精细化工区、医药农药区、化学品区、物流区、公用工程区、研发中心区，打造一流的化工新材料高地。建设有甲烷氯化物、三聚氰胺、氯化石蜡、有机硅、粉煤连续气化、四氯乙烯、高氟聚合物联产新型制冷剂等40余个化工项目。园区生产装置集约化运行、公用工程的集约化使用、园区管理与运作的集约化，形成完善的原料、动力共赢网络。园区坚持安全发展、绿色发展、循环发展，走出生态工业发展之路。2015年，园区规模以上企业12家，实现主营业务收入90.11亿元，利税3.77亿元，利润2.9亿元。

中色奥博特产业园 园区始建于2001年，主要依托中色奥博特铜铝业有限公司建设，占地80公顷，规划建设高精铜管棒材料加工区、高精铜箔带材料加工区、高精粉体晶体材料加工区、高精铜加工技术研发区，成为山东省最大、国内知名的铜加工基地。高精铜管棒材料加工区中，建成年加工12万吨高精度空调制冷铜管生产线，该生产线主体设备有国际领先的S辊轧机、机列式表面处理机、辊底式连续退火炉、内螺纹成型机等，空调冰箱用高精度内螺纹铜管、光亮盘管、高精度薄壁高齿内螺纹铜管等产品，广泛应用于格力、美的、志高等国内制冷企业。高精铜箔带材料加工区中，建成年加工6万吨高性能高精度铜合金板带生产线，年加工2500吨压延铜箔生产线。装备水平高，产品极具科技含量，重点用于集成线路、电子、通讯、干式变压器等产品生产的基础材料，替代进口，弥补国内空白。高精铜加工技术研发区中，创建极富特色、高水平的铜加工技术研究基地，拥有国家级企业技术中心、国家级重点实验室联合技术中心、博士后科研工作站、院士工作站、山东省高精铜加工工程研究中心等研发平台。2015年，园区规模以上企业21家，实现主营业务收入432.46亿元，利税42.63亿元，利润29.41亿元。

中通新能源汽车产业园 位于聊城经济技术开发区。以中通客车为主导，发展战略新兴产业，列入省级战略新兴产业。园区建筑面积65万平方米，具体划分为整车生产基地、零部件生产基地、汽车文化园三大部分。2010年7月20日，经《山东省发展和改革委员会关于中通客车控股股份有限公司2万辆新能源客车及节能型客车生产基地项目的核准意见》审批立项，2011年开始建设，总投资32亿元。生产基地一期建设于2014年11月正式迁入、全面投产。园区企业中通客车控股股份有限公司，于2000年1月13日在深圳证券交易所成功上市。公司从事客车生产和研发，产品涵盖公路客车、城市公交客车、旅游客车、中小学专用校车和房车，以及客车零部件等业务，职工5000余人，总资产120亿元，总股本5.93亿股，具有年产3万辆节能与新能源客车的生产能力。2015年，中通客车控股股份有限公司生产客车1.75万辆，产值70.9亿元，利润总额4.86亿元，利税6.17亿元。园区规模以上企业3家，实现主营业务收入87.71亿元，利税4.9亿元，利润4.01亿元。

时风电动汽车产业园 产业园北起308国道，南至322省道，东起超越路，西至沙河沟，占地18.6平方千米（包括5平方千米的建成区）。2011年，经聊城市政府批准规划建设，为首批省级新型工业化产业示范基地。园区产业规划和详细控制性规划由北京中机院编制，2013年7月6日通过专家评审。重点规划时风电动汽车产业园第一工厂、第二工厂、产品研发区、中速电动车制造厂、高速电动车制造厂，同时面向配套企业规划零部件区、产品直销区、仓储区、居民安置区以及配套综合服务区。整个园区按照“132”产业格局进行规划和建设。“1”是指新能源汽车，这是园区战略发展的重点；“3”是指汽车电子、车用新材料、车用零部件，这是重点发展的外延产业；“2”是指运输机械和农业装备，这是重点发展的两大支柱产业。园区主要企业有时风集团、山东久久星电动车公司、山东飞马车业公司、山东泉海电子有限公司、山东天海科技（股份）有限公司、山东风帆电机有限公司等。

2015年5月，园区内成立聊城市北斗导航与汽车电子产业园。时风集团建设项目包括电动汽车产业园建设、余热回收利用及电炉改造节能、汽车零部件生产线智能化升级改造、汽车及农业装备关键零部件铸造生产线自动化升级改造、机械加工数控化改造、技术中心建设、新型电动汽车模具开发和批量生产、电动汽车交流电机设计开发及批量生产等8个项目。创业园区的电子产业园区有福堂电子、贝亚雷斯离心机等外商入驻。电动车配套产业有铭辉电子、智胜电子、东昊汽车玻璃、光明苏普尔陶瓷纤维、鑫海能源科技、浩瑞汽车轴承、鑫润泽金属材料等项目。整车生产企业包括华鑫电动车扩建、久久星新能源汽车、腾飞电动车等。是年，园区规模以上企业23家，实现主营业务收入419.31亿元，利税25.32亿元，利润20.02亿元。

经济开发区有色高端加工产业园 2012年起，聊城经济开发区围绕打造有色金属千亿产业目标，推动铜铝和钢管精深加工产业向高精尖、节能环保型发展，培育有色金属深加工基地。2015年，园区规模以上企业9家，实现主营业务收入63.52亿元，利税2.86亿元，利润2.57亿元。

莘县油盐化工产业园 位于聊城市莘县古云经济技术开发区，65平方千米范围内蕴藏大量岩盐资源，依托资源优势，2005年开始盐化工生产，主要集中在古云与大张境内。古云经济技术开发区按照聊城市“十一五”发展规划、国家和山东省政府关于化工产业集中发展的要求，在古云经济技术开发区规划建设古云经济开发区现代化工产业园，形成产业积聚。园区有36万吨/年离子膜烧碱、40万吨/年延迟焦化、60万吨/年力嘎性1万吨/年氯乙酰氯、3万吨/年甲缩醛、3万吨/年硝基甲苯、2万吨/年DCPD石油树脂2万吨/年糠醇、7万吨/年双氧水、6000吨/年邻氯苯氢等多个化工项目。

2011年，《山东半岛蓝色经济区发展规划》获国务院批复，规划把莘县古云现代盐化工基地列为海洋产业联动发展示范基地。园区对化工产业升级改造，培育盐化工、石油化工、精细化工、化工新材料等优势产业集群，实现与蓝色经济区的强强联合。强化传统盐化工和石油化工产业形成的优势，将传统盐化工、石油化工产业的升级与发展战略性新兴产业相结合，推动区域经济健康可持续发展。挖掘盐、油资源潜力，丰富产业链，达到资源优化配置、优势互补，产业链之间横向耦合、纵向闭合，基础设施共享，形成以盐化工、石油化工、氟化工产业耦合为特色的循环经济示范园区。龙头企业为莘县华祥盐化有限公司，2006年年底建成投产，到2011年形成年产16万吨烧碱、3万吨环氧氯丙烷生产能力。2015年，园区规模以上企业54家，实现主营业务收入308.22亿元，利税32.47亿元，利润21.5亿元。

临清轴承产业园 产业园以临清烟店、潘庄、唐园三镇为中心，逐步聚集轴承产业集群。园区面积80公顷，建筑面积32万平方米，业户5200余家，经营的轴承型号1万余种，先后被评为全国21个重点专业市场之一、山东省十大工业品交易市场和山东省50家重点服务业园区。

2000年后，园区引进投资，对轴承市场改造升级，形成规模大、品种多、档次高、上市人员多、秩序好、管理规范的轴承专业市场。园区产品远销欧洲、美国、俄罗斯、东南亚、中东、拉美等国家和地区。具有年产轴承25亿套、产值220亿元生产能力，占全国轴承产业的1/8，可生产0～9类和非标轴承等11类、5000多种型号的产品，年消耗轴承钢36万吨。产业园建设从轴承钢、轴承钢管、锻造到车、磨、热处理、套圈、保持器、滚动体、组装、销售一条龙的生产加工销售体系，政府和行业龙头携手推进，引进大中院校和科研院所，建设产学研基地，提升全市装备制造产业档次。引进先进高端装备制造业、高新电子产业、央企、轴承制造企业等，新上高科技含量、高附加值的重大项目。依托烟店轴承市场、宇捷轴承、博特轴承、哈鲁轴承、金舟电炉等企业，发展高、精、尖产品，扩大装备制造产业规模，延伸产业链条，深入实施品牌化战略，轴承产业向高质高端迈进，带动周边县（市、区）机械装备制造业发展。2015年，园区规模以上企业92家，实现主营业务收入172.77亿元，利税23.52亿元，利润15.6亿元。

泉林循环经济产业园 位于高唐县城东北

部，园区面积50.4平方千米，其中开发面积26平方千米，核心区面积8.7平方千米，辖区以内、建设区以外的13.2平方千米东部重点发展现代有机生态农业和观光农业。产业布局重点在28.5平方千米的规划建设区进行，形成“一心、两片、多区”的空间结构。“一心”即产业园区的中心区，“两片”即南部研发生产片区、北部产业片区，“多区”，规划泉林秸秆浆纸、凯隆棉秆制浆、装备制造、纸品加工、精细化工、包装印刷、有机肥、热电供电、食品医疗用纸制造、仓储物流、保税物流等12个产业园区。产业园依托泉林纸业公司建设。

2005年10月，泉林纸业公司成为全国第一批43家循环经济试点企业之一；2006年，编制完成《山东泉林集团循环经济发展规划》；2010年，建设泉林生态工业园；2014年，建设泉林循环经济千亿产业园。经过几年发展，产业园形成以秸秆制浆造纸为核心的产业集群，肥料生产、纸制品加工、包装印刷、造纸装备制造、造纸化学助剂等关联产业竞相发展壮大，集特色产业、办公研发、商贸物流、生活配套、综合保障于一体的生态型、复合型循环经济产业园。在园区企业中，泉林集团以秸秆制浆造纸为核心的大型集团化企业，掌握全球领先的草类制浆造纸技术，主导产品本色文化纸、本色生活用纸、食品包装盒，嘉有黄腐酸肥料等，市场销售保持强劲增长态势。纷美包装有限公司成功打破国际无菌包装企业的垄断，成为全球第三大、中国第二大的液体食品无菌包装材料供应商，是全球无菌包装领域第一家上市公司，也是中国包装行业第一家跨国公司；嘉利粉体材料、维克多利纸业等企业市场竞争力增强。

产业园区围绕核心企业，引导上下游企业向园区集中，拉长产业链条，膨胀产业规模，形成特色鲜明、产业聚集、发展良好的产业园区。泉林循环经济产业园成为全国本色浆、纸加工及液体无菌包装材料生产基地，逐步形成规模大、实力强、可持续发展的绿色产业格局。园区发展定位为围绕秸秆综合利用“五料化”（原料化、肥料化、燃料化、饲料化、基料化）的发展方向，优化浆、纸、肥、装、醇核心产业链，提高生产过程中的秸秆资源利用率和精深加工率，建立和完善行业内部及行业间的产业链和产品代谢，构建秸秆综合利用、精深加工的静脉产业体系。泉林循环经济产业园以环保和创新理念，依托一系列创新技术，以农作物秸秆作为产业链的前端和源头，构建以“一草三用”和“生产过程污染物资源化”为主要内容的循环经济产业模式，走出具有中国特色的秸秆综合利用产业化道路。2015年，园区规模以上企业13家，重点项目投资完成58.25亿元，实现进出口总额2.76亿美元，招商引资到位资金50.57亿元，主营业务收入146亿元，利税18.66亿元，利润13.53亿元。

第四节 工业投资

1997—2005年，聊城加大重点行业和重点领域、优势产业和优势产品的投入力度，加快高新技术产业化与利用高新技术和先进适用技术改造传统产业的步伐，促进结构优化和产业升级，实现工业经济快速、健康发展。实施“工业强市”战略，引进资金、技术、人才，强势发展工业。2006—2015年，聊城市以科学发展观为指导，以全面提升年活动为总抓手，按照“转方式、调结构、扩总量、塑特色”的要求，突出抓好工业重点项目建设，加快推进工业结构优化升级，工业投资保持良好的运行态势。全市累计完成工业投资7195亿元，其中技改投资3825亿元，占工业投资的比重达53.16%。

一、投资规模

1997—2000年，聊城市完成技改投资共计82.1亿元。

2001—2005年，全市累计完成工业投资710亿元，其中44家工业企业实施重点技改项目87个，技改投资共计360亿元，占全部工业完成投资的50.7%。

2006—2010年，全市累计完成工业投资

2214亿元，其中156家工业企业实施技改贴息重点项目183个，技改投资1444亿元，占全部工业投资的65.22%。技改工业项目、投资额呈快速递增之势，技改项目新增个数比“十五”期间多出96个，投资额增加1084亿元，增长301%。此间，全市形成大上项目、上大项目、上好项目的新态势，工业投资、技改投资推动工业产业发展。

2011—2015年，全市累计完成工业投资4981亿元，其中220家工业企业实施技改重点工业项目400个，技改投资2381亿元，占全部工业完成投资的47.8%。此期，比“十一五”期间新增技改项目217个，投资额增加937亿元，增长64.9%。

二、投资结构

1997年以后，工业结构进一步优化，技术改造投资注重对传统行业的提档升级，向重点企业、重大项目集中。全市以市场为导向，以经济效益为中心，以产品结构调整为主线，持续优化投资结构，全市技改投资平稳较快增长，高新技术产业投资保持了良好的发展势头，重点行业投资力度逐步加大，重点企业投资带动作用明显增强，陆续实施一批投资额度大、技术水平高、辐射带动作用强的大项目，促进全市工业结构的优化调整。

1997—2000年，全市重点技改项目投资50.3亿元。造纸、印刷工业重点技改项目投资28.13亿元，占重点项目总投资额的55.92%。化工、医药重点项目投资11.28亿元，占重点项目总投资额的22.43%。装备工业重点项目投资6.24亿元，占重点项目总投资额的12.41%。食品、酿酒工业重点项目投资2.32亿元，占重点项目总投资额的4.61%。冶金工业重点项目投资0.86亿元，占重点项目总投资额的1.71%。建材工业、木材加工重点项目投资0.72亿元，占重点项目总投资额的1.43%。纺织、服装工业重点项目投资0.45亿元，占重点项目总投资额的0.89%。电力工业重点项目投资0.3亿元，占重点项目总投资额的0.6%。

2001—2005年，全市重点项目总投资52.73亿元，其中装备制造、造纸印刷、化工医药行业重点项目投资39.04亿元，占工业全部重点项目完成投资额的80.51%。装备制造工业重点项目总投资14.8亿元，比“九五”期间增长137%，占重点项目总投资额的28.07%。造纸、印刷工业重点项目投资额14.66亿元，比“九五”期间下降47.88%，占重点项目总投资额的27.8%。化工、医药工业重点项目投资额11.47亿元，比“九五”期间增长1.68%，占重点项目总投资额的21.75%。食品、酿酒工业重点项目投资额5.26亿元，比“九五”期间增长126.72%，占重点项目总投资额的9.98%。纺织、服装工业技改项目投资额2.69亿元，比“九五”期间增长497.78%，占技改项目总投资额的5.1%。电力工业重点项目投资额2.28亿元，比“九五”期间增长660%，占重点项目总投资额的4.32%。冶金工业重点项目投资额0.8亿元，比“九五”期间下降6.98%，占重点项目总投资额的1.52%。建材工业重点项目投资额0.77亿元，比“九五”期间增长6.94%，占重点项目总投资额的1.46%。

2006—2010年，全市重点项目总投资840亿元，比“十五”期间增加787.27亿元。其中，化工医药、冶金、装备制造行业重点项目投资543.79亿元，占工业全部重点项目投资额的64.74%。化工、医药工业重点项目投资228.73亿元，比“十五”期间增加217.26亿元，增长1894.16%，占重点项目总投资额的27.23%。冶金工业重点项目投资额177.32亿元，比“十五”期间增加176.52亿元，增长22065%，占重点项目总投资额的21.11%。装备制造工业重点项目137.74亿元，比“十五”期间增加122.94亿元，增长830.68%，占重点项目总投资额的16.4%。造纸、印刷工业重点项目投资额93.36亿元，比“十五”期间增加78.7亿元，增长536.83%，占重点项目总投资额的11.11%。电力工业重点项目投资额79.69亿元，比“十五”期间增加77.71亿元，增长3924.75%，占重点项目总投资额的9.49%。纺织、服装工业重点项目投资额

44.29亿元，比“十五”期间增加42.21亿元，增长1570.26%，占重点项目总投资额的5.27%。建材工业重点项目投资额40.59亿元，比“十五”期间增加39.82亿元，增长5171.43%，占重点项目总投资额的4.83%。食品、酿酒工业重点项目投资额38.28亿元，比“十五”期间增加33.02亿元，增长627.76%，占重点项目总投资额的4.56%。

2011—2015年，全市重点项目总投资2808.87亿元，其中冶金、装备制造、化工医药行业重点项目投资1860.83亿元，占工业全部重点项目投资额的66.25%。冶金工业重点项目投资883.5亿元，比“十一五”期间增加706.18亿元，增长398.25%，占重点项目投资额的31.45%。装备制造业重点项目投资601亿元，比“十一五”期间增加463.26亿元，增长336.33%，占重点项目投资额的21.4%。化工、医药工业重点项目投资376.33亿元，比“十一五”期间增加147.6亿元，增长64.53%，占重点项目投资额的13.4%。纺织、服装工业重点项目投资262.9亿元，比“十一五”期间增加218.61亿元，增长493.59%，占重点项目投资额的9.36%。食品、酿酒工业重点项目投资243.93亿元，比“十一五”期间增加205.65亿元，增长537.23%，占重点项目投资额的8.68%。建材工业重点项目投资222.47亿元，比“十一五”期间增加181.88亿元，增长448.09%，占重点项目投资额的7.92%。造纸、印刷工业重点项目投资162.16亿元，比“十一五”期间增加68.8亿元，增长73.69%，占重点项目投资额的5.77%。电力工业重点项目投资26.5亿元，比“十一五”期间减少53.19亿元，下降66.75%，占重点项目投资额的0.94%。其他重点项目投资30亿元。

三、重点项目

“九五”后四年，重点实施山东临清纸厂的20万吨高强瓦楞原纸、聊城拖拉机厂的剑杆织机、鲁西化工集团总公司的20万吨/年硫基三元复合肥、山东东阿阿胶股份有限公司重组人促红细胞生成素（EPO）技术改造等项目。总投资过亿元重大项目主要集中在造纸行业。

“十五”期间，累计完成技改投资360亿元，其中重点项目投资52.73亿元。总投资过亿元重大项目主要集中在造纸、装备制造、食品、化工、纺织、电力工业行业。造纸业项目有山东（临清）银河纸业集团有限公司投资1.9亿元的200吨连续蒸煮生产线及漂白生产线项目、投资2.6亿元的高强瓦楞原纸项目，山东高唐造纸厂投资1.9亿元的1.2万吨多层复合包装纸技改项目。装备制造业项目有山东双力集团投资1.7亿元的稻麦联合收割机项目、山东时风集团有限责任公司投资1.6亿元的农用机械冲压、焊接、涂装技术改造项目，中通客车控股股份有限公司投资1.2亿元的技术研究中心建设项目、投资1.3亿元的1万辆客车底盘技术改造项目，山东鑫亚工业股份有限公司的P7型系列多缸泵项目。食品工业项目有山东凤祥集团总公司投资1.3亿元的年加工出口5万吨食用菌项目。化工医药工业项目有鲁西化工股份有限公司投资1.8亿元的综合节能降耗项目、鲁西化工集团热电有限公司投资4600万元的三氯异氰尿酸项目、山东鲁西化工集团总公司投资1.9亿元的30万吨/年NPK复合肥及合成氨装置改造项目。纺织工业项目有临清华润纺织有限公司投资1.9亿元的纺部更新配套改造项目。电力工业项目有山东时风集团高唐县热电厂有限公司投资1.16亿元的2×24兆瓦热电机组项目。

“十一五”期间，按照“全党抓经济，重点抓工业，突出抓投入”的指导思想，以国家产业政策为导向，以结构调整为主线，制定项目建设“三个一批”（储备一批、建设一批、投产一批）的工作机制，每年确定50个左右的项目，加大调度和协调工作力度，推进重点项目顺利实施。化工项目有山东聊城鲁西化工集团有限责任公司投资15.8亿元的能源平衡综合利用项目，鲁西化工集团投资11.6亿元的30万吨尿素20万吨甲醇项目、投资16.7亿元的尿素/烧碱生产基地项目，鲁西化工六厂投资17.11亿元的20万吨有机硅项目，信发华宇化工有限公司投资15亿元的30万吨聚氯乙烯/100万吨液碱项目，茌平信发化工有限公司投资10亿元的聚氯乙烯扩建项目，信发集团投资20亿元的年产40万吨聚氯乙烯项目。冶金工业项目有山东奥博特有限公司投资20亿元的年产10万吨高精度铜合金板带生产线项目，阳谷祥光铜业有限公司投资29.88亿元的年产40万吨阴极铜项目，信源铝业有限公司投资15亿元的16万吨电解铝及2×155兆瓦机组项目，茌平信发集团投资10亿元的脱硫工程及水循环项目（属于电力项目），冠洲集团投资20亿元的三板深加工项目，山东恒丰铝业公司投资32亿元的年产6万吨PS板项目。造纸工业项目有山东泉林纸业有限责任公司投资25.25亿元的林浆纸一体化项目，中冶纸业银河有限公司投资10亿元的20万吨高档文化用纸项目、投资18亿元的年产30万吨轻型胶版印刷纸项目。食品加工项目有临清德能金玉米生物有限公司投资15亿元的扩大玉米生产能力及玉米深加工项目。装备制造工业项目有山东时风（集团）有限责任公司投资18.54亿元的1万套全钢巨型工程和500万套全钢子午胎项目、投资19亿元的2万套超大型轮胎/500万套半钢全钢子午线轮胎项目，中通客车控股股份有限公司投资13.84亿元的新能源汽车、汽车底盘项目。电力项目有聊城市供电公司投资19.94亿元的输变电工程项目、山东三力环保工程有限公司投资10亿元的年产300台套2兆瓦风电设备一期100台项目、国电聊城发电厂2×60万千瓦机组项目。纺织工业项目有冠星集团投资10亿元的高档服装面料项目。建材工业项目有茌平鑫源建材有限公司投资10亿元的年产1500万平方米铝塑复合板项目。

“十二五”期间，全市上下落实科学发展观，以5个工业基地建设为目标，以“5513”工程（从2005年起，利用5年的时间，力争5户企业实现主营业务收入100亿元以上或利税10亿元以上；5户企业实现主营业务收入50亿元以上或利税5亿元以上；10户企业实现主营业务收入30亿元以上或利税3亿元以上；30户企业实现主营业务收入10亿元以上或利税1亿元以上）重点企业为主体，每年筛选确定100个左右的工业重点项目，通过领导帮包、强化调度和考核等措施，加快向前推进步伐。冶金项目有信发集团投资175亿元的“上大压小”项目、投资117.5亿元的铝电产业链延伸及综合配套项目、投资60亿元的高端产业集聚区项目，祥光生态工业园区投资106亿元的产城一体化综合体项目，聊城鑫源集团与天津物产集团合作投资65亿元的年产60万吨高精尖行业LNG用不锈钢管项目，中色奥博特铜铝业有限公司投资55亿元的铜精加工项目，山东宏祥铝业有限公司投资54亿元的铝带板箔项目。化工项目有鲁西化工集团股份有限公司投资137.8亿元的化工新材料千亿产业园项目，中盐华祥盐化工有限公司投资20亿元的36万吨/年离子膜烧碱配套120万吨/年真空制盐、200万吨/年卤水提取项目。装备工业项目有阳谷电缆光电产业园投资57亿元的二期项目、山东日发纺织机械有限公司投资50亿元的智能化喷水织机、毛巾织机产业化项目、阳谷新兴产业基地投资30亿元的二期项目、山东明康安托山特种机电股份有限公司投资26亿元的稀土永磁无铁芯电机项目、时风集团投资25亿元的新型电动汽车生产线智能化升级和批量生产项目。食品工业项目有山东信莱公司投资108亿元的生物科技产业园项目。造纸工业项目有山东泉林纸业有限责任公司投资106亿元的年处理150万吨秸秆综合利用项目。纺织工业项目有山东金号织业有限公司投资62亿元的金号个纺工业园项目、三和集团投资36亿元的工业园项目。医药工业项目有东阿阿胶股份有限公司投资28亿元的阿胶生物科技产业项目。建材工业项目有汉能光伏有限公司投资60亿元的汉能600兆瓦建筑一体化薄膜太阳能幕墙制造基地项目。

第二章 食品工业

聊城食品工业主要有农副食品加工业、食品制造业、酒、饮料和精制茶制造业。

1997年，全地区食品工业产品门类繁多，包括肉食、面粉、酒、酱菜、味精、植物油、蛋白食品、糕点、饲料、水产品、饮料等，但多以传统食品加工为主，企业规模较小，规模较大的企业以酿酒、味精生产为主。是年，全区食品工业总产值39.62亿元；白酒产量2.45万吨，味精产量1.48万吨，配混合饲料产量21.75万吨，植物油产量4.52万吨。之后，肉食加工、饲料加工、面粉加工、啤酒饮料生产以及农产品深加工等产业逐步形成规模。

“九五”中后期，全市食品工业中，绝大多数国有企业发展停滞或萎缩，其他经济类型的企业迅速发展壮大。1997年，山东凤祥股份有限公司与法国LDC公司合资项目签约，引进国际先进水平的全自动屠宰肉鸡生产线、熟食品加工生产线、雏鸡繁育生产线、饲料加工生产线，建立HACCP（危害分析和关键控制点）管理体系和ISO 9001产品质量保证体系，逐步成为全市肉鸡产业的龙头企业。山东省高唐油脂集团总公司（山东省高唐蓝山集团总公司的前身）托管鲁犇肉类工贸公司、兼并塑编厂、控股高唐县食品厂等多个企业，新建若干企业，由单纯生产大豆油企业成为同时生产熟肉制品兼生猪宰杀的综合性的食品加工企业。山东丁马生物科技有限公司成为甲鱼深加工及研发的重要企业。此期，重点企业还有聊城酿造总厂、临清食品饮料厂、临清酱菜厂、茌平食品厂、茌平淀粉厂、冠县华冠食品公司等。

“十五”期间，聊城食品工业平稳发展，山东凤祥股份有限公司、山东省高唐蓝山集团总公司、山东三九味精集团作为龙头企业，继续壮大发展，同时涌现出一批新的面粉加工企业。2002年，山东三九味精集团7万吨味精项目投产。蓝山集团被山东省农业厅、省发展和改革委员会等11个部门评为“山东省农业产业化重点龙头企业”。2003年，凤祥生物城、凤祥乳业公司开业，面粉业重要企业山东中兴粮油贸易有限公司、临清市开元粉业有限责任公司成立。是年，全市食品行业创建中国名牌产品2个，山东名牌产品11个。

“十一五”期间，是全市食品工业发展的黄金期。食品行业形成凤祥集团、蓝山集团、中兴粮油、齐鲁味精、信乐味精、希杰集团、德能金玉米、景阳冈酒业、东阿酒业、卫河酒业等优势企业。2010年，全市食品工业规模以上企业329家，从业人员5.45万人，实现主营业务收入598.77亿元，比2005年增长334.05%，实现利税68.61亿元，增长528.3%。全市规模以上工业企业生产鲜、冷藏肉78.91万吨，小麦粉167.46万吨，精制食用植物油3万吨，味精27万吨，白酒8.6万吨。食品行业获得山东名牌产品24个。

“十二五”期间，全市食品工业保持平稳发展。2015年，全市食品工业规模以上企业403家，工业总产值1014.61亿元，占全市规模以上工业总产值的11.36%，主营业务收入1010.56亿元，占全市规模以上工业主营业务收入的11.46%。其间，食品行业获得山东名牌产品12个，山东省著名商标120个。

第一节 主要行业

一、农副产品加工

2015年，全市规模以上农副产品加工企业295家，工业总产值729.22亿元，占全市规模以上工业总产值的8.17%。出口交货值6.7亿元。

资产总计305.82亿元，其中固定资产136.09亿元，主营业务收入727.91亿元，利润总额41.83亿元，利税总额56.45亿元。

谷物磨制　2000年，全市仅有2家规模以上淀粉及淀粉制品企业，实现工业总产值1.17亿元，工业销售产值1.04亿元。主要制粉企业有山东中兴粮油贸易有限公司、高唐和兴面粉、东阿诚信面粉，其中山东中兴粮油贸易有限公司是全市规模最大的面粉加工企业。2003年10月，临清京派粮油集团中兴面粉有限公司成立。2005年，全市规模以上谷物磨制企业发展到30家，从业人员1668人，小麦粉产量34.3万吨，工业总产值13.59亿元，主营业务收入13.3亿元，利润总额3203万元，利税总额5836万元。

2010年，全市谷物磨制规模以上企业49家，小麦粉产量增加到167.46万吨，工业总产值74.78亿元，比“十五”末增长450.25%，主营业务收入68.78亿元，比“十五”末增长417.14%。山东中兴粮油贸易有限公司、临清市开元粉业有限责任公司销售收入1.5亿元以上。全市各县（市、区）虽均有面粉加工企业，但大多销售收入在4000万元以下。2015年，全市谷物磨制规模以上企业发展到65家，工业总产值143.82亿元，工业销售产值142.89亿元，资产总计40.14亿元，主营业务收入143.13亿元，利润8.32亿元，利税11.65亿元，从业人员4400人。

饲料加工　1997年，全区饲料加工以生产蛋鸡、猪浓缩饲料为主，企业规模较小。1997—2001年，全市（区）配混合饲料产量分别为4.52万吨、3.4万吨、6.8万吨、11.19万吨和8.76万吨。2003年，加强品牌建设，山东省高唐蓝山集团总公司“蓝山牌”饲料被评为“山东名牌产品”。2005年，全市规模以上工业企业生产配混合饲料64.53万吨，较2001年增长22.68%；规模以上饲料加工企业18家，工业总产值14.66亿元，工业销售产值14.71亿元。莘县饲料工业发展较快，至2005年年底，全县有规模以上饲料生产企业18家，产能近50万吨，其中7家企业取得饲料添加剂预混合饲料生产许可证，生产预混合饲料。莘县饲料集团公司与山东六合饲料股份有限公司发展成较大的饲料加工企业。莘县饲料集团公司实现销售收入2.33亿元，较上年增长28.56%；利润693万元，增长268.23%；利税850.4万元，增长153.47%；工业增加值5971.07万元，下降2.13%。山东六合饲料股份有限公司实现销售收入1.79亿元，较上年增长75.37%；利润461万元，增长74.88%；利税460.8万元，增长74.88%；工业增加值4596.61万元，增长42.19%。

2006—2010年，饲料企业对生产设备进行升级换代和技术改造，生产能力大幅度提高。2006年9月，聊城乖宝宠物用品有限公司成立，为中美合资以生产加工宠物食品为主的企业。2008年12月，聊城乖宝宠物用品有限公司获农业产业化市重点龙头企业称号。2009年12月，获聊城市百强企业称号，产品通过HACCP认证。是年，山东聊城绿亚禽业（集团）有限公司新上年产2万吨配合饲料生产线1条。2010年6月，山东鲁莘饲料集团公司年产30万吨新饲料车间投产，饲料产品全面升级，由初期粉状配合料全部升级为颗粒配合饲料。是年，全市规模以上饲料生产企业42家，年生产能力300万吨，实际年产180万吨。全市规模以上饲料加工企业45家，工业总产值52.9亿元，工业销售产值52.63亿元，出口交货值2万元，资产总计14.43亿元。是年，全市规模以上工业企业生产配混合饲料167.46万吨，较2006年增长159.51%。

2012年，鲁信清真食品与六和集团共同建立阳谷新希望六和鲁信饲料有限公司。2014年，山东凤祥股份有限公司年产饲料60万吨，并被评为山东省肉禽饲料企业十强企业。2015年，全市规模以上饲料加工企业增至63家，生产饲料309.88万吨，较2011年增长5.35%；其中配合饲料189.14万吨、混合饲料55.32万吨，分别较2011年增长12.35%、-33.32%；实现工业总产值123.07亿元，工业销售产值123.07亿元。

植物油加工 1997年，聊城有植物油厂、山东蓝山艾森油脂有限公司等榨油企业，生产植物油4.52万吨。主要榨油企业有山东省高唐油脂集团总公司等，是年建设1200吨/日大豆浸出油厂，1998年投产。2000年，全市生产植物油11.19万吨。1999年8月，聊城市委、市政府批准“山东省高唐油脂集团总公司”更名为“山东省高唐蓝山集团总公司”。是年，企业拥有植物油厂、山东蓝山艾森油脂有限公司、鲁犇肉类有限公司、肉类联合厂、饲料公司、包装公司、种禽厂和清真食品有限公司等13家生产经营单位。2005年，全市规模以上植物油加工企业16家，生产植物油9.81万吨，实现工业总产值26.81亿元，新产品产值3291万元，工业销售产值26.71亿元。

国家技术发明奖
证 书
为表彰国家技术发明奖获得者，特颁发此证书。
项目名称：花生低温压榨制油与饼粕蛋白高值化利用关键技术及装备创制
奖励等级：二等
获 奖 者：许振国（山东省高唐蓝山集团总公司）
中华人民共和国国务院
2014年12月12日
证书号：2014-F-301-2-04-R02

2014年12月，蓝山集团荣获国家技术发明二等奖

2006年12月，蓝山一期低温冷榨花生油项目建成投产。是年，“蓝山牌”食用植物油被评为“国家免检产品”。2007年5月，蓝山二期低温冷榨花生油建成投产。2010年，山东省高唐蓝山集团总公司花生油被评为“山东名牌产品”。是年，全市规模以上工业企业17家，生产精制食用植物油22.86万吨，较2006年增长154.85%；实现工业总产值76.16亿元，工业销售产值75.51亿元，资产总计33.52亿元。其中，食用植物油加工企业16家，工业总产值76.03亿元，工业销售产值75.39亿元，资产总计33.5亿元；非植物油加工企业1家，工业总产值1248万元，工业销售产值1218万元，资产总计144万元。2015年，全市规模以上植物油加工企业17家，生产精制食用植物油18.17万吨，较2014年下降17.4%；实现工业总产值103.15亿元，工业销售产值101.61亿元。

屠宰及肉类加工 聊城市屠宰及肉类加工业主要包括禽肉加工和猪牛羊肉加工。2015年，屠宰及肉类加工业工业总产值占农副食品加工业工业总产值的43%。

禽肉加工。聊城市禽肉加工业龙头骨干企业山东凤祥股份有限公司发展禽肉产品起步早，平稳发展。1997年，凤祥集团与法国LDC公司合资项目签约，引进居国际先进水平的全自动屠宰肉鸡生产线、熟食品加工生产线、雏鸡繁育生产线、饲料加工生产线。2000年，凤祥集团被评为首批“农业产业化国家重点龙头企业”。2002年，凤祥股份有限公司注册商标“五更炉”。2003年12月，4位股东合资组建阳谷县鲁信清真食业有限公司，其前身是成立于1995年的张秋镇新建清真肉联厂，位于聊城市阳谷县张秋镇。2004年9月，凤祥博士后科研工作站暨凤祥商学院揭牌。是年，凤祥集团被评为全国食品安全示范单位十强企业。2006年后，聊城市立海冷藏有限公司转型从事樱桃谷肉鸭的加工行业，逐渐形成完整的肉鸭产业链。是年4月，禽类综合加工企业山东聊城绿亚禽业（集团）有限公司成立，从事种禽培育、个禽养殖、饲料生产、特色禽蛋营销、肉仔鸡屠宰、冷藏、熟制品加工、生物有机肥生产等。是年12月，鲁信清真食品通过国家食品安全控制（HACCP）体系认证。2007年，立海冷藏公司被联合国开发计划署评为“良种鸭示范基地”。2008年，山东聊城绿亚禽业（集团）有限公司新上全自动进口清洗、涂油、分级蛋品包装机生产线，全自动孵化、出雏机，新增年产1.2万吨生物有机肥生产线；鲁信清真食品公司新增肉鸭生产线3条；东盛食品

公司产品畅销北京、上海、广东、广西、福建、海南、浙江等省市，取得“进京”“入沪”许可证，品牌知名度提高。是年5月14日，山东凤祥股份有限公司荣获2008年“中国肉类食品行业强势企业”称号。2009年，聊城市立海冷藏公司被农业部确定为“国家禽肉加工技术研发专业分中心”，被科技部确定为“国家级科技特派员肉鸭创业链基地”，被农业部确定为“国家禽肉加工技术研发专业分中心”，承担并组织实施科技开发项目10余项，获市级以上科技成果奖4项。是年3月，鲁信清真食品与六和集团合资建立阳谷六和鲁信食品有限公司。2010年，山东凤祥股份有限公司先后投资30余亿元，建设现代化肉鸡养殖一体化项目，建成现代化肉鸡孵化场2个，现代化种鸡场22个，现代化肉鸡养殖场60个，存栏种鸡180万套，年产鸡苗1.6亿只，年出栏肉鸡1.5亿只，形成年可加工肉鸡2亿只、禽肉熟制品6万吨、饲料60万吨、有机肥100万吨的生产能力。2011年7月25日，山东凤祥股份有限公司获得第一个由国家知识产权局颁发的知识产权专利证书。12月，鲁信清真食品被列入山东省“十二五”期间全国民族特需商品定点生产企业。是年，立海冷藏公司在聊城市嘉明经济开发区征地20公顷，建设禽产品加工基地，集团总部搬迁至此。2013年，立海公司成为聊城市第一批通过清洁生产审核验收的企业。2014年，聊城市立海冷藏有限公司“立海”牌阿胶鸭产品上市，销售收入35.6亿元，发展肉鸭养殖基地89个。

2015年，临清市东盛食品有限公司采取“公司＋农户”的带动模式，提供技术服务，保证回收的生产经营一体化经营模式，在临清市及周边县市建设蛋鸡养殖基地6000余户。采取合同制等方式带动养殖农户5510户，年养殖存栏1500万只，增加农民收入1500余万元。

在禽肉加工类产品中，凤祥股份公司的“五更炉”“凤祥牌”商标被国家工商总局认定为“中国驰名商标”。熏烤禽肉制品、蓝山牌熟肉制品、凤祥牌鸡肉熟食品、凤祥牌鲜冻分割鸡、凤祥牌冷冻调理鸡肉制品、立信牌鲜冻禽肉产品、裕邦牌冻禽食品（老鸡）被评为“山东名牌产品”。凤祥“五更炉”熏鸡被省经贸委评为“山东省名小吃”。“绿亚”牌鲜冻乌鸡被中国食品发展中心认证为“绿色食品”和“无公害农产品”。

猪牛羊肉加工。1997年始，全区开展定点屠宰业务。其中，冠县批准东古城镇平村屠宰点、大桥食品有限公司等开展定点屠宰业务。1999年5月，高唐县食品厂经营熟肉制品和生猪屠宰，建设肉类联合厂。2004年，阳谷县鲁信清真食业有限公司拥有国内一流的现代化牛羊屠宰加工生产线1条，调理深加工生产线1条，肉鸭屠宰加工生产线3条。2005年，冠县龙宇肉类有限公司成立，总资产92万元，年产肉制品2200吨，销售收入670万元。蓝山集团对宰猪生产线进行技术改造，引进国内先进的生猪屠宰分割设备，建设年屠宰1万头生猪屠宰生产线。临清市东盛食品公司被省农业厅评为山东省农业产业化龙头企业。2009年，聊城龙大肉食

凤祥股份现代化作业现场　（2015年摄）

品有限公司成立，注册资金8000万元，主要经营生猪的屠宰、分割加工和销售。龙大肉食品公司出资4000余万元整体收购国泰食品公司，追加投资4000余万元对工厂的生产设备、制冷设备、污水处理设备及基础建设大规模改造，使生猪屠宰能力从500余头提升到2500余头。2010年，龙大肉食品公司的产能持续增加，带动周围地区3000余个养殖户致富。2013年，立海公司成为聊城市第一批通过清洁生产审核验收的企业。凤祥股份有限公司注册商标“五更炉”。2014年3月，阳谷苹安耶果农业科技有限公司成立。11月19日，中科凤祥生物工程有限公司改制为中科凤祥生物工程股份有限公司。2015年，聊城龙大肉食品有限公司生产的冷鲜肉系列产品覆盖山东省西部各地、市，在聊城地区开设专卖店200余个，济南、泰安、德州、邯郸等区域开设600余个肉食专卖店，在100余个大中型商超设立专柜，生产的冷冻肉产品销往全国各地，在全国10余个大中城市设有办事处，开发国内市场，年销售量7000余吨。

其他农副产品加工。水产品加工业中主要有山东丁马生物科技有限公司。山东丁马生物科技有限公司（以下简称丁马生物公司）成立1992年8月，注册资金5357万元，资产总额近10亿元。集中华鳖原种保护、生物育种、绿色养殖、生物饲料生产、甲鱼深加工及研发、销售于一体的农业产业化国家重点龙头企业、全国农产品加工业示范基地。配置符合省级标准的中华鳖技术研发中心，总占地500平方米，拥有科研、检测仪器设备253台，总价值350余万元。精深加工产品主要有高钙产品“高钙宝”火腿肠、高科技饮品“东方鳖宝”和速冻食品“全甲鱼肉丸”，即食食品五香丁马甲鱼、丁马甲鱼汤，速冻分割丁马甲鱼、功能食品甲鱼胶原蛋白口含片、高钙甲鱼胶口含片等50余种产品，填补国内市场空白。其中五香丁马甲鱼、分割类产品均荣获有机产品认证。

大豆蛋白生产企业中，主要有山东嘉华保健品股份有限公司与蓝山集团、信莱大豆公司。

山东嘉华保健品股份有限公司成立于2000年12月，注册资本1.2亿元，是山东省最早的大豆蛋白生产企业，也是全国最早的大豆蛋白生产企业之一，主要产品为大豆分离蛋白、大豆膳食纤维、大豆油等。以大豆蛋白产品为主导，研发大豆产品的精深加工，发展循环经济。2007年，公司通过北京产权交易所收购华润东阿阿胶有限公司所属企业山东阿华保健品有限公司资产，大豆蛋白产能扩大到2万吨。产品90%以上出口到国外。自2012年后进入大发展阶段，新上日加工500吨低温豆片和年产1万吨功能性大豆蛋白项目，分别于2013年投产，年加工大豆能力20万吨，大豆蛋白产能3万吨，并配套新建1万吨膳食纤维生产线。2015年，公司拥有专利11项，其中发明专利5项。1万吨大豆蛋白生产线建成投产，新建成1万吨膳食纤维生产线；2万吨高端大豆蛋白生产线开工建设。主要产品大豆蛋白远销美国、欧盟等60余个国家和地区，出口量居于全国蛋白行业前列。2015年实现销售收入7.23亿元，实现利润5389万元，上缴税金3718万元。公司研究所2014年被命名为“山东省企业技术中心”。

山东蓝山食品有限公司成立于2002年10月，老食品厂搬入蓝山工业园区。2005年，山东冠华蛋白有限公司成立后，年产大豆蛋白3.5万吨。是年，全市规模以上豆制品制造企业2个，工业总产值（当年价格）1.66亿元，工业销售产值（当年价格）1.66亿元。2006年3月6日，高唐蓝山集团和茌平信发集团联合组建股份制有限公司山东信莱大豆生物科技有限公司，原名为高唐兴科大豆蛋白食品科技有限公司，以大豆精深加工为主业，集生产、科研、进出口贸易于一体，致力于降低大豆蛋白生产成本、提升产业规模和核心竞争力，实现集约高端化发展。2007年10月，其研发中心获评“国家大豆加工技术研发中心”。是年，蓝山低温蛋白项目建成投产。蓝山集团主要生产大豆蛋白粉和大豆膳食纤维，大豆蛋白供应双汇、江泉、雨润、金锣等国内知名大企业。2008年，蓝山集团大豆蛋白生产线扩建年产8000吨，同时建设供热车间、污水处理厂。2009年，蓝山集团建设2万吨蛋白生产线和浓缩蛋白车间。2010年，蓝山集团建设1万吨蛋白生产线和5000吨膳食纤维生产线。2011年，蓝山生产大豆低温豆粕，蓝山集团同中航粮贸合资成立山东中航蓝山工贸有限公司，围绕非转基因大豆收储业务，开展合作。2013年，蓝山原浓缩蛋白车间技术改造为500吨/日低温豆粕生产线，蓝山集团“采用膜分离技术提取大豆低聚糖”被山东省科技厅鉴定为国际先进水平。发展“77118”工程，完善大豆精深加工产业链为主线，发展大豆植物蛋白主产业，延伸发展大豆蛋白肽、大豆素食蛋白、拉丝蛋白等大豆功能性食品产业。配套建设功能食品研究院、蛋白产业装备、吹塑包装、原料基地、仓储物流园区等项目。2013年11月，“非转基因大豆综合开发项目”被列为“十二五”省重点项目，项目一期、二期工程分别于2014年11月、2015年12月投产，一次性试车成功。蓝山集团建设年产1万吨大豆低聚糖项目和污水深度处理项目。是年，与华南理工大学合作成立山东华汇蓝山生物科技有限公司，建设大豆多糖项目，年内完成并进行试生产。2015年，信莱公司生产大豆蛋白3万余吨，其中出口合计3734吨，剩余为内销产品。总资产1.22亿元，所有者权益合计为5.16亿元，营业收入10.81亿元，利润总额1.54亿元，净利润1.22亿元，纳税总额4356万元。

二、食品制造

2015年，全市食品制造规模以上企业80家，完成工业总产值227.82亿元，占全市规模以上工业总产值的2.55%。出口交货值12.6亿元。资产总计84.64亿元，固定资产合计38.17亿元，主营业务收入226.44亿元，利润总额13.72亿元，利税总额21.51亿元。

2002—2015年聊城市食品制造业主要经济指标一览表

表10-10　　单位：亿元

行业	年份	焙烤食品制造	糖果、巧克力及蜜饯制造	方便食品制造	液体乳及乳制品制造	罐头食品制造业	发酵、调味品制造业	其他食品制造业	总计
工业总产值（当年价）	2002	—	—	—	—	1.50	5.28	1.86	8.73
	2003	0.05	—	0.57	—	1.68	5.75	2.78	10.82
	2004	—	—	—	—	—	—	—	—
	2005	0.23	—	0.17	0.24	0.12	17.20	2.42	20.38
	2006	0.31	—	0.56	0.71	0.20	23.14	15.18	40.09
	2007	0.61	0.32	1.26	1.49	0.40	28.82	28.20	61.11
	2008	—	—	—	—	—	—	—	—
	2009	1.88	1.18	3.62	6.81	0.47	40.38	55.29	109.64
	2010	3.81	1.04	6.58	6.48	0.58	45.19	73.96	137.65
	2011	5.59	1.00	7.21	11.04	1.25	51.29	93.23	170.60
	2012	11.85	1.22	9.85	15.28	2.89	59.58	116.35	217.03
	2013	17.99	0.62	8.48	15.78	4.98	37.93	133.12	218.90
	2014	27.95	4.56	6.64	5.67	6.99	43.40	110.62	205.82
	2015	34.53	3.50	7.28	7.40	8.89	46.82	119.40	227.82
主营业务收入（产品销售收入）	2002	—	—	—	—	1.51	5.28	1.76	8.55

续表 10-10

行业	年份	焙烤食品制造	糖果、巧克力及蜜饯制造	方便食品制造	液体乳及乳制品制造	罐头食品制造业	发酵、调味品制造业	其他食品制造业	总计
主营业务收入（产品销售收入）	2003	0.05	—	0.55	—	1.80	5.71	2.74	10.85
	2004	—	—	—	—	—	—	—	6.53
	2005	0.29	—	0.16	0.22	0.01	16.30	2.04	19.02
	2006	0.35	—	0.56	0.76	0.20	23.01	14.93	39.81
	2007	0.66	0.32	1.24	1.59	0.44	27.63	27.31	59.19
	2008	—	—	—	—	—	—	—	115.84
	2009	1.88	1.18	3.62	6.94	0.49	41.02	56.11	111.23
	2010	3.86	1.08	6.90	6.56	0.58	44.54	75.63	139.15
	2011	5.66	1.12	6.91	11.30	1.15	51.29	95.72	173.14
	2012	11.88	1.20	9.82	15.20	2.69	58.52	114.55	213.85
	2013	18.18	0.61	8.42	15.70	4.70	38.32	136.81	222.74
	2014	27.92	4.48	6.60	5.67	7.25	43.07	109.54	204.54
	2015	34.07	3.45	7.40	7.39	8.96	46.83	118.34	226.44
利润总额	2002	—	—	—	—	0.07	0.54	0.06	0.67
	2003	0.001	—	0.001	—	0.06	0.31	0.15	0.53
	2004	—	—	—	—	—	—	—	0.81
	2005	0.0034	—	0.01	0.02	0.0001	0.94	0.06	1.04
	2006	0.01	—	0.04	0.04	0.01	1.22	0.79	2.12
	2007	0.02	0.04	0.09	0.12	0.01	1.13	2.41	3.82
	2008	—	—	—	—	—	—	—	7.59
	2009	0.14	0.10	0.27	0.38	0.01	1.74	4.44	7.09
	2010	0.26	0.06	0.63	0.64	0.05	2.5	6.64	10.77
	2011	0.38	0.05	0.72	0.78	0.08	2.67	6.24	10.92
	2012	0.78	0.06	1.00	1.15	0.22	3.24	8.36	14.80
	2013	1.49	0.03	0.83	1.23	0.35	2.00	10.20	16.13
	2014	2.02	0.25	0.46	0.39	0.59	2.14	6.74	12.59
	2015	1.90	0.09	0.52	0.60	0.53	2.46	7.62	13.72
	2002	—	—	—	—	0.08	0.80	0.14	1.02
	2003	0.005	—	0.005	—	0.11	0.61	0.22	0.96
	2004	—	—	—	—	—	—	—	—
	2005	0.02	—	0.01	0.03	0.0001	1.41	0.11	1.58
	2006	0.03	—	0.05	0.07	0.01	2.10	1.42	3.67
	2007	0.05	0.08	0.12	0.20	0.01	1.89	3.69	6.05
	2008	—	—	—	—	—	—	—	10.76
	2009	0.21	0.21	0.46	0.60	0.02	2.79	6.30	10.59
	2010	0.37	0.10	0.94	0.84	0.06	4.33	9.16	15.79

续表 10-10

行业	年份	焙烤食品制造	糖果、巧克力及蜜饯制造	方便食品制造	液体乳及乳制品制造	罐头食品制造业	发酵、调味品制造业	其他食品制造业	总计
利税总额	2011	0.54	0.10	1.01	1.15	0.10	4.33	9.41	16.65
	2012	1.19	0.12	1.40	1.60	0.24	5.16	12.37	22.08
	2013	1.97	0.06	1.18	1.69	0.50	4.18	14.82	24.40
	2014	2.83	0.44	0.72	0.52	0.78	3.92	10.62	19.83
	2015	2.90	0.24	0.77	0.76	0.84	4.29	11.71	21.51

味精制造 聊城味精制造业在全国同行业居于一定地位，生产企业主要有山东三九味精有限公司、山东信乐生物工程有限公司和山东凤祥（集团）有限责任公司。90年代中后期，全市味精制造骨干企业是茌平味精厂。1996年，茌平味精厂加入“三九集团”，启用“999”商标，规模得到扩大，效益明显提高。1995—1997年，生产味精3.64万吨，实现利税8142万元。2002年，山东信乐生物工程有限公司成立，具备年产味精13万吨的能力。2004年，全市调味品生产企业实现总产值9.98亿元、利润5186万元、利税8219万元。“十一五”期间，山东凤祥（集团）有限责任公司开始生产复合调味品（鸡精、鸡粉），具备年产2.6万吨的能力。

山东齐鲁味精食品集团有限公司生产的“骏马”牌味精　（2012年摄）

乳制品制造 聊城市主要的乳制品生产企业——山东凤祥乳业有限公司，是山东凤祥集团的子公司，位于山东省阳谷县凤祥工业园，注册资金8600万元。山东凤祥乳业有限公司是集奶牛繁育、养殖、乳制品加工销售为一体的大型企业。自有3万头荷斯坦奶牛，6666.66公顷紫花苜蓿。生产设备全套进口，产品包含利乐包、百利包、屋顶包、杯装在内的纯奶、花色奶、乳饮料、酸奶等30余个产品。凤祥牌系列乳制品有四大系列20余个品种，从2003年11月19日正式投产以后，产品主要销往济南、聊城、德州、济宁、菏泽、烟台等地。凤祥乳业公司先后建设郭屯镇、安乐镇、阎楼镇3个奶牛养殖示范区，建立起“龙头企业+合作社+农户”管理模式，实现产销衔接。2004年年底，凤祥乳业公司投资3.5亿元，建设年加工能力10万吨牛奶制品的乳制品加工厂，以及乳业研发中心及中心实验室，之后又将牛奶制品加工能力扩大至30万吨。2007—2008年全面扩建，乳制品加工能力60万吨。公司对奶牛养殖实行合作建养殖小区、集中农户饲养、统一管理、统一挤奶、统一防疫、统一加工的农业产业化模式，牛奶生产全过程严格按照ISO 9000质量管理体系及HACCP关键点控制体系执行。2015年，全市规模以上乳制品生产企业4家，生产乳制品10.35万吨，主营业务收入7.39亿元。

酱油、食醋及类似制品制造 聊城酱油、食醋及类似品制造业历史悠久，山东聊城酿酒总厂前身是明末清初著名的德聚泰酱园。1997—2015年，行业生产以传统工艺为主，企业规模普遍较小。酱油生产企业主要有聊城酿造总厂、临清市济美酿造公司、山东凤祥集团等。聊城酿造总厂、临清市济美酿造公司是酱类产品主要生产企业，主要产品有酱油、醋、酱菜、豆腐乳等，中高级产品有豆腐干、臭豆腐、干菜、甜菜、豆瓣酱、酱黄瓜等。2000年11月，聊城酿造总厂实行股份制改革，更名为聊城天香酿造有限公司，主要产品有“香满天”牌酱油、食醋、酱类、酱菜和冷冻食品、牛奶制品六大系列100余个品种，综合生产能力3.5万吨，销售收入2800余万元。2015年，全市规模以上工业企业生产酱油21.47万吨，较2006年增长20.05倍。济美牌甜面酱，凤祥牌、妙味哆牌调味酱等被认定为“山东名牌产品”。

阿胶类食品制造　2003年，东阿阿胶公司研发出阿胶金丝枣产品。2007年，桃花姬阿胶糕上市。2010年，对阿胶金丝枣升级改造，生产规模由1250吨/年提高至3000吨/年，产能提高2.4倍，引进真空煮制罐、高效能干燥机及机器人技术、金属探测等技术替代传统工艺生产，劳效提升50%以上，年节能率40%以上。2011年，对桃花姬阿胶糕产品进行规模化升级改造，主要采用最先进的密闭式熬制生产线，引进检测胶液终点判断的德国在线水分检测系统、日本圆弧刀冲切技术、在线装箱码垛输送机器人等6项技术，实现产品的智能化生产。产能由500吨/年提高至1500吨/年，生产规模提高3倍。该生产线每班节约工人50人，整条生产线效率提高24%，能耗降低18.5%，有效提升生产装备智能化水平，促进阿胶糕产品的绿色化生产。2015年，东阿阿胶保健品实现销售收入5亿元，比上年增长49%；桃花姬品牌被认定为中国驰名商标。

三、酒、饮料制造

聊城市酒、饮料制造业主要包括白酒制造、啤酒制造、葡萄酒制造和饮料制造4个行业，其中以白酒制造业所占比重最高。2015年，酒、饮料和精制茶制造业企业28家，工业总产值57.57亿元，占全市规模以上工业总产值的0.64%；资产总计23.03亿元，其中固定资产9.16亿元；主营业务收入56.21亿元，利润3.91亿元，利税7.4亿元。

白酒制造　改革开放后，聊城白酒产业迅猛发展，出现景阳冈酒业、卫河酒业、东阿酒厂、冠宜春酒业等一批优秀企业。1998年，全市生产白酒3.23万吨，实现销售收入3.13亿元，实现利税9167万元。1999年，虽受市场影响，部分酿酒企业实施限量生产，但利税首次突破亿元大关。2000年，全市规模以上白酒制造企业9家，生产白酒3.49万吨，比1999年增长10.96%。实现销售收入3.83亿元，增长3.59%。实现利税1.15亿元，增长3.52%。是年，国有企业聊城酒厂生产经营陷入困境，9月18日被迫停产，依法破产。2001年，全市白酒行业加快先进技术改造传统产业的步伐，围绕“品种、质量、效益”，优化技术和产品结构，是年生产白酒4.28万吨，增长22.46%。东阿酒厂实施股份合作制改造，改称东阿酒厂（有限责任公司）。2002年，莘县雁宾酒厂由国有企业扩股改制成立山东雁宾酒业有限公司。2005年，全市规模以上工业企业中，白酒制造企业9家，实现工业总产值3.11亿元，新产品产值0.32亿元，工业销售产值4.21亿元，生产白酒（折65度，商品量）4350万升。

2007年，列入全市“5513工程”的景阳冈酒业、山东卫河酒业、东阿酒厂3家企业，保持平稳较快发展。坚持围绕“名牌发展战略”调整产品结构，年产白酒4180万升。卫河酒业生产白酒1790万升，按“产销量”单一指标排名，白酒列全省前十名、酒精列全省前二名。景阳冈酒业全年完成白酒产量1100万升，可生产浓香、兼香、酱香、芝麻香四大系列100余个品种，主

景阳冈壹号十二年　（2014年摄）

导产品有景阳冈酒、景阳冈陈酿（兼香）、赖茆（酱香）、景阳冈芝麻香。山东卫河酒业全年投入项目资金近亿元，一条集脱坯、榨油、酒精生产、DDGS加工于一体的万吨玉米深加工生产线是年投入使用，建设年产6万吨食用酒精项目、6万吨DDGS（用酒精生产过程中所产醪液加工饲料）项目。东阿酒厂和冠县冠宜春酒业公司在新产品开发中立足实现和其他白酒品牌的质量差异化以及品种的多样化、优质化和高档化。东阿酒厂开发的吉祥如意酒、阿茅酒、金东阿王酒以及阿胶复合型营养白酒等新产品，冠县冠宜春酒业的“浓香、兼香、酱香”三种香型300余个花色品种成功占领市场，主副品牌互为补充、相互推进的经营方略，满足不同层次消费需求，保持和提升产品的整体形象和市场竞争活力。景阳冈酒业开发研制多种型号的白酒。2010年，景阳冈酒厂被评为酱香型白酒标准化生产示范基地、浓香型白酒标准化生产示范基地。是年，全市规模以上白酒制造企业12家，生产白酒（折65度，商品量）8630万升，比2006年增长61.01%；实现总产值40.12亿元，工业销售产值43.3亿元，资产总计17.73亿元。

2011年，山东东阿酒厂（有限责任公司）浓香型白酒被复评为“山东名牌产品”。临清市卫河酒业有限责任公司通过HACCP认证。是年3月，景阳冈酒厂对人工老窖泥的培养，由原来的室外培养革新改为室内厌氧培养，增加己酸菌菌落数，提高窖泥质量；年内，对“芝麻香型白酒”生产工艺进行试制，研制开发38度升级版2号酒。2014年1月，开展“产酯酵母的筛选及发酵特性研究与应用”，景阳冈酒获“山东地标酒”称号。是年，“雁宾酒”被评为“山东老字号”名酒；开发研制38度景阳冈一品香系列酒；“景阳冈陈酿传统技艺”被列入山东省非物质文化遗产代表性项目名录，获山东省文化厅、省财政局资金奖励10万元。38度景阳冈酒被中国绿色食品发展中心认定为“绿色食品”。是年，全市白酒生产许可证企业28家，从业人员1.5万余人，生产白酒10300万升；实现销售收入12.5亿元，比上年增长2.1%；实现税金3亿元，增长4.7%。2015年，临清市卫河酿造集团发展成为集卫河酒业公司、济美酿造公司、卫河啤酒公司、福人北方木业公司、北方酒精有限公司于一体的大型集团公司，成为中国白酒工业百强企业。此期，白酒行业由于受“塑化剂事件”以及限制“三公”消费〔政府部门人员因公出国（境）经费、公务车购置及运行费、公务招待费〕影响，产值整体下滑，二、三线白酒生产企业压力越来越大，全市规模以上工业企业生产白酒（折65度，商品量）5170万升，比2011年下降47.35%。其间，“雁宾”“景阳冈”商标被认定为“中国驰名商标”，“景阳冈38度酒”被评为中国名牌产品，“雁宾酒”被认定为“国家质量卫生安全全面达标食品”；“景阳冈”“冠宜春”被认定为“山东老字号”，“雁宾酒”被评为“山东省历史文化名酒”，“卫河”“雁宾”商标被认定为“山东省著名商标”，“景阳冈”牌系列酒、东阿王牌系列白酒被认定为山东名牌产品。

啤酒制造 聊城市啤酒制造企业主要为华润雪花啤酒（聊城）有限公司。其前身为聊城啤酒厂，1984年6月正式生产散装啤酒。1986年初，引进罗马尼亚自动灌装线1套，年生产能力达到万吨以上。1999年，聊城啤酒厂依法破产。是年，将原聊城啤酒厂划归到东阿阿胶集团，更名为东阿泉啤酒有限公司。2004年，华润集团启动收购东阿阿胶集团计划，聊城将东阿泉啤酒有限公司捆绑出售。2005年，香港华润集团投资8900万元人民币注册成立外商独资企业——华润（聊城）啤酒有限公司；2010年1月1日，正式归属华润雪花啤酒（中国）投资有限公司；2015年，该公司生产啤酒12万吨，主要产品有雪花系列啤酒“勇闯天涯”“纯生”“爽8”“劲爽”“超爽”“麦香”等。是年，全市生产啤酒16.25万吨。

饮料制造 市软饮料制造业整体规模较小。1997年，聊城市开始建有果汁生产企业。1999年，奈伦果汁有限责任公司成立，由县粮油总公司与内蒙古奈伦（集团）有限责任公司协作组建，内蒙古奈伦集团公司控股，位于烟庄乡前十里铺县畜禽开发公司原冷藏厂，占地3.1公顷。主要产品鸭梨浓缩汁，为国家外贸委批准的具有自营进出口权的生产、经营性企业，鸭梨浓缩汁产品出口俄罗斯、美国、加拿大、澳大利亚、瑞典、韩国，生产的“奈伦牌”梨汁为水果鲜榨而成，产品远销香港、澳门等地。2015年，全市规模以上软饮料制造企业扩大到8家，生产软饮料12.99万吨，实现工业总产值22.18亿元，工业销售产值21.42亿元

第二节 重点企业选介

新凤祥集团 新凤祥集团始建于1991年9月，2015年发展成一个跨行业、多元化的大型企业集团，管理总部、生产基地、研发中心在阳谷县，交易中心在上海，物流中心在青岛，财务中心在济南，营销中心在北京，国际资本运营中心在香港。旗下拥有凤祥食品和祥光有色金属两大主导产业，形成新凤祥金融投资产业。2015年，实现营业收入445.56亿元、利税22.86亿元、进出口总额18.99亿美元。

1991—1996年，为凤祥食品产业上升发展期，相继建起现代化种鸡场、孵化场、饲料厂和肉鸡屠宰加工厂，按照“公司+农户”的经营模式，走出养加销一条龙的新路子。1997—2004年，受亚洲金融危机、禽流感和“非典”疫情影响，肉鸡行业受到致命打击，不少企业倒闭，行业在低谷徘徊。而凤祥集团配套建起现代化的屠宰加工厂、熟制品加工厂，应用生物工程等高新技术建起中科凤祥生物城，一跃成为中国肉鸡行业中产业链最完整、规模最大的生产加工出口企业之一。2005—2012年，禽流感暴发，行业再次陷入危机，凤祥集团加快战略性转变，成立阳谷祥光铜业。2013—2015年，倾力打造凤祥食品和千亿产业，发展新凤祥金融产业，协助当地政府建设“祥光新城”，加快由大企业向伟大企业转型，培育具有全球视野、代表中国的新凤祥产业群。

新凤祥集团旗下的凤祥食品产业主要从事种禽繁育、肉鸡饲养、肉鸡屠宰分割、禽肉熟制品、调味品、保健品、生物发酵饮料等生产经营，其核心企业山东凤祥股份有限公司是中国产业链最完整、出口量最大的禽肉食品企业。1997年2月3日，凤祥集团与法国LDC公司合资合作。1998年10月，中法合资公司成立，凤祥肉鸡加工产业链完整运营。2000年11月，新凤祥集团被评为首批“农业产业化国家重点龙头企业”。2003年11月19日，凤祥生物城、凤祥乳业公司开业。2007年，“凤祥”商标被国家工商总局认定为“中国驰名商标”。自2010年以后，先后投资30余亿元，建设现代化肉鸡养殖一体化项目，建成2个现代化肉鸡孵化场，22个现代化种鸡场，60个现代化肉鸡养殖场，存栏种鸡180万套，年产鸡苗1.6亿只，年出栏肉鸡1.5亿只，形成年可加工肉鸡2亿只、禽肉熟制品6万吨、饲料60万吨、有机肥100万吨的生产能力。凤祥在同行业率先实现由“公司+农户”“公司+农场”向“公司+自有现代化养殖场”经营模式的历史性转变。通过自养自宰一体化经营，全面构建起“从农场到餐桌”全产业链食品安全体系，打造生物安全和食品安全双保险高品质鸡肉制品。凤祥自主研发全球最先进、国内独一无二的现代化养殖远程控制系统，在国内同行业率先发展智能化肉鸡养殖。同时，建立可追溯质量安全自控体系，依据国际规范，实施标准化管理、精细化管控、无缝隙衔接，确保肉鸡产品品质量达到国际先进水平。凤祥是肯德基、麦当劳、沃尔玛、家乐福等跨国公司的重要战略供应商，产品远销欧盟、日本、马来西亚等20余个国家和地区。2013年3月，“五更炉”商标被认定为“中国驰名商标”。2014年2月，凤祥股份（注册商标：五更）被山东省商务厅认定为第三批“山东老字号”企业。2015年3月，阳谷苹安耶果农业科技有限公司成立。11月，中科凤祥生物工程有限公司改制为中科凤祥生物工程股份有限公司。12月4日，山东凤祥饮品有限公司正式成立。公司以生物发酵技术为核心，自主开发、生产、

销售生物发酵系列饮品，年加工能力 3.6 万吨。公司引进 10 万级洁净设备确保车间空气洁净度，全自动灌装生产线集卸垛、冲灌、灌装封口、杀菌、膜包、裹包、液位检测、输送于一体，确保生产高效、安全和产品优质、健康。建立完善的质量监控体系，规范供应商考评，保证物料供应质量。凤祥食品产业处于全新战略转型，正聚焦中高端食品市场，着力打造国际化千亿级食品产业。

山东省高唐蓝山集团总公司 集团总公司成立于 1993 年 10 月 14 日，位于山东省高唐县经济开发区内。2009 年，实现销售收入 39.94 亿元、利税 2.1 亿元。2010 年，入选中国民营企业 500 强名单。2015 年，公司占地 200 公顷，总资产 36 亿元，职工 3200 人。

蓝山集团是以粮油食品加工、植物蛋白加工为主的综合型国有大型企业，为首批“全国农业产业化重点龙头企业”“全国食品工业优秀龙头企业”“全国守合同重信用企业”“全国农产品加工示范企业”“全国放心粮油加工示范企业”“全国绿色食品加工示范企业”“山东省循环经济示范企业”，享有自营进出口权。设有国家级“博士后科研工作站”，技术中心是“农业部技术研发分中心”“国家粮食局技术研发分中心”“山东省重点企业技术中心”。获得授权国家专利 21 项，获得国家科技成果鉴定证书 4 项，其中 1 项科研成果获 2014 年度“国家技术发明二等奖”，“采用膜分离提取大豆低聚糖技术”被鉴定为国际先进技术；用酶法提取大豆蛋白工艺成功入选科技部“十三五重点攻关项目”。成功参与国家绿色食品大豆蛋白标准的制定。公司建成年加工非转基因大豆 50 万吨、生产非转基因大豆油 8 万吨、分离蛋白 15 万吨、植物蜜（大豆低聚糖）3 万吨、膳食纤维 7.5 万吨的生产能力，发展成中国最大的非转基因大豆综合深加工产业基地，非转基因大豆综合加工能力居全球第二位。

公司产品主打“非转基因”产品，食用油产品畅销国内 30 余个省市，获得“北京军区食用油供应企业”资质，与食品行业高端客户、省内外多家教育系统合作。植物蛋白产品畅销国内 400 余家肉制品、乳制品、宠物等食品加工企业，建立电子商务平台。参与国际市场竞争，顺利通过 KOSHER、IP、HALAL、BRC 等多项国际认证，开发适用于不同国家、不同民族的蛋白产品，产品出口俄罗斯、加拿大、巴西、乌克兰、澳大利亚、葡萄牙、菲律宾、秘鲁等 64 个国家和地区，与国外 160 余家客户保持良好合作关系，产品供不应求。蓝山集团围绕以建设“粮油和食品加工产业最强制造商”为目标，为消费者提供健康、安全、绿色食品，核心产业聚焦“非转基因大豆研发及深加工”领域，做大做强健康食品产业，建设“全球最大的非转基因大豆综合深加工基地”。

聊城乖宝宠物用品有限公司 成立于 2006 年 9 月，位于聊城市聊堂路 38 号，注册资金 400 万元，厂区面积 1.5 万平方米，加工车间面积 4249.5 平方米。乖宝公司是一家以生产加工宠物食品为主的中美合资企业，隶属乖宝宠物食品集团公司，重点和美国巨头沃尔玛合作代加工宠物零食，是美国和加拿大沃尔玛超市在中国唯一的肉类宠物零食供应商。年加工能力 3000 吨，主要以加工烘干畜禽肉类宠物食品为主，选用优质的鸡肉、鸭肉做原料，采用科学的烘干工艺烘制，产品主要出口美国、日本、加拿大。2015 年，公司固定资产 497 万元，年营业收入 976 万元。拥有各类专业技术人员和职工 216 人，其中管理人员 15 人，技术人才 10 人，基层骨干 10 人，一线员工 181 人。

2009 年，产品通过 HACCP 认证。2013 年 12 月，通过美国 FDA 和加拿大官方出口资格认证。2014 年，通过日本官方农林水产省官方出口资格认证。是年，在聊城经济技术开发区投资 4.7 亿元，建设全国最大的宠物食品工业园，新上犬用猫用主粮、烘干类和冻干类零食、湿粮罐头、咬胶类、洁齿骨 6 条生产线，6 大类 1000 余个品种。集团公司年加工能力 10 万吨，出口创汇连续多年超过 1 亿美元，在全国宠物食品行业中产销量和出口量排名中遥遥领先，是聊城市重点出口企业，被授予山东省外经贸先进企业、海外聊城建设先进单位、农业产业化先进龙头企业、进出口先进企业等多项称号，支撑聊城经济技术开发区成为国家级出口宠物食品质量安全示范区。

山东嘉华保健品股份有限公司　位于山东莘县鸿图街19号，成立于2000年12月，注册资金1.2亿元，是山东省最早的大豆蛋白生产企业，也是全国最早的大豆蛋白生产企业之一，主要产品为大豆分离蛋白、大豆膳食纤维、大豆油等。

2002年，公司第一条大豆蛋白生产线投产，大豆蛋白产能5000吨；2003年第二条大豆蛋白生产线投产，单线产能5000吨，公司总产能1万吨，产品主要出口到国外。2003年，通过与华南理工大学合作，全国第一条膳食纤维生产线在公司建成投产，产能5000吨，成为公司的专利产品；2004年，成立山东嘉华油脂有限公司，租赁（后收购）并改造山东冠县植物油厂厂房及设备工艺，用于加工蛋白所需原料低温豆片，年加工大豆能力9万吨。2007年，公司通过北京产权交易所收购华润东阿阿胶有限公司所属企业山东阿华保健品有限公司资产，大豆蛋白产能扩大到2万吨，产品90%以上出口到国外。自2012年，公司进入大发展阶段，是年分别考察启动日加工500吨低温豆片和年产1万吨功能性大豆蛋白项目，分别于次年投产，年加工大豆能力20万吨、大豆蛋白产能3万吨，并配套新建1万吨膳食纤维生产线。2015年，1万吨大豆蛋白生产线建成投产，新建成1万吨膳食纤维生产线，2万吨高端大豆蛋白生产线开工建设。公司先后通过ISO 9001质量管理体系、ISO 22000食品安全管理体系、SGS公司IP认证以及BRC认证、KOSHER认证、Halal认证等，拥有专利11项，其中发明专利5项，研究所2014年被命名为山东省企业技术中心。主要产品大豆蛋白远销美国、欧盟等60余个国家和地区，出口量居于全国蛋白行业前列。2015年，公司实现销售收入7.23亿元、利润5389万元、税金3718万元。

山东齐鲁生物科技集团　前身为山东齐鲁味精集团，成立于2001年4月28日，是一家以微生物发酵生产生物绿色产品为主，涵盖生物制品、淀粉、热电、化工等多元产业的国家大型企业集团。2014年2月28日，山东齐鲁生物科技集团成立，执行总经理负责制。集团总部设办公室、企业管理部等18个处（部）室，下设山东三九味精有限公司、山东齐鲁生物科技集团有限公司、山东茌平春蕊生物食品有限公司、山东康特尔食品有限公司、茌平禾香生物科技有限公司、山东飘香坊食品有限公司等13个子公司，各公司都是具有独立的法人实体。2015年，拥有总资产12.87亿元，员工2712人，生产“骏马”“999”“春蕊”牌味精等。集团为中国食品工业100强企业，中国发酵工业调味品十强企业，全国食品安全示范单位，全国产品质量信用AAA级单位，全国企业信用等级AAA级单位，山东省资源节约综合利用先进企业，山东省节能先进企业，山东省循环经济试点企业，建有山东省院士工作站、山东省企业技术中心，拥有独立进出口自营权，产品畅销全国并出口到10余个国家和地区。企业通过ISO 9001质量管理体系、ISO 22000食品安全管理体系、ISO 14001环境管理体系、GB/T28001职业健康安全管理体系认证、犹太洁实认证、Halal清真认证、认证能源管理体系要求（GB）T23331-20121认证，是全

山东齐鲁生物科技集团（2014年摄）

国重要的生物发酵制品生产基地之一。年产味精及复合调味料 20 万吨、葡萄糖酸钠 10 万吨、多糖 1 万吨、医药中间体 1500 吨、生物肥料 10 万吨、蛋白饲料 10 万吨、硫酸铵 10 万吨，发电 2 亿千瓦时，供汽 200 万吨。主导产品“骏马”牌味精是中国名牌产品，“春蕊”“999”牌味精是山东名牌产品。

2005 年，集团系列产品被评为“全国用户满意产品”“全国食品行业十佳品牌”“山东省十大调味品”“绿色食品”。集团拥有先进的味精生产设备，推行“食品放心工程”，加大各个环节的管理和调控力度，从原料采购到产品入库严把 26 道关口，使产品质量在生产过程中的每个环节都能得到良好的控制，味精主要技术指标连续 18 年位居全国同行业前三位。建立遍布全国的销售网络，建立完善的售后服务体系。先后在山东、江苏、浙江、辽宁、云南、内蒙古等省市区设立 30 余个办事处，其中专业售后服务人员 36 人，形成一经销商、二服务网点、三企业的三级售后服务受理机构体系，满足顾客对售后服务的需要。集团重视环保工作，2001 年以后相继投入 1.5 亿元用于废水治理，建设生化池、四效蒸发器、育晶罐等污水处理设施；利用全国最先进工艺，将味精生产过程中的高浓度废液，经浓缩—结晶—提取工艺制成高效硫酸铵，再将提取后的废液浓缩加工成液态肥和有机肥，不仅使废水排放全部达标，还每年增加经济效益 1500 余万元，实现资源综合利用，变废为宝。集团于 2009 年通过省清洁生产审核验收。

其下属山东三九味精有限公司成立于 1996 年 4 月 18 日，前身是国营茌平味精厂，主要生产味精。2006 年，山东齐鲁味精集团在产品售价降低 1.91%，产品成本上升 8.2% 等诸多不利因素影响下，以发展生态循环经济为重点，以科技创新为手段，推动企业稳健、快速发展，企业成功跨入“中国发酵制品制造业 10 强企业”行列，获“投资山东最佳企业”称号，成功实施齐鲁味精的“安塞密”项目，顺利通过“ISO 9000”质保体系认证复评。2007 年，齐鲁味精集团在原材料价格大幅上涨，产品售价同比下降等诸多不利因素的影响下，企业靠强化管理、节约挖潜保证企业的持续、健康运行，全年生产味精 9.37 万吨，完成销售收入 11.45 亿元，分别较上年增长 1% 和 12.08%。2012 年，味精产量 14.69 万吨，在全国同行业排名第三位；实现销售收入 20.53 亿元，利税 8877 万元，利润 3275 万元。

临清京派粮油集团中兴面粉有限公司 2003 年 10 月成立，固定资产 1.32 亿元，占地 1.76 公顷，建筑面积 1.09 万平方米。公司集小麦粉加工、粮油贸易、小麦种植、食品加工、塑编彩印于一体，拥有年产 1000 余万条食品用塑料编织袋生产线 1 条，标准化无公害优质小麦种植基地 133.33 平方千米，国内领先水平的瑞士布勒公司面粉生产线 2 条，日产 50 吨面条、5 吨馒头生产线各 1 条，日加工小麦 700 吨，产品远销黑龙江、吉林、辽宁、北京、内蒙古、山西、甘肃、新疆、福建、广州等地。2006 年，山东中兴粮油贸易有限公司中兴一龙牌小麦粉（通用、专用）被评为“山东名牌产品”。2009 年，小麦粉、挂面被评为“山东名牌产品”。2009 年、2012 年，小麦粉被评为“山东名牌产品”。2015 年，公司完成产量 8.1 万吨，实现销售收入 2.02 亿元、利税 704 万元；出粉率实现 76%，比 2014 年提高 1%；吨粉电耗与 2014 年持平，产品质量持续稳定。

临清市济美酿造公司 始建于 1792 年，历史悠久，工艺独特，是久负盛名的酱园，临清市由此被誉为“中国酱菜之乡”。拥有啤酒 5 万吨，酱油 500 吨，食醋 5000 吨，甜面酱 6000 吨，酱腌菜 2000 吨，豆制品 1000 吨的年生产能力。济美牌酱菜是“山东省传统名特食品”，2001 年济美牌甜面酱被中国农产品博览会评为名牌产品，2006 年又被评为“山东省名牌产品”，是年公司被山东省商贸委评为“山东老字号”企业。2005 年，实现产品销售收入 9002 万元，利润总额 901 万元，利税总计 1655.4 万元，工业增加值 2632.65 万元。2015 年，企业占地 10.6 万平方米，建筑面积2.6万平方米，资产总额1.6亿元。经营产品有甜面酱、酱油、食醋、酱咸菜、腐乳制品五大系列150余个花色品种，产品销售网络南到广东，西至西宁，北至哈尔滨，遍布全国大江南北30余个大中城市500余家超市，是年实现销售收入1.4亿元、利税3195万元。

第三章　纺织服装

80年代中期到90年代末，聊城纺织行业经历从盲目扩张到经营困难的转变。由于新上设备产能低、消耗高、产品档次低，到90年代中期，企业产品滞销，部分企业被迫减产、停产，甚至关闭、破产，聊城纺织工业在低谷中运行。1998年，全市生产纱5.91万吨、布1.5亿米，分别较上年下降5.34%、17.72%。

1999—2001年，全市纺织行业坚持“全面调整、减员增效、优化结构、产业升级”的总体战略，把“深化改革、调整重组、强化管理、提高效益”作为中心工作，国有企业改制基本完成，行业组织结构得到优化，综合实力增强，经济效益明显提高。全市纺织系统3年共压锭6万枚，改造棉纺锭9万枚、织布机500台。2001年，全系统实现利税1.4亿元，比1997年增长123倍。2002年后，在纺织形势逐步好转以及招商引资优惠政策的引导下，不少民间资本投资建厂。2004年，聊城市委，市政府启动“纺织百亿产业工程”，确定冠县纺织集团，临清华润纺织有限公司等企业为重点企业。之后，全市纺织服装产业规模、效益稳步增长。

2008—2013年，受世界金融危机的影响，企业增速有所放缓。2013年，全市纺织企业总数302家，其中亏损企业6家，完成总产值765.15亿元、出口交货值35.5亿元。2015年，全市纺织工业产业涵盖棉纺织品，色织、印染、毛纺织、针织、个纺、服装、纺织机械等行业，在50家全市龙头骨干企业中有纺织服装企业8家，规模以上企业实现主营业务收入901亿元，利税81.6亿元，出口创汇4.77亿美元。

第一节　主要行业

1997年，聊城纺织行业生产纱6.25万吨、布1.82亿米。1998—2001年，全市纺织行业共压锭6万枚，改造棉纺锭9万枚、织布机500台。2002年后，纺织行业形势逐步好转，不少民间资本投资建厂。2003年，山东暖频道服饰有限公司、山东（临清）日升纺织有限公司等先后成立。2004年，冠县纺织集团，临清华润纺织有限公司、聊城华润纺织有限公司为龙头企业，临清三和纺织、临清汇通纺织、聊城金纬纺织、高唐金州纺织、莘县正泰纺织、阳谷顺达纺织、冠县二棉、冠县四棉、高唐超越、高唐永恒等企业被确定为全市纺织行业重点企业。2007年，全市有纺织企业225家，其中棉纺织企业160家、印染企业8家、针复制企业20家、毛纺织2家；拥有纱锭350万枚、气流纺1.2万头、有梭织机1.2万台、无梭织机2300台，印染生产线15条；年产棉纱45万吨、坯布3.6亿米、印染布3亿米、针复制折纱3万吨、服装3000万套、粗纺呢绒1000万米；纺织工业产值、利税、利润分别比上年增长25%、31.78%和32.57%；出口创汇3.37亿美元，增长52.5%。

2008年，全市纺织限额以上工业企业完成工业总产值315.59亿元，比上年增长34.46%；生产棉纱70.71万吨、坯布6.48亿米，分别增长11.33%、30.37%；产销率99.53%，下降0.51%；出口创汇4.06亿美元，增长20.70%；实现利税28.52亿元，增长38.11%。2009年，统计的6种产品产量略有增长，增长幅度不大，印染布和呢绒分别下降46%和19.1%；出口创汇29132美元，下降30.70%；亏损企业12家，增加4家，累计亏损额4245万元。2013年，全市有纺织企业302家，完成产值765.15亿元、出口交货值35.5亿元。

2014年，纺织行业回暖趋势明显。全市规模以上纺织服装企业实现纱产量150.15万吨，增长7.8%；布11.72亿米，增长3.1%，其中色织布1.29亿米、增长30.5%，棉布7.17千米、下降2.3%；棉混纺布4.46千米，增长13.4%；化学纤维短纤布900万米，下降9.6%；服装7899.71万件，增长59.4%。

2015年，全市纺织工业产业涵盖棉纺织品，色织、印染、毛纺织、针织、个纺、服装、纺织机械等行业。在全市50家龙头骨干企业中有纺织系统的冠星集团、临清三和纺织集团、金号织业、聊城华润纺织有限公司、中奥毯业、临清联创、超越纺织、智德纺织8家。规模以上纺织企业生产纱157.54万吨，其中棉纱156.12万吨、棉混纺纱1.11万吨、化学纤维纱0.31万吨；布12.14亿米，其中色织布（含牛仔布）1.37亿米、棉布7.13亿米、棉混纺布4.94亿米、化学纤维短纤布800万米；无纺布（无纺织物）463.41吨，帘子布7.45万吨；毛机织物（呢绒）500米。服装企业实现主营业务收入901亿元，比上年增长4.5%；利润51亿元，下降3.75%；利税81.6亿元，下降1.07%；出口创汇4.77亿美元，下降9.2%。

2000—2015年部分年份聊城市服装、服饰、皮革、羽绒及其制品业主要经济指标表

表10-11　　　　单位：家、亿元

行业	主要年份	企业个数	工业总产值（当年价格）	工业销售产值（当年价格）	出口交货值	资产总计	主营业务收入	利润	利税
服装服饰制造业	2000	3	0.35	0.35	—	0.46	0.29	0.003	0.01
	2005	12	1.83	1.75	0.26	1.70	1.71	0.1	0.14
	2010	32	29.52	29.16	0.64	8.92	29.68	2.68	3.61
	2015	55	102.33	101.63	2.87	27.04	101.03	7.19	11.28
服装制造业	2000	3	0.35	0.35	—	21.45	0.29	0.003	0.01
	2005	12	1.83	1.75	0.26	5.00	1.71	0.10	0.14
	2010	32	29.52	29.16	0.64	8.92	29.68	2.68	3.61
	2015	38	78.69	78.35	—	21.45	77.74	5.82	9.19
针织或钩针编织服装制造	2015	14	20.97	20.61	2.87	5.00	20.62	1.27	1.92
服饰制造	2015	3	2.66	2.66	—	0.59	2.66	0.10	0.17
皮革、毛皮、羽绒及其制品制造业	2000	3	2.09	2.03	0.19	0.76	2.04	0.13	0.20
	2005	10	5.13	5.12	0.65	2.65	5.11	0.26	0.48
	2010	21	19.79	19.52	2.22	3.76	20.98	1.34	2.13
	2015	16	21.35	21.00	0.04	7.53	21.35	2.27	3.86
皮革鞣制加工	2005	3	2.59	2.60	—	1.78	2.59	0.10	0.21
	2010	5	14.96	14.70	0.85	1.26	13.84	0.57	1.16
	2015	5	4.93	4.85	—	2.31	4.88	0.99	2.02
	2000	3	2.09	2.03	0.19	0.76	2.04	0.13	0.20
	2005	4	0.73	0.73	0.35	0.32	0.73	0.03	0.07

续表 10-11

行业	主要年份	企业个数	工业总产值（当年价格）	工业销售产值（当年价格）	出口交货值	资产总计	主营业务收入	利润	利税
皮革制品制造业	2010	6	2.31	2.31	1.37	0.78	2.31	0.15	0.28
	2015	4	6.34	6.31	—	2.15	6.31	0.52	0.78
革皮服装制造业	2000	2	2.04	1.98	0.17	0.63	1.98	0.13	0.19
其他类未包括的皮革制品业	2000	1	0.05	0.05	0.02	0.13	0.06	0.01	0.01
毛皮鞣制及制品加工	2005	3	1.81	1.78	0.31	0.55	1.79	0.12	0.21
	2010	7	1.41	1.37	—	0.49	1.36	0.14	0.18
	2015	5	3.96	3.81	—	1.17	3.79	0.22	0.41
羽毛（绒）制品加工	2010	3	1.12	1.14	—	1.22	3.47	0.48	0.51
	2015	2	6.13	6.03	—	0.54	6.37	0.54	0.64

第二节　重点企业选介

冠星纺织集团　为聊城市20家重点企业之一和纺织龙头企业，山东省重点企业和首批诚信企业，山东省“优秀纺织企业”“全国纺织企业50强”。占地73.33公顷，总资产36亿元，员工6000人，年产6～120支系列优质棉纱10万吨，拥有筒子染纱和印染生产线，服装、家纺、特宽幅装饰面料生产线。连续获得ISO 9001质量管理体系认证、ISO 14001环境管理体系认证、OHSAS 18001职业健康安全管理体系认证，为市级技术研发中心。

集团前身是国有冠县棉纺织厂，1977年建厂，1978年生产运营。建厂之初，生产设备是青岛棉纺四厂淘汰的1万纱锭。1993年6月，组建冠星纺织集团，辖有冠县棉纺织厂、冠县绒布厂、冠县针织厂、冠县针织内衣厂。1997年年底，生产规模3万纱锭、26台针织大圆机、400台缝纫机，资产1.2亿元，销售收入1.5亿元。1999年10月26日，改制为民营企业，国有资产全部退出。是年年底，生产规模增至4万纱锭，资产1.5亿元，销售收入2.01亿元。2007年，“冠星牌”棉纱获得“国家免检产品”资格。2010年，被评为全国“重合同守信用先进单位”。2011年，“冠星牌”棉纱被评为全国“用户信得过产品”，是年5月被评为“山东省著名商标”。2012年，企业被确定为全国“棉花价格信息监测站”。“冠星牌”棉纱被评为“山东省名牌产品”。2013年，企业被认定为全国“少数民族特需用品和军需服装定点生产企业”。2014年，企业被认定为全国“职工教育培训示范点”。2015年，“冠星牌”棉纱被认定为“中国驰名商标”，资产31.58亿元，员工6000人，生产规模80万纱锭，有针织设备1200台（套），日产50吨染纱、染布生产线，销售收入89亿元。

临清三和纺织集团有限公司　三和集团成立于1988年3月。创业之初，自筹资金2.7万元，购置8台织布机，租赁5间民房，办起一个小型色织厂——临清市天桥织布厂。是年年底，筹集资金购买停产多年的临清市青年织布厂，在短短几个月时间里使企业规模扩大3倍。1992年，贷款30万元整体购买临清市油毡厂，对厂房翻建改造，织布机增至72台，职工200余人，更名为“临清市第二色织厂”，成为临清市乃至聊城市第一家正式挂牌的私营企业。1996年，投资1171万元整体购买临清市第三棉纺厂，经过改造，企业规模扩大。1998年，企业拥有8000纱锭的纺纱能力，织布机376台，辅助设备60台（套），形成集纺、染、织于一体的一条龙生产线，职工人数1500余人，年实现销售收入3500万元，实现利润248万元，上缴税金

三和纺织具有千台箭杆织布机的织布分厂车间 （2013年摄）

目中压、低压蒸汽管道架设，人工湿地项目的规划，举办第十二届中国羊业大会。是年，进出口总额2.82亿美元，实现销售收入42.6亿元、利税6.05亿元，分别较上年增长9.64%、2.22%。

山东金号织业有限公司 1998年10月成立，由建于1968年的国有企业——茌平县毛巾厂改制而来，占地33公顷。金号织业是一家全部由自然人出资成立的综合性家用纺织品生产企业集团，主要生产中高档毛巾、床上用品、厨卫用品等多种系列家用纺织装饰用品，毛巾产品、床上用品的国内市场占有率、企业的资产贡献率、成本费用利用率等企业综合运营指标在中国家纺行业中名列前茅，金号被誉为中国毛巾市场国内销售"第一品牌"。集纺织、印染、后整理等家纺产品全部生产加工流程于一体，覆盖产品研发设计、物料采购、生产制造、仓储物流、营销终端等家纺产业链的全部过程。专用棉纺锭5万枚，拥有包括电子提花剑杆织机在内的各类毛巾布织机近1100台，各种染整、缝绣设备及其他辅助设备600多台（套），其中纱线染色、织造、后整理、缝绣的关键设备均从欧洲引进，具有当代国际一流技术水平。

2015年，公司员工5010人，大专以上文化程度的高素质人才近3000人，各类专业技术人员2000余人，其中质量工程师16人，家纺设计师169人，高级技师96人，技师562人，检测检验人员129人。年生产各类毛巾制品1.1万余吨，各类床上用品100余万件套，年销售收入9.1亿元。公司获得聊城市建行、工商银行AAA级企业授信资质，其研发部门被认定为"省级技术中心""山东省工业设计中心"，拥有无捻割绒产品批量生产技术、毛巾产品的多色缎织造技术、电脑剪绒绣技术、无捻双层技术、七位局部高毛技术、四色意匠工艺、四纬一毛毛巾织造技术等16项自主知识产权的原创核心技术。"金号kingshore""依诗家isiki"成为国内家喻

224万元。2004年，整体购买破产的临清毛巾厂，企业规模继续扩大。"十二五"期间投资30亿元，新增用地100公顷，引进世界一流的棉纺织设备，建设50万纱锭及2000台喷气、剑杆织机项目，生产更具广阔市场需求及发展趋势良好的高档色织面料。2014年，新工业园项目建设开工，主体厂房和污水处理基础建设基本完成。喷织车间在上半年投产，累计完成白坯布生产1904万米。印染一期工程施工，2015年上半年投产，完成污水处理主体建设。车间以ISO 9000管理体系和现场6S管理为指导，实现现场管理的规范化。工艺创新、设备改造、修旧利废方面完成72项节能技改项目，为集团公司年节约资金上百万元。实现全年销售棉纱5624吨、色织布1477万米，白坯布销售从上年的500万米提升到3600万米，销售蜡印布2292个柜。

2015年，集团第二科技印花厂建成投产，新增印花生产线6条。毛纺项目新增毛纺纱线每月150吨。用时3个月，实现毛呢面料项目的厂房规划、设备安装、运行投产，新增毛呢面料每月100万米。完成毛呢面料成品加工，陆续推入市场。佳和公司161台喷气织机安装投产。色织公司设备升级改造接近尾声，新浆纱机、预缩机、烘干机投入使用，32台进口毕佳诺织机、污水处理厂板框机安装投产，解决污泥焚烧的难题。工业园2万吨污水处理厂，成功建设完成，投入使用。新工业园纺纱项目，用时78天，完成8万锭机组的安装。完成4000余米工业园项

金号织业有限公司纺织车间 （2015 年摄）

户晓的家纺品牌，获“中国名牌”“中国驰名商标”“国家免检产品”等，产品覆盖全国 34 个省级行政区域，外销到日本、美国、韩国等 20 余个国家和地区，公司还获得国际品牌“snoopy（史努比）”“miffy（米菲）”在中国的家纺类产品独家生产销售授权。公司通过 ISO 9001 质量管理体系、ISO 14001 环境管理体系、生态纺织品安全认证、Oeko-Tex Standard100 认证、有机产品认证，产品连续 10 年在国家质检总局、山东省质量技术监督局组织的监督抽查中合格率保持 100%，成品一等品率达到年均 98.8% 的业界极限。

山东中奥毯业有限公司 2000 年，河南中奥毯业集团有限公司租赁聊城第二毛纺厂的厂房、设备，在原厂区内生产经营，成立聊城市金都毛绒制品有限公司。是年 5 月，河南中奥毯业集团在聊城建厂。企业聘请专业生产技术人员，加大资金投入，借助集团之前打造的强大的销售团队，生产经营步入正常渠道，80% 以上的产品实现出口销售。2003 年，河南中奥毯业集团投资 2 亿元在东昌府区凤凰工业园区征地 40 公顷，建设“中奥工业园”，成立山东中奥毯业有限公司，中奥工业园一期工程于 2005 年 7 月建成，企业由原聊城第二毛纺厂搬迁至凤凰工业园，员工增至 1500 余人，年产毛毯、地毯 500 万条，产值约 2 亿元，出口创汇 2400 万美元。2010 年，一次性投资 1 亿余元扩大企业的生产规模，企业工艺系统优化技术改造，调整企业产品结构，新上毛毯、地毯最先进的经编机 60 台、全自动印花机生产线 5 条以及后整理设备 100 余台套，形成年产各类毛毯、地毯 1000 万条的生产能力。2015 年，注册成立聊城市天中新材料科技有限公司，投资 6.5 亿元新上“利用回收聚酯瓶片和废旧纺织品生产差别化涤纶长丝产业低碳化示范项目”，累计建设完成 6 万平方米的标准厂房。是年，企业注册资金 1.5 亿元，总资产近 15 亿元，拥有员工 2100 人，其中专业技术人员 280 人，专业生产设备 600 余台套，产品花色 300 余种，生产规模居国内外同行业前列。

公司先后在阿联酋、沙特建立境外营销网络，在国内的义乌、南通、沈阳、西安等市场设立销售办事处，产品畅销全国，远销欧美、日本、韩国、俄罗斯、中东、南非、西欧等 70 余个国家和地区。取得 ISO 9001 国际质量管理体系认证，为中国毛纺织行业协会毛毯专业会副主任单位、中国扶贫开发协会理事单位和少数民族产品定点生产单位。先后获得山东省农行“AAA”级信誉企业、山东省银行业协会“最佳信贷诚信客户”、中国纺织工业联合会“2011—2012 年度中国纺织服装企业竞争力 500 强企业”、“山东省安全标准化二级达标企业”等资质或奖励。公司研发的“镜泊牌”毛毯 2006 年被评为“中国名牌产品”，“中奥牌”涤纶压花拉舍尔毛毯 2012 年被中国毛纺织行业协会评为毛毯名优产品。

山东亨博尔服饰有限公司 前身为山东阳谷税务标志服装厂，成立于 1991 年，办公地点位于阳谷县城谷山北路，主要经营标志服、职业装。2003 年，阳谷税务标志服装厂被省工商总局批准为“守合同重信用企业”。2005 年，阳谷税务标志服装厂生产“亨博尔”牌标志服、职业装、西服被中国中轻产品质量管保障中心检测为质量合格产品，成为重点推广企业。2012 年 12 月，从德国、意大利、日本等国家引进现代化西服生产线，导入设计和生产最好的意大利一家公司的西服样板、工艺等，开始进入西服精加工产品领域。

2013 年 4 月，阳谷税务服装厂正式更名为山东亨博尔服饰有限公司，注册资金1.01亿元，位于山东省阳谷县黄河路东首，占地6万平方米，其中办公区约5000平方米、生活区约6000平方米、生产区约2万平方米，经营企业行业标志服、西服、职业装等与之配套的配件。是年10月，亨博尔生产的保安员服装被中国保安协会认可，并正式授权为保安员服装生产销售企业。12月，“亨博尔HENBOR”商标被省工商行政管理局认定为“山东著名商标”。是年，通过ISO 9001国际标准质量体系认证，为“国家免检产品”。2014年3月，经山东省工商行政管理局审查，认定亨博尔服饰公司25类服装商品“亨博尔”注册商标为“中国驰名商标”。2015年，公司有职工800余人，其中高、中级技术人员80余人；拥有世界先进工艺的生产流水线11条，年生产能力530万件套。

公司申报并通过ISO 9001国际质量管理体系认证，生产的亨博尔牌标志服装、职业装、西装被评为“中国著名品牌”、中国标志服产品市场公认知名品牌，是山东省税务局等众多单位服装加工定点公司。设立数百家亨博尔品牌专卖店、店中店、商场专柜及多家分公司、代理机构，产品远销欧美、中东、中国港澳台等地区，覆盖国内近30个省、市、自治区。

山东暖频道服饰有限公司 成立于2003年6月16日，注册资金600万元，是一家集产品研发生产、销售于一体的综合性羽绒制品明星企业，其前身为江苏盐城暖频道服饰有限公司。2012年开始，在嘉明开发区北外环以北、嘉隆路以东投资1200余万元购置土地4公顷，兴建新的办公场所，建设办公楼、综合楼、餐厅、篮球馆、车间等，总投资约3000余万元。至2015年，公司有各种生产设备600余套，员工300余人，销售网点2300个，获“山东省著名商标”“中国绿色环保产品”“中国著名商标”“中国著名品牌”等。

第四章　造纸　印刷

造纸工业是聊城市重点支柱产业。90年代后期，全市造纸及纸制品企业有51家，后减至48家，其中规模以上造纸企业11家，主要机制纸及纸板制造企业有聊城北方包装材料有限公司、冠县恒升纸制品有限公司、山东信诚纸业有限公司、山东阿华包装印务有限公司等，销售收入10亿元。大部分县（市、区）中均有造纸企业，多数企业规模小，发展缓慢，部分企业因经营不善破产倒闭。1999年，地方国营企业聊城造纸厂、莘县造纸厂等相继破产。2000年起，全市造纸行业改变生产经营方式，进行企业改制、招商引资，实现速度和效益快速增长，销售收入由2000年的15.36亿元增至2009年的221.11亿元。2011年后，面对国际经济持续低迷、纸张市场竞争加剧等情况，全市造纸企业内控成本保基础，外拓市场保增长，龙头骨干企业获得迅猛发展。2015年，全市规模以上造纸印刷企业89家，从业人员1.85万人，实现工业总产值470.28亿元，销售收入465.46亿元，利税21.77亿元。

第一节　主要行业

一、造纸及纸制品业

1997年，全市有规模以上造纸工业企业11家，工业总产值11.94亿元。聊城市主要造纸企业有中冶纸业银河有限公司（以下简称中冶纸业）、山东泉林纸业有限责任公司（以下简称泉林纸业）等骨干企业。泉林纸业投资1000余万元，购买先进的仪器设备，组建技术开发中心；银河纸业7号、8号、9号长网纸机在原厂址相继建成投产；临清纸厂产能规模近10万吨，买断或购置原新华造纸厂及其周边大桥、李庄村、塔湖近200公顷土地，为跨越式发展创造条件。1998年，在亚洲金融危机负面影响加深，造纸企业经营普遍困难的形势下，全市造纸行业根据市场变化情况，明确“依靠科技进步、提高产品质量、调整产品结构、大力促销”的工作思路，保持平衡发展态势。是年，全市规模以上企业完成机制纸产量19.27万吨，新增机制纸生产能力12.4万吨，制浆能力3万吨。实现销售收入8.57亿元，利税1.41亿元。银河纸业投资2.31亿元引进具有国内领先水平的2640/500毫米长网多缸纸机，新增能力6.4万吨。泉林纸业引进3800铜版纸机，新增重涂高档铜版纸6万吨；泉林特种胶印书写纸在国内率先实现胶版纸“下机即可印刷”，为企业赢得“纸贵高唐”美誉。1999年，受市场竞争和治污压力等诸多不利因素的影响，少数造纸企业被迫停产，重点骨干企业利用自身科技优势，调整产品结构，拉动全市造纸行业发展，是年完成机制纸产量21.06万吨，实现销售收入10.17亿元，骨干企业产值利税均有不同程度增长。2000年，全市造纸行业在改变生产经营方式、企业改制、招商引资中成效明显，实现速度和效益快速增长。银河纸业第一条年产3万吨2640生产线在北厂新址建成投产，企业步入大型和全省136家重点企业行列。山东临清造纸厂20万吨高强瓦楞原纸、高唐县造纸厂20万吨低定量高档铜版纸技术改造等重点项目拉动发展。全市规模以上企业中，造纸及纸制品企业11家，工业总产值15.4亿元，新产品产值1.33亿元，工业销售收入15.36亿元，生产机制纸27.63万吨。银河纸业成立进出口公司，将银河产品推向60余个国家和地区。银河纸业与泉林纸业年创利税首次过亿元，产品产量首次突破10万吨，泉林纸业首家建设液体无菌软包装生产线。

泉林本色生活用纸　（2015年摄）

2001年以后，银河纸业稳居全国同行经济效益前十强，列入山东六大纸业集团之一，新增机制纸产能17.2万吨。骨干企业生产规模迅速扩大，装备水平明显提高。主要产品机制纸产能发展到41万吨，比1997年增长60%。其中，泉林纸业20万吨高档铜版纸项目、银河纸业20万吨高强瓦楞原纸项目均列入国家计划。新增产能文化用纸1万吨、制本2万吨、多层复合包装纸2万吨，提升产品档次，增强企业竞争力。此期，造纸工业企业数量缩减，生产规模、经济运行质量均有较大幅度提高。全市造纸行业加大技改投入，是年完成机制纸产量28.01万吨，实现销售收入15.17亿元，实现利税2.02亿元。泉林纸业实现利税1.14亿元，比1997年增长13.41%，列全省同行业第五位。2002年，银河纸业集团实现利税过亿元，泉林纸业集团实现销售收入过10亿元以上。临清银河机制纸出口1988万美元，增长8.2倍。中冶纸业10万吨高强瓦楞纸、泉林纸业5万吨杨木浆等项目相继投产。5月，山东茌平泉林纸业有限责任公司注册成立。银河纸业八缸纸机以年2台的速度兴建，年产20万吨一期、二期10万吨高强瓦楞原纸项目投产，是年生产规模36万吨，10年实现生产规模翻四番。是年10月自备电厂动工建设，企业用电、用气基本实现自给。是年，泉林纸业“重涂高档铜版纸项目”获“2001年度国家科学技术进步二等奖”，成为造纸行业获得的最高国家技术奖励。2003年，泉林纸业30万吨浆及20万吨铜版纸项目、银河纸业20万吨高强瓦楞原纸二期工程相继建成投产，并陆续发挥效益。泉林纸业成立技术攻关小组，确立清洁制浆技术研究方向。2005年，泉林纸业被确认为第一批循环经济试点单位，是全国造纸行业仅有的两家循环经济试点单位之一。银河纸业200吨连续蒸煮生产线及漂白生产线项目、10万吨涂布纸项目、高强瓦楞原纸，山东高唐造纸厂 1.2 万吨多层复合包装纸重点技改项目拉动效益增长。是年，全市规模以上造纸及纸制品企业 36 家，工业总产值 82.48 亿元，新产品产值 1 亿元，销售收入 82.56 亿元，出口交货值 2.14 亿元。

2006 年 8 月 8 日，银河纸业加入中冶集团，成立中冶纸业银河有限公司。2006 年后，泉林纸业林浆纸一体化项目通过国家发改委核准，制浆黑液生产木素有机肥技术、秸秆本色浆、秸秆本色胶版印刷纸、秸秆本色食品包装盒、秸秆本色静电复印纸、秸秆本色生活用纸相继研发成功。2008 年，泉林纸业山东天和绿色包装科技有限公司注册成立。山东金蔡伦纸业有限公司（以下简称金蔡伦纸业）新上 3150 毫米长网多缸纸机竣工投产，形成年产 10 万吨轻型印刷纸的规模。2009 年，国际金融危机和国内经济形势急剧变化，造纸企业迎难而上，全市规模以上造纸及纸制品企业发展到 46 家，工业总产值 221.28 亿元，销售收入 221.11 亿元，出口交货值 107.36 亿元，资产总计 156.91 亿元。此时，金蔡伦纸业形成年产 20 万吨的生产能力。泉林纸业本色卫生纸、本色面巾纸、本色手帕纸、本色工业擦拭纸、57 克和 55 克精制本色轻型纸相继开发成功，形成精制本色浆、本色文化纸、本色生活用纸、食品包装盒、黄腐酸肥料五大类主导产品的产品布局。“十一五”期间，银河纸业 10 万吨低定量涂布文化用纸、20 万吨高档文化用纸、年产 30 万吨轻型胶版印刷纸，泉林纸业 2450 吨 / 天固形物碱回收工程、林浆纸一体化、7.5 万吨高档卫生纸、年产 10 万吨低定量高档胶版纸、年产 24 亿个纸浆膜塑食品快餐具、48 亿个纸浆模塑食品快餐具、年产 20 万吨本色浆，金蔡伦纸业轻型纸扩建等重点项目拉动产业增长。2010 年，“泉林本色”生活用纸取得上海世博会特许产品资格，获“特许产品创新奖”；“泉林本色”餐巾纸通过美国 FDA 检测和欧盟食品级检测认证。

泉林本色食品包装 （2015 年摄）

2011 年，国际经济持续低迷、纸张市场竞争加剧，全市造纸企业内控成本保基础，外拓市场保增长。金蔡伦纸业在全国率先成功研制开发替代进口“蒙肯”纸的新产品——轻型印刷纸（轻型纸），填补国内空白，成为全国最大、最早的轻型纸专业生产厂。6 月，山东泉林弘康包装科技有限公司注册成立。2012 年 2 月，山东泉林纸业有限责任公司年处理 150 万吨秸秆综合利用项目通过国家发改委核准批复，成为是年国内也是世界上规模最大的草浆造纸项目；6 月，以泉林纸业为核心企业的山东省高端装备制造产业基地（园区）（第二批）通过山东省经信委审批。泉林纸业泉林佳木斯秸秆综合利用项目在黑龙江省佳木斯市开工。泉林纸业、银河纸业公司被工业和信息化部、科技部评为 2012 年国家技术创新示范企业。泉林纸业“秸秆清洁制浆及其废液资源化综合利用循环经济技术示范工程”被工业和信息化部确定为中国首批 23 个工业循环经济重大示范工程之一；泉林纸业被国家标准化委员会、国家发改委确定为国家循环经济标准化试点单位，被国家发改委评为“全国循环经济工作先进单位”。银河纸业通过 BV 国际检验集团认证部大中华区 COC 认证产品专家进行的 FSC-COC 产销监管链年度审核，通过环保部环境认证中心检查组进行的环境标志认证。2013 年 3 月，中冶纸业 3200 纸机改造项目达产达效，顺利竣工。10 月，泉林纸业被国家发改委授予“全国循环经济工作先进单位”称号。2013 年 2 月，被工业和信息化部评定为国家首批工业品牌培育示范企业。泉林纸业在产品质量及“泉林本色”品牌建设方面的经验被工业和信息化部作为典型案例进行宣传推广，泉林纸业“秸秆清洁制浆及其废液肥料资源化利用新技术”在国家科学技术奖励大会上被国务院授予“国家技术发明二等奖”，泉林纸业专利“禾草类本色纸制品及其制备方法”获得加拿大授权，泉林纸业“制浆废液资源化利用生产的木素有机肥”项目被科技部列入是年国家重点新产品计划，“一种本色卫生纸及其制备方法”项目获“中国专利优秀奖”。中冶纸业集团以央企内部资源整合方式整体并入中国诚通集团，作为中冶纸业集团子公司的银河纸业一并划归诚通集团，并由诚通集团下属企业中国纸业进行管理。4 月，银河纸业 3200 纸机（口杯原纸）生产线顺利通过山东省质监局 QS 审核组专家的现场审核，使公司获得食品级用纸的生产资格。2014 年，中冶纸业银河有限公司获“2014 年全国轻工业造纸行业十强企业”第 6 名。泉林纸业秸秆清洁制浆造纸循环经济示范项目获第三届中国工业大奖表彰奖，参与制定的《工业擦拭纸》《纸浆模塑餐具》两项行业标准正式获得工业和信息化部批准发布，有限责任公司通过沃尔玛供应商道德标准审核（简称 ES 审核），获得沃尔玛公司的长期供货资格。

2015 年，全市规模以上造纸及纸制品企业 89 家，全行业从业人员 1.85 万人，其中工程技术人员 3000 余人。拥有国家级企业技术中心 1 个，省级企业技术中心 1 个，省级名牌产品 3 个。纸业主导产品有高档铜版纸、高档双胶纸、低定量涂布纸、书写纸、静电复印纸、高强瓦楞原纸、多层复合软包装、生活用纸、轻型纸、地板纸、纸餐盒等几十余种，产品畅销全国，部分产品远销国外。重点骨干企业高唐泉林纸业、中冶银河纸业机制纸及纸板产能均达 50 万吨以上，形成集造林、制浆造纸、热电联产、有机肥料、科研开发为一体的大型企业集团。

中冶纸业银河有限公司厂区风貌　（2015 年摄）

2000—2015 年部分年份聊城市规模以上造纸及纸制品业经济指标表

表 11-12

分组	主要年份	企业单位数（个）	工业总产值（当年价格）（亿元）	工业销售产值（当年价格）（亿元）	纸浆（万吨）	机制纸（万吨）	纸制品（万吨）
纸浆制造	2005	2	1.94	1.88	38.08	—	—
	2010	1	0.61	0.61	40.00	—	—
	2015	1	4.66	4.65	41.53	—	—
造纸	2000	9	15.12	15.09	—	21.63	—
	2005	10	75.66	75.70	—	85.09	—
	2010	15	205.45	205.62	—	140.57	—
	2015	16	190.64	188.84	—	95.21	—
机制纸及纸板制造	2005	9	15.12	15.09	—	—	—
	2010	13	205.02	205.19	—	—	—

续表 10-12

分组	主要年份	企业单位数（个）	工业总产值（当年价格）（亿元）	工业销售产值（当年价格）（亿元）	纸浆（万吨）	机制纸（万吨）	纸制品（万吨）
机制纸及纸板制造	2015	14	189.34	187.60	—	—	—
加工纸制造	2005	1	0.76	0.76	—	—	—
	2010	2	0.43	0.43	—	—	—
	2015	2	1.30	1.25	—	—	—
纸制品业	2000	2	0.28	0.27	—	—	—
	2005	13	4.88	4.97	—	—	4.91
	2010	30	15.23	14.88	—	—	4.12
	2015	26	42.17	41.56	—	—	30.07
机制纸和纸板容器的制造	2005	9	3.58	3.7	—	—	—
	2010	14	8.22	8.01	—	—	—
	2015	16	22.78	22.30	—	—	—
其他纸制品制造	2005	4	1.31	1.28	—	—	—
	2010	16	7.00	6.87	—	—	—
	2015	10	19.39	19.26	—	—	—

二、印刷包装业

90年代末，聊城各县（市、区）均有小型印刷装订企业。后来发展起来的较大印刷企业有东阿阿华包装印刷厂、鲁西印务有限公司、聊城市泰源祥全印刷有限公司以及阳谷毕升印务有限公司等。

东阿阿华包装印刷厂的前身是东阿县印刷厂，前期生产经营日益艰难。1994年，东胶集团正式兼并印刷厂，组建成立阿华包装印刷厂，对企业全面改组。东胶集团注入大量流动资金，按照母公司管理运营模式，对原印刷厂全方位管理整改，使企业迅速实现扭亏为盈，焕发生机，成为聊城规模较大的印刷企业。

聊城市鲁西印务有限公司成立于2003年6月16日，位于聊城市东昌府区凤凰工业园，专业从事印刷、包装的企业。2005年后，与全国各地市教育系统及出版社签订双方合作协议，承担起管辖范围内中小学学习资料、试卷印刷等业务，公司规模逐步发展壮大，资产300余万元。自2010年起年年被上级业务部门评为“重合同守信用企业”，与各地供货商及客户建立良好的合作关系。

聊城市泰源祥全印刷有限公司前身是1997年5月成立的民营企业聊城市泰源祥工艺美术社。2005年，增资成立聊城市泰源祥全印刷有限公司。陆续引进海德堡单色印刷机、上海光华四开四色印刷机、海德堡六开四色印刷机、海德堡四色四开印刷机、海德堡六开四色高速印刷机、日本小森对开印刷机、海德堡对开五色机等先进设备。

2001年1月，在聊城印刷厂基础上改制组建聊城新华印刷有限公司，主要为山东省各出版社加工印刷中、小学课本。此间，冠县境内印刷企业百余家，民营印刷厂规模不断扩大，兰沃乡、烟庄乡、梁堂乡以及柳林镇等相继办起印刷厂，主要企业有冠县印刷厂、冠县彩印厂、冠宜春印刷、兰沃装潢印刷厂等，主要从事包装盒、标签、文字、彩色包装袋印刷等。莘县主要有成立于2005年的莘县四海包装有限公司，成立于2006年的莘县阳光包装材料有限公司。

2012年11月，阳谷毕升印务有限公司成立，为山东金蔡伦集团全资子公司，位于阳谷城区华山路11号，注册资金2788万元，总投资9101万元，是立足山东、辐射全国的新型印刷企业。先后购置先进的印刷设备，拥有“北人624-2”双色轮转机、“北人787-2”双色轮转机、“北人1040”对开双面胶印机及四开四色平板三菱机、覆膜机、勒口机、上海德拉根上光机、“北人787-4”四色轮转机、上海紫明ZM94B双面单色平板印刷机等，年产能50万令印刷品。2013年11月，通过ISO 9000质量管理体系认证和ISO 1400环境管理体系认证；是年12月，顺利通过“中环联合（北京）认证中心有限公司”的审核。公司加大对绿色印刷再提高工程的改造，增加柯达全胜热敏CTP直接制版机系统，使制版过程更加绿色环保。CTP工艺采用更精确的印版定位及全流程数字化控制技术，推动印刷工业进入全面数字化时代。

2015年，全市规模以上印刷企业37家，从业人员平均人数2900人，工业总产值56.43亿元，比2000年增长103.5倍，年均增长36.34%。

2000—2015年部分年份聊城市规模以上印刷业和记录媒介的复制业经济效益情况表

表10-13 单位：家、万人、亿元

分组	主要年份	企业数	从业人员平均人数	工业总产值（当年价格）	工业销售产值（当年价格）	资产总计	主营收入	利润	利税
印刷	2000	6	—	0.53	0.54	—	—	—	—
	2005	13	0.15	2.67	2.63	2.39	2.66	0.02	0.09
	2010	25	0.16	16.90	16.87	3.82	14.79	1.40	2.13
	2015	37	0.29	56.43	56.10	15.20	—	4.08	5.70
书、报刊印刷	2000	3	—	0.19	0.19	—	—	—	—
	2005	2	0.02	0.45	0.45	0.18	0.45	0.03	0.05
	2010	6	0.05	5.24	5.17	1.42	4.71	0.33	0.57
	2015	6	0.07	9.28	9.26	3.04	—	0.54	0.87
本册印刷	2005	3	0.08	1.31	1.29	1.62	1.29	-0.06	-0.04
	2010	4	0.02	1.65	1.68	0.32	1.11	0.14	0.18
	2015	4	0.04	14.51	14.48	2.70	—	1.24	1.58
包装装潢及其他印刷	2000	2	—	0.26	0.28	—	—	—	—
	2005	8	0.05	0.91	0.90	0.58	0.92	0.05	0.08
	2010	15	0.09	10.02	10.02	2.08	8.97	0.94	1.38
	2015	27	0.18	32.64	32.37	9.46	—	2.30	3.25
装订及印刷相关服务	2005	1	0.01	0.10	0.10	0.09	0.10	—	—
	2010	4	0.02	1.45	1.43	0.33	1.31	0.10	0.15
	2015	2	0.01	4.41	4.41	0.59	—	0.30	0.46

第二节 重点企业选介

中冶纸业银河有限公司 前身为始建于1958年的临清纸厂。1997年以后，工厂7号、8号、9号长网纸机相继建成投产，产能规模近10万吨，同时买断原新华造纸厂及其周边大桥、李庄村、塔湖近200公顷土地，厂区面积增长2倍。银河纸业有限公司注册成立于1998年4月，占地280公顷，注册资金6.54亿元。

2000年，公司第一条具国内一流水平、干湿备料、连蒸连漂、年产3万吨2640生产线在北厂新址建成投产，企业步入大型和全省136个重点企业行列。2000年11月1日，进出口公司成立，将银河纸业产品推向6个大洲60余个国家和地区。2002年10月，银河纸业自备电厂开始动工建设，2003年9月投产运行。银河自备电厂有8台75吨中温次高压锅炉，5台1.2万千瓦汽轮机组，总发电装机容量70千瓦，企业用电、用气基本实现自给。2007年8月8日，银河纸业公司加入中冶集团，中冶纸业银河有限公司揭牌。公司位于山东省临清市，系国有大型制浆造纸企业，为中国诚通控股集团有限公司下属中国纸业投资总公司的造纸企业之一。员工4000余人，占地2.13平方千米，拥有5280毫米、4400毫米、3600毫米、2640毫米等不同型号造纸机台，年生产纸张能力80万吨、制浆能力50万吨、发电能力69兆瓦。主导产品有高档双胶纸、高档静电复印纸、轻型印刷纸、雅质纸、纯质纸，银河书纸、食品包装纸、纸杯原纸、淋膜原纸、精印书写纸和高强瓦楞原纸等。其中，静电复印纸、精印书写纸为“山东名牌”产品，胶版印刷纸为“国家免检产品”，精印书写纸、高强瓦楞原纸为“中国名优产品”。产品畅销全国各省（市、自治区），并出口到80余个国家和地区。企业拥有“瑞雪”“皓月”“华章”“银光”“祥云”“如意”“银河书纸”七大商标，其中“银光”和“瑞雪”商标为“山东省著名商标”。公司通过ISO 9001质量管理体系认证、ISO 4000环境管理体系认证、OHSAS 18000职业健康安全管理体系认证和FSC-COC森林认证，获得“全国五一劳动奖状”“中国轻工业造纸行业十强企业”“全国企业文化建设优秀单位”“全国造纸行业劳动关系和谐企业”“国家级技术中心”、山东省“守合同重信用企业”等60余项省级以上称号。

公司通过科技创新和技术引进，制浆造纸工艺技术和生产装备均达到国内国际一流水平。文化用纸生产线采用干湿法备料、连蒸连漂先进制浆工艺。纸机部位配备水分、定量、厚度在线微控仪器，全程计算机自动检测、优化控制。20万吨高档文化用纸生产线全套设备由芬兰美卓公司制造。整装工序采用世界最先进的西班牙帕萨曼公司的切纸机、日本丸石公司全自动分令包装机和德国MSK公司的全自动热缩机。高强瓦楞原纸生产线引进西班牙半化学制浆设备，奥地利水力式流浆箱和DCS控制系统等多项国际先进技术设备。先后投巨资作为企业生命工程的三期碱回收和两期配套中段水处理设施的兴建和成功运作，成为国内草浆治污的里程碑。2015年，公司实现主营业务收入18.9亿元，产量49.08万吨，销量48.55万吨，产销率98.93%，上缴税金1.09亿元。

山东泉林纸业有限责任公司 前身是建于1976年7月的高唐县造纸厂。1989年5月，在高唐造纸厂基础上注册成立纸业有限公司，注册资金5.27亿元。1998年3月，内资企业第一条重涂高档铜版纸生产线开工建设。2000年4月，国内首个建设液体无菌软包装生产线。2000年12月，山东泉林纸业有限责任公司挂牌成立，为以秸秆清洁制浆造纸为核心产业的大型集团化

1998年，泉林上马内资企业第一条重涂高档铜版纸生产线，打破进口高档铜版纸市场垄断

企业。公司通过国际质量、环境、职业健康与安全三合一管理体系认证和国家 AAAA 级标准化良好行为企业认证，建有国家级企业技术中心，是国家创新型企业、国家第一批循环经济试点企业和全国循环经济工作先进单位、全国清洁生产示范企业和全国环保印刷纸张标准化试验与推广基地。

泉林纸业公司依靠技术创新，构建基于农作物秸秆深度利用的循环经济发展模式——“泉林模式”。2001 年 2 月，山东泉林纸业夏津有限责任公司注册成立。2002 年 5 月，山东茌平泉林纸业有限责任公司注册成立。9 月，山东泉林嘉有肥料有限责任公司注册成立。2003 年 5 月，20 万吨精制商品浆生产线投产。7 月，山东泉林大酒店有限责任公司挂牌营业。8 月，山东泉林热电有限公司并网发电。2006 年 6 月，林浆纸一体化项目通过国家发改委核准。2008 年 3 月，山东天和绿色包装科技有限公司注册成立。2010 年 8 月，泉林德惠秸秆综合利用项目在吉林省德惠市奠基。2011 年 6 月，山东泉林弘康包装科技有限公司注册成立。2012 年 2 月，年处理 150 万吨秸秆综合利用项目通过国家发改委核准批复，是是年国内也是世界上规模最大的草浆造纸项目。9 月，泉林佳木斯秸秆综合利用项目在黑龙江省佳木斯市开工。2013 年 7 月，山东泉聚生态农业科技有限公司注册成立。2015 年 10 月 22 日，泉林美国生产基地成功奠基。高唐泉林纸业机制纸及纸板产能 50 万吨以上，形成集造林、制浆造纸、热电联产、有机肥料、科研开发为一体的大型企业集团。泉林纸业本色生活用纸等产品供不应求，机制纸平均价格 8445 元 / 吨，比 2014 年增长 1.66%。主导产品有高档铜版纸、高档双胶纸、低定量涂布纸、书写纸、静电复印纸、高强瓦楞原纸、多层复合软包装、生活用纸、轻型纸、地板纸、纸餐盒等 40 余种，产品畅销全国，部分产品远销国外。是年，机制纸及纸板产量 95.2 万吨，销售收入 226.7 亿元，利税 27.4 亿元。泉林纸业被列入山东省人民政府重点培育的六大造纸集团。

山东金蔡伦集团　成立于 2014 年 5 月，位于阳谷县城西工业区，是以山东金蔡伦纸业有限公司为母公司组建的综合性企业集团。前身是阳谷贸易公司造纸厂，始建于 1987 年 11 月。1995 年，更名为阳谷广大造纸总厂。2001 年，划归阳谷顺发热电厂，更名为阳谷顺达造纸厂，有 1760 毫米长网纸机 3 台套、1575 毫米纸机 1 台套、1092 毫米纸机 2 台套，年产有光纸 8000 吨，产值 300 万元。是年 12 月，企业改制，变更为阳谷蔡伦造纸厂，开始自主创新，在国内率先研制成功轻型印刷纸，填补国内空白。2002 年，企业先后在北京、郑州召开轻型印刷纸新产品推介会。2003 年，轻型印刷纸成功用于全国中小学教材教辅。2005 年，公司参与起草制定国家轻型印刷纸行业标准（QB/T2809-2006）。2006 年 9 月，山东金蔡伦纸业有限公司成立。2007 年，“金蔡伦”牌轻型印刷纸被评为高新技术产品，是年，公司被评为山东省高新技术企业。2009 年，公司拥有国内领先水平的自动化造纸生产线 6 条，被山东省造纸协会评为“山东省造纸行业轻型印刷纸生产规模最大企业”，成为国内最大轻型印刷纸专业生产企业，全年主营业务收入 3.2 亿元，实现利税 2628 万元。公司坚持做精主业，在轻型印刷纸行业深耕细作，致力于品牌打造，持续提升产品质量，“金蔡伦”牌轻型印刷纸以纸质松厚、不透明度高、色泽柔和、适印性强、绿色环保等特点，在中国出版材料工作委员会、中国制浆造纸研究院、国家纸张质量监督检验中心、中国印刷技术协会联合举办的纸张及其印刷适性检测评比中名列前茅，成为山东、辽宁、安徽、湖南等 10 多个省市的指定教材印刷专用纸张，畅销全国 400 多家出版社和图书公司，实现了国内所有省市销售区域全覆盖。2011 年，公司参与起草制定轻型印刷纸国家标准（GB/T26705-2011），奠定了在国内轻型印刷纸行业的领军地位。是年 5 月，在 2006 年、2008 年白水回收及废水深度处理工程基础上，兴建废水深度处理扩建及综合利用工程，水资源回收率 90% 以上，年节约用水 340 万立方米，实现了造纸废水的资源化利用，2000年、2013年，连续两次代表聊城市参加国家海河迎检，均被评为先进单位。公司抢抓良好发展机遇，淘汰落后产能，引进先进技术工艺、加大技术设备升级改造，2008年4月至2012年3月，连续引进和升级改造2640毫米长网多缸、3150毫米长网多缸等纸机4台套。至2015年12月，集团下属山东金蔡伦纸业有限公司拥有国内领先水平的自动化造纸生产线8条，优质轻型印刷纸产能15万吨，全年主营业务收入6.2亿元，利税5526万元。

集团坚持做大规模和提高效益相结合，以兼并重组、项目建设为重点，围绕资源综合利用，建链延链，发展循环经济，提升企业规模实力和市场竞争力。2012年3月，重组阳谷森泉热电有限公司。2012年10月，重组阳光热力有限公司，设立阳谷利民热力有限公司，形成400余万平方米的供热能力。2013年1月，设立阳谷毕升印务有限公司，拥有激光照排、彩色制版、书刊印刷等多条先进生产流水线，集设计、印刷、印后加工为一体，2014取得中国环境标志产品认证证书，年印刷能力50万纸令。2013年6月，设立阳谷金晶玉玻璃有限公司，引进数十条国内一流水平的生产线，年可完成中空、钢化、夹胶、幕墙玻璃及LOW-E玻璃等深加工400余万平方米。2013年10月，成立阳谷新源有限公司，日处理生活垃圾600吨，年可供热26万吨、节约标准煤18万吨、土地2.67公顷。2014年6月，重组阳谷森泉板业有限公司。2015年6月，成立阳谷森泉湿地有限公司，建设占地规模70公顷，日处理中水7万立方米，消减化学需氧量292吨/年、氨氮51.1吨/年。至2015年年底，集团员工1800人，技术人员266人，占地146.2公顷，总资产16亿元，主营业务收入13亿元，利税2.6亿元，拥有山东金蔡伦纸业有限公司、阳谷森泉热电有限公司、阳谷毕升印务有限公司、阳谷金晶玉玻璃有限公司、阳谷新源热电有限公司、阳谷森泉湿地有限公司等8家子公司，发展成为科技含量高、产业链条完备、资源优势互补，集高端制造、精深加工、资源综合利用于一体的综合性现代化企业集团，逐步构建起以水资源综合利用为核心的多条循环经济产业链，经济效益、生态效益、社会效益同步提升。集团先后获“省级环保优秀企业”“省级高新技术企业”“省级诚信企业”“省最具发展潜力企业”“全国模范职工之家”“省级环境教育基地”“山东省十佳企业”等称号。

第五章　化学工业

1997年后，经过多年发展，聊城市（地区）形成煤化工、盐化工、精细化工、化工新材料和化工装备等一批各具特色的产业集群。化工产品涵盖有机原料、无机化学品、催化剂、溶剂、助剂、化肥、农药等众多门类。产业专业化分工逐渐走向细化，产业结构逐步得到调整，产业链条进一步延伸，成为聊城市工业经济发展的一支生力军。

列入聊城市“1150”工程中有化工企业10个，鲁西集团、信发集团化工园区等一批经济实力强、投资规模大、经济效益好的领军企业迅速发展壮大，在全市化工产业经济中占到半壁江山。成立于2007年4月，并以山东阳谷华泰化工股份有限公司为依托组建的“国家橡胶助剂工程技术研究中心”，成为中国橡胶助剂行业唯一的国家级研究中心。聊城培育和发展一批拥有自主知识产权的化工名牌产品和商标，“鲁西”“丰叶”商标被认定为“中国驰名商标”，“齐鲁”牌油漆、“谷丰源”生物肥等12个商标获山东省著名商标，鲁西复合肥、尿素、氯化苄等13个产品获山东省名牌产品。聊城化工特色产品出口创汇逐年上升，阳谷华泰生产的环保型、功能性橡胶助剂产量排名全球第一，鲁西集团以年产 330 万吨优质化肥和 360 万吨化工产品的生产能力成为全国最大的化肥生产企业之一，时风集团依托 10 万吨锦纶工业布生产能力成为国内生产锦纶、涤纶工业布的 38 家重点企业之一，齐鲁油漆在省内排名首位，奥克特化工有限公司氯化胆碱、甜菜碱两大主导产品出口量占全国同类产品出口总量的 40%。企业利用资本市场以及开展资本运营的意识和能力不断加强，鲁西集团于 1998 年 5 月在深圳证券交易所挂牌交易，阳谷华泰化工有限公司于 2010 年 9 月在深圳证券交易所创业板挂牌上市，东阿创新腐植酸科技有限公司于 2014 年 6 月在全国中小企业股份转让系统成功挂牌，高唐天泰集团于 2014 年 8 月 1 日成功在英国伦敦证券交易所创业板上市。

2015 年，聊城化工领域拥有国家级企业技术中心、工程技术研究中心、国家级重点实验室 4 个，省级企业技术中心 8 个，市级企业技术中心 6 个。是年，全市化工行业规模以上企业 196 家，从业人员 24185 人，工业总产值 617.04 亿元，主营业务收入 611.36 亿元，利税 56.61 亿元，利润 41.13 亿元。化肥产能 410 万吨，产量 353 万吨；化工产能 717.8 万吨，产量 534.3 万吨。

第一节　主要行业

一、煤化工

1997 年，聊城煤化工产业合成氨产能 20 万吨，产量 16.53 万吨；尿素产能 20 万吨，产量 22.04 万吨。1998 年，尿素产能翻番，为 40 万吨，产量 29.18 万吨。1999 年，产量 35 万吨。2000 年，合成氨产能 121.38 万吨，产量 96.72 万吨；尿素产能在 1998 年的基础上又实现翻番，为 85 万吨，产量 85.08 万吨。2001 年，合成氨产能 163 万吨，产量 138.3 万吨；尿素产能 100 万吨，产量 93.19 万吨。2003 年起，尿素产量突破 100 万吨。2007 年，合成氨产能 112 万吨、产量 90.85 万吨；尿素产能 144 万吨、产量 130.43 万吨；甲醇产能 10 万吨甲醇、产量 3.78 万吨。2010 年，煤化工产业板块形成年产 112 万吨合成氨、20 万吨甲醇、6 万吨三聚氰胺的生产能力。

自 2011 年 11 月起，原料路线和动力结构调整工程竣工进入试生产阶段，年产合成氨 30 万吨，该项目选用航天炉粉煤气化技术，改变传统的无烟煤原料生产路线，生产的合成气——氮气、一氧化碳和氢气，下游可涉及基础化工、精细化工和石油化工等产品。该项目节能、环保、自动化程度高，在设计中参考国内外同类型装置的自动化系统。自动化控制系统包括集散控制系统（DCS）、紧急停车系统（ESD）、可编程逻辑控制器（PLC）系统和气体检测报警系统，对整个工艺生产过程集中监视、管理及自动化控制，ESD 作为安全保护系统，实时在线监测装置的安全性。自试生产以后，整套装置运行稳定，保持较好运行态势，经设计部门运行考核合格验证、达到设计运行工艺指标，配套公用工程、供电系统、供气、供水系统、原料供应等各项工作运行比较稳定，取得可观的经济效益。2012 年，煤化工产业板块形成年产 130 万吨合成氨、186 万吨尿素、20 万吨甲醇、20 万吨三聚氰胺的生产能力。

2015 年，全市煤化工产业板块形成年产 130 万吨合成氨、186 万吨尿素、20 万吨甲醇、11 万吨三聚氰胺、45 万吨硝酸、40 万吨硝铵、60 万吨硝基肥的生产能力。年产量分别为 116.75 万吨合成氨、175.41 万吨尿素、18.05 万吨甲醇、3.53 万吨三聚氰胺、39.67 万吨硝酸、19.37 万吨硝铵、37.54 万吨硝基肥。

二、盐化工

2000 年，全市形成年产 10 万吨烧碱（30%）、2.5 万吨液氯、5000 吨氯化苄的生产能力。2004—2006 年，形成年产 10 万吨烧碱的生产能力。2008 年，盐化工产业板块形成烧碱 10 万吨（100%）、液氯 8 万吨、氯化苄 5.5 万吨的生产能力。2008—2010 年，先后开工建设离子膜烧碱、甲烷氯化物、甲胺、氯化石蜡等项目，分别一次开车成功。2010年，20万吨/年甲胺一期10万吨项目、12万吨/年甲烷氯化物一期6万吨项目、20万吨/年离子膜烧碱项目、年生产能力10万吨的氯磺酸项目、10万吨/年氯化石蜡一期5万吨项目投产运行。2011年，12万吨/年甲烷氯化物二期6万吨项目投产。2012年，10万吨/年甲酸钠项目、10万吨/年甲酸项目、1.6万吨/年四氯乙烯项目、8万吨/年甲烷氯化物项目成功投产。

至2015年，全市盐化工产业板块形成年产62.5万吨烧碱（32%）、24万吨液氯、8万吨氯化苄、7500吨苯甲醇、1500吨苯甲醛、22万吨甲烷氯化物、5万吨一氯甲烷、1.2万吨四氯乙烯、10万吨氯磺酸、100万吨硫酸（100%）、40万吨盐酸、3.6万吨氯化石蜡、20万吨甲酸钠、10万吨甲胺、10万吨DMF、2万吨无水氯化钙、5万吨二水氯化钙、6万吨氯甲烷的生产能力。

三、氟硅化工

2010年，聊城20万吨/年有机硅一期5万吨项目投产，主要产品有二甲基硅氧烷混合环体（DMC）、六甲基环三硅氧烷（D3）、三甲基一氯硅烷、一甲基三氯硅烷、一甲基二氯氢硅烷、甲基乙烯硅橡胶（生胶）、高沸物、低沸物。2012年，开工建设高氟聚合物联产新型制冷剂项目，主要产品包括聚四氟乙烯、聚全氟乙丙烯、氟橡胶等含氟高分子材料以及新型环保制冷剂等。其中，制冷剂项目于2013年3月中旬投料试车，陆续生产出合格的系列产品，生产运行稳定。至2015年，全市氟硅化工产业板块形成年产2.7万吨二甲基甲酰胺、2.8万吨氟化工产品（二氟一氯甲烷、二氟甲烷、五氟乙烷、聚四氟乙烯、六氟乙丙烯、聚全氟乙丙烯、四氟乙烯）的生产能力。

四、化工新材料

2012年，聊城新开工建设的项目有己内酰胺项目、多元醇项目、双氧水项目等。己内酰胺项目是2012年山东省重点建设项目，同时也是国家重点产业振兴和技术改造2011年中央预算内投资项目，该项目采用国际先进的酮胺肟化液相重排工艺技术，装置单元有环己酮、氨肟化，苯加氢、液相重排、己内酰胺和包装储运。2013年，20万吨/年多元醇项目、20万吨/年己内酰胺项目、20万吨/年双氧水项目投产。2015年，尼龙六切片项目、聚碳酸酯项目试运行。聚碳酸酯、尼龙六等装置的建成投产，为发展高分子化工新材料打下坚实基础。是年，全市化工新材料产业板块年产多元醇38.7万吨，己内酰胺10.8万吨，环己酮10.7万吨，甲酸16.9万吨，双氧水19.2万吨，尼龙六1.3万吨。

五、化肥

聊城化肥主要产品涵盖尿素、复合肥、复混肥、硝基复合肥和硫酸铵。

1997年，聊城尿素产能20万吨，产量22.04万吨。1998年，尿素产能翻番，为40万吨，产量29.18万吨。2000年，尿素生产能力为85万吨，产量85.08万吨。2003年，尿素产量突破100万吨。2005年年底起，经过3年建设，2007年尿素产能增至144万吨，产量130.43万吨。2012年，煤气化项目开车成功，形成186万吨尿素的生产能力。

复合肥主要涵盖硫基肥、硝基肥、水溶肥、液体肥四大系列和缓释肥、脲甲醛肥、腐植酸肥、脲硫酸肥、根际肥、中微量元素肥6大单品。1997—1999年，聊城加大技术改造投入，生产能力逐步提高，与中国磷肥协会联合开发磷酸高温快速萃取专利技术，与山东省化工厅共同合作开发氢钾连续转化专利技术。2000年，新建20万吨复混肥项目投产。2006年，新建20万吨氨化造粒项目投产。2011年以后，开发脲硫酸、脲甲醛、有机无机和缓控释系列复合肥新品种。2012年，复合肥、复混肥总产量68万吨。产值突破20亿元。2013年，新上20万吨和10万吨2套高新技术肥料生产线。2015年，复合肥产能110万吨。

2008年，鲁西集团新上氯磺酸装置。2009年，新增自动包装系统，进行20万吨生产系统氨酸法改造。2012年，与清华大学强强联合，建成高氮肥生产装置并成功投产。2013年，建

鲁西集团硝基复合肥装置 （2015 年摄）

成硫包衣尿素生产装置并成功投产。2013 年，与日本丸红株式会社合作，建成投产国内最先进的全降解缓释肥生产装置。2014 年，建成 5 万吨 BB 肥生产装置，60 万吨 / 年硝基复合肥项目试运行。硝基复合肥造粒塔直径 22 米，塔高 126 米，三塔呈“品”字形排布，为世界首创，可以同时生产硝硫基、硝氯基、硝铵磷三大类产品，产量 100 万吨，国内最大，是年产量 6.74 万吨。2015 年，硝基复合肥项目全面投产，年产 37.54 万吨。

硫酸铵作为鲁西集团热电和己内酰胺装置的副产品，是服务农业的氮肥肥料。2008 年开始，作为热电厂脱硫回收副产品，年产量 4027 吨。随着发电能力的增加，产量逐步增加。2012 年，产量 1.89 万吨。2013 年，随着己内酰胺装置的投运，硫酸铵的年生产能力 18 万吨，产量增至 19.52 万吨。

2015 年，全市化肥板块形成年产 186 万吨尿素、110 万吨复合肥、60 万吨硝基肥、36 万吨复混肥、18 万吨硫酸铵的生产能力。

六、催化剂

2008 年，鲁西集团成立山东国昌催化剂有限公司，开始筹建合成氨催化剂项目。2009 年，年产 500 吨的合成氨催化剂项目投产。2010 年，合成氨催化剂项目扩产能，年产能力 1000 吨。2014 年 4 月，成立鲁西催化剂有限公司，设有活性氧化铝、加氢催化剂、分子筛等 3 个项目组，合成氨催化剂、硅铝胶 2 个生产车间，具有 1000 吨合成氨催化剂、1500 吨硅铝胶生产能力；2015 年，公司 3 个催化剂项目陆续投产，形成合成氨、硅铝胶、活性氧化铝、分子筛、贵金属催化剂 5 大系列 11 种产品。2014—2015 年，3000 吨 / 年的活性氧化铝球、1 吨 / 年苯加氢催化剂、100 吨 / 年 TS-1 钛硅分子筛、200 吨 / 年 ZSM-5 沸石分子筛、双氧水蒽醌加氢钯催化剂 5 种新型催化剂均一次性开车成功投产。2015 年，引进多元醇铑催化剂制作技术，2015 年 9 月一次开车成功产出合格产品。是年，催化剂公司形成年产活性氧化铝球 3000 吨、蒽醌加氢齿球形钯催化剂 200 吨、苯加氢催化剂 1 吨、TS-1 钛硅分子筛 100 吨、ZSM-5 沸石分子筛 200 吨、氨合成催化剂 1500 吨、预还原催化剂 1000 吨、硅铝胶催化剂 3000 吨、硅胶催化剂 3000 吨、多元醇铑催化剂 1 吨的生产能力，产品品种 11 种，主要用于合成氨、三聚氰胺、双氧水、己内酰胺、多元醇生产装置。

第二节 重点企业选介

鲁西集团 组建于 1992 年，是在建于 1976 年的鲁西化肥厂基础上逐步发展起来的国有控股企业集团。

鲁西集团拥有煤化工、氟硅盐、新材料、化肥、设计研发、化工装备、化工工程、新能源装备、催化剂、金融等产业板块，建有国家级企业技术中心、院士工作站、博士后工作站、欧洲研发中心、省级工程实验室等技术研发机构，拥有国家级化工职业技能鉴定站、鲁西化工工程学院、员工培训中心等培训培养机构。获“全国五一劳动奖状”“中国化工行业技术创新示范企业”“中国化工园区 20 强”“全国石油和化工行业责任关怀最佳实践单位”“山东省省长质量奖”“山东工业突出贡献表彰奖”等称号。

1997年3月，经山东省政府批准设立山东省鲁西化工股份有限公司，顺利实现企业的体制改革。1998年5月，鲁西化肥厂与东阿分公司共同组建山东鲁西化工股份有限公司，在深圳证券交易所上市发行。2001年，企业成立以总经理为首的第八届领导班子，首先从统一规范集团运作、强化企业管理入手，通过规范运作，创新管理，对管理机制、组织机构、管理制度等进行大刀阔斧的改革和探索，集团逐步走上一条健康发展之路。2005年，完成股权分置改革，成为山东省第一个完成股权分置改革的企业。2007年，集团总部办公地点搬迁至工业园区，标志着集团工作重心向工业园区转移。2015年，鲁西集团资产258亿元，销售收入320亿元，利税9.9亿元，从业人员1.32万人。

莘县华祥盐化有限公司 成立于2005年3月，前身为莘县华祥氯碱化工有限公司，2010年12月被中国盐业总公司进行股权重组，2011年3月名称变更为中盐华祥盐化工有限公司，成为中国盐业总公司直属单位，中央企业二级单位。2012年，变更为由县国资委控股，更名为莘县华祥盐化有限公司，注册资金1.82亿元。公司位于山东聊城鲁西经济开发区古云现代化工产业园，是一家依托当地丰富盐矿资源从事盐化工系列产品生产、研发的综合性企业。

2006年年底，企业投产后，在不到一个月的时间内迅速占有周边市场，顺利实现产销平衡。2008年起，公司先后与中国铝业总公司等特大型企业建立稳定长期的合作关系，实现产业共赢目标。2009年，公司3万吨/年环氧氯丙烷投产，产品销售网络遍布山东、河南、河北、浙江、江苏、广东、辽宁等全国各大省份。2013年，投资8亿元，完成年产3.6万吨离子膜烧碱综合技改工程。2014年8月，投资5.4亿元，开工建设年产10万吨氯乙酸项目。2015年，企业占地24.01公顷，总资产15亿元，拥有员工500余人，其中各类技术人员180人，获得中级以上职称的48人。具有60万吨/年采卤、36万吨/年离子膜烧碱、3万吨/年环氧氯丙烷，3万吨/年氯丙烯生产能力，并拥有2.2平方千米的盐矿开采权，盐储量近10亿吨。主要产品为卤水、烧碱、液氯、盐酸、次氯酸钠、氢气、环氧氯丙烷、氯丙烯等。公司充分利用当地丰富的盐矿资源，采用世界先进的生产工艺及装备，实行现代化科学管理，先后通过ISO 14001环境管理体系、职业健康安全管理体系（GBIT 28001）、ISO 9001质量管理体系认证及安全生产标准化二级认证。

山东奥克特集团 前身是建于1975年的高唐县化肥厂（国营），1986年生产糠醛产品，更名为高唐县化工厂（国营），1998年更名为高唐化工总厂，并于1999年整体搬迁至高唐经济技术开发区。2005年6月，高唐化工总厂经高唐县政府批准，国有股份全部退出，改制成立奥克特公司。

2010年，奥克特集团参与欧盟氯化胆碱标准制定，是亚洲唯一一家参与该标准制定的企业。2014年6月，奥克特被国家质检总局、农业部选定代表中国饲料添加剂（氯化胆碱）行业接受欧盟官方检查，品控管理、现场管理、管控体系建设等工作得到欧盟官员和国家部委领导的赞赏和肯定。2014年8月，被国家质检总局授予“中国质量诚信企业”称号。2015年年底，奥克特建设的高新技术生物酶制剂项目“奥博生物”实现投产。公司在完成酶制剂产品植酸酶项目建设后，陆续生产木聚糖酶、β甘露聚糖酶等酶制剂产品，重点发展国家鼓励的生物发酵产业，实现由传统化工产业向生物发酵产业转变，整体提高产业档次和技术含量，

奥克特是全国最大的氯化胆碱、甜菜碱生产和出口企业。产品出口76个国家和地区，主导产品产销量连续7年位居全国同行业第一位，主导产品出口量占全国同类产品出口总量的35%，占欧盟市场40%份额，出口量位居全国同行业第一位。企业是中国质量诚信企业、山东省重点工业企业、山东省工程实验室、高新技术企业、“省级重点企业技术中心”“山东名牌”产品认定企业、山东省创新性试点企业、山东省循

环经济示范单位、医药中间体饲料添加剂技术研发重点实验室、山东省产学研合作创新基地、ISO 9001 质量管理体系认证企业、欧盟 FAMI-QS 准入体系认证企业、ISO 22000 食品安全体系认证企业、山东大学有机化学所高新技术研发基地、华东理工大学与北京化工大学合作单位、山东省聊城市“十大优秀企业”、聊城市长质量奖获得企业、共建聊城大学—奥克特化工技术中心、聊城大学产学研基地、聊城市产学研合作创新基地。

第六章 医药工业

1997 年前，聊城地区主要的医药企业有山东东阿阿胶（集团）股份有限公司（以下简称东阿阿胶公司）、山东华鲁制药有限责任公司（以下简称华鲁制药公司）、山东康宁药业有限公司（以下简称康宁药业公司）。地区医药工业企业由“七五”期间产值百万元、几个主要产品，发展到生产中西药品、医药器械、制药机械、卫生材料、保健品六大类产品。1995—1997 年，是全区工业企业股份制改造和发行股票、债券的空前高涨时期。东阿阿胶（集团）股份有限公司更名为“山东东阿阿胶股份有限公司”，山东华鲁制药有限公司改制为有限责任公司，康宁药业公司改制为山东康宁药业有限公司。至 2000 年，全市医药工业企业全部完成改制，技术改造项目总投资 5.8 亿元。是年，全市规模以上医药制造企业 7 家，实现工业总产值 7.22 亿元。其中，化学药品原药制造企业 1 家，工业总产值 1900 万元；化学药品制剂制造企业 2 家，工业总产值 9100 万元；中药材及中成药加工企业 2 家，工业总产值 6.04 亿元。全市医药工业实现工商利税 1.87 亿元，较“八五”末增长 3.8 倍；利润总额突破亿元，与“八五”末相比增长 4.2 倍。2005 年，全市医药制造规模以上企业 12 家，大输液产量、销售收入占全省总量的 60%，实现工业总产值 16.77 亿元，新产品产值 1.02 亿元，出口交货值 1297 亿元，销售收入近 16 亿元，利润 2.3 亿元，利税 3.6 亿元。2015 年，全市医药生产企业发展到 41 家，其中药品企业 21 家、医疗器械企业 19 家、制药机械企业 1 家。药品涉及粉针剂、水针剂、片剂、胶囊剂等 13 个剂型，涵盖生物制品、化学药、生化药、中成药、中药饮片、医用氧等六大类药品。全市规模以上医药生产企业 18 家，企业在职员工 7900 余人。实现销售收入 94.61 亿元、利润 22.02 亿元、利税 28.8 亿元。

第一节 主要行业

一、化学药品原药、制剂

聊城市主要的化学药品原药与制剂制造企业有华鲁制药、康宁制药、中泰药业等。其中，大输液制造企业华鲁制药、康宁制药在山东省内有一定的知名度，生产输液剂、粉针剂、水针剂产品等。山东华鲁制药厂大输液车间建成投入生产后，系列产品经济规模膨胀，形成华鲁制药发展的主导产品。2001 年，华鲁制药取得国家 4 类新药 6 个，结束自己不能研制新药的历史。筹建 GMP 工业园大输液生产基地，总投资 1 亿元，一期工程投入 8390 万元，大输液年产 1.5 亿瓶的生产能力，塑瓶袋600万瓶，针剂2亿支能力。2002 年 10 月，聊城市生化制药厂，经改制更名为“山东中泰药业有限公司”，中泰药业公司是一家集科研、生产、营销于一体的综合性新型制药企业，位于山东聊城嘉明经济开发区，注册资金 5000 万元。2003 年 1 月，华鲁 GMP 工业园一期工程竣工，通过 GMP 认证并调试投产。2004 年 11 月，华鲁制药公司口服固体制剂（胶囊剂、片剂、颗粒剂）车间、原料药生产车间顺利通过省级 GMP 认证并投产使用。华鲁制药投入 4700 万元建设塑料袋输液产品项目，17 个塑袋产品获得生产批件，项目竣工投产。是年，华鲁制药的大输液产品产量居全省首位。2005 年，山东康宁药业有限公司新开发复方氨基酸注射液、甘油果糖注射液、氨茶碱氧化钠注射液、木糖醇注射液等 12 个新品种。2 月，华鲁制药大输液扩产改造及多室输液袋技术改造。华鲁制药有限公司老厂区大输液车间、1 个精烘包装车间入迁工业园及技术改造项目，年底完成投资 4600 万元，主体建设完毕，设施到位。2006 年全部竣工，并申请国家 GMP 认证，投入生产。塑袋产品甲硝唑注射液运往越南，标志产品打入国际市场。华鲁制药公司与上海有关科研单位合作，研制治疗乳腺癌国家一类新药，新产品销售 1000 余万瓶（袋），新产品销售收入 2800 万元。康宁制药公司加大新产品开发投入，9 个产品实现良好效益。华鲁制药公司新产品开发拿到批准文号 50 个。技改投资 2905 万元。新上 2 条塑瓶大输液生产线，日生产超过 20 万瓶的生产能力，日创毛利 20 万元以上。滴鼻剂工程车间自主设计建设完工。2007 年，华鲁制药公司 9 个专利项目申请被审批通过，塑瓶车间通过 GMP 认证，开发以基础型输液和治疗型输液为主的 99 种大容量注射剂，成为企业主导产品，大输液的产值、利润占全部产品的 80% 以上。康宁药业公司拥有国内一流的大容量注射剂生产设备、质检中心和动物实验中心，能够生产 60 个品种 80 个规格的大容量注射剂，拥有国家 GMP 认证通过的 4 个生产车间，是年生产能力 2 亿瓶。东阿阿胶针对区域市场需求实施差异化开发。在浙江市场开发阿胶糕，为上海开发阿胶补血膏、专用阿胶粉、阿胶原粉三款礼品阿胶。推出传统工艺“九朝贡胶”，提升阿胶品类的价值定位。4 个新药、保健品获国家批文、6 个食品获生产许可、1 个产品获国家专利；溶栓基因新药瑞通立获生产批文、通过 GMP 认证，列入国家火炬计划。围绕提升优势实施标准研究，“企业技术中心平台建设项目”通过国家发改委评估，获得 300 万元无偿资助。中泰药业公司高度重视科研创新及科研投入，每年研发投入约占公司营业收入的 6% 以上，2008 年以后用于研发经费的投入 1500 余万元，承担 10 项省市级科技计划项目。2009 年，经过国家药监局认证中心专家组队软件、硬件及生产现场检查，华鲁制药公司复方右旋糖酐 40 注射液符合 GMP 要求，通过注册生产现场检查。是年 11 月，取得国家三类新药——复方右旋糖酐 40 注射液的生产批件。该药主要用于体液、电解质、血容量补充和酸碱平衡的调节。是年，加快产品结构调整的步伐，将原有的玻璃瓶大输液占 80% 的比例调整为 50% 的塑瓶输液、30% 的玻璃瓶输液、20% 的塑袋输液比例。2010 年，华鲁制药公司右旋糖酐 40 注射液生产工艺通过国家认证中心专家组验收。固体制剂车间及贾寨原料车间通过省药监局专家现场检查，标志车间的建设和生产工艺流程完全符合 GMP 标准。

2011 年，华鲁制药公司 205 车间、206 车间、软袋车间 B、C 线通过国家认证中心专家组现场检查认证，是年获得由国家食品药品监督管理局颁发的药品注册批件，即复方制剂复方甘露醇注射液生产批件。大输液成功进入上海同济大学附属上海第十人民医院、上海华山医院 2 家三甲医院，加上之前的四五五医院，上海市场与 3 家三甲医院成功合作。是年 10 月，市场部开展出口业务，通过与外贸公司合作，实现塑瓶 500 毫升 5% 葡萄糖注射液、500 毫升 10% 的葡萄糖注射液对柬埔寨的出口。省级认证中心专家组对奥硝唑氯化钠注射液先插核查，核查后通报公司产品奥硝唑氯化钠注射液符合 GMP 要求，通过药品注册研制、生产现场检查。奥硝唑氯化钠注射液为化学药品 6 类，为抗感染剂。最新研制的 3 项技术成果通过成果鉴定会，成果达到国内领先水平。中泰药业公司“益心舒颗粒”是治疗心脑血管疾病的新型药物制剂，质量控制标准获得国家发明专利。2012 年，华鲁制药 101 车间原料药羟乙基淀粉 130/0.4 及 208 车间通过行 GMP 认证。市场部加大中高端软袋市场的开发力度，软袋产品成功进入黑龙江、重庆等省、市、自治区的二级以上医院，实现稳中有升的销售。阿托伐他汀钙片通过专家组现场核查，丰富固体制剂产品品种。图形商标被山东省工商行政管理局认定为山东省著名商标。软袋双管口大输液的塑料硬质接口获得国家专利。新产品缬沙坦氨氯地平片为主要用于临床治疗高血压症的化学药品，通过注册现场核查。“益心舒颗粒”独特处方工艺申请国家发明专利。“羚羊感冒片新型制备工艺研究”项目，采用先进的β-环糊精包合技术，有效解决该产品储存过程中挥发油损失严重的问题，提高产品治疗效果，该项技术的应用申请了国家发明专利。2014年，中泰药业公司致力于新药研发项目及老品种二次开发项目，为拳头产品“健脾止遗片”申请国家发明专利号，是与山东医科大学合作开发的中药新药，具有健脾和胃、缩尿止遗的作用，主治脾胃不和的小儿遗尿症。药品效果良好，副作用低，占有该领域70%的市场份额，申请了国家发明专利号。创研开发有独特疗效的新药琥珀酸索利那新片，为治疗膀胱过度活动症（尿失禁）的良药。与山东师范大学、聊城大学、聊城市职业技术学院等签订人才培养合作协议，引进人才26人，进行羚羊感冒片、熊胆痔灵栓、益心舒颗粒等多个品种的技术改造，淘汰落后的技术工艺，提高生产效率，启动琥珀酸索利那新片的研究。“益心舒颗粒”研究制备技术经专家委员会鉴定，达到国家先进水平，获得山东省优秀新产品奖。2015年，华鲁制药公司聚丙烯安瓿包材取得注册证，10毫升氯化钠等6个新产品批件陆续下发。中泰药业公司为适应栓剂药品配制而发明的胶体磨，解决栓剂配制过程中因冷却凝固无法灌装的瓶颈问题，胶体磨的设计获得国家实用新型专利。开发高附加值的蛋清系列产品，系列产品的生产技术申请了国家发明专利。设计独特的肠多糖药盒、熊胆痔灵栓药盒、颈康胶囊药盒、益心舒药盒等。开展“小儿咳喘灵颗粒质量标准研究”“喉痛灵颗粒质量标准研究”“肝浸膏提取工艺研究”等项目研究。华鲁制药公司为“省级企业技术中心”，华鲁制药公司、中泰药业公司为高新技术企业。山东聊城阿华制药严格执行国际药典标准，成为西安杨森、上海强生、中美史克、辉瑞制药等国内外1500余家制药企业合格供应商。是年，投资6亿元，在市高新技术产业开发区建设年产2.2万吨的药用辅料生产基地。

二、中药及中药饮片

1997年，聊城地区医药制造企业发展拳头中药产品，取得进展。华鲁制药以170万元买断国家三类中成药胃复胶囊，填补没有拳头中药产品的空白。东阿阿胶公司开展“三废治理”，发展绿色产品。山东临清华威药业有限公司2000年6月成立，前身为山东临清中药厂，“临药”商标先后两次被评为“山东省著名商标”，2004年成为华润东阿阿胶有限公司全资子公司，生产剂型有片剂、丸剂、颗粒剂、散剂、口服液、合剂、糖浆剂等剂型。

1998年，东阿阿胶与华东理工大学合作，投资600万元，在华东理工大学建立上海阿华生物工程研究所。2001年，东阿阿胶公司通过环境管理体系认证。2004年，东阿阿胶公司在上海华东理工大学成立国内首家“阿胶工程研究所”，整合国内外的技术人才资源，加快名优产品阿胶和中药的二次开发，开发阿胶系列新药和保健食品。2005年，“阿胶软胶囊的开发研制”和“DNA分子标记鉴别驴皮真伪”2个项目获得2005年度聊城市科学技术进步三等奖。东阿阿胶公司新研制的安宫止血颗粒列入国家重点新产品计划。为推动新产品开发，借助社会资源扩大10个产品销售，销售额增长4.4倍。东阿阿胶公司的复方阿胶浆年生产能力达到6.5亿支，生产的国家四类药新药“安神补心胶囊”“养心定悸口服液”获新药证书和生产批准文号。华鲁制药公司三类中药新药脑舒宁胶囊通过临床实验。阿华制药足辅料在市场销售，新产品销售额300万元，增长1.6倍。同时，加大技改投入，东阿阿胶公司新上颗料剂改造项目设备。新车间项目投资2.36亿元，设计处理药材5000吨、建筑面积5500平方米。其中，中药材前期处理项目投资670.7万元。华鲁制药公司中药前提取车间通

2014 年，东阿阿胶院士工作站揭牌

满足生产，确保市场供应起到有力保障。东阿阿胶加大国际市场开发力度，股份公司实现产品出口 1210 万元。在产品注册、网络建设及出口品种等方面均取得新的突破，进入包括华润堂 33 家连锁店及华润超市 20 家连锁店在内的香港 92 家终端店，新加坡 100 家药店及诊所，马来西亚 50 家药店及 60 家诊所，印度尼西亚 110 家终端，在中国香港地区及东南亚市场进入成熟阶段。加拿大 GMP 认证、TGA 产品注册认证的通过，在业界率先取得以药品进入加拿大等欧美国际主流市场合法身份。2007 年，脑舒宁胶囊获聊城市科学技术进步三等奖。纯中药制剂、OTC 产品“感冒咳嗽胶囊”系国家八类新药，并投产。2007 年 11 月，聊城利民中药饮片有限公司通过 GMP 认证验收，具备普通饮片生产和毒性饮片生产 2 条生产线，年生产能力 2000 余吨。主要经营范围，包括中药材收购、中药饮片生产销售、调味品及茶饮品的定型加工销售，相关食品胶囊的加工、销售。是年，东阿阿胶公司实施清洁生产。2008 年，东阿阿胶制作技艺被列入第一批国家级非物质文化遗产扩展项目名录，复方阿胶浆上榜“2008 中国药品品牌榜”补益类第一位，注射用重组人白介素 -11 获得新药证书和药品注册批件。2009 年，东阿阿胶中国阿胶博物馆成为“全国中医药文化宣传教育基地”，东阿阿胶荣膺“健康中国 •2009 中国药品品牌榜”“中国十大最具历史文化价值品牌”。2010 年，“重组人组织型纤溶酶原激酶衍生物”项目获山东省科技进步奖一等奖。山东省胶类中药研究与开发重点实验室通过山东省科技厅批准，山东省阿胶工程技术研究中心通过验收。全市规模以上企业中，中药饮片加工企业 3 家，工业总产值 1.26 亿元，主营业务收入 1.18 亿元；中成药制造企业 4 家，生产中成药 0.72 万吨，工业总产值 11.03 亿元，新产品产值 0.9 亿元，出口交货值 0.13 亿元，主营业务收入 10.41 亿元。

过省级 GMP 认证并投产使用。重点企业加大资源开发力度与研发推广，东阿阿胶公司成立产业管理部，实施驴皮资源开发的战略推进，新建甘肃高台、河南沁阳、云南大理、沧源 4 个基地，组织专家改良毛驴品种、快速繁育、快速育肥、开发副产品等技术的研究与推广。2005 年，全市规模以上企业中，中药饮片加工企业 3 家，工业总产值 1.26 亿元，主营业务收入 1.18 亿元。中成药制造企业 4 家，生产中成药 0.72 万吨，工业总产值 11.03 亿元，新产品产值 9000 元，出口交货值 1300 万元，主营业务收入 10.41 亿元。

聊城利民中药饮片有限公司成立于 2005 年，由聊城利民药业集团有限公司和山东利民大药店连锁有限公司共同出资兴建。2006 年，东阿阿胶公司研究“阿胶二次开发”中药现代化，阿胶真伪鉴别研究取得突破，指纹图谱技术应用于复方阿胶浆标准研究获得成功，国家药典会和山东省药检所委托东阿阿胶进行有关 9 个品种质量标准提高研究，取得阶段性成果，申请并被列入重大科技专项 1 项，获得 25 万元资金支持。新疆和田 5 项技改项目全部完成并投入使用，通过改造旧锅炉，推行节能技术，年节能增效 40 万元。与供应商的战略合作，拓宽驴皮采购渠道，全面采购驴皮 2720 吨。瞄准国际资源市场，推进驴皮进口，取得埃及、秘鲁、巴西等四国进口许可证，是年进口驴皮 200 吨，同比增长 1.5 倍，为

2011年7月，邢台古邢阿胶有限公司变更为山东东阿国胶堂阿胶药业有限公司，是年获“阿胶制剂及其制备方法”等国家发明专利4项。国胶堂公司获得药品生产许可证。2012年，东阿国胶堂获新版药品GMP证书。东阿阿胶公司成立国家胶类中药工程技术研究中心，“基于生物技术的阿胶质量标准研究”项目获山东省科技进步奖一等奖。东阿阿胶股份有限公司“多学科整合的改造传统医药技术创新体系”项目获山东省科技进步奖二等奖，“基于指纹图谱的复方阿胶浆质量控制技术”获聊城市科技进步奖一等奖。2013年，东阿国胶堂获发药品阿胶注册生产通知书，药品阿胶生产上市销售。2014年，“一种熬胶装置”等8项发明获国家实用新型专利证书。东阿阿胶“中药大品种复方阿胶浆关键技术改造”项目获聊城市科技进步一等奖，阿井水、阿胶低聚肽获得生产许可，并通过能源管理体系认证。2015年，东阿阿胶建立的阿胶、龟甲胶、鹿角胶的专属性鉴别方法，收录《中国药典》。“东阿黑毛驴农业科技园区”被批准为省级农业科技园区。“一种动物胶类中药的干燥方法”获得中国专利奖优秀奖。“阿胶生产过程智能控制体系构建与应用”项目获聊城市科技进步一等奖。10月11日，国内首个“胶类中药源性DNA分子鉴定实验室”在山东省农业科学院正式揭牌成立，该实验室由山东省农科院与山东东阿国胶堂联合共建，共同建立驴皮原料、阿胶成品的DNA分子真伪鉴别体系。东阿国胶堂DNA全检阿胶上市。是年，聊城中药饮片生产企业主要有聊城利民中药饮片有限公司和山东合众正源现代中药饮片有限公司。中成药制造主要企业是山东华鲁制药公司、东阿阿胶股份有限公司、中泰药业、华润三九（临清）有限公司与国胶堂。全市规模以上企业中，中药饮片加工企业减少到1家，工业总产值1.07亿元，主营业务收入1.03亿元；中成药制造企业发展到20家，生产中成药8100吨，工业总产值91.68亿元，出口交货值4.58亿元，主营业务收入84.47亿元。

三、生物、生化制品

2000年12月，东阿阿胶股份公司EPO通过科技部生物工程中心组织的“九五”国家重点科技攻关项目验收，被认定为国家“九五”科技成果。2013年10月11日，山东百年堂阿胶生物制品公司成立。华润昂德生物药业有限公司还生产二类新药瑞通立。2015年，全市规模以上企业中，生物药品制造企业从无到有发展到4家，工业总产值29.4亿元，出口交货值2.37亿元，主营业务收入29.02亿元。

第二节　重点企业选介

东阿阿胶股份有限公司　公司隶属央企华润集团，前身为山东东阿阿胶厂，1952年建厂，1993年由国有企业改组为股份制企业。1996年成为上市公司，是年7月5—9日，向社会公众发行新股1090万股，7月29日“东阿阿胶”股票在深圳证券交易所正式挂牌交易。1997年，山东东阿阿胶股份有限公司兼并东阿县棉花原种厂、东阿县医疗仪器厂，东阿县医疗仪器厂改组后定名为阿华医疗仪器厂。是年3月，山东东阿阿胶（集团）股份有限公司与山东聊城制药厂资产重组，成立山东东阿阿胶股份公司聊城阿华制药厂。是年，东阿阿胶厂阿胶系列产品改造项目列入“十大技改项目”，共计投资9000余万元，实施制剂车间及总体改造、中药材提取、保健品生产等3项大的改造，各项经济技术指标均居全国阿胶厂家之首和全国中药行业领先水平，产品远销东南亚各国和西欧市场，产量、出口量分别占全省的70%和90%，实现利税过3000万元，被誉为“全省运用高新技术改造传统产业的样板企业”。1998年，东阿阿胶集团实现利税过亿元。2000年12月，东阿阿胶股份公司EPO通过科技部生物工程中心组织的“九五”国家重点科技攻关项目验收，被认定为国家“九五”科技成果。是年，东阿阿胶公司通过较为规范的公司制改造，完成法人治理结构，初步建立面向市场的企业内部运行机制。2001年，山东东阿东方阿胶股份有限公司（以下简称东方阿胶公司）成立，为一家集阿胶、阿胶系列产品的研发、生产、销售、服务于一体的现代化企业。是年，东阿阿胶公司上缴利税 2.24 亿元，研制新产品 16 个。

2003 年，香港华润公司对东阿阿胶集团控股改造，改名为华润东阿阿胶股份有限公司，东阿阿胶公司依托华润集团强大的经济实力以及国内营销优势，实现跨越式发展战略目标。是年阿胶产量 2087 吨、复方阿胶浆产量 4255 吨、大输液 2.76 亿瓶，分别比上年增长 21%、9%、30%；东阿阿胶公司成立外贸部，在雅加达举办产品推介会，在马来西亚和法国成立销售公司，完成 4 个产品在 6 个国家的注册。2005 年，东阿阿胶集团新项目投资 2.43 亿元，各项经济指标在全国同行业均居首位。2006 年，东阿阿胶集团国家级技术中心通过国家发改委的评估，入选山东省首批“双百工程”，获得 100 万元的政府支持，申请并被列入国家“十一五”科技支撑计划 1 项，获得 50 万元的国家资助，“阿胶二次开发”进入国家“十一五”科技规划；阿胶利润、利税分别比上年增长 39.6%、30.6%，实现销售收入 11.97 亿元，占全行业 70% 以上。2013 年，东阿阿胶集团收入比上年增长 31.42%，新并购商业子公司贡献收入 5.7 亿元。2014 年，东方阿胶公司进行股份制改造，并与是年 12 月 31 日在齐鲁股权交易中心正式挂牌。2015 年，公司员工 4600 余人，总资产 110 亿元，总市值超 400 亿元；实现主营业务收入 54.5 亿元、利润 19.27 亿元、利税 25.82 亿元，较 2005 年年均分别增长 19.24%、27.48%、24.88%；万元产值综合能耗 0.0362 吨标准煤，较 2005 年年均下降 15.13%。

公司与 20 所国内科研院所、高等院校建立长期稳固的技术协作、战略合作或联盟关系，承担省部级以上科研项目 40 余项，申请中国发明专利 212 项，授权 91 项，申请国际 PCT 专利 4 项，获得美国发明专利授权 1 项，自主研发毛驴细管冻精技术、蒸球化皮技术、远红外烘干及紫外线杀菌、微波干燥技术、在线质控技术等 30 余项技术，参与制定国家标准 50 余项。共计生产经营生物中药、生物保健品、生物西药三大类六大品种，为全国最大的阿胶及系列产品生产企业，国家高新技术企业、国家级创新型企业、国家非物质文化遗产传承保护企业、国家胶类中药工程技术研究中心、国家胶类中药标准制定者，国家综合性新药研发技术大平台产业化示范企业，拥有院士工作站、博士后科研工作站、泰山学者岗位。产品出口港澳、东南亚及欧美等十几个国家。“东阿”牌阿胶在全国阿胶厂家中唯一 3 次获国家质量金奖，唯一获传统药“长城”国际金奖、上海世博会“千年金奖”、米兰世博会世博百年品牌企业、全国质量奖组织奖，总裁秦玉峰获评中国杰出质量人，成为全国质量奖企业个人双冠王，7 次获“国家质量金奖”，先后获全国质量双奖、中国质量奖提名奖。东阿阿胶为中华老字号，获“全国用户满意产品”称号，11 次入围“中国 500 最具价值品牌”，获首批 300 家“全国重点保护品牌”，“中国科技名牌 500 强”，影响世界中国力量品牌 500 强，中国行业标志性品牌，“最受消费者信赖保健品品牌”，“最具放心企业和最具放心品牌”。4 次获山东省科技进步一等奖，连续 8 年被评为最具发展力上市公司，拥有 3 枚中国驰名商标，2 个国家秘密技术产品。在国内十大补血品牌中，第一提及率、最常服用率、尝试率、品牌忠诚度等 7 项指标高居榜首。“东阿”“吉祥云”“桃花姬”3 个商标均为中国驰名商标。率先在全国同行业通

桃花姬阿胶糕 （2015 年摄）

过 GMP、ISO 9001 质量体系、ISO 14001 国际环境体系三认证，跨入全国医药百强、全国科技百强、全国中药行业效益十佳企业；中国最具生命力的企业百强，连续 7 次入围“中国最具发展力上市公司 50 强”，连续六届蝉联中国药品品牌榜补益类第一名，连续四届入围中国最具竞争力医药上市公司 20 强；获评“最佳内部公司治理”，“最具价值医药上市公司 10 强”。

1997—2015 年东阿阿胶集团主要经济指标统计表

表 10-14　　单位：万元

年份	营业收入	利润总额	净利润	利税	上缴税	资产	净资产	产值	财政拨款
1997	18957	3805	3244	—	—	34294	22166	22174	—
1998	22390	4379	3784	—	—	46274	36686	24123.5	—
1999	28026	6244	4507	—	—	53521	37720	36436	—
2000	40536	10356	8444	—	—	87102	72705	57459	—
2001	45202	11884	10967	—	—	98591	76687	63500	—
2002	56992	13849	8681	—	—	98228	78556	74885	—
2003	74772	14321	9682	—	—	101942	88238	86063	—
2004	88135	19285	13139	—	—	115318	100051	100668	—
2005	93817	17016	11396	28007	15103	125170	104911	100789	—
2006	106937	22929	15863	34985	17876	141799	112244	119403	225
2007	138136	29993	21057	44786	23302	160690	126258	146369	84
2008	168596	34131	29614	53390	21539	189318	144983	170436	1140
2009	207911	47342	40706	67716	23789	311673	245912	189393	4026
2010	246378	70105	59412	99003	41850	359772	281737	255373	936
2011	275885	103630	87026	139170	49636	422635	347511	349319	798
2012	305607	124460	105356	172015	62943	532566	431121	386058	3619
2013	401630	143705	121972	193705	81840	597972	508428	386555	3061
2014	400901	161333	137228	212361	78215	745993	602762	406268	380
2015	544966	192719	163781	258205	93129	860902	708302	578525	640

2005—2015 年东阿阿胶股份有限公司能耗统计表

表 10-15　　单位：吨标煤 / 万元、%

年份	万元产值综合能耗	同比下降
2005	0.1866	—
2006	0.144	22.83
2007	0.1238	14.03
2008	0.0916	26.01
2009	0.0864	5.68
2010	0.0782	9.49
2011	0.0536	31.46

续表 10-15

年份	万元产值综合能耗	同比下降
2012	0.0425	20.71
2013	0.039	8.24
2014	0.0387	0.77
2015	0.0362	6.46

山东华鲁制药有限公司 前身为茌平县中西制药厂，建于1977年3月，1980年盐酸利多卡因原料药一次试车成功，初步形成原料药、针剂、冲剂、胶囊等综合生产能力。1993年，产品结构调整为以大输液为主。1998年2月，改制为山东华鲁制药有限公司，注册资金5000万元，占地45公顷，总投资3.5亿元。2000年3月，大输液首次通过国家GMP认证。是年，华鲁制药国有资产全部退出，建立由法人代表持大股的股份合作制企业。2002年，开始建设GMP工业园区。2003年10月，整体北厂南迁。是年，公司为研发新产品投入120余万元，是年新产品开发拿到批准文号35个，新产品临床批件1个，新产品销售530余万瓶，销售收入2500万元。2005年，公司新项目投资4600万元；上报国家药监局五类新药5个、仿制新药3个、新药标准转正品种12个，增加规格品种3个、新药标准转正品种12个，获得新证书批件5个；大输液产量、销售售收入居全国第三位、全省第一位。2006年，公司投入6000余万元开发新产品，新产品开发拿到50个批准文号；销售收入、利润、利税创历史最高水平，成为全市医药工业第二大户，产能、销售收入在全国同行业名列第二位，全省名列第一位。2007年，公司资产增至7亿元。2008年12月，塑瓶、软袋车间通过GMP认证，此后逐渐替代玻瓶输液。2009年，公司拥有5个国家三类新药，40余个国家四类、五类新药，工业总产值、销售收入、利润、利税等主要经济指标分别比上年增长21%、23%、96%、78%，均创企业历史新高；下半年，公司向聊城市红十字会和潍坊慈善总会捐赠公司生产的抗流感药物，药物折款67万元。2012年，公司实现销售收入15亿元、利税3亿元。

山东华鲁制药有限公司 （2010年摄）

2015年，年产输液10亿瓶、针剂8亿支、胶囊4亿粒，实现销售收入20亿元。至此，公司成为以大输液、制剂生产为主导，集科、工、贸于一体的大型综合制药企业，职工近2000人，具备生产大输液、水针剂、胶囊剂、片剂、颗粒剂、原料药六大剂型200余个规格品种药品的生产能力，拥有40余个国家级新药，生产规模、技术水平、品牌影响力位居国内同行业前列，是中国输液行业中品种最全和包装形式最完备的药品制造企业之一。企业为首批国家食品药品监督管理局GMP认证企业之一，生产线全部通过新版GMP认证。先后被评为“全国守合同重信用企业”“全国高新技术企业”“山东省环保优秀企业”“山东省管理创新优秀企业”“山东省现场管理样板企业”“山东医药行业最具实力企业”“山东省医药行业发展突出贡献企业”“山东省诚信企业”“全国模范职工之家”；产品覆盖全国30余个省市自治区，远销东南亚多个国家和地区。

东阿阿胶阿华医疗器械有限公司 1987年，东阿阿胶阿华医疗器械有限公司成立，是一家医用体温测量及外用贴剂产品的专业生产企业。1988 年，“东岳”牌体温计正式投入生产，填补山东省内的一项空白。1989 年、1991 年，“东岳牌”体温计先后获山东省优秀新产品二等奖、山东省星火计划成果展交会铜奖、山东省“劳动杯”优秀产品奖。之后通过 10 余年发展，企业产品产量由当初的年产不足 100 万支增长到 4000 万支，产销量列全国同行业第一位。“东岳”牌玻璃体温计国内市场占有率 40% 以上，山东省内市场占有率 95% 以上，产品畅销山东、河北、安徽、河南、辽宁、新疆等全国 30 余个省市和地区。外贸出口阿根廷、法国、俄罗斯、孟加拉国、东南亚等国家和地区，年出口额在 800 万元以上。1998 年，内标式体温计研制成功并投放市场。1999 年，麝香壮骨膏、关节止痛膏和伤湿祛痛膏上市。2000 年，通过 ISO 9001、ISO 13485 及 CE 认证。2003 年，通过橡胶膏剂 GMP 认证。2004 年，被批准为“自营进出口经营资格”，被评为“全国守合同重信用企业”。2008 年，公司实现销售收入 3032 万元、利润 510 万元、税收 547 万元。2009 年，企业被认定为国家级高新技术企业。2010 年，被认定为山东省企业技术中心、聊城市医用诊断仪器工程技术中心。2010 年，实现销售收入 7836 万元、利润 1579 万元、税收 1070 万元。2011 年，无水银体温计项目获国家火炬计划、科技型中小企业创新基金项目立项。2014 年，获批山东省博士后创新实践基地。

2015 年，公司通过企业知识产权管理体系认证；实现销售收入 1.42 亿元，其中体温计销售收入 8906 万元，税收 2178 万元，分别比 2006 年增长 371%、292%、298%。公司为“全国守合同重信用企业”“国家级高新技术企业”“山东省博士后创新实践基地”“山东省消费者满意单位”“山东省企业技术中心”“聊城市医用诊断仪器重点实验室”“聊城市科技型中小企业”，中国医疗器械行业协会体温测量专业委员会理事长单位。研发新工艺、新技术、新产品及新设备等 20 余项，部分产品技术水平达到国际或国内领先水平。在体温、血压、血糖检测技术及外用贴膏等方面拥有发明专利 5 项、实用新型专利 6 项、软件著作权 4 项，获国家火炬计划 1 项、科技型中小企业创新基金 1 项、聊城市科技进步奖 3 项。玻璃体温计产销量居国内外首位。

山东康宁药业公司 前身为康宁药业公司，位于聊城临清市。2000 年 1 月，改制为山东康宁药业有限公司，注册资金 1231.6 万元，员工 200 余人。2005 年，公司大输液产量、销售收入居全国第五位、全省第二位。2006 年，公司成为全市医药工业第三大户，产能、销售收入在全国同行业名列第五位，在全省名列第三位。2015 年，公司主营收入 15.18 亿元。

该公司是一家以生产大容量注射剂为主的专业化制药公司，为 GMP 认证企业。公司拥有国内一流的大容量注射剂生产设备、质检中心和动物实验中心，能够生产各种营养型及各类输液 80 余个品种规格，年产量过亿瓶，是山东省最大、国内三强输液企业；市场网络覆盖全国近 30 个省市的近千家医疗机构和商业营销公司，并兼有设备先进、装备完善、年生产能力 2 亿支的现代化小容量注射剂车间和品种较多、规格齐、全年生产能力过 20 亿片的口服固体制剂车间。

第七章 装备制造

1997 年，聊城装备制造产业在连续 3 年增长超过 50% 的基础上，行业经济继续保持速度和效益的同步高速发展，实现“九五”百亿工程的第一个翻番目标。2000—2015 年，全市规模以上企业装备制造业总产值由 144.73 亿元增至 2491.18 亿元，主营业务收入由 74.16 亿元增至

1655.03亿元。聊城市装备制造产业主要门类有通用设备机械、专用设备制造、仪器仪表、铁路、船舶、航空航天和其他运输设备制造、电气机械和器材制造、计算机、通信和其他电子设备制造、仪器仪表制造等，汽车、农机制造是区域重点产业。通用设备制造企业由47家增长到461家，专用设备制造企业由26家增长到115家，其中，汽车制造业企业由9家发展到149家。电气机械和器材制造企业由14家增至112家，计算机、通信和其他电子设备制造企业由1家发展到13家。四大支柱产业之一的新能源汽车产业企业88家，主营业务收入实现669.56亿元、利税44.93亿元、税金19.53亿元。骨干企业主营业务收入、利润、利税等均有不同程度增长，时风集团实现主营业务收入341亿元、利润15.6亿元、利税18亿元。中通汽车集团与清华大学合作，联合创建的混合动力客车项目以优异成绩通过验收，产品达到世界先进水平，累计销售新能源客车2000余辆，实现主营业务收入86亿元，实现利润4亿元、利税4.8亿元。阳谷电缆集团实现主营业务收入89亿元，实现利润7.8亿元、利税8.7亿元。

第一节　行业综情

1997年，“时风牌”“双力牌”三轮农用运输车和“东昌牌”拖拉机、剑杆织机被山东省机械厅推荐为中国机械名牌产品，三轮农用运输车、小四轮拖拉机、剑杆织机、钢球、单缸泵、磁力吸盘等一批主导产品的市场占有率位居全国同行业前列，轿车电机、多缸泵、干式变压器、通讯电缆等近十种新产品挤进国内大型主机企业和国家重点工程。研制开发新产品39项，其中新型三轮农用运输车、剑杆织机、轿车电机等15种新产品达到国内领先水平。实施地区重点投入项目13个，完成投资1.82亿元。山东双力集团和高唐时风集团投入近亿元，将汽车制造技术和工艺引入农用车生产，关键机加工零部件制造实现数控化，车身钣金件成型实现模具化，涂漆工艺操作实现自动化，农用车制造业在生产规模和技术水平上处于国内领先地位。20家重点企业，其中6家销售收入超亿元，利税超千万元的企业全部进入全省机械工业50强企业，高唐时风集团晋升为省级管理示范企业，聊城机械设备厂等3家企业的5个车间被省机械厅评为省机械系统现场管理样板车间，临清重型汽车改装厂、聊城内燃机厂等10家企业的22个班组被省机械厅评为无废品先进班组。规模以上企业，机械工业总产值0.89亿元，农机制造业总产值4.53亿元，运输设备制造业工业总产值0.52亿元，汽车制造业总产值0.46亿元。

1999年，全市装备制造产业以开展ISO 9000系列标准认证为重点，加大产品科技开发资金、开发人才、技改资金的投入，推进优势企业率先建立现代企业制度。全行业研制开发技术创新项目85项，其中新型三轮农用运输车、稻麦联合收割机、剑杆织机GA782型、GA731-Ⅱ型、大中马力拖拉机、三位焊机、圆弧机、双磁路永磁吸盘等产品都处于国内领先地位，具有广阔的市场开发前景。阳谷电缆集团公司等9家企业通过ISO 9000标准认证。山东时风集团有限公司、山东双力集团有限公司、阳谷电缆集团公司、东阿钢球厂、山东鑫亚工业股份有限公司销售收入超过亿元、利税超过千万元。2000年，按照“搞好三个创新，调整三个结构，开拓两个市场”的工作要求，深化企业内部改革，规范完善法人治理结构，加速产品结构调整，行业企业财务状况明显好转。是年，全行业投入技改资金6亿元，开工建设100万千米光纤、50万芯千米光缆等8个国家和省财政贴息技改项目；29家完成企业改制工作，企业普遍健全“三会一层”的法人治理结构；实现销售收入63.34亿元、工业增加值10亿元、利税5.16亿元，其中利润2.89亿元。

2001年，聊城市政府下发《关于全面推进企业创新工作的意见》，引导企业搞好技术、制度和管理三个创新，中通客车、时风集团、双力集团建成省级技术中心。主要产品销量增长幅度较大，其中稻麦联合收割机增长幅度最大，生产352台，是上年的5倍。是年全市电子信息产业生产通讯电缆35万千米、光纤电缆6947芯千米、UPS电源2734台、电池2万块、电机换向器23.5万个，完成工业总产值2.5亿元，比上年增长62.2%。全行业工业增加值、销售收入、利税和利润4项指标的增幅均居全省前二位，分别高出全省平均水平13.5、16.5、15.5和23.8个百分点，在全省17个地市机械行业中，聊城市机械工业的利税、利润总量指标均居第一位，工业增加值和销售收入总量居第二位，经济效益综合指数158.59%，居全省第一位。争取技改项目17个，完成工业投入12.1亿元，比上年增长37.8%。全行业农用三轮运输车总产量占全国同行业总量的45.5%，剑杆织机、单缸泵、钢球等产品的产销规模也都跃居全国同行业第一位，山东“时风”被评为全国十佳驰名商标。

2002年，全行业工业增加值、销售收入、利税和利润4项指标的增长幅度均居全省前二位，机械工业利税，利润总量指标居第一位，工业增加值和销售收入总量居第二位，经济效益综合指数158.59%，居全省第一位。2003年，时风集团在巩固发展传统产业优势的基础上，将重心转移到现代产业，投资1000万美元，与日本洋马公司合资组建时风洋马发动机有限公司，开发生产年产20万台节能环保水冷发动机。投资10亿元，与双星集团合资组建双星时风轮胎有限公司，一期工程200万条汽车轮胎批量生产。与一汽红塔合作生产轻卡汽车，一期工程规划5万辆，二期工程10万辆，轻卡汽车已经下线。投资2.3亿元，一期工程2.5万千瓦的时风热电中心并网发电。项目投产运行标志着时风集团初步完成产品结构的战略性调整和产业转移。双力集团是年投入近亿元，研制开发金鹰2370型稻麦联合收割机、大马力拖拉机、棉花加工机械和牧草机械，稻麦联合收割机销量近4000台，居全国收割机行业第二位，基本形成农用车为主业，农业装备产业线互补共存的产业发展格局。鑫亚公司在保持单缸泵产量全国第一的同时，研制开发汽车多缸泵、双缸风冷柴油机组、草坪割草饥、高尔夫球车和室内外储藏柜等产品，新产品产值率超过30%。五岳电机公司通过近几年的产品结构调整，汽车用电机占全部产品的90%。临清迅力特种汽车公司投入近1300万元，研制开发罐式车、军用运水车、散装水泥和水泥搅拌车等6种新产品，完成新产品产值5000万元，占全部产品产值的三分之一。阳谷电缆集团的超高压电缆、铜管和铜杆，东阿钢球公司的不锈钢球，鑫达机械设备公司的机床变速箱，临清中远精铸公司的精密铸造件，宏鑫机床公司的SDMCNC10型磨床，茌平吉星汽车零部件公司的铝制冷却器等一批新产品，成为推动全市机械电子行业经济发展的新的增长点。全行业2003年完成工业投入8.56亿元，完成新产品开发86项，新产品产值率28%。东方电子、起重机械厂破产终结，临清电机厂交给当地政府，东昌农业机械集团破产，手表厂进入破产程序。

2004年，全行业引进外地资金约4亿元，其中时风集团引进资金3亿元，双力集团引进资金7000万元，另外有关部门为双力集团协调解决流动资金3000万元，缓解产业资金紧张问题。农业装备产业实现销售收入102亿元，率先在全市十大百亿产业建设中取得突破。全行业完成投入9.2亿元，开发新产品38项，产品产值32%。时风集团投资6亿元，建成年产20万台节能环保水冷发动机，200万条汽车轮胎和5万辆轻卡汽车项目。双力集团投入2亿元，研制开发3588广谱联合收割机、大马力拖拉机、棉花加工机械和牧草机械。鑫亚完善单缸泵产品，开发多缸泵系列产品、草坪剪草机械。阳谷电缆抓大放小，加大高压交联电缆、采煤机电缆、特种电缆等高附加值产品的生产。鑫严公司在出口传统产品油泵油嘴外，又成功开发草坪割草机、室外储物箱等大宗出口创汇产品，年内实现出口创汇986万美元。时风集团出口创汇986万美元。济柴聊城机械公司，东阿钢球公司出口创汇1699万美元。年内临清电机厂破产后移交临清市政府，东昌集团破产。

2005年，全行业销售收入过亿元、利税过百万元的重点骨干企业8家，培育形成一批名牌产品，投资6亿元开发轮胎工业布、汽车零部件、热电中心三期工程，鑫亚新产品产值率超过30%。时风中央研究院在2005年申报成为国家级企业技术中心，时风产品自制率超过80%。零部件实现高度专业化、密集化生产，投入近6亿元研发新项目和技术改造。鑫亚公司、阳谷电缆企业技术中心达到省级标准。阳谷电缆投资1.8亿元的超高压电缆投产运行，投资3亿元的铜管和铜杆项目设备安装完毕。鑫亚投资近千万元用于技术改造。2006年，东阿钢球、鑫亚公司、临清精密铸造、临清福临机械都有较大发展，经济总量占全行业的80%。是年，时风集团被定为国家级企业技术开发中心，阳谷电缆集团500千伏超高压交联电缆投产。2009年，活塞环、鑫达公司“退城进园”，济柴聊城机械有限公司、五岳电机园区加快建设。2010年，生产发动机126.51万台、三轮载货汽车89.95万辆、低速载货汽车9.25万辆、拖拉机24.15台、轻型卡车1.7万辆、橡胶轮胎外胎332.56万条、客车0.93万辆、改装汽车1.95万辆、电力电缆12.8万千米。机械行业出口产品列全市工业前三位。2015年，全市规模以上装备制造企业920家，实现工业总产值2491.18亿元，主营业务收入1655.03亿元。

第二节　主要行业

一、通用设备制造

20世纪90年代，山东聊城内燃机厂生产内燃机；1994年改制后，山东聊城内燃机厂与济南柴油机厂共同出资组建济南柴油机股份有限公司，山东聊城内燃机厂原拥有51%股份，后股份转移全面停产。

2000—2015年，全市规模以上通用设备制造企业由47家发展到461家，工业总产值由10.47亿元增至900.76亿元，主营业务收入由10.25亿元增至893.7亿元，利税由1.03亿元增至95.11亿元。

聊城市通用设备制造业主要产品有油泵、油嘴、油缸、水泵、轴承、钢球、轴承保持器、滚子等。

通用设备制造业主导产品、产量变化与增长较大。1997年，油嘴与活塞环为通用设备制造业主导产品，年产油嘴129万个、活塞环1579万片。随着聊城活塞环厂经营下滑，活塞环不再成为聊城市通用设备制造业主要产品。2005年，通用设备制造业主导产品为泵、滚动轴承、金属切削工具、金属切削机床等，年产泵（液体泵）4800台、滚动轴承（轴承）3.99亿套、金属切削工具545万件、手工工具600万把、工业锅炉166.7蒸发量吨、金属切削机床1800台。2010年，通用设备制造业主导产品为泵、阀门、滚动轴承等，年产泵1.84万台、阀门2300吨、滚动轴承12.21亿套、衡器（秤）4000台、金属紧固件1.24万吨、弹簧100吨、铸铁件12.86万吨、铸钢件7.75万吨、工业锅炉197蒸发量吨、金属切削机床1.12万台。2015年，通用设备制造业主导产品发展为泵、阀门、液压元件、气动元件、滚动轴承机、数控金属切削机床、床数控装置等，年产泵52.75万台、阀门2万吨、液压元件48.34万件、气动元件132.04万件、滚动轴承26.75亿套、风机4082台、衡器（秤）1.35万台、金属紧固件7.1万吨、弹簧1241吨、金属切削机床1.39万台（其中数控金属切削机床1436台）、铸造机械283台、机床数控装置3107台、起重机1.14万吨。

油泵、油嘴主要生产企业是山东鑫亚工业股份有限公司等，油缸生产企业主要是山东融驰液压机械工程制造有限公司，水泵生产企业主要是冠县泵业有限公司。轴承形成产业集群发展，主要产业基地为临清烟店与冠县清水镇轴承基地。轴承保持器生产基地为东昌府郑家镇，主要企业是山东金帝精密机械科技股份有限公司。钢球主要生产企业是山东东阿钢球有限公司。通用零部件企业较多，早期主要企业有聊城机械设备厂、阳谷工具总厂、东阿县农业机械修造厂等，后期崛起的企业有山东福临装备集团有限公司、山东聊城聚源机械配件有限公司、山东省聊城市恒力机械有限公司、山东聊城伟华机械有限公司等。

2000—2015 年部分年份聊城市规模以上通用设备制造企业主要经济指标表

表 10-16 单位：家、亿元

	年份	企业数	工业总产值	出口交货值	主营业务收入	利润	利税
通用设备制造业	2000	47	10.47	2.40	10.25	0.44	1.03
	2005	186	64.35	8.9	62.66	3.49	6.14
	2010	494	357.48	1.08	343.37	27.7	41.78
	2015	461	900.76	4.02	893.70	61.30	95.11
锅炉及原动机制造业	2000	4	2.25	0.12	1.92	0	0.17
	2005	9	9.06	7.08	8.76	0.06	0.14
	2010	11	12.02	—	11.99	0.92	1.23
	2015	30	71.09	—	70.80	4.29	6.70
金属加工机械制造业	2000	5	0.45	0.01	0.50	0.02	0.05
	2005	7	2.35	0.02	2.27	0.15	0.37
	2010	15	5.06	—	5.01	0.35	0.58
	2015	27	42.91	0.18	40.75	2.31	3.33
物料搬运设备制造	2000	2	0.46	0	0.48	—	0.02
	2005	2	0.89	0	0.89	0.01	0.06
	2010	3	4.67	—	4.66	0.09	0.36
	2015	8	18.01	—	17.78	0.73	1.29
泵、阀门、压缩机及类似机械制造	2000	2	0.37	0	0.25	—	0.02
	2005	15	5.39	0.65	5.30	0.19	0.48
	2010	29	23.05	0.79	24.12	1.31	2.22
	2015	32	60.06	3.85	59.92	3.89	5.73
轴承、齿轮和传动部件制造	2000	8	2.79	0.11	2.23	0.21	0.36
	2005	91	22.24	0.12	21.86	1.51	2.57
	2010	238	160.47	0.11	151.47	13.26	20.02
	2015	289	586.11	—	582.47	42.23	66.46
烘炉、风机、衡器、包装等设备制造	2000	0	—	—	—	—	—
	2005	8	3.24	0.67	3.20	0.19	0.29
	2010	17	10.74	—	10.83	0.39	0.68
	2015	16	29.13	—	29.13	1.35	2.12
通用零部件制造	2000	14	1.86	0	2.35	0.08	0.15
	2005	27	4.87	0	4.82	0.25	0.43
	2010	94	67.69	—	61.9	4.13	6.04
	2015	57	92.05	—	91.48	6.34	9.28

东昌府区郑家镇部分轴承、保持器产品 （2015年摄）

油泵、油嘴、喷油器制造 油泵、油嘴主要生产企业山东鑫亚工业股份有限公司前身为山东省聊城油泵油嘴厂，1994年完成改制。主导产业油泵油嘴，兼营燃油喷射系统等，主导产品单缸喷油泵总成、喷油器总成、BQ多缸喷油泵等居全国同行业第一位。其中单缸喷油泵总成、喷油器总成产销量连续九年列全国同行业第一位，市场占有率50%以上。着力发展绿色、环保、节能型车用多缸喷油泵，并作为中、长期发展重点，通过与清华大学、山东大学、江苏大学等大专院校和科研院所合作，相继开发满足欧I、欧II、欧III排放要求的具有自主知识产权的高压共轨系统、电控VE泵、电控单体组合泵、电控单缸泵等产品。高压共轨系统、电控单体组合泵和汽油电喷嘴相继投放市场。“十五”期间，P7型系列多缸喷油泵项目投资3500万元。“十一五”期间，柴油机高压共轨燃油喷射系统项目投资1.58亿元。“十二五”期间，油嘴、油泵及共轨直喷油泵项目投资10.7亿元，年产50万套燃油喷射系统项目投资10.09亿元。2014年，亚字牌喷油泵总成、喷油器总成产品被山东省质量技术监督局认定为山东名牌产品。2015年，内燃机配件“亚字及图”商标被山东省工商管理局认定为山东著名商标。

液压缸制造 山东融驰液压机械工程制造有限公司2010年4月成立，注册资金6000万元，主要生产汽车用液压缸、矿山用液压缸、工程液压缸、冶金液压缸、活塞缸、气缸、泵阀、液压密封组件、胶管和金属软管等。“十二五”期间，山东融驰液压机械工程制造有限公司10万套液压油缸项目投资4.2亿元，液压油缸及汽车4S店项目投资8.5亿元。

轴承制造 聊城市主要的轴承生产企业有聊城轴承厂、东阿轴承厂，后期又有山东腾工轴承有限公司等，并在临清烟店、冠县清水镇一带形成轴承产业集群。“九五”期间，东昌府区、东阿县轴承生产企业投入较大，聊城轴承厂扩大主要轴承能力项目投资726万元，东阿轴承厂扩大轴承毛坯铸造能力项目投资1060万元，冷挤压轴承毛坯节能节材项目投资2600万元。2003年，东阿轴承厂实施依法破产，2004年将轴承厂一次性出售给外地客商，组建山东东阿双冠轴承有限公司。2005年，原锻造中心出售后，组建东阿亚美轴承有限公司。2008年5月，山东腾工轴承有限公司成立，专业生产关节轴承。2008—2012年，企业从作坊式发展到半自动化、自动化生产线，实现飞跃性发展。2013—2015年，引进国内外先进的生产设备和专业的产品检测仪器，打造研发团队。技术中心获批山东省第二十二批企业技术中心、聊城市向心关节轴承研究与开发重点实验室、聊城市工程机械关节轴承工程技术研究中心，与上海交通大学就产学研合作基地达成协议，与武汉大学签订多种形式的产学研合作协议书。公司获得专利16项，其中发明专利5项，实用新型专利8项，外观设计专利3项。2ШСЛ系列重载荷关节轴承技术水平达国际先进水平，与上海交通大学合作开发的自润滑轴承达国内领先水平。生产的内径6～400毫米的各类润滑型、自润滑型、角接触、推力和非标关节轴承具有年产270万套的生产能力，产品广泛应用于装载机、挖掘机、各种工程机械、直升机发动机、起落架、压翼等高端装备中的关键部位。营销网络遍布世界各地，其中包括俄罗斯军工、徐工、柳工、卡特彼勒山工、德州宇力液压设备、青州鲁星液压设备等国内外重工企业。2015年，公司主营业务收入1098.13万元、利润56.87万元、税收34.16万元；被认定为山东省企业技术中心，成为中国工程机械名优产品产销联合商会副理事长单位，中国轴承工业协会理事单位，中国轴承行业“十二五”期间优秀企业。

2011—2015 年，冠州轴承产业园轴承加工项目投资 10 亿元，山东润祥轴承管业有限公司 5 万吨轴承钢管及 1500 万套轴承套圈项目投资 5.2 亿元。

聊城较大的轴承集群、园区为临清烟店轴承。1958 年，临清市建立第一家轴承厂，70 年代中期在临清城区初步形成轴承市场雏形。1984 年，轴承市场由城区迁至烟店镇。1994 年经过大规模市场改造，功能完善。2002 年 9 月，经国家工商总局验收批准，烟店轴承市场被列为“全国 21 个专业市场”之一。2003 年年底，全省第一家省级轴承质量检测站落户临清。全市长期驻守在外的经销人员 8000 余人，全国地级以上城市都有临清的轴承经销处。2006 年，烟店轴承市场被评为“山东省十大工业品交易市场”，山东省首批 50 家重点服务业园区、省级文明市场和山东省商贸流通先进企业。2001 年、2004 年、2006 年，临清市分 3 次引进资金 2.8 亿元对轴承市场升级改造。2010 年，投资 1.2 亿元对轴承市场第四期开发建设，主要建设轴承信息中心、大型轴承超市、仓储运输中心、交易大厅、大型停车场、星级宾馆。2011 年，临清市轴承加工及配套企业发展到 1500 家，其中轴承组装企业 230 余家、轴承磨加工企业 250 余家、车加工企业 210 余家、滚动体加工企业 110 余家、保持器加工企业 90 余家、轴承热处理加工企业 70 余家、锻件加工企业 50 余家、轴承经营业户 1.2 万余户，从业人员 10 万余人。日消耗轴承钢 1000 余吨、钢球及各种滚动体 300 余吨。至 2015 年，临清市轴承加工业形成市场发达、规模突出、配套齐全、业户众多的块状经济，临清轴承产业集群区域成为“中国轴承之乡”。

该集群以烟店、潘庄、唐园、八岔路 4 个镇为中心，辐射全市及周边县（市、区），形成自己独特的产业优势。形成一条从炼轧钢、钢管生产、锻造、热处理、零部件加工到组装、销售一条龙的生产加工销售体系和专业化明确、配套能力较强的产业链条，可生产 0 ～ 9 类和非标轴承等 11 类，5000 余种型号的产品。临清市烟店轴承建筑面积 40 余万平方米、建有楼房经营门店 3100 余套，业户 4 万余家、交易额 110 亿元。全国各大轴承生产厂家均在烟店轴承市场设有经销处，经营各种型号轴承 1 万余种，成为经营农机轴承、机电轴承、汽车轴承、高级精密轴承的专业化市场。轴承市场的发展壮大带动烟店及周边乡镇的小城镇建设和服务业繁荣，交通、物流、商贸、餐饮、信息等行业得到快速发展。烟店镇吸引打工人员 3 万人，其中外来打工人员近 2 万人，从事餐饮、运输等行业的工商户 7000 余家。

冠州轴承产业园位于北馆陶镇驻地东北部，紧邻全国最大的轴承市场，一期占地 52 公顷。园区内道路、电力、供排水、通信等公共设施齐全。总投资 4.2 亿元。2014 年，二期工程开工建设，入驻轴承企业 35 家，年新增轴承 5 亿套，年实现销售收入 25 亿元。园区内基础设施完善，为企业搭建信息服务平台和对外交流平台。冠县中园轴承公司专攻轴承圈锻造，研发全自动退火设备，使材料使用率提高 2 个百分点。金龙轴承公司是一家专业的轴承磨圈企业，企业通过技术创新，产品精度高、光泽好，深受市场认可。冠洲集团、正昊集团龙头企业，把费用高、不经济的工序、环节拿出去外包，形成中小企业为大企业配套协作，龙头企业集中精力提高开拓能力、研发能力的局面。

轴承保持器制造 聊城市较大的轴承保持器生产企业主要有山东金帝精密机械科技股份有限公司。2007 年改制为股份制公司，更名为聊城市新欣金帝保持器科技有限公司。深沟球轴承保持架、风力发电机变桨轴承保持架被评为山东名牌产品。在聊城高新区建成聊城汽车零部件产业园。销售额 3 亿元，发展成为聊城市最重要的轴承保持器生产企业，中国轴承保持器生产规模最大的龙头企业，排名中国第一位，全球第四位，为全球八大知名轴承公司同时供货的唯一供应商，中国十大轴承公司瓦轴、洛轴等配套产品指定制造企业。东昌府区郑家镇是全国最大的轴承保持器生产基地，2007年被山东省政府评为“特色产业镇”，2011年被山东省质量兴省办公室命名为“优质轴承保持架生产基地”，被山东省中小企业局认定为“省级产业集群”，2012年1月被中国轴协命名为“中国轴承保持架之乡”。自2000年以后，郑家镇以规模化生产、产业化经营为重点，培植轴承保持架和平垫两大主导产品和优势产业。2003年，在镇驻地以北规划民营经济工业园区，入园企业20余家，为民营企业快速发展搭建平台和载体，发展成为全国最大的轴承保持架生产基地，拥有民营企业2800余家，其中一般纳税人企业160家，有1/3以上的企业通过ISO 9000国际质量体系认证。从业人员3万人，参与加工制造业人数遍布全镇，轴承保持架发展到10大系列、9000余个型号，年产值90亿元以上，占全国同类产品产值的2/3，产品畅销全国各地，部分产品出口到美国、日本、新加坡等国家和地区。2015年，全市轴承及保持架一般纳税人生产企业130余家，销售收入约78亿元。

钢球制造　聊城市主要钢球生产企业是山东东阿钢球集团有限公司。2000年企业改制，主要生产和销售轴承用钢球和滚子。2003年，投资近5000万元，新上滚动体生产项目，成立东阿海鸥滚动体有限公司。2005年，成立山东东阿钢球集团有限公司，拥有各类钢球专用加工设备1000余台（套），工业钢球系列产品涵盖铬钢球、不锈钢钢球、硬质合金球、陶瓷球和圆锥滚子等10余个品种100余种规格。2013年年底，总资产7.6亿元，全年销售收入近8亿元。扩增为山东东阿钢球有限公司、东阿海鸥钢球有限公司、山东东阿海鸥滚动体有限公司、山东东阿海鸥拔丝有限公司、山东东阿宏晶科技有限公司5个独立法人子公司。2015年，规模居中国十大钢球企业之首，成为国内轴承行业唯一“精品钢球”认证企业，“海鸥牌”商标为钢球行业唯一认定的中国驰名商标。

其他通用设备及零部件制造　2002年，临清机床厂破产重组为山东福临装备集团有限公司，占地10公顷。2012年起，利用5年时间，公司升级调整产品结构，将原来以普通机床为主导产品，调整到数控及智能化加工中心机床与普通机床占比2∶1。山东福临装备集团有限公司职工300余人，资产总额近亿元，主要制造、销售立式钻床、摇臂钻床、数控铣床，年产销2000余台套，国内市场占90%，国外市场占10%，产销量位列国内同行业前5名，是机械行业的龙头企业。

山东聊城伟华机械有限公司（原聊城市东昌通用配件厂），主要生产各种变速拨叉、定位支承销、分离总成、分离杠杆、调整螺杆等200余种规格产品，主要适用于时风集团、福田、德州齿轮厂、山拖、石家庄拖拉机厂、洛阳一拖、一汽、济南重汽等大中型企业。山东省聊城市恒力机械有限公司，拥有卡簧生产业、齿轮泵业等子公司，生产的凿岩钎具齿体，采用抗冲击、耐磨损的原材料（42铬钼）用冷挤压、温挤压（而非热锻造）两种生产工艺。拥有先进的冷锻造（冷挤压）、热锻造（温挤压）生产线，生产的截齿齿体、卡簧，齿座等应用于钎具的品种有通用型截齿（旋翼式）系列、锯齿型截齿系列及护体型截齿系列等。生产的各种型号的液压齿轮泵、恒流溢流泵（助力转向泵）年均产量均在40万台，精密铸钢、铝合金铸造、农机、汽车配件加工技术力量雄厚，检测设备齐全，集科研生产加工于一体，通过ISO/TS16949：2009国际质量管理体系认证，产品经国家质量监督检验中心检测，确认为合格产品，荣获“质量连续合格及放心品牌”称号，生产的各种产品主要为时风集团、五征集团、北汽福田、河南、潍坊等众多主机厂家配套，注册商标“恒力机械”。山东省聊城市大京九机械有限公司1996年10月成立，主要为时风集团、一汽红塔集团、双力集团、东方内燃机集团等10余个厂家生产配套产品。山东聊城汇源精密铸造有限公司生产碳钢、低合金钢系列材料的精密铸钢件及成品件，采用先进的水玻璃失蜡铸造工艺，年可生产精密铸件及各类精铸成品件3000余吨。主要经营农机拖拉机、拖拉机前桥配件等产品，废钢铁、硅铁、锰铁，各类铸钢件、汽摩配件，直线轴承滑块，轴支架等，产品应用十分广泛，涵盖整个装备制造业和机械制造加工业的可应用领域，主要有工程机械、汽车卡车、船舶、采矿机械、石油机械、农机、建筑等行业。各种牌号的普碳钢、低合金钢系列材料产品300余种。新上项目主营直线单元滑块、直线光轴、直线导轨及轴支架等，产品广泛应用于电子、纺织印刷、直线运动、自动化装置等轻工、重工机械中。山东聊城聚源机械配件有限公司于2003年8月15日注册成立，专注于机械制造、机电、重工行业的民营企业公司。聊城市宏昌机械有限公司于2004年9月成立，注册资金1000万元，经营机械设备及其配件制造、机工销售，仪器、仪表生产、销售等，油气田工程技术服务。国有企业聊城机械制造厂，主要产品有系列高频焊管、油田用系列泥浆泵工套。聊城机械设备厂投资500万元，增加平衡溜板箱、齿轮箱项目产能。2000年7月，企业改制后为山东聊城双力集团东昌机械制造有限公司。2004年，聊城机械制造厂企业宣布破产。阳谷工具总厂皮投资1100万元，进行带轮生产线技术改造。其间，聊城市弹簧厂、聊城市电影机械厂相继破产。2006年11月9日，聊城四方机械制造有限公司注册成立，注册资金108万元，位于中国山东聊城市东昌府区聊城市嘉明经济开发区，主要经营液压配件、铸造制品等机械配件制造与销售。

2000—2015年聊城市通用设备制造企业重点项目投资表

表10-17　　　　单位：万元

公司名称	项目	投资额	公司名称	项目	投资额
济柴聊城机械制造有限公司	机械配件	35000	临清宏福机械有限公司	机床精密高速主轴	20000
东阿鑫泰机床有限公司	数控机床生产	12000	冠县正昊机设备制造有限公司	工业机器人、高端变速箱	50000
临清兴和宏鑫机床公司	年产600台数控加工中心	7600	瑞泽重工有限公司	农业机械加工	56000
东阿鲁西铸造有限公司	机床加工	10500	山东冠县鼎泰有限公司	矿用机械配件及耐磨材料生产	38000
山东福临机械制造有限公司	数控及大中型机床升级改造	12000	光明锻压机床设备有限公司	机械制造	20000
临清鹏飞高科机械	年产3万吨铸件及1000台数控机床	60000	山东正昊机械设备制造有限公司	高端装备制造	220000

二、专用设备制造

聊城市专用设备制造业主导产品主要有油田专用节能设备、农业运输机械、造纸机械、医疗仪器设备、环保设备等。

专用设备制造业主导产品、产量变化与增长较大，主导产品主要是造纸机械、大中型拖拉机、小型拖拉机、收获机械、农业运输机械、混凝土机械。2005年，全市规模以上专用设备制造企业生产造纸机械11台、大中型拖拉机1013台、小型拖拉机19.2万台、收获机械2570台、农业运输机械87.24万辆、混凝土机械562台。2010年，主导产品为挖掘、铲土运输机械、混凝土机械、混凝土机械、粮食加工机械、中型拖拉机、小型拖拉机、农作物收获机械、场上作业机械、棉花加工机械等，年产挖掘、铲土运输机械4433台、混凝土机械8262台、粮食加工机械8400台。中型拖拉机产量增长较快，年生产1.38万台，小型拖拉机增至22.89万台，农作物收获机械4536台，场上作业机械3600台，棉花加工机2192台。2015年，主导产品有建筑工程用机械（挖掘铲土运输机械）、模具、饲料生产专用设备、大型拖拉机、中型拖拉机、小型拖拉机、机械化农业及园艺机具（收获机械）等，年产建筑工程用机械6956台、模具13.15万套、饲料生产专用设备1.98万台、大型拖拉机7988台、中型拖拉机2.61万台、小型拖拉机20.7万台、机械化农业及园艺机具（收获机械）7633台。

2000—2015年，全市规模以上专用设备制造企业由26家发展到115家，工业总产值由57.35亿元增至321.45亿元，主营业务收入由55.29亿元增至318.1亿元，利税由3.8亿元增至30.53亿元。

2000—2015年主要年份聊城市规模以上专用设备制造业主要经济指标表

表10-18　　　　单位：家、亿元

	年份	企业数	工业总产值	出口交货值	主营业务收入	利润	利税
专用设备制造业	2000	26	57.35	0.008	55.29	2.13	3.80
	2005	42	140.41	6.19	135.45	6.11	6.91
	2010	107	320.83	4.71	321.73	13.72	17.78
	2015	115	321.45	0.81	318.10	20.65	30.53
矿山、冶金、建筑专用设备制造	2000	1	0.40	0.004	0.31	0.02	0.03
	2005	1	0.14	0	0.14	0.005	0.008
	2010	10	5.98	0.14	5.94	0.4	0.55
	2015	20	104.05	—	102.83	6.81	10.82
轻纺工业专用设备制造业	2000	2	1.04	—	1.09	0.04	0.09
化工、木材、非金属加工专用设备制造	2010	6	3.15	—	3.10	0.33	0.35
	2015	10	21.37	—	21.03	1.92	2.36
食品、饮料、烟草及饲料生产专用设备制造	2000	0	—	—	—	—	—
	2005	1	3.75	0	3.72	0	0.38
	2010	2	19.21	—	19.02	0.93	1.91
	2015	4	5.41	—	5.36	0.42	0.56
印刷、制药、日化生产专用设备制造	2000	0	—	—	—	—	—
	2005	3	1.15	0	1.56	0.17	0.21
	2010	8	5.27	—	5.24	0.32	0.47
	2015	4	13.48	—	13.40	0.79	1.06
纺织、服装和皮革工业专用设备制造	2000	0	—	—	—	—	—
	2005	6	1.17	0	1.17	0.10	0.12
	2010	5	4.79	0.28	5.02	0.46	0.59
	2015	5	5.70	5.68	5.68	0.40	0.64
电子和电工机械专用设备制造	2000	0	—	—	—	—	—
	2005	1	0.76	0	0.82	0.02	0.05
	2010	1	0.20	—	0.20	0.0002	0.001
	2015	0	—	—	—	—	—

续表 10-18

	年份	企业数	工业总产值	出口交货值	主营业务收入	利润	利税
农、林、牧、渔专用机械制造	2000	20	55.63	0.004	53.64	2.06	3.66
	2010	53	268.97	4.29	269.50	10.20	12.25
	2015	49	85.23	0.81	84.40	5.57	7.71
医疗仪器设备及器械制造	2000	3	0.28	—	0.24	0.008	0.02
	2010	4	2.98	—	2.90	0.34	0.51
	2015	6	15.49	—	15.25	1.04	1.65
环保、社会公共安全及其他专用设备制造	2010	18	10.28	2.72	10.81	0.74	1.14
	2015	17	70.72	—	70.15	3.70	5.74

矿山、建筑等专用设备制造　聊城市主要的矿山、建筑等专用设备制造企业有山东天盾矿用设备有限公司、山东省聊城市中矿机械有限公司、聊城田中机械设备有限公司、海途机械有限公司等。山东省聊城市中矿机械有限公司注册成立于 1989 年 5 月，注册资金 3100 万元，主要经营煤矿机械设备及配件、内燃机配件、摩托车配件、高压胶管及橡胶制品、制造加工、销售，钢管、钢材销售。聊城田中机械设备有限公司成立于 2004 年，注册资金 2160 万元，主要经营沥青混凝土拌和、沥青混凝土热再生、稳定土拌和设备、商品混凝土搅拌等设备，曾投资 1.5 亿元研发大型筑路机项目。海途机械有限公司曾投资 3 亿元建设建筑机械制造项目。

油田专用节能设备制造　聊城市较大的油田专用节能设备制造企业主要有山东聊城金泰节能科技有限公司与聊城中钢联金属制品有限公司等。山东聊城金泰节能科技有限公司成立于 2008 年 12 月，是集研发、生产、销售节能产品于一体的高新技术企业，公司是中石化、中石油的一级供应商和二级供应商，经营环保节能设备研发生产与销售等。主要产品是智能变频电磁感应加热节能设备、磁流子防蜡装置等。2008 年，企业初创占地 200 平方米，主要涉及塑料行业，用电磁感应加热替代传统的电阻丝加热方式。2009 年 12 月 12 日，公司迁移至聊城经济开发区中华路博士创业园 6 号，为租赁厂房，面积 4300 平方米。经过六年发展，企业发展成为国家高新技术企业，智能变频电磁感应加热节能设备被评为山东名牌产品。2013—2015 年，进行防蜡装置、加热装置、储油罐加热、井下加热装置研发并推广，研制出的油田纯物理防蜡降粘装置获得国家专利。研发的智能超变频磁流子加热装置是具有自主知识产权的油田专用的管道加热输油装置。设置储油罐加热装置解决油田储运过程中对罐内油品加温所造成的蒸汽能源浪费严重的问题。2014 年 7 月，迁入金泰节能自主筹建的厂址聊城市高新技术产业开发区庐山南路 9 号金泰节能工业园内，占地 3.69 公顷。2015 年，通过过 ISO 9001 国际质量体系认证复审。

纺织专用设备制造　聊城市主要的纺织专用设备制造企业是山东日发纺织机械有限公司。“九五”期间，聊城第一纺机厂剑杆织机扩产项目投资 5040 万元，提高产能。2007 年 3 月，聊城昌润纺织机械有限公司更名为山东日发纺织机械有限公司。2008 年 1 月，成为国家高新技术企业。2010 年 12 月，山东日发批量发韩国 RFTL60 型高速毛巾织机。新上 2000 台喷气织机项目，投资 3000 万元。2011 年 8 月，“日发现代新型纺机科技园项目”签约，实现产品转型和产能规模的双提升。总投资 46 亿元，实现“世界无梭织机制造基地及电子设备制造基地”目标。RFTL60 型高速毛巾织机获中国纺织工业联合会科技进步三等奖。2013 年 5 月，成为山东省创新驱动发展能力百强企业。2014年4月，与聊城经济技术开发区管理委员会签订《新一代网络化智能化喷气织机产业化项目投资协议》，规划建筑面积约4.5万平方米，建成后将形成年产4000台的生产能力。2015年8月，自主研发首台针织圆机单面机装机、双面机完成并试织成功，迈出从纺织机械领域向针织机械领域扩展关键一步。RFJA33型毛巾喷气织机获中国纺织工业联合会科学技术进步奖二等奖。“十二五”期间，山东日发纺织机械有限公司投资50亿元，实施智能化喷水织机、毛巾织机产业化项目。

农林牧渔专用机械制造　农林牧渔专用机械制造企业主要有山东省聊城昌鲁机械集团总公司、聊城信迪科技开发有限公司、山东富邦机械装备有限公司、山东瑞泽重工有限公司等。山东省聊城昌鲁机械集团总公司于1998年5月3日成立，主要经营汽车、拖拉机、三轮车、摩托车及配件、面粉、塑粉、涂料、油漆及其化工制品、金属材料、复印精密铸造件、机电等产品的生产与销售。“十五”期间，投资9313万元，用于草坪割草机项目研发。2001年11月，聊城信迪科技开发有限公司成立，是山东鑫亚工业股份有限公司的全资子公司，为山东省科技厅“高新技术企业”，总资产1.2亿元，年实现销售收入1.5亿元、创汇800万美元、利税1300万元。草坪割草机产品通过欧洲CE认证。主导产品有液压乘骑式草坪车、皮带自走式割草机、液压自走式割草机和各类手推式小型割草机，是国内商用割草机的最大生产厂家之一。其中，乘骑式商用剪草机在国内同行业中品种最多，产品出口到美国、欧洲、澳大利亚、东南亚等20余个国家和地区。2006年5月15日，山东富邦机械装备有限公司成立，设有铸造分公司、模具制造分公司、农业装备制造部、机械制造研发中心、液压提升器分公司。生产气吸式精量播种机、马铃薯（种植、中耕管理、打秧、收获）全程机械产品，牧草机械产品畅销新疆、内蒙古、东北等地，常年出口欧美、日本、俄罗斯、印度、乌拉圭、巴拉圭等10余个国家与地区。从事农业机械、工程机械、牧业机械、中型拖拉机、装载机、割草机、搂草机、旋耕犁、农机具、农业工程、液压提升器及配件、机械设备及配件、模具研发生产与销售，注册商标“昌远富邦”。2011年8月3日，山东瑞泽重工有限公司注册成立，以研发、生产、销售大型农业机械为主营业务，生产大、中型拖拉机、自走式玉米收获机械等各类机械产品，总投资5.6亿元。2015年，建成年产大中型拖拉机3万台、收获机械1万台，年产值30亿的农业机械生产基地。

环保设备制造　聊城规模以上的环保设备制造企业主要有山东国环产业集团、山东聊城三阳环保产业有限公司，其他环保生产企业有聊城天艺环保机械设备有限公司、聊城宏盛环保设备有限公司、高唐聚鼎环保设备有限公司、信发环保工程有限公司等。信发集团也生产环保设备，其下属山东信发环保工程有限公司曾投资4.5亿元用于环保设备制造项目。

山东国环产业投资有限公司以EPC工程总包方式承接污水处理、烟气处理等环保工程，是集投资、建设、运营、管理、研发、制造为一体的环保设备制造企业，国环产业集团在全国范围内拥有子（分）公司30余家。山东国环产业集团是中国环保产业协会会员单位、山东省环保产业协会会员单位。集团各项业务不但在国内蓬勃发展而且拓展到德国、韩国、日本、新加坡等国家和地区。2005年，山东坤霖环保公司成立。2006年，非标设备生产基地成立，研发、设计、生产环保专用设备。2007年，通过国家质量、环境、安全等多项体系认证，取得污水、固废、烟气治理等工程运营资质，资质体系逐步健全。设立济南办事处，坤霖环保走出聊城。2009年5月4日，山东国环产业投资有限公司成立。2010年，冠县国环垃圾卫生填埋场投入运营，开启固废BOT项目发展之路。2012年，承建高唐泉林、茌平茌中河两项大型人工湿地工程，开拓人工湿地业务。2013年，聊城国环生活垃圾焚烧发电厂投入运营（BOO），成为国环固废领域发展的里程碑。国环农业生态园投入运营（BOO），创建聊城生态旅游农业科技园模式。2014年，聊城国环循环经济产业园区建设规划通过评审，餐厨垃圾处理项目建设启动。上海分公司成立，开始对接海外业务。2015年，国环环保科技园建设完成，集团入驻自建园区。西安分公司成立，开拓西部市场。餐厨垃圾处理项目投入运营（BOO）。

2003年6月，山东聊城三阳环保产业有限公司注册成立，为股份合作企业，注册资金5000万元，注册商标为“三阳环保”商标，属山东省聊城市高新技术开发区企业。公司主要产品分为烟气治理、环境污水治理、沼气工程3类。生产气浮机、生产环保设备、环保工程施工、曝气机、刮吸泥机、生物反应器。主要从事环保科研、环保工程设计、环保设备设计及制造；环境污染治理工程设计、安装、施工、调试、总承包；大型沼气工程设计、安装、施工、调试、总承包，暖通工程安装、环保工程安装，能源科研、车用气瓶检验、安全阀检验等业务。烟尘治理有成功经验和示范工程，对医院、印染、蜡染、造纸、屠宰、啤酒、制药、食品、淀粉等各类生产废水及生活污水治理有成功经验和示范工程，对大型沼气工程设计、沼气设备制作、沼气工程安装、沼气工程调试、总承包实行一条龙服务。

造纸机械制造　聊城市主要的造纸机械企业是山东昌华机械科技有限公司。2001年3月7日，经山东省轻工业办公室批准，山东省第二轻工业机械厂出资成立股份制企业山东昌华造纸机械有限公司。山东昌华造纸机械有限公司为轻工部生产造纸机的定点厂家，山东省造纸机械生产的龙头企业，国内最大的造纸机械企业之一。主要生产幅宽7米以内，车速1500米每分钟以内的15个系列近20个规格的造纸机产品，生产包括文化用纸、包装用纸造纸机和生活用纸、工业用纸的造纸机及先进零部件。2006年，昌华公司整体搬迁至凤凰工业园区。2013年，国产造纸装备新产品靴式压榨设备获评2013年山东省首台合格产品，打破国外产品长期垄断地位。至2015年，公司拥有专利13项，其中发明专利3项，被认定为省级企业技术中心、全国CAD应用工程示范企业、科技先导型企业、聊城市造纸装备先进设计与制造工程实验室、高端装备制造企业。公司研发机构为山东省企业技术中心，并设有先进造纸装备工程实验室。创造保持多项国产造纸设备之最：国产最宽的造纸机，网宽6.2米；国产最快的造纸机，运行车速1100米/分钟；产量最大的造纸机，1200吨/天（单机）；生产最厚纸张的造纸机，单张纸2500克/平方米；生产最薄纸张的造纸机，单张纸5克/平方米（只有5微米）；直径最大、压力最高的铸铁烘缸，直径3.66米，工作压力0.8兆帕。

交通设备制造　聊城规模以上交通设备制造企业中，茌平县较大的交通器材制造企业主要是聊城市德通交通器材制造有限公司。其他交通设备制造企业主要集中在冠县，如山东冠县华安交通设施有限公司、山东众冠交通设施有限公司、山东冠县神舟交通设施有限公司、山东冠县通安交通工程有限公司、山东冠县前进交通设施有限公司等。另有山东晨阳交通安全设施有限公司、山东恒运交通设施有限公司等。

聊城市德通交通器材制造有限公司成立于1986年，前身是一家生产农机具的小厂。1997年，通过国际ISO 9000质量体系认证，产品先后出口美国、加拿大、日本等国家和中国台湾地区。2000年，企业改制为股份有限公司。先后开发汽车空调及空调系统的冷凝器、蒸发器、中冷器、汽车散热器等新产品。拥有有效专利12项，研发中心为山东省车用机油冷却器工程技术研究中心、山东省级企业技术中心。2008年，与茌平县嘉鑫汽车空调公司合并，更名为山东嘉鑫换热器有限公司。2013年，在大崔工业园征地兴建新的厂房。2014年，厂房建成，公司更名为聊城市德通交通器材制造有限公司，是年获得东风“猛士”优秀供应商称号。2015年年初，正式搬入新园区。其间，与山东大学合作，成立“山东大学嘉鑫换热动力工程研发中心”，为山东省高新技术企业、山东省著名商标企业和山东省机械行业十大自主创新品牌企业。公司出口产品约占总销售收入的45%，主要销往北美和欧洲市场。国内市场以配套为主，主要客户为一汽、二汽东风、北汽、广汽、长城、力帆、西安法士特等国内知名厂家。在外置式风冷器、缓速器用热交换器和重卡水箱开发项目上走在同行业的前列。

三、汽车制造

汽车整车制造 聊城市汽车整车制造企业主要有5家。山东时风（集团）有限责任公司（以下简称“时风集团”）、中通汽车工业集团有限责任公司（以下简称“中通集团”）、山东迅力特种汽车有限公司（以下简称“迅力公司”）、山东阳谷飞轮挂车制造有限公司（以下简称“阳谷飞轮公司”）、聊城巨龙新能源车业有限公司（以下简称“巨龙公司”）。聊城市整车制造主要有客车制造、专用车制造、农用车制造三大类。其中，时风集团主要生产农用车；中通集团既生产客车，也生产专用车；迅力公司主要生产专用车；阳谷飞轮公司生产专用车中的挂车。

客车制造。聊城市主要的客车生产企业是中通汽车工业集团有限责任公司。1997年10月，山东省聊城客车厂改制为山东聊城客车工业集团有限责任公司。2006年，山东聊城客车工业集团有限责任公司更名为中通汽车工业集团有限责任公司，中通集团被评为首批“国家汽车整车出口基地企业”。

2008年，中通客车入选奥组委服务用车

1998年4月，其下属公司山东客车股份有限公司更名为“中通客车股份有限公司”。2000年，“中通客车”在深圳证券交易所上市，中通客车股份有限公司是以经营客车、专用车为主业的大型国有企业。中通客车控股股份有限公司是国内客车行业4家上市公司之一，是国家和交通部定点生产客车的骨干企业，综合实力排名全国同行业第四位。具备年产客车2万辆、汽车底盘1万辆制造加工能力。2007年，中通客车检测中心通过CNAS国家实验室审核，成为客车行业首个“国家级实验室”。“中通客车”被认定为“中国名牌产品”。中通集团技术中心被评定为“省级企业技术中心”，中通客车技术中心被评为“国家级技术中心”。2010年1月，“中通客车”被认定为“中国驰名商标”。

2003年4月，聊城中通轻型客车有限公司（以下简称“中通轻客”）注册成立，为中通客车控股股份有限公司全资子公司，专业生产8米以下适用于城乡客运、中小城市公交、团体旅游及校车市场的轻型客车，年生产能力1万辆。5月18日，中通轻客第一台轻型客车下线，标志中通轻型客车开始正式投产。2006年，第一辆中通纯电动客车下线。2008年8月，中通客车全系列产品应奥组委要求作为唯一与奥组委签订合同的客车企业，正式服务北京奥运会、残奥会。2012年，中通客车清洁能源客车销量位居全国第二位。2014年，中通轻客推出“中通风行”“中通领骏”“中通凯旋”“中通风华”“中通风景”等系列产品，具有很高的市场信誉度和极强的竞争力，畅销国内市场，远销海外10余个国家和地区。“中通领秀”“中通领韵”“中通菲斯特”系列高档、环保、节能客车，一上市就受到广泛关注。中通轻客完成2186辆校车45天内交付沙特，创多项行业纪录，跻身国内大中型客车行业“前三强”。中通轻客客车年销量突破5000辆，年销售额近7亿元，行业排名第三位，进入客车行业第一集团的专业轻型客车制造商。产品结构体系完善，涵盖从4米至8米公路、城市公交、纯电动客车、校车、旅游和团体等各种类别和档次的客车，7大系列100余个品种。2014年、2015年，中通轻客产销指标平均每年以超过30%的速度增长，保持持续、快速、健康发展态势。集团公司“十二五”期间收入和利润年均增长率分别为20%和51%，增长幅度位居省管企业前列。

专用车制造。2001年，临清重型汽车改装厂改制为山东迅力特种汽车有限公司，是工业与信息化部批准的专用车生产企业，公告产品200余个。设备先进，检测手段齐全，主要生产设备500余台套，包括数控等离子切割机、8米数控折弯机、8米数控剪板机，先进的冲压机械和精密模具，焊接采用纵梁埋弧焊机和气体保护焊机。在新厂区建设半挂车生产线、自卸车生产线、罐式车生产线、环卫车生产线、喷涂流水线、下料线等现代化生产流水线6条。主导产品有自卸车、挂车、罐式车以及厢式车、军车和环卫车6大类200余个品种，具有年生产各种车辆1万辆的生产能力，营销网络遍布国内各省、市、区，出口俄罗斯、越南、菲律宾、安哥拉、非洲等10余个国家和地区。2015年，迅力公司改良区域销售模式，实行整体营销与区域销售双结合，成立产品体系小组，落实人员和分工。开展电子商务，实现3个月内所有产品上二维码，完成手机APP。

2004年9月，山东阳谷飞轮挂车制造有限公司（以下简称“阳谷飞轮挂车公司”）成立，位于阳谷县城南5公里费楼工业园，建有2个厂区。费楼工业园厂区占地6公顷，注册资金5100万元。2013年，阳谷飞轮挂车公司在祥光开发区产区开始建设。是工业和信息化部汽车公告企业，集科研开发、设计制造、销售服务为一体的专用汽车生产企业。国内一流的专用车生产线及完备的检测设备与现代化的工装设备，促进压力容器产品从原材料入库到制造各种工序的检测、成品检验、售后服务等环节建立一套完整的质量保证体系。2014年4月，迅力公司由临清市龙山路14号搬至临清市经济开发区，是年获得“山东省节能环保示范企业”称号。

三轮车、低速载货汽车制造 聊城市主要的低速载货汽车制造企业早期是山东聊城双力农用车集团公司，后期崛起的是山东时风（集团）有限责任公司。

聊城双力农用车集团公司前身是聊城运输机械厂，成立于1966年，改制于1989年5月。较早时期经营范围电动机、机械配件、农用三轮车、四轮车等，是农业用运输车的创始企业。其生产的农用三轮车、收割机、拖拉机、棉麻机械等产品畅销全国26个省、直辖市和自治区，资产近13亿元，被授予“中国农机百强企业”“山东省工业百强企业”“全国五一劳动奖状企业”等称号，“九五”“十五”期间被列入山东省政府重点扶持的百家企业集团。由于双力集团生产的农用三轮车技术含量较低，全国各地厂家较多，竞争激烈，导致利润下降，加之企业职工人数众多、负担重、机构臃肿，负担加重，严重影响企业发展。2005年，山东双力欠银行贷款约6亿元，欠配套企业资金约4亿元，欠职工集资、工资等6000万元以上，企业负债16亿余元，扣除资产总额，累计亏损额7.7亿元，负债率187%，

时风集团机器人自动化焊接生产线 （2015年摄）

企业严重资不抵债。2005年10月底，银行收回资金7000余万元，供应商起诉标的额2000余万元，4月、5月发投入收回资金3500万元，仅此3项即为1.25亿元。资金链断裂，无钱购买原料，导致产销链断裂，债权人依法提出破产申请。聊城市政府曾对双力集团多次救急，2005年5月市政府拨款1500万元支持双力集团，集团开展与供应商、销售商、银行等客户的合作，但最终因企业债务过于沉重、资产质量太差等因素，于是年12月底公司破产还债。

双力破产之时，而另一家农用机械生产集团——高唐时风集团稳步发展。时风集团公司成立于1993年5月18日，主要生产三轮汽车、低速货车、轻型卡车、拖拉机、发动机、电动观光车、联合收割机，主要服务对象是全国各地的农村用户。1997年，时风集团实施“创名牌、争第一”“423”工程，即年生产三轮车40万辆，实现利税2亿元，以质量最好、品种最全、价格最低的三大优势，构建大型农机集团。生产的三轮车有八大系列，500余个品种，1000余种规格。公司年产销三轮车36.31万辆，实现销售收入18.2亿元，居全国同行业第一位，实现利税2.06亿元，成为聊城地区有史以来第一个利税突破2亿元的企业，连续三年在全省机械系统和全国同行业居第一位。1998年6月，国家农用车行业实行“自律价”整车销售每辆平均提高300元，无法再靠规模和廉价占领市场，经营出现大幅度滑坡，甚至出现负增长。时风集团投资7.5亿元建成占地32.4公顷的农用汽车产业园。四轮农用车年生产能力5万辆，“时风”牌四轮农用运输车上市。10月13日，行业“自律价”平息，时风生产能力得到恢复。年底，时风集团农用车产销量在全国同行业率先突破40万辆，完成产值22.56亿元，实现利税2.15亿元，经济效益稳居全国同行业榜首。1999年12月31日，按照现代企业制度的要求，高唐县委、县政府决定将原来的山东时风集团公司改制为山东时风（集团）有限责任公司，明确法人治理结构。召开公司首届股东大会，经过选举，明确董事长、副董事长、董事、监事、总经理、副总经理、党委书记、党委副书记、党委委员。2000年2月20日，时风汽车厂破土动工。时风汽车厂总占地31.2公顷，一期工程投资1.5亿元，工程建筑面积5.02万平方米，其中8个车间4.53万平方米。6月5日一期工程基本竣工。时风汽车厂一期工程主要生产四轮农用车的前桥、后桥，新上焊装、喷涂和总装生产流水线。2002年，时风集团产销农用车和发动机双双突破100万台，实现销售收入68亿元，利税5.2亿元。2003年，时风三轮农用车、四轮农用车、拖拉机主导产品在全国同行业位居第一位，产品出口美国、英国等50余个国家和地区。2003—2006年，建设时风热电产业园。2006年，时风集团以80.94的综合指数名列500强第八位。时风集团被国家统计局列为全国农、林、牧、渔专用机械制造行业十强第一位。2011年，时风三轮汽车产销量连续14年蝉联全国同行业第一。时风低速货车产销量连续11年蝉联全国同行业第一。

新能源汽车制造　2001年，聊城信迪科技开发有限公司创立，占地12公顷，建筑面积4.6万平方米，总资产1.2亿元，年销售收入1.5亿元，年出口创汇800万美元。电动车产品主要有电动高尔夫球车、电动警车、游览观光车、电动货车及电动送餐车、电动救护车等。产品被国内十几家高尔夫球场采用，还销售到各地警务执法部门、旅游景点、学校、厂矿企业、医院社区等。

2003年12月，聊城巨龙新能源车业有限公司成立，是中通集团参股的新能源汽车制造企业。新能源汽车项目总投资30亿元，分3期建设。一期用地34.38公顷，投资10亿元，新建冲压、焊接、涂装、总装厂房及辅助站房，汽车综合性能检车线、环形试车跑道、汽车展厅、研发中心、职工宿舍和专家公寓等，形成年产8万辆新能源汽车的产能，实现销售收入30亿元、利税2亿元。二期用地40公顷，计划投资10亿，新建纯电动汽车总装线1条、车身冲压线1条、焊接线1条、涂装线1条，年产能12万辆。三期用地53.33公顷，计划投资10亿元，形成10万辆高速电动汽车生产线。

2008年3月9日，由山东省科技厅组织的山东时风（集团）有限责任公司“经济型电动轿车”科技成果鉴定会在聊城召开。时风电动轿车顺利通过山东省科技厅科技成果鉴定。7月7日，时风集团与韩国西特恩特公司签署合作协议。根据协议要求，双方在电动车整车及零部件技术领域、资源共享等方面展开全面合作。“环保节能型电动轿车”列入2008年山东省重点技术创新项目。2009年，时风电动汽车三审，顺利通过国家生产许可证验收。2010年，建设时风电动汽车产业园，总投资50亿元，总占地86.67公顷，第一工厂投资20亿元，形成年产轻卡汽车8万辆、电动汽车20万辆的生产能力。2011年，时风集团获第二十五届世界电动车“最受消费者欢迎金奖”。时风电动汽车产业园二期工程开工建设。时风小型纯电动汽车项目通过验收。时风集团建设百万辆电动汽车生产基地，培植壮大战略性新兴产业，推进中国新能源汽车产业化。2012年8月，时风D101电动汽车在国家轿车质量监督检测中心（天津汽车检测中心）进行时速50千米/小时的正面碰撞和侧面碰撞试验，各项性能均达到标准要求。时风电动汽车全面通过短途纯电动乘用车产品标准要求的13大项及90小项各项性能的检测，时风电动汽车率先成为中国第一个全部通过各项检测指标的短途纯电动乘用车。12月，山东理工大学与时风集团就电动汽车电控部件开发和电厂节能改造科技合作项目签订战略合作协议，合作双方共同参与研究开发电动汽车电控部件开发、动力电池检验系统和电厂节能改造项目。是年，中通轻客开始研发新能源纯电动客车，中通轻客领导根据国家形势组织技术人员研发纯电动客车，成功申报山东省企业技术改造项目“新能源电动校车项目”。2013年，建成电动汽车产业园第二工厂。7月6日，时风新能源汽车产业园规划通过专家评审，是年建成低速电动车总装线。11月6—7日，第十届全国轻型电动汽车技术研讨会暨节能与新能源汽车产业技术发展论坛在时风集团召开，全国各地的有关科研机构和电动汽车整车、配套企业代表、新闻媒体人200余人参加会议。12月16日，时风电动汽车出口斯里兰卡战略合作项目首发式举行。时风锂电池电动汽车批量投产。是年，中通轻客成功申报新能源纯电动“校车”项目。中通集团3万辆节能与新能源客车新基地正式投产。2014年，时风D101电动汽车在斯里兰卡首都科伦坡的世贸中心大楼前广场亮相。时风集团承担的“山东省小型纯电动汽车工程研究中心”通过发改委专家组验收。“山东省小型纯电动汽车工程研究中心”建设项目经省发展改革委员会认定，批复项目建设内容，通过发改委专家组验收。山东省小型纯电动汽车工程研究中心成为山东省电动汽车基础研究向工程技术转化的重要研发平台。7月21日，国务院办公厅下发《关于加快新能源汽车推广应用的指导意见》，这是继出台免征新能源汽车车辆购置税方案、政府机关及公共机构购买新能源汽车实施方案之后的重大政策。是年，时风集团推出运动版D102电动汽车。新款车型拥有一个宽敞舒适的驾驶空间、更好的充电和动力性能。时风D102电动汽车批量投产。由时风集团信息中心、中央研究院三轮汽车研究所、营销五处共同组织和参与的网上展厅在线测试，上线人数爆满，信号传递流畅，互动交流方便。电动汽车研究所在信息中心的支持下，在网上展厅网上推广新产品时风D102车型。时风电动汽车齐鲁万里行巡展活动开始。由时风集团作为牵头单位，聊城大学、上海交通大学联合承担的山东省科技发展计划“增程式电动汽车研发”项目通过省科技厅验收，聊城市科技局组织完成科技成果鉴定。“中通新能源客车”获“山东省2013年度新能源客车名牌产品”称号，被评为山东财经风云榜“最具增长潜力品牌”。2015年8月18日，山东省新能源汽车技术创新联盟新闻发布会在济南举行，会议发布《山东省小型电动车产业发展报告（2015）（蓝皮书）》及山东省小型电动车准入产品标示，9家企业36个型号产品列入第一批目录。时风集团GD04A、

GD04B、D101、D102、D2014个系列11个型号产品通过准入验收，列所有企业之首。是年时风集团被评选为“2015年最受欢迎的小型电动车企业”称号。是年，中通轻客与聊城大学“产学研”结合，在原有6.6米纯电动客车的基础上，研发全承载式轻型纯电动客车。新能源客车拓展至近20个新能源车型，适用于城乡公交、县城公交、通勤班车、社区往返摆渡车等市场领域，充分解决市民“最后一公里”的出行瓶颈，新能源客车一经推出即得到市场认可。中通轻客设计、开发新一代“风景”系列公交产品，引领行业潮流，销量首次超过6000台，达到历史最好水平，行业排名升至第二位。随着新能源汽车的逐渐推广，中通轻客产品涵盖从4米至8米公路、城市公交、纯电动客车、校车、旅游和团体等各种类别和档次的客车，有7大系列100余个品种。公司成功研发的纯电动客车、纯电动城市公交和纯电动厢式运输车，受到广大客户关注。迅力公司也加强营销队伍建设，加大对新能源汽车产品项目投入。时风集团自主开发的D101、GD04型电动汽车，一次充电续驶里程超过200千米，百公里耗电8～10千瓦/小时，成为中国新能源汽车新的里程碑。“十二五”期间，聊城中通轻型客车有限公司新能源校车生产项目投资3亿元，山东德隆新能源汽车科技有限公司电动车项目投资18亿元，中通客车控股有限公司新能源汽车项目投资11.38亿元，时风集团新型电动汽车生产线智能化升级和批量生产项目投资25亿元。

发动机制造　时风集团在生产低速载货汽车、电动车的同时，也制造发动机。2002年4月16日，“时风”牌发动机在内蒙古兴安盟水务局举行的发动机投资项目政府采购招标会上，以美观的造型、优秀的内在质量、优质的售后服务、较高的市场知名度一举中标。2003年，发动机4个主导产品在全国同行业位居第一位，“时风”牌发动机被确认为“山东名牌产品”。2004年，时风洋马发动机正式投产，时风单缸发动机荣获“国家免检产品”称号。2005年9月，时风发动机获“中国名牌产品”称号。2006年，单缸发动机获“中国市场用户满意第一品牌”称号。2007年，时风集团单缸环保节能发动机项目通过科技部验收，时风单缸环保节能发动机获2006年度山东省政府重大节能成果奖。时风欧Ⅱ单缸环保发动机的成功研发，标志着时风集团在单缸发动机设计开发、生产制造领域掌握世界先进技术达到国际先进水平，彻底解决中国单缸机排放污染严重的问题。2011年5月，时风集团重点项目循环水型发动机机体加工线签约。2013年，时风发动机商标被认定为“山东省著名商标”。时风单缸发动机独家配装云南力帆骏马产品，双方签订战略合作协议。“十二五”期间，山东鑫亚工业股份有限公司（梧桐投资有限公司合作）汽车发动机项目，投资9.5亿元。

汽车零部件及配件制造　2000年10月23日，聊城市前府机械配件有限公司成立，是专注于原材料及加工行业的民营企业公司，制造汽车配件，为汽车主机厂生产汽车配件，为国内多家大型重型汽车厂家提供配套产品。

2001年，茌平鲁环汽车散热器有限公司成立，是一家集研发、生产、销售、服务于一体的生产型进出口综合高新技术企业。占地11.5公顷，建筑面积3.6万平方米，总资产2.6亿元，职工212人，其中专业技术人员78人。专业质量控制管理人员30人，公司年产铝塑汽车散热器100万台，汽车中冷器20万台，共计3000余个品种型号。通过英国NQA认证公司ISO/TS16949：2009质量管理体系认证。产品90%以上出口到欧美、东南亚、法国、约旦、澳大利亚、墨西哥、中东、中国台湾等20余个国家和地区。拥有3800平方米的汽车铝塑散热器工程实验室。2006年9月，聊城市富迪机械有限公司成立，生产汽车配件、机械配件、机械模具等产品，从事钢材、木材、建筑材料、有色金属、五金化工产品、机电产品、橡胶制品销售。

2009年，山东领航汽车部件有限公司成立，致力于汽车配件的研究开发、生产、销售。公司总投资3000万元，占地4.66公顷。企业具有前沿与汽车厂同步研发能力，主要从事国内整车配套、配件销售和外贸出口，专业技术人员60人。在同行业中率先通过ISO/TS16949：2009质量管理体系认证，通过ISO 14001环境管理体系、ISO 18001职业健康安全体系等认证，并获得“国家免检”“山东名牌”及“山东省著名商标”等。公司有压铸车间、注塑车间和散热器车间，拥有国内外最先进的压铸机和注塑机，压铸机从160吨到1250吨，注塑机合模力分别为550千牛、9000千牛，年生产1500吨各类有色金属压铸件和500吨注塑件。散热器车间主要生产汽车散热器、冷凝器、中冷器、暖风和全铝散热器。散热器产品规格2000余种，开发能力200款/年，年生产能力200万台/套。2013年，鲁环散热器工程实验室被聊城市发改委认定为“市级工程实验室”。茌平鲁环汽车散热器有限公司被认定为“一企一技术”创新型企业。茌平鲁环汽车散热器有限公司“华环”商标被认定为“山东省著名商标”。2014年，被山东省发改委认定为“省级工程实验室”。该实验室拥有进行汽车散热器各项性能试验的风洞试验台、传热性能试验台、振动试验台、压力脉冲试验台、爆破试验台、清洁度试验台、盐雾试验台等60余套实验设备。

山东省聊城市大京九机械有限公司生产的汽车与农用车产品，主要有机保险杠支撑、差速器调整垫圈、铜垫圈、传动轴保护器、调整垫圈、防尘盖、防尘罩等。山东富邦机械装备有限公司生产铸件与10余家汽车制造厂配套，模具制造也与多个国内外大中型企业具有合作业务。时风配件营销公司是时风集团对外销售配件及售后服务的窗口，下设数百个经销网点，业务范围遍及全国各地，年销售额5亿元，是全国最大的农用汽车配件集散地，成为全国最大的专业配件公司。至2015年，聊城市前府机械配件有限公司成为原材料及加工行业知名企业。“十二五”期间，各生产企业有较大项目投入：聊城市新星汽车配件有限公司重型汽车配件加工项目，投资1亿元；上海友升铝业有限公司高端铝合金汽车零部件及汽车用铝合金材料项目，投资7.2亿元；飞轮挂车制造有限公司挂车零部件生产项目，投资10亿元。

汽车轮胎制造　2003年2月，时风集团与青岛双星集团签约共同组建双星时风轮胎有限责任公司。合资公司位于高唐县经济开发区，总投资10亿元。第一期工程，实现年产轻卡汽车轮胎200万套、子午线汽车轮胎100万套的生产能力。建有现代化的内胎车间、外胎车间、硫化车间、密炼大楼等基础设施，引进国内先进的270密炼机、胶片冷却线、上辅机系统、XKY-660压片机等高新设备600余台套，形成200万套轻卡汽车斜胶轮胎的生产规模。12月28日，双星时风轮胎正式投产，双星时风轮胎下线，标志双星时风轮胎公司发展步入快车道。2006年7月26日，时风双星轮胎公司备料型保税仓库建成投入使用。时风集团试制成功45/65-45巨型胎，直径2.7米，截面1.1米，重2.3吨，是中国最大型号的轮胎之一，这种巨型胎以矿用为主，主要市场在国外。每只轮胎售价在1.5万美元以上，仅此型号的巨型轮胎全年可增产值2亿元。8月17日，山东时风（集团）有限责任公司巨型全钢工程子午胎科技成果通过山东省科技厅鉴定。巨型全钢工程子午胎项目是国内首创，产品研究具有创新性、前瞻性，并在生产工艺上有重大创新，解决巨型全钢工程子午胎关键技术难题，创新实施磁铁吸附胎胚自动输送成型工艺，攻克复杂结构、超大超厚部件自动组合、准确集成的关键工艺瓶颈，拥有自主知识产权并取得多项专利技术。出口国外，具有较高的经济效益和社会效益。经省科技厅科技成果鉴定，研发的巨型全钢工程子午胎，24.00R49、27.00R49、33.00R51、36.00R51、37.00R57、40.00R57等规格产品填补国内空白，达到国际先进水平。2008年，时风巨兴轮胎公司获“山东省第七届消费者满意单位”称号。时风集团与中国石化签订长期战略合作联盟协议，对推进中石化和时风轮胎工业布产业发展具有极其重要的历史意义和现实意义。2013年，时风巨型轮胎成型装备通过省部级科技成果鉴定，专家认定该项目成果关键技术属国内外首创，达到国际先进水平。

四、电气机械及器材制造

电缆制造 聊城市电缆制造主要企业有山东阳谷电缆集团、山东阳谷齐鲁电缆有限公司、山东阳谷昊辉电缆有限公司、阳谷新日辉电缆有限公司、中通电缆集团公司，大多集中于阳谷县。

1995年5月，阳谷县电缆厂兼并阳谷县景阳冈酒厂、造纸厂和棉纺厂，成立山东阳谷电缆集团。1997年，山东阳谷电缆集团从芬兰引进CDCC交联电缆生产线。2000年，与中国（亚太电缆有限公司）持股公司合资成立山东太平洋橡缆有限公司。“九五”期间，山东阳谷电缆集团投资5980万元用于硅烷交联电缆技术改造项目，投资3780万元用于新型带状光缆项目研发。2003年，进行股份制改造。2004年，成立山东日辉电缆有限公司，矿用橡套电缆和超高压交联电缆被科技部认定为国家级火炬计划项目。2006年，超高压交联电缆被山东省政府列为首批“百个重点产品”，具有电缆最高技术代表意义的500千伏交联电缆生产试制成功。2007年，日辉商标被认定为中国驰名商标，同时电缆工业园中的台湾工业园成立。是年，与中国神华集团（中国最大矿业集团）缔结战略合作伙伴关系。“十一五”期间，山东阳谷电缆集团有限公司500千伏超高压交联电缆扩建项目投资3.6亿元，阳谷电缆集团有限公司高压电缆项目投资1亿元。2011年，阳谷新日辉电缆有限公司成立，注册资金3.6亿元。2012年，与法国耐克森公司正式签署合作框架协议。公司和耐克森公司组建耐克森（阳谷）新日辉电缆有限公司，由耐克森控股。2015年，山东阳谷电缆集团南非股份有限公司成立，电缆集团有限公司与山东浪潮公司合作成立山东汇通金融租赁有限公司。启动光纤预制棒项目，投资12亿元。研发的“一种摇篮式成缆机在线自动预扭装置”获得国家实用新型专利。通过特变电工山东鲁能泰山电缆有限公司质量体系审核。2015年，主营业务收入1亿元。

2011—2015年，电缆生产企业重点项目：昊辉电缆有限公司年产1万千米特种电缆项目投资3亿元，中通电缆有限公司新能源船用与变频节能特种电缆项目投资4亿元，聊城市一通电缆有限公司超高压电缆项目投资10亿元，中通电缆有限公司特种电缆扩建项目投资6亿元，山东太平洋电缆有限公司风能电缆和船用电缆投资3.8亿元，阳谷电缆光电产业园二期项目投资57.08亿元。

山东阳谷电缆集团有限公司生产车间内景（2013年摄）

山东阳谷齐鲁电缆有限公司。始建于2004年10月，位于阳谷县，注册资金5000万元，建筑面积5万平方米。2008年年底，拥有员工280人，总资产3.6亿元，综合生产能力10亿元。公司为集电线电缆高新技术研究、开发、设计、生产、销售于一体的现代化大型电线电缆制造专业企业，山东省高新技术企业。拥有国际先进水平的电缆电线生产设备，主要产品有1～220千伏交联聚乙烯绝缘电力电缆、6千伏及以下聚氯乙烯绝缘聚氯乙烯护套电力电缆、矿用阻燃电缆、橡套电缆、控制电缆、耐火阻燃电缆、架空绝缘电缆、计算机电缆、电器装备用电线电缆等系列产品。集团公司年产400吨高性能光纤预制棒项目获得国家开发银行资金支持，“翔宇”商标被认定为“中国驰名品牌”“中国质量过硬知名品牌”“山东名牌产品”。

山东阳谷昊辉电缆有限公司。2011年7月成立，位于阳谷县。为专业从事电力电缆研发与制造的现代化大型企业，拥有资产总额1.8亿元，占地2.7公顷，建有绝缘电线车间、低压电缆车间、高压电缆车间及铜加工车间等。生产“金昊辉”牌电缆，在全国106个大中城市设有销售服务机构，主导产品为聚氯乙烯绝缘控制电缆、聚氯乙烯绝缘电力电缆、交联聚乙烯绝缘电力电缆、架空绝缘电缆、铝绞线及钢芯铝绞线、聚氯乙烯绝缘无护套（软）电缆电线等，重点开发生产低烟无卤、低烟低卤、预分支电缆及各种阻燃、耐火、屏蔽等特种电缆1万余个规格型号，年生产能力15亿元。按国家或国际生产标准生产，也可按用户要求组织生产和供货。“金昊辉”牌电线电缆被全国26个省、市、自治区广泛应用于电力、煤炭、交通、建筑、石油、化工、冶金、航空、铁路等领域。

中通电缆集团公司。2008年1月成立，位于阳谷县，是集电线、电缆高新技术研究、设计、生产、销售于一体的现代化大型企业。总资产2.6亿元。公司可生产6大类、600余种型号、1.8万余种规格的电线电缆，年综合生产能力16亿元。主要有220千伏及以下聚氯乙烯电力电缆、特种电缆、矿用橡套电缆、控制电缆、耐火阻燃电缆、塑料绝缘电力电缆及铝绞线、钢芯铝绞线等系列产品，可广泛用于电力、矿山、石油、化工、冶金、建筑、航空、船舶、铁路、军工等领域。从德国、日本、上海、白城、安庆等地引进和购进具有国际先进水平、自动化程度高的电缆生产、检测设备，拥有国家强制性产品认证、矿用产品安全标志证书。

山东太平洋电缆有限公司。成立于2012年10月22日，位于阳谷县经济开发区，主要生产设备是从德国等国引进的具有国际领先水平的生产线，设有交联车间、导体车间以及相配套的动力中心、合成材料加工中心，从事研究、开发和规模化生产工程建设、电力、煤炭、新能源以及交通运输、石油钻探、海洋船舶等行业特殊用途的高新技术电缆产品。电缆公司项目分两期进行建设。一期是中低压电力电缆、风能电缆、矿用电缆及特种电缆项目，投资3.6亿元，占地6.67公顷，建筑面积5.8万平方米，2013年4月开工建设，2014年6月建成投产，年实现产值8亿元，利税5000万元。二期是110千伏以上的电力电缆、辐照电缆、核电缆及机车电缆项目。项目建成投产后，年可实现产值16亿元，利税1.1亿元。

光缆光纤制造 聊城市主要的光缆、光纤企业是山东太平洋光缆有限公司。山东太平洋光缆有限公司（SPFO）是台湾太平洋电线电缆股份有限公司和山东阳谷电缆集团有限公司于1999年共同投资建设，集普通光缆和特殊光电线缆生产、研发于一体高新技术企业。经过几年发展，形成年产光缆150万芯千米、8万皮长公里的生产能力。近20%的员工在日本、新加坡、中国台湾受过专业培训。2002年，增资扩容，建成黄河以北最大规模的现代化光缆生产车间。2004年，山东阳谷电缆集团公司光纤拉丝项目投资5501万元，年产10万芯带状光缆技术改造项目投资3780万元，新型带状光缆项目投资3852万元。2007年，参与中国移动和中国网通两大电信运营商的光缆集中采购招标项目双双中标。入围山东省“农村信息化”工程，实现“光进铜退”。2010年，山东日辉电缆有限公司与法国耐克森公司达成初步认可协议，成功开发OPLC光缆并成为国家重点新产品。2011年，太平洋光缆公司与长飞光纤光缆有限公司正式签署合作协议，引进“一塔四线”设备，上马光纤拉丝项目并正式吊塔。2012年，山东太平洋光纤光缆有限公司的第一根光纤投产下线。2013年，启动新的光电复合缆、辐照交联电缆项目。安装光纤光缆产业化项目主要设备——拉丝塔。2013年7月18日，公司更名为山东太平洋光纤光缆有限公司。2015年，山东太平洋光缆有限公司（SPFO）累计提供36万皮长千米光缆，广泛应用于移动、电信、网通、联通、部队、油田、铁路、广电、电力、煤矿等全国通信干线和当地网的建设，销往新加坡、巴基斯坦、俄罗斯、中国台湾等国家和地区。主营的光纤通信和电力传输产品形成近百个系列、上千个品种，产品涉及中心束管式、层绞式、带状光缆、ADSS、OPGW、OPPC光缆、蝶形引入光缆、室内光缆、光纤活动连接器、阻燃耐火软电缆、核电缆等。先后开发生产水线光缆、煤矿用光缆、电力用光缆、微收缩光缆、室内光缆、野战光缆、光电复合缆等特种光缆，其中微收缩光缆、光电复合缆取得国家实用新型专利证书，矿用光缆获得矿用产品安全标志证书。引进的芬兰 NEXTROM 公司 OFC-45 二次被覆大管生产线，最大芯数 864 芯，在国内处于领先水平。集团公司年产 400 万芯千米光缆项目投产，年产 400 吨高性能光纤预制棒项目获得国家开发银行资金支持。

五、金属制品制造

聊城市较大的金属制品制造企业是山东聊城中钢联金属制造有限公司等。山东聊城中钢联金属制造有限公司是在聊城市兴隆无缝钢管制造有限公司基础上发展壮大起来的。2003 年 6 月，开工建设聊城市兴隆无缝钢管制造有限公司，总投资 1.86 亿元，年产无缝钢管 10 万吨。2007 年 5 月，筹建二期项目，成立山东聊城中钢联金属制造有限公司。7 月，二期工程奠基开工建设，工期为一年零两个月。建筑面积 4.67 万平方米，总投资 8 亿元，年产无缝钢管 50 万吨，年销售额 40 亿元，成为山东最大的无缝钢管生产企业。无缝钢管生产加工项目是经科学论证，严格按照国家的相关产业政策进行建设的，符合国家的环保政策，相关设备采用节能降耗等先进技术。主要产品为石油套管、石油油管、液压支柱管、压力容器管、汽车用管、军工用管等品种，规格为 42 ～ 180 毫米 ×16 ～ 80 毫米。该项目的工艺特点：机组的 ASSEL 轧管机是国内外最大的三辊轧管机；三辊轧管机的芯棒采用芯棒预穿和限动小循环，此工艺在三辊轧管机组中使用为国内首创，较大减少穿棒时间和提高芯棒寿命，保证钢管的内部质量；机组采用三级计算机控制的生产过程自动化系统，可实现工艺参数预定、自动调整和事故诊断等功能，无论生产工艺、设备装备还是自动化等方面均属国际先进水平；机组采用国产设计制造，节约投资，打破长期国外技术垄断的局面；机组主要生产大口径中厚壁的无缝钢管，特别适合生产高合金无缝钢管，填补市场空白。公司 2009 年 12 月获山东省企业管理协会颁发的 2009 年度企业发展成就奖，2010 年 2 月被中国物资信息联盟网、现代物流报社评为 2009 年度全国百强钢材营销企业。

第三节　重点企业选介

时风集团　1989 年，时风集团前身高唐县工具厂成立，租赁高唐县财政局管理的 3000 平方米厂房从事工具生产。1992 年，更名为高唐县时风机器总厂。1993 年 5 月，合并县机械厂，成立时风集团。1993 年 5 月，投资 2 亿元，建成占地 14.47 公顷的总装厂。1998 年 7 月，投资 7.5 亿元，建成占地 32.4 公顷的时风农用汽车产业园。2000 年，规划投资 30 亿元，组建占地 66.67 公顷的时风农业装备产业园。2003—2010 年，投资 10 亿元，建设占地 33.33 公顷的时风热电产业园，总装机容量 100 兆瓦，年发电量 7.2 亿千瓦时，年供热能力 270 万吨。2006 年 1 月，总投资 30 亿元，建设占地 53.33 公顷的时风现代农业装备产业园，其中一期工程年产 10 万辆三轮汽车总装线和年产 10 万台的农业装备产品总装线投入运行。是年，投资 20 亿元，建设时风化纤轮胎产业园，形成年产 820 万套农业装备轮胎、60 万套大型工程轮胎、6 万吨锦化工业布的规模。2010 年，总投资 50 亿元，建设占地 86.67 公顷的时风电动汽车产业园，其中年内第一工厂投资 20 亿元，形成年产轻卡汽车 8 万辆、电动汽车 20 万辆的生产能力；2013 年第二工厂投资 30 亿元，建成拖拉机总装线、三轮汽车总装线及仓库、试车场、检测线等设施。是年，投资 1.5 亿元，建设占地 17.2 公顷的时风（集团）聊城农业装备有限公司，形成年产 2 万台联合收割机的生产能力。2015 年，时风集团实现主营业务收入 340 亿元、利税 18 亿元、税费 3.92 亿元，分别较上年增至 5.6%、4.6%、20%。

至 2015 年，时风集团有限责任公司下设六大产业园（农用汽车产业园、农业装备产业园、电动汽车产业园、化纤轮胎产业园、现代农业装备产业园、热电产业园），设有时风中央研究院，下设13个研究所，专业技术人员2500余人，是三轮汽车行业的CAD示范基地，主导产品为三轮汽车、轻卡汽车、电动汽车、拖拉机、发动机、轮胎、联合收割机。公司获得1000余项科研成果和国家专利，1500余个营销网点和2000余家配套企业，形成“买全国、卖全国”的供应配套网络和营销网络，产品远销美国、墨西哥、阿尔巴尼亚等50余个国家。位居中国企业500强第397位，中国机械500强第63位，中国机械品牌100强第43位。拥有冲压、焊装、涂装、总装、机加工、铸造、热处理等生产能力，形成年产农用汽车130万辆、轻卡汽车8万辆、电动车20万辆、发动机150万台、拖拉机30万台、轮胎880万套、联合收割机2万台的生产能力。企业坚持“创新、协调、绿色、开放、共享”五大发展理念，聚焦“传统产业转型升级，战略新兴产业加快发展，打造高端智慧制造平台”的指导思想，围绕创建“中国驰名、世界著名”运输机械集团的战略目标，建设“六大产业园”，做强做久运输机械、农业装备、电动汽车和化纤轮胎四大产业集群，打造中国电动汽车品牌，加快美丽时风集团建设。

时风电动汽车产业园第一工厂建设了机器人自动化车身焊装线、大型自动化冲压线、全自动涂装生产线、机械化以太网总装生产线，形成年产20万辆电动汽车、8万辆轻卡汽车的产能。建成电动汽车检测线和全长1500米的单向三车道试验场；建设可供300余辆电动车同时充电的充电站。时风电动汽车通过包括时速50千米碰撞试验在内的62个强检项目检测，实现了产业化生产、市场化推广，成为中国的电动汽车生产基地。

时风现代农业装备产业园建筑面积34万平方米，其中厂区部分建筑面积20万平方米，规划建设现代化的冲压、涂装、总装等车间及车身、电机、电控等关键零部件生产基地，加快战略新兴产业突破发展。一期工程生产区车间、仓库、检测线、试车场及配套设施建成，年产10万辆三轮汽车总装线和年产10万台的农业装备产品总装线投入运行，时风三轮汽车将实现每辆车上线检测和道路实验，彻底解决影响市场销售的质量问题。时风农业装备产业园是拖拉机、发动机、玉米联合收割机等农业装备生产基地。坚持传统产业优化升级的原则，引进装备建成中大型拖拉机生产线、联合收获机生产线以及全自动铸造生产线、阴极电泳和自动喷漆线、曲轴壳型线零部件生产线。形成年产小四轮拖拉机30万台、中大型拖拉机10万台、发动机80万台、2万台联合收割机主要部件生产能力，成为集铸造、机械加工、涂装为一体的现代化厂区。

时风农用汽车产业园是时风集团的科技研发基地和农用汽车生产基地。园区设有时风中央研究院，建有国家发改委认定的国家级企业技术中心和人事部批准的博士后科研工作站，是农业

时风农业装备产业园区　（2015年摄）

部农机动力与收获机械重点实验室，拥有专业技术人员2500余人，设有汽车、发动机、拖拉机等13个研究所，1000多项科研成果获国家专利。该园区设有三轮汽车、发动机总装、喷漆、焊接、冲压、配料等工艺流程，拥有30余项农用汽车、发动机生产工艺，建有机动车辆检测线、发动机开发测试中心，自主创新能力很强。引进激光切割机、5000吨成型压力机、数控大梁冲、800T研配压力机等高精尖设备，建有底面合一阴极电泳线，打造高端智慧制造平台。

时风化纤轮胎产业园形成年产锦纶切片10万吨，锦纶工业丝10万吨，锦纶浸胶帘子布3万吨的产能。时风锦纶-6系列产品涵盖锦纶-6中粘/高粘切片、锦纶工业丝/抗紫外线丝、锦纶白坯布/锦纶浸胶帘子布。锦纶切片主要用于工业丝、民用纺丝、渔网丝、造纸用毛毯、工程塑料、尼龙薄膜等生产。锦纶工业丝主要用于织造锦纶帘子布、锦纶帆布、锦纶土工布、尼龙绳索、渔网等产品。锦纶浸胶帘子布主要作为骨架材料用于轮胎生产。时风锦纶工业丝包含4个规格；锦纶浸胶帘子布包含12个规格，锦纶6浸胶帘子布可以按照用户的特殊要求设计生产。该产业园化纤轮胎产业是资金密集型和技术密集型产业，购进意大利、美国、德国、法国、捷克斯洛伐克等世界精尖设备，建成年产全钢巨型工程子午胎2万套、工业车辆轮胎10万套、农业轮胎30万套、载重轮胎60万套、轻卡轮胎600万套的生产能力。在国内研制子午线工程巨胎，先后聘请国内外50余位轮胎专业高级工程师，联合国内多所大学及橡胶技术研究院，组成全钢子午线工程机械轮胎技术研发中心。所生产的多种规格巨型子午胎，先后投入到国内外矿山使用，大批量出口美国、加拿大、澳大利亚、巴西、东南亚、非洲、中东等国家和地区。

时风热电产业园是时风集团立足长远规划，降低制造成本，提升自主创新，保障热力电力资源供给，加快时风转型升级的基础产业。设有时风发展创新产品成果创新展厅，主要展示农用汽车、拖拉机、发动机、联合收割机、轮胎等传统产品。该园区以高技术、高性能、高安全性为起点，注重行业最新技术的采用，选用的循环流化床锅炉，在环保节能方面优势明显，采用静电除尘器、炉外脱硫等工艺，确保达标排放。

中通汽车工业集团有限责任公司 中通汽车工业集团有限责任公司前身聊城车辆修理厂，成立于1958年8月。后历经更名、整合，先后改名为聊城专员公署交通局车辆制修厂、山东省聊城客车厂等。1997年10月，山东省聊城客车厂改制为山东聊城客车工业集团有限责任公司。1998年4月，山东客车股份有限公司更名为中通客车股份有限公司。是年11月，经山东省交通厅批准，青岛发动机厂整体并入山东聊城客车工业集团有限责任公司。1999年8月，聊城东岳轻钢建筑制造公司成立；2000年6月，更名为中通钢构建筑公司，注册资金1500万元；是年10月，进驻南郊工业区新厂区。2000年1月，“中通客车”在深圳证券交易所上市。2004年4月，山东聊城客车工业集团有限责任公司搬迁至聊城经济开发区中华北路9号。2005年10月，“中通牌”钢结构件被评为山东名牌产品。

2006年6月，山东聊城客车工业集团有限责任公司更名为中通汽车工业集团有限责任公司；年内，第一辆中通纯电动客车下线；是年，公司被授予首批“国家汽车整车出口基地企业”，出口整车1194辆。2007年3月，中通钢构建筑公司注册资金增至2121.16万元，整体改制为股份有限公司，更名为山东中通钢构建筑股份有限公司，通过质量、环境、职业健康安全三体系整合认证；是年，中通客车检测中心通过CNAS国家实验室审核，成为客车行业首个“国家级实验室”，中通客车被认定为“中国名牌产品”。2008年，中通集团技术中心被评定为省级企业技术中心，中通客车技术中心被评为国家级技术中心。2010年，中通客车被认定为“中国驰名商标”。2012年，中通集团成功实现跨越式发展，中通客车清洁能源客车销量位居全国第二。2013年，获“第八届影响中国客车业·2013年度客车行业最佳雇主”称号；3万辆节能与新能源客车新基地正式投产。2014年，获“山东省2013年度新能源客车名牌产品”称号，被评为山东财经风云榜“最具增长潜力品牌”；完成2186辆校车45天内交付沙特工作，创多项行业纪录，正式跻身国内大中型客车行业“前三强”。2015年，销售客车1.76万辆、新能源客车1万余辆，出口客车2万辆，分别名列行业综合排名前三位、国内市场占有率前二位、海外市场前三位；技术中心再次被认定为“国家级高级技术中心”，获“第十届影响中国客车业·2015年度客车行业最佳雇主”称号。

至2015年，中通汽车工业集团公司经过50余年的发展，成为以经营客车、专用车为主业的大型国有企业集团。集团公司总资产105亿元，员工6000余人，其中专业技术人员960人，拥有1家上市公司，10个经营类公司、7个贸易类公司和5个参股类公司（不含已列入清算退出的公司）。集团旗下中通客车控股股份有限公司，是国内客车行业四家上市公司之一，是国家和交通部定点生产客车的骨干企业，综合实力排名全国同行业第四位。中通集团通过优化资源配置、转变经济发展方式，提升传统优势产业，发展战略新兴产业，逐步形成“客车、专用车、钢结构”多业务协调发展的多元化产业体系，具备年产客车3万辆、专用车1万辆、汽车底盘1万辆、钢结构10万吨的制造加工能力和10万平方米房地产的开发能力。

山东聊城金泰节能科技有限公司 成立于2008年12月，租赁聊城兴化西路华夏银行四楼，建筑面积200平方米，员工10人，主要涉足塑料行业，开展用电磁感应加热替代传统的电阻丝加热方式研究。2009年12月12日，公司迁移至聊城经济开发区中华路博士创业园6号，租赁厂房4300平方米。公司设立科研部，致力于电磁感应加热技术的研究与开发，增加生产线、生产设备和检测仪器。2009年7月，通过ISO 9001国际质量体系认证。2010年3月，公司智能变频电磁感应加热节能设备通过山东省科技厅的科技成果鉴定，鉴定结论为该成果在智能超变频磁流子节能应用技术方面达到国内领先水平，建议在相关领域进一步推广应用。5月，智能变频电磁感应加热节能设备成为国家技术产品，并在山东省发改委备案。7月，公司成为国家第一批节能服务公司，并在国家发改委备案，被中国节能协会纳为会员单位。2010年1月，智能变频电磁感应加热节能设备被山东省经信委纳入《山东省重点节能技术、产品和设备推广目录（第一批）》，获得备案。是年，公司技术领域延伸到石油行业，利用成熟的电磁感应加热技术，陆续自主研发油田井口防蜡、井下稠油开采加热、储油罐加热、输油管线加热装置等一系列的油田专用设备，产品应用在胜利油田，解决原油黏度高、不能顺利输送的问题。2011年，企业被认定为聊城市市级技术中心企业、国家高新技术企业，获评“十一五”期间聊城市节能突出贡献企业，智能变频电磁感应加热节能设备与智能超变频磁流子无极节能灯被纳入《聊城市节能环保技术产品和设备推广目录（第一批）》，智能变频电磁感应加热节能设备被评为“山东名牌产品”。2012年，成立以公司为依托单位的聊城市电磁节能应用技术重点实验室，智能变频电磁感应加热节能设备被列入《山东省高端技术装备新产品推广目录（第二批）》。

2013—2015年，企业进入稳健成熟的发展期。发展防蜡装置、加热装置、储油罐加热、井下加热装置研发技术并推广，把先进的电子技术和变频磁感应技术合理结合，根据油田实际情况研制出有突破性的纯物理防蜡降黏装置，获得国家专利。研发的智能超变频磁流子加热装置是具有自主知识产权的油田专用的管道加热输油装置，装置把电能转换为磁能，由磁能转化为热能，热效率95%，比传统加热方式节能50%以上，寿命10年。通过合同能源管理的方式，把该加热装置应用在油田上，为油田节约电能。储油罐加热装置是山东聊城金泰节能科技有限公司自主研发的专为油田单井储油罐加热系统而设计、制造的一种新型油罐自动加热装置。改进研制出具有自主知识产权的专利产品，解决开采过程当中遇到的难题。2013 年，通过山东省地方标准，成为聊城市第三批技术研究推广中心，被批准为 2013 年度聊城市工程技术研究中心，承担国家火炬计划立项项目。2014 年，被评为 2013 年度聊城市经济建设工作节能降耗先进企业。迁入金泰节能公司自主筹建的金泰节能工业园区，占地 3.69 公顷。公司通过高新技术企业复审，获得中国石油大港油田公司市场准入证，获得中石化东北油气分公司市场准入证。2015 年，通过 ISO 9001 国际质量体系认证复审。

至 2015 年，企业销售收入 2.11 亿元，完成利税 5054 万元，年末资产总额 3.57 亿元。公司成为集研发、生产、销售节能产品于一体的高新技术企业，是山东省创新型企业、聊城市电磁节能应用技术重点实验室、市工程技术研究中心、市企业技术中心，经营范围为环保节能设备研发生产与销售、合同能源管理项目，主要产品是智能变频电磁感应加热节能设备、磁流子防蜡装置等。其中，智能超变频磁流子加热节能设备质量居国内同类产品领先水平，被评为山东名牌产品。拥有专利 15 项，其中发明专利 3 项。与山东大学、石油大学（华东）、聊城大学等建立校企联合，成为产学研基地。

山东日发纺织机械有限公司　聊城昌润纺织机械有限公司是由浙江日发纺织机械有限公司控股、昌润投资控股集团有限公司和部分员工共同出资而设立的独立法人企业。2005 年 11 月，浙江日发控股集团收购聊城昌润纺织机械有限公司。

2007 年，聊城昌润纺织机械有限公司更名为山东日发纺织机械有限公司，HST50 型高档毛巾剑杆织机获中国纺织工业协会科学技术奖三等奖。2008 年 12 月，被山东省科学技术厅、山东省财政厅、山东省国家税务局、山东省地方税务局评为国家高新技术企业。2009 年 11 月，RFRL30 高速剑杆织机获得聊城市科学技术进步奖一等奖。RFRL30 型高速剑杆织机和 RFJA10 型喷气织机分别荣获中国纺织工业协会科技进步二等奖、三等奖。2010 年，RFJA11 帘子布喷气织机项目列入 2010 年山东省技术创新第一批项目计划。位于南通市先锋镇青青家园内的山东日发纺织机苏北办事处成立。批量发韩国 RFTL60 型高速毛巾织机。该机制作精良，性能达到国际一流水平，具备取代进口毛巾织机的能力。

“十一五”期间，山东日发纺织机械有限公司 2000 台喷气织机项目投资 3000 万元。2011 年 12 月，山东日发 RFTL60 高速剑杆毛巾织机、RFJA11 帘子布喷气织机通过山东省经信委鉴定验收。2012 年，成立 RFJA33 喷气毛巾织机项目组和喷水织机项目组，“日发现代新型纺机科技园项目”签约，实现产品转型和产能规模的双提升。实现“世界无梭织机制造基地及电子设备制造基地”目标。该项目总投资 46 亿元，分 3 期进行。调整公司组织架构，新增加市场部。RFTL60 型高速毛巾织机获中国纺织工业联合会科技进步三等奖。2013 年，获得由山东省企业技术创新促进会、齐鲁晚报社联合授予的“山东省创新驱动发展能力百强企业”称号，企业被批准为中国丝绸协会第六届会员单位，获第二届聊城市企业管理奖。RFRL30 型高速剑杆织机获由科学技术部、环境保护部、商务部、国家质量监督检验检疫总局联合颁发的国家重点新产品证书。山东日发 RFRL31 节能型高速剑杆织机和 RFJW10 型智能化喷水织机通过山东省科技厅、经信委鉴定验收。RFJA33 毛巾喷气织机通过山东省经信委新产品新技术鉴定、聊城市科技局科学技术鉴定。2014 年，与临清三和纺织集团有限公司完成 3500 台销售订单的签订，与聊城经济技术开发区管理委员会签订《新一代网络化智能化喷气织机产业化项目投资协议》。项目位于聊城经济技术开发区辽河路以南、黄山路以东，规划建筑面积约 4.5 万平方米，建成后将形成年产 4000 台的生产能力，每年可实现销售收入 7.2 亿元、利税 1.12 亿元。是年 5 月，日发现代新型纺机科技园一期项目与新一代网络化智能化喷气织机产业化项目同时动工。山东日发投资建设的“智能化喷水织机毛巾织机”第一个新厂房竣工投产。RFJA33 毛巾喷气织机通过山东省经信委新产品新技术鉴定、聊城市科技局科学技术鉴定。

2015年，山东日发自主研发的首台针织圆机单面机装机完成并试织成功，双面机如期完成。两台设备的诞生，标志着山东日发产品线从纺织机械领域向针织机械领域扩展迈出关键的一步。RFJA11/RFJA12/RFJA20型喷气织机通过CE认证。RFJA33型毛巾喷气织机获中国纺织工业联合会科学技术奖二等奖。山日发纺机及高新区分公司通过ISO 9001质量管理体系、ISO 14001环境管理体系、OHSAS18001职业健康安全管理体系评审。山东日发RFJA20喷气织机、RFJA33毛巾喷气织机两项产品列入2015年度纺织行业新技术（成果）推广项目。“十二五”期间，山东日发纺织机械有限公司智能化喷水织机、毛巾织机产业化项目，投资50亿元。

山东鑫亚工业股份有限公司 山东鑫亚工业股份有限公司前身聊城油泵油嘴厂，始建于1965年，1994年3月完成改制，注册资金1.68亿元，是一家专业研发、生产、销售燃油喷射系统的大型企业。2007年，公司通过ISO/TS16949质量管理体系认证。2010年，实现销售收入7亿元。2014年，“亚字”牌喷油泵总成、喷油器总成产品被认定为山东名牌产品。2015年1月28日，内燃机配件“亚字”牌商标被评山东著名商标。

2015年，公司占地73.33公顷，总资产19.2亿元，员工4300人，其中参保人员1600人，拥有各类生产、检测设备2360余台套。下辖聊城信迪科技开发有限公司、聊城鑫泰克机械有限公司、聊城鑫诚柴油机制造公司、山东鑫亚进出口有限公司、山东鑫亚装备制造有限公司、聊城鑫联发电子科技有限公司等7家子公司。成为全国油泵油嘴副理事长单位，国家油泵油嘴行业技术标准制定单位之一，省级企业技术开发中心，科技部863计划“高压喷油泵关键技术与产品开发”课题承担单位。主导产品单缸喷油泵总成、喷油器总成、三副精密偶件、BQ多缸喷油泵分别居全国同行业第一位、第二位。主导产业油泵油嘴，兼营燃油喷射系统、移动房屋和园林机械出口、精密铸造加工、风冷电控柴油机和发电机组四大板块。油泵油嘴是山东省名牌产品，通过ISO/TS16949质量体系认证。主导产品单缸喷油泵、多缸喷油泵、喷油器、三副精密偶件产销量均居全国同行业前列，其中单缸喷油泵总成、喷油器总成产销量连续九年列全国同行业第一位，市场占有率50%以上。通过与清华大学、山东大学、江苏大学等大专院校和科研院所合作，相继开发满足欧I、欧II、欧III排放要求的具有自主知识产权的高压共轨系统、电控VE泵、电控单体组合泵、电控单缸泵等产品。公司产品与国内外70余家柴油机厂配套，销售网络遍布国内31个省、市、自治区及30余个国家和地区，在全球范围内建有500余家技术服务站。

山东金帝精密机械科技股份有限公司 始建于1985年。2005年，销售额6000万元。2006年12月，深沟球轴承保持架被山东省名牌战略推进委员会、山东省质量技术监督局评为山东名牌产品。2007年，企业改制为股份制公司，更名为聊城市新欣金帝保持器科技有限公司；被聊城市经济贸易委员会、聊城市财政局评为市级认定企业技术中心，被聊城市科技局评为聊城市高新技术创新型企业。2010年，职工800余人，销售额1亿元，参与中国轴承工业协会技术委员会有关国家标准的制定。2011年3月，通过风力发电机变桨轴承保持架企业标准；“风电轴承保持架”被评为山东名牌产品。2012年，聊城市风电轴承保持架工程实验室项目获得山东省机械工业科技进步奖三等奖，企业成为聊城市高新技术企业，GEB牌向心球轴承保持架成为山东省著名商标（GEB）。2013年1月，被山东省经信委评为山东省高端技术装备新产品推广目录（第二批）；风力发电机变桨轴承保持架获评山东名牌产品；获2012年度市长质量奖；被评为省级企业技术中心；公司在郑家镇成立中国保持器产业园。2015年，公司在聊城高新区建成聊城汽车零部件产业园，公司销售额3亿元。

至2015年，公司发展成为聊城市最重要的轴承保持器生产企业，中国轴承保持器生产规模最大的龙头企业，排名中国第一位、全球第四位。为全球八大知名轴承公司同时供货的唯一供应商，中国十大轴承公司瓦轴、洛轴等配套产品指定制造企业，高档汽车变速箱关键零部件和新能源汽车关键零部件等高精密冲压件国内唯一生产企业。建成省级技术中心2个，拥有国家专利65项，其中发明专利12项。18项科研产品通过“国际先进”成果鉴定，打破国内依靠进口的格局，成功替代进口，填补国内空白，在行业内率先实现产品出口。通过ISO 9001国际质量管理体系、ISO/TS16949国际质量管理体系认证、ISO/TS14001环境质量体系认证，主导国家标准制定和修改。

山东东阿钢球有限公司 成立于1988年。1999年6月，山东东阿钢球厂顺利通过ISO 9001∶1994质量体系认证。2000年，企业改制为山东东阿钢球有限公司，原山东东阿钢球厂不注销，保留法人地位，主要生产和销售轴承用钢球和滚子。2002年，为解决残疾人就业困难问题，成立钢球厂独资“东阿海鸥钢球有限公司”，安置残疾员工近200人。2002年6月，完成向ISO 9001∶2000质量体系的转换认证工作。2003年，先后投资近5000万元，新上滚动体生产项目，成立东阿海鸥滚动体有限公司；通过ISO/TS16949汽车行业专项认证。2005年，成立山东东阿钢球集团有限公司，下设东阿钢球有限公司、东阿海鸥钢球有限公司、东阿海鸥滚动体有限公司3个分公司。集团总资产3.6亿元，分为5个生产厂区，1个研发中心，拥有各类钢球专用加工设备1000余台套，工业钢球系列产品涵盖铬钢球、不锈钢钢球、硬质合金球、陶瓷球和圆锥滚子等10余个品种100余种规格。年产各类球150亿粒，销售收入5亿元，利税8000万元。2009年，通过ISO 14001认证。2013年年底，总资产7.6亿元，实现销售收入近8亿元。独立法人子公司扩增为5个：山东东阿钢球有限公司、东阿海鸥钢球有限公司、山东东阿海鸥滚动体有限公司、山东东阿海鸥拔丝有限公司、山东东阿宏晶科技有限公司。

2015年，规模居中国十大钢球企业之首，为中国轴承协会常年理事单位，中国钢球和轴承标准制定参与者，被中国轴承工业协会列为“全国钢球生产基地”，公司规模、产量、质量及效益均居全国同行业前列。为国内轴承行业唯一“精品钢球”认证企业，“海鸥牌商标”为钢球行业唯一认定的“中国驰名商标”。拥有多工位高速冷镦、BRANKAMP在线检测系统、中门子连续滚筒炉智能热处理及智能强化生产线、大循环光磨研等专用加工设备2600余台套。拥有SKF应力检测仪、直读光谱仪、光电外观仪等产品检测仪器360余台套，其中精密钢球检测仪器价值6000余万元。生产装备和检测设备代表国内行业最高水平。投资3000余万元，建设科研大楼。先后承担山东省自主创新专项、省技术创新项目和行业攻关项目多项，其核心技术均拥有自主知识产权。按国际ISO 3290标准生产出0.8毫米至40毫米范围的G3、G5、G10级精密钢球，主要用于家用电器轴承、汽车轴承、电机轴承、数控机床轴承等领域。产品营销网络遍布全国。开发国际市场，产品出口到英国、美国、日本、德国、斯洛伐克、西班牙、韩国、意大利、伊朗等国家。集团与洛阳轴承研究所合作建设钢球产业园项目，被山东省政府列为战略新兴产业项目。项目总投资20亿元，总建筑面积26万平方米，分两期施工。项目一期定位国内外高端市场，建设第三代轿车轮毂轴承、数控机床轴承、超精密医疗器械主轴轴承专用钢球产业化项目，建设国家级滚动体研发中心、中试基地、山东省轴承检测中心等公共研发平台和服务平台。二期建设风力发电机组轴承、轨道交通轴承、民用航空轴承专用钢球产业化项目，同时建设精密滚子及精密轴承项目，建设国际一流的钢球展览和物流中心。项目全部建成后，填补中国无法批量生产1级滚子的空白。2015年，国内销售189亿粒，出口32.9亿粒，合计221.9亿粒，其中国内销售价值4.14亿元，出口8855万元，合计5.03亿，滚动体1.5亿粒，4750万元。

山东昌华机械科技有限公司　2001年3月7日，经山东省轻工业办公室批准，山东省第二轻工业机械厂出资成立股份制企业山东昌华造纸机械有限公司（2016年后，更为名山东昌华机械科技有限公司）。是年12月，企业通过ISO 9001质量体系的评审，获得国际质量体系认证证书。12月30日，山东机械工业理化检测协会为公司颁发理化检测二级证书。2003年7月3日，实施造纸机械制造技术改造项目计划，新厂区选址在凤凰工业园区，租地21.6公顷，租期50年。采取分步实施投入的办法，先期实施铸造分厂和机加工大件车间整体改造计划，总投入4701.8万元。利用3年的时间实现公司的整体搬迁。2004年，自主研发的SDZ1101-4400/550长网多缸纸机通过山东省科技成果鉴定，技术中心被山东省经济贸易委员会认定为“山东省认定企业技术中心”。2005年，科技部、商务部、国家质量监督检验检测总局和国家环境保护总局为公司SDZ1101-4400/550长网多缸造纸机颁发“国家重点新产品”证书。设计制造的SDZ1101-4400/550高强瓦楞原纸机获山东省轻工业科学技术进步奖一等奖；4400/550高强瓦楞原纸机获“全国造纸行业节能减排优秀技术创新成果”三等奖、山东省轻工业科学技术进步一等奖、聊城市科学技术进步一等奖。2006年，与山鹰纸业签订5600/1000瓦楞原纸机合同，合同总价近1亿元；昌华公司整体搬迁至凤凰工业园区。2007年，承担“2007年山东省重点产品结构调整项目”（山东省双百工程），项目名称“山东昌华造纸机械有限公司高速宽幅节能型造纸机制造技术改造”。2008年，承担省级科技攻关计划，项目名称“5600/1000年产25万吨瓦楞原纸机”。2009年，自主研发的4800/600高档涂布白板纸机通过山东省科技成果鉴定，整机性能达到国内领先水平，填补省内空白；4800/600高档涂布白板纸机获山东省轻工业科学技术进步一等奖。

2010年，公司为中冶美利纸业公司生产的4800纸机获第二届全国造纸行业节能减排优秀技术创新成果二等奖，为安徽山鹰纸业公司生产的5600纸机获山东省轻工业科学技术进步一等奖；企业被认定为高新技术企业；为江苏丹阳长丰纸业公司生产的4800/750三叠网板纸机被批准为省级技术创新项目。2011年，获批3项省级技术创新项目。2013年，国产造纸装备新产品靴式压榨设备获评是年山东省首台合格产品，打破国外产品长期垄断地位；承担“2013年战略性新兴产业专项及结构调整专项资金项目”，项目名称为“山东昌华造纸机械有限公司年产30台造纸机靴式压榨设备项目”，获批中央预算内投资1213万元；承担山东省“一圈一带”建设项目，项目名称为“年产30台造纸机靴式压榨节能装备项目”，获批专项资金700万元，公司被认定为聊城市“两化融合”示范企业。2014年，发明专利“薄壁长辊辊面磨削工艺”获得公告；承担2014年工业提质增效项目，项目名称为“企业技术中心创新能力提升”，获批资金30万元；被认定为聊城市造纸装备先进设计与制造工程实验室，为安徽山鹰纸业公司生产的5600纸机获评第三届全国造纸行业节能减排优秀产品。2015年，获批4项省级技术创新项目，自主研发的造纸机靴式压榨设备通过省级科技成果鉴定，整体技术制造水平达到国际先进水平。是年，企业职工400余人，工程技术人员120余人，其中专业研发人员89人、工程硕士3人、高级工程师28人。

山东阳谷电缆集团　1986年10月，国营山东阳谷县电缆厂成立，设立济南、西安电缆办事处。1991年3月，由国营阳谷县电缆厂变更为国营山东阳谷电缆厂。1993年4月，企业晋升为国家大型企业。1995年5月，企业兼并阳谷县景阳冈酒厂、造纸厂和棉纺厂，成立山东阳谷电缆集团。1997年3月，山东阳谷电缆集团从芬兰引进CDCC交联电缆生产线。1999年，与中国（亚太电缆有限公司）持股公司合资成立山东太平洋光缆有限公司。2000年，与中国（亚太电缆有限公司）持股公司合资成立山东太平洋橡缆有限公司，“日辉牌”电力电线被评为山东省名牌产品。“九五”期间，山东阳谷电缆集团硅烷交联电缆技术改造项目投资 5980 万元，阳谷电缆厂新型带状光缆项目投资 3780 万元。

2001 年，山东阳谷电缆集团被评为首批国家级重合同守信用企业，日辉牌电线电缆被认定为山东省名牌产品，公司被认定为山东省高新技术企业，并成立省级技术研发中心。成功研发出橡套软电缆，铝塑板项目、交联电缆项目投产。2002 年，企业被科技部认定为国家高新技术企业，日辉商标被评为“山东省著名商标”，取得国家“CCC 认证”；重组济南银企电子有限公司。2003 年，进行股份制改造，企业入围“中国企业 500 强”（第 179 位）和“中国机械工业企业核心竞争力 100 强”，“日辉牌”电缆被评为山东名牌产品、免检产品。2004 年，成立山东日辉电缆有限公司，企业被山东省政府评为山东省文明诚信百佳企业。2005 年，成立山东日辉铜业有限公司；12 月，公司矿用橡套电缆和超高压交联电缆被科技部认定为国家级火炬计划项目。“十五”期间，山东阳谷电缆集团公司光纤拉丝项目投资 5501 万元，阳谷电缆集团公司年产 10 万芯带状光缆技术改造项目投资 3780 万元，阳谷电缆厂新型带状光缆项目投资 3852 万元。

2006 年，超高压交联电缆被山东省政府列为首批“百个重点产品”，具有电缆最高技术代表意义的 500 千伏交联电缆生产试制成功。2007 年，企业获评 2006 年度“山东省品牌价值百强企业”，“日辉”商标品牌价值 15.14 亿元。2007 年，日辉商标被认定为中国驰名商标，同时电缆工业园中的台湾工业园成立，与中国神华集团（中国最大矿业集团）缔结战略合作伙伴关系。2009 年，集团公司被山东省委、省政府授予改革开放三十年“山东省优秀企业”称号；企业被国家统计局评为“中国最大 1000 家企业集团”“中国大企业竞争力 500 强”“电线、电缆、光缆及电工器材制造行业效益十佳企业”，这是全国电缆行业中唯一同时获此三项荣誉的企业；10 月，集团公司成立阳谷明鑫铜业有限公司。2010 年，与法国耐克森公司达成初步认可协议，成功开发 OPLC 光缆，并使之成为国家重点新产品。“十一五”期间，山东阳谷电缆集团有限公司 500 千伏超高压交联电缆扩建项目投资 3.6 亿元，阳谷电缆集团有限公司高压电缆项目投资 1 亿元。

2015 年，“日辉”商标获评山东省著名商标，“日辉”牌电线电缆获 2015 中国电线电缆十大品牌第七名；公司获评“2014 年度山东省机械工业百强企业”；电缆集团成为电力电缆及附件专业技术委员会委员单位，与山东浪潮公司合作成立山东汇通金融租赁有限公司，成立山东阳谷电缆集团南非股份有限公司；启动光纤预制棒项目，投资额 12 亿元；汽车线束项目投产，年产 400 万芯千米光缆项目投产，年产 10 万吨铝合金杆、铝合金节能导线项目投产；企业通过中国核工业集团供应商资质审核；集团公司研发的“一种摇篮式成缆机在线自动预扭装置”获得国家实用新型专利，年产 400 吨高性能光纤预制棒项目获得国家开发银行资金支持，通过特变电工山东鲁能泰山电缆有限公司质量体系审核。

至 2015 年，阳谷电缆集团下辖参股企业 15 家，员工 4200 人，其中专业技术人员 387 人，拥有相关产品专利技术 134 项，其中发明专利 13 项，参与国家标准、行业标准、军标制定 21 项。2015 年，集团实现主营业务收入 44.56 亿元，净利润 2.44 亿元。

聊城市鑫大地节能材料科技有限公司 公司前身是聊城市新区福利拔丝制钉厂，成立于 1989 年。隶属于 1995 年成立的聊城市大地实业有限责任公司，位于聊城市凤凰工业园，占地 13.33 公顷。2008 年，投资兴建聊城市大地预应力钢丝有限公司。2010 年，投资 4 亿余元，引进 16 条进口生产线及数十台套先进的钢丝生产设备，年产量 20 万吨，成为鲁西最大的预应力钢材生产基地；2013 年开始，公司响应国家“一带一路”号召，实施大跨步“走出去”战略，逐步建立覆盖全球的营销网络，产品远销美国、俄罗斯、澳大利亚、中东、南美、中亚、南亚等数十个国家和地区，广泛应用于高铁、城际铁路、高速公路、压力管道、桥梁、水利、电力通信、民航、高层抗震等基础设施建设，市场占有率30%。2015年，公司主营产品预应力钢丝实现营业收入1.09亿元，利税60余万元，产能6万吨。

第八章　冶金工业

聊城市冶金工业主要包括有色金属冶炼与加工、黑色金属冶炼与压延加工、炼钢、黑色金属铸造、钢压延加工等行业，重点企业有山东信发铝电集团有限责任公司、中色奥博特铜铝业有限公司、山东祥光铜业集团公司、山东冠洲股份有限公司、聊城鑫鹏集团公司等。

第一节　主要行业

一、有色金属冶炼与加工

聊城市有色金属产业主要包括铜冶炼加工、铝冶炼加工。主要企业有聊城万合工业制造有限公司、山东汇通工业制造有限公司，临清市的中色奥博特铜铝业有限公司，阳谷县的山东祥光集团有限公司、山东祥瑞铜材有限公司，茌平县的信发集团有限公司、茌平县恒通铝业有限公司、山东省维斯德尔铝业有限责任公司、山东领航铝业有限公司、山东信通铝业有限公司。其中，铜冶炼延压加工核心企业有山东奥博特铜铝业有限公司、祥光铜业等，铝冶炼延压工核心企业有茌平信发集团有限公司、山东领航铝业有限公司等，稀土冶炼核心企业有茌平信发集团有限公司。

2010年12月，中国有色金属新城授牌仪式暨聊城有色金属研究院成立大会在聊城大学举行

1997年，有色金属产业属于起步阶段，此后快速增长，规模迅速膨胀。2005年，全市规模以上有色金属冶炼及压延加工企业有17家，实现工业总产值102.64亿元。2010年，全市规模以上有色金属冶炼及压延加工企业发展到45家，实现工业总产值710.16亿元，年产10种有色金属92.66万吨、精炼铜（电解铜）20.75万吨、氧化铝248.52万吨、原铝（电解铝）62.92万吨。其中，骨干企业发展迅速。信发集团主营业务收入507.22亿元，比2009年增长27.47%；利润43.11亿元，比2009年增长18.89%；利税56.15亿元，比2009年增长20.51%。中色奥博特主营业务收入135.91亿元，比2009年增长37.26%；利润9.15亿元，比2009年增长35.2%；利税14.21亿元，比2009年增长27.45%。阳谷祥光铜业主营业务收入142.85亿元，比2009年增长84.76%；利润5.23亿元，比2009年增长83.77%；利税11.37亿元，比2009年增长99.65%。冠县冠洲集团主营业务收入53.05亿元，比2009年增长17.86%；利润3.41亿元，比2009年增长18.70%；利税4.54亿元，比2009年增长19.08%。

2015年，全市规模以上有色金属企业发展到58家，全行业从业人员平均人数2.33万人，实现工业总产值1462.3亿元。信发集团主营业务收入1821.96亿元，比2014年增长29.12%；利润131.51亿元，比2014年增长33.77%；利税186.1亿元，比2014年增长31.49%。中色奥博特主营业务收入365.89亿元，比2014年增长7.29%；利润25.77亿元，比2014年增长7.32%；

利税 35.54 亿元，比 2014 年增长 7.18%。山东祥光集团因停产检修和铜价下降因素影响，收入为负增长，主营业务收入 419.62 亿元，比 2014 年下降 18.45%；利润 6.33 亿元，比 2014 年增长 5.52%；利税 21.12 亿元，比 2014 年增长 71.14%。山东祥瑞铜材主营业务收入 15.82 亿元，比 2014 年下降 59.53%；利润 400 万元，比 2014 年下降 43.33%；利税 400 万元，比 2014 年下降 43.31%。骨干企业出口增长较快，祥光集团出口额 2.38 亿美元。因市场需求和供给失衡，工业产品价格持续走低，原材料、用工、运输等成本上升，利润空间被挤压，部分企业生存困难。电解铝价格下降 7.15%、电解铜价格下降 9.63%、氧化铝价格下降 0.55%；但产量持续增长，电解铝 129.67 万吨、增长 1.61%，氧化铝 400.17 万吨、增长 10.20%，铝材 232.72 万吨、增长 0.3%，铜材 54.97 万吨、增长 0.7%。

2000—2015 年主要年份聊城市有色金属冶炼及压延加工业主要经济指标表

表 10-19　　单位：家、亿元、万人

工业分类	年份	企业个数	工业总产值（当年价）	出口交货值	资产总计	主营业务收入	利税	利润	从业人数
有色金属冶炼及压延加工业	2000	2	25.12	2.53	0.23	25.45	2.82	1.89	0.14
	2005	17	102.64	0.70	122.21	99.43	14.09	9.30	0.77
	2010	45	710.16	1.95	932.74	721.59	106.56	56.02	2.30
	2015	58	1462.30	7.03	1310.57	1458.23	151.71	109.12	2.33
常用有色金属冶炼	2005	2	57.53	0	92.63	54.25	8.98	6.02	0.50
	2010	3	488.75	0	836.50	504.95	91.47	44.62	1.79
	2015	2	182.72	0	244.15	183.70	21.17	6.37	0.24
稀有稀土金属冶炼	2000	1	23.58	2.53	0	23.26	2.79	1.89	0.10
	2005	1	20.19	0.70	—	20.05	1.73	1.16	0.12
有色金属合金制造	2010	3	1.80	0	1.76	1.78	0.11	0.10	0.01
	2015	6	26.17	0	244.15	25.92	1.12	0.88	0.07
有色金属铸造	2015	1	1.59	0	17.43	1.55	0.13	0.10	0.01
有色金属压延加工	2000	1	1.53	0	0.23	2.20	0.03	0	0.05
	2005	14	24.93	11.49	25.13	25.13	3.38	2.12	0.15
有色金属压延加工	2010	39	219.61	1.95	94.48	214.85	14.97	11.30	0.50
	2015	49	1251.81	7.03	1048.55	1247.06	129.30	101.78	2.01

铜冶炼与延压加工　2001 年 9 月，依托临清运河热电有限责任公司电热资源优势，成立山东奥博特铜铝业有限公司。是年 12 月，山东医疗器械厂改制为聊城万合工业制造有限公司，注册资金 9289 万元，资产总额 12 亿元，有制药机械、铜材、铝材 3 个生产厂，外聘省部级拔尖人才、博士生导师、教授，与西安交通大学、山东科技大学、中南大学、中国药科大学等院校建有长期产学研合作关系。2003 年 4 月，奥博特公司二期 2 万吨高精度薄壁高齿内螺纹铜管项目开工建设，并列入国家重点技术改造“双高一优”项目。2005 年 9 月，山东奥博特铜铝业有限公司“奥牌”高精度内螺纹铜管成为中国名牌产品。是年，新凤祥集团阳谷祥光铜业成立，从事生产生态炼铜、铜深加工、稀贵金属提取、再生资源利用、矿产资源开发等。

2006 年 6 月，山东奥博特铜铝业有限公司 6 万吨高精度铜合金板带项目一期工程开工建设。2007 年 6 月 18 日，祥光铜业一期工程一次点火成功。2008 年 2 月 17 日，祥光铜业被国家发改委列入第一批符合国家“铜冶炼行业准入条件”的七家企业之一。7 月 8 日，祥光铜业年产 40 万吨阴极铜工程被环保部评为“国家环境友好工程”。2009 年奥博特公司加入中国有色矿业集团有限公司以后，先后开工建设 6 万吨高精铜合金板带二期项目、三期 3 万吨高精度铜管项目、四期 3 万吨高精度铜管项目、五期 6 万吨高精度铜管项目和一期 5000 吨高精度压延铜箔项目。2008 年 3 月 2 日，祥光铜业被商务部、海关总署列入获准铜精矿加工贸易的七家企业之一。6 月 19 日，祥光铜业年产 40 万吨阴极铜二期（20 万吨）工程开工仪式举行。12 月 10 日，“祥光”牌高纯阴极铜在上海期货交易所成功注册。

2010年3月31日，阳谷祥光生态工业园（千亿）暨年产32万吨铜深加工项目奠基。12月7日，祥光铜业被工业和信息化部、财政部、科技部联合确定为全国第一批“资源节约型、环境友好型试点企业”。同月，山东祥瑞铜材有限公司成立，为山东祥光集团有限公司的子公司，位于山东阳谷祥光国家生态工业示范园区，占地 13.33 公顷，注册资金 2.26 亿元，总投资 16 亿元，被列为山东省重点建设项目。“十一五”期间，重点实施的项目有山东奥博特有限公司投资 20 亿元的年产 10 万吨高精度铜合金板带生产线项目，阳谷祥光铜业有限公司投资 29.88 亿元的年产 40 万吨阴极铜项目。2011 年 4 月 26 日，祥光铜业年产 40 万吨阴极铜工程全面建成投产。6 月 28 日，环境保护部、商务部、科技部联合批复同意阳谷祥光生态工业园创建国家生态工业示范园区建设。7 月 20 日，“祥光（XGC）”牌阴极铜在伦敦金属交易所（LME）成功注册。2012 年 1 月 18 日，祥光铜业的“无氧化无还原火法精炼铜工艺”获得山东省专利奖一等奖。2 月 16 日，祥光铜业自主研发的“粗铜无氧化无还原火法精炼工艺及产业化应用”成果获得 2011 年度山东省技术发明奖一等奖。5 月 24 日，祥瑞铜材年产 32 万吨连铸连轧及铜合金生产线投产。10 月 22 日，“祥光”牌阴极铜被国家质检总局评定为中国第一个生态原产地保护产品。2013 年 1 月 23 日，祥光铜业被工信部评为国家级信息化和工业化深度融合示范企业。2 月 6 日，环境保护部、商务部、科学技术部联合批准以祥光为龙头的山东阳谷祥光生态工业园区为国家生态工业示范园区。3 月 29 日，祥光铜业 4 项科技成果获 2012 年度中国有色金属工业协会科学技术奖。10 月 10 日，祥瑞铜材被中国有色金属加工工业协会评定为“中国铜棒线材十强企业”。11 月 26 日，祥光铜业技术中心被国家发改委、科技部、财政部、海关总署、国家税务总局联合确定为“国家认定企业技术中心”。

2014 年 1 月 10 日，祥光铜业“超强化旋浮铜冶炼和自氧化还原精炼工艺研发及产业化应用”被国务院授予国家科技进步二等奖。1 月 29 日，祥光铜业“一种脉动旋流法铜冶炼工艺及装置”项目获得 2013 年度山东省专利奖一等奖。11 月 26 日，祥光铜业“一种脉动旋流法铜冶炼工艺及装置”项目获得国家知识产权局第十六届中国专利奖金奖，实现铜冶炼行业在中国专利金奖方面零的突破，是聊城市第一个国家级专利金奖。12 月 23 日，祥光铜业能源管理中心示范项目获国家质检总局下属的中国节能协会授予的国家级“节能减排科技进步奖”。2015 年，中色奥博特铜铝业有限公司规模迅速膨胀，效益持续提升，在全国同行业稳居前三名，分别入选“中国铜板带材十强企业”“中国铜管材十强企业”名单。是年 9 月 1 日，祥光铜业被中国质量协会评为“2015 年全国实施卓越绩效模式先进企业”。聊城万合工业制造有限公司在 30 个省、市、自治区建立完整的销售网络，有完善的售后服务支持体系，具有独立进口资格，与美国、俄罗斯、德国、日本、韩国、新加坡、新西兰、印度尼西亚、印度、埃及、泰国、墨西哥、菲律宾、孟加拉国、厄瓜多尔等多个国家开展贸易。“十二五”期间，重点实施的项目有祥光生态工业园区投资 106 亿元的产城一体化综合体项目，中色奥博特铜铝业有限公司投资 55 亿元的铜精加工项目。

2015 年，公司实现销售收入 265.97 亿元，利润 6.45 亿元，上缴地方税金 1.91 亿元，上缴海关税金 13.58 亿元，进出口贸易额 17.97 亿美元。

铝冶炼与延压加工　1998 年，茌平信发热电厂投资建立山东鲁西铝厂。1999 年，鲁西铝厂完成销售收入 2.54 亿元、利税 1.02 亿元，成为茌平县第一个利税突破亿元大关的企业。1999 年 5 月，由地方国有企业改制为股份制企业，投资兴建铝电联产工程。在无专项贷款的条件下，投资兴建 2 台 125 兆瓦供热机组及配套 7 万吨 190KA 大型预焙槽电解铝工程。2000 年 5 月投产，率先在全国同行业中成功实现热电平衡、铝电双赢的最佳产业模式。10 月，与水利部汉江集团合资兴建 12 万吨山东中兴碳素有限公司，2001 年投产。

2001 年 12 月 27 日，信发集团与聊城鲁能华昌实业有限公司、聊城电力华昌实业总公司共同投资，组建茌平华信铝业有限公司。2002 年 4 月，与东方希望集团和鲁能集团聊城电业局（茌平华信铝业有限公司）共同投资建设山东信发希望铝业有限公司。7 月 9 日，茌平华信铝业有限公司通过 ISO 9000∶2000 质量认证。12 月，聊城万合工业制造有限公司成立，拥有现代化国内、外生产线 12 条，采用最先进的连续挤压生产线及全球尖端的意大利 DANIELI 大型卧式热挤压产线，设备运作自动化程度及精度优良，其铝材主导产品为汽车空调、民用空调及制冷行业用铝合金管、多孔微通道扁管、拉伸管、复合管、毛细管等上百种规格的管材，年生产能力 1.5 万吨，成为国内最大的精密铝管生产企业之一。

2003 年 5 月，茌平华信铝业有限公司与水利部汉江集团合作成立华信碳素有限公司。12 月 4 日，信发华宇氧化铝有限公司与印度铝矿集团举行百万吨铝矾土签约仪式。2004 年，获评“2003 年度全国 105 个工业重点行业效益十佳企业”，入选中国能源 200 强、全国工业企业 500 强。2005 年，信发集团与鲁能华昌实业公司、聊城昌润投资公司、威海海源投资公司等合资建设茌平信发华宇氧化铝有限公司，氧化铝项目始建于 2004 年 9 月，一期 40 万吨氧化铝项目建设时间 7 个月、一期 2×155 兆瓦供热发电机组项目建设期半年，是同行业中建设时间最短、投资最省、见效最快的氧化铝项目，成为国内第一家选用进口矿石采用“拜耳法”工艺生产氧化铝的民营企业。在印度尼西亚、斐济、澳大利亚等国家建立铝土矿资源开发基地，掌控矿石保有量 10 亿余吨，成为全国第一家使用国外铝土矿生产氧化铝、掌控国外铝土矿资源最多的企业。3 月，信发集团获评“中国有色金属行业十大影响力品牌”。

2006 年 6 月，茌平信发铝制品有限公司成立，为现代化车轮制造中外合资企业，专业从事铝合金汽车车轮的设计、开发、制造和销售，产品国内主要销售给汽车制造商、零售消费者，国外销售到美国、欧洲、日本、中东、亚洲等国家和地区。10 月 16 日，信源铝业一期电解槽投产。2007 年，山东恒丰铝制品加工有限公司成立，位于茌平县信发热电工业园东园区，占地 8 公顷、厂房面积 3.6 万平方米，从事铝制品加工销售及出口业务。2008 年，信发集团入选 2008 年福布斯中国顶尖企业排行榜，获评中国铝行业 2007 年度铝锭十佳厂商。7 月，入选 2007 年有色工业销售收入 50 强榜单。10 月，入选 2007 年度中国纳税百强排行榜。

2009 年，信发集团全国铝冶炼行业重点企业排名中，销售收入排名第一。3 月，获评“全国有色金属行业先进集体”；登上第二届中国铝行业百强榜。4 月，山东省维斯德尔铝业有限责任公司成立。注册资金 1.2 亿元，从事铝合金型材生产加工，资本总投入 6.2 亿元，规划用地 23.33 公顷，建设规模为年产铝合金型材 7.5 万吨、铝合金棒 9 万吨、模具 3 万套。投入 5000 万元设立产品研发中心，采用先进的管理体系，项目投产后，年销售收入 15 亿元。2010 年 12 月，茌平县恒通铝业有限公司成立，注册资金 2000 万元。是年，山东恒丰铝制品加工有限公司引进 ø840*1700 水平式双驱动铸轧机生产线 4 条。

2011 年，信发集团获评“中国有色金属工业科学技术工作先进单位”。是年 7 月中旬，广西信发靖西铝工业基地被国家发改委批准设立为国家级生态型铝产业示范基地。11 月，铝锭、金属杆被认定为“中国驰名商标”。2012 年，山东恒丰铝制品加工有限公司引进 ø850*1900 倾斜式双驱动铸轧机生产线 3 条，年产铝及铝合金板带 10 万吨。信发集团与德国 GEA 集团就“新疆信发 4×1100 兆瓦超超临界直接空冷机组项目”签约。2013 年 5 月，山东领航铝业有限公司成立，隶属于领新集团，位于山东省茌平高端产业聚集区，公司占地 33.33 公顷，是一家集高精铝板、带、箔、铝单板于一体的多元化高科技铝产品深加工生产企业。项目总投资 8 亿元，完成年产量 12 万吨、产值 24 亿元、利税 2 亿元，安排就业岗位 1000 个。12 月，信发集团入选第六届中国铝工业百强榜。

2014 年，信发集团获全国有色金属行业“先进集体”称号，被国家发改委批复为第二批资源综合利用“双百工程”示范基地，获评 2014 年中国铝行业“十佳厂商”，入选工业和信息化部《铝行业规范条件》企业名单。信发工业园获得“国家生态工业示范园区”称号。2015 年 8 月，集团旗下的信发化工入选 2015 中国化工企业 500 强。10 月，旗下的信发华兴公司再次入选“2015 年中国石油和化工民营企业百强榜”。是年，信发集团在中国铝工业百强评选中荣获第一名，所属及控股企业 72 家，总资产 1860 亿元，职工 6 万余人；实现销售收入 1822 亿元、利税 186 亿元，实缴税金 66 亿元。

二、黑色金属冶炼与加工

1997 年，黑色金属冶炼与延压加工业企业只有 1 家，利润是负值，工业总产值只有 1.6 亿元。1999 年 7 月 14 日，冠洲集团在山东省工商行政管理局重新登记注册，更名为山东冠洲股份有限公司，注册资金 5134 万元。2001 年，冠洲集团通过 ISO 9001 质量管理体系认证。2003 年 5 月 23 日，聊城鑫鹏金属材料有限公司成立；2005 年 4 月，鑫鹏源智能装备集团有限公司成立，标志着集团由单一贸易业务转向工业制造与贸易相结合的发展轨道。

2003 年 3 月，山东鑫华特钢集团有限公司（简称鑫华特钢）成立，位于山东省聊城市东阿县，占地 133.33 公顷，员工 6000 余人。并逐渐发展成为聊城市唯一一家集烧结、炼铁、炼钢、轧材、发电、物流于一体的中型钢铁企业集团。2009 年，鑫华特钢公司投资 46 亿元进行技术改造，延伸产业链条、提高产品档次、开拓市场。把产品主要定位到钢球、制钉及钢丝网深加工细分领域的原材料用钢，其中通过产品升级的 Q195 拉拔用钢在省内市场占有率 60% 以上。开发穿管钢等新产品，满足聊城市作为全国最大的钢管生产基地的原料需求，填补聊城市没有生产穿管用钢的市场空白。2015 年，鑫华特钢生产钢材 355.9 万吨，实现销售收入 56.5 亿元、利税 2.83 亿元。

2005 年 8 月，临清市鸿基集团（简称鸿基集团）成立，占地 20 公顷，注册资金 2.81 亿元，是一家集工业制造、房地产开发、建筑、纺织于一体的集团化公司。2007 年，集团通过 ISO 9001 质量管理体系认证。2007 年 9 月、2010 年 12 月，集团生产的镀铝锌硅钢板符合美国 ASTM A792/A792M 标准，被山东省质量技术监督局连续认定为“山东名牌产品”。至 2015 年，集团厂房面积 20 万平方米，员工 3000 人，月产量 20 万吨，年出口额 1 亿元。

鸿基集团 60 万吨酸洗冷轧、30 万吨连续热镀铝锌硅钢板及彩涂钢板项目，分别由中冶陕压重工设备有限公司、钢铁研究总院与武汉山力科技发展有限公司共同设计制造，其中 30 万吨连续热镀铝锌硅钢板及彩涂钢板项目为国家“七五”重点攻关项目，镀铝锌硅生产线采用国际最先进的美钢联法，同时配备高档光整机、耐指纹设备；彩涂钢板生产线采用“两涂两烘”工艺。两条生产线电气控制全部采用德国西门子电器，关键设备如气刀、辊涂机等消化吸收国际先进技术，是国际先进，国内一流的自动化生产线。彩涂钢板符合国标 GB/T 12754-91 规定，替代进口产品，成本低、售价高、无污染，是普通镀锌板及其彩板的更新换代产品。

2006年7月，冠洲集团经公司将公司未分配利润转增股本，同时由原股东出资并吸纳新股东，公司股金增至2.53亿元。2007年4月，冠洲集团2号镀铝锌硅板生产线、2号年产20万吨彩涂板生产线开工建设。2008年3月3日，冠洲集团2号镀铝锌硅板生产线建成投产。4月6日，2号年产20万吨彩涂板生产线正式投产。12月2日，冠洲集团与北钢院合作（鼎鑫板材）项目签约。2009年，鑫华特钢通过技术装备升级，建设240万吨钢铁升级改造项目，总投资46亿元，占地133.33公顷，拥有固定资产50亿元，从业人员2900人，年生产能力240万吨铁、240万吨钢、200万吨材。9月26日，冠洲集团二期工程鼎鑫板材项目开工奠基。

2010年1月15日，冠洲集团2×30万吨彩涂板生产线加热系统改造及余热利用项目和4立方米／小时酸再生项目通过验收。是年，通过ISO 14001环境管理体系认证。2011年1月10日，冠洲集团与山钢集团钢材加工配送项目签约。12月30日，冠洲集团鼎鑫板材4号年产30万吨超薄镀锌板生产线投产。2012年，鼎鑫板材3号年产30万吨镀锌板项目建成投产，鼎鑫板材年产20万吨双涂双烘家电专用彩涂板生产线投产，鼎鑫板材年产20万吨三涂三烘单色印花彩涂板生产线投产。是年9月，阳谷荡宇薄板有限公司（以下简称荡宇薄板）成立，注册资金1.26亿元，从业人员380人，总投资6亿元，占地18公顷，建筑面积15万平方米，是一家集酸洗、冷轧、镀锌、退火、平整于一体的钢制品加工企业，主要设备有年产40万吨的推拉式浅槽紊流连续酸洗机组1套、年产15万吨的1400毫米十二辊全液压可逆式双机架冷轧机组1套、年产10万吨的1400毫米十二辊全液压可逆式单机架冷轧机组1套、年产30万吨的连续热镀锌机组2套、年产10万吨的罩式退火炉机组1套、年产15万吨的平整机组1套，以及相应的公辅配套系统。

2013年3月11日，涂镀板材生产部镀锌

冠洲股份有限公司年产30万吨镀锌板生产线（2010年摄）

2#线通过精心组织、周密调试，成功开发出375克厚锌层镀锌板产品。3月21日，鼎鑫板材新建项目——年产40万吨厚板镀锌生产线破土动工。6月7日，山东华耀金属科技有限公司成立。7月17日，冠洲集团投资建设的上达稀土年产5000吨高性能钕铁硼永磁材料项目一期2000吨工程开工生产。2014年4月28日，冠洲集团新建年产40万吨厚板镀锌生产线投产，该生产线选用热轧和冷轧板低碳钢卷为原料，工艺速度Max90米／分钟。10月24日，鼎鑫板材生产部6号彩涂板生产线生产的陆军迷彩印花彩涂板产品下线。11月11日，年产20万吨高档彩涂板生产线投产，该生产线设计产能20万吨，产品规格为0.3-2.0×700-1250，产品广泛应用于高速公路，粮仓、拱形瓦制作，汽车等行业。

至2015年，聊城市规模以上黑色金属冶炼与加工企业134个，实现工业总产值599.44亿元。冠洲股份主营业务收入86.75亿元，比2014年增长2.03%；利润5.74亿元，增长2.01%；利税7.69亿元，增长2.01%。瑞泽重工主营业务收入3.05亿元，增长52.50%；利润0.16亿元，增长39.7%；利税0.2亿元，增长27.56%。山东鑫华特钢集团主营业务收入56.52亿元，下降3.4%；利润2.38亿元，增长4.11%；利税2.62亿元，下降8.11%。聊城鑫鹏集团主营业务收入106.91亿元，增长17.17%；利润0.91亿元，下降1.58%；利税1.31亿元，增长0.43%。

2000—2015年主要年份聊城市黑色金属冶炼与加工业主要经济指标表

表10-20　　单位：家、亿元、万人

工业分类	年份	企业个数	工业总产值（当年价）	出口交货值	资产总计	主营业务收入	利润	利税	从业人数
黑色金属冶炼及压延加工业	2000	1	1.60	0	0.23	0.77	0	0.0013	0.0024
	2005	20	27.77	0.02	14.93	27.85	1.68	2.47	0.32
	2010	78	209.47	9.07	101.99	208.21	16.52	24.95	1.19
	2015	134	599.44	7.49	299.06	598.09	33.72	43.98	2.03
炼钢	2000	0	0	0	0	0	0	0	0
	2005	1	5.04	0	2.05	5.45	0.31	0.53	0.08
	2010	2	14.91	—	6.46	14.76	0.50	0.66	0.22
	2015	3	66.33	0	28.03	66.21	2.64	2.98	0.34
黑色金属铸造	2000	0	0	0	0	0	0	0	0
	2005	3	8.89	0	3.37	8.85	0.69	0.86	0.07
	2010	6	18.42	0	4.35	19.94	1.80	2.44	0.10
	2015	20	54.36	0	17.71	52.70	4.23	5.39	0.15
钢压延加工	2000	1	1.28	0	0.23	0.77	0	0.0013	0.0024
	2005	16	13.84	0.02	9.51	13.55	0.68	1.08	0.18
	2010	70	176.14	9.07	91.18	173.51	14.23	2.19	0.86
	2015	111	478.75	7.49	253.31	479.18	26.83	35.61	1.54

第二节　重要企业选介

山东信发铝电集团有限公司　始建于1972年。1998年5月，山东信发华信铝业有限公司成立。是年，投资建立山东鲁西铝厂。5月16日，1万吨电解铝新建工程破土动工，12月8日一次通电试运成功。1999年5月，由地方国有企业改制为股份制企业，并投资兴建铝电联产工程。在无专项贷款的条件下，投资兴建2台125兆瓦供热机组及配套7万吨190KA大型预焙槽电解铝工程，2000年5月投产。是年，完成销售收入2.54亿元、利税1.02亿元，成为茌平县第一个利税突破亿元大关的企业。12月，更名为山东茌平信发热电有限责任公司。

2000年10月，与水利部汉江集团合资兴建12万吨山东中兴碳素有限公司，2001年投产。12月27日，与聊城鲁能华昌实业有限公司、聊城电力华昌实业总公司共同投资，组建茌平华信铝业有限公司。2001年，茌平信发铝电集团公司组建运营。2002年4月，与东方希望集团和鲁能集团聊城电业局共同投资建设山东信发希望铝业有限公司。7月1日，茌平华信铝业有限公司通过UKAS皇家皇冠质量认证。7月9日，茌平华信铝业有限公司通过ISO 9000：2000质量认证。2003年，信发集团电解铝及铝制品工业被列入聊城市百亿产业之首。是年5月，茌平华信铝业有限公司与水利部汉江集团合作成立华信碳素有限公司。2004年6月18日，茌平华信铝业有限公司成立山东鲁西地区第一家备料型保税仓库。11月28日，信发集团举行博士后科研工作站揭牌仪式，标志着集团在科研开发、技术创新和人才引进方面迈上一个新的台阶。2005年，与鲁能华昌实业公司、聊城昌润投资公司、威海海源投资公司等合资建设茌平信发华宇氧化铝有限公司。是年，在印度尼西亚、斐济、澳大利亚等国家建立铝土矿资源开发基地，掌控矿石保有量10亿多吨，成为全国第一家使用国外铝土矿生产氧化铝、掌控国外铝土矿资源最多的企业。8月，更名为山东信发铝电集团有限公司。

2006年，成立信发化工有限公司，采用世界上最先进的“离子膜法”和“电石法”生产工艺生产液碱、聚氯乙烯。是年7月29日，信发集团和济南铁路局就铁路运输、互惠共赢、全面建立战略合作伙伴关系签署了协议。10月16日，信源铝业一期电解槽投产。2007年，成立信发华兴实业有限公司，建设电石、石灰及配套4台360兆瓦发电机组项目。是年6月，信发集团华兴100万吨石灰项目投产，延伸集团的产业链条。7月30日，信发化工液碱、PVC项目一期工程投产。11月，信发华兴电石项目投产。2008年3月26—27日，在北京召开的中国有色金属工业协会二届二次会员代表大会和二届三次理事会上，信发集团董事长张学信当选为中国有色金属协会副会长。7月，入选2007年有色工业销售收入50强榜单。10月，入选2007年度中国纳税百强排行榜。2009年1月27日，印度尼西亚当地时间下午3点40分，信发集团海外自行开采出来的第一船铝土矿拔锚起航。3月，获评“全国有色金属行业先进集体”。入选第二届中国铝行业百强榜。5月，信发化工二期烧碱项目一次开车成功。8月，成立茌平信发华兴化工有限公司，2012年12月开工建设，2013年12月建成投产。是年，全国铝冶炼行业重点企业排名中，该公司销售收入排名第一。

2010年10月31日，郝集电厂项目开工建设。2011年7月中旬，广西信发靖西铝工业基地被国家发改委批准设立为国家级生态型铝产业示范基地。8月23日，信发专用铁路改建工程通过验收。9月16日，信发集团与孝义市政府就综合循环项目签署合作协议。11月8日，信发集团斐济铝土矿项目开工。2012年3月12日，信发集团与德国GEA集团就“新疆信发4×1100兆瓦超超临界直接空冷机组项目”签约。6月11日，信发生态工业园区建设规划专家论证会召开，信发生态工业园区建设规划通过专家论证。2013年11月12日，6×66万千瓦高效超超临界机组破土动工，首台机组于2015年2月18日投运，其他机组也于2015年相继投运，实现“一年六投”。

2015年8月11日，信发集团“上大压小”集中淘汰落后产能。17点52分，信发集团7座凉水塔轰然倒下，标志着信发集团“小火电”时代的彻底结束，成为全省第一个采用高效超超临界发电技术的企业。是年，所属及控股企业72家，总资产1860亿元，职工6万余人，实现销售收入1822亿元、利税186亿元，其中利润131.5亿元。在2015年中国铝工业百强评选中，信发集团获第一名。是年，集团进行技术创新改造697项，直接或间接效益12亿元。取得国家专利19项，科技成果50余项，累计研发新技术、新工艺100余项，整体技术水平达到国内一流、世界领先。

山东信发铝电集团有限公司是一家集发电、供热、氧化铝、电解铝、碳素、氟化盐、冰晶石、岩盐、烧碱、石灰、电石、聚氯乙烯、煤炭开发、铝深加工等产业于一体的现代化大型企业集团，率先在全国同行业中成功实现热电平衡、铝电双赢的最佳产业模式。山东领航铝业公司依托信发集团的电解铝生产基地，实现铝水—铝板—铝带—铝箔—铝单板的无间断生产。信发铝制品有限公司先后通过ISO/TS16949质量管理体系认证和国际机构如德国TUV、日本VIA、美国SFI、土耳其TSE的认证。累计获得国家级荣誉36项，省级荣誉39项，市级荣誉34项。被工业和信息化部、科技部、财政部列为第一批“资源节约型、环境友好型”试点企业，先后获“全国五一劳动奖状”“全国节能降耗先进单位”“全国有色金属行业先进集体”、“山东省富民兴鲁劳动奖状”“山东省级文明企业”“山东省技术改造先进单位”“山东省循环经济示范单位”等荣誉，被山东省工商联合会评为“山东民营企业百强”第一名、“山东（行业）十大品牌”第一名。入选“山东民营企业公益之星”第二批资源综合利用“双百工程”示范基地，登上中国石油和化工民营企业百强榜。获得“2014年度全市经济社会发展中贡献突出企业金奖”“2014年度聊城市慈善事业突出贡献奖”“国家生态工业示范园区”“全国模范劳动关系和谐企业”“山东省绿化模范单位”“全省安全文化建设示范企业”“省级守合同重信用企业”“2009年度山东省优秀节能成果奖”“2010山东省科学环境友好型十佳典范企业”“山东省循环经济示范单位”“第一批资源节约型、环境友好型试点企业”“‘十一五’电石行业节能减排先进单位”“‘十一五’全国石油和化工行业节能减排先进单位”“中国有色金属行业十大影响力品牌”“全国有色金属行业先进集体”“中华慈善突出贡献单位（企业）奖”“全国有色金属行业先进集体”等荣誉。信发华兴公司获“2013年度石油和化工行业能效领跑者标杆企业”，入选2008年福布斯中国顶尖企业排行榜。华信铝业实用新型专利技术——铝电解槽不停电开槽用分流器试验成功，获得国家专利。“信发集团区域循环经济关键技术集成与模式示范”获得山东省科学技术奖。集团所产“信发”牌重熔用铝锭、铝合金锭、电工圆铝杆、铝母线等产品畅销海内外，连年被国家质检协会评为“质量达标好产品”，并获得“山东省名牌产品”“国家免检产品”称号。“信发”牌电工圆铝杆被认定为“中国驰名商标”。

中色奥博特铜铝业有限公司　2001年9月，山东奥博特铜铝业有限公司成立，为国有企业，注册资金65.63亿元，职工2458人，总资产97亿元。是年，奥博特公司开工建设一期2万吨高精度铜管生产线，2002年2月竣工投产。2003年4月，奥博特公司二期2万吨高精度薄壁高齿内螺纹铜管项目开工建设，并列入国家重点技术改造“双高一优”项目，于2003年3月竣工投产。2005年9月，奥博特公司“奥牌”高精度内螺纹铜管成为中国名牌产品。2006年6月，奥博特公司6万吨高精度铜合金板带项目一期工程开工建设，并于2007年12月竣工投产。2009年11月，山东奥博特铜铝业有限公司加入中国有色矿业集团有限公司，更名为中色奥博特铜铝业有限公司后，资金得到充分保障，生产规模和经营效益成倍增加，科技创新能力显著提高。先后开工建设6万吨高精铜合金板带二期项目、三期3万吨高精度铜管项目、四期3万吨高精度铜管项目、五期6万吨高精度铜管项目和一期5000吨高精度压延铜箔项目，成功实现由单纯铜管加工向铜管、铜板带、铜箔以及相关产品的转变，企业经济效益得到显著提升。2015年，中色奥博特铜铝业有限公司完成主营业务收入365.89亿元、利税35.54亿元、利润25.77亿元，主要经济指标稳居全国同行业前三名，分别入选“中国铜板带材十强企业”“中国铜管材十强企业”名单。

奥博特公司隶属于中国有色矿业集团有限公司，主要从事空调制冷铜管、高精铜合金板带系列产品的研发、生产和销售，是中国有色金属工业协会常务理事单位、国家技术创新示范企业、中国铜管材十强企业、中国铜板带材十强企业、中国名牌产品企业、山东省创新型企业，山东省最佳信贷诚信客户、山东省第一批新型工业化产业示范基地。公司十分重视科技研发与创新，每年年初由董事会决议，按照不低于销售收入3%的比例确定是年的科技经费投入预算，购置电子拉力试验机、光谱仪、氧分析仪等高品质管棒材、板带材中试设备等世界一流的检测试验设备，使之成为国内最具实力的铜基材料研发和

临清市奥博特铜铝有限公司10万吨高精铜及铜合板金带项目（2015年摄）

生产基地。公司研发人员200多人，其中行业知名专家4人，博士、硕士17人，拥有外部专家40余人，其中包括国外专家8人，专业涵盖材料工程、压力加工、机械工程、电气自动化、化学工程等专业。依托公司国家级企业技术中心、国家重点实验室、博士后科研工作站、院士工作站和山东省高精铜加工工程技术研究中心等5大科技平台，加强产学研合作，研发新技术、新成果、新产品，提升企业核心竞争力。建立产学研战略联盟，推进产学研合作，与北京有色研究总院、中南大学、江西理工大学、聊城大学等科研院所和日本TEX公司、德国诺斯公司等国外先进铜加工企业针对人才培养、技术交流、项目合作、成果转化等方面，建立紧密的合作。组织关键技术攻坚，先后突破一批制约中国铜加工业发展的关键技术，研发一批国家重点工程急需的品牌产品。开发“水平连铸+高精冷轧+精整处理”铜合金板带连续化短流程生产技术，产品平均能耗降低21%，废气排放量降低30%，成品率提高6%。该项技术达到国内领先水平，获得中国有色金属工业协会科技进步二等奖。开发高精度内螺纹铜管连续化生产技术，该项技术与国内外广泛应用的内螺纹铜管生产技术相比，生产效率提高30%，节能30%以上，成品率提高10%以上，降低劳动强度和生产成本。该项技术达到国际先进水平，获得中国有色金属工业协会科技进步三等奖。开发0.035毫米×630毫米高导电子铜箔，突破高纯铜细晶铸造、超薄铜带冷轧AGC厚度控制等关键技术，填补国内空白。开发高耐蚀稀土铝黄铜带材，实现铜废料和稀土资源的高值化利用，该项产品技术已经中国有色金属工业协会鉴定为国际先进水平。开发含锡量10%的弹性性能良好的高锡青铜带材，具有较高的弹性稳定性和低的弹性后效，属国内首创，是制作定时器和各种电器开关簧片元件、各种接插件的理想材料。开发φ5毫米内螺纹铜管，突破细径、薄壁、高齿内螺纹管生产技术的“瓶颈”，与传统的内螺纹铜管相比，在平均每米管材减重18克的基础上，热交换效率提高约16%，适应空调制冷行业提高换热效率、节能节材及小型化的发展趋势，开创中国高效换热空调铜管的先河，经行业技术专家鉴定，成果达到国际先进水平，2013年获中国有色金属工业协会科技进步一等奖。公司承担一批国家、省部级重大科技项目，其中18项新技术、新产品通过省部级鉴定，获国家专利52项，获得省部级以上科技进步奖8项。获得“全国有色金属行业先进集体”“中国有色金属产品实物质量金杯奖”“有色科技进步奖”“山东省自主创新型企业”“山东省企业技术创新奖”“山东省管理创新优秀企业”“山东省创新型企业”等奖励。

山东祥光集团公司 2005年，新凤祥集团阳谷祥光铜业成立。2007年6月18日，祥光铜业一期工程一次点火成功。11月29日，祥光铜业“双闪铜冶炼”项目投产庆典举行。12月21日，山东祥光集团有限公司成立。2008年6月19日，祥光铜业年产40万吨阴极铜二期（20万吨）工程开工仪式举行。7月8日，祥光铜业年产40万吨阴极铜工程被环保部评为“国家环境友好工程”。7月19日，祥光铜业产出第一批高品质黄金。9月，阳谷祥光铜业代表中国有色金属工业行业入选参加中华人民共和国成立60周年成就展。10月30日，参加上海第十二届国际闪速熔炼技术交流大会的25个国家的百余名铜冶炼专家，包专机到祥光集团参观交流，高度评价祥光集团建成一座50年不落后的铜冶炼企业。12月10日，“祥光”牌高纯阴极铜在上海期货交易所成功注册。2010年3月31日，阳谷祥光生态工业园（千亿元）暨年产32万吨铜深加工项目奠基仪式举行。12月7日，祥光铜业被工业和信息化部、财政部、科技部联合确定为全国第一批“资源节约型、环境友好型试点企业”。同月，山东祥瑞铜材有限公司成立，为山东祥光集团有限公司的子公司，位于山东阳谷祥光国家生态工业示范园区，占地13.33公顷，注册资金2.26亿元，总投资16亿元，被列为山东省重点建设项目，拥有世界上单体规模最大的铜线坯生产线，可年产32万吨铜导体及电气化铁路架空

阳谷祥光铜业有限公司高效清洁的电解车间 （2015 年摄）

导线，是国内最先进的铜深加工企业之一。主要生产的产品有高品质铜线坯、铜绞合线、铜合金产品、铜线、铜丝、铜排、铜扁线等。高起点规划，高标准建设，引进德国西马克连铸连轧生产设备和工艺技术，利用祥光铜业的高纯阴极铜原料优势，进行精深加工。主营产品铜线坯、铜带坯、裸铜线、铜合金和电气化铁路架空导线，在电力、通信、汽车、铁路等行业有着广阔的应用空间和市场前景。引进国际上高精度的产品质量检验仪器、设备，建立完善的产品质量控制体系，以先进的质量检测技术和手段，确保高端用户对产品质量的要求。

2011 年 4 月 26 日，祥光铜业年产 40 万吨阴极铜工程全面建成投产。6 月 28 日，环保部、商务部、科技部联合批复同意阳谷祥光生态工业园创建国家生态工业示范园区建设。7 月 20 日，“祥光（XGC）”牌阴极铜在伦敦金属交易所（LME）成功注册。2012 年 1 月 18 日，祥光铜业的“无氧化无还原火法精炼铜工艺”获得山东省专利奖一等奖。2 月 16 日，祥光铜业自主研发的“粗铜无氧化无还原火法精炼工艺及产业化应用”成果，获得 2011 年度山东省技术发明奖一等奖。5 月 24 日，祥瑞铜材年产 32 万吨连铸连轧及铜合金生产线投产。10 月 22 日，“祥光”牌阴极铜被国家质检总局评定为中国第一个生态原产地保护产品。2013 年 1 月 11 日，祥光铜业被山东省政府授予 2012 年度山东省省长质量奖。1 月 23 日，祥光铜业被工业和信息化部评为国家级信息化和工业化深度融合示范企业。2 月 6 日，环境保护部、商务部、科学技术部联合批准以祥光为龙头的山东阳谷祥光生态工业园区为国家生态工业示范园区。3 月 29 日，祥光铜业 4 项科技成果获 2012 年度中国有色金属工业协会科学技术奖。10 月 10 日，祥瑞铜材被中国有色金属加工工业协会评定为“中国铜棒线材十强企业”。11 月 26 日，祥光铜业技术中心被国家发改委、科技部、财政部、海关总署、国家税务总局联合确定为“国家认定企业技术中心”。2014 年 1 月 10 日，祥光铜业“超强化旋浮铜冶炼和自氧化还原精炼工艺研发及产业化应用”被国务院授予国家科技进步二等奖。1 月 29 日，祥光铜业“一种脉动旋流法铜冶炼工艺及装置”项目获 2013 年度山东省专利奖一等奖。11 月 26 日，祥光铜业“一种脉动旋流法铜冶炼工艺及装置”项目获国家知识产权局第十六届中国专利奖金奖，实现铜冶炼行业在中国专利金奖方面零的突破，是聊城市第一个国家级专利金奖。12 月 23 日，祥光铜业能源管理中心示范项目获得国家质检总局下属的中国节能协会授予的国家级“节能减排科技进步奖”。2015 年 7 月中旬，祥光铜业与芬兰奥图泰有限公司就技术许可协议纠纷问题达成和解，奥图泰认可祥光铜业具有自主知识产权的铜冶炼技术，同意祥光铜业对其专有技术自主销售。9 月 1 日，祥光铜业被中国质量协会评为“2015 年全国实施卓越绩效模式先进企业”。

祥光铜业创建之初，采用当时世界上最先进的闪速熔炼加闪速吹炼工艺，一次规划，分步实施，建设年产 40 万吨阴极铜工程，有效解决传统铜冶炼过程中的低空污染和高耗能难题，将各类废弃物料变废为宝，真正实现清洁生产、循环经济。废气回收制酸，使硫的总回收率 98% 以上，固化率 99.9%，二氧化硫排放量比当时国家标准低 34% 废水循环利用，采用新凤祥集团食品产业处理后的中水作为生产用水，全厂水循环利用率 99% 以上；废渣再选再用，每年可提取伴生的金、银、铂、钯、铼、硒、铋等稀散稀贵金属 1000 余吨，回收纯铜 1 万余吨，还可从尾渣中提取炼铁原料，并可作为优质辅料生产水泥；余热高效利用，使全厂吨铜综合能耗比国家标准低 53%，比铜冶炼行业先进值低 40%。祥光铜业一期工程，在技术上主要是引进、消化和吸收；二期工程没有依靠国外，完全依靠自主研发、自主建设。祥光通过新型工业化、信息化、绿色化深度融合，自主创新，为有色行业开辟出一条生态环保、节能高效的新路子。

公司自主研发的“双旋浮”铜冶炼技术，在世界上第一个实现旋浮智能化铜冶炼和自热冶炼，打破了国外对铜冶炼核心技术的长期垄断，使中国铜冶炼技术跃升到国际领先水平，获得 2013 年度国家科学技术进步二等奖，第十六届中国专利奖金奖。自主研发的粗铜自氧化还原精炼技术达到国际领先水平，精炼时间小于 1 小时，还原天然气零消耗，彻底解决火法精炼普遍存在低空污染的这一世界性难题，两次被列入《国家重点节能低碳技术推广目录》。祥光铜业与奥地利 Mettop 公司联合研发的平行射流电解技术使粗铜电解电流密度在世界上第一次实现 500 安培 / 平方米，生产效率提高 50% 以上，综合能耗降低 25%，实现了世界铜电解技术的历史性突破，2015 年获得中国有色金属工业科技奖一等奖。凭借这些独特优势，祥光铜业与青藏铁路、三峡水电一起被环保部确定为十大“国家环境友好工程”；代表中国有色金属企业入选共和国 60 周年成就展；被国家发改委列入符合《铜冶炼行业准入条件》的七家企业之一；被商务部、海关总署列入获准铜精矿加工贸易的七家企业之一；被工业和信息化部、科技部、财政部联合评定为第一批资源节约型和环境友好型试点企业；被工信部评定为有色金属行业能效及环保标杆企业、信息化和工业化深度融合示范企业；被山东省政府授予省长质量奖。“祥光”牌高纯阴极铜已取得上海期货交易所、伦敦金属交易所的双注册，并被国家质检总局确定为中国第一个生态原产地保护产品。祥光有色金属产业秉持“诚信、智慧、生态、创新”的经营信条，开展创新驱动，智能转型，强化基础，绿色发展，实施“走出去”战略，加快矿山并购步伐，扩大电解产能，实现翻番发展，加快与国内外大企业合作，形成铜深加工产业集群，成为中国工业转型的时代标杆，世界铜冶炼的创新标杆。

祥光集团拥有德国 DB PRUFTECHNIK 在线 ABS 涡流探伤仪、德国 SPECTROLAB 直读光谱仪、水分含量测试仪、韦氏硬度测试仪、金相分析仪、拉力试验机等完整的理化、机械性能检测设备，专门从事生产生态炼铜、铜深加工、稀贵金属提取、再生资源利用、矿产资源开发等，是世界上单系统产能最大、技术最先进、环保治理最好的生态铜冶炼厂。铜材产品有空调光管、空调配管、光面盘管、直条管、平板太阳能专用铜管、散热器专用铜管、冰箱无氟管、水道管、毛细管、镀锡管、波导管及异型管材等多种规格，广泛应用在制冷、化工、建筑、汽车、工程机械、太阳能、LED 发热管等领域，全年可生产各类精密铜管 1.5 万吨、矿产阴极铜 45 万吨、再生阴极铜 15 万吨、黄金 20 吨、白银 600 吨、稀贵金属 1000 吨、硫酸 170 万吨、铜精深加工产品 32 万吨。

2009 年 7 月 19 日，祥光铜业贵金属车间产出首批 99.99% 的黄金，这是聊城市有史以来出产的第一批黄金

山东冠洲股份有限公司　山东冠洲股份有限公司是由原冠县金属软管总厂以整体改制、定

向募集方式设立的股份有限公司。1994 年 1 月，经冠县体改委批准确认，在冠县工商行政管理局注册登记，命名为冠县冠洲股份有限公司，后经股权变更等，于 1996 年 3 月在冠县工商行政管理局变更工商登记，注册资金 5134 万元。1999 年 7 月 14 日，在山东省工商行政管理局重新登记注册，更名为山东冠洲股份有限公司，注册资金 5134 万元。2006 年 7 月经公司股东会决议通过，将公司未分配利润转增股本，同时由原股东出资并吸纳新股东，使公司股本增至 2.53 亿元。2004 年 2 月 16 日，自行投资，管线全程 45 公里的天然气项目通气点火，3 月 19 日，年产 30 万吨镀锌板项目投产。6 月 6 日年产 20 万吨彩涂板项目建成投产，一期工程全部投入运营。2005 年 12 月 12 日，公司年产 60 万吨 1450 冷轧板生产线投产，同时合资建设的热电厂项目建成发电，保证冷轧板项目的电力供应，实现企业“三板一体化”的生产格局，成为山东省乃至全国为数不多的几家同时拥有冷轧、镀锌、彩涂板的生产企业。2005 年，“航科牌”镀锌板获评山东省名牌产品。2006 年，“冠洲牌”彩涂板又获此殊荣，冠洲商标获评山东省著名商标。2008 年，相继投产 30 万吨镀铝锌硅板生产线、2 号 20 万吨彩涂板生产线、30 万吨连续退火板生产线，20 万吨 1450 单机可逆冷轧板生产线和 20 万吨 1200 单机可逆冷轧板生产线。2009 年，建成投产 3 号 20 万吨彩涂板生产线。2010 年，全面实施倍增工程，实现产能翻番，冠洲产品实现向高强、深冲，汽车、家电等高附加值领域应用的转型升级。2011 年，2 号 100 万吨冷轧板生产线，3 号 20 万吨镀锌板生产线，天然气裂解制氢和深冷制氮等项目建成投产。2012 年，2 号 40 万吨连续退火版生产线，4 号 30 万吨镀锌板生产线，4 号 20 万吨彩涂板、5 号 20 万吨彩涂板生产线，氧化锌和 2 号污水处理站等环保项目陆续建成投产。2013 年，6 号 10 万吨彩涂板生产线，年产 3000 吨稀土永磁材料项目建成投产。2014 年，年产 40 万吨厚板镀锌生产线，7 号彩涂板生产线，氧化锌产能提升项目，冠通达物流中心项目陆续建成投产。2015 年，6 号 30 万吨家电镀锌板生产线，电厂 2 号机组，冠县城区供热工程陆续建成投产。

至 2015 年，冠洲集团成为以科技为先导，集冷轧板、镀锌板、彩涂板、稀土永磁制品和自蔓燃陶瓷复合钢管的研究、生产和经营于一体的高新技术企业，占地 120 公顷，员工 3000 余人。集团形成年产 200 万吨冷轧板、160 万吨镀锌板、130 万吨彩涂板、70 万吨退火板、3000 吨高性能钕铁硼稀土永磁材料和 1 万吨氧化锌的生产规模，其中冷轧板、镀锌板和彩涂板产能分别位居全国同行业第七、第五和第一位。与宝钢、首钢、太钢、邯钢、山钢等大型钢铁集团和世界 500 强、全球油漆排名前三的阿克苏、PPG、贝科等涂料生产商建立长期战略合作关系，冠洲彩板成功应用于济南、青岛、昆明、上海虹桥等高铁站工程，新疆和田、河南新郑等国际机场项目，成为海尔、海信、中国重汽、中粮集团、钢之杰、森特士星等行业龙头企业的长期供应商，产品远销俄罗斯、加拿大、非洲、南美、东南亚等 10 余个国家和地区。

聊城鑫鹏集团　1995 年 10 月，聊城鑫鹏集团前身——聊城地区鲁台金属材料贸易中心成立，1996 年正式开展业务。1997 年，公司搬迁至聊城北顺钢管城。2003 年 5 月 23 日，聊城鑫鹏金属材料有限公司成立。2005 年 4 月，鑫鹏源智能装备集团有限公司成立，标志着集团由单一贸易业务转向工业制造与贸易相结合的发展轨道。2008 年 7 月 24 日，聊城鑫源泰房地产开发有限责任公司成立，开发建设“翡翠城”项目。2010 年，聊城市鑫佳物业管理有限公司成立。聊城水城印象旅游文化有限公司开发建设的“龙堤”项目、摩天轮项目同时被聊城市政府列为“聊城市十二五重点建设项目”；10 月 15 日，龙堤项目正式开工。2011 年 1 月 20 日，聊城鑫佳实业有限公司成立。1 月 24 日，集团公司收购聊城永固水泥制品有限公司。3 月 11 日，聊城交大科技园实业有限公司成立，开发建设摩天轮项目。2012 年 4 月 18 日，举行鑫鹏源“300

机组投产、140机组达产”、金牌客户签约仪式。7月6日，聊城市东昌府区百诺鑫合小额贷款股份有限公司成立，是年成为沪农商村镇银行最大股东。11月6日，集团收购聊城华瑞电气有限公司。11月29日，聊城市坤鹏商贸有限公司成立。同时摩天轮项目通过主体验收。2012年，集团产值突破100亿元。2013年6月7日，山东华耀金属科技有限公司成立。6月20日，山东远大控股集团成立。2014年3月9—10日，召开2014全国电气产品展示交流暨华瑞电气供应商战略合作洽谈会，聊城华瑞电气有限公司在顶层设计和强强联合中走上“科技华瑞、生态华瑞、创新华瑞、诚信华瑞”的特色发展道路。9月，鑫鹏源智能装备集团有限公司被国家发展改革委员会认定为行业内唯一一家“能源装备自主创新企业”；是年，集团收购山东东阿东盛阿胶产品科技开发有限公司，集团开始涉猎生物科技产业。9月19日，“E钢在线”被山东省经济和信息化委员会认定为“山东省电子商务五十强”，聊城鑫佳实业有限公司（当时公司名称为“聊城鑫佳物流有限公司”）被山东省商务厅评为“山东省电子商务示范企业”。12月31日，聊城鑫佳物流园区被山东省经济和信息化委员会评为“山东省首批智慧园区建设试点单位”，这是聊城自建市以来的第一家，也是聊城市唯一一家入选的企业。

2015年，集团总部搬迁至摩天轮。钛合金热轧产品企业标准在企业标准信息服务网成功备案，开创行业的产品标准；钛合金大口径穿轧工艺被科技部评审认定为世界先进水平，居于行业金字塔顶端地位。鑫鹏源智能装备集团有限公司被山东省诚信建设促进会评为“山东省诚信建设示范单位”，集团公司被山东省科学技术厅认定为省高新技术企业，“鑫鹏源XPY”被山东省工商行政管理局认定为“山东省著名商标”。

第九章　建材工业

1997年，聊城地区共有县属建材工业企业9家，其中大中型企业3家。企业总数中，水泥及制品企业5家、砖瓦企业1家、建筑陶瓷企业1家、建筑机械企业1家、油脂化工企业1家。共计职工3029人，固定资产净值9439万元，实现工业产值8998万元、销售收入1.18亿元、利税86万元、利润349万元。下半年，东昌水泥厂投资3250万元，建成年产22.4万片铝塑板生产线。之后，全市建材企业个数、产量、产值、利税等呈不断增长态势。2010年，各类建材备案企业61家，比2008年增加10家；生产水泥360万吨、建设机械600台套、铝塑型材2.9万吨，比2008年分别增加50万吨、379万台套、0.8万吨。2015年，全市共有各类建材备案企业88家，其中骨干企业8家。其中，水泥及制品企业8家，建筑型材、门窗、幕墙、中空玻璃企业73家，建设机械及配套企业7家。全年建材行业完成工业总产值44亿元，实现利税5.1亿元；生产水泥340万吨，建设机械650台套，铝、塑型材7万吨。

第一节　主要产品

水泥　1997年，聊城地区共有县属水泥企业3家、水泥制品企业2家，生产水泥38万吨，水泥电杆9165根。2007年，根据国家发改委有关加强水泥工业结构调整、逐步淘汰落后产能指示精神，全市水泥生产基本处于稳定增长状态，机立窑水泥生产线逐步淘汰，个别年份水泥产量减少。2008年，全市水泥生产企业（包括水泥粉磨企业）5家，年设计生产能力350万吨。其中，5条立窑生产线，生产能力160万吨；水泥粉磨站4座，生产能力190万吨。是年，全市生产水泥310万吨，水泥电杆1.32万条，排水管1.95万米。

2010年，全市水泥生产企业（包括水泥粉磨企业）6家，年设计生产能力400万吨。其中，5条立窑生产线，生产能力210万吨；水泥粉磨站3座，生产能力160万吨。是年，全市生产水泥360万吨，水泥电杆1.6万条，排水管2.55万米。2015年，全市水泥及制品企业8家，生产水泥340万吨，水泥电杆1.9万根，排水管2.7万米。

化学建材　全市化学建材生产发展较快，特别是塑料门窗、新型防水材料、塑料管材、建筑涂料、建筑节能保温隔热材料等产品的生产和应用大幅增长，新技术、新产品不断涌现。骨干企业有东阿蓝天七色建材有限公司、山东华信塑胶股份有限公司等，该两家企业生产的铝塑板、塑料管道管件等产品远销全国各地。

东阿蓝天七色建材有限公司年产各类规格铝单板50万平方米、铝塑板400万平方米、销售额逾3亿元，是江北规模大、品种全、实力强的专业铝幕墙加工企业。主要产品有七色牌铝塑板，销售全国各地，并出口马来西亚、智利、新加坡、哈萨克斯坦、俄罗斯、印度尼西亚等十几个国家和地区。山东信发博汇塑胶有限公司具有塑料型材和塑料管材年产5万吨的生产能力，2015年实现产量2万吨、销售收入1.51亿元。

新型墙体材料　自1992年国务院发布《关于加快墙体材料革新和建筑节能工作意见》以后，全市以加气混凝土空心砌块、蒸压粉煤灰砖、空心砖、GRC隔墙板等材料为主的新型墙体材料发展迅速。2008年，全市有新型墙体材料生产企业6家，达到一定生产规模的企业2家，年生产能力80万立方米，年产新型墙体材料58万立方米。2010年，全市有新型墙体材料生产企业64家，达到一定生产规模业64家，达到一定生产规模（产值5000万元以上）的企业4家，年生产新型板材14万立方米，新型墙材15亿块标准砖。2015年，全市达到一定规模的新型墙体材料生产企业共计62家。

建筑门窗　主要品种为塑料门窗、铝合金门窗。2008年，全市建筑门窗生产企业34家，年加工门窗能力370多万平方米。2010年，全市建筑门窗生产企业31家，年加工门窗能力390多万平方米。2015年，全市建筑门窗生产企业45家，年加工门窗能力500多万平方米。年内，山东极景节能门窗有限公司的节能门窗在2015中国（上海）门窗博览会上参展获得奖牌，山东极景系统门窗获得全省“科技进步奖”。

铝合金建筑型材及塑料异型材　主要品种为建筑门窗用铝合金型材和塑料异型材。2015年，全市有门窗型材企业15家，其中塑料异型材生产企业12家，生产铝、塑型材7万吨。年内，阳谷东信塑胶有限公司生产的塑型材在2015中国（上海）门窗博览会上参展获得奖牌。

第二节　重点企业选介

临清市建筑机械厂有限公司　由原临清市建筑机械厂于2015年6月改制成立。为山东省建设机械协会理事单位，山东省建机行业骨干企业，省建筑科学院新产品开发基地。企业员工260人，其中工程技术人员18人，占地2.2公顷，厂房面积7200平方米，拥有注册资金812.4万元，固定资产2573万元，设备200余台套。公司于2002年通过ISO 9001国际质量体系认证，生产的塔式起重机产品均获得国家质检总局颁发的“特种设备制造许可证”。主要产品有QTZ63（TC5610、TC5013）、QTZ50（TC5010、TC5008）、QTZ40（TC4808、TC4708）、QTZ31.5（TC4207、TC3808）、QTZ25型系列自升式塔机，JZC、JS系列混凝土搅拌机，PLD系列混凝土配料机，SC200/200施工升降机，砂浆机，卷扬机等十几种建筑机械产品，销售区域遍及全国各个地区。2015年，完成销售收入3800万元。先后被评为山东省建设机械“百佳诚信企业”、聊城市建材企业先进单位、聊城市守合同重信用企业等。

山东新大地铝业有限公司 隶属于领新集团，成立于2003年，是以生产铝合金建筑型材及工业型材、铝棒等为主的民营企业。2015年，有员工380余人，总产值超4亿元，利税2000多万元。

铝型材生产拥有800吨6条、1000吨3条、1650吨2条、2600吨1条，共计12条挤压生产线，并配有氧化、电泳、粉末喷涂、木纹转印及隔热断桥车间，年可生产各种型号铝型材2.8万吨。另建有熔铸车间，年可生产铝棒5万吨，熔铸车间铝棒生产全部采用纯铝水浇铸。

2005年，在同行业中率先通过ISO 9001质量管理体系认证。后又通过ISO 18001职业健康安全体系、ISO 10012测量管理体系、隔热型材节能产品等认证，获得“国家免检”“山东名牌”等称号。2014年，被认定为“山东省著名商标”。2014年、2015年，连续两年被评为“山东省建筑行业骨干企业”。

山东新大地铝业有限公司挤压车间（2015年摄）

山东信发博汇塑胶有限公司 原名山东信发东信塑胶有限公司，占地10公顷，总投资10亿元，有职工100余人。2013年5月，山东信发博汇塑胶有限公司完成注册登记，注册资金8000万元，位于茌平县信发高新材料工业园，经营范围为塑料制品、工程塑料、塑钢型材、管材、管件、混配料及相关产品的生产销售。

山东信发博汇塑胶有限公司是信发集团氧化铝循环经济链中PVC项目链的延伸，拥有总资产7703万元，其中固定资产4327万元，建筑面积3.8万平方米，生产设备60台套，员工169人，其中高级工程技术人员39人，具有塑料型材和塑料管材年产5万吨的生产能力；先后通过ISO国际质量体系认证、环境管理体系认证、职业健康安全管理体系认证，被评为安全生产标准化三级企业、中国塑料加工协会会员单位，获得绿色建筑选用产品证明商标准用证。2015年，产量2万吨，实现销售收入1.51亿元、利润1798万元，上缴税金85万元。

山东七色板业有限公司 1996年年底，东阿蓝天塑铝板有限公司组建成立，引进台湾全套铝塑板生产线。2001年，与山东七色板业有限公司合并组建东阿蓝天七色建材有限公司。至2015年，公司发展成为年产各类规格铝单板50万平方米、铝塑板400万平方米、销售额逾3亿元的集团化企业，是江北规模大、品种全、实力强的专业铝幕墙加工企业。主要产品有七色牌铝塑板、七彩牌铝塑板、奥特邦牌铝塑板、七色牌铝单板、七色牌铝蜂窝板、金属门窗、铝质保温板、铝扣板、铝天花板、涂层铝卷、金属制品等。公司是国内唯一一家同时通过ISO 9001国际质量体系、ISO 14001国际环境体系双项认证的金属幕墙材料生产企业，产品销售全国各地，并出口马来西亚、智利、新加坡、哈萨克斯坦、俄罗斯、印度尼西亚等十几个国家和地区。先后获得相关部门颁发的“精品产品证书”“权威检测达标产品证书”“全国用户产品质量满意、售后服务满意示范单位证书”，被国家建材局、中国解放军建筑装饰协会、中国移动通信公司评为“推荐品牌”，被中国建材市场协会评为“绿色建材产品”。

山东华信塑胶股份有限公司 2003年1月，山东华信塑胶股份有限公司注册成立，注册资金2000万元，后注册资金增至1.6亿元，总投资9亿元，位于山东省阳谷阎楼工业区，占地150多公顷，有职工898人，其中高、中级工程技术人员166人。2007年12月，获国家免检产品称号；同月，被认定为山东省高新技术企业。2015年，公司实现销售收入17亿元，利润1.3亿元。

公司先后通过ISO 9001：2008质量管理体系认证、ISO 14001：2004环境管理体系认证、职业健康安全管理体系认证（GBIT28001：2007）、新华节水认证、中国环境标志认证等权威认证，是“中国新型节能建材协会会员单位”“中国塑料加工协会常务理事单位”“中国塑料加工协会管道专委会副理事长单位”，并获“中国塑料行业AAA级信用等级企业”“全国建材系统质量、服务、信誉AAA级企业”“高新技术企业”“中国著名品牌”“山东名牌”“中国专利山东明星企业”“省级守合同重信用企业”“省级企业技术中心”“山东化学十强企业”“全国建材市场质量过硬·重点推广优秀企业”“国家权威检测·合格产品”“用户首选无毒害绿色环保百佳畅销品牌”称号。

公司研发、生产力量居国内同行业先进水平，引进国际高科技生产线。公司拥有各类高速挤出生产线320条，高速注塑机102台，设备自动化程度高，生产工艺全部采用电脑全自动控制。公司可年产PVC-M高抗冲管材4万吨，PVC-U塑胶管材16万吨，PP-R、PE-RT管材及管件5万吨、HDPE管材及管件10万吨，PVC-U塑料异型材10万吨，双壁波纹管4万吨，满足不同层次客户对各种产品的需求，为中国北方规模最大的塑胶管道专业制造商之一。

聊城昌岳商贸发展有限公司 1997年11月11日，聊城昌岳商贸发展有限公司成立，注册资金368.8万元。2015年，公司有职工1200人，其中工程技术人员和经济管理人员96人，主要从事建筑节能门窗型材、装饰材料、墙体保温材料营销，门窗制造，门窗工程、装饰工程、环保工程施工，建材市场运营等。

公司拥有多功能大型钢板仓设计专利技术15项，同聊城大学组建“聊城大学昌岳建筑节能研究所”，被列入聊城市政府《聊城大学服务聊城行动计划（2009—2015）》“政产学研用合作创新体系”。所生产的铝合金门窗获评“山东省建设机械行业名牌产品”，“昌岳”牌铝合金、塑钢门窗唯一双双连续五年蝉联“聊城市优秀建材产品”。公司多次被评为“聊城市十佳优秀建材企业”“山东省建筑门窗行业骨干企业”“山东省门窗行业50强”“山东省建设机械行业百强企业”“山东省重合同守信用企业”“聊城市青年文明号”“山东省青年文明号”“山东省抗震救灾先进个体私营企业”“山东省文明诚信民营企业”。2015年，实现铝塑型材销售额2200万元。

山东泓昊建材科技有限公司 成立于2009年8月，位于阳谷县。是一家以建筑铝塑门窗、玻璃幕墙为主的集设计、研发、生产、安装、服务于一体的综合性门窗幕墙企业，注册资金2600万元，占地3.5公顷，标准化生产车间2万平方米，拥有高精密门窗、幕墙生产线20条，安排就业员工360余人。

2013年、2014年，公司被聊城市住房和城乡建设局、聊城市建筑建材管理处评为先进集体；2015年，被聊城市住房和城乡建设局、聊城市建筑建材管理处授予“先进集体”“骨干企业”等称号。2015年，公司生产的新产品节能系数由上年的2.4瓦/平方米·度提高到2.0瓦/平方米·度，提高节能保温K值0.4瓦/平方米·度，达到国家7级节能标准，大大降低了热能源的浪费。

阳谷金晶玉玻璃有限公司 成立于2013年8月，位于阳谷县城西工业园区，为金蔡伦集团下属的全资子公司，注册资金1600万元。至2015年，公司总投资1.2亿元，占地12万平方米，其中厂房建筑面积4万平方米，科技研发中心、新产品展示中心建筑面积0.5万平方米，绿化面积0.8万平方米。

公司引进国内最先进的全自动红外夹层玻璃生产线、中空玻璃自动生产线、自动切割机等大型设备，形成了以3条全自动切磨钻冷玻璃生产线、3条全自动钢化玻璃生产线、3条全自动中空玻璃生产线、2条全自动夹层玻璃生产线为龙头的数十条业内一流、配套齐全的专业生产线。获得国家认证中心颁发的CCC质量证书，通过ISO 9001质量管理体系认证，并在山东省建设机械行业管理办公室完成备案。可加工生产各种钢化玻璃、中空玻璃、夹层玻璃、幕墙玻璃、工艺玻璃及国家提倡推广的LOW-E节能玻璃，并可生产6～19毫米厚不同尺寸的超大板成品玻璃等。2015年，全年接订单21.8亿平方米，生产成品玻璃18.54亿平方米，产值1425.78万元。其中，钢化成品4.87亿平方米，占比26.27%；中空成品10.37亿平方米，占比55.94%；夹胶成品3.3亿平方米，占比17.79%。出口订单成品3.71亿平方米，占比19.98%。

第十章　电力工业

1997年，聊城有500千瓦及以上发电厂7家，投运机组设备总容量8.08万千瓦，全年完成发电量4.38亿千瓦时，全社会完成用电量23.21亿千瓦时。当地电厂发电量远远不能满足社会用电所需，电力供需矛盾十分突出，全年通过河南、河北等外省和省内其他地市输入电量21.51亿千瓦时。之后，全区新建火（热）力电厂、太阳能光伏发电厂、垃圾发电厂、生物质燃烧发电厂，基本满足了全社会日益增长的电力供应需要。2002年10月，根据1998年《国家经贸委关于深化电力工业体制改革有关问题的意见》和2002年《国务院关于电力体制改革方案的通知》，聊城电业局进行公司化改制，更名为国网聊城供电公司，原行政职能划归地方政府电力管理办公室。而后逐步推进辅助性业务单位与电网企业脱钩，对外转让聊城华瑞电气有限公司等，推进电网和“三产”、多种经营企业的分离工作。至2015年，全市投入运营发（热）电厂52家，其中燃煤（气）机组电厂29家、垃圾发电厂1家、生物质燃烧发电厂2家、太阳能光伏发电厂20家，机组总容量642.47万千瓦，较1997年增长7856.28%，其中供热设备容量283.99万千瓦，较1997年增长4015.8%。全年完成发电量358.16亿千瓦时，较1997年增长8077.17%，其中新增光伏发电1088万千瓦时。全社会发电厂完成上网电量217.86亿千瓦时。全年完成设备平均利用小时5396小时，较1997年减少5.98%。综合厂用电量30.71亿千瓦时，自发自用电量109.59亿千瓦时，电网供电最高负荷271.9万千瓦时。全市发电厂消耗标准煤729.69万吨，其中，全市供热消耗标准原煤219.44万吨，年度完成供热量5015.92万吉焦。

2015年，国网聊城供电公司设有11个职能部室，7个业务支撑和实施机构，管理临清市、冠县、莘县、阳谷县、东阿县、茌平县、高唐县等7个县级供电企业，全民职工4408人，职工平均年龄41.6岁，本科及以上学历人员占比40.22%，技师及以上人员占比58.19%。

第一节　电力建设

1997年，聊城境内有公用电厂4家，发电设备装机容量7.2万千瓦；企业自备电厂3家，装机容量8750千瓦。全区共有35千伏及以上公用变电站和企业自备变电站134个，装机容量174万千伏安；输电线路147条，线路长度1628.3千米。

“九五”计划末期，聊城电源、电网的建设和发展有了较大改善，但仍不能适应全市用电日益增长的需要，仍是制约聊城经济快速发展的“瓶颈”。聊城市委、市政府根据国家提出的“煤电联营”“热电联产”和“多个办电、一个管电，归口管理、分级负责”方针，本着“自建、自管、自用”的原则，鼓励和支持兴办地方热电事业。2000年年底，发电设备装机容量增至29.6万千瓦。

“十五”计划期间，随着国家进一步实施宏观调控和电网之间的互联，地区间供需平衡的差距进一步缩小，聊城市发电事业迎来重要发展时期。其间，在平发电厂7号机组12.5万千瓦建成投运，尤其是2003年年发电量60亿千瓦时的中华发电有限公司聊城发电厂1号、2号机组建成投运，标志着聊城电源建设步入快速发展阶段，聊城也由过去的缺电地区变为山东电力能源的重要基地，形成统调电厂、地方电厂和企业自备电厂协调发展的新格局。2005年年底，聊城首座500千伏开关站聊城站建成投运，并通过500千伏辛聊双线实现与省外电网的互联互通，标志着聊城电网没有500千伏等级变电站成为历史，亦成为首条"外电入鲁"的电网通道，结束山东电网孤网运行的历史，对改善聊城乃至山东电源结构，以及在节能减排等社会环境方面有重要作用。

"十一五"计划时期，国民经济持续快速增长，对电力的拉动作用巨大，聊城地区电力建设持续加强。根据国家电力发展的基本方针，聊城电力工业进一步提高能源效率，保护生态环境，加强电网建设，优化发展煤电，鼓励新能源和可再生能源发电，深化体制改革。随着国务院《关于加快关停小火电机组若干意见的通知》下发，聊城地方发电厂"三小"机组不符合国家电力工业长远发展的要求，其中以城市和工业供热为主的小热电机组总量得以控制。随着电源容量的日益增长，聊城电网规模不断扩大，电网建设得到迅速发展，配电网供电能力逐步增强。2010年年末，全市新增公用变电设备容量138万千伏安，新增35千伏及以上输电线路294千米，改造或更换35千伏及以上供电线路174.6千米，建成凤凰新城等智能化小区3个，首个电动汽车充电站开工建设，电网的智能化水平得到进一步提高。

"十二五"计划时期，聊城电网规划完整纳入地方能源发展、电力工业发展和城镇体系建设规划。聊城电网迈入特高压规模建设的新时代，配网薄弱问题明显改善，电网技术装备、配置能力、安全运行水平显著提升。聊城供电公司持续推动电网发展方式转变，电力结构日趋合理。多种新能源，特别是太阳能光伏发电和生物质能源发展迅速，地方发电能源结构发生深刻变化。其间，全市电网累计投资完成69.4亿元，是"十一五"时期的2.7倍。全市首座220千伏智能变电站石村站（冠县境内）建成投运，标志着聊城智能电网建设迈出了开创性的一步。同期全市首座光伏发电项目、首个家庭分布式光伏发电站、首个自建家庭光伏电站建成并网。

一、电源建设

1997年，聊城全社会共有500千瓦及以上电厂7家，全部为燃煤机组。其中有莘县电厂、茌平电厂、高唐电厂、临清电厂4家公用电厂7.2万千瓦，各电厂装机容量分别为3000千瓦、3万千瓦、1.5万千瓦、2.4万千瓦；自备电厂3家8750千瓦，容量分别为聊城印染厂750千瓦、阳谷造纸厂2000千瓦、鲁西化肥厂6000千瓦。

"九五"计划末期至"十五"计划时期，在聊城市委、市政府制定的抓工业、促农业、全面推动全市经济大发展的工作思路指导下，全市经济效益逐步提高，工业用电亦持续增加，一批自备电厂和新机组陆续建成投产，聊城电源建设进入一个快速发展阶段。1998年1月，临清发电厂8号机组1.2万千瓦建成投产；2月，茌平发电厂5号机组3万千瓦建成投产；12月，莘县发电厂2号机组1.2万千瓦建成发电。是年年底，全市地方公用电厂装机容量12.3万千瓦，同比增长70.83%；发电最高负荷11.4万千瓦，全年发电量4.7亿千瓦时，比上年分别增长65.22%、14.88%。1999年，全市地方公用发电厂新增机组设备容量2.7万千瓦，累计15.9万千瓦，比上年增长29.27%；全年发电量完成8.47亿千瓦时，增长79.83%。2003年，高唐泉林纸业电厂1号2.5万千瓦机组建成发电；全市共建成投产发（热）电机组总容量237.28万千瓦，发电最高负荷243.18万千瓦，全年发电量完成108.29亿千瓦时。

2005年，除鲁西化肥、泉林纸业和时风等9家自备电厂外，全市又先后投资5.9亿元，新增华通电厂等发电机组4台，增加发电机组容量

49 万千瓦。年末，全市发（热）电厂增至 21 家，发（热）电机组设备总容量 326 万千瓦，全年发电量 184.45 亿千瓦时，比上年增长 22.14%。是年，全市共投运供热机组 19 台（不含自备机组），供热机组容量 57.3 万千瓦，全年供热量比上年下降了 41.04%。2006 年，随着聊城国民经济的迅猛发展，全市电源建设进入一个全新发展阶段。全年共投资 24.79 亿元，新增发电机组 11 台 118.5 万千瓦。是年，全市发（热）电机组设备总容量比上年增长 53.08%，再创历史新高。

2008 年，聊城电力工业面对国家发生的重大自然灾害和全球性金融危机的严峻考验，通力协作，超前谋划，使全市电力工业继续保持平稳健康发展的良好态势。全市发（热）电厂增至 34 家，设备装机容量合计突破 500 万千瓦，为 504.19 万千瓦，居全省十七地市首位，创历史最高纪录，成为山东省名副其实的电力能源基地。仅茌平县装机容量就实现 181.8 万千瓦，在地方和企业自备机组建设方面均走在了全省甚至全国的前列。

2010 年，全市电力企业努力推进节能减排和“上大压小”方略，推动自备电厂替代发电，全市共关停小火电机组 23.5 万千瓦，16 万千瓦自备机组停止转孤网自备用电。全市大多数电厂发电量均呈上升趋势，特别是省网统调电厂和电网枢纽电厂发电量增加明显。至年底，全市建成投运发（热）电厂 36 家，共投运发（热）电机组设备总容量 638.09 万千瓦，其中省调电厂发电设备容量 551 万千瓦，占全市发电设备总容量的 86.35%。全市全年共完成发电量 318.28 亿千瓦时，其中省调电厂占比为 89.71%。年末全市共建成供热机组 46 台，供热设备容量 289.72 万千瓦，完成供热量 4465.54 万吉焦。全市热电厂平均供热标准煤耗 27 千克 / 吉焦。

自 2012 年起，聊城市首座光伏发电项目安杰一期落户高唐，标志着聊城光伏发电项目进入一个高速发展阶段。2013 年 11 月，阳谷县狮子楼街道侯庄村王庆旺 3 千瓦家庭光伏电站并网发电，标志着聊城首个自建家庭光伏电站并网（项目总造价 3 万元，预计年发电 4000 千瓦时，除家庭自用外多余电量上网销售）。2014 年，聊城有 1 个光伏电站项目，规模为 5 万千瓦，占全省 1/4；共有备案项目 12 个，使用分布式指标 7.9 万千瓦，占全省分布式计划指标的 7.9%。2015 年 10 月，聊城市第一个光伏发电扶贫村项目在阳谷县十五里园镇枣棵里村并网发电，第一批共 10 个村民家庭的光伏发电设备并网成功。2015 年，聊城市已核准、备案光伏发电项目 31 个，其中企业投资项目 23 个、自然人投资项目 8 个，装机规模 64.25 千瓦。截至是年年底，已发电项目 20 个，在建项目 11 个。至此，聊城较好完成全国光伏发电试点任务，太阳能光伏发电发展规模和容量均居全省前列。

至 2015 年年底，全市共投运发（热）电厂 52 家，投运机组总容量 642.47 万千瓦。其中，太阳能光伏电厂 20 家 5.52 万千瓦；垃圾发电厂 1 家 1.2 万千瓦；生物质燃烧发电厂 2 家 6 万千瓦；燃气机组电厂 1 家 0.25 万千瓦；燃煤机组电厂 28 家 563.5 万千瓦。

东昌发电厂 城区第一座公用电厂。1998 年 12 月 1 日，机组容量 1.2 万千瓦建成投运。1999 年 12 月扩建 2 号机组 1.2 万千瓦投运发电。

茌平发电厂 2000 年 5 月和 2001 年 10 月，分别经过两次扩建，各完成 1 台 12.5 万千瓦机组投运发电，电厂发电装机容量 31 万千瓦，为全市最大发电厂。

聊城电厂（国电中华聊城电厂） 1998 年 12 月开工建设，为国家“九五”重点建设项目。电厂一期工程建设 2 台 60 万千瓦亚临界燃煤机组，2 台机组分别于 2002 年 9 月 28 和 2003 年 8 月 18 日投产发电。一期工程投运后，年发电量 60 亿千瓦时，有效地改善了山东电网结构，成为山东电网与华北电网联网的枢纽，标志着聊城由过去的缺电地区变为山东电力能源的重要基地，成为聊城地区电力建设的转折点和里程碑。电厂二期工程建设 2 台 65 万千瓦超临界燃煤机组，2 台机组分别于 2009 年 3 月和 8 月投产发电。此外，由国电聊城发电有限公司投资建设的 2 台生物质（秸秆）1.5万千瓦纯凝式汽轮发电机组，分别于2009年3月和5月投运。至此，电厂总装机规模253万千瓦，是全市最大的发电厂。

聊城热电厂（华能电厂） 2002年9月成立，发电厂是在地方集资办电基础上发展起来的大型发电企业。公司总装机容量128.1万千瓦，现有运行发电装机容量94万千瓦，共4台机组，分别为2×14万千瓦，2×33万千瓦机组。年发电量60亿千瓦时左右，承担着市区近270万平方米的供热任务，是聊城市供热能力最大的热源厂。

华能聊城热电有限公司厂区一角　（2010年摄）

高唐国能生物电厂 全市第一座生物质发电厂。由国能生物发电有限公司投资兴建，主要实施秸秆燃烧发电。2007年4月建成投运，项目总投资3亿元。厂内发电机组装机容量3万千瓦，2015年发电量1.5亿千瓦时。

聊城国环发电厂 2009年5月建成投运，国家“十二五”规划重点建设项目，一期垃圾焚烧规模为600吨/天，2014年二期扩建后垃圾焚烧规模1000吨/天，年发电量1.3亿千瓦时，年节约标准煤7.6万吨。

信发电厂 山东信发集团1998年开始建设华信热电厂，后充分发挥“热电联产、铝电联营”的优势，陆续投建希望热电厂（始建于2002年）、信源热电厂（始建于2003年）和华宇热电厂（始建于2005年）等数个自备电厂，发电机组装机容量173万千瓦，成为全市最大的自备电厂集团，也是全国大型的地方电厂之一。2015年，根据节能减排和环保要求，关停退运落后机组68万千瓦，同时新建6台66万千瓦机组。

安杰光伏发电站 聊城首座光伏电站项目。2012年开工建设，一期装机容量0.5万千瓦，电站总规模1万千瓦，年均可实现发电量1600万千瓦时，项目发电经35千伏安杰线顺利并网于110千伏曲庄站，所发电力全部上网销售。与常规燃煤电厂相比，项目年可节约标煤5600吨，减排二氧化碳1.3万吨，减排灰渣量2160吨，具有可观的经济效益和社会环境效益。

二、电网建设

聊城电网作为山东电网西电东送通道上的重要枢纽，是山东电网的重要组成部分。2001年前，由于资金的严重制约，电网发展缓慢，电网供电设备的增加远落后于全社会用电设备的增长速度。

1997年前，聊城电网仅有1座220千伏变电站端庄站，电网容载比较低，供电能力较差，电网滞后成为聊城经济增长的“瓶颈”。

1998年，为使电网尽快走出“瓶颈”，聊城电业局紧紧围绕“让政府放心、让群众满意”的工作理念，及时提出了奋战3～5年的时间，基本实现全市一乡（镇）1座35千伏变电站，一县2座110千伏变电站，全网5～6座220千伏变电站的目标，将聊城电网的建设引入快车道。至2001年年底，聊城电网累计投入14亿余元，全市共新建公用变电站46座，投运公用变电站144座。新增主变压器73台118.06万千伏安，新建高压供电线路62条643千米（含自备84.9千米）。至此，聊城电网的“瓶颈”得到彻底解决，10千伏线路基本实现了“手拉手”供电，形成了35千伏变电站全部实现双电源供电、110千伏变电站双环网运行、220千伏线路环网供电的新格局。

随着全市国民经济的迅猛发展，聊城电网自2002年始转入一个巩固、完善和发展的时期。2002 年，全市共投入电网建设资金 3.67 亿元，用于全市城、农网输配电设备的新建和改造升级。至 2003 年年末，聊城电网共建成投运 35 千伏及以上变电站 194 座，投运变压器 323 台 388.28 万千伏安，35 千伏及以上输电线路 2404.5 千米。其中农网专用变电站 135 座，平均全市每乡（镇）1.13 座，专供全市农村用电的高压线路 1.14 万千米，使全市农村电网结构发生根本变化，极大促进城乡经济和居民生活水平的提高。

高压输电线网 （2012 年摄）

2004 年 6 月 20 日，聊城电网通过 500 千伏聊长 I、II 线接入全省 500 千伏主网架。500 千伏电压等级的接入，为聊城电网加快发展提供了坚强的网架支撑，成为聊城电网发展史上的一个重要里程碑。

2005 年，全市电网规模进一步扩大，电网的供电能力、供电质量和供电可靠性进一步增强。是年 3 月 1 日，500 千伏辛聊 I、II 线顺利送电，山东电网首次与华北电网联网。聊城电网从此由省网的末端电网转变为“外电入鲁”和“西电东送”能源战略通道的重要组成部分。至“十五”末期，聊城电网共建成投运 220 千伏变电站 9 座 171 万千伏安，实现每县 1 座 220 千伏变电站的规划目标，使得聊城电网主网架电压等级由 110 千伏升级到 220 千伏。全市共投运 35 千伏及以上输电线路 285 条 2734.53 千米。

2006—2009 年，聊城电网新建和改建一批 35 千伏及以上输变电工程，开工建设 500 千伏聊韶线等输变电工程 2 个，汇鑫、景阳站扩建等 220 千伏输变电项目 7 个，完成薛庄、杨庙及京九铁路电气化牵引站等 110 千伏输变电项目 9 个。电网直供区改造接收“一户一表”1 万个。2010 年，全市加快推进农村电气化建设步伐，全市建成电气化乡镇 16 个、电气化村 641 个，建成标准化用电村 434 个，建成高唐和阳谷 2 个电气化县。至“十一五”末期，全市 35 千伏及以上变电设备容量 526 万千伏安，输电线路 1386 千米。

“十二五”期间，聊城电网投资 69.38 亿元，是“十一五”的 2.66 倍。全市电网实现新跨越，每县实现 2 座及以上 220 千伏变电站。主网 500 千伏聊城变电站扩建工程投运、500 千伏高唐站开工建设，500 千伏聊城东站和聊城南站列入“十二五”电网发展施工计划，聊城电网市重点 200 个输变电工程全部列入 40 个市级领导包保项目。2011 年，开工建设聊城—石村—庞庄 220 千伏线路工程，使冠县形成南北 2 个 220 千伏电源点供电，在满足冠县负荷增长需要的同时，满足了邯济电气化铁路牵引站双电源供电的需要。其间，投运石林、曹植等 4 个 220 千伏智能变电站，聊城电网直供区配网自动化建设全面完成，自动化输电线路覆盖率 100%。持续推进全市电气化乡镇和电气化村改造，进一步提高农村电气化水平。2015 年年底，全市建成投运 35 千伏及以上变电站 823 座，容量 2031.99 万千伏安。聊城电网投运 35 千伏及以上输电线路 472 条，全长 4938.09 千米。至此，聊城电网形成以 500 千伏聊城站和区内国电、华能 2 座电厂为主要电源，向西通过 500 千伏辛聊双线与华北电网联络、向东通过聊长、聊韶双线与省网联系的电源结构。

500 千伏聊城（开关）站 2001 年 6 月 25 日开工建设，山东电网与华北电网重要的联络站，第一条“外电入鲁”大通道上的枢纽站，聊城电网第一座 500 千伏变电站、最重要的电源支撑点。2013 年 3 月进行扩容建设，动态投资 1.85 亿元。

因扩建工程整体工作量大、施工难度大、工期压力大、复杂程度高、技术要求高、安全风险高，被誉为“山东电网第一扩”。扩建前站内装备2台75万千伏安主变，扩建工程包括新上2台新主变，该站成为山东省第二座4台主变全部投运的超高压变电站，变电总容量300万千伏安，与500千伏沂蒙站并列为全省投运容量最大的变电站。

500千伏高唐站　2014年12月开工建设，规划于2016年中投运。作为聊城市第二座500千伏变电站，建成后将极大地满足聊城北部和德州南部地区负荷发展的需要，有效缓解供电压力，对于提高鲁西地区供电质量和供电可靠性将起到积极的作用。工程总投资5.3亿元，远期规划建设100万千伏安主变4组，500千伏出线8回，220千伏出线16回；此期建设100万千伏安主变2组，500千伏出线2回，220千伏出线8回。

220千伏仲连变电站　2015年6月建成投运，对优化茌平县南部电网结构，提高供电可靠性有重要作用。作为聊城市第19座220千伏变电站，标志着聊城电网实现了每个县（市）均有2座220千伏变电站的目标。至此，聊城电网形成了以500千伏聊城站和区内国电、华能2座电厂为电源支撑，以220千伏为主网、110千伏为骨干网、35千伏与10千伏为配网的坚强电网，极大提高了聊城供电可靠性。

220千伏石村智能变电站　2012年3月开工建设，为全市首座220千伏智能化变电站，标志着聊城智能电网建设迈出开创性的一步。站内装机2台18万千伏安有载调压变压器，同期建设220千伏出线2回；110千伏出线8回。石村站也是聊城电网投运的第十四座220千伏变电站，项目建成后将有效满足聊城境内西北部供电区域负荷的发展和冠县电网电力负荷快速增长需要。该站是全市第一座获全国安装行业最高质量奖——“中国安装之星”奖项的变电站。

220千伏蒋庄变电站　1997年3月6日开工建设，7月24日建成投运。该站为聊城电厂4号机配套送出工程，全市第二座220千伏变电站，开辟了聊城电网建设的快车道。站内变电设备容量15万千伏安，是聊城电网建设史上单台主变容量最大、综合自动化程度最高的变电站。建设过程中各方人员现场办公协调变电站土建、物资采购、设备安装、调试等环节，仅用时4个月建成投运，创造全省220千伏变电站建设速度的新纪录。

220千伏许营变电站　2010年5月25日开工建设，2011年9月30日投运。该站是聊城电网南北贯通的枢纽变电站。许营站的建成投运，进一步优化了聊城的电网结构，为聊城地区乃至山东西部的快速发展提供强有力的电源支撑和坚强保障。

第二节　发　电

1997年，受地方电力资金限制，全市电厂装机容量远滞后于同期国民经济发展水平。全社会全年完成发电量4.38亿千瓦时，发电最高负荷7.5万千瓦。其中，莘县电厂等4个公用电厂完成4.1亿千瓦时，聊城印染厂等3个自备电厂完成2763万千瓦时。同期，全社会全年完成供热量737.14万吉焦，其中公用电厂完成626.39万吉焦，自备电厂完成110.75万吉焦。

1998—2001年，为加快电力事业发展，全市累计投入资金15亿元，发电设备容量大幅度增加，发电和供热能力显著增强。至2001年年底，全市发电最高负荷61.4万千瓦，全年发电量37.44亿千瓦时。地方公用发电厂的各项经济技术指标均创历史最好水平，仅公用电厂发电量15.89亿千瓦时。全市热管网络总长度256.7千米，年供热最高负荷913吨/小时，全年供热量1583.81万吉焦。

2002—2003年，全市共投入数十亿元用于电源建设等方面，使得聊城发电供热事业进一步改善。至2003年年末，全社会全年完成发电量108.29亿千瓦时，其中省网统调电厂完成70.25亿千瓦时，地方公用发（热）电厂完成32.49亿千瓦时，自备电厂5.55亿千瓦时。同期，全年供热最高负荷1371吨/小时，全年供热量

2204.34万吉焦。

“十五”计划末期，全市的电源建设稳步推进，全市电力工业得到较快发展。期末全市年发电最高负荷326万千瓦，全年发电量184.45亿千瓦时；供热最高负荷1190吨/小时，全年供热量1319.93万吉焦。

2006年是“十一五”发展规划的开局之年，是聊城电力工业改革发展的重要时期。各发（热）电厂加快发展，全面和超额完成了全年的各项工作目标和任务，有力地促进了聊城国民经济持续、稳步和健康发展。全年总发电量229.91亿千瓦时，比上年增长24.65%；全市供热最高负荷1371吨/小时，增长15.21%，全年完成供热量4201.03万吉焦，增长218.28%。2007年，全市全社会发电量共完成263.47亿千瓦时，其中省网统调电厂144.82亿千瓦时，地方及企业自备电厂188.65亿千瓦时；全市建成并投运供热设备机组完成供热量5331.50万吉焦，其中省网统调电厂1173.39万吉焦，地方及企业自备电厂4158.11万吉焦。

2008年，全市电力工业在政府大力支持下，多方筹措资金十几亿元用于机组新建和改造。全年全市完成发电量240.22亿千瓦时，其中中华电厂发电量67.64亿千瓦时，同比增长9.63%；全社会完成供热量4847.54万吉焦。2009年，全市共完成发电量278.72亿千瓦时。供热经济技术指标有了进一步提高，全年共完成总供热量4922.07万吉焦，同比增长1.54%，供热平均标准煤耗比上年降低29.86%。2010年，全市发电经济技术指标日趋向好，仅省网统调的聊城电厂新增装机投运65万千瓦，全年完成发电量318.28亿千瓦时。期末供热量全年完成4465.54万吉焦。

2011年，全市电力工业取得“十二五”发展的“开门红”，全市完成发电量304.02亿千瓦时，统计口径内全社会共完成供热量1837.58万吉焦。2012年，聊城电力工业保持快速增长，全市完成发电量320.03亿千瓦时；全市热电厂完成供热量4673.97万吉焦，供热标准煤耗37千克/吉焦，发电供热指标较上年均有所提高和改善。

2013年，全市发电装机容量持续保持递增，全年发电量完成336.5亿千瓦时，同比增长5.15%；供热量5444.98万吉焦，较上年增长16.5%。2014年，全市发电量和供热量分别完成354.86亿千瓦时、5619.14万吉焦，比上年分别增长5.46%和3.2%。2015年，全市全社会年发电量358.16亿千瓦时，供热量完成5015.92万吉焦。

第三节　供　电

1997年后，随着建设和改造资金投入的不断增加，聊城配电网建设取得巨大成就，全市城乡配电网络规模迅速扩大。受“亚洲金融危机”影响，1998年聊城经济增长放缓，全市社会网供电量同比只增长3.37%，全年完成供电量25.74亿千瓦时。1999年农电体制改革后，聊城电网启动农网升级改造工程，输配电网供电能力显著增强，电能质量明显改善，电压合格率99%，配电可靠率99.99%，供电可靠率99.98%。是年，全球经济复苏好转，全市社会供电量增长明显，全年供电量完成32.93亿千瓦时，同比增长27.92%。至2001年年底，全市共拥有各种电压等级的配电变压器1.77万台，设备容量141.47万千伏安，农电线路1299.6千米，社会供电量47.12亿千瓦时，同比增长29.60%，是1997年全年供电量的1.89倍。

“十五”计划中后期，作为国民经济发展中最重要的基础能源产业，受配电网，尤其是城乡和农村配网建设投入增加影响，全市用于城网改造和第二批县城电网改造的资金2.56亿元，进一步提高了配网供电能力，提高了城乡居民生活质量。2005年，全市完成供电量93.4亿千瓦时，线损率为3.87%；城乡居民生活用电量8.78亿千瓦时，比上年增长22.74%。

“十一五”规划时期，聊城电网在加快主网发展的同时，供电企业深入开展“配电管理提升”活动。2006年，配网大力实施“新农村、新电力、新服务”战略，加快全市电气化建设，先后建成阳谷刘庙村、东阿北关村等3个国家级电气化村，全市6个县供电企业被命名为山东省一流供电企业，全市的农电管理工作再上新台阶。2007年，全市改造用电村3117个，新增配电变压器9201台，改造农村电网配电盘（柜）1355个，更换高耗能变压器303台。新建10千伏配电线路39条，改造或拆除了部分迂回、导线细、电压降大的农村10千伏线路61条，使得农村配网更加合理，输配电能力进一步增强，彻底解决了农村电网长期存在的供电“卡脖子”问题。2008年，全市供电企业坚持以市场为导向，不断挖潜增效，克服聊城电网异常紧张局面，完成奥运会和冬奥会期间保电任务，确保了山东电网西电东送和全市电力迎峰度夏期间正常用电。全市网供最高负荷142.3万千瓦，供电量完成179.09亿千瓦时。全年完成低压配网改造资金1356万元，改造农村低压配电线路1413.9千米。2009年，全市完成中低压电网改造工程28项，轮换过负荷配变391台。全年日供电负荷最高162.8万千瓦，创历史最高纪录。2010年，全市建成高唐和阳谷2个电气化县，建成标准化用电村434个、电气化乡镇20个、电气化村641个、农业智能排灌示范区26个。超额完成新农村电气化建设任务，聊城地区越来越多的乡村享受到与城市同样的电力服务。

“十二五”规划时期，随着经济发展和居民生活水平提高，全市电力负荷特性发生了很大变化，特别是随着空调等家庭用电器拥有量的不断增加，气温对用电负荷的影响越来越大。负荷增长速度持续高于用电量增长速度，调峰矛盾日趋突出。2015年，电网供电负荷最高271.9万千瓦，较2011年增长11.02%，再创历史新高；电网供电能力和可靠性进一步提高，城网电压合格率99.98%，农网供电可靠率99.97%。投资1564万元建成投运水城充电站，配置6台直流充电机和4台交流充电桩，可同时为10辆电动车辆进行充电，年充电量42万千瓦时，可供车辆行驶280万千米，累计节约燃油400多吨，减少大气二氧化碳排放200余吨，标志着聊城充电站建设又迈出了实质性一步。

第四节 用 电

1997年以来，随着国家改革开放和加快推进社会主义现代化建设，聊城地区城市和农村居民生活用电设备增长较快，工业用电量在全社会用电量所占比重最大。后由于国家和地区的产业结构调整，第一产业用电量比重减少，第三产业全社会用电量比重提高，但工业用电仍是全市用电的主体。

一、用电水平

全市社会用电量 1997年年底，聊城地区全社会用电量完成23.21亿千瓦时。受“亚洲金融危机”冲击影响，1998年全市工业、建筑业等个别行业的经济状况受到很大影响，农业用电量年末同比下降了7.9%，是年整体电量增长减缓，用电量完成24.09亿千瓦时，同比增长3.81%。1999年后，全球经济形势好转，全市国民经济整体保持较好的增长趋势，全社会用电设备逐年增加，年末社会用电量完成30.85亿千瓦时。其中行业用电设备装接容量增长最快的是城乡居民生活用电设备。2000年，全市国民经济全面振兴，进一步拉动了电力需求的增长。是年，全社会用电设备装接容量165.56万千瓦，比上年增长8.14%；全社会用电量33.8亿千瓦时，比上年增长9.57%。

“十五”计划时期，由于全市经济建设步伐的进一步加快，以及电网供电能力的持续改善，全市用电负荷和用电量逐年增大。2001年，全社会用电设备装接容量201.55万千瓦，比上年增长21.74%；社会用电量创历史新高，完成44.46亿千瓦时，增长31.52%。2002年，全市社会用电装接总容量239.96万千瓦，比上年增长19.06%；社会用电量完成53.33亿千瓦时，增长19.97%。2003年，全市社会用电设备装接容量68.85亿千瓦时，比上年增长15.05%，其中直供区完成13.93亿千瓦时。至2005年，全市社会用电装接容量比上年增长18.7%，全市完成社会用电量首次突破百亿千瓦时大关，为89.7亿千瓦时，增长23.75%。

“十一五”时期，在聊城国民经济持续、健康和快速发展的有力促进下，城乡居民生活水平和生活质量进一步改善，加之地方公用电厂和企业自备电厂等电源建设的加强，全市社会用电量大幅增加，社会用电量连续突破180亿千瓦时和200亿千瓦时大关。2006年，仅直供区完成10千伏及以上业扩工程183项，增加用电设备12.2万千伏安。是年社会用电设备装接总容量526.67万千瓦，用电量完成135.31亿千瓦时，比上年增长50.85%。2007年，社会总用电量171.49亿千瓦时，比上年增长26.74%，除山东日照外，社会总用电量增幅位居全省第2位，是近几年来聊城社会用电量增幅最快的年份。2008年，面对全球金融危机的考验，全市供电企业服务工业企业多用电、用好电，协助推进工业企业结构调整、节能降耗，拉动全市用电量保持增长趋势，年末社会用电量完成173.94亿千瓦时，比上年增长1.43%。2009年，全市用电设备装接容量890.26万千瓦，比上年增长6.27%；社会用电量175.78亿千瓦时。2010年，全市社会用电量完成196.45亿千瓦时。

“十二五”规划时期，聊城电力需求保持平稳增长，但随着国家转变经济发展方式的推进，年均用电量增速小于“十一五”时期。受工业化、城镇化建设，以及第三产业和居民用电刚性增长等因素的叠加，期初聊城全社会用电量延续了较快增长幅度。2011年，全社会用电量完成203.81亿千瓦时，比上年增长3.75%，居全省第8位。2012年用电量完成239.29亿千瓦时，2013年用电量完成242.01亿千瓦时，2014年用电量完成253.6亿千瓦时，连续3年居全省第六位。2015年，受经济增长方式转变影响，高耗能产业用电量持续下降，全市用电量完成258.76亿千瓦时，居全省第七位，比上年增长2.03%。

全市人均用电量 1997年以来，聊城经济先后经历了工业化、城镇化、市场化、国际化、信息化，国民经济加快发展，使得城乡居民生活水平逐年提高，实现了人均用电量的持续增加。1997—2000年，全市人均用电量由83.39千瓦时增至98.82千瓦时；2001—2006年，由110.39千瓦时增至198.09千瓦时；2007—2008年，由240.53千瓦时增至281.6千瓦时；2009—2012年，由315.27千瓦时增至373.66千瓦时；2013—2015年，最后由421.02千瓦时增至436.73千瓦时。

1997—2015年聊城市人均用电量统计表

表10-21　　单位：千瓦时

年份	人均全年用电量	年份	人均全年用电量
1997	83.39	2007	240.53
1998	85.47	2008	281.60
1999	88.37	2009	315.27
2000	98.82	2010	353.95
2001	110.39	2011	350.62
2002	110.80	2012	373.66
2003	117.56	2013	421.02
2004	126.39	2014	418.92
2005	154.29	2015	436.73
2006	198.09		

二、用电结构

“九五”计划时期，是聊城地区电力工业迅速发展的起步阶段，伴随国民经济稳步增长，全市各用电行业装机容量亦逐步增加。1997年，全社会农林牧渔水利业用户7260户，容量28.88万千瓦，用电量2.87亿千瓦时；工业用户6308户，容量99.33万千瓦，用电量16.49亿千瓦时；建筑业用户336户，容量3.08万千瓦，用电量0.13亿千瓦时；交通运输邮电通信业用户246户，容量3.67万千瓦，用电量0.17亿千瓦时；商业饮食物资供销仓储业用户1462户，容量3.82万千瓦，用电量0.57亿千瓦时；其他事业用户1465户，容量3.46万千瓦，用电量0.66亿千瓦时；城乡居民生活用电用户5.78万户，容量19.64万千瓦，用电量4.57亿千瓦时。2000年，农业、工业、建筑业、交通邮电业、商业供销业、居民生活用电业和其他用电业分别完成用电2.64亿千瓦时、17.68亿千瓦时、0.15亿千瓦时、0.2亿千瓦时、0.42亿千瓦时、4.71亿千瓦时和0.6亿千瓦时，分别占总用电量的10%、66.97%、0.57%、0.76%、1.6%、17.8%和2.27%。

"十五"计划时期，全市行业用电中工业、城乡居民生活用电和其他用电业增长幅度较大，建筑业、交通运输业在不同年份有升有降。2001年，工业用电设备装接容量和全年用电量分别为113.01万千瓦、38.43亿千瓦时，分别占全社会用电设备装接总容量和全社会用电量的56.07%、75.26%；农林牧渔水利业容量33万千瓦，用电量4.34亿千瓦时；建筑业容量3.81万千瓦，用电量0.2亿千瓦时；交通运输邮电通信业容量3.86万千瓦，用电量0.28亿千瓦时；商业饮食物资供销仓储业容量4.5万千瓦，用电量0.6亿千瓦时；城乡居民生活用电容量35.7万千瓦，用电量6.16亿千瓦时；其他用电业容量7.67万千瓦，用电量1.1亿千瓦时。至2005年，第一产业完成用电量2.09亿千瓦时，占全社会用电总量的2.03%；第二产业完成86.74亿千瓦时，占比84.08%；第三产业完成5.55亿千瓦时，占比5.38%；其他行业（城乡居民生活用电）完成8.79亿千瓦时，占比8.52%。

"十一五"规划时期，国际、国内经济环境中不稳定不确定因素增多，受深层次矛盾不断显现和主动调控的影响，全市行业用电结构不断优化。2006年，全市共有电力客户16.02万户，用电设备装机容量526.67万千瓦。其中，农林牧渔水利业容量30.3万千瓦，用电量2.48亿千瓦时；工业容量326.69万千瓦，用电量120.55亿千瓦时；建筑业容量7.96万千瓦，用电量0.78亿千瓦时；交通运输业容量3.58万千瓦，用电量0.28亿千瓦时；商业、住宿和餐饮业容量15.29万千瓦，用电量1.96亿千瓦时；金融、房地产及居民服务业容量3.76万千瓦，用电量1.22亿千瓦时，公共事业及管理组织业容量13.45万千瓦，用电量1.78亿千瓦时。全市除商业、住房餐饮业和公共事业用电量同比稍有下降外，其他行业用电量均呈上升趋势，尤其是工业用电同比大增40.14%。至2010年，全市第一产业完成用电量8.02亿千瓦时，占社会总用电量的3.52%；第二产业189.5亿千瓦时，占比82.6%；第三产业10.7亿千瓦时，占比4.66%；其他行业（城乡居民生活用电）21.15亿千瓦时，占比9.22%。

"十二五"规划时期，聊城地区电力工业持续发展，电力规模实现历史性跨越，随着电力结构不断优化，用电结构差异性变化特征逐步显现。2011年，全市电力用户总数189.01万户，用电设备装接容量增至1218.98万千瓦。其中，农林牧渔水利业用电装接容量70.22万千瓦，用电量8.79亿千瓦时；工业容量527.66万千瓦，用电量200.3亿千瓦时；建筑业容量16.86万千瓦，用电量1.59亿千瓦时；交通运输、仓储和邮政业容量26.85万千瓦，用电量1.75亿千瓦时；信息传输、计算机服务和软件业容量2.61万千瓦，用电量0.65亿千瓦时；商业、住宿和餐饮业容量36.85万千瓦，用电量3.87亿千瓦时；金融、房地产、商务及居民服务业容量31.36万千瓦，用电量4.13亿千瓦时；公共事业及管理组织容量37.12万千瓦，用电量3.44亿千瓦时。至2015年，全市第一产业完成社会用电量11.37亿千瓦时，占社会总用电量的3.89%；第二产业239.33亿千瓦时，占比81.86%；第三产业15.58亿千瓦时，占比5.33%；其他行业（城乡居民生活用电）26.07亿千瓦时，占比8.92%。

1997—2015 年聊城市供用电情况统计表

表 10-22　　单位：万千瓦时

项目 年份	合计		临清市		东阿县		茌平县		高唐县		冠县		莘县		阳谷县		直供区	
	用电量	供电量	用电量	供电量	用电量	供电量	用电量	供电量	用电量	供电量	用电量	供电量	用电量	供电量	用电量	供电量	用电量	供电量
1997	232081.4	249058.2	30512.8	32220.4	27144.1	28192.5	22161.4	23637.0	17662.0	18619.3	16209.2	17194.0	20421.1	21725.6	19152.2	19923.0	204355.4	213103.2
1998	240915.8	257443.0	32687.5	34209.6	30025.7	31183.9	21011.4	22544.4	21121.3	22093.0	14377.7	15200.5	16201.6	17214.1	19348.9	20160.0	208173.6	216869.6
1999	308513.8	329321.3	41153.8	43042.2	47946.3	49379.0	34955.3	36987.7	29380.6	30827.0	18189.6	19221.5	20654.2	22009.0	21335.4	22497.5	252530.1	262987.8
2000	338025.1	363615.4	50200.4	52479.0	57862.1	60512.6	35139.5	36844.0	32586.5	34518.7	20895.5	22114.2	24804.6	26281.6	23400.0	24940.3	94871.6	101349.0
2001	444561.5	471240.5	57654.9	60681.4	55501.3	57660.2	26756.4	28697.5	38431.5	40730.5	23362.0	24986.1	25855.6	27640.3	25775.2	27429.4	94860.4	102649.1
2002	533339.8	563279.7	68018.9	72653.8	67765.1	70093.2	144482.1	145807.6	46993.5	49673.4	28359.3	30107.5	27315.2	29026.2	28659.7	29796.1	105533.3	113757.3
2003	574753.7	605790.9	74670.1	78866.7	72052.9	74145.8	169265.6	170547.0	48536.3	51287.8	28848.1	30587.4	22196.3	23477.9	29675.3	31382.8	107913.1	115201.9
2004	724808.9	758900.5	81916.7	86025.9	79836.4	82056.0	249113.4	250964.0	71668.7	73930.9	35052.0	37178.6	25727.9	27150.3	34753.9	37484.5	118535.1	125537.0
2005	896977.2	934045.7	97465.6	101213.8	80967.7	83317.7	333720.8	335896.2	87099.9	89200.4	42839.8	45425.1	32884.4	34432.3	46252.3	48405.6	140224.6	145621.3
2006	1353120.5	1386098.9	115842.6	120000.7	823231.2	85484.2	572108.4	574323.7	96082.8	97732.4	49682.5	51953.5	37118.7	38469.3	53165.8	54781.0	193830.9	197022.4
2007	1714945.5	1764570.8	117854.2	121475.3	95789.7	97759.1	892920.1	895333.1	106462.1	109680.3	60848.0	63397.9	43898.2	45474.4	65831.8	67619.5	302282.6	305698.4
2008	1739417.2	1790883.7	144330.1	148341.6	96268.8	98256.8	923482.1	925909.9	105772.2	108981.5	68725.0	71562.3	54895.7	57943.9	82993.7	84740.9	238676.5	254229.5
2009	1757811.9	1804075.2	166596.8	171245.2	112418.4	114372.1	901812.2	904920.8	102895.2	106508.9	90593.0	96126.3	62032.4	67270.6	99651.1	101525.0	208656.4	221405.2
2010	1964494.9	2034197.4	201902.9	207907.5	106780.8	108685.4	897497.7	901051.5	98624.7	102197.2	102453.1	107252.1	79783.9	85659.4	91591.7	94666.8	385860.1	392046.1
2011	2038089.0	2113375.3	198338.0	204908.7	123015.4	123641.8	574823.0	579035.7	82777.8	86723.1	109948.8	115183.6	98007.1	105230.3	102068.7	105713.5	750869.1	748416.9
2012	2392921.0	2490079.2	200962.7	212786.7	136900.8	138799.9	496741.0	502026.2	7042.3	101605.9	146540.5	152600.1	121198.6	130055.4	82898.0	88302.7	1110637.3	1123760.5
2013	2420050.4	2507021.3	205100.0	214048.4	139700.0	142697.1	375214.1	381272.1	106104.1	111043.0	173209.4	183286.4	141500.0	151339.9	168040.2	174500.0	1111182.6	1110806.2
2014	2535990.1	2622894.0	214000.0	225834.0	151600.0	156300.0	85720.0	93255.0	101703.0	106042.0	174209.0	184971.0	141844.0	151316.0	182614.0	190789.0	1484301.1	1514388.0
2015	2587586.0	2650379.0	216591.0	227858.0	157940.0	161326.0	79740.0	85850.0	101554.0	106373.0	194224.0	202517.0	150018.0	159079.0	180486.0	187007.0	1507032.0	1520369.0

第五节　重点企业选介

华能聊城热电有限公司　位于聊城市西郊，成立于2002年9月，是在地方集资办电基础上发展起来的大型发电企业，主营电力、热力生产、销售。注册资金4.18亿元，厂区占地106.67公顷，年发电量60亿千瓦时，承担着市区近270万平方米的供热任务，是聊城市供热能力最大的热源厂。公司股东为华能山东发电有限公司和昌润投资控股集团有限公司，股权分别为75%和25%。总装机容量128.1万千瓦，运行发电装机容量940兆瓦，共4台机组，分别为2×14万千瓦，2×33万千瓦机组。为贯彻国家节能减排政策，公司提前关停5.5万千瓦、5.6万千瓦机组，并于2007年12月10日通过国家发改委核查。2×11.5万千瓦关停，并于2010年6月24日通过国家能源局核查。公司机组全部安装运行脱硫系统。2008年北京奥运会期间，对2×14万千瓦机组实施半干法脱硫改造。2×33万千瓦机组脱硫设施为“三同时”项目。为进一步提高公司环保工作水平，公司对2×33万千瓦机组实施了脱硫系统湿法改造，进一步提高脱硫效率。大力实施节能项目，2009年，公司创造性地实施了7号、8号机组凉水塔并塔节能项目，单台机组节约标煤2.64克/千瓦时。仅2009年5—11月，7号、8号机组凉水塔并塔改造后，就节约成本400万元。

2008年，实现收入16.47亿元，税金1.14亿元；2009年，公司收入18.34亿元，实现税金1.54亿元。至2010年上半年，拥有总资产36.12亿元，累计完成发电量509.15亿千瓦时。2015年，实现营业收入4.88亿元，净利润9268.17万元。公司先后获得并保持“全国文明单位”、山东省“富民兴鲁”劳动奖状、“山东省电力行业安全生产先进单位”等荣誉。

国电聊城发电有限公司　中国国电集团山东中华发电有限公司聊城发电厂（以下简称聊城电厂）坐落于聊城市西郊，是国家“九五”重点建设项目。聊城电厂一期工程建设2台60万千瓦燃煤机组，于1998年批复初步设计，1998年12月26日开工建设，2台机组相继于2002年9月28日和2003年8月18日投产发电。一期工程投产后，年发电量60亿千瓦时，有效地改善山东电网结构，成为山东电网西部重要的电源支撑点、山东电网与华北电网联网的枢纽。聊城发电厂成立于2000年9月，注册资金8.87亿元，职工939人，拥有2台亚临界燃煤机组、2台超临界燃煤机组、2台生物质发电机组，总装机规模253万千瓦。一期2台60万千瓦亚临界燃煤机组，项目法人为山东中华发电有限公司，属中外合作经营企业，其中，国电集团拥有36.6%的股权，2台机组于2004年投入商业运营。二期工程2台65万千瓦超临界燃煤机组，项目法人为国电聊城发电有限公司，其中，国电集团控股52%，2台机组相继于2009年3月和8月投产发电。此外，由国电聊城发电有限公司投资建设的2台生物质（秸秆）1.5万千瓦纯凝式汽轮发电机组，分别于2009年3月和5月投产发电。2013年，聊城发电厂获得电量奖励2.98亿千瓦时，全年累计完成发电量135.53亿千瓦时。2015年，聊城发电厂实现一期税金5.14亿元，营业收入26.98亿元；二期税金4.91亿元，营业收入24.73亿元。聊城发电厂获山东省思想政治工作优秀企业、山东省富民兴鲁劳动奖状、山东省文明单位、国电一级奖状、国电一级红旗奖状、国电四星级发电企业、国电绩效贡献优秀奖和精神文明建设优秀奖、国电首批文明单位、全国安康杯劳动竞赛优胜单位、全国和谐劳动关系优秀企业等多项荣誉。

第十一章　科技创新与高新技术产业

1997—2015年，聊城市把自主创新作为经济发展的强大支撑，大力实施科技兴市战略，工业经济自主创新能力不断增强，越来越多的产品实现从“聊城制造”到“聊城创造”的转变。到2015年，全市有国家级企业技术中心9个，省级技术中心72个，市级技术中心120个；国家级工程技术研究中心2个、省级26个；国家级企业重点实验室1个、省级6个；国家地方联合工程实验室1个，国家技术创新示范企业2个，省级工程实验室12个。

此期，聊城市组织参加24次山东省产学研展洽会，坚持以优势技术领域为主线，以实力雄厚的大中企业和发展势头较好的中小企业为基础，以产品开发为重点，在项目、资金、政策、管理、服务等方面给予支持和倾斜，不断加快企业高新技术产品研发进程，促进产业结构调整。2015年，全市认定高新技术企业51家，高新技术产业实现产值2401.23亿元，比2003年增长33.51倍，年均增长34.33%；累计占规模以上工业比重为26.26%，比2003年增长6.86个百分点。西安交通大学聊城科技园正式运营，累计入驻企业70余家，依托山东九州生物产业园有限公司建设的市级科技企业孵化器入驻企业80家。

第一节　科技创新

2001年，东胶集团建立国家技术中心，中通、鲁化、时风、双力4家企业建立省级技术中心。全市有60家企业通过国际质量体系认证，18家企业的22种产品获“山东省名牌”产品称号。为鼓励更多的企业在提高技术创新能力上实现突破，设立财政专项资金，对获得省级、国家级技术中心的企业实施奖励，鼓励企业技术中心升级进档。同时强化后备力量储蓄工作，每年筛选15个左右科技水平高、创新氛围浓厚的企业市级企业技术中心队伍。

2010年，聊城市政府制定《关于加快战略性新兴产业发展的意见》，明确全市战略性新兴产业的发展目标和发展重点。制定并出台《全市战略性新兴产业发展规划》，以新能源汽车产业、生物产业、节能环保产业为突破口，以中通客车、东阿阿胶、冠丰种业等重点企业为龙头，加大资金、人才、技术引进力度。2013年，以优化环境为重点，稳步推进落实各项优惠政策，落实研发费用加计抵扣所得税的税收优惠政策，针对聊城税源不足，落实难度大的现实，联合国税、地税部门，筛选东阿阿胶等重点企业开展研发费用加计扣除专项鉴定工作，全市抵扣额度有较大增长。2014年8月初，迎接省人大常委会企业技术进步与自主创新专项调研，调研内容涉及经信、发改、财政、人社、税务等11个部门。2015年，推进首台套重大技术装备工作，宣传国家、省首台套技术装备保险补偿政策，对采购首台套装备产品用户进行风险补偿，降低用户风险，开拓市场空间。

此间，聊城骨干企业科技创新能力得到增强，并取得丰硕成果。时风集团拥有国家级企业技术中心、博士后科研工作站和院士工作站，掌握整车集成、高精纳米电机、信息化智能控制等核心技术，在全国同行业处于领先水平。阳谷祥光铜业“一种脉动旋流法铜冶炼工艺及装置”专利，突破闪速熔炼和闪速吹炼技术瓶颈，荣获中国专利奖金奖。蓝山集团与中国农科院、中国农业大学等合作，开发的低聚糖功能食品被卫计部列入新资源食品，“低温冷榨花生油与功能性花生浓缩蛋白联产关键技术研究”被评为国家技术发明二等奖。鑫亚公司的高压共轨喷射系统达到欧Ⅳ排放标准，科林公司电控柴油机具有完全自主知识产权，各项性能指标达到国际先进水平。全市大部分骨干企业都与高校建立长期合作关系。中通客车与清华大学合作，联合创建的混合动力项目以优异成绩通过验收，产品达到世界先进水平，国内首款可插电式同轴并联混合动力客车填补行业空白；祥光铜业与中南大学、南昌航空大学、北京矿冶研究总院等国内外知名院校、科研机构联合，共同构建“有色重金属短流程节能冶金产业技术创新战略联盟”，2012 年 5 月该联盟被列入科技部试点联盟，联合开展科技研发项目 10 余项，攻克铜冶炼过程中紧缺稀散金属综合回收技术等多个难题。

一、技术中心建设

2009 年，全市新增国家级企业技术中心 1 个、省级企业技术中心 4 个、市级企业技术中心 12 个；共计市级以上企业技术中心 63 个，其中国家级 5 个、省级 23 个、市级 35 个。组织市行办、财政局及相关部门的有关人员和专家动态考核聊城市市级以上企业技术中心，规范技术中心管理。2010 年，全市新增国家级企业技术中心 1 个、省级 7 个、市级 15 个，省级技术中心新增数量位居全省前列；共计市级以上企业技术中心 78个，其中国家级6个、省级29个、市级43个，覆盖全市各县（市、区）、各行业的技术创新体系基本形成。

2011 年，新增省级企业技术中心 9 个、市级 25 个，其中省级中心新增数量居全省第二位；共计市级以上企业技术中心 106 个，其中国家级 7 个、省级 37 个、市级 62 个；新增省级工业设计中心 2 个，完善覆盖全市各县（市、区）、各行业的技术创新体系。2012 年，新增省级企业技术中心 9 个、市级中心 29 个。泉林纸业被工业和信息化部和财政部认定为国家技术创新示范企业，是全国造纸行业中唯一入选的企业。该企业自主研发的“秸秆清洁制浆新技术”“环保型秸秆本色浆制品技术”“秸秆废液精制木素有机肥技术”和“本色麦草浆清洁制浆技术”四大核心技术通过中国轻工业联合会技术鉴定，达到国际领先水平。2013 年，突出加强企业技术中心建设，以提高企业自主创新能力为核心，以省、市级企业技术中心为重点，围绕提高自主创新能力，打造技术创新平台，实行分类指导、重点推进，全年新增省级企业技术中心 10 个、市级中心 30 个。2014 年，以突出加强企业技术中心建设，提高企业自主创新能力为核心，以省、市级企业技术中心为重点，引导企业完善技术中心组织机构和运行机制，全年新增省级企业技术中心 12 个，认定市级企业技术中心 30 个，全市技术创新体系不断完善。2015 年，鼓励企业加大投入，提高技术中心研发实力；强化考核，完善市级以上企业技术中心退出机制，对研发投入少、科技成果少，甚至研发活动停止的企业，一律取消企业技术中心资格，确保企业技术中心的含金量。全市新增省级企业技术中心 9 个、市级 26 个，共计市级以上企业技术中心 201 家，其中国家级 9 个、省级 72 个、市级 120 个；省级以上工程技术研究中心 28 个，其中国家级 2 个、省级 26 个；省级以上企业重点实验室 7 个，其中国家级 1 个、省级 6 个；国家地方联合工程实验室 1 个；新增国家技术创新示范企业 2 个，省级工程实验室 12 个。

二、创新项目申报与管理

2009 年，按照山东省经贸委立项要求，筛选项目，组织相关企业申报省创新项目，全市争取国家、省级科技计划项目 58 项，争取资金 2457 万元，其中国家级项目 17 项，省级项目 41 项。2010 年，省级技术创新项目申报工作取得突破进展。申报省级技术创新项目 73 项，其中达到国际先进水平 17 项，填补国内空白 8 项。这些项目投入研发经费 6.68 亿元，突出涌现出一批科技含量高、市场效益好的优质项目。聊城万合工业制造公司与西北大学、山东科技大学联合研发的中药提纯设备是中药现代化技术的关键突破，该产品利用轴向加压层析技术对中国各类药物，特别是中药的工业生产，提供现代化的先进分离纯化，降低药物的生产成本，填补国内空白，达到国际相关技术的先进水平。该产品申请 3 项发明专利、4 项实用新型、2 项外观设计，共9项专利，是聊城市技术创新的典型代表。鑫科生物自主开发的全自动微生物鉴定药敏分析系统是用于对临床分离获得的细菌进行鉴定和抗生素敏感试验的自动分析仪器，该产品承担国家863火炬计划项目、国家高技术产业等国家项目，申报2项发明专利、2个软件著作权，有效缩短国产设备与国外进口产品的技术含量差距。

2011年，申报省级技术创新项目79项，其中达到国际先进水平的14项，填补国内空白的19项，投入研发经费7.3亿元，申请专利406项，牵头或参与国家、行业标准制定23项。其中，申报“山东省重点装备新产品”7项、“山东省首台（套）技术装备项目”2个、“新能源汽车关键零部件财政扶持项目”5个。2012年，申报省级技术创新项目70项，其中达到国际领先水平的1项，达到国内领先的19项，项目投入研发经费4.35亿元，申请专利194项，牵头或参与国家、行业标准24项。申报“山东省首台（套）技术装备项目”2个、“山东省重点装备新产品”8个，为企业开拓市场奠定基础。通过争取，共10家企业享受538万元的财政专项资金扶持，促进企业加大研发投入，开发新产品。2013年，以优化产业结构为宗旨，突出抓好技术创新项目的实施和管理。精心筛选一批技术含量高、成长性强的项目申报省技术创新项目。争取省级技术创新项目105项，其中计划达到国内领先水平以上的占50%以上；计划投入研发经费6.51亿元，申请专利288项，参与或牵头研究制订标准60项。做好享受财政专项资金扶持新产品项目的推荐工作。与财政部门联系，推荐12个新产品项目申请财政专项资金扶持。2014年，争取国家和省的项目扶持，新增项目数量创年度新高。优化产业结构，精心筛选一批技术含量高、成长性强的项目申报省技术创新项目。全年争取列入省级技术创新项目85项，其中达到国内领先水平以上的占50%以上，计划投入研发经费5.4亿元，申请专利205项，参与或牵头研究制订标准39项。全市9个新产品项目获得财政专项资金扶持，8个项目通过省级新产品新技术鉴定，8个项目通过研发费用加计扣除专项鉴定。2015年，争取列入省级技术创新项目78项，其中达到国内领先水平以上的占50%以上；投入研发经费4.18亿元。做好推荐企业泰山产业领军人才（技术创新类）项目申报工作，阳谷华泰股份有限公司进入公示名单。

三、创新推广

2009年5月22—24日，聊城市组织参加在济南市举办的“2009年山东省产学研暨新特优产品展洽会”。已认定的国家、省、市级技术中心企业和拟申报省、市级技术中心的企业负责人，有技术难题、人才需求、招商引资项目的企业负责人，50多家企业分管负责人共计500余人参加展会。中通客车、时风集团等20个重点企业参加产学研展，12家企业参加生物技术产品展销。展会中聊城市达成产学研合作协议50余项，签约金额3亿元，在签约的合作项目中，高新技术领域占80%以上，达到国际先进水平的占50%。其中，时风集团与山东理工大学联合开发的“铁屑熔炼装备”项目在展会期间参与省组织的重大项目签约。有200余人与招聘单位达成初步用人协议；高唐泽祥纺织有限公司与有关企业达成价值1亿元的产品销售意向和投资额1000万元的新技术开发意向。展洽会期间组织新技术新产品推介会，举办高校、科研单位与企业合作对接会，部分参会人员参加展会期间举办的产学研、循环经济讲座和论坛。是年11月16日，第十一届中国国际高新技术成果交易会（简称高交会）在深圳开幕。聊城市中冶银河纸业等6个企业参加会议，鑫科生物科技、东阿阿胶、阳谷华泰3家企业在会上展示企业研发的最新科研成果。

2010年，聊城市组织部分企业参加第五届中国（山东）国际装备制造业博览会、第十二届中国国际高新技术成果交易会。聊城组织参加“2010第六届中国国际有色金属工业展览会”，40余人参加大会，信发集团、中色奥博特、祥光铜业等20余家企业，汽车轮毂、铜管、铜板带、压铸件等60余件展品参加展览。参加在北京举行2010聊城有色金属工业投资推介会，聊城市3家企业与合作伙伴现场签约，签约投资金额33亿元。2011年，组织部分企业参加2011中国国际新材料产业博览会、中国西部国际装备制造业博览会等展洽活动，赴江苏、浙江等省市进行企业财税优惠政策学习考察。2013年，抓好新产品新技术鉴定工作，共有8个项目通过省级新产品新技术鉴定。其中，山东天工岩土工程设备有限公司的“采掘机用T16镐形截齿”等3个项目达到国际先进水平。年内加大政策宣传力度，组织50余家企业参加山东省组织的技术创新政策培训班。2014年，抓好汽车行业管理和新能源汽车推广应用工作，推荐鲁西新能源装备公司取得特种车生产企业资质备案，负责民进中央新能源汽车调研组到聊城调研接待工作，制定《聊城市人民政府关于贯彻省政办发〔2014〕41号文件　推进新能源汽车推广应用的意见》。

四、新能源汽车推广

“十二五”期间，聊城市重点推广新能源汽车。2011年12月14日，山东省召开新能源汽车发展工作会议，聊城市作为唯一市地代表作典型发言。聊城经济开发区被认定为首批“山东省高端装备制造产业园区”。聊城市开发新产品、新技术和新工艺，推进以企业为主体、市场为导向、产学研相结合的技术创新体系建设，完善覆盖全市各县（市、区）、各行业。成功承办“山东省高端装备制造产业园区评审会”，通过评审，临清市和高唐县入选第二批“山东省高端装备制造产业园区”，占全省六分之一。新能源汽车产业发展态势良好。产销新能源汽车3.4万辆，其中新能源客车623辆，低速纯电动乘用车3.3万辆，新能源专用车34辆。2014年，聊城市将新能源汽车产业作为全市重点培育的四大战略支柱产业之一，重点抓中通客车、时风集团两大龙头企业，以及以其为龙头的两大产业园区的发展。中通客车2万辆节能与新能源客车产业基地全面完工并投入使用，产品出口到包括德国在内的76个国家和地区，2014年产销新能源客车1495辆，比2013年增长48.5%；其中纯电动客车181辆，稳居行业第二位。时风集团建成电动汽车产业园，工艺装备达到轻型汽车要求，形成年产20万辆的生产能力。是年，产销低速电动车5.09万辆，比2013年增长1%，为全省市场占有率的27%。2015年，推广汽车行业管理和新能源汽车应用工作，按规定对全市特种车生产企业资质备案管理。配合财政部门对中通客车的新能源汽车生产情况核查，办理国家补贴12亿余元相关手续，中通客车年度获得国家补贴20亿元。

五、引导产学研发展

“十一五”期间，聊城市因地制宜利用地方优势，引导产学研发展。2009年，推进校地、校企产学研结合，加速科技成果转化，建立校地长效合作机制，成立聊城市—聊城大学产学研合作领导小组。是年7月22日，在聊城大学召开聊城市—聊城大学产学研工作会议。会上签约重大项目20个，签约金额2亿元，其中聊城万和机械有限公司、山东奥克特化工有限公司等10个项目为校企共建研发项目。2010年，组织参加2010年山东省产学研展洽会，聊城市围绕展会“推进工业设计发展”主题，组织中通客车、万合工业、神绘激光等11家企业，采取实物、模型、样品、展板和多媒体、声光电等现代化展示形式集中展现聊城市工业设计发展的优秀成果。聊城市参展的工业设计产品30余种，发布技术创新项目40余项，获得省产学研联合协调领导小组认定的工业设计优秀奖10余项，征集企业技术难题35项，招商引资项目10项；达成项目合同协议16项，成交金额7.8亿元。

“十二五”期间，组织参加2011年山东省产学研展洽会，围绕展会“回顾与展望，合作与创新”的主题，组织中通客车等18家企业，集中展示全市产学研合作20年来的优秀成果。聊城市参展产品30余种，征集企业技术难题35项，达成项目合作协议16项，其中中通客车控股股份有限公司与清华大学合作的中通新能源客车核心技术开发项目，总投资3.1亿元。参加省组织的重大项目签约仪式，聊城市经贸委获得“山东省产学研合作创新突出贡献先进集体”称号。

2012年，组织参加2012年山东省产学研展洽会，围绕“培育发展战略性新兴产业”主题，组织中通客车、东阿阿胶、万合工业、燎原发光等20家企业，采取现代化展示形式，集中展现产学研合作在培育发展战略性新兴产业方面取得的优秀成果。聊城市参展产品20余种，征集企业技术难题53项，达成项目合作协议36项，其中聊城万合工业制造有限公司与山东省分析测试中心合作的高效液相制备层析柱系统装备开发项目总投资6000余万元，参加山东省组织的重大项目签约仪式。2013年，以互利共赢为目的，扎实推进产学研合作，组织参加2013年山东省产学研展洽会，28家企业参展，其中实物展品8个。聊城市经贸委获优秀组织奖，参展产品获金奖1项、银奖1项、铜奖2项、创新奖25项。2014年，组织24家企业参加2014年山东省产学研展洽会，参展实物产品11个。与聊城大学开展校地合作，征集企业技术需求50项，在全市范围推广聊城大学科研成果。2015年，组织20余家企业参加产学研展洽会，实物参展产品100余个。山东泉林纸业有限公司的循环经济产业链模型、东阿阿胶股份有限公司的小分子阿胶、聊城瑞华电子科技有限公司的交互式触摸屏电视一体机等高新技术产品受到广泛关注。

第二节　高新技术产业

1997年，聊城“人红细胞生长素（EPO）”和“综合业务数字网（ISDN）”2个项目被省列为重点启动的项目，占全省重点启动项目的五分之三。创新示范企业聊城第一纺机厂提出的以电子送经代替机械送经的“LF-1型电子送经剑杆织机研制”课题，列入省1997年攻关计划。

1999年、2000年，连续召开2次科技大会，先后出台《关于加快发展高新技术产业的暂行规定》《聊城市“十五”高新技术及产业发展纲要》《聊城市高新技术发展、科技型中小企业技术创新资金使用暂行管理办法》《县（市、区）高新技术产业化工作考核意见》等文件。东阿阿胶集团、高唐纸业、冠州集团、聊城纺机、阳谷凿岩钎具、中石化工、莘县特钢厂等12家企业被省科委认定为高新技术企业。山东时风集团和中通客车股份有限公司被评为“九五CAD/CI MS应用示范工作先进集体”。作为国家5家重点CIMS试点单位之一的中通客车公司，通过国家级验收，以总分90分的成绩获得山东省第一名。阳谷中石化工集团公司被科技部认定为2000年度重点高新技术企业，是是年全省18家获此殊荣的企业之一。

2003年年底，全市实现高新技术产业产值69.59亿元，总量列全省第十位；比2002年增长47.06%，比全省平均水平高18.45个百分点，列全省第七位，高新技术产业产值占规模以上工业总产值的比重为19.4%，列全省第八位，比重比年初增长1.6个百分点，高新技术企业达到26家。工程技术研究中心9个（其中省级中心7个），全市高新技术企业实现收入55.96亿元，比2002年增长57.92%。建立起全市高新技术产业月统计调度制度，对各县（市、区）和市直高新技术产业发展主要指标进行月统计，并将统计结果通报全市。组织19家企业开展全市材料产业发展情况调研活动，进一步摸清全市高新技术产业发展的实际情况，分析存在的问题，提出加快发展的建议。明确东胶阿胶集团、阳谷电缆集团、泉林纸业集团、冠洲集团、临清迅力特种车有限公司、阳谷华泰化工公司、山东凿岩钎具厂、昌润纺织机械有限公司等高新技术企业为重点联系单位，为企业的加快发展出谋划策，增强企业技术创新能力。

2004年，聊城市高新技术产业实现产值108.92亿元，列全省第十一位，比上年增长58.77%，列全省第四位。全市高新技术企业43家，增加15家；全市建成省市级工程技术研究中心11个，其中省级8个。成立高新技术产业发展考核调度办公室，坚持月统计通报制度，每月进行一次统计汇总和数据分析，每季度进行一次分析调度，年终对完成情况进行全面考核。通过采取一系列得力措施，确保省下达给聊城市的高新技术产业产值100亿元目标任务的完成。

2005年，在全市范围内开展高新技术产品统计调查工作，收集整理46个拟列入《中国高新技术产品目录》中的产品及企业情况。山东临清银河纸业公司投标的“造纸企业生产过程中实施无水、节水、节能的关键技术研究”项目中标，获省无偿资金80万元，6项国家级火炬计划获立项。山东时风（集团）有限责任公司和中通客车控股股份有限公司经过山东省科技厅的验收，被认定为“山东省制造业信息化示范企业”。2006年，制定《聊城市高新技术创新示范工程实施意见》。2007年以后，以实施全市制造业信息化工程为切入点和突破口，加快高新技术和先进适用技术在传统产业的扩散与渗透，推进传统产业高新化。采用成熟的高新技术成果，以提高传统制造业的装备水平为基础，把机电一体化、电子信息、新材料、生物技术、农业现代化五大领域和机械制造、造纸、化工、医药、纺织、食品六大产业作为加快高新技术发展和运用高新技术提升改造的重点，突出抓了共性关键技术的应用，提高传统支柱产业的市场竞争力和产品的市场占有率。依托山东阳谷华泰化工有限公司组建的“国家橡胶助剂工程技术研究中心”，经科技部批准列入国家工程技术研究中心组建项目计划。中通客车控股股份有限公司的电动客车项目在获得国家863计划和山东省科技发展计划支持之后，由其承担的“奥运用纯电动客车研发及中试”再获山东省高新技术自主创新工程专项支持。大力支持以聊客集团博通新技术开发有限公司和聊城创通信息技术有限公司等为主要载体的制造业信息化中介服务机构建设，加强重大共性关键技术和产品的引进推广及研究开发，重点支持了CAD、ERP、PDM、DCS（集散控制系统）等重大关键技术的研究开发和引进推广应用，高新技术产业园被省政府批准为省级高新技术产业开发区。

2008年，全市高新技术产业产值643.02亿元，比2007年增长30.26%，占规模以上工业总产值的比重达24.43%，比年初提高1.57个百分点。全市新培育高新技术企业8家，高新技术企业共计93家。山东华信塑胶工业有限公司、山东润源实业有限公司被省财政厅和科技厅确定为“2008年山东省享受财政专项资金扶持的高新技术企业”。中通客车集团承担“国家‘十一五’863计划奥运用纯电动客车研发项目”，成功研发高水平纯电动客车。北京奥运会采用5台中通超豪华纯电动客车和2台混合动力客车，承担奥运会核心区工作人员通勤摆渡任务，并在奥运会开闭幕式、残奥会开闭幕式用作现场指挥车，中通电动客车完成服务奥运任务。2010年，全市高新技术产业实现产值1191.7亿元，占规模以上工业总产值比重达28.59%，比年初增长2.01个百分点，超额完成省科技厅下达的工作目标任务，新增高新技术企业37家，总数达159家。2012年，科技部批准高唐非木纤维浆纸及制品特色产业基地为国家火炬特色产业基地。2013年，印发《聊城市科技型中小企业创新发展专项扶持资金管理办法》，首批市级专项扶持资金支持18家科技型中小企业。

2015年，全市高新技术产业实现产值2401.23亿元，比2014年增长15.18%，占规模以上工业比重为26.26%，比年初增长1.32个百分点，增长幅度居全省首位。西安交通大学聊城科技园正式运营，累计入驻企业70余家，依托山东九州生物产业园有限公司建设的市级科技企业孵化器入驻企业80家。聊城市大学生众创基地及西安交大聊城科技园—聊城交大妙展创新功场被省科技厅列入山东省第一批众创空间。

2003—2015年聊城市高新技术产业产值情况表

表 10-23

年份	全市高新技术产业产值				备注
	累计（亿元）	同比增长（%）	累计占规模以上工业比重（%）	比重比年初增减百分点（个）	
2003	69.59	47.06	19.40	1.60	统计范围为年销售收入500万元及以上的工业企业
2004	108.92	58.77	18.26	1.59	统计范围为年销售收入500万元及以上的工业企业
2005	178.09	52.71	17.65	1.63	统计范围为年销售收入500万元及以上的工业企业
2006	285.76	47.63	19.74	2.09	统计范围为年销售收入500万元及以上的工业企业
2007	481.00	45.56	22.86	3.12	统计范围为年销售收入500万元及以上的工业企业
2008	643.02	30.26	24.43	1.57	统计范围为年销售收入500万元及以上的工业企业
2009	852.75	14.85	26.58	2.15	统计范围为年销售收入500万元及以上的工业企业
2010	1191.70	24.31	28.59	2.01	统计范围为年销售收入500万元及以上的工业企业
2011	789.66	34.26	14.90	1.04	统计范围为年销售收入2000万元及以上的工业企业
2012	1303.86	20.01	19.55	1.95	统计范围为年销售收入2000万元及以上的工业企业
2013	1683.13	17.57	21.50	1.95	统计范围为年销售收入2000万元及以上的工业企业
2014	2145.53	14.73	24.94	1.95	统计范围为年销售收入2000万元及以上的工业企业
2015	2401.23	15.18	26.26	1.32	统计范围为年销售收入2000万元及以上的工业企业

2008—2015年聊城市认定高新技术企业一览表

表 10-24

序号	企业名称	所属区域
1	山东昌润钻石股份有限公司	市直
2	中通客车控股股份有限公司	市直
3	山东通盛制冷设备有限公司	东昌府区
4	山东中通钢构建筑股份有限公司	东昌府区
5	山东天工岩土工程设备有限公司	东昌府区
6	山东鑫科生物科技股份有限公司	东昌府区
7	山东聊城莱鑫超硬材料有限公司	东昌府区
8	聊城华城环保设备科技有限公司	东昌府区

续表 10-24

序号	企业名称	所属区域
9	山东中泰药业有限公司	东昌府区
10	山东昌裕集团聊城齐鲁漆业有限公司	东昌府区
11	聊城金新建筑节能股份有限公司	东昌府区
12	聊城鑫鹏源金属制造有限公司	东昌府区
13	山东润源实业有限公司	临清市
14	山东恒通晶体材料有限公司	冠县
15	山东众冠钢板有限公司	冠县
16	山东三融环保工程有限公司	冠县
17	山东鑫丰种业有限公司	莘县
18	山东中能杆塔有限公司	莘县
19	山东华信塑胶股份有限公司	阳谷县
20	阳谷祥光铜业有限公司	阳谷县
21	山东阳谷华泰化工股份有限公司	阳谷县
22	山东天盾矿用设备有限公司	阳谷县
23	山东聊城鲁西化工第五化肥有限公司	阳谷县
24	山东创新腐植酸科技股份有限公司	东阿县
25	聊城鑫泰机床有限公司	东阿县
26	山东东阿古胶阿胶系列产品有限公司	东阿县
27	山东东阿阿胶股份有限公司	东阿县
28	山东东阿百年堂阿胶生物制品有限公司	东阿县
29	东阿东昌天汇科技有限公司	东阿县
30	山东嘉鑫换热器有限公司	茌平县
31	山东天泰钢塑有限公司	高唐县
32	山东菱通重工机械有限公司	高唐县
33	山东天海科技股份有限公司	高唐县
34	山东鑫海新材料股份有限公司	高唐县
35	聊城新泺机械有限公司	开发区
36	鲁西新能源装备集团有限公司	开发区
37	山东日发纺织机械有限公司	开发区
38	山东创通信息技术股份有限公司	开发区
39	山东中农汇德丰种业科技有限公司	开发区
40	中通汽车工业集团有限责任公司	开发区
41	聊城万合工业制造有限公司	开发区
42	山东聊城中盛蓝瑞化工有限公司	高新区
43	山东博奥克生物科技有限公司	高新区
44	聊城汇创电机有限公司	高新区
45	山东华建仓储装备科技有限公司	高新区

续表 10-24

序号	企业名称	所属区域
46	山东聊城金泰节能科技有限公司	高新区
47	山东聊城科尔仪表科技有限公司	高新区
48	山东鲍尔浦实业有限公司	高新区
49	聊城市鲁西化工工程设计有限责任公司	高新区
50	聊城华塑工业有限公司	高新区
51	山东信和造纸工程股份有限公司	高新区

第十一编　建筑业

Part XI Construction Industry

1997年，聊城建筑业以“控制队伍数量，优化企业结构，提高队伍素质，促进行为管理”为原则，清理整顿行政性企业实体和管理不善的小型企业，企业总数降到249家，全年完成产值16亿元，劳动生产率3万元/人，施工面积350万平方米，工程质量居全省第五位。2000年，全市共有建筑企业208家，混凝土预制构件企业100家。2004年，根据《2004年全市整顿和规范建筑市场秩序工作意见》，全市开展建筑市场综合执法大检查，规范建筑市场秩序。全年完成建筑业总产值45亿元，同比增长20%，实现利税2.2亿元，施工面积920万平方米，竣工面积490万平方米，从业人数8.6万人。2006年，全市开展建筑节能工作，推行节约型行业建设。2010年，全市实施建设产业“百亿工程”，建筑、建材、装饰三大行业总产值152亿元，同比增长15%。2012年，三大行业总产值210.6亿元，同比增长20%。其中，建筑业完成产值160亿元，增长幅度居全省第二位。2015年，全市以提升行业整体素质、促进行业转型升级为主线，抓基础、强服务，保持建筑行业健康稳定发展，全年生产总值231亿元，企业利润总额13.9亿元，年施工总面积2457万平方米；各类企业外出施工产值10.9亿元，同比增长20%。

至2015年的19年间，全市建筑行业坚持“创精品工程，树产业形象”的创优理念，先后获得鲁班奖1项，国家优质工程奖1项，山东省建筑工程质量“泰山杯”奖72项；国家级工法4项，省级工法74项；国家级示范工程2项，山东省级示范工程立项103项，山东省级示范工程验收80项；十佳项目经理160项，十佳建筑企业160项；国家级优秀QC成果4项，省级45项，山东省优秀质量管理小组5项，山东省质量信得过班组16项，山东省优秀质量管理者19项。

第一章　勘察设计

第一节　勘察设计管理

90年代后期，随着聊城经济的快速发展，全区勘察设计业逐渐起步。到1999年，全市勘察设计单位达21家，勘察设计产值800万元。进入21世纪后，各勘察设计单位逐渐由事业单位转制为企业单位，促进了勘察设计行业的市场化。2001年，聊城市建审施工图审查中心成立；2003年，聊城市建科施工图审查中心成立。两个审图中心主要对施工图涉及公共利益、公众安全和工程建设强制性标准的内容进行审查，以提高图纸质量。2007年，强化勘察设计资质管理和市场准入管理工作。2008年，聊城市规划建筑设计院承担的聊城市人民医院医疗保健中心设计，获山东省优秀勘察设计一等奖，填补聊城市空白。2012年1月，聊城市规划建筑设计院改制转企，成立聊城市规划建筑设计院有限公司。是年，全市推行勘察设计保险制度。南湖新城项目获得“全国保障性住房优秀设计专项奖”二等奖。2014年，全市加强勘察设计行业管理，勘察设计市场进一步净化。2015年，勘察设计获奖数量大幅增加，全市获省级优秀勘察设计一等奖7项、二等奖12项、三等奖30项；全市勘察设计产值2亿元。

第二节　勘察设计队伍

1997年，聊城地区共有勘察设计企业21家，其中甲级1家、乙级2家、丙级18家；从业专业技术人员155人，其中高级职称31人、中级职称55人、初级职称69人。1998年，国家开始执业注册制度，加强建筑工程项目负责人和专业负责人管理，一些专业技术人员陆续取得执业资格。2005 年，全市有勘察设计企业 24 家，其中甲级 1 家、乙级 4 家、丙级 19 家；从业专业技术人员 260 人，其中高级职称 55 人、中级职称 101 人、初级职称 104 人。2007 年，具有研究生学历的毕业生开始加入勘察设计队伍，提高了勘察设计队伍的技能水平。2010 年，全市有勘察设计企业 28 家，其中甲级 1 家、乙级 8 家、丙级 19 家；勘察设计从业人员达 350 人，其中高级职称 75 人、中级职称 105 人、初级职称 170 人。2015 年，全市共有勘察设计企业 31 家，其中甲级 2 家、乙级 10 家、丙级 19 家；勘察设计从业人员达 450 人，其中高级职称 95 人、中级职称 105 人、初级职称 250 人；有各种注册执业师 80 人；研究生以上学历 80 人；35 岁以下员工 70%。

第三节　勘察设计技术

1997 年，聊城地区城区勘察设计代表项目主要是 9～20 层的大型高层商业建筑和公共建筑，其代表作有鲁西商厦、中国人民保险公司、聊城市邮政局、聊城市电信局、中国人民银行、中国建设银行办公楼等。住宅仍以多层砖混住宅为主。1998 年后，聊城市勘察设计行业由以前的手绘图纸逐步向计算机辅助设计转变。2000 年后，普遍采用计算机辅助设计，计算机出图率达 100%。

2000 年前，抗震设计监管十分弱化。2000 年后，根据国家《建设工程质量管理条例》规定，聊城市开始建筑施工图审查，抗震设计监管得到强化。是年，勘察设计以高层建筑为主，其中莲城大厦设计高度超过 100 米。单体建筑规模也逐步扩大，一般约为几万平方米，部分单体建筑达 10 万平方米以上。随着高层建筑的广泛建设，框剪结构、剪力墙结构、框筒结构及钢结构等建筑技术得到应用和采用，抗震性能明显提高。2008 年汶川大地震后，全市更加重视抗震设防。2011 年，《山东省超限工程和学校、幼儿园、医院等建筑工程抗震设防专项审查实施细则》发布，全市开始对超限工程、学校、幼儿园和医院等重点工程进行抗震设防专项审查。2015 年，随着 BIM 技术的应用，智能建筑、绿色建筑、装配式建筑及地下综合管廊逐步兴起，海绵城市、数字化城市的理念得到推广和应用，全市对建设项目进行抗震设计专项检查和监管工作实现了经常化、规范化、现代化。

2003—2015 年聊城市“山东省优秀工程勘察设计”获奖情况表

表 11-1

年份	获奖项目	设计单位	奖项级别
2003	聊城职业技术学院学生餐厅设计	聊城市规划建筑设计院	二等奖
	聊城师范学院大学生餐娱中心设计	聊城市规划建筑设计院	三等奖
	山东临清京华中学教学、办公楼设计	聊城市规划建筑设计院	三等奖
	高唐热电厂一期工程	聊城市规划建筑设计院	三等奖
2005	聊城大学东校区教学实验楼设计	聊城市规划建筑设计院	二等奖
	聊城市财政局会计培训中心设计	聊城市规划建筑设计院	三等奖
	聊城建工大厦设计	聊城市规划建筑设计院	三等奖
	聊城建工大厦勘察	聊城市规划建筑设计院	三等奖
2008	聊城市人民医院医疗保健中心设计	聊城市规划建筑设计院	一等奖
	聊城市人民医院医疗保健中心岩土工程勘察	聊城市规划建筑设计院	二等奖

续表 11-1

年份	获奖项目	设计单位	奖项级别
2008	聊城市规划建筑设计院科研楼设计	聊城市规划建筑设计院	三等奖
2009	聊城市体育馆工程设计	聊城市规划建筑设计院	国家银质奖
	聊城市体育馆工程设计	聊城市规划建筑设计院	二等奖
	聊城职业技术学院图书科技搂设计	聊城市规划建筑设计院	三等奖
	聊城市水城华府暖通设计	聊城市规划建筑设计院	三等奖
	聊城市体育馆建筑结构设计	聊城市规划建筑设计院	三等奖
	金柱水城华府岩土工程勘察	聊城市规划建筑设计院	三等奖
2011	阿尔卡迪亚国际温泉酒店设计	聊城市规划建筑设计院	三等奖
	莘县燕塔设计	聊城市规划建筑设计院	三等奖
	聊城市山水文园住宅小区设计	聊城市规划建筑设计院	三等奖
	东阿阿胶文化苑设计	聊城市规划建筑设计院	三等奖
	阿尔卡迪亚国际温泉酒店节能设计	聊城市规划建筑设计院	三等奖
	鑫城城市综合体勘察	聊城市规划建筑设计院	三等奖
	北川羌族自治县片口乡教学楼、宿舍楼、餐厅设计	聊城市规划建筑设计院	省援建北川羌族自治县优秀工程勘察设计三等奖
2013	聊城市中通领秀城住宅小区	聊城市规划建筑设计院有限公司	二等奖
	聊城市保障性安居工程（南湖新城）	聊城市规划建筑设计院有限公司	三等奖
	莘县体育馆	聊城市规划建筑设计院有限公司	三等奖
	新东方国际冰蓄冷空调设计	聊城市规划建筑设计院有限公司	三等奖
2015	聊城市民文化中心	聊城市规划建筑设计院有限公司	二等奖
	聊城高级工程职业学校	聊城市规划建筑设计院有限公司	三等奖
	当代国际广场核心商务区 1 号楼勘察	聊城市规划建筑设计院有限公司	三等奖
	星光东昌丽都聊城中央商务区—会展中心、商业中心勘察	聊城市规划建筑设计院有限公司	三等奖

第二章　建筑施工

第一节　建筑施工企业

1997 年，聊城有建筑施工企业 249 家。同时，一批有特色的专业承包企业从无到有，逐步发展到 50 家。1998 年，施工企业压缩至 199 家，其中年产值过亿元的企业 4 家。2002 年，全市建筑施工企业发展到 213 家，其中有 180 家企业改制，改制覆盖率 84.5%。聊城市公路总公司及山东中通钢结构建筑有限公司分别获得公路和钢结构一级资质，改变了全市各专业类别无一级资质企业的状况。2007 年，全市实行企业资质末位淘汰制度，对 15 家不合格企业资质予以吊销。2008 年，全市新增二级资质企业 8 家。2010 年，全市建筑业施工企业达321家，从业人员6万人。按企业类别划分，房屋建筑施工企业 164 家，占企业总数 47%；专业承包企业 133 家，占企业总数 38%；劳务分包企业 49 家，占企业总数 15%。其中，一级资质企业达 10 家。2013 年，市建筑建材管理处印制《聊城市建筑业企业资质首次申请、增项、升级申报程序》，规范全市建筑业企业资质申报和资质变更等各类事项，资质申报由以往每年两次改为工作日随时受理。年底，全市建筑业企业共 372 家，引进中建、中铁建等特级企业 14 家，中国一冶、青岛海川等一级企业 32 家。2015 年，全市建筑业企业共 404 家，其中，总承包企业 175 家（一级 14 家，二级 93 家，三级 68 家）、专业承包企业 139 家（一级 5 家，二级 21 家，三级 110 家，不分等级 3 家）。

1997—2015 年部分年份聊城市建筑业企业数量表

表 11-2　　单位：家

年份	总承包			专业承包				劳务	省直	合计
	一级	二级	三级	一级	二级	三级	不分等级			
1997	—			—				—	—	249
2002	—			—				—	—	213
2009	146			104				44	—	294
2010	157			116				48	—	321
2011	6	67	93	—	20	128	2	58	—	378
2012	7	80	84	—	21	114	2	63	—	374
2013	8	91	83	—	24	112	3	48	—	372
2014	11	94	89	—	24	128	3	58	—	412
2015	14	93	68	5	21	110	3	42	48	404

1997—2015 年聊城市建筑业主要指标情况表

表 11-3

年份	建筑业总产值（万元）	房屋建筑施工面积（万平方米）	房屋建筑施工面积（万平方米）	年末从业人员（万人）	在建工程（万元）	企业利润总额（万元）	固定资产（万元）	负债合计（万元）
1997	—	—	—	—	—	—	—	—
1998	—	—	—		—	—	—	—
1999	—	—	—	—	—	—	—	—
2000	146540	356.75	160.41	2.71	17332	—	43418	141651
2001	160272	386.65	175.78	2.91	8739	3535	52287	161291
2002	200248	477.07	231.13	3.14	13467	4063	70125	184159
2003	290861	772.75	335.91	4.04		4254	2931	212553

续表 11-3

年份	建筑业总产值（万元）	房屋建筑施工面积（万平方米）	房屋建筑施工面积（万平方米）	年末从业人员（万人）	在建工程（万元）	企业利润总额（万元）	固定资产（万元）	负债合计（万元）
2004	—	611.20	238.00	—	—	—	—	—
2005	487031	745.47	277.01	4.44	12079	6886	120062	328543
2006	621679	719.83	312.54	4.81	—	10922	—	—
2007	649705	747.19	342.11	4.69	128562	3464	428074	4311
2008	553750	754.20	329.60	4.39	14736	20449	148336	482595
2009	702332	1069.54	400.76	4.47	18458	16095	152514	533007
2010	1027917	1421.68	561.75	5.43	20089	21511	162546	686691
2011	—	—	—	—	—	34104	—	—
2012	1517131	1987.42	682.18	5.56	19781	—	182082	—
2013	1850788	2444.18	782.711	5.62	23662	52841	223057	1095041
2014	2246269	3438.47	749.84	6.20	17128	46026	226552	1294243
2015	2074071	2464.92	825.41	6.44	50151	59800	279953	1885841

第二节　建筑施工队伍

1997 年，聊城地区城区建筑业施工队伍比较散落，未作详细统计。1997 年，为提高企业管理水平，增强市场竞争力，市建筑建材管理处加强以企业经理和项目经理为重点的岗位培训。2000 年，全市建筑业从业人数为 2.71 万人；2005 年达 4.44 万人。2006 年起，组织关键岗位人员培训和继续教育。2008 年，全市建筑业新吸纳农民工 1.34 万人。2010 年，全市建筑业从业人数为 5.43 万人。2015 年，全市建筑业从业人员计 6.44 万人。

至 2009 年，全市共组织建筑业关键岗位继续教育 6062 人，新进关键岗位人员培训 8655 人，建造师继续教育 3600 人，职业技能岗位培训 1.21 万人，其他人员培训 1 万余人。2010 年，市建管处曾多次组织举办“建筑行业职业技能大赛”，参加人数 3 万人。2011—2014 年，对建筑业关键岗位人员培训 2.14 万人、职业技师人员培训 2079 人、职业技能岗位人员培训 1.33 万人；二级建造师继续教育 4500 人。2015 年，全年培训建筑从业管理人员 7647 人、技术人员 7648 人、操作人员 1.52 万人。

第三节　建筑施工技术

90 年代以来，科学技术日新月异，各种建筑新技术、新材料、新工艺、新设备不断涌现，科学技术真正成为第一生产力，计算机技术广泛应用，从图纸设计、工程预决算、施工现场深化设计、材料清单等全部实行微机化管理。

地基基础施工技术

90 年代中后期，随着高层建筑的不断涌现，全市建筑工程地基基础由天然地基逐步采用筏板基础、桩基础等。进入 2000 年后，建筑工程建设高度逐年增高，多数工程都需要进行地基处理，水泥粉煤灰碎石桩复合地基、粉喷桩复合地基、预制桩、后压浆灌注桩等逐渐成为主流桩型。针对聊城市黄河冲击平原的地质特点，2009 年 3 月，聊建集团与山东省建筑科学研究院、山东鑫国基础工程有限公司签订科研项目合作协议，共同研发“管桩水泥土复合基桩”，《管桩水泥土复合基桩技术规程》被批准为山东省地方建设标准（DBJ-14-080-2011），该课题获得国家发明专利三项，山东省科技进步二等奖。华夏建设科学技术奖二等奖。

地上建筑施工技术

1996—2015年的20年间，全市建筑行业地上建筑施工技术主要分为钢筋与混凝土技术、钢结构技术、模板脚手架技术、装配式技术、机电安装工程技术等。钢筋与混凝土施工技术主要有预应力混凝土、高强钢筋直螺纹连接技术、自密实混凝土技术、超长混凝土结构无缝施工等技术。建筑工程结构技术主要有：大跨度钢网架结构和剪力墙、框架剪力墙结构和无黏结预应力施工、滑模倒模施工及模壳板、现浇空心楼面板等技术，被广泛地运用到高层建筑工程施工中。2000年后，轻钢结构工程技术开始应用。建筑模板和脚手架技术主要有：新型门式脚手架和悬挂脚手架、悬挑脚手架技术等。装配式技术主要有混凝土装配式、钢结构装配式、木结构装配式技术。装载机自动上料、电子配料机自动计量、强制搅拌、混凝土输送泵泵送的预拌混凝土技术运用到建筑业多个项目。2002年后，全市施工现场搅拌混凝土、搅拌砂浆逐渐由商品混凝土、预拌砂浆代替，并强制推广使用。

以聊建集团为龙头的建筑施工企业在施工过程中研发应用了多项施工新技术。2012年，混凝土空腔结构内膜施工技术在金柱大学城车库顶板中应用，取得了较好经济效益和社会效益。该技术获得国家发明专利两项，省级工法一项。省建筑业技术创新奖二等奖。同年，茌平体育馆项目应用了“空间双曲巨型钢管拱施工技术”、“运用格柱环网新型支撑体系安装弦支穹施工技术”，该两项技术获得了聊城市科技进步三等奖。

2014年，聊建集团承接山东省第一栋高层装配式建筑，济南济水上苑17号楼，21层；2015年承接山东省第一个小区高层装配式建筑，六栋楼，18层；这两个装配式项目的装配率都达到85%以上。

以聊城市工业设备安装公司为龙头的大型安装施工企业已由民用建筑安装施工向工业项目转移，并占领了国内、国际多地市场，公司配备了先进的起重吊装运输作业设备和现代化的施工工业设备，基本上取代手动工具；新技术、新工艺、新材料广泛使用，给排水工程，采用新型给水管材不锈钢管、PPR管、PE管，排水管材PVC排水管等，2008年“卫生间模块化同层排水节水系统”首次在金柱水城华府一期项目中应用，该技术获得国家发明专利，山东省省级工法、山东省建筑业技术创新奖等。

电气工程由一般照明配电发展到智能生活、安防监控、高速群控电梯等系统；采暖工程由铸铁散热器采暖方式转变为地暖采暖方式；空调工程由局部空调发展到中央空调加新风系统。管道、设备的绝热和防腐工程开始使用新型材料，聚氨酯、岩棉材料广泛用于管道保温中，新型建筑材料玻璃钢，被应用于中央空调、消防工程设备配套管道等。

第四节　建筑工程装饰

装饰管理　聊城市建筑装饰行业起步较晚，2000年前始终处于自由发展状态。2002年10月，根据聊城市机构改革方案，将原属二轻系统的室内装饰行业管理职能划归建设系统，成立聊城市装饰装修管理办公室，确定将装饰装修作为独立行业重点发展。2004年，成立聊城市装饰装修室内空气质量检测站。主要负责对用于工程的装饰装修材料，特别对可能含有甲醛、苯、氨、TVOC等挥发性有机化合物的材料进行检测，经检测不符合标准及材料不合格的不准使用；对装饰装修工程进行环境质量检测，预防和控制建筑装饰装修材料产生的室内环境污染。2005年4月，聊城市建设委员会将装饰装修业作为独立行业进行系统、规范管理，市直及各县（市、区）在行政服务大厅设立专门服务窗口，统一办理装饰工程建设手续。逐步健全包括报建、招投标、施工许可、质量监督、安全监督、室内环境检测、竣工备案等在内的全过程的管理模式。2006年3月，聊城市装饰装修室内空气质量检测站取得计量认证证书。

2009年1月，山东省人民政府颁布实施《山东省建筑装饰装修管理办法》，聊城市以“全面提高装饰行业质量安全水平，规范装饰装修市场秩序”为目标，鼓励推广装饰装修新材料、新工艺、新技术的应用，发展绿色装饰。截止到2015年，以山东木森装饰公司为代表的三家规模较大的企业，具备了装饰装修产品工厂化制作的生产能力，全面提升了聊城市装饰工程质量水平，促进了聊城市装饰装修行业的健康发展。

装饰装修　2003年，全市装饰装修企业发展到19家，其中二级企业2家，三级企业17家；全年生产总值仅实现4000余万元。此时，活跃在高端市场上的大都是外地企业，当地装饰企业只是在中小型装饰工程中同一些无资质的“三无”企业竞争，市场秩序较为混乱。是年，全市有茌平鲁艺家具有限公司和茌平国琛家具厂2家企业生产各类办公及民用家具，企业新上中、高密度板项目，年生产能力10万立方米，基本满足全市家具及装饰装修材料的需要；聊城市万美达建筑装饰公司施工的昌润大酒店室内装饰工程，获“全国装饰工程优质奖”。2005年，全市装饰装修企业发展到28家，其中二级企业5家、三级企业23家，企业完成总产值2.54亿元，比上年增加1.14亿元。2011年，全市装饰装修企业发展到39家，其中一级企业1家、二级企业6家、三级企业32家，完成总产值12亿元，比上年增加1.8亿元。2015年，装饰装修行业35家，其中一级企业2家、二级企业4家、三级企业29家，完成产值21.6亿元，实缴税金0.7亿元。

2002—2015年聊城市装饰装修企业情况一览表

表11-4　　单位：家、亿元

年份	企业个数	企业总产值	实缴税金
2002	19（二级2、三级17）	—	—
2003	19（二级2、三级17）	0.40	—
2004	26（二级3、三级23）	1.40	—
2005	28（二级5、三级23）	2.54	0.22
2006	27（二级5、三级22）	4.90	0.34
2007	28（二级6、三级22）	5.60	0.36
2008	30（二级6、三级24）	7.76	0.43
2009	32（二级7、三级25）	8.90	0.50
2010	35（二级7、三级28）	10.2	0.60
2011	39（一级1、二级6、三级32）	12.0	0.69
2012	34（一级1、二级6、三级27）	11.6	0.67
2013	42（一级2、二级5、三级35）	15.8	0.80
2014	39（一级2、二级6、三级31）	24.6	1.70
2015	35（一级2、二级4、三级29）	21.6	0.70

2003年起，开始申报优质装饰项目参与省级以上评奖活动。是年，获“全国装饰工程优质奖”1个，获“泰山杯”奖1个。2005年，获“泰山杯”奖3个；2006年，获“泰山杯”奖2个；2007年，获“泰山杯”奖1个;2008年，获“泰山杯”奖2个；2009年、2011年、2014年，分别各获“泰山杯”奖1个。至2015年年底，全市装饰项目获“全国装饰工程优质奖”1个，共获“泰山杯”奖13个。

2003—2014年聊城市装饰装修业获奖项目情况表

表 11-5

年份	获奖企业	获奖项目	奖项
2003	聊城市万美达建筑装饰公司	昌润大酒店室内装饰工程	全国装饰工程优质奖
	聊城市建筑装饰总公司	高唐泉林大酒店装饰工程	“泰山杯”奖
2005	聊城市建筑装饰总公司	聊城大学东湖宾馆室内装饰工程	“泰山杯”奖
	聊城市万美达建筑装饰公司	聊城市建筑装饰科技会展中心办公楼装饰工程	“泰山杯”奖
	聊城市建筑装饰总公司	聊城市规划建筑设计院办公楼室内装饰工程	“泰山杯”奖
2006	聊城市佳美建筑装饰工程有限公司	聊城市行政服务中心室内装饰工程	“泰山杯”奖
	聊城市佳美建筑装饰工程有限公司	聊城市高新技术创业服务中心外装工程	“泰山杯”奖
2007	聊城市建筑装饰总公司	聊城市质量技术监督局综合办公楼装饰工程	“泰山杯”奖
2008	聊城正泰房地产集团镇建建筑装饰有限公司	正泰东方大酒店室内装饰工程	“泰山杯”奖
	高唐县第二建筑有限公司	高唐县土地管理局办公楼装饰工程	“泰山杯”奖
2009	高唐县金铭建筑安装有限公司	高唐县农村信用合作社联合社办公楼室内装饰工程	“泰山杯”奖
2011	山东佳美建筑装饰工程有限公司	北京四季御苑大酒店装饰工程	“泰山杯”奖
2014	聊城正泰房地产集团镇建建筑装饰有限公司	茌平县正泰国际宾馆有限公司附属楼室内装饰工程	“泰山杯”奖

说明：“泰山杯”奖是山东省建筑行业工程质量方面的最高荣誉奖，由山东省建筑施工企业自愿申报，经市地建筑业联合会（协会）或部门（总公司）择优推荐后进行评选，由山东省建设厅、山东省建筑工程管理局、山东省建筑业联合会颁发

第五节 建筑科技节能

2001年，聊城市建设委员会成立聊城市墙体材料革新和建筑节能办公室，印发《聊城市民用建筑节能管理规定（试行）》，在全市推行“禁实”（禁止使用实心黏土砖）工作。

2002年3月，聊城市建委、市财政局印制《聊城市墙体建筑材料节能费管理办法实施细则》；4月，聊城市人民政府办公室印发《关于在全市建筑工程中逐步禁止使用实心黏土砖的通知》，全市开始在市辖区内逐步开展禁止使用实心黏土砖工作。7月，聊城市墙体材料革新和建筑节能办公室更名为聊城市新型建材革新与建筑节能办公室。

2006年6月1日起，聊城市城市规划区内新建工程开始全面执行居住建筑65%、公共建筑50%的节能设计标准，市城区“禁实率”达到55%，年可节约土地133公顷。2007年启动建筑节能检测工作。全市建成节能建筑96万平方米，可节约1.34万吨标准煤，减少排放空气污染物3.52万吨。全市新建、改建、扩建建筑工程新型墙材使用率达到85%。

2008年，全市关闭实心黏土砖生产企业23家，发展新型建材企业55家，新型建材产品种类达到25种，年生产能力15亿块标砖，可节约土地2400亩。全市建成节能建筑面积110万平方米，节约标煤1.5万吨，减少排放空气污染物4万吨，全市新建建筑节能达标率80%。

2009年，聊城市建设委员会制定《聊城市既有建筑节能改造实施方案》，开始对全市具有改造价值的既有居住建筑进行节能改造，先后实施交运绮苑小区、人行小区、建管处家属院等10个项目，改造面积17.38万平方米，既有建筑节能改造取得良好开端。全市全面实现“禁实”目标，新增新型建材生产企业14家。所有

新建建筑全面执行居住建筑65%、公共建筑50%的节能设计标准，建成节能建筑面积75.23万平方米，节约标煤1.04万吨，减少排放空气污染物2.4万吨。

2010年，聊城市政府办公室发布《转发市经济和信息委员会等部门关于加快聊城市太阳能光热系统推广应用的实施意见的通知》，全市县城以上城市规划区内新建、改建、扩建的12层及以下住宅建筑和集中供应热水的公共建筑，必须应用太阳能光热系统，并与建筑工程进行同步设计、同步施工、同步验收、同步使用。完成太阳能光热建筑一体化应用42万平方米，既有居住建筑节能改造38万平方米。全市城市规划区内新建建筑节能标准执行率100%。

2011年，全市建成节能建筑91.9万平方米，完成既有居住建筑节能改造30万平方米，太阳能光热建筑一体化应用47万平方米。2012年完成既有居住建筑节能改造32.8万平方米，太阳能光热建筑一体化应用55万平方米。2013年，全市建成节能建筑242万平方米，完成既有居住建筑节能改造29.5万平方米，太阳能光热建筑一体化应用74.3万平方米；完成公共建筑节能改造5.31万平方米、公共建筑能源审计10.36万平方米。

2014年，聊城市政府印发《关于大力推进聊城市绿色建筑行动的实施意见》。该意见规定，自2014年1月1日起，政府投资或以政府投资为主的机关办公建筑、公益性建筑、保障性住房，以及单位面积1万平方米以上的公共建筑和建筑面积超过10万平方米的住宅小区全面执行绿色建筑标准。为进一步做好建筑节能监督管理工作，4月，市建委发布《聊城市建筑节能闭合式监督管理办法》。江北水城旅游度假区被评为“山东省绿色生态示范城区”，昌润莲城小区获评二星级绿色建筑评价标识，实现了聊城市绿色建筑零的突破。全市完成既有居住建筑节能改造165万平方米，太阳能光热建筑一体化应用110万平方米。

2015年，全市城市规划区内新建工程全部按照建筑节能标准设计、施工，建筑节能标准设计阶段执行率100%，施工阶段执行率达到99%以上。全市完成既有居住建筑节能改造66万平方米，太阳能光热建筑一体化应用面积93万平方米。获评绿色建筑评价标识项目5个，面积91.4万平方米。创建公共建筑节能监管平台示范项目2个，初步建立了全市公共建筑能耗监测系统。

第三章　建筑管理

第一节　建筑市场管理

1997年以后，全市建筑业市场管理有了进一步加强，但也有管理不规范和市场较为混乱的问题。

2004年，聊城市政府转发市建委《2004年全市整顿和规范建筑市场秩序工作意见》。全市开展建筑市场综合执法检查和对招投标、转包违法分包、建设监理、不履行法定建设程序、安全生产等专项治理检查，共检查在建工程项目142个，单体工程568个，查处违法违规建筑项目22个，单体工程77个。是年，实行房地产开发企业拨付工程款与施工企业兑付农民工工资见面制度。全市清理拖欠工程款5.43亿元，占总拖欠工程款的60.2%，其中清理政府工程拖欠1.78亿元，占总量的61.7%。2005年，针对建筑市场存在的问题，联合市监察局在全市开展建设工程执法大检查，加强了建设工程执法工作。市建委出台《关于进一步加强企业资质管理的意见》，为建筑建材业的发展创造良好的市场环境。加大清欠工程力度，全年清理工程款5.52亿元，偿还比例为95.77%。

2006年，推行“建筑业企业农民工工资支付备用金”制度和“已结清欠款或无拖欠行为证明”制度：凡是存在拖欠行为的开发企业，一律不予办理项目立项、建设用地规划许可、施工许可等有关开工手续；建筑业企业存在拖欠行为的一律不准参与工程招投标；在工程建设过程中，一旦发生拖欠或克扣农民工工资问题，可从预备金中予以支付。至是年年底，全市共清理建设领域拖欠农民工工资1.01亿元，清理工程款5.77亿元。

2007年，市建委出台《2007年聊城市整顿和规范建筑市场秩序工作意见》，全市加大对工程建设项目的监管查处力度，联合监察局开展全市建筑市场秩序大检查，查处一批违规在建工程；完善建筑市场交易平台建设，扩大工程项目交易范围；推进工程量计价办法，提高工程造价标准信息化水平；完成工程交易项目338项，交易金额25.1亿元；全年工程招标率100%。严格落实“已结清欠款或无拖欠行为证明”制度和“建筑业企业农民工工资支付备用金办法”，初步建立防止拖欠工程款和农民工工资的长效机制，清理拖欠工程款和农民工工资2923.7万元。

2008年，深入开展整顿规范建筑市场秩序活动，严格执行工程建设程序和强制性标准，对开工建设的237个建设项目进行拉网式检查，对违法行为进行处罚；加强日常监管，开展质量安全和工程监理专项整治活动，组织首届全市十佳监理工程师评选。

2009年，面对国际金融危机，全市建筑行业应对挑战，深化管理，建设大产业、培育大企业、开拓大市场。2010年，进一步规范工程招投标，配备和开发音频视频监控系统、评标专家抽取系统、电子辅助评标系统等服务设施，确保评标结果科学、合理、公正；开展工程建设领域突出问题专项治理整顿，对市级所有政府投资和使用国有资金建设已竣工、在建的房屋建筑、市政工程项目特别是扩大内需项目严格执法检查，查找漏洞和薄弱环节，着力解决突出问题，有效整顿规范建筑市场。

2012年，组织开展全市建筑市场综合执法大检查，坚持开展日常执法巡查，对发现的问题及时进行处理，市场秩序更加规范；不断加大建筑行业劳保统筹资金的收缴力度，全年收缴额突破1亿元，基本满足了建筑企业缴纳养老保险金的需求。2014年，全市建筑行业精简审批事项，简化办事程序，高效办理行政审批事项582件。2015年，不断完善工程招投标程序，应招标工程招标率达100%；收缴建筑企业养老保障金2.25亿元。

第二节　工程招投标管理

聊城市建设工程招标投标管理工作始于80年代后期，起初由聊城地区建筑工程承发包事务所管理。由于当时政策机制和市场状况，未能真正开展招标投标活动。90年代初，成立聊城地区建委招标办公室，履行全区招投标管理职责。1992年年初，地区建委将招标办正式确定为具有行政监督职能的自收自支事业单位，并独立对外开展业务。

1998年，聊城市政府下发《聊城市建设工程招标投标管理办法》，市建委与监察局联合制发《关于制止不合理压价竞争确保工程质量的通知》，与市纪委联合制定《关于招标投标中违纪行为处理暂行办法》，加强全市招投标管理工作。

1999年，聊城市政府下发《聊城市建设工程招标审批管理规定》《聊城市建设工程开标、评标、定标管理规定》《聊城市建设工程招标投标专家评委库管理办法》等有关规定，进一步规范全市建筑行业中的招投标活动。是年6月，为杜绝场外交易和“暗箱操作”等违法违纪行为，“聊城市建设工程交易中心”开始试运行。

2006年，为进一步规范建筑市场和建筑工程招标投标活动，聊城市政府制定下发《聊城市建设工程施工和监理招标投标管理规定》《聊城市房屋建筑和市政基础设施工程施工招标评标定标办法暂行规定》《聊城市建设工程招标代理管理办法》3个规范性文件。2007年5月，凡按规定应当实行工程量清单计价的招标的工程，全面实行清单报价招标。2008年，组建由400名专家组成的山东省建设工程评标专家库聊城分库。深化招投标管理体制改革，建立起独立的评标局域网，在评标环节上实行招标人评委和专家评委隔离评标的方式，减少人为因素；全面推行工程量清单计价和计算机辅助评标工作，进一步加强对政府投资工程特别是大型公共建筑工程造价的管理。2009年，全部实现语音自动抽取专家，并对评标专家实行动态管理。2009年7月，城区全部采用电子辅助评标。

2013—2015年，全市全面实行公告公示、报名、审核等招投标程序的电子化运作。

第三节　工程标准造价管理

聊城市建筑业工程建设标准造价管理始于90年代初，由聊城地区工程建设标准定额站管理，后由1991年成立的聊城地区建设工程造价管理办公室管理。1998年3月后，由改称的聊城市建设工程造价管理办公室管理。

一、工程建设标准管理

1995年，聊城开始推行工程建设强制性标准。1999年，成立聊城市工程建设标准实施监督检查领导小组，对工程建设强制性标准进行监督检查。2000年，对1998—1999年竣工和在建工程造价50万元以上或建筑面积2000平方米以上的建设项目，实施工程建设强制性标准监督检查。2004—2007年，与市通信行业协会组织“光纤到户”国家标准执行情况监督检查。2010年，开展建筑深基坑工程强制性标准执法检查工作。2011年，配合山东省建设厅、省公安厅，会同市消防局在全市开展《建设工程施工现场消防安全技术规范》检查。至2015年，全市工程建设标准管理工作实现常规化。

二、工程计价定额管理

1997年后，工程计价定额管理继续沿用每两年根据建设市场价格变化，编辑出版一套现行定额的《单位估价表》或《价目表》的做法。2005—2007年，根据阳谷祥光铜业的项目，聊城市建设工程造价管理办公室编制“喷砂除锈”和“PF-01防腐涂料”补充定额，为建设单位节约资金近2亿元，山东省住建厅以该补充定额数据为基础，制定全省补充定额。

三、工程造价咨询管理

1997年，发布第一批工程造价咨询单位15家。2000年，对全市工程造价咨询单位开展“脱钩”改制，全市有工程造价咨询单位16家，从业人员400余人。2009年，推行工程造价专业人员合格证书换发工作，全市1100余名工程造价专业人员分建筑、安装、装饰、市政、园林5个专业，按照国家统一规定进行统计、变更和编号，增发全国统一建设工程造价员证书。2015年，全市工程造价专业人员持证总人数1080人。

四、材料价格信息管理

1994年，编制完成《聊城地区工程建设材料预算价格》共4册，编入建筑安装材料预算价格2.49万条。1996年、1999年、2003年曾3次对原《聊城地区工程建设材料预算价格》进行修编，根据工程需要增加材料品种。1996年起，创办《聊城工程造价信息》，主要刊登国家、省、市关于工程建设标准造价方面的政策、文件和建设工程材料价格信息，至2015年，已出版发行208期，每期刊登价格信息1万余条。其中2002年度、2008年度被中国建设工程造价管理协会评为“全国工程造价管理类优秀期刊”。

第四节　工程质量管理

1997年，聊城地区开展由国务院立项，建设、监察、工商、计划、财政等部门联合组织的建设工程执法监察工作，以及“创无通病住宅”和质量效益竞赛活动。年底，全区工程优良品率由“七五”末的4%上升到25%，建筑业工程质量居全省第五位。

1998年，聊城市建安总公司承建的聊城市邮电局农话“汇接楼”工程被评为“泰山杯”工程，是全市第一个山东省建筑工程质量最高奖。1999年，山东聊建集团总公司承建的中国银行聊城分行中银大厦被评为“泰山杯”工程，是全市第一个省级科技示范工程。

2004年，全市开展“质量诚信，用户满意”活动。2007年，推进住宅工程质量分户验收制度。2008年，全市建设工程质量合格率达100%，工程质量优良率达40.8%。由山东聊建集团总公司承建的聊城市人民医院医疗保健中心工程获得“中国建设工程鲁班奖”和国家级新技术应用示范工程。2009年，由山东聊建集团总公司承建的聊城市体育馆工程获得“国家优质工程银质奖”，聊城市体育馆工程、聊城市人民医院康复中心工程被评为中华人民共和国成立60周年山东省精品建设工程。

2012年，从工程管理源头入手，推行勘察设计保险制度，严把项目招标，在全省率先实行计算机电子辅助评标，建立先进的高科技管理系统，力推进工程造价法治化，全面建立建设工程质量保证体系，实现监督测自动化管理，投入使用的工程合格率100%。

2014年，成立市“工程质量治理两年行动”领导小组，制定《关于进一步提升建筑质量的实施意见》，不断完善工程招标程序，应招标工程招标率100%。山东金柱集团有限公司被山东省住房城乡建设厅列为“山东省建筑产业现代化生产基地”。

2015年，全市继续深入开展“工程质量治理两年行动”，全年获“泰山杯”奖4个，“省优质结构杯奖”15项。

1997—2015年聊城市建筑业获主要奖项情况表

表11-6

年份	泰山杯（项）	工法（项）	省优工程（项）	优秀质量信得过班组（个）	优秀质量管理工作者（名）	新技术应用示范工程（项）	省级QC成果（项）			全国QC成果（项）			其他奖项（项）
							一等奖	二等奖	三等奖	一等奖	二等奖	三等奖	
1997	—	—	—	—	—	—	1	—	—	—	—	—	—
1998	1	省级2	—	3	1	—	1	1	—	—	—	—	—
1999	3	—	—	2	2	—	2	—	—	—	—	—	—
2000	4	省级1	22	1	1	—	2	—	—	—	—	—	—
2001	4	省级2	—	—	—	—	1	—	1	—	—	—	—
2002	4	省级3	18	1	1	国家级1、省级3	1	1	—	—	—	—	省工程质量奖12
2003	3	省级2	20	1	1	省级4	1	—	1	—	—	—	—
2004	4	省级4	—	1	1	省级4	—	1	1	—	—	—	—
2005	5	省级6	—	1	1	—	1	—	1	—	1	—	—
2006	4	省级4	—	1	2	省级3	1	1	1	—	—	—	—
2007	5	省级5	—	1	3	省级4	—	1	—	—	—	—	—
2008	4	省级4	—	1	1	国家级1、省级4	1	—	1	1	鲁班奖1	—	—
2009	4	国家级2、省级4	—	1	—	省级4	—	2	—	—	—	1	—
2010	5	省级4	—	1	—	省级11	1	—	1	—	—	—	—
2011	3	省级3	—	1	—	省级19	2	—	—	—	省技术创新1	—	—

续表 11-6

年份	泰山杯（项）	工法（项）	省优工程（项）	优秀质量信得过班组（个）	优秀质量管理工作者（名）	新技术应用示范工程（项）	省级 QC 成果（项）			全国 QC 成果（项）			其他奖项（项）
							一等奖	二等奖	三等奖	一等奖	二等奖	三等奖	
2012	6	省级 12	—	1	—	省级 19	2	—	—	—	省技术创新 10	—	—
2013	6	省级 6	—	1	—	省级 17	5	—	—	—	省技术创新 8	—	—
2014	3	国家级 2、省级 6	—	1	3	省级 17	3	—	—	—	省技术创新 1	—	—
2015	4	省级 6	—	1	—	省级 12	3	—	—	—	省优质结构杯 15	—	—

第五节　安全监督管理

1997 年后，全市建筑业安全监督管理体系进一步建立健全。

2004 年，全市重点开展施工现场扬尘治理、起重机械治理、城市开发小区治理，以及防止脚手架整体坍塌、预防高处坠落、预防坍塌等。2007 年，严格落实安全生产责任制，加大施工现场检查度，广泛开展创建文明工地活动，创建省级安全文明工地 28 个，未发生重大伤亡事故。2008 年，落实安全生产责任，与各施工企业层层签订年度安全生产责任状，建立“横到边、纵到底”的安全生产责任体系；严格施工安全保障专项审查制度，确保安全施工目标、措施、资金、人员、责任全面落实；加大检查力度，对深基坑、沟槽、拆除、爆破和地下作业的排水、放坡、支护情况，对各种空中架设施工项目以及临时用电线路、配电设施、电气设备防水、防触电装置的安全性能，对现场办公、住宿、食堂、围挡等临时设施的安全状况等进行重点检查和整改。全市连续二年没有发生重大安全事故，被省评定为“建筑安全生产优秀城市”。2009 年，全市重点围绕施工现场各类坍塌和高处坠落事故，以及建筑施工起重机械设备拆装和安全使用等，分阶段、分步骤地开展专项整治和综合整治；开展针对围墙、进出口硬化、洗车平台、物料堆放等的专项治理，提高施工现场文明卫生水平。至 2011 年，全市连续五年无重大安全事故。

2012 年，全市深入开展“安全生产基层基础深化年”活动，建筑工程安全生产保持无重大安全事故的良好局面。2013 年，聊城市住建局坚持“谁主管、谁负责，谁审批、谁负责”的原则，进一步建立健全安全生产责任制，形成涵盖全行业的责任体系。2014 年，聊城市住建局邀请省安监站专家举办培训班，加强行业人员安全管理培训。同时，加大建筑施工扬尘治理力度，山东省建设厅、环保部门在聊城召开大气污染防治现场观摩会，并推广先进做法。

2015 年，全省建筑安全生产运行分析会在聊城召开，通报是年建筑施工安全事故情况，对聊城加强建筑施工安全管理的做法提出表扬。

第四章　典型建筑与重点企业

第一节　典型建筑

孔繁森同志纪念馆　位于东昌西路，是国家发改委等十四部门共同确定的全国红色旅游经典景区建设项目。规划面积1.93公顷，建筑占地0.26公顷，道路广场用地面积0.70公顷，绿化用地面积0.83公顷，绿化率43.3%，该项工程为全国首家获得三星级绿色建筑设计标识的纪念馆、东昌湖风景区内新的文化地标和城市英模文化主题公园。纪念馆建筑面积1400平方米，馆高15米，为双重檐、四周环廊式结构。由山东聊建集团有限公司承建。建成后的纪念馆正门上镶嵌着中共中央总书记、国家主席江泽民于1995年7月28日题写的“孔繁森同志纪念馆”8个鎏金大字。纪念馆内设1个纪念厅和3个展览厅。纪念厅内安放着孔繁森大型半身塑像，塑像后屏风上镌刻着江泽民的题词“向孔繁森同志学习”。展厅内布置着孔繁森同志事迹展览，展览分为6个部分，展出图片270多张，陈列实物千余件，并配以3组电视录像片。孔繁森同志纪念馆于1995年7月4日经中央宣传部正式批准建馆，1995年9月10日开馆。

聊城水城明珠大剧场　位于东昌湖西岸，由聊城市政府投资，聊城市建设委员会筹建，北京龙安—泛华建筑工程顾问有限公司设计，聊建集团四公司承包施工。该工程为框架结构，于2002年12月10日开工，2003年9月10日竣工。剧场直径83米、高33米，建筑面积为9351平方米半球形建筑，具有全国独一无二的开启、闭合功能。剧场配有中央空调、升降旋转式舞台，灯光和音响设备更具有独特的性能，能为高档次的文艺演出提供最佳的视听效果。剧场内有3636个新型座椅，有化妆室、贵宾休息室、精品屋等。

水城明珠　（2015年摄）

聊城市体育馆　位于湖南路聊城大学东校区以南，徒骇河以东。于2007年7月20日开工，2009年3月28日竣工。该工程高32.25米，占地面积0.82公顷，建筑面积1.69万平方米；工程总投资9800万元（含室外环境投资1000万元）。由聊城市政府投资。聊城体育馆属于中型乙级体育馆，底部呈圆形，空间双曲面呈荷叶状；下半部分为钢筋混凝土框架结构，上半部分为钢网架结构，屋架跨度直径84米，东、西两侧为钢结构大拱。馆内用于竞赛的木地板采用进口枫木地板，可满足高等级比赛；场地照明采用120个1000瓦飞利浦专用灯具，可满足国际比赛及电视转播要求；扩声系统采用德国BMS公司26个音箱；重点部位采用国内外先进产品，其他部位采用普通材料，以节约工程造价。该馆工程单价5200元/平方米，低于一般场馆建设造价的平均水平。该馆技术参数不但符合篮球比赛的要求，而且还能够承担排球、手球、乒乓球、羽毛球、体操、武术、拳击、柔道、跆拳道等比赛项目，是一个多功能体育馆。该工程获2009年度“国家优质奖”。

水城之眼　位于聊城南部新城行政商务中心、东昌湖南岸，总建筑面积约8万平方米，地下1层，地上13层，共14层，项目设备总高130米，摩天轮直径110米，最低点距地面20米，顶端高度130米，是中国唯一一座轮盘直径110米、斜拉索式的摩天轮。摩天轮共安装吊箱42个，吊箱呈圆柱形，每个吊箱可乘坐6人，共可携载252人，其中多项技术与安装工艺都是全国乃至世界首创。建筑造型在全国乃至世界范围内都是独一无二的，是全球首座建筑与摩天轮相结合的城市地标。工程由山东聊建第一建设有限公司、山东聊建方城建设有限公司承建。

水城之眼　（2015年摄）

聊城中国运河文化博物馆　东临大运河，西依东昌湖，是聊城市近年来建设的最大的一处集文物收藏、保护、研究、陈列、宣传教育于一体的大型综合类博物馆，也是国内第一座以运河文化为主题的大型专题博物馆。该馆建筑面积1.6万平方米，陈列面积近7000平方米，馆名由著名社会学家、人类学家、全国人大常委会原副委员长费孝通题写。博物馆共5层，地下1层，地上4层，分陈列区、收藏区、研究和学术交流共3个功能分区。2002年开工建设，由原聊城市建设委员会投资兴建，山东聊建集团有限公司承建。2004年完成主体施工。2009年5月1日正式对外免费开放。

聊城大学图书馆　位于聊城市湖南路东段、聊城大学东校区院内。该工程由聊城大学投资兴建，山东省建筑工程学院设计研究院设计，山东聊建金柱建设集团有限公司总承包施工。工程于2006年5月27日开工，2007年9月21日竣工并投入使用。框架结构主体6层，长88.6米，宽67.4米，高23.95米，建筑面积2.63万平方米，工程总造价3160万元。该工程设计采用“回”字形方案，节约能源，功能齐全，分区明确，是集图书、信息、电子阅览、档案管理、自习室于一体的综合性建筑。

市民文化活动中心　位于东昌东路以北，徒骇河西岸。该项目于2011年5月破土动工。项目总用地58.07公顷，建筑面积95万平方米。其中，文化中心占地8.13公顷，建筑面积8.3万平方米，总投资6.1亿元；配套社区昌润·莲城用地28.66公顷，建筑面积87万平方米，总投资29亿元。

市民文化中心各层功能：负一层是超市，一层是大型购物中心，二层设剧场、文化馆、展览厅等，三层为影剧院、少年宫、培训中心等，四层为文物局，五层设多项健身项目，如乒乓球馆、羽毛球馆等。根据功能不同，主体场馆分8个专用场馆和1个公用场馆，专用场馆包括展览馆、妇女儿童活动中心、群众艺术馆、科技馆、青少年宫、工人文化馆、老干部活动中心和老年大学等。

按照规划，市民文化中心外观呈荷花状，寓意“水城之花”，与古城区遥相呼应。市民文化中心主体建筑在1层楼高的基座上呈现出4朵花瓣。4个花瓣形建筑主体分别是文化艺术馆、妇幼活动馆、青少科普馆、长者康乐馆；花心与基座部分则是共享中庭与公共空间。主体建筑四周是规划合理的绿地、广场、水榭等配套的文化活动场地，并与临近的文化产业孵化中心高层建筑连为一体。

第二节　重点企业

山东聊建集团有限公司　成立于1989年6月，前身为聊城市（地区）建筑安装总公司，2008年经过国企改制，建立现代企业制度，已成为山东省聊城市建筑施工行业的龙头企业。2015年，集团公司注册资本金3.5亿元，为房屋建筑工程总承包一级资质企业，具有钢结构工程专业承包一级、机电工程施工总承包一级、建筑装修装饰工程专业承包一级、市政公用工程施工总承包二级、公路工程施工总承包二级、水利水电工程施工总承包二级、电力工程施工总承包二级、石油化工工程施工总承包二级、古建筑工程专业承包二级、建筑幕墙工程专业承包二级等多项资质。集团公司通过ISO 9001质量体系、ISO 14001环境保护和OHSAS 18001职业健康管理体系的认证，并保持有效运行。工程质量一次交验合格率多年保持100%，优良品率达90%以上，先后获鲁班奖、国优、泰山杯、天府杯、安济杯等百余项工程质量奖，全国AAA级安全文明标准化工地、省级安全文明优良工地300余项，连年获全国守合同重信用企业、全国优秀施工企业、AAA级社会信用企业、中国建筑业成长性200强企业等多项荣誉。2015年，公司完成建筑业施工总产值42.3亿元，实现利税1.5亿元。

山东聊建第四建设有限公司　成立于1992年12月，前身为山东聊建第四建筑工程公司，经改制后成立，是国家一级总承包施工企业，具有建筑施工总承包、建筑幕墙、高耸构筑物、钢结构、起重设备安装、土石方、金属门窗的建筑施工、房屋租赁、机械设备租赁等专业承包资质，主要承担大中型工业建筑、高层公共及民用建筑、市政、钢结构、仿古等工程的施工。成立以来，公司创造了多个第一：1993年在全国率先提出“工程质量终生保修”服务承诺制，1994年创建全市第一个省优质样板工程，1998年创建全市第一个“泰山杯”工程，2008年创建全市第一个“鲁班奖”工程，2009年创建全市第一个“全国优质工程”，2014年创建全市第一个“AAA级安全文明标准化工地”；创建了中银大厦、聊大综合实验楼、聊大东校区图书馆、规划局办公楼、茌平博物馆等一大批“泰山杯”工程和省科技示范工程，是聊城市同行业获优质奖最多的企业。承建了聊城大学、水城明珠剧场、污水处理厂、建工大厦、医保中心、体育公园、新东方·国际、茌平博物馆、市民文化中心、聊城发电厂二期60万机组等一大批反映城市进步与发展的标志性、形象性工程。2015年，公司注册资金7600万元，各类专业技术人员300多人，其中高中级职称107人，国家一级注册建造师18人，二级注册建造师53人，具有年施工面积100万平方米，施工产值15亿元的综合施工能力，累计创建“泰山杯”工程和省优工程80多项，优良工程400余项，工程合格率100%，用户满意率98%以上。2015年，公司完成施工总产值9.5亿元，实现利税3200万元。

山东聊建第八建设有限公司　成立于1995年，是集建筑工程总承包、机电安装工程、钢结构工程、装饰装修工程、防腐保温工程、金属门窗工程施工及建材销售、铝合金门窗加工、钢结构加工于一体的综合性公司，具有工程总承包二级、建筑装修装饰工程专业承包二级、防水防腐保温工程专业承包二级、钢结构工程专业承包二级资质，主要承担大中型工业与民用建筑、钢结构、市政道路工程施工，以及钢构件、铝合金门窗加工业务。2015年，公司注册资本金5016万元，净资产1.5亿元；从业人员3600余人，各类专业技术人员360人，其中国家一级注册建造师18人，二级注册建造师60人；大型机械设备260余台套，具有年施工建筑面积200万平方、完成建筑业总产值20亿元以上的综合施工以及加工钢构件3万吨的能力。2015年，公司完成施工总产值4.5亿元，实现利税1700万元。

山东正泰工业设备安装有限公司　成立于

2003 年 9 月，以冶金、环保、化工、电力、民用建筑等领域的工程安装为主业，具有机电工程施工总承包一级、冶金工程施工总承包一级、石油化工工程施工总承包一级、钢结构工程专业承包一级、环保工程专业承包一级、电力工程总承包二级、市政公用工程施工总承包二级、建筑工程施工总承包二级、防水防腐保温工程专业承包二级等资质，建筑机电安装工程专业承包二级和 GB 类 GB1、GB2（2）级、GC 类 GC1 级压力管道安装许可证、二级锅炉安装许可证，其控股公司具有消防设施工程专业承包一级及 D1、D2 级压力容器制造许可证。公司创建优质工程 200 余项，其中创“鲁班奖”工程 1 个，“国家优质工程”1 个；工程合格率连年保持 100%，定向质量优良率 100%。2015 年，企业注册资本金 1 亿元，拥有职工 3500 余人，其中各类专业技术人员 578 人，注册建造师 122 人；拥有大、中型精良机械设备 800 余台套，并拥有先进的理化实验室、无损探伤室，是山东省定点特种设备焊接作业人员考试机构之一。2015 年，公司完成施工总产值 12 亿元，实现利税 4200 万元。

山东聊建现代建设有限公司　成立于 2004 年 6 月，是一家集土木建筑工程、地基与基础工程、装修装饰工程、市政公用工程、电力工程、玻璃幕墙工程、路桥工程、园林绿化工程、塑胶跑道、体育场地设施施工，水电暖安装、门窗安装，钢结构工程、网架工程设计、施工，建材销售，铝塑门窗加工和建筑工程咨询服务等于一体的股份制综合企业，具有房屋建筑工程施工总承包一级资质、钢结构工程专业承包一级资质、建筑装修装饰工程及建筑幕墙工程专业承包二级资质、市政工程总承包三级资质等。连年被评为全国 AAA 级信用示范施工企业、全国优秀施工企业、全国钢结构综合实力百强企业。2015 年，公司注册资本 1 亿元，拥有各类专业技术人员 560 余人，国家一级注册建造师 12 人，二级注册建造师 31 人，具有年施工产值 12 亿元、施工面积 100 万平方米的综合能力。2015 年，公司完成施工总产值 2.2 亿元，实现利税 850 万元。

第十二编 乡镇企业 民营经济

Part XII Rural Enterprises & Private Economy

聊城志

1997年，聊城把乡镇企业作为农村经济结构优化升级的重点来抓，乡镇企业保持快速健康发展。是年，全市共有乡村企业7.22万家（含个体工商户），从业人员44.3万人，主营业务收入179.4亿元，形成了机械、纺织、化工、建材、食品、造纸、金属制品等产业。1998年，全市加大乡村企业改革力度，乡村办集体企业基本完成向个体私营企业和公司制企业的过渡。1999年，聊城市委、市政府提出“平均每个乡镇每年增加工商税收100万元”的目标，进一步加大对个体私营经济、私营工业企业发展的支持力度。

2000年，山东省民营经济会议将民营经济概念界定为“产权明确到自然人、由民间经营的经济”，包括个体工商户、私营企业、城乡居民控股的股份制企业。是年，聊城市乡镇企业局更名为民营经济发展局，全市把民营经济作为新的经济增长点来抓，民营经济发展明显加快。2002年，全市把民营经济作为“三个亮点”之一来抓，提出“平均每个乡镇每年增加工商税收100万元，固定资产投资4000万元”的奋斗目标，进一步加大对民营经济发展的支持力度。

2007年，聊城市委、市政府提出“县乡抓经济主要是抓民营经济，抓工业主要是抓民营工业”的工作思路，以及“平均每个乡镇每年增加民营经济税收300万元，固定资产投资过亿元”的目标。2011年，聊城市委、市政府提出，大力发展轴承、冶金板材、钢管、钎具、畜禽加工等五大民营特色产业，培植产业集群，逐步形成各具特色、竞相发展的区域经济发展格局。2012年，聊城市委、市政府提出实施民营经济“11236”工程，即到2015年年底，全市个体工商户和私营企业户数新增10万户；民营经济上缴税金新增100亿元；每年民营经济投资增长20%以上；特色产业镇30个；民营经济专业村600个。

2014年，全市民营经济发展更加注重转方式调结构、提高发展质量和效益，发展速度趋于放缓，转型升级步伐趋于加快。至2015年年底，全市民营企业28.2万家，其中私营企业4.66万家、个体工商户23.7万户；实现增加值1488亿元，占全市经济总量的55.9%；上缴税金140亿元，占全市税收总额的58.8%；从业人员124万人。至此，全市实现了由发展乡镇企业为主向发展民营经济为主、由促进民营经济规模扩张为主向推进民营经济转型升级为主的重大转变，民营经济逐步成为全市经济发展的重要支撑力量。

第一章 乡镇企业

1997年，聊城把乡镇企业作为农村经济结构优化升级的重点来抓，出台《关于加快全区重点乡镇、重点企业、重点村和重点民营企业发展的意见》，召开全区乡、村龙头企业建设工作会议，重点抓50个重点乡镇、60家重点企业、30个重点村和40家民营乡镇企业，对14个后进乡镇重点管理，对重点企业实行帮包制度（组织26人对24家利税大户长驻企业进行帮包）。是年，全区共有乡、村企业7.22万家（含个体工商户），从业人员44.3万人，占农村劳力的22%；实现工业总产值135.23亿元，占全区工业总产值的55%；73家乡、村企业收入过千万元，其中8家过亿元；51家企业利税过百万元，其中9家过千万元；经国家确认的大中型企业31家，其中国家大型企业15家、中型企业16家；注册登记的个体工商户11万户，其中乡镇以下8.8万户，注册资金6.01亿元，从业人员22万人，经营额29.6亿元；私营企业发展到1100家，注册资金 3.06 亿元，从业人员 1.4 万人，经营额 7.6 亿元。

1998 年，聊城以变更产权为根本目标，实质性地推进企业机制转换，乡村办集体企业通过组建有限责任公司以及出售、兼并等方式，基本完成向个体私营企业和公司制企业的过渡；乡、村企业改制面 96%，涉及总资产 29.8 亿元，活化闲置、半闲置资产 8.5 亿元。是年 2 月，聊城地委、行署出台《关于鼓励扶持个体私营经济发展的意见》。是年，个体私营经济发展迅速，提供的财政收入占全市财政收入的 18%，比上年提高 3 个百分点。

1999 年，聊城市委、市政府出台《关于加快发展重点私营工业企业的规定》，提出“平均每个乡镇每年增加工商税收 100 万元”的目标。是年，个体私营经济缴纳税金增长 38.3%。2000 年前后，随着经济体制改革，特别是企业产权制度改革逐步推进，全市绝大部分乡镇企业改制成为股份制或个体私营企业，个体私营经济加快发展，并且逐步形成了一批优势产业，乡镇企业自此逐渐淡出历史舞台。

第一节　行业门类

1997—1999 年，聊城乡镇企业基本形成机械、纺织、建材、食品、化工、造纸、金属制品等行业，生产食品、食用植物油、家具、机制纸及纸板、小中农具、水泥、水泥预制件、砖瓦、饮料酒、棉布、服装、鞋类等 50 多类上千种规格的产品。

金属制品业　主要包括铁制小农具制造业、建筑用金属制造业、日用金属制品业，产品有锄、镰、镢、锨和打井机、水泵、脱粒机等农机具。围绕与大工业配套及发展高新技术产业，出现了莘县大张特种钢厂、冠县冠洲集团及聊城于集汽拖配件厂等骨干企业。1997 年，全区乡、村金属制品企业 201 家，职工 1.03 万人，完成总产值 7.13 亿元，占乡镇工业总产值的 12%。

食品业　主要包括粮食及饲料加工业、植物油加工业、糖果糕点制造业、屠宰及肉类加工业、水产加工业、调味品制造业等 10 类。嘉明、凤祥两大肉鸡集团形成年宰杀、加工肉鸡近 10 万吨的生产能力，阳谷振华、宏源，聊城新星等八大蔬菜加工企业形成相当规模。1997 年，全区有乡、村食品工业企业 326 家，职工 1.64 万人，完成总产值 25.79 亿元。

纺织业　主要产品有棉布、包皮布、毛巾、毛巾被、出品纹衫巾、针织内衣以及 10 支、21 支、32 支棉纱和丝绸被面、精梳山羊绒等。1997 年，全区乡、村纺织工业企业 77 家，职工 8164 人，完成总产值 4.36 亿元。

造纸业　1997 年，全区乡镇造纸企业 33 家，职工 4393 人，完成总产值 2.81 亿元。至 1999 年，聊城受国家产业政策冲击较大，造纸企业大部分关停并转，总数大幅度减少。

建材业　为乡村工业中的传统产业，种类繁多，主要有砖、瓦、石灰及各类新型建材。1997 年，全区乡、村建材工业企业 871 家，职工 4.86 万人，完成总产值 12.84 亿元。

化学工业　主要生产油漆、涂料、磷肥、农药等产品，部分产品生产能力初具规模。阳谷中石化工厂的农药生产及聊城市油漆厂的油漆生产具备了相当规模，并取得较好的经济效益，齐鲁牌油漆生产能力居全省第二位，石威牌农药畅销全国十多个省。1997 年，全区乡、村化学工业企业 73 家，职工 3774 人，完成总产值 4.69 亿元。

第二节　企业改制

1992 年，聊城开始乡村企业改制。1995—1998 年，根据社会主义市场经济的要求，通过外出参观学习、举办改革培训班、抓试点、召开现场会等一系列措施，加快了改革步伐。1997 年下半年至 1998 年，有 21% 的企业资不抵债，35% 的企业运转不正常甚至停产，有的名存实亡、只剩下债务。1997 年年底，全区改制的乡村企业976家，占总数的33.4%。其中，有限责任公司19家；股份合作制企业253家，总股本金3.9亿元，其中吸收外部资金1.1亿元；租赁、承包658家；兼并、转让26家；拍卖16家；破产4家；组建国家、省级企业集团15家。1998年年底，全市乡村企业改制1584家，占总数的68.9%。其中，乡镇办企业改制732家，占乡镇企业总数的69.5%；村办企业852个，占村办企业总数的68.4%。改制后的企业，90%以上在产权上与乡镇政府、村集体完全割断联系，成为企业干部职工出资的合伙企业、股份制企业、股份合作制企业、私营企业。新的企业机制与原来乡、村企业的物质技术基础相结合，实现了优势互补。改制前，乡、村两级企业闲置、半闲置资产6.5亿元，占固定资产的25%。改制后，盘活了4.2亿元。改制后企业在加大投入、科技进步、加强管理、开拓市场等方面更加积极，为加快发展奠定了基础。

一、改制模式

股份制　1997年，对规模较大、发展前景好的企业，按照《中华人民共和国公司法》的要求，改制为规范的股份有限公司或有限责任公司。聊城市嘉明实业公司由中方投入土地和部分厂房、设备，印度尼西亚大马集团投入资金扩大规模，形成1.6亿元资产、年产值6亿元的规模。阳谷凤祥集团、超凡集团、冠县冠洲集团进行股份制改制，共吸收股金7000余万元。1998年，对规模较大、班子较强、发展前景好的企业，按照《中华人民共和国公司法》的要求，改制为规范的有限责任公司。至1998年年底，股份制企业有23家，占改制企业的1.5%，涉及资产占改制企业的11%。嘉明实业有限公司、凤祥集团都是与外商合资成立的股份制企业，这两家企业在东南亚金融危机不利形势下，保持了较好的运行质量和较高的经济效益。对大量的中小企业，普遍推行股份合作制，这类企业268家，占改制企业的16.9%。主要是由企业内部职工出资入股或向社会吸收一定比例的法人和个人投资，组建为法人实体，实行持股个人化、法人控大股，尽量减少集体股比例。一方面，真正实现政企分开；一方面，集体抽回货币资金投入新的生长点。阳谷中石化工集团在实行股份制改造中，将1000万元净资产转化为1000万股，乡集体股仅占10%，充分体现企业班子控大股，企业领导成员控股占普通股的47.7%，中层占27.9%。该企业改制后，开辟新疆市场，新上6000吨除草剂项目，总投资约2300万元。乡政府由原来的收管理费变为股份分红，照章收税，乡财政收入远远超过管理费。新建企业一律实行股份制或股份合作制。莘县古云炼油厂发动职工入股，筹资500多万元，新上1个化工项目，是年投产见效。

股份合作制　对大量的中小企业普遍推行股份合作制，由企业内部职工出资入股或向社会吸收一定比例的法人和个人投资，组建为法人实体，实行持股个人化、法人控大股，层层减少集体股比例。新建企业一律按股份合作制形式出现。

出售　至1998年年底，全市乡村企业出售402家，占改制企业的25.4%。第一种是整体出售。对“小、微、亏”企业或其他集体管不了、管不好的企业，经资产评估后，一次性整体出售，公开竞价拍卖给法人及社会能人经营。冠县结合“小、微、亏”乡镇企业多的特点，仅9月就拍卖9家乡村企业。冠城镇纺织配件厂经评估企业净资产55万元，在剥离18名正式职工社会统筹金9万元后，被原厂长以46万元的价格收买，由镇办集体企业改制为私营企业。第二种是部分出售。将企业部分资产拍卖给企业经营者。高唐县金星集团公司将净资产30多万元的钢塑门窗厂划出，进行出售改制，被原厂领导班子一次买断经营。金星集团公司抽回资金，腾出精力，投入其他新生长点；钢塑门窗厂则放开手脚，加大投入和开拓市场的力度。第三种是先租后售。企业租出后，经营者一旦具备实力，将企业买下，实现产权彻底转让。临清市临东镇特种钢铸造厂是村办集体企业，由马某租赁经营。由于土地、厂房都是集体的，经营者不敢加大投入。在改制中，一次性卖给马某个人，他很快投入 50 万元，组建一个企业集团。第四种是无偿送出，债权债务和产权一次划拨。阳谷县筛选出几个难以扭转亏损局面的乡镇企业，派专人到全国各地寻求企业和能人，无偿送出。

兼并　效益好的企业，通过承担债务、控股、购买等方式全部或部分兼并劣势企业。阳谷凤祥集团总公司先后兼并 3 家乡镇企业，1997 年又兼并县外贸公司，实现快速膨胀；聊城市侯营水泥厂建成后一直处于停产状态，被恒昌实业公司兼并后，注入资金 300 万元，救活了企业。1998 年，乡村企业被兼并 39 家，占改制企业的 2.5%。第一种是优势企业兼并其他乡镇企业或国有企业，实现低成本扩张。东昌府区兴鲁工贸公司发挥自身资产雄厚、技术过硬、管理先进的优势，兼并区属企业光岳制革厂，盘活资产 3200 万元，安排职工 150 余人，生产能力扩大一倍多。临清市引导私营企业进城兼并国有企业。山东润源实业有限公司兼并临清汽车零件厂，盘活资产 1000 多万元，安排职工 645 人。第二种是乡镇企业主动被兼并。阳谷县景阳针织有限公司主动被济南元首集团兼并，盘活资产 3000 多万元，并借助元首集团的品牌、市场优势，搞活了企业。

租赁、托管　有的企业具备一定的生产条件，但自身难以搞活。通过让区内外、系统内外企业或单位租赁、托管，充分发挥其生产要素的作用，盘活资产，搞好企业。高唐高威化工公司是引进国外先进技术兴办的项目，管理水平低，效益难以发挥。1997 年，由高唐县纸业公司托管后，纸业公司投入资金和技术，派人管理，迅速使高威化工公司实现了产销两旺。至 1998 年年底，全市乡、村企业实行租赁的 732 家，占改制企业的 46.1%。第一种是剥离租赁。对资不抵债、没法出售的企业，经过有关银行同意，把债务剥离出来，厂房、设备等固定资产整体租赁给经济能人，并让承租者重新登记注册，同时保留原企业法人，承担原企业的债权债务。高唐梁村汽配厂总负债 470 万元，经与银行、税务、工商等部门协商，以保税还息的方式租赁给原厂长赵某经营，赵某每年确保上缴税金 30 万元，偿还利息 60 万元，企业起死回生，村集体收益、国家税收和银行还债都有了保证。第二种是先租后股。采取固定资产租赁制、流动资产股份翻、人员聘任制的办法，先租不动产，再集资入股。在平县冯屯毛巾厂把 60 台织机分成 2 组；一次性卖给 2 名个体能人，对织机相应占用的厂房、场地、库房进行租赁，2 名能人又分别吸收股份资金 50 万元、30 万元。

联合重组　对行业相近、地域相近或有互补性的企业，实行跨区域、跨行业、跨所有制资产重组。阳谷凤祥集团和环达集团分属 2 个乡镇，但随着规模扩大，产业越来越趋同。1997 年，筹划将环达集团部分资产并入凤祥集团，盘活环达剩余生产能力，完善凤祥公司饲料加工系统。两集团联合重组后，大大增强市场竞争能力。1998 年，行业地域相近或有互补性的企业联合重组后，普遍产生“1+1”大于 2 的效果。实行跨区域、跨行业、跨所有制进行生产要素重组的，也使企业活力大增。东昌府区昌鲁机械有限公司以 7900 万元资产加入时风集团，实现了配件、市场互补，扩大了生产能力，节省了供销费用，有效地增加了市场应变能力和竞争能力。

破产　对亏损严重或资不抵债，产业落后，无发展前途的企业依法实施破产。高唐县琉寺食品厂靠生产低档饼干起家，但进入 90 年代后，企业没有开发新产品，老产品又失去了市场，亏损严重。依法破产后，乡政府甩掉了包袱，新发展酿酒、彩印等行业，确保了乡办企业健康发展。

拍卖　对集体管理不了、管不好的企业，向社会公开竞价拍卖。1996 年，冠县贾镇 3 家农机配件厂亏损 100 多万元，濒临倒闭，1997 年予以拍卖，是年上缴税金 258 万元，并实现投入 300 万元。

组建企业集团　以骨干企业、名牌产品为龙头，通过参股、控股组建企业集团，鼓励企业参与大型企业集团组建。1997 年，全区乡镇企业，县市级以上企业集团发展到 33 家。

产权置换　1998 年，对部分欠贷款相对较多、亏损严重的企业，送不出，卖不动，股份制不成，与主要债权人协商，通过法律程序，将与欠款额相应的厂地、厂房、设备和资产交给债权人抵债，再由债权人拍卖或租赁给私人经营。实行这种形式的企业共计 65 家，占改制企业的 4.1%。茌平县根据乡、村企业资产负债率较高、欠银行债务多的实际，由县政府出面与主债权银行协调，进行产权置换返租改制，成功地解决了这一改制难题。通过对 10 家企业进行产权置换，共盘活 1860 万元的闲置资产。杨屯乡办企业茌平县圆铃大枣食品有限公司经评估以 150 万元与主债权人进行产权置换后，主债权人又以 30 万元价格卖给一名个体能人，引进日商资金，建成了合资企业。

除以上几种主要改制形式外，各级乡镇企业主管部门还和企业一起探索，对一些企业实行先承包后股份制等改制形式以及售股结合、售租结合、售租股结合等复合改制形式，使各种类型的乡、村企业都找到改制的路子，通过改制焕发了生机和活力。

二、改制管理

市、县两级乡镇企业局负责乡村企业改制的清产核资、产权界定、资产管理、建章立制、债务解决等管理工作。

市、县乡镇企业局专门增设审计科室，协调有关部门搞好清产核资、资产评估，防止集体资产明流、暗流。民主确定产权、股权，防止少数人决断，拿集体资产、股权送人情；彻底改变“平均摊股、均衡持股”的做法，培育发展控股层。根据农业部制定的集体资产管理办法，健全管理制度，以确保集体资产保值增值。对改制企业，建立新的运行机制，确保全市乡镇企业改制工作积极、稳妥，杜绝了走过场、搞翻版现象，没有发生职工群众因改制上访事件。对职工原有的集资和风险抵押金，在职工自愿的前提下转为股份；难以偿还的社会债务，实行债转股；通过产权置换的形式改制，解决债务问题。在具体实施中，企业改制前，就与有关债权人及时协商，债权人提前介入，找出利益结合点，制定相应的改制形式，既搞活了企业，又保全了债权人的资金。

第二章　民营经济

1997 年年初，聊城地区民营企业工作会议召开，提出了加快发展民营企业的意见，确定重点扶持发展民营企业。1999 年 10 月，聊城市转发山东省政府《关于加快全省个体经济私营经济发展的决定》的通知，鼓励机关事业单位人员等从事个体经济、私营经济，鼓励个体私营业户参与公有制企业改革，依法保护个体私营业户的合法权益。全市民营企业兼并、收购、租赁 271 家国有、集体企业，盘活存量资产 5 亿元。临清市第二色织厂先后兼并 3 家国有企业，盘活存量资产 2000 多万元，安排下岗职工 980 多人。2000 年，全省民营经济工作会议明确民营经济范畴，包括个体工商户、私营企业、城乡居民控股的股份制企业。是年起，民营经济年均拉动全市 GDP 增长 4.2 个百分点。2001 年，全市民营经济上交税金 4.14 亿元，比 1998 年增长 2.6 倍，平均每年递增 53.5%，占全市财政收入的 27%，比 1998 年增长 15 个百分点。

2002 年 5 月，聊城市委、市政府印发《关于进一步加快民营经济发展的决定》，简化投资项目审批手续，放宽投资人资格、注册资本和投资方式限制，给予资金信贷融资、财税等方面的扶持，大力支持个体工商业的发展。2004 年，全市个体工商业户、私营企业 6.5 万家，比上年增长 29%；注册资金 78 亿元，增长 39%；全市民营经济完成销售收入 920.7 亿元，增长 47.2%；实现利税 78.2 亿元，增长 51.4%。2005 年，全市民营经济增加值 298 亿元，占全市 GDP 的 43.1%；完成固定资产投入 287.7 亿元，占全市社会固定资产投资的 84.5%。2006 年，全市形成轴承、钢球、钢管等特色产业，占全市民营经济总量的 60% 以上；全市形成民营企业聚集区（带）44 个，其中经国家部委批准的民营经济园区 9 家，入区企业总数 1632 家。2011 年，全市个体工商户、私营企业发展到 12.12 万家，从业人员 109 万人，民营经济增加值占全市生产总值的 51.5%；上缴税金占全市税收的 47.5%。2013 年，全市个体工商户、私营企业 16.6 万家，比上年增长 20.79%；民营经济税收 118.6 亿元，增长 25.5%。

2014 年，聊城市出台《关于加快全市民营经济发展的十五条意见》，在简政放权、减少审批、降低门槛等方面做到位，并在全省率先提出实行“先照后证”办理制度。2015 年，全市个体工商户、私营企业 28.2 万家，比上年增长 23.8%；民营经济实现增加值 1488 亿元，占全市经济总量的 55.9%；完成税收 140 亿元，占全市税收总额的 58.8%；实现主营业务收入 10.9 万亿元；从业人员 124 万人，比 1997 年增加 80 万人，平均每年增加 4.14 万人。

第一节　个体工商业

一、发展规模

1997 年，全区个体工商业户数 11.01 万户，从业人员 22.15 万人，注册资金 4.24 亿元。1998 年，全市个体工商户到发展到 13.21 万户，从业人员 29.37 万人，注册资金 5.94 亿元，比上年分别增长 20.01%、32.59%、40.15%。1999 年第一季度以后，继续保持着良好发展态势。个体工商户数、从业人员数和注册资金数，分别比上年同期增长 23.14%、36.96% 和 48.75%。2002 年 5 月，聊城市委、市政府印发《关于进一步加快民营经济发展的决定》后，个体工商户获得了资金信贷融资、财税等方面的扶持。2010 年，全市个体工商户 9.43 万户、从业人员 19.98 万人、注册资金 23.55 亿元，分别比 2002 年增长 18.01%、34%、235.95%。

2011 年 10 月 31 日，财政部、国家税务总局对《中华人民共和国增值税暂行条例实施细则》部分条款予以修改，对增值税起征点的幅度作出调整。根据测算，全市增值税起征点政策调整后，将有 1.99 万户个体工商户（含个人）受惠，占调整前征税个体工商户（含个人）的 90.89%；提高起征点后，增值税年减少税额 4977 万元，占 2010 年个体工商户收入的 78.11%。2015 年，聊城市个体工商业户数 23.7 万户、从业人员 54.12 万人、注册资金 124.36 亿元，分别比 1997 年增长 115.26%、144.33%、2833.02%，年均分别增长 4.55%、5.09%、20.65%。

1997—2015 年聊城市个体工商业基本情况表

表 12-1

年份	期末实有			其中：城镇实有		
	户数（户）	从业人数（人）	注册资金（万元）	户数（户）	从业人数（人）	注册资金（万元）
1997	110083	221493	42368.00	—	—	—
1998	132100	293700	59400.00	—	—	—
1999	148281	324657	72859.00	—	—	—
2000	152100	326500	73800.00	—	—	—

续表 12-1

年份	期末实有			其中：城镇实有		
	户数（户）	从业人数（人）	注册资金（万元）	户数（户）	从业人数（人）	注册资金（万元）
2001	82290	151512	206752.00	—	—	—
2002	79906	149062	70090.00	38880	82539	41678
2003	66204	130039	56641.00	30796	66614	30946
2004	57920	103365	62890.40	27928	45406	29015
2005	63792	125766	76857.10	31779	56003	36293
2006	66348	118124	84735.90	27801	41403	33566
2007	83300	141082	127145.00	33288	51656	43433
2008	73470	133690	127834.83	31216	56126	45650
2009	83956	162756	158442.94	37813	76280	80623
2010	94298	199779	235517.75	45930	98095	113737
2011	103551	221680	266005.08	52885	112991	138876
2012	118735	250821	333319.57	55848	120233	174456
2013	142260	353387	568446.11	65210	154304	275904
2014	191851	441279	851999.28	80945	188594	368516
2015	236979	541186	1243580.47	86935	203083	435967

二、行业分布

全市个体工商业分布范围很广，三次产业均有涉及，总体呈现行业种类不断发展的趋势，批发和零售业、社会服务业、住宿和餐饮业、制造业等 4 个行业参与户数、人数、注册资金额始终位居各行业前列。

2002—2003 年，全市个体工商业主要包括农林牧渔业、制造业、建筑业、交通运输与仓储业、批发和零售贸易及餐饮业、社会服务业等 6 个行业。2002 年，一产 1342 户、1592 人、866 万元注册资金，分别占总数的 1.63%、1.07%、1.28%；二产 1.34 万户、2.45 万人、1.53 亿元注册资金，分别占总数的 16.74%、16.77%、21.83%；三产 6.52 万户、12.3 万人、5.39 亿元注册资金，分别占总数的 81.60%、82.49%、76.89%。

2004—2009 年，全市个体工商业增加电力、煤气及水的生产和供应业，信息传输、计算机服务和软件业，房地产业，租赁和商务服务业，居民服务和其他服务业，卫生、社会保障和社会福利业，文化、体育和娱乐业等 7 个行业，主要行业种类增至 13 个。2006 年，一产 1095 户、1508 人、912 万元注册资金，分别占总数的 1.66%、1.27%、1.06%；二产 9581 户、1.95 万人、1.66 亿元注册资金，分别占总数的 14.47%、16.51%、19.60%；三产 5.56 万户、9.71 万人、6.72 亿元注册资金，分别占总数的 83.86%、82.22%、79.34%。

2010—2015 年，全市个体工商业增加科学研究、技术服务和地质勘查业，水利、环境和公共设施管理业，教育等 3 个行业，主要行业种类增至 16 个。2015 年，一产 5643 户、1.94 万人、13.88 亿元注册资金，分别占总数的 2.36%、3.58%、11.16%；二产 1.68 万户、6.7 万人、13.07 亿元注册资金，分别占总数的 7.09%、12.38%、10.51%；三产 21.46 万户、45.48 万人、97.41 亿元注册资金，分别占总数的 90.55%、84.04%、78.33%。是年，全市批发和零售业个体工商户 16.05 万户，从业人员 32.4 万人，注册资金 70.09 亿元，分别占是年总数的 67.72%、59.87%、56.37%，分别比 2002 年增长 2.04 倍、2.42 倍、15.73 倍；居民服务和其他服务业个体工商户 2.96 万户，从业人员 6.52 万人，注册资金 12.82 亿元，分别占是年总数的 12.49%、12.05%、10.31%，分别比 2002 年增长 1.99 倍、1.9 倍、22.74 倍；住宿和餐饮业个体工商户 1.79 万户，从业人员 4.92 万人，注册资金 10.11 亿元，分别占是年总数的 7.55%、9.09%、8.13%；制造业个体工商户 1.64 万户，从业人员 6.48 万人，注册资金 12.42 亿元，分别占总数的 6.92%、11.97%、9.99%。

2002—2003 年聊城市个体工商业行业分布情况表

表 12-2

年份	项目	农林牧渔业	制造业	建筑业	交通运输、仓储业	批发和零售贸易、餐饮业	社会服务业	其他行业
2002	户数（户）	1342	13119	256	2364	52779	9939	107
	从业人员（人）	1592	23634	815	5610	94751	22517	143
	注册资金（万元）	866	14653	672	6487	41904	5424	84
2003	户数（户）	1105	10337	48	2181	43108	9321	104
	从业人员（人）	1303	18171	173	4283	87857	18105	147
	注册资金（万元）	749	11474	155	5862	32936	5355	110

2004—2015 年聊城市个体工商业行业分布情况表

表 12-3

年份	项目	农林牧渔业	制造业	电力、煤气及水的生产和供应业	建筑业	交通运输、仓储业和邮政业	信息传输、计算机服务和软件业	批发和零售业	住宿和餐饮业	房地产业	租赁和商务服务业	科学研究、技术服务和地质勘查业	水利、环境和公共设施管理业	居民服务和其他服务业	教育	卫生、社会保障和社会福利业	文化、体育和娱乐业	其他行业
2004	户数（户）	694	8701	—	35	1755	—	31973	6369	3190	162	—	—	8025	—	111	6	147
	从业人员（人）	762	15456	—	158	3000	—	53790	12856	6656	185	—	—	16760	—	136	6	284
	注册资金（万元）	505	13056	—	101	5259	—	31828	6872	3716	150	—	—	4762	—	166	8	263
2005	户数（户）	899	9311	—	43	2362	—	35254	6474	1	197	—	—	9013	—	8	3	166
	从业人员（人）	1230	19637	—	214	5155	—	65675	14326	3	421	—	—	18688	—	10	7	285
	注册资金（万元）	717	14575	—	134	4566	—	41910	7909	2	210	—	—	6418	—	17	6	292
2006	户数（户）	1095	9528	3	50	2285	62	36714	7229	1	276	—	—	8925	—	7	5	167
	从业人员（人）	1508	19226	6	248	4355	141	60446	15898	3	514	—	—	15472	—	9	9	286
	注册资金（万元）	912	16378	4	168	5062	103	44868	9387	2	252	—	—	7281	—	16	7	293
2007	户数（户）	1293	10765	9	85	2174	151	47301	9372	288	429	—	—	9812	—	10	17	1574
	从业人员（人）	1962	20473	26	269	3398	222	71893	21475	414	788	—	—	16387	—	16	27	3371
	注册资金（万元）	1964	19402	9	365	5575	322	64502	13548	488	2512	—	—	15049	—	14	32	3091
2008	户数（户）	1215	6767	9	124	1557	211	48475	7458	287	502	—	—	6647	—	48	41	—

续表 12-3

年份	项目	农林牧渔业	制造业	电力、煤气及水的生产和供应业	建筑业	交通运输、仓储业和邮政业	信息传输、计算机服务和软件业	批发和零售业	住宿和餐饮业	房地产业	租赁和商务服务业	科学研究、技术服务和地质勘查业	水利、环境和公共设施管理业	居民服务和其他服务业	教育	卫生、社会保障和社会福利业	文化、体育和娱乐业	其他行业
2008	从业人员（人）	2135	17707	31	552	2667	308	78651	15723	274	637	—	—	11092	—	1119	92	—
	注册资金（万元）	3434	16042	63	612	5313	440	76583	11600	382	2371	—	—	6106	—	1519	115	—
2009	户数（户）	1135	9944	10	138	1928	192	51903	7601	363	554	—	—	10015	—	30	70	—
	从业人员（人）	2131	26808	82	506	3436	376	90577	18359	279	1074	—	—	18465	—	49	185	—
	注册资金（万元）	4829	25868	110	651	7656	490	86405	15784	547	3085	—	—	11605	—	49	219	—
2010	户数（户）	1090	10629	7	152	2336	202	58296	8629	264	717	10	9	11807	4	38	79	—
	从业人员（人）	2711	31950	77	588	5042	428	110753	21790	300	1576	24	27	23854	5	69	239	—
	注册资金（万元）	6852	33627	104	809	8485	501	138723	19229	384	4263	23	19	21177	4	68	350	—
2011	户数（户）	1354	11302	7	182	1690	214	65429	9129	274	1066	12	12	12709	6	42	98	—
	从业人员（人）	3720	32456	50	1151	3203	497	126311	23568	321	3070	29	29	26571	13	81	290	—
	注册资金（万元）	11142	37820	103	1548	7198	531	152916	22291	401	4343	30	32	26751	12	81	566	—
2012	户数（户）	1852	10799	7	211	2200	224	75853	10362	144	1768	14	11	15105	6	44	112	—
	从业人员（人）	5529	34093	26	984	5093	519	142835	24781	163	4349	55	32	31517	13	84	383	—
	注册资金（万元）	17573	41212	103	1494	8326	598	193084	25782	175	5777	41	32	37922	12	88	873	—
2013	户数（户）	2587	11089	10	266	1782	168	97466	8568	65	1227	799（不含地质勘查）	23	17974	8	42	169	—
	从业人员（人）	9607	44650	45	1348	4403	387	218747	26393	213	3295	1847（不含地质勘查）	69	41439	22	85	555	—
	注册资金（万元）	39868	70047	123	2213	90887	600	334033	38027	226	5997	2942（不含地质勘查）	154	63322	28	108	1466	—
2014	户数（户）	4672	13938	10	328	1863	199	134536	10323	75	1845	797（不含地质勘查）	26	22981（含修理）	9	42	190	—
	从业人员（人）	15612	56273	45	1665	4651	497	272493	31301	236	4311	1845（不含地质勘查）	78	51211（含修理）	24	87	668	—
	注册资金（万元）	88844	96590	123	3035	9741	785	497516	52591	252	8742	3096（不含地质勘查）	670	89858（含修理）	77	113	1761	—
2015	户数（户）	5643	16372	23	444	2145	318	160545	17910	88	2631	793（不含地质勘查）	34	29573（含修理）	30	54	353	—
	从业人员（人）	19366	64753	83	2180	5391	837	323974	49198	301	5812	1827（不含地质勘查）	112	65166（含修理）	107	115	1664	—
	注册资金（万元）	138845	124217	855	5665	12318	2035	700867	101058	330	17791	3112（不含地质勘查）	808	128178（含修理）	576	241	6399	—

第二节 私营企业

一、发展规模

1997年，聊城城乡私营企业1057家，从业人员1.39万人，注册资金2.56亿元。私营企业处于起步阶段，户数、从业人数、注册资本均处于较低水平。2000年，聊城市坚持《中华人民共和国宪法》修正案确定的以公有制为主体、多种所有制共同发展的基本方针，以“三个有利于”为标准，推动私营企业的发展及其内部结构的调整优化。2001年，全市私营企业完成销售收入290亿元、增加值51.5亿元，分别较1998年年均递增42.6%、53.5%。其中，销售收入500万元以上的企业210家，过千万元企业98家，过亿元企业11家，分别比1998年增加130家、40家和10家；年纳税50万元以上的企业114家，其中年纳税100万元以上的企业50家，分别比1999年增加87家、41家。

2004年，全市私营企业7332家，比上年增长29%；注册资金71.8亿元，增长61.2%。2005年，全市规模以上民营企业完成增加值131亿元，占全市工业增加值的43.2%。2006年，全市形成轴承、钢球、钢管、铝加工、密度板加工、农机及农机配件加工、纺织、食品等特色产业，这些产业占全市民营经济总量的60%以上。全市形成以中心镇、城区为依托的民营企业聚集区（带）44个，经国家部委批准的民营经济园区9家，区内基本达到通水、通电、通路、通信等“四通一平”，区内基础设施投资超过23.8亿元，入区企业总数1632家。2011年，全市私营企业发展到1.76万家，其中规模以上中小企业完成增加值967亿元、利税361亿元，分别占全市规模以上工业企业的69.7%、71.8%。至年底，销售收入过亿元的企业150家，过10亿元的20家，过50亿元的5家。

2013年，全市私营企业2.47万家，其中规模以上中小企业2591家，注册资金共计989.99亿元。是年，列入“4455”工程（培植四大战略性支柱产业、培育四大战略性新兴产业、发展五大民营特色产业、壮大50家龙头骨干企业）的民营五大特色产业固定资产投资完成100亿元，比上年增长23.68%；主营业务收入完成1370亿元，增长22.1%；利税总额完成136亿元，增长22.1%。2015年，大力培植园区、市场、特色区域经济、骨干龙头企业4个载体，突出发展农副产品加工、机械、纺织、木材加工、化工、建筑建材等六大特色产业，全市私营企业驶入高速发展的快车道。是年，全市私营企业发展至4.66万家，从业人员35.84万人，注册资金2028.39亿元，分别比1997年增长43.09倍、24.85倍、790.01倍，年均分别增长23.41%、19.8%、44.88%。

1997—2015年聊城市私营企业基本情况表

表12-4 单位：家、人、万元

年份	期末实有			其中：城镇实有		
	家数	从业人数	注册资金	家数	从业人数	注册资金
1997	1057	13863	25643.00	—	—	—
1998	1620	33300	66800.00	—	—	—
1999	2288	40869	103017.00	—	—	—
2000	2986	50100	138000.00	—	—	—
2001	3476	52710	177631.00	—	—	—
2002	4267	54516	284954.00	1983	24955	171336.00
2003	5681	83495	445477.00	2999	43058	260663.00

续表 12-4

年份	期末实有			其中：城镇实有		
	家数	从业人数	注册资金	家数	从业人数	注册资金
2004	7332	106604	718100.00	4034	52964	434297.00
2005	8666	141217	1130892.00	4489	63182	659166.00
2006	10157	153525	1445134.00	5077	63474	827968.00
2007	10745	164497	1937963.00	5729	68838	1174524.00
2008	12008	117868	3183503.14	6835	48538	1448730.00
2009	13068	142384	3610590.24	7060	55681	1813820.00
2010	14797	160566	4865114.22	8005	67084	2474022.00
2011	17649	201333	5595900.77	9178	88838	2997272.00
2012	20688	257028	8031994.69	9631	88553	3516739.00
2013	24725	283956	9899867.69	11505	104363	4630898.00
2014	36192	301556	14592891.01	15792	73737	6806082.00
2015	46601	358373	20283948.01	16135	70491	8029285.00

二、行业分布

1998 年起，全市私营企业快速发展，逐渐形成一批适合地域特点的优势行业。其中，农机配件、轴承、纺织、塑料制品、蔬菜加工、板材 6 个行业发展快、效益好，成为全市私营企业的骨干行业；制造业、批发和零售贸易业等行业长期占据私营企业中的支配地位。

2007 年，全市私营企业集约化发展趋势明显，初步形成轴承及轴承配件、纺织及棉花加工、农机及农机配件、密度板、钢管、铝及铝制品加工、畜禽产品加工、钎具、电缆、电机、水泵、塑料制品、橡胶软管和铜加工等十几个特色产业，约占全市民营经济总量的 70%。其中，年销售收入过 50 亿元的产业 8 个。2009 年，全市形成以轴承、钢管制造、铝加工、铜加工、密度板、纺织、畜禽饲养加工，以及阿胶、电缆、钎具、钢球、木材加工等年营业收入过 5 亿元的中小企业产业集群 18 个，其中过 20 亿元的 9 个，过 50 亿元的 4 个。

2012 年，"中国轴承保持架之乡"揭牌仪式

2012 年，全市形成铝加工、铜加工、轴承及配件、冶金板材、钢管、钎具、畜禽加工、农机配件、纺织及棉花加工、木材加工、橡塑管材、汽车坐垫等中小企业产业集群 26 个。其中，临清烟店镇被认定为"中国轴承之乡"，东昌府区郑家镇被认定为"中国轴承保持架之乡"。

2015 年，全市形成轴承、钢管、畜禽肉食加工、铝加工、密度板、棉纺织等年营业收入过 10 亿元的中小企业产业集群 32 个，集群内中小企业 9418 家，完成主营业务收入 3475.8 亿元，上缴税金 83.3 亿元。其中，年销售收入过 50 亿元的 20 家，过 100 亿元的 12 家。是年，全市制造业私营企业 1.31 万家，从业人员 14.39 万人，注册资金 905.52 亿元，分别占私营企业总数的 28.2%、40.15%、44.64%，分别比 2002 年增长 4.1 倍、2.76 倍、52.88 倍；批发和零售业私营企业 1.98 万家，从业人员 11.51 万人，注册资金

426.89 亿元，分别占私营企业总数的 42.42%、32.12%、21.05%，分别比 2002 年增长 18.69 倍、10.47 倍、72.83 倍。

2002—2003 年聊城市私营行业分布情况表

表 12-5

年份	项目	农林牧渔业	制造业	建筑业	交通运输、仓储业	批发和零售贸易、餐饮业	社会服务业	其他行业
2002	家数（家）	109	2576	110	41	1004	339	88
	从业人员（人）	1049	38261	1296	513	10033	2951	413
	注册资金（万元）	7436	168061	20995	2641	57817	16067	11937
2003	家数（家）	164	3159	131	61	1497	546	123
	从业人员（人）	1616	56814	2020	1015	15991	5119	916
	注册资金（万元）	12248	236980	44722	4100	101809	27241	18377

2004—2015 年聊城市私营企业行业分布情况表

表 12-6

年份	项目	农林牧渔业	制造业	电力、煤气及水的生产和供应业	建筑业	交通运输、仓储业和邮政业	信息传输、计算机服务和软件业	批发和零售业	住宿和餐饮业	金融业	房地产业	租赁和商务服务业	科学研究、技术服务和地质勘查业	水利、环境和公共设施管理业	居民服务和其他服务业	教育	卫生、社会保障和社会福利业	文化、体育和娱乐业	其他行业
2004	家数（家）	201	3869	1	210	80	209	1889	240	—	182	100	—	—	332	—	3	7	8
2004	从业人员（人）	2052	67412	3	2997	1367	1584	22078	2086	—	1825	873	—	—	4176	—	24	85	32
	注册资金（万元）	13278	391332	3000	70072	5705	4965	140109	10363	—	49053	5896	—	—	23316	—	90	629	192
2005	家数（家）	264	4188	4	286	93	181	2118	205	—	202	144	—	—	275	—	9	10	692
	从业人员（人）	3235	81309	66	4148	1494	1897	29165	2184	—	1969	1243	—	—	3533	—	96	93	10842
	注册资金（万元）	23465	671850	8650	83001	6094	4977	185996	9235	—	53160	9735	—	—	21192	—	780	5919	46870
2006	家数（家）	275	4646	6	331	103	196	2811	271	—	207	251	—	—	348	—	—	7	701
	从业人员（人）	3141	85811	50	4130	1225	1850	33410	3280	—	1702	1954	—	—	5919	—	—	63	10953
	注册资金（万元）	27194	827497	9550	107372	9110	5294	256433	15843	—	78009	28127	—	—	31537	—	—	637	47783
2007	家数（家）	303	4896	13	358	129	228	2787	325	—	242	342	—	—	394	—	11	9	714
	从业人员（人）	3317	90821	98	4298	1414	2036	36157	4170	—	2058	2493	—	—	6425	—	107	69	11097
	注册资金（万元）	30387	1185713	10290	116648	12348	7813	320531	23913	—	107272	37330	—	—	34349	—	668	1105	49513
2008	家数（家）	333	5212	27	455	230	349	3791	187	—	317	518	—	—	377	—	12	27	—
2008	从业人员（人）	2982	66192	586	4009	1641	2945	24161	2491	—	3613	4366	—	—	2494	—	161	189	—
	注册资金（万元）	59157	1912814	23580	172444	34609	9931	522477	10328	—	176650	173489	—	—	18497	—	2660	2458	—
2009	家数（家）	353	5608	30	497	288	380	4168	170	—	325	645	—	—	381	—	15	23	—
	从业人员（人）	3160	79784	462	4419	2010	3213	31877	2417	—	1176	5323	—	—	2569	—	218	141	—
	注册资金（万元）	68241	2064789	27701	206668	54014	10835	593563	10419	—	223802	239937	—	—	1749	—	192	94	—

续表 12-6

年份	项目	农林牧渔业	制造业	电力、煤气及水的生产和供应业	建筑业	交通运输、仓储业和邮政业	信息传输、计算机服务和软件业	批发和零售业	住宿和餐饮业	金融业	房地产业	租赁和商务服务业	科学研究、技术服务和地质勘查业	水利、环境和公共设施管理业	居民服务和其他服务业	教育	卫生、社会保障和社会福利业	文化、体育和娱乐业	其他行业
2010	家数（家）	367	6112	31	567	357	368	4870	173	40	421	877	123	52	378	18	14	23	—
	从业人员（人）	3638	71232	722	5983	4026	3864	36054	2644	731	6447	9191	1775	764	2762	—	239	194	—
	注册资金（万元）	81710	2780204	31829	256129	69077	13570	714776	13437	74169	335925	393807	27721	9817	35879	1521	2037	1948	—
2011	家数（家）	446	7198	33	685	471	398	5945	185	49	511	1005	171	54	423	19	15	37	—
	从业人员（人）	4725	100167	712	7511	5474	4370	48855	2679	876	7277	10777	2332	732	3792	288	351	343	—
	注册资金（万元）	101850	3024130	39861	332496	124736	16721	820940	14436	93415	466873	432630	39895	18958	39650	2250	2580	3020	—
2012	家数（家）	588	8048	37	844	585	490	7161	206	69	556	1192	208	56	548	21	13	63	—
	从业人员（人）	7047	124610	764	9719	7192	5192	65999	2970	1308	8319	13379	2875	881	5561	353	176	616	
	注册资金（万元）	155344	4679553	46116	399718	165017	23493	1224261	22461	151206	526291	470340	53683	19336	64013	2360	2722	5121	—
2013	家数（家）	785	9032	45	1072	794	347	8930	239	79	744	1417	267（不含地质勘查业）	76	607（含修理）	28	13	247	—
	从业人员（人）	8841	126429	870	13062	9633	3097	79332	2322	1650	10202	15226	3459（不含地质勘查业）	1156	6246（含修理）	299	165	1912	—
	注册资金（万元）	226159	5604885	71837	514682	234505	26057	1539387	32786	172754	725851	544981	85931（不含地质勘查业）	27435	49373（含修理）	2895	3512	15878	—
2014	家数（家）	1220	11471	81	1609	1113	586	14877	295	98	998	1986	459（不含地质勘查业）	116	877（含修理）	32	12	359	—
	从业人员（人）	11233	133640	1011	10825	10991	2821	90384	2293	1342	8998	13928	3387（不含地质勘查业）	1282	6734（含修理）	306	295	2044	—
	注册资金（万元）	430459	7291082	182148	982218	416988	89636	2590290	49123	287404	1060062	706406	273813（不含地质勘查业）	64483	85607（含修理）	3525	4302	54384	—
2015	家数（家）	1630	13142	133	2126	1488	1070	19767	418	160	1170	2796	800（不含地质勘查业）	145	1183（含修理）	44	23	503	—
	从业人员（人）	14516	143872	1519	13008	11850	5883	115105	3661	1763	9425	18682	5738（不含地质勘查业）	1229	8403（含修理）	344	474	2862	—
	注册资金（万元）	607403	9055171	394418	1535818	602647	306974	4268901	87555	321226	1210484	903658	578444（不含地质勘查业）	86663	150581（含修理）	7192	43774	101131	—

第三节　特色村镇　产业集群

一、特色村户

1998 年，全市进入市场经营和围绕市场从事一、二、三产业的个体业户从业人员 42 万人，带动专业村 719 个、专业户 5.7 万户，拉动三次产业实现增加值 30.7 亿元。对专业村的正式认定，始于 2012 年。2012 年 3 月 26 日，市民营局印发《关于做好民营经济特色产业（专业）村调查的通知》，进行一次全面调查摸底，全市共有 165 个特色产业（专业）村。2012 年年底，全市民营经济专业村共有 390 个，专业户 1.57 万户，从业人员 15.3 万人，完成营业收入

435.67 亿元，上缴税金 5.85 亿元。按县（市、区）分：东昌府区专业村 25 个，专业户 971 户；临清市专业村 103 个，专业户 4087 户；冠县专业村 26 个，专业户 903 户；莘县专业村 60 个，专业户 2790 户；阳谷县专业村 20 个，专业户 409 户；东阿县专业村 32 个，专业户 2041 户；茌平县专业村 40 个，专业户 1282 户；高唐县专业村 73 个，专业户 3000 户；聊城经济技术开发区专业村 11 个，专业户 203 户。

2013 年，莘县县政府印发《关于加快民营经济特色专业村发展的实施意见》，对达到专业村建设标准的给予资金扶持。是年年底，莘县民营经济特色专业村发展至 50 个，企业及加工户 2573 户，从业人员 2.5 万人，实现销售收入 90.8 亿元、利税 7.8 亿元。其中，十八里铺镇前高庄村是从事电线电缆生产的专业村，有加工户 32 户，销售收入 2.12 亿元，初步形成颗粒、拉丝、出线、销售一条龙生产模式；王奉镇南滩村是从事汽车坐垫加工与销售的专业村，有加工户 86 户，几乎家家编垫子，年加工汽车坐垫 30 万套，销售收入 6020 万元，初步形成纺线、编织、加衬出成品、销售的链式模式；大王寨镇富余集村是从事木材加工产业专业村，有加工户 95 户，带动就业 500 多人，销售收入 7300 万元；大张镇东仓村是从事加工非标门的专业村，有加工户 27 户，从业人员 290 人，销售收入 1.1 亿元；河店镇马菜园村是从事轴承及机械配件的专业村，有加工户 89 户，从业人员 268 人，销售收入 5600 万元；张寨镇前董村是从事玻璃加工的专业村，从业人员 300 余人，实现销售收入 1100 万元；妹冢镇碱厂村是从事水晶灯饰球生产的专业村，日产灯饰球 2 万粒，产品供不应求，加工户十几户，销售收入 840 万元；燕店郭庄村是从事水晶扁珠加工的专业村，加工户 12 户，1 台机组日产扁珠 4 万粒，每天利润 400 元。

王奉镇南滩村汽车坐垫加工场 （2013 年摄）

2013 年年底，全市民营经济专业村共有 514 个，专业户 2.14 万户，从业人员 19.33 万人，完成营业收入 506.76 亿元，上缴税金 8.11 亿元。按县（市、区）分：东昌府区专业村 28 个，专业户 1415 户；临清市专业村 134 个，专业户 5411 户；冠县专业村 41 个，专业户 1796 户；莘县专业村 65 个，专业户 2860 户；阳谷专业村 27 个，专业户 451 户；东阿县专业村 38 个，专业户 2586 户；茌平县专业村 94 个，专业户 3445 户；高唐县专业村 75 个，专业户 3147 户；聊城经济技术开发区专业村 11 个，专业户 211 户；江北水城旅游度假区 1 个，专业户 40 户。

2015 年，全市拥有特色专业村 600 个。按县（市、区）分：东昌府区专业村 41 个，专业户 1450 户；临清市专业村 135 个，专业户 5420 户；冠县专业村 60 个，专业户 1870 户；莘县专业村 82 个，专业户 2940 户；阳谷县专业村 27 个，专业户 401 户；东阿县专业村 38 个，专业户 2550 户；茌平县专业村 125 个，专业户 3550 户；高唐县专业村 83 个，专业户 3030 户；聊城经济技术开发区专业村 8 个，专业户 180 户；江北水城旅游度假区 1 个，专业户 40 户。

2011—2015 年聊城市各区市县特色村数量表

表 12-7　　单位：个

年份	合计	东昌府区	临清市	阳谷县	莘县	茌平县	东阿县	冠县	高唐县	开发区	旅游度假区
2011	170	23	48	10	16	37	5	17	8	6	0

续表 12-7

年份	合计	东昌府区	临清市	阳谷县	莘县	茌平县	东阿县	冠县	高唐县	开发区	旅游度假区
2012	390	25	103	20	60	40	32	26	73	11	0
2013	514	28	134	27	65	94	38	41	75	11	1
2015	600	41	135	27	82	125	38	60	83	8	1

说明：2014 年未统计；开发区即聊城经济技术开发区

二、特色乡镇

90 年代中后期，随着民营经济的发展，聊城形成一批特色乡镇，如临清市烟店镇的轴承加工，开发区蒋官屯街道的钢管产业，冠县烟庄街道的钢板加工，东昌府区郑家镇的轴承保持器生产等。随着各级政府对民营经济发展重视程度的提高，逐渐加大对特色乡镇的支持力度。2009 年，在全市推广临清烟店镇、东昌府郑家镇、茌平菜屯镇发展特色产业的经验，出台政策措施，搞好特色产业镇培育。是年年底，全市形成 12 个特色产业乡镇（其中省级 4 个），8 个乡镇达到市级特色产业镇的标准。2010 年，大力推广乡镇发展特色产业的经验，围绕发展“一村一品”“一乡一业”，实施群体加工业进村、进户计划，轴承、冶金板材、钢管、畜禽加工、钎具等特色产业，形成分工精细、技术先进、配套齐全、拥有自主品牌和名牌产品的生产体系；木材加工、汽车坐垫、平板量具、纸箱等特色产业迅速发展，初具雏形。至年底，全市有市级以上特色产业镇 17 个，其中省级 6 个。2011 年，市级以上特色产业镇 19 个，其中省级 6 个。2012 年，全市民营经济特色产业镇 21 个；特色产业村 270 个，比上年增加 90 个，增长 50%。冠县清水镇杜行村生产轴承锻件的企业 78 家，从业人员 2100 多人，占全村人口的 66.5%，实现销售收入 35 亿元，纳税 600 万元。莘县大张家镇陈庄村有塑编企业 18 家，从业人员 2878 人，实现销售收入 7.4 亿元，纳税 336 万元。2013 年，省、市级特色产业镇 24 个，其中省级 6 个。2014 年，全市省、市级特色产业镇增至 26 个，年内新增 2 个市级特色产业镇，分别是莘县古云镇（化工）和高唐县琉璃寺镇（木材加工）。2015 年，按照“一乡一业、一村一品”要求，规划建设产业聚集区，加快标准工业厂房建设，有力推动了特色产业镇、特色产业村的发展。全市省、市级特色产业镇达 30 个，其中省级 8 个，新增市级特色产业镇 4 个。

三、产业集群

2008 年 11 月 14 日，聊城市政府出台《关于加快产业集群发展的意见》。是年，全市的轴承、轴承保持器、钢管、冶金板材、铝加工、铜加工、密度板、棉花加工、纺织、畜禽肉食加工、阿胶、电缆、钎具、钢球、木材加工等生产形态的块状经济发展较快，形成了较有特色优势的中小企业产业集群。至 2009 年年底，全市形成营业收入过 5 亿元的中小企业产业集群 19 个，集群内企业 4083 家，完成主营业收入 1700 亿元，上缴税金 25.5 亿元。其中，年销售收入过 20 亿元的 9 个，过 50 亿元的 4 个。临清市轴承产业集群被认定为省级中小企业产业集群。

2010 年 2 月 8 日，根据山东省政府办公厅《关于转发省经济和信息化委省中小企业办山东省中小企业产业集群发展规划的通知》，聊城市相继制定《关于加快产业集群发展的意见》《中小企业产业集群发展规划》，整合特色产业，提升发展水平，搞好工业园区、聚集区建设，发展中小企业公共服务平台，促进产业集群的健康发展。至是年年底，全市形成年营业收入过 5 亿元的中小企业产业集群 21 个，其中市级 15 个、省级 5 个、国家级 1 个。

2011 年，聊城市委、市政府及各级党委、政府对产业集群发展高度重视，作为镇村经济的重点来抓，不断加强领导、强化措施，培育出一批有一定规模、特色突出的产业集群。至是年年底，全市产业集群呈现出较好的发展态势，拥有产业集群29个，集群内拥有企业7762家，从业人员46.97万人，完成主营业务收入2115.27亿元，利税总额197.34亿元，实缴税金26.88亿元，出口创汇额20.35万美元，固定资产投资198.38亿元，拥有省级以上品牌或著名商标57个。全市拥有省级中小企业产业集群2个，新增聊城经济开发区蒋官屯钢管省级中小企业产业集群；市级中小企业产业集群8个：茌平信发铝加工产业集群、茌平信发密度板产业集群、冠县冶金板材产业集群、临清金郝庄棉花加工和纺织产业集群、阳谷阎楼橡塑管材产业集群、东昌府区郑家轴承保持器产业集群、东昌府区钢管产业集群、莘县古云化工产业集群。全市形成年营业收入过5亿元的中小企业产业集群26个，其中年销售收入过20亿元的14个、过50亿元的8个。

2012年，全市拥有省级中小企业产业集群4个，新增东昌府区轴承保持器产业集群、莘县畜禽肉食加工2个省级中小企业产业集群；市级中小企业产业集群6个。至年底，全市年销售收入过10亿元的中小企业产业集群20个，为产业集群发展服务的检测检验、信息、物流配送、电子商务等服务平台24个，集群内产业链条得到有效延伸，自我配套能力明显增强。茌平县胡屯镇南于村金针菇生产加工产业集群产量、产值均达全国的1/3；阳谷县民营经济发展局会同阳谷汽车坐垫行业协会连续三年在济南国际会展中心举办中国（阳谷）汽车坐垫及饰品博览会，2012年签约额3.6亿元。

2013年，聊城市制定《关于加快产业集群公共服务平台建设意见》，大力培植产业集群发展，鼓励产业集中的乡镇、村、民营企业建立产业聚集区，各级财政予以补贴，引导产业聚集发展。建设公共平台，在集群内为企业提供共性服务，专项资金重点倾斜。支持大型民营企业兼并重组中小企业，鼓励中小微企业与大企业、大集团和优势企业开展协作配套，提高产业分工协作能力。年内全市市级以上产业集群增至14个，其中省级5个，新增茌平县铝加工中小企业产业集群；市级中小企业产业集群9个，新增东阿阿胶产业集群、阳谷县电缆产业集群、冠县轴承及轴承锻件产业集群、高唐县建筑机械产业集群。

2014年，全市有省级中小企业产业集群6个，新增冠县精品钢板省级中小企业产业集群；市级中小企业产业集群10个，新认定2个市级产业集群，分别是东阿县钢球产业集群和高唐县清平镇木材加工产业集群。

2015年8月，制订聊城市中小企业产业集群“十三五”发展规划，突出发展18个重点产业集群。至2015年年底，全市共形成产业集群32个，其中省级6个：临清市轴承产业集群、聊城经济开发区钢管产业集群、东昌府区轴承保持器产业集群、莘县畜禽肉食加工产业集群、茌平县铝加工产业集群、冠县精品板材产业集群；市级10个：茌平县密度板产业集群、临清市棉纺织产业集群、阳谷县橡塑管材产业集群、莘县盐化工产业集群、阳谷县电缆产业集群、东阿县阿胶产业集群、冠县轴承及轴承锻件产业集群、高唐县建筑机械产业集群、东阿县钢球产业集群、高唐县木材加工产业集群。全市形成营业收入过10亿元的中小企业产业集群32个，集群内企业9418家，完成主营业务收入3475.8亿元，上缴税金83.3亿元。其中年销售收入过50亿元的20个，过100亿元的12个。

东昌府区轴承保持器产业集群　郑家镇轴承保持器产业起步于70年代，以家庭作坊为主，购置几台小型冲压机，纯手工劳动，产品技术含量不高。90年代后期起，该产业中的中小企业数量增多，规模不断扩大，机械化程度不断提高，产品科技含量逐步提高，产业聚集度高，产业链条不断延伸。2007年，郑家镇被山东省政府评为“特色产业镇”；2012年，被中国轴承协会命名为“中国轴承保持架之乡”。至2015年，郑家镇发展成为中国最大的轴承保持架基地，拥有一般纳税人企业169家，规模以上企业31家，2800多个加工业户，从业人员3万余人，完成主营业务收入152.5亿元，实现利税12.9亿元，实缴税金1.20亿元；拥有注册商标13个，其中省著名商标1个、省知名品牌1个，获得国家技术专利83项。有95%以上中小企业采用国内外先进标准，31家中小企业通过ISO 9000系列质量体系认证，4家中小企业通过ISO/TS16949质量体系认证。产品种类发展到9大系列9000多个型号，年产量160亿副，占全国同行业总产量的60%以上。主要产品为深沟球轴承浪型保持器，同时也生产菊形、葵形、槽形、筐形、钵形、碗形等不同形状，钢质、铜质等不同材质，内径尺寸6～5000毫米不同规格的各类保持器。产品畅销全国各地，部分产品出口到美国、德国、韩国、日本、澳大利亚、新加坡等20多个国家和地区。

临清市轴承产业集群　临清市的轴承加工业起步较早，1958年建立第一家轴承厂，70年代中期在临清城区初步形成轴承市场的雏形，1984年轴承市场由城区迁至烟店镇，1990年达到一定规模。1994年，在原来市场位置上修建棚架式大棚，占地20公顷，建筑面积14万平方米，拥有66个钢架塑盖大棚，3300多个摊位，300余间门店，入市业户3万余人，国内直销轴承厂家37家，经营型号5000余种，年交易额10亿余元。为进一步提升市场的发展水平，临清市委、市政府于2001年、2004年和2006年3次引进资金2.8亿元对轴承市场进行升级改造，完成了由大棚式向楼房式逐步转变。2007年，又投资8000万元对轴承市场进行4期开发建设，主要建设轴承信息中心、大型轴承超市、仓储运输中心、交易大厅、大型停车场、星级宾馆、钢材调剂市场和设备调剂市场。2011年，烟店轴承市场占地80公顷，建筑面积32万平方米，建有楼房经营门店3100余套，入市业户4万余人，市场交易额110亿元，全国各大轴承生产厂家均在烟店轴承市场设有经销处，经营各种型号的轴承1万余种，成为经营农机轴承、机电轴承、汽车轴承、高级精密轴承的专业化市场。轴承市场的发展壮大带动了烟店及周边乡镇的小城镇建设和服务业繁荣，交通、物流、商贸、餐饮、信息等行业得到快速发展。仅烟店镇就吸引打工人员3万人，其中外来打工人员近2万人，从事餐饮、运输等行业的工商户7000余家。至2015年年底，市场建筑面积增至40万平方米，固定门店3120间，经销0～9类及非标等11类、型号1万余种，年接待外国采购商2000余人次；交易额160亿元，成为全国规模最大、品种最多、规格最全、上市人员最多的轴承专业批发市场。2002年9月，经国家工商总局验收批准，烟店轴承市场被列为“全国21个专业市场”之一；2006年，被评为“山东省十大工业品交易市场”，成为山东省首批50家重点服务业园区、省级文明市场和山东省商贸流通先进企业；2009年，被评为“山东省规范化文明诚信市场”；2010年，被山东省农业银行确定为“十大重点扶持市场”。2004年，烟店镇被评为“全国重点镇”；2005年，被命名为“中国轴承之乡”，烟店轴承产业被命名为“山东省十大产业集群”；2007年，被评为“山东省特色产业镇”“山东省投资环境最佳乡镇”“山东省最具可持续发展的十大经济强镇”“山东省最具发展潜力的乡镇”；2010年，烟店镇被认定为山东省“百亿大镇”和山东省强镇扩权试点乡镇。

90年代末，在轴承专业市场的带动下，轴承加工业迅速发展。2001年，总投资1600万元的哈鲁轴承公司在烟店成立，哈轴集团持有其39%的股份。随后同力、鲁寰、易鑫等公司成立，烟店镇轴承加工业规模逐步扩大。2003年12月，山东哈鲁轴承股份有限公司与山东省技术监督局、哈尔滨轴承集团、临清市政府合作组建“山东轴承质量检测中心临清监测站”。2005年，投巨资建立1处省级质量监测站。2007年，扩建企业56家，扩建投资额1.7亿元，并有26个轴承经销户建立自己的企业。以烟店为核心的轴承加工业完成销售收入54亿元，增加值12亿元，利税6.4亿元，出口创汇4000万美元。各类轴承加工企业1021家，从业人员6万余人，可生产0～9类轴承和非标轴承11类。年消耗轴承钢18万吨，滚动体150多吨。2011年，轴承产业实现了由生产散件向生产整件、由开拓单一的国内市场向国际国内市场并重的改变。烟店镇有

2010年5月27日，“临清·中国轴承产业高层论坛”召开

哈鲁轴承集团等13家民营企业拥有自营进出口权，直接或间接从事对外贸易的民营企业100多家，产品销往全国各地及日、美、德等40个多个国家和地区，全国市场占有率10%以上，实现营业收入130亿元。2009年、2010年、2012年，举办3届“临清·中国轴承产业高层论坛暨轴承零配件及专用装备展览会”。2012年，烟店镇政府组织72家企业参加上海“2012中国轴承及专用装备展览会”，达成交易意向3.6亿元；邀请中国行业发展研究中心高级研究员、教授马种会为临清市轴承产业制订《临清市轴承产业发展规划（2012—2020）》，为临清市轴承产业发展制定目标、指明方向；成立临清市轴承协会。2015年，成立临清市轴承电子商务服务平台，有32家轴承电商企业入驻，年交易额3500万元。是年年底，临清轴承加工业涵盖轴承生产及配套企业1500余家，其中规模以上轴承企业153家、中轴协会员企业18家、理事企业6家、省轴协会员企业54家，形成从轴承钢、轴承钢管锻造到车、磨、热处理、套圈、保持器、滚动体、装配、销售一条龙的生产加工销售体系和专业化明确、配套能力较强的产业链条，部分产品处于中高端水平，远销欧洲、美国、俄罗斯、东南亚、中东、拉美等国家和地区。具有年生产轴承25亿套、产值220亿元生产能力，可生产0～9类和非标轴承等11类、5000多种型号的产品，年消耗轴承钢36万吨。2015年，轴承产业生产轴承20亿套，实现产值210亿元，拥有中国驰名商标1个、山东名牌2个、山东省著名商标3个、注册商标420个；拥有发明及实用新型专利83项、省级企业技术中心3家、省级“一企一技术中心”企业3家，山东省第一批技术创新项目1个，省创新驱动百强企业1家，3家企业参与9项国家标准制定。

冠县精品钢板产业集群 重点骨干企业主要有冠洲集团、中天复合材料、东鼎轧钢、恒通薄板、星都板业、众冠钢板、亿佳涂镀板等。冠洲集团是烟庄街道精品钢板产业龙头企业，是由原冠县金属软管总厂以整体改制、定向募集方式设立的股份有限公司，成立于1994年1月，初名为冠县冠洲股份有限公司。2003年，冠洲集团瞄准属国内领先技术水平的650冷轧项目，促成与长春一汽集团的合作，并成为长期合作伙伴。2004年，年产30万吨镀锌板项目、年产20万吨彩涂板项目投产。2005年12月12日，冠洲集团年产60万吨1450冷轧板生产线投产，成为山东省乃至全国为数不多的几家同时拥有冷轧、镀锌、彩涂板的生产企业。2007年，冠洲集团“航科牌”镀锌板及钢带获山东省名牌产品称号;2009年“冠洲牌”彩涂板又获此荣誉,“冠洲及图”商标被认定为山东省著名商标。产品畅销全国20个省、市、自治区，并远销俄罗斯、加拿大等国家和地区。冠洲集团跻身山东省民营企业100强、中国民营企业500强、中国最具生命力十大民营企业之列，2009年3月被山东省委、省政府授予“改革开放三十年山东省优秀企业”称号。

在冠洲集团的带动下，其他精品钢板企业纷纷开工。2003年10月，东鼎轧钢开工投产；2006年3月，冠县港海薄板有限公司投入生产；2008年，山东中天复合材料有限公司开业。为扶持、促进钢板精品产业发展，冠县相继成立投融资平台、物流公司、检验检测服务平台。2009年，冠县鑫融担保公司成立，注册资金1.1亿元，实缴货币资金1.1亿元；2011年，冠县亚星小额贷款担保公司，注册资金1亿元，实缴货币资金1亿元；是年11月，冠县亚星小额贷款

2013 年 4 月，冠洲集团年产 20 万吨家电彩涂板生产线

有限公司经山东省政府批准设立。2009 年，冠县冠通达物流有限公司成立，位于鲁西新世纪工业园区内，注册资金 100 万元，运输车 60 余辆，年运输量可达 1000 万吨；2010 年 2 月，冠县鑫宇物流有限公司成立，位于鲁西新世纪工业园区内，注册资金 500 万元，运输车辆 120 余台，年运输量 2000 万吨。2010 年，冠县银企协会成立，注册资金 3 万元。2013 年 3 月，冠县精品钢板外贸公共检验检测服务平台成立，总投资 500 万元，购置液压式万能试验机、微机控制电子式万能试验机、TCI 弹性冲击试验器、钢铁多元素分析仪、盐雾试验箱、光泽度仪、HGQ 漆膜划格器、TCG 型弹性冲击器、WZJ-II 弯折机、QBT 型涂层杯突试验机、COD 恒温加热器等检验检测设备 200 台（套），为集群内 100 多家企业及原辅材料供应商产品进行全面检测，提供详细准确的检测数据和分析结果。至 2015 年年底，集群内的精品钢板加工企业 142 家，其中规模以上企业 53 家，另有 2 家钢板进出口贸易公司、8 家平台服务企业，产品销往全国各地，并出口俄罗斯、非洲、东南亚等国家和地区。该产业集群形成带钢—冷轧板—镀锌（镀铝锌硅）板—彩涂板—瓦楞板、家电板、建筑用墙板等完整的产业链条。从业人员 1.41 万人，实现主营业务收入 279.04 亿元、利税 21.13 亿元，上缴税金 2.55 亿元。拥有省级以上名牌产品、驰名（著名）商标 4 个，自主知识产权 6 项。

茌平县铝加工产业集群　该集群是以信发铝电集团为依托，充分发挥热电联产、铝电联营的产业优势逐步发展起来的，是茌平县的六大支柱产业之一。山东信发铝电集团有限公司始建于 1972 年，于 2001 年开始进军氧化铝加工产业，之后陆续建设山东华信铝业有限公司、山东希望铝业有限公司、山东信源铝业有限公司等大型电解铝生产企业，2003 年电解铝产能 56 万吨，年发电量 80 亿千瓦时，以此为基础的铝加工企业开始大批建设，并以信发街道为中心不断向振兴街道、温陈街道、胡屯镇、冯屯镇等周边乡镇辐射发展，2009 年被聊城市评为“市级产业集群”。信发街道连续多年被聊城市评为民营经济发展“明星乡镇（街道）”、工业经济发展“先进乡镇”。茌平县铝加工产业集群的产业链条为氧化铝—电解铝—铝锭（铝杆）—铝板带（铝型材、汽车轮毂）—铝制汽车散热器。2015 年年底，产业集群拥有企业 155 家，其中规模以上 56 家，实现营业收入 258.45 亿元、利税 24.2 亿元，上缴税金 9.71 亿元，从业人员 3.39 万人，主要产品包括铝型材、汽车配件、合金铝锭、铝棒，铝板带，铝压铸件等。铝型材加工企业 30 余家，共有生产线 40 条，产品主要销往山东、浙江、广东、山西、河北等地，主要龙头加工企业茌平县方正铝业有限公司年产能 10 万吨，山东省维斯德尔铝业有限公司年产能 10 万吨，山东新大地铝业有限公司年产能 5 万吨，茌平县星奥铝业有限公司年产能 5 万吨，山东嘉鑫铝业有限公司年产能 5 万吨。铝制汽车配件生产企业有 60 余家，产品主要出口美国、越南、俄罗斯等国家，主要龙头企业有茌平县信发铝制品有限公司，主要生产汽车铝轮毂，年产能 100 万个，年出口创汇 7000 万美元；鲁环散热器有限公司主要生产汽车散热器、冷却器，年产 80 万台散热器，年出口创汇 3000 万美元；茌平县嘉鑫汽车空调有限公司主要生产汽车空调类产品，年产能 80 万台，年出口创汇 3500 万美元；聊城市德通交通器材有限公司主要生产铝塑水箱、全铝暖风及其他车用配件，年产能 60 万台，年出口创汇 2500 万美元。合金铝锭、铝棒生产企业有 10 余家，生产线16条，主要龙头企业茌平县恒信铝业有限公司有生产线6条，年产能12万吨，年实现营业收入16亿元。铝板带生产企业10余家，有生产线18条，主要龙头企业山东信通铝业有限公司有生产线7条，年产能10万吨，年实现出口创汇7000万美元。铝压铸件及铝塑板生产企业5家，主要龙头企业山东新大地铝业有限公司产能3万吨，茌平嘉和晟铝业有限公司年加工能力2万吨，山东信发铝塑有限公司年产能5万平方米。

茌平县铝加工产业集群的发展，促进了茌平信发热电工业园的建设。该工业园区始建于2001年，规划面积13平方千米，拥有铝加工企业100余家，占全县铝加工企业总数的80%。园区规划合理，管理制度完善，产业聚集度较高。先后被评为"全市先进工业园区""山东十大最具经济活力的园区""山东省低碳经济示范园区"。集群内的企业质量管理和质量控制体系健全，有40多家企业通过国家ISO 9000质量管理体系认证，30多家企业通过ISO 14000环境管理体系认证。产业集群内的省级名牌产品有6个，分别是山东信发集团有限公司的"信发"牌重熔用铝锭及"信发"牌电工圆杆、山东新大地铝业有限公司的"新大地"牌铝合金建筑型材、茌平县方正铝业有限公司的"红豹"牌铝合金建筑型材、茌平县鑫鑫铝业有限公司的"鑫鑫"牌铝合金建筑型材、山东信发铝塑有限公司的"信发铝塑"牌铝塑复合板。中国著名品牌1个，为山东嘉鑫换热器有限公司的"吉星"牌换热器。中国知名品牌1个，为茌平鲁环汽车散热器有限公司的汽车散热器、中冷器。中国驰名商标1个，为山东华信铝业有限公司的图形商标。随着铝加工产业的不断发展，集群内公共服务平台建设不断完善。茌平鲁环汽车散热器有限公司、山东嘉新换热器有限公司2家龙头企业的质量检测平台可以为其他小型汽车散热器加工企业服务，定期服务企业40余家。山东信发铝电有限公司的"博士后科研工作站"与30多家铝加工企业建立了长期研发工作关系，每年研发投入3亿元以上。茌平县宏信投资担保有限公司，每年服务铝加工企业60余家，帮助企业完成担保贷款3亿元以上。茌平信发物流有限公司，有运输车辆400余部，建设信息咨询中心，每年为100多家铝加工企业提供运输、信息咨询等服务，年实现服务收入6亿元。

莘县畜禽肉食加工产业集群 莘县畜禽肉食加工产业起步于80年代，随着"817"小肉食鸡的养殖发展，莘县逐步成为全国最大的小肉食鸡养殖基地。有着丰富肉类加工经验的朝城镇人开始畜禽加工企业建设，最终发展为以朝城镇为中心、辐射周边92平方千米区域，形成孵化、饲养、饲料加工、屠宰、肉食加工、冷藏、生物制品及销售完整产业链条和较强产业协作配套能力的畜禽肉食加工产业集群，2008年朝城镇获得农业部命名的全国农产品加工创业基地称号，2011年获得省级畜禽肉食加工产业集群称号。以朝城镇为中心的畜禽肉食加工产业成为莘县的主要支柱产业，对莘县经济发展有着较强的拉动作用，其经济总量占全县五大产业的64%。

至2015年年底，集群拥有企业258家，其中规模以上企业86家，从业人员2.7万人，实现主营业务收入203.87亿元、利税9.45亿元。主要产品有三黄鸡、西装鸡、中装鸡、调理鸡、鸡肉串、熏鸡、卤制品等鸡系列产品，白条鸭、半片鸭、分割鸭等系列樱桃谷肉鸭产品，牛、羊、猪、肉鸽及畜禽饲料系列产品。日宰杀加工"817"杂交肉鸡60多万只、肉鸭5万只、肉鹅1万只、肉鸽2万羽，肉类年产量90万吨，其中肉鸡产量占全国小肉食鸡市场的70%，饲料年产量150万吨。产品主要销往广东、浙江、天津、上海、北京、东北等地和莘县周边地区。主要生产厂家有立信食品集团公司、金鑫畜禽公司、科瑞特生物工程公司、天天清真食业公司、瑞发德食品公司、金牌畜禽公司、盛大食品公司、鲁莘饲料公司、华森清真食品公司、七氏食品公司等，拥有山东省著名商标3个、山东省名牌产品2个，省、市级中小企业"一企一技术"研发中心3家。集群内基础设施齐全，实现"道路、供水、排水、供电、通信、宽带”等“六通一平”，污水实现达标排放。集群内有中小企业公共服务平台6个，分别是信息网络中心和交易平台1个、研发中心1个、检验检测中心1个、现代物流2个、鸡苗交易市场1个，企业满意率95%以上。莘县小肉食鸡在全国享有较高的品牌知名度和市场占有率，成为全国畜禽产品规格最全、规模最大、销售辐射最广的产品加工基地，先后被命名为“全国农产品加工创业基地”“中国小肉食鸡之乡”“省级中小企业产业集群”。

聊城经济技术开发区钢管产业集群 钢管产业最早出现于70年代末。一批群众根据市场需求，利用蒋官屯的地理位置优势，结合各自的乡缘、亲缘关系，纷纷寻门路、铺摊子，做起了买卖钢管的生意。90年代初，在东环形成小型钢管市场。2002年，聊城大东物资有限公司成立。是年5月，开始建设大东钢管市场，总投资约5000万元。年底，建成4座集中办公营业房1.2万平方米；又投资新建和鼓励商户自建自用营业房2500平方米，修筑道路5000多平方米，安装行吊车100余架。蒋官屯辖区内的300余户钢管经营商纷纷进入市场，钢管库存10万余吨，型号1万余种。2003年，聊城汇通钢管制造有限公司开工，年设计能力2万吨。随后，中冶石油机械、山东中正、聊城兴隆、聊城申昊、中德合金管、京鑫等公司开始向钢管生产制造迈进。2005年，大东钢管市场投资400万元建成中国无缝钢管网。2006年，经营商户发展到500余户，库存30万吨。从2006年起，缴纳税金年均在4000余万元，成为全国规模最大、品种最全、销货辐射面最广的无缝钢管专业市场。2007年，蒋官屯街道被评为“省级特色产业乡镇”。

2008—2010年，聊城开发区连续3年举办“中国（聊城）钢管博览会”和“钢管产业高峰论坛”。同时与北京兰格钢铁网、上海钢铁网建立良好的合作关系，扩大对外宣传与交流。2009年，一些钢管生产企业对设备进行更新换代，采用成熟先进的设备和工艺，钢管产业呈现出产品升级、结构优化、扩张提速的发展态势。蒋官屯钢管产业集群被聊城市评为“市级产业集群”。是年，大东物资有限公司投资2.2亿元对大东钢管市场进行升级改造，将平房改建成按交易区域划分的2～3层营业楼，在市场南头沿辽河路建设综合服务楼2座，内设电子交易平台、物流平台、金融平台、饭店、宾馆等服务设施，总建筑面积6万平方米；对市场2万平方米路面进行翻修，市场内行吊车进行调整。成立金融服务平台，开办资押监管市场，为市场商户融资3亿余元。2010年7月，投资1200万元组建会员制大东钢管网，开始向电子商务实时交易平台发展，是年通过网络渠道实现交易额30亿元，被省中小企业局命名为“山东省中小企业公共服务平台”。10月，聊城开发区邀请中国冶金工业规划研究院编制完成《聊城经济开发区无缝钢管产业发展规划》，为聊城钢管产业的发展提供了科学依据和发展方向。大东市场还与中储公司、齐鲁银行、华夏银行等金融部门合作，为市场业户提供仓储质押、银行借贷、企业担保等融资服务。聊城开发区成立山东省聊城钢管行业协会，帮助协调解决商户经营中出现的问题，引导产业发展；提供人员培训、技术引进、学术交流等服务。是年年底，拥有钢管企业1108家，规模以上企业145家，无缝钢管产能超过300万吨，实现销售收入260余亿元，完成利税5.12亿元，在聊城开发区工业总量中占有42.1%的份额，对财政的贡献率为30%。是年，蒋官屯街道被命名为“山东省钢管产业第一镇”。

2013年，以大东钢管市场商户为主体，成立“聊城市钢管经营者协会”，被山东省经贸委、省统计局、省商会评为“山东省十大建筑材料交易市场”，被省工商行政管理局、省精神文明建设委员会办公室评为“山东省规范化文明诚信市场”。2015年年底，钢管产业集群拥有企业1127家，其中山东汇通工业制造有限公司、山东中冶石油机械有限公司、山东中正钢管有限公司为龙头企业，从业人员1.2万余人，实现营业收入277亿元、利润4.47亿元，上缴税金1.33亿元。是年，大东钢管市场入驻商户800多家，从业人员8000多人，钢管品种、规格一应俱全，成为驻北京、天津、西安、郑州等500余处城市分支机构的调货中心，年库存量40万吨、销售额100亿元。市场东购西联，南进北出，产品遍及大江南北，形成“买全国、卖全国”的局面，部分产品销往韩国、日本、泰国、马来西亚、新加坡等十几个国家和地区。

第四节　民营经济管理与服务

一、民营经济管理

1997年，聊城制定相关加快发展民营企业的意见，通过广泛发动、放手发展、放开政策、优化环境、正确引导、强化管理等措施，重点扶持发展一批民营企业群体和大户。2006年，面对国家继续从紧的货币政策，全市民营经济发展受资金“瓶颈”制约进一步加大，全市1/3的民营企业流动资金缺乏、不能正常运转，再加上300亿元的固定资产投入计划，资金缺口更大，聊城市利用招商引资、银企对接、信贷支持、小型农业企业贷款等方法化解了融资难的问题。是年3月8日，聊城市委、市政府召开全市民营经济工作会议，明确“县乡抓经济主要是抓民营经济，抓工业主要是抓民营工业”的工作思路，实施“一把手”工程、“三个三分之一”工作机制和一月一调度、一季一考核、年终算总账、严格兑现奖惩的工作措施。全市重点抓30个重点乡镇，在政策上予以倾斜，实行重点调度，每个月对民营经济固定资产投资、民营经济税收完成情况在《聊城日报》上排队公布。在全市重点实施“双百”工程，即在全市重点抓好100家大型骨干企业，抓好列入省成长型中小企业计划25家企业的同时，又在全市筛选100家成长型中小企业，由各级政府以及财政、银行等部门在资金、用地、用电、交通、重点保护、政治待遇等方面，予以重点扶持。进一步优化调整全市民营经济结构，下大力气培育特色产业，全市初步形成轴承及轴承配件、纺织及棉花加工、农机及农机配件、密度板、钢管、铝及铝制品加工、畜禽产品加工、钎具、电缆、电机、水泵、塑料制品、橡胶软管和铜加工等十几个特色产业，约占全市民营经济总量的70%。其中，销售收入过10亿元的特色产业8个。全市开展与高校、科研院所对接活动，500多家民营企业与全国200多所高校、科研院所建立良好的科技合作关系，引进科技成果30多项，解决技术难题300多项，加快了企业技术改造步伐，提高了产品的科技含量。

2007年，聊城市委、市政府明确“民营活则全市活，民营兴则全局兴”的工作思路，重点实施“双百”工程。是年，全市19家担保公司投入运营；市政府实施“百千万”培训工程（培训企业家100人、中小企业经营者1000人、民营企业职工1万人）。聊城市与清华大学经济管理学院联合培训企业家50人，茌平县委托清华大学培训19人；举办职业经理人培训班2期，共培训学员670人。市民营经济发展局将原乡镇企业家协会更名为中小企业协会，筹建全市轴承协会。临清市建立轴承、纺织、食品、电力协会，茌平建立密度板协会，东昌府区建立轴承保持器协会，开发区建立钢管协会，阳谷建立橡胶塑料协会。

2009年，聊城市委、市政府相继出台行风评议、收费项目清理、检查收费登记、加大对“三乱”查处力度等一系列制度措施，民营经济、中小企业的发展环境得到明显改善。市委、市政府确定由31名市级领导帮包62家中小企业，及时帮助企业解决生产经营过程中遇到的各种困难和问题。市政府出资1亿元设立“中小企业还贷周转金”，制定中小企业贷款风险补偿金及中小企业信用担保机构风险补偿金办法，取得良好效果。市民营经济局争取中央专项资金1410万元、省级专项资金185万元，其中担保资金850万元、小企业创业辅导基地资金215万元、培训资金30万元、项目资金140万元。按照市政府“每个县（市、区）建成两家小企业创业辅导基地”的要求，制定出台加快推进小企业创业辅导基地建设的意见、考核办法，全市建成16个小企业创业辅导基地，其中省级5个、国家级1个。按照省“万家小企业培育工程”的要求，筛选150家小企业列入省培育计划。围绕发展“一村一品”“一乡一业”，大力开展全民创业活动，催生了一批小企业。是年，全市民营企业新增1.19万家（含个体户），新增就业人员4.62万人。

2010年5月25日，“2010民营企业招聘周”活动举办，有近百家民营企业入场招聘，提供就业岗位8000余个，进场求职人员近5000人，达成用工意向450余人。2011年，全市大力实施中小企业科技创新计划，开展争创“一企一技术”研发中心活动，4家企业被认定为省级“一企一技术”研发中心，10家企业被认定为市级“一企一技术”研发中心。推动中小企业科技进步工作，是年获“山东省中小企业科技进步奖”4项，其中一等奖1项、二等奖3项。加快新产品开发、淘汰落后产能的步伐，全市民营企业开发新产品（种）100余个，淘汰落后设备1200余台套。

2014年9月18日，聊城市委、市政府召开全市民营经济工作会议，出台《关于加快全市民营经济发展的十五条意见》。在聊城电视台开设《跨越发展看民营》专栏，在《聊城日报》《聊城晚报》开办《全民创业兴民营》《民营经济之窗》栏目，对发展民营经济的政策、典型经验和先进事迹分期集中宣传报道。组织开展“百千万”管理提升活动，组织全市233家中小企业，对照管理提升目标，与知名管理咨询机构对接培训，推动企业管理水平由初级到高级管理层次的递进提升。2015年，抓好市促进民营经济发展15条意见的贯彻落实，开展“小微企业政策宣传月”活动，做好2014年度“三十佳”评选工作。全年利用聊城电视台、《聊城日报》《聊城晚报》等媒体，集中宣传报道小微企业政策等20期，宣传全民创业“三十佳”“十佳村党支部书记”“十佳创业带头人”“十佳创业之星”的先进事迹，激发和调动人们创业兴业的积极性。

二、民营企业融资

2006年，聊城市民营经济发展局从济南引进天元担保公司，为全市民营企业提供贷款担保，全市建成注册资金1000万元以上的担保机构6家。2009年，加快担保体系建设步伐，全市中小企业信用担保机构发展到16家，比上年新增7家，其中注册资金过亿元的7家，比上年新增4家。全市担保机构注册资金10.2亿元，累计为中小企业提供贷款担保35.2亿元，其中2009年担保额15.8亿元。市民营经济局先后2次与市银监局、市人行联合召开全市小企业金融服务工作推进会议，向各金融机构筛选推荐1101家小企业，利用中国中小企业聊城网设立聊城中小企业金融服务平台。至年底，全市银行业金融机构中小企业贷款余额250.03亿元，比上年增长16.1%，占全部企业贷款的48.5%。

2010年，全市担保公司总数30家，比上年新增5家，注册资金16.15亿元，累计担保额超过50亿元，其中2010年新增20亿元。在市一级建立担保机构风险补偿金300万元的基础上，茌平县和高唐县分别设立1000万元和2000万元中小企业发展专项资金。市财政出资1亿元，设立聊城市中小企业贷款周转资金，高唐县和东阿县也分别设立5000万元和1000万元的“过桥还贷”资金，有效化解部分中小企业融资难问题。

2011年，调整充实省“四项计划”项目库，将172家中小企业列入省“四项计划”项目库，列入省重点扶持对象。全年争取国家专项资金300万元，省级专项资金1365万元，其中产业集群扶持资金1000万元，担保补助资金260万元，固定资产投资项目资金340万元，服务体系项目资金65万元。按照省中小企业管理办公室的要求，选择126家高成长型中小企业列入省中小企业融资服务平台。与市建行联合开展“集合贷”“保理”贷款等新融资业务。借交通银行聊城分行批准设立的时机，向交通银行推荐140家中小企业。实施中小企业“提升工程”，把275家中小企业作为全市各金融机构支持重点，在信贷融资方面予以重点支持，市财政列专项资金予以贴息支持。

2012年，推动银企合作，引导各金融机构逐步加大对中小企业金融服务的力度。由冠县中小企业局牵头，依托冠县银企协会与省内外30多家金融机构合作，为中小企业融资超过10亿元，融资数额在全省居首位。2013年，开展融资服务，组织中小企业与金融机构对接、交流5次，向中小企业发放金融产品手册6000余册，向金融机构推荐成长型中小企业700余家。2014年，推动以市级5亿元大型国有背景融资担保公司为龙头，各县（市、区）3亿元国有背景融资担保公司为补充的融资性担保体系建设，引导中小企业登陆“新三板”、齐鲁股权托管交易中心、上海股权托管交易中心股权融资，拓宽企业融资渠道。2015年，全市省、市级“一企一技术”企业238家，其中省级98家；省、市级“专精特新”中小企业1164家，其中省级57家。

三、创业服务培训

2006年，市、县分期分批组织有关人员到深圳、青岛、德州等市学习考察服务体系建设的经验。在培训体系建设方面，配合国家、省开展的银河培训工程、蓝色证书培训、信息科技培训等内容，在全市开展了大规模的培训活动，全市培训各类人员2000多人。2009年，培训企业家135人，培训管理人员1236人，市和县（市、区）举办各种形式的培训班320期，培训民营企业职工1.15万余人。2014年，组织商业模式、管理模式创新培训6次，培训企业224家。2015年，举办18期公益性老板大讲堂活动，先后邀请北京大学民营经济研究院郑义教授、中国人民大学李新章教授等10余位专家授课，内容涉及企业管控与激励、营销、资本运营、财税、法律等各方面，培训中小企业老板1000余人次。2015年，举办“中小企业人才招聘会”12期，参加招聘的中小企业900余家次，应聘人员1.5万人次，极大地缓解了中小企业用工矛盾。组建商企联盟俱乐部，组织200余家中小微企业的老板参加，全年举办大型活动6期，受到俱乐部中小微企业成员的欢迎。是年年底，全市省、市级小企业创业辅导基地31个，其中省级16个、市级15个，入驻企业4615家，吸纳就业9.63万人。

2014年10月，聊城市创业孵化基地成立

四、创业技术服务

2006年，全市大力开展信息化推进工程，4个县（区）、72家重点民营企业建起网站，并做到与国家、省、市、县民营企业网站联网。至2009年年底，8个县（市、区）全部建设并完善中小企业网站，支持250多家企业建立网站，初步形成以市级网站为龙头、县（市、区）网站为基础、重点企业网站为支撑的上下互通互动的中小企业信息网络体系。2011年，建设完善9个县（市、区）中小企业网站，支持450多家企业建立网站，进一步充实完善全市上下互通互动的中小企业信息网络体系。2015年，组织国内知名管理咨询专家对全市22家中小企业对接诊断，对发现的问题系统整改，使企业管理水平得到明显提升。

五、优化创业环境

2006年，聊城各级制定完善发展园区的各项优惠政策，把园区作为特区，从土地、税务、科技等方面予以倾斜，重点照顾。各园区内均设立工商、税务、土地、环保、技术监督等办事机构，集中办公，实行“一个窗口”对外，“一条龙”“一站式”服务。2012年，全市大力实施“双百工程”和中小企业培育计划，引导企业开展创建精细化管理样板企业活动，培育一批精细化管理企业。以“品牌建设年”活动为契机，利用《大众日报》、山东卫视等媒体开展对全市中小企业及产业集群品牌、注册商标的宣介活动，组织企业参加“中博会”“第七届APEC中小企业技术交流暨展览会”，帮助企业开拓市场。2013 年，在聊城电视台开设《乡村创业路》专栏，在《聊城日报》《聊城晚报》开办《民营之窗》《全民创业之窗》栏目，全年累计编发 102 期，对发展民营经济、中小微企业的政策、典型经验和先进事迹进行集中宣传报道，激励和带动更多的人投身创业。加快小企业创业辅导基地建设，市级以上小企业创业辅导基地 24 个，其中省级 12 个、国家级 1 个，入驻企业 3550 家，安排就业 7.41 万人。开展“一企一技术”创新活动，推动中小企业采用新技术、新工艺、新装备改造传统产业，培植“一企一技术”研发中心和创新企业 120 家，其中省级 44 家。培育科技创新型企业 140 家，专精特新工业企业 186 家。是年 1 月，聊城市中小企业公共服务平台正式运行，入驻服务机构 22 家，成为省中小企业公共服务平台的市级窗口平台，为中小企业提供事务代理、信息化、投融资、人才培训、管理咨询和法律等各项服务。全年开展对接服务 25 次，服务企业 1444 家，服务大厅办理咨询业务 2200 余次。2014 年，全市加盟入驻市级平台服务机构 22 家，开展集中服务活动 10 次，服务企业 885 家；组织管理咨询企业对接 11 次，服务企业 986 家；组织法律服务企业对接 11 次，服务企业 1081 家，签订服务协议 49 个；组织信息化服务企业对接 4 次，服务企业 55 家，签订服务协议 5 个。按照工信部和省中小企业局关于加快建立中小企业公共服务平台的要求，市、县成立民营经济中小企业服务中心，为中小企业提供“一站式”综合性服务。2015 年，开展“电商推进年”活动，制订《聊城市中小企业电子商务推进计划》，举办大型电子商务培训 3 场，培训电子商务人员 700 余人。

第十三编　商贸流通

Part XIII Commercial Circulation

1997 年，聊城推进城区十大批发市场建设，打造辐射冀鲁豫周边地区的商贸中心；建设粮食、棉花、煤炭、石油、物资五大仓储库（场），并配套建设铁路专用线及其他设施。年末，全市有各类市场 376 处，过亿元市场 25 处，集市贸易成交额 69.5 亿元。1998 年，聊城市确定“面向国内外，发展大商贸，建设大市场，搞活大流通”的工作思路，拥有各类市场 464 处，其中专业批发市场 68 处，年交易额过亿元市场 38 处，全市市场交易额 208 亿元。

2001—2005 年，聊城市以建设区域性商贸中心为目标，发展壮大商品批发市场，发展新兴服务业，形成以聊城城区为中心，辐射周边地区的功能完善、带动力强的商贸服务业。在城区内构筑以新东方广场、聊建大厦、鲁西商厦为核心的市中心商业区，以香江光彩大市场为核心的城区北部物流园区，以汽车产业园为核心的城区东部物流带，以新时代广场为核心的城区南部商业区。在农村，围绕“三农”服务，开拓农村市场，建立农村购销网络。同时，发展现代物流业，构建交通运输、仓储配送、信息网络等功能配套的现代物流体系。此间，建设了香江光彩大市场、新东方广场、五星百货、金鼎商厦等大型商业设施，城市中心商业区基本形成。

2006—2010 年，大力发展现代流通业，把聊城建设成为具有较强辐射能力的区域性商贸物流中心。推进“万村千乡”市场工程，构建农村现代流通网络。2007 年，编制完成《聊城市城区商业网点发展规划》。2008 年，确定将聊城定位为山东西部物流商贸基地。2009 年，又将聊城定位为连接山东与中西部地区的“桥头堡”，建成聊城大宗物资集散中心和区域性中心商贸城市，实施发展农村流通业“五大工程”（“万村千乡市场”工程、“双百市场”工程、“农超对接”工程、“下乡产品流通网络”工程、“农业生产资料流通体系”工程）和城市商贸服务业“七大工程”（“家政服务”工程、“菜市场标准化改造”工程、“早餐示范”工程、“放心肉服务体系建设”工程、“储备应急体系建设”工程、“旧汽车交易市场升级改造”工程、“城乡市场信息服务”工程）。2010 年，全市拥有限额以上批发零售住宿餐饮企业 994 家，批发和零售贸易业实现销售收入 458.8 亿元。

2011—2015 年，聊城完善商贸物流基础设施，建设聊城北部现代物流园区，促进城乡商贸物流一体化发展，加快与全省及周边省市商贸物流体系对接，打造冀鲁豫三省交界地区的商贸物流中心城市。2015 年，全市有限额以上批发和零售贸易业、住宿和餐饮业法人企业 668 家，年末从业人数 3.45 万人；实现社会消费品零售总额 1060.2 亿元，比 1997 年增长 26.03 倍，年均增长 20.1%。

第一章　批发和零售业

1997 年，全区社会消费品零售总额 39.2 亿元。其中，批发和零售业实现零售额 27.5 亿元。2015 年，全市批发和零售业法人企业 668 家，年末从业人员 3.45 万人。其中，批发业法人企业 313 家，年末从业人员 1.51 万人；零售业法人企业 355 家，年末从业人员 1.94 万人。批发和零售业共计实现销售收入 921.8 亿元，比 1997 年增长 32.52 倍，年均增长 21.55%。

1997—2015 年聊城市批发和零售业销售收入总额表

表 13-1　　单位：亿元

年份	总额	年份	总额
1997	27.50	2007	255.96
1998	25.95	2008	336.32
1999	29.39	2009	366.04
2000	31.57	2010	458.76
2001	35.51	2011	552.38
2002	76.51	2012	634.74
2003	90.40	2013	725.71
2004	161.57	2014	807.24
2005	187.00	2015	921.78
2006	213.89		

第一节　批发业

一、批发市场

1997 年，聊城城区建设农产品中心批发市场等十大批发市场，全市有各类市场 376 处，过亿元市场 25 处，完成集市贸易成交额 69.5 亿元。1998—2001 年，以发展壮大商品批发市场为重点，培育聊城生产要素市场。2001 年，全市各类市场增至 464 处，其中专业批发市场 68 处，年交易额过亿元市场 38 处，全市市场交易额 208 亿元。初步形成以专业批发市场为龙头，以城镇商业网点为骨干，以农村购销网络为补充，连接产销、沟通城乡的商品市场网络体系。

2002 年，改造提升传统批发市场，选择 5 处批发市场进行重点培植，建设具有一定辐射带动能力的市场体系。香江大市场一期工程建成开业，占地 33.33 公顷、建筑面积 40 万平方米，商户 4000 户，开业 2 个月实现销售收入 5 亿元。聊城铁塔商场、龙山副食品批发市场总体改造工程基本完成。是年，全市集市贸易成交额过亿元的专业批发市场 38 处，其中过 5 亿元的 6 处。

2003 年，全市形成香江光彩大市场、铁塔商场、聊城钢管城等 10 处辐射周边省市乃至全国的大型专业批发龙头市场。香江光彩大市场的二期工程投入使用，占地 40 公顷、商铺 5000 户；临清烟店轴承市场成为占地 66.67 公顷、入市商户 1920 户、经营型号 5000 余种、商品销往全国及亚欧 20 多个国家的大型轴承交易集散中心，并带动发展投资 100 万元以上的轴承生产加工生产企业 300 余家，其中投资 1000 万元以上的企业 40 家。2005 年，全市 5 处重点市场实现成交额 120 亿元，比上年增长 22.4%。

2010 年，聊城加强各类商品市场的标准化建设。聊城市香江光彩大市场经营商户 6120 户，年成交额 122 亿元；铁塔商场商圈辐射力明显增强，年成交额 16 亿元；大东钢管市场商户 600 户，年成交额突破 150 亿元，发展年生产能力 300 万吨的钢管产业。香江市场、临清烟店轴承

2004 年，香江光彩大市场客货运繁忙景象

市场、开发区大东钢管城等专业批发市场辐射力明显增强，全市基本形成城乡贯通的市场网络。

2011年，按照“移出市中心区、同类整合、改造提升”的原则，部分骨干市场进行搬迁整合，以生产资料、农副产品、各类小商品为代表的龙头骨干市场快速发展。聊城市农产品批发市场搬迁至聊城北部，占地75.33公顷，集交易、仓储、加工、信息交流、配送、运输等多功能于一体。是年，全市16处重点批发市场实现成交额306亿元，比上年增长7.7%。2012年，推动大东钢管、烟店轴承等专业批发市场转型升级，做好山东现代综合流通试点申报工作，钢管产业成为聊城经济发展的重要动力。

2013年，推动专业批发市场转型升级，组织山东汇通国际金属物流园等3家企业申报2013年省级商贸流通业发展专项资金扶持项目。大东钢管城钢管销量占全国无缝钢管销量的三分之一，全年完成市场成交额140亿元，比上年增长10%。

2015年，烟店轴承市场、香江光彩大市场和江北汽车城进行升级建设，全市共有批发业企业313家，从业人员1.51万人。

二、重点市场选介

聊城铁塔商场　位于聊城市中心古运河畔，因靠近聊城文化古迹——宋代铁塔而命名，建于1985年，原称铁塔市场。2010年，铁塔商场商圈年成交额16亿元。至2015年，商场经营面积5万平方米，设立经营摊位4000余个，设有服装鞋帽批发市场、小商品批发城、电子批发城等3个特色商城，经营服装、鞋帽、小商品、毛线、电子、家用电器、电脑软件等，成为购销辐射十几个省、市、区，冀、鲁、豫毗邻地区最大的轻工业品专业批发市场、鲁西地区的龙头市场，连年被评为“省级规范化文明市场”“国家级文明市场”。其中，服装鞋帽批发市场位于原铁塔市场发源地，是豪华型高档次的楼厅式精品房间，经营面积1.8万余平方米，经营摊位900余个；小商品批发城经营面积8100余平方米，经营摊位500余个；电子批发城经营面积1万平方米，经营摊位300余个。

聊城香江光彩大市场　2002年1月，香江光彩大市场举行签约仪式，正式落户聊城。10月，香江一期工程正式开业，入驻商户4000余户，实现成交额28亿元。2004年3月，香江二期工程投入使用。香江光彩大市场主要经营服装、鞋帽、百货、副食、五金等十大行业，从业人员3万多人，此外还有4万多人依托香江市场从事加工、运输、餐饮、娱乐等服务活动，商品辐射全国十多个省市和地区。2007年，完成交易额95亿元、税收3.3亿元，成为山东省五大批发市场之一。2010年，香江商户增至6120户，年成交额122亿元。2014年，香江市场占地73.33公顷，建筑面积96万平方米，共有商铺6503套，摊位762个，市场交易额完成150亿元。香江市场先后被评为“山东省五大批发市场”“山东省三十强市场”“中国竞争力百强市场”“中国五星级商品交易市场”，获“2005年度全国商品交易市场最具影响力奖”。

聊城大东钢管市场　2002年，经市经贸委批准，由聊城大东钢管市场（有限公司）兴建，主营无缝管及合金管。2008年6月，完成注册登记，注册资金5000万元。至2015年，市场内驻有商户800多家，经营钢管型号1万多种，产品销售网络遍布全国，销往中东、东南亚等十几个国家和地区，建立驻北京、天津、西安、郑州等城市分支机构300多处，从业人员1万多人，是全国规模最大、品种最全、销售网络覆盖最广的大型无缝钢管专业市场，业内有“没有大东钢管人不成市”之说。大东钢管市场先后被评为“山东省十大建筑材料交易市场”“省级精神文明市场”。

烟店轴承特色商贸小镇　70年代末，临清烟店镇轴承交易逐步兴起。2009年起，举办6届“临清·中国轴承产业高层论坛暨轴承、零配件及专用装备展览会”。2012年5月，成立烟店轴承产业园，涵盖烟店、潘庄、唐园3个镇，总面积25.75平方千米。至2015年，烟店镇形成轴承贸易与轴承制造相互促进、相互带动的发展格局。产业园区内有轴承企业950余家，其中规模以上企业93家、山东省轴协会员企业45家、中轴协会员企业11家；轴承个体工商户5000余户；从业人员8万余人；可生产0～9类、非标十一大类5000多种型号的产品；拥有国家标准起草单位2个，国家级热处理新技术实验研究中心1个，山东省著名商标2个，山东省名牌产品2个。烟店轴承市场占地120余公顷，建筑面积40多万平方米，拥有楼房式经营门店5100套，经营型号1.7万余种，年交易额200多亿元，占全国轴承交易总量10%以上，是全国最大轴承专业批发市场。轴承产业形成从轴承钢、滚动体、保持器、锻造、热处理到轴承组装，专业化分工明确、配套能力强的完整产业链条，形成以烟店为中心辐射周边几个县市、几十个乡镇集生产、加工、销售为一体的轴承产业集群。烟店轴承销售网络覆盖全国以及世界上30多个国家和地区，部分产品成功打入欧美市场，全国各地乃至一些外国的轴承制造厂家均在烟店轴承市场设有直销处或分公司。

第二节　零售业

一、行业经营

1997年，聊城国有流通企业改革逐步推进，实行股份制和股份合作制的企业22家，租赁经营企业90家，联营企业7家，兼并企业13家，国有民营企业64家，破产企业9家。是年，国家宏观调控措施逐步落实，零售物价平稳回落，短缺经济基本结束，买方市场形成。年底零售物价总指数为102%，比年初回落6.9个百分点。

2001年年底，全市国有流通企业改制面91.4%，其中实施产权改革的占改制企业的29.8%。各类流通企业1.25万家，其中国有流通企业971家，非国有企业1.15万家；有个体工商户15.21万户，注册资金7.38亿元，从业人员32.65万人，其中81%以上的工商户从事商品流通业。2004年，聊城百货大楼组建3个专业分公司，即百货大楼购物中心（金鼎商厦）、百货大楼三联家电城（鲁西商厦）、百货大楼电脑科技广场（新时代广场），总营业面积6.17万平方米。

2006年，零售业逐步向农村推进发展，全市7个县市、12家企业纳入“万村千乡”市场工程试点范围，新建和改造“标准化”农家店1992个，带动试点企业发展农村连锁店2000多个，可覆盖全市60%的行政村。2007年，全市8县（市、区）全部纳入“万村千乡市场工程”实施范围，共有标准化农家店4184个，覆盖全市95%的乡镇驻地和62.1%的行政村。

2010年5月，定位于“时尚化、品牌化、高档化”的金鼎购物中心开业，面积约6.6万平方米，是鲁西单体规模最大的商业网点。是年，全市建有农家店4300个，其中日用消费品店1482个、农资店2818个，覆盖全市75%的行政村和所有乡镇驻地，带动社会就业1.3万余人，基本形成城区店为龙头，乡镇店为骨干，村级店为基础的农村商业流通体系。2011年，聊城市百货大楼与北京光耀东方集团联合，在北京开办购物中心1家；振华集团扩建五星百货聊城店，开设振华连锁超市12家；全市新建（改造）标准化农家店780个、配送中心2个，以大企业、大集团、大市场为载体，实现各类要素向优势资本、优势企业的集聚，降低流通成本，提高流通效率。是年，全市零售业实现零售额462.4亿元，其中10家大型商场超市实现销售收入16.7亿元。

2012年，银座超市聊城店建成开业、振华集团五星百货在开发区新建5万平方米购物中心1处；组织百货大楼、亿沣超市、振华量贩等重点流通企业开展“农超、区超对接”工作，与东昌府区、莘县、东阿县、阳谷县等地的多家蔬菜专业合作社建立农超对接，采用“超市＋专业合作社＋农户”的对接模式，实现蔬菜直供，降低了流通成本和蔬菜价格。2013年，引导流通企业转变经营模式，拓展经营领域。聊城市百货大楼与北京光耀东方集团实现强强联合，走“商业＋地产”的合作模式，全年实现销售收入20亿元，比上年增长5.1%。亿沣超市开设连锁店202家，其中，直营店57家、加盟店145家，全年实现销售额4亿元，比上年增长34%。振华集团在开发区投资建设的营业面积5万平方米的振华购物中心于7月正式营业。2014年，全市零售业实现零售额639.2亿元。

聊城市百货大楼有限责任公司金鼎购物中心 （2015年摄）

2015年，百货商场、连锁超市、便利店等传统零售企业探索全渠道经营模式，依托原有实体网点、货源、配送等商业资源，发展全渠道、O2O、定制化营销模式，促进电子商务与传统零售业的融合发展。传统零售企业建立网上商城，实现线上线下互动发展，拓宽销售渠道。调整业态，加快企业转型升级。大型零售企业在启动市场、扩大销售、引导消费方面进行新的尝试，缩小百货类的比重，增加餐饮、娱乐、体验等功能比，延长顾客在店的逗留时间。全市共有零售业法人企业355家，从业人员1.94万人。

二、重点企业选介

聊城市百货大楼有限责任公司 1977年开业，1978年3月从聊城县百货公司独立出来。1996年商品销售额首次突破亿元。2000年，百大三联家电城开业。2002年，百货大楼华联超市开业。2011年，聊城市百货大楼与北京光耀东方集团联合，按照“走出聊城、走向全国”的经营战略，依托光耀东方集团在北京、天津、石家庄、大同、邯郸等全国各地的商业地产资源，大力开拓省外市场。在“2013年度（第二十二届）中国市场商品销售统计结果新闻发布会”暨“中国零售商品牌商发展大会”上，聊城市百货大楼有限责任公司获得“2013年度全国重点商业企业集团”“2013年度销售领先品牌”荣誉，聊城市百货大楼有限责任公司三联家电城被授予“2013年度全国重点百货零售企业”称号。

至2015年，聊城市百货大楼有限公司拥有金鼎、家电、连锁3个分公司，20多个营业网点，营业面积20多万平方米，从业人员5000多人，年商品销售额20多亿元，是山东省重点商业零售企业和鲁西地区最大的商业零售企业，聊城市第一家通过ISO 9001国际质量管理体系认证的商业企业，山东省服务名牌和中国商业名牌企业。企业先后获“全国文明经营示范单位”“全国财会工作先进集体”“全国执行物价计量政策法规优秀单位”“全国守合同重信用企业”等国家级称号20余项；获得“山东省服务名牌”等省级称号50余项，并连续8届蝉联“山东省消费者满意单位”。其中，聊城市百货大楼金鼎分公司拥有金鼎商厦、金鼎购物中心、金鼎百货3个营业场所，营业面积近13万平方米，员工4000多人，经营范围涉及现代百货、大型综合超市、购物中心等多种业态，年商品销售额近10亿元；聊城市百货大楼家电分公司拥有聊城百大三联家电城、聊城日日顺百大电器有限公司、鲁西科技广场、临清家电商场、聊城百货大楼高唐店、聊城百大三联莘县店等6处营业场所，营业面积2.6万平方米，员工1400多人，主要经营手机数码、小家电、厨房电器、彩电、冰箱、空调、洗衣机、音响等8类3000多个品种，年营业额10多亿元，市场占有率70%以上；聊城市百货大楼连锁公司主营超市、便利店，以直营门店为主，发展特许经营，着力发展社区和农村服务网点，以及连锁经营和商品配送业务，下设昌润南路店、市人民医院店、东昌东路店、金柱文苑店、桐凤家园店、于集店、许营店等14家营业网点，年商品销售额1亿元。

振华集团五星百货公司 为烟台振华集团旗下企业，位于聊城市最繁华的柳园北路，2003年12月开业，2011年12月全面升级扩建后，总建筑面积7万平方米，是聊城的名牌聚集地、时尚风向标和广大消费者购物休闲的重要场所。公司汇集了美国雅诗兰黛，法国兰蔻、迪奥，意大利品牌ARMANI JEANS，韩国第一化妆品品牌WHOO以及阿玛施、哥弟、柯罗芭、雷达、I DO、菲乐、斯凯奇、TIGER、汤普等上百个国内外品牌，入驻四川海底捞、韩国品牌米斯特比萨、日本味千拉面、济南凯瑞集团旗下的高第街56号、城南往事、皇城根等近20家餐饮名店。先后获省级百城万店无假货活动示范店、山东省诚信经营示范单位、山东省商业诚信企业、山东省消费者满意单位、聊城市百姓放心购物场所等称号。2015年，公司实现销售收入3.16亿元，利税894万元。

聊城银座商城 隶属于银座集团股份有限公司，是市政府重点招商引资商业企业。聊城银座于2012年11月16日开业，位于聊城市柳园南路19号，是银座集团在聊城市区开设的第一家“百货+超市”的复合型门店。商城占地1.13公顷，总建筑面积4.9万平方米，分为地下2层、地上6层，经营品种2万余种。聊城银座商城引领聊城市高端消费潮流，发挥自身优势，打造聊城新中心商圈。至2015年，累计实现销售收入1.98亿元、纳税600万元，先后获“食安山东信得过企业”“明码标价诚信单位”“消防标杆企业”等称号。

1997—2015年聊城市社会消费品零售总额统计表

表13-2　　　　单位：亿元

年份	合计	城市	农村
1997	39.22	24.58	14.64
1998	42.72	27.39	15.33
1999	46.33	30.37	15.96
2000	50.50	33.29	17.21
2001	56.66	37.45	19.21
2002	88.09	56.75	31.34
2003	110.48	67.37	43.11
2004	202.01	124.89	77.12
2005	233.96	145.70	88.26
2006	272.59	170.24	102.35
2007	323.62	205.85	117.77
2008	398.84	255.22	143.62
2009	472.35	303.56	168.79
2010	536.77	326.08	210.69
2011	629.96	449.27	180.69
2012	724.34	517.36	206.98
2013	820.81	582.32	238.49
2014	924.66	703.78	220.88
2015	1060.22	815.49	244.73

第二章　粮油贸易

1997年起，聊城地区粮食流通体制发生重大变革，粮食行政部门由行业管理逐渐向全社会粮食流通职能管理转变。购销市场全面放开，粮食流通日趋活跃，粮食应急和储备体系逐渐建立，粮食产业化发展步入快车道，放心粮油工程建设持续推进，国有粮食企业改革不断深化，全区粮食行业实现快速发展。

1998年，聊城地区粮食局更名为聊城市粮食局，全市粮食管理实行政企分开、中央与地方责任分开、储备与经营分开、新老账务账目分开，完善粮食价格机制的“四分开一完善”体制，全面落实粮食工作行政首长负责制，同时实行“三项政策、一项改革”（即敞开收购、顺价销售、资金封闭运行和深化企业改革），取消定购粮调拨制度，合理调整粮食收购价格，严格顺价销售。2005年后，粮食行政管理部门由行业管理向全社会粮食流通管理转变，粮食市场的管理力度逐渐加大。

2010年，对粮食局的职责进行调整，增加对粮食战略性问题研究等内容，进一步深化粮食流通体制改革，完善粮食储备体系，健全粮食监测预警体系和应急机制内容。

2001年，山东聊城国家粮食储备库收划转中国储备粮管理总公司管理，更名为中央储备粮聊城直属库，辖冠县、高唐县2个分库，阳谷县、莘县2个控股公司。各直属企业总仓容45.57万吨，监管6个国家粮食储备库，辖区储粮规模83万吨。

第一节　粮油收购

1997年7月，为稳定粮食生产，聊城实行粮食保护价收购政策，除国家定购粮外，对市场粮食收购部分实行按保护价敞开收购。1998年，根据国务院“敞开收购，顺价销售，收购资金封闭运行”3项政策，粮食系统开始常年按保护价收购农民余粮，并及时兑付农民卖粮款。是年，定购冬花麦价为每千克1.46元，收购保护价为每千克1.28元，玉米保护价格为每千克1.08元，全市定购粮12.5万吨。

1999年，市场粮价下降，全市适当调整粮食保护价收购范围，玉米退出保护价收购；完善粮食收购价格政策，将定购价调低到保护价水平，国家定购价与保护价执行同一价格；完善粮食超储补贴办法，促进顺价销售，顺价销售粮食价格由购销企业按顺价销售原则自主确定，对顺价销售的粮食以及其他国有企业销售的军粮、救济粮、水库移民粮，免征增值税。是年，国家定购价与保护价收购实行同一价格，冬花麦每千克1.28元，玉米每千克0.92元。

2000年，根据国务院《关于进一步完善粮食生产和流通有关政策措施的通知》，聊城市落实按保护价敞开收购农民余粮政策。2001年，根据国务院《关于部分粮食品种退出保护价收购范围有关问题的通知》，玉米退出国家保护价收购范围，但国有粮食购销企业仍按照“购得进、销得出”的原则进行收购。1998—2001年，全市累计收购粮食612万吨。

2001年后，粮食流通体制改革进一步加快。2004年，国家全面放开粮食收购市场，聊城粮食部门采取即购即销的方式，全年收购粮食85.25万吨。结合聊城优质小麦基地建设，组织购销企业与农民开展“订单收购”，扩大优质小麦种植面积。对粮食收购企业进行资格年审，确保粮食企业维护农民利益。

2006年，国家在山东、河南、安徽、湖北等6个小麦主产省实行小麦最低收购价制度，以2006年生产的国标三等小麦为标准品，白麦每千克 1.44 元，红麦、混合麦每千克 1.38 元，聊城以最低收购价托市收购粮食 25.86 万吨。2007 年，托市收购小麦 13.17 万吨。2008 年，提高小麦最低收购价格水平，标准白麦每千克 1.54 元，标准红麦、混合麦每千克 1.44 元。2009 年，标准白麦每千克 1.74 元，标准红麦、混合麦每千克 1.66 元。收购托市小麦 11.63 万吨，带动多元化市场主体入市收购，全年夏粮收购 45 万吨。分三批接受跨省移库粮食 11.95 万吨，拍卖国家临时储备小麦 28 万吨。2006—2009 年，聊城市累计收购最低价小麦 76 万吨。

2010 年起，由于市场价格高于托市收购价，聊城连续 5 年未启动托市收购。2010 年，标准白麦每千克 1.8 元，标准红麦、混合麦每千克 1.72 元。是年，实行粮食收购资格年审制度，办结粮食收购资格年审 906 万户，收购粮食 407 万吨。2011 年，夏粮收购市场价高于国家最低收购价，聊城提高小麦最低收购价格，引导多元化粮食市场主体入市收购，避免盲目竞争，全年共收购粮食 269.4 万吨。2014 年，每千克白小麦（三等）最低收购价为 2.36 元，有粮食收购资格 826 户，全市收购粮食 388 万吨，

2015 年，结合全市粮价持续下滑现状，在东昌府、阳谷县、临清市启动小麦最低收购价，是年生产的小麦（三等）最低收购价为每千克 2.36 元，全年收购粮食 356 万吨，政策性收购 2.71 万吨。

第二节　粮油供应

一、城镇粮油供应

1997 年，根据市场价格不稳、定量粮油销量增加的实际情况，对城镇居民限量供应特二粉，由原来每人每月 10 千克改为 7.5 千克。1998 年后，全国实行“米袋子”省长负责制，农业增产、粮源丰富，城镇居民生活用粮不再单靠凭证供应。2001 年 5 月 1 日，聊城市正式取消市镇粮食供应转移证、农转非供粮审批证、地方城镇户口供粮审批凭证、农村粮食关系转移证明，粮食供应证由定量人口个人保存，粮食供给基本市场化。

粮食销售　1998—2001 年，聊城国有粮食购销企业累计销售粮食 609 万吨，发挥了粮食流通主渠道作用。

2003 年，粮价上涨，小麦价格最高 1.66 元/千克，是年全市销售粮食 98 万吨。2010 年，全市粮食企业发挥粮食流通主渠道作用，全年销售粮食 377 万吨，供求平衡，略有结余。2011 年，夏粮价格提高，为平衡粮价，减少粮食销售量，全年销售 207.7 万吨。2014 年，粮食企业销售粮食 390 万吨，转化用粮 229 万吨。2015 年，全市粮食企业销售粮食 278 万吨。

中央储备粮直属库承担政策性粮食销售出库任务，根据政策要求，拍卖出库托市小麦、跨省移库玉米、中央储备玉米及大豆等粮食作物，

粮油产业　2004 年，全面放开粮食市场，对粮食系统进行改革，发展“居民厨房工程”和粮办工业企业。在粮油初加工的基础上向餐桌延伸，发展主食产业。2006 年，在全市启动“放心粮油”工程，以“经营放心粮油，确保消费安全”为主旨，开展“放心粮油”品牌认定和推介，首批认定市级“放心面粉”企业 10 家。2007 年，推介“聊城市粮食诚信企业”22 家，发展“金谷”“民天”“粮香”等放心粮油品牌。构建城乡餐饮供应服务体系，发展“蓝山”等粮油龙头企业，形成“沙土地冷榨花生油”“大豆蛋白”等产品。2009 年，全市有“放心面”国家级 4 家、省级 7 家、市级 17 家，启动“放心粮油进城乡、进社区示范工程”，推动放心粮油示范企业进城下乡。2014 年，军供放心粮油店与大中专院校及医疗机构达成合作协议，供应放心粮油制品，月供应量 1.5 万千克。2015 年，全市建成放心粮油店 106 个、配送中心 10 个，推动鲁信、全得利等企业的主食产业化工程。

二、军粮供应

1997 年，根据国务院、中央军委《关于深化军粮供应体制改革的通知》《军粮供应管理暂行办法》，聊城地区对军粮供应工作进行改革。

军供小麦粉用定购粮解决，由各县粮食局安排、调剂，军供大米由各县市军供部门在县级粮食批发市场选购。放开食油、大豆、马料价格，由供需双方按随行就市的原则签订购销合同。建立军粮差价补贴款专户管理制度，军供差价款根据军供价格进行预拨。

1999 年，聊城市粮食局按照“一县一点”的原则，8 个县（市、区）的 8 个军粮供应网点被认定为军粮兼供站。2002 年 1 月，按照山东省粮食局《山东省军供大米统筹调拨管理暂行办法》，军供大米由省粮食局统筹。

2005 年 4 月 1 日，成立聊城市军粮供应站，全市军粮供应业务由市级统一管理。军供大米由省级统筹，军供面粉由市级统筹，聊城市军粮供应站负责驻聊城部队的军粮供应。2005 年后，开展创建规范化军供站活动，为军队义务送粮。2009 年，成立军供香油厂，生产“水城乡情”品牌香油，逐步向市场发放。2015 年，践行军民融合，提升军粮综合保障能力。

第三节　粮食监督检查

2004 年，根据国务院《粮食流通管理条例》《粮食流通监督检查暂行办法》，聊城粮食部门负责协调解决全社会粮食流通中出现的问题。是年，为解决遗留问题，对全市国有粮食购销企业 1998 年 6 月至 2004 年 5 月间的账务进行清理审计，对粮食库存进行核实。2005 年，市粮食局设立储备粮管理科后，认定 1998 年 6 月至 2004 年 5 月，新增政策性粮食债务 5.35 亿元。

2007 年 5 月，根据山东省粮食局健全“一局一科一队一站一车”“五个一”粮食行政执法体系要求，全市配置齐全执法用车和执法设备。全年出动执法人员 342 人次，开展粮食收购资格、夏粮收购、储备粮管理等检查，检查业户 972 家，暂停或取消粮食收购资格业户 66 家。2010 年，检查粮食收购业户 181 家，查处违法违规案件 16 例。对小麦、玉米等主要粮食作物进行样品抽检，保证粮食质量。

2010 年 8 月，结合机构改革，各县（市、区）粮食局成立粮食执法机构。至 2011 年年底，8 个县（市、区）全部设立独立的监督检查机构和粮食执法大队。2014 年，开展“五要五不要”粮食收购守则落实及“转圈粮”专项整治，维护粮食市场秩序。

2015 年，全市具备粮食收购资格企业及个体工商户 830 家，开展粮食执法 282 次，共检查收购主体 688 个、出动检查人员 873 人次，全市 8 个县（市、区）全部为全省粮食规范化执法示范县。是年，全市执法人员共计 80 余人。市粮食局完善粮食行政执法制度，先后制定印发《聊城市粮食局行政处罚自由裁量细化量化标准》《聊城市粮食局行政许可自由裁量细化量化标准》《聊城市粮食收购许可办理工作制度》等制度，粮食检查工作逐渐法治化。

第四节　粮油仓储管理与建设

一、储粮管理

1997 年，聊城开始逐步推行应用“机械通风”“电子测温”等储粮新技术，国家储备粮管理符合“一符、三专、四落实”（账实相符；专仓储存、专人保管、专账记载；数量落实、质量落实、品种落实、地点落实）的要求，全区“无虫、无鼠、无霉烂、无事故”四无存粮率实现并保持 100% 的水平。

1999 年，国家粮食储备局对挂牌国家粮食储备库和储粮企业实行承储资格审批制度，符合条件的储粮仓库赋予承储国家专项储备粮的资格。聊城国家粮食储备库等共 9 个单位被确认，并由中央储备粮济南分公司颁发中央储备粮承储资格证书。1999 年，国家投资建设高大平房仓，开始运用机械通风、谷物冷却、微机检测、环流熏蒸等“四合一”储粮新技术。

按照“以防为主，综合防治”的保粮方针，2001 年 7 月，市粮食局印发《聊城市规范化储粮单位百分考核办法》，对仓储进行量化考核。2002 年 5 月，聊城中央储备粮管理工作由市粮食局移交给中央储备粮聊城直属库。是年，全市规范化储粮单位159个，占储粮单位总数的67%；“四无粮仓”单位100%。11月，中央储备粮聊城直属库辖属冠县、高唐县2个分库，阳谷县、莘县2个控股公司，各直属企业总仓容45.57万吨，监管6个国家粮食储备库；辖区储粮规模83万吨。

2005年3月，聊城市粮食局印发《聊城市地方储备粮管理年活动实施方案》，参照中央专储粮和省级储备粮的标牌样式和账表格式，统一印制地方储备粮标牌、地方储备粮台账和报表。以聊城市市级粮食储备库为依托，兴建粮食现代物流项目。

2009年，根据国家规定，实行粮油仓储备案管理工作，按照“网上备案，属地管理”的原则，对全市仓储企业进行统计。2012年，全市纳入统计范围的仓储企业78家，完成备案70家。2015年，开展粮食企业库存自查，截至年底，全市地方储备粮食约为9万吨。

二、仓房建设

1997年，全区共有存粮点165个，粮仓面积24.25万平方米，仓容45.22万吨，钢板油池、油罐51个，容量4.45万吨。2004年，聊城国有粮食购销企业改革，国有粮食企业进行重组、兼并、出售转让，国有粮食企业数量有所减少，仓储设施有增有减。粮食企业改革前，全市共有国有粮食购销企业186家，8197人；企业改革后，全市共有粮食购销企业94家，返聘安置职工1306人。年内建设1.3万吨的聊城市市级粮食储备库，对现有仓储设施提升改造。

2010年年底，开展粮油仓储设施备案工作，对全市仓容量1000吨以上的企业全部进行备案。2011年开始，开展科学储粮示范工程建设，促进农民的节粮减损。2012年，完成2000户科学储粮示范仓建设；全市粮油仓储企业共备案46家，其中国有企业17家、非国有企业29家。

2011—2015年，争取农户科学储粮专项建设资金896万元，为3.7万农户配置彩钢板示范仓3.7万个，每年促进节粮减损160万千克。2013—2015年，对全市8个县市区的39处库区和1家市直企业进行“危仓老库”维修改造，维修改造仓容30万吨。2015年，争取5.7万吨新建粮仓项目，其中聊城东昌粮食物流有限公司新建2.7万吨、临清市铁临物流有限公司新建3万吨。开始“数字化粮库”试点建设，在全省首先推行价格数据网络直报，实现粮食仓储管理现代化。开展库存粮食识别代码试点工作，市直国有粮食购销企业、部分县属国有储备企业基本实现“码随粮走”，初步实现了粮食质量的可追溯。至2015年年底，全市国有粮食企业库区面积364.07万平方米，完好仓容163万吨，其中平房仓建成15年以上的仓容20万吨，建成15年以内的仓容108万吨。

三、地方粮油储备建设

地方粮食储备　1993年，聊城设立市级地方储备粮，之后各县陆续设立储备粮。各市、县地方粮食储备库由同级财政建立，粮权属同级政府。1996年4月，中央储备粮聊城直属库成立，注册资金1.17亿元，参保人员141人，经营粮食收购、储存、销售等业务。之后，中央储备粮阳谷县、莘县等8个县直属库先后成立。1997年，投资480万元建设聊城粮食仓储库及配套设施，形成了7.5万吨的储存规模，是年储存粮食6.5万吨。

2004年，市级粮食储备库在市政府投资600万元的基础上，采取多方筹资、滚动发展的办法，经过3期工程建设，形成2000万元的固定资产，5.5万吨的储存能力。莘县、东阿县、茌平县粮食局加大投入，自筹资金建设仓容5.95万吨，扩大储存能力。是年，市粮食储备管理中心作为2004年新增的市级粮食储备实施主体，按照“规模存放、规范管理、安全可靠”的原则，在全市现有收储企业中择优筛选3家代储点，采取从现有保护价库存粮食中划转的办法落实储备粮源，入库成本价格按照市物价局文件规定的1.68元/千克入账，保管费用暂按每年0.06元/千克予以补贴，每4年轮换一次，每次轮换费用0.08元/千克，轮换利润上交财政，轮换亏损

2009 年 6 月，中储粮聊城直属库有限公司库区一角

由市财政承担。

2007 年，市、县共同完成新增 2.5 万吨地方储备粮的充实任务，政府宏观调控能力和手段得到加强。逐步建立完善市级粮食储备管理体系，市级储备粮的动用必须经市政府批准，有关部门具体做好储备粮的管理工作。

2010 年，全市粮食仓储企业抢抓国家扩大内需机遇，争取国家政策和资金扶持，加大粮食仓储设施建设力度。以聊城市市级粮食储备库为依托的粮食现代物流项目获得中央预算内投资 300 万元；东阿县粮食储备库扩建项目获得中央预算内投资 450 万元；高唐县粮食局争取国债资金支持，总投资 6000 万元的粮食物流中心和储备库项目一期工程投入使用；茌平县新建储备库仓容 3000 万千克，全部投入使用；临清市用国债资金征地 10 公顷，投资 5000 万元。2015 年，聊城市、县两级共同完成省政府下达的地方粮食储备任务。

地方储备油 2009 年，按照增强市场调控能力，稳定价格和应急需要，省发改委、省粮食局、省财政厅、省农发行印发《关于下达食用油地方储备计划的通知》，核定聊城地方储备油规模。2011 年 9 月 8 日，聊城市发改委、市粮食局、市财政局、市农发行印发《关于下达食用植物油地方储备计划的通知》确定建立食用植物油储备。储备贷款参照地方储备粮贷款的有关规定安排贷款解决，食用植物油地方储备费用和利息从粮食风险基金中列支，不足的由地方政府筹资解决。至 2015 年年底，全市除阳谷县未完成建设任务外，其他地方储备油均已落实到位。

第三章 供销合作商业

1997 年后，随着中国市场经济的快速发展，商品供给越来越丰富，国内市场逐步由卖方市场转变为买方市场，流通领域的市场竞争日趋激烈；国家由计划经济管理体制逐渐转为市场经济管理体制，农业生产资料、棉花等由供销社专营的政策相继放松直至取消。聊城市供销社系统因原有体制不顺、机制僵化、包袱沉重等因素，基层社和市属企业经营困难加剧。聊城市供销合作社顺应市场经济的要求，大力推进体制改革，走社企分开的路子，对社有企业深入进行改革改制、改造改貌，调整经营业态，引进超市、连锁、配送等先进流通方式和管理模式，改造传统经营网络，发展电子商务，创办、领办、合办农村专业合作社，立足为农服务，通过服务求效益求发展，成为推动全市农村、农业现代化建设的重要力量。

第一节 农业生产资料经营

90 年代，农业生产资料商品产量和需求量大幅增加，农资生产企业和农业技术等部门要求参与农资流通经营，农民也有增加农资流通渠道、降低农资成本的要求，根据 1994 年国务院《关于改革化肥等农业生产资料流通体制的通知》，自 1997 年起，聊城化肥经营渠道实行“一主两辅”，即地区（市）、区县农资部门和基层供销社为化肥流通的主渠道，农业“三站”（土肥站、农技站、植保站）和生产厂家为化肥销售的辅渠道，同时允许农垦、林业、烟草、军队在本系统内销售化肥，境内化肥等农业生产资料经营不再由供销社一家专营。1995—1997年，全区共供应化肥245.6万标准吨，农药7331吨，农膜3936吨，药械12.04万架，柴油1.89万吨。

1998年11月16日，《国务院关于化肥流通体制改革的通知》印发，国家对化肥流通的管理由直接计划管理为主改为间接管理为主，取消国产化肥指令性生产计划和统配收购计划，由化肥生产和经营企业自主进行购销活动；变“一主两辅”的化肥经营渠道为供销社农资公司、化肥生产企业和农业“三站”三条渠道并行；放开化肥零售价格；适当增加化肥进口代理渠道。聊城供销系统在化肥农药经营上，稳定市场秩序，开展农业生产资料打假行动，提高自身竞争力，建设基础网点，为农民提供优质货源。2003年，全市供销社系统各类农业生产资料经营网点2700多个，农资销售额7.6亿元。销售各种化肥120万标准吨，占全市社会销售量的70%；销售各种农药4300吨，占全市社会销售总额的50%。

2004年，在发挥好县域农资经营龙头企业核心辐射作用的基础上，通过收购、改组、兼并、新设等形式对系统内外的经营网点资源进行整合，初步形成由农资龙头企业带动，上联生产厂家，中联基层社庄稼医院、科技服务中心，下联村级综合服务站的新型农资销售网络，化肥农药经销配送到田间地头，东阿县、茌平县等县的农资超市发展成为全县的农资配送中心。全市建立170处庄稼医院和农业科技服务站，在做好化肥、农药配送的同时，开展科技服务，形成深入基层的科技网络。是年，全市供销社完成农资销售额8.07亿元，销售化肥90.79万标准吨，各种农药3561吨。2010年，全系统化肥销售量占全市社会用肥量的70%以上。

2011年，全市新建区域性农资配送中心10处，新发展农资连锁店210多个，形成以市县公司（配送中心）为龙头，以乡镇直营店为骨干，以村级加盟店（农家店）为基础的县域农资经营网络，东阿县利群、茌平县民生、东昌府区众诚、莘县利丰源等一批县域品牌企业迅速崛起，市场占有率均70%以上，其中利群农资90%以上。2012年，全市新建农资配送中心4处，实现了每县（市、区）都有覆盖县域配送中心的目标，市供销社成立供销农资公司和直供配送中心，实行全市统一考察市场、统一采购、统一配送、统一挂牌布点、统一经营管理，市、县（市、区）社面向农民专业合作社种植基地、种植大户和村委会等开展了部分农资产品品种的联采直供。全年共完成各种化肥直供量10万余吨，每吨直供化肥节约运输、储存成本100元、资金使用成本80元，直接让利于农民近200元。

2015年，供销系统建设智能配肥站，购进新式土壤检测设备、智能配肥设备、病虫害统防统治无人飞机，开展大田托管服务。是年11月，阳谷县西湖中心社引进中国农资集团“液体肥料自助”项目，建成鲁西地区第一家液体肥料自助加肥站。

第二节　生活资料经营

90年代，全市供销社系统利用原有经营场地、闲置场地建起一批生活消费品批发市场。东昌府区鲁西鞋城、土产市场开发建设早、辐射面广、交易量大，冠县一棉厂利用多年闲置的收棉场地建设规模较大的“冠州商城”。

这一时期，乡镇企业、民营企业发展迅速，日用工业品供应日益充足，市场竞争激烈，供销社的生活资料经营门店大多承包、租赁或出售给个人经营，供销社集体企业逐步退出单店形式的一般性经营领域，重点延续生活资料中的盐、烟花爆竹等涉及民生及易燃易爆危险物品的经营。

一、食盐

聊城地区盐业公司于1994年6月30日自聊城地区果品盐业总公司中独立，直属聊城地区供销社管理，从事聊城地区盐业市场管理和批发零售业务。1996年5月27日，国务院发布《食盐专营办法》，规定供销社盐业部门为盐业经营主渠道，执行国家的分配调拨计划。聊城市供销社系统盐业部门较好地完成了盐业市场管理、打击涉盐违法行为、食盐的调拨供应分装销售、推广加碘盐工作。2000 年 9 月，根据国家调整盐业管理、经营体制的要求，聊城市供销合作社系统将全市盐业经营机构及盐业管理职能整体划转给山东省盐务局，聊城市及县（市）盐务局、盐业公司随即成立。

二、烟花爆竹

1998 年 8 月，聊城市供销合作社、公安局、工商局联合转发山东省供销社、公安厅、工商局《关于对烟花爆竹批发经营企业进行资格审查的通知》，聊城市东昌府区土产杂品总公司等 7 家公司成为山东省第一批获得烟花爆竹批发经营资格企业。2000 年，市供销社、公安局、工商局共同组成聊城市烟花爆竹生产、经营安全管理办公室（简称市烟花办），组建临时稽查大队，负责烟花爆竹的管理。

2002 年，聊城市供销社发出通知，要求各县（市、区）供销社加强对烟花爆竹业的经营、安全管理，使县级烟花爆竹经营企业市场销售份额占到所在区域市场销售总量的 90% 以上。2002—2003 年，市供销社、市安全生产监督管理局联合开展烟花爆竹安全专项整治，收缴鞭炮成品、半成品 146.5 万头，取缔非法销售烟花爆竹售摊点 51 个，下达整改通知书 51 份，治安处罚 83 人。2004 年，各县（市、区）供销社铺设烟花爆竹经营网点，发展连锁配送，形成常年定点销售网络和春节期间覆盖城乡的临时销售网络，网点总量 3000 余个。是年，根据国务院规定，核发烟花爆竹等民用爆破物品销售许可证的主体由公安机关调整为国防科工部门和安全生产监督管理部门。

2005 年，山东省安监局规定，各市安监局负责各自行政区域内烟花爆竹常年销售许可证的颁发和管理，县（市、区）安监局负责各自行政区域内烟花爆竹临时销售许可证的颁发和管理。聊城市、县供销社失去对烟花爆竹经营管理费的收取权力，烟花爆竹不再由供销社垄断经营，流通市场竞争加剧。2005 年，烟花爆竹流通市场由供销社垄断经营转为竞争市场，聊城供销社培育新兴市场，形成以日用工业品、农资、烟花爆竹等为主要商品的现代连锁配送流通网络。2015 年，全市新（改、扩）建烟花爆竹仓库面积 6500 平方米，提升了专营企业的安全管理水平；开展烟花爆竹百日安全专项整治，突出抓好烟花爆竹旺季监管，实行驻库检查员制度和日报告制度，实现了烟花爆竹经营旺季的常态化、动态化监管。

第三节 经营网点

1997 年，全区供销社对原有 146 处基层社中经营实力较差的基层社进行优化重组，调整、组建 62 处中心社。各级供销社在坚持做好棉花、农资、盐业经营主渠道的同时，参与农村产业结构调整，发展专业合作社 47 家，扶持与建立商品基地 23 个。是年，全区供销社商品购进总额 16.85 亿元，实现销售收入 19.16 亿元、利税总额 2982 万元。

2003 年，全市供销社系统适应社会需求，改造基层社和下属企业的破旧门店。2004 年，引进“上海联华”“上海华联”“上海多乐多”等新型超市，并发挥其连锁配送功能，逐步延伸到大集镇，发展一批便民连锁店。高唐县供销社同省供销社联拓超市有限公司达成协议，在高唐一棉厂建设全省规模最大的“上海联华超市”和“农贸超市”。

2006 年，供销系统建设连锁超市 398 家，发展便民连锁店 3000 多个，建设配送中心 13 个。6 个县初步形成日用消费品和农业生产资料连锁经营网络，培育“茌平民生”“东阿利群”“茌平永鑫”“供销联华”“东昌兴民物流”等供销社发挥主导作用的配送龙头企业，加速了农村现代流通服务网络的形成。东阿县牛角店镇、茌平县博平镇的供销超市营业面积在 1000 平方米以上，日经营额 2 万元以上。2007 年，全市供销社突出抓好日用消费品、农业生产资料、农副产品三大网络建设。在县、乡、村建设便民连锁店、农家店 3690 个、超市 426 家，全系统有 50% 以上的经营网点纳入县域连锁配送网络，覆盖全市 80% 的乡镇驻地、60% 的行政村。注重发挥供销社一供一销的作用，努力实现“双向流通”“一网多用”，同时实现农资、日用品供应和农副产品的购销。

2010 年，全市供销社系统构建日用品、农资、农产品、再生资源四大经营网络，发展各类经营服务网点 5465 个，初步形成覆盖县、乡、村三级的连锁配送经营服务网络，连锁经营企业推行统一配送、价格、标识、服务，建立配送中心与销售终端互联互通的信息系统。强化“一网多用、双向流通”的功能，依托农资和日用品网络，逐步拓展医药、图书、家电、通讯和烟花爆竹等经营品种。强化农超对接，推进农产品进超市、社区市场和批发市场。2011 年，全市供销社系统规范发展各类经营服务网点 5600 多个，亿沣超市、茌平县联华超市、东昌府区兴民物流、东阿县盛佳、建设中的阳谷县宝福邻购物中心等一批商贸流通企业以现代物流配送中心为支撑，发展直营店、中心店、便利店、农家店等新型业态，将连锁经营服务网点向农村推进延伸。

2013 年，市供销社坚持分类指导，以茌平县、东阿县、东昌府区、阳谷县带动莘县、高唐县、冠县、临清市日用品网络建设发展，在乡镇驻地或中心村（社区）新建 2000 平方米左右的日用品超市 15 家。2014 年，深化“新网工程”建设，发挥“亿沣超市”的品牌效应，在成

2015 年 10 月，茌平县供销社利民超市冯屯店开业（王文广摄）

功运作茌平县供销社 3 万平方米商贸综合体的基础上，新建、改建、扩建 1000 平方米以上的超市 9 家，系统大型超市 91 家，供销社成为改善农村消费环境的主力军。2015 年，市供销社在农村建设 1000 平方米左右的供销超市达 156 家。大力推展电子商务，茌平县供销社电商平台、东阿县供销社电商体验店投入试运营，新发展京东电商乡村推广员 1279 人。

第四节　农产品经营

一、棉花

聊城地区一直是传统棉花主产区。1997 年之前，聊城地区连续 4 年棉花生产急剧滑坡，国内棉花主要产地发生转移，区内收购来源逐渐枯竭。聊城棉麻企业为摆脱困境，发展多元化经营，拓展农业开发途径。将棉纺织业范围扩大到新疆，在新疆累计投入 2930 万元，棉纺能力 3 万纱锭，开发荒地 1.91 万亩，累计创工农业产值 8445 万元，1997 年整体开发步入投资回报期。

1999 年，根据国务院部署，进一步改革棉花流通体制，放开棉花价格，拓宽棉花经营渠道，减少流通环节，取消棉花专营政策。全市棉麻企业收购遇到巨大困难，年加工棉花能力 700 万担，上年仅收购 30 万担，部分企业面临破产危机。是年，为摆脱危机，成立全市供销社系统第一家企业集团——临清汇通纺织集团，开始多元化发展，进行产业提升。

2001 年，国家继续放开棉花收购，实行社企分开和经营、储备分开，推动产业化经营。聊城市棉麻公司因遗留债务问题，办公楼被农业银行查封，后经市政府协调，解除查封。临清汇通纺织集团年收加皮棉 1 万吨，年产优质纱市 8500 吨，年产服装 100 万件，是年累计实现利税 6517 万元，居系统榜首。

2002—2003 年，全市供销社 78 家棉花企业破产重组，成立股份制有限公司，临清市烟店棉厂、茌平锦云棉业有限公司等企业重新发展，保持了供销社棉花经营主渠道地位。2005 年 8 月，

市棉麻公司在减债重组棉麻站的基础上，成立山东省聊城新兴棉花储备有限责任公司，是年周转棉花4000吨。至2015年，累计周转棉花23.8万吨、国储棉花13.9万吨。

2005—2015年聊城新兴棉花储备有限责任公司经营情况表

表13-3

年份	周转棉花（吨）	国储棉花（吨）	年末负债额（万元）	备注
2005	4000	0	600	仓库承包租赁业务为主
2006	8000	0	800	其他仓储业务，如化肥、乙烯
2007	7000	0	900	储存化肥1万吨
2008	20000	0	1000	—
2009	25000	0	1300	—
2010	25000	0	1600	—
2011	15000	21000	2200	—
2012	16000	32000	3500	负债额中包括归还借款及利息和建仓库款共2100万元
2013	26000	32000	4100	—
2014	56000	32000	4500	—
2015	36000	22000	5000	各年度亏损主要原因为支付借款利息

二、农副产品

1997年，聊城地区各级供销社在各地开发土地14万余亩，年创农业产值1.15亿元，扶持建立各类商品生产基地23个，带动农户16.8万户，农民增收1.35亿元。1998年，在东昌府区侯营镇、阳谷县阿城镇、范海乡等中心社建设5处科技示范园，在各县（市、区）兴办农副产品批发交易市场36处，发展农副产品加工龙头企业。

全市供销社围绕食用菌、蔬菜、瓜果、棉花、粮食、农资等产业优势和经营优势，发展农副产品加工。2001年，供销系统共有农副产品加工龙头企业8家，年加工产值6亿元。莘县东兴食品厂为菇农提供良种和技术指导，对双孢菇和芦笋进行产品回收、加工利用，年加工销售双孢菇4000吨，占全县总产量的46%。莘县供销社发展农资协会、经纪人协会、西瓜协会、葡萄协会、食用菌专业合作社、棉花专业合作社、小麦专业合作社等10余处农村合作经济组织，2003年，莘县被省供销社确定为全省农村合作经济组织建设11个试点县之一。

2004年，全市供销社发展各类专业合作社35处，行业协会68处，带动农民近5万户，每年增加农民收入近亿元。其中，莘县供销社发展各类专业合作社17个，行业协会36个。莘县河店、组店，临清市烟店棉厂、八岔路供销社等基层供销社以当地特色农产品为依托，发展西瓜、棉花等优势产业，采用“支部+协会+农户”的模式，扩大瓜果菌菜交易量。

2008年，聊城市供销社选择东昌府区、茌平县作为试点县，启动农产品经营服务体系建设工作，试点县从选产品到建示范园、发展基地，再到开拓市场，摸索农产品经营产业化道路。试点县涵盖十余个品种的经济作物，包括东昌府区的茄子、芸豆、花生、油菜、西红柿，茌平县的蔬菜，以及相继发展的冠县鸭梨、阳谷县辣椒、高唐县棉花、莘县香瓜、桑蚕、西瓜等，显示了广阔的发展前景。东阿县、茌平县、东昌府区、阳谷县等县（市、区）供销社开展测土配方施肥等农资科技服务，为粮食、蔬菜、瓜果等作物的生产经营提供科技支撑。2009 年 3 月，山东茌平县博平黄豆专业社、山东茌平县单庄蔬菜腌制专业社、山东东昌府区李海务农资专业社、山东东昌府区于集农资专业社、山东莘县东兴食用菌专业社、山东莘县河店经济人协会、山东莘县桑蚕专业社、山东莘县西瓜专业社等多家专业社纳入全国总社“千社千品”富农工程名单。

2010 年，全市供销社通过培育市、县级示范区，在莘县、茌平县、冠县、高唐县建设无公害农产品标准化生产基地 40 多处、3000 多亩，涉及十余个品种，产品全部销到大中城市。其中莘县“莘州”牌农产品成功打入上海、北京市场。2011 年，全市供销社通过土地流转、直接租赁、返租倒包等方式，建立农产品标准化生产示范基地 14 处，建成农产品龙头企业 24 家、农产品批发交易市场 10 处，年收购、加工销售农产品 10 亿多元。农产品通过直采或直供等方式直达配送中心，实现基地与超市的有效对接，全市培育“莘州”“绿冠”“健民”等一批区域性品牌。

2014 年，全市供销社系统建成 500 亩以上的农产品标准化生产基地 131 处，培育“三品一标”4 个，改造与新建农产品批发市场 6 处、直销商店和直销专柜 105 个，建设农产品加工流通项目 10 个。2015 年，建设以社有企业为支撑的农产品经营服务体系，依托全市供销社传统加工优势，培植农业产业化龙头企业，完善、延伸农产品储存、冷藏、加工链。全市系统改造和建设农产品加工流通项目 6 个，总结推广莘县供销社、山东聊城亿沣连锁超市有限公司“农超对接”等经验做法，选择东阿县、东昌府区、茌平县全面启动、梯次推进、重点发展。是年，建设区域性仓储物流中心 1 个、农产品批发市场 9 个、直销专柜 10 个。

2010 年 3 月，莘县供销社农产品打入上海江桥市场，成为世博会直供基地 （王兆法摄）

第五节　为农服务体系建设

1997 年，聊城地区供销合作社系统根据区位优势、资源优势、功能优势，按经济区域建设基层服务网点，将社区规模范围小、服务人口少、交通不便、形不成商流中心、经营萎缩的基层社并入中心社，每个中心社的服务范围大约为 3 个乡镇、8 万～10 万人口。根据国家相关要求，地区供销社系统坚持为农服务宗旨，发挥供销社农资经营主渠道作用，大力兴办专业合作社，因地制宜地恢复和发展各类为农服务组织。是年，全市依托供销社兴办的专业合作社 47 处，其中茌平县王老乡的瓜菜专业合作社、莘县张鲁镇的畜禽专业合作社和王铺乡蔬菜专业合作社列入全省专业合作社示范社，组建村级综合服务站 372 处。

2001 年，发展村级综合服务站 2592 个，组建各类专业合作社 112 处，庄稼医院 170 处。基层服务组织为农民提供全方位的服务，推动全市农村产业结构的调整和农村产业化的进程。2002—2003 年，全市供销社在规范支农站、办好庄稼医院的基础上，在全市一些乡镇驻地以股份制的形式组建农业科技服务站，基层供销社行政人员直接参与经营。庄稼医生坐诊、巡诊，开展测土配方施肥面积 8.2 万亩，为农作物看病 6.2 万次，病虫害测报 1.4 万次。

2004 年，全市 170 处庄稼医院和农业科技服务站配齐测土仪器和病虫害防治、科学施肥、科学种田的电教设备，义务为农民测土配肥、宣传农业科技知识，指导农民科学种田。新发展各类专业合作社 35 处、行业协会 68 处，带动农民近 5 万户，每年增加农民收入近亿元。2005 年，加强农村社区综合服务中心建设，选取 2000 人以上的 8 个大村作为试点，在茌平县郝集村和莘县古云镇西池村树立 2 个样板，建立以现代经营服务手段为基础，集商品供应、技术、信息、中介服务和文化娱乐活动于一体的农村社区综合服务中心。2006 年，选择 56 个村作为试点建设农村社区服务中心，每个中心占地 3 ～ 5 亩，由经营性、公益性和中介性项目组成。市区及各县（市、区）都成立以供销合作社为依托的农村合作经济组织联合会。2007 年，在茌平县、东昌府区、冠县、阳谷县选择 20 个人口密集、辐射带动作用大的村庄，作为建设农村社区服务中心的重点，搞好规划论证。按照“统筹规划、合理布局、突出重点、有序实施”的要求，为农民提供生产、生活服务项目，将农村社区服务中心列入省级服务业发展引导资金扶持范围，20 个社区中心中有 11 个获得扶持资金，共计 110 万元。

2012 年，供销社在全市推行大田作物托管业务，托管面积 20 多万亩。高唐县、东阿县围绕小麦、玉米，马铃薯、大蒜、辣椒等，与农民签订托管协议，东阿县供销社以刘集、牛店 2 个基层供销社为示范，带动全县 13 个基层供销社全面开展土地托管服务，组建 13 支土地托管服务队，与 65 个行政村 2600 户农民签订托管协议，托管面积 4 万多亩，并成功组织承办全省供销社大田作物生产经营服务创新推进会。在农业发展中，建设 112 个庄稼医院（农业科技服务中心），全面开展测土配方施肥、科学用药、病虫害防治、良种繁育推广等系列化科技服务。高唐县韩寨供销社育繁推一体化棉花良种繁育、琉璃寺“一埯多株”高产夏玉米，冠县定远供销社高密度、高科技鲶鱼养殖，莘县俎店及燕店等供销社洋香瓜、西瓜育苗等多项农业生产技术逐步成熟并推广。

2014 年，全市系统大田作物托管服务面积 41 万亩，其中茌平县供销社 10 万亩，东阿县供销社 7 万亩。合作社统一组织浇水施肥、统防统治，统一组织机收、播种、喷除草剂等一条龙服务，平均每亩为农民节约生产成本 100 多元，亩均增收 300 元。基层供销社按照市供销社“主体多元化、服务专业化、运营市场化”要求，和村委会共建为农服务中心，以日用品超市、农资超市、庄稼医院和其他涉农经营性共建项目为重点，纳入新型农村社区建设总体规划，建成集公益性服务与经营性服务相结合、生活性服务与生产性服务于一体、专业服务与综合服务相协调的新型农村社会化服务平台。全市供销社发挥中农汇德丰种业科技有限公司的龙头作用和供销社网络优势，联合开展良种繁育、加工、实验、推广，供应良种 480 万千克。

2015 年，联合村“两委”组织农民成立种植合作社，新建村完成 117 个、总数 447 个，完成共建项目 559 个，金融合作资金总规模 1.5 亿元。建成为农服务中心 18 个，通过建设为农服务中心，打造“3 千米土地托管服务圈”，大田作物托管服务面积 103 万亩，构建综合性、规模化、可持续的为农服务体系。全市供销合作社系统共有农民合作社 970 个，其中国家级、省级和全国供销社系统示范社 20 个。开通供销合作社系统“96621 服务找供销”热线。按照“属地管理、分类处理、限时办结”和“谁主管、谁负责，谁办理、谁答复”的原则，供销社为农民群众提供生产生活信息咨询以及农业生产全程和分环节服务。

第六节　再生资源回收利用

1997 年，聊城地区再生资源公司因之前实行抽本经营、鼓励职工走向市场，几乎停业，百分之九十八的职工在公司外建立收购废旧物资的个体门店或私营企业。是年 5 月，成立聊城地区物资金属回收有限公司，是全地区唯一一家具有国家认证资格的报废汽车回收拆解企业。

1998 年，聊城市成立第二家有资质的可以收购拆解报废汽车的企业，依托个体经营者在东昌府区马王屯成立再生资源拆车场。2001 年，公司的经营地址迁入马王屯大市场再生资源拆车场。2002 年，聊城市再生资源公司进入破产程序，实行边破产、边经营的措施。重组扬帆再生资源有限公司，新公司自筹资金，自主经营，自负盈亏，主要业务是报废汽车回收拆解。是年，根据国家各地市只限保有一家回收报废车企业的要求，市供销社和物资局两家回收企业合二为一，组建聊城市开航再生资源有限公司。2005年，供销社退出开航公司经营权。

2010年，山东省供销社要求在全省恢复和建立供销社系统再生资源经营的商业模式。2012年，聊城市供销社利用基层供销社、棉厂、棉站等闲散场地，吸收个体经营户加盟，恢复重建回收加工点139个，新增回收加工设备53台，从业人员451人，经营品种20多个。至2015年，聊城市供销合作社系统未形成再生资源经营网络，全市的再生资源经营逐步转向以个体、民营企业经营为主。

第四章　石油经营

伴随石油产量的增加和石油产业的逐渐壮大，聊城石油产业覆盖面增多。而随着家庭汽车的逐渐普及，普通民众对石油需求的不断增加，聊城逐步放开成品油市场，形成国有、集体、个体多种经济成分参与成品油市场竞争的格局。

第一节　经营网点

1998年，中石化聊城分公司有加油站118座，遍布聊城地区，形成了立足城区、辐射交通要道、覆盖全市、布局合理的销售网络。1999年，开通运营铁路中转库，位于京九、邯济铁路交会处，是冀、鲁、豫成品油集散地。2004年，开始推行加油卡系统。2005年，中石化新增加油站网点8座，共有加油站130座。2009年，改造完成鲁皖管道二期，下载第一批1938吨油，具备火车、汽车、管输接卸油品的综合功能。全市营业加油站110座，在加油站附设便利店64个，经营品类800多个，满足顾客需求。2012年，中石化中转库容量8万立方米，铁路用线3000米，便利店经营品类1500多个，持卡消费用户发展至20余万家，所有加油卡联网站均为自营站，经营的油品全部来自正规大型炼油厂。2015年，中石化聊城分公司全面推进HSE体系建设，突出从严管理、网络完善、打假维权等重点工作，新增在营加油站1座、改造投营站1座、竣工未投营站1座、在建加油站4座，清理侵权加油站15座，已完成46座加油站油气回收改造工作。

2001年7月，中国石油天然气销售有限公司山东聊城销售公司成立，销售网点扩大到各个县（市、区）。2004年，加大开发力度，对石油市场的终端加油站加大投资力度，网络迅速扩张，全年开发32座加油站，创下单月开业4座站的历史纪录，其中12座加油站陆续投入运营。2006年，主攻聊城市区、高速公路、县市驻地加油站的开发，开发城区加油站2座，全年共有加油站56座。2009年，运营加油站42座，零售能力20万吨。2012年，全市运营加油站增至48座，所有加油站均设置中国石油“昆仑好客”便利店。推行自助加油，半自助加油站由最初1个推广到21个。2015年，全市有运营加油站44座。

第二节　油品购销

1998年，中石化聊城分公司购进成品油6.82万吨，销售7.17万吨，上缴税金209万元。1999年，由于中转库的开通，聊城分公司的购买力的储存力增强，购进成品油12.16万吨，销售11.56万吨，上缴税金425万元。2001年，共销售成品油21万吨，占全市需求量的80%，实现销售收入 5.24 亿元，上缴税金 675 万元。2005 年，分公司经营油品总量 47.11 万吨，上缴当地财政税收 1950 万元，公司成品油销售市场占有率 75%。2009 年，分公司完成油品总销售 44.83 万吨，其中销售成品油 36.5 万吨、润滑油 2347 吨、燃料油 8.1 万吨；非油品销售收入 843 万元。2010 年，分公司完成油品总销售 42.99 万吨，其中销售成品油 39.61 万吨、长城包装润滑油 2812 吨。2014 年，分公司销售合格油品 37.39 万吨、天然气 427 万立方米，实现非油品销售收入 5556 万元。

在聊城辖区内，中石油油品始终由中石油山东销售统采统配，聊城分公司没有自主外采权。2010 年，中石油聊城分公司上缴税金 548 万元。2012 年，分公司销售油品 14 万吨，实现销售收入 11 亿元，其中非油品收入 1842 万元；实现账面利润 1417 万元，比上年增加 670 万元；上缴利税 1196 万元。2015 年，中石油分公司销售油品 14.52 万吨，实现销售收入 8.17 亿元；中石化分公司销售汽柴油 36.93 万吨，实现销售收入 24.31 亿元。

第五章　烟草专卖

1997 年起，聊城认真执行烟草专卖制度，注重精益管理、文化管理，更加注重创新驱动、降本增效和文化渗透。在销售上，培育知名品牌，特别注重低焦低害品牌的消费引导。严格管理卷烟市场，规范零售许可证，卷烟销售逐步由批发网点向零售业务转变。2015 年，全市共有卷烟零售户 2.2 万户，销售 17.45 万箱，实现利税 8.59 亿元。

第一节　卷烟经营

一、网络建设

1997—2004 年，卷烟销售主要依托批发网点，再由各批发网点把卷烟送给零售户，批发网点兼有零售业务。1997 年，按照国家烟草专卖局和省烟草专卖局（公司）提出的“在全行业开展城乡卷烟销售网络建设”要求，建立、增加下伸网点。是年，全区建有批发网点 60 个。1999 年，转移工作重心，逐步减少批发网点。截至 2000 年年底，全市共有批发网点 40 个。2001 年，为扩大零售户利益，调动其经营卷烟的积极性，逐步取消各批发网点的零售业务。2002 年，整合原有批发网点，将“访送一体”经营模式改为“访送分离”经营模式，初步形成“城乡一体，统一运行，全面访销，集中配送”的卷烟销售网络运行模式，全市批发网点减少至 30 个。2004 年，为了适应集中电访、集中配送的新访销模式，全市批发网点全部撤销。是年起，卷烟销售主要依托零售店面。

2005 年 10 月，全市实现“电话订货、分拣到户、一库式配送”，卷烟销售网络覆盖全市 2.7 万名卷烟零售户。2011 年，推广新商盟网上订货平台，建立面向消费者的工、商、零“三位一体”营销体系。此后，优化卷烟网络建设成为工作的重心，将其作为推动全系统持续平稳健康发展的关键，不断加大对客户的经营指导、店面形象维护和零售户培训力度，卷烟零售户经营能力和盈利水平有了大幅度的提升。截至 2015 年，零售客户销售毛利率 13.17%。全系统共有市场经理和客户经理 180 名，卷烟零售户 2.2 万户，电访员（订单采集员）21 名，送货员 49 名，送货驾驶员 54 名，送货车 65 辆。

二、品牌培育

1997 年，与省内烟厂建立业务关系，大力培育省内全包（软）大鸡、红宝（软）等品牌，满足市场需求。1998 年，按照省烟草公司要求，购进省外名优卷烟，主要引入玉溪、昆明、曲靖、红河、上海、北京6家烟厂的卷烟品牌。1999年，按照“培育一个、成功一个”的理念，先后对全包（软）大鸡、八喜、景阳冈、狮猫王、一枝笔等牌号卷烟加大市场培育力度，这些品牌一度成为消费主导品牌。2000—2005年，在巩固原有业务关系的基础上，对全包（软）哈德门进行重点培育。2007年，根据国家局“大市场、大企业、大品牌”的发展要求，进一步加强卷烟品牌、规格管理和科学培育，以“百牌号目录”为基础，着力培育中华、云烟、利群、南京、将军等十多个全国重点骨干品牌。2008年，以培育全国性的重点骨干卷烟品牌为重点，加强工商协同，明确重点卷烟培育规格，确定把泰山（儒风）、泰山（望岳）、红塔山（硬经典100）、黄鹤楼（硬论道）、娇子（软阳光）等21个规格作为重点培育对象，并加强对各规格上柜率的考核，确保目标客户上柜率100%，促进卷烟结构优化与提升。

2009—2015年，是品牌发展快速崛起的阶段。这一时期，国家烟草专卖局相继提出“卷烟上水平”战略规划纲要和“532”“461”（“532”指的是在品牌规模上，争取用五年或更长一段时间，着力培育2个年产量在500万箱、3个300万箱、5个200万箱以上，定位清晰、风格特色突出的知名品牌；“461”指的是在销售收入上，争取到2015年，培育12个销售收入超过400亿元的品牌，其中6个超过600亿元、1个超过1000亿元）品牌发展规划，不断打造名牌市场，完善适度竞争的市场机制，更加重视低焦低害卷烟品牌培育工作。聊城市深入实施品牌培育工程和零售户致富工程，着力提高营销服务能力，品牌集中度逐年提高。至2015年，市内重点品牌集中度85%以上，前10名的重点骨干品牌泰山、南京、利群、红塔山、苏烟、黄金叶、玉溪、黄鹤楼、七匹狼、钻石销量占总销量的61.19%，品牌集中度与美誉度进一步提高。

三、卷烟销售

90年代初期，区内卷烟出现产大于销、利税下降的困难情况。2000年，工作重点进行转移，提出“知难而进、四化并举、增量减亏”的工作方针，通过“量化销售、强化专卖、深化改革、优化服务”工作措施，促进“增量减亏”目标的实现。是年11月，全市扭亏为盈，实现利润6万元，至此结束了连续两年十个月亏损的被动局面。2000年后，实行访送分离，培育充满生机和活力的市场主体，按客户订单组织货源，全系统发展保持平稳态势。

1998—2015年，卷烟销量由8.57万箱增加到17.45万箱（1箱=250条），单箱销售额由6058元增加至2.32万元，实现利税由549万元增加至8.59亿元。

1997—2015年聊城市卷烟销售情况表

表13-4　　单位：万箱、元、万元

年份	销售量	单箱值	利税
1997	—	—	2499
1998	8.57	6058	549
1999	8.60	4625	690
2000	10.18	4881	769
2001	16.66	5187	1243
2002	26.31	5025	2206
2003	26.34	5486	3388
2004	23.19	5846	8702
2005	22.82	6279	10907

续表 13-4

年份	销售量	单箱值	利税
2006	14.39	7363	12506
2007	15.43	8970	20798
2008	16.58	10942	32398
2009	17.35	12224	36679
2010	18.45	14831	48752
2011	18.90	18881	67621
2012	20.00	21239	78486
2013	20.2	23024	85143
2014	20.53	24006	91941
2015	17.45	23187	85947

第二节　烟草专卖管理

一、许可证管理

1997 年，烟草专卖零售许可证分为烟草专卖批发企业许可证（集体）、烟草专卖零售许可证（个体）和特种烟草专卖零售许可证 3 类。根据《中华人民共和国烟草专卖法》及其实施条例，各县级烟草专卖局负责本行政区域零售许可证的审批与发放工作，地区烟草专卖局负责全区烟草专卖行政许可工作的指导与监督。烟草专卖局实行上门办证，根据国家规定收取办证费用。2003 年，开始在全市推广应用烟草专卖许可证管理系统，许可证管理纳入网络系统，许可证由人工填写改为打印。

2004 年，全国取消特种烟草专卖零售许可证，根据《中华人民共和国行政许可法》，申办许可证不再收取任何费用。各县级烟草专卖局陆续建立烟草专卖行政服务大厅，许可证管理走上科学化、规范化轨道。2006 年，市政府成立烟草市场打私打假暨清理整顿卷烟无证零售户工作领导小组，制定《聊城市烟草市场打私打假暨清理整顿卷烟无证零售户工作方案》，在全市范围内深入开展卷烟打私打假暨清理整顿卷烟无证零售户工作，清理无证户 240 余户。

2007 年，烟草专卖零售许可工作统一适用省烟草专卖局印发的烟草专卖行政许可文书格式（样本），行政许可行为进一步规范。2009 年，市政府发布《聊城市烟草制品零售点合理布局管理规定》，规定办理零售许可证的具体条件和标准，对全市卷烟零售布局进行宏观调控。2013 年，市烟草专卖局加强对烟草专卖零售许可的规范管理，根据省烟草专卖局的统一规划，取消烟草专卖零售许可证“个体”和“集体”两个样式，统一调整为烟草专卖零售许可证一个样式；制定《聊城市烟草专卖局烟草专卖零售许可实施细则》，规定实施烟草专卖零售许可应当遵守的程序标准。2015 年，《聊城市烟草制品零售点合理布局管理规定》到期，市烟草专卖局发布《聊城市烟草制品零售点合理布局规定》，自 2016 年 1 月 1 日起施行，进一步降低市场主体进入卷烟零售市场的“门槛”。

二、市场监管

1997 年，聊城地区烟草专卖局成立打击走私卷烟领导小组，继续做好卷烟打私打假工作。1998 年后，聊城市政府明确将卷烟打私打假工作列入工作议程。1999 年 6 月，全市组织开展为期 4 个月的“端窝打点”专项斗争，清除辖区的“钉子户”“难缠户”“批发大户”等共计 50 余户，卷烟市场净化率得到明显提高。2000 年 5 月，经山东省政府办公厅批准，在冠县东古城镇路段、临清市西北部路段、阳谷县寿张镇路段设立临时检查点，查获跨省非法卷烟运输活动60余起，有效遏制了外进假冒走私卷烟对聊城市场的冲击。2001年，按照全国、全省整顿规范市场秩序会议精神，清理了被省政府、省烟草专卖局（公司）列为打假重点的高唐富源商城、临清康庄市场、东昌府龙山商场等违法批发商户150余户，市场秩序明显好转。

2002年12月，聊城市政府组织召开全市整顿规范卷烟市场秩序工作会议，部署卷烟市场秩序专项整治“百日行动”工作，查获非法卷烟1400件，案值44万元。2003年7月，聊城市委政法委、市公安局、市人民检察院、市中级人民法院、市司法局、市烟草局联合下发《关于严厉打击涉烟犯罪活动的意见》，联合执法办案机制初步形成，市政法委将烟草市场整治工作纳入全市治安综合治理考核范围。

2005—2006年，以“打大户、破网络”为工作重心，制定《打击烟草专卖品非法经营大户破除非法经营网络暂行办法》，铲除非法卷烟地下销售网络案件13起。2007年，进一步加强对河南、广东方向非法烟草货运路线的封堵力度，切断贩假、售假非法运输渠道。2008年，破获阳谷“4·17”、莘县“12·15”案件，打击涉烟犯罪判实刑工作实现较大突破。2009年，与市公安局劳教委联合召开座谈会，就涉烟劳教的具体法律适用问题进行研讨，巩固“党委政府统一领导，烟草部门牵头负责、有关部门齐抓共管”的烟草专卖执法格局。

2010年，市、县两级公安、烟草部门成立“打网办”，对全市网络案件统一指挥、统一协调，破获网络案件3起。2011年，与济南、德州等省内毗邻地市建立共同打击涉烟违法犯罪活动协作机制。2012年，与市公安局联合进一步加强环鲁公安检查站建设，完成4个环鲁公安检查站规范化建设。2013年，成立包括13个成员单位在内的“规范烟草市场秩序专项组”，与省际周边7个地市签订联合打假协议，加大追刑力度，破除符合国家烟草专卖局、公安部标准的烟草网络案件4起。2015年，开展卷烟市场治理“齐鲁之盾”双打双治专项行动，查获各类非法案件2019起，其中假冒卷烟案件180起、区外“真品”案件641起；查获非法卷烟1020.3万支，其中假冒卷烟139.6万支、区外“真品”卷烟889.95万支，总案值378.2万元。

1997—2015年聊城市查获涉烟案件起数和涉案卷烟数量统计表

表13-5

单位：起、万支

年份	案件起数	假冒烟案件数	涉案卷烟数量	涉案假冒卷烟数量
1997	21203	13321	4970. 30	3321.70
1998	19712	12516	4231.80	3112.90
1999	19101	11639	4031.10	2889.10
2000	17101	10201	3893.70	2974.10
2001	16309	9089	4321.90	3978.70
2002	15209	8207	3121.90	2745.10
2003	13303	9369	3929.90	3002.90
2004	14402	9989	4137.20	3879.90
2005	11197	9923	4073.86	3916.51
2006	18099	9445	1912.15	1410.64
2007	15971	4992	2413. 91	1689.70
2008	3638	1032	916.38	429.28

续表 13-5

年份	案件起数	假冒烟案件数	涉案卷烟数量	涉案假冒卷烟数量
2009	6089	1454	1204. 85	533. 19
2010	5180	1364	2089. 70	1108. 98
2011	3244	1221	1579. 34	504. 27
2012	3580	762	1476. 50	458. 08
2013	2668	759	1217. 57	377. 69
2014	2336	419	1277. 28	198. 14
2015	2047	325	1471. 76	194. 29

三、执法队伍建设

1997—1998 年，市（地区）、县烟草专卖局专卖科负责烟草专卖打假打私工作。1999 年，组建聊城市烟草专卖局稽查支队，各县级局陆续成立稽查大队，烟草专卖打假打私工作开始由稽查支队和稽查大队负责，并在是年统一全市烟草专卖执法人员执法标志服装。2000 年，开始向社会公开招聘专卖稽查协管员。2004 年，开展“文明执法年”活动，建立文明执法工作规范。2005 年，各县级烟草专卖局成立特情中队，专门负责涉烟案件信息的收集，监控重点经营场所，培养社会信息员。2006 年，在各县级烟草专卖局设置烟草专卖管理所 28 个，制定《专卖管理所（稽查分队）工作规范》。2009 年，加强县级烟草专卖局基层基础建设，相继开展优秀县级烟草专卖局创建和专卖管理所（稽查分队）规范化建设活动。确定莘县烟草专卖局为全省试点单位，高唐县烟草专卖局、阳谷县烟草专卖局为全市试点单位。市烟草专卖局在东昌府区烟草专卖局第二专卖管理所进行“样板所”建设试点，以点带面全面推进基层专卖管理所（稽查分队）的规范化建设。

2010 年 8 月，聊城市烟草专卖局举办全市系统全面提升“三个依法”水平知识竞赛 （王秋丽摄）

2010 年，省烟草专卖局在聊城举办优秀县级烟草专卖局暨优秀营销部创建活动现场会，莘县、高唐县烟草专卖局通过省烟草专卖局优秀县级局验收考评。2011 年，启动优秀烟草专卖管理所（稽查分队）创建活动，到 2012 年年底，达标 50%。是年，大力推进“专职化、专业化”专卖管理队伍建设，组织全市专卖执法人员开展“提素质、强能力”练兵活动，举办“全市第一届烟草专卖管理岗位技能竞赛”，组建起法律内训师队伍。2012 年，莘县烟草专卖局被评为“全国烟草行业县级烟草专卖局标兵单位”，全市有 7 家县级烟草专卖局通过省烟草专卖局优秀县级局考核验收。2013 年，深入开展烟草专卖管理所标准化建设活动，出台《聊城市烟草专卖局烟草专卖管理所建设标准》《专卖管理所建筑外观及行业形象标识应用图例》，在莘县第四专卖管理所进行建设试点。

2014 年，联合公安网监、联通、电信职能部门建立网监中队，构建全方位、立体化的烟草市场监管防控网络。2015年，构建“一流专卖体系”，建成以“法治专卖”为核心理念、“打、管、疏、服”有机结合的一流专卖体系结构，专卖执法队伍素质进一步提升。

第六章　盐　业

2000年之前，聊城市盐业购销归属于供销社管理，由供销社统一结算。2000年，聊城盐业公司成为独立法人单位，实施盐业专营管理。从此，加强盐证管理制度，坚持实施“碘盐工程”，确保了盐业市场健康发展和食盐安全。

第一节　食盐产销

2000—2001年，聊城市盐业公司共购销各类盐11.73万吨。2000年，被评为全省盐业系统先进单位。2005年，累计完成食盐计划5.38万吨，占年计划的178%。2007年，完成食盐计划4.38万吨，实现经营收入6864万元，被市委、市政府评为“2007年度目标管理考核先进单位”。2010年，按照省盐务局要求，大力开展“转方式、调结构”活动，在全市已建立1.13万处食盐零售网点的基础上，市盐务局调整优化网点布局，选增无碘食盐供应网点360余个，提高了各零售网点组织化程度和服务水平。全年销售各类盐产品6.07万吨，实现销售收入8100万元、利税560万元，其中利润186万元。2012年，聊城盐业实施转型发展，全年完成食盐计划6.64万吨，实现营业收入8600万元。2013年，围绕“品牌形象年”主题，实现工作新突破，全年完成食盐计划6万吨，实现营业收入1.02亿元、利税570万元，职工年人均工资提高30%。2015年，多次召开盐政、公安联席会议及全市盐政扩大会议，加强省际、市际接壤地区、农贸市场、食品加工及酿造腌渍业的治理整顿，全市上缴税费709万元。

2000—2015年部分年份聊城市盐业购销情况统计表

表13-6　　单位：吨、万元

年份	购销数量	食盐数量	营业收入	利税
2000—2001	117336	77445	1182	528
2004	64738	32747	6931	596
2005	53814	39662	—	—
2006	43538	26249	6266	514
2007	43821	29352	6864	781
2008	53163	34164	7960	582
2009	45980	—	7900	542
2010	60736	54101	8100	560
2011	66469	—	7560	512
2012	65358	58323	8600	585
2013	62234	50580	10230	570
2014	65087	—	12750	990
2015	59566	49758	—	709

2002—2015 年聊城市盐业购销分类情况统计表

表 13-7　　单位：吨

年份	小包装食盐		大包装食盐		其他工业盐		合计	
	购进	销售	购进	销售	购进	销售	购进	销售
2002	22228	—	10248	—	11459	—	43935	—
2003	29921	—	16263	—	10878	—	57062	—
2004	30738	18550	18098	32747	13442	13441	62278	64738
2005	35894	18054	17920	39662	10972	10072	64786	53814
2006	36467	7040	7040	26249	9361	9360	52868	43538
2007	31541	12720	12280	29352	7543	1749	51364	43821
2008	39790	15614	15613	34164	5714	5714	61117	53163
2009	14031	13880	34616	20950	7070	7070	55717	45980
2010	12503	13725	41598	41235	6641	5776	60742	60736
2011	17007	16063	43799	43706	6828	6700	67634	66469
2012	15297	14085	43027	43135	8076	8138	66400	65358
2013	10852	13188	39728	40444	8554	8602	59134	62234
2014	16905	16056	41543	40749	8362	8282	66810	65087
2015	16909	15206	32849	33380	10886	10980	60644	59566

第二节　食盐专营

一、专营管理

1999 年，根据国务院《食盐专营办法》和山东省政府《盐业管理条例》，聊城对食盐实行专营管理，实行加碘供应。2000 年，全市盐业经营实行“五统一”管理，即“统一计划管理、统一运输管理、统一小包装管理、统一价格管理、统一结算管理”。各县（市、区）盐业公司编报各类盐购销月度计划报送市盐业公司，由市盐业公司汇总上报省盐业总公司，省盐业总公司平衡后逐级下达执行。是年，市盐业公司改建一处符合食盐分装标准的分装厂，组织公司职工统一分装小包装食盐，统一运输派送至各县（市、区）盐业公司及各用盐经营单位。2006 年起，小包装食盐分装改由肥城盐厂按照月度计划进行统一分装，并安排车辆分别供应至各县（市）盐业公司。全市各类盐的购进、批发、零售价格按照省物价局核准的价格执行，抬高或者降低各价格均属违法行为，各类盐款结算逐级上缴至省盐业总公司。

全市盐业经营区域按照各县（市）行政区域划分，其中市盐业公司直属分公司各类盐经营区域为东昌府区、经济技术开发区所辖行政管理区域，2014 年扩大至高新技术开发区、旅游度假区所辖行政管理区域。

二、碘盐工程

按照《中国 2000 年消除碘缺乏病规划纲要》和《山东省消除碘缺乏病实施方案》的要求，全市有 200 多万人生活在无碘区，占全市总人口的三分之一，市盐业局在全市大力推行食盐加碘综合防治措施。自 1994 年起，每年开展“5·15 防治碘缺乏病”宣传活动，广泛深入宣传食盐加碘消除碘缺乏病的重要性和科学食用碘盐、辨别合格食盐的相关知识。1999—2013 年，全市碘盐覆盖率由不足 50% 上升至 98.06%，合格碘盐食用率由 34.2% 上升至 94.95%，8 ～ 10 岁儿童甲状腺肿大率在 5% 以下，全市儿童智商因此提高 12 个百分点，均符合国家消除碘缺乏病标准，防治碘缺乏病的成效十分显著。2001年，提前实现消除碘缺乏病阶段性目标。

根据2005年《山东省盐务局山东省卫生厅关于部分高碘地区（病区）停供碘盐改供非碘食盐的通知》要求，全市统一调整加碘食盐供应区域，对临清市、莘县、茌平县、冠县高碘县（市、区）和阳谷县的阿城、张秋、七级、石佛、十五里园、郭店屯，东昌府区的堂邑、张炉集、于集、蒋官屯、北杨集、朱老庄、许营、顾官屯、韩集、广平，东阿县的刘集、姜楼，高唐县的三十里铺、赵寨子高碘乡镇停止调运供应加碘食盐，改供非碘食盐。

三、网点建设

80—90年代，聊城盐业部门在各乡镇建立食盐批发点。至90年代末，全市共有200余个食盐批发点。2002年起，市盐业部门围绕“以我为主、归我管理、受我控制、为我所用”的营销网络理念，按照所辐射周边人口数量，选择已有的经销点颁发食盐零售许可证，作为食盐零售网点，并成立专门的食盐配送机构，将优质食盐由盐业公司直接配送到营销网点。

2002年，全市建立食盐零售经营网点1.45万个，其中直属公司2545个、阳谷公司2459个、莘县公司2144个、冠县公司1929个、临清公司2126个、高唐公司926个、茌平公司1266个、东阿公司1079个。各公司实行对各区域内食盐零售经营网点免费送盐到户服务并建立台账。全市建立生产用盐供应点共计1073个，其中直属公司283个、阳谷公司58个、莘县公司169个、冠县公司82个、临清公司221个、高唐公司72个、茌平公司175个、东阿公司13个。各公司对生产用户提供优质服务，免费送盐到户，生产用户逐月提报用盐计划，公司建立用盐台账，实行信息反馈。

2010年，全市建立1.13万个食盐零售网点，选增无碘食盐供应网点360余个。2013年，全市共有8家食盐批发企业，建立食盐零售网点3.11万处，零售网点遍及市内城乡各地，初步建立起一个多部门参与，多层次、横到边、纵到底的市场监管体系，基本满足盐业市场健康发展和确保食盐安全的需要。2015年，全市共有食盐零售网点3.06万处，通过对全市盐业市场进行调研，重新调整了食盐配送格局。

第三节 盐政管理

1997年起，全市盐业系统加大盐业管理体制改革力度。2000年，完成市、县（市、区）的盐业管理、经营机构的划转、合并和交接，相应举行市、县（市）盐务局、盐业公司的成立挂牌仪式。对食盐销售网点一律发放食盐零售许可证，对无证经营一律取缔。2000—2001年，全市共查处各种盐业违法案件2484起，查处盐产品3206.44吨，全市实现无盐政执法人员犯罪，无错案发生。

2004年，聊城盐业公司承担全市盐业计划管理、行政管理的职能，加强盐政管理，确保聊城盐业市场稳定。是年6月，结合中央电视台《焦点访谈》对“无碘盐调查”问题的曝光，市盐业公司在全市盐业系统开展自查自纠活动，并进行全市大检查。除省盐业公司规定的五类盐上市外，其他各类盐一律不准上市销售；食盐销售按新调整价执行，严禁违价销售；食盐内在盐质和外包装必须相匹配，严禁混装。

2005年，建设食盐销售网络，部分县、市公司取消原有转（代）批点，设置食盐物流配送机构，加强物流配送，自行组织车辆免费送销，跟踪服务。在食盐零售中，全部核发食盐零售许可证，网点持证经营，规范食盐零售户的行为，全市8个盐业经营批发企业全部达到A级以上质量标准，食盐零售许可证全部更换完毕。加强省际周边市、县盐务局执法合作，对省际边界地区盐产品转代批发点的设置，所供盐种价格、包装以及市场管理，联合执法机制做出详细规定，对边界盐业市场发生的问题做出协调意见。开展整治盐业市场秩序专项行动，全市查处盐业违法案件279起，没收私盐47.01吨，捣毁制假窝点10余处，出动执法人员4120人次。是年，全市查处各类涉盐违法案件1392起，其中简易案件620起，一般案件772起，没收盐产品135.59吨，刑拘4人，结案率100%。其中，省际边界县级盐务局临清盐务局查处涉盐违法案件220起，没收盐产品36.9吨。2006年，全市查处各类涉盐违法案件1686起，没收盐产品278.4吨，刑拘4人，结案率100%。

2007年，聊城市盐业系统发展盐业经济和深化食盐专营，规范食盐零售经营体制。2008年，聊城盐业进行大改革，健全食盐零售网络，各县初步建立零售网点和用盐业户的购销台账，实行户籍化管理，增强了各类盐销售的计划性和预见性。加强对腌制、畜牧和饲料加工等生产性用盐的管理，与用盐户签订安全用盐协议，建立用户档案和台账，对用盐户实行用盐审批制度和合同供货制度，做到专盐专用，防止大袋盐流入食盐市场。是年，全市查处涉盐违法案件1723起，没收非法盐622吨，刑拘8人，盐业市场秩序好转。2009年，继续加强食盐零售网点建设，突出食盐入户监测，定期对群众的盐罐子进行抽检，对检查到的不合格食盐，按比例调换合格食盐。和河北、河南省以及省内周边市地建立共同治理边界市场联络体系，实行信息共享，强化日常监督。全年出动盐政执法人员2.12万人次，查处涉盐违法案件1310起，查没各类产品177.66吨，货值10.9万元，刑拘2人。

2010年，公安、盐政联合在全市设立举报网点3个，出台进一步规范和整顿盐业市场秩序等意见，依法治盐的能力和水平不断提高。2012—2013年，聊城盐业实施转型发展，开展集中整治活动，针对临清等与河北省毗邻地区私盐泛滥、稽查力量相对薄弱的特殊情况，开展拉网式大清查，净化边界地区的盐业市场。2013年，出动盐政执法人员2.15万人次，查处涉盐违法案件2923起，查没各类盐产品213吨，取缔制售假窝点10个。

2015年，突出对重点地区的治理，完善盐政执法规范化、制度化。全市出动盐政执法人员2.85万人次，查处涉盐违法案件1207起，查没各类盐产品539吨，端掉制售假窝点39个，联合办案307起，移送司法机关处理案件29起。

第七章　住宿和餐饮业

90年代，聊城市住宿餐饮业伴随着服务业的整体发展，数量不断增加，质量日趋提高，总体趋势为“国退民进”，公有制成分逐渐减少，非公有制产业迅速崛起，形成多元化共存、共同进步的现象。至2015年，全市住宿餐饮业实现生产总值65.06亿元，比2005年增长4.24倍，年均增长18.02%。

第一节　住宿业

1998年，全市申报、评审2家星级饭店，阳谷县宾馆被省星评办评定为三星级宾馆，填补了县（市、区）无中高档宾馆的空白，中通宾馆被评为二星级宾馆。

1999年起，聊城在经济发展过程中，住宿企业逐步转变经营体制，国营饭店、招待所大都改为股份制或实行国有民营，股份制和个体私营宾馆、饭店成为住宿业市场主体。2002年，全市共有个体宾馆318家，从业人员1006人。2004年，泉林大酒店通过星级评审，成为全市第一家四星级酒店，审批二星级酒店1家，聊城市的星级宾馆增至11家。是年，全市个体宾馆增至3179家，从业人员6200人。2007年，全市个体宾馆增至4850家，从业人员1.27万人。2008年，恒泰大酒店被评为三星级酒店。2011年，三和宾舍晋升为四星级酒店，全市四星级酒店增至4家；2家二星级酒店晋升为三星级酒店，星级酒店增至25家；新增加星级餐馆2家，星级餐馆增至16家。2011年，全市住宿业实现零售额4.9亿元。2015年，全市共有四星级酒店（宾馆）4家、三星级酒店19家，星级酒店30家，实现零售额2.6亿元。

第二节　餐饮业

90年代后，随着市场经济的深入发展，人民生活水平的逐步提高，人们对餐饮业需求增多，餐饮业非公有制经营业户迅速崛起，个人经营餐饮业增长加速。

2002年，全市有私营餐馆260家，从业人员3406人；个体餐馆1.37万家，从业人员2.75万人。2003年，私营餐馆增至601家，个体餐馆增至1.89万家。2004年，由于餐饮业服务人员相对减少，出现“用工荒”问题，餐饮业招工更加困难。是年，餐馆数量急剧减少，私营餐馆104家，从业人员1179人；个体餐馆3190家，从业人员6656人。2007年，共有私营餐馆101家，从业人员1150人；个体餐馆4522家，从业人员8819人。

2008年，随着统计口径发生变化，全市住宿餐饮业有私营企业187家，从业人员2491人；个体企业7458家，从业人员1.57万人。2012年，对餐饮业进行量化分级管理和等级公示，完成特大型餐馆、大型餐馆、供餐人员500人以上的机关及事业单位食堂、餐饮连锁企业的量化分级管理和等级公示

2012年，国家发布“三公”消费政策，聊城高端餐饮受此限制影响，经营状况不佳，甲鱼宴、中银大酒店等一批传统高档餐饮酒店营业额急剧下降，中档大众餐馆营业额上升。聊城餐饮业重心向团餐、简餐、休闲餐转变，中银大酒店、昌润大酒店等传统高端餐饮集团都推出面向普通居民的中端餐饮。2013年，完成中小型餐馆、其他食堂的量化分级管理和等级公示。

2008年9月，市商会与市劳动局联合主办，市酒店业协承办2008年江北水城美食文化烹饪技能大赛。10月，组织聊城市选手参加第六届全国烹饪技能大赛，获3枚银牌。2011年11月，参加首届山东省鲁菜创新大赛，“江北水城运河文化宴”“阿胶文化养生宴”获“首届鲁菜创新大赛筵席创意设计银奖”，“布袋海参”获热菜金奖，“清真八扣”“瑶柱鱼翅”“阿胶极品驴八珍”获热菜银奖，被评为“鲁菜创新金牌厨师”1人、“鲁菜创新银牌厨师”3人。“水浒文化风情宴”“双味菊花大肠”等6道热菜分别获得筵席创意设计优秀奖和热菜优秀奖。2012年10月，参加第二届山东省鲁菜创新大赛决赛，“开元盛世宴”获得“筵席创意设计金奖”“筵席营养奖”，“冰花煎饺”“香酥海参油条”分别获中式面点金奖、银奖，“江北水城风味宴”获“小吃荟萃宴创意银奖”第一名、“小吃荟萃宴推广奖”，“阿胶上品宴”获“第二届鲁菜创新大赛筵席创意设计银奖”。2015年，聊城金鼐风干鸡、高氏滑肉、空心琉璃丸子、御膳龙骨、养生菜盒、房氏康园肉饼、半只鸡、热羊肚、一利烤石馍、翰林肉、白江烧牛肉、冠县马家包、孙家烧鸽、手工豆腐丝、鲜花饼、“润源达”排骨大包、崔增鸳鸯饼、中聊张记熏猪蹄、胡辣汤等19道菜点被认定为“齐鲁名吃”。

2015年聊城市餐饮服务品牌示范店一览表

表13-8

示范店名称	成立时间及位置	主要名菜
聊城市东昌府区食美滋餐厅	东昌府区兴华路水城华府南门	—
聊城市大山坳餐饮有限公司振兴路分店	2012年7月5日 聊城市振兴西路13号楼	崂山菇烧滑鸡、红焖羊排、山坳风干鸡

续表 13-8

示范店名称	成立时间及位置	主要名菜
聊城市东昌府区品味非凡快餐店阿尔卡迪亚店	2015 年 4 月 29 日 新区办事处阿尔卡迪亚 2 号商业楼一层门面房	牛肉馅饼、香酥饼
山东舜昌山庄餐饮管理有限公司聊城分公司	2015 年 11 月 24 日 聊城市昌润路光明商住楼 1 幢 1 至 4 层	—
聊城润荷苑餐饮管理有限公司	2014 年 10 月 22 日 山东省聊城市东昌府区柳园南路 50 号	—
聊城阿尔卡迪亚国际酒店有限公司	2010 年 1 月 4 日 聊城市湖南路北海关东路西	—
聊城市运河文化餐饮有限公司	2008 年 5 月 31 日 聊城市花园路 37 号	—

1997—2015 年聊城市住宿餐饮业经营情况统计表

表 13-9　　单位：亿元

年份	住宿餐饮业生产总值	其中餐饮业零售总额
1997	—	2.56
1998	—	3.24
1999	—	3.62
2000	—	4.26
2001	—	4.89
2002	—	7.42
2003	—	14.43
2004	—	27.89
2005	—	32.62
2006	44.21	42.48
2007	53.88	51.52
2008	70.85	67.29
2009	87.10	—
2010	78.02	—
2011	77.93	—
2012	89.60	—
2013	95.11	—
2014	117.42	—
2015	138.44	—

第八章　社会服务业

1997 年起，聊城服务业增长迅速，在品质上也有所提高，计算机服务等新兴行业出现并发展壮大，服务业划分更为细致。人们对服务业的需求从满足基本生活需求向更高层次提升，汽车服务及家政服务等行业逐步进入普通家庭，全市从事居民服务、修理及其他服务的个体、私营企业数量、人员、注册资金均呈不断增长态势。2015 年，全市租赁和商务服务业个体工商户 2631 户、从业人员 5812 人、注册资金 1.78 亿元，私营企业 2796 户、从业人员 1.87 万人、注册资金 90.37 亿元，分别比 2004 年增长 15.24 倍、30.42 倍、117.61 倍、26.96 倍、20.4 倍、152.27 倍；居民服务、修理和其他服务个体企业 2.96 万家、从业人员 6.52 万人、注册资金 12.82 亿元，私营企业 1183 家、从业人员 8403 人、注册资金 15.06 亿元，分别比 2004 年增长 2.68 倍、2.89 倍、26.91 倍、2.56 倍、1.01 倍、5.46 倍。

第一节　租赁和商务

90 年代以来，随着经济发展和生活水平的提高，人们对商务服务业需求增加，聊城市商务服务业逐渐发展壮大。同时，商务服务业范围扩大，广告业、企业咨询等服务于企业发展的产业从无到有，增长迅速，机械设备租赁等科技产品需求增加。随着物质的丰富，人们对精神文化的需求增加，旅游服务等休闲娱乐活动规模明显扩大，文化用品租赁经历了从高峰到衰落的过程。在从事商务服务业的人员中，私营、个体等性质企业比例较高，就业人员逐年增多，规模逐年扩大，成为商务服务业的主干力量。

2004 年，全市有租赁和商务服务业个体工商户 162 户，从业人员 185 人，注册资金 150 万元；私营企业 100 家，从业人员 873 人，注册资金 5896 万元。个体广告业商户 28 家，从业人员 36 人；私营广告业商户 43 家，从业人员 376 人。2006 年，有个体广告业商户 52 家，私营广告业商户 41 家。出现咨询调查商户，其中个体商户 33 家、私营商户 19 家。

2007 年，全市有租赁和商务服务业个体工商户 429 户，从业人员 788 人，注册资金 2512 万元；私营企业 342 家，从业人员 2493 人，注册资金 3.73 亿元。个体咨询调查商户 38 家，私营商户 32 家。2010 年，全市有租赁和商务服务业个体工商户 717 户，从业人员 1576 人，注册资金 4263 万元；私营企业 877 家，从业人员 9191 人，注册资金 39.38 亿元。

2011 年起，全市租赁和商务服务业迅速发展，个体工商户、私营企业数量、注册资金、生产总值大幅度提升。2015 年，全市有租赁和商务服务业个体工商户 2631 户、从业人员 5812 人、注册资金 1.78 亿元，私营企业 2796 户、从业人员 1.87 万人、注册资金 90.37 亿元，实现生产总值 39.88 亿元，分别比 2011 年增长 146.81%、89.32%、309.65%、278.21%、73.35%、108.88%、134.86%。

2004—2015年聊城市租赁和商务服务业经营情况统计表

表13-10

年份	生产总值（亿元）	个体工商户（户）	从业人员（人）	注册资金（万元）	私营企业（家）	从业人员（人）	注册资金（万元）
2004	—	162	185	150	100	873	5896
2005	—	—	—	—	—	—	—
2006	—	276	514	252	251	1954	27127
2007	—	429	788	2512	342	2493	37330
2008	—	502	637	2371	518	4366	173489
2009	—	554	1074	3085	645	5323	239937
2010	—	717	1576	4263	877	9191	393807
2011	16.98	1066	3070	4343	1005	10777	432630
2012	20.12	1768	4349	5777	1192	13379	470340
2013	—	1227	3295	5997	1417	15226	544981
2014	31.60	1845	4311	8742	1986	13928	706406
2015	39.88	2631	5812	17791	2796	18682	903658

第二节　居民服务业

一、家政服务业

聊城的家政服务业经历了一个从无到有，从少到多的过程。2011年，全市共有家政服务企业18家，年营业额1000万元。从业人员3180人，其中家政服务人员3000人，工作人员180人。家政人员平均年龄43岁，平均从业时间2～3年。主要家政服务培训机构有聊城市阳光大姐家政服务中心、聊城市新馨园家庭护理有限公司、聊城市职工中等专业学校和聊城市雨露职业技能培训学校4家，培训规模800人，平均每人培训80个课时。2013年2月，建设聊城市家政服务网络中心，5月正式上线运营，实现通过“12312”便民电话及平台网站接受市民各类家政服务订单的功能，签约加盟企业22家。2014年5月，聊城市阳光大姐家政服务有限公司和聊城市新馨园家庭护理有限公司被评为首批山东省家政服务龙头企业。2015年，全市有家政服务企业145家，企业人员总数9153人，其中家政服务人员8463人。其中，女性服务员7574人，男性服务员889人。家政服务人员中，30岁以下1015人，40～50岁6110人，50岁以上1328人；初中学历6161人，高中学历2048人，大专以上学历254人。主要家政服务培训机构16个，培训规模1.58万人，人均培训时长15天，持技术等级证书上岗人员比例80%。

聊城市新馨园家庭护理有限公司　是聊城首家由市工商局注册批准成立的家庭护理有限公司，2008年2月注册成立，位于聊城市东昌西路北侧向阳路东。至2015年，除有1个总部外，下设连锁店20个、培训学校1所，共有管理人员60余名，专业月嫂、保育员400余名，大学生家教100余名，家政服务员近1000名。服务项目由最初单一的月嫂服务，发展为包括育儿、养老、钟点、保洁、家教、营养、早教、心理咨询、婴童游泳、理发、产后恢复等在内的几十项业务。

聊城阳光大姐家政服务有限公司　2011年10月注册，注册资金101万元，位于聊城市东昌西路北侧向阳路东。至2015年，拥有固定从业人员1000余人，固定经营面积2000多平方米，管理人员33人，下设1个中心店及4个分店、6个社区服务中心、1所培训学校和2座婴儿游泳馆，是聊城市专业化家政服务综合经营体。公司安置从业人员1.96万人次，完成各项培训3.6万人次，其中基层服务人员占总人数的40%以上，为2.3万户家庭提供了各种形式的服务，满意率95%以上。

二、洗染业

2015年，全市有洗染业企业92家，年营业额6127万元，从业人员1038人，其中农民工574人，城镇下岗职工288人，大学本科、专科、职业中专学历176人。企业经营厂、店主要包括自营店、加盟店、专业服饰护理店、公用纺织品洗涤服务为主的水洗工厂、自助式洗衣店和中央工厂等。

三、照相业

1997年，境内照相业以聊城地区彩扩中心为首。除传统的证件照外，彩扩中心努力拓展新的服务领域，大力开展婚纱摄影业务，成立"金梦婚纱影楼"分部，先后建立美国柯达、日本柯尼卡、爱克发专卖店，投资近20万元重新装修2个门店和1个摄影室，增强企业发展后劲，提高了市场竞争力。2002年，彩扩中心在面临激烈的市场竞争情况下，如期完成承包合同，上交租金10万元。同期，随着家用照相设备逐渐普及，专门去照相馆拍照人数减少，照相馆的照片冲洗、彩扩等附加业务增加。2005年后，随着手机拍摄功能的进步，手机拍摄照片成为个人照相的主要模式，照相馆拍摄逐步与个人拍摄分开，除证件照、婚纱摄影外，个人写真逐渐增多。2015年，聊城市主要照相馆有大地摄影、卡梅隆摄影等。

2004—2015年聊城市居民服务、修理和其他服务业经营情况统计表

表13-11

年份	个体企业（家）	从业人数（人）	注册资金（万元）	私营企业（家）	从业人数（人）	注册资金（万元）	生产总值（亿元）
2004	8025	16760	4762	332	4176	23316	—
2005	—	—	—	—	—	—	—
2006	8925	15472	7281	348	5919	31537	—
2007	9812	16387	15049	394	6425	34349	—
2008	6647	11902	6106	377	2494	18497	—
2009	10015	18465	11605	381	2569	—	—
2010	11807	23854	21177	378	2762	35879	—
2011	12709	26571	—	423	3792	39650	27.65
2012	15105	31517	37922	548	5561	64013	30.40
2013	17974	41439	63322	607	6246	49373	—
2014	22981	51211	89858	877	6734	85607	40.18
2015	29573	65166	128178	1183	8403	150581	—

第三节　旧机动车交易

1997年5月成立的聊城地区物资金属回收有限公司，是全地区唯一一家具有国家认证资格的报废汽车回收拆解企业。1999年，由聊城市物资局领导，组建全市唯一一家经省级批准的旧机动车交易中心。1999—2001年，分别交易旧车767辆、1485辆、2637辆。聊城市物资金属回收有限公司作为全市唯一一家具有国家认证资格的报废汽车回收拆解企业，经过规范改制和强化管理，步入良性循环的轨道。

2002年3月，聊城旧机动车交易中心（市场）成立，注册资金100万元，是年吸引70户社会商户进场交易，完成交易额9800万元，比上年增长8.8%。

2005年后，聊城市旧机动车交易公司不断增加。是年3月，聊城正信旧机动车交易有限公司成立，注册资金1300万元。2006年11月，聊城四方旧机动车交易市场有限公司成立，注册资金20万元。2014年4月，聊城正太旧机动车交易有限公司成立，注册资金100万元。2014年12月，聊城市兴博旧机动车交易有限公司成立，注册资金200万元。2015年1月，聊城舒杰旧机动车交易有限公司、聊城天恒旧机动车交易有限公司、聊城市宇顺旧机动车交易有限公司成立，分别注册资金300万元、101万元、100万元。是年，全市旧机动车交易公司增至10余家。聊城旧机动车交易中心注册资金增至200万元，经营场地20000平方米，停车泊位700余个，其旧机动车年交易量居聊城各二手车交易公司之首。

中共聊城市委党史研究院
聊城市地方史志研究院 编

LIAO CHENG SHI ZHI

聊城市志

（1997—2015）

【中卷】

方志出版社
Publishing House of Local Records

中卷目录

第十四编　开放开发

第十五编　旅　游

第十六编　金　融

第十七编　财政　税务

第十八编 经济管理

第十九编　中共地方组织

第二十编 地方权力机关

第二十一编 地方行政机关

第二十二编　政协地方组织

第二十三编　民主党派

第二十四编 社会团体

第二十五编　公安·司法

第二十六编　军　事

第十四编　开放开发

Part XIV Opening and Developing

聊城志

1997 年起，聊城对内、对外开放程度进一步提高。区域协作广泛开展，相继融入中原经济协作区、省会城市群经济圈、山东西部经济隆起带等国家和省区域发展战略，同中原经济区、大京九经济协作带、环渤海以及西部地区的合作取得明显成效。至 2015 年，累计批准外商投资企业 442 家，实际利用外资 14.75 亿元；对外贸易进出口总额 421.04 亿元，其中出口 174.9 亿元、进口 246.14 亿元。2002—2015 年，全市累计招商引资到位资金 4796.9 亿元。聊城经济开发区晋升为国家级开发区，9 个县属开发区获批省级开发区。2013—2015 年，聊城连续 3 年入选全国外贸百强市。

第一章　国内经济协作

聊城市国内经济协作主要表现为省内及周边、跨省区域协作和对口支援。区域协作初期主要采取政府组织的方式。随着市场经济体制的逐步建立，到 21 世纪初，政府逐步由主动组织变为积极引导，协作内容由最初的单一的物资串换发展到生产要素全方位的联合协作，协作领域由工业企业发展到产学研等多方面，协作空间由省内和周边为主发展到跨省市的广泛区域。1995—1997 年，全地区实施经济技术协作 600 多项，引进各类人才 2000 多人，输出人才和劳动力近万人，完成各类物资贸易总额 6 亿多元。1999—2001 年，聊城市连续 3 年举办中国聊城经贸洽谈会。1998—2001 年，实施经济技术协作 2000 多项，引进资金近百亿元，协作贸易额 70 多亿元，人才交流 2 万多人次。2002 年后，政府主要发挥引导和推动作用。

第一节　区域协作

一、山东省内经济协作

1992 年 4 月，山东实施“全面开放，重点突破，梯次推进，东西结合，加快发展”战略。从 1993 年开始，采取省领导联系，省直部门、东部强县、省内大企业、大专院校和科研院所与试点县五方结对帮扶的办法，在山东西部地区分批设立改革开放试点县。茌平县、高唐县、冠县、莘县、阳谷县、东阿县 6 个县先后被省列为第一、二、三、四批试点县，其中茌平县、高唐县于 1998 年先期完成试点任务、退出试点行列。1998—2001 年，先后有 8 个省直部门、10 个东部强县、15 所大专院校和科研单位、42 家大企业与市内各试点县结成帮扶对子，全方位地对试点县进行帮扶和支持，扶持项目上百个。仅 2001 年，即为 4 个试点县援助项目 48 个、资金 5700 万元，援助设备 67 台（套），培训人才 8100 人次，输出劳务人员 520 人次，贷款及拆借资金 2.2 亿元。2002—2003 年，4 个试点县有合作项目 54 个，援助贷款和拆借资金 2.7 亿元。

2003 年，市发改委、市政府调研室就聊城与济南接轨问题开展专题调研，提出建设济南经济圈的建议。2006 年，召开接轨省会城市群经济圈重大课题调研工作会议，市委政研室、市政府调研室牵头完成《关于加快省会城市群经济圈发展的调研报告》。2003—2007 年，山东省实施“双 30”工程，重点支持 30 个强县、帮扶 30 个欠发达县。莘县、冠县、东阿县 3 个县列入全省 30 个欠发达县扶持发展规划，由省领导牵头，3 个省直部门和东部 6 个强县（市、区）对上述三县进行为期 5 年的帮扶。仅 2004 年，省直部门和东部强县 9 个帮扶单位为上述三县引进项目 40 多个，到位资金近 2 亿元，其中无偿帮扶资金 2000 多万元。2008 年，聊城市参加省会城市群经济圈旅游合作发展洽谈会。2010 年 12

月，启动济聊一级公路建设。2011年，《山东省国民经济和社会发展第十二个五年规划纲要》提出“加快建设省会城市群经济圈”目标。

2013年4月12日，聊城市委十二届四次全体（扩大）会议确定“东融西借、跨越赶超，建设冀鲁豫三省交界科学发展先行区”的总体要求，“东融”就是全方位融入省会城市群经济圈和山东西部经济隆起带。是年8月，山东省出台《省会城市群经济圈发展规划》和《西部经济隆起带发展规划》，省委、省政府随后出台一系列支持政策。省会城市群经济圈，包括省会济南及周边的聊城等7个市、52个县（市、区）；西部经济隆起带，包括聊城等6个市60个县（市、区）。是年11月底，在济南召开聊城市全面融入济南服务省会、推进济聊合作发展恳谈会，聊城市和济南市签署《聊城市融入济南服务省会促进济聊合作发展战略合作框架协议》，达成合作意向、协议152个，现场签约项目7个。2014年，聊城加入省会城市群经济圈交通运输专业委员会，合力推进济聊城际铁路、聊泰铁路等重点项目。在西部隆起带建设中，各市达成共同推进铁路、公路、机场、内河航运等交通基础设施建设的一致意见，建立旅游一体化、边界地区环境执法联动协调机制。2015年，全市31个项目获得省“一圈一带”专项资金1.82亿元。

二、中原经济协作区协作

中原经济协作区是国内成立最早的区域经济合作组织之一，初创于1985年9月，正式命名于1995年，由包括聊城市在内的晋冀鲁豫4省交界区域的13市组成，区域总面积9.68万平方千米。2014年年底，区域总人口5923.9万人，生产总值1.94万亿元。

2013年11月29日，聊城市全面融入济南服务省会推进济聊合作发展恳谈会在济南举行

2008年，在临清市召开的中原经济区第十九届市长联席会上，13个成员市审议通过新的章程，明确这一区域经济合作组织的名称为“中原经济区市长联席会”。2012年11月，国务院批准实施的《中原经济区发展规划》明确指出，要继续发挥已有区域合作组织的作用，并将中原经济区市长联席会13个成员市全部纳入中原经济区的规划范围。2015年11月，经各成员市协商决定，启用“中原经济协作区”名称。

聊城参与协作区各项活动。1995—1997年，聊城地区从中原经济协作区购买煤炭1000多万吨，达成协作项目200多个，全区100多种产品进入了中原市场。2002年，在临清市成功举办中原经济区第十三届会议。2011年，在中原经济区第二十二届市长联席会议上，与河南濮阳缔结为友好城市。2012年，聊城作为中原经济区轮值城市，承办了以“魅力中原·欢聚水城·共谋发展”为主题的中原经济区第二十三届市长联席会议。2015年11月27日，在河北省邯郸市召开的“纪念中原经济协作区成立三十周年座谈会”上，聊城、邯郸、长治三市签订共同推进聊城—邯郸—长治铁路客运专线项目合作协议，与其他市旅游部门共同签订中原经济协作区十三市联合发行金中原惠民旅游一卡通合作协议。

三、中原经济区协作

中原经济区（CPER）于2012年10月获得国务院正式批复，由包括聊城市在内的豫鲁皖冀晋等五省三十市二县组成，总面积28.9万平方千米，2015年年底总人口约1.5亿人，生产总值约6万亿元。

2011年年底，聊城启动加入中原经济区的争取工作。12月5日，市委、市政府向山东省委、省政府提交《关于申请国家批准聊城享受中原经济区政策待遇的请示》。2012年7月31日，国家发改委正式下发通知，明确了中原经济区的规划范围，聊城位列其中。在整体布局上，聊城被列为重要节点城市，被纳入“沿济（南）郑（州）重（庆）发展轴”和“邯（郸）长（治）—邯（郸）济（南）经济带”。在中原城市群，聊城市被定位“重要中心城市”；在区域合作上，“充分发挥聊城、菏泽东向出海桥梁的作用，增强物流集疏功能，推进加工贸易转型升级，建设鲁西内陆开放试验区”；在重大建设上，支持建设郑州至济南城际铁路等一批重点项目。

2013 年 4 月 12 日，聊城市委十二届四次全体（扩大）会议，将聊城经济社会发展的总体要求确定为“东融西借、跨越赶超，建设冀鲁豫三省交界科学发展先行区”。其中，“西借”，就是借助国家中原经济区战略，借力发展、借梯上楼、借机突破、借势而上，抢占冀鲁豫三省交界科学发展、跨越发展的制高点。

2014 年 12 月 31 日，国家发展改革委办公厅印发《关于同意山东省列入中原经济区规划的菏泽市、聊城市和东平县执行国家中部地区有关政策的复函》，正式同意聊城市在产业政策、项目组织布局及投资安排等方面参照中部地区政策标准执行。

四、大京九经济协作带协作

大京九经济协作带是以京九铁路为纽带、沿线城市自愿参加的区域经济联合组织，成立于 1997 年 4 月，涉及 7 个省，17 个成员市，辖 127 个县（市、区），国土面积 20 万平方千米。

聊城市作为大京九经济协作带一员，自 1997 年加入协作带起，参加了历届大京九经济协作带市长联席会议，并于 2004 年作为执行市筹备组织了第七届市长联席会。2001 年 10 月，组织全市 40 家企业参加在广东东莞市召开的首届大京九农副产品食品交易会，参展摊位 15 个，参展产品 100 余种，参展的粮油、蔬菜、水果、畜禽、医药等不少产品受到国内外客商的青睐，签订购销协议 1 亿多元。2002 年 10 月，参加在广东东莞（常平）召开的第二届大京九农副产品交易会，签订合同 4 项，金额 1.01 亿元，协议及合作意向 30 项、金额 1.8 亿元，为全市农产品打入珠江三角洲地区奠定了基础。2003 年 11 月，参加在广东东莞（常平）召开的第三届大京九农副产品交易会，全市筛选一批发展潜力较好的民营企业参加会议，展示的果蔬、棉花、小麦、面粉、食用油、花生等优质土特产受到参会客商的好评，签订多项长期供货协议。2004 年 11 月，市政府主要领导带队参加大京九农副产品食品交易会，全市有 7 个县（市、区）参会，参会企业 40 多家，参展产品 300 多种，设展位 7 个。会议签订项目 27 个，成交额 1.13 亿元，其中合同 4 个，成交额 4000 万元，协议 23 个，成交额 7000 多万元。山东凤祥集团、阳谷景阳冈酒业公司、茌平绿香源果业有限公司、临清济美酱园分别与深圳、东莞、安徽等地客商签订鸡产品、果品、酱菜供应合同。2005 年，在第五届大京九农副产品食品交易会上，签订供货合同、协议和意向 56 项，总交易额 3.2 亿元。

2005 年后，随着抢抓京九机遇的热潮渐渐散去，大京九经济协作带也逐步走向下坡路。2007 年后，市长联席会趋于冷淡。

五、环渤海区域合作

环渤海地区经济联合市长联席会于 1986 年由天津市倡导、环渤海地区 15 个城市共同发起。至 2015 年年底，会员单位发展至 50 个成员市，联席会成功举办 17 届。

2001 年，聊城组团前往天津进行旅游推介，组织有关部门和企业到天津考察洽谈项目，就农副产品入津和向天津劳务输出等多方面进行合作。2002 年年底，在天津召开两市经济合作与技术项目对接洽谈会，天津市政府经济协作办公室、天津市粮食局、天津农科院、家世界连锁商业集团有限公司、凯威特技术有限公司、安吉集团等 10 余家企业、部门到会，签订合作项目 10 项，与天津农科院黄瓜研究所正式签约在聊城建立黄瓜杂交品种试验基地。

2006 年 4 月，在环渤海市长联席会第十二次会议上，聊城正式成为环渤海市长联席会成员城市。之后，参加了环渤海市长联席会历次会议。2011 年，参加环渤海区域合作市长联席会第十五次市长会，签署《关于加强环渤海区域合作的天津共识》文件，区域间合作逐步从形式上的交流向深层次合作发展。2015年9月9日，环渤海区域合作市长联席会第十七次市长会议在太原召开，会议签署《环渤海区域合作市长联席会第十七次市长会议太原共识》，讨论确定了区域合作“五个着力”战略，即着力对接融入京津冀协同发展战略，着力推动区域重点领域合作，着力提升区域协同创新能力，着力深化区域公共服务体系，着力完善区域协同机制。

六、同西部地区协作

结合国家西部大开发总体战略部署，面对西部广阔市场资源，坚持“引进来”和“走出去”相结合，促进优势互补和共同发展。1996年5月，与内蒙古哲里木盟结为友好区盟，组织、筛选项目45项，包括土地开发合作合资建厂、原料收购、产品销售、承揽工程等多方面内容，有29项在哲里木盟找到合作伙伴。聊城二市六县与哲里木盟二市六县（旗）结为对口县市。在对口协作中双方本着优势互补、互惠互利、共同发展的原则对项目认真落实。莘县城关镇承包科左右旗耕地3000亩，种植高粱、大豆、玉米等，开办养鸡场。莘县外贸在内蒙古设绿豆收购点13个，承包通辽市5万吨仓库1座，联合开展绿豆、杏仁收购业务。阳谷安镇皮毛厂在哲里木盟设办事处2处，收购牛、牛皮100多万张。东阿与库伦旗相互设立面粉和荞麦面条销售网点。东阿县农业局与库伦旗合作进行鲁单玉米良种繁育试验，冠县向扎鲁特旗提供小尾寒羊等。聊城在新疆开展了资源土地开发。比如，冠县供销社在新疆投入设备、资金600余万元，组建了新鲁棉纺厂和丰收棉纺厂。莘县纺织厂在新疆叶城建立2个1万绽的纺织厂。冠县供销社1996年在新疆先租地500亩种植棉花，1997年在阿互提县租种土地1.5万亩，成立冠宇农场。莘县外贸在新疆利用当地棉籽建立榨油厂，种植绿豆5万亩，建设冬暖式大棚400多个。莘县供销社在新疆库尔勒地区和硕县成立农牧开发公司，建立5万只规模的养鸡场，建设冬暖大棚3000个，莘县2000多人在当地建立“莘县村”。聊城人姚学存被和硕县政府聘任为政府顾问，全家去新疆安家。1998年，茌平县畜牧局养鸡场在库尔勒地区投资600万元，合作建立2万套良种鸡种禽繁育基地。之后，聊城与西部地区的协作，主要采取市场运作的方式。

第二节　对口支援

1997—2015年，按照中共中央和山东省的统一部署，聊城重点对西藏、青海、四川、重庆进行援助。按照省委组织部的统一安排，聊城市（地区）共选派6批、26名干部到西藏和青海开展援建工作，其中援藏干部5批23人、援青干部1批3人。

一、援藏

1995年5月，山东省选派第一批援藏干部，聊城市通过广泛宣传、层层发动、个人申请、组织推荐、严格把关，确定徐福金、陈玉福、庞洪江、时书东、王秋成、赵墨林、张立华7名干部到西藏日喀则地区工作，援藏时间为1995年5月至1998年5月。援藏期间，援藏干部为日喀则地区筹集10万元党员电化教育专项资金，改善党员电化教育的落后面貌；引进资金120万元兴办老龄委福利经济实体，提高离退休干部的福利待遇；组织42名日喀则地委党校和师范学校教师到内地进行培训进修。

1998年5月，山东省选派第二批援藏干部，聊城市通过广泛发动、个人申请、组织推荐，按照配优配强的原则，确定5名援藏干部到西藏日喀则地区开展对口支援工作，援藏时间为1998年5月至2001年5月。

2001年5月，山东省选派第三批援藏干部，聊城市通过个人申请、单位推荐、组织考察，确定7人到西藏开展对口支援工作，援藏时间为2001年5月至2004年5月。援藏期间，援藏干部争取援助资金60万元，改善办公条件；争取援助电脑20台，提高办公自动化水平。

2004年5月、2007年5月，山东省分别选派第四、第五批援藏干部，按照省委组织部选派要求，聊城市确定栾居军（四批）、齐海云（五批）、杜跃民（四批）、李鹏（五批）到西藏工作。援藏时间分别为2004年5月至2007年5月、2007年5月至2010年5月。其间，4名援藏干部充分发挥自身业务专长，帮助日喀则地区建设水利项目，扩建改建供水管网，解决干部群众吃水用水难问题。

二、援青

2013年年初，山东省委、省政府确定聊城市对口支援青海省海北州刚察县。是年4月，按照山东省选派第二批援青干部工作的安排部署，聊城市坚持公开、平等、竞争、择优的原则，通过竞争选拔确定高志国、王巍、张鑫3人为援青干部。至2015年年底，建立了以干部、人才为龙头，以资金、物资援助为重点，以项目建设、经贸合作为载体，以促进双方交流合作、共同发展为目标的援青工作格局。

2015年6月，聊城市援助刚察县教育发展基金捐赠交接仪式

项目援助 至2015年12月，聊城市完成山东省“十二五”期间援助刚察县的16个项目，共计完成投资1.32亿元，包括城乡居民住房项目投资1567万元，农牧区基础设施项目投资441万元，市政设施项目投资900万元，社会事业项目投资773万元，产业发展项目投资7162万元，生态建设项目投资2000万元，基层组织建设项目投资375万元。其中，2013年10月，投资2000万元援建的刚察县鲁援生态饲料有限公司建成投产；投资2000万元援建的沙柳河生态治理项目，改善了区域生态环境，拉动了刚察县的城市建设和旅游业发展。结合刚察县实际，聊城市从市财政拿出560万元用于民生建设和人才培训。其中，投资200万元的哈尔盖镇贫困游牧民定居点住房项目建设完成，房屋投入使用；投资200万元的刚察县县医院净化手术室建设项目，完成土建工程，2016年上半年可投入使用；援助落实资金50万元，设立刚察县教育发展基金，用于教师培训和管理，提升教师素质；先后援助刚察县公安队伍建设资金30万元、县组织人才教育培训资金20万元和县工会建设资金10万元，加大对刚察县各级各类人才培训的支持。

企业援助 发挥刚察县当地草场资源优势，引导东阿阿胶集团与刚察县农牧局联合，推进刚察县毛驴养殖基地项目；促成聊城方通商贸有限公司设立分公司落户刚察县；帮助刚察县特色农畜产品聊城（茌平县）销售点建成并于2015年元旦正式运营，开拓了刚察县农牧民的增收渠道。

智力援助 利用对口支援机制和平台，发挥聊城的科技、教育、人才、管理等资源优势，开展赴刚察县支教、支医活动80余人次，组织刚察县科级干部、村（社区）“两委”班子主要负责人、中小学教师、刚察大学生到聊城学习，培训160余人次。刚察县人民医院与聊城市人民医院建立远程会诊平台，“刚察高中班”于2015年9月在聊城市第三中学正式开班。

社会援助 聊城市机关、学校、医院和国有企业、民营企业以及爱心人士、慈善家等社会各界力量参与和支持援青工作。至2015年年底，聊城市有关人员、企业家等赴刚察县考察共计680余人次，刚察县有关人员到聊城考察学习交流210余人次。聊城市社会各界向刚察县医院、农牧局、学校、敬老院、贫困户、困难学生捐助现金以及医疗药品、电脑、图书、生活必需品等物资折款逾200万元。聊城援青工作组坚持面向基层群众开展调研活动，不断创新援青工作机制，跑遍刚察县的3个乡2个镇1个场31个行政村，在实地调研中，联系孤寡老人、贫困户和贫困学生，从生活、就业、上学等各方面给予帮助和扶持，个人出资送去的现金以及生活必需品等物资折款4万余元。

三、援川

2009—2010年，聊城市开展援川工作，主动做好与北川县片口乡的协调与对接，对农户永久性住房全部进行加固重建，建设的9个重点项目全部竣工交付使用，完成北川七一高级职业中学、白场坪片区安居房两大援建建设。特别是北川七一高级职业中学项目，得到中共中央政治局委员、中组部部长李源潮等国家、山东省领导肯定并作出批示。

2010年，聊城援建的北川七一职业中学

四、援渝

2010年起，开展帮扶重庆市彭水县工作，建立了工作联动机制。2011—2015年，聊城市与彭水县按照全国东西扶贫协作工作会议精神，推进对口帮扶工作，加强合作交流，在实物援助、招商引资、技术培训、干部人才交流等方面真帮实扶。其间，两市县全面加强合作交流。聊城市委、市政府主要领导人与分管领导多次带队到彭水调研、指导帮扶协作工作，帮助彭水落实重大项目；彭水县委、县政府主要领导与分管领导先后多次带领相关部门负责人到聊城市考察学习，双方于2011年签订《聊城—彭水东西扶贫协作框架协议书》。两地发展改革部门通过多次衔接、现场考察、调研，及时确定年度扶贫协作工作方案，统筹推进扶贫协作各项工作，双方合作交流取得良好效果。

项目援建 2011—2013年，聊城市政府每年援助彭水县300万元，2014年增至330万元，2015年增至363万元，5年共计援助1593万元，其中用于智力帮扶资金120万元，用于项目建设和扶持产业发展资金1473万元，实施对口帮扶项目23个，重点支持彭水县农村扶贫开发、高山生态扶贫搬迁、产业发展和民生实事等领域。扶贫开发基础设施建设方面：投资565万元用于彭水县农村道路和高山生态扶贫搬迁、集中安置区道路建设，新建和维修农村公路50千米，解决8000多人交通运输难问题；投资50万元用于彭水县农村饮水工程建设，解决500多人饮水难问题；投资280万元用于彭水县高山生态扶贫搬迁集中安置点基础设施建设。产业发展方面：投资65万元用于彭水县太原镇区阳村生态渔业养殖场配套基础设施建设，投资25万元用于桑柘镇白龙村食用菌种植项目，投资38万元用于扶持彭水县小微企业和致富带头人发展特色产业。民生方面：投资420万元用于彭水县第二人民医院（原郁山镇卫生院）项目建设；投资30万元用于龙射镇葡萄中心校运动场建设。聊城市卫生系统为彭水县人民医院、中医院、妇幼保健院无偿援助价值220万元的医疗设备，改善了彭水县城三大医院的医疗条件。

项目合作 利用聊城市各县（市）产业优势，帮助彭水经济社会发展。彭水县成立9个工作组，每组落实1名县级责任领导及相关县级责任部门，对口联系聊城市9个县（市），加强项目洽谈和跟踪服务工作。聊城市每年组织党政和经贸代表团到重庆参加“渝洽会”，并到彭水实地考察项目投资环境与合作项目，共同推进双方经贸合作。“十二五”期间两地签订项目投资意向性协议38个，协议引资111亿元。其中，2011年，在“渝洽会”期间举办的首届山东·重庆扶贫协作暨经贸合作项目签约仪式上，聊城市与彭水县签约6个项目，总投资35.2亿元。

项目管理 2011年，为进一步规范东西扶贫协作的运行，确保东西扶贫协作项目及资金发挥最大效益，聊城市政府与彭水县政府签订《东西扶贫协作2011年工作备忘录》，并出台《东西扶贫协作项目及资金管理暂行办法》，由聊城市发改委和彭水县发改委具体负责东西扶贫协作工作的组织、协调、服务工作，并对东西扶贫协作的资金落实使用情况和项目实施运行情况进行监督和检查。

人才交流　按照国家扶贫办和重庆市扶贫办的要求，聊城市与彭水主动进行对接，并不断深化交流合作，互派党政干部挂职锻炼，开展教育、卫生和农业等方面的人才交流。2011—2015年，党政干部挂职交流10人，考察互访交流538余人次，专业人才技术交流191人次。

第二章　招商引资

20世纪90年代中期，聊城更加重视招商引资工作。2000年9月，市招商局成立，制定招商引资优惠政策、工作考核办法和奖励办法。2001年，实施“大开放、大招商，促进大发展”战略，成立聊城市招商引资工作委员会，下设招商办，将招商引资任务层层分解，全市迅速掀起招商引资的热潮。2001—2002年，各县（市、区）相继成立招商局，各部门成立招商引资办公室，主要负责人亲自抓，选派专人负责招商引资工作，全市树立“人人都是招商主体，事事关系招商引资”的意识，喊响了“投资者是上帝，引资者是功臣，破坏环境者是罪人”的口号，形成了全员抓招商的局面。2003年，建立市政府招商网站，组建招商项目库和客商信息库。2011年，组织开展了春、秋两季招商引资“百日会战”，各县（市、区）、经济开发区均成立由主要领导挂帅的领导小组或指挥部，形成了全员、全力、全方位的招商格局。2013年，全市“招商引资人人有责”“人人为招商引资想办法、动脑筋、出力气、做贡献”的氛围空前浓厚。2015年，市委、市政府作出实行精准招商、专业招商的安排部署，大幅减少了大规模集中招商推介活动，更加侧重于产业招商、点对点招商、专题招商、以商招商等，将承担招商任务的市直部门由“大招商”活动期间的131个减少为40个，重点针对经济和综合管理部门、涉外部门，并将项目质量纳入考核范围，招商成效更加显著。

第一节　招商政策

聊城分别于2001年、2010年制定了招商引资优惠政策。2014年，国务院印发《关于清理规范税收等优惠政策的通知》后，全市招商引资优惠政策全部取消。

2001年招商引资政策　2001年，市委、市政府研究出台《聊城市招商引资优惠政策》，在税收减免、收费减免、项目利用土地等方面制定了相关措施。（1）财政扶持优惠政策。对到聊城投资兴办的各类企业，由同级政府财政部门给予资金扶持，扶持金额按企业对地方财政收入贡献大小确定，无偿拨付企业使用，连续扶持3～5年。凡投资规模在1亿元以上的基础设施项目，除执行第三条财政扶持政策外，扶持时间可根据实际情况再适当延长。对国家和省级高新技术项目、固定资产投入过100万美元的外向型项目、固定资产投入过1000万元的农副产品深加工以及固定资产投入过5000万元的工业项目，可按照一事一议、特事特办的原则，实行外地同级政府最优惠的财政扶持政策。（2）收费优惠政策。外来投资新建项目，在办理相关手续时，只收取工本费，免收其他行政性收费，事业性收费减半征收。对新设立的外来投资企业和项目，自投产之日起，前3年免收行政性收费，事业性收费减半征收；从第四年起到第十年，国家收费项目按下限征收，省规定的收费项目减半征收。外来投资新建项目使用新型墙体材料进行建设的不得收取墙改专项费用。对国家和省级高新技术项目、外向型项目、固定资产投入过1000万元的农副产品深加工和商贸流通企业项目以及固定资产投入过3000万元的工业项目，进行工程建设，免征综合开发费，减半征收基础设施配套费、人防工程异地建设费。房地产开发项目，可参照以上规定，采取一事一议的办法执行。（3）建设用地优惠政策。新上项目需征用土地的，简化手续，提高效率，限时办结。对国家和省级高新技术项目、外向型项目、固定资产投入过1000万元的农副产品深加工项目以及固定资产投入过3000万元的工业项目，免收土地有偿使用费地方留成部分。收购市属及其以下亏损、关停、倒闭的现有国有企业全部产权的，降低1个土地级别价格收取土地出让金；收购破产企业全部产权并接收原企业职工的，在不改变土地用途的前提下，以原取得使用权的方式办理变更手续，不收取土地出让金；收购产权制度改革后本市出售的国有企业，免收5年土地使用租金；一次性买断土地使用权的，按不低于30%的地价标准交纳出让金。国家和省级高新技术项目和投资较大的工业项目用地，办理土地使用权出让时，减半征收或免收土地出让金。

2010年招商引资优惠政策　2010年，市政府印发《招商引资优惠政策》，对土地、收费、户籍等多方面优惠进行了明确。主要内容：（1）土地供应政策。外来投资项目需新征建设用地的，在符合土地利用总体规划和土地利用年度计划，符合国家产业政策和供地政策的前提下，按照市政府的统一调配，国土资源部门优先安排用地指标，优先办理用地手续。对聊城支柱产业，特别是科技含量高的产业用地供应，可以在经济技术开发区范围内安排一定数量国有建设用地以公开租赁方式供企业使用。各级国土资源管理部门要为企业发展做好土地查询、登记、发证等服务。各类项目需新增建设用地的，土地出让年限可以按国家规定的最高年限办理，使用期满后，除根据社会公共利益需要收回土地使用权的，使用者可以优先续期。对新办教育、卫生、体育及社会救助、养老等公益性项目，对符合划拨条件的，可以划拨方式给予土地供应。（2）财政支持政策。按照《聊城市人民政府办公室转发市财政局〈聊城市财源建设奖励办法〉的通知》，有关财源建设奖励的政策执行。（3）收费政策。投资新建项目，市级收取的行政、事业性收费有幅度规定的，均按下限征收。建设期内市级及以下收取的行政、事业性收费（城市基础设施综合配套费除外）全部免收，投产之日起三年内减半征收。（4）户籍政策。固定资产投资1000万元以上的外来投资者，本人及与其共同居住的直系亲属可在城区或城镇落户。外来投资企业聘用的大学本科以上学历或中级以上专业技术任职资格的管理人员、技术人员，本人及与其共同居住的直系亲属可在工作所在地落户。

第二节　招商模式

2001—2015年，全市各级各部门结合经济形势和工作实际，不断创新招商方式，拓宽招商思路，逐渐从大规模集中招商向精准招商、专业招商转变。

集中招商　全市围绕日本、韩国、中国香港、中国台湾、京津冀、珠三角、长三角等重点地区，开展一系列大规模集中招商活动。集中招商主要由市级领导带队，市直重点经济部门牵头，各县（市、区）、各部门和相关企业参加，组成招商团，开展声势浩大的集中推介活动并签约项目。集中招商的覆盖城市范围越来越广，集中招商的年组织次数越来越多。2004年，聊城将广东佛山、江苏无锡等南方8个经济发达城市作为重点招商地区。2009年，开展“四城五楼千企工程”活动，在北京、上海、广州、深圳4个城市各选择5座高端写字楼，在每个写字楼敲门拜访50家企业，宣传聊城、推介项目。2011年，组织面向香港、广州、上海、温州、北京等近10次大规模、高规格的集中招商推介活动，活动范围覆盖珠三角、长三角、港台、京津、胶东半岛等重点地区，2013 年，分别在北京、杭州、深圳、上海、福州、香港、台湾等地举办 8 次集中招商推介活动。2014 年，在省委、省政府的统一组织下，聊城将对接全国工商联执委企业和知名民营企业作为全年招商引资工作的主要任务，利用 3、4、5 月 3 个月时间，集中开展对接全国工商联执委企业的“百日行动”。2015 年，面对经济新常态，市委、市政府创新方式，减少了大规模集中招商活动，重点开展精准招商、专题招商。

产业招商　经过多年的发展，聊城形成了有色金属加工、新能源、纺织、造纸、农产品加工、生物医药等特色产业。各县（市、区）、市属开发区依托各自的产业优势，制定产业招商规划，召开一系列产业恳谈会并签约项目，产业招商的针对性和实效性日趋明显。2006 年，全市计划外来投资 3000 万元以上的项目中 90% 以上是依托全市十大主导产业引进的。2008 年，依托全市有色金属、机械制造、食品加工、纺织、造纸等重点产业，制定科学的招商规划，完成《2008 年聊城市重点建设项目对接 500 强企业咨询与合作建议》，提供给各县（市、区）、经济开发区及市直各部门参考。2014 年，经济技术开发区重点针对电商产业，在杭州举办了电子商务产业园专题发展恳谈会，签约 8 个项目，签约额 56 亿元；阳谷县重点针对铜及铜精深加工产业，在杭州举办了铜及铜精深加工产业专题恳谈会，签约 10 个项目，签约额 178.9 亿元。2015 年，市委办公室、市政府办公室印发《关于大力实施引资引智“3211”工程促进产业转型升级的意见》，将全市产业分为 15 个重点产业作为产业招商平台，每个产业由 2 名市级领导、1 个市直部门和相关产业所在的县（市、区）组成产业招商团队，根据产业发展规划，在相关产业地区，组织开展招商活动。5 月 28 日，在大连瓦房店召开轴承产业合作交流座谈会，现场签约项目 8 个，计划投资总额 11.15 亿元；6 月 12 日，在北京开展铝精深加工产业合作恳谈会，茌平县与京津冀企业现场签约投资项目 6 个，计划投资额 36 亿元；11 月 6 日，在杭州市举办森林湿地旅游项目专题说明会，现场签约项目 12 个，签约金额 116.15 亿元。

小团组招商　2005 年，各县（市、区）、市属开发区针对重点招商地区派出招商小分队、招商小组等，招商方式逐步由大兵团作战向小分队出击、设立办事处、组建专业招商队伍转变，更加适应了招商形势，节约了人力、物力，提高了招商效果。有信息、有项目的单位和企业，利用小团组、小分队的形式进行跟进，集中力量对有合作意向的客商进行对接。2015 年 6 月 7 日，市委主要领导率队走访新华联集团北京总部和汉能集团北京总部，推介了部分合作项目；10 月 9 日，市政府主要领导率团赴上海开展招商活动。县（市、区）、市属开发区和部分市直部门的领导干部，分别立足自身的产业优势或工作职能特点，筛选出对接目标企业，带队外出走访企业或商会，推介项目、邀请参观。

以商招商　围绕突出企业招商主体和招商载体作用，使企业能够充分利用政府搭建的平台，走资本运作、招商引资的路子，全市各级帮助聊城企业解放思想，分析经济形势，从企业长远发展抢抓机遇，主动出击，寻找与外商的对接点。2004 年，十大百亿产业的龙头企业实现招商项目 236 个，实际到位资金 44.4 亿元。2006 年，信发集团引进香港东方能源等投资公司，新建计划投资 40 亿元的信发华宇氧化铝项目；冠星集团与无锡赛特华纺织公司合作新上 15 万纱锭项目，提升了聊城纺织产业的集群水平。“十二五”期间，鲁西化工与香港鼎晖投资公司、阳谷电缆与法国耐克森集团、三山钎具与瑞典阿特拉斯公司等进行强强联合，并有多家投资企业新上二期、三期项目。2010 年起，与全国工商联有关会员企业、全国知名民营企业对接，联系广东省山东商会、河北省山东商会、陕西省山东商会等 20 余家省级商会和行业协会，与各地商会协会组织的合作逐步加大。至 2015 年，市经济合作局共协助成立外地聊城商会 9 家：东营市聊城商会成立于 2010 年 11 月，会员企业有 110

多家；济南市聊城商会成立于2010年12月，会员单位140余家；青岛西海岸新区聊城商会成立于2011年10月，会员单位150余家；烟台市聊城商会成立于2012年3月，会员企业160多家；青岛市聊城商会成立于2012年5月，会员单位200多家；日照市聊城商会成立于2013年9月，会员企业100多家；上海市聊城商会成立于2014年2月，会员企业近200家；石家庄聊城商会成立于2015年9月，会员企业180多家；浙江省聊城商会成立于2015年11月，会员企业230多家。

“请进来”招商　在“走出去”推介对接项目的同时，邀请外地客商到聊城参观考察。2008年3月，聊城市邀请美国威斯康星州大学EMBA考察团到聊城考察访问，收到宣传水城、推介聊城、促进长期交流合作的效果。接待的国外组织还有美国贸易发展研究中心、美国加州文化交流中心、芬兰诺基亚集团公司、日本TDK集团公司等组织或企业的代表团，并实现了与世界500强企业对接的突破。2009年“五一”文化旅游节期间，全市邀请国际友好城市代表、海内外客商100余人，举办2009水城之春海内外企业家峰会，会上签订合同项目7个，合同金额53.4亿元；形成意向10个，意向金额53.3亿元。2010年，举办2010海内外知名企业家齐鲁行暨中国聊城投资经贸洽谈会。2012年，邀请客商到访8900余人次。2014年，邀请多位全国各地高层次的客商参会，举办5次大型“请进来”对接推介活动。9月17日，举办全国知名民营企业家聊城行活动，邀请山东异地商会70余名企业家到聊参观考察，专门对接推介。9月29日，举办全国知名企业家走进聊城活动，邀请30余名企业家到聊城考察，在座谈会上签订合作框架协议。2015年，邀请部分全国知名行业协会商会的负责人，到聊城召开“2015全国知名行业协会商会聊城行暨信发高新材料产业园投资说明会”，重点推介信发高新材料产业园。2015年，市经济合作局与中国旅美科技协会进行专题对接，6月30日邀请该协会董事会主席于浩等6名生物医药领域的专家到聊城考察对接，为双方的深入广泛合作奠定了基础。

节会招商　充分利用法定节假日开展主题招商，并结合特色文化节开展节会招商。2007年，冠县以江北水城·冠县第二届梨园文化观光周为契机加强与国内外客商的交流与合作，邀请外地客商参加活动，举办投资项目说明会；临清市借助“五一”黄金周举办美食节，邀请客商，推介项目。2008年，以举办建市10周年庆祝活动为契机，借助全市开展的文化旅游节，邀请国内外客商到聊城参观考察，并举办2008江北水城运河古都（聊城）投资说明会，达成投资意向38个，投资总额36.01亿元，形成了大会带小会、同唱经贸大戏的新局面。2009年，“五一”文化旅游节期间，以“投资、合作、共赢”为主题，邀请国际友好城市代表、海内外客商100余人，举办“2009水城之春海内外企业家峰会”，共签订合同7个，合同金额53.4亿元。2012年，借助“水文化”节平台，先后邀请济南聊城商会、青岛聊城商会的30余名企业家开展故乡行活动。

产权招商　2007年，聊城在利用产权招商方面有了新突破。全市通过产权招商盘活闲置资产3.2亿元，临清银河纸业有限公司通过产权转让的形式与中国冶金科工集团公司展开合作，成立中冶纸业银河有限公司，投资3亿元建设20万吨高档文化用纸项目，加快银河纸业原料结构、产品结构、资金结构和市场机构的调整步伐，提高了在国内外市场的竞争力。

网络招商　2003年，市招商局建立聊城招商信息网，加强与新浪等网站的合作。招商信息网内容涉及市情市貌、招商政策法规、领导招商动态、全市重点对外合资合作项目、办事流程等。各级还通过企业网站与聊城产业关联度强的世界500强、国内500强等企业取得联系，推介项目，开展网络招商。2005年“五一”期间，市政府组织大规模的网上招商洽谈会。2015年，开通聊城招商微信公众平台，将项目情况、对接情况及时在微信更新发布，扩大了宣传范围。

蹲点招商　2006年，为及时掌握第一手资料，各县（市、区）在珠三角、长三角地区设立招商办事处或派驻招商小分队，多方捕捉信息，加强对接。2007年，阳谷县从县招商局抽调一名副局长，并在其他单位选派精干人员赴杭州成立招商联络处，开展驻点招商。2015年，草拟《选聘“合作交流联络员”到商会蹲点招商实施方案（讨论稿）》，初步计划在山东省浙江商会、山东省江苏商会、山东省广东商会、山东省温州商会、上海市山东商会、广东省山东商会，浙江省山东商会等派驻人员进行蹲点招商，参与商会日常工作，宣传投资环境，搜集招商信息。

委托招商　2007年，高唐县在温州设立招商办事处，聘任当地人为驻温州招商办事处主任，负责温州工业集中区的代理招商工作。2015年，围绕提高中介招商、委托招商工作的力度，形成政府推动、企业承办、市场运作的专业化招商引资工作机制，市经济合作局起草《聊城市委托招商管理暂行办法》，对商会、科研院所、会计师事务所等中介机构从事招商引资工作的职责、义务、程序等进行规范，探索推进委托招商路子。

资源招商　2015年，市委、市政府将发展信发高新材料产业园作为全市招商引资的工作重点。12月16—18日，邀请部分全国知名行业协会商会的负责人到聊城召开“2015全国知名行业协会商会聊城行暨信发高新材料产业园投资说明会”。市经济合作局配合市经信委、茌平县政府，围绕信发高新材料产业园铝及铝深加工、汽车配件、密度板等产业优势和聚氯乙烯、电、蒸汽的价格优势，制定了专题招商方案，按照新材料、高端装备制造、信息通信及电力电子、新能源及节能环保4个产业，在全市细化分工成立18个招商小组，并列出重点对接目标企业，由市领导牵头分工对接。

第三节　招商活动

1997—2000年，聊城市组织开展的大型招商活动较少。

2001年，在聊城召开全国民营企业家联谊暨招商引资洽谈会，全国工商联常务副主席、中国光彩事业促进会副会长张绪武，中共中央统战部副部长、中国光彩事业促进会副会长张廷翰，省政协副主席、省工商界联合会会长潘广田，市领导张秋波、仲崇高等出席开幕式。共签订合同和意向书21项，投资金额9.85亿元，另有34个项目达成合作意向。

2002年，聊城市分别在香港、深圳，以及韩国等地举办招商活动，招商团在香港、深圳共接洽外商900余人，签订合作项目169项，其中投资项目120项，投资额近12亿元。2003年，在香港举办集中招商活动，招商团接洽外商348人，签订41项合资项目，其中投资项目31个，投资额近8亿美元。2004年下半年，市委、市政府把广东佛山、江苏无锡等南方8个经济开发区作为重点招商地区，分别由市级领导带队，8个市直重点经济部门牵头，各县（市、区）、各部门和相关企业参加，组成8路招商团，共签约项目404个，外来投资总额240.28亿元。

2007年5月，组织参加杭州第四届浙商大会，市招商局组织策划了山东聊城（杭州）经贸合作恳谈会。2007年年底，全市重点地区项目到位资金27.9亿元，京津、欧美地区项目到位资金10.9亿元。2008年，在温州、东莞、上海等地举办一系列重点地区招商活动，聊城市委、市政府主要领导参加，现场签约项目137个，计划投资额190亿元。4月27日，以举办建市10周年庆祝活动为契机，举办“2008江北水城运河古都（聊城）投资说明会”，达成投资意向38个，投资总额36.01亿元。2009年，分别在杭州、东莞、北京开展3次大规模的招商推介和经贸恳谈活动。各级共拜访企业450家，邀请客商570余人，签约项目127个，项目总投资额270.87亿元。9月11日和12月20日，分别在深圳、上海举办经贸合作推介会，各级登门走访企业400余家，300余名客商出席推介会，达成初步合作意向85个。

2010年，市经济合作局先后在北京、广州、深圳等重点招商地区组织承办一系列大招商推介活动，并在当地举办“2010投资聊城企业家新春茶话会”和“2010海内外知名企业家齐鲁行暨中国聊城投资经贸洽谈会”。下半年市政府组织全市各级开展“百日招商集中活动”，与外地客商签约一大批合同项目，计划投资总额512.6亿元。2011年，各级以加快“一五二”基地和“4455”工程建设为目标，市委、市政府先后在香港、广州、上海、南京、温州、北京等地组织10次大规模、高规格的集中招商推介活动；各级共外出自行开展集中招商推介活动107次，有针对性地开展小团组、专业专题招商活动503次，活动范围覆盖珠三角、长三角、港台、京津、胶东半岛等重点地区。春秋两季百日会战期间，招商活动区域、活动的数量，均为历年最大、最多。

2013年8月1日，举办2013投资聊城珠三角地区企业家恳谈会

2015年6月5日，2015聊城投资环境说明会暨浙商助推聊城创新发展论坛成功举办

2013年，先后在以广州为中心的珠三角，以上海、杭州为中心的长三角，以北京为中心的京津冀地区，组织8次高规格的集中招商推介活动，签约项目316个，活动次数和签约项目数量分别较上年提高近1倍。全市招商引资到位资金736.9亿元。2014年，采取“走出去”“请进来”相结合的方式，在北京、上海、广州、东莞、西安、杭州等地筹备13次大型集中对接推介活动。

2015年5月28日，市政府在大连瓦房店召开轴承产业合作交流座谈会，现场签约项目8个，计划投资总额11.15亿元；6月12日，在北京召开铝精深加工产业合作恳谈会，茌平县与京津冀企业现场签约投资项目6个，计划投资额36亿元。专题对接浙商，邀请山东、江苏、四川、湖南、上海等十几个省市浙江商会的80余位浙商，利用6月4日、5日两天时间，举办“2015聊城投资环境说明会暨浙商助推聊城创新发展论坛”，取得显著成效。11月6日，组织参加杭州森林湿地旅游项目专题说明会，现场签约项目12个，签约金额116.15亿元。

2013年5月24日，举办2013投资聊城长三角地区企业家恳谈会

第四节 招商成果

1997年，聊城筛选第二届亚太经合组织烟台博览会和1997青交会招商项目，编写有关招商材料，新加坡政府专门派人员到聊城考察；在1997青交会上推介的5个项目被山东省全部吸纳进入省项目库。“十五”期间，全市招商引资

到位资金387亿元，韩国希杰、香港华润、日本洋马、四川希望等一批国内外大公司先后到聊城投资、合作。

2006年，市委、市政府把招商引资作为经济工作的总抓手，紧紧围绕重点产业、核心企业抓招商，围绕延长产业链条、增加财政收入抓招商，充分发挥企业主体作用。全年共引进外来投资项目1114个，实现到位资金136.7亿元。2007年，全市新建和续建招商项目1155个，完成招商引资额137.8亿元。2008年，世界500强企业印尼金光集团属下的珠海市华丰食品工业（集团）有限公司在东阿县落户，规划投资1.6亿元。2009年，聊城在杭州、东莞、北京、西安、上海、香港、台湾等城市和日本、韩国、俄罗斯、南美等国家和地区开展多次招商活动，实施“四城五楼千企”工程，全年招商引资到位资金202.8亿元，增长30%，引进投资千万元以上项目511个。2010年，举办2010海内外知名企业家齐鲁行等一系列活动，与华润、中色、中冶、中盐、中粮、大通等央企成功对接，全年招商引资项目到位资金262.4亿元，同比增长29.4%，其中，计划投资千万元以上项目招商引资额162.1亿元。“十一五”期间，累计招商引资到位资金897.3亿元，为“十五”期间的2.3倍。

2011年，组织开展春、秋两季招商引资“百日会战”，全年落地项目778个，到位资金405亿元，比上年增长54.3%，增长幅度为历年最高；共签约内资项目1250个，签约金额2732.06亿元，是2010年全市境内集中招商活动签约项目投资额的6倍。2012年，继续组织开展春、秋两季招商引资“百日会战”，招商引资到位资金503.6亿元，比上年增长24.3%。2013年，全市市直及省属驻聊城单位招商引资到位资金90亿元，是2012年的8.18倍；全市招商引资到位资金736.9亿元，增长46.3%。同时，引进的大集团、大项目明显增多，与平安集团、光大集团、中建集团、中银国际、中科招商等企业建立了合作关系。2014年，在山东省委、省政府举办的全国知名民营企业入鲁助推转调创活动中，聊城共签订招商项目合同232个，签约额2117亿元，居全省第3位，全市到位资金851.7亿元，增长15.6%，汉能控股、英利集团等一批企业落户聊城。2015年，全市大幅度减少招商部门、集中招商推介活动，并将项目质量纳入考核范围，全年招商引资到位资金1016.3亿元。“十二五”期间，全市招商引资到位资金3350亿元，是“十一五”的3.7倍。

2002—2015年聊城市招商引资到位资金情况表

表14-1　　单位：亿元

年份	到位资金	年份	到位资金
2002	75.3	2009	202.8
2003	82.1	2010	262.4
2004	103.7	2011	405.0
2005	126.6	2012	503.6
2006	136.7	2013	736.9
2007	137.8	2014	851.7
2008	156.0	2015	1016.3

第五节　招商服务

2001年，聊城市筹建外来投资者服务大厅，组织市直18个单位、28名工作人员进驻大厅办公。是年，受理各类咨询3200余次，办理审批手续96件，外来注册登记65件，计划总投资12.1亿元，注册资金2.4亿元。2002年4月27日，成立聊城市行政服务中心，对外来投资项目实行集中审批，为前来投资的客商提供“一站式”服务，减少审批环节，规范行政收费，提高行政效率。

2006年，聊城市委、市政府制定市几大班子领导分包重点企业制度，通过领导帮包企业，寻求对外合作的结合点，加快企业的规模膨胀，利用重点企业集团的膨胀带动优势产业的发展。

2007年，对外来投资企业实行“水城一卡通”制度。对投资一定规模以上的外来投资企业发放“水城绿卡”，企业持卡车辆可享受免交市内路桥费等优惠，持卡单位可凭卡抵制执法部门乱收费、乱罚款等行为。建立经济事件应急处理机制，在现有行政投诉中心的基础上建立经济110指挥中心，配备专门车辆，充实高素质人员，建立快速反应机制，在全市叫响“经济110”，为外来投资客商提供全天候、全方位服务。

2009年年底，举办以“全面提升，共享发展”为主题的2010投资聊城企业家新春茶话会，共邀请投资聊城企业家代表72人参加会议。在此之后，每年由聊城市委、市政府主办，市经济合作局承办至少一次投资企业家座谈会，并成立聊城外来投资者联谊会，建立与外来投资者沟通交流常态化机制。

2010年，市经济合作局建立健全“七库”。一是策划编制一批对外推介项目，充实招商项目库。围绕聊城主导产业，编制一批优势招商项目，建立招商项目库统一向外推介，有300多个项目纳入项目库。二是建立外来客商信息库。详细登记在聊客商的个人和企业信息，纳入信息1224条。三是建立聊城籍在外人员信息库。登记聊城籍在外各界成功人士信息820条，为各级外出招商，联系客商提供了人脉保障。四是建立园区信息库。对经济开发区、各县（市、区）工业园区进行深入调研，充分掌握各类园区的软硬件建设、园区规划、产业发展方向以及核心企业等基本信息，以备投资客商咨询。五是建立全市规模以上企业信息库。在全市“5513工程”企业里挑选前50家企业，深度调研企业情况，整理企业详细信息入库，以备客商随时了解企业情况。六是建立2个500强企业信息库。收集世界500强企业与国内制造业500强企业信息，选择与全市重点产业和龙头企业对接性强的企业，展开深入调研，为外出招商做好企业储备。七是建立产业信息库。围绕全市优势产业，以科室为单位深入各县（市、区）进行产业调研，收集各产业链信息并撰写11篇近10万字的产业调研报告，建立产业信息库，外地客商通过信息库可充分了解聊城市产业信息情况，有针对性地在配套产业链上投资发展。

2013年，建立聊城市招商引资服务评审联席会议制度，由市发改委、市财政局、市住建委、市国土局、市经信委、市经济合作局等20余个相关部门组成联席会议成员单位，对全市投资额度大、科技含量高、财税贡献大且发展存在问题的招商引资项目进行联合办公，协调解决项目落地过程中的重大困难和问题等，加快招商引资项目的洽谈、签约和落地进程。市经济合作局在市行政服务中心大厅设立招商引资服务窗口，为外来投资者和重大项目提供政策咨询及免费代办服务。市经济合作局与市司法局合作，成立招商引资律师服务团，并对投资过10亿元的重点项目建成专门警务室，为外来投资者提供法律服务。立体招商网络初步形成，全市承担招商任务的131个部门、单位，均明确一名科级干部作为招商联络员，市经济合作局通过联通公司建立信息发布平台，及时向联络员发布项目信息、工作动态信息，促进部门招商工作的进展。市经济合作局在市委党校组织招商引资培训班，对全市各级领导干部和招商引资联络员进行招商引资实务和技巧方面的系统培训。同时，市经济合作局收集世界500强信息500余条，大型央企和国内100强企业信息110余条，并根据产业进行分类，将企业简介、合作机会及建议、联系对接方式等内容，编印成《领导招商参阅》小手册，针对重点招商区域优势产业进行研究，明确对接重点，供各级各部门领导参考。

2014年，市经济合作局专门研发“聊城市招商项目信息管理系统平台”。该系统平台通过上传文字、电子图片等无纸化手段，实现了对全市招商项目从洽谈、签约到开工的全程调度，及时掌握全市招商项目进展情况，提高了全市招商工作信息化水平和招商项目的调度督导效率。

2015年，市委、市政府实行“星期六企业工作日”制度。每星期六轮流安排1/3的市委、市政府领导与部分企业负责人采取座谈、现场办公等方式面对面交流，听取和解决企业在生产经营、项目建设、发展环境等方面遇到的困难和问题，全市一、二、三产领域的大中小型企业、外资企业、招商引资企业均可参加。“星期六企业工作日”实行“首问负责制”，谁听取问题，谁负责协调解决。市委、市政府制定了“金融工作日”制度，由市金融办、人民银行聊城中心支行、聊城银监分局按月轮流安排，每10天召开一次会议，解决企业融资难问题。

第三章　对外开放

20世纪90年代初期起，聊城实施外向带动战略，加大对外开放的力度。全市实际利用境外资金，由1997年的2996万美元增至2015年的5680万美元，其中2013年最高为1.63亿美元；进出口总额大幅度增长，由1997年的1.38亿美元增至2015年的50.8亿美元，其中2013年最高为62.5亿美元；国际经济技术合作逐步由对外承包工程与劳务合作为主，向对外投资为主转变。2009年，信发集团在印尼的铝土矿开采项目开工建设；2010年起，祥光铜业集团在赞比亚、刚果（金）、加拿大、澳大利亚等多个国家设立境外矿业开发公司；至2015年，聊城累计兴办境外企业96家，中方投资总额7.61亿美元。

第一节　利用外资及中国港澳台投资

1997年，阳谷凤祥与法国LCD合资设立山东凤祥—爱迪西有限公司和山东爱迪西—凤祥食品有限公司；香港新基德实业有限公司在聊城经济开发区设立山东新基德电器有限公司；美国双龙集团有限公司设立高唐双龙养殖设备有限公司，主要向美国出口养殖设备；美国太平洋控股有限公司与阳谷电缆厂合资设立阳谷日辉电缆有限公司，全区合同利用外资3690万美元，实际利用外资2996万美元。

1998年、1999年，聊城市先后举办第一届、第二届对外经贸洽谈会。1999年，台湾亚太电缆有限公司与阳谷电缆厂合资设立山东太平洋光缆有限公司，香港华润收购临清国棉厂资产在临清设立山东临清华润纺织有限公司。2000年，聊城市第一次由市领导率团出访开展经贸活动，出访国家和地区有中国香港、泰国、美国、欧洲、南非。是年，香港华润收购聊城国棉厂设立聊城华润纺织有限公司。同时，设立的外商投资企业还有：聊城新奥燃气有限公司、临清美华橡胶制品有限公司、聊城锦宏食品有限公司、山东太平洋橡缆股份有限公司等。

2001年，聊城市第一次在香港会展中心举办大规模招商活动，设立茌平新亚木业有限公司、茌平鲁环汽车散热器有限公司、渡边纸制品（临清）有限公司等外商投资企业。2002年

3月，聊城市在香港举办大规模招商活动。8月26日至9月3日，在香港举办招商活动，招商团共接洽外商348人，签订合作项目41项，其中投资项目31项，投资额近8亿美元，贸易项目10项，贸易额3216万美元。是年，香港坚邦有限公司收购聊城印染厂资产设立港润（聊城）印染有限公司，香港国资源投资集团有限公司在茌平合资设立山东信乐生物工程有限公司，韩国日信化学株式会社在阳谷设立山东日信化学工业有限公司，设立的外商投资企业还有山东嘉鑫换热器有限公司、聊城新奥燃气工程有限公司、茌平奥伸铝电有限公司、聊城特莱登潜水装备有限公司、山东中嘉植物蛋白有限公司、山东日辉电缆有限公司、山东华宇时代钢结构有限公司等。2004年4月，在日本大阪举办大规模招商活动，共接洽外商100多人，签约项目3项、合同项目3项，合同外资额1039万美元。4月、11月，聊城市在韩国分别举办2次经贸招商活动，合同项目10项，合同外资额2609万美元。5月，聊城市在香港举办招商周活动，签约项目18项，其中投资类项目11项，项目总投资4.7亿美元，外资额3.2亿美元。是年，韩国CJ第一制糖株式会社在聊城经济开发区设立希杰（聊城）生物科技有限公司，西班牙艾雅贵国际有限公司在聊城经济开发区设立艾雅贵（聊城）食品有限公司；设立的外商投资企业还有临清兴和宏鑫机床有限公司、茌平信发华宇氧化铝有限公司、聊城天工机械有限公司等。2005年，聊城市分别在中国香港，韩国首尔、釜山，日本大阪、铃鹿举办大规模招商活动。是年，鼎辉丰景集团有限公司并购泉林复合软包装项目，设立纷美包装（山东）有限公司；西班牙赛康发展有限公司与高唐蓝山集团合资设立山东赛康蓝山大豆生物制品有限公司；设立的外商投资企业还有山东玉源乳胶手套有限公司、聊城信迪科技开发有限公司、山东日辉铜业有限公司等。外商直接投资项目中生产型项目44个，非生产型项目5个；入境的外国人以及港澳台同胞人数8260人。“十五”期间，全市累计利用外商投资5亿美元，是“九五”期间的3倍。2005年，利用外商直接投资1.1亿美元，是2000年的4.3倍，年均增长38.1%。

2006年，聊城市分别在中国香港，韩国首尔、釜山，日本大阪举办大规模招商活动。优艺国际环保科技（新加坡）有限公司与聊城市医疗废物处置中心合资设立聊城优艺环保科技有限公司；韩国CJ第一制糖（株）在聊城经济开发区设立聊城蓝天热电有限公司；设立的外商投资企业还有山东银一百铝业有限公司、山东凤祥集团进出口有限公司、茌平信发聚氯乙烯有限公司、聊城润达水业有限公司、聊城乖宝宠物用品有限公司等。2007年4月20日，在香港举办“中国聊城企业境外上市暨产权转让推介会”；4月24日，在新加坡举办“中国聊城企业境外上市暨产权转让推介会”；6月12日，在韩国首尔举办“威海市人民政府、聊城市人民政府韩商招待会”。设立的外商投资企业主要有临清宏鑫机床有限责任公司、山东百佳食品有限公司等。2008年4月2日，在新加坡举办“聊城市企业境外上市暨投资项目推介会”；4月8日，在香港举办“聊城市企业境外上市暨投资项目推介会”；11月19日，举办“大阪·中国聊城企业恳谈会”；11月25日，举办“首尔·中国聊城企业恳谈会”。设立的外商投资企业主要有山东冠县嘉诚水质净化有限公司、聊城市大中肥料有限公司、山东三融环保工程有限公司等。2009年7月13日，聊城市在香港举办“2009(香港）山东聊城投资说明会暨经贸洽谈会”。香港港华燃气在茌平合资设立茌平港华燃气有限公司；盛富国际发展有限公司投资阳谷祥光铜业有限公司设立聊城盛富企业管理有限公司；设立的外商投资企业还有高唐绿荫环保科技有限公司、百利高（聊城）食品有限公司等。2010年5月7日，举办“2010香港·聊城经贸合作洽谈会”。盛富国际发展有限公司与山东祥光集团有限公司合资设立山东祥瑞铜材有限公司，设立的外商投资企业还有茌平高一运天然气有

2013 年 9 月 10 日，举办“2013 中国聊城（首尔）经贸合作项目恳谈会”

限公司、山东麦西子蓝山生物科技有限公司等。“十一五”期间，全市累计利用外商投资 4.83 亿美元。

2011 年 5 月 9 日，举办“2011 香港·聊城优势产业推介会”；9 月 22 日，举办“2011 中国聊城（首尔）重点产业推介暨项目恳谈会”；9 月 29 日，举办“2011 中国聊城（东京）重点产业推介暨项目恳谈会”；鼎辉增资并购鲁西集团有限公司，设立的外商投资企业有希杰（聊城）饲料有限公司、夏林（聊城）饲料有限公司、山东高唐智泰金马量仪科技有限公司等。2012 年 5 月 18 日，举办“2012 中国聊城（东京）重点项目推介暨企业恳谈会”；5 月 23 日，举办“2012 中国聊城（首尔）重点项目推介暨企业恳谈会”；7 月 11 日，举办“2012 鲁港经贸合作洽谈会开幕式暨重大合作项目签约仪式”。世界 500 强法国耐克森并购阳谷电缆厂，与山东阳谷电缆集团有限公司合资设立耐克森（阳谷）新日辉电缆有限公司；设立的外商投资企业主要还有聊城金齐锁具有限公司、山东海创工贸有限公司等。2013 年 5 月 27 日，举办“2013 香港·聊城经贸合作项目签约仪式”，9 月 4 日，参加第十七次新加坡—山东经贸理事会全体会议及项目签约仪式；9 月 10 日，举办“2013 中国聊城（首尔）经贸合作项目恳谈会”。阿特拉斯·科普柯（中国）投资有限公司完成并购，并与山东三山集团有限公司设立山东凿岩钎具有限公司和阳谷五岳钎钢钎具有限公司，设立的外商投资企业还有茌平港华商贸有限公司、阳谷夏工精锻有限公司、诺伯特智能装备（山东）有限公司等。2014 年 7 月 13—14 日，聊城代表团参加“山东香港周活动”。御泉投资有限公司增资并购山东丁马生物科技有限公司；台湾第一生化健康生技食品有限公司、爱之味健康生技食品有限公司与东阿阿胶股份有限公司合资设立东润堂健康生技股份有限公司，设立的外商投资企业有聊城易高天然气有限公司、山东鲁西融资租赁有限公司、聊城大润发商业有限公司等。

2015 年，全市引进外商投资项目 8 个，签约额 9722 万美元，实际使用 5680 万美元。外商投资第二产业项目 1 个，签约额 768 万美元；第三产业项目 7 个，签约额 8466 万美元，实际投资额 4000 万美元。共有 5 个国家或地区在聊城市投资，分别是中国香港、中国台湾、伊拉克、韩国、意大利，合计投资项目 8 个，签约额 9234 万美元，实际投资额 4000 万美元。设立的外商投资企业主要有临清泰和融资租赁有限公司、东润堂国际贸易股份有限公司等。“十二五”期间，全市累计利用外资 5.2 亿元。

至 2015 年，聊城市 19 年来累计批准外商投资企业 442 家，合同外资 21.86 亿美元，实际利用外资 14.75 亿美元，其中港澳台资企业 205 家，合同外资 11.36 亿美元，实际利用外资 7.63 亿美元。

1997—2015 年聊城市利用外资情况表

表 14-2　　　　单位：个、万美元

年份	企业	合同外资	实际到账
1997	24	3690	2996
1998	8	6692	1124
1999	18	2148	2158
2000	25	2438	2519
2001	37	5379	3660
2002	42	10017	6004
2003	49	17552	12003
2004	62	17884	5747
2005	49	18849	10941
2006	30	16147	6945
2007	14	5387	10308
2008	12	15819	11864
2009	9	16696	9076
2010	9	3455	10064
2011	15	17267	8001
2012	9	19623	11521
2013	9	17430	16302
2014	13	12436	10629
2015	8	9722	5680

第二节　对外贸易

1997 年起，聊城市（地区）外贸进出口持续增长，外贸结构发生深刻变化。自 2009 年起，全市进口额大于出口额。2015 年，工业制成品出口额占出口总额的 85% 以上。2013—2015 年，聊城连续 3 年入选全国外贸百强市。

一、出口贸易

20 世纪 90 年代初期，聊城主要出口产品为棉纱、棉布和农副产品等初级加工和半成品。1997 年，全区出口创汇 8132 万美元，比 1996 年增长 46%，其中自营出口创汇 4200 万美元。是年，对外贸易有几个特点：一是骨干企业出口增长，凤祥集团、东胶集团、东昌公司等均比上年有较大幅度增长；二是食品、机电类产品优势得以发挥，传统出口商品完成较好，肉食鸡成为出口的拳头产品；三是贸易方式灵活多样，对外加工贸易得以较快发展。

1998—2001 年，全市实施经济国际化战略，化解亚洲金融危机带来的不利影响，外贸出口连年保持高速增长。在此期间，全市累计出口 3.6 亿美元，年均增长 35.53%，增长幅度位居全省前列。重点出口企业和骨干出口产品在出口中起到支撑作用。阳谷凤祥集团 4 年累计出口肉鸡 1.04 亿美元，占全市出口总额的近三分之一。出口产品结构明显改善。2001 年，机电产品出口 1197 万美元，成为全市主要出口产品之一。出口市场趋于多元化。1998 年，外经贸部将聊城列为开拓非洲市场的重点；4 年累计向非洲出口 4794 万美元，非洲成为聊城第二大出口市场。自营进出口队伍显著扩大。4 年间，共为

73 家符合条件的申报企业审批了自营进出口权，是 1997 年年底前获权企业总数的 3.5 倍。

2002—2008 年，全市外贸出口继续保持高速增长，出口结构进一步优化。2002 年，全市出口总额 1.43 亿美元，其中初级产品出口额 4372 万美元，占出口总额的 31.14%；工业制成品出口额 9667 万美元，占出口总额的 68.86%。2003 年，全市出口总额 2.33 亿美元，其中初级产品出口额 5735 万美元，占出口总额的 25%；工业制成品出口额 1.75 亿美元，占出口总额的 75%。2004 年，出口总额 3.64 亿美元，其中初级产品出口额 2547 万美元，占出口总额的 7%；工业制成品出口额 3.38 亿美元，占出口总额的 93%。2005 年，出口总额 4.6 亿美元，其中初级产品出口额 4677 万美元，占出口总额的 10.17%；工业制成品出口额 3.63 亿美元，占出口总额的 89.83%。是年，中通客车、时风集团、鑫亚集团等公司产品的出口，使全市高技术含量、高附加值的工业制成品出口数量不断增加，出口市场也逐步由初期的日本、韩国、中国香港和东南亚等传统市场，发展到全球 167 个国家和地区。2006 年，出口总额 6.11 亿美元，其中初级产品出口额 7069 万美元，占出口总额的 11.6%；工业制成品出口额 5.4 亿美元，占出口总额的 88.4%。2007 年，全市出口总额 9.99 亿美元，其中初级产品出口额 9469 万美元，占出口总额的 9.5%；工业制成品出口额 9.04 亿美元，占出口总额的 90.5%。2008 年，全市出口总额 15.15 亿美元，其中初级产品出口额 1.09 亿美元，占出口总额的 7.2%；工业制成品出口额 14.06 亿美元，占出口总额的 92.8%。

2009 年，受国际金融危机影响，出口总额 8.37 亿美元，比上年下降 44.8%。2010 年、2011 年，为恢复性增长年。2010 年，出口总额 12.9 亿美元，其中初级产品出口额 1.36 亿美元，占出口总额的 10.5%；工业制成品出口额 11.54 亿美元，占出口总额的 89.5%。2011 年，出口总额 18.78 亿美元，其中初级产品出口额 2.98 亿美元，占出口总额的 15.9%；工业制成品出口额 15.79 亿美元，占出口总额的 84.1%。出口商品销往 156 个国家（地区）。2012 年，出口总额 18.5 亿美元，比上年下降 1.4%，其中初级产品出口额 3.61 亿美元，占出口总额的 19.5%；工业制成品出口额 14.89 亿美元，占出口总额的 80.5%。

2013—2015 年，全市外贸出口保持平稳较快增长。2013 年，出口总额 20.06 亿美元，其中初级产品出口额 2.17 亿美元，占出口总额的 10.82%；工业制成品出口额 17.89 亿美元，占出口总额的 89.2%。2014 年，出口总额 23.86 亿美元，其中初级产品出口额 2.7 亿美元，占出口总额的 11.32%；工业制成品出口额 21.16 亿美元，占出口总额的 88.68%。2015 年，出口总额 25.37 亿美元，其中初级产品出口额 2.59 亿美元，占出口总额的 10.22%；工业制成品出口额 22.78 亿美元，占出口总额的 89.78%。

二、进口贸易

1997—2002 年，境内进口产品主要是棉花、纸浆等原料，年进口额均未突破 1 亿美元。2003 年，随着茌平信发铝业氧化铝项目的投产，聊城开始进口铝矿石。是年，全市进口额 1.53 亿美元。其中，木浆进口额 4408 万美元，占进口总额的 28.74%。进口额在 1000 ～ 2000 万美元的商品有氧化铝、硫黄、工程机械；进口额在 700 万美元至 1000 万美元的商品有聚乙烯、造纸机械、纺织机械。2004—2005 年，全市进口总额增长幅度不大，分别增长 4.4% 和 11.1%。

2006 年，阳谷祥光铜业开始进口铜精矿。同时，信发集团铝土矿进口逐年增加，全市进口总额大幅度增长。是年进口总额由上年的 1.8 亿美元增加到 3.8 亿美元，其中初级产品进口额 2.56 亿美元，占进口总额的 66.5%；工业制成品进口额 1.29 亿美元，占进口总额的 33.5%。2007 年，进口总额 7.21 亿美元，其中初级产品进口额 5.09 亿美元，占进口总额的 70.6%；工业制成品进口额 2.12 亿美元，占进口总额的 29.4%。2008 年，进口总额 13.91 亿美元，其中初级产品进口额 12.85 亿美元，占进口总额的

92.4%；工业制成品进口额1.06亿美元，占进口总额的7.6%。

2009年，受国际金融危机影响，进口总额略有下降，为13.84亿美元，首次超过出口总额。其中，初级产品进口额10.69亿美元，占进口总额的77.3%；工业制成品进口额3.14亿美元，占进口总额的22.7%。

2010—2013年，随着信发集团、阳谷祥光铜业生产能力的扩张，进口总额大幅度增长。2012年，进口总额37.4亿美元，增长幅度相对较小。2013年，进口总额42.4亿美元。

2014—2015年，受经济发展进入新常态的影响，进口总量趋于减少，但工业品进口明显增加。2014年，进口总额34亿美元，其中初级产品进口额28.08亿美元，占进口总额的82.59%；工业制成品进口额5.92亿美元，占进口总额的17.41%。2015年，进口总额25.36亿美元，其中初级产品进口额2.11亿美元，占进口总额的83.1%；工业制成品进口额4.29亿美元，占进口总额的16.9%。

1997—2015年聊城市对外贸易进出口数据情况表

表14-3 单位：亿美元、%

年份	进出口		出口		进口	
	金额	同比	金额	同比	金额	同比
1997	1.38	19.7	0.40	42.8	0.98	-32.0
1998	0.69	50.0	0.50	25.0	0.19	80.6
1999	0.77	11.6	0.60	20.0	0.17	10.5
2000	1.40	81.0	0.90	50.0	0.50	194.0
2001	1.70	21.4	1.20	33.3	0.40	-20.0
2002	1.90	13.6	1.43	11.2	0.50	20.2
2003	3.90	98.1	2.33	65.6	1.53	182.0
2004	5.20	35.8	3.64	56.5	1.60	4.4
2005	6.40	21.7	4.60	26.4	1.80	11.1
2006	10.00	56.0	6.11	32.8	3.80	116.3
2007	17.20	72.8	9.99	63.5	7.21	87.5
2008	29.10	69.0	15.15	51.7	13.91	92.9
2009	22.20	-23.6	8.37	-44.8	13.84	-0.5
2010	36.30	63.3	12.90	54.1	23.37	68.9
2011	55.90	54.2	18.78	45.5	37.14	58.9
2012	55.90	0.3	18.50	-1.4	37.40	1.2
2013	62.50	11.8	20.06	8.4	42.40	13.3
2014	57.60	-7.8	23.86	18.9	34.00	-19.8
2015	50.80	-11.8	25.37	6.3	25.36	-23.9

第三节　对外经济技术合作

聊城国际经济技术合作主要包括对外承包工程与劳务合作、对外投资设立企业。起初，以劳务合作为主，对外承包工程、对外投资设立企业规模较小。随着全市经济社会发展水平的提高，企业走出去步伐逐步加快，对外承包工程规模不断扩大，对外投资设立企业数量不断增加，派出劳务人员数量总体变化不大。

一、对外承包工程与劳务合作

聊城开展对外劳务合作从20世纪90年代中期开始。1996年，全区签订涉外劳务合同3份，合同额284.4万美元。1999年，东昌府区东关棉厂300万吨玻璃项目的完工，标志着全市对外承包实现“零”的突破。2003年，全市共派出劳务人员221人，年末在外人员203人，派往主要国家是韩国、俄罗斯，完成营业额145万美元。2004年，签订对外承包工程和劳务合作合同项目1项，金额610万美元，完成营业额100万美元，在沙特阿拉伯承包了ADHA福利院群体工程；派出劳务人员400余人，年末在外人员350余人，派往的国家有新加坡、马来西亚、泰国等。2005年，派出劳务人员521人，年末在外人员360余人，主要派往以色列、马来西亚、科威特、哈萨克斯坦等国家和地区。2006年，对外工程承包完成营业额100万美元，与上年持平，主要项目是沙特阿拉伯ADHA福利院群体工程。

2007年，山东中通钢构建筑有限公司成功申请对外承包工程经营权，成为市内第一家、山东省第二家获得对外承包工程经营权的钢结构建筑企业，全市对外承包工程队伍扩大到2家，包括土木工程建设和钢结构两种不同的形式。2008年，新签对外承包工程合同3份，合同额125万美元，完成营业额71万美元；阳谷县、东阿县2个外派劳务基地县共培训外派劳务720人，在全省29个外派劳务地县中并列第14名。2009年，签订劳务合作合同项目1个，金额9万美元，完成营业额5万美元，是年派出劳务人员18人，年末在外人员10人，主要派往日本、尼日尔、安哥拉等国家。2010年，签订劳务合作合同项目3个，金额75万美元，完成营业额27万美元，是年派出劳务人员40人，年末在外人员55人，主要派往日本和新加坡等国家。2011年，对外承包工程成营业额734万美元，比上年增长136%；外派劳务人员274人，增长280.6%。2012年，签订承包工程项目合同4个，合同额113万美元；完成营业额113万美元，比上年下降82.1%，承包工程项目主要是中通钢构在尼日利亚的板房施工项目；是年派出劳务人员601人，年末在外人数员820人，主要派往新加坡和日本等国家，其中新加坡452人、日本143人。

2013年，对外承包工程和劳务合作项目合同额1351万美元，比上年增长1095.6%，完成营业额880万美元，承包工程的主要项目有中通钢构在尼日利亚与孟加拉国的板房工程设计和施工项目，正泰工业在印尼的氧化铝施工项目。是年，派出劳务人员700人，主要派往新加坡、日本、韩国等国家。2014年，对外承包工程合同签约额5293万美元，完成营业额565万美元。新签约项目涉及建筑行业，主要分布在印度尼西亚等国家、地区；派出劳务人员648人，年末在外人员633人，主要派往新加坡和欧美地区。2015年，签订对外承包工程合同1个，签约额1936万美元，完成营业额200万美元；签订对外劳务合作合同2个，签约额100万美元；派出劳务人员432人，年末在外人员427人，主要派往日本、新加坡等国家。

二、对外投资

1997年以来，聊城市充分利用市场、资源，技术、设备等优势，稳妥开展对外经济技术合作。1997年，聊城市印刷厂利用闲置设备，出资20万美元，与柬埔寨合资，成为全市第一家以设备出资到国外与外方合资建厂的企业。合资厂于1998年建成投产，成为聊城对柬投资和信息的窗口。2000年，聊城双力集团在越南动工建设三轮车组装项目，2001年年底开始批量组装。2003年，全市在海外创办非贸易性企业3家，中方投资金额70万美元；投资德国、马来西亚，带动出口370万美元。2004年，在海外创办非贸易性企业3家，投资总额45万美元，其中中方投资金额36万美元；投资美国、泰国等，带动出口1000多万美元。

2005年后，聊城对外投资规模明显扩大。2005年，在海外创办非贸易性企业2家，投资总额308万美元，全部为中方投资；投资美国、中国香港、泰国，带动出口2000多万美元。2006年，在海外创办非贸易性企业3家，投资总额1400万美元，全部为中方投资；投资中国香港、马来西亚、新加坡，带动出口2000余万美元。2007年，全年新批境外投资企业（机构）3家，增资1家，中方投资总额2108万美元，投资的主要国家和地区主要有印度尼西亚、澳大利亚等。2008年，全年新批境外投资企业4家，增资1家，中方投资总额5850万美元，比上年增长178%。投资的主要国家和地区有印度尼西亚、斐济、中国香港。2009年后，信发集团铝土矿开采项目开始实施。是年，新设境外企业10家，投资总额7083.7万美元，中方投资金额6945.95万美元，涉及澳大利亚、泰国、日本、瑞士、巴西、中国香港、埃及、阿联酋、加纳、孟加拉国等10个国家和地区，涵盖了铝土矿开采、棕榈树种植、毛毯生产加工、纺织服装销售、调味品生产、混凝土建筑材料等多个行业，有资源开发、农业种植、进出口贸易及境外加工贸易等形式。2010年，祥光铜业铜精矿开发项目开始实施。是年，全市新设境外企业7家，投资总额1.01亿美元，中方投资金额1.04亿美元，投资涉及越南、蒙古、阿联酋、孟加拉等国家和地区，涵盖铜精矿开发、毛毯生产加工、纺织服装和钢管建材加工、销售等多个行业。

2011年，聊城市政府出台《关于加快实施“走出去”战略建设海外聊城的意见》。是年，新批境外企业8家，境外投资额1.16亿美元，其中中方投资额1197.1万美元。2012年，新批境外企业7家，协议投资额7577.8万美元，中方实际投资额4455万美元，投资国家有日本、澳大利亚、阿联酋迪拜、加拿大。至2012年年底，茌信发集团华宇氧化铝有限公司在斐济的铝土矿开采顺利开工，回运铝土矿30万吨；在澳大利亚投资2980万美元收购了Alpha铝土矿有限公司。祥光铜业在赞比亚取得8000平方千米的10个矿权，处于风险勘探阶段。冠丰种业在巴西建设的一期1万公顷棕榈种植项目完成育苗、催芽播种工作。2013年，新设境外企业19家，投资总额1.36亿美元，中方投资额1.2亿美元。主要投资国家和地区有巴西、澳大利亚、东盟、中东、非洲等。至2013年年底，累计新设境外企业69家，中方投资额4.56亿美元。其中，重点项目包括信发集团在斐济、印度尼西亚的铝土矿开采项目，祥光铜业在赞比亚的铜精矿开采项目，冠丰种业在巴西的棕榈种植及一体化加工项目。

2014—2015年，随着国家“一带一路”建设，全市骨干企业生产能力加快向海外延伸。2014年，聊城兴办境外企业15家，总投资额1.73亿美元，其中中方投资1.41亿美元。主要投资国家和地区有中国香港、德国、埃塞俄比亚、印度尼西亚等。投资项目主要有：三和纺织投资5000万美元，继续投入赞比亚、尼日利亚铜矿探开发项目；东阿阿胶在非洲埃塞俄比亚建立驴养殖基地，一期完成投资487万美元；聊城新欣金帝保持器科技有限公司在韩国投资650万美元设立境外生产企业；中奥毯业投资450万美元在迪拜建立仓储分拨中心。聊城企业设立境外营销网络30余家，带动出口额占全市出口总额的20%以上。2015年，兴办境外企业12家，中方实际投资1.63亿美元。主要投资对象为美国、非洲和东南亚等国家和地区，主要投资项目包括泉林纸业在美国投资2.6亿美元设立新厂、乖宝宠物食品公司在泰国投资1000万美元建立新的销售网络、东阿阿胶集团在埃塞俄比亚建立驴养殖基地等。

第四章　开发区建设

20 世纪 90 年代以来，聊城紧紧抓住改革开放带来的机遇，把经济开发区作为扩大对外开放、促进地方经济社会发展的重点，推进开发区建设和发展。1992 年，聊城开放开发综合试验区设立；2013 年，聊城经济开发区晋升为国家级经济技术开发区。2005 年 8 月，聊城市高新园设立；2008 年 1 月，经省政府批准为聊城高新技术产业开发区（简称“高新区”）。2005—2006 年，全市 9 个县属开发区被省政府批准为省级开发区。2013 年 7 月，江北水城旅游度假区成立；2014 年 8 月，省政府正式批复度假区为“省级旅游度假区”。2015 年，全市开发区实现生产总值 162.67 亿元，地方财政一般预算收入 20.39 亿元，进出口总额 6.4 亿美元，分别占到全市的 6.1%、11.6% 和 12%，对全市对外开放和经济社会发展发挥了十分重要的作用。

第一节　聊城经济技术开发区

聊城经济技术开发区，位于冀鲁豫三省交界处，聊城市区东部。1992 年 12 月，经山东省人民政府批准成立。1995 年 10 月，正式启动建设。2013 年 3 月，被国务院批准升级为国家级经济技术开发区（简称“开发区”）。

聊城开发区有着得天独厚的区位优势，既可凭借东部沿海的开放优势，又可以利用内陆省份的丰富资源。经过 20 余年的发展，形成了汽车及零部件、机电装备制造、金属材料深加工、生物食品医药四大工业主导产业，培育出中通客车、日发织机、汇通集团、鲁西新能源装备、希杰生物、乖宝等一批龙头企业。建设正信生态农业科技园等 17 个项目，培植市级规模以上农业龙头企业 15 家。形成了“十一纵十一横一环”的交通网络，基础设施配套逐渐完善，生态环境不断优化。先后通过 ISO 9000、ISO 14000 质量和环境管理体系双认证，获山东省开发区发展进步奖，是国家级出口宠物食品质量安全示范区、山东省对外开放先进园区、科学发展园区、省级小企业创业辅导基地、省高端装备制造产业园区（新能源汽车）。

聊城经济技术开发区管委会　（2008 年摄，张同耀）

1997 年年底，聊城开发区管辖面积 72 平方千米，其中规划区面积 22.64 平方千米；东西长 10 千米，南北长 8 千米。总人口 4.5 万人。至 2015 年年底，聊城开发区辖蒋官屯、东城、北城 3 个街道和广平乡，管辖面积 191 平方千米。总人口 15.30 万人，其中城镇人口 7.65 万人。有少数民族 6 个，3598 人。

建制沿革　1992 年，聊城地委、行署决定设立聊城地区经济开发区。规划该区位于聊城市（东昌府区）城区东北 3 千米，紧靠即将修建的京九、邯济铁路和济聊直达公路，规划面积 8 平方千米，起步区面积 1 平方千米。1993 年 12 月，成立聊城地区经济技术开发区筹建处。1995年2月，聊城地委、行署印发《关于成立聊城地区经济技术开发区管理委员会的通知》，批准成立聊城地区经济技术开发区管理委员会、聊城开放开发综合试验区管理委员会，实行一个机构、两块牌子，为县级行政机构，隶属地委、行署直接领导，聊城地区经济技术开发区筹建处撤销；是年7月，将聊城市（今东昌府区）所辖的蒋官屯镇、柳园街道李太屯村整建制划归开发区，形成建区之初的一镇（蒋官屯镇）、一村（李太屯村）建制划定范围；11月，省政府《关于设立聊城、菏泽两个对外加工贸易区的通知》明确，“聊城对外加工贸易区位于聊城开放开发综合试验区内，与开发区的工业小区和科技园区合为一体，规划面积4.6平方千米，起步区面积1平方千米”。1996年2月，设立东城街道，辖21个村。规划区与聊城市区仅一河之隔，分为三大部分：北部是工业区，中部为商贸、金融、居住区，南部是对外加工贸易区。开发区下设蒋官屯镇、东城街道2个乡镇级行政机构。1998年5月，根据《关于聊城开放开发综合试验区管理委员会内部机构设置的批复》，开发区设立办公室、政治工作部、经贸发展局等8个机构。2002年2月，经山东省人民政府批准，聊城开放开发综合试验区更名为山东省聊城经济开发区。2008年1月，山东省政府同意在聊城经济开发区设立聊城高新技术产业开发区。2009年6月，东昌府区北城街道划归开发区管理。2010年7月，东昌府区许营镇、顾官屯镇、广平乡、韩集乡划归开发区管理。2013年3月，聊城经济开发区升级为国家级，定名为聊城经济技术开发区。成为鲁西地区6个市中的第一家、中原经济区第十一家国家级开发区、山东省第十三个国家级经济技术开发区。是年7月，聊城经济技术开发区和聊城高新技术产业开发区分设管理。以黄河路、东外环路和长江路东延伸线（贯穿位山一干渠）为界，分成聊城高新技术产业开发区、聊城经济技术开发区南北两个部分。

招商引资 1997年，共引进项目36个，投资总额3.2亿元，全区共引进外商投资企业2家，项目总投资695万美元，其中合同利用外资695万美元，到位资金377万美元。至1998年9月底，进区项目累计79个，投资总额7.3亿元。开工建设和建成的项目43个，其中“三资”项目5个全部投产，总投资2.2亿元。开发区制定一系列鼓励创业、招商引资的优惠政策、激励政策，吸引国内外企业投资兴业，先后引进项目数百个，培育规模以上工业企业105家，总投资过千亿元。1996—1998年，开发区“以地招商”和“以项目招商”，累计引进项目79个，投资总额7.3亿元。2000年，引进项目34个，总投资7.5亿元。全区实现国内生产总值2.02亿元，地方财政1392万元。2005年，全区生产总值19.12亿元，地方财政收入5790万元。2010年，招商引资实现新突破，全年共签订投资合同42个，新开工项目19个，投资金额36亿元，引进中通新能源客车项目等一大批高新项目。2015年，投资10亿元的智能电热器材、投资30亿元的机电装备产业园、一期投资1500万美元的帝斯曼产业园等一批科技含量高、效益好的大项目。2015年，聊城经济技术开发区实现生产总值162.67亿元，地方财政一般预算收入20.39亿元，进出口总额64013万美元，分别占到全市的6.1%、11.6%和12%。是年，开发区财政收入列全市县（市、区）、市属开发区第四位，建成区面积扩展至20平方千米，城镇化率超过50%。

城乡建设 1994年12月，开发区筹建处委托聊城地区规划建筑设计院编制完成1995—2010年《聊城地区开放开发综合试验区总体规划》，对1平方千米的起步区进行详细规划，对8平方千米进行总体规划，对开发区的性质、规格、发展目标等作出规定。1995年8月，由聊城地区行署对外公布，并上报省政府。在前期规划论证的基础上，制定供水、供电、道路修筑、通信、排水的详细施工方案。是年10月，投资568余万元，开发区东昌路（光岳路—中华路段）1880米开工建设，1996年7月全部竣工。1996年3月，黄河路（光岳路—中华路段）开工，7

聊城经济技术开发区北城街道和谐社区　（2014年摄）

月竣工。是年，开发区开通公交车，建设区内排水、桥涵工程，架设供电线路2000米，铺设地下通信电缆2000米。2015年，建成区面积共计20平方千米。

2002年，市委、市政府作出《关于加快聊城经济开发区发展的决定》。开发区规划区西至光岳路、东至东外环路、南至新南外环路、北至济聊馆高速路，面积约30平方千米。提高土地利用率，搞好规划、全面整合，实施一批高端工业园、居住区项目。以中华路为界分为东西两大片区，中华路以东集中发展外向型工业、高新技术产业，中华路以西建设居住、文化教育、医疗卫生、商贸金融等服务区域。按照“产城融合、功能完备、宜业宜居”的发展思路，坚持高起点规划、高标准建设、精细化管理，发展框架不断拉大，形成“十一纵十一横一环”的便捷交通网络。乡村道路村村通、公共交通村村通、自来水村村通、城乡环卫一体化等实现100%。2015年年底，垃圾无害化处理率100%，建成污水处理厂2座，城市污水集中处理率均为98%，实现道路硬化、绿化和城乡垃圾收储系统3个“全覆盖”。小湄河、周公河、四新河等河流生态治理快速推进，生态环境不断优化。城市功能持续健全完善，全市第一高度——当代国际大厦、全市第一大型会展中心（2010年10月开工）、全市第一所国际化品牌商务酒店等陆续运营，全市唯一的50余万平方米的创业创新平台搭建完成。2014年，高标准建设的实验学校开始招生，脑科医院及社区卫生服务中心为居民提供优良医疗条件。2015年，加快社区项目建设，在建面积190万平方米，房屋10194套。

产业结构　1997—2015年，开发区招商引资，优化产业结构，经济实力逐步增强。2015年，三次产业比重调整为4.6∶54.2∶41.2，经济结构进一步优化。以高端制造业和现代服务业两大产业为主导，新能源汽车及零部件、高端装备制造、金属深加工、生物食品医药、现代服务业五大产业板块集聚发展，现代精致农业产业园初具规模。开发区培育出中通客车、日发织机、希杰生物、华润纺织和华润啤酒、鲁西新能源装备、汇通集团、盖氏物流和聊城红星美凯龙市场等一批龙头骨干企业。其中，中通工业、中钢联、汇通集团、乖宝宠物食品等6家企业进入2015年度全市100强企业。

科技研发　1997—2015年，开发区在科技研发方面的投入力度不断加大。2003年，引进重点高校及科研院所的科研成果，借助市级孵化器实施“科技招商”。2008年，列支300万元财政资金，用于支持企业研发设计、装备提升及平台建设和申报建设国家级企业技术中心、博士后（院士）工作站和国家实验室等。2014年，全国首个国家级新能源客车实验室落户开发区。山东日发纺机有限公司通过科技创新研发出新一代网络化、智能化喷气织机，其主要技术指标均达到国际先进水平，项目技术共获得7项专利。2015年，开发区着力创新人才队伍建设，加大招才引智力度，完善人才引进政策。

第二节　聊城高新技术产业开发区

聊城高新技术产业开发区（简称“高新区”）位于聊城市城区东部，辖区面积206平方千米，是山东省面积最大的高新区，辖4个乡镇、街道，142个行政村。区内拥有国家级高新技术创业服务中心、国家级企业技术中心，省级以上企业技术中心，省级以上工程技术研究中心，省级“一企一技术”研发中心和创新企业，博士后科研工作站等公共服务平台。

2015年年底，高新区常住（户籍）总人口12.05万人，人口出生率11.68‰，死亡率3.52‰，自然增长率8.16‰。有少数民族6个，132人。

建制沿革 2005年8月，聊城市建立聊城市高新园，整合现有高新技术资源，发展高新技术产业，以高新技术创业服务中心为依托，在黄河路以南规划3～5平方千米，作为产业园的起步区。2008年1月，经山东省政府批准为聊城高新技术产业开发区。聊城市委、市政府确定高新技术产业开发区与经济开发区实行两区合一的体制，一个机构、一套班子、两个牌子。2013年7月，高新区与原聊城经济技术开发区分设管理，两区以黄河路、东外环、长江路东沿线为界，以南为高新区，对有交叉的乡镇（街道）除东城街道外实行整体划转社会管辖权，暂不打破各乡镇（街道）整体建制。高新区辖九州街道（筹）、许营镇、顾官屯镇和韩集乡，九州街道是原经济技术开发区由东城街道位于黄河路南的9个村庄组成，许营镇、顾官屯镇和韩集乡于2010年7月，由东昌府区整建制划归经济技术开发区管辖，高新区与聊城经济技术开发区分设管理时划归高新区管辖。

区域区位 聊城高新技术产业开发区位于聊城市区东部，地处北纬36°44′～36°28′、东经116°01′～116°25′之间。北接聊城经济技术开发区、茌平县，东临东阿县，西临东昌府区，南与江北水城旅游度假区接壤。全境南北直线距离20.4千米，东西直线距离18.6千米，总面积206平方千米。以高新区管委会为圆心，半径5千米范围内有60余万人。按照《聊城市城市总体规划（2013—2030年）》，聊城规划中心城区东至新东外环、西至德商高速公路、南至新南外环、北至北外环。京九铁路和胶济邯铁路、德商高速公路和济聊馆高速公路形成两个“黄金大十字”，交通优势明显。

招商引资 高新区成立后，把招商引资作为转方式调结构、加快科学发展的重要方向，大力引进高新技术企业。2013年，《工业项目准入指导意见》印发，对进区项目的亩均投资强度、税收贡献率等进行硬性的规定，在引进项目上时刻把握高水平和新技术两大必要条件。2013—2015年，高新区招商引资实际到位资金106亿元，保持7%以上的增长幅度。2015年，高新区招商引资实际到位资金54亿元，比2014年增长7.4%。全区在建、续建招商引资项目45个，总投资433.26亿元，实际到位资金24.93亿元。在谈项目52个，计划总投资204亿元。签约项目20个，计划总投资73亿元。进出口总额3亿美元，增长16.5%，其中出口完成1.8亿美元。股权融资取得新进展，引进小贷公司1家、民间资本管理公司2家、典当行1家、保险公司3家。山东鸿源金属容器科技股份有限公司、山东宏运达电梯股份有限公司、金正动画公司在“新三板”挂牌，山东迪曼德电气、华阳医药辅料有限公司在齐鲁股权交易中心挂牌。全区上市企业达9家，实现直接融资31.5亿元。获得市级及以上重大科技项目支持30余项、扶持资金超过2500万元。

城乡建设 高新区成立之初，基础设施较薄弱，在建工程面积不足20万平方米。至2015年年底，新建成和在建面积超过500万平方米。2013年，高新区聘请同济大学进行科学、细致的空间及产业规划。九州和先锋两个安置区分别委托中建设计集团和深圳规划总院进行规划设计，建设民俗理事场所、小学、幼儿园等，做到配套齐全。突出乡镇特色，做好城镇规划。韩集乡依托古漯河打造生态旅游小镇，顾官屯镇依托千亿产业园打造产城一体示范镇，许营镇打造9平方千米江北慢城，形成城乡经济社会一体化发展新格局。2013—2015年，启动棚户区改造工作，涉及14个村庄，1.96万人。分别安置到先

聊城市高新区美丽乡村建设　（2015 年摄）

锋、九州、军王屯和徐田 4 个安置区，总建筑面积 153 万平方米，总投资约 46 亿元。高新区城镇化率达 45%。

2013—2015 年，高新区新建改建城乡道路 120 千米。实施 1100 盏路灯安装工程，实现“一路一灯、一路一景”的效果，路灯亮化工程荣获“阿拉丁神灯奖”“优秀工程奖”称号。长江路提升改造工程获得山东省“市政金杯奖”。新建城市慢行系统（自行车专用道）56 千米，为江北首创。建设城市景观河道 4 千米，铺设各类地下管网 188 千米，新增供热面积 100 万平方米，新增供水面积 120 万平方米。2015 年，高新区路网覆盖面积由 2013 年建区时的不足 2 平方千米增加到 30 平方千米。绿化面积由不足 20 万平方米增至 320 万平方米。区内道路通车总里程 300 余千米，承载能力不断增强。开展环境与扬尘综合治理专项行动 100 余次，实施全区 142 个行政村城乡环卫一体化全覆盖，建成垃圾中转站 4 座，配备各类大型环卫车辆 20 台，投放垃圾箱 5000 个，“户集、村收、镇运、区处理”的环卫体系基本形成。

产业结构　聊城高新区以战略性新兴产业为突破口，初步形成以先进高分子材料、高端装备制造为主导，重点培育生物医药、新一代信息技术为支撑的“2+2”产业体系。高新技术产业集聚效应和集群发展的态势开始凸显，产业结构持续优化。先进高分子材料产业依托鲁西集团，在硝基复合肥、己内酰胺、聚碳酸酯、尼龙 6 切片等领域形成突出优势。高端装备制造产业集聚有日发、华建、宏运达、诺伯特、中宇航空、科林、贞元等龙头企业，涵盖纺织机械、仓储装备、智能装备、汽车零部件等领域。生物医药产业集聚有聊城高新生物公司、博奥克、凯维信、阿华制药、瑞柏生物等重点企业，形成以生物制药为核心的产业体系。新一代信息技术产业开始起步，拥有聊城市第一家也是唯一一家专业原创动画公司金正动画，引进中国智慧城市研究院，计划建设山东信息通信技术研究院聊城分院，为高新区在地理测绘、物联网等领域发展奠定基础。2015 年，高新区高新技术产业产值达 45.96 亿元，占全区工业产值的比重达 42.2%。

精致农业　2013 年，高新区成立后，遵循精致农业、旅游农业、近郊农业的发展理念，编制《高新区精致农业规划》，明确农业发展布局，提升全区农业发展的品质和档次。高产创建项目覆盖耕地 4.45 万亩，占全区粮食种植面积的 33.7%。2013—2015 年，全区新上农业项目 22 个，总投资超过 6 亿元，新增规模以上农业龙头企业 11 家。全区农民合作社发展到 124 家，其中市级示范社 8 家，省级示范社 2 家，家庭农场 15 家，专业大户 29 家。至 2015 年，高新区有 12

聊城市高新区许营镇农户种植的许营西瓜　（2015 年摄，杨劲松）

个农产品获得绿色农产品认证，许营镇被省农业厅认定为“一村一品”示范镇。

经济发展 2013年，高新区实现生产总值33.98亿元，增长10.4%。财政收入3.15亿元，增长12.09%。税收收入2.75亿元，税收收入占地方财政收入的比重达到87.34%。

2014年，完成地区生产总值40.2亿元，同比增长10%，其中一、二、三产比重为15∶55∶30。实现规模以上工业总产值94.5亿元，同比增长29.59%。固定资产投资完成78.95亿元，同比增长16.7%。限额以上贸易完成61.57亿元，增长31.23%。公共财政预算收入完成4.04亿元，增长28.38%。税收收入3.6亿元，增长30.97%，税收占比89.1%。财政收入增长幅度、税收收入增长幅度、税收占比三项主要指标均列全市第一。农民人均收入11269元，增长11.3%。城镇居民人均收入28362元，增长8.72%。

2015年，完成地区生产总值42.72亿元，增长8%，其中一、二、三产比重为14∶55∶31。规模以上工业企业实现主营业务收入107.52亿元，增长9.38%。高新技术产业产值占工业总产值的比重42.2%。完成全社会固定资产投资88.81亿元，增长12.5%。完成一般公共预算收入5亿元，增长23.78%。完成税收收入（县级）4.7亿元，增长30.78%。税收收入占公共财政预算收入的比重为94.14%，一般公共预算收入增幅、税收收入增长幅度和税收占比均列全市前茅。城镇居民人均可支配收入22357元，增长8%。农民人均纯收入10547元，增长8.9%。

科技平台 2013年7月，高新区共有国家级、省级科技平台13家。2015年，新引进“千人计划”1人，“泰山学者”2人。科技金融取得新进展，鸿源科技、宏运达电梯等2家企业在“新三板”挂牌，迪曼德电气在齐鲁股权交易中心挂牌，汇创电机、鲍尔浦、迅捷精密等企业成功实现知识产权质押融资。产学研合作广泛开展。与聊城大学签订人才引进、使用方面的合作协议。与济南大学、山东省医学科学院等10余所高校院所签订合作项目20余项。

国家高新技术创新服务中心 （2015年摄，杨劲松）

至2015年年底，高新区有国家级、省级科技平台34家。以政府为引导、企业为主体的科技创新体系形成。获得市级及以上重大科技项目支持30余项，鲁发节能设备“电磁感应加热输油装置”立项科技部国家中小企业创新基金项目，华塑的涂覆大棚膜项目、鲍尔浦的超高分子量聚乙烯航标项目获得省级奖励，2项专利获中国专利奖优秀奖。科技创新载体设施和服务日渐完善，拥有1家国家级孵化器——聊城市科技创业服务中心，新开工建设高新科技城等4个专业化科技企业孵化器和加速器，总孵化面积25.5万平方米。孵化出龙普太阳能等骨干企业，引进大商微电机、诺伯特机器人、瑞柏科技等科技型企业，人才引进与培养工作全面推进。

第三节　江北水城旅游度假区

江北水城旅游度假区成立于2013年7月，位于聊城市城区南部，行政辖区总面积约226平方千米，辖湖西街道、凤凰街道、于集镇和朱老庄镇4个镇（街道），人口12.52万人，规划核心区面积46平方千米。辖区内水资源丰富，徒骇河、古运河、凤凰湖、金水湖等水系密布其

2013年4月，聊城市委十二届四次全会确定设立凤凰湖旅游度假区 （朱文鹏摄）

间，长江水、黄河水在此交汇。交通运输便利，京九铁路及未来的郑济高铁、济聊城际铁路、青兰高速公路在度假区内穿过。生态环境和谐，凤凰苑植物园、南湖湿地公园、姜堤乐园、“四河头”水文化观光园及规划建设的凤凰山生态公园等交相辉映。2014年7月，度假区被评为聊城首个省级绿色生态示范城区；8月，省政府正式批复度假区为“省级旅游度假区”。2015年2月，省编办批复设立江北水城旅游度假区管理委员会，为市政府正处级派出机构。

建区沿革 2013年7月，聊城市为实施拉大城市框架，构建“双百大城市”战略，打造聊城市“东融西借、跨越赶超，建设冀鲁豫三省交界科学发展先行区”的新平台，设立凤凰湖旅游度假区，为聊城在城区设立的第三个市属开发区。成立聊城凤凰湖旅游度假区服务中心，直属市政府管理，为正县级财政拨款事业单位。内设办公室（挂信访办公室牌子）、政治工作部（挂计划生育办公室的牌子）、经贸发展和招商局、规划建设环保局（挂房屋拆迁管理办公室的牌子）、计划财政局、文化旅游发展局。是年8月，成立中共聊城市委凤凰湖旅游度假区工作委员会（服务中心党委）。是年12月，聊城凤凰湖旅游度假区服务中心更名为聊城江北水城旅游度假区服务中心。2014年8月，设立聊城江北水城省级旅游度假区。2015年2月，设立聊城江北水城旅游度假区管理委员会，为聊城市政府派出机构；是年5月，设立聊城市公安局江北水城旅游度假区分局。

区域区位 2013年7月，市委、市政府确定设立凤凰湖旅游度假区，辖湖南路以南、京九铁路线以东范围，含朱老庄镇、凤凰街道和于集镇3个镇（街道），以及湖西街道和古楼街道的一部分（湖西街道归凤凰湖旅游度假区管理，古楼街道仍归东昌府区管理）。2014年8月，聊城江北水城省级旅游度假区规划四至范围：东起尚仁路，沿尚仁路向北至湖南路；西至站前南路；南边界沿南环路，向西至水城大道，沿水城大道北至松桂大街，沿松桂大街向西至昌润路，沿昌润路向北至凤城路；北至湖南路，规划面积9.6平方千米。2015年年底，江北水城旅游度假区辖湖西街道、凤凰街道、于集镇和朱老庄镇，行政辖区总面积约226平方千米，人口12.7万人，规划核心区面积48.4平方千米。度假区位于济南“一小时”经济圈内，地处冀鲁豫三省交界地带，交通网络四通八达，京九铁路、邯济铁路、青兰高速公路、德商高速公路、258省道、254省道、706省道在此交汇，是重要的区域交通枢纽。

规划建设 2013年，市委、市政府高度重视度假区建设，成立专门机构，按照国家旅游度假区标准编制《聊城旅游度假区总体规划》，紧紧围绕文化旅游和休闲度假两大主题进行项目开发建设。2014年8月，由上海同济城市规划设计研究院，对度假区进行科学系统的一期控制性详细规划，总体规划范围约45平方千米，规划

引进盛世天湖项目 （2015年2月摄，朱文鹏）

建设用地约 31 平方千米。将度假区定位为：秉承聊城的千年文脉，展现湖、河、山、城、田有机融合的生态魅力，引入时尚、创新和健康的乐活休闲元素，打造融合传统文化、自然生态和时代风情于一体的综合性旅游度假胜地。

2014年，端庄片区完成16幢楼的桩基建设，陈屯片区完成 8 幢楼的桩基施工。水城大道项目西半幅道路建成通车。盛世天湖项目部分住宅主体工程完工。南水北调东线一期工程东昌府区续建配套工程项目开挖 300 余亩。完成凤城路、松桂大街、碧水路的规划设计方案和施工图纸。完成姜堤乐园和南湖湿地公园部分升级改造。是年 7 月，被评为聊城首个省级绿色生态示范城。2015 年，端庄和陈屯两个回迁安置区回迁楼的主体施工完成，多数楼房封顶。水城大道高标准建成通车，完成路面、排水、亮化工作，绿化和桥梁施工进入尾声，沿途公交站点正在建设中。投入 2.5 亿元对于沙路、李田路、于许路、三干渠路、池中路、葛马路等农村道路进行提升改造。新建改建农村公路 87 千米，道路绿化 55 万平方米，安装路灯 4100 余盏。投入 500 余万元进行交通安全样板市创建和公路安全生命防护工程建设。投入 1800 余万元对凤凰苑农业观光园、姜堤乐园、聊城动物园、南湖湿地公园进行升级改造。投资 4 亿余元进行房地产建设，润景苑东区项目全面开工建设，盛世天湖项目中温泉馆主体结构工程通过验收，东昌·府院二期 115 套住宅主体工程完工，端庄六、七号院主体工程基本完成。成立一中新校建设指挥部，完成一中新校规划设计方案招标工作，安置补偿金到位，并办理前期手续。

招商引资 2013 年度假区成立后，招商引资、招才引智工作坚持走出去和引进来并重，瞄准京津冀协同发展等重要方向，围绕旅游、文化创意、健康养生、教育、金融等产业发展定位，先后有近百家国内外大中型企业前往投资洽谈。2014 年，完成招商引资项目 8 个，其中新建项目 4 个，续建项目 4 个，到位资金 7.65 亿元。2015 年，招商引资到位资金 5.75 亿元，完成工业固定资产投入 3.1 亿元。

经济发展 2013 年，全区生产总值完成 12.54 亿元，同比增长 7.0%。公共财政预算收入完成 2464 万元。2014 年，全区生产总值完成 13.66 亿元，同比增长 6.1%。公共财政预算收入预计完成 4318 万元，同比增长 75.24%。固定资产投资完成 17.68 亿元，同比增长 14.2%。城镇居民人均纯收入 20629 元，同比增长 8.35%。农村居民人均纯收入 9645 元，同比增长 10.84%。2015 年，全区生产总值完成 14.44 亿元，同比增长 5.6%。公共财政预算收入完成 9214 万元，同比增长 113.39%。固定资产投资完成 16.73 亿元，同比增长 10.3%。城镇居民人均可支配收入 22176 元，同比增长 7.5%。农村居民人均可支配收入 10455 元，同比增长 8.4%。

项目建设 作为全市以发展旅游业为核心的新区，度假区坚持“聊城市文化旅游业发展核心区，宜居、宜业、宜游新城区和产城融合示范区”的目标定位，大力推进城建基础设施、农业、服务业、民生等重点项目建设。2014 年，全区上报市重大项目 7 个，共完成投资 14.73 亿元，其中房屋土地征收兑付补偿款 5 亿元，涉及 93 个村，完成房屋征收面积 208 万平方米，土地征收 6585 亩。完成道路及安置区建设等基础设施建设投资 24.6 亿元。2015 年，申报市级大项目 18 个，完成投资 15 亿元，其中房屋土地征收兑付补偿款 2 亿元。项目涉及 31 个村，征收面积 1.7 万平方米，征收租用土地 600 余亩。

第四节 东昌府区嘉明经济开发区

建区沿革 位于聊城市城区西北部，北至西新河与茌平接壤，西至西新河与阎寺街道接界，南至济聊馆高速公路，东至聊夏路，为隶属东昌府区管理的省级开发区。前身为聊城嘉明食品工业园，由山东省人民政府于 1997 年 3 月批准成立。2002 年 2 月，更名为山东聊城嘉明经济开发区。2003 年 1 月，经聊城市委、市政府批准，聊城嘉明经济开发区加挂香江工业园的牌子。2005年，首批顺利通过国家发改委全国省级开发区审核。2006年3月，通过国土资源部四至范围定界，规划面积22.56平方千米，国土资源部定界6平方千米。2006年年底，被山东财富论坛评为“山东省最具经济活力的十大园区”。2007年11月，被山东省归国华侨联合会确定为“山东省侨联侨商投资服务基地”。2008年，通过山东省环保厅区域环境影响评价。2005年，实行切块管理，共管辖16个行政村。2008年4月，成立嘉明、祥光2个社区，各管辖8个行政村。2009年5月，祥光社区所辖8个行政村被市政府划归聊城经济开发区物流园区。2015年，辖1个嘉明社区、8个行政村，即白洼村、十里铺村、邓王村、坡舒村、北铁村、申李村、钱庄村、乔黄村，人口2.5万人。

基础设施建设　2002年以后，架设贯穿起步区的电话线路和6千米长的10千伏电力线路，投资1400万元的110千伏变电站竣工运营，程控电话装机能力5000门，35千伏输电线路3条，可基本保证企业通信及用电的需要。填垫土方4000立方米，完成标准工业厂房2万平方米，安装630千伏变压器4座。2009年后“四纵七横”路网形成；铺设了暖气、自来水、污水管网、弱电管网。引进城区天然气、自来水管网，完成10千米的天然气主管道铺设。2012年后，投资1.3亿元新建日处理污水5万吨的嘉明污水处理厂，对所有工业、生活废水全部进行无害化处理。2015年，道路总长22千米，硬化面积46万平方米，绿化面积48万平方米。铺设排污管网40千米、供水管道15千米、暖气管道6千米，安装路灯700杆，主干道路全部实现亮化。

城镇建设　2000年后，小城镇建设不断加快，建有香格里小镇、水岸新城、盛世嘉苑、尚东新城邦、福建万豪置业、昌盛苑、齐鲁君悦华庭等居住小区，建成住宅楼230栋，总建筑面积120万平方米，可容纳居民3万人。2014年，投入800万元用于城乡一体化工作，开展排水管道建设、道路两侧绿化，硬化村内道路12千米，配备垃圾桶268个，配齐专职保洁人员36名。其中，投入123万元，建设垃圾中转站1处，购置垃圾压缩机2套、垃圾运输车3台，建立起“统一收集、统一运输、统一处理”的生活垃圾收运体系。

经济发展　2002—2005年，新引进企业55家，企业总数60家。2006—2011年，新引进企业73家，企业总数146家（不含划归物流园区的11家），规模以上工业企业由2006年的27家增加到2011年的42家（不含划归物流园区的11家）。2011年，引进一通电缆、天元节能、九鼎铁塔构件、立海冷藏禽产品加工基地、天绿源食品等投资过亿元的大型工业项目，形成钢管制造、化工医药、食品加工、机械制造、服装针织加工等五大产业集群。2012—2014年，新引进企业29家，企业总数175家，其中规模以上企业42家。2014年，引进新维新能源光伏发电项目、德美电梯生产项目、升达金属材料单晶铜、稀土铜合金项目、花冠环保科技陶瓷脱硝催化剂项目、弗斯特尔生物科技生物饲料项目、嘉隆泡沫铝项目、昌德食品肉食品加工等高大新项目。2015年，规模以上工业企业60家，实现主营业务收入200.4亿元、利税13.1亿元、利润9.9亿元，实现民营经济税收1.4亿元，一般公共预算收入1.08亿元。

科技创新　2011年，承担国家级重点新产品1个，省级高新技术产品2个，市级高新技术产品2个，国家级“火炬计划”1项。2014年年底，有国家级技术研究中心1家，即立海集团国家农产品加工技术研发分中心；省级技术研究中心1家，即龙大肉食公司烟台杰科检测服务中心；市级技术研究中心3家，分别是昌裕集团聊城涂料工程技术研究中心、中泰药业有限公司聊城市中药制剂工程技术研究中心、宝通钢管有限公司聊城市无缝钢管工程技术研究中心。省级高新技术企业2家，即昌裕集团、中泰药业有限公司；市级高新技术企业4家，即宝通钢管公司、齐鲁特种涂料有限公司、福和实业有限公司、江北轴承厂。拥有各类专利45项，各类科技人才267人。中国名牌1个，即齐鲁牌；中国驰名商标1个，即齐鲁油漆；山东名牌2个，即齐鲁牌、宝乐来牌；山东驰名商标1个，即暖频道服饰。

第五节　山东临清经济开发区

建区沿革　前身为2002年聊城市政府批准成立的临清市运河经济技术开发区。2006年3月，临清市运河经济技术开发区被山东省政府批准为山东临清工业园区，2012年5月经山东省政府批准更名为山东临清经济开发区，分为主园区（含中色奥博特有色金属产业园）和烟店轴承产业园两部分，总占地110.86平方千米。其中，主园区范围北至邢临高速、南至南环路及沿转盘向东以南500米、西至大众路延长线及沿古运河向东接永青路、东至新华街道东界，占地85.16平方千米；烟店轴承产业园范围北至水波村北东西线、南至张寨村东西线、西至漳卫河大堤、东至前汪堤村东垂直线，规划面积25.7平方千米。2012年10月，临清市委、市政府制定出台《关于临清经济开发区与新华路街道办事处实行“区镇合一”的意见》。2012年11月，临清经济开发区与新华路街道实行“两个牌子、一套班子”。开发区党工委、管委会作为市委、市政府派出机构，对开发区实行统一领导和管理，与新华路街道共同行使党的建设和经济、行政、社会事务等管理职能。2010年6月，临清经济开发区被山东省经济和信息化委员会命名为“山东省新型工业化（有色金属·铜加工）产业示范基地”。2012年7月，被山东省经济和信息化委员会命名为“山东省高端装备制造（机械基础零部件）产业园区”。临清经济开发区在全省综合评价排名中从2008年第119名上升至2015年第58名。2015年，开发区实现主营业务收入992.1亿元、固定资产投资完成125.6亿元、公共财政预算收入4.5亿元、税收收入14.6亿元；外商直接投资到账4000万美元。

规划建设　按照“把开发区建设成为全市招商引资的大平台和跨越发展新高地”的目标要求，坚持高标准规划、高水平建设的原则，加大园区开发建设力度，不断提高园区的设施水平和综合承载能力。按照园区“一心、一核、两带、三轴、七组团”的规划布局，加快推进园区的建设进度，并制订“十三五”规划，建设好“一区六园”，即在临清经济开发区建设有色金属、机械及钢铁加工、纺织服装、能源电力、物流、旅游休闲6个产业园。在资金、土地等要素的安排上向园区倾斜，完善道路、供排水、污水处理等基础设施。2012年，完成温泉路、经八路、纬六路、解放路、工业街、经四路6条干道的建设；天然气、供热、供排水等管网建设同步快速实施，确保与道路建设同期完成；伴随着大唐临清热电有限公司2×350兆瓦级热电联产项目的批复，加快对日处理10万吨大型污水处理厂项目的筹备实施。2015年，“五纵、四横”道路网形成，管网建设同步实施。完成对经八路、纬六路、解放路、温泉路的拓宽及改造工程，同步建设供排水、供热、天然气、电力通信等管网。构建以财政资金为指导，贷款融资为主体的系统性融资模式，开展银企联谊会，创新贷款融资方式，鼓励企业进行挂牌融资。同时，在烟店镇率先开展“三户联保”“五户联保”模式，为产业园企业发展提供最大化的资金和政策支持。在开发区建立拆迁安置机构，抽调专门人员与市拆迁办人员共同组成拆迁小组，为园区的土地供应提供切实保障。

招商引资　临清经济开发区以构建“大招商”格局为着力点，完善招商引资优惠政策，广泛搜集投资信息，坚持“走出去，请进来”的工作方法，形成全员抓招商的良好局面。2012年，先后签约投资11亿元的西蓝集团4万吨LNG储备站项目、投资10亿元的铁路物流项目、投资5亿元的电动耦合控制系统项目、投资5亿元与SKF配套的轴承滚动体等10个项目，合同引资75亿元。2015年确定的11个投资过千万元的重点项目，计划总投资34.5亿元，年度计划投资16.6亿元。其中，中色奥博特铜铝业有限公司铜箔及铜合金材料、山东新兴重工科技发展有限公司新能源工业园、临清三利纺织有限公司1亿米白胚布、江阴铜管厂铜接插件等10个项目全面开工建设。同时对与浙江客商洽谈的投资10亿元的五星级酒店、与上海大润发超市洽谈的投资2亿元的大型超市、与青岛即发集团洽谈的投资5亿元的印染、与中集集团洽谈总投资5亿元的集装箱配件和与广东客商洽谈的投资5亿元轴承滚动体等11个项目，派专人一抓到底，搞好服务，加快建设步伐。2015年，先后签订诚富集团诚富综合体、鸿基集团可降解塑料等项目。

项目建设　成立由临清市委书记任组长的“大项目入园工作领导小组”，切实加强对开发区项目建设的组织协调和督导调度。2012年年底，秋华纺织公司气流纺、鹏飞机械数控机床生产线、中轴轴承、海誉电机、鑫通钢构、齐亚机械等7个项目竣工，部分投产运行。开发区充分发挥“大项目入园工作领导小组”作用，对项目申报、审查论证、落地实施等各环节，均明确责任单位和工作时限，确保入园项目早落地、早开工、早达效。对投资强度大、财税贡献多的新项目，严格实行联审联办会议制度，确保其尽快开工建设。对落户轴承产业园区的30家企业，实行分类指导，加快中瑞轴承配件股份有限公司扩建项目、浙江胜坚集团临清分公司500万套外球面轴承项目、华纳科技350万套轴承等项目的建设速度，培植壮大一批骨干龙头企业。2015年，以博特轴承、哈鲁轴承、宇捷轴承等企业为龙头，逐步建立完善从轴承钢、轴承钢管、锻造生产到车、磨、热处理、套圈、保持器、滚动体、成品安装、销售一条龙的生产加工销售体系和产业链条。烟店轴承市场年交易额150亿元，占全国交易总额的10%以上。对投资过亿元项目，从开始引进建设到投产运营，指定帮办服务人员为投资者提供全程服务。切实做到“一个项目、一名领导成员、一名驻企帮办人员”，帮助投资者解决项目建设中的各种困难和问题。对投资过10亿元的项目，设置联络员和警务室，全力为重点项目保驾护航。2015年，实行相关市级干部严格落实帮包责任制，推行“一线工作法”，将更多时间和精力投入到开发区，实现决策在一线落实、问题在一线解决，确保开发区工作快速推进。

第六节　冠县经济开发区

建区沿革　冠县经济开发区始建于2002年9月，时名为“鲁西新世纪工业园”，办公地址在县武训大道与振兴路交叉口西南，租赁原桐木拼板厂办公楼办公。2002年12月，规格设置为副县级。2004年6月，办公地址搬迁至武训大道西侧。2006年4月被省政府批准为省级开发区，更名为山东冠县工业园区。

2009年10月，办公地址搬至冉子路与武训大道交叉口行政服务大厅四楼。2012年1月，办公地址搬至武训大道西侧，新瑞木业后面院内。2013年11月实施“区镇合一”，将崇文街道郑宋店、马宋店、殷宋店、西范庄、张八里、崔八里等13个行政村，及烟庄街道前小化、后小化、西宋村、马玉、前张平、后张平等8个行政村划入工业园区。新的工业园区辖前小化、后小化、西宋、马玉、前张平东、前张平中、前张平西、后张平、王庄子、陈八里庄、西提固、李八里庄、东提固、邢八里庄、崔八里庄、张八里庄、王孝、郑宋店、马宋店、西范庄、殷宋店等21个行政村，2.1万人，总面积17.6平方千米，土地2.6万亩。2014年4月，办公地址搬迁至租赁的山东民丰市政工程有限公司办公楼（冉子路东首北侧，港海公司东侧）。2014年12月，经山东省政府批准，山东冠县工业园区管理委员会更名为山东冠县经济开发区管理委员会。

基础设施建设　2005年，按照“高起点规划，高标准建设”原则，园区投入2300多万元，硬化路面近30万平方米，投入1800万元铺设振兴路、东三路等路段两侧的供、排水管道，投入2600万元为新入园企业架设4千米的供电线路，投入800多万元实施绿化工程，投入600多万元为新入园企业接入通信、有线电视、互联网宽带线路。全年共投入8000多万元用于园区基础设施建设。2014年，新增公路通车里程5.6千米。新建及修复各种水利设施1个，灌溉受益土地 150 公顷。移动电话用户 5300 户；互联网用户 1300 户；有线电视用户率 100%。自来水用户率 100%。2015 年，开发区公路通车里程 53.6 千米。新建及修复各种水利设施 1 个，灌溉受益土地 150 公顷。移动电话用户 5300 户；互联网用户 1300 户；有线电视用户率 100%。自来水用户率 100%。新建住宅楼 8 幢，350 户，建筑面积 4.2 万平方米。

五大产业集群 2014 年年底，五大产业集群初具规模。至 2015 年年底，区内企业 130 余家，累计完成固定资产投入 200 余亿元，培植形成了以冠洲集团为龙头，众冠钢板、东鼎轧钢、中天复合材料等企业为骨干的精品钢板产业集群；以冠星集团为龙头，赛雅服饰、奥邦纺织、小贝壳服饰等企业为骨干的纺织服装产业集群；以冠丰种业为龙头，新瑞集团、百佳食品、百果庄园等企业为骨干的农副产品加工产业集群；以通亚集团为龙头，众冠交通设施、金冠交通设施等企业为骨干的交通设施产业集群；以通宇轴承为龙头，全鑫轴承、龙腾轴承等企业为骨干的机械机电产业集群。

经济发展 2005 年，共签订招商引资项目 4 个，引资额 3 亿元；全年新上项目 44 个，企业固定资产投入 15 亿元，其中园区自引项目 16 个，企业固定资产投入 6 亿元，实现税收 4500 万元。至是年年底，园区入园项目 195 个，企业固定资产累计投入 40 亿元，实现税收 8000 万元。2014 年，实现财政收入 5.86 亿元。农林牧渔业总产值 1.8 亿元，其中种植业总产值 4200 万元、林果业总产值 1.01 亿元、畜牧业总产值 3690 万元；粮食总产量 1.09 万吨、棉花总产量 41 吨、蔬菜总产量 37 吨。造林面积 85 公顷，森林覆盖率 35.3%。规模以上工业企业 89 家，总产值 590 亿元，实现利税 67.36 亿元。全年引进项目 28 个，其中过亿元项目 12 个。特色产品有精品钢板、纺织服装、交通护栏、轴承、农副产品等。2015 年，实现农业总产值 1.8 亿元，生产粮食 1.1 万吨，其中小麦 5400 吨、玉米 5600 吨。生猪饲养量 2.2 万头，年末存栏 1 万头；鸡饲养量 20.1 万只，年末存栏 15.7 万只；羊饲养量 1300 只，年末存栏 600 只；牛饲养量 150 头，年末存栏 183 头。经济林 473.3 公顷，农民住宅四旁植树 12 万株，企业绿化 6 万株。果园种植面积 446.67 公顷，主要品种有苹果，产量 2 万吨。全年实现工业生产总值 924 亿元，拥有企业 130 家，财政收入 6.72 亿元，规模以上企业年产值 925 亿元，上缴利税 90 亿元，职工 1.12 万人，实现工业增加值 97 亿元，比上年增长 17%。

第七节　聊城鲁西经济开发区

建区沿革 位于山东、河南、河北三省交界地莘县，东临德商高速，北距建设中的青兰高速 6 千米、距济聊高速 20 千米，S259 临商路、S333 蒙馆路、S316 聊莘路 3 条省道穿境而过，规划中的郑济高铁紧靠开发区东部边缘，交通条件便利，区位优势十分明显。原名“山东莘县工业园区”，成立于 2002 年 12 月，原规划面积 17 平方千米，涉及莘亭、燕塔、东鲁 3 个街道。2006 年 3 月，经省政府批准为省级经济开发区。2009 年 6 月，与莘亭街道进行“镇区合一”，并经省政府批准更名为山东聊城鲁西经济开发区。2010 年 11 月，经省商务厅批准设立现代化工产业园，开发区总体规划面积 37 平方千米。

基础设施建设 2009 年，形成“三纵五横”路网，东升路、莘亭路、甘泉路、小康街、鸿图街、创业街等道路构建起开发区的交通路网。至 2010 年，园区基础设施累计投资 2.5 亿元，园区内水、电、路、通信等基础设施配套。拥有日处理 4 万吨的污水处理厂 1 座和 110 千伏变电站 1 座。至 2015 年年底，铺设供热、供水、排污、雨水、弱电等道路管网 130 千米；污水处理厂日处理能力 4 万吨；110 千伏变电站 3 座；环城水系基本完成；开发区所有道路完成亮化、美化、绿化，开发区基础设施不断完善，承载能力不断增强。

经济发展 2011 年，聊城鲁西经济开发区生产总值 92.56 亿元，工业总产值 38.45 亿元，完成固定资产投资47.89亿元、财政收入3.61亿元、税收收入3.14亿元。2012年，园区生产总值128.64亿元，工业总产值355.7亿元，完成固定资产投资66.5亿元、财政收入4.4亿元、税收收入5.98亿元。2013年，园区生产总值153.58亿元，工业总产值397.38亿元，完成固定资产投资89.78亿元、财政收入5.88亿元、税收收入7.6亿元。至2013年年底，开发区内有企业150余家，其中新开工过亿元企业20家、规模以上企业38家。逐步形成五大支柱产业：一是以嘉华保健、冠华蛋白为龙头的生物蛋白产业；二是以立信食品、盛大食品为龙头的农副产品深加工产业；三是以飞泰纺织、地皇针织为龙头的轻纺产业；四是以巨龙电动汽车、鲁雁电动车为代表的新能源产业；五是以中能杆塔、东正钢构为代表的机械制造产业。2015年，聊城鲁西经济开发区完成公共财政预算收入6.73亿元，同比增长11.88%；固定资产投资完成104.34亿元，同比增长12.45%；税收收入完成5.27亿元，同比增长0.94%；规模以上工业总产值完成516.83亿元，同比增长2.55%；规模以上工业增加值完成112.65亿元，同比增长2.45%；实现进出口额5894万美元。

第八节 古云经济技术开发区

建区沿革 成立于2002年12月，由莘县古云镇工业园区和大张家镇工业园区组建而成，是经市委、市政府正式批准的副县级工业园区，也是省级民营经济示范区。该开发区规划面积60平方千米，位于莘县县城西南65千米，处在山东、河南两省交界处，中原油田采油区腹地，西、南分别与河南省清丰县、濮阳县接界；南、东南分别与范县的王楼乡、白衣阁乡隔金堤河相望。

基础设施建设 境内拥有丰富的石油、天然气、岩盐矿和煤炭资源，经探明地下岩盐储量300亿吨，石油储量3000万吨、天然气储量10亿立方米、煤炭储量1.54亿吨，有中济、中沧2条大型输气管线从开发区经过，设有供气站2座，日供气量30万立方米。开发区水利条件优越，彭楼引黄灌渠距开发区1千米，金堤河距开发区3千米，年可用水量1.2亿立方米，地下水位平均埋深10.2米，地下水源丰富；电力充足，有山东电网和华中电网稳定供应电力资源，至2015年年底，开发区有2×2.5万兆瓦/小时热电厂1处（并入华中电网），日供热能力360吨，日供蒸气量6万立方米，110千伏变电站3处，35千伏变电站4处，可为企业提供稳定的电力供应。

经济发展 2000年，古云镇规划了古云工业园区，山东四强化工有限公司、山东海峡实业有限公司、聊城丰源玻璃有限公司、莘县傅氏塑料制品有限公司相续成立，为古云经济技术开发区成立奠定基础。2002年，古云工业园区与大张工业园区组合成立古云经济技术开发区，被市委、市政府正式批准为副县级工业园区。开发区成立后，涌现出四强化工、义和诚集团、海峡实业、丰源玻璃、碧云纺织等一批重点企业；通过招商引资优惠政策，力诺集团在开发区建设生产基地，聊城热电集团和聊城中华热电投资兴建莘县华祥热电有限公司，青岛冠华集团投资兴建山东冠华蛋白有限公司，浙江温州客商投资兴建广庆集团和明强塑编，到2005年年底，开发区初步形成石油化工、热电联产、玻璃制品、塑料编织等四大主导产业。随着地下盐矿资源的探明，2005年建设莘县华祥氯碱化工有限公司16万吨离子膜烧碱项目。至此，以华祥氯碱产品为原料的企业陆续进驻开发区。2009年1月22日，聊城市人民政府批复同意建立古云化工项目聚集区，总面积约8平方千米，具体范围是莘富路以南、三厂路以东、华祥路以北、朝葛路以西为盐化工项目聚集区，自三厂路以东、西池村前路以南、陈庄村以北、输沙干渠以西为精细化工项目聚集区。2010年11月8日，山东省商务厅批复同意聊城鲁西经济开发区设立现代化工产业园，位于古云经济技术开发区，总规划面积24.7平方千米，南至濮范高速公路、北至大张家镇陈庄、西至山东与河南交界处、东至朝葛路。依托聊城鲁西经济开发区现代化工产业园，园区内盐化工企业15家，总产值50亿元；石油化工企业5家，总产值30亿元，东营亚通石化集团、江苏九鼎集团等大企业相继落户园区，初步形成盐化工、石油化工两大主导产业。2011年，莘县古云现代盐化工基地被列为山东半岛蓝色经济区海洋产业联动发展示范基地。2011年9月，莘县县委、县政府决定规划建设盐油千亿化工产业园，作为聊城鲁西经济开发区古云现代化工产业园的“园中园”。产业园规划面积16.05平方千米，西起和云路、东至仙鹤湖、南起兴云街、北至大张家镇后夏沟村。2012年，开发区内有企业180余家，其中规模以上企业30家；民营经济主营业务收入168亿元，实现利润16.2亿元，招商引资35亿元，固定资产投入46亿元。2013年，开发区内有民营企业240余家，其中规模以上企业37家；民营经济总产值220亿元，主营业务收入221亿元，实现利润20亿元，招商引资53亿元，固定资产投入54亿元。

2015年9月，位于祥光经济开发区内的新凤祥大楼

至2015年年底，古云经济技术开发区有企业185家，其中规模以上企业42家，固定资产过亿元企业22家，过5000万元企业42家，实现工业总产值240亿元、主营业务收入223亿元，实现利润15.8亿元，招商引资23亿元，固定资产投入25亿元，工商税收1.6亿元。

第九节　阳谷祥光经济开发区

建区沿革　筹建于1998年11月，原名为阳谷县民营工业园区开发区管理办公室，为县政府临时机构。2001年6月30日，县机构编制委员会正式批准开发区管理办公室为常设机构，更名为阳谷县民营工业园区管理委员会，隶属县政府管理，为正科级事业单位。2002年3月3日，更名为阳谷经济开发区管理委员会，原定单位性质、规格、隶属不变，编制12人，人员工资、经费暂由县财政解决，逐步实行自收自支。2002年12月，阳谷经济开发区为市级经济开发区，副处级单位。2006年3月，原凤祥经济开发区并入阳谷经济开发区。开发区分东、西2个区。其中西部开发区东起西城路、南至南环路、北至黄河路、西至西外二环路，规划面积10平方千米；东部开发区西起京九铁路、东至寿郭路、南至黄河路和齐南路、北到凤祥集团，控制性规划面积28平方千米，开发面积5平方千米，属正在建设中的工新区。2006年4月30日，通过国家发改委审核，省政府正式批准为省级开发区。2010年7月，更名为阳谷祥光经济开发区。

基础设施建设　至2012年年底，完成基础设施投资6.98亿元，建设道路44千米，管道43千米，天然气管道14千米，110千伏变电站2座，迁移电力线路3400米，安装路灯560盏，绿化57万平方米，形成四纵四横的道路框架。对西部经济开发区进行重新规划，完成东区控制性详规的编制工作。聘请省环境保护科学院专家和山东三润环保科技有限公司专家对祥光经济开发区东、西区进行环境评价工作，2009年1月，东区环评报告书编制完毕。2012年11月，西区环评报告书编制完毕。2012年5月，开展开发区管委会ISO 9000、ISO 14000质量和管理体系创建工作。2012年10月，通过专家组审核认证并颁发证书。

2013 年，西区区域环评报告书通过专家评审。华信、中通、天盾等企业厂区内高压线成功搬迁。修建三八渠西路、B 区二路和南北二路部分路段道路和临时道路，确保了新入区项目的建设。搬迁安置 110 千伏电力塔和架设 B 区一路东段的高压线路。协调电业部门做好东区 3.5 万千伏输电线路及西区紫石街西路的部分输电线路搬迁改造。2014 年，运用市场化手段，在政府不做投资的情况下，通过公开招标方式，由 2 家园林有限公司投资 1000 余万元，完成区内绿化 20 余万平方米。改造搬迁区内输电线路 1156 米。开工建设了天盾路、启航路、南北二路、三八渠西路排水管线及珠江路、华信路、启航路自来水管线。

招商引资 围绕阳谷县五大主导产业成立 3 个招商小组，实行产业化招商，重点围绕产业链上下游企业招商，延伸产业链条。推进“区中园”模式，加强企业的关联度和开发区的产业延伸。阳谷县委、县政府先后于 2009 年 4 月 28 日和 2012 年 3 月 15 日 2 次在开发区召开全县重点项目集中开工现场会，鼓励骨干企业做大做强。开发区骨干企业阳谷电缆集团与法国耐克森（世界500强）合资成立耐克森阳谷新日辉有限公司，总投资 10.5 亿元，2012 年 11 月 29 日，耐克森阳谷新日辉有限公司举行开业庆典仪式。三山集团有限公司与全球最大钎钢钎具制造商瑞典阿特拉斯普柯集团合资，外商投资 6 亿元，并签署正式合资协议。严格落实项目跟踪服务制度，对重点项目实行分工负责制度，从立项、供地、建设、投产实行跟踪服务，随时解决项目建设中出现的具体问题。2015 年，开发区重点工业项目 17 个，总投资 293 亿元。光电产业园三期、金蔡伦新型建筑材料、佰安瑞生物制药、顺达纺织特色涡流纺、华瑞橡胶软管、鑫恒恩医药制剂、东方特种电缆、迪耐尔家用电器制造项目试产，同鑫电缆、安泰单采血站联亿重工车桥箱总成、昊锐超硬材料项目施工。

产业集群 阳谷祥光经济开发区科学规划并发展铜及铜制品加工、机械制造、塑料化工、绿色食品加工、轻纺及汽车饰品五大主导产业，并初具规模。培植一批在国内外具有较高知名度的骨干企业：拥有世界上技术最先进、最环保、最节能、最高效的铜冶炼企业——阳谷祥光铜业，世界 500 强企业——耐克森（阳谷）新日辉电缆有限公司，年加工肉食鸡能力居全国前列的食品加工企业——凤祥集团，长江以北最大的塑料管材生产基地——阳谷华信塑胶，世界产销规模最大的橡胶防焦剂生产企业——阳谷华泰化工，全国最大的轻型印刷纸专业生产企业——金蔡伦纸业等。

经济发展 2003 年，开发区有入园企业 33 户，固定资产投资 5.46 亿元，投资项目主要有化工、食品、机械电子、热电、电缆等。至 2008 年年底，开发区累计入园企业 83 家，园区企业固定资产 135.1 亿元，主要有电缆、钎具、化工、造纸、高密度板等生产项目，形成以铜及铜制品加工、钢铁加工、钎具电缆制造、食品、化工为主导产业的工业经济发展体系。2012 年，在全省 134 家省级开发区综合评价排名中，祥光经济开发区由 2008 年第 83 名提升至第 42 名，进入全省省级开发区 50 强，位列全市第二名。至 2012 年年底，入区企业 143 家，固定资产投资 77.7 亿元，实现主营业务收入 581.6 亿元。2013 年，新入区项目 26 个，项目总投资 151.5 亿元。开发区入区企业 165 家，主营业务收入 849.07 亿元，实现利税 88.99 亿元，完成固定资产投资 108.56 亿元、规模以上工业增加值 181.02 亿元，实现公共财政收入 7.73 亿元、进口额 29.59 亿美元、出口额 3.29 亿美元，实际利用外资 9651 万美元，进出口总额、实际利用外资占全市首位。2014 年，在全省 134 家省级开发区综合评价排名中，位列第 34 名。2014 年，开发区新上项目中，列入市、县重点建设项目 20 个，其中，市重点项目 9 个，总投资 125.5 亿元。2014 年 1—11 月，区内企业完成固定资产投资 117 亿元、规模以上工业增加值 190 亿元、主营业务收入 879 亿元、利税 78.8

亿元，实现公共财政预算收入 8.4 亿元。

2015 年，入区企业 205 家，固定资产投资 155.4 亿元，实现工业增加值 229.5 亿元、利税 101.6 亿元，在全省 134 家省级开发区综合排名中，位列第 32 名。

管理与服务 实行“镇企园合一”的管理体制。设立山东阳谷祥光生态工业园区管理委员会，对园区实施统一领导、统一规划、统一开发和统一管理。园区实行书记领导下的委员会负责制，园区、祥光铜业与石佛镇人员交叉任职；严格落实亩投资强度 150 万元，亩建设密度 40%，亩容积率 80% 的硬规定，同时执行统一外观设计，统一大门宽度，减少绿化损坏，标示牌、广告牌美观等规定；建立健全招商引资项目“全程帮办机制”，全面推行项目立项、安评、环评、注册、组织机构代码证、税务登记证、基建项目联合审批等服务事项的首问负责制和限时办结制，提高审批服务效能。2001 年 3 月，阳谷县人民政府下发《关于县民营工业区开发建设的实施意见》，提出开发建设县民营工业区的指导思想、主要原则、总体目标规划和实施步骤。制定出加快工业区开发建设的主要措施和优惠、奖励政策。2003 年 6 月，阳谷县人民政府印发《关于阳谷经济开发区投资优惠政策》，对园区管理服务制定出明确规定，凡进入开发区进行检查、收费等活动，实行县长一支笔审批制度，未经县长书面批准，任何单位和个人不得进入区内开展各种检查、收费、罚款等活动。2008 年 5 月，阳谷县政府印发《关于进一步加快阳谷经济开发区建设的实施意见》，严格落实项目跟踪服务、领办制度，对项目跟踪洽谈、开工建设、投产、达效等进行全程督导和服务；对重点项目实行分工挂靠和帮扶制度，协调解决项目引进中出现的困难和问题。是年 11 月，阳谷县政府办公室印发《关于规范开发区建设项目收费问题的意见》，对在开发区项目建设过程中涉及的有关部门，均实行“一口清”收费，并由开发区负责统一收取后上交县财政，其他部门不得进入开发区随意收费，如有违规收费，企业有权拒交，规范了开发区企业各项建设收费。

配套项目建设 祥光生态工业园集研发、办公、教育、医疗、生活、服务于一体的“江北铜都·阳谷新城”项目，总投资过百亿元，一期核心区投资 20 亿元。生态宜居的“铜都·凤栖湾”生活区总建筑面积 82 万平方米，一期工程 22 万平方米，28 栋商品楼，2014 年 11 月交付使用。3.4 万平方米的研发中心于 2014 年 6 月 19 日开工建设，2014 年年底投入使用。配套建设有铜都广场、学校、医院。2015 年，搬迁改造珠江路南段 11 万伏线路，安装起航路、珠江路路灯，天盾路西段、三八渠西路、长江路道路及雨水管道工程竣工，天盾路东段、富强路南段、祥光南路东延正在施工中。完成第三期道路 25 万平方米绿化工作。110 千伏孙膑变电站投入使用。2015 年，阳谷祥光经济开发区高标准规划了祥光新城。祥光新城由中国建筑标准设计研究院规划设计，总规划面积 21.74 平方千米，主要包括教育发展、健康养生、旅游休闲、都市休闲、生态居住等 5 大板块。启动建设 100 万平方米的凤栖湾商住区和 50 万平方米的康居嘉苑农村社区两大居住区，建设了景观水系、铜谷中小学、研发中心和铜文化广场。

第十节　东阿县经济开发区

建区沿革 前身为东阿县科技工业园，成立于 2003 年。2006 年 3 月、4 月，先后被省政府批准、国家发改委审核为省级开发区。2008—2011 年，园区连续 4 年被市委、市政府评为“聊城市先进工业园区”“山东省生态经济十佳开发区”等。2012 年 9 月，经山东省人民政府批准，正式更名为山东东阿经济开发区。至 2015 年年底，入区企业 110 余家，涉及阿胶、钢球、机械制造、纺织服装、食品加工、化工建材等多种门类。下辖大赵、杨庄、卓庄、郭前、郭北、贾庄、张汉吴、张太宁、解庄、东王集等 10 个行政村，辖区总人口 13708 人，其中城镇常住人口 5008 人、农村常住人口 8700 人，另有流动人口 525 人。

基础设施建设 2003 年，园区成立初期总规划28平方千米。2005年，园区建设初具规模，建成6平方千米；基础设施投入1.18亿元，完成“三纵七横”道路网络建设，铺设给水、排污、雨水等各种管网10万余米，园区绿化、亮化达到园林城市标准，各种基础设施具备城市功能，园区逐步成为绿色、环保、功能齐全的新城区。2009年，投资210万元，完成绿化10万平方米；投资26万元，埋设排水管道1000余米；投资100万元，完成长江一路路基工程；投资30多万元，深化城乡环境综合整治。2010—2015年，先后投资8.5亿元建设完善区内水、电、路、通信、热、气等基础设施，具备了“八通一平”条件。区内道路网络实现三纵九横，建设有5万千瓦的热电厂、燃气公司、自来水公司、22万千伏变电站、日处理能力4万吨的工业污水处理厂和建筑面积30万平方米的中小企业创业基地。

招商引资　2005年，工业园区有企业52家，其中投产32家、在建20家。企业涉及生物医药、化工建材、钢铁机械、纺织服装、食品加工、热电等多个行业。2009年，园区共签约项目10个，总投资4.17亿元，其中过亿元项目1个、过5000万元项目3个、过3000万元项目2个、过1000万元项目4个（方舟机械1.05亿元、东方阿胶7000万元、鑫岳物流5769万元、翰祚电子3000万元、金顺新能源3000万元、同创化工2500万元、永顺机械2000万元、百年堂阿胶1800万元、金谷源粮食1200万元、路安物流5000万元）。2010年，共签订投资合同23个，投资金额18.72亿元，其中过亿元项目4个，过5000万元项目3个、过3000万元项目5个、过1000万元项目9个；园区企业内引外联共引进项目6个、投资金额2.44亿元。至2010年年底，投产企业75家，限额以上企业31家。“十一五”期间共引进项目50个，总投资25.82亿元，过亿元的项目14个，其中世界五百强项目2个（金光集团华丰方便面项目、华润集团阿胶产业园项目）。

2010—2015年，共引进、达成意向项目43个，总投资205亿元。其中，10亿元以上项目4个，分别为东阿阿胶百亿阿胶生物科技产业园项目总投资55亿元、钢球产业园项目总投资10亿元、东旭集团有限公司300兆瓦光伏发电项目总投资30亿元、山东聊城北方包装材料有限公司年产轻涂牛卡纸30万吨项目总投资10亿元，其中百亿阿胶生物科技产业园、钢球产业园项目建成投产；5亿元以上项目5个，山东东阿汇银工业建设发展有限公司投资8亿元、山东合丰科技开发有限公司年产28万吨预焙阳极项目总投资8亿元、台湾耐斯集团投资东润堂健康生技股份有限公司阿胶系列饮品项目总投资8.46亿元、山东东阿东盛阿胶产品科技开发有限公司阿胶及阿胶系列产品项目总投资7.8亿元、新地物流有限公司阿胶及健康食品生产项目总投资8.9亿元，其中，山东东阿汇银工业建设发展有限公司建成运行，合丰科技、东润堂健康生技、东阿东盛阿胶等项目处于建设施工中。

主导产业　园区确定了5个特色主导产业，按照产业实行功能分区，创建工业园区内的园中园。以阿胶集团为依托，发展壮大阿胶产业园；以海鸥滚动体、华涛钢球、华通轴承、金鼎轴承为依托，发展壮大钢球产业园；以金光集团的华丰方便面项目为依托，加之东阿酒厂、绿亚食品等项目，发展壮大食品产业园；以汇通纺织为带

山东东阿东盛阿胶产品科技开发有限公司（2015年摄）

动，华鑫纺织、利博纺织、阿缟纺织、雅尚服饰等企业共同发展，发展壮大纺织产业园；以数控机床项目为龙头，以方舟机械、领航汽配、中亚公司、鑫源特钢等项目为配套，发展壮大机械制造产业园。

经济发展 2004年，园区生产总值6.44亿元、地方财政收入3200万元。2005年，园区内企业实现销售收入10.5亿元、利税9000万元、出口创汇400万美元。2006年，园区生产总值18.05亿元、地方财政收入3400万元。2010年，实现销售收入72亿元、工商税收1.05亿元、财政收入2580万元、出口额1300万美元。2011年，实现销售收入117亿元、工商税收1.36亿元、财政收入3470万元（其中耕地占用税、契税等预算外财政收入807万元）、出口创汇1600万美元。2013年，园区实现销售收入218.63亿元、工商税收3.08亿元、财政收入1.66亿元。2014年，园区实现销售收入263.34亿元、工商税收2.42亿元、财政收入1.15亿元。2015年，园区实现地区生产总值112.3亿元，税收收入10.98亿元，财政收入6亿元。

第十一节　茌平经济开发区

建区沿革 2002年12月经聊城市政府批准成立，2006年4月经山东省政府批准升级为省级工业园区，2012年5月经山东省政府批准正式更名为山东茌平经济开发区。开发区规格设置为副县级，党工委、管委会为茌平县委、县政府派出机构，开发区与信发街道实行合署办公，行使辖区内经济社会管理和服务职能。区内辖6个社区，42个村居，常住人口8万人。2015年，区内形成热电、铝及铝加工、氧化铝粉、汽车零部件加工、密度板、纺织、味精、玻纤等主导产业，入区企业500多家，累计完成固定资产投资1000亿元。开发区被评为“山东省级产业集群（铝加工）”“山东省新型工业化产业示范基地（铝及铝加工）”；信发街道被评为“山东省省级文明先进单位”“省级生态乡镇”。2015年，茌平开发区在全省135家省级经济开发区综合评价中位列第十一名，在聊城市8家省级经济开发区中排第一名。连年被市政府评为“全市先进省级经济开发区”。

园区规划 2006年4月，开发区经国家发改委、国土资源部等部委审核面积4平方千米，总体规划面积50.92平方千米。开发区聘请山东省城乡规划设计研究院编制了《开发区总体规划》，确定了“居住区向南转移、工业区向北转移”的总体战略布局，把“两区同建”作为推进工业化、城镇化和农业现代化的切入点和总抓手来实施。规划建设了铝产业基地、木地板生产基地、汽车配件加工基地。以聊城信发高新材料产业园为载体，突破以汽车轻量化为主的高端装备制造产业和以光纤电缆为主的信息通信及电力电子产业，建设具有国际知名度和影响力的高新材料产业基地。加强“区中园”建设，先后规划建设了经开信广物流园区、经开正泰科技创业园、华信北“双创”基地等专业园区。

基础设施建设 2008年，完成开发区区域环评，完善总体规划及重点项目规划，建设“两环、一横、六纵”的交通框架，开展中心街及茌中河衬砌改造建设，齐韩村建设了4万平方米的沿街楼。2008年，开发区在全省145家省级开发区综合评价中列第69位，在聊城经济开发区及县（市、区）二区等11个开发区中列第三位。2009年，公路通车里程124千米，铺设自来水管道37千米。2013年，公路通车总里程182千米，围绕建设“生态宜居特色开发区”目标，茌平经济开发区不断加大城市基础设施建设力度，搞好主干道的亮化、美化、绿化、净化“四化”建设。先后改造完善中心街、外环路等主干道，实施建设北二环西延、信源路西延、信源南路。按照典型带动、分类推进战略，形成农村新居建设“建成一批、在建一批、开工一批、计划一批”的良性循环格局。突出社区行政服务中心、幼儿园、医疗卫生、文化活动场所、农贸市场等配套服务功能建设。至2015年年底，建设光明新型社区及向阳庄苑、福禄庄苑、逸翠园、建科

茌平经济开发区 （2008 年摄）

康苑 4 个居民小区，共建设商住楼 36 万平方米，可安置居民及企业职工 5000 户。

重点项目　按照“扩总量、调结构、转方式、强特色”的工作思路，以信发集团为核心企业，发展循环经济，全力打造“铝电千亿产业”。培育出口型外向型汽车零部件企业，培育汽车零部件企业近 50 家，形成汽车零部件产业集群，山东鲁环散热器、信发轮毂等企业成长为国内汽车零部件出口企业的龙头。至 2015 年，重点建设项目信发集团 3×120 万千瓦“高效超临界”空冷发电机组项目、茌平华信碳有限公司年产 60 万吨预焙阳极项目、信发小学扩建项目处于施工建设中。

招商引资　2004 年，区内企业 276 家，其中限额以上企业 102 家，累计投资 170.3 亿元，实际利用外资 1.07 亿美元，自营出口 8640 万美元，解决就业人员 7.25 万人。2008 年，引进项目 8 个，开发区入区企业 312 家，固定资产投入 320 亿元。2011 年，引进项目 32 个，信发街道规模以上工业企业 23 家，主营业务收入 13.68 亿元，利润 1.77 亿元。2013 年，引进过亿元项目 11 个，招商引资到位资金 12 亿元。茌平经济开发区是全市在全省 130 余家省级开发区中率先跨入第一档（前 30 名）的县属省级经济开发区，位列全省省级开发区第二十名，在全市省级开发区中位列第一名。区内循环经济产业园在 2013 年度全市千亿产业园考核中位列第一名。信发循环经济产业园被省经济和信息化委员会批准为“山东省新型工业化产业示范基地（铝及铝加工）”。2014 年，全年引进项目 74 个，其过亿元项目 10 个，招商引资到位资金 26 亿元。茌平经济开发区以信发铝电产业为依托，充分发挥铝、密度板、PVC 等产业优势和电、汽、铝水等资源优势，多元招商。通过产业招商、资源招商、以商招商、精准招商、全员招商等方式，加大对聊城信发高新材料产业园、正泰科技创业园、双创基地的宣传力度，先后引进聊城晨曦太阳能科技有限公司年产 10 万吨太阳能玻璃管项目、茌平信发铝制品有限公司年产 200 万件铝合金轮毂生产项目、山东银轮机械有限公司 EGR 冷却器、冷凝器和中制冷器项目等项目。

经济发展　2006 年，开发区园区（信发街道）财政收入 907.1 万元，区内企业实现销售收入 180 亿元、利润 17 亿元、利税 28 亿元，主要经济指标均占全县的 80% 以上。2008 年，实现生产总值 151.3 亿元，地方财政总收入 3711.5 万元，工业总产值 8674.9 万元，利税 1787.4 万元。民营经济销售收入 19.03 亿元，实现利税 6.73 亿元。2011 年，开发区实现工业总产值 721.3 亿元、实现利税 68.89 亿元。2014 年，实现公共财政收入 1.23 亿元。规模以上工业企业 39 家，总产值 60.8 亿元、实现利税 9.2 亿元，民营经济销售收入 105 亿元、实现利税 23 亿元。2015 年，园区实现地区生产总值 400.9 亿元，税收收入 38.62 亿元，财政收入 26.54 亿元。

第十二节　高唐县经济开发区

建区沿革　成立于 2001 年 8 月，前身是高唐镇私营工业园。2001 年 12 月 18 日，经市政府批准，开发区升格为副县级单位，对外称“聊城市鲁西科技产业园”。2006 年 3 月，被山东省政府批准为省级开发区。至2008年，开发区不断加大基础设施建设力度，扎框架，打基础、企业退城进园。2008年4月，完成区镇合一，建立一级财政，下辖创业社区、安康社区、西苑社区3个社区，26个经济组织（村），总人口1.5万人，规划面积26.5平方千米，完善“七通一平”条件的建成区面积12平方千米。2011年7月，县委出台《关于进一步加快开发区发展的意见》，从人、财、物各方面全方位支持开发区发展，开发区快速步入了大跨越、大发展阶段。

园区规划 开发区形成“一区五园”的总体规划布局，即以环保产品和设备产业为主的鲁西台湾环保科技园，以时风集团为龙头的汽车及零部件工业园，以泉林集团为骨干的纸制品工业园，以智德、超越、艺唐、东大为重点的纺织工业园，及以风光能发电为带动的光电产业园。其中，一期2平方千米的鲁西台湾环保科技园被省台办批准为省级台湾工业园，汽车及零部件工业园被省经信委命名为“新能源汽车新型工业化产业示范基地”。

基础设施建设 开发区南起322省道、北至青银高速、西起316省道、东至滨湖路，并沿泉林路东延至新105国道。开发区作为县城总体规划的重要组成部分，是全县工业发展的集中综合性园区，采取“一区多园”形式开发建设。至2008年年底，累计基础设施建设投入5亿元，“五纵十横”的主干道路总长85千米。到2009年，完善“七通一平”条件的建成区面积20平方千米。园区内建有日供水能力4万立方米的供水中心1处，日处理污水8万吨的污水处理厂1处，时风、泉林、热电等发电中心全部集中于园区，电力能源充足。科技创业服务中心建有60米×20米的标准厂房14幢，水电暖等配套设施完备，为科技企业入园孵化提供了条件。2011年，规划建设小项目区和化工园区，方便中小项目及化工项目入园建设。至2012年年底，开发区完善“九通一平”条件的建成区面积12平方千米。园区内建有日供水能力8万立方米的供水中心1处，时风、泉林、光明、国能生物4大热电中心的30万千瓦装机容量集中于园区，为企业入园发展提供了优良的硬件环境。

2012年，开发区在基础设施建设方面，重点是做好创业园区和化工新材料园区的建设。一是完成一期53.33公顷的征地任务，其中创业园区征地20公顷，化工新材料园区征地33.33公顷。二是完善两个园区的整体规划，搭建招商平台，并与泰兴经济开发区就推进化工产业转移合作，初步达成了框架协议书。三是基础设施建设已经启动，其中天然气管道及110千伏变电站完工，相关道路建设纳入全县规划，2013年开工建设。2015年，在开发区西北部规划建设了创业园区和化工新材料园区。创业园区总占地100公顷，分为科技企业孵化园区、轻工电子针织服装区、汽车零部件及装备制造区和服务办公区四部分，引导企业向园区集中、资本向园区集聚、产业向园区集群。前期启动建设的科技企业孵化园，总占地8公顷，其中，4栋单层轻钢标准厂房主框架完成，8栋三层钢筋混凝土标准厂房正在施工，贝亚雷斯、上海飞乐、潍坊歌尔等多个项目等待入驻。化工新材料园区规划占地170公顷，重点发展科技含量高、技术密集度强、产品附加值高的精细化工、生物化工、新材料等产业集群。植酸酶、明润化工、减水剂等项目开工建设。

主要产业 2015年年底，园区内初步形成了六大产业。一是汽车及零部件产业，代表企业有时风集团、风帆电机、鑫海汽配、天海电装。2010年6月，开发区被省经信委命名为“新能源汽车新型工业化产业示范基地”。二是纸制品加工产业，以泉林纸业、纷美包装、凯隆纸业等公司为代表，其中泉林集团参与制定了本色浆等行业标准4项，被评为“省循环经济示范企业和优秀工程”。三是新能源新材料产业，代表企业包括安杰新能源发电有限公司、安杰风光装备制造、信昌天马太阳能科技有限公司、圣联鑫科技有限公司等企业。四是纺织服装产业，代表企业有智德、超越、永恒、艺唐等，形成50万纱锭生产能力。五是农副产品深加工产业，以蓝山集团、六和荣达、金铭牧业等企业为代表。六是热电能源产业，全县多数装机容量都集中于园区，成为开发区招商引资的能源优势。

经济发展　至2004年年底，累计入区工业企业115家，固定资产总投资31.05亿元；实现销售收入53.76亿元，其中出口创汇2866万美元。实现工业增加值15.6亿元，利税3.1亿元、利润2.47亿元，上缴税金9200万元。2008年，开发区财政总收入637万元、全年累计完成工业总产值288.63亿元、工业增加值72.15亿元、利税14.56亿元、实缴税金4.16亿元。2008年，新增获得进出口经营权企业4家，园区外向型企业21家。实现进出口总额2.4亿美元，其中出口创汇1.45亿美元，进口9550万美元。2010年，开发区规模以上企业完成主营业务收入55.6亿元、利税4亿元、开发区实现工商税收1376万元、园区内企业实现出口1.28亿美元、进口6958万美元。2013年，开发区完成公共财政预算收入6.83亿元、规模以上工业增加值118.91亿元、进出口总额4.05亿元。2014年，开发区完成公共财政预算收入9.67亿元、规模以上工业增加值150亿元、进出口总额4.1亿美元。

第五章　口　岸

随着全市进出口规模的扩大，聊城海关、商检等机构逐步建立健全，口岸功能逐步完善，通关效率不断提高。1997年，聊城铁路二类口岸和海关、动检、卫检等涉外机构相继获批设立。1998年国务院实施“三检合一”机构改革，聊城市动检、卫检机构没有单独成立。1999年11月25日，聊城陆运二类口岸通过山东省政府组织的联合验收正式对外开放。2002—2004年，实施“大通关”工程，在报关、查验单位设置咨询窗口和服务热线，推行通关作业改革新模式。2005年，青岛海关推出“属地报关，口岸验放”“属地报检，口岸放行”通关模式，结束聊城市长期以来企业只能依靠口岸海关办理通关手续的历史。2006年，青岛海关驻聊城办事处与聊城检验检疫局建立了关检合作机制，推进“大通关”建设。2008年，成立出口农产品质量安全区域化领导小组，出台《关于推行出口农产品质量安全区域化管理工作的实施意见》。2010年，实现聊城与青岛关区内各海关联网监管，纳入全省虚拟口岸，企业可以自由选择通关现场，就近报关，口岸验放，实现沿海港口功能向聊城内陆口岸的延伸。2011年，莘县成为全国首批出口农产品质量安全示范区，阳谷县晋升为国家级出口农产品质量安全示范区，冠县成为省级出口农产品质量安全示范区。2014年，启动冠县保税物流园区和聊城经济技术开发区保税物流中心建设。2015年，推进“三互”（信息互换、监管互认、执法互助）大通关建设，对企业进出口实施一次申报、一次查验、一次放行“三个一”通关模式；关检双方工作程序由“串联”改为“并联”，企业报检、报关所需输入的数据压缩到原来的60%，检验检疫和查验时间可节省50%，企业节约各种费用30%。是年5月6日，冠县宝信物流园区公用型保税仓库正式设立。

第一节　海　关

青岛海关驻聊城办事处于1996年5月开始筹建，1999年8月26日正式开关，2007年在青岛海关岗位练兵和学用手册情况大检查中排名关区第二位。2012年12月13日，直属济南海关正式开关，济南海关驻聊城办事处由青岛海关隶属关调整为济南海关隶属关。

一、海关监管

货物监管　2000—2015年，济南（青岛）海关驻聊城办事处年报关单量从92票上升至2.2

万票，增长238.37倍；监管货运量从无到有，2015年监管进出口货运量1226.3万吨，进出口总值36亿美元。

2003年，监管进出口货运量1.68万吨，进出口总值2879万美元，比上年增长35.2%；备案加工合同100份，增长23.5%，合同备案金额4171.5万美元；进口环节代征税1027.8万元。2005年，报关单量1225票，首次突破千票大关。2006年，报关单5285票，跨入内陆海关前列；监管进出口货运量69万吨，进出口总值3.7亿美元，监管集装箱1.7万箱。2007年，报关单7168票，进出口总值8.47亿美元。2008年，加强对风险信息采集和识别，对铝矿砂、铜精矿、硫黄、木浆、尿素、纸张等大宗商品的数据和相关风险进行分析，确定了监管重点，提高了监管的精确性。2009年，编制《铜精矿商品通关监管业务操作指引》，专人负责跟踪铜精矿等商品的国际市场价格波动、定价机制变化、价格结算等情况，及时调整公式定价商品尾款。2010年，加强预归类工作，提高通关效率，受理预归类申请185份，涉及商品310项。监管进出口总值22.66亿美元，进出口报关单1.18万票。2011年，对首次通关商品实行预归类咨询制度，有效降低归类差错率；采取同企业纵向归类对比、同商品横向价格对比方法，对涉税报关单重点复核，查找申报不规范、归类不准确情况，全年出口结关及时率、监管证件审核正确率均为100%。2013年，加大属地报关推介力度，稳步提升属地报关比例，全年受理进出口报关单1.68万票，进出口货运量1634.39万吨，列关区第二位，监管进出口总值1亿美元，列关区第五位。2015年，监管进出口货运量1226.3万吨，进出口总值36亿美元；审放进出口报关单2.2万余票，绿通道规范申报99.8%。

到企业检验危险化学品 （2014年摄，张博）

2000—2015年济南（青岛）海关驻聊城办事处货运报关情况表

表14-4

年份	报关单（票）	进出口货运量（万吨）	进出口总值（万美元）
2000	92	—	—
2001	—	—	—
2002	—	—	2129
2003	—	1.68	2879
2004	149	1.79	5747
2005	1225	1.88	10941
2006	5285	69.00	37000
2007	7168	—	84700
2008	7557	672.00	175700
2009	7995	557.79	146300
2010	11793	—	226600

续表 14-4

年份	报关单（票）	进出口货运量（万吨）	进出口总值（万美元）
2011	13724	1386.00	396700
2012	13071	1165.00	386700
2013	16800	1634.39	10000
2014	19600	—	—
2015	22022	1226.30	360000

加工贸易保税监管　1999 年，根据《海关总署实行加工贸易银行保证金台账“实转”有关问题的通知》，对银行保证金台账制度由原来的“空转”变为“实转”，并规范异地加工、转厂深加工、内销和单耗等方面的管理，完善税款追缴保障机制，加大保税业务的宣传和推行力度。2004 年，向总关报批保税仓库，有 2 家企业得到批准；全年备案合同 139 份，合同额 8400 万美元，核销加工贸易手册 99 本，到期合同核销率 100%，对重点敏感商品的下厂核销率 100%。2005 年，办理加工贸易手册 184 份，备案额 8273 万美元，手册到期核销率 100%。

2007 年，聊城首家公用型保税仓库通过验收并正式办理业务。2010 年，规范加工贸易商品归类，督促企业严格按照《海关进出口商品规范申报目录》要求规范备案，提高了手册管理质量；全年监管保税进出口货物总额 4.92 亿美元，手册备案额 1.96 亿美元；核销结案率保持在 100%，内销补税 4220 万元。2012 年，加工贸易业务实现跨越式发展，备案手册 197 份，备案额 9.17 亿美元。其中，祥光铜业加工贸易项下进出口总值 9.65 亿美元，比上年增长 496%；享受进出口税费“免税”优惠总额 3.6 亿元，成为拉动聊城加工贸易业务大幅度增长的中坚力量。2013 年，铜加工贸易进口手册备案 125 份，备案进口总值 12.43 亿美元，加工贸易出口铜居全国同行业第一位；冠县宝信物流园区（冠县无水港）海关监管场站、开发区综合保税区建设正式启动并有序推进。2015 年，制定辖区加工贸易企业风险防控信息表，对 47 家加工贸易业务企业实施风险差别化管理。通过预定式布控加强实货监管，下达指令 70 余条，预定式布控实体有效率 47.86%。推进山东宝信物流园公用型保税仓库尽快实现批复，支持临清市开展多式联运及班列国际化论证，实施内陆港创建，开展监控室建设，实现对辖区监管场所远程监控。

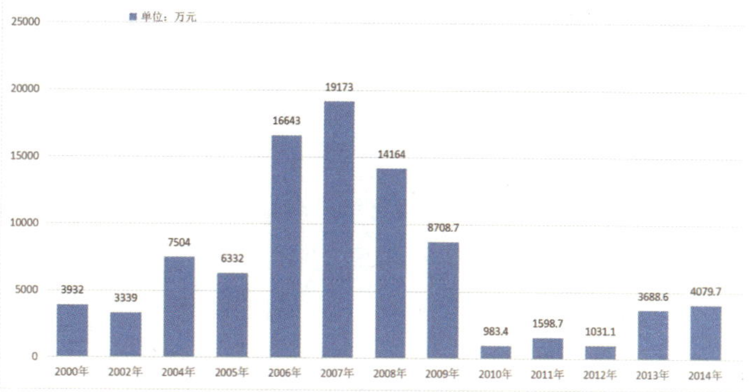

2000—2015 年部分年份济南海关驻聊城办事处减免税柱状图

通关管理与服务　1999 年，青岛海关驻聊城办事处按照关于建立企业守法管理体系要求，推行企业分类管理办法，依据企业的守法情况，将企业分为 A、B、C、D 四类，并对不同类别的企业实施不同的管理措施，广泛开展守法便利的海关政策宣传，增强企业守法意识。实行企业信用等级评定标准和评定程序，根据信用状况将企业认定为认证企业、一般信用企业和失信企业。其中，“认证企业”就是中国海关经认证的经营者（AEO），适用与其他互认国家或地区海关所赋予的优惠待遇和通关便利措施。

2004 年，推行新的通关作业模式，确保了

H2000 系统在该关的顺利运行。增设触摸屏和 LED 大屏幕，企业了解海关业务的渠道更加多样和便利。报关大厅经过装修改造，更加突出了“人性化”服务。“网上付税”“无纸通关”等系统加大应用，2005 年，推出“属地报关，口岸验放”新型通关模式，提高了通关效率，降低了企业通关成本，结束了聊城市长期以来企业只能依靠口岸海关办理通关手续的历史，聊城市有 5 家企业被评为 A 类。至 2005 年年底，辖区内有 AA 类企业 4 家、A 类企业 16 家，享受便关企业 1 家，办理网上付税 1965 万元，占税收总额的 60%，无纸通关报关 255 票，占全部单量的 29%，实施加工贸易联网监管的企业 4 家。

2006 年，推广“多点报关、口岸验放”通关模式，提高通关效率，每票进口货物通关时间由原来 4～5 天，缩短为 1 天；出口货物通关时间由原来的 3 天，缩短为 1 天。原来需要往返两地办理的转关手续，在聊城几分钟即可办结货物放行手续。全年通过网上支付税款 6114 万元，支付比例占总额的 87%；无纸通关占通关总量的 80%。2007 年，各税款网上支付率 99.5%；采取无纸通关模式的报关单占全部出口报关单的 89%，加工贸易联网监管覆盖率 81%，列青岛关区第四位。全年新增诚信企业 1 家、AA 类企业 1 家、A 类企业 2 家。2008 年，对重点项目和重点企业全程跟踪，实行个性化服务，及时帮助企业解决通关疑难问题。5 月，中通客车首次开展房车加工贸易业务，办事处帮助企业做好预归类工作，针对企业遇到的进口转关问题，协调口岸海关，帮助企业顺利办理通关手续，为企业参加上海国际房车展赢得了时间。2009 年，深化通关作业改革，提高通关效率，帮助企业节约通关成本。10 月，开展出口申报分类通关改革，使整体通关速度提高近 5 倍，确保了“随到随报随放”。

2010 年，推荐符合 A 类企业资质的企业名单，全年新增适用海关 A 类管理措施的企业 3 家。2011 年，针对大型精密机械不便港口开封和装卸的情况，帮助企业协调口岸海关实施属地查验。扩大信誉管理范围，辖区海关 AA 类管理企业达 7 家。推荐临清三和纺织开展“通关单证暂存”试点，提升了通关速度，降低了报关成本。2012 年，落实取消进出口付汇、出口退税报关单证明联打印费等 5 项收费措施，全年企业节省手续费、港杂费、资金周转成本等各类费用共计 6000 余万元。启动通关作业无纸化改革试点工作，管理类别为 B 类以上（含 B 类）的企业仅需通过电子口岸预录入系统录入报关单及随附单证的电子数据便能完成通关申报，无须打印纸质材料送至海关。2012 年，聊城市进出口企业申报的报关单低风险快速放行占比近 80%，通关时速由原来的 15 分钟缩减为半分钟，提高了通关放行速度。优化海关服务，实行 7×24 小时预约通关，营造了规范、公平、有序的通关环境。2013 年，贯彻落实“取消海关监管续费、停止收取‘三单’打印费和报关单条码费”规定。提高查验效率，全力帮助企业减负增效，全年为报关企业节约费用 50 万元。2013 年，高唐泉林进口芬兰旧纸机生产线，价值 2696 万美元，由 704 个集装箱、79 个散装大件组成，分 20 次由黄岛口岸入境，按规定，货物需要开箱查验，济南海关驻聊城办事处充分考虑生产线安装实际，由负责人带队到黄岛海关协调，货物全部转至聊城，在企业货场就地查验，仅此一项为企业直接节省通关费用 80 万元。创新通关模式，拓展铁路口岸作用，探讨、论证铁路转关出口的监管模式可行性。12 月 6 日，对 4 票铁路运输转关出口货物进行现场施封并办理报关放行手续。该批货物为 48 卷共计 237.53 吨镀锌钢卷，由聊城铁路站发运至阿拉山口口岸，转关出境至乌兹别克斯坦，首次成功实现货物由铁路出口转关，开辟了货物进出境的新通道。2014 年，参与远程专项批量复审试点，审核电子数据 2 万余条，发现问题数据 200 余条，涉及补税 4 万余元。参与远程虚拟专家试点，利用 H2000 授权权限，远程进行红通道报关单的审核与处置。推动通关无纸化，现报关单无纸化通关比 85% 以上。对 70 余家企业晋升 A 类管理类别，提升区域通关便利化。遴选新能源客车、液体食品复合包装纸等 6 项商品开展税则调研，其中复合包装纸商品税则调整建议被财政部《2015年关税实施方案》采用，每年可为企业增加近1000万元退税。

2015年，推进通关一体化、关检合作“三个一”、汇总征税等业务改革。报关单属地通关比例60%。无纸化比例94.73%。“一次申报”报关单占可申报比88.3%。推进辖区保税信息化管理系统推广改革，100%的保税仓库和30%的加工贸易企业实现信息化联网管理。编写企业注册信息变更告知书等材料，通过“二维码服务窗口”“水城金钥匙”微信平台及地方电视台等媒体进行政策宣讲。制定《驻聊城办高级认证企业协调员工作规程（试行）》，为辖区高级认证企业提供个性化、“一对一”指导服务。是年，签订“海关、协调员企业合作备忘录”7份。

青岛海关驻聊办事处与聊城检验检疫局签署关检合作机制备忘录（2015年摄，张士忠）

二、税收征管

征税　1999年8月26日，青岛海关驻聊城办事处成立，强化税收征管，确保应收尽收。至2001年年底，该办事处共征收关税和代征税1845.7万元。2003年，征税1518.4万元。其中征收关税490.6万元，进口环节代征税1027.8万元。采用“网上支付”方式支付税款358.7万元，占全部征税额的25%。2004年，征收税款1695万元，其中通过“网上付税”系统征税678.6万元，在税收中占40%。2005年，共征收税款3295万元，其中，征收进口环节增值税2876万元。2006年，全年共征收税款7606.7万元，比上年增长131%。2007年，共征收税款3.48亿元，2008年，税收入库11.4亿元。2009年，全年征税11.51亿元。2010年，紧盯重点税源企业和税源商品，铜精矿和铝矿砂两大商品合计占税收总量的89.83%。全年税收入库17.87亿元。2011年，全年税收入库27.92亿元，其中，完成各类公式定价商品价格调整130余宗，补税83宗，补征税款1.37亿元。2012年，全年完成税收23.37亿元。2013年，税收入库24.1亿元，列济南关区第四位。2015年，进口木浆、驴皮、氯化钾等多项税源商品回流至属地通关，新增税收1.1亿元。辖区企业属地纳税率65.3%，全年税收入库13.9亿元。

2000—2015年，征收税款从300万元增至13.9亿元，其中高峰在2011年，全年征收税款总额27.92亿元。

减免税审批　1999年8月，青岛海关聊城办事处成立后，支持地方经济快速发展，鼓励和引导企业进行技术改造。至2001年年底，为聊城市有关企业减免税9797.7万元，产生了良好的社会效益。2004年，企业充分利用国家减免税政策，共审批减免税127份，合同金额3688万美元，实际免税7504万元。2005年，审批减免税150份，合同金额3107万美元，依法减免税款6332万元。海关业务人员先后到祥光铜业、希杰（聊城）生物科技有限公司、澳登农业发展有限公司、东阿阿胶集团有限公司等一批骨干企业宣讲政策，引导企业享用减免税政策。2006年，依法减免税款1.66亿元，为实现聊城市主要进出口企业的健康、快速发展给予重要支持。2007年，依法减免税款1.92亿元，为祥光铜业阴极铜冶炼项目减免税1.6亿元，成为开关后单个项目免税之最。2008年，依法减免税款1.4亿元。2009年，办事处总计帮助聊城市企业和重点项目减免税款4.16亿元。2010年，加强对减免税设备管理，全年核查减免税设备企业40余家，核查率65%。全年依法审批减免税25份，合同金额1378万美元，减免税983万元。2012年，审批减免税合同金额2528.5万美元，减免税1031.1万元。加强对价格指数偏低商品的管理，及时跟踪公式定价商品二次结算、特许权使用费计税等价格调整因素，化解税收征管风险。严把原产地、归类、价格、减免税质量指标，确保准确率100%。2013年，减免税审批总货值4986.5万美元，减免税金额3689万元，属地通关比例提升至65%以上。2014年，制定《驻聊城办支持地方经济发展7条措施》和《驻聊城办关于改善营商环境的实施意见》，减免税审批金额5414.2万美元，实际免税4079.7万元。

查缉走私　1999—2001年，青岛海关驻聊城办事处共调查立案案件15起，其中大要案3件（移交侦查机关查处），查处违规案件11起，罚没收入缴库5.4万元，协查案件32次。

2003年，共审结案件7起，罚没收入缴库383.18万元。2006年，共调查立案3起，罚没入库90.4万元；稽查补税255万元。2007年，共稽查企业14家，对其中3家企业不规范事项予以规范，对6家加工贸易企业手册项下内销边角料、残次品追缴税款13.28万元。调查立案处罚案件2起，实现罚没收入缴库5.59万元。济南海关驻聊城办事处探索风险防控机制，提高实际监管效能。一是优化监控指挥中心功能，完善相关作业制度，提高监管效能。二是加强风险联防联控，不断提高风险防控效能，加强对辖区重点行业、商品的风险研判。加强与工商、税务、公检法等部门的联系，建立起互通信息、情报共享的社会综合治理网络。确立打击货运渠道走私为工作重点，加强对保税货物和减免税进口货物的监控。认真落实全国打私工作会议精神，维护对一切进出境运输工具、货物和物品的有力监督，保持对走私行为的高压打击态势。完善风险分析，突出货运渠道打私、加工贸易领域打私、固体废物打私，根据辖区铜冶炼行业快速发展的实际情况，加强对固体废物监管，杜绝走私行为。2008年，针对有的企业“半夜撤离”现象，开展防范式风险分析，确定监控重点，进行有效控制。全年稽查补税87.7万元。严厉打击走私，共立案查处违规案件3起，罚没收入缴库53万元。2009年，及时查处走私违规行为。全年立案3起，总计罚没入缴库30万元。

2010年，与聊城市打私办、外经贸、国检、金融、司法等有关部门密切配合，查处行政案件6起。组织开展了打击骗取出口退税百日专项行动，查处商品伪报归类出口案件4起，案值1283万元；加强与口岸海关的协作配合，查获出口轴承侵权案件3起，案值50万元。2011年，办结稽查作业7笔，发现问题3家，补缴税款1011万元。其中，对辖区某氧铝有限公司互换协议项下进口铝矿砂开展专项稽查，成功补税711万元；对某生物科技有限公司开展的浓缩器商品专项稽查中，发现企业归类申报错误导致漏征税款，涉及货值2400万元，成功补税228万元。是年，查处一批对归类、数量、商品名称等申报不实案件。全年查处各类案件11起，案值600余万元，罚没收入缴库13.3万元，规范了企业进出口经营行为。2015年，济南海关聊城办事处对2起“光电管”归类申报不实骗取退税案件，进行立案处理；全年共立案25起。协助总关缉私局开展专项行动、案件调查5次。全年核查企业21家，稽查企业6家，稽查补税21.4万元。

第二节　出入境商品检验检疫

1997—1999年，聊城市（地区）出入境商品检验检疫工作由聊城进出口商品检验检疫局负责。1999年11月，中华人民共和国聊城出入境检验检疫局（简称聊城检验检疫局）成立，隶属于山东检验检疫局。聊城检验检疫局成立后，对聊城地区内进出境的商品（包括动植物产品），以及运载这些商品、动植物的交通工具、运输设备，分别实施检验、检疫、鉴定、监督管理和对出入境人员实施卫生检疫及口岸卫生监督。

一、进出口商品检验

聊城进出口商品检验局自 1992 年 1 月 10 日起，开始承接聊城地区进口机电仪器及进口汽车、摩托车的检验、监管业务。1997 年，共检验进出口商品 1184 批 7144 万美元，其中出口 1138 批 5397 万美元、进口 46 批 1747 万美元。检出不合格商品 25 批 175 万美元，批次与货值不合格率分别为 0.50% 和 0.85%。1999 年 11 月，聊城进出口商品检验局合并成立聊城出入境检验检疫局。2005 年，检出不合格货物 31 批 317 万美元，批次与货值不合格率分别为 0.50% 和 0.85%。此后，进出口批次及货值逐年稳步增长，货物涉及纺织品（纱线、坯布、印染布、梭织服装、毛毯等）、机电产品（扳手、轴承、拖拉机、货车、客车、柴油发动机等）、轻工品（表芯、家具、复合木地板、胶合板、厨具）、金属及制品（铝锭、钢管等）、化工品（乳胶手套、轮胎、二氯异氰尿酸钠、氯化锌、羧甲基纤维素、硬脂酸等）等 5 类 39 种商品，出口大宗商品有印染布、轴承、货车、客车、钢管、轮胎等。其中，2001 年因聊城区域内新建中华电厂，进口设备量大，进口总货值增长 240%。2000 年后，聊城真蜡印花布出口增长幅度较大，生产企业增加，成为聊城市重点特色出口商品，至 2005 年出口印染布占聊城检验检疫局出境业务的 41%，单项出口商品首次突破 1 亿美元，同时，聊城还新增多家轴承出口企业，进出口批次货值保持较快增长。2006 年，聊城多家企业进口设备，使进口货值突破 1 亿美元。至 2008 年，进出口总货值首次达 10 亿美元，次年受轴承调整出法检目录和全球金融危机影响，出口货值出现滑落，而后重新保持增长态势至 2012 年。2010 年，检出不合格货物 80 批，2796 万美元，货值与批次检出率分别为 2.40% 和 0.59%。2012 年，检验检疫出入境货物 1.68 万批 17.74 亿美元。

2013 年 8 月 15 日，出口法检目录大幅度调整，检验检疫部门业务范围发生较大变化，1507 个海关商品编码项下的一般工业制成品不再实行出口商品检验，其中 1420 个海关编码项下的商品调出出入境检验检疫机构实施检验检疫的出境商品目录，87 个海关商品编码下的商品需要实施出境动植物检疫，仍保留在目录中，对危险化学品、烟花爆竹、打火机、玩具及童车产品、食品接触产品、汽车和稀土等工业品继续实行出口商品检验，对出口危险化学品包装及其他危险货物包装继续实行性能和使用检验。聊城市出口的大宗商品如纺织类、机电类产品等在此次调整中被调出法检目录，同时因进口大宗商品铜精矿 2013 年后进口量减少明显，导致 2013 年检验检疫进出口货值对比 2012 年下降约 1/3，出口货值下降约 1/4，2014 年、2015 年的进出口货值均不到 2012 年的 1/2，出口货值约为 2012 年的 1/2。2015 年，检验检疫出入境货物 1.15 万批 8.33 亿美元。共检出不合格货物 285 批 1.26 亿美元，其中入境货物 150 批 1.17 亿美元，入境不合格货值检出率 66.49%，列全省第一位；入境不合格批次率 43.99%，列全省第三位。是年，新产品出口取得突破，葡萄糖、谷氨酸渣、甜菜碱盐酸盐、白酒、梨、多维软胶囊、密度板 7 类商品是年首次出口。

1997—2015 年聊城市检验检疫局进出口检验检疫业务统计表

表 14-5　　单位：批、万美元

年份	批次总计	货值总计	出口（批次 / 货值）	进口（批次 / 货值）	不合格（批次 / 货值）
1997	1184	7144	1138/5397	46/1747	25/175
1998	1422	6630	1369/5052	53/1578	—
1999	2034	7810	1941/6158	93/1652	—
2000	2797	10039	2685/8169	112/1870	—

续表 14-5

年份	批次总计	货值总计	出口（批次 / 货值）	进口（批次 / 货值）	不合格（批次 / 货值）
2001	3661	18579	3458/12216	203/6363	—
2002	3904	17969	3628/12597	276/5371	—
2003	3699	20404	3385/15504	314/4900	—
2004	4532	31767	4219/26036	313/5731	25/106
2005	6225	37162	5820/31520	405/5643	31/317
2006	7947	49459	7431/39169	516/10290	71/1555
2007	11417	86328	10858/66944	559/19384	154/2799
2008	13103	109748	12660/96565	443/13183	78/2121
2009	11694	88425	11374/72586	319/15839	52/1148
2010	13554	116435	12991/91078	563/25357	80/2796
2011	15734	162830	15189/127482	545/35348	89/6236
2012	16751	181900	16105/134700	646/47200	163/10200
2013	12535	133607	12057/104284	478/29323	227/13800
2014	10281	87200	9950/68700	331/18500	551/14700
2015	11481	83300	11140/65700	341/17600	285/12600

二、产地证书签发和通关一体化

产地证书签发 1997年，聊城检验检疫局签发产地证书111份，签证货值699万美元。1998—2000年，每年签发证书均在300份以内。2002年，聊城检验检疫局开始签发“曼谷协定”证书（后更名为亚太贸易协定证书）。此后，随着2004年开始签发东盟自贸协定原产地证书、2010年东盟自贸协定签证操作程序修订、2015年中韩、中澳自贸协定实施等，聊城每年产地证书签发数量增长明显，只有2009年因轴承调出法检目录，导致证书签发量有所回落，其他年份均保持较高涨幅。各类产地证书签发帮助聊城地区企业出口货物在进口国顺利通关并享受关税优惠待遇，在外贸活动中受益。聊城检验检疫局主要签发的有中国—东盟自贸协定原产地证书、普惠制原产地证书、亚太贸易协定原产地证书、一般原产地证书等。2010年，聊城检验检疫局研发“优惠原产地政策查询系统”，并获得2010年山东省科技情报科学技术奖二等奖，在全国检验检疫系统推广。2015年，聊城检验检疫局签发各类原产地证书6881份，货值5.2亿美元，支持出口企业减免关税约1.12亿元，并签发了聊城市首份中韩自贸协定原产地证书和首份中澳自贸协定原产地证书。

1997—2015年聊城市产地证书签发情况表

表 14-6　　　　单位：份、万美元

年份	份数	货值	年份	份数	货值
1997	111	699	2001	398	1327
1998	122	383	2002	430	1259
1999	187	485	2003	673	2482
2000	258	709	2004	813	3710

续表 14-6

年份	份数	货值	年份	份数	货值
2005	991	5073	2011	4909	39327
2006	1256	8143	2012	4588	33000
2007	1998	17075	2013	4779	37142
2008	2760	27134	2014	5709	50900
2009	3153	18347	2015	6881	52000
2010	4362	33753			

通关一体化 2014 年 12 月 26 日开始，国务院，推进“信息互换、监管互认、执法互助”大通关建设。2015 年 11 月 19 日，在全省及丝绸之路经济带的区域通关一体化后，全国检验检疫通关业务一体化正式启动。至此，聊城进出口货物在全国范围内打破地域和机构限制，以“通报、通检、通放”为基础，对进出口货物实施“出口直放，进口直通”，企业可在产地一次性报检并检验检疫合格后，在全国任一口岸直接报关，装运出口，简化了进出口货物通关手续，减少通关时间。通关一体化实施以后，聊城共有 6 家企业的 35 批 309 万美元货物在阿拉山口、兰州、二连浩特等口岸实现出口直放。是年，有 8 家企业 49 批 431 万美元货物在阿拉山口、兰州、吐尔尕特等口岸实现出口直放。

三、动植物检疫及卫生检疫

动植物产品检验检疫 聊城检验检疫局依法对聊城口岸进出境动植物、动植物产品和其他检疫物，装载动植物以及来自动植物疫区的运输工具实施检疫。出入境动物及动物产品在聊城对外贸易中占有重要地位，尤其在 2013 年法检目录调整后，动植物产品检验检疫成为聊城检验检疫局主要业务工作。

1997—1999 年，主要检验出口动物产品，无出入境动物检验业务的发生。2000 年，开始检验检疫活动物。聊城口岸出口动植物产品主要是禽肉及制品、大豆蛋白、蔬菜制品等，主要输往日本、马来西亚、欧盟、韩国、中国香港等国家与地区，进口动植物产品主要为驴皮、棉花等。2014 年，帮助饲料添加剂出口企业顺利通过欧盟现场考核，指导禽肉企业顺利通过蒙古国现场检查并顺利出口，全省禽肉首次打开蒙古市场，生禽肉在全国率先获得第 5 个国家的“通行证”。2015 年，检验检疫出入境食品农产品货值 6.1 亿美元，占全部检验检疫货值的 73.21%。

1995—2015 年，在对入境动植物产品及运输工具、木质包装等的检疫工作中，先后检出梗天牛、黑双棘长蠹、短翅材小蠹、蜘蛛、透翅蛾、书虱、树蜂、德国小蠊、寄蝇、双翅目蝇蛹、双翅目幼虫、潜蝇、仓潜、花蝇、蝇蛹等多种有害生物，并及时进行卫生除害处理，保证国家环境生态安全。

聊城检验检疫部门对阿胶原料进行检验检疫 （2014 年摄，王少霏）

卫生检疫 聊城口岸卫生检疫工作开始于 1999 年。聊城检验检疫局主要负责聊城口岸入出境人员卫生检疫和监督管理；传染病监测与控制；货物、集装箱、废旧物品及特殊物品的卫生检疫、卫生监督、卫生处理。

2002年12月，聊城市东昌府区城镇面粉厂防虫杀菌熏蒸队获得山东出入境检验检疫局注册资格。2003年2月，注册成立山东国际旅行保健中心聊城分中心。2003—2005年，累计完成出入境人员预防接种201人次，传染病监测734人次，检出艾滋病及性病0人次。其中，2003年加大对来自疫区的出入境人员、交通工具、货物和集装箱的检疫查验和卫生处理，严格执行总局关于做好出入境人员的健康体检工作的要求。针对“非典”的影响，为了支持企业扩大出口，对全市35个重点企业进行全面防治“非典”的部署和安排，全面掌握了企业的情况。在“非典”疫情最严重期间，局领导多次深入企业现场办公、指导帮助企业克服困难，解决企业出口中存在的问题，帮助企业采取措施，将“非典”影响降到最低。2004年，启动《聊城检验检疫局进出境重大动物疫情应急处理预案实施方案》《高致病性禽流感疑似病报告和应急处理流程图》《疑似人间禽流感的报告和应急处理流程图》等，保证各项预防措施落到实处。坚决防止禽流感的传入传出，对聊城市辖区19个禽肉备案养殖场和5个禽肉制品注册加工厂进行全面检查。2005年8月，山东出入境检验检疫局依据省政府文件要求，对山东国际旅行保健中心聊城分中心进行整合，其后聊城地区出入境人员体检等需前往周边地市如济南国际旅行保健中心办理。2007年6月，聊城金质检验技术服务中心获得山东出入境检验检疫局注册资格。

2003—2005年聊城市传染病监测情况表

表14-7

年份	艾滋病监测情况				性病检出情况		
	中国籍人员（人次）	境外人员（人次）	检测人数合计（人次）	检出HIV感染者（人次）	检测数（人）	阳性数（例）	检出率（%）
2003	279	33	312	0	312	0	0
2004	347	75	422	0	422	0	0
2005	0	0	0	0	0	0	0

四、质量工作

认证监管 聊城进出口商品检验局（聊城检验检疫局前身）对聊城地区的出口企业进行出口食品卫生注册和出口质量许可证的监管工作。1997年6月1日，独立承接聊城企业的ISO 9000质量体系咨询工作。2003年7月31日，聊城检验检疫局获批成立山东鲁检认证中心咨询中心分支办事处，全面开展ISO 9000质量管理体系、ISO 14000环境管理体系、OHSMS 18000职业健康安全管理体系、HACCP危害分析和关键控制点、产品认证（3C）及GAP咨询工作。是年8月，聊城检验检疫局承接聊城企业的HACCP咨询工作。

质量安全示范区 2013年，莘县、阳谷县质量安全示范区获批成为“国家级出口食品农产品质量安全示范区”，并享受简化备案注册程序、优先对外推荐注册、便利出口检验放行、推动境外通关便利、加大技术服务力度、协调政策经费支持等六条检验检疫监管便利措施。2014年11月，聊城经济技术开发区建成全国首批两个“国家级出口宠物食品质量安全示范区”之一。2015年，聊城市东昌府区被认定为“山东省出口农产品质量安全示范区”。2015年，山东检验检疫局与中国检验检疫学会、聊城市人民政府、山东质量技术监督局、聊城大学签署《关于实施聊城质量强市发展战略的五方合作框架协议》，负责支持聊城出口食品农产品示范区品牌建设、聊城生态原产地保护工作、建设聊城市技术性贸易措施工作平台、推动“同线同标”行动等，并共建质量人才平台，全程指导、支持聊城创建质量强市示范城市。

生态原产地保护　2011年，阳谷祥光牌阴极铜在全国第一个通过国家出入境检验检疫局组织的生态原产地标记认证评审，获颁全国第一张（证书编号：000001）生态原产地产品保护证书。2013年1月，在国家质检总局举办的生态原产地保护研讨会上，阳谷祥光集团代表获得“生态原产地产品保护”的首批14家试点单位发言，聊城检验检疫局作为山东检验检疫局代表，受国家质检总局委派，代表检验检疫机构介绍生态原产地保护工作现状。2015年5月25日，国家质量监督检验检疫总局发布《关于公布获得生态原产地保护产品名单的公告》，批准山东东阿阿胶股份有限公司复方阿胶浆产品为生态原产地保护产品，准予使用生态原产地产品保护标志。生态原产地保护产品在国际市场认可度较高，其价格明显高于同种类其他产品。

第六章　贸易促进

1997—2015年，全市（地区）以组织会展会议、开展对外交流、提供法律服务等形式，帮助企业开拓国际国内市场、加强对外联系，促进了全市开放型经济的发展。

第一节　贸易展会展览

1997—2015年，结合国际国内开放的需要，组织参加国际国内重要展会，促进交流对接，拓展市场空间。

2000年，聊城参加在西安举办的“中国东西部合作与投资贸易洽谈会”，由市领导带队，市计委、经委、外经委、经协办等部门及有关企业参加，共接待客商2万多人次，发放企业产品宣传资料3万余份，阿胶、农机等产品在西部市场受到欢迎。2002—2003年，先后组团参加中国东西部合作与投资贸易洽谈会、鲁宁经贸洽谈会并取得显著成果，共签约合作项目26项，总投资额2.74亿元，合同项目涉及机械、医药、食品、农副产品等多个领域。2003年4月，除在展会设置的展馆进行洽谈外，还专程到西安交大、长安大学、杨凌农高科等高校及科研单位洽谈项目，共签订合作项目35项，总金额5.75亿元；向展会推出的40项招商引资项目进入“在线西洽会”网上项目库，通过互联网予以发布。2003年7月，组织20多家企业、40多人参加在青海西宁市举行的第四届青洽会，时风集团、双力集团、益和变压器等参会企业分别同青海、浙江、陕西等省市有关企业签订合作项目9项。2004年4月5—8日，组织参加“第八届中国东西部合作与投资贸易洽谈会”，共签订利用外资项目合同1个，投资额510万元；高新技术合作项目1个，投资额9506万元；国内联合项目协议3个，项目总投资3.42亿元；内贸合同4个，成交额9100万元；内贸协议5个，成交额3100万元。2006年，组织参加在西安举行的第十届中国东西部投资贸易洽谈会，共签订招商引资项目12个，利用外来资金1.35亿元。之后，聊城多次组织参加中国东西部投资贸易洽谈会、中国青海绿色发展投资贸易洽谈会等活动。

2008年，组织5家企业赴日本参加中日韩产业交流会，成果丰硕。是年，市贸促会被山东省贸促会授予“山东省贸促系统招商引资先进单位”称号。2009年，组织参加南非国际汽车零部件、维修检测诊断设备及服务用品展览会，达成广泛合作意向。2010年4月，组织山东宇洋散热装置有限公司参加在日本富山县召开的东北亚产业零部件及材料展览会，取得良好效果。6

2015年9月16—18日，聊城参加在邯郸举办的2015中原（邯郸）国际装备制造博览会

月，组织汽车零配件行业企业参加阿联酋迪拜国际汽车零部件展览会。10月，组织3家企业参加2010年法兰克福上海国际汽车零配件、维修检测诊断设备及服务用品展览会。是年，组织企业参加2010山东台湾名品博览会一对一采购洽谈会，推荐采购商86家，加强了聊城市与台湾的经贸交流合作。

2010年5月，组织时风集团、中通客车集团参加由山东省贸促会举办、广饶贸促会承办的2010中国（广饶）国际轮胎展。7月，组织2家企业参加在青海省举行的青海国际清真食品展。9月，组织山东高唐蓝山集团、山东金号织业有限公司等多家会员企业参加以“采购中原”为主题的2010中原（邯郸）国际采购经贸洽谈会暨名优产品博览会。2011年，参与主办以“采购中原”为主题的“2011中原邯郸国际采购经贸洽谈会暨名优产品博览会”。

2011年，组织参加山东（台湾）精品暨非物质文化遗产展，精心筛选出一批可以代表聊城地方特色的雕刻葫芦、郎庄面塑以及具有独特制造工艺的东阿阿胶等非物质文化遗产赴台展览。

2012年3月，组织东阿阿胶股份有限公司、高唐蓝山集团等11家聊城地方特色产品生产企业赴北京参加第三届“山东商品大集”。产品涉及保健品、食品、纺织品、艺术品等，聊城市参展企业数量和展位数量均居山东省第一名，销售额200万元，与多家理想代理商达成合作意向。5月，组织时风巨星轮胎参加中国（广饶）国际轮胎展。8月，组织东阿阿胶股份有限公司参加2012中国沿黄区域名优商品博览会——第十届中国郑州糖酒食品暨第二届精品粮油机械博览会，山东省仅4家食品代表性企业参展，东阿阿胶是其中之一，并签订700多万元的订单。

2012年7月，组织山东鑫亚公司参加第十五届国际装备制造业博览会。9月，组织茌平鲁环散热器公司参加日本富山东北亚产业零部件及材料展览会。组织伊斯兰国际贸易公司、山东龙大植物油有限公司、聊城市天绿源食品有限公司等6家清真企业参加2012中国（宁夏）国际投资贸易洽谈会暨第三届中国阿拉伯国家经贸论坛。10月，组织多家特色企业赴青岛参加由山东省人民政府、台北世界贸易中心主办的2012，副市长张旋宇率10余家企业参会，强化了聊城与台湾两地的产业对接，提升了两岸经贸合作水平。

2013年4月，组织企业参加在北京举办的第七届中国企业跨国投资研讨会，市贸促会将精选编排的聊城重点招商项目向上千名参会的境内外客商进行项目推介，并参加了相关专场投资会等专题活动。5月，组织企业参加第二届中国（昆山）品牌产品进口交易会，此次交易会为企业不出国门引进海外先进技术、采购海外先进产品、开展国际交流合作提供机遇。6月，组织多个部门赴青岛参加由中国贸促会、韩国大韩商工会议所联合主办的第五届中韩绿色经济合作论坛，大力宣传聊城优越的投资环境以及建设绿色生态文明城的政策方针，围绕节能环保、绿色农业、新能源等课题进行深入交流探讨。

2014年3月，组织时风集团、冠丰种业等4家企业赴菏泽参加第九届中国农资交易会。2015年9月，组织17家企业参加2015中原（邯郸）

国际装备制造博览会，设置了600多平方米的聊城展馆特装展位，产品涵盖无人机、数控机床、工业机器人、环保节能设备、凿岩工具、激光打印机、柴油机配件、液压机械等8大类约40种产品。

2014年4月，组织企业参加第八届中国企业跨国投资研讨会，向国内外客商介绍聊城优越的投资环境，向与会的1300名代表发放聊城重点招商项目手册。5月，组织企业参加2014中国昆山品牌产品进口交易会，通过与美国艾默生、日本三菱重工等世界500强及行业龙头企业的广泛接触，促进聊城企业与国外先进制造业企业的交流与合作。8月，组织茌平信发铝制品、茌平新迪装饰建材有限公司等6家农机、汽配、建材企业参加中国（满洲里）中俄蒙国际机械建材博览会，为企业争取到免费标准摊位6个，面积200平方米，在全省17个地市中位居前列。9月，组织企业参加邯郸2014国际装备制造业博览会。11月，组织信发集团等企业参加亚太经济合作组织北京会议和西安电博会。

2015年，组织企业参加国内外重点展会6次，累计组织企业100多家，争取免费展位1596平方米。企业展会产品销售额200多万美元，销售合同额600多万美元，签订对外合作意向120多个，部分企业通过展会与世界500强及行业龙头企业建立了联系。

第二节 对外交流

聊城市贸促会充分利用自身资源和渠道优势，组织对外经贸交流活动，加强聊城的对外联络，推动对外开放。

2003—2006年，组织多个经贸代表团赴俄罗斯、美国、南非、埃及、土耳其、西欧、日本、韩国、澳大利亚、新西兰、北欧等国家和地区，进行市场考察和贸易洽谈，与国外商会进行相关技术产业交流，取得了丰硕成果。为加快企业进出口贸易和出口创汇，提供了良好的外部条件。

2007年，组织冠县星都板业有限公司、高唐汇通机械有限公司等6家企业参加山东—奥地利产业对接会。时任奥地利驻华使馆商务处参赞安思来、奥地利商会副主席赫尔曼·哈斯劳尔与聊城企业进行了深入交流。

2008年，组织聊城重点企业参加“第二届中加经贸合作论坛”，促成时风集团与加拿大伊莱特瓦（Electrovaya）公司签署战略合作协议；组织企业参加“中国—巴西贸易及投资说明会”“山东企业走向欧洲说明会”，为企业开拓国际市场提供了便利条件。

2009年4月，邀请日中经贸中心北京事务所所长田渊真次一行到聊城考察；6月，组织墨西哥驻华使馆商务参赞阿里木一行到聊城，重点考察时风集团，为时风集团产品进入北美自由贸易区，投资墨西哥提供了必要支持；8—10月，多次促成美国纽约国际集团与山东吉地尔有限公司会谈，推动吉地尔公司纽约主板上市工作。

2012年5月，邀请美国立法领袖基金会亚洲分会会长、美国桑顿集团首席执行官林俊良一行考察鲁西化工集团，达成鲁化集团从美国年进口20万吨红钾的长期合作意向。2012年10月，组织罗马尼亚克鲁日县中央特派员格奥尔基·尤安·乌斯坎、县长霍利亚·多兰·尤利努率领17人代表团访问时风集团，代表团对时风集团的轮胎产品表达了明确的合作意向，时风集团随后将产品的详细情况和具体贸易方式与罗姆公司进一步沟通，并成功推介了主打产品——电动车。2012年11月，组织时风集团、信发集团、祥光铜业、凤祥集团等聊城多家有实力的企业参加2012年“缅甸贸易投资说明会”，在项目对接洽谈中，聊城企业与缅方代表就农业机械、铝铜资源开发和进口等方面进行深入探讨，达成多项合作意向。

2014年3月，组织企业参加“海上新丝路”高端对话会，邀请越南、波兰及匈牙利等六国商务参赞、政府合作组织和中国—东盟中心领导人到聊城考察，与企业达成多项合作意向。8月，组织中通客车股份有限公司和山东泉林纸业有限公司企业负责人，与美国驻华大使马克斯·博卡斯会谈，为两家企业在美业务开展提供便利条件。

2015 年 1 月，邀请斯洛伐克中国商业合作委员会副主席伊万·契诺科夫斯基、哈萨克斯坦“奥图斯提克”国家级工业区总经理穆赫塔尔·图拉别科夫等外宾到聊城商务洽谈和项目对接。其中，“中欧商贸投资中心”项目，为聊城产品顺利进入欧洲市场提供了机会。哈萨克斯坦“奥图斯提克”国家级工业区项目，为时风、蓝山、泉林等知名企业赴哈萨克斯坦投资建厂、转移富余产能提供了便利。5 月，组织俄罗斯、哈萨克斯坦、斯洛伐克等国家和地区的外商深入蓝山集团、时风集团等企业实地考察，谋求合作，成果突出。外商对泉林集团系列产品、时风农机、九虹重工塔吊等产品表示了极大兴趣，双方当即签订了供销合同，并将坚持长期合作。10 月，组织乌克兰敖德萨工商会副会长沃洛吉米尔·什比尔克一行赴时风集团进行商务洽谈和项目签约等活动，最终促成 UTEKO 有限责任公司与时风集团成功签订战略合作协议书。

第三节　重大经贸活动

2006 年，聊城市组织 63 家企业、120 多人参加中日韩（青岛）产业交流会，展出机电产品 56 种，接触外商 500 余人，达成合作意向 85 个，意向贸易额 2.3 亿美元，意向外商投资额 1.5 亿美元。签订正式合同 1 份，合同额 100 万美元。促成大批国内合作与贸易项目。在“2007 中日韩产业交流会”上，聊城市委书记亲自担任代表团团长，组织开展一系列经贸洽谈活动，结识客户 400 多位，签订轴承、机械配件等贸易合同 2630 万美元。同期举办聊城市政府、威海市政府联合招待会，与 300 多位韩国政、商高层代表、企业高层人士沟通洽谈。先后访问希杰集团、有进集团等韩国大型企业，进行经贸洽谈，与有进集团签约年产 10 亿套铜管接插件项目，总投资 1.3 亿美元。考察访问友城韩国光明市，加深了两市在经贸和社会事业方面的交流合作。2008 年 11 月，组织聊城市经贸代表团赴日开展经贸活动，组织企业参加中日韩商务论坛、韩国投资贸易会等专题活动，发放聊城市宣传材料 200 余套，全面地宣传聊城市贸易投资环境，促进了聊城市企业与日本、韩国的经贸往来。

2009 年，举办“2009 中国聊城优势产业项目合作洽谈会”，邀请欧洲及日本、澳大利亚、泰国客商 40 余人，达成合作意向 6 个。会上对聊城优势产业项目进行全面推介，菲利斯石油集团与莘县华祥公司就石油化工项目达成合作意向，菲利斯石油集团投资额达 8000 万美元。

2012 年，借“2012 山东（青岛）台湾名品博览会”平台，举办“2012 聊台经贸交流恳谈会”。聊城是全省 17 个市唯一开展经贸交流推介活动的城市。会上，邀请台湾经贸代表团贵宾 50 余人，通过与台湾企业的良好互动，强化聊城与台湾两地的产业对接、双向合作、贸易往来。2012 年 12 月，组织聊城代表团参加“第四届中国国际生态竞争力大会”，聊城获得“最具生态竞争力城市”称号和牌匾。

2014 年 5 月，利用 2014 台湾名品博览会（济南）平台，举办“2014 聊城台湾经济合作恳谈会”，邀请到台湾经贸代表团贵宾 40 余人参加，推介聊城，为下一步实现合作打下坚实基础。12 月，组织葫芦雕刻、木版年画等企业参加 2014 聊台经贸文化交流周活动，在台北 101 大楼中华文化艺术馆举办聊台经贸文化交流展，山东省副省长夏耕到展厅参观，给予充分肯定。

2015 年，聊城市自办展会取得重大突破。5 月 20—24 日，在聊城国际会展中心举办第九届全国食品博览会（聊城会场），参展企业 300 余家，展出面积 1 万多平方米，共接待观众 6.2 万人次，邀请全国各地的专业采购商 2000 多家，实际成交额 1.51 亿元，达成意向合同 3610 项。此次食博会是市贸促会乃至聊城历史上首次独立举办的大型综合性国际食品博览会。是年 5 月，成功举办聊城食品产业产销对接会。邀请到中国贸促会及河北、河南、山东 3 省 11 市贸促会领

2015 年 5 月 22 日，第九届全国食品博览在聊城国际会展中心开幕（张彦敏摄）

导，漳州市经贸代表团，俄罗斯、哈萨克斯坦、斯洛伐克外商及聊城市现代农业食品企业、大型商超物流企业主要负责人共 130 多人参加。会上，推出聊城优势产业、现代农业、食品产业合作等项目，很好地宣传了聊城市优越的经济发展环境。同时，推动聊城市与福建漳州、河北、河南有关地市间的农业和食品的深化合作，为全市企业拓宽销售渠道、拓展经营范围，加强国际合作提供了机遇。是年 9 月，利用米兰世博会契机，组织市经贸代表团赴欧洲参加米兰世博会山东周、山东—荷兰经贸合作推介会、山东—瑞典经贸合作推介会暨行业对接会等系列经贸活动，最终达成进口意向额 3600 万美元，吸引外资额 2462 万美元，境外投资额 2421 万美元，参加经贸活动 12 次，接触外商客户 120 家，接触国外商协会机构 15 个，加强与国外的产业对接、开拓国外市场，全面宣传推介聊城的投资环境。

第四节　法律服务

一、出证认证

1998 年年底至 1999 年年初，经省贸促会和市政府批准，设立聊城市贸促会（聊城国际商会）。当时未开展原产地证业务，企业出口产品办理中国贸促会 / 中国国际商会原产地证书需到山东省贸促会办理。2003 年年底，为适应外经贸快速发展的需要，聊城市贸促会向山东省贸促会上报了关于申请在聊城设立出证认证签证点的请示。2004 年 10 月，聊城市贸促会获得中国贸促会授权，成功增设了出证认证签证点，业务范围包括一般原产地证书、涉外商业单据认证、代办领事认证、代办国际商事证明书。10 月 29 日，接受聊城市基地进出口公司申请，签发第一份中华人民共和国出口货物一般原产地证书。由此填补聊城外经贸发展史上的一项空白，结束了聊城市进出口企业一直在外地办证的历史。

2006 年前，产地证申请和签发需要手工签证。2006 年 1 月，聊城市贸促会开办原产地证书网上申领业务，在全国范围内较早引入原产地证书 EDI 管理系统，产地证书申请和签发全部实现网上签证，为企业提供了极大便利。是年，增设代办 ATA 单证册业务。2008 年，注册企业 164 家，所有企业全部实现了网上签证，原产地证书签发 2645 份，领事认证 225 份，商业文件认证 452 份。

2009 年 8 月 1 日，中国贸促会开始签发优惠原产地证书。2010 年 8 月，聊城市贸促会授权签发优惠原产地证书，成为中国贸促会授权全国 47 家首批具有优惠产地证签发权的地方签证机构之一，并于 9 月签发第一份优惠原产地证书。可签发亚太自由贸易协定项下优惠原产地证书（涉及国家为韩国、印度、斯里兰卡、孟加拉国、老挝）、中国—新西兰自贸协定项下优惠产地证书、中国—新加坡自贸协定项下优惠原产地证书中国—秘鲁自贸协定项下优惠原产地证书共 4 种 8 个国家的证书。聊城市贸促会大力宣传推广自贸协定项下优惠原产地政策，使产品享受关税优惠待遇，提高产品国际竞争力。

2011 年 1 月 1 日起，签发《海峡两岸经济合作框架协议》(ECFA) 原产地证书。8 月 1 日起，签发中国一哥斯达黎加自由贸易协定项下优惠原产地证书。是年，共签发一般原产地证4528份，签发优惠原产地证355份，涉及出口金额1963万美元，按平均5%的减税幅度，为聊城市企业节省成本95多万美元。认证商业文件481份，代办领事认证222份，签证量和签证份数均实现大幅增长。

2011年，聊城市贸促会认真学习宣传、贯彻落实国家部委对小型微型企业的免征收费的政策，对于符合条件的小微企业免除原产地证明书费和ATA单证册费。成为中国贸促会新版代办领事认证系统试点单位（全国仅4家）。12月，原产地证月签证量首次突破500份，被山东省贸促会评为“出证认证工作先进单位”。为适应电子商务大背景下为企业提供高效便捷服务的新形势，2013年6月，聊城市贸促会开展电子原产地证业务。7月15日，为山东时风（集团）有限责任公司出具聊城市第一份电子原产地证纸质证书。

自2014年5月起，免除所有注册企业的原产地证签证费用，每月可为全市企业减免费用2.1万元。宣传推广电子原产地证业务，开通电子产地证业务的企业169家，占到有出证量企业的80%以上，电子产地证量占到签发总量的90%以上，两个指标均居全省前列。7月1日，开始签发中国—瑞士优惠原产地证书、中国—冰岛优惠原产地证书。12月，山东阳谷华泰化工有限公司实现原产地证书企业自主打印。

2015年，与市检验检疫局签订合作备忘录，实现数据共享，便于聊城市贸促会在备案企业管理、原产地证核查、优惠政策宣讲等方面为企业提供全方位服务。12月21日，新增中韩、中澳优惠自贸协定项下原产地证书签发权。至2015年12月31日，聊城市贸促会全年签发原产地证6944份，签证金额9.71亿美元，其中优惠证657份，签证额3361万美元，为企业节省成本约168万美元，代办国际商事证明书353份，领事认证207份。

二、涉外商事法律服务

2003年9月，市编办批复市贸促会“三定”方案中，内设法律服务部，主要职能为代理仲裁和诉讼案件；提供法律咨询、法律信息资料和非诉讼法律服务；开展涉外法律培训业务；调解国际经济、贸易、金融、投资、技术转让、工程承包、运输、保险以及其他国际商事方面的争议。

2009年11月，经过专业技能培训，聊城市贸促会副会长杨增琪被聘任为中国贸促会山东调解中心调解员，提高了聊城市贸促会调解涉外商事纠纷的能力。2009年，聊城市贸促会被山东省贸促会授予“法律服务先进单位”称号。2010年1月，受理第一起国际贸易外商投诉，成功调解埃及客商和临清企业合作建厂外商撤资的纠纷。聊城市贸促会经过公正调解，最终促使双方达成用轴承产品冲抵设备款的协议，签订价值64万美元的轴承购销合同，有效维护双方贸易关系存续。是年，开展商事调解与诉讼衔接的探索工作。10月14日，聊城市中级人民法院委托聊城市贸促会调解涉外商事案件工作座谈会召开，形成座谈会工作纪要，决定在市中级人民法院与市贸促会之间开展涉外商事案件委托调解工作，市中级人民法院委托市贸促会调解涉外商事案件，拓展了贸促系统涉外商事案件调解工作的新途径。2011年，市贸促会开始受理涉外信访件，受理摩尔多瓦一家企业与聊城翔宇化工有限公司贸易纠纷一案，经过市贸促会多次与天津出入境检验检疫局等机构反复联系，就外商反映的问题展开调查，查实案情，并做了相应处理，受到有关方面好评。2012年，组织企业开展反倾销反补贴应对工作。参与国际航空反垄断维权工作和特定国家针对特定产品的反倾销工作。成功调解一起法国某服装公司和聊城市某出口企业间的涉外纠纷，涉案金额8万美元，使双方商业合作得以存续。

2013年，针对印度等国客商不能及时收回货款的情况，市贸促会通过国际商会敦促履约程序，为聊城市5家钢管企业追回货款24万美元。及时通过贸促会网站向外经贸企业发布针对印度市场的外贸业务预警，提醒企业了解进口国规则，注重买家信誉，合理选择支付方式，切实防范风险，避免不必要的损失。《中国贸易报》对此典型做法进行报道。中央电视台财经频道在黄金时段《环球财经报道》栏目中对聊城市贸促会的做法进行时长6分钟的报道。是年，组织两家钢管企业参与欧盟对华无缝钢管反倾销案调查。2014年，市贸促会共受理4起国际贸易纠纷，涉及印度、泰国、巴西、墨西哥等国家，涉案金额43.26万美元。

2015年，开展贸易摩擦、信息预警、涉外法律培训等商事法律服务业务。启动应对经贸摩擦工作，指导中立钢管、金汇通钢管等涉案企业做好土耳其对华无缝钢管反倾销案件的应诉工作，提供经贸预警信息68条，较好地预防纠纷的发生。初步尝试建立外经贸企业征信系统，防范贸易风险。6月，被山东省贸促会评为“法律服务先进单位”。

三、企业培训

市贸促会坚持自办培训和外出参训相结合的方式，开展国际贸易人才素质提升工程，提高从业人员素质。2007年、2008年、2011年，多次组织时风巨星轮胎等企业参加商务部举办的海外市场及进出口政策说明会，使聊城企业对进出口政策和进出口形势有了更准确的认识和掌握，有利于企业制定市场开拓战略。

2006年5月，聊城市第一期出证认证业务培训班开班，邀请省贸促会有关领导、专家到会系统讲解原产地规则等出证认证最新业务知识，保证了出证认证工作的规范化，受到企业欢迎。至2011年，共组织6期涉及原产地规则、原产地证书、优惠原产地证、商事证明、代办领事认证等业务培训，累计培训企业500多家，培训企业人员千余人次。2008年，针对国际金融危机蔓延的态势，重点组织企业参加多场培训研讨，树立企业走出困境的信心。组织泉林纸业、中通客车、信发集团、宝利通钢管等10家重点企业参加省贸促会举办的山东省企业投资泰国研讨会、2008国际贸易走出困境及金融攻略研讨会、山东企业走向欧洲专题讲座，颇受企业好评。2009年，组织中通客车、华润纺织、三和集团、蓝山集团、鲁环散热器、鑫亚集团等企业参加企业应对金融危机对策报告会、反倾销反补贴国际贸易摩擦应对报告会、涉美经贸事务和纠纷等法律事务报告会，提高了企业开拓国际市场的风险防范意识。2012年，实施国际贸易人才素质提升工程。出证认证业务培训班更名为国际贸易培训班，在讲授出证认证业务的基础上，开始征求企业意见，就企业关心的涉外法律风险防范、报关实务、出口退税政策、国际贸易结算进行重点培训，受到企业欢迎，每期培训企业120家以上，累计培训企业人员1500余人次。2014年6月，邀请山东省贸促会赴高唐开展国际贸易法律风险防范专题培训。9月，邀请中国国际经济贸易仲裁委员会领导到聊城举办国际经贸法律风险防范及国际商事仲裁培训会，参会企业300余家。

2015年，共组织企业参加中国贸促会对外经贸摩擦应对、涉外法律风险防范、非洲贸易投资说明会等各种形式的培训6次，累计培训企业300多家，参加培训700余人次，开拓了企业国际贸易视野，提高了应对国际贸易风险能力，为企业培训了大批国际贸易人才。

第十五编 旅游

Part XV Tourism

聊城市志

1997年起，聊城把旅游业作为战略支柱产业精心培育，相继开发东昌湖风景区、运河风景区、徒骇河风景区、马颊河风景区等景区，建设“水城明珠大剧场”“水城广场”“中国运河文化博物馆”等景点、设施，创建国家AAAA级旅游景区4处、AAA级旅游景区11处、AA级旅游景区25处，拥有高档大型购物场所10余处、五星级酒店1家、四星级酒店4家、三星级宾馆酒店20家，大型娱乐场所10余家，城市旅游功能和对外知名度显著提升，旅游人数和收入大幅度增长，打响了“江北水城·运河古都”城市品牌，获得“中国优秀旅游城市”“中国最具特色旅游城市”“中国美丽城市”等称号。2015年，全市接待游客1868.25万人次，旅游总收入142.66亿元，分别比2004年增长384.35%、662.07%，年均分别增长15.42%、20.28%。

第一章　景区景点

聊城旅游资源主要分布在古运河两岸，尤其以东昌府区、临清市较为集中，其他县均有分布。资源类型主要包括自然生态资源、历史文化资源、红色文化资源和产业旅游资源。

自然生态资源主要为湖泊、河流、林场和湿地等。各县（市、区）均有人工湖泊，其中以东昌湖面积最大、声誉最高。河流主要有黄河、金堤河、徒骇河、马颊河、卫运河及小运河等。森林在各县（市、区）均有分布，其中较为突出的有高唐县清平林场、莘县马西林场和冠县马颊河林场。湿地公园主要有聊城南湖湿地公园、徒骇河湿地公园和马颊河湿地公园等。

聊城历史文化资源丰富，文化底蕴深厚，文化古迹众多。其中以运河文化和水浒文化最有代表性，运河文化资源主要有海会寺、山陕会馆、运河钞关、舍利塔等，水浒文化资源主要包括景阳冈、狮子楼等。另外，还有大量宗教建筑遗迹、近现代场馆以及富有特色的民俗资源和传统文化资源。

红色旅游资源主要包括范筑先纪念馆、张自忠纪念馆、刘邓大军渡河指挥部旧址、马本斋烈士陵园、鲁西北烈士陵园、孔繁森同志纪念馆等。

产业旅游资源包括农业旅游资源和工业旅游资源。农业旅游资源方面，拥有姜堤乐园、凤凰苑农业科技园等“全国农业旅游示范点”，聊城植物园、临清中华海棠园、临清古沙洲森林公园等一批省级“农业旅游示范点”；工业旅游资源方面，拥有东阿阿胶集团、阳谷凤祥集团、高唐时风集团、泉林集团等“全国工业旅游示范点”，阳谷景阳冈酒厂、高新区博奥克生物科技有限公司、开发区正信生态农业科技园等“省级工业示范点”。

聊城市国家AA级以上旅游景区一览表

表15-1

景区名称	级别	认证机构	认证年份
东昌湖风景区	AAAA	国家旅游局	2006
天沐·江北水城温泉度假村	AAAA	国家旅游局	2008
景阳冈·狮子楼旅游城	AAAA	国家旅游局	2010
中国阿胶博物馆·东阿阿胶养生文化苑	AAAA	国家旅游局	2011

续表 15-1

景区名称	级别	认证机构	认证年份
姜堤乐园	AAA	山东省旅游局	2006
聊城植物园	AAA	山东省旅游局	2008
中华第一梨园	AAA	山东省旅游局	2006
鱼丘湖旅游区	AAA	山东省旅游局	2006
东阿鱼山曹植墓景区	AAA	山东省旅游局	2010
清平镇生态旅游区	AAA	山东省旅游局	2010
高唐县双海湖风景区	AAA	山东省旅游局	2014
茌平县四照楼风景区	AAA	山东省旅游局	2014
冠县清泉河风景区	AAA	山东省旅游局	2015
堂邑民俗旅游区	AAA	山东省旅游局	2015
高唐泉聚养生休闲旅游度假区	AAA	山东省旅游局	2015
茌平县四照楼风景区	AA	聊城市旅游局	2015
肖庄大枣生态园	AA	聊城市旅游局	2015
武训祠	AA	聊城市旅游局	2008
鲁西北地委旧址纪念馆	AA	聊城市旅游局	2008
海会寺	AA	聊城市旅游局	2008
凤祥工业园	AA	聊城市旅游局	2008
阳谷文庙景区	AA	聊城市旅游局	2010
阳谷景阳冈酒厂	AA	聊城市旅游局	2013
阎庄民俗旅游村	AA	聊城市旅游局	2010
时风工业园	AA	聊城市旅游局	2008
泉林纸业	AA	聊城市旅游局	2010
临清葡香园	AA	聊城市旅游局	2008
舍利宝塔	AA	聊城市旅游局	2008
古沙洲森林公园	AA	聊城市旅游局	2011
临清中华海棠园	AA	聊城市旅游局	2011
莘县联合国 2606 项目平原森林生态旅游区	AA	聊城市旅游局	2010
冠县清逸生态示范园	AA	聊城市旅游局	2014
高新区田园牧歌生态农业科技开发有限公司（农业）	AA	聊城市旅游局	2014
高新区鲁镐农林科技生态园（农业）	AA	聊城市旅游局	2014
东昌府区晨鸣农产品有限公司（农业）	AA	聊城市旅游局	2014
高新区博奥克生物科技有限公司（工业）	AA	聊城市旅游局	2014
开发区正信生态农业科技园（工业）	AA	聊城市旅游局	2014
莘县董杜庄镇西瓜博物馆	AA	聊城市旅游局	2015
莘县绿洋果蔬精品采摘园	AA	聊城市旅游局	2015
燕店镇宏源蔬菜瓜果示范园	AA	聊城市旅游局	2015

第一节 东昌府区景区景点

东昌湖 旧称“护城河”“环城湖”，1995年更为今名。位于聊城市区，湖面面积6.3平方千米，湖岸线长16千米，略小于杭州西湖。以黄河水为源，积水约1600万立方米，水深3～5米，常年不竭。为中国长江以北最大的城内人工湖泊，有“南有杭州西子秀，北有东昌胭脂美”之称。东昌湖景色宜人，碧绿的湖水宛若锦带，蜿蜒曲折，环抱古城，湖城一色，构成了鲁西平原上特有的胜景。东昌湖景点主要分布在东昌湖周边，包括湖心岛、荷香园、沙滩浴场、江北水寨、湖滨公园、孔繁森同志纪念馆、东昌大桥、东昌湖游乐园、中华水上古城、水城明珠大剧场、水城广场等，组成了东昌湖风景区。

湖心岛 位于东昌湖北部，四面环水，建于1984年。环境幽雅，建造精巧，各种名花异草争奇斗艳。岛西北角有望岳亭（高7.8米，占地80平方米），东望岱岳，与光岳楼遥相辉映；北侧建殿堂式歇山顶茶社3间，名曰“溢香斋”，为青瓦白墙，仿古起脊建筑，古雅别致；东侧正中建有垂花门，系仿古式建筑，黄琉璃瓦盖顶，做工精细，古色古香；南侧为沁园，布局精巧，7间敞廊，供游人休息观景。后园为花园，内有石刻雕塑、喷水花池，系仿苏州园林建造。园内翠竹繁茂，百花争艳，环境清雅，是人们游乐的理想场所。

荷香园 位于东昌湖西北畔，建于1994年，占地2800平方米。园内有荷香亭，精巧别致。亭四面偎依湖水，建有水桥，连接湖岸，亭桥相依，颇具江南特色。荷香亭西为荷香岛，岛上垂柳依依，奇石点缀，花香鸟语，建有滑梯、蹦床等娱乐设施，既可以欣赏碧水映照古城的美景，又可以尽情玩耍。

沙滩浴场 位于东昌湖西南侧，建成于1995年。为避暑胜地，集游泳、娱乐、游玩为一体。长500米，宽120米，水深1.5米，湖底呈坡形，为细沙铺垫。服务、娱乐配套设施齐全。

江北水寨 位于西关路北侧，与湖心岛隔水相望，建成于1995年。供游人用餐、会友、游览的场所，水上建筑面积796平方米。建筑全部采用竹木结构，构思巧妙，造型别致，结构新颖。中间为131平方米的大厅，可供游客品尝湖鲜，其间有回廊及曲桥相互连通。是长江以北唯一一座极具江南水乡风格的水上竹寨。

湖滨公园 为市内最大的公园，位于东昌湖西畔和南畔。1999年4月动工兴建，2001年9月完成一期工程，2003年5月完成二期工程。公园呈带状，由北向南延伸。南北长2.3千米，东西平均宽0.18千米，总面积约106公顷。绿地和广场相结合，绿化覆盖率在90%以上。树种丰富，以乔木、灌木为主，共12.4万株，另有众多宿根花卉及大片草坪。水面宽20米、长3000米的湖滨渠穿插其中，与东昌湖交相辉映。园内建有13座风格别致的小桥，设有多处广场，雕塑、喷泉、花坊、石凳等园林小品分布其间。其中，腾龙广场、金凤广场、生肖广场别具特色。中部有音乐喷泉广场，中部偏南有3座小山绵延分布，十二生肖广场坐落在公园南端。特别是可与悉尼大剧院相媲美的水城明珠大剧场坐落于湖边，环境优雅，是健身休闲的好地方。

东昌大桥 位于古城西首，横跨东昌湖东西两岸。2001年6月动工修建，2002年7月主体工程完工。桥全长322米，桥面净宽15米。上部结构为石砌拱桥，共21孔，中间5孔为悬链线拱，两侧为圆弧拱。主孔通航净高9米，可供大型游船顺利通过。拱圈、桥身采用花岗岩嵌面，桥面青石铺砌，汉白玉栏杆上雕刻着水浒故事。被誉为“中国江北最大内陆湖泊石拱桥”，堪称桥梁精品。

水城明珠大剧场 投资8000余万元，落成于2003年5月。剧场占地9900平方米，高33米，直径86米，是全国迄今较大的室内单体剧场。剧场周围环境优美宜人，配套设施齐全先进，内有3636个新型座椅，能够承办综艺、戏曲、歌舞、杂技等各种大型文艺演出，是集演出、观赏、纪念于一体的多功能场所，是聊城高雅艺术的殿堂和中外文化交流的窗口。

水城广场 位于东昌湖北岸，占地10.5公顷，建设投资2370万元。2003年，市政府投资1000多万元，将住户整体搬迁，按照突现水城特色、展示历史文化、方便群众游乐的设计理念建设水城广场，于2004年“五一”前建成并投入使用。

孔繁森同志纪念馆 1995年9月14日正式开馆。位于聊城市湖滨路1号，北邻市区主要交通干道东昌路，面对碧波荡漾、风光秀丽的东昌湖，距京九铁路聊城站约1千米。占地约1.04万平方米，建筑面积1400平方米。馆高15米，外形为双重檐、四周为换廊式结构。1995年9月至2004年11月，先后被中组部、中宣部、团中央、国家民委等命名为“全国党员干部教育基地”“全国爱国主义教育示范基地”“全国青少年教育基地”“全国民族团结进步教育基地”“国家大学生文化素质教育基地”；2005年，被山东省委宣传部、山东省社科联命名为“山东省科学普及教育基地”。2013年3月，在原址改扩建，次年2月投入使用，是全国首家按照三星级绿色节能建筑标准设计建设的低碳纪念馆。至2015年，接待全国各地观众、港澳台同胞、国际友人1500多万人次，年均接待人数在25万人以上，为全市带来旅游综合收入15亿元和大量的人流、物流、信息流、资金流，为促进聊城经济社会的发展注入了新的活力。

中华水上古城 坐落于聊城市区东昌湖中间，呈正方形，总面积约100公顷。城墙始建于北宋熙宁三年（1070年），初为土城。明洪武五年（1372年），由东昌守御平山卫指挥佥事陈镛主持，将土城改筑为砖城。城墙周长约4千米、高11.7米、顶宽6.7米、基厚11.7米。内墙用三合土夯筑，外墙用砖石砌垒。城设4门，上筑门楼，外设瓮城。南、东、西瓮城为扭头门，南门北向似凤头，东、西门南向似凤翅，北门北向似凤尾，故名“凤凰城”。古城面积1平方千米，被6.3平方千米的湖水包围，形成了“城中有水，水中有城，城水一体，交相辉映”的独有特色。作为“江北水城·运河古都”的形象和标志，以“文”为魂、以“水”为韵是中华水上古城的特色。中华水上古城以光岳楼为中心，十字步行商业街将城区分为4块。十字大街为商业步行街，两侧以传统风情的商业为主。楼东大街以休闲、保健、养生为主；楼西大街为时尚、高档商品街；楼北大街为餐饮一条街；楼南大街为文化一条街。城市单元的中心地块为风情居住区，以四合院形式住宅为主，临街巷的建筑作为民间特色小商业使用，前店后宅。

古运河（聊城城区段） 横穿聊城市区中部。元至元二十六年（1289年），由礼部尚书张孔孙、兵部尚书李处巽等人主持，征夫3万人、用工250万个工日，开挖了南起东平、中经聊城、北至临清的“会通河”。穿越聊城城区的一段运河，南起龙湾，北迄北坝，全长5千米。在东关大街东首设有1闸，叫“通济闸”，聊城人称之为“闸口”。为疏通船只，于闸口以东开凿一条长约1千米的“越河”。为便于两岸往来，在“越河”上先后架起12座形状各异的“十二连桥”。当年，东关、运河一带，船如梭，人如潮，店铺鳞次栉比，作坊星罗棋布，一派繁荣昌盛景象。从1999年开始，对古运河城区段组织开发、改造。第一期工程，南起龙湾北至闸口，长1465米，2001年5月竣工；第二期工程，南起闸口北至王口桥，长2242米，2003年年底竣工。三期工程于2003年开工，分为南北两段，南段从湖南路至龙湾桥，北段从王口桥至兴华路桥，全长2210米。四期工程于2007年5月开工，南起兴华路桥北至双力路桥，全长1245米。新开发的运河与东昌湖相连，常年水深2～3米，清澈见底。人们乘坐游艇，可观赏沿途的光岳楼、铁塔、山陕会馆等名胜古迹。

中国运河文化博物馆 2002年开工建设，2004年完成主体施工，2009年5月1日正式开馆。坐落于聊城市区，东邻古韵悠长的大运河，西依美丽的东昌湖，是聊城市最大的一处集文物收藏、保护、研究、陈列、宣传、教育于一体的大型综合类博物馆，也是国内第一座以运河文化为主题的大型专题博物馆。博物馆建筑面积 1.6 万平方米，陈列面积近 7000 平方米。博物馆共 5 层，其中地下 1 层、地上 4 层，分陈列区、收藏区、研究和学术交流区 3 个功能区。馆名由社会学家、人类学家、全国人大常委会原副委员长费孝通题写。

范筑先纪念馆　建成于 1988 年，位于聊城古城区光岳楼东北角，为山东省及聊城市爱国主义教育基地。馆内主要有展厅和纪念碑。展厅面积 178 平方米，主厅和副厅之间分别建有 8 米的长廊。庭院中心矗立着邓小平亲笔题写“民族英雄范筑先殉国处”碑文的纪念碑，碑阴刻范筑先传略。展厅外悬挂着梁漱溟题写的“范筑先烈士纪念馆”木刻横匾。大厅正中安放着范筑先的汉白玉石半身雕像，两侧收藏有国家领导人和各界人士为悼念将军题写的诗词与挽联。纪念馆已成为向广大群众进行革命传统教育的场所，参观瞻仰者络绎不绝。

光岳楼　位于市区西南部、古城区中心，是中国现存最古老、最高大的木构楼阁之一。建于明洪武七年（1374 年），初名“余木楼”，又名“鼓楼”或“古楼”。明弘治九年（1496 年），吏部考功员外郎李赞与东昌府知府金天锡登楼眺览，并名之曰“光岱楼”，“取其近鲁有光于岱岳也”。经后代人精心维护，保存至今。该楼是聊城古老文明的象征，是聊城的标志性建筑，是古城区的制高点。登上此楼，可俯瞰聊城“城中有湖，湖中有城，城湖一体”的城市格局和独特的风貌。

山陕会馆　坐落于市区古运河西岸，坐西朝东，是一处会馆与庙宇相结合的古代建筑群。会馆始建于清乾隆八年（1743 年），至嘉庆十四年（1809 年）始具今日之规模。会馆占地 3311 平方米，三进院落，由山门、过楼、戏楼、南北夹楼、钟鼓二楼、南北看楼、南北碑亭、关公殿、文昌殿、财神殿、春秋阁及配房组成。布局紧凑，结构精巧，大小间错，疏密得体。其雕梁画栋，飞檐挑角，尤其精美。

海源阁　位于古城区楼南大街 56 号。始建于清道光二十年（1840 年）。初为清代江南河道总督杨以增家的私人藏书楼，总计藏书 4000 余种、22 万余卷。中国历史博物馆将海源阁与北京的“文渊阁”“皇史宬”、宁波的“天一阁”并列为中国历史上官私藏书的典范。中华书局整理出版的标点本《二十四史》，前四史就是以海源阁藏书版本为主要参考进行标点排印的。1972 年，毛泽东主席将海源阁藏书《楚辞集注》的影印本作为国礼赠送于日本首相田中角荣。1992 年 10 月，聊城市政府筹资重修海源阁。现存藏书楼、厢房、回廊、大门等建筑，景点面积 2200 平方米。

昌东橡胶坝　建成于 2000 年 7 月，位于聊城经济技术开发区徒骇河干流之上，系集蓄水、城市防洪、旅游观光多功能于一体的水利工程。工程蓄水量 1100 万立方米，使徒骇河与东昌湖、古运河有机贯通，成为江北水城的重要组成部分。它采用国内的先进技术进行建造，坝体采用斜体墙式、无搭接缝橡胶水坝，坝底长 70 米，上部长 93.5 米，设计水深 5 米，坝袋面积 1666 平方米。其单孔跨度、坝高、坝袋面积均为全国橡胶坝之最。橡胶坝上游地段开辟为风景旅游区，游客在橡胶坝上船，可达聊城四河头水利枢纽工程，欣赏沿途江北水城的秀丽风光。

姜堤乐园　位于徒骇河畔，占地 20 公顷，是集自然景观、人文景观、历史文化和旅游、休闲、度假于一体的“国家级生态农业旅游示范园”。景区内有聊城历史名园依绿园、江北奇观水上石林、采摘园、趣桥世界、儿童乐园、动物园、樱花园等 20 多个景点，100 余项娱乐设施免费向游客开放。姜堤乐园自 2000 年开业以来，经济效益和社会效益都居聊城及周边地区各景点前列。每年 4 月，中国江北水城（聊城）国际樱花节在此举办；7 月，举行一年一度的狂欢泼水节。5—10 月，樱桃、桃、杏、树莓、塞外香果、山楂、千岁果等果实相继成熟，依次举办采摘节，鲜果供游客免费采摘品尝。2006 年，被评为国家 AAA 级旅游景区。

聊城南湖湿地公园 占地72公顷，坐落于聊城南环路与聊阳路交叉口的东南角，是一处以荷、莲、水生植物为主体，集科技示范、农业观光、苗木繁育、绿色餐饮于一体的特色园区。原名聊城植物园，2006年起陆续投资1.3亿元，逐渐建成百花园、百果园、水生植物园、人工湿地生态净化系统、亲水游乐园和生态餐饮区等六大功能区，形成“春赏百花，夏观荷，秋品鲜果，冬季观鸟”的生态休闲旅游品牌。除大门通道外，四面环水，水面约占园区一半。园内水生植物品种280多个，既有国内外优良品种，也有采用现代技术育成的专用型品种，是江北最大的水生植物品种园。公园先后被确定为“东昌府区重点保护服务业单位”“市级农业科技园”“省级科普示范基地”“国家AAA级旅游景区”。2009年，园区先后被确定为“全国科普示范基地”“国家重大水专项示范基地”“聊城市环境教育基地”“聊城市湿地公园”“聊城市森林公园”。

王口古槐 位于聊城城区东昌西路以南，运河西岸。栽植的具体年代无法考证，聊城人称“唐槐”。树身中空，通高18米，树围4.2米，冠如巨伞。虽遭多次雷击、火烧，但仍顽强生长，每年春夏之季，依旧叶茂花香。在运河两岸，尚有闸北古槐、会通古槐、吉市口古槐等。

堂邑镇 始建于隋开皇六年（586年），位于聊城市西郊10千米处，是领导干部的楷模孔繁森的家乡，为省级旅游强镇。堂邑镇原为县政府驻地，古城风貌保存完好，古县城内街巷月牙巷、石虎街、考院街等保存完整。旅游资源有堂邑文庙、孔繁森故居、白雀城古城墙等古迹遗存，雕刻葫芦、木版年画等“非遗”文化，穆孔晖、张凤祥、武训、张养浩、孔繁森等名人文化，电厂水库、刘庄新村、葫芦种植加工基地、京杭运河观光带、马颊河森林度假村等自然景观。尤其因葫芦种植与葫芦雕刻工艺而被誉为“全国葫芦雕刻艺术之乡”，葫芦种植和加工已有一定规模和较大的知名度。葫芦雕刻工艺及木版年画均为国家级非物质文化遗产。堂邑镇建有国家AA级旅游景区堂邑文庙景区，刘庄村被评为“省级旅游特色村”，路庄村被誉为“中华葫芦第一村”，被省文化厅评为“省级非遗特色村”。

第二节 临清市景区景点

鳌头矶 坐落在临清市区元代运河与明代运河分岔处，占地1200平方米，是京杭大运河上的一处名胜古迹。始建于明永乐十五年（1417年）。此处原为元代运河与明代运河交汇处的1座石坝，其状如鳌头，2条运河上的4处河闸像鳌的2只足，广济桥在鳌头矶后像其尾，故石坝上所筑古建筑称“鳌头矶”，明代书法家、临清人方元焕为鳌头矶题写了“独占”二字，寓“独占鳌头”之意。

清真寺 临清原有3座清真寺，现保存完整的是北寺和东寺。北寺位于元代会通河与卫河交汇处，始建于明代弘治年间，至今已有400余年的历史。整个建筑融中国传统建筑艺术与伊斯兰文化为一体。清真寺建筑规模宏大，建筑风格既具有伊斯兰宗教的特点，又体现了中国传统的木结构建筑风貌，在鲁西北地区可称寺庙之冠。

舍利宝塔 位于临清市城北大运河东岸，雄浑高峻，巍峨壮观。它与通州的燃灯塔、杭州的六和塔、镇江的文峰塔并称“运河四大名塔”。该塔建于明万历三十九年（1611年），塔高61米，九级八面，楼阁式，通体近垂直，仿木结构，刹顶呈将军盔形，属省内仅见。基座八面，每面长4.9米，底面积186平方米，空间面积7000立方米，外檐砖木结构，檐下为陶质仿木出挑斗拱，转角斗拱下垂陶质莲花垂柱，斗拱下部镶嵌陶质“阿弥陀佛”4个字。门楣上镌刻“舍利宝塔”4个字。

运河钞关 位于临清市城区内运河旁，是明清两代中央政府设于运河督理漕运税收的直属机构，也是迄今仅存的一处运河钞关。临清运河钞关始设于明宣德四年（1429年），万历年间，征收税银8.3万余两，居全国八大钞关之首，占全国税收的四分之一。清光绪二十七年（1901年），运河漕运停止，钞关署治遂废。临清运河钞关为一组建筑群，自运河而西依次为河口正关、阅货厅、“国计民生”坊、关堞、仪门、正堂等。

张自忠将军纪念馆　位于临清市青年路中段。张自忠，临清市唐园村人。抗日战争时期，任国民革命军第三十三集团军总司令兼第五战区右翼兵团总指挥，率部与日军血战。1940 年 5 月，在湖北宜城壮烈牺牲。为弘扬其爱国精神，临清市委、市政府于 1998 年 10 月建成此馆。占地约 1000 平方米，建筑面积约 500 平方米。建筑为仿古式，典雅大方。展厅分为 4 个部分。第一部分为序幕厅，其中陈列有毛泽东为张自忠题写的“尽忠报国”，以及张自忠牺牲地湖北宜城十里长山、抗日战争爆发地北平宛平卢沟桥的巨幅照片。第二部分为张自忠生平事迹展览，展有 200 余幅珍贵历史照片和部分文字资料，系统地介绍了他的功绩。第三部分为张自忠纪念碑廊，共收入朱德、董必武、李先念、郭沫若、李宗仁、孔德成、季羡林等题词碑刻 50 余块。第四部分为张自忠故里碑亭。该馆被列为“山东省爱国主义教育基地”。

季羡林先生资料馆　位于临清市青年路中段，建成开馆于 1998 年 10 月。占地 500 平方米，建筑面积 200 平方米。馆内陈列分为五部分，第一部分，童年时代，展现其童年生活的场景、故居，童年嬉戏的水塘、场院等；第二部分，负笈求学，反映其在济南、北京求学及留德十年的历程；第三部分，学术生涯，通过大量图片，较全面地介绍其学术活动及成果；第四部分，故土深情，介绍其几次回故乡的情况，体现对故乡深厚的感情；第五部分，高山仰止，概括其学术成果及所获国际国内多种荣誉。馆内还陈列着他的一些手稿和学术著作。馆中央安放着他的半身铜像。画家范曾为他绘制的肖像，悬挂在馆内。

临清中华海棠园　位于临清市魏湾镇，始建于 1998 年，占地 68 公顷，是一家集种植、销售、观赏、休闲、餐饮于一体的旅游景区，是江北最大的海棠园。经过多年的适应性试种和筛选，精心选育出一批适应中国北方地区土壤和气候条件，花、叶、果俱佳的彩叶观赏树种 180 多个，主要以北美海棠为主，另有碧桃、楸树、梓树、丁香灌木、红王子锦带、粉公主锦带、欧洲雪球、红瑞木、各种梅花等花木。中华海棠园常年免费开放，春季繁花似锦、夏季彩叶艳丽、秋冬季树上缀满了各种色彩的果实，令人赏心悦目，植被类型绚丽多彩，竞相绽放。

第三节　冠县景区景点

马颊河森林旅游风景区（马颊河湿地公园）　国家 AAA 级旅游景区、省级湿地保护区，始建于 1972 年，1998 年被山东省林业厅列为生态公益性林场。位于东昌府区与冠县交界处 329 省道北侧，距聊城市中心 18 千米，是集观光旅游、休闲度假、商务会议、健身娱乐、温泉洗浴为一体的平原森林景区。该景区是在原国有冠县马颊河林场的基础上发展起来的，林场占地 2720 亩，其中有林地 1100 亩、水体面积 600 亩、开发区域占地 1300 亩。2000 年正式对外开放。

武训纪念馆　位于冠县柳林镇，距聊城市区 40 千米。为“千古奇丐”武训墓地，是武训及武训精神的主要纪念地。纪念馆始建于 1903 年，1937 年由山东省教育厅厅长何思远拨款重修，建筑、文物保存完好。每年 11 月举办武训义学文化节。主要景点有武训祠、武训墓、武训陈列室、武训碑廊、武训魂、高歌台、武训义学堂等。

萧城遗址公园　位于冠县西北方向 16 千米处，距聊城市区 66 千米。遗址公园原为北宋景德元年（1004 年）宋辽争战、辽军进攻中原澶渊时，中国女政治家、军事家萧太后（名绰，字燕燕）修筑的进可攻、退可守的前线屯兵城。因 1967 年在城内发掘出的明隆庆年间山西按察司杨震之墓志铭中有“葬于肖城之源”字样，故又名“肖（萧）城”。1996 年，中国社会科学院考古研究所考察队在萧城进行勘探，发掘点将台、箭楼、城门楼、磨盘洞、烽火台、饮马井及万人坑等古城遗址，证实萧城便是宋辽签订“澶渊之盟”的所在地。萧城遗址平面正方形，四面城墙各长1300余米，城内总面积近170万平方米，基部宽26米，顶部宽广8米，最高点尚有13米。公园是在千年古城遗址上高标准规划并开发建设的旅游景区，总体规划建设面积200万平方米。

中共鲁西北地委旧址 坐落于冠县县城南街老城区，为清末民国初建筑，是抗日战争和解放战争时期鲁西北地区重要的革命历史遗迹。1938—1946年，先后为中共冠县县委、鲁西特委、鲁西北地委、冀鲁豫七地委、冀南一地委驻地，宋任穷、段君毅、赵健民、徐运北、杨易辰、许梦侠等多位国家和地方领导人曾在这里办公和居住过。2009年，冠县县委、县政府按照修旧如旧的原则，对鲁西北地委旧址按民居原貌进行修复，由17座古建筑、7个庭院、1个广场、1个办公区组成，总称“鲁西北地委旧址陈列馆”，内设冠县党史馆、冠县文化遗产馆2个主题馆。两馆统一整合布展，通过图片、实物等形式展示冠县自4100年前的龙山文化至中华人民共和国成立60周年的历史。为中国革命老区项目、国家AA级旅游景区、山东省文物保护单位、山东省党员教育活动基地、山东省国防教育基地、聊城大学化学化工学院德育基地、聊城大学思政与马克思主义学院革命传统教育基地。

中共鲁西北地委旧址（2010年10月13日摄，郭英集）

中华第一梨园风景区 位于冠县县城东北15千米处的黄河故道、兰沃乡韩路村。该风景区是以丰富的梨树自然景观资源和深厚的梨文化、人文景观资源为基础建立起来的。景区面积2000公顷，精品园33.33公顷，以堆雪铺玉的梨花和香甜可口的鸭梨著称，有大雪花梨、秋白梨、安梨、红宵梨、五香面梨、鹅梨、雪花梨、绿宝石等近30个品种。旅游区有树龄100年以上的老梨树1503棵，其中200年以上的330棵、300年以上的108棵，树体多姿、长势茂盛，有嫁接管理方法不同、长势奇特的梨树56株。梨园的梨树栽培历史之久，面积之集中、树龄之长、品种之多、保护管理之好，均为全国之最。风景区从2005年开始实施开发建设项目，先后投入资金3700万元，完成了梨园一期工程。景区按照“春赏花、夏看绿、秋尝果、冬品树”和“生态、和谐、精细”的要求，以植于清康熙年间、具有360多年树龄的“梨树王”为中心，分为梨王宫、结义园、梨仙居、百草园、亲情园、观花园、御宿园、吉祥园、养生园、贡梨园、林间娱乐园、寒露寺遗址、群梨荟萃园等13个景观单元。每年4月5—15日为梨花节，到此观光旅游者络绎不绝。2006年被评为国家AAA级旅游景区，是全国休闲农业与乡村旅游示范点、省级农业旅游示范点、山东省最具成长力景区、山东省诚信旅游示范单位、“到山东不可不去的100个地方”之一。

第四节　莘县景区景点

马本斋烈士陵园 位于莘县张鲁回族镇南1千米处，距莘县县城12千米，重建于1985年，是爱国主义教育基地。陵园坐北朝南，占地6666.67平方米，四周砖墙闭合，从南至北依次为阿拉伯式穹形圆门，门额“马本斋烈士陵园”的汉字由烈士之子马国超所书；六角形纪念亭，亭中立有烈士纪念碑，上书“马本斋司令员纪念永垂不朽”；烈士墓；烈士纪念堂。内安放着烈士半身汉白玉雕像，两侧挂有毛泽东、周恩来、朱德等题写的挽联。陵园融中国古典建筑与阿拉伯建筑风格于一体，体现了回汉民族团结奋斗的意志。

齐魏马陵之战遗址风景区 位于莘县大张家镇政府东南4千米处，距莘县县城约60千米，是展示中国古代宝贵的军事文化遗产的旅游胜地。该遗址规划占地66.67公顷，包括马陵之战纪念馆、马陵古战场、度假村、民俗园、垂钓区、仿古建筑小吃一条街、娱乐休闲区等景点。景区主要建筑马陵之战纪念馆于2005年竣工开业。该馆占地6000平方米，馆内陈列孙膑塑像及有关马陵之战的版图资料，馆名由北京军区原司令员、上将李来柱题写。纪念馆为先秦风格建筑，气势宏伟。

鲁西北烈士陵园 聊城市文物保护单位。位于莘县大王寨乡东丈八村西北隅，距莘县县城约20千米，是爱国主义教育基地。陵园始建于1945年，坐北朝南，南北长740米、东西宽140米，占地12.58公顷。建筑由门楼、纪念塔、陈列室、烈士墓组成。主体建筑为三层八角纪念塔，高18米，塔的第一层分别镶嵌着鲁西北烈士陵园纪念碑、鲁西北军民抗战八年简志、克复莘县城记、肖张史三烈士传略，以及莘县、冠县、临清、武训、馆陶、永智6个县和外籍925位抗日烈士英名录等8块纪念碑。纪念室中悬挂着毛泽东、周恩来、朱德敬赠的挽联和部分烈士的生平照片，是全市最大的革命烈士陵园。

马西林场 山东省生态公益型林场。位于莘县王奉、大王寨一带，距莘县县城约16千米，是生态旅游胜地。规模造林始于1982年，为联合国世界粮食计划署援建的2606项目工程之一。林地面积11万多亩，以欧美杨、毛白杨等速生丰产林为主，以苹果、梨等经济林为辅，被誉为“平原绿洲”。夏季绿盖遮天，风清气爽，环境宜人，为避暑游玩的好去处。2001年，被批准为“城市自然保护区”。

文庙 山东省文物保护单位。位于莘县县城内商业街东段。始建于明洪武三年（1370年），明成化、弘治、崇祯和清乾隆年间曾数次重修，2003年大修后再现昔日风采。庙内整体布局对称，阔五进三、单檐歇山顶的大成殿为主体建筑，木柱和梁架风格古朴。院内古柏古藤缠绕，清雍正年间的御制训士文碑立于大成殿之前。该文庙保存之完整，在山东省现存文庙中较为少见。

徒骇河湿地公园 山东省水利风景区。位于莘县城南侧徒骇河之滨，是集休闲、娱乐、健身于一体的游乐园。公园规划占地30公顷，东西长6千米，总投资3000万元。一期工程建成于2006年4月，占地20公顷，长1.5千米。橡胶坝横卧河中，形成人工瀑布。河中碧波荡漾，河畔绿草如茵，健身器材点缀其中。游人可以沿河漫步，也可水面泛舟，尽享大自然的美妙。

唐碑 山东省文物保护单位。位于莘县董杜庄镇梁丕营村北，距莘县县城约17千米。碑身与碑额为整石雕出，通高6.38米、宽2.13米、厚0.77米。额上浮雕6条龙，曲折盘绕，层次分明，龙首饰在碑首侧，碑首正中留有圭字形额。碑的主人是韩国昌、韩允中父子。韩国昌祖籍汝南，后因官迁居魏州（今河北省大名县），唐代后期曾任贝州刺史兼御使中丞，卒赠兵部尚书。其子韩允中官至魏州节度使、同平章事，卒赠太尉。二人死后均葬于距魏州30千米的莘县境内，墓地石刻群由高大的墓碑和武士俑、石兽、墓表等组成。为当今罕见的唐代碑刻。

莘亭伊尹耕处 位于莘县莘亭镇大里王村西，距县城4千米，是曾助汤灭夏的商初大臣伊尹出仕前躬耕处。伊尹是古代的思想家、政治家、军事家，是商代的四朝元老，也是史书记载的中国历史上第一位贤相。周时，此处曾有莘亭，汉代又建伊尹庙，后来亭、庙皆毁。清康熙五十五年（1716年），东昌知府程光珠凭吊遗迹，亲书“莘亭伊尹耕处”六字。时任莘县知县刘萧勒石立碑。1995年，重建莘亭，移碑亭中，成为莘县一景。

铁钟 位于莘县古城镇政府门前南侧，距莘县县城约40千米，铸造于金承安四年（1199年）。钟高2.9米，周长5.56米，底部直径1.77米，重4000千克。钟上铸有“皇帝万岁”“重臣千秋”“法轮常转”“国泰民安”。2002年，筑台建亭，重悬古钟。钟亭有联曰：“亭披霞光，高处可察社情民意；钟鸣盛世，洪声再震泰山黄河。”此钟历史之悠久、匠艺水平之高、保存之完整、形制之硕大，均为山东省内罕见。

狮子楼 （2015年摄）

三槐堂 位于莘县莘城镇群贤堡村，是宋朝一代名相王旦家族的宗祠。王旦，宋代大名府莘县人。王旦的父亲王祜官至兵部侍郎，虽有经世之才，但仕途坎坷，壮志未酬。他在院中亲手植槐3棵，说：“吾之后世必有为三公者。”其次子王旦自幼聪慧，24岁进士及第，步入仕途，49岁时接替寇准官任宰相。其后，王氏族中贤人辈出，名满朝野，王家厅堂遂以“三槐堂”命名。旧志“王堂槐影”列为莘县八景之一。

燕塔 位于莘县城内商业街北邻。古塔始建于南宋治平元年（1064年），塔基占地373.33平方米，为楼阁式十三层平面八角形砖塔，高48.6米。旧治“莘县八景”之中，“古塔摩天”位居首位。1968年千年古塔惜遭拆毁，但在塔内发现5本宋刻版本《妙法莲花经》、1部北宋手抄本《陀罗尼经》、1座精致银片塔和1具石函。2006年，燕塔重修，成为莘县的特殊标志。

第五节　阳谷县景区景点

景阳冈·狮子楼旅游区 位于阳谷县境内，是一处集旅游观光、休闲游乐、影视拍摄、学术研讨于一体的综合性旅游景区，为省级风景名胜区，2010年被评为国家AAAA级旅游景区。旅游区全方位向游客展示阳谷县宋代政治、经济、民俗等各方面文化，分为景阳冈旅游区和狮子楼旅游区两部分。景阳冈旅游区是水浒英雄武松打虎之地，也是大型龙山文化遗址所在地。主要景点包括三碗不过冈酒店、山神庙、武松打虎处、毛泽东题字碑、猎户屋、虎文化馆、虎啸亭、武松庙等20余处。景区内沙丘起伏，莽草无涯，林荫蔽日，飞鸟群集，一派荒野景象，是游客寻觅英雄足迹、放松身心的旅游胜地。狮子楼旅游区位于阳谷县古城中心，2011年被评为“齐鲁文化特色新地标”，成为代表齐鲁文化的标志性景区。景区内的主要景点有武大郎家、王婆茶馆、西门庆五大店铺、狮子酒楼、玉皇庙、藏春坞等，生动翔实地展示了宋代政治经济文化、特色建筑风格和市井民俗风情。旅游区常年表演山东快书、虎斗鸡、抵羊、戏曲、武术等娱乐项目，游客还可参与投镖、射箭、蹴鞠等古代娱乐活动，让游客切身体验宋代的民俗风情和历史风貌。

蚩尤陵景区 位于阳谷县十五里元镇叶街村东，西距阳谷县城14千米，东北距国家AAAA级旅游景区景阳冈10千米。阳谷民间俗称“皇姑冢”，系一缓起高台，高约4.5米，面积约8500平方米。1973年、1979年，国家和地方考古人员分别对遗址试发掘，发现新石器时期文物多件，被定为地级文物保护单位；1992年6月，公布为省级文物保护单位。1995年，省和地区考古人员又在此发现龙山文化古城，南北约400米、东西约100米，面积约6万平方米，考古年代最早距今约5000年，与此前发现的景阳冈龙山文化古城同属一组。蚩尤陵园由中央电视台总美工钱运选规划设计，占地7公顷，南北长300米、东西宽200米，由南至北中轴线上有9座建筑，分别是陵门、蚩尤铜像、南阙门、祭坛、宝典、北阙门、祭坛、宝殿、北阙门、碑亭、陵寝、阙楼。两侧对称为碑廊、展览馆。建成陵门、蚩尤铜像、祭坛、宝殿、陵寝等多处景点，景区于2013年正式对外开放。

刘邓大军渡河指挥部旧址 （2014年摄）

海会寺 位于阳谷县城东25千米的阿城镇古运河畔，始建于清康熙四十八年（1709年），是华北地区规模较大的寺院之一，是清代典型的庙宇与会馆相结合的建筑群，原为元代礼部尚书曹元用的故居。海会寺集佛教文化、传统文化和运河商业文化于一体。寺院占地6公顷，由海会寺、刘公祠和运司会馆3部分组成。其中，海会寺占地3.33公顷、运司会馆占地2公顷、刘公祠占地0.67公顷。原有殿宇楼阁168间，现存81间，整体布局轮廓清晰。2000年，经恢复和修缮，开放为佛教活动场所和旅游景点。

阳谷文庙 国家AA级旅游景区，南邻紫石街，北邻棋盘街，东邻狮子楼旅游区。最早建筑年代，可考的有旧县志所载北宋崇宁四年（1105年）的一篇碑记《阳谷县重修庙学记》，距今已有900余年。元、明、清时期曾多次重修。现存为清乾隆年间修筑，主体建筑为大成殿，面阔5间，进深3间，东西长25米、宽13米。整座殿为砖木结构，殿外墙北、东、西3面用青砖砌成，南面为木质，殿内雕梁画栋，甚为壮观。

古阿井 又名“阿胶井”，位于阳谷县阿城镇西北3千米“东阿故城遗址”中央，距县城约25千米。井深数丈，以青砖砌就。有关阿井的记载，最早见于《本草》，其后郦道元的《水经注》、李时珍的《本草纲目》等典籍均有较详细记述，最少有2000多年的历史。井水色绿而重，清冽甘美，富有钙、镁、钾、钠等十多种对人体有益的矿物质。用于煮胶，易除杂质，且能增强疗效。

迷魂阵 中国百家民俗村之一。位于聊城市南29千米、阳谷县城北6千米处，西靠京九铁路，北邻聊阳公路。是2000年前军事家孙膑摆下的用于防御的军事阵法，至今保留完好。

刘邓大军渡河指挥部旧址 位于阳谷县城南11千米沙河崖村，为爱国主义教育基地。1947年，刘邓大军渡河指挥部设在此村。1996年秋，在此修建“刘邓大军强渡黄河指挥部纪念馆”，迟浩田亲笔题写馆名。馆内收藏了包括当年邓小平赠给房东的军用木箱，邓小平、刘伯承曾用过的桌椅、茶具及参加渡河作战领导人的题字、回忆文章等上百件革命历史文物。指挥部旧址于2012年进行改扩建，2013年对游客正式开放。

第六节 东阿县景区景点

东阿阿胶城（养生文化苑） 位于东阿县县城西郊，由东阿县县政府和山东东阿阿胶股份有限公司共同出资兴建。为国家AAAA级旅游景区、山东省重点文化产业项目、东阿县“十二五”重点民生规划项目、“到山东不得不去100个旅游景点”、“山东省旅游摄影基地”。景区占地

13.33 公顷，以展示东阿阿胶 3000 年历史文化、医药文化、养生文化为主要内容的综合性文化旅游项目，包括影视城、东阿药王山等项目。

曹植公园 位于东阿县城区中心，为城市综合性生态园林公园。曹植公园以优美的绿色生态环境为依托，突出东阿特色文化，堆土成山，取名“鱼山”，与曹植墓所在的鱼山相呼应。山势成龟形，临水而立，青松翠柏，杨柳依依。小鱼山脚下，一眼可以望到九曲桥、二十四桥、十七孔桥等。九曲桥和二十四桥紧紧地把河岸与鹤岛连接在一起。公园西门为古式建筑，东门、南门为石制大型牌坊，与湖光山色相映成趣。

中国阿胶博物馆 位于东阿县城东，建于 2002 年，建筑面积 1400 平方米。由东阿阿胶集团出资兴建，总投资 4000 余万元，是中国首家以阿胶发展为主题的专题性博物馆。阿胶博物馆分为 11 个展厅，由古代和现代两部分内容组成，馆名由著名国学大师季羡林题写。阿胶博物馆是大众了解阿胶的产生、发展、服用方法以及药用价值最佳场所。

曹植墓 国家 AAA 级旅游景区。曹植墓始建于魏太和七年（233 年），坐落于东阿县鱼山西麓，依山营穴，封土为冢。曹植墓南邻鱼山八景之一的“星落陨石”，北傍曹植读书之地羊茂平台。占地 80 公顷，墓顶悬崖峭壁，灌木葱郁。东南西侧有黄河、小清河围绕，隔河群山连绵，叠峰积翠，犹如水墨丹青，蔚然壮观。1996 年以来，东阿县投资修建了围墙、神道、阙门、子建祠、隋碑楼等景点，并向社会开放。

净觉寺 位于东阿县刘集镇皋上村。净觉古寺始建于北宋大观三年（1109 年）；明正统六年（1441 年）由普锦法师重修；1920 年，山东省督军兼省长张怀芝出资复修。净觉古寺坐北面南，占地 6.67 公顷，寺前有一小溪，小溪紧邻大道，中间有宽宽的石桥相连。跨过石桥，拾级而上，便是天王殿，门上方有一匾额，阴刻“净觉寺”。殿内供奉四大天王泥塑像。2002 年 8 月，寺庙进行修复，迎请各殿堂佛像，成为佛教活动场所，并有僧人主持。

魏庄牌坊 位于东阿县城南 3 千米处魏庄，建于清代。为 2 座巍峨壮观、造型精美的仿木结构的石牌坊节孝坊和孝子坊，两坊相距 16 米，用上等的青石料雕刻、筑砌，是古代石刻艺术珍品。节孝坊和孝子坊主要颂扬了封建时代的伦理道德和孝悌思想。两坊的浮雕花纹及装饰优美生动，为研究清代前期的石刻艺术提供了珍贵的实物资料。

武当庙 位于东阿县姜楼镇邓庙村。庙内原有前后比邻的武当殿和三皇殿 2 座大殿，都是面阔 5 间、进深 3 间的硬山式建筑，共有石造像和石心泥塑像 29 尊。武当殿有武当、伏羲、神农、少昊、女娲、王灵官等塑像，三皇殿有天皇、地皇、人皇以及十大名医等塑像，另有明万历、崇祯年间，清康熙、同治年间以及民国初年重修武当庙的碑记石刻 5 幢，以及铸于明万历年间的记事大铁钟 1 幢。1947 年，为防范黄河洪水泛滥决口，将 5 幢记事碑刻和大部分石造像拉去垒了堤坝，只有少部分石造像被老百姓偷偷埋入地下，1980 年夏得以重新出土。中华人民共和国成立前，三皇殿已毁弃。1958 年“大炼钢铁”时大铁钟被毁。武当庙是集武当、人祖、三皇、药王等于一体的古建筑，在全国仅此一处。石造像的雕刻风格和造型内容以道教为主，并充分融合了佛教、儒教文化，形成了佛、儒、道三教合一的偶像，为全国所仅有，是中国传统文化的集中体现。

第七节 高唐县景区景点

清平森林生态游览区 包括古城旅游区和森林公园。清平古城旅游区为原清平县城驻地，始建于北宋宣和七年（1125 年），现存迎旭门、金代文庙、王懋德墓石雕群 3 处市级文物保护单位。清平森林公园于 2010 年正式营业，规划期为 10 年，持续建设中，是一处新辟的自然生态森林公园，林场占地 5 万亩，是鲁西最大的森林公园，森林覆盖率 80% 以上。公园动植物资源丰富，主要林木树种有毛白杨、榆、槐、柳树等 100 余种，果品树种主要有大枣、鸭梨、桃、杏、葡萄、桑葚、苹果、石榴等；野生兽类主要有狐狸、狸子、獾兔、黄鼬、刺猬、鼹鼠等；野生鸟类主要有乌鸦、喜鹊、啄木鸟、布谷鸟、黄雀等。生物药材资源大约 77 种、动物药材资源 8 种，其中天花粉是名优特产之一，另有各种花卉数十种。先后建设了省级清平森林公园游乐场、垂钓园、林中四合院、五栋小木屋、山地自行车赛道、生态农业采摘园及部分游乐设施。

鱼丘湖风景区 国家水利风景区、国家 AAA 级旅游景区。1997 年起分期建设，2000 年命名。鱼丘湖因高唐县曾名为鱼丘县而得名，总面积 2 平方千米，水面面积 0.72 平方千米，岸线总长 10 千米，湖面宽阔，水波荡漾，久旱不涸，鱼儿跳跃，鸟儿飞翔，游人飞舟。从高处俯瞰，如同一颗明珠镶嵌在县城中间，形成“城中有湖、湖中有城”的秀丽景观。主要景点有文化广场、李苦禅艺术馆、柴府、孙大石美术馆、书画一条街等。

柴府 位于高唐县城鱼丘湖东岸，建在与湖东岸丈水相隔的一个长椭圆形的小岛上，岛东端小桥与湖岸相连接。柴府为在陈桥兵变中禅让帝位的后周皇帝柴世宗的子孙柴皇城的府邸，共有 3 部分组成。置身柴府，凭栏西望，水天一色，恍若置身于江南风光之中。看斜阳草树，观李逵井，寻古城遗迹，仿佛又听到了梁山英雄攻打高唐州金戈铁马的杀伐之声。

柴府花园 （2015 年摄）

一步三眼井 周世宗柴荣的五世孙柴进皇城迁居高唐时，在府邸门前凿井 3 眼，成等边三角形分布，井与井之间的距离只有丈余。人们用“一步三眼井”形容其距离之近。三眼井最大特点是：虽距离很近，水质却不同，一眼井水是甜水、一眼井水是苦水、另一眼井水却是咸水。传说，甜水井是供一家人吃水所用，咸水井和苦水井供家人洗衣饮马之用。

李逵井 此井位于原高唐县衙大牢的后院，因李逵救柴进而得名。据说，梁山好汉攻下高唐州后，找不到被关押的柴进，后来在这口井中找到了他，但不知柴进的死活，李逵就坐筐下井去救柴进，奄奄一息的柴进上来后，大家只顾看他，忘记了还在井下的李逵，直到他大声呼叫，大家才将李逵从井中拉出来，人们被李逵的这种为救他人置生死于度外的英雄气概所感动，高唐老百姓便亲切地称那口井为“李逵井”。1000 多年来，此井几经埋没，因清湖时重新发现。李逵井在柴府南 100 米处，用青砖砌成，井深距离水面约 6 米，下底直径约 2 米，上口直径约 1 米。

李苦禅艺术馆 位于高唐县城南湖景区北岸，2004 年 7 月开工建设。艺术馆占地 1.24 公顷，建筑面积 4500 平方米，总投资 2000 万元。艺术馆主体大楼四面墙壁由三色砖砌成，楼顶覆以绿色琉璃瓦，楼体通高 25.18 米，自楼之地面至楼顶（地下展厅除外）高 20.18 米，东西长 122.1 米，南北宽 41.2 米，古朴高雅。

孙大石美术馆 坐落于高唐东北湖北岸。1992 年，高唐县县政府和孙大石共同投资修建，占地 2088 平方米，建筑面积 1200 平方米。2004 年春，县政府再次投资 200 多万元开工北扩，扩建后总面积 3640 平方米，建筑面积 2400 平方米。整个建筑为青砖仿古二进庭院式风格，后院为二层建筑。孙大石美术馆落成 10 多年来，举办各类展览 60 余场、书画笔会40余场。中共中央政治局原常委、中纪委原书记吴官正，原北京军区司令员李来柱，中央文史研究馆馆长张世简，画家许麟庐，台湾画家陈丹诚及省、市级领导人曾到馆参观。

第八节　茌平县景区景点

中国圆铃大枣生态园　位于茌平县肖庄镇，西邻聊夏路，南邻博临路，是以圆铃大枣为特色，集“大枣文化、生态农业、休闲养生、劳动体验”于一体的生态农业旅游示范区。国家AAA级旅游景区，2010年启动建设，2015年12月获得国家认定。主要景点有望晋台、圆铃大枣博物馆、和园、枣树王、二十四孝广场、孝慈湖等。茌平县拥有3000多年栽培圆铃大枣的历史，种植面积10万余亩，2004年被国家林业局命名为“中国圆铃大枣之乡”。

茌平县枣乡生态园内的“枣树王”（2015年摄）

四照楼景区　国家AAA级旅游景区。位于博平镇，恢复重建于2011年。分为古城民俗游览区、滨河公园水上游乐区、枣树生态观光区和孔子回辕处儒家文化景区等四大主题游览区。主要景点有四照楼、泰山圣母行宫、仰山书院、石牌坊、南莲池、东莲池、琉璃井、袁楼党史纪念馆、孔子回辕处等。

第二章　旅游开发

第一节　旅游规划

一、总体规划

2003年，编写《聊城市旅游发展总体规划》，规划范围为整个聊城市所辖的全部行政区域，总面积8590平方千米。按照国家旅游局《旅游发展规划管理办法》的分类，《聊城市旅游发展总体规划》，是建立在20年时间段上的长期发展战略规划。为保持与国家通行的“五年计划”惯例的一致性，规划年限确定为2001—2020年，在规划分期上划分为2个规划期，即2000—2010年为近、中期发展规划。该规划执行期是该规划的战略重点，也是聊城市旅游业发展最重要和最关键的时期；2011—2020年为远期战略规划阶段，主要是建立在发展方向战略定位基础上的目标预测。

2005年，依据《山东省旅游发展总体规划》，修改《聊城市旅游发展总体规划》。同时，为加强对县市旅游业全面发展的宏观指导，邀请省内外有关专家制定县市旅游发展总体规划。是年，《高唐县旅游发展总体规划》通过省旅游局组织的专家评审；2006年，《冠县旅游发展总体规划》《东阿县旅游发展总体规划》通过专家评审；2007年，《莘县旅游发展总体规划》通过专家评审。2008年，根据聊城市旅游业发展的实际，重新制定《聊城市旅游发展总体规划》修订工作方案，方案中确定的指导思想是“体现聊城文化、历史、水城的旅游城市特点，按照旅游发展与环境建设相结合，保护历史文物与开发建设相结合，充分利用旅游资源与可持续性发展相结合的原则，编制思路新颖、兼顾城乡、森林、乡村的不同类别，适宜国际国内旅游业发展，与国际旅游市场接轨，具有适度超前、可操作性强的一级旅游区发展总体规划”。2009 年，为明确聊城旅游发展定位和战略步骤，加强对全市旅游业的宏观指导，委托专家编制《聊城市旅游产业发展规划》。2012—2014 年，编制《聊城建设知名目的地城市总体规划》《聊城市旅游业“十二五”发展规划》等一系列总体规划。

二、专题规划

2009 年，委托专家编制《聊城市温泉休闲产业规划》和《红色旅游规划》。2012—2014 年，编制《聊城市旅游重点开发项目概念性规划》《聊城市东昌湖风景区西南片区概念规划及旅游集散中心城市设计》《运河文化大码头项目之一文化旅游主题街区策划》等一系列专项规划。

三、乡村旅游规划

2012 年，编制《聊城市城乡旅游休憩带总体规划》。2013—2015 年，各县（市、区）及经济开发区完成了县域乡村旅游规划编制，并通过专家评审。2015 年，编制《聊城市乡村旅游发展规划纲要》，明确聊城市乡村旅游定位和发展目标，确定“一心四带七区”（聊城城郊乡村游憩带，黄河文化带、运河文化带、徒骇河自然风光带和马颊河生态观光带，临清——运河风情之乡，冠县——梨园温泉之乡，莘县——平原风情之乡，阳谷——水浒风情之乡，东阿——黄河风情之乡，茌平——剪纸文化之乡，高唐——书画艺术之乡）的乡村旅游空间立体开发格局和重点项目、产品，为全市乡村旅游大发展描绘清晰蓝图。

四、景区景点规划

2000 年后，编制《阳谷县迷魂阵军事旅游区建设规划》《冠县马颊河天沐温泉度假村建设规划》《高唐县清平森林公园建设规划》等一系列景区专项规划，并通过专家评审。市旅游部门还参与旅游相关的规划工作，派驻相关人员到古城指挥部，参与《聊城市中华水上古城旅游发展战略策划》《聊城市中华水上古城旅游发展总体策划》等一系列古城规划编制工作；指导各县（市、区）的旅游景区规划的编制工作，诸如《阳谷景阳冈旅游区扩建》《东阿阿胶文化苑业态规划》《郓哥文化产业园》等。

2015 年，聊城市委、市政府确定开发京杭大运河（聊城段）的发展思路，项目立足打造世界文化遗产旅游目的地、国际自行车赛基地、乡村旅游综合体，依托运河古道，重新开挖疏通运河，串联起“两城”“七镇”。围绕“梦回临清”“乐活东昌”以及运河沿线 7 个小镇，打造各具特色的风情小镇，部分村庄实现“一村一品”。沿聊城京杭运河两岸建设旅游专用道，包括国家步道、自行车道、有轨电车、马拉松赛道等，建设旅游厕所、标识牌、停车场和旅游车停靠点等相关配套设施。

第二节 项目建设

2010 年，全市旅游强县仅 1 个。2010—2015 年，创建旅游强乡镇 13 个、旅游特色村 18 个。到 2015 年年底，全市建成国家级休闲农业示范点 1 个，省级休闲农业示范点 3 个，农业旅游示范点 9 个；建成省级旅游强县 3 个，旅游强乡镇 17 个、旅游特色村 23 个；省级精品采摘园 17 个、乡村旅游培训基地 11 个；全市有农家乐经营户 930 家，从业人员 2.3 万人。

一、自然生态旅游项目建设

1999 年 8 月开始，投资 2.8 亿元实施古运河开发工程。是年 11 月，投资 8000 多万元修建全国最大单体橡胶坝，并实施两岸绿化工程，初步建成占地 66.67 公顷的徒骇河风景区。该风景区与东昌湖风景区遥相呼应，连成一体，形成了“江北水城”新的风景区。开放了湖滨公园，风景区内包括腾龙广场和金凤广场，大型雕塑气度不凡。2005 年年初，对全市旅游项目和资源进行综合评估分类，实施分类管理，确定优先扶持发展的旅游重点项目，帮助项目单位编制规范的项目建议书、可行性研究报告等资料，并向省政府和省计委、旅游局、财政厅等上级部门申报扶持项目。2005年7月27日，冠县天沐温泉度假村项目开工建设。是年，在申报的8个旅游项目中，获得省旅游局、农信社批准项目5个，财政部、省财政厅无偿资金支持项目2个，获得省再担保贷款资金1000多万元、无偿资金60万元。2006年，总投资近1000万元的冠州梨园一期33.33公顷精品园完成，并正式对游人开放；投资1800万元的阳谷县水浒文化旅游区二期工程建设项目全面开工；景阳冈旅游区扩建工程景区建设规划通过专家评审并立项；高唐李苦禅艺术馆建设、柴府花园改建完工并对游人开放。2010年后，东昌府区盛世天湖环保生态科技园、临清中州运河古城、黄河地质森林公园、高唐清平古镇森林休闲度假区、莘县平原森林生态休闲区、开发区古漯河生态休闲观光走廊等一批项目加快推进。2012—2014年，马颊河“世界运河之窗”生态旅游度假区、徒骇河世界运河博览园、临清华夏帝苑温泉旅游度假村、盛世天湖生态科技园、茌平金牛湖旅游休闲度假区等项目建设迅速推进；古漯河生态休闲观光走廊等项目列为待建重点旅游项目。2015年，制订江北水城度假区运河开发、周店古船闸开发、凤凰苑开发具体规划，筹备金龙湖项目开发的前期准备工作。对道之现代农业观光园区基础设施建设以及配套设施建设进行完善，对马颊河林海旅游综合体进行绿化树木的养护和土壤的改良。

二、历史文化旅游项目建设

1999—2003年，为彰显《水浒传》的文化内涵，再现水浒中的景观，增强水浒旅游线的吸引力，投资近5000万元重点开发了水浒线上著名的景点景阳冈、狮子楼旅游区、柴府花园，以便使其成为水浒旅游线上的亮点。2003年“十一”期间，阳谷水浒、金瓶梅文化旅游区竣工开业，成为水浒旅游线上又一亮点。为丰富古运河旅游线的内涵，在重点开发古运河区段的基础上，投资近千万元，开发阳谷海会寺、临清钞关、鳌头矶等系列景点，初步再现古运河旅游线的昔日风采。2008年，规划中华水上古城恢复与开发及马颊河景区开发、五星级酒店建设等旅游项目。6月，召开“古城规划设计研讨会”，广泛征求建筑、考古、文物、旅游等各方面专家和市民的意见，力争把中华水上古城建成世界级文化旅游大项目。2009年，水上古城城角楼及南城门建设竣工并对游人开放，城内4条大街拆迁顺利进行；景阳冈二期工程、狮子楼二期扩建工程、圣树湾温泉项目快速推进；阳谷景阳冈四星级大酒店奠基动工；阿胶养颜养生文化苑一期工程、天沐二期工程、阳谷紫石仿宋街项目、阿尔卡迪亚大酒店等一批重点旅游项目竣工。2010年，阿胶养生文化苑一期影视城全部建成并对外开放。与阿胶养生文化苑呼应的梵呗音乐项目初步完成创意策划，并加快推进。总投资3亿元的狮子楼景区和紫石街进行修复和完善，全面向游客开放。天沐温泉度假村二期扩建工程竣工。2012—2014年，中华水上古城保护与改造、中国阿胶文化主题公园（东阿阿胶生物科技产业园）、西安交大科技园、高唐双海湖生态书画公园等项目建设迅速推进；阿胶养生文化苑、聊城名人岛项目、临清市运河文化中心、茌平文化旅游区等旅游项目竣工；聊城护国隆兴寺恢复项目、梵呗音乐文化旅游开发项目、阳谷迷魂阵军事旅游区等项目列为待建重点旅游项目。2015年，文化旅游布局全面展开，规划筹建35处博物馆。其中，戏曲文化馆、京剧体验馆对外开放，契约博物馆、民俗博物馆、老照片博物馆、印刷博物馆等建设进展顺利。景阳冈旅游区景区内武松打虎体验馆的主体建筑完工，《武松打虎》电影剧本创作完成，着手建模设计。

三、红色文化旅游项目建设

孔繁森同志纪念馆于1995年9月10日开馆。2010年，被列入国家红色旅游重点扶持项目；2013年3月，在原址改扩建。2014年2月投入使用。是全国首家按照三星级绿色建筑标准设计建设的低碳纪念馆，全市唯一按百年建筑标准设计的、向游客及市民免费开放的英模文化主题公园。2015 年，刘邓大军渡河指挥部旧址扩建暨刘邓大军渡河战役纪念馆建成。

四、产业旅游项目建设

2000 年起，聊城市多方筹资近亿元，大力开发工农业旅游，先后建成聊城凤凰苑农业科技示范观光园、姜堤乐园、马颊河旅游度假村、桃源山庄等生态旅游景区。同时，利用境内工业旅游资源丰富的特点，着力加强工业旅游产品的开发。其中，东阿阿胶集团、阳谷凤祥集团和高唐时风集团相继获“全国工业旅游示范点”称号。全市以东阿阿胶为龙头，辅以温泉、中医药健康养生等手段大力发展健康养生旅游业，形成以阿胶生物科技产业园、东阿阿胶城、东阿黑毛驴繁育中心为核心的东阿阿胶养生体验旅游。全市大众温泉旅游发展迅速，涌现多处温泉度假旅游目的地，阿尔卡迪亚国际温泉大酒店、经济开发区海润温泉、冠县天沐温泉度假村、莘县柏庆温泉、茌平县天赐温泉等相继建成开放营业。无论是高档温泉旅游产品——阿尔卡迪亚温泉、天沐温泉，还是中低档温泉旅游产品——莘县柏庆温泉、茌平天赐温泉经营状况均为良好，吸引了大批周边地市旅游客源。发展中医药健康养生与旅游产业结合项目。东昌上林苑、高唐泉聚苑生态旅游度假区等多家企业申报省级和国家级中医药养生健康示范基地，致力于打造集中医药健康服务业与旅游业深度有机融合，以提供中医药健康服务为主题的休闲旅游新业态及其产业链。

东阿阿胶工业园景区 （2015 年摄）

五、旅游服务项目建设

2010 年，全市旅游业在建重点项目 29 个，总投资 150 亿元。中华水上古城建设进展顺利。马颊河“世界运河之窗”生态旅游度假区正式开工建设，对景区主要交通道路进行铺设。高端度假酒店阿尔卡迪亚国际温泉酒店建成并开始营业。景阳冈文化主题酒店大楼主体工程开工建设。作为聊城市重要旅游服务综合体项目的市旅游集散中心完成可研报告和相关规划。市旅游集散中心被列为省级重点旅游项目，在政策、资金上予以重点扶持。2012 年后，阳谷景阳冈主题酒店加紧建设，城市旅游服务综合体（旅游集散中心）列为待建重点旅游项目，阳谷游客服务中心建成营业。

2014—2015 年，组织全市 10 户以上和 6 户以上整建制农家乐经营户进行改厨改厕，其中 10 户以上整建制发展农家乐经营户 65 户、6 户以上整建制发展农家乐经营户 266 户全部通过验收，农家乐经营户实现了客房、厨房、卫生间等硬件设施的升级改造，全面改善了卫生条件、住宿条件，美化了旅游环境，提升了乡村旅游的整体水平。

至 2015 年，中华水上古城中，4 个片区商住、景点园林工程完成工作量的 70%。4 条大街店铺招商运营全面推进，一批新老店铺正式营业。东昌府区摩天轮景区、四环观光带，高唐泉聚苑养生休闲旅游度假区、双海湖生态书画公园，阳谷水浒人家、东阿毛驴大世界，冠县清逸园，临清亲子庄园，莘县泰福水上乐园等一批旅游大项目相继开业。

六、乡村旅游项目建设

1997 年起，聊城市（地区）培育了姜堤乐园、植物园、冠洲梨园、堂邑葫芦村、高唐清平森林公园、茌平枣园、阳谷水浒人家、临清萄香园等乡村旅游景点。至 2015 年年底，全市具有接待能力的乡村旅游点 120 处，拥有水浒故里、南湖湿地公园、东阿北关街、莘县马西林场、临清运河人家、湖上船家、东昌湖渔家乐等一批成熟乡村旅游景区、景点和乡村旅游品牌，形成观光、采摘、赏花、垂钓、特色餐饮等系列产品。高唐泉聚苑、冠县清逸园、莘县西瓜博物馆、开发区国环生态园等乡村旅游项目受到游客的青睐。江北水城旅游度假区南湖湿地公园、冠县中华第一梨园万寿寺恢复重建项目、阳谷谷丰源高科技农业生态观光园、阳谷郓哥梨园休闲农庄农业观光园、阳谷海顿葡萄庄园、东阿黄河鲤鱼生态庄园等乡村旅游项目顺利推进。培育打造东阿县、高唐县清平镇、阳谷县七级镇、阳谷县高庙王镇前仓村、冠县梨园生态旅游有限公司、聊城南湖湿地公园有限公司等，使之分别成为乡村旅游示范县、示范镇、示范村、示范点，推动聊城市乡村旅游不断上档次、上水平。省旅游局重点打造十大乡村旅游品牌，聊城市占4个，分别是“运河人家”“黄河人家”“水浒人家”和“鲁艺人家”品牌。

聊城市旅游强县、强乡镇、特色村一览表

表 15-2

申报类型	申报地	批复时间	批复文号
强县（3个）	冠县	2009年12月	鲁旅办发〔2009〕62号
	阳谷县	2012年4月	鲁旅办发〔2012〕68号
	东阿县	2012年4月	鲁旅办发〔2012〕68号
强乡镇（17个）	东昌府区堂邑镇	2008年12月	鲁旅办发〔2008〕57号
	东昌府区湖西街道	2009年12月	鲁旅办发〔2009〕59号
	高唐县清平镇	2010年12月	鲁旅发办〔2010〕169号
	东昌府区凤凰街道	2010年12月	鲁旅发办〔2010〕169号
	东阿县鱼山镇	2011年12月	鲁旅办发〔2011〕162号
	高唐县鱼丘湖街道	2012年12月	鲁旅办发〔2012〕59号
	临清市魏湾镇	2012年12月	鲁旅办发〔2012〕59号
	临清市先锋街道	2012年12月	鲁旅办发〔2012〕59号
	东昌府区古楼街道	2013年12月	鲁旅办发〔2013〕176号
	茌平县博平镇	2013年12月	鲁旅办发〔2013〕176号
	冠县柳林镇	2013年12月	鲁旅办发〔2013〕176号
	莘县古云镇	2013年12月	鲁旅办发〔2013〕176号
	莘县莘州街道	2014年12月	鲁旅办发〔2014〕115号
	东昌府区道口铺街道	2015年12月	鲁旅办发〔2015〕134号
	东阿县新城街道	2015年12月	鲁旅办发〔2015〕134号
	高唐县琉璃寺镇	2015年12月	鲁旅办发〔2015〕134号
	茌平县肖家庄镇	2015年12月	鲁旅办发〔2015〕134号
特色村（23个）	度假区姜堤村	2008年12月	鲁旅办发〔2008〕57号
	冠县兰沃乡韩路村	2009年12月	鲁旅办发〔2009〕59号
	冠县田马园村	2010年12月	鲁旅办发〔2010〕169号
	冠县前社庄	2010年12月	鲁旅办发〔2010〕169号
	东昌府区堂邑镇刘庄村	2011年12月	鲁旅办发〔2011〕162号
	莘县张鲁回族镇张鲁东街村	2014年12月	鲁旅办发〔2014〕115号

续表 15-2

申报类型	申报地	批复时间	批复文号
特色村（23 个）	莘县大王寨镇杨庄	2014 年 12 月	鲁旅办发〔2014〕115 号
	莘县大张家镇红庙	2014 年 12 月	鲁旅办发〔2014〕115 号
	东昌府区堂邑镇路庄村	2015 年 12 月	鲁旅办发〔2015〕134 号
	东昌府区堂邑镇许堤口村	2015 年 12 月	鲁旅办发〔2015〕134 号
	东昌府区堂邑镇教场李村	2015 年 12 月	鲁旅办发〔2015〕134 号
	东昌府区侯营镇田庄村	2015 年 12 月	鲁旅办发〔2015〕134 号
	东昌府区沙镇镇黄屯村	2015 年 12 月	鲁旅办发〔2015〕134 号
	东昌府区道口铺街道任堤口村	2015 年 12 月	鲁旅办发〔2015〕134 号
	东昌府区道口铺街道道口铺村	2015 年 12 月	鲁旅办发〔2015〕134 号
	阳谷县高庙王镇前仓村	2015 年 12 月	鲁旅办发〔2015〕134 号
	度假区凤凰街道刘道之村	2015 年 12 月	鲁旅办发〔2015〕134 号
	度假区朱老庄镇两界村	2015 年 12 月	鲁旅办发〔2015〕134 号
	度假区朱老庄镇辛十里村	2015 年 12 月	鲁旅办发〔2015〕134 号
	东阿县新城街道北关村	2015 年 12 月	鲁旅办发〔2015〕134 号
	临清市魏湾镇李圈村	2015 年 12 月	鲁旅办发〔2015〕134 号
	临清市魏湾镇东魏湾村	2015 年 12 月	鲁旅办发〔2015〕134 号
	茌平县肖家庄镇许庄村	2015 年 12 月	鲁旅办发〔2015〕134 号

聊城市获“省级精品采摘园”称号一览表

表 15-3

单位名称	命名时间	命名文号
莘县鲁西现代农业示范园	2013 月 12 日	鲁旅办发〔2013〕176 号
临清市黄河故道地质森林公园	2013 月 12 日	鲁旅办发〔2013〕176 号
莘县绿洋果蔬专业合作社	2014 月 12 日	鲁旅办发〔2014〕115 号
莘县绿援精品采摘园	2014 月 12 日	鲁旅办发〔2014〕115 号
临清市金沙窝种植家庭农场	2014 月 12 日	鲁旅办发〔2014〕115 号
东昌府区道口铺街道聚源生态园	2015 月 12 日	鲁旅办发〔2015〕134 号
东昌府区斗虎屯镇鲁西葡萄观光园	2015 月 12 日	鲁旅办发〔2015〕134 号
度假区朱老庄镇聊城心语农业观光采摘园	2015 月 12 日	鲁旅办发〔2015〕134 号
度假区朱老庄镇聊城辛十李鑫发梨园	2015 月 12 日	鲁旅办发〔2015〕134 号
度假区朱老庄镇聊城祥麟农业生态园	2015 月 12 日	鲁旅办发〔2015〕134 号
度假区湖西街道聊城南湖湿地公园	2015 月 12 日	鲁旅办发〔2015〕134 号
东阿县鱼山镇周井采摘园	2015 月 12 日	鲁旅办发〔2015〕134 号
阳谷县博济桥街道南三里村丰源现代农业科技示范园	2015 月 12 日	鲁旅办发〔2015〕134 号
阳谷县寿张镇南门村鲁华生态园	2015 月 12 日	鲁旅办发〔2015〕134 号
阳谷县郭屯镇姜那村光明山庄	2015 月 12 日	鲁旅办发〔2015〕134 号

续表 15-3

单位名称	命名时间	命名文号
阳谷县阎楼镇赵海村海顿庄园	2015 月 12 日	鲁旅办发〔2015〕134 号
阳谷县大布乡刘胡同村华龙农业观光采摘园	2015 月 12 日	鲁旅办发〔2015〕134 号

聊城市获“省级开心农场”称号一览表

表 15-4

名称	命名时间	命名文号
东昌府区沙镇镇黄西村天乐庄园	2015 月 12 日	鲁旅办发〔2015〕134 号
度假区湖西街道聊城天禾农业生态示范园	2015 月 12 日	鲁旅办发〔2015〕134 号

第三节 产业培育

1997 年，聊城地委、行署明确提出，把旅游业作为经济发展新的增长点、作为一个支柱产业来抓，提出了“规划先行、政府引导、多元投入、重点开发”的原则，成立以行署专员为组长的旅游工作领导小组。1998 年 8 月，成立聊城市旅游局。1999 年，开展创建中国优秀旅游城市工作，成立由市长任组长、3 名副市长任副组长、30 多名市直部门负责人为成员的创城领导小组，部署开展创城工作，城市面貌和旅游环境有了明显改善。

2001 年，市委、市政府把旅游业作为发展经济的“五大重点”“四大突破”之一来抓，并明确提出，把加快旅游产业的发展当作推动全市国民经济发展的突破口。是年，全市接待国内游客 257.64 万人次，国内旅游总收入 11.82 亿元，接待国际游客 5217 人次，创汇 204.2 万美元。仅是年“五一”黄金周期间，东昌湖旅游区接待游客 34.6 万人次，在全省 30 个重点旅游区中名列第二。

2002 年，市委、市政府确定在每年的“五一”举办“中国江北水城文化旅游节”“十一”举办“观光周”活动，并成立聊城市政府节庆办公室。在“2002 中国江北水城（聊城）文化旅游节”活动中，门票收入 3600 余万元。根据聊城市城市特色，确定把城市的发展定位为“江北水城”，并在国家工商管理总局登记注册“江北水城”“北方水城”“北国水城”3 个品牌，编制《聊城市旅游产业发展总体规划》。是年，全市接待游客 520 万人次，旅游总收入 14.83 亿元。2003 年 3 月，聊城市通过国家旅游局验收，成为“中国优秀旅游城市”。是年，战胜“非典”疫情后，率先启动国内旅游市场，成为全省旅游业恢复最快的地市之一。仅“十一文化旅游节”就接待游客 200 多万人次，实现旅游收入 6.9 亿元。“十五”期间，全市开发东昌湖风景区、运河风景区、徒骇河风景区、马颊河风景区，修建东昌大桥等 74 座城区桥梁，建设“水城明珠大剧场”“水城广场”“中国运河文化博物馆”等景区景点和公共设施；成功创建国家 AAA 级旅游景区 1 处、AA 级旅游景区 4 处，拥有高档大型购物场所 10 余处，四星级宾馆 2 家、三星级宾馆 8 家，大型娱乐场所近 10 家；累计接待游客 1670 万人次，旅游收入 80.5 亿元，分别年均增长 17.1% 和 14.9%。

2006 年 3 月，成立由市长任主任、副市长为副主任，市政府有关部门主要负责人任委员的市旅游产业管理委员会，出台《聊城市人民政府关于进一步加快旅游产业发展的意见》，加大对旅游业的扶持力度。8 月，市政府颁布《聊城市旅游行业管理办法》，填补了全市无地方旅游法规的空白。

2008 年，市委、市政府提出打造“江北水城·运河古都——生态聊城”城市品牌，邀请国内知名旅游专家编制包含远景规划、远期发展规划和近期提升计划在内的《聊城市旅游产业发展规划》。在“2008（国际）休闲发展论坛”上，聊城市被评为“2008 中国十大特色休闲城市”之一，成为山东省唯一获此殊荣的城市。2009 年，推行旅游“一卡通”年票制度；成立由市委常委任主任、副市长任副主任，旅游、发改、城建、规划、文化等有关部门主要负责人为成员的聊城市旅游发展促进委员会。出台《中共聊城市委、聊城市人民政府关于进一步加快旅游产业发展的实施意见》，制定《聊城市进一步加快旅游业发展实施方案》。“十一五”期间，全市旅游接待人数和旅游综合收入都以超过 15% 的速度递增，旅游经济结构和质量效益显著改善，二日游、三日游比重明显增加，旅游目的地形象初步显现。

2011 年后，市委、市政府把旅游产业作为国民经济的战略性支柱产业和人民群众满意的现代服务业进行培育，提出建设“冀鲁豫三省交界最大的旅游目的地城市”目标。2012 年，阿尔卡迪亚国际温泉酒店通过国家旅游局五星级终审，成为鲁西第一家“五星级酒店”，阳谷县、东阿县创建“省级旅游强县”。举办 2012 中国江北水城·运河古都（聊城）首届“水文化节”。2014 年，召开中国·聊城旅游目的地建设高层研讨会暨重点旅游项目签约仪式。2015 年，成立聊城市旅游改革发展和运河开发领导小组，召开京杭古运河（聊城段）概念规划汇报会；在香港会展中心举行的第五届“香港论坛”暨“让城市更优秀”颁奖礼、第三届“中国美丽城市”展上，聊城荣获“中国最具特色旅游城市”“中国美丽城市”称号。是年，全市接待游客 1868.25 万人次，比上年增长 14.1%，旅游消费总额 142.65 亿元，比上年增长 9.8%。

2001—2015 年聊城市旅游主要指标情况表

表 15-5

年份	旅游总收入		旅游总人数		国内旅游				入境旅游			
					接待人数		国内收入		接待人数		外汇收入	
	亿元	增长（%）	万人次	增长（%）	万人次	增长（%）	亿元	增长（%）	人次	增长（%）	万美元	增长（%）
2001	—	—	258.16	—	257.64	—	11.82	—	5217	—	204.20	—
2002	14.83	—	520.00	—	318.80	23.74	—	—	—	—	—	—
2003	—	—	—	—	262.35	-17.71	12.48	-15.85	—	—	—	—
2004	18.72	—	385.72	—	385.18	46.82	18.49	48.16	5351	—	281.00	—
2005	21.90	16.99	441.29	14.41	440.50	14.36	21.60	16.82	7860	46.89	342.00	21.71
2006	25.00	14.16	497.29	12.69	496.00	12.60	24.80	14.81	12904	64.17	329.00	-3.80
2007	29.50	18.00	567.37	14.09	565.50	14.01	28.94	16.69	18746	45.27	695.30	111.34
2008	34.50	16.95	645.43	13.76	643.49	13.79	33.90	17.14	19401	3.49	859.77	23.65
2009	41.00	18.84	736.18	14.06	733.60	14.00	40.20	18.58	25756	32.76	1127.6	31.15
2010	51.30	25.12	875.92	18.98	872.40	18.92	50.20	24.88	35245	36.84	1580.00	40.12
2011	64.20	25.37	1061.91	21.23	1057.40	21.20	62.90	25.30	45092	27.94	2117.90	34.04
2012	87.00	35.60	1362.70	28.36	1357.20	28.40	85.30	35.70	55000	22.80	2702.97	27.60
2013	101.56	16.71	1545.78	13.43	1540.38	13.50	100.08	17.31	54000	-2.51	2392.01	-11.50
2014	115.70	13.88	1702.30	10.13	1696.90	10.16	114.10	14.01	54000	-0.41	2539.40	6.16
2015	142.65	14.14	1868.25	9.75	1862.70	9.77	130.20	14.11	55500	2.99	2516.36	-0.91

第四节　市场开发

一、国内旅游市场开发

1997—2015年，采取“请进来　走出去”的方法，制作旅游宣传品，拍摄旅游宣传片，开展各种促销活动；加强区域联合，稳步发展济南、邯郸、濮阳、菏泽、泰安、济宁等周边地市客源市场，努力开拓京九沿线、运河沿线、晋冀鲁豫中原经济协作区等客源市场；利用省旅游局“联合推介，捆绑促销”优惠政策在中央电视台、山东卫视等投放城市形象宣传片，利用报刊、网络、微博、微信、手机软件等媒体宣传聊城旅游产品；举办“好客山东贺年会”和“国民休闲会”，取得了良好的经济效益和社会效益。

旅游促销活动　1998年后，聊城市在每年参加各地举办的中国北方旅游交易会、中国国内旅游交易会、山东（济南）国际旅游交易会、中国国际旅游交易会上，通过制作精美的展台，展示聊城市丰富的旅游资源、独特的水城格局，并与参会旅游企业形成合作意向。

2000年上半年，市旅游部门组织全市宾馆、旅行社、景区景点等行业单位负责人，十余次赴聊城国内旅游第一客源市场的德州、邯郸、濮阳、菏泽、泰安、济南等周边地市和第二客源市场的淄博、潍坊、威海等城市进行宣传促销活动。9月，市长张秋波带领宣传、城建、旅游、文化等部门负责人和部分旅游宾馆、旅行社负责人赴济南、天津、北京、青岛4地进行大规模的旅游宣传促销活动，共签订各类合作意向1000余份。2002年，聊城市旅游部门组织20余家旅行社和景区（点）赴周边地市进行大规模的旅游宣传促销活动。是年9月9—11日，参加河南省林州市举办的北京、河北、山东、江苏、河南“四省一市”百强旅行社交易会；9月26—28日，参加“2002中国（曲阜）国际孔子文化节旅游热线推介会暨旅游商品博览会”。2003年，组织旅游企业参加省旅游局组织的“山东旅游大篷车”促销活动和“山东之旅”旅游专列促销活动，分赴郑州、洛阳、南京、杭州、广州和深圳进行旅游推介。4月，组织全市30家旅行社分3路，分赴聊城市主要客源市场泰安、菏泽、濮阳、济南、青岛、威海、烟台、德州、邯郸、北京、天津等地进行大规模的宣传促销。同时，与聊城市的主要客源市场建立亲密友好关系，初步启动长江三角洲和珠江三角洲旅游市场。2006年，市旅游部门组织全市部分县（市、区）旅游局、旅行社、景区（点）的主要负责人分别参加山东旅游新产品展示推介会暨环渤海港口城市旅游洽谈会、山东快乐乡村游推介会、中国青岛·亚太国际旅游博览会、烟台亚欧会议旅游合作发展论坛暨展览会，赴江浙沪旅游专列宣传促销。2007年4月，参加第十四届“津洽会”，并在天津、河北沧州等地举行旅游推介会。4月1—5日，举办“百家旅行社走进江北水城”大型推介活动，北京、天津、济南等城市的223家旅行社和新闻媒体代表参加会议。2009年2月20日至3月13日，先后在杭州、东莞、北京、西安4个城市举办大型旅游宣传推介会，旅游招商首次被市委、市政府纳入全市招商盘子。2010年4月27日，举办“观世博、游山东、品聊城”活动启动仪式暨阳谷狮子楼旅游区竣工庆典仪式。举办首届“美在聊城”旅游形象大使大赛，选出聊城旅游形象大使十佳选手。4—6月，开展“观世博、游山东、品聊城”暨水城旅游大篷车宣传促销系列活动，出动大篷车20余次，前往北京、天津、上海3个直辖市及河北、江苏、山东3省近20个重点客源城市，总行程上万千米，在重点客源城市中心广场进行10余场互动宣传活动。2011年5月19日，举办首届中国旅游日“快乐旅游在聊城”自行车骑行宣传活动。2014年6月21日，召开聊城市“旅游三年营销策划思路”专题研究会，确定了聊城从城市定位、城市符号、城市故事、城市梦想、城市品牌等5个方面3年旅游营销策划思路。

2015年12月，在合肥、上海、北京举办旅游推介会。此外，举办“5·19”中国旅游日·聊城自行车休闲旅游、“为爱千里走铁骑”2015北京—聊城千里养生慈善之旅等大型活动，邀请60余家媒体发布活动盛况。是年，聊城市获“中国最具特色旅游城市”“中国美丽城市”称号。

宣传品制作 1997年，组织印制图文并茂的大型画册《今日聊城》。1998—2000年，编印《聊城旅游》宣传册子，出版《聊城土特产—旅游商品介绍》和《聊城名胜》。1997—1999年，拍摄制作《风光旖旎话聊城》旅游专题电视片，于山东卫视台播放，并获《旅游在山东》系列节目二等奖、山东省外宣制品优秀奖。2000年，拍摄《中国聊城》VCD宣传片。2001年，编印《聊城导游》宣传册子，制作《聊城》VCD宣传光盘。2002年，设计、策划、制作反映全市旅游业各方面情况的宣传品，包括《江北水城——聊城》宣传折页和宣传纸袋、《今日聊城》VCD宣传光盘、《聊城市旅游图》等。2003年，采用市场化运作手段，与广告公司合作，策划、设计、制作江北水城导游图、江北水城风光挂历、江北水城扑克牌、《江北水城旅游商务全书》以及《中国聊城》大型宣传画册。2004年，旅游部门与聊城电视台合作，制作《聊城纵横、水城连线》旅游专题节目，录制《水城赋》旅游宣传光盘。2008年9月，邀请中央电视台少儿频道《动感特区》栏目摄制组在东昌湖、天沐温泉、景阳冈和姜堤乐园现场拍摄“魅力家庭·美丽聊城”系列节目，制作《江北水城·运河古都——生态聊城》旅游宣传册、风光片光盘、小型折页等系列宣传资料。2009—2010年，出版发行聊城市旅游行业协会会刊《天下聊城》。2010—2011年，新制作涵盖中华水上古城、阿胶养生文化苑、阳谷古城等新景区的旅游宣传折页。编写完成30万字的《话说聊城》导游词和70万字的《聊城旅游故事》，与省旅游局合作出版制作精美、内容丰富的《旅游世界》专刊。2012—2015年，与省旅游局合作制作出版《旅游世界》聊城专刊，共4版。2013年，编撰《江北水城·运河古都——聊城》旅游丛书。2014年，拍摄《情定聊城》微电影高清宣传片。

媒体宣传 2000年，市旅游局与中央电视台、北京电视台、山东卫视、聊城电视台、《人民日报》《齐鲁晚报》《大众日报》《聊城日报》等多家新闻媒体合作，制作各种类型的旅游专题片，进行专题报道近百次。2003年，先后邀请和接待凤凰卫视、北京卫视、山东卫视、《中国旅游报》《经济日报》等国内外媒体40余次、100余人。2004年“十一”期间，与山东卫视合作，在每晚的《山东新闻联播》前的宣传片中播放水城宣传片。2006年，先后参与实施“山东百景城市巡展”“快乐旅游365”“春风任我行——2006踏青C计划”、香港《新报》实地采访拍摄、“两岸摄影家合拍——山东24小时”拍摄、韩国KTX杂志社旅游考察、台湾中华两岸旅行协会会长旅游考察、俄罗斯电视台记者拍摄、2006第十一届国际旅游小姐大赛山东赛区总决赛等一系列媒体宣传活动，并在《中国旅游报》《齐鲁晚报》《聊城日报》《聊城晚报》上发表多篇旅游稿件，宣传江北水城。2007年，在中央电视台综合频道和新闻频道《天气预报》栏目中播放聊城天气咨询和旅游形象广告宣传，对聊城旅游信息网进行全面改版，开设14个栏目，丰富内容，贴近游客。和山东旅游政务网、山东旅游资讯网、山东旅游商情、《齐鲁晚报》《聊城日报》《聊城晚报》等媒体进行联网。同时在“搜狐”“新浪”等各大互联网站制作聊城旅游网页，为游客提供聊城市旅游信息。

2008—2015年，每年利用省旅游局“联合推介、捆绑营销”优惠政策，在中央电视台、山东卫视、航机电视等媒体分不同时段投放城市形象宣传片，与中央电视台、山东卫视、《中国旅游报》《大众日报》开展战略合作。加大电视媒体、平面媒体、旅游网络及大旅行社等多个平台的宣传力度，构筑了无缝隙、全覆盖的宣传促销网络。2009年，市财政投入600余万元在大宗新闻媒体播放城市形象广告片。2012年，拓展网站、短信、博客、微博、手机软件、网络游戏等新兴媒体宣传渠道。2013年，与百度开展战略合作，组织全市旅行社与淘宝旅行、同程网等旅游网络运营商合作，利用移动互联网、手机客户端、网络游戏、五微（微博、微电影、微视频、微图、微信）等新兴媒体宣传渠道。2014年，依托省旅游局目的地数字旅游服务系统，开发手机应用客户端，为入境游客提供手机报、二维码等移动旅游信息服务。2015年，加快推进旅游网络运营商（OTA）合作，拓展旅游产品营销渠道。

区域联合 对接省会城市都市圈。2006年4月，联合济南、泰安、济宁（曲阜）旅游部门召开“山泉水圣”旅游同盟成立大会，发起成立“山泉水圣”旅游同盟。通过“山泉水圣”旅游同盟成立宣言和“山泉水圣”旅游同盟产品线路整合方案，共同开发包括“泉水友情线”“山水仁智线”“圣水文化线”3条黄金旅游线，打造“山泉水圣旅游圈”，把聊城市各种旅游产品融入全省的“山水圣人”旅游圈中。2011年，主动对接济南、泰安、曲阜等城市，实行捆绑式宣传促销，做实“山水圣人”“山泉水圣”旅游线。2013年，参加山东省会城市群旅游联盟成立大会，加入山东省会城市群旅游联盟，加盟“山东省会城市群旅游一卡通”。2014年，在京沪高铁济南西站广场南综合体合作建设省会城市群集散中心聊城体验区，加快推进济聊一体化发展。2015年，济南城市群城市集散中心正式开始运营。

深化与中原旅游城市的交流与合作。2006年，参加中原经济区第十七届市长联席会议，实现区域大联合。2008年5月，参加区域旅游合作与发展论坛，济南、淄博、德州、东营、聊城、滨州、衡水、沧州八市旅游局局长在山东省庆云县通过《八城市旅游合作宣言》。2009年，联合长治、邯郸、邢台、安阳、濮阳、北京市海淀区等，成立五省市“6+1”旅游合作发展联盟，推出以聊城、邯郸、长治为主线的中原休闲健身游、中原红色经典游等10条精品线路；推出五省市“6+1”旅游互惠一卡通，向5省市公众免费发放。五省市协定各方在客源互送、管理、应急处理机制、旅游咨询等逐步实现对接和信息共享，实现旅游咨询、救助、投诉受理和接待服务一体化服务。2010年，联合中原十一市（长治、邯郸、邢台、聊城、菏泽、濮阳、安阳、鹤壁、新乡、焦作、济源）旅游部门发行“中原惠民旅游卡”，游客凭卡在十一市旅游局指定景区购买首道门票享受五折优惠。2011年，参加中原经济区旅游惠民卡的发行仪式和中原经济区区域旅游合作交流会议。2012年，参加中原经济区城市旅游联盟高峰论坛。2015年5月，参加在河南省安阳市召开的中原经济区城市旅游联盟2015年会，聊城市获“中原经济区区域旅游合作奖”。

加强与京杭大运河旅游联盟城市、京九沿线城市、西部经济隆起带城市、冀鲁豫边城市等区域合作。2006年，参加在淮安举行的京杭大运河沿线17个城市旅游合作洽谈会，全力推介江北水城，赢得参会代表高度关注。参与大运河申遗工作，充分发挥重要作用。2008年4月，召开“江北水城·运河古都——聊城旅游推介会”，北京、天津、济南、邯郸等9个市的旅游部门负责人和旅行社代表60余人参加会议，进一步扩大了聊城市在京津地区、中原地区、京九沿线旅游客源市场的影响。2009年，聊城成为“大京九经济协作带旅游网络”“运河沿线城市合作组织”的重要一员。2014年，参加西部经济隆起带第一次市长磋商会议，按照《西部经济隆起带推进旅游一体化建设工作方案》加强与各城市合作。2015年5月，参加在德州成立的鲁冀边城市旅游联盟会议，与沧州、衡水、滨州、德州四市签署《鲁冀边城市旅游联盟宣言》，进一步扩大区域旅游合作影响力。

主题活动 好客山东贺年会。从2010年始，聊城市每年举办“好客山东贺年会、水城休闲过大年”主题活动，至2015年，共举办6届。时间为元旦至元宵节。贺年会期间，重点围绕吃、游、玩等要素，丰富“贺年宴”“贺年礼”“贺年乐”“贺年游”“贺年福”五大系列产品。各县（市、区）、各旅游企业均组织开展一系列特色“贺年会”活动，并不断传承创新，研发新的贺年会产品。2011年，在全省好客山东贺年会评选活动中，聊城汽车总站获得“最佳组织奖”；在美陈大赛上，阳谷狮子楼旅游区、临清开元山庄大酒店获得“金奖”，茌平正泰东方大酒店、临清三和宾舍获得“银奖”，阳谷宾馆、昌润大酒店获得“铜奖”；阳谷宾馆最大五彩骰子获得贺年礼之最；阳谷水浒文化主题街区获评全省“欢乐今宵”优秀主题街区。2012年，茌平正泰东方大酒店、临清开元山庄大酒店、好客商务酒店获评“年味最浓的酒店”，临清开元庄获评“年味最浓的餐馆”，江北水城·天沐温泉度假村获评“年味最浓的景区”，聊城汽车总站获评“年味最浓的汽车站”，东昌府区湖西街道姜堤村、冠县斜店乡前社庄村、冠县兰沃乡韩路村获评“年味最浓的村庄”。现代街区“好客山东贺年会——快乐水城不夜街”、传统街区“好客山东贺年会——水浒文化主题街区”获评“省级优秀主题街区”。2013年，在全省好客山东贺年会评选活动中，聊城市旅游局获得“优秀组织奖”；东昌府区旅游局、阳谷县旅游局、临清市旅游局、冠县旅游局获得“组织工作先进集体”称号；聊城汽车总站、聊城市百货大楼等10个单位获评“组织工作先进基层单位”。

国民休闲汇。2011年，为落实《山东省国民休闲发展纲要》，省政府和国家旅游局在山东省共同举办“国民休闲汇”活动。是年8月13日至10月31日（此后为每年8月的第一个星期六至10月31日），聊城市各县（市、区）、经济开发区、市政府各部门同步举办“国民休闲汇”活动。活动期间，充分整合全市的社会、人文及城乡休闲资源，推出一系列休闲产品，并开展“休闲主题周”“专题休闲活动”“休闲购物打折季”活动，形成持续不断的休闲活动高潮，实现了地区之间、城乡之间均衡发展。在好客山东休闲汇期间，聊城市获“最佳组织奖”“最佳创意奖”第二名、“最佳主题周”第二名、“美陈最佳创意奖”第二名和“旅游产业创新奖”。

二、国际和港澳台旅游市场开发

聊城市国际市场开发主要针对港澳台、韩国、日本和欧美国家。2001—2005年，在到聊城国际游客中，韩国占国际游客的14.8%、日本占国际游客的11.65%、美国占国际游客的9.4%。2003年，受“非典”疫情影响，接待入境游客4218人次，创汇189.38万美元，较上年分别下降35.4%、36.02%。2004年5月，聊城市利用山东省为迎接亚洲杯（济南赛区）赴韩国促销之机，由市旅游部门带领全市旅游企业，随同省旅游促销团赴韩国进行高规格的宣传促销活动。6月，威海威东航运有限公司在聊城市举办航线推介会，推出（中国）青岛／威海—（韩国）仁川航线。

2005年，参加大连举办的第二届东亚国际旅游博览会和昆明国际旅游交易会，并在国际旅交会上举行聊城市旅游推介会。是年，共接待海外游客8260人，创汇490万美元，分别比上年增长14.7%和74%。

2007年，制定“以上（级）为主，选择参加”的海外市场计划，重点抓好对日本、韩国、东南亚等国家及中国香港、中国澳门等地区的宣传推介工作；参加“2007日本JATA国际旅游展”及一系列大型国际旅游宣传推介活动，加大赴韩宣传力度。

2008年，参加第八届中国（济南）国际旅游交易会、2008中国（国际）休闲发展论坛、日本东京旅游交易会、香港嘉年华大型旅游宣传促销、第二届海峡两岸台北旅展等促销活动，逐渐开拓海外国际旅游市场。利用中央电视台部分外语和高清频道以及香港翡翠台、台湾东森电视台等媒体资源，播放聊城整体形象宣传片，提高海外知名度和美誉度。

2009年4月，参加台湾举办的鲁台交流年大型宣传推介活动，聊城旅游部门与台湾金门县政府交通旅游局签订旅游友好合作协议，互送客源、互通信息、联合促销、资源共享，开展一系列实质性合作，此为全省首次与台湾旅游部门签订旅游友好合作协议。2011年，接待考察阿胶文化的新加坡旅行商及进行录制拍摄的台湾观光协会。邀请韩国、日本等国家和中国港澳台等地区的旅行商和记者考察、拍片。

2012 年，参加在香港举办的“2012 香港山东周”活动。同时，组织全市重点乡村旅游示范点参与“2012 鲁台乡村旅游百分百”活动，实现鲁台两地乡村旅游大互动。是年，共接待入境游客 5.5 万人次，比上年增长 22.8%；入境旅游收入 2700 万美元，增长 27.6%。

2013 年 10 月，参加海峡两岸台北旅展等，并与台湾地区金门县进一步加强合作交流，建立起长久的旅游合作伙伴关系。同月，参加昆明国际旅游交易会，借助国际旅交会的多方客源，最大限度地宣传推介聊城旅游资源。

2014 年，邀请韩国、东南亚等国家和中国港澳台等地区的旅行商和记者到聊城考察、拍片。是年 3 月，邀请韩国文化传媒一行到聊城采风，扩大聊城的海外影响力。是年，共接待入境游客 5.4 万人次，比上年下降 0.41%；入境旅游收入 2539.4 万美元，增长 6.16%。

2015 年，借助与青（岛）烟（台）威（海）、河南郑州等大旅行商合作，开拓韩国旅游市场，参加省旅游局组织的各种大型国际旅交会、博览会，宣传推介营销聊城旅游产品。是年，共接待入境游客 5.55 万人次，比上年增长 2.99%；入境旅游收入 2500 万美元，下降 0.91%。

第五节　节庆活动

一、全市性节庆活动

中国江北水城（聊城）文化旅游节、水城之秋观光周　自 2002 年聊城市举办第一届“中国江北水城（聊城）文化旅游节”和“水城之秋观光周”始，至 2008 年共举办 7 届“文化旅游节”和 6 届“水城之秋观光周”，举办时间分别为每年“五一”假期和国庆假期期间。主要活动有水城明珠大剧场文艺演出、文化活动、体育比赛、经贸会展活动、景区景点活动等。2002 年 4 月 30 日至 5 月 8 日“文化旅游节”期间，举办 9 场大型文艺演出、全国焰火燃放比赛、民间艺术展、花车巡游、山陕会馆庙会、剪纸和书画展览。首次在东昌湖承办全国龙舟邀请赛及摩托艇、帆船、现代航空器等水上表演项目。旅游节期间，游客 330 万人次，接待外地团队 1600 余个，市（县、区）各大宾馆入住率 97% 以上，旅游总收入 8.2 亿元。2002 年 10 月 1—7 日，举办“水城之秋观光周”，活动内容包括焰火晚会、中国警察水上马拉松游泳大奖赛、龙舟赛及 4 场大型文艺晚会，在市区还有花车巡游和大型民间艺术巡游。2002—2008 年，在文化旅游节和“水城之秋”观光周节庆期间，共举办各类文艺演出 200 余场次，包括社区在内的各类文化活动 500 余项，各类展览 1000 余场次，出游人数实现 2000 多万人次，旅游总收入 70 亿元。2003 年，由于“非典”疫情的影响，“中国江北水城（聊城）文化旅游节”推迟到国庆长假。2008 年后，“中国江北水城（聊城）文化旅游节”改名为“江北水城·运河古都（聊城）文化旅游节”，“水城之秋观光周”改名为“水城之秋休闲周”。

江北水城·运河古都（聊城）水文化节　2012 年，聊城市举办首届“中国江北水城·运河古都（聊城）水文化节”，为期 6 个月。其间，举办美食大赛和全国龙舟邀请赛、中国生态文明高层论坛、中国公开水域游泳大赛、荷花艺术节、运河城市文化论坛、旅游形象大使大赛、海峡两岸书画博览会、民俗文化艺术大赛、温泉文化节、阿胶养生文化节等 11 项节庆活动，还举办县（市、区）旅游产品展示会、“水文化节”旅游推介会、商品博览会、招商恳谈会等 16 项主题活动。2013 年，“水文化节”以“做活水文章，建设生态城”为活动主题，于是年 5 月 10 日开幕，时间一直持续到年底，共有首届国际微映像节、日月潭·水城情——聊城台湾经贸文化交流周、全国龙舟公开赛、第二届中国（聊城）公开水域游泳大赛、夏季水城国际嘉年华、水文化（生态文明）国际论坛、第二届温泉文化节、水文化冰雪节等 9 项主体活动，同时举办 16 项特色专项活动，共计 25 项活动。2014 年后，聊城市的节庆活动在办节理念和节庆内容等方面有了重大转型，由原来的重点打造聊城知名度转变为以直接刺激旅游业的发展为重点，活动内容主要包括养生、健身、赏花、采摘等。

二、县（市、区）节庆活动

中国江北水城（聊城）葫芦文化艺术节 2007年，东昌府区委、区政府举办“中国江北水城（聊城）首届中国葫芦文化艺术节”。2008年6月，东昌葫芦雕刻工艺被列入“国家级非物质文化遗产”名录。至2015年，东昌府区连续举办9届中国葫芦文化艺术节，会期1～3天，除组织葫芦种植加工户展销产品外，还开展葫芦雕刻技艺工艺大赛、精品葫芦评比、葫芦文化研讨会、葫芦摄影作品展等丰富多彩的活动。

中国冬至阿胶节 2007年12月22日，东阿县政府联合山东东阿阿胶股份有限公司举办首届“中国·东阿阿胶文化节”，生动再现了“金锅银铲桑木柴”古代炼胶情景；布展阿胶文化一条街，为老年人义诊，开展阿胶养生文化、美容文化、膳食文化讲座等活动。2008年，中国阿胶文化节为“东阿阿胶制作技艺”入选“国家级非物质文化遗产保护名录”举行揭牌仪式，举办中医药养生保健大讲堂、专家免费义诊、代客熬胶、阿胶膳食文化节、楹联书画艺术展等一系列活动。2009年，“中国·东阿阿胶文化节”改为“中国冬至阿胶节”，以弘扬冬至进补文化。2010年，在第二届中国冬至膏滋节暨东阿阿胶文化节上，“东阿阿胶膏滋养生（健康）论坛”及中华中医药学会膏方标准化研究及人才培训基地揭牌，东阿阿胶全国双品牌合作工程正式启动发布。2011年，在中国冬至阿胶文化节上，同时对东阿阿胶

2012年，中国阿胶东至滋补文化节开幕

作为全国首批道地药材保护与规范化生产示范基地、首批国家级非物质文化遗产生产性保护示范基地进行授牌。2012年，以“滋养生命，美丽中国”为主题的第六届中国阿胶冬至滋补文化节举办。2015年，冬至阿胶滋补节上举办中国第一款保健功能枣——蓝帽子的首发仪式，是东阿阿胶与京东商城跨界合作，实施“阿胶+互联网”行动的一次创新探索。

冠县“梨花节”和“采摘节” 2006年4月，冠县举办首届梨花节——“江北水城·运河古都”梨园文化观光周，并于2013年7月推出“采摘节”——“江北水城·运河古都”采摘游园活动。之后，每年4月初举办梨园文化观光周，为期2周。至2015年，冠县先后举办10届梨园文化观光周和9届梨园采摘游园活动，相继开展“赏万顷梨花，浴天沐温泉”风情体验、“梨园春意浓，镜头看冠县”“梨树认养”“百位新人婚纱摄影”“百对老人游园”“非物质文化遗产展演”“中华古梨园骑游”“农民文化艺术节”“帐篷节”等50多项丰富多彩的旅游节庆活动，打响了冠县生态观光旅游的品牌。自第一届梨园观光周活动以来，到韩路村的游客每年60多万人次，实现旅游综合收入1.6亿元。

中国（高唐）书画博览会 2006年9月，首届中国（高唐）书画博览会在李苦禅美术馆举办，博览会以“弘扬书画艺术、打造书画名城”为主题，以“丹青高唐、写意未来”为灵魂，通过大型会展培育书画品牌。至2015年年底，连续举办10届，在全国打响了“苦禅故里、中国书画艺术之乡”的品牌，把高唐打造成集书画研究、创作、培训、展览、交易、鉴赏于一体，功能配套、门类齐全、信誉度高的全国性书画经营集散地和书画艺术名城。

全国（清平）山地自行车邀请赛 清平是“全国百佳平原绿化乡镇”“国家AAA级旅游景区”“山东省首批特色景观旅游名镇”“山东省旅游强乡镇”，清平镇境内的省级森林公园是山东省最大的平原森林公园、山东省首批自驾游示范点。2010年4月，清平镇依托森林公园及广大

骑行爱好者的支持，组织首届山地车比赛。至2015年，连续组织5届赛事。比赛场地在林场内，以林间土路为主，有助于充分发挥山地车的优势，增进骑行乐趣。随着活动的持续开展，自行车赛的参赛人数连年增多，自行车运动成为高唐县一道亮丽的风景线。

2014年5月16日，第三届冀鲁豫·董杜庄镇西瓜节开幕

临清古城胡同游 临清古城胡同游，为临清民间公益性旅游活动。2007—2015年，连续举办9年。每年大年初二、“五一”、国庆节定期组织，每次游人均在1000人。活动不仅是宣传、保护、研究临清古城的一个群众性平台，而且成为临清老百姓节日里不可或缺的一项休闲旅游活动。

中国江北水城（聊城）国际樱花节 2006年，姜堤乐园举办首届“中国江北水城（聊城）国际樱花节”，此后每年4月中旬举办一次，主要内容是赏花、踏青和特色民俗表演。至2015年，举办10届。樱花节期间，参加活动的市民游客接待量每天近1万人次。

中国江北水城（聊城）荷花文化艺术节 2007年7月，在南湖湿地公园举办首届“中国江北水城（聊城）荷花文化艺术节”。至2015年，举办9届。活动时间为7—9月，活动内容以赏荷观光、摄影比赛、环境科普教育、荷文化展、中小学生优秀作文大赛、旗袍秀等一系列荷文化活动为主，取得了良好的社会效益。

莘县伊尹文化美食节暨伊尹文化书画（扇面）展 2014年10月24日，在莘县伊尹文化主题酒店举办莘县首届伊尹祭拜大典暨伊尹文化书画展。2015年10月23日，举办第二届伊尹文化美食节暨伊尹文化书画（扇面）展，以特色扇面展的崭新形式面世，从中传承和弘扬伊尹文化。书画展邀请省内外书画名家和在莘县书画界有影响力的艺术家参加，参展作品风格多样、笔墨淋漓、色彩斑斓，具有很强的观赏性和感染力。

冀鲁豫·董杜庄镇西瓜节 董杜庄镇位于莘县西部，冀鲁豫三省交界处，是全国最大的拱棚西瓜集中种植区。2000年，董杜庄镇西瓜被中国绿色食品发展中心授予“绿色食品”称号，并注册“仙果”牌商标。2010年，被国家质检总局命名为“西瓜标准化生产示范区”。2013年，被国家工商总局批准使用“莘县西瓜”地理标志商标，农业部重新认定了西瓜绿色认证。2012—2015年，每年5月16日，在董杜庄镇举办冀鲁豫·董杜庄镇西瓜节，邀请全国各地瓜菜批发市场老板、超市经理、农业专家、三省瓜农、各级媒体等社会各界朋友齐聚董杜庄，共同体会西瓜丰收的喜悦。中央电视台、山东电视台、《大众日报》《聊城日报》、聊城电视台等多家媒体进行采访报道。2015年6月，中央电视台《生活早参考》栏目组对董杜庄镇进行为期3天的专访，拍摄的纪录片《西瓜兄弟的较量》于2015年7月2日在中央电视台综合频道《生活早参考》栏目播出。

中国（莘县）国际瓜菜节 2012年5月21日，莘县在生态谷农产品市场举行首届中国（莘县）国际瓜菜节，以“绿色、特色、科技、创新、发展”为主题，邀请国内大专院校、科研院所的专家学者，西班牙、法国等地的国际友人，全国40多个大中城市的110多家超市和批发市场的经理，以及中央和山东省、聊城市新闻界的30多名新闻记者参加。该瓜菜节固定于每年4—6月间举行，历时近1个月，由莘县县委、县政府

2013 年 5 月 17 日，第二届中国（莘县）国际瓜菜节开幕

主办，莘县旅游局承办，是集农产品展示、商贸洽谈、会议论坛和文化活动于一体的盛会。2013 年、2014 年，中国（莘县）国际瓜菜节以“绿色、品牌、提升、创新”为主题。2015 年，第四届瓜菜节继续秉承以瓜菜菌为媒、以节会交友的理念，以“绿色、安全、生态、品牌”为主题，集中展示瓜菜菌及相关产业发展的新理念、新成果、新技术、新产品，推进农业科技成果的交流转化、优良品种和实用技术的推广。

第六节 旅游线路

1997 年起，聊城地区探索和开拓旅游市场，进行广泛市场调研，精心编排旅游线路，满足不同层次游客的需求。整合建设了民俗旅游、工业旅游、生态旅游、保健旅游、体育旅游、红色旅游、英雄之旅、“江北水城”一日游、“江北水城英雄之旅”二日游等九大特色旅游线路，并通过创新和组合形成内涵丰富、独具魅力的“江北水城精华游”和“夜游水城”旅游产品，形成“9+2”特色旅游线路。

2003 年，主动与北京、天津、济南、泰安、青岛、曲阜等地旅游界联手，策划推出“京城—水城—泉城—岛城”旅游产品和“京城—水城—泉城—山城—圣地”旅游产品。同时，与济南、曲阜、泰安组成泉城、圣城、山城、水城四城联合体，努力融入“山水圣人”旅游线。2004 年，以水为纽带把众多体量小的景点串联起来，形成一个整体产品“江北水城精华游”和“夜游水城”，并对“江北水城”一日游旅游线路进行优化组合，将聊城市标志性建筑水城明珠大剧场融入新的旅游线路中，推出安排更合理、吸引力更大的江北水城一日游产品：孔繁森同志纪念馆、湖滨公园、西关桥、水城明珠大剧场、沿东昌湖、运河景观带（或坐船游东昌湖，经南关桥、京杭大运河）、山陕会馆、光岳楼、海源阁、月姜堤乐园（或凤凰苑农业科技园）、马颊河旅游度假村（或昌东公园），这条旅游线路成为聊城旅游的主打产品。

2008 年，针对旅游景区（点）小、散、弱的状况，制定详细的产品整合工作方案，与产品线路上的各景区（点）逐一进行协调和磋商，最终达成共识，初步形成突显水城特色的“江北水城·运河古都水上逍遥游”“精华游”和“夜游水城”旅游产品，并与济宁、枣庄等市联合，共同打造大水浒旅游线。2009 年，努力延长游客滞留时间，将各县（市、区）纳入全市旅游大格局，形成“江北水城、水浒之旅二日游”“水浒英雄之旅”“温泉养生之旅”“农业生态观光及乡村旅游”“工业旅游”“红色旅游”等多条精品旅游线路。2010 年，针对世博旅游市场，整合包装推出江北水城·运河古都精华游、运河文化游、水浒金瓶梅文化游、阿胶养生养颜游、温泉保健游、水城之春赏花体验游、黄河故道生态森林游、黄河（汽车）自驾车游、徒骇河（自行车）自驾车游等特色“一日游”“二日游”旅游线路。2011 年，充分利用现有的资源和景点，全面整合沿湖、沿河景点，形成一个整体产品——“江北水城·运河古都”水上游（河湖游）。在“水上游”的基础上开辟“夜游水城”线路，丰富夜间旅游内涵，从而填补山东省水上夜游项目的空白。加大各县（市、区）旅游资源整合力度，初步形成以文化旅游、水城旅游及温泉休闲旅游为主的“二日游”拳头产品。2012 年，整合推出“江北水城风情自驾七日游”精华产品，受到游客追捧。2013 年 5 月，召开“二日游”旅游产品整合座谈会，打造“水文化、水休闲、水娱乐、水生活”的优惠经典线路产品，在聊城“水文化”二日游的核心产品（包括“江北水城·运河古都”水上游和夜游水城）基础上，重点推出聊城市“水文化”和“养生聊城”二日游线路。

2013 年，重点整合乡村游产品，突出“乡村逍遥游”主题，重点开发生态田园乡村逍遥游、“文化 + 乡村逍遥游”“温泉度假 + 乡村逍遥游”等主题旅游休闲产品，推出“水浒民俗乡村游”“水浒古村落体验游”“运河乡村田园风情游”“亲子乡村二日游”“乡村逍遥夏令营三日游”等特色乡村旅游线路。2014 年，为做好旅游产品“两上线”活动，突出“游水城、泡温泉、做好汉、吃阿胶宴”特色内容，推出江北水城·运河古都——生态聊城二日游产品；组织各县（市、区）推出 30 余条旅游线路，指定旅行社对外营销，并出台奖励政策，组织部分星级酒店推出 20 余条旅游线路，上酷旅网对外营销，有效地促进旅游产品对接市场、适应市场。2015 年，为做活秋冬旅游市场，召开聊城市旅游工作现场会暨聊城市二日游秋冬享特惠方案发布会，重点推出“聊城二日游”“阿胶养生文化二日游”“水浒文化二日游”3 条旅游线路产品，以及系列配套现金奖励政策，提高旅行社招徕游客的积极性，做活聊城秋冬旅游市场。

第三章　旅游服务

第一节　旅行社

1997 年，境内有旅行社 3 家。1998—2001 年，全市旅行社增至 22 家。2002—2003 年，聊城青年旅行社、聊城市园丁假日旅行社等 9 家旅行社先后成立。2003 年，聊城国际旅行社有限责任公司成立，成为全市首家具有出境资质的旅行社，全市旅行社增至 35 家。2004 年，冠县温泉度假旅行社、聊城东昌旅行社等 9 家旅行社成立，全市旅行社增至 42 家。2005 年，新增旅行社 5 家，全市旅行社增至 47 家。2006 年，成立 4 家旅行社，旅行社增至 51 家。2007 年，新成立 3 家旅行社。2008 年，成立聊城公交旅行社、聊之旅旅行社等 6 家旅行社，全市旅行社 57 家。是年，聊城市运通旅行社、阳谷旅行社有限公司、聊城市口岸旅行社、聊城市国华旅行社、聊城市海天旅行社有限公司、聊城青年旅行社等 6 家旅行社获评 AAA 级旅行社。2009—2010 年，华宇旅行社、冠县鸿泰旅行社等 7 家旅行社先后成立，全市旅行社增至 62 家。2014 年，全市旅行社 59 家。2015 年，全市旅行社 63 家。

附：重要旅行社简介

聊城康辉国际旅行社有限公司　位于东昌西路育新苑小区公建 A2 幢 109 号，始建于 1996 年，是经国家旅游局批准，市工商局登记注册，足额交纳质量保证金 140 万元，拥有独立法人资格的旅游企业，聊城唯一一家国家特许经营出境资质组团社。公司与航空、铁路、酒店各部门保持良好稳固的协作关系，形成“食、住、行、游、购、娱”一条龙式服务体系。公司正式员工 40 人，其中专职导游 10 人、专职领队 10 人，拥有专业的产品开发团队，有专门的旅游质监部门，全体员工经过系统专门培训、严格考核，被授予“山东省 AAA 旅行社”“山东省十佳诚信旅行社”“山东省诚信旅游示范单位”“山东省旅游消费者信得过单位”“山东省旅游细微服务达标企业”“山东省智慧旅行社”“聊城市旅游行业先进单位”等称号。

聊城百事通旅行社有限公司　位于聊城市东昌西路 38 号，成立于 2000 年，是经山东省旅游局批准设立的旅游服务企业，主要从事团体个人旅游观光、休闲度假、会议接待、商务考察、学生冬夏令营、健康老人游、单项导游服务及航空票务、旅游包车等各种与旅游相关的业务。公司总资产300余万元，拥有高素质从业人员70余人，开辟旅游线路数千条。公司在聊城各县、市均设有经营网点，共计13家分公司营业部。

聊城国华假期旅行社　位于聊城市行政服务中心一楼，成立于2001年，是经省旅游局批准、聊城市工商局核准注册的具有独立法人资格的专业旅游企业。自成立至2015年年底，旅行社培养和锻炼了一批经验丰富的旅游管理人员和训练有素的导游人员，并获得山东省旅游局、山东省消费者协会等单位颁发的“山东省第二届旅游消费信得过单位”“省旅行社协会副会长单位”“省诚信旅游示范单位”“市旅行社协会会长单位”称号，是聊城市首批AAA级旅行社，获“聊城市优秀旅行社”“聊城市最受欢迎旅行社”等称号，与全国各地旅游机构和交通、服务行业建立了密切的合作关系。

聊城千千佳旅行社有限公司　位于聊城汽车总站院内，成立于2011年9月，隶属于聊城交通汽运集团有限责任公司，旅行社注册资金50万元，下有9个分社，员工30余人，自备17～55座豪华省际旅游客车80余部，拥有一支技术精、专业强、素质高的驾驶专业人才队伍。2014年，被省旅游局授予“旅游诚信企业”称号；连续6年被山东省交通运输厅授予“山东省交通运输系统本质安全建设先进企业金奖”。开通北京、北戴河、通天峡及省内多条旅游直通车线路。可以根据客户需求量身设计线路、行程，让游客享受游玩、住宿、观光、用餐等一条龙服务。2015年，公司实现收入393万元，利润30.51万元，税金1.97万元，从业人数16人。

阳谷旅行社　位于阳谷县棋盘街2号，始建于1992年，是聊城市（地区）成立的第一家旅行社。2006年7月，成立阳谷旅行社有限公司，注册资金30万元。下设导游部、计调部、财务部3个部门，与各大宾馆、景区及车队建立了长期友好的合作关系，有着丰富的旅游接待经验和业务精良的导游队伍。连年被市委、市政府评为“接待服务先进单位”，被市旅游局评为“聊城市最佳旅行社”。为聊城市首批AAA级旅行社。

聊城市旅行社情况一览表

表15-6

旅行社名称	成立时间	资质	地址
聊城国际旅行社	2003年	—	东昌东路139号金鼎商厦八楼
聊城江北水城国际旅行社	2006年	—	聊城湖滨路2号
阳谷旅行社	1992年	AAA级	阳谷县棋盘街2号
聊城康辉国际旅行社	1996年	出境社 AAA级	东昌西路育新苑小区公建A2幢109号
海天旅行社	2004年	AAA级	东昌东路94号
环球新闻旅行社	1999年	—	聊城市利民东路23号山东商报社院内
聊城市通达旅行社	2000年	—	聊城市东昌东路82号一所
聊城教育旅行社	1999年	—	聊城市文化路34号
聊城百事通旅行社	2000年	—	聊城市东昌西路38号
聊城市神州旅行社	2000年	—	聊城市东昌东路君悦尚城609
东阿县恒信旅行社	2000年	—	东阿县广场东路1号
高唐县旅行社	2003年	—	高唐县柴府花园
聊城市东昌湖旅行社	2000年	—	聊城市东昌西路交运综合楼四楼
聊城市天天旅行社	2000年	—	聊城市花园南路3号
凯莱商务旅行社	2011年	—	东阿县阿胶街西首路北

续表 15-6

旅行社名称	成立时间	资质	地址
临清市新华园旅行社	2000 年	—	临清市上湾街 18 号
聊城市华联旅行社	2001 年	—	聊城市东昌西路 111 号
冠县温泉度假旅行社	2004 年	—	冠县红旗北路 G15 号
新国线（聊城）旅行社	2007 年	—	金鼎商厦六楼
聊城白云旅行社有限公司	2008 年	—	聊城市曙光大厦十一楼
聊城国华假期旅游有限公司	2001 年	AAA 级	聊城市昌润南路聊唐路口
临清市中心旅行社	2011 年	—	临清市青年路古楼街 2771-2-1 号
聊城大众新闻旅行社	2002 年	—	聊城市柳园南路 105 号
金凤凰旅行社	2002 年	—	聊城东昌宾馆 1 号楼大厅两侧
聊城金辉旅行社	2002 年	—	聊城市柳园南路 105 号三楼
聊城春秋旅行社	2002 年	—	聊城市东昌东路 90 号
鲁华旅行社	2002 年	—	聊城市花园南路 125 号
聊城天地人旅行社	2008 年	—	聊城市花园路
聊城市友谊旅行社	2003 年	—	聊城市东昌东路 97 号泰山宾馆三楼
聊城运通旅行社	2004 年	AAA 级	聊城市东昌西路 12 号国际商务港 608A
聊城东方旅行社	2003 年	—	聊城市利民东路 10 号五建公司三楼
聊城市园丁假日旅行社	2003 年	—	聊城市卫育路东卫育小区卫育 1 号商业楼 22 号
山东聊城畅达旅行社	2004 年	—	莘县北环 93 号
青年旅行社	2003 年	AAA 级	聊城市东昌东路 82 号光岳宾馆东首
聊城市阳光旅行社	2003 年	—	聊城市花园路公园南临
聊城市华航旅行社	2001 年	—	聊城市东昌西路 60 号
聊城东昌旅行社	2004 年	—	聊城市柳园北路 26 号
聊城市青华旅行社	2005 年	—	茌平县顺河街 161 号
聊城市口岸国际旅行社	2005 年	AAA 级	聊城市花园路园东小区
高唐县鱼邱旅行社	2005 年	—	高唐县官道街北首
光岳旅行社	2010 年	—	聊城市柳园南路 142 号
临清四方旅行社	2011 年	—	临清市新华街道古楼东街
聊城市九洲旅行社	2006 年	—	聊城市东昌西路 32 号齐鲁大厦 715 房
聊城市中信旅行社	2007 年	—	聊城市花园北路 1 号
聊城市公交旅行社	2008 年	—	聊城市振兴东路 45 号
聊城芳华旅行社	2008 年	—	聊城市柳园南路 116 号
聊城聊之旅旅行社	2008 年	—	聊城东昌西路 12 号
东阿县大众旅行社	2008 年	—	聊城市东阿县前进街中段
茌平阳光旅行社	2009 年	—	茌平县振兴路西段
聊城大自然旅行社	2009 年	—	聊城市柳园南路 89 号
临清市青年旅行社	2010 年	—	临清市青年路中段
聊城市腾飞旅行社	2009 年	—	兴华西路 23 号

续表 15-6

旅行社名称	成立时间	资质	地址
高唐县书画之乡旅行社	2013 年	—	高唐县怡园小区东西步行街 5 号商铺
聊城华宇旅行社	2010 年	—	聊城市美景大酒店
冠县鸿泰旅行社	2010 年	—	冠县红旗北路金冠大道 B10
聊城海纳假期旅行社	2011 年	—	莘县振兴街 78 号
聊城市顺途旅游有限公司	2014 年	—	东昌府区新东方国际公寓 A 座十楼 1010 号
聊城千千佳旅行社	2011 年	—	聊城汽车总站院内
聊城欢乐假期旅游有限公司（2016 年更名为聊城康泰国际旅游有限公司）	2014 年	—	聊城东昌路新东方国际 A 座 2518 室
阳谷新旅途旅游有限公司	2014 年	—	阳谷县谷山路宝福邻购物中心
圆缘旅行社	2015 年	—	东昌府区新区街道振兴西路嘉和公寓 C 座
聊城市凯旋旅行社	2015 年	—	聊城市东昌东路星光凯旋大厦 A301 室
聊城冠宇旅游有限公司	2015 年	—	聊城市建设西路 15 号

第二节　旅游饭（酒）店

1998 年，聊城钓鱼台宾馆被评为“二星级涉外饭店”。1999 年，东昌宾馆被评为“三星级旅游涉外饭店”，并被省旅游局评为“优秀星级饭店”。是年，聊城光岳宾馆、聊城中苑大酒店、海源阁宾馆、聊城金阳宾馆、聊城富苑大酒店被评为“旅游涉外定点饭店”。2000 年 3 月，聊城中苑大酒店被评为“三星级旅游涉外饭店”。2001 年，阳谷县宾馆被评为“三星级旅游涉外饭店”，填补了境内县（市、区）无中高档星级饭店的空白。是年，中通宾馆被评为“旅游涉外二星级宾馆”，全市星级饭店 7 家。2003 年，全市新增二星级酒店 2 家、三星级酒店 1 家，星级酒店 10 家。2004 年，泉林大酒店通过星级评审，成为全市第一家“四星级酒店”。2005 年，茌平美丽华大酒店、新开大酒店等 4 家酒店先后加入星级饭店行列，全市星级饭店 15 家。2006 年，全市星级饭店增至 17 家。2008 年，迎宾大酒店、金宇海天大酒店等 5 家酒店被评定为星级饭店，全市星级饭店 23 家。2009 年，茌平正泰东方大酒店晋升为“四星级旅游饭店”，茌平宾馆、牛车水大酒店等 4 家饭店被评定为“三星级旅游饭店”。至 2010 年，全市星级饭店增至 26 家。2013 年，阿尔卡迪亚国际温泉酒店通过国家旅游局五星级终审，成为聊城市首家“五星级温泉度假酒店”。至 2015 年年底，全市旅游星级饭店 29 家。

附：重要酒店选介

阿尔卡迪亚国际温泉酒店　聊城市重点招商引资项目，由上市公司——荣盛房地产发展股份有限公司投资 4.5 亿元建设，建成开业于 2010 年 8 月。位于东昌湖西南畔，占地 13.33 公顷，地上建筑面积近 7 万平方米，是聊城市高规格接待的标志性酒店。由接待中心、餐饮中心、客房中心、会议中心、温泉康乐中心、2 座贵宾楼及园林区七大功能区组合而成，是一处“中式园林建筑”和“江南水韵风情”相结合的五星级温泉酒店，可满足中高端政务接待、会议会展、商务休闲、养生度假等多种需求。酒店拥有各类型豪华标间、单间、豪华套房及总统套房等 319 间（套），其中包含 2 栋独立的贵宾楼。餐饮中心设有中西餐厅、豪华包房、宴会厅、咖啡厅、酒廊、茶吧等就餐或休闲场所，容纳 1000 人同时就餐，可接待中高端宴请、会议餐、宴席。会议中心设有1200人的大礼堂、20～400人的会议厅共17处，是鲁西地区极具特色与规模的会议中心。酒店“御临泉”采自1800米深处的温泉水，内含硅酸等48种对人体有益的微量元素，70余个室内外温泉池各有不同的养生功效。除温泉外，康体中心设有室内外网球场、健身房、网吧、棋牌室、KTV、自助餐厅等。2015年，实现营业收入6181.83万元，税收346.18万元，员工389人。

昌润大酒店 聊城昌润投资控股集团有限公司投资近1亿元建造的集餐饮、住宿、商务、购物、休闲娱乐于一体的四星级旅游饭店，建成开业于2002年1月。主体楼高88米，建筑面积1.75万平方米。酒店拥有各式客房140间（套）、零点餐厅和自助餐厅各1个、宴会包厢17个，共有餐位550余个。同时拥有多功能厅1个及可容纳10～170人的大中小型会议室4个。为适应市场需求和提高接待档次，先后投资1000多万元对餐饮和客房区域进行装修改造。尤其是2012年6月开业的中西豪华自助餐厅，以高档靓丽的装修、装饰和琳琅满目的菜品，引领了聊城市自助餐的潮流。

昌润大酒店　（2012年摄）

泉林大酒店 山东泉林集团投资8000万元兴建的集餐饮、住宿、商务会议、休闲娱乐等服务于一体的综合性饭店。酒店于2002年12月竣工，2003年7月2日正式对外营业，2004年被评定为“四星级旅游饭店”。酒店拥有客房116间（套）。商务中心可提供收发传真、打字、复印、票务预订等各种需求。餐饮设有零点大厅、风味餐厅、多功能宴会厅、西餐厅、酒吧及27个风格独特的宴会厅，共有800余个餐位，汇聚鲁、粤、川、胶东海鲜等各地美食，均由名厨料理，菜品精良，可满足零餐及各种团队、会议就餐需要；酒店拥有3个多功能会议室，1个可同时容纳500人的国际会议室，以及室内游泳馆、健身娱乐器材等综合康乐设施，可满足不同宾客的商务、会务和休闲娱乐需求。

正泰东方大酒店 由聊城正泰房地产集团投资兴建，2008年8月8日竣工开业，2009年9月被评定为“四星级旅游饭店”。酒店位于茌平县城西南部，集餐饮、住宿、美发、桑拿洗浴、歌厅、打字复印等多功能于一体，可同时容纳500余人居住和1000人就餐。会议室有容纳2000余人的同心厅，容纳200人左右的国际会议中心和中型会议室及贵宾室各1个。

三和宾舍 临清市三和纺织集团有限公司通过主辅业务分离出来的一家服务业企业，2009年4月26日开业，2010年12月被评定为“四星级旅游饭店”，获“全国首家清真文化主题饭店”称号。拥有总统套房、豪华套房、商务房、标准房103间（套），能满足宾客商务办公、休闲度假之需求。大小不等的宴会包厢35个，可容纳500人同时就餐。餐饮主要经营清真、海鲜、淡水鱼及燕鲍翅。

光岳宾馆 始建于1949年8月，位于古城区老地委对门道院，最早名称为聊城地委招待所，历经聊城地专机关招待所、地革委招待所、市机关第一招待所等名称变化，为聊城市旅游定点饭店、三星级宾馆。1992年5月，更名为聊城光岳宾馆。宾馆坐落于东昌东路50号，是

光岳宾馆 （2015 年摄）

一处集政务接待与民生服务于一体，餐饮、住宿、会议、商务服务，欧式风格、园林式建筑与现代气息为一身的老字号、生态型、多功能、规范化、现代化宾馆。宾馆占地 2.57 公顷，建筑面积 1.45 万平方米。宾馆主体建筑“山”字楼为欧式建筑风格，红墙青瓦，古朴典雅。南楼主楼 4 层，东侧附楼 3 层。南、北 2 楼由连廊贯通，餐饮客房联为一体。至 2015 年年底，宾馆有套房、标准房、单人房 216 间，432 个床位；大中小多功能会议室 10 个；宴会厅、中西式餐厅、自助餐厅 38 个，可容纳 1500 人同时就餐。宾馆有职工 260 余人，内设餐饮部、客房部、销售部、经营部、采供部、仓储部、后勤部、保安部、信息网络部、办公室等 15 个部室。建馆以来，先后接待多名党和国家领导人以及多个国家的驻华大使和高级官员，先后被评为市级“十大功勋企业”“最佳服务酒店”“婚宴旗舰店”“餐饮业十强企业”“消费者满意单位”。被省消协授予“山东省第九届消费者满意单位”称号。

东昌宾馆 始建于 1976 年，由原聊城地区革委会招待所分离诞生，定名为聊城地革委第二招待所，隶属地区行政管理局领导，建址于光岳楼北道署街原地委院内。经两次变迁于 1982 年落址在聊城市东昌西路 119 号，易名为聊城地区东昌宾馆，内部称谓聊城地区第二招待所。1994 年 5 月，更名为聊城东昌宾馆。1999 年 3 月，获三星级旅游涉外饭店称号；是年 11 月，被省旅游局评定为“全省优秀星级饭店”，改写了聊城没有三星级宾馆的历史。宾馆占地 3.22 公顷，总建筑面积 4 万平方米，是一座集餐饮、住宿、会议、旅游为一体的综合型三星级旅游涉外宾馆。至 2015 年年底，有套房、标准房、单人房 60 余间，100 多个床位；大中小多功能会议室 10 个；宴会厅、中西式餐厅、自助餐厅 15 个，可容纳 500 人同时就餐。宾馆有职工 240 余人，内设综合部、财务部、客房部、餐饮一部、餐饮二部、餐饮三部、营销一部、营销二部、采购供应部、经营管理与开发部、保障部、电讯部、安保部等 13 个部门。先后获得全国“工人先锋号”、省旅游饭店协会优秀服务先进单位、鲁菜产业发展贡献奖、山东省文化建设先进单位、省细微化服务先进单位、聊城市旅游饭店协会特别贡献奖、聊城十佳旅游星级饭店等荣誉。

2015 年聊城市旅游饭（酒）店一览表

表 15-7

名称	星级	星评时间	地址
阿尔卡迪亚国际温泉酒店	五星	2013 年 1 月（评星）	聊城市湖南路
昌润大酒店	四星	2004 年 4 月（评星）	聊城昌润北路 1 号
泉林大酒店	四星	2004 年 7 月（评星）	聊城高唐县北湖路 1067 号
正泰东方大酒店	四星	2009 年 7 月（评星）	茌平县公交路西首
临清三和宾舍	四星	2010 年 12 月（评星）	临清市银河路东首
东昌宾馆	三星	1999 年 6 月（评星）	聊城市东昌西路 119 号
中苑大酒店	三星	2005 年 6 月（评星）	聊城市东昌西路 135 号
新开大酒店	三星	2005 年 4 月（评星）	聊城柳园南路 115 号

续表 15-7

名称	星级	星评时间	地址
阳谷县宾馆	三星	2001 年 8 月（评星）	阳谷县大众街 3 号
凤祥宾馆	三星	2005 年 5 月（评星）	聊城阳谷县凤祥工业区
东湖宾馆	三星	2006 年 4 月（评星）	聊城湖南路 1 号 聊大东校区院内
茌平美丽华大酒店	三星	2005 年 12 月（评星）	聊城茌平县振兴西路西首
临清宾馆	三星	2007 年 4 月（评星）	聊城临清市新华路中段
金宇海天大酒店	三星	2008 年 10 月（评星）	聊城市东昌东路 95 号
迎宾大酒店	三星	2008 年 12 月（评星）	莘县振兴街东段 29 号
牛车水大酒店	三星	2009 年 7 月（评星）	聊城市花园路 99 号
人缘大酒店	三星	2009 年（评星）	聊城市昌润路东南
冠县清泉大酒店	三星	2008 年 5 月（评星） 2010 年 2 月（升三星）	冠县红旗北路 164 号
东阿宾馆	三星	1993 年 6 月（评星） 2010 年 1 月（升三星） 2016 年 4 月（摘牌）	东阿县前进街 131 号
华夏一家商务酒店	三星	2012 年 7 月（评星）	聊城市前进街 88 号
润荷苑商务酒店	三星	2013 年 1 月（评星）	聊城市柳园南路 50 号
阿胶大酒店	三星	2003 年 7 月（评星） 2012 年 7 月（升三星）	东阿县阿胶街 78 号
光岳宾馆	三星	2013 年 12 月（评星）	聊城市东昌东路 50 号
冠县龙鼎发商务酒店	三星	2015 年 1 月（评星）	冠县红旗北路
冠县天外天酒店	三星	2013 年 3 月（评星） 2015 年 12 月（摘牌）	冠县滨河东路水韵新城东站
聊城德庄大酒店	二星	2006 年 3 月（评星） 2015 年 12 月（摘牌）	聊城市建设西路 98 号
莘县鼎盛商务宾馆	二星	2008 年 9 月（评星） 2015 年 12 月（摘牌）	山东莘县通运路 7 号
东阿县新城天禧酒店	二星	2011 年 10 月（评星）	东阿县前进街 72 号
冠县子增饭店	二星	2013 年 3 月（评星）	冠县定远寨闫营
冠县绿苑宾馆	二星	2013 年 3 月（评星） 2016 年 5 月（摘牌）	冠县斜店乡前社庄中心街
冠县双赢宾馆	二星	2013 年 3 月（评星） 2016 年 5 月（摘牌）	冠县建设路公安局北邻

第三节　旅游商品

1999 年，聊城百货大楼被评定为“旅游涉外定点商店”。2000 年，聊城市旅游部门组织旅游商品企业参加中国（芜湖）旅游商品博览交易会、福建厦门第三十四届全国旅游品工艺品交易会、潍坊昌乐山东旅游商品展销会等，并筹建旅游商品开发中心。2001 年 10 月，聊城百姓购物城被评为“聊城旅游定点商店”。2003 年 8 月，聊城新康阿胶销售中心被评为“旅游定点商店”。2004 年，济南人民广场五星百货聊城店成为“旅游定点商店”。五星百货、五星地下广场、金鼎商厦、水城商务港、百姓购物城等大型购物商场陆续开设旅游专柜。2003 年、2004 年，聊城市的旅游商品创汇分别为 108.07 万美元、179.39

万美元，分别占全市创汇的21.3%、24%。

2005年12月，市旅游部门组织参加第六届中国（芜湖）国际旅游商品博览交易会和“西霞口旅游杯”第三届山东省旅游商品创新设计大赛，被授予“优秀组织奖”。2006年8月，聊城市举办第一届“水城集团杯”旅游商品大赛暨名优商品展销会，集中展示并推出一大批文化内涵深厚、地方特色鲜明的旅游商品，评选出一系列有较高品位、独具聊城特色、发展前景广阔的旅游商品。2007年10月，市旅游部门组织全市十多家旅游商品生产企业参加由山东省旅游局组织的“黄河口杯”第五届山东省旅游商品创新设计大赛暨全国旅游商品展示会，并获得优秀组织奖；12月，蓝山集团被山东省旅游局授予“山东省旅游商品研发基地”称号。2008年3月，茌平陶元黑陶艺术有限公司被山东省旅游局授予“山东省旅游商品研发基地”称号；9月，市旅游部门组织参加2008山东省旅游商品文化博览会暨“心酒杯”第六届山东省旅游商品创新设计大赛系列活动，张中建获“山东省民间手工艺制作大师”称号。

2009年，20种传统手工艺品及特色食品被命名为“聊城市特色旅游纪念品”，3家礼品店被评定为“聊城旅游定点购物商店”。2012年，聊城市推荐的“金声玉振”首饰设计系列获得“曲阜孔子文化旅游商品创新设计大赛优秀奖”。孟尝君酒业、狮子楼食品有限公司通过山东省旅游协会旅游商品分会和省旅游商品开发服务中心验收。2014年10月，举办2014中国江北水城•运河古都（聊城）葫芦文化艺术节、全国葫芦创新设计大赛。在中华水上古城古楼东大街举办了聊城特色旅游商品展销活动，展销会汇集了来自全市8个县（市、区）上百种特色旅游商品。参展商品内容丰富、特色鲜明，充分展示了聊城市别具特色的旅游商品资源，借助古城开业期间的宣传和影响力，扩大了聊城市旅游商品的知名度。

2015年，市旅游部门组织全市旅游商品企业代表先后参加义乌“2015中国国际旅游商品博览会”、厦门“海峡两岸旅游商品交流展”、洛阳“2015中原旅游商品博览会”、新疆“2015丝绸之路国际旅游商品博览会”“2015北京国际旅游商品博览会”等，开拓了商品企业管理设计人员的视野，提升了聊城旅游商品的知名度。是年，在省旅游局组织的第十三届山东省旅游商品创新设计大赛中，由聊城市报送的东昌面人系列作品获“铜奖”，御封腰带获“优秀奖”；在中国旅游协会举办的2015中国特色旅游商品评选活动中，东阿阿胶有限公司生产的桃花姬阿胶糕获旅游食品类“银奖”；在省旅游局组织的2015第二届“到山东最想买的100种特色旅游商品”评选中，聊城市选送的魏氏熏鸡、牛筋腰带、东阿阿胶、武大哥炊饼、临清济美酱菜、高唐潘佳驴肉等6种产品入选。

至2015年年底，聊城市共获山东省旅游商品创新设计大赛金奖4个、银奖7个、铜奖7个、优秀奖10个；9家企业产品入选山东省旅游休闲购物“十佳品牌”；9种商品入选“到山东最想买的100种特色旅游商品”；拥有4个省级旅游商品研发基地、1个省级金牌购物商店、2个山东省特色旅游购物店、2名山东省民间手工艺制作大师。

一、工艺品

阳谷木雕　阳谷县状元红文化家具有限公司始创于1995年，前身为山东阳谷文化家具研究所、阳谷县状元红文化家具苑，是一家继承传统工艺，从事文化家具、红木家具、高档工艺美术品和旅游商品的研发、创作、加工、销售与服务的综合性企业。公司精选黄花梨、小叶紫檀、老挝大红酸枝、缅甸花梨、小叶鸡翅等优质红木和绿檀、四川金丝楠木与香樟木，采用手工雕刻、卯榫结构、鳔胶结合、环保油漆和打蜡工艺手法，生产人文木雕家具、屏风、木刻版画和高档木雕工艺品，代表作品获得国家专利5项、省级以上大奖20余项。公司为中国家具协会会员、山东省非物质文化遗产重点保护单位、山东省旅游商品研发基地、山东省重点文化产业示范基地，被书法家舒同之子舒安命名为“儒艺木雕”。

茌平黑陶　距今已有4000多年的历史，是龙山文化的重要见证，主要分布在聊城市茌平县教场铺、尚庄、大尉一带。茌平陶元黑陶艺术有限公司于2005年11月注册成立，前身是聊城市黑陶研究所，时为全国最大的黑陶研发生产企业，位于茌平县城工交路178号，为中国礼仪用品协会常务理事单位、中国陶瓷协会黑陶委员会副会长单位、山东省文化产业示范基地、山东省旅游商品研发基地、山东艺术学院、山东工艺美术学院陶艺专业实习基地。公司设计制作的“岁寒三友瓶”获“第二届中国礼品设计大赛金奖”，设计制作的“和平之尊”被中央军委定为建军80周年纪念品，公司作品“铁骨寒香”被中国陶瓷馆收藏。2009年，公司成为中华人民共和国第十一届运动会指定礼品生产单位；2010年，成为山东省参与上海世博会官方网站指定礼品生产单位。

东昌葫芦　为东昌府区最具代表性和最具特色的“非遗”项目和旅游商品。2008年，东昌葫芦雕刻被列入第二批“国家级非物质文化遗产保护名录”，东昌府区被国务院命名为“中国葫芦雕刻文化艺术之乡”。东昌府区是全国最大的葫芦种植生产加工基地，种植面积8000多亩，葫芦种植主要集中在堂邑镇、梁水镇镇、阎寺街道。其中，堂邑镇葫芦种植面积5000亩以上，种植户1500余户，葫芦产量9000多万个，葫芦加工业户700余家，产值6亿元。东昌葫芦销往全国各地，全国80%以上的葫芦产自东昌府区，并远销美国、英国、韩国、新加坡、加拿大、中国台湾等多个国家和地区。至2015年，东昌府区共举办8届葫芦文化艺术节。东昌葫芦雕刻属于传统技艺，有东昌葫芦雕刻省级非物质文化遗产传承人3人、市级2人。

东昌毛笔　为省级非物质文化遗产代表性项目。元朝开始制作，明朝中期至清道光年间为兴盛时期，清末始衰，仍有作坊30余家。1955年，被评为全国同类产品一等奖。2012年12月，东昌毛笔制作技艺被列为山东省第三批非物质文化遗产名录，东昌毛笔的第七代传人——孙金龙被评为东昌毛笔省级非物质文化遗产代表性传承人。东昌毛笔制作过程复杂，72道工序均现场纯手工制作。孙金龙16岁起，一直在东昌府道口铺张堤口村老家制作东昌毛笔，2014年10月1日在古楼东设立东昌毛笔门店和传习所，开发传统手工艺制作技能实践操作内容，很多家长周末带孩子到店学习参与毛笔制作，部分学校团体也到此从事社会实践活动。每年接待大学生社会实践活动100余次，当地及外地游客20余万人次。

牛筋腰带　为省级非物质文化遗产代表性项目。源于清乾隆年间，由东昌府一位艺人所创。牛筋腰带选用鲁西优质牛筋、牛皮为原料，经过多道独特的民间传统工艺精心手工编制而成，具有清凉透气、驱蚊虫、敛正气及束腰健身的独特效能。2015年12月，入选第二届“到山东最想买的100种特色旅游商品”。是年，东昌府区有4家牛筋腰带制作企业，集中在凤凰工业园张飞村。

东昌府木版年画　为国家级非物质文化遗产代表性项目，是一种古老的汉族民间艺术。东昌府与潍坊杨家埠并称山东两大民间画市，代表着山东木版年画的东西两大系统，很早就在国内享有盛誉。清末，五福祥、义和祥、福盛和等20多家大堂号画店相继出现，每个作坊每年平均需用纸300千克，产品销往鲁西、鲁南、鲁北各县，有的还远销到山西、河南、河北、东北等地。民国时期，东昌府木版年画达到鼎盛时期，尤其许堤口村栾氏、许氏家族成为堂邑的刻板业的主体。现代印刷技术对传统木版年画的手工制版和印刷的冲击，使东昌府木版年画作坊越来越少，绝大部分木版的版式面临灭绝，传统的年画刻板技艺和印刷技术的传承难以为继。至2015年年底，东昌府区从事木版年画传统手工制作的艺人中，被评为“非遗”代表性传承人的有6人，其中国家级1人，省级1人，市级4人。堂邑许堤口村的栾喜魁以及设立永兴堂木版年画技艺传习所的郭春奎分别被评为国家级、省级非物质文化遗产代表性传承人，栾喜魁之子栾占宽和徒弟郭春奎等人获评市级“非遗”代表性传承人。

东昌剪纸　东昌府剪纸的发源可追溯至宋代，古运河东岸早就有逢节庆婚嫁乔迁寿辰贴窗花的习俗。东昌府区剪纸的代表人物为侯营的许秀荣和斗虎屯的梁颖。斗虎屯镇成立“非遗”保护和传承实验基地、斗虎屯剪纸传习所，以剪纸为重点课题，为群众及学生普及“非遗”知识。

东昌泥塑　中华人民共和国成立前，聊城泥塑主要集中在东昌府城区古运河以东小逯庄、小东关一带。代表性作品是玉皇皋，内有上百尊神像。东昌泥塑主要分为两种：大型的神像、小巧的泥人。在东昌泥塑中首屈一指的是马官屯泥人，它小巧玲珑、品种繁多，造型以戏曲人物和飞禽走兽为主。东昌泥塑的传承人为沈语和郑克芳。

二、土特名产（食品）

东阿阿胶　阿胶因发祥于东阿而得名，以东阿阿胶最为地道。《神农本草经》称之为滋补上品，“久服轻身益气”；梁代医学家陶弘景《名医别录》载：“阿胶，出东阿，故名阿胶”；李时珍《本草纲目》中称为“圣药”。自古阿胶与人参、鹿茸并称“滋补三大宝”，常服可滋阴补血，延年益寿。性状为长方形、方形块或丁状。棕色至黑褐色，有光泽。质硬而脆，断面光亮，碎片对光照视呈棕色半透明状。黄透如琥珀色，光黑如翳漆。性平味甘，入肺、肝、肾经。功能主治补血滋阴、润燥、止血。用于血虚萎黄、眩晕心悸、心烦不眠、肺燥咳嗽。东阿阿胶股份有限公司是全国大型阿胶及系列产品生产企业，隶属央企华润集团，前身为山东东阿阿胶厂，1952年建厂，1993年由国有企业改组为股份制企业，1996年7月在深交所挂牌上市。至2015年，公司有员工4800余人，总资产138.7亿元，市值300多亿元，生产经营中成药、保健品、生物药三大产业门类，拥有3枚中国驰名商标、2个保密品种、8个保护品种，产品除内地销售外还销往中国香港、中国澳门、东南亚、欧美等十多个国家和地区。阿胶产品获巴拿马万国博览会金奖，3次获国家质量奖金奖，获传统药〞长城〞国际金奖、中国质量奖提名奖、山东省首届省长质量奖，东阿阿胶品牌价值340.53亿元，10次入围中国500最具价值品牌排行榜。

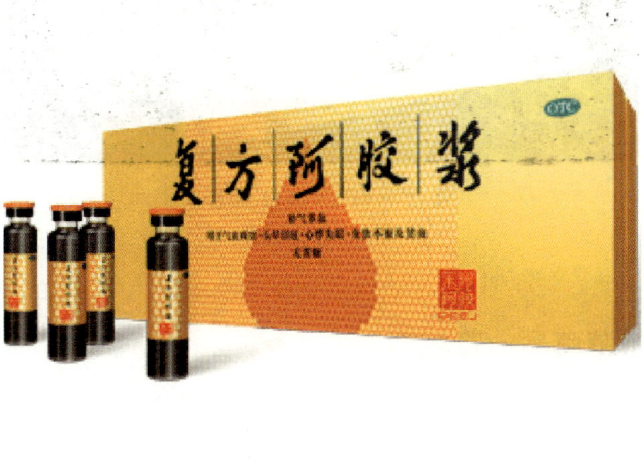

东阿阿胶产品——复方阿胶浆　（2015年摄）

熏鸡　东昌府区熏鸡的代表为魏氏熏鸡和堠堌熏鸡。魏氏熏鸡为省级非物质文化遗产。由聊城魏兆松始创于清嘉庆十五年（1810年），因当年运河水陆交通便利，得以畅销。文学家老舍戏称其为“铁公鸡”。至2015年，东昌府区的魏氏熏鸡店有十余家，均为魏兆松的后人设立。其中，比较有影响力的为龙胜斋魏氏熏鸡。堠堌熏鸡已有600多年的历史，传承人陈玉灿创建聊城市东昌府区灿云食品有限公司，年销售额突破500万元。2014年12月，“堠堌熏鸡”被评为“山东省旅游商品十佳品牌”（土特产类）和“山东省旅游服务名牌”。

冠州鸭梨　冠州鸭梨原为堂邑县传统梨类中佳品之一，已有500年的栽植历史。兰沃一带产量高、质量佳，素有“鸭梨之乡”的称誉。鸭梨，因其梨梗基部突起似鸭头状故名。此梨外形美观，初摘成熟果面呈黄绿色，贮藏后通体金黄，个大核小，皮薄多汁，酸甜适中，香味浓厚，甜脆可口，制作罐头和饮料亦佳。中华人民共和国成立以后，鸭梨发展成为冠县梨树中的主要树种，并先后销售省内外和东南一带国家，深受消费者欢迎。

济美酱菜　临清济美酿造有限责任公司原名“临清市济美酱园”，是一个有着200多年历史文化的“中华老字号企业”“聊城市农业产业化龙头企业”。清乾隆五十七年（1792年），以

“济美”店号开张营业，前店后厂铺面十分宏阔。道光二年（1822 年），济美小菜被清廷列为“御用贡品”入宫，誉为“宫廷小菜”，名噪京城，为江北四大酱园之一，临清因此被评为“中国酱菜之乡”。济美酱菜是临清济美酱园的独创菜品，采用传承 200 年的传统工艺制作，天然闷缸发酵，产品晶莹剔透、质地脆嫩、酱香馥郁，深受消费者喜爱。2015 年 12 月，入选第二届“到山东最想买的 100 种特色旅游商品”。

圆铃大枣 茌平圆铃大枣产于茌平县，已有 2000 多年栽培历史。茌平圆铃大枣品质优良，形似圆铃，果皮深紫红色，个大皮薄，果形饱满，甘甜香脆，营养丰富，具有极高的药用价值，素有“天然维生素丸”之称。茌平被林业部命名为“圆铃大枣之乡”，2006 年 5 月，国家质检总局批准对茌平圆铃大枣实施地理标志产品保护。

景阳冈酒 景阳冈酒源于《水浒传》《金瓶梅》两部古典文学著作，景阳冈酒传承上千载，历史文化底蕴丰厚浓重。中华人民共和国成立后，阳谷县县政府把分散在景阳冈四周的造酒小作坊集中起来，在阳谷县城建起一座酒厂，即此后的景阳冈酒业。共和国领袖、将军、文学家、历史学家、国学大师、酒界泰斗都曾题诗作赋盛赞景阳冈酒。80 年代以来，景阳冈酒一直作为山东省的政务、商务用酒，在国内外具有较高的知名度和影响力。至 2015 年，景阳冈酒业发展成为“中国白酒工业百强企业”和“中国白酒行业明星企业”。企业具有年产万吨粮食酒的生产能力，可生产浓香、酱香、兼香、清香、芝麻香五大香型上百个品种的产品，其中景阳冈陈酿为“中国兼香第一酒”、赖茅酒为“中国北方酱香典范”，景阳冈系列酒为“中国驰名商标”和“中国十大名酒”之一。

武大哥炊饼 源于北宋景佑年间，始称“炊饼”，后改称“武大哥炊饼”。因《水浒传》《金瓶梅》两部古典著作中均有描述而名扬海内。炊饼口味繁多，甜、咸、五香、麻辣一应俱全，武大哥炊饼和潘金莲咸菜，成为走亲访友的必备礼品。

孟尝君系列酒 为创建于 1993 年的孟尝君酒业公司主打产品，有高、中、低档 40 余个品种。其中，“360 五星级孟尝君酒”和“380 孟尝君珍品酒”在全省白酒质量检测鉴评中，连续 4 年被评为“省优级产品”。

潘佳驴肉 清道光元年（1821 年），高唐尹集镇徐官屯潘氏族人以宰杀马、牛、驴等大牲畜为业，加工的驴肉“出锅十里飘香”，故有“十香驴肉”之称。潘家第八代传人潘瑞付不断发展创新，于 2007 年创建高唐县潘家肉制品有限公司，产品有生熟全驴及真空礼盒、罐装系列、休闲食品系列等。2015 年 12 月，入选第二届“到山东最想买的 100 种特色旅游商品”。公司所产驴肉色泽鲜亮，肉质细嫩，香而不腻，肉烂而不散，被评为“高唐传统名吃”“聊城市特色旅游商品”“山东老字号”等。

潘佳驴肉 （2015 年摄）

2015 年聊城市主要旅游商品一览表

表 15-8

企业名称	产品名称
阳谷状元红文化家具有限公司	木雕工艺

续表 15-8

企业名称	产品名称
阳谷狮子楼食品有限公司	武大哥炊饼、潘金莲咸菜
山东孟尝君酒业有限公司	孟尝君系列酒
山东省高唐蓝山集团	大豆系列食品
山东东阿阿胶股份有限公司	东阿阿胶
山东景阳冈酒业有限公司	景阳冈酒
聊城市东昌府区龙胜斋魏更庆魏氏熏鸡有限公司	魏氏熏鸡
中国葫芦第一村	工艺葫芦
中华第一梨园	冠县鸭梨
阳谷景阳冈工艺制品有限公司	“景阳冈”纯银真空保健杯
山东凤祥（集团）有限责任公司	五更炉熏鸡
阳谷县根石艺术协会	根雕工艺品
聊城市三尼新能源科技有限公司	玻璃茶具
东昌府区韩氏龙文剪纸工作室	剪纸
东昌府区避疫葫芦厂	避疫葫芦
福禄缘葫芦工艺制品有限公司	葫芦制品
聊城御封腰带工艺品有限公司	“御封”牛筋腰带
聊城正信生态农业科技园有限公司	“绿业春”酱油和食醋
茌平墨玉轩黑陶艺术制品制作中心	黑陶系列工艺品
山东大奥酒业有限公司	大奥系列白酒
高唐县潘家肉制品有限公司	“潘佳”驴肉制品
高唐县清平镇迎旭食品厂	“迎旭”牌手工系列坠面
莘县范怀梦烧鸽店	范怀梦烧鸽
莘县燕店镇范家烧鸽店	范家烧鸽
山东天地元工艺制品有限公司	和谐口杯
临清市济美酿造有限责任公司	济美酱菜系列
茌平县枣尚好农业开发有限公司	圆铃大枣、玫瑰系列产品

2012—2014 年聊城市入选山东省旅游休闲购物十佳品牌一览表

表 15-9

生产企业	入选产品
山东东阿阿胶股份有限公司	东阿阿胶、桃花姬、阿胶金丝枣、阿胶水晶枣、阿胶膏
山东丁马生物科技有限公司	黄运牌中华鳖、丁马牌东方鳖宝、恋丽、丁力、甲鱼汤
东昌毛笔金龙笔庄	东昌毛笔系列
龙胜斋魏更庆魏氏熏鸡有限公司	龙胜斋魏氏熏鸡系列
山东华胶饮品有限公司	九正阿胶饮
阳谷县狮子楼食品有限公司	武大哥炊饼、潘金莲咸菜

续表 15-9

生产企业	入选产品
孟尝君酒业有限公司	孟尝君牌白酒系列
聊城正信生态农业科技园有限责任公司	绿业春牌原汁酱油、醋
东昌府区灿云食品有限公司	堠堌熏鸡

“到山东最想买的100种特色旅游商品”中聊城入选商品一览表

表 15-10

届数	入选商品
第一届（2011 年）	雕刻葫芦、魏氏熏鸡、东阿阿胶、武大哥炊饼、冠县鸭梨、景阳冈酒
第二届（2015 年）	魏氏熏鸡、牛筋腰带、东阿阿胶、武大哥炊饼、临清济美酱菜、高唐潘佳驴肉

聊城山东省旅游商品研发基地一览表

表 15-11

授予年份	企业名称
2008 年	高唐蓝山集团
2012 年	山东孟尝君酒业
2011 年	阳谷县状元红文化家具有限公司
2012 年	阳谷县狮子楼食品有限公司

聊城市省、市级名优旅游购物商店一览表

表 15-12

企业名称	购物商店荣誉	授予年份
聊城三友商务礼品店	省级金牌购物商店	2009 年
龙胜斋魏氏熏鸡店	山东省特色旅游购物商店	2013 年
东阿阿胶养生文化苑贡胶馆	山东省特色旅游购物店	2014 年
聊城市万家乐精品销售中心	聊城市旅游购物商店	2009 年
聊城市东昌府区真诚副食店	聊城市旅游购物商店	2009 年
聊城市东昌府区王中王礼品店	聊城市旅游购物商店	2009 年

聊城市获评“山东省民间手工艺制作大师”一览表

表 15-13

姓名	授予年份	工艺类别	单位
张中建	2008 年	黑陶	茌平陶元黑陶艺术有限公司
王传成	2011 年	木雕	阳谷县状元红文化家具有限公司

第四节 导游队伍

1998 年前，全市共有 22 人获得导游人员资格证书。1999 年，全市有 6 人通过导游人员资格考试，获得导游人员资格证书。从 2000 年始，全市加大对导游人员的培养力度。2000—2010 年，全市共有 768 人考取导游资格证书，获得从业资格。2010 年，举办“美在聊城”旅游形象大使大赛，评选出聊城“十佳导游员”。2011—2015 年，全市共有 402 人考取导游资格证书，获得从业资格。2011 年，组建聊城职业化导游队伍，并入选山东省职业化导游团队成员。2012 年，组织策划首届“水文化节”旅游形象大使大赛，打造“好客山东”导游团队，有 4 名成员入选省级“好客山东”导游团队名单，带动和促进了全市旅游人才队伍素质的提升。至 2015 年年底，全市共有导游人员 1120 人，其中中级导游 23 人；本科及本科以上学历 389 人、大专学历 490 人；男女比例为 25∶75。

第五节 咨询投诉

一、旅游咨询

2005 年 11 月，聊城成立市旅游信息咨询服务中心，为科级财政拨款事业单位，编制 5 人，负责全市旅游信息咨询服务工作，并设立 24 小时旅游咨询电话。

2007 年，完善聊城旅游门户网站——聊城旅游信息网（www.lcta.gov.cn）。2012 年，对聊城旅游政务网、聊城旅游资讯网进行改版建设，与省旅游网站实现对接，在全省率先按照省旅游局网站的建设模式，建设了聊城市旅游目的地数字系统。2014 年，对聊城旅游政务网政民互动板块进行改建，完善信息查询、政务在线、在线咨询等板块功能，可及时回应群众的咨询、投诉、建议等，加强了聊城旅游政务网的政民互动功能。2015 年，聊城市旅游手机网站建设完毕并交付使用。是年 12 月，聊城旅游资讯网改版工作完成。

2012 年，聊城市旅游主管部门开通腾讯官方微博、新浪官方微博。借助这一新兴平台及时发布旅游资讯、推介特色美食、收集游客意见建议等，推动聊城市旅游网上营销和信息服务，搭建游客与聊城旅游零距离互动、沟通的平台。至 2015 年年底，聊城市旅游局新浪官方微博共发表微博 1625 篇、粉丝量 2.96 万人，腾讯官方微博共发表微博 1388 篇、粉丝量 10.77 万人；聊城官方微信公众平台从 2014 年 6 月 1 日开通至 2015 年，共发表图文消息 227 篇、粉丝量 2.83 万人。同时，全市各县（市、区）旅游局均开通官方微博、微信公众平台。

2013 年 9 月 30 日，开通“12301”旅游服务热线座席，为到聊城游客提供全面、翔实的旅游咨询服务。2015 年 9 月，国家旅游局启动“12301”国家智慧旅游公共服务平台，并整合了各省市“12301”旅游服务热线，由国家旅游局集中接诉。

2014 年 7 月，根据省旅游局加强市县旅游网站建设工作的要求，聊城市开始市县旅游网站建设。至 2015 年 5 月底，各县（市、区）PC 网站建设完毕。航拍视频拍摄、市县微信公众号扩展功能、移动端营销活动等应用的建设工作逐项开展。

二、旅游投诉

2003 年 2 月，成立聊城市旅游质量监督所，挂“聊城市旅游执法大队”的牌子，为科级全额事业单位，定编 5 人，主要负责贯彻执行国家、省各类旅游项目的设施标准、服务标准；组织、指导旅游设施定点工作；培育和完善市内旅游市场，监督、检查旅游市场秩序和服务质量，受理旅游者投诉，维护旅游者合法权益。

市政府设立 24 小时旅游投诉值班电话，并通过多种渠道向全社会公布。市旅游主管部门先后印发《聊城市旅游投诉处理程序》《聊城市旅游投诉处理管理规定》《聊城市旅游投诉应急预案》等相关制度、规定。整合旅游、工商、物价、公安等相关部门的力量，形成联合执法机制，组织开展旅游市场整顿规范和导游权益保障检查活动。加强服务质量信息的发布和披露，发挥舆论监督作用。及时发布《聊城市旅游质量公报》，引导游客理性消费。通过明察暗访、随机抽查、退团卧底等多种方式，开展旅游质量监管，重点检查旅游企业落实国家、行业质量标准情况，对存在突出问题的企业给予摘牌或整改处理。至2015年年底，共受理旅游投诉案件172件，结案率100%，为游客挽回经济损失7.54万元。

第四章　旅游管理

第一节　行业管理

1998年，聊城市旅游局成立，为全市旅游行业管理机构。市旅游局每年开展星级饭店复核、定期进行A级景区复核，强化安全生产监督管理责任，不断提高旅游行业服务质量。2002年，成立聊城市旅游中心，负责导游员管理和导游员等级资格考试。制定出台《旅游涉外定点单位管理办法》《旅行社管理细则》《导游员管理实施细则》，加强旅游市场的治理整顿，对非法经营旅行社和超范围经营旅行社进行打击和查处，利用星级饭店和旅游涉外定点饭店复核和年检的机会，对服务质量降低的单位进行摘牌处理。帮助协调旅行社、景区景点、宾馆饭店之间的关系，对无序竞争和恶性竞争行为进行查处。2003年，非典型性肺炎疫情在全国蔓延，市旅游局成立旅游行业预防“非典”工作领导小组，印发《关于旅游行业防治非典型肺炎工作的紧急通知》，制定相应的应急预案。其间，深入开展企业内部各种形式的培训、学习，全面提高企业管理人员和服务人员的服务技能、服务理念等综合素质。“非典”疫情过后，旅游业迅速启动，成为全省恢复最快的市地之一。2004年，确定为“行业管理年”。同时，响应省旅游局确定的“旅游细微服务年”活动，评选2004年度细微化服务达标企业5家、达标旅行社4家、达标景区1家，评选细微化服务企业1家、明星员工2名。2005年，组织开展旅游星级饭店5年期重新认定和年度复核工作。是年，顺利通过国家旅游局组织的“优秀旅游城市”复核并获得检查组的高度评价。

2006年，成立聊城市旅游协会，下设旅游饭店、旅行社、导游分会。是年，市旅游局被授予“山东旅游细微服务活动优秀组织奖”，水城集团、东昌宾馆等4家企业被授予“山东省旅游细微服务年活动示范企业”称号，38家旅游企业被评为“山东省旅游细微服务年活动达标企业”，3名旅游企业员工被授予“山东省旅游细微化服务活动明星员工”称号。“十一”前夕，召开全市旅游服务质量大会暨旅游质量服务跟踪卡开卡仪式，向全市饭店、景区和旅行社发放服务质量跟踪卡，随时掌握旅游企业服务质量情况，督促企业提高诚信经营意识。2007年，按照国家旅游局《绿色旅游饭店》标准，开展绿色旅游饭店创建活动，昌润大酒店被评为“金叶级绿色旅游饭店”，东昌宾馆、阳谷宾馆、凤祥宾馆3家星级饭店被评为“银叶级绿色旅游饭店”。2008年，为支持旅行社应对国际金融危机等国内外重大因素造成的经营困难，为全市旅行社暂退70%旅行社质量保证金，周转使用2年。开展旅行社等级划分与评定工作，聊城市运通旅行社、阳谷旅行社、聊城市口岸旅行社等6家旅行社被评为AAA级旅行社。2009年，泉林大酒店被评为“金叶级绿色旅游饭店”。

2010年，制定《聊城市旅游服务质量提升行动计划（2010—2015）》和《聊城市“好客山东”旅游服务质量提升年活动实施方案》，举办

“好客山东正泰杯”旅游饭店服务技能大赛和“品质旅游伴你远行”——文明旅游、理性消费公益宣传活动。组织旅游企业参加省旅游局开展的“百千万好客服务金质奖、银质奖、铜质奖”“好客服务示范单位”“好客服务示范岗”评选活动，获“好客服务奖”金质奖3名、银质奖24名、铜质奖140名，“好客服务示范单位”6个、“好客服务示范岗”25个。是年，美丽华大酒店被评为“银叶级绿色旅游饭店”。2012年，在全市星级饭店、星级餐馆行业开展厉行勤俭节约反对铺张浪费专项工作。2013年，聊城交通汽运集团有限责任公司旅游客运分公司、阳谷狮子楼旅游区、聊城千千佳旅行社有限公司3家企业完成省级标准化试点终期总结评估工作，通过省旅游局验收命名。

2015年，开展智慧旅行社评定工作，康辉旅行社成功创建并被命名为首批“智慧旅行社”。印发《聊城市旅游局关于成立旅游安全工作领导小组的通知》，制定《聊城市2015年“旅游安全生产月”和“旅游安全生产万里行”活动方案》《全市旅游系统安全生产隐患大排查快整治集中行动方案》。推广《导游领队文明旅游引导规范》，落实业务工作与文明督导一岗双责。从人大代表、企业和社会上选聘14名旅游服务质量社会监督员，对旅游服务质量进行监督。

第二节　教育培训

一、院校培训

1999年，聊城旅游职业中等专业学校被评为“山东省旅游行业青年文明号”。2001年，聊城旅游职业中等专业学校并入聊城职业技术学院旅游系，并开设旅游管理、公关礼仪、旅行社管理、酒店工程管理等专业。2002年，聊城大学历史文化学院开设旅游专业、山东省贸易学校增设餐旅专业。2003年，东昌府区旅游局申请成立水城旅游学校。2009年，聊城高级财经职业学校开设餐旅系。

聊城大学旅游管理专业　创建于2002年，始终坚持“以行业需求为导向，培养高素质应用型人才”的办学理念。2012年，该专业被确定为“山东省应用型人才培养特色名校工程重点建设专业”；2013年，被确定为“山东省旅游人才培训基地”。至2015年年底，共有在校本科生600余人，专任教师16人，其中博士4名、硕士10名、教授1名、副教授4名、省级教学名师1名、校级教学新星2名，培养毕业生1000余人。拥有特色学科平台——地域旅游文化，太平洋岛国研究中心下设旅游经贸研究所。主持省部级科研项目6项、省级教改项目1项；获全国多媒体教学课件比赛一等奖4项、省级多媒体教学课件比赛一等奖1项；编写高水平专业教材4部；在北京、上海、济南、青岛、烟台等地的十余家旅游企业建有实习基地。

聊城职业技术学院旅游管理学院　前身是1992年5月成立的山东省旅游学校聊城分校。1993年6月，更名为聊城旅游学校；2001年8月，合并至聊城职业技术学院，成为聊城职业技术学院旅游系；2006年1月31日，与聊城职业技术学院外语系合并成为旅游外语系；2009年10月24日，更名为聊城职业技术学院旅游管理学院。学院成立以来，先后被教育部确定为教育部职业核心能力礼仪水平测试站；被山东省旅游局确定为“山东省旅游行业定点培训单位”“全国导游资格培训考试基地”“山东省乡村旅游培训基地”。至2015年年底，共有在校生410人，有专任教师26人，其中硕士13名、副教授2名，培养毕业生400余人。

聊城高级财经职业学校餐旅系　于2009年建立，其前身为“聊城市商业技工学校”，开设中餐烹饪与营养膳食、旅游服务与管理2个中专专业、酒店管理（三、二连读）大专及春季对口升学班酒店管理专业。为全国职业技术教育烹饪专业教研协作会理事单位，山东省职业学校烹饪专业教研室副主任单位，国家级重点专业实训基地，中国旅游协会聊城教育分会理事单位，山东省乡村旅游培训基地，聊城市烹调师、营养师、配餐员、餐厅服务员技能鉴定基地。至2015年年底，有教职工 47 人，其中高级讲师 7 人、讲师 25 人，其中专业课教师均为“双师型”，共有省、市级“职业技能鉴定考评员”16 人；餐旅系教学设备齐全，拥有一流的实习实验设备，配有大型阶梯式教学演示室、现代化烹饪实习演习室、面点实训室、刀工演示练习房、勺工演示练习房、冷菜雕刻实训室、中餐实训室、西餐实训室、客房实训室等，14 个校内外实训基地。先后组织编纂教材 2 本，发表论文 12 篇；其中 3 名教师获评“省级教学能手”。2010—2015 年，参加国家第七、第八、第九届全国中等职业学校展“文明风采”活动中，获得国家级一等奖 12 个。学生毕业就业率保持在 95% 以上。

二、专业（岗位）培训

1997 年起，为加强旅游从业人员的学习和培训，聊城旅游主管部门每年都组织行业各类人员参加国家旅游局和山东省旅游局举办的各种专业培训班，有计划地组织旅游从业人员去旅游业发展水平高的地方参观学习，提高旅游从业人员的素质。1998 年，参加全省旅游教育培训会议。2000 年，市旅游局组织旅游饭店管理人员参加全省旅游饭店总经理高级研讨班、山东省旅游行业饭店管理人员岗位培训班、山东省旅游涉外饭店总经理高级研讨班。是年 6 月，在全市旅游行业开展普通话培训工作。2003 年 3 月，分批开展导游员短期培训班。2009 年 3 月，在高唐泉林大酒店举办为期 2 天的全市旅游星级饭店检查员和内审员培训班。4 月，在恒泰大酒店举办全市《旅行社条例》培训班。2010 年，制定导游员教育培训工作计划，加强年审培训、岗前培训、考前培训，先后邀请北京第二外国语学院教授韩玉灵、省旅游职业学院及聊城大学、聊城职业技术学院等多所旅游院校的教授、专业教师对全市旅游行政管理人员及旅游企业经营管理者进行培训。完善旅游专业工具书和教材，编写完成 30 万字的《话说聊城》导游词。2011 年，针对全市酒店中层管理人员进行专业培训，组织星级饭店部门经理到省五星级餐饮主题文化酒店——山东舜和国际酒店、四星级山东快书主题文化酒店——颐正大厦参观考察，培训考核合格人员统一发放由国家旅游局统一印制的全国旅游行业管理人员岗位职务培训证书。2012 年，东阿阿胶旅游养生有限公司、昌润大酒店被认定为“山东省旅游人才培训基地”。2013 年，组织召开部分旅游企业和旅游院校参加的“旅游行业人才开发建设座谈会”，开展校企合作，根据企业发展的需要，利用旅游院校作为培训基地，联合开展各种培养活动。聊城大学和聊城职业技术学院被认定为“山东省旅游人才培训基地”。

2014 年，结合导游 IC 卡年审工作，组织全市持证导游参加山东省导游员网络培训。组织 6 个旅游强乡镇主管领导赴杭州参加全省旅游强乡镇旅游管理干部乡村旅游培训班。组织全市乡村旅游管理人员 20 余人参加省旅游局举办的全省乡村旅游业务骨干培训班。在聊城大学、聊城职业技术学院选拔优秀教授及讲师，组建市旅游专家人才库，并向省旅游局推荐其参与青年专家培养计划评选工作。2015 年，向省旅游局争取乡村旅游培训政策扶持，根据聊城市需求，由省旅游局免费提供资料，并派驻专业老师，对全市乡村旅游从业人员进行统一业务培训。至 2015 年，全市有旅游人才培训基地 4 家、乡村旅游培训基地 11 家，全省旅游业中青年专家 1 名、全省旅游产品开发专家 5 名，累计培训工作人员 800 余人。

2015 年聊城市省级乡村旅游培训基地一览表

表 15-14

单位名称	命名时间
阳谷县职业中等专业学校	2014 年 4 月 17 日
东阿县职业教育中心	2014 年 4 月 17 日

续表 15-14

单位名称	命名时间
冠县斜店乡前社庄村天星培训中心	2014 年 4 月 17 日
聊城职业技术学院旅游管理学院	2014 年 9 月 15 日
东昌府区旅游培训中心	2014 年 9 月 15 日
聊城工业学校	2014 年 9 月 15 日
中共莘县县委党校	2014 年 9 月 15 日
山东省高唐县职业教育中心	2014 年 9 月 15 日
聊城经济开发区职业技术学校	2014 年 9 月 15 日
聊城高级财经职业学校	2014 年 9 月 15 日
山东省临清工业学校	2014 年 9 月 15 日

第十六编 金融

Part XVI Finance

聊城志

1997年起，聊城金融系统认真贯彻执行国家的货币政策，从90年代末的适度从紧货币信贷政策过渡到21世纪初的稳健货币政策，防范化解金融风险。2003年12月起，聊城市市、县两级银行监管机构相继成立，全市深化金融体制改革，依法强化金融监管，不断增强金融服务能力，大力提高金融服务水平，优化金融发展环境。2007年起，全市金融系统努力践行科学发展观，坚持以科学促工作、以规范促安全、以制度促创新、以文化促管理。2010年起，全市金融系统奋力开拓，齐抓共管，确保了金融运行态势平稳，在支持全市经济持续发展的同时，金融业也得到协调、平稳、快速、健康发展。

至2015年年末，全市银行业共有银行34家，其中政策性银行1家、国有商业银行5家、邮政储蓄银行1家、股份制银行5家、城市商业银行5家、农村商业银行9家、村镇银行8家，各项存款余额2592.28亿元、各项贷款余额1845.65亿元，分别比1997年增长13.61倍、10.06倍；全市各类保险公司49家，其中财产险公司26家、人身险公司23家，全市保险机构保费收入74.85亿元、赔付支出21.4亿元，分别比1997年增长42.77倍、25.42倍；全市证券经营机构7家，“新三板”挂牌企业16家，齐鲁股权交易市场挂牌企业50家，证券机构开户26.33万户、交易金额3643.24亿元、托管资产132.39亿元，分别比2002年增长163.56倍、147.1倍、15.91倍；全市融资性担保机构16家、注册资金21.66亿元，小额贷款公司18家、注册资金19.43亿元，民间资本管理公司26家，民间融资登记服务中心3家，典当行14家，拍卖行8家。

第一章　银行业

第一节　银行机构

一、政策性银行

中国农业发展银行聊城市分行是聊城市行政区内唯一一家政策性银行，于1996年11月成立，是年11月18日正式对外挂牌营业，地址在聊城市利民东路67号。市分行内设5个科室，辖属8个县级支行机构。成立之初，一次性从同级农业银行划入200人，平均年龄36岁，其中聊城市分行机关21人、市分行营业部20人、临清市支行23人、冠县支行23人、莘县支行23人、阳谷县支行23人、东阿县支行20人、茌平县支行24人、高唐县支行23人。1996年，农发行聊城地区分行与农行聊城地区中心支行进行业务交接，一次性划转信贷资产37.54亿元，其中粮棉油收购贷款36.88亿元。聊城市分行成立以来，全面贯彻落实国家粮棉购销政策和有关经济、金融政策，为国家实施宏观调控、确保粮食安全、保护农民利益、促进全市农业和农村经济发展发挥了重要作用。至2015年年末，市分行内设10个部室，辖属7个支行机构，在职职工210人，存款余额28.65亿元，贷款余额71亿元。

二、国有商业银行

中国工商银行聊城分行　中国工商银行聊城地区中心支行1984年10月1日对外挂牌，承办原中国人民银行聊城地区中心支行经办各项经营业务。1997年，中国工商银行聊城地区中心支行更名为“中国工商银行聊城市分行”，属二级分行。2002年，实施内设机构改革，设立经营管理类部室8个、综合管理类部室4个、监督控制类部室3个、群众工作类部室1个，即工会办公室。2005年11月1日，中国工商银行聊城市分行更名为“中国工商银行股份有限公司聊城分行”，其分支机构同时更名。2006年10月，办公地址由聊城市东昌府区付花路6号迁至聊城市东昌府区昌润路151号，并实施内设机构改革，设立营销及产品部门4个、风险管理部门2个、综合管理和保障部门5个。2009年4月，成立聊城分行信贷管理部。2009年4月15日，辖属聊城振兴路支行、开发区支行纳入分行直接管理，属二级支行。2011年4月，聊城市中支行辖属龙山支行纳入分行直接管理，属二级支行。2013年1月，撤销住房金融业务科，将结算业务部更名为国际业务部，并成立信息科技部。是年11月，聊城开发区支行升格为一级支行。2015年7月，设立互联网金融营销中心。是年11月，设立小微金融业务中心。至年末，工行聊城分行辖属44个网点，其中一级支行11个，分别为聊城市中支行、聊城古楼支行、聊城振兴路支行、聊城开发区支行、临清支行、高唐支行、茌平支行、东阿支行、阳谷支行、莘县支行、冠县支行；属市分行直管的二级支行1个，为聊城龙山支行；隶属一级支行管理的二级支行9个，分别为茌平文化西路支行、东阿前进街支行、高唐开发区支行、聊城昌润路支行、聊城湖南路支行、冠县育才路支行、临清烟店支行、莘县古云支行、聊城香江支行；分理处12个，储蓄所11个；拥有正式在编人员886人，分行机关184人；存款余额269.73亿元、贷款余额355.73亿元。

中国农业银行聊城分行　中国农业银行聊城地区中心支行1956年挂牌成立，1998年，中国农业银行聊城地区中心支行更名为中国农业银行聊城市分行。2003年，聊城市分行实施扁平化改革，将各支行管理职能上收市分行。是年，推行会计业务集中核算，完成电话银行“95599”切换及中间业务整合工作。2008年，撤销资产风险部及不良资产清收中心，设立资产处置部，负责辖内自营和委托不良资产处置的经营管理。2009年，中国农业银行实行股份制改革，原中国农业银行聊城市分行更名为中国农业银行股份有限公司聊城分行。2009年1月，实施和深化“三农”金融事业部制改革。至2015年年末，中国农业银行股份有限公司聊城分行下辖15个一级部室、10个一级支行、1个分行营业部、58个二级支行、分理处；全行在职员工1633人；存款余额260.03亿元、贷款余额218.44亿元。

中国银行聊城分行　中国银行聊城支行1982年1月挂牌成立。1997年，中国银行聊城机构设置为监察室、工会委员会、办公室、人事科、外贸信贷科、计划信贷科、外汇信贷科、信托部、财会科、电脑科、出纳科、存汇科、信用卡科、国际业务科、稽核科、保卫科、利民西路储蓄所、东昌东路储蓄所、东昌西路储蓄所、凤台东储蓄所、闸北储蓄所、古楼储蓄所、临清支行、莘县支行、阳谷支行、茌平支行、东阿支行。2004年8月，中国银行聊城分行改制为中国银行股份有限公司聊城分行；12月，开发区分理处升格为开发区支行。2005年4月，东昌西路分理处升格为东昌支行。2008年11月，卫育路分理处和柳园北路分理处分别升格为“卫育路支行”“柳园北路支行”。2009年6月，新时代广场分理处升格为新时代广场支行，站北分理处升格为昌润路支行，花园南路分理处升格为花园南路支行。至2015年年末，中国银行股份有限公司聊城分行下辖24个支行网点。其中，市行营业部1家、县支行6家、城区支行10家、二级经营性支行7家；共设有10个部室，包括公司金融部、个人金融部、贸易金融部、渠道管理部、财务运营部、风险管理部、综合管理部、人力资源部、监察保卫部、内部控制部；存款余额181.09亿元，贷款余额158.77亿元。

中国建设银行聊城分行　中国人民建设银行聊城地区支行1973年1月恢复成立。1998年，聊城建行成立银政企联合办公的个人住房贷款服务中心，推出“一站式”服务。2005年10月，更名为中国建设银行股份有限公司聊城分行。至2015年年末，中国建设银行股份有限公司聊城分行内设机构14个，下辖17个支行、42个营业网点，全行员工927人；存款余额259.13亿

中国建设银行聊城分行 （2013年摄）

元，贷款余额167.72亿元。

交通银行聊城分行 交通银行股份有限公司聊城分行2011年12月成立。2012年1月20日正式对外挂牌营业，直属省级管理，内设营业部、营运管理部、市场营销部、风险管理部、办公室。2014年7月初，根据交通银行总行矩阵式改革要求，将“四部一室”变更为“六部”，营业部、营运管理部名称未变，市场营销部更名为公司业务部，风险管理部更名为授信与风险管理部，办公室更名为综合管理部，增设零售业务部。至2015年年底，交通银行股份有限公司聊城分行下辖普惠型支行3家，分别为聊城嘉明开发区支行、聊城阿尔卡迪亚支行、聊城开发区支行；下辖8家离行式自助银行，分别位于汽车总站、汽车西站、阿尔卡迪亚小区、国际商务港、御润财富城、莘苑小区、香江二期、星光广场；全行员工58人；存款余额45.93亿元，贷款余额20.01亿元。

三、邮政储蓄银行

1986年，聊城市邮电局经批准开办邮政储蓄业务，开始在邮政营业网点设立邮政储蓄专柜，吸收城乡居民储蓄存款。2008年3月，中国邮政储蓄银行聊城市分行正式成立，下设办公室、综合业务部（渠道与科技部）、信贷业务部（农村金融服务部）、财务会计部、审计部（风险合规部）、人力资源部6个职能部门。是年5—6月，9个一级支行、19个一类支行挂牌成立。至8月底，全行员工560人，其中496人由邮政公司划转，64人面向社会招聘。2010年，全市6个一类网点改造工作全面完成。2011年4月，全市业务会计集中管理工作完成，辖属支行会计核算、对账、资金划拨、代收付业务等集中上收，实现了全市会计营运工作统一集中管理。同月，启动二类支行改革工作，在随后3年内完成了72个二类支行改革，其中通过机构迁址调整为一类支行18个、通过“名行实所”调整42个、通过变更为代理营业机构调整12个。2011年8月，票据业务正式开办；5日，茌平支行办理第一笔贴现业务。是年，完成一类网点建设14个。2012年7月，中国邮政储蓄银行有限责任公司聊城市分行依法变更为中国邮政储蓄银行股份有限公司聊城市分行。2013年8月30日，市分行推进内设机构改革工作，市分行机关设置11个一级部门、5个二级部门，一级支行设综合业务部（三农金融部）、综合管理部2个部门，市分

聊城邮政储蓄银行聊城分行 （2012年摄）

行营业部不设内设机构。至2015年年底，中国邮政储蓄银行聊城市分行下设11个职能部门、8个一级支行及市分行营业部，辖38个自营网点，153个邮政代理网点，其中全辖农村网点138个，占比72.26%以上；银行员工960人，其中本科及以上学历人员占65.31%、硕士研究生学历人员占3.5%；存款余额308.97亿元，贷款余额34.48亿元。

四、股份制银行

华夏银行聊城分行 前身为聊城地区城市信用社中心社，系非银行业金融机构。1994年7月开始营业。1998年3月，聊城地区城市信用社中心社更名为“聊城市城市信用社中心社”，所辖4个服务部名称亦同时变更。12月30日，根据人民银行要求，原归中心社管理除驻地外的各县市城市信用社交市人民银行管理。2003年10月29日，华夏银行股份有限公司按照市场化原则，收购聊城市城市信用社中心社改建设立异地支行“华夏银行股份有限公司聊城支行”，原聊城市城市信用社中心社4个服务部变更为华夏银行聊城支行同城支行，员工131人，营业网点5个。11月28日，经山东省银监局批准，华夏银行聊城支行正式对外营业，是继济南、青岛、烟台后华夏银行在山东省设立的第四家分支机构，也是进驻聊城市的第一家全国性股份制商业银行的分支机构。2012年8月20日，华夏银行股份有限公司聊城支行升格为华夏银行股份有限公司聊城分行；是年12月14日，设立华夏银行聊城茌平支行。至2015年年底，正式在编人员173人，有5个同城支行（营业部）、1个县域支行；存款余额111.2亿元，贷款余额82.08亿元。

浦发银行聊城分行 上海浦东发展银行股份有限公司聊城分行是隶属于上海浦东发展银行股份有限公司济南分行辖属机构，成立于2011年12月29日，分行本部位于聊城市东昌府区兴华西路60号。2015年10月，设冠县支行。至2015年年末，浦发银行聊城分行内设7部1室，分别为办公室、风险管理部、业务管理部、市场营销一、二、三、四部、营业部，1家县域支行、1家同城小微支行，全行正式员工76人；存款余额62.69亿元，贷款余额56.25亿元。

招商银行聊城分行 招商银行股份有限公司聊城分行成立于2013年12月29日，是隶属于招商银行济南分行管辖的第六家二级分行，办公场所位于聊城市东昌东路63号中通领秀城1号。开业初期，聊城分行本部内设机构5个，分别为风险管理部、会计财务部、公司银行部、零售银行部和办公室，下辖营业部营业网点1个，正式员工39人。2014年，新设建设路自助银行，员工由39人增至47人。2015年年末，开展振兴路支行筹建工作，员工由47人增至63人。至2015年年底，招商银行聊城分行本部内设机构5个，下辖营业部、振兴路支行2家营业网点，建设路及文化路2家自助银行，全行正式员工64人；存款余额21.32亿元，贷款余额31.16亿元。

恒丰银行聊城分行 2011年6月10日正式成立，内设综合部、授信管理部、财务会计部、公司业务部、国际业务部、零售业务部、营业部、市场营销一部、市场营销二部、市场营销三部10个部门，在职员工73人。2012年，增设市场营销四部。2013年，撤销公司业务管理部，增设市场营销五部、市场营销六部。2014年6月，设立恒丰银行聊城开发区支行。2015年9月8日，恒丰银行聊城临清支行开业暨临清市政银企合作签约仪式举行；12月25日，阳谷县、高唐县两地县域支行获得开业批复，并成立金融市场部、业务管理部，零售业务部、国际业务部分别更名为零售金融部、贸易金融部。至2015年年底，恒丰银行聊城分行内设机构14个，下辖2家支行；全行正式员工135人；存款余额71.06亿元，贷款余额39.65亿元。

兴业银行聊城分行 兴业银行股份有限公司聊城分行成立于2015年8月10日，隶属于兴业银行济南分行，是山东省内第十家二级分行。办公场所位于聊城市东昌西路196号。至2015年年底，聊城分行内设前台营销及后台管理共计13个部门，全行在职员工90人。年末存款余额7.73亿元，贷款余额4.79亿元。

五、城市商业银行

齐鲁银行聊城分行　2008年3月19日，济南市商业银行聊城分行正式开业，是进驻聊城的第一家城市商业银行，分行下设市场营销部、风险管理部、运营部、办公室、营业部4个部门，人员编制共计29人。2009年6月6日，分行更名为齐鲁银行聊城分行。是年6月12日、9月6日，临清支行和茌平支行分别开业。2010年3月2日，成立计财部，撤销营业部，成立分行营业室；4月15日，撤销市场营销部，成立公司银行部、小企业银行部、零售银行部；5月18日，聊城开发区支行开业；9月16日，聊城高唐支行开业；2011年4月8日，聊城阳谷支行开业;9月21日，成立放款中心、业务处理中心;2013年12月18日，聊城莘县支行开业；2014年3月28日，聊城东阿支行开业；4月21日，小微企业金融中心聊城分中心成立；5月16日，聊城冠县支行开业。至2015年年底，齐鲁银行聊城分行共设支行9家、营业网点10个、部门7个，正式员工216人；存款余额89.41亿元，贷款余额82.41亿元。

齐鲁银行聊城分行　（2015年摄）

莱商银行聊城分行　莱商银行是一家总部设在莱芜，以服务中小企业为特色的区域性股份制商业银行。2013年12月29日，莱商银行聊城分行正式开业，是莱商银行在异地设立的第七家一级分行，内设营业部、业务部、风险管理部、综合部4个部室。2015年5月27日，莱商银行聊城开发区小微支行和莱商银行聊城香江小微支行2家机构同时开设。至2015年年底，辖内共有部室4个，小微支行2家，在职员工70人；存款余额10.49亿元，贷款余额9.99亿元。

潍坊银行聊城分行　成立于2013年12月29日，位于东昌府区东昌西路99号，正式员工67人。开业后设有5个营销部门，分别负责市区、县域业务拓展工作；设有6个管理部门，分别为业务支持部、计财运行部、授信审批部、风险管理部、国际业务部和营业部。2014年7月11日，营销二部划分2个部门，成立营销六部。2015年2月3日，因工作需要撤销营销一部，营销六部更名为营销一部。是年12月30日，阳谷县、高唐县2家支行开业，营销三部、营销五部撤销，原营销部门变为3个，分别为营销一部、营销二部和营销三部（由原营销四部更名而来）。至2015年年底，共有正式员工74人，其中县域支行员工30人；存款余额16.95亿元，贷款余额11.14亿元。

北京银行聊城分行　2012年8月，北京银行聊城分行的前身济南分行聊城工作室开始筹建。是年10月，工作室17名员工入职，以聊城东昌宾馆作为临时办公地址，按照边办理业务、边筹建机构的工作思路，聊城工作室开始运营。2014年10月10日，北京银行聊城分行获批开业；11月20日，正式运营。北京银行聊城分行是北京银行在全国设立的第三家二级分行、山东省设立的第一家二级分行。2015年，设立第一家支行，即北京银行冠县支行。至2015年年底，全行正式员工33人，形成“五部一室三团队”的组织架构，即公司银行部、零售银行部、风险管理部、运营科技部、营业室、办公室以及营销团队;存款余额15.67亿元，贷款余额6.6亿元。

德州银行聊城分行　德州银行股份有限公司聊城分行于2015年12月16日筹建，2016年

2月24日获批开业，是年4月5日开始试营业，4月12日正式对外挂牌营业。直属德州银行总行管理，是德州银行在辖外设立的第三家分行，办公场所位于聊城市兴华西路72号。内设营业部、公司业务部、零售业务部、运行管理部、风险控制部、综合管理部等6个部室。

聊城农村商业银行 （2014年摄）

六、农村商业银行

山东省农村信用社联合社聊城办事处 2004年8月9日，山东省农村信用社联合社聊城办事处（以下简称“省联社聊城办事处”）正式挂牌成立，代表省联社履行对辖内农村信用社的管理、指导、协调、服务职能。办公地点在聊城市东昌西路西首，内设综合科、稽核监保科、业务管理科、财务管理科4个职能部门。2005年5月19日，完成各科定岗工作，共设34个岗位。是年7月18日，召开全市农村信用社改革动员会，与聊城银监分局联合成立“聊城市农村信用社改革联络办公室”，推进县（市、区）联社统一法人组织形式改革。是年10月底，全市8家联社一级法人改革筹建申请全部获得批准。是年8月19日，设立计算机网络中心。2007年11月，办公地点由聊城市东昌西路西首迁址到聊城市兴华西路72号。2013年9月24日，成立资产管理小组、业务发展小组、贷款检查辅导中心、信贷统计小组、网点转型工作领导小组办公室、会计检查辅导中心、资金中心、科技研发应用办公室、规范化建设小组等9个专业工作小组。2014年10月27日，办公地点由聊城市兴华西72路号迁址到聊城市军需南路2号。至2015年年底，内设综合科、业务管理科、财务管理科、审计科、监察保卫科、科技中心等6个内部科室，正式员工35人；存款余额805.5亿元，贷款余额516.8亿元。

聊城农村商业银行 聊城农村商业银行股份有限公司（简称“聊城农商银行”），原为“聊城市东昌府区农村信用合作联社”。1954年年底，聊城县（今东昌府区）有信用合作组织83个。1994年5月25日，聊城市农村信用合作社联合社建立。1996年11月，农村信用社与中国农业银行脱离行政隶属关系。1999年年初，东昌府区召开全区农村信用社社员代表大会，通过《东昌府区农村信用合作社联合社章程》。2000年12月，东昌府区城市信用社撤销，更名为聊城市东昌府区东昌农村信用合作社。2005年10月8日，经山东银监局批准，东昌府区农村信用合作联社获得筹建资格。2006年1月25日，东昌府区农村信用合作联合社召开创立大会暨首届社员代表大会，选举产生首届理事会和监事会。2006年6月8日，经山东银监局批准，聊城市东昌府区农村信用合作联合社正式挂牌运营。2013年12月，聊城市东昌府区农村信用合作联社改制为“聊城农村商业银行股份有限公司”。至2015年年底，银行辖42家支行和1个营业部，全行在岗员工747人；存款余额162.76亿元，贷款余额107.93亿元。

临清农村商业银行 山东临清农村商业银行股份有限公司前身为“临清市农村信用合作联社”。1994年5月，临清市农村信用合作社联合社成立，初设一室三科共4个办事机构，19个信用社、37个信用分社共56个营业机构。1996年8月，临清农信社与市农行彻底脱离行政隶属关系，其业务管理和金融监管分别由市人行和聊城地区农村金融体制改革领导小组承担。1999

年8月，辖内基层农村信用社规范了合作制，成立理事会、监事会、社员代表大会。2000年年底，临清市城市信用社并入临清市农村信用合作社联合社，临清农信社共有营业机构39个，其中营业部1个、信用社20个、信用分社18个。2004年6月，山东省农村信用社联合社挂牌成立，临清农信社入股省联社，成为省联社社员单位，正式接受省联社及其聊城办事处的行业管理。2006年6月，临清市农村信用合作联社正式挂牌成立，实行一级法人制改革，下设9个职能部门，34个营业机构。2015年12月25日，临清市农村信用合作联社正式改制为山东临清农村商业银行股份有限公司，下设14个职能部室，1个营业部和30家支行，从业人员455人；存款余额97.78亿元，贷款余额61.27亿元。

冠县润昌农村商业银行　山东聊城润昌农村商业银行股份有限公司（简称“润昌农商银行”），原为冠县农村信用合作联社。1954年年底，冠县有信用合作组织67处。山东省冠县农村信用合作社联合社建立。1996年11月，农村信用社与农业银行脱离行政隶属关系。2005年10月28日，正式筹建冠县农村信用合作联社。2006年6月8日，冠县农村信用合作联社正式挂牌运营。至此，一级法人体制改革任务完成。至2008年年底，全县共有营业部1个、信用社10个、信用分社15个，形成了网络覆盖全面、功能完备的农村金融体系。2010年10月，冠县农村信用合作联社改制为山东聊城润昌农村商业银行股份有限公司。至2015年年底，辖22家支行和1个营业部，全行在岗员工416人；存款余额89.39亿元，贷款余额59.09亿元。

莘县农村商业银行　山东莘县农村商业银行股份有限公司（简称“莘县农商银行”）前身为莘县农村信用合作联社。1985年9月，成立莘县农村信用合作社联合社。2004年6月，山东省农村信用社联合社挂牌成立，莘县农信社入股省联社，成为省联社社员单位，正式接受省联社及其聊城办事处的行业管理。2006年1月，实现县一级法人治理体制，组建莘县农村信用合作联社。2014年3月29日，莘县农村信用合作联社改制为莘县农商银行。至2015年年底，莘县农商银行内设15个职能部门，1个营业部和28家支行，从业人员381人；存款余额109.47亿元，贷款余额71.49亿元。

阳谷农村商业银行　山东阳谷农村商业银行股份有限公司（简称“阳谷农商银行”），原为阳谷县农村信用合作联社。1994年5月，阳谷县农村信用合作联合社与农业银行县支行实施分门办公。2014年12月27日，正式改制为山东阳谷农村商业银行股份有限公司。至2015年年底，阳谷农商银行内设17个职能部门、1个营业部和29家支行，全行共有正式员工404人；存款余额109.47亿元，贷款余额71.49亿元。

东阿农村商业银行　山东东阿农村商业银行股份有限公司前身为东阿县农村信用合作联社。1996年9月，东阿县联合社与农业银行脱钩。1999年12月，设置7个职能科室，辖属9个农村信用合作社（法人单位）、18个信用分社。2001年12月，东阿县农村信用合作联社接纳东阿县城市信用社为东阿县联合社的团体社员，原城市信用社更名为东阿县曙光农信社，并接纳其员工42人。2005年7月，东阿县农村信用合作联社统一法人机构筹建工作小组经上级批准成立。2006年6月，东阿县农村信用合作联社挂牌开业。2014年8月16日，山东东阿农村商业银行股份有限公司挂牌开业。至2015年年底，东阿农商银行内设14个职能部门、1个营业部和22家支行，全行共有正式员工368人；存款余额61.79亿元，贷款余额43.53亿元。

茌平农村商业银行　山东茌平农村商业银行股份有限公司前身为茌平县农村信用合作联社。1985年8月15日，茌平县农村信用社联合社成立。1994年4月，全县农信社与农业银行茌平县支行实行分门办公。茌平县农村信用社联合社组建，下设人秘科、业务科、会计科、审计科，辖法人信用社19个、独立核算信用分社2个，非独立核算信用分社9个，在职干部职工302人。2006年5月29日，茌平县农村信用合作联社开业，茌平县联社正式成立。9月19日，开始筹建分支机构，新设立分支机构36个，其中非法人信用社9个、信用分社9个、授权就近信用社管理的分社18个。2015年6月，在茌平县联社基础上以变更组织形式方式筹建茌平农商银行，设置职责明确的内部职能部门及28家分支机构；12月23日获准开业，12月25日正式挂牌。至2015年年底，茌平农商银行内设15个职能部室，28家支行，在职员工417人；存款余额81.83亿元，贷款余额52.68亿元。

高唐农村商业银行 山东高唐农村商业银行股份有限公司（简称“高唐农商银行”），原为高唐县农村信用合作联社。1985年，成立“高唐县信用合作社联合社”。1994年5月，信用社与农业银行分门办公。2005年7月，高唐县农村信用社县联社一级法人改革正式启动。2006年1月，召开高唐县农村信用合作联社创立大会暨首届社员代表大会第一次会议；是年6月8日，高唐县农村信用合作联社正式挂牌，完成了两级法人向一级法人的变革。2014年5月，高唐县农村信用合作联社改制为山东高唐农村商业银行股份有限公司。至2015年年底，辖24家支行和1个营业部，全行在岗员工380人；存款余额61.68亿元，贷款余额39.67亿元。

七、村镇银行

聊城沪农商村镇银行 2012年7月10日，聊城东昌沪农商村镇银行股份有限公司正式对外挂牌，是由上海农商银行控股，东昌府区8家法人企业及14位自然人参股的新型地方农村金融机构，注册资金5000万元，是聊城市区首家村镇银行。2013年3月6日，聊城东昌沪农商村镇银行股份有限公司正式更名为“聊城沪农商村镇银行股份有限公司”。聊城沪农商村镇银行设“三会一层”组织架构体系，即股东大会、董事会、监事会及高级管理层，下设综合管理部、风险管理部、市场部、营业部4个职能部室，下辖1家分支机构和小微金融中心。至2015年年底，全行正式员工27人；存款余额3.73亿元，贷款余额2.01亿元。

临清沪农商村镇银行 临清沪农商村镇银行股份有限公司于2012年7月16日正式对外开业，内设营业部、市场部、风险管理部、综合管理部4个部室。临清沪农商村镇银行是经中国银监会批准，由上海农商银行主发起设立，具有独立法人资格、国资参股的新型农村金融机构。2014年10月26日，新华支行成立。2015年1月16日，首家自助银行——中冶银河自助银行正式对外营业。至2015年年底，全行正式员工55人；存款余额12.2亿元，贷款余额6.54亿元。

阳谷沪农商村镇银行 阳谷沪农商村镇银行股份有限公司于2012年7月16日正式对外开业，内设综合管理部、营业部、市场部及风险部4个部室。阳谷沪农商村镇银行是经中国银监会批准，由上海农商银行主发起设立，具有独立法人资格、国资参股的新型农村金融机构。2015年3月，增设小微金融中心。至2015年年底，全行正式员工35人；存款余额3.1亿元，贷款余额1.56亿元。

茌平沪农商村镇银行 2012年7月18日，茌平沪农商村镇银行股份有限公司正式对外挂牌，是经中国银监会批准，由上海农商银行控股，茌平县7家法人企业及8位自然人参股的新型地方农村金融机构，注册资金5000万元，是茌平县首家村镇银行。下设4个科室：营业部、市场部、风险管理部、综合管理部。至2015年年底，全行正式员工22人，存款余额4.15亿元，贷款余额3.03亿元。

莘县青隆村镇银行 2015年9月17日，莘县青隆村镇银行股份有限公司正式对外挂牌，由山东青州农村商业银行控股，莘县德汇食品有限公司、聊城市传朋公路工程有限公司、山东盛大食品有限公司、山东中能杆塔有限公司、山东远大锅炉配件制造有限公司5家法人企业参股成立的新型股份制商业银行，注册资金8000万元，是莘县首家村镇银行。作为独立法人机构，莘县青隆村镇银行设“三会一层”的组织架构体系，即股东大会、董事会、监事会及高级管理层，下设业务部、综合部、风险部、营业部4个职能部室。至 2015 年年底，全行正式员工 29 人，存款余额 1.09 亿元，贷款余额 1.15 亿元。

东阿青隆村镇银行股份有限公司 是由山东青州农商银行控股，东阿县 9 家法人企业参股的新型地方农村金融机构，于 2015 年 8 月 26 日正式对外挂牌，注册资金 6000 万元，是东阿县域首家村镇银行。作为独立法人机构，东阿青隆村镇银行设“三会一层”的组织架构体系，即股东大会、董事会、监事会及高级管理层，下设综合部、风险管理部、业务拓展部、营业部 4 个职能部室，下辖 1 个营业网点。至 2015 年底，全行在职员工 38 人，存款余额 5040 万元，贷款余额 1.33 亿元。

高唐青隆村镇银行 2015 年 9 月 22 日，高唐青隆村镇银行股份有限公司正式对外挂牌，由山东青州农商银行控股，高唐县 7 家法人企业参股的新型地方农村金融机构，注册资金 8000 万元，是高唐县域首家村镇银行。高唐青隆村镇银行设“三会一层”的组织架构体系，即股东大会、董事会、监事会及高级管理层，下设综合部、风险管理部、业务拓展部、营业部 4 个职能部室，下辖 1 个营业网点。至 2015 年年底，全行在职员工 41 人，存款余额 8086 万元，贷款余额 1.33 亿元。

冠县齐丰村镇银行 2015 年 12 月 8 日，山东冠县齐丰村镇银行股份有限公司获开业批复，为山东临淄农商银行控股、冠县 8 家法人企业参股的新型地方农村金融机构，注册资金 5000 万元，是冠县首家村镇银行。作为独立法人机构，冠县齐丰村镇银行建立“三会一层”的组织架构体系，即股东大会、董事会、监事会及高级管理层，下设综合管理部、风险管理部、市场拓展部、营业部、财务管理部。至 2015 年年底，全行正式员工 34 人。

第二节 存 款

1997 年，为促进储蓄存款的稳定增长，聊城金融机构开办代理业务，开拓储蓄存款新的增长点，在人民银行大幅度下调储蓄存款利率的同时，全年储蓄仍呈稳定增长趋势。

2002 年，金融机构各项存款呈现历史性增长，存款结构更趋于流动性、短期化。2003 年，企业存款波动性较强，总体呈下降趋势。储蓄存款保持平稳上升的强劲势头，成为存款增长的主流。

2005 年，全市金融机构本外币存款余额突破 500 亿元，比上年增加 61.62 亿元，增长 13.11%，增长幅度提高 1.14 个百分点。其中，人民币各项存款余额 527.94 亿元，增加 61.36 亿元，增长 13.15%，提高 1.43 个百分点；各项外汇存款余额 4500 万美元，增加 424 万美元。

2008 年，各项存款大幅度增长，存款定期化特征显著。至年底，全市金融机构各项人民币存款余额 836.64 亿元，比上年增加 166.17 亿元；各项外汇存款余额 0.35 亿美元，较年初增加 0.06 亿美元；存款增量、增长幅度均为 2001 年以来最高点。

2009 年，全市人民币各项存款余额突破 1000 亿元，较年初增加 237.65 亿元，多增 71.48 亿元。

2012 年，人民币各项存款大幅上升。年末，全市金融机构人民币各项存款余额 1673.72 亿元，比年初增加 315.79 亿元，多增 191.11 亿元；外币各项存款余额 2.22 亿美元，比年初增加 8697 万美元，多增 1850 万美元。外币存款中单位保证金存款增加较多，主要集中在建行，其中祥光铜业办理一笔外币贷款项下远期售汇到期交割业务，交存美元保证金约 5000 万美元。

2015 年，全市金融机构人民币各项存款余额 2571.93 亿元，比年初增加 301.49 亿元，少增 37.23 亿元。年末，全市人民币住户存款余额 1651.19 亿元，比年初增加 228.47 亿元，多增 4.34 亿元；金融机构非金融企业存款余额 615.06 亿元，比年初增加 52.88 亿元，少增 27.38 亿元；广义政府存款余额 288.85 亿元，比年初增加 21.93 亿元，少增 3.04 亿元；金融机构外币各项存款余额 3.13 亿美元，比年初增加655万美元，少增5611万美元。

一、企业存款

1997年，全区企业存款余额31.63亿元，占比17.83%。1999年，随着电力、纺织等骨干企业的经营状况逐渐好转，企业存款出现较大幅度增长，年末全市企业存款余额43.15亿元，较年初增加5.25亿元。

2000年，企业整体支付能力有所增强，全市企业存款余额40.01亿元。但从存款增长的结构看，国有大中型企业和上市企业存款增加较多，占新增存款的71.9%，而集体、民营和中小企业支付能力仍然不足，占新增存款的11.5%；从企业存款增长的期限结构看，企业定期存款是企业存款增长的主流。

2001年，企业存款增长加快，整体支付能力提高，但企业之间资金分布不均衡。至年末，全市企业存款余额43.81亿元，较年初净增3.8亿元，多增6.43亿元。尤其反映企业支付能力的活期存款增加较快，较年初增加2.01亿元，多增8.01亿元，占企业存款总量的59.9%。企业存款虽然总体趋势为上升，但月度间波动性较大。在金融机构的企业存款增量来源中，18家重点企业的生产经营性存款约占20%，而电力、通信、邮电、交通系统等垄断性行业是存款增长的主流，约占总体增量的45%。但电力、交通系统等多为垂直管理，大额资金上拨下划频繁，影响了存款的稳定性。

2002年，全市企业存款余额58.86亿元，较年初增加15.05亿元，增长36.73%。企业存款快速增长的原因主要是承兑保证金存款的增加。是年，累计办理银行承兑汇票48.75亿元，增加24.5亿元，增长141.01%，保证金存款15亿元，占企业存款总量的26%，比年初增加9.75亿元，占企业存款增量的61.43%。2005年，全市企业存款余额69.1亿元，较年初少增1.61亿元，主要原因是年年底时风集团大量储备原材料，致使其银行存款下降0.8亿元。企业签发银行承兑汇票集中到期兑付，造成单位定期存款下降。如时风、泉林、蓝山3家骨干企业的销售形势较好，销售收入增加，但由于年底承兑汇票到期较多，致使3家企业在各金融机构的保证金存款减少约2.45亿元。

2010年，全市企业存款余额216.71亿元，比年初增加25.7亿元，少增61.75亿元。分期限看，企事业单位活期存款比年初增加22.01亿元，少增33.25亿元；企事业单位定期存款比年初增加3.69亿元，少增28.49亿元。2011年，全市企业存款余额突破300亿元，为350.81亿元。东阿阿胶集团股份有限公司货款回笼比较集中，在中行的存款新增2亿元，华宇、三和等企业存款也有所增加，全部为货款回笼资金。

2015年，全市企业存款余额突破600亿元，为615.06亿元。

二、财政性存款

1997年，随着全市经济快速发展、财税体制改革以及各项具体措施的落实，财务收支状况逐渐好转，财务性存款稳步上升，是年年底全区财政性存款余额1.1亿元。

1998年3月，经国务院批准，中国人民银行将金融机构原代理财政性存款中的机关团体存款、财政性预算外存款划为金融机构的一般性存款。1998—1999年，国民经济步入低谷，财务收入大幅度减少，财务存款持续下降。

2000—2003年，随着全市企业的经营效益快速提升，财政收入大幅度增加，财政性存款逐年增多。

2004年，财政存款小幅下降，全市财政性存款5.62亿元，较年初减少0.44亿元。2005—2006年，全市经济进入平稳期，全市财政性存款小幅度上升。2007年，财政存款增加较多，工业生产增速加快，企业效益提高。年末，全市财政性存款余额13.72亿元，较年初增加7亿元。

2009年、2010年，国民经济持续保持高速发展态势，全市工业经济快速发展，财政收入大幅度增长，带动财政存款大幅度攀升。全市财政性存款余额分别为31.75亿元、41.57亿元。2012年，全市广义政府存款余额288.85亿元，比年初增加 21.93 亿元，少增 3.04 亿元。其中，财政性存款比年初减少 2.95 亿元，少增 16.39 亿元；机关团体存款比年初增加 2.15 亿元，少增 14.79 亿元。

2015 年，全市广义政府存款余额 288.85 亿元，比年初增加 21.93 亿元，少增 3.04 亿元。其中，全市财政性存款余额 20.14 亿元，比年初减少 4.87 亿元；机关团体存款 268.71 亿元，较年初增加 26.8 亿元。

三、储蓄存款

1997 年，尽管连续下调利率，股市风险较大，居民储蓄热情不减，储蓄存款逐年增加。是年年末，全区储蓄存款余额 140.09 亿元。

1998 年，随着下岗人员的增加和教育、住房、医疗等制度改革的不断深入，居民对未来收入水平下降及支出增加的预期增强，储蓄依然成为广大居民存储结余资金的首选。

1999 年，为鼓励消费和投资，引导城乡居民分流一部分储蓄资金，推动经济持续、健康发展，国家第七次下调利率并出台《对储蓄存款利息所得税征收个人所得税的实施办法》，对储蓄存款利息所得开始征收个人所得税。但对于低收入城乡居民而言，储蓄仍是首选。

2002 年，全市城乡居民储蓄存款稳步增长，活期存款上升较快，较年初净增 12.11 亿元，多增 5.06 亿元，占新增储蓄存款的 42.92%，提高 15.91 个百分点。农村储蓄增长幅度减缓，增幅仅为 10.81%，同比减缓 6.15 个百分点。

2003 年，定期储蓄存款余额 216.41 亿元，较年初净增 22.9 亿元，多增 6.8 亿元，占新增储蓄存款的 64.28%；活期储蓄存款余额 69.15 亿元，较年初净增 12.7 亿元，多增 0.72 亿元。12 月末，邮政储蓄存款、4 家商业银行、农信社的储蓄增量比例由上年同期的 1∶1.46∶1.12 变化为 1∶1.72∶1.51。同时，邮政储蓄在人行的转存款出现少增，年末余额 50.61 亿元，比年初增加 5.34 亿元，少增 2.35 亿元。

2006 年，全市储蓄存款稳步增长，突破 400 亿元。2008 年，定期储蓄比年初增加 95.87 亿元，多增 61.78 亿元，占储蓄存款全年增量的 79.41%。2012 年，全市金融机构个人存款余额 1020.03 亿元，比年初增加 176.75 亿元，多增 84.56 亿元；储蓄存款余额 1018.54 亿元。2015 年，全市人民币住户储蓄存款余额 1651.19 亿元，比年初增加 228.47 亿元，多增 4.34 亿元。

1997—2015 年聊城市各项存款情况统计表

表 16-1　　单位：亿元、%

年份	各项存款	其中							
		企业存款	占比	财政存款	占比	机关团体存款	占比	储蓄存款	占比
1997	177.44	31.63	17.83	1.10	0.62	1.06	0.60	140.09	78.95
1998	200.45	37.90	18.91	1.05	0.52	1.06	0.53	162.84	81.24
1999	224.51	43.15	19.22	0.98	0.44	1.06	0.47	178.33	79.43
2000	248.33	40.01	16.11	1.37	0.55	3.08	1.24	197.09	79.37
2001	286.69	44.03	15.35	2.51	0.88	3.67	1.28	223.81	78.06
2002	340.45	59.09	17.37	4.04	1.19	7.16	2.10	251.39	73.84
2003	410.49	68.43	16.67	6.06	1.48	14.68	3.58	285.56	69.57
2004	459.04	70.57	15.37	5.62	1.22	19.85	4.32	319.38	69.58
2005	531.57	69.10	13.00	6.28	1.18	23.23	4.37	360.29	67.78
2006	585.95	83.00	14.07	6.72	1.15	25.97	4.46	403.89	68.92
2007	672.54	95.89	14.25	13.72	2.05	32.41	4.83	451.50	67.23

续表 16-1

年份	各项存款	其中							
		企业存款	占比	财政存款	占比	机关团体存款	占比	储蓄存款	占比
2008	839.00	115.05	13.75	15.96	1.91	36.07	4.31	572.24	68.40
2009	1076.68	202.50	18.81	31.75	2.96	44.18	4.11	669.74	62.20
2010	1236.85	216.71	17.52	41.57	3.36	88.53	7.16	753.37	60.91
2011	1366.62	350.81	25.83	45.38	3.34	123.91	9.12	845.72	62.16
2012	1687.69	455.60	27.22	43.74	2.60	161.24	9.56	1020.03	60.44
2013	1945.83	507.69	26.09	38.35	1.97	191.04	9.82	1187.29	61.02
2014	2289.20	507.10	25.51	25.01	1.10	241.91	10.57	1411.79	61.67
2015	2592.28	632.50	24.39	20.14	0.78	268.71	10.37	1651.19	63.70

第三节　贷　款

1997—1998 年，按人行总行通知，先后 4 次（1997 年 10 月 23 日、1998 年 3 月 25 日、1998 年 7 月 1 日，1998 年 12 月 7 日）将各项贷款各档次年利率由原来的 7.65% ～ 10.53% 下调至 6.12% ～ 7.56%，在两年时间 4 次连续降息，其频率之高、力度之大是前所未有的，虽然没有对消费产生预期的刺激作用，但在很大程度上改善实际利率过高的状况，促进了贷款增长的需求。1998 年，全市人民币贷款 175.36 亿元，较上年增加 8.53 亿元，增长 5.1%。

1999 年，银行集中投向电力、纺织等国有大中型企业，注重支持住房、电信、交通等基础设施建设，同时也开始关注一些有市场有效益乡镇企业、个体私营企业生产经营的资金需求。

2000 年，信贷投放力度增强。信贷投放走出低谷，出现恢复性增长，有效信贷需求基本得到满足，贷款投向和经济景气基本吻合，为经济发展创造良好的金融环境。是年，全市各项贷款余额 200.6 亿元，较上年增加 22.25 亿元，增幅 12.5%。贷款投向结构明显得到优化，金融机构按照信贷政策的要求，突出支持了国有企业改革、非国有企业、国债投资项目、居民消费及企业技术改造资金的需要。对国有大中型企业的主办银行制度继续得到实施，签约企业 40 户，累计增加银行贷款 6.02 亿元，累计办理银行承兑汇票 10.39 万元，比上年多增 2.6 亿元。为支持中小企业的发展，试办商业承兑汇票、贴现、再贴现业务，为中小企业开辟新的融资渠道，全年累计办理商业承兑汇票 10.39 亿元，办理贴现、再贴现贷款分别为 9.14 亿元、6.04 亿元。为了支持出口企业的发展，累计发放打包贷款 1400 万元，出口押汇 490 万美元，贸易融资 400 万元。国债配套资金得以落实，到位银行贷款 1.14 亿元，落实省财政贴息项目到位资金 2.36 亿元，有力地支持了国家重点建设和企业技术改造资金的需要。在继续开办住房贷款业务的同时，拓展汽车、助学、大额耐用消费品、家具装修等消费贷款新品种。为简化贷款手续，中国银行还试办小额信用消费贷款。

2002 年，各项贷款快速增加，与经济发展基本吻合。贷款增长幅度高于经济增长和物价上涨之和 6.78 个百分点，基本满足了经济对资金的需求。固定资产投资贷款增势强劲，余额 35.86 亿元，多增 13.62 亿元，是 2001 年增量的一倍，占是年固定资产资金来源的 22.66%，提高 5.93 个百分点，明显增强了对固定资产投资的推动作用；加大对出口创汇企业的支持力度，余额 3.3 亿元，多增 0.65 亿元，累计为 10 户企业发放出口退税账户托管贷款 5356 万元；个人消费信贷快速增长，年末余额 15.83 亿元，占贷款余额的 5.81%，较年初净增 10.1 亿元，是 2001 年增量的 6.05 倍。

2003 年，全市金融机构各项贷款增加较快，工业贷款和农业贷款仍是贷款增长的主体，个人消费信贷、基本建设贷款和票据融资增长很快。固定资产投资贷款年末余额 10.57 亿元，与上年基本持平；外汇贷款余额 4245 万美元，比年初增加 217 万美元，其中短期贷款余额 1893 万美元，中长期贷款余额 335 万美元；个人消费信贷快速增长，年末余额 25.61 亿元，比年初增加 9.78 亿元，增长幅度与上年持平。

2005 年，各项贷款保持适度增长，结构进一步优化。是年末，全市金融机构本外币各项贷款余额 417.29 亿元，比年初增加 49.35 亿元，增长 13.17%，增速低于上年 0.29 个百分点。从全年贷款变化趋势看，各项贷款月度波动幅度较大；从贷款期限看，中长期贷款占比略有增加，贷款期限结构进一步优化；从贷款投向看，基本适应经济结构调整的要求；受上级行信贷投放政策、信贷管理体制以及金融机构成长周期的影响，各金融机构贷款投放速度有所不同。

2007 年，贷款持续快速增长，增量创历史最高。至年末，全市金融机构各项人民币贷款余额 558.33 亿元，比上年增加 77.47 亿元，各项外汇贷款余额 1.96 亿美元，增加 1.7 亿美元。本外币各项贷款同比增长 18.58%，增速较全省高 6.88 个百分点，比上年同期高 2.85 个百分点，比年初增加 89.7 亿元，多增 24.1 亿元。与历史同期相比，是年贷款增量创历史最高，增速仅低于 2002 年、2003 年。

2008 年，贷款增长适度，信贷投向结构基本稳定。至年末，全市金融机构各项人民币贷款余额 607.22 亿元，比上年增加 67.22 亿元，各项外汇贷款余额 1.78 亿美元，较年初减少 0.18 亿美元。本外币各项贷款增长 11.4%。

2009 年，贷款总量增长与结构优化并进，适度宽松货币政策效果明显，全年贷款投放呈现出“总量快速增长、结构不断优化、支持重点突出”的特点。进口增加促进外汇贷款快速增长，外汇存款略有增长。12 月末，全市金融机构外汇各项贷款余额 3.71 亿美元，较年初增加 1.93 亿美元，增长 108.15%。

2009 年后，统计口径变化，工业流动性贷款、农业贷款、商业流动性贷款、基本建设贷款、技术改造贷款不再单独统计。2010 年年末，全市本外币各项贷款 963.92 亿元，信贷投放实现了“两个提升，一个优化”：新增贷款大幅度提升，全年本外币各项贷款增加 167.56 亿元，增长 21.01%；新增存贷比大幅提升，为 104.61%。信贷投向结构进一步优化，中小企业贷款和农业贷款增长幅度分别高于全市各项贷款增长幅度 6.37 和 8.67 个百分点，支持了全市产业结构调整和发展方式转变。力促不良贷款真实有效降控，至 2010 年年末，辖区银行业不良贷款余额 34.5 亿元、占比 3.6%，较年初减少 21.6 亿元、下降 3.5 个百分点。

2011 年，受“预调微调”政策影响，各项贷款平稳较快增长。至年末，全市全金融机构人民币各项贷款余额 1047.11 亿元，比年初增加 129.65 亿元，少增 18.96 亿元。金融机构短期贷款余额比年初增加 96.6 亿元，多增 13.1 亿元。中长期贷款余额 309.29 亿元，比年初增加 26.97 亿元，少增 41.78 亿元。个人消费性贷款余额 135.93 亿元，比年初增加 26.42 亿元，少增 16.58 亿元。是年，对公贷款类产品中，较年初新增排前两位的分别为流动资金贷款和国内贸易融资类贷款。

2012 年年末，全市金融机构人民币各项贷款余额 1244.21 亿元，比年初增加 197.1 亿元，多增 67.45 亿元。全市金融机构短期贷款余额 890.82 亿元，中长期贷款余额 318.07 亿元。全市金融机构个人消费性贷款余额 169.13 亿元。

2013 年，各项贷款持续增长，增速略有减缓。至年底，本外币各项贷款 1432.5 亿元，比年初增加 138.6 亿元，少增 39.9 亿元。2014 年，人民币各项贷款持续增长。全市金融机构人民币各项贷款余额 1674.2 亿元，比年初增加 259.6 亿元，多增 93.9 亿元，全市金融机构短期人民币贷款余额 1150.8 亿元，比年初增加 149.2 亿元，多增 43.1 亿元。

2015 年，人民币各项贷款增势减缓，贷款呈短期化特征。全市金融机构人民币各项贷款余额 1845.65 亿元，比年初增加 171.43 亿元，少增 87.8 亿元；住户贷款增长缓慢。年末，全市金融机构人民币住户贷款余额 507.79 亿元，比年初增加 30.1 亿元，多增 16.66 亿元。全市金融机构人民币非金融企业及机关团体贷款余额 1337.86 亿元，比年初增加 141.33 亿元，少增 104.86 亿元；全市金融机构外币各项贷款余额 4.11 亿美元，比年初减少 0.025 亿美元，少增 1.23 亿美元。

一、工业贷款

1997—1999 年，全市地区工业贷款余额分别为 19.94 亿元、23.21 亿元、28.91 亿元。

2003 年，全市工业贷款余额 50.38 亿元，占贷款总量的 16%，比年初增加 9.32 亿元，少增 1.98 亿元。是年，工业完成投资 128.21 亿元，增长 81.0%。电力、燃气及水生产供应业完成投资 22.09 亿元，占工业投资的比重 17.2%；农副产品加工业、纺织业、造纸及纸制品制造业完成投资 106.12 亿元，占工业投资的比重 82.8%。

2008—2009 年，银行业加大信贷投放力度，支持地方经济又好又快发展。辖区银行业进一步调整信贷结构，持续加大信贷投放力度，突出支持重点企业、重点项目建设。督促加大对符合国家产业政策的骨干企业、市政府确定的“5513 工程”项目的扶持力度，重点支持祥光铜业、信发铝业、泉林纸业、中冶纸业等骨干龙头企业。2008 年、2009 年，全市工业贷款余额分别为 142.15 亿元、186 亿元。

二、商业贷款

1997—1999 年，全市商业贷款余额分别为 65.09 亿元、68.17 亿元和 69.23 亿元。2000 年，因各国有银行资产剥离、债转股和呆坏账核销工作，贷款下降，年末全市商业贷款余额 62.54 亿元，较年初减少 0.82 亿元。

2001 年，因农副产品收购贷款呈下降态势，商业对银行的贷款需求不够强烈，是年年末商业贷款余额 62.58 亿元，基本与 2000 年持平。

2002 年，商业贷款特别是农副产品收购贷款成为全年信贷增长的亮点，年末全市贷款余额 63.6 亿元，比年初增加 2.5 亿元，为几年来最高纪录，是 2001 年增量的 15.85 倍。

2003—2004 年，商业贷款特别是农副产品收购贷款出现下滑。2003 年年末，全市商业贷款余额 60.93 亿元，占贷款总量的 19%，比年初减少 2.7 亿元。2004 年年末，全市商业贷款余额 58.83 亿元。2005—2009 年，由于受经济影响，商业性流动贷款持续下降，余额分别为 60.24 亿元、54.87 亿元、47.69 亿元、39.51 亿元和 38.62 亿元。

三、农业贷款

1997—1999 年，随着乡镇企业的快速发展，境内各银行对农业贷款投入逐渐加大，农业贷款余额逐年增加，分别为 19.77 亿元、28.02 亿元和 28 亿元。

2000 年，加大对农业、农村和农民的支持力度。在人民银行支农再贷款的支持下，农村信用社明确市场定位，扩大信贷投放，全年累计增加农业贷款 9.54 亿元，年末余额比年初多增 6.42 亿元，占其新增贷款总量的 50%；为了简化贷款手续，在上年发放双户连保贷款的基础上，又试办单户担保贷款，推广“信用村”贷款新模式，使贷款面进一步拓宽，贷款户 33 万户，满足了农民生产生活的需要。

2001 年，全市农业贷款累计投放 69.4 亿元，年末余额 45.34 亿元，较年初增加 9.4 亿元，多增 0.65 亿元，占全部新增贷款的 35.5%。

2006—2007 年，农村信用社加大对“三农”贷款的投入，加大对冬季农业生产的支持力度，大力推广农户小额信用贷款，提高贷款额度，支持农户改进生产结构，调整种植规划，对于粮棉种植、农村养殖、特色农业、绿色农业一路“绿灯”。年末全市农业贷款余额 121.94 亿元，较年初增加 20.07 亿元。

2008 年，全市推动实施“金政助农”活动，引导金融机构对农业产业化企业贷款优先、利率优惠，地方政府对企业给予贷款贴息、税收减免等政策扶持。在财政、金融部门的大力扶持下，全市农业贷款小幅上升，较上年增加2.75亿元。2009年，全市农业贷款余额163.23亿元，较上年增加38.54亿元，增长31.02%。

四、基本建设贷款

1997年，全市基本建设贷款余额4.51亿元。1998年年末，全市基本建设贷款余额减少到3.77亿元。1999年，全市基本建设贷款余额继续下降至2.96亿元。

2002年，全市基本建设贷款13.54亿元，较上年增加9.63亿元，基本建设投资48.28亿元，增长62.2%；全市市政公用基础设施完成投资7.1亿元，增加1.54亿元。

2004年，在全市50万元以上项目完成投资中，基本建设投资174.63亿元，占全社会固定资产投资比重的65.3%；全年固定资产投资额超过亿元的建设项目64个，完成投资80.79亿元。

2007年，金融机构响应市委、市政府大力加快产业结构调整的号召，加大对重点投资项目的投入，年末全市基本建设贷款余额75.98亿元，较上年同期增加25.35亿元，增长50.07%。

2008年，全市重点投资项目对基本建设贷款需求较大，年末基本建设贷款余额91.99亿元，比年初增加16.01亿元，增长21.07%。2009年年末，全市基本建设贷款余额124.09亿元，较年初增长34.4%。

五、技术改造贷款

1997年，全区技术改造贷款余额7.32亿元。1999年，全市技术改造贷款余额7.83亿元，较年初增加0.33亿元。

2001年年末，全市技术改造贷款余额8.98亿元，较年初增加1.69亿元，多增1.91亿元。主要是各企业为提升产品档次和质量，适应市场需求，纷纷加大了技术改造力度。2002年，技术改造力度明显弱化，全市技术改造贷款余额1.34亿元，较上年减少7.69亿元。2003年，技术改造贷款继续下降，年末全市技术改造贷款余额1.17亿元，比年初减少0.17亿元。

2004年，技术改造贷款下降趋势有所缓和，全市技术改造贷款余额1.33亿元，比年初增加0.16亿元。2005年，金融机构对技术改造贷款投入大幅增加，带动技术改造贷款增加较多。

2006年起，全市技术改造贷款呈持续下降趋势。2008年，全市技术改造贷款余额1.16亿元，较年初增加0.61亿元。2009年，全市技术改造贷款余额1.74亿元，较年初增加0.58亿元。

1997—2009年聊城市各项贷款情况统计表

表16-2　　　　单位：亿元

年份	各项贷款	其中				
		工业贷款	商业贷款	农业贷款	基本建设贷款	技术改造贷款
1997	166.83	19.94	65.09	19.77	4.51	7.32
1998	175.36	23.21	68.17	28.02	3.77	7.50
1999	188.77	28.91	69.23	28.00	2.96	7.83
2000	200.59	31.00	63.87	33.49	2.98	7.77
2001	228.49	32.36	62.58	45.34	3.91	8.98
2002	275.89	41.09	63.60	54.06	13.54	1.34
2003	335.93	50.38	60.93	66.36	17.10	1.17
2004	374.02	62.52	58.83	77.94	23.63	1.33
2005	417.29	71.55	60.24	92.27	28.60	3.72
2006	482.93	109.42	54.87	101.87	50.63	1.12

续表 16-2

年份	各项贷款	其中				
		工业贷款	商业贷款	农业贷款	基本建设贷款	技术改造贷款
2007	572.67	134.09	47.69	121.94	75.98	0.55
2008	619.40	142.15	39.51	124.69	91.99	1.16
2009	796.36	186	38.62	163.23	124.09	1.74

说明：2010 年起上述贷款不再单独统计

第四节　结　算

一、异地结算

1997 年开始，电子联行业务到县，聊城辖区县市支行全部上线电子联行业务，异地结算、异地资金汇划时间由 1 个星期甚至 1 个月缩短为“天上三秒，地上三天”，大大加快了异地资金汇划速度。2005 年 3 月 14 日聊城全辖上线大额支付系统，相比 6 月 25 日全国推广上线提前了三个多月；2006 年 4 月 24 日聊城全辖上线小额批量支付系统，相比 6 月 26 日全国推广上线时间提前了两个多月；支票影像系统于 2007 年 6 月 27 日与全国成功推广上线同期完成。2009 年，完成电子商业汇票系统在聊城辖区全线扩广运行，电子商业汇票期限由半年延长到 1 年，提高了电子商业汇票效率，电子商业汇票系统的建成运行，标志着聊城商业票据业务进入电子化时代。

2010 年 10 月 18 日，网上支付跨行清算系统（俗称超级网银）在聊城上线运行。为商业银行开展网银结算、手机银行推广铺平了道路。2013 年 8 月 5 日，中央银行会计核算数据集中系统在聊城上线运行，在人民银行开户的金融机构异地之间的资金结算更加便捷。2013 年国庆节期间，第二代支付系统在聊城正式上线运行，小额支付更加快捷，跨行支付清算效率更高。至 2015 年，辖区银行业金融机构全部加入了第二代支付系统。

二、同城结算

1997 年，聊城大同城清算系统上线运行，聊城市区及 7 家县市全部纳入同城清算系统，相互之间的同城清算每日两场，贷记业务实时入账，借记业务次场入账，异地跨行资金先同城交换到人民银行再通过电子联行汇划到异地，同城结算方便快捷。

2000 年 12 月，金融区域网电子同城清算系统在中国人民银行聊城市中心支行模拟运行成功。2001 年初济南分行在全省推广，投入正式运行。是年，中国人民银行聊城市中心支行成立同城清算系统暨电子联行“天地对接”领导小组，为电子联行实现天地对接做准备保障工作，2002 年顺利完成电子联行天地对接工作，同城清算业务量进一步上升。

2003 年，为加强同城清算系统安全管理，维护良好的结算秩序，中国人民银行聊城市中心支行采取交换行准入资格重新审批及交换员岗位培训及上岗考试等手段，专项检查、抽样检查相结合加大了结算管理及监督，并对查出的违规问题加强了处罚力度，同城票据清算压票、退票情况和辖区网点支付结算业务的各种清算乱象为之一清。

2005 年，制定《聊城市金融机构支付清算考核评价办法（试行）》，实现对金融机构的系统性考核。是年，成立支付清算系统应急处置领导小组，将应急管理作为金融机构年度考核内容，督促金融机构做好预案、演练，最大限度预防和减少系统应急事件的发生和造成的损失。

2006 年，中国人民银行聊城市中心支行制定《中国人民银行聊城市中心支行金融区域网络电子同城清算管理办法》，进一步加强了票据和结算凭证的提出、提入等业务的管理，业务办理更加规范。

2010年，根据《中国人民银行济南分行支付清算系统突发事件应急处置预案》等规章制度，制定《中国人民银行聊城市中心支行同城清算系统突发事件应急处置预案》，将同城资金清算纳入应急管理，风险防范进一步加强。

2015年11月，中国人民银行聊城市中心支行对同城清算系统和人民银行各管辖行系统进行虚拟化改造，化解了系统硬件损坏及软件的适配性风险，为聊城辖区同城票据清算系统安全运行提供了强有力的保障。

三、跨境结算

2010年6月，聊城市参与跨境人民币结算试点，全年办理货物贸易人民币结算业务15笔，金额6.6亿元。至2011年8月末，全市跨境人民币经常项下完成结算额47.08亿元，占结算总额的89.93%，其中进口货物贸易35.57亿元，进口产品以铜精矿、阴极铜、聚乙烯、木浆、原纸等为主；服务贸易11.51亿元，主要以转口贸易、运费和佣金等为主。祥光铜业、三和纺织、纺美包装、鲁西化工等十余家龙头企业开展跨境人民币结算业务。境外结算区域主要有美国、英国、印度、瑞士、智利、韩国等15个国家和地区，较上年增加12个国家和地区，结算区域覆盖亚洲、欧洲、北美洲、南美洲；在各项跨境人民币业务中，涉及货物贸易、服务贸易、海外代付及资本业务，业务结算品种更加丰富。

至2013年12月末，全市实现跨境人民币结算量217亿元，比上年增长82.6%，占辖内国际收支总量的46.1%，结算量居全省第六位，较上年提升3个位次，占比居全省第二位，较上年提高17.3个百分点，企业直接收益3亿余元。祥光铜业有限公司成为全省跨境人民币结算量第一大户。在全市跨境人民币结算总量中，跨境货物贸易结算133.6亿元，比上年增长86.9%；服务贸易结算279万元，减少88.3%；对内对外投资人民币结算1.4亿元，增长30.0%；跨境直接间接融资人民币结算47.7亿元，增长104.7%。全市跨境人民币业务从经常项下的货物贸易、服务贸易拓展到了资本项下的投资、融资、借款和担保等业务，市内各家银行逐步完善了电汇、信用证、海外代付、融资性保函等结算和融资品种，较好地满足了企业需求。境外结算地域扩大至46个国家和地区，较2012年增加14个，地域范围覆盖亚、欧、美、非、大洋洲等。在区域业务分布比重中，跨境人民币结算主要集中于香港（占57.16%）、瑞士（占6.74%）、澳门（占5.12%）等，助推了“海外聊城”建设快速发展。

2014年6月20日，山东省跨境双向人民币结算业务开通仪式在聊城市举行。会上，山东祥光集团与中国银行聊城分行、中国建设银行聊城分行、浦发银行聊城分行签订了跨境人民币境外融资服务协议。2015年年初、年中，聊城市跨境人民币结算工作在全省跨境人民币工作会议上进行经验交流。12月末，全市跨境人民币结算量353.36亿元，较2010年增长52.54倍。

四、联行往来

联行往来大致分手工联行、电子联行和现代化支付系统三个阶段。

1. 手工联行阶段

手工联行手工填制报单，通过邮电部门的“邮寄划款”和“电报划款”的方式处理联行业务；发报行发出报单，收报行收受报单，各自分别核算，由总行电子计算中心集中逐笔核算监督，再由收报行逐笔核对，管辖分行进行督促检查，总行汇总轧平。手工联行平均在途时间5—10天，部分高达1个月。

聊城市区1992年前全部采用手工联行方式处理异地资金汇划业务，1992年后与非上线电子联行城市通过手工联行方式处理异地资金汇划业务。聊城辖区8县（市）1997年前全部采用手工联行方式处理异地资金汇划业务。

2. 电子联行阶段

1990年，中国人民银行下发《关于在总行和部分分行建立资金清算的通知》，中国人民银行聊城地区分行根据通知要求成立了清算分中心，设在电脑部。

1992年，中国人民银行聊城地区分行正式开通电子联行业务，使电子汇兑资金汇划时间1个星期甚至1个月缩短为“天上三秒，地上三天”。辖区县市支行通过手工联行处理异地资金汇划业务。

1997年电子联行小站推广到聊城地区辖内8县市支行，所有县支行均通过电子联行小站进行异地资金汇划。

2000年，中国人民银行聊城市中心支行成立同城清算系统暨电子联行“天地对接”领导小组，为电子联行实现天地对接做准备保障工作。2002年，顺利完成电子联行天地对接和银行卡联网工作，先后两次进行电子联行灾难备份模拟测试，保障电子联行的正常运行。

2005年，制订《会计核算业务违章典例征集制度》，完善了联行管理等风险点的监督措施。是年3月14日，聊城全辖大额支付系统推广上线完成，至此电子联行业务退出历史舞台。

3. 支付系统阶段

2005年3月14日，聊城全辖成功上线大额支付系统代替了电子联行系统，异地资金贷记汇划实现了实时到账。

2006年4月24日，小额支付系统在聊城全辖成功上线，使资金汇划更为便捷，不仅可以汇划贷记资金业务，还可借记他行资金业务，实现了集中代发工资，代交水电费等批量业务。

2007年6月27日，支票影像系统在聊城成功推广上线。2009年，聊城辖区上线电子商业汇票系统。2010年10月18日，网上支付跨行清算系统（俗称超级网银）在聊城上线运行。

2013年国庆节期间，第二代支付系统在聊城正式上线运行，小额支付更加快捷，跨行支付清算效率更高。

2015年，辖区银行业金融机构全部加入第二代支付系统。

五、会计核算

1997年前，中国人民银行聊城地区分行和8县、市支行使用单机版中央银行会计集中核算系统办理中央银行会计核算业务。

2002年11月1日，中国人民银行聊城市中心支行及辖区7家县、市支行上线会计核算“四集中”系统，市县两级联网运行。

2005年1月10日，中央银行会计集中核算系统（ABS）在中国人民银行聊城市中心支行及辖区7家县市支行正式上线运行。2005年3月14日，系统连接大额支付系统，异地资金贷记汇划实现了实时到账。2006年4月24日，连接小额支付系统，资金汇划更为便捷，不仅可以汇划贷记资金业务，还可借记他行资金业务。在ABS系统建设期间，中国人民银行总行多次抽调聊城市中心支行业务骨干参加中央银行会计集中核算系统建设和制度制定。

2009年，中国人民银行总行提出加快第二代支付系统和中央银行会计核算数据集中系统建设，进一步提高金融服务水平。中国人民银行总行再次抽调中国人民银行聊城市中心支行业务骨干参加中央银行会计核算数据集中系统建设，该业务骨干作为系统建设跟踪组组长，参与组织系统建设，协调组织系统开发、测试、联调、培训和试运行等工作。

2013年初，中国人民银行聊城市中心支行业务骨干受中国人民银行总行委派支持山东省ACS系统试运行工作，并作为培训主讲老师对全省会计核算业务骨干进行培训，保障了中央银行会计核算数据集中系统作为全国的首批试点在山东省成功上线运行。是年8月5日，中央银行会计核算数据集中系统（ACS）在聊城正式上线运行。

六、农村支付环境建设

2008年，中国人民银行聊城市中心支行大力开展农民工银行卡特色服务业务宣传，业务量位居全省前列。

2010年，编发《支付结算进农村》宣传手册，组织开展支付结算知识竞赛，普及农村支付结算知识，增强农民非现金结算意识，推动市政府出台《关于进一步推进聊城市农村支付服务环境建设的指导意见》，组织市、县两级行制定并实施《农村支付服务环境建设实施方案》，建立动态报告制度，定期召开联席会议，研究解决农村支付服务环境建设遇到的新问题，推动辖区农村支付服务环境建设。

2011年，市政府出台《推进全市农村支付服务环境建设工作实施方案》，推动邮政储蓄银行开办银行卡助农取款业务，印发《聊城市农村支付服务环境建设工作考核办法》，深入基层开展农村支付服务环境状况调查。

2012年，制定《聊城市2012年农村支付服务环境建设工作实施方案》，督导3家涉农金融机构设立银行卡助农取款服务点5412个。是年7月末，辖区金融基础设施覆盖率100%。

2013年，中国人民银行聊城市中心支行组织涉农金融机构对助农取款服务网点的5412名业务人员进行培训，举办聊城市农村支付结算知识竞赛。2014年，中国人民银行聊城市中心支行组织开展农村支付环境建设“村民满意年”活动，组织对辖区64个行政村进行现场巡检，村民对农村支付现状满意率99%。

2015年，中国人民银行聊城市中心支行持续深化农村支付环境建设，探索支付服务新模式，如：人行阳谷县打造农村“五分钟金融服务圈”；农信系统在全市推行“金融+农金员+电商+物流”、“金融+物业（或行政服务、公共事业服务）”等服务模式，特别是聊城市农商行推行的农村电商服务平台模式，实现了农民、商家、银行三方共赢，被济南分行转发推广。

第五节 货 币

1997年起，全市始终高举工业强市的发展旗帜，全力推进工业化进程，国民经济平稳快速发展，金融业为此提供了重要支撑，发行基金投放量与回笼量逐年增加，居民可支配收入持续增长。

2000—2005年，经济平稳增长，CPI增速放缓，每年增长率在1%～3%之间，发行基金投放和回笼增幅不大。2005年，全市共投放发行基金15.62亿元、回笼发行基金13.83亿元，净投放发行基金1.78亿元。2006年，发行基金投放回笼双增加，净投放增加至7.17亿元。2007年，发行基金净投放继续扩大至12.08亿元。2008年，全球经济危机爆发，发行基金净投放量急剧下降，净投放仅有3.53亿元。2009年，经济因受金融危机影响，发行基金大量回笼，全年发行基金显示为净回笼态势，净回笼量23.1亿元。2010—2011年，央行不断调整货币政策，刺激经济，扩大内需，经济逐渐复苏。2012—2013年，经济下行压力变大，投资渠道单一，发行基金回笼骤增，全市发行基金投放与回笼首次超过百亿元大关。2014年、2015年，发行基金投放量与回笼量增长幅度不大，主要是由于现金横向调剂业务的开展，商业银行根据自身现金需求直接对接，不通过发行库办理现金提交款。2015年，全市发行基金投放量80.1亿元、回笼量122.69亿元，净回笼量42.59亿元，分别比2009年增长75.27%、78.33%、84.37%。

2009—2015年聊城市货币投放、回笼一览表

表16-3　　单位：亿元

年份	投放量	回笼量
2009	45.70	68.80
2010	57.43	65.12
2011	91.35	88.21
2012	105.25	104.75
2013	106.38	147.73

续表 16-3

年份	投放量	回笼量
2014	113.07	150.37
2015	80.10	122.69

第六节 外 汇

一、外汇管理

1997 年 3 月 1 日起，聊城外汇局直接承担起进口付汇核销工作，对外汇指定银行和进口付汇单位在内的专业人员进行培训，确保该项工作的按时实施、顺利运行。至年底，全区共报送进口付汇 3458 万美元，企业报审 2040 万美元。2012 年，根据国家外汇局发布的《关于完善银行结售汇综合头寸管理有关问题的通知》，聊城银行结售汇综合头寸实行正负区间管理，头寸下限可下调至零以下，使得银行调拨头寸更加灵活。2013 年 5 月，为遏制跨境套利资金涌入国内，国家外汇局发布《关于加强外汇资金流入管理有关问题的通知》。根据通知精神，聊城加强银行结售汇综合头寸管理，将银行结售汇综合头寸限额与外汇存、贷款比率挂钩。

二、外汇存款

外汇存款主要有外汇企业存款、外汇储蓄存款、金融机构存款 3 种，外汇储蓄存款币种有美元、日元、欧元、英镑、新加坡元、新西兰元、法国法郎、加拿大元、澳大利亚元、俄罗斯卢布等，可开立现钞和现汇两种不同的外币储蓄账户，存款期限分别为一个月、三个月、半年、一年、二年。

中国银行聊城分行于 1982 年成立后即办理外汇存款业务，工商银行聊城分行于 1991 开始开办外汇存款业务，农业银行聊城分行于 1993 开始开办外汇存款业务，建设银行聊城分行于 1994 开始开办外汇存款业务，华夏银行聊城分行于 2003 年年底开始办理外汇存款业务，邮政储蓄银行聊城市分行于 2007 年开办个人外汇存款业务，齐鲁银行聊城分行于 2008 年开办外汇存款业务，农业发展银行聊城市分行于 2010 年办理对公存款业务和结售汇业务，恒丰银行聊城分行于 2011 年办理外汇存款，交通银行聊城分行和浦发银行聊城分行均于 2012 年办理外汇存款业务，聊城农商银行于 2013 年批准办理外汇存款业务，招商银行聊城分行、潍坊银行聊城分行、莱商银行聊城分行和润昌农商行均于 2014 年办理外汇存款，兴业银行聊城分行于 2015 年 12 月开办储蓄外汇存款业务。

随着聊城市外向型经济的快速发展，外汇存款增长较快。至 1997 年年底，聊城市外汇存款余额 1057 万美元，其中外汇储蓄存款 443 万美元，外汇对公存款 614 万美元。2001 年年底，全市外汇存款余额 2021 万美元。2002 年年底，全市外汇存款余额 3010 万美元。2004 年年底，全市外汇存款余额 4076 万美元。2007 年年底，全市外汇存款余额降至 2830 万美元。2008 年年底，全市外汇存款余额升至 3459 万美元。2010 年年底，全市外汇存款余额 6682 万美元。2011 年年底，全市外汇存款余额突破亿美元大关，为 1.35 亿美元，比上年增长 102%。其后保持连续快速增长势头。2012 年年底，全市外汇存款余额 2.22 亿美元，突破 2 亿美元。2014 年年底，全市外汇存款余额 3.07 亿美元，突破 3 亿美元关口。2015 年年底，全市外汇存款余额 3.13 亿美元。

三、外汇贷款

1997 年，聊城地区外汇贷款余额 2751 万美元。至 2006 年，外汇贷款余额变动不大。2007 年，全市外汇贷款猛增到 1.94 亿美元，比上年增长 630%，原因主要是新增境外筹资转贷款 5806 万美元，贸易融资增加 8759 万美元，同比增长 19.5 倍。2008—2012 年，国际金融危机期间，随着国家实施 4 万亿元投资，信贷规模迅速增加，外汇贷款也逐年快速增长。2012年，全市外汇贷款余额7.16亿美元，较2007年增长264%。其后贷款余额有所下降，到2015年，全市贷款余额4.11亿美元。

中国银行聊城分行于1982年开始开办外汇贷款业务，贷款种类为现汇贷款和特种外汇贷款，贷款对象主要为辖内进出口外贸企业，1997年、1998年和1999年外币贷款余额分别为2751万美元、3215万美元、3157万美元。90年代，该行负责聊城大部分外贸企业的外汇贷款业务，进入2000年以后，分行的外汇贷款业务实现进一步提速，融资品种包融付达、进口押汇、进口汇利达、海外代付、打包贷款、出口贴现、出口押汇、出口福费廷、出口商业发票贴现、风险参与、汇出汇款融资、协议融资、协议付款、代付达等。自2009年，该行的外汇贷款融资余额突破1亿美元后，至2011年，外汇贷款余额最高值5.48亿美元，并在2011年为香港祥光国际控股有限公司叙做了全辖首笔NRA客户福费廷业务，2014年为中色奥博特铜铝业有限公司叙做了全辖首笔售后回租租赁项下内保外贷业务，在业务金额不断突破的同时，该行业务品种更加丰富，满足聊城当地外贸企业各种融资需求，支持聊城当地外贸业务的发展。至2015年年底，分行主要外汇贷款客户有阳谷祥光铜业有限公司、茌平信发华宇氧化铝有限公司、临清三和纺织集团有限公司、山东泉林纸业有限责任公司、山东冠洲股份有限公司、鲁西化工集团、中通集团等。2015年，全行外汇贷款金额50885万美元。

工行聊城分行于1992年开始开办外汇贷款业务，贷款对象主要为辖内有进出口贸易的国有企业，贷款种类主要有国际贸易融资、中长期贷款及外汇转贷款。1997年、1998年、1999年，贷款余额分别为245万美元、254万美元和217万美元。90年代，该行外币贷款品种较为单一，服务的企业较少，主要为满足企业流动资金需求。进入2000年以后，该行外汇贷款业务实现快速发展，融资品种不断丰富，贷款种类有进口押汇、进口代付、进口保理、进口预付款融资、打包贷款、出口信用证项下押汇与贴现、出口发票融资、出口订单融资、外汇转贷款、内外联动出口贸易融资、买方信贷等近十几种。2004年，为临清市人民医院引进仪器设备办理100万美元西班牙政府的外汇转贷款，成为山东省首笔外汇转贷款业务。2007年，该行为辖内第一出口大户临清三和纺织集团有限公司办理3777万美元出口发票融资业务。2012年，全行贸易融资余额达到峰值，融资余额7487万美元，支持当地外贸企业的发展。2015年，全行外汇汇款余额50885万美元。

农行聊城分行于1997年开始办理外汇贷款业务，贷款种类主要有短期及中长期贷款、外币贸易融资贷款。1997年、1998年和1999年外币贷款余额分别为130万美元、84万美元、162万美元。90年代，该行的外币贷款对象主要为辖内重点涉外企业凤祥集团，但业务总量较小，外币贷款需求较少，产品种类单一，贷款主要为满足企业正常生产经营所需的流动资金贷款。进入2000年以后，该行的外汇贷款业务得到较大发展，由于辖内企业对外贸易日益活跃，国家外汇管理政策不断调整，2006—2015年，该行不断丰富外币贷款品种，贷款种类由单纯的流动资金贷款，发展到包括进口押汇、进口代付、出口押汇、出口商票融资、出口信用保险项下融资、国际应收账款池融资等数十个业务品种的贸易融资产品体系，满足涉外企业多方位融资需求。2009年，该行为阳谷祥光铜业有限公司办理进口押汇3笔，金额共计3338万美元，实现单笔放款超千万美元的突破；2009—2015年，该行累计向阳谷祥光铜业有限公司发放外币贷款超16亿美元，主要用于企业大宗商品采购。随着该行外汇业务的不断发展，该行的外汇贷款客户规模也不断扩大。至2015年年底，主要外汇贷款客户有阳谷祥光铜业有限公司、茌平信发华宇氧化铝有限公司、临清三和纺织集团有限公司、山东泉林纸业有限责任公司。

建行聊城分行于1994年12月开始开办外汇贷款业务。贷款的对象主要是进出口外贸企业，贷款的种类主要有现汇贷款、为进出口贸易融资等产品。1997 年、1998 年和 1999 年，贷款余额分别为 126 万美元、96 万美元和 183 万美元。90 年代，通过本外币流动资金投入、贸易融资、境外筹资转贷、本外币结算等多种金融服务形式，支持聊城邮电局程控交换机引进、高唐造纸厂 3800 纸机进口等大项目建设，解决聊城地区进出口公司、鲁化集团、高唐造纸厂、高唐棉纺织厂、聊城嘉明实业公司等多家企业在原料进口、产品出口等方面遇到的困难，较好地促进当地涉外经济的发展。2000 年以后，该行外币贷款业务得到长足发展。2000 年年初，为爱迪西—凤祥铜业公司办理第一笔备用信用证下贷款；2001 年 7 月，为鲁西化工集体办理承兑汇票质押押汇；2002 年 3 月，首次为山东泉林纸业有限责任公司办理信用证项下信托收据贷款；2007 年 4 月，与中远物流合作，为祥光铜业公司设计推出“全程监管融货通”业务；是年 10 月至 2009 年 12 月，为祥光铜业公司办理海外代付业务 23 笔，金额 1.4 亿美元。随着外汇业务的不断发展，该行的客户规模不断扩大。至 2015 年年底，主要的国际业务客户是阳谷祥光铜业有限公司、山东冠洲股份有限公司、临清三和纺织集团有限公司、山东泉林纸业有限责任公司等。

1997—2015 年聊城市银行外汇存、贷款余额一览表

表 16-4　　　　单位：万美元

年份	外汇存款	外汇贷款
1997	1057	2751
1998	925	3612
1999	1237	3560
2000	1502	3145
2001	2021	3231
2002	3010	4028
2003	2524	4245
2004	4076	1904
2005	4500	1708
2006	4605	2654
2007	2830	19367
2008	3459	17815
2009	3510	37077
2010	6682	66839
2011	13529	100861
2012	22226	71574
2013	24415	29324
2014	30682	41328
2015	31339	41075

第二章　保　险

1997年，聊城仅有中国人民财险保险公司、中国人寿保险公司2家保险机构，保费收入仅有1.71亿元，赔付金额8100万元。1998年8月，中国太平洋保险公司聊城中心支公司成立。21世纪起，平安、天安、永安、中华、大地、阳光、安邦、永诚、渤海、长安等财险、寿险聊城支公司相继成立，全市保费收入、赔付金额不断扩大。至2015年，全市保险机构总数49家，其中财产险公司26家、人身险公司23家，实现保费收入74.85亿元，赔付金额21.4亿元，提供风险保障2.3万亿元。19年间，全市累计实现保费收入430.41亿元，其中财险保费收入144.83亿元、寿险保费收入285.58亿元；累计支付赔款115.18亿元，其中财险支付71.87亿元、寿险支付43.31亿元。

第一节　保险机构

1996年7月，中国人民保险公司聊城分公司实行分业经营，分为“中保财产保险有限公司聊城分公司”“中保人寿保险有限公司聊城分公司”。至此，聊城境内有了首家专营财产险业务和专营人身险业务的专业保险公司。1998年8月，中国太平洋保险公司聊城中心支公司成立。2000年11月，中国太平洋保险公司聊城中心支公司分为“中国太平洋财产保险股份有限公司”和“中国太平洋人寿保险股份有限公司”。2003年1月，泰康人寿保险股份有限公司聊城中心支公司开业。是年3月，聊城市保险行业协会成立。随着聊城经济社会的不断发展，保险机构数量逐年增多，保险服务遍布城乡，初步形成功能互补、统一开放、公平竞争、共同发展的市场体系。至2015年12月底，在聊城市开业运营的保险公司49家，其中财产保险公司26家、人身保险公司23家。

一、财产保险公司

中国人民财产保险股份有限公司聊城市分公司　1996年7月，中国人民保险公司聊城分公司实行分业经营，中保财产保险有限公司聊城分公司成立，各县（市、区）均有分支机构，承接原中国人民保险公司聊城分公司经营的全部财产保险业务。随着中国人民保险公司重组改制，聊城分公司更名为“中国人民财产保险股份有限公司聊城市分公司”。2015年，公司从业人员954人，设办公室、业管部、财产险部／货运险部、责任信用／意外健康险部、农险事业部／三农保险部、财务会计部、理赔部等部室，实现保费收入7.99亿元、支付赔款5.73亿元。

中国太平洋财产保险股份有限公司聊城中心支公司　成立于1998年8月，各县（市、区）均设分支机构。2015年，公司从业人员227人，设人事行政部、业管部、财务部、理赔部等部室，实现保费收入1.79亿元、支付赔款9779.2万元。

中国平安财产保险股份有限公司聊城中心支公司　成立于2003年8月。2015年，公司从业人员132人，设办公室、业管部、财务部、理赔部等部室，实现保费收入1.96亿元，支付赔款8207.8万元。

天安财产保险股份有限公司聊城中心支公司　成立于2004年6月。2015年，公司从业人员157人，设办公室、业管部、财务部、理赔部等部室，实现保费收入9846.05万元、支付赔款5408.4万元。

永安财产保险股份有限公司聊城中心支公司　成立于2004年12月。2015年，公司从业人员396人，设办公室、业管部、财务部、理赔部等部室，实现保费收入9061.68万元、支付赔款5644.4万元。

中华联合财产保险股份有限公司聊城中心支公司 成立于2005年7月。2015年，公司从业人员879人，设办公室、业管部、财务部、理赔部等部室，实现保费收入2.58亿元、支付赔款1.41亿元。

2005年7月，中华联合财产保险公司聊城中心支公司开业

中国大地保险股份有限公司聊城中心支公司 成立于2006年5月。2015年，公司从业人员145人，设办公室、业管部、财务部、理赔部等部室，实现保费收入1.34亿元、支付赔款6291.5万元。

阳光财产保险股份有限公司聊城中心支公司 成立于2006年6月。2015年，公司从业人员512人，设办公室、业管部、财务部、理赔部等部室，实现保费收入1.69亿元、支付赔款8367.2万元。

安邦财产保险股份有限公司聊城中心支公司 成立于2006年11月。2015年，公司从业人员85人，设办公室、业管部、财务部、理赔部等部室，实现保费收入5147.97万元、支付赔款2646.6万元。

永诚财产保险股份有限公司聊城中心支公司 成立于2007年9月。2015年，公司从业人员75人，设办公室、业管部、财务部、理赔部等部室，实现保费收入1709.6万元、支付赔款927.5万元。

民安财产保险有限公司聊城中心支公司 成立于2007年10月，时称“民安保险（中国）有限公司聊城中心支公司”。2011年5月，随着总公司的更名，聊城公司更名为民安财产保险有限公司聊城中心支公司。2015年，公司从业人员56人，设办公室、业管部、财务部、理赔部等部室，实现保费收入4675.42万元、支付赔款2385.1万元。

渤海财产保险股份有限公司聊城中心支公司 成立于2008年2月，隶属山东分公司。2015年，公司从业人员17人，设办公室、业管部、财务部、理赔部等部室，实现保费收入802.72万元、支付赔款415.8万元。

长安责任保险股份有限公司聊城中心支公司 成立于2008年11月。2015年，公司从业人员74人，设办公室、业管部、财务部、理赔部等部室，实现保费6597.6万元、支付赔款2752.8万元。

中国人寿财产保险股份有限公司聊城市中心支公司 成立于2009年12月。2015年，公司从业人员483人，设办公室、业管部、财务部、理赔部等部室，实现保费收入1.45亿元、支付赔款6521万元。

安盛天平保险股份有限公司聊城中心支公司 成立于2011年6月，时称“天平汽车保险股份有限公司聊城中心支公司”。2014年2月，随着总公司更名，聊城公司易名为“安盛天平保险股份有限公司”。2015年，公司从业人员31人，设办公室、业管部、财务部、理赔部等部室，实现保费收入7614.68万元、支付赔款4419.4万元。

英大泰和财产保险股份有限公司聊城中心支公司 成立于2012年3月。2015年，公司从业人员30人，设办公室、业管部、财务部、理赔部等部室，实现保费收入2926.29万元、支付赔款1171万元。

浙商财产保险股份有限公司聊城中心支公司 成立于2012年3月。2015年，公司从业人员56人，设办公室、业管部、财务部、理赔部等部室，实现保费收入7108.39万元、支付赔款576.66万元。

泰山财产保险股份有限公司聊城中心支公司　成立于2012年7月，总公司是经中国保监会批准成立的首家注册地在山东的全国性保险法人机构，由中国重汽集团、山东高速集团等16家省管国有企业发起设立。2015年，公司从业人员40人，设办公室、业管部、财务部、理赔部等部室，实现保费收入2385.27万元、支付赔款957.3万元。

华安财产保险股份有限公司聊城中心支公司　成立于2012年8月。2015年，公司从业人员94人，设办公室、业管部、财务部、理赔部等部室，实现保费收入1805.38万元、支付赔款646.2万元。

华泰财产保险有限公司聊城中心支公司　成立于2012年12月26日。2015年，公司从业人员15人，设办公室、业管部、财务部、理赔部等部室，实现保费收入3952.79万元、支付赔款870.4万元。

太平财产保险股份有限公司聊城中心支公司　成立于2013年8月，开业是年保费收入突破800万元。2015年，公司从业人员328人，设办公室、业管部、财务部、理赔部等部室，实现保费收入7457.46万元、支付赔款1885.3万元。

紫金财产保险股份有限公司聊城中心支公司　成立于2013年7月。2015年，公司从业人员28人，设办公室、业管部、财务部、理赔部等部室，实现保费收入1382.17万元、支付赔款963.7万元。

信达财产保险股份有限公司聊城中心支公司　成立于2014年11月。2015年，公司从业人员25人，设办公室、业管部、财务部、理赔部等部室，实现保费收入2509.23万元、支付赔款313.4万元。

华海财产保险股份有限公司聊城中心支公司　成立于2015年10月，总公司注册地位于山东省烟台市，是全国首家以海洋保险为专业特色的全国性、综合性财产保险公司。2015年，公司从业人员11人，设办公室、业管部、财务部、理赔部等部室，实现保费收入306.4万元、支付赔款11.72万元。

鑫安汽车保险股份有限公司聊城中心支公司　成立于2015年11月。2015年，公司从业人员6人，设办公室、业管部、财务部、理赔部等部室，实现保费收入78.11万元、支付赔款1100元。

安诚财产保险股份有限公司聊城中心支公司　成立于2015年12月，公司总部位于重庆，是迄今国内唯一以“安全”为主题定位的专业化财产保险公司。是年，公司从业人员7人，设办公室、业管部、财务部、理赔部等部室。

二、人身保险公司

中国人寿保险股份有限公司聊城分公司　1996年7月，中国人民保险公司聊城分公司实行分业经营，中保人寿保险有限公司聊城分公司成立，承接原中国人民保险公司聊城分公司经营的全部人身保险业务。此后，随着中保人寿保险公司重组改制，聊城分公司更名为“中国人寿保险股份有限公司聊城分公司”。2015年，公司从业人员4353人，设办公室、人事部、业管部、财务部、合规部、理赔部等部室，实现保费收入6.96亿元、给付保险金1.74亿元。

中国太平洋人寿保险股份有限公司聊城中心支公司　成立于2000年12月，陆续开办险种200余个。2015年，公司从业人员3266人，设办公室、业管部、财务部、理赔部等部室，实现保费收入4.63亿元、给付保险金6312.8万元。

泰康人寿保险股份有限公司聊城中心支公司　成立于2003年1月。2015年，公司从业人员2392人，设办公室、业管部、财务部、理赔部等部室，实现保费收入4.51亿元、给付保险金2.94亿元。

新华人寿保险股份有限公司聊城中心支公司　成立于2003年7月。2015年，公司从业人员2732人，设办公室、业管部、财务部、理赔部等部室，实现保费收入6.48亿元、给付保险金5691.6万元。

中国平安人寿保险股份有限公司聊城中心支公司 2003年8月开业。2015年，公司从业人员1081人，设办公室、业管部、财务部、理赔部等部室，实现保费收入1.48亿元、给付保险金1706.1万元。

合众人寿保险股份有限公司聊城中心支公司 成立于2007年5月。2015年，公司从业人员294人，设办公室、业管部、财务部、理赔部等部室，实现保费收入1.17亿元、给付保险金774.8万元。

太平人寿保险股份有限公司聊城中心支公司 成立于2007年9月。2015年，公司从业人员107人，设办公室、业管部、财务部、理赔部等部室，实现保费收入3.86亿元、给付保险金6927万元。

2007年11月，太平人寿聊城中心支公司开业 （张福存摄）

中国人民人寿保险股份有限公司聊城中心支公司 成立于2008年2月。2015年，公司从业人员955人，设办公室、业管部、财务部、理赔部等部室，实现保费收入3.41亿元、给付保险金497.6万元。

民生人寿保险股份有限公司聊城中心支公司 成立于2007年3月，时称"民生人寿保险股份有限公司山东分公司聊城营销服务部"；2008年11月，升格为"民生人寿保险股份有限公司聊城中心支公司"。2015年，公司从业人员384人，设办公室、业管部、财务部、理赔部等部室，实现保费收入1.3亿元、给付保险金1071万元。

富德生命人寿保险股份有限公司聊城中心支公司 成立于2008年12月，时称"生命人寿保险股份有限公司聊城中心支公司"；2014年12月，随着总公司的更名，公司更名为"富德生命人寿保险股份有限公司聊城中心支公司"。2015年，公司从业人员862人，设办公室、业管部、财务部、理赔部等部室，实现保费收入4.33亿元、给付保险金241万元。

信泰人寿保险股份有限公司聊城中心支公司 成立于2008年12月。2015年，公司从业人员168人，设办公室、业管部、财务部、理赔部等部室，实现保费收入2023.12万元、给付保险金1474.6万元。

长城人寿保险股份有限公司聊城中心支公司 成立于2009年3月。2015年，公司从业人员217人，设办公室、业管部、财务部、理赔部等部室，实现保费收入1.45亿元、给付保险金361万元。

中国人民健康保险股份有限公司聊城中心支公司 成立于2008年3月，时称"中国人民健康保险股份有限公司聊城营销服务部"；2011年2月，易名为"中国人民健康保险股份有限公司聊城中心支公司"。2015年，公司从业人员154人，设办公室、业管部、财务部、理赔部等部室，实现保费收入5592.49万元、给付保险金51.5万元。

阳光人寿保险股份有限公司聊城中心支公司 成立于2010年10月。2015年，公司从业人员153人，设办公室、业管部、财务部、理赔部等部室，实现保费收入1073.8万元、给付保险金80.3万元。

华泰人寿保险股份有限公司聊城中心支公司 成立于2011年2月，总部设在北京。2015年，公司从业人员110人，设办公室、业管部、财务部、理赔部等部室，实现保费收入533.01万元、给付保险金21.3万元。

华夏人寿保险股份有限公司聊城中心支公司 成立于2011年8月，总部设在北京。2015年，公司从业人员525人，设办公室、业管部、财务部、理赔部等部室，实现保费收入2473.2万元、给付保险金1029.1万元。

信诚人寿保险有限公司山东省分公司聊城营销服务部　成立于2011年11月，总部设在北京，由中国中信集团和英国保诚集团联合发起创建。2015年，公司从业人员445人，设办公室、业管部、财务部、理赔部等部室，实现保费收入1232.91万元、给付保险金30.4万元。

国华人寿保险股份有限公司聊城中心支公司　成立于2011年11月。2015年，公司从业人员16人，设办公室、业管部、财务部、理赔部等部室，实现保费收入2.75亿元、给付保险金57.8万元。

幸福人寿保险股份有限公司聊城中心支公司　成立于2012年3月。2015年，公司从业人员107人，设办公室、业管部、财务部、理赔部等部室，实现保费收入7538.17万元、给付保险金72.1万元。

天安人寿保险股份有限公司聊城中心支公司　成立于2013年9月。2015年，公司从业人员数527人，公司设办公室、业管部、财务部、理赔部等部室，实现保费收入4.19亿元、给付保险金344.5万元。

建信人寿保险有限公司聊城中心支公司　成立于2015年12月，总部位于上海，是中国建设银行股份有限公司控股的人寿保险公司。2015年年底，公司从业人员30人，设办公室、业管部、财务部、理赔部等部室。

德华安顾人寿保险有限公司聊城中心支公司　成立于2015年12月，总部位于济南，是由山东省国有资产投资控股有限公司与德国安顾保险集团、德国安顾人寿保险公司共同出资组建的全国性寿险公司，是第一家总部设在山东的全国性寿险法人机构。2015年年底，公司从业人员243人，设办公室、业管部、财务部、理赔部等部室。

农银人寿保险有限公司聊城中心支公司　成立于2015年12月，总部位于北京，是由中国农业银行股份有限公司、北京中关村科学城建设股份有限公司等公司强强合作打造的全国性人寿保险公司。2015年年底，公司从业人员104人，设办公室、业管部、财务部、理赔部等部室。

1997—2015年聊城市保险机构发展情况统计表

表16-5　　单位：个、%

年份	财产保险机构数	人身保险机构数	总数	新增	增长幅度
1997	1	1	2	0	0
1998	2	1	3	1	50.0
1999	2	1	3	0	0
2000	2	2	4	1	33.3
2001	2	2	4	0	0
2002	2	2	4	0	0
2003	3	5	8	5	125.0
2004	4	5	9	1	12.5
2005	6	5	11	2	22.2
2006	8	5	13	2	18.2
2007	11	7	18	5	38.5
2008	13	10	23	5	27.8
2009	13	13	26	3	13.0

续表 16-5

年份	财产保险机构数	人身保险机构数	总数	新增	增长幅度
2010	14	14	28	2	7.7
2011	15	18	33	5	17.9
2012	19	19	38	5	15.2
2013	22	20	42	4	10.5
2014	23	20	43	1	2.4
2015	26	23	49	6	14.0

第二节　保险业务

一、财产保险

1997 年后，随着经济社会的快速发展，聊城财产保险业务得到快速发展。至 2015 年年底，在聊城经营财产保险业务的公司 23 家。聊城市财产保险业务保费收入由 1997 年的 0.86 亿元增加到 2015 年的 26.29 亿元，年均增长幅度 20.93%。

聊城财产保险业除做好传统业务外，还主动加强产品创新，努力服务聊城经济社会建设。1997—2015 年，聊城财产保险业务创新的险种中，影响力较大的主要有治安保险、农业保险和责任保险。

治安保险　治安保险属于财产损失保险，发端于临清市。2003 年，配合社区综合治理，中国人民财产保险股份有限公司临清支公司率先在临清市新华街道红星社区试办治安保险，与临清市委政法委、综治办共同建立社区治安防范与家庭财产、人身意外伤害等保险相结合的新机制，对推动地方治安综合治理发挥了重要作用，成为全国首创的引入保险机制参与社会管理的创新典范，受到中央综治委和保监会的充分肯定，并在全国进行推广。2003—2015 年，全市治安保险累计出险 5.3 万余件，赔款金额 4800 多万元，农村可防性案件同比下降 11%，群众安全感和满意度分别为 97.31% 和 97.27%。至 2015 年年底，聊城市 135 个乡镇、6282 个社区（村庄）共计 113 万户居民参加治安保险。

农业保险　中国人民保险公司聊城分公司自恢复国内业务后对农业保险进行了试办，在种植业方面主要试办小麦火灾、西瓜、棉花、果树等保险，在养殖业方面主要试办养鸡、养猪、奶牛等保险，取得良好效果。1995 年后，农业险由政策性业务逐步向商业化模式转变，农业险业务逐渐萎缩。2006 年，山东省政府确定建立现代农业保险制度，采取“政府主导、商业公司运作”的模式，由中国人民财产保险股份有限公司山东省分公司承办，在济南市章丘、潍坊市寿光和聊城市临清进行试点。临清市主要试点小麦、玉米保险，一年后，累计承保小麦及玉米 81 万亩，在全省率先完成试点任务。随后，政

2007 年 11 月 2 日，聊城市召开政策性农业保险试点暨能繁母猪保险工作会议　（张福存摄）

策性农业保险试点范围逐步扩大，至 2015 年年底，全市承办农业保险的公司由原来的 1 家扩展到 6 家：人保财险聊城分公司、太平洋财险聊城中心支公司、平安财险聊城中心支公司、中华联合聊城中心支公司、泰山财险聊城中心支公司、中国人寿财险聊城市中心支公司；承保的农业险种主要有小麦、玉米、棉花、花生、桃、苹果、温室大棚作物、林木、奶牛、能繁母猪、育肥猪等。2014—2015 年，聊城保险业加强对农业保险产品的创新，开发了种粮大户二次保险、大蒜目标价格指数保险、黑驴保险等。2015 年，种粮大户“二次保险”保费收入 3.7 万元，承保小麦、玉米亩数 3736.4 亩，保险金额 115 万元、赔付 2.5 万元；大蒜目标价格指数保险保费收入 191.8 万元，承保大蒜面积 7756 亩，保险金额 1939 万元、赔付 77.6 万元。黑驴保险实现保费收入 51.47 万元，承保黑驴 1.3 万头，赔付 36.1 万元。至 2015 年年底，全市政策性农业保险承保面积 1134 万亩，覆盖面 90% 以上。

责任保险　境内开办的责任保险险种主要有安全生产责任保险、食品安全责任保险、火灾公众责任保险、环境污染责任保险、医疗责任保险、校园安全责任保险和特种设备责任保险等，规模较大的是安全生产责任保险。至 2015 年年底，全市有 900 余家企业承保安全生产责任险，范围覆盖非煤矿山、危险化学品、烟花爆竹、冶金、有色、建材、大型机械制造等行业。2015 年，全市安全生产责任保险实现保费收入 114.2 万元、赔款 22.9 万元。

二、人身保险

1999 年前，全市经营人身保险业务的公司只有中国人寿聊城分公司 1 家。2000 年后，随着太平洋人寿聊城中心支公司的开业，全市经营人身险业务的市场主体逐步增加，特别是保险公司引入个人代理人营销机制后，人身保险业务实现迅猛发展，在人员队伍和人员拓展上出现竞争态势，人身保险业迈上专业化经营阶段，产品品种日益丰富，产品体系日渐成熟与完善。1997—2015 年，全市人身保险业步入快速发展的轨道，保费收入由 1997 年的 0.85 亿元增加到 2015 年的 48.55 亿元，年均增长幅度 25.2%。

1997—2015 年，聊城人身保险业务承担社会责任，致力于构建多层次的社会保障体系和医疗保障体系，发挥专业优势，主动为社会提供养老保险、健康保险等服务，通过个人年金保险、团体年金保险，以及定期寿险、终身寿险、两全保险等方式提供储蓄性养老保险服务。聊城人身保险个人营销、银行代理业务等销售渠道快速发展，网络销售、电话营销等方式广泛运用，人身保险多元化销售体系逐步形成。至 2015 年年底，聊城人身保险业为全市 600 多万人口提供 2977.4 亿元的保险保障。全市人身保险个人营销业务实现保费收入 22.17 亿元，比上年增长 17.43%；银行代理业务保费收入 25.44 亿元，增长 75.09%；团体业务保费收入 9477.94 万元，增长 0.38%。

1997—2015 年聊城市保险业务发展情况统计表

表 16-6　　单位：亿元、%

年份	财产保险		人身保险		合计	
	保费收入	增长幅度	保费收入	增长幅度	保费收入	增长幅度
1997	0.86	13.04	0.85	119.96	1.71	48.70
1998	0.96	11.76	1.20	41.18	2.16	26.32
1999	0.98	1.71	1.49	24.17	2.47	14.35
2000	1.06	8.72	1.74	16.37	2.8	13.36
2001	1.13	6.35	2.21	27.33	3.34	19.29
2002	1.58	39.82	3.92	77.38	5.50	64.67

续表 16-6

年份	财产保险		人身保险		合计	
	保费收入	增长幅度	保费收入	增长幅度	保费收入	增长幅度
2003	1.68	6.33	5.62	43.37	7.30	32.73
2004	2.02	20.24	7.59	35.05	9.60	31.51
2005	2.26	11.88	7.59	0	9.85	2.60
2006	3.18	40.71	8.40	10.67	11.58	17.56
2007	4.51	41.82	10.60	26.19	15.11	30.48
2008	5.77	27.94	16.54	56.04	22.31	47.65
2009	7.99	38.47	21.88	32.29	29.87	33.89
2010	12.16	52.19	25.78	17.82	37.94	27.02
2011	13.64	12.17	27.28	5.82	40.92	7.85
2012	16.43	20.45	30.26	10.92	46.69	14.10
2013	19.29	17.41	30.35	0.30	49.64	6.32
2014	23.04	19.44	33.73	11.14	56.77	14.36
2015	26.29	14.11	48.55	43.94	74.85	31.85

第三节　保险理赔

聊城市各保险机构坚持“主动、迅速、准确、合理”的原则，遵循重合同、守信用的理赔理念，对参加保险业的企业单位或居民个人因遭受自然灾害和意外事故所致的损失及时给予经济补偿和保险理赔。1997—2015 年，聊城市保险业累计补偿与给付保险金 115.18 亿元，由 1997 年的 0.81 亿元增加到 2015 年的 21.4 亿元。

一、财险理赔

随着财产保险业务量的增长，出险事故逐年增多，经济补偿数额逐年增加。

2001 年 1 月，东昌农业机械集团雪灾造成厂房倒塌案赔款 80.2 万元；是年，茌平信发热电厂机损案赔付金额 421.7 万元。2002 年，鲁西化肥厂合成车间脱碳塔爆炸赔款 210 万元。2003 年，冠县电业管理公司汽车报废案赔款 27.1 万元。2007 年 6 月麦收期间，临清市 11 个乡镇（街道）30 个村庄的 90 户农民小麦火灾面积 248.42 亩，农业保险赔款总计 12.4 万元。2008 年 4 月，东昌府区龙山西路一间临街商铺发生爆炸，引起火灾，一对夫妇及其两个孩子死亡，其中一名孩子买了幼儿意外险，保险业提前支付 1 万元理赔款。2013 年，聊城突发大雨，玉米、棉花农作物受灾严重，农业保险赔付 1.9 亿元，赔付

2013 年 7 月 8 日，聊城保险业开展首个“全国保险公众宣传日”活动（王建群摄）

2014 年 12 月 18 日，聊城市保险行业协会开展机动车险理赔服务现场测评活动，提升服务水平　（王建群摄）

率 163.5%，补偿自然灾害给农业生产和农民生活带来的损失，对恢复农业生产和稳定农民生活起到积极的促进作用。认真做好安全生产事故的灾后处置工作，充分发挥保险的损失补偿作用。2013 年 2 月 4 日，一辆苏州驶往聊城的中通牌大型普通客车在济聊高速公路下行线 40KM+900M 处，因路面湿滑，车辆撞断道路北侧护栏侧翻入路北侧边沟内，造成 5 人死亡，3 人轻伤。平安财险公司开通款速理赔通道，提前预赔了 100 万赔款。2015 年 3 月，阳光产险一客户因交通事故获赔 44.8 万元保险金。1997—2015 年，聊城市财产保险总计赔款 71.87 亿元。其中，机动车险理赔案件最多，赔款金额最大。2015 年，聊城财产保险赔款总额为 14.05 亿元，其中，机动车险赔款 10.36 亿元，占赔款总数的 73.74%；企财险赔款 2605.30 万元，家财险赔款 636.66 万元，责任保险赔款 1426.82 万元，货运险赔款 484.66 万元，意外险赔款 1311.52 万元，农业保险赔款 8359.97 万元。2012—2015 年，聊城市安全生产责任险累计赔款 280 余万元。

二、人险理赔

1998 年 5 月 1 日，阳谷县张秋南街回民小学发生教室倒塌事故，造成 9 人受伤、3 人死亡，该学校在中国人寿投保了学生平安险，交保费 1560 元，此次事故给付保险金 15.8 万元。2002 年，太平洋寿险的阳谷县大布乡的一客户因脑出血死亡，交保费 6870 元，给付保险金 25 万元。2011 年 11 月，泰康人寿一客户投保了终身寿险，因死亡获赔 11.36 万元保险赔偿金。2012 年 12 月，长城人寿一客户因交通事故死亡获赔保险金 12.5 万元。2013 年 2 月，人保寿险东阿一客户突发疾病身故获赔保险金 12 万元；是年 3 月，新华人寿一客户因严重烧烫伤抢救无效死亡，获赔保险金 16.1 万元；是年 10 月，信诚人寿一客户因触电身亡获赔 12 万元理赔款。2013 年 12 月，太平洋寿险一客户因重大疾病获赔 25 万元保险金，平安人寿一客户因意外身故获赔 160 万元保险金。2014 年 1 月，新华保险一客户因意外身故获赔保险金 46 万元；同月，临清市康庄镇一家木皮厂失火，厂长烧伤身亡，厂长为太平洋寿险客户，获赔保险金 50 万元；是年 3 月，平安人寿一客户因交通意外事故身故获赔 51 万元保险金；是年 4 月，生命人寿一客户因颅脑损伤死亡获赔保险金 12 万元；是年 5 月，新华保险一客户因脑干出血死亡获赔 12 万元保险金；是年 8 月，天安人寿一客户因意外身故获赔 20 万元保险金；是年 12 月，人保健康一客户因疾病身故获赔 11.4 万元赔偿金。2015 年 1 月、2 月，新华人寿两个客户因病、因意外身故分别获赔 13 万元、21 万元保险金；是年 1 月，阳光人寿一客户因重大疾病获赔 31.8 万元保险金；是年 3 月，太平洋寿险一客户因尿毒症获赔 30 万元赔偿金；是年 3 月，新华人寿一客户因自驾车发生交通事故死亡获赔 106 万元保险金；是年 7

2013 年 10 月，信诚人寿聊城营销服务部快速理赔客户 12 万元理赔款　（张福存摄）

月，平安寿险一客户因意外身故获赔 75 万元保险金；是年 7 月，民生人寿一客户因意外身故获赔 17 万元保险金；是年 11 月，新华保险一客户因意外身故获赔 27 万元保险金；是年 12 月，泰康人寿一客户意外身故获赔 50 万元保险金。

1997—2015 年，全市人身保险累计赔款和给付保险金 43.31 亿元，赔付金额由 1997 年的 0.33 亿元增加到 2015 年的 7.35 亿元。

1997—2015 年聊城市保险业赔付情况统计表

表 16-7　　单位：亿元、%

年份	财产保险		人身保险		合计	
	赔款金额	增长幅度	给付金额	增长幅度	赔付金额	增长幅度
1997	0.48	12.63	0.33	266.67	0.81	55.77
1998	0.54	16.88	0.34	3.00	0.88	8.64
1999	0.48	-11.99	0.35	2.94	0.83	-5.68
2000	0.54	12.11	0.38	14.27	0.92	10.84
2001	0.61	11.93	0.42	9.10	1.03	11.96
2002	0.82	34.43	0.42	0	1.24	20.39
2003	0.95	15.85	0.55	30.95	1.50	20.97
2004	1.12	17.89	1.34	143.64	2.46	64.00
2005	1.30	16.07	1.01	-24.63	2.31	6.10
2006	2.04	56.92	1.27	25.74	3.31	43.29
2007	2.00	-1.96	2.76	117.32	4.76	43.81
2008	2.88	44.00	2.21	-19.93	5.09	6.93
2009	3.54	22.92	4.11	85.97	7.65	50.29
2010	4.58	29.38	2.87	-30.17	7.45	2.61
2011	6.11	33.41	2.61	-9.06	8.72	17.05
2012	8.12	32.90	2.93	12.26	11.05	26.72
2013	11.43	40.76	5.34	82.25	16.77	51.76
2014	10.28	-10.06	6.72	25.84	17.00	1.37
2015	14.05	36.67	7.35	9.38	21.40	25.88

第三章　证　券

第一节　经营机构

山东证券公司聊城营业部于 1996 年 6 月 1 日成立，地址在聊城光岳楼西北角，这是聊城第一家证券营业机构。2001 年，齐鲁证券聊城营业部依照中国证监会相关文件批准设立，于 2002 年 2 月开始筹建，5 月进入试营业，8 月 30 日正式开业。原位置为聊城东昌东路 25 号，后迁至东昌西路 58 号市人民医院对过，营业面积

2000平方米，隶属于山东省齐鲁证券经纪有限公司。成立时，收购山东聊城企业产权交易服务中心的资产，并接纳原山东聊城企业产权交易服务中心全部人员，是齐鲁证券在聊城设立的全资证券经营机构，网上交易获准券商。2008年12月，中信证券（山东）有限责任公司聊城营业部开业。2014年3月，西部证券聊城兴华西路营业部开业；4月，国都证券股份有限公司聊城东昌东路证券营业部开业。2015年1月，恒泰证券股份有限公司聊城黄山南路证券营业部在聊城工商局登记注册；2月，中投证券营业部开业；4月，海通证券聊城东昌路营业部开业。至2015年年底，全市证券营业机构7家、营业部11家。

中泰证券股份有限公司聊城分公司 2012年8月12日，经中国证监会山东证监局批准设立，原称“齐鲁证券聊城营业部”，位于聊城市柳园南路6号。2015年年底，分公司（本部）有员工18人，下设综合部、电脑部、零售信用部、机构业务部、财富管理中心、风控合规管理部等6部室。已开通的交易委托方式有柜台委托、自助委托、电话委托、驻留委托、网上交易等，投资者可以采用多种方式办理A股、B股、各类证券投资及各种债券的委托买卖业务，定期为投资者举办股市沙龙和专家解盘、大势预测等分析报告会。中泰证券股份有限公司聊城分公司下辖聊城柳园南路证券营业部、聊城卫育南路证券营业部、东阿前进街证券营业部、临清红星路证券营业部和阳谷运河东路证券营业部5个营业机构。

中泰证券股份有限公司聊城柳园南路证券营业部 1996年6月1日，经证券监管机构批准设立“山东证券公司聊城营业部”，位于聊城地区古楼西北角。1997年8月1日，由山东证券公司聊城营业部更名为山东证券有限责任公司聊城营业部。1998年2月1日，由聊城古楼西迁址聊城柳园南路109号。2001年8月1日，经批准由山东证券有限责任公司聊城营业部更名为天同证券有限责任公司聊城柳园南路证券营业部。2007年7月19日，更名为齐鲁证券有限公司聊城柳园南路证券营业部。2012年6月1日，营业部由聊城柳园南路109号迁址到柳园南路6号。2015年9月26日，更名为中泰证券股份有限公司聊城柳园南路证券营业部，员工21人，下设营运部、财富管理部、信用业务部、营销部4个部室。

中泰证券股份有限公司聊城卫育南路证券营业部 2008年11月25日，齐鲁证券聊城卫育南路证券营业部成立。2015年9月26日，更名为中泰证券股份有限公司聊城卫育南路证券营业部。营业部位于聊城市东昌西路与卫育路交叉路口，聊城市人民医院对面。企业注册资金500万元，主要经营范围：证券经纪、证券投资咨询、融资融券、证券投资基金代销、代销金融产品、为期货公司提供中间介绍业务。经营面积545平方米，有员工23人，下设营运部、营销部、财富管理部3个部门。

中泰证券股份有限公司临清红星路证券营业部 2011年5月20日，齐鲁证券有限公司临清红星路证券营业部经批准设立。2015年9月18日，更名中泰证券股份有限公司临清红星路营业部。营业部位于杨桥街216号，红星路与三和路交会处。营业部有员工9人，下设总经理办公室、营运部、营销部。

中泰证券股份有限公司阳谷运河东路证券营业部 2011年11月，由中国证监会批准设立。公司位于山东省阳谷县运河东路129号，营业部有员工5人、营销代表4人、经纪人6人，设置营运部、营销部、客服部。

中泰证券股份有限公司东阿前进街证券营业部 2014年5月16日，齐鲁证券有限公司东阿前进街证券营业部成立。2015年9月18日，更名为中泰证券股份有限公司东阿前进街证券营业部。营业部位于东阿县铜城街道前进街112号，是东阿县首家证券营业部。公司性质为股份有限公司，所属行业为金融业，营业部有员工9人。

中信证券（山东）聊城营业部 中信证券（山东）有限责任公司聊城营业部于2008年12月29日获得山东证监局批复准许开业，依托母

中信证券（山东）聊城东昌东路营业部 （2015 年摄）

公司为中信证券强大的综合实力及控股股东中信集团。2015 年 10 月 20 日，营业部搬迁至东昌东路 52 号，营业面积 580 平方米，有员工 45 人，托管资产 25 亿元。营业部业务品种包括沪深 A 股、港股通业务、国债逆回购、封闭式基金、开放式基金、私募基金、信托产品、中信证券集合理财产品销售、“新三板”交易、股指期货开户、交易等。2015 年，设置总经理、运营管理部、市场拓展部。

西部证券聊城兴华西路营业部 2013 年 8 月 5 日，经《关于核准西部证券股份有限公司在山东设立 2 家证券营业部的批复》文件批复设立，2014 年 3 月 28 日开业。注册资金 500 万元，主要经营范围：证券经纪、证券投资咨询、融资融券、证券投资基金代销、代销金融产品。营业部位于东昌府区兴华西路 63 号，一楼设开户大厅及自助服务区，特别设“西部证券信息咨询岗”，委派专业人员为广大客户提供咨询服务；二楼有 28 个贵宾席位，为机构、贵宾客户提供各种投资理财服务。至 2015 年年底，营业部有员工 10 余人，公司特色服务包括“仓位提示”“小西看盘”“周四交流会”等。

国都证券股份有限公司聊城东昌东路证券营业部 经《关于核准国都证券有限责任公司设立 14 家分支机构的批复》文件批准，于 2014 年 3 月 12 日成立，4 月 25 日正式展业，坐落于聊城顺德大厦一、二楼，总面积 140 平方米，员工 20 余人。2015 年 4 月，成功推荐山东鸿源金属容器科技股份有限公司（简称“鸿源科技”，股票代码 832211）在“新三板”挂牌，总股金 26 亿股。2015 年 12 月，由协议转让交易方式转为做市商转让交易方式。至是年年底，开户数由刚开业时的几户到 2000 余户；托管资产 1 亿多元；佣金收入由开业时的几万元增至 200 多万元。是年，实现应收收入 263.95 万元，利税 13.2 万元。

恒泰证券股份有限公司聊城黄山南路证券营业部 2015 年 1 月 26 日，在聊城工商局登记注册，办公地址位于聊城经济技术开发区黄山南路 1 号凯旋大厦，总面积 130 余平方米，员工 11 人。营业部经营范围包括：证券经纪、证券投资咨询服务、证券投资基金代销、融资融券、金融产品代销等。全年实现应收收入 263.95 万元，利税 13.2 万元。

中投证券东阿营业部 营业部是经深圳证监局发文批准、中国中投证券有限责任公司设立的分支机构，2014 年 11 月 12 日成立，2015 年 2 月 11 日正式开业，坐落于东阿县青年街建馨家园，总面积 120 平方米，员工 8 人。

海通证券聊城东昌路营业部 2014 年 10 月 17 日经中国证监局上海分局下文批复，2015 年 4 月正式营业，坐落于聊城经济技术开发区东昌东路 10 号，营业面积 100 余平方米。业务品种包括：沪深 A 股、国债逆回购、封闭式基金、开放式基金、人民币集合理财产品、代办股份转让、委托理财、股指期货交易等。2015 年年底，营业部有员工 3 人。

第二节 证券业务

2002 年，全市股票、基金共完成交易量 24.6 亿元，完成年度任务的 102.1%，佣金收入 737.05 万元，开户 1612 户，保证金余额 1.56 亿元，托管市值 7.83 亿元。2003 年，全市股票、基金共完成交易量 27.32 亿元，市场份额为 4.2%，完成年度任务的 102%；实现佣金收入 767.35 万元，开户 816 户；保证金余额 9897.87

万元，托管市值6.72亿元，营业部累计开户4.01万户。

2010年年末，全市证券公司投资者开户8万户，证券累计交易金额1622.8亿元。2011年前三季度，证券累计开户7564户，交易金额354.7亿元，托管资产余额50亿元，上缴税金390.4万元。

2013年年末，聊城市证券机构开户19.63万户，比年初增加1.04万户，增长6%；交易金额566.79亿元，比年初增加133.99亿元，增长31%；托管资产53.97亿元，比年初增加0.42亿元，增长0.77%；上缴地方税金871万元，比上年同期增加550万元，增长58%；利润总额4781万元，比上年同期增长49.5%。2014年年末，聊城市证券机构开户20.87万户，比年初增长5.94%；交易金额838.64亿元，比年初增长45.95%；托管资产69亿元，比年初增长20.57%；上缴地方税金1032.46万元，比年初增长18.58%；利润总额7345.74万元，比年初增长53.63%。

2015年年末，聊城市证券机构开户26.33万户，全年累计新增5.47万户，比年初增长26.2%；交易金额3643.24亿元，比年初增长245.5%；托管资产132.39亿元，比年初增加62.44亿元，增长89.3%；上缴地方税金3467.35万元，比年初增长200.33%；利润总额2.27亿元，比年初增长189.56%。

第三节 上市挂牌公司

1996年7月29日，“东阿阿胶”A股股票在深交所挂牌上市，东阿阿胶公司更名为“山东东阿阿胶股份有限公司”，成为全市第一家上市公司。1998年3月，鲁西化工集团股份有限公司经中国证监会批准上市，并于是年8月在深圳证券交易所正式挂牌交易；2009年6月，公司名称变更为“鲁西化工集团股份有限公司”。2000年1月，中通客车在深圳交易所上市，是年更名为“中通客车控股股份有限公司”。2010年，纷美包装成为在香港联交所主板上市的公众公司。2010年8月，阳谷华泰公司首次公开发行股票（IPO），并在深圳证券交易所上市。2014年8月，山东天泰集团在英国伦敦证券交易所上市。

2013年，聊城市政府出台《关于促进企业上市等直接融资的若干优惠政策》，对于在境内外首发上市的市内企业，由市政府给予企业法定代表人和保荐机构项目负责人各300万元奖励；对于在“新三板”挂牌的企业，各给予60万元奖励。这一政策的推出，系全国首创，人民网、新华网、凤凰网、《大众日报》等20多家媒体给予报道，对聊城企业走向资本市场产生深远影响。是年，召开金融产品和金融政策说明会、2013聊城金融合作洽谈会、“新三板”推广和培训会议、上海金融支持聊城发展座谈会、《山东省人民政府关于加快全省金融改革发展的若干意见》解读报告会、国家开发银行山东省分行资金及债券业务合作座谈会、山东西部经济隆起带（聊城）金融发展研讨会暨金企对接会、全市银行工作座谈会、上市企业现场交流会、“新三板”扩容政策宣讲会、“新三板”推广和培训会议等重要会议，有17家企业签订“新三板”挂牌协议。全市新增股权挂牌企业21家，总数32家，居全省第三。祥光铜业公司成功发行10亿元短期融资券；昌润集团投资6亿元城投债成功发行；蓝山集团、泉林集团、华祥盐化等企业通过融资租赁及信托业务融资44.09亿元。

2014—2015年，先后举办北京金融支持聊城发展座谈会、上海金融支持聊城发展座谈会、聊城首批“新三板”企业挂牌仪式、聊城金融创新服务大会、企业赴香港上市推介会、全市多层次资本市场座谈会、聊城金企对接会暨金融创新服务展示会、全市规模企业规范化公司制改制暨企业上市挂牌工作推进会等一系列重要的会议和活动。先后邀请300多家券商中介机构共600余人次到聊城培训授课、开展业务。市政府分管金融领导多次带领市直有关部门和有关企业负责人，到北京、上海、深圳、温州、重庆等金融活跃地区学习考察，激发全市上下上市挂牌、参与资本市场的热情。出台《聊城市人民政府关于运用政府引导基金促进股权投资加快发展的意见》和《聊城市市级股权投资引导基金管理暂行办法》，扎实促进财政与金融的深度融合。以市委、市政府文件下发《关于加快推动规模企业规范化公司制改制工作的实施方案》，推动规模企业规范化公司制改制。召开企业上市挂牌工作推进会、多层次资本市场与企业规范化改制推进会、“新三板”拟挂牌企业座谈会等一系列会议和活动，为缓解融资难、有效对接资本市场创造了条件。2014 年，高唐天泰化工控股有限公司成功在英国 AIM 市场上市，首次公开募集 310 万英镑资金。10 家企业在“新三板”挂牌，挂牌数量位列全省第三。新增 12 家区域股权市场挂牌企业，总数 44 家，稳居全省前列。至 2015 年年底，全市“新三板”挂牌企业总数 17 家，齐鲁股权交易市场挂牌企业 50 家。全市直接融资发生额 97.5 亿元，比上年增长 37.4%，占全市新增贷款的 56.4%。其中，发行债券 62 亿元，融资租赁 19.7 元，股权融资 14 亿元。中通客车完成定向增发 7 亿元；鲁西化工集团发行 10 亿元超短融资券、10 亿元短期融资券和 20 亿元的中期票据，祥光铜业公司发行 10 亿元的中期票据，昌润集团发行 3 亿元的短期融资券和 4 亿元的中期票据。相继出台《聊城市人民政府关于运用政府引导基金促进股权投资加快发展的意见》和《聊城市市级股权投资引导基金管理暂行办法》。选定昌润集团作为引导基金管理公司，并制定引导基金管理细则，市财政局 2015 年出资 2 亿元拨付至昌润集团，并完成托管银行的招标工作。

一、上市企业

东阿阿胶股份有限公司　隶属央企华润集团，前身为山东东阿阿胶厂，1952 年建厂，为全国第一家国营阿胶生产企业，1993 年由国有企业改组为股份制企业。1996 年 7 月 29 日，“东阿阿胶”A 股股票在深交所挂牌上市，公司更名为“山东东阿阿胶股份有限公司”。2015 年 1 月，更名为“东阿阿胶股份有限公司”。

公司位于东阿县县城东北部，阿胶街 78 号。企业性质为股份有限公司，所属行业为制造业，拥有固定资产 13.93 亿元。占地 74.38 公顷，建筑面积 11.29 万平方米。核心公司有员工 3512 人，下设办公室、市场部、战略管理部等 34 个职能部门。2015 年，完成利税 25.82 亿元。著名商标为“东阿阿胶”牌、“吉祥云”牌和“桃花姬”牌。以阿胶及相关产品的生产、销售为主，主要经营范围：许可证范围内的胶剂、口服液、合剂、煎膏剂、颗粒剂、硬胶囊剂、糖浆剂等药品的生产、销售；批准范围内的商品进出口业务；许可证范围内保健食品的生产、销售；许可证范围内的食品生产、销售。是国家级非物质文化遗产东阿阿胶制作技艺唯一传承人企业。5 次获国家质量奖、3 次获山东省科技进步一等奖，为国家高新技术优秀企业、工信部技术创新示范企业，拥有 3 枚中国驰名商标、2 个国家秘密技术产品、国家胶类中药工程技术研究中心、院士工作站、博士后科研工作站、泰山学者岗位，是国家阿胶行业的质量标准制定者，是中国医药上市公司 20 强之一。

鲁西化工集团股份有限公司　是经中国证监会《关于山东鲁西化工股份有限公司（筹）申请公开发行股票的批复》《关于山东鲁西化工股份有限公司（筹）A 股发行方案的批复》批准，由鲁西集团有限公司（原山东聊城鲁西化工集团总公司）为发起人，以其生产尿素、碳酸氢铵产品的鲁西化肥厂、东阿化肥厂 2 家企业的部分生产经营性资产投入公司，采取募集方式设立的股份公司。公司于 1998 年 5 月 25 日公开发行人民币 A 种股票 5000 万股，发行后总股本 2 亿股。2009 年 6 月，公司名称变更为“鲁西化工集团股份有限公司”。

公司位于山东聊城高新技术产业开发区顾官屯镇，与省道 329 相邻。所属行业为化学肥料、基础化工、化工新材料。至 2015 年年底，公司总资产 224 亿元，占地约 7 平方千米，员工 1.26 万人，公司下设运营保障系统、煤化工集团、氟硅盐集团、新材料集团、化肥集团、装备集团、项目管理部、原料采购部、经济效益促进部、人力资源部、技术中心。2015年，完成利税8.8亿元。公司先后获“全国五一劳动奖状”“中国化工行业技术创新示范企业”“中国化工园区20强”“全国石油和化工行业责任关怀最佳实践单位”“山东省省长质量奖”“山东工业突出贡献表彰奖”“聊城市金奖企业”等荣誉。主要产品涵盖己内酰胺、多元醇、聚碳酸酯、甲烷氯化物、甲酸、氯化石蜡、尼龙、氯化苄、有机硅、尿素、复合肥等产品。

纷美包装（山东）有限公司　（2010年摄）

中通客车控股股份有限公司　2000年1月13日在深圳交易所上市，是年更名为中通客车控股股份有限公司。

公司位于山东省聊城市经济开发区黄河路261号，企业性质为国有控股，所属行业为生产制造业，是中国客车行业最早的上市公司之一。2015年，公司拥有总资产70.59亿元，总股本2.96亿股，员工5000余人，占地133.33公顷，完成利税6.17亿元；主要生产设备3000台（套），拥有国际最先进水平的生产线，具有年产3万台以上中高档豪华大客车的生产能力；下设新疆中通客车、通盛制冷设备公司、轻型客车公司、座椅公司、零部件公司等分（子）公司。著名商标为“中通”商标，为国家863计划和CIMS项目示范企业之一，拥有客车业国家级实验室、国家认定企业技术中心和博士后科研工作站，率先通过ISO 9001标准质量体系认证和“CCC”认证。作为“国家级高新技术企业”“国家火炬计划重点高新技术企业”“国家汽车整车出口基地企业”，中通客车先后获得“中国名牌产品”“中国驰名商标”“中国机械行业500强”“中国客车50年十佳品牌”“中国绿色客车奖”“全球节能产品奖”和“中国信息化建设500强”等荣誉。

纷美包装（山东）有限公司　2001年，泉林集团组建无菌包装生产车间。2003年，原无菌包装生产车间重组为“山东泉林包装有限公司”。2010年，山东泉林包装有限公司正式更名为“纷美包装（山东）有限公司”。公司位于山东省高唐县城北郊，官道街北首。企业类型为有限责任公司（台港澳法人独资），所属行业为制造业。

2006年，在世界包装大会上，纷美包装被授予“中国包装龙头企业”称号，是无菌包装领域首家获此殊荣的企业；“纷美无菌砖TM、纷美无菌枕TM以及纷美无菌枕灌装机TM”同时获得“中国包装名牌产品”称号。纷美包装是全球屈指可数的液体食品无菌包装综合供应商之一，致力于向领先的液体乳制品及非碳酸软饮料生产商提供高性价比无菌卷筒包装综合解决方案和服务。2009年，纷美包装无菌卷筒包装材料销量跃居世界第二位。2010年，纷美包装成为在香港联交所主板上市的公众公司。至2014年年底，累计向全球液体食品行业供应超过500亿包无菌包装材料。纷美包装在北京、上海、山东和内蒙古4省市自治区和瑞士温特图尔、德国哈雷设有工厂、研发中心和运营机构，面向亚洲、欧洲、非洲、南北美洲等多个国际市场提供无菌包装及服务。2015年，公司拥有固定资产4.2亿元，占地9.11公顷，建筑面积4.93万平方米，完成利税2.18亿元，员工461人，下设10个部、1个室。

山东阳谷华泰化工股份有限公司　2010年8月26日，正式获得首次公开发行股票（IPO）并在深圳证券交易所创业板挂牌上市。2012年3月，公司全资子公司——山东戴瑞克新材料有限公司募投项目投产。

公司位于阳谷县工业园清河西路217号。企业性质为股份有限公司，所属行业为制造业。2015年，拥有固定资产1.8亿元，占地7.5公顷，建筑面积3.2万平方米，完成利税4088万元，员工650人，下设16个部、1个室，商标为“阳谷华泰”牌。曾获得国家级火炬计划项目、科技进步先进单位、山东省名牌产品、山东省著名商标等荣誉，是中国橡胶助剂行业骨干企业、中国橡胶工业协会橡胶助剂专业委员会副理事长单位、国家橡胶助剂工程技术研究中心依托单位、国家高新技术企业。公司与米其林、普利司通、固特异、大陆、倍耐力、横滨、韩泰轮胎及世界75强轮胎企业建立战略伙伴关系，防焦剂CTP产品的市场占有率居全行业首位。公司主要产品广泛应用橡胶、轮胎、胶管、胶带等行业的防焦剂、加工助剂、预分散体化学品等种类齐全的橡胶助剂产品。

山东天泰集团（山东天泰钢塑有限公司） 2005年，天泰钢塑有限公司创立。2012年，成立山东天泰集团，成为集产品研发、设计、生产、销售、物流于一体的集团化国家高新技术企业，下属单位包括高唐总部及济南、宁夏、北京、上海等十余家分公司，员工300余人。公司位于高唐县姜店工业园，占地6.95公顷，建筑面积2.37万平方米。

天泰集团主要生产经营润滑油、亚硫酸铵、亚硫酸氢铵、增碳剂、切削液等产品，商标为“奥吉星”牌。2014年8月1日，公司在英国伦敦证券交易所上市。2015年，公司拥有固定资产2.5亿元，实现销售额3.9亿元。公司曾荣获国家知识产权局的2项发明专利，“工业级亚硫酸铵、亚硫酸氢铵生产工艺”达到国际先进水平，4种产品通过煤安标认证，集团研发实验室被评为“聊城市工业及食品级亚硫酸铵重点实验室”“市级企业技术中心”。

天泰自主生产的奥吉星润滑油，作为本土打造的民族品牌，销售网点遍布全国26个省、市、自治区，月销售额近千万元。天泰拥有全国最大、最先进、原料兼容性最好且最具自动化、智能化的亚硫酸铵生产线。公司生产的亚硫酸氢铵、亚硫酸氢铵、增碳剂等产品出口到美国、印度、俄罗斯、澳大利亚、罗马尼亚、埃及、越南、马来西亚、阿联酋、印度尼西亚、泰国、加蓬等国家。

二、全国中小企业股份转让系统（“新三板”）挂牌企业

山东昌润钻石股份有限公司 成立于2008年8月，注册资金6000万元，位于聊城市卫育北路，是山东省最大的人造金刚石制造商，投资规模及产品市场竞争力居国内同行业前列。公司是一家超硬材料及制品的生产、销售企业，主要经营产品为人造金刚石单晶、金刚石复合片、金刚石微粉、大颗粒人造金刚石单晶等。金刚石单晶年产能6亿克拉，金刚石复合片年产能40万片，产品总体市场份额占有率高、种类齐全，可根据用户需求实现订制，满足用户多层次、多方面的需求。公司通过严格的质量管理和先进的检测检验手段，为产品质量提供了可靠的保证，产品处于国内先进水平，在国内外市场均得到一致认可，企业具有强劲的实力和竞争力。在自主创新、自主研发的基础上，公司与多所国内知名高校建立了紧密合作关系，取得突出的创新成果。公司拥有“省级企业技术中心”，研发水平居同行业前列，拥有自主研发的多项专利和成果，金刚石产品被评定为“山东省名牌产品”，是ISO 9000认证企业。2015年，公司总资产4.18亿元，实现主营收入1.37亿元，其中金刚石主营收入1.22亿元，总利润817.53万元。

聊城金新建筑节能股份有限公司 成立于2010年7月，注册资金3000万元，位于聊城东昌府区道口铺工业园，是以研发建筑节能、节水新技术为主的高新技术企业。公司拥有先进的生产设备，完善的产品质检手段和质量保证体系。主要产品有卫生间模块化同层排水节水系统、冷热水用耐热聚乙烯（PE-RT）管材、PPR管材、建筑车库顶板混凝土结构空腔内膜、PVC木塑建筑模板、PE木塑型材、ASA合成树脂瓦、干粉砂浆

等十几个品种。拥有国家专利十几项，多次获得国家、省、市建设部门及建筑节能部门的认定和颁发奖项。金新股份（831716）2015年年度报告显示，全年营业收入4194.39万元，较上年同期增长10.69%；净利润473.47万元，比上年同期增长418.03%。截至是年年底，金新股份资产总计1.11亿元，较上年同期下降5.61%，归属于挂牌公司股东的净资产3620.89万元，增长14.57%。

聊城市东昌府区天元小额贷款股份有限公司 位于聊城市东昌西路37号，成立于2009年5月，注册资金1.5亿元，是经山东省金融办公室批准设立的聊城市首家小额贷款公司，也是山东省第一家、聊城市唯一一家在“新三板”上市（2014年12月31日上市）的小额贷款公司。是聊城市地方金融协会会长单位、山东省小额贷款企业协会副会长单位。公司拥有固定资产25万元，建筑面积1136平方米，员工21人，下设4个部2个室。先后获2011年度全省双爱双评先进企业，2012年AAA级地方金融企业，2013年度山东省小额贷款公司优秀企业，2013年、2014年度科学发展综合考核重大贡献企业、文明诚信民营企业，2014年、2015年度金融工作先进单位等荣誉。至2015年，公司累计发放贷款突破56亿元，贷款余额2.5亿元，支持客户2000多户，累计纳税6400多万元，其中2015年完成利税1349万元。

众信易诚保险代理股份有限公司 成立于2009年3月，注册资金7539万元，位于聊城市东昌府区兴华路45号综合楼六楼。2012年3月，公司名称变更为山东易诚保险代理有限公司。2015年9月，公司整体变更为众信易诚保险代理股份有限公司，股票代码：835641。是由聊城市工商联牵头发起设立，经中国保险监督管理委员会正式批准的综合性专业保险代理机构。公司与中英、生命、民生、平安、中保、太平洋、阳光、永安、天安、大地等多家保险公司建立长期合作关系，使产品多元化，增强了客户的选择性。2015年12月，公司在全国中小企业股份转让系统挂牌上市。是年，公司总资产8026.87万元，实现主营收入914.05万元，利润369.46万元。

山东五岳钻具股份有限公司 成立于2009年4月，注册资金920万元，位于阳谷县西湖乡驻地，有员工57人，是从事凿岩钎具、高炉钻具、矿用机工具和工程用工具研究和生产的专业企业。公司拥有相关专利3项、商标2项，并有自营进出口权。2009年，通过ISO 9001国际质量体系认证。2012年，实现主营收入319.87万元。2013年，新上年产10万套节能高效专用重型凿岩钎具项目，采用数控加工中心，数控机床，深井式热处理渗碳炉等钎具制造高端设备，应用先进生产工艺，产出的台车钻具、潜孔钎具、十字钎具等产品相比原有产品在技术含量、加工精度、产品寿命、稳定性方面有较大程度的提高。2014年5月，在全国中小企业股份转让系统挂牌。2015年，公司总资产7463.78万元，实现主营收入1830.97万元，股东权益2068.78万元。

山东首信高分子材料股份有限公司 位于阳谷祥光开发区，始建于2011年，注册资金1010万元，是光通信材料专业研发、生产企业、国家级高新技术企业。公司与西安交通大学联合，成为山东省唯一一家从事柔软低密度低烟无卤阻燃聚烯烃护套料研发、生产的企业。

公司有高分子材料以及辅助产品两大现代化生产车间，厂区占地4公顷，车间面积1.2万平方米，产品广泛应用于电信运营商、光电缆、电力、核工业等单位。公司主导产品为聚乙烯护套料、改性PBT塑料、硅烷交联聚乙烯料、柔软低密度低烟无卤阻燃聚烯烃护套料等系列高分子材料，还有室内外蝶形光缆以及BVJV和JVR电线缆等系列辅助产品，形成了年产高分子材料1万余吨、室内光缆60万芯千米、电线缆1万千米的生产能力。2014年12月30日正式在“新三板”挂牌成功，成为阳谷县第一批在“新三板”正式挂牌的企业，股票代码：831717。2015年，公司总资产1.2亿元，实现主营收入

9666.52万元。

山东中科凤祥生物工程股份有限公司　成立于2001年9月，注册资金6371万元，位于阳谷县安乐镇凤祥路6号，为隶属于新凤祥控股集团的高新技术企业。2015年11月19日，公司整体变更为中科凤祥生物工程股份有限公司。公司依托中科院专家的技术支持，采用生物酶解、超微粉碎、超临界萃取等10多项高新技术及专利技术，从事现代复合调味品、保健食品的研发、生产和销售。公司年可生产功能调味品2.6万吨，保健食品胶囊4亿粒，片剂2亿片，口服液1亿支。公司调味品获得山东名牌产品称号，是国家清真食品定点生产企业，具有自营进出口权，生产工厂取得出口卫生注册资格。公司产品销往美国、英国、法国、中东、非洲、中国香港等国家和地区。2013年、2014年、2015年1—9月，公司分别实现销售收入1亿元、1.55亿元、0.91亿元，分别完成出口退税763.74万元、1039.68万元、611.67万元。

公司通过ISO 9001质量管理体系、HACCP食品安全控制体系、ISO 14001环境管理体系和OHSAS18001职业健康安全管理体系认证，主要生产车间符合国家GMP标准规范要求，主要产品生产及包装环境达到GMP10万级或GMP30万级。2003年12月13日，中共中央总书记、国家主席胡锦涛到凤祥视察，在公司详细听取了复合调味品、保健品生产技术和生产工艺的汇报，对公司以高新技术提升农产品加工增值水平，给予充分肯定和赞扬。

山东创新腐植酸科技股份有限公司　成立于2002年11月，注册资金4640万元，总资产2亿元，为股份制民营企业，是山东省科技型中小企业。位于东阿县刘集工业园，占地16.6公顷，建筑面积2.6万平方米。有员工200人，其中技术人员40人。下设1个分公司、2个子公司，是集腐植酸农用品系列、重金属污染土壤修复剂系列、无抗饲料添加剂系列产品研发、生产于一体的国家高新技术企业，为中国腐植酸协会副会长单位，山东省环保产业骨干企业、山东省专利明星企业、山东省低碳经济与绿色环保十佳示范企业、中国中小企业协会信用评价AAA级信用企业。与山东省农业科学院、山东省医学科学院、山东科技大学、聊城大学、新疆大学等多家科研院所实行产学研联合，为省级腐植酸工程技术中心和省级企业技术中心。公司拥有多项发明专利，是国内大型腐植酸系列产品生产企业。企业建立了现代管理制度，通过ISO 9001质量管理体系认证和ISO 14001环境管理体系认证，获2010年国家科技进步奖二等奖和山东省重大节能成果奖、2015年山东省科技发明一等奖，参与了国家863计划项目。公司还拥有国内罕见的大型优质腐植酸原料矿，其中多项指标居于世界前列，腐植酸系列产品出口到欧美、日韩、中东及东南亚等20多个国家和地区。是国内重要的腐植酸系列产品生产和出口基地，国内知名的矿源黄腐酸生产商，年产矿源黄腐酸1万吨。2012年、2013年，公司归属于普通股东的当期净利润分别为300.55万元、366.28万元。2014年5月28日，在全国中小企业股权转让系统挂牌，证券代码：830792。

聊城广源精密机械制造股份有限公司　成立于2011年9月，坐落于茌平县吴官屯工业园，占地2.67公顷，建筑面积1.71万平方米，注册资金3900万元。公司主要从事轮毂模具，压铸模具，冲压、挤压模具，精密细长轴，液压油缸，液压站，工程机械油缸设计及研发制造以及汽车配件（汽车散热器、水室、冷却器、汽车内外装饰件）等多方面成型加工，年可生产精密模具9600套。公司在模具设计与加工方面具有国内先进水平，在机加工控制、注塑产品成型控制、金属表面精加工等方面达到国际先进工艺水准。公司于2014年5月28日在“新三板”挂牌，成为全市首批“新三板”挂牌企业。2015年，公司总资产1.31亿元，实现营业收入7581.67万元，利润610.07万元。

山东天海科技股份有限公司　成立于2001年12月，注册资金1510万元，位于高唐开发区，是集汽车电子、电器研发、生产、销售于一体的现代化科技创新型企业。2012 年 12 月，在齐鲁股权交易托管中心挂牌。2014 年 10 月，公司顺利在全国中小企业股份转让系统挂牌，证券代码:831261。2015 年，公司总资产 6933.79 万元，实现主营收入 4005.31 万元，利润 272.77 万元。公司自创立以来，获得山东省创新型企业、山东省专利明星企业、山东省文明诚信民营企业、山东省优秀管理企业、山东省先进中小企业、山东省电子信息行业优秀企业、中国电子协会 2013 年全国电子信息行业优秀企业提名奖、中国民营经济发展贡献奖等 30 余项荣誉。

山东鸿源金属容器科技股份有限公司　成立于 2005 年 4 月，注册资金 2978 万元，位于聊城经济技术开发区，占地 1.33 公顷，生产员工 100 余人，管理、技术、质量检验专业人才 20 余人，专门从事各种酒盒、食品盒、保健品盒、医药产品包装盒、各种规格油漆桶、涂料桶以及各种出口类异形金属防伪马口铁包装的专业生产厂家。公司设备先进、技术精良，拥有世界一流的全数控双色印刷生产线 2 条、制罐生产线 8 条，各种金属包装生产设备 156 台，年生产能力 1500 万个，能提供各种铁制盒、罐、桶及异型包装产品。2015 年 3 月在“新三板”成功挂牌，股权代码：832211。至是年年底，公司总资产 8121.91 万元，实现主营收入 4551.15 万元，利润 100.8 万元。

山东信和造纸工程股份有限公司　成立于 2010 年 1 月，注册资金 3900 万元，位于聊城市高新区黄河路 26 号，是集造纸机械制造、工程安装调试、造纸项目总包于一体的专业服务于造纸行业的综合性企业。拥有一批素质较高的原国企员工，有自己的研发队伍，有完备、强大高精度的专业机加工能力和焊接能力，整条生产线和部件出口到欧洲、东南亚、西亚、南美等地区。2012 年 3 月，与世界知名造纸机械制造商意大利科玛公司签约合作，国内首家引进意大利技术建设钢制扬克烘缸生产基地，并于 2015 年 6 月底正式竣工。该产品攻克了造纸领域节能、低碳、环保、高产、高质量等诸多方面的难题，项目的投产填补了国内空白。2014 年 11 月，在北京“新三板”挂牌上市，证券代码：831338。

山东宏运达电梯股份有限公司　成立于 2005 年 6 月，注册资金 1.58 亿元，位于聊城市高新区，是电梯专业制造厂家。总投资 12 亿元，占地 26.67 公顷，其中一期占地 13.6 公顷，建筑面积 15.67 万平方米，生产车间 12.39 万平方米，展厅、技术中心，办公及其他配套设施面积 3.3 万平方米。拥有国家级专业技术人才 6 人，中、高级职称的技术骨干 20 余人。公司引进德国先进的生产技术，拥有全国最先进的远程监控预警系统，可生产乘客电梯、病床医用电梯、观光旅游电梯、节能降耗的载货电梯、无机房电梯、杂物梯等，年生产能力达 2 万余台。为拥有国家制造，安装、维保的 A 级资质企业，是全国唯一实现远程监控预警系统及第二家可生产载重 8 吨以上的货梯生产厂家。2015 年，公司总资产 2.3 亿元，实现主营收入 2161.32 万元。

山东金正动画股份有限公司　创立于 2010 年，注册资金 1492 万元，位于东昌府区，业务范围涉及原创动画、漫画创作、应用动画、影视拍摄、全案设计、策划演艺、网络杂志、媒介传播、动漫周边开发等。拥有水城动漫艺术展、聊城动漫艺术团展示平台，新聊城网和《新聊城》杂志自有媒体传播渠道；成立专业的策划团队，具备全案设计能力，实现应用动画与影视技术优势互补。2015 年 8 月，在“新三板”上市，股票代码：735195。是年，公司总资产 1098.5 万元，实现主营收入 525.4 万元。

山东创通信息技术股份有限公司　成立于 1998 年，注册资金 660 万元，总部位于聊城经济技术开发区东昌路 177 号财智大厦，是国家级高新技术企业、国家双软认证软件企业、工信部系统集成资质认证企业、市产学研合作创新基地，是省内计算机信息产业行业中技术和综合实力较强的公司之一。主要从事系统集成（大中型信息化平台规划、设计、建设)、大型数据库软件开发、智能化仪器的研发。其中，CTE-1 型智能直流电法仪通过省科委鉴定达到国际先进水平，CTE-2型智能激发极化仪性能指标达到进口设备水平，可取代进口设备，新一代数字式CTE-3、CTE-4型在全国市场中占据一定的位置。公司拥有一大批来源于专业技术开发的工程技术人员，中、高级技术职称的技术人员占公司的90%。2015年，公司总资产1303.28万元，实现主营收入1562.32万元，利润82.19万元。

山东金正印务股份有限公司 前身阳谷电力印务有限公司成立于1997年10月，2005年10月搬迁至聊城经济技术开发区蒋官屯工业园，占地2.47公顷，拥有现代化生产车间4000平方米，注册资金2000万元，固定资产3800万元。有员工115人，高级技师15人、技师25人。公司为山东省地税局发票定点印刷企业、新版定额刮奖发票四家印刷企业之一、全国商业票据印刷协会会员单位。2003年通过ISO 9001质量体系认证，2010年通过环境质量体系认证，获得防伪票据全国工业产品生产许可证，多次获得省、市"先进企业""重合同、守信用企业""十佳优秀印刷企业"等称号。公司主要从事电脑票据印刷、定额发票印刷、加工各种规格计算机打印纸、复印纸等，技术力量、设备状况、管理情况、产品质量等方面均居全省同类厂家前列。2013年、2014年，公司分别实现营业收入2658.89万元、2544.49万元，净利润114.03万元、-109.69万元。2015年，实现主营业务收入1730万元，利税47.16万元。

山东昌润创业投资股份有限公司 成立于2008年8月，注册资金1.25亿元，位于东昌府区东昌东路1号，是根据聊城市人民政府就成立市级创业投资公司的批示意见和2008年市政府第二次常务会议纪要精神要求，由昌润投资控股集团（聊城市政府国有资产营运机构）作为控股股东设立的全市首家国有创业投资公司。

2010年4月，作为山东省创业投资引导基金首批10家参股支持的创投企业之一，获得山东省创业投资引导基金1500万元参股支持。2013年，公司成功募集2支私募基金，管理资金总规模约2亿元。2015年10月，在"新三板"市场挂牌上市。是年，公司总资产1.46亿元，实现主营收入28.33万元。

第四节 直接融资

1998年2月，东阿阿胶股份有限公司以1996年7月底总股本6238万股为基数，每10股配售3股进行增资配股，配股1871万股，价格6元，募集资金1.12亿元，扣除发行费用后募集资金净额1.07亿元。

2000年7月，东阿阿胶股份有限公司以1999年年末总股本1.4亿股为基数，每10股配售3股增资配股，配股4192万股，价格8元，募集资金3.35亿元，扣除发行费用后募集资金净额3.23亿元。2007年，鲁西化工股份有限公司发行全市首只短期融资券。

2009年7月，东阿阿胶股份有限公司派发认股权证，进行2007年股权分置改革，以2007年转增后股本5.24亿股为基数，10∶2.5派发认股权证，实际行权价5.434元，认购1.3亿股，价格5.43元，募集资金7.08亿元，扣除发行费用后募集资金净额6.97亿元。

2010年，全面推进农村金融产品和服务创新试点工作。至是年12月末，全市共组建大联保体1663个，涉及农户2.12万户，授信额和用信额分别为11.71亿元、8.41亿元。

2014年，全市直接融资发生额共计72亿元，仅临清市、冠县、莘县、阳谷县、东阿县、茌平县、高唐县、开发区、高新区等9个县（市、区）直接融资66.07亿元。山东阳谷华泰化工股份有限公司经中国证券监督管理委员会证监许可〔2013〕1448号文核准，非公开发行1.5亿元公司债券。此期债券票面利率最终确定为年息8.7%，发行公司债券所获资金扣除券商费用后余额1.48亿元于2014年5月21日存入浦发银行聊城分行（以下简称"浦发银行"）债券资金专户。公司和浦发银行签订《偿债资金专项账户监管协议》，对资金的归集和使用作出明确的规定。2014年12月23日，中通客车控股股份有限公司召开第八届董事会第八次会议，审议通过《关于公司向特定对象非公开发行股票方案的议案》等与此次非公开发行股票相关的议案。

2015年1月13日，中通客车控股股份有限公司收到《山东省国资委关于中通客车控股股份有限公司非公开发行股票有关问题的批复》，山东省国资委批准公司此次非公开发行股票方案。1月16日，中通客车控股股份有限公司召开2015年第一次临时股东大会，审议通过《关于公司向特定对象非公开发行股票方案的议案》等与此次非公开发行股票相关的议案。6月24日，中通客车控股股份有限公司召开第八届董事会第十二次会议，审议通过《关于调整非公开发行股票发行价格及发行数量的议案》。7月3日，中国证监会发行审核委员会审核通过中通客车控股股份有限公司非公开发行的申请。7月24日，中国证监会出具《关于核准中通客车控股股份有限公司非公开发行股票的批复》，核准中通客车控股股份有限公司非公开发行5794.7万股新股。中通客车控股股份有限公司通过非公开发行股票的方式融资7亿元，募集资金主要用于补充流动资金和完善新厂区建设。此次发行共有2名发行对象（中通汽车工业集团有限责任公司、山东省国有资产投资控股有限公司），全部以现金出资认购。其中，中通汽车工业集团有限责任公司系公司控股股东，此次出资2亿元，认购股票1655.63万股；山东省国有资产投资控股有限公司与公司不存在关联关系，此次出资5亿元，认购股票4139.07万股。认购价格为12.08元/股。9月23日，发行对象将认购资金全额汇入长江保荐的专用账户。2015年9月23日，长江保荐在扣除保荐及承销费后向中通客车控股股份有限公司募集资金专项账户划转了认股款。10月13日，中通客车控股股份有限公司发行新增股份在中国证券登记结算有限责任公司深圳分公司办理完毕登记托管手续。10月26日，中通客车控股股份有限公司发行新增股份在深圳证券交易所挂牌上市。2015年5月13日，山东阳谷华泰化工股份有限公司完成2014年5月13日至2015年5月12日期间的第一次付息及部分兑付工作。此期债券兑付本金3000万元，占此期债券总额20%；此次兑付后剩余债券总额1.2亿元，占此期债券总额80%。2015年，全市直接融资发生额97.5亿元，比上年增长37.4%，占全市新增贷款的56.4%。其中，发行债券62亿元，融资租赁19.7元，股权融资14亿元。是年，临清市农村信用社股权融资2.46亿元、阳谷华泰股权融资1.8亿元、东阿创新科技2702.7万元、茌平县广源精密股权融资600万元、华鲁制药股权融资5000万元、高唐泉林集团股权融资2亿元、高新区信和造纸股权融资3000万元、鸿源科技股权融资1080万元、金正动画股权融资200万元、鲍尔浦实业股权融资2000万元、阿华制药股权融资6087万元、宏运达电梯股权融资3000万元。是年，仅临清市、冠县、莘县、阳谷县、东阿县、茌平县、高唐县、高新区等8个县（市、区）及市直单位、鲁西融资租赁有限公司直接融资97.49亿元，较上年增长47.56%。

2014年聊城市各县（市、区）直接融资情况统计表

表16-8　　　　单位：万元

县（市、区）	企业名称	融资方式	融资额度	投资机构	合计
临清市	临清市国有资产经营公司	融资租赁	8000	上海远东国际租赁有限公司	72941
	丁马生物	股权融资	23900	香港御泉投资	—
	金源天泽棉纺	融资租赁	1202	上海远东国际租赁有限公司	—
	杰兴机械	融资租赁	600	上海远东国际租赁有限公司	—
	中色奥博特	融资租赁	35442	量通租赁有限公司	—
	宏昌铸造	融资租赁	543	日立租赁中国有限公司	—

续表 16-8

县（市、区）	企业名称	融资方式	融资额度	投资机构	合计
临清市	鲁联机械	融资租赁	330	仲利融资租赁公司	—
	天元轴承	融资租赁	1347	仲利融资租赁公司	—
	星皓机械	融资租赁	1577	西门子财务租赁上海分公司	—
冠县	众冠钢板	融资租赁	6320	银通国际融资有限公司	47720
	—	私募债	5000	—	—
	港海薄板	股权融资	4000	北京洲海鸿达股权投资	—
	恒远重工	融资租赁	2400	山东恒远融资租赁公司	—
	冠洲集团	融资租赁	30000	山东东海石油装备租赁有限公司	—
莘县	飞泰纺织	融资租赁	520	仲利国际租赁有限公司	520
阳谷县	阳谷华泰	公司债	15000	日信证券	236623
	—	股权质押	12000	长江证券	—
	—	股权质押	8400	齐鲁证券	—
	—	股权质押	1957	海通证券	—
	祥光铜业	黄金租赁	177900	—	—
	聊城盛福管理有限公司	股权融资	20000	香港盛福国际投资有限公司	—
	天马建材	融资租赁	1100	上海德益齐租赁有限公司	—
	首信高分子	股权融资	210	—	—
	五岳钻具	融资租赁	56	苏州邑富租赁有限公司	—
东阿县	创新科技	股权融资	1000	融信泓（北京）投资基金	33305.3
	东泰压缩天然气公司	股权融资	5000	胜利股份	—
	东泰燃气公司	股权融资	24000	胜利股份	—
	鑫华钢铁	融资租赁	3305	仲利国际租赁有限公司	—
茌平县	广源精密	股权融资	1800	昆山广标精密机械有限公司	81950
	信源铝业	融资租赁	53000	长城国兴金融租赁	—
	信发集团	融资租赁	27150	海尔融资租赁公司	—
高唐县	天泰集团	上市融资	3000	—	14400
	信莱科技	融资租赁	3000	国泰租赁	—
	泉洁纸业	私募债	8000	—	—
	天海科技	股权融资	400	山东省国际信托有限公司	—
开发区	兴业投资担保	融资租赁	16000	国泰租赁	16000
高新区	鲁西化工	短期融资券	150000	—	157278
	华建置业	股权融资	7000	深圳市大马化投资管理有限公司	—
	信和造纸	融资租赁	278	仲利国际租赁有限公司	—

2015年聊城市各县（市、区）及市直等单位直接融资情况统计表

表 16-9　　单位：万元

县（市、区）	企业名称	融资方式	融资额度	投资机构	合计
市直	中通客车	定向增发	70000	—	140000
	昌润集团	短期融资券	30000	—	—
临清市	红星轴承	融资租赁	350	鲁西融资租赁	34950
	华隆威斯特轴承	融资租赁	400	鲁西融资租赁	—
	临清市国有资产经营公司	融资租赁	9000	洛银金融租赁	—
	临清市农村信用社	股权融资	24600	聊城、阳谷县、莘县农商行	—
	哈鲁轴承	融资租赁	600	鲁西融资租赁	—
冠县	众冠钢板	融资租赁	4000	鲁西融资租赁	4000
莘县	莘县人民医院	融资租赁	4000	海通恒信国际租赁	9000
	—	融资租赁	5000	环球融资租赁	—
阳谷县	阳谷华泰	股权质押	12400	齐鲁证券、长江证券	158304
	—	股权质押	5600	中泰证券	—
	新源热电	融资租赁	1160	远东国际租赁	—
	祥光铜业	融资租赁	16198	光大银行	—
	—	债务融资	100000	国开行	—
	—	融资租赁	18977.4	兴业银行	—
	华信塑胶	融资租赁	2000	鲁西融资租赁	—
	绿灯行电缆	融资租赁	1968.28	创富、鲁西、先锋国际融资租赁	—
东阿县	创新科技	股权融资	2702.7	云恒投资等	2703
茌平县	广源精密	股权融资	600	—	5600
	华鲁制药	股权投资	5000	昌润投资	—
高唐县	信莱公司	融资租赁	3000	国泰租赁	24800
	山东泉林秸秆综合利用有限公司	股权融资	20000	国开发展基金	—
	金城投资	股权融资	1800	国开发展基金	—
高新区	鲁西化工	超短融	100000	—	465367
	—	短期融资券	100000	—	—
	—	中期票据	200000	—	—
	鲁西集团	短期融资券	50000	—	—
	信和造纸	股权融资	3000	—	—
	鸿源科技	股权融资	1080	—	—
	金正动画	股权融资	200	—	—
	鲍尔浦实业	股权融资	2000	—	—
	阿华制药	股权融资	6087	—	—
	宏运达电梯	股权融资	3000	—	—
鲁西融资租赁	—	—	130200	—	130200

第四章　类金融机构

第一节　融资性担保公司

自1998年成立第一家融资性担保公司以来，全市按照“增资扩股做大一批、重组联合做强一批、提高标准改制一批、严格监管淘汰一批”的发展思路，通过完善制度建设，开展风险排查，加强日常监管，妥善处置风险，各融资性担保机构经营管理进一步规范，实现了融资性担保行业的平稳运行和稳步发展，为支持中小企业融资和地方经济发展发挥了积极作用。2014年，全市新设立小贷公司2家，总数18家，贷款余额22.58亿元，比上年增长40.25%。其中，涉农贷款11.1亿元，增长43.65%；小微企业贷款12.34亿元，增长33.1%。设立民间资本管理公司24家，民间融资登记服务公司5家，注册资金合计8.97亿元。各项投资余额合计10.22亿元，累计投资余额25.92亿元，有力地支持了全市“三农”和小微企业的发展。至2015年年底，全市共有融资性担保机构16家，注册资金21.66亿元，户均注册资金1.35亿元。其中，政策性担保机构11家，注册资金3亿元以上的3家，注册资金1亿元以上的11家。融资性担保机构从业人员165人，其中研究生12人，本科学历的87人，大专及以下学历的66人。全市融资性担保机构新增担保额25.98亿元，在保责任余额31.38亿元。全市融资性担保机构总资产27.5亿元，总负债4.9亿元，净资产22.7亿元。

聊城市财信融资担保有限公司　2009年7月27日成立，注册资金1.2亿元，位于聊城市东昌府区北关街中段。企业性质为有限责任公司，所属行业为金融业，拥有固定资产278万元，占地260平方米，建筑面积620.68平方米，员工17人，下设业务部、风险部、综合部、财

聊城市财信融资担保有限公司　（2015年摄）

务部、法律事务部。公司是聊城市唯一一家市级融资性担保公司，是聊城市地方金融协会会员单位、山东省金融协会会员单位，先后获评2014年、2015年全市“金融工作先进单位”。2015年，公司完成利税116.1万元，税金103.57万元，收入649.11万元，资产145.42亿元。

聊城鲁信融资性担保有限公司　2009年5月成立，注册资金5000万元，位于聊城市兴华西路63号。2011年3月，公司增资至1亿元。企业性质为股份有限公司，所属行业为金融服务业，建筑面积1000平方米。有员工12人，下设总经理办公室、综合部、财务部、业务部、风险部。至2015年年底，公司为中小企业提供贷款担保累计4.18亿元。是年，公司实现产值132.25万元，利润152.3万元。

聊城市东安广融资担保有限责任公司　成立于2014年4月，注册资金3亿元，位于聊城市铁塔路38号，主营业务是融资担保。2015年年底，公司有员工13人，下设总经理办公室、业务拓展部、风险控制部、法律事务部、财务部；占地62平方米，建筑面积62平方米。是年，公司完成利税200余万元。

聊城市天弘融资担保有限公司　成立于

2015年5月26日，注册资金1亿元，位于聊城高新技术产业开发区黄河路32号。企业性质为国有企业有限公司，所属行业为服务业。占地100平方米，建筑面积90平方米。2015年，有员工10人，下设总经理办公室、担保业务市场部、风险管理部、综合管理部。与莱商银行、兴业银行、沪农商银行、北京银行等金融机构开展业务。是年，公司实现产值1亿元。

聊城兴业融资担保有限公司 成立于2006年1月，注册资金3亿元，位于山东聊城经济开发区东昌东路159号。公司属金融业，主要业务范围为贷款担保、票据承兑担保、贸易融资担保、项目融资担保、信用证担保等。2015年，公司员工共22人，下设总经理办公室、副总经理办公室、法律部、财务部、担保业务一部、担保业务二部、委托部、办公室。公司占地500平方米，固定资产435万元。是年，公司实现产值92万元，完成利税70万元。

临清市盛祥融资担保有限公司 2009年5月22日成立，注册资金1亿元，位于临清市古楼东街2009号。2014年4月25日，公司更名为临清市盛祥融资担保有限公司，是经临清市政府批准成立的国有融资性担保公司，是临清市唯一经省金融办颁发“担保经营许可证书”的担保机构，由临清市国有资产经营有限公司和临清市国有资产管理局共同出资建立。2015年，公司有员工15人，下设总经理办公室、综合部、业务部、风险控制部、合规部、财务部。2013年、2014年，连续2年获聊城市政府颁发的“金融工作先进集体”称号。2015年，公司实现营业收入381万元，利润0.7万元，利税5万元。

山东鼎泰融资性担保有限公司 成立于2004年2月，注册资金1.32亿元，位于聊城市花园南路1015号。企业性质为有限责任公司，所属行业为金融，拥有固定资产29万元。占地876平方米，建筑面积876平方米。公司与中行、建行、交行等各大银行建立合作关系，为聊城市部分中小企业提供担保服务。2011年6月，根据公司战略规划，在济南万达广场写字楼C座16整层下设公司分部；2010年，全省对担保公司进行全面整顿规范，山东鼎泰通过资格重新认定，并经山东省金融办发文公示。2011年6月，山东鼎泰济南分部开始筹备，公司以省会城市为桥头堡，面向全省开展业务。2015年，公司有员工6人，下设总经理办公室、财务室、业务部、法务部；是年完成利税18万元。

山东聊城鼎诚融资性担保有限公司 2010年6月成立，注册资金1亿元，位于聊城市嘉明工业园嘉园路北。2011年3月，经山东省金融工作办公室批准经营融资性担保业务。2015年7月，经山东省金融工作办公室批准，更名为山东聊城鼎诚融资性担保有限公司。2015年，有员工20人，下设综合办公室、财务部、法律事务部、风险管理部、担保业务部，实现产值271万元、利税56万元。

山东莘州融资担保有限公司 2014年9月成立，注册资金1.2亿元，位于莘县南环路武阳街中段。企业性质为有限责任公司，所属行业为服务业，拥有资产总额1.2亿元。有员工10人，下设业务部、风控部、财务部、综合部。2015年，公司实现产值390.62万元、利税43.32万元。

山东银联担保有限公司聊城分公司 成立于2006年4月，位于聊城市东昌西路36号。企业性质为有限责任公司分公司，隶属山东银联担保有限公司，所属行业为金融业其他。占地541.93平方米，建筑面积541.93平方米。2015年，有员工18人，下设综合办公室、融资担保部、金融服务部、资产管理部。2011年3月，获得山东省金融办颁发的融资性担保机构经营许可证。2015年9月，公司更名为山东银联融资担保有限公司。

茌平县宏信融资担保有限公司 2009年5月成立，注册资金1亿元，位于茌平县枣乡街3026号。企业性质为有限责任公司(国有控股)，所属行业为金融业。占地120平方米，建筑面积120平方米。2015年，有员工10人，下设综合管理办公室、担保业务部、风险管理部、法律部。是年，公司实现产值65.1万元，完成利税63.97万元，利润45.65万元。

东阿县鑫诺融资担保有限公司 2007年8月，公司前身东阿县鑫诺投资担保有限公司成立，注册资金1.01亿元，位于东阿县阿胶街103号。企业性质为有限责任公司，所属行业为服务业。设董事会、监事会。2012年，经省金融办批准，公司改称东阿县鑫诺融资担保有限公司。2015年，有员工5人，公司实现产值581.1万元，完成利税529.26万元。

高唐国信担保有限公司 2012年4月成立，注册资金1亿元，位于高唐县官道街北路635号，是由高唐县金城建设投资开发有限公司出资组建的一家国有的担保公司。至2015年年底，共为22户企业提供担保5710万元，公司员工7人。

冠县鑫融融资性担保有限公司 2009年9月，公司前身冠县鑫融担保有限公司经山东省金融办批准成立，注册资金3亿元，位于冠县振兴东路122号。企业性质为国有独资，所属行业为金融业，拥有固定资产29万元，净资产3亿元。有员工13人，下设担保业务部、风险管理部、法务部、财务部、办公室。2015年3月，公司名称变更为冠县鑫融融资性担保有限公司。是年，公司完成利税58万元；被聊城市金融办评为“2015年度金融工作先进单位”，被山东省再担保集团授予“最佳合作体系成员奖”。

第二节 小额贷款公司

2009年4月，聊城市成立第一家小额贷款公司。至2015年年底，设立小额贷款公司18家，注册资金19.43亿元。其中，注册资金1亿元的12家、1.5亿元的2家、2亿元的1家、3亿元的1家。

聊城市东昌府区百诺鑫合小额贷款股份有限公司 2012年7月成立并开业，注册资金1亿元，位于聊城市聊阳路摩天轮地上南区。企业性质为股份有限公司，所属行业为非存款类金融机构。有员工12人，下设综合办公室、风险部、财务部、业务部。2015年，公司完成利税296.95万元。

聊城市东昌府区鼎诚小额贷款有限公司 2013年1月，经山东省金融工作办公室批复成立，注册资金1亿元，位于聊城市东昌府区兴华东路100号，是东昌府区第四家小额贷款公司。企业性质为有限责任公司，所属行业为金融业，有员工18人，下设总经理办公室、信贷一部、信贷二部、信贷三部、风险部、财务部、综合部。2015年，公司完成利税258.1万元。

聊城市东昌府区天元小额贷款股份有限公司 2009年成立，注册资金7000万元，位于聊城市东昌府区东昌西路37号。2010年，公司进行增资扩股，注册资金增至1.5亿元。企业性质为股份有限公司，所属行业为金融业，拥有固定资产25万元。占地200平方米，建筑面积1136平方米。有员工21人，下设董事长办公室、总经理办公室、综合办公室、财务部、风险管理部、信贷业务部。公司是聊城市第一家小额贷款公司，也是山东省第一家、聊城市唯一一家在新三板上市的小额贷款公司，为是聊城市地方金融协会会长单位、山东省小额贷款企业协会副会长单位，先后获得聊城市科学发展综合考核重大贡献企业、金融工作先进单位等称号。2015年，公司完成利税1349万元。

聊城经济技术开发区汇通小额贷款股份有限公司 2013年5月，以汇通集团旗下山东汇通工业制造有限公司为主发起人申请，10月经山东省金融办批准设立，11月取得工商营业执照开展业务。公司注册资金1亿元，有经营资金1.2亿元，位于聊城经济技术开发区黑龙江路1号。企业性质为股份有限公司，所属行业为金融其他服务业。办公面积2100余平方米，有员工31人，下设总经理办公室、信贷业务部、风险控制部、稽核财务部、综合管理部。2015年6月，公司在青岛蓝海股权交易中心挂牌。2014年、2015年，公司被评为一级小贷公司、山东省小贷协会理事单位和聊城市小贷协会会员。2015年，公司完成利税387.47万元，服务“三农”和小微企业 363 户 1243 笔 3.73 亿元。

聊城经济技术开发区中通小额贷款有限公司 2015 年 1 月，由中通汽车工业集团有限责任公司发起，经省、市政府及金融监管部门批准成立。注册资金 2 亿元，位于聊城经济技术开发区中华路 9 号。2015 年，公司完成利税 393.41 万元。

聊城经济开发区昌润小额贷款股份有限公司 2011 年 1 月成立，注册资金 2 亿元，位于聊城经济技术开发区。企业性质为股份有限公司，所属行业为金融业。占地 578 平方米，建筑面积 578 平方米。有员工 29 人，下设 3 个业务部、2 个小微业务部、1 个财务部、1 个风险管理部及 1 个综合部。公司获 2015 中国小微金融机构竞争力百强、最具发展潜力奖，山东省一级小额贷款公司、小额贷款公司优秀企业等荣誉。2015 年，公司完成利税 3852.07 万元。

昌润小额贷款公司内景　（2015 年摄）

聊城市高新区鲁西小额贷款有限公司 2011 年 4 月，公司前身聊城市东昌府区泽昌小额贷款有限公司经省政府金融办公室批准设立，注册资金 1 亿元。是年 6 月，变更为聊城市东昌府区鲁西小额贷款有限公司。2014 年 5 月，注册资金增至 3 亿元。8 月，公司注册地址变更到高新区，名称变更为聊城市高新区鲁西小额贷款有限公司。2015 年 5 月，公司注册资金增加至 4 亿元。公司为鲁西集团控股，位于聊城市高新技术产业开发区黄河路 32 号。企业性质为有限责任公司，所属行业为非银行金融业。有员工 20 人，下设总经理、风险部、业务部、综合部、财务部。至 2015 年年底，公司业务规模 18.97 亿元，全年实现收入 8764 万元、利税 2438 万元，服务的企业 200 余家，成为聊城市规模最大、效益最好的小额贷款公司。公司获“2015 中国小微金融最佳创新贡献奖”等荣誉。

临清市鸿基小额贷款有限公司 成立于 2012 年 7 月，注册资金 1 亿元，位于临清市温泉路。所属行业为金融业，企业性质为股份有限公司。占地 305 平方米，建筑面积 305 平方米，固定资产 189.05 万元。下设财务部、业务部、风险管理部、综合管理部等部门。2015 年，公司员工 12 人，公司完成产值 1206.44 万元、利税 138.18 万元。

临清市中瑞小额贷款股份有限公司 2013 年 11 月，公司前身临清市中瑞小额贷款有限公司成立，注册资金 5800 万元，位于临清市新华街道古楼东街。2014 年 8 月，更名为临清市中瑞小额贷款股份有限公司，位于临清市中央帝景小区门面楼，曙光路与青年路交会处。公司性质为股份有限公司，所属行业为金融保险业，拥有固定资产 34 万元。建筑面积 294.37 平方米。2015 年，有员工 12 人，下设总经理办公室、业务部、财务部、风险管理部、综合部。公司完成利税 257 万元。

冠县亚星小额贷款有限责任公司 2011 年 12 月，经山东省金融办批准成立，注册资金 1 亿元，位于冠县工业北路。企业性质为有限责任公司，所属行业为金融业，拥有固定资产 276 亿元。占地 240 平方米，建筑面积 300 平方米。2015 年，有员工 11 人，下设总经理办公室、综合部、信贷部、风险部、财务部。公司完成利税 240 万元。

冠县恒通小额贷款有限公司 2014 年 3 月，经山东省金融工作办公室批准成立，注册资金 5500 万元，位于冠县冠宜春路、红旗路交会处。企业性质为有限责任公司，所属行业为金融业，拥有固定资产 1 万元。占地 160 平方米，建筑面积 160 平方米。2015 年，有员工 11 人，下设董事长办公室、总经理办公室、财务部、业务部、风险部、综合部。公司完成利税3.5万元。

莘县恒通小额贷款有限公司 2013年1月，经山东省金融办批准成立，3月21日正式营业，注册资金5500万元，位于莘县甘泉路119号。公司性质为有限责任公司，所属行业为类金融业，拥有固定资产230万元。占地400平方米，建筑面积450平方米。2015年，有员工18人，下设业务部、风险部、财务部、资产管理部、综合部。公司曾被山东省小贷协会评为“2013年服务小微优秀企业”。公司完成利税459.62万元。

阳谷县鲁信小额贷款有限公司 2012年1月，经省金融办批准成立，注册资金5000万元，位于阳谷县紫石街东段。企业性质为有限责任公司，所属行业为金融业，建筑面积300平方米。有员工7人，下设总经理办公室、信贷部、财务部、综合部、风险部。

东阿县永丰小额贷款有限公司 2011年成立，注册资金1.5亿元，位于东阿县经济开发区。主营业务是县域内小额贷款的办理及咨询业务，企业性质是有限责任公司。占地约300平方米，建筑面积300平方米。2015年，公司员工13人，下设总经理、业务部、综合部、财务部、风险控制部。公司完成营业收入1749.26万元、利润总额843.31万元，其中税费307.79万元。

东阿县中夏小额贷款有限公司 2010年9月，经山东省金融办批准成立，注册资金5000万元，位于东阿县青年街与曙光街交叉路口。公司所属行业为非银行业金融类企业，拥有固定资产218万元。占地1000平方米，建筑面积2300平方米。2015年，有员工9人，下设总经理办公室、风险管理部、业务部、财务部、综合管理部。公司完成利税45万元。

茌平县嘉丰小额贷款有限公司 2009年12月，经山东省金融办批准成立，2010年1月正式营业，注册资金5000万元，位于茌平县振兴路。2015年，公司有员工10人，下设业务部、财务部、风险部、办公室4个部门。公司完成利税386万元。

茌平县鑫路通小额贷款有限公司 2011年11月，经山东省金融工作办公室批准成立，12月正式营业，注册资金1亿元，位于山东省茌平县铝城路1376号。企业性质为有限公司，所属行业为金融业，拥有固定资产220.73万元。有员工32人，下设总经理办公室、稽核财务部、信贷业务部、风险管理部、综合事业部。公司是山东省企业联合会、山东省工业经济联合会、山东省企业家协会、山东省质量管理协会的常务理事单位及山东省小额贷款企业协会的理事单位。2015年3月，被中国小额信贷机构联席会授予“2014年中国小额贷款公司竞争力100强”称号。2015年，公司完成利税216.81万元。

高唐县和信小额贷款有限公司 2011年12月24日开业，注册资金8000万元，位于高唐县经济开发区鼓楼西路南侧6号。公司是2011年经山东省金融工作办公室批准设立的全县唯一一家小额贷款公司，由山东奥克特化工有限公司为主发起人。2015年，公司有人员15人，下设总经理办公室、信贷审批部、内控合规部、结算业务部、综合办公室。公司完成利税784万元。

第三节 民间资本管理公司

2014年起，聊城市依据《山东省人民政府办公厅关于进一步规范发展民间融资机构的意见》精神，借鉴温州、东营、临沂等地经验，开始民间资本管理公司和民间融资登记服务公司的规范设立工作。按照市金融办审批设立、县（市、区）金融办监督管理的模式，民间融资机构在服务县域经济、拓宽中小微企业及“三农”融资渠道方面发挥了积极作用，促进了民间融资阳光化规范化发展。

茌平县鑫浩民间资本管理有限公司 2014年3月，由茌平县星奥铝业有限公司、茌平县润鑫投资担保有限公司发起，聊城市政府金融工作办公室批复同意设立。公司注册资金3000万元，位于茌平县齐韩村，企业性质为私营企业，所属行业为金融业，拥有固定资产 3093 万元，占地 1350 平方米，建筑面积 530 平方米。2015 年，有员工 32 人，下设财务部、业务部、风控部、法律部、档案室、办公室等部门。公司完成利税 19.37 万元。

东阿县溢丰民间资本管理有限公司　2014 年 3 月，由聊城市政府金融工作办公室批准设立，注册资金 5000 万元，位于东阿县前进街。公司类型为其他有限责任公司，2015 年，有员工 8 人，经营面积 200 平方米，下设董事长室、总经理室、办公室、新业务部、法务部、财务部。公司完成利税 10.6 万元。

高唐县金城民间资本管理有限公司　2014 年 5 月成立，注册资金 3000 万元，位于高唐县金城西路 121 号。公司企业性质为金融服务业，所属行业为服务业，拥有固定资产 1.6 万元。2015 年，有员工 5 人，下设董事长办公室、总经理办公室、财务部、业务部、档案室。公司完成利税 36.2 万元。

聊城昌华民间资本管理有限公司　2014 年 3 月成立，注册资金 3000 万元，固定资产 2.2 万元，位于聊城市东昌府区振兴西路 69 号。企业性质为有限责任公司，所属行业为金融业。2015 年，有员工 8 人，经营面积 563 平方米，下设办公室、业务部、财务部。公司完成产值 43.2 万元、利税 3.2 万元。

聊城方圆民间资本管理有限公司　成立于 2014 年，注册资金 3000 万元，位于聊城市江北水城旅游度假区凤凰街道李海务村。企业性质为其他有限责任公司。2015 年，公司完成利税 28.69 万元。

聊城和创民间资本管理有限公司　2014 年 12 月，经山东省、市金融办批准成立，注册资金 1.32 亿元，固定资产 8.03 亿元，位于聊城经济技术开发区庐山路 9 号。企业性质为有限公司，所属行业为金融业。占地 1258 平方米，建筑面积 526 平方米；有员工 12 人，下设总经理办公室、信贷业务部、风险部、财务部、综合部。2015 年，公司完成产值 4878 万元、利税额 153.8 万元。

聊城开元民间资本管理有限公司　成立于 2014 年 3 月，注册资金 3000 万元，位于莘县东鲁街道。有员工 30 余人，下设总经理办公室、市场部、上市部、融资部、风控部、财务部、行政部、文化部、信息部。公司于 2015 年 8 月在齐鲁股权交易中心挂牌，曾获山东“诚信 3·15 金融品牌”。

聊城鲁润民间资本管理有限公司　2015 年 8 月成立，注册资金 3100 万元，位于聊城经济技术开发区东昌东路。企业性质为有限责任公司，所属行业为金融业，拥有固定资产 3100 万元。占地 60 平方米，建筑面积 70 平方米；有员工 4 人，下设总经理办公室、市场部。2015 年，公司完成产值 5.23 万元。

聊城鲁西民间资本管理有限公司　2014 年 3 月成立，注册资金 1.2 亿元，位于聊城经济技术开发区燕山路 6 号。7 月，变更地址为聊城高新技术产业开发区黄河路 32 号。9 月，增资到 1.28 亿元；2015 年 4 月，增资到 3 亿元。企业性质为有限责任公司，所属行业为非银行金融业。有员工 20 人，下设总经理、风险部、业务部、综合部、财务部。至 2015 年年底，公司业务规模 9.7 亿元，全年实现营业收入 1.17 亿元，纳税 1777 万元，服务企业 70 余家，成为聊城市规模最大、效益最好的民间资本公司。连续 2 年获得聊城市委、市政府颁发的“金融工作先进单位”奖牌。

聊城市东昌府区宝亨民间资本管理有限公司　成立于 2014 年 3 月，注册资金 3000 万元，位于聊城市东昌府区振兴东路 1～3 号，是经批准成立的聊城市第一批民间资本管理公司。企业性质为有限责任公司，所属行业为金融业。拥有固定资产 7.16 万元，占地 300 平方米，建筑面积 635 平方米。有员工 15 人，下设总经理室、副总经理室、办公室、风险控制部、综合部、业务部。2015 年，公司完成利税 6.02 万元。

聊城市东昌府区鼎诚民间资本管理有限公司　2014 年 3 月成立，注册资金 5000 万元，位于聊城市东昌府区兴华东路72号。企业性质为有限责任公司，所属行业为金融业。有员工11人，下设总经理办公室、信贷一部、信贷二部、风险部、财务部、综合部。2014年、2015年，获评“全市金融工作先进单位”。2015年，公司完成利税600万元。

聊城市元亨民间资本管理有限公司 2015年12月登记成立，注册资金3000万元，位于聊城市东昌府区柳园南路。所属行业为金融业。公司处于筹建运作阶段。

聊城鑫亚民间资本管理有限公司 2014年5月成立，注册资金5000万元，位于聊城市高新技术产业开发区长江中路1号。企业性质为有限公司，所属行业为金融业。有员工12人，下设总经理办公室、信贷部、风险部、综合部、财务部。2015年，公司完成利税115万元。

聊城远大民间资本管理有限公司 2014年3月成立，注册资金3000万元，位于聊城市摩天轮南区。企业性质为有限责任公司，所属行业为非存款类金融机构。有员工5人，下设综合办公室、财务部、业务部。2015年，完成利税26.91万元。

临清弘发民间资本管理有限公司 2014年3月成立，注册资金3000万元，位于临清市新华街道站前路。企业性质为有限责任公司，所属行业为服务业，拥有固定资产13万元，办公面积400平方米。有员工5人，下设总经理办公室、市场部、风险部、财务部。2015年，公司完成利税54.35万元。

临清市金信发民间资本管理有限公司阳谷县鲁信小额贷款有限公司 2014年3月成立，注册资金3000万元，位于山东省聊城市临清市金郝庄镇孟西村。股东有聊城杰孚电机有限公司、山东大宇纺织股份有限公司、聊城市润利通机械配件有限公司以及自然人股东3人。

临清市三信融达民间资本管理有限公司 成立于2015年，注册资金3000万元，位于临清市东环路果园街880号。所属行业为地方金融，建筑面积200平方米。有员工43人，其中大学以上学历员工占员工总数的62%以上，下设总经理办公室、综合业务部、财务部等。2015年，公司完成营业收入25.1万元。

临清中融民间资本管理有限公司 成立于2014年3月，注册资金3000万元，位于临清市经一路89号。所属行业为金融业，企业性质为股份有限公司。公司固定资产24.16万元，占地320平方米，建筑面积320平方米，下设董事长办公室、财务部、业务部、风险控制部、事后监督部等部门。2015年，公司完成产值185.44万元、利税额25.86万元。

临清中兴民间资本管理有限公司 2014年12月成立，注册资金3000万元，位于临清市新华街道中央帝景A区40号。公司性质为股份有限公司，所属行业为其他金融机构。占地150平方米，建筑面积300平方米。有员工10人，下设总经理办公室、财务部、综合业务部、风险部。2015年，公司完成利税9.47万元。

山东新钰民间资本管理有限公司 成立于2014年9月，注册资金3000万元，位于聊城市东昌东路177号。企业性质为其他有限责任公司，所属行业为金融服务业。有员工20人，下设总经理办公室、投资部、资产管理部、财务部、运营部、人力部。

莘县莘州民间资本管理有限公司 2014年3月14日批准成立，注册资金5000万元，位于山东省莘县甘泉路。企业性质为其他有限责任公司，所属行业为金融业。占地120平方米，建筑面积120平方米。有员工8人，下设总经理办公室、风险部、业务部、综合部、财务部。2015年，公司完成利税727.9万元。

莘县信通民间资本管理有限公司 2014年9月，经山东省金融监管部门统一编号备案、市金融办批准，由聊城市传朋公路工程有限公司和多个知名企业家共同发起组建，2014年10月正式成立，注册资金3000万元，位于莘县东鲁街道莘亭路。企业性质为有限公司，所属行业为金融业，拥有固定资产8.8万元。占地380平方米，建筑面积300平方米。有员工10人，下设总经理办公室、业务部、风控部、财务部、综合运营部。2015 年，公司完成利税 11.1 万元。

莘县正大民间资本管理有限公司　2014 年 3 月，经山东省、聊城市、莘县三级政府金融工作办公室批准成立，注册资金 3000 万元，位于莘县振兴街时代广场 D 区 1 号楼。占地 895 平方米，建筑面积 2781 平方米。有员工 17 人，下设总经理办公室、财务部、业务部、综合部、风险部。2015 年，公司完成利税 238.76 万元。

第四节　民间融资登记服务中心

2014 年开始，聊城市深入贯彻落实《山东省人民政府办公厅关于进一步规范发展民间融资机构的意见》精神，开展民间融资登记服务机构设立工作。所设立的此类公司或单位，主要为当地民间借贷双方依法提供资金供需信息发布、中介、登记等综合性服务交易平台的公司或民办非企业单位。

东阿县财信民间融资登记服务有限公司　2014 年 9 月成立，注册资金 100 万元，位于东阿县阿胶街 103 号。公司是由东阿县鑫诺融资担保有限公司全额出资的国有企业，经营场所 200 平方米，办公地点在东阿县财政局。

聊城公信民间融资登记服务有限公司　2014 年 3 月设立，注册资金 500 万元，位于聊城市摩天轮地上南区。企业性质为有限责任公司，所属行业为登记服务行业。有员工 4 人，下设综合办公室、财务部、业务部。

聊城市安康民间融登记服务有限公司　2014 年 9 月设立，位于湖南路聊阳路口，是由聊城市金融办审批设立、山东省金融办备案的投融资服务平台。公司有员工 13 人，下设投融资登记部、投融资中介部、风控部、档案室、办公室。

第五节　典当　拍卖

一、典当

1996 年 4 月，为加强对典当业的管理，保障典当业健康发展，中国人民银行总行颁布《典当行管理暂行办法》。此后，全市典当行在经营范围、当物范围、服务对象、利息和收费标准、当票和典当会计基本制度等方面进行了统一，典当业务逐步完善。

2000 年 8 月，按照国务院统一部署，取消典当行非银行金融机构的资格，将由中国人民银行监管的典当行业作为一类特殊的工商企业移交国家经贸委统一管理，聊城市的典当行也随之移交市经贸委监管。

2001 年，根据国家经贸委与公安部联合印发的《关于典当业清理整顿的通知》，市经贸委对全市典当行进行统一清理整顿，并于 2001 年 11 月通过省经贸委的验收。聊城市典当行的贷款形式主要是房地产抵押和机动车、闲置物资、库存商品、结算凭证、承兑汇票、股票以及黄金、高档电器等民用品的质押；典当贷款的对象由原来的以村办企业和居民为主，逐步转向有一定资产和发展前景较好的民营企业及个体工商户。

2003 年 6 月，国家经贸委撤销，典当业划归商务部监管。2005 年 3 月，商务部会同公安部联合颁发新的《典当管理办法》。该办法在加强规范的同时，进一步拓展典当行的生存空间，明确典当行可以从事财产权利典当业务，允许典当行可以跨省设立分支机构，允许机动车典当办理质押登记手续。新的典当政策有效保护了全市典当市场现有份额，确保了全市典当业的平稳健康发展。2010 年 10 月，根据市机构改革要求，典当行由市经信委移交市商务局监管。至 2010 年年底，全市共有 4 家典当行，从业人员 37 人，资产总额 1.93 亿元。

至 2015 年年底，全市共有典当行 14 家、典当行分支机构 2 家，从业人员 118 人，资产总额 6.43 亿元，全年发放典当总额 11.95 亿元，其中动产贷款 8.61 亿元，房地产贷款 1.74 亿元，财产权利 1.6 亿元。

聊城市方圆典当有限责任公司　1996 年 7 月成立，初设时位于聊城市兴华东路北园巷，是全市第一家从事典当业务的典当行。初始注册资金500万元，2007年1月，注册资金增加至1000万元。

聊城市昌润典当有限责任公司　2002年4月成立，总部位于聊城市东昌府区东昌西路西首，初始注册资金1020万元，隶属于昌润投资控股集团有限公司。2009年、2012年、2013年，经过3次增资，注册资金增加到1亿元。2010年始，公司进入快速发展时期，2011年贷款余额5309.28万元。2014年，开设冠县分公司和茌平分公司，并成为山东首批“五星级典当企业”。

聊城市鲁信典当有限责任公司　2009年1月成立，初始注册地为东阿县阿胶街96号，注册资金3000万元，2015年7月，注册地址变更为聊城市经济开发区黄山南路1号。

聊城市融通典当有限责任公司　2010年3月成立，注册资金2000万元，初始注册地址为莘县工业园区富云路38号，2014年变更为聊城市光岳南路38号。

茌平广源典当有限公司　2011年5月成立，注册资金3315万元，注册地址为茌平县建设路南翡翠园1号综合楼。

山东鑫元典当有限责任公司　2012年5月成立，位于聊城经济技术开发区黄河路66号，注册资金3000万元。

冠县金安捷典当有限公司　2012年8月成立，注册资金3000万元，初始注册地址冠县红旗北路。2015年11月10日，企业名称更名为聊城金安捷典当有限公司。

山东东元典当有限公司　2013年成立，注册资金5000万元。初始注册地址为聊城经济技术开发区长江路聊大花园东苑，2014年7月，变更为聊城经济技术开发区当代国际广场核心商务区财智大厦二十四楼。

聊城市富源典当有限责任公司　2013年成立，注册资金2000万元，注册地址为聊城市东昌府区柳园南路盛世柳园。

山东润通典当有限责任公司　2013年成立，注册资金2000万元，注册地址为聊城市兴华西路63号。

冠县瑞祥典当有限公司　2014年4月成立，注册资金2000万元，注册地址为冠县北环路名仕花园。

聊城市润丰典当有限责任公司　2014年5月成立，注册资金2000万元，初始注册地址为冠县红旗北路。2015年7月，注册地址变更为冠县振兴东路富华苑小区。

山东易信典当有限公司　2015年3月成立，注册资金2000万元，经营地址为莘县莘亭街道新华路133号。

聊城市诚信典当有限责任公司　2015年9月成立，注册资金2100万元，注册地址位于阳谷县燕山南路50号。

二、拍卖

1997年成立的山东方圆拍卖行有限公司是聊城市第一家综合性拍卖企业。至2015年年底，全市共有8家拍卖行，从业人员116人，是年成交额43.09亿元，其中房地产6.29亿元，机动车1.06亿元，无形资产1.71亿元，全年佣金总额1718万元。

山东方圆拍卖行有限公司　1997年10月成立，注册资金100万元，经营地址位于聊城市文化北路36号，是聊城市最早成立的一家综合性拍卖企业。2013年1月，中国拍卖行业协会授予其A级资质证书。

山东正信拍卖有限责任公司　2002年8月成立，注册资金500万元，经营地址位于聊城经济技术开发区。2013年1月，中国拍卖行业协会授予其AA级资质证书，2014年7月，被山东省工商行政管理局评为“守合同、重信用”企业。为中国拍卖行业协会理事单位、山东省拍卖行业协会理事单位、山东省政府指定公物拍卖机构、山东省产权教育中心会员单位、长城资产管理公司会员单位。

山东嘉诚拍卖有限公司　2008年1月成立，注册资金300万元，经营地址为聊城经济技术开发区黄山南路4号。2013年1月，被中国拍卖行业协会授予A级资质证书。

山东信誉拍卖有限公司　2011年1月成立，注册资金310万元，经营地址位于聊城市兴华西路46号。

聊城市方正拍卖有限公司　2011年5月成立，注册资金101万元，经营地址为聊城市花园北路78号。

聊城市宏鑫拍卖有限公司　2013年10月成立，注册资金101万元，经营地址为聊城市建设东路董付路北128号。

聊城市正圆招标拍卖有限公司　2013年10月成立，注册资金500万元，经营地址为聊城市站前北街盛世嘉苑10号楼。

聊城市恒信拍卖有限责任公司　2014年8月成立，注册资金300万元，经营地址为莘县东鲁街道东升路009号。

第十七编 财政 税务

Part XVII Public Finance & Tax Affairs

聊城市志

1997 年起，随着社会主义市场经济的不断完善，结合国内、国外经济形势的变化，聊城深化财税改革，财政收支和税收实现连年增长。面对财政收支不平衡状态，财税系统贯彻中央适度从紧的财政政策，优化财政收支结构，逐年加大对教育、医疗、卫生、文化等公共领域的投入。

2002 年，聊城市生产企业实行“免抵退”税管理方式。2006 年，调整消费税税目、税率及相关政策。2009 年 1 月起，国家推行以“费改税”、内外资企业所得税合并、增值税转型及营业税改征增值税为主要内容的税制改革。是年，对全市企业所得税征收进行调整，部分企业所得税交由地方税务局系统负责征收和管理。2015 年，全市实现国税收入 124.91 亿元、地税收入 113.59 亿元，均比 1997 年实现 20 倍左右的增长幅度。

第一章　财　政

1997 年起，聊城市（地区）财税改革不断深化，按照属地管理原则，将企业税收下放，完善了财政管理体制。营业税改征增值税工作有序推进，落实国家减税清费政策。国库集中支付改革不断深化，实现工程支出、工资支出、政府采购及大额支出全覆盖。财政存量资金得到盘活，政府采购、投资评审规模不断扩大。预决算面向社会公开，会计管理、财政监督职能不断加强，国有资产管理能力持续提升。聊城财政收入实现连年增长，收入规模不断扩大。2015 年，全市公共预算收入 175.93 亿元，比 1997 年增长 20 余倍，可用财力不断增加，财政支出重点逐渐向民生方面倾斜。

第一节　财政收支

1997 年，聊城地区地方公共预算收入 8.55 亿元。2000 年，全市公共预算收入 12.43 亿元，比上年增长 13.10%，其中增值税收入 1.87 亿元。2008 年，全市公共预算收入 48.93 亿元，比上年增长 15.40%。2015 年，全市公共预算收入 175.93 亿元，比 1997 年增长 20.58 倍，年均增长 18.30%。

随着财政收入的增加，财政支出保障水平不断提高。1997 年，全区公共预算支出 14.47 亿元。2006 年，全市公共预算支出 59.98 亿元，首次超过 50 亿元。2009 年，全市公共预算支出首次超过 100 亿元，增至 107.26 亿元。2012 年，全市公共预算支出首次超过 200 亿元，增至 217 亿元。2015 年，全市公共预算支出首次超过 300 亿元，为 346.81 亿元，较 1997 年增长 23.97 倍，年均增长 19.30%。市财政部门在财政支出中始终坚持情系民生的理财观，支出重点向公共民生领域倾斜，对教育、卫生、社会服务等领域的投入逐年增加。是年，全市民生支出共计 286.47 亿元，居民基本养老保险基础养老金提高到每人每月 85 元。

1997—2015 年聊城市财政收支情况表

表 17-1　　　　单位：亿元

年份	公共预算收入	公共预算支出
1997	8.55	14.47
1998	9.58	16.34

续表 17-1

年份	公共预算收入	公共预算支出
1999	10.99	17.41
2000	12.43	19.70
2001	17.41	26.36
2002	16.66	28.89
2003	20.24	33.27
2004	22.43	40.56
2005	26.25	47.87
2006	33.64	59.98
2007	42.40	75.04
2008	48.93	91.20
2009	55.38	107.26
2010	70.50	144.60
2011	96.56	173.47
2012	104.49	217.00
2013	135.55	258.25
2014	156.19	285.96
2015	175.93	346.81

第二节　预算管理

聊城市地方总预算由县（市、区）财政总预算和市级各主管部门财务收支计划汇编而成。聊城市地方预算编制按照 1995 年《中华人民共和国预算法》有关规定进行，以全市国民经济和社会发展计划为依据，将国家分配的收支指标和财政体制规定留给地方的机动财力，与地方财政经济状况结合起来，统筹安排，综合平衡，保证资金分配合理，提高预算质量。

1997—2000 年，认真贯彻国务院关于适度从紧的财政政策，从严掌握，由预算科与业务科室，根据单位实际情况，统筹安排，节约使用，打紧安排，实行“经费包干办法，结余留用，超支不补”的预算管理办法。没有重大特殊情况，不再追加临时预算，要求市直各单位精打细算，不得突破预算指标。

“十五”期间，财政收入增长较快，但刚性支出压力很大。市级预算编制按照“一要吃饭，二要建设”的原则，组织收入，按照保工资、保运转、保稳定、保重点顺序，统筹兼顾，安排好财政支出，并根据公共财政要求，逐年加大对教育、医疗、卫生、文化等公共领域投入。强化预算内外资金结合，实行综合财政预算；调整和优化财政支出结构，保证工资发放和重点支出需要。

2001 年，为保证全市中小学教师工资按时足额发放，各县（市、区）将农村中小学教师工资按国家标准上划县级管理，确保农村中小学教师工资正常发放。2002 年，中央实行企业所得税分享改革，市财政预算编制政策相应调整，促进企业转换经营机制，培植财源。行政事业单位推行财政统一发放工资，全面启动农村教育体制上划工作，农村中小学教师工资全部上划，由县级财政集中发放。2003 年，实施部门预算编制改革，首先在教育、民政、卫生等 8 个部门试行预算改革；开始实行政府采购制度，市财政等各部门（单位）编制财政采购预算，政府采购资金实行国库集中支付。2004年，市直所有部门实行部门预算改革，共有115个部门（单位）参加。在部门预算编制改革全面推行过程中，全面清产核资，掌握准确基础数据，不断完善部门预算编制办法，使预算编制更加科学规范。严格控制支出，对部门基本支出制定合理定额标准，对部门项目支出预算进行合理排序。在预算编制形式上，初步实现一个部门一本预算；在预算编制方式上，向“零基预算”过渡；在预算编制内容上，基本实现涵盖预算内外资金的综合预算。

“十一五”期间，市级财政收支保持较好的发展态势，但也面临不利因素和挑战，民生投入增长较快，特别是财政供养人员工资和津贴步入快速增长时期，财政收支矛盾突出，财政收支平衡的压力较大。市级预算编制继续贯彻“过紧日子”的思想，坚持“一要吃饭，二要建设”“量入为出，确保收支平衡”和“有保有压，有所为，有所不为”以及综合预算、讲究绩效的原则。

2007年，全面实施政府收支分类改革，市级部门预算编制按照新的政府收支分类体系进行，结合国库集中收付制度改革试点单位运行情况。财政支出按照保工资、保机关正常运转、保社会保障、保稳定、保法定支出和重点支出的顺序，坚持预算编制细化，减少预留资金，将年初预算资金安排落实到具体单位和项目，强化预算约束性，提高财政资金的安全性、效益性。2010年，财政预算编制进一步优化财政支出结构，着力改善民生和促进基本公共服务均等化，进一步完善财政预算改革和预算决策机制，部门预算编制坚持的基本原则：统筹预算内外财力，实行综合预算；调整支出结构，体现公共支出需求；量力而行，合理排序；严格管理，追踪问效。

“十二五”期间，财政收入增长放缓，刚性支出增加，财政收支形势严峻。2011—2014年，市级预算编制以保发展、保民生、保稳定为总体要求，增加公共财政投入，推进财政资金绩效评价体系建设。坚持收支平衡、有保有压、综合预算，各部门将所有收入，包括财政补助收入、代行政府职能收取的各项非税收入以及部门取得的其他收入全部纳入部门预算，统筹安排支出，实行预算统编（编制一般预算收支预算、政府性基金收支预算、社会保险基金收支预算、预算外资金收支预算、国有资本经营预算及政府采购预算）。上年结余要足额作为收入来源纳入预算编制范围，对预算执行情况进行追踪问效，并将预算执行情况和重点项目完成情况作为下年度安排预算的重要依据。

2015年，实施新修订的《中华人民共和国预算法》，政府收支全部纳入预算管理，加大各类资金预算安排的统筹力度，提高预算完整性和政府统筹能力；强化结余结转资金管理。严格落实国家、省、市关于清理财政结余结转资金的各项规定，将结余结转与预算编制直接挂钩，从源头上控制结余结转资金规模，努力减少存量、严控增量；推进预算绩效管理。对财政拨款1000万元及以上的投资发展类项目资金实行绩效目标管理，不断提高财政资金使用效益；全面推行预算公开，自觉接受社会监督。

第三节　政府非税收入管理

1996年11月19日，成立聊城地区第二预算管理处，为副县级全额预算管理单位，隶属地区财政局管理。2002年，聊城市第二预算管理处更名为聊城市预算外资金管理处，组织市级行政事业性收费、政府性基金、罚没款等各类非税收入的征收、管理，负责全市行政事业性收费、政府性基金和罚没收据等票据的管理工作。

1997年，通过清理整顿部门和单位预算外资金账户，把分散管理的预算外资金统一纳入财政专户管理。是年，地区、县成立预算外资金检查领导小组和办公室，全区检查单位785家，涉及资金19.76亿元，查出违纪资金1.53亿元，没收上缴财政2578万元，清退乱收费110万元，废止收费文件12份，取消和停止收费项目50个。

1999年，按照“收支两条线”要求，组织财政、审计、物价等七部门成立联合检查办公室，抽调全市32名人员，组成5个检查组，对市直19个部门、82家单位和市重点企业及几大市场进行专项检查。共查出违规违纪资金6586.46万元，纠正补缴资金1400余万元，对26家违规单位进行处理。

2000年，对行政事业单位的各项收费实行收支两条线和票款分离、罚缴分离的管理办法。全市基本实行“收支两条线”管理，实现“三个联网”，即市、县财政专户的联网、财政与银行的联网、市财政专户与省财政厅的联网。2001年，全市组织实施清理整顿行政事业单位银行账户。共清理银行账户2834个，归并撤销账户560个。其中，市直清理银行账户702个，归并撤销293个，保留409个。

2003年，对于聊城市行政事业性收费进行清理检查，共涉及行政事业性收费职能的单位496家，检查项目509个，涉及资金11.4亿元。在单位自查的同时，市、县（市、区）开展重点检查，共检查单位168家，检查资金4.2亿元。通过自查和重点检查，共查出违规违纪资金1.27亿元，违规违纪支出238万元，查出违纪违规收费项目48个。年底，原“票款分离”系统使用收费编码不再使用。

2004年1月1日起，全市范围内启用“山东省非税收入征收管理系统”，完成新旧系统的切换工作。为保证各级执收单位和代收银行工作的顺利开展，财政部门为同级行政事业单位增加新的收费编码，并向执收单位介绍新的非税收入征管系统的操作程序。

2005年，委托市会计师事务所对聊城市土地储备中心2001年成立以来至2004年年底的财务账目进行清理和重新登记核算，并安排人员全程参与账目清理和工作指导，催收欠款和清算预付账款，将市土地储备中心的土地收入纳入“收支两条线”管理。同市纪检监察、财政局监督处等部门协调配合，对市直36个部门和单位进行落实“收支两条线”情况检查，共查出坐支金额917万元，违纪违规金额1259万元。2007年，市级使用财政票据的机关事业单位和社会团体进行自查，对32家单位进行重点检查。年底前，“山东省非税收入征收管理系统”进行全面升级，完成市级134家收费单位、近500个收费项目编码的申报工作，同时对各县（市、区）上报的2000多家收费单位、收费项目编码进行审核并上报省财政厅。

2009年，对2007年、2008年的市级政府非税收入征缴管理情况进行专项检查，重点检查公安、建设、民政等19个部门。检查发现了使用自制票据收取往来款项、超范围超标准收费，2007年、2008年度随意减免缓非税收入等问题，共查处有问题金额334.3万元，全部入库。

2012年，重点加强对国有土地有偿使用收入等政府性基金的征收管理。开展国有土地出让收入专题调研，调度土地出让情况，督促国土资源部门加大清理土地出让欠款力度，全年出让收入征缴9.5亿元。2013年，根据财政部《财政票据管理办法》，对全市现行使用的财政票据进行清理归并，涉及330个票据使用单位，对票据使用单位使用和未使用的旧版财政票据，按规定进行保存、核销、销毁。

2015年6月底前，全市基本完成用票单位基础信息采集工作，其中市直票据使用单位200家。是年，全市新版非税收入和票据管理系统的上线运行顺利进行。

第四节　行政事业单位资产管理

1998年，聊城地区国有资产管理局更名为聊城市国有资产管理局。2000年，改建为聊城市国有资产管理委员会。

2000年11月，市财政局成立统计评价科（挂清产核资办公室的牌子），负责行政事业单位、国有企业、金融企业、工业企业、基本建设的决算。2005年，财政部门对市直行政事业单位进行产权登记，印发产权登记证。2006年，按照《行政单位国有资产管理暂行办法》《事业单位国有资产管理暂行办法》，理顺行政事业单位资产管理体制。

2007年1月，取消市国资委行政事业资产科职能及人员编制，将市财政局统计评价科更名为行政事业资产科，负责聊城市行政事业单位国有资产管理工作。

一、制度建设

2003年，聊城市政府印发《聊城市行政事业单位国有资产管理办法》。2006年，制定出台《聊城市人民政府关于进一步加强行政事业单位国有资产监管和运营工作的意见》。2010年，制定《关于加强政府机构改革期间国有资产管理工作的通知》，规范政府机构改革中因单位撤销、合并、分设、隶属关系改变等情况资产管理的各项要求。2011年，制定《聊城市人民政府关于加强行政事业单位国有资产管理工作的意见》，进一步明确行政事业资产管理各项工作。2013年，市财政局制定印发《聊城市市级行政事业单位资产处置管理暂行办法》，规范市级国有资产处置监管。2014年，市财政局制定《聊城市市级行政事业单位国有资产配置管理暂行办法》《聊城市市级行政事业单位通用资产配置标准（试行）》，规范国有资产配置管理。

二、监督清查

2007年，开展全市行政事业单位资产清查。2011年、2014年、2015年，开展市级行政事业单位资产清查，清查范围是经机构编制管理部门批准成立的、执行行政事业单位财务和会计制度的各级各类行政事业单位、社会团体；执行民间非营利组织会计制度、并同财政部门有经费缴拨关系的社会团体等单位。清查的主要内容包括：单位基本情况清理、账务清理、财产清查和完善制度等。2015年，全市清查行政事业单位211家，资产总额169.59亿元，净资产134.1亿元，固定资产总额99.62亿元，分别比2007年增长6.57%、163.54%、177.87%、151.82%。

2007—2015年部分年份聊城市行政事业单位资产清查情况表

表17-2　　　　单位：家、亿元

年份	清查家数	资产总额	净资产总额	固定资产总额
2007	198	64.35	48.26	39.56
2011	229	82.59	61.02	50.46
2014	205	101.4	79.81	69.58
2015	211	169.59	134.1	99.62

三、资产处置

处置监管　2005年，市财政局出台《关于市直行政事业单位资产处置过程中有关要求的通知》，防止国有资产流失，2013年废止。是年，出台《聊城市市级行政事业单位国有资产处置管理暂行办法》，在审批资产处置事项时，按“单位申报—主管部门审核—财政部门审批—中介机构评估—公开拍卖交易”的管理体系办理。对某些专用设备的处置，采取现场考察、专业机构鉴定、专家咨询等方式进行把关。至2015年年底，共上缴国有资产处置收入4415万元。

有偿使用管理　2010年起，聊城市在国有资产有偿使用收入征缴管理环节上，严格贯彻执行《山东省行政事业单位国有资产有偿使用管理暂行办法》和《山东省行政事业单位国有资产收入收缴管理暂行办法》，加大对国有资产有偿使用监管力度。通过完善规章、清理备案、部门联动、实地催收、征缴入库等一系列措施，规范了管理，有效地防止了国有资产流失，增加了财政收入。2014年，全市组织开展了市直行政事业单位资产有偿使用清查工作。至是年年底，市直租赁事项备案单位42个，租赁备案项目282项。

四、产权管理

2005年起，对市级资产独立核算的行政事业单位进行产权登记及年度检查。2014年，市财政局与市工商行政管理局联合对市级事业单位所办企业进行全面摸底，逐户进行产权登记。共登记事业单位所办企业（国有独资及控股参股）51家，国有企业注册资金总计2.65亿元。2015年，全市登记行政事业单位1484家，资产总额433.4亿元，其中国有资产总额312.33亿元，分别比2005年增长15.56%、265.34%、313.57%。

2005—2015年聊城市行政事业单位产权登记情况表

表17-3　　单位：家、亿元

年份	登记家数	资产总额	国有资产总额
2005	1284	118.63	75.52
2006	1285	133.70	83.65
2007	1290	144.61	93.52
2008	1298	161.20	103.04
2009	1306	174.37	113.70
2010	1446	205.76	137.11
2011	1442	232.93	162.06
2012	1457	257.35	175.83
2013	1489	291.52	203.31
2014	1487	253.49	245.29
2015	1484	433.40	312.33

五、信息建设

2009年，根据省财政厅《关于印发〈山东省行政事业资产管理信息系统实施方案〉的通知》，聊城市逐步建立横向“财政部门—主管部门—行政事业单位”、纵向“市—县—乡”的资产管理信息系统。在软件配备方面，安装济南国子公司提供的山东省资产管理信息系统。在网络方面，与市信息办沟通并联合网络连接承包公司，协调全市各单位进行资产信息系统联网工作。2010年，利用市政府电子政务网实现市直基层单位与财政部门的全部网络连接。2015年，全市系统网络覆盖率95%。

第五节　国库集中支付管理

2005年，聊城市开始开展国库集中支付管理工作。是年6月，市财政局成立国库集中收付中心。在市直党政机关和具有行政职能的58个部门计166家全额事业单位建立国库单一账户体系，进行试点国库集中支付管理。是年，共撤销银行账户223个，开设零余额账户66个，清理、划转到财政专户的各种资金3.3亿元，集中支付资金3.5亿元。对预算单位的各类支出，按支付方式的不同分为直接支付和授权支付。

2006年，加强对财政支出和行政事业单位人员管理，把财政统一发放工资采取直接支付方式纳入国库集中支付管理。是年9月，全面开展市级国库集中支付改革，同步进行县级财政改革。

2013年，乡镇级财政国库制度改革进行试点。2014年6月，将市级包括拨付给非预算单位的财政性资金全部纳入国库集中支付管理，全市国库集中支付管理初步实现了“横向到边、纵向到底”。

2012年4月，市财政局在市直所有预算单位实行公务卡制度改革，改变现金结算方式，提高资金使用效益和透明度。至2015年，全市累计进行公务卡结算5314万元。是年，全市国库集中支付 111.4 亿元，比 2005 年增长 30.83 倍。

2005—2015 年聊城市本级国库集中支付情况表

表 17-4　　单位：亿元

年份	国库集中支付总量	直接支付		授权支付
		金额	其中：统发工资	
2005	3.5	—	—	3.5
2006	12.8	5.9	1.8	6.9
2007	17.9	9.3	2.2	8.6
2008	21.7	12.2	2.6	9.5
2009	21.0	11.9	3.0	9.1
2010	28.7	20.6	3.5	8.1
2011	22.9	16.6	3.9	6.3
2012	34.9	25.1	3.8	9.8
2013	46.8	36.2	4.6	10.6
2014	55.7	45.8	5.2	9.9
2015	111.4	99.9	6.1	11.5

第六节　政府采购

聊城市政府采购工作始于 1999 年。

2000 年，编印《政府采购法规文件选编》，建立政府采购管理员制度，在市直 128 个单位中设立 178 名政府采购管理员。全市政府采购总规模 8552 万元，采购总额 6814 万元，节支额 1738 万元；其中，市直单位采购总规模 2343 万元，采购总额 2035 万元，节支额 308 万元。

2002 年 5 月，成立聊城市政府采购办公室，为副县级全额预算管理事业单位，隶属于聊城市财政局，负责政府采购监督管理工作。是年，市财政局印发《聊城市政府采购的运行规程》，建立政府采购专家库。为迎接首届“江北水城文化旅游节”，组织聊城影剧院装修改造、海源阁图书馆修缮、光岳楼广场栏杆维修、湖滨公园电缆、开幕式座椅等采购活动，对聊城市人畜吃水水利工程、聊城市政府电子政务网络工程、国家优质小麦基地工程项目等重点项目进行采购，政府采购范围包括城建、水利等工程类采购。全市完成采购额 4.74 亿元，比上年增长 55.2%，节约资金 7650 万元，节支率 13.89%。其中，市级完成采购额 2.23 亿元，增长 64%，节约资金 3768 万元，节支率 14.48%。

2003 年 10 月，聊城市政府采购办公室更名为聊城市政府采购管理办公室，隶属于市财政局，下设综合计划科、物资采购科、工程采购科、服务采购科。行使政府采购监督管理职能，初步建立管理机构与采购代理机构相互协调的机制，首次编制政府采购预算。全市完成采购额 6.5 亿元，比上年增长 38%，节约资金 1.06 亿元，节支率 14%。其中，市级完成采购额 2.15 亿元，节约资金 3646 万元，节支率 14.5%。2004 年，按照《中华人民共和国政府采购法》的要求，初步建立政府采购管理新机制，实现“管采分离”，重点加强对政府采购代理机构管理、政府采购计划审核、采购方式选择、信息公告发布、招标监管、专家库建设管理、供应商投诉、资金支付、政府采购人员培训等关键环节的监督管理工作。联合市监察局、市审计局对 2003 年、2004 年的政府采购制度执行情况进行专项检查，共查出应实行政府采购而未实行政府采购的违纪金额1233.99万元。全市共完成政府采购金额9.13亿元，比上年增长40.5%，节支率15.79%。其中，市级完成政府采购金额2.71亿元，节支率14.92%。

2006年，在全市范围内开展政府采购商业贿赂专项治理工作。全市共完成采购金额10.19亿元，节约资金1.51亿元，节支率12.9%。其中，市直完成采购金额2.63亿元，节约资金4263.1万元，节支率13.93%。2008年，对全市230个部门单位（市直30个）进行重点检查，共查出违规采购额1.8亿元，其中市直2047万元。全市共完成采购金额11.2亿元，节约资金1.76亿元，节支率13.55%。其中，市直完成采购金额2.43亿元，增长11.47%，节约资金4000万元，节支率13.52%。

2010年，明确公开招标标准，即凡单项或批量采购金额达50万元以上的货物和服务项目、80万元以上的工程项目，必须实行公开招标。开展代理机构专项检查工作，对2家违规代理机构进行处罚。全市共完成采购金额15.8亿元，比上年增长26.4%，节约资金2.4亿元，节支率13.2%。其中，市直完成采购金额2.33亿元，增长11.2%，节约资金3620万元，节支率13.47%。

2011年，实行所有政府采购项目统一受理、统一委托，建立“聊城市政府采购网”。2012年，联合市监察局、审计局对2010年和2011年政府采购执行情况进行监督检查，共查出2010—2011年未实行政府采购金额5300万元，占应实行政府采购金额的12.21%。

2014年，修订政府集中采购目录和采购限额标准，提高政府采购公开招标限额和部门自行采购限额，给予节能环保产品优惠折扣，扶持中小企业发展。全市完成合同采购额69.26亿元，较2013年增加25.99亿元，增长率60.06%，其中市直完成合同采购额19.5亿元。

2015年，根据《财政部关于开展2015年度全国政府采购代理机构监督检查工作的通知》《全国政府采购代理机构监督检查指标体系》，在全市开展政府采购代理机构监督检查。印发《政府采购透明化规则》，实行政府采购信息全面公开。全市完成合同采购额133.01亿元，比上年增加63.75亿元。其中，市直政府采购数目由2014年324个增加到2015年488个；市直单位完成合同采购额86.03亿元（PPP项目合同采购额72.49亿元）。

2014年，聊城职业学校新校区运动场及看台项目开标会议现场

2000—2015年聊城市合同采购额统计表

表17-5　　单位：亿元

年份	采购额	市级采购额	年份	采购额	市级采购额
2000	0.68	0.23	2004	9.13	2.71
2001	3.06	1.36	2005	10.02	2.62
2002	4.74	2.23	2006	10.19	2.63
2003	6.50	2.15	2007	10.70	2.18

续表 17-5

年份	采购额	市级采购额	年份	采购额	市级采购额
2008	11.20	2.43	2012	40.90	8.20
2009	12.51	2.72	2013	43.27	9.32
2010	15.80	2.33	2014	69.26	19.50
2011	27.68	6.27	2015	133.01	86.03

第七节　会计管理

1997 年，聊城地区财政局设立会计科。是年起，各县（市）区财政部门陆续建立隶属于财政部门的专职会计管理机构，负责各县（市、区）的会计管理工作。2010 年 8 月，会计科挂行政许可科牌子，专职负责全市的会计管理工作。至 2015 年年底，全市有 29 人从事会计管理工作，持有会计从业资格证人员 5.6 万人。

一、会计人员管理

会计从业资格管理　1996 年，根据财政部《会计证管理办法》、山东省《山东省〈会计证管理办法〉实施细则》，聊城地区对会计人员正式实施会计证管理。1998 年，会计证实行统一考试制度，全省统一组织，统一发布成绩，各地市组织考试报名和考试管理工作，聊城市首次进行会计证资格考试。

2001 年，山东省颁布实施《山东省会计从业资格管理实施办法》，将会计人员持有的“会计证”统一换发为“会计从业资格证书”。2006 年，根据全省统一部署，为全市 2.42 万名会计人员换发新版证书。2008 年，开始实行会计从业资格无纸化考试，报名人员 1.3 万人次。2010 年，对全市持证会计人员及其工作单位进行信息采集。2015 年，共有无纸化考点 2 家，报名参加会计从业资格考试 1.44 万人次。至 2015 年年底，聊城市持有会计从业资格证书的人员 5.6 万人。

会计人员继续教育　1997—2008 年，全市会计人员主要以面授为主，按照财政部《会计人员继续教育规定》，会计人员每年参加不低于 24 学时的培训。自 2014 年开始，按照省财政厅的要求，选取 6 家计算机网络继续教育培训机构，对全市会计人员免费进行继续教育培训。2015 年 8 月日，启用“聊城市会计人员网络继续教育管理平台”，全市会计人员统一登录平台参加网络继续教育。是年，全市参加人员 3.32 万人，占全市的 66.67%。

会计专业技术资格管理　1997 年，初、中级会计专业技术资格实现全国统一考试，考试合格人员方能取得会计专业技术资格证书。2003 年，高级会计师的评审制改为考评结合。2013 年，在全国会计专业技术初级资格考试中，聊城市报名 4244 人。2015 年，全市取得各类会计专业技术资格人员 8310 人，其中初级资格 4495 人、中级资格 3525 人、高级资格 290 人。

二、会计基础建设

会计基础工作　1997 年，根据山东省财政厅、审计厅、国税局、地税局、工商局印发的《山东省会计基础工作规范化验收实施办法》，聊城对会计工作规范化进行统一部署和要求。1999 年，根据《山东省会计基础工作规范化考核验收标准》，市财政局印发《关于进一步做好会计基础工作规范化验收工作的通知》，对会计基础工作的规范化建设和检查提出具体要求，量化、细化了会计基础工作规范验收工作的方法和步骤，提高会计信息化进程。2008 年，市财政局转发省财政厅、证监会山东监管局、省审计厅、银监会山东监管局和保监会山东监管局等五部门《转发〈财政部等五部门关于印发《企业内部控制基本规范》的通知〉的通知》，上市公司自 2009 年 7 月 1 日起施行，鼓励非上市的大中型企业执行。2009 年 12 月 18 日，在聊城市公安局交巡警支队召开全市会计基础工作现场观摩会，促进单位会计基础工作的规范化、制度化和科学化。2014年，根据财政部行政事业单位内部控制规范（试行）》，市财政局联合聊城市审计局印发《聊城市贯彻实施〈行政事业单位内部控制规范〉工作方案》，引导行政事业单位内部控制。

会计准则制度　2001年，《山东省会计咨询服务机构管理暂行办法》颁布实施。是年，开展《中华人民共和国会计法》执行情况大检查，对160多个单位进行重点检查。2005年，颁布《山东省代理记账管理暂行办法》，《山东省会计咨询服务机构管理暂行办法》同时废止。2011年，对全市184家大中型企业执行《企业会计准则》情况进行调查，其中173家全面执行。2015年，全市共有审批代理记账22家，企事业单位逐步实施新会计准则制度。

三、市会计学会、珠算协会

聊城市主要有会计学会、珠算协会等专业组织，为会计事业发展输送人才。

会计学会　聊城市会计学会于1985年12月成立，属于学术性民间组织。学会围绕不同时期的经济和财政工作重点，广泛开展会计理论研究，会计理论成果的推广和宣传，推动会计先进技术在全市的推广和普及。2015年，组织参评论文80多篇，参加培训520多人次。

珠算协会　聊城市珠算协会于1988年5月成立，主要开展普及珠算珠心算、珠算珠心算等级鉴定、组织珠算比赛和各项相关学术交流活动。2015年年底，珠算等级鉴定合格人员9000多人，组织代表队参加全国、全省、“海峡两岸”及市级珠算心算比赛20余次，参加人员1100余人次。在山东省第十七届珠算暨第五届珠心算技术比赛中，市代表队获得学生组团体特等奖、儿童组团体二等奖和职工组三等奖3个团体奖和31个个人单项奖。在2009年中国珠算心算协会成立30周年活动中被中国珠算心算协会授予全国先进集体称号，1人获评全国先进工作者。

第八节　财政监督

1998年3月，聊城地区税收财务物价大检查办公室更名为聊城市税收财务物价大检查办公室。2000年4月，聊城市税收财务物价大检查办公室更名为聊城市财政监督处，下设综合科、财务检查科。财政监督处拟定全市财政监督检查的政策和制度，监督财税法规、政策执行及预算编制和执行情况，检查反映财政收支管理中的重大问题，依法查处违法行为。

一、年度检查

1997年，对行政事业单位国有资产管理情况进行大检查，全面开展城镇集体企业清产核资工作。1995—1997年，共查出违纪金额1.07亿元，应入库8491万元，实际入库8097万元，入库率95.3%。

1998—2001年，对行政事业单位进行清产核资，对账户进行清理。2002—2003年，组织实施转移支付资金检查、会计信息质量检查、农业税减免及减轻农民负担检查、预算收入征管质量检查。2003年，市财政局对市直国土部门进行专项检查，查出应征未征土地收入6.06亿元，应缴未缴财政专户945万元。

2004年，对医疗卫生、人社劳动等行业开展会计信息质量检查，查出资产不实84.64万元，所有者权益不实103.42万元，投资收益不实89.92万元，漏扣漏缴税款171万元，追究缴税金87万元。市财政局开展市级预算收入征管质量检查，对地税部门和9家企业单位的纳税情况进行检查，共发现违纪金额427.23万元，其中征过头税26.25万元，漏扣漏缴税款12.59万元，隐瞒欠税334.15万元，漏扣和隐瞒欠税346万元，延缴税款10.39万元，未支付代扣代征手续费43.85万元。

2005年，市财政局对市直6家单位开展会计信息质量检查，共检查出违纪金额89.81万元，其中虚列确认收入5.98万元，隐瞒确定收入61.4万元，少计固定资产3.49万元，应补缴税款 18.94 万元。2006 年 3 月，对民政专项资金开展检查，共查出违规资金 457.56 万元。全市对 25 家企事业单位的会计信息质量进行全面检查，共查出资产不实 53 万元，所有者权益不实 53.5 万元，其他违规金额 180.6 万元。

2006 年，市财政局对 24 家单位进行会计信息质量检查，查出违规金额 199.6 万元，其中少缴税金 19 万元，其他违规资金 180.6 万元。2009 年，市财政局对 94 家企事业单位的会计信息质量开展检查，查出违规资金 1136.94 万元，其中，所有者权益不实 16.9 万元，漏缴税款 473.48 万元，信息披露不实 607.73 万元，其他违规 28.62 万元。2010 年，对市直 6 家企业单位开展会计信息质量检查，查出费用不实 378.8 万元，利润虚减 360 万元。

2013 年，对市直部分单位开展会计信息质量检查，查出会计核算不实 90.79 万元，其他违规资金 862.66 万元。2015 年，市财政局对市直 9 家单位的会计信息质量开展检查，查出漏缴税金 6.57 万元，其他违规资金 622 万元。

二、专项检查

2007 年，市财政局对 8 县（市、区）的财政专项资金进行了检查，检查的专项资金总额为 1362 万元，查出违规资金 349 万元。2008 年，对彩票发行销售和财务管理情况进行专项检查，共查出违规金额 122.21 万元。对全市 23 家企业单位和 15 家事业单位的会计信息质量情况开展检查，共查出资产不实 162 万元，其他违规问题资金 18.2 万元。

2009—2011 年，成立市“小金库”治理领导小组，对全市 563 家党政机关、557 家事业单位“小金库”问题进行全面自查和重点检查，自查和重点检查面为 100%。通过检查，发现“小金库”140.7 万元，对“小金库”进行相应处理。

2011—2014 年，开展全市税收财务大检查工作，对全市 1450 家企事业单位的税费征缴情况、财政资金使用情况等进行重点检查。全市查出有问题资金 2.24 亿元，其中查出应补缴的欠税、漏税 2.17 亿元，入库 2.01 亿元，查出行政事业单位应缴未缴政府性基金及国有资产收益等收入 687.16 万元，全部入库。

第二章 税 务

1997 年起，随着社会主义市场经济的不断完善。深化税收体制改革进程不断加快，税收在全市经济社会发展中的作用日益增强。

1998 年，聊城地区国家税务局、地方税务局分别更名为聊城市国家税务局、地方税务局。1998 年 10 月，地税系统实行省以下垂直管理。2000 年后，税务系统实行税收征管改革，初步建立起“以申报纳税和优化服务为基础，以计算机网络为依托，集中征收，重点稽查”的税收征管模式，推进税源信息化建设应用。2005 年起，税务系统加强税源管理工作，国税系统注重税源精细化管理，初步形成各行业系数标准，地税实行微机定税、社会综合治税和重点税源分类分级监控管理。2007 年，全市各级国税部门共组织税收收入 55.18 亿元，首次突破 50 亿元大关；实现地税收入 27.53 亿元。2013 年，税务系统开始进行“营改增”改革。2015 年，国税系统完成国税收收入 124.91 亿元，地税系统共组织各项收入 113.59 亿元，分别比 2007 年增长 18.34 倍、18.88 倍。

第一节 税务体制

按照分税制财税体制的规定，国税和地税有着不同的税收征收范围。1997 年，地区国税局征收消费税、增值税、企业所得税及铁道部门、各银行总行、各保险总公司集中交纳的营业税、所得税和城市维护建设税，外商投资企业和外国企业增值税、消费税、所得税；地区地税局征收营业税、企业所得税、个人所得税、城镇土地使用税、固定资产投资方向调节税、城市维护建设税、房产税、车船使用税、印花税等。1999年11月，根据国务院《对储蓄存款利息所得征收个人所得税的实施办法》，征收个人所得税（储蓄存款利息所得）。2001年1月1日，开征车辆购置税，由国税局征收，是年取消车辆购置附加费。

2002年，根据《财政部国家税务总局关于进一步推进出口货物实行免抵退税办法的通知》和《国家税务总局关于印发生产企业出口货物“免抵退”税管理操作规程的通知》，聊城市生产企业实行“免抵退”税管理方式。2006年4月1日，调整消费税税目、税率及相关政策，是1994年税制改革以来对消费税最大规模的一次调整，新增高尔夫球及球具、高档手表、游艇、木制一次性筷子、实木地板等税目，取消“护肤护发品”税目，调整部分税率。2009年1月1日，根据国务院《中华人民共和国消费税暂行条例》，聊城市内开征此税。

2009年，对全市新增企业的所得税征管范围进行调整，新增的应当缴纳增值税的企业，企业所得税全额为中央收入的企业，在国家税务局缴纳营业税的企业，银行（信用社）、保险公司，外商投资企业和外国企业常驻代表机构，在中国境内设立机构、场所的其他非居民企业，所得税由国税系统征收，应当缴纳营业税的新增企业，其企业所得税由地方税务局负责征收和管理。非居民企业没有在中国境内设立机构、场所，而来源于中国境内的所得；或者虽然在中国境内设立机构、场所，但是取得的来源于中国境内的所得与其在中国境内所设机构、场所没有实际联系，中国境内的单位、个人向非居民企业支付上述所得的，该项所得应当扣缴的企业所得税的征收管理，分别由主管支付该项所得的中国境内单位、个人所得税的国家税务局或者地方税务局负责（其中不缴纳企业所得税的单位由国家税务局负责）。2008年以前成立的跨区经营汇总纳税企业，2009年以后新设立的分支机构，2009年以后新增跨区经营汇总纳税企业，其企业所得税的征收管理机关应当与其总机构企业所得税的征收管理机关一致。既不缴纳增值税，也不缴纳营业税的企业，其企业所得税暂由地方税务局负责征收和管理。

2011年，耕地占用税、契税征收和管理工作从财政部门移交地方税务系统。同时，地税系统附征教育费附加、地方教育费附加等2项附加，代征价格调节基金、水利建设基金、残疾人保障基金、工会经费、文化事业建设费等5项基金规费。2013年，将交通运输业和部分现代服务业和广播影视服务业缴纳的营业税改为增值税，2014年，铁路运输业和邮政业、电信业改征增值税，增值税的税率增加为6%、11%、13%、17%四档，由国税系统征收。

2015年，国家税务局主要负责征收和管理的税种有：增值税，消费税，进口产品消费税、增值税（委托海关代征），铁道、各银行总行、保险总公司集中缴纳的营业税、所得税和城市建设维护税，中央企业所得税，中央与地方所属企、事业单位组成的联营企业、股份制企业缴纳的所得税，2002年1月1日以后在各级工商行政管理部门办理设立（开业）登记企业的企业所得税，地方和外资银行及非银行金融企业所得税，海洋石油企业所得税、资源税，个人所得税（储蓄存款利息所得），证券交易税（未开征前对证券交易征收的印花税），车辆购置税，对境内外商投资企业和外国企业的各项税收（增值税、消费税、外商投资企业和外国企业所得税），出口产品退税的管理，集贸市场和个体户的增值税、消费税，中央税的滞补罚收入，按中央税、共享税附征的教育费附加（属于铁道、银行总行、保险总公司缴纳的入中央库，其他入地方库）。地方税务局负责征收和管理的税种有：营业税、企业所得税、个人所得税、资源税、印花税和城市维护建设税（不包括由国家税务局负责征收管理的部分)、房产税、城镇土地使用税、耕地占用税、契税、土地增值税、车船税、烟叶税、教育费附加、地方教育费附加等，代征价格调节基金、水利建设基金、残疾人保障基金、工会经费、文化事业建设费等5项基金规费。

第二节　税种　税率

1997年，国务院发布契税暂行条例，是年10月起施行。2000年，国务院公布车辆购置税暂行条例，自2001年起施行。2005—2006年，国务院先后取消牧业税、屠宰税，对过去征收农业特产农业税的烟叶产品改征烟叶税，公布烟叶税暂行条例。2011年，全国人民代表大会常务委员会通过了车船税法，自2012年起施行；是年，国务院修改资源税暂行条例，是年11月起施行。2013年，取消固定资产投资方向调节税。

至2015年，税制设有18个税种，即增值税、消费税、车辆购置税、营业税、关税、企业所得税、个人所得税、土地增值税、房产税、城镇土地使用税、耕地占用税、契税、资源税、车船税、船舶吨税、印花税、城市维护建设税和烟叶税。除关税、船舶吨税外，其余16个税种均由税务部门负责征收。

一、国税税种税率

增值税　1997年，根据国家税务总局规定，区内对商品的生产、批发、零售和进口全面课征增值税，并实行凭增值税专用发票注明税款抵扣制度、增值税专项纳税登记制度和专用发票制度。该税对生产经营的每一流转环节的增值部分都要征收，实行不含税价计税；实行两档税率，一档基本税率为17%，一档低税率为13%，出口货物适用零税率；增值税纳税人划分为一般纳税人与小规模纳税人。一般纳税人凭发票注明税款进行抵扣，小规模纳税人统一按6%的税率课征。1998年，对经贸部批准认定的旧货调剂试点单位经营的旧货，均暂按6%的税率征收；对农村电管站在收取电价时一并向用户收取的农村电网维护费给予免征增值税照顾。商业企业小规模纳税人的增值税征收率由6%调减为4%；增值税一般纳税人购进或销售应税货物支付的运输费用的扣除率由10%降低为7%；销售寄售商店代销寄售物品、典当业销售死当物品、销售旧货的税率由6%调减为4%。

2008年11月5日，根据国务院规定，在境内销售货物或者提供加工、修理修配劳务以及进口货物的单位和个人缴纳增值税，小规模纳税人统一按3%的税率征收。增值税的纳税期限一般为1个月，根据纳税人应纳增值税额的大小，还有1日、3日、5日、10日、15日、1个季度等其他6种应纳税期限，其中1个季度的规定仅适用小规模纳税人。纳税人应在次月的1—15日的征期内申报纳税，不能按照固定期限纳税的，可以按次纳税。

2013年实行“营改增”后，对一般纳税人，就其销售（或进口）货物或者提供加工、修理修配劳务的增加值征税，增加6%、11%两档税率。

消费税　对在中国境内生产、委托加工和进口应税消费品的单位和个人征收，共开征14个税目，征收范围包括：烟、酒及酒精、化妆品、贵重首饰及珠宝玉石、鞭炮焰火、成品油、摩托车、小汽车、高尔夫球及球具、高档手表、游艇、木制一次性筷子、实木地板、铅蓄电池和涂料。税率采取比例税率和定额税率两种形式，税率5%～56%，由国税局征收。

车辆购置税　对购置汽车、摩托车、电车、挂车、农用运输车等应税车辆的单位和个人征收。车辆购置税实行从价定率的方法计算应纳税额，税率为10%。

存款利息所得税　根据国务院《中华人民共和国个人收入调节税暂行条例》，征收存款利息所得税，对在国家银行和信用合作社、邮政储蓄存款的利息所得，免征个人收入调节税。1999年，对个人在市内的储蓄机构存储人民币、外币而取得的利息所得征收个人所得税，税率为20%。2007年8月15日起，利息所得税税率由20%调减至5%。2008年10月9日，暂免征收个人利息所得税。

企业所得税　对中国境内的一切企业和其他取得收入的组织（不包括个人独资企业、合伙企业），就其来源于中国境内外的所得征收，税率为25%。2008年1月1日，根据《中华人民共和国企业所得税法》，居民企业来源于中国境内、境外的所得，非居民企业在中国境内设立机构、场所的其所设机构、场所取得的来源于中国境内的所得以及发生在中国境外但与其所设机构、场所有实际联系的所得，适用税率为25%；非居民企业在中国境内未设立机构、场所的，或者虽设立机构、场所但取得的所得与其所设机构、场所没有实际联系的来源于中国境内的所得，适用税率为20%。

二、地税税种税率及附加费、基金征收比率

从2000年1月1日起，暂停征收固定资产投资方向调节税。2001年1月1日起，根据山东省要求，聊城市停征农业税和屠宰税，同时开征车辆购置税。

营业税　是对聊城市境内有偿提供交通运输业、建筑业、金融保险业、文化体育业、娱乐业、服务业、邮电通信业劳务和转让无形资产、销售不动产的单位和个人就其取得的营业额征收的一种税。为聊城市流转税的主体税种之一。1997年，根据国务院通知，营业税设置9个税目，交通运输、建筑安装、邮电通信、文化体育业执行3%，娱乐业则根据所从事的娱乐业的性质，在5%～20%范围内；其他行业执行5%，金融保险业营业税税率由5%提高到8%。其中，按原5%税率征收的部分，归地方财政收入，由地税局征收；按提高3%税率征收的部分，归中央财政收入，由国税局征收。2002年，农村信用社税率按6%征收，其中5%部分由地税局征收，1%部分由国税局征收；10月，农村信用社按5%的税率，由地税局征收。金融保险业营业税率从8%降到5%。2009年，根据《中华人民共和国营业税暂行条例》，交通运输业、建筑业、文化体育业和邮电通信业劳务税率为3%，金融保险业、服务业、转让无形资产和销售不动产税率为5%，娱乐业为5%～20%。2013年8月1日，交通运输业和部分现代服务业在全国范围进行增值税制度改革试点。

企业所得税　1997年，企业所得税实行33%的法定税率，除此之外，对年应纳税所得额在3万元（含3万元）以下的企业，暂减按18%的税率征收企业所得税，年应纳税所得额在10万元（含10万元）至3万元的企业，暂减按27%的税率征收企业所得税，其中中央企业由国税机关征收，地方企业由地税机关征收。2002年1月1日至2008年12月31日，在此期间新注册登记的企业，企业所得税一律由国家税务局征收管理。2009年1月1日，国家税务总局调整新增企业所得税征管范围，2009年起新增企业所得税纳税人中，应缴纳增值税的企业，其企业所得税由国家税务局管理；应缴纳营业税的企业，其企业所得税由地方税务局管理。“营改增”后，新增企业的所得税由国税机关征管。

个人所得税　1997年，个人所得税共11个所得项目，工资薪金所得适用5%～45%，个体工商户生产经营所得、对企事业单位承包承租经营所得为5%～35%的超额累进税率外，其余8项个人所得税率均为20%。1999年8月，储蓄存款利息开始征收个人所得税；2005年10月，工资薪金所得减除费用标准由800元／月提高至1600元／月；2007年6月，减免储蓄存款利息个人所得税；2007年12月，工资薪金所得减除费用标准由1600元提高至2000元。2011年6月，工资、薪金所得适用税率由5%～45%修改为3%～45%，工资薪金所得减除费用标准由2000元提高至3500元；调整个体工商户生产经营所得和承包承租经营所得税率级距与税率。

资源税　是对在聊城市境内从事应税矿产品开采和生产盐的单位和个人课征的一种税，属于对自然资源占用课税的范畴，聊城市征收的资源税主要有原油、井矿盐和矿泉水3类，采取从量定额和从价定率2种方式征收。1993年12月，根据《中华人民共和国资源税暂行条例》及《资源税暂行条例实施明细》，资源税征收范围为原油、天然气、煤炭、其他非金属矿原矿、黑色金

属矿原矿、有色金属矿原矿和盐 7 种，按矿产品销售量征税，实行“普遍征收、级差调节”，矿产品和盐并存。2011 年 11 月 1 日，修改《中华人民共和国资源税暂行条例》，原油、天然气资源税征收方式调整为从价定率征收，并适当调高部分税目的税额标准。

城市维护建设税　城市维护建设税是对从事工商经营，缴纳增值税、消费税、营业税（简称“三税”）的单位和个人征收的一种税，以纳税人实际缴纳的“三税”税额为计税依据。

房产税　房产税，即以房产为征税对象，以房产计税余值或租金收入为计税依据，向房产产权所有人征收的一种税。纳税人为在国内拥有房产的企业、单位和个人。2009 年 1 月 1 日，对外商投资企业、外国企业和组织以及外籍个人（包括港澳台资企业和组织以及华侨、港澳台同胞），征收房产税。房产税采取比例税率，计征分为从价或从租两种计算缴纳形式。

印花税　印花税是对单位和个人书立、领受的应税凭证征收的一种税，具有凭证税性质，只对《印花税暂行条例》列举的凭证征收，没有列举的不征税。征收范围为 5 类 13 项，购销、加工承揽、建设工程承包、财产租赁、货物运输、仓储保管、借款、财产保险、技术合同或者具有合同性质的凭证；产权转移书据；营业账簿；权利、许可证照；经财政部确定征税的其他凭证。印花税的税率分为比例税率和定额税率。

城镇土地使用税　城镇土地使用税是对在城市、县城、建制镇和工矿区范围内使用土地的单位和个人，按其实际占用的土地面积征收的一种税。采用幅度等级定额税率，根据《山东省人民政府关于调整城镇土地使用税税额标准的通知》，聊城市市区土地 9 ～ 12 元 / 平方米，县（市）土地 6 ～ 10 元 / 平方米，建制镇和工矿区土地 4 ～ 6 元 / 平方米。

土地增值税　土地增值税是对转让国有土地使用权、地上的建筑物及其附着物并取得收入的单位和个人，就其增值额征收的一种税。土地增值税实行四级超率累进税率，根据增值额与扣除项目金额的比例，适用 30% ～ 60% 的税率。

车船税　车船税于 2007 年 1 月开始实行，以取代征缴了几十年之久的车船使用牌照税和车船使用税。该税种对在境内的车辆、船舶，按照规定的税目、计税单位和年税额标准计算征收，包括乘用车、商用车、挂车、其他车辆、摩托车和船舶 6 个税目。2012 年，聊城实行新的车船税，核定载客人数 9 人（含）以下乘用车部分按 7 个档次征收：1.0 升（含）以下 60 元至 360 元；1.0 升以上至 1.6 升（含）300 元至 540 元；1.6 升以上至 2.0 升（含）360 元至 660 元；2.0 升以上至 2.5 升（含）660 元至 1200 元；2.5 升以上至 3.0 升（含）1200 元至 2400 元；3.0 升以上至 4.0 升（含）2400 元至 3600 元；4.0 升以上 3600 元至 5400 元。

耕地占用税　耕地占用税是一种行为税，是国家对单位或个人占用耕地建房或者从事非农业建设的行为征收的一种税。2008 年 1 月 1 日，采用新修订《中华人民共和国耕地占用税条例》，因污染、取土、采矿塌陷等损毁耕地的，比照临时占用耕地的情况，由造成损毁的单位或者个人缴纳耕地占用税，超过 2 年未恢复耕地原状的，已征税款不予退还。耕地占用税以纳税人实际占用的耕地面积为计税依据，按照规定的适用税额一次性征收。占用基本农田建房或者从事非农业建设的，适用税额应当在省政府规定的当地适用税额的基础上提高 50%。占用林地、牧草地、农田水利用地、养殖水面以及渔业水域滩涂等其他农用地建房或者从事非农业建设的，适用税额按照省政府规定的当地适用税额执行。聊城市耕地占用税适用税额为每平方米 21.5 元。

契税　契税是在土地、房屋权属发生转移时，向取得土地使用权、房屋所有权的单位和个人征收的一种税。土地权属转移指的是土地使用权的转移，包括国有土地使用权出让和土地使用权转让 2 种方式；房屋权属转移指的是房屋所有权的转移，包括买卖、赠予和交换 3 种方式。国家契税税率为 3% ～ 5%，山东省契税统一执行 3% 的税率。

教育费附加 教育费附加是对缴纳增值税、消费税、营业税的单位和个人，就其实际缴纳的税额为计算依据征收的一种附加费。教育费附加名义上是一种专项资金，但实质上具有税的性质。现行教育费附加征收比率为3%。

地方教育附加 地方教育附加，是为了增加地方教育资金投入，由各省、市、自治区人民政府根据国家有关规定制定，并经财政部批准同意开征的一项政府性基金。山东省行政区域内，缴纳增值税、营业税和消费税的单位和个人，按实际缴纳“三税”税额的2%征收。

地方水利建设基金 地方水利建设基金，是为了加快水利建设，提高防洪减灾和水资源配置能力，对企事业单位和个体经营者征收的一项政府性基金。自2011年8月1日起，由地税部门向缴纳“三税”的企事业单位和个体经营者征收的代收地方水利建设基金。以增值税、消费税、营业税为计征依据，按实际缴纳“三税”税额的1%征收。

残疾人就业保障金 残疾人就业保障金是指向安排残疾人就业未达到规定比例的单位征收的用于残疾人就业的政府性专项基金。2004年1月1日，地方税务机关代收山东省残疾人就业保障金。安排残疾人就业达不到规定比例（不低于本单位在职职工人数1.5%）的单位，按差额人数每年以当地人民政府统计部门公布的上年度职工年平均工资计算，足额缴纳保障金。

第三节 税收征管

一、征管模式

1997年，国家税务总局明确了“以纳税申报和优化服务为基础，以计算机网络为依托，集中征收，重点稽查”的税收征管改革模式，改革重点是建立纳税人自行申报制度和税收服务、税源监控、税务稽查和征管组织体系。是年，聊城地区税务系统按照国家税务总局要求，建立计算机网络，逐步实现地区局、县局、基层分局三级联网。

2004年，为有效解决“疏于管理、淡化责任”问题，在原征管模式的基础上，实行了“以申报纳税和优化服务为基础，以计算机网络为依托，集中征收，重点稽查，强化管理”的征管模式，加强税源管理。国税系统制定了税收管理员制度和纳税评估办法，对纳税人申报数据是否符合税法规定进行有效评估。

2009年，为开展有效税收征管，提出了“信息管税”的战略，在全国开展税源专业化改革。2012年，按照全国征管会议提出的要求，逐步构建以明晰征纳双方权利和义务为前提，以风险管理为导向，以专业化管理为基础，以重点税源管理为着力点，以信息化为支撑的现代化税收征管体系，聊城市税务系统逐步实施税源专业化管理。2015年，聊城市国税局制定了深化征管改革方案，规范岗责流程，推进办税服务厅实体化和税源管理专业化。

二、税收管理

税务登记 1997年至2006年8月，对纳税人一直采取逐户办理税务登记方式进行税收管理。自2006年9月1日起，按照山东省国税局、地税局联合通知规定，所有纳税人可以选择在国税或地税申请办理税务登记，国地税之间进行登记信息传递，分别实施税收征管，国地税统一编码。2015年10月1日起，全市实行“三证合一、一照一码”登记模式，只针对新设立企业、农民专业合作社。个体工商户以及其他类型纳税人不纳入改革，相关登记、管理制度仍按原规定执行。聊城市全面推进实施税收管理现代化，具体按照地域管理原则，分到9个县（市、区）国税局进行管理。至2015年年底，聊城市国税系统共有纳税人10.5万户，其中企业3.27万户，个体工商户7.23万户。

2007 年、2010 年、2015 年聊城市国税纳税登记户数情况表

表 17-6 单位：户

经济类型	2007 年		2010 年		2015 年	
	全市	其中市区	全市	其中市区	全市	其中市区
国有经济	224	72	239	75	486	147
集体经济	259	106	309	111	618	188
私营经济	4265	1346	7884	2381	30748	9178
个体经济	18937	4171	29883	5725	72273	17588
联营经济	3	2	4	2	2	1
股份制经济	173	60	229	79	387	105
外商投资经济	69	29	76	30	110	37
港澳台经济	24	4	37	7	57	11
其他经济	0	0	19	6	309	104

信息管理 1997 年起，聊城税务系统充分利用现代信息技术手段，以解决征纳双方信息不对称问题为重点，以对涉税信息的采集、分析、利用为主线，树立税收风险管理理念，健全税源管理体系，加强业务与技术的融合，提高税收征管水平。

2002 年，市国税局利用 CTAIS 分析与辅助决策系统、工商税务信息比对系统、个体定额核定系统、出口退税管理系统、税收监控等应用软件，加强数据分析利用，为搞好征管决策提供了依据。2004 年，地税系统开始推广使用税控装置。截至 2006 年，为全市 2000 余户纳税人安装税控装置，主要包括规模较大的餐饮、住宿、建筑业和房地产业纳税人，实现由传统人工管理向计算机自动管理的转化。2006 年，税收执法管理信息系统 V2.0 上线运行，实现对税收执法行为的自动考核。全市财税增收信息化一期工程顺利运行，实现与工商、地税、质监等部门的企业基础信息交换和共享，构建起国税与相关部门信息交换的统一平台，全年共计互通基础信息 10 万余条，查出漏征漏管户 2000 余户。2007 年，地税系统推进税源信息化建设应用进程，顺利实现省级数据“大集中”，国税系统税收分析预警系统成功上线运行。2010 年，国税局升级优化了防伪税控等各税收综合征管软件，地税系统对税控装置开展升级改造。

聊城市地税局办税服务厅办税人员辅导纳税人进行自主网上办税（2015 年摄）

2013 年 10 月 8 日，金税三期工程上线运行，涉及税务登记、发票验旧领购、发票代开、增值税和企业所得税申报、违法违章处罚、一窗式比对、网上办税平台申报、财税库银扣税、抄报税等 9 大关键业务在金税三期成功办理，实现税收征管系统和各类辅助管理软件的省级甚至总局集中。2014 年，地税系统将税控装置

升级为网开税控，由纳税人每月人工报送数据升级为通过网络实时自动传送数据，并实现发票在线开具、在线缴销等功能，在全省范围内率先建立“以信息化为支撑的现代化税收征管体系”。

2015 年，国税系统推广“互联网 + 税务”平台，实施移动办公、移动办税，强化增值税发票升级版推行、数字人事等重点工作技术支持。

发票管理 1997—2003 年，全市所需发票种类及数量由税务部门制定并负责印制发放，全程采取人工记账方式。2004 年，山东地税发票税控管理信息系统上线，发票纳入系统管理，同时大部分发票种类印制审批权上归省地税局，市地税局仅保留少部分发票印制审批权。是年，发票开始采用全省统一编码规则、统一印制、统一防伪标识的定额发票和机打发票，共七大类，并逐步细化行业分类。2008 年，山东地税管理系统发票子系统上线，发票管理纳入山东省级数据大集中。

2010 年，全国范围发票换版，按照“简并发票种类，统一发票式样”的原则，聊城市地税发票统一为定额发票、机打发票、手工发票和公园景点类门票，共 4 大类 34 小类，包含了文化体育业、娱乐业、服务业、交通运输业、建筑业、金融保险业、邮电通信业、转让无形资产和销售不动产等地税管理的各个行业。国税系统对制售假发票、账外经营等行为进行专项整治，全年共检查纳税人 322 户，查补入库税款、罚款、滞纳金 2.07 亿元，稽查选案准确率、案件处罚率、稽查入库率均为 100%。2011 年，国税系统对医药、房地产、汽车经销等行业开展打击发票违法犯罪活动，共检查纳税人 414 户，查补入库税款 8570 万元。

2012 年起，按照国家税务总局规定，取消小微企业发票工本费。2013 年起，取消所有地税发票工本费。

2013 年 10 月，金税三期税收管理系统上线，发票管理实现国家级数据大集中。

三、税款征收

征收方式 聊城市国税系统的征收方式分为 4 种：对具有一定规模和账证制度较为健全的企业，采用通过网上办税平台自行申报纳税、风险分析、疑点评估的征收方式；对个体工商业户，采用信息采集、税务核定、定期调定的征收方式，一般按年核定应纳税款，按季征收税款；对集贸市场的流动商贩，采用不定期巡查，督促达到起征点户缴纳税款的方式；对外地到聊城从事建筑施工、货物运输等业务的纳税人，采用日常巡查，督促开具外管证，代开发票、预缴税款的管理方式。聊城市对年销售收入达到规定标准、有固定经营场所、财会制度健全且管理较为规范的纳税人均认定为一般纳税人，实行动态管理。

税收结构 国税、地税机构分设后，国税部门以工商业税收为主。在聊城市国税系统税收产业结构中，工业企业缴纳的税金占有绝对比重。2015 年，全市工业增值税、企业所得税两项收入 112.68 亿元、占全部国税税收的 88.8%，而其他税收仅占整个国税的 11.2%。

起征点调整 1997 年后，聊城市地税局按照财政部、省地税局有关文件规定，对按期纳税的个体工商户进行 3 次起征点的调整。2009 年 1 月 1 日，财政部将按期纳税的起征点幅度提高到月营业额 1000 ～ 5000 元，聊城市地税局按照省地税局规定执行 5000 元 / 月的起征额度，调整前聊城市共有达到起征点户数 3.53 万户，调整后达到起征点户数 2.47 万户，未达到起征点的户数 1.06 万户，减少税款 2639 万元。2011 年 11 月 1 日，财政部将按期纳税的起征点幅度提高至月营业额 5000 ～ 20000 元，聊城市地税局按照省地税局规定执行 20000 元 / 月的额度，调整后减少个体定期定额户 2.21 万户，调减幅度 89%，调减后全市达到起征点户数 2645 户，减少税款 3436 万元。2014 年 10 月 1 日，聊城市地税局对月营业额 3 万元以下（含 3 万元）纳税人实行免征营业税，政策实施后全市共有 2.08 万户个体工商户享受减免，共减免税款 4543 万元。

第四节　税收收入

一、国税收入

1997 年，全区征收国税收入 6.46 亿元。分税种计算，增值税、消费税、金融保险营业税、企业所得税和涉外企业所得税分别完成 5.95 亿元、3817 万元、531 万元、212 万元和 152 万元。分企业类型看，国有企业、集体企业、联营企业、股份公司、私营企业和其他企业分别完成 4.25 亿元、1.05 亿元、39 万元、4356 万元、497 万元和 19 万元。

1997 年起，全市国税收入连年增长，从 1997 年的 6.46 亿元增加到 2015 年的 124.91 亿元，年均增长 17.89%，年均增收 6.58 亿元。2000 年，全市国税收入突破 10 亿元大关，2007 年突破 50 亿元大关，2011 年突破百亿元大关。

2015 年，全市完成国税收入 124.91 亿元，是 1997 年国税收入的 19.34 倍，比上年增长 8.63%。其中主体税种增值税、消费税、企业所得税和车购税分别完成 85.1 亿元、3.49 亿元、27.59 亿元和 8.73 亿元，分别比上年增长 8.42%、33.83%、8.45% 和 2.22%。分经济类型计算，国有企业、集体企业、股份合作企业、股份公司、私营企业和其他企业分别入库 5.66 亿元、5147 万元、4070 万元、1144 万元、56.44 亿元、27.21 亿元和 6074 万元，分别同比增长 -3.78%、6.9%、-63.26%、8.23%、15.73%、2.9% 和 9.84%。

是年，全市 9 家征收单位征收规模均超过 5 亿元，其中，税收规模超过 25 亿元的有茌平县、市区 2 家单位；超过 10 亿元的有东阿县 1 家单位，其他 6 家征收单位税收规模在 5 亿～10 亿元之间。是年，全市年纳税亿元以上的企业 14 家，合计完成税收收入 43.28 亿元，占全市国税收入的 34.65%；年纳税千万元以上企业 119 家，合计完成过税收 73.09 亿元，占全市国税收入的 58.52%。

1997—2015 年聊城市各税种国税税收收入一览表

表 17-7　　　　单位：万元

年份＼税种	收入合计	增值税	消费税	金融保险营业税	企业所得税	涉外企业所得税	个人利息所得税	车辆购置税
1997	64601	59521	3817	531	212	152	—	—
1998	71856	65907	4691	811	346	101	—	—
1999	81794	75170	4670	1001	712	216	25	—
2000	103501	84408	2797	3096	8448	561	4191	—
2001	134806	109399	4795	2281	7418	2736	8177	—
2002	153667	127750	7085	924	7049	1743	9116	—
2003	155988	130800	2817	189	12815	1195	8172	—
2004	192411	159669	2607	25	19591	923	9596	—
2005	253546	207868	2569	—	21528	2299	10129	9153
2006	401813	330705	3496	—	38070	3795	12158	13589
2007	551836	445005	3127	—	66861	4493	13757	18593
2008	669688	564364	3910	—	66554	—	10673	24187
2009	666793	540837	9517	—	78416	—	5520	32503
2010	870653	698174	16173	—	103286	—	1887	51133
2011	1022342	813669	20413	—	132487	—	803	54970

续表 17-7

年份＼税种	收入合计	增值税	消费税	金融保险营业税	企业所得税	涉外企业所得税	个人利息所得税	车辆购置税
2012	1055737	811889	24223	—	155741	—	209	63675
2013	1190054	886218	25737	—	203646	—	80	74373
2014	1149815	784843	26082	—	253445	—	8	85437
2015	1249069	850964	34905	—	275867	—	3	87330

说明：1997 年收入中含无法分税种的税款滞纳金、罚款收入 368 万元

1997—2015 年聊城市各县（市、区）国税税收收入一览表

表 17-8　　单位：万元

年份＼征收单位	全市合计	东昌府区	临清市	阳谷县	莘县	茌平县	东阿县	冠县	高唐县	市区	市征收分局	经济开发区
1997	64601	10116	7445	5436	7992	5240	2928	3020	8657	—	13474	293
1998	71856	11905	8230	5573	7126	5653	3023	3081	10656	—	16244	365
1999	81794	8019	9507	7046	6187	6239	5597	3093	13708	—	21791	607
2000	103501	8793	12500	7985	8805	7520	4985	3859	16430	—	31797	827
2001	134806	—	15807	9124	9713	10274	6097	4967	23729	54027	—	1068
2002	153667	—	19179	9665	11045	15124	7630	5613	30843	53268	—	1300
2003	155988	—	23905	9593	11700	16150	7830	6049	16758	62255	—	1748
2004	192411	—	27003	10830	14484	25301	9147	7530	10788	84638	—	2690
2005	253546	—	32370	14169	19850	38795	19488	9508	12244	101878	—	5244
2006	401813	—	42959	17438	24321	124283	31793	15572	18495	117852	—	9100
2007	551836	—	54298	21688	35230	180242	42858	22732	26703	153823	—	14262
2008	669688	—	61461	31122	43273	170179	57294	27602	26463	227159	—	25135
2009	666793	—	66445	34825	39970	101509	65540	25537	31358	269939	—	31670
2010	870653	—	82549	45820	45027	168837	73272	38391	42783	336919	—	37055
2011	1022342	—	88847	50033	55280	147561	75814	46346	43144	460837	—	54480
2012	1055737	—	84103	55433	58032	169220	78005	50278	45273	455688	—	59705
2013	1190054	—	88371	61700	66358	211289	86957	58672	56324	494036	—	66347
2014	1149815	—	95210	66825	69980	237793	89544	74884	60976	378531	—	76072
2015	1249069	—	88475	70090	50255	288848	103460	73908	64820	417535	—	91678

1997—2015 年聊城市各类型企业国税税收收入一览表

表 17-9　　单位：万元

年份	合计	国有企业	集体企业	股份合作企业	联营企业	股份公司	私营企业	其他企业	外资企业	个体经营
1997	64601	42483	10488	—	39	4356	497	19	2152	4567

续表 17-9

年份	合计	国有企业	集体企业	股份合作企业	联营企业	股份公司	私营企业	其他企业	外资企业	个体经营
1998	71856	48801	10868	—	76	3347	1103	—	2554	5107
1999	81794	50728	10780	2598	14	4516	2724	—	4025	6409
2000	103501	40876	9223	1403	5	28198	6883	—	6231	10682
2001	133894	35284	8135	—	—	57157	22382	7	10929	—
2002	153667	32752	4950	1767	290	74787	13555	—	10322	15244
2003	155988	22361	4986	652	327	77943	19109	—	16953	13657
2004	192411	27755	4276	834	416	82020	38489	—	23978	14643
2005	253546	28055	5050	537	556	98133	56033	—	41159	14870
2006	401813	34587	10218	660	1269	125245	96326	14	102129	17776
2007	551836	65271	5396	2424	894	162134	144699	12	131699	20714
2008	669688	143302	5837	2730	660	176555	141414	776	156597	41817
2009	666793	148252	6325	7396	957	192278	138591	6827	131049	35118
2010	870653	213588	6126	5120	906	246385	169839	3083	177827	47779
2011	1022342	322433	6152	4929	960	275048	210000	3635	141071	58114
2012	1055737	287092	7097	10396	605	317379	209651	2949	151671	68897
2013	1190054	53220	8897	14526	893	591591	224177	4160	210717	81873
2014	1149815	58840	4815	11077	1057	487654	264178	5530	221453	95211
2015	1249069	56615	5147	4070	1144	564367	272064	6074	250277	89311

说明：2005 年收入中含无法分经济类型的车辆购置税 9153 万元，2006 年收入中含无法分经济类型的车辆购置税 13589 万元，2007 年收入中含无法分经济类型的车辆购置税 18593 万元

二、地税（费）收入

按纳入年度地税部门征收管理入库会统报表核算数据口径统计，1997 年，聊城地区各项地税收入总额 5.71 亿元，其中：税收收入 5.53 亿元，其他各项政府性基金（费）0.18 亿元。2014 年，地税总量突破 100 亿元。2015 年，全市各项地税收入总额 113.59 亿元，是 1997 年的 19.9 倍，年均增长 17.78%，其中：税收收入 107.07 亿元，是 1997 年的 19.35 倍，年均增长 17.53%；附加费及政府性基金 6.52 亿元，是 1997 年的 36.01 倍，年均增长 24.72%。按照当期一般公共预算收入分享体制口径统计，1997 年，聊城地区县级地税收入 5.4 亿元，到 2015 年增至 100.02 亿元，是 1997 年的 18.54 倍，年均增长 17.41%。

1997—2015 年，全市地税系统累计组织各项收入 696.3 亿元，其中税收收入 656.22 亿元、各项政府性基金（费）40.08 亿元；按照当期一般公共预算收入分享体制口径统计，全市地税系统累计组织市县级收入 560.35 亿元。

营业税 1984 年开征，营业税是地方税收的第一大税种。1997 年，聊城地区营业税征收入库 1.35 亿元，占税收收入 5.53 亿元的 24.41%。2013 年 8 月 1 日起，交通运输业、电信邮政业、部分现代服务业陆续实行“营改增”，营业税税源呈萎缩趋势。2015 年，全市营业税征收入库 37.14 亿元，占税收收入 107.07 亿元的 34.69%，年均增长 20.22%。

企业所得税 1984 年开征，企业所得税是地方税收的主体税种之一。按国家税收管理范围规定，符合以下条件税源企业所得税归国税局征收管理：中央直属企业和金融保险企业；外商

投资企业和外国企业常驻代表机构；2002年起，新办工业税源企业；2002—2008年新办含以缴纳营业税为主企业。综合分析，2002年以来，新增税源对地方税收增收拉动作用较弱。1997年，聊城地区企业所得税征收入库2.61亿元，占税收收入5.53亿元的47.2%。2015年，全市企业所得税征收入库13.16亿元，占税收收入107.07亿元的12.29%，年均增长9.4%。

个人所得税　1980年开征，按国家税收管理范围规定，利息所得个人所得税归国税局征收管理。1997年，聊城地区个人所得税征收入库0.42亿元，占税收收入5.53亿元的7.59%。2015年，全市个人所得税征收入库8.44亿元，占税收收入107.07亿元的7.88%，年均增长18.14%。

城镇土地使用税　城镇土地使用税的征税范围为城市、县城、建制镇和工矿区，因应税土地面积增长缓慢，单位税额相对稳定，除非单位税额调整，该税种收入规模增长稳定。1997年，聊城地区城镇土地使用税征收入库0.06亿元，占税收收入5.53亿元的1.08%。2015年，全市城镇土地使用税征收入库10.48亿元，占税收收入107.07亿元的9.79%，年均增长33.22%。

固定资产投资方向调节税　1991年开征，是在原建筑税的基础上演变而来，该税种为小税种。1994年税改后由地税机关征收，征收额最高的是1999年，全市征收入库0.42亿元。2000年1月1日起，根据国家税务总局通知暂停征收。

屠宰税　屠宰税为地方零散小税种，全市征收额最高的是1999年，入库650万元。2006年根据国务院459号令停止征收。

资源税　1984年开征，1994年税制改革中，扩大资源税的征收范围，把金属矿产品、非金属矿产品等都列入征收范围，把原来的盐税并入资源税。资源税在聊城市较为单一，主要是粘土资源税及中原油田在莘县境内石油资源税。1997年，聊城地区资源税征收入库500万元，占税收收入5.53亿元的0.9%。2015年，全市资源税征收入库0.65亿元，占税收收入107.07亿元的0.61%，年均增长15.31%。

城市维护建设税　1985年1月1日起征收，城市维护建设税属于一种附加税，是对从事工商经营，缴纳增值税、消费税、营业税（简称“三税”）的单位和个人征收的一种税，按照实际缴纳“三税”数额为计征依据，随“三税”同时附征，其征税方式也完全比照“三税”有关规定办理。按照《国务院关于统一内外资企业和个人城市维护建设税和教育费附加制度的通知》规定，自2010年12月1日起，外商投资企业、外国企业及外籍个人适用于城市维护建设税法规、规章。城市维护建设税税率分3档：市区7%、县城及镇5%、其他1%。1997年，聊城地区城市维护建设税征收入库0.44亿元，占税收收入5.53亿元的7.96%。2015年，全市城市维护建设税征收入库6.48亿元，占税收收入107.07亿元的6.05%，年均增长16.12%。

印花税　1988年10月1日起，聊城恢复征收印花税。印花税收入总量逐年稳步上升。1997年，聊城地区印花税征收入库400万元，占税收收入5.53亿元的0.72%。2015年，全市印花税征收入库2.17亿元，占税收收入107.07亿元的2.03%，年均增长24.84%。

土地增值税　1994年1月1日起实施，主要是对国有土地使用权、地上的建筑物及附着物并取得收入的单位和个人，就其增值额征收的一种税，实行超率累进税率、预征率、核定征收率，其中预征办法的实行使土地增值税征缴额大幅上升。1997年，聊城地区土地增值税征收入库3万元。2015年，全市土地增值税征收入库5.15亿元，占税收收入107.07亿元的4.81%，年均增长71.89%。

房产税　1986年10月1日起实施。征税范围限于城镇的经营性房屋，以房产余值或租金收入为计税依据。1997年，聊城地区房产税征收入库0.2亿元，占税收收入5.53亿元的3.62%。2015年，全市房产税征收入库3.24亿元，占税收收入107.07亿元的3.03%，年均增长16.73%。

耕地占用税　耕地占用税是国家对单位或

个人占用耕地建房或者从事非农业建设的行为征收的一种税。按照省政府规定，从2011年3月1日起，耕地占用税从财政部门移交地方税务局征收管理。2015年，全市耕地占用税征收入库14.02亿元，占税收收入107.07亿元的13.09%。

契税　契税是在土地、房屋权属发生转移时，向承受土地使用权、房屋所有权的单位和个人征收的一种税。按照省政府规定，从2011年3月1日起，契税从财政部门移交地方税务局征收管理。2015年，全市契税入库4.05亿元，占税收收入107.07亿元的3.78%。

车船税　车船税是对聊城辖区内的车辆、船舶，按照规定的数目、计税单位和年税额标准计算征收的一种税。1997年，聊城地区车船税征收入库700万元，占税收收入5.53亿元的1.27%。2015年，全市车船税征收入库2.1亿元，占税收收入107.07亿元的1.96%，年均增长20.79%。

烟叶税　现行烟叶税自2006年4月28日起实施，是指对聊城辖区内收购烟叶（指晾晒烟叶、烤烟叶）的单位征收的一种税。聊城市暂无此应税收入。

教育费附加　1986年7月1日起，征收教育费附加。它是对缴纳增值税、消费税、营业税的单位和个人，就其实际缴纳的税额为计算依据征收的一种附加费，现行教育费附加征收比率为3%。1997年，聊城地区教育费附加征收入库0.18亿元，占附加费及政府性基金收入的99.83%。2015年，全市教育费附加征收入库3.25亿元，占附加费及政府性基金收入6.52亿元的49.85%，年均增长17.42%。

地方教育附加　地方教育附加是专项用于教育事业发展的政府性基金，按照《山东省人民政府关于印发〈山东省筹集和使用管理办法〉的通知》规定，在山东省行政区域内，自2005年1月1日起征收，凡缴纳增值税、营业税、消费税（以下简称“三税”）的单位和个人，按照实际缴纳“三税”税额缴纳地方教育附加，随“三税”同时附征，其征税方式也完全比照“三税”有关规定办理；自2010年12月1日起，对外商投资企业、外国企业及外籍个人，征收地方教育附加。2005年，全市地方教育附加征收入库0.17亿元，占附加费及政府性基金收入0.94亿元的18.09%。2015年，地方教育附加征收入库2.17亿元，占附加费及政府性基金收入6.52亿元的33.28%，年均增长29.01%。

文化建设事业费　1997年1月1日开征，是按照缴费人应当缴纳娱乐业、广告业营业税的营业额和规定的征收费率3%计算应缴费额。1997年，聊城地区文化建设事业费征收入库3万元。2015年，全市文化建设事业费征收入库11万元。

残疾人就业保障金　是指向安排残疾人就业未达到规定比例的单位征收的用于残疾人就业的政府性基金收入。按照鲁残联教就字〔2004〕40号文件规定，自2004年1月1日起，山东省残疾人就业保障金由地方税务机关代收。地方税务机关代收残疾人就业保障金，2007年纳入会统报表核算，征收入库300万元，占是年附加费及政府性基金收入1.59亿元的1.89%。

地方水利建设基金　按照鲁政发〔2011〕20号文件规定，缴纳“三税”的企事业单位和个体经营者，在办理“三税”纳税申报的同时，向主管地方税务机关办理地方水利建设基金的申报缴纳，自2011年8月1日起由地税部门代收。2011年，全市地方水利建设基金代收入库0.22亿元，占附加费及政府性基金收入4.07亿元的5.41%。2015年，地方水利建设基金代收入库0.99亿元，占附加费及政府性基金收入6.52亿元的15.18%，年均增长45.65%。

1997—2015 年聊城市地税收入情况一览表

表 17-10 单位：万元

年份 \ 项目	地税总收入	其中	
		税收收入	附加费及政府性基金收入
1997	57140	55330	1810
1998	58025	56129	1896
1999	64931	62435	2496
2000	79166	76080	3086
2001	129838	126442	3396
2002	125611	121279	4332
2003	134552	130265	4287
2004	153452	148190	5262
2005	179538	169969	9569
2006	217657	205870	11787
2007	275306	259384	15922
2008	310782	290931	19851
2009	328573	310544	18029
2010	529040	505786	23254
2011	616980	576284	40696
2012	740933	689764	51169
2013	939420	880820	58600
2014	1030755	970392	60363
2015	1135855	1070703	65152

1997—2015 年聊城市各县（市、区）地税收入情况一览表

表 17-11 单位：万元

年份 \ 项目	总计	东昌府区	临清市	阳谷县	莘县	茌平县	东阿县	冠县	高唐县	开发区	市直
1997	57140	9082	6396	6442	6901	4939	2447	2221	6579	124	12009
1998	58025	10146	7349	5624	4501	4706	3085	2341	7900	317	12056
1999	64931	5839	8380	6376	4066	5195	3607	2454	9384	608	19022
2000	79166	7265	10492	7676	4478	9863	4143	2469	11474	1009	20297
2001	129838	10961	16753	9793	6172	17799	8382	4558	25847	1893	27680
2002	125611	12191	15118	7262	5427	18876	7870	3735	24080	1827	29225
2003	134552	13648	16170	6387	5979	19232	8446	3918	25652	2236	32884
2004	153452	16500	18565	7880	6721	20979	9439	4318	27096	2893	39061
2005	179538	20793	20164	8700	8013	23462	10884	5210	31051	3602	47479
2006	217657	22919	22059	10029	9078	42628	13541	6534	32025	5064	53780

续表 17-11

项目 / 年份	总计	东昌府区	临清市	阳谷县	莘县	茌平县	东阿县	冠县	高唐县	开发区	市直
2007	275306	26720	27219	12854	11554	63911	16260	8964	37254	7052	63518
2008	310782	29224	31997	17269	13562	68985	20220	12297	37422	14002	65804
2009	328573	35007	35463	20761	16341	56563	23349	14938	37430	18346	70375
2010	529040	53162	48212	22932	80777	31812	22426	54334	31477	91954	91954
2011	616980	85396	62474	48508	29697	82827	37684	30869	60498	48165	130862
2012	740933	96727	69206	56732	37556	97071	51665	38830	67800	66995	158351
2013	939420	129240	87117	77739	56699	114380	91166	54107	90085	99111	139776
2014	1030755	167548	100466	84735	71196	110664	76700	57344	92708	126538	142856
2015	1135855	174728	114067	94731	74934	120543	83033	61408	102712	137161	172568

说明：其间因部分企业征管范围调整，2013 年对东阿县、市直实际征收入库数据进行调整

1997—2015 年聊城市各税种地税收入统计表

表 17-12　　　　单位：万元

项目 / 年份	总计	营业税	企业所得税	个人所得税	房产税	城镇土地使用税	土地增值税	车船税	其他税费
1997	57140	13457	26065	4201	2031	578	3	665	10140
1998	58025	15355	22011	4789	2727	1062	—	1276	10805
1999	64931	17611	20684	6393	2979	2110	14	1747	13393
2000	79166	18919	29489	8630	3567	2410	61	3255	12835
2001	129838	22022	72325	13982	3858	2443	7	3582	11619
2002	125611	31943	48310	14904	5070	3178	746	3841	17619
2003	134552	39856	44460	16478	5552	6449	1185	4231	16341
2004	153452	48294	42678	18307	6681	7441	5608	4050	20393
2005	179538	62237	42314	20223	8359	8893	6184	4076	27252
2006	217657	72922	58692	20831	8845	9930	6746	4390	35301
2007	275306	90358	72070	27242	9336	18009	7635	4404	46252
2008	310782	118713	48503	35214	10306	31560	4703	4604	57179
2009	328573	123243	43668	40408	13733	41236	5715	7446	53124
2010	529040	174453	57862	45361	14908	40589	10964	9578	175325
2011	616980	218204	82720	59606	16164	41271	18453	11952	168610
2012	740933	257780	104491	61378	23252	49526	29155	12983	202368
2013	939420	314717	120580	71064	25518	54709	50053	15057	287722
2014	1030755	333507	124203	77086	28723	81831	56008	17727	311670
2015	1135855	371385	131644	84381	32358	104813	51466	21027	338781

第五节 税务稽查

一、国税稽查

1997 年，聊城地区设立国家税务局稽查分局，主管聊城市、区、临清辖区内稽查工作，其他 6 个县分别设立县级国税局稽查分局。1998 年 3 月撤地改市后，成立聊城市国税局稽查局及 8 个县（市、区）国税局稽查局。2010 年全省进行机构改革，聊城市级稽查部门共设 7 个科室，包括办公室、综合选案科、检查一、二、三科、案件执行科、案件审理科。聊城所辖各县国税局也按照机构改革方案对稽查内设机构进行调整。

聊城市国税局建立健全稽查网络，稽查内部严格按“选案、稽查、审理、执行”四个环节确定稽查工作流程，实行集体定案制、复查问访制和责任追究制，并推行计算机科学选案与人员分析选案相结合的办法，形成了科学、统一、规范的税务稽查工作体系。1997 年，聊城全区稽查面 50% 以上，稽查处罚率 7%。

1998—2001 年，聊城市国税局初步建立起“以申报纳税和优化服务为基础，以计算机网络为依托，集中征收，重点稽查”的税收征管模式。在此基础上，强化税源监控，突出税务稽查，形成选案、审理、稽查、执行四位一体的稽查体制，新的税收征管模式日趋协调规范。

2003—2007 年，全市各级国税稽查机构共查补税款、罚款、滞纳金合计 2.92 亿元，占全市国税税收收入的 1.88%。2008—2012 年，市国税局探索“一级稽查”稽查模式，采取统一选案、统一组织，抽调全市稽查骨干力量，统一对全市重点行业开展检查。检查结束后由市国税局统一审理，各县国税局分别执行，实践效果显著。此间，全市累计派出“一级稽查”检查人员 161 人次，检查单位 153 家次，查补收入 1.11 亿元。

2008—2012 年部分年份聊城市国税局稽查局“一级稽查”成果一览表

表 17-13　　单位：家、人、万元

年份	检查项目	检查家数	检查人员	查补收入
2008	钢管市场专项整治	18	27	1138
2009	农信社系统专项检查	8	24	4461
2010	医药行业专项检查	47	40	587
2010	房地产行业专项整治	30	40	3025
2012	重点税源企业专项检查	50	30	1919

2011—2012 年，市国税局稽查局连续两年被国家税务总局授予“全国税务机关打击发票涉税违法犯罪活动工作先进单位”称号。

2013 年，聊城市国税局稽查局开展打击发票违法犯罪活动。是年 8 月，全市国税系统组织 76 个检查组、218 名检查人员，在全市 2080 家企业自查基础上，评估检查 1331 家，稽查立案 42 家，共计查补入库税款、罚款及滞纳金 5371 万元，冲减增值税留抵税额 1.02 亿元，调减亏损额 1064 万元，合计增加税收收入 1.66 亿元。

2014 年，国税部门注重发挥税务稽查以查促管、以查促收作用，在严格日常检查的同时，集中时间、集中优势兵力强化重点检查。聊城市国税局牵头成立全市打击发票违法犯罪活动工作协调小组，在全市范围内开展发票违法犯罪活动专项检查，查处发票违法企业 657 家，稽查立案 227 家，移交公安部门案件 15 起，查处非法发票 11.58 万份，查补税款、滞纳金及罚款 6826 万元。

2015 年，国税稽查部门检查各类纳税人 950 家，查补总额 1.69 亿元，实现入库收入 1.69 亿元。持续开展打击发票违法犯罪活动，全年查处违法企业 433 家，查处非法发票 19.97 万份，查补税款 3437.18 万元、罚款 547.9 万元、滞纳金 308.95 万元。

2003—2015 年聊城市国税稽查查补入库情况统计表

表 17-14　　　　单位：家、万元

年份	检查家数	入库金额
2003	679	2785
2004	777	4406
2005	848	6965
2006	903	6114
2007	492	8925
2008	556	9628
2009	338	8778
2010	322	20700
2011	414	8570
2012	339	10300
2013	607	12600
2014	673	15600
2015	950	16900

二、地税稽查

1997 年 5 月，地税稽查部门实行“四分离”管理体制，名称由“稽查分局”调整为“稽查局”，内设机构调整为综合选案科、检查一科、检查二科、审理科、执行科。随后，各县（市、区）地税局稽查部门进行同样的名称和机构调整。1998 年聊城地区撤地设市后，是年 10 月，全省地税系统实行省级以下垂直管理体制，市地税局稽查局的工作职能也随之进行调整，负责对全市范围内的重点税源企业进行抽查，指导县市区地税局稽查局开展税务稽查工作，并对各基层稽查局工作质量进行考核和监督。1998—2001 年，全市各级地税稽查机构查补税款，加收滞纳金，加处罚款合计 2.13 亿元，约占同期全市地方税收收入的 6%。

2003 年，在聊城市范围内相继开展以房地产业、建筑安装业、餐饮业、金融保险业等为重点的税收专项检查工作。全市检查有关单位 261 家，查补税款 3217 万元，入库税款 1822 万元，其中加收罚款、滞纳金 1018 万元，罚款面 100%。2004 年，根据国家税务总局、山东省地税局部署，聊城市地税局稽查局对货物运输业税收管理与检查工作进行全面安排部署，在全市范围内有重点地开展对货物运输业的税收检查工作。重点开展房地产开发行业、餐饮娱乐业、电力系统、金融业、公路建设、建筑安装、邮政电信、金融保险等行业的税收专项检查。

2007 年，开展并完成对重点税源企业、金融企业、高收入阶层个人所得税、煤炭运销、国家税务总局部署的汇总纳税企业等行业的专项检查，全市查补各项收入 2513 万元，其中税款 1693 万元、滞纳金 180 万元、罚款 640 万元。2008 年，在全市组织开展对重点税源企业、高收入阶层个人所得税、有色金属业、金融保险业、国家税务总局部署的烟草业、房地产业、平安保险、工商银行等的专项检查及打击制售假发票和非法代开发票专项整治行动，组织全市所得税转移管理归属企业清查，全市查结 191 家，查补各项收入2729万元，其中税款1650万元、滞纳金186万元、罚款893万元。

2009年，按照山东省地税局“五清查”的工作部署，增加“5513”工程企业财务税收比对清查和“以票控税”清查，对纳入省、市级企业所得税重点税源监控范围的61家骨干企业进行清查，查补入库税款4808.21万元。联合清查行动中，查处100万元以上的大要案10起，其中1000万元以上的1起。8月底，市地税局稽查局开展对辖区内大小非企业的专项检查，查处税款38.42万元。2010年，市、县两级稽查局组织开展对文化体育业、医疗卫生和教育培训机构以及非居民企业的检查，对全市38家重点税源企业开展检查，全年查补各项收入1.6亿元，入库9303万元，占全市各项收入的2.2%。

2011年，全市各级稽查部门以缴纳营业税为主的资本交易、传媒产业以及房地产业、建筑安装业作为检查重点，结合聊城实际，安排了对高收入行业、医疗卫生、文化教育、交通运输等行业的专项检查，全年查补入库各项收入1.13亿元。市地税局稽查局被国家税务总局授予“全国税务系统打击发票违法犯罪活动工作先进集体”称号。2012年，全市各级稽查部门查补入库各项收入1.5亿余元。聊城市局稽查局被山东省地税局授予“2011年度全省地方税收专项检查先进单位”称号。

2013年，全市各级稽查部门检查纳税人89家，立案89家，组织企业自查276家，入库各项收入2.13亿元。聊城市地税局稽查局第二次被国家税务总局授予“全国税务系统打击发票违法犯罪活动工作先进单位”称号。2014年，市地税局稽查局在对各行业征管数据和以往检查情况全面分析的基础上，重点开展了对全市农村信用社系统的税收区域专项整治活动，全市各级稽查部门全年稽查查补入库3.29亿元。

2015年，在打击发票涉税违法犯罪活动中，全市稽查部门查处违法发票1.02万份，违法金额7.27亿元，入库税款罚款滞纳金2675.1万元。是年5月，市地税局稽查局第三次被国家税务总局授予“全国税务系统打击发票涉税违法犯罪活动工作先进单位”称号。根据省地税局要求，将房地产业、电信业、资本交易、出口退税企业作为指令性检查项目，金融保险业、高收入者个人所得税、营利性教育培训机构作为指导性检查项目，全市地税系统2015年立案检查83家，督促纳税人开展自查115家，稽查查补入库1.97亿余元。

2001—2015年聊城市地税稽查查补入库情况统计表

表17-15　　单位：家、万元

年份	检查家数	入库数	年份	检查家数	入库数
2001	1426	7873	2009	222	9137
2002	1155	7119	2010	173	9301
2003	1106	6562	2011	176	11261
2004	822	5628	2012	110	15049
2005	642	6205	2013	110	21265
2006	501	7215	2014	103	33918
2007	200	3297	2015	83	19716
2008	191	2729			

第十八编 经济管理

Part XVIII Economic Management

聊城志

1997—2015 年，为适应市场经济的发展需要，经济管理手段和职能有了较大变化。在企业经营体制上相继开展了股份制和股份合作制、产权转让、破产、“公转民”、组建企业集团、建立现代企业制度等一系列改革。计划工作的重点由计划管理转变为中长期计划、规划的编制、实施等方面；统计工作统计范围扩大，统计数据服务经济、社会发展的功能增强；审计工作形成包括国家审计、内部审计和社会审计比较完整的审计体系；工商管理从侧重市场秩序和企业经营管理，转变为经济合同、商标广告管理和经济检查，维护公平交易执法；物价管理加强价格监督管理和收费管理，实现社会商品的明码标价；土地和矿产资源管理、质量技术监督管理、国有资产管理调查手段实现现代化，管理制度日益完善，管理水平不断提高；安全生产管理、食品药品监督管理得到全社会的高度重视，通过完善管理制度，加强管理措施，安全生产形势和食品药品安全形势进一步好转。

第一章 发展与计划管理

1997—2015 年，全市（地区）共制定经济和社会发展五年计划 1 项，五年规划 3 项，以及《十大百亿产业规划》等一批专题规划，每年制定年度经济和社会发展计划，加强对经济运行的监测与调控。每年实施一批重大项目，扩大服务业，促进了全市经济稳定健康发展。

2000 年，市计划委员会更名为市发展计划委员会，主要职责为全市经济全局的管理，着力制定发展战略，进行宏观经济管理，并减少对微观经济的干预。2005 年，市发展计划委员会改组为市发展和改革委员会。是年，制订《聊城市国民经济和社会发展第十一个五年规划（2006—2010 年）》。2015 年，“十三五”规划中，将发展目标中的经济指标调整为预期值。

第一节 规划 计划

一、中长期计划、规划

《聊城市国民经济和社会发展第十个五年计划（2000—2005 年）》 2000 年编制完成，聊城市十三届人大三次会议通过。主要任务和目标：大力实施工业带动、外向带动、城市化、科教兴聊和可持续发展战略，确保国民经济发展速度高于全省平均水平，综合经济实力迈上新台阶，精神文明和民主法治建设进一步加强，力争实现“加快发展跨入全省中等行列”的目标。“十五”期间，计划生产总值 500 亿元，地方财政收入 25 亿元，固定资产投资五年累计完成 500 亿元。居民收入有较大提高，实现比较宽裕的小康生活。

《聊城市国民经济和社会发展第十一个五年规划（2006—2010 年）》 主要任务和目标：进一步增强自主创新能力和体制机制活力，大力推进结构优化升级、增长方式转变和统筹协调发展，加速推进工业化、城镇化和社会主义新农村建设，加快新兴工业城市、区域商贸中心城市和著名旅游城市建设，努力实现经济的持续快速协调健康发展和社会的全面进步，力争到 2010 年与全省总体上同步全面建成小康社会，2020 年与全省总体上同步基本实现现代化。

《聊城市国民经济和社会发展第十二个五年规划（2010—2015 年）》 主要任务和目标：以科学发展为主题，以加快转变经济发展方式为主线，以改革、开放、创新为动力，加快推进工业化和城镇化进程，加快经济结构战略性调整，着力打造“一五二”（“一”是在一产方面，建设一个基地；“五”是在二产方面，建设五个现代工业基地；“二”是在三产方面，建设两个基地）

产业基地和山东省东引西拓“桥头堡”，努力“再创新优势，实现新跨越”，为全面建成小康社会、实现生态型强市名城目标打下坚实基础。全市生产总值年均增长13%，三次产业比重大体调整为10∶54∶36，地方财政收入年均增长18%，全社会固定资产投资年均增长18%，社会消费品零售总额年均增长17%，城镇居民人均可支配收入年均增长10%以上，农民人均纯收入年均增长13%，确保完成省下达的节能减排约束性目标。

《聊城市国民经济和社会发展第十三个五年规划（2015—2020年）》 主要任务和目标：协调推进“四个全面”战略布局，坚持发展是第一要务，以创新、协调、绿色、开放、共享发展理念为引领，以提高质量效益为中心，统筹推进经济建设、政治建设、文化建设、社会建设、生态文明建设，实现新型工业化、城镇化、信息化、农业现代化、绿色化“五化”同步推进，构建富有生机活力的开放型经济体系，按照省委“一个定位、三个提升”（一个定位：“走在前列”为目标定位。三个提升：提升发展标杆、提升工作标准、提升精神境界）的要求，努力争先进位，确保与全省同步全面建成小康社会。

二、专题规划

产业规划 1998—2001年，市发改委完成《聊城市信息产业发展五年规划》。组织编制《南水北调东线工程山东省聊城段水污染防治规划及实施方案》，主持完成《聊城市生态环境保护对策研究》课题报告，为水污染防治规划提供了依据。组织人员对全市农副产品流通设施进行调查，形成《“十五”期间聊城市农副产品流通设施建设规划》，分析全市农副产品流通设施情况。完成《聊城市区域卫生规划》《聊城市天然气规划》《聊城市洁净煤规划》《聊城市南水北调水资源规划》等专题规划的编制工作。

2003年，研究制定十大百亿产业发展规划，成立总体规划编制领导小组，聘请国家发改委专家予以指导。9月，召开聊城市实施十大百亿产业战略研讨暨规划评审会，通过了十大百亿产业总体规划。市计委成立四个专题规划协调小组，确保十个专题规划的按时完成。2004年，市委、市政府成立十大百亿产业工程领导小组，办公室设在发改委，召开全市十大百亿产业工程工作调度会，促进产业发展。2011年，编制“一五二”产业基地等8个专项规划，在编制完成能源电力及节能设备、商贸流通及现代物流两个基地发展规划的基础上，调度8个基地发展规划编制情况，与“十二五”规划纲要进行衔接。

2013年，围绕市委十二届四次全会确定的服务业倍增和县域经济突破两大战略，编制完成《聊城市县域经济突破战略实施方案》，以市委办公室、市政府办公室文件印发执行。2014年，市发改委牵头编写《聊城市现代职业教育发展规划（2014—2020）》《关于贯彻落实山东省基本公共服务体系建设行动计划的实施意见》。2015年，根据“十三五”规划要求，完成《聊城市“十三五”服务业发展规划》《聊城市综合交通枢纽中长期规划》《聊城市“十三五”能源发展规划》《聊城市“十三五”新能源和可再生能源规划》《聊城市“十三五”电动汽车充电设施发展规划》《聊城市“十三五”配电网建设发展规划》等专项规划的初稿。

区域规划 2003年7月，根据国内外区域经济一体化发展的趋势，市委、市政府提出“接轨济南，发展聊城”的设想，市发展计划委员会完成《关于接轨济南、承接大城市辐射的调研报告》。2005年，组织参加大京九市长联席会议和中原经济区组织的各项活动，牵头组织区域经济协作活动。加快推进强弱乡镇改革发展试点工作，成立经济强弱乡镇改革发展试点领导小组。2006年，起草《关于贯彻落实“一区一圈一带”规划加快推进跨越赶超的实施意见》《聊城市对接济南服务省会推进共同发展的工作方案》。完成《关于接轨济南融入省会城市群经济圈的调研报告》。4月，聊城正式成为环渤海市长联席会成员城市。2012年，聊城加入中原经济区，融入省会城市群经济圈，围绕山东西部新的经济隆起带建设，做好前期准备工作。2012年11月，国务院正式批复聊城市列入《中原经济区规划》，但是迟迟未能享受中原经济区同等优惠政策。2013年，配合国务院发展研究中心完成《建设冀鲁豫交界地区“五位一体”发展先行区》课题研究。编制对接区域政策规划、实施意见及工作方案，完成《山东西部经济隆起带聊城科学发展先行区规划》《关于贯彻落实〈中原经济区规划〉的实施意见》。在西部隆起带发展规划中，聊城市主推的“八大富民兴聊战略”中的项目全部列入范围。经过争取，2014年12月31日，国家发改委复函同意在产业政策、项目布局及投资安排等方面参照中部地区政策标准执行。2014年，完成《山东西部经济隆起带服务业发展规划》《省会城市群经济圈服务业发展规划》聊城部分。

2006年，成立新农村总体规划编制工作小组，经实地调研，形成规划初稿。2007年，编制《聊城市建设社会主义新农村总体规划》。2010年，贯彻落实《关于加快推进聊城经济开发区（高新技术产业开发区）又好又快发展的意见》，围绕“一城三区”的中心城区布局，搞好城市总体规划和专项规划。围绕聊城市服务业倍增县城经济突破两大战略，编制完成《聊城市县城经济突破战略实战方案》。

三、年度计划

1997年，年度计划工作的重点转移到综合平衡、协调服务和宏观调控，要求全区围绕两个根本性转变，加快结构调整，继续强化农业，突出发展二、三产业，培植新的经济增长点。1998—1999年，全市计划工作重点是推进国民经济的战略性调整，在二三产业、个体私营经济、综合改革、城市建设方面取得新的突破。2000年，计划工作重点是稳定农业的基础地位，抓好国有企业改革发展、经济结构调整、科技进步和扩大内需。2001年，计划工作重点是调整加强第一产业，加快发展第二产业，优化提升第三产业，加快体制创新和科技创新，提出“大开放、大招商、促进大发展”方向，大力实施科教兴聊、工业带动、外向带动、城市化和可持续发展战略。2002年，全市计划工作以跨入全省中等行列为目标，按照“全党抓经济，重点抓工业，突出抓调整，全民抓招商”的工作思路，力争增加农民收入、扩大劳动就业、增加财政收入。2003年，全市计划工作全面贯彻中共十六大精神，突出调整主线，以招商引资为重点，抓好重大项目、园区建设、优化环境。2004年，全市计划工作坚持“一二三四六”的工作思路，深化经济结构调整和经济体制改革，认真解决“三农”问题，加快城市化进程。2005年，全市计划工作首抓结构调整，把扩大投资作为长期的根本性措施，提高质量效益作为经济工作的中心环节，落实“五个统筹”，增强政府财力，重视社会事业发展。2006年，全市计划工作着力增强自主创新能力，推进经济结构调整和经济增长方式转变，实现经济又好又快发展。2007年，全市计划工作以加快建设强市名城实现新跨越为目标，发展现代农业，推动新农村建设，加快工业化和城市化发展。2008年，全市计划工作坚持工业强市、三产兴市、“三农”稳市、城建靓市的方针，强化节能减排工作，加快构建现代产业体系。

2009年，由于受国际金融危机影响，经济增速下滑，经济发展的难度增大。根据山东省“积极作为、科学务实”的方针，全市计划工作以保持经济平稳较快发展为首要任务，抓好生态文明市建设，扩大内需，以“项目突破年”为主线，争取项目。

聊城市委、市政府将2010年定位为“全面提升年”，年度计划以“产业发展提升”为目标，以“投资水平提升”为动力，打造“一五二”基地，推进生态型强市名城建设。2011年为“继续提升年”，计划要求全市经济工作把握稳中求进的工作基调，坚持增投入兴实体，以增量调存量，存量再优化，加快发展服务业，大力发展现代农业，保障和改善民生。将2012年定为“争先进位年”，计划提出全市经济工作以科学发展为主题，推进新型工业化、新型城镇化、农业现代化，狠抓项目建设，狠抓园区建设，确保主要经济指标增长幅度位居全省上游水平。2013年为全面深入贯彻中共十八大精神的开局之年，计划提出全市工作以提高经济增长的质量和效益为立足点，以“争先进位年”为主题，以建设“一五二”产业基地为抓手，加快新型工业化、信息化、城镇化、农业现代化。

2014年，计划提出以建设冀鲁豫三省交界科学发展先行区为主题，抓好重点项目建设、产业转型升级，加快城镇化建设，实施东融西借、跨越赶超。2015年，计划工作坚持稳中求进的工作总基调，以提高经济发展质量和效益为中心，在转方式调结构、实施创新驱动上有新突破。

第二节　经济运行监测与调控

1997年，相继开展“制约我区经济发展的主要因素及对策”“聊城地区与新加坡经济技术合作现状调查及前景展望”“聊城地区对外经贸发展现状及对策”“聊城地区2000—2010年矿产资源形势与对策”等研究工作。完成全市电价调查、煤炭消费状况调查、塑料行业现状调查，并形成专题调查报告。对搞好国有大中型企业及股份制改造液晶行业专项调研。完成《小热电建设情况调查报告》《资源综合利用潜力调查报告》《海河流域工业污染企业情况调查报告》《关于实行人口机械增长计划管理的报告》《关于建立和完善我区社会保障体系的汇报提纲》，并制定《聊城地区人口机械增长管理办法》。

1998—2001年，搞好全市固定资产投资暨重点项目调度工作，加强对全市经济和社会发展中的热点、难点问题调研分析。1998年，对全市股份合作制企业股金募集、供销股金会等有关情况进行调查，从农民收入的构成上分析了农村经济存在的问题。对春耕春播、棉花种植意向及夏粮预产、畜牧业生产现状和存在的问题、全市热电厂建设情况分别进行专题调查，并提出建议。市发改委会同有关部门对外汇外债情况进行调查摸底，重点检查利用国际商业贷款和日本“黑字还流”（20世纪80年代中期，日本政府从其国际贸易顺差中拿出一部分资金，作为优惠贷款回流到发展中国家，促进发展中国家出口产业的发展，实现国际贸易收支的平衡）贷款企业债务拖欠情况。1999年，开展全市消费信贷、棉花产销等情况的调查研究，开展全市社会集资、农村合作基金会调查，调查报告获省计委科技进步二等奖。调查掌握全市债券发行情况，建立台账制度，为及时监控债券到期偿还情况奠定基础。对普通中专、职业技术学校联合兼并方案及教育资源优化重组提出意见。完成5万千瓦以下发电机组情况调查和中国北方地区工业发展数据调查。起草《黄河断流对聊城经济的影响》《京九铁路通车后对聊城影响》调查报告。2000年，组织商品市场调查，完成《关于聊城市商品市场状况的调查报告》。《聊城市生态环境保护对策研究》《济聊馆高速公路沿线经济可持续发展研究》，分别获得省计委优秀研究成果二等奖和三等奖。完成《聊城经济与社会可持续发展研究》，提出全市可持续发展总体思路和目标，制定了发展重点和工作措施。

2002年，形成《赴深圳、东莞、桂林学习考察的报告》《关于粮食产业化的调研报告》《关于加快我市林业产业化进程的调研报告》《关于我市蔬菜产业发展的调研报告》《关于加快莘县、冠县经济发展的调研报告》《关于加快高唐、临清、茌平三县（市）经济发展的调研报告》《关于农村产业结构调整的调研报告》《关于我市服务业发展的调研报告》等8篇有分量的调研报告。2003年11月27日，召开全市服务业工作会议，印发《关于振兴服务业的意见（讨论稿）》。2004年，形成《关于我市房地产发展的调研报告》《关于全市经济结构调整的研究报告》《关于进一步启动我市民间投资的对策建议》等重大课题研究报告。2005年，针对全市经济发展中存在的问题和矛盾，完成《人民币升值对我市经济可能产生的影响及对策》《关于扩大农村消费的调研报告》《关于全市经济结构调整的研究报告》《关于加快全市园区经济发展问题的若干思考》等重大课题研究。对农业机械装备、有色金属、纺织等百亿产业中的重点产业进行研究，形成桑产业发展的调研报告。承办聊城能源植物林基地及生物质电厂国际研讨会，就可行性进行研讨。2006年，加大重大课题研究，开展对接轨济南、融入省会城市群经济圈研究，完成《关于接轨济南融入省会城市群经济圈的调研报告》。全面分析2006年房价上涨的内在因素，完成《全市房地产开发现状调查研究》。市发改委会同国土资源局、水利局、地质环境监测站对全市地热资源情况和利用现状进行调研，形成《关于我市地热资源现状及可持续利用的情况汇报》。

2007年，先后制定《关于促进聊城经济开发区加快发展的意见》《关于产业结构调整的指导意见》《关于聊东经济走廊产业发展规划的初步建议》，完成《2003年以来聊城市县域经济发展的做法和经验》等调研报告。2008年，建立经济运行分析联席会议制度，按季度提出经济形势分析报告，完成《关于开发区、高新园管理体制问题的汇报》《赴邳州市考察学习随感》《聊城市服务业集聚区调研报告》。2009年，围绕金融危机对全市实体经济的影响、加快发展服务业、加快区域经济协调等课题，进行专项调研，出台《关于进一步推进经济强弱乡镇又好又快发展的意见》，推进强弱乡镇健康发展；出台《关于进一步发展和利用资本市场若干意见的通知》，筛选29家企业报省备案。2010年后，分别在每年的一季度、半年、三季度、全年四个时间节点，分析研究经济运行情况、取得的成绩、存在的问题、产生问题的原因，以及下一步工作的建议，形成报告，提交市委、市政府研究。

第三节　重大项目调控

1997年，开展兴聊十大工程项目，筹备聊城大电厂一期2×60万千瓦机组工程和鲁西化肥厂“1830”工程。全年组织各县（市）提报粮棉大县建设项目12个，省计委批复聊城地区11个项目，专项贷款6660万元。凤祥集团肉鸡系列产品出口项目通过国家开发银行评估，凤祥集团、嘉明实业公司、阳谷淀粉实业公司被列为省级“龙头”企业。高唐县、阳谷县、聊城市（县级市）成为国家“九五”第一批商品粮基地县。

1998—2001年，投资7.42亿元，开展农村电网建设，通过省电力集团的工程验收。1998年，争取国家批复聊城客车厂进口波兰底盘生产大客车项目，总投资1.47亿元。争取省计委批复临清银河纸业集团有限公司综合治理、200吨碱回收、6万吨中段水处理和200吨碱回收配套工程4个项目、聊城造纸厂2.4万吨中段水处理、阳谷鲁西化工厂300千伏余热发电机组项目，鲁西化工集团泛酸钙工业性试验项目列入国家高技术发展计划。1999年，国家计委批复中通客车引进荷兰博发客车公司技术项目。2000年，争取省计委批复冠洲集团扩建稀土永磁项目和新上烟气脱硫、东阿阿胶、阳谷电缆厂光纤拉丝和茌平热电厂扩建机组等项目。2001年，争取省计委批复聊城热电有限责任公司2×135兆瓦机组项目，高唐泉林纸业集团年产3万吨木浆项目，2001年年底到位资金4000万元，高唐纸业集团年产30万吨木浆配套60万亩三倍体毛白杨基地项目，总投资14.2亿元，列为全国重点扶持的11个大型“林浆结合”项目之一。及时提出并加快聊城煤田开发、山东中华聊城发电厂二期工程和邯济铁路复线三大基础产业的咨询和论证工作。聊城市国家优质小麦基地成为全国四个项目区之一，为全省唯一的优质小麦基地建设项目。1999年，农业项目共争取国家和省投资1350万元，将东阿县、茌平县列入国家“九五”第二批商品粮基地县，将阳谷县列入国家“九五”第二批优质棉基地县。

2002年，争取批复《聊城市农村人畜饮水项目实施方案》，争取国家、省下达投资计划的水利、商品粮基地水利配套及林业基本建设项目15个，2003年，增加为16个，总投资2.15亿元。2003年，二期农网建设改造工程完成全部投资，全市共新建和改造35千伏及以上项目54个，实现城乡居民照明用电“同网同价”。是年，国家发改委通过泉林纸业集团林浆纸一体化制浆工程项目。2004年，邯济铁路复线项目列入国家中长期铁路网规划，泉林纸业林浆纸一体化项目由国家发改委批复，总投资25.6亿元，是聊城市有史以来自己投资建设的最大的工业项目。2005年，筛选确定全市100个重点项目，累计完成投资130多亿元，建成投产项目60%以上，建立健全“十一五”重点项目库，制定出台《聊城市政府投资项目管理暂行办法》，入库项目243个，总投资1496亿元，其中40多个列入省重点项目库。争取国家发改委核准批复时风集团生产轻型载货汽车项目，总投资20.17亿元；争取发改委对阳谷祥光铜业年产40万吨阴极铜工程备案，总投资29.6亿元，

2006年，从严控制钢铁、纺织等11个热点行业的投资项目，对工业项目事项节能评估后批文立项，抓好100个重点项目的建设管理，100个重点项目总投资486.48亿元，年度计划投资189亿元。国家发改委核准聊城热电公司2×300兆瓦机组扩建项目、泉林纸业有限公司林浆纸一体化项目、中亚挂车有限公司专用汽车建设项目，国家发改委公示山东聊城客车工业集团有限公司专用汽车项目、山东阳谷飞轮挂车制造有限公司专用汽车生产建设项目。2008年，争取国家新增千亿元项目建设投资，69个项目得到国家资金扶持，争取资金2.02亿元。火车站改造项目、聊泰铁路可研报告上报铁道部立项审批，将聊城市8个县（市、区）全部列入全国新增千亿斤粮食生产能力建设规划。2009年为“项目突破年”，京九电气化（聊城段）改造工程即将竣工通车，中华聊城国电2×60万千瓦机组并网发电，临高高速公路、邯济铁路扩能改造、聊城改造工程开工建设，组建聊城市润丰资源开发投资有限责任公司负责聊城煤炭资源的开发利用。2010年，祥光铜业铜导体及电气化铁路架空导线项目经省发改委核准，利用外资1.36亿元，德商高速聊城段项目通过国家发改委和省发改委批复。22个投资5亿元以上的工业项目列入省重大工业项目、2个项目列入省第一批战略性新兴产业重点项目、3个项目被国家发改委认定为“国家高技术产业化示范工程”。

2011年，全市120个重点项目全部开工建设。聊城火车站站房改造完成，国家千亿斤粮食规划聊城项目区建设中，第一批东昌府区、冠县、莘县、阳谷县投资计划下达。军民合用机场列入中国民航发展和全省“十二五”规划。2012年，确定实施重点项目建设双百工程，全市200个重点项目总投资2017亿元，2012年完成投资802.6亿元，其中70多个项目建成投产，信发循环经济产业园新上铝电产业链条的高端项目26个。祥光铜业生态工业园新上铜深加工项目12个。2013年，推荐项目列入规划。中原经济区规划有26处提到聊城；西部隆起带发展规划中，聊城市主推的“八大富民兴聊战略”中的项目全部列入范围，千亿产业园、重大基础设施和能源项目等82个重点建设项目列入规划，在7个市中最多（全省404个项目，聊城市占1/5）。争取区域政策，争取省“一圈一带”专项资金项目27个，资金1.5亿元，政府债券额度6.5亿元，竞争性项目固定资产贴息列了5个项目（此类项目省支持最高额度2000万元，泉林纸业是获全省最高额支持的两个之一）。中通新能源客车、鲁西化工新材料等79个项目建成投产，与平安、光大等知名企业建立合作关系。6个项目列入全省重点建设项目，祥光铜业被国家五部委联合认定为国家级企业技术中心；时风、信发、新欣金帝3家工程实验室（研究中心）被认定为省级创新平台。邯济铁路扩能改造聊城段、济聊城际铁路、济聊一级路、青兰高速公路聊城段、聊城军民合用机场等重点项目全面开展。东阿县、阳谷县开展全国第四批千亿斤粮食工程项目，总投资5250万元；聊城市农产品物流交易中心项目完成副食、农资、水果、香蕉、蔬菜等市场的试营业。2014年，邯济铁路扩能改造工程全线通车，济聊一级公路聊城段建成通车。郑济客专项目列入“十三五”规划，聊城军民合用机场项目预可研报告上报至国务院、中央军委。京九高铁、郑济客专、聊泰铁路、聊城经德州至黄骅铁路、聊城至石家庄铁路5条铁路，青兰高速、德商高速、德郓高速3条高速公路，徒骇河

通航、京杭运河黄河以北段复航 2 条航道，聊城军民合用机场和京杭运河聊城港等，全部纳入《山东省综合交通网中长期发展规划》。2015 年，筛选市级重点项目“六百工程”（围绕工业、农业服务业、城建、民生、招商引资等六大领域，各实施重点项目 100 个），深入实施大项目带动战略，优选 100 个大项目，总投资 3802.6 亿元，年度计划投资 708.1 亿元。争取 7 个项目列入省重点项目，德商高速聊城至范县段正式建成通车，郑济高铁、京九高铁列入国家“十三五”规划和中长期铁路网规划，聊邯长高铁列入国家中长期铁路网规划。

第四节　服务业建设

1997—2000 年，聊城对服务业发展的重视程度不足，但随着经济发展，服务业重要性逐步显现。2002 年，开始开展对服务业的调查研究，形成《关于我市服务业发展的调研报告》。2003 年 11 月印发《关于振兴服务业的意见》。2006 年，开展调查研究，形成《当前我市服务业发展形势分析及下步工作建议》的调查报告，提出《关于扶持江北汽车产业园打造汽车商贸物流集聚区》的建议，印发《聊城市“十一五”服务业发展规划纲要》，明确了服务业发展的总体思路和工作重点。制定《关于进一步促进服务业发展的意见》，共争取服务业引导资金项目 4 个，无偿补助资金 600 万元，居全省首位。2007 年，设立市级服务业引导资金，数额为上年度全市 GDP 的万分之一，专项用于对国家和省服务业发展引导资金配套及市级服务业重点项目、重点企业和知名品牌扶持。成立市服务业发展促进会，开展聊城物流中心等项目的前期工作，推进辅营业务剥离工作，全市共有 53 家企业开展主辅业务分离。

2008 年，编制完成《聊城物流中心总体规划》，筛选论证 55 个重点服务业项目列入省招商引资项目库。2009 年，争取上级对聊城市 4 个服务业项目的扶持，24 个服务业重点项目建设进展顺利，完成投资 49.4 亿元。2010 年，确定打造服务业两大基地、实施市级服务业五大载体和实施“43131”工程建设的发展思路。出台加快服务业发展的 27 条政策，在市场准入、土地供应、税费优惠、信贷支持等方面做出明确规定。开展企业主辅业务分离工作，全年通过主辅业务分离成立新公司 151 家，形成入库税款 2.4 亿元，同比增长 200%。2010 年，服务业实现增加值 477 亿元，同比增长 15.9%，占全市生产总值比重 29.1%，比上年提高 2.2 个百分点。

2011 年，编制完成服务业“十二五”发展规划，以全市 100 个服务业重点项目为抓手，完成服务业投资 280 亿元，增长 78%，高于全市固定资产投资增长幅度 50%。2012 年，设立市县两级服务业发展引导资金，聊城市、东昌府区、江北水城风景名胜旅游区、鲁西莘县国家现代物流园区分别被省政府通报表彰为服务业发展先进市、先进县（市、区）和先进园区，全市服务业投资完成 371.9 亿元。2013 年，编制完成《聊城市服务业倍增战略实施方案》。配合国务院发展研究中心完成《建设冀鲁豫交界地区“五位一体”发展先行区》课题研究，围绕现代物流业发展、城区市场建设、农副产品供应等热点难点问题，完成调研报告 12 篇。制定《聊城市“服务业倍增战略”实施方案（2013—2015）》《服务业倍增方案》，明确了三年全市服务业发展任务目标，并细化分解至各年度、各县（市、区），确定了重点培育发展的特色优势产业、发展载体以及保障措施等，筛选 86 个支撑项目，计划三年累计投资 1673 亿元。制定 2013 年市级服务业发展引导资金安排方案，引导社会资金投向全市现代服务业领域。冠县、东昌府区被省政府评为服务业发展先进城区，阿胶文化产业园被省政府评为先进园区。2013 年，全市实现服务业增加值 821.23 亿元，同比增长 10.6%；服务业增加值占 GDP 比重为 34.3%，比上年提高 2 个百分点。服务业为地方财政贡献税收 56.6 亿元，同比增长 37.3%。服务业吸纳新增就业人员 5.1 万人，同比增长 51%。

2014 年，建立健全服务业发展机制，研究起草促进服务业加快发展的意见措施，完成《山东西部经济隆起带服务业发展规划》《省会城市群经济圈服务业发展规划》聊城部分，抓好市级重点服务业项目132个，完成投资542亿元，超出年度投资计划5亿元。列入省级服务业载体项目13个，占全省的1/15；列入省服务业重点招商引资项目21个，占全省的1/12；列入省重点服务业储备库项目43个。放大市级服务业引导资金效应，安排市级服务业引导资金3000万元，扶持养老健康、社区服务、教育培训、信息服务、乡村旅游等领域的中小型服务业项目。培植发展电子商务等新兴产业，按照国家级建设标准规划建设聊城电子商务产业园。推进制造业企业剥离非主营业务，剥离额度70亿元。全市服务业增加值比上年增长10.3%，占生产总值比重提高1.4个百分点，提升幅度居全省前列。2015年，印发《聊城市人民政府关于加快电子商务发展的实施意见》，规划建设十大电子商务园区，搭建完善20大电子商务公共平台，推进十大特色产业转型升级，创建国家级电子商务示范城市。是年，下发《聊城市人民政府关于加快健康服务业发展的实施意见》。争取9个项目获得省级服务业引导资金840万元。2015年服务业占GDP比重为37.1%，同比提高1个百分点。聊城物流园区、宝信物流园、鲁西保税物流园区等重点工程进展顺利。聊城市农产品物流交易中心、聊城古城区保护与改造工程等大项目龙头带动作用明显增强。

第二章　统计管理

聊城撤地设市后，各级统计部门不断完善各项规章制度，扩大调查统计范围和内容，逐步建立起适应改革开放新形势需求的统计网络管理服务体系。2007年7月，国家统计局聊城调查队设立，完成国家统计局、地方政府、上级调查队布置的统计调查任务，组织指导地方调查队的业务工作，负责查处调查队组织实施的统计调查中发生的统计违法行为。随着改革开放的不断深入和社会经济的迅速发展，统计调查内容日趋广泛，统计资料日趋丰富。总计承担着县级粮食产量抽样调查、居民收支调查、住宅销售价格指数调查、畜禽监测调查、农民工监测调查、规模以下工业抽样调查、规模以下服务业抽样调查、限额以下贸易抽样调查、采购经理调查、新设立小微企业和个体户跟踪调查及专项调查等统计调查工作。统计部门在统计调查的基础上，对统计资料进行整理分析，编印多种类型的国民经济统计资料，服务于经济建设和领导决策。

第一节　统计调查

县级粮食产量抽样调查　经国家统计局批准，2012年全面建立县级粮食产量抽样调查制度，实现对县级主要粮食作物的直接调查直接上报，及时、准确反映县级粮食作物的播种和收获情况，并以此推断结果作为市、县（市、区）粮食产量的法定数据。2015年根据《国家统计局山东调查总队关于认真做好农作物对地调查工作

2009年11月20日，在昌润大酒店召开聊城调查队成立大会暨揭牌仪式

的通知》，自2015年秋冬播开始，在聊城市8县（市、区）开展农作物对地调查，调查对象是行政辖区范围内全部农业生产经营者，包括农业生产经营和生产经营单位，及其在本辖区内全部农作物种植用地，每县抽选20个行政村作为面积和产量调查点，调查内容为主要农作物小麦、玉米、棉花的播种面积和单位面积产量，此外包括其他小品种粮食作物、其他农作物的面积和产量的统计估计。

国家统计局聊城调查队负责聊城市辖区内粮食生产调查工作的组织、指导、培训、检查以及县级数据接收、审核等工作，并将县级调查数据审核评估后，上报国家统计局山东调查总队。设有国家调查队的县（市、区），调查工作由国家统计局县级调查队承担；未设国家调查队的县（市、区），调查工作由县级统计局承担。聊城调查队负责对各县（市、区）报表数据资料进行备份留存。各县级调查队、统计局负责对各自辖区内报表、台账及其他档案资料进行保存。各县的粮食产量由每县调查地块单产与面积权数推算，调查地块单产由小样本的重量推算。粮食生产县的粮食产量抽样调查结果由国家统计局山东调查总队会同省统计局进行审核、评估、推算，由国家统计局山东调查总队负责报国家统计局核准。经国家统计局核准后的粮食产量数据，为各市、县（市、区）粮食产量的法定数据，并作为国家和省有关项目安排、财政奖励和补助政策执行的主要依据。

主要畜禽监测抽样调查　2008年，根据《国务院关于促进生猪生产发展稳定市场供应的意见》要求，组织开展以生猪为主的主要畜禽生产抽样调查，由聊城调查队组织实施。

2012年，国家统计局山东调查总队对主要畜禽监测调查方式进行组织调整，此项工作由统计调查部门和畜牧部门共同组织实施。国家统计局聊城调查队和聊城市畜牧兽医局联合组织实施调查。聊城市畜禽监测统计调查范围是全市8个县（市、区）、开发区、高新区、度假区辖区内猪、牛、羊、禽大型规模养殖户、抽中村的中小规模户、抽中村的村民小组（普查小区）的所有农户。生猪调出大县监测调查对象是莘县辖区内全部生猪大型规模养殖户、抽中村的中小规模户、抽中村的村民小组（普查小区）的所有农户。调查内容是全市主要畜禽（猪、牛、羊、禽）存栏、出栏、产品产量及出售价格等情况。采取全面调查与抽样调查相结合的方式，全面调查全市范围内的大型规模户，抽样调查村中小规模户、抽中调查小区散养户，散养户分布在东昌府区、阳谷县、高唐县、莘县。每年12月，市、县、区对辖区范围内的规模户进行重新摸底调查。抽中调查村、调查小区（村）每4年轮换1次，由山东调查总队确定。聊城主要畜禽监测调查工作由聊城调查队牵头，各级统计局、畜牧兽医局共同组织实施。各县（市、区）畜牧兽医局负责辖区内所有畜牧业生产经营单位和规模养殖户的入户调查登记工作，同时督促调查户做好台账登记，填写调查表，并按要求将调查表报送同级统计调查部门；统计调查部门负责调查数据的审核、录入、汇总、评估、上报，并对调查工作进行监督检查和业务指导。聊城调查队负责对各县（市、区）报表数据资料进行备份留存，各县级调查队、统计局负责对各自辖区内报表、台账及其他档案资料进行保存。聊城市主要畜禽调查资料属于抽样调查资料，不对外提供，经国家统计局山东调查总队反馈的莘县生猪大县数据，属于法定数据，可对外公布。

城乡一体化住户抽样调查　国家统计局聊城调查队会同聊城市统计局于2013年正式开展城乡一体化住户调查工作，聊城市统计局同时执行原住户调查方案并发布县（市、区）2013年老口径住户调查数据。2014年，聊城市、县分城乡居民收支调查继续发布老口径数据，对城镇居民按可支配收入统计，对农村居民按纯收入统计，聊城市老口径居民收支数据由山东调查总队会同山东省统计局发布，各县（市、区）数据由聊城市统计局会同聊城调查队发布。2015年，正式统一并轨到城乡可比的一体化住户调查新口径数据，聊城市、县两级及分城乡居民收入数据正式使用一体化住户调查新口径数据发布。

城乡住户一体化改革后，全市住户调查样本包括国家调查样本和分市县调查扩充样本，两部分共同组成全市分市县住户调查样本。聊城市共抽中国家样本（省级样本）330户，调查小区33个；在国家样本的基础上，通过分级增扩样本，市级样本增扩后为42个调查小区，每个小区10个记账户，共420个记账户；县级样本1170户，东昌府区120户，其他县各150户。建立起对省、市、县三级都有较好代表性的城乡一体化住户调查网络体系。

农民工监测抽样调查 为准确反映农民工数量、流向、结构、就业、收支、生活、社会保障及创业等情况，从宏观上把握农民工发展变化情况，为制定科学的农民工政策、加强和改善农民工工作提供科学依据，根据国家统计局和山东调查总队总体要求和统一部署，2013年，聊城调查队组织开展农民工监测调查工作。调查主要内容包括住户成员基本情况，劳动力就业基本情况，外出从业人员及当地非农务工人员工作条件、收支情况、生活情况和社会保障情况，农村劳动力当地非农自营和创业情况，农民工子女教育情况，调查小区人口、劳动力及举家外出情况等。聊城共抽中25个调查小区，样本分布为东昌府区6个、阳谷县10个、高唐县9个，每个调查小区抽中10个调查户，共抽中250户。

农民工市民化进程动态监测抽样调查 为收集农民工在输入地的就业生活相关信息，全面及时反映农民工就业创业、劳动保障权益落实、城镇基本公共社会服务均等化、城镇落户以及社会融合等方面情况，客观准确监测在新型城镇化建设中农民工现状、变化以及与输入地城镇居民的一致性，为科学制定农民工政策、加强和改善为农民工服务工作提供可靠依据，根据国家统计局山东调查总队和山东省统计局、山东省人力资源和社会保障厅联合下发的《关于开展农民工市民化进程动态监测工作的通知》，国家统计局聊城调查队组织实施聊城农民工市民化进程动态监测调查。2015年，抽中样本55个，全部分布在东昌府区，每年度调查1次。调查内容包括农民工及随迁家属基本情况，农民工就业、健康与医疗、居住条件、社会融合状况，未随迁的农民工家庭成员基本情况，农民工子女教育情况，农民工及共同居住家庭成员的收支情况，以及农民工在城镇的定居意愿。

住宅销售价格调查 根据省统计局《关于开展山东住宅销售价格统计调查工作的通知》要求，自2012年起开展住宅销售统计调查工作。调查范围为聊城市城区（包括开发区），调查内容包括新建住宅和二手住宅销售价格调查。新建住宅销售价格调查采用网签数据、企业上报报表与调查员实地采价相结合的方式。以网签数据为主，通过企业上报的数据和市场调查，对网签数据予以合理评估，剔除或修正其存在的滞后因素和不可比因素。新建住宅销售价格数据采集办法，一是月度网签数据（预售），由当地房地产管理部门在次月4日前提供。二是被调查房地产开发企业按新建住宅销售价格调查表（企业）格式，按要求选取样本房屋，上报各自单位月交易数据。被调查房地产开发区企业由统计调查部门按照调查方案要求进行抽选。二手住宅销售价格调查采用备案数据、房地产经纪机构上报数据与调查员实地采价相结合的方式。以备案数据为主，通过房地产经纪机构上报的数据和市场调查，对网签数据予以合理评估，剔除或修正其存在的滞后因素和不可比因素。数据采集来自备案数据，由当地房地产管理部门在每月月后4日前提供。被调查房地产经纪机构由统计调查部门按照调查方案要求进行抽选。住宅销售价格指数由国家统计局山东调查总队统一编制和发布，发布内容为新建住宅、二手住宅及其基本分类的环比、同比、定基价格指数，发布时间为每月20日，节假日顺延。

规模以下工业抽样调查 为全面反映全市规模以下工业经济总量水平，深入了解中小企业生产经营实际状况，根据国家、省总队工作部署，2012年开始，在全市范围内开展规模以下工业抽样调查及小微企业和个体工商户跟踪调查工作，调查目的是反映规模以下工业的基本情况、基本总量。调查范围是年主营业务收入2000万元以下的工业法人单位和全部个体经营工业单位。具体调查范围是被抽中的目录企业和样本村（居委会）中新增或遗漏的非目录企业、样本村（居委会）中个体经营工业单位。

聊城市共计调查国家样本108家企业和27个国家样本村，地方样本300家企业和40个样本村。调查内容包括企业基本情况，企业经济指标，企业问卷，样本村（居委会）基本情况，个体经营工业单位基本情况，个体经营工业单位经济指标。

规模以下服务业抽样调查　为全面反映全省规模以下服务业水平，深入了解当前中小企业生产经营实际状况，根据国家、省总队工作部署，聊城调查队从2008年开展规模以下服务业抽样调查，全市共计调查国家样本142家企业，调查内容包括部分服务业行业小微法人企业的基本情况，经营状况，经营环境，遇到的困难及建议等。

批发零售住宿餐饮限额以下行业抽样与问卷调查　根据《国家统计局关于布置以全国为总体的批发零售住宿餐饮限额以下行业抽样与问卷调查的通知》要求，采取总队统一领导、市调查队具体组织实施的方式开展批发零售住宿餐饮限额以下行业抽样与问卷调查。聊城调查队负责区域内全部调查样本的布置、摸底、调查员培训、入户调查等组织实施和全市调查样本的审核验收、上报等工作。在全市抽取19家企业作为全省样本进行调查，通过调查获取批发和零售业、住宿和餐饮业比较可靠的基层样本单位数据，为推估、评价全国分行业统计数据和监测分析小微企业经营状况提供参考依据。范围是限额以下批发和零售业、住宿和餐饮业的法人企业和个体户。调查内容是样本单位的基本情况与经营情况。

新设立小微企业和个体经营户跟踪调查　为做好新设立小微企业和个体经营户跟踪调查工作，聊城调查队从2014年9月开始，对全市179家企业进行为期三年的跟踪调查，调查目的是反映工商登记制度改革实施后，新设立小微企业和个体经营户的成长情况，定期向国务院报告跟踪监测信息。调查对象是2014年3月至7月新设立的小微企业和个体经营户（调查的个体经营户指在工商注册登记的个体工商户）。调查内容包括新设立小微企业和个体经营户的基本情况、经济指标和问卷三个部分。

采购经理调查　为编制中国制造业采购经理指数，加强对国民经济活动的监测与预警能力，为国家宏观调控和企业生产经营提供参考依据和咨询建议，依照《中华人民共和国统计法》的规定，结合国际通行规则，聊城调查队从2008年开始采购经理调查工作，共调查制造业企业7家，非制造业企业2家。调查内容是制造业和非制造业企业的采购（或供应）经理对企业采购及其相关业务活动情况的判断，主要包括对企业生产、订货、采购、价格、库存、人员、供应商配送、采购方式等情况的判断，以及企业采购过程中遇到的主要问题及建议。

第二节　专项普查

一、人口抽样调查

2005年，全国统一开展1%人口抽样调查（简称人口小普查）。此次调查，聊城市抽中8个县（市、区），132个乡镇、街道，调查对象5万余人。根据1%人口抽样调查推算，2005年全市总常住人口569.50万人，人口出生率9.74‰，死亡率5.05‰，人口自然增长率为4.69‰。

2015年，全国统一开展1%人口抽样调查（简称人口小普查）。此次调查，聊城市抽中11个县（市、区），132个乡镇、街道，242个村，242个调查小区，调查对象6万余人。根据1%人口抽样调查推算，2015年全市总常住人口597.06万人，人口出生率13.00‰，死亡率6.56‰，人口自然增长率为6.44‰。

二、第五次人口普查

1999年9月，根据国家要求，聊城市成立市第五次人口普查领导小组，各县（市、区）、乡镇（街道）都按照要求成立人口普查领导小组和普查办公室。第五次人口普查时点定在2000年11月1日零时。普查表分为短表、长表以及死亡人口调查表和暂住人口调查表，普查项目共计49项，填报的项目有姓名、与户主关系、性别、年龄、民族、户口状况和性质、受教育程度、从业人口的行业、职业、是否有工作、婚姻状况、妇女生育状况、1999年11月1日至2000年10月31日出生和死亡情况等。按10%的等距抽样，在每个调查小区的家庭户和集体户中抽取普查表长表调查户，其他家庭户和集体户全部填报普查表短表。经普查，全市共有家庭户1517494户，集体户21716户，共计1539210户。总人口5412115人，共有民族43个。

三、第六次人口普查

2009年9月，聊城市成立市第六次人口普查领导小组，市政府与各县（市、区）普查领导小组负责人签订目标管理责任状，并制定了普查工作目标管理考核具体办法。第六次人口普查时点定在2010年11月1日零时。普查表分为短表、长表以及死亡人口调查表和暂住人口调查表，普查项目共计49项，其中按人填报的项目有姓名、与户主关系、性别、年龄、民族、户口状况和性质、受教育程度、从业人口的行业、职业、是否有工作、婚姻状况、妇女生育状况、2009年11月1日至2010年10月31日出生和死亡情况等。按10%的等距抽样，在每个调查小区的家庭户和集体户中抽取普查表长表调查户，其他家庭户和集体户全部填报普查表短表。经普查，全市共有家庭户1753952户，集体户13779户，共计1767731户。总人口5789863人，共有民族43个。

第三节　统计服务

一、统计资料编辑

统计年鉴　1998年，在继续编印年度资料基础上，编撰《聊城统计年鉴—1998特辑》（以下简称统计年鉴），系统描绘全市及8个县（市、区）在中华人民共和国成立50年来经济和社会发展的运行轨迹。2004年版《统计年鉴》增加“全省分市主要经济指标”篇；2007年版《统计年鉴》增加“统计工作大事记和国际统计资料”篇；2013年后，《统计年鉴》发行光盘电子版。

《聊城统计年鉴2014》（2014年摄）

统计公报　1997年起，每年3月上旬向全社会发布《聊城市国民经济和社会发展统计公报》，2007年后通过《聊城日报》专版刊发，2009年始《统计公报解读》同时发布。在内容上，统计公报从综合、农林牧渔业、工业和建筑业等10个方面对聊城市每年度经济社会发展状况进行客观描述，并根据报表制度变化对公报内容作出相应调整，且对有变化内容进行文字备注说明。在表达上，统计公报不仅采用平实文字表述，还综合运用统计表、统计图等形式更加直观呈现。

统计资料　市统计局在重大时间节点时均编辑出版统计资料。分别编辑了《奋进　跨越　辉煌—聊城市改革开放三十年发展报告》《聊城雄关漫道60年——建国60年聊城市经济社会发展情况》《跨越发展看“十五”》《盘点“十一五”》《数字见证发展》《聊城统计分析精品选》等彩页资料，涵盖了指标数据、对比分析、统计图表。在每年市人大、政协“两会”上，编发《喜迎两会　数说发展》《科学发展铸就辉煌》等统计专刊资料，并提供统计信息咨询服务。2001年、2011年分别编印《2000年聊城市人口普查资料》和《聊城市2010年人口普查资料》；2005年编印了《聊城经济普查年鉴》。

市统计局每年编发《统计手册》《统计月报》《聊城市主要经济指标情况》等统计资料，定期向社会公布全市经济社会发展数据。2015年，在《统计月报》发布前，编辑发布《统计快报》，分别于每月16日和24日前，分两期进行编辑发布，内容包括主要指标总量和增速以及反映聊城在全省位次等情况。

二、经济监测分析

1997年起，实施统计分析课题制，并承接上级统计部门和市委、市政府的专项课题，每年20余篇课题成果在市领导决策中采用或在国家、省、市级论文评比活动中获奖。1998年，市统计局计算机实现拨号上网，实现互联网办公。2001年，为县局架设DDN统计专线，实现国家、省、市、县四级联网。2002年，市统计网站建成并投入使用。2004年，建成高标准信息化机房。2007年，初步建成16座席计算机辅助电话调查（CATI）系统。是年，通过配备VPN等相关设备，全市所有乡镇实现与国家、省、市、县五级统计专线联网。2010年，全市多家规模以上企业逐步纳入“一套表”系统，实现统计数据网上直报功能。计算机网络带宽提速，骨干网为100兆，县局专线升级为10兆。建成全市统一的统计网站集群，为统计业务的开展、统计工作宣传以及推进政府信息公开发挥积极作用。

2013年后，以“统计反映跨越发展成果、服务跨越发展决策、引导跨越发展实践、监测跨越发展进程”为指导思想，开展统计分析，以《呈阅件》形式为市委、市政府重大决策提供科学依据。全局每年撰写《呈阅件》60期左右，30余篇获得市委、市政府领导批示，大部分转发至市直有关部门和各县（市、区）学习研究，成为市委市政府部署重大工作、指导行业发展、制定重要文件、召开专题会议的参考依据。部分分析被国家统计局网站、《中国统计》《中国信息报》等国家媒体和《山东统计》《聊城日报》等省市党政媒体采用。国家统计局聊城调查队开展调查研究，所撰写调研报告以《调查快讯》形式上报市领导。全队共撰写统计分析200余篇。市统计局不断优化数据发布流程，强化数据发布环节，扩大数据发布影响，缩短数据产生与发布时间。利用媒体发布、网站检索和网络互动等多种方式，

2014年7月10日，聊城市统计局与聊大商学院成立“聊城统计研究应用中心”

统计咨询服务内容、方式不断变化，服务领域得到拓宽。每年接待公众的电话查询900余次，接待上门资料查阅100余人次。每年为市有关部门和社会提供、审核、修改、反馈各种讲话、文件材料、规划报告及数据资料等数百次，实现零差错。在利用手机短信、统计资料等媒介的同时，加强与聊城政府网、齐鲁网聊城站、大众日报聊城站等媒体合作，提供专题性数据解读。利用重要节点扩大统计宣传，配合统计开放日活动，介绍统计数据采集方式，普及统计知识。

2014年，市统计局与聊城大学商学院联合成立统计应用研究中心，是全省首个地级市与高校合作成立的统计研究应用机构，在统计研究、统计人才培训、实习实践等方面加强合作，每年开展一系列课题研究。2014年，建成32座席社情民意电话调查系统。2015年，建成标准视频会议室，实现与国家、省、市、县四级同步收听收看高清会议功能。

第四节　统计执法

1997年，对全区进行统计执法大检查，至1997年年底，全区统计部门共查处统计违法行为184起（其中1996年140余起），立案处理69起。1998—2000年，全市统计部门贯彻落实《中共中央办公厅、国务院办公厅关于坚决反对和制止在统计上弄虚作假的通知》精神，重点检查在制定国民经济和发展计划，建立目标责任

时，是否存在严重脱离实际、盲目追求和攀比增长速度、层层拔高指标等问题；在各项达标或升级考核活动中，所依据或上报的统计数据是否经统计部门审核，有无弄虚作假行为；在考察领导干部工作实绩时，有无简单地凭统计数据决定其任用和解决职级待遇情况，有无利用统计数据作假骗取地位和荣誉情况；继续认真查处拒报、虚报、瞒报、伪造、篡改统计资料等统计违法行为。此后，统计执法工作逐步实现经常化、制度化、规范化。

2001 年，全市共抽查单位 436 个，立案 106 起，规范了统计基础工作。2002 年，对全市 396 家企业进行统计执法检查，查处统计违法案件 30 余起。2003 年，市统计局制定《统计执法人员“八不准”》，聊城市统计系统首例中国人寿保险公司某支公司拒报统计资料案一审胜诉。全市共检查单位 602 家，立案 98 件，罚款金额 33.9 万元，申请法院强制执行 2 件。2004 年 11 月 17—18 日，省人大常委会就聊城市统计法贯彻落实情况进行执法检查，对阳谷县统计工作进行实地察看。全市检查单位 487 家，立案 86 件，罚款金额 31.2 万元。2004 年，产生聊城市首例统计行政诉讼案，在山东省高级人民法院审理过程中，上诉单位最终认识到统计违法的事实，自愿申请撤回上诉，缴纳 3 万元罚款。2005 年，市统计局与聊城市邮政局签订法律文书寄递协议书，解决送达法律文书当事人拒收，邮递员就退信的问题，开通统计法治工作绿色通道。全市共检查单位 1210 个，查处违法案件 118 件，结案 99 件，罚款金额 43.25 万元。山东某食品集团有限公司对聊城市局的行政处罚决定不服提起行政复议，市法制办经过审理后，维持了市统计局的行政处罚决定。

2006 年，全市共检查单位 1264 家，立案 101 件。罚款金额 41 万元，其中市局罚款金额 10.2 万元，全市强制执行案件 2 起。山东某食品集团有限公司瞒报统计资料案以一审、二审胜诉而告终，某县一企业因拒报统计资料，给予警告并处以罚款的行政处罚。2007 年，市统计局首次对市工商局、市交通局两部门进行统计巡查。全市共检查单位 1211 家，立案 74 件。全市罚款金额 20.5 万元，其中市统计局罚款金额 11.2 万元；强制执行案件 4 起，执行金额 6.7 万元。2008 年，全省首次统计行政处罚案卷评查现场会在聊城召开，聊城市统计局的统计执法卷宗作为样本在会上展出。全市共检查单位 986 家，立案 59 件，罚款金额 13.35 万元。其中市统计局检查单位 206 家，罚款金额 5.5 万元，强制执行案件 2 起，执行金额 4 万元。2009 年，聊城市统计局代表山东省参评的某机械有限公司拒报统计资料案卷，在全国各省（区、市）推选的 60 份案卷中，被评为全国 13 份优秀案卷之一。是年，制定全市统计行政处罚案卷评查标准，首次将各级统计部门依法查处并已结案的所有案件纳入评查范围，进行案卷评查，规范了统计执法行为。全市共检查单位 768 家，立案 46 件，结案 40 件，罚款金额 9.9 万元。

2010 年，贯彻新修订的《中华人民共和国统计法》，下发《关于联合开展统计法和统计违法违纪处分规定贯彻执行情况大检查的通知》，全市共检查单位 1311 个，立案 66 件，结案 35 件，申请法院强制执行 3 件。罚款 16.3 万元，其中市局罚款 6.6 万元。对某县一企业拒不履行统计行政处罚一案申请人民法院强制执行，执行款 4 万元；省统计局首次组织对 2009 年度全省统计行政处罚案卷进行评查，聊城市被抽中的四

2011 年 5 月 15 日，聊城市统计局在阳谷进行统计执法检查

个案卷有两个被评为A类案卷，一个被评为B类案卷，聊城市被评为“案卷规范市”，成为全省受表彰的5个市之一。2011年，全市共检查单位982个，发现违法行为75起，立案55起，结案26起，其中责令改正5起，警告并罚款21起，罚款金额31.59万元。市统计局立案查处14起案件，其中强制执行9起，罚款27.7万元，维护统计工作的权威；在全省统计行政处罚案卷评查中，聊城市被抽取的三个行政处罚案卷全部被评为A类案卷，聊城市被评为“案卷规范市”。2012年，全市共检查单位838个，发现违法行为30起，立案26起，结案25起，罚款8.86万元。2013年，全市共检查单位763个，发现违法行为35起，立案29起，罚款14.9万元，其中市统计局结案6起，罚款14.2万元。2014年，全市共检查单位802个，发现违法行为18起，立案16起，结案15起，罚款6.6万元，市统计局罚款4.3万元；对拒不执行行政处罚决定的3家企业申请人民法院强制执行。2015年，全市共检查单位689个，发现违法行为35起，立案34起，结案27起，罚款14.85万元。

第三章 审计管理

90年代末，财政审计形成制度，每年向市人大常委会报告审计情况，慈善救灾、社会保障、行政事业单位收费等关系到民生的专项审计开始涉及并逐步加强。2000年，贯彻中共中央、国务院《县级以下党政领导干部任期经济责任审计暂行规定》，全市开展县级以下党政领导干部任期经济责任审计。中共十八届四中全会之后，审计工作进入到“有重点、有步骤、有深度、有成效的审计全覆盖”阶段。2015年，根据中办、国办《关于完善审计制度若干重大问题的框架意见》及相关配套文件，启动省以下地方审计机关人财物管理改革，建立健全具有审计职业特点的审计人员管理制度和职业保障机制。1997—2015年，聊城审计机关共审计项目9566个，查出违规金额357亿元，为财政增收节支119亿元。2013—2015年，在全国统一组织的社保审计、地方政府性债务审计和土地审计中，聊城审计机关均得到审计署表彰。

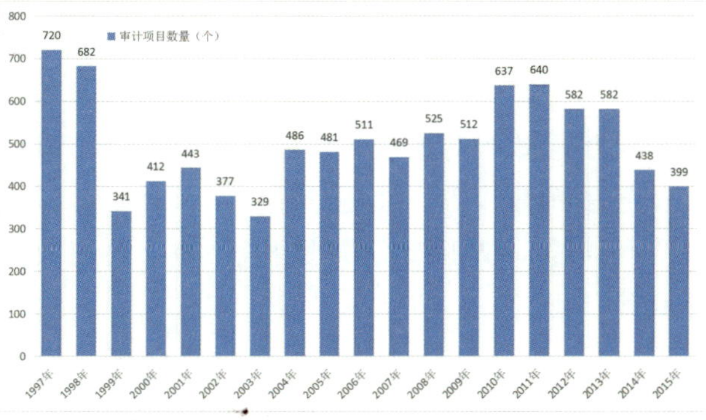

1997—2015年聊城市审计项目示意图

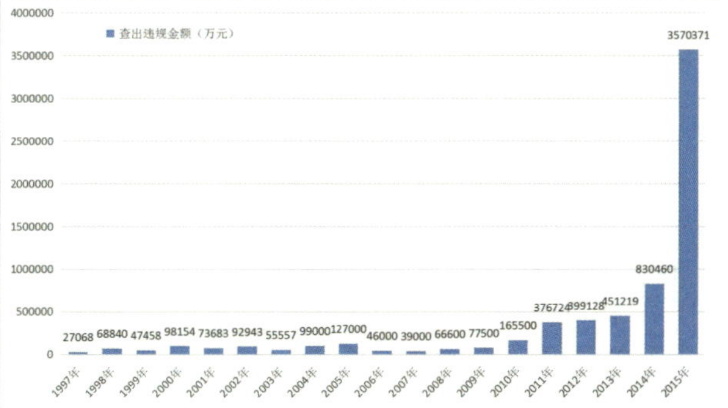

1997—2015年聊城市审计查出违纪金额示意图

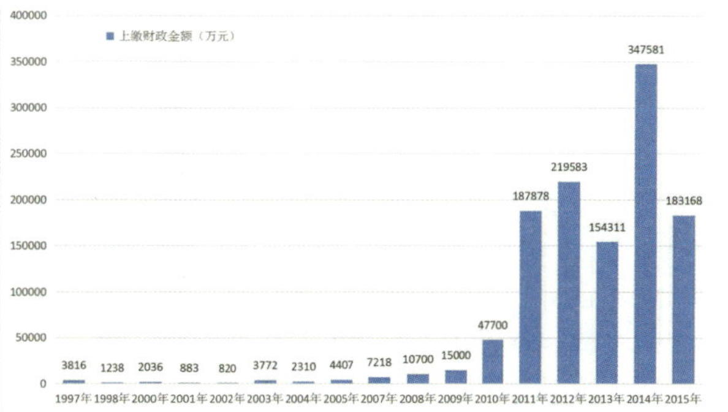

1997—2015年聊城市审计上缴财政金额示意图

第一节　国家审计

1995 年，按照上级关于开展财政“同级审”要求，开展对党政事业单位主要领导人的经济责任审计，慈善救灾、社会保障、行政事业单位收费等关系到民生的专项审计也开始涉及并逐步加强。随着社会主义市场经济的发展，审计监督的范围扩大，由传统审计向效益审计、现代审计转型。以“着力保障和改善民生”为出发点，重点抓好涉农、教育、医疗、环保、救灾等专项资金审计及政府投资项目的审计；以“完善制度和监督体制”为着力点，坚持问效与问责相结合，抓好领导干部的经济责任审计；以“增强发展协调性，努力实现经济又好又快发展”为要求，抓好效益审计。

一、企业审计

1984—2002 年，聊城审计机关共审计企业 1850 家，查出违纪金额 4.2 亿元，促进了企业管理，提高了经济效益和社会效益。2002 年以后，随着国有企业的改革改制，全市国有企业数量锐减，并由市国资委实施对国有企业的财务监管，除有政府委托之外，企业审计项目不再列入正式项目计划。

2010 年，开展农信社财务收支审计。2012 年后，立足维护全市经济安全，连年对市属融资平台、各县（市、区）农商行、小额贷款公司等开展专项审计调查，揭示企业骗贷、非法集资、违规核销公职人员贷款等重大问题和风险隐患，防范金融风险；先后对水城集团、奥森公司、东昌宾馆等开展资产负债审计，帮助政府摸清家底，提供决策参考；对金融支持小微企业、促进大众创业万众创新、取消和下放行政审批、优化税收结构减轻企业负担等政策落实情况开展审计，优化企业发展环境。

1999—2015 年部分年份聊城市财政审计选年示意图

2015 年，开展临清及茌平农信社信贷业务风险管控专项审计调查，发现贷款企业伪造税务登记证等重大问题。在水城集团资产负债情况审计中，指出企业在债权、股权和债务以及职工工资等方面存在的问题。

二、财政审计

1997 年，财政审计采取“同级审”与“上审下”相结合的方式，对市县财政及所属部门的预算执行、县乡政府预算执行情况和决算以及其他财政收支的真实性、合法性、效益性实施审计监督，查处违法违规行为。2005 年，全市共审计单位 93 个，查出违规金额 18458 万元。市局对房地产和建筑两行业 25 家重点企业的纳税情况进行延伸审计，查补收缴各类税款 568.8 万元。全市共对 3 个县级及 56 个乡级财政决算情况进行审计，查处违规金额 3287 万元，重点审计擅自制定减、免、缓、先征后返税费政策和招商引资优惠政策等情况，揭露了隐瞒截留、漏征少征各项预算收入，违规分配使用预算资金和转移支付资金，挤占挪用专项资金，资金使用效益不高等问题。

2007 年，突出对参与财政预算分配，管理大量财政资金和下属单位多的部门的审计，结合预算执行审计对市级和临清市的中央、省转移支付资金分配管理使用情况进行审计调查，共审计预算执行单位 81 个，查出违规金额 5065 万元，管理不规范金额 5.4 亿元。2008 年，全市共对 72 个部门单位的预算执行进行审计，查出违规问题 1.6 亿元，管理不规范资金 3.3 亿元。在全省率先开展财政大格局审计，启用大数据审计方法，关注财税政策落实、预算编制及执行、税收及非税收入、政府性债务、存量资金盘活等情况。2011 年，市人大连续 5 年针对审计整改落实下发审议意见书，连续5年对地方税收征管情况进行审计，每年审计查处偷漏、延缴税金均过亿元。

2013年，共计查出违规问题金额3.29亿元，提出审计建议32条。加强对专项资金管理使用效益的审计，查出东阿县供销社挪用资金等违纪问题，移交该县政府处理。2014年，查处违规及管理不规范资金43亿元，应上交已上缴财政金额1.6亿元，提报审计报告、要情等8篇，被市领导批示7篇次，市政府采纳审计建议修改出台《聊城市价格调节基金征收使用办法》《聊城市地方水利建设基金筹集和使用管理办法》《市级预备费动支办法》，审计中向主管部门移送处理案件线索8件，处理相关责任人12人。是年，全省财政审计座谈会在聊城市召开，市审计局在会上做典型发言。

三、政府投资审计

1996年，全区审计基建投资项目59个，查出和纠正违纪金额1079万元，审计105国道、高速公路、国家粮食储备库、电厂三期工程、鲁西化肥厂热电工程5个重点项目，核减工程预决算275万元。

2000年，对市经济技术开发区市政工程建设项目中的黄河路等五条路和市经济技术开发区办公楼工程进行审计。办公楼工程原结算932万元，审计认定结算721万元，审减率为22.58%；五条路共审减236.9万元，审减率为7.9%。2001年，在对国家投资的国债资金项目聊城污水处理厂及东阿调水工程等投资项目的审计中，共查处违规行为金额4811万元，核减工程结算2055万元。2002年，全市共审计固定资产投资项目7个，查出违规金额33128万元，挤占建设成本799万元，多结工程款951万元。重点开展对城乡电网建设与改造项目的审计。共审计780个单位，审计资金9.34亿元，审减资金1267.21万元。2004年，加强对重点项目、重点资金的审计。对14个在全市有较大影响的重点投资项目进行审计，查处违规金额49951万元，应归还原渠道资金747万元，重点资金全市共审计63项，查处违规金额1630万元。2004年起，每年对计划生育专项经费和社会抚养费进行审计。

2005年，成立政府投资审计专业局，市政府出台《聊城市政府投资项目审计监督办法》，试行《政府投资建设项目跟踪审计操作规程》。投资审计方式由开工前审计和竣工决算审计向全过程跟踪审计转变，选择明珠剧场、东昌大桥、文化广场等在全市有较大影响的重点建设工程项目进行审计监督，审减资金总额3694万元。市审计局共审计工程项目7个，审减资金2983万元，其中，对变更项目审减资金2790.70万元，审减率40.23%。2006年，全市共完成23个工程项目审计，审计投资总额3亿元，审计核减投资额2294万元。在对运河博物馆项目的竣工决算审计中，对17家施工企业编报26个变更及据实工程结算1725.9万元，审减工程造价1124.84万元，审减率65.2%，节约了财政资金。2007年，全市共完成审计项目11个，审减工程款3118万元，其中市局完成审计项目6个，审减工程款2894万元。实施聊城市第一个成功的跟踪审计项目——东昌宾馆改扩建工程跟踪审计，审计过程严格按照《政府投资建设项目跟踪审计操作规程》有关要求进行，通过跟踪审计，核减工程款315.24万元，工程结束后，及时进行竣工结算审计，核减工程款122.62万元。

2008年，在对重点城建工程征地拆迁项目的跟踪审计中，制定《城建工程征地拆迁及项目建设跟踪审计实施办法》。在全市城建资金审计和审计调查中，提出建议推动《聊城市城市建设

聊城市投资审计选年示意图

资金管理使用办法》的制定，规范了城建资金的征缴、管理与使用环节，建立起“多个渠道进，一个池子蓄，一个龙头放”的“集中管理、统一支付”城建专户管理新模式。2009年，全年审计投资项目8个，涉及金额54.8亿元，查出管理不规范问题金额18.8亿元，审减工程造价1300万元，对体育公园建设、援川恢复重建、新增投资项目、扩大内需重点建设项目、运河四期征地拆迁、古城区保护与改造等重点工程均实施跟踪审计。2010年，审计涉及金额41.88亿元，审减工程造价约8130万元。在援川恢复重建跟踪审计中，审计10个单项工程，认定投资完成3686.2万元，核减116.59万元。完成第十一届全运会场馆审计任务，审减工程造价2248万元。加强对县级审计机关的工作指导和交流。制定《关于加强投资审计工作的指导意见》，指导各县（市、区）投资审计工作，出台《县级审计机关政府投资审计考核办法》，对各县（市、区）投资审计工作进行考核。

2011年，全市审计调查校舍安全项目147个、工程领域突出问题专项治理项目243个，发现部分项目挤占挪用、招标不规范、项目质量不达标、损失浪费等有问题金额5.18亿元，挽回损失、节省工程投资3867万元。在全市最大的拆迁安置工程——望湖小区跟踪审计中，对施工单位上报小区1～26号楼建安工程预算3.6亿元进行审核，核减投资7261.07万元，并针对合同草案增加总包服务费、代建管理费的问题，提出审计建议，节约财政资金2065万元。2014年，出台《关于进一步改进政府投资项目管理体制的意见》，促进建立起以政府为统揽，相关部门单位各司其职，项目决策、管理、执行、监督相分离的投融资管理体制。创新投资审计工作模式，细化关键环节控制，制定并实行10项内部控制制度。

2011年，对望湖小区拆迁安置工程进行跟踪审计

1997—2015年，先后对援川重建工程、新增投资、扩大内需、体育公园、古城区拆迁、第十届艺术节场馆建设、城区背街小巷环境治理、城乡环境综合整治、双百大城市三年攻坚战、古城保护性开发与回迁安置、省级示范镇建设、五环聊城建设等重点工程均实施跟踪审计。在援川重建跟踪审计中，聊城在全省唯一在援川办设立审计组；在滨河大道绿化景观项目审计中，材料费一项节约财政资金3.4亿元；望湖小区回迁安置审计节约财政资金2.12亿元；体育公园审计节约财政资金1.2亿；火车站广场改造审计后，市政府采纳审计意见，设立管理机构，避免了公共资源闲置浪费，维护了城市窗口形象；聊城中小学校舍安全工程审计经验被国务院推广。

四、经济责任审计

1998年，聊城的经济责任审计工作由企业厂长（经理）经济责任离任审计扩大到党政事业单位领导人离任审计。是年，全市共审计253人，23人得到晋升，调任、转任91人，免职46人。

2000年，根据中办、国办《县级以下党政领导干部任期经济责任审计暂行规定》和《国有企业及国有控股企业领导人员任期经济责任审计暂行规定》，经济责任审计成为审计机关的经常

1998—2015年部分年份聊城市领导干部经济责任审计示意图

1999—2015年部分年份聊城市领导干部审计查出违纪金额示意图

性工作。全市共对25名领导干部进行了任期经济责任审计，1人晋升，8人免职，16人平调。2001年，聊城市两级审计机关均设立经济责任审计专职机构，其中市经济责任审计办公室为副县级单位，两个县设正科级单位。2004年，市县两级均成立经济责任审计领导小组，并开始开展任中审计。2005年，全市审计机关共对120名领导干部进行了经济责任审计，查出违规金额1.61亿元，其中主管责任1.17亿元，直接责任0.44亿元，管理不规范金额9418万元。制定《聊城市党政领导干部和国有及国有控股企业领导人员任期经济责任审计暂行办法》《聊城市乡（镇、办事处）党政领导干部经济责任审计操作指南》《聊城市经济责任审计工作考核办法》等，规范经济责任审计工作。

2006年，全市共对165名领导干部的经济责任进行了审计，审计查出违规问题金额1.6亿元，其中主管责任7826万元，直接责任8442万元。2007年，对《聊城市经济责任审计办法》《行政事业单位经济责任审计工作方案》《县市长审计工作方案》进行修订完善，研究制定《县市委书记经济责任审计方案》。全市共对165名领导干部进行经济责任审计，其中任中经济责任审计26人，审计查出违规金额1.2亿元。2008年，出台《中共聊城市委关于加强对领导干部审计监督的意见》，审计方式由事后监督向对领导干部全过程监管转变，形成了以任中审计为主，离任审计、考察审计全面开展的全过程经济责任监管机制。2008—2010年，共对53名领导干部开展考察审计，避免“带病提拔、带病上岗”问题，实现审计结果在决策层的应用。2010年，统一全市经济责任审计工作方案、审计报告格式，制定领导干部经济责任评价表，保证经济责任审计的深度和质量；以经济责任联席会议的名义出台《聊城市领导干部经济责任审计联合进点制度》《聊城市经济责任审计谈话制度》《聊城市领导干部经济责任审计结果公开制度》《聊城市党政领导干部和国有企业领导人员任期经济责任审计评价办法》《聊城市经济责任审计工作考核办法》，发挥联席会议成员单位的作用，形成推动经济责任审计的合力。

2011年，全市共审计领导干部143人，查出违规金额7.12亿；市局审计领导干部33人，查出违规金额5.68亿元。2014年，以冠县为试点，直接实施部分村负责人的经济责任审计。组织召开市经济责任审计工作联席会议，研究通过《聊城市经济责任审计工作联席会议制度》《聊城市经济责任审计联合会商制度》《聊城市新任领导干部履行经济责任事项告知及承诺办法》《聊城市本级经济责任审计对象分类管理暂行办法》《聊城市市管领导干部离任经济责任事项交接办法》《聊城市经济责任审计谈话办法》。在全省率先探索领导干

2011年，对高唐县长开展经济责任审计

部离任交接、同类型领导干部审计统一开展等组织方式，审计内容重点转为领导干部决策权、监督权和党风廉政建设主体责任履行情况。2015年，全市建立村级审计机构140个，到位600多人，实现各乡镇审计全覆盖，在全省位于前列。

五、专项资金审计

90年代后，专项资金审计范围更为广泛，由审计支农资金的征、管、用向教育、卫生、农业、计划生育、城建资金和社会保障等多方面审计工作转变。

1998年，市县两级机关统一组织农民负担审计，共查处各种违规资金5022万元，应归还侵占挪用资金4612万元。1999年，开展全市养老保险基金审计、林业专项资金审计，检察院系统1997年至1998年度财务收支及资金管理情况审计，环保资金审计以及5个国外援贷款项目审计。对市重点建设项目东昌热电厂跟踪审计，为国家节约资金2600万元。

2000年，对工商行政管理系统行政性收费、罚没收入收缴管理情况进行审计。首次开展对授权项目聊城师范学院的审计。组织开展农业综合开发项目、环境保护项目、国外援贷款项目审计。实施对广播电视系统和市县9所医院的审计。对国道309聊馆一级汽车专用公路在建项目等15个固定资产投资项目进行审计，查出违规行为资金1632万元。

2002年，对2001年本级企业职工基本养老保险基金的征管用情况进行审计和调查，审计查处挪用、拖欠、冒领、未纳入专户存储养老金等问题金额3058万元，帮助劳动保险部门催缴养老保险金100余万元。对2001年物价罚没收缴情况进行审计，同时对2000年至2002年6月物价政策执行情况进行审计调查，对农发行在全市的8个分支机构2001年资产负债损益进行审计，还对结核病控制等3个国外贷援款项目进行审计。按照市政府的部署，对全市建委、水利系统2001年财务收支情况、2001年度失业保险金、机关事业养老保险金、医疗保险金的征管用情况进行审计。

2005年，全市安排对计划生育费和社会抚养费、水费、水资源费、社会优抚救灾资金等社会较为关注的重点专项资金进行审计或审计调查，审计资金总额19.95亿元，查处违规金额492万元，管理不规范金额436万元。

2006年8月，专题召开全市涉农审计座谈会，下发涉农资金审计意见，对农业综合开发资金、乡镇中心卫生院建设专项资金、中小学危房改造资金、农村合作医疗专项资金、计划生育资金、转移支付资金和粮食直补资金等进行审计。2007年，试行开展对4个资金量大、基本建设多的行政村村级财务进行审计，严肃查处存在的违纪违规等问题，并将1名责任人移送检察机关处理。2010年，开展新型农村合作医疗基金、农村住房建设与危房改造项目建设、中学收费和教育专项经费、环保资金等专项审计调查以及全市农村和城镇低保资金专项审计，共审计资金40.55亿元。对全市2009年度农村和城镇低保资金进行专项审计，审计涉及低保对象14.4万人，资金1.6亿元，维护了低保群众的利益。

2011年，开展环保、农业、教育、养老等民生资金审计，审计资金16.18亿元。在养老保险资金审计中，查出重复参保、冒领保险等问题，发现6家破产企业600多万元养老保险金滞拨问题。及时提出建议促进整改，市人社局出台《聊城市社会保险基金监督举报奖励暂行办法》，加强资金监管。在环保资金审计中，关注资金效益，揭露环保项目投资失败、未达到预期效果等问题；关注农村环境综合整治，提出按照农村不同特点划分专项资金的建议。围绕医疗、养老、住房、就业、教育、环保等专题，组织全市开展公立医院改革、社保医保、保障性安居工程、就业创业补助、中小学布局调整、土地收支及耕地保护、部门单位购建住房等民生项目和资金的审计，查处侵害群众利益金额4亿元。在全国统一开展土地审计之前，2012年、2013年连续两年对市级土地使用和出让金征管情况开展审计，查清市级土地资源管理使用的基本情况和土地出让金的收支底数，查处了违规使用土地等问题，解缴入库历年拖欠的土地出让金11亿元，审计经验被审计署推广。推进生态资源环保审计，开展农村饮水、森林资源管理绩效、生态环境保护政策等审计，促进资源环境治理和改善。

六、政策跟踪审计

2013 年，按照审计署、省审计厅部署要求，市县审计机关对全市 182.3 亿元政府债务逐笔、逐项进行审计，摸出债务管理、举借、使用等方面问题。2014 年起、根据审计署统一部署，投入 400 余人次，对中央、省市安排的 21 项稳增长等政策进行跟踪问效。农村饮水安全、养老服务业发展、公立医院改革、金融支持小微企业等 4 项专题报告被市委、市政府内刊刊发。山东省审计厅对聊城开展政策审计的做法给予充分肯定，并推广至全省实施，《中国审计》杂志报道了聊城工作经验。

2014 年，按照审计署统一部署，市审计局赴滨州开展土地审计，到外地开展省管正职领导干部经济责任审计；在全市开展国务院政策跟踪审计。开展全市保障性安居工程、省级示范镇建设、临清及茌平农信社信贷业务风险管控、阳谷县扶贫资金、开发区农村土地综合整治等上级统一组织的审计项目。在全市组织开展福利彩票资金、计划生育和社会抚养费、城市基础设施配套费等审计。

第二节　内部审计

1996 年，全区共建内审机构 295 个，拥有专职内审人员 699 个，共审计单位 6739 个，纠正各类违纪金额 4158 万元，查出损失浪费 1836 万元，提出建议 2295 条，促进提高经济效益 6131 万元。2007 年，开展优秀内部审计项目评选活动，制定完整的内审档案文本。根据市政府安排，对市支援山东中华发电有限公司聊城发电厂办公室自成立以来的财务收支情况进行了审计，对市疾病预防控制中心监测检验楼项目进行了跟踪审计，配合市纪委、监察局对全市行政单位收支两条线政策执行情况进行检查，参与对市直行政事业单位“小金库”和国有资产收益进行的检查等。配合审计署、省纪检委、审计厅开展了南水北调资金、有关案件和社保资金的审计。

2010 年，市政府出台《聊城市内审工作办法》，明确要求“县级以上人民政府审计机关负责指导和监督本行政区域内的内部审计工作”“在本市行政区域内的国家机关、金融机构、企业事业组织、社会团体以及其他单位，应当建立健全内部审计制度，开展内部审计工作”。2011 年，召开聊城市内部审计“双先”表彰暨内审协会第二届代表大会，对内审机构和个人进行表彰，并改选内审协会的会长及理事。2012 年，出台《2012 年全市内部审计工作指导意见》《内部审计工作考核办法》《内部管理领导干部任期经济责任审计暂行办法》等制度。参加全省内审优秀项目和“内审之星”评选活动，一个内部审计项目被评为省优秀项目，人行、联通和时风三家内审机构被评为“内审之星”。

2014 年，参加全国内审先进集体评选活动，聊城交运集团被评为“全国内审先进集体”，一人被评为“全国内部审计先进工作者”。2014 年市审计局先后出台《关于建立健全内审机构发挥审计整体效能的通知》和《关于加强内部审计指导和充分利用内部审计成果的实施意见》，要求树立“大审计”的观念，形成国家审计与内部审计的统一有机整体。2015 年，聊城内审协会被评为省“优秀内审协会”。

2014—2015 年，聊城市内部审计工作加大转型和发展，推进了内部审计法制化和规范化，有效发挥作用。一是健全了组织完善机制，结合实际制定了《全市内部审计工作指导要点》，部署全年工作任务，先后出台了《关于建立健全内审机构发挥审计整体效能的通知》和《关于加强内部审计指导和充分利用内部审计成果的实施意见》，不断建立健全内审机构建设，充分利用内审成果，从树立“大审计”的观念出发，形成国家审计与内部审计互相协调、成果共享、关系密切的统一有机整体。二是开展内部审计情况督查活动，加强对内部审计工作的业务指导和监督；开展内部审计质量评估，推进民营企业内部审计

2014 年，聊城市召开内部审计工作总结表彰大会

2009 年，在山东省优秀审计项目评选中，聊城市局获得 1 个优秀项目，1 个表彰项目。全市 2006—2007 年度农村公路改造工程审计获“2008 年度全省优秀项目”，高唐县委书记、县长经济责任审计项目，获“2008 年度全省表彰审计项目”。2010 年，聊城水城集团公司原董事长任期经济责任审计被评为全省表彰项目。2011 年，2 个项目被评为全省优秀审计项目，其中茌平县审计局实施的茌平县财政局 2009 年度预算执行和其他财政财务收支审计榜上有名，实现了县级审计机关在省级优秀项目上的历史性跨越。制定《聊城市审计局业务规范（试行）》和《聊城市审计局审计项目审理工作办法（试行）》，明确审理工作的内容和职责，实现了对每一个审计执法环节的审理监督。在山东省审计审理工作研讨班暨审计法制工作会议上，市审计局作了典型发言。

工作；深化内部审计理论研讨，加大信息宣传力度，加强调查研究、分类指导和交流互动；积极开展风险管理审计，大力推行绩效审计，有效开展内管干部经济责任审计；提高教育培训质量，强化内部审计人员的业务培训。

第三节　审计质量建设

1997 年，聊城地区审计局印发《优秀审计项目评选标准》，开展 8 个县（市）审计执法检查。

2005 年，全市开展以“严谨细致、依法规范”为主题的“审计质量年”活动，制发《审计复核制度》《审计业务会议制度》等规范性文件。召开全市审计法制工作会，开展全市审计项目质量评比、审计执法检查。通过开展“审计质量年”活动，全市查出违规金额同比增长 28.2%，审计决定落实率为 72.9%，其中市局审计决定落实率 89.08%。

2012 年，获得山东省优秀项目 1 个，山东省表彰项目 1 个。市财政局 2010 年度预算执行和其他财政收支审计被评为优秀项目，市地税局 2010 年度税收征管情况审计被评为表彰项目。2013 年，开展审计项目“回头看”，对 2012 年所有的审计项目，按照审计署优秀项目评分标准进行评比打分，找出差距和不足，促进了审计规范化水平的提高。2 个项目被评为山东省表彰项目，分别为市级国土资源利用和土地出让金管理使用情况审计、冠县农村公路指挥部 2011 年农村公路建设情况审计。

第四章　工商行政管理

2002 年，根据国家工商局《关于商标代理机构脱钩改制的通知》，全市工商行政管理机关进行机构改革，划出指导广告业发展，市场培育建设、市场布局规划以及对个体、私营经济的规划、指导和政策管理职能；增加对租赁柜台经营活动、粮食等重要商品市场的监督管理，查处传销、变相传销，对开办商品展销会登记管理、辖区内特殊标志管理、户外广告登记管理以及对商标代理、商标评估以及商标民间社团组织的指导和监督职能。2005 年，市工商局贯彻落实上级要求，自 9 月 1 日起停止征收个体工商户管理费和集贸市场管理费。2014 年，市工商局实行注册资本登记制度改革，颁发全市首张新版营业执照。是年，市工商局全面实行工商营业执照、组织机构代码证和税务登记证“三证合一”登记制度改革和“先照后证”改革。

至 2015 年年底，全市共登记各类市场主体 30.1 万户，列全省第八位；注册资金 3058.7 亿元；注册商标总数 20518 件，居全省第 8 位，其中中国驰名商标 22 件、山东省著名商标 99 件、地理标志商标 19 件、马德里注册商标 27 件；国家级守合同重信用企业 26 家、省级 161 家、市级 186 家。

第一节　工商登记管理

一、内资企业登记管理

1997 年，聊城工商系统全部实现柜台化办公，按登记程序开展一条龙服务，收费依据标准公开，窗口人员实行挂牌上岗，登记表格填写式样规范样本公开，供企业监督参考。是年，全区注册登记的企业共有 16818 家，注册资金 98 亿元。至 1999 年年底，全市内资企业数 13337 家，其中企业法人 4681 家、营业单位 8656 家。

2002 年，聊城市工商局设企业注册局，直接负责市内企业登记管理工作。2004 年，将冠聊城市行政区划且注册资本 500 万元以下的企业下放到所在县（市）局登记，将市区内的区属投资的公司及注册资本在 100 万元以下的私营有限公司全部下放到分局登记；将个体工商户的登记管理权限在试点的基础上全部下放到工商所。

2007 年 7 月 1 日，《企业年度检验办法》正式施行。是年年检期间，共审查各类业户前置审批许可证件 12337 件，补办前置审批许可证件 219 件，对 33 户到期不能提交审批许可证件的进行变更登记。探索网上年检，全市网上年检的企业 3879 家。

2008 年，市工商局出台关于充分发挥职能，促进经济社会又好又快发展的 30 条意见，从政策扶持、强化服务、优化环境入手，全力支持服务地方经济发展。全面推行网上年检，网上参检率 100%。组织制定《窗口服务标准化建设实施方案》，实施局长带班现场签批、当场办结制。在 9 月 19 日“全省工商系统发挥登记职能服务科学发展经验交流会”上，聊城市工商局作了典型发言。制定《全市工商系统登记注册管理“岗位大练兵”活动实施方案》。按照市工商局《工商所规范化达标实施方案》的要求，制定达标验收标准，在每个县级局都建立了“工商所规范化建设”示范联系点。

2009 年，市工商局与人行聊城市中心支行联合印发《聊城市股权质押贷款工作指导意见》，与市个体劳动者协会和私营企业协会、邮储银行联合开展“联手助企促发展”活动，与市工行联合举办拓宽融资渠道支持经济发展工作会议暨签约仪式，与市农信社对商位使用权质押工作进行考察学习和广泛调研。是年，全市系统共办理股权出质登记 16 户，出质股权 13.78 亿元，融资 8.1 亿元。

2010 年，全市工商系统共办理股权出质登记 65 件，质押股权 19.5 亿元，融资金额 15.1 亿元；继续大力推行试营业制度，扶持七类人员“零成本”创业，全市工商系统共扶持 517 户七类人员试营业。创建县级示范社 40 户、市级示范社 19 户；大力培育发展企业集团，全市确定企业集团发展培育对象 19 个，帮助成立企业集团 6 家，其中免冠行政区划企业集团 3 家；指导帮助 226 家企业办理主辅分离登记。

2012 年，市局出台促进经济加快发展的 29 条措施。对注册资本（金）50 万元以下的小微企业试行“零首付”和“免收费”；对个人从事修鞋、修自行车、水果摊等生活便利行业个体业户试行“免登记”，解决小微企业发展中存在的“有想法没办法”的问题。

2013 年，《聊城市工商局关于进一步发挥职能优化市场环境的意见》（简称“32 条”），提出下放企业登记管理权限，进一步放宽企业名称使用、注册资本缴付、企业集团登记等方面的限制，简化年检材料和程序等意见。试行企业年检免审制度和注册资本认缴制度；二次创业重点企业设立登记，其注册资本试行认缴和分期增资，两年内实收资本达到70%的，其增资有效期可放宽至第三年等；对注册资本登记制度改革工作进行了有益的探索，并将相关内容融进《聊城市工商行政管理局关于发挥工商职能服务企业二次创业的实施意见》（简称“15条”）。实行企业登记注册“四证联办”制度。即由工商局窗口牵头，借助行政服务中心平台，将营业执照、组织机构代码证和国税、地税税务登记证由设在工商局窗口的联办窗口“一口受理、内部流转、同步审批、统一发证”。

自2014年3月1日起，根据国务院印发的《注册资本登记制度改革方案》、工商总局发布的《关于停止企业年度检验工作的通知》，聊城市内停止对领取营业执照的有限责任公司、股份有限公司、非公司企业法人、合伙企业、个人独资企业及其分支机构、来华从事经营活动的外国（地区）企业，以及其他经营单位的企业年度检验工作。是年，市政府办公室印发《聊城市工商营业执照组织机构代码证和税务登记证“三证合一”登记制度改革实施方案》；聊城市副市长颁发了市内首张加载注册号、组织机构代码证号、税务登记证号的“三证合一”营业执照，标志着市内“三证合一”登记制度改革正式全面启动。2015年9月，全市“一照一码”登记工作正式启动。至是年年底，全市市场主体实有户数30.07万户，实有注册资本（金）3058.67亿元，其中实有内资企业数5.36万家，实有注册资本（金）2723.54亿元。

二、外商投资企业登记管理

1997年，根据外经贸部、国家工商局、国家经贸委等7部门的联合规定，境内对外商投资企业进行联合年检。至2001年年底，全市实有外商投资企业145家。2002年7月1日、12月16日，国家工商总局授予聊城市外商投资企业核准登记权。是年，市内新登记外商投资企业10家，注销登记1户，年末外商投资企业实有154家，其中中外合资企业91家、中外合作企业12家、独资企业51家。截至2015年年底，全市外商投资企业395家，其中外商投资企业分支机构280户。

三、个体私营企业登记管理

1997年，根据《中华人民共和国合伙企业法》《中华人民共和国合伙企业登记管理办法》，聊城开始登记合伙企业。2000年1月，开始登记个人独资企业。2001年，贯彻省政府《关于依法取缔无照经营活动的通知》，全市工商系统集中一个月时间对无照经营进行清理整顿。《无照经营查处取缔办法》自2003年3月1日施行，截至2004年年底，全市查处取缔无照经营案件4249户，案件总值959.86万元。

2006年，按照《中华人民共和国行政许可法》和《中华人民共和国企业登记程序规定》要求，深化“一审一核制”，对需特办急办的事项，设立“绿色通道”。截至年底，全市系统内共办理登记事项25305件，其中，设立内资企业415家、私营企

2015年6月，聊城市政府为申请人颁发聊城市首张市直“三证合一”营业执照

业2123家、外商投资企业44家、个体工商户11857户，办理各类变更、注销登记8184件，企业名称预先核准2682件。

2007年7月，各县注册涉及农资、农机、蔬菜、种子、畜禽等产业的专业合作社32户。2008年11月14日，茌平县登记全市第一家家庭农场——茌平县聚香园家庭农场。

2011年，对全市8个县（市、区）及135个乡镇街道的个体工商户、私营企业户数和注册资本（金）逐户摸清底数，开展民营经济考核；全市累计办理股权出质登记34件，质押股权6.4亿元，融资金额3.9亿元；大力推行试营业制度，各级登记注册大厅设置了“绿色通道”标示，扶持七类人员“零成本”创业。全面推行“王梅工作法”，深入开展规范化窗口创建活动。开展网上登记，研发开通“场景式网上登记系统”，实现企业名称及各类登记、年检的网上申报。制定《聊城市工商系统企业登记管理工作标准》，对局机关、工商所的登记注册和监督管理业务工作进行细化。

2013年5月，贯彻省工商局、省农业厅印发的《山东省家庭农场登记试行办法》。是年年底，全市登记家庭农场141家。是年12月12日，国家工商总局发布《关于暂停个体工商户验照工作的通知》，市内自2014年1月1日起暂停个体工商户验照工作。2013年12月底，全市新登记各类企业5646家，同比增长27.74%，全市企业总数31327家（内资6192户、私营24725家、外资410家）；是年，全市新登记个体工商户35232户，同比增长50.97%，个体工商户总数142260户；新登记农民专业合作社2441户，同比增长87.48%，农民专业合作社总数7274户。2014年7月17日，东昌府区工商局和三个市属开发区市场监管局负责登记其辖区内农民专业合作社、个体工商户、注册资本300万元（含300万元）以下的自然人投资企业（个人独资企业、合伙企业不受注册资本额的限制）。自2014年7月18日起，三个市属开发区市场监管局以各自的名义办理营业执照。

2015年1月5日，印发《聊城市工商行政管理局关于贯彻鲁政发〔2014〕5号文件推进工商注册制度便利化的实施意见》，明确除法律、法规、规章规定必须由市工商局注册登记的外，注册资本在3000万元（含3000万元）以下的私营企业全部下放到各县（市、区）工商局、市属开发区市场监管局（以下统称县级局）登记。分公司登记由申请人在市工商局和分公司住所（经营场所）所在地县级局自主选择登记机关（“聊城分公司”“山东分公司”以及按照规定应当由省、市工商局登记的除外）。至2015年年底，全市个体工商户23.70万户，资金额210.77亿元，从业人员54.12万人；全市农民专业合作社10141户，出资总额210.77亿元，成员总数6.19万户；全市私营企业4.66万家，注册资本（金）2028.39亿元，从业人员35.83万人。

1997—2015年聊城市内资企业、私营企业、外资企业基本情况表

表18-1　　单位：户、万元

年份	内资企业户数	内资企业注册资本	私营企业户数	私营企业注册资本	外资企业户数	外资企业注册资本
1997	16818	982492	—	—	211	27000
1998	14774	1107214	1620	66800	144	19106
1999	13337	1117873	2288	103017	115	14799
2000	11026	1060000	2986	138000	112	17554
2001	10893	1134614	3476	177631	145	22518
2002	10876	1417388	4267	284954	154	20400
2003	11095	2076070	5681	445477	175	36670

续表 18-1

年份	内资企业户数	内资企业注册资本	私营企业户数	私营企业注册资本	外资企业户数	外资企业注册资本
2004	10551	2327330	7332	718100	217	45949
2005	9930	2208776	8666	1130892	201	54189
2006	9274	2712013	10157	1445134	219	67236
2007	8842	2658522	10745	1937963	192	64156
2008	7009	3075945	12008	3183503	834	56322.27
2009	6446	4008624.42	13068	3610590.24	820	57807.62
2010	6190	3419747.76	14797	4865114.22	634	57964.68
2011	6178	3614897.80	17649	5595900.77	615	53176.67
2012	6255	4011935.33	20688	8031994.69	450	59108.57
2013	6192	4704643.46	24725	9899867.69	410	62739.75
2014	6377	5883725.21	36192	14592891.01	415	61799.17
2015	6580	6519769.24	46601	20283948.01	395	67151.99

第二节　市场监督管理

一、市场培育

1997 年 7 月，境内所有市场更换、淘汰杆秤，使用电子计价和弹簧度盘秤。年底，26 处市场被命名为“省级文明市场”。全区发展蔬菜批发市场 23 处，其中过亿元的市场 2 处。全区生产资料市场和生产要素市场 43 处，比“八五”末增加 19 处。聊城铁塔商场由 3 年前占地 2.6 万平方米的大棚市场，发展为经营面积 12.3 万平方米、摊位 8000 多个、年成交额 16 亿元、现代化建筑 6 处的专业批发市场群。全区新建、改建、扩建市场 36 处，投资 9026 万元，扩展经营面积 40 多万平方米。全区市场发展到 403 处，比上年增加 27 处。年成交额 72 亿元，比上年增长 86.2%。年成交额过亿元的市场 25 处，比上年增加 3 处。

1998 年 11 月，为解决占道问题，聊城城区唯一一处传统集市柳园大集由原来的柳园南路后罗村迁至湖西街道农业科技大市场内，更名为东昌大集。2001 年，全市共有市场 461 处，年成交额 208.4 亿元，年经营额超亿元市场 37 处。2002 年 10 月，深圳香江集团投资的聊城香江光彩大市场（一期）开业，主要经营服装鞋帽等商品，2003 年被评为“全省五大批发市场”之一。2004 年，其二期开业，主要经营五金机电、建材、小商品等。是年，引导 13 处市场开办单位购置了农产品检测设施。2006 年，市工商局认定 116 家企业（个体经营户）为全市第一批“农资商品诚信经营业户”。

2012 年，通过“文明诚信市场”和“农村文明集市”的创建，进一步规范市场管理，文明诚信经营户数已基本达到市场经营总户总数的 30%。

2014 年 8 月，通过调研，全市网络经营主体建档总数为 5274 个（其中企业官网 1486 个、网页 3788 个），网上经营企业 3631 家。B2B 电商主要集中在钢管、钢板等行业。B2C、C2C 网店总数 1 万家，主要分布在棉纺制品、雕刻机、图书、阿胶产品、服装、土特产等行业，年交易额约 10 亿元。其中，制造业在网络购物店铺总数中约占 10%，交易量 1000 笔以上网店占网店总数的 5%。2015 年，为迎接国家卫生城市复审，对城区农贸市场实施全面整治，规范市场经营环境。

2015 年聊城市市场情况一览表

表 18-2 单位：个

县（市、区）		东昌府	临清市	冠县	莘县	阳谷县	东阿县	茌平县	高唐县	开发区	高新区	度假区
市场总数		41	7	36	5	69	12	3	52	6	—	—
其中：已登记企业法人的市场		41	7	7	1	13	0	2	4	3	—	—
（一）消费品市场		33	6	33	5	68	11	3	49	3	—	—
其中	已登记企业法人的市场	33	6	4	1	13	0	2	4	2	—	—
	消费品综合市场	0	1	33	5	64	9	3	2	3	—	—
	农副产品市场	9	3	0	0	4	1	0	45	0	—	—
	工业品消费市场	24	2	0	0	0	0	0	0	0	—	—
	其他消费品市场	0	0	0	0	0	1	0	2	0	—	—
（二）生产资料市场		8	1	3	0	1	1	0	3	3	—	—

二、市场监管

集贸市场管理 1997 年，各县（市）工商局以推行市场巡查制为契机，全面强化市场规范化管理。1997—2002 年，市场管办脱钩，进行各项移交工作，清产核资、补签协议、公证。1998—2002 年，开展市场安全防火专项检查；深入开展市场巡查，加强对粮食流通秩序的监管和检查，查处粮食违法案件 131 件；推行市场巡查制和不作为追究制的市场 120 处，制定了市场管理双百分量化考核制度。

2001 年，对肉类市场整治，查处案件 17 起；查处违规收粮案件 207 起。2004 年，市工商局评出文明市场 2 处（聊城旧机动车交易中心、铁塔商场鞋帽批发市场），诚信市场 1 处（交运大市场），诚信业户 20 个，诚信企业 9 家，市级先进个体劳动者 19 名，市级先进单位 4 个。实施农产品市场准入试点，市多乐多超市、东阿县府前街农贸市场等市场为试点单位。

2006 年元旦、春节和“五一”等节日期间，开展节前农产品质量检测活动，全市共检测各类蔬菜、肉食 596 个样品，合格率 97%。2007 年元旦、春节、“五一”、“十一”等节日期间，开展全市节日市场专项治理活动，共出动执法人员 3160 人次，检查各类经营者 6530 家。开展农产品质量检测，全市共检测各类蔬菜、肉食 556 个样品，合格率 97.9%，对不合格商品责令市场开办者和经营者退市下架进行妥善处理。开展产品质量和食品安全专项整治，市政府专项整治领导小组办公室印发了《农产品市场专项整治实施意见》。专项整治期间，清理市场内无照经营业户 600 多家，督促指导经营业户建立健全索证索票和经营台账 16000 多套，查处销售不合格商户案件 520 件，案值 3200 多万元，罚没款 340 多万元，挽回经济损失 1800 万元。

2011 年，为迎接国家卫生城复审，探索开展网络市场规范管理工作，确定网络经营主体 15385 户，建档 8825 户，巡查 12272 户。2012 年，开展全市非法销售三轮车整治，对经营户主体资格、经营行为、商品质量三个方面严格检查，对违规经营户按程序依法处理。2011 年 5 月至 2012 年 2 月，全市开展“瘦肉精”专项整治行动。2013 年，在集贸市场、农贸市场内开展肉及肉制品市场专项治理行动、H7N9 禽流感防控等一系列工作。

重要商品市场管理 1998 年 5 月，贯彻国务院发布《关于进一步深化粮食流通体制改革的决定》。6 月后，全市清理整顿粮食经营企业和个体户 2182 户，重新核准 740 户。查处粮食违法案件192起，查获没收粮食1293吨，罚没款193万元。

1999—2001年，全市工商系统成立48个粮食市场稽查队，查处违法违规案件722件，查获非法经营粮食235吨，罚没款85万元。2000年，对棉花市场进行检查。立案查处非法收购加工棉花案件82件，罚款25.3万元，没收棉花413.9吨、加工设备110台。2001年，整治报废汽车回收拆解市场，取缔非法拆解汽车业户126个，保留有合法资格证的企业2家。2005年4月，开展市场农产品检测工作，共检测4家市场、超市，检测商品120批次，总合格率99.1%。是年，开展对化肥、种子、农药市场的专项整治，全市工商系统共检查各类农资经营户1693户，出动检查人员3900多次，查处农资案件660起，案值109万元。

2006年，从新车销售、旧车交易、报废车回收和私车公挂等方面对全市汽车市场进行治理整顿，共检查汽车销售企业45家，提出整改建议36条；为14家企业申报品牌汽车销售资格，为28家企业颁发品牌汽车销售资格文件。全市查处汽车销售企业违法经营案件22起，罚款15万元。2008年，全市查处汽车销售企业违法经营案件23起，罚款19万元，有力地维护了汽车销售市场经济秩序。2009年，聊城市工商行政管理局制定《关于推进鲁西化工农资连锁经营的意见（试行）》。根据国家工商总局的规定，汽车品牌授权经销商备案工作停止实施。

2005—2015年，全市工商系统查处农资案件3048件，案值1211万元，罚没1193.5万元；抽检肥料、农药等农资975个批次；受理投诉402件，为农民挽回经济损失820万元。每年开展成品油市场质量抽检行动，抽检成品油样品1403个，合格率由70%提升至93%。

三、经纪人管理

2004年8月28日，国家工商总局发布《经纪人管理办法》，经纪执业人员实行备案管理。2007年，市局制定一系列的优惠措施，降低经纪人登记“门槛”，免除经纪人办理营业执照代理费和会员费，有6户经纪人被命名为“山东省优秀诚信农村经纪人”。至2009年6月，聊城全市农村经纪人总数（含临时性、季节性）5881户，农村经纪执业人员总数（含临时性、季节性）6870人。2009年上半年，农村经济业务量（含临时性、季节性）12880万元。其中，注册登记农村经纪人1455户，农村经纪执业人员1620人；临时性、季节性农村经纪人4426户，农村经纪执业人员5250人。

四、文明市场管理

2015年，聊城市共有聊城顺屹家居大市场、交运大市场2家全国诚信示范市场，23家省级文明诚信市场。

2011—2015年聊城市获省级文明诚信市场一览表

表18-3

时间	市场名称
第一批 有效期：2011年1月至2013年12月	莘县河店镇瓜果菌菜交易市场
	聊城顺屹家居大市场
	临清市建筑装饰材料批发市场
	山东宜家家居广场
	聊城铁塔商场
	临清义乌商贸城
第二批 有效期：2012年1月至2014年12月	高唐县供销农贸批发市场

续表 18-3

时间	市场名称
第三批 有效期：2013 年 1 月至 2015 年 12 月	聊城江北汽车城旧车交易市场
	聊城市光明农贸综合市场
	聊城交运品牌服装批发市场
	聊城交运大市场
	聊城百大鲁西科技广场
	临清市烟店轴承市场
	东阿县府前街农贸市场
	茌平县诚信市场开发中心（原茌平县商业城）
	山东省高唐县福明家居购物广场
	聊城大东钢管市场
2014—2015 年度	临清市顾家商业市场
	冠县农副产品综合市场
	聊城盖氏邦晔物流园
	聊城市宜家家具广场
	聊城顺屹家居大市场
	聊城铁塔商场

五、合同监督管理

经济合同监管　1997 年，全区推行合同示范文本制度，经济合同统一文本使用率 90% 以上。是年 11 月 3 日，国家工商行政管理局颁布施行《合同争议行政调解办法》。2001 年，全市共检查各类合同 2396 份，查处违法案件 106 起。2003 年，加强对存在问题较多的租赁、承揽、企业承包、工业品买卖、借款等类合同和合同额较大合同的检查，进行格式合同的专项整治活动。2005 年，开展打击合同欺诈专项行动。2010 年 11 月 13 日，国家工商总局发布实施《合同违法行为监督处理办法》，全市工商系统按属地管理原则，持续开展对利用合同格式条款侵害消费者合法权益等违法行为的专项规范治理工作。2011 年，全市系统共立案查处违法案件 64 件，罚没款 60.95 万元；涉及供水格式条款案件 3 件，罚没款 1.3 万元。2012 年，全市系统调解消费纠纷 705 件，为消费者挽回经济损失 76.3 万元；推行合同示范文本 15 种；下发行政建议书或责令改正通知书 222 份，办理合同案件 277 件，罚没款 93.605 万元。2013 年，全市系统下发行政建议书 600 多份，下发责令整改通知书 200 多份，立案 28 件，罚没款 11.5 万元；对 12 家银行业金融机构和 3 家电信企业的合同格式条款整理备案 300 多份。2014 年，调解消费纠纷 82 件，为消费者挽回经济损失 43 万元。收集整理格式条款 300 多份，对市区 12 家银行业金融机构和 3 家电信企业的合同格式条款分别开展行政指导，要求企业开展自查自纠。2015 年，全市共梳理银行、电信、旅游业等行业经营者 125 家，找出问题格式条款共 44 项，约谈企业 61 次，下发行政建议书 30 份。下发责令整改通知书 29 份，纠正涉嫌违法违规格式条款 29 条，立案查处 3 件，罚没款 0.7 万元。

订单农业　2009 年，聊城市内开始实施“合同帮扶”工程，支持发展“订单农业”。以全省 32 种“优秀涉农合同示范文本”和山东省农村土地承包经营权流转合同示范文本推广工作为重点，引导涉农企业和农户自觉使用合同示范文本。结合聊城实际，指导涉农企业和农户开展“公司+农户”“农户+协会+科研机构”“有形市场+菜农”“公司+基地+农户”等农业订单形式。2009年，全市系统指导涉农龙头企业和农户（种植、养殖户）签订农业（农副产品）订单27690份，订单合同金额2.89亿元。2010年，市工商局出台《关于实施合同帮扶工程支持企业抗击金融危机工作的意见》，全面实施合同帮扶工程。2010年，全市系统指导涉农龙头企业和农户（种植、养殖户）签订农业（农副产品）订单29803份，订单合同金额7.8亿元。2011年，全市共有各类涉农企业1421家，签约农户18797户，订单签约27889份，订单签约金额15.6295亿元。

合同鉴证　1997年11月，国家工商行政管理局颁布《合同鉴证办法》，合同鉴证由县级以上工商行政管理局办理。是年，全市共鉴证经济合同7539份，标的金额191266万元。1998年，签订经济合同5069份，标的金额341120万元。1999年，签订经济合同7698份，标的金额479448万元。2000年，签订经济合同9590份，标的金额41.7亿元。2001年，根据新修改的合同法，对企业合同管理进行规范，改变原有经济合同法、技术合同法和涉外经济合同法构筑“三足鼎立”的格局，使合同法律实现全面统一，合同鉴证份数总体呈下降趋势。全市签订合同5883份，标的金额399540万元。2002年起，停止合同鉴证工作。

抵押登记　1997年，全区办理抵押登记526件，金额183120万元；1998年，办理抵押登记576件，金额201630万元；1999年，办理抵押登记617件，金额204060万元；2000年，办理抵押登记749件，金额21.5亿元。

2001年，抵押登记件数和金额明显减少，办理抵押登记532件，金额168571万元。原因是银行内部机构改革，贷款条件和要求不断提高，贷款管理日趋严格；部分企业经营状况不佳，贷款还款能力减弱。2002年7月，不动产抵押职能从工商行政管理部门划出，主要精力放在动产抵押登记上。2003年7月24日，《山东省企业动产抵押登记档案管理办法》颁布实行。办理企业财产抵押合同登记减少，抵押物价值大幅增长。2004年，聊城市物价局、工商局下发文件，聊城市价格认证中心及各县（市、区）价格认证中心对抵押贷款的企业动产物品所出具的价格鉴证结论，可作为各级金融部门以物品抵押办理贷款的重要依据之一。2005年，动产抵押登记合同数量和抵押物价值同步增长，办理动产抵押登记的主要是贷款合同。

2009年，为应对金融危机，市工商局联合市中小企业局、人民银行聊城市中心支行制定出台《聊城市钢结构资产抵押授信管理暂行办法》，市工商局出台《聊城市动产抵押登记工作指导意见》，开展大额浮动抵押、自然人抵押权人抵押、钢结构资产抵押等。是年，全市工商系统共办理动产抵押登记396份，盘活资产（抵押物价值）88.13亿元，帮助企业实现融资55.33亿元。2010年，市工商局会同工商银行聊城分行印制《企业融资操作须知》，统一股权出质登记程序、钢结构资产抵押登记程序、商标专用权质押登记程序。全市工商系统共办理动产抵押登记478份，盘活资产165亿元，帮助企业实现融资84.99亿元。2013年，全市系统共办理动产抵押登记820件，融资金额120.9亿元。2014年，全市系统

2014年3月18日，聊城正信公司对破产公司资产进行拍卖

共办理动产抵押登记1555件，融资金额198.72亿元。2015年，全市系统共办理动产抵押登记1755件，融资金额208.06亿元。

拍卖监管　1997年1月，《中华人民共和国拍卖法》颁布，工商行政管理机关负责拍卖主体的注册登记、拍卖行为的监督管理。1999年，聊城只有一家拍卖行。全年监管委托拍卖合同18份，金额114万元；成交确认合同79份，金额98万元。2001年1月15日，国家工商行政管理局公布《拍卖监督管理暂行办法》，实行拍卖活动备案管理。全市有拍卖企业2家，另有山东省境内的其他拍卖企业到聊城举办拍卖活动。2004年，拍卖金额总体增长较快，但外地拍卖企业也接受当地委托方的委托，拍卖行业的平均效益下降，行业竞争加剧。2005年，由于国有资产、罚没物品处理和强制执行标的物的处理必须经过拍卖的程序处理，聊城拍卖市场出现繁荣发展。2010年，受理拍卖备案421起，拍卖成交额1.82亿元。2011年，受理拍卖备案265份，拍卖活动的成交金额1.26亿元。2013年，受理拍卖备案372份，拍卖活动的成交金额3.97亿元。2014年，受理拍卖备案599份，拍卖活动的成交金额3.88亿元。2015年，受理拍卖备案752份，登记拍卖成交金额4.34亿元。截至2015年12月，聊城市拍卖企业发展到7家，在聊城设办事处的外地拍卖公司7家。

“守合同、重信用”活动　自1984年开始，国家工商总局、山东省工商局相继部署开展争创“重合同、守信用”企业活动。截至1997年，聊城地区共评出“重合同、守信用”企业436家。截至2015年12月，聊城共有守合同重信用企业373家，其中国家级守合同重信用企业26家、省级守合同重信用企业161家、市级守合同重信用企业186家。

第三节　商标广告管理

一、商标管理

1997年，全区共有注册商标1070件，其中区直72件、聊城市（县级市）213件、临清市275件、冠县108件、莘县101件、阳谷县96件、东阿县53件、茌平县82件、高唐县70件。1998年4月9日，市工商局下发《关于建立商标档案及编辑商标概览一书》的通知，确定编辑收集的范围、内容、形式等问题。全市共有注册商标1016件，其中“东阿”“双力”“亚”字“景阳冈”“雁宾”“临药”等为聊城市著名商标。在第二届山东著名商标认定中，聊城市6件商标认定为著名商标，2件获提名奖。

2000年11月8日，聊城市工商行政管理局向山东省工商行政管理局提请《推荐“时风”商标为“中国驰名商标”的报告》。是年，全市有注册商标1663件，验证1305件。莘县工商局下发《加强农产品注册商标的意见》，配合县政府制定30个地方生产标准，筛选出50多个名优特品种。该县时有农产品注册商标120多个，其中山东省著名商标2个。东阿县铜城镇的“阿绿”、姚寨乡的“江北绿”蔬菜商标，阳谷县的“凤祥”商标，莘县的“鲁莘”“莘绿”商标，冠县的“冠丰”“冠星”商标，都有一定的知名度，为当地企业的发展起了一定作用。

2002年3月，聊城市“东阿（阿胶）”“时风”两商标被国家工商总局认定为中国驰名商标。聊城市工商行政管理局下发《加强对驰名、著名商标管理和保护的意见》，对全市如何开展保护驰名、著名商标提出具体实施意见。9月11日，针对全市著名商标数量处于全省中等水平的情况，聊城市工商局下发《关于抓住我市12件商标荣获山东省著名商标之机进一步做好商标工作的意见》，10月8日，聊城市政府出台《关于进一步加强我市商标工作促进地方经济发展的意见》和《加强对驰名、著名商标管理和保护的意见》。是年，全市新认定著名商标12件，共有山东省著名商标23件。

2003年3月28日，由于上海博邦商务咨询服务有限公司举报，山东金号织业有限公司生产销售的部分童巾被查。经调查，当事人将与投诉人的注册商标“KT猫”（图形）及字母“HIELLO、

KITTY”相近似的图形及字母作为自己的商品装潢使用，属于《中华人民共和国商标法》规定的商标侵权行为。聊城市工商局依据《中华人民共和国商标法》的规定对当事人下达了没收库存的侵权商品、罚款19.6万元的行政处罚。2004年，为贯彻落实国务院《保护知识产权专项行动方案》，开展整治行动，截至2005年9月底，全市共查处商标案件416件，其中商标侵权假冒案件274件，一般违法商标案件142件，案值727.74万元，罚款239.51万元，没收、销毁侵权商标标识16248套，销毁物品32.6吨。

2005年，市工商局接山东鲁西化工股份有限公司举报，山东谷丰源化肥有限公司生产的复合肥，将与其注册的山东省著名商标“丰叶”近似的商标“丰源金叶”使用在同类商品上，属于《中华人民共和国商标法》规定的侵权行为。此案涉案金额1922630元，行政罚款20万元，当事人依法进行了听证。2006年，山东鲁西化工股份有限公司的“鲁西及图”商标被国家工商总局认定为中国驰名商标，山东昌裕集团聊城齐鲁漆业有限公司的“齐鲁及图”商标被河北省邯郸中级人民法院裁定为中国驰名商标。2007年，“凤祥及图”商标被国家工商总局认定为中国驰名商标，山东金号织业有限公司的“金号及英文”商标和山东阳谷电缆有限公司的“日辉及图”商标被聊城市中级人民法院裁定为中国驰名商标。2008年9月，聊城市政府、聊城市工商行政管理局等联合主办聊城首届商标博览会，133家企业参加展会。是年，山东飞泰纺织有限公司等9家企业被山东省工商行政管理局认定为山东省著名商标企业。东阿蓝天七色建材有限公司的“七色”商标被国家工商总局认定为中国驰名商标，山东景阳冈酒厂的“景阳冈及图”商标被云南省曲靖市中级人民法院裁定为中国驰名商标。

2007年8月，“凤祥”商标被国家工商总局认定为中国驰名商标

2009年，聊城市工商行政管理局组织申报山东双蝶家具有限公司等29家企业山东省著名商标材料，12家企业被山东省工商行政管理局认定为山东省著名商标企业。山东冠丰种业科技有限公司的“冠丰GUANFENG及图”商标被国家工商总局认定为中国驰名商标。是年，莘县蘑菇、莘县香瓜在国家工商局商标局注册为地理标志证明商标。2010年，聊城市工商行政管理局组织申报山东省信发华信铝业有限公司等29家企业山东省著名商标材料，9家企业被山东省工商行政管理局认定为山东省著名商标企业。山东东阿阿胶股份有限公司的“吉祥云图形”、山东东阿钢球集团有限公司的“海鸥及图”商标、中通客车控股股份有限公司的图形商标、山东华鲁制药有限公司的“华鲁”商标被国家工商总局认定为中国驰名商标。

2011年，聊城山东博特轴承有限公司等6家企业被山东省工商行政管理局认定为山东省著名商标企业。山东信乐味精有限公司的图形商标、山东犀牛工程机械有限公司的商标“犀牛XINIU及图”、山东信发华信铝业有限公司的图形商标被国家工商总局认定为中国驰名商标。2012年，山东燕塔酒业有限公司等12家企业被山东省工商行政管理局认定为山东省著名商标企业，山东哈临轴承实业有限公司的商标“HLB”、山东凤祥食品发展有限公司的商标“五更炉”被国家工商总局认定为中国驰名商标。2013年中通客车控股股份有限公司和山东东阿阿胶股份有限公司被山东省工商行政管理局授予全省商标战略示范企业，聊城鲁福木器有限公司等16家企业被山东省工商行政管理局认定为山东省著名商标企业。全市注册商标12000多件，其中中国驰名商标 19 件、山东省著名商标 73 件、地理标志 2 件、马德里注册商标 10 件。6 月，聊城市政府出台《关于加快推进商标战略实施促进经济发展的意见》。2014 年 5 月 1 日，新修订的《中华人民共和国商标法》实施。聊城市江北轴承厂等 16 家企业被山东省工商行政管理局认定为山东省著名商标企业。2015 年，聊城市三力保温材料有限公司等 15 家企业被山东省工商行政管理局认定为山东省著名商标企业。山东雁宾酒业有限公司的商标“雁宾及图”、冠县冠星纺织有限责任公司的商标“冠星”、山东东阿阿胶股份有限公司的商标“桃花姬”被国家工商总局认定为中国驰名商标。截至 2015 年年底，聊城市共有有效注册商标 20518 件，居全省第八位；全国驰名商标 22 件，居全省第十一位；山东省著名商标 99 件，居全省第十三位；马德里注册商标 17 件，居全省第十二位；地理标志证明商标 19 件，居全省第九位。

2015 年聊城市注册商标情况统计表

表 18-4　　　　单位：件

县（市、区）	申请数	注册数	年底商标总量
聊城市	6215	4520	20518
东昌府区	1340	828	2687
临清市	693	654	3375
阳谷县	576	570	2611
莘县	452	527	2027
茌平县	307	253	1469
东阿县	1191	446	1621
冠县	483	352	1792
高唐县	396	414	1829

二、广告管理

1997 年，根据国家工商行政管理总局《户外广告登记管理规定》，地区工商局开始进行户外广告登记。

1999 年 4 月 19 日，聊城市委宣传部和聊城市工商局联合下发《关于在聊城市区集中设置公益广告的通知》，确定在市区集中设置公益广告。2000 年，集中 2 个月的时间，对虚假违法医疗、药品、保健食品广告进行整治；对全市广告业户经营资格及虚假广告等行为进行专项检查。检查广告经营业户 120 户，核销广告经营资格 18 户，暂停防治性病广告的发布。市工商局下发《店堂广告样件备案办法》。聊城人民广播电台节目《还孩子一片自由的天空》获全省 1999—2000 年度优秀公益广告作品评选铜奖。

2001 年，市工商局部署在全市范围内集中开展“反误导打虚假”广告专项治理活动，制发《关于清除虚假广告、规范经营秩序专项整治行动实施方案》，对食品、药品、医疗广告，房地产、电视直销广告进行专项整治，对聊城城区的户外广告进行整顿规范。2003 年 10 月，在全市实行《广告市场信用监管制度》。全年监测广告 1840 条次，检查各类广告 410 条次。出动机动车辆 1000 多台次，购置录音、录像带 260 盘，查处违法广告罚款 45 万余元。2004 年 2 月 9 日，聊城市政府、市委宣传部下发《关于贯彻鲁政办发〔2004〕12 号文件进一步加强新闻媒体广告宣传管理工作的通知》和《2004 年治理虚假医疗药品广告工作方案》，市工商局向各县（市、区）工商局（分局）、新闻媒体发出《关于进一步规范医疗广告发布问题的通知》，严禁发布和变相发布国家明令禁止的 7 类药品和 11 种医疗广告。

2005年，下发《关于印发全市新闻媒体违法广告集中整治联席会议各成员单位工作职责的通知》《关于印发虚假违法广告专项整治工作实施方案的通知》《关于印发整治虚假违法广告专项行动有关制度的通知》等3个文件，对媒体受理、发布医疗广告的条件程序、内容要求、发布频率和数量等作出规定。2008—2015年，连续多年开展媒体广告专项整治活动。

2015年9月1日，新修订的《中华人民共和国广告法》正式施行。是年，国家工商总局启用国家广告数据中心，运用大数据理念开展广告监管工作。聊城市通过国家广告数据中心，全年累计处理违法违规广告2000余条次，立案查处虚假违法广告案件78件。

第四节　经济检查与执法

一、经济检查

1997年，经济检查系统共办结各类违法案件720件，罚没款245万元，其中投机倒把案件90件，查处走私贩私案件8件、不正当竞争案件14件。1998年，全市共查处各类经济违法案件492起，其中非法所得万元以上的案件24件，没收各种假冒伪劣烟、酒、食品、饮料、自行车、化肥、农药、家用电器等货值596万元。查处走私贩私案件3件，查处走私贩私汽车7辆、走私香烟1000条，总价值181万元。查处不正当竞争案件7件。山西假酒案发生后，全系统在全市范围内开展以打击制售假酒为重点的打假治理活动，共查获假酒25534瓶、假烟1500条、食品饮品一大宗近百个品种，案值460万元。1999年，全市系统查获假烟250条、假酒22819瓶、食品850千克、饮料14825瓶，查获非法经营和假劣种子1.975吨、化肥77.95吨、农膜760千克、农药117235千克、商标标识6000套，假冒物资充货值224万元。查处不正当竞争案件3件，案值13万元。2000年，全市系统以维护公平竞争秩序，保护生产者、经营者、消费者的合法权益为重点，开展执法活动。全年共出动检查人员2120人次、车辆234台次，共查获假冒卷烟500条、假冒白酒26300瓶、假劣饮料4000瓶（袋）、食品2500千克，查获非法经营和劣质种子6500千克、化肥25吨、农药4000千克，查获造假用商标标识16.8万套等物品，货值77.5万元。共取缔制售假窝点4个，查处各类违法违章案件817起，罚没金额284.5万元，查处不正当竞争案件80件。

2001年，全市系统深入开展“打假保春节”“红盾护农”“打假维权，消费者满意示范街”和“政企联手打假”活动。全系统共出动人员3995人次、车辆771台次，检查市场247处，检查业户8064户，取缔制假窝点12个；全市共立案138件，假冒总货值216万元，罚没款75.5万元。对百余个重点交易市场、商场、专卖店进行了重点监管和检查，共查处涉嫌走私手机40余部、充电器320个。查办不正当竞争案件47起，罚没款633万元。2002年，全市系统共立案查处各类案件1808起，其中5万元以上案件19起。查获非法经营和假劣化肥136480千克、种子14225千克、农药23500千克、劣质过期食品9897千克、假酒12464瓶、劣质饮料2680瓶（袋）、案值205万元。对保险行业和医疗行业进行了重点治理和整顿，全市共查处不正当竞争案件34件，案值48万元。2003年，全市系统开展抗击“非典”商品市场专项整治、不正当竞争案件的查处、集贸市场集中整治等项重点工作。查扣和销毁物资冒充货值118万元，其中劣质过期食品66446千克、劣质饮料4530瓶（盒）、冒牌服装78件、劣质化肥466.5吨、劣质种子7000千克、劣质冒牌酒2.6万瓶。查处假冒伪劣商品案件479件，案值335万元，停业整顿53家，取缔窝点18个。查办不正当竞争案件87起，案值214万元，罚没款114万元。2004年，全市工商系统把打击假冒伪劣食品、农资等作为整顿和规范市场经济秩序的重点，全年共出动执法人员4222人次，检查经营户12152户，取缔制假窝点103个，查处制售假冒伪劣食品案件410件，查获假冒伪劣食品肉2198千克、酒4504瓶、饮料4013瓶、假冒伪劣化肥322.8吨、种子11.2吨、农药3210瓶、农膜700千克、农机配件260件，总价值110万元。

2005年，全市工商系统查处公平交易案件1267起，案值624.47万元。其中不正当竞争案件241起、投机倒把案件11起、消费者权益保护案件110起、违反商标法案件123起、产品质量案件203起、广告违法案件9起、企业登记违法案件149起、其他案件519起。2006年，全市工商系统查处公平交易案件890起，案值793.80万元。其中不正当竞争案件143起、投机倒把案件11起、消费者权益保护案件54起、违反商标法案件83起、产品质量案件109起、广告违法案件33起、企业登记违法案件133起、合同违法案件1起、其他案件225起。2007年，全市工商系统查处公平交易案件617起，案值1636.71万元。其中不正当竞争案件229起、投机倒把案件1起、消费者权益保护案件29起、违反商标法案件77起、产品质量案件69起、广告违法案件10起、企业登记违法案件57起、其他案件145起。2008年，全市工商系统查处公平交易案件481起，案值480.58万元。其中不正当竞争案件120起、消费者权益保护案件17起、违反商标法案件42起、产品质量案件102起、广告违法案件12起、企业登记违法案件37起、其他案件151起。2009年，全市工商系统查处公平交易案件645起，案值13341.67万元。其中不正当竞争案件103起、消费者权益保护案件26起、违反商标法案件44起、产品质量案件66起、广告违法案件4起、企业登记违法案件126起、合同违法案件1起、其他案件275起。

2010年，全市工商系统查处公平交易案件934起，案值921.60万元。其中不正当竞争案件89起、消费者权益保护案件31起、违反商标法案件88起、产品质量案件65起、广告违法案件17起、企业登记违法案件142起、其他案件502起。2011年，全市工商系统查处公平交易案件746起，案值970.03万元。其中不正当竞争案件80起、消费者权益保护案件49起、违反商标法案件58起、产品质量案件32起、广告违法案件17起、企业登记违法案件160起、其他案件350起。2012年，全市工商系统查处公平交易案件721起，案值864.33万元。其中不正当竞争案件59起、消费者权益保护案件33起、违反商标法案件53起、产品质量案件22起、广告违法案件12起、企业登记违法案件224起、合同违法案件4起、其他案件314起。2013年，全市工商系统竞争执法和经济检查执法办案共558起，案值337.45万元，其中不正当竞争案件52起，案值12.25万元。2014年，全市工商系统竞争执法和经济检查执法办案共214起，案值71.06万元，其中不正当竞争案件25起，案值3.71万元。2015年，全市工商系统竞争执法和经济检查执法办案共39起，案值29.04万元，其中不正当竞争案件15起，案值18.44万元。

二、打击传销活动

1997年、1998年、1999年，国务院、国家工商总局、公安部相继印发《关于严厉禁止非法传销培训活动的通知》《关于禁止传销经营活动的通知》《关于查禁传销及变相传销活动的紧急通知》，市工商局会同市公安局对从事传销活动采取有力措施，加大对传销及变相传销活动的查禁，对下列行为进行严肃查处：将传销由公开转入地下的；以双赢制、电脑排网、框架营销的形式进行传销的；假借专卖、代理、特许加盟经营、直销、连销、网络销售等名义进行变相传销的；采用会员制、储蓄卡、彩票、职业培训等手段进行传销和变相传销，骗取入会费、加盟费、许可费、培训费的。

2002年，市工商局与共青团聊城市委联合下发《关于印发〈对青少年进行反欺诈、反传销教育实施方案〉的通知》。2003年，共取缔传销窝点19个，遣散人员619人，移送公安机关6人。2004年，全市工商系统共出动执法人员1800人次，出动执法车辆310辆次，取缔传销窝点35处，遣散传销人员880人，移送公安机关6人，涉案金额60余万元。2005年，全市工商机关共出动执法人员2200人次，取缔传销窝点90个，遣散传销人员1400人，移交公安机关12人。

2007年起，市综治办将打击传销工作列入社会治安综合治理和“平安聊城”建设的考核内容，由市工商局会同市综治办、公安局每年组织对各县（市、区）进行考评。2006—2010年，全市开展创建“无传销社区（村）”活动，共创建无传销社区（村）142个。2011—2013年，开展创建“无传销街道（乡镇）”活动，共创建无传销街道（乡镇）133个。2011年，全市工商系统落实省工商局《关于进一步加强直销监督管理工作的意见》，明确了市、县级工商部门直销监管职责分工、管辖范围和工作重点。2015年，市文明办将创建无传销城市工作纳入“文明城市”建设重要内容。

第五节　消费者权益保护

1997年9月，聊城市工商局（现东昌府分局）开通申诉举报电话，在31个工商所下设受理网点，建立三级（中心、协会、工商所）维权网络，成立聊城历史上第一个消费者申诉举报中心。此后，每年“3·15”消费者权益保护日，工商、消协部门围绕各年的不同主题，通过多种途径开展维权宣传活动。是年的消费者权益日年主题是“讲诚信，反欺诈”。

1995—1998年，全市系统受理消费者申诉117件，调解成功率95%，为消费者挽回经济损失35.5万元。1999年，各县、市（分）局相继开通“12315”申诉举报电话，组建“12315”消费者申诉举报中心，专门受理消费者咨询、申诉和举报，受理投诉、申诉、举报工作开始步入规范化。是年，全市受理消费者申诉131件，成功调解125件，处结率95.4%，为消费者挽回经济损失21.5万元。2000年，全市123个工商所设立12315申诉举报服务室，全市系统申诉、举报协作网络得以建立健全。是年，全市受理消费者申诉341件，成功调解327件，处结率95.8%，其中调解万元以上申诉12件，为消费者挽回经济损失共计39万元。2001年，国务院将流通领域商品质量管理职责划归工商机关，流通领域商品质量监管、打击假冒伪劣商品和保护消费者合法权益合为一体。是年，市工商局受理消费者申诉554件，调解531件，处结率95.8%，其中调解万元以上申诉13件，共计为消费者挽回经济损失55万元。2002年7月，市工商局设立消费者权益保护科，与公平交易局合署办公，各县、市（分）局也成立消费者权益保护科，消费者权益保护工作得到进一步加强。是年全市系统共受理消费者申诉2768件，其中城镇消费者申诉1994件、农村消费者申诉774件，分别占申诉总数的72%和28%；适用简易程序调解2564件，成功调解2698件，占申诉总数97.47%，为消费者挽回经济损失67万元。

2003年，在全市范围内设立消协分会和消费指导站、联络站共439个，消协组织网络进一步完善。是年，全市共受理申诉3399件，适用简易程序调解3358件，立案调解41件，成功调解消费者申诉3334件，调解成功率98.08%，为消费者挽回经济损失84.62万元。2004年9月，国务院明确工商部门负责食品流通环节的监管。是年，全市共受理消费者来电、来信、来访咨询93580人次，受理申诉1537件，成功调解1472件，处结率95.7%，为消费者挽回经济损失62.69万元，加倍赔偿金额5万元，支持消费者起诉2件。

2005年，设立市工商局12315消费者申诉举报中心，与消费者权益保护科合署办公。全市系统“12315”申诉举报中心实现市工商局、县（市、区）局、基层工商所三级联网，集中受理，统一分流。全市共受理消费者来电、来信、来访咨询106780人次，受理消费者申诉2687件，成功调处2593件，调解成功率96.5%，为消费者挽回经济损失93.87万元。是年，成立消费教育指导站、消费者法律维权站、消费教育课堂，形成遍布城乡的消费教育网络。2005年，全市共受理消费者来电、来信、来访咨询 106780 人次，受理消费者申诉 2687 件。

2007 年，为搞好农村食品市场安全，市工商局在全市所有农村食品经营户中推行建立“一户多档制”“实名登记制”“证明登记制”“标牌公示制”食品流通环节监管“四项制度”，从而将农村食品纳入了可追溯监管链。2009 年，《中华人民共和国食品安全法》颁布实施，在法律上明确工商部门负责流通环节食品安全监管，同时赋予工商部门流通环节食品经营许可这项新职能，将流通环节食品安全监管工作与消费者权益保护工作进一步紧密联系在一起。

2010 年，市工商局在全市范围内推行“一票通”制度，要求所有供货商供货时必须开具包含有“购货单位、进货验收日期、品牌及名称、规格、单位、数量、单价、金额、生产批号（日期）、保质期、合计金额大小写、供货商（签名或盖章）、供货商电话、送货人签名、送货车牌号”等信息的单据，实现了食品的可追溯监管。

2012 年，聊城市政府规定，市消协负责指导全市金融消费者权益保护工作，接受金融消费者的投诉并及时向其他成员单位转办。市工商局从食品供货商入手，在阳谷县试点推行行业协会自律管理。2013 年，消费者权益保护确定为工商部门的五大职能之一，首次建立“聊城市工商局消费者权益保护工作协调机制”，将消费者权益保护工作上升为全局工作。截至年底，全市工商机关共许可流通领域食品经营户 22739 户。

2014 年，流通环节食品安全监管职能正式从市工商局划出，流通领域商品质量监管职能仍然保留。2014—2015 年，全市工商系统共抽查检验商品 636 个批次，查处不合格商品案件 80 余件，罚没款 40 余万元。对抽检商品信息进行公示，发布消费警示。推进“12315”进商场、进超市、进市场、进企业、进景区“五进”工作和消费者协会分会、“消费者投诉站”“12315 联络站”（简称“一会两站”）工作，截至 2015 年年底，全市“一会两站”共建成 914 处，其中，消费者协会分会 71 处、消费者投诉站和“12315”联络站 843 处。2015 年，组织行业、法律专家，深入到城区街道、农村、学校、企业、市场进行宣传活动；发放宣传资料 17.2 万余份，接受咨询 6000 人次。通过新闻媒体揭露、批评损害消费者权益案 11 件，发布消费警示信息 32 条，组织下乡服务 12 次，参与市场监督检查 61 次，举办展览 5 场次；开办消费教育讲座 9 次。

1997—2015 年聊城市“消费者权益日”活动主题一览表

表 18-5

年份	主题
1997	讲诚信，反欺诈
1998	为了农村消费者
1999	安全健康消费
2000	明明白白消费
2001	绿色消费
2002	科学消费
2003	营造放心消费环境
2004	诚信·维权
2005	健康·维权
2006	消费与环境

续表 18-5

年份	主题
2007	消费和谐
2008	消费与责任
2009	消费与发展
2010	消费与服务
2011	为消费者提供公平的金融服务
2012	消费与安全
2013	让消费者更有力量
2014	让消费更有尊严
2015	携手共治　畅享消费

第五章　物价管理

1997—2015 年，聊城物价工作的主要任务是，从建立和完善主要由市场形成价格的机制转向完善主要由市场决定价格的机制，建立与市场体制相适应的价格管理体制。物价工作坚持市场取向的价格改革，完善价格形成机制；以保持价格总水平基本稳定为目标，完善和落实价格调控措施；加强价格法治建设，整顿价格和收费秩序，依法规范价格行为；转变职能，强化价格公共服务。

1997 年，聊城地区物价部门针对上年价格总水平高位运行的态势，把抑制通货膨胀、控制物价上涨作为首要任务，重点开展清费治乱减负工作，全区居民消费价格和商品零售价格总水平平稳回落。为改善基础性产品价格偏低的状况，疏导价格矛盾，制定调整 70 多种商品和服务价格。

1998—2000 年，全市物价部门贯彻《中华人民共和国价格法》（简称《价格法》）及其配套法规，逐步建立政府价格决策听证、规范性文件备案、政务公开、价格执法等制度，加强价格普法宣传工作，推进依法治价进程。按照“国家实行并逐步完善宏观经济调控下主要由市场形成价格的机制”要求，价格工作重点转向完善价格形成机制，加强和改进价格监控、监管和服务，依法规范价格行为。价格管理方式从“管价格”到“管行为”、从“重管理”到“管理和服务并重”过渡。

2001—2012 年，初步建立主要由市场形成价格的机制，价格改革的重点是完善市场形成价格的机制，推进价格主管部门职能转变，明确价格工作的职能定位是“定规则、当裁判、搞服务”。价格工作重心从直接制定、调整具体商品和服务价格方面，转移到研究制定价格政策和价格法规制度、改革重点领域价格形成机制、加强价格调控体系和价格监管体系建设及价格公共服务等方面。聊城市物价局 2009 年被国家发改委评为全国价格监管服务先进集体。2011—2012 年，全市居民消费价格完善总水平同比涨幅由 2011 年的 4.8% 回落至 2012 年的 1.7%。

2013—2015 年，围绕使市场在资源配置中起决定性作用和更好发挥政府作用，全市物价部门全面深化价格改革，放开民办教育收费、培训班收费、药品价格、旧机动车交易服务收费、非公立医疗机构医疗服务收费等 20 余项政府定价项目，推进资源环境、医疗、教育等重点领域价格和收费改革，健全政府定价制度，完善价格兜底政策，加强市场价格监管，价格管理水平得到提升。

第一节　价格调控

一、价格总水平调控

在价格放开的过程中，为防止部分商品短期内过快上涨对社会带来冲击，物价部门综合采取法律手段、经济手段及依法实施最高限价、调价备案等行政干预手段，平抑价格异常波动。

1997-2002 年，全市经济运行呈“高增长、低通胀”的良好发展态势，市场价格总水平平稳回落。根据社会经济发展的需要，抓住物价低幅运行时机，深化价格改革，调整价格结构，完善价格机制。

2003 年，针对“非典”疫情，依法对防治“非典”药品和相关商品价格实施全面监管，聊城市物价局先后印发《聊城市物价局关于防治“非典”药品和相关商品最高限价的紧急通知》等 7 个通告，对 1691 个经营单位进行大检查，查处违价单位 205 个，实施经济制裁总金额 56.81 万元，在较短的时间内平息了涨价风潮。2004 年 5 月，市物价局成立应对价格异常波动工作领导小组及应对粮食价格异常波动工作领导小组，实施应对价格异常波动工作预案，稳定市场价格。贯彻执行国家和省控制出台涨价项目的“双控线”政策、政府提价项目备案制度，避免出现提价集中和涨价幅度过大的情况。

2008 年，针对雨雪冰冻、汶川特大地震等重大自然灾害，以及奥运会召开、“三鹿奶粉”等重大事件，迅速启动价格应急监测制度，加强对价格形势的分析预测。严格控制市管提价项目，贯彻实施粮油肉蛋奶和抗震救灾物资的临时价格干预措施，制止不合理涨价。在全市建立物价上涨与提高困难群众生活补贴和保障标准联动机制（简称联动机制），保障全市城镇和农村低保对象基本生活。

2009 年，为防止生猪价格过度下跌，稳定生猪生产，市物价局会同市发改委等七部门建立防止生猪价格过度下跌调控预案。会同市财政局、市民政局启动低收入居民基本生活费用价格指数与最低生活保障标准挂钩联动机制，自 2009 年 1 月 1 日起，全市农村居民最低生活保障标准由每人每年 900 元提高到 1000 元，城镇低保标准每人每月普遍提高 15 元。2010 年 12 月，市政府下发文件，贯彻省政府关于稳定消费价格总水平保障群众基本生活的通知精神，建立价格调控联席会议制度。

2011 年 3 月，健全市场价格应急处置机制，迅速平抑由日本大地震引发的食盐抢购风潮，稳定了食盐价格。4 月，市物价局印发《聊城市种子价格应急调控监管预案》，积极应对小麦、玉米、棉花等主要农作物种子价格异常波动。8 月，会同市发改委等五部门印发通知，完善社会救助和保障标准与物价上涨挂钩联动机制，将联动机制保障对象扩大到主要包括城乡低保对象、农村五保供养对象、享受抚恤定补的优抚对象、领取失业保险金人员。

2013 年，落实联动机制，向领取失业保险金人员发放二季度价格临时补贴 55.41 万元，惠及失业人员 6425 人，提高全市城乡居民最低生活保障标准。会同民政、财政部门将 2012 年 7 月至 2014 年 3 月的免费电量款 2426 万元发放全全市城乡“低保户”和农村“五保户”。

2014 年，市物价局完善联动机制，规定当低收入居民基本生活费用价格指数连续 3 个月超过 5% 时，及时启动联动机制；达到启动条件后应在第 3 个月低收入居民基本生活费用价格指数发布后 30 日内一并发放。

2015 年，聊城开展农产品蔬菜目标价格保险试点工作。在临清市、阳谷县、冠县三个县（市）开展大蒜目标价格保险试点，参保面积达 10021.7 亩，共向承保蒜农赔付 101.3 万元，帮助农民保障利益，规避风险，促进蔬菜价格稳定。

二、价格监测

1997年—1998年，加强物价业务统计网络建设和市场价格监测，定期编报价格形势分析。1997年5月，建立聊城地区价格监测信息中心，为全额预算管理科级事业单位。

1999年，根据国家《价格监测规定》《全国粮食价格监测报告制度》《药品价格监测办法》，市物价局对粮食价格和药品价格实施监测。2002年，明确市物价局价格监测中心主要职责。2003年春天，面对“非典”疫情，市价格监测中心对40种防治“非典”药品和相关商品价格进行不间断监测。是年10月，全市出现粮油等商品价格过快上涨局面，自10月20日起，每天对小麦、玉米、花生油、面粉等17种商品价格进行监控，密切关注市场动态。

2004年5月，根据《山东省应对价格异常波动工作预案》，市物价局健全主要商品价格监测预警应急处理机制，编发《价格信息》，加强价格异常波动监测。2005年建立化肥出厂价格、居民生活消费品零售价格、工业生产资料销售价格、城市居民服务价格及主要商品进出口价格等5项监测报告制度。

2012年，市物价局常规价格监测品种增加农村道路客运票价、城市公交票价、出租车票价、道路货运等品种，价格监测品种由160余种增加至200多种，价格监测定点单位由86个增加为127个。2013年，及时启动生猪市场价格、禽流感相关商品价格、夏粮价格等应急监测。

2015年，为改进价格监测数据报送和分析模式，市物价局开展聊城市价格监测数据智能化采集与信息发布平台建设，确定2家农贸市场、2家超市、2家医院为价格监测数据采集单位。

三、价格调节基金

2010年2月，聊城市政府印发《聊城市价格调节基金征收使用管理办法》，设立价格调节基金管理办公室，负责基金的征收、使用、管理等日常工作。3月1日正式开征价格调节基金。5月，聊城市物价局与市财政局、国税局、地税局、人民银行等五部门联合印发《关于做好价格调节基金收缴等有关事项的通知》，在各县（市、区）设立基金征收过渡账户，建立基金收缴入库、票据传递程序。

2010年始，按照“取之于民，用之于民”的原则，积极运用价格调节基金，对城市供热、公交、天然气、供水等公用事业政策性亏损分别补贴3591.4万元、940万元、400万元、200万元，稳定公用事业运营；补贴新能源汽车7200万元，有效推进节能减排工作，改善市民出行交通环境；补贴市城区困难群体价格补贴1019.15万元，安定群众生活；对农业合作推广及监测价格补贴730万元，累计用于各种补贴1.4亿元。2010年价格调节基金支出800万元，发放供热补贴500万元，补贴公交公司300万元。2011年支出2355万元，发放供热补贴930万元，补贴新能源汽车1200万元，补贴低保户225万元。2012年支出2561.05万元，发放供热补贴1100万元，补贴公交公司390万元，补贴天然气200万元，补贴低保户501.05万元，补贴供销合作社300万元，补贴交运集团70万元。2013年支出4813万元，补贴新能源汽车3000万元，补贴公交公司80万元，补贴供销社400万元，补贴农业监督监测30万元，补贴供热650万元，补贴低保户153万元，补贴新奥燃气200万元，补贴市城市污水处理厂200万元，补贴公交集团100万元。2014年支出3000万元，全部用来补贴新能源汽车。2015年支出551.5万元，补贴低保户140.1万元，补贴供热公司二次加压费用411.4万元。2015年4月29日，市政府办公室下发《关于停止征收价格调节基金的通知》，价格调节基金征收工作于是年5月正式停止。截至2015年5月，价格调节基金累计征收2.55亿元。

四、价格指数

1997年，境内国民经济市场化程度进一步提高，市场配置资源的作用不断加强，经济结构调整出现新的变化，能源、交通、通信等基础设施基本满足经济快速增长的需要。对外经济技术交流和外贸出口出现扩大和回升，国际收支改善，农业生产特别是粮食连年丰收，价格总水平涨幅低缓。聊城全区经济运行同全国、全省一样，呈“高增长、低通胀”的良好发展态势，市场价格总水平平稳回落，全区居民消费品和商品零售价格总水平分别低于经济增长率8.6和9个百分点，是1992—1997年的最低点。

1998—2000年，价格总水平呈持续负增长，聊城市物价局认真贯彻实施经济结构调整优化的价格政策措施，取消通货膨胀时期采取的临时性控价措施，抑制通货紧缩。1998年、1999年、2000年聊城市居民消费价格总水平同比分别下降0.8%、1.5%、2.2%。

2001年，中国正式加入世贸组织，经济全球化进程加快，全市居民消费价格总水平由2000年的下降转为同比上升0.6%。2002年，由于市场供大于求及供求结构性矛盾逐步显现，以及受科技进步、经济全球化、市场竞争加剧等因素的影响，居民消费价格总水平同比下降0.3%。2003年，全市物价部门依法对防治“非典”药品和相关商品价格实施全面监管，有力地打击了扰乱市场价格秩序的不法行为，聊城市居民消费价格总水平同比上涨0.4%，运行平稳。2004—2006年聊城市居民消费价格指数同比分别上升1.7%、1.7%、1.4%，全市价格总水平保持了平稳运行态势。

2007年5月至2008年上半年，价格总水平出现结构性过快上涨，聊城各级物价部门依法对相关商品价格实行临时价格干预措施，制止不合理涨价。2007年，针对全市价格总水平加快上涨问题，物价部门对粮油、肉禽蛋等主要副食品价格进行跟踪监测，对农药、农膜、饲料和种子等农资价格进行重点监测，居民消费价格总水平同比上涨4.1%，商品零售价格指数同比上涨3.4%。

2008年1—8月，严格控制出台市管调价项目，保持政府定价和政府指导价的稳定。2008年聊城市居民消费价格指数和商品零售价格指数上涨幅度都较大，同比涨幅均高达5.2%。2009年，聊城市价格总水平转为低位平稳运行，居民消费价格指数同比上涨0.2%，商品零售价格指数同比则下降0.1%。2010—2011年，聊城市价格总水平结构性上涨，居民消费价格指数同比分别上涨3.1%、4.8%。

2012—2015年，全市各级物价部门综合施策，强化价格调控，价格总水平基本稳定，居民消费价格总水平年均上涨1.67%。2015年，聊城市居民消费价格指数同比上涨1.2%，比预期调控目标低1.8个百分点。

1997—2015年聊城市居民消费价格指数和商品零售价格指数变化情况表

表18-6　　单位：%

年度	1997	1998	1999	2000	2001	2002	2003	2004	2005	2006
居民消费价格指数	102.4	99.2	98.5	97.8	100.6	99.7	100.4	101.7	101.7	101.4
商品零售价格指数	102.0	97.6	97.7	97.8	99.9	—	—	—	—	101.1
年度	2007	2008	2009	2010	2011	2012	2013	2014	2015	
居民消费价格指数	104.1	105.2	100.2	103.1	104.8	101.7	102.0	101.8	101.2	
商品零售价格指数	103.4	105.2	99.9	104.1	103.6	100.2	100.9	101.2	99.7	

第二节　工农业品价格管理

一、农产品价格

粮食价格　1996年，粮食定购价格和最低收购保护价政策改为中央下达基准价和浮动幅度，由各省人民政府确定具体的收购价格，必要时由国家计委进行平衡。除市级储备粮价格2002年授权市级政府物价部门管理外，其他粮食价格由省级物价部门管理，聊城执行省规定的粮食价格政策。

1997年，为调动农民种粮、售粮积极性，适时调整小麦最低收购保护价格。1998年、2000年，为促进粮食总量平衡和农业结构调整，先后2次调整小麦、玉米的定购价格和保护价格，其中2000年定购价与保护价执行同一价格。

2002年，调整小麦收购保护价格，国标三等白麦收购保护价格统一为每50公斤55元，并重新修订下发小麦优质优价查对表。2004年，加强粮食价格管理，制定2004年度新增市级储备粮入库成本价格为每500克0.84元。

2006年，国家在主产区对小麦实行最低收购价政策，国标三等白小麦最低收购价格每50公斤72元，红麦、混合麦每50公斤69元。2008年，国家再次提高小麦最低收购价格，修订小麦国家标准，国标三等白小麦最低收购价格每50公斤77元，红麦、混合麦每50公斤72元。

2009—2013年，小麦最低收购价格逐年提高。2009年国标三等白小麦最低收购价格为每50公斤87元，红小麦、混合麦收购为每50公斤83元；2010年国标三等白小麦最低收购价格每50公斤90元，红小麦、混合麦最低收购价格为每50公斤86元；2011年国标三等白小麦最低收购价格为每50公斤95元，红小麦、混合麦最低收购价格为每50公斤93元；2012年国标三等白小麦、红小麦、混合麦最低收购价格均为每50公斤102元；2013年，国标三等白小麦、红小麦、混合麦最低收购价格为每50公斤112元。2014—2015年，小麦（三等）最低收购价格为每50公斤118元。

棉花价格　1998年，棉花市场与价格没有放开，价格由国家制定，生产实行计划管理，供应“统购包销”。1997年，为稳定棉花生产，增强国产纺棉的竞争力，棉花收购价格维持1996年水平，标准级皮辊面（3级27毫米）每50公斤700元。级内锯齿棉衣分亏损补贴每50公斤28元；级外棉不加衣分亏损补贴。扩大棉花供应价格浮动幅度，标准级皮辊棉供应价每50公斤（含税），产地县为855元，二级站为861元。在此基础上，允许上下浮动的幅度由4%扩大至6%。级内锯齿棉衣分亏损补贴每50公斤另加28.53元，不实行浮动。

1998年，针对国内棉花市场供大于求，销售困难的实际情况，国家适当下调棉花收购价格，棉花收购价格由政府定价改为政府指导价，标准级三级27毫米皮辊棉收购价格每50公斤由700元调整为中准价650元，允许上下浮动幅度为5%，供销社棉花收购企业根据市场情况，在上下浮动5%的范围内确定具体收购价格。为促进高等级棉花销售，并逐步与国际标准衔接，适当缩小了高级棉的等级、长度差价率，以标准级三级27毫米皮辊棉为100%，四级以上和27毫米以上各等级、长度单位之间的差价率一律调整为2%。棉花供应价格放开，实行市场调节价。

1999年，贯彻国家计委发布的《关于公布1999年棉花收购指导性价格的通知》，从1999年9月1日起，进一步放开棉花收购价格，棉花的购销价格主要由市场形成，国家不再作统一规定。1999年度棉花收购指导性价格标准级皮辊棉每50公斤500元。供销社及其棉花企业、农业部门所属良种棉花和国有农场、经资格认定的纺织企业均可以直接收购、加工和经营棉花。9月1日前，棉花收购价格内地标准级皮辊棉每50公斤按不低于617.5元价格标准执行。至此，棉花价格和市场完全放开，政府物价部门不再直接管理和制定棉花价格，其价格由市场供求关系决定。

桑蚕茧价格　桑蚕茧价格管理权限在省

级物价部门，聊城执行省规定的桑蚕茧价格政策。1997—2001年，桑蚕茧的收购价格实行政府定价。

1997年2月，贯彻国家茧丝绸协调小组、国家计委联合下发的《关于1997年蚕茧价格政策和收购管理的通知》，调整桑蚕茧收购价格，桑蚕鲜春茧中准级收购价格，每50公斤由589元调整为635元（不含农业特产税，含税价为690元），秋茧中准级收购价格为每50公斤681元，含农业特产税价格为740元。

1998年3月，为稳定蚕茧生产和茧丝价格，维持正常的鲜茧收购和茧丝流通秩序，贯彻国家计委、国家蚕丝绸协调小组下发的《关于1998年茧丝价格政策及收购管理的通知》，规定桑蚕鲜茧收购价格继续实行中央指导下的省级政府定价，价格仍执行1997年蚕茧收购价格，每50公斤740元（含农业特产税）。

1999年，贯彻国家计委、国家经贸委通知，适当下调桑蚕鲜春茧价格，中准级收购价格每50公斤由740元调整到660元（含农业特产税）。是年7月，为缓解茧丝供求矛盾，理顺产销关系，贯彻山东省物价局《关于调整蚕鲜茧收购价格及干茧调拨价格的通知》，将桑蚕鲜秋茧中准级收购价格每50公斤由660元下调为600元（含农业特产税）。

2000年，根据省物价局通知，桑蚕春鲜茧中准级收购价格每50公斤由600元调整为630元（含农业特产税）。是年8月，根据省物价局通知，提高桑蚕鲜秋茧收购价格，桑蚕鲜秋茧中准级收购价格每50公斤由630元调整为690元（含农业特产税），后又提高到740元（含农业特产税）。

2001年4月，依据国内外市场供求关系变化和国际市场蚕丝收购价格，全省桑蚕春鲜茧收购价格进行适度下调，桑蚕春鲜茧中准级收购价格每50公斤由740元下调至720元（含农业特产税），桑蚕鲜夏茧中准级收购价格每50公斤调整为620元（含农业特产税），中秋茧中准级收购价格每50公斤由600元调整为700元（含农业特产税）。是年，因国际、国内茧丝市场茧丝及其制成品成交量急剧萎缩，价格大幅度下跌，晚秋茧中准级收购价格由每50公斤700元调整为660元（含农业特产税）。

2002—2007年，桑蚕茧的收购价格实行政府指导价。2002年5月，贯彻省物价局《关于下达2002年桑蚕茧中准收购价格的通知》，改革桑蚕鲜茧收购价格管理形式，桑蚕鲜茧收购价格由政府定价改为政府指导价，由收购企业以省定中准收购价格为基础，在上下各浮动10%的范围内，制定具体价格。是年，桑蚕鲜茧标准级中准收购价格每50公斤640元（含农业特产税），桑蚕鲜茧收购价格浮动幅度由10%扩大到15%。

2003－2007年，桑蚕鲜茧收购价格仍实行政府指导价，浮动幅度为上下各15%。2003年，根据省物价局规定，桑蚕鲜茧中准收购价格分别为每50公斤640元。此后，于2004年、2005年、2006年、2007年，将桑蚕鲜茧中准收购价格分别调整为700元、750元、980元、950元（含农业特产税）。2014年，根据省物价局《关于放开部分商品和服务价格的通知》，正式放开桑蚕鲜茧收购价格，由市场调节。

2008年以后，放宽桑蚕茧收购价格管理，由商务（或经信）、工商部门联合下文。2014年，桑蚕茧收购价格放开，由市场决定价格。

烤烟价格 烤烟价格实行政府定价，烟叶的中准级收购价格由国家计委（现国家发展改革委）会同国家烟草专卖局制定，聊城执行国家规定的烟叶价格收购政策。

1997—1998年，聊城执行国家在1995年调整的烤烟价格，中准级收购价格每50公斤180元。1999年，为基本反映中等烤烟的质量和价格水平，引导烟农提高烤烟质量，将下部橘黄二级（X2F）烟叶定为烤烟中准级，根据各地区烤烟质量的差异，对烤烟收购价格实行分区定价。聊城市为三价区，收购价格每50公斤为380元。

2002年，为促进烟叶等级结构的改善和烟叶质量的提高，进一步拉大烤烟等级差价，适当提高部分上中等烤烟收购价格，降低部分中下低等烤烟收购价格。为保持烟叶收购价格总水平稳定，并使各等级烟叶之间保持合理的比价关系，中准级（X2F）烤烟的收购价格由每50公斤380元提高到400元。2003年，适当降低B2F级、提高B3F级烤烟的收购价格。2004年，烤烟收购价格总体水平略有提高，中准级（X2F）烤烟的收购价格提高到每50公斤480元。

2007年－2009年，烤烟收购价格连年提高，中准级（X2F）烤烟的收购价格每50公斤分别为500元、625元、730元。2008年，聊城烤烟收购价格由三价区调整为二价区。

2011—2014年，烤烟收购价格继续连年提高，中准级（X2F级）烤烟收购价格每50公斤分别为790元、910元、1000元、1080元。2015年，为充分发挥市场在资源配置中的决定作用，促进烟草产业发展，按照国务院的部署，放开烟叶收购价格，实行市场调节。

1997—2014年烟叶中准级（X2F）收购价格表

表18-7　　单位：元

品种	年份	级别	50公斤收购价	年份	级别	50公斤收购价
烟叶	1997	X2F	180	2006	X2F	480
	1998	X2F	180	2007	X2F	500
	1999	X2F	380	2008	X2F	625
	2000	X2F	380	2009	X2F	730
	2001	X2F	380	2010	X2F	730
	2002	X2F	400	2011	X2F	790
	2003	X2F	400	2012	X2F	910
	2004	X2F	480	2013	X2F	1000
	2005	X2F	480	2014	X2F	1080

二、工业品价格

电价　1997年，根据山东省政府《关于整顿全省电价秩序公布1997年电价调整方案的通知》及山东省物价局、山东省电力工业局联合下发的《关于1997年趸售县电价及有关问题的通知》，聊城地区物价局会同聊城电业局公布了聊城直供区及七个县（市）电价表。其中，居民生活用电（不满1千伏），直供区0.35506元/千瓦时；七县（市）标准不一，东阿最高，为0.3583元/千瓦时，茌平最低，为0.3317元/千瓦时。农村电力管理费执行1992年的标准，村、户办企业和乡（镇）村、户的照明用电按所用电量每千瓦时加4分，农村排灌用电按所用电量每千瓦时加3分，乡（镇）企业及在乡镇范围内供电的其他企业的用电按所用电量每千瓦时加2分。是年，地区物价局对高唐县、临清市、茌平县小火电等价格进行适当调整。

1998年5月，贯彻山东省政府《批转省计委等部门关于1998年全省电价调整方案的报告的通知》，提高了居民用电价格，扩大了还本付息均摊加价范围。是年7月，贯彻山东省物价局、山东省电力工业局《关于进一步加强农村电价管理的通知》，农村低压电网维护管理费每千瓦时最高不得超过0.21元。8月，市物价局根据省规定，公布直供区及七县（市）1998年电价及电费表。居民生活用电（不满1千伏）统一调整为0.422元/千瓦时。

1999年1月1日起，按照省政府规定，停止征收每千瓦时0.01元用电附加费。居民生活用电（不满1千伏）降至0.412元/千瓦时。是年7月，按照省部署，实行化肥用电价格并轨，统一执行大工业电价，电价水平由国家规定的目录电价加还本付息、城建附加和三峡基金构成。

2000 年，加强农村电价管理，制定农网改造完成村的电价，制止和纠正乱收费、乱加价行为，全市减轻农民负担约 1600 万元。降低供（配）电贴费标准，对城乡电网改造中新增用电量免征贴费和增容费；对氯碱、化肥等用电大户实行优惠电价政策。调整电力销售价格，解决全市小热电新机电价问题。

2001—2003 年，全市“两改一同价”的工作稳步推行。2001 年，制定城市电网“一户一表”改造价格。2002 年，实行全市城乡居民生活用电同价，降低农村居民生活用电价格，每年减轻农民负担 4500 多万元。是年，居民生活用电同价水平为 0.52 元 / 千瓦时。2003 年 6 月，根据山东省计委、省物价局通知，取消“农村电力管理费”，停止执行“差价还息”，全市一年减少农民电费支出约 940 万元。是年 11 月，经报省物价局审批，公布全市农村实行“四到户”管理用户的用电结交价格。

2004—2005 年，提高部分电厂电力机组上网电价及全市除化肥和农业生产用电价格以外的各类销售电价，其中大工业、非普工业、非居民照明用电价格每千瓦时提高 2.72 元，居民生活用电价格每千瓦时提高 2 分。

2006 年 6 月，实施山东省出台的电价调整方案，农业生产用电价格不提高，居民生活用电、非居民照明用电价格每千瓦时分别提高 0.69 分和 0.74 分，城乡中小学教学用电执行居民生活电价，其他用电每千瓦时提高 3.73 分。调整后居民生活电价为每千瓦时 0.5469 元。

2007 年，甄别上报 8 家实行差别电价的企业名单，落实差别电价政策。是年 12 月 15 日，全市城乡用电实行同网同价，农村各类用电价格平均每千瓦时降低 0.2029 元，每年减轻农村用电负担近 5000 万元。2008 年，组织实施新的峰谷分时电价政策，调整除居民生活用电、农业生产用电和化肥用电外的各类销售电价，并将非居民照明用电与非普工业用电合并为“一般工商业用电”，实行同价，为每千瓦时 0.7071 元（不满 1 千伏）。

2009 年，调整除居民生活用电外的各类销售电价，其中一般工商业用电（不满 1 千伏）价格调整为每千瓦时 0.7489 元，农业生产用电（不满 1 千伏）价格调整为每千瓦时 0.5282 元，大工业用电（35—110 千伏）电度电价调整为每千瓦时 0.5997 元。2010 年，根据国家和省规定，加大差别电价政策实施力度，将限制类企业执行的电价加价标准由每千瓦时 0.05 元提高到 0.10 元，淘汰类企业执行的电价加价标准由每千瓦时 0.20 元提高到 0.30 元，对省公布的超能耗标准企业实行惩罚性电价政策。

2011 年，为疏导电价矛盾，支持可再生能源发展，先后 2 次提高非居民用电价格。调整后，一般工商业用电价格（不满 1 千伏）为每千瓦时 0.8174 元，大工业用电（35—110 千伏）的电度电价是 0.6682 / 千瓦时，农业生产用电（不满 1 千伏）价格为每千瓦时 0.5927 元。

2012 年，对 3 家未经节能评估审查的企业参照限制类企业加价标准实行差别电价。是年 7 月 1 日，在全市实行居民生活用电阶梯式电价政策，居民用户每月用电量划分为三档，电价实行分档递增。第一档：电量每户每月 210 度及以下，执行每度 0.5469 元；第二档：电量每户每月 210—400 度之间，每度加价 0.05 元；第三档：电量每户每月 400 度以上，每度加价 0.3 元。不具备集中供暖条件，采取电锅炉、电地热等方式取暖的“一户一表”居民用户，年用电量超出 4800 度的部分，执行第二档电量加价标准。对城乡“低保户”和农村“五保户”设置每户每月 15 度免费用电基数。

2013—2014 年，除居民生活和农业生产以外的其他用电征收的可再生能源电价附加标准由每千瓦时 0.008 元提高至 0.015 元，城乡社区居民委员会服务设施、公用附属设施用电（不包括从事生产、经营活动用电），机关、部队、学校、企事业单位集体宿舍的生活用电，以及宗教活动场所生活用电，执行居民生活用电中的非居民用户价格。完善居民生活用电阶梯电价制度，110

千伏安以下的商场、超市、餐饮、宾馆、冷库等不再纳入执行峰谷分时电价范围。

2015 年，按照省物价局部署，降低燃煤发电企业上网电价和电网销售电价，聊城一般工商业用电（不满 1 千伏）价格为每千瓦时 0.7988 元，大工业用电电度电价（35-110 千伏）为每千瓦时 0.6496 元，农业生产用电（不满 1 千伏）价格为每千瓦时 0.5600 元。是年 7 月，落实省物价局调整峰谷分时电价政策，缩短尖峰电价政策执行时间，由全年执行调整为在电力供需紧张的 6-8 月实施（为便于操作，按 7-9 月抄见电量执行），尖峰时段电价按基础电价上浮 70% 执行；将高峰、低谷时段电价按基础电价上下浮动 60% 恢复为 50%，平时段按照基础电价执行；优化时段划分。同月，监狱监房生活用电价格执行居民生活用电中的合表用户电价。

成品油价格　1997 年前，成品油价格管理政策实行计划内、外价格“并轨”，实行政府定价。各类成品油的出厂价格一律按国家定价执行，标准品销售价格由省物价局制定和管理，非标准品由市地物价部门按照国家统一规定的品质比率核定。

1997 年 1 月，根据国家计委《关于调整成品油出厂价格和销售价格的通知》，取消地方性成品油临时价格，各市（地）按国家计委和省物价局规定的成品油零售价格标准执行，炼油企业严格按照资源配置计划规定的出厂价格调拨销售成品油。1997 年至 1998 年 6 月 4 日，90 号汽油零售价格每吨 2863 元。

1998 年 6 月，根据国家计委《原油成品油价格改革方案》，实现国内原油和成品油价格与国际市场接轨。汽油、柴油零售价格由政府定价改为政府指导价，由国家计委制定并公布各省、自治区、直辖市汽油、柴油（标准品）零售中准价格，由中石油、中石化两个集团公司在上下 5% 的幅度内制定具体零售价格。是年 6 月 5 日，90 号车用汽油（标准品）零售中准价格为每吨 2625 元，0 号柴油（标准品）零售中准价格为 2365 元。

1999 年 1 月 1 日，根据国家计委《关于调整含铅汽油价格的有关问题的通知》，各标号含铅汽油价格执行同标号无铅汽油价格。是年 11 月，因国际石油价格大幅度上涨，国家提高汽、柴油零售中准价格，90 号无铅汽油每吨 2895 元，零号柴油 2485 元，实际执行零售价格由中石化集团公司在上下 5% 的浮动幅度内确定和公布。

2000—2001 年，国际油价变化较大。2000 年国内成品油供应趋紧，是年，9 次调整国内成品油价格，90 号汽油零售中准价格由每吨 2895 元调整到每吨 3685 元，零号柴油零售中准价格由每吨 2485 元调整为每吨 3745 元。2001 年，国内成品油价格累计调整 11 次。90 号汽油零售中准价格由每吨 3685 元调整为 2940 元，零号柴油零售中准价格由每吨 3475 元调整为 2605 元。是年 10 月，零售价格浮动幅度由原来的 5% 扩大到 8%。

2002 年 9 月，根据山东省物价局《关于添加汽油清洁剂加价标准的批复》，添加清洁剂的成品油，在国家规定的汽、柴油零售价格基础上每升加价 0.06 元。是年，成品油价格累计调整 5 次。90 号汽油零售中准价格为每吨 3540 元，零号柴油零售中准价格为每吨 3195 元。

2003 年，将汽油标准品由 90 号无铅汽油改为 90 号高标准清洁汽油。是年，成品油价格共调整 4 次。90 号汽油零售中准价格为每吨 3730 元，零号柴油零售中准价格为每吨 3285 元。

2004—2005 年，成品油价格共调整 8 次。90 号汽油零售中准价格每吨 4920 元，零号柴油中准零售价格每吨 4335 元。2005 年 8 月，根据山东省物价局公布的全省成品油零售价格吨折升换算系数标准，统一最小零售单位的零售价格。

2006 年 1 月，在聊城市率先推广车用乙醇汽油，车用乙醇汽油的最高零售价格按同标号普通汽油的最高零售价格每升降低 0.05 元执行。是年，贯彻国家出台的成品油价格改革政策，2 次调整成品油价格，90 号高标准清洁汽油零售中准价格每吨调整为 5670 元，零号柴油调整为 4985 元。

2007年8月，按照国家发展改革委和省物价局规定，将“高标准清洁汽油”统一改为“汽油（Ⅱ）”，取消95号汽油品质比率。是年，2次调整成品油价格，90号（Ⅱ）汽油零售中准价格每吨5950元，零号柴油中准零售价格每吨5485元。

2009年5月，国家发展改革委发布《石油价格管理办法（试行）》，当国际市场原油连续22个工作日移动平均价格变化超过4%时，可相应调整国内成品油价格。乙醇汽油价格政策按同一市场同标号普通汽油价格政策执行。是年，8次调整成品油价格，90号汽油最高零售价格每吨7865元（每升5.87元），零号柴油最高零售价格每吨7125元（每升6.14元）。

2010—2012年，15次调整成品油价格，90号汽油最高零售价格由2010年每吨8495元（每升6.34元）调整为每吨9295元（每升6.94元），零号柴油最高零售价格由2010年每吨7745元（每升6.68元）调整为每吨8485元（每升7.31元）。

2013年3月，国家发展改革委将成品油计价和调价周期由22个工作日缩短至10个工作日，并取消上下4%的幅度限制。当调价幅度低于每吨50元时，不作调整，纳入下次调价时累加或冲抵。是年，落实成品油价格8升7降政策，90号（国Ⅲ）汽油最高零售价格每吨9300元（每升6.94元），零号柴油最高零售价格每吨8470元（每升7.30元）。

2014年，落实成品油价格4升14降政策，90号汽油最高零售价格每吨7540元，零号柴油最高零售价格每吨6265元。2015年，落实成品油价格7升12降政策，90号汽油最高零售价格每吨6870元，零号柴油最高零售价格每吨5920元。

食盐价格　食盐价格管理实行中央和地方两级管理制度，国家计委负责管理食盐的出厂和批发价格，小包装食盐的价格由省级政府物价部门管理。

1997年，聊城地区食盐价格继续执行1996年2月省物价局转发国家计委《关于调整食盐价格的通知》的有关规定。加碘精制盐零售价格（不含包装物价格）：一价区（基层供销社距县城10公里以内的与县城同价），为每500克0.52元；二价区（距县城11—25公里）每500克0.53元；三价区（距县城25公里以上）每500克0.54元。食盐分装小包装袋（单面4丝以上的高压聚乙烯食品专用袋）价格：1000克装每个0.18元（含价格调节资金0.02元），500克装每个0.13元（含价格调节资金0.01元）。

2000年11月，根据省物价局工业用盐价格管理有关政策，对工业盐价格进行调整。放开两碱工业用盐价格，由供需双方根据市场供求情况自行确定，两碱以外其他工业用盐实行政府指导价格。

2004年3月，落实省物价局有关多品种食盐零售价格政策，铁营养盐、核黄素盐、平衡营养盐、胡萝卜素盐等8种营养盐，规格为50克、250克和500克，价格为每袋1.50元到每瓶3.7元不等。7月，贯彻落实省物价局制定的小包装食盐零售价格政策，再制盐（250克纸塑）0.8元，再制盐（500克纸塑）1.5元，粉精盐（500克复合膜）1.00元，粉洗盐、日晒盐（500克复合膜）1.0元，日晒盐（1000克复合膜）1.8元。

2005年7月，根据省物价局《关于加强食盐价格管理确保食盐市场供应的通知》，加强对食盐价格管理，将500克复合膜包装的粉精盐零售价格由1.0元调整为1.2元。

2012年6月，根据省物价局政策，食用再制盐（一级精制盐）小包装由250克和500克纸塑改为250克和500克优质复合膜包装，价格仍分别为0.8元、1.5元不变。2013年，“东岳”牌和“鲁祥”牌绿色食品精致碘盐（400克纸塑）统一零售价格为每袋1.60元。“雪玉春”牌、“白浪”牌、“明华”牌海晶盐，统一试销零售价格分别为每袋（400克复合膜）1.60元、每袋（500克复合膜）2.00元。

2015年7月1日，聊城市食盐价格实行分类管理，区分基本品种和非基本品种，由政府定价管理调整为政府指导价和市场调节价管理，进一步完善食盐价格形成机制。食盐基本品种最高零售价格为粉精盐（500克复合膜）1.2元；绿色精制盐、海晶盐、颗粒盐（400克复合膜）1.6元；绿色精制盐、海晶盐、颗粒盐（500克复合膜）2元；低钠盐（400克复合膜）2.4元；低钠盐（500克复合膜）2.9元；绿色低钠盐（400克复合膜）2.8元。

药品价格　聊城市药品价格除极少数由政府管理外，绝大部分药品价格放开由企业依据生产、流通成本和市场供求状况自主确定。政府管价的药品实行中央和省两级管理价格目录管理，聊城执行国家和省的管理规定。

1997年7月，贯彻省物价局《关于印发＜山东省药品价格管理实施办法＞的通知及《省物价局及省有关部门管价的药品目录》。是年，根据省物价局要求，地区物价局适时调整药品价格和地区管价的阿胶系列产品价格。

1998年1月，地区物价局制定地区管价的医疗机构自制药品价格。5月，根据省物价局转发国家计委《关于颁布第二批中央管理的药品价格的通知》，贯彻落实10类38种化学药品价格。6月，根据国家计委《关于认真贯彻执行药品价格作价有关规定的通知》，企业按照政府规定的作价办法定价的药品都必须严格执行按实际进价加规定差率作价。是年，根据省物价局《关于山东省药品价格登记公告有关事项的通知》，辖区内所有从事生产、经营药品的企业和医疗等单位，均实行药品价格登记公告制度。

1999年，贯彻落实省物价局转发国家计委《关于列入政府定价的药品不再公布出厂价和批发价的通知》的规定，自1999年10月起，对列入中央和省级政府定价目录的药品，不再公布出厂价和批发价，不再实行按实际进价加规定差率作价的规定。药品零售单位不得突破政府指定的零售价格销售。

2000年3月，贯彻落实省物价局重新公布的282种药品价格。是年9月，根据国家发展计划委员会《关于改革药品价格管理的意见》及省物价局政策，列入国家基本医疗保险药品目录的药品，国家计划供应的精神类、麻醉类、预防免疫类、计划生育类药品（药具），国产新药、民族药品及医院部分自制剂药品（药剂）等实行政府定价，由中央和省两级管理。其他药品实行市场调节价。

2001年，贯彻落实国家计委和省物价局有关集中招标采购药品价格政策、省管药品目录及医疗单位自制剂价格管理规定，市物价局根据省授权核定聊城市直医疗机构2001年集中招标采购的535种、117个剂型药品的临时零售价格，并对五家药品生产企业的药品价格进行调整核实，核减药品价格虚高。

2002—2003年，市物价局重新制定108种、334种医疗机构自制剂药品价格，严格核定4批、401种集中招标采购药品的临时零售价格，每年可减轻患者负担约3520万元。

2004年，贯彻落实国家出台的24种抗感染药品降价方案，市物价局从严核定全市医疗机构集中招标采购中标的890多个品种规格药品的临时零售价格及聊城市人民医院和聊城市中医院42种自制剂药品价格。

2006年，市物价局贯彻落实青霉素等131种药品的限价政策，从严核定冠县人民医院和聊城市中医院自制药品零售价格及3211种中标药品的临时零售价格，其中中标药品价格平均降低28.5%，减轻病患者负担5000多万元。加强麻醉药品和精神药品价格管理，明确利民药业公司的送货费用，规范药品经营者的价格行为。

2007年，落实国家和省出台的1400多种药品的降价政策。2008年，贯彻省物价局《关于对市场调节价药品实行登记制度的通知》，凡在山东省销售的市场调节价药品，应到省物价局进行价格登记；年内销售价格提价次数超过两次或一次提价幅度超过50%的品种，不予重新登记。2009年，贯彻国家基本药物零售指导价格政策，及时审报东阿部分阿胶产品、健脑补肾丸、少腹逐瘀胶囊等药品零售价格。

2010年，贯彻省物价局《关于实施基本药物制度过渡期价格管理有关问题的通知》，市物价局会同市药品招标采购机构对全市1186个品种规格的招标采购药品最高采购限价进行了审核并报省物价局审批执行。是年3月，在东阿县试行国家基本药物制度，政府举办的基层医疗卫生机构全都配备使用基本药物，并实行零差率销售。2011年，全市各县（市、区）基层医疗卫生机构全部实施国家基本药物制度，并实行了零差率销售。是年，按照国家和省的部署，降低1927种药品价格。

2012年，按照国家和省部署，调整472种消化类及597种免疫、抗肿瘤和血液系统类药品价格，并公布全市5家医院生产的197种自制剂零售价格。2013年，落实国家和省出台的1599种药品价格政策，核批柴胡疏肝合剂等7种新增中药自制剂最高零售价格。2014年，制定了聊城市中医院芪术茯苓胶囊等4种自制剂价格。2015年6月1日，按照国家和省部署，除麻醉药品和第一类精神药品外，取消原政府制定的药品价格。

三、房地产价格

1997—2015年，聊城逐步加快城镇商品房、经济适用住房、廉租住房建设步伐。根据住房建设和实施管理制度性质的不同，采取了不同的价格管理形式：商品房实行市场调节价，经济适用房实行政府指导价。廉租住房租金实行政府定价，形成三种价格管理形式并存的住房价格管理体系。

保障性住房价格和租金价格　保障性住房包括经济适用住房、廉租住房。1999年，聊城市出台公有住房租金调整方案，7月10日，执行准成本租金2.20元/平方米使用面积，2000年全部达到成本租金3.66元/平方米使用面积。2000年8月，市物价局出台《聊城市经济适用住房价格管理暂行办法》，规范经济适用住房销售价格。是年，核定4.77万建筑平方米经济适用住房平均销售价格，每建筑平方米884元。2001年，核定21.4万建筑平方米经济适用住房平均销售价格，每建筑平方米930元—986元。

2002年，核定15.7万平方米的经济适用住房销售价格，每建筑平方米为950元—1088元。2003年，贯彻国家计委、建设部《关于印发〈经济适用住房价格管理办法〉的通知》，核定13.8万平方米的经济适用房销售价格。2004年，从严审批1.84万平方米经济适用住房平均销售价格，每建筑平方米1088元。

2005年，贯彻国家精神，经济适用住房、拆迁安置住房和廉租住房租金实行政府定价，由县级以上地方人民政府价格主管部门会同同级房地产主管部门制定。

2008年，市物价局印发《关于加强我市房地产价格及物业服务收费管理的通知》，要求各级人民政府批准建设的经济适用住房销售基准价格及浮动幅度，由同级价格主管部门会同经济适用住房主管部门，在进行成本监审的基础上，按照保本微利的原则核定；廉租住房租金实行政府定价，一律由同级价格主管部门审批。

2010年11月，市物价局核批怡香园第一期72套廉租住房租金标准及廉租住房储藏室租金标准。是年12月，核定怡香园一期84套经济适用住房基准销售价格为每建筑平方米1698元。2011年12月，核定怡香园多层廉租住房租金标准。

2013年4月，市物价局联合市住建委审批怡香园8#、9#楼共108户经济适用住房销售基准价格为每建筑平方米1950元。是年8月，核定怡香园高层廉租住房和高层公共租赁住房租金标准。

2014年，市物价局配合市住建委等部门出台《聊城市公共租赁住房和廉租住房并轨运行实施意见》和《关于明确市城区政府建设公共租赁住房保障标准有关问题的通知》，自2015年起，廉租房、公租房实施并轨，统称为公租房。

2010—2015 年聊城市廉租房和公共租赁住房租金标准一览表

表 18-8

年份	性质	租金标准（含物业费）（元／月·平方米）	
2010 年	怡香园多层廉租住房	1.7	
	怡香园多层廉租住房储藏室	0.5	
2011 年	怡香园多层廉租住房	最低收入住房困难家庭	1.7
		低收入住房困难家庭	2.4
2013 年	怡香园、南湖新城高层廉租住房	最低收入住房困难家庭	2.2
		低收入住房困难家庭	2.9
	怡香园、南湖新城高层公共租赁住房	6.3	
2015 年	金柱康城公共租赁住房	8.9	
	奥森花园公共租赁住房	6.8	

商品房预（销）售价格 1997 年 1 月，聊城地区物价局和聊城地区房地产管理处联合印发《关于加强商品房预（销）售价格管理的通知》，实行商品房预（销）售价格审批制度和明码标价制度。是年，审批商品住宅价格 33220 平方米。2002 年，核定天安新村 3 号、4 号商品住宅楼 1.4 万建筑平方米的销售价格，其中一至六层平均每建筑平方米 1198 元，地下室每平方米 600 元，开发公司可以核定销售价格为基础上下浮动，上浮幅度不超过 15%，下浮幅度不限。2003 年，废止《关于加强商品房预（销）售价格管理的通知》，不再实行商品房预（销）售价格审批制度。

2011 年，贯彻《商品房销售明码标价规定》，推行商品房销售明码标价，规范商品房销售行为。2012 年，对 10 家开发企业 23 批预销售商品房价格进行了备案管理，规范房地产价格行为。2014 年 1 月，聊城市物价局、聊城市住建委联合印发《关于加强市城区商品房（预）销售价格申报工作的通知》，要求商品房经营者自觉在规定时间内一次性公开全部准售房源及每套房屋价格，并严格按照申报价格明码标价对外销售。

2011—2015 年聊城市商品房预售价格表

表 18-9 单位：元／平方米

年份＼价格	平均价	最高价	最低价
2011	5099	6800	2950
2012	4326	8000	3000
2013	5198	9274	2995
2014	5917	9686	4100
2015	5466	8500	3700

四、公用事业价格和公益性服务价格

公共交通价格 1997 年－2015 年，根据《山东省定价目录》规定，公共交通价格主要由市（地）物价部门具体负责制定。

城市公交票价 1996 年 12 月，地区物价局将市内小公共汽车票价由 0.8 元调整为 1 元，自 1997 年 1 月 1 日起执行。1999 年 2 月，聊城市物价局调整市内八路小公共汽车票价，市区至嘉明公司 1 元／人次不变，嘉明公司至闫寺镇每人次 0.5 元。

2001年7月，调整市区1—7路公共汽车月票价格，成人月票每卡50元，学生月票每卡25元。2003年3月，制定聊城市公交公司IC卡乘车价格，其中普通电子车票卡每人次0.8元；成人电子月票卡每月40元，中（不含高中生）、小学生电子月票卡每月25元，限乘120人次；IC卡每卡可收取30元作为押金，IC卡折旧每月1.00元，折完为止。5月，制定临清市大众公共汽车有限公司7条公交线路公交车票价，全程票价每人次1.5元，市区内每人次1元，城外至终点每人次0.5元。2004年，核批阳谷县城区微型客车票价每人次1.5元。

2005年1月，调整临清市7条公交车票价，半程以内每人次1元，半程以上每人次2元。2月，从严核批聊城市公交公司22路、26路延伸公交车票价及乡镇线路月票价格，其中22路、26路公交车，全程票价每人次由1.5元调整为2元，半程以内每人次1元，半程以上每人次2元；乡镇线路，全程票价1.5元的乡镇公交线路月票价格为60元，全程票价2元的乡镇公交线路月票价格为80元，均限乘120人次。

2006年，核批聊城市公交公司6条新辟和延伸线路公交票价。其中新辟436路、延伸21路公交车全程票价每人次2元，半程以内每人次1元，半程以上每人次2元；新辟D21路、345路、330路全程票价每人次1元；新辟139路每人次1.5元。

2007—2008年，制定市城区新辟公交线路票价，票价为每人次1元。2010—2011年，核批市城区新能源公交车试行票价为每人次2元，电子充值车票（IC卡）每人次1.6元。是年，核定公交新线路和空调公交车票价，其中10路、9路、23路、K329路、K330路全程票价每人次2元；K9路、K10路、K21路、K24路、K25路、K26路全程票价每人次3元，半程以内每人次2元，半程以上每人次3元；电子充值车票（IC卡）享受8折优惠。2012年，核批聊城市公交集团乘公交手机消费功能开通费用每卡20元。

2013年4月，核批聊城市公交集团对15周岁以下学生使用公交IC卡（钱包）乘坐豪华公交车票价由按基本票价的8折优惠调整为6折优惠；自2013年5月1日起停止从公交IC卡押金中提取折旧。是年12月，进一步明确聊城市城区及其延伸至乡镇（办事处）的公交票价、各县（市）城区公交票价均由聊城市物价局核定，各县（市）城乡公交票价由各县（市）物价部门核定。聊城市公交集团37条公交线路和东阿县、莘县及冠县的11条城市公交线路及其票价维持不变；新上公交线路或调整公交线路，聊城市城区及县（市）城区公交线路普通车每人次1元，空调车每人次2元，聊城市城区延伸到乡镇（办事处）的空调车票价2元，普通车全程票价2元，半程以内1元，半程以上2元。同时明确了优惠票价政策及IC卡押金等有关事宜。

出租汽车运价　1997—2002年，聊城出租汽车运价标准按照山东省物价局、交通厅1993年的规定执行，即普通小轿车每车公里1元，起码计费里程执行聊城地区物价局1995年的规定，即起码计费里程为3公里，不足3公里，按3公里计算，起步价为5元。

2003年2月，聊城市物价局制定聊城交运公司红旗出租车起步价6元/3公里，3公里以外每增加1公里1.5元。是年，核批东阿县轿车出租公司夏利牌轿车、临清市车值10万元以下的出租汽车的起租价3元，起码计费里程2公里，2公里以上每增加1公里，租费增加1元。2004年，核批茌平县出租车起租价3元/2公里，2公里以上每增加1公里，租费增加1元。

2005年，针对成品油价格不断上涨的实际情况，制定聊城市城区及高唐县、临清市、茌平县出租车燃油加价标准，每车次加收1.00元。是年10月，核批莘县出租车起步价3元/2公里，2公里以上每增加1公里加收1元。2006年4月，制定阳谷出租车客运价格为3元/2公里，2公里至5公里（含）每增加1公里加1元，5公里以上每增加1公里加1.2元。8月，核批冠县出租车燃油加价标准，每车次加收1.00元。

2011年11月，市物价局会同市交通局规范市城区客运出租车运价，起步价由5元/3公里和加收1元的燃油附加费归并为6元/3公里，同时取消每乘次加收1元的燃油附加费；车公里租价执行山东省物价局、交通厅规定的中级车运价，即每车公里1.20元。同时对空驶费、夜间收费、等候费，雨、雪、雾天气加收费用等作出规定。

2013年，市物价局会同市交通局将市城区出租车车公里运价由每车公里1.2元调整为3—7公里（含7公里）1.5元，超过7公里2.2元，同时取消空驶费。夜间收费起租价仍为每3公里6.6元，3—7公里（含7公里）每车公里运价1.6元，超过7公里每车公里运价2.4元。

2014—2015年，市物价局调整东阿、茌平等4县（市）出租车客运价格。出租车客运起步价均为每3公里5元，车公里租价调整为每车公里1.5元，同时取消空驶费，对夜间收费也做出规定。

自来水价格　城乡公共管网供应的自来水价格主要由市、县价格主管部门负责具体定价。1997年，地区物价局对冠县、临清市、阳谷县、莘县自来水价格进行适当调整，其中行政事业、社会团体、部队及居民生活用水为每吨0.75元—0.85元不等，其他用水为每吨0.8元—1.2元不等。

1998年7月14日，聊城市物价局召开聊城市自来水公司供水价格听证会，是聊城首次价格听证会。8月，经报省物价局批准，聊城市城区居民生活用水价格调整为每吨0.80元，工业用水价格调整为每吨0.85元，建筑、餐饮及其他用水价格调整为每吨1.10元，对聊城市城区除居民生活用水外的其他用水加收用水附加费8%。是年，市物价局将茌平县城区生活、办公用水价格调整为每吨0.80元，工业用水价格调整为每吨1.10元，经营建筑用水价格调整为每吨1.40元。

1999年11月，市物价局调整市城区自来水价格，居民生活用水价格每吨1.10元，工业用水价格每吨1.35元，经营及其他用水价格每吨1.80元。同月，召开高唐县城区供水价格听证会，居民生活用水价格定为0.90元/吨，工业用水价格定为1.10元/吨，经营、建筑用水价格定为1.20元/吨。制定调整阳谷县、东阿县和冠县城区自来水价格，其中阳谷县、东阿县城区居民生活用水价格每吨0.85元，工业用水价格每吨0.95元，经营建筑及其他用水价格每吨1.10元；冠县城区行政事业、社会团体、居民生活用水价格每吨0.90元，工业用水价格每吨1.20元，其他用水价格每吨1.40元。

2000—2004年，分别召开临清市、莘县、高唐县、茌平县、阳谷县、东阿县、冠县自来水价格听证会，居民生活用水、工业用水价格、经营及其他用水价格均有所上涨。2001年，召开东阿引水工程供聊城市城区自来水价格听证会，制定东阿引水工程供聊城城区用水价格。居民生活用水价格每吨1.70元，机关、团体等单位用水价格每吨2.20元，工业用水价格每吨2.50元，宾馆、饭店、旅馆、招待所、理发、洗浴、商业建筑等用水价格每吨3.50元。制定临清市污水处理费标准为居民生活用水0.20元/吨，东阿污水处理费征收标准为居民生活用水0.15元/吨，工业用水0.25元/吨，建筑餐饮及其他用水0.30元/吨。

2003年，制定聊城市城区自备水源污水处理费标准，公共供水管网到达区域的自备水源污水处理费征收标准为0.90元/立方米。2004年，核批东阿县自来水公司向茌平供自来水结交价格为每立方米0.47元。召开市城区开征水资源费和污水处理费听证会，聊城市城区污水处理费标准为每立方米0.35元，水资源费标准每立方米0.20元，9月1日起开始征收。2005年，市物价局召开临清市、东阿县、莘县自来水公司供水价格听证会，再次提高居民生活用水、机关团体、工业、经营及其他用水价格。

2007年，制定聊城经济开发区恒润供水有限公司供水临时价格，居民生活用水基本水价每立方米1.6元，机关团体用水基本水价每立方米2.2元，工业、经营及其他用水基本水价每立方米 2.5 元。2008 年，核定农村自来水综合指导价为每吨 1.5 元，上浮幅度 20%，下浮不限。

2009—2010 年，召开东阿县、冠县、茌平县、阳谷县供水价格调整听证会，东阿县居民生活用水基本水价由 1.30 元 / 立方米调整为 1.60 元 / 立方米；冠县居民生活用水基本水价调整为每立方米 1.70 元，党政机关事业单位、工业、经营用水合并为非居民用水，其水价调整为每立方米 2.5 元；特种行业用水（包括洗浴、洗车、建筑用水）为每立方米 3.0 元。茌平县居民生活用水基本水价为每立方米 1.98 元，非居民用水为每立方米 2.9 元，特种行业用水为每立方米 4.0 元。阳谷县居民生活用水基本水价为每立方米 1.95 元，非居民用水为每立方米 2.7 元，特种行业用水为每立方米 3.9 元。2010 年 10 月，制定市城区两个污水处理厂供国电聊城发电有限公司的中水价格为每立方米 0.29 元。

2011 年 4 月，市物价局会同市水利局出台《聊城市农村自来水价格管理办法》。2015 年 2 月，市物价局批复东阿县兴阿污水处理厂污水处理费征收标准为每立方米 1.1 元；是年 12 月，按照国家和省部署，召开聊城市城区水价改革听证会，水价改革稳步推进。

管道天然气销售价格　2000 年之前，聊城市没有经营管道天然气的企业。2000 年 11 月，聊城市物价局首次制定聊城市城区管道天然气价格，居民用天然气价格为每标立方米 1.8 元，工业及餐饮业用天然气价格为每标立方米 2.0 元。

2003—2004 年，通过开展价格成本调查和召开价格听证会，制定东阿县、临清市、高唐县天然气销售价格，居民用气价格每立方米 1.8 元，公福户每立方米 2.0 元。

2005 年，东阿县居民用气价格调整为 2.0 元，商业、办公、餐饮、食堂等用气价格调整为 2.3 元，工业用气每立方米 2.0 元。11 月，制定莘县天然气试销价格，居民用气价格每立方米 1.7 元，工业及公福户每立方米 1.9 元。是年，制定新奥燃气公司等部分垄断行业有偿服务费标准。

2007 年，落实天然气上、下游价格联动政策。市物价局制定并调整临清市、莘县、阳谷县、茌平县天然气试销价格，其中临清市临时销售价格，居民用气每立方米 2.4 元，公福户用气每立方米 2.6 元；莘县居民用气每立方米 2.4 元，其他用气每立方米 2.6 元；阳谷县居民用气每立方米 2.0 元，公福户用气每立方米 2.2 元；茌平居民用气每立方米 2.0 元，公福户用气每立方米 2.2 元。两次调整东阿县天然气销售价格，居民用气调整为每立方米 2.4 元，公福户用气每立方米 2.7 元。制定聊城实华天然气有限公司供临清市、阳谷县、冠县的天然气销售价格为每立方米 1.135 元，综合管道运输价格为每立方米 0.76 元，共计每立方米 1.895 元；制定聊城实华天然气有限公司供茌平天衢天然气公司的天然气销售价格为每立方米 1.895 元，供工业用气每立方米 2.085 元；制定聊城新奥燃气有限公司车用天然气试销价格为每立方米 2.56 元。是年，对汽车加气改装费实行备案制度。

2008 年，经成本监审和召开价格简易听证，调整聊城车用天然气临时销售价格，由每立方米 2.56 元提高到 3.18 元。2010 年，适度调整全市非居民用天然气销售价格，市城区由每立方米 2.0 元调整为 2.46 元；临清市、东阿县、阳谷县、莘县调整为每立方米 2.85 元，茌平调整为每立方米 2.95 元。高唐县天居民用天然气价格调整为每立方米 2.1 元，非居民用气价格每立方米 2.46 元。冠县居民用天然气价格为每立方米 2.4 元，非居民用气价格每立方米 2.95 元。

2013 年，聊城市城区非居民用天然气销售价格由每立方米 2.46 元调整为 3.10 元；车用天然气销售价格由每立方米 3.18 元调整为 4.10 元；临清市非居民用天然气销售价格调整为每立方米 3.42 元。2014 年 4 月，东阿县车用天然气销售价格调整为每立方米 4.25 元，临清市、阳谷县车用天然气销售价格调整为每立方米 4.15 元。6 月，制定冠县、高唐县车用天然气销售价格分别为每立方米 4.10 元、4.15 元。9 月，聊城市城区非居民用气价格调整为每立方米 3.5

元，车用天然气销售价格调整为每立方米 4.5 元，出租车用气（包括公交车用气）销售价格按每立方米 4.1 元执行。

2015 年 10 月，召开市城区居民生活用天然气销售价格及实行阶梯价格听证会。是年，聊城市城区非居民天然气价格调整为基准销售价格每立方米 2.75 元，车用天然气价格不再区分出租车、公交车和社会车辆用气价格，统一调整为每立方米 3.5 元。临清市非居民天然气价格调整为基准销售价格每立方米 2.75 元，车用天然气销售价格调整为 3.45 元。

供热价格　1998 年 11 月，市物价局召开聊城市区供热价格听证会，制定聊城市城区冬季取暖供热价格（取暖期 120 天，室内温度不低于 16 度）为 16 元 / 平方米，工业生产用热价格为每吨 75 元。1999 年，制定高唐县热电厂供热价格每吨 60 元。

2001 年，市物价局明确供热热量值规定：蒸汽价格为每吨 75 元，按蒸汽热焓值每公斤 2987 千焦计算，每吨蒸汽热焓值为 2.987 百万千焦；核批聊城热电有限公司 1 号、2 号机组向市区供热结交价格每吨 41 元。2002 年，召开莘县、临清市供热价格听证会，确定莘县供热价格为每百万千焦 21.77 元；临清彩虹热电、运河热电公司供汽（热）价格为居民住宅、办公、经营性用房取暖 16 元 / 平方米，工业及其他用户 25.1 元 / 吉焦（每吨 75 元）。

2003 年，召开市城区、高唐县、莘县、阳谷县热电厂供热价格听证会，确定市城区取暖用热价格为每使用平方米 17 元（按表计量 80 元 / 吨），工业用热价格调整为每吨 85 元；高唐县热电厂工业用热价格为每吨 75 元，居民采暖每使用面积平方米 16 元；莘县取暖用热每平方米 15 元（按表计量每吨 73 元），工业生产用热每吨 73 元；阳谷县工业生产用热 73 元 / 吨。是年核批山东聊城热电有限责任公司、聊城蓝威化工有限公司的供热结交价格均为每吨 45 元。

2005 年，聊城市城区居民采暖价格每使用面积平方米调整为 20 元，经营及办公用热价格每使用面积平方米调整为 23 元，工业用热价格每吨调整为 115 元。

2005—2007 年，阳谷县、高唐县、东阿县、临清市、莘县供热价格都有所调整。阳谷县工业供热价格每吨调整为 115 元；高唐县居民取暖用热每使用平方米调整为 19 元，经营、办公及其它用热每使用平方米调整为 21 元，工业用热、低压蒸汽价格每吨调整为 110 元，高压蒸汽价格每吨调整为 120 元；确定东阿县工业供热价格为每吨 100 元。临清市居民取暖用热每使用平方米为 19 元，阁楼取暖用热按居民取暖用热价格的 2/3 执行，经营、办公及其它用热每使用平方米 21 元，工业用热价格每吨 105 元。调整莘县城区经营、办公用热每使用平方米为 22 元（每吨 105 元），工业用热价格每吨调整为 115 元。

2008 年 9 月，针对燃煤价格大幅上涨导致供热企业严重亏损问题，市物价局召开市城区居民采暖供热价格调整听证会，居民采暖价格由使用面积 20 元 / 平方米调整为建筑面积 20 元 / 平方米；经营、办公及其他用热价格由每使用平方米 23 元调整为每建筑平方米 27 元；工业用热由政府定价每吨 115 元调整为政府指导价每吨 180 元，允许上下浮动 15%。是年，先后制定调整茌平县、阳谷县、高唐县、莘县各类供热价格及东阿县工业供热价格。2009 年，核批市城区地热井供暖临时价格，居民取暖为每使用平方米 20 元，经营、办公用热为每使用平方米 23 元。

2011 年，市物价局制定东阿县、冠县城区临时供热价格，居民采暖用热价格为每建筑平方米 19 元，非居民采暖用热价格为每建筑平方米 25 元，同时制定两部制供热价格。会同市公用事业局制定市城区两部制供热价格，聊城市城区居民取暖用热每建筑平方米调整为 23 元；持有“低保证”的居民取暖用热价格每建筑面积平方米调整为 18 元，增支部分每年由财政继续给予补贴。

2014 年 12 月，市物价局调整市城区两部制供热价格，基本热价调整为按总热价（面积热价）的 30% 计算；居民取暖基本热价每平方米调整为6.9元，计量热价每千瓦时调整为0.12元；非居民取暖用热价格基本热价每平方米调整为8.1元，计量热价每千瓦时调整为0.14元。2015年11月，明确供热相关价格问题，供热企业委托转供的小区供暖二次加压费由供热企业按采暖面积每建筑平方米1.5元向转供单位支付，在供暖季结束时一次性结清，不得再向用户收取。

教育收费　1997—2000年，根据1996年国家教委、国家计委、财政部联合颁发的义务教育等四个教育收费暂行办法，实行对义务教育收费收取杂费和非义务教育阶段收取学费的政策，国家和企业、事业单位举办的小学、初级中学（含完全中学的初中部）、初级职业中学和属于义务教育阶段的特殊教育学校，全日制普通高中学校、完全中学的高中部、初中学校附设的高中班，所有职业高中学校、普通中等专业学校（含中等师范学校）、技工学校、普通中学附设的各种职业高中班的收费标准的制定权限在省级人民政府，聊城执行省定收费规定。

1998年，贯彻省政府办公厅调整中小学收费政策。其中义务教育阶段杂费：小学每生每学期，城市40元，农村30元；初中每生每学期，城市65元，农村55元。非义务教育阶段学杂费：高中杂费每生每学期，农村100元，城镇110元；高中学费每生每学期，农村60元，城镇70元，省级重点高中（含省级规范化学校）不超过210元。职业高中学杂费每生每学期200元，职业中专每生每学期500元。住宿费：农村40元，城市50元。借读费：每生每学期，小学180元，初中300元。代收费：课本费、作业本费按定价或成本费收取；班费、取暖费、自行车看管费由各市物价、财政、教育部门根据当地实际，按照“取之于学生，用之于学生”和“不得盈利”的原则核定具体标准。1999年6月，聊城市政府收费管理办公室印发《关于社会力量办学有关收费标准问题的规定》，明确社会力量办学收费项目和收费标准的制定程序、原则等事项。印发《关于市直高中收费标准的通知》，市级规范化高中、普通高中，每生除按国家规定交学杂费外，班额最高限65人，每年分别交纳费用700元、600元。

2000年6月，根据省政府办公厅转发省物价局等三部门报告，调整规范中小学收费标准。义务教育阶段杂费：小学每生每学期，城市提高到55元，农村提高到40元；初中每生每学期，城市提高到90元，农村提高到70元。借读费，凡跨省、跨地区的流动人口子女或其他原因需异地借读的，每生每学期，小学提高到300元，初中提高到500元。经批准借读的学生已缴借读费的，不再缴纳杂费。非义务教育阶段学杂费：普通高中从2000年起实行招生收费并轨，取消计划外招生。并轨后的学杂费收费标准为：每生每学期，省级重点高中（含省级规范化学校）由500元提高到不超过800元，城市高中由330元提高到不超过500元，农村高中由180元提高到不超过300元。职业高中学杂费每生每学期500元，职业中专每生每学期800元。住宿费，每生每学期（含水电费）农村由40元提高到50元，城市由50元提高到70元。调整后的中小学和普通高中收费标准为最高收费标准。2000年7月，按照省规定，制定全市小学学具代收费标准。

2001年，市政府收费管理办公室根据省授权，制定聊城文轩中学、莘县新世纪中学、聊城东昌完全中学、临清市京华中学等33所社会力量办学学校2001年招生收费标准及莘县教师学校职业中专预科班等收费标准，核批了聊城市卫生局乡村医生系统化培训班等8个短期培训班收费标准。是年6月，在全市中小学实行缴费明白卡制度。

2002年，规范和制定全市普通高中招生收费标准，对公办高中择校生实行限人数、限分数、限钱数的“三限原则”，制定公办高中择校生收费标准，省级规范化学校：聊城一、三中，标准班额45人以外的15人，5000-9500元，其中5000元以下的学生不得少于50%；聊城二中、各县（市）一中，标准班额45人以外的15人，4000-8500元，其中4000元以下的学生不得少于 50%；城市其他高中，标准班额 45 人以外的 15 人，3000-6500 元，其中 3000 元以下的学生不得少于 50%；在平二中、临清二中、阳谷二中、莘县二中，标准班额 45 人以外的 15 人，2000-4000 元，其中 2000 元以下的学生不得少于 50%。制定聊城二中学生公寓、聊城职业技术学院及省第二高级技工学校学生公寓住宿费标准。

2003 年 5 月，明确全市普通高中 2003 年招生收费标准。是年 6 月，制定茌平一中学生住宿费标准。12 月，规范农村中小学取暖费；明确全市托幼收费管理权限，规范幼儿园收费管理办法、收费项目，市直及驻聊城中央单位、部队、高校、直属单位，以及县（市、区）范围内省级实验示范、市级一、二类园托幼收费标准由市政府收费管理办公室制定；各县（市、区）其他幼儿园（托儿所）收费标准由县（市、区）人民政府管理。是年，制定聊城东昌完全中学等 13 所学校 2003 年招生收费标准。

2004 年 7 月，制定公办高中收费标准，贯彻落实对高中择校生的“三限”政策。一是学费。省级规范化学校：聊城建城区高中每生每学期 800 元，县（市、区）城区高中每生每学期 650 元，农村高中每生每学期 450 元。市级规范化学校：聊城建城区高中每生每学期 650 元，城区高中每生每学期 550 元，农村高中每生每学期 400 元。一般高中：城区高中每生每学期 500 元，农村高中每生每学期 350 元。二是择校生费（占入学总数 30% 以内的新生）。省级规范化学校：聊城建城区高中 9000 元，其中 5000 元以下的原则上不得少于 50%；县（市、区）城区高中 8000 元，其中 4000 元以下的原则上不得少于 50%；农村高中 6000 元，其中 3000 元以下的原则上不得少于 50%。市级规范化学校：城区高中 7500 元，其中 3500 元以下的原则上不得少于 50%；农村高中 3500 元，其中 2000 元以下的原则上不得少于 50%。一般高中：城区 4500 元，其中 2000 元以下的原则上不得少于 50%；农村一般高中 600 元，其中 300 元以下的原则上不得少于 50%。择校生数量不超过实际招生总数的 30%。在秋季招生时，对全市义务教育全面推行了“一费制”收费办法。明确城市学校冬季取暖费和信息技术教育费的收取办法，从严审批聊城育才中学、文轩中学和东昌中学，莘县明天中学、信和实验高级中学和莘州中学，临清冠鲁高级中学和京华中学以及高唐文汇中学 2004 年招生收费标准。

2005 年 8 月，规范和调整全市公办高中收费标准。一是学费。省级规范化学校：各县（市）城区调整为每生每学期 700 元；农村调整为每生每学期 600 元。市级规范化学校：由 2004 年三档调整为两档，城区收费标准调整为每生每学期 650 元；农村调整为每生每学期 450 元。省级规范化学校中的聊城建成区及一般高中学费标准执行 2004 年标准不变。二是择校生费。除省级规范化学校中的农村高中的择校生收费调整为 5000 元，并规定农村一般高中不得收择校生外，其他高中择校生收费执行 2004 年的标准不变。三是住宿费。农村高中每生每学期 50 元；城市高中每生每学期 70 元。达到公寓标准的，按隶属关系申报，另行审批。是年，制定聊城二中、四中学生公寓住宿费标准；重新核定全市民办学校的收费标准，取消了民办学校的跨学年收费；调整聊城大学幼儿中心及聊城交运幼儿园收费标准，规范了幼儿园收费行为。

2006 年，对聊城一中等 8 所学校的办学资质进行审核，核定聊城一中东校等 4 所学校收费标准，重新核定学生取暖费标准。2007 年，贯彻落实义务教育阶段免除杂费政策，自 2007 年春季开学起，免除农村义务教育阶段学生杂费；自秋季开学起，免除城市义务教育阶段学生杂费。是年 6 月，制定莘县实验幼儿园收费标准。7 月，降低全市公办高中择校生比例和收费标准，从当年秋季新生入学开始，凡收取择校费的学生一律不得再收取学费，减轻学生家长负担 1300 万元。

2009 年，对 10 所民办学校收费实行备案管理，完善相关收费政策。2010 年，制定阳谷县第三中学等 3 所中学学生住宿冬季取暖费收费标准每生每年 80 元、夏季降温费收费标准每生每年 40 元。2011 年，核批茌平县、莘县实验幼儿园及莘县第二中学学生宿舍降温费和取暖费等收费标准，落实 2011 年度春季和秋季教材零售价格政策，加强全市民办学历教育收费备案管理，规范民办教育收费行为。2012 年，核批聊城水城中学等 6 所中学夏季降温费和冬季取暖费标准、阳谷县和冠县实验幼儿园收费标准。

2013 年 5 月，制定聊城市中小学学生装价格，其中，高中学生服装费夏装每套不高于 85 元，运动装每套不高于 110 元；初中学生服装费夏装每套不高于 75 元，运动装每套不高于 100 元；小学学生服装费夏装每套不高于 65 元，运动装每套不高于 80 元。是年 6 月，将全市各公办高中择校生最高比例降为 17%，取消农村公办高中有关收费标准。是年，核批临清市和阳谷县 3 家幼儿园收费标准、阳谷第一中学公寓收费标准及东阿实验高中和东阿一中学生宿舍取暖费收费标准，重新规范了 18 所民办学校收费标准。

2014 年秋季招生起，将全市各公办高中择校生最高比例降为 10%。核批阳谷县第二中学等 3 所中学冬季学生住宿取暖费每生每年 80 元；冠县第一中学、临清市第二中学学生公寓住宿费每生每学期分别为 320 元、280 元；临清市第三幼儿园、第四幼儿园的保教费标准为每生每月 165 元；莘县实验幼儿园的保教费标准为每生每月 300 元，上浮幅度 15%；聊城一中中美合作办学项目培养费标准 50000 元 / 生 • 学年。

2015 年，放开聊城市的民办教育收费、培训班收费。制定东阿县公办幼儿园保教费收费标准为：县直幼儿园 215 元 / 生 • 月，乡镇中心幼儿园 180 元 / 生•月，村级幼儿园 140 元 / 生•月；高新区公办幼儿园保教费收费标准为：乡镇中心幼儿园 150 元 / 生 • 月，乡镇学区幼儿园 130 元 / 生 • 月。核批阳谷县第二中学、临清市第三高级中学学生公寓住宿费每生每学期分别为 400 元、320 元。

医疗服务收费　1997—1999 年医疗服务价格由省级以上制定管理。2000 年 8 月，根据省物价局、卫生厅印发的《山东省医疗服务价格管理改革实施办法》，医疗服务价格管理形式由政府定价改为实行政府指导价和市场调节价，政府举办的非营利医疗机构的服务价格，可以在省政府批准出台的最高收费标准基础上下浮，幅度不超过 10%，其他非营利医疗机构可上下浮动 10%，营利性医疗机构实行市场调节价。市及市属以下医疗机构的新增医疗项目的临时价格、非普通病床的价格、特需医疗服务项目的价格、非基本医疗服务的价格下放各市管理。实行全国统一的医疗服务价格项目名称和服务内容。

2001—2003 年，核批聊城市人民医院等 10 所医院高档病房床位费收费标准，2001 年核批聊城市人民医院螺旋 CT 超时（层）扫描费收费标准、新生儿疾病筛查收费标准。2004 年 6 月，制定电化学发光仪检测项目收费标准。是年 7 月，制定聊城市第三人民医院静脉输注高氧液、NY 床位终未臭氧消毒收费标准分别为每次 30 元、每床位 6 元。11 月，核定聊城市妇幼保健站新生儿先天性疾病筛查收费标准。是年，核定聊城市人民医院等五所医院高档病房收费标准。

2005—2007 年，核定东昌府区人民医院、临清市人民医院新增医疗项目收费标准，东昌府区妇幼保健院特需服务收费标准及阳谷县人民医院高档病房收费标准。2006 年，核批聊城市人民医院和第二人民医院高档病房收费标准。2007 年，核批聊城市人民医院部分病房床位收费标准。2009 年，对 1600 种新增医疗项目进行立项评审，对保留项目的收费实行备案管理，规范了医疗服务收费。

2011 年 10 月，市物价局、市卫生局联合印发《关于规范医疗服务价格的通知》，规定医疗服务机构要严格按照国家计委等三部门 2000 年印发的《全国医疗服务价格项目规范（试行）》及国家发改委等三部门 2007 年印发的新增和修订项目的要求，将现行所有医疗服务价格项目调整归并到《规范》所列项目中去；对确有极少数医疗服务项目无法归入规范所列项目的，按新增医疗服务项目的有关政策办理。是年，明确基层医疗卫生机构和村卫生室一般诊疗费标准。

2012 年，配合医疗体制改革，市物价局会同市卫生局、市人社局重新制定全市非营利性医疗机构中医和民族医诊疗类医疗服务价格最高限价，医疗机构可适当下浮。2013 年，市物价局会同市卫生局、市人社局重新制定全市非营利性医疗机构综合、医技和临床诊疗类医疗服务价格最高限价，医疗机构可适当下浮。

2014 年 6 月，按照国家和省部署，对非公立医疗机构医疗服务实行市场调节价。是年 10 月，市物价局会同市卫生计生委、市人社局调整县级公立试点医院医疗服务价格，进一步理顺医疗服务比价关系，门诊诊疗费每人次在原来标准的基础上增加 4 元；住院诊疗费、床位费、护理费每床日分别在原来标准的基础上增加 9 元、7 元、6 元；县级人民医院手术费、县级中医院手术费、中医服务治疗费分别在原来标准的基础上增加 20%、30%、10%。

2015 年 10 月，市物价局、市卫生计生委、市人社局联合印发通知，明确聊城市物价局等三部门联合印发的《聊城市医疗机构医疗服务价格（中医及民族医诊疗类）》及《聊城市医疗机构医疗服务价格（综合、医技、临床诊疗类）》继续执行。

五、服务业价格

殡葬收费　1997 年至 2015 年，殡葬基本服务项目收费标准由省物价局会同有关部门制定管理，聊城贯彻执行省定收费标准，殡葬延伸服务项目收费标准由地区（市）物价、民政部门制定管理。

2001 年，贯彻省物价局、省财政厅政策，调整火化费、尸体接运费和骨灰寄存费收费标准，其中未评定等级的普通殡仪馆成人尸体火化（不分炉型，下同）由每具收费 70 元调为 120 元，7 岁以下儿童减半。已评定等级的国家一、二、三级殡仪馆的火化费收费标准可在普通殡仪馆火化费收费标准基础上分别上浮 30%、20%、10%。尸体接运费：20 公里以内，普通型灵车（购车款在 40 万元以下）每具收费 100 元；超过 20 公里的，每超过 1 公里加收 3 元，按往返里程计算。骨灰寄存费：普通木制骨灰架未封闭和半封闭式单盒每年收费 30 元，全封闭式单盒每年收费 40 元；铝合金等高档架单盒每年收费 60 元，不足半年的按半年算，超过半年不足一年的按一年计算。是年，聊城市物价局对阳谷县殡仪馆收取火化费和冠县殡仪馆新型火化费收费标准进行了批复。

2002 年，市物价局核定聊城市殡葬管理处殡仪服务项目和殡葬用品收费标准。2003 年，核批东阿县、高唐县殡仪馆殡仪服务项目及殡葬用品收费标准。2005 年 4 月，核定临清市殡仪馆接待室收取临时休息费标准为每次收费 50 元。是年 7 月，审批冠县殡仪馆服务项目及殡葬用品收费标准。

2012 年，根据国家发展改革委和民政部《关于进一步加强殡葬服务收费管理有关问题的指导意见》，将殡葬服务区分为基本服务和延伸服务，分别实行政府定价和政府指导价。市物价局重新规范聊城市殡葬管理处的殡葬服务收费，其中普通火化炉火化费为 132 元／具。

2013 年 7 月，进一步规范殡葬服务收费，遗体寄存（含冷藏）费与普通火化炉火化费、骨灰寄存费、普通车辆运尸费等基本服务收费一并纳入行政事业性收费管理，实行“收支两条线”，收费收入纳入财政预算管理。殡仪馆销售骨灰盒、寿衣、花圈等丧葬用品价格实行差率控制。对事主自愿选择的高档火化炉、豪华车接运遗体、整容化妆、消毒及灵堂、告别厅、休息室租用等殡葬服务收费按服务价格管理。

2014 年，规范殡葬基本服务项目收费，核批试行收费标准，殡仪馆殡葬基本服务项目包括火化、遗体接运、遗体存放、骨灰寄存。2015 年，对殡葬基本服务项目收费标准进行批复。

2013 年聊城市殡葬管理处基本服务收费标准

表 18-10

服务项目	单位	收费标准（元）	备注
火化费（普通）	具	132	7 岁以下儿童减半
接运费	具	100	普通型灵车（购车款在 40 万元以下）超过 20 公里的，每超过 1 公里加收 3 元，按往返里程计算
遗体寄存（冷藏）	具（天）	150	不足 12 小时按半天；超过 12 小时按全天
骨灰寄存费	盒 / 年	30	普通木制骨灰架未封闭和半封闭单盒（不足半年的按半年算，超过半年不足一年的按一年计算）
	盒 / 年	40	全封闭式单盒（不足半年的按半年算，超过半年不足一年的按一年计算）
	盒 / 年	60	铝合金等高档架单盒（不足半年的按半年算，超过半年不足一年的按一年计算）

2015 年聊城市殡葬基本服务项目收费标准

表 18-11

项目	单位	收费标准	备注
一、火化费：	—	—	—
1、普通炉（平板炉）	元 / 具	230	7 岁以下儿童减半
2、高档炉（捡灰炉）	元 / 具	800	
二、遗体接运	元 / 具	260	超过 20 公里的，每超过 1 公里加收 3 元，按往返里程计算。需提供消毒、抬尸服务的，另收消毒费 50 元 / 具，抬尸（馆内）60 元 / 具。
三、遗体存放	元 / 具．天	160	含冷藏，一天内不足 12 小时按半天计算，超过 12 小时按一天计算。
四、骨灰寄存费	元 / 盒．年	100	含证

游览参观点门票价格 1997—1998 年，游览参观点门票价格主要由国家价格主管部门制定管理。1999 年以后，国家下放游览参观点门票价格管理权限，实行省、市、县三级政府管理，聊城市辖区内游览参观点按照行政隶属关系由市、县（市）价格主管部门实施管理。

2001 年，根据省物价局《山东省游览参观点价格管理办法（试行）》，公园、博物馆、纪念馆、烈士陵园、文物古迹、自然风景区的门票价格及景点内游览车（船、航空器）、索道票价、展览、停车场收费实行政府定价；商业性投资人造景观的门票价格及其他游览参观点价格实行市场调节价。2002 年，聊城市物价局核定聊城市人民公园门票价格。

2005 年，批准东昌湖游乐园春节、旅游节（5 月 1—7 日）、“十一”黄金周期间门票价格为每张 10 元。调整孔繁森同志纪念馆门票价格为每人次 20 元，讲解费 30 人以下每场次 50 元，30 人以上每场次 100 元。批准傅斯年陈列馆门票价格每人次 10 元，讲解费每次 20 元；批准山陕会馆笼秀园门票价格每人次 5 元，讲解费每次 20 元；批准阳谷县狮子楼旅游城门票价格为每人次 20 元（含游狮子楼），讲解费每次 30 元；批准海源阁门票价格调整为每人次 10 元，讲解费每次 30 元。11 月，召开听证公示的基础上，调整 15 个游览景点门票价格：山陕会馆、光岳楼、景阳岗风景区每人次 30 元（讲解费每次 30 元）；孔繁森纪念馆、凤凰苑、马颊河度假村、梦幻乐园、明珠大剧场、依绿园、狮子楼旅游城每人次 20 元（讲解费：孔繁森纪念馆每次 50 元；狮子楼旅游城、依绿园、明珠大剧场每次 20 元）；海源阁、傅斯年陈列馆、曹植墓、海会寺每人次 10 元（讲解费：海源阁、傅斯年陈列馆每次 20 元；曹植墓、海会寺每次 10 元）；范筑先纪念馆每人次 5 元。

2006 年—2007 年，整顿游艇收费秩序，审批东昌湖观光游览类船只收费标准，划分机动游艇、非机动游船、手划船三个标准。2008 年 4 月，审批冠县梨园门票价格为每人次 20 元。是年 7 月，审批聊城植物园门票为每人次 10 元，荷花节（每年的 7 月 5 日至 9 月 5 日）期间为每人次 20 元。2009 年 9 月，制定孔繁森纪念馆租赁花篮费用为每次 100 元（包含讲解费）。2010 年 5 月，批准调整中华第一梨园门票价格执行每人次 30 元标准。

2011—2013 年，制定聊城市动物园门票价格为 10 元 / 人 · 次、东阿阿胶文化苑综合旅游景区门票价格（东阿阿胶养生文化苑门票价格 50 元 / 人 · 次、东阿药王山门票价格 30 元 / 人·次、中国阿胶博物馆门票价格 30 元 / 人·次、阿胶亭门票价格 10 元 / 人 · 次）、东阿县鱼山曹植墓门票价格 20 元 / 人 · 次；阳谷县千户府旅游区门票价格每人次 20 元（讲解费 20 元 / 次）、蚩尤陵旅游区门票价格每人次 30 元（讲解费 30 元 / 次）。2014 年，制定阳谷县刘邓大军指挥部纪念馆讲解费价格为 30 元 / 人 · 次，莘县燕塔管理处门票价格为 10 元 / 人 · 次。是年 11 月，制定中国运河文化博物馆讲解费每次 50 元（每次讲解不得少于 3 个厅）。

2015 年 4 月，制定茌平金牛湖景区观光游览类船只收费标准，普通观光船票价为 20 元 / 人 · 次，豪华画舫票价为 30 元 / 人 · 次。是年 8 月，制定水上古城七贤祠景点门票价格为 30 元 / 人 · 次。

物业服务收费 1997 年— 2015 年，按照国家规定，物业服务收费属于政府物价部门实施价格管理的重要内容之一，由国家和省物价部门制定管理政策。物业服务收费根据物业的性质和特点不同，分别实行政府指导价和市场调节价，实行明码标价制度，接受政府物价部门的监督检查。

1999 年 8 月，聊城市物价局出台《聊城市物业管理服务收费暂行办法》，将聊城市物业管理服务收费纳入规范化管理轨道，并明确普通住宅物业管理服务收费标准为每建筑面积平方米 0.10—0.15 元。2000 年，审批 2 个小区的物业管理服务收费标准为每建筑平方米 0.19 元。2001 年审批 5 个小区的物业管理服务收费标准，住户每建筑平方米 0.20 元、0.24 元、0.29 元不等，商户每建筑平方米 0.40 元。2002—2003 年，审批城区 34 个住宅小区的物业管理收费标准（每建筑平方米 0.20 至 0.38 元不等）、4 个小区的车辆看管收费标准。

2004 年，审批 18 个小区物业管理服务收费标准（每建筑平方米 0.20 元至 0.25 元不等）、5 个小区车辆看管收费标准。2005 年 11 月，市物价局、市房地产管理局印发《聊城市物业服务收费管理实施办法（试行）》，对物业小区实行等级收费管理，进一步规范物业服务收费行为。是年，从严审批 33 个小区的物业服务收费标准、部分地下停车场的车辆看管收费标准。2006 年，开展物业服务收费等级考评验收工作，公布 50 多个小区的验评结果，核定部分小区停车收费标准。

2007 年，全面推行商品房明码标价和物业服务收费公示制度，全市 113 家开发企业和 80 多个物业小区全部实行明码标价和收费公示。2008 年，重申经济适用房价格、廉租房租金及物业服务收费政策；对全市房地产建筑市场进行了检查验收，加强商品房和物业服务明码标价公示工作，规范了房地产价格行为。2009 年 8 月，市物价局会同市房地产管理局联合制定聊城市物业服务收费基准价和浮动幅度，对 6 个新建小区前期物业收费实行备案管理，进一步规范物业服务收费标准。

2012年，对星光东昌丽都项目二期的前期物业进行备案管理。2014年7月，市物价局与市住建委联合印发《聊城市住宅物业服务收费管理实施办法》，新增对停车服务费和车位场地使用费的规定，明确交付后空置一年以上的房屋物业服务费按70%收取。是年9月，市物价局与市住建委联合下发《关于公布聊城市城区普通住宅前期物业服务收费基准价格及相关问题的通知》，自10月1日起，聊城市普通住宅物业服务分五个星级标准收费。

2015年9月，市物价局与市住建局印发通知，明确市城区普通住宅前期物业服务收费基准价格仍执行原规定。是年，开展物业等级考评工作，核定120套公共租赁住房的租金标准，全力保障民生。

2009年公布的聊城市物业服务收费基准价和浮动幅度一览表

表18-12

项目 / 服务等级	社会成本调查测算收费标准		备注
	带电梯住宅	不带电梯住宅	
一级服务	0.90-1.00元/㎡	0.70元/㎡	1、带电梯住宅标准含电梯运行电费、年检费、日常维护修理费用。 2、不带电梯住宅标准上下浮动幅度10%。
二级服务	0.80-0.90元/㎡	0.50元/㎡	
三级服务	0.70-0.80元/㎡	0.40元/㎡	
四级服务	—	0.30元/㎡	

2014年公布的聊城市城区普通住宅前期物业服务费基准价格及浮动幅度一览表

表18-13

服务等级	基准价格		浮动幅度
	未配备电梯（元/平方米·月）	配备电梯（元/平方米·月）	
一星级	0.3	0.7	±10%
二星级	0.5	0.9	
三星级	0.7	1.1	
四星级	0.9	1.4	
五星级	1.2	1.7	

2014年公布的聊城市城区普通住宅前期物业管理区域停车服务费和车位租赁费基准价格及浮动幅度一览表

表18-14

项目		基准价格（元/月·车位）	浮动幅度	备注
停车服务费	室内	25	±10%	指普通住宅前期物业管理区域内规划用于停放汽车的车位
	室外	20		
车位租赁费	室内	180		
	室外	100		

资源补偿和环境保护收费　1996年，地区物价局、财政局、水利局联合印发《聊城地区实施＜山东省水土保持设施补偿费、水土流失防治费收取标准和使用管理暂行办法＞细则》。贯彻国家计委印发的《城市国有土地使用权价格管理暂行办法》。2001年，对聊城市环卫处收取卫生保洁费进行了批复。2002年，对聊城市国土资源局收取耕地开垦费收费标准进行批复，其中基本农田，粮食作物田按10000—12000元/亩缴纳，粮、棉、油、烟、菜等混合作物田按13500—16200元/亩缴纳，菜地按25000—30000元/亩缴纳；基本农田以外耕地，粮食作物田按8000—10000元/亩缴纳，粮、棉、油、烟、菜等混合作物田按10800—13500元/亩缴纳，菜地按20000—25000元/亩缴纳。

2004—2008年，制定全市医疗垃圾无害化集中处理费、聊城城区生活垃圾处理收费、莘县城区生活垃圾处理费、冠县生活垃圾处理收费、征地地面附着物和青苗补偿标准。2009年，审批聊城市区户外广告资源有偿使用收费标准。是年9月，审批临清市和阳谷县生活垃圾处理收费标准。

2010—2012年，核批聊城市城区户外广告资源有偿使用费标准、聊城市城市绿化补偿费收费标准，其中土地基准价、拆迁补偿费按照聊城市有关规定执行，直接绿化费用按每平方米125元收取。核批或修改了临清市、阳谷县、东阿县、城区生活垃圾处理收费标准。

2013年1月，核批茌平县城区生活垃圾处理收费标准。11月，贯彻落实聊城市征地地面附着物和青苗补偿标准。2014年1月，核批临清市城区生活垃圾处理收费标准。是年6月，调整莘县城区生活垃圾处理收费标准。7月，核批茌平县城区生活垃圾处理正式收费标准。8月，核批聊城市建成区城市绿化补偿费收费标准。2015年，调整聊城市医疗废弃物处理收费标准，制定东阿污水处理费征收标准为每立方米1.1元。

基础设施配套费　1997—2015年基础设施配套费标准由市级政府及其价格主管部门制定管理。1999年3月，聊城市政府印发《聊城市城市集中供热管理试行办法》，规定城市集中供热工程建设资金开户费标准。2000年，制定聊城市城区天然气居民灶具设施，居民和工业及餐饮业用户热水器安装价格。2003年，制定东阿县天然气庭院管网设施建设费收费标准，居民用户每户1600元（不含灶具），调整小城镇基础设施配套费标准。

2004年7月，聊城市政府办公室印发《关于收取城市基础设施配套费有关问题的通知》，取消与城市基础设施配套费重复收取的各类专项配套费，调整归并为城市基础设施配套费，规定聊城市城市基础设施配套项目收费标准为每建筑面积平方米238.50元，其中，城市基础设施配套费为每建筑平方米100元，供热设施配套费为每建筑面积平方米15元，供气设施配套费为每户2350元（按每建筑面积平方米23.5元计算）。是年，召开听证会，市物价局制定临清市、高唐县天然气庭院管网建设费：居民用户每户1700元（不含灶具、报警器），公福户680元/标立方米．日（不含户内安装及材料费）。

2005年，聊城市城市基础设施综合配套费由每平方米100元调整为90元，其中道路配套费由每平方米45元调整为35元；供热设施配套费由每平方米15元调整为25元。核批东阿县城市基础设施配套费标准为建筑面积每平方米125元，制定莘县天然气庭院管网设施建设费标准为居民每户1700元（不含灶具）。

2006—2014年，核批高唐县、阳谷县、莘县、临清市、茌平县、冠县、东阿县城市基础设施配套费标准分别为每建筑面积平方米175元、150元、150元、171元、160元、170元、172元。聊城市城区城市开发项目片内基础设施配套费由每平方米100元调整为90元，高唐县城市基础设施综合配套费由每平方米70元调整为80元，东阿县由平方米50元调整为每平方米60元。明确各县市（区）住宅供配电设施建设费标准，市城区新建住宅小区供配电设施建设费试行标准

（多层楼房每建筑平方米 95 元，高层（双电源，含别墅）每建筑平方米 105 元）。聊城市城区供热基础设施配套费标准为 55 元 / 平方米（含一次网 30 元、换热站及二次网 25 元），茌平县供热设施配套费标准由每建筑平方米 15 元调整为每建筑平方米 25 元；临清市由 16 元调整为 21 元；莘县由每 15 元调整为 25 元，供气设施配套费标准调整为 2900 元 / 户。阳谷县由 17 元调整为 25 元，冠县由 17 元调整为 45 元（含一次网 25 元、换热站及二次网 20 元）。

2015 年 3 月，对聊城供电公司新建住宅小区供配电设施建设费标准进行批复。是年 12 月，为规范政府定价行为，根据《山东省行政事业性收费目录清单》《山东省政府性基金目录清单》等规定，聊城市基础设施配套费划转市财政局管理。至此，市物价局不再管理城市基础设施配套费，并不再对供电气水热等基础设施配套费制定收费标准。

重要专业服务收费　1997 年 11 月，聊城地区物价局对聊城地区税务代理业务收费标准进行批复。1998 年 3 月，对聊城电力华昌实业公司变压器代维护、电力设备及绝缘工具试验、电度表校验服务收费标准进行批复。1999 年 5 月，聊城市政府收费管理办公室核批旧机动车辆交易服务收费标准，其中交易服务费按交易额的 1% 收取，车辆评估费按最高不超过交易额的 0.5% 收取，两项费用交易双方各承担 50%。

2002 年，规范聊城兴达实业公司铁路客票代理服务费标准和出租车代理收费行为。2003 年 11 月，对聊城供电公司 108 项城乡用电服务收费标准进行批复，仅限在直供区和东昌府区内试行。2004 年 4 月，对阳谷县 90 项城乡用电服务收费标准进行批复，其他县、市可参照执行。6 月，制定聊城市福利院自费代养收费标准。

2005 年 6 月，下放车辆停车收费管理权限到县（市、区）物价部门。7 月，从严核批 113 项城乡用电有偿服务收费标准，适用范围为聊城直供及趸售供电区。是年 11 月，规范旧机动车市场交易及价格评估收费行为，旧机动车市场交易服务费收费标准为交易额的 1.2%，交易双方各负担一半；旧机动车价格评估收费标准为交易总额的 0.5%，并规定，机动车价格评估工作应当遵循“自愿委托、有偿服务”的原则，机动车价格评估机构必须取得价格主管部门颁发的价格评估机构资质证书。

2006 年，对聊城兴业和正信投资担保有限公司担保收费标准进行批复，加强出租车行业收费管理，规范驾校收费行为。2007 年 6 月，核批鲁昌投资担保有限公司担保收费标准。是年，规范旧机动车交易价格评估行为，明确旧机动车市场交易及价格评估收费问题。2008 年，对临清市顺达二手车交易市场收费标准进行批复。

2009 年，审批机动车驾驶员单学时培训费、城市户外广告资源有偿使用试行收费标准，对山东裕昌汽车贸易置业有限公司二手车交易市场服务和价格评估收费标准、聊城鲁信担保投资有限公司和山东银联担保有限公司聊城分公司担保收费标准进行了批复。2010 年，核批印章治安管理信息系统服务费和防伪印章价格等市管价格和收费标准，对山东鼎泰投资担保有限公司等 5 个担保公司的担保收费标准进行了批复，核批市城区户外广告资源有偿使用费正式收费标准。

2011 年 3 月，市物价局会同市广播电视总台转发省有线电视收费管理通知，明确全市新装有线数字电视一次性建设费收费标准为每终端 240 元，市直城区及各县（市、区）城区有线数字电视基本收视维护收费标准为每机 25 元 / 月。是年，从严核定机动车尾气检测费和机动车驾驶员培训费等收费标准。

2012 年，重新明确有线数字电视收费标准，从严核批车载燃气瓶检验检测试行收费标准，核定芯片新型防伪印章价格。2013 年，核定车载燃气气瓶检验检测收费标准，钢质内胆环向缠绕气瓶 200 元 / 只，钢质气瓶 220 元 / 只。2014 年，按照省规定，规范机动车驾驶员培训收费行为，统一培训收费政策。2015 年，先后放开聊城市旧机动车交易服务收费等定价项目，重新制定聊城市有线数字电视收费标准。

第三节　收费管理及专项治理

一、收费年度审验

1997 年，根据中共中央、国务院《关于治理向企业乱收费、乱罚款和各种摊派等问题的决定》，向企业收取行政性事业性费用，必须凭物价部门颁发的《收费许可证》。全市共年审《收费许可证》4132 个，抽查收费项目 2630 项，审验收费总额 4.5 亿元，吊销《收费许可证》10 个，变更收费项目 780 项，废止文件 17 份。

1998 年 10 月，根据国家《收费许可证管理办法》，对《收费许可证》的印制、颁发、使用、年审等作出明确规定。收费许可证由国务院价格主管部门负责统一制定样式，国家及省两级价格主管部门印制，各级价格主管部门分别核发，有效期 3 年。2000 年，全市共换发新版《收费许可证》3600 个，年审总金额 10 亿元，其中市直 3.6 亿元。分期分批组织举办收费员业务培训班，全市共培训收费员 6698 人，对考试合格的颁发新的收费员证 5038 套。

2001 年，加大收费年审力度，重点审核收费“死角”单位，并将年审范围扩大到经营服务性收费单位，对屡审屡犯的予以立案查处，确保年审不走过场。全市共审验收费总金额 12.8 亿元。2002—2003 年，全市每年审核收费总额 10 多亿元，年审率达 90% 以上，2002 年开展《收费许可证》换证工作。2004 年，全市共审验行政事业性收费单位 2233 个，审验收费资金总金额 14.43 亿元，年审率达 95%，对审验出的违规收费问题按照有关法规政策进行处理。2005 年，全市共审验单位 1912 个，审验收费资金 9.71 亿元；全市换发《收费许可证》4063 套，变更或取消收费项目 314 项；举办收费员培训班，全市培训收费员 4000 余人次，编印《聊城市现行收费项目和标准汇编》。2006 年，全面开展收费年审工作，共审验收费资金 16 亿元，对违规收费行为进行处理。

2007 年，加强《收费许可证》管理，控制进企业收费的频次和总量，加大收费年审力度，全面规范收费行为。对全市 1545 个单位进行收费年审，审验资金总额约 23 亿元。2008 年，全市换发新版《收费许可证》2172 套，分级组织培训收费员 2629 人。根据国家和省取消 174 项行政事业性收费的规定，市物价局对市直所有的收费项目和标准进行重新审定，确保《收费许可证》的收费项目和标准合法准确。全市共审验收费单位 1337 个，审出违规收费 2050 万元。2009 年，组织开展《收费许可证》核查工作，对全市 2094 个单位、约 18 亿收费资金进行年审，查纠违规收费。2010 年，在全市建立实施收费许可证档案管理和考核制度，共审验收费单位 1302 个，年审率达 100%。

2011 年，全市共换发新版《收费许可证》1946 套，培训收费员 3000 多人，审验收费单位 1180 个，年审率达 100%。2012 年，对全市 1820 个收费许可证管理情况进行专项检查，针对存在问题进行整改，规范收费管理工作。开展收费统计工作。对全市 19 亿元行政事业性收费资金进行审核，年审率达 100%。2013 年，共换发收费许可证 34 个，收费员证 42 个。对全市 870 个单位共计 18.56 亿收费资金进行年审。

2014 年，市物价局开展全市收费员培训暨《收费许可证》换发工作，编制印发《聊城市现行收费项目汇编》。市县联动，运用收费动态监管系统对全市 17.87 亿元行政事业收费进行年审统计。2015 年，按照国家和山东省要求，市物价局统一停止行政事业性收费年审工作，于 4 月 30 日取消收费许可证制度，并将之前所办证件一并收回。

二、乱收费专项治理

1997 年，为减轻企业负担，优化经济发展环境，根据中共中央、国务院《关于治理向企业乱收费、乱罚款和各种摊派等问题的决定》和山东省委、省政府《关于治理向企业乱收费、乱罚款和各种摊派等问题的通知》，地区物价局采取“取消、降低、减免、清理”等措施，配合有关部门开展清费减负调查和清理整顿工作，共清理出各级设立的收费项目 871 项，上报省减负领导小组。

1998—2001 年，围绕清费治乱减负，从改革收费管理体制入手，完善收费监督制约机制，收费秩序得到有效治理。1998 年 11 月 19 日，市政府印发聊城市物价局代起草的《聊城市收费管理暂行办法》。是年 11 月 27 日，成立聊城市人民政府收费管理办公室，对全市所有收费项目和标准实行“一个口子”管理机制，突出政府管理职能，解决多家多头插手、乱开收费口子问题。1999 年，聊城市政府收费管理办公室编印《聊城市现行收费项目标准汇编》，发放到各县（市、区）、市直执收单位和企业。4 年间，根据中央和省、市关于清理整顿乱收费的一些列指示精神，对所有收费项目和标准进行 3 次大规模清理整顿。通过清理整顿，共取消越权行文 55 份，取消收费项目 208 项，减轻企业和群众负担约 2.4 亿元。全面推行“两证、一书、三卡”制度（收费许可证、收费员证，进企业收费批准通知书、企业缴费登记卡、个体门店缴费明白卡、中小学生收费明白卡）。明确规定，凡进企业收费，除持有《收费许可证》和《收费员证》外，还必须到收费管理办公室办理《进企业收费批准通知书》，填写《企业缴费登记卡》。否则，企业有权拒缴和举报；对到个体工商户门店收费的，实行《缴费明白卡》制度。

2002—2003 年，对国家和省明令取消的收费项目和市县两级政府部门出台的收费项目进行全面清理，共清理出国家和省取消的收费项目 650 项，废止地方政府出台的收费文件 74 份，修改文件 2 份，取消不合理收费 73 项，降低收费标准 3 项，每年减轻企业和群众负担 2100 多万元。落实和完善涉企收费公示制度和进企业收费“两证一书两卡”制度，控制收费总量，使企业降费减负约 5000 万元。2002 年 4 月，在市政府行政审批服务中心设立价格行政审批服务窗口，提供“一站式”服务。对进驻服务中心的 502 项收费项目 900 多个收费标准进行清理审核，针对超标准收费及利用职能强行服务收费等问题，提出整改意见。2003 年，按照国家和省部署，取消 98 项行政事业性收费项目，合并收费项目 43 项，将 5 项行政事业性收费转为经营性收费。会同市直有关部门对受“非典”影响较大的餐饮、旅游、娱乐、公路客运、汽车出租等行业实行收费减负政策。对市现行的 2670 个收费项目进行再清理、再审核。在清理、审核的基础上，将收费项目划分为 8 个类型，分别提出取消、暂停执行、修改和降低标准等处理意见。

2004 年，对市直 98 个收费单位的 420 项行政许可收费项目及市出台的 426 份文件进行清理，取消市越权收费文件 9 份，减轻群众负担 500 多万元。落实进企业收费“两证、一书、三卡”制度，遏制乱收费行为。全市共办理《进企业收费批准通知书》2500 多份，退回不合理收费申请 50 多份，减轻企业负担约 900 万元。2005 年，全面清理行政事业性收费项目，市县两级共取消不合理、不合法的行政审批和行政许可收费 161 项，减轻企业和群众负担 8000 多万元。落实进企业收费审批制度，纠正违规收费行为，防止乱收费反弹。通过严格把关，全市审核出不合理收费申请 80 多份，可减轻企业负担 900 多万元。2006 年，清理取消收费文件 8 份。严格控制进企业收费，全年取消不合理收费申请 18 份，减轻企业负担近 300 万元。

2008 年，全市共废止收费项目 191 项，降低收费标准 27 项。落实进企业收费审批制度，遏制涉企乱收费。联合检查治理，建立与企业缴费员联系制度，控制收费频次，保障企业的正常生产经营。全市共审批进企业收费申请 571 份，退回不合理申请 30 份，减轻企业负担 1000 多万元。

2009 年，全市各级物价部门突出抓清费治乱工作。梳理规范行政审批环节涉企收费及利用行政职能进行的经营性收费，将所有进驻市行政服务中心单位的收费项目和标准进行公示，编印《聊城市现行收费项目标准汇编》及光盘 5000 套。与市监察局联合下发通知，规范进企业收费的报批备案程序，建立进企业收费管理机制，加强进企业收费的审批管理。每季度，会同监察、经贸、民营等部门对规模以上企业进行抽查。通过清费治乱，一年减轻企业和社会负担约3.3亿元。2010年，深入清理整顿涉企收费、经营服务收费及社团收费，规范收费行为，落实收费政策。2011年，全面清理和规范涉及民营企业收费，严格控制进企业收费，编印《聊城市涉企现行收费项目及标准》，免费发给全市规模以上民营企业，在市政府网站进行公示。2012年，全面清理排查收费项目，取消和免征收费18项，减轻企业和社会负担1900余万元。落实进企业收费审批备案制度，严格控制收费标准和频次，规范进企业收费行为。

2013年，全市各级物价部门会同监察、财政等部门全面清理行政审批收费，市级共取消和免征收费项目21项，调整收费范围6项，降低收费标准10项，减轻企业负担约6000万元。向全市2155个规模以上企业发放进企业登记备案簿和服务跟踪卡，规范进企业收费行为。2014年，联合市政务服务中心等部门，对进驻市政务服务中心的37个中介机构涉及的19项收费项目进行了梳理，编制《聊城市涉企中介收费目录清单》，规范中介服务机构的收费行为。对50个单位开展涉企收费、教育收费专项检查，开展收费政策跟踪监督检查，规范收费行为。

2015年，取消、停征涉及聊城市的35项行政事业性收费，减轻群众和企业负担920万元。对进驻市政务中心的43家中介服务机构的市级行政审批中介服务收费进行清理，将保留的32项服务收费项目进行收费公示。会同市编办、财政局、市政务中心等部门对全市行政审批前置环节的技术审查、评估、论证等有偿中介服务事项进行全面梳理，对没有法律法规依据的行政审批前置服务项目及收费一律取消，对保留的17个部门47项前置经营服务性收费项目，以市政府文件向社会公布。

第四节　价格监督检查

1997年5月，聊城地区行署办公室印发《聊城地区物价局职能配置、内设机构和人员编制方案》，聊城地区物价局物价检查所增挂地区价格监督检查办公室牌子，负责全区商品价格、服务价格和行政事业性收费的监督检查，依法查处价格违法行为及价格违法案件，推行商品、收费的明码标价工作。2006年3月，市物价检查所升格为副县级事业单位。2008年8月，聊城市物价检查所更名为聊城市价格监督检查局，调整为副县级行政机构。

1997年—2015年，全市逐步建立起以政府监督为主，社会监督、企业内部监督和社会舆论监督为辅的覆盖全社会的价格监督检查网络，形成以《价格法》为核心，以《价格违法行为行政处罚规定》为主体，以行政规章、地方性法规为补充的价格执法法规体系，为依法治价奠定了坚实的法律基础。

一、专项价格检查

1997年，针对企业和农民负担较重及乱收费现象禁而不止的情况，全区价格检查部门以清费、治乱、减负为重点，对农业生产资料、成品油、医疗卫生系统药品价格和收费以及教育收费、建设项目收费、铁路运价收费等进行专项检查。

1998—2001年，根据国家和省部署，开展电力价格、邮政资费、电信收费、教育收费、公安收费、药品和医疗服务价格、交通收费以及粮食、计划生育、婚姻登记、农网改造等涉农价格和收费的专项检查。2002—2003年，开展春节期间铁路和公路客票价格、粮食价格、电价、供热价格以及工商、劳动、交通、交警车管部门和医疗卫生、教育收费专项检查，开展农村电价、农网改造收费、农业生产性费用、建房用地、计生服务、婚姻登记、中小学等涉农价格和收费专项治理工作。在“江北水城”节和每年春节组织开展以制止价格欺诈、价格暴利为重点的市场价格专项检查，对新建商品房明码标价情况进行全面检查。

2004 年，针对农业生产资料价格大幅上涨的局面，开展大规模的化肥、种子、柴油等农业生产价格和涉农收费检查，严厉查处各种涉农乱涨价、乱收费行为。按照省物价局部署，对殡葬服务业收费和相关商品价格、医疗收费和药品价格、电力价格、教育收费及成品油价格进行专项检查。2005 年，全市采取交叉检查、联合检查、分组督查等多种形式，开展石油价格、药品和医疗服务价格、教育收费、计量收费、与防治禽流感相关的商品价格和收费以及化肥和柴油等农资价格、农村中小学教育收费、土地管理和农民建房收费、婚姻登记收费为重点的涉农价格和收费专项检查。2006 年，开展全市电力价格、公安收费、成品油价格、涉农收费和化肥价格、教育收费及医疗服务价格等八个方面的专项检查。开展查处通信行业价格欺诈行为专项行动。在小麦和蚕茧收购季节，对其收购价格执行情况进行巡查。

2007—2012 年，在全市开展教育、电力、国土资源、电信、邮政、医疗、原料奶、成品油、教育收费、劳动人事收费、商品房明码标价、大型零售企业执行价格和收费政策、农资价格及涉农收费、涉企及粮食等价格和收费进行专项检查，对上级取消收费项目和降低收费标准的政策落实情况进行跟踪检查，对城建、交通、工商和质检部门收费情况进行重点检查，加强家电下乡、旧家电以旧换新价格的监管。加强市场价格巡查，在重大节日和奥运会期间，对商业、餐饮及旅游等行业的价格行为进行巡查。配合省物价局开展电信和进出口检验检疫收费检查。

2013 年，组织开展涉农价费、机动车驾驶员培训收费、旅游行业收费、教育收费等专项检查，对市直医院执行新的医疗服务价格政策情况进行督促检查。2014 年，组织开展商业零售、汽车销售、物业管理、房地产销售等行业的市场价格巡查。元旦、春节期间，全市物价系统集中开展市场价格巡查，针对部分行业和企业召开政策提醒告诫会，解决一批突出价格问题。

2015 年，组织全市开展教育收费、涉企收费专项检查，共检查 11 家学校、40 个涉企收费执收单位。开展节日期间市场价格集中巡查，重点加强对民生价格、服务行业价格等领域的检查，对存在虚构原价等价格欺诈行为的 18 家经营单位依法进行严肃查处，并实施经济制裁。改进价格监管方式，先后召开规范驾校收费行为提醒告诫会、春节期间市场价格提醒告诫会及药品价格提醒告诫会，将价格监管关口前移，提升了价格监管水平。

1997—2015 年聊城市价格监督检查情况表

表 18-15　　单位：万元

年度	查处违法案件（起）	退还用户金额	没收非法收入	罚款总额	经济制裁总额
1997	644	2963.4	527.46	—	3490.86
1998—2001	2980	3516.36	—	—	6290.07
2002—2003	1278	941.69	—	—	1986.3
2004	882	779.16	1019.4	130.9	1929.46
2005	796	1459.37	—	—	2317.73
2006	246	—	—	—	881
2007	440	67	830	0.2	897
2008	1275	46	992	—	1039
2009	736	—	—	—	992.15
2010	587	—	—	—	772.68

续表 18-15

年度	查处违法案件（起）	退还用户金额	没收非法收入	罚款总额	经济制裁总额
2011	431	—	—	—	912.93
2012	357	—	—	—	1037.13
2013	441	—	—	—	875.48
2014	332	—	—	—	837.44
2015	1137	—	—	—	889.25

二、明码标价和价格诚信建设

1997年，开展商品明码标价检查。1998—2000年，对全市医疗卫生、文化娱乐、餐饮、加油站等单位的明码标价进行检查和规范。

2001年，聊城市物价局制定《关于开展商品和服务实行明码标价活动的实施方案》，在全市组织开展商品和服务实行明码标价“五个一”示范活动，即明码标价示范一条街、一所医院、一个市场、一个旅游景点、一个电信营业点，对行业明码标价进行规范，全市共建立示范点47个。全市城镇市场普通商品和服务明码标价率达到90%以上，行政事业性收费明码标价率达到100%。

2002年，根据省物价局《山东省新建商品房明码标价实施办法》，全市价格主管部门对新建商品房明码标价情况进行全面检查，规范房地产业价格行为。配合农村税费改革，在全市开展涉农价格和收费公示工作。是年11月，全市126个乡镇、6516个行政村、市县两级1997个行政事业部门和单位全部设立公示牌、公示栏。

2003—2007年，制定并实施《聊城市价格诚信单位评审办法》，开展明码标价工作，加强超市、通信、餐饮及药店等20多个重点行业明码标价执行情况的巡查，在春节、“五一”、“十一”期间，对大型零售商业、超市、旅游景点等经营者的明码标价情况进行监督检查，严肃处理价格失信行为。推行商品房明码标价和物业服务收费公示制度，全市113家房地产开发企业和80多个物业小区全部实行明码标价和收费公示。

2008—2010年，采取宣传政策、上门指导与专项检查相结合的方式，开展明码标价专项整治行动。为全市134个乡镇办事处、6809个自然村免费换发了新的价费公示牌，在部分社区设立了居民收费和价格公示栏，为群众提供政策服务。开展2008年度“价格诚信单位”和“明码实价店”评选活动，推进价格诚信建设，评选表彰聊城市首届价格诚信单位20家、明码实价店15家。

2011—2012年，采取印发通知、召开政策提醒会、开展拉网式检查等措施，认真贯彻落实《商品房销售明码标价规定》，大力推行商品房销售明码标价工作，全面规范商品房销售行为。积极推行老年人优待政策公示工作，促进了优待政策落实。

2013—2014年，开展“价格诚信建设年”活动，在全市教育、医疗卫生、商业、餐饮、汽修和物业服务行业内开展“价格诚信单位”评选活动，在部分行业、企事业单位开展创建“聊城市明码实价示范单位”活动。全市范围内评选出12家“价格诚信单位”及“明码实价示范单位”，在茌平县京都购物广场召开全市价格诚信建设暨市场监管工作现场会议。

2015年，在全市范围内开展“价格诚信规范年”活动，确定9家企业为聊城市“价格诚信单位”。

三、价格举报

1999年，全市建立价格举报登记制度。2001年，开通“12358”价格举报电话，受理群众举报和咨询，按照“优先办理，限期办结”的原则，严厉查处价格举报案件。2002年，进一步完善“12358”电话价格举报制度，24小时受理群众的价格举报咨询。

2005 年 3 月，按照市政府部署，市物价局把“12358”价格举报电话与市长热线联动并行；是年 8 月，配置“12358”价格举报检查专用车、摄像机、照像机等办案工具。

2006 年 3 月，健全和完善全市统一的 12358 价格举报系统网络，在开通价格举报语音电话的基础上，建立计算机接入平台，做到市县同步传输、同步分流、同步移交。经市编办同意，市物价局设立价格举报中心。2007 年 3 月，将行风热线纳入“12358”举报电话联动范围，扩大了价格举报工作覆盖面。

2013 年，完善 12358 价格举报平台和工作机制，规范价格举报处理工作流程。2014 年，顺利完成价格举报平台与市长公开电话和全国 12358 价格举报系统联网对接，进一步规范工作规程，建立咨询热点问题知识库，做到快速办结、妥善回复。

1999—2015 年聊城市价格举报情况表

表 18-16

年度	价格举报、投诉（件）	价格咨询（次）	挽回群众损失（万元）	退还用户（万元）
1999—2001	711	3000	—	—
2002	170	220	—	—
2003	255	407	—	25
2004	267	463	—	126.5
2005	384	836	—	—
2006	159	—	—	—
2007	176	—	—	—
2008	166	—	—	—
2009	132	—	—	—
2010	127	—	—	—
2011	88	—	—	—
2012	143	—	—	—
2013	342	272	337.56	22.19
2014	574	129	484.42	20.82
2015	1097	1239	88.11	15.68

第五节　价格基础业务和服务

一、成本调查

1997 年，聊城地区物价局农产品成本调查队为全额预算管理科级事业单位，承担农产品成本调查工作，完成国家和省下达的主要农产品常规及各项专项成本调查，农产品调查品种为小麦、玉米、棉花、花生、生猪、肉羊 6 个品种。2002—2004 年，组织开展小麦、玉米、棉花等主要农产品成本收益及农户收支、农户种植意向、农资购买和农户存粮调查工作。

2006 年，聊城市物价局农产品成本调查队更名为聊城市成本调查监审中心，承担农产品成本调查，并对重要商品和服务价格实施成本监审。2007 年，在完成国家和省安排的主要农产品成本定期调查的同时，自 9 月下旬起，在全市组织开展小麦、玉米、生猪、大白菜等 9 种农产品 2004 年至 2007 年 8 月份的成本、收益和价格情况的专项调查。

2009年，根据聊城市机构编制委员会批复，市物价局增设成本调查监审科，撤销成本调查监审中心。按照山东省物价局《山东省特色农产品成本调查品种及调查点目录》，新增鲁西黄牛和獭兔两个特色调查品种，调查品种时为8个。

2005—2015年聊城市农产品成本收益调查一览表

表18-17

年份	品种	调查县（市）	主产品产量（公斤/亩）	产值合计（元/亩）	物质与服务费用（元/亩）	土地成本（元/亩）	人工成本（元/亩）	净利润（元/亩）	每50公斤平均出售价格（元）	用工数量（日/亩）
2005年	小麦	莘县	393.1	545.79	340.54	33.35	94.17	77.73	64.43	7.56
		冠县	353.3	493.55	292.28	31.33	122.21	47.73	69	8.33
2006年	小麦	莘县	391.4	541.85	274.92	30.02	97.34	139.57	63.5	6.2
2008年	小麦	莘县	382.9	681.71	301.59	84.77	135.24	160.11	87.55	6.44
		冠县	397.4	688.09	357.4	80	226.25	24.44	85.08	9.88
	玉米	莘县	498.3	651.48	301.13	83.06	132.93	134.36	64.12	6.33
		冠县	493.7	682.55	222.35	80	220.07	160.13	67.96	9.61
	棉花	莘县	68	1202	371.82	106.99	573.93	149.26	778.89	27.33
		冠县	72.7	1038.28	553.02	160	738.75	-413.49	613.96	32.26
		临清市	101.7	1417.79	487.45	106.67	454.54	369.13	564.71	21.38
	散养生猪	临清市	105.4	1389.8	1162.96	—	64.87	161.97	644.61	3.06
2009年	小麦	莘县	421.89	764.84	392.41	96.81	154	121.62	90.64	7
		冠县	409.56	830.66	356.61	85	209.18	179.87	100.19	8.37
	玉米	莘县	507.78	927.47	240.49	81.78	157.67	447.53	90.02	7.17
		冠县	455.56	806.98	209.93	85	215.83	296.22	87.47	8.63
	棉花	莘县	59.1	1140.27	298.61	107.62	478.5	255.54	683.49	29.8
		冠县	69.99	1455.72	346.01	170	753.9	185.81	754.21	30.16
		临清市	95.79	1693.55	452.18	106.67	512.57	622.13	688.16	21.89
	散养生猪	临清市	100.63（公斤/头）	1080.21（元/头）	899.43（元/头）	—	73.57（元/头）	107.21（元/头）	527.08	3.14（日/头）
2010年	小麦	两县平均	348.71	718.67	335.12	94.52	151.27	137.76	102.3	4.32
	玉米	两县平均	444.03	873.14	222.17	99.47	92.79	458.71	97.05	2.65
	棉花	三县平均	64	1934.01	385.85	144.48	804.51	599.17	1205.58	22.98
2011年	小麦	莘县	510.28	1101.56	348.33	102	152.31	498.92	106.62	3.67
		冠县	486.11	1059.29	397.48	98.5	163.6	399.71	107.59	4.09
	玉米	莘县	439.39	955.76	276.07	97	244.44	338.25	107.19	5.89
		冠县	492.31	1142.1	300.36	98.5	159.2	584.04	114.24	3.98
	棉花	莘县	51.28	1080.5	375.51	190	730.82	-215.83	858.73	17.61
		冠县	63.99	1389.49	342.89	190	802.8	53.8	906.52	20.07
		临清市	84.64	1588.95	430.64	160	656.66	341.65	780.2	21.32
	散养生猪	临清市	109.18（公斤/头）	1804.76（元/头）	1268.86（元/头）	—	106.88（元/头）	429.02（元/头）	817.76	3.47（日/头）

续表 18-17

年份	品种	调查县（市）	主产品产量（公斤／亩）	产值合计（元／亩）	物质与服务费用（元／亩）	土地成本（元／亩）	人工成本（元／亩）	净利润（元／亩）	每 50 公斤平均出售价格（元）	用工数量（日／亩）
2012 年	小麦	莘县	399.56	980.54	425.66	125	206.44	223.44	120.98	3.97
		冠县	409.5	992.14	431.07	125	154.8	281.27	119.6	3.6
	玉米	莘县	471.86	1067.86	279.68	126	305.76	356.42	111.52	5.88
		冠县	511.67	1185.48	347.65	120	155.23	562.6	113.67	3.61
	棉花	莘县	70.06	1497.13	365.19	200	1057.16	-125.22	900.86	20.33
		冠县	73.09	1585.59	351.07	200	824.74	209.78	918.53	19.18
		临清市	83.18	1778.72	418.51	200	701.32	458.89	893.71	20.7
	散养生猪	临清市	111.77（公斤／头）	1575.2（元／头）	1300.64（元／头）	—	119.26（元／头）	155.3（元／头）	696.36	3.52（日／头）
2013 年	小麦	莘县	466.11	1210.86	436.74	130	192.78	451.34	128.38	3.57
		冠县	453.61	1189.03	433.47	130	157.5	468.06	129.7	3.5
	玉米	莘县	538.5	1192.43	373.83	130	274.86	413.74	109.21	5.09
		冠县	472.33	1071.45	341.45	130	164.7	435.3	111.11	3.66
	棉花	莘县	70.83	1569.52	373.92	210	1128.6	-143	914.17	20.9
		冠县	71.98	1551.62	346.69	230	813.6	161.33	882.58	18.08
		临清市	73.86	1641.28	436.16	220	766.7	218.42	904.88	20.5
	散养生猪	临清市	109.68（公斤／头）	1486.31（元／头）	1272.82（元／头）	—	130.53（元／头）	82.96（元／头）	670.14	3.49（日／头）
2014 年	小麦	莘县	493.89	1237.06	415.61	130	198.37	493.08	123.78	3.66
		冠县	511.33	1292.72	435.86	130	163.56	563.3	125.19	3.48
	玉米	莘县	559	1207.39	352.05	130	267.21	458.13	106.51	4.93
		冠县	595.64	1254.1	347.59	130	166.85	609.66	103.47	3.55
	棉花	莘县	70.06	1497.13	365.19	200	1057.16	-125.22	900.86	20.33
		冠县	73.09	1585.59	351.07	200	824.74	209.78	918.53	19.18
		临清市	83.18	1778.72	418.51	200	701.32	458.89	893.71	20.7
	散养生猪	临清市	111.41（公斤／头）	1411.3（元／头）	1210.07（元／头）	—	151.81（元／头）	49.42（元／头）	625.98	3.69（日／头）
2015 年	小麦	莘县	492.44	1176.25	419.26	130	203.29	423.7	118	3.73
		冠县	495.69	1199.22	425.67	130	162	481.55	119.72	3.24
	玉米	莘县	481	825.87	353.43	130	270.87	71.57	83.12	4.97
	玉米	冠县	510.42	945.06	384.26	130	174.5	256.3	88.85	3.49
	棉花	莘县	81.44	1222.71	358.06	270	1262.77	-668.12	589.35	23.17
		冠县	82.95	1257.55	381.62	240	970.5	-334.57	595.07	19.41
		临清市	92.06	1455.61	428.8	270	1042.11	-285.3	616.34	23.03
	散养生猪	临清市	109.64（公斤／头）	1559.04（元／头）	1228.18（元／头）	—	164.71（元／头）	166.15（元／头）	703.4	3.64（日／头）

二、成本监审

2003年，根据国家发展计划委员会印发的《重要商品和服务价格成本监审暂行办法》规定，对政府定价商品和服务实行成本价格监审制度。2006年，贯彻国家发展改革委《政府制定价格成本监审办法》，根据《山东省政府制定价格成本监审目录》，列入聊城市权限的监审项目有城市供水销售价格定价成本、供热销售价格定价成本、管道燃气销售价格定价成本、有线电视收视维护费定价成本、殡葬服务定价成本、经济适用房销售定价成本等共17项。2009年，根据山东省物价局《关于建立成本监审情况统计报告制度的通知》，正式建立成本监审情况统计报告制度。是年，聊城市成本监审项目22项。2015年全市成本监审项目23项，审核成本总金额25.54亿元，核减成本金额8.05亿元。

2010年10月，市物价局开展城市管网供气成本监审工作

2009—2015年全市成本监审情况统计表

表18-18　　单位：亿元

监审时间	监审项目	审核成本总金额	核减成本金额
2009	22项	1.19	0.36
2010	28项	6.97	1.15
2011	17项	14.54	2.75
2012	31项	29.69	13.83
2013	40项	18.88	3.5
2014	22项	1.53	0.37
2015	23项	25.54	8.05

三、价格认证

成立于1994年的聊城市价格事务所，承担对公、检、法和行政执法部门在处理案件过程涉及价格不明或价格有争议的物品进行价格鉴定的法定职能，业务领域与交警、工商、银行等部门合作，开展车辆定损业务和抵押贷款物品价值认证的工作。

1997年，制定完善价值认定案件审理制度、统计报告制度和档案管理制度，对各县（市、区）价值认定工作进行考核和审验。1998年，开展交通事故车辆定损工作。1999年，制定下发《办案程序实施办法》，组织全市63人参加省物价局价格事务培训班，取得认证资格证书。2000年10月，根据国务院清理整顿经济鉴证类社会中介机构领导小组印发的《关于规范价格鉴证机构管理意见》的通知，价格鉴证机构进入“退出中介、专职涉案”的业务领域。是年，在全市开展交通事故损坏物品价值认定工作。2001年，开展旧车交易价格认证工作。

2002年2月，聊城市物价局与市公安局联合印发《聊城市道路交通事故财产损失价值认定、人身伤残医疗收费审验暂行办法》。是年5月，聊城市价格事务所更名为聊城市价格认证中心。根据《山东省涉案物品价格鉴证条例》，聊城市价格认证中心的“专职涉案”的职能进一步明确。

2005年，根据国务院文件规定，开展价格评估机构和价格评估人员机构资质认定业务。

2010 年 7 月，聊城市价格认证中心工作人员实地查勘受灾蔬菜大棚进行价格鉴定

2007 年，在全市物价系统开展规范化价格认证中心创建活动。2008 年，聊城市价格认证中心被国家发改委命名为“2006—2008 年度价格认证机构规范化建设达标单位”。2009 年，加强对价格评估市场的监管，在全市开展“双认定”工作，规范价格评估行为。开展价格认证机构规范化建设，聊城市价格认证中心及东昌府区、临清、高唐、茌平、冠县、莘县价格认证中心通过省级规范化验收。

2010—2011 年，开展拆迁补偿评估、土地置换价格认证及价格争议调解工作和价格鉴证援助。2014 年 4 月，市物价局与纪检监察部门联合出台《聊城市纪检监察机关查办案件涉案财物价格认定工作办法（试行）》。2015 年 11 月，根据国家发改委《价格认定规定》，对价格认定的范围进行重新界定，明确价格认定的性质为“行政确认”。

1997—2015 年聊城市价格认证业务与总标的额统计表

表 18-19　　单位：件、亿元

年度	鉴证业务	总标的额	年度	鉴证业务	总标的额
1997	292	0.19	2009	3668	5.68
1998-2001	2712	0.12	2010	3180	0.84
2002-2003	7380	4.58	2011	3813	1.8
2004	6698	2.0	2012	3439	12.57
2005	8336	15.22	2013	3374	0.91
2006	10062	4.49	2014	3038	0.67
2007	11881	4.46	2015	2470	0.55
2008	18875	8.0			

四、价格研究

1997—2015 年，根据上级部署，针对社会关注的价格热点、难点问题，组织开展调查研究，全市共向省物价局及市委、市政府提供专题调查报告或论文 380 余篇。其中，《价格杠杆与县域经济及民营经济发展问题研究》获全省优秀论文二等奖；《市场经济条件下价格管理的定位思考》《加强和改进公用事业价格管理的思考》获山东省价格研究成果一等奖；《治理行政乱收费必须防止权力利益化》《浅谈价格信用认证》《促进节约用水，保护水资源，不仅仅是个价格问题》《关于进一步减轻农民负担的思考》《建立和完善价格调节基金制度的思考》获山东省价格研究成果二等奖；《生猪价格下跌　养殖效益降低——聊城市生猪养殖场（户）生产情况调查》获全省优秀价格监测分析报告一等奖，《2010 年聊城市房租市场情况调查》获全省优秀价格监测分析报告二等奖。

五、法治建设

普法宣传　1998 年《价格法》实施，全市组织上街宣传，与市委宣传部、市电视台联合举办全市物价系统《价格法》电视知识竞赛。2001年，物价部门开展商品和服务实行明码标价宣传活动。2005年，市物价局举办以“执法为民”为主题的价格法律法规知识竞赛，在《聊城日报》上刊登答记者问。2006年，印发价格法制宣传教育第5个五年规划。2008年，为纪念《价格法》实施10周年，市物价局在《聊城日报》上刊登纪念文章，录制专题访谈节目，开展征文活动，参加全省价格知识竞赛并荣获三等奖。

2010年，《聊城市价格调节基金征收使用管理办法》出台，市物价局采取在《聊城日报》、市政府门户网上公布政府令、答记者问和市政府领导动员讲话，提高社会认知度。2011年，开展“12358”价格举报电话开通10周年纪念宣传活动，提高群众的依法维权意识。是年，印发《聊城市物价系统开展法制宣传教育的第六个五年规划（2011—2015）》。2012年，开展《山东省涉案物品价格鉴证条例》颁布实施10周年纪念宣传活动。

2015年2月，市物价局依托市政府新闻发布平台召开新闻发布会，通报聊城市2015年春节前市场价格监管情况，宣传价格法规政策。12月，开通聊城市物价局门户网站，增强价格工作及价格法规政策的透明度。

依法治价 2002年，为适应中国加入世界贸易组织进程，遵循法制统一、非歧视和公开透明的原则，对1980—2000年的所有价格规范性文件和有关政策措施进行全面清理，并于2003年公布清理结果，其中31件予以保留，9件纳入修改范围，84件宣布废止。

2004年，市物价局开展为期两个月的集中教育整顿，出台14项机关管理和工作制度，规范业务工作程序。2006年，对检查、认证、收费等专项业务的办案文书、文件等进行全面自查清理，开展价格行政执法梳理，完善集体审价等工作制度。

2008年，市物价局在全市开展2001—2007年价格政策文件的清理，确定废止和失效的价格政策文件301件，有效保留140件，列入修改范围的24件。对“五五”普法依法治理工作进行自查，通过了市人大的检查。2009年，清理价费政策文件，公布废止和失效的价费文件271件。

2010年，市物价局全面清理价格政策文件，公布继续有效文件185件，废止44件，失效6件，纳入修改范围3件。2011年，对贯彻实施《价格法》、维护物价稳定工作进行自查总结，清理价格政策文件，公布废止和失效文件9件。

2013年，市物价局在全市组织开展现行价格政策文件全面清理工作，废止文件50件，宣布失效文件20件。修订完善行政执法规程及机关管理制度40余项，印发《聊城市物价局政府信息公开制度》。2014年，落实《价格行政处罚程序规定》及《山东省价格行政处罚自由裁量权基准》，制定市物价局行政权力事项清单及价格行政执法检查工作规程，规范价格行政执法行为。

2015年，建立健全重大价格事项集体决策、公众参与和社会稳定风险评估等工作机制，调整市物价局行政审批事项目录，编制《行政审批事项业务手册》和《行政审批事项服务指南》，编制完善责任清单及权力清单。规范价格执法工作规程，建立价格行政处罚案卷管理、评审制度、价格监督检查工作通报制度及执法回访制度。全面清理价费政策，向社会公布废止和失效的文件目录76件、继续有效文件32件、修改后有效文件6件。

六、价格协会

2003年8月18日，召开聊城市价格协会成立大会，9月，成立价格事务所，隶属价格协会，将价格理论研讨、价格咨询、协调、认证、培训、宣传等一些事务性的工作交由价格协会及其事务所承担。

2013年3月22日，聊城市价格协会召开第二届换届选举大会，通过了新的价格协会章程，选出第二届聊城市价格协会会长、副会长及秘书长。

第六章　土地管理

1997年起，聊城先后进行两轮土地利用总体规划编制，以保护耕地为重点，统筹安排各业用地，保持耕地总量动态平衡。开展两次土地利用现状调查，全面查实全市土地总面积和各类用地面积。1998年起，市县两级陆续出台《国有土地使用权租赁办法》《国有土地收购储备办法》《国有土地使用权招标拍卖办法》《地租征收管理办法》等文件，为土地使用制度改革深入发展打下坚实基础。2002年2月7日，聊城市拍卖3宗土地，敲响了聊城市土地使用权拍卖第一槌。2008年，聊城市开始进行城乡建设用地增减挂钩工作。“十二五”期间，全市共完成土地挖潜改造3.69万亩，完成增减挂钩复耕验收面积约1.69万亩（含2011年以前批复项目区），结余周转指标规模约2.84万亩；阳谷县、东阿县、茌平县被评为“省执法模范县”，阳谷县创建为省级节约集约用地模范县。截至2015年年底，全市实际耕地保有量858.27万亩，基本农田保护面积747.38万亩。

第一节　土地使用制度

1997年6月25日，中共聊城地委、聊城地区行署下发《关于切实加强土地管理和耕地保护的通知》，明确指出进一步深化土地使用制度改革，把城镇存量划拨土地作为土地使用制度改革的重点，继续推行划拨土地有偿有限使用。是年12月，聊城地区土管局印发《聊城地区划拨国有土地使用权市场管理办法》，对划拨国有土地使用权的转让、出租、抵押作出规定。

1999年新《中华人民共和国土地管理法》实施。聊城市按照修订后新的土地管理法实施土地征收管理，并对建设用地实行统一规划、统一征用、统一开发、统一出让、统一管理。2001年3月，聊城市土地储备中心成立，为正县级自收自支事业单位，隶属于聊城市土地管理局。随后，各级相继成立土地收购储备机构，逐步形成“一个口子进，一个池子蓄，一个口子出”的土地供应新模式。是年8月20日，聊城市政府发布实施《聊城市城区土地储备暂行办法》《聊城市城区国有土地使用权招标拍卖暂行办法》，为城区土地收储、出让工作提供政策法律依据。1998—2001年，全市共办理土地出让手续455宗，面积659.38公顷，土地出让收入3亿多元。

2002年2月7日，聊城市拍卖3宗土地，面积5608平方米，敲响聊城市土地使用权拍卖的第一槌。各县（市、区）陆续以招标拍卖挂牌方式出让土地使用权，尤其对商业、娱乐、旅游和房地产开发等经营性用地全部采取招拍挂方式出让，由监察局参与招拍挂的全过程，杜绝了暗箱操作。随后，聊城市又相继出台《聊城市人民政府关于收回有偿使用国有土地有关问题的通知》《聊城市人民政府关于企业改制土地资产处置问题的通知》《聊城市城市房屋拆迁管理办法》等相关文件，进一步细化土地收储制度。

2004年7月30日，聊城市政府发布实施《聊城市招标拍卖挂牌出让国有土地使用权办法》，规定除商业、旅游、娱乐和商品住宅等各类经营经营性用地必须全部实行招拍挂外，对其他用地凡有两个以上意向用地者的，也应当采用招拍挂的方式出让，原《聊城市城区国有土地使用权招标拍卖暂行办法》同时废止。全市全年招拍挂出让土地74宗，面积189.79公顷，通过招拍挂实现政府土地纯收益4.66亿元，招拍挂出让土地纯收益占全部出让纯收益的比例为73.6%。

2005年，制定《聊城市建设用地集约利用控制标准》，杜绝建设宽马路、大广场和搞“花园式工厂”现象的发生，对开发区建设用地供应作出严格规定，将土地投资强度、开发期限、建筑容积率、建筑密度、绿地率等约束条件按规定写入土地使用合同，大大提高土地利用率。

2006年，健全完善土地市场管理的各项规章制度，严格执行国家、省规定的协议出让地价最低标准，全面落实经营性用地和工业用地招拍挂出让制度，试行毛地拍卖出让。是年，全市共招拍挂出让土地62宗，面积203.31公顷，通过招拍挂实现政府土地纯收益5.31亿元；其中市城区招拍挂出让土地28宗，面积97.05公顷，实现土地纯收益3.38亿元。是年，全市土地成交总额18.98亿元，其中实现政府土地纯收益9.29亿元。2007年，市国土资源局下发《关于实行工业用地招标拍卖挂牌出让制度有关问题的紧急通知》，要求工业用地必须采取招标拍卖挂牌方式公开出让。是年，全市采取招拍挂方式公开出让土地82宗，面积200.21公顷。2008年5月14日，市国土资源局制定出台《关于严格土地管理切实提高节约集约用地水平的意见》，进一步强化、细化了建设用地预审、土地供应标准、土地出让合同及地下空间用地的规范管理。启用新版国有建设用地使用权出让合同和国有建设用地划拨决定书，进一步完善了国有建设用地供应备案和统计等工作。同时，根据省国土资源厅部署，对全市闲置土地进行专项清查，共清查出闲置土地32宗，面积53.53公顷，其中协议收回20宗，面积16.56公顷，无偿收回3宗，面积5.85公顷，限期开发6宗，征收闲置费2宗，复耕1宗，依法依规完成了闲置土地清理处置的各项任务，全市土地利用水平进一步提高。2009年3月5日，市政府成立国有土地资产运营领导小组，对国有建设用地协议出让底价、公开出让起始价等集体确定，提高土地供应透明度，防止暗箱操作，杜绝腐败现象的产生。

2010年12月，聊城市政府出台《关于进一步规范国有建设用地使用权出让及收储土地补偿等有关问题的意见》，在土地出让方式的界定、容积率管理、批后监管、改变用途及节约集约等方面进行了细化。2011年，对凡涉及土地一级市场的行政许可事项全部纳入市行政服务大厅国土窗口统一受理，凡涉及土地使用权转让、抵押等二、三级土地市场的事项，全部纳入土地交易市场办理。2011—2013年，市城区共办理国有土地转让450宗，面积63.5公顷；办理房改房上市交易79宗；发放各类土地使用证1081册，发放他项权利证书606册。2014年，市国土资源局印发《关于试行国有建设用地使用权、矿业权招拍挂出让网上交易的通知》《聊城市国有建设用地使用权、矿业权网上交易规则（试行）》《聊城市国有建设用地使用权、矿业权招拍挂出让网上交易突发事件应急处置预案（试行）》，全面推进国有建设用地使用权、矿业权网上交易工作。是年9月1日起，市本级土地出让全部实行网上交易。是年，市本级网上交易土地37宗，面积147公顷，成交价款10.21亿元。

2015年1月1日，全市土地出让全部实行网上交易。是年，通过网上交易土地272宗，面积736.9707公顷。是年10月，聊城市国土资源局出台《关于全面放开国土资源中介服务市场的通知》《中介服务机构选用管理办法》，把与国土资源审批相关的29家中介服务组织全部纳入市中介服务网上平台，使用中介机构服务时一律随机抽取，打破了垄断。

第二节　土地利用规划

一、土地利用总体规划

《聊城市土地利用总体规划（1996—2010年）》 1997年12月，开始编制《聊城市土地利用总体规划（1996—2010年）》，此次规划以《聊城市国民经济和社会发展第九个五年计划及2010年远景目标纲要》为指导，以《中共中央、国务院关于进一步加强土地管理切实保护耕地的通知》《中共山东省委、山东省人民政府关于贯彻中发〔1997〕11号文件大力加强土地管理切实保护耕地的通知》和有关法律、法规为依据。按照对农用地和建设用地实行严格的用途管制的要求，以保护耕地、严格控制非农业建设用地为

重点，统筹安排各业用地。实现土地利用方式根本转变，促进土地资源集约利用和优化配置，保持耕地总量动态平衡，为保障国民经济持续、快速、健康发展服务。

此次规划修编历经组织准备、调查与专题研究、总体规划修编、评审报批四个阶段。2000年8月，《聊城市土地利用总体规划（1996—2010年）》经山东省政府批准实施。县、乡级土地利用总体规划于2000年经省、市政府批准实施。在总体规划编制的同时，完成《聊城市耕地总量动态平衡研究》《聊城市基本农田保护区规划》《聊城市土地整理开发复垦规划》《聊城市城镇村土地利用研究》4个专题研究。

规划中基期土地总面积和各类土地面积均采用全市1996年10月31日零时土地利用现状变更调查汇总数据；自然、社会、经济情况数据采用1996年年底的统计数据，规划期末的经济发展指标均来源于《聊城市国民经济和社会发展第九个五年计划及2010年远景目标纲要》；各种规划成果图均以1996年10月31日变更后的土地利用现状图为工作底图，图件比例尺为1∶10，城乡接合部土地利用总体规划图比例尺为1∶10000。

1996年、2000年、2010年聊城市土地利用结构调整规划表

表18-20　　　　单位：公顷、%

地类	1996年		2000年		2010年	
	面积	比重	面积	比重	面积	比重
土地总面积	871457.15	100	871457.15	100	871457.15	100
一、农用地	646342.77	74.17	647368.77	74.29	649932.77	74.58
1. 耕地	571597.08	65.59	572037.08	65.65	573103.74	65.76
2. 园地	35062.43	4.02	35424.34	4.06	36329.11	4.17
3. 林地	23582.53	2.71	23582.53	2.71	23582.53	2.71
4. 牧草地	—	—	—	—	—	—
5. 水面	16100.73	1.85	16324.82	1.87	16917.39	1.94
二、建设用地	197619.11	22.67	198783.22	22.81	200319.11	22.99
1. 居民点及工矿用地	127394.89	14.62	127755.89	14.66	128361.56	14.73
2. 交通用地	28270.99	3.24	29095.10	3.34	30037.66	3.45
3. 水利设施用地	41953.23	4.81	41932.23	4.81	41919.89	4.81
三、未利用土地	27495.27	3.16	25305.16	2.91	21205.27	2.43

《聊城市土地利用总体规划（2006—2020年）》 2008年11月，开始编制新一轮《聊城市土地利用总体规划（2006—2020年）》，此次规划以《聊城市国民经济和社会发展“十一五”规划纲要》为指导，阐明规划期内全市土地利用战略，明确政府土地利用管理的主要目标、任务和政策，保护和合理利用土地资源，制定规划实施保障措施。规划范围为全市行政管辖区，包括东昌府区、临清市、冠县、莘县、阳谷县、东阿县、茌平县、高唐县等8个县（市、区），134个乡镇、街道，6307个行政村，总面积8717.24平方千米。基期年2005年，近期目标年2010年，目标年2020年。

此次规划修编历经组织准备、前期调查与综合专题研究、指标分解、协调论证、确定方案、规划听证、省级评审等7个阶段。2009年12月，《聊城市土地利用总体规划（2006—2020年）》经山东省政府批准实施。县、乡级土地利

用总体规划于2010年经省、市政府批准实施。此次规划中，土地利用控制指标来源于《山东省2006—2020年土地利用主要控制指标》；规划经济指标来自《聊城市国民经济和社会发展“十一五”规划纲要》；人口数据及部分经济指标来源于聊城市及各县（市、区）统计年鉴。人口预测、建设用地预测及其他各类数据均来自聊城市土地利用总体规划前期研究的各专题研究报告。

2009年6月14日，召开《聊城市土地利用总体规划（2006—2020年）》省级评审会

2005年、2010年、2020年聊城市土地利用主要调控指标情况表

表18-21　　单位：公顷

指标	2005年	2010年	2020年	指标属性
耕地保有量	568085	565503	565191	约束性
基本农田保护面积	—	498806	498806	约束性
园地面积	17317	36038	36076	预期性
林地面积	57477	30668	31237	预期性
牧草地面积	0	210	184	预期性
建设用地总规模	146935	152615	158846	预期性
城乡建设用地规模	129489	132487	136425	约束性
城镇工矿用地规模	35343	39638	45352	预期性
交通、水利及其他用地规模	17446	20128	22421	预期性

二、土地利用整治规划

《聊城市土地整治规划（2011—2015年）》（以下简称《规划》）以《山东省土地整治规划（2011—2015年）》《聊城市国民经济和社会发展第十二个五年规划纲要（2011—2015年）》《聊城市土地利用总体规划（2006—2020年）》为依据，规划目标为建成高标准基本农田17.6万公顷（264万亩），经整治后的基本农田质量平均提高1个等级；土地整治补充耕地8292公顷（12.43万亩），完成城乡建设用地增减挂钩2583公顷（38745亩）。

《规划》编制经历了准备工作、调查分析、重点研究、方案编制、协调论证与成果报批等阶段。《规划》编制以2010年土地利用变更调查数据为规划基数，以2010年土地利用变更调查成果编制的土地利用现状图为规划底图。2013年11月，规划经聊城市政府批准实施。

2011—2015年聊城市土地整治规划控制指标表

表18-22

指标	整治规划指标		指标属性
	公顷	万亩	
农用地整治规模	249828.86	374.74	预期性
其中：高标准基本农田建设规模	176000.00	264	约束性

续表 18-22

指标	整治规划指标		指标属性
	公顷	万亩	
宜耕后备土地资源开发规模	686.68	1.03	预期性
土地复垦规模	527.45	0.79	预期性
农村建设用地整治规模	7480.00	11.22	预期性
高标准基本农田保护示范区片数	33（片）		预期性
经整理的基本农田质量提高程度	1（个等级）		预期性
城乡建设用地增减挂钩规模	2583.00	3.87	
补充耕地总量	8292.00	12.44	约束性
其中：农用地整治补充耕地	7639.00	11.46	预期性
土地复垦补充耕地面积	100.00	0.15	预期性
宜耕后备土地资源开发补充耕地	553.00	0.83	预期性

2011—2015 年聊城市土地整治规划指标分解表

表 18-23　　单位：公顷

县（市、区）	高标准基本农田建设规模	补充耕地规模	城乡建设用地增减挂钩规模	
			2015 年	2020 年
东昌府区	24125	3133.19	737.63	1229.10
临清市	21337	735.40	254.73	424.48
冠县	25681	784.42	283.48	472.31
莘县	28308	865.47	297.84	496.20
阳谷县	22715	738.21	276.05	459.96
东阿县	13217	606.57	245.57	409.28
茌平县	20587	721.77	251.04	418.27
高唐县	20030	706.97	236.66	394.40
合计	176000	8292	2583	4304

第三节　耕地保护与管理

一、耕地保护

1997 年，境内各级政府和土地管理部门把耕地保护工作作为一项重要工作，坚持“在保护中开发，在开发中保护”的原则，地区、县、乡三级签订基本农田保护目标责任书，对农田保护的基础资料进行归档定位，逐步把基本农田纳入了法制化、规范化管理的轨道。1997 年 3 月，聊城地区土地管理局下发《关于严禁占用耕地搞非农建设的通知》。是年 6 月 25 日，中共聊城地委、聊城地区行署下发《关于切实加强土地管理和耕地保护的通知》，明确一个目标、四个重点：一个目标是到 20 世纪末，全区耕地面积不少于 800 万亩，基本农田不少于 680 万亩，实现耕地总量动态平衡；四个重点分别是突出基本农田保护重点，突出土地总体利用、总体规划修编和实施重点，突出存量土地集约利用挖潜重点，突出各类非农业建设用地清查重点。1999年4月，聊城市政府下发《关于认真贯彻〈土地管理法〉加强耕地保护制止乱占滥用耕地的通知》，要求各级政府认真贯彻落实好新颁布的土地管理法，加强耕地保护和土地管理工作，坚决制止和严肃查处乱占滥用土地的违法行为。1998—2001年，聊城市耕地面积保持在56.93万公顷，基本农田保护面积为耕地面积的87%。2001年7月，聊城市土地管理局被国土资源部和农业部联合表彰为全国基本农田保护工作先进单位。

2002年，市国土资源局下发《关于进一步加强国土资源管理的通知》，要求严格执行占用耕地补偿制度，非农建设占用耕地的，严格按照“占一补一”的原则，由占用耕地的单位负责开垦与被占耕地同等数量和质量的耕地；没有条件开垦或者开垦耕地不符合要求，按规定缴纳耕地开垦费，专项用于开垦新的耕地，确保实现耕地总量动态平衡。2003—2007年，全市各级国土资源部门严把规划、占补平衡和征地补偿关，确保了全市耕地面积的稳定，截至2007年年底，全市耕地保护面积848.302万亩。2008年，聊城市政府成立耕地保护领导小组，印发《聊城市县级政府耕地保护责任目标考核办法》，要求做好县级耕地保护工作。2009年，市国土资源局印发《进一步加强和规范耕地保护责任目标基础性工作的通知》，对耕地占补平衡、土地整理复垦、基本农田保护等工作作出明确规定。截至2015年年底，全市耕地保有量848万亩，基本农田保护面积747万亩，均高于省下达聊城市的任务目标。

2006—2015年聊城市各县级政府耕地保有量责任目标汇总表

表18-24　　　　单位：亩

县（市、区）	2006—2009年	2010—2012年	2013年下达数	2013年考核参考数	2014年	2015年
东昌府区	1061962	1054343	944648	975681	780024	777353
江北水城旅游度假区	—	—	—	—	188805	187208
经济技术开发区	87145	94764	317485	331471	141627	139971
高新产业技术开发区	—	—	—	—	180820	180657
临清市	979090	979090	986789	982700	983370	984140
冠县	1158530	1158530	1167642	1161404	1163141	1164052
莘县	1398794	1398794	1409794	1402991	1404847	1405947
阳谷县	1073487	1073487	1081929	1077825	1079479	1080323
东阿县	713875	713875	658820	649834	657791	658355
茌平县	1075432	1075432	969181	964301	964999	965696
高唐县	934230	934230	941577	936434	937269	938004
聊城市	8482545	8482545	8477865	8477865	8482173	8481705

基本农田保护　1997年，《聊城地区土地利用总体规划（1996—2010年）》中，划定基本农田保护区以1996年10月31日土地调查变更后的耕地面积数为基数，面积为497553.09公顷，保护率为87%。是年3月，聊城地区土管局下发《聊城地区划定基本农田保护区检查验收办法》，明确划定县级基本农田的验收程序、内容、评分标准。

1998—2001年，全市各级政府和土地管理部门高度重视基本农田保护工作，市、县、乡三级签订基本农田保护目标责任书，对农田保护的基础资料进行归档定位，逐步把基本农田纳入法治化、规范化管理的轨道，基本农田保护率保持在87%以上。2002年，市国土资源局下发《关于进一步加强国土资源管理的通知》，要求切实加强基本农田保护，加快基本农田保护区的调整划定工作，做到基本农田面积、位置、标志、档案、责任五落实，把基本农田保护纳入国民经济和社会发展计划，确保全市基本农田不减少。

2004年，进一步落实基本农田保护责任制，严格落实基本农田“五不准”（不准占用基本农田进行植树造林、发展林果业和搞林粮间作以及超标准建设农田林网；不准以农业结构调整为名，在基本农田内挖塘养鱼、建设用于畜禽养殖的建筑物等严重破坏耕作层的生产经营活动；不准违法占用基本农田进行绿色通道和城市绿化隔离带建设；不准以退耕还林为名违反土地利用总体规划，将基本农田纳入退耕范围；除法律规定的国家重点建设项目以外，不准非农建设项目占用基本农田）规定，市政府成立专门检查组，对8个县（市、区）基本农田保护情况进行检查。通过检查，全市划定基本农田面积为499099.53公顷，全市划定地块数为18164块，建立保护标志3116块，共128个乡镇档案均齐备，建立起市、县、乡、村基本农田保护责任制，层层签订基本农田保护目标责任书，逐级签订到户，其中签订乡镇责任书128份，到村责任书6340份，到组责任书21034份，到户责任书1366068份。

2009年，省政府《关于对聊城市土地利用总体规划（2006—2020年）的批复》中，要求到2020年聊城市基本农田保护面积不少于497586公顷，占耕地保有量565191公顷的88%。是年，聊城市开展基本农田上图工作，将基本农田保护工作纳入信息数据库管理，做到依图管地。是年4月，市国土资源局下发《关于印发〈聊城市基本农田保护制度〉的通知》，将基本农田保护工作纳入各级政府领导任期目标责任制，实行基本农田保护领导干部离任审计制度。是年，全市耕地面积为56.87万公顷，基本农田保护面积为49.88万公顷，均高于省政府下达的目标任务。

2010年8月，市国土资源局下发《关于加强基本农田保护有关工作的通知》，对基本农田保护区图备案、实地划区定界、资料档案、标志牌等进行了规定。是年11月，聊城市政府下发《关于加强基本农田保护工作的意见》，进一步规范基本农田保护工作，加大基本农田保护力度。

“十二五”期间，聊城市开始进行高标准基本农田建设工作。2013年12月，市国土资源局、市财政局联合印发《聊城市高标准基本农田建设项目管理暂行办法》，明确规定高标准基本农田项目的可研立项、规划设计、实施、验收及成果管理等。2015年1月，市国土资源局印发《关于规范高标准基本农田建设工作的意见》，对高标准基本农田建设项目的立项审批、招标、资金监管等作出规定。“十二五”期间，全市建成高标准基本农田18.93万公顷。

永久农田基本保护界桩　（2015年摄）

《聊城市土地利用总体规划（2006—2020年）》中耕地保有量、基本农田保护面积指标表

表18-25　　单位：公顷

行政区	2005年耕地基数	耕地保有量指标		基本农田面积
		2010年	2020年	2020年
东昌府区	80786.15	76607.12	72450.33	55438.67

续表 18-25

行政区	2005 年耕地基数	耕地保有量指标		基本农田面积
		2010 年	2020 年	2020 年
临清市	65067.87	65272.63	65785.95	58882.1
冠县	76936.51	77235.36	77842.76	72022.25
莘县	92960.39	93252.92	93986.29	83090.28
阳谷县	71341.27	71565.77	72128.58	64876.00
东阿县	47442.40	47591.69	47965.97	45502.72
茌平县	71470.57	71695.47	72259.30	63786.34
高唐县	62079.89	62282.02	62771.82	55207.52
聊城市	568085.05	565503	565191	498806

土地开发整理　1997 年起，全市（地区）各级党委、政府和土地管理部门在土地开发整理的组织引导、资金筹措、制订鼓励政策、探索产业化等方面做了大量工作，使全市土地开发整理工作实现了从无序到有序、从自发到自觉、从传统到产业化开发的转变。

1998—2001 年，全市共开发整理土地 4238.63 公顷，其中增加农用地 3739.42 公顷。2001 年起，全市实施的国家、省立项的土地开发整理项目 38 个，建设规模 39907 公顷，新增有效耕地面积 7047 公顷，新增耕地率平均为 14.9%。2003 年 8 月，市国土资源局下发《关于实施〈聊城市土地开发整理规划〉的通知》，完成耕地后备资源调查评价工作，规范土地开发复垦整理行为，做到耕地后备资源合理有序开发。2002—2003 年，全市各级累计投入土地开发资金 2713.66 万元，开发复垦整理土地 4233.24 公顷；申报国家级和省级土地开发项目 13 个，申请开发资金 2.5 亿元。2005 年，全市共开发复垦整理土地 589.29 公顷，新增耕地 532.81 公顷，为实现全市耕地面积的动态平衡提供了有力保障。2006 年，争取国家和省土地开发整理项目 7 个，争取资金 2.12 亿元。2007 年，争取国家投资土地开发整理项目 4 个，涉及土地面积 7380 公顷，申请开发资金 1.53 亿元。是年，东昌府区侯张区域，东阿县高集、姚寨，莘县十八里铺等 7 个项目正式通过省验收，新增耕地 1009.97 公顷，确保了全市耕地面积质量和数量的提升。

2008 年，市国土资源局相继出台《关于加强土地开发整理项目管理工作的意见》《聊城市土地开发整理项目资金使用管理暂行办法》《聊城市土地开发整理项目实施工作规范》《加强推进土地综合整治项目实施意见》等一系列规章制度，从项目管理、工程招投标、工程监理、资金使用、项目验收等环节进行明确规定。组织实施阳谷县、高唐县等县 10 个土地开发整理项目。顺利验收临清市潘庄等 7 个国家级、省级土地开发整理项目，新增耕地 995.16 公顷，确保了全市耕地总量动态平衡。

2010 年，省政府批复 4 个土地综合整治项目，其中，茌平县冯屯镇、阳谷县石佛镇土地综合整治项目为国家级项目；冠县北馆陶镇、高新技术产业开发区顾官屯镇土地综合整治项目为省级项目，4 个项目建设规模为 13640 公顷，新增有效耕地面积 563.4 公顷，新增耕地率平均为 4.1%，建成高标准基本农田 12093 公顷，农田质量平均提高 1 个等级。2012 年 12 月 24—25 日，茌平县冯屯镇、阳谷县石佛镇土地综合整治项目代表山东省接受了国土资源部和财政部整体推进农村土地整治示范建设评估检查组的检查。2015 年 6 月 1 日，阳谷县石佛镇、冠县北馆陶镇、茌平县冯官屯镇土地综合整治项目农用地整治部分顺利通过省级验收。是年 11 月 30 日至 12 月 1 日，顾官屯镇土地综合整治项目农用地部分顺利通过省级验收，聊城市在全省率先通过土地综合整治项目验收工作。

二、征地补偿

土地补偿和安置补助费　1997—1999 年，按照《中华人民共和国土地管理法》等规定，土地补偿标准为征用县级市所辖的耕地，土地补偿费标准为该耕地被征用前 3 年平均年产值的 5～6 倍；征用县所辖的耕地，土地补偿费标准为该耕地被征用前 3 年平均年产值的 4～5 倍；征用其他土地，标准为亩年产值的 2～4 倍；征用宅基地，按邻近耕地的土地补偿费标准给予补偿。安置补助费标准为：征用耕地、宅基地，每一个需要安置的农业人口的安置补助费标准，为该耕地被征用前 3 年平均每亩年产值的 3 倍。每亩被征用耕地的安置补助费，最高不得超过该耕地被征用前 3 年平均每亩年产值的 10 倍；征用其他土地，每亩安置补助费标准，为亩年产值的 2 倍。土地补偿费和安置补助费的总和不得超过土地被征用前 3 年平均年产值的 20 倍。

1999 年 1 月 1 日起，按照新修订的《中华人民共和国土地管理法》等规定，土地补偿标准为：征用城市规划区范围内的耕地（含园地、鱼塘、藕塘，下同），为该耕地被征用前 3 年平均年产值的 8～10 倍；征用城市规划区范围外的耕地，土地补偿费标准为该耕地被征用前 3 年平均年产值的 6～8 倍；征用林地、牧草地、苇塘、水面等农用地，土地补偿费标准为邻近一般耕地前 3 年平均年产值的 5～6 倍；征用乡（镇）、村公共设施或者公益事业、乡镇企业和农村村民住宅占用的集体所有土地，土地补偿费标准为邻近一般耕地前 3 年平均年产值的 5～7 倍；征用未利用地，土地补偿费标准为邻近一般耕地前 3 年平均年产值的 3 倍。安置补助费：征用耕地，其安置补助费按照需要安置的农业人口数计算。需要安置的农业人口数，按照被征用的耕地数量除以征地前被征用单位平均每人占有耕地的数量计算。每一个需要安置的农业人口的安置补助费标准为该耕地被征用前 3 年平均年产值的 6 倍。但是，每公顷被征用耕地的安置补助费最高不得超过被征用前 3 年平均年产值的 15 倍；征用林地、牧草地、苇塘、水面以及农民集体所有的建设用地，每一个需要安置的农业人口的安置补助费标准为邻近一般耕地前 3 年平均年产值的 4 倍。但是，每公顷被征用土地的安置补助费最高不得超过邻近一般耕地前 3 年平均年产值的 10 倍。

2009 年 7 月 1 日起，土地补偿和安置补助费按照省政府批准的征地区片综合地价标准补偿，2012 年、2015 年分别进行两次调整。

2015 年 6 月 3 日，市国土资源局召开拟征地补偿安置听证会

2009—2015 年聊城市征地区片综合地价表

表 18-26　　　　单位：万元 / 亩

县市名称	鲁政办发〔2009〕20 号			鲁政办发〔2012〕288 号			鲁政办发〔2015〕286 号		
	一级区片	二级区片	三级区片	一级区片	二级区片	三级区片	一级区片	二级区片	三级区片
东昌府区	4.8	4.3	3.5	6	4.8	3.8	7	5.8	5
临清市	4.2	3.5	—	4.8	3.8	—	6	5	—

续表 18-26

县市名称	鲁政办发〔2009〕20号			鲁政办发〔2012〕288号			鲁政办发〔2015〕286号		
	一级区片	二级区片	三级区片	一级区片	二级区片	三级区片	一级区片	二级区片	三级区片
莘县	3.7	3.3	3.0	4.6	4.0	3.6	6	5.5	5
冠县	3.8	3.4	3.0	4.5	4.1	3.6	5.8	5.3	5
茌平县	4.5	4.0	3.0	5.0	4.5	3.5	6	5.5	5
高唐县	4.2	3.6	3.0	4.7	4.0	3.5	6	5.5	5
东阿县	4.0	3.2	3.0	4.5	4.0	3.5	6	5.5	5
阳谷县	4.0	3.5	3.0	4.5	4.0	3.5	6	5.5	5
实施时间	2009年7月1日至2012年12月31日			2013年1月1日至2015年12月31日			2016年1月1日起实施		

说明：鲁政办发〔2009〕20号（山东省人民政府办公厅关于实施征地区片综合地价标准的通知）
鲁政办发〔2012〕288号（关于调整山东省征地区片综合地价标准的批复）
鲁政办发〔2015〕286号（山东省人民政府关于调整山东省征地区片综合地价标准的批复）

青苗和地上附着物补偿 1997—1999年，青苗补偿标准按一季作物的产值计算。被征用土地上的树木，凡有条件移栽的尽量组织移栽，付给移栽人工费和树苗损失费，不能移栽的，可按有关规定给予作价补偿，也可由被征地单位自伐；被征用土地上的建筑物、构筑物等附着物，可按有关规定给予折价补偿，也可由征地单位新建同等质量的附着物。

1999年11月16日，根据省物价局、财政厅《关于调整征用土地年产值和地面附着物补偿标准的批复》，对1992年制定的征用土地年产值和地面附着物补偿标准做适当调整，调整后的土地年产值和地面附着物补偿标准自1999年12月1日起执行。

2004年5月27日，省政府办公厅下发《关于调整征地年产值和补偿标准的通知》，对征地年产值最低标准进行了限定，将全省划分为四类地区，其中，城市规划区内耕地最低年产值标准为一类地区每亩1800元，二类地区每亩1600元，三类地区每亩1400元，四类地区每亩1200元；城市规划区外耕地最低年产值标准全省均为每亩1000元。按照标准，东昌府区属于二类，临清市、高唐县属于三类，阳谷县、莘县、冠县、茌平县和东阿县属于四类地区。各县（市、区）按照此文件标准，根据当地实际，最低标准达到文件规定的标准。

2008年，省物价局、财政厅、国土资源厅联合下发《关于聊城等五市征地地面附着物和青苗补偿标准的批复》，聊城市征地地上附着物补偿标准按照此文件执行。

2013年9月13日，省物价局、省财政厅、省国土资源厅下发《关于聊城市征地地面附着物和青苗补偿标准的批复》，对聊城市征地地面附着物补偿标准进行调整，自2013年10月1日起执行，有效期至2016年9月30日。

在实际征地过程中，为有效防止抢栽抢建，各县（市、区）根据各地实际，采取了包干补偿，标准由各县（市、区）政府（管委）制定。

第四节　建设用地管理

一、建设用地审批

1997年5月5日，聊城地区土管局下发《关于认真贯彻〈中共中央国务院关于进一步加强土地管理切实保护耕地的通知〉的通知》，要求各县（市）一方面冻结全市非农建设占用耕地、全面开展非农建设用地大清查；另一方面改革土地利用和管理方式，推进土地整理。5月9日，聊城在全省率先召开全区非农业建设用地清查工作会议，成立非农业建设用地清查领导小组，下发聊城地区非农业建设用地清查通告。活动历经7个月结束，对1991年以来各类非农业建设用地进行了清查，共查出非农业建设用地135358宗，面积15263.22公顷，其中耕地11055.17公顷；各类违法占地58099宗，面积9127.64公顷，其中耕地7127.87公顷，结案率99.6%。

1999年1月1日后，聊城市按照新修订的《中华人民共和国土地管理法》实施土地管理。2000年8月，根据省国土资源厅《关于规范建设用地审查报批工作的紧急通知》《关于建设用地审查审批程序的通知》要求，聊城市土地管理局对规范建设用地审查报批工作提出要求。1998—2001年，全市共审批各类建设用地面积1137.12公顷，其中耕地730.65公顷，节约用地计划指标565.35公顷。2002—2003年，全市共审批耕地面积415.55公顷，节约耕地计划指标93公顷。

2004年，共审批建设用地177.99公顷，其中农用地133.21公顷。国务院《深入开展土地市场治理整顿严格土地管理的紧急通知》停止农用地转为建设用地后，为服务地方经济发展，市国土资源局组织上报重点建设项目10个，占地面积185.53公顷，其中农用地175.97公顷。2005年，各级国土资源部门认真执行国家产业政策和土地供应政策，对不符合法律法规规定的建设用地坚决不予报批。6月1日恢复农转用审批后，严格按照《山东省禁止、限制供地项目目录》和《山东省建设用地集约利用控制标准》的要求，在源头上控制耕地面积的减少。全年共上报审批新增建设用地235.12公顷，其中耕地160.04公顷，并全部采取“先补后占”的政策，落实了占补平衡。2006年，山东省共批复聊城市建设用地500.6公顷，其中农用地420公顷。2007年，全市上报各类建设用地61个批次，面积895.88公顷。2008年，市国土资源局开展征用土地专项清理工作，强化建设用地全程管理，严控各类建设用地，全市全年共核减各类建设用地面积66.67公顷。2009年，山东省批复聊城市建设用地1317.47公顷，其中农用地1220.8公顷。2010年，聊城市上报各类用地144批次（件），面积1909.9987公顷。

2011年，市国土资源局下发《关于进一步加强土地征收管理工作的通知》，明确监管责任、土地征收程序以及做好土地征收补偿安置和严肃土地征收纪律等。是年，全市共上报各类用地93件，面积2975.53公顷。2012年，全市共上报审批建设用地83件，面积2471.8267公顷。2013年，上报建设用地93个批次用地和2个单独选址项目，总面积1804.814公顷。

2014年，聊城市政府印发《关于严格规范土地征收管理工作的意见》，提出建立征地补偿预存款和征地批后实施情况检查两项制度，明确土地征收实施主体和土地征收涉及的各部门、单位及相关人员责任，规范征地程序、信息公开、补偿标准、安置方式等征地具体要求。是年，市国土资源局下发《关于严格土地征收管理有关问题的紧急通知》，对各县（市、区）政府（管委）在土地征收过程中，就维护被征地农民的知情权、参与权和监督权等各项权益，严格落实补偿和多途径安置被征地农民等提出明确要求。是年，全市共审查受理建设用地报件73件，总面积1133.33公顷。

2015年，市国土资源局下发《关于加强土地征收审批管理工作的通知》，明确县（市、区）局、市局各科室在建设用地报批中的职责，重申建设用地报件流程和办结时限，规范县级报批材料等。是年，全市共受理审查建设用地报件85个，面积1400公顷。

二、建设用地批后监管

1997年起，聊城市在土地利用计划指标使用上，坚持总体控制与项目用地双重管理，严格把关，强化“批前、批中、批后”的全程管理，杜绝计划外用地。1998年12月，聊城市地租征收站成立，为科级自收自支事业单位。2002年2月6日，聊城市政府下发《聊城市城区地租征收管理办法》，聊城市全面开展地租征收工作。

2005年7月，聊城市地租征收站升格为副县级经费自理事业单位。2006年，大力推行国有土地租赁制。2009年1月1日，国土资源部正式运作“土地市场动态监测与监管系统”，土地供应和批后监管开始实行网上备案，聊城市土地批后监管工作依托土地市场动态监测与监管系统，对签订出让合同或划拨决定书后已供土地的合同履行情况进行监管，通过交地确认、现场信息公示、出让价款提醒、现场核查、开竣工提醒、跟踪管理、开竣工验收、违规违约宗地处理、闲置土地调查处置等手段，对市本级内建设用地供后开发利用情况进行全程监管。是年12月，聊城市国土资源局下发《关于加强新增建设用地批后监管的通知》，明确批后监管的主要内容、方式以及闲置土地的认定、处置方式、处置程序，建立起批后监管的协同机制。

2010年，聊城市进一步明确征收区域，确定地租征收任务，量化征收指标，责任到人，建立和完善了规范的地租征收档案，对城区租赁单位从土地登记状况、土地面积、土地用途、土地级别、地租征收标准等逐一进行审核、量算和界定。

2013年9月，聊城市地租征收站更名为聊城市土地资产管理中心，职责之一为受市国土资源局委托承办市本级土地批后使用情况的监督管理工作。是年年底，对新增建设用地全部纳入监管范围，共监管建设用地85宗，动态巡查38宗。2014年1月，聊城市政府出台《关于进一步促进集约节约用地的实施意见》，明确建立健全建设用地批后监管制度，包括实行土地供应全程监管制度；实行建设项目开竣工申报核验制度；实行履约保证金制度；建立诚信档案制度四项制度。2015年7月，市国土资源局印发《关于明确市本级闲置土地处置职责分工的通知》，明确闲置土地处置的流程、职责。9月、12月，国家土地督察济南局先后两次对聊城市闲置土地处置工作进行专题调研、督导。在2015年省国土资源厅工作通报中，聊城市土地利用动态巡查工作第三季度位列全省第二名，第四季度位列全省第一名。

三、基准地价评估

1997—2000年，聊城市使用第一轮基准地价成果。

2000年9月，聊城市政府根据经济发展要求和市城区规划控制区土地现状暂时作了调整，下发《关于公布聊城市城区规划控制区土地级别及基准地价的通知》，公布基准地价成果。定级估价范围扩至150.8平方千米，同时对原聊城市和开发区合并进行评估。

2001年11月21日，聊城市政府办公室下发《关于开展全市城镇基准地价更新平衡工作的通知》，市国土资源局开展新一轮的基准地价更新工作，基准地价更新平衡工作分别采用了综合定级和分类定级相结合的方式确定基准地价。2002年12月10日，聊城市政府下发《关于公布聊城市城区土地级别与基准地价的通知》，公布基准地价成果。此次城区土地级别调整与基准地价更新的对象是：聊城市城区及规划控制区内所有的土地，包括存量建设用地、农用地和未利用土地。具体范围是：北起周集村北侧，南至八里庄南侧，西起张楼村西侧，东至张存古村东侧，土地总面积203.29平方千米。

2006年3月6日，根据省国土资源厅《关于开展城镇基准地价更新工作的通知》，聊城市及时开展基准地价更新。2007年12月4日，聊城市市政府下发《关于调整聊城市城区土地级别与基准地价的通知》，公布基准地价成果。定级估价范围为：东至新东环路东200米、四新河、孙堂干渠，南至新南环路南200米、凤凰工业园纬四路，西至西新河、济馆高速公路西200米、小运河，北至新北环路北200米，土地面积为214.75平方千米。

2010年，按照省国土资源厅的统一要求，聊城市开展新一轮基准地价更新工作。2010年12月31日，市政府完成此项工作并下发《关于聊城市城区土地级别与基准地价更新的通知》，公布基准地价成果。定级估价范围具体范围为：东至新东环路东200米、四新河、孙堂干渠，南至新南环路南200米、凤凰工业园纬四路，西至西新河、济馆高速公路西200米、二干渠，北至新北环路北200米，土地面积为236.9平方千米。

2013年3月，根据省国土资源厅《关于开展2013年度城镇基准地价更新的通知》《关于实施协议出让国有土地使用权最低价标准的通知》及《聊城市人民政府办公室关于开展全市城镇基准地价更新工作的通知》等有关文件要求，聊城市开始新一轮基准地价更新调整工作，2013年11月，工作完成并形成研究报告、图件和信息系统等成果。基准地价定级范围具体为：东至四新河，南至新南环南200米、孙堂干渠、凤凰工业园纬四路及规划水库南侧规划道路、新南环南200米，西至西新河、济聊高速公路西200米，北至新北环路北200米、徒骇河，评价范围土地面积约250.60平方千米。2013年12月31日市政府下发《关于聊城市城区土地级别与基准地价更新的通知》，公布基准地价成果。

1997—2000年聊城市第一轮基准地价一览表

表18-27　　单位：元/平方米

区域	商业用地			住宅用地			工业用地		
	一级	二级	三级	一级	二级	三级	一级	二级	三级
市城区	1140	760	560	510	350	260	310	235	195
开发区	288	222	185	246	204	166	228	192	141

2000年聊城市基准地价一览表

表18-28　　单位：元/平方米

土地级别	商业用地	住宅、办公用地	工业、仓储用地
一级	1200	750	600
二级	900	600	450
三级	600	450	300
四级	300	240	180
五级	150	120	90

2002年聊城市城区综合定级基准地价一览表

表18-29　　单位：元/平方米

土地级别	商业用地	住宅用地	工业用地
一级	1183	972	919
二级	888	731	644
三级	554	455	428
四级	287	239	229
五级	159	153	144

2002 年聊城市城区分类定级基准地价一览表

表 18-30 单位：元 / 平方米

土地级别	商业用地	住宅用地	工业用地
一级	1172	901	777
二级	二级	622	550
三级	三级	415	324
四级	四级	238	191
五级	五级	146	132
六级	六级	—	—

2007 年聊城市基准地价一览表

表 18-31 单位：元 / 平方米

级别	商服用地	住宅用地	工业用地
一级	1374	1127	777
二级	962	752	550
三级	608	497	362
四级	354	302	227
五级	240	233	—

2010 年聊城市基准地价一览表

表 18-32 单位：元 / 平方米

级别	商服用地	住宅用地	工业用地
一级	1725	1648	782
二级	1182	1168	568
三级	786	738	366
四级	438	453	228
五级	309	318	—

2013 年聊城市基准地价一览表

表 18-33 单位：元 / 平方米

级别	商服用地	住宅用地	工业用地
一级	2637	2529	782
二级	1959	1946	568
三级	1209	1227	366
四级	654	684	228
五级	480	507	—

第五节　地籍管理

一、土地调查

1997年起，根据国土资源部、山东省国土资源厅《关于开展年度土地变更调查工作的通知》精神，境内全面清查年度内土地利用变更情况，逐级汇总各类土地利用变化情况，每年持续更新汇总土地利用现状数据，根据2003年度土地变更调查数据，全市土地总面积871457.15公顷，农用地面积689706.41公顷（其中耕地569132.37公顷、园地35804.07公顷、林地23369.06公顷、其他农用地61400.92公顷），建设用地面积147086.45公顷，未利用地面积34664.28万公顷。

2004年，根据国土资源部办公厅《关于开展土地利用基础图件与数据更新调查试点项目的通知》和省政府办公厅《关于集中开展全省土地调查工作的通知》要求，聊城市正式启动土地利用更新调查工作，下发《聊城市土地调查工作实施方案》。聊城市以县级为单位组织开展土地利用基础图件与数据更新调查。经过调查汇总，全市共制作1∶10000正射影像图654幅，完成6517个村的权属调查，签订土地权属界线协议书27248份，记录表1115本，各种表、簿180套，接边确认书76份、各种数据光盘8套。至2005年，完成土地利用现状更新调查的外业调查和内业处理及数据汇总工作，建立起调查时点为2005年10月31日的土地利用现状更新调查数据库，并于2006年10月15日顺利通过了部级预检。经调查，全市土地总面积871662.47公顷，农用地面积710372.33公顷（其中耕地568085.05公顷、园地17317.01公顷、林地55814.55公顷、其他农用地69155.72公顷），占全市土地总面积的81.5%；建设用地面积148535.45公顷，占全市土地总面积的17.04%；未利用地面积12754.69万公顷，占全市土地总面积的1.46%。

在完成土地利用现状更新调查的基础上，聊城市于2005年全面开展城镇地籍调查工作，将城区和建制镇驻地全部纳入调查范围，完成1∶500比例尺约396.9平方千米地籍调查，并建立起城镇地籍管理信息系统。2006年，聊城市被国土资源部列为2006年度土地利用基础图件与数据更新项目示范单位。

2007年，根据国务院《关于开展第二次全国土地调查的通知》和省国土资源厅《山东省第二次土地调查实施方案》要求，聊城市先后开展农村土地利用现状调查、城镇地籍调查、基本农田调查上图等工作。至2009年12月底，聊城市历时3年圆满完成8县（市、区）土地利用现状调查及数据库建设工作。2014年，聊城市第二次土地调查成果汇总工作通过省级验收。

农村土地利用现状调查　调查利用2008年1∶10000标准分幅正射影像图为工作底图，实地现状判读地类，调绘具体位置，又运用国家2009年下发的卫星遥感影像图作为补充调查图，确保了数据的现势性。

第二次土地调查由原来的《全国土地分类（试行）》三级分类，统一至新国标《土地利用现状分类》（GB/T21010—2007）十二大类中。按照国家下发的省级行政界线的矢量数据，聊城市土地总面积862800.78公顷，全市共划分1个区、1个市、6个县。按照最新的土地利用分类，全市除了茶园、灌木林地、天然牧草地、人工牧草地、机场用地、港口码头用地、沿海滩涂、冰川及永久积雪、田坎和沼泽地之外，包含了第二次农村土地调查的所有地类。据2009年度调查统计，全市耕地567387.16公顷，园地10926.59公顷，林地61398.89公顷，三者合计占全市总面积的74.14%；草地1633.15公顷，占全市总面积的0.19%；城镇村及工矿用地133230.67公顷，占全市土地总面积的15.44%；交通运输用地32621.20公顷，水域及水利设施用地47430.17公顷，其他土地8172.95公顷，三者共占全市土地总面积的10.23%。在全市土地的地类构成中，耕地所占比重最大。2010年，第二次土地调查农村土地利用数据库顺利通过省、部级审核（注：在第二次土地调查工作中，由于国家下发的省级行政界线与详查时的省级行政界线不一致，国家下发的聊城市土地总面积862800.78公顷，详查时全市实际土地总面积871835.69公顷。在国家下发的界限外还有阳谷县的土地面积为5803.13公顷；莘县的土地面积3231.78公顷，共计9034.91公顷。根据要求，聊城市按照国家下发的行政界线进行调查入库上报，国家下发的行政界线外不在上报范围内，因此聊城市数据存在大范围，即实际详查时的行政界线和小范围，即国家下发界线内的区分）。

基本农田调查上图　2009年，根据国土资源部办公厅《关于加快做好第二次全国土地调查基本农田调查上图工作的通知》，全省基本农田上图工作会议结束后，聊城市以依法批准的土地利用总体规划确定的基本农田保护指标为依据，调查统计在国家下发的省级行政界线内全市基本农田面积490734.51公顷，在实际调查时的行政界限内全市基本农田面积497595.89公顷。

城镇地籍调查　根据国务院《关于开展第二次全国土地调查的通知》和国土资源部办公厅《关于开展2009年度城镇土地利用现状及潜力调查试点的通知》的要求，2009年聊城市对城镇范围内的宗地进行地籍图修补测以及地籍管理信息系统的升级工作，并建立高标准、高精度的聊城市第二次调查县级城镇数据库。一是控制测量：利用全球卫星定位系统（GPS）在聊城市6县1市1区（高唐县、茌平县、东阿县、阳谷县、莘县、冠县、临清市及东昌府区），划分7个测区（高唐县、茌平县为1个测区），按新的C级点成果重新对原有D级网进行了平差计算（D级点85个），加密布设E级GPS点控制点482个，布设四等水准路线总长877.455千米，拟合高程点数375个。二是权属调查：调查了聊城市范围内的8个建城区（包括市级驻地主城区、嘉明工业园）和78个建制镇，对范围内的17.6511万宗地进行核实调查，编制了宗地草图，逐宗设置了界标，确定了81.0229万个界址点。填写了地籍调查的有关表格，并签字盖章，按街道、街坊绘制了宗地接合图。三是地籍测量：对调查区范围内的每一宗地的界址、面积进行全解析地籍测量，共测绘1∶500比例尺地籍图5812幅。建立了聊城市8个建城区1∶500比例尺地籍管理信息系统。对调查区范围内的宗地进行面积计算、汇总与统计。

行业用地调查　2013年，国土资源部启动全国行业用地调查试点工作，聊城市东昌府区被列为2013年度城市行业用地调查试点城市。2014年10月，聊城市东昌府区行业用地调查成果顺利通过国土资源部验收。

二、农村集体土地确权登记发证

2012年，聊城市对农村集体土地确权发证工作进行安排部署，市国土资源局会同市农业委员会、市财政局共同制定印发《聊城市农村集体土地确权登记发证工作实施方案》。

2012年9月，聊城市政府办公室下发《关于进一步加快推进农村集体土地确权登记发证工作的通知》。农村集体土地所有权确权登记发证工作共涉及8个县（市、区）136个乡镇（街道），6502个村的集体土地所有权调查工作。2013年，全市农村集体土地所有权确权登记发证成果通过省级验收。

2014年，聊城市按照《宗地代码编制规则（试行）》标准，采取“示范推广、急用先行、双码运行、成熟并轨”的指导方针，按时完成全市新发证所有宗地统一代码的编制，以及已发证所有宗地新旧编码的转换工作，实现农村集体土地所有宗地统一代码全覆盖。全市完成划分地籍区205个，地籍子区7029个。11月15日，“聊城市宗地统一代码编制和遥感数据融合项目”通过山东省加快推进农村集体土地确权登记发证工作领导小组办公室检查验收。

2014年，农村集体土地确权登记发证工作被聊城市委、市政府列入全市大督察范围。阳谷县被确定为全省农村宅基地和其他集体建设用地使用权登记发证试点县。针对农村宅基地使用权确权登记发证中遇到的有关问题，是年4月，市国土资源局印发《农村宅基地使用权确权登记发证有关问题的指导意见》，以指导具体工作，确保“确实权，发铁证”。5月，山东省加快推进农村集体土地确权登记发证工作领导小组对阳谷县承担的宅基地和其他建设用地登记发证工作试点项目（阳谷县农村集体土地使用权确权发证项目）成果进行检查验收。

三、耕地后备资源调查评价

在第二次全国土地调查中，聊城市按照《耕地后备资源调查与评价技术规程》和《山东省第二次土地调查（农村）技术细则》的相关要求，在2002年耕地后备资源调查评价成果基础上，聊城市结合土地利用总体规划（1997—2010年），以第二次土地调查土地利用现状成果，并参照1：5000、1：10000比例尺卫星影像图和地形图为工作底图，评价采用最小限制因子法，将全市的耕地后备资源的数量、分布、类型、质量、权属及利用现状等进行综合评价。据调查评价统计，行政辖区内耕地后备资源评价汇总面积共计7048.96公顷，其中可开垦土地4315.01公顷，可复垦土地2733.95公顷。冠县被山东省列为全省耕地后备资源调查试点。

2014年9月，根据《关于开展全国耕地后备资源调查评价工作的通知》《全国耕地后备资源调查评价技术方案》、《山东省耕地后备资源调查评价实施方案》和《山东省耕地后备资源调查评价技术细则》等有关要求，聊城市全面开展新一轮耕地后备资源调查评价和不稳定耕地调查工作。采取主导因素“限制性因子”评价法，确定每一评价单元的宜耕性。经调查评价统计，行政辖区内全市耕地后备资源调查评价分类型统计总计5268.05公顷，其中可开垦土地为3172.15公顷，占耕地后备资源总面积的60.21%；可复垦土地为2095.9公顷，占耕地后备资源总面积的39.79%。在可开垦土地中，可开垦其他草地的面积为1233.33公顷，占可开垦土地总面积的38.88%；可开垦盐碱地的面积为1239.01公顷，占可开垦土地总面积的39.06%；可开垦内陆滩涂的面积为236.91公顷，占可开垦土地总面积的7.47%；可开垦沙地的面积为426.99公顷，占可开垦土地总面积的13.46%；可开垦裸地35.91公顷，占可开垦土地总面积的1.13%。由此可见，聊城市的可开垦土地主要以可开垦其他草地及可开垦盐碱地为主，其余可开垦地类非常稀少。可复垦土地均属于农村砖窑用地。

此次耕地后备资源专项调查中同步对不稳定耕地的位置、范围、质量等级、利用现状等进行核实，并上图入库。经调查，全市不稳定耕地总面积1757.43公顷，其中东昌府区816.73公顷，东阿县832.33公顷，冠县108.37公顷，主要分布在防洪泄洪区内。按照质量等级全市“不稳定耕地”主要为5等地、6等地、7等地和8等地；其中以6等地最多为1156.1公顷，占比65.78%，8等地最少为8.54公顷，占比0.49%。按照利用状况全市“不稳定耕地”分为两类，一类是可以通过一定工程措施改造能达到常年稳定收获的“GZ”，面积为108.37公顷，占比6.17%；一类是继续耕种会影响生态环境或难以保证稳定收获的“BW”，面积为1649.06公顷，占比93.83%。

四、日常土地登记发证

1997年，境内本级共颁发国有土地使用证书360本，其中，初始登记和变更登记登记340本，抵押登记20本。1998—2001年，以产权为核心的地籍管理逐步规范，地籍管理逐步走上规范化、科学化、日常化的轨道。

2008年，市国土资源局、市房地产管理局联合出台《关于聊城市区国有建设用地使用权和房屋所有权登记发证有关问题的通知》《聊城市土地交易市场管理办法》，进一步规范了聊城市区国有建设用地使用权和房屋所有权登记发证行为。2009年5月，聊城市国土资源局成立市本级土地交易发证大厅，专门设立土地登记、交易等业务窗口，由原来的分散登记变为市局集中登记。2013年，市国土资源局出台《关于进一步规范土地登记工作的通知》，明确土地登记主体，提出规范土地登记行为，健全土地登记档案资料管理制度等要求。

2014年，为规范土地登记代理行为，确保为社会提供优质高效的服务，提高土地登记工作的专业化水平和工作效率，市国土资源局出台《关于规范土地登记代理工作的通知》，并动员3家土地登记代理机构进驻土地二级市场交易大厅，统一受理办件，扎口收费，提供规范高效的中介服务。

2015年，为进一步方便群众，服务群众，市国土资源局将土地登记、土地抵押业务进驻市政务服务中心国土资源局窗口，采取全方位服务，一站式办理，按照法定时限由20个工作日办理的，对社会公开承诺土地登记10个工日、抵押登记5个工作日办理完毕。2015年，聊城市国土资源局驻政务服务中心窗口被市政务服务中心评为全市“十佳群众满意窗口”。

1998—2015年聊城市本级土地登记发证情况表

表18-34　　单位：本

年份	合计	初始登记（含变更登记）	抵押登记
1998	813	783	30
1999	578	490	88
2000	1559	1484	75
2001	4165	4099	66
2002	1628	1528	100
2003	763	663	100
2004	411	311	100
2005	346	221	125
2006	288	149	139
2007	416	259	157
2008	282	164	118
2009	448	279	169
2010	483	349	134
2011	554	406	148
2012	517	290	227
2013	704	393	311
2014	839	451	388
2015	626	255	371

五、不动产统一登记

2013年，国务院决定整合不动产登记职责、建立不动产统一登记制度。2014年7月，市国土资源局对全市不动产登记现状进行认真摸底调查，对房产登记、林权登记等的机构设置、人员编制、发证情况等进行前期了解，为不动产登记工作的开展做好铺垫。

2015年11月，聊城市出台《关于整合市区不动产登记职责和机构的意见》，明确在市国土资源局加挂市不动产登记中心牌子，组建副处级的市不动产登记中心。各县（市）均出台职责和机构整合的文件，明确各部门的职责分工，将各级不动产统一登记职责整合到同级国土部门。2015年12月25日，冠县颁发聊城市第一本不动产权证书，聊城市全面启动不动产统一登记工作，冠县成为聊城市第一个、山东省第二个颁发不动产权证书的县。是年12月31日，聊城市机构编制委员会制发《关于组建不动产登记中心的通知》，整合市级和东昌府区、市属开发区的土地登记、房屋登记、林地登记等不动产登记经办职责，组建市不动产登记中心，负责市和东昌府区、市属开发区的不动产登记业务办理工作，推进不动产登记信息化建设。

第六节　测绘地理信息管理

1997 年 12 月 11 日，聊城地区行政公署印发《聊城地区测绘管理暂行办法》。2001 年 9 月，在原聊城市土地管局、矿产资源局、测绘管理办公室的基础上合并组建聊城市国土资源局。2002 年 4 月，经聊城市委、市政府研究批准，市、县测绘管理职能全部划入同级国土资源主管部门。

一、基础测绘

1997 年，根据国务院关于聊城撤地设市的批复，以新的行政区划名称印制出版聊城市系列地图，包括 1∶150000 聊城市地图，1∶100000 聊城市地形图、聊城市地图集及各县（市、区）1∶50000 地图等 4 类 19 种。1998 年，完成地形图测绘约 2320 平方千米。2000 年，完成 1∶5000～1∶10000 比例尺地形图 25.06 平方千米、1∶500～1∶2000 比例尺地形图 74.83 平方千米、地图数字化 181 幅。

2001 年，市政府投资 350 万元委托省第一测绘院对城市规划区 200 平方千米的范围开始测绘 1∶500 地形图。2003 年，聊城城市规划区 1∶500 地形图测绘工作全面验收，为构建“数字聊城”打下坚实基础。2005 年，对聊城城区 76 平方千米内 1∶500 地形图进行了修测，保证了城区基础测绘成果的现势性。2006 年，完成了聊城城区 27 平方千米 1∶500 地形图的补测工作及东阿县、阳谷县城大比例尺地形测量工作。2008 年，测制完成聊城城区 1∶500 比例尺地形图 10 平方千米，编制完成《聊城市城区图》。

2007 年，国家测绘局将“数字聊城地理空间框架建设与应用示范”项目纳入国家测绘局数字区域地理空间框架建设示范工程，开启“数字城市”建设。2008 年，聊城市与国家测绘局、省国土资源厅共同签订数字聊城地理空间框架建设项目示范协议书，全面推进“数字聊城”地理空间框架建设和“金土工程”基础框架建设。2010 年，完成市城区 200 平方千米 1∶500 数字线划图，307 平方千米 1∶2000 数字线划图、1∶5000 数字线划图、0.2 米分辨率影像数据，全市域 8715 平方千米 1∶10000、1∶50000、1∶250000 数字线划图、0.3 米分辨率影像、80 平方千米地名地址和样区 15 平方千米三维精细模型数据等内容的基础地理信息数据的建设。是年 6 月，数字聊城地理空间框架建设通过省级预验收，成为全省第一个通过省级预验收的国家试点项目。2011 年，聊城市政府印发《聊城市数字聊城地理空间框架建设与使用管理办法》，是年 3 月，数字聊城项目顺利通过国家测绘局竣工验收，聊城市被命名为“全国数字城市建设示范市”。

2011 年 3 月 24 日，数字聊城地理空间框架建设与应用示范项目成果发布暨推广会召开，项目顺利通过了国家级验收并正式开通使用

2014 年，国家测绘地理信息局地名研究所、聊城市政府、聊城大学三方共同签署中国智慧城市研究院合作协议，聊城被国家测绘地理信息局批准为全国 20 个“智慧城市时空信息云平台”建设试点城市之一。2015 年，市国土资源局配合中国测绘科学研究院编制智慧城市时空信息云平台建设设计书，是年 7 月 7 日，召开智慧聊城时空信息云平台国家试点项目书评审会，《智慧聊城时空信息云平台项目设计》顺利通过专家组评审。围绕智慧聊城时空信息云平台试点项目建设，聊城市对全市域 1∶10000 基础数据、市城区 270 平方千米 1∶500 地形图进行更新，并制

作形成200千米的三维街景实体数据资源，先后与市发改、住建、规划、公安等10余个单位签订数据开放共享协议书，提供了强有力的测绘地理信息服务。是年5月5日，国家测绘地理信息局国土测绘司下发关于确立2015年新农村建设测绘保障服务示范项目的函，将聊城市东昌府区郑家镇正式列入6个国家级新农村建设测绘保障服务示范项目。

二、测绘资质管理

1997年，境内共有16家测绘单位，其中，地区测绘管理处测绘队为乙级测绘资质，聊城市规划处等6个测绘单位为丙级测绘资质，临清市水利勘察设计室等9个测绘单位为丁级测绘资质。1999年，对16家测绘单位进行资格审查，一次年检合格的14家，吊销资格的2家、复议恢复的1家。2000年，根据国家测绘局颁布的标准，上报乙级单位1个、丙级单位6个、丁级单位10个，经审核，17个测绘单位全部换发测绘资格证书。2001年，受理4家测绘单位的测绘资格申请，经审查，上报1家单位办丁级测绘资格证书，同意1家测绘单位变更名称，受理1家房产测绘单位资质申请。

2002年，全市各等级测绘单位共27家，其中，乙级资质1家，丙级资质7家，丁级资质19家。市国土资源局每年适时对所有资质单位进行日常监督检查，对各测绘单位开展行业产品质量检查工作。2006年年初，21家测绘单位全部通过资质年度注册。2009年，全市25家丙、丁级测绘资质单位顺利通过考核，顺利通过复审换证，另有两家资质单位不符合相应等级测绘资质应达到的标准要求，考核结果不合格，省厅不予通过复审换证。2011年，市国土资源局联合安监部门共同开展无资质超资质测绘专项整治，对无资质、超资质、以其他单位名义从事测绘活动、测绘项目的发包单位将测绘项目发包给不具有相应资质等级的测绘单位等违法行为进行查处。2013年，对全市27家测绘资质单位的274名测绘外业人员核发“测绘作业证”，并首次通过地理信息市场信用管理平台完成对测绘资质单位的信用等级评价等信息征集工作。2014年，组织开展全市测绘资质复审换证工作，对11家乙、丙级测绘资质单位完成初审，对16家丁级测绘资质单位进行审核，并转报省厅，对2家单位新申请测绘资质的材料进行了审批，并报省厅备案。

截至2015年年底，全市共有测绘单位32家，其中，乙级资质4家、丙级资质9家、丁级资质19家。

2015年聊城市测绘单位资质情况表

表18-35　　单位：个

资质等级	单位数	单位名称
乙	4	聊城市测绘院、聊城市地理信息中心、山东畅通信息工程有限公司、聊城市城乡规划设计研究院
丙	9	聊城市衡坤房地产测绘中心、阳谷县水利勘测设计室、茌平三维测绘有限公司、聊城市公路勘测设计院、聊城永昌测绘有限公司、东阿县国润土地测绘咨询技术服务有限公司、聊城经济开发区勘察设计研究院、聊城市经纬测绘有限公司、阳谷县润地测绘有限公司
丁	19	高唐县房地产测绘大队、临清市方信房地产工程测绘院（有限公司）、阳谷县规划技术服务中心、莘县水利勘测设计室、聊城市东昌府区新天地测绘有限公司、临清市天宇测绘有限公司、聊城电力设计院有限公司、聊城山水测绘有限公司、高唐县天地测绘有限公司、茌平方圆测绘有限公司、茌平县源通测绘设计有限公司、东阿县东建房产测绘中心、冠县昊天测绘有限公司、阳谷县辉煌房地产测绘院、聊城市金地测绘有限公司、冠县经纬测绘有限公司、聊城中兴土地评估有限公司、聊城市方圆测绘有限公司、聊城市开发区精诚建设工程咨询有限公司

三、测量标志管理

1997年，聊城地区落实测量标志使用许可证制度，对进入聊城地区承担测绘任务的单位实行测量标志有偿使用制度，全区基本形成地区测绘管理办公室、县（市）水利局、乡（镇）水利站、护标员四级管理网络。1999—2000年，聊城市开展测量标志全面普查工作。经查，全市共有测量标志729座，其中611座完好，完好率84%，完好率居全省各市（地）前列。对缺失指示桩的292个测量标志均埋设了警示碑，充实调整护标员114人。

2001年，在2000年结束的全市测量标志普查的基础上，对需维护的测量标志进行维修加固，建立起一整套测量标志资料档案。2004年8月起，聊城市对全市测量标志进行普查，全市共普查测量标志748座，历时近10个月完成，将测量标志保管方式改为乡镇土管所保管。

2005年起，各县（市、区）每年每点落实150元的维修费和每年每点300元的看护费，并每年拨付5万～10万元的专项经费。2005年，投入资金90多万元，历时近10个月，完成全市784座测量标志的普查工作。是年5月8日，市国土资源局向市政府作《关于建立聊城市C级GPS控制网和三、四等水准网所需经费的请示》，全面开展全市C级GPS控制网和三等高程控制网建设，共完成79个C级点、85个D级点的选点、埋石等资料的汇总整理工作，设计制作了山东省最先进的测量标志保护装置，得到省国土资源厅的充分肯定。2006年，全市C、D级GPS控制网和三等水准网顺利通过国土资源部与山东省国土资源厅检查验收。

2009—2010年，开展测量标志分类维护工作。2010年年底，完成全市七县（市）一、二等及东昌府区一、二、三等测量标志点的维修维护工作。2011年，完成《山东省等级测量标志分布图集》有关图幅协助审核工作，对全市等级测量标志在图上的分布情况进行复核，实现了测量标志科学、规范管理，方便测量标志日常管理维护。2012年，组织开展测量标志巡查工作。是年11月，通过省国土资源厅测量标志巡查工作小组的检查。

2014年，对全市测量标志进行普查，此次共普查测量标志点700座，其中三角点53座，水准点360座，B、C、D级GPS点287座，各类测标共完好388座，可利用144座，失去效能35座，迷失133座，全市测量标志点完好率为76%。

四、测绘市场管理和违法案件查处

1997年，对全区测绘市场依法加强管理，严厉查处《聊城市投资指南》地图编制和莘县、临清市、高唐县不进行项目登记地籍测绘案，责令有关单位补办了法定手续；对山东矿业学院测绘公司超证载资质测绘案和黄委艾山水文站违法使用测量标志案分别进行了行政处罚，维护了正常的测绘市场秩序。

2000年，对全市地图产品销售场所进行检查，查处一起违法测绘案件，强制测绘单位依法办理测绘许可并汇交测绘成果。2003年5月，市国土资源局、市房地产管理局联合下发《关于对房产测绘有关问题的通知》，要求原经房地产行政主管部门同意从事房屋权属登记相关测绘业务，但未取得省测绘行政主管部门审批的房产测绘资格的测绘单位，必须于5月底前完成房产测绘资格申报工作，至2003年7月1日仍未取得省测绘行政主管部门审批的房产测绘资格的，不得继续从事房产测绘业务。2005年7月5日，市国土资源局下发《关于进一步规范土地权属证书的通知》，明确土地权属证书必须附具有测绘资质单位测绘的权属界址图，对7个县（市）的房产测绘市场进行检查，督促有关单位申办测绘资质，全市房产测绘逐步走上规范化管理的道路。2006年年初，经请示市政府同意，在全市范围内开展测绘市场大检查，制止违法测绘3起。

2010年，市国土资源局开展地理信息市场专项整治工作，检查计算机2630台，移动存储介质237个，全市签订保密承诺书5000多份，安装计算机监控软件1000多台；检查涉密地形图使用保管情况341幅，航摄片832片，影像图1449幅；查处违法案件4起、收缴违法地图产品 63 件，罚款 1 万元，顺利通过省地理信息市场专项整治验收组的检查验收。2011 年，开展地理信息市场专项整治“回头看”工作，对测绘市场、地图市场、地理信息安全保密和涉密地理信息使用情况、涉外测绘情况、网上地图和地图服务网站等进行调查摸底和执法检查，共检查测绘资质单位 27 家，实地走访检查泉林软包装、高唐县艺唐针织等 4 家中外合资企业，检查有关网站约 30 个。

2012 年，开展国家版图意识宣传教育活动与“问题地图”专项治理工作，联合市教育局开展国家版图意识宣传教育“进学校”活动，组织 1250 余人参加国家版图知识竞赛，380 名学生参加少儿手绘地图大赛；开展“问题地图”专项治理，对涉及地图的教辅、旅游、引进版等图书、地图文化市场和电子商务市场中的地球仪以及互联网地图等进行拉网式大检查，全市共查封、收缴违法违规地图产品 50 件；同时，选取 2 个社区和 5 所学校赠送国家版图知识图书和地图各 500 本（张）。

2013 年，组织开展问题地图专项治理工作，共检查销售地图产品单位、摊点 125 家，查处问题地图产品 88 件。2014 年，在全市范围内集中开展测绘市场专项执法整治月活动，重点对无资质、超资质等测绘违法行为进行了查处和整治，对辖区内 27 家测绘资质单位进行全面摸底调查，走访了 12 家涉及测绘项目的其他单位，全市测绘市场秩序得到明显提升。

第七节　国土资源执法

1997 年 12 月 18 日，聊城地区土地执法监察大队单设，由聊城地区土地管理局管理，监察信访科不再加挂土地执法监察大队牌子。1998 年 3 月聊城撤地建市，聊城市土地监察执法大队正式成立，具体负责城区土地执法监察工作。各县（市、区）相继设立执法大队。

1998—2001 年，全市加强土地法制建设，制定《土地违法行为举报制度》《土地违法案件上报备案制度》《聊城市土地执法监察动态巡查制度》等 12 项土地监察工作制度。全市共立案查处土地违法案件 2151 起，查处面积 410.17 公顷，有力地维护了正常的土地管理秩序。

2002—2003 年，制定并坚持实行巡回检查、定期报告、领导包案、政务公开和执法监察人员参与会审等制度。按照“属地管辖、分级负责、下查一级”的原则，健全执法监察管理机制，确保土地违法案件查处到位。全市共查处各类土地违法案件 3321 宗，面积 959.667 公顷，拆除违法占地建筑 45 万平方米。2003 年，按照国务院和山东省政府要求，全市开展治理和整顿土地市场秩序工作，出台《关于整顿和规范土地市场秩序有关问题的处理意见》，对各类园区规范完善或予以撤销，对聊城三个出口道路两侧违法建筑进行拆除。

2004 年 5 月 13 日，聊城市土地监察执法大队更名为聊城市国土资源执法监察大队。市政府成立农村土地征用信访问题专项工作组，建立处理信访突发问题及群体性事件联席会议制度、处置突发事件应急预案和领导包案等制度，实行重大案件跟踪督办。2004 年，共受理群众来访 546 件，办理国土资源部和省厅督办、急办案件 20 件，信访案件办结率 100%。

2005 年，进一步加大执法监察力度，联合市直有关部门对市城区居民突击建房等违法违规行为进行严厉查处；对全市范围内办理集体建设用地使用手续和擅自与村集体达成租赁协议的用地情况进行清理检查，逐宗登记造册。全市全年共查处各类土地违法案件 114 宗，涉及土地面积 50.84 公顷；收回土地 17.52 公顷。

2006 年 5 月 10 日，市国土资源局、市公安局出台《关于建立联合执法机制的通知》，加强部门联合执法力度，建立国土和公安联合执法机制。5 月 16 日，聊城市国土资源执法监察大队更名为聊城市国土资源执法监察支队。

2007 年，对城市规划区违法占地乱搭乱建开展集中整治，对 2006 年 4 月 30 日以来至 2007 年 6 月期间所发生的违法占地乱搭乱建问题，依法查处，整改涉及东昌府区7个办事处、26个村。是年7月，开展查处土地违法违规案件专项行动，对辖区内2005年1月以来出现的“以租代征”、未批先用等466宗违法建设用地进行处理。是年9月，开展“百日行动”，查处65件违法案件，党、政纪处分82人，追究刑事责任1人。

2011年7月8日，聊城市国土资源局召开全市系统“依法行政年”活动动员大会

2008年，聊城市下发《关于进一步加大土地执法力度严厉查处土地违法违规行为的通知》《关于印发〈聊城市国土资源局执法监察动态巡查办法〉等七项制度的通知》《关于对土地违法行为进行问责的意见》等文件，实行严格的土地监察目标考核责任制。通过开展全市动态巡查和日常巡查，全年共发现查处各类土地违法案件59件，涉及土地面积25.97公顷；受理市长热线承办单21宗，处理省国土资源厅交办案件6宗，接待群众来访20余起。

2009年9月21日，市国土资源局印发《关于加强基层及国土所执法监察工作的意见》，落实“关口前移，重心下移”，推进基层国土执法工作建设，提高违法违规案件发现制止成效。2009年起，聊城市开展卫片执法，出台《聊城市2008年度卫片执法监察工作方案》。针对第一次开展卫片执法检查工作的实际，市国土资源局采取集中办公、每天调度和局领导包县蹲点、驻县督促的办法，全力开展卫片执法检查工作，对监测到的22宗、165.7亩违法用地的单位和个人全部进行整改。是年10月，通过国土资源部的检查验收。

2010年，市国土资源局印发《进一步加强全市土地管理监管工作的意见》，市委办公室、市政府办公室联合印发《关于建立查处城区违规建设长效管理机制的实施意见》，强化土地监管工作。2011年5月，建立查处城区违规建设联动机制。2012年5月起，实行条块管理措施，将每个行政村的动态巡查责任都落实到具体人，并把违法用地的多发区、易发区列为巡查重点。是年12月，市委、市政府印发《关于建立土地管理共同责任机制的意见》，建立土地管理共同责任机制。

2014年，市国土资源局印发《关于调整国土资源执法监察职能划分的通知》。对执法支队所属三个大队的执法人员进行重新整合，分别下沉到东昌府和经济技术开发区分局。3月27日，市国土资源局印发《聊城市国土资源违法违规行为报告暂行办法》，进一步明确全市国土资源违法违规行为“零报告”、定期报告、专项报告和及时报告制度。配合审计署对聊城市开展的土地专项审计行动，深入各县（市、区）开展巡回督导工作，全年共下县督导50余次，行程3万余千米，核查违法项目共98个，涉及土地450余公顷，向国家土地督察济南局上报调查报告2份，向省国土资源厅上报调查报告11份，向市政府书面汇报8份，处理上级交办案件20宗，挂牌督办2宗。

2015年11月，市本级顺利通过省国土资源厅土地卫片检查验收。大力推进移动巡查辅助系统建设。是年，对各县国土资源执法监察工作督导174人次，挂牌督办7宗案件。严格落实国土资源信访各项制度，全市共受理群众信访事项545件1025人次，已办结543件，办结率99.6%，信访件数同比下降28%。

第七章　矿产资源管理

第一节　矿产资源规划

2003 年 5 月，聊城市国土资源局委托山东省地质科学实验研究院编制印发《聊城市矿产资源总体规划（2001—2010）》。2005 年 9 月 3 日，山东省国土资源厅批准《聊城市矿产资源总体规划（2001—2010）》。

2008 年，开始编制第二轮《聊城市矿产资源总体规划（2006—2015 年）》（以下简称《规划》），此次规划以全市经济社会发展为中心，以提高矿产资源对经济社会可持续发展的保障能力、建设资源节约型与环境友好型社会为根本目标，统筹全市的矿产资源勘查、开发利用与保护，合理配置资源，调控开发总量，优化矿业结构与布局，提高资源利用效率，保护矿山生态环境，实现资源与经济、社会和环境协调发展。《规划》基准年为 2005 年，规划期为 2006—2015 年，展望到 2020 年，适用范围为聊城市所辖行政区域。总体目标为建立和完善适应社会主义市场经济体制的矿产资源宏观管理机制；以煤、石油、天然气、地热和岩盐为主攻矿种，加强矿产资源调查与勘查，力争实现找矿重大突破；调控矿产资源开发总量，提高矿产资源集约、节约利用水平，改善矿山地质环境；充分利用“两种资源、两个市场”，建立多元、稳定、安全、经济的矿产品供给体系，提高对经济社会可持续发展的保障能力。

2011 年 5 月，《聊城市矿产资源总体规划（2006—2015 年）》经聊城市政府发布实施。该规划于 2012 年被国土资源部评为第二轮矿产资源规划优秀成果一等奖，被省国土资源厅评为第六届山东省国土资源系统科学技术二等奖。

第二节　矿产资源调查

1997 年 10 月 8 日，聊城地区地质矿产办公室向山东省地质矿产厅京九项目办公室提报《阳谷—茌平煤田聊城煤矿区详查立项申请报告》。是年 12 月 11 日，山东省矿产资源委员会审查批准了《山东省聊城市河洼刘水源地（鲁西化肥厂“18·30”工程水源地）勘探报告》。12 月 23 日，山东省财政厅、山东省地质矿产厅下达地质勘查项目资金使用计划，临清市地热田普查、茌平县碘矿泉水普查项目被批准立项，拨付地勘项目补偿金 140 万元。

1998 年 3 月，聊城市地质矿产资源管理局同聊城市经济技术开发区提交《山东省聊城开发区地热田勘查项目立项申请报告》。7 月 21 日，聊城市地质矿产资源管理局邀请山东省地质矿产厅地质环境管理处一行 4 人，对临清市温泉商贸区地热地质及开发区现状进行考察论证。6 月，冠县孙疃地下水普查、聊城市区地热普查、高唐县碘水普查、京九沿线聊城段供水普查、临清地热普查获省批准立项。

1999 年 10 月，聊城市矿产资源综合调查评价、高唐县地热资源普查、阳谷县石英砂矿勘查、聊城市开发区地热资源普查、东阿县环境水文地质调查与评价五项目获省批准立项。2000 年 8 月，聊城市区地下热水勘查、阳谷县城区地热田勘查、莘县地热资源勘查、临清市深层地下水漏斗及地面沉降调查、冠县西部地氟病分布区低氟饮用地下水资源普查、茌平县水文地质环境地质勘查、东昌府于集镇水文地质环境地质综合勘查及评价 7 个项目获省批准立项，省拨地勘项目补偿费总计 270 万元。

2001 年 12 月，山东省莘县城区地热资源普查、山东省东阿县地热资源调查、山东省茌平县城区地热资源地质普查、东昌府区城西地热资源勘查4项目获山东省批准立项实施。2002年5月，聊城市城区地热田勘查、东昌府区水文地质环境地质勘查2项目获山东省批准立项实施，山东省拨付地勘项目补偿费100万元。2003年12月，山东省聊城市环境地质调查评价、山东省阳谷县西刘庙地热普查、山东省临清市城区地热资源普查3项目获山东省批准立项。2004年6月，山东省东昌府区邵屯地区地热资源普查、山东省聊城市于集地区地热调查评价、山东省高唐县清平地区地热普查、山东省茌平县南部地热资源普查、山东省临清市城区东北部地热普查5项目获山东省批准立项实施。7月，山东省地质科学实验研究院对聊城西部冠县马颊河林场进行地热资源普查工作。

2005年9月13日，山东省阳谷县南部地区地热资源普查、山东省东昌府区侯营镇张楼地区地热资源普查、山东省聊城市东昌府区南部地区天然矿泉水调查评价、山东省聊城市东昌府沙镇地热资源普查获山东省批准立项实施，省拨地堪项目补偿费220万元。是年12月3—4日，聊城市莘县盐化工项目专家论证会举行，与会专家学者就莘县古云镇地下2200～3000米处，储量11亿吨的大型岩盐矿的勘查、开发等问题进行了研讨和论证。

2008年，对全市辖区内15个持证矿产资源勘查项目进行年检，合格勘查项目12个；未按规定参加年检的3个，其中在山东省国土资源厅已办理注销手续的1个，已办理保留的项目1个，已汇交资料的项目1个。除保留和注销以外的10个项目，是年应完成最低勘查投入1142.14万元，实际完成投入1518.87万元。

2009年，对全市范围内的12个地质勘查项目进行年度检查，项目总勘查登记面积为941.43平方千米，除保留、注销和财政出资以外的5个项目，2009年度实际完成勘查投入1100.878万元，累计投入4154.408万元，超出最低勘查投入1469.32万元，全市的地质找矿工作实现了新突破。争取省级矿产资源补偿费勘查项目1个（莘县马西林场地区地热普查），资金55万元。是年，对全市1998—2008年期间部、省两级颁发矿业权证和国家出资安排的地质勘查项目已形成的地质资料进行全面清理，共清理矿费项目地质资料13个，煤炭勘查探矿权地质资料4个。是年，印发《关于进一步规范建设项目压覆矿产资源管理工作的通知》，对建设项目压矿问题作出明确规定。进行建设项目压矿调查3个，审查压覆矿产资源报告3个；完成2个矿泉水的年检。

2010年，对全市范围内的12个勘查项目进行全面检查，总勘查登记面积为1085.24平方千米，实际投入资金33.57万元。向省国土资源厅争取立项山东省东阿县王楼地区铁矿预查勘查项目，获批资金140万元。深化矿产资源有偿使用制度改革，11月1日，挂牌出让地热普查探矿权2处，成交价款40万元，实现聊城市矿业权市场有偿公开出让“零”的突破。是年，开展聊城市矿产资源储量利用现状调查工作，完成阿城井田、阳谷勘查区、聊城煤矿区、石海煤矿区四个区域的调查任务。全市共开展建设项目压矿调查5个，审查压覆矿产资源报告5个。

2011年，对全市范围内13个勘查项目进行年度检查，总勘查登记面积为1019.09平方千米，实际投入资金230.50万元，投入勘查技术人员215人/月。4月，组织祥光集团申报赞比亚东部省兹维山地区铜、铁矿普查项目（获专项资金663万元），赞比亚东方省卡库拉（Kakula）地区铜矿预查项目（获专项资金273万元）及赞比亚西北省卢佛巴地区铜、金矿预查项目（获专项资金598万元），三项目共获得风险勘查专项资金1534万元。11月，组织祥光集团申报赞比亚南方省肯贝河地区铜矿预查（获专项资金495万元）及赞比亚东部省隆达济地区15569-HQ-LPL铜矿预查项目（获专项资金358万元），两项目共获得国外矿产资源风险勘查专项资金853万元。是年，开展全市矿产地清理工作。调查核实全市范围内矿产地信息，对社会出资且探矿权已灭失未申请采矿权的勘查项目和采矿权灭失地进行排查，共清理出矿产地4个。开展建设项目压矿调查4个，审查压覆矿产资源报告4个。

2012年，对全市范围内的14个勘查项目进行年度检查，总勘查登记面积为1004.33平方千米，投入勘查技术人员406人月，实际投入资金5733.95万元。东阿县单庄地区铁矿普查项目投入勘查资金1151.25万元，实际完成机械岩心钻探9232.91米，大致查明2个埋深约550～1350米、长约8000米的铁矿体矿带，打破了黄河以北没有铁矿的历史，填补了聊城缺少铁矿资源的空白。组织专家对东阿县王楼地区铁矿预查、莘县马西林场地热普查项目野外工作进行检查验收。争取省级地质勘查资金，立项申报聊城市地热资源开发利用环境地质问题研究项目，获山东省补助资金96万元。是年，初审建设项目压矿报告5个。

2013年，对全市范围内的12个地质勘查项目进行年度检查，总勘查登记面积为912.36平方千米，共投入勘查资金2606.37万元。申报“山东省茌平县浅层地热能调查评价”“山东省聊城城市地质调查”2个地质勘查项目，获得山东省补助资金429万元。组织专家审查了2个项目设计书。联合督察员现场督察“山东省茌平县石海地区煤田普查”“山东省东阿县单庄地区铁矿普查”等项目，确保项目施工质量。是年，对14个建设项目进行压覆重要矿产资源查询和压矿审批工作。

2014年，对全市范围内的11个地质勘查项目进行年度检查，总勘查登记面积782.08平方千米，共投入勘查资金约3135万元，完成机械岩心钻探30634.61米，测井7611.59米。东阿县单庄地区铁矿普查项目累计施工钻孔21个，圈定矿体20个，预计铁矿石资源量突破1亿吨。完成山东省聊城市地热资源开发利用环境地质问题研究项目并组织专家进行成果验收。联合矿产勘查督察员重点督察“山东省阳谷—茌平煤田阳谷勘查区详查”“山东省高唐县祥和嘉苑小区地热资源可行性勘查”等项目。编制2014年探矿权投放计划，对拟公开出让的“山东省聊城市东昌府区蒋官屯地区地热预可行性勘查”项目进行价款评估；对自2000年以来聊城市行政区域内开展的39个省财政专项资金地质勘查项目进行清查，完成21个。是年，为“南水北调东线一期工程东昌府区续建配套工程”等9个项目进行压覆重要矿产资源查询和压矿审批工作。

2015年，对全市行政区域内10个矿产资源勘查项目进行年检，总登记面积为686.43平方千米，投入资金1876.43万元，投入勘查技术人员81人月。东阿县单庄地区铁矿普查项目获得省专项资金2150万元。完成茌平县浅层地温能调查评价和聊城市城市地质调查项目的成果验收、聊城市地热回灌试验项目的野外验收及山东祥光集团“赞比亚东部省隆达济地区15569-HQ-LPL铜矿预查”和“赞比亚南方省肯贝河地区铜矿预查”项目原始资料的验收工作。开展矿产资源专项收入资金项目立项申报、优选、招投标等工作，确定项目5个，资金450万元。7月10日，《聊城市地热资源开发利用及地质环境问题调研报告》被评为2014年度山东省国土资源优秀调研成果一等奖。11月23日，山东省聊城市地热资源开发利用环境地质问题研究项目获得2015年度山东省国土资源科学技术一等奖。联合矿产勘查督察员重点督察“山东省茌平县博平地区煤田普查”和“山东省阳谷—茌平煤田阳谷勘查区详查”等项目。是年，对“国高青兰线东阿—聊城（鲁冀界）段聊城连接线改扩建项目”等9个项目进行了压覆重要矿产资源查询和压矿审批工作。

2005年聊城市主要矿产资源储量表

表18-36

序号	矿产名称	矿区数（个）	资源储量单位	储量	资源量	查明资源储量
1	煤	2	千吨	—	1516001	1516001

续表 18-36

序号	矿产名称	矿区数（个）	资源储量单位	储量	资源量	查明资源储量
2	石油	3	万吨	2700.2	—	8843
3	天然气	1	亿立方米	5.44	—	—
4	地热	20	万立方米 / 年	—	1086.87	1086.87
5	水泥配料用黏土	1	万吨	—	47	47
6	饰面用灰岩	1	万立方米	—	225	225
7	建筑石料用灰岩	1	万立方米	—	4300	4300
8	砖瓦用黏土	106	万立方米	—	8277.45	13065.34
9	矿泉水	9	立方米 / 日	—	4822	4822
10	地下水	1	亿立方米 / 年	—	12.75（浅层）	12.75（浅层）

2005 年聊城市主要矿产开发利用现状表

表 18-37

矿产名称	矿产企业数（个）					产量						矿业产值（万元）				
—	大型	中型	小型	小矿	合计	单位	大型矿山	中型矿山	小型矿山	小矿山	合计	大型矿山	中型矿山	小型矿山	小矿山	合计
石油	—	3	—	—	3	万吨	—	100	—	—	100	—	158347	—	—	158347
天然气	—	1	—	—	—	亿立方米	—	1	—	—	1	—	4000	—	—	4000
地热	2	—	—	—	2	万吨	69.36	—	—	—	69.36	600	—	—	—	600
砖瓦用黏土	—	—	351	37	388	万吨	—	—	305.42	8.72	314.14	—	—	18124.8	456.3	18581.1
矿泉水	—	—	1	—	1	万吨	—	—	1.8	—	1.8	—	—	—	—	—
总计	2	3	352	37	394	万吨（不含气）	69.36	100	307.22	8.72	485.3	600	162347	18124.8	456.3	181528.1

2005—2020 年聊城市主要矿产品产量、需求量预测表

表 18-38

序号	矿产品名称	计量单位	规划基期（2005 年）		2007 年		2010 年		2015 年		2020 年	
			产量	消费量	产量	消费量	预测产量	预测需求量	预测产量	预测需求量	预测产量	预测需求量
1	煤	万吨	—	400	—	1000	—	1800	180	3640	540	7280
2	石油	万吨	100	100	100	100	100	100	—	—	—	—
3	天然气	亿立方米	1	1	1	1	1	1	1	1	1	1
4	地热	万立方米	69.36	69.36	155.09	155.09	400	400	600	600	800	800
5	岩盐	万吨	—	—	—	—	—	—	60	60	60	60
6	矿泉水	万立方米	1.8	1.8	1.8	1.8	3	3	6	6	9	9
7	地下水	亿立方米	9.99	9.99	9.99	9.99	12	12	12	12	12	12

第三节　矿产资源开发管理

1997年5月20日，聊城地区经济技术开发区管委会召开聊城地热田地热地质条件论证会。8月4日，地质矿产部山东省中心实验室山东省天然矿泉水测试中心提交《山东东阿阿胶集团保健公司水质简项分析报告》。10月，聊城市区打出第一眼热水井，该井出水80～100立方米/小时，出水温度52℃。聊城地区百货公司以此为依托，注入资本，建成聊城温泉大酒店。

1998年8月，聊城市经过开展矿业秩序治理整顿工作，全市466家矿产企业压缩到384家，持证率100%，到期换证率90%，矿产资源补偿费征收面100%，征收率86.8%。1999年6月30日，聊城市9个县（市、区）完成500家矿产企业的矿山储量登记和采矿登记工作。

2004年8月16日，聊城市集中力量对全市地热资源开发利用情况进行全面清查。经过清理查清，聊城市共有地热井15眼（含在打井1眼），每小时出水量957.75立方米，总投资2067.95万元。2005年10月14日，聊城市政府成立聊城市整顿和规范矿产资源开发秩序工作领导小组，领导小组下设办公室，设在市国土资源局。2007年，完成整顿和规范矿产资源勘查开采秩序工作。全市共排查砖瓦黏土企业420家，地热井20眼，矿泉水10处；制止违法钻探地热井5起，违法开采矿泉水行为8处；查处无证开采案件13起，扣压非法采矿设备和车辆30余台次；关闭废旧砖场50处，平整恢复土地3053亩；督促办理矿泉水、地热资源采矿许可证8份；核减采矿权173处，核减比例42.5%。同时，进一步建立完善相关规章制度，初步建立起矿产资源管理的长效机制。

2008年，对全市采矿权矿产资源开发利用与保护年度报告进行年检，对全市范围内依法取得采矿许可证的地热、矿泉水和砖瓦黏土等219个矿山企业开展全面检查。将省发证的地热、矿泉水开采企业的采矿权使用费、采矿权价款和矿产资源补偿费等费用的解缴情况作为检查的重点。在检查中，发现并依法查处违法开采矿产资源行为1起，罚款3万元。

2009年，对全市范围内的209家矿山企业进行全面检查，并把地热、矿泉水开采企业的采矿权使用费、采矿权价款和矿产资源补偿费等费用的缴纳情况作为检查的重点，年检率100%，年检合格率100%；抽查各类矿山企业199家，抽检率95.2%；征收矿产资源补偿费115万元，追缴32.5万元。

2010年，对全市163家矿山企业进行年度检查，年检率100%，年检合格率100%。抽查各类矿山企业157家，抽检率96.3%。开展深化矿产资源开发整合工作。共注销探矿权4家，压减比例28.6%；整合关闭矿山40个，压减比例18.26%，超额完成省下达的目标任务。3月8日，全市矿业权实地核查工作通过省级验收。全市共完成核查测区9个，控制面积674.48平方千米，核查矿业权217家，其中：探矿权11家，采矿权206家（砖瓦用黏土矿197家、地热7家、矿泉水2家），埋桩1324个。全市征收矿产资源补偿费110万元，追缴3万元。

2011年，对全市120家矿山企业进行年度检查，其中省级发证的矿山企业9家（地热7家，矿泉水2家），占年检总数的7.5%；县级发证的企业111家（全部是砖瓦黏土），占年检总数的92.5%。年检率100%，年检合格率100%，抽检率100%。共吊销不符合条件的砖瓦用黏土采矿许可证31个，遏制非法勘查、开采行为和安全事故的发生。地热资源相对集中的临清市、高唐县结合各自实际编制了地热矿业权设置方案。全市共征收矿产资源补偿费63.78万元，同时争取省国土资源厅返还上年度矿产资源补偿费172万元。2012年，对全市采矿权人矿产资源开发利用与保护情况开展年度检查及网上报备工作。全市持证开采矿山38个，其中市级以上发证的矿山企业8家（地热6家、矿泉水2家），占年检总数的21.05%；县发证的企业30家（全部是砖瓦黏土矿山），占年检总数的78.94%。年检率100%，年检合格率100%，抽检率31.57%。编制完成《聊城市矿业权设置方案》。所有矿种的矿业权的设置全面实行矿业权设置方案制度，凡未纳入矿业权设置方案的区域一律不予审批矿业权。全市拟保留探矿权8个，采矿权122个，拟新增探矿权86个，采矿权58个。2月29日，在省矿业权储备交易中心成功挂牌出让莘县古云岩盐矿Ⅰ区段黄庄矿段采矿权，成交价款1382万元，为推动全市岩盐矿的开发利用提供了良好的资源保障。

2013年，在全市非煤矿山领域开展以砖瓦用黏土矿为重点“打非治违”和隐患排查治理专项行动，注销不符合开采条件的砖瓦用黏土矿山采矿许可证2个。审查上报聊城市康源天然矿泉水和冠县马颊河林场（度假村地热）采矿许可证延续和聊城市开发区图腾房地产开发有限公司单官屯地热矿划定矿区范围材料。是年8月，市国土资源局印发《关于加强地热资源管理的意见》，明确了加强地热资源管理的重要性，提高地热资源勘查、开发利用和保护水平。高唐县、临清市地热井全部完成远程监控系统安装工作，建立远程监控操作中心。全市征收矿产资源补偿费114.8万元、采矿权价款450万元、资金占用费49万元。

2014年，市国土资源局印发《全市整顿和规范地热矿泉水资源开发秩序实施方案》，依法关闭无证勘查、开采和不符合《聊城市矿业权设置方案》的地热井31眼。开展莘县古云矿区Ⅰ区段二期——西池矿段岩盐矿采矿权出让的储量核实、价款评估等前期准备工作，完成储量备案及地质资料汇交工作。全面推进科技管矿工作，年末全市共有60眼地热井安装远程自动化监控系统，实现对地热井的水量、水温、水位及开采总量的动态监测，科技管矿的基本框架初步建立。对全市采矿权数据库进行全面清理，全市共清理出过期采矿权5个（地热2个、砖瓦用黏土矿3个），注销县发证砖瓦用黏土采矿许可证3个，对省发证且采矿许可证已经过期的2个地热采矿权人在《聊城日报》进行公告的基础上，提出处置意见，上报省国土资源厅。全年征收矿产补偿费8.25万元，采矿权价款5173680.68元（含资金占用费763860.68元）。

2015年，开展2014年度矿山开发利用年检工作，带领矿产督察员对莘县华祥盐化有限公司、聊城大学印务中心等5家矿山企业进行了检查。对全市地热、矿泉水开发秩序进行整顿规范。年末全市共有19个地热开发单位完善相关采矿登记手续申请获省国土资源厅批复。组织专家对莘县古云矿区岩盐矿Ⅰ区段西池矿段采矿权价款进行了评估，并将评估报告报省国土资源厅。完成临清市颐清园地热井和冠县马颊河林场（度假村地热）采矿权延续及经济开发区图腾房地产开发有限公司单官屯地热井采矿登记、聊城大学印务中心（新校区）地热井划定矿区范围的初审上报工作。

第四节 地质环境管理

1997年3月10日，临清市松林镇西尚官营村出现2条100多米长的地裂缝，引发地面塌陷，无人员伤亡。

2009年，印发《关于进一步加强地质灾害危险性评估工作的通知》，公布聊城市地质灾害易发区范围，对地质灾害易发区在用地审批和规划审批等工作中地质灾害危险性评估程序、评估资质、评估分级及评估成果备案制度等提出明确要求。

2010年1月，山东临清黄河故道省级地质公园被山东省国土资源厅批准获得省级地质公园建设资格。全市共开展地质灾害危险性评估项目6个，其中一级地灾评估项目2个、二级4个。编制2010年度地质灾害防治方案，成立聊城地质勘查院和聊城市地质环境监测站，建立健全了聊城市地质环境监测网络。

2011年，对受地裂缝威胁的19户居民发放“防灾明白卡”和“避险明白卡”，并安排专人进行监测和巡查。8月，山东东阿鱼山省级地质公园被省国土资源厅批准获得省级地质公园建设资格。开展矿山地质环境管理自查整改工

2014年10月19日，举办"中国温泉之城"授牌仪式

作，收缴矿山地质环境治理保证金152.8万元，73个矿山企业完成地质环境保护与治理恢复方案的编制工作。全年共备案地质灾害危险性评估项目3个。

2012年11月，聊城市编制完成《中国温泉之城申报报告》《地热开发利用社会、经济、环境效益分析报告》《温泉动态监测报告》等相关申报材料及中国温泉之城申报专题宣传片，并按时将申报材料上报到国土资源部。最终以总分第四名的成绩顺利通过"中国温泉之城"专家评审，成为全国18个（全省3个）拥有"中国温泉之城"称号的城市之一。开展临清黄河故道地质公园专项资金的申报工作，获省级地质遗迹保护专项补助资金300万元。全年备案二级地质灾害危险性评估项目4个。

2013年8月9日，成立全市推进中国温泉之城发展建设工作领导小组。8月30日，在高唐召开全市推进中国温泉之城发展建设会议。争取专项资金30万元，委托山东省物化探勘查院启动中国温泉之城总体规划的编制工作。完成《聊城市地质灾害防治规划（2012—2025）》，由聊城市政府发布实施，全市共规划各类地质灾害易发区6个，其中地面沉降为主地质灾害易发区5个，地裂缝为主地质灾害易发区1个；共规划地质灾害防治区3个，根据行政区划划分为7个防治亚区，其中重点防治亚区4个、次重点防治亚区2个、一般防治亚区1个，明确地质灾害防治重点及防治措施，为全市地质灾害防治提供了科学的决策依据和工作思路。发布实施《山东临清黄河故道省级地质公园规划（2013—2025年）》《山东东阿鱼山省级地质公园规划（2013—2025）》。10月，"聊城东阿鱼山省级地质公园地质遗迹保护"项目获得省级地质遗迹专项补助资金350万元。是年备案地质灾害危险性评估项目10个。

2014年5月14日，市政府发布实施《山东聊城"中国温泉之城"发展建设总体规划》。10月19日，举办"中国温泉之城"授牌仪式，国土资源部正式命名聊城为"中国温泉之城"。全市追缴矿山地质环境治理保证金106万余元。年末全市矿山企业保证金账户总额为225万余元，省级发证的地热、岩盐、矿泉水矿种的采矿企业保证金足额缴纳到位。山东东阿鱼山省级地质公园顺利通过省国土资源厅组织的专家验收，经省国土资源厅批复揭碑开园。全年备案地质灾害危险性评估项目1个。

2015年，"聊城东阿鱼山省级地质公园地质遗迹保护"项目通过市级验收。督促5家矿山企业编制完成矿山地质环境保护与恢复治理方案。是年11月，市国土资源局、市财政局联合印发《关于做好矿山地质环境治理恢复保证金管理工作的通知》，委托各县（市、区）国土资源

2015年11月29日，山东省国土资源厅专家组验收鱼山省级地质遗迹保护项目

局、财政局具体负责国家、省、设区的市国土资源行政主管部门颁发采矿许可证的矿山的保证金缴存、支取和使用，以及履约保函、信用证的管理工作。

第八章 国有资产管理

第一节 企业国有资产管理

一、国有企业资产统计

1997 年，境内国有企业国有资产总额 39.38 亿元，比 1990 年增加 29.38 亿元，增长 293.8%。1998 年，根据国家要求，全市加大国有企业改革改制力度，国有资产逐步从一般竞争性领域退出。2000 年，共登记国有企业 320 家，登记资产 57.28 亿元，其中市直 78 家，资产 27.06 亿元，市管企业资产总额 39.3 亿元。2001 年登记国有企业 290 家，登记资产 54.79 亿元，其中市直 86 家，资产 24.8 亿元，高唐县 7.41 亿元，临清市 5.35 亿元，茌平县 3.54 亿元，阳谷县 3.36 亿元，东昌府区 -0.06 亿元，莘县 0.94 亿元，东阿县 0.66 亿元，冠县 0.14 亿元。

2002 年，按照全省统一部署，完成全市国有企业产权登记年检和行政事业单位国有资产产权登记和换发新证工作。全市共有 283 家国有企业，占有使用国有资产 48.62 亿元，其中市直 62 家企业登记国有资产 19.7 亿元。

2005 年，全市 188 家国有企业资产总额共计 296 亿元，国有资产总量 81.6 亿元；其中市管企业资产总额 122.5 亿元，国有资产总量 55.75 亿元。2006 年，建立国有企业资产统计工作体系，全市 172 家国有企业资产总额共计 313.4 亿元，国有资产总量 90.7 亿元。

2006 年，全市国有企业户数有所下降，共有国有企业 172 家，但企业资产总额及国有资产总量、上缴税金总额有所增长，国有企业资产总额共计 313.4 亿元，国有资产总量 91.1 亿元，其中，县（市、区）企业共计 61 家，资产总额 152 亿元，国有资产总量为 30 亿元；市直企业共计 111 家，资产总额 161.4 亿元，国有资产总量为 61.1 亿元。

2007 年，指导市管企业编制“十一五”规划和三年发展规划。审核批复了鲁化集团、水城集团和昌润投资公司的企业发展规划。2010 年，市管企业资产总额 239.5 亿元，固定资产投入 19.7 亿元，分别较上年增长 16.9% 和 33.3%；全年实现销售收入、利润总额和上缴税金分别为 223.9 亿元、10.3 亿元和 7.4 亿元。

2015 年，市管企业资产总额 701.2 亿元，净资产 287.5 亿元；实现营业收入 397.4 亿元，实现利润 24.3 亿元。完成固定资产投资 33.1 亿元，完成保值增值额 4.9 亿元，同比增长 31%。

二、产权经营

2000 年，对国家资产的总量、结构、分布和质量状况进行调查摸底，提出以东胶集团、市基本建设投资公司为主体组建营运机构的预案。是年，核实拟建营运机构的权属企业范围和国有资产授权经营额度，指导其拟定规范为营运机构的公司章程及其授权经营实施方案。批准山东鲁西化工集团有限责任公司、山东东阿阿胶集团有限责任公司和聊城市基本建设投资公司 3 个公司为市级国有资产营运机构。3 个营运机构授权经营资产总额为 11.9 亿元，占市属经营性国有资产的 48%。

2004 年，完成东胶集团和香港华润集团的合资合作，引进外资 3.1 亿元。推进市属企业资产优化重组，在依法规范企业改革程序的前提下，重点抓产权制度改革和劣势企业的退出工作。依据国家有关文件，结合聊城实际，拟定《关于做好国有企业改制资产监管处置工作的意见》，对市商业集团及其下属企业资产状况进行调查摸底，形成关于理顺聊城市商业集团总公司及其下属单位管理体制有关情况的建议，为商业企业国有资产规范退出奠定基础。2006年，协助研究论证中通股份公司、阿胶股份有限公司的股改方案。

2010年，建立健全符合现代企业制度要求的公司法人治理结构，先后充实调整部分市管企业的董事会和监事会。

三、优化重组

1997年后，将市场竞争力较差的市活塞环厂、市机械设备厂、市百货大楼、市利民医药公司、市凤凰客运公司、市直液化气站、鲁西外贸公司、高唐国棉厂、莘县精细化工厂、阳谷电缆集团等国有企业的国有资产全部退出，对长期经营亏损、扭亏无望，严重资不抵债的东昌农机集团、聊城手表厂、起重机械厂、阳谷造纸厂、临清电机厂等企业实施破产重组。

2000—2001年，采取无偿划转、有偿转让、作价出资等形式，共整合重组国有资产11项，合计资产总额3.15亿元。将市自来水公司、市污水处理厂、东聊引水管理中心1.3亿元的国有资产重组为一体，组建聊城市城市水务集团有限公司。

2002年，将原来分属于不同行业和部门的市自来水公司、东聊引水中心、污水处理厂的资产重组到一起，组建以产权为纽带、母子公司体制的市城市水务集团有限公司。将东昌湖、小运河及其相关的旅游资产整合到一起，组建江北水城风景名胜区开发建设集团有限公司，由其作为市场主体，具体承担招商引资、开发建设、经营部分城市资产等项国有资产出资人职能。2004年，重点推进市属企业资产优化重组中的产权制度改革和劣势企业的退出工作。将华润东阿阿胶有限公司、山东鑫亚工业股份有限公司、聊城双力农用车集团公司、山东双力股份有限公司、聊城客车工业集团公司中的部分国有产权，整合为市工业国有资产经营公司，实行授权经营。

2005年，优化国有资产布局和结构，指导昌润投资公司出资1亿元参股茌平信发，完成水务集团下属企业的股份制改造。完善国有企业退出通道，依法对双力集团实施破产。2006年，支持鲁西化工集团收购聊城蓝威化工有限公司，将市国资委持有的鲁西化工1217.5万股国家股托管给鲁化集团，优化了鲁化集团资产质量。

四、国有资产监管

2001年，市国资部门成为市级国有资产监事会的管理机构。5月，建立国有资产运营重大事项报告制度和企业国有资产经营情况报告制度，对18家重点国有企业实行季度跟踪监测。6月，向3个市级国有资产营运营构委派了外派监事会和作为专职监事的财务总监，推行重大财务事项联签制度。

2003年，市级国有资产监管运营体系基本形成“4+3”的管理模式（4个营运机构，3个参照营运机构管理的企业集团）。2004年，市直纳入市级国有资产监管体系的企业45家，国有资产总额近19.31亿元，占市级国有资产的92%。充分发挥营运机构监事会的职能，鲁化、投资公司、新开集团监事会全年共联签财务事项43笔，涉及金额约3.03亿元。

2005年，成立聊城市人民政府国有资产监督管理委员会、中共聊城市人民政府国有资产监督管理委员会和中共聊城市人民政府国有资产监督管理委员会纪律检查委员会。市国资委兼管市属重点企业的外派监事会工作，加强对市属企业的财务监督和管理，规范市管企业薪酬分配制度，与部分市管企业负责人签订年度经营业绩责任书，2005年被考核的7家企业共实现保值增值1.4亿元，其中5家企业法人代表共兑现期股激励107.9万元、年薪59万元。

2006年，对6家企业进行保值增值考核，共实现保值增值1.79亿元（其中经营性增值额9022万元）。推行国企出资人责任制，公布履行出资人职责的企业名单。2008年4月，公布山东聊城鲁西化工集团有限责任公司、聊城市昌润投资发展有限责任公司、聊城江北水城风景名胜区开发建设管理集团有限公司、山东聊城昊升资产经营有限公司、聊城市城市水务集团有限公司为市国资委履行出资人职责的企业，5家企业资产54.4亿元，占市属国有资产的94.5%。

2009年，聘请会计师事务所，对昌润、鲁化等7家市管企业进行财务决算审计。2011年，实现市属经营性国有资产监管全覆盖，将隶属于不同部门管理的31家市直经营性国有企业纳入国资监管体系，并全部派驻财务总监，市国资委监管企业由原来的7家增加到38家，企业资产总额由287.8亿元增加到356.8亿元，国有资产由71.93亿元增加到81.93亿元。2015年，成立聊城市管企业重大事项审核工作小组，规范工作程序，进一步加强对市管企业合并、分立、解散、破产、产权转让、重大资产处置、重大资产损失核销、企业改制等重大经济事项的管理。

第二节 行政事业单位国有资产管理

2000年11月，市财政局成立统计评价科（挂清产核资办公室的牌子），负责行政事业单位、国有企业、金融企业、工业企业、基本建设的决算。2005年，财政部门对市直行政事业单位进行产权登记，印发产权登记证。2007年，取消市国资委行政事业资源科职能，将市财政局统计评价科更名为行政事业资产科，负责聊城市行政事业国有资产管理工作。

2001年，行政事业资产科和市财政局联合开展全市行政事业单位清产核资工作。是年，围绕行政事业资产的委托监管试点工作，进行认真调查和论证，并拟订试点工作方案。2002年，按照《山东省行政事业单位国有资产管理办法》，制定《聊城市行政事业单位国有资产管理办法》，对市直行政事业单位国有资产管理工作进行普遍检查，部分单位实施重点抽查。2003年，行政事业资产科牵头组织由市房管局、土管局、财政局和监察局参加的市直行政事业单位房产地产集中清查活动，检查行政事业单位128户，共占有土地6882亩，账面价值9613.37万元；占有房产149万平方米，账面价值15.98亿元。

2004年，完成公物拍卖机构年检的初审工作，对药检局等单位的产权进行了界定，对市政协、市土管局、市建委等单位的资产核减和处置进行了批复和认定。

第三节 清产核资

一、行政事业单位财产清查登记

1995年，全区共有7201个行政事业单位和586家国有企业及企业化管理的事业单位进行财产清查登记。清查资产总额18.8亿元，盘盈1.2亿元，处理和核销659万元，界定增加148万元。清查核实后，资产总额为19.9亿元，较清查前增加1.1亿元。通过落实清产核资政策，冲减公积金、资本金，处理企业各种损失及有问题资金挂账1.3亿元，国有企业资产负债率由86%下降为72.5%。

2000年12月至2001年2月，对市直195个行政事业单位的固定资产管理状况进行全面清查。共核查固定资产总额11.99亿元，其中，行政单位3.86亿元，事业单位8.11亿元，社团组织0.02亿元。2002年，对市直行政事业单位国有资产管理工作进行普遍清查，并对部分单位实施重点抽查，对市直13个单位449万元的资产按照规定程序进行了处置。2003年对市直行政事业单位房地产开展集中清查，被检查的128个行政事业单位，共占有土地6882亩，账面价值15.98亿元。在集中清查过程中，查出多数单位房产证、土地证不完备，少数单位使用处置房产地产不规范，个别单位管理运营行为违法等方面的问题。

二、国有企业清产核资

1994年，全区清产核资企业570家，清查资产总额97.9亿元，负债总额71亿元，所有者权益26.8亿元，其中国有权益26.2亿元，资产负债率为72.5%。对全区清产核资企业的土地进行了估价，全区企业土地总面积1641万平方米，属于估价范围的土地1271.5万平方米。估价前价值7130万元，估价后价值14.8亿元，估价升值14.1亿元，其中工业用地865.5万平方米，重估后价值9.1亿元；商业用地406万平方米，重估后5.7亿元。

三、城镇集体企业清产核资

1997年6月，对全区城镇集体企业进行清产核资，共394家城镇集体企业参加清产核资，其中集体企业391家、事业单位3个。整项工作共分为资产清查、产权界定、资金核实和检查验收五个阶段，清查资产总额63亿元，负债总额55.8亿元，所有者权益7.1亿元，资产负债率88.58%。清查出全部资产损失挂账16.7亿元，占全部资产总额的27.09%，占所有者权益的237.47%。通过固定资产价值重估，原值增值4.6亿元，净值增加2.8亿元。批准核销损失挂账9874万元，企业自行消化518万元。对挂靠的集体企业重新进行“甄别”，6家驻聊城中央及省直集体企业进行清产核资，完成1996—1998年三年集体企业清产核资数据合拢衔接工作。2001年，对全市42家撤并乡镇的企业国有资产状况进行专项检查。撤并单位资产总额18479万元（其中固定资产11852万元，流动资产6627万元），总负债12645万元，国有净资产6036万元。

第四节　资产评估

2000年，市国资委成立前，国有企业资产评估管理归属于市财政局所属的市国有资产管理局，承担对区内国有企业进行评估确认工作。2000年后，市国资委延续执行1991年国务院第91号令，对市内国有资产在兼并、出售、拍卖、承包、租赁、联营、股份经营、中外合资、破产清理、抵押以及经济担保等经济行为进行资产评估。2005年9月，根据国务院国资委《企业国有资产评估管理暂行办法》，确定市内国有企业资产评估范围具体为：1. 整体或部分改建为有限责任公司或者股份有限公司；2. 以非货币资产对外投资；3. 企业合并、分立、破产、解散；4. 非上市公司国有股东股权比例变动；5. 产权转让；6. 资产转让、置换；7. 整体资产或者部分资产租赁给非国有单位；8. 以非货币资产偿还债务；9. 资产涉诉；10. 收购非国有单位资产；11. 接受非国有单位以非货币资产出资；12. 接受非国有单位以非货币资产出资等。同时结合聊城市的具体情况，制定了对评估结果的公示、聘请专家审核等一系列的管理措施和工作程序。

2006—2015年聊城市国有企业评估项目情况表

表18-39　　单位：户、个、万元、%

年份	户数	核准项目	备案项目	评估前			评估后			净资产增值率
				资产	负债	净资产	资产	负债	净资产	
2006	9	4	5	31365	27112	4253	33049	27208	5841	37.34
2007	4	3	1	3594	4371	-777	4719	4371	348	144.79
2008	9	9	—	90637	97613	-6976	94413	97494	-3081	55.83
2009	4	4	—	35137	28995	6142	38932	28996	9936	10.8
2010	2	1	1	6381	4552	1829	6960	4552	2408	31.66
2011	4	4	—	63900	50500	13400	166800	50400	116400	768.66
2012	3	2	1	67100	34800	32300	73200	34800	38400	18.88
2013	6	6	—	167665	138424	29241	178635	138424	40211	37.51
2014	6	6	—	16410	10849	5561	20033	10849	9184	65.15
2015	2	2	—	4812	303	4509	4692	303	4389	-2.66

第五节　产权交易

2000年，市国资委成立后，对市内国有企业产权交易进行监管。2000—2004年，市国资委监管企业的产权交易流程为先由企业经内部程序决策同意，然后进行清产核资、评估，评估报告报经国资委批准或备案，以经核准或备案的评估报告显示的价值作为依据，行文报国资委审批。2004年，根据国务院国资委《国有企业产权交易管理暂行办法》，市国资委监管企业的产权交易程序为由企业内部程序决策同意，产权交易行为报经市国资委批复，然后进行审计、评估，评估报告报经国资委批准或备案，以经核准或备案的评估报告显示的价值作为依据，进山东省产权交易市场挂牌进行公开交易。

2006年发生产权交易4宗，交易金额0亿元（老国有企业改制，负资产以0价格转让）。

2008年，发生产权交易9宗，交易金额0.0016亿元（全部系老国有企业改制，大部分企业负资产以0价格转让）；2009年，发生产权交易3宗，交易金额0.62亿元；2010年发生产权交易2宗，交易金额0.64亿元；2011年发生产权交易5宗，交易金额11.22亿元；2012年1宗，交易金额0.72亿元；2013年4宗，交易金额2.25亿元；2014年3宗，交易金额0.24亿元。

第九章　质量技术监督管理

第一节　标准化管理

一、工业标准化

1997年，按照《山东省企业产品标准备案管理办法》和《企业产品执行标准登记管理办法》，全区共受理备案70个，累计421个，并对1993年、1994年备案的22个标准进行复审，其中废止8个、修订14个。按照《山东省技术监督局企业产品执行标准登记管理办法》的规定，对全区106家企业进行执行标准登记，并颁发证书，其中地区技术监督局登记70家生产企业；检查食品标签398种，合格率89.5%；对2家企业的2种产品进行复核换证，有1种产品使用了采标标志。高唐县被省确定为消灭无标生产试点县。1998年，市内开展“消灭无标生产试点县”工作，截至2001年年底，全市“消灭无标准生产试点县”工作全面完成。临清市、东昌府区、阳谷县、莘县、东阿县、冠县通过省级试点验收，高唐县、茌平县通过国家级试点县验收，产品标准覆盖率由开展消灭无标生产活动前的45%提高到98.5%。

1998—2001年，全市受理产品标准备案495个，登记产品标准2836个；12家企业19种产品申请采用国际标准，有5种产品使用采标标志。2002—2004年，全市登记产品标准2240个，审查备案企业产品标准390个。2005年，2家企业的3种产品通过采标和使用标志验收；与临清银河纸业有限公司建立采用国际标准联系服务点，临清银河纸业有限公司4种产品通过采用国际标准，其产品出口27个国家。2006年，申报1个国家级标准化良好行为企业、2个省级标准化良好行为企业，均通过专家审查；14个企业的16种产品通过采用国际标准和使用采标标志验收。2007年，全市有1家企业通过国家AAAA级标准化良好行为确认，有1家企业被确认为国家AAAA级标准化良好行为试点企业，5家企业通过省AA级标准化良好行为确认。

2008年12月23日，加快产业结构优化升级，根据《山东省十一五标准化发展规划纲要》，聊城市政府印发《关于实施标准化战略的意见》，要求在工业、农业、服务业、信息化、循环经济等重点领域初步建立较完善的标准化体系，不断提升标准化工作对经济社会发展的有效性和贡献率。2008 年，市内 6 家企业申报 6 项国家标准制订项目，2 家企业的 2 项产品标准列入国家标准制订计划；指导 2 家企业的 2 种产品获得采用国际标准标志，全市共有 14 家企业采用国际标准并获准使用采用国际标准标志。2 家企业通过国家 AAAA 级标准化良好行为确认、1 家企业通过国家 AAA 级标准化良好行为确认、10 家企业通过国家 AA 级标准化良好行为确认。凤祥集团通过省首批食品标准化试点单位考核验收。2009 年，全市新登记产品标准 1169 个，备案企业产品标准 226 个。2010 年，10 项国家标准列入全市制订计划，其中制定或参与制定的 6 项国家标准正式发布，12 种产品获得采用国际标准证书并获准采用国际标准标志。8 家企业申报省地方标准制修订项目 9 项，其中 6 项纳入省地方标准制修订计划。全市新登记产品标准 735 个，备案企业产品标准 82 个。2011 年 10 月 14 日，聊城市山东泉林纸业、中冶银河纸业、山东金号织业和山东凤祥集团 4 家企业被评为省首届标准创新型企业。全市登记标准 576 个，备案标准 85 个。

2013 年，根据国标委《中国标准创新贡献奖管理办法》的要求，市质监局组织申报的由山东泉林集团有限公司主导起草的《DB371T1642-2010 环境友好型产品质量标准本色化学草浆》8 项系列标准获国家标准化创新贡献三等奖。指导企业参与制修订国家标准、行业标准 7 项，地方标准 7 项。全年制定企业联盟标准 3 项，全市共登记产品执行标准 4200 余个，备案企业产品标准 180 余个。2013 年，阳谷华泰化工集团承担全国橡胶与橡胶制品标准化技术委员会化学助剂分技术委员会橡胶助剂试验方法工作组任务。全市登记企业产品执行标准 2100 余个，备案企业产品标准 97 个。2015 年，根据《国务院关于印发深化标准化工作改革方案的通知》要求，全市稳步推进标准化工作改革，取消企业产品标准备案，全市 242 家企业对涵盖 880 种产品的 456 项执行标准进行自我声明公开，进一步激发标准化活力。加大标准化组织协调力度，聊城市时风集团、万合制造、捷轴承制等优势企业参与制定、修订国家标准和行业标准 13 项。10 家企业采用国际标准，全市采用国际标准或国外先进标准累计 83 项。组织 5 家企业开展标准化良好行为企业创建活动，全市累计 65 家企业被确认为标准化良好行为企业。6 月 26 日，山东泉林纸业有限责任公司顺利通过国家级和省级循环经济标准化试点项目验收，为山东省第一批被确认的国家级、省级循环经济标准化试点单位。

2015 年 8 月，聊城市质监局举办全市企业标准化培训班

二、农业标准化

1997 年，根据山东省技术监督局和山东省农业厅《关于加强农业标准化工作的通知》要求，全市加强宣传力度，推动农业标准化。至 2000 年，高唐县被国家技术监督局批准为实施国家小麦示范种植区；莘县的无公害韭菜、阳谷县的肉鸡养殖被国家质检总局列为第三批全国农业标准化示范区，并获得使用无公害农产品标志。2002—2003 年，聊城市建设国家、省、市三级农业标准化示范区 15 个，其中国家级示范区 4 个、省级示范区 1 个、市级示范区 12 个；11 种农产品被批准为无公害农产品，允许使用全国统一无公害农产品的标志。2005 年，市质监局制定农业技

2012 年 4 月揭牌的聊城市现代农业示范园 （2015 年摄）

术规范（标准）35 项，指导冠县申报国家级苹果农业标准化示范区项目，高唐县三倍体毛白杨、东阿县淡水鱼养殖和临清无公害果品农业标准化示范区通过省级验收。2006 年，茌平县圆铃大枣和冠县鸭梨获得地理标志产品称号（全省共有 9 个）；11 种农产品申报无公害农产品标志；建立国家级农业标准化示范区 4 个、省级农业标准化示范区 2 个，有 16 种农产品获取“无公害农产品”标志。全市 4 大类涉农产品制定产品标准 32 项，申报建立国家级农业标准化示范区 1 个，新增农业标准化示范区、无公害农产品种植（养殖）基地 22 万亩。

2007 年，聊城市政府办公室转发市质量技术监督局联合市科技局、市农业办公室制定的《关于在全市实施农业标准化指导员工程的意见》，成立农业标准化指导员领导小组，聘任 44 名农业标准化指导员。截至年底，全市共拥有国家级农业标准化示范区 6 个，27 种农产品被评为无公害农产品，省级农业标准化示范区 1 个，农业标准化示范区、无公害农产品种植（养殖）基地总面积 40 余万亩。2008 年，2 个农业标准化示范区通过国家级验收，27 种农产品获得无公害农产品标志。全市有通过国家质检总局确认的国家级农业标准化示范区 8 个、省级农业标准化示范区 1 个、无公害农产品 54 种。2009 年，市质监局组织制定 15 项农业地方规范。2010 年，制定农业地方规范 15 项，相关农产品种养殖操作规程 20 余项。2011 年，组织制定 21 项农业地方规范。2013 年 6 月 22 日，莘县香瓜第七批国家级农业标准化示范区顺利通过专家组验收。2014 年，组织制定农业地方规范 15 项。

2015 年，全市围绕农业增效、农民增收的目标，以农业龙头企业为依托，建设农业标准化示范区，带动农户按标准化生产，实现农业规范化、农业现代化，不断提高农产品质量和助推农产品品牌建设，帮助阳谷景阳冈种猪养殖第八批国家级农业综合标准化示范区，制定农业标准化工作规划和年度工作计划；组织经济开发区许营西瓜申报山东省农业标准化示范区，已被立项。围绕粮食、蔬菜等特色农业，制定修订新型大棚平菇栽培技术操作规程、双胞蘑菇轻简化栽培技术规程等农业地方规范 3 项，组织制定农业技术规范 15 项。

三、服务标准化

2008 年，市质监局开始指导、帮扶市行政服务中心开展服务标准化试点工作，该中心被确定为国家级服务标准化试点单位，成为全国第一个行政机关开展服务标准化试点工作的单位。2009 年 2 月 25—26 日，省质监局和省发改委联合在聊城市昌润大酒店召开全省服务标准化现场会，以聊城市行政服务中心为样板，在全省总结推广聊城市开展服务标准化工作的经验做法。12 月 1—2 日，国家标准化委员会验收专家组对聊城市行政服务中心国家级服务标准化试点项目进行验收。2013 年 7 月 14 日，省质监局对东阿县、高唐县行政服务中心两个省级服务标准化试点单位进行考核并通过验收。2015 年，市质监局组织东昌府区妇幼保健院、茌平肖庄敬老院、聊城社会保险事业处 3 个单位通过省质监局组织的答辩，被确定为山东省服务标准化试点项目。

四、组织机构代码和商品条码

1997 年，地区技监局与银行、交通、编委办联合行文、办公，向全区发出代码证书共 1738 份，其中地区技术监督局发出 390 份。地区技术监督局受理条码注册 10 个，复审 6 个，累计使用条码单位 57 个。地、市县技术监督局均开展标准信息服务工作，为科研设计、工农业生产和商业贸易提供技术标准服务。地区技术监督局标准资料室馆藏国家标准 12271 个、行业标准 20539 个，各县（市）局也陆续收集相当数量的标准资料，全区的标准咨询服务网络初步形成。

1998—2001 年，全市办理代码证书 3465 个，换证、变更、年检 2100 个；数据库质量合格率 99.3%，居全省第三位；发展条码成员 106 家。2001 年，聊城市加入省标准信息网，方便了用户查询标准信息，共提供标准咨询服务 5000 多人次。2002—2003 年，拓展组织机构代码的应用领域，全市新增、更换代码证书 8182 个，定期检验代码证书 728 个，IC 卡升级换卡 9118 张。新发展条码系统成员 118 家，完成省质监局下达任务的 134%，居全省第三位；续展条码系统成员 88 家。加强标准文献方面的信息化建设，开通“16898666”组织机构代码咨询热线，为用户查询标准信息。2003 年《山东省组织机构代码管理办法》正式施行，全市在对原有纸质档案集中进行电子化的基础之上，对组织机构代码工作产生的所有纸质档案全部扫描、上传，进行电子化存储。

2004—2006 年，坚持“实事求是、源头落实、部门联动、责任到人、长效机制”的原则，按照《山东省组织机构代码数据质量规范》《山东省组织机构代码数据质量清理整顿方案》《数据质量清理整顿工作目标管理责任书》的要求，市质监局与工商、税务、编委、民政、统计等部门取得联系，采取电话联系、主动上门等方式逐条核实数据，做好组织机构代码数据清理整顿工作。2007—2008 年，按照省质监局的统一安排部署，全国组织机构代码管理系统（B/S 版）在全市所有办证点上线，运行稳定，同时接受全省代码定期检验，取得良好的应用效果。2009—2010 年，按照国家组织机构代码管理中心《关于为了做好向国务院办公厅提供数据开展专项清整工作的通知》，省质监局有步骤、分批次下发几批清整数据，市内所有办证点按照每一批清整要求对数据进行了全面清整。2011 年 10 月起，全市各办证机构按照省质监局统一部署，在全省同步开始开展产品信息采集工作。截至 2012 年，全市发放组织机构代码 10470 个，发放 IC 卡 10569 张，有效期内的年度验证率为 71.09%。

2013 年，在全省地市级代码办证机构中，聊城率先实现“办证提速”，组织机构代码发证业务办结由 3 个工作日变为 1 个工作日。6 月，聊城市政府下发《聊城市人民政府关于深化行政审批制度改革优化经济发展环境的意见》，确定免征组织机构代码证书收费。2014 年，在全省地市级代码办证机构中，聊城率先实现组织机构代码所有业务现场办结。1 月，依据《山东省质量技术监督局关于取消组织机构代码年度验证的通知》，取消各类组织机构的组织机构代码年度验证。是年 6 月 1 日起，山东省组织机构代码信用信息平台启用，市内各类组织机构通过信用信息平台报送上一年度的年度报告。

2015 年 5 月，为便利东昌府区、经济技术开发区、高新技术产业开发区以及旅游度假区辖区内的组织机构就近办理组织机构代码，聊城市质量技术监督局将以上四区的组织机构代码办理权限下放 4 区技术监督部门或市场监管部门办理。9 月，全市共发放组织机构代码 17429 个，为 13049 家小微企业办理了组织机构代码证书。10 月 1 日，根据《质检总局关于贯彻落实“三证合一、一照一码”登记制度改革的通知》和《山东省质量技术监督局关于转发〈质检总局关于贯彻落实“三证合一、一照一码”登记制度改革的通知〉的通知》要求，不再向企业、农民专业合作社及个体工商户发放和更换组织机构代码证书。

第二节　计量管理

一、计量基础管理

1997年，聊城地区技术监督局与中国计量研究院合作，研制生产出电子轨道衡，并通过国家轨道衡检定站的验收。是年，全区累计建立37项社会公用计量标准，建立企事业最高计量标准65项。

1998—2001年，新建电能表等计量标准14项，在市衡器管理所建立通过省考核认证的全市第一家社会公正称重计量站。2004年，全市新增社会公用计量标准18项、企事业最高计量标准25项、计量检定人员49名。2006年9月，在全市县级法定计量技术机构间举行数字指示秤、天平的检定能力比武。2007年，新增20项社会公用计量标准，新增45项企事业最高计量标准。2009年7月21日，举办血压计、一般压力表、定量包装商品计量检验3个项目的技术比武。"十二五"期间，全市累计有8家法定计量机构；323项计量标准（包括计量基准），其中238项社会公用计量标准，84项部门、企事业单位最高计量标准，1项依法授权其他单位开展专项检定工作的计量标准；267名计量检定人员，其中160名为法定计量检定机构计量检定人员，107名为企事业单位计量检定人员；11家企业获得计量器具生产许可证。

二、市场计量管理

1997年，全区检查定量包装商品224个批次，合格210个批次，合格率为86%。1998—2001年，为进一步适应市场经济需求，加强贸易结算、安全防护、医疗卫生和环境检测等涉及人民群众生命财产安全计量器具的监督管理，重点加强衡器、水表、燃气表、出租车计价器、医疗仪器、企业最高标准器等强检计量器具的检定。全市共检定各类计量器具805169台（件）。1998—2001年，对生产企业和流通领域定量包装商品、计量器具生产企业进行监督检查，并初步规范公正称重市场。2002—2003年，组织对7个县（市）电业公司电能计量进行监督检查，开展计量确认工作，完成3家企业的审核发证工作。新建9项计量标准，进一步拓宽社会经济服务领域。2003年起，加大对定量包装商品的监督抽查力度，全市共抽查定量包装商品5924个批次，整体合格率为83%。2004—2005年，指导和帮助辖区内486家加油站健全计量管理制度，对486名加油站计量管理人员进行了培训，查处利用更换加油机芯片等高科技作弊违法行为37起。进一步加强了法制计量工作。重点组织对"民用四表"、医用计量器具、电话计时计费装置等重要计量器具的强制检定工作，维护了消费者和用户的切身利益。2005年，投资60万元，建立聊城市"民用四表"强制检定中心，全面开展对"民用四表"的首次检定工作。据统计，检定水表18000个、燃气表10000余个。2006年8月，举办全市定量包装商品净含量计量检验规则研讨会，组织企业和计量技术机构人员研讨学习新修订的《定量包装商品计量监督管理办法》和《定量包装商品净含量检验规则》。是年，山东凤祥集团和茌平信乐味精集团的203个产品规格获得"免于全国计量监督检查"资格（即"C"标志），数量处于全省前列。2007年5月，聊城市成为全省首批强检计量器具标识电子标签试点城市。2008年，全市累计有567个产品通过"C"标志评价。2009年，集中组织"四个走进"（诚信计量进市场、健康计量进医院、光明计量进镜店、服务计量进社区乡镇）大型主题活动，建立计量惠民示范点33个。2010年，全市计量产品定期监督抽查合格率98.8%。2011—2013年，全市新增"C"标志产品128个，累计8家企业716个产品规格取得"C"标志。

2014年，对车用气瓶检验和改（安装）单位、金银制品加工和销售领域、重点领域安全用计量器具开展专项监督检查。与市经信委联合下发《关于联合开展电机生产企业专项核查的通知》，开展了能效标识专项检查。是年，制作发放8万余份《聊城晚报》计量宣传专刊，对计量工作进行宣传。2015年，检查39家机动车安检机构，共检查前照灯检测仪等仪器设备1134台件。是年，将现行的“企业自愿申请—政府核查发证—市场监督及政府后续监管”的管理模式改革为“企业自我声明—政府后续监管—市场监督”的管理模式。

三、企业计量管理

1997年，地区技术监督局与地区乡镇企业局联合举办“乡镇企业计量管理培训班”，促进乡镇企业的计量工作，15个乡镇企业提出计量定、升级申请。阳谷凤祥集团总公司经省技术监督局审核被确认为二级计量单位。2002—2003年，加强市11家生产计量器企业管理，促进计量器具产品质量提高。对城区内的18家社会公正计量站进行整顿治理，对外称重逐步进入规范化运营。对全市47家质量检验机构、法定计量机构进行监督检查。2004—2005年，进一步推动企业完善计量检测体系建设。3家大中型企业建立起适应生产经营需要的自主管理自律机制，1家生产企业完善计量保证体系，10余家小型企业建立健全计量检测体系，486家加油站健全计量管理制度。2007年4月，市质监局组织举办国家强制性标准《用能单位能源计量器具配备和管理通则》（GB17167-2006）研讨会。2008年，建立50家重点耗能企业节能减排档案，指导企业合理配备能源计量仪器仪表320余台件，培训企业计量技术人员436人次。是年，5家大中型企业完善测量管理体系，12家中小型企业开展计量检测体系确认，2家企业通过省级计量保证确认。2009年，7家企业通过计量合格确认、6家企业通过省级计量保证确认。2010年，17家企业通过计量保证或合格确认，全市通过计量管理检测体系认证企业52家。

2011年，山东聊城鲁西化工第五化肥有限公司、山东金号织业有限公司、中色奥博特铜铝业有限公司创建为“山东省能源计量示范企业”。2012年，山东泉林纸业有限公司创建为“山东省能源计量标杆示范企业”。2013年，全市通过计量合格或计量保证确认企业82家。2015年，78家节能低碳行动企业能源计量审查工作顺利完成。

2015年11月5日，聊城市重点用能企业能源计量审查培训班开班

第三节　质量管理与监督

一、质量强（兴）市战略

2003年，召开全市推动名牌战略工作暨先进质量管理方法宣讲大会，明确把市内农用运输机械、电解铝、化工、造纸、纺织、医药等优势产业作为培育发展名牌的重点，努力形成一批代表聊城产业水平、具有市场竞争优势的名牌产品。2004年，市政府召开全市质量兴市动员大会，下发《关于开展质量兴市活动实施名牌发展战略的意见》，成立以市政府分管领导为组长的聊城市质量兴市活动领导小组。2006年，市政府被省政府评为“山东省实施名牌战略质量兴市工作先进单位”。2007年，市政府先后两次召开全市质量工作会议，出台《关于开展质量基础建设年的通知》《关于实施质量兴市战略的意见》等文件，安排部署全市质量和名牌工作，推动质量兴市战略的实施。2008年，市政府主办“质量兴市战略暨‘品牌聊城’研讨会”，邀请6位专家到聊城做专题报告，参会人员800余人次。2014年，市政府印发《关于实施质量强市战略建设质量聊城的意见》、市政府办公室印发《质量工作考核办法》，完善政府领导、部门协作、

企业承担主体责任，市、县两级分工推进的大质量工作机制。2015年，市委十二届八次全会研究决定，将质量强市列为全市三大既定战略之一，写入今后一个时期全市经济社会发展的总体思路。市委、市政府印发《聊城市实施质量强市战略工作方案（2015—2020年）》；以市委办公室和市政府办公室的名义印发《聊城市实施质量强市战略2015年行动计划》。2015年11月，国家质检总局发文，批准聊城创建“全国质量强市示范城市”。

二、质量管理

1997—2001年，组织企业参加省质量奖评选活动。2000年聊城市的东阿牌阿胶和“丰叶”牌尿素获得省政府首次质量奖。选送优秀企业产品参加国家、省流通领域质量免检产品评定。2001年鲁西化工集团生产的尿素荣获国家质量免检产品称号，时风集团、景阳冈酒厂等11家企业的14种产品获省质量免检产品称号。选送优秀企业产品参加国家、省流通领域质量免检产品评定。2005年，市政府出台《关于培育发展工业名牌产品的实施意见》，建立名牌推进工作联席会议制度，把名牌工作和质量工作纳入对县（市、区）政府的考核内容。是年，全市新增“中国名牌”产品4个，总数为5个，列全省第八位；新增“山东名牌”产品16个，总数46个，列全省第九位。山东金号集团获省政府颁发“质量管理奖”，泉林纸业集团公司总经理李洪法获全国质量管理先进个人称号。茌平圆铃大枣和冠县鸭梨获地理标志产品称号。2006年，全市有4种产品被评为中国名牌产品，新增中国名牌产品数量列全省第七位，中国名牌产品总数9个，列全省第八位；新增山东工业名牌产品28个，新增山东名牌农产品1个，山东省服务名牌企业1家，山东名牌总数69个，列全省第七位。2007年，新增中国名牌产品1个，中国名牌产品总数10个，列全省第九位；新增地理标志1个，总数3个；新增山东名牌产品7个、山东省服务名牌企业3家，山东名牌总数78个，列全省第七位，1家企业获得省政府“质量管理奖”。2008年，全市新增山东名牌产品17个，山东省服务名牌企业2家，省质量管理奖企业1家。2009年，全市新增山东名牌18家、省服务名牌企业3家。山东东阿阿胶股份有限公司被省政府评为首届“山东省省长质量奖”企业，临清市轴承产品生产基地被评为“山东省优质产品生产基地”。2010年，市政府开始设立聊城市市长质量奖，对在质量工作中取得突出成绩的组织和个人予以表彰。3月22日正式实施《聊城市市长质量奖管理办法》，全市6家企业、3名个人获首届市长质量奖，2名个人获市长质量奖个人提名奖。2011年1月10日，市政府召开首届聊城市市长质量奖颁奖大会，对2010年度聊城市市长质量奖获奖组织和个人进行表彰。

2011年，全市新增山东名牌产品10个，山东服务名牌2个，省以上名牌产品及企业125个。2012年，争创省长质量奖1个，省长质量奖提名奖1个，创建省优质产品生产基地1个，全市新增山东名牌产品15个。2014年，全市新增山东名牌产品5个，山东省服务名牌2家。东阿阿胶股份有限公司总裁秦玉峰获得第五届省长质量奖（个人），聊城市成为连续5届获得省长质量奖的城市。2015年，聊城获得认定17个山东名牌，数量居全省第六位；认定服务名牌4家。截至2015年年底，聊城共有山东名牌产品125个，服务名牌16个；全市共有28家企业获市长质量奖（组织奖），14名个人获得市长质量奖（个人奖）。

2012年12月，阳谷祥光铜业有限公司荣获“山东省省长质量奖”

2010—2015 年聊城市市长质量奖获奖名单

表 18-40

年份	获奖单位	获奖个人
2010	聊城交通汽运集团有限责任公司 山东中通钢构建筑股份有限公司 中色奥博特铜铝业有限公司 广庆集团有限公司 阳谷祥光铜业有限公司 山东时风（集团）有限责任公司	靳凤莲　阳谷县人民政府副县长 刘继军　山东信发华信铝业有限公司董事长 李明锁　山东阳谷电缆集团有限公司董事长
2011	中通客车控股股份有限公司 山东凤祥（集团）有限责任公司 山东泉林纸业有限责任公司 山东华鲁制药有限公司 临清三和纺织集团有限公司 冠县冠星纺织有限责任公司	许振清　聊城市百货大楼有限责任公司董事长 石胜涛　齐鲁电缆有限公司副总经理 于素平　山东信乐味精有限公司董事长
2012	聊城市金帝保持器厂 山东奥克特化工有限公司 山东谷丰源化肥有限公司 山东润源实业有限公司 山东汇通钢管制造有限公司	赵西久　山东聊建集团有限公司董事长 魏禄聚　莘县华祥盐化有限公司总经理
2013	山东鑫亚工业股份有限公司 山东省聊城市百货大楼有限责任公司 山东太平洋橡缆股份有限公司 茌平县信力达木业有限公司 聊城鑫鹏源金属制造有限公司	高宪武　山东太平洋光纤光缆有限公司董事长 姜明珠　山东中通钢构建筑股份有限公司总经理
2014	山东太平洋光纤光缆有限公司 山东聊建集团有限公司 山东省高唐蓝山集团总公司 山东金号织业有限公司	刘立江　山东天海科技股份有限公司董事长 刘占海　中色奥博特铜铝业有限公司董事长
2015	山东东信塑胶有限公司 山东日发纺织机械有限公司	邵丙宏　山东中探机械有限公司董事长 郭智博　临清德能金玉米生物有限公司总经理

2004—2007 年聊城市获得中国名牌企业情况表

表 18-41

企业名称	产品名称	所在县（市、区）	年份
山东齐鲁味精食品集团有限公司	“骏马”牌味精	茌平县	2004
山东鲁西化工股份有限公司	“鲁西”牌三元复合肥	东昌府区	2005
山东时风（集团）有限责任公司	“时风”牌单缸柴油机	高唐县	2005
临清彩虹（集团）有限责任公司	“奥”牌高精度内螺纹铜管	临清市	2005
山东凤祥（集团）有限责任公司	“凤祥”牌鸡肉熟食品	阳谷县	2005
山东金号织业有限公司	“金号”牌毛巾系列产品	茌平县	2006
东阿蓝天七色建材有限公司	“七色”牌铝塑复合板	东阿县	2006
山东时风（集团）有限责任公司	“时风牌”大中型拖拉机	高唐县	2006
山东冠丰种业科技有限公司	“冠丰”牌玉米种子	冠县	2006
中通汽车工业集团有限责任公司	“中通”牌大中型客车	东昌府区	2007

2003—2015 年聊城市获得山东名牌产品情况表

表 18-42

企业名称	产品名称	所在地	年份
茌平吉星汽车零部件有限公司	吉星牌机油冷却器	茌平县	2003
山东金号织业有限公司	赤金、金笛、舒特曼牌毛巾	茌平县	2003
山东齐鲁味精食品集团有限公司	春蕊牌 99% 味精	茌平县	2003
山东齐鲁味精食品集团有限公司	999 牌味精	茌平县	2003
山东东阿阿胶股份有限公司	阿牌复方阿胶浆	东阿县	2003
山东东阿阿胶股份有限公司	东阿牌阿胶	东阿县	2003
山东东阿酒厂（有限责任公司）	东阿王牌白酒	东阿县	2003
山东昌裕集团聊城齐鲁漆业有限公司	齐鲁牌醇酸树脂漆	东昌府区	2003
山东光岳转向节总厂	聊生牌汽车转向节	东昌府区	2003
山东双力集团股份有限公司	双力牌三轮农用运输车	东昌府区	2003
山东鑫亚工业股份有限公司	亚字牌、哈特牌喷油器、泵总成	东昌府区	2003
中通客车控股股份有限公司	东岳牌系列客车	东昌府区	2003
山东省高唐蓝山集团总公司	蓝山牌食用油	高唐县	2003
山东省高唐蓝山集团总公司	蓝山牌熟肉制品	高唐县	2003
山东省高唐蓝山集团总公司	蓝山牌饲料	高唐县	2003
山东时风（集团）有限责任公司	时风牌农用三轮运输车	高唐县	2003
山东时风（集团）有限责任公司	时风牌农用四轮运输车	高唐县	2003
山东时风（集团）有限责任公司	时风牌拖拉机	高唐县	2003
山东时风（集团）有限责任公司	时风牌发动机	高唐县	2003
临清银河纸业有限责任公司	银光牌精印书写纸	临清市	2003
山东凤祥（集团）有限责任公司	凤祥牌分割鸡	阳谷县	2003
山东景阳冈酒厂	景阳冈牌白酒	阳谷县	2003
山东鲁西化工股份有限公司	鲁西牌复合（混）肥料	阳谷县	2003
山东鲁西化工股份有限公司	鲁西牌尿素	阳谷县	2003
山东阳谷电缆集团有限公司	日辉牌塑料绝缘电力电缆	阳谷县	2003
山东东阿钢球有限公司	海鸥牌钢球	东阿县	2004
山东金高瑭油棉绒加工有限公司	金高瑭牌棉花	高唐县	2004
山东泉林纸业有限公司	泉木牌重涂高档铜版纸	高唐县	2004
临清银河纸业有限责任公司	银光牌干法静电复印纸	临清市	2004
山东双力集团股份有限公司	双力牌 4LZ 系列稻麦联合收割机	市直	2004
山东泉林纸业有限公司	泉木牌重涂高档铜版纸	高唐县	2004
山东华鲁制药有限公司	华鲁牌基础输液	茌平县	2005
山东金号织业有限公司	金号牌毛巾类产品	茌平县	2005
山东鑫鑫铝业有限公司	鑫鑫牌铝合金建筑型材	茌平县	2005
山东信发铝电集团	信发牌重熔用铝锭 AL99. 900A	茌平县	2005
山东信乐味精有限公司	信乐牌 99% 味精	茌平县	2005

续表 18-42

企业名称	产品名称	所在地	年份
东阿东昌水泥有限公司	光岳楼牌 32.5R 普通硅酸盐水泥	东阿县	2005
山东昌裕集团聊城齐鲁漆业有限公司	齐鲁牌内外墙乳胶漆	东昌府区	2005
山东中通钢构建筑有限公司	中通牌钢结构件	东昌府区	2005
山东和兴面粉有限公司	国鲁、亿福牌小麦粉	高唐县	2005
山东天海电装有限公司	舞龙牌机动车辆线束总成	高唐县	2005
山东冠洲股份有限公司	航科牌镀锌板带钢（0.2-1.2*300-1300）	冠县	2005
东阿阿胶集团临清华威药业有限责任公司	临药牌健脑补肾丸	临清市	2005
临清彩虹（集团）有限责任公司	“奥”牌高精度内螺纹铜管	临清市	2005
山东鲁联机械制造有限公司	鲁联牌内燃机连杆	临清市	2005
山东凤祥（集团）有限责任公司	凤祥、妙味哆牌鸡精	阳谷县	2005
山东凤祥（集团）有限责任公司	凤祥、妙味哆牌鸡粉	阳谷县	2005
茌平县信力达木业有限公司	信兴牌中密度纤维板	茌平县	2006
山东华鲁制药有限公司	华鲁牌胃复胶囊	茌平县	2006
山东金号织业有限公司	依诗家牌床上用品	茌平县	2006
山东齐鲁味精食品集团有限公司	“骏马”牌味精	茌平县	2006
山东新大地铝业有限公司	新大地牌铝合金建筑型材	茌平县	2006
东阿蓝天七色建材有限公司	“七色”牌铝塑复合板	东阿县	2006
山东东阿阿胶保健品有限公司	阿牌阿胶水晶枣	东阿县	2006
山东东阿阿胶股份有限公司	东阿牌阿胶	东阿县	2006
山东东阿阿胶股份有限公司	阿牌复方阿胶浆	东阿县	2006
山东东阿酒厂（有限责任公司）	东阿王牌白酒	东阿县	2006
聊城市金帝保持器厂	金帝牌深沟球轴承保持架	东昌府区	2006
山东昌裕集团聊城齐鲁漆业有限公司	齐鲁牌醇酸树脂漆	东昌府区	2006
山东东泰农化有限公司	东泰牌吡虫啉可湿性粉剂	东昌府区	2006
山东光岳转向节总厂	聊生牌汽车转向节	东昌府区	2006
山东鲁西化工股份有限公司	鲁西牌三元复合肥	东昌府区	2006
山东鲁西化工股份有限公司	鲁西牌尿素	东昌府区	2006
山东鑫亚工业股份有限公司	亚宇牌喷油器总成	东昌府区	2006
山东鑫亚工业股份有限公司	亚宇牌喷油泵总成	东昌府区	2006
中通客车控股股份有限公司	中通牌客车	东昌府区	2006
高唐县金兴人造板有限公司	金旺牌纤维板	高唐县	2006
山东省高唐蓝山集团总公司	蓝山牌食用植物油（大豆油、花生油）	高唐县	2006
山东省高唐蓝山集团总公司	蓝山牌熟肉制品	高唐县	2006
山东时风（集团）有限责任公司	“时风”牌单缸柴油机	高唐县	2006
山东时风（集团）有限责任公司	“时风”牌大中型拖拉机	高唐县	2006
山东鑫海汽车配件有限公司	鑫宝牌机动车长效环保防冻液	高唐县	2006

续表 18-42

企业名称	产品名称	所在地	年份
冠县冠星纺织有限责任公司	冠星牌纯棉纱	冠县	2006
山东冠丰种业科技有限公司	“冠丰”牌玉米种子	冠县	2006
山东冠洲股份有限公司	冠洲牌彩色涂层钢板	冠县	2006
聊城华塑工业有限公司	华塑牌农业用 EVA 吹塑无滴薄膜	经济开发区	2006
临清市东盛食品有限公司	裕邦牌冻禽食品（老鸡）	临清市	2006
临清市丰源复合肥有限公司	诚恩牌复混肥料	临清市	2006
临清市济美酿造有限责任公司	济美牌甜面酱	临清市	2006
山东临清迅力特种汽车有限公司	迅力牌中分自卸车	临清市	2006
山东润源实业有限公司	牌伸缩式液压油缸	临清市	2006
山东中兴粮油贸易有限公司	中兴一龙牌小麦粉（通用、专用）	临清市	2006
山东广庆塑业集团有限公司	广庆塑业牌塑料编织袋	莘县	2006
山东凤祥（集团）有限责任公司	凤祥牌分割鸡	阳谷县	2006
山东凤祥（集团）有限责任公司	凤祥牌、妙味哆牌调味酱	阳谷县	2006
山东谷丰源化肥有限公司	谷丰源牌复混肥料	阳谷县	2006
山东景阳冈酒厂	景阳冈牌白酒	阳谷县	2006
山东三山集团有限公司	三山牌凿岩钎具	阳谷县	2006
山东省方舟集团公司	诺亚牌口杯	阳谷县	2006
山东阳谷电缆集团有限公司	日辉牌电线电缆	阳谷县	2006
山东阳谷华泰化工有限公司	阳谷华泰牌橡胶防焦剂	阳谷县	2006
山东阳谷力缆厂	绿灯行牌电线电缆	阳谷县	2006
茌平县恒丰耐火装饰板有限公司	恒丰牌强化复合地板	茌平县	2007
茌平县能通密度板有限责任公司	能通牌强化复合地板	茌平县	2007
山东齐鲁味精食品集团有限公司	春蕊牌味精	茌平县	2007
山东信乐味精有限公司	信乐牌 99% 味精	茌平县	2007
山东天海电装有限公司	舞龙牌机动车辆线束总成	高唐县	2007
山东冠洲股份有限公司	航科牌镀锌板带钢	冠县	2007
中通汽车工业集团有限责任公司	东岳牌改装车（罐式）—混凝土搅拌运输车	经济开发区	2007
临清市鸿基集团有限公司	鸿基牌热镀铝锌硅钢板	临清市	2007
临清银河纸业有限责任公司	银光牌干法静电复印纸	临清市	2007
山东东方金丹特种钢有限公司	金丹牌特种钢精密铸造件	莘县	2007
莘县鲁雁机械有限公司	鲁雁牌电动三轮车	莘县	2007
山东凤祥（集团）有限责任公司	凤祥牌复合调味品（鸡精）	阳谷县	2007
山东凤祥（集团）有限责任公司	凤祥牌复合调味品（鸡粉）	阳谷县	2007
茌平县方正铝业有限公司	红豹牌铝合金建筑型材	茌平县	2008
山东华远钢结构有限公司	华远牌钢结构构件	茌平县	2008
山东金号织业有限公司	床上用品	茌平县	2008

续表 18-42

企业名称	产品名称	所在地	年份
山东金号织业有限公司	睡衣	茌平县	2008
山东新大地铝业有限公司	新大地牌铝合金建筑型材	茌平县	2008
山东信发铝塑有限公司	信发铝塑牌铝塑复合板	茌平县	2008
东阿阿胶阿华医疗器械有限公司	东岳牌三角形棒式玻璃体温计	东阿县	2008
山东东阿阿胶保健品有限公司	阿牌蜜枣	东阿县	2008
山东东阿酒厂（有限责任公司）	东阿王牌浓香型白酒	东阿县	2008
山东鲁西化工股份有限公司	鲁西牌尿素	经济开发区	2008
中盛化肥有限公司	中盛牌复合肥料	经济开发区	2008
山东昌裕集团聊城齐鲁漆业有限公司	齐鲁牌油漆（含醇酸树脂漆）	东昌府区	2008
山东东泰农化有限公司	东泰牌 33% 二甲戊灵乳油	东昌府区	2008
山东鑫亚工业股份有限公司	亚字牌单缸喷油泵总成	东昌府区	2008
山东鑫亚工业股份有限公司	亚字牌喷油器总成（轴针式、孔式）	东昌府区	2008
山东中通钢构建筑股份有限公司	中通牌钢结构件	东昌府区	2008
山东泉林纸业有限责任公司	泉草木牌铜版纸	高唐县	2008
山东时风（集团）有限责任公司	时风牌小型轮式拖拉机	高唐县	2008
山东冠洲股份有限公司	冠洲牌彩色涂层钢板	冠县	2008
聊城五环机械有限公司	五环牌手拉葫芦	经济开发区	2008
临清三和纺织集团有限公司	三和牌蜡染布	临清市	2008
山东福临机械制造有限公司	福临牌小型挖掘机 WY12.5	临清市	2008
山东恒圆活塞环有限公司	内燃机活塞环	临清市	2008
山东临清华威药业有限公司	临药牌健脑补肾系列产品	临清市	2008
山东鲁联机械制造有限公司	鲁联牌连杆	临清市	2008
山东润源实业有限公司	润源牌玉米联合收割机	临清市	2008
山东立信食品有限公司	立信牌鲜冻禽肉产品	莘县	2008
山东凤祥（集团）有限责任公司	凤祥牌鲜冻分割鸡	阳谷县	2008
山东凤祥（集团）有限责任公司	凤祥牌冷冻调理鸡肉制品	阳谷县	2008
山东谷丰源化肥有限公司	谷丰源牌复混肥料（高中低浓度）	阳谷县	2008
山东景阳冈酒厂	景阳冈牌浓香型白酒	阳谷县	2008
山东阳谷电缆集团有限公司	日辉牌交联聚乙烯绝缘电力电缆 35 千伏及以下系列	阳谷县	2008
山东阳谷力缆厂	绿灯行牌电力类电线电缆 35 千伏及以下系列	阳谷县	2008
山东阳谷齐鲁电缆有限公司	翔宇牌电力电缆（含矿用电缆）35 千伏及以下系列	阳谷县	2008
阳谷森泉板业有限公司	凤祥·森泉牌中密度纤维板	阳谷县	2008
山东华鲁制药有限公司	胃复胶囊（0.25 克 / 粒）	茌平县	2009
山东金号织业有限公司	毛巾	茌平县	2009
信发集团	电工圆铝杆 ∮ 9.8A4A6	茌平县	2009

续表 18-42

企业名称	产品名称	所在地	年份
山东东阿阿胶股份有限公司	阿胶	东阿县	2009
山东东阿阿胶股份有限公司	复方阿胶浆	东阿县	2009
山东东阿阿胶股份有限公司	阿胶原粉	东阿县	2009
山东东阿阿胶股份有限公司	阿胶糕	东阿县	2009
山东东阿钢球集团有限公司	钢球∮0.8毫米～∮25.4毫米	东阿县	2009
山东东泰农化有限公司	吡虫啉可湿性粉剂（70%、20%、10%、2.5%）	东昌府区	2009
山东东泰农化有限公司	苯醚甲环唑原药及制剂（10%WPG、20%ME、25%EC）	东昌府区	2009
山东光岳转向节总厂	汽车转向节	经济开发区	2009
中通客车控股股份有限公司	大中型客车	东昌府区	2009
山东奥克特化工有限公司	饲料级氯化胆碱	高唐县	2009
山东风帆电机有限公司	汽车用交流发电纲	高唐县	2009
山东和兴面粉有限公司	小麦粉	高唐县	2009
山东和兴面粉有限公司	挂面	高唐县	2009
山东泉林嘉有肥料有限责任公司	有机肥	高唐县	2009
山东时风（集团）有限责任公司	低速货车	高唐县	2009
山东时风（集团）有限责任公司	柴油机	高唐县	2009
山东智德纺织有限公司	棉本色纱线	高唐县	2009
山东中探机械有限公司	泥浆泵（BW249型泥浆泵）	高唐县	2009
冠县冠星纺织有限责任公司	棉本色纱线	冠县	2009
山东冠丰种业科技有限公司	玉米种子	冠县	2009
山东神绘激光设备有限公司	激光器	经济开发区	2009
临清京派粮油集团中兴面粉有限公司	小麦粉	临清市	2009
临清市济美酿造有限责任公司	甜面酱	临清市	2009
山东润源实业有限公司	伸缩式液压油缸TG系列	临清市	2009
山东迅力特种汽车有限公司	中分自卸车	临清市	2009
广庆塑业集团有限公司	聚丙烯	莘县	2009
广庆塑业集团有限公司	圆织机	莘县	2009
山东飞泰纺织有限公司	棉本色纱线	莘县	2009
山东鲁莘饲料集团有限公司	禽饲料	莘县	2009
山东凤祥（集团）有限责任公司	调味酱	阳谷县	2009
山东三山集团有限公司	凿岩钎具	阳谷县	2009
山东中石药业有限公司	乙草胺（原药及乳油）	阳谷县	2009
阳谷祥光铜业有限公司	阴极铜	阳谷县	2009
山东阳谷华泰化工股份有限公司	橡胶防焦剂CTP	阳谷县	2010
山东东方金丹特种钢有限公司	特种钢精密铸造件（电站锅炉配件）	莘县	2010
中通汽车工业集团有限责任公司	混凝土搅拌车、粉料物料运输车	经济开发区	2010

续表 18-42

企业名称	产品名称	所在地	年份
山东天海电装有限公司	机动车辆线束总成	高唐县	2010
茌平县恒丰耐火装饰板有限公司	浸渍纸层压木地板	茌平县	2010
中冶纸业银河有限公司	静电复印纸（846×1194 毫米、787×1092 毫米）	临清市	2010
中冶纸业银河有限公司	书写纸（787 毫米、850 毫米、780 毫米、910 毫米）	临清市	2010
临清市鸿基集团有限公司	连续热镀铝锌硅合金钢板（0.2 ～ 1.2 毫米）×(800 ～ 1300 毫米)	临清市	2010
山东冠洲股份有限公司	连续热镀锌板及钢带（0.2-1.2 毫米）×(300-1300 毫米)	冠县	2010
中色奥博特铜铝业有限公司	高精度内螺纹铜管	临清市	2010
中色奥博特铜铝业有限公司	光亮铜管（Φ4.00-Φ22.25)×(0.25-1.3)	临清市	2010
鲁西化工集团股份有限公司	氯化苄	经济开发区	2010
山东东泰农化有限公司	丙环唑原药及 25% 丙环唑乳油	东昌府区	2010
山东地探机械有限公司	BW 泥浆泵 250 型	高唐县	2010
山东聊城昌润超硬材料有限公司	人造金刚石单晶系列产品 30/35-400 目以细	东昌府区	2010
山东迅力特种汽车有限公司	罐式车、粉粒物料运输车	临清市	2010
山东金帝木业有限公司	浸渍纸层压木地板	茌平县	2010
山东泉林纸业有限责任公司	特种胶印书写纸（50-80 克 / 平方米）	高唐县	2010
山东省高唐蓝山集团总公司	花生油	高唐县	2010
山东阿华生物药业有限公司	注射用重组人白介素 -11（I）(1.5 毫克 / 支）	东阿县	2010
山东昌裕集团聊城齐鲁漆业有限公司	各色醇酸调和漆	东昌府区	2011
鲁西化工集团股份有限公司	尿素	经济开发区	2011
鲁西化工集团股份有限公司	复合（混）肥料	经济开发区	2011
山东时风（集团）有限责任公司	拖拉机	高唐县	2011
聊城五环机械有限公司	手拉葫芦	经济开发区	2011
山东润源实业有限公司	玉米联合收割机	临清市	2011
山东鑫亚工业股份有限公司	喷油泵总成	东昌府区	2011
山东阳谷电缆集团有限公司	额定电压 1-35 千伏挤包绝缘电力电缆	阳谷县	2011
齐鲁电缆有限公司	额定电压 1 千伏（um ＝ 1.2 千伏）到 35 千伏（um ＝ 40.5 千伏）挤包绝缘电力电缆	阳谷县	2011
山东信发铝塑有限公司	普通装饰用铝塑复合板	茌平县	2011
临清三和纺织集团有限公司	纯棉真蜡防印花布	临清市	2011
山东泉林纸业有限责任公司	涂布纸（涂布美术印刷纸、铜版纸）	高唐县	2011
山东金号织业有限公司	睡衣	茌平县	2011
阳谷森泉板业有限公司	中密度纤维板	阳谷县	2011
山东凤祥（集团）有限责任公司	冷冻调理鸡肉制品	阳谷县	2011
山东东阿阿胶保健品有限公司	阿牌阿胶水晶枣	东阿县	2011
山东景阳冈酒厂	浓香型白酒	阳谷县	2011
山东东阿酒厂（有限责任公司）	浓香型白酒	东阿县	2011

续表 18-42

企业名称	产品名称	所在地	年份
山东中通钢构建筑股份有限公司	钢结构构件	东昌府区	2011
山东华远钢结构有限公司	钢结构构件	茌平县	2011
山东冠洲股份有限公司	彩色涂层钢板	冠县	2011
东阿阿胶阿华医疗器械有限公司	玻璃体温计	东阿县	2011
山东金号织业有限公司	床上用品	茌平县	2011
山东聊城金泰节能科技有限公司	智能超变频磁流子加热装置	经济开发区	2011
山东谷丰源化肥有限公司	复混（合）肥料	阳谷县	2011
山东哈临轴承实业有限公司	滚动轴承	临清市	2011
聊城市新欣金帝保持器科技有限公司	风力发电机轴承	东昌府区	2011
山东博特轴承有限公司	薄壁轴承	临清市	2011
山东太平洋光缆有限公司	通信光缆	阳谷县	2011
山东天海电装有限公司	卫星导航车载终端监控系统	高唐县	2011
山东华信塑胶股份有限公司	给水用管材及管件［硬聚氯乙烯（PVC-U）、抗冲改性聚氯乙烯（PVC-M）］	阳谷县	2011
山东凤祥（集团）有限责任公司	禽肉熟制品	阳谷县	2011
山东时风（集团）有限责任公司	柴油机（ZS1115 型、ZS1110 型）	高唐县	2012
山东东阿钢球集团有限公司	轴承钢球	东阿县	2012
山东润源实业有限公司	伸缩式液压油缸	临清市	2012
山东东阿阿胶股份有限公司	阿胶	东阿县	2012
山东东阿阿胶股份有限公司	阿胶制品（复方阿胶浆）	东阿县	2012
山东东阿阿胶股份有限公司	阿胶制品（阿胶速溶粉）	东阿县	2012
山东东阿阿胶股份有限公司	阿胶制品（阿胶糕）	东阿县	2012
山东凤祥（集团）有限责任公司	调味酱	阳谷县	2012
临清市济美酿造有限责任公司	甜面酱	临清市	2012
山东和兴面粉有限公司	小麦粉	高唐县	2012
山东东泰农化有限公司	吡虫啉可湿性粉剂	东昌府区	2012
山东泉林嘉有肥料有限责任公司	有机肥料	高唐县	2012
山东金号织业有限公司	毛巾	茌平县	2012
信发集团	电工圆铝杆	茌平县	2012
阳谷祥光铜业有限公司	阴极铜	阳谷县	2012
聊城市神绘激光设备有限公司	激光器	经济开发区	2012
山东光岳转向节有限责任公司	汽汽车转向节（载重、乘用）	经济开发区	2012
山东迅力特种汽车有限公司	中分自卸车	临清市	2012
山东冠丰种业科技有限公司	玉米种子	冠县	2012
山东东阿阿胶股份有限公司	阿胶制品（阿胶元浆）	东阿县	2012
山东迅力特种汽车有限公司	半挂车	临清市	2012
聊城市金帝保持器厂	风电变桨轴承保持架	东昌府区	2012

续表 18-42

企业名称	产品名称	所在地	年份
聊城鑫泰机床有限公司	车床走刀箱	东阿县	2012
山东高唐华通液压机械有限公司	液压自动压砖机	高唐县	2012
山东东阿东方阿胶生物工程有限公司	阿胶片	东阿县	2012
聊城华塑工业有限公司	农业用聚乙烯吹塑棚膜	经济开发区	2012
茌平信发聚氯乙烯有限公司	聚氯乙烯	茌平县	2012
山东谷丰源化肥有限公司	有机肥料	阳谷县	2012
高唐县东大针织服装有限公司	运动休闲装	高唐县	2012
中色奥博特铜铝业有限公司	高精度铜及铜合金带材	临清市	2012
山东汇通钢管制造有限公司	无缝钢管（锅炉用钢管）	经济开发区	2012
聊城鑫鹏源金属制造有限公司	石油裂化用无缝钢管	东昌府区	2012
山东时风商用车有限公司	载货汽车	高唐县	2012
山东阳谷飞轮挂车制造有限公司	厢式运输半挂车	阳谷县	2012
山东迅力特种汽车有限公司	粉粒物料运输车	临清市	2013
中通汽车工业集团有限责任公司	混凝土搅拌运输车	经济开发区	2013
茌平县恒丰耐火装饰板有限公司	浸渍纸层压木质地板	茌平县	2013
山东金帝木业有限公司	浸渍纸层压木质地板	茌平县	2013
中冶纸业银河有限公司	精印书写纸	临清市	2013
中冶纸业银河有限公司	静电复印纸	临清市	2013
临清市鸿基集团有限公司	热镀铝锌硅钢板	临清市	2013
中色奥博特铜铝业有限公司	光亮铜管	临清市	2013
中色奥博特铜铝业有限公司	高精度内螺纹铜管	临清市	2013
山东阳谷华泰化工股份有限公司	橡胶防焦剂 CTP	阳谷县	2013
山东东泰农化有限公司	丙环唑原药及制剂	东昌府区	2013
中通客车控股股份有限公司	新能源客车	市直	2013
山东泉林纸业有限责任公司	胶版印刷纸	高唐县	2013
聊城好佳一生物乳业有限公司	花生牛奶复合蛋白饮料	高唐县	2013
山东地探机械有限公司	煤矿用泥浆泵（3NBB3.5～16.0/6.0～2.5-22）	高唐县	2013
山东菱通重工机械有限公司	环保型废渣处理集成砌块机	高唐县	2013
聊城市金帝保持器厂	轴承保持架	东昌府区	2013
山东润源实业有限公司	割草机	临清市	2013
山东昌裕集团宝乐来日用化工有限公司	杀虫气雾剂	东昌府区	2013
山东东泰农化有限公司	苯醚甲环唑原药及制剂	东昌府区	2013
山东凤祥股份有限公司	冷冻调理鸡肉制品	阳谷县	2014
山东金号织业有限公司	床上用品	茌平县	2014
山东时风（集团）有限责任公司	拖拉机	高唐县	2014
山东鑫亚工业股份有限公司	喷油泵总成	高新区	2014

续表 18-42

企业名称	产品名称	所在地	年份
山东鑫亚工业股份有限公司	喷油器总成	高新区	2014
山东东阿阿胶保健品有限公司	阿胶金丝枣	东阿县	2014
时风巨兴轮胎有限责任公司	农业轮胎（农用车轮胎）	高唐县	2014
山东犀牛工程机械有限公司	液压挖掘机	冠县	2014
山东时风（集团）有限责任公司	联合收割机（自走式玉米收获机）	高唐县	2014
山东天海科技股份有限公司	新能源汽车总线控制系统	高唐县	2015
山东天工岩土工程设备有限公司	盾构机切削刀具	东昌府区	2015
山东太平洋光纤光缆有限公司	光纤	阳谷县	2015
山东凤祥股份有限公司	熏烤禽肉制品	阳谷县	2015
东阿阿胶股份有限公司	复方阿胶浆	东阿县	2015
东阿阿胶股份有限公司	阿胶	东阿县	2015
东阿阿胶股份有限公司	阿胶速溶粉	东阿县	2015
东阿阿胶股份有限公司	阿胶元浆	东阿县	2015
山东东阿阿胶保健品有限公司	阿胶糕	东阿县	2015
山东昌裕集团聊城齐鲁漆业有限公司	建筑涂料	东昌府区	2015
山东昌裕集团聊城齐鲁漆业有限公司	醇酸树脂涂料	东昌府区	2015
山东谷丰源生物科技集团有限公司	复合微生物	阳谷县	2015
山东谷丰源生物科技集团有限公司	肥料	阳谷县	2015
山东谷丰源生物科技集团有限公司	微生物菌剂	阳谷县	2015
山东冠洲股份有限公司	彩色涂层钢板	冠县	2015
山东众冠钢板有限公司	彩涂板	冠县	2015
东阿阿胶阿华医疗器械有限公司	玻璃体温计	东阿县	2015

2006—2015 年聊城市获山东服务名牌企业情况表

表 18-43

年份	企业名称	服务品牌	服务项目
2006	山东省聊城市百货大楼有限责任公司	走进百大　亲情如家	商业零售
2007	聊城交通汽运集团有限责任公司（总部）	交真心、运真情	运输服务
	聊城昌润大酒店有限责任公司	真诚昌润　情满四海	餐饮、住宿服务
	聊城供电公司	水城彩虹	供电服务
2008	聊城市长途汽车站	—	—
	聊城市行政服务中心	—	—
2009	山东省聊城市百货大楼有限责任公司	走进百大　亲情如家	商业零售服务
	山东省东阿县供电公司	鹊乡彩虹	供电服务
	聊城交运集团千千佳物流有限责任公司	千千佳	物流服务
	聊城江北水城风景名胜区开发建设集团管理有限公司	江北水城　运河古都	景区旅游服务

续表 18-43

年份	企业名称	服务品牌	服务项目
2010	聊城昌润大酒店有限责任公司	昌润	餐饮、客房服务
	聊城交通汽运集团有限责任公司（总部）	交真心、运真情	运输服务
	山东电力集团公司聊城供电公司	水城彩虹	供电服务
	中国工商银行股份有限公司莘县支行	—	金融服务
	聊城鲁西化工农资连锁有限公司	鲁西化工真诚为农	农资销售及服务
2011	中国移动通信集团山东有限公司莘县分公司	绿色服务　满意 100	信息传输服务
	山东聊城鲁西化工销售有限公司	鲁西	批发和零售服务
	聊城市行政服务中心	阳光政务　用心服务	行政审批服务
2012	山东省聊城市百货大楼有限责任公司	走进百大　亲情如家	商业零售服务
	聊城交运集团千千佳物流有限责任公司	千千佳	物流服务
	聊城江北水城风景名胜区开发建设集团管理有限公司	江北水城　运河古都	景区旅游服务
2013	聊城昌润大酒店有限责任公司	昌润	餐饮、客房服务
	聊城交通汽运集团有限责任公司（总部）	交真心、运真情	运输服务
	山东电力集团公司聊城供电公司	水城彩虹	供电服务
	聊城鲁西化工农资连锁有限公司	鲁西化工真诚为农	农资销售及服务
2014	山东高唐农村商业银行股份有限公司	—	—
2015	山东省聊城市百货大楼有限责任公司	走进百大　亲情如家	商业零售服务
	聊城交运集团千千佳物流有限责任公司	千千佳	物流服务
	聊城江北水城风景名胜区开发建设管理集团有限公司	江北水城·运河古都	游览景区管理
	聊城盖氏邦晔物流有限公司	盖氏邦晔	物流服务

三、质量监督

1997年，聊城地区技术监督系统对企业进行定期监督检验，共检验2122家企业、202种产品、2338个批次，其中1850个批次合格，合格率79.1%。地区技术监督局对18家各类不合格企业进行后处理，处结17家，处结率94.4%。1998—2001年，按照年度定期监督检验目录，对企业产品进行定期质量监督检验。对产品不合格的企业通过帮促整改、教育、处罚等方式，促进企业产品质量的提高。加强生产许可证管理工作，帮助有条件的56家企业办理生产许可证。同时，强化对无证企业和产品的查处。2002年，对8大类46种5688批次产品进行产品质量监督检查。在2003年“非典”时期，对2家生产企业2批产品、21家销售企业23批产品进行国家监督专项抽查，对消费者关心和对质量问题反映强烈的眼镜、煤制品、电线电缆、石油制品、化妆品等9类产品进行专项监督检查。2008年，市质监局制定详细定检计划，严格执行定检程序，全市食品企业和重点工业产品定检率全部为100%；出台《监督检查不合格企业后处理工作程序的规定》，进一步规范后处理工作。2009年，全市共有1053家企业纳入定检计划，共完成工业产品定期监督检查1655批次，重点产品定检覆盖率和工业产品获证企业基本信息录入率100%。完成定检及国家、省监督抽查不合格后处理60家企业，处结率96%。2010年，组织对全市274家重点企业的320批次产品实施定期监督检验。是年，国家、省监督抽查中聊城市重点工业产品合格率89%，比2009年提高5.5个百分点。2011年，全市重点产品国家监督抽查合格率92.73%，比全省平均合格率高3个百分点，列全省第三位。2012年，全市完成工业产品定期监督检查981批次，对189家工业产品许可证企业进行年度审查，对电线电缆、防水卷材和电动自行车三类产品实行分类监管，对15家监督抽查不合格企业依法进行后处理。2014年，开展儿童用品、家用电器等12类产品的质量提升工作，对全市电线电缆、人造板等重点产品质量进行专项治理。对全市576家生产企业的689个批次产品定期监督检查，产品合格率94.92%。国家、省监督抽查合格率93.90%，高于全省平均合格率3个百分点。2015年，制定《聊城市产品质量监督抽查规定》，初步建立起市级产品质量监督抽查机制，工作经费由财政列支。市财政拨付抽检经费70万元，实施首次工业产品质量市级监督抽查，共抽查331家企业519批次的产品，不合格产品检出率为7.52%。

第四节　特种设备安全监察

1998—2001年，聊城坚持“以质量工作为基础，以全过程监察为手段，以使用环节为重点，以遏制事故为目的，确保锅容管特安全运行，促进经济健康发展”的工作方针，以提高使用环节的“四个率”（即使用登记率、持证上岗率、定期检验率和隐患治理率）为中心，重点抓了锅容管特设备普查登记、定期检验、特种作业人员培训、制造安装及气瓶充装单位安全监察、安全检查专项治理、锅容管特安装修理改造工程的开工审批和竣工验收、锅容管特事故的调查处理等项工作，遏制重特大事故的发生，降低一般安全事故率。

2001年3月，根据山东省政府《全省质量技术监督管理体制改革实施方案》，市内县级以上劳动和社会保障部门承担的锅炉、压力容器特种设备安全监察职能和机构划归同级质量技术监督部门。2002—2003年，全市质监系统组织开展“特种设备安全年”活动，遏制重特大事故的发生，降低一般安全事故率。全市共普查锅炉1266台、压力容器3687台、电梯和各种类型起重机械等特种设备1017台、游乐设施230台，全部录入电脑，实现了特种设备动态管理，特种设备普查登记工作通过省局普查整治验收专家组的验收。突出抓好特种设备隐患治理，共完成特种设备隐患治理2413台。在全市范围内开展25次安全检查活动，共办理各种特种设备行政案件40余起，遏制安全事故的发生。开展普查整治活动，组织了在全国范围内开展的气瓶普查整治、压力管道普查、起重机械专项整治和全省范围开展的危险化学品专项整治。严把特种设备安装（维修改造）工程质量关，共办理特种设备工程审批（备案、告知）430台、压力管道50千米。加强特种设备作业人员培训考核，共培训各类特种设备管理人员5600余人，发证5475个。

2004—2005年，按照市委、市政府建设“平安聊城”的部署，市质监局集中力量组织开展23次安全检查和专项整治活动，突出对特种设备安全隐患的整顿治理，查出各类隐患930余处，大量安全隐患得到了及时整改。建成全市特种设备监管组织网络，实现了对特种设备的动态管理。在省政府组织的对全省重点监控的99家危险化学品生产企业的安全检查中，聊城市是唯一一家没有发现特种设备安全隐患的市。开展气瓶普查整治和压力管道普查工作，建立气瓶及压力管道普查整治数据库，对全市135家各类气瓶充装单位进行整顿，所有单位全部达到国家有关规定要求。

2006年，改革创新特种设备监管机制和工作模式。制定《聊城市特种设备安全监管工作规则》《质量技术监督区域监管特种设备现场检查（巡查）作业指导书》《聊城市特种设备监管目标责任考核管理办法》等制度，明确了监管职责，进一步下移监管责任。建立健全特种设备安全监管网络，在全市31个区域监管机构配备特种设备监管人员34人，从129个乡镇、街道聘请135名协管员，在特种设备集中的企业明确217名联络员，真正建立起纵到底、横到边的特种设备安全监管网络。加强特种设备安全监察队伍建设，编写《特种设备安全监管工作手册》等材料，组织监管员、协管员和联络员进行学习和培训，使人员持证上岗率100%。努力提高特种设备定检率，共定期检验各类特种设备3215台次，特种设备定检率保持在98%以上。开展特种设备“百日安全整治”活动，共检查企业912家、特种设备4635台，查处隐患507处，出具监察指令书157份。在省质监局组织的检查评比中，市质监局被授予“优秀组织奖”。突出对特种设备安全隐患的整顿治理，开展了气瓶、起重机械、危险化学品、压力容器专项整治和一系列安全检查活动。共查出各类隐患2686处，其中严重隐患103处，排除大量安全隐患，防止了事故的发生。

2007年，聊城在全省率先开展特种设备注册登记专项整治活动。全年共检查特种设备使用单位600余家，检查设备10883台（次），新增设备1700余台，下达安全监察指导书199份，立案查处23起。全市共建立特种设备档案8200件，注册登记率100%、定检率99.02%，确保了全市特种设备使用登记率100%、报检率100%、持证上岗率100%、隐患消除率100%。加强对安全监察人员和特种设备作业人员的培训考核，培训考核特种设备监管员、协管员和联络员414人、压力管道检验人员60人、特种设备作业人员2845人。加强信息化网络建设，制定《聊城市特种设备定期检验报检工作管理办法》，充分利用特种设备信息化管理平台，形成适时信息化数据监管与定期考核，实现了监察、检验、执法、监管信息共享，消除安全监察工作的盲区和死角。开展特种设备安全专项整治活动，查处各类安全隐患1369处，其中严重隐患169处。将特种设备应急反应机制建设纳入市政府统一规划，市政府常务会议专题研究《聊城市特种设备重特大事故应急预案》，以市政府文件下发。建立起由56人组成的特种设备专家数据库，提高对特种设备重特大事故的应急救援和应对突发事件的能力。

2008年，完善监察、检验、稽查、区域监管“四位一体、整体联动”的安全监管体系，加大对特种设备使用企业的巡查力度，确保特种设备监管到位。完善特种设备责任体系建设，以市政府实施安全生产事故隐患通报制度为契机，全面落实企业主体责任和政府监管责任。制定《特种设备事故隐患整改指令督办制度》，督促企业达到“三落实、两有证、一检验、一预案”的要求。开展特种设备注册登记、安全生产月、60天特种设备安全大检查等安全检查工作，共检查特种设备使用单位1357家，普查设备9762台，消除事故隐患1721处。开展了冶金起重机、压力管道阀门、工业气瓶、土锅炉等专项整治，共整改、报废、拆除不合格特种设备206台件，更换压力管道阀门260个。完善特种设备事故应急救援预案，市政府与鲁化集团等企业联合开展液氨、液氯等危化品泄漏事故应急救援演练，提高应对突发事件能力。

2009年，以“隐患治理年”为契机，在全市质监系统31个区域监管机构建立特种设备安全隐患台账，初步形成隐患设备动态监管机制。组织开展起重机械、小冷库压力容器、气瓶充装单位、冬季锅炉等特种设备安全检查整治活动。从4月底至7月底，开展安全生产百日督查专项行动，对各县（市、区）质监部门特种设备安全工作进行督查，确保了“隐患治理年”活动和奥运特种设备安全保障等重点工作的开展。2010年，制定《聊城市特种设备定期检验报检工作管理办法》，建立信息共享机制，实现监察、检验、执法和监管四个关键环节的联动。制定《聊城市特种设备隐患指令督办制度》，并以市政府实施《安全生产事故隐患通报制度》为契机，及时通报特种设备安全隐患，督促企业达到“三落实、两有证、一检验、一预案”的要求，切实落实企业的安全主体责任。扎实开展全市气瓶充装单位专项整治、工业压力管道普查整治、危化品压力容器专项整治、电梯安装维保单位整治等活动。重新修订《聊城市重特大事故应急救援预案》，编制工作手册，完善专家库，增添先进救援装备20余件。配合市政府组织系统有关方面人员进行了市、县两级液氨泄漏事故救援演练，有力提升特种设备应急救援能力。

2011年，开展特种设备制造单位质保体系、特种设备安全危化品特种设备、冬季采暖锅炉、电梯、冶金起重机械、工业压力管道隐患治理等十余项检查和整治活动。坚持抓特种设备安全隐患整改，及时查处整改特种设备安全隐患300余处。

2012年，全市完善特种设备安全预警防范体系，及时整改安全隐患1100余处，确保全市未发生特种设备安全事故。全市特种设备登记率100%，在全省保持并列第一；特种设备检验率99.31%，列全省第二位，比2010年提升2个位次。2013年，市局分辖区督促30家特种设备制造单位开展自查自纠，在227家特种设备使用单位推行安全责任公开承诺，对47000个车用气瓶全部实行电子标签信息化管理，检查各类特种设备8350台、监检压力管道30余万米，及时查处特种设备安全隐患743处。

2014年，开展液化气充装站专项整治、安全生产百日攻坚行动、安全生产资质单位检查、特种设备“打非治违”专项行动、生产单位监督抽查、液氨企业专项检查、建筑工地起重机械检查等7项专项监督检查，纠正特种设备安全违法行为30起，查处特种设备安全隐患650处，确保了全市未发生特种设备安全事故。针对电梯管理工作中的瓶颈问题，开展专项调研，拟定加强电梯安全管理的意见；围绕电梯维保薄弱环节对10家电梯维保单位开展了“飞行检查”。严格特种设备安全隐患整改，对4家特种设备企业存在的安全隐患进行挂牌督办。进一步加强特种设备安全考核培训工作，组织各类特种设备作业人员培训25期，培训特种设备安全作业人员2600余人。

2015年，组织特种设备知识竞赛和作业人员培训，共组织各类特种设备作业人员培训16期，1200余人，对各类作业人员考试进行现场监督33次，共监督考核3024余人，提高了作业的人员法律素质和安全意识。聊城市制定《全市电梯安全监管大会战工作方案》，对全市在用的5572台电梯和55家电梯维保公司的维保质量进行检查，共出动执法人员162人次，发现隐患45处，消除隐患45处。全市共出动执法人员215人次，共检查涉氨制冷企业163家，发现安全隐患80余处，下达安全监察指令书30份，督促44家单位对存在的问题进行限期整改。

第五节　检验检测

一、计量检定

1997年，按省技术监督局部署，在全区推行“强检计量器具登记年审册”制度，全区共检定计量器具118852台（件），较上年提高10个百分点，其中地区计测所检定17400台（件）。

1998年12月7日，聊城市计量测试所为差额科级事业单位，负责全市除衡器以外其他项目最高计量标准和社会公用计量标准的建立和维护，开展量值传递、执行强制检定和法律规定的其他检定测试任务。1998—2002年，计量工作为进一步适应市场经济需求，加强了贸易结算、安全防护、医疗卫生和环境检测等涉及人民群众生命财产安全计量器具的监督管理，重点抓了衡器、水表、燃气表、出租车计价器、医疗仪器、企业最高标准器等强检计量器具的检定，全市共检定各类计量器具805169台（件）。

2001年，在市衡器管理所建立起通过省考核认证的全市第一家社会公正称重计量站。2003年，管理所建有55项社会公用计量标准，全年检定校准各类计量器具45372件。2004年，投资60万元，建立聊城市“民用四表”强制检定中心，全面开展对“民用四表”的首次检定工作，检定水表18000只、燃气表10000余只。2005年，建设计量恒温恒湿实验室，全年检定校准各类计量器具49860件。2006—2008年，为进一步健全量值传递体系，新建部分社会计量标准，全所达到60项社会公用计量标准、20项实验室认可项目、4项计量认证项目，2008年，检定校准各类计量器具52740件。2012—2013年，为增强计量服务全市优势产业的能力，共建有86项社会公用计量标准，24项实验室认可项目，6项计量认证项目，2012年，市计量所自主研发的车载压力表在线检定装置顺利通过国家总局科技成果鉴定，同时获得国家实用新型专利。2013年，检定校准各类计量器具104810件。在全省率先开展了车载气瓶压力表在线检定工作，确保了燃气汽车的行驶安全。2012年，市计量所研制的“高压气体压力表在线检定装置”获得“聊城市科学技术进步二等奖”。2014—2015年，围绕打造冀鲁豫一流计量检验检测平台，全所社会公用计量标准98项，建有44项实验室认可项目，8项计量认证项目，2014年，检定校准各类计量器具97041件。2015年，鲁西质检中心计量实验室投入使用，建成全省一流的民用四表实验室及大砝码实验室，结束了市内出租车计价器检定工作长期在外租用场地的历史。

二、产品质量检验

1997年，全区共检验2122家企业、2338个批次，合格1850个批次，批次合格率79.1%，比上年同期下降7个百分点。1998—2001年，全市质检机构购置仪器设备，检测能力不断提高，共增加检验检测项目140余项。1998年，完成定期监督检验620批次，委托检验1714批次；1999年，完成定期监督检验780批次，委托检验1962批次；2000年，完成定期监督检验942批次，委托检验2023批次；2001年，完成定期监督检验1030批次，委托检验2234批次。2002年，完成定期监督检验1060批次，委托检验2741批次；2003年，完成定期监督检验1200批次，委托检验2826批次。2002—2003年，加大技术能力建设，组织上报筹建2个国家级实验室、6个省级重点实验室的计划。2003年，成立山东省轴承质量检测中心临清检测站。

2004年，市质检所被山东省国家税务局确定为免税饲料产品质量检测机构；4月，人造板检验室首次通过计量认证和实验室审查认可；6月，山东省食品通用实验室（聊城）通过验收；11月，被国家工业产品生产许可证办公室授予人造板产品生产许可证发证检验资格，承担人造板发证检验工作。全年完成定期监督检验1690批次，委托检验3902批次。

2005年，建设山东省食品通用实验室（聊城）2P实验室和聊城市农药检测中心，全年完成定期监督检验2533批次，委托检验4729批次；被省质监局命名为“十佳规范化实验室”。2006年，完成定期监督检验2200批次，委托检验3944批次，发证检验279批次，省统一定检181批次，专项监督检查检验165批次，免税检验138批次。是年，获得国家计量认证和审查认可（验收）合格证书以及“中国实验室国家认可”资格证书；2007年，完成列入定检计划的检验项目1200余批次，委托检验2865批次，发证检验183批次，免税检验198批次。6月中旬，通过中国合格评定国家认可委员会（CNAS）评审专家组的监督评审。

2008年，完成定期监督检验2587批次，承接委托检验5358批；通过145种产品及产品参数的实验室资质认定扩项；浸渍纸层压木质地板（强化木地板）技术要求和标准的研究获国家质检总局批准立项。2009年，完成定期监督检验检2763批次，承接委托检验5331批次，承担食品、人造板等产品发证检验207批次，执法及监督检查的产品检验271批次。市质检所通过中国合格评定国家认可委员会的监督评审和省质监局实验室资质认定扩项，新增检验资质138个产品及产品参数；牛奶中硫氰酸钠的定量检验方法研究项目获省局立项。

2010年，完成委托检验3532批次，签订技术服务协议428份，完成省质监局监督抽查食品625批次、人造板41批次、轴承34批次；完成市级监督检查（食品、钢管、人造板、轴承、气雾杀虫剂等产品）721批次。2011年，完成委托检验4800批次，完成食品1028批次、人造板57批次、轴承20批次等产品的省局监督抽查检验任务。通过省质监局资质认定现场评审（复审及扩项），其中1100余项产品、参数、方法通过实验室资质认定，增长幅度87.4%；同位素标示甲醛抗体法检测海产品中的甲醛、硅胶膜片管式微孔曝气器技术要求和标准的研究 2 个科研项目通过国家质检总局立项。2012 年，出具检验报告 5653 份，其中，监督检验报告 923 份、委托检验报告 4403 份、发证检验报告 327 份；新增资质认定产品、参数及方法 980 个，实验室资质 2230 个产品、参数及方法。2013 年，出具检验报告 5856 份，其中，监督检验报告 969 份，委托检验报告 4562 份，发证检验报告 325 份。是年，鲁西质检中心主体楼开始施工建设，国家铜铝冶炼及加工产品质检中心顺利通过国家质检总局专家组现场审查论证。

2014 年，开展 30 家轴承、20 家装饰单板、50 家胶合板生产企业的省监督抽查任务；完成 60 家轴承制造企业的产品合格率统计调查工作；配合省质检院开展 11 家肥料生产企业国家联动监督抽查；完成建材、机电、装饰材料实验室的搬迁工作；开展实验室科研，参与《铜及铜合金化学分析方法第 29 部分三氧化二铝含量的测定》《铜及铜合金室温拉伸试验方法》两项国家标准的制定工作。2015 年，共出具检验报告 2800 份，其中督检验报告 551 份、委托检验报告 1767 份、免税检验报告 400 份、发证检验报告 82 份；完成鲁西质检中心实验楼 18623 平方米、质检实验室 3500 平方米的建设工作。国家铜铝冶炼及加工产品质检中心通过国家质检总局批复，进入筹建阶段；山东省铜铝及制品质检中心、山东省钢管质检中心通过省质监局批复，进入筹建阶段；按照实验室建设规划，申报国家轴承产品质检中心、山东省化肥产品质检中心、山东省人造板产品质检中心。参加《铜及铜合金软化温度的测定》和《铜及铜合金导电率涡流测试方法》两项国家标准的制定、修订工作。

三、特种设备检验

1998 年 3 月，聊城地区撤地改市，聊城地区锅炉压力容器检验所、聊城地区职业安全卫生检测站分别更名为聊城市锅炉压力容器检验所、聊城市职业安全卫生检测站，隶属于聊城市劳动与社会保障局。2000 年 10 月，聊城市锅炉压力容器检验所、聊城市职业安全卫生检测站划归聊城市质量技术监督局。

1997—2000 年，检验锅炉压力容器 3980 余台次，检验特种设备 2390 余台次，发现隐患 280 余处，培训作业人员 5000 余人。

2001 年 10 月，聊城市职业安全卫生检测站并入聊城市锅炉压力容器检验所。2001—2007 年，组织检验各类特种设备 24800 余台次，检验压力管道 2.73 万米，发现各类安全隐患 1200 余处。2007 年 3 月，聊城市锅检所综合实验楼（3800 平方米）开工建设，是年 7 月，检验所通过国家质检总局检验资质核准复审。2008 年 1 月，根据《关于调整市以下质监系统特种设备技术机构的批复》文件，设立山东省特种设备检验研究院聊城分院，为公益二类事业单位，隶属于聊城市质量技术监督局和山东省特种设备检验研究院双重管理。是年 10 月，聊城分院取得常压罐车和常压容器计量认证资质、综合实验楼建成投入使用。2009 年，分院投入 120 多万元，建成车载气瓶检测线，取得两项检验核准资质（车载气瓶定检、监检）。

2011 年，分院科研项目《多功能综合检测车》通过专家鉴定，填补了国内空白，特种设备检测功能的集成度达到国际先进水平；研发的“一种新型锅炉用除灰装置”获国家知识产权局实用新型专利证书；《煤锅炉不完全燃烧热损失及燃烧优化的分析》论文被评为聊城市第十一届优秀学术成果一等奖。2012 年 12 月，分院取得省质监局特种设备作业人员考试机构资质，投入 200 余万元建立起能力训练平台。2013 年，顺利完成检验资质核准复审工作；开工建设特种设备作业人员考试中心，面积 2800 平方米；多级往复天然气抽取压缩设备、一种垂直方向移动电梯的救生装置、一种便携式螺栓磁粉探伤器等 13 项实用新型专利获国家知识产权局授权；多功能综合检测车项目获山东省安全生产管理协会科学技术奖三等奖。2014 年，分院顺利通过工业管道定检、工业管道安装监检、水质检测、油质检测项目检验资质核准；通过山东省质监局实验室计量认证复审换证工作；投入 260 余万元对水质化验室和油质化验室进行升级改造，满足了需求；建成作业人员考试中心，面积2800平方米，规范提升了考试能力和水平。自动扶梯和自动人行道三参数检测仪、一种新型车载起重机系统等4项科研成果获得国家新型实用型专利证书。2015年，完成信息化检验平台的建设工作并开始试用；一种便携式磁粉探伤探测器、一种便携式的起重机磁粉探伤器、一种自动扶梯三参数检测器及检测方法等3项技术获得国家知识产权局授权并取得发明专利证书；锅炉安装质量常见问题及预防被评为聊城市第十三届自然科学优秀学术成果二等奖。2008—2015年组织检验各类特种设备146000余台次，监检车载气瓶178600个，检验压力管道510万米，检验过程中发现各类安全隐患11394处。

四、纺织纤维检验

境内纺织纤维检验工作由聊城纤维检验所负责，其主要工作是对棉花收购、加工、调拨环节的质量进行监督管理和检验、服务。1997年，在棉花收购季节，检验所深入44个厂、站对23处棉厂进行检查指导，抽样检验棉花3500吨，对问题严重的3家企业依法作出处理和纠正，维护了国家和棉农的利益。承担了从新疆调入棉花的质量检验工作。根据国家计划安排，及时制造、发放棉花品级实物标准。是年，完成352套、2464盒。

1998年12月，聊城市机构编制委员会明确聊城市纤维检验所主要职责是负责聊城市棉花纤维检验技术领导工作，对本行政辖区生产和流通领域的纤维及其制品进行质量监督和行政执法，承担纤维及其制品的质量的监督检验、仲裁检验、委托检验、公证检验。1998—2001年，共查处各类棉花违法案件100余起，为维护纤维及其制品的正常流通秩序起到了重要的作用。2002—2005年，聊城市纤检所共完成经营性棉花公证检验30万吨，为企业避免经济损失2000万余元；制造锯齿棉标准5000套；查处棉花各类质量违法案件500余起；定期监督检查纤维制品1000批次。2005年，建设恒温恒湿实验室，投资150余万元购置大型棉花检验设备HVI。

2006—2015年，按照国家棉花检验体制改革的要求，聊城市纤检所承担辖区内60家棉花企业的仪器化公正检验工作，检验量50余万吨，完成国储棉出入库及新疆监管棉入库检验30余万吨；查处各类棉花质量违法案件600余起；在宾馆、饭店、医院、学校等领域开展“黑心棉”监督检查，检查各类场所900余家次，防止“黑心棉”在市内蔓延；开展鲜茧收购监督检查，共检查茧站19家次，对不按评议结果确定所收购鲜茧的类别、等级、数量和不分类别、等级置放蚕茧的收购茧站进行了监督检查并处理；开拓纺织品检测服务市场，完成纺织品检验6000批次；开展对学生服及面料生产企业的监督检查，督促校服生产加工企业落实主体责任，监督检验各类校服生产企业50家次，切实保护全市中小学生的身心健康。

第六节　认　证

一、质量管理体系认证

1996年，聊城地区质检局成立质量管理体系认证办公室，开展认证咨询，组织和引导企业开展产品质量认证和企业质量保证体系认证工作。2000年，聊城市率先开展ISO 14000环境管理体系认证工作。2001年，市质检局提交《关于加快实施ISO 9000标准和推行质量认证工作的意见》，由市政府批准执行。是年年底，全市通过ISO 9000系列标准认证的企业60余家。2002—2003年，组织引导企业开展产品质量认证和企业质量保证体系认证，全市146家企业通过质量认证。

2004—2005年，结合“质量兴市”战略的实施，加大管理体系认证的推广力度，有针对性地引导管理和效益较好的企业开展质量体系认证。共有160家企业取得ISO 9000质量体系认证，10家企业通过环境质量体系（ISO 14000）认证，5家企业通过职业健康安全管理体系（HSAS 18000）认证，3家企业通过食品安全管理体系

(HACCP) 认证。2006 年，聊城市政府办公室转发《市质量技术监督局关于进一步推进质量认证工作的意见》，举办认证工作培训班，邀请省质监局专家为全市 300 余家企业的质量管理人员做专题报告，为企业开展认证工作打下了基础。是年，新增认证企业 60 家，超额完成市政府下达的认证工作目标。2007—2008 年，全市各级质监部门帮助企业夯实质量基础工作，努力提高企业质量管理水平和产品质量。帮助 36 家企业通过质量管理体系认证，全市通过各类质量认证企业总数 350 家。2009 年，市内 129 家企业通过质量管理体系认证，全市通过质量管理体系认证企业 410 家。2010 年，共指导 185 家企业通过质量管理体系认证；临清市质监局被确定为全省认证执法监管试点单位。开展管理体系、食品农产品认证有效性大检查。全市 30 余家企业通过 HACCP 认证，取得无公害农产品证书 60 余张，5 家企业获得 12 张绿色食品认证证书。截至 2015 年年底，全市获得 758 张质量管理体系认证证书、227 张环境管理体系认证证书、183 张职业健康安全管理体系认证证书。

二、强制性产品认证（3C 认证）

2002 年 5 月 1 日起，按照国家质量监督检验检疫总局发布的《强制性产品认证管理规定》，市内开始实施强制性产品认证工作，加强强制性认证产品的监督管理，督促企业进行 3C 认证，截至 2003 年年底，全市有 24 家企业取得 3C 认证证书。2004—2005 年，全市每年利用“3•15”消费者权益日、9 月质量月活动，开展实行强制性产品认证的宣传，推动企业强制性产品认证，其间，36 家企业的产品通过了 3C 认证。2006 年，在全市质监系统加强强制性产品认证执法队伍建设，采取“走出去”和“自培训”两种方式，学习强制性产品认证业务知识，市内 38 家企业的 82 种产品通过强制性产品认证。2007—2009 年，在全市辖区内 3C 认证产品生产企业全部建立电子监管档案。截至 2015 年年底，全市共有 772 张强制性产品认证证书，主要产品包括汽车、电线电缆、低压开关、低压开关柜设备等。

第七节 行政执法

1997 年，按照国家和省技术监督局的部署和要求，组织实施专项市场商品质量监督检查和“打假”活动，开展市场商品的日常监督管理和检查，净化市场，维护市场经济秩序。是年夏季到来之前，组织对全区冷饮市场的集中检查，共检查商店、摊点 1146 家，冷饮产品 2056 个批次，总标值 83.75 万元，其中不合格 337 个批次，合格率 83.6%。组织实施全区石油制品的全国统检，共检查 25 家经销企业、35 个样品，合格 28 个，合格率 80%。1997 年，共受理质量投诉 472 起，涉及商品上百种，重点商品是电热毯、名优白酒、食品饮料、汽车和农机配件、柴油机、农膜、电视机、摩托车、钢材等。通过调解、查处，为用户和消费者挽回经济损失 2067 万元。

1998—2001 年，全市各级质量技术监督部门充分发挥打假主力军作用，协同各有关部门在全市开展打假联合行动，加大了对制假售假的重点产品、重点市场、重点区域的治理整顿力度，及时查处一批大案要案。加强与名优企业的联手打假，成立聊城市防伪行业协会，建立电话数码防伪查询信息系统。全市质监部门共查处假冒伪劣商品案件 1777 起，标值 2626 万元，取缔制假售假窝点 620 个。受理质量投诉 1000 余起，为用户和消费者挽回经济损失 2500 余万元。2001 年，省人大检查组到聊城市检查《中华人民共和国产品质量法》的实施和打假工作情况，对质量技术监督部门的工作给予充分肯定。2002—2003 年，市质监部门加强与各有关部门及名优企业的联手打假，建立了“12365”打假举报热线。共出动执法人员 2.3 万人次，查处制假售假案件 2386 起，立案 1730 起；查获假冒伪劣货值 1841 万元，取缔制假售假窝点 267 个，查办大案要案 25 起；全市受理产品质量申诉 360 起，为消费者挽回经济损失 320 余万元。

2004 年，以保护生命健康安全为主题，突出抓好食品质量安全和特种设备安全。先后组织对食品、特种设备、农资、建材、黑心棉、汽车配件等危害性大、影响面广的产品专项打假整治活动。全市质监系统共出动执法人员6942人次，查处制假售假案件1196起，立案902起；查获假冒伪劣货值818.19万元，取缔制假售假窝点62个，查办大案要案6起；受理产品质量申诉106起，为消费者挽回经济损失118.98万元。

2005年，全市质监系统加大专项打假力度，共出动执法人员7800余人次，查处质量行政违法案件1517起，取缔制假售假窝点170个；查获假冒伪劣商品货值3880万元，受理质量申诉334件。开辟社会监督举报渠道，全市“12365”质监热线共接听电话3954条，其中打假举报136件，处理128件，处结率94.1%；受理质量申诉28起，处理26起，解决率92.9%。

2006年，全市质监系统共出动执法人员7876人次，立案查处质量技术监督行政违法案件783起，取缔制假售假窝点67个；查获假冒伪劣商品货值2275万元，受理质量申诉164件，为消费者挽回经济损失212.6万元。2009年8月7日，根据群众举报，组织实施临清烟店轴承集中执法打假行动，抽调全市系统80余名行政执法人员，集中出动执法车辆20辆，查处违法生产销售轴承及包装物的假冒轴承生产窝点13个，立案9起；异地封存假冒轴承货值20.4万元，异地封存生产器械打标机、微机等专门用于制假工具7台。

2010—2011年，在全市质监系统开展“和谐执法、阳光办案”活动。扎实推进网上办案工作，推行说理式执法文书，实现查办案件、审批、审理、监督管理等环节的网络化管理。坚持做到案件回访、告知教育前置、行政处罚后置、服务帮扶贯穿全过程，落实重点案件约谈制度，在行政处罚案件中加强与当事人的沟通与交流，形成“和谐执法、阳光办案”活动的良好社会氛围。

2012年，加强全市稽查执法装备配备，为8个县级质监局配发53台电脑、9台便携式打印机等执法装备，落实省局配发的全市质监系统稽查机构执法装备。2013年，在全市系统部署“质检利剑五大战役”“双打”，以及白酒化肥二公开、汽配、农资、建材、消防产品、乙醇汽油、特种设备等13项专项执法打假活动，共查处违法行为273起，涉案货值98.22万元。

2014年，探索取消垂直管理、实行分级管理体制后的执法问题，梳理行政处罚权力清单、责任清单，共梳理行政处罚事项211项。加强与公、检、法、工商、食药等部门的配合，优化外部执法环境，及时与市法制办、市区两级法院、市检察院、市公安局进行沟通交流，破解执法难题。其间，申请法院强制执行企业4家，执行到位款项14万元。

2015年，开展打击侵犯知识产权和制售假冒伪劣产品、液化石油气违法掺混二甲醚、车用“调和汽油”、特种设备领域隐患等十余项大排查、快整治、严执法专项整治行动，查处质量违法行为30余起。大力推进行政处罚案件信息公开，是年立案办结的所有行政执法处罚案件信息全部在聊城金质网站公开，是年10月1日以后立案的所有行政处罚案件全部录入“12365”系统“执法管理”平台，是年立案办结的14起打击侵权假冒领域行政执法与刑事司法衔接的案件全部录入两法衔接信息系统。

第十章　安全生产管理

第一节　安全生产目标管理

1997年，聊城地区设有安全生产委员会，负责全区厂矿企业安全生产及事故处理。2001年，设置聊城市安全生产监督管理局（简称市安监局），负责全市安全生产综合监督管理工作，为市安全生产委员会的常设办事机构，承担市安全生产委员会的日常工作。将由来市经贸委承担的组织拟订安全生产的综合性法规和政策、综合管理安全生产工作、协调重大安全事故调查处理、安全生产专项整治以及危险化学品生产监督管理，组织全市安全生产督促检查的职责划转给市安监局。2004年，市安监局综合管理全市安全生产工作，综合监督管理危险化学品、烟花爆竹和非煤矿山安全生产，对全市安全生产进行宣传教育和安全培训、考核。

2004年，根据国务院《关于进一步将强安全生产工作的决定》，聊城市逐年下达安全生产控制指标，对安全生产工作开始实行目标考核管理。是年，市委将安全生产与计划生育、综合治理共同列入“一票否决”，出台《聊城市安全生产目标管理考核办法》，量化考核指标，建立安全生产控制指标完成情况每季一公布、半年一考评、全年总考核的监管机制。每年逐级签订安全生产目标责任书，责任书的签订范围涵盖全部县（市、区）、市属开发区、市直部门、直属机构和中央（省）属驻聊城单位。是年，全市发生各类生产安全事故3518起，死亡342人，受伤1955人，经济损失888.6374万元。

2012年，聊城市政府与县（市、区）签订安全生产责任书　（杜凯摄）

2013年，建立责任书“双市长签字”制度，市政府安全生产分管领导和部门分管领导“双签字”。2015年，发生各类安全生产事故221起，死亡73人，受伤234人，直接经济损失469.3万元。全市各类安全事故起数、死亡人数、受伤人数、直接经济损失全面下降。

第二节　教育培训和制度建设

一、教育培训

2003年起，每年组织各级各部门各单位开展一次“安全生产月”活动。2004年，全市共举办各种类型安全培训班270期。培训各类人员10800余人次。2006年，举办学习《山东省安全生产条例》培训班56期，培训法人代表、安全管理人员共计9860人次。2007年起，在全市开展安全生产“全员培训工程”，是年全市共举办各类培训班2257期，培训人员25.8万人次。2008年，全市举办各类培训班2257期，培训高危行业主要负责人、安全管理人员、特种作业人员46期，举行全省危险化学品主要负责人、安全管理人员统一考试，考试通过率96%。2009年，全市安监系统共举办各类培训班1826期，培训人员22.3万人次，其中培训（再培训）生产经营单位主要负责人7356人次，安全管理人员19226人次，特种作业人员5135人次，其他从业人员（包括农民工）19.03万人次。

2010 年，组织开展安全生产监管执法资格培训工作，对全市市、县、乡三级安监部门进行集中培训。2011 年 3 月，举办聊城市安全生产专题培训班，首次将安全生产列入市委党校干部教育培训内容。是年，全市共举办培训班 1277 期，培训从业人员 21.5 万人次，其中培训（再培训）主要负责人、安全管理人员 1.2 万人次，其他从业人员（包括农民工）19.8 万余人次。组织举办烟花爆竹、危险化学品生产经营单位主要负责人、安全管理人员培训班 26 期，共计 1455 人次。同市委宣传部和市总工会联合举办“百姓口碑最具安全责任感企业”评选活动。2012 年，印发《全市 2012 年度高危行业安全教育培训计划》，组织全市企业参加全国危险化学品法规知识竞赛活动，获国家优秀组织单位奖。

2012 年 6 月，举办“安全生产月”宣传咨询日活动　（杜凯摄）

2013 年，共组织举办各类培训班 22 期共计 1935 人次，审核特种作业人员档案 3706 人次，培训率 100%。2014 年，组织举办危险化学品生产经营单位主要负责人、安全管理人员培训班 20 期共计 2070 人次，组织对特种作业人员考核共计 3888 人次，对危险化学品单位主要负责人、安全管理人员考核共计 1523 人次。2015 年，出台《关于进一步加强企业全员安全培训工作的指导意见》，强化对企业一线职工尤其是关键岗位员工的技能培训，组织举办高危行业企业安全生产培训班 21 期共计 2100 人次；组织对“三项岗位”人员安全资格考试，考核高危行业企业单位主要负责人、安全管理人员共计 2020 人次，考核特种作业人员共计 5180 人次。联合移动、联通、电信每个月向所有手机用户发送安全生产宣传信息，对全市各乡镇（街道）领导进行专题培训，在聊城电视台、《聊城日报》开展安全生产专题宣传。

二、制度建设

2003 年，出台《聊城市县（市、区）政府安全生产目标管理考核办法》和《聊城市部门（单位）安全生产目标管理考核办法》。2004 年，发布《关于进一步加强安全生产工作的决定》。2005 年，发布《聊城市重特大事故隐患监控办法》，对各种检查中发现的重大隐患，以公报的形式予以公布，并附有直接责任人、分管责任人、法人和行政区域行政领导的名字。2006 年，市监察局、检察院、安监局联合下发《关于落实〈关于加强行政机关与检察机关在重大责任事故调查处理中的联系和配合的暂行规定〉的通知》，建立生产安全事故查处联动机制。2009 年，市委、市政府出台《关于进一步加强安全生产工作的意见》和《关于印发贯彻落实聊发〔2009〕7 号文件任务分工方案的通知》，强化完善安全生产领导机制，构建责任分工体系。

2011 年，出台《落实政府及其有关部门安全生产监督管理责任的暂行规定》，明确了政府和 46 个有关部门的安全生产监督管理职责。2014 年 11 月，对市政府安委会进行充实，由市长王忠林任主任，各副市长任副主任，市直各部门、单位以及中央省属驻聊单位主要负责人为成员，成员单位增加到 80 个，在教育、道路交通、危险化学品等行业成立了 15 个专业安全生产委员会。2015 年，出台《关于进一步加强安全生产工作的意见》，撤销原聊城市政府安全生产委员会，成立由市委书记和市长任主任的聊城市安全生产委员会。

第三节　重点行业安全监管

危险化学品、烟花爆竹、工商贸行业、职

业卫生领域是安全生产的重点行业，市安监系统着重把握市场准入、日常监管等环节，开展安全生产大检查和重点行业专项整治，建立健全安全生产“链条式”监管机制。

一、重点领域管理

危险化学品 2004年，开展危险化学品管理、培训和评价工作，对全市70多家危险化学品生产企业进行建档。经清查，全市共有危险化学品生产企业89家，经营企业1590家，运输企业16家，储存企业1家。是年，开展危险化学品安全大检查，全市共检查危险化学品从业单位393家，查出隐患1826项，整改1458项，责令停产整顿277家，关闭8家，建议搬迁8家。2006年，市安委会印发《关于从严控制设立危险化学品建设项目的通知》，对从严控制危险化学品项目的审批原则、审批程序进行详细界定。2008年，开展涉氨、设氯等危险化学品使用单位的检查活动，共检查使用单位118家，消除安全隐患470余处。邀请省级专家，对涉氯、涉氨的鲁西化工工业园区的蓝葳化工厂2530吨氨醇和30万吨尿素建设项目、茌平县信发化工和信祥化工、莘县华祥氯碱厂、阳谷祥光铜业等重点项目进行安全隐患检查，共提出整改建议30多条。

2009年，市安监局对危险化学品企业重大危险源情况进行普查统计，共确定55处重大危险源（危险化学品生产企业21家，使用企业32家，储存2处），均按要求进行备案。同时，市安监局建立数据更新制度，规范更新危险化学品从业单位重大危险源备案数据。对全市危险化学品运输企业及车辆情况进行重新统计，共有危险化学品运输企业11家，车辆279辆。

2011年，在春节、“两会”期间，对全市危险化学品企业进行专项检查，并对全市所有化工生产装置设计情况进行调查摸底，督促未经过正规设计的16家企业进行重新设计。全市共组织危险化学品安全检查组和督查组22个，检查危险化学品生产、经营企业240余家（次），发现并整改各类隐患900余项。2013年6月，根据

2012年8月，在鲁西化工集团组织开展全市危险化学品重特大生产安全事故应急演练（杜凯摄）

国务院安委会办公室颁布的《关于进一步加强化工园区安全管理的指导意见》，市安监局委托中国安科院对鲁西化工工业园进行整体安全评估。经评估，鲁西化工园区12家化工企业涉及危险化学品种类81种，重大危险源20个，并针对评估情况提出27项建议措施。

2014年，对全市危险化学品罐区进行全面检查，查出各类问题隐患640多项，下达整改指令书76份，对莘县古云化工聚集区5家危险化学品生产企业进行诊断式执法检查，共发现各类隐患77项。2015年，投入230万元，聘请省市专家对全市100家危险化学品和涉氯涉氨企业开展诊断式检查。

烟花爆竹 2004年，市安监局联合公安等部门清理清查烟花爆竹销售点82个，重点村庄96个，排查重点人员10人，查处涉爆案件3起，刑事拘留3人，治安拘留1人，抓获在逃人员1人。2006年，在烟花爆竹经营行业推行安全生产风险抵押金制度试点工作，制定详细的实施方案和风险金提取、管理办法，全力推动安全生产风险抵押金制度。全市10家烟花爆竹批发企业和470家烟花爆竹常年零售企业共提取风险抵押金124万元。

工贸行业 2004年，共检查工商贸企业1976家，查出隐患5691处，当场整改2762处，下达限期整改书2930份，停产停业整顿36家。2005年，加大对工商贸企业新建工程中安全设施“三同时”的检查力度，加大事前预防，共检

查企业1760多家，查出隐患4600多处。

2010年，开展工商贸企业防触电、防煤气中毒、防机械伤害专项检查活动和安全生产集中检查活动，整改消除安全隐患。2013年，开展工贸企业有限空间作业和铝镁制品机加工企业安全生产专项治理，冶金等工贸行业液氨使用企业专项检查、涉氨制冷企业液氨使用专项治理等活动。2014年，开展冶金等工贸企业安全生产基本情况调查摸底工作，共摸清规模以上企业809家，规模以下企业463家，建立"一企一档"。在汛期开展冶金有色企业安全生产专项检查，共检查企业67家，发现并整改各类安全隐患450余处。加强对涉氨制冷企业、涉及粉尘企业的安全监管，对监管职责范围内的所有涉氨制冷、涉及粉尘企业进行全面调查摸底，共摸清涉氨制冷企业274家，涉及粉尘作业企业416家，对企业负责人进行教育培训。开展工贸企业有限空间作业安全专项治理，共检查涉及有限空间作业企业103家，发现安全隐患155处。规范建设项目安全设施监管，下发文件明确各级安监部门的监管职责，规范了建设项目安全实施审查和备案程序。2014年共审查建设项目12个，备案建设项目14个。

2015年，组织开展全市涉氨制冷企业安全隐患分类评估工作，共排查涉氨制冷企业268家，检查发现各类安全隐患3548项；开展防范粉尘爆炸安全大检查活动，共检查企业405家次，发现问题1629项，整改消除隐患1467条，下达执法文书377份。

职业卫生领域 2010年，安监局主要职责增加了工矿商贸作业场所（煤矿作业场所除外）职业卫生监督检查职责，设立职业健康监督管理科，督促各县（市、区）、市属开发区完善职业健康安全监管机构。

2011年，开展全市作业场所职业危害因素普查，共普查企业561家。开展了木制家具和人造板材行业职业危害专项治理行动，对164家企业职业危害申报情况进行审核备案，对全市农民工安全生产和职业病防控情况调研工作进行全面安排部署。2012年，新增申报职业危害项目企业431家，开展人造板材、木质家具行业职业病危害因素专项整治活动，完成金属冶炼、金属制品、通用设备制造等行业企业职业危害专项治理活动和全市木制家具以及石英砂使用企业、皮革、IT行业企业的职业危害调研摸底工作。2013年，完成中央（省）属驻聊企业和市属企业的职业卫生基础建设，有890家企业完成了职业病危害申报，15家企业履行了"三同时"相关手续，在水泥生产、制革及皮革制品制造等行业开展职业病危害专项治理活动。

2014年，部署"全市工作场所职业卫生监督执法年"活动，对821家重点企业的职业卫生管理情况进行督促检查。开展用人单位职业卫生基础建设活动，对519家企业的职业卫生基础建设活动进行初步验收；推进职业病危害项目申报，新增申报企业411家，23家企业履行职业卫生"三同时"程序，12家企业通过专家评审。2015年，开展用人单位职业卫生基本情况摸底调查，加大对职业卫生技术服务机构的审核和监督力度，督促企业严格落实职业卫生主体责任，全市职业病危害申报企业1499家。加强职业卫生专题培训，对750名单位主要负责人和专职职业卫生管理人员进行了专题业务培训。

二、安全制度管理

安全生产行政许可 2004年1月，根据国务院颁布的《安全生产许可证条例》，对全市危险化学品行业进行排查摸底，全市共有危险化学品生产企业89家，经营企业1590家，运输企业16家，储存企业1家，其中25家危险化学品生产企业和843家危险化学品经营单位通过安全评价。2005年，全市41家企业取得"危险化学品安全生产许可证"，1131家危险化学品经营企业取得"危险化学品经营许可证"。

2006年，出台行政许可审批工作流程图，设计"聊城市新设立危险化学品建设项目审批呈报表"。全市共审发危险化学品安全生产许可证91家、经营许可证213家；非煤矿山安全生产许可证343家；烟花爆竹批发零售许可证1537

家。开展已取证生产经营单位“回头看”活动，共组织专项检查6次，查出各类隐患652项。2007年，根据国家规定，编制危险化学品建设项目审查程序和申报流程图，共审发危险化学品安全生产许可证95家，危险化学品经营许可证1729家。对全市10家烟花爆竹批发经营单位仓库的新建、改建、扩建项目进行安全评估，审发烟花爆竹批发销售许可证10个，常年销售许可证470个，临时销售许可证1830个。对80家非煤矿山安全生产许可证已到期的企业，全部收回安全生产许可证，审发非煤矿山安全生产许可证350家。

2008年，健全危险行业安全生产“链系式”监管机制，共办理安全生产许可证延期手续59家，新办理安全生产许可证3家，换发危险化学品经营许可证519家。制定《聊城市烟花爆竹颁（换）发经营许可证工作实施方案》，办理烟花爆竹常年零售许可证662个，临时零售许可证1314个。出台《聊城市安监局关于地热、矿泉水开采企业中办理安全生产许可证的通知》，办理非煤矿山安全生产许可证124个，提请注销砖瓦窑厂安全生产许可证52个。2009年，编印《危险化学品法律法规文件选编》，办理危险化学品安全生产许可证35个，危险化学品经营许可证450个，危险化学品生产建设项目设立、安全设施设计和竣工验收许可39个，易制毒备案6个。制定“烟花爆竹批发企业安全条件检查表”，全市10家批发企业投入整改资金80余万元，整改隐患300余处，全部取得省安监局颁发的批发经营许可证。加强对砖瓦窑厂、尾矿库等非煤矿山企业的安全监管，办理新申请的砖瓦窑厂安全生产许可证36个，延期申请16个。

2011年，办理危险化学品安全生产许可证63家，危险化学品经营许可证616家。审查危险化学品建设项目，设立审查14个，设计审查6个，竣工验收审查10个，试生产备案10个。2012年，建立“首问负责制”“一次告知制”和“到人限时制”等行政许可工作制度。共审查颁发危险化学品安全生产许可证33个，经营许可证84个（其中甲类66个、乙类18个）。办理烟花爆竹常年零售许可证924个，临时零售许可证1302个。非煤矿山延期换证4个；审查危险化学品建设项目设立安全许可26个，试生产备案8个，工商贸行业建设项目4个。2013年，职责范围内的行政许可由8项精简为5项，将危险化学品经营许可委托至县级安监部门审查，将气雾杀虫剂生产企业许可工作由生产许可转为经营许可。共发放危险化学品安全生产许可证28个、经营许可证320个，烟花爆竹批发企业安全生产许可证10个。

2015年，整理公布市级行政权力清单和市级政府部门责任清单，对新建涉及“两重点一重大”危险化学品企业的安全设施设计和安全评价实行“双甲级”管理。共办理危险化学品生产许可证32家，经营许可证160家，使用许可证3家；烟花爆竹经营许可3家；建设项目安全条件审查41个。

三、安全生产达标创建

安全标准化　2005年起，推行企业安全标准化创建。是年，上报省、市级试点企业10家，分别申报一、二、三级企业6家、10家、53家。2006年，组织鲁西化工集团所属6家企业开展一级安全标准化单位创建，其中4家企业通过一级复评验收。2007年，危险化学品行业中，5家企业通过一级标准化验收，2家企业通过二级标准化验收。2008年，在全市组织开展安全标准化专题培训工作，培训人员100余人，共有22家企业通过了省二级验收。2009年，开展“安全标准年”活动，31家企业通过省二级安全标准化验收；2010年，确定132家重点安全标准化达标企业。截至2010年年底，全市5家企业获国家一级安全标准化企业，83家企业获省二级安全标准化企业，171家企业通过市级安全标准化复评验收。2014年，完成214家企业的标准化验收工作，累计共有78家企业通过二级标准化验收，601家企业通过三级标准化验收。2015年，全市共创建安全标准化企业171家。

安全文化　2008年，市安监局印发《关于开展安全文化示范企业创建工作的通知》，确立36家企业参加创建活动。是年，全市4家企业获得省级安全文化示范企业。2011年，全市共有39家企业获市级安全文化建设示范企业称号，7家企业获省级安全文化建设示范企业称号，2家企业获得首批国家级安全文化示范企业称号。2012年，印发《关于进一步加强安全文化建设提高全民安全生产意识和素质总体方案》，新增市级安全文化建设示范企业3家。2013年，全市共有国家级安全文化示范企业3家，省级安全文化示范企业9家，市级安全文化示范企业48家。2015年，全市共创建市级安全文化建设示范企业11家。

安全社区 2012年，全市启动安全社区创建工作，是年，创建省级安全社区1个，市级安全社区13个。2013年，创建省级“安全社区”21家，在全省名列第二。2015年，创建国家级“安全社区”1家、省级“安全社区”5家。

信息平台建设 2008年，建立市安监局网站，制定《网站管理办法》。2012年，编制《聊城市安全生产综合监管及隐患排查治理信息管理平台建设可行性研究报告》，推进安全生产综合监管信息平台建设。2013年，完成聊城市安全生产综合监管和隐患排查治理信息平台建设，列入国家安监总局2013年度国家安全生产重大事故防治关键技术科技项目。2014年6月，“聊城市‘3+1’安全生产综合监管信息平台开发和应用”项目成功通过国家安监总局验收委员会的成果验收，全市11个县级安监局、140个乡镇（街道、园区）安监办和4973家企业纳入信息平台监管应用范围，78家重大危险源企业实现实时监控监测预警。2015年，全市纳入信息平台监管的企业共排查隐患39874条，整改39803条，隐患整改率99.82%。开发建设的“3+1”安全生产综合监管和信息平台项目成果获得第二届山东省安全生产科技成果三等奖暨第五届山东省安全生产管理协会科学技术奖一等奖。

2014年6月，国家安监总局对聊城市“3+1”安全生产综合监管信息平台进行验收

第四节 事故应急处理

2004年，市印发《聊城市重特大事故隐患监控整治办法》，在危险化学品、烟花爆竹等重点行业制定安全生产事故应急救援预案。2008年，争取省级专项资金100万元，在鲁西化工集团公司正式申请成立山东省危险化学品鲁西安全生产应急救援中心，初选22名应急救援人员进行专业训练，筹措资金380万元购置1部氯气捕消车和2部泡沫消防车等应急救援装备和器材。

2009年，市安监局印发《聊城市安全生产监督管理局抗震救灾应急预案》，形成《聊城市2008年事故灾难应对工作总结评估报告》。2010年，制定《聊城市生产安全事故应急预案实施细则》《聊城市较大道路交通事故责任调查处理工作意见（试行）》《聊城市事故隐患挂牌督办暂行办法》《聊城市生产安全事故查处挂牌督办暂行办法》等制度。2011年，鲁西安全生产应急救援中心等四家单位被评为省级应急管理示范点。2014年，召开国安委8号文宣贯暨全省安全生产应急管理工作现场会，邀请国家安全生产应急救援指挥中心宣贯小组对《国务院安委会关于进一步加强生产安全事故应急处置工作的通知》进行解读。2015年，编制《聊城市生产安全事故应急救援预案》《聊城市危险化学品生产安全事故应急救援预案》，做好政府预案和企业预案的衔接，完成221家企业的应急预案备案。开展应急救援预案建设情况统计调查工作，全市共编制各类应急预案共计5163个。

第五节 行政执法

2004年，安全生产大检查纳入市委、市政府经常性工作，按照《关于加强安全生产监督管理工作的意见》规定，将每年4月和10月定为安全生产检查月。是年全市共派督查组346个，检查单位7416个，查出隐患36000余处，当场整改29874处，停产停业整顿93家。

2005年确定为“检查整改年”，开展百日安全集中整治、安全生产专项整治、安全生产检查月等活动，共检查企业6204家，查出隐患10518处，停业整顿单位12家。2006年，共检查生产经营单位3277个，查出各类隐患6321个。开展市、县两级安全生产联合执法检查活动，共检查企业106家，查出隐患1233项，下达处罚告知23份。开展安全生产专项整治、4月和10月安全生产检查月、冬季安全生产集中整治活动，共检查生产经营单位3277个，查出各类隐患6321个。

2007年，开展为期60天的安全整治大检查，组成289个专业检查组，检查各类生产经营单位5829个，查出各类隐患7357处。市安全生产执法监察支队执法检查企业510家次，责令停产停业整顿4家，依法对21家生产经营单位进行了行政处罚，罚款金额104.8万元。2008年，开展安全生产“隐患治理年”活动，组成检查、督查组1200多个，检查生产经营单位4200余家，查出各类隐患13400余处，责令限期整改300处。开展“百日督查专项行动”“安全生产检查月”活动，共组织检查组249个，检查生产经营单位2000余家次，发现各类隐患5810处。加大对市政府办公室通报的全市63处事故隐患整改情况的调度和督查，并对63处事故隐患的检查验收工作进行了安排部署，实行挂牌督办制度。开展“城区安全生产执法检查突击月”活动，共检查城区加油站30余家次，查处各类隐患78处，检查危险化学品生产企业77家，查处违法行为186处，依法对3家未经审查、擅自新（改、扩）建的企业进行行政处罚。2009年，在全市开展安全生产“责任落实年”活动，组织各类检查组、督查组360多个，检查各类企业6500余家次，查出并整改各类隐患10837处。组织开展重点行业生产经营单位专项安全执法检查，共检查企业1045家，发现并整改隐患3085处，查处未办理安全许可企业40家，非法生产经营项目2个。2010年，组织开展“安全生产基层基础年”活动，组成检查组、督查组共187个，检查各类生产经营单位共计4200余家次，查出并整改隐患5100余处。市安监局共执法检查各类企业1486家次，共发现隐患5944项，责令立即整改4321项，限期整改1623项。

2011年，开展烟花爆竹百日安全专项整治行动、危险化学品企业安全生产大检查和督查等活动。共执法检查企业839家（次），查处各类安全事故隐患及违法行为3688条。2012年，集中开展安全生产领域“打非治违”专项行动，共打击非法违法和治理纠正违规违章行为4600余次，责令停产、停业126家，行政处罚240余万元。

2014年，对全市206家重点监管企业执法监察362家次，查处各类安全事故隐患及违法行为1623项，对2家企业进行立案查处。检查烟花爆竹批发企业和零售网点6612家次，排查整治各类问题、隐患3875项。专项执法检查企业企业主体责任7362家次，发现并整改隐患26772项。检查企业安全生产资质1729家，发现违规行为1675起。开展“六打六治”专项行动（打击矿山企业无证开采、超越批准的矿区范围采矿行为，整治图纸造假、图实不符问题；打击破坏损害油气管道行为，整治管道周边乱建乱挖乱钻问题；打击危化品非法运输行为，整治无证经营、充装、运输，非法改装、认证，违法挂靠、外包，违规装载等问题；打击无资质施工行为，整治层层转包、违法分包问题；打击客车客船非法营运行为，整治无证经营、超范围经营、挂靠经营及超速、超员、疲劳驾驶和长途客车夜间违规行驶等问题；打击“三合一”“多合一”场所违法生产经营行为，整治违规住人、消防设施缺失损坏、安全出口疏散通道堵塞封闭等问题），对重点行业领域全方位开展打非治违专项行动，共组织执法检查组1315个，出动执法检查人员5508人次，开展跨区域、跨部门联合执法行动162次，责令停产停业整顿、责令停止建设或施工工程32个，暂扣或吊销证照、证书2家，关闭、取缔非法加油站42家。2015年，市安监局对全市259家重点监管企业进行全覆盖检查，共查处各类事故隐患及违法行为746项，执法检查企业3235家（次），查处并整改各类事故隐患9096项。开展企业主体责任落实专项执法行动等安全生产“八大专项行动”，检查各类生产经营单位4718家（次），在建项目工程1057个，发现并整改各类事故隐患6500余项。开展输油气管道隐患整治，共排查出隐患190处（其中重大隐患178处、较大隐患7处、一般隐患5处），全部整改完毕。

2014年1月，执法人员对烟花爆竹零售点进行执法检查

第十一章　食品药品监督管理

1997—2015年，食药监局不断整合质量技术监督局、工商行政管理局、公安局的部分职能，对全市食品药品安全进行综合监督和检验，查处重大事故，维护人民的生活安全。

截至2015年年底，全市共有食品生产企业732家，产品品种涵盖肉制品、白酒、面粉加工、饮料等28大类。食品流通企业31160家，餐饮服务持证单位9254家，保健食品生产企业20家，化妆品生产企业2家。全市有药品生产企业21家，生产范围包括口服液、片剂、胶囊剂、注射剂等共22种剂型200多个品种，400多个注册文号。全市药品批发企业22家；零售连锁企业总部36家，下设药品零售连锁门店700余家；单体零售企业门店500余家。医疗器械生产企业28家，医疗器械经营企业735家。

第一节　食品安全监督管理

一、食品安全综合协调

2004年12月22日，市政府成立聊城市食品安全协调委员会，办公室设在市食品药品监督管理局。市食品药品监管局设立食品安全协调监察科，承担食品安全综合监督、组织协调、依法组织查处重大事故的日常管理工作。

食品安全委员会每年与各县（市、区）政府和市级各食品安全监管主管部门签订年度食品安全监管责任书，明确全市各级各部门食品安全监管责任、目标、任务完成时限。2005年，市食品安全委员会办公室建立健全市食品安全协调委员会成员单位工作职责、工作制度、食品安全监管信息管理暂行办法和食品安全事故督察督办制度，并组织全市8个县（市、区）先后建立食品安全协调委员会，完善各项综合监管工作制度理顺综合监督体制，将综合监督触角延伸至基层。

2005年，推广莘县食品安全信用体系建设先进经验，并在全市范围内建立食品安全信用体系建设。2005年，市食药监局出台《关于贯彻山东省食品放心工程三年规划（2005—2007）的实施意见》，开始在全市范围内开展食品放心工程建设。2010年7月，在冠县开展食品药品安全监管职能集中化试点，成立冠县食品药品联合执法大队。

2010 年 10 月，食品安全综合监督、组织协调和对重大食品安全事故的调查处理职责移交给市卫生局。2013 年 12 月，聊城市改革食品药品监管体制，将食品安全综合协调、组织查处食品安全重大事故职责划入市食品药品监督管理局，市局设立食品安全综合协调科。

2015 年，制定市食品安全委员会工作规则，进一步规范工作程序，并召开市食安委成员单位扩大会议，与各县（市、区）政府、市食安委各成员单位签订《食品安全责任书》，全面落实食品安全责任。同时，按照“属地管理　分级负责”原则，推进食品药品监管事权划分工作，将部分食品药品监管事权移交县级食品药品监督管理部门。

二、案件查处与应急管理

2004 年 11 月，市食药监局开始承担依法组织查处重大食品安全事故职责，先后制定并多次修改完善《聊城市食品安全重大应急预案》《聊城市食品安全事故操作手册》，开展多次专项行动，严查重大食品安全事件。组织有关部门人员对餐饮用具、生活饮用水、小麦粉、食用油、生鲜肉、蔬菜、水产品、鲜榨果汁、海产品等日常消费食品安全进行抽样检查。针对经检验不合格品种情况，及时督导有关监管部门加大监督检查力度，防范重大问题食品安全事件发生。针对非法生产阿胶产品、非法添加“苏丹红”等非食用物质，在全市范围内牵头组织食品生产、流通监管部门进行集中整治。

2005 年，市食药监局组织市质监局、工商局、卫生局等部门对辖区乳制品生产、经营企业开展拉网式监督检查，对查封扣押可疑产品进行检测，共抽检各类奶粉 86 批，对 459 袋涉嫌不合格奶粉进行扣留，就地封存进货渠道不明、质量证明不全奶粉 1237 袋，责令暂停销售 1686 袋；向各级政府发出核查督办函，深入调查阜阳“劣质奶粉事件”，全面清理、整顿全市奶粉尤其是婴幼儿奶粉市场。2007 年 6 月，在茌平县举办聊城市暨茌平 III 级食品安全应急事故处置联合演练和多次室内联合推演。2008 年，在全市范围内开展三聚氰胺问题奶粉清查。2010 年 6 月 6 日，针对媒体曝光个别阿胶制品企业产品存在质量问题，组织在全市范围内开展为期半个月的“食品质量安全大检查”活动，全市共出动执法人员 870 余人次，出动车辆 200 余台次，检查食品生产企业 200 余家，保健食品生产企业 11 家，阿胶系列产品生产企业 44 家；查封阿胶制品生产企业 6 家，注销营业执照 2 家，因各种原因停产企业 15 家，查封扣押驴胶颗粒 1800 盆，用于生产阿胶制品的原料黄酒 24 桶；查处私屠乱宰违法案件 1 件，没收病死肉、病害肉、注水肉等 130 千克，货值 1000 余元，迅速净化辖区食品生产秩序。

2015 年，共开展白酒、食用油、红酒、娃娃菜、羊肉及其制品等 20 余项食品安全专项整治行动，并以中药饮片、高风险药品和医疗器械为重点，开展了中药饮片质量、互联网售药以及医疗器械专项整治 2015 行动，确保了人民群众饮食用药安全。全年共出动执法人员 6 万余人次，查处案件 7078 起，罚款金额 1429 万元，移交公安机关 6 起。

三、食品安全监督

食品生产监管　2014 年，食品药品监管体制改革后，食品生产环节食品安全监管职能由市质量技术监督局划转到市食品药品监管局。依据“三定”规定，市食品药品监督管理局设置食品生产监管科，承担生产环节食品安全监督管理工作。组织实施生产环节食品安全监督检查、质量监测工作；组织查处食品生产环节的违法行为，参与相关食品安全事故调查；实施不安全食品召回制度；指导小作坊的食品安全监管工作。2014 年，开展食用明胶和使用明胶生产加工食品专项检查。取缔 3 个制售阿胶黑窝点，查封涉案产品 44.8 吨，封熬胶、切胶、包装机等制假设备 43 台（套），涉案金额 117.75 万元，包装材料 40 余箱。开展肉制品企业进质量安全专项检查，白酒质量安全专项检查，馒头等热蒸类食品质量安全等专项整治行动，提升食品生产质量。制定印发《聊城市食品生产加工企业“黑名单”管理办法（试行）》，加大对食品安全违法犯罪行为的信用惩戒力度，辖区内100%食品生产企业建立起食品安全信用档案。鼓励、引导具备条件的企业开展体系认证，全市获得食品质量安全体系认证企业21家。组织开展食品生产加工企业监督检查观摩活动，检查企业73家，整改问题企业38家，提升了企业的规范化管理水平。扎实开展“食安山东”食品生产加工示范企业创建，推荐19家获证生产加工企业参与“食安山东”食品生产加工示范创建。

截至2015年年底，全市有食品获证企业595家，占全省获证企业数5.90%；有效证书数765张，占全省有效证书数的5.84%。大、中型企业较少，大部分为小、微型企业，全市食品企业类别主要有肉制品、小麦粉、糕点、饮料等。企业数分别为肉制品107家、小麦粉84家、糕点85家、蔬菜制品51家、饮料48家、方便食品39家、膨化食品35家、白酒31家、蜜饯29家、食用植物油和速冻食品各24家，区域性食品为东阿的阿胶系列产品、莘县的肉制品和高唐的膨化食品。

食品流通监管　市食品药品监督管理局设置食品流通监管科，承担流通环节食品安全监督管理工作。组织实施流通环节食品安全监督检查、质量监测工作；组织查处食品流通环节的违法行为，参与相关食品安全事故调查；指导小摊贩的食品安全监管工作。开展食用明胶和含明胶食品专项检查、生鲜猪肉市场专项检查、流通环节金锣冷鲜肉排查、假羊肉卷专项整治、低劣红酒专项整治、“五毛”小食品（指校园及周边、城乡结合部、农村食品市场的食品小超市、食杂店、食品流动摊贩销售五毛钱左右的油炸面制品、膨化食品、豆制品、糖果、果味饮料等小零食）专项治理、规范虾米（海米）生产经营行为和集中查处行动、打击走私冷冻肉品等10余项专项整治行动，规范食品市场秩序。开展食用明胶和含明胶食品专项检查，排查食品添加剂经营户24户。开展农村食品安全专项整治和农村食品市场“四打击四规范”（指严厉打击无证无照行为，规范食品生产经营者的主体资格；严厉打击销售、使用无合法来源食品和原料的违法行为，规范食品生产经营者的采购活动；严厉打击生产经营侵权仿冒食品、“五无”食品的违法行为，规范食品包装标签标识管理；严厉打击生产经营“两超一非”等伪劣食品行为，规范食品生产经营过程）专项整治行动，全市共检查农村地区食品生产经营单位10524户次，检查农贸市场、集贸市场等各类市场173个次，抽检食品300批次，取缔无照经营户41户，查办食品违法案件378件。开展校园周边食品市场专项整治和中小学校周边食品店及食品摊贩经营管理规范行动，全市共查处未履行进货查验商户15户，查处无证经营商户35户，下达责令整改通知书56份，收缴问题食品4.3千克。加强农村市场食品安全监管，下发《关于加强农村市场食品安全监管工作的通知》，明确农村食品安全“四个重点”，确立了农村食品监管工作规范。选取山东利民大药店总店等15家药店作为试点，开展在药店试点销售婴幼儿配方乳粉工作，并向全社会进行公示。2014年8月，在全市大中型商场超市推行食用农产品自检。实施食品及食用农产品流通经营主体分类统计，摸清全市流通领域食品经营主体基本信息和食品安全情况。开展流通环节评价性监督抽检和食用农产品专项监督抽检，共抽取20个种类的食品样品200批次，食用农产品80批次。

开展“食安山东”创建活动，2014年，全市共申报创建“食安山东”食品流通示范单位（店）的大中型商场超市12个，食品及食用农产品批发市场5个，食品供货商7个，示范店130个，创建“食安山东”食品流通示范单位5个，“食安山东”食品流通示范店98个。2015年度，全市申报“食安山东”食品流通示范单位36个，“食安山东”食品流通示范店208个。

日常监管　2014年9月至2015年6月，分三个阶段开展了中小学校周边食品经营规范工作，对全市806所中小学校周边200米范围内，面向学生经营的食品店和食品摊贩进行规范。对纳入规范范围的学校名称和学校周边“两店一贩”的数量进行了公示。2014—2015年，每年开展“食品快检进市场”活动。累计快检生鲜肉、熟肉制品、蔬菜、馒头等食品1400余批次，并将快检结果信息进行公示。启动食用农产品批发市场质量安全监管，实现批发市场食用农产品可追溯监管，强化市场开办者、入场经营者和监管者三方责任，开展市场开办者和入场经营者信息报备工作，掌控监管底数。

2015年，全市流通环节完成国家、省、市安排的各类抽检监测采样任务近900批次。截至11月20日，2015年度完成国抽监督抽检和风险监测采样任务21批次，开展核查处置4批次；完成省抽常规抽检任务300批次，开展核查处置3批次；完成省抽重点抽检任务150批次。

餐饮服务食品安全监管　2012年1月，餐饮服务食品安全监管职能由市卫生局划归市食品药品监督管理局管理，成立餐饮服务食品安全监管科。组织开展监管服务对象摸底调查工作，建立起116家直管单位的监管信息档案。

2012—2015年，市食品药品监管局每年与学校法定代表人签订食品安全责任书，明确学校校长为食堂食品安全责任制第一责任人，督促学校全面开展食堂食品安全自查，及时发现和消除食品安全隐患。进行餐饮服务量化分级，完成66家学校食堂（含托幼机构食堂）量化评级工作，其中优秀12家、良好22家、一般19家、整改中13家。

加强节日性餐饮食品安全监管，重点加强春节、“五一”、中秋、“十一”等重要消费节点的餐饮服务食品安全监管工作。2012年2月，召开违法违规餐饮经营单位集体约谈会议，督促履行食品安全主体责任。是年，完成党代会、人大政协“两会”、人社局系统会议、市纪委系统培训、中国网络媒体山东行、全国公开游泳比赛、全国京剧优秀青年演员折子戏展演等16次重大活动餐饮安全保障任务。加强餐饮单位监督检查。7月，聊城市食品药品监管局历时近两周，在4个县（市）开展餐饮安全监管执法观摩活动。共检查单位55家，涉及大型餐馆1家，连锁企业4家，企业食堂3家，中、小型餐馆47家。制定《聊城市2012年餐饮服务食品安全监督抽检工作实施方案》，共抽检20个品种，每个品种每次从餐饮服务单位各抽取5批样品，每期6个品种，共4期，抽检120个批次。部署开展对特大型餐馆、大型餐馆、供餐人数500人以上的机关及企事业单位食堂、餐饮连锁企业的量化分级管理和等级公示工作。在全市推动建立健全辖区内学校食堂食品安全监管信用信息档案。下发《关于加强餐饮单位餐饮具监督管理工作的通知》，开展餐饮具监督抽检工作。9月，根据卫生部和国家食品药品监督管理局公告，市食药监局下发《关于禁止餐饮服务单位采购、贮存、使用亚硝酸盐的紧急通知》，全面禁止餐饮服务单位采购、贮存、使用亚硝酸盐。组织对8个县（市、区）亚硝酸盐监督检查情况进行专项督导，确保不再出现亚硝酸盐食物中毒事件发生。

2010年6月4日，聊城市召开落实食品安全生产企业主体责任现场会

2013年春节期间，对市局直管的120余家餐饮单位进行拉网式检查，力保春节期间餐饮安全。制定印发《聊城市餐饮服务食品安全隐患排查和治理整顿工作方案》，在学校开

学前召集市局直管18家学校食堂负责人、食品安全管理员进行集体约谈，与学校法定代表人签订学校食堂食品安全责任书。开展全市学校食堂监管情况执法观摩活动，对140家学校食堂开展一次全面检查。将学校食堂示范创建列为全年工作重点，评定出13家市级餐饮安全示范学校食堂。加强城区部分大中小学校周边的“小饭桌”和餐饮摊贩监管，引导部分大中学校吸纳学校周边特色小餐饮进驻学校集中统一管理。是年，完成对2312家餐饮单位量化分级工作。实施“厨房亮化”工程，全市餐饮单位厨房亮化单位735家。围绕餐饮服务环节食品致病微生物污染、化学危害物质污染、违法添加非食用物质及滥用食品添加剂等危害因素开展监督抽检，完成全年四期抽检任务，将不合格产品移交稽查支队立案查处。中央电视台曝光假羊肉事件后，开展餐饮环节羊肉品专项整治工作，共检查餐饮单位35个，出动执法人员190余人次，未发现存在购进使用假羊肉的违法行为。

2014年，印发《聊城市餐饮服务单位清洁厨房行动实施方案》，全年上报“省级清洁厨房”96个，上报“市级清洁厨房”200个。共发放小饭店“餐饮服务许可证”809个，小饭店备案100家。全市学校食堂餐饮服务许可持证率为83.9%，学校周边餐饮单位持证率为74.1%。实施学生“小饭桌”登记备案制度，全市登记备案并在学校门口公告的“小饭桌”共计176家，总体小饭桌登记备案率62%。开展火锅店食品安全专项检查。共出动执法人员220余人次，检查火锅店87家。开展“食安山东”餐饮服务品牌示范，2014年共争创省级餐饮服务品牌示范街区8条（个）、示范店20家、示范食堂12家。

2015年，加强学生“小饭桌”食品安全监管累计登记备案，公示学生“小饭桌”475家。对市场上销售的不合格红酒进行排查，制定《聊城市食品药品监督管理局开展低劣红酒专项督导检查方案》，餐饮环节以小饭店为主，重点检查低价红酒。制定《聊城市创建“放心特色早餐”行动实施方案》，在全市范围内开展“放心特色早餐”创建行动，全市共创建“放心特色早餐”107家。完成5101家餐饮单位量化分级管理和等级公示工作。完成“明厨亮灶”餐饮单位数831户，“明厨亮灶”单位占餐饮单位总数的16.3%，申报省级清洁厨房97家。是年5月18日，市食品药品监管局网站公布《县（市、区）旅游景区及周边规范计划表》，确定全市第一阶段整治景区为10个，第二阶段整治景区为6个，第三阶段整治景区为9个。全年共整治旅游景区内食品店36家、餐饮服务单位40家、食品摊贩13家，旅游景区周边食品店75家、餐饮服务单位80家、食品摊贩22家。开展监督抽检和风险监测工作，完成国家抽检检测43批次、小麦粉制品专项抽检24批次、省级常规监督抽检259批次。

至2015年年底，参与“食安山东”餐饮服务品牌示范创建的街区15条（个）、示范店50家、示范食堂30家、地方风味名吃3家。

四、保健食品化妆品监管

保健食品 2007—2010年，市卫生局承担保健食品注册核查和有关管理工作，全市保健食品生产企业11家、保健食品批准文号43个，建立较为完善的保健食品生产企业和品种档案。根据省局保健食品监管工作要求，对全市15家保健食品企业进行深入调研，对达到生产资质要求的11家保健食品企业进行建档。结合实际组织开展保健食品专项整治活动，对保健食品生产企业进行现场核查。受省食药监局委托，参与11家保健食品生产企业GMP认证和卫生许可证到期换证现场核查工作。

2011年7月29日，保健食品监管职能从聊城市卫生局移交到聊城市食品药品监督管理局。至2015年年底，辖区内共有保健食品生产企业13家，共生产48种保健产品。

化妆品监督管理 2011年，聊城市共有化妆品生产企业2家，共生产6种化妆产品。是年，根据《关于停止销售 new york 痘痘美肤精华液681化妆品的紧急通知》，对违法添加禁用成分的“new york 痘痘美肤精华液681”产品进行依法查处。根据省局年度化妆品监管工作要求，对全市2家化妆品企业进行深入调研，并对达到生产资质要求的2家化妆品企业进行建档。

第二节　药品质量安全监管

一、药品生产质量安全

2003年，组织防治非典型性肺炎药品质量大检查，开通防治非典型性肺炎汤剂审批绿色通道。2004年开展淘汰天然胶塞活动，至2005年年底，全市所有药品生产均按要求停止使用天然胶塞作为药品包装材料。

2006年，开展整顿和规范药品生产配制活动。对全市15家药品生产企业、3家药用包装材料生产企业及11家医院制剂配制单位进行全面检查，覆盖面100%。2007年，开展整顿和规范药品生产配制秩序专项行动，实行药品生产企业月巡查制度。

2011年，聊城市药品生产企业数量从1999年的11家增加到18家，药品批准文号由280个增加到420多个，生产范围包括胶剂、口服液、片剂、胶囊剂、针剂、辅料等共15种剂型，医药工业逐步形成以阿胶系列产品为龙头、以大输液产品为骨干的现代医药工业体系，成为全市支柱产业之一。是年，有关企业加强与高校院所合作，建立山东省阿胶工程技术中心、聊城市化学药物研究中心和山东省药用辅料工程技术研究中心。新开建山东东阿国胶堂阿胶药业有限公司、临清山东合众正源现代中药有限公司、山东普济方圆药业有限公司3家药品生产企业，总投资4亿多元。

2015年，开展药品安全风险隐患排查工作，完成4家医疗机构19个品种标准提高工作。加强特殊药品监管，全年无流弊事件。

药品批准及文号审查　2002—2003年，开展药品批准文号地标升国标活动，全市280余个地方药品批准文号全部顺利通过地标升国标审查，获得国家局批准的国家统一批准文号。2006年，整顿和规范药品研制申报专项核查，组织核查人员对全市药品生产企业、制剂配制单位2005年以来申报注册药品进行全面核查。2007年，完成涉及全市9家药品生产企业273个品种的药品再注册审核汇总工作，完成391个品种的药品说明书和标签修改和备案。对2005年1月1日至2006年6月30日期间申报注册的61个药品品种进行核查，最终核查通过52个品种，企业主动撤回9个。2008年3月，启动药品文号和医疗机构制剂文号再注册工作，历时近3年完成。全年审核药品生产许可变更材料21份，完成9家药品生产企业273个品种的药品再注册有关审核汇总上报工作。完成12家企业248个品种的药品批准文号清查及汇总工作，完成391个品种的药品说明书和包装修改、备案工作。2009年顺利完成药品、保健品注册工作，新增药品批准文号15个。完成160个大容量注射剂品种、51个其他注射剂品种、8个生物制品的监管档案建设。2011年，审核药品生产许可证、医疗机构制剂许可证变更、药品包装说明书备案等事项83项。

GMP实施认证　推进药品生产企业GMP实施认证，2004年受理药品注册及补充申请事项110余份，受理药品包装、标签、说明书备案事项200余份，完成全市12家生产企业的300余个药品品种核发药品注册证的基础数据核对，全市药品制剂生产企业在全省率先全部通过认证。2006年，利民中药饮片有限公司等2家企业的4个新建车间通过GMP认证。2008年，2家企业（含3个新建车间）新取得药品GMP证书。加强新版药品GMP认证检查标准培训，建立高风险药品生产企业监管档案，实行分级管理。实行驻厂监督A、B角制度，明确药品管理科工作人员为驻厂B角，负责处理A角驻厂员发现的问题。在全省率先完成16家企业药品生产质量受权人备案工作。2009年，对大输液和生物制品生产企业开展公用系统、质量管理、生产管理等GMP内部审计，选择5家高风险企业作为试点推行质量受权人制度。2011年新版GMP发布后，率先进行市级GMP培训。对辖区内药品生产企业和医疗机构制剂室《中国药典（2010年版）》执行情况进行专项检查。

2015年，《药品生产质量管理规范》（GMP）实施工作，3家无菌药品生产企业、12家非无菌药品生产企业通过认证。推进药品生产企业全品种电子监管，完成率达到100%。

许可证换发 2005年，市食药监局首次开展统一换发“药品生产许可证”“医疗机构制剂许可证”活动，完成12家药品生产企业、11家医院制剂室的许可证换发工作。2010年开展第二次统一换发“药品生产许可证”“医疗机构制剂许可证”活动，完成17家药品生产企业、10家医院制剂室许可证换发工作。

二、特殊药品管理

2000年前后，市内有特殊药品经营企业19家，包括麻醉药品、一类精神药品区域性批发企业1家、二类精神药品批发企业6家、二类精神药品零售连锁营企业7家、罂粟壳、医疗用毒性药品零售经营企业5家。经审核共注销二类精神药品批发企业5家、二类精神药品零售连锁企业23家、医疗用毒性药品和罂粟壳零售企业6家。2003年对全市麻醉药品和精神药品经营单位经营资格进行重新确认，停止30余家管理不善，存在安全隐患的经营资格。2004年，规范癌症病人麻卡管理，建立双向反馈核查制度，累计为市直癌症患者办理麻卡40余份。

2005年10月起，在全市推行特殊药品经营电子监控系统，实现对特殊药品经营流向的实时监控，防范流弊事件发生。2005年11月1日，根据《麻醉药品和精神药品管理条例》，原属于食品药品监管部门的审批监管职能调整到卫生行政部门。

2006年，对全市二类精神药品定点零售企业资格进行重新核定，共核定34家单位具备二类精神药品经营（零售）资格，对90余家不符合要求的单位依法予以撤销或注销其经营资格。2008年，开展兴奋剂治理，对全市6家药品生产企业、7家制剂室的47个品种的含兴奋剂有关物质的药品包装标示进行规范。推进药品电子监管网络建设，将阿华生物药业兴奋剂品种、华鲁制药二类精神药品品种纳入特殊药品监控网。2007年，对毒性药品、罂粟壳定点经营资格进行重新确认。

2009年，加强特殊药品全过程监管工作，组织开展辖区内特殊药品的专项检查。市食药监局与工商等部门联合开展化工类企业兴奋剂清查专项检查活动。2010年，开展特殊药品经营资格调查，加强特殊药品管理，注销特药经营企业13家（批发企业11家、零售2家）。2011年，开展特殊药品经营企业专项检查，全市共检查企业84家次，对21家二类精神药品、医疗用毒性药品和罂粟壳批发、零售企业经营资格进行审核，经报省局同意重新确定特殊药品经营企业名单并向社会公布。对市内二类精神药品、医疗用毒性药品和罂粟壳批发、零售企业经营资格进行重新确认，共注销二类精神药品批发企业5家、二类精神药品零售连锁企业23家、医疗用毒性药品和罂粟壳零售企业6家。

三、医疗机构制剂管理

1999年，全市有医疗机构制剂室17家，制剂文号343个。2001年，根据国家《医疗机构制剂许可证验收标准》《医疗机构制剂配制质量管理规范》，市内新增东阿县华泰肾病医院、阳谷县人民医院城关分院2家医疗机构制剂室。

2002—2003年，开展清理整顿医疗机构制剂批准文号活动，全市上报省局制剂批准文号审核通过率99.6%，在全省位列第一。

2005年，全省医疗机构制剂文号整顿核发工作结束，全市15家医疗机构制剂室共上报360个品种，获得省局核发的制剂文号342个，制剂文号整顿通过率为95%，在全省名列前茅。是年，启动“医疗机构制剂许可证”换证工作，全市19家医疗机构制剂室中11家顺利换发新证，其余8家因配制条件不符合要求主动放弃换证。

2006年，根据全国、全省整顿和规范药品市场秩序工作电视会议要求，制定《全市整顿和规范药品生产配制秩序专项行动工作方案》，对全市11家医院制剂配制单位进行检查，共出动检查人员60余人次，提出整改意见86条，检查覆盖面100%。2009年，开展医疗机构制剂再注册工作，累计完成11家医疗机构制剂单位99个制剂品种的现场核查、质量标准复核，对符合再注册条件的88个品种进行受理上报。

2010年，在“医疗机构制剂许可证”换证工作中，对全市11家换证医疗机构制剂室进行现场检查，检查覆盖面100%。至2010年7月，经整顿全市保留制剂文号241个。

2011年8月，启用医疗机构制剂行政审批系统。至2011年年底，全市共有制剂文号253个。

四、国家基本药物监管

2009年9月，完成全市药品生产企业国家基本药物品种生产情况调查，全市共有4家药品生产企业拥有国家基本药物品种批准文号144个，其中具备生产能力的126个，拟参加招标的92个。

2010年4—9月，对全市基本药物基本情况进行调查摸底，涉及5家生产企业，有基本药物品种188个。12月，辖区内4家国家基本药物生产企业全部签署药品生产企业加入中国药品电子监管网承诺。

2011年，做好基本药物电子监管码实施工作，4家国家基本药物生产企业和5家省增补目录品种生产企业全部正式入网，入网率100%。加强对基本药物中标品种的监督检查，实施中标品种备案制度，对24个已中标的基本药物品种进行备案，按照规定对8个省内中标品种进行封存留样。

五、药品不良反应监测

2004年，基本建立覆盖药品生产、使用、经营各领域的ADR网络，ADR报告实现“零”突破。2006年，全市县以上药品不良反应报告单位全部实现网上直报，部分县（市）乡镇以上医疗机构实现网上直报。

2007年，建立《药品不良反应监测报告巡讲制度》《药品不良反应监测报告管理工作情况季通报制度》。2008年，全市共上报监测病例报告6000余例，新的严重的报告414例，占总数的6.9%。2009年，上报省中心ADR报告表7733例，百万人口报告数量1333例，新的严重的ADR报告1160例，占总数的15%。

2010年，市局将监测工作列入对各有关单位的考核内容，对县局及有关医疗单位专门监测人员进行专题培训。2011年，落实《聊城市基本药物不良反应监测工作制度》，加强基本药物不良反应的分析评价，确定20个高风险基本药物品种为重点监测品种。加大对二级以上医疗机构药品不良反应监测工作的督导和技术培训力度，消除二级以上医疗机构零报告单位，使药品不良反应监测网络正不断向基层涉药单位延伸。

2015年共收录药品不良反应病例报告2363例，新严病例报告324例；收录医疗器械不良事件病例报告398例，严重病例报告114例；化妆品不良反应监测病例报告415例；药物滥用监测病例报告90例。

六、药品市场监管

2002年8月，聊城市食品药品监督管理局设立药品市场监督科。在全市范围内集中开展多次打击制售假劣药品专项活动、节日期间药品质量专项检查、中药材和中药饮片质量监督检查、疫苗经营专项整治、药品质量大检查及执法观摩活动等各项工作。

监管网络　2004年，抓好农村“两网”建设，初步形成县、乡、村三级监管网络，全市共有药品社会监督员130人，乡镇药品监督协管员550人，村药品监督信息员6641人。2006年，全市药品监督网覆盖乡镇108个，占100%，覆盖行政村5982个，占99.62%，药品供应网络已覆盖99.67%的行政村。

根据《山东省药品使用条例》《山东省药品使用质量管理规范》，2008—2011年，对全市2992家医疗机构进行药品使用质量规范化管理评定。2009年，建立药品安全追溯体系，43家药品批发、零售连锁企业加入全省药品流通监管系统，实现实时跟踪监控。2010年，医药卫生体制改革后，负责基本药物生产环节的质量监管及组织实施和指导协调工作，各县局负责基本药物经营和使用环节的质量监管。2011年，完成辖区内所有中标品种规格基本药物生产企业的组织动员、技术培训、企业入网、品种赋码、核注核销和数据上传工作。2011年年底，全市有药品经营企业1356家，其中药品批发企业36家（含16家非法人批发企业），药品零售连锁企业10家，零售药店1310家（含237家连锁门店）。

2015年，继续开展《药品经营质量管理规范》（GSP）推进实施，1250家零售药店通过认证。建设药品可追溯体系，实现生产经营企业入网率100%。

药品零售许可 2003年后，制定《聊城市开办药品零售企业审查办法（试行）》《聊城市开办药品零售企业审查办法》《聊城市药品零售企业驻店药师管理办法》。2006年2月6日，市局增设行政许可科，药品市场监督科的许可职能移交许可科，负责药品零售企业开办许可，批发企业开办初审。2009年6月24日，制定《聊城市开办药品零售企业审批办法》，原《聊城市开办药品零售企业审查办法》废止。

药品安全专项整治 2005、2008、2014年，三次在全市范围内开展“清理家庭小药箱”活动，制定《聊城市家庭过期药品回收管理办法》，建立家庭过期药品回收长效机制。2008年、2009年，为确保北京奥运会、残奥会和第十一届全运会药品安全，开展兴奋剂生产经营专项治理工作，打击非法生产经营蛋白同化制剂、肽类激素药品行为。2009年10月，联合市公安、工商、卫生、经贸、交通、信息、邮政等部门开展为期两年的全市药品安全专项整治。加强对非法广告打击，每年开展各项广告专项整治行动和宣传活动，发现违法广告及时移送工商部门查处。

七、行政审批

2003年，完成44个药品零售企业资格审查，并向省级监管部门报批。2003年4月，统一设置汽车流动药店。2005年6月，涉及药品市场科、医疗器械科、药品管理科的药品、医疗器械2大类共计19项许可审批项目全部纳入中心窗口统一受理。

2006年3月，行政许可科进驻市行政服务中心，集中受理行政许可审批业务。8月，暂停开办县以上（含县城）药品零售企业，乡镇驻地药品零售企业控制在3家以内。

2010年8月，食品药品监管系统下放到地方管理，至2011年年底，共受理各类许可、审批事项12000余件，全部按照提速要求在承诺时限内办结。2012年起，承接餐饮服务监管职能，是年4月1日，向聊城市高级技师学校食堂发放承接餐饮监管职能后的第一张餐饮服务许可证。

八、药品经营质量管理（GSP）认证

2003年，全市所有零售连锁和城区的药品批发企业完成GSP改造和认证申报工作。2004年，确定聊城市食品药品监督管理局为山东省食品药品监督管理局的GSP认证受理点，负责全市药品零售企业GSP认证的初审、形式审查、受理、技术审查、组织现场检查等工作，承担全市药品零售企业认证工作的实施，全年受理单体药店GSP认证申请65家，完成GSP现场检查8家。

2005年，在全市范围内开展GSP认证企业的监督检查，201家零售药店通过GSP认证，76家放弃GSP认证。2006年6月，对全市药品批发企业、零售连锁企业、单体药店开展GSP跟踪检查，检查15家批发企业和95家零售药店，共立案10起，结案8起，罚没合计3.24万元。全年共有178家药店进行GSP认证。

2007年，各县（市、区）局对21家药品批发企业、8家零售连锁企业、834家零售药店的药品经营质量管理情况进行GSP跟踪检查。2008年，全市进行GSP认证的药店90家，1家企业通过GSP再认证。开展辖区内所有GSP认证合格的药品批发、零售连锁、零售企业GSP认证跟踪检查。2009年，GSP认证的药店129家，13家批发、零售连锁企业通过GSP重新认证。2010年，GSP认证药店136家，6家批发、零售连锁企业通过GSP重新认证，1家新建连锁企业通过GSP认证，1家企业通过GSP专项认证。

2011年，集中开展2011年度药品零售企业GSP认证跟踪检查，每县随机检查3家零售药店，

共抽查24家企业。全市共检查生产、经营、使用单位5657个，查处违法案件2942起，其中假药案34起、劣药案135起，下达警告行行政处罚954件，罚没款512万元。是年，进行GSP认证的药店218家，有4家批发企业及零售连锁企业通过省局GSP认证验收。

第三节　医疗器械监管

一、行政审批

2001年1月15日，根据《医疗器械监督管理条例》，聊城市人民医院医疗器械站作为全市首家医疗器械经营企业申请医疗器械经营企业许可证，经现场审查验收合格。2月，对聊城市首批申请医疗器械经营企业许可证的13家医疗器械经营企业开展现场复查。

2002年10月，省局验收组对聊城宏达医疗器械有限公司增加一次性使用无菌医疗器械经营范围，茌平县济民医疗器械有限公司开办现场验收。11—12月，开展全市医疗器械生产、经营企业许可证年度验证工作，共现场检查医疗器械生产企业7家，医疗器械经营企业19家。

2004年，全年共完成71家医疗器械经营企业申请医疗器械经营企业许可证，9家医疗器械经营企业变更许可事项的材料受理及现场审查。2005年，共受理各类许可申请201项，其中完成83家医疗器械经营企业申请医疗器械经营企业许可证，52家医疗器械经营企业变更许可事项的材料审查及现场审查，完成1家二类医疗器械生产企业申请医疗器械生产企业许可证现场审查，完成医疗器械生产、经营企业许可证换证审查61家。

2006年，共受理各类许可申请117项，其中80家医疗器械经营企业申请医疗器械经营企业许可证，27家医疗器械经营企业变更许可事项的材料审查及现场审查，医疗器械经营企业许可证换证审查6家。2008年，共办理申请开办医疗器械经营企业86家，变更经营企业许可事项和登记事项13项，到期换发经营企业许可证70家，主动注销和到期自动注销许可证32家。2009年，对56家新开办、31家变更、10家换证医疗器械经营企业进行了资料审查和现场核查。2010年，办理申请开办经营企业47家，变更经营企业许可事项和登记事项97项，到期换发经营企业许可证138家。

至2011年，全市完成医疗器械经营企业许可审查102项，其中48家为申请开办、21家变更有关许可和登记事项、33家到期换证。自4月省局委托市局办理部分医疗器械经营许可证审批发证手续后，共完成发证76家，其中33家申请开办、22家到期换证、21家变更有关许可和登记事项。另外根据有关规定，注销7家法人企业的“医疗器械经营企业许可证”。

二、日常监督管理

2000年，重点加强一次性使用无菌医疗器械的监督管理，规范无菌器械的生产、经营、使用各环节购进验收、仓储保管、购销记录可追溯、使用分发、用后销毁等活动，查处一批假冒伪劣无菌器械。2000年11月28日，召开全市药品、医疗器械打假工作会议。12月，开展大检查，共检查医疗器械生产、经营企业19家，医疗机构200余家。查获假冒伪劣一次性静脉注射针1100支，一次性使用无菌注射器3000余支，一次性使用输液器600支。

2002年5—6月，开展全市医疗器械大检查活动。查处一批无证经营、经营使用无证产品的违法行为，共没收一次性使用无菌注射器6475支，一次性使用输液器1060支，卫生材料10件，罚没款合计33620元。2003年1月，查处铁塔商场某经营户无证经营医疗器械案，现场查获二类医疗器械高尔宝84盒，每盒售价175元。在公安部门配合下对全市范围内避孕器械市场开展大检查，没收不合格橡胶避孕套1260盒。2003年非典型性肺炎期间，加强非典型性肺炎防护及治疗类器械的监管。

2004年4月，对全市范围内经营隐形眼镜及护理液产品的单位开展大检查，没收违法经营的隐形眼镜880个，护理液300余盒。全年查处各类案件 304 件，案件总值 50.5 万元，罚没款 27.15 万元。2005 年，开展医疗器械不良事件监测工作，查处各类案件 310 件，案件总值 3.9 万元，罚没款 15.89 万元，没收违法医疗器械产品 21 件，责令整改 128 家。

2006 年，根据全国开展整顿和规范药品市场秩序的安排开展多项医疗器械专项整治活动。2006 年 4 月，部署开展橡胶避孕套产品市场、医疗器械产品说明书标签和包装标识专项检查“回头看”、医疗机构使用医疗器械、义齿加工及使用等 4 项医疗器械专项整治和专项检查活动。共出动检查人员 10152 人次，检查涉械单位 4817 家，查处各类案件 536 件，案件总值 6.45 万元，罚没款 34.16 万元，没收违法医疗器械产品 17 件（台），责令整改 195 家。

2007 年 10 月 31 日，对全市范围一级以上医疗机构的在用医疗器械进行登记，并建立仪器设备类医疗器械监督管理档案。11 月，对 8 个县（市、区）医疗器械监管情况和涉械单位的器械购进、销售、仓储和质量管理情况进行综合检查。共检查涉械单位 91 家，检查发现涉嫌违法线索 90 余个。

2008 年，围绕北京奥运会开展含兴奋剂医疗器械的专项检查。2009 年重点检查全运会聊城赛区安全保障和甲型 H1N1 流感防控用医疗器械，确保产品质量可靠、供应及时。2009 年，开展为期两年的市场秩序整顿活动。

2010 年 7 月，组织开展对以免费体验方式从事医疗器械经营活动的企业专项检查，对 14 家免费体验类医疗器械经营企业的 13 个医疗器械品种进行检查。其中 3 家不再经营，6 家存在问题，6 家较为规范，对存在的问题责令企业限期整改到位。2011 年 4 月 13 日，将塑形角膜接触镜及护理用液纳入高风险医疗器械专项检查，全市共出动执法人员 2503 余人次，检查经营企业 183 家，医疗机构 646 家，责令整改 34 家，罚款 10700 元。

三、医疗器械使用监管

2001 年 9 月，对 31 家各类医疗机构一次性使用无菌医疗器械的采购、使用及用后处理等环节进行调研。2002 年 1 月，根据国家局文件通报的美国圣犹达医疗用品公司的 Tempo 心脏起搏器产品问题，对市直医疗机构是否使用该产品开展专项检查。对已用产品，通知医疗机构对患者跟踪随访，对已购未用的，督促与圣犹达医疗用品公司联系回收事宜。10 月，联合卫生部门下发文件，规定医疗机构对一次性使用无菌医疗器械采购、发放使用、回收毁形的具体要求，制定全市统一的一次性使用无菌医疗器械采购验收记录、发放记录、毁形记录等样式。

2003 年 4—5 月，组织开展全市非典型性肺炎防治用医疗器械专项检查。重点检查医疗机构使用的医用防护服、口罩、一次性无菌器械、呼吸机、气管插管、呼吸回路、床旁 X 线机等器械产品及有关的医疗器械生产、经营企业。11 月，开展医疗机构一次性使用无菌医疗器械治理整顿回头看活动，共出动执法人员 1750 人次，车辆 400 余辆次，检查各类医疗机构近千家，查获假劣一次性使用输液器 4000 余套，一次性使用无菌注射器 7000 余支。

2005 年，在全省医疗器械监督管理工作会议上，茌平县局就一次性使用无菌医疗器械监管做典型经验介绍。2010 年 5 月，组织辖区内使用集中供氧系统的分子筛制氧设备的医疗机构开展自查，并开展分子筛制氧设备专项检查，对达不到医用分子筛制氧设备通用技术规范标准要求的，责令停止使用，并依法处理。全市共出动执法人员 720 人次，检查医疗机构 240 家，茌平县人民医院和临清市人民医院 2 家医疗机构使用分子筛制氧设备。

四、医疗器械质量监督抽验

国家级抽验 2002 年 9 月，开展医疗器械产品的监督抽验工作，在茌平医用高分子制品厂抽取一次性使用输液器 2 批，每批 100 支，在聊城市血站抽取一次性使用塑料血袋 1 批，70 套。2003 年 6 月，共对 4 家单位的 7 批次产品进行抽样。11 月，抽样 3 家单位的 4 批次产品。2004 年 9 月 21 日，抽取一次性使用无菌注射器

2批，医用脱脂棉3批，医用脱脂纱布3批，玻璃体温计1批，低频电子脉冲治疗仪1批，针灸针1批，宫内节育器1批。2008年4月，对茌平医光医疗器械有限公司生产的一次性使用输液器进行抽样，并按规定送黑龙江医疗器械检验所检验。2009年5月，对2家经营企业的天然胶乳橡胶避孕套各抽验1个批次。2009年7月，对辖区内2家医疗机构、8家经营企业进行体外诊断试剂调研。2010年6月，抽取5个批次的一次性使用无菌注射器产品。

省级抽验 2003年5月，抽检茌平医光医疗器械有限公司生产的一次性使用输液器、一次性使用无菌注射器不同规格共4个批次产品，对聊城市肿瘤防治院使用的医用防护服、防护口罩、医用橡胶手套、气管插管共4个批次产品进行质量监督抽查抽样。7月，对聊城市中医医院使用的一次性使用输液器、一次性使用无菌注射器共2个批次产品进行质量监督抽查抽样，并对产品生产企业山东淄博山川医用器材有限公司进行生产企业确认。

2004年8月，开展医疗器械质量监督抽验，共对7家单位的12批次产品进行抽样。2005年9—10月，共对7家单位的9批次产品进行监督抽验。2006年9月，共对8家单位的9批次产品进行抽样送检。2007年8—9月，对14家单位的16个批次产品进行抽验。2008年8月，对7家单位的11批产品进行抽验。

2009年6月，抽验辖区内有关单位的甲型H1N1流感医疗器械产品，对聊城市传染病医院使用的一次性使用灭菌橡胶外科手套、医用防护口罩和临清新奥利乳胶制品有限公司生产的灭菌医用橡胶手套进行抽验。7月，共抽取8家单位的医疗器械产品12批。9月，对全运会定点医院聊城市人民医院使用的丝线编织非吸收性缝线、一次性使用静脉留置针、一次性使用输液器（带针）3个品种进行抽验。送交国家局济南医疗器械质量监督检验中心检验，全部合格。

2010年6—7月，抽取医疗器械产品14批。2011年6月，抽取医疗器械产品17批。

第四节 药品案件稽查

1999年聊城市药品监督管理局成立后，在日常稽查活动中，坚持以打假治劣为核心，采取日常稽查和专项整治相结合的工作措施。建立晋冀鲁豫接壤区稽查联合机制，与市公安局、工商局、质监局等10余家行政执法部门联合成立行政执法联合办公室。全市平均每年出动执法人员13158人次、检查单位4572个、查处各类药械违法案件2928件、罚没款325.4万元，进一步净化药械市场，确保全市人民群众的用药安全。

一、群众举报投诉

市药监局成立之初，设立群众投诉举报电话“0635-8226117”，及时向社会公布，并由稽查大队具体承担受理、查处群众投诉举报事项。2003年，相继开通基层举报投诉电话。2004年，根据山东省局关于奖励举报有功人员的规定，市药监局制定《有奖举报制度》，对举报制售假劣药品、医疗器械案件，经过调查属实并对违法行为依法实施处罚的，对举报有功人员进行奖励。举报形式为书面举报、电话举报、口头举报及其他。举报奖励根据案件查处的违法案件的货值等情况分为三级，举报奖励级别由食品药品监督管理局认定，奖励数额为违法案件货值2%～6%。2007年，由于办公地址搬迁至湖南路东首，群众举报投诉电话更改为“0635-8536110”。

2001年2月至2002年年底，共受理群众举报50件，均按照有关法律程序进行查处或移交各县（市、区）药监局或卫生局。2002年7月9日，接群众举报“东昌府区马官屯的一民宅里正在生产假药”后，立即组织执法人员与东昌府区公安三中队联合成立行动小组，当场抓获假药生产者6人（1男5女），生产用胶囊排列机1台，胶囊灌装机1台，生产用辅料2袋，空胶囊4袋，240瓶，粉碎机1台，彻底取缔制造假药的窝点。2003年受理群众举报95件，2004年受理群众举报75件，2005年受理群众举报92件。2006年，全市共受理群众举报116件，接受群众咨询123

个。2007 年，全市共受理群众举报 101 件，接受群众咨询 141 个，其中稽查大队受理群众举报 89 件。2010 年，全市共受理群众举报 90 件，接受群众咨询 126 个，其中稽查大队受理举报 80 件，群众举报均按法律程序及时做出处理。2011 年，全市共受理群众举报 79 件，接受群众咨询 181 个，其中稽查大队受理举报 59 件。根据群众举报线索，查处近百起违法案件，抓获犯罪嫌疑人近百人，20 人被司法机关拘留或判刑。至 2011 年，共受理群众举报 729 件，接受咨询电话 868 个，均按法律规定进行处理。

二、日常稽查工作

专项稽查 2002 年 1 月，为进一步规范全市药械市场，安排部署全市大输液专项检查活动，历时 1 个月，对 590 个单位进行检查。累计检查大输液 50 余个品种，1500 个批次，涉及 107 个生产企业，查处 3 个品种 8 个批次、价值 6 万余元有问题的大输液，对 6 个单位下达限期整改意见书。4 月，对全市 43 家药品生产企业、经营企业、县以上医疗机构和部分乡镇卫生院进行检查。5 月 10 日至 6 月底，在全市范围内开展大规模的五项专项监督检查活动（农村用药质量检查、中药材质量检查，医疗机构制剂检查、药品非法经营和医疗器械），检查单位 3000 余个，查办典型案例 7 起，查处假劣药品 235 种 900 批次，价值 16 万元；查处非法制剂 28 起，价值 4 万余元；查处违规一次性医疗器械 7535 支，货值 9271 元，罚没款 24620 元；下达限期整改通知书 292 份，整改意见 371 项；抽验药品 51 批次；共罚款 17 万元，罚没合计 39 万元。

2003 年 1 月，在全市范围内开展药品质量专项检查活动。3 月，在全市范围内开展注射用降纤酶专项监督检查活动。4 月 1 日至 9 月 25 日，在全市范围内集中开展一次性使用无菌医疗器械的专项整治活动和全市“非典”防治用医疗器械专项检查活动，7 个部门联合开展防护服、口罩、消毒液 3 个产品的专项检查。共立案查处案件 30 余起，查获假冒伪劣医疗器械、药品货值 70 余万元，罚没 16 余万元。9 月，在全市范围内开展人参产品专项检查抽验工作。

2004 年 8 月，在全市开展零售药店抗菌药物凭处方销售情况专项检查。9 月，在全市范围内抽调专门力量组成检查组，对辖区内旅游景区周围的药品经营企业和医疗机构进行拉网式监督检查。11 月，在全市范围内开展药品质量大检查执法观摩工作活动，对各县（市、区）的涉药单位进行检查。

2005 年 1 月，联合公安、工商、质检、卫生等 12 个执法部门的 40 余名执法人员，开展食品、药械、保健品化妆品等节前大检查。3 月，安排部署全市为期 4 个月的联合打假行动。4 月，在全市范围内开展医疗机构中药饮片专项整治活动和打击制造邮售假药专项行动。7 月，在全市范围内开展对医疗机构特殊药品使用情况大检查。9 月下旬，对辖区内旅游景区周围的药品经营企业和医疗机构进行一次药品市场专项检查活动。

2006 年 2 月 20 日，集中开展清理城区邮政报刊亭、街头商厅经营“疼疮膏”“脚气神油”等假药的活动，活动期间针对以上部位开展拉网式检查，对非法销售“疼疮膏”“脚气神油”等假药的行为进行彻底清查。3 月，集中 1 个月的时间在全市范围内开展针对以义诊、专家讲座、产品推介会、免费查体赠药等形式非法经营药品医疗器械专项稽查活动。4 月，下发《关于立即开展查处非法经营使用终止妊娠药物专项整治行动的紧急通知》，对违法销售终止妊娠药品器械进行为期 1 个月的拉网式监督检查。6 月，根据《转发〈山东省食品药品监督管理局转发省政府办公厅关于切实抓好依法查处齐齐哈尔第二制药有限公司假药事件的紧急通知〉的通知》，对相关药品进行调查，全市查封“齐二药”产品 7 个品种，共计 9863 支。6 月 16 日，发生聊城某药店误将洋金花当凌霄花销售引起患者中毒事件，及时安排部署专项整治活动，并下发《关于紧急查处假药凌霄花的通知》，要求各单位按通知要求，检查辖区内是否有此类案件。9 月，下发《关于对中成药擅自添加化学药物成分开展专项监督抽验的通知》，安排全市对降糖类、抗风湿类、补肾壮阳类、镇静安神类、止咳平喘类、减肥类中成药进行专项监督抽验工作。12月，组织开展疫苗质量大检查活动，对疫苗流通、储运、质量进行专项检查。

2007年1月，根据省局《关于查处海南普利制药有限公司“马来酸曲美布汀片”的紧急通知》，在全市范围内开展专项行动。1月25日，查处假冒四川远大蜀阳药业有限公司生产的“人血白蛋白”。5月30日，根据国家局《关于严厉查处销售假冒人血白蛋白药品经营企业的通知》，在全市范围内开展查处销售假冒人血白蛋白的专项行动。

2008年2月，开展兴奋剂生产经营专项治理活动，对违法生产经营兴奋剂的行为进行彻底治理。以蛋白同化制剂、肽类激素为重点品种，以蛋白同化制剂、肽类激素生产经营企业为重点单位，共检查单位87家。4月，开展疫苗、诊断试剂质量和流通秩序专项检查，查处各级疾控部门和医疗机构购进使用未经注册或未取得批准文号的诊断试剂36套，查处无证经营疫苗3起。5月5日至7月30日，在全市范围内开展中药饮片专项稽查活动，查处经营使用无包装标识、无生产厂家、无加工批号的中药饮片案件1起。11月20日至12月20日，市局联合市公安局开展人用狂犬病疫苗专项检查和严厉打击制售假劣人用狂犬病疫苗违法犯罪活动。

2009年3月3日，开展对药品类阿胶及系列产品进行专项整治活动。5—6月，在全市范围内开展一次药品购销行为检查，打击挂靠、走票等行为。5月19日，组织开展对化学药品制剂生产企业原料药专项检查行动。

2010年，湖南郴州市儿童医院使用“工业氧”假冒“医用氧”事件曝光，为规范全市医用氧市场秩序，4月13日至5月13日组织开展医疗机构医用氧专项检查行动，查处3起违法使用工业氧假冒医用氧的案件。

2011年4月18日，下发《关于开展中药材、中药饮片质量专项检查的通知》，为进一步规范全市中药材、中药饮片市场秩序，4月18日起至5月底，在全市开展中药材、中药饮片质量专项检查。6月20日，与市卫生局联合下发《关于进一步开展整治非药品冒充药品专项行动的通知》，对保健食品生产企业、药品经营企业、基层医疗卫生机构、民营医疗机构进行监督检查，开展整治非药品冒充药品专项行动。10月26日，下发《关于开展对民营医院药品使用专项检查的通知》，组织开展对民营医院的药品购进、储存、使用情况进行全面检查。11月，开展违法经营使用终止妊娠药品专项行动，共检查药店、卫生室及个体诊所361个。

案件查处 2002年，稽查大队成立之初，各县（市、区）尚未成立药监局，药械监管的职能由各县（市、区）的卫生行政部门承担，没有配备专职的稽查办案人员，药械违法案件的查处由各县（市、区）的卫生行政部门的业务人员办理，市局稽查大队负责督促各单位查处药械违法案件。市局稽查大队2年共查处违法案件30余件，其中，典型案例有某某涉嫌销售假人用狂犬疫苗案、王某某涉嫌制售假药案、东昌府区马官屯造假窝点案。

2003年，查处各类案件955件，是年全部结案，简易程序案件728件、一般程序案件227件。涉案货值60.54万元，罚款124.73万元，出动监督检查人次7410人次，检查单位501家。

2004年，查处各类案件2955件，其中简易程序案件2628件、涉案货值160.54万元，罚款324万元，出动监督检查人次12410人次，检查单位950家。6月，根据群众举报，会同公安局经侦支队联合破获莘县樱桃园陈某某胞兄二人制造邮售假药“复方川羚定喘胶囊”“复方气管炎胶囊”特大案件，拘传6人，判刑1人。

2005年，查处各类案件3055件，涉案货值126万元，罚款402.3万元，出动监督检查人员10410人次，检查单位3500家。4—7月，市药监局、公安局联手，历时4个月，破获高某某、王某某、张某某跨省集原料、购买、制造、包装、运输、邮寄、汇款收集、业务联系于一体的特大制售假药案，涉及26个省区市、650个单位与个人，涉案货值千万元，主犯高某某被判刑。

2006年，共查处各类案件4155件（其中药品3490件、医疗器械665件），结案4028件（药品3402件、医疗器械626件）。与公安部门联合查处阳谷县某某制造假药案，当场查获假药“壮骨风湿灵胶囊”“复方咳喘灵创胶囊”8000瓶，假药标签2000余张，制假辅料40余万粒，制假设备3台，涉案金额32万元，抓获制假嫌疑人6人。

2008年，共查处各类案件3424件（其中药品3216件、医疗器械208件），结案3424件（药品3216件、医疗器械208件），简易程序案件2819件、一般程序案件605件。是年通过《聊城日报》等媒体公布了聊城市药械违法10大案件。

2010年，共查处各类案件3441件，结案3415件。涉案货值65.41万元，罚款535.09万元，出动监督检查人次14758人次，检查单位5979家。其中稽查大队查处药械违法案件27件，涉案货值18.78万元，罚款85.26万元。

2011年，共查处各类案件2759件，结案2234件，涉案货值103.887万元，罚款475.74万元，出动监督检查人员16381人次，检查单位5342家。其中稽查大队查处药械违法案件55件，涉案货值16.84万元，罚款54.6万元。

第五节　药品检验检测

2003年，成立聊城市药品不良反应监测中心，挂靠聊城市药品检验所。药品抽验主要包括评价抽验、综合抽验、跟踪抽验和日常监督抽验（靶向抽验）。根据《中华人民共和国药品管理法》和《药品管理法实施条例》规定，对全市药品进行抽验。评价性抽验由各级药检所完成，2005年，新增加日常监督抽验，由各级药品管理部门的稽查机构完成。

2008年四川汶川地震后，随时对捐赠药品实行无障碍检验，确保抗震救灾药品的质量和送达速度。2009年，根据省局要求，对检验合格药品开展退样工作，对上百家被抽样单位的合格药品进行退样，价值共计70225.15元。成立“全运会专用药品检验办公室”，做好全运会聊城赛区专用药品的检验工作。

2010年，药品的计划性抽验分为基本药物抽验、监督抽验。稽查大队负责药品抽验计划的制定、下达（包括评价性抽验、日常监督性抽验）和日常监督抽验实施。2011年起，该项工作移交至药品市场管理科，稽查大队负责市局日常监督抽验。

一、评价性抽验

根据《药品质量监督抽验管理规定》及山东省局的要求，市局在每年的年初，根据上一年度药品抽验情况，制定药品抽验计划，其中包括由市所完成的评价性抽验计划。评价性抽验的组织实施、质量分析、数据上报全部由市药品检验所承担，凡是列入计划抽验的批次，必须进行全检。

2001年，未区分评价性抽验和日常监督抽验，共抽验1412批，不合格104批，抽验不合格率为7.4%。涉及被抽验单位113个，其中生产企业11家，经营企业12家，使用单位90个。从药品生产企业抽查检验201批，不合格4批，不合格率为2.0%；从药品经营企业抽查检验357批，不合格12批，不合格率为3.4%；从使用单位抽验检验854批，不合格88批，不合格率为10.3%。按品种分类统计，化学制剂共抽验检验541批，不合格8批，不合格率为5%；生化制剂抽验21批，全部合格；抗生素制剂抽验51批，全部合格；中药材抽验61批，不合格8批，不合格率为13.1%；中药饮片抽验125批，不合格52批，不合格率为41.6%；中成药抽验452批，不合格36批，不合格率为8.0%；其他抽验56批，全部合格。

2003年，根据全省药品抽验工作会议精神，全市评价抽验计划为74个品种，510个批次，药品生产、经营和使用单位抽验批次按1∶3∶2

比例进行抽验。将“非典”药品检验周期缩短为10个工作日，共完成“非典”药品320批，不合格检品18批，不合格率5.6%。全年共完成计划抽验621批，其中6批不合格，不合格率为0.97%，计划完成率101.31%。涉及被抽验单位87家，其中生产企业7家，经营单位18家，使用单位55家，医院制剂室7家。

2006年，省局对市局、市局对县级局的药品抽验计划完成情况实行动态调度和考核。聊城市评价抽验计划65个品种，457个批次。全年共完成计划抽验461批，其中20批不合格，不合格率为4.34%。涉及被抽验单位79家，其中生产企业12家，经营单位26家，使用单位36家，医院制剂室5家。

2010年起，评价抽验品种确定为国家基本药物及辖区内药品生产企业生产的省增补药物，要求抽验品种全覆盖。药品抽验时，按照“坚持以最小必要的抽验，达到最大程度的监督效能”的原则，到药品存放现场随机抽样，并现场签封。2010年，聊城市评价抽验计划649个批次（其中基本药物485批），对辖区内基本药物配送单位和其他药品经营、使用单位经营、使用基本药物进行全品种覆盖抽验，经营、使用环节基本药物抽验以省外产品为主。计划抽验共完成计划抽验652批，32批不合格，不合格率为4.91%，完成率100%。基本药物抽验564批，15批不合格，不合格率为2.66%，完成率116%。监督抽验21个品种、41个批次进行了监督抽验，其中1批不合格，不合格率为2.44%。医院制剂4个批次，不合格率为零。

2011年，评价性抽验分为基本药物抽验、综合抽验、跟踪抽验。全市720批次评价抽验任务，总体上按照4∶5∶1比例分别用于基本药物抽验、综合抽验和跟踪抽验，对药品生产、经营、使用单位进行抽验。共完成计划抽验720批，36批不合格，不合格率为5%，计划完成率100%。涉及被抽验单位79家，其中生产企业14家，经营单位32家，使用单位33家，医院制剂室4家。抽验批数分别为116批、250批、335批、19批。其中基本药物抽验302批，9批不合格，不合格率为2.98%，计划完成率100.67%。综合抽验352批，18批不合格，不合格率为5.11%，计划完成率102.03%。完成跟踪抽验66批，9批不合格，不合格率为13.64%。

2001—2011年，共完成评价性抽验6814批，日常监督抽验14545批，委托检验2065批。

二、监督抽验

2003年起，抽验类别分为日常监督抽验和评价性抽验。2003年，制定《2003年聊城市药品抽验工作实施方案》，全年共完成日常监督抽验1043批，其中不合格132批，不合格率为12.66%。涉及被抽验单位720家，其中生产单位3家，经营单位122家，使用单位595家（包括个体诊所、村卫生室）。

2005年，全年共完成日常监督抽验1764批，计划完成率100.7%，其中不合格346批，不合格率为19.61%，不合格率相对较高。

2006年，省局要求县级局日常监督抽验不合格药品发现率不得低于25%，中药材、中药饮片品种（批次）占抽样总批次的比例不得超过30%。全年共完成日常监督抽验2236批，其中不合格719批，不合格率为32.16%。涉及被抽验单位906家，其中生产企业9家，经营单位346家，使用单位546家（包括个体诊所、村卫生室），医院制剂室5家。

2010年，全市日常监督抽验计划835个批次。全年共完成日常监督抽验838批，全年计划完成率100%，其中不合格359批，不合格率为42.84%。涉及被抽验单位260家，其中生产单位0家，经营单位124家，使用单位136家（包括个体诊所、村卫生室），医院制剂室0家。2011年，日常监督抽验计划数835批。全年共完成日常监督抽验837批，计划完成率100.24%，其中不合格401批，不合格率为47.91%。涉及被抽验单位249家，其中生产单位1家，经营单位113家，使用单位135家（包括个体诊所、村卫生室），医院制剂室0家。

三、委托检验

2001 年，共完成委托检验检品 290 批，不合格 42 批，不合格率 14.48%。2005 年，共完成委托检验检品 297 批，不合格 4 批，不合格率 1.35%。2010 年，共完成委托检验检品 221 批，不合格 13 批，不合格率 5.9%；完成药品生产单位及医院制剂室净化检测 12 次。2011 年，共完成委托检验检品 164 批，不合格 19 批，不合格率 11.6%；完成药品生产单位及医院制剂室净化检测 21 次。

四、药械安全性监测

2004 年，举办全市药品不良反应监测培训，是年，全市基本建成三级监测网络框架，共有监测中心（站）或监测小组 120 个，其中市级中心 1 个、县级中心 8 个、生产企业 5 个、经营企业 6 个、三级以上医疗机构 2 个、县级及县级以下医疗机构 98 个。全年聊城市 ADR 监测中心共收到 ADR 报告表 111 份，其中市级医疗单位报告 22 份，县级药品不良反应监测站报告 85 份，生产企业报告 4 份。2006 年。聊城市报告全省首例药品不良反应和医疗器械不良事件。8 月，在全国率先实行乡镇 ADR 网络在线直报。

2005 年 5 月 21 日，莘县人民医院发生患儿集体发热事件，市药品不良反应监测中心得知情况及时赶往事发地点进行调查核实，将具体情况上报省 ADR 监测中心。共收到各县、市局报告 1060 份，上报 600 余份，报告数量显著提高。

2006 年，医疗器械不良事件报告 133 例，数量名列全省第一。2007 年，根据“全国整顿和规范药品市场秩序专项行动方案”要求，在全市二级以上医疗机构对化学药加替沙星注射剂、中药灯盏细辛注射剂开展重点监测工作。按照省中心要求，申请临床重点监测品种丹红注射液，由聊城市第三人民医院具体实施。2007 年，全年上报药品不良反应病例数量 15246 例，新的严重病例数量 1616 例，新的严重病例所占比例为 10.6%，百万人口报告数量 2717 例，报告单位数量 2252 个。

2009 年，开展药品不良反应监测督导检查工作，全市共上报省中心 ADR 报告表 7730 例，百万人口报告数量 1378 例，新的严重的报告 966 例，占总数的百分比为 12.5%。上报医疗器械不良事件报告 756 例，严重病例大于 20%。

2010 年，发现天麻素注射液、甘露醇注射液、克林霉素注射液等紧急和严重药品不良事件，在事件发生后及时处理，避免伤亡事件发生，向群众解读药品不良反应相关政策法规。市人民医院、市第三人民医院 2 个省级监测站参与省中心立项的“丹红注射液的临床不良反应专项监测”课题。全年上报药品不良反应病例数量 12896 例，新的严重病例数量 1247 例，新的严重病例所占比例为 9.7%，百万人口报告数量 1200 例。上报医疗器械不良事件报告 1358 例，百万人口报告数量 242 例。

2011 年，全年上报药品不良反应病例数量 11508 例，新的严重病例数量 1984 例，新的严重病例所占比例为 17.24%，百万人口报告数量 1200 例。上报医疗器械不良事件报告 820 例，百万人口报告数量 146 例，严重伤害报告 8 例。

第十九编　中共地方组织

Part XIX Local Organizations of CPC

聊城市志

1997年至1998年3月，聊城地区核心领导机关是中国共产党聊城地区委员会，为中共山东省委派出机构，地委书记、副书记、委员由省委任命，代表省委对聊城地区行使党的领导。1998年撤地设市后，成立中国共产党聊城市委员会。同年2月28日，召开首届聊城市党员代表大会，即地级中共聊城市第九次代表大会。至2015年年底，历经4届。

中共聊城市第九届委员会领导完善市级人民代表大会制度和政治协商制度，选举产生市人大、市政府、市政协领导班子。2003年2月11日，中共聊城市第十次代表大会召开。2007年4月，中共聊城市第十一次代表大会召开。十一届市委围绕“坚持科学发展　构建和谐社会　为加快建设强市名城实现新跨越而奋斗”的目标，推进发展方式转变，加快生态型强市名城建设，城乡面貌发生新的变化。2012年2月，中共聊城市第十二次代表大会召开。新一届市委围绕全面建设生态型强市名城，开展“生态聊城”建设，坚持工业强市、三产兴市、三农稳市、城建靓市，努力打造山东西部新兴生态化工业城市、冀鲁豫交界地区的商贸物流中心城市、江北文化旅游和休闲度假目的地城市，实现跨越赶超。

第一章　党员代表大会

1997年8月29日，国务院批复同意撤销聊城地区和县级聊城市，设立地级聊城市和聊城市东昌府区。1998年2月20日，中共山东省委批复：撤销中国共产党聊城地区委员会，成立中国共产党聊城市委员会。1998—2015年，中共聊城市委召开党员代表大会4次。

第一节　中国共产党聊城市第九次代表大会

1998年2月28日至3月3日，中国共产党聊城市第九次代表大会在聊城市召开，选举产生中共聊城市委第九届委员会领导成员，会议应到代表382人，实到374人，列席人员244人。张敬涛作题为《面向新世纪　开创新局面为建设富裕文明的新聊城而努力奋斗》的报告，郭兆信主持会议。会议审查通过中国共产党聊城市委报告和中国共产党聊城市纪律检查委员会报告（书面）。选举产生聊城市第九届委员会委员31人，中国共产党聊城市第九届委员会候补委员5人，中国共产党聊城市纪律检查委员会委员25人。

1998年2月，中国共产党聊城市第九次代表大会

第二节　中国共产党聊城市第十次代表大会

2003年2月11—14日，中共聊城市第十次代表大会在聊城市召开，选举产生中共聊城市委第十届领导成员。郭兆信代表中国共产党聊城市第九届委员会向大会作题为《全面贯彻“三个代表”重要思想跨越发展实现率先崛起，团结实干建设强市名城》的报告。会议应到代表472人，实到462人。会议首先通过总监票人1人、监

票人10人。在总监票人和监票人的监督下，以无记名投票方式，选举出中国共产党聊城市第十届委员会委员37人、候补委员7人，选举出中国共产党聊城市纪律检查委员会委员25人。大会通过《中国共产党聊城市第十次代表大会关于中共聊城市第九届委员会工作报告的决议》。大会充分肯定中国共产党聊城市第九届委员会的工作，批准了郭兆信代表中共九届市委所作的报告。

2007年3月，中国共产党聊城市代表会议召开。与会代表采用无记名投票的形式，选举产生聊城市出席省第九次党代表大会的代表39人。

第三节　中国共产党聊城市第十一次代表大会

2007年4月13—16日，中共聊城市第十一次代表大会在聊城市召开，选举产生中共聊城市委第十一届领导成员。大会代表496人，出席大会的代表474人。会议由林峰海主持，宋远方代表中国共产党聊城市第十届委员会向大会作题为《坚持科学发展　构建和谐社会　为加快建设强市名城实现新跨越而奋斗》的报告。大会通过选举总监票人、监票人名单。在总监票人和监票人的监督下，到会的474名代表以无记名投票的方式，选举出中共聊城市第十一届委员会委员49人、候补委员9人。选举出中共聊城市纪律检查委员会委员40人，选举出聊城市出席省第九次党代会代表39人。大会一致通过《中国共产党聊城市第十一次代表大会关于中共聊城市第十届委员会报告的决议》《中国共产党聊城市第十一次代表大会关于中共聊城市纪律检查委员会工作报告的决议》。

第四节　中国共产党聊城市第十二次代表大会

2012年2月，中国共产党聊城市第十二次代表大会召开

2012年2月2—5日，中共聊城市第十二次代表大会在聊城市召开，选举产生中共聊城市委第十二届领导成员。大会代表492人，出席大会代表485人。大会由市委副书记、市长林峰海主持，市委书记宋远方代表中共聊城市第十一届委员会向大会作题为《全面建设生态型强市名城　为创造聊城人民的幸福生活而奋斗》的报告。报告回顾中共聊城市第十一届委员会的工作，提出五年聊城工作的指导思想和总体要求。大会批准宋远方代表中共聊城市第十一届委员会所作报告，一致通过《中国共产党聊城市第十二次代表大会关于中共聊城市第十一届委员会报告的决议》。选举产生中共聊城市第十二届委员会委员49人、候补委员9人，选举产生中共聊城市纪律检查委员会委员40人，选举出聊城市出席中共山东省第十次代表大会代表39人。

第二章 重要会议和重要决策

第一节 重要会议

一、中国共产党聊城市委员会全体会议

中国共产党聊城市第九届委员会全体会议 1998年3月3日，中国共产党聊城市第九届委员会第一次全体会议在聊城市召开。会议通过《中共聊城市委关于加强自身建设的决定》。会议选出中国共产党聊城市第九届委员会市委书记1人，副书记4人，常委8人。选举张敬涛为市委书记，郭兆信、赵振兰（女）、白志刚、张秋波为市委副书记，赵立银、张春禄、吕绍勤、薛新民、张桓、金维民、路广业、许立全为市委常委。

1998年8月30日，中国共产党聊城市第九届委员会第二次全体会议在聊城市召开。市委书记张敬涛主持会议，市委副书记、市长郭兆信传达《山东省房产税征收管理暂行办法》文件和山东省人大常委会副主任王克玉在山东省第七次党代会代表选举会议上的讲话。市委副书记张秋波作《关于聊城市出席山东省第七次党代会代表候选人名额分配和初步人选酝酿考察情况的说明》。分组酝酿讨论聊城市出席山东省第七次党代会代表候选人初步人选名单和《关于召开中国共产党聊城市代表会议的决定（草案）》，市委常委听取酝酿讨论情况的汇报，研究确定代表候选人预备人名单。通过《关于召开中国共产党聊城市代表会议的决议》。

2000年8月9日，中国共产党聊城市第九届委员会第三次全体会议在聊城市召开。会议主要学习贯彻“三个代表”重要思想，研究全市经济、社会发展和党的建设等重大问题，安排部署下半年工作任务。市委书记张敬涛结合聊城市实际就如何学习、领会和贯彻落实好中共中央总书记江泽民“三个代表”重要思想作重要讲话。市委副书记、市长郭兆信通报全市上半年经济运行情况和下半年经济工作安排。

2000年11月12日，中国共产党聊城市第九届委员会第四次全体会议在聊城市召开。会议学习中共中央总书记江泽民在中共十五届五中全会上的讲话，山东省委书记吴官正、山东省省长李春亭在省委七届五次全会上的讲话。市委副书记、市长郭兆信作聊城市“十五”计划编制情况说明，大会分组审议《聊城市经济和社会发展第十个五年计划（草案）》，市委书记张敬涛作总结发言。

2001年6月20—21日，中国共产党聊城市九届委员会第五次全体会议在聊城市召开。市委书记郭兆信主持会议，出席会议的市委委员26人，候补委员3人。会议传达贯彻中国共产党山东省七届委员会第六次全委会议精神，研究部署加强和改进聊城市党的基层组织建设工作；根据党章规定，审议递补市委委员。市委副书记赵振兰传达山东省委书记吴官正在中国共产党山东省七届委员会第六次全委会议上的讲话，市委副书记张春禄传达山东省纪委书记赵春兰在领导干部廉政教育会议上的讲话。会议分组学习讨论《中共山东省委关于按照“三个代表”的要求加强和改进党的基层组织建设的意见》，讨论审议《中共聊城市委关于加强后进村班子建设的意见（审议稿）》和《关于递补市委委员的决定（草案）》，审议通过《关于递补市委委员的决定》。郭兆信作重要讲话。会议通过《中共聊城市九届五次全委会议公报》。会议决定：候补委员许泽英递补为中国共产党聊城市第九届委员会委员。

2001年10月23日，中国共产党聊城市第九届委员会第六次全体会议在聊城市召开。出席会议的市委委员26人，候补委员3人，市纪委

委员和有关方面负责人列席会议。会议传达学习中国共产党十五届六中全会和中国共产党山东省委七届委员会第七次全委会议精神，研究聊城市贯彻落实意见；讨论审议《中共聊城市委关于贯彻落实党的十五届六中全会精神集中解决若干突出问题的意见（讨论稿）》。分组讨论并通过《全委会议公报》，作出《关于加强和改进党的作风建设的决定》。

2002年4月1日，中国共产党聊城市第九届委员会第七次全体会议在聊城市召开。出席会议的市委委员26人，候补委员2人。市纪委常委列席会议，会议由市委常委会主持。会议议题是研究确定聊城市出席中国共产党山东省第八次代表大会代表候选人预备人选名单。通过《关于召开中国共产党聊城市代表会议的决议》《关于进一步解放思想更新观念推动全市经济和社会事业跨越式发展的决定》。全委会确定，2002年4月召开中国共产党聊城市代表会议，选举产生聊城市出席中国共产党山东省第八次代表。会议分析全市经济社会发展面临的新形势、新任务，强调解放思想、更新观念的极端重要性和紧迫性，研究解放思想、更新观念，加快全市经济社会发展的问题。会议决定利用半年时间在全市集中开展一次解放思想教育活动。会议指出这次解放思想教育活动的指导思想、核心、主要任务、原则和配套措施、加强组织领导的重要性。

2002年12月28日，中国共产党聊城市九届委员会第八次全体会议在聊城市召开。出席会议的有市委委员29人，候补委员3人。市纪委副书记，不是市委委员、候补委员的县（市、区）委书记、县（市、区）长，开发区党工委书记列席会议。会议由市委常委会主持，市委书记郭兆信代表市委常委会作重要讲话。会议深入学习贯彻落实中共十六大精神，审议通过《关于召开中共聊城市第十次代表大会的决议》《中共聊城市委关于深入学习贯彻落实党的十六大精神的决定》。通过无记名投票方式表决并通过市委常委会提名的10名县级党政正职拟任人选。

2003年2月6日，中国共产党聊城市九届委员会第九次全体会议在聊城市召开。出席会议的市委委员31人，候补委员3人。市纪委委员，不是市委委员、候补委员的市人大常委会党员副主任、市政协党员副主席，县（市、区）委书记、经济开发区党工委书记列席会议。会议由市委常委会主持，市委书记郭兆信讲话。全委会决定，中国共产党聊城市第十次代表大会于2月11—14日在聊城市召开。全委会确定市第十次党代会的主要议程，提交市第十次党代会预备会议审议。会议讨论审议并原则通过中国共产党聊城市第九届委员会向市第十次党代会的报告（草案）和市纪律检查委员会向市第十次党代会的报告（草案），决定提交市第十次党代会审议。全委会酝酿市第十次党代会换届人事安排方案和其他有关事项。

中国共产党聊城市第十届委员会全体会议

2003年2月14日，中国共产党聊城市第十届委员会第一次全体会议在聊城市召开。会议选举郭兆信、张秋波、霍正气、林峰海、吕绍勤、金维民、郭兴元、刘加顺、申长海、卢保民、魏惠育（女）、王改真（女）、贾少勇为市委常委，郭兆信为中共聊城市委书记，张秋波、霍正气、林峰海、吕绍勤、金维民为中共聊城市委副书记。会议通过《中共聊城市委关于加强自身建设的决定》。会议提出全市全面建设小康社会的基本设想和5年总体目标，即力争到2020年全市国内生产总值翻三番。根据这一战略构想，确定5年的全市工作总体目标："跨越发展实现率先崛起，团结实干建设强市名城"。

2003年6月10—11日，中国共产党聊城市第十届委员会第二次全体会议在聊城市召开。会议审议通过《中共聊城市委关于进一步解放思想干事创业加快跨越发展的决定》。会议深入学习"三个代表"重要思想和中共十六大精神，学习中国共产党山东省委八届五次全会和山东省委工作会议精神，学习先进地区解放思想、抢抓机遇、加快发展的先进经验。会议分析形势并明确全市加快跨越发展的目标任务、总体思路和一系列措施，突出抓好大项目建设、招商引资、高新技术、民营经济、旅游业、劳务经济等6个重点，力争发展得速度更快、质量更好。

2003年10月28日，中国共产党聊城市十届委员会第三次全体会议在聊城市召开。会议学习中共中央总书记胡锦涛在中国共产党十六届三中全会上的工作报告和重要讲话以及《中共中央关于完善社会主义市场经济体制若干问题的决定》，张高丽在中国共产党山东省八届委员会六次全委会上的讲话。会议对深入学习贯彻中共十六届三中全会、省八届六次全委会精神作全面部署。

2003年12月29日，中国共产党聊城市第十届委员会第四次全体会议在聊城市召开。会议通过《中共聊城市委关于认真学习贯彻落实胡锦涛总书记重要指示和讲话精神的决定》。听取市委、市政府主要领导人述职述廉报告，并进行民主测评。会议就贯彻落实中共中央总书记胡锦涛重要讲话作安排部署。

2004年5月21日，中国共产党聊城市第十届委员会第五次全体会议在聊城市召开。全委会认真学习中共十六大和十六届三中全会精神，学习中共中央领导关于树立和落实科学发展观的一系列重要讲话，审议通过《中共聊城市委关于牢固树立和认真落实科学发展观的决定》。市委书记郭兆信代表市委常委会讲话，向全委会报告市委常委会的工作，对全市工作提出要求。

2004年9月28日，中国共产党聊城市第十届委员会第六次全体会议在聊城市召开。会议传达学习中共中央总书记胡锦涛受中央政治局委托在中国共产党十六届四中全会上作的工作报告和重要讲话，学习《中共中央关于加强党的执政能力建设的决定》和山东省委书记张高丽在中国共产党山东省八届委员会第八次全委会议上的讲话，审议通过《中共聊城市委关于深入学习贯彻党的十六届四中全会精神加强党的执政能力建设的意见》。会议就学习贯彻中国共产党十六届四中全会和中国共产党山东省八届委员会第八次全委会议精神，全面加强党的执政能力建设，以及做好各项工作提出要求。

2005年4月26日，中国共产党聊城市第十届委员会第七次全体会议在聊城市召开。会议传达学习中共中央总书记胡锦涛视察山东时的重要讲话和中共山东省委八届十次全会精神。会议提出大力加强党的先进性建设，为实现跨越发展、率先崛起提供坚强的政治保证和组织保证。

2005年10月28日，中国共产党聊城市第十届委员会第八次全体会议在聊城市召开。会议学习贯彻中国共产党十六届五中全会和中共山东省八届委员会第十一次全委会议精神，听取和讨论市委常委会工作报告，审议《聊城市国民经济和社会发展第十一个五年规划纲要（审议稿）》，决定由市政府修改后提交聊城市十四届人大第四次会议批准。会议确定全市“十一五”期间经济社会发展的总体要求并作出安排部署。

2006年7月10日，中国共产党聊城市第十届委员会第九次全体会议在聊城市召开。学习中共中央总书记胡锦涛在庆祝中国共产党成立85周年暨总结共产党员先进性教育活动大会上的重要讲话，学习中共中央、山东省委一系列重要指示，审议通过《中共聊城市委关于认真学习贯彻落实胡锦涛总书记重要讲话推进经济社会又快又好发展的决定》。

2006年10月31日，中国共产党聊城市第十届委员会第十次全体会议在聊城市召开。市委书记郭兆信受市委常委会委托作工作报告。会议审议通过《中共聊城市委关于贯彻落实党的十六届六中全会精神努力构建社会主义和谐聊城的决定》，从10个方面提出实施意见。

2006年11月30日，中国共产党聊城市第十届委员会第十一次全体会议在聊城市召开。会议审议通过《关于召开中国共产党聊城市第十一次代表大会的决议》；确定中国共产党聊城市第十一次代表大会定于2007年3月在聊城市召开，代表名额500人。

中国共产党聊城市第十一届委员会全体会议　2007年4月16日，中国共产党聊城市第十一届委员会第一次全体会议在聊城市召开。选举产生中共聊城市第十一届委员会领导机构。宋远方受中共聊城市第十一次代表大会主席团委托主持全会。出席会议的市委委员49人，候补委员9人。会议审议通过《中国共产党聊城市第十一届委员会第一次全体会议选举办法》，推选监票人。酝酿通过中国共产党聊城市第十一届委员会常务委员会委员和书记、副书记候选人名单，在监票人的监督下，以无记名投票方式选举产生中国共产党聊城市第十一届委员会常务委员会委员和书记、副书记。全会批准中共聊城市纪律检查委员会第一次全体会议选举结果，通过《中共聊城市委关于加强自身建设的决定》。新当选的市委书记宋远方作重要讲话。

2007年11月17日，中国共产党聊城市第十一届委员会第二次全体会议在聊城市召开。出席会议的市委委员40人，候补委员8人。市纪委委员和有关方面负责人列席会议。会议由市委常委会主持。市委书记宋远方作讲话。全委会认真学习中共十七大和中共山东省九届二次全委会精神，审议通过《中共聊城市委关于进一步学习贯彻党的十七大精神的决议》。全委会认为，中共十七大是在全国改革发展关键阶段召开的一次十分重要的大会，全市各级党组织和广大党员干部要充分认识学习贯彻中共十七大精神的重大意义。

2008年1月16日，中国共产党聊城市第十一届委员会第三次全体会议在聊城市召开。出席会议的市委委员35人，候补委员7人。市纪委常委和有关方面负责人列席会议。会议听取市委书记宋远方受市委常委会委托所作的工作报告，市委副书记、市长林峰海就做好2008年经济工作提出意见。会议审议通过《中共聊城市委2008年工作要点》。宋远方在全委会结束时作重要讲话。全委会总结2007年经济工作，部署2008年改革发展任务。会议号召全市上下要团结一心，开拓进取，做好2008年的经济工作，为加快建设强市名城、实现新跨越而奋斗。

2008年7月22日，中国共产党聊城市第十一届委员会第四次全体会议在聊城市召开。出席会议的市委委员42人，候补委员9人。市纪委委员和有关方面负责人列席会议。全委会深入分析上半年经济运行情况，安排部署下半年经济社会发展任务。会议听取市委书记宋远方受市委常委会委托所作的工作报告。市委副书记、市长林峰海就经济形势和下半年的重点工作讲了重要意见。市委书记宋远方在全委会结束时作重要讲话。全委会充分肯定市委常委会上半年的工作。会议要求，聊城改革发展处在关键时期，各级领导干部要时刻保持清醒头脑，全面认识和正确把握形势，抢抓机遇，迎接挑战，增强实现又好又快发展的责任心和使命感，确保实现全年经济社会发展的各项目标任务。

2009年6月30日，中国共产党聊城市第十一届委员会第五次全体会议在聊城市召开。出席会议的市委委员39人，候补委员7人。市纪委常委和有关方面负责人列席会议。全委会认真学习省委书记姜异康对聊城市的重要批示，听取市委常委会工作报告，分析上半年经济运行情况，安排部署下半年经济社会发展任务。市委副书记、市长林峰海就做好2009年经济工作提出重要意见。会议对《中共聊城市委常委会贯彻落实科学发展观情况分析检查报告》进行评议，市委书记宋远方在全委会结束时作重要讲话。会议充分肯定市委常委会上半年工作，强调要以深入开展学习实践科学发展观活动为动力，全力以赴做好保增长、保民生、保稳定的各项工作，以优异成绩迎接中华人民共和国成立60周年。

2009年12月28日，中国共产党聊城市第十一届委员会第六次全体会议暨全市经济工作会议在聊城市召开。出席会议的市委委员41人，候补委员9人。市纪委常委和有关方面负责人列席会议。会议学习贯彻中央、省经济工作会议精神，听取市委书记宋远方受市委常委会委托所作的工作报告，市委副书记、市长林峰海就2010年的经济工作作全面部署，宋远方在全委会结束时作重要讲话。会议充分肯定市委常委会一年的工作。会议要求认真做好2010年的工作，确保实现全年经济社会发展的任务目标，为加快建设生态型强市名城、实现新跨越作出新的更大贡献。

2010年7月20日，中国共产党聊城市第十一届委员会第七次全体会议在聊城市召开。出席会议的市委委员41人，候补委员8人。市纪委常委和有关方面负责人列席会议。全委会深入学习贯彻中央关于加快经济发展方式转变的重大决策部署和省委九届十次全会精神。听取市委书记宋远方受市委常委会委托所作工作报告，审议通过市委、市政府《关于推进发展方式转变加快生态型强市名城建设若干重要问题的意见》，市委常委、副市长刘加顺就做好下半年经济工作提出意见，市委书记宋远方在会议结束时作讲话。会议充分肯定市委常委会上半年的工作，要求全市上下增强转方式调结构的紧迫感、责任感，按照“全面提升年”的要求，全面完成任务目标，为加快建设生态型强市名城作出新的更大贡献。

2011年1月7日，中国共产党聊城市第十一届委员会第八次全体会议在聊城市召开。出席会议的市委委员42人，候补委员9人。市纪委常委和有关方面负责人列席会议。全委会深入学习贯彻中共十七届五中全会、中央经济工作会议和省委九届十一次全会、全省经济工作会议精神，听取和讨论市委书记宋远方受市委常委会委托所作工作报告，审议通过《中共聊城市委关于制定国民经济和社会发展第十二个五年规划的建议》。市委书记宋远方在会上作讲话，市委副书记、市长林峰海就建议讨论稿作出说明，对全年经济工作作出部署。会议充分肯定市委常委会2010年的工作和“十一五”时期全市经济社会发展取得的成就，提出“十二五”时期经济发展的主要任务。会议要求各级各部门要把握工作重点，深入开展“继续提升年”活动，推动经济社会又好又快发展。

2011年7月22日，中国共产党聊城市第十一届委员会第九次全体（扩大）会议在聊城市召开。出席会议的市委委员38人，候补委员8人。市纪委常委和有关方面负责人列席会议。会议认真学习中共中央胡锦涛总书记“七一”重要讲话。听取和讨论市委书记宋远方代表市委常委会所作的上半年工作报告。审议通过《关于加快建设“一五二”产业基地的意见》。市委书记宋远方作讲话，市委副书记、市长林峰海对下半年经济工作作出全面部署，各县（市、区）委书记、经济开发区党工委书记作发言。全委会充分肯定市委常委会上半年工作，要求各级党委要高度重视换届工作，营造风清气正的换届环境，确保换届工作顺利进行。

2011年11月10日，中国共产党聊城市第十一届委员会第十次全体会议在聊城市召开。出席会议的市委委员37人，候补委员8人。市纪委常委和有关方面负责人列席会议。会议认真传达学习中共十七届六中全会和省委九届十三次全会精神，审议通过《中共聊城市委关于认真贯彻落实中共十七届六中全会精神推动文化大发展大繁荣的实施意见》《关于召开中国共产党聊城市第十二次代表大会的决议》。市委书记宋远方作讲话。

2012年1月10日，中国共产党聊城市第十一届委员会第十一次全体会议暨全市经济工作会议在聊城市召开。出席会议的市委委员37人，候补委员9人。市纪委常委和有关方面负责人列席会议。全委会深入学习贯彻中央和全省经济工作会议精神，听取和讨论市委书记宋远方受市委常委会委托所作工作报告。市委书记宋远方在会上作重要讲话，市委副书记、市长林峰海全面总结全市2011年的经济工作，就2012年的经济工作作出部署。会议肯定市委常委会2011年工作，确定2012年全市经济社会发展的奋斗目标。会议要求各级各部门要把握稳中求进的工作基调，促进经济社会又好又快发展。

2012年1月18日，中国共产党聊城市第十一届委员会第十二次全体会议在聊城市召开。出席会议的市委委员35人，候补委员7人。会议听取市委书记宋远方关于聊城市第十二次党代会筹备情况的通报，听取市委常委、秘书长秦传滨关于市第十二次党代会报告起草情况的说明，听取市委常委、组织部部长丛锡钢关于市委委员、候补委员、市纪委委员候选人预备人选名

2012 年 1 月，全市经济工作会议召开

单和聊城市出席中共十八大代表候选人初步人选推荐名单、省第十次党代会代表候选人预备人选建议名单产生情况的说明。会议确定聊城市第十二次党代会召开时间，安排部署党代会各项准备工作。

中国共产党聊城市十二届委员会全体会议 2012 年 2 月 5 日，中国共产党聊城市十二届委员会第一次全体会议在聊城市召开。宋远方主持会议。出席会议的市委委员 49 人，候补委员 9 人。会议通过《中国共产党聊城市第十二届委员会第一次全体会议选举办法》，会议选举宋远方、林峰海、王忠林、万志博、刘春华、李希信、侯军、秦传滨、蔡同民、赵庆忠、刘强、王勇、丛锡钢、刘炤（挂职）为市委常委；宋远方为市委书记，林峰海、王忠林为市委副书记。会议批准中国共产党聊城市纪律检查委员会第一次全体会议选举结果。市委书记宋远方代表新一届市委作重要讲话。

2012 年 7 月 20 日，中国共产党聊城市十二届委员会第二次全体（扩大）会议暨理论学习中心组读书会集体会议在聊城市召开。出席会议的市委委员 41 人，市委候补委员 7 人。市纪委常委和有关方面负责人列席会议。会议由市委常委会主持。会议听取和讨论市委书记宋远方受市委常委会委托所作工作报告，市委副书记、市长林峰海全面总结聊城市上半年经济工作，就下半年经济工作作出具体安排部署，各县（市、区）党委书记、市经济开发区党工委书记和有关部门负责人作发言，宋远方作讲话。会议充分肯定市委常委会上半年的工作，要求全市各级坚持“积极作为、科学务实、稳中求进、争先进位”的总体要求，以打造“一五二”产业基地为重点，保持经济社会平稳较快发展。

2012 年 12 月 3 日，中国共产党聊城市第十二届委员会第三次全体会议在聊城市召开。出席会议的市委委员 42 人，市委候补委员 8 人。市纪委常委和有关部门负责人列席会议。会议深入学习贯彻中共十八大和省委十届二次全会精神。会议听取和讨论市委书记宋远方受市委常委会委托所作工作报告，充分肯定市委常委会 2012 年的工作。审议通过《中共聊城市委关于深入学习宣传贯彻党的十八大精神的决议》。市委书记宋远方作讲话。

2013 年 4 月 12—14 日，中国共产党聊城市第十二届委员会第四次全体会议在聊城市召开。出席会议的市委委员 46 人，市委候补委员 9 人。会议深入贯彻落实中共十八大和全国“两会”精神，听取和讨论市委书记林峰海受市委常委会委托所作的工作报告，研究讨论《中共聊城市委聊城市人民政府关于东融西借跨越赶超建设冀鲁豫三省交界科学发展先行区的意见（讨论稿）》。市委书记林峰海在会议结束时作重要讲话。

2013 年 12 月 27 日，中国共产党聊城市十二届委员会第五次全体会议在聊城市召开。出席会议的市委委员 43 人，市委候补委员 8 人。市纪委常委和有关方面负责人，中共十八大、省十次党代会代表和基层党员代表列席会议。会议认真学习贯彻中共十八届三中全会、中共中央总书记习近平视察山东重要讲话和省委十届七次、八次全体会议精神，听取和讨论市委书记林峰海受市委常委会委托所作工作报告。会议审议通过《中共聊城市委关于贯彻落实党的十八届三中全会精神的实施意见》。市委书记林峰海在会议结束时作重要讲话。

2014年8月15日，中国共产党聊城市十二届委员会第六次全体会议在聊城市召开。出席会议的市委委员42人，市委候补委员8人。市纪委常委与有关方面负责人列席会议。会议深入学习贯彻党的十八大、十八届三中全会和中共中央总书记习近平系列重要讲话精神，贯彻落实十八届中央纪委第三次全会和山东省纪委十届四次全会精神，对深入推进全市党风廉政建设和反腐败工作，切实强化党委主体责任和纪委监督责任作专题部署。市委书记林峰海在会上作讲话。

2014年12月6日，中国共产党聊城市十二届委员会第七次全体会议在聊城市召开。出席会议的市委委员44人，市委候补委员9人。市纪委常委与有关方面负责人、市第十二次党代会代表中部分人员列席会议。会议认真学习贯彻党的十八届四中全会和省委十届十次全会精神，听取和讨论市委书记林峰海受市委常委会委托所作工作报告，审议通过《中共聊城市委关于贯彻落实党的十八届四中全会精神全面推进依法治市的实施意见》。市委书记林峰海作重要讲话。

2015年8月2日，中国共产党聊城市十二届委员会第八次全体会议在聊城市召开。出席会议的市委委员41人，市委候补委员9人。会议深入贯彻落实党的十八大、十八届三中、四中全会和中共中央总书记习近平视察山东时的重要讲话、重要批示精神，认真贯彻落实中共山东省委十届十二次全会精神。按照中央“四个全面”的战略布局和中共山东省委“一个定位、三个提升”的要求，落实好中共山东省委全会确定的“稳增长调结构要在8个方面取得新进展”的要求，明确聊城市的目标任务和主攻方向。市委书记徐景颜作讲话。

2015年12月21日，中国共产党聊城市第十二届委员会第九次全体会议在聊城市召开。出席会议的市委委员38人，市委候补委员9人。市纪委委员和有关方面负责人列席会议。会议深入学习贯彻中共十八届五中全会和山东省委十届十三次全会精神，听取和讨论市委书记徐景颜受市委常委会委托所作工作报告，审议通过《中共聊城市委关于制定聊城市国民经济和社会发展第十三个五年规划的建议》。徐景颜就该建议（讨论稿）向全委会作说明。

二、中国共产党聊城市委员会常务委员会会议

1998年2月至2003年2月，中共聊城市九届委员会围绕贯彻落实中共十六大精神、省委全委会议精神、市九次党代表大会确定的任务目标，召开市委常委会（常委扩大会）149次，对涉及全市经济社会发展的问题研究部署，保证市九次党代会确定的各项目标任务顺利实施。

2003年3月至2007年3月，中共聊城市十届委员会围绕贯彻落实中共党的十六届三中、四中、五中全会精神，省委精神以及市十次党代表大会确定的任务目标，召开市委常委会（常委扩大会）142次，对涉及全市经济社会发展的问题研究部署，保证市第十次党代会确定的各项目标任务顺利实施。

2007年4月至2012年1月，中共聊城市十一届委员会围绕贯彻落实中共十七大、省委全委会议精神以及市第十一次党代会确定的任务目标，召开市委常委会（常委扩大会）136次，对涉及全市经济社会发展的问题研究部署，保证市第十一次党代会确定的各项目标任务顺利实施。

2012年2月至2015年12月，中共聊城市十二届委员会围绕贯彻落实党的十八大、省委全委会议精神以及市第十一次党代会确定的任务目标，召开市委常委会（常委扩大会）187次，对涉及全市经济社会发展的问题研究部署，保证市十一次党代会确定的各项目标任务顺利实施。

第二节　重要决策

一、中国共产党聊城市第九届委员会重要决策

政治建设决策　农村基层组织教育整顿。根据中共中央和省委部署，1997年3月12日，中

共聊城地委制定《关于进一步搞好农村村基层组织整顿工作的意见》，就完成后进村整顿目标任务及农村村基层组织建设工作的经常化、制度化建设等问题提出明确要求。是年11月12日，中共聊城地委制定《关于今冬明春继续开展农村基层组织集中教育整顿的意见》，就深入搞好中共十五大精神的宣传教育、继续深入推进农村基层组织建设作安排部署，明确集中教育整顿的指导思想、目标任务、整改内容、选派驻村干部的条件和办法以及组织领导等。

实行“一推双考”选拔干部。1997年6月30日，中共聊城地委下发《关于转发地委组织部〈关于公开推荐与考试考核相结合选拔地直部分单位领导干部的报告〉的通知》，同意地委组织部的报告，通过“一推双考”选拔8名地直单位副县级领导干部。

经济社会发展决策　扶贫工作。根据《中共山东省委、山东省人民政府关于尽快解决我省农村贫困人口温饱问题的决定》（鲁发〔1996〕25号）精神，1997年4月14日，中共聊城地委、聊城地区行署制定《关于进一步做好扶贫工作的意见》，明确以后几年扶贫工作的指导思想、目标任务、工作重点和工作措施。

减轻农民负担。根据中共中央、国务院减轻农民负担工作的有关文件精神，1997年4月24日，中共聊城地委、地区行署制定《关于1997年农民负担制度化管理的意见》，提出对1997年减轻农民负担工作实行制度化管理，制定农民承担费用和劳务定项限额制度、预决算制度、农民负担监督卡制度等10项管理制度。

水利改革。1997年12月25日，中共聊城地委、聊城地区行署做出《关于加快水利改革、促进水利发展的决定》，确定水利改革与发展的指导思想和主要任务。该决定对深化水利改革、引黄工程建设、蓄水工程建设、节水工程建设、防洪除涝工程治理、水利工程管理、水利投入机制等提出明确要求。

卫生改革。根据中共中央、国务院和山东省委、省政府有关文件精神，1997年7月15日，中共聊城地委、聊城地区行署制定《关于加快卫生改革和发展的意见》，提出卫生工作的指导思想和目标任务，对加快卫生管理体制、卫生机构运行机制、城镇职工医疗保障制度等改革力度，加强农村卫生工作，搞好预防保健，发展中医药事业，加强卫生队伍建设，加大执法监督力度，增加卫生投入，加强对卫生工作的领导等方面提出明确要求。

二、中国共产党聊城市第十届委员会重要决策

政治建设决策　农村基层组织建设。2003年4月8日，聊城市委制定《关于深入开展农村基层组织建设“三级联创”活动的实施意见》，提出“三级联创”活动的指导思想和目标要求，制定创建措施和考核办法，确保圆满完成创建任务。11月24日，中共聊城市委制定《关于今冬明春在全市深入开展农村党的建设“三级联创”集中活动的意见》，要求利用5个月的时间，在全市深入开展以班子建设、基层干部作风整顿、农村党员致富技能培训等3项活动为重点内容的“三级联创”活动。2006年8月12日，中共聊城市委制定《关于深化农村党的建设“三级联创”活动推进社会主义新农村建设的实施意见》，明确并深化“三级联创”活动的指导思想和目标任务，制定政策措施。

解放思想干事创业。2003年6月10日，聊城市委十届二次会议通过《关于进一步解放思想干事创业加快跨越发展的决定》，确定聊城市以后发展的总体思路和任务目标，围绕“一个总目标”，实现“两个同步”，完成“三个阶段”任务，拉开“四大格局”，突出“五个重点”。

实施述职述廉制度。2003年7月22日，聊城市委制定《关于在全市党政领导干部中实行述职述廉制度的实施意见》，要求从2003年起对各级党政领导干部实行述职述廉制度。

优化发展环境。2003年12月27日，聊城市委、市政府制定《关于建设“诚信聊城”的意见》，提出大力培育政府信用、企业信用和个人信用“三大主体”，推进信用道德、信用网络和

信用制度“三大建设”，切实抓好金融信用、中介组织信用和产品质量信用“三个突破口”等三大基本任务。2004年2月25日，聊城市委、市政府作出《关于建设“平安聊城”的决定》，确定建设“平安聊城”的总体要求和目标。总体要求是：全面提升维护稳定工作的整体水平，确保全市社会政治更加稳定，治安秩序更加平稳，法治环境更加规范，投资环境更加改善，人民群众的安全感进一步增强。做到在改革发展中保持社会政治稳定，在社会政治稳定中推进改革与发展。实现物质文明、政治文明和精神文明建设相协调，为聊城市经济快速发展营造稳定的政治环境、良好的治安环境和规范的法制环境。同时，提出建设“平安聊城”的主要政策和措施。2005年3月28日，聊城市委、市政府制定《关于进一步优化发展环境的意见》，提出进一步优化发展环境的指导思想、基本思路和政策措施。

实施贯彻落实年。2004年2月5日，聊城市委、市政府制定《关于实施贯彻落实年的意见》，对于市委、市政府提出的任务目标进行分解和落实，严格考核奖惩机制，并提出要大兴学习之风、调查研究之风、真抓实干之风、创新之风，在全市上下形成求真务实、真抓实干的良好风气。

落实科学发展观。2004年5月21日，中共聊城市十届五次全会通过《关于牢固树立和认真落实科学发展观的决定》。《决定》要求：统一思想，明确落实科学发展观的要求。突出抓好“三农”，努力增加农民收入。调整优化结构，促进经济全面增长。全力推进改革，加快体制机制创新步伐。加强政治文化建设，全面发展社会事业。坚持以人为本，解决好关系群众的突出问题。加强党的建设，提高执政能力。大兴求真务实之风，狠抓工作落实。2006年9月19日，聊城市委、市政府制定《关于认真贯彻落实科学发展观推进经济社会又快又好发展的意见》，对贯彻落实科学发展观，推进经济社会又快又好发展，作出安排部署。

开展“五好”教育活动。2004年9月2日，聊城市委制定《关于在全市共产党员中深入开展“五好”教育活动的意见》。提出党员的“五好”标准：树立好思想、发扬好作风、掌握好本领、创造好业绩、发挥好作用。制定开展“五好”教育活动的主要方法与政策措施。

保持共产党员先进性教育活动。根据中共中央和省委部署，2005年1月17日，聊城市委制定《关于在全市开展以实践“三个代表”重要思想为主要内容的保持共产党员先进性教育活动的实施方案》《关于第一批部门和单位深入开展以实践“三个代表”重要思想为主要内容的保持共产党员先进性教育活动的实施方案》。6月30日，制定《关于第二批先进性教育活动的实施方案》。12月8日，制定《关于第三批先进性教育活动的实施方案》。

建立和完善“三个体系”。2005年8月12日，聊城市委、市政府制定《关于建立和完善决策目标、执行责任、考核监督“三个体系”的意见》。提出建立和完善“三个体系”的指导思想、目标要求和应遵循的原则，并对“三个体系”的建立完善和组织领导提出明确要求。

建立突发性群体事件应急处置预案。2005年9月29日，聊城市委、市政府制定《关于建立突发性群体事件应急处置预案的意见》，提出处置突发事件的指导思想和原则，明确适用范围、处置措施、责任分工、组织机构和预案等级。

落实中共十六届六中全会精神。2006年10月31日，中共聊城市十届十次全会通过《关于贯彻落实党的十六届六中全会精神努力构建社会主义和谐社会的决定》。《决定》要求：深入学习中共十六届六中全会精神，提高对构建社会主义和谐社会的认识。明确指导思想和目标任务，把握好构建和谐社会的重大问题。更加注重发展社会事业，推动社会全面进步。统筹兼顾，全面提高协调发展水平。围绕建设和谐文化，做好思想政治领域工作。加强民主法治建设，维护社会公平正义。推进社会建设管理，激发社会创造活力。深化平安聊城建设，切实维护社会稳定。维护和发展群众利益，加强和改进群众工作。加强党的先进性建设，提高领导和驾驭本领。

经济社会发展决策　民营工业园区建设。2003 年 3 月 6 日，聊城市委、市政府制定《关于进一步加快民营工业园区建设的意见》，提出民营工业园区应坚持高起点规划、高标准建设、高质量服务、高效益发展的原则，并对园区的体制以及组织领导作出要求。

建设旅游主导产业。2003 年 3 月 6 日，聊城市委、市政府制定《关于加快建设旅游主导产业的意见》，提出建设旅游主导产业的指导思想和奋斗目标：实施“政府主导、社会参与、市场运作”的大旅游发展战略，强化政策引导，加大资金投入，理顺管理体制，创新运作机制，深度开发资源，大力拓展市场，扩大产业规模，提升产业素质，增强主导功能，提高其在第三产业和整个国民经济中的比重。

做好就业工作。2003 年 3 月 15 日，聊城市委、市政府制定《关于进一步做好就业工作的意见》，要求通过拓宽就业渠道，完善和落实促进就业的政策法规、加强职业教育培训以及加强劳动力市场建设等 6 个方面的措施，促进全市就业工作顺利进行。

振兴服务业。2004 年 2 月 18 日，聊城市委、市政府制定《关于振兴全市服务业的意见》。提出振兴服务业的指导思想和发展目标，确定服务业发展的三大重点领域，并结合实际，制定促进服务业发展的政策措施。2006 年 12 月 4 日，聊城市委、市政府制定《关于进一步促进服务业发展的意见》，明确各项政策措施，促进服务业加快发展。

优化金融生态环境。2005 年 8 月 5 日，聊城市委、市政府制定《关于优化金融生态环境促进经济金融健康发展的意见》。明确金融生态环境建设的指导思想和任务目标，强化金融生态环境建设的工作措施，并对加强金融生态环境建设的组织领导提出要求。

文化科技建设决策　实施科技特派员工程。2004 年 4 月 26 日，聊城市委、市政府制定《关于实施科技特派员工程的意见》，对全市科技特派员工程作出部署。

人才强市战略。2004 年 9 月 27 日，聊城市委、市政府制定《关于实施人才强市战略进一步加强人才工作的意见》。提出人才强市战略的具体目标和基本要求，在创新人才培养机制、加强制度建设、优化人才环境等方面作出安排部署。

建设绿色聊城。2005 年 3 月 12 日，聊城市委、市政府作出《关于加快林业发展建设绿色聊城的决定》。确定建设绿色聊城的指导思想和任务目标，通过建设绿色聊城，实现弘扬绿色文明、构筑绿色屏障、保护绿色资源、发展绿色产业、建设绿色聊城的宏伟目标。同时，该决定提出建设绿色聊城的主要政策和措施。

十项民心工程。2005 年 6 月 14 日，聊城市委、市政府制定《关于抓好十项民心工程的实施意见》。提出努力维护社会公正、切实保护群众利益、加强就业和社会保障工作、加快农村扶贫解困步伐、切实解决群众住房难问题、加强污染治理和环境整治、加强公共卫生服务、加大教育扶持力度、加快科技文化体育事业发展、努力保障社会安全等十项民心工程，并制定具体措施。

建设创新型城市。2006 年 7 月 27 日，聊城市委、市政府制定《关于贯彻落实科技规划纲要建设创新型城市的意见》，对建设创新型城市，提高城市综合竞争力，做出安排部署。

学习实践社会主义荣辱观。2006 年 9 月 19 日，聊城市委制定《关于深入学习实践社会主义荣辱观切实加强思想道德建设的实施意见》。要求提高对践行社会主义荣辱观重要性的认识，积极宣传教育，广泛开展活动，创造文化环境，把践行社会主义荣辱观各项任务落到实处。

发展职业教育。2006 年 4 月 26 日，聊城市委、市政府作出《关于大力发展职业教育的决定》。确定“十一五”期间职业教育的发展目标和任务，通过制定各项政策措施，不断提升职业教育的综合实力，增强职业教育办学活力，推动职业院校与企业密切结合、提高教育质量和办学水平，完善职业资格证书制度，建立职业教育学生资助制度，营造推动职业教育发展的良好氛围。

加强民族工作。2006 年 12 月 12 日，聊城市委、市政府制定《关于进一步加强民族工作促进民族团结进步事业发展的意见》。明确民族工作的指导思想、任务目标、方针和原则，提出加快少数民族经济社会发展的政策措施。

三、中国共产党聊城市第十一届委员会重要决策

政治建设决策　党风廉政决策。2007 年 1 月 3 日，市委召开常委会议，传达学习省委《关于进一步加强领导干部廉洁自律的通知》，听取 2006 年党风廉政建设情况汇报，研究 2007 年党风廉政工作。会议指出，各级各部门要深刻认识党风廉政建设和反腐败工作的长期性、复杂性和艰巨性。要提高对加强党风廉政建设和反腐败工作的重大意义的认识。要坚持标本兼治，综合治理，注重预防的方针，深入落实党风廉政建设责任制，切实加强对反腐倡廉规定落实情况的监督检查。1 月 16 日，市委召开常委扩大会议，传达学习中央纪委七次全会和省委常委扩大会议精神。会议肯定全市党风廉政建设和反腐败斗争取得新进展、新成就，要求各级要适应新形势、新任务，扎实推进反腐倡廉各项工作；牢记“两个务必”，切实加强领导干部的作风建设，切实加强领导，推动反腐倡廉各项措施的落实。

解放思想大讨论活动。2007 年 5 月 18 日，市委在东昌宾馆大礼堂召开全市“加快建设强市名城，我们怎么办”解放思想大讨论动员大会。市委决定，从 2007 年 5 月 18 日起至是年年底，在全市范围内深入开展以“加快建设强市名城，我们怎么办”为主题的解放思想大讨论活动。通过讨论，切实解决好思想观念上存在的突出问题，为加快建设强市名城，实现新跨越提供强有力的保障。

贯彻中共十七大精神。2007 年 10 月 24 日，市委召开常委扩大会议，传达学习中共十七大精神，研究学习贯彻意见。会议指出：首要政治任务是学习宣传和全面贯彻落实中共十七大精神，为实现中共十七大确定的奋斗目标和工作任务而扎实努力。广泛发动、精心组织，在全市迅速掀起学习宣传贯彻中共十七大精神的热潮。以中共十七大精神为动力，推动聊城市科学发展、和谐发展、跨越发展。落实中共十七大提出的新要求，做到“五个坚定不移”。11 月 12 日，市委召开常委扩大会议，传达中共山东省委九届二次全委会精神，研究贯彻落实意见，指出要按照省委九届二次全委会的部署和要求，把学习贯彻中共十七大精神的热潮引向深入。11 月 16 日，市委召开常委会议，审议讨论《中共聊城市委关于进一步学习贯彻党的十七大精神的决议（讨论稿）》。

严明换届纪律。2008 年 12 月 28—29 日，市委召开常委扩大会议，传达贯彻中央纪委和中央组织部联合召开的严明换届纪律，做好选举工作视频会议以及山东分会场会议精神，研究贯彻落实意见。按照中央和省委的要求部署，进一步严明政治纪律、人事组织纪律和廉政纪律，切实做好换届选举各项工作。

经济社会发展决策　节能减排环境保护。2009 年 10 月 11 日，市委召开常委会议，专题研究节能减排环境保护工作。会议指出，搞好节能减排环境保护是实现又好又快发展的必然选择。必须坚定不移地抓好结构调整，坚定不移地抓好节能减排、环境保护。要充分发挥政府在节能减排环境保护中的主导作用，要注重和善于运用经济手段开展工作。建立节能减排环境保护市场化运营机制，加强节能减排环境保护监管力度。

社会主义新农村总体规划。2009 年 11 月 6 日，市委召开常委会议，以中共十七大精神为指导，研究建设社会主义新农村总体规划工作。会议听取市发改委关于《聊城市建设社会主义新农村总体规划（草案）》的汇报。与会人员一致认为，推进社会主义新农村建设必须首先搞好规划，科学制定规划对于指导全市开展新农村建设十分重要。会议指出，科学规划、扎实推进社会主义新农村建设，要坚持以中共十七大精神为指

导，坚持以促进农民增收为核心，落实促进农民增收的各项政策措施，减轻农民负担，要坚持以改革开放、机制创新为动力。要坚持以项目建设为载体，加强农村基础设施和文化建设，为推进社会主义新农村建设创造条件。

促进聊城经济开发区发展。2009年12月14日，市委召开常委会议，研究促进聊城经济开发区发展的政策问题，创新体制、优化环境，举全市之力将其打造成全市先进制造业聚集区。主动承接发展现代制造业、有色金属深加工业、高新技术产业、高档服装加工业等符合国家产业政策的大项目、外资项目。充分发挥好经济开发区改革开放窗口和招商引资前沿阵地的作用，实现又好又快发展，形成工业新城。

四、中国共产党聊城市第十二届委员会重要决策

政治建设决策　开展基层组织建设年活动。2012年3月12日，市委办公室印发《聊城市在创先争优活动中开展基层组织建设年工作方案》，明确开展基层组织建设年的目标要求：按照“好书记、好思路、好制度、好阵地、好机制”的工作目标，巩固先进、推动一般、整顿后进，着力提升基层党组织建设的整体水平，主要实现“五个提升”。开展基层组织建设年要突出“四个重点”，即农村、社区、非公有制经济组织和社会组织。规定各级党委和组织部门要有计划、有组织、分步骤推进活动开展，制定时间安排，以及考核评价标准。

2013年1月4日，市委常委会议通过《中共聊城市委常委会关于改进工作作风密切联系群众的实施办法》，从提高认识增强自觉、改进调查研究、大力精简会议活动、大幅减少文件简报、简化改进新闻报道、着力简化接待工作、带头厉行勤俭节约、规范出访出行工作、始终坚持廉洁自律、切实加强督促检查等10个方面提出具体要求。春节前后，市委常委会下发《关于2013年元旦春节期间改进工作作风加强廉洁自律的通知》《关于开展厉行勤俭节约反对铺张浪费专项行动监督检查的实施方案》等文件，重申改进工作作风、加强廉洁自律的有关要求。3月21日，市委常委会制定《关于整肃市直机关纪律作风的五项规定》。建立转作风抓落实工作机制，2014年8月25日，市委、市政府制定《关于建立转作风抓落实工作机制的意见》。该意见要求，切实巩固党的群众路线教育实践活动成果，促进全市各级各部门进一步转变作风、狠抓落实、转轨提速、跨越赶超。建立转作风抓落实的工作机制包括目标责任制、主体负责制、到人到时制、督查落实制、定期报告制、考核奖惩制、责任追究制7项内容。

加强和改进人大工作。2014年12月31日，市委印发《关于进一步加强和改进人大工作的意见》。该意见要求，加强和改善党对人大工作的领导，坚定人大工作正确政治方向；支持和保障人大及其常委会依法行使职权，充分发挥地方国家权力机关作用；充分发挥人大代表主体作用，增强人大工作生机活力；加强人大自身建设，更好地适应新形势新任务的要求。

“三严三实”专题教育活动。2015年5月，市委举办“三严三实”专题党课，启动全市“三严三实”专题教育。5月18日，市委书记、市人大常委会主任徐景颜带头为全市县处级以上领导干部讲专题党课，深刻阐述“三严三实”的理论价值、实践意义和丰富内涵，深入分析当前聊

2015年10月，聊城市举行“三严三实”专题教育展

城部分领导干部中“不严不实”的突出表现，对践行“三严三实”、开展专题教育提出明确要求。徐景颜强调，“三严三实”是新的历史条件下领导干部的思想和行动准则，内涵丰富、意义重大。要以高度的思想自觉和行动自觉践行“三严三实”要求，认真查摆和解决“不严不实”的突出问题，切实担当起为人民服务的重任，推动党的建设取得新成效。同日，全市“三严三实”专题教育工作座谈会召开，学习贯彻中央、省委有关要求和徐景颜讲话精神，对全市“三严三实”专题教育作出安排部署。19日，市委副书记、市长王忠林为全市政府系统县处级以上领导干部讲专题党课时强调，“三严三实”是立身做人的一面镜子，是检验党性原则的一把尺子，要强化党性意识、宗旨意识、纪律意识、担当意识、公权意识、自律意识“六个意识”，当好对党忠诚、爱民为民、守纪律讲规矩、干事创业、严以用权、清正廉洁“六个榜样”，扎实践行“三严三实”。市委常委带头集中学习，为所在单位和分管领域上专题党课。

经济社会发展决策　建设生态聊城。2012年5月21日，市委、市政府下发《关于落实生态山东战略建设生态聊城的实施意见》。指出建设生态聊城的主要任务是优化产业结构，加快能源结构调整，大力调整产业结构，扎实推进节能减排工作，巩固提高流域治污成果，突出抓好大气污染治理，全面建设生态农业，构建生态安全防控体系，强化土壤、重金属和危险废物污染防治，深化城乡环境综合整治。到2020年，全市基本形成经济社会发展与资源环境承载力相适应的生态经济发展格局。22日，生态聊城建设暨全市环境保护工作会议召开，会议宣读《聊城市人民政府关于表彰创建国家环境保护模范城市工作先进集体和先进个人的决定》《聊城市人民政府关于表彰2011年度生态市建设先进县市区的通报》《聊城市人民政府关于表彰2011年度主要污染物总量减排工作先进县的通报》。

农产品品牌建设。2012年4月28日，市委、市政府下发《关于加快推进农产品品牌建设的意见》。该意见指出，加快推进农产品品牌建设对于构建现代农业体系、提高农产品市场竞争力、促进农民增收、稳固三农基础具有重要意义。该意见要求，坚持“一县一品”的原则，按照“集中力量、整合资源、强化培育、扶优扶强”的思路，开展农产品品牌创建工作，健全组织、落实责任、制定政策、强化监督、加大宣传、强化督导，确保农产品品牌建设工作取得明显成效。

民营经济工作争先进位。2012年4月28日，全市民营经济工作会议召开，下发《关于促进民营经济工作争先进位的实施意见》。会议指出，2012年一季度经济发展取得一定成绩，但与沿海发达市和周边市相比，还存在许多差距和不足。要“铺天盖地”兴民营、“顶天立地”强民营、政策扶持壮民营、优化环境保民营，全面开创民营经济发展新局面。会上，枣庄市山亭区城头镇、浙江省桐庐县分水镇负责人分别作报告，介绍两地发展民营经济的成功经验。

“一五二”产业基地发展规划。2012年2月13日，市委办公室、市政府办公室下发《聊城市“一五二”产业基地发展规划》通知，包括8个基地发展规划，即生态农业及农产品深加工基地发展规划、有色金属及金属加工基地发展规划、运输设备及零部件基地发展规划、基础化工及精细化工基地发展规划、轻纺造纸及食品医药基地发展规划、能源电力及节能设备基地发展规划、商贸流通及现代物流基地发展规划、文化旅游及休闲度假基地发展规划。

县域经济跨越式发展。2012年9月29日，市委、市政府下发《关于奋力实现县域经济跨越式发展的实施办法》。该办法要求正确分析形势，切实增强加快县域经济发展的危机感紧迫感责任感，明确发展思路和任务目标，重点推进工业化水平大提升、服务业发展大突破、现代农业大发展、城镇化进程大跨越。采取推动改革扩权、加大财政扶持、改善金融服务、强化用地保障、推动园区发展等措施，强化组织领导机制、建立考核激励机制，实现县域经济的跨越发展。专门成立聊城市加快县域经济发展领导小组。

加快新型城镇化步伐。2012 年 10 月 30 日，市委、市政府下发《关于全面加快新型城镇化步伐的意见》，明确建设“特色水城”“文明水城”“富裕水城”“生态水城”“宜居水城”的发展目标，提出全面加快新型城镇化步伐、促进生态型强市名城；建设必须高水平搞好城镇规划，科学构建新型城镇体系，健全完善城镇功能，重点突破小城镇，切实提高城镇管理水平，推进产业发展，完善社会保障体系。

建立土地管理共同责任机制。2012 年 12 月 30 日，市委、市政府下发《关于建立土地管理共同责任机制的意见》，规定党委、政府，国土资源部门以及各级相关部门的责任划分，建立土地管理奖励机制、警示约谈问责机制、土地违法责任追究机制等，建立土地管理共同责任机制，促进全市经济社会全面协调可持续发展。

加快构建现代农业产业体系。2013 年 1 月 31 日，市委、市政府召开全市农村工作会议，会议学习贯彻落实中共十八大和中央、全省农村工作会议精神，发布《关于进一步深化农村改革加快构建现代农业产业体系的意见》，对 2012 年度农业农村工作先进单位先进个人进行表彰。明确 2013 年农业农村工作的总体要求，提出要大力发展现代农业，加快构建现代农业产业体系；全面落实惠农政策，健全农业支持保护制度；深化农村综合改革，创新农业经营机制；加快生态文明乡村建设，推进城乡一体化发展；创新农村社会管理，保障农村社会和谐稳定；坚持扎实的工作作风，抓好“三农”任务的落实。

十大基础设施工程。2013 年，全市加大投入力度，扩大投资需求，基础设施、民生工程等重大项目陆续开工，确定的十大基础设施工程建设分别是：邯济铁路聊城段扩能改造、济聊城际铁路、聊泰铁路、郑济客运专线、聊城军民合用机场、聊城煤炭资源开发、大唐临清 2×35 万千瓦热电联产项目、华能山东发电有限公司聊城电源项目、全国新增千亿斤粮食聊城项目区建设、南水北调平原水库项目。

经济技术开发区“一分为二”。2013 年 7 月 1 日，市委、市政府确定将聊城经济技术开发区和聊城高新技术产业开发区分设管理，将聊城经济技术开发区以黄河路、东外环路和长江路东延伸线（贯穿位山一干渠）为界分成南北两部分，北部为聊城经济技术开发区，南部为聊城高新技术产业开发区。聊城经济技术开发区辖黄河路以北、东外环（黄河路口至长江路口）以东、长江路东延伸线以北范围，含北城街道、蒋官屯街道、广平乡 3 个乡（街道）和东城街道的北部分。聊城高新技术产业开发区辖黄河路以南、东外环（黄河路口至长江路口）以西、长江路以东延伸线以南范围，含许营镇、顾官屯镇、韩集乡 3 个乡镇和东城街道的南部（九州街道）。两区在市内为完全独立的两个单位，对上、对外仍以聊城经济技术开发区或聊城高新技术产业开发区 1 个单位统称。凤凰工业园列入高新区统计范围。

规模以上企业“实施二次创业、贡献跨越赶超”活动。市委、市政府研究决定，自 2013 年至 2015 年，在全市开展规模以上企业“实施二次创业、贡献跨越赶超”活动。9 月 10 日，全市企业“实施二次创业、贡献跨越赶超”动员大会召开。会议分两个阶段进行。第一阶段为考察学习。9 月 7—9 日，市委书记、市人大常委会主任林峰海，市委副书记、市长王忠林率聊城市党政企考察团，到济宁市、潍坊市、烟台市、滨州市 4 个市进行学习考察。第二阶段为集中开会，对企业“实施二次创业、贡献跨越赶超”进行动员部署。会上，鲁西化工、太平洋光缆公司、泉林纸业、广庆集团、信发集团、时风集团及市发改委、人行聊城市中心支行主要负责人发言。会议印发《全省贯彻“四个尊重”重大方针，充分发挥工人阶级主力军作用座谈会精神传达提纲》和《中共聊城市委、聊城市人民政府关于开展规模以上企业“实施二次创业、贡献跨越赶超”活动的意见》。该意见明确二次创业活动的总体要求，坚持“政府引导、市场主导、企业主体”，以“转调创”为方向，以提高企业的质量效益为中心，以加大优质高效投入为切入点，以政策支持、部门服务为保障，实现企业三年发展转型跨越、贡献翻番。

“服务跨越赶超”集中整治经济发展环境活动。2013年6月27日，为全面优化聊城市经济发展环境，市委、市政府决定，利用6个月时间，在全市开展“服务跨越赶超”集中整治经济发展环境活动。活动主要内容：加强思想教育和政策学习，集中整治规范行政审批和执法行为，开展纪律作风专项督查，组织开展“服务对象评议窗口单位”专题活动，整治企业周边治安环境，组织开展行业协会和中介机构清理。通过活动的开展，机关部门的服务意识明显增强，办事效率明显提高，影响投资环境的不良行为明显减少，营造“亲商、重商、扶商”的社会氛围和“零障碍、低成本、高效率”的投资环境。

“大项目突破年”活动。2013年6月8日，中共聊城市委、聊城市人民政府制发《关于开展“大项目突破年”活动的实施意见》。该意见明确总体目标：2013年全市规模以上固定资产投资力争突破1600亿元，增长27%。要求围绕做大做强主导产业和骨干企业，加快发展战略性新兴产业，突出新型工业、农业产业化、现代服务业、基础设施和社会民生等5个方面，抓好项目谋划储备、招商引资、开工建设和竣工投产4个重要环节。

农村扶贫开发。2015年1月16日，市委办公室、市政府办公室印发《关于贯彻落实鲁办发〔2014〕37号文件精神　扎实推进农村扶贫开发工作的实施意见》。该意见明确执行省扶贫标准3000元。专项扶贫扶持范围为农户人均纯收入低于扶贫标准且有劳动能力的贫困户。到2020年，稳定实现扶贫对象不愁吃、不愁穿，义务教育、基本医疗和住房得到保障，贫困人口每年减少15%以上，贫困村农民人均纯收入增幅高于全市平均水平的目标。通过创新项目扶贫机制和模式，提高扶贫效率；强化落实行业扶贫责任，重点抓好12项（道路畅通、电力保障、饮水安全和农田基本建设、特色产业增收、乡村旅游扶贫、危房改造和农村垃圾处理、社会保障、教育扶贫、文化体育建设、贫困村信息化、卫生和计划生育、生态环境）工作，扎实解决贫困群众突出问题；创新社会扶贫参与机制，构建多元帮扶格局；创新金融扶贫机制，改善贫困地区融资环境；加强组织领导，确保各项工作落到实处。

文化科技建设决策　“讲道德、重诚信、比赶超、促跨越”主题实践活动。市委决定，从2013年5月至是年年底，在全市范围内组织开展“讲道德、重诚信、比赶超、促跨越”主题实践活动。按照“讲道德、重诚信、比赶超、促跨越”的目标要求，开展“九大活动”，选树系列典型，推进主题实践活动深入开展。九大活动：学理论、学道德、学先进“三学”活动，“东融西借、跨越赶超”大讨论活动，主题宣讲和研讨活动，“四德”建设示范活动，共铸诚信活动，文明行业创建活动，志愿服务活动，新闻宣传活动，文化宣传活动。

“塑造聊城形象从我做起”主题活动。2012年2月22日，市委、市政府动员部署全市开展“塑造聊城形象从我做起”主题活动。市委副书记王忠林在动员大会上要求一定要做到“六个到位”：思想认识到位，表率作用发挥到位，宣传发动到位，维护到位，践行到位，要求到位。这项活动分为动员发动、广泛宣传、集中活动、总结表彰4个阶段。

2014年1月，聊城市委宣传部、市委讲师团编写了《“四德”建设系列教育读本》丛书

党委新闻发言人制度。2012年4月28日，市委办公室印发《关于建立和完善党委新闻发言人制度的实施意见》。明确党委新闻发布工作的内容包括党委作出的重要规划、重大决策部署、重点工作和重要事项以及工作进展情况；党的代

表大会以及党委举办的重要会议等情况；涉及县（市、区）、市直部门工作的重大事件和重要热点难点问题，采取的措施和取得的成效；澄清涉及党的工作的误解和疑虑，批驳谣言，消除不实或歪曲报道的影响；其他需要向社会公布的事项。

提高最低工资标准。根据省政府《关于公布全省最低工资标准的通知》规定，自2013年3月1日起聊城市最低工资标准为月最低工资标准1080元，小时最低工资标准11元（月最低工资标准适用于全日制就业劳动者；小时最低工资标准适用于非全日制就业劳动者），调整范围为聊城市所辖县市区。

综合整治全市城乡环境。2013年，聊城市召开全市城乡环境综合整治会议。会上，市委副书记、代市长王忠林讲话，要求按照建设“宜居、宜业、宜游”生态新水城的目标，在全市掀起城乡环境综合整治的新高潮；副市长任晓旺就贯彻落实讲了具体意见；市住建委、市政公用事业管理局等7个部门单位主要负责人作表态发言。会后，有关部门做好城区占用城市道路、广场、绿地、公园等城市公共用地设立的报刊、商亭治理工作，助推城乡环境综合整治。是年，全市新建改建道路238条，新增绿化面积705万平方米，林木绿化率达34.6%，“平、明、绿、美、净、齐”的特点初步彰显。

制定《聊城市党政机关厉行节约反对浪费管理办法》。2014年3月14日，市委、市政府联合印发《聊城市党政机关厉行节约反对浪费管理办法》。该办法共12章，结合聊城实际，进一步规范党政机关经费管理、国内差旅、因公临时出国（境）、公务接待、公务用车、会议活动、办公用房、资源节约，对宣传教育、监督检查、责任追究等工作提出明确要求，推进全市厉行节约反对浪费工作制度化、规范化、程序化，从源头上预防奢侈浪费。

培育和践行社会主义核心价值观。2014年7月2日，市委印发《中共聊城市委关于培育和践行社会主义核心价值观的实施意见》。指出大力培育和践行“富强、民主、文明、和谐、自由、平等、公正、法治、爱国、敬业、诚信、友善”的社会主义核心价值观，是实现“建设冀鲁豫三省交界科学发展先行区”任务目标的必然要求，对于凝聚全市人民的思想共识、促进社会和谐、引领改革创新，具有重要意义。应做好学校基础教育、大力开展社会实践教育并加强教师队伍建设，把培育和践行社会主义核心价值观融入国民教育全过程。通过广泛宣传，加强引导，营造浓厚氛围，围绕中心、服务大局，在经济发展实践中、在法治建设实践中、在社会治理中、在文化名市建设中培育和践行社会主义核心价值观。

清理发展思路加快科学发展。2014年8月22日，市委制定《中共聊城市委、聊城市人民政府关于清理发展思路加快科学发展的意见》。指出全市处于打好东融西借、跨越赶超三年攻坚战关键时期，要坚持以科学发展理念为指导，加快实现“六个转变”，即坚持转方式调结构，加快经济发展中心向提高质量和效益转变；坚持民生优先，加快经济成果分配向保障和改善民生转变；坚持统筹城乡，加快城乡发展向“人的城镇化”转变；坚持可持续发展，加快发展质量标准向生态良好转变；坚持“功成不必在我”，加快政绩观向打基础利长远转变；坚持固本强基，加快党建工作重心向加强基层组织建设转变。汇聚东融西借、跨越赶超的强大合力，建设冀鲁豫三省交界科学发展先行区。

第三章　综合协调服务

第一节　政务服务

一、文秘文字服务

1997 年以后，市（地区）委办公室发挥参谋助手作用，围绕中心、服务大局，做好文秘服务和文字综合工作，确保市委各项工作顺利开展。

至 2001 年 1 月，市委办公室平均每年服务市委各类会议 100 余次，校对印发市委和市委办公室文件、领导讲话、聊办通报等 300 余件，办理请示报告、传真电报 180 余件。文字综合工作坚持求实、求严、求细、求高、求快的要求，起草主要领导人署名文章，体现党委意图，发挥以文辅政的作用。2001 年 2 月至 2007 年 3 月，市委办公室平均每年服务市委常委会会议、市委全体会议、市委常委扩大会以及市委召开的其他各类会议 70 余次，办理传真电报和请示报告 150 余份，做好值班接待工作，保障市委机关整体工作的高效运转。突出政策指导性和现实操作性，每年起草各类文稿 300 余篇。2007 年 4 月至 2013 年 3 月，市委办公室搞好办文办会，做好值班工作，平均每年服务市委各类会议、电视电话会议 100 余次，办理传真电报、请示报告 130 余份，办理接待报告单 400 余份。2013 年 4 月至 2015 年 2 月，市委办公室全面做好市委各类会议、电视电话会议的协调服务工作。起草整理校对印发各类纪要文电讲话。抽调精干力量，轮流值班，确保政令畅通。坚持出精品、创一流，起草完成市委主要领导人重要讲话。

2015 年 2 月后，市委办公室坚持作风引领，团结实干，联系上下，沟通内外，全力做好办文、办会以及各种活动的服务保障任务，做好日常值班工作与公文处理工作。严格把关，做好精文简会工作，服务市委全委会会议、市委常委会会议以及市委召开的其他各类会议 50 余次，办理传真电报 45 份、请示报告 34 份，全市性会议和以市委名义发文的数量明显减少。

二、信息服务

1987 年 8 月，设置并成立聊城地委办公室信息科，机构规格为正科级。1998 年 3 月，聊城撤地设市，地委办公室信息科相应更名为市委办公室信息科。2015 年 1 月，市委办公室信息科更名为信息调研室（副县级单位）。先后创办《聊城信息》《报省信息》《信息快报》《工作情况交流》《县市区工作动态》《市直部门工作动态》等刊物，后精简保留《聊城信息》《报省信息》《今日信息》。其中《今日信息》于 2015 年 8 月创刊，重点突出服务市委决策职能，市委领导批示率 30% 以上。建立完善信息约稿、逐级编审、信息反馈、考核通报、学习培训、特约信息员等制度，拓展信息渠道，充实信息内涵，健全党委信息工作网络和机制。2014 年以后，每年有 100 余篇信息被市委领导批示，参谋助手作用得到充分发挥；每年向省委报送信息 1000 篇以上，其中部分信息被转报省级领导和中央办公厅，有的得到中央领导和省委领导的批示。

第二节　工作督查

1990 年 7 月，聊城地委办公室设立督查科，督查人员 2 人，1993 年增加到 4 人。1998 年 11 月，办公室督查科改为办公室督查室，2000 年 11 月，更名为市委督查室，2001 年，升格为副县级单位，2003 年，督查人员达到 6 人。2009 年，市委督查室增设决策督查和专项查办 2 个科。

2001 年以后，市委办公室先后印发《关于进一步加强督促检查推动工作落实的意见》《市

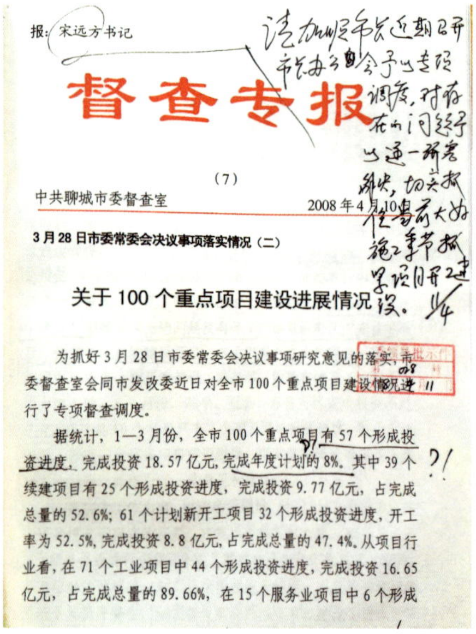
报：宋远方书记

督查专报

（7）

中共聊城市委督查室　　2008 年 4 月 10 日

3 月 28 日市委常委会决议事项落实情况（二）

关于 100 个重点项目建设进展情况

为抓好 3 月 28 日市委常委会决议事项研究意见的落实，市委督查室会同市发改委近日对全市 100 个重点项目建设情况进行了专项督查调度。

据统计，1—3 月份，全市 100 个重点项目有 57 个形成投资进度，完成投资 18.57 亿元，完成年度计划的 8%。其中 39 个续建项目有 25 个形成投资进度，完成投资 9.77 亿元，占完成总量的 52.6%；61 个计划新开工项目 32 个形成投资进度，开工率为 52.5%，完成投资 8.8 亿元，占完成总量的 47.4%。从项目行业看，在 71 个工业项目中 44 个形成投资进度，完成投资 16.65 亿元，占完成总量的 89.66%，在 15 个服务业项目中 6 个形成

2008 年，《督查专报》为市委领导决策提供可靠参考依据

委督促检查工作暂行规则》《办理领导同志批示事项规则》《进一步规范情况反馈工作的通知》《关于开展新闻督查工作的实施意见》等一系列规范性文件，明确党委和党委办公室督促检查的职责和做好督促检查工作的方式方法，推动督促检查工作实现制度化、规范化、科学化。

2013 年 4 月 12—14 日，中共聊城市委十二届四次全会作出实行“五大保障”的重要决策，提出“构建大督查格局，强化大督查机制，实施大督查工作，用好大督查结果，以过硬的督查力度促进跨越赶超”。确定以市委、市政府两个督查室为基础，以市纪委、市委组织部、市监察局、市考核办等有关单位为成员，成立有职有权有责的大督查机构。2013 年 7 月，市大督查落实委员会（市大督委）成立，市委副书记任市大督委主任，市委常委、市纪委书记，市委常委、市委秘书长，市委常委、常务副市长，市委常委、组织部部长，市纪委副书记、市监察局局长兼任副主任。市大督委下设办公室，市纪委副书记、市监察局局长兼任办公室主任，市委组织部副部长 1 人、市纪委常委兼任办公室副主任 1 人。办公室内设督查室 6 个，实行集中办公。各县（市、区）、市属开发区也成立相应组织机构，市直部门（单位）建立大督查联络员制度，形成上下联动、一抓到底的大督查格局。大督查工作的重点是围绕全市经济发展总目标，对各县（市、区）每年度的地方财政收入、固定资产投资、招商引资、项目建设等指标的完成情况，每年在全省县域经济中的排位升降情况开展督查。对市直部门（单位）、中央及省驻聊城单位每年度的本职工作争先进位情况和招商引资任务完成情况督查。对领导批示交办事项的查办落实，对市委、市政府确定的重点工作和重大项目的督查及日常督查考核。2013—2015 年，市大督委开展重点工作和重大项目督查、领导批示交办事项督查、作风纪律督查等。

第四章　组织建设

第一节　领导班子与干部队伍建设

一、思想作风建设

1997 年，地委把学习孔繁森精神作为加强领导班子和干部队伍思想作风建设的重要举措，突出抓好“学根本、见行动”两个关键环节，引导广大干部以孔繁森为尺子、为镜子，找差距、量不足。为解决地直机关在思想、作风、纪律等方面存在的突出问题，地委决定按照宣传学习、对照检查、整改建制、检查验收等步骤开展教育整顿。制定《关于贯彻落实〈中共山东省委关于解决当前干部作风十个问题的意见〉的实施意见》，要求结合聊城实际，重点解决好 10 个方面的问题。1998 年，按照中央、省委的统一部署要求，先后在市级、市直和县（市、区）领导班

子、领导干部中，以整风的精神认真开展以“讲学习、讲政治、讲正气”为主要内容的党性党风教育，领导班子和领导干部思想作风建设得到明显增强。在全国市地厅局“三讲”教育电视电话会议上，聊城市作典型发言。2002年，按照市委的统一部署，指导各级班子切实加强民主集中制建设，紧紧围绕作风建设开好民主生活会，解决思想作风方面存在的突出问题。2005年，以中共中央总书记胡锦涛视察山东重要讲话为统领，把先进性教育活动作为一项重大政治任务、作为组织工作的重中之重，坚持高标准、严要求、重质量，抓好每个批次、每个阶段、每个环节的工作。2006年，开展第三批先进性教育活动，结合全市实际，制定下发长效机制文件11个，就深入搞好整改、巩固扩大教育活动成果、建立健全基层党建领导责任制、搞好党员经常性教育等各项工作提出明确目标要求、落实办法和措施。2012年，加强领导班子和干部队伍作风能力建设，开展换届“回头看”，深化组织部部长“双向约谈”。加强领导班子内部制度建设，出台《关于加强市直部门（单位）领导班子制度建设的意见》。2014年2—10月，按照中央、省委和市委统一部署，深入开展党的群众路线教育实践活动。参加活动的市县领导班子877个，基层党组织1.2万个，党员28.6万人，县处级以上领导干部1141人。全市各级党组织和广大党员干部紧紧围绕为民务实清廉主题，把握“照镜子、正衣冠、洗洗澡、治治病”的总要求，立足聊城实际，聚焦“四风”顽疾，以从严从实、讲认真的态度和当样板、创一流的决心，做好各环节的工作，着力解决人民群众反映强烈的突出问题，提高做好新形势下群众工作的意识和能力。2015年，在县处级以上领导干部中，开展“三严三实”专题教育，各级领导班子和领导干部坚持以上率下，聚焦突出问题，深入开展不担当不作为、失职渎职、损害群众利益等18项专项整治，提升干部队伍的思想政治素质和工作能力。

二、干部选配

1998年，按照干部“四化”方针和德才兼备的原则，完成1998年县（市、区）领导班子换届调整和市直部门领导班子的调整充实工作，8县（市、区）党政班子成员平均年龄41.9岁，比上届下降6岁，党政正职45岁以下的占56.3%。2001年，市委结合机构改革，集中精力进行县（市、区）领导班子届中调整，将原来167个乡（镇、街道）合并为126个，各县（市、区）委对乡（镇、街道）领导班子进行调整，优化各级领导班子的年龄结构、文化结构和专业结构，凝聚力、战斗力得到增强。2002年，做好县（市、区）领导班子换届，从市委组织部、市纪委抽调人员组成8个考察组，从11月上旬到12月上旬，对县（市、区）领导班子深入细致地考察。严格按照《党政领导干部选拔任用工作条例》规定的程序，广泛发扬民主，扩大干部群众的参与程度，全市参加民主推荐和测评的干部2649人，平均每个县（市、区）123人。换届调整后，县（市、区）党委班子的平均年龄由上届的45.3岁降为41.5岁，大学文化程度的52人，比上届增长8.1%。其中，研究生以上学历的12人，比上届增加7.7%；女干部8人，比上届增加1人；政府班子的平均年龄由上届的44.7岁降为41岁；大学文化程度的35人，比上届增长5.2%，其中，研究生以上学历的10人，比上届增长7.2%；女干部8人，比上届增加3人。注重选拔少数民族干部和党外干部，领导班子结构得到明显改善，进一步提高素质。2006年，做好县乡党委集中换届工作，乡镇党委的换届工作于当年11月中旬顺利完成，县（市、区）党委换届工作跨年度进行，实现省委、市委提出的精简领导班子职数、减少副书记职数、扩大党政领导班子成员交叉任职等各项目标要求。2008年，市委出台《关于进一步加强和改进干部选拔任用工作的意见》，市委组织部制定《关于公推公选县级领导干部的试行办法》，在县级领导干部公推公选中，坚持实行“四公开”“一陈述”“四差额”制度，明确提名主体，规范提名程序，增强干部工作的公开性和透明度。2010年，加大竞争性选拔干部力度，提高干部选拔任用的公信度，公推公选市直9个部门的“一把手”。出台《拟提拔市管干部考察对象报告个人有关事项暂行办法》，对56名拟提拔对象按要求进行廉政报告。2011年，坚持德才兼备、以德为先的用人标准，稳妥地推进市、县、乡领导班子换届，采取集中学习、党校培训、闭卷测试、换届承诺等措施，使“5个严禁、17个不准、5个一律”要求深入人心。集中开展“组织部部长接受干部约谈”活动，约谈干部1044人次，为干部调整奠定基础。推进干部交流，干部交流任职34人，占县（市、区）党政领导班子成员及法检“两长”总数的1/4，优化了班子结构。2012年，完成市、县、乡领导班子换届，实现“干部选好、班子配好、风气树好”的目标。2015年，落实好干部标准，严格执行市管干部选拔任用工作流程，重视发挥党委（党组）领导和把关作用，统筹抓好领导班子配备和领导干部日常调整，选优配强党政“一把手”和关键岗位干部。集中开展县级后备干部专题调研，掌握一批思想政治素质好、工作表现突出的优秀干部，充实后备干部队伍。加大干部交流力度，开展年轻干部“双向交流”挂职工作，选派到乡（镇、街道）挂职的市直机关干部28人、到市直机关挂职的县乡基层干部19人。争取环保部、财政部、省发改委等部门到聊城挂职干部11人，推荐部分干部到国家、省有关部门挂职锻炼。

三、干部审查与监督

2005年，建立健全举报受理查核机制，畅通群众举报渠道，受理反映选拔任用干部工作和党政领导干部有关问题的举报35件次，保证群众对干部选拔任用工作的知情权、参与权、选择权和监督权的落实。安装建立“全国组织系统专用举报信息采集软件”系统，录入举报信息115件，规范举报信息的受理、保存、保密和录入统计工作。

2006年，按照中组部的统一行动，开通组织系统干部任用工作专用举报电话“12380”，全年接到举报电话480个，受理范围内的30件。严肃查处违反《党政领导干部选拔任用工作条例》任用干部的行为，取消1位不符合任职条件的干部任命，冻结1起在主要领导职务即将变动时突击决定的5位干部的调整任命。建立信访分类登记制度、责任制度、督办制度和回复制度。全年受理各类举报77件次，其中反映选人用人问题的27件、反映违反组织人事纪律行为的11件、反映违反廉洁自律有关规定的26件、反映其他问题的13件。

2007年，组成检查组，开展对县（市、区）委贯彻执行《干部任用条例》情况的监督检查。印发《聊城市领导干部报告个人有关事项实施办法》《关于认真做好市管干部2007年首次集中报告个人有关事项工作的通知》，组织实施对市管干部个人有关事项报告表的收集整理工作。

2008年，印发《中共聊城市委组织部关于转发鲁组发〔2008〕28号等文件的通知》和《2008年整治用人上不正之风工作安排》。建立深入整治用人上不正之风工作协调会议制度，开展干部选拔任用工作的满意度和整治用人上不正之风的满意度问卷调查，发放调查问卷1250份。印发《关于加强领导干部经济责任审计监督的意见》《聊城市经济责任审计实施办法》，出台《考察审计实施办法》《聊城市经济责任审计评价办法》等配套的文件规定。加大任前、任中审计力度，实行考察审计；对领导干部履行经济责任情况的综合评价作为干部提拔重用、调整、降免职的重要依据。全年对58名领导干部离任、任中审计，对6名拟提拔人选考察对象、7名交流任职领导干部考察审计。

2009年，召开全市组织系统处理群众举报工作会议，安排部署加强举报受理查核工作和深入整治用人上不正之风。印发《关于认真贯彻落实〈党政领导干部选拔任用工作全程纪实试行办法〉的通知》，研究设定市直部门（单位）适用的全程纪实表格，在全市全面推行干部选拔任用全程纪实工作，部署专项治理拉票行为工作。

2010年，开通运行“12380”举报网站，组织开办培训班，对全市网站维护管理人员就“12380”举报网站主要特点和功能及网站后台管理、举报受理工作流程进行培训。抓好“四项监督制度”(《党政领导干部选拔任用工作责任追究办法》《党政领导干部选拔任用工作有关事项报告办法》《地方党委常委会向全委会报告干部选拔任用工作并接受民主评议办法》《市县党委书记履行干部选拔任用工作职责离任检查办法》)的学习、宣传工作，下发《关于深入学习贯彻“四项监督制度”的通知》，动员部署全市各级学习宣传“四项监督制度”活动。把“四项监督制度”纳入党校领导干部主体班次的培训内容。举办全市领导干部学习“四项监督制度”专题培训班，市委常委、组织部部长徐春福作辅导报告。开展对干部选拔任用工作、整治用人上不正之风工作的评议，民主测评新提拔的党政主要领导干部。

2011 年，按照统一部署，针对“5 个严禁、17 个不准、5 个一律”的换届纪律要求，组织市县两级组织部门、全市科级以上领导干部 1 万余人开展集中学习和集中测试活动，巩固学习成果。印发《严肃换届纪律学习材料》61890 份，编印《干部选拔任用和监督管理政策法规选编》，印送中组部警示教育材料、查处案件通报 48468 份，编发警示材料 36290 份。加大举报受理查核力度，市级以上组织部门受理群众举报 239 件。

2012 年，向市管干部和“两代表一委员”致信，要求遵守并严格执行换届纪律要求及廉洁自律各项规定，确保党代会、人代会、政协会顺利召开。在召开党代会、人代会、政协会期间，将《关于严肃换届纪律保证换届风清气正的通知》、严肃换届纪律要求“明白纸”再次发送“两代表一委员”，要求严格遵守并互相监督。同时，做好严肃换届纪律测评工作，严格按要求向“两代表一委员”发放换届风气测评表。组织开展“征求意见建议”活动。研究制定《关于开展组织工作征求意见建议活动的实施方案》。做好组织工作满意度的学习宣传，全市印发《提高组织工作满意度学习手册》及模拟调查问卷各 2 万余份，全市组织工作满意度提升效果比较明显。在原有举报网络的基础上，全市 8 个县（市、区）统一开通尾号为“12380”的举报专用电话，使群众反映问题更加方便、快捷。

2013 年，畅通举报渠道，市、县两级党委组织部在原有信访、电话、网络等举报平台的基础上，统一开通手机号码尾号为“12380”的短信举报渠道，方便干部群众监督全市干部选拔任用和日常管理工作，反映问题和提出申诉建议。

2014 年，审议通过《聊城市领导干部个人有关事项报告抽查核实联系工作机制工作规则》，明确联系工作机制各成员单位的职责分工和纪律要求。牵头开展超职数配备干部和提前离岗问题专项整治工作，按照《中共山东省委组织部、山东省编办、山东省公务员局转发〈中共中央组织部、中央编办、国家公务员局关于严禁超职数配备干部的通知〉的通知》要求，对全市超职数配备干部情况全面自查，对全市县、科级干部的配备情况、超配情况和超配原因摸底统计，组织全市各部门开展核定干部职数、超配人数和超配原因的核实工作。开展干部选拔任用自查自纠，规范选人用人工作。

2015 年，落实中组部《关于组织人事部门对领导干部进行提醒、函询和诫勉的实施细则》，建立健全干部经常性教育提醒机制，全年提醒领导干部 33 人，书面函询领导干部 63 人。深入推进领导干部个人有关事项报告和抽查核实工作，实行“凡提必查”，对提拔重用的 42 名市管干部重点核查，防止“带病提拔”。采取电脑随机滚动身份证号码的方式，随机抽取 156 名抽查核实对象。针对随机抽查中少报、漏报个人有关事项的不同情形，严格按照有关要求，严肃处理。按照省委组织部“逐步消化存量，严格控制增量”要求，针对干部超职配备，多次调度各县（市、区）、市直有关部门（单位），制定到 2017 年每个季度整改时间表，确保如期完成整改任务。推进“裸官”问题整治。对“带病提拔”干部选拔任用进行集中倒查。

四、干部任免

公务员的职务任免，严格按照市政府办公室下达给各部门的“三定”方案中的领导职数配备人员，非领导职务根据《综合管理类公务员非领导职务设置管理办法》的规定配备。市直党政群机关科级干部达 53 岁，副县级干部达 55 岁，正县级干部达 56 岁需办理离岗和免职手续；事业单位的科级干部任免，按照编委或编办下达给各单位的科级职数办理，没有职数规定的按照中共聊城地委《关于改进党群和行政、事业单位科级干部管理工作的通知》办理。1991—2009 年，任免科级干部 6644 人。2010—2015 年，任免市直政府序列行政机关及参照管理单位科级干部 704 人。

第二节 基层党组织与党员队伍建设

一、基层组织建设

1997 年，按照省委《关于加强农村基层组织建设三年规划》和地委“抓基层、打基础、抓两头、带中间”的思路，集中精力抓农村基层组织的恢复性整顿，向建设性整顿转变。以贫困后进村的整顿工作为重点，按照“五个好”（领导班子好、党员队伍好、工作机制好、工作业绩好、群众反映好）的目标要求，调整充实村两委班子 7600 余个，选配支部书记 1570 人。广泛开展向吴金印、孙长林学习活动和“如何当好乡镇党委书记”大讨论。在全区乡镇推广“汪疃经验”，按照“抓点、普及、提高、延伸”的工作方针，推进示范服务基地建设，到年底，全区创办 320 余个示范服务基地，1000 余名乡镇干部走出机关到基地工作。县乡党委书记驻村蹲点工作稳步进行，全区 8 个县（市）的县（市）委书记，按照地委要求自带被褥、自起炉灶、进村入户，住普通民房、吃家常便饭、到基层蹲点。8 名县（市）委书记平均在村住 18 天，最多的住 51 天。全地区抽调 11000 余名机关干部下村，5 天之内全部到村，有 3 个县一天抽齐 1300 余名干部，第二天全部到村里。全地区 70% 的乡镇党委书记选择乡镇最差的村，平均在村里住 20 天以上。中共中央组织部印发《聊城地区县委书记到后进村蹲点一举数得》经验材料通报，对县委书记到后进村蹲点调研做法给予肯定。当年 10 月，全国农村基层组织建设电视电话会召开，聊城地区主要负责人在会上就县委书记蹲点调研作典型发言。

1998—2001 年，开展农村“三个代表”重要思想学习教育活动，全市有 126 个乡镇、960 个县（市、区）直部门、2666 个乡（镇）站所、6500 个村，12.8 万名党员干部参加。举行全市农村基层组织 3 年整顿工作总结表彰大会，总结全市 3 年中开展农村基层组织集中整顿的经验，表彰“五个好”村党支部 99 个、优秀乡镇党委书记 8 人、挂钩包村部门 20 个、优秀驻村工作队员 42 人。整顿后进村班子，制定《关于加强后进村班子建设的意见》《全市后进村班子整顿工作实施方案》，对后进村，通过选派脱产干部进村任职、部门包村、派驻专项工作队帮扶、实施强村强企带动等措施集中整顿。

2002 年，在莘县观城镇召开全市“五项规范”（组织机构规范、运行程序规范、廉政教育规范、事务公开规范、财务管理规范）建设现场会，推动村级组织建设，610 个后进贫困村得到整顿。2003 年，全市农村基层组织建设工作会议召开，全面部署“三级联创”活动，决定利用 5 个月的时间，在全市深入开展以班子建设、基层干部作风整顿、农村党员致富技能培训等 3 项活动为重点内容的“三级联创”集中活动。对所有拟达到“五个好”要求的村，都派驻指导组，坚持高标准、严要求，帮助制定并落实争创措施。继续深入扎实地开展好“帮村包户、结对扶贫”活动，对后进村特别是乱村，都派驻整顿工作组，采取多种措施，加大整顿力度。开展大规模集中教育培训，提高基层干部素质。有三分之一的县（市、区）达到农村基层组织建设先进县（市、区）水平;“五个好”乡镇党委和“五个好”村党组织分别达 50%。

2005 年，深入开展保持共产党员先进性教育活动，全市 100 个先进基层党组织、60 名优秀共产党员和 40 名优秀党务工作者受到表彰。开展村“两委”换届工作，全市村“两委”交叉任职比率为88%，村党组织书记与村委会主任“一人兼”的比率达92.2%。开展后进村整顿工作，对排查出的448个后进村集中整顿，并对其中63个问题突出的“老大难”村由市委组织部直接督办，强化治理。推进基层组织建设创新，推行“联村自治”，探索加强农村基层组织建设的新路子。是年年底，全市组建联村665个，涵盖行政村1663个，占全市行政村总数的27.2%。深入开展党员“五好”教育活动，召开“五好”教育活动经验交流会。

2006年，在全市农村和部分党委机关扎实开展第三批先进性教育活动，活动满意率达99.6%。组织实施社会主义新农村建设“百千万”帮促工程，深化农村党的建设“三级联创”活动成果。市县两级分别组织100个市、县直部门，下派10000余名干部，帮促全市6100余个行政村的新农村建设工作。开展“联村自治”工作，全市组建联村948个，覆盖行政村2533个。抓好村级组织活动场所建设，截至年底，全市914个村级组织场所的建设资金得到落实，其中219个村的活动场所建设开工，3个已经完成。

2007年，完成村“两委”换届选举工作，全市选出村“两委”成员19912人，比上届减少2590人，村“两委”成员交叉任职率88.6%,“一人兼”的比例91.2%。顺利完成村级组织活动场所建设,“联村共建”和行政村合并试点工作继续深化。全市539家规模以上非公有制企业党组织组建率到100%。2008年，实行县（市、区）委书记履行基层党建工作责任专项述职制度，将履行责任制情况作为实绩考核评定的重要内容；深化“三级联创”活动，对基层党建先进县（市、区）创建，各县（市、区）推荐的“五个好”乡镇党委复核。对培训新一届村“两委”成员分期、分层次举办培训班229期，培训13426人次。创新村级干部管理机制，推行村级干部责任目标绩酬挂钩制度，对12类软弱涣散村班子，采取选派专项工作队驻村整顿、实行部门包扶、选派机关干部进村任职、实施村村、村企联建带动和推动优秀党组织书记跨村任职等措施。

2009年，全市有1000余个党政机关和企事业单位与农村结成帮促对子，1万余名机关干部进村指导，建立帮促责任制，推动新农村建设。在全市组织开展向优秀村党支部书记张国忠学习活动，并积极向上推荐，中央和省学习实践活动领导小组将张国忠作为先进典型，通过中央和省各大媒体进行集中宣传报道。按照“书记抓、抓书记”的要求，做好县（市、区）委书记2009年度述职工作，加大对村党支部书记的教育培训力度，将村党支部书记全部轮训一遍，并建立培训档案。加强对村党支部书记的管理，制定《聊城市村党支部书记“十要十不准”和“八个严禁”履职规范》，促进村党支部书记作风的转变。解决村党支部书记补贴报酬问题，调动村支部书记工作热情。抓好“难点村”集中整顿，由县（市、区）委书记抓全县3～5个后进的“难点村”，乡（镇、街道）党委书记抓本乡（镇、街道)1～2个最后进的“难点村”，采取综合措施进行整顿帮扶，取得初步成效。认真做好选聘高校毕业生到村任职工作，全市选聘162名大学毕业生到村镇任职。开通“12371”党员咨询服务电话。

2010年，建设第二轮村级组织活动场所，完成1041处（省级以上补助663处，自行建设378处）。以开展创先争优活动为契机，在各级机关党组织和党员干部中部署开展“五比五提作表率、创先争优当先锋”主题实践活动。加强“两新”组织党建工作，成立市委非公有制经济组织工委和市委社会组织工委，指导各县（市、区）成立相应机构。选聘高校毕业生到村任职，全市选聘大学生“村官”170人。探索推行以“三访三问、四项机制、五员定责”（访贤问智、访富问计、访弱问需，健全帮带提升机制、健全督导考核机制、健全保障激励机制、健全期满分流机制，当好农村政策宣传员、当好经济发展引领员、当好党建活动组织员、当好文明新风传播员、当好中心工作突击员）为主要内容的大学生“村官”“三四五（三访三问、四项机制、五员定责)”管理法，得到省委组织部认可。

2012年，以选派“第一书记”为抓手，开展城乡基层党组织“双联共建”活动。实行选派“第一书记”担纲、工作组驻村蹲点、机关干部结对帮扶、单位党组织当好后盾“四位一体”，建立配套联动机制，强化督导考核。组织部部务会成员每人联系1个基层党支部，每名组工干部联系帮扶1～2名困难党员群众。全市选派975名“第一书记”驻村领导工作，指导帮助村级党组织发展党员209人，培养后备干部1217人，新建、扩建、修缮活动场所592处，引进致富项目803个，协调落实建设资金7500余万元，新增集体经营性收入1504万元，群众满意度达90%。健全落实“抓书记、书记抓”基层党建工作责任制，乡（镇、街道）党委书记直接向市委组织部部务会党建专项述职，2012年抽取36名乡（镇、街道）党委书记述职党建工作。省委组织部对此给予肯定，中组部《组工信息》、省委组织部《山东组织工作》进行刊发。2012年，全市投入资金1.3亿元，改造升级1544个村级组织活动场所。

2013年，大力抓好选派“第一书记”和“双联共建”工作，改进选派方式，扩大选派范围，各级共选派“第一书记”3395人，驻村“第一书记”协调资金总额8亿元，新增集体经济收入3346.9万元，帮扶困难家庭2.2万余户。推进村级活动场所建设，加强督导调度，截至6月底，全市1053个村完成村级活动场所新建和升级工作，实现村级活动场所全覆盖。完善乡镇党委书记党建专项述职制度，组织开展全市基层组织建设工作情况大调研活动，组成调研组11个，分别随机抽选1个乡（镇、街道）确定为调研对象，为市委决策提供重要依据。

2014年，在全市877个市县领导班子、1.2万个基层组织、28.6万名党员、1141名县处级以上领导干部中开展第二批党的群众路线教育实践活动。坚持重心下移，通过乡村融合、一体推进，促进基层教育实践活动扎实开展。这一创新举措受到中央活动办的肯定并在活动简报上予以转发。以教育实践活动为契机，整顿软弱涣散基层党组织642个，调整充实基层党组织班子169个。建立村级组织运转经费保障机制，市、县两级财政投入9811万元，出台《村级组织运转经费管理使用办法》，对村级组织实行财政保障，“有人办事、有钱办事”的问题得到初步解决。

2015年，加大基层投入，追加1.32亿元用于村级组织运转，运转经费由每村不低于3万元提升到不低于5万元。按照不低于上年度当地农民人均现金收入2倍的标准，落实村党支部书记的报酬待遇。推进城市社区办公用房建设，全面保障城市社区工作经费和服务群众专项经费，城市社区平均经费7.44万元、服务群众专项经费12.6万元。实施党建扶贫，部署推进新一轮第一书记工作。从83个市直单位（部门）选派第一书记和工作组开展帮扶，选派11名副县级干部挂任县（市、区）委常委、市属开发区党工委副书记。加强对第一书记工作的指导、管理、服务，将选调的89名大学生“村官”全部派往贫困村。

二、党员队伍建设

1997年，以“增强党性、提高素质”为目标，全面加强党员教育工作。坚持分类指导、分层施教的原则，采取举办培训班与巡回辅导相结合、集中学习与分散自学相结合、学习文件与观看录像相结合的方式，3年举办党员培训班2022期、专题讲座和报告会1958场，上党课10900余次，90%以上的党员受到不同程度的教育。突出加强党员电化教育、电教网络建设。有3个县（市）成立党员电教中心，5个县（市）配备专职电教人员，41个地、县直部门和167个乡镇（街道）建立电教工作站，1500多个管区、行政村建起电教播放点，90%以上的电教站和80%以上的播放点达到“两机一室”的要求，形成地、县、乡、村四级电教网络。拍摄制作党员电教片20余部，复制发放政治、经济、科技片，录像带1万余盘。认真做好党员发展工作。全面贯彻“坚持标准、保证质量、改善结构、慎重发展”的方针，加强对全区党员发展工作的指导和调度，强化对入党积极分子的培训，突出在工农业生产第一线、优秀青年和妇女中发展党员，注重解决多年不发展党员的落后村和企业空白班组的党员发展问题，使党员的年龄结构、文化结构、地理分布有了较大改善。1998—2001 年，全市发展党员 26023 人。2001 年认真开展“三个代表”重要思想学习教育活动，全市共有 126 个乡镇（街道）、960 个县（市、区）直部门、2666 个乡镇直站所 6508 个村，12.8 万名党员干部参加学教活动。2002 年，开展“千人下乡送科技、十万党员大培训”活动，使 80% 左右 60 岁以下党员至少掌握 1～2 门实用技术，50% 的党员户成为科技示范户。在党员发展工作中，全面贯彻“坚持标准、保证质量、改善结构、慎重发展”方针，适当下调党员发展计划数，增强计划的指导性和可行性，落实发展党员“两推一选”公示制度、党委派员列席支部党员大会制度、基层党委书记与新党员谈话制度和发展党员工作失误追究制度，保证新发展党员质量。

2005 年，深入开展保持共产党员先进性教育活动，全市 100 个先进基层党组织、60 名优秀共产党员和 40 名优秀党务工作者受到表彰。深入开展党员“五好”教育活动，召开“五好”教育活动经验交流会。2006 年，在全市农村和部分党委机关扎实开展第三批先进性教育活动，活动满意率达 99.6%。2009 年，深入开展“三个互动”主题实践活动，全市有 1000 余个党政机关和企事业单位与农村结成帮促对子，1 万余名机关干部进村指导，建立帮促责任制，推动新农村建设。在全市组织开展向优秀村党支部书记张国忠学习活动。开通“12371”党员咨询服务电话。

2010 年，以开展创先争优活动为契机，在各级机关党组织和党员干部中部署开展“五比五提作表率、创先争优当先锋”主题实践活动，机关党建水平明显提升。2014 年，按照上级和市委统一部署，在全市 877 个市县领导班子、1.2 万个基层组织、28.6 万名党员、1141 名县处级以上领导干部中开展第二批党的群众路线教育实践活动。2015 年，出台《关于加强市县组织员和乡镇组织委员队伍建设的意见》，充实专兼职组织员 379 人。召开全市基层党建工作会议，对党组织书记、村（社区）“两委”干部、农村党员开展示范培训和集中轮训。

第三节　人才队伍建设

一、专业拔尖人才选拔与管理

1997 年，地委组织部制定下发《关于加强和完善专业技术拔尖人才管理的意见》，通过加强思想政治教育、搞好业务知识培训、优化工作环境、改善生活条件、完善管理制度等措施，加大拔尖人才选拔管理工作的力度。选拔第三批地级拔尖人才 108 人，指导各县（市）选拔 2～3 批县级拔尖人才 415 人。建立完善人才信息库，筛选出各类人才 672 人，逐一进行登记、编卡、造册、入库。1998 年，继续开展第四批专业技术拔尖人才的选拔工作。2002 年，通过召开拔尖人才座谈会、组织赴外地参观考察等，加强对市级拔尖人才的管理。截至 2007 年，全市先后评选 5 批 527 名专业技术拔尖人才，其中被评为省级拔尖人才 4 人。2007 年以后，根据人才工作形势发展需要，省委组织部对整个优秀人才的评选工作提出新的总体部署要求，专业技术拔尖人才评选活动不再开展。

二、高技能人才选拔与管理

1997 年，开展农村“科技大王”的评选和各类优秀人才的选拔管理工作，评选出农村“科技大王”20 人、省级农村“科技大王”3 人。地委组织部会同人事局、科协开展评选“地区青年科技奖和自然科学优秀成果奖”，评选表彰地级青年科技获奖者 55 人，自然科学优秀成果奖 33 个，优秀建议奖 18 项。2002 年，组织开展第二批农村“科技大王”评选活动，评选出 28 名农村“科技大王”，并在新闻媒体开辟专栏加强先进事迹的宣传。2003 年，市委组织部制定《关于进一步加强专业技术人才队伍建设的意见》，提出要大力培养、引进聊城市急需的高新技术人才、WTO 专业人才、国际金融和贸易人才、高级企业管理人才，特别是重点培养和造就优秀的学术技术带头人和工程技术帅才，把聊城构筑为鲁西人才集聚高地。2006年，市委组织部制定《聊城市乡村优秀科技人才评选管理暂行办法》，开展乡村优秀科技人才选拔评审工作，评出乡村优秀科技人才269人。2007年，推动高技能人才队伍建设，启动实施“千名技师培训计划”和“金蓝领”培训项目，全年培训培养技师383人。2008年，继续开展“千名技师培训计划”，全年培养和培训新技师563人；开展争当首席技师等评选工作，评选出“山东省首席技师”1人，“聊城市首席技师”15人、“聊城市有突出贡献技师”27人、“聊城市技术能手”32人。

三、高层次人才引进和培养

2001年，市委下发《关于认真开展引进招聘高层次人才智力工作的通知》，加强引才引智工作；举办第二期企业中青年干部高级工商管理研修班。2007年，探索实施“水城英才”培养计划，评选“水城英才”142人，进行3年重点梯次培养，造就一批优秀学术、技术带头人和管理专家。2008年，加强对“水城英才”的培养管理，组织所在单位与培养对象签订目标责任书，建立业绩档案，在《聊城日报》开辟“水城英才”风采录专栏，宣传第一批142名“水城英才”的典型事迹。2009—2011年，持续加大投入保障，抓好人才政策创新和平台载体建设，截至2011年年底，全市省级以上工程技术研究中心20家，其中国家级1家；企业技术中心78家，其中国家级6家、省级以上41家，博士后科研工作站9家，“泰山学者”设岗单位1个；全市共引进院士1人、海外专家34人、博士60余人。启动“533高端人才引进计划”，引进外省市“千人计划”3人，推荐参选“泰山学者”高层次人才4人。2013年，到韩国和日本开展系列人才推介活动，召开中国聊城海外高端人才恳谈会，宣传推广聊城人才工作；人力资源社会保障部“万名专家服务基层行动计划”走进山东西部经济隆起带（聊城）活动召开，邀请中国工程院院士4人，享受国务院特殊津贴专家、国家及省有突出贡献的中青年专家20余人，服务项目涵盖聊城市4大行业23家单位的25个重点项目。2014年，编印《聊城市高层次人才需求指南（2014—2015）》，涉及8大行业100余家企事业单位。做好市级重点人才工程“百人计划”和“533计划”的筹备、启动和运作等工作，遴选认定聊城市“533计划专家”人选19名，其中创新类12名、创业类2名，还有2名“泰山学者”特聘专家；继续做好引才引智工作，全年新增泰山学者种业计划专家1人和泰山学者攀登计划专家1人，新增国家创新人才推进计划1人。2015年，加强引进外国专家智力工作力度，先后举办“中国聊城·旅美科协合作交流座谈会”、山东聊城外国专家供需交流会暨技术项目洽谈会。其间，欧美17个国家的108名外国专家到聊城考察，达成146项长期合作意向，签订协议项目35项，涉及107家企事业单位；聊城市与省外专局签订《海外高层次人才战略合作备忘录》。启动开展“水城高层次人才重点支持计划”，分领军人才、青年拔尖人才、服务地方贡献突出人才三大类十小类遴选“百人计划”专家110人。开展各专项人才工程的申报及遴选工作，全年聊城市推荐入选泰山产业领军人才2人、泰山学者2人、省有突出贡献的中青年专家1人、省乡村之星10人、省首席技师4人、齐鲁文化之星15人，西部经济隆起带和省扶贫开发重点区域引进急需紧缺人才支持项目6个项目入选，获得资金130万元；新增博士后工作站2家、山东省工程实验室3家、省级企业重点实验室1家、省级示范工程技术研究中心2家、省级企业技术中心9家、省级农业科技园区4家；“交大聊城科技园——聊城交大妙展创新功场”“聊城市大学生众创基地”2个基地被省科技厅备案认定为第一批众创空间，纳入省级科技企业孵化器的管理和服务体系。新认定市级工程技术研究中心9家、新培育市级企业技术中心26家。

四、科技副职选聘及科技特派员工程

2007年，为强化科技副职工作，制定下发《关于进一步加强科技副职选聘管理工作的意见》，适应社会主义市场经济的需要，对科技副

职的选聘范围、选聘方式和程序，科技副职的职责、权力和有关待遇等作出明确规定，推动科技副职工作逐步走上科学化、规范化和制度化。选聘科技副县长 13 人、科技副乡长 467 人、科技村委副主任 6276 人。2004—2006 年，在全市广泛实施科技特派员工程，选派科技特派员 1371 人。2014 年，做好“省委组织部选派科技人才服务团”的联系服务工作，有济南大学、鲁信公司和省农科院的 3 名科技人员到聊城市东阿、阳谷、高唐 3 个县挂职科技副县长，签订校地（企）合作协议 20 余项，争取上级各项资金 1.46 亿元。

五、科技人才挂职工程

2012 年，实施“科技人才挂职”工程，加强地方政府与聊城大学的合作。根据各县（市、区）、经济开发区人才和项目需求，从聊城大学选派 18 名优秀科技人才挂任副县（市、区）长或副乡镇长，其中，学院副院长 5 人，教授、副教授 10 人，具有博士学位的 13 人。为确保科技人才挂职制度化、规范化，市委组织部出台《聊城校地合作选派聊城大学科技人才挂职工程暂行实施办法》。挂职工程实施后，帮助地方达成合作协议 49 个，申报科研项目 50 余个，建设产学研基地 10 个。《大众日报》予以专门刊发，中共十八大期间《人民日报》政治版专题报道。2013 年，签订《聊城市·聊城大学共建人才高地战略合作协议》，以正式协议形式，规范推进双方深入合作。2014 年，完善“科技人才挂职工程”，市委组织部会同聊城大学出台《聊城大学关于科技挂职人才量化考核的规定》，调整 18 名挂职人才中的 8 人；落实《聊城市·聊城大学共建人才高地战略合作协议》，组织协调有关市直部门和工业园区负责人到聊城大学调研对接。

六、党管人才运行机制

2004 年，开展全市人才资源调查，形成《全市人才资源调查分析报告》；召开全市人才工作会议，市委下发《关于实施人才强市战略，进一步加强人才工作的意见》和一系列配套文件；成立人才工作领导机构和工作机构，健全完善人才工作机制和制度。2005 年，市委组织部制定《聊城市人才工作（知识分子工作）领导小组职责》和《聊城市人才工作（知识分子工作）领导小组工作规则》，规范人才工作程序和议事程序；出台《聊城市引进高层次人才暂行办法》《关于加强高技能人才队伍建设的意见》《关于培养和用好现有人才的若干规定》3 个文件。2006 年，制定下发《关于贯彻〈山东省人才工作领导小组 2006 年工作要点〉的实施意见》，安排部署全市人才工作，在“三支队伍”和高技能人才、乡土实用人才队伍建设方面提出具体要求。2008—2009 年，完成聊城市人才队伍建设中长期规划纲要和“人才紧缺目录”编制工作，充实聊城市高层次人才信息库。2010 年，召开全市人才工作会议，制定出台《聊城市中长期人才发展规划纲要（2010—2020 年）》《聊城市“533 高端人才引进计划”实施意见》，印发《聊城市紧缺人才需求目录（2010—2015）》，规划纲要提出人才队伍建设的 3 项任务、7 项重要人才政策和 10 项重点人才工程，是聊城市以后十年做好人才工作的纲领性文件。2011 年，把人才工作纳入县（市、区）领导班子科学发展综合考核体系并作为考核的重要内容，初步建立人才工作目标考核责任制；组织开展领导小组成员单位主要负责人专项述职，推动人才工作任务落实。2012 年，开展“人才工作优秀重点项目”评选活动，重点扶持 24 个人才工作项目；为 589 名聊城籍在外高层次人才寄赠《聊城日报》，加强联系沟通。2013 年，市委组织部制定出台《关于实施水城高层次人才重点支持计划的意见》《关于在招商引资中积极推进招才引智工作的意见》《关于加快引进高校名所分支机构及推进科研平台载体建设的意见》《关于建立市级领导干部联系高层次人才制度的实施意见》《关于加强党管人才工作的实施意见》《关于健全完善市人才工作领导小组运行机制的意见》6 个文件，健全完善人才工作政策体系。组织实施“重点企业人才工作联系服务计划”，在全市有色金属及深加工、运输设备、化工、医药、纺织、钢管轴承、农产品深加工和节能环保等8类行业53家重点骨干企业明确人才工作联络员，将人才工作触角直接延伸到企业一线。启动聊城市首届“人才工作好新闻奖”及“人才宣传工作先进个人奖”评选工作，《异地筑巢纳英才　着力借脑引资金——冠县县外建立11家研发中心》等8件作品分获一、二、三等奖，侯长宏等3人获“聊城市人才宣传工作先进个人奖”。2014年，健全完善人才工作考核机制，第一次将对各成员单位的考核内容规整为一项业务指标纳入《2014年度全市业务工作目标》。在《聊城日报》以《为跨越赶超集聚“第一资源”——聊城建立完善人才工作服务体制综述》为主题的专版报道，详细解读聊城市人才政策。开展“人才工作集中宣传月”活动，宣传人才工作和人才典型。以“一把手”在《聊城日报》谈学后感的形式，学习贯彻习近平总书记人才工作重要批示和论述精神，先后有12名成员单位“一把手”、9名县（市、区）委组织部部长及7名高层次人才分5期刊发署名文章。做好聊城市第二届“人才工作好新闻奖”“人才宣传工作先进个人奖”评选，评选出一、二、三等奖作品10件，先进个人5名。推进实施人才工作项目化，44个项目被列为全市人才工作重点项目予以重点支持，其中企业项目首次探索性设立15个。2015年，制定出台《聊城市工程中心管理办法》《聊城市重点实验室管理暂行办法》《聊城市博士后人员管理暂行办法》《关于大力实施引资引智“3211”工程促进产业转型升级的意见》《关于进一步加强引进国外人才智力工作的意见》，规范提升人才政策体系。制定《聊城市重点人才工程资金管理使用办法》，确保人才资金专款专用，及时发放。举行全市人才工作者业务能力提升暨人才工作宣传培训班，120余人参加培训。做好党委联系专家工作，从129名专家人选中选择25名人选，与市级领导结对。首次举办专家休假考察活动，18名高层次专家、高技能人才、乡村之星代表赴重庆用一周时间进行考察。

第四节　干部教育培训

中共中央印发《1996年—2000年全国教育培训规划》以后，聊城（地区）市充分利用党校、行政学院、干部学院、高等学校等教育阵地，以县级干部、优秀中青年干部和乡镇党委书记、乡镇长、企业领导干部为培训重点，采取党校培训、外出培训和举办专题论坛相结合的方式，不断加强全市领导干部的思想政治理论、党性教育和业务素质能力建设，为全市经济社会发展提供精神动力、智力支持和组织保证。

1997年，聊城地区培训干部61022人次。其中，政治理论培训41328人次，业务知识培训8024人次，岗位及职业资格培训5498人次，专业、学历培训5263人次，境外、国外培训135人，优秀年轻干部培训774人。在地委党校举办县级干部进修班3期，培训副县级以上党政及事业单位领导干部540人；举办乡镇党委书记、乡镇长培训班各3期，培训乡镇领导干部512人；举办中青年干部培训班1期，培训优秀中青年干部54人；举办企业领导干部进修班2期，培训国有大中型企业领导干部120人。

1998年，全市培训干部52996人次。其中，政治理论培训24684人次，业务知识培训18703人次，岗位及职业资格培训3917人次，学历培训5259人次，境外、国外培训49人，优秀年轻干部培训1060人次。在市委党校举办县级干部培训班4期，培训市县两级副县级以上干部568人；举办乡镇党委书记、乡镇长进修班各2期，培训乡镇领导干部332人；举办中青年干部培训班2期，培训干部80人；举办市县直企业主要领导干部培训班1期，培训厂长、经理100人。

1999年，全市培训干部64807人次。其中，政治培训16539人次，业务知识培训38498人次（外语、微机培训29446人次），学历培训4128人次，中青年干部培训3478人次。在市委党校举办市直新进县级领导班子成员培训班1期，培训干部190人；举办县处级干部进修班1期，培训干部200人；举办乡镇党委书记、乡镇长进修班各1期，培训乡镇干部334人；举办中青年干部培训班1期，培训各县（市、区）和市直机关及事业单位40岁以下优秀的正科级党员干部50人；举办企业领导干部进修班1期，培训全市中型Ⅱ以上企业政工负责人80人；选派20名中青年干部到上海复旦大学参加经济管理干部研讨班，市委副书记兼组织部部长张秋波专程赴上海参加培训班的开学、结业典礼，迈出到名牌大学对干部进行高层次培训的第一步。

2000年，全市培训干部46456人次。其中，政治理论培训17183人次，业务知识培训25346人次，学历培训2084人次，中青年干部培训4469人次。在市委党校举办县级干部专题培训班1期，培训干部220人，举办青年干部和中青年干部培训班各1期，培训87人。在上海复旦大学举办党政领导干部高级研修班1期，培训党政机关40岁以下副县级以上领导干部20人。在上海财经大学举办企业中青年干部高级工商管理研修班1期，培训全市重点企业中层以上管理人员42人。

2001年，全市培训干部55124人次。其中，政治培训22322人次，业务知识培训25861人次，学历培训2159人次，中青年干部培训4782人次。在市委党校举办县级干部进修班2期，培训160人；举办乡镇党委书记、乡镇长培训班各1期，培训292人；举办青年干部和中青年干部培训班各1期，培训100人。在上海财经大学举办企业领导干部工商管理培训班，培训全市骨干企业及市直经济综合部门中层以上管理人员或正科级以上干部40人。同年12月15日，印发《聊城市2001年—2005年干部教育培训规划》文件，规划安排全市2001—2005年干部教育培训工作。

2002年，全市培训干部98193人次。其中，中共十六大报告学习39019人次，常规性培训31260人次，业务知识、岗位技能及新知识培训26828人次，学历培训3240人次，中青年干部培训27787人次，国（境）外培训867人次。在市委党校举办市直新提拔县级干部进修班2期，培训县级干部203人；举办乡镇党委书记、乡镇长培训班各1期，培训干部189人；举办青年干部和中青年干部培训班各1期，培训干部82人；举办WTO知识专题研讨班1期，培训中型以上企业经理100人。

2003年，全市培训干部107344人次，其中“三个代表”重要思想学习20462人次，常规性培训26934人次，业务知识、岗位技能及新知识培训52499人次，中青年干部培训23485人次，国（境）外培训242人次。在市委党校举办新提拔县级干部进修班1期，培训94人；举办乡镇长进修班1期，培训干部80人；举办科级干部进修班2期，培训200人；举办中青年干部培训班1期，培训45人。同年，全市干部教育暨党校工作会议召开，决定从2003年起开始大规模的培训干部工作，计划利用2003—2007年5年时间，把全市的在职干部轮训一遍。印发《关于进一步加强和改进党校工作的意见》，对新形势下加强和改进党校工作提出了具体的意见和要求。印发《关于实施中青年干部“1234”培训计划的意见》，规定：用两到三年的时间组织100名干部出国（境）培训，组织100名干部在国内高等院校培训，组织300名干部进行外语、工商管理（MBA）、公共行政管理（MPA）专业知识的培训，组织400名干部进行电子政务和信息化培训。

2004年，全市培训干部66355人次，其中政治理论培训35760人次，业务知识、岗位技能和新知识培训30449人次，县级干部培训1799人次，科级及以下干部培训30670人次，专业技术人员培训29817人次，企业管理人员培训4069人次。同年，组织优秀中青年干部到外省市挂职锻炼133人次。与机关党支部联合举办了全市组工干部培训班2期，培训干部155人。

2005年，全市培训干部72989人次，其中政治理论培训39336人次，业务知识、岗位技能和新知识培训33493人次，国（境）外培训160人次，完成规定时间培训34062人。组织举办了“聊城市首期领导干部赴韩国培训班”，培训各县（市、区）分管经济的工作领导人和市直经济部门负责人23人。省委组织部对这项工作给予了充分肯定，刊发并在全省干部教育培训工作简报上。

2006年，在市委党校举办社会主义荣辱观和党章知识培训班3期，将全市县级干部轮训一遍。组织举办聊城市经济财贸干部赴新加坡培训班，培训各县（市、区）分管经济工作领导和市直经济部门负责人21人。在聊城大学政法学院和外国语学院分别举办公共管理培训班和英语强化培训班，培训中青年干部60人。当年起，在地方财政预算中，每年拨付市委组织部20万元用作全市干部教育培训经费，第一次为干部教育培训提供稳定的经费保障。

2007年，全市培训各级党政干部50770人次，企业经营管理人员4880人次，专业技术人员39548人次，全面完成大规模培训干部的任务。同年，印发关于学习贯彻《干部教育培训工作条例（试行）》的实施意见、《“十一五”期间全市干部教育培训规划》，就如何学习贯彻中共中央颁发的《干部教育培训工作条例（试行）》和全市十一五期间的干部教育培训工作安排部署。以市委干部教育工作领导小组办公室和市委组织部的名义，创办《聊城干部教育简讯》，当年刊发两期。

2008年，按照中共十七大提出的“继续大规模培训干部、大幅度提高干部素质”的要求，启动新一轮大规模培训干部工作。在市委党校举办县级干部培训班12期，培训县级干部1800余人次；举办科级及以下干部理论政策培训班140余期，培训科级干部17200余人次。围绕干部岗位和个性化需求，举办各类业务技能培训班30多期，培训干部11000余人次。

2009年，全市培训党政干部22850人次，企业经营管理人员6218人次，专业技术人员34333人次。在复旦大学和华西村举办乡镇领导干部培训班1期，培训乡镇党委书记60人、乡镇长10人。在清华大学举办企业总裁培训班1期，培训全市规模以上企业的董事长、总经理18人，副总经理27人。同年，筹建“聊城市干部在线学习中心”，拥有国内专家教授160门多媒体课件和6万册图书的电子图书馆。

2010年，全市全年培训各级党政干部39198人次，企业经营管理人员5900人次，专业技术人员25953人次。在市委党校举办中共十七届五中全会精神专题培训班4期，把全市县级领导干部、乡（镇、街道）党委书记轮训一遍。在上海复旦大学举办提升执政能力高级研修班，培训对象为聊城市各县（市、区）委书记、开发区党工委书记及市直综合部门主要负责人。在新加坡南洋理工大学举办城市管理高级研修班，培训对象是各县、各市市长、各区区长、开发区管委会主任、市直建设口“一把手”及水城集团、水务集团、昌润投资有限公司的领导人。在清华大学举办企业总裁高级研修班，培训对象为聊城市利税过亿元的企业总裁（总经理）20人。在北京大学举办女干部素养提升高级研修班，培训优秀女党政干部40人。在西安交大举办乡镇党委书记培训班，培训乡（镇、街道）党委书记48人。在中国人民大学和市委党校举办中青年干部培训班4期，培训后备中青年干部400人。同年，干部教育培训专项经费的财政预算增加到300万元。

2011年，全市通过组织调训参加省级以上培训机构培训的干部172人次，其中地厅级干部22人次、县处级干部130人次、科级及以下干部8人次、企业专营管理人员12人次；参加市级党校培训的党政干部1680人次，其中县级干部948人次、科级干部732人次；参加高校培训的党政干部582人次，其中县级干部35人次、科级干部547人次；通过网络培训和远程教育参加培训的干部88198人次。在上海复旦大学举办了“转方式、调结构、促增长”高级研修班，培训对象为各县县长、各市市长、各区区长和部分市直经济管理部门的主要负责人；在中南民族大学举办少数民族领导干部培训班，培训对象为全市分管民族工作的县（市、区）长、县（市、区）民宗局局长、少数民族领导干部和市民宗局有关人员；在西安交通大学举办中青年干部培训班，培训县级副职中共党员后备干部40人。同年，8个县（市、区）和市经济开发区干部教育培训经费列入财政预算，每个县（市、区）不少于100万元。

2012年，针对广大基层干部“培训机会少，高端师资缺乏”的问题，通过选名校合作、请名师授课方式，创办“水城论坛”，探索出一条“短学制、多批次、广覆盖、实用化”的干部培训的新路子。6月，向国家工商行政管理总局注册申请“水城论坛”商标。全年举办“水城论坛”27期，培训干部10800人次。故宫博物院院长单霁翔，中国军事科学学会副秘书长、少将罗援，对外经贸大学公共管理学院院长、教授彭向刚等27位专家学者先后做客论坛。《大众日报》以《少花钱多办事少跑路多听课——聊城探索干部教育工作新路子》为题报道水城论坛开办情况，在全市干部群众中引起极大社会反响。

2013年，按照全市干部教育培训计划，在市委党校举办县级领导干部进修班3期、科级干部进修班3期、县（市、区）直科局主要负责人培训班2期，举办乡（镇、街道）党委书记培训班2期和乡镇长、办事处主任培训班1期，共培训干部675人。组织“水城论坛”4个专题16场讲座，培训干部6400余人次。同年，市委党校制定《主体培训班学员管理规定》《学员管理量化考核办法》《学员课堂纪律》《示范班学员管理工作方案》等规定，建立保证学风建设工作规范运行的长效机制。

2013年12月，学习贯彻党的十八届三中全会精神理论宣讲骨干培训班在市委党校开班

2014年，在市委党校举办县级领导干部进修班4期，培训240人；举办科级干部进修班4期，培训240人；举办县（市、区）直科局主要负责人培训班2期，培训100人；举办中青年干部培训班1期，培训40人；举办对口支援青海培训班1期，培训青海省海北州干部50人。组织开展4个专题8场讲座的“水城论坛”，培训人员3000人。开展“名师送教”及“水城名师·送教下乡”行动，邀请省委组织部送教10场、市委组织部送教12场，培训干部6467人次。同年，市委党校规范学员管理，首次实行吃住在校式的全封闭管理。

2015年，在市委党校举办县级领导干部进修班2期，培训120人；举办科级干部进修班2期，培训120人；举办乡镇党政正职培训班1期，培训50人；举办中青年干部培训班1期，培训48人。举办专题班次17个，选派政法干部、公安干警、民宗干部、优秀女干部850人分赴北京大学、中国人民大学、复旦大学等高校进行高端专题培训。与市经信委、市住建局、市农委等单位联合举办“水城论坛”8期，培训干部2400人。举办青海刚察县优秀年轻科级干部、村、社区“两委”班子主要负责人培训班，培训青海干部68名。联合市委党校，调研当地干部教育培训情况，形成《加强和改进我市干部教育培训工作的调查和思考》的调研报告。

第五节 综合考核

2007年，经市委、市政府研究确定，成立聊城市目标管理考核委员会，下设办公室，办公室设在市委办公室，综合考核工作正式运转。围绕市委十一次党代会确定的“坚持科学发展，构建和谐社会，加快建设强市名城实现新跨越”的考核体系，对县（市、区）的经济建设、政治建设、文化建设、社会建设、党的建设等5个方面考核，涉及指标85项；对市直部门单位的考核内容主要包括业务工作目标、专项工作和社会测评，包含11项工作。

2008年，根据市委会议精神要求，将生态文明建设列入目标管理考核的重要内容。对县（市、区）的考核指标增加至86项，原来党的建设考核指标列入政治建设进行考核，新增加生态文明建设。对市直部门单位的考核内容增加至12项，首次分类考核对市直部门单位，分为经济发展与管理部门、社会事业管理部门、执法与法律监督部门、五大机关与社会团体、中央省属驻聊城单位5类。

2009年，围绕“建设生态型强市名城”的总目标，构建综合考核体系，县（市、区）的考核指标调整为79项；群众满意度测评作为考核的重要内容列入考核体系，测评结果作为评先选优的否决条件；市直部门单位专项工作考核中，去掉“十件实事”的落实情况和优化金融环境的考核内容。因工作需要，将“目标管理考核职能”及从事考核工作的人员由市委办公室整合划入市委组织部。

2010年，按照市委确定的“全面提升年”活动的要求，对县（市、区）的考核指标调整为80项。对市直部门单位的专项工作增加“新闻宣传和信息报送工作”“服务业发展任务目标完成情况”等考核内容。

2011年，根据市委“继续提升年”活动的部署，修改完善考核体系，对县（市、区）的考核指标重新调整为86项。在生态社会建设中的民生状况部分增加指标两项，社会发展部分增加指标1项，政治建设中增加指标2项。

2012年，围绕市委确定的“争先进位年”活动的要求，在考核方式上，首次采用“功效系数法”，计分考核指标中的定量指标。参照县（市、区）考核办法考核，聊城经济技术开发区的考核，其中，指标考核由市经济开发区上报，经市委、市政府和市委考核办审定的主要工作目标的完成情况确定，不再参照县（市、区）的指标体系考核，主要考核生产总值完成情况、固定资产投资、规模以上工业企业主营业务收入及增长率等11项工作。对市直部门的考核内容调整为思想政治建设、领导水平、工作实绩、反腐倡廉、重点工作以及社会测评6个方面的内容。首次对市委管理的县级领导干部进行考核。

2013年，围绕市委十二届四次全会确定的“东融西借，跨越赶超，建设冀鲁豫三省交界科学发展先行区”的总体目标，完善考核体系。县（市、区）考核内容主要包括指标考核、重点工作考核、全市科学发展现场观摩评比3项内容。按照省对各市的科学发展综合考核内容考核县（市、区），24项指标。首次全市科学发展现场观摩评比考核，首次将群众满意度调查作为考核系数。对市直部门的考核，不再分类市直部门。首次对各县（市、区）党政班子和市直部门单位领导班子进行考核。首次将聊城经济技术开发区的考核成绩和县（市、区）一起排名确定受表彰奖励情况和党工委、管委的年度考核等次。

2014年，为贯彻落实市委关于打好东融西借、跨越赶超三年攻坚战第二战役的安排，对县（市、区）的考核调整为省指标考核、转调创工作考核和全市科学发展现场观摩评比考核及群众满意度调查4部分，取消对县（市、区）党政领导班子和市直部门领导班子以及市委管理的县级干部的考核。在对市属开发区的考核中，将聊城高新技术开发区纳入考核范围，和县（市、区）一起排名确定受表彰奖励情况。

2015年，围绕市委十二届八次全会确定的“作风引领、团结实干、争先进位、科学发展”的总体要求架构考核体系。县（市、区）、市属开发区考核内容主要分为定量指标和定性指标，考核指标39项。首次在对县（市、区）和市属开发区的考核中突出差异化考核的理念，鉴于县（市、区）和市属开发区功能定位有所不同，部分考核指标的权重各有侧重。考核对市直部门单位、中央省属驻聊单位分党政综合与群团类、经济管理服务类、社会管理服务类、执法执纪监督类4类。为树立“抓好党建是最大政绩”的导向，改进干部政绩考核评价体系，将党的建设与科学发展综合考核同部署、同考核、同奖惩，对县

（市、区）党建工作实行单独考核，制定出台《中共聊城市委关于2015年度县（市、区）、市属开发区党建工作考核的实施意见》，并强化结果运用，推动形成重视党建、促进发展的良好局面。

第六节　干部下派工作

1997年，地、县两级下派干部工作领导小组加强对下派干部的管理，建立健全下派工作定期汇报制度、及时协调制度、学习考勤制度、检查验收奖惩制度等，规范干部下派工作。组织人员走访慰问下派干部，帮助解决实际困难。创办《下派干部工作简报》，并在《聊城日报》、聊城电视台、广播电台开办“下派干部在基层”栏目，定期报道下派干部工作成绩。

1999年，经过争取，山东农业大学选派4名年富力强、熟悉农村情况、具备农业专业知识的专家到聊城市4个县（市、区）挂职，在农林、畜牧、蔬菜生产中发挥重要作用。

2002—2003年，召开挂职干部座谈会，加强省直挂职干部的管理服务工作，了解挂职干部的思想、学习、工作状况，定期考察挂职干部，向主管部门提出使用建议。

2008年，通过公开选拔挂职干部，聊城市选派2人到省直部门挂职，选派6人到县（市、区）挂职副县（市、区）长及县（市、区）长助理职务。

2009年，市委组织部制定《关于部分市直经济综合部门和金融系统到各县（市、区）挂职及帮扶企业的意见》，在市直经济综合部门及金融系统选派16名干部到县（市、区）和市直部分企业挂职1年。根据省委组织部《关于做好省委党校干部教师挂职锻炼工作的通知》要求，省委党校选派杨珍等5名党校教师到临清市挂职。

2010年，根据省委组织部《关于选派省市机关后备干部到信访部门挂职锻炼的实施意见》，聊城市从市直机关副处级后备干部中，选派8名干部挂任县（市、区）信访局副局长。7月，为实施“基层培养优选计划”，省委组织部从省市县机关中选派62名年轻干部到聊城市24个行政村任支部书记、副书记或第二书记。编发《聊城市选派干部工作简报》，充分利用电视、网络、报纸等媒体，广泛宣传选派干部的工作成效和典型事迹，激发选派干部的工作动力；刊发选派干部、派出单位和接收单位典型事迹材料30余篇，其中，发表在省级以上报刊4篇、市级报刊20余篇，《聊城日报》刊发下派干部工作专版2期。

2011年，根据中央有关加强干部培养锻炼的相关要求，做好国务院法制办公室财政金融法制司司长刘炤、省民政厅规划财务处处长赵立杰到聊城挂职的协调安排工作，协调安排省委党校王军等5人到东阿县挂职。选派8名市直机关县级后备干部到8个县（市、区）挂任信访局副局长职务。根据《聊城·彭水2011年度东西扶贫协作工作方案》精神，协调安排重庆市彭水苗族土家族自治县曾凡才等4人到聊城市挂职。召开全市挂任职干部座谈会，各县（市、区）委组织部分管副部长、市直挂任职单位人事（政工）科科长和全体挂任职干部120余人参加，总结挂职任职工作，交流挂职任职情况，对下一步选派干部工作安排部署。市委组织部制定下发《关于进一步做好省市县三级机关到村任职干部管理工作的通知》，对到村任职干部的管理考核、生活补贴、培训教育等提出明确要求。成立到村任职干部工作信息报道组，编发《聊城市选派干部工作简报》，宣传选派干部任职以后所做工作和所取得的成效。

2012年，聊城市接收并协调安排省直以上及外省市挂职干部29人（聊城大学18人，省行政学院3人，重庆彭水3人，中石油、中联部、发改委、统战部、北京市委党校各1人），选派本市干部到外省市挂职2人。出台《聊城市干部挂职管理工作暂行办法》等规章制度，对各类挂职干部的选派条件、选派程序、管理、考核和使用等作出明确规定。开展集中培训和外出参观考察活动，扩宽选派干部视野，促进选派干部知识更新。当年，市县两级举办挂（任）职干部各种培训班10余期，组织外出考察活动20余次，召开选派干部座谈会10余次，为选派干部解决实际问题30余件。实行选派干部挂职前考察制度，严把选派干部“入口”关，确保选派干部挂职取得实效。实行干部下派工作目标责任制考核制度，把8个县（市、区）干部下派工作纳入组织部门全年整体工作目标责任制考核体系，强化各县（市、区）做好下派干部工作的责任意识。认真总结2010年到村任职干部和信访局挂职干部挂职任职情况，会同派出单位完成62名挂职任职干部期满考察工作。在全省选派干部到基层挂职任职视频会上，省委组织部表彰7名到聊城任职干部，市委组织部表彰23名到聊城任职干部。

2013年，开展邀请国家部委（办局）干部到聊城挂职活动。市委常委、组织部部长丛锡钢带领部分市直单位及县（市、区）相关负责人到北京开展集中邀请挂职活动，分别到财政部、国家发改委、科技部、农业部、全国工商联、中国残联等单位登门联系，商请国家机关选派干部到聊城挂职锻炼，通过集中邀请，与国家部委（办局）初步建立联系渠道，这项活动的开展得到相关国家部委（办局）领导的肯定。协调安排重庆市彭水苗族土家族自治县8名干部到聊城挂职，选派2名干部到彭水挂职。根据中办和省“两办”关于“探索选派优秀律师党员到政法机关挂职锻炼”的要求，聊城市作为山东省唯一的试点，山东省司法厅选派5名律师党员到高唐县政府和公检法司等部门挂职。会同市委统战部联合出台《聊城市党外代表人士挂职实践锻炼工作暂行办法》，实施“党外代表人士挂职锻炼计划”。从市直部门选派4名优秀党外代表人士分别到临清市和阳谷县乡（镇、街道）挂职。山东省与“一行三会”等中央金融单位开展互派干部挂职工作，从中央金融机构选派1名干部到聊城市挂职副市长，从聊城市选派2名干部到山东省金融机构挂职，通过互派干部挂职工作，对推动聊城市金融业创新发展、培养造就高素质干部队伍发挥了重要作用。中科院、清华大学选派7名机关干部、高层次人才到聊城市挂职。

2014年，在聊城市挂职省直以上干部41人（其中，青海省挂职干部7人，高校挂职干部12人，双向交流挂职干部2人，国家部委挂职干部20人）。根据省委组织部安排，开展“一圈一带”双向交流挂职工作，聊城市选派4名干部到省里挂职，接收省里选派2名干部到聊城挂职。成立双向交流挂职干部临时党支部，制定《聊城市双向交流挂职干部临时党支部工作制度》。组织召开全市挂职干部暨驻村“第一书记”工作座谈会，交流干部挂职经验体会，对下步工作安排部署。会同市委统战部在市直部门选派4名党外优秀干部到乡镇挂职锻炼。

2015年，邀请上级机关到聊城挂职干部11人，其中，中直机关、国家部委5人，省直机关6人。市委组织部制定下发《关于进一步做好邀请上级机关干部来我市挂职的通知》，邀请上级单位干部到聊城挂职和推荐本地干部到上级单位（部门）双向交流挂职工作。制定下发《关于开展年轻干部“双向交流”挂职工作的实施意见》，从市直部门选派28名干部到乡（镇、街道）挂职锻练2年，从各县（市、区）选派19名干部到市直部门挂职锻练1年；举办“双向交流”挂职干部培训班。

第七节　老干部工作

一、落实老干部待遇

老干部生活待遇　1997年1月和8月，在全区范围内集中开展两次离休干部“两费”清欠活动，全区各级财政拨款750余万元。2000年5月，市委老干部局、市财政局、市劳动和社会保障局制定下发《聊城市直离休人员医疗待遇管理暂行办法》。当年10月起，全市将企业离休干部离休费项目全部纳入养老保险统筹。2003年6月，聊城市委办公室、市政府办公室下发《聊城市市直单位离休干部医疗保障暂行办法》。7月，市县两级先后实行离休干部医疗费单独统筹。2004年，全市企业离休干部离休费实现全员全额统筹，乡镇离休干部离休费收归县财政统一发放。7月，为市直企业离休干部适当提高待遇。10月，市委老干部局会同市劳动、财政、审计、经贸委等部门对市直特困破产企业认定，解决了企业与机关事业单位离休干部的工资拉平问题。各县（市、区）普遍提高离休干部护理费和丧葬费标准，护理费由原来的每人每月200元提高到300元。2005年，市直离休干部医疗统筹金收缴标准由每人每年7000元提高到8500元，为市直企业离休干部提高住房补贴比例和增发生活补贴。2006年4月，市委、市政府印发《关于做好改制重组以及关停破产国有企业离休干部工作的意见的通知》，为做好企业离休干部服务管理工作提供政策依据。聊城市被评为全省离休干部“三个机制”工作先进单位。2007年，针对离休干部医药费保障机制运行中存在的问题，市委老干部局会同市劳动、财政、卫生等部门召开3次协调会，推进离休干部医药费保障机制步入规范化、制度化轨道。为切实解决特困破产企业离休干部医药费统筹金收缴难的问题，全市各级财政给予补助或全部代缴。2008年，全市离休干部护理费标准由每人每月300元提高到600元。2009年年初，利用省、市专项转移支付资金，多方筹集配套资金，在不到40天的时间内清理兑现离休干部“两费”拖欠1955.25万元，完成离休干部“两费”清欠工作。是年，市直两次下发文件为企业离休干部提高生活待遇，人均月增资近600元。截至2010年8月6日，东阿、莘县均将企业离休干部增发生活待遇落实到位，全市企业与行政事业单位离休干部生活待遇基本平衡。全市出台特殊困难离休干部及离休干部遗属救助办法，市直及部分县（市、区）共向152名离休干部、27名离休干部遗属发放帮扶救助资金36万元。2011年，修订《聊城市市直单位离休干部医疗保障暂行办法》，健全离退休干部及离退休干部遗属特殊困难帮扶救助机制。2012年，市委组织部出台《关于做好市直离休干部医疗统筹工作的几项补充措施》，拨付2000万元解决市直离休干部医疗统筹金超支部分。为离休干部增发津贴补贴，护理费标准由每人每月600元提高到1300元。2013年，市财政拨付资金1500万元用于解决市直离休干部医疗统筹金问题，提高医疗统筹金标准。市委老干部局参与建立聊城社会养老服务信息中心。2014年，继续加大离休干部“两费”财政保障力度，提高离休干部护理费标准，增加生活补贴，提高企事业单位离休干部病故一次性抚恤金标准，市直离休干部医疗统筹金标准由原来的每人每年17500元提高到4万元。2015年，市委把解决离休干部病故一次性抚恤金问题，作为“三严三实”专题教育即知即改重要事项，市委书记、市人大常委会主任徐景颜分别致信8个县（市、区）党委、政府主要负责人，要求限期解决好抚恤金问题。全市8个县（市、区）补发或发放852名病故离休干部一次性抚恤金7000余万元。

老干部政治待遇　各级各部门按规定组织老干部阅读文件、订阅报刊。每年召开老干部情况通报会，通报经济社会发展情况并征求意见和建议。重大政治活动、重要会议，邀请老干部参会。元旦、春节、老人节等重大节日开展走访慰问活动。2003年10月，市委老干部局组织人员对全市省外安置的110名离休干部走访慰问，向老干部带去党和政府的关怀。2005年，庆祝抗战胜利60周年，市委组织部、市委老干部局联合下发《关于做好慰问抗战离休干部工作的通知》，市委、市政府召开纪念大会，市委主要领导为抗战时期离休干部代表颁发纪念勋章，并向每位抗战离休干部发放500元慰问金。2009年，在中华人民共和国成立60周年之际，各级组织、老干部工作部门对离休干部走访慰问，发放纪念品和慰问金。2010年10月，对省内安置的56名离休干部走访慰问。2011年，按照省委老干部局《关于进一步完善离退休干部工作有关制度的通知》，全市各级、各单位健全完善离退休干部工作有关制度。2015年，开展纪念抗日战争暨世界反法西斯战争胜利70周年系列活动。有8名离休干部的抗战实绩被编入《山东抗日战争实录》，1名离休干部受邀参加纪念中国人民抗日战争暨世界反法西斯战争胜利70周年阅兵式。市级主要负责人带头走访慰问抗战老战士、老干部，全市向116名抗战时期离休干部颁发纪念章，发放一次性慰问金。

二、发挥老干部作用

老干部党建 1998年以后，市委老干部局注重加强离退休干部党支部建设，截至2001年，全市有老干部党支部（总支）524个、党小组783个。2003年4月，市委组织部、市委老干部局联合转发《山东省离退休干部党支部工作暂行规定》，8月，对全市离退休干部党支部建设情况普查。在2004年12月召开的全省老干部工作会议上，全市有8个离退休干部党支部、9名离退休干部党员受到省委组织部、省委老干部局通报表彰，1名离休干部党员受到中组部通报表彰。2005年，全市开展离退休干部党支部和离退休干部党员考核评比活动。9月12日，市委老干部党校揭牌，举办为期4天的第一期离退休干部党支部书记培训班，市内8个县（市、区）和经济开发区的41名离退休干部党支部书记参加了培训。2007年9月28日，召开全市离退休干部党支部建设座谈会，对评选产生的42个“全市先进离退休干部党支部”和58名“全市优秀离退休干部党员”进行通报表彰。阳谷县在预留党费收缴管理方面的做法得到省委老干部局的充分肯定。2008年，市委组织部、市委老干部局联合在市委老干部党校举办全市县（处）级离退休干部读书班。2010年上半年，在全市范围内开展离退休干部“五好支部”创建活动。2011年，市委组织部、市委老干部局联合下发《关于在离退休干部党支部和离退休干部党员中广泛开展创先争优活动的通知》。2013年，组织离退休干部学习中共十八大和十八届三中全会精神，开展“贯彻十八大，畅谈新变化”主题活动。2015年，积极推广高唐县、阳谷县“社团＋支部”组织设置模式，使社团建设和党建工作优势互补、互动共赢。

开展老干部活动 1997年，围绕香港回归、中共十五大召开，全区各级组织老干部召开座谈会、报告会65场次。地委老干部局、地区书协、地区美协联合举办“迎香港回归”全区老干部书画展和文艺会演。截至2001年，全市有1200名老干部被聘为咨询员和廉政监督员；全市建立以离退休干部为主体的关心下一代组织66个，有2200余名老干部被聘为校外辅导员或名誉校长；全市直接参加各种经济活动的离退休干部1.6万余人。2002年，市老年大学童心艺术团在全省老年大学系统第二届文艺会演中表演了豫剧唱段《江北水城好风光》，获一等奖、创作奖和组织奖。2004年4月12日，山东省老干部书画巡回展在聊城展出。8月，由聊城市委主办，市委老干部局、市老年书画研究会和孔繁森纪念馆共同承办的“纪念邓小平同志诞辰100周年书画作品展”开幕。同年，在山东省首届老干部文化艺术节上，市委老干部局、市老年大学选送的12幅作品中，4幅获一等奖，4幅获二等奖，4幅获三等奖。市老年大学童心艺术团创作的豫剧《老百姓盼的是这样当官的人》和临清市老年大学夕阳红艺术团编排的小品《生日》均获二等奖。2005年，市委老干部局、市老年大学联合举办纪念抗战胜利60周年老干部书画展。在平县老年大学合唱团代表全市参加全省离退休干部纪念抗战胜利60周年大合唱比赛，获三等奖。2006年，为庆祝建党85周年和红军长征胜利70

2008年，莘县对离退休干部党总支书记进行公推直选　（徐丽丽摄）

2013 年，老年大学快乐驿站公园演出舞蹈（老年大学供图）

周年，开展一系列纪念活动。市委组织市级离退休干部分南北两路赴湖南、江西、内蒙古、山西等地进行了为期 12 天的参观考察活动。7 月 6 日，中央电视台在聊城文化广场举办“激情广场大家唱”，市老年大学离退休干部合唱团作为一个方阵参加演出，在社会上引起强烈反响。聊城市离休干部刘启珍被确定为山东省 2006 年十大新闻人物候选人。2008 年，市委组织部、市委老干部局、市老年大学联合举办“纪念改革开放 30 周年全市离退休干部暨老年大学学员书画作品展”。2009 年，全市老干部艺术节文艺会演，选拔东阿县编排的横笛梆子《横笛高歌唱水城》、市公安局编排的警服展示《风雨历程》、市供电公司编排的舞蹈《开心中国》3 个节目，参加第三届全省老干部艺术节文艺汇演，获组织奖。2011 年，开展一系列建党 90 周年庆祝活动。邀请市委党校、市委讲师团、聊城大学等单位的专家教授，组成离退休干部思想政治学习巡回辅导报告团，在市直单位和 8 个县（市、区）举办理论辅导报告会 9 场，5000 余名离退休干部及老干部工作者听取报告。“七一”前夕，开展走访慰问活动，向离休干部赠送建党 90 周年纪念章、纪念品。在全市离退休干部中开展“与党同呼吸、共命运、心连心”征文活动。2012 年，举办纪念干部离退休制度建立 30 周年回顾展，参展人数 2000 余人次，表彰优秀离退休干部和先进老干部工作者。2014 年，聊城市关工委引导老干部围绕“中国梦　我的梦”“培育和践行社会主义核心价值观”“党史国史教育”“青少年法制教育”等主题开展活动。

提升服务水平　业务建设方面。1997 年，组织全区老干部工作者参加政治、业务百题知识竞赛。4 月，地委老干部局协同省委老干部局调研处深入部分县、市就欠发达地区老干部生活待遇落实情况专题调研，形成《穷且益坚，不坠敬老之志》的调研报告在《老干部之家》上登载后，产生较大反响。2002 年 4—6 月，市委老干部局在全系统集中开展解放思想教育活动。2003 年 9 月起，开展“树组工干部形象”集中学习教育活动。2005 年，扎实开展保持共产党员先进性教育活动，以开展“亲情服务年”为抓手，在全市老干部系统开展“五个一”活动。临清市委老干部局、莘县县委老干部局被评为全省老干部工作“亲情服务年”活动先进单位。2007 年，市委老干部局承办省委老干部局“企业离休干部生活待遇问题研究”调研课题，得到省委老干部局领导的充分肯定。市委老干部局被评为全省老干部工作部门调研信息工作先进单位。2008 年，在全省老干部暨老干部工作“双先”表彰大会上，聊城市有 4 个离退休干部党支部、5 名离退休干部受到省委、省政府的表彰。中组部《老干部工作情况交流》第二十五期以《深入贯彻落实科学发展观　不断做好老干部工作》为题，刊发聊城市贯彻落实《关于进一步加强新形势下离退休干部工作的意见》文件的经验做法。2009 年，全市老干部系统扎实开展深入学习实践科学发展观活动。2010 年，全市老干部系统举办调研信息工作人员培训班。2012 年，对全市离退休干部全面摸底统计，完善全市离退休干部党支部建设信息库和离退休干部信息库，建立离退休干部“网上党支部”。2013 年 7 月，聊城市关心下一代工作委员会办公室由共青团聊城市委管理调整为聊城市委老干部局管理。2014 年，全市荣获全国老干部先进个人 2 人，全省离退休干部先进集体 9 个、先进个人 9 人。2015 年 4 月 7—8 日，中国关工委主任顾秀莲到聊城考察调研关心下一代工作。8 月 25 日，在纪念中国关工委成立 25 周年暨全国关心下一代工作表彰大会上，聊城市关工委被授予“全国关心下一代工作先进集体”称号，有3人被授予“全国关心下一代工作先进工作者”称号。

信访工作方面。市委老干部局高度重视老干部信访工作。2002年起，实行局领导班子成员接访老干部和工作人员联系老干部制度。2005年，健全信访工作责任制，变老干部上访为老干部部门下访，确保把问题解决在基层。在全省老干部工作表彰会上，聊城市委老干部局、东阿县委老干部局、茌平县委老干部局分别被评为全省老干部信访工作先进单位。2006年，全市老干部信访量明显下降，8个县（市、区）有6个实现零信访。

阵地建设方面。2003年，各县（市、区）普遍建立老年大学。聊城市干休所西院整体搬迁。2005年，聊城市干休所东院翻建改造。8月28日，市委书记办公会研究制定《关于解决市老年大学校址的意见》，同意接收市建行兴华东路28号院房产作为市老年大学校址。9月12日，举行市老年大学开学典礼暨市委老干部党校揭牌仪式。聊城市被评为全省老干部党校建设先进单位。2006年，市委书记办公会研究确定将市疾病防控中心办公场所整体划归市老年大学。市委办公室、市政府办公室印发《关于加强和改进老年教育工作的实施意见》，制定下发《全市老年教育事业2006—2010发展规划》。2008年，聊城市干休所被评为省级示范干休所，住所老干部许子厚被评为全国健康老人、王光君被评为全省健康老人。截至2008年年底，全市创办市级老年大学1所，县级老年大学8所，乡镇老年大学34所，村级老年大学8所，在校学员4200余人，市、县、乡、村四级办学网络初步形成。

专记：向孔繁森学习活动

一、向孔繁森学习活动总动员

1994年11月29日孔繁森在新疆考察边贸殉职后，12月22日，中共聊城地委、聊城地区行署做出《关于向孔繁森同志学习的决定》。1995年1月8日，中共西藏自治区委员会下发《关于开展学习宣传孔繁森同志先进事迹活动的决定》。同日，聊城地委宣传部下发《关于在全区深入开展宣传学习孔繁森同志活动的实施方案》。1月9日，中共山东省委、山东省政府做出《关于开展向孔繁森同志学习活动的决定》。聊城地区地委书记陈延明在孔繁森事迹报告会上讲话。

山东省委、山东省政府决定组织新闻记者、作家飞赴西藏采访孔繁森事迹，聊城地区率先成立孔繁森事迹搜集整理小组，组建孔繁森事迹报告团，广泛宣传。山东省和西藏自治区联合组成孔繁森事迹报告团，在北京、河北、河南、山西等15个省、市、自治区报告23场，听众6万余人，多数省、市、自治区现场直播，孔繁森事迹在全国引起巨大震动和反响。4月7日，《人民日报》发表新华社记者、《大众日报》记者联合撰写的长篇通讯《领导干部的楷模——孔繁森》，刊发《向孔繁森同志学习》的社论。中共聊城地委、行署下发《关于更加深入扎实地开展向孔繁森同志学习活动的通知》。4月8日，中共中央组织的孔繁森事迹报告团在人民大会堂举行。中央组织部部长张全景主持大会并讲话。4月9日，中共山东省委下发关于认真学习江泽民、李鹏重要题词，更加广泛深入地开展学习孔繁森活动的通知。5月中旬，中组部发出通知，要求各级党组织要组织党员干部学习收看录像片《领导干部的楷模——孔繁森》。5月20日，中共聊城地委下发《关于深入开展向孔繁森同志学习活动的意见》。4月29日下午3点10分，中共中央总书记、国家主席江泽民与中央政治局常委李鹏、乔石、李瑞环、朱镕基、刘华清、胡锦涛，中共中央政治局委员、书记处书记丁关根、尉健行，中组部部长张全景，到人民大会堂浙江厅，亲切会见孔繁森亲属、孔繁森事迹报告团成员和参加采写长篇通讯《领导干部的楷模——孔繁森》的新华社记者、《人民日报》记者。中共中央总书记、国家主席江泽民向全党、全国人民发出向孔繁森学习的号召："孔繁森同志是我们全党的楷模，我们要向当年学习焦裕禄，学习雷锋一样，大力开展学习孔繁森事迹的活动。"中共中央总书记、国家主席江泽民，中共中央政治局常委、国务院总理李鹏，为孔繁森题词。江泽民题词："向孔繁森同志学习。"李鹏题词："学习孔繁森同志热爱人民无私奉献的精神。"胡锦涛发表署名文章《全党都来学习孔繁森》。中共中央政治局、中共中央组织部追授孔繁森为"模范共产党员""优秀领导干部"。中共浙江省委书记习近平发表《树立五种崇高情感》的文章，希望广大党员干部学习孔繁森的境界感。2010 年，中共中央政治局常委、中央书记处书记、中央党校校长习近平在中央党校秋季学期开学典礼上指出："孔繁森等众多优秀干部，站在党和人民的立场上，焕发出积极进取、顽强拼搏的奋斗精神，为党和人民事业无私贡献自己的一切。他们牢固树立和忠诚实践正确的世界观权力观事业观，言行一致地回答什么是共产党员人生最高追求和最大价值这个根本问题。"2012 年 3 月 2 日，《人民日报》以《身边的雷锋——无时不在、无处不在》为题，再次重点宣传孔繁森等 14 名英模事迹，孔繁森精神发挥着重要的榜样力量。歌曲《走进西藏》《公仆赞》《等你回家》就是对孔繁森精神的赞颂。

二、孔繁森事迹整理出版与展品征集

1994 年 12 月 7 日，中共聊城地委成立由杨刚岭、高文举、韩保杰、齐保柱、杜西安、郭月才、郭剑、王长敏 8 人组成的孔繁森事迹搜集整理小组。12 月 8 日，孔繁森事迹搜集整理小组奔赴区内和省内孔繁森工作过的地方采访，搜集到大量孔繁森事迹材料。12 月 14 日，地区艺术馆党支部书记、地区青年摄影家协会主席赵雅军向孔繁森妻子王庆芝建议，立即给西藏阿里地委打电话，尽快将孔繁森生前用过的书籍、拍摄的照片及私人用品保存好，由孔杰带回。物品成为纪念馆的主要展品和《孔繁森同志事迹展览》的基础资料。12 月 17 日，聊城地委、行署召开"孔繁森事迹座谈会"，研究搞好挖掘、搜集和整理孔繁森事迹材料问题，地委书记陈延明明确提出学习孔繁森的意见。12 月下旬，在东昌宾馆开始整理组写 2 万余字的"孔繁森同志事迹报告"。

1995 年 1 月 4 日，《人民日报》发表长篇通讯《雪域高原奉献歌——记因公殉职的阿里地委书记孔繁森》。聊城市先后整理出版《高原雪魂——孔繁森》《孔繁森的故事》《人生楷模孔繁森》《黄河之子孔繁森》《永远的孔繁森》《孔繁森之歌》等。《西藏日报》刊载王修滋、魏武撰写的长篇通讯《人民的好儿子孔繁森》。《聊城日报》发表长篇通讯《党的好干部——孔繁森》。1995 年 3 月 19 日，"孔繁森同志事迹展览"试展在地区博物馆举行。5 月，由山东冠县籍作家郭保林撰写的长篇报告文学《高原雪魂——孔繁森》由山东文艺出版社出版发行。6 月 26 日，中央人民广播电台在纪念建党 74 周年"特别节目"中，转播由济南人民广播台录制的 29 辑配乐报告文学《高原雪魂——孔繁森》，在亿万名听众中产生更为强烈反响。6 月，由李印中、叶晓旻、王华编著的《孔繁森的故事》由山东人民出版社出版发行。1997 年 11 月，由王立友、许辰编著的《人生楷模孔繁森》由河北人民出版社出版发行。2003 年 2 月，由聊城作家王春海编著的《黄河之子——孔繁森》由华艺出版社出版发行。2004 年 11 月，由柴腾虎编著的在纪念孔繁森逝世 10 周年时的作品《永远的孔繁森》由人民日报出版社出版发行。

三、深入学习孔繁森精神

孔繁森殉职后，党中央发出号召，向孔繁森学习。1995 年 1 月 6 日，孔繁森事迹报告试讲在地委六楼会议室举行，陈孝忠主讲。1 月 9 日，聊城孔繁森事迹巡回报告团首场报告在聊城剧院举行，杨刚岭主讲。随后在全区各县市进行巡回报告。1 月中旬，《聊城日报》开辟专栏：学习孔繁森，增强公仆意识；孔繁森精神在故乡；学习孔繁森，岗位做贡献。《人民日报》发表由新华社、《人民日报》《西藏日报》、《大众日报》记者联合撰写的长篇通讯《领导干部的楷模——孔繁森》，配发《向孔繁森同志学习》的重要社论。4 月 30 日、11 月 29 日，《人民日报》

分别刊载《人民日报》记者陈维伟的文章《从怀念到行动》《在榜样力量鼓舞下》（与陈雁合作），综述全国开展学习孔繁森活动。4月8日，中共中央组织部部长张全景在北京人民大会堂“孔繁森事迹报告会”上，作“让孔繁森精神永远发扬光大”的讲话。同年5月，山东省委提出“三学”活动，把学习孔繁森放在首位。同月8日，地委召开座谈会，学习江泽民总书记、李鹏总理向孔繁森学习的题词和《人民日报》社论，力求把聊城地区学习孔繁森活动走在全国前列。8—10日，中央检查组到聊城检查“三讲”教育工作时提出：聊城市委把“三讲”教育与学习孔繁森紧密结合起来，引导大家按照“五查摆”的要求，主动对照孔繁森找差距，紧密结合自身实践进行深刻反思。27日，市委办公室下发《关于认真学习贯彻省委常委、组织部部长姜大明在学习孔繁森搞好“三讲”教育座谈会上讲话的通知》。6月2日，聊城地区举办孔繁森精神理论研讨会。21日，中共聊城地委办公室下发《关于加强学习孔繁森活动情况控制的通知》。11月27日，西藏自治区举行纪念孔繁森逝世1周年座谈会，会上总结“时代呼唤孔繁森，让孔繁森精神进一步发扬光大”。是日，聊城地委、行署在东昌宾馆召开全区学习孔繁森经验座谈会。1996年1月31日，地委办公室、行署办公室联合下发《关于在全区开展评选学习孔繁森先进单位（集体）和先进个人活动的通知》。4月29日，《聊城日报》发表社论《学习孔繁森，关键在实践》。6月26日，山东省孔繁森精神研究会成立大会暨孔繁森精神理论研讨会在聊城召开。大会审议通过《孔繁森精神研究会章程》，选举产生孔繁森精神研究会理事及领导机构。地委书记陈延明当选为孔繁森精神研究会会长。

韩喜凯的文章《权力与责任——孔繁森事迹留给我们的思考》刊发在1995年3月29日的《聊城日报》。陈延明文章《让孔繁森精神永驻人间》刊发在1996年《求是》杂志第十期。1997年3月18日，全区纪念江泽民、李鹏等中央领导人为孔繁森题词2周年活动安排会在聊城召开。张敬涛的文章《学习孔繁森精神、塑造人民公仆形象》刊发在1998年5月8日的《聊城日报》。山东省孔繁森精神研究会成立10余年之际，组织编写论文千余篇，出版论文集《让孔繁森精神永驻人间》《孔繁森的人生哲学》《孔繁森价值观研究》等专著。同年，聊城市委宣传部召开以“孔繁森的人生观”为主题的研讨会，收到论文60余篇，出版论文集《让孔繁森精神永驻人间》。出版专著《孔繁森的人生哲学》，该书被评为全省1996年至1997年度社科优秀成果三等奖。1998年，聊城市召开“学习孔繁森的群众观点，塑造人民公仆形象”理论研讨会、纪念孔繁森殉职3周年纪念会。1999年，召开纪念江泽民总书记为孔繁森题词4周年座谈会。2000年，开展“学习孔繁森，做‘三讲’的模范”主题研讨会，在《聊城日报》登载系列纪念文章。2001年，聊城市委宣传部开展纪念江泽民总书记为孔繁森题词6周年活动，在《聊城日报》专版刊发全市社科界专家教授撰写的学习孔繁森的理论文章。2002年，聊城市委宣传部召开“学习孔繁森　实践‘三个代表’”座谈会，组织理论工作者撰写“学习孔繁森做实践‘三个代表’重要思想的模范”系列理论文章，在《聊城日报》《光岳论坛》等报刊上刊发。2003年，聊城市委宣传部召开“弘扬孔繁森精神，做新时期干事创业的好干部”座谈会。2004年，聊城市委宣传部召开“弘扬孔繁森精神，做新时期干事创业的好干部”理论研讨会。2005年4月27日，聊城市召开“弘扬孔繁森精神、永葆共产党员先进性”座谈会。《聊城日报》发表一期弘扬孔繁森精神、永葆党员先进性理论专版。5月15日，“弘扬孔繁森精神，加强党的先进性建设”理论研讨会在东昌宾馆紫云阁举行。2009年，市委宣传部召开全市学习孔繁森精神理论研讨会。11月27日，市委宣传部召开全市孔繁森精神理论研讨会。2010年9月20日，第三届中华廉洁文化理论与实践交流会在聊城市召开，孔繁森同志纪念馆作题为《弘扬繁森精神发挥教育基地作用做倡导和传播廉洁文化的主力军》的交流发言。2011年

1月7日，“新中国人物博物馆60周年学术研讨会”在上海举行，孔繁森同志纪念馆馆长高杉应邀作《以孔繁森同志纪念馆为例谈英模人物纪念馆如何发挥传播廉洁文化的作用》的演讲。2014年2月22日，中共聊城市委书记林峰海在全市深入开展党的群众路线教育实践活动动员会上要求，要充分利用聊城市红色旅游资源优势，把孔繁森同志纪念馆、鲁西第一党支部纪念馆、中共中央冀鲁豫（平原）分局旧址等作为党性教育基地，党员干部要大力弘扬孔繁森精神的时代内涵，激发热爱人民、服务人民的内在动力。3月1日，聊城市委常委、组织部部长杜昌伟在全市组织工作会议上要求突出抓好党性教育，发挥好孔繁森等先模人物的榜样作用。11月22日，纪念孔繁森殉职20周年“学习弘扬孔繁森精神座谈会”在聊城市技师学院举行。11月23日，聊城市技师学院在勤业楼五楼学术报告厅举行“孔繁森事迹报告会”。特邀西藏阿里地委原秘书长柴腾虎作题为《永远的孔繁森，永远的楷模》的专题报告。24日，孔繁森精神报告会在聊城大学东昌学院举行。2015年4月20日，“三严三实”专题教育学习用书《优秀领导干部先进事迹选编》书中辑入焦裕禄、孔繁森、牛玉儒等9名党员干部先进典型。6月30日，《忠诚——“三严三实”的好干部孔繁森》展览在哈尔滨东北烈士纪念馆举行。孔繁森事迹被中共中央对县处级以上干部开展“三严三实”列入专题教育学习用书。7月9日，为贯彻落实中央和省委关于在县处级以上领导干部中开展“三严三实”专题教育的部署，市委理论学习中心组全体成员在市委书记徐景颜的带领下到孔繁森同志纪念馆现场学习。9月21日，为庆祝孔繁森同志纪念馆开馆20周年和党中央号召全国“向孔繁森同志学习”20周年，特邀请14名与孔繁森一起援藏以及共同在西藏工作的同事、朋友在纪念馆会议室举行“情系高原——援藏干部座谈会”，共同缅怀孔繁森的光辉事迹和伟大精神。12月23日，孔繁森同志纪念馆和山东中医药大学附属医院联合举办的“学英模践行‘三严三实’，讲奉献服务百姓健康”主题活动启动，《忠诚——“三严三实”的好干部孔繁森》交流展在济南展出。展览由孔繁森同志纪念馆自主设计，主要从“理想信念铸‘三观’”“为民用权尽天职”“廉洁干净严律己”“紧贴地气求实效”“务实开拓创实绩”“一腔热血献忠诚”6个板块展现孔繁森光辉事迹，并永久在山东中医药大学附属医院展出。

四、孔繁森事迹巡回报告

孔繁森殉职以后，孔繁森事迹报告团相继在区内外、省内外和全国部分直辖市、省和自治区党政机关、部队、学校和工矿企业报告百余场，并作现场直播。1995年3月16日，西藏自治区孔繁森事迹报告团在东昌宾馆举行首场报告。报告会上，西藏自治区副主席次仁卓嘎双手捧着国务院颁发的授予孔繁森全国民族团结进步先进个人称号的奖章和证书转交给孔繁森妻子王庆芝。4月8日至6月上旬，中共中央组织部、宣传部联合组织的孔繁森事迹报告团，相继在北京、河北、河南等15个省、直辖市和自治区报告23场，直接听众6万余人，多数省还作现场直播，听众无以为计。10月17—20日，聊城孔繁森事迹报告团应中国人民解放军总参谋部政治部邀请，在山西黄龙沟总参大学生训练基地作报告，听众1000余人，孔繁森的妻子王庆芝、女儿孔玲参加报告会。21日，聊城孔繁森事迹巡回报告团在北京中南海礼堂为总参驻京团以上干部作报告，听众1100余人。1996年6月24—27日，聊城孔繁森事迹巡回报告团在北京科技大学作2场报告，听报告师生1600余人。10月25—30日，聊城孔繁森事迹巡回报告团第二次应中国人民解放军总参政治部邀请，在山西黄龙沟总参大学生训练基地为刚入伍的大学生作报告，听众1000余人。10月31日，聊城孔繁森事迹报告团在煤炭部作报告，听众1000余人。12月25日，聊城孔繁森事迹报告团在中央党校为全国120余名厅局级学员作报告。12月26日，聊城孔繁森事迹报告团在北京国际关系学院作报告，设三个分会场，听众2000余人，陈孝忠、杨刚岭、马培忠3人主讲。1997年10月24—29日，聊城孔繁森事迹报告团第三次应中国人民解放军总参政治部的邀请，到山西黄龙沟总参大学生训练基地为刚入伍的大学生作报告，听众1000余人。1998年10月23—27日，聊城孔繁森事迹报告团第四次应中国人民解放军总参政治部邀请，到山西黄龙沟总参大学生训练基地为刚入伍的大学生作报告。听众1000余人。陈孝忠、杜西安、马培忠、孔玲4人从不同角度介绍孔繁森的事迹。

五、孔繁森事迹展览

孔繁森事迹展览自1994年12月孔繁森去世之后开始策划运作，直到1995年3月19日在聊城地区博物馆试展、4月11日在聊城烈士纪念堂正式展出、6月28日在济南拉开巡回展览的序幕以后，历时两年多，观展者近千万人，效果空前，反响巨大，感动全中国，激励着亿万人。1995年4月11日，《孔繁森同志事迹展览》在第一套图片的基础上，经过制作人员、撰稿人的共同努力，布展于凌晨完成，山东省委书记赵志浩作为第一批观众观看展览，并题词："向孔繁森同志学习，全心全意为人民服务。"1995年6月28日，《孔繁森同志事迹展览》全省巡展首展式在山东省博物馆举行。省领导赵志浩、韩喜凯、董凤基、王克玉、严庆清、翟永溥等和聊城地委书记陈延明参加首展式。展览在济南展出18天，讲解200余场，接待观众2万余人。1995年7月20日至8月12日，先后在聊城地区的高唐县、茌平县、东阿县、阳谷县、莘县、冠县、临清市、聊城市7个县（市）开展《孔繁森同志事迹展览》全区巡展。7月21—26日，在省城济南展出图片，巡回到泰安市展出。从8月2日开始全省巡展，先后在德州市、临邑县、济宁市、临沂市、枣庄市、日照市、潍坊市巡展。1996年5月5日起先后在青岛市、威海市、烟台市、东营市巡展。10月22日至11月2日，《孔繁森同志事迹展览》在甘肃兰州展出。11月10日，由中共中央组织部、宣传部，中直机关工委、中央国家机关工委、解放军总政治部、北京市委联合主办的《孔繁森同志事迹展览》在中国革命博物馆开展。中共中央政治局常委胡锦涛，中共中央政治局委员、国务院副总理姜春云，以及中共中央政治局原常委宋平等与1200余名各界群众代表一起出席开展式并参观展览。开展式由中共中央组织部部长张全景主持，中共中央政治局委员、北京市委书记尉健行发表重要讲话。截至12月20日，历时41天的展出观众累计20余万人次。此后，1997年5月11日结束，历时两年多。在辽宁、大连、新疆、宁夏、青海、内蒙古、海南、广西、贵州、湖北、广东、河北、河南等省市间巡展。

六、孔繁森同志纪念馆

国家AAAA级旅游景区孔繁森同志纪念馆，座落在聊城东昌湖风景区内，是目前全国独家全面宣传领导干部的楷模、民族团结的典范、党的群众路线的模范践行者、"三严三实"的好干部——孔繁森光辉事迹的人物类专题纪念馆。1995年7月4日经中共中央宣传部批准建馆，9月10日开馆。2013年3月在原址改扩建，翌年2月投入使用，是全国首家按照三星级绿色节能建筑标准设计建设的低碳纪念馆。

纪念馆占地面积1.9万平方米，主体建筑8700多平方米，广场道路7000平方米，绿化率43.3%，包括基本陈列展厅、交流展厅、综艺展厅、影视报告厅、阳光大厅和纪念广场。基本陈列展厅以图片、实物、场景、多媒体等形式，集中展示孔繁森为民务实清廉的典型事迹，颂扬他作为感动中国人物、新中国成立以来重大典型的壮丽人生，为全党全社会广泛深入持久地开展向孔繁森学习，加强理想信念教育，培育和践行社会主义核心价值观提供生动教学现场；交流展厅、综艺展厅和影视报告厅设计先进，风格典雅，功能齐全，常年承办文化主题展示和公益活动。纪念广场是举办各种集体纪念活动的理想场所。馆内花木宜人、生态良好、环境优美，是聊城新的文化地标和英模文化主题公园。纪念馆下辖孔繁森纪念园，位于西郊天福园，占地1.06万平方米，现有墓园、凭吊广场、园林、停车场四个功能区，是孔繁森的骨灰安放地。

开馆以来，已接待全国各地观众、港澳台同胞、国际友人2100多万人次，其中，党员、干部600多万人次，占参观总数30%，主题性临展先后接待132万人次，全国“四进”巡展、交流展900万人次，“走出去”为5万多名党员、干部、入党积极分子、发展对象作过专题报告。纪念馆现已成为弘扬繁森精神，传播英模文化的首选之地，干部党员增强宗旨意识、加强党性锻炼的重要场所，广大群众接受红色文化熏陶、弘扬清风正气的最佳平台，青少年学生树立理想信念、陶冶道德情操的第二课堂，被国家有关部委命名为全国爱国主义教育示范基地、全国廉政教育基地、全国党员干部教育基地、全国青少年教育基地、全国民族团结进步教育基地、国家大学生文化素质教育基地、全国红色旅游经典景区。2014年加入西柏坡红色旅游联盟。2015年2月跨入山东省“十佳博物馆”行列。

第五章 宣传教育

第一节 理论教育和宣传

一、理论学习

1997年，全地区举办学习中共十五大精神理论骨干培训班，各县（市）、地直各部门单位相关负责人200余人参加培训。1998年，市委制定下发《关于加强干部理论学习的若干规定》《关于加强市级领导班子、领导干部学习的规定》，制定和完善各种理论学习制度。举办学习《建设有中国特色社会主义若干理论问题学习纲要》理论骨干培训班，全市各部门单位相关负责人300余人参加培训。1999年，举办学习中共十五届四中全会精神培训班，各县（市、区）、市直各部门单位理论宣讲骨干参加此次培训。2000年，举办学习“三个代表”重要思想和宣传理论业务知识为主要内容的宣传理论骨干培训班，各县（市、区）、市直各部门单位相关负责人350余人参加。2001年，组织全市各级各部门学习江泽民在庆祝中国共产党成立80周年大会上的重要讲话、学习中共十五届六中全会精神、学习WTO基本知识。2002年，结合全市开展的解放思想教育活动，组织各级干部学习市委的决定，学习毛泽东、邓小平、江泽民关于解放思想的论述，学习省委有关文件精神，学习先进地市、先进单位解放思想开拓创新的典型经验等。邀请海尔集团党委副书记、副总裁王安喜，省高校工委书记田建国，全市机关干部二次创业先进典型作了解放思想报告会。组织全市20万名党员干部收听收看中共十六大开幕式盛况。邀请中央党校校务委员、科研部主任李忠杰为县级以上领导干部作学习中共十六大精神专场辅导报告，1000余人听取报告。举办中共十六大精神理论骨干培训班，各县（市、区）委宣传部分管副部长、理论科科长，党校分管副校长、理论骨干教师，市直部委办局、县级事业单位政工科科长，乡镇宣传委员等近300人参加培训。

2003年，表彰先进党委（党组）理论学习中心组、干部理论教育先进单位和优秀理论教育工作者，评出一批先进基层党校、先进党员活动室、先进党课。组织全市党员干部学习《“三个代表”重要思想学习纲要》，学习中共中央总书记胡锦涛“七一”重要讲话和中共十六届三中全会精神，对县（市、区）委宣传部分管副部长、理论科科长，县委党校分管业务副校长、骨干教师，市直部门单位政工负责人等300余人进行理论学习培训。组织全市万名科级干部理论考试，检验各级党员干部特别是科级干部对“三个代表”重要思想和中共十六大精神的学习效果。

2004年，组织各级党员干部继续深入学习

“三个代表”重要思想、学习科学发展观和《中共中央关于加强党的执政能力建设的决定》。中共十六届四中全会召开后，市委宣传部与市委党校、市委讲师团联合举办1期全市理论骨干培训班，培训理论骨干330余人。2005年，中共十六届五中全会召开后，市委宣传部与市委党校、市委讲师团联合举办1期全市理论骨干培训班，培训理论骨干310人。组织开展党课集中教育活动，评选出10件优秀党课参加全省的评比，有7件党课受到省委宣传部表彰，市委宣传部被授予全省党课教育活动组织工作奖。2006年，组织各级党员干部学习邓小平理论、“三个代表”重要思想、科学发展观，特别是党中央提出的加强党的先进性建设、建设创新型国家、建设社会主义新农村、构建社会主义和谐社会等一系列重要战略思想。8月中旬和11月上旬，举办2期理论骨干培训班，600余理论工作者参加培训。检查评比全市各级党组织的理论教育、党员教育工作情况，总结各级各单位的好经验、好做法，对成绩突出的26个先进党委（党组）理论学习中心组、28个先进理论教育工作单位、37个先进党员教育工作单位、25所先进基层党校、29个先进基层党员活动室、66名优秀理论教育工作者和48名优秀党员教育工作者通报表彰。3个先进党委（党组）理论学习中心组、4个先进理论教育工作单位、3个党员教育工作先进县（市、区）、4个党员教育工作先进单位、8所先进基层党校、16个先进党员活动室、6名优秀理论教育工作者、5名优秀党员教育工作者受到省委宣传部表彰。

2007年，在理论学习中，突出科学发展观、构建社会主义和谐社会、建设社会主义新农村、加强党的先进性建设、树立社会主义荣辱观等一系列重大战略思想的学习。组织全市党员干部认真学习胡锦涛在中央党校的重要讲话精神和中共十七大精神。举办全市学习中共十七大精神理论骨干培训班和3期市直科级干部学习中共十七大精神培训班，1300余人参加培训。2008年，举办全市学习中共十七届三中全会精神理论骨干培训班，市直各部门各单位和各县（市、区）355名理论宣讲骨干参加培训，集中系统学习中共十七届三中全会精神、科学发展观和生态文明市建设的有关问题。组织各级各单位认真学习《聊城日报》系列评论员文章《落实年里话落实》，组织开展系列党员教育活动。督促指导各级各单位进一步搞好基层党校、党员活动室的规范化建设，评选表彰20所市级先进基层党校和33个市级先进党员活动室。2009年，组织全市社科理论工作者和广大党员干部认真学习中共十七届四中全会精神，在市委党校举办全市学习中共十七届四中全会精神理论骨干培训班，市直各部门各单位和各县（市、区）的350余名理论宣讲骨干，利用5天时间，集中系统地学习中共十七届四中全会精神、科学发展观的有关问题。市委党校专家教授分8个专题解读讲解中共十七届四中全会精神和胡锦涛讲话精神。

2009年10月，全市庆祝中华人民共和国成立60周年理论研讨会召开

2010—2011年，深入开展学习型党组织创建活动，扎实开展学习型党组织建设，召开全市深入开展“两带一创”活动，推进学习型党组织建设动员会，以党委中心组学习为依托，以领导班子、领导干部为重点，掀起创建活动热潮，广大党员干部思想理论素养和工作作风有了新的提高。举办中共十七届五中、六中全会精神理论宣讲骨干培训班各1期，全市700余名理论宣讲骨干参加培训。

2012年，中共十八大召开后，组织全市广大党员干部认真学习领会党代会精神，形成学习中共十八大精神的热潮。在市委党校举办全市学习中共十八大精神理论宣讲骨干培训班，市直各部门各单位和各县（市、区）的300余名理论宣讲骨干参加培训。2013年12月18—22日，在市委党校举办全市学习贯彻三中精神理论宣讲骨干培训班，组织市直各部门各单位和各县（市、区）的理论宣讲骨干380余人参加培训。2014年，印发《关于进一步加强和改进党委（党组）中心组学习的意见》。举办全市学习贯彻中共十八届四中全会精神理论宣讲骨干培训班，300多名理论宣讲骨干参加为期2天的培训。组织《习近平总书记系列重要讲话读本》《习近平谈治国理政》《改革热点面对面》的学习。对全市各级党委（党组）中心组的学习情况进行专项督导检查，督促各级各部门党委（党组）重视中心组理论学习，推动中心组学习制度化、常态化。

2015年，举办全市学习贯彻中共十八届五中全会精神理论宣讲骨干培训班。培训班共举办两期，每期两天，由市委讲师团的专家教授深入解读中共十八届五中全会精神，重点围绕“十三五”时期中国经济社会发展的形势和任务，践行五大发展理念、全面建成小康社会，提高党领导经济社会发展能力等内容作专题辅导。各县（市、区）、市属开发区分管副部长和理论科科长，各乡（镇、街道）宣传委员及市直各部门单位的人事科科长（宣传科科长、党办主任）近400人参加。组织各级各部门认真学习《中国共产党第十八届中央委员会第五次全体会议文件汇编》《〈中共中央关于制定国民经济和社会发展第十三个五年规划的建议〉辅导读本》《党的十八届五中全会〈建议〉学习辅导百问》，深刻领会党的中共十八届五中全会的精神实质和实践要求，增强与党中央保持高度一致的自觉性和坚定性。年内，编印《习近平总书记谈学习》《“四个全面”——新时期治国理政总方略》《市委十二届八次全会精神学习参阅材料》。

二、理论研究

1997年，召开以“孔繁森的人生观”为主题的研讨会，收到论文60余篇。出版论文集《让孔繁森精神永驻人间》，全书20余万字，汇集优秀研究文章50余篇。出版专著《孔繁森的人生哲学》一书，该书被评为全省1996年至1997年年度社科优秀成果三等奖。1998年，召开“十五大精神与聊城实践”理论研讨会、纪念真理标准大讨论二十周年研讨会、“学习孔繁森的群众观点，塑造人民公仆形象”理论研讨会、纪念孔繁森殉职三周年纪念会。1999年，召开纪念总书记江泽民为孔繁森题词四周年座谈会，驻聊城研究会理事、部分会员出席会议。

2000年，开展“学习孔繁森，做‘三讲’的模范”主题研讨会，并在《聊城日报》登载系列纪念文章。2001年，组织召开建党80周年理论研讨会，精选40篇论文出版论文集。开展纪念总书记江泽民为孔繁森题词六周年活动，在《聊城日报》专版刊发全市社科界专家教授撰写的学习孔繁森的理论文章。2002年，召开“学习孔繁森　实践‘三个代表’重要思想”座谈会。组织理论工作者撰写“学习孔繁森　做实践‘三个代表’重要思想的模范”系列理论文章，在《聊城日报》《光岳论坛》等报刊上刊发。2003年，召开“弘扬孔繁森精神，做新时期干事创业的好干部”座谈会、全市弘扬抗击“非典”精神理论研讨会、学习《“三个代表”重要思想学习纲要》和总书记胡锦涛“七一”重要讲话座谈会。围绕学习“七一”讲话、十六届三中全会精神，推选一批高质量的理论文章刊发在《聊城日报》《光岳论坛》等报刊上。2004年，组织召开“弘扬孔繁森精神，做新时期干事创业的好干部”理论研讨会、纪念邓小平100周年诞辰座谈会和“中华人民共和国成立55周年理论研讨会”。2005年，召开“弘扬孔繁森精神、永葆党员先进性”座谈会，在《聊城日报》发表1期弘扬孔繁森精神、永葆党员先进性理论专版；召开“纪念中国人民抗日战争暨世界反法西斯战争胜利60周年理论研讨会”，并编印论文集1部。2006年，召开全市社科理论界学习胡锦涛总书记“七一”讲话精神座谈会、《江泽民文选》座谈会、中共十六届六中全会精神座谈会；举办纪念中国共产党成立85周年暨红军长征胜利70周年理论研讨活动；召开纪念中国共产党成立85周年暨红军长征胜利70周年理论研讨会，编辑出版论文集《而今迈步从头越》。

2007年，召开全市宣传系统暨社科理论界学习中共十七大精神座谈会，组织社会各界人士撰写280余篇理论文章，编印论文集《探索·创新·发展》。2008年，以“学习贯彻中共十七大精神，促进聊城又好又快发展”为主题，组织开展学习贯彻中共十七大精神理论研讨征文活动，编印全市学习贯彻中共十七大精神理论研讨论文集。2009年，召开深入学习党的十七届四中全会精神座谈会，全市社科理论界60余位领导、专家、学者参加会议。召开全市学习孔繁森精神理论研讨会，60余人参加研讨。召开全市庆祝中华人民共和国成立60周年理论研讨会，70余人参加研讨会，编辑出版《历程·理论·探索》。

2010年，围绕“一五二”产业基地、鲁西文化资源与文化产业、打造山东东引西拓“桥头堡”等重点课题展开调查研究，推出12项研究成果。组织开展纪念抗日战争胜利65周年理论研讨活动、傅斯年学术思想的传统与现代研讨会和第十六次社会科学优秀成果奖、第三次社会科学突出贡献奖及学科新秀奖评选活动。2011年，召开全市纪念中国共产党成立90周年理论研讨会、全市纪念辛亥革命100周年座谈会。2012年，召开全市社科理论界、文艺界学习宣传贯彻中共十八大精神进座谈会。印发《关于县（市、区）建立社科联的意见》，成立山东社科院鲁西发展研究院。编辑出版《聊城科学发展研究》。2013年，召开全市社科理论界学习贯彻中共十八届三中全会精神座谈会。2014年，召开《习近平总书记系列重要讲话读本》学习宣传座谈会及《习近平谈治国理政》学习宣传座谈会。2015年，组织召开全市理论工作会商会，与各县（市、区）、市属开发区、市委讲师团、市社科联及部分企业的20余位理论工作者深入讨论有关理论工作的新思路、新活动和新举措。

2014年12月，全市举行《习近平谈治国理政》学习宣传座谈会

三、理论宣传

1997—2000年，在《聊城日报》、聊城电视台、广播电台开设理论版、理论专题节目，每年均组织编写系列理论文章在《聊城日报》《光岳论坛》刊发。2001年，由市委党校、市委讲师团8名教授组成的学习总书记江泽民“七一”讲话宣讲团，分赴全市8个县（市、区）和市直各大系统，对广大党员干部进行巡回宣讲。邀请中央党校教授作学习总书记江泽民“七一”讲话和学习中共十五届六中全会精神的辅导报告。

2002年，组织中共十六大精神宣讲团巡回宣讲，把中共十六大精神宣传到基层，10万余名党员干部听取报告。在《聊城日报》、聊城电视台、聊城广播电台开设学习宣传中共十六大专栏专题，及时报道学习情况。2003年，多部门联合组成市委宣讲团，分赴各县（市、区）、市直部门单位宣讲“三个代表”重要思想和中共中央总书记胡锦涛“七一”重要讲话。2004年，组织“孔繁森精神在基层”典型宣传活动，从各县（市、区）、市直单位选择一批典型，通过撰写长篇通讯和拍摄专题片的形式，集中宣传，激发全市干部群众干事创业的热情。

2005年，在全市开展解放思想主题教育活动，在《聊城日报》发表3篇评论员文章，1期“解放思想、科学发展”理论专版，组织县（市、区）委书记访谈，宣传一批解放思想、“三个文明”建设成绩突出的典型；组织开展“社会科学普及周”活动，举办1场电视讲座、1场社科知识竞赛、2场专题报告会和3场大型广场咨询活动。2006年，举办第三届聊城市社会科学普及周活动。期间，举办专题报告会，开展理论下乡、社科知识竞赛、咨询服务等一系列活动，发放各类宣传资料10万余份、科普图书5000余册，直接受众30余万人次。制定下发《关于加强和改进市委讲师团工作的意见》和《关于创建“水城讲坛”做好理论教育工作的通知》，创建理论教育新阵地“水城讲坛”，推动党的最新理论成果的学习宣传。

2007年，成立学习中共十七大精神宣讲团，广泛深入组织开展中共十七大精神的宣传活动。组织开展以“科学发展，共创和谐”为主题的第四届社科普及周活动，举办专题报告会、理论下乡、社科知识竞赛、咨询服务等一系列活动。巩固和扩大“聊城理论在线”网站教育阵地，典型经验和做法被省委讲师团在全省推广并上报中宣部。在全市组织开展历时7个多月的“加快建设强市名城，我们怎么办”解放思想大讨论活动，在各主要媒体统一开设专栏（专题），连续不断刊发消息、社论、评论，追踪报道全市大讨论活动情况；在重要版面（时段），先后策划推出外地发展启示录、系列评论、人物专访、典型报道、整改公示、成果展示等集中宣传报道，宣传推广大讨论中的好做法、好经验。2008年，以“提升人文素质、建设文化强市”为主题，举办第五届聊城市社会科学普及周活动，举办专题报告会，开展理论下乡、社科知识竞赛、咨询服务等系列活动，发放各类宣传资料10万余份、科普图书5000余册，直接受众30余万人次。

2009年，组织市委宣讲团成员和全市社科理论工作者深入基层宣讲中共十七大、十七届四中全会精神和科学发展观，普及党的理论创新成果。2010年，以“构建学习型社会，建设文化强市”为主题，组织开展第七届社会科学普及周活动。“齐鲁讲坛·聊城分坛”揭牌，成为普及社科知识的标志性项目和弘扬先进文化的公益性平台，与聊城宣传网、“水城讲坛”一起进行经常性的形势政策教育。2011年，成立中共十七届六中全会精神宣讲团，到各县（市、区）和市直单位宣讲，开展宣讲30余场，受众上万人。2012年，组织开展“科学发展成就辉煌”主题宣传，以“喜迎十八大”为主题，组织举办成就图片展、画展、优秀舞台剧目展演、群众歌咏等系列主题文化活动，开展大型主题采访，组织市直主要媒体和重点新闻网站开设“学习贯彻十八大精神、加快经济文化强市建设”专题专栏。成立聊城市学习宣传贯彻中共十八大精神宣讲团，举办宣讲报告20余场，听课人数1万余人。组织百名理论工作者到基层宣讲中共十八大精神，在全市各地各行业开展宣讲200余场，直接受众10万人。组织“我为聊城发展献计策”活动，利用“水城讲坛”进行形势政策教育，加强对理论教育和基层宣讲工作的检查指导。组织开展全市“塑造聊城形象从我做起”主题活动。主题活动办公室共编发简报64期，开辟主题活动专栏网站3家，刊发相关报道2000余篇，发放张贴宣传画5万份。组织撰写《论自豪》《论创业》《论包容》《论奋进》等系列评论员文章，在全市举行巡回宣讲500余场次；开展全市“交通杯·塑造聊城形象从我做起”演讲比赛，将优秀演讲稿结集为《激情聊城》出版；组织“品读聊城形象征文”活动，征集各类题材文章500余篇；组织塑造聊城形象“双十佳”评选活动，引领广大干部群众参与主题活动、自觉践行聊城形象。

2013年，组织开展聊城市社会科学普及周活动。在《聊城日报》《聊城晚报》、聊城新闻网等新闻媒体广泛发布竞赛试题，收到答卷5000余份，评出一等奖10份、二等奖20份、三等奖30份。深入社区宣传理论知识。邀请专家在全市举办专题讲座，赠送科普图书，发放宣传画。举行理论下乡活动，主要活动包括主题报告会、义务咨询、发放科普图书和宣传资料、“理论大众化”主题展等。2014年，成立聊城市学习贯彻中共十八届四中全会精神宣讲团，完成宣讲30场。举办学习贯彻中共十八届四中全会精

2014 年 2 月，聊城市党的群众路线教育实践活动动员会议在聊城召开

神宣讲报告会 4 场，邀请省专家学者对中共十八届四中全会精神深入浅出地解读，使中共十八届四中全会精神更加深入基层、深入人心。组织开展全市“中国梦·参与见证改革”百姓宣讲活动。先后举办 40 余场宣讲比赛，1000 余名选手参与。组织开展全市第十一届社会科学普及周活动。以“传播社会主义核心价值观，提升公众人文社会科学素养”为主题，开展理论下乡、赠送科普图书、全民社会科学知识竞赛活动、“齐鲁大讲坛·聊城分坛”讲座、社科成果展览、社科普及工作载体建设等一系列活动。

2015 年，在全市深入开展中共十八届五中全会精神宣讲活动，宣讲 34 场次，受众上万人。组织开展“中国梦·我们的价值观”百姓宣讲活动，近百场比赛，千余名选手参与，评出一等奖 3 人、二等奖 4 人、三等奖 5 人、优秀奖 42 人。开展全市第十二届社会科学普及周活动，以“宣传贯彻十八届四中全会精神，推进法治聊城建设”为主题，开展主题报告会、理论下乡、赠送科普图书、“齐鲁大讲坛·聊城分坛”讲座、现场义务咨询、社科成果展览、社科普及工作载体建设等一系列活动。

第二节　新闻宣传与管理

一、综合宣传

1997 年，全区新闻宣传工作坚持正确导向，围绕地委提出的工作重点，协调新闻单位，全面宣传报道全区改革开放、经济发展、社会进步、精神文明建设、反腐倡廉、党的建设。先后在《人民日报》《人民日报（华东版）》《光明日报》《大众日报》和《求是》杂志发表一批分量重、质量高、影响大的稿件，重点稿件 520 余篇。

1998—2001 年，重点围绕撤地设市、国有企业改革、中小企业改制、招商引资、引进高科技成果、发展个体私营经济、农村产业结构调整、城市建设、发展旅游事业、党的建设、精神文明建设、加强和改进思想政治工作、“三讲教育”、农村税费改革和换届选举等项工作，积极搞好宣传报道。在抓好市内新闻宣传工作的同时，加大在中央新闻媒体、省新闻媒体宣传报道的力度。在省级以上各类报刊发表稿件 4900 余件，在省级以上电台发稿 5600 余件，在省级以上电视台发稿 1900 余件。

2003 年，聊城市新闻宣传“上联播、上提要、上一版、上头条”的势头更加强劲，在中央电视台“新闻联播”播发《科技打造秋冬新体系》，在《经济日报》《农民日报》一版头条先后刊发《确定十大百亿产业——山东聊城力争摘掉“欠发达帽子”》《山东聊城以“市场之手”经营城市》《重振雄风待后发》等稿件，在《大众日报》一版头条刊发《东昌府培育投资乐土》等重点稿件。2004 年，加强经济宣传、维护稳定宣传、创建国家级卫生城市宣传、加强和改进未成年人思想道德宣传、“三农”宣传、落实科学发展观和弘扬求真务实精神宣传、白云先进事迹宣传等。对外扩大和提高“江北水城”的知名度，在省级以上新闻媒体刊播重点稿件 640 篇（条），其中，中央级媒体《人民日报》38 条、《光明日报》6 条、《经济日报》10 条。

2005—2007 年，新闻宣传围绕市委中心工作和重大部署，精心组织“十五”回顾、展望“十一五”“科学发展、和谐发展、率先发展”、走近新农村、繁荣服务业、构建和谐社会、创建国家卫生城市和环境保护模范城市等一系列新闻宣传活动。特别是 2006 年，《经济日报》利用一版头条和两个整版连续发表《跨越发展看聊城》《万方碧水靓古城》《强企崛起兴水城》3篇长篇通讯，并配发评论员文章，介绍全市以科学发展观统领全局、大力推进跨越发展的经验和做法，在全国产生强烈反响。2007年，《人民日报》4月14日一版头条刊发《山东农村探索社区化管理》，重点报道聊城市“联村自治”的做法与经验。新华社播发的《山东聊城农民办乐园：6年不提价10元玩个够》被多家中央、省级媒体采用或发表评论。中央电视台播发《山东聊城治理东昌湖，“江北水城”因水而兴》《聊城：冬日送温暖关爱农民工》，“新闻联播·说句心里话”栏目播报《“迷你”小公交开到家门口》等数十篇稿件。

2008—2012年，拓宽与中央、省级媒体的联系沟通渠道，加大聊城声音的对外输出力度，先后组织“建市10周年”“抗震救灾和灾后重建”“全市文化建设工作会议精神”“奥运会宣传”“江北水城运河古都文化旅游节”“水城之秋休闲周”“学习宣传贯彻落实科学发展观”“改革开放30周年”“节能减排”“关注民生”“国庆60周年”“十一运会”、创先争优活动、生态文明市建设、“塑造聊城形象从我做起”等大型主题宣传活动。全市在《人民日报》、新华社、《光明日报》《经济日报》《农民日报》、中央电视台、《大众日报》、山东电视台等省级以上媒体发稿8900余篇。2008年，《光明日报》一版头条刊发《山东聊城多方共赢享文明》。2009年，《经济日报》一版头条刊发《山东聊城：改善生态环境发展绿色产业》，《农民日报》一版头条刊发《聊城：发展生态经济打造态文化》。2010年，在重点报刊一版头条、电视台、广播电台头条刊播稿件32篇。《经济日报》一版头条刊发《山东聊城：延伸产业链条　实现提质增效》，《农民日报》一版头条刊发《聊城掘“金”产业链》《鲁西聊城三大变》，《大众日报》一版头条刊发《节能减排助推聊城工业增值提质》等稿件。2011年，中央人民广播电台“新闻与报纸摘要”头条播发稿件《山东聊城：绿色产业成为经济结构调整巨大后发优势》等，《经济日报》头条刊发《山东聊城做靓“江北水城”名片》。2012年，《人民日报》一版刊发《“江北水城”数聊城》等重点稿件，《大众日报》一版头条刊发《聊城产业链上“挖金掘银”》《“有一种力量推着你走”——聊城廉政承诺为基层党组织注入新活力》等重点稿件，全市在《大众日报》刊发一版头条稿件居全省第一位。

2013—2015年，围绕市委全委会精神，围绕党的群众路线教育实践活动、全面深化改革、融入“一区一圈一带”、农业“龙头带动”战略、新型城镇化、优化发展环境、社会主义核心价值观等主题，围绕推进科学发展跨越发展、“三严三实”专题教育、“四风”整治成果、社会主义核心价值观、生态文明建设、大众创业万众创新、融入京津冀、质量强市、城乡环卫一体化、“三农”工作等重点，在省级以上主要媒体刊播稿件9300余篇，在报纸各版面及广播电视新闻节目中刊播头条近380条。先后编辑出版《记录2012——中央和省媒体记者笔下的聊城》《记录2013》《记录2014》等内部资料。2013年，新华社播发了聊城的稿件20余篇，并通过内参加大对聊城宣传力度。《经济日报》12月18日一版头条刊发长篇通讯《聊城：抓铁有痕谋跨越》，全面反映聊城抢抓机遇、苦干实干，创造聊城发展新优势、探索跨越发展新路径的典型经验。2014年，《人民日报》在一版显著位置刊发通讯《聊城：拒绝庸懒散》，在一版头条“新春走基层”栏目中，刊发《山东高唐：村里招待费取消了》；在中央电视台播出《棚改：补偿合理公平分配是关键》等新闻；《光明日报》一版头条刊发通讯《走到哪里，就把好事做到哪里：山东聊城在寻找中接力“一微尘”精神》。2015年，《人民日报》一版显著位置刊发《聊城鼓励干部敢作为》，介绍聊城市创新党建工作的经验和突出成效。

二、典型事件和重大活动宣传

1997年，组织“京九”沿线经济发展新闻采风活动和全区外贸改革、改革试点县、现代企业制度试点等重大典型的宣传。1998年，围绕聊城“撤地设市”、国有企业改革、中小企业改制、招商引资、引进高科技成果、“三讲”教育、反腐倡廉等一系列重大主题，做好对上和对内宣传报道工作。当年1月12日在北京召开振兴聊城新闻座谈会，人民日报社、新华社、中央电视台、光明日报社、经济日报社、农民日报社、求是杂志社、北京电视台、《人民日报（海外版）》、人民中国杂志社、今日中国杂志社、北京周报社等18家新闻单位的负责人和记者应邀到会，会议请多年来支持并帮助宣传聊城的首都各大新闻媒体为宣传聊城出谋划策，各媒体领导和记者们为聊城新闻宣传提供有益的思路和建议。

1999—2001年，在宣传东阿阿胶、凤祥集团、蓝山集团等全国重点农业龙头企业上，在宣传建设卓越秀美的“江北水城”、建设全国优秀旅游城市上，在宣传实施“科教兴聊”战略，宣传聊城市走进高校和科研院所举办“高科会”“洽谈月”“回访周”“科技合作高峰论坛”上，组织大规模、多角度的立体式报道。其中，《大众日报》、山东电视台等多家省以上媒体对作为聊城城市建设标志性工程的聊城古运河开发工程的破土动工深入宣传报道，展现聊城改善城乡面貌、打造水系通达的江北水城的决心和作为。

2002—2007年，各新闻媒体加大对典型事件的宣传策划，鼓舞聊城发展士气，打造聊城良好城市形象。跟踪报道聊城市在中华人民共和国香港特别行政区、深圳市、韩国等地的招商引资活动。与中央电视台合作制作城市形象宣传片，在中央电视台和部分省市电视台连续播放。拍摄《走进江北水城》《春游水城》《水城神韵》等专题节目，在中央电视台、旅游卫视、山东卫视等媒体播发。连续多年组织“中国江北水城（聊城）文化旅游节”和“水城之秋观光周”宣传战役，使聊城的知名度空前提高。2002年，与省政协、香江集团联合举办“香江杯”水城之秋新闻大赛，邀请省内及周边地市20余家新闻媒体的40余名记者到聊城采访。2004年，重点做好“五一文化旅游节”的宣传，以“江北水城、历史文化名城、中国优秀旅游城市”为主题，全面集中向外推介聊城。2007年，组织市新闻媒体骨干记者组成新闻采访团，赴威海市、潍坊市、德州市3地采访，在市新闻媒体统一开设《外地发展启示录》栏目，刊播数十篇有深度、有分量、角度新、可读性强的稿件。

2008—2012年，继续加强重大活动和典型事件的报道，组织全市新闻媒体开展“建市10周年”“改革开放30年”系列报道、“学习实践科学发展观活动”“全市文化建设工作会议精神”“江北水城运河古都文化旅游节”“国庆60周年”、海内外知名企业家齐鲁行、“2010年全国有色金属高层论坛”、打击侵权假冒专项行动、“庆祝建党90周年”、2012年“中国聊城生态文明建设国际论坛”等重点亮点的宣传报道。其中，2010年开始组织市直媒体开展春节期间深入基层采写以小见大的成就性报道，收效良好。此后，自中宣部2011年1月组织中央主要新闻单位开展“新春走基层”活动后，市委宣传部每年继续组织开展全市媒体“新春走基层”活动，稿件质量逐年提升，成为聊城市新闻宣传工作的亮点之一。

2008年3月19日，第七届江北水城运河古都（聊城）文化旅游节暨庆祝建市十周年发布会在北京举行

2013—2014年，重点组织媒体宣传全市跨越赶超发展新思路以及全市经济社会各方面取得的工作新进展、新成就。对聊城市招商引资、企业“二次创业”暨“转调创”工作、重点项目建设等经济领域发展成就经验进行广泛宣传；深入开展党的群众路线教育实践活动、村和城市社区“两委”换届选举等党建工作宣传报道；在社会

主义核心价值观宣传方面，重点宣传报道“讲道德、重诚信、比赶超、促跨越”主题实践活动；针对与民生息息相关的新型城镇化建设、保障和改善民生、古城保护与改造等工作，开展“长流水不断线”的动态报道。

2015年，围绕贯彻落实市委十二届八次全委会精神，围绕“作风引领、团结实干、争先进位、科学发展”的战略目标和任务要求，加强对学习宣传贯彻中共十八大和十八届三中、四中、五中全会精神及中共中央总书记习近平系列重要讲话精神的深度报道。在经济领域重点宣传质量强市、创新驱动、发展精致农业等发展新战略的措施成效。在党建领域做好“三严三实”专题教育的宣传。在城市建设上重点宣传路域环境整治、小城镇提升、城乡环卫一体化等工作。在生态文明方面主要宣传大气污染防治、建设国家节能减排财政政策综合示范城市、海河流域迎检的情况。在文化建设上，重点宣传“弘扬优秀文化、践行核心价值”主题实践活动等。组织开展创建国家卫生城市迎检宣传，营造全民知晓、全民支持、全民参与的浓厚创城氛围。

三、先模人物宣传

1997年，响应党中央发出的“向孔繁森同志学习”的号召，组织“楷模身后有来人”的专题报道，广泛深入地组织开展内容丰富的学习宣传孔繁森事迹活动。为纪念总书记江泽民、总理李鹏为孔繁森题词2周年，组织广播电视部门先后播放电视剧《孔繁森》《孔繁森颂歌颁奖晚会实况》等文艺作品。1998年，对全国农业劳动模范曾广福一生奉献农业、一生厉行节约、一生扶贫救孤的感人事迹，在省以上多家媒体广泛宣传。1999年，宣传报道在重庆勇斗7个歹徒不幸壮烈牺牲的派出所民警、聊城籍青年芦振龙的感人事迹。

2000年，开展宣传全国劳模、坚持诚信发展的企业家张学信抢抓机遇、敢为人先、加快发展、造福百姓的事迹。2003年，在抗击“非典”宣传报道中，树立一批抗击“非典”英雄人物和先进人物的典型，为夺取聊城市抗击“非典”的最后胜利营造良好舆论氛围。

2005年，对2004年度感动中国十大人物，放弃读研机会，克服物质和精神生活上的严重匮乏，坚持在贵州山区义务支教两年的徐本禹的先进事迹宣传报道。2005年1月，中央电视台“新闻联播”的“时代先锋”专栏播出新闻《检察官白云的电话热线》，介绍“中国十大杰出检察官”白云以白云热线为平台，释民困、解民忧、暖民心的事迹。《人民日报》、新华社、《大众日报》、山东电视台也对其事迹重点宣传。

2006年，对全国劳动模范、优秀村党支书典型张国忠感人事迹广泛宣传。《人民日报》、新华社、《光明日报》《大众日报》、山东电视台等多家省以上媒体对其事迹报道。2007年，在《人民日报》、中央电视台、《大众日报》等中央、省级媒体报道牧琳爱的事迹。2008年，对共和国公安英烈，在暴力劫持人质案件中勇斗歹徒、以身殉职的市公安局特警陈春龙事迹宣传报道。2009年，在国学大师季羡林去世之后，宣传其生平、学术造诣和爱国情操。

2010年，对“新时代的小白云”东昌府区检察院白云热线办公室主任念以新发扬白云精神，立足检察职责，解民忧、化民怨的事迹广泛宣传。对全国见义勇为模范、在执行飞行任务时舍身捍卫人民群众生命和财产安全而牺牲的优秀飞行员冯思广事迹广泛宣传。2013年，牧琳爱去世后，集中开展对其感人事迹的宣传，在全国范围内产生广泛反响。《人民日报》、新华社、中央电视台新闻频道、《人民日报（海外版）》《大众日报》和山东电视台分别在重要版面和黄金时段作出报道。协调编辑出版《一位美国老人的中国情》《一位美国老人的中国心》书籍、光盘及宣传册。

2014年，在党的群众路线教育实践活动宣传中，充分反映广大干部群众对活动的积极评价和良好反响。积极向上级推送孔繁森、白云、张国忠、杜立芝等为民务实清廉的典型。

2015年，对“最美城管大叔”商孝江、模范乡村教师轩云湘、市人民医院儿科主任杨巧芝、市肿瘤医院呼吸内科主任商玉光等一批敬业奉献模范典型组织对上报道。

四、新闻管理

1997年，开展“新闻宣传质量年”活动，以提升稿件质量为中心，组织地直新闻单位开展马克思主义新闻观教育、采编业务培训、专家讲座等系列活动5场次。1998年，下发《关于规范新闻宣传秩序的几项制度》，就外地记者到聊采访、新闻发布会报批、专题宣传申报、批评监督性稿件报审等制度具体规范。鼓励并指导推进各新闻单位在用人、分配、考核、职称评聘等方面的改革，加强新闻工作宏观管理，突出舆论导向的把控和奖惩机制的建立健全，增强媒体“精品意识”，通过一系列评选活动，在新闻界形成良性竞争态势。1999年，聊城市委宣传部与聊城市新闻出版局共同成立聊城市报纸、期刊审读领导小组。

2000年，为规范报刊发行秩序，市委宣传部下发《关于整顿报刊发行秩序搞好党报党刊发行的通知》，明确部门职责分工、违规追责制度等。下半年，对全市报纸、电台、电视台青年记者编辑开展4场次的轮训，举办全市新闻通讯员学习班1期，打造政治强、业务精、纪律严、作风正的新闻队伍。

2004年，市委宣传部印发《县（市区）新闻报道工作考核办法（试行）》，初步形成对县（市、区）考核评比制度。与各县（市、区）宣传部部长签订《新闻报道工作责任书》，激励各县（市、区）提升对上报道水平。市委宣传部与市委办公室共同起草《市内突发事件新闻报道工作实施办法》，对突发事件新闻报道的组织协调、归口管理、新闻发布、采访报道、相关注意问题等做出详细规定。在全市新闻战线继续开展“三项学习教育”活动。2005年，市委宣传部下发《聊城市新闻采编人员从业管理办法》，对于新闻采编人员的职业操守、从业规范、突发事件应对、经营和采编分开、证件管理和使用等方面做出具体规定。下发《关于对历史人物和事件报道坚持正确舆论导向的通知》。

2006年，加强宏观舆论管理。坚持新闻例会制度，定期下发新闻宣传要点，精心策划、统一协调市内重大新闻宣传活动，确保正确的舆论导向。在全市新闻战线开展“三项学习教育”活动，重点抓好新闻工作者队伍建设。2007年，协调聊城日报社开展“创新和质量管理年”活动，切实强化管理经营，提高办报质量。聊城新闻网影响逐步加大，日点击量超过2万次。聊城电视台对频道全新改版，由原来的6个频道科学整合为4个频道，规范电视频道、节目（栏目）。加大对出版物集中经营场所的整治力度，开展声势浩大的“打击非法出版活动专项行动”“打击淫秽色情等有害出版物专项行动”等多项出版物市场专项治理行动。

2010年，下发《关于在全市新闻媒体深入开展抵制低俗之风工作的通知》，在全市新闻媒体开展自查自纠，净化版面声屏。下发《关于深入开展“杜绝虚假报道　增强社会责任　加强新闻职业道德建设”专项教育活动的通知》，从完善人员管理、健全采编制度、强调宣传纪律、加强教育培训、开展责任追究、强化社会监督6方面入手，治理虚假报道问题。每月向市各主要新闻单位和各县（市、区）、开发区下发新闻宣传要点，精心策划主题宣传活动。建立新闻线索库，定期向省委宣传部和中央、省有关媒体推荐新闻线索。2011年，贯彻中央精神，市委宣传部下发《关于全市新闻战线深化“走基层、转作风、改文风”活动的意见》，在聊城市新闻战线深入开展“走转改”活动，推动全市新闻工作者切实将群众观点、群众路线体现在新闻宣传实践中。制定印发《聊城市对上对外新闻报道考核奖励办法》，加大对上对外新闻宣传的考核奖惩力度。2012年起，每周编辑《聊城宣传舆情》信息，收集高层动态、舆情网评，以及聊城全市在省以上媒体刊播的稿件。

2013年，在全市新闻战线开展“唱响时代最强音　跨越赶超做贡献——新闻工作者的职责使命”主题活动，号召全市新闻工作者紧紧围绕市委、市政府确定的奋斗目标和重大举措，跟上工作步调，当好先行军，唱响主旋律，打好主动仗，做好对上对外新闻宣传，创造良好的外部舆论环境。为切实解决党报党刊发行工作在新时期产生的变相摊派、增加基层负担等新问题，市委宣传部下发《关于严格规范党报党刊发行工作严禁报刊违规发行的通知》，针对违规发行行为分门别类做出明确规定，并公布举报电话。市委宣传部下发《全市坚决打击新闻敲诈行为专项整治工作实施方案》《关于2013年深入开展新闻战线“三项学习教育”活动的意见》，要求各媒体在开展活动时注重加强行业自律，引入社会评议机制。

2014—2015年，开展新闻敲诈行为专项整治工作，教育引导全市各级新闻媒体和采编人员坚持把社会效益放在新闻报道首位，严肃新闻纪律，杜绝新闻敲诈行为，增强媒体公信力和影响力。开展报刊发行秩序整治，严厉打击非法报刊、一号多刊、一号多版、有偿新闻、违规发行等严重扰乱报刊市场秩序，损害消费者合法权益和新闻出版业公信力的违法违规行为。继续在新闻战线开展“三项学习教育”“走基层、转作风、改文风”活动。与聊城市新闻工作者协会联合在全市新闻战线组织“好记者讲好故事”演讲比赛。《山东新闻战线“三项学习教育”活动简报》对聊城日报社开展的“新闻服务能力提升年”活动的做法给予充分肯定。

1997—2015年聊城市部分报纸新闻作品获省以上新闻奖（省一等奖以上）情况表

表19-1

年份	类别	作品	作者	刊发报纸	获奖情况	授奖机关
1997	言论	是“保驾”还是“拆驾”	高文举	聊城日报	省市地报新闻奖一等奖	省市地报研究会
	专栏	农村天地	胡　欣 吕　磊	聊城日报	省市地报好专栏一等奖	省市地报研究会
	专版	家庭服务	朱玉东	聊城日报	省市地报好专版一等奖	省市地报研究会
1998	消息	承诺单位纷纷亮相监督电话谁来“监督”	唐少兵	聊城日报	省新闻奖一等奖	省新闻工作者协会、省新闻学会
	消息	官农股份制使73户农民脱贫	唐少兵	聊城日报	省市地报新闻奖一等奖	省市地报研究会
	言论	为什么说领导是重要的	高文举	聊城日报	省市地报新闻奖一等奖	省市地报研究会
	通讯	值得人民信赖的检察官	张　荔	聊城日报	省市地报新闻奖一等奖	省市地报研究会
	专栏	平凡影像	侯清红	聊城日报	省市地报好专栏一等奖	省市地报研究会
	专版	家庭服务	朱玉东	聊城日报	省市地报好专版一等奖	省市地报研究会
	专版	课堂内外	陈　霞	聊城日报	省市地报好专版一等奖	省市地报研究会
	理论	迎接知识经济的挑战	高文举 崔新乐	聊城日报	省报纸理论宣传优秀作品一等奖	省新闻工作者协会、省新闻学会
	副刊	听戏	高文举	聊城日报	华东地市报副刊好作品一等奖	—
1999	消息	七十年，为圆一个中国梦！	刘庆功 刘晓磊	聊城日报	省新闻奖一等奖	省新闻工作者协会、省新闻学会
	消息	茌平：农业吃“套餐”农民无风险	王长新 孙洪锋 郝　军	聊城日报	省市地报新闻奖一等奖	省市地报研究会
	通讯	何厚铧与咱“结亲”了	吴文立 岳殿举 邢　伟	聊城日报	中国地市报新闻奖一等奖	中国地市报研究会

续表 19-1

年份	类别	作品	作者	刊发报纸	获奖情况	授奖机关
1999	通讯	关注“普高热”	陈　霞	聊城日报	省教育新闻奖一等奖	省教育新闻工作者协会
	专栏	服饰	张　荔	聊城日报	省市地报好专栏一等奖	省市地报研究会
	专栏	港澳台之窗	布双起 陈化成	聊城日报	省市地报好专栏一等奖	省市地报研究会
	专版	角色视窗	侯清红	聊城日报	省市地报好专版一等奖	省市地报研究会
	理论	我市国有经济布局战略性调整的思路选择	崔新乐	聊城日报	省报纸理论宣传优秀作品一等奖	省新闻工作者协会、省新闻学会
	理论	村党支部是农村工作的领导核心	崔新乐	聊城日报	省市地报新闻奖一等奖	省市地报研究会
	副刊	到墓园去	高文举	聊城日报	省报纸副刊好作品一等奖、华东地市报副刊好作品一等奖	省新闻工作者协会、省新闻学会
2000	消息	群众一个电话　领导下访到家	徐世栋	聊城日报	省市地报新闻奖一等奖	省市地报研究会
	消息	鲁西化工率先参与西部开发取得双赢	吴文立 徐世栋	聊城日报	省市地报新闻奖一等奖	省市地报研究会
	消息	有人说你贪　请来检察官	马发新 吴文立	聊城日报	全国报纸舆论监督好新闻一等奖	—
	消息	规范检查评比活动	吕　磊	聊城日报	省人大好新闻一等奖	—
	言论	同是好啤酒，还是喝自己的	高文举	聊城日报	省市地报新闻奖一等奖	省市地报研究会
	通讯	张学新：一个乡镇干部的爱农情结	于福华 唐少兵 张东方 董长侠	聊城日报	中国地市报新闻奖一等奖、省市地报新闻奖一等奖	中国地市报研究会、省市地报研究会
	专栏	记者行动	于福华 唐少兵 侯清红 张　颖	聊城日报	山东新闻名专栏（省新闻奖一等奖）	省新闻工作者协会、省新闻学会
	专版	视觉新闻	赵存吉 崔淑静	聊城日报	省市地报好专版一等奖	省市地报研究会
	专版	北风	赵存吉 崔淑静 徐　民	聊城日报	省市地报好专版一等奖	省市地报研究会
	论文	生活化：经济报道的新视角	高文举 吴文立	聊城日报	中国地市报论文奖一等奖	中国地市报研究会
2001	消息	欧洲肉牛“疯”了 鲁西黄牛“牛”了	吴文立 徐世栋 徐　君	聊城日报	省新闻奖一等奖中国地市报新闻奖一等奖	省新闻工作者协会、省新闻学会；中国地市报研究会
	消息	破了“熬官者”的梦 封了“跑官者”的门	王　华	聊城日报	省市地报新闻奖一等奖	省市地报研究会
	言论	依法治？	高文举	聊城日报	省新闻奖一等奖	省新闻工作者协会、省新闻学会
	通讯	受伤的爱心	王仙明	聊城日报	省市地报新闻奖一等奖	省市地报研究会

续表 19-1

年份	类别	作品	作者	刊发报纸	获奖情况	授奖机关
2001	通讯	开放改变命运	吴文立 吕　磊 徐世栋 苗保田 宋　兵	聊城日报	省市地报新闻奖一等奖	省市地报研究会
	通讯	作风也是生产力	于福华	聊城日报	省市地报新闻奖一等奖	省市地报研究会
	通讯	“计生”立了法，百姓想些啥	张和鹏	聊城日报	省人口新闻奖一等奖	—
	通讯	污水资源化，一个必然趋势	苗保田	聊城日报	齐鲁环保世纪行好新闻一等奖	—
	副刊	雪梦中的小镇	高文举	聊城日报	省报纸副刊好作品一等奖	省新闻工作者协会、省新闻学会
	专栏	乡村季风	胡　欣 布双起	聊城日报	省市地报好专栏一等奖	省市地报研究会
	专版	北风	赵存吉 崔淑静	聊城日报	省市地报好专版一等奖	省市地报研究会
	论文	在经济全球化视野中发现新闻	高文举 吴文立	聊城日报	省新闻学术年会论文一等奖 中国地市报论文奖一等	省新闻工作者协会、省新闻学会；中国地市报研究会
2002	消息	走形式学习敷衍　建机制主动“充电”	吴文立 吕　磊	聊城日报	省市地报新闻奖一等奖	省市地报研究会
	消息	入世后反倾销第一案初裁胜诉	吴文立 徐世栋	聊城日报	中国地市报新闻奖一等奖 省市地报新闻奖一等奖	中国地市报研究会、省市地报研究会
	消息	在平县税费改革为老年人“减负”	苗保田 王廿君	聊城日报	省老龄宣传报道奖一等奖	—
	通讯	在希望的田野上	张东方 朱洪光	聊城日报	省新闻奖一等奖 省市地报新闻奖一等奖	省新闻工作者协会、省新闻学会；省市地报研究会
	通讯	企业，你有“绿卡”吗？	吕　磊	聊城日报	省市地报新闻奖一等奖	省市地报研究会
	言论	民无信不立	高文举	聊城日报	省新闻奖一等奖、省市地报新闻奖一等奖	省新闻工作者协会、省新闻学会；省市地报研究会
	论文	应时而变　因地制宜	高文举 崔新乐	聊城日报	省报纸理论宣传优秀作品一等奖	省新闻工作者协会、省新闻学会
	专版	经济新闻	雷　鸣 王　华	聊城日报	省市地报好专版一等奖	省市地报研究会
	专栏	新闻聚焦	侯清红 张　颖	聊城日报	省市地报好专栏一等奖	省市地报研究会
	副刊	丽江有魂	高文举	聊城日报	华东报纸副刊好作品一等奖	华东报纸副刊好作品评选委员会
	副刊	铿锵四人行	赵存吉	聊城日报	华东报纸副刊好作品一等奖	华东报纸副刊好作品评选委员会
2003	消息	美国老人发倡议和平奖授江泽民	吴文立 宋　冰 张兴国 张绪江	聊城日报	省市地报新闻奖一等奖	省市地报研究会

续表 19-1

年份	类别	作品	作者	刊发报纸	获奖情况	授奖机关
2003	消息	时风集团让利农民 1.5 亿元	王　华 张　荔	聊城日报	省新闻奖一等奖	省新闻工作者协会、省新闻学会
	通讯	农民增收我们高兴	吴文立 徐世栋	聊城日报	省市地报新闻奖一等奖	省市地报研究会
	言论	温州商人的“实”	高文举	聊城日报	省市地报新闻奖一等奖	省市地报研究会
	论文	把握时代特征　凸显新闻价值	高文举 吴文立	聊城日报	省新闻学术年会一等奖 中国地市报论文奖一等奖	省新闻工作者协会、省新闻学会；中国地市报研究会
	专栏	话题	赵存吉 崔淑静	聊城日报	省市地报好专栏一等奖	省市地报研究会
	专版	时事要闻	杨万绘 娄玉涛	聊城日报	省市地报好专版一等奖	省市地报研究会
	专版	要闻	布双起 张　晨	聊城日报	省市地报好专版一等奖	省市地报研究会
	副刊	我行，故我在	赵存吉	聊城日报	华东报纸副刊好作品一等奖	华东报纸副刊好作品评选委员会
	副刊	二泉映月	谭登坤	聊城日报	华东报纸副刊好作品一等奖	华东报纸副刊好作品评选委员会
	副刊	你把民工当什么	牟丕志	聊城日报	山东报纸副刊好作品一等奖	省新闻工作者协会、省新闻学会
2004	消息	当好农民地里刨银 不当农民离土淘金	高文举 吴文立	聊城日报	省市地报新闻奖一等奖	省市地报研究会
	消息	安乐镇“托田协会”当保姆	王保东 冯明修	聊城日报	省市地报新闻奖一等奖	省市地报研究会
	消息	引资一亿元　未占一分田	王　华 张　荔 董长林 李玉刚	聊城日报	中国地市报新闻奖一等奖	中国地市报研究会
	通讯	人民满意的检察官白云	高文举 吴文立	聊城日报	省新闻奖特别奖、省市地报新闻奖特等奖	省新闻工作者协会、省新闻学会；省市地报研究会
	通讯	为什么我的眼里常含泪水	朱海波 张和鹏 郭广亮	聊城日报	省市地报新闻奖一等奖	省市地报研究会
	言论	为官要常修为政之德	高文举	聊城日报	省市地报新闻奖一等奖	省市地报研究会
	理论	以加强执政能力建设带动整个党的建设，用造福人民的实绩体现执政为民的要求	高文举	聊城日报	省报纸理论宣传优秀作品金奖	省新闻工作者协会、省新闻学会
	副刊	远东看云	左建明	聊城日报	省新闻奖报纸副刊作品复评金奖	省新闻工作者协会、省新闻学会
	副刊	从长青街到长清街？	—	聊城日报	华东报纸副刊好作品一等奖	华东报纸副刊好作品评选委员会
	副刊	盒子里的岁月	谭庆禄	聊城日报	华东报纸副刊好作品一等奖	华东报纸副刊好作品评选委员会
	专栏	目击	陈　霞 张东方	聊城日报	省市地报好专栏奖一等奖	省市地报研究会

续表 19-1

年份	类别	作品	作者	刊发报纸	获奖情况	授奖机关
2004	摄影	帮民致富手拉手	刘庆民	聊城日报	省优秀新闻摄影作品金奖	华东报纸副刊好作品评选委员会
2005	消息	东昌府区两万务工人员回流就业	孟昭福	聊城日报	省市地报新闻奖一等奖	省市地报研究会
	消息	李少振：11 年治理 14 个后进村	孟宪成 徐世栋	聊城日报	省市地报新闻奖一等奖	省市地报研究会
	消息	肖庄乡村村有个“新闻发言人”	吴文立 徐世栋 郑天华	聊城日报	中国地市报新闻奖一等奖	中国地市报研究会
	通讯	群众心中有杆秤	徐　冉 陈永坦 赵　鹏	聊城日报	省市地报新闻奖一等奖	省市地报研究会
	言论	市长热线的“热”与“冷”	布双起	聊城日报	省市地报新闻奖一等奖	省市地报研究会
	理论	弘扬白云精神与保持共产党员先进性	高文举 布双起	聊城日报	省新闻奖报纸理论复评金奖	省新闻工作者协会、省新闻学会
	副刊	湖女	左建明	聊城日报	省新闻奖一等奖、省新闻奖报纸副刊作品复评金奖	省新闻工作者协会、省新闻学会
	副刊	大道理拯救不了生活	—	聊城日报	华东报纸副刊好作品一等奖	华东报纸副刊好作品评选委员会
	副刊	百姓才是头上天	高文举 于福华 赵存吉	聊城日报	华东报纸副刊好作品一等奖	华东报纸副刊好作品评选委员会
	专栏	目击	张东方 陈　霞	聊城日报	山东新闻名专栏（省新闻奖一等奖）	省新闻工作者协会、省新闻学会
	专栏	特别关注	杨万绘	聊城日报	中国时事报道新闻奖一等奖	新华社
	专版	水城	崔淑静	聊城日报	省新闻奖报纸副刊作品复评金奖	省新闻工作者协会、省新闻学会
	专版	经济版	王　华 雷　鸣	聊城日报	省市地报好专版金奖	省市地报研究会
		乒超巅峰战决出赢家	陈金路	聊城晚报	山东省体育新闻一等奖	省新闻工作者协会和省体育记者协会
2006	消息	东昌府 260 户低保户主动退保	张兴国 孟昭福 王秀坤	聊城日报	省新闻奖一等奖	省新闻工作者协会、省新闻学会
	消息	鲁西骨科医院：以新理念打造平价医院	高文举 吴文立 张兴国	聊城日报	省市地报新闻奖一等奖	省市地报研究会
	消息	2.6 万人农转工　累发工资 17 亿	王　华 朱桂林	聊城日报	省市地报新闻奖一等奖	省市地报研究会
	通讯	泥泞路上的行者	朱玉东	聊城日报	省市地报新闻奖一等奖	省市地报研究会
	理论	关于失地农民社会保险问题的思考	张春晖	聊城日报	省新闻奖报纸理论复评金奖	省新闻工作者协会、省新闻学会
	论文	创新思维：党报新闻常新的动力之源	高文举 于福华 王　华	聊城日报	中国地市报论文奖一等奖	中国地市报研究会
	专栏	视点	崔淑静	聊城日报	省市地报好专栏金奖	省市地报研究会

续表 19-1

年份	类别	作品	作者	刊发报纸	获奖情况	授奖机关
2006	专版	要闻	王　华 胡　欣	聊城日报	省市地报新闻奖好专版金奖	省市地报研究会
		聊城车管所如此审车	孙克峰 赵景立	聊城晚报	山东新闻奖晚报生活类报纸作品金奖	山东省新闻工作者协会山东省记协晚报工作委员会
2007	消息	莘县“职业农民”推动传统农业升级	张　颖 张　晨 邹海宏	聊城日报	中国地市报新闻奖一等奖	中国地市报研究会
	消息	凤祥集团以“标准”优势领军全国同行	吕　磊 曹天伟	聊城日报	中国地市报新闻奖一等奖	中国地市报研究会
	通讯	鲁西黄牛缘何败走香港市场	吕　磊 曹天伟 刘光涛	聊城日报	省市地报新闻奖一等奖	省市地报研究会
	系列报道	老龄化社会催生“养老难”	朱玉东	聊城日报	中国地市报新闻奖一等奖	中国地市报研究会
	言论	谨防某些机构出售政府信用	高文举	聊城日报	省新闻奖一等奖	省新闻工作者协会、省新闻学会
	理论	保护非物质文化遗产鱼山梵呗	冯光钰	聊城日报	省新闻奖报纸理论复评金奖	省新闻工作者协会、省新闻学会
	论文	多元经营：市地报业生存的突围与存续	高文举 马发新 赵存吉	聊城日报	中国地市报论文奖一等奖	中国地市报研究会
	论文	从迪克里·卡特自杀看新闻记者的道德素养	赵振华	聊城日报	中国地市报论文奖一等奖	中国地市报研究会
	副刊	一件小事里的社会学	龙洪涛	聊城日报	省新闻奖报纸副刊金奖	省新闻工作者协会、省新闻学会
	副刊	一切谎言都是“周老虎”	—	聊城日报	省新闻奖报纸副刊金奖	省新闻工作者协会、省新闻学会
	副刊	看一个民工喝水	汤　亭	聊城日报	中国地市报新闻奖一等奖	中国地市报研究会
	专栏	普通人的经济生活	雷　鸣 张东方	聊城日报	中国地市报新闻奖一等奖	中国地市报研究会
	专版	水城	崔淑静	聊城日报	省新闻奖报纸副刊作品版面金奖	省新闻工作者协会、省新闻学会
	广告版面	鲁西骨科医院开业三周年	徐　民	聊城日报	中国地市报新闻奖一等奖	中国地市报研究会
	版面	水城人物	朱　燕	聊城晚报	山东省市地报第十四届好专版好专栏金奖	山东省新闻工作者协会、山东省市地报研究会
	版面	深读	赵宗锋	聊城晚报	山东省市地报第十四届好专版好专栏金奖	山东省新闻工作者协会、山东省市地报研究会
	版面	深读	赵宗锋	聊城晚报	中国地市报新闻奖一等奖	中国地市报研究会、中国地市报新闻奖评选委员会
	版面	的哥崔新雷 一个实在人	刘东坡	聊城晚报	2007 年度“赵超构新闻奖”一等奖	中国晚报工作协会

续表 19-1

年份	类别	作品	作者	刊发报纸	获奖情况	授奖机关
2007	通讯	“花岗事件”受难者后代王开臣：我在日本讲述历史真相	朱　燕 刘　磊	聊城晚报	中国地市报新闻奖一等奖	中国地市报研究会、中国地市报新闻奖评选委员会
2008	消息	信发集团逆市扩招千名员工	王　华 孙洪峰 张　栋	聊城日报	省市地报新闻奖一等奖	省市地报研究会
	通讯	平凡英雄陈春龙	高文举 吴文立 吕　磊	聊城日报	省市地报新闻奖一等奖	省市地报研究会
	论文	内涵扩张与突破创新	崔淑静	聊城日报	省新闻奖论文作品复评一等奖	省新闻工作者协会、省新闻学会
	副刊	感受边城	高文举	聊城日报	省新闻奖报纸副刊作品一等奖	省新闻工作者协会、省新闻学会
	副刊	关于酒的传说	高文举	聊城日报	华东报纸副刊好作品一等奖	—
	专栏	茶坊	张　荔 张　洁	聊城日报	省新闻奖报纸副刊作品复评一等奖	省新闻工作者协会、省新闻学会
	专栏	普通人的经济生活	张东方 雷　鸣	聊城日报	山东新闻名专栏（省新闻奖一等奖）`	省新闻工作者协会、省新闻学会
	专栏	民生故事	张东方 陈　霞	聊城日报	省市地报好专栏金奖	省市地报研究会
	专版	水城	赵存吉 崔淑静 徐　民	聊城日报	省新闻奖报纸副刊版面一等奖	省新闻工作者协会、省新闻学会
	专版	经济	雷　鸣 张　晨	聊城日报	省市地报好专版金奖	省市地报研究会
2009	消息	政府少收一亿　群众多了绿地	王　华 孙洪峰 冯耀杰	聊城日报	省市地报新闻奖一等奖	省市地报研究会
	通讯	我爱中国，我爱你们	高文举 张　晨 张　颖	聊城日报	省新闻奖一等奖、省市地报新闻奖一等奖	省新闻工作者协会、省新闻学会；省市地报研究会
	副刊	北川遗址纪行	于福华	聊城日报	省新闻奖报纸副刊作品复评一等奖	省新闻工作者协会、省新闻学会
	专栏	张网捕娱	张　荔 张　洁	聊城日报	省新闻奖报纸副刊作品复评一等奖	省新闻工作者协会、省新闻学会
	专栏	低碳在我们身边	张东方 雷　鸣	聊城日报	省市地报好专栏金奖	省市地报研究会
	专版	水城	张　洁 徐　民 张　荔	聊城日报	省新闻奖报纸副刊类复评一等奖	省新闻工作者协会、省新闻学会
	专版	理论	布双起	聊城日报	省新闻奖报纸理论一等奖	省新闻工作者协会、省新闻学会
2010	消息	产钢六十万吨　不排一丝烟尘	王　华 郭洪恩 杜云飞	聊城日报	省市地报新闻奖一等奖	省市地报研究会

续表 19-1

年份	类别	作品	作者	刊发报纸	获奖情况	授奖机关
2010	消息	冠县舍弃 10 亿为民增绿	吕　磊 郭洪恩 李勇钊	聊城日报	中国地市报新闻奖一等奖	中国地市报研究会
	通讯	垂泪悼英雄	洪　祥	聊城日报	省市地报新闻奖一等奖	省市地报研究会
	理论	建设生态文明是欠发达地区加快发展的契机	高文举 朱海波	聊城日报	省新闻奖报纸理论复评一等奖	省新闻工作者协会、省新闻学会
	专栏	茶·馨香	张　荔 钟　伟	聊城日报	省新闻奖报纸副刊类一等奖	省新闻工作者协会、省新闻学会
	专版	水城·同题美文	张　荔 钟　伟	聊城日报	省新闻奖报纸副刊类一等奖	省新闻工作者协会、省新闻学会
	专版	B3 版	布双起 崔淑静 徐　民	聊城日报	省新闻奖报纸理论复评一等奖	省新闻工作者协会、省新闻学会
	专版	季老回乡	徐　冉 王仙明	聊城日报	省市地报好专版金奖	省市地报研究会
	专版	水城·同题美文	钟　伟 张　荔	聊城日报	省市地报好专版金奖	省市地报研究会
		聚焦绵阳　聚焦重建　地震灾区绵阳行系列报道	马永伟 朱　燕 张目伦	聊城晚报	山东新闻奖编辑一等奖	山东新闻工作者协会、山东省记协晚报工作委员会
2011	消息	聊城无捻编织折服外国专家	邹　辉 朱桂林 张　波	聊城日报	省市地报新闻奖一等奖 中国城市党报新闻奖一等奖	省市地报研究会
	通讯	郭刚堂：14 年寻子路上播撒大爱	吕　磊 刘庆功 苑　莘	聊城日报	省新闻奖一等奖省市地报新闻奖一等奖	省新闻工作者协会、省新闻学会；省市地报研究会
	言论	小街小巷是城市民生的标杆	朱海波	聊城日报	省市地报新闻奖一等奖	省市地报研究会
	理论	开放型经济转型升级的思考	衣述光	聊城日报	省新闻奖专项奖复评一等奖	省新闻工作者协会、省新闻学会
	副刊	茌平问道	左建明	聊城日报	省新闻奖专项奖复评一等奖	省新闻工作者协会、省新闻学会
	副刊	在棉花白的月光下	谭登坤	聊城日报	省新闻奖专项奖复评一等奖	省新闻工作者协会、省新闻学会
	专栏	转调力量　绿色成长	雷　鸣 张东方	聊城日报	省市地报好专栏一等奖	省市地报研究会
	专版	旅游	崔淑静 布双起	聊城日报	省市地报好专版一等奖	省市地报研究会
	专版	季羡林	徐　冉 王仙明	聊城日报	省市地报好专版一等奖	省市地报研究会
	通讯	入学前，他们为学费发愁　毕业后，他们让银行发愁	岳耀军	聊城晚报	中国地市报新闻奖一等奖（通讯一等奖）	中国地市报研究会、中国地市报新闻奖评选委员会
	版面	周刊封面	林志彬	聊城晚报	中国地市报新闻奖一等奖（版面一等奖）	中国地市报研究会
	版面	“零利润”校餐的 N 个疑问	赵宗锋	聊城晚报	2011 年度赵超构新闻奖编辑一等奖	中国晚报工作者协会

续表 19-1

年份	类别	作品	作者	刊发报纸	获奖情况	授奖机关
2011	版面	“零利润”校餐的N个疑问	刘 敏	聊城晚报	2011年度赵超构新闻奖一等奖	中国晚报工作者协会
2012	消息	临清有个农民义务献血队	朱玉东 孙维华 彭耀新	聊城日报	省市地报新闻奖一等奖	省市地报研究会
	通讯	136辆“连心车”骑出了啥	王 华	聊城日报	省新闻奖一等奖	省新闻工作者协会、省新闻学会
	通讯	我陪总理去领奖	祝伟康 蒋希伟 朱桂林 董大震	聊城日报	省市地报新闻奖一等奖	省市地报研究会
	通讯	我们有个“中国梦”	薛蓓蓓 王 静 孙玉科	聊城日报	省市地报新闻奖二等奖、中国地市报新闻奖一等奖	省市地报研究会、中国地市报研究会
	通讯	暴雨中挺起中国脊梁	林金彦	聊城日报	省市地报新闻奖一等奖	省市地报研究会
	通讯	东胡村的南北之美	张 荔 王 会	聊城日报	“乡村文明行动”好新闻一等奖	山东省新闻工作者协会
	通讯	万里擦鞋路 传递正能量	洪 祥	聊城日报	省残疾人事业好新闻一等奖	—
	副刊	茌平剪纸：刀尖上的艺术奇葩	张 荔 吴欲晓 周 静	聊城日报	省新闻奖报纸副刊类一等奖	省新闻工作者协会、省新闻学会
	副刊	记忆之美	左建明	聊城日报	省新闻奖报纸副刊类一等奖	省新闻工作者协会、省新闻学会
	专栏	老照片	马子清	聊城日报	省新闻奖报纸副刊类一等奖	省新闻工作者协会、省新闻学会
	专栏	今日视点	徐 冉 张 颖	聊城日报	省市地报好专栏一等奖	省市地报研究会
	专栏	做客农家	张东方 徐 冉 路子强 雷 鸣	聊城日报	省市地报好专栏一等奖	省市地报研究会
	专栏	乡村文明行动	张 荔 马子清	聊城日报	省“乡村文明行动”好新闻评选名专栏奖	—
	专版	水城·童年记忆	张 荔	聊城日报	省新闻奖报纸副刊类一等奖	省新闻工作者协会、省新闻学会
	版面	阳谷孟现壮中南海向总理诉心声	孙克峰	聊城晚报	2012年度赵超构新闻奖一等奖	中国晚报工作者协会
2013	消息	茌平千余老人免费入住公寓	张 颖 郑兆雷	聊城日报	省市地报新闻奖一等奖	省市地报研究会
	消息	莘县百个家庭农场开启专卖店	吕 磊 邹海宏 邹丽敏	聊城日报	中国地市报新闻奖一等奖	中国地市报研究会
	通讯	赵金勇：永不卸任的“第一书记”	高文举 洪 祥	聊城日报	省新闻奖一等奖、省市地报新闻奖一等奖	省新闻工作者协会、省新闻学会、省市地报研究会

续表 19-1

年份	类别	作品	作者	刊发报纸	获奖情况	授奖机关
2013	系列报道	二次创业十问	集　体	聊城日报	省市地报新闻奖一等奖	省市地报研究会
	理论	科技创新是区域发展不竭源泉	赵光灵	聊城日报	省新闻奖专项复评一等奖	—
	副刊	黄豆之黄	谭登坤	聊城日报	省新闻奖二等奖、省新闻奖专项复评一等奖	省新闻工作者协会、省新闻学会
	专栏	到群众中去	张东方 雷　鸣 胡　欣	聊城日报	省市地报好专栏一等奖	省市地报研究会
	专版	C3 版	蒋希伟 朱海波 张东方	聊城日报	省新闻奖复评一等奖	省新闻工作者协会、省新闻学会
	专版	世界眼中的聊城元素	张东方 徐　民 雷　鸣	聊城日报	省市地报新闻奖一等奖	省市地报研究会
	专版	特别关注	张东方 徐　民 崔淑静	聊城日报	省市地报好专版一等奖	省市地报研究会
	消息	韩屯群众约谈“一把手”	叶晨雯 刘晓东 梁付梅	聊城日报	省市地报新闻奖一等奖	省市地报研究会
	通讯	信仰导航人生——聊城职业技术学院“知史爱党”教育探索	吴文立 高　崇 郝　凯	聊城日报	省市地报新闻奖一等奖	省市地报研究会
	系列报道	千里走徒骇	吴文立 夏旭光 孙克峰	聊城日报、聊城晚报	省市地报新闻奖一等奖	省市地报研究会
	副刊	寻找散落在阳谷的孟母印记	夏旭光 孟传科 郭素彦	聊城日报	省新闻奖专项复评一等奖	省新闻工作者协会、省新闻学会
	副刊	和牛一起散步	谭登坤	聊城日报	省新闻奖专项复评一等奖	省新闻工作者协会、省新闻学会
	版面	680 户村民从此不再拉水喝	张　娜	聊城晚报	2013 年度赵超构新闻奖一等奖	中国晚报工作协会
	版面	父亲嘴对嘴喂养女儿 26 年	于新贵 岳耀军	聊城晚报	山东新闻奖晚报生活类报纸一等奖	山东省新闻工作者协会、山东省记协晚报工作委员会
2014	版面	七个“支架”下的反恐人生	陈金路	聊城晚报	2014 年度赵超构新闻奖一等奖。	中国晚报工作协会
2015	消息	葫芦村开了 240 家淘宝店	朱玉东 王忠友 高殿刚	聊城日报	省市地报新闻奖一等奖	省市地报研究会
	通讯	“一块地瓜”温暖一座城	蒲二利	聊城日报	省市地报新闻奖一等奖	省市地报研究会
	系列报道	对打造运河文化旅游隆起带的思考	曹天伟 王培源	聊城日报	省市地报新闻奖一等奖	省市地报研究会

续表 19-1

年份	类别	作品	作者	刊发报纸	获奖情况	授奖机关
2015	专栏	“做客农家”	张东方 崔淑静 娄小皓 郝　凯 蒋红帅 梁　潇	聊城日报	山东新闻名专栏（省新闻奖一等奖）	省新闻工作者协会、省新闻学会

1997—2015 年聊城市广播电视新闻获奖（省一等奖以上）情况表

表 19-2

年份	体裁	作品	作者	刊发媒体及时间	获奖情况	授奖机关
1997	消息	京九全线通车聊城段采访纪实	张朝锋	聊城人民广播电台 1996 年 9 月 1 日	山东广播奖一等奖	省广电厅、省广电学会
1999	专题	聊城唱响“京九歌”	张朝锋	聊城人民广播电台 1997 年 9 月 1 日	第五届省精神文明建设精品工程	省委宣传部
	专题	东胶集团发展高科技产业的启示	张朝锋	聊城人民广播电台 1998 年 5 月 16 日	山东广播好新闻一等奖	省广电学会
2000	专题	知农为农得市场	张朝锋	聊城人民广播电台 1999 年 10 月 1 日	山东广播奖一等奖	省广电厅、广电学会
2005	消息	聊城市为劳务大军行前送上“护身符”	张朝锋	聊城电视台 2004 年 5 月 6 日	山东“五一”新闻奖一等奖	省总工会、省记协
2007	消息	惊心动魄 18 天	张　洁 何倩倩	聊城人民广播电台 2006 年 11 月 1 日	山东广播影视大奖广播电视节目奖广播新闻类一等奖、山东新闻奖一等奖	山东广播电视台、山东广播电视新闻协会、山东新闻工作者协会
2008	消息	聊城：于细微处构建和谐	张朝锋	聊城电视台 2007 年 10 月 1 日	全省迎接宣传十七大好新闻一等奖	省委宣传部
2009	消息	聊城市搭建就业平台帮助农民工就地转化就业	张　洁 何倩倩	聊城人民广播电台 2008 年 12 月 8 日	山东广播影视大奖广播电视节目奖广播新闻类一等奖、山东新闻奖一等奖	山东广播电视台、山东广播电视新闻协会、山东新闻工作者协会
2010	消息	一封求助信发出之后	张朝锋	聊城电视台 2009 年 6 月 6 日	全省残疾人事业好新闻一等奖	省记协、省残联
2014	消息	美国奶奶牧琳爱：我有一颗中国心	张朝锋	中央电视台 2013 年 5 月 5 日	中国电视新闻节目一等奖	中央电视台

第三节　社会宣传

一、文化活动

1997 年，接待文化部、铁道部组织的“京九文化列车”到聊城慰问演出活动，观众 3 万余人，中央、省新闻单位对活动作重点报道。1999 年，围绕庆祝中华人民共和国成立 50 周年和澳门回归祖国，组织开展包括论文、歌咏比赛、主题文艺演出等在内的多项庆祝活动。深入组织开展“双思”教育和“三个代表”重要思想学习教育活动。为部署新形势下的思想政治工作，专门印发《关于做好当前思想政治工作的意见》。

2000 年，为加强对广大青少年理想信念教育，组织开展“爱祖国、讲文明”读书活动和“回顾百年、展望新世纪”读书活动，聊城市获全国读书教育活动组织奖和辅导奖。2002年，为加强全市人民思想道德素质建设、形成诚信社会风尚、促进社会风气净化，在全市开展“自强不息、务实创新、大气开放、诚实守信”人文精神宣传教育活动，修订完善《聊城市民公约》《聊城市民行为规范》，大力开展社会公德宣传教育。围绕市委提出的战略目标和工作部署，广泛开展“解放思想、干事创业”主题教育活动，在全市组织“解放思想、干事创业、加快跨越发展”大讨论和“弘扬孔繁森精神、做新时期干事创业的好干部活动”。

2003年，为加快落实文化兴市工作部署，印发《建设文化大市规划纲要》，并立足历史文化、运河文化优势，组织举办中国江北水城（聊城）文化旅游节和“水城之秋观光周”集中宣传，打造具有时代特征、水城特色的文化品牌，350名中央、省和外地记者到聊采访，其中有300余篇（幅）稿件在新华网、中新网、大众网等重要新闻网站上发表。2003年，组织开展文化科技卫生“三下乡”活动，全市共组织送戏下乡700余场，送图书资料12万余册（份），组织科技培训920余期，推广新技术、新成果250余项，组织下乡医疗队60余支，培训基层医务人员2600人次，受益群众100余万人次。2004年，参加中国京杭大运河文化艺术节，为提升聊城知名度、宣传江北水城发挥推动作用。在庆祝中华人民共和国成立55周年期间，举办大型文艺晚会、书画展、舞蹈大赛、摄影展等，营造浓厚的节庆氛围。

2005年，为促进文艺精品创作生产，召开全市繁荣文艺创作工作座谈会，全市20余名文艺创作骨干对繁荣聊城文艺创作建言献策，共谋全市文艺创作事业。是年，制订《2005—2007全市文学艺术创作规划》。2006年，为大力弘扬民族精神、时代精神和新时期聊城人文精神，组织开展纪念建党85周年大型图片展、纪念红军长征胜利70周年大型图片展等主题宣传活动。为深入挖掘历史文化，繁荣文艺创作，制定下发《聊城市优秀文艺作品奖励办法》，设立全市文艺作品最高奖——水城文艺创作奖，组织开展首届水城文艺创作奖评选活动，创作的优秀文艺作品获表彰奖励。2008年，为全面生动反映聊城建市10年来的巨大成就，举办“庆祝聊城建市10周年图片展”，图片展分别以“古老的历史文化”“灿烂的百年历程”“辉煌的十年成就”3个主题，参观人数10万余人。2009年，为庆祝中华人民共和国成立60周年，举办“我爱我的祖国”爱国歌曲大家唱群众性红歌演唱活动，全市组织各类合唱队伍近500个，参加合唱20余万人，在全社会唱响共产党好、社会主义好、改革开放好、伟大祖国好的时代主旋律。同年，广泛开展庆祝中华人民共和国成立60周年全民阅读活动，激发全市人民为建设“强市名城”“书香水城”而读书的爱国情怀。

2010年，围绕平安聊城、生态文明市创建、人口与计划生育、安全生产、节能减排、普法宣传、科技宣传等工作，开展形式多样的文化活动，全年共举办各种大型专题晚会120余场，书画摄影展100余次，各种群众性文化活动4000余场次。市豫剧院《大明贤后》剧组代表山东省参加第九届中国艺术节，获“文华优秀剧目奖”，主演章兰获“文华表演奖”，实现了聊城市在全国“文华奖”评奖中“零”的突破。2011年，为纪念中国共产党成立90周年，举办“党旗颂”文艺晚会，举办聊城市青少年才艺展示大赛，举办聊城市书画作品展，共展出书画作品160余幅，出版《笔歌墨舞颂党恩——庆祝中国共产党成立90周年聊城市书画作品集》；同时还举办全国诗文大赛，在全国范围内征集到稿件2000余件，并将部分优秀作品编为《党旗颂》一书出版。

2012年，扎实推进“文化惠民、服务群众”，为全市40家庄户剧团配备演出器材，全年组织各类公益演出1000余场。市豫剧院排演的新编历史剧山东梆子《萧城太后》列入省重点打造剧目，赴济南市参加全省喜迎十八大、相约十艺节展演，获优秀剧目奖。完成全国京剧青年演员折子戏展演活动，在聊城市演出5场35折，聊城市政府获组织工作奖。2013年，研究制定聊城市《关于深入推进“四德”工程建设的意见》，融入“讲道德、重诚信、比赶超、促跨越”主题实践教育活动。编印《四德建设系列教育读本》，茌平县、莘县被省委宣传部评选为“四德”工程建设省级示范县。

2015年，围绕纪念中国人民抗日战争暨世界反法西斯战争胜利70周年，整理搜集赵伊坪、姚第鸿、金方昌等聊城抗日英雄的事迹资料，人物事迹被收录入山东抗战英雄名录；协调完成以抗日民族英雄范筑先为原型、以鲁西北抗日根据地为背景的40集电视连续剧《铁血将军》的拍摄制作；完成广播剧《一刻不能没有党》的录制，并于纪念抗战胜利70周年之际首播；开展“纪念中国人民抗日战争暨世界反法西斯战争胜利70周年”文学征文创作，编辑出版了《血与火——纪念抗日战争暨世界反法西斯战争胜利70周年文学作品征文集》；举办“铭记历史　圆梦中华”聊城市纪念中国人民抗日战争暨世界反法西斯战争胜利70周年诗歌朗诵会、红色经典现代京剧专场演出、优秀剧目巡演、庆祝抗战胜利70周年摄影展、“不能忘记的历史”大型书画作品展、诗词楹联大奖赛等系列文化活动。

2015年5月，纪念抗日战争胜利70周年系列活动暨电视剧《铁血将军》开机发布会在聊城中华水上古城举行

二、精品工程

1997年，理论文章《从孔繁森同志的成长看新时期党员领导干部的修养》，戏剧《孔繁森》《火车轮子毛驴腿》，电视剧《冻土》，图书《孔繁森的故事》，歌曲《奉献》《你是东方飞来的一朵白云》《人往高处走》被评为山东省“精品工程”奖。在市级“精品工程”评选中，有理论文章31篇、新闻作品30件、图书15部、电视片7部、广播剧1部、歌曲28首、文艺节目29个、文学作品14件、戏剧作品5件、外宣作品33件获聊城地区“精品工程”奖。

1998—2001年，市委宣传部继续组织全市文艺、理论等四类作品的评选和表彰，并在其中择优参加省级精品评选。在省委宣传部编辑出版的《山东艺术精品系列光盘》中，全市有7件作品入选。

2004年，在山东省“精品工程”评选中，聊城市京剧团的《妈妈的情怀》和艺术中心的歌曲《水城春雨》等5件作品入选。2007年，在山东省第八届精神文明建设“精品工程”评选中，聊城市申报的戏剧《大明贤后》、电视片《江北水城》、歌曲《爷爷带领我》、报告文学《人民检察官白云》等4件文艺作品被评为省“精品工程”入选作品。

2008年，组织开展第八届聊城市精神文明建设“精品工程”评选工作，在文学、戏剧、理论文章、歌曲等门类中评选出70件优秀作品。2009年，在山东省第九届精神文明建设“文艺精品工程”评选中，聊城市共推荐5大门类12件作品，歌曲《爷爷送我一件宝》、戏剧《天良》两件作品入选山东省“文艺精品工程”。开展第九届聊城市精神文明建设“精品工程”评选工作，共有歌曲、广播剧、电视艺术片、文艺图书、戏曲5个门类35件作品入选市级“文艺精品工程”。

2011年，推选5大门类14件作品参加山东省第十届精神文明建设“文艺精品工程”评选。在山东省第二届“泰山文艺奖（文学创作奖）”评选中，聊城市有4部（篇）作品获奖，数量位居全省第一位。2012年，组织推荐聊城市文艺作品参加山东省第十届“文艺精品工程”评选活动，长篇小说《怀念母亲》成为全省唯一一部既获得“泰山文学奖”又入选省“文艺精品工程”的作品。在聊城市第十届“文艺精品工程”评选活动中，共有电影电视剧（电视艺术专题片）、戏剧、广播剧、歌曲、文艺类图书5类34件文艺作品入选市级“文艺精品工程”。

2013年，在山东省第六届泰山文艺奖评选中，聊城市油画作品《山村新禧》、公益广告《美丽乡村·身边小事做起》获得三等奖。在山东省第七届刘勰文艺评论奖中，聊城市两篇作品入选。2014年，在第十一届山东省精神文明建设“文艺精品工程”评选中，山东梆子《萧城太后》和广播剧《一个美国老人的中国梦》两件作品入选。在山东省“泰山文学奖”“泰山文艺奖”的评选中，散文集《东乡草木记》获文学创作奖，杂技节目《骑之趣——高车蹬碗》、MTV《祝福水城》、公益广告《光盘行动》、著作《山东柳子戏音乐文化研究》分别获得杂技类、电视类、艺术理论研究类三等奖。在市级“文艺精品工程”评选中，共征集文艺作品76件，32件作品获奖。

2015年，在第八届山东省“泰山文艺奖”评选中，山东快书《一张存折》、电视MV《一心为了你》、杂技《古今钻圈》等3件作品获奖。在“山东省纪念抗战70周年文学征文”中，有长篇小说《一九四三》、短篇小说《娃娃的抗战》、诗歌《今天，我必须跑得比子弹还要快》等6件作品获奖。另外，戏剧《海源阁》、广播剧《一刻不能没有党》、电视剧《运河会馆》等13个创作项目被纳入《山东省重点文艺作品创作生产目录》。

1995—2015年聊城市获全省精神文明建设精品工程奖情况表

表19-3

时间	类别	名称	获奖单位	授奖单位
1995—2003	1996歌曲《阿里，阿里》，获中宣部“五个一工程”入选作品奖。3年中，理论文章《从孔繁森同志的成长看新时期党员领导干部的修养》，戏剧《孔繁森》《火车轮子毛驴腿》《红梅》，电视剧《冻土》，图书《孔繁森的故事》，歌曲《奉献》《你是东方飞来的一朵白云》《人往高处走》《源远流长母亲的爱》等先后被评为山东省“精品工程”奖			
2004	现代京剧	《妈妈的情怀》	聊城市京剧院	省委宣传部
	歌曲	《水城春雨》	聊城市群众艺术中心	省委宣传部
	散文集	《独步人语》	聊城日报社	省委宣传部
	理论文章	《解放思想，更新观念，推动全市经济和社会事业跨越式发展系列理论文章》	市委宣传部	省委宣传部
	报纸新闻	《水活聊城》	大众日报聊城分社	省委宣传部
2007	豫剧	《大明贤后》	聊城市豫剧院	省委宣传部
	报纸新闻	《人民检察官白云》	聊城日报社	省委宣传部
	电视片	《江北水城》	聊城市人民政府	省委宣传部
	报告文学	《人民检察官白云》	聊城日报社	省委宣传部
	歌曲	《爷爷带领我》	聊城市群众艺术馆	省委宣传部
2009	现代京剧	《天良》	聊城市京剧院	省委宣传部
	歌曲	《爷爷送我一件宝》	聊城市群众艺术馆	省委宣传部
2012	文艺类图书	《怀念母亲》	在平县委宣传部	省委宣传部
2014	山东梆子	《萧城太后》	聊城市豫剧院	省委宣传部
	广播剧	《一位美国老人的中国梦》	聊城市人民广播电台	省委宣传部

三、先进典型推广

1997—2015年，聊城市涌现出一大批道德高尚、思想进步、干事创业的时代先锋，市委宣传部的先进典型宣传工作紧跟时代步伐，在表彰制度、宣传力度和手段、学习教育形式以及向省、全国推荐等各方面取得诸多突破。

孔繁森　1996 年 6 月，聊城成立孔繁森精神研究会。1997 年 4 月，又注册为山东省孔繁森精神研究会。召开“孔繁森的人生观”理论研讨会，对孔繁森热爱人民、无私奉献的人生观从理想、价值、群众、权力、道德、义利、苦乐、幸福、家庭、生死等 10 个方面研究探讨，在此基础上，编著《孔繁森的人生哲学》一书，由山东人民出版社出版。为纪念中共中央总书记江泽民、国务院总理李鹏为孔繁森题词 2 周年，举办“向孔繁森同志学习”文艺调演活动，编辑出版大型画册《孔繁森》，组织广播电视部门先后播放电视剧《孔繁森》《孔繁森颂歌颁奖晚会实况》等文艺作品，使广大干部群众在活动中受到教育。2004 年，在中央领导“向孔繁森同志学习”题词 9 周年之际，组织“弘扬孔繁森精神，做新时期干事创业的好干部”理论研讨会。2005 年，在中央领导“向孔繁森同志学习”题词 10 周年之际，召开“弘扬孔繁森精神、永葆党员先进性”座谈会，市领导张秋波、金维民、刘加顺、魏惠育等参加会议，会议总结交流开展向孔繁森学习活动取得的成绩和经验。

白云　2004 年，聊城市在全市组织开展向白云学习的活动。组织全市主要新闻媒体集中宣传白云的先进事迹，组织白云事迹报告团到市直和各县（市、区）巡回报告。向省委宣传部上报《关于推荐白云同志作为全省重大先进典型的请示报告》，受到省委宣传部的高度重视，组织全省主要新闻媒体对白云事迹进行集中宣传报道，在全省掀起学习白云的高潮。

牧琳爱　2007 年，聊城市委宣传部在中共十七大召开前通过《人民日报》、中央电视台、《大众日报》等中央、省级媒体重点推出美国老人牧琳爱典型。在《人民日报》刊发《九旬美国老太的中国心》；在中央电视台“新闻联播”“百姓故事”栏目中播发《牧琳爱老人和她的家书》、“面对面”栏目以《牧琳爱·选择中国》为题对牧琳爱采访，牧琳爱还被列为中央电视台感动中国 2007 年十大人物候选人，拍摄专题片展播；在《大众日报》刊发《“美国奶奶”话村路——交通改变中国农民精神面貌》《牧琳爱：渴望拥有中国绿卡》等。

章兰　2009 年 6 月，市委、市政府将获得第十届中国戏剧梅花奖、为聊城文化艺术事业做出突出贡献的聊城市豫剧院院长章兰作为全市先进典型集中宣传。2010 年，章兰获全国“二度梅”和全国“文华表演奖”，市委宣传部再次组织市内主要新闻媒体集中宣传章兰为人民事业、文化事业孜孜以求的奉献精神，向省委宣传部推荐，被省委宣传部作为重要典型在全省集中宣传。2011 年，为在全市形成贯彻中共十七届六中全会和省委九届十三次全体会议精神，促进文化改革发展的浓厚氛围，将聊城豫剧院院长章兰作为扎根基层、服务群众的先进典型在全市范围内重点宣传。10 月 31 日，《聊城日报》发表长篇通讯《古都沃土育奇葩》，聊城电视台在“聊城新闻”中对章兰的先进事迹连续报道，聊城人民广播电台、聊城新闻网等市内主要新闻媒体重点报道，同时向省委宣传部作全省重大典型申报和争取，在社会上引起强烈反响。

邹月忠　2012 年，加强典型宣传工作力度，在全市广泛宣传见义勇为、舍己救人、5 天救 3 人的邹月忠，向省委宣传部推荐作为全省先进典型进行宣传报道。

其他重要典型宣传　1998 年，先后宣传报道于心潭、李汝河、白云、崔其峰、王学军、张玉生等先进典型，组织开展多种形式的学习活动，弘扬社会正气，促进党员干部的思想作风建设和人民群众的思想道德建设。

2006 年，向省委推荐优秀道德模范，阳谷县寿张镇敬老院院长贾秀兰被省委宣传部列为全省重要典型在全省宣传推广。2007 年，组织全市新闻媒体集中宣传市公安局打造“亲民公安”的先进经验和科技特派员的代表岳雪龙、冯海军的先进事迹，在全市引起强烈反响。向省委宣传部相继推荐被誉为“当代包青天”的东昌府区委政法委副书记张燕林、和谐社会建设的先进典型湖北社区党支部书记郑德运等，其中东阿县公安局退休民警陈金良被评为首届“感动山东”十佳人物，莘县交通局优秀包村干部李少振被省委宣传部作为全省重大典型，组织全省十余家新闻媒体集中宣传报道。

2008年，经过聊城市委宣传部推荐，省委宣传部将为解救人质壮烈牺牲的公安特警陈春龙作为全省重大典型集中宣传，组织省内主要新闻媒体采访报道，省委书记姜异康作出专门批示，在全省引起强烈反响。“七一”前夕，省委宣传部将阳谷县侨润街道党委书记朱丙林作为全省先进典型集中宣传。

2009年，中央有关部门联合组织由群众评选“双百”人物活动。聊城市委宣传部组织市内各主要新闻媒体和网站广泛刊登、报道全国“双百”评选候选人名单和先进事迹，使英模事迹深入人心，在全市范围内营造学习、崇尚、争做英雄模范的浓厚氛围，组织印刷50万份选票发放给各县（市、区）各部门，同时开通网络投票和手机投票平台，广泛发动群众投票，全市群众投票近200万张，最终聊城的马本斋、张自忠、孔繁森、张海迪4人入选全国“双百”英模人物。在全国“双百”评选活动的基础上，省有关部门又联合组织开展“山东省100位为新中国成立、建设做出突出贡献的英雄模范人物”评选活动，聊城市的张自忠、马本斋、范筑先、孔繁森、张海迪、陈春龙、白云、徐本禹、曾广福9人入选。

2011年，为广泛深入宣传聊城道德模范，提高典型影响带动作用，推荐典型参加第三届全国、全省道德模范评选，聊城市冯思广获“全国道德模范”称号，陈金良获“全国道德模范提名奖”称号，张国忠获“全省道德模范敬业奉献奖”，詹春芳获“全省道德模范孝老爱亲奖”，聊城入选人数居全省前列。同年，推出见义勇为的好干部任月忠、造血干细胞捐献志愿者陈庆春、背着同学上大学的好学生杨静等一批市级道德模范和文明市民，向省文明办推荐30名市级道德模范和文明市民参加全国身边好人评选。2012年，组织开展“首届聊城年度教育人物”评选活动和年度学校德育工作先进单位、个人的评选工作，对聊城三中教师岳凤仙先进事迹进行宣传，倡导尊师重教的良好社会风尚。将见义勇为的好干部任月忠作为弘扬社会公德、恪守职业道德的先进典型在全市广泛宣传，积极向省委宣传部推荐，作为全省先进典型进行宣传报道，在全社会引起强烈反响。

2013年，为树立和展示新时期聊城市基层干部的良好形象，市委宣传部与市委组织部联合开展“优秀基层干部典型”宣传推荐活动，对开发区交警大队大队长钱西彦、沙镇镇侯家村党支部书记侯新林等11名优秀基层干部在全市主要新闻媒体集中宣传报道，取得良好社会效果。聊城市将11名优秀基层干部中的重要典型向省委宣传部推荐，最终高唐县农业局副局长、高级农艺师杜立芝被选为全省集中宣传的基层党员干部典型代表，11月又被中宣部确定为全国先进典型，其先进事迹在中央媒体集中宣传报道，充分展示聊城市优秀基层党员干部的风采。

2015年，深入推进全市“四德工程”建设，培育和选树各级各类“四德”典型，充分发挥典型带动作用，在聊城新闻网开设四德工程建设“榜上有名”先模人物发布厅，发布先进典型人物40余人，其中商孝江、轩云湘2人入选山东省四德工程建设“榜上有名”先模人物。推荐“齐鲁最美人物”“节约之星”优秀典型，聊城铁路工务段吴仁广入选山东首批“节约之星”。通过“四德工程”典型示范的培育选树，促进知荣辱、讲正气、做奉献、促和谐的良好社会风气的形成。

第四节　学校教育

一、爱国主义教育

1997年，地委宣传部下发《关于进一步加强爱国主义教育的意见》，开展包括学校在内的以“迎香港回归”为主要内容的爱国主义活动。同年6月，在教育、卫生系统举办“迎香港、爱中华、兴聊城”电视演讲比赛，全区8个县（市）和地直13个系统代表队参加比赛。在地直大中专学校举行“迎香港回归、振中华国威”巡回报告会25场，听众3万余人。地委宣传部与地区教委召开地直各大中专党委（总支）书记参加的座谈会；与地区教委联合编写《学习十五大精神简明读本》；组织全区大中专学生学习中共十五大精神知识竞赛；举行“学十五大精神，做合格人才”演讲会。

1999年，组织开展“爱祖国、讲文明”读书活动和“回顾百年，展望新世纪”读书活动，对青少年进行理想信念教育，聊城市获全国读书教育活动组织奖和辅导奖。2002年，在学校组织开展学习“三个代表”重要思想和江泽民“5·31”重要讲话活动，邀请市委党校及社科界专家到市直十余所学校作专题教育。2005年5月，为纪念抗日战争胜利60周年，在全市青少年中开展“弘扬民族精神、培育爱国情怀”教育活动。同年6月，在全市青少年中举办“中国移动”杯纪念抗日战争胜利60周年歌咏比赛。2006年，开展爱党、爱国、爱社会主义主题教育活动和“社会主义荣辱观”进学校、进课堂教育活动。2008年，在全市青少年中开展纪念改革开放30周年电视知识竞赛活动，15000余人参加活动。2010年，为对青少年进行爱国主义和理想信念教育，在全市组织开展以“热爱祖国、唱响和谐”为主题的读书教育活动。经过层层比赛选拔，最终4名选手代表聊城参加全省比赛并获全省总成绩第一名。组织编写《2010年聊城市“热爱祖国　唱响和谐”读书教育活动纪实》。

2011年，以“历史的选择”为主题，在全市开展青少年爱国主义读书教育活动。经过层层选拔，聊城市有7名选手代表聊城参加全省、全国比赛，最终聊城获得全国爱国主义读书教育活动比赛总分第二名。2012年，加强青少年国情和形势政策教育，以“建设幸福中国”为主题，开展全市青少年爱国主义读书教育活动。全市57名师生受到省委宣传部、省教育厅等四部门的表彰，市委宣传部获组织工作优秀奖。2013

2015年10月，聊城市各学校开展向国旗敬礼爱国主义教育活动

年，组织开展“学雷锋，做有道德的人”青少年爱国主义读书教育活动。全市47名师生受到省委宣传部、省教育厅等四部门的表彰，市委宣传部获组织工作优秀奖。2014年，在全市青少年中广泛开展以“走复兴路　圆中国梦”为主题的第二十一届爱国主义读书教育活动。1名学生获全国演讲比赛第一名，1名学生获全国征文比赛中学组一等奖；市委宣传部被全国青少年爱国主义读书教育活动组委会授予“组织特等奖”。2015年，在全市青少年中开展以“奋发向上　崇德向善”为主题的第二十二届爱国主义读书教育活动。全市有103名师生获全省、全国表彰，市委宣传部被全国青少年爱国主义读书教育活动组委会授予“组织特等奖”。

二、国防教育

2007年，在学校组织开展“纪念建军八十周年、爱我中华强我国防”活动。2008年，在学校开展国防知识宣传教育活动，举办国防知识竞赛。2012年，开展“热爱人民军队，共筑钢铁长城”主题宣传教育活动，组建国防教育讲师团队伍奔赴全市16所大中专学校，开展“国防教育进校园”宣讲活动。2013年，组织开展全市“国防教育进校园”宣讲活动、全市国防教育知识竞赛和征兵宣传教育活动。2014年，调整充实国防教育宣讲团，开展“复兴中国梦　国防责任重”国防教育进校园宣讲活动。2015年，为纪念中国人民抗日战争暨世界反法西斯战争胜利70周年，以“弘扬伟大抗战精神，同心共筑强大国防”为主题，在全市开展国防知识竞赛活动和国防教育进校园宣讲活动。

三、德育教育

1997年，地委宣传部与地区教委联合开展全区大中专、中小学生思想道德调查活动，对全区近万名学生调查，形成《中小学（大中专）思想道德状况调查及思考》报告2篇。组织开展全区优秀德育论文评选活动，征集论文1000余篇，有80篇论文获奖。1998年，举办第二届全市学校德育论文评选活动。全市宣传、教育行政部门及各级各类学校的1200余名干部、教师、德育工作者撰写论文，有72篇论文获奖。1999年，评选表彰1999年度全市学校德育工作先进集体和先进个人。此后每年均组织评选表彰当年度全市学校德育工作先进集体和先进个人。2003年3月，召开全市职业教育工作会议。4月，为迎接2003中国江北水城（聊城）文化旅游节暨首届国际龙舟节的到来，激发广大师生“了解家乡、热爱家乡、建设家乡”的热情，举办“中国移动杯 走进水城”征文比赛。2005年，举办全市学校德育工作培训班。2006年，开展第四届学校德育论文征集评选活动。同年9月，为让广大学生深入了解家乡知识和家乡经济社会事业发展情况，增强热爱家乡、建设家乡的情感，组织开展“知水城，爱家乡”教育实践活动，举办青少年“我爱水城”电视知识竞赛。2007年，下发《转发中宣部、财政部、教育部〈关于进一步做好农村义务教育经费保障机制改革宣传工作的通知〉的通知》。组织开展第五届全市学校德育优秀论文评选活动，编辑出版《学校德育优秀论文集》。组织开展学校德育管理状况调查，撰写《学校德育管理现状调查报告》。2008年，组织开展青少年学生思想道德状况调查，形成《当前学校德育工作现状的调查与思考》调研报告。2010年，开展“爱我水城”“十佳”“百优”小记者评选活动。2014年，开展全市美德少年评选活动，经层层评选、公示，最后有10名学生被授予“美德少年”称号，20名学生被授予“美德少年”提名奖。组织开展“中国梦 水城美”中小学生作品大奖赛。2015年，市委宣传部与市教育局联合组织开展“中国梦，汉字情”中小学规范汉字听写大赛和教育志愿服务团送教下乡活动，与团市委、市教育局、市文广新局联合举办聊城市中小学生“国学达人”挑战赛。

第五节 企业宣传

1997年，以香港回归祖国这一历史大事为契机，将爱国主义教育同企业文化建设有机结合，通过开展职工宣讲活动、征文、演讲比赛等活动，增强企业职工爱岗敬业意识，促进企业两个文明建设。

1998—2001年，组织开展《新时期职工思想道德修养读本》读书活动，制定具体实施方案，分阶段、分层次开展活动，对活动中涌现出的先进个人和集体表彰。针对国企改革造成的职工特殊思想状况，首先对企业政工人员全员培训，学习如何在新形势下做好下岗职工的政治思想工作，确保企业稳定生产，保证社会良好局面。组织相关专家走进企业开展宣讲活动，讲解大政方针，稳定职工思想。

2003年4月，组织全市企业职工学习《企业职工道德修养读本》，按照省里的统一安排，开展聊城市2001—2002年“五优”评选，表彰全市表现优秀的20家企业和20名个人；培训全市80余名企业政工干部进行为期3天；开展职称评定工作，通过考试、评审、公示等环节，评出85名政工师和14名高级政工师。2004年9月，在全市企业开展“企业要发展，我为企业做什么”大讨论、“我为企业做贡献”岗位模范争树活动，举行企业形象展示大赛，全市50余家企业参与活动，对表现优秀的10家企业和15名个人予以表彰。

2005年4—8月，在全市企业组织开展企业文化成果征集和评选活动，征集60余份成果，对评选出的50份优秀企业文化成果予以表彰。在全市企业广泛开展厂歌、厂报征集评选活动，收到上报厂歌 18 首、厂报 25 个，表彰评选出的 10 首厂歌和 10 个厂报。2006 年，广泛开展“百城万店无假货”示范店（街）评选表彰活动，50 家示范店受到表彰。开展优秀政工企业、政工干部评选活动，有 23 家企业和 35 名政工干部被评为优秀政工企业和优秀政工干部。总结推广企业思想政治工作的好经验、好做法，3 家企业被省命名为全省企业文化示范单位。2007—2008 年，广泛开展企业文化建设创新主题调研、企业思想政治工作调研活动，市委宣传部会同有关部门先后对 20 家企业组织开展优秀政工企业采访活动，表彰全市优秀政工企业 15 个、优秀政工干部 30 余人。

2010 年，向省委宣传部和省政研会推荐“五优”企业，开展企业学习型党组织创建活动。2011 年，举办企业思想政治工作巡礼采风活动。组织企业人员参加“泰山杯·心中的歌献给党”企业歌手网络大赛。2012 年，组织企业认真学习中共十八大精神，推进社会主义核心价值体系建设。2013 年，结合“讲道德、重诚信、比赶超、促跨越”主题教育实践活动，在全市企业中开展以诚信建设为主题的“跨越赶超，文明诚信企业”评选、表彰活动。选树承担社会责任的典型企业 10 家，在市内主要新闻媒体上重点宣传。2014 年，组织全市企业学习中共十八大和十八届三中、四中全会精神。深入开展“中国梦”宣传教育活动。深化企业文化建设，打造“厚道鲁商　诚信聊商”文化品牌。完善政研会内部管理制度，扩大政研会的覆盖面和影响力。做好政工职称评选，1 名政工干部被评为教授级高级政工师，25 名政工干部被评为高级政工师，50 名政工干部被评为政工师。2015 年，根据省工作安排，开展倡树“厚道鲁商”品牌，讲好鲁商故事，弘扬鲁商精神工作，筹办《聊城企业宣传》杂志。

第六节　对外宣传

一、对外新闻宣传及外宣品制作

1997 年，加强外宣工作的领导和宏观调控，调整充实地委外宣小组成员，召开地委外宣工作联席会议。组织 40 余篇稿件在涉外媒体上发表，《人民日报（海外版）》头版头条刊发《启发优势在聊城》重头报道，组织“青洽会”外宣展示。

1998—2001 年，先后编辑出版多媒体光盘《中国聊城》和外宣图书《聊城之声在海外》等多种外宣品，与中央电视台联合筹备、录制《城市平台》聊城专题节目，在中央电视台第十套节目播出。

2002—2003 年，开展招商引资宣传活动，广泛深入地在韩国等地开展招商引资活动宣传。组织新闻媒体做好聊城市赴北京、上海、西安、重庆、哈尔滨等地举办引进科技成果洽谈月活动的宣传报道工作。与中央电视台合作制作城市形象宣传片。拍摄《走进江北水城》《春游水城》《水城神韵》等专题节目，在中央电视台、旅游卫视、山东卫视等媒体播发。2002 年、2003 年中国江北水城（聊城）文化旅游节和“水城之秋观光周”期间，邀请中央、省和外地记者 350 人到聊城采访。全市制作各类外宣品 80 余种，组发稿件 1500 余篇。在《走向世界》杂志开设介绍聊城的专栏，在中国新闻社等报刊发 15 个专版、专题或市长专访。在《金桥》杂志刊发图文报道，在韩国《中央日报》《朝鲜日报》等 6 家媒体发表 6 个全面介绍江北水城的专版，在美国《国际日报》刊登介绍江北水城的市长专访。

2004 年，对外宣传以“服务经济、推进开放、扩大影响，树立形象”为宗旨，突出经济宣传、旅游推介、成果展示，全方位、多渠道、立体式、全面准确地宣传聊城。重点做好“五一文化旅游节”宣传，在《人民日报（海外版）》等报刊发表文稿、图片 200 余篇（幅）。加强宣传品的制作与管理。制定下发《关于进一步加强全市对外宣传品制作和管理工作的意见》，全年制作外宣品 80 余种，5 万余件（册）。2006 年，充分利用中新社、《香港商报》《金桥》《走向世界》等涉外和香港媒体，宣传“江北水城”的良好形象，发表《一个韩企的选择》《聊城开发区拟建绿色生态城》等一批重点外宣稿件。编辑出版新版《江北水城》画册。

2007年，组织韩国KBS全州放送总局摄制组、香港凤凰卫视欧洲台到聊城采访拍摄活动，开展“六个一”群众性涉外文明礼仪宣传教育活动，下发《关于在全市广泛开展群众性涉外文明礼仪宣传教育活动的通知》，实施“采访线”工程，制定聊城市迎接奥运、接待涉外记者到聊城采访计划，规划风光旅游、新农村建设、工业、城市建设、文化教育、现代服务业等10余条采访线。为东方航空集团提供1000套外宣画册和光盘。拍摄制作《中国·江北水城》外宣形象片，全年发放外宣光盘、画册10000余套。下发《关于第二届聊城市对外传播奖评选工作的通知》，组织评选全市外宣品。2008年，市委宣传部与省旅游局合作，参与全省“好客山东”整体品牌形象联合推广宣传，在中央电视台综合频道和新闻频道并机直播的《朝闻天下——媒体广场》、中文国际频道节目“走遍中国”和“海峡两岸”栏目等，进行城市形象的展示宣传，同时在旅游卫视进行城市形象宣传。邀请《中国日报》《人民日报（海外版）》《北京周报（英文、法文）》3家涉外媒体记者集中采访，刊发大运河文化与遗迹、聊城与非洲的贸易、美国老人牧琳爱等多篇文章。邀请山东电视台国际部记者，拍摄美国老人牧琳爱专题片和非物质文化遗产《聊城雕刻葫芦》《聊城杂技》专题片。评选表彰第二届对外传播优秀作品和先进单位、先进个人，收到各类参评作品108件（篇），评选出38件优秀作品、5个对外传播先进单位、10名对外传播先进工作者。制作新的《江北水城·运河古都——中国聊城》对外宣传画册，设计工业、农业、文化教育和开心之旅4条采访线。

2009年，邀请《中国日报》、中新社、山东电视台国际部、香港《文汇报》、香港《大公报》、《香港商报》等涉外和境外新闻媒体进行专题采访，专门采访阳谷水浒文化旅游节、季羡林骨灰安放暨故居纪念馆对外开放仪式等重大活动，提高聊城在海外的知名度、美誉度。重新设计、印制精美的《江北水城·运河古都——中国聊城》对外形象宣传片和外宣画册，全年累计发放外宣光盘、画册1万余册（盘）。继续实施“灯下亮”工程，对涉外宾馆、酒店的外宣品摆放进行适时更新。为上海世博会山东馆、中国驻外使领馆提供图片、视频等资料，充分展示“江北水城·运河古都·生态聊城”在海内外的良好形象。

2010—2011年，以纪念“建党90周年”等重大活动为载体，构建全方位、多层次、宽领域的外宣格局，向《中国日报》《人民日报（海外版）》《大众日报（海外版）》《走向世界》等外宣报刊供稿，邀请《商周刊》等涉外媒体到聊城进行拍摄采访活动，向海外客人发放外宣光盘、画册6000余套。

2010年9月，江北水城·运河古都（聊城）第四届葫芦文化艺术节在聊城举行

2012年，在济南国际机场举办聊城城市形象展，邀请省委常委、宣传部部长孙守刚和省直部分厅局领导出席展览启动仪式。及时更新制作外宣品，塑造“自豪创业包容奋进”的聊城形象，制作新的聊城外宣画册、聊城城市形象片、聊城形象宣传册，形成精美画册、高清视频、便携小册系列外宣品。组织开展第四届对外传播奖评奖活动，评选出优秀作品43件，其中10件外宣精品参加全省对外传播奖评选。2013年，组织“聚焦牧琳爱——海外华文媒体汇集聊城”采访活动，邀请美国《华夏时报》等12家华文媒体，专题采访聊城国际和平医院牧琳爱工作室、阳谷县刘庙村牧琳爱故居，召开牧琳爱事迹海外

宣传座谈会。在全市选拔 36 名熟悉对外传播规律、熟悉新闻稿件撰写的宣传骨干，与中新社山东分社签约，建立签约作者数据库，签约作者累计向中新社山东分社供稿 269 篇，《聊城:“警徽”在暴雨中闪烁》《七旬老人手工制“五毒鞋”端午季热销》《聊城没有闲置保障房》等文章被中国新闻网登载。在第十届对外传播奖评选中,《聊城市建设生态文明城市的执政理念》《传承水魂古韵的历史文脉——聊城古城保护与改造侧记》被评为优秀新闻作品,《聊城城市形象片》被评为优秀出版作品,《文化阳谷》被评为优秀印刷作品。聘请山东电视台专业制作团队，拍摄聊城城市形象片和招商宣传片。

2014 年，设计制作《江北水城•运河古都—聊城》外宣画册，印发《聊城市对外传播奖评选奖励办法》《聊城市关于进一步加强和改进政府新闻宣传工作的意见》。举办“美丽聊城・幸福水城”摄影大赛，收到投稿 2300 余幅，评选出风光、风情、风采 3 类一、二、三等奖图片 18 幅（组），网友最喜爱的图片 20 幅，组织“美丽聊城・幸福水城”摄影展。

2015 年，在《人民日报（海外版）》连续刊发《河湖秀美　水韵悠长》《宜居宜业　活力进发》《文脉传承　古韵流芳》《科学发展　阔步跨越》4 个彩色专版,《走向世界》“沿着大运河行走”宣传专题登载《南苏杭　北临张》。制作完成高清《聊城城市形象片》《聊城对外宣传片》等宣传片。组织开展第五届聊城市对外传播奖评选工作，评选出优秀新闻作品、出版类作品等 30 件获奖作品,《寻找“一代宗师”》等获山东省优秀外宣作品,《江北水城・运河古都》画册等获山东省优秀出版作品。

二、新闻发布

聊城市新闻发布工作始于 2004 年，当年 7 月 29 日举办聊城市首次新闻发布会。2005 年，组织参加全省首期新闻发言人培训班，举办 3 次新闻发布会。2006 年，在北京举办首期新闻发言人培训班，策划组织 2 场市政府新闻发布会。2008 年，规范新闻发布工作，组织参加山东省第七届新闻发言人培训班；利用省新闻发布厅，与市节庆办联合举办江北水城运河古都（聊城）“十一”休闲周新闻发布会。举办突发事件应对与媒体关系管理报告会，邀请清华大学新闻与传媒学院研究员董关鹏到聊城市作专题报告。2010—2011 年，完善新闻发言人制度，充实调整政府部门和县（市、区）新闻发言人队伍，建立和完善党委部门新闻发言人队伍。加大党务信息发布的力度，提高新闻发布工作的质量和水平。2013 年，在新浪微博、腾讯微博同步开通聊城市人民政府新闻办公室的官方微博 @ 聊城发布。组建起全市网络新闻发言人和政务微博联络员两支队伍，权威回应网民关切。健全完善网上新闻发布制度、政务微博发布制度。推动全市政务微博建设进度，指导督促县（市、区）、市直部门开通政务微博，先后召开江北水城水文化旅游节新闻发布会、聊城市第二届体育运动会新闻发布会。2014 年，市委宣传部制定出台《进一步改进政府新闻宣传工作的意见》，先后举办聊城市安全生产新闻发布会、“孔子故乡　中国山东——国家历史文化名城探访”采访活动新闻发布会、2014 中国・亚太农都聊城农产品产销对接会暨第二届水城金秋绿色食品博览会新闻发布会、“聚焦‘一圈一带’第十届中国网络媒体山东行”大型采访活动新闻发布会等多场新闻发布会。4 月，以市委、市政府“两办”文件形式下发《关于调整全市新闻发言人的通知》，组织举办全市新闻发布暨政务微博培训班。在人民微博

2014 年 10 月，一圈一带第十届中国网络媒体山东行聊城新闻发布会在聊城召开

开通@聊城发布官方微博，入驻“今日头条”媒体平台。2015年，以市政府或市政府新闻办名义组织举办新闻发布会42场，内容涉及安全生产、食品安全、社会养老服务体系建设、节能环保、教育、文化、卫生计生等多项热点事项和重点工作。完善例行新闻发布会商协调机制，每季度末组织召开新闻发布工作联络会，通报上季度工作情况、申报新闻发布选题计划，编排例行新闻发布日程表。开通“聊城发布”政务微信公众账号。印发《关于推荐信息发布和政策解读工作专家的通知》，建立新闻发布和政策解读专家队伍。

第七节　互联网宣传和管理

一、互联网宣传

2002年，在新华网、中新网、大众网等重要新闻网站开设中国江北水城专题网页。2004年，加强与各大新闻网站的联系，全年共发布各类网络信息文稿、图片等3000余篇（幅），实现网络宣传的新突破。2005年，创办开通聊城新闻网，填补聊城没有新闻网站的空白。2009—2010年，与人民网建立长期合作关系，在人民网地方版链接聊城新闻网，截至2010年年底，在人民网地方栏目、地方领导栏目发稿200余篇。与中国网、中新网等中央外宣网站建立合作关系，刊发《山东聊城：打好节能减排和环境保护攻坚战》等稿件30余篇。全国“两会”期间，市长林峰海做客人民网、新华网接受专访，访谈被网易、搜狐、凤凰网等10余家网站转载，搜狐网独家登载专门介绍聊城市工作的4篇稿件。围绕“全面提升年”、上海世博会、广州亚运会残运会等，做好网上主题宣传活动。利用互联网在全国范围开展“我为生态聊城建设献计策”有奖征文活动，涉及全市、全省及上海、北京、辽宁、福建、湖北等近10个省（市、自治区），引起广泛关注。2011年，利用互联网的优势，开展网上新闻宣传。全国“两会”期间，联系国内重点新闻网站对市长林峰海专访，在40余家网站发稿200余篇。与人民网合作，在人民网地方版链接聊城新闻网，2011年在人民网发稿500余篇。与中国网、中新网等中央外宣网站建立合作关系。加强网络宣传和管理工作，营造良好的网上舆论环境。围绕“建党90周年”等重大主题宣传活动在市内主要新闻网站开设专题、专栏。

2012年，全力以赴做好网上中共十八大新闻宣传。指导全市重点新闻网站设计制作《喜迎十八大——聊城十年科学发展成就回顾》大型专题，开幕式当天制作《热烈庆祝党的十八次全国代表大会隆重召开》报道专题，在网站开设《喜迎十八大，感受新变化》网络征文专题。坚持对外推送稿件，促成网络专题报道，人民网在“科学发展　成就辉煌——迎接十八大地方建设巡礼”专题突出位置以《聊城：突出地方特色　建设文化强市》为题报道了聊城市发展成就。大众网独立调查栏目第153期《聊城“三化同步”奏华章》专题报道聊城市坚持科学发展、建设生态型强市名城。中国网英文版上相继发表《聊城挖掘传统文化资源发展地方戏曲》《聊城运河遗址入选“十大新发现”》《山东冠县梨花节印象》等多篇文章。协调做客专访，通过开设专题访谈拓展外宣新渠道。3月，全国“两会”期间，联系新华网、人民网，邀请市长做客两家网站，利用宣传“两会”的有利契机，为宣传聊城营造良好的网络舆论氛围。5月，聊城作为“科学发展新山东——第八届中国网络媒体山东行”西线的第一站，接待到聊城的40余家网络媒体的70余名记者，市委书记出席新闻发布会，全面介绍聊城贯彻落实科学发展观、建设生态型强市名城的新成就。整个采访活动编发各类稿件200余篇，图片800余幅，点击量超过85万次，在网上掀起宣传聊城的舆论高潮。

2013年，充分利用牧琳爱这一外宣资源，组织“聚焦牧琳爱——海外华文媒体汇集聊城”采访活动，邀请美国《华夏时报》、华夏时报网、美国华网、美国侨网、美国海外电视网、海外电视台、美国《侨声报》、美国五湖四海网、美国

《华兴报》、台湾《诤报》、中国网视台、《中非经贸报》12家华文媒体的负责人参加。采访当天，中国网视台播出牧琳爱宣传片《一位美国老人的中国梦》，台湾《南华报》刊发《牧琳爱纪念故居》。3月8日，全国“两会”期间，市委书记林峰海做客人民网，接受专访直播，以“科学发展看聊城”为主题与广大网友在线交流，接受新华网、大众网等网站的专访，全国有50余家网站累计发稿300余篇。邀请新华网、中国网等国家重点新闻网站，凤凰网、新浪等全国重点商业网站，大众网、齐鲁网等省内重点新闻网站全程参与聊城全面融入济南服务省会推进济聊合作发展恳谈会的新闻报道，大众网在独立调查栏目制作“‘济聊一体化’定大盘　泉城水城共融有答案”专题，登载《为何一体化》《如何一体化》《一体化效应》《七大效应》等1.5万余字15篇文章，被多家网站和新闻媒体转载。在凤凰网首页显著位置开设“东融西借，跨越赶超”专题突出核心内容，营造浓厚氛围。开设网络宣传专栏，准确发布市委、市政府重大决策部署。指导聊城新闻网、聊城视窗网等重点网站制作报道专题，在网站双首页突出位置设置“东融西借　跨越赶超　建设冀鲁豫三省交界科学发展先行区”专栏，集中报道市委十二届四次全会以来的各项重大决策部署、工作安排以及县（市、区）、市直各部门最新工作动态。6月，“聚焦美丽山东——第八届全国网络媒体山东行”聊城采访活动。采访活动编发各类稿件220余篇，图片1000余幅，在网上形成宣传聊城的舆论强势，整理采访报道稿件，编印《“聚焦美丽山东——第八届全国网络媒体山东行”聊城采访新闻报道集》，充分展示聊城“东融西借　跨越赶超　建设冀鲁豫三省交界科学发展先行区”的发展劲头。11月，开展“品味山东——全国名博齐鲁行”聊城采访活动。采访活动编发各类稿件百余篇，原创微博上百条，对聊城大篇幅的报道。名博们在采访过程中第一时间发微博百余条，被转发上万次。知名博主、网络大V宾语的《撩开中国黑毛驴繁殖中心的神秘面纱》一文，被人民网、光明网、凤凰网、腾讯、凯迪、网易等网站推荐28处，首页推荐14处，其中有10篇在头条位置。

2014年，精心组织重大主题的网上宣传。3月，全国“两会”期间，邀请市委书记林峰海做客人民网强国论坛，做《江北水城·运河古都—抢抓机遇赢发展》直播访谈，并结集出版《驻聊代表访谈录》。指导聊城新闻网、聊城视窗网开设“两会”“党的群众路线教育实践活动”“社会主义核心价值观”等专题、专栏。在人民网、新华网、中国新闻网、中国网等国家重点新闻网站发稿、转载1200余篇，在大众网、齐鲁网、鲁网、中国山东网等省重点新闻网站发稿、转载5600余篇。组织参加@山东发布城市名片展示活动、“走进山东创造——全国网络媒体齐鲁行”、文汇报山东印象符号推选活动、新浪网“温暖十七城”公益采访活动。组织系列媒体行活动。先后组织“聚焦一圈一带——第十届中国网络媒体山东行”聊城采访活动、人民日报社山东分社“大运河山东行”网络直播活动，邀请中央新闻网站、重点商业网站、省重点新闻网站到聊城采访，集中登载一批宣传报道聊城的稿件，掀起一波网上宣传高潮。2015年，拓宽网络宣传渠道，全年平均每月网络原发、转载宣传稿件2100余篇，其中在人民网、新华网、光明网等中央重点新闻网站发稿、转载300余篇，在大众网、齐鲁网等省重点新闻网站发稿、转载1000余篇。做好重大主题宣传，与凤凰网合作推出“运河古都·聊城印象”大型宣传专题，以“江北水城运河古都”为主题，探寻聊城段运河古都文脉。重点做好抗战胜利70周年重要纪念活动网上宣传，市属新闻网站通过开设专题、专栏等形式，集中推出、转载系列重头新闻。积极推送“中国网事　感动2015”候选人，念以新被评为“中国网事　感动2015”年度人物，郭刚堂被评为“山东网事　感动2015”年度人物。

二、舆情调研管理

1997年，广泛开展调查研究和理论研讨活动。聊城地区推荐出3篇优秀论文参加全省理论研讨会，其中1篇被中宣部《党建》杂志刊登。

1998—2001年，紧紧围绕全市两个文明建设的重大问题，坚持每年都召开几次层次较高的研讨会，为领导决策起到重要的参谋作用。深入组织开展孔繁森精神的研究工作，促进学习孔繁森活动的深入开展。2002年，同公安、文化、教育等部门对各县（市、区）互联网有害信息清理工作专项检查，加强网络管理工作。2004年，开展对互联网有害信息的专项清理整治工作。会同有关部门制定下发《打击淫秽色情网站专项行动工作方案》，使全市的互联网新闻宣传走向依法管理、规范运作、健康发展的轨道。2005年，初步健全全市舆情信息工作网络。举办全市舆情信息与调研工作培训班，参加培训200余人。2006年，市委宣传部下发《关于进一步加强调查研究工作的通知》，围绕党的重大理论创新成果的学习宣传、宣传思想工作面临的突出问题和宣传文化领域的前瞻性、战略性问题，深入开展调研活动，形成一批有价值的调研报告。制定《聊城市网上违法和不良信息应急处理办法》，会同公安、工商、文化等部门对违规从事新闻信息服务的互联网站进行清理整治，关闭违规登载新闻的网站、网页。组建网络评论员队伍，互联网新闻宣传培训，网上舆论引导水平进一步提高。2007年，制定《舆情信息与调研工作考核奖励办法》，健全完善舆情调研工作的奖励机制，舆情信息和调研工作进入制度化运行阶段。2008年，完善舆情调研考核激励机制，实行信息调研工作季通报制度，建立健全信息调研网络，建设各个县（市、区）之外的16个市级直报点。2007—2008年，净化网上舆论环境，以“大兴网络文明之风”“两会宣传”为主题，组织协调聊城新闻网、聊城政务网、聊城信息港等市属网站，开展“依法打击网络淫秽色情专项行动”“珍爱生命、拒绝毒品”“庆祝香港回归十周年”“关注山东省第九次党代会”“喜迎十七大”等活动，组织网络评论员编发120余篇有分量稿件。围绕全市相关社会热点问题，发布有关文章200余篇。召开全市网络文化建设和管理工作会议，研究部署全市网络文化建设和管理工作。加强对新闻、论坛、博客的管理，处置多起网上突发事件。举办突发事件应对与媒体关系管理报告会，邀请清华大学新闻与传媒学院研究员董关鹏到聊城市作专题报告。2010年，完善舆情信息汇集分析机制。2009—2010年，加强互联网新闻宣传管理，净化网上舆论环境。加大对市属新闻网站和具备登载新闻资质的商业网站的日常管理，发现问题及时处置。加强网络评论员队伍建设，出台《聊城市网络评论员管理及考核办法》，完善网络评论员队伍建设机制。举办全市互联网新闻宣传与舆论引导培训班，提高网络评论员舆论引导水平。2011年，清理整治网站，关闭部分非法网站，开办精神文明建设专门网站，开设“省级精神文明城市”“文明小博客”等专题、专栏，督促青少年网站传播适合未成年人精神文化需求的文化产品。密切关注网上舆情动态，编发《互联网舆情专报》供市委、市政府领导参阅。组建聊城市网络文化办公室，各县（市、区）成立互联网宣传与管理机构。举办全市网评员业务知识培训班，邀请有关专家辅导授课，提升网评员的素质。修改完善《信息与调研工作考核奖励办法》，阳谷县、冠县及莘县古城镇3个单位被省委宣传部列为全省信息直报点。充实舆情信息与调研工作队伍，采取末位淘汰制，对舆情信息直报点资格实行动态管理，各个单位均配齐专兼职信息员。聊城成为全省两处舆情信息分析报告直报点之一。建立起以党校、社科、教育、文化方面专家学者为主体的横向工作网络。完善市直、县（市、区）和县（市、区）直单位、乡（镇、街道）三级调研工作队伍，形成以市、县宣传部门、乡（镇、街道）宣传委员、文化站长为主体，成员超过400人的纵向工作网络。2012年，完善考核机制，根据信息采用数量和调研报告完成的质量情况等进行全市排名，实行日统计、月通报。健全信息汇集和分析机制。各县（市、区）在教育、卫生、司法等不同领域设立信息直报点。建立舆情信息与调研工作例会制度。2013年，以“全国‘两会’”“美丽聊城——你我一起行动”“学习雷锋”“抗日战争纪念”等主题，组织网络评论员撰写100余篇网评文章。通过多种渠道、多种形式，共封堵、删除有害信息200余条。4月，举办全市互联网新闻宣传与管理培训班，邀请省网络办、搜狐网、人民网领导专家授课，市直各单位、市管重点企业的网络评论员260余人参加培训班。2013年，全市的舆情信息工作在全省综合排名第七名，省直报点阳谷县、冠县、东阿县、东昌府区在全省68个直报点中分别位列第五名、第九名、第十一名、第十九名，整体位次均有较大的提升。在全市建立41个舆情信息直报点，实行动态管理并采取末位淘汰制度，推动舆情信息和调查研究工作步入制度化、规范化的轨道。2014年，建成市县两级互联网舆情监测工作平台，构建起全市统筹的网络舆情监控工作体制。监测平台由1个市级中心站、11个县（市、区）分站组成，整合市县两级网络舆情监控力量，采取“轮流值班、集中监控”的工作形式统筹全市网络舆情监测队伍。编辑《网络舆情平台运行工作规范》和《网络舆情平台值班操作细则》，实时监看网络舆情发展态势。制定《重大突发公共事件网上应急管理预案》《重大突发公共事件网上应急管理实施方案》，编制网上应急管理流程图，增强重大突发事件网上应急管理的规范性、科学性。2月，以市委、市政府“两办”文件形式制定下发《关于加强互联网宣传管理工作的意见》，推动全市互联网宣传管理工作的规范化、制度化和机制化。9月19日，组织召开全市网络安全和信息化工作会议。截至年底，通过舆情平台监控涉聊负面网络舆情超过3000条。在省全年综合考核中排名上升至第五位。冠县、东阿县、阳谷县、东昌府区在69个省级直报点中分列第三位、第四位、第十二位、第十九位。调整市级直报点和舆情信息和调研工作考核奖励办法。2015年，在省全年综合考核中排名升至第二位，东昌府区、东阿、阳谷在69个省级直报点中全部位居前20位。

第六章　统一战线工作

第一节　民主党派工作

聊城市民主党派工作起步较晚，1998年撤地设市以前，民主党派工作主要集中在原聊城市（后为东昌府区）。撤地设市后，民主党派工作逐渐正规化。2001年后，市级民主党派组织陆续建立。民主党派组织6个，分别是民革、民盟、民建、民进、九三学社5个市委会与农工党市工作委员会（2001年建立支部，2006年成立筹委会，2011年建立工委会），成员1128人，其中具有中高级职称的占80%以上，分布在市直、东昌府区、临清等210余个单位。撤地设市后经过3次大的换届，分别是2002年、2006年、2011年。大部分党派市委班子于2011年年底完成换届，民盟于2014年年底前完成换届。6个民主党派主委有5人在市级人大、政协领导班子任职。

一、多党合作

1998年，聊城撤地设市后，市委、市政府高度重视多党合作工作，自2001年民主党派市级组织建立以后，陆续建立民主协商会、情况通报会、座谈会等多项制度，使之逐步规范化、经常化。具体工作中，市委、市政府在做出重大决策之前都召开各民主党派、工商联负责人和无党派人士参加的协商会、座谈会和通报会，每年由市委统战部组织的各类协商会议都在5次以上。协商通报的内容涉及地方经济发展的长远规划，政府工作报告；对政治、经济、科技、文化、卫生等体制改革的意见，精神文明建设，民主法治建设等重要事项，以及重要的人事安排和统一战线方面的重大问题等。各民主党派直抒己见、坦诚进言，许多意见和建议得到重视和采纳。市级人大、政协换届以后，各民主党派在深入调查研究的基础上，以组织或个人名义在政协会上提交提案议案都在几百件以上，许多意见、建议被相关部门采纳，有的被列入经济发展长远规划，有的经过逐步规范形成新的制度和规定。2015年，市委将政党协商工作列为七大协商之首，此后更加明确具体规定多党合作、政党协商工作。

二、民主监督

自2001年开始，加强特约人员队伍建设，聊城市逐步选拔一批政治、业务素质较高的民主党派成员和无党派人士，到市、县两级法院、检察院、监察局等10余家单位担任特约人员。截至2015年年底，全市建立400余人的特约人员队伍，对建设公平、公正、廉政、高效的行政和司法机关，起到重要的监督和促进作用。

第二节　民族宗教工作

1997—2015年，发挥爱国宗教界代表人士作用，开展民族宗教工作。各级党委、政府贯彻落实党的各项民族宗教政策，培养少数民族干部569人，聊城市受国务院表彰的全国民族团结进步模范集体4个、模范个人4人；受省政府表彰的全省民族团结进步模范集体19个、模范个人31人；受市政府表彰的全市民族团结进步模范集体69个、模范个人105人。2015年，聊城市少数民族43个，少数民族人口6.7万人，回族人口最多，近6.4万人。有佛教、道教、伊斯兰教、天主教、基督教五大宗教，全市信教群众13万余人；爱国宗教团体25个，其中全市性团体5个（聊城市天主教爱国会、天主教聊城教区民主管理委员会、聊城市基督教“三自”爱国运动委员会、聊城市伊斯兰教协会和聊城市佛教协会筹备委员会）。

一、民族工作

落实党的民族政策　1997年以后，围绕团结与发展民族工作主线，开展民族团结进步创建活动。1998年，落实少数民族计划生育有关政策，倡导和鼓励少数民族群众晚婚、晚育、少生、优生和优育。2004年10月，孔繁森同志纪念馆被国家民委命名为“全国民族团结进步教育基地”。2007年，贯彻执行《山东省清真食品管理规定》，在全市范围内进行清真食品行业大检查，维护清真食品市场秩序。2009年，在党校开设马克思主义民族理论、民族政策课程，举办少数民族干部培训班1个、民族工作干部培训班1个。2012年，尊重少数民族风俗习惯，对有土葬习俗的少数民族村（居）民，依照有关规定予以妥善安排，做好殡葬服务和管理工作。2013年，市委统战部会同市委宣传部、市民宗局联合印发《关于深入开展民族团结进步创建活动的实施意见》，促进民族团结进步活动经常化、规范化。2014年，召开全市民族宗教工作经验交流会，现场观摩社区民族宗教工作开展情况，对进一步做好民族宗教工作进行研究和部署。2015年，召开市委民族工作会议并出台《聊城市关于加强和改进新形势下民族工作的实施意见》。

扶持发展民族经济　1997年，发展民族企业与少数民族扶贫工作，向省、地有关部门争取资金115万元。1998年，组织12名少数民族村技术骨干参加省民委举办的小尾寒羊养殖培训班，争取省民委少数民族发展资金172万元，建立7个小尾寒羊养殖基地；市政府将少数民族扶持金由原来的每年3万元增加到30万元，列入财政预算；为莘县2个民族产品定点企业争取2000万元贴息贷款。“十一五”期间，聊城市民品企业贴息额3.43亿元。2012年，全市少数民族农民人均纯收入超过7500元，比2001年增加5740元，增长326%。部分少数民族村（居），少数民族人均收入超出全市平均水平。全市90%的民族村解决人畜饮水和农田灌溉问题，95%的民族村通上柏油路，实现村村通电和同网同价，基本达到少数民族群众整体脱贫目标。1997—2015年，各级财政累计投入扶持资金5000余万元，用于改善民族乡村的农田水利、交通和电力等基础设施建设。

少数民族干部队伍建设　1997年，为少数民族人口较多的聊城市（今东昌府区）、临清市、冠县、莘县4个县（市）党委、政府班子中选配少数民族副县级后备人选4人。1998年，为4个少数民族人口过万人的县（市、区）配备少数民族县级领导干部5人，11个少数民族较多的乡镇配备少数民族领导干部14人。2000年，为少数民族群众较多的县（市、区）和乡镇配齐少数民族干部18人。2010年，推进符合条件的各级党政领导班子配备少数民族干部工作，探索建立少数民族干部挂职锻炼等工作机制。截至2015年年底，全市有少数民族厅级干部2人、县级干部13人、科级干部110人。

少数民族社会事业　1998年，加强对民族教育的投入，利用山东省民族教育专项资金的扶持，改善民族中小学办学条件、加强师资培训等。1998年，为650余名少数民族考生办理升入中专、中学手续，争取资助款4万元用于阳谷县张秋镇回民小学教室建设。2006年，少数民族教育全面实现普及九年义务教育，少数民族适龄儿童入学率100%，小学升初中比率为95%。2007年，派出60余人的体育代表团参加全省第七届少数民族传统运动会，夺得4枚金牌、6枚银牌、1枚铜牌及表演项目一等奖，取得全市在历届全省民运会上的最好成绩。2012年，结合群众生产生活实际普及科学文化知识，传播社会主义先进文化，争取少数民族社会事业发展资金40万元，用于莘县张鲁回族镇文化大院、马本斋烈士陵园扩建、临清大桥架鼓传承与发展等4个项目建设。全市民族中小学达16所，教师878人，在校学生15441人。

二、宗教工作

宗教政策落实　1997—2004年，落实党的宗教政策，解决宗教界存在的实际问题，引导宗教与社会主义社会相适应。举办宗教政策培训班、学习班、座谈会、研讨会等50余次，重点进行党的宗教政策和法律法规的学习培训。2005年，在阳谷县召开县基督教“三自”爱委会、天主教爱委会以及8个基督教聚会点负责人参加的座谈会；做好宗教房产落实工作，争取260万元中央、省财政资金用于市天主教主教府工程建设，在市开发区举行天主教聊城教区主教府奠基仪式。2007年，应落实的宗教房产得到全部落实；争取财政支持，解决宗教团体开展工作中遇到的办公条件差、经费缺乏等难题。2013年，协调解决了聊城护国隆兴寺恢复建设工作；制定《关于加强与宗教界代表人士联系的意见》，加强与宗教界人士的联系交友；协调相关部门为全市天主教42名神职人员妥善解决医疗、养老两险问题。

促进社会救助　2007年11月，组织天主教聊城教区主教赵凤昌赴湖北参加祝圣仪式。2010年，市伊斯兰教协会通过赠送《新编卧尔兹演讲集》，加强爱国爱教优良传统教育。市天主教爱国会、基督教“三自”爱委会开展爱国主义学习交流活动。引导各级宗教团体在扶贫济困、捐资助学、赈灾救助和化解社会矛盾方面发挥作用。2008年5月，四川汶川特大地震发生后，全市宗教界向地震灾区捐款、捐物，捐款80.1万元，其中佛教界捐款20.1万元、伊斯兰教界捐款2.6万元、天主教界捐款4.4万余元、基督教界捐款53万元。2010—2012年，由宗教团体牵头、全市宗教界参与社会救助1000余人次、济困600余人次、救灾10余次、助残200余人次、助学100余人次，捐款、捐物折合人民币110余万元。

促进宗教和睦与社会和谐　1997年，对全区滥建庙宇和露天佛像问题查处，完成262处宗教活动场所年检任务。2003—2013年，对全市宗教私设聚会点情况实行拉网式排查，研究分析和分类归纳摸排情况，将私设点全部纳入依法管理的渠道。2005年，学习国务院颁布的《宗教事务条例》，聊城市编印各类学习宣传手册3万余册，协助各级党校开设宗教政策理论讲座，向党政干部宣传马克思主义宗教观和宗教信仰自由政策。在宗教界普及宗教法律法规知识，教育信教群众划清合法与非法宗教活动的界限，在法律法规允许的范围内开展宗教活动。2009年，全市范围内开展创建和谐寺观教堂活动，强化宗教

2013 年 6 月，聊城护国隆兴寺恢复建设奠基仪式

活动场所规范化管理，增强宗教界人士的爱国爱教意识、遵纪守法的意识、民主管理意识、争优创先意识，建立聊城市宗教工作联席会议制度，加强与有关部门的沟通协调，形成齐抓共管的宗教工作机制。同年 3 月，全市 135 个乡镇、街道明确 167 名民族宗教工作干部，建成市、县、乡三级管理网络。2010 年，由聊城、濮阳、安阳、新乡、邯郸、菏泽共同发起建立冀鲁豫三省六市民族宗教工作联谊会，为共同应对跨省区的民族宗教活动以及妥善应对突发事件打下良好基础。2012 年，指导和支持宗教团体加强组织建设和制度建设，完善民主办教机制，制定重大事项报告制度、财务管理制度、外来人员接待等规章制度。

宗教界代表人士队伍建设　2000 年，完成天主教教区的合并工作（阳谷教区、临清教区合并为聊城教区），自选自圣天主教聊城教区首任主教，成立天主教爱国组织。2004 年，成立市伊斯兰教协会、市基督教“三自”爱国运动委员会和市佛教协会筹委会。举办宗教团体负责人及教职人员培训班，学习党的宗教政策及法律法规；支持全市性宗教团体举办短期义工培训班、代表人士培训学习班，提高广大信教群众的法制意识；注重宗教界后备人员培养，充实教职人员队伍。指导、协助市宗教团体落实后备人员培养计划，选拔文化程度高、思想素质好的年轻人员深造学习。2006 年 11 月，天主教祝圣 2 位神甫。2007 年 7 月，基督教按立 4 位牧师、2 位长老，缓解全市神职人员缺乏问题。做好宗教界代表人士的政治安排工作。2010 年，聊城市宗教界人士中市政协委员 3 人、县级政协委员 32 人；2012 年，聊城市宗教界人士中市政协委员 4 人，县级政协委员 47 人，宗教界委员参政议政提交政协提案 14 个。2013 年，督促全市县级爱国宗教团体圆满完成换届工作。2014 年，完成伊斯兰教协会、天主教爱国会、基督教“三自”爱国运动委员会 3 个市级爱国宗教团体的换届工作。各宗教团体建立健全各项规章制度 7 个，全面加强自身建设。

第三节　党外干部工作

1997 年，为做好县（市）人大、政府、政协换届和地级市人大、政协成立筹备工作，深入调研，推荐党外副县（市）长人选 8 人，县（市、区）人大常委会副主任、政协副主席人选 26 人，推荐全国人大代表人选 1 人，省政协委员人选 21 人。1998 年，撤地设市后，做好市人大、市政府、市政协党外人士安排工作，配备人大常委会副主任 1 人、政府副市长 1 人、政协副主席 4 人，8 县（市、区）全部配备党外人大常委会副主任，6 县（市、区）配备党外副县（市、区）长，29 名党外人士担任县（市、区）政协党外副主席，均符合党外多于或等于党内的要求。市政协一次会议设 26 个界别，安排 193 名党外人士担任委员，占全体委员的 60%，33 名党外人士当选为常委，占常委总数的 65%；推荐安排党外全国人大代表人选 1 人、党外省政协委员 10 人。2000 年，全市 8 个县（市、区）政府党外副职全部配齐。2002 年，公开选拔 2 名党外干部担任市政府职能部门（审计局、质监局）行政副职。2003 年，第十届市政协安排 230 名党外人士担任委员，占委员总数的 60.85%，40 名党外人士当选为常委，占常委总数的 68.97%，推荐安排 11 名党外省政协委员。2005 年，召开全市培养选拔党外干部工作座谈会议，市委组织部、市委统战部联合印发《关于进一步做好培养选拔党外干部工作的意见》，规定市、县（市、区）政府工作部门领导班子中配备党外干部的比例不低于

20%。2008年，在市政协换届中，安排230名党外人士担任委员，占委员总数的60.85%，43名党外人士当选为常委，占常委总数的69.35%，推荐安排14名党外省政协委员。2012年，市人大常委会配备副主任1人，选举党外人大代表95人、占代表总数的21%，人大常委8人、占常委总数的25%，安排专门委员会副主任1人，专门委员会委员7人；市政协配备政协副主席4人，安排249名党外人士担任委员，占委员总数的60.29%，53名党外人士当选为常委，占常委总数的68.83%，安排专门委员会副主任4人，专门委员会委员31人。市委印发《关于加强新形势下党外代表人士队伍建设的实施意见》，规定市、县（市、区）配备党外干部的政府工作部门一般不低于政府工作部门总数的1/3。2013年，推荐安排2名党外全国人大代表、13名省政协委员；市政协配备党外专职副秘书长1人；市委统战部在临清市、阳谷县的4个乡（镇、街道）建立聊城市党外代表人士实践锻炼基地，会同市委组织部联合制定《挂职实践锻炼工作暂行办法》，选派首批4名科级党外干部进行为期一年的挂职锻炼。2014年，增加莘县、茌平县的4个乡（镇、街道）和国有企业中通集团、鲁西集团为实践锻炼基地，市委组织部、市委统战部联合选派10名党外科级干部赴各基地挂职锻炼，至此，市级党外代表实践锻炼基地为10个。市委办公室、市政府办公室印发《市级党政班子中党员领导干部与党外代表人士联谊交友制度》，每名市级党员领导干部联系2名党外代表人士。2015年，推荐安排1名无党派代表人士担任省政协常委；党外干部挂职时间由1年延长至2年，实行民主党派工商联知联会与实践锻炼基地帮包对接制度，党外代表人士实践锻炼基地的职能不断丰富；鉴于有关领导人工作变动，市委办公室、市政府办公室印发文件对联谊交友名单予以调整。至2015年年底，全市配备党外副厅级干部6人（政府副市长1人、人大常委会副主任1人、政协副主席4人），除冠县缺1名政协副主席外，8个县（市、区）人大、政府、政协均按照要求配齐党外副职；17名党外干部担任市直部门（单位）的领导干部，其中担任市直部门（单位）正职的3人（含政府工作部门正职1人）；担任科级以上职务的党外干部共有769人（其中厅级干部6人，县级干部67人，科级干部696人）。

2015年12月，聊城市党外干部培训班在聊城市技师学院举行

第四节　经济统战工作

1999年4月6—8日，举办“1999冠县梨花节暨招商引资洽谈会”。中共中央统战部副部长、中国光彩会副会长兼秘书长胡德平，全国工商联常务副主席、中国光彩事业促进会副会长张绪武，全国工商联副主席、中国光彩事业促进会副会长谢伯阳，省政协副主席、省委统战部部长王久祜等各级领导及全国各地的90余位企业家参加会议。落实项目11个，引进资金1.5亿元。1999年4月8日，聊城市人民政府与中国光彩事业促进会签订友好合作协议，聊城市成为中国光彩事业促进会重点联系地区。12月25日，新奥燃气有限公司运营举行点火仪式，中央统战部副部长、中国光彩事业促进会副会长兼秘书长胡德平，山东省政协副主席、省委统战部部长王久祜等领导参加。2000年4月14日，全市光彩事业促进会成立大会召开，副市长潘太银，市政协副主席、市委统战部部长胡元亭出席会议并讲话。4月18日，在中国光彩事业促进会二届一次理事会上，聊城市人民政府被授予“光彩事业组织奖”，市长郭兆信被吸收为中国光彩事业促进会理事，并在会上作题为《光彩事业在聊城》

典型发言。

2002年1月，在中国光彩事业促进会、省委统战部和省工商联的支持帮助下，经市委统战部、市工商联牵线搭桥，聊城香江光彩大市场一期工程于4月15日举行奠基仪式。同月，由全国知名民营企业家刘永行任董事长的东方希望集团，与茌平信发集团合资的信发希望铝深加工项目和自配电厂在茌平开工建设，总投资15亿元，年产15万吨电解铝。同年10月，香江光彩大市场一期工程正式完工开业，吸纳商户4000余家，辐射京冀鲁豫周边地市十余个。2003年7月，省工商联十届二次常委会在高唐县召开。会议期间，与会民营企业家与高唐有关方面签订投资意向9项，达成合同意向金额12亿元。2004年4月，投资6亿元的光彩项目北京康得投资热电项目签字仪式在聊城举行，省政协副主席、省工商联会长苗淑菊致辞。2005年6月，聊城市委统战部副部长、市工商联党组书记邢跃隽带队参加香港中华总商会举办的第113期工商业经济研讨班。2005年10月，中国光彩会重点联系地区联谊会在聊城市举行，全国7个重点联系地区的100余位领导及企业家汇聚聊城，总结交流重点联系地区工作经验，探讨光彩事业加快发展的新路子。

2015年5月，第二届聊城市非公有制经济人士优秀中国特色社会主义事业建设者表彰大会召开

2011年10月，全国工商联人才交流服务中心聊城岗位培训基地促进会议暨大学生岗位培训基地授牌仪式在东阿县举行。2013年7月，市委统战部召开全市非公有制经济理想信念教育实践活动动员会议，对教育实践活动进行动员部署；经市委同意，市委办公室印发《市委统战部、市工商联关于开展非公有制经济人士理想信念教育实践活动的实施意见》。2014年9月，举办全国知名民营企业家聊城行活动。活动以“鲁商省亲·合作共赢”为主题，邀请到全国各地19家异地山东商会的近70名民营企业家到聊城参观考察，洽谈合作，现场签约金额22.6亿元。2014年10月，组织全市非公有制经济人士信誉倡议万人签名活动，向全市非公有制经济人士发出诚实守信、合法经营、公平竞争、自觉履行社会责任的倡议。

第五节　党外知识分子与新社会阶层工作

一、党外知识分子工作

联谊会　2014年7月25日，聊城市党外知识分子联谊会成立，会长秦新义，副会长辛刚英、高建鲁、田耘、鲁霞（女）、孔繁军、杜凤莲（女），秘书长是陈学忠，常务理事12人，理事50人。9月，东昌府区党外知识分子联谊会成立，首届会员93人；东阿县党外知识分子联谊会成立，首届会员57人。10月，阳谷县党外知识分子联谊会成立，首届会员48人。2015年3月25日，冠县党外知识分子联谊会成立，首届会员49人。4月23日，茌平县党外知识分子联谊会成立，首届会员46人。5月29日，莘县党外知识分子联谊会成立，首届会员50人。7月8日，高唐县党外知识分子联谊会成立，首届会员45人。2015年5月22日，东阿县高集镇党外知识分子联谊会成立，首届会员29人。7月，东阿县所有乡级（11个乡镇、开发区、街道）全部建立党外知识分子联谊会，共有理事280人。至此，全市形成市县乡三级党外知识分子组织网络体系，基本实现党外知识分子工作的全覆盖。2015年12月27日，聊城市留学人员联谊会成立，马萌当选为会长，丁冶、范瑞倩等 10 人为副会长，史丙旺为秘书长，首届会员 103 人。

主要活动　2011 年 5 月，市委统战部在市社会主义学院举办全市党外知识分子培训班。6 月，茌平县举办党外知识分子培训班。2014 年 7 月，制定印发《聊城市无党派人士坚持和发展中国特色社会主义学习实践活动实施方案》，全市范围内开展中国特色社会主义学习实践活动。2015 年，开展“同心中国梦　网上正能量”征文活动；市县乡党外知识分子联谊会分别开展聊城市学前教育发展工作调研，并形成调研报告；开展“文艺下乡”“送医下乡”义诊活动、助学活动等公益活动；组织会员学习总书记习近平关于新时期统一战线“八个必须”“三个重点”“五种能力”等重要论述，加深对中央和省委统战工作会议精神的领会。9 月，听取中央统战工作会议与《统战工作条例（试行）》精神解析专题辅导报告。10 月，组织听取省委统战部常务副部长孙传宏到聊就深入学习贯彻中央、省委统战工作会议和《统战工作条例（试行）》精神作的专题辅导。11 月，组织听取由市民宗局局长王维峰就参加纪念抗日战争胜利 70 周年大会和阅兵观礼作的专题报告；听取中共十八届五中全会精神专题宣讲报告会。赴山东省档案馆参观山东统一战线展，参观聊城市纪念抗战胜利 70 周年主题展，赴临沂、莱芜接受红色革命教育，重温党的历史，缅怀革命先烈，增强传承和弘扬统一战线光荣传统的自觉性和坚定性；赴社会主义新农村的典范南街村进行现场教学。

人才培养　1997 年，地委统战部考察推荐省党外知识分子联络员 5 人。2003 年 9 月，向省委统战部推荐 5 名山东省委统战部党外知识分子联络员。2006 年，对全市有影响的党外知识分子代表人士进行调查摸底，确定重点联系人士名单，健全和完善党外知识分子工作机制，畅通联系渠道，经常性地开展工作。2007 年，全市新的社会阶层中自由择业的知识分子 1 万余人，其中党外知识分子近 8000 人，确定 50 余名党外知识分子重点联系对象，建立党外知识分子联络员队伍。2015 年 5 月，聊城经济开发区开展党外知识分子培训工作，教育培训机关、乡镇（街道）和非公企业等 140 余名党外分子 2 天，详细讲解党的路线方针政策、开发区经济运行情况和中国共产党的光辉历程。2015 年，1 名无党派代表人士被列为省委统战部重点联系对象。

二、新的社会阶层人士工作

组织机构　2015 年 8 月 5 日，聊城市新媒体委员会成立，首届会员 13 人，张洪泉当选会长。8 月 19 日，聊城市新生代创业委员会成立，首届会员 97 人，顾学谦当选会长。8 月 29 日，聊城市中小微企业联合会成立，董正品当选会长，首届会员 103 人。9 月 24 日，聊城市社会组织联合会成立，曹永明当选会长，首届会员 127 人。11 月 22 日，聊城市专业人士委员会成立，闫光瑜当选为会长，李意当选为监事长，首届会员 188 人。12 月 2 日，临清市社会组织联合会成立，王福兴当选会长，为股级事业单位，核定编制 3 人，首届会员 182 人。临清市委组织部同时成立社会组织联合会党委，设书记 1 人、副书记 2 人、党委委员 8 人，为联合会的工作开展提供组织保障。

主要活动　1998 年，社会新阶层党外知识分子，采取多种形式，奉献爱心，7 名省委联会理事共捐款 2050 元。同时，还组织所在公司员工捐款捐物。其中，丁阿峰所在的“聊城永辉房地产评估有限公司”员工捐款 1800 元、田耘所在的“山东普新律师事务所”员工捐款近 3000 元、王玉芗所在的“聊城金石有限责任会计师事务所”的 10 名股东捐款 5000 元。2007 年 10 月至 2008 年 1 月，聊城市扎实开展新的社会阶层无党派代表人士主题教育活动。2015 年 5 月，市委统战部调整充实市“百名专家教授联百企”活动领导小组，印发《聊城市委统战部关于调整“百名专家教授联百企”活动领导小组的通知》。8 月，开展全市律师统战工作调研。10 月 26 日，转发省委统战部、省委网络安全和信息化领导小组办公室《关于开展新媒体从业人员统战工作的实施意见》，同时转发省委统战部、省司法厅党委《关于加强律师行业统战工作的实施意见》。9月9日，组织代表人士赴山东省档案馆参观山东统一战线展，重温党的统一战线90余年走过的光辉历程。10月20日，组织党外知识分子与新社会阶层代表人士听取中央统战工作会议与《统战工作条例（试行）》精神解析专题辅导报告。10月21日，组织市社会组织联合会成员到市委统战部“双联共建”村茌平县公李村开展走基层、送温暖、关爱老人活动。10月29日，组织社会组织代表人士赴临沂、莱芜接受红色革命教育，重温党的历史，缅怀革命先烈。11月5日，组织社会组织代表人士参加由市民宗局局长王维峰就参加纪念抗日战争胜利70周年大会和阅兵观礼作的专题报告。11月17日，由聊城市新媒体委员会设计、运营的“聊城新阶层”网站（http：//www.xinjieceng.cn）正式上线。网站共设重大活动、会员动态、人物风采、统战要闻、同心聊城、学习园地、每周一星、光岳楼、我为聊城发展建一言等版面。11月23日，组织听取中共十八届五中全会精神专题宣讲报告会。12月11日，制定印发《聊城市新的社会阶层人士坚持和发展中国特色社会主义学习实践活动实施方案》，在全市新社会阶层人士中全面开展坚持和发展中国特色社会主义学习实践活动。12月13日，正式启动“我为聊城发展建一言”活动。12月22日，组织无党派代表人士和新社会阶层代表人士37人赴河南临颍县南街村开展学习实践活动。12月28日，全市社会组织统战工作经验交流会在临清召开。12月29日，为推进全市社会组织统战工作，在临清召开聊城市社会组织统战工作经验交流会。

人才培养　2014年，聊城市向省委统战部推荐8名社会新阶层党外知识分子（市直3名、县区5名）。6月27日，山东省社会新阶层党外知识分子联谊会二届一次理事大会吸收聊城市组织8名理事为理事，其中3名理事被选为常委理事。市委统战部向省委统战部推荐6名党外人士。2015年1月14日，市委统战部向省委统战部推荐3名网络意见代表人士。3月23日，市委统战部向省委统战部推荐3名社会组织代表人士。聊城自由择业知识分子、山东东岳项目管理有限公司董事长兼总经理邢志勇被评为第六届山东省非公有制经济人士优秀中国特色社会主义事业建设者。5月27日，市内10名自由择业者被评为第二届聊城市非公有制经济人士优秀中国特色社会主义事业建设者，其中1名自由择业者在表彰大会发言。9月25日，省社会组织联合会吸收聊城市9名社会组织代表人士为会员。

第六节　中国港澳台地区及海外统战工作

1992年6月，地委建立聊城地区海外联谊会筹备组，由地委副书记侯继唐任组长，地委委员、统战部部长赵振兰，行署副专员杜九西任副组长。1996年，协助聊城师范学院和聊城有关部门举办海峡两岸傅斯年学术研讨会。1997年7月，台湾同胞宋陆平捐资12万元兴建的陆平学校在冠县范寨乡宋小屯举行落成典礼，地委统战部常务副部长、台办主任王之栋参加。冠县教委聘请宋陆平为该校名誉校长，将该校命名为“宋小屯陆平学校”。截至2014年年底，全市共有聊城籍海外华侨、华人和港澳同胞6000余人，主

2014年10月，市委统战部召开聊城市海外联谊会成立大会暨一届一次理事会

要分布在美国、日本、俄罗斯、新加坡等国家和中国香港等，其中香港、澳门100余人。侨眷及港澳眷属总计5500余人。2014年10月，召开聊城市海外联谊会成立大会暨一届一次理事大会，市委常委、统战部部长蔡同民任会长，理事86人。2015年1月，在深圳召开海联会理事座谈会，部分港澳副会长及市内副会长参加会议。11月，成立香港山东商会联合总会聊城分会，中鑫（澳门）有限公司董事长魏承波任会长。12月，市委统战部部长、市海联会会长蔡同民率团赴香港、澳门访问。

第七章 政法工作

第一节 维护社会政治稳定

1999年，针对国庆50周年、澳门回归等重大节庆活动，市委政法委将维护社会政治稳定作为重中之重，定期召集政法部门领导，对全市安保维稳工作进行研究安排，确保重大活动期间全市政治稳定。2001年，针对政治稳定领域新动态、新问题，重点加大对因特网的监控和管理，及时封堵大量有害政治信息。2003年，全力做好“非典”期间的维护社会政治稳定工作，组织千余名干警奋战在防非一线，在全市范围开展以打击借“非典”疫情从事违法犯罪活动的专项活动，依法严厉打击哄抬物价、囤积居奇、制假售假等不法行为。2006年，各县（市、区）相继出台《关于健全完善平安建设信息督察员队伍的实施意见》，成立平安建设信息督察员办公室（正科级单位）。全市选调134名年富力强的骨干（每乡镇、街道1人）做信息督查工作，进村入户，走街串巷，联系群众，收集信息，做好矛盾纠纷排查调处。2007年，加强对互联网的监管，防止敌对分子利用互联网煽动破坏活动，防止不良信息在网上传播。2008年，围绕奥运安保工作，成立安保检查组，对各县（市、区）的公共复杂场所、爆炸品仓库及反恐措施落实督导检查。2012年，加强情报信息工作，不断深化“大情报”体系建设，获取内幕性、预警性情报信息，做到敌动我知、未动先知。2013年，强化源头预防，全面落实社会稳定风险评估责任制，完善重大政策、重要决策和重点项目立项稳定风险评估程序和办法，最大限度防止和减少因决策不当引发影响稳定事端。对易发矛盾的企业改制、征地拆迁、涉农利益等领域，探索委托专业机构、中介组织进行社会稳定风险评估的办法，增强评估的专业性和客观性。2014年，坚持综合施策、依法治理，全力做好全国“两会”、中央巡视组驻鲁巡视、中共十八届四中全会等重点时段、敏感节点安保维稳工作。同年，研究出台《关于进一步做好进京非访处置工作的意见》，政法部门班子成员逐人包案、逐案化解，全市进京上访数量保持全省最低。

2011年1月，聊城市召开全市政法暨维稳工作会议

第二节　社会治安综合治理

一、社会治安综合治理基层基础建设

1997年，地委研究召开全区县市综治委成员单位齐抓共管经验交流会议，对发挥综治委成员单位职能作用，实现综治齐抓共管安排部署。1998年，聊城撤地设市后，市委重新调整市社会治安综合治理委员会成员，市综治委制定下发《聊城市社会治安综合治理委员会会议制度和工作制度》，规范综治委有关规章制度，对综治办职责任务具体规定。1999年，市委、市政府下发《关于加强城区社会治安综合治理工作的意见》，对加强城区打防控管体系建设、基层组织建设、人员配备及待遇等作出明确规定，明确内部单位要实行治安防范保安化。2000年，市委召开全市加强乡镇综治办工作运行机制建设现场会议，健全完善领导保障机制、队伍管理教育机制、责任目标机制、制度约束机制、奖惩激励机制。2002年，市委、市政府下发《关于在农村税费改革和县级机构改革中稳定综治机构和队伍等有关问题意见》，确定在县乡机构改革中，社会治安综合治理领导机构和办事机构只能加强，不能削弱。县（市、区）综治办为正科级单位。2004年，市综治办、市编办、市财政局联合下发《关于加强乡镇、街道社会治安综合治理基层组织建设的若干意见》，明确规定乡（镇、街道）综治办是乡（镇、街道）的职能部门，乡（镇、街道）综治委主任由乡（镇、街道）党委主要领导担任，综治办主任由乡（镇、街道）党委分管领导兼任，综治办配备专职副主任1名，享受副科级待遇，配齐配强工作人员，综治办专职工作人员统一享受公安干警特岗津贴待遇。县（市、区）和乡镇政府在安排财政预算时，要设立“综治经费”独立科目，并随着经济、社会的发展逐步增加。同年，市综治委下发《关于加强城区平安建设的若干意见》，对城区办事处综治组织建设、综治工作人员配备、待遇等问题作出规定。2007年，市综治委在全市开展村级综治工作规范化建设，制定下发《关于加强村级社会治安综合治理规范化建设的意见》和《关于加强村级社会治安综合治理规范化建设的实施方案》，明确工作目标、任务措施、组织建设及组织领导等。2009年，全市启动社会治安综合治理基层基础规范化建设年活动，市委办公室、市政府办公室下发《关于进一步加强社会治安综合治理基层基础工作的意见》，市综治委制定《聊城市“社会治安综合治理基层基础工作规范化建设年”活动方案》。2011年，市综治委制定下发《关于加强乡镇（街道）综治维稳工作中心建设的意见》，要求各乡镇（街道）建立综治工作一站式服务平台。2012年，市委办公室、市政府办公室印发《关于聊城市社会治安综合治理委员会更名为聊城市社会管理综合治理委员会的通知》，明确市综治委更名，对成员重新调整，成员单位增加到54个。当年，聊城市委政法委获“全国社会管理综合治理先进集体”称号，是全省唯一获此殊荣的地级市。2013年，市综治委印发《关于公布市社会治安综合治理委员会各专项组（联席会议）及办公室组成人员和各专项组（联席会议）职责任务的通知》，在全市成立实有人口、特殊人群、“两新组织”社会治安等12个专项组和3个联席会议，进一步加强对综治各专项工作的组织领导。随着综治委的更名，综治维稳工作中心统一更名为社会治（管）理服务中心。2014年，

2012年，聊城市委政法委荣获“全国社会管理综合治理先进集体”荣誉称号，是全省唯一获此殊荣的地级市

市委办公室印发《关于在全市开展社会治理网格化建设的工作意见》，部署开展社会治理网格化建设工作。全市划分 141 个乡（镇、街道）大网格、6456 个村居（社区）小网格、21798 个微网格，网格员实行定格、定员、定责，对网格内各类信息实时采集、动态录入，并依托基层综治工作平台，实行“村级受理、全程代理”，零距离服务群众。截至 2015 年年底，全市所有乡（镇、街道）明确由党委书记兼任乡（镇、街道）综治委主任，党委副书记兼任综治办主任，配齐 3 ～ 5 名专职工作人员，配备必要的办公设施，综治办建设全部达到规范化。市内 5624 个行政村（社区）都建立健全融治保、帮教、调解、巡逻、普法、消防“六位一体”的综治办，规范化建设达标村 96%，确保综治工作有人抓、有人管。全市 141 个乡（镇、街道、园区）全部建立社会管理服务中心，有效整合各类综治资源。

二、综合治理责任制

1997 年，全区建立起规范的社会治安综合治理领导责任制、目标管理责任制、奖惩查究等规章制度。年初，地委与县、县与乡、乡与村等层层签订责任书，坚持半年检查、专项检查、暗访检查与年终检查相结合的方式，考核县、乡、村和单位目标责任落实情况，年底在地区政法工作会议上严格兑现奖惩。当年，地委、地区行署对 5 个县（市）、50 个乡（镇、街道）、50 个单位和 80 名个人予以表彰奖励，地区综治委对 18 个乡镇和机关、企事业单位实行社会治安综合治理一票否决和重点管理。1998 年，市委办公室、市政府办公室印发《聊城市综治委成员部门社会治安综合治理责任目标》，对各综治委成员部门参与社会治安综合治理工作任务作出明确规定。市综治委根据中央综治委关于实行社会治安综合治理一票否决权制的规定，制定下发《关于对乡（镇、街道）和内部单位社会治安综合治理实行一票否决权制的意见》，明确一票否决和重点管理的具体条件。2001 年，市综治委、市纪委、市委组织部、市监察局、市人事局联合下发《关于对严重危害社会稳定重大问题的地方和单位实施领导责任查究的意见》，对实施领导责任查究作出具体规定。自 1997 年开始，每年都对因领导不重视、工作被动落后，导致发生问题的部分乡（镇、街道）、机关和企事业单位实行社会治安综合治理一票否决、重点管理和黄牌警告。2005 年，《山东法制报》对聊城市善于行使社会治安综合治理“一票否决”权制、健全考核监督机制的做法形成上中下系列报道（《重视使用“一票否决”》《敢于行使“一票否决权”》《善于行使“一票否决权”》），并发表在《山东法制报》头版上。2013 年，省委政法委领导到聊城专题调研领导责任制的做法，给予充分肯定，在《山东综治简报》上刊发聊城市《五化并举落实责任平安聊城建设实现新发展》的文章。截至 2015 年，市委、市政府对 1600 个单位、660 名个人（次）表彰奖励，市综治委共对 305 个（次）单位一票否决列入重点管理。

三、专项整治工作

1999 年，开展治理整顿学校周边地区治安秩序专项行动，成立领导组织，净化学校及周边环境。2000 年，市综治委、市教委、市公安局开展预防青少年违法犯罪活动，先后下发《关于进一步加强学校治安综合治理工作的意见》和《关于切实加强依法治校的工作意见》，省委、省政府在高唐县召开预防青少年犯罪现场会，推广聊城市的经验。2001 年，在莘县召开冀鲁豫结合部严打整治工作会议，加强边界区域协作机制建设。2002 年，开展油区治安秩序专项整治行动，确保输油、输气管道的安全畅通。2003 年，组织开展整治烟草市场秩序打击涉烟犯罪专项治理活动，维护全市烟草市场正常的流通秩序。2006 年，开展全市电力设施保护和反窃电工作，建立健全长效工作机制，保护电力设施的安全；开展对军校、武校、武馆的清理整顿，使军校、武校、武馆管理秩序明显好转；对全市法律服务市场专项整治，规范提高法律服务水平。2007 年，开展全市刑释解教人员安置帮教和核查纠正监外执行罪犯脱管漏管专项行动，加强和改进刑释解教人员帮教安置工作。2008 年，全市开展打击拐卖儿童犯罪专项行动。2009年，开展全力保障京九线电气化铁路开通运营集中整治沿线治安秩序专项行动，全力保障京九铁路电气化工程安全顺利开通运营；开展整治非法用工打击违法犯罪专项行动，维护广大农民工的合法权益。2010年，开展对全市影响社会稳定、群众反映强烈的治安混乱区域和治安混乱场所的集中排查整治活动。2011年，市综治办、市公安局开展打击涉毒犯罪活动，全年破获12起涉毒案件，抓获犯罪嫌疑人22人。2012年开始，市综治委连续组织开展“打霸治痞”“打黑除恶”专项行动，服务经济社会发展。2013年，市综治办、市公安局、市工商局、市安监局、市药监局联合开展全市市场秩序整治专项行动，促进经营安全、消费安全、生产安全和诚信文明。2014年，市综治委、市卫生局等15个部门联合开展维护医疗秩序打击涉医违法犯罪专项行动，严厉打击涉医违法犯罪，维护医疗秩序。2015年，先后开展严厉打击传销、非法集资、食品药品等专项整治活动。

四、社会治安动态监控系统建设

自2006年开始，全市加强社会治安动态监控系统建设，逐步构筑起动态监控体系。2006年，市综治委、市公安局印发《关于进一步加强社会治安动态监控系统建设的意见》，对县、乡公安机关及重点单位社会治安动态监控系统建设提出具体要求。2009年，市综治办、市公安局印发《关于深入开展报警与监控系统建设工作的意见》，对推广应用联网报警系统工作安排部署；市综治委在东阿县召开全市平安技防建设工作现场会，安排部署技防监控城建设。2013年，市委、市政府召开深化平安聊城建设工作会议，启动全市视频监控全覆盖工程建设；市综治委印发《关于深入推进视频监控全覆盖工程的实施方案》，作出具体安排部署。2014年，市委召开全市综治主题创建活动暨视频监控全覆盖工程推进会议，对视频监控全覆盖工作再强调再部署。2015年6月，市综治委在东昌府区召开全市视频监控全覆盖工作推进会，对这项工作调度推进。7月，组织对全市所有乡镇（街道）及村庄（社区）视频监控全覆盖工作的专项检查，全面掌握工作推进情况。截至2015年年底，全市各级累计投入资金3.2亿元，安装视频监控探头13.3万个，建成监控平台8700余套。其中，一类目标监控探头37142个，覆盖全市重点部位；二类目标监控探头21826个，覆盖全市重要场所；三类目标监控探头74528个，全市6426个村庄（社区）全部安装完成，农村监控探头25949个，村庄（社区）覆盖率100%；所有乡（镇、街道）社会治理服务中心建成视频监控二级平台。2015年，市委办公室、市政府办公室印发《关于创新立体化社会治安防控体系建设的意见》，市综治委印发《关于创新立体化社会治安防控体系建设的实施意见》，确定治安防控体系建设3年目标任务，织密6张防控网格，实现人防、物防、技防无缝衔接、打防管控一体化运作的治安防控格局。

五、平安基层创建

1997年，开展创建安全文明小区、乡镇活动，地委、地区行署制定《关于开展创新安全文明小区、乡镇活动的意见》，对聊城湖北小区等100个安全文明小区、安全文明村镇和安全文明单位命名表彰。1999年，市委召开全市城区社会治安综合治理工作经验交流会，对新形势下城区社会治安综合治理工作研究部署。同年，市委、市政府制定下发《关于全面开展依法治市工作的意见》，对依法治市工作安排部署。2000年，市综治委制定下发《关于进一步加强矛盾排查调处工作的意见》，对在全市组织开展矛盾纠纷大排查大调处工作安排部署。2001年，市综治委组织开展创优秀综治办活动，推进基层综治办规范化建设。2004年，市委、市政府召开全市建设“平安聊城”动员大会，全面启动“平安聊城”建设。聊城市委、市政府下发《关于建设“平安聊城”的决定》和《关于建设“平安聊城”的实施意见》，提出“六无”“六低”“六确保”的具体目标，并启动开展平安县（市、区）、平安乡（镇、街道）、平安村居、平安社区、平安单位、

2012 年 4 月，聊城市医患维权协会成立大会

平安企业、平安校园等一系列基层平安创建活动。同年，市综治委先后组织召开全市建设“平安公路”动员会、建设平安小区工作调度会、全市农村基层民主法制建设工作会议等，对平安创建工作专项安排部署。2005 年，省委、省政府在聊城市召开平安山东建设现场经验交流会。市妇联、市综治办联合启动“平安家庭”创建活动。2007 年，市综治办、市民政局开展“平安边界”创建活动。2010 年，市综治办、市卫生局等 15 个部门开展创建“平安医院”活动和医患纠纷预防调处工作。2011 年，市综治办、市工商局、市公安局、市民政局联合开展创建“无传销街道（乡镇）”活动。2012 年，成立医患维权协会，构建和谐医患关系。市综治委开展军地平安建设工作，成立领导小组，出台《关于进一步加强军地平安建设的意见》，实现军民联防联治。2013 年，市公安局、市综治办联合开展“社区六进”工作，解决基层群众关注的民生问题。2014 年，市综治委组织开展“四无”综治主题创建活动，成立领导小组，制定实施意见，保障工作的顺利开展。9 月，省综治委在聊城市召开现场会，推广聊城市开展“四无”创建的经验做法。截至 2015 年，全市 141 个乡（镇、街道、工业园区）没有发生个人极端事件，无命案的达 111 个，覆盖率 78.7%；无进京非正常上访达 116 个，覆盖率 82.3%；全市村居（社区）无刑事案件的达 5065 个，覆盖率 79.2%。

六、综治创新工作

进入 21 世纪，聊城市在综治工作中大胆创新，推行治安保险工作。在市委、市政府领导下，由综治部门组织协调，按照“平等自愿”“互惠互利”的原则，以契约化管理为手段，以保险公司为纽带，以社区、村（居）为投保主体，以社区、村（居）民户为参保对象，组织社区居民和农村村民参加财产保险，保险公司向社区管委、农村村委返还保费。社区管委、农村村委组织专门力量进行治安防范，保险公司承担保险赔偿责任。这一做法是聊城市在全国的首创，得到中央综治委、中国保监会和省委政法委、省综治委领导的关注和肯定。2003 年，在总结临清市新华街道红星社区实行契约式保险的基础上，提出在全市农村推行契约式保险联防。同年，市委政法委副书记、综治办主任唐华，临清市委副书记纪委书记王建鹏向中央综治办作专题汇报。2005 年，市综治办在临清市魏湾镇召开全市农村推行契约式保险联防现场经验交流会，推广契约式保险联防的做法。2006 年 3 月 23 日，中央综治办与中国保监会组成调研组到山东省调研，聊城市就治安保险工作作专题汇报，调研组对这一经验给予充分肯定。7 月 29 日，省综治委、山东保监局、人保财险山东分公司在聊城市召开全省“治安保险”工作现场推动会，全面总结推广聊城市经验。2007 年 9 月，省综治委在临沂市召开的治安保险推动会上，聊城市作典型发言。中国保监会在聊城市治安保险的基础上推出一个新的险种——平安家园险。2007 年，市综治委在茌平县、东阿县召开全市综治大巡防暨“室队合一”现场会议，对综治大巡防工作动员部署。建立由党委政府统一领导、综治部门组织协调、公安机关指导管理的专职化巡防队伍，实现治安防控力量的整合和全方位覆盖，全面提升农村治安防控能力。会后，各县（市、区）结合各地工作实际，加强巡防队伍建设，强化监督管理，推进综治大巡防工作的开展。乡镇党委、政府加大投入，在村级安装“电子巡更系统”，为巡防车辆安装“GPS 卫星定位系统”，统一规范巡防车辆的颜色和外观标识。2011 年，中国保监会印发《关于保险业参与加强和创新社会管理

2007年5月，聊城市治安保险工作被山东省政府授予金融创新奖

的指导意见》，对聊城市治安保险工作给予充分肯定并在全国范围内推广。同年，市综治委召开全市治安保险工作研讨会议，就如何创新拓展治安保险工作，健全完善长效工作机制充分论证探讨，对解决工作中的一些困难达成共识。同年，《法制日报》头版头条大篇幅刊载《治安保险引领群防群治不断跨越——聊城农村综治市场化运作十年之路》的专题报道。2012年3月，省综治委在聊城市召开全省治安保险工作会议，5月13日，中央政法委副秘书长、综治办主任陈训秋在济南听取聊城市治安保险工作情况专题汇报。2015年，市综治办制定《关于推进治安保险工作创新发展的指导意见》，对治安保险工作的相关问题作进一步的明确。自开展治安保以后，聊城市的刑事案件稳中有降，可防性案件特别是农村可防性案件大幅度下降。截至2015年年底，全市乡（镇、街道）治安保险参保率100%，保费金额突破千万元，连续6年位居全省第一位。全市141个乡（镇、街道）组建综治巡防中队563支，招募平安志愿者4674人，配备专用巡防车641辆，村庄覆盖率100%，实现综治大巡防对农村区域的全覆盖。

七、执法监督

1997年，加大对违法违纪政法干警的查处力度，查处以权谋私、徇私枉法、刑讯逼供等问题干警12起，并给予相应的党纪、政纪和刑事处分。出台《中共聊城地委政法委关于清除执法中地方和部门保护主义专项治理工作的通知及总结报告》。1998年，按照省委、市委政法委工作要求，认真开展执法执纪教育活动，加大社会监督力度，聘请社会各界执法执纪监督员，了解社会各界对政法机关和干警执法执纪的意见。对执法检查中涉及干警违法违纪的36条线索查证落实，其中3人触犯刑律的受到刑事处罚。1999年，接待涉法涉诉信访群众197人。组织市县两级千余名干警开展法律咨询活动，接待咨询群众9000余人，现场解答群众各种问题3万余条，处理涉法涉诉案件320余件。2000年，建立健全执法监督制度，规范错案追究制度。坚持督查工作常抓不懈，加大对领导交办的、群众反映强烈重点案件的督查工作。2001年，组织政法部门查处一批社会影响大群众反映强烈的案件。对中央电视台“焦点访谈”栏目曝光的陈士春案件、四海房地产总公司非法高息集资、聊城纸厂破产等引发的群体性案件，组织政法部门及时查处，挽回影响，消除不安定因素，维护社会稳定。2002年，抓好执法监督和信访工作，抽调人员组成两个检查组，对2001年下半年以后办理的218起案件检查，纠正有问题案件21件。同时加大对个案的监督力度，对12件上级领导批示案件和重大疑难案件督查协调，做到事事有回音，件件都落实。全年受理群众来信来访1478件，处结率98%。2003年，全市各级政法部门坚持完善党政领导和公检法司民五长接访制度，解决群众反映的实际问题，妥善处置群体性事件，完善预警机制和工作预案，关心群众生活，各级党政领导增强群众观念，解决群众反映的问题。做好“三方面人员”的工作和复退军人的安置工作，落实有关政策。2004—2005年，加大涉法信访案件的处理力度，在公安机关开展大接访的同时，推行公、检、法、司、民五长联合接访制度，强化涉法涉诉案件的调处力度。2006年，抓好案件督查和信访工作。对领导交办和省委政法委督办的17起案件执法监督，协调处理疑难案件35件、有争议案件11件，有效地维护法律尊严。受理群众信访165件次、领导交办案件15件次，对每起案件都做到认真办理，处结率为95%以上。2007年，加强矛盾纠纷排查调处工作，重视解决涉法涉诉信访问题，畅通社情民意反映渠道，运用政策、法律、经济、行政等多种手段化解矛盾。建立健全应急处理机制，预防和妥善处置群体性事件。2008年，组织开展“大排查、大调解”活动3次，调解各类纠纷4971件，调解成功率97%。抓好涉法涉诉信访案件的集中调处工作。全面落实首问负责制、“五长”接访制、领导包案制和交办、督办、报告等制度，全市排查化解涉法涉诉重信重访工作全面展开。对中央政法委交办的20起案件，市委政法委加大督查督办力度，每7天召开1次调度会，每10天进行1次案件情况通报。全年息诉罢访18起。2009年，围绕公正司法、文明执法这个主题，狠抓涉法涉诉信访问题的处理，办理案件83件，其中中央交办信访案件19件、进京非正常访案件47件、领导批办案件17件，接待来访人员80余人次。在国庆60周年和全运会期间，未发生一起赴省进京滋事事件。制定《全市政法机关深入开展排查化解涉法涉诉信访工作方案》等各项指导性文件7件。与市财政局联合下发《聊城市关于全面建立涉法涉诉救助制度的意见》《聊城市市级涉法涉诉救助资金暂行管理办法》，编发涉法涉诉专刊17期。2010年以后，制定《中共聊城市委政法委员会关于开展执法监督工作的规定（暂行）》《中共聊城市委政法委员会案件督查工作规定（暂行）》；严格“领导接访日”制度；中央2011年“9·19”会议交办的93件进京访案件全部办结；组织督导组4次对涉法涉诉信访工作检查督导；评查案件1822件，其中市委政法委及市直政法部门共评查案件1029件、各县（市、区）委政法委及各县级政法部门评查案件803件。评查出有问题的案件11起，全部纠正，处理相关责任人员3人。2012年，办结案件260余件，其中中央交办信访案件150件。组织全市各级党委政法委、政法各部门共组织开展案件评查12次，评查案件1100余起，其中发现错案2起、瑕疵案5起，已整改案件7起，通过案件评查责任查究2起案件、查究责任人3人。共救助12起，救助金额共计30余万元。编发涉法涉诉专刊36期。2013年，接办上级领导批办案件9起；全市各级党委政法委、政法各部门组织开展案件评查11次，评查案件1000余起，发现错案2起、瑕疵案1起，整改案件3起，通过案件评查责任查究3起案件，查究责任人3人。2014年，结合群众路线教育实践活动，探索创新聊城市涉法涉诉信访改革工作，制定《全市依法化解涉法涉诉信访案件联席协调会议制度》。通过省委政法委向聊城市对口交办涉法涉诉上访案件190件次（含重复上访、重复交办的53件次），实际交办聊城市137件，妥善化解128起。制定出台《关于建立完善聊城市国家司法救助制度的意见》。2015年，中央巡视组交办的22起涉法涉诉信访积案全部化解，化解率位居全省前五位。全年编写全市进京非正常上访工作情况通报12篇。制定《依法化解涉法涉诉信访案件联席协调会议制度》，市直政法部门召开18次联席协调会议，研究协调44起涉法涉诉信访案件，其中29起得以妥善化解；县（市、区）召开124次联席协调会议，研究协调140起涉法涉诉信访案件，115起案件得到妥善化解。全年受理群众访信238件，接待来访群众369件，信访件办结率达100%。制定出台《关于建立完善聊城市国家

2012年11月，召开全市“打霸治痞”动员会

司法救助制度的意见》，全年发放涉法涉诉救助金126万元，加大对困难群众的救助力度。制定《关于健全司法机关与行政执法部门联动执法机制的实施意见》，推动行政执法与刑事司法衔接取得实质进展。制定《中共聊城市委政法委员会案件评查工作暂行规定》《中共聊城市委政法委员会政法工作巡查暂行规定》及实施方案。开展案件评查工作，抽查法院系统案件100件，通过评查，其中满分案件81件，占总评查案件的81%，对问题案件提出整改意见和措施，防止错案的发生，有效维护当事人的合法权益。

八、队伍建设

1997年，开展向韩斌学习的活动，对“5·26”持枪杀人案侦破先进集体进行表彰，严厉查处干警刑讯逼供案件并通报。1998年，集中教育整顿全市政法队伍，表彰崔其峰等先进个人。1999年，贯彻中央的决策部署，深入开展以“讲学习、讲政治、讲正气”为主要内容的党性党风教育，切实加强领导班子建设，提高领导干部素质。2000年，贯彻全省政法会议精神，出台《关于加强政法队伍建设的意见》，表彰先模人物李月臣。2001年，组织全市政法系统开展“学习孔繁森，做实践‘三个代表’模范”活动。2003年，贯彻中共十六大精神，狠抓全市政法系统“三个代表”重要思想的学习宣传，筑牢执法为民的思想基础。2004年，开展向任长霞学习活动。2005年，贯彻《中共中央关于在全党开展以实践“三个代表”重要思想为主要内容的保持共产党员先进性教育活动的意见》，组织开展保持共产党员先进性教育活动，使广大政法干警受到一次深刻的马克思主义教育。2007年，组织开展社会主义法治理念集中学习教育活动和“加快建设强市名城，我们怎么办”解放思想大讨论活动，以全面提升政法队伍建设为落脚点，增强深化社会主义法治理念教育的自觉性和坚定性。2008年，全市政法系统开展中共十七大精神和中共中央总书记胡锦涛重要讲话大学习活动、“全面提升年”活动和“百名法学家百场报告会”活动，坚定政法工作的正确政治方向。是年，涌现出处置“3·20”暴力劫持人质案中壮烈牺牲的英模陈春龙和在追捕犯罪嫌疑人行动中以身殉职的裴春超等英模人物。2009年，开展“解放思想促发展”大讨论活动和“做党的忠诚卫士，当群众的贴心人”教育学习活动，全市政法系统大局意识、全局观念和司法为民的服务理念得到强化。2010年，扎实开展“两带一创”学习型党组织建设活动，组织政法干警代表参加“感动齐鲁政法人物”先进事迹报告会，印发《关于在全市政法系统党的基层组织和党员中深入开展创先争优活动的通知》，开展“党在心中、人民在心中、法在心中、正义在心中”教育活动，强化政法干警的为民服务意识和勤政廉洁意识。2011年，以开展“继续提升年”活动为总抓手，开展“发扬传统、坚定信念、执法为民”主题教育实践活动和“两个联系”活动，举办“泰山勇士”英模事迹报告会、庆“七一”主题演讲暨歌舞晚会、“党在我心中”主题演讲比赛，结合建党90周年，开展“先进基层党组织、优秀党务工作者、优秀党员干警”评选表彰活动，激发广大政法干警公正廉洁执法、服务人民群众的工作热情。2012年，深入推进“忠诚、为民、公正、廉洁”政法干警核心价值观教育实践活动，在井冈山举办全市政法系统领导干部培训班、“江北水城·运河古都”政法大讲堂和全市政法系统先进英模事迹巡回报告会，深化“两个联系”活动，举办“欢庆十八大、颂歌献给党”文艺晚会。2013年，组织全市政法系统领导干部参加中国法学会集中教育培训，开展岗位大练兵、多岗位锻炼和优秀政法干警评选等活动，隆重举办“感动齐鲁政法人物”先进事迹报告会，组织开展“水城十大法治人物”评选活动。市委政法委被中央综治委、人力资源社会保障部授予“全国社会管理综合治理先进集体”称号。2014年，以党的群众路线教育实践活动为动力，创新开展“当好六大员、助推经济大发展”活动，开展“下基层、筑平安”活动，狠抓作风建设，政法队伍建设成效明显，全市政法系统在白云、李昆仑等典型的基础上，又涌现出以念以新、牛树亭、徐宜亮为代表的一大批新典型。2015 年，以“三严三实”专题主题教育为总抓手，以内强素质、外树形象为主线，加强政法领导班子建设和干警队伍建设，聊城市在中国人民大学举办政法系统领导干部培训班，组织开展全市“我最喜爱的十佳人民警察”“水城十大法治人物”评选活动。研究制定《关于深化平安特派员的实施方案》，组织市直政法部门选派 5960 名干警进驻基层一线当好“六大员”，夯实基层基础。

第八章　纪检监察

第一节　党风党纪教育

一、集中教育

1997 年，组织地直机关党纪政纪知识竞赛，9406 名县、科级干部参加考试。1998 年，开办党风廉政法律法规知识讲座，培训 308 名县处级领导干部；举办《中华人民共和国行政监察法》知识竞赛，全市 4.7 万人参加，获全省组织奖。组织全市党政机关县处级以上领导干部参加全省党风廉政法律法规知识考试，参考率 97.8%。1999 年，在全市县处级以上领导干部中开展“学习邓小平论党风廉政建设和反腐败理论”优秀论文评选活动。2000 年，在全市国有企业领导班子成员和党政机关事业单位科级干部中开展“学条规坚持依法行政，讲党性实践‘三个代表’”教育活动，编印专门学习材料 1 万余册，9966 名党员干部参加考试。2001 年，对县处级以上领导干部进行廉政谈话 98 人次，组织廉洁勤政事迹报告会 43 场，举办专题讲座 578 场次、反腐倡廉展览 142 场次。在全市党员干部特别是科级以上干部中开展“学党章、守纪律、正党风”教育活动；组织科级以上干部参加全省“学党章、学讲话、学条规知识答卷”活动。2002 年，组织党纪政纪条规知识考试，市级领导干部、党政机关事业单位县（处）级以上领导干部和中型企业党政主要负责人 1265 人参加考试，受到省纪委的通报表扬。2003 年，深入开展“艰苦奋斗、廉洁从政”主题教育活动，将教育活动从市、县（市、区）领导机关向基层延伸，从科级以上党员干部向一般党员干部延伸；组织全市 8000 余名党员干部参加党纪政纪条规知识测试。2004 年，市委下发《中共聊城市委关于加强反腐倡廉宣传教育工作的意见》，明确全市反腐倡廉宣传教育的总体目标和具体内容；深入开展“为民、务实、清廉”主题教育活动，组织全市 1 万余名科级以上干部参加“为民、务实、清廉”教育知识考试；举办“水城清风”文艺会演，累计有 20 余万人次观看。2005 年，开展学习《建立健全教育、制度、监督并重的惩治和预防腐败体系实施纲要》（以下简称《实施纲要》）专题研讨和理论文章征集活动，征集文章 80 余篇；举办学习《实施纲要》培训班，培训领导干部 1200 余人。2006 年，会同市委党校联合举办 3 期县级干部学党章知识培训班，培训 1000 余名县级干部；举办党章知识竞赛 70 余场，3 万余名党员干部参加竞赛活动；开展“勤政廉政、科学发展”

1998 年 3 月，中共聊城市纪律检查委员会第一次会议召开

主题教育活动，讲党课360余次，5万余人听讲。2007年，开展“加强作风建设，促进社会和谐”主题教育活动，对全市近1000名县级干部进行以作风建设为主要内容的集中培训。2008年，开展“做勤廉表率，促科学发展”主题教育活动，总结茌平县抓作风建设、莘县狠刹婚丧不正之风的经验做法，被省纪委在全省推广；编印《党风廉政建设学习读本》《廉洁自律文件汇编》等材料2000余册，下发科以上领导干部。2009年，开展“加强党性修养，弘扬优良作风”教育活动；组织实施孔繁森同志纪念馆申办“全国廉政教育示范基地”工作；与聊城大学联合建立聊城市廉政研究基地。2010年，开展“增强制度意识，争做执行表率”主题教育活动。举办“廉政准则”培训班，对全市县级干部、各县（市、区）直部门主要负责人、各乡（镇）党委书记、纪委书记等1300余人进行培训；10861名党员领导干部参加《中国共产党领导干部廉洁从政若干准则》知识测试；组织参加全省知识竞赛活动并获优秀组织奖。2011年，组织万名党员干部参加反腐倡廉知识竞赛；培育廉政文化示范点、教育基地45个，其中国家级基地1个，省级示范点7个、基地2个；开展“学党史、强党性、做卫士、为民众”主题教育活动。2012年，开展“使命·正气·厚德”主题教育活动，举办全市副县级以上领导干部廉政报告会、专题培训等80余场。2013年，组织全市正县（处）级领导干部参加全省德廉知识学习测试，测试合格率为94%，90分以上人数占70%，均居全省前列；将德廉测试延伸至正科级党员干部，参加测试2435人，测试合格率为79.06%。2014年，联合市检察院在全市开展廉政教育宣讲活动，累计宣讲20余场，6000余人接受教育；组织全市厅级领导干部和797名县（处）级领导干部进行德廉知识学习测试，合格率97%；开展“党风廉政建设主体责任大家谈”访谈活动，全市各级各部门党政主要负责人接受访谈；“聊城市纪委监察局网站”正式改版上线。2015年，组建市纪委廉政教育宣讲团，累计宣讲33场，近6000人接受教育；编纂《聊城市基层腐败案例剖析》和《学思践悟专栏文章汇编》读本，向党员干部进行党风党纪教育。

二、典型教育

1997年，采取组织报告会、举办展览、播放录像片等形式，有针对性地开展党风廉政教育。全区举办先模报告会176场次，举办各种展览103次，组织播放录像片1474场次，编写教材93万字、印发9039册。2000年，开展以胡长清、成克杰等重大典型案件为反面教材的警示教育活动，组织干部观看《生死抉择》《胡长清案件警示录》等党风廉政教育电影和录像片618场；宣传市级和县级“十佳单位”“十佳公仆”先进事迹，组织开展向双“十佳”学习活动。2001年，利用重大典型案件警示教育，组织违法违纪人员现身说法14场次，播放警示教育片400多场次。2002年，组织开展以“理想信念、廉政纪律”为主题的教育活动，开展以宣传正面典型为主的示范教育和以剖析腐败案件为重点的警示教育，举办专题讲座187场次，表彰廉洁勤政先进集体10个、先进个人90人，组织观看廉政典型和案例电教片397场次。2003年，编印《警示教育读本》7000册发至全市副科级以上干部，创办《党风廉政教育参考资料》刊物，不定期刊登案情重、影响大的反面典型案例。2004年，会同检察机关举办预防职务犯罪专题报告会和“从政警言书画展”，编排警示教育剧《长青街》进行公演，编印《警示教育读本》，在聊城监狱和看守所分别建立警示教育基地。2007年，以开展“作风建设年”活动为载体，深化领导干部反腐警示教育，召开“家庭助廉”警示教育大会，全市县级以上领导干部家属参加会议，并观看警示教育电教片《廉洁治家警示录》。2014年，利用廉政读本和教育片，在全市开展警示教育。2015年，组织《前车之鉴》警示教育学习，全市32名厅级、1166名县（处）级党员领导干部参加；市委召开全市党风廉政建设警示教育大会，市委书记、市人大常委会主任徐景颜主持会议并讲话，市委常委、市纪委书记张宝泉作警示教育报告，各级各部门主要负责人200余人听取报告。

三、宣传教育

1997年，全区纪检监察系统发表新闻稿件1278篇，其中国家级52篇、省级147篇、地级593篇。1998年，全市共在市地级以上新闻单位发表稿件2563篇，其中国家级71篇、省级457篇；在省部级以上新闻单位发表稿件1726篇，其中国家级99篇、省级1627篇，受到省纪委通报表扬。1999年，围绕开展“三讲”教育，全市组织党风廉政法律法规知识竞赛30次，先模报告会200场次，播放录像片2250场次，戏剧演出120场次，各种展览70次，剖析典型案例20余起。2000年，组织广大党员干部参加省纪委《明镜月刊》学刊用刊知识竞赛活动，170余人获优秀奖和纪念奖；开展“党风廉政建设先进典型”和“党员干部违法违纪案件”每月一稿征文活动，向省纪委选送稿件68篇，其中5篇入选省纪委《黄河作证》。2001年，联合新闻单位开辟专题专栏，开展大容量集中性宣传报道；与聊城电台合办“学党章、守纪律、正党风教育活动专题”“贯彻六中全会精神，加强党的作风建设”专栏，与聊城日报社合办“学六中全会精神，切实加强党风建设”等专栏。连续4年被评为全省纪检监察新闻宣传先进单位。2003年，组织开展“以‘三个代表’重要思想指导反腐倡廉实践”征文活动，11月，在全省“艰苦奋斗、廉洁从政”报告会上，市委常委、市纪委书记吕绍勤代表市委介绍经验。2004年，《造福于民——聊城“发扬孔繁森精神，促进跨越发展”纪实》被《中国纪检监察报》头版头条刊登，《窗口围着百姓转》被评为全省2004年度《中国纪检监察报》“十佳稿件”。2005年，发挥“大宣教”作用，把反腐倡廉理论学习和廉政教育纳入党校教学计划；编印《蜕变警示录》，开展警示教育；举办廉政短信和廉政歌曲征集竞赛活动，推荐优秀廉政歌曲赴省参评，获一等奖1首、二等奖1首、优秀奖5首，其中1首歌曲被省纪委推荐到中纪委参加评选，获三等奖。2006年，开展廉政文化进机关、进社区、进家庭、进学校、进企业、进农村“六进”活动，开展廉政文化创建活动。2007年，联合聊城日报社在市直开展反腐倡廉优秀作品有奖征集活动；组织党群系统各单位在人民广场设置廉政文化宣传栏，建立廉政文化广场和廉政文化一条街。2008年，举办聊城市廉政文化高层论坛，邀请中央和省市有关单位的专家学者进行深入研讨；通过组织召开座谈会、举办反腐倡廉建设展览、开辟理论专版等形式，开展纪念党的纪律检查机关恢复重建30周年系列活动。2009年，开展“扬正气，促和谐”全国优秀廉政公益广告展播活动，在市主要媒体、户外媒介集中展播公益广告。2010年，拍摄警示教育片《贪腐的代价》；举办第三届中华廉洁文化理论与实践交流会，全国政协原副主席毛致用发来贺电，中组部原部长张全景以及省纪委的有关领导亲临大会并作重要讲话，收到全国各地纪委和高等院校的专家学者提交的论文和经验材料40余篇；孔繁森同志纪念馆被中央纪委评为首批“全国廉政教育示范基地”。2011年，开展“以人为本、执政为民”教育活动，营造反腐倡廉“大宣教”氛围，在《中国纪检监察报》《中国监察》等媒体发表稿件230余篇。2013年，“聊城廉政网”改版上线；在聊城电视台、《聊城日报》等媒体开设反腐倡廉专栏。新增市级廉政文化示范点59个、反腐倡廉教育基地8个。举办廉政文化书画展、廉政公益广告展播和创意大赛活动，分别向全国、全省选送参评作品，获省

2015年5月，聊城市纪委启动党风廉政教育主题宣讲活动

一、二等奖5件，获奖数量列全省第一位。2015年，开通市纪委、监察局官方微信公众平台“廉洁聊城”，8个县（市、区）纪委监察局均开通官方网站。组织学习《习近平关于党风廉政建设和反腐败斗争论述摘编》《中国共产党廉洁自律准则》（以下简称《准则》）和《中国共产党纪律处分条例》（以下简称《条例》），全市订阅《论述摘编》16000余册，《准则》《条例》单行本100262册，相关辅导书籍、光盘4290册（套）。

第二节 领导干部廉洁自律

1997年，针对乡镇干部作风方面存在的问题，提出“五不准”的要求，即不准公费使用“大哥大”，对各乡镇原有的公费“大哥大”一律由各县（市）封存处理；财政没有实现自给的乡镇不准购买小汽车，不准盖办公楼；乡镇干部不准当“走读生”，每月在乡镇住宿时间不能少于20天，上下班不准车接车送；乡镇干部不准坐小汽车进村；乡镇干部不准在村里吃饭。各级纪检监察机关加强对“五不准”落实情况的监督检查，组织乡镇干部学习省纪委印发的《关于乡镇党员领导干部廉洁自律转变作风若干规定》，召开乡镇干部廉政建设座谈会，8名乡镇党委书记在会上介绍廉洁自律经验。以地委名义印发《关于贯彻落实省委〈关于解决当前干部作风十个问题的意见〉的通知》《关于贯彻落实22号文件的实施意见》。1998年，狠抓中央制止奢侈浪费“八条规定”的落实。全市集中清理通信工具，清理住宅公务电话6448部，收回资金208万元，清理公务移动电话2323部，收回资金103万元。狠刹用公款大吃大喝歪风。市、县两级纪检监察机关会同有关部门对饭店、娱乐场所定期或不定期检查，曝光公款吃喝现象，对问题严重者给予党政纪处分。控制会议数量，全市减少和压缩会议110余个，节约经费开支90余万元。控制新建办公楼及宿舍楼，专项审批新建办公楼和宿舍楼项目，严格按标准审查市直102个单位的185栋宿舍楼。

1999年，清理领导干部超标准住房。对市直党政、事业单位的824名县（处）级领导干部的住房情况登记摸底。市直174个单位的25103名科级以上干部职工中，自报超面积住房的3160人，占有两套以上住房的969人。经过清理，超面积的人员补交房款，占有两套以上住房的810人退出多占住房。狠刹用公款大吃大喝歪风，市、县两级纪检监察机关会同有关部门不定期对饭店、招待所进行检查，突击检查35次，发现公款吃喝行为58起，处理有关人员76人，市纪委通过新闻媒介曝光饭店前停放的车辆160辆。对领导干部的移动电话和车辆配备使用情况进行检查。市纪委、监察局会同有关部门对市直重点部门配备移动电话和车辆情况进行检查，发现违反规定配备的移动电话39部，其中收缴10部。2000年，清理各县（市、区）干部职工住房情况，清退干部职工多占的住房449套，其中县级干部多占36套，乡科级干部多占208套。清理党政机关干部借用小汽车，清理自用小汽车5辆，按规定清退不符合规定的车辆。开展纪委常委与下级党政主要领导人的谈话工作，市委印发《关于建立市纪委常委与县（市、区）和市直部门党政主要负责人谈话制度的意见》，市纪委主要负责人与各县（市、区）党政主要负责人集体谈话，市纪委常委先后与各县（市、区）和市直30个部门的46名主要领导人谈话。建立完善接待工作有关规定，强化对公款吃喝的监督检查，全市50人因公款吃喝受到处理。加强对公费出国（境）的审批和控制，全市制止出国（境）团组78个，取消出国（境）人数62人，节约资金216万元。2001年，审查清理县（处）级以上领导干部配偶、子女从业情况，清理出在领导干部自己管辖范围内工作的配偶、子女23人。清理领导干部收受现金、有价证券和支付凭证。全市拒收现金52万元，拒收有价证券124万元。集中清理对县级以上领导干部持有的因私护照和前往港澳通行证、外国居留证，清理持有因私护照和前往港澳通行证的领导干部18人，收缴未到期的护照按有关规定进行了处理。清理超标小汽车，全市党政机关清理出超标小汽车 33 辆。

2002 年，对县（市、区）党政领导班子成员和市直部门县级领导干部的廉洁自律及勤政为民情况集中评议。专项清理检查印制、发售、使用代币购物券（卡）问题，查出出售代币券（卡）47.9 万元，现场收缴 7.3 万元。集中清理党政机关工作人员借用公款问题，全市党政机关、事业单位清理出借款人员 2997 人，借款金额为 2326 万元，对借款逐步退还。开展对领导干部廉政谈话工作，市纪委印发《关于 2002 年市纪委常委同县（市、区）、市直部门党政主要领导同志谈话的通知》，市纪委常委对所有县（市、区）和 32 个市直重点部门党政主要负责人进行谈话。抓好党风廉政建设责任制的落实，建立完善党风廉政建设责任制报告、廉政督办和诫勉等制度，全市 141 名领导干部受到追究，其中县级 1 人、乡科级 19 人。在受到追究人员中，给予党政纪处分的 136 人、组织处理 5 人。2003 年，专项清理检查印制、发售、使用代币购物券（卡）问题。对较大的商场、超市明察暗访，查出违规出售代币卡 157.6 万元，现场查扣 12 万元。清理全市党政事业单位违规用公款为个人购买商业保险的问题。清理用公款购买商业保险的人员 450 人，其中县级干部 3 人。集中清理超标超编小汽车，市直党政企事业单位清理超标小汽车 75 辆。建立领导干部述职述廉制度，在全省率先制定《关于实行领导干部述职述廉制度的实施意见》，以市委文件发至全市，省纪委将该意见全文转发至全省。抓好党风廉政建设责任制的落实，各级针对领导班子成员变动的实际，重新明确每个班子成员的党风廉政建设责任范围和对象。市委下发《关于公布市级几大班子党风廉政建设责任范围的通知》，全市 5 名县级干部、29 名科级干部受到追究。2004 年，抓好清车工作，摸底调查 172 个市直党政机关、事业单位，清理出超标车 75 辆。建立由市纪委监察局牵头的市直公务用车控制联席会议制度和相应办事机构，制定公务用车审批办法，严格报批程序和纪律。抓好代币购物卡（券）专项清理，检查处理代币购物卡（券）369.93 万元。清理党政干部在企业兼职问题，全市 4 名县级干部、17 名科级干部存在兼职问题，全部按规定免去兼任职务。加强对领导干部的监督，市纪委对 8 个县级干部，县（市、区）纪委对 46 名科级干部函询谈话。落实党风廉政建设责任制，市委、市政府印发《聊城市 2004 年市委、市政府领导班子成员党风廉政建设和反腐败工作责任范围》。年底派出 4 个检查组，对县（市、区）和市直部门落实党风廉政建设责任制情况检查和对领导干部廉洁勤政情况开展评议。2005 年，清理和规范党政机关事业单位领导干部变相出国（境）旅游，以市委、市政府“两办”文件下发《关于严禁党政机关事业单位领导干部变相出国境旅游的通知》，明确 7 项具体管理及纪律处分规定。清理党政机关事业单位干部职工虚报冒领工资补贴，全市查出虚报冒领工资、补贴人员 1328 人，违规单位 440 个，涉及金额 600 余万元。建立完善车控机制，下发《关于进一步做好清理纠正违规超标、超编公务小汽车工作的通知》，市直党政机关和企事业单位共购置小汽车 175 辆，无一超标准购车，禁止购买超编小汽车 60 辆，节约资金 800 余万元。2006 年，完善车控机制，严格控制违规购买车辆，批准购置小汽车 230 辆，无一超标准购车，禁止购买超编小汽车 60 余辆，节约财政资金 1000 余万元。清理整顿违规建购住房工作，通过自查自纠和调查摸底，发现有 13 个单位违规建住房 17 幢，约有 5 万平方米，按照上级要求，责令有关单位限期补交土地出让金，全部追缴单位发放的 40 余万元建房补贴。在清理党政机关事业单位干部职工虚报领工资、补贴工作的基础上，加强监督检查和举报措施，坚决查处顶风违纪人员，促进公务员工资制度改革顺利进行。

2007 年，加强对领导干部特别是主要负责人的监督，以市委文件下发《关于认真贯彻落实〈地方党委委员、纪委委员开展党内询问和质询办法（试行）实施细则〉的通知》，召开市纪委委员座谈会。在全市范围内重新调整选聘 100 名党风廉政监督员，明确职责、任务和义务。会同有关部门对县（市、区）党委和市直各部门党组（党委）召开以加强领导干部作风建设为主题的党员领导干部专题民主生活会作出部署，并派督导组参加上述单位和部门的民主生活会。2008—2009年，严格执行中央纪委《关于严格禁止利用职务上的便利谋取不正当利益的若干规定》，严禁领导干部超标准超编制配备使用小汽车、用公款出国（境）旅游、大吃大喝和进行高消费娱乐，禁止购买超编超标车辆280余辆，节约财政资金3000余万元。对领导干部在企业兼职取酬、党政机关事业单位建楼堂馆所、违规建购个人住房、违规办经济实体、个人小灵通捆绑公用电话等问题开展专项治理，纠正存在的问题。2010年，加强领导干部党风廉政教育。按照省纪委统一部署，在全市组织开展“增强制度意识、争做执行表率”主题教育活动，教育和引导领导干部自觉遵守廉洁自律各项制度规定，在市委党校举办《中国共产党党员领导干部廉洁从政若干准则》培训班，对全市县级干部、各县（市、区）直部门主要负责人、各乡（镇）党委书记、纪委书记等1300余人分4期培训，全市10861名党员领导干部参加《中国共产党党员领导干部廉洁从政若干准则》知识测试，参考率98.5%。认真落实《中国共产党党内监督条例》。按照中央和省、市委要求，严格执行民主生活会、党员领导干部报告个人有关事项、领导干部述职述廉等制度，并加强对领导机关、领导干部特别是各级领导班子主要负责人遵守党的政治纪律、贯彻落实科学发展观、落实领导干部廉洁自律规定等方面情况的监督。严格执行中央纪委《关于严格禁止利用职务上的便利谋取不正当利益的若干规定》，严禁领导干部超标准超编制配备使用小汽车、用公款出国（境）旅游、大吃大喝和进行高消费娱乐。先后对领导干部在企业兼职取酬、党政机关事业单位建楼堂馆所、违规建购个人住房等问题集中开展专项治理，纠正了存在的问题。2011年，围绕《中国共产党领导干部廉洁从政若干准则》贯彻落实，加强对各级班子和干部的监督，开展任前廉政谈话1232人次，诫勉谈话68人次，述职述廉3232人次，函询217人次，5751名领导干部申报了配偶、子女从业情况，促进了领导干部廉洁从政。围绕市县乡班子换届工作，推进换届纪律监督检查和换届风气专项督查，强化对拟提拔干部的廉政考察。2012年，加大科技防腐工作力度，实行市纪委常委负责制和半月通报制度，建成18个子系统。扎实开展制度廉洁性评估试点工作，全面推行廉政风险防控管理。全市各级纪委负责人同下级党政主要负责人谈话936人次，开展任前廉政谈话614人次，诫勉谈话31人次，述职述廉3325人次，1787名领导干部申报了配偶、子女从业情况。2015年，强化主体责任，市委出台《关于落实党风廉政建设党委主体责任和纪委监督责任的意见》《关于2015年落实党风廉政建设主体责任重点工作的意见》，明确责任落实的具体工作。全面开展县级党政领导班子向同级纪委全委会述廉述责工作。是年，共处置乡科级以上党员领导干部问题线索3003件，给予党纪处分和组织调整1904人。

第三节　纪律审查

1997年，聊城地区纪委监察局召开3次县市纪委监察局主要负责人参加的会议，专题研究办案工作。当年，全区受理群众来信来访3446件次，查办各类违法违纪案件760件，增长2.8%，结案率100%；处分违纪人员732人，增长5.5%；立案查处县（处）级干部案件8件，处分县级干部4人，免于党政纪处分2人；查办乡科级干部案件56件，处分乡科级干部49人；立查万元以上案件57件，同比增长119.2%；全区166个乡镇查办案件472件；协助县市审理疑难案件16件。1998年，重点查处涉及执纪执法部门的违纪案件和群众反映强烈的问题。全市受理群众来信来访3765件次，立查各类违法违纪案件718件，结案率100%。其中，查处县级干部案件5件，乡科级干部案件46件，处分违纪人员683人；立查万元以上案件55件，同比增长111%；查处东昌府区财政证券公司违反金融法规案件，涉案金额近6000万元。1999年，配合党委政府中心工作，对计划生育、发展个体私营经济等工作中的违纪党员严肃查处，加大对违反组织人事纪律、加重农民负担等群众反映热点问题的查处力度。全市受理群众信访4165件次，立查各类违法违纪案件739起，结案736起，结案率99.6%；处分违纪人员708人，增长3.6%；初核县级干部15人，转立案处理5人，其中移交司法机关处理3人。市纪委监察局自办案件39起，增长44%；全市167个乡镇、街道查办案件623件，连续5年消灭办案空白乡镇。在全市开展处分决定落实情况大检查，检查受处分人员1382人，查处执纪不到位问题335人次，并予以纠正。2000年，召开查办大要案协调小组会议，加强与公检法等部门的联系和协调，制定《关于加强市直案件检查工作的实施办法》《关于加强乡镇案件检查工作的暂行办法》。全市受理群众来信来访3370件次，立查各类违法违纪案件761起，结案759起，结案率99.7%；处分违纪人员748人；初核涉及县级干部案件17起，给予党政纪处分3人，其中开除党籍、公职2人；查处乡科级干部案件68起；受到撤职以上重处分人员192人，占处分总数的25.66%；全市乡镇办案375起，连续6年实现乡镇办案无空白。

2001年，采取上下联动、乡镇分片等措施，全市共受理群众来信来访3145件次，立查各类违法违纪案件766件，处分违纪人员769人；初核涉及县级干部案件17件，给予党政纪处分8人，免予处分1人，移送司法机关2人；查处乡科级干部案件52件。对已处理的2315名受党政纪处分人员的处分决定执行情况进行跟踪检查，对查出的30起处分执行不到位问题进行纠正。2002年，全市纪检监察机关共立查各类违法违纪案件780件，处分违纪人员734人。市纪委监察局查处一些重要案件，初核或查处涉及县（处）级干部案件8件。对全市2001年案件审理和处理情况开展一次全面检查，查出部分案件没有严格按照党纪政纪条规处理、量纪偏轻等问题，有针对性地采取加强协审和备案案件审查等措施，维护党纪政纪的严肃性。2001年，全市立查各类违纪违法案件801件，处分违纪人员773人。2003年，全市立查各类违纪违法案件801件，处分违纪人员773人。初核涉及县处级干部案件13件，其中转立案7件，处分县级干部7人。会同有关部门快速查处涉及安全生产事故的失职渎职案3起，给予11名党员干部党政纪处分，向全市发出通报。在抗击“非典”最严峻的时刻，查处茌平县原卫生局局长私自生产伪劣防“非典”用品案，处理在防非工作中失职渎职的党员干部24名。2004年，全市纪检监察机关受理群众信访举报2876次，立案查处各类违法违纪案件827件，处分违纪人员780人。初核县级干部案件5件，立案5件，处分县级干部5人。基层办案继续保持良好势头，连续10年实现全市无办案空白乡镇的目标。2005年，全市纪检监察机关共受理群众信访举报2223次，立查各类违法违纪案件1205件，处分违纪人员1171人。

2005年，制发《2005—2007年度县（市、区）纪检监察信访举报工作目标管理考核标准和办法》，全市132个乡（镇、街道）均普遍建立乡、管理区、村三级信访网络，强化解决群众信访问题的责任机制。拓宽案件线索渠道，开展网上举报。市和8个县（市、区）纪委全部开通网上举报，设立电子信箱，在全市推广东昌府区开通“清风热线”的做法。省纪委在聊城市举办全省纪检监察审理业务培训班暨审理工作年会，聊城市纪委在审理业务培训班上作发言。2006年，全市纪检监察机关受理群众信访举报1939件次，其中信访1163件、来访456起次、举报电话及其他方式举报320次。市纪委直接受理信访举报1103件次，涉及县级干部194人次。立查各类违纪违法案件1238件，其中大案要案121件。继续保持无办案空白乡镇，全市查处涉及基层党员干部违纪案件749件，占立案总数的60%以上。

2007年，全市纪检监察机关受理信访举报1043件次，立查各类违法违纪案件804件，处分违纪人员805人，查办县（处）级干部案件4件，万元以上案件49件。查办商业贿赂案件70件，涉及金额4000万元，15人受到党政纪处分或刑事处理。排查矛盾纠纷99起，化解97起。规范“乡案县审”，自办案件正确率和重要案件协审率100%。2008年，市纪委召开全市案件检查工作座谈会，坚持“一案三报告”制度，探索实行党政纪案件公开审理工作，试行审理助辩和内部辩护制度，对县（市、区）自定年度办案目标有效管理。受理群众信访举报1533件次，立查各类违法违纪案件690件，处分违纪违法人员688人，其中处分县（处）级干部11人。2009年，全市纪检监察机关受理群众信访举报2149件次，立查各类违法违纪案件798件，处分违纪违法人员800人，其中处分县（处）级干部3人。2010年，加强与公、检、法、审计、物价、财政等部门的协调与配合，强化案件监督管理。全年共受理群众来信来访1628件（次），立查各类违法违纪案件814件，处分违纪违法人员815人，其中处分县（处）级干部5人。2011年，开展依纪依法安全文明办案教育活动，建立《办案工作区使用管理规定（试行）》等5项制度，完善办案目标责任制、大案要案领导负责制、办案主办人责任制等机制，组织开展全市办案工作大检查。受理信访举报3012件次，立案817件，涉及县级干部案件4件、科级干部案件14件，处分818人，办案总量居全省第五位；重点强化自办案件，市县两级共立案324件，处分325人，分别上升42.8%和42%，自办案件占办案总数的40%。

2012年，市纪委开展“百日会战”和“无越级集体访县（市、区）”创建活动，建立健全信访举报线索集体排查、信访举报信息员、约谈乡镇（街道）负责人等6项制度。受理群众来信来访1886件（次），立案860件，处分864人；市县两级纪检监察机关自办案件375件，占总数的43.6%，处分379人，其中县处级5人、乡科级30人。2013年，全市纪检监察机关坚持“老虎”“苍蝇”一起打，突出查办领导干部在招商引资、项目建设中滥用职权、玩忽职守、权钱交易、腐化堕落等案件。受理群众信访举报2004件次，立案1064件，其中涉及县处级干部7人、乡科级干部71人；处分1152人；给予撤销党内职务以上处分299人，移送司法机关和公安机关7件、11人，办案总量位于全省第五名。全市乡镇办案连续18年保持无空白。建立“全员办案”机制，注重从专项治理、执法监督、专项检查、纠风工作、网络舆情中发现案件线索，提高成案率。市、县纪检监察机关自办案件517件，占查办案件总数的48.59%。市纪委、监察局严肃查处莘县原县委常委、常务副县长石某某贪污案、市政府办公室原工会主任杜某某严重违反社会主义道德案等案件。坚持防微杜渐、抓早抓小，全市各级纪委负责人同下级党政主要负责人谈话936人次，开展任前廉政谈话641人次，诫勉谈话31人次。2014年，市纪委常委会议研究办案工作18次，组织、协调、督办、解决查办案件工作中的重大问题34个，对2012年以后的各类原来分散管理、自主处理的线索摸清排查，清理信访举报176件，筛选线索81条。开设市纪委监察局网站信访举报专区，制定案件审查工作规范、案件审理工作规范、案件管理工作规范等“三规范”；开工建设市纪委办案基地。按照“查办腐败案件以上级纪委领导为主”的要求，探索建立市县纪委办案工作一体化模式，实行线索管理、初核立案、调度指挥、审查把关“四个统一”，特别重要案件由市纪委下查一级。严肃查办茌平县政协原副主席王某挪用公款案、市住建委园区住房管理办公室原副主任黄某受贿案、莘县民政局原局长张某某贪污案等案件。全市纪检监察机关初核违纪线索1068件，立案1635件，结案1624件，处分1787人，其中县处级干部9人、乡科级干部171人，移送司法机关37人。集中查办违规领取低保金案件，处分15人；查办发生在医疗、教育等部门的案件，处分50人；办理中央巡视组交办案件，办结182件，给予党政纪处分109人，移送司法机关3人，组织处理8人。2015年，对长期暂存处理的1300余条问题线索进行两轮“大起底”，重新严格审查。全市纪检监察机关受理群众信访举报3173件（次），处置问题线索2249件，立案2322件，结案2278件，给予党纪政纪处分2693人，涉嫌犯罪移送司法机关处理67人。其中，处分县（处）级干部35人，涉嫌犯罪移送司法机关处理3人。严肃查处市发改委原党组成员、工会主任徐某某，市安监局原党组成员、副局长马某某，东阿黄河森林公园管理处原主任杜某某等案件。建立案件检查、案件审理和案件管理制度规范，制定查办案件全程监督管理规定，加强对重要案件线索、初核、立案、调查、移送审理等环节监督管理。

第四节　执法监察

一、减轻农民负担监察

为深化农村改革，促进农业和农村经济发展，1997—1999年连续开展对中央和各级政府制定的向农业倾斜的有关政策和《农民承担费用和劳务管理条例》的监督检查。1997年，清理涉及农民负担文件181件，废止160件，通过检查减轻农民负担4759万元。1998年，对全市所有乡镇农民负担情况“拉网式”检查，发现13个乡镇未经批准在预算方案以外向农民提取款项，对其中4个乡镇党政“一把手”给予党政纪处分，对另外9个乡镇通报批评。1999年，抽查167个乡镇的492个村，走访2900余户农民。经过检查，建议市委对减轻农民负担力度大的20个乡镇给予通报表彰，对加重农民负担的冠县桑阿镇实行重点管理，通报批评6个乡镇。

二、粮食流通体制改革监察

1999年4—8月，市监察局联合市计划委员会、市财政局、市审计局等8个部门，成立粮改执法监察办公室，在全市范围内开展粮食流通体制改革情况执法监察。全市检查单位715个，涉及金额23.19亿元，查处案件13件，处理违规违纪人员13人，处理经营商贩196个。针对检查出的问题，提出监察建议398件，协助建章立制152项，推广先进典型17个。

三、专项资金管理使用监察

国债资金管理使用　2000年，对全市使用国债资金的13个项目逐项检查，查出配套资金到位率低、国债资金使用不规范等问题，协助有关部门严格项目报批、资金管理等制度。2001年，检查国债资金项目8个，发现案件线索5起。

社会保障资金管理使用监察　2000年，对全市下岗职工基本生活保障资金、失业保险基金、基本养老保险金、城乡居民最低生活保障资金4项社会保障资金管理使用情况开展专项检查。发现用基金建办公楼、宿舍楼等违规开支5000余万元。2001年，会同财政、劳动、民政等部门，对全市下岗职工基本生活保障资金、失业保险基金、基本养老保险基金、城乡居民最低生活保障资金4项社保资金管理使用情况进行专项检查，查出少数单位截留挪用等违规使用的问题，督促有关单位认真整改。

“收支两条线”规定执行监察　2000年，会同财政等有关部门对全市公检法和工商、交通、水利、城建、土管、教育等18个部门检查。发现应缴未缴、坐支挪用、乱收费、违纪支出等6个方面问题，查出违规违纪金额14091万元，督促上缴财政3298万元，下达处罚决议书61份，撤销私开账户163个。2001年，市监察局会同财政部门向35个单位下达行政处罚决定书，实行罚缴分离，将罚缴款通过银行进入财政专户，收缴各种违规违纪资金137.7万元。

四、优化经济发展环境

2003年4月，市监察局会同市物价局、法制办、市政服务中心对有行政审批和收费职能的31个市直部门和单位行政审批制度改革落实情况监督检查。加强制度建设，制定《聊城市行政机关管理服务首问责任制度》《聊城市行政机关管理服务限时办结制度》《聊城市行政机关管理服务责任追究制度》等制度。2004年，经市委、市政府批准，聊城市行政投诉中心正式建立，制定《投诉中心工作规则》《投诉事项处理暂行办法》，规范举报投诉的受理、批办、调查、处理等工作程序和环节。市监察局围绕优化发展环境深入到鲁西化工集团和个体商店等40个单位开展调研，形成《关于全市经济发展软环境情况的调查报告》。建立市、县（市、区）两级纪委常委联系企业制度，走访全市规模以上重点投资项目企业。围绕优化发展环境，市直受理行政不作为、乱作为方面的投诉133件，追究61名相关人员责任（科级干部5人），其中给予批评教育30人，党政纪处分13人，免职、辞退等组织处理4人。2005年，以市委、市政府文件印发《关于优化发展环境的意见》，提出优化发展环境的具体措施，推动各项治理工作的开展。抓好行业作风建设。年初和年底，两次组织人大代表、政协委员和各界群众代表，对市直行政执法部门和窗口单位进行行风评议。2006年，开展行政效能检查，会同市行政服务中心对进驻各窗口单位进行全面检查，对发现的问题向有关单位提出整改意见。在全市范围内开展《中华人民共和国行政许可法》贯彻执行情况检查，对行政许可的设定及监管情况重点检查，督促存在问题的单位在整改的基础上，完善有关制度。减轻企业负担，取消或规范涉企项目30起，查处涉企案件2起。2007年，市政府下发《聊城市人民政府行政问责暂行办法》，确定24项问责条款和6项问责形式。加大受理行政投诉力度，全年共受理各类投诉案件164件，处理有关责任人81人。2008年，市监察局会同有关单位对市直各部门落实《中华人民共和国行政许可法》情况进行专项检查，对重大项目建设中遇到的问题进行跟踪问效。加强受理行政投诉工作，8个县（市、区）行政投诉机构逐步健全和完善，并顺利开展工作，全市受理各类投诉案件136件，处理有关责任人71人。2010年，以更新观念、转变职能、创新管理、完善制度为主要内容，以人民群众不满意的热点难点问题为主攻方向，开展转变干部作风优化发展环境“回头看”活动。其间，在全市机关干部中开展为期一个月的纪律作风集中整顿活动，组织36个市直经济管理、执法部门和21个窗口服务单位向社会公开承诺，接受群众监督。派出督导组对机关纪律作风明察暗访，4次通报纪律作风建设情况，推动干部作风转变，营造良好的发展环境。

五、节能减排和环境保护政策措施落实监察

2006年，开展整治违法排污企业，保障群众健康环保专项行动，对污水处理厂的建设和重点企业排污情况进行检查。对全市排污企业排污费的缴纳情况开展专项检查，督促职能部门对重点排污企业拖欠排污费的问题进行处理，追缴400余万元。2008年，组织开展土地、节能减排和环保、建筑市场、纠正企业违法排污等执法监察，会同有关部门开展规范市直部门财务管理、县（市、区）林业专项资金等专项检查，查处严重违反土地法规案件3起，查出违规和挤占挪用林业专项资金80余万元。2009年，按照聊城市人民政府《关于加快〈海河流域水污染防治规划（2006—2010年）〉聊城市各项工作进度的通知》精神，市监察局与市直有关责任部门签订《迎接国家海河流域水污染防治行政问责责任书》，下发《关于严明工作纪律加强海河流域水污染防治工作的通知》。督促有关部门对饮用水源地环境和高耗能、高污染的项目检查。聊城市代表山东省迎检获全国第一名。2011年，配合市住建委对污水处理厂、垃圾处理设施建设运行情况监督检查，配合环保等部门深入开展整治违法排污企业，保障群众健康环保专项行动。强化重点地区、重点行业、重点污染区域环境保护的监督检查，对社会影响较大、群众反映强烈以及基层查处阻力较大的环境污染问题挂牌督办，加大直查和现场督办的力度。

六、规范建筑和土地市场秩序监察

规范建筑市场秩序 2003年，开展整顿和规范建筑市场秩序工作，规范有形建筑市场，严格招投标程序。全市完成招投标项目145项，合同金额9.83亿元。全市普遍建立起有形建筑市场，所有工程项目，一律纳入有形市场公开交

易，从源头上杜绝场外交易、暗箱操作，规避招标及弄虚作假、违法转包等行为。建立和完善建设工程招投标制度，实行书面报告制度、公示制度、公正评标制度，加大管理力度，提高工作透明度，体现“公开、公正、公平”原则。依法查处违法违规行为，净化建筑市场。查处违法违规建设86件，下达督办通知书260份，对违法违规建设的38个单位依法进行处罚，罚款金额42万元。市监察局分别和市财政局、市建设委员会联合制定下发《聊城市政府采购监督检查暂行办法》《聊城市建设项目招标投标监督检查暂行办法》，对政府采购和建设工程项目招投标从预算编制、项目确定、招投标程序、实际操作、结果确定、协议执行、责任追究等方面均有具体明确的规定，增强对政府采购和建设工程招投标的监督检查针对性和操作性。2008年，为加强建筑市场监管，市监察局联合市建委共同印发《关于2008年全市整顿和规范建筑市场秩序的工作意见》，召开招投标工作会议，市建设工程招标投标协会制定并印发《聊城市工程招标代理行业自律公约》；开展工程建设项目招标代理活动专项检查，全面检查清理全市所有取得资质的代理机构，建立和健全工程招标代理行业诚信自律机制，规范工程招标代理行为，维护工程招标代理市场秩序。

规范国有经营性土地使用权招标拍卖挂牌出让　2003年开始，根据监察部、国土资源部和省监察厅、国土资源厅的部署安排，对全市经营性土地使用权招标拍卖挂牌出让情况进行检查。2004年，派专人参加国有经营性土地招拍挂工作，监督主要过程和环节，促进市场化运作的规范。在坚持正常监督的同时，会同国土资源部门，成立联席会议，对全市经营性土地招拍挂工作全面检查，采取听取汇报、查阅档案、实地察看等形式，对遗留问题全部按要求清理，及时纠正存在的问题，提高实行招拍挂的比例；8月31日以后，经营性土地出让全部实行招拍挂，全市的经营性土地招拍挂走上规范化、制度化的轨道。省检查组检查后给予充分肯定和积极评价。2007年，市纪委在全市范围内集中开展春季土地执法监察动态巡回检查，重点查处各级开发区和城市规划区范围内的在建新建项目违反土地利用总体规划、非法占用耕地特别是基本农田、违反国家产业政策、非法批地、以租代征以及借新农村建设之名占地圈地搞房地产开发、严重侵害农民利益等土地违法行为，派专人对11宗计708平方米土地使用权招拍挂现场进行监督，为全市经济发展创造良好的土地市场环境。

七、专项检查治理

2003年5月，市监察局立项开展防治“非典”专项资金和损赠款物监督检查。检查资金1205万元，其中财政资金500万元、社会捐赠资金705万元。开展督导工作，组成4个工作组对市直单位和县（市、区）防止“非典”、落实市政府令的情况督促检查，对发现的问题及时整改，开通举报电话，接受群众举报。加大处理力度，21名违纪人员受到查处，其中给予党政纪处分11人、移交司法机关2人、组织处理8人。

2008年，按照中央和省、市委的部署，开展对抗震救灾资金和物资管理使用情况的专项检查，检查市直和县（市、区）职能部门和单位69个，涉及资金12297.65万元；同时协助党委、政府建立管理监督长效机制，做好北京奥运会安保的监督工作，促进各项措施的落实。

2010年，市监察局会同有关部门开展工程建设领域突出问题专项治理，全市排查2008年以后立项、在建和竣工的工程建设项目858个，重点抽查政府投资和使用国有资金的工程建设项目78个，占政府投资和使用国有资金项目总数的83.87%，发现存在问题的项目46个，督促有关单位按要求整改。开展集中治理违法占地违法建设工作专项监督检查，受理举报案件110起，查实39件。对市区整治违法占地、违法建设履行职责不力的4个单位部门的8名县级干部追究责任。

第五节 作风建设

一、纠正部门和行业不正之风

专项治理 中小学乱收费方面。2002—2003年，清理中小学收费项目，推行“一证、一卡、两公开、四统一”（学校凭“收费许可证”收费，学生凭“收费公开卡”交费，收费项目和标准、收费使用情况“两公开”，收费时间、项目、标准、票据“四统一”）收费制度，组织近2000所中小学参加行风评议活动，取消不合理收费28项，涉及金额2300余万元，查处乱收费问题77起，处理35人。2005年，治理中小学乱收费，查处各种乱收费案件26起，涉及金额1380余万元，处理21人。2006年，对全市36个乡镇的72所农村中小学收费情况专项检查，清理违规项目9项，清退违规资金47.49万元，查处典型案件7起，处理违规人员19人。实行“两免一补”（农村义务教育阶段，免教科书费、免杂费、补助寄宿生生活费），减轻学生负担812.5万元。2008—2009年，开展教育收费大检查，检查学校72所，查处各类学校教育乱收费130余万元，处理3人。2010年，围绕义务教育阶段改制学校清理规范，清退和收缴学校违规资金近200万元。

医药购销中的不正之风方面。2002—2003年，印发《关于进一步加强医疗机构药品集中招标采购工作的意见》，将参加药品集中招标采购的单位由市直各大医院扩大到县（市、区）所有医疗单位，组织13次药品集中招标采购，采购总额1亿余元，对患者让利850万元。坚持部门联席会议制度，加大对医药市场的监督检查力度，会同有关部门查处违规案件189件，取缔无证经营户18个。2004年，组织集中招标采购药品2次，金额1.98亿元，占医院购药总金额的80%，让利患者1031万元。2005年，组成联合检查组对全市23家县级以上医院的招标采购工作进行检查，组织集中招标采购药品2次，涉及金额24780万元；组织医用耗材及检验试剂集中招标采购，金额约5000万元，占医院采购金额的80%以上，节省资金约500万元。2006年，全市集中招标采购药品金额24341万元，占医院用药总金额的84.2%，让利于患者2815.6万元；集中采购高价值医用耗材10312万元，节约资金1997万元。2010年，集中采购药品让利患者金额5000余万元。

公路“三乱”方面。1997年，会同交通、公安等部门，经常性对公路“三乱”（乱设站卡、乱收费、乱罚款）情况进行明察暗访，全年查处公路“三乱”案件24起，处理违纪人员63人。2002—2003年，各级开展明察暗访上百次，加大对公路“三乱”治理力度，取缔非法站点15个，查处公路“三乱”问题28起，处理58人，调整不合格工作人员30人。2004年，查处公路“三乱”问题46起，42人受到党政纪处分，取消违规站卡5个，调整不合格工作人员6人。2005年，实行治理公路“三乱”工作目标责任制，查处公路“三乱”问题21起，处理30人。2007年，查处公路“三乱”案件4起，11人受到党政纪处分或组织处理。按照市委、市政府的要求，两次组织人大代表、政协委员、各有关部门和各界群众代表，对市直行政执法部门和窗口单位进行行风评议。2013年，市纠风办会同市纠正物流领域乱收费和公路“三乱”问题领导小组，集中利用1个月的时间，对全市道路执法情况进行明察暗访，查处东阿交警乱设卡收费问题，分别对直接责任人和相关领导12人给予党政纪处分。2006年，对收费站卡再清理，整顿个别基层站队，查处公路“三乱”案件8起，处理17人。

企业和农民负担方面。1997年，致力于进一步减轻企业负担，向部分企业派驻监察特派员。特派员由各企业推荐，纪检监察机关考察确定后，颁发聘书和工作证，代表纪检监察机关履行行政监察职责。1998—2001年，在全市113个乡镇的322个村，聘请885名村民为“减负”联络员。对农村达标升级活动、农村电价和农村教育集资收费集中进行治理，减轻农民负担

9000万元。严肃查处加重农民负担的违纪案件，因加重农民负担受到党政纪处分党员干部33人。减轻企业负担，先后清理45个系统、131个执收单位的近2000个收费项目，取消越级行文25份，废止不合理的28件，修改9件，取消不合理收费项目88项，涉及金额10383.3万元。向企业派驻监察特派员110余名，挂牌保护的企业376家。2002—2003年，市监察局与市财政局等部门联合下发文件，建立农村税费改革转移支付资金使用监督体系，在县、乡、村三级设立监督联系点，对全市126个乡（镇、街道）的农民负担情况拉网式大检查，清理涉农收费文件和项目，开展减负和税费改革工作检查，减轻农民负担1900余万元。包括3个乡镇党政主要负责人在内的66人受到党政纪处理，通报10起典型案件。2004年，开展减轻农民负担工作大检查，减轻农民负担约9510.6万元，查处涉农投诉87件次，38人受到党政纪处理。2005年，集中开展减轻农民负担工作大检查，减轻农民负担约3900万元，查处涉及农民负担问题191个，处理61人。2006年，督促落实农村税费改革政策，村级单位所有收费全部公开，接受监督。查处加重农民负担案件41起，党政纪处分和组织处理7人。查处涉农乱收费、乱罚款和集资摊派等问题，减轻农民负担1785.8万元。查处征用农民土地中拖欠、克扣、挪用征地补偿费等侵害农民利益案件80余件，清理拖欠农民工工资10140万元。2008—2009年，召开全市农村基层党风廉政建设工作经验交流会，推进农村基层党风廉政建设，加大对涉农案件的查处力度，纠正损害农民权益问题52个，查处各类损害农民利益案件159起，处分100人，减轻农民负担29543万元。2013年，市监察局联合市财政局、市审计局在全市开展强农惠农政策和资金落实情况专项督查，重点抽查28个乡（镇、街道），进村入户254户，检查项目82个，查出问题资金1938.29万元，督办涉农案件4件，4人受到党纪政纪处分。

行风建设　2001年，中共聊城市纪委、聊城市监察局增设市纠正部门和行业不正之风办公室，纠风工作正式从党风廉政建设室分离出来。2002—2003年，开展行风评议，促进行风建设。组织对市直部门和县（市、区）直部门及窗口单位行风、对市委2001年提出的贯彻中共十五届六中全会精神集中解决22个问题的落实情况评议，组织开展“万名驾驶员评交警”“计生系统行风评议”“百家企业评行风”等评议活动，注重对基层站所的评议，全市有518个基层站所列为评议单位。

2004年，组织20个执法机关、经济管理部门和窗口行业单位对服务承诺开展新一轮修订完善，并向社会公示。组织人大代表、政协委员和各界群众代表约1500余人，对市直93个职能部门和窗口单位的行风进行评议。实行行风建设跟踪问效制度，制定《关于对行风评议进行跟踪问效的暂行办法》，对民主评议结果较差的作为跟踪问效的重点单位，重点督导行风评议后3名单位。

2007年，市监察局会同市委宣传部、市广电局开播“行风热线”，市直53个部门和单位的“一把手”做客“行风热线”直播间，与群众沟通交流，接听热线电话663个，在线解答491个，进入司法程序3个，下线督办342个，解决335个。2008—2009年，运用民主评议行风成果，推动机关作风建设。对每年评出的前15名行风建设先进单位进行表彰，对落后单位给予通报批评和黄牌警告，跟踪问效。办好“行风热线”，推动热点问题解决，市直部门和单位的“一把手”，做客“行风热线”直播间，与群众直接沟通交流，接听热线电话4105个，在线解答3018个，下线督办1087个，下线督办解决1070个，“行风热线”栏目被评为全省行业十佳栏目。2010年，组织人大代表、政协委员、社会各界代表群众对市直90个部门、窗口事业单位行风进行评议。制定《关于进一步加强行风热线工作的意见》，有70个单位85人次做客“行风热线”直播间，线上解答和线下解决群众反映的问题939个，“行风热线”获全省“新闻奖”。冠县开通“行风热线”，实现县级办热线“零”的突破。

2011年，深化“行风热线”运行模式，在全省率先实行暗访直播，“一把手”上线率100%，解决群众实际问题913个，“行风热线”栏目获山东新闻奖，连续3年被评为“省广播新闻十佳栏目”，被授予省级“青年文明号”称号。坚持纠建并举，创建市级行风建设示范窗口57个。建立行政投诉联动机制，受理行政投诉98件，处理有关人员78人，其中辞退2人。查办损害群众利益重点案件104起，处理77人，查处违规资金1800余万元。针对民主评议中提出的67条意见建议，责令35个单位整改，对评议后，3名给予黄牌警告，对其主要负责人诫勉谈话。2012年，创新完善政风行风评议，将集中评议与网上评议、行风热线、效能监察、行政大厅窗口督查等日常监督有效结合。“行风热线”解答和督办群众反映的问题417个，问题处结率和群众满意率均100%。发挥行政投诉联动机制作用，受理行政投诉81件，处理有关人员45人。围绕教育、医疗、保障性住房等6个重点领域开展专项治理，查处问题110个，涉及违规金额1300余万元。坚持惩防体系工作格局向基层延伸，在全市5783个村（居）党支部书记中开展“我承诺、我清廉”廉政承诺工作。2013年，建设市行政投诉中心网站，建立举报投诉奖励制度，受理行政投诉62件，查结率100%，处理44人。创新政风行风评议，针对群众提出的106条意见建议，逐一反馈，限期整改。深化行风热线运行模式，解答和督办群众反映问题499个，问题处结率和群众满意率均100%。开通网上评议，对评为前15名的单位以市委、市政府名义表彰，选取部分单位的先进事迹，在《聊城日报》头版以“跨越赶超纪检行——政风行风建设先进事迹介绍”专栏登载。对评为后3名和群众意见多的9个单位，对其主要负责人诫勉谈话。

二、抓好中央“八项规定”精神落实

2013年，贯彻中央“八项规定”要求，市委印发《中共聊城市委常委会关于整肃市直机关纪律作风的五项规定》《关于在全市开展慵懒散专项治理突出解决办事效率低下问题的方案》，制定《关于严格规范党和国家工作人员操办婚丧嫁娶事宜暂行规定》等制度。采取明察暗访常态化、派驻机构“推磨式”交叉检查、县（市、区）互查、领导小组办公室抽查等方式，开展正风肃纪行动。全市先后检查部门单位1800余个次，酒店、餐厅700余家，公开曝光、通报违反八项规定问题87起，处理232人，其中给予党政纪处分58人。2014年，全市查处违反中央八项规定精神问题430起，处理579人。给予党纪政纪处分313人，其中县处级干部1人、乡科级及以下干部312人。市纪委分8批通报曝光典型问题54起，形成有力震慑。开通网上举报专栏，设立“四风”问题曝光台，充分发挥群众和新媒体监督作用，推动形成常态长效工作机制。清理整顿超标准办公用房，市级领导班子成员带头腾退超标准办公用房325.8平方米，市直党政机关腾退7619.14平方米。开展“庸懒散”专项治理，全市开展明察暗访266次，受理问题投诉84件，查处直接责任人154人，问责相关领导71人，通报105起，曝光29起。2015年，将落实中央“八项规定”精神情况作为市纪委常委同县处级党政正职廉政谈话、县级党政班子成员向同级纪委全委会述廉和市纪委负责人约谈各县（市、区）委书记、纪委书记的重要内容。市纪委每季度公布全市查处违反中央“八项规定”精神问题情况，并将查处情况通报各县（市、区）委书记和纪委书记。全年共查处违反中央“八项规定”精神问题287起，处理312人，其中给予党纪政纪处分205人；市纪委先后12次通报曝光典型问题78起。

三、查处群众身边的不正之风和腐败问题

2004年，加强对损害群众利益行为的监督检查，查处损害群众利益的违纪案件7起，处分违纪人员22人，其中开除7人，并将查处情况向全市通报。2015年，针对问题突出、群众反映强烈的涉农专项资金、土地征收管理、城乡低保救助、社会保险基金、医疗卫生服务、中小学义务教育、小农水工程建设、农机购置补贴等8

个重点领域，开展为期3个月的专项治理行动，市县乡三级联动，查处问题164起，处理171人，给予党政纪处分149人，通报曝光23起。完善党风政风举报平台，率先在全省公布受理问题举报"一表通"。实行班子领导包领域制度，加大督查处理力度。受理举报问题177起，办结152起，处理158人，给予党政纪处分141人，其中处分直接责任人113人，追责28人。

四、创新党风廉政建设巡查制度

积极探索巡视工作向基层延伸的有效途径，借鉴其行之有效的经验做法，建立党风廉政建设巡查制度。市委印发《聊城市党风廉政建设巡查工作办法（试行）》。11月，以派驻纪检组为主体，从市委组织部、市财政局、市审计局抽调人员，组成8个巡查组和2个财务审计组，从贯彻执行党的路线方针政策和市委市政府重大决策部署、落实群众路线教育实践活动整改任务及落实党风廉政建设主体责任、执行廉洁自律规定等3个大的方面，对市科技局、市民政局等8个市直部门开展第一轮巡查。巡查中共发现相关问题19类，其中违反中央八项规定精神方面的典型问题23个，同时还发现部分案件线索。通过开展巡查，监督有了新平台，执纪有了新抓手，问责有了新方式，达到了直击要害，震慑警示的作用。

第九章　对台工作

第一节　对台经贸

1997年，聊城地区组织参加青岛、潍坊、济南、中韩、威海经贸洽谈会，先后与20余位台商取得联系，并向他们介绍聊城市的投资环境、优惠政策，签订合资合同项目6项，总投资2072万美元，其中台方300万美元。在青岛市举办的1997年对外经贸洽谈会上，签订台资合同和协议5份，合同引进台资近360万美元，数额居全省前列。莘县城关镇和台湾光华鸽业公司签订合资办养鸽基地合同，台方投资735万美元。莘县针织厂和台湾新苑贸易总公司签订购销协议书，贸易额50万美元。台湾同胞马泽远与冠县签订50万美元的投资协议做黄梨开发。地委台办会同莘县台办5次下青岛市，通过王应休牵线搭桥，1997年3月，引进3个台资项目，总投资额124万美元，注册资金900万美元。地委台办加强对台资企业的管理，帮助台资企业解决实际问题。台湾谷成丰有限公司和阳谷纸厂合资兴建的德顺纸业有限公司，在筹建和经营中出现一些问题，台办积极做工作，使台商放弃抽回资金的念头，问题得到圆满解决。

1998—2001年，全市批准成立台资企业15家，总投资4912万美元，合同利用台资2241万美元，实际利用台资541万美元。截至2001年年底，全市台资企业39家，总投资额13318万美元，合同利用台资5697万美元，实际利用台资4851万美元。特别是在1999年和2000年聊城经贸洽谈会期间，广泛联络，邀请台商，两届经贸洽谈会邀请台商300余人，促成投资项目4个。邀请接待台湾永莲投资集团（董事长张明玉）、中国台商发展促进协会、台湾颂扬国际开发公司、台湾青年创业协会等20余个台商、港商经贸考察团、200余人次。

2002—2003年，聊城引进台商投资项目12个，台资企业增加投资6个。截至2003年年底，全市台资企业68家，总投资16592万美元，合同利用台资额11538万美元，实际利用台资额97.34万美元。邀请台湾耐斯企业集团等20余个台湾经贸考察团先后到聊城经济技术开发区、临清济美酱菜公司、东阿阿胶集团、阳谷凤祥集团、景阳冈酒业集团、冠县奈伦集团等地参观考察，达成投资协议30余项。

2004年，新批台资企业12家，同比增加6家，合同利用台资1469.9万美元，实际利用台资1226.48万美元，同比增加342.48万美元。截至2004年年底，累计批准台资企业63家，投资总额1.2亿美元，实际利用台资8283.72万美元。市台办主任贾邱君几次陪同市委书记郭兆信前往广东省、东莞市、济南市等地会见台商，招商引资，协助东昌府区等赴海口等地招商引资；其他领导班子成员以及县（市、区）台办，发挥优势，主动走出去，多次陪同市、县（市、区）领导往返厦门市、上海市、海南省、东莞市等地招商。多次组织市级领导带队进岛招商。邀请20余个台商考察团到聊城市参访考察，市、县台办全程陪同，并请市、县领导参与接待。东阿县加强与外地台商的联络，邀请到东阿参访考察，先后有4家台资企业落户东阿。以市委副书记、市长张秋波为团长，副市长路广业为副团长，组织市台办、市外经贸局、市经贸委以及县（市、区）委分管副书记、政府分管副县长、县（市、区）台办等，带领30余家企业160余人参加洽谈会，签订投资项目4个，贸易成交额698.9万美元，招商引资3130万美元，达成42个意向（其中市直8个，临清市18个，东昌府区6个，冠县5个，莘县3个，茌平县2个）。冠县天龙针织厂与台湾恒祥织品有限公司签订130万美元的成衣出口合同，台商沈瑞春投资200万美元与烟庄乡搞农产品加工项目，茌平台商又追加投资加工铝合金锭（棒）出口，东昌府区台商李董事长投资400万元兴建餐饮企业。

2005年，新批台资企业10家，总投资额2781万美元，实际利用台资额1829.86万美元。接待台湾经贸考察团（组）21个，400余人次。累计批准台资企业70家，总投资额1.49亿美元，实际利用台资额9906.58万美元，台资占全市实际利用外资额的21%。继续采取“走出去，请进来”的办法，开展招商引资活动，先后组织3个团（组），赴台考察招商引资，成功举办聊城台商座谈会，80余名台商参加座谈会。签订意向协议6个，投资3000万美元。

2006年，全市新上台资企业6家，总投资3710万美元，增长133%；实际利用台资1429万美元，增长10%；增资扩产台资企业6家，增资额1276万美元，增长275%；合计实际利用台资3705万美元，增长202%。在建项目3个，合同投资额6200万美元。在谈项目6个，意向投资9600万美元。截至2006年年底，全市累计批准台资企业75家，总投资18694万美元，实际利用台资12570.58万美元，年生产总值16058万元，上缴税金1590万元，从业人数3659人。市台办先后组织4个经贸考察团赴台，分别与台湾工业总会、商业总会、台湾青年创业协会建立长期联络渠道。茌平县委书记侯军带队与台湾拒东企业社签订1.5亿元的合作出口项目；市委副秘书长、台办主任贾邱君组织县（市、区）领导赴台招商，与台湾中小企业跨业交流协会建立友好联系。东昌府区委书记、区长多次到北京、广州、上海等地找台商洽谈项目，台商陈锦成与斗虎屯镇政府签订投资750万美元、年产10万吨高清洁复合无铅汽油及柴油的项目，已落户嘉明工业园。台湾辜氏家族准备投资3亿元，建设凤凰热电项目，到位资金5000万元，项目建成后拉动10余个配套项目上马。8月24日，市委、市政府召开全市对台经济工作会议。市委副书记霍正气、市政府副市长路广业率领各县（市、区）、经济开发区分管对台工作的副书记、台办主任和市直有关部门负责人一行32人，赴济南市济阳经济开发区台湾工业园学习考察，联络台商，坚定加快发展台湾工业园的信心和决心。2006年9月1—4日，副市长路广业率领各县（市、区）主要领导或分管领导、市县有关部门负责人、部分乡镇党委书记和企业经理一行120余人，赴潍坊市参加第十二届鲁台经贸洽谈会，成功举办聊城台商座谈会，到会台商70余人，签约台资项目14个，台资额4770万美元。举办项目签约仪式，现场签约项目5个，总投资额3300万美元。茌平县与台湾合作的汽车散热器出口项目，投资1.5亿元，经营状况良好。茌平信发集团与台湾、香港三方投资3000万美元，合资生产汽车铝轮鼓项目已开始生产。2007 年，全市新批台资企业 4 家，投资 417 万美元；增资扩产台资企业 5 家，增资额 940 万美元，合计实际利用台资 1357 万美元。引进内资企业 1 家，投资额 6000 万元人民币；引进外资企业 1 家，投资额 300 万美元。年底，全市累计批准台资企业 79 家，总投资 20047 万美元，实际利用台资 13927.58 万美元。正常生产运营的台资企业 23 家，实际利用台资 6294.58 万美元，年生产总值 18785 万元，上缴税金 2600 万元，从业人员 3800 人。全市有台属企业 26 家，企业总产值 5.5 亿元，年营业收入 9 亿元，上缴税金 9300 万元，从业人数 3600 人。接受台湾企业和个人各类捐赠 800 余万元，支持聊城市教育等公益事业的发展。

2007 年 7 月，组织各县（市、区）台办主任和部分县（市、区）招商局局长、园区负责人，到上海市、昆山市、厦门市、广州市、深圳市、珠海市等台资企业聚集地学习考察和招商引资。参观台资企业 12 家、台湾工业园区 4 个，与 6 个台商投资企业协会建立联系，举办台资企业负责人、台协会会长参加的台商座谈会、项目推介会，宣传和推介聊城市的招商项目和产业优势，对接洽谈一大批合资合作项目。9 月，组织各县（市、区）主要领导人、市县有关部门负责人、部分乡镇书记和企业经理 130 余人，赴潍坊市参加第十三届鲁台经贸洽谈会，成功举办聊城台商座谈会，邀请到会台商 82 人，其中有 6 家上市公司负责人、20 个行业协会或分会的理事长、秘书长。签约台资项目 7 个，协议台资额 6800 万美元。在这次鲁台会上，东昌府区台办引入新加坡项目 1 个，总投资 300 余万美元，成立东昌府区富新石华有限公司。争取成立聊城市第一家省级台湾工业园，为开展对台招商引资搭建良好平台和载体。7 月，山东省（阳谷）台湾工业园正式批准成立，这是聊城市成立的第一家省级台湾工业园。聊城市有 5 家台资企业增资：阳谷太平洋光缆有限公司增资 400 万美元、茌平奥地科通信器材配件电子有限公司增资 120 万美元、茌平憬慰金属制品有限公司增资 70 万美元、冠县诗郁化学品有限公司增资 50 万美元、临清欣华物业有限公司增资 300 万美元。

2008 年上半年，组织市直有关部门和县（市、区）台办及有关单位、企业 26 人，赴台资企业聚集区开展工作，广泛与当地台资企业协会接触、洽谈，并在厦门市和昆山市分别举办招商说明会。随后有 6 家台资企业的董事长和总经理 20 人到聊城市实地回访和投资考察。5 月 26 日，成立“山东省（阳谷）台湾工业园”领导小组，制订规划，出台进园的条件和优惠政策。把园区作为对台招商的平台和载体，充分发挥园区台资企业的辐射作用以台引台。阳谷台湾工业园有以太平洋光缆有限公司为龙头的 4 家台资企业，洽谈进园落户的企业 3 家。建设的高唐台湾工业园区，高唐两次邀请台商对园区投资考察。在重视搭建平台的同时，还利用重大节会集中开展招商活动，广泛宣传推介聊城市。2008 年第十四届鲁台经贸洽谈会期间，聊城市组织市直有关部门、县（市、区）台办及有关单位 80 余人与会。会议期间举办聊城投资推介会，邀请台湾青年创业协会、台湾两岸关系发展促进会、台湾厂区联合会、旺旺集团等行业协会和企业 80 余人参加。会上播放了介绍聊城的专题片，发放资料 200 份。会后，举办 20 余场对接洽谈会，有 60 余名台商到聊城考察。第十四届鲁台经贸洽谈会期间，与台商签订意向投资 8 项，意向投资额 9000 万美元，签订合同 3 项，合同投资额 6800 万美元。是年，全市邀请 22 个台湾经贸考察团到聊城考察。台湾厂区联合会会长洪犹男一行 30 人、东莞台协会郑逢时会长一行 20 人到高唐投资考察，准备与高唐县政府合作共同开发台湾工业园区。旺旺集团专门派员考察了冠县。台湾枫森景观设计有限公司拟在冠县投资 800 万元建设景观设计装饰项目；台湾馥成活力素养科技有限公司在冠县投资 1000 万元建叶面肥项目。9 月 25—29 日，台湾鸿能科技研究中心总经理陈鸿林一行 6 人考察临清。10 月上旬，台商宋碧贤先后 2 次对临清服装生产厂房考察。10 月中旬，台商吴序依考察东阿县的地产项目，与城建局洽谈。是年，由台属邀请台商110人，吸引台湾亲人投资台属企业500余万美元，收到“以台引台”的良好效果。2008年年底，全市累计批准台资企业79家，总投资21171万美元，实际利用台资14951.98万美元，年生产总值20785万元，上缴税金3600万元。

2010年，抓住两岸签订经济合作框架协议的有利时机，做好“以商引商”工作。先后组织8个经贸团组赴台招商考察，与高新技术、有色金属深加工、新型农业开发等相关产业台企台商接触、洽谈，建立了紧密联系。市委常委、市委秘书长秦传滨赴台期间，签订合作意向和协议13个，意向投资额3000万美元。利用在聊台商的示范带动作用，做好服务工作，争取更多的台商到聊城参访考察。通过已落户的友荃科技，相继邀请台湾良维科技、中钢碳素、坤霖实业、六逸科技等近百名台湾高新技术企业负责人到聊城考察洽谈。协调组织全市11个部门50余人，在市长林峰海、市委秘书长秦传滨的率领下参加鲁台名品博览会和第十六届鲁台经贸洽谈会。鲁台会期间，组织召开聊城台商座谈会，邀请台商160余人参加，签订投资意向和协议8项，合同投资额2.68亿美元，其中台湾金鼓防火材料股份有限公司与茌平县德源建材有限公司签订总投资额5000万美元的合同。通过节会招商活动平台，接触大批台商，丰富对台招商信息库，拓宽招商渠道。以阳谷、高唐省级台湾工业园、阳谷祥光生态工业园、东昌府区凤凰工业园等园区为平台，完善园区建设的同时，2010年在市经济开发区新增省级台湾工业园区1家。2010年，全市新增台资企业4家，合同总投资额1625.3万美元，实际利用台资1225.3万美元。原有的台资企业有5家增资扩大规模，增资额2396.83万美元，全年实际利用台资3622.13万美元，同比增长100%。

2011年，市长、副市长、市人大常委会副主任等7位市级领导和8位县（市、区）长、9位市直主要经济部门负责人相继赴台开展招商工作。4月，组织市台属联谊会班子成员到外地经贸考察，寻求合作机会。山东义和诚实业集团有限公司与九鼎集团建立合作关系，投资15亿元开发彩色玻璃新制品。7月中旬，市长林峰海率聊城经贸文化交流团一行66人赴台湾开展经贸交流活动，在台北举办“孔子故里好客山东”台湾行聊城经贸文化交流洽谈会，台湾新党主席郁慕明、台湾“立法院”前副院长饶颖奇、台湾“国防部”前常务次长王文燮，以及旺旺集团、耐斯集团、华荣集团、宝成国际集团等100余名台湾上层人士、企业和协会负责人参加洽谈会。签订合作协议和意向18个，合同台资额40.31亿元。冠县一〇一国际公司污水处理项目建设投资4亿元，高唐引进台湾智泰集团大理石平板项目，计划总投资额1.2亿元，到位800万元。信发集团与金厥集团合作成立多家公司，鲁西化工集团与台湾鹰鹏集团签订了总投资10亿元的氟化工项目协议，东阿阿胶集团与台湾耐斯集团签订一期投资1亿元的阿胶饮品研发项目协议。当年，在聊城经济开发区新批1家省级台湾工业园区，全市省级台湾工业园区增至3家，初步形成台资企业聚集效应。2011年，全市新增台资企业4家，新增投资额5509.6万美元，台资企业累计达33家，实际利用台资1.64亿美元。

先后组织参加第十八届鲁台经贸洽谈会——聊城台商座谈会暨重点项目签约仪式和台湾名品博览会。台湾超能高新材料有限公司、台湾智泰集团和百诺精密仪器等企业先后落户聊城市。2013年，新增台资项目5个，利用台资额5600万美元。市台办将福建海西地区作为对台招商的新的突破口，先后3次赴厦门市、福州市等地开展专项招商活动，与先锋电镀（厦门）开发有限公司、福联生物柴油科技有限公司等台资企业达成3项合作协议，总投资额1.5亿美元；与福州市台办签订战略合作框架协议，开创对台招商新模式。台湾大润发超市华北、华东区项目负责人张大敉先后多次到聊城市实地考察，与星光房产开发有限公司签订合作协议。全年新增台属企业12家，总投资2600万元。莘县义和诚集团董事长陈希峰通过做岛内亲人大量工作，在莘县投资建设2亿元、占地6.7公顷的现代化老年康健中心。东昌府区台属高庆余在凤凰工业园投资65亿元投建中国钛金钢管生产基地。10月下旬至11月期间，聊城市组织有关县（市、区）政府，经开区、高新区管委会和有关部门的主要负责人、部分企业负责人63人，分期分批赴台湾参加省政府组织举办的2013台湾·山东周活动。活动以“走亲戚，交朋友，促交流”为主题，全面宣传聊城市投资环境，加大对台招商引资力度，以推动聊台经贸文化合作为主旨，与台湾有关机构和人士深入交流。除参加省里组织举办的交流联谊活动外，重点举办两个活动：一是举办台湾中通汽车实业有限公司新型产品发布仪式。聊城中通客车股份有限公司和台湾丰荣客运集团合作，在台中市投资设立台湾中通汽车实业有限公司，在山东周期间举办新型产品发布仪式。二是举办江北水城·运河古都—聊城经贸文化交流洽谈会。11月2日，聊城经贸交流恳谈会在台北市举行。台湾耐斯集团总裁陈哲芳，中国国民党中常委、春保钨钢集团总裁廖万隆，中国国民党中常委、台湾工商协进会理事长许显荣等39位台湾各界人士应邀参加恳谈会。山东周期间，聊城市共和台湾签订合作协议30个，投资额49.75亿元。2012年，新增台资企业5家，增资台资企业2家，新增台资额5744万美元。台资企业39家，实际利用台资2.32亿美元。

2014年，市台办全年完成招商引资额达4.14亿元。临清市新华街道和台湾诚富集团签订的30亿元城市综合体开发项目签约；山东花旗生物科技有限公司、山东西德子科技有限公司与台湾星荣科技投资发展有限公司分别签订白色家电生产基地项目和中药材加工萃取项目，协议投资额18亿元；台湾丰荣客运集团董事长徐弘丰，在龙堤美食岛投资6000万元建设台湾浩玮逻娃美食园；总投资2亿元的莘县日月潭老年康健中心业开工建设；总投资2.5亿元的聊城太平洋幕墙科技开发有限公司落户阳谷县；山东顺佳机械有限公司投资落户，计划资2.5亿元，台资比例30%；山东生化有限公司在莘县落户，计划总投资3亿元，台资比例30%；东阿阿胶有限公司和耐斯集团合资成立的东润堂生技有限公司项目厂址选择、土地转让、产品设计等前期工作全部完成；总投资3亿元的台湾大润发超市项目破土动工。6月4日上午，组织召开“2014山东·台湾周”聊台重点合作项目推进会，台湾万事达通运有限公司董事长王明德等85位台商应邀参加。会后，组织台商先后赴中通客车、台湾工业园、龙堤美食岛、徒骇河景观大道等地参观考察。6月，在北京组织参加山东聊城·台湾工商建设研究会经贸合作座谈会，台湾工商建研会理事长雷祖刚等30余位台湾企业家参会。9月，市委常委、副市长张旋宇率团在潍坊市举办聊城台湾经贸洽谈会，台湾中华工商经贸科技发展协会理事长秦慧珠等32位台湾人士参加会议。9月24—27日，市委常委、副市长张旋宇率团赴厦门市、漳州市等海西台商聚集区开展项目对接活动，参访考察相关台资企业和台湾园区，举办2014聊城（厦门）台商恳谈会，签约108亿元。12月下旬，由市委常委、副市长张旋宇率领聊城经贸文化交流团一行38人赴台举办“2014聊台经贸文化交流周”，副省长夏耕、海基会董事长林中森出席会议并致辞，邀请台商50余人，签订合作协议2个，投资额3.6亿美元。

2014年，聊城台湾经济合作恳谈会召开

2015年，完成招商引资额2亿元。先后组织6个经贸考察团组入岛招商。通过岛内考察、归后联络、热忱邀请，聊城市与台湾多家企业形成合作意向：台湾科捷生物科技有限公司计划与聊城市正信集团合作研发樟芝醋饮品，其副董事长李柏苍已多次到聊城考察，合作方式已初步商定；蓝山集团与台湾耐斯集团形成合作意向，意向生产加工大豆膳食纤维，双方企业考察该项目，并于11月在台湾签订合作意向书；台商吴淑珍与阳谷移山钎具有限公司就热处理加工方面开展对接合作；聊城田园牧歌有限公司与台湾果乐公司就干果食品加工形成合作意向；台湾日月潭疗养中心和美国奥罗瑞公司达成合作意向，在聊城市高新区建立企业生产乳腺检测设备；中通集团与台湾丰荣客运深化合作，提高中通客车在台湾组装的产量，加大聊城市客车进入台湾步伐。投资6000万元建设的台湾浩玮逻娃美食园现基本已装修完毕；东润堂生技有限公司在厂址选择、工厂设计、企业注册、税务登记、产品设计等前期工作已全部完成；计划总投资3亿元的台湾大润发超市项目正在装修中；总投资3亿元的金丝楠木博物馆和福建茶楼已基本装修完成；台湾德瑞科技有限公司已在聊城市部分社区中建立服务站将试运营；莘县日月潭疗养中心已开工建设；台湾诚富集团城市综合体项目和降解地膜项目计划2015年开工建设。6月9—14日，聊城市委副书记陈平率聊城现代农业交流团赴台进行参访考察，在台期间交流团举办聊城现代农业开发项目合作恳谈会，邀请台湾50余位业界人士参会。多位台湾企业家分享在现代农业、食品开发等领域的经验做法，聊台有关企业签订相关合作备忘录。会后，交流团先后实地走访旺旺集团、台东圣母健康农场、诚富集团、汉光农业科技股份有限公司、耐斯集团等企业。

1997—2015年，全市累计批准台资企业114家，总投资10亿美元，实际利用台资7亿美元；组织40余个经贸团应邀赴台考察交流，接待经贸团组60余个、台商1200余人次，与20余个台湾投资企业协会建立长期联系，为聊台经贸合作打下良好基础。

第二节　交往交流

1997年，接待台湾学术、商贸交流团组2个14人，因私赴台人员107人次，有21名台胞被批准回乡定居。1997—2001年，到聊台胞2067人次，接待经贸、文化等各类团组51个，赴台交流团组6个、31人次，因私赴台172人次。2002—2003年，接待台胞1126人次，其中，工商经济界人士588人，接待经贸考察团和文化访问团28个，因私赴台91人次。先后组织企业管理、交通运输、农业科技、新闻等9个考察团80人赴台交流，结束全市没有自行组团赴台交流的历史。市委书记郭兆信率聊城经贸考察团赴台考察交流。省台办以《明晰思路，强化措施，积极做好应邀赴台交流工作》为题将聊城市做法在全省转发。2004年，到聊城台胞832人次，团组23个，组织赴台交流团组4个、34人。市委书记郭兆信、市长张秋波先后率团赴台交流。举办“傅斯年与中国文化国际学术研讨会”，台湾大学原校长孙震等14名学者参加研讨会。2005年，接待台湾考察团（组）21个，组织赴台团（组）4个、22人。2006年，共接待到聊台胞、台商1084人次，接待到聊城团组14个，组织应邀赴台团组3个，因私赴台33人次。12月，举行台胞定点医院挂牌仪式。2007年，接待到聊城台胞、台商16个团组1100余人次，接待了台湾中天电视台一行4人到聊城采访。组织应邀赴台团组3个，与台湾工业总会、商业总会、台湾青年创业协会等6个协会加强联系。随团3人，因私赴台30人次。2008年，共接待到聊台胞32个团组1260余人次，其中从事经贸活动的680人次。组织赴台交流团组4个，随团赴台人数26人。9月，莘县天艺塑胶公司一行7人赴台湾，开展为期3个月的商务活动，为购买设备的台方安装调试，这是聊城市乃至全省首家大陆企业设备销到台湾。中通集团、阿胶集团企业高层人员赴台开展经贸活动。市教育局、市医院多人次赴台湾开展专业学术交流活动。

2009年，接待台胞15个团组800余人次，组织应邀赴台团组12个。6月25日，高唐县经济开发区与台湾南投县埔里镇结为友好合作区镇，开创全省先河。8月26日，市长林峰海赴台时向台东县“莫拉克”台风受灾群众捐赠20万元人民币。9月25日，海峡两岸书画情——第四届中国（高唐）书画博览会开幕，同时举办鲁台书画艺术交流基地揭牌仪式。2010年，接待台湾同胞1500余人次，团组50余个。组织14个团组207人次赴台参访，市委书记宋远方率领张自忠生平学术交流团赴台参访，在台期间会见吴伯雄、宋楚瑜等多名上层人士，召开聊台张自忠生平学术研讨会。8月，举办“傅斯年学术思想的传统与现代”研讨会，邀请台湾大学校长李嗣涔等30余名台湾学术界人士参会，市委书记宋远方、市政协主席王志刚分别在研讨会开幕式上致辞。9月，在高唐县举办第五届中国（高唐）书画博览会暨“海峡两岸书画情”大型文艺演出系列活动，国台办交流局副局长陈昕等在开幕式上致辞，中国国民党副主席蒋孝严办公室主任詹清池等30余名岛内各界人士出席活动。12月，李奇茂艺术馆奠基仪式在高唐县举行，全国人大华侨委员会副主任、中国侨联副主席、全国台联会长梁国扬等200余名两岸各界人士参加仪式。2011年，组织应邀赴台团组18个271人次，接待到聊城市团组20个。3月，邀请台湾工党主席郑昭明一行89人到聊城市考察，举办“世界郑氏经贸2011中国江北水城交流论坛大会”。4月，邀请台湾词作家庄奴、田文仲到聊城市参访，举办“再现十亿个掌声”演唱会。10月，在高唐县举行海峡两岸书画情——第六届中国（高唐）书画博览会暨海峡两岸书画艺术交流基地揭牌仪式。9月，邀请台湾中华建设党荣誉主席廖怡诚率团到聊城参观访问。11月，邀请台湾南投县埔里镇基层人士一行20余人到聊城参访考察，与高唐县经济开发区签订多项战略合作协议。2012年，组织应邀赴台团组11个，赴台人员279人次；接待到聊团组25个。先后组织举办海峡两岸书画情——第七届中国书画博览

2012年，李奇茂美术馆暨第七届中国（高唐）书画博览会开馆

会暨李奇茂美术馆开馆仪式活动和台湾南部基层人士齐鲁行等活动，中国国民党副主席蒋孝严、台塑集团工会主席吴祈忠等上层人士到聊城市参加。2013年，组织赴台团组18个312人次。5月，市长王忠林、副市长马丽红率领全市工商经贸、文化旅游、医疗卫生界人士67人，赴台湾举办“江北水城·运河古都”台湾行——聊台经贸文化交流周活动，推动聊台高层对接和经贸文化交流。6月，高唐李奇茂美术馆被文化部、国台办评为首批10家海峡两岸文化交流基地之一。7月30日，举办台湾南部基层人士齐鲁行活动，邀请台湾南投观光协会总干事颜峻瑜一行到聊城参访。9月29日，举办“海峡两岸书画情——第八届中国书画艺术博览会”。10月9日，举办台湾百名大陆配偶齐鲁行活动。11月，市长王忠林率聊城经贸文化交流团赴台交流，参加台湾山东周活动。在台期间，在台北市举办聊城经贸交流恳谈会。台湾耐斯集团总裁陈哲芳，中国国民党中常委、春保钨钢集团总裁廖万隆，中国国民党中常委、台湾工商协进会理事长许显荣等39位台湾各界人士应邀参加恳谈会。2014年，推动15个团组288人次应邀赴台。邀请台湾商工统一促进会、嘉义圣马尔定医院、农特精品跨岸交流协会等16个台湾团组312人次到聊城市参访。4月，邀请台湾师范大学等4所高校师生及科研专家10余人到聊城市参加聊城体育器材科技设计大赛。6月，高唐县李奇茂美术馆举办海峡两岸文化交流基地揭牌仪式。9月，举

行海峡两岸书画情——中国（高唐）书画博览会活动，举办山东艺术学院、台湾艺术大学两岸名校师生展和聊台艺术中心奠基仪式，国台办交流局副局长李京文到会指导。11月，邀请中华健康联盟主席张巧妍等30余位台湾大陆新娘到聊城市参访交流。2015年，以市委、市政府“两办”和市委对台工作领导小组的名义出台《关于认真落实郭树清省长加强对台农业交流重要批示的意见》，鼓励各机构、各行业、各领域加大赴台交流力度。先后组织聊城民政交流团、精致农业考察团、医疗卫生交流团、职业技术教育交流团、食品安全质检交流团等团组赴台，邀请台湾退役将领交流团、台湾电子电机公会交流团到聊参访交流。6月，市委副书记陈平率聊城现代农业交流团赴台参访考察，在台北举办聊城现代农业开发项目合作恳谈会，邀请台湾50余位业界人士参会。9月，举办海峡两岸书画情——第十届高唐书画博览会。10月，冠县清水镇社行村和台湾彰化县溪州乡张厝村签订友好乡村合作协议。11月，举办台湾大陆新娘齐鲁行活动。11月7日，临清京剧艺术交流团赴台湾举办第一届山东省鲁台京剧文化艺术节活动，先后在高雄市和台北市进行专场演出。1997—2015年，聊台人员往来规模不断扩大，交流领域不断拓宽，双方合作深入。尤其是2008年以后，聊台就医疗卫生、文化艺术、职业教育、现代农业等领域开展深入交流合作，先后举办“傅斯年学术思想研讨会”“海峡两岸书画情”“台湾基层人士齐鲁行”等交流活动，打造一系列对台交流品牌。

第三节　涉台宣传

1997年6月，聊城地委台办围绕“迎香港回归、促祖国统一”主题，召开有定居台胞、回乡探亲台胞和部分台属参加的“迎香港、话回归”座谈会、茶话会，进一步学习“和平统一，一国两制”的对台方针和中共中央总书记江泽民提出的对台八项主张。1998—2001年，向中台办涉台刊物供稿16篇，被《两岸关系》采用4篇、《海峡科技与产业》用稿3篇；向《山东涉台工作》供稿80篇，用稿60篇（幅）。连续多年受到省台办的表扬，该办撰写的《没妈的孩子也是宝》被省外宣办评为三等奖。坚持各级党校开设涉台形势教育课，市台办编写形势教育讲稿，各级党校开课率100%。利用《聊城日报》、电视台、广播电台等新闻媒体开展涉台教育和形势教育。

2002—2003年，先后向《两岸关系》《乡情》《人民日报（海外版）》《联合日报》《金陵之声》《山东涉台工作》等媒体供稿90余篇（幅），被采用49篇（幅）。市台办撰写的《书记为台商解难，台商投资意更坚》《记聊城市台属联谊会副会长傅乐铜》《聊城市台办开展多种形式的涉台教育》等文章在《山东涉台工作》上刊登。台湾大学原校长孙震访聊返台后写《傅斯年的故乡—聊城》《故国神游》《水浒传的世界》等3篇文章在台湾《联合报》上发表，山东《联合日报》《聊城日报》予以转载。市委党校设专职教师讲台湾地区形势、任务目标、对台政策，《山东涉台工作》介绍转发该经验做法。2003年，组织“台湾问题图片展”活动。2004年，在《海峡时空》发表稿件16篇，在华夏经纬网发表稿件8篇，被省台办评为组稿工作先进单位。阳谷、莘县、高唐、冠县还举办涉台教育形势报告会，受教育人数4000余人。6月，国台办新闻发言人李维一率台湾8家新闻媒体记者到聊进行采访，与聊城电台、电视台、报社进行业务交流。向台湾简讯文化出版社提供宣传聊城的文字、图版33篇（幅），全部被收录在《走进山东》一书。2005—2006年，在岛内向台胞、台商分发宣传资料300余份、光盘50余张。2007年，在华夏网改版中，共向网站提供文字、图片60余篇（幅），采用23篇。邀请中天电视台一行4人到聊城市采访，制作宣传聊城专题片在岛内播放。2008年，寓宣传于接待和赴台交流之中，向《海峡时空》供稿10篇，用稿6篇（幅）；向华夏经纬网供稿3篇，用稿2篇。坚持各级党校开设涉台形势教育课，利用《聊城日报》、电视台、广播电台等新闻媒体，广泛开展涉台教育。2010年，向岛内寄（赠）发宣传资料3200余份、光盘650余张。省对台刊物《海峡时空》于第四期刊登聊城对台工作专版，用一半的篇幅介绍聊城市对台工作开展情况。当年，省级以上新闻媒体采用全市涉台宣传稿件30篇（幅）。2011年，向岛内发放宣传手册4100余份、光盘2800余张；在各级刊物上发表稿件40余篇（幅），在华夏经纬网、中国台湾网等网络平台上发表信息30余篇（幅）。聊城市台办被省台办评为全省对台宣传调研工作优秀单位。2012年，制作聊城市概况宣传视频和对台工作宣传手册，举办“台湾知识图片展”，在华夏经纬网、中国台湾网等网络平台上开辟聊城市对台工作宣传专栏，邀请台湾中视集团摄制组到聊城拍摄《大陆寻奇——盛世绝艺》纪录片，宣传聊城市人文风情和民间艺术。2013年，在各级刊物刊发稿件72篇（幅）。

2014年，向各县（市、区）台办下发《关于做好聊城市对台宣传工作的通知》，建立全市对台工作量化考核机制。先后两次邀请台湾中天电视台、《联合报》等多家媒体记者到聊城市进行走访拍摄，将聊城市旅游景点、人文古迹、产业特点、经济成就等制成书面报道和电视片，在《联合报》、中天综合台、中天亚洲台、凤凰视频等媒体刊登播放。12月，在台北101大楼举办聊城非物质文化遗产展，将聊城木版年画、葫芦雕刻和东阿阿胶等国家级非物质文化遗产在岛内予以宣传，副省长夏耕、省台办主任张雪燕参观。邀请省台办领导到聊城市举办专题培训会，市台办全体人员、各县（市、区）台办主任、信息员参加。市台办在全省对台宣传工作会议上受到表扬，获专项奖、进步最快奖和先进个人奖3个奖项。市台办外宣作品《魅力东方：山东聊城》和《山东聊城：江北水城·运河古都》分别获第五届聊城市对外传播奖新闻类作品一等奖和二等奖，后者还获第十一届山东省对外传播奖优秀外宣作品。2015年，共在各级媒体发表稿件580余篇，接待台湾三立电视台等媒体记者到东阿阿胶等企业采访拍摄。东昌府区台办为台北市山东同乡会会刊供稿，详细介绍该区人文历史和产业优势。高唐李奇茂美术馆和台湾美术馆联合拍摄纪录片《采风神韵》在岛内播出。国台办2015年第十一期《对台工作简报》将高唐县依托海峡两岸文化交流基地开展对台交流的做法向全国转发推广。

1997—2015年，聊城市台办以团结广大台湾同胞为主线，深入开展涉台宣传工作，持续为《两岸关系》《海峡时空》《台湾工作通讯》等刊物及中国台湾网、华夏经纬网等网络媒体供稿，邀请台湾记者交流团到聊采访拍摄，不断提高聊城在岛内的知名度和影响力，营造全社会关心支持对台工作的舆论氛围。

第四节　对台服务

1997年6月，聊城地委台办围绕“迎香港回归促祖国统一”主题，召开有定居台胞、回乡探亲台胞和部分台属参加的“迎香港、话回归”座谈会、茶话会，畅谈香港回归的伟大意义，披露李登辉与民进党串谋进行“台独”活动的卑劣行径，使广大台属和台胞深受教育和启发。

1998—2001年，市台办不断深入到台资企业，开展调查研究，主动向台商宣传《中华人民共和国台湾同胞投资保护法》，帮助台商解决在生产经营中所衍生的问题。先后撰写《聊城市台资企业投资环境不容乐观》《聊城市开展对台经贸工作的几点建议》等调查报告，两个报告均得到市委书记、市长的重视并签批意见，转发到各县（市、区），促进全市台资企业健康发展。2002年，指导帮助东昌府区台办、阳谷县台办台联会换届工作。

2004年，在天津（台湾）憬愚铝合金加工企业到茌平投资建厂遇到困难时，市台办协调工商、税务、茌平县等有关部门，千方百计帮助解决，终使台商顺利投资建厂。在生产过程中又遇到纳税等问题，多次与有关部门联系，解决纳税中的实际问题。临清市台办为台湾富元制浆造纸机械公司解决劳资、保险分歧，挽回经济损失近10万元；帮助台属解决宅基地纠纷。阳谷县台办每月定期走访台资企业与台商见面，随时帮助台商解决生产生活中的困难。茌平县台办帮助台资企业协调税务、技术监督等部门解决纳税等方面的问题。冠县台办及时协调有关部门帮助台属办理3件遗产继承案，协调解决宅基纠纷2起。2007年，发挥台办工作职能，强化亲商、爱商、助商、安商、富商意识，做到零距离接触、高质量服务。在实践中，做到“三个马上”“四项服务”。市台办协调华夏银行、国家开发银行，为台资企业提供融资支持服务。为莘县义和诚实业有限公司争取华夏银行贷款1100万元，向国家开发银行提出为阳谷太平洋光缆公司贷款3000万元的申请。2010年，开展台商服务“三心”工程，做好台企台胞服务投诉协调工作，为台胞台商排忧解难，为台企提供一条龙服务，在台资企业落地、运营中提供竭诚帮助，由市台办提供车辆，安排工作人员代替台商跑部门、办手续，简化程序和费用。4月，市台办会同交警部门妥善处理东昌府区台商常先生交通事故事件。5月1日，举办“情系玉树灾区·台商义卖义演”活动，筹集款项3万余元，通过市慈善总会捐往灾区。7月，市台办会同公安部门从轻处理3名外地台商伪造某县企业商标的违法生产事件。中秋节，举办“聊城台商中秋茶话会”。10月，市台办会同质监部门处理台湾（烟台）明玮机械制造有限公司违规安装压力容器事件。2010年，全市处理的台商投诉案件中有2件被省台办评为优质服务项目。

2012年，宣传贯彻省政府办公厅《关于支持台资企业发展扩大鲁台经贸合作的意见》，会同多部门制定《聊城市关于支持台资企业发展的若干规定》，开展“台资企业走访季”活动，成立活动领导小组，加强台资企业走访调研，搞好跟踪服务。全年接到台商投诉案件5起，全部予以解决。2014年，第一季度在全市范围内深入开展“台资企业走访季”活动，受理台胞投诉案件5起并全部予以结案。累计协助台企解决贷款2000万元，协调交通公路部门投入资金100余万元，为2家台企修建厂区道路2条。2015年，市台办与市公安局共同出台《关于切实做好台商台胞服务工作的指导意见》，在赴台交流和接待到聊台胞时广泛发放聊城市对台服务宣传册页。第一季度，举办“台资企业走访季”活动，走访聊城市台资台属企业30余家，为聊城市台企解决融资、招工、手续办理等困难16件。1997—2015年，市台办主动向台商宣传《中华人民共和国台湾同胞投资保护法》，帮助台商协调解决在生产经营中所衍生的问题，协调处理台商投诉案件20余件，均得到妥善处理，帮助台商协调解决困难70余件。先后撰写《我市台资企业投资环境不容乐观》《我市开展对台经贸工作的几点建议》《关于全市台资台属企业发展的现状及对策建议》等20余篇调查报告，修订完善《涉台突发事件应急预案》，会同有关部门制定《聊城市关于支持台资企业发展的若干规定》《关于切实做好台商台胞服务工作的指导意见》。

第十章　机关党建

第一节　组织建设

1997—2001年，市直（地直）机关广泛开展“创先争优”活动，表彰先进党委25个、先进党总支（支部）111个、优秀共产党员470人、优秀党务工作者74人；培训入党积极分子3158人，发展党员2603人。2002—2003年，新建或调整基层党组织26个，督促指导55个党组织换届选举；新发展党员1039人。2004年，新发展党员534人。2005年，组织开展党员状况调查，基本掌握市直基层党员的组织、思想、工作

2015 年 9 月，市直党建重点工作推进会召开　（山铁钢摄）

的基本情况；组织开展保持共产党员先进性教育活动。2006 年，广泛开展“五个好”基层党组织和“五好”党员创建活动，巩固和深化先进性教育活动成果；新发展党员 517 人。2007 年，推进党的先进性长效机制建设，印发《山东省先进性长效机制检查抽查千分考核评价表》，全年新发展党员 529 人。2008 年，完成市直党组织、党员信息库建设等各项工作，新发展党员 517 人。2009 年，全年新发展党员 590 人。2010 年，在基层组织和党员中开展“创先争优全面提升争做服务先锋”活动。全年新发展党员 597 名。2011 年，新发展党员 595 人。2012 年，开展在职党员进社区活动。2015 年，把“在职党员进社区”工作与创城复审工作紧密结合。截至 2015 年年底，全市基层党委 82 个，党总支 81 个，党支部 1014 个。党员 25987 人。按单位结构分，党政机关党员 2918 人，占 11.2%；事业单位党员 7813 人，占 30.1%；企业单位党员 5949 人，占 22.9%；离退休党员及其他 9307 人，占 35.8%。按学历结构分，研究生占 5.6%，本科占 38.2%，专科占 30.6%，中专占 13.5%，高中占 4.6%，初中以下占 7.5%。

第二节　党员教育

1997—2001 年，广泛开展创建“文明机关”活动。2003 年，市直机关工委制定《关于进一步加强市直基层党校（党员活动室）建设的意见》，对市直各单位基层党校（党员活动室）建设作明确规定。2005 年，组织开展保持共产党员先进性教育活动。2006 年，加强孔繁森同志纪念馆党员领导干部教育基地基础建设，与聊城监狱加大共建警示教育基地力度。2007 年，开展“加快建设强市名城，我们怎么办”解放思想大讨论活动。2008 年，从党费中拨出一部分专款扶持市直业余党校、党员活动室建设，拨专项经费为市直 8 个单位业余党校配置党教上墙图板，建成市直业余党校标准化室。2009 年，结合庆祝中华人民共和国成立 60 周年、改革开放 30 周年，编辑出版《纪念改革开放 30 年征文集》和《生态·和谐·超越——庆祝中华人民共和国成立 60 周年聊城发展成就图片集》。2010 年，制定下发《关于推进学习型党组织建设的实施意见》，召开市直学习型党组织建设经验交流会议，开展国税杯“党徽在全面提升年中闪光”演讲比赛。2011 年，组织开展争创“共产党员先锋岗”主题实践活动。2012 年，开展“学习十八大优质党课”评比活动。2014 年，开展党的群众路线教育实践活动和“坚定理想信念作表率”知识竞赛活动。2015 年，联合市档案局、孔繁森同志纪念馆举办全市《“三严三实”专题教育展览》。

第三节　党风廉政建设

1998 年，组织市直 6400 余名党员干部参加中央四部委开展的《中华人民共和国行政监察法》知识竞赛。2000 年，市直有 2746 名企业领导干部和市直机关事业单位的科级干部参加学条规、依法行政、讲党性、实践“三个代表”重要思想等知识竞赛。2002—2003 年，组织 905 名副县级以上党员领导干部参加廉洁从政知识考试，参加率 91%。2004 年，开展“为民、务实、清廉”教育，组织 600 余名副县级以上党员领导干部和4000余名科级干部参加“为民、务实、清廉”教育知识测试，参考率86%。2006年，组织开展党章知识竞赛活动。2007年，贯彻落实《中共聊城市委关于加强廉政文化建设的实施意见》，与聊城日报社联合，在市直开展反腐倡廉优秀作品有奖征集活动。2010年，开展《中国共产党党员领导干部廉洁从政若干准则》知识测试活动，参加人员2981人，参考率99%。2012年，在市直开展纪律作风建设集中活动。2013年，在市直机关开展“作风建设年”主题实践活动。2015年，部署开展“为民、务实、清廉机关”创建活动，对32名科级以下违纪党员给予党纪处分。

第十一章　机构编制管理

第一节　行政编制管理

2002年以后，全市党政群机关行政编制的变化有6种情况：一是省编办为聊城市增加的军转干部编制326人。其中，2002年增加78人，2003年增加7人，2005年增加48人，2006年增加34人，2007年增加40人，2008年增加23人，2009年增加24人，2010年增加14人，2011年增加9人，2012年增加11人，2013年增加17人，2014年增加10人，2015年增加11人。二是2006年省编委为聊城市增加行政编制493人。三是2003年省增物价检查所编制37人，2007年省编办为物价所增加行政编制62人。四是2008年省编办为农调队增加行政编制16人。五是体制调整。2009年药监部门划转，增加编制141人。2013年，工商质监下划增加编制1564人。六是2004年药监局机构改革减少编制9人。2012年耕地占用税和契税政管职能划转，减少编制2人。

2012年5月，召开全市机构编制工作会议

2003—2015年聊城市党政群机关行政编制统计表

表19-4　　单位：人

年份	党政群编制总计	市直	县（市、区）	乡镇、街办
2003	10279	1388	4380	4511
2004	10270	1318	4270	4682
2005	10318	1376	4260	4682
2006	10845	1903	4260	4682
2007	10947	1756	4509	4682
2008	10986	1785	4519	4682
2009	11151	1827	4642	4682
2010	11165	1833	4650	4682

续表 19-4

年份	党政群编制总计	市直	县（市、区）	乡镇、街办
2011	11174	1752	4740	4682
2012	11183	1758	4784	4641
2013	12764	1904	6219	4641
2014	12774	1911	6222	4641
2015	12785	1918	6226	4641

第二节　事业编制管理

中小学教职工核编　2003年，根据《山东省人民政府办公厅关于下达全省中小学教职工编制的通知》有关精神和要求，制定《聊城市人民政府办公室关于下达全市中小学教职工编制的通知》。在省规定的时间内，完成中小学教职工编制分配工作，全市分配中小学教职工编制48669名。

2011年12月，根据《山东省人民政府办公厅转发省编委办公室等三部门关于调整中小学教职工编制标准的意见的通知》要求，市编办、市教育局、市财政局共同研究，联合下发《关于开展2011年全市中小学教职工核编工作的通知》，明确教职工编制核定标准、核定基数、核定程序等。2012年3月，市政府办公室印发《关于下达全市中小学教职工编制的通知》，完成全市中小学教职工核编工作，全市核定教职工编制43756名。

2011年12月，召开全市分类推进事业单位改革暨清理规范工作会议

幼儿园核编　2013年8月，根据《山东省公办幼儿园编制标准》文件精神和省公办幼儿园核编要在编制总量内调剂的有关规定，为满足新学期乡镇中心幼儿园教学需要，经市编委会研究同意，在总量控制的前提下采取“一次核编，逐步到位”的原则，先期下达1080名乡镇（街道）中心幼儿园教职工编制，其中：东昌府区128名，阳谷县144名，莘县192名，茌平县112名，东阿县80名，冠县144名，高唐县96名，临清市128名，聊城经济开发区56名。

基层医疗卫生机构核编　2010年5月12日，省编办下发《关于印发〈先行实施国家基本药物制度县（市、区）乡镇卫生院机构编制管理意见〉的通知》文件，要求对全省先行实施国家基本药物制度的县（市、区）乡镇卫生院开展编制核定工作。当年7月，根据省编办文件要求，市编办、市财政局、市卫生局联合印发《关于东阿县乡镇卫生院、社区卫生服务中心机构设置和编制核定的批复》，完成试点县东阿县的基础卫生机构设置和编制核定工作。东阿县9所乡镇卫生院和2所社区卫生服务中心核定事业编制621名。

2011年1月7日，根据省编办明电《关于基层医疗卫生机构核编工作的通知》要求，市编办与市财政局、市卫生局联合下发《关于全市基层医疗卫生机构核编工作的通知》。经市编委研究同意，市编办、市财政局、市卫生局联合批复各县（市、区）基层卫生机构核编文件。7县（市、区）和经济开发区共有乡镇95个，设置94个卫生院，核定编制5677名；街道30个，设置30个社区卫生服务中心，核定编制1642名。

公立医院核编　2012年12月，根据《关于印发山东省公立医院机构编制标准的通知》要求，市编办、市财政局、市卫生局联合印发《关于做好全市公立医院核编工作的通知》。对全市公立医院人员控制总量备案工作安排部署，优化配置公立医院编制资源，加强和进行规范公立医院机构编制管理。

第三节　机构编制总量管控

机构编制总量控制　2003年5月，市编办联合市人事局印发《关于贯彻实施〈山东省事业单位机构编制管理规定〉有关问题的通知》，要求：不再审批新增事业机构编制事宜，特别是新增财政拨款事业机构编制，确需增加的，本着“撤一建一”，多减少增的原则。对经费自理的事业机构编制，在控制总量的前提下，从严掌握；不再审批超出规定要求增加领导职数和机构升格事宜；对于调整经费形式的，鼓励全额改差额、差额改自收自支，一律不做逆向调整；从严掌握事业单位增加工作人员，特别是财政拨款的事业单位，对于超编制进人一律不予研究，在编制许可内增加工作人员实行考选招聘的办法；加强对现有事业单位的清理整顿工作，对未核定编制的事业单位，根据有关核编标准或实际情况抓紧核定其编制，对事业单位现有人员要澄清底数；对调查摸底职能弱化、消失、转移的事业单位，并根据实际情况分别予以撤销或合并。12月，市编办印发《关于加强全市事业单位机构编制管理有关问题的通知》，要求各县（市、区）对没有核定编制的事业单位全面的核编定编，有定编标准的按照标准核定，没有定编标准的，根据实际需要按照精简的原则从严核定。2004年9月，根据《山东省委、山东省人民政府关于市县政府机构改革的实施意见》要求，经市政府领导同意，在市县政府机构改革工作期间，暂时冻结市直建委系统有关机构编制和人员调整事宜。

自2005年年底开始，分阶段安排部署事业单位实行编制实名制管理工作。2006年，市编办连续下发《关于进一步加强全市乡镇机构编制和人员管理的通知》《关于做好乡镇机关事业单位工作人员统计工作的通知》《关于进一步加强全市机构编制监督检查工作的通知》，对乡镇事业单位机构编制和实名制管理工作提出明确的任务目标。乡镇事业编制由省总量控制，乡镇事业编制总量的调整由县编制部门报市编制部门审核，由省编制部门审批。各乡镇一律不得新设事业单位；冻结全市乡镇增加工作人员，确保乡镇人员5年内只减不增（国家政策需安置的人员除外）。2006年11月，市编办印发《关于全市县级派驻乡镇单位和县级部门实行编制实名制管理的通知》，各县（市、区）在全面完成乡镇机关事业单位编制实名制管理工作的基础上，将编制实名制实施范围向县级派驻乡镇单位和县级部门延伸。2007年3月，市编办先后印发《关于在市直行政机关实行编制实名制管理的通知》《关于在全市事业单位实行编制实名制管理的通知》，明确提出编制管理和人员管理紧密结合，严格按照核定的人员编制数额和人事管理的政策规定，配备相应的工作人员，实行定编到人，并将编制数额和配备人员名单向社会公示。2008年4月，市编办印发《关于第二批市直事业单位实行机构编制实名制管理的通知》，部署安排第二批市直事业单位编制实名制工作，涉及57个部门300余家事业单位。2008年7月，市编办印发《关于第三批市直事业单位实行机构编制实名制管理的通知》，部署市直第三批事业单位编制实名制工作，在规定时间内完成市直事业单位编制实名制工作。2011年7月，市编办印发《关于对全市党政群机关机构编制实名制管理情况进行复核的通知》。督促各部门“三定”规定的落实，对全市党政群机关机构编制实名制管理的内容复核。2011年8月，市编办、市财政局印发《关于转发〈山东省机关事业单位编制使用审核与人员经费管理办法的通知〉的通知》，要求机关事业单位使用编制补充人员完成后，及时入编登记，机构编制部门列入编制实名制名单，并向财政部门出具“编制实名制人员管理卡”，财政部门依据此卡核定预算、核拨经费。2012年

9月，市编办印发《关于加强市直机关事业单位机构编制台账管理的通知》，对市直党委、政府各部门和所属事业单位，市人大、政协、法院、检察院、群团机关及其他组织所属事业单位及市委、市政府直属事业单位机构编制及在编人员情况实行台账管理，建立由市编办统一格式的《聊城市机构编制管理台账》。2014年1月，市编委印发《关于转发〈山东省机构编制委员会关于机构改革期间进一步加强机构编制管理的通知〉的通知》，规范机构编制管理，严格控制人员编制，各级事业编制总额以2012年统计数为基数，由省机构编制部门负责实行总量控制，在总额内有所减少。2014年4月，市编委印发《关于严控机构编制确保财政供养人员只减不增的实施意见》，要求严控机构编制，确保财政供养人员只减不增，科学合理配置机构编制资源，减低行政成本，提高行政效率。市级事业单位除各类学校（不含成人院校和干部院校）、公办幼儿园、公立医院、食品药品、安全生产、环境保护、直接承担就业和社会保障社会福利职能的事业单位外，其他事业单位编制原则上按6%比例精简压缩，市级事业编制精简压缩共计432名。2014年11月，市委组织部、市编办、市财政局、市人社局联合印发《关于转发〈省委组织部等4部门关于健全完善机构编制人员与经费管理协调配合机制的意见〉的通知》。明确聊城市机关事业单位年度用编进人计划需报市编委批准，进人必须在核定的编制限额内，并有相应的空编和职位（岗位）空缺，超编满编单位人员只出不进。

人员招聘与流动　2008年7月，市编办与市委组织部联合下发《关于进一步加强和完善市直事业单位工作人员招聘及流动工作的通知》。明确市直事业单位新进人员一律按照“凡进必考”的原则在编制限额以内实行公开招聘；市直急需人才以及正高级专业技术职务或博士学位人员可采取直接考核方式，由组织、人事部门初审后提交市委常委会研究确定；允许市直事业单位之间人员进行合理调动，鼓励机关向事业单位、全额事业向差额事业、差额事业向自收自支事业、自收自支事业单位向企业流动，经费形式相同事业单位之间的人员要在编制限额内进行；严格控制独立核算的事业单位向机关直属事业单位的人员调动，严格控制事业单位之间的人员逆向流动，严格控制县（市、区）事业单位人员向市直事业单位逆向流动。2011年10月，市编办印发《关于市直机关事业编制使用审核有关问题的通知》，对市直机关事业编制使用审核工作提出以下要求：机关事业单位凡使用空余编制补充人员，需向市编办提报下一年度编制使用申请，安置转业军官、转业士官、退役士兵，由负责安置的主管部门提出用编申请。因特殊情况急需补充人员的，可随时提报编制使用申请；市编办根据有关规定，审核编制使用申请，符合用编要求的，向用编单位出具“编制使用核准通知单”，当年度有效。用编单位持“编制使用核准通知单”到有关部门办理招考、录用、聘用、调动等事宜；机关事业单位补充人员完成后，15个工作日内持有关文件、证明到市编办办理入编手续。属于市委管理干部调整或市委组织部调任的人员，所在部门单位可凭任命文件直接到市编办办理入编手续。入编人员由市编委办公室列入编制实名制名单，并出具“编制实名制人员管理卡”，用人单位持“编制实名制人员管理卡”及相关材料到市财政局办理核定预算、核拨经费等事宜。经费自理单位，需将“编制实名制人员管理卡”存档，作为补充人员纳入编制管理的唯一依据；机关事业单位在编人员如有调出、退休、开除、解聘、辞职、辞退、死亡等情况，所在部门单位须持有关文件、证明，15日内到市编办核销编制实名制人员信息；机关事业单位未经编制使用审核、擅自补充人员的，一经查实，市编委办公室暂停办理其机构编制事项，并会同有关部门按照《机构编制违纪行为适用〈中国共产党纪律处分条例〉若干问题的解释》，对相关负责人予以严肃处理。

机构设置审批　2009年7月，市编委印发《关于机构改革期间停止受理和审批机构编制事项的通知》，提出至机构改革结束，除党中央、国务院和省委、省政府及上级机构编制部门有明文规定外，各级党委、政府和机构编制部门一律停止受理和审批各级党政群机关、事业单位新设机构、机构升格、增加编制和领导职数等事项。2012年12月，市编办印发《关于调整科级事业单位审批程序的通知》，调整县（市、区）事业单位设置的审批程序。各县（市、区）在现有事业单位总额内，按照机构规格对等、撤一建一原则设立科级事业单位或变更名称、加挂牌子的，由各县（市、区）确定，报市编办备案。各县（市、区）将事业单位升格为副科级以上规格和科级机构总额外设立科级事业单位的仍按原规定的审批程序办理。

第四节　综合监督管理

2000年10月，根据中共山东省委、山东省人民政府关于《中共聊城市委机构改革方案》和《聊城市人民政府机构改革方案》的通知，聊城市机构编制委员会办公室与聊城市人事局合署，为市政府工作部门。2011年6月，根据中共山东省委、山东省人民政府批准的《聊城市人民政府机构改革方案》和《中共聊城市委、聊城市人民政府关于聊城市人民政府机构改革的实施意见》文件，原与聊城市人事局合署的聊城市机构编制委员会办公室单独设置，承担聊城市机构编制委员会的日常工作。聊城市机构编制委员会办公室既是市委工作部门，也是市政府工作部门，列入市委机构序列。2011年11月21日，根据《关于市事业单位登记管理局更名的通知》，同意将市事业单位登记管理局更名为市事业单位监督管理局，规格为副县级，配领导职数一正一副。2012年5月，根据《关于成立市机构编制电子政务中心的批复》文件，同意市编办下设市机构编制电子政务中心，为科级全额拨款事业年单位。2013年12月，根据《聊城市机构编制委员会关于设立聊城市人民政府行政审批制度改革办公室的通知》文件，成立聊城市人民政府行政审批制度改革办公室（简称市政府审改办），设在市编办，副县级行政机构。

一、机构编制核查

2012年，根据省编委《关于印发山东省机构编制核查工作实施方案的通知》要求，市编办印发《聊城市机构编制核查工作实施方案》的通知，对全市机构编制核查工作安排部署，明确核查目的、核查范围、核查内容和方法步骤，提出相关工作要求。核查工作自当年1月开始，8月底结束，抽调人员63人，其中市级16人、县级47人。分单位自查、集中核查、整改规范、评估验收5个阶段组织实施。通过核查，全市行政机构986个，事业机构3599个；行政编制17216人，实有人员15138人；事业编制108972人，实有人员116482人。通过机构编制核查工作，彻底摸清全市党政群机关和事业单位的机构编制底数和人员状况，详细掌握了全市机构编制管理工作中存在的问题和原因，对核查中发现的问题认真整改，完成省编办对机构编制核查工作的各项任务。

2014年，根据《山东省机构编制委员会关于开展机构和人员编制核查全面加强机构编制实名制管理的实施意见》要求，市编办印发《关于深入开展机构和人员编制核查全面加强机构编制实名制管理的实施方案》，对全市机构编制核查工作进行安排部署，明确核查目的、核查范围、核查内容和方法步骤，提出相关工作要求。核查工作自当年5月开始，9月底结束。核查分准备阶段、实施阶段、验收阶段、统一汇总阶段4个阶段进行。通过核查，全市行政机构449家，派出机构494家，开发区管理机构9家，街道、乡镇135家，事业机构3624家；行政编制18957人，实有人员18514人；事业编制110088人，实有人员115528人。通过机构和人员编制核查和全面推行机构编制实名制管理，彻底摸清全市党政群机关和事业单位的编制底数和人员状况，全面掌握全市机构编制管理工作中存在的问题和原因，完成机构和人员编制核查的工作目标。

二、机构编制监督

2011年4月，根据山东省编办关于转发中央编办《机构编制“12310”举报受理工作规定》的通知，市编办印发关于贯彻执行中央编办《机构编制“12310”举报受理工作规定》的通知，加强宣传工作，畅通举报渠道，各县（市、区）编办将举报电话、举报信箱在媒体上公布。2013年4月，市编委转发《山东省政府部门机构编制评估办法》的通知，分期分批开展评估工作，利用3年时间，将所有政府部门进行一遍评估。2015年8月，市直、各县（市、区）政府部门机构编制评估工作全面完成。2014年10月，市审计局、市编办联合转发省审计厅、省编办《关于开展机构编制管理和执行情况审计工作的意见》的通知，要求审计机关和编制部门加强协作配合，形成监督合力。根据上级要求，市审计局将市编办调整为市经济责任审计工作联席会议成员单位，明确工作职责，并将机构编制审计内容纳入市直6个部门主要负责人的离任经济责任审计内容。按照《山东省17市机构编制工作绩效管理办法》要求，2014年研究制定《聊城市机构编制工作绩效管理实施办法（试行）》，明确适用对象、管理项目、评价标准、方式方法、综合评价、结果运用6个方面的内容，日常通过建立绩效管理台账、综合运用调阅资料、调度进展情况、实地督导、调研督查等方式方法，对县（市、区）绩效管理项目工作情况全程跟踪管理，绩效管理项目实行百分制评价，依照综合得分确定机构编制工作绩效管理评价等次。通过实施绩效管理，实现由结果考核向过程监管的转变，发挥导向、评价、激励、约束作用。

第五节　行政审批制度管理

2013年12月，成立聊城市人民政府行政审批制度改革办公室（简称市政府审改办），设在市编办，副县级行政机构。2015年9月，成立聊城市推进政府职能转变领导小组，下设办公室（综合组），设置6个专题组和3个功能组。综合组对外以“市推进政府职能转变领导小组办公室”名义开展工作。市政府审改办具体承担办公室（综合组）和行政审批制度改革组2个组的日常工作。

为进一步深化全省行政审批制度改革，加快推进政府职能转变，按照2014年5月省政府办公厅印发的《关于全省2014年度深化行政审批制度改革工作的意见》，2015年3月省政府印发的《关于贯彻落实国发〔2015〕6号文件进一步深化行政审批制度改革的意见》，聊城市在全省率先公布行政审批事项目录清单，2015年7月，编制并公布市直部门（单位）行政审批中介服务收费项目清单，实行中介服务清单管理，切实加强中介服务监管。当年10月，编制并公布行政审批事项业务手册和服务指南，规范行政审批行为。2014年以后，聊城市分5批削减行政审批事项189项，将134项工商登记前置审批事项调整为后置审批，全面取消非行政许可审批事项，不再保留这一审批类别。

为加快推进全市各级政府职能转变，强化权力运行制约监督，2015年2月，聊城市在全省率先公布行政权力清单，削减行政权力事项1158项，率先制定出台《行政权力清单目录管理办法》，对行政权力进行精细化管理。

为进一步转变政府职能，落实责任主体，根据2015年2月省编委印发的《关于在全省开展政府部门责任清单编制工作的通知》，2015年7月，聊城在全省率先公布《政府部门责任清单》。以厘清政府与市场、政府与社会、政府层级间的关系，加强对行政权力的制约监督。同时，结合政府部门责任清单，制定515项事中事后监管制度。

2015年，贯彻省政府《关于印发2015年推进简政放权放管结合转变政府职能工作方案的通知》，编发《工作简报》14期向市委、市政府和省编办报送工作情况，在中央编办网站、《经济日报》《大众日报》《聊城日报》、聊城电视台、聊城新闻网等主流媒体刊发信息报道39篇，宣传聊城市行政审批制度改革和政府职能转变工作。

第六节 事业单位监督管理

一、事业单位日常监督管理

1998年10月《事业单位登记管理暂行条例》颁布以后，按照国家、省有关规定，聊城市为尽快开展此项工作，在事业机构编制科加挂事业单位法人登记办公室牌子，配备专职人员。2002年5月，省编办印发《山东省机构编制委员会办公室关于开展全国统一的事业单位法人登记工作有关问题的通知》，要求自2002年7月至8月31日，对全省各级事业单位进行全国统一的事业单位法人初始登记工作。聊城市印发《关于转发山东省机构编制委员会办公室〈关于开展全国统一的事业单位法人登记工作有关问题的通知〉通知》，对申请办理全国统一的事业单位法人初始登记的事业单位需报送的材料，以及变更登记、注销登记、公告、收费等事项做出明确规定。

2003年4月8日，市编办联合市直16个部门制定《关于转发山东省机构编制委员会办公室等十七部门〈关于《事业单位法人登记证》《山东省事业单位登记证》使用问题的通知〉的通知》，规范事业单位法人证书使用问题。4月16日，出台《关于印发〈聊城市市直事业单位登记管理工作实施细则〉〈聊城市市直事业单位登记管理工作程序〉的通知》，对事业单位的设立登记、变更登记、注销登记、年度检验、责任处罚、证书的使用、档案管理及监督管理予以说明和规范。

2004年5月，由东阿县人事局、县事业单位登记管理办公室举办东阿县第一期事业单位法人（单位）业务知识培训班，邀请省事业单位登记管理局局长邵力峰到培训班授课。

2007年4月，根据省事业单位登记管理局有关要求，对各县（市、区）的事业单位登记管理工作人员进行网上登记培训。10月，市编办转发省编办《关于转发国家事业单位登记管理局关于印发〈事业单位登记管理档案管理办法〉的通知》和《关于转发国家事业单位登记管理局国事登〔2007〕01号文件开展网上办公和实时汇总事业单位登记管理数据工作的通知》；对事业单位法人登记档案的收集、整理、保管和利用等工作规范，对事业单位法人登记网上办公和实时汇总登记管理数据的基本内容、具体要求与操作步骤等工作作出明确说明。

2009年4月，转发省事业单位登记管理局印发的《关于贯彻落实取消事业单位登记费并做好相关工作的通知》，规定自2009年1月1日起取消事业单位登记费，依法履行行政管理职能或核发证照所需要的经费由同级财政预算予以保障。

2012年7月，出台《关于开展全市事业单位登记管理工作检查的通知》，开展全市事业单位登记管理工作检查。10月31日，出台《关于印发〈聊城市事业单位法人登记现场核查办法〉（试行）的通知》，规范市事业单位法人登记管理，严格事业单位法人登记条件，确保登记信息的真实性和合法性。

2012年8月，全市事业单位监督管理工作会议召开

根据省编办的要求，2012年起，事业单位年检工作通过山东省事业单位监督管理信息系统实施。2013年1月11日，举办市直事业单位监督管理知识及信息系统应用培训班。是年，市级305个法人登记单位全部应用网上监管信息系统，超额完成省里对市级单位运用网上信息系统达50%的目标，事业单位监管信息系统在全市范围内的应用在全省位于前列。2013年12月20日，抽取4个2013年进行事业单位法人变更

的事业单位实地核查，督促核查单位对存在的问题整改。

2014 年 1 月 27 日，出台《转发山东省编办关于印发〈山东省事业单位章程制定办法〉的通知》，对全市事业单位章程制定工作进行集中安排部署，全年核定市直 193 个事业单位的章程。市编办与市中级人民法院、市人民检察院等 21 个部门沟通联系，出台《转发省编办等 23 部门〈转发中央编办等部门关《事业单位法人证书》使用问题的通知〉》，规范全市“事业单位法人证书”使用。当年 12 月，发布《转发山东省编办〈关于做好 2014 年度事业单位法人年度报告公示的通知〉》，对 2014 年度事业单位法人年度报告公示工作统一安排部署。全市 1259 个事业单位通过监管信息系统对上一年度的年度报告向社会公示。

2015 年，抽取市直 54 个事业单位进行实地核查，重点核查事业单位的登记事项及业务开展情况，并在核查完成后将核查结果及时反馈给事业单位及其主管部门。

二、法人治理结构试点建设工作

2013 年，根据国务院文件精神，东阿县人民医院作为聊城市法人治理结构的试点单位开展试点工作。2015 年 6 月 8 日，出台《关于报送事业单位法人治理结构试点单位的通知》，在市直和各县（市、区）卫生、教育、文化等领域新增法人治理结构试点单位 27 个，扩大法人治理结构试点范围。市直卫生和文化部门在确定试点单位后，制定事业单位法人治理结构试点实施方案，明确任务目标、基本原则、基本框架和实施步骤。

三、绩效考核工作

2013 年 10 月，根据全省事业单位绩效考核会议精神，印发《聊城市事业单位绩效考核办法（试行）的通知》，11 月出台《关于成立聊城卫生专业考核委员会的通知》，确定卫生系统的事业单位为聊城市事业单位绩效考核的试点单位，通过与主管部门沟通协调，采取实地考察、审阅资料、实施社会满意度调查等举措，完成 2013 年度市直事业单位绩效考核试点工作。按照省编办以公益性单位为主、覆盖事业单位全行业的要求，2014 年的事业单位绩效考核工作以公益类单位为重点在市直各行业事业单位全面推开，涉及 17 个主管部门 223 个事业单位，涵盖 23 个行业类别，其中医院、学校等面向社会提供公益服务、与群众利益关系密切的公益类事业单位全部纳入考核范围。2014 年，聊城市事业单位考核委员会印发《2014 年度市直事业单位绩效考核实施方案》，调整完善考核指标体系及评分标准，共性指标中对登记管理考核标准细化，调整加入年度报告公示、财务和资产管理情况、编制及人员配备情况、相关资质情况及章程制定情况等考核指标，个性指标根据不同行业、不同单位分别制定考核指标，突出各自目标任务及重点工作，保证考核的针对性、有效性。

2015 年，组织市直事业单位制定 2015 年度业务工作目标，结合单位职责与业务范围认真审核。在 2014 年 17 个部门的基础上，增加林业、交通两系统的公益类事业单位，将 19 个部门近 260 个事业单位纳入考核范围，扩大考核覆盖面。9 月，印发《关于公布 2014 年度市直事业单位绩效考核结果的通知》，公布了 2014 年度事业单位绩效考核结果。10 月，印发《关于印发〈2015 年度市直事业单位绩效考核实施方案〉的通知》，明确规定考核内容、方式、结果运用等内容。11 月，印发《关于做好 2015 年度市直事业单位绩效考核工作的通知》，安排部署考核工作。

第七节 机构编制电子政务

2009 年 8 月，市编办转发省编办《关于做好我省政务和公益专用域名注册工作的通知》，安排部署全市政务和公益专用中文域名注册工作。当年，市本级新注册中文域名 45 个。2012 年 2 月，市编办印发《关于进一步做好全市域名注册管理工作的通知》。当年，全市新注册中文域名 143 个，其中市本级 34 个。2013 年 5 月，市编办印发《关于进一步做好我市2013年度中文域名注册工作的通知》，全市全年新注册中文域名2026个，其中政务域名199个、公益域名1827个；市本级新注册中文域名153个，其中政务域名21个，公益域名132个。2014年9月，根据中央、省要求，完成全市党政机关、事业单位网站进行开办审核、资格复核和标识管理工作。全市全年审核通过申请2159个，其中党政机关457个、事业单位1702个；新注册中文域名118个，其中政务域名30个、公益域名78个。市本级共审核通过申请153个，其中党政机关45个，事业单位108个；新注册中文域名45个，其中政务域名11个、公益域名33个、英文域名1个。

2015年11月，为加强全市党政机关、事业单位网上名称管理，规范党政机关、事业单位中文域名注册、网站审核和网站挂标工作，确保机关事业单位域名与网站的安全运行，市编办印发《关于进一步做好网上名称管理工作的通知》。12月，市公安局联合市编办印发《关于印发〈聊城市党政机关、事业单位和国有企业互联网网站安全专项整治行动方案〉的通知》。全市全年审核通过网站开办审核、资格复核申请73个，其中党政机关17个、事业单位56个；新注册中文域名638个，其中政务域名164个、公益域名474个。市本级共审核通过网站开办审核、资格复核申请25个，其中党政机关11个，事业单位14个；新注册中文域名152个，其中政务域名33个、公益域名119个。同月，市编办印发《关于申请市级机关事业单位中文域名专项经费的报告》，申请将市级机关事业单位中文域名运行费用纳入市编办部门支出预算，并列入各年度预算。

第十二章　政策研究

1998年起，市委政策研究室按照市委决策和部署，组织开展有关政治、经济、科技、文化和党建等方面的政策问题研究，起草或参与起草市委文件、领导讲话及其他文稿，为市委提供决策服务。截至2015年年底，先后开展大型调研活动400余次，撰写调研报告、领导讲话、工作汇报、领导署名文章等各类文稿2000余篇，其中，国家级报刊采用80余篇、省级采用180余篇，获省级以上奖励120余个。

2015年9月，市委政研室党员到鲁西第一支部接受教育

第一节　调查研究

至2015年，围绕全市政治建设、经济建设、文化建设、社会建设和生态文明建设，以及党的建设的重大问题开展调查研究，累计形成各类调研成果近千篇。其中，获市委主要领导重视或批示调研成果80余篇，辅助领导决策、推动相关工作开展；在省级以上报刊发表调研成果220余篇；获市级以上奖项调研成果100余篇。

一、综合调研

1997—1999年，撰写调查报告、理论文章130余篇，大部分调研成果以不同形式进入地委（市委）领导决策层次，部分被省级以上报刊采用。2000年，深入分析加入世界贸易组织对于聊城市农业发展的机遇和挑战，形成课题研究成果《加入世界贸易组织对我市农业发展的影响和对策》，从高标准抓好农业结构调整、推进农业产业化经营、全面实施科技兴农战略、完善农产品流通体制等6个方面提出对策措施，经市社科规划办组织专家评审，认定该课题达到市内同类研究先进水平，具有重要参考价值。2003年，组织有关部门赴南方先进地区学习考察，撰写《聊城市学习考察组赴江宁、温州、宁波、苏州学习考察报告》。2004—2006年，形成《关于胡锦涛总书记视察单位贯彻落实胡总书记指示精神情况的调查》《关于健全城乡社会保障体系的调查》《我市流通业发展情况的调查》等一批调研成果，受到市委领导重视和批示。2007年，根据市委主要领导要求，制定《聊城市市级党政领导干部2007年重点课题调研计划》，确定23个重大调研课题，每个市级党政领导干部负责1～2个，落实到42个部门单位具体承办。2009年，立足于“出大主意、当大参谋”，撰写《今年以来我市经济运行情况及下步发展趋势研究报告》《国际金融危机对我市经济的影响及对策建议》《关于基层干部群众对开展学习实践科学发展观活动意见建议的调查报告》《培育轴承千亿产业，打造富民支柱工程》等一批针对性、可操作性强的调研报告，得到市委、市政府主要领导批示肯定。2010—2012年，撰写调研报告60余篇，在国家级报刊发表25篇、省级报刊发表32篇。《既要金山银山，又要碧水蓝天——山东省聊城市生态文明和经济发展同行互促纪实》，从总体成效、主要做法、典型案例和启示等方面，对聊城率先建设生态文明市、实现经济发展与环境保护互促共赢的成功经验进行总结。《生态文明与新型工业化案例——聊城实证分析》，从生态文明理念下的发展战略选择、生态文明理念植根于广大干部群众生成巨大物质力量、以建设生态文明市为目标大手笔谋划生态产业发展、以发展循环经济为突破口推进新型工业化、加强目标考核形成建设生态文明市的激励机制、企业典型案例、几点启示等7个方面，就聊城建设生态文明市的探索实践情况详细介绍，为“中国（聊城）生态文明建设国际论坛”研究“聊城现象”提供了基础材料。2013—2014年，围绕服务党委决策，撰写《关于聊城市深化改革开放的研究报告》《关于聊城民生领域重点问题的调研报告》《发展文化经济繁荣文化生活》《加快融入济南都市圈促进聊城城镇化发展》《山东省聊城市贫困乡村党的建设调研报告》《关于聊城市开放型经济发展的调研报告》《聊城市建设冀鲁豫三省交界科学发展先行区研究》等一批有分量的调研报告，为推动相关领域工作开展提供宝贵材料。2015年，以重大调研课题为纽带，加强调研工作的组织、联络、协调和指导，在聊城市构建大调研工作格局，开展重大调研活动20余次，撰写调研报告、工作汇报、典型经验等各类文稿100余篇，服务上级调研12次。

二、农村调研

1997年，撰写《谈市场经济条件下农业和农村经济发展的途径问题》《提高农民的组织化程度，加快农业发展的两个根本转变》《欠发达地区推进农业产业化的实践与思考》等一批调研文章。1998年，参与并协调组织聊城市乡镇建设情况调查，撰写《关于全市乡镇建设情况的调查报告》，在社会上引起较大反响，省委办公厅全文转载，中央组织部、中央政研室也分别以《简报》形式转载。1999—2000年，撰写《发展特色农业，促进农民增收的调查》《东昌府区于集乡民主评议村干部的调查》《搞好信贷支农，拓展农村市场的调查》《信贷支农走万家的调查》等一批调研文章，分别在中央、省、市级报刊发表。2001年，撰写《关于河南省科迪集团推进农业产业化经营的考察报告》，向市委书记办公会作专门汇报，市委办公室以《领导参阅》形式印发至乡镇；《关于全市乡村基层组织建设情况的调查报告》《关于乡镇规模调整后运行情况的调查报告》在市委九届五次全委（扩大）会议上印发；会同冠县县委政研室对冠县东古城镇田马园村发展集体经济情况进行调查，撰写的调查报告受到省委领导高度重视，省委副书记陈建国、王修智分别作出批示，在全省推广田马园村的经验；《全市农业产业化发展情况的调查》被评为“中国新时期人文科学优秀成果二等奖”。2002年是转变作风年、调查研究年，按照市委制订的《市级党政领导干部2002年调查研究计划》，协助市委主要领导开展转变乡镇职能的调查，撰写《关于转变乡镇职能的调查与思考》，在中央政研室、国务院研究室合办的《学习与研究》上刊发；随市委主要领导到其联系点阳谷县金斗营乡胡沙沃村调查，协助撰写《进村入户的调查与思考》，在《山东通讯》刊发。2003年，开展市委农村工作领导小组办公室工作，总结30余个、7万余字农业和农村经济结构调整的典型经验，对17个乡镇和17个村重点调查，形成8万余字的情况材料，为市委指导农村工作提供依据。2004—2006年，撰写《全市重点掌握乡镇农业和农村经济发展情况的调查》《把政策交给群众，让农民得到实惠》《关于聊城市“三农”工作情况的调查》《关于取消农业税附加后干部工资发放和村级财务运转情况的调查报告》《关于推进社会主义新农村建设的探讨》等一批涉及“三农”的调研报告，促进相关工作开展。2007年，根据市委领导的批示和安排，就解决“空心村”问题，到冠县辛集乡的丁刘八寨村、鲍庄村、赵庄村和斜店乡的东野庄村、前社庄村、吕屯村开展典型性解剖调研，逐村实地察看，与乡村干部群众进行座谈，并与县直有关部门负责人共同研究分析，形成《关于解决“空心村”问题的报告》，在此基础上，起草《关于解决“空心村”问题的意见》，市委主要领导批示后，在冠县开展试点工作。2008—2010年，撰写《加快发展现代农业，全面推进新农村建设》《聊城市农村改革开放30年的经验和启示》《聊城市农民专业合作经济组织发展情况的调查》《关于加快发展现代化农业的调查与思考》《新农村建设示范村的调查与启示》《聊城市农村土地承包经营权流转情况调查报告》《建立农产品质量安全倒逼机制的思考和建议》等一批调研文章，分别在中央、省、市级报刊发表。2011年，到冠县就改善民生进行调研，形成《欠发达地区保障和改善民生的探索——关于冠县改善民生情况的调研报告》，省委办公厅以《参阅件》第一期印发。2012年，就东昌府区郑家镇企业发展环境开展联合调研，撰写《关于东昌府区郑家镇营造民营经济春天般发展环境的调查报告》，市委主要领导批示，要求在全聊城市推广这一典型经验，该报告在《中国县域经济报》发表，并被评为聊城市社会科学优秀成果二等奖。2014年，到高新区韩集乡开展韩集乡乡村专题情况调研，撰写《韩集乡调研报告》，并对3个专题组的专题调研报告修改完善，印制《韩集乡调研报告》单印本。随同市委主要领导到高新区韩集乡张会所村开展蹲点调研，撰写《高新区韩集乡张会所村入户调查汇总分析报告》，为《张会所村调研报告》提供翔实数据分析支撑。2015年，撰写《我市沿金堤河、黄河连片贫困区扶贫开发研究》。市委书记徐景颜，市委副书记、代市长宋军继、市委副书记陈平均作出批示。

三、城市调研

1997年，围绕深化改革、加快发展，总结推广一大批先进单位的经验。先后总结推广莘县以流通领域为突破口推动全县十大改革的典型；聊城日报社、地区城市信用社等事业单位改革用人制度、实行全员聘任制的典型；东阿阿胶集团、时风集团、鲁西化工集团公司深化企业改革的典型等等，将这些先进典型经验集结成册，编辑出版《改革之声》。1999年，组织开展聊城市国有企业领导班子建设情况大调查，参与人员120余人，调查国有企业115家，起草分量较重的调研报告，经市委主要领导批示后在《领导参阅》上刊发。2001年，撰写《关于大庆、公主岭、东营市招商引资情况的考察报告》，由市委领导在聊城市招商引资动员大会上作传达。2002年，就湖滨公园的经营发展现状、制约因素、定位和发展趋向调查研究，形成调查报告，为领导决策提供重要依据，市委主要领导作出批示。2003—2005 年，撰写《关于聊城香江光彩大市场发展情况的调查报告》《关于茌平信发集团迅速膨胀实现超常规发展的调查》《打造链式经济机构，加快县域经济发展》《落实科学发展观，促进聊城经济快速发展》《关于健全城乡社会保障体系的调查》《关于我市社区建设与管理情况的调查与研究》等一批调研报告，为服务领导决策，推动工作开展发挥积极作用。2006 年，牵头组织接轨省会城市群经济圈重大课题调研活动，多次赴济南、周边市及市辖各县（市、区）调研，结合全省和聊城区域经济社会发展实际，对接轨省会城市群经济圈进行科学分析，形成迎接省委副书记姜大明到聊城调研的《接轨省会城市群经济圈工作情况汇报》、市委书记郭兆信署名文章《主动搞好接轨，自觉承接辐射，促进聊城经济社会更快更好发展》及《关于加快省会城市群经济圈发展的调研报告》3 个调研成果。2008 年，开展建设生态文明市的调查研究，形成调研报告以领导署名文章形式发表在中央党校主办的《市县领导月刊》，在此基础上起草并印发《中共聊城市委聊城市人民政府关于建设生态文明市的意见》《关于成立建设生态文明市工作领导小组的通知》，制定聊城市建设生态文明市责任分解表。

2009 年，开展对接半岛蓝色经济区打造山东“东引西拓”桥头堡的调查研究，联合有关部门赴经济比较发达、与聊城市经济合作潜力较大的潍坊、青岛、威海、烟台四市进行学习考察，对聊城市“5513”工程 50 家企业、30 家重点民营企业问卷调查，经过反复研究讨论，征求市直有关部门和专家的意见，形成《对接半岛蓝色经济区打造山东“东引西拓”桥头堡研究报告》。市委书记宋远方作出批示：“该报告分析深入、数据翔实，有参考意义。请印发市级领导和各县（市、区）党政主要领导参阅。另外请市发改、经贸等有关部门在编制明年及‘十二五’规划时参考”。2010 年，就聊城市打造山东东引西拓“桥头堡”问题深入调研，形成《中共聊城市委聊城市人民政府关于打造山东东引西拓“桥头堡”的请示》报省委、省政府，提出 5 条建议，重点是把聊城打造山东东引西拓“桥头堡”确定为省级发展战略，列入省“十二五”规划，该研究报告获“山东软科学优秀成果一等奖”。2011 年，邀请省委政研室就聊城建设铝、铜深加工（千亿）产业园问题调研，形成《从传统产业中寻求高端突破——关于聊城市推进有色金属产业转型升级高端发展的调研报告》，省委政研室以《参阅件》第一期印发。2013 年，撰写《关于借鉴莱芜经验加快我市招商引资和项目建设的研究报告》，市委、市政府主要领导分别作出批示，印《调查与研究》第三期；赴德州市就县域经济发展情况进行学习考察，形成《关于赴德州市考察县域经济的报告》，市委领导批示后，印《领导参阅》第二期，在《聊城通讯》第四期发表；在聊城市范围内开展关于非物质文化遗产情况调查研究，形成《发展文化经济，繁荣文化生活》，在国家级刊物《城市论坛》第二期、省委政策研究室《调查与研究》第五期刊发。2014 年，撰写的《关于深化改革的研究报告》《发展文化经济，繁荣文化生活》2 篇研究报告被评为全省政研系统 2013 年优秀调研成果一等奖。在市社科联主办的聊城市第二十次社会科学优秀成果奖评选活动中，《关于借鉴莱芜经验加快我市招商引资和项目建设的研究报告》获得一等奖。2015 年，《关于我市安全生产工作情况的调查报告》《我市第三产业占比偏低的原因分析》《关于莘县实施视频监控全覆盖工程的调研报告》等多篇调研报告获市委领导重视和批示。

第二节　政务服务

1997—2015 年，围绕市委（地委）决策部署，累计起草市委、市政府文件 50 余件，筹备大型会议活动 40 余场次，各类文稿合计 1000 余篇。其中，起草领导讲话 100 余篇，汇报材料 200 余篇，撰写领导署名文章 150 余篇，140 余篇在省级以上报刊发表，为交流发展经验，宣传推介聊城发挥重要作用。

一、领导讲话

1997 年，围绕中心工作，搞好参政服务，先后起草或参与起草聊城地区农村工作会议、地委行署联席会议、聊城地区乡镇企业工作会议、聊城地区领导干部会议、地委全委（扩大）会议等会议上领导讲话十余篇，参与起草在省级会议上的发言 4 篇。1999 年，参与起草市委领导在聊城市经济工作会议、调研工作会议、“三讲”教育若干次会议等重要会议上的讲话。2001 年，起草《郭兆信同志在全市农村税费改革会议上的讲话》《张秋波同志在全省农村税费改革电视电话会议上的发言》《郭兆信同志在全市招商引资动员大会上的讲话》等一批讲话稿。2002 年，起草或参与起草《郭兆信同志在全市调研工作会议上的讲话》《张秋波同志在全市农村税费改革工作会议上的讲话》《赵振兰同志在农村税费改革工作乡镇党委书记培训班上的讲话》等市委、市政府领导在聊城市重要会议上的讲话。2003 年，起草《金维民同志在全市农村产业结构调整冠县田马园现场会上的讲话》，参与起草《郭兆信同志在全省西片区四市及部分县（市、区）座谈会上的发言》，整理《金维民同志在莘县就“非典”对农业的影响进行调查研究时的讲话》等。2004 年，起草《胡锦涛总书记来聊视察一周年工作情况汇报》《关于培养农产品营销主体，搞活农产品流通情况的报告》《全省农村工作会议精神汇报提纲》《聊城市贯彻落实中央和省委两个 1 号文件情况的汇报》《关于聊城市农村税费改革及其配套改革情况的报告》等市委、市政府向上级党委、政府的报告、汇报材料等文稿 10 余篇。2006 年，撰写郭兆信在接轨省会城市群经济圈重大课题调研工作会议上的讲话、林峰海在接轨省会城市群经济圈重大课题调研工作会议上的讲话、林峰海在全市社会主义新农村建设会议上的讲话、金维民在全省新农村建设座谈会上的发言《突出重点，狠抓落实，积极推进社会主义新农村建设》、金维民在市政协常委会上的讲话《认真贯彻中央和全省农村工作会议精神扎实推进社会主义新农村建设》、金维民在市人大常委会上关于新农村建设的讲话、金维民在全市建设社会主义新农村“百千万”帮促工程动员大会上的讲话、霍正气在保持共产党员先进性教育活动调度会上的讲话、刘加顺在全市理论研讨会上的讲话等一批市委领导重要讲话文稿。2008 年，起草市委书记宋远方在全市农村工作会议上的讲话、在全市调研工作会议上的讲话，市委副书记金维民在全市推进农业产业化经营暨减轻农民负担工作会议上的讲话、在全市总结表彰大会上的讲话、《改革与发展》序言，市委秘书长万志博在全市调研工作会议上的讲话。2009 年，起草市委书记宋远方在全市农村工作会议上的讲话、市委副书记金维民在全市统筹城乡发展推进新农村建设工作会议上的讲话、副市长赵庆忠在全市农村工作会议上的讲话及在全市统筹城乡发展推进新农村建设工作会议上的讲话。2010 年，承担市“全面提升年”领导小组办公室材料组的工作，起草金维民在市“全面提升年”活动领导小组办公室第一次会议上的讲话、徐春福在市“全面提升年”活动领导小组办公室第一次会议上的讲话、金维民在全市“全面提升年”活动领导小组办公室主任会议上的讲话等一批讲话材料。完成市深入学习实践科学发展观活动领导小组办公室综合材料组的工作，起草宋远方在全市深入学习实践科学发展观总结大会上的讲话、林峰海在山东省深入学习实践科学发展观活动总结大会聊城分会场上的讲话、金维民在全省第三批深入学习实践科学发展观活动工作电视电话会议聊城分会场上的讲话等有关会议材料。2014 年，起草市委领导在保密专题党课上的讲话《强化保密意识、筑牢思想防线，全力做好新形势下的保密工作》。

二、理论文章

1997 年，以地委、行署名义撰写《加快农业产业化进程，推动农村经济大发展》在《山东通讯》上刊发，《大众日报》头版头条刊登。1998—1999 年，撰写《加快发展上台阶，世纪之交创辉煌》《借“京九”机遇促聊城发展》《突出四个重点，实现四个突破，加快聊城经济发展》《光辉的历程，巨大的成就》《建设一支高素质的农村干部队伍》等一批理论文章，均在省级刊物上发表。2000 年，撰写《对农村税费制度改革的建议》一文，从严格实行总额控制、合理确定征收办法、加强对农业税附加和共同性生产费用使用情况的监督管理 3 个方面提出具体可行的意见建议，《大众日报》以内部参考形式刊发。2002 年，撰写《开展解放思想教育活动，推动经济和社会事业跨越式发展》《大兴调查研究之风，促进经济社会发展》《关于贯彻落实全省农业产业化会议精神的报告》等市委、市政府向上级党委政府的报告等文稿。2004 年，撰写市委主要领导署名文章《统筹城乡发展，做好“三农”工作》《统筹解决“三农”问题》《切实维护农民利益》，分别在中央、省级报刊上发表。2005 年，撰写市委主要领导署名文章《树立和落实科学发展观，促进聊城经济跨越发展》《突出重点，实现突破，推进江北水城的崛起》等。2007 年，撰写《关于聊城市推进新农村建设情况的汇报》《聊城在发展中求和谐》(《学习与研究》2007 年第一期)、《坚持科学发展，建设强市名城》(《山东通讯》2007 年第九期)、《加快建设强市名城，努力实现新跨越》(《山东通讯》2007 年第十五期)、《进一步明确目标任务，开创聊城经济社会发展新局面》(《山东通讯》2007 年第二十四期)《解放思想更新观念问题的情况汇报》《落实“一体两翼”战略，实现又好又快发展》《加快发展现代农业，扎实推进新农村建设》等一批重要文稿。2008—2011 年，撰写市委书记宋远方署名文章 26 篇，分别在省级以上报刊发表。《树立三个理念促进科学发展》在《人民日报》和人民网发表，多个网站予以转载；《深入学习贯彻十七大精神，自觉做到“五个坚定不移”》《以改革创新精神推进干部选拔任用工作》《转方式调结构要知难而进》在《学习与研究》发表；《改革创新推进干部选拔任用工作》在新华网发表；《把城乡统筹和产业统筹结合起来，促进市域经济又好又快发展》在《中国新农村建设》《山东通讯》发表；《坚持科学发展建设生态文明》在《学习与研究》发表，并被收录中央党校《基层领导干部谈践行科学发展观》和中国社科院《和谐社会中的执政能力建设》两书，文章系统阐述聊城市构筑可持续发展的生态经济体系、水碧天蓝的生态环境体系、体现现代文明的生态文化体系、公正和谐的生态社会体系的做法和经验。2012 年，撰写领导署名文章等文稿，在《学习与研究》发表 1 篇，在人民网、国家行政学院《加强和创新社会管理案例汇编》发表各 1 篇，在求是杂志研究所《中国发展模式研究——各地发展经验选编》发表 1 篇，向《中国县域经济报》组织并发表文章 12 篇；在《山东通讯》发表文章 5 篇，省委政研室《调查与研究》发表 3 篇，《山东老年》发表 1 篇，《山东年鉴》发表 1 篇，《2012 年山东省情手册》发表 1 篇。2014 年，起草《中共聊城市委贯彻落实党的十八届三中全会〈决定〉和省委十届八次全会〈意见〉进展情况的报告》《理清发展思路，夯实科学发展基础》《掀起全民创业高潮，增强经济发展活力》等一批文稿材料。其中，《聊城市现代农业发展情况汇报》向中央领导汇报；《聊城市节约集约用地情况汇报》向国土资源部进行了汇报，国土资源部部长姜大明、山东省副省长孙绍骋分别作出批示。

三、重要文件

1998 年，起草市委、市政府《关于搞好乡镇改革的意见》，为聊城市乡镇改革的顺利开展起到积极的指导、推动作用。1999 年，参与起草《中共聊城市委关于搞好村民委员会换届选举工作的意见》《中共聊城市委关于村级干部管理制度改革的意见》等市委文件。2001 年，起草《聊城市农村税费改革实施意见》《关于加强规模调整后乡镇建设的意见》《关于大力加强调查研究工作的意见》等一批重要文稿。2002—2004 年，起草或参与起草《中共聊城市委关于大力加强调查研究工作的意见》《中共聊城市委聊城市人民政府关于进一步搞好农村税费改革试点工作的意见》《中共聊城市委关于认真学习贯彻落实党的十六大精神的决定》《中共聊城市委、聊城市人民政府关于进一步加强和改进接待工作的意见》《市委农村工作领导小组关于市直有关部门分解落实促进农民增收措施的意见》等一批市委、市政府重要文件。2005年，起草《中共聊城市委聊城市人民政府关于进一步做好“三农”工作，促进农民增收的意见》《中共聊城市委聊城市人民政府关于建立和完善决策目标、执行责任、考核监督“三个体系”建设的意见》。2008年，起草《中共聊城市委聊城市人民政府关于进一步做好“三农”工作的实施意见》《中共聊城市委聊城市人民政府关于建设生态文明市的意见》《中共聊城市委聊城市人民政府关于推进农业产业化经营加快发展现代农业的实施意见》《中共聊城市委办公室聊城市人民政府办公室关于进一步做好减轻农民负担工作的意见》《聊城市2008年重点课题调研计划》《关于开展若干战略课题研究的方案》等一批市委、市政府重要文件。2011年，围绕市委、市政府提出的加快建设“一五二”产业基地的要求，逐一对8个产业基地开展调研，在此基础上起草了市委、市政府《关于加快建设“一五二”产业基地的意见》，成为市委十一届九次全体会议讨论的主要文件。为贯彻落实好全省生态文明乡村建设现场会议精神，起草市委、市政府《关于开展生态文明乡村建设的意见》。2014年，起草《中共聊城市委关于进一步加强和改进调查研究工作的意见》《中共聊城市委常委2014年度重大课题调研实施方案》《中共聊城市委办公室聊城市人民政府办公室关于在全市领导干部中开展“跨越赶超当先锋、廉洁勤政当表率”活动的实施意见》《关于促进全民创业的意见》《关于建立转作风抓落实工作机制的意见》等一批重要文件。2015年，就规范政府管理行为，组织起草《聊城市公共资金使用透明化管理办法》《聊城市行政审批中介服务透明化管理办法》等6项制度文件。就健全完善重大事项决策机制，推进决策民主化、科学化，组织开展成立聊城市重大决策咨询委员会、法律顾问委员会的前期工作，起草《中共聊城市委聊城市人民政府关于成立聊城市法律顾问委员会的通知》《中共聊城市委关于成立聊城市重大决策咨询委员会的通知》《关于开展第三方评估工作的意见》。

四、政务活动

2001年，参与聊城市加快城镇化进程工作会议的筹备工作，以及市委工作会议、聊城市经济工作会议、聊城市高新技术工作会议讨论情况的汇总等工作。2003年，参与市十次党代会筹备工作，编发会议《简报》32期；参与聊城市解放思想、干事创业、加快发展现场会的筹备工作，起草《解放思想，干事创业，奋力开拓，推动全市经济跨越发展——贯彻落实市委工作会议精神情况综述》，以会议文件形式专门印发。2005年，参与聊城市农村工作会议的服务和筹备，起草了相关会议材料。2006年，组织召开聊城市新农村建设调度会议；参与筹备聊城市农村工作会议；完成督导临清市农村医务教育经费保障机制改革工作；与组织部共同筹备聊城市建设社会主义新农村“百千万”帮促工程，参与聊城市建设社会主义新农村“百千万”帮促工程动员大会的筹备，组织聊城市建设社会主义新农村“百千万”帮促工程对县（市、区）和市直督导组、下派工作队员的培训。2008年，根据新形势的需要，增加《参阅件》这一新的政务服务渠道，全年编印《参阅件》3期。向省委农工办提供聊城市推进农村改革发展方面的先进典型材料9篇，其中冠县《挖掘资源优势发展生态旅游》的典型经验被省采用。2009年，筹备召开聊城市统筹城乡发展推进新农村建设工作会议，起草《全省统筹城乡发展推进新农村建设现场会会议精神及贯彻意见汇报提纲》等相关会议材料，整理印发《聊城市统筹城乡发展推进新农村建设典型材料汇编》（包括85个统筹城乡发展推进新农村建设的典型材料，共计10.8万字，其中《冠县大力发展生态旅游业》一文在全省统筹城乡发展推进新农村建设现场会上作为典型材料印发）。2010年，承担“全面提升年”领导小组办公室材料组的工作，编发“全面提升年”活动简报119期，38万余字。编撰《聊城建设生态文明市的探索与实践》一书，从生态文明建设的理论依据和现实意义、经济基础和社会基础、初步成效、前景展望、县（市、区）建设情况概览等6个方面对聊城建设生态文明市的全貌论述；编辑出版《聊城市情研究报告》，收编文章53篇，42万字。2011年，参与聊城市生态文明乡村建设领导小组的工作。2012年，参与筹备“中国（聊城）生态文明建设国际论坛”，为与会领导和专家提供长篇基础材料以及领导讲话、主持词、参观考察点介绍等会议材料。2013年，围绕市委十二届四次全会提出的“东融西借、跨越赶超，建设冀鲁豫三省交界科学发展先行区”的目标，先后承担全省加快转调创进程、推动科学发展现场观摩交流会，全省高校党委书记、校长暑期读书班学员考察团，德州市、菏泽市、济南市党政考察团等到聊城市观摩、考察的导播词和路线导播工作。协调市财政局、市统计局、中国人民银行聊城市中心支行，将聊城市5月以后主要经济数据与周边四市详细比较，整理、撰写7期《聊城市与枣庄、德州、菏泽、滨州等市主要经济数据比较分析》，以《参阅件》形式报市委、市政府领导，为领导决策提供科学依据。2015年，撰写《聊城市中长期发展的参考建议》，为市委十二届八次全体会议确定聊城市发展目标、发展思路和发展措施提供参考。

第三节　党刊编辑

《聊城通讯》是中共聊城市委主办、市委政策研究室承办的综合性月刊。1997—2015年累计出版226期，每期发行量1500份，与全国200余个地市级党刊进行交流。根据市委中心工作需要，《聊城通讯》及时更新栏目设置，推出“抗击‘非典’”“抗震救灾，众志成城”“科学发展继续提升”“‘双百大城市’建设”“‘三严三实’专题教育”等专栏，发挥党员领导干部交流的平台与宣传党的路线方针政策的阵地作用，先后获“全国城市优秀党刊”“全国城市十佳党刊”“山东省优秀连续性内部资料出版物”等称号。

一、办刊历程

《聊城通讯》创刊于1993年8月，1995年改版为《聊城工作通讯》，1998年改回《聊城通讯》，并成立编辑委员会。2005年，《聊城通讯》刊号由市级变为省级，版面由小16开改为大16开。至2015年，与全国200余个地市级党刊建立交流关系。1997—1998年，《聊城通讯》内文页数在32页左右；1999—2001年，内文页数在40～48页之间；2002年后，稳定在48～56页之间。1996年开始设置彩页，1998年彩页个数稳定为4个；2000—2005年，彩页在4～8页之间；2006—2015年，稳定在8～12页。设置彩页之初，多为空白页或企业宣传彩页，2005—2015年，多为行政事业单位宣传彩页，封面统一采用领导活动照片。2005年之前，封面设置不统一；2006年，封皮以红色、黄色或蓝色为底；2007年，以淡红色为底；2008年，采用黄色系为底的封皮。2008年，为配合庆祝撤地建市10周年，重点推出《聊城通讯第四期——庆祝撤地建市十周年特刊》。

二、重点栏目

2001年，为配合市委中心工作，开辟“重要言论”“领导论坛”“创建文明机关”“税费改革”“加强党的建设”等专题栏目；6月，聊城市招商引资动员大会之后，开辟“大开放、大招商、促进大发展”专栏；7月，为配合学习中共中央总书记江泽民“七一”讲话，推动各项工作开展，开辟“学习‘七一’讲话，做好本职工作”专栏，受到市直单位、广大基层人员以及市委有关领导的关注。2003年，开辟“市、县（市、区）领导话发展”和“部门工作新思路”两个专题栏目；4月，配合开展抗击“非典”斗争，推出“抗击‘非典’”栏目；6月，根据省、市委关于干事创业、加快发展的要求，开辟“解放思想促发展”栏目。2006年，重点刊登开展保持共产党员先进性教育活动和推进社会主义新农村建设的有关内容，同时通过专栏对市委领导讲话及市直各部门和县（市、区）在经济和社会事业发展中涌现的好经验和好做法及时进行报道，全面宣传聊城各条战线上的先进典型，对党的组织建设、宣传工作、群团工作、信访工作、办公室工作、政研工作分期作重点报道。2008年，针对改革开放30周年，及时开设"纪念改革开放30周年"栏目。四川汶川遭受特大地震灾害后，及时开辟"抗震救灾，众志成城"栏目，宣传报道聊城市支援灾区的做法。2011年，开设"科学发展继续提升""执政参考""他山之石"等栏目，及时反映各条战线的工作成绩、经验做法等。为纪念中国共产党成立90周年，开设"庆祝建党90周年""红旗飘飘"等专栏。2015年，特别开设"新年新篇""'双百大城市'建设""'三严三实'专题教育"3个专栏，为推动市委中心工作起到积极的促进作用。

第十三章　党史工作

1997年以后，市委和全市各县（市、区）委均设有党史研究室，配备专职工作人员。党史工作围绕中心、服务大局，重点开展党史资料征编、党史研究、党史宣传教育等工作。其中，党史工作成果被评为全省党史系统优秀成果20余项、全市社会科学优秀成果40余项。市委党史研究室多次被评为全省党史系统先进集体，12人次被评为山东省党史系统先进工作者，7人次分别被省、市记二、三等功。2006年，市委党史研究室被评为全国党史系统先进集体，茌平县委党史研究室1名工作人员被评为全国党史系统先进工作者。2008年，市委党史研究室1人被评为全国党史系统先进工作者。2011年10月，市委下发《中共聊城市委关于加强和改进新形势下党史工作的意见》，召开全市党史工作会议，对新形势下全市党史工作作出全面部署。

第一节　党史资料征编

一、全面征集与重点征集

1997—2000年，市委党史研究室为搜集到更多的党史资料，采取当地征集与外出征集相结合的方式，先后到北京市、河北省、河南省、济南市、德州市等国家、省、市级档案馆、纪念馆、机关单位查阅、抄录、复印与聊城党史有关的各类资料，初步形成党史资料库。在全面征集党史资料的基础上，先后开展中共聊城地方党的组织史、重要党史事件、重要历史人物和烈士、重要战役（战斗）以及全面建设社会主义时期重要党史专题的重点征集，构建起党史资料基本框架和主体。

二、实地征集与函电征集

1997—2015年，为抢救"活资料"，市委党史研究室先后走访70余位市内老干部，先后组织召开组织史资料、大事记、鲁西北革命史和有关党史专题等资料征集座谈会500余次。通过走访座谈，党史事件的亲历者和知情人对重要党史专题或历史事件构成共同的回忆，相互印证，核实原有的资料，考证存疑问题。为降低调查费用，最大限度地获取党史资料，市委党史研究室大量采用信函电话征集的形式进行资料征集，其中，向全国各地聊城籍的省、军级老干部和全国知名专家发函达500余封，电话联系300余次，请亲历者撰写回忆材料或提供有关线索。1997—2015年，发信函1万余封，获取资料达3000余万字，包括1945年傅斯年访问延安时毛泽东赠送的手迹稿和傅斯年与周恩来的合影、访问录等资料；日本"七三一"部队鲁西北细菌战资料；1943年聊城"无人区"资料；2003年中共中央总书记胡锦涛、国家副主席曾庆红、国务院副总理回良玉等党和国家领导人到聊城时的部分照片等资料。其中有征集到一批社会主义时期有重要价值的照片、笔记本、回忆录及其他实物。

三、成果转化

1997—2015 年，为便于资料的使用，市委党史研究室对征集到的文字资料和照片、图表资料、录音资料、实物等，按不同载体、不同门类和不同时期及重要程度，登记造册，分类管理，对现存各类资料重新分类整理，分为文献、组织史、大事记、革命史、军史、党史人物、回忆录、纪实文学、照片、电子资料（录音带、光盘、软盘、硬盘）和实物等十二大类。在整理的基础之上，市委党史研究室将征集到的党史资料整理成册，编纂出书。主要编纂出版《党史专题文集》《聊城籍在外地工作人员通讯录》《中共聊城市组织史资料》（第三卷）、《中共聊城党史资料选（1949—1978）》三卷本、《聊城地区知识青年上山下乡资料选》《亲切关怀　巨大鞭策——21 世纪走进江北水城的党和国家主要领导人》大型画册、《抗日战争时期人口伤亡和财产损失》《聊城市抗战调研资料汇编》《聊城市革命遗址通览》《聊城革命老区画史》《聊城籍在外工作人员名录》《徐运北文集》《中共聊城党史研究文汇》《历史见证》，整理编撰《血色回忆——我的抗战》。2014 年，启动征编《聊城革命老区巾帼群英谱》。1997 年以后，为《中共山东年鉴》《聊城年鉴》组织稿件 30 余篇，10 余万字。1997—2000 年，完成冀鲁豫边区革命纪念馆展品征集，征集文献资料 46 份、实物 30 件、照片 269 幅、人物简介资料 234 人，全程参与纪念馆的布展工作。

第二节　党史研究

一、专题研究成果

1997 年起，全市（区）区党史工作围绕发展聊城经济，实施“跨越赶超”战略，开展以加强党的执政能力建设为重点的党史研究。重点开展对社会主义时期聊城地方重要党史专题的研究。

2006 年，按照省委党史研究室的统一部署，全面铺开抗日战争时期人员伤亡和财产损失课题调研工作。在东昌府区进行试点工作并积累经验之后，在全市全面铺开调研工作，组建精干的调研队伍，做好督导和查档工作，对各县（市、区）进行巡回指导，在市内外进行充分查档，先后派人查阅市档案馆和市公安局、市中级人民法院档案室的档案，又赴河北省、河南省、山东省档案馆查档 2800 余卷，拍摄、复印资料 1100 余页，发现一大批具有历史价值的照片、图片资料等；1.5 万余人的取证队伍深入各村开展走访式取证工作，对 70 岁以上老人和有关知情人进行拉网式走访询问，取得大量的初评资料，将其整理成一批声像和司法公证的材料。对击毙中将师团长沼田德重事件进行考证。根据市委书记宋远方的批示，组织专家小组，对省市有关档案馆（室）、图书馆和有关专家所收藏资料进行查阅，对北京抗战史研究专家访谈，完成第一阶段考证工作，向市委提交考证工作汇报。

研究的主要专题：聊城地区的“拨乱反正”、聊城地区的社会主义教育运动、聊城地区的人民公社化运动、聊城地区工商业的社会主义改造、聊城地区手工业的社会主义改造等，编纂出版《新时期聊城农村变革》《恢复发展中的聊城》《刘屯六十年》等党史书籍，3 篇专题文章被收入省委党史研究室出版的专题丛书中。突出改革开放以来的党史专题研究，按照省委党史研究室的工作安排，2015 年，开始编纂《改革开放实录（聊城卷）》。

二、专项课题成果

1997 年以后，主动撰写研究性论文，申报党史专项课题。一批研究性论文在省级以上书刊发表并获奖，其中《新时期必须重视党史的教育功能》《改革开放与党的思想政治工作优势》《开展社会主义时期党史研究应重视活资料的抢救》等 5 篇论文获得晋冀鲁豫接壤区第四次党史研究联谊会理论研讨会一等奖；《中国现代化道路的探索》被华东七省市理论研讨会评为优秀论文；《新中国成立以来我国农村养老模式的嬗变历程》被省党史学会推荐参加华东七省市纪念中华人民共和国成立 60 周年学术研讨会，收入《华东七省市纪念建国60周年学术研讨会论文集》;《武训历史调查团在聊城活动和〈武训历史调查记〉发表始末研究》入选全国党史文化论坛;1999年,2篇论文入选省委党史研究室召开的庆祝中华人民共和国成立50周年学术讨论会,被评为优秀论文;2001年,4篇论文入选省委党史研究室召开的庆祝建党80周年理论研讨会,被评为优秀论文。承担党史专项课题研究,2013年与聊城大学合作的课题《革命动员与乡村变迁——以山东抗日根据地为中心的考察》获得省委党史研究室和省社会科学规划管理办公室的通过。

三、出版党史书籍

出版《党和国家领导人与聊城》《中共聊城历史大事记(1949年10月至1998年3月)》,编写或参与编写《聊城改革开放20年大事记》《聊城重要历史事件》《聊城百科全书》《聊城重要历史人物》《范筑先与聊城保卫战》《冀鲁豫边区抗日根据地的反"扫荡"》《马本斋与回民支队在冀鲁豫》《聊城通史》《中国共产党九十年历史基本知识(700问)》《聊城红色旅游》。组织撰写《关于确认聊城为革命老区的调查报告》。2006年,全面启动《中共聊城历史(第二卷)》的编写工作。2008年,为纪念聊城撤地设市10周年,启动《中共聊城历史大事记(1998年4月至2008年5月)》的编写工作。

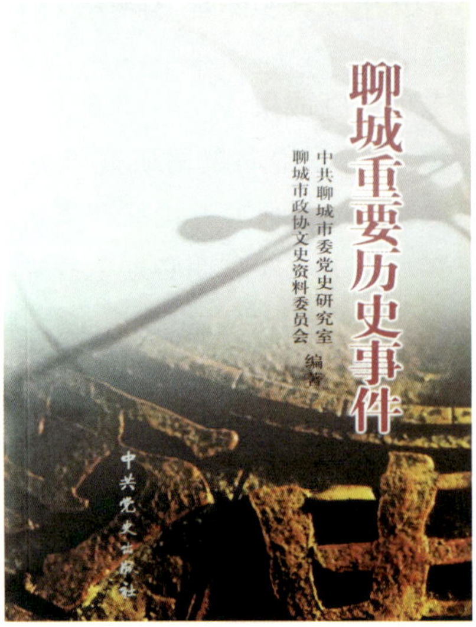

2003年,聊城市委党史研究室编著的《聊城重要历史事件》

四、成果获奖情况

在全市第八届精神文明建设"精品工程"奖评选活动中,市委党史研究室编著的《聊城重要历史事件》《聊城重要历史人物》和《中共山东省聊城市组织史资料》(第三卷)被授予"精品工程"奖,在图书类共计10部作品中占有3部。《党和国家领导人与聊城》获聊城市第五次社会科学优秀成果一等奖,《聊城重要历史事件》获2005年全省政协优秀文史书刊评选一等奖、聊城市第十次社会科学优秀成果一等奖,《中共山东省聊城市组织史资料》(第三卷)获聊城市第十一次社会科学优秀成果一等奖,《聊城重要历史人物》获聊城市第十二次社会科学优秀成果一等奖,《关于确认聊城为革命老区问题的调查报告》《改革与发展》分获聊城市第十五次社会科学优秀成果一等奖,《聊城红色旅游》获聊城市第十七次社会科学优秀成果奖一等奖。

第三节　党史宣传教育

一、重大活动宣传教育

1998年起,市委党史研究室创新宣传形式,提升宣传质量,把宣传教育工作作为发挥党史资政育人作用的重要内容和方式。向机关、企事业单位、学校、军队、农村、社区赠阅党史书刊10000余册。多次组织和参与拍摄以党史、革命史为题材的电视专题片。为纪念中共十一届三中全会召开20周年,建党80周年、85周年、90周年、红军长征胜利70周年,中华人民共和国成立50周年、60周年,改革开放30周年,毛泽东110周年诞辰,邓小平100周年诞辰,抗日战争胜利60周年、65周年、70周年,建军80周年,中共冀鲁豫(平原)分局成立70周年,邓小平南方谈话10周年,范筑先将军殉国60周年,先后主办党史报告会、学术研讨会、图片展览、党史知识竞赛和赠发党史书籍等活动,开展党史、革命史、建设史和改革开放史宣传,推动党的光荣传统和优良作风的再学习、再宣传、再教育。2002年,以纪念邓小平南方谈话发表10

周年和中国共产党成立81周年为契机，举办书画展，征集作品500余幅，展出作品210幅。其中，有部分聊城籍或在聊城工作过的省（部）级干部段君毅、赵健民、张承先、苏毅然、曾思玉、黑伯理、王猛、李来柱等人的墨宝；有书法家、画家孙大石、张彦青、李燕、杨萱庭等人的作品。展览讴歌中国共产党的光辉历史和丰功伟绩，颂扬聊城改革开放的成就，具有鲜明的时代气息和高雅的艺术风格，展览规格高、规模大。为纪念中共冀鲁豫（平原）分局成立70周年、抗日战争胜利65周年，出版文集《而今迈步从头越》(35万字)。参与拍摄并播出大型电视文献纪录片——《鲁西党旗红》。协助山东电视台拍摄《刘邓大军强渡黄河》《苏村阻击战》《鏖战琉璃寺》《金谷兰和他的红团》等专题片。

二、红色场馆保护与维修

1997—2015年，根据各县（市、区）党史旧址、遗址分布情况，市委党史研究室组织力量，深入各县（市、区）调查研究，加大对革命纪念场馆的修缮和建设督导力度。指导冠县修缮中共鲁西北地委旧址，指导高唐历史展览馆的建设、布展和改进，指导阳谷建设刘邓大军强渡黄河纪念园、党史展馆，指导茌平“六二七”纪念园重建和中共运东地委革命纪念馆、博平镇袁楼党史纪念馆的新建、布展工作。指导莘县修复、修建中共冀鲁豫（平原）分局旧址、鲁西第一党支部旧址等党史纪念场馆十余处。全市修复修建革命遗址场馆50余处，其中具有一定档次和教育性较强的党史遗址、纪念场馆20余处，绝大多数配备专兼职讲解员。通过与周边的自然景观、人文景观相结合，促进全市红色旅游逐步实现“四个转变”，即由设想向实用转变，由分散向集中转变，由小场馆向较大场馆转变，由低档次向较高档次转变。党史场馆建设带来明显的社会效益。2013年起，在全市开展党史教育基地评选工作，有22处被评为聊城市中共党史教育基地，9处被评为山东省党史教育基地，位列全省第一名。在《大众日报》《聊城日报》《党史博览》《聊城通讯》《聊城宣传》等报刊发表文章60余篇、30余万字，举办专题党史讲座90余次。

鲁西第一党支部旧址 （2015年摄）

第十四章 党校教育

1997年，中共聊城地委党校是大专体制的副地级单位，同时挂“聊城地区行政学院”的牌子。各县（市、区）也建有同级党校。1998年3月，地委党校更名为中共聊城市委党校，聊城地区行政学院更名为聊城市行政学院。2001年9月，加挂“聊城社会主义学院”的牌子，实行“三块牌子，一套机构”的管理模式。学校占地9.57万平方米，建筑面积1.72万平方米，其中，有综合办公楼1栋、学员公寓楼1栋、学员餐厅1栋、学术报告厅1个、多媒体教室8个，图书馆藏书11.2万册。办学功能较齐全，可同时容纳1000人学习、350人食宿。2015年，学校有在职教职工104人，其中，参照公务员管理人员41人、专业技术人员62人、工勤人员1人。

2011年，聊城市委党校贯彻落实《中国共产党党校工作条例》和中央、省委、市委关于党

2015 年，中共聊城市委党校 （徐锡霆摄）

校工作的重要指示，坚持党校姓党，提出并实施“树立一个理念（围绕中心、服务大局）、发扬四种精神（求真务实、改革创新、爱岗敬业、争创一流）、抓好五项重点（教学、科研、学风建设、行政后勤、队伍建设）、实现五个提升（培训工作质量、科研工作水平、学员管理成效、管理服务标准、为大局服务能力）”的工作总思路。

2012 年，市委召开全市党校工作会议，对聊城市的党校教育工作作出全面部署。市委党校围绕创建“一流党校”的总目标，深化改革、搞好建设、加强管理、狠抓落实，不断提升教学质量、科研工作，教职工队伍日趋优化，学风建设成效明显，不断改善办学条件和环境，发挥党校干部培训主阵地、主渠道和全市干部教育培训基地作用。

2015 年，市委党校学习贯彻中共十八大和十八届三中、四中、五中全会精神及习近平总书记系列重要讲话精神，紧紧围绕“四个全面”战略布局和市委十二届八次全会决策部署，以服务全市大局、提高办学质量为统领，以日常工作规范化、单项工作有创新、整体工作上台阶为主线，认真开展“三严三实”专题教育，加大教学、科研、管理服务工作力度，加强校风学风建设，党校事业实现新发展。

第一节　干部培训

一、培训内容

2000 年，在实现党校教育体系规范化方面，参照省委党校的做法划分“四个单元”，即“三基本”（马克思列宁主义基本问题、毛泽东思想基本问题、邓小平理论基本问题）理论、“五当代”（当代世界经济、当代世界科技、当代世界法制、当代世界军事和中国国防、当代世界思潮）知识、国内外形势和市情专题研讨、党建理论与党性自我分析。在教学全过程中实施“六个贯穿”，即始终贯穿紧紧围绕学习邓小平理论这个中心，始终贯穿发扬理论联系实际的马克思主义学风，始终贯彻增强党性的要求，始终贯穿科学研究、积极探索与勇于创新的精神，始终贯穿发挥教师和学员两个优势，始终贯穿从严治校的方针。在优化课程设置体系方面做到“四个结合”，即结合党校教学新布局的要求，坚持以“三基本”“五当代”为主要教学内容；结合培训轮训的目标和学制的长短，在课程设置上有新区别；结合学员的职级、年龄结构和文化层次，在课程设置上灵活多样；结合党委政府的各项重大决策，适当安排，及时调整课程设置，坚持把人口理论和保密法等作为必设课程。在教学内容的理论性和实践性的深度和广度方面，进行加深和拓宽。

2007 年，根据全省党校校长会议精神，在主体班次教学上，确立“一个中心、四个方面”的教学新布局。坚持用马克思主义的最新理论成果武装干部，突出贯彻落实科学发展观、加强党的执政能力和先进性建设、构建社会主义和谐社会、树立社会主义荣辱观、建设创新型国家、建设社会主义新农村，中共十六大及十六届三中、四中、五中、六中全会精神为中心内容的课程，把学习马克思主义中国化的最新成果作为党校教学的中心内容，放在更加突出的位置，同时在市十一次党代会、省第九次党代会和中共十七大召开后，把中共十七大、省第九次党代会、市十一次党代会精神充实到教学新内容中来，使党的会议新精神、新理论、新观点、新论断进教材、进课堂、进头脑，在学习贯彻党的会议精神的同时，还强化能力培养和省情、市情教育。在课程设置上以“增强执政意识，提高执政能力，创新培训方法，提高培训质量，大规模培训干部”的要求为重点，教学内容渗透和体现“实事求是、与时俱进、艰苦奋斗、执政为民”4个方面，提高教学的针对性和实用性。

2008年，教学方法逐步改变传统的“教师台上讲、学员台下听”单一的教学方式，推进研究式教学，综合运用讲授式、案例式、模拟式、体验式教学，探索讨论式、启发式教学。上半年，在县级领导干部和科级干部进修班中成功实施情景模拟式、现场式教学。下半年，在主体班次的第一课《破冰》中第一次运用拓展训练的教学方式，锻炼学员的构思、制作、运用能力，培养了学员团结协作、注重团队精神的意识。

2011年，加大开放式办学力度，坚持“走出去”与“请进来”相结合，充分发挥兼职教授和教研基地的作用。从市直部门、县（市、区）和聊城大学选聘兼职教授26人，开设专题讲座、市情教学和学员论坛。选定涵盖民营经济、城市建设、基层党建、生态农业、警示教育等内容的10个教学科研基地，并组织学员到滨州市、临沂市、枣庄市和市内的县（市、区）、开发区现场教学，充分调动教师和学员两方面的积极性，推动教学互动，实现教学相长、学学相长。2012—2015年，先后组织学员到复旦大学、浙江大学专题培训，到临沂党性教育基地、济宁政德教育基地现场教学。

2013年6月，军事专家、海军信息化专家委员会主任尹卓作客《水城论坛》，为全市广大党员干部作专题讲座。

2015年，科学设置教学专题，构建符合需求、特色鲜明、适应性和实效性强的课程体系，教学专题更新率70%以上。在教学内容安排上，把中共十八大和十八届三中、四中、五中全会精神、中共中央总书记习近平重要讲话精神、“四个全面”等最新理论成果作为干部培训的重要内容。同时，突出聊城特色，加大市情教学，紧紧围绕市委十二届八次全会精神和全市经济社会发展实际设置培训课题，帮助学员更好地把握市委工作部署，为抓好工作落实打下基础。

二、培训班次

1997—1999年，市委（地委）党校举办各类主体班次42期，培训各级领导干部3466人。其中，举办县级领导干部进修班7期，科级干部进修班6期，中青年干部培训班3期，乡镇领导干部（党委书记、乡镇长）进修班12期，企业领导干部进修班4期，选调生培训班2期。另外，举办乡镇党委书记党建研讨班、乡镇长经济研讨班、企业中青年干部培训班等班次17期。市委党校各种班次年培训规模1000余人。

2000—2007年，市委党校举办各类主体班次120期，培训各级领导干部15221人。其中，举办县级领导干部进修班21期，科级干部进修班22期，乡镇领导干部（党委书记、乡镇长）进修班20期，中青年干部培训班7期，企业领导干部进修班3期，选调生培训班1期。为加大对青年干部的培训力度，2000年、2001年，举办2期以年龄30岁以下、第一学历本科的优秀青年党员干部为培训对象，学制3个月，每期38人的青年干部培训班。另外，围绕中央、省、市委重大决策部署，举办县级干部“加入世贸组织”专题学习班、县级干部“三个代表”重要思想学习班、县级干部学习中共中央总书记江泽民“七一”讲话培训班、县级干部学习党章知识培训班、先进性教育专题培训班、社会主义荣辱观研讨班、领导作风建设培训班、企业改制研讨班、“民营经济”专题研讨班、乡镇团委书记培训班、小城镇建设研讨班、农村产业结构调整研讨班等短期班次48期。发挥党校兼办行政学院和社会主义学院职能，举办公务员骨干培训班、公务员初任培训班、事业单位工作人员岗前培训班、市直机关公务员任职培训班、民族宗教人士培训班、宗教团体负责人培训班等班次。拓宽培训渠道，充分挖掘社会培训资源，扩大干部培训覆盖面，举办全市非公有制经济培训班、全市人大代表小组召集人和乡（镇）人大主席培训班、开发区入党积极分子培训班、开发区村“两委”培训班、军队转业干部培训班、退役士兵培训班、执法人员培训班等班次。2000—2007年，市委党校各种班次年培训规模约3200人。

2008—2015年，市委党校举办主体班次113期，培训各级领导干部15535人。其中，举办县级干部进修班23期，科级干部进修班24期，县（市、区）科局“一把手”培训班12期，乡镇领导干部进修班13期，中青年干部培训班7期。举办学习科学发展观和中共十七届三中、四中、五中、六中全会精神培训班，学习中共十八大和十八届三中、四中全会精神培训班，全市理论宣讲骨干培训班共34期。在认真办好主体班次的同时，切实履行党校兼办行政学院、社会主义学院、人口理论教育基地和党风廉政建设教育基地的职能，举办公务员初任培训班8期，市直机关事业单位任职培训班8期，计生干部培训班8期，民族宗教工作培训班3期，党外知识分子培训班3期，民主党派新成员培训班1期，党外领导干部培训班1期，市直机关党校党务干部培训班1期。加大与部门联合办班力度，先后举办选调生、县级副职后备干部、省市县3级年轻干部到村任职、全市组工干部、换届选举、全市村党组织书记加强社会管理示范、全市基层党组织书记示范、全市农村优秀党员示范、全市组织部门学习贯彻《中国共产党发展党员工作细则》、开发区村“两委”干部、旅游度假区村“两委”干部、市直公务员学法用法、全市执法人员、全市乡（镇、街道）人大主席、全市安全生产专题、全市灾害信息员、全市组工调研信息宣传工作、全市舆情信息调研工作、“水城英才”、农机骨干、金融危机后全市经济发展问题专题研讨班，全市检察机关全员脱产集中培训班，聊城市人才工作专题、全市县乡两级领导干部财税常识、全市招商引资常识、全市乡镇民政所长、聊城市纪检监察系统执纪办案业务、聊城市纪律审查工作、市直机关团干部、全市“新农村　新生活”宣讲骨干、学习习近平总书记系列讲话培训班。2013年，市委党校承接濮阳市县级领导干部、专业技术人才培训班的异地教学。2014年，承接濮阳市第四期选调生培训班、青海省海北州刚察农牧区实用人才、海晏农牧区专业合作社示范培训班的异地教学。2015年，承接青海省刚察县优秀年轻科级干部培训班和刚察县村、社区两委班子主要负责人培训班的异地教学。2008—2015年，市委党校各种班次年培训规模约4900人。

第二节　学历教育

1997年以来，党校系统在办好主体班次的同时，大力发展与党校职能相适应的函授业余教育。始终坚持以质量求生存、以质量求发展的原则，充分发挥党校对党员干部多层次、多渠道教育的功能，在不断提高教学质量的前提下，稳步发展，成为聊城干部教育事业的一支生力军。2002年，聊城分院的临清、莘县两个学区分别获得山东省委党校业余函授教育学院教学质量评估先进单位。随着中国国民教育的发展，行政机关事业单位新录用人员学历层次的提高，党校业余函授教育逐步进入过渡转型期。2008年，中央党校停办业余函授教育。2009年，省委党校业余函授也停止招生，仅招收研究生和党校系统专科升本科。2011年，省委党校业余函授教育只保留在职研究生班，其他班次停止招生。面对党校形势发展变化，按照省委党校提出的“思想不乱，队伍不散，管理不松”的要求，市委党校坚持从严办学方针不动摇，认真抓好招生、注册、教学、考试、论文答辩、毕业等各个环节，维护党校办学的声誉和形象。2012年，聊城分院市直学区被评为全省党校系统先进学区。2015年1月，聊城分院市直学区被省委党校评选为“2013—2014年度省委党校在职研究生办学先进单位”。1997—2015年，先后举办省委党校大专班、本科班、在职研究生班，中央党校函授大专班、本科班、高起本班6个班次。

一、省委党校班次

大专班：学制三年（业余），专业设置有经济管理、行政管理、法律、会计。1997—2008年经济管理专业招收7634人，其中市直学区1332人。1999年法律专业开始招生，至2008年招生1744人，其中市直学区369人。行政管理专业于1997年开始招生，至2003年招生614人，其中市直学区202人。2002年会计专业开始招生，至2004年共招生177人，其中市直学区62人。

本科班：学制两年半（业余），专业设置有经济管理、法律、会计。1997—2010年经济管理专业共招生11328人，其中市直学区1357人。法律专业2000年开始招生，至2010年招生3582人，其中市直学区83人；会计专业2005年开始招生，至2007年招生62人，其中市直学区62人。

在职研究生班：1997年学制两年半（业余），专业有政治学（党政管理方向），招生12人。自1998年开始学制改为三年（业余），专业有经济管理、法学理论。1998—2015年经济管理专业共招生925人，全部为市直学区；2006年法学理论专业开始招生，至2015年招生336人，全部为市直学区。

自2011年起，省委党校班次只保留在职研究生班，其他班次停止招生。

2013年9月，市委党校举行2013级在职研究生班开学典礼（许琨摄）

二、中央党校函授学院班次

大专班：学制三年（业余），1997、1998级设有政法专业，招生553人，其中市直学区75人。1999级设有行政管理专业，招生323人，其中市直学区53人；2004—2007级设有经济管理、行政管理、法律专业，招生475人，其中市直学区70人。

本科班：学制两年半（业余），1997—1998级专业设置有涉外经济、政法、经济管理、行政管理，共计招生384人。1999—2003级专业设置有贸易经济、法律、行政管理、经济管理，招生733人。以上均为市直学区。2004—2007级专业设置有经济管理、法律、公共管理，招生1086人，其中市直学区375人。

高起本班：学制五年（业余），专业设置有经济管理、公共管理、法律。2005—2007级经济管理专业招收193人，其中市直学区124人；法律专业招收75人，其中市直学区17人。公共管理专业招收15人，其中市直学区15人。

第三节　理论研究

一、制度建设

1997年以后，党校认真学习贯彻全国、全省、全市党校工作会议精神，坚持科研工作为党校教学服务、为理论创新服务、为党委政府决策服务方针。2006年，市委党校成立市情研究所、党建研究所、县域经济研究所3个研究机构。2009年，修订《高层次科研成果奖励办法及科研考核办法》《专业技术人员年终考核办法》。2010年，制定《高层次科研成果随时奖励试行办法》。2011—2015年，进一步修订《科研课题管理办法》《科研年度考核制度》《科研成果随时奖励办法》，制定《全市党校系统科研管理办法》。

二、理论研讨

1997年1月15日，全区党校系统在地委党校召开1996年度科研成果评奖大会。1998年，市委党校先后举办纪念中共十一届三中全会20周年理论、孔繁森精神与群众观点研讨会和建校50周年教育规律研讨会。1999年，召开全市党校系统邓小平理论疑难热点、全市党校系统纪念中华人民共和国成立50周年理论研讨会。2000年，召开中国入世与农村产业结构战略性调整理论研讨会。2001年，召开全市党校系统建党80周年理论、全省党校系统自然辩证法理论、邓小平理论研究会成立大会暨首届理论研讨会。2002

年，召开全市党校系统科研工作会议。2003年，召开全市党校系统“盛世盛会”理论研讨会。2004年，举办纪念邓小平诞辰100周年理论研讨会。2005年，召开全省党校系统“构建社会主义和谐社会”理论研讨会暨全省党校系统科研成果交流会。2006年，先后参加省党校系统“学习江泽民文选、贯彻落实科学发展观”、全市组织系统的“保持共产党员先进性”理论研讨会和市委宣传部组织的“纪念建党85周年”理论研讨会。组织召开全市党校系统“纪念建党85周年暨红军长征胜利70周年”“建设社会主义新农村”理论研讨会，分别收集优秀理论文章31篇和36篇，均结集出版论文集。2007年，召开全市党校系统2005—2006年度优秀科研成果奖暨“纪念《关于正确处理人民内部矛盾的问题》发表50周年与构建社会主义和谐社会”理论研讨会。2008年，召开全市党校系统纪念改革开放30周年理论研讨会。2009年，组织召开全市党校系统纪念中华人民共和国成立60周年理论研讨会。2010年，召开全市党校系统“全面提升年”活动理论研讨会。2011年，召开全市党校系统纪念建党90周年理论研讨会。2012年，先后召开全市党校系统“贯彻落实市第十二次党代会精神”“纪念邓小平同志南方谈话20周年”“学习贯彻中共十八大精神”理论研讨会。2013年，先后组织召开“全市党校系统学习中共十八大”精神、“改进工作作风，密切联系群众”理论研讨会，参加全市“贯彻落实十八大精神”理论研讨会、中共冀鲁豫（平原）分局成立70周年研讨会和全省党校系统“中国特色社会主义道路与中国梦”理论研讨会。2014年，组织召开全市党校系统“学习贯彻党的十八届三中全会”“贯彻党的群众路线”理论研讨会，参加全省党校系统“加强党的建设、改进工作作风”理论研讨会。2015年，组织召开中共十八届四中全会精神理论研讨会、全市党校系统学习习近平“四个全面”理论研讨会。1997—2015年，市委党校召开理论研讨会37次。

三、重点课题

1997—2015年，聊城市委党校完成省委党校、省行政学院、省党建研究会、省社科、市社科及全市党校系统科研课题178项。1999年，参与完成国家“九五”规划课题1项，完成省“九五”规划课题1项。2002年，参加2项国家课题，1个全省党校课题，3个市级课题获得立项，另外确立4个校级课题。2006年，市委党校中标省社科课题1项，参与国家级课题1项，主持省党校系统课题4项，主持市级课题2项，参与市级课题2项。2007年，完成全省党校系统课题3项、省委党校调研课题2项、省第九次党代会课题4项。

2008年，完成省党校系统课题1项、市社科课题2项、校级课题3项、市农业局课题8项。2009年，完成课题22项，其中省社科课题1项、省社科子课题2项，省社科课题获省社科基金奖励1万元；完成省委党校系统课题4项，申报省委党校“当前重大现实问题课题”8项中3项，市社科课题1项，完成校内课题5项、市委宣传部课题6项，有1项课题获市领导签批。2010年，组织申报省市及委托课题28项，立项13项。2011年，参与省社科课题1项。组织申报全省党校系统课题12项，立项5项；申报市社科课题9项，获基金课题1项、自筹课题2项。申报全市党校系统课题15项，立项6项；校级课题6项，立项5项。2012年，组织申报全省党校系统课题18项，选中10项，完成5项。组织申报全市社科课题3项，选中2项，完成2项，包括1项基金课题、1项自筹课题；完成市委宣传部课题1项。2013年，申报全省党校系统课题5项，立项5项，完成6项。组织申报全市社科课题3项，立项2项。2014年，立项全市社科重点课题2项、全省党校系统课题4项、省行政学院合作课题2项，获省委宣传部重大舆情课题1项、省委组织部党建研究会课题2项、普法学会课题1项。2015年，课题申报立项30项，立项22项。

四、科研成果

1987年12月，《聊城党校学报》创刊，为党校理论研究起到推动作用。1999年，在省以上报刊公开发表文章46篇，其中2篇在《哲学研究》《求是》杂志、《内部文稿》等国家级报刊发表，5篇被中国人民大学《复印报刊资料》转载，3篇获全省党校系统科研二等奖。2000年，在省级以上报刊发表文章60多篇，其中1篇获全国党校系统科研二等奖，2篇获全省党校系统科研一等奖，1篇获二等奖。同年，市委党校被评为全国党校系统第三届科研工作组织奖。2002年，市委党校把课题申报作为“出精品、出人才”的突破口，认真组织国家级、省级、市级课题的申报立项工作。同年，在省级以上报刊发表论文99篇，其中1篇获山东省第十七届社会科学科研成果一等奖，出版专著、编著6部，译著1部。2003年，市委党校获全国党校系统第四届科研工作组织奖。2004年，在全省党校系统2004年科研成果评奖会上1篇获一等奖，2篇获二等奖，1篇获三等奖。是年，获“全省党校系统科研工作组织奖”；2006年，与市诗人协会组织召开“纪念建党85周年”全国诗人大奖赛，收到稿件2000余份，并出版纪念中国共产党成立85周年诗文选集《先锋颂》。同年，在国家级核心期刊发表论文3篇，省级论文58篇，市级论文55篇。2007年，发表文章97篇，其中省级以上文章42篇，包括国家级文章5篇、核心期刊文章10篇。2008年，发表省级以上论文85篇，市级论文50余篇，获2006—2007年度全省党校系统科研组织奖。同年，在省委党校组织的全省党校系统优秀调研网点评选中，聊城市委党校被评为市级优秀调研网点。2009年，发表理论文章100余篇，其中省级以上文章18篇。召开2007—2008年度优秀科研成果评奖会。2010年，发表省级理论文章52篇、市级文章80余篇；被评为全国党校系统第三届地（市）级党校科研工作组织奖。获全省党校系统2010年度优秀科研成果一等奖1项、二等奖2项、三等奖1项，山东省党建研究会一等奖1项、二等奖2项，聊城市社会科学优秀成果二等奖4项，1人被评为聊城市社会科学学科新秀。2011年，发表省级

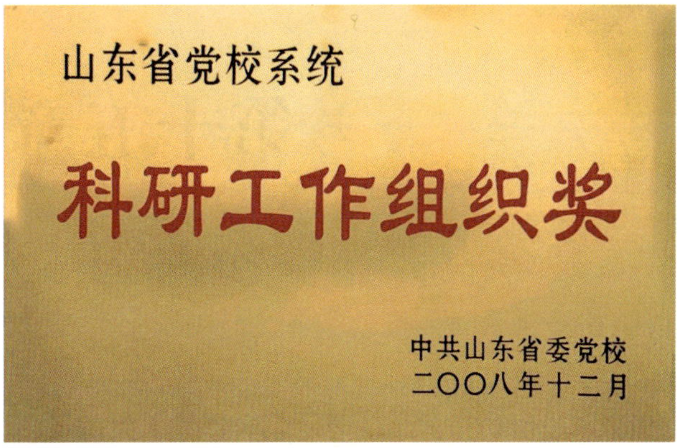

2008年12月，聊城市委党校被中共山东省委党校评为科研工作组织奖 （许琨摄）

以上论文22篇、《聊城日报》文章12篇、市级论文17篇。召开全市党校系统2009—2010年度科研成果评奖会，2项科研成果获市领导签批。参加全省党校系统2011年优秀科研成果评奖会，获一等奖1项、二等奖2项、三等奖1项。2012年，发表省级以上论文47篇、《聊城日报》文章8篇。获全省党校系统优秀科研成果奖5项。获市社会科学优秀科研成果奖5项，其中二等奖4项；市委党校获“全市调研工作先进单位”称号，2人获调研先进工作者称号。2013年，发表省级以上论文33篇，其中，国家级论文5篇。获全省党校系统优秀科研成果奖4项。获市社会科学优秀科研成果奖6项、突出贡献奖1项、科研新秀奖1项，4人获“全市优秀调研工作者”称号。2014年，在国家级报刊发表论文6篇、省级报刊38篇。获全省党校系统2013年度优秀科研成果二等奖1项、三等奖4项，获市社会科学突出贡献奖1人，市社会科学学科新秀奖1人、二等奖4人、三等奖3人。获“全市调研工作先进单位”称号，5人获“全市优秀调研工作者”称号。2015年，发表省级以上论文58篇，获全省党校系统优秀科研成果奖8项。获市社科优秀科研成果奖8项。2个调研报告获市委领导审批。获“全市调研工作先进单位”称号。

1997—2015年，聊城市委党校教研人员发表省级以上论文1048篇、市级论文1021篇，主编、参编的著作、教材、工具书等30部，获省级以上奖励54项，市级奖励98项。

第十五章　信访工作

1997—2015年，聊城市（地区）各级信访部门在源头治理、推动“事要解决”、夯实基层机构场所建设、拓宽信访渠道、创新体制机制、打造网上信访主渠道、开展群众满意度评价工作、推行诉访分离、加强依法信访、加大信访法规宣传、规范信访办理程序、压实信访工作责任等方面加大工作力度，推动信访工作规范化、法治化、科学化。聊城市委市政府信访局2004年1月和2013年8月分别被省委省政府评为“全省信访工作先进单位”。

2015年，聊城市信访局开展《山东信访条例》宣传

第一节　信访处理

一、人民来信来访处理

1997—2015年，全市（地区）受理来信来访共46848件次，其中人民来信35019件，接待群众来访11829批、145498人次。接待处理集体上访3268批、124266人次。

1997—2015年聊城市群众信访情况一览表

表19-5

年份	来信数（件）	来访数		其中集体访		办结重点信访（件）	查结信访老户（户）	中央、省交办（件）
		批次	人次	批次	人次			
1997	5511	1497	23001	632	21389	132	—	—
1998—2001	6808	2710	50248	1028	47371	284	79	—
2002	2243	1715	—	353	13038	43	—	—
2003	5025	607	—	277	13051	130	35	62
2004	1374	405	8632	206	8250	86	93	42
2005	1287	430	6854	185	6311	106	223	117
2006	1413	380	3854	150	2300	—	—	130
2007	1608	354	4191	116	3321	310	—	356
2008	1330	328	3786	108	2983	337	—	343
2010	909	428	5623	—	—	—	—	—
2011	1905	549	7252	213	6252	201	—	155
2012	1105	480	7577	—	—	—	—	47
2013	1780	—	—	—	—	—	—	—
2014	1300	1296	15893	—	—	—	—	321
2015	1422	650	8587	—	—	—	—	236
合计	35019	11829	145498	3268	124266	1629	430	1809

二、信访案件查处

1997 年，聊城地区一般案件处结率 98.6%。受理查处重点信访案件 132 件，做到年底无积案。向上级或领导传报重要信访信息 317 条，被采用 212 条，采用率为 66.9%。1998—2001 年，省、市领导批示要查处结果的 43 起重点案件全部处结，处结率 100%。实现年底无积案，全市无越级上访。2002 年，省、市领导批示要查处结果的 43 起重点案件全部处结，实现年底无积案，全市无越级上访。2003 年，市、县领导批示要查处结果的 130 起重点案件全部处结。2004 年，群众进京上访 56 起 74 人次，赴省上访 72 起 338 人次；省交办的上访写信大户 14 户，结案率 100%；省交办的上访老户 93 户，结案率 100%。2005 年，赴省上访 28 起 62 人次，进京上访 55 起 78 人次。省要结果的 14 起重要信访案件全部按时限要求处结。2006 年，全市对省以上立案交办的 130 起重点信访案件，处结率 96.7%。2007 年，全市对省以上立案交办的 356 起重点信访案件及时分交到各县（市、区）及有关部门；办结案件 310 件，处结率 97.8%。2008 年，全市对省以上立案交办的 343 起重点信访案件及时分交到各县（市、区）及有关部门。2009 年，办结案件 337 件，全部处结，办结率 100%。受理国家投诉受理中心交办案件和人民网网友给省委书记反映问题的交办案件 25 件，办结 25 件，办结率 100%。2010 年，对省以上交办案件到期办结率 100%，三级终结案件上报率 100%。2011 年，办理上级交办重点案件 201 起，结案率 96.3%，结服率 86.4%。2012 年，办结国家局、省局交办信件 47 件，化解重点、疑难案件 5 件。赴省上访 364 起 975 人次；进京正常访 130 起 193 人次，进京非正常访 54 人次。2014 年，中央联席办、国家信访局和省联席办、省信访局交办重点案件 63 件，中央巡视组转交的 258 件信访事项，按期办理率 100%，化解率 72%。2015 年，国家局、省局立案交办信访件 43 件，到期应办结 38 件，已办结 34 件，办结率 89%。

第二节 信访制度

一、制度创新

1997 年，全区信访机构注重发挥参谋助手作用，建立起强化信访工作的 4 项制度。一是调度会制度。每月召开 1 次由地、县（市）领导参加的信访工作调度会议。二是领导接访制度。地县乡领导每人每月安排 1 次接访日。三是领导包案制度。对问题复杂、处理难度大、久拖不决的案件，实行领导包案。四是重点案件查处制度。对地区以上交办或到地区以上集体上访案件，全部由县级领导带队率工作组查处，1 个月内查结。1997 年 5 月 13 日，为强化对信访工作的领导，做好新形势下的信访工作，中共聊城地委、聊城地区行署印发《关于加强信访工作的意见》，指出要切实加强对信访工作领导，把控制集体上访作为信访工作的重点来抓，建立 5 项工作制度，即预测预报和超前工作制度、领导接访制度、案件交办制度、通报制度、重点管理制度，明确信访部门职权范围。2002 年，聊城市在控制集体上访问题上，层层建立信访工作责任制，强化领导责任。2005 年 8 月，聊城市委、市政府制定下发《关于市直部门实行领导公开接待群众来访的暂行办法》，90% 的单位及乡（镇、街道）均实行领导公开接访，将信访关口前移。明确责任人的职责，对发生的信访问题，凡发生到市以上的集体访，属于县（市、区）的，必须由 1 名县级领导人出面，属于市直部门的，必须由有关部门的领导人出面，带领案发单位的主要负责人及时赶到现场，配合省市信访局做好上访人员的疏导工作，将上访人员带回原地妥善处理。2006 年，聊城市各级信访部门对重要群众来信的处理，实行“绿色邮政”“阳光办信”和“办信三见面”的工作制度。2009 年，市信访局制定《关于开展“信访积案化解年”活动实施方案》，在全市总结推广“三分一联”（分类、分级、分包，联席会议制度）工作法，建立全市信访问题案件数据库。2015 年，聊城市建立的借助“第三方”

力量化解社会矛盾工作新机制，被《山东信访》刊发，得到国家信访局的肯定。

二、规范办理程序

1998—2001年，聊城市信访局对一般性信访案件，按照“分级负责，归口办理”的原则，及时移交到有问题管辖权的单位去处理。对群众反映强烈的重点信访案件，及时摘报给市委、市政府领导，搞好立案查办，必要时直接组织有关部门联合查处。对一些经常至各级信访的老户，坚持一户一议，一户一见面。市信访局排查重点案件284件，复查复议信访老户79户。2003年，研究制定《关于维护市委、市政府机关门前上访秩序的暂行办法》《群众逐级上访和分级受理细则》《市级机关归口分工处理人民来信和接待人民来访的暂行办法》。加强培训，提升办理质量。9月，全市信访系统微机人员参加省培训班；11月，市信访局对全市微机人员进行全方位培训，促进全市信访系统微机化进程。2004年9月，聊城市正式建立信访联席会议制度，成立信访突出问题及群体性事件联席会议制度，加大对信访矛盾突出问题的处置力度。2005年，市委、市政府调整充实市信访工作领导小组，建立并实行市委常委、副市长接访制度和领导包案制度。各县（市、区）党政一把手和分管信访工作的领导人，处理重大信访问题，推行公安、检察、法院、司法、信访等部门公开接访制度。2010年1月，聊城市信访局编写信访工作手册，对信访工作流程进行规范，实现信访工作办理整体效率的提升。2014年，根据《信访条例》有关规定和中央确定的涉法涉诉信访工作改革要求，严格实行诉讼与信访分离，涉法涉诉信访案件一律归口政法部门接谈处理。2015年11月19日，为方便群众网上信访，聊城公布市县两级网上信访受理平台域名网址，群众在家中通过浏览器搜索“聊城市网上信访”，即可实现依法信访。

三、扩展信访渠道

1997年，建立健全县、乡、村三级信访工作网络，充实整合基层信访工作力量，规范加强信访工作机构建设，健全完善排查预警、矛盾调处和便民信访工作机制。1998年，市信访局为加强信访信息工作，通过《信访情况》《信访摘报》以及专题信息和定期汇报等形式向各级领导提供信访信息288条，其中重要信息进入领导决策层次。2003年，为强化信访信息工作，市信访局编写《来访摘报》15期、《来访动态》54期、《信访情况》24期，向各级领导提供信息200余条。2004年，聊城市委、市政府制定《聊城市信访预警预报制度》，根据信息性质与重要程度，采用不同方式预警，将问题解决在基层，将矛盾化解在初始阶段。2004年9月，全市正式建立信访联席会议制度、信访突出问题及群体性事件联席会议制度，加大对信访矛盾突出问题的处置力度。2005年，对重要群众来信的处理，实行“绿色邮政”“阳光办信”“办信三见面”的工作制度。市委、市政府调整充实市信访工作领导小组，建立并实行市委常委、副市长接访制度和领导包案制度。市委书记郭兆信、市长张秋波亲自阅批和处理群众来信来访案例26件。各县（市、区）党政一把手和分管信访工作的领导人，处理重大信访问题。市县两级18位党政主要领导共处理信访案件201件。2006年，信访信息系统建设全面启动，市信访局及8个县（市、区）信访局全部连接电子政务专网，实现省、市、县三级电子政务专网联通，初步建立信访信息系统。2007年，全市建成信访信息系统专网，实现与全省信访信息系统专网连接。2008年，在县（市、区）成立以联席会议成员为骨干的县级接访网络。开设“12345”市长热线，各县市区开通“县委书记信箱”“县长热线电话”和“网上信访”，开展“问计于民”活动，畅通了信访渠道。2008年，市委、市政府定期召开市委常委会听取信访工作汇报，研究加强信访工作的具体措施，市委书记、市长处理信访案件24起，阅批群众信访件228件。2014年，市委、市政府印发《关于进一步做好我市信访事项复查复核工作的通知》，强调要力争把信访问题化解在处理阶段；要突出重点，强化措施，扎扎实实做好信访事项复查复核工作。2015年，市委书记徐景颜提出建立“星期六群众工作日”制度；8月，市委、市政府印发《关于实行星期六群众工作日制度的方案》，市委常委通过每周六轮流接待群众来访、召开座谈会以及现场办公等方式，听取群众诉求，解决群众困难。

四、领导干部接访

2003—2004年，市委、市政府下发《关于进一步做好县（市区）党委政府领导公开集中接访工作的通知》，市委、市政府办公室印发《关于领导干部接待群众来访和下访工作的实施方案》，提出深入推进领导干部接待群众来访和下访工作制度，进一步畅通信访渠道、加大解决问题力度、夯实基层基础工作、健全信访工作长效机制，把问题解决在基层和属地，实现全年信访总量明显下降。落实市级领导、县（市、区）委常委牵头化解信访积案，全市市级领导全年包案化解重点信访问题71件，县以上领导干部参与定期接访1845批次，接待信访群众2547人次，干部下访2510人次，化解问题3140件。是年，规定市级领导干部接访每人每年不少于4次，其中集中接访2次、下访2次，市级领导干部接待群众来访的事项，由市信访部门负责立案交办、督办，1个月内办结；县（市、区）领导干部接待群众来访每月2天，党政主要领导每月至少接访1天，接访集中在县城或分片定点到乡镇（街道）；市直、县（市、区）直部门领导干部接待群众来访每月2天，信访事项办结情况由部门抄送同级信访部门，由同级信访部门负责督导；乡（镇、街道）领导干部随时接待群众来访，每天有1名党政领导干部接访，乡（镇、街道）领导干部接访安排及信访事项的办结情况，报所在县市区信访部门，由所在县市区部门负责督导。

2010年，市委、市政府制定下发《关于县级领导干部定期接待群众来访的实施办法》《关于把矛盾纠纷排查化解工作制度化的实施意见》《关于机关干部下访工作的意见》等文件规定。全市县级以上领导干部参与定期接访共901人次，接待来访群众4225人次；干部下访2434人次，接待群众6214人次。全市按照《关于局领导班子成员分包县（市、区）和市直部门信访工作的意见》，坚持每季度派出由班子成员带队的工作组，对基层信访事项办理情况跟踪督查、现场指导、协调督办解决重点难点问题。2011年，市委、市政府制定下发《关于进一步做好领导干部大接访工作的通知》，建立领导干部大接访活动台账。全市实行督导通报制度，民情民意顺畅，民忧民怨及时就地化解。全年全市县以上领导干部定期接访979人次，接待来访群众3343人次，领导干部约访3978人次；干部下访5392人次，接待来访群众8977人次。2013年，市联席办下发《关于进一步做好党政领导干部接访下访工作的通知》，全市领导干部接待群众5639批14767人次，解决各类问题4623件。2014年，要求市级领导干部和市直机关干部采取统一组织和分散组织两种方式，定期到县市下访。市直机关干部下访分散组织，每年至少1次；市信访部门负责组织市级领导干部到县（市）下访活动，每月到1个县市公开下访1天。下访活动采取公开接访和带案约访相结合的形式进行。约访案件由市信访部门负责提前筛选，主要是接谈群众反映强烈的热点难点问题、基层不能解决的重大疑难信访事项，特别是“无头案”“钉子案”“骨头案”“三跨三分离”案件等。县（市、区）、乡（镇、街道）及县直部门领导干部下访工作，根据实际情况安排确定。2015年，全市领导干部公开接访1011人次，接待来访群众1384起6527人次；领导干部下访984人次，接待群众1567起3560人次，解决信访问题1897个。

五、网上信访

2013年，随着互联网的普及，出现网上信访，并迅速发展，为此，聊城市成立网络信访科，专门办理网上信访事项。按照市委、市政府和省信访局提出的2013年年底实现省、市、县网上信访平台开通的要求，聊城市试行搭建市、县两级网上信访受理平台，聊城市的群众可以通过网上受理平台投诉。每一件信访事项的受理、交办、督办、答复、复查复核和满意度评价等全部在网上流转，实现工作流程的全覆盖。同时，按照全力打造“阳光信访”的要求，加大网上信访宣传力度，规范和完善网上信访事项的办理工作，引导群众“少上访、多上网”“让数据多跑路、群众少跑腿”，全面落实首办责任，不断提高网上信访事项及时就地解决的质量和效率，让群众切身体会到网上信访好用管用，引导群众更多地变走访为网访，使阳光成为信访工作的新常态，逐步将网上信访打造成群众信访主渠道。2015年10月，聊城市市、县两级网上受理平台真正启用，聊城市的网上信访受理平台体系包含1个市级平台、55个市直部门。8个县级平台、162个县直部门，140个乡（镇、街道），整个体系实现互联互通和数据共享。11月19日，为推进网上信访工作的发展，聊城市举行“推进网上信访工作新闻发布会”。当年，在全市信访系统深入开展“规范基础业务百日专项整治”活动，完成市、县两级信访信息平台的建设，实现与55个市相关部门、170个县相关单位以及135个乡（镇、街道）的全部互联互通。

六、信访责任制

2002年，全市切实控制集体上访，层层建立信访工作责任制，强化领导责任。在全市普遍推开领导公开集中接访制度，集中处理解决群众反映的问题。重点案件落实领导包案责任制，坚持实行一个重点案件、一名包案领导、一个责任部门、一套查处班子的“四个一”工作方法，促进所包案件的解决。2005年，规范“归口办理”工作，推行公安、检察、法院、司法、信访等部门公开接访制度。2006年，为治理进京非正常上访，市委、市政府研究制定《2006年集中治理活动实施方案》，与县（市、区）负责人和各专项工作小组签订责任状。全市对省以上立案交办的130起重点信访案件及时分交到各县（市、区）及有关部门，全部处结。2007年，聊城市委、市政府调整成立市信访工作领导小组，定期召开信访领导小组联席会议，研究信访工作，建立实行市委常委、副市长接访制度和领导包案制度。全年市委常委、副市长阅批人民信访件1201件，处理重点信访案件21起，阅批群众信访件198件。集体上访案件，实行领导跟踪处理制度，重点案件由党政一把手直接接访处理。落实领导包案责任制，坚持实行“四个一”的工作方法，对久拖不决的疑难信访案件，实行党政领导、职能部门、查处班子、上访代表“四位一体”的会听、会议、会审、会结制度，确保案件查处到位。2009年，市信访局制定《关于开展“信访积案化解年”活动实施方案》，在全市总结推广“三分一联”（分类、分级、分包，联席会议制度）工作法，建立全市信访问题案件数据库。全市66件信访积案，逐案落实县级领导包案，实行月进度报告制度。严格落实“四包”（包掌握情况、包思想教育、包解决化解、包息诉息访）责任制，建立信访台账动态管理制度、局领导班子分包县（市、区）制度、每日上报“来市上访登记表”制度、每周上报“省信访局和国家信访局登记信访件情况表”制度。2013年和2014年，市委、市政府先后印发《关于进一步严格落实信访工作责任制的意见》，明确新时期信访工作的指导思想、目标任务和各级责任。2015年，聊城市委、市政府制定《聊城市信访稳定工作考核奖惩办法》，推动各级各部门把处理上访工作的主要精力放在解决群众反映的实际问题上。

第三节　基层信访

一、农村基层信访

1997年，在全区各乡镇坚持实行“一访两案制”。对个别适用的案件，稳妥实行“一访两案处理制”，一方面调查处理群众反映的问题，一方面对上访活动中的违法行为进行严肃处理。95%以上的集体上访控制和解决在地区以下。1998—2001年，全市专门召开推进信访工作向基层延伸现场会，推广阳谷的经验。在乡镇一级，实行领导公开集中接访、领导预约接访、预约下访和跟踪回访等制度，进一步强化基层信访工作责任，拓宽信访工作渠道，把大量信访问题解决在基层和初始阶段。2003年，基层领导接访工作落实“两个下移（责任下移、重心下移）”，向乡镇延伸，向部门、居委、村委延伸，信访工作做到“谁主管谁负责”。2004年，全市

126个乡（镇、街道）大都配备信访助理员，占应配备人数的91.5%。2005年，全市开展《信访条例》进农村、进社区、进机关、进企业、进家庭的活动，多层次、多渠道、多形式地向广大干部群众进行生动、直观、深入的宣传；全面开办“绿色邮政”，群众来信反映问题和提出建议，免贴邮票，在党和政府与百姓之间搭建一条经济、便捷的桥梁。2005年，全市124个乡（镇、街道）中有107个达到“三无”（无越级上访、无重复上访、无信访积案）要求，占86%。2006年，90%的单位及乡（镇、街道）都实行领导公开接访，接待群众越级上访，执行《信访条例》及《群众逐级上访和分级受理制度》实施细则，要求每一位来市上访的群众必须持有县（市、区）有关职能部门的“答复意见书”和“双向承诺书”，严格用转送单形式进行处访。2006年，全市123个乡（镇、街道）中有105个达到“三无”要求，占85%。2007年，全市124个乡（镇、街道）中有110个达到“三无”要求，占88.7%。2008年，在乡镇和重点企业成立人民内部矛盾调处中心，在乡村配备专职信访信息员，在社区配备信访协管员，从社会各个层面选聘多名社情民意观察员。2008年，全市124个乡（镇、街道）中有113个达到“三无”要求，占87.9%。2009年，县乡两级广泛开展以实现“无越级集体访、无非正常访、无信访积案”为主要内容的“三无”建设活动，在124个乡镇中，117个为“三无乡镇”，占94.3%。2010年，为加强矛盾排查化解，全市按照《关于把矛盾纠纷排查化解工作制度化实施办法》要求，坚持排查关口前移，从乡（镇）到村（居）委、社区均配齐信访调解员、信访联络员，建立“横向到边、纵向到底”的排查工作网络，落实“日排查、零报告”制度。2010年，全市123个乡镇达到“三无”目标。2011年，全市各级重视信访机构建设，按上级要求配齐信访工作人员，123个乡镇信访助理员全部是副科级；对重点时段、重点群体和重点问题进行深入排查，全年共排查出矛盾纠纷8199件，化解7461件，化解率91%，全市123个乡（镇、街道）实现“三无”目标。2012年，加强基层信访工作，主要从抓预防、深入排查矛盾隐患上下功夫，全面排查各种可能引发信访问题和影响社会和谐稳定的矛盾纠纷和苗头隐患，重点排查土地征用、房屋拆迁、企业改制等重点领域和涉军等重点群体以及上访老户等重点人员，建立信访问题台账和数据库，实行动态管理、重点稳控，全年排查出各种矛盾纠纷6488件，化解6202件，化解率95%。全市有101个乡镇实现“三无”目标。2013年，全市各信访机构健全完善信访问题纸质和电子档案，实行动态管理、重点稳控，实行市每季、县每月、乡每周、村每天4级摸排制度，全年全市排查出各种矛盾纠纷5478件，化解5258件，化解率96%，实现“三无”目标的乡镇102个。2014年，加强基层信访宣传工作，将7月定为“依法逐级走访”集中宣传日，在市、区设立宣传点6个，为群众提供政策咨询，在街头、巷尾发放、张贴“明白纸”宣传，组织宣传车到各社区宣传。2015年，在菜屯、信发等14个乡（镇、街道）信访大厅设立法律工作处，让“上访先问法”和“依法息访”成为新常态。

二、城市基层信访

1998—2001年，全市各县（市、区）建立起专门的查办组织，对久拖不久的疑难信访案件，实行党政领导、职能部门、查处班子、上访代表“四位一体”的会听、会议、会审、会结制度；各县（市、区）集中开展6次大规模的信访法规宣传教育活动；全市推行信访工作的“两个延伸”，信访工作向市、县直部门延伸，向乡镇一级延伸。在市、县直部门一级，实行“三为主”“三配合”“一协调”的城市信访工作机制，通过信访部门的总协调，把分管领导、主管部门、案发单位和执行政策部门、执法执纪部门、相关部门有机地连接成一体，形成处理问题的合力，提高解决问题的效率和质量，调动各职能部门做信访工作的积极性。全市公、检、法、纪检、劳动、城建、农业等职能部门共受理群众信访15017件起，把大量的群众信访问题解决在部门和系统以内。2002年，认真落实领导负责包案制，市委书记郭兆信两次约见一上访老户，做思想工作，安排人员进行协调处理，将其稳控在当地。各县（市、区）集中开展两次大规模的信访法规宣传教育活动，提高广大群众依法信访、逐级上访的意识。2003年，临清市落实领导公开集中接访制度，开展市级领导公开集中接访工作，其经验在全省信访工作大会上交流。2004年，开展对上访老户专项治理工作，市信访工作领导小组年初同司法、劳动、民政等部门专题研究对策，制定集中治理方案，落实目标，落实责任，签订责任状，加强督导。6月，对全市180余名信访干部包括信访助理员培训，邀请省信访局信访专家开办培训班，全市信访工作得到加强。2006年，为创新基层就地化解矛盾工作机制，市委、市政府制定下发《关于加强信访工作属地管理的意见》，明确市区、县、乡（镇、街道）、村（居）和部门、企事业单位的信访权属和责任。2006年，市委、市政府制定下发《关于市直部门实行领导公开接待群众来访的暂行办法》，建立起市直、县直部门和乡镇、街道办事处领导公开接访制度。2007年，市信访局组织各县（市、区）集中开展2次大规模的信访法规宣传教育活动，重点宣传新《信访条例》和《中共中央国务院关于进一步加强新时期信访工作的意见》文件精神，提高群众依法信访、逐级上访的意识。2008年，在县（市、区）成立以联席会议成员为骨干的县级接访网络；开设"12345"市长热线，各县（市、区）开通"县委书记信箱""县长热线电话"和"网上信访"，开展"问计于民"活动，畅通信访渠道。2009年，全市县以上领导干部185人参与定期接访，接待来访群众1871起，干部下访924起。东昌府区利用信访视频接访系统领导接访，节约成本，提高办事效率。

2010年，聊城市信访局提出在县级开展信访工作标准化建设的新思路，建立信访工作标准化建设新机制。在有条件的县（市）推行信访办理程序、信访接待场所建设、信访档案管理3个方面的标准化试点工作，临清市信访工作标准化建设试点的经验在全省进行推广。2010年2月和4月，中央联席办第二十七期《情况交流》和省信访局第四期《信访情况》，分别向全国、全省推广聊城市创新体制机制、推行信访工作标准化建设、预防和化解信访问题的做法和经验。通过《信访快报》和每月《信访情况》等形式，向市领导提交情况报告；为拓宽信访渠道，健全完善市、县、乡、村四级矛盾纠纷排查化解网络，建立矛盾纠纷排查化解情况台账，坚持每月对各县（市、区）排查情况进行汇总分类，全年共排查各类矛盾纠纷4166件，及时化解3905件。2011年，市直部门建立专门信访工作部门，配备信访专职工作人员，市直配备专兼职信访干部179人；全市各县（市、区）贯彻落实临沂会议精神，牢固树立用群众工作统揽信访工作的理念，建立"信、访、网、电"四位一体的诉求格局，发挥绿色邮政、专线电话、网上信访等渠道作用，依托全国信访信息系统，开通网上投诉、视频接访等新途径，降低群众维权成本。2013年，市委大督查办公室对信访工作每月通报，形成党委政府统一领导、职能部门共同参与的大督查机制．全年转办、交办、督办重要信访件101件，要信要访报结率100%，按时报结率98%。2014年，市信访局严格规范信访事项办理程序，按照"请群众参与，让群众监督，使群众满意"的要求，规范群众来信、来电、来访的办理程序；对领导干部接待的信访事项，信访工作机构落实建立"四单一记录"（领导干部接待群众来访登记单、交办单、督办单、办结单，接谈记录）制度，对市级领导接访的案件，县（市、区）、部门单位责任人落实"五个一"（一名包案领导、一个工作班子、一套化解方案、一份会办纪要、一套工作措施）措施。2015年，市建立借助"第三方"力量化解社会矛盾工作新机制，被《山东信访》刊发。临清市在实行信访标准化建设的基础上，探索建立信访与人民调解联动新机制，打造"创新社会管理、构建和谐信访的服务品牌"。11月6日，聊城市举办全市学习宣传《山东省信访条例》培训班，全面深入贯彻落实条例，提升全市信访工作法治化水平。

第二十编 地方权力机关

Party XX Local Authorities

聊城市志

1978年至1985年1月，地区未设人大机关。1985年2月，建立山东省聊城地区人大工作联络处，为正县级单位，由地委直接领导。1988年撤销联络处，设山东省人大常委会聊城地区联络组，为正厅级单位。1989年1月，山东省人大常委会聊城地区联络组改称山东省人大常委会聊城地区工作委员会。1998年3月18—23日，聊城市第十三届人民代表大会第一次会议在聊城召开，这是聊城撤地建市后的第一次人民代表大会。1998—2015年，聊城市共召开4届人民代表大会，举行20次市人民代表大会会议。

按照宪法规定，聊城市人民代表大会制度建立后，逐步建立健全组织机构，加强自身建设，完善各项制度，依法行使监督权、重大事项决定权、选举任免权等国家权力，保障和促进全市经济和社会各项事业健康、持续发展。

第一章　人民代表大会

第一节　代表选举

一、市人大代表选举

市人民代表大会的代表是市人民代表大会的组成人员，依照法律规定执行代表职务。换届选举前，市人大常委会根据《中华人民共和国全国人民代表大会和地方各级人民代表大会选举法》及省人大常委会的有关规定，确定本届市人大代表名额的具体分配方案。各选举单位选出市人大代表后，市人大常委会代表资格审查委员会依法对换届选举产生的市人大代表进行代表资格审查，向市人大常委会提出审查报告，确认当选代表的代表资格是否有效。

市第十三届人民代表大会代表

市十三届人民代表大会代表名额460人。各选举单位根据聊城市人大筹备委员会确定的名额分配方案，依法选出市十三届人民代表大会代表439人。其中，东昌府区73人、临清市56人、冠县56人、莘县71人、阳谷县59人、东阿县37人、茌平县46人、高唐县39人、解放军2人。

市十三届人大一次会议时，有代表439人。会后，调离聊城市1人，补选代表2人。

市十三届人大二次会议时，有代表440人。会后，调离聊城市1人，去世1人，补选代表3人。

市十三届人大三次会议时，有代表441人。会后，调离聊城市4人，去世4人，补选代表14人。

市十三届人大四次会议时，有代表447人。会后，调离聊城市1人，补选代表3人。

市十三届人大五次会议时，有代表449人。

市第十四届人民代表大会代表

市十四届人民代表大会代表名额460人。各选举单位根据市人大常委会确定的名额分配方案，依法选出市十四届人民代表大会代表456人。其中，东昌府区80人、临清市59人、冠县56人、莘县71人、阳谷县60人、东阿县38人、茌平县47人、高唐县43人、解放军2人。

2003年2月16日，市十三届人大常委会第三十五次会议听取审议代表资格审查委员会关于市十四届人民代表大会代表资格的审查报告，确认当选的456名市十四届人民代表大会代表的资格全部有效。

市十四届人大一次会议时，有代表456人。会后，调离聊城市1人。

市十四届人大二次会议时，有代表455人。会后，调离聊城市3人，补选代表2人。

市十四届人大三次会议时，有代表454人。会后，调离聊城市2人，去世1人，补选代表6人。

市十四届人大四次会议时，有代表457人。会后，调离聊城市6人，去世2人，辞职1人，补选代表9人。

市十四届人大五次会议时，有代表457人。会后，调离聊城市1人，去世1人，补选代表1人。

市十四届人大六次会议时，有代表456人。

市第十五届人民代表大会代表

市十五届人民代表大会代表名额460人。各选举单位根据市人大常委会确定的名额分配方案，依法选出市十五届人民代表大会代表448人。其中，东昌府区76人、临清市60人、冠县56人、莘县71人、阳谷县58人、东阿县36人、茌平县46人、高唐县43人、解放军2人。

2007年12月27日，市十四届人大常委会第三十九次会议听取审议代表资格审查委员会关于市十五届人民代表大会代表资格的审查报告，确认当选的448名市十五届人民代表大会代表的资格全部有效。

市十五届人大一次会议时，有代表448人。会后，调离聊城市3人，补选代表11人。

市十五届人大二次会议时，有代表456人。会后，调离聊城市1人，去世1人，罢免1人，补选代表7人。

市十五届人大三次会议时，有代表460人。会后，调离聊城市7人，去世3人，辞职1人，罢免1人，补选代表12人。

市十五届人大四次会议时，有代表460人。

市第十六届人民代表大会代表

市十六届人民代表大会代表名额460人。各选举单位根据市人大常委会确定的名额分配方案，依法选出市十六届人民代表大会代表452人。其中，东昌府区82人、临清市57人、冠县57人、莘县71人、阳谷县58人、东阿县37人、茌平县46人、高唐县42人、解放军2人。

2012年2月15日，市十五届人大常委会第三十一次会议听取审议代表资格审查委员会关于市十六届人民代表大会代表资格的审查报告，确认当选的452名市十六届人民代表大会代表的资格全部有效。

市十六届人大一次会议时，有代表452人。会后，去世1人。

市十六届人大二次会议时，有代表451人。会后，调离聊城市1人。

市十六届人大三次会议时，有代表450人。会后，调离聊城市4人，辞职5人，补选代表15人。

市十六届人大四次会议时，有代表456人。会后，调离聊城市4人，去世1人，辞职1人，罢免1人，补选代表11人。

市十六届人大五次会议时，有代表460人。

二、省人大代表选举

1997—2015年，选出四届聊城市省人民代表大会代表。

聊城市出席第九～十二届山东省人民代表大会代表一览表

表20-1

届次	代表名单
第九届	丁兴荣　马保安　王克玉　王玉玺　司文瞻　任谦元　孙庆禄　孙景山　李朝琪 宋兰英（女）　张敬涛　陆懋曾　陈延明　林书香　孟昭山　侯继唐　郭兆信 王凤清　任道莹（女）　孙占元　刘志霞（女）　刘继军　许振清（女）　李银起 杨立峰　陈长贵　赵永堂　秦道强　黄廷华　魏保敬　马海山　吕学堂　刘　耀 杜秀云（女）　赵可尹（1999年12月去世）　方才臣　刘广东　刘维志 张瑞雪（女、回族）　段树义　郭春杰　程玉海　李荣勤（女、回族） 杨传升（2002年1月补选）　杨丽英（女）　陈抗甫　陈宗昭（女）

续表 20-1

届次	代表名单
第十届	王　勇　王友武　王玉玺　王传华　王庆福　王克玉　王道玉　田洪勋　任晓旺　刘　强　刘　耀　刘继军　关　华　许兰山　许振清（女）孙　菁（女）孙占元　孙兰雨　杜秀云（女）杨立峰　杨传升　李　杰　李小平　李吉增　李荣勤（女、回族）李银起　吴高亭　邹宪光　张　昭　张春禄　张昭立　张秋波　宋士昌（2004年12月补选）林峰海（2007年1月补选）陆懋曾　陈长贵　陈宝峰　孟素华（女）赵英杭　侯继唐　段树义　宫本欣　秦道强　徐继生　郭兆信　郭春杰　黄廷华　程玉海　霍高原
第十一届	马春林（2011年11月调入）王伟华（女）王传华　王宗廉　王建鹏　王　勇　王磊（2010年1月补选）乌　江　申长海　田中俊　田洪勋　吕绍勤　刘占海　刘继军　刘　耀　许广启　孙淑义　李小平　李　杰　李明锁　李洪法　李恩芳　杨立峰　时立军（女）沙秀芝（女、回族）宋远方　宋晓燕（女）张金成　张春禄　张　昭　张　彬　张　颖　陆懋曾　林峰海　陈秀兴（2010年12月补选）孟素华（女）赵晓民　姜铁军　洪玉振　秦玉峰　秦道强　耿秉正　徐继生　高庆余　唐学坡　黄玉明　程玉海　霍高原
第十二届	王改真（女，2015年5月代表资格终止）王忠林（2013年5月补选，2015年7月调出）王学军　乌　江　申长海　吕乃涛　刘占海　刘先斌　刘志光　齐元臣　安信民　许广启　牟桂禄　孙孟来（2015年12月辞去代表）杨思诚　苏毅然　李明锁　李树朋　李贵杰　李洪法　李恩芳　李　娟（女、回族）李　喆（回，2014年9月调出）李新阁　何宪卓　汪文耀　宋军继（2015年12月补选）宋远方　张　刚　张　昭　张国洲　张涛（2015年1月补选）张　彬　张　颖　陈玉英（女）陈立仁　林峰海（2015年2月调出）周文明　孟素华（女）兹留柱　姜铁军　贺广华　贺怀芝　秦玉峰　徐景颜（2015年2月调入）郭兆信　高庆余　唐学坡　黄伟东　崔秀山　雷　霞（女）魏禄聚

三、全国人大代表选举

1997—2015年，选出5届聊城市全国人民代表大会代表33名。

聊城市出席第八～十二届全国人民代表大会代表一览表

表 20-2

届次	代表名单
第八届	王曙光　陆俊仪（女）李荣勤（女、回族）乌以功　刘维志　张巧云（女）
第九届	郭兆信　宋益乔　邹宪光　刘义发　刘学景
第十届	张秋波　宋益乔　刘义发　刘学景　张学信　刘维志
第十一届	林峰海　宋益乔　孙菁（女）刘义发　张学信　刘学景　方才臣　宛秋生（回族）
第十二届	林峰海（2015年调出）徐景颜（2015年调入）孙　菁（女）张学信　刘学景　刘义发　方才臣　宛秋生（回族）

第二节　历次代表大会

一、第十三届人民代表大会

1997年11月上旬，聊城地区人大工委向山东省人大常委会呈报《关于依法建市几个问题的报告》。12月13日，山东省八届人大常委会第三十一次会议通过《山东省人民代表大会常务委员会关于设区的聊城市人民代表大会有关问题的决定》。决定：设区的聊城市人民代表大会代表名额为460人，市人民代表大会常务委员会组成人员名额为35人；设区的聊城市人民代表大会代表，由所辖各县（市、区）人民代表大会和中国人民解放军驻聊城部队分别按照《中华人民共和国全国人民代表大会和地方各级人民代表大会选举法》和《中国人民解放军选举全国人民代表大会和县级以上地方各级人民代表大会代表的办法》选举产生；设区的聊城市人大顺延原县级聊城市人大届次，为第十三届人民代表大会。

为开好撤地建市后的第一次人代会，经研究成立以市委书记张敬涛为主任委员、地区人大工委主任侯继唐等为副主任委员、有关部门领导任成员的聊城市第十三届人民代表大会第一次会议筹备委员会，设立工作班子，具体负责各项筹备工作。

第十三届人民代表大会代表共439人。其中，工农代表196人，占44.6%；干部代表170人，占38.7%；知识分子代表73人，占16.6%。中共党员代表342人，占78%；妇女代表85人，占19.4%；少数民族代表14人，占3%。该届人民代表大会自1998年3月至2003年2月的5年任期内，共举行5次代表会议。

第一次会议

1998年3月18—23日，市十三届人大一次会议在聊城举行。出席会议的代表439人。

会议主席团由57人组成，张敬涛、侯继唐、郭兆信、赵振兰（女）、白志刚、张秋波、许桂英（女）、张洪恩、孙宗安、刁立山、迟庆斋、李芳林为主席团常务主席，许桂英为会议秘书长。

会议听取市委副书记、行署副专员白志刚作的《关于组建地级聊城市工作情况的报告》。根据大会选举办法，选举侯继唐为市十三届人大常委会主任，许桂英（女）、孙宗安、刁立山、迟庆斋、李芳林、王冲为副主任，秘书长由迟庆斋兼任，于福臻等22人为委员；选举郭兆信为市人民政府市长，白志刚、刘玉华（女）、布占祥、孔昭信、董金刚、潘太银、王志刚、郭秀华为副市长；选举魏学平为市中级人民法院院长，选举王启让为市人民检察院检察长；选出市十三届人民代表大会各专门委员会主任委员、副主任委员、委员。

会议听取和审议市长郭兆信所作的《继往开来、团结奋进，努力夺取全市改革开放和现代化建设的新胜利》的聊城市人民政府工作报告，听取和审议《关于聊城市1997年国民经济和社会发展计划执行情况与1998年计划草案的报告》《关于聊城市1997年预算执行情况和1998年预算草案的报告》。会议通过各项工作报告的决议。

会议收到代表建议、批评和意见118件，分别交有关部门研究处理并负责答复。

第二次会议

1999年2月25—28日，市十三届人大二次会议在聊城举行。出席会议的代表440人。

会议主席团由40人组成，侯继唐、许桂英（女）、孙宗安、刁立山、迟庆斋、李芳林、王冲为主席团常务主席，许桂英为会议秘书长。

会议听取和审议市人大常委会主任侯继唐所作的《聊城市人民代表大会常务委员会工作报告》、市长郭兆信所作的《聊城市人民政府工作报告》、市计划委员会副主任祝世春所作的《关于聊城市1998年国民经济和社会发展计划执行情况与1999年计划草案的报告》、市财政局局长杜建中所作的《关于聊城市1998年预算执行情况和1999年预算草案的报告》、市中级人民法院院长魏学平所作的《聊城市中级人民法院工作报告》、市人民检察院检察长王启让所作的《聊城市人民检察院工作报告》。会议通过各项工作报告的决议。

会议补选王传斌为市十三届人大常委会秘书长，补选巩德春、李传实为市十三届人大常委会委员。

会议收到代表建议、批评和意见99件，分别交有关部门研究处理并负责答复。

第三次会议

2000年2月25—29日，市十三届人大三次会议在聊城举行。出席会议的代表441人。

会议主席团由40人组成，侯继唐、许桂英（女）、孙宗安、刁立山、迟庆斋、李芳林、王冲、王传斌为主席团常务主席，许桂英为会议秘书长。

会议听取和审议市人大常委会主任侯继唐

所作的《聊城市人民代表大会常务委员会工作报告》、市长郭兆信所作的《聊城市人民政府工作报告》、市计划委员会主任祝世春所作的《关于聊城市1999年国民经济和社会发展计划执行情况与2000年计划草案的报告》、市财政局局长王泽才所作的《关于聊城市1999年预算执行情况和2000年预算草案的报告》、市中级人民法院院长魏学平所作的《聊城市中级人民法院工作报告》、市人民检察院检察长王启让所作的《聊城市人民检察院工作报告》。会议通过各项工作报告的决议。

会议收到代表建议、批评和意见110件，分别交有关部门研究处理并负责答复。

第四次会议

2001年2月22—26日，市十三届人大四次会议在聊城举行。出席会议的代表447人。

会议主席团由43人组成，侯继唐、许桂英（女）、孙宗安、刁立山、迟庆斋、李芳林、王冲、张树仁、王传斌为主席团常务主席，许桂英为会议秘书长。

会议听取和审议市人大常委会主任侯继唐所作的《聊城市人民代表大会常务委员会工作报告》、代市长张秋波所作的《关于聊城市国民经济和社会发展第十个五年计划纲要的报告》、市计划委员会主任祝世春所作的《关于聊城市2000年国民经济和社会发展计划执行情况与2001年计划草案的报告》、市财政局局长王泽才所作的《关于聊城市2000年预算执行情况和2001年预算草案的报告》、市中级人民法院院长魏学平所作的《聊城市中级人民法院工作报告》、市人民检察院检察长王启让所作的《聊城市人民检察院工作报告》。会议通过各项工作报告的决议。

会议补选潘太银、陈丙申、李望尘为市十三届人大常委会副主任，王洪恩、李清宇为委员；补选张秋波为市人民政府市长，路广业、刘继恩、徐淑满、刘冠凤（女）为副市长；调整和补充陈丙申为市十三届人大法制委员会主任委员，潘太银为财政经济委员会主任委员，张树仁为城乡建设环境保护委员会主任委员，李望尘为教育科学文化卫生委员会主任委员。

会议收到代表建议、批评和意见114件，分别交有关部门研究处理并负责答复。

第五次会议

2002年2月22—25日，市十三届人大五次会议在聊城举行。出席会议的代表449人。

会议主席团由49人组成，侯继唐、许桂英（女）、迟庆斋、潘太银、王冲、张树仁、陈丙申、李望尘、王传斌为主席团常务主席，许桂英为会议秘书长。

会议听取和审议市人大常委会主任侯继唐所作的《聊城市人民代表大会常务委员会工作报告》、市长张秋波所作的《聊城市人民政府工作报告》、市发展计划委员会主任刘新东所作的《关于聊城市2001年国民经济和社会发展计划执行情况与2002年计划草案的报告》、市财政局局长王泽才所作的《关于聊城市2001年预算执行情况和2002年预算草案的报告》、市中级人民法院院长魏学平所作的《聊城市中级人民法院工作报告》、市人民检察院检察长王启让所作的《聊城市人民检察院工作报告》。会议通过各项工作报告的决议。

会议补选郭兆信为市十三届人大常委会主任。

会议收到代表建议、批评和意见75件，分别交有关部门研究处理并负责答复。

二、第十四届人民代表大会

第十四届人民代表大会代表456人。其中，工人农民和其他劳动者代表153人，占33.5%；知识分子代表92人，占20.2%；干部代表211人，占46.3%；民主党派及无党派人士代表83人，占18.3%；解放军代表2人，占0.44%；中共党员代表373人，占81.8%；少数民族代表12人，占2.6%；妇女代表67人，占14.7%。该届人民代表大会自2003年2月至2008年1月的5年任期内，举行代表大会6次。

第一次会议

2003年2月19—24日，市十四届人大一次会议在聊城举行。出席会议的代表456人。

会议主席团由47人组成，郭兆信、霍正气、张春禄、许桂英（女）、迟庆斋、潘太银、王冲、张树仁、陈丙申、李望尘、王传斌为主席团常务主席，许桂英为会议秘书长。

会议听取和审议市人大常委会副主任许桂英所作的《聊城市人民代表大会常务委员会工作报告》、市长张秋波所作的《聊城市人民政府工作报告》、市发展计划委员会主任刘新东所作的《关于聊城市2002年国民经济和社会发展计划执行情况与2003年计划草案的报告》、市财政局局长王泽才所作的《关于聊城市2002年预算执行情况和2003年预算草案的报告》、市中级人民法院院长魏学平所作的《聊城市中级人民法院工作报告》、市人民检察院检察长王启让所作的《聊城市人民检察院工作报告》。会议通过各项工作报告的决议。

会议选举郭兆信为市十四届人大常委会主任，张春禄为第一副主任，许桂英（女）、潘太银、王冲、张树仁、陈丙申、李望尘、荣向林为副主任，尹慧芹（女）为秘书长，于广超等24人为委员；选举张秋波为市人民政府市长，林峰海、孔昭信、董金刚、王志刚、路广业、郭秀华、刘继恩、徐淑满、刘冠凤（女）为副市长；选举魏学平为市中级人民法院院长，选举王启让为市人民检察院检察长；选出市十四届人民代表大会各专门委员会主任委员、副主任委员、委员。

会议收到代表建议、批评和意见74件，分别交有关部门研究处理并负责答复。

第二次会议

2004年2月1—4日，市十四届人大二次会议在聊城举行。出席会议的代表455人。

会议主席团由48人组成，郭兆信、张春禄、许桂英（女）、潘太银、王冲、张树仁、陈丙申、李望尘、荣向林、尹慧芹（女）为主席团常务主席，许桂英为会议秘书长。

会议听取和审议市人大常委会第一副主任张春禄所作的《聊城市人民代表大会常务委员会工作报告》、市长张秋波所作的《聊城市人民政府工作报告》、市发展计划委员会主任王友武所作的《关于聊城市2003年国民经济和社会发展计划执行情况与2004年计划草案的报告》、市财政局局长姜之厚所作的《关于聊城市2003年预算执行情况和2004年预算草案的报告》、市中级人民法院院长魏学平所作的《聊城市中级人民法院工作报告》、市人民检察院检察长王启让所作的《聊城市人民检察院工作报告》。会议通过各项工作报告的决议。

会议收到代表建议、批评和意见61件，分别交有关部门研究处理并负责答复。

第三次会议

2005年1月27—29日，市十四届人大三次会议在聊城举行。出席会议的代表454人。

会议主席团由48人组成，郭兆信、张春禄、许桂英（女）、潘太银、王冲、张树仁、陈丙申、李望尘、荣向林、尹慧芹（女）为主席团常务主席，许桂英为会议秘书长。

会议听取和审议市人大常委会第一副主任张春禄所作的《聊城市人民代表大会常务委员会工作报告》、市长张秋波所作的《聊城市人民政府工作报告》、市发展计划委员会主任王友武所作的《关于聊城市2004年国民经济和社会发展计划执行情况与2005年计划草案的报告》、市财政局局长姜之厚所作的《关于聊城市2004年预算执行情况和2005年预算草案的报告》、市中级人民法院院长魏学平所作的《聊城市中级人民法院工作报告》、市人民检察院检察长王启让所作的《聊城市人民检察院工作报告》。会议通过各项工作报告的决议。

会议收到代表建议、批评和意见66件，分别交有关部门研究处理并负责答复。

第四次会议

2006年2月8—11日，市十四届人大四次会议在聊城举行。出席会议的代表457人。

会议主席团由49人组成，郭兆信、吕绍勤、张春禄、许桂英（女）、潘太银、王冲、张树仁、陈丙申、李望尘、荣向林、尹慧芹（女）为主席团常务主席，许桂英为会议秘书长。

会议听取和审议市人大常委会第一副主任张春禄所作的《聊城市人民代表大会常务委员会工作报告》、市长张秋波所作的《聊城市人民政府工作报告》、市发展和改革委员会主任王友武所作的《关于聊城市 2005 年国民经济和社会发展计划执行情况与 2006 年计划草案的报告》、市财政局局长姜之厚所作的《关于聊城市 2005 年预算执行情况和 2006 年预算草案的报告》、市中级人民法院院长魏学平所作的《聊城市中级人民法院工作报告》、市人民检察院检察长王启让所作的《聊城市人民检察院工作报告》。会议通过各项工作报告的决议。

会议补选吕绍勤为市十四届人大常委会第一副主任，王启让、尹慧芹（女）为副主任，孙东江、武登路为委员；补选王晨为聊城市人民检察院检察长；补充通过王启让为市十四届人大财政经济委员会主任委员，尹慧芹（女）为城乡建设环境保护委员会主任委员，吕品、袁书明为内务司法委员会副主任委员，孙东江、武登路为财政经济委员会副主任委员，于广超为农业与农村委员会副主任委员。

会议收到代表建议、批评和意见 65 件，分别交有关部门研究处理并负责答复。

第五次会议

2007 年 2 月 28 日至 3 月 3 日，市十四届人大五次会议在聊城举行。出席会议的代表共 457 人。

会议主席团由 49 人组成，郭兆信、吕绍勤、许桂英（女）、王启让、王冲、陈丙申、李望尘、荣向林、尹慧芹（女）为主席团常务主席，许桂英为会议秘书长。

会议听取和审议市人大常委会第一副主任吕绍勤所作的《聊城市人民代表大会常务委员会工作报告》、代市长林峰海所作的《聊城市人民政府工作报告》、市发展和改革委员会主任王友武所作的《关于聊城市 2006 年国民经济和社会发展计划执行情况与 2007 年计划草案的报告》、市财政局局长姜之厚所作的《关于聊城市 2006 年预算执行情况和 2007 年预算草案的报告》、市中级人民法院代院长苏勇所作的《聊城市中级人民法院工作报告》、市人民检察院检察长王晨所作的《聊城市人民检察院工作报告》。会议通过各项工作报告的决议。

会议补选孙菁（女）为市十四届人大常委会副主任，孟昭星为秘书长，杨万香为委员；补选林峰海为市人民政府市长；补选苏勇为市中级人民法院院长；补充通过孙菁（女）为市十四届人大民族侨务外事委员会主任委员，杨万香为城乡建设环境保护委员会副主任委员。

会议收到代表建议、批评和意见 90 件，分别交有关部门研究处理并负责答复。

第六次会议

2007 年 4 月 28—29 日，市十四届人大六次会议在聊城举行。出席会议的代表共 456 人。

会议主席团由 50 人组成，宋远方、吕绍勤、许桂英（女）、王启让、陈丙申、李望尘、荣向林、尹慧芹（女）、孙菁（女）、孟昭星为主席团常务主席，许桂英为会议秘书长。

会议补选宋远方为市十四届人民代表大会常务委员会主任。

三、第十五届人民代表大会

第十五届人民代表大会代表 448 人。其中，工人农民和其他劳动者代表 165 人，占 36.8%；知识分子代表 75 人，占 16.7%；干部代表 208 人，占 46.4%；民主党派及无党派人士代表 98 人，占 21.9%；解放军代表 2 人，占 0.45%；中共党员代表 350 人，占 78.1%；少数民族代表 12 人，占 2.7%；妇女代表 71 人，占 15.8%。该届人民代表大会自 2008 年 1 月至 2012 年 2 月的 4 年任期内，举行 4 次代表大会。

第一次会议

2008 年 1 月 4—8 日，市十五届人大一次会议在聊城举行。出席会议的代表 448 人。

会议主席团由 52 人组成，宋远方、金维民、吕绍勤、申长海、许桂英（女）、郭秀华、王启让、陈丙申、李望尘、荣向林、尹慧芹（女）、孙菁（女）、孟昭星为主席团常务主席，许桂英为会议秘书长。

会议听取和审议市人大常委会第一副主任吕绍勤所作的《聊城市人民代表大会常务委员会工作报告》、市长林峰海所作的《聊城市人民政府工作报告》、市发展和改革委员会主任王友武所作的《关于聊城市2007年国民经济和社会发展计划执行情况与2008年计划草案的报告》、市财政局局长姜之厚所作的《关于聊城市2007年预算执行情况和2008年预算草案的报告》、市中级人民法院院长苏勇所作的《聊城市中级人民法院工作报告》、市人民检察院检察长王晨所作的《聊城市人民检察院工作报告》。会议通过各项工作报告的决议。

会议选举宋远方为市十五届人大常委会主任，申长海为第一副主任，郭秀华、尹慧芹（女）、孙菁（女）、刘新东为副主任，韩更大为秘书长，王安泽等31人为委员；选举林峰海为市人民政府市长，刘加顺、侯军、刘继恩、刘冠凤（女）、秦传滨、蔡同民（回族）、赵庆忠为副市长；选举苏勇为市中级人民法院院长，选举王晨为市人民检察院检察长；选出市十五届人民代表大会各专门委员会主任委员、副主任委员、委员。

会议收到代表建议、批评和意见61件，分别交有关部门研究处理并负责答复。

第二次会议

2009年1月14—17日，市十五届人大二次会议在聊城举行。出席会议的代表456人。

会议主席团由53人组成，宋远方、申长海、郭秀华、尹慧芹（女）、孙菁（女）、刘新东、孟昭星、韩更大为主席团常务主席，申长海为会议秘书长。

2009年1月，聊城市第十五届人民代表大会第二次会议开幕　（郭伟摄）

会议听取和审议市人大常委会第一副主任申长海所作的《聊城市人民代表大会常务委员会工作报告》、市长林峰海所作的《聊城市人民政府工作报告》、市发展和改革委员会主任李友渔所作的《关于聊城市2008年国民经济和社会发展计划执行情况与2009年计划草案的报告》、市财政局局长姜之厚所作的《关于聊城市2008年预算执行情况和2009年预算草案的报告》、市中级人民法院院长苏勇所作的《聊城市中级人民法院工作报告》、市人民检察院检察长王晨所作的《聊城市人民检察院工作报告》。会议通过各项工作报告的决议。

会议补选杜文亭、宋新全、张其增为市十五届人大常委会委员；补充通过吕品为市十五届人大内务司法委员会主任委员、孔祥民为财政经济委员会主任委员、秦新义为农业与农村委员会主任委员、郭剑为城乡建设环境保护委员会主任委员、时书东为民族侨务外事委员会主任委员。

会议收到代表建议、批评和意见39件，分别交有关部门研究处理并负责答复。

第三次会议

2010年2月4—7日，市十五届人大三次会议在聊城举行。出席会议的代表460人。

会议主席团由52人组成，宋远方、申长海、郭秀华、尹慧芹（女）、孙菁（女）、刘新东、韩更大为主席团常务主席，郭秀华为会议秘书长。

会议听取和审议市人大常委会第一副主任申长海所作的《聊城市人民代表大会常务委员会工作报告》、市长林峰海所作的《聊城市人民政府工作报告》、市发展和改革委员会主任李友渔所作的《关于聊城市2009年国民经济和社会发展计划执行情况与2010年计划草案的报告》、市财政局局长姜之厚所作的《关于聊城市2009年预算执行情况和2010年预算草案的报告》、市中级人民法院院长苏勇所作的《聊城市中级人民法院院工作报告》、市人民检察院检察长王晨所作的《聊城市人民检察院工作报告》。会议通过各项工作报告的决议。

会议补选吕昭岭、李东兰（女）、张明星为市十五届人大常委会委员。

会议收到代表建议、批评和意见67件，分别交有关部门研究处理并负责答复。

第四次会议

2011年1月22—25日，市十五届人大四次会议在聊城举行。出席会议的代表460人。

会议主席团由52人组成，宋远方、申长海、郭秀华、尹慧芹（女）、孙菁（女）、刘新东、韩更大为主席团常务主席，郭秀华为会议秘书长。

会议听取和审议市人大常委会第一副主任申长海所作的《聊城市人民代表大会常务委员会工作报告》、市长林峰海所作的《聊城市人民政府工作报告》、市发展和改革委员会所作的《关于聊城市2010年国民经济和社会发展计划执行情况与2011年计划草案的报告》、市财政局局长姜之厚所作的《关于聊城市2010年预算执行情况和2011年预算草案的报告》、市中级人民法院院长苏勇所作的《聊城市中级人民法院工作报告》、市人民检察院检察长王晨所作的《聊城市人民检察院工作报告》。会议通过各项工作报告的决议。

会议补选张同村为市十五届人大常委会副主任，孙志勇为委员。

会议收到代表议案1件和建议、批评、意见80件，分别交有关部门研究处理并负责答复。

四、第十六届人民代表大会

第十六届人民代表大会代表共452人。其中，工人农民和其他劳动者代表191人，占42.3%；知识分子代表103人，占22.8%；干部代表156人，占34.5%；民主党派及无党派人士代表95人，占21%；解放军代表2人，占0.44%；中共党员代表357人，占78.98%；少数民族代表11人，占2.4%；妇女代表69人，占15.3%。该届人民代表大会自2012年2月至2017年2月的5年任期内，举行代表大会6次。

第一次会议

2012年2月27日至3月2日，市十六届人大一次会议在聊城举行。出席会议的代表452人。

会议主席团由41人组成，宋远方、王忠林、申长海、汪文耀、郭秀华、王改真（女）、孙菁（女）、刘新东、张同村、满庆富为主席团常务主席，郭秀华为会议秘书长。

会议听取和审议市人大常委会第一副主任申长海所作的《聊城市人民代表大会常务委员会工作报告》、市长林峰海所作的《聊城市人民政府工作报告》、市发展和改革委员会所作的《关于聊城市2011年国民经济和社会发展计划执行情况与2012年计划草案的报告》、市财政局局长马骏所作的《关于聊城市2011年预算执行情况和2012年预算草案的报告》、市中级人民法院院长黄伟东所作的《聊城市中级人民法院工作报告》、市人民检察院检察长王学军所作的《聊城市人民检察院工作报告》。会议通过各项工作报告的决议。

会议选举宋远方为市十六届人大常委会主任，汪文耀为第一副主任，王改真（女）、孙菁（女）、刘新东、张同村为副主任，满庆富为秘书长，马保杰等32人为委员；选举林峰海为市人民政府市长，李希信、侯军、白志坚、李吉增、张旋宇、马丽红（女，回族）、任晓旺为副市长；选举黄伟东为市中级人民法院院长，选举王学军为市人民检察院检察长；选出市第十六届人民代表大会各专门委员会主任委员、副主任委员、委员。

会议收到代表建议、批评和意见120件，分别交有关部门研究处理并负责答复。

第二次会议

2013年1月8—12日，市十六届人大二次会议在聊城举行。出席会议的代表451人。

会议主席团由41人组成，宋远方、汪文耀、申长海、丛锡钢、郭秀华、王改真（女）、孙菁（女）、刘新东、张同村、满庆富为主席团常务主席，王改真为会议秘书长。

会议听取和审议市人大常委会第一副主任

汪文耀所作的《聊城市人民代表大会常务委员会工作报告》、市长林峰海所作的《聊城市人民政府工作报告》、市发展和改革委员会所作的《关于聊城市2012年国民经济和社会发展计划执行情况与2013年计划草案的报告》、市财政局局长马骏所作的《关于聊城市2012年预算执行情况和2013年预算草案的报告》、市中级人民法院院长黄伟东所作的《聊城市中级人民法院工作报告》、市人民检察院检察长王学军所作的《聊城市人民检察院工作报告》。会议通过各项工作报告的决议。

会议收到代表议案1件和建议、批评、意见118件，分别交有关部门研究处理并负责答复。

第三次会议

2013年3月27—29日，市十六届人大三次会议在聊城举行。出席会议的代表共450人。

会议主席团由40人组成，汪文耀、丛锡钢、郭秀华、王改真（女）、孙菁（女）、刘新东、张同村、满庆富为主席团常务主席，王改真为会议秘书长。

会议补选林峰海为市十六届人大常委会主任，补选王忠林为市人民政府市长。

第四次会议

2014年1月8—11日，市十六届人大四次会议在聊城举行。出席会议的代表共456人。

会议主席团由45人组成，林峰海、汪文耀、丛锡钢、王改真（女）、孙菁（女）、刘新东、张同村、满庆富、李文禄为主席团常务主席，王改真为会议秘书长。

会议听取和审议市人大常委会第一副主任汪文耀所作的《聊城市人民代表大会常务委员会工作报告》、市长王忠林所作的《聊城市人民政府工作报告》、市发展和改革委员会主任葛敬方所作的《关于聊城市2013年国民经济和社会发展计划执行情况与2014年计划草案的报告》、市财政局局长李志华所作的《关于聊城市2013年预算执行情况和2014年预算草案的报告》、市中级人民法院院长黄伟东所作的《聊城市中级人民法院工作报告》、市人民检察院检察长王学军所作的《聊城市人民检察院工作报告》。会议通过各项工作报告的决议。

会议补选李文禄为市十六届人大常委会秘书长，马荣锁（回族）、刘述明、张金成、满庆富为委员；补充通过市十六届人民代表大会各专门委员会主任委员、副主任委员、委员。

会议收到代表建议、批评和意见103件，分别交有关部门研究处理并负责答复。

第五次会议

2015年2月27日至3月2日，市十六届人大五次会议在聊城举行。出席会议的代表460人。

会议主席团由48人组成，汪文耀、杜昌伟、王改真（女）、孙菁（女）、刘新东、张同村、李文禄为主席团常务主席，王改真为会议秘书长。

会议听取和审议市人大常委会第一副主任汪文耀所作的《聊城市人民代表大会常务委员会工作报告》、市长王忠林所作的《聊城市人民政府工作报告》、市发展和改革委员会主任葛敬方所作的《关于聊城市2014年国民经济和社会发展计划执行情况与2015年计划草案的报告》、市财政局局长李志华所作的《关于聊城市2014年预算执行情况和2015年预算草案的报告》、市中级人民法院院长黄伟东所作的《聊城市中级人民法院工作报告》、市人民检察院检察长王学军所作的《聊城市人民检察院工作报告》。会议通过各项工作报告的决议。

会议补选徐景颜为市十六届人大常委会主任，白志坚、朱加云为副主任；补充通过张兆亮为市十六届人大民族侨务外事委员会主任委员。

会议收到代表议案2件和建议、批评、意见166件，分别交有关部门研究处理并负责答复。

第二章　重要工作

第一节　决议决定

市人大常委会依照地方组织法的规定，把讨论决定重大事项放在重要位置，认真行使重大事项决定权，切实加强对决议决定贯彻实施的监督检查，努力体现坚持党的领导、人民当家做主和依法治国的有机统一，为切实推进决策的民主化、科学化和法治化进程发挥积极作用。1997—2015 年，常委会作出重大事项决议决定 120 项。

1997 年 6 月，聊城地区人大工委作出《关于表彰全区人大信访工作先进集体、先进工作者的决定》，对在信访工作中做出突出成绩的集体及个人进行表彰。

1998 年 7 月 3 日，市十三届人大常委会第二次会议听取审议《聊城市城市总体规划》的报告，讨论通过此规划的决议。决议要求，市政府要坚持“保护旧城，发展新旧，新旧分开”的原则，严格执行城市总体规划的报告，搞好城市基础设施建设，提高城市综合功能，完善城市环境，合理安排城市发展时序，加快城市建设步伐，把聊城建设成以发展能源、交通、机械、商贸、旅游为主的国家历史文化名城。

1999 年 1 月 7 日，市十三届人大常委会第五次会议通过《聊城市人大常委会关于加强自身建设的决定》，要求市人大常委会进一步加强自身建设，提高常委会组成人员的整体素质，加强同人大代表和人民群众的联系，自觉接受群众监督，更好地担负起党和人民赋予的历史使命。

2000 年 4 月 28 日，市十三届人大常委会第十四次会议听取审议市政府《关于聊城市拟与韩国宜宁郡缔结友城关系的汇报》，并作出决定。8 月 30 日，市十三届人大常委会第十六次会议听取审议市政府《关于聊城市拟与柬埔寨磅清扬省缔结友城关系的汇报》，并形成决定。

2001 年 8 月 3 日，市十三届人大常委会第二十三次会议听取审议市政府关于《聊城市 2001—2005 年依法治市规划》的汇报并作出决议。决议指出，要加强制度建设，加大执法力度，全面推进基层、行业、区域依法治理，深入持久地开展法制宣传教育，健全法律服务体系，规范法律服务市场。8 月 3 日，市十三届人大常委会第二十三次会议听取审议市政府《关于成立“三五”普法依法治理情况及“四五”普法依法治市规划的报告》，作出《关于在全市公民中开展第四个五年法制宣传教育的决议》。

2002 年 10 月 15 日，市十三届人大常委会第三十一次会议听取审议市政府《关于聊城市拟与布莱克敦市、克里莫纳市和奥芬巴赫地区缔结友城关系的汇报》，并分别作出与三城市缔结友城关系的决定。12 月 5 日，市十三届人大常委会第三十二次会议作出《关于学习贯彻中国共产党第十六次全国代表大会精神的决议》。为深入学习贯彻中共十六大精神，充分发挥聊城市地方国家权力机关的职能作用，决议要求：要充分认识中共十六大的重大意义，坚定不移地与党中央保持高度一致；认真学习大会文件，切实把思想统一到中共十六大精神上来；以十六大精神为指导，努力做好新形势下的人大工作。

2003 年 8 月 8 日，市十四届人大常委会第四次会议听取审议《聊城市人民政府基础设施建设项目专项贷款和建立专项贷款偿债基金的报告》，并形成决定。决定要求：政府制定专项使用程序，报市人大常委会备案；有关部门要严格把握投资方向，保证资金封闭运行、专款专用；财政、审计部门要加强对贷款使用情况的监督和审计，每半年向常委会报告 1 次。9 月 18 日，市十四届人大常委会第五次会议听取市政府《关于聊城市城市总体规划修编情况的汇报》，对修编后的《聊城市城市总体规划》进行审议，决定批准此规划。修编后的城市总体规划期限由原来的2010年调整至2020年，突出“江北水城”“历史文化名城”特色，确定以东扩南展为主、西北适当完善的发展方向及“一城五区”科学合理的总体布局。

2004年3月25日，市十四届人大常委会第九次会议听取审议《聊城市人民代表大会常务委员会关于建设生态市的报告》并作出决议，明确提出建设生态市的目标任务、工作重点和保障机制，要求市政府坚定不移地实施可持续发展战略，努力把聊城建设成为经济繁荣、人民富裕、环境优美、社会文明的生态城市。5月26日，市十四届人大常委会第十次会议听取审议市政府《关于聊城市拟与韩国光明市缔结友城关系的汇报》并作出决定。这为实施市委、市政府制定的“大开放、大招商、促进大发展”的战略布局，加强对外开放和发展国际合作创造有利条件。7月29日，市十四届人大常委会第十二次会议作出《关于开展执法评议工作的决定》。执法评议针对聊城行政区域内具有行政执法主体资格的部门和单位进行，由主任会议组织实施。

2005年7月24日，市十四届人大常委会第十九次会议听取审议市政府关于《聊城生态市建设规划》编制情况的汇报，通过《聊城生态市建设规划》的决定。要求市政府抓好结构调整，着力治理污染，强化执法监督，推动生态农业发展；以循环经济为抓手，加大生态投入，从节地、节能、节约资源出发提高建设水平，促进生态环境逐步改善。

2006年4月11日，市十四届人大常委会第二十四次会议听取市政府关于中长期科技发展规划情况的汇报，作出《关于批准〈聊城市中长期科学和科技发展规划纲要（2006—2020年）的决定〉》。决定强调，要以科学发展观为指导，明确今后15年全市科技发展的指导方针、基本原则和发展目标，提出“十一五”时期聊城市科技发展的重点领域和方向，确定相关的保障措施，这对促进和提高聊城市的自主创新能力，加快科学技术的发展起到重要的引领和推动作用。8月4日，市十四届人大常委会第二十六次会议听取审议市政府《关于在全市公民中开展第五个五年法制宣传教育报告》并作出决议。决议要求，创新丰富法制宣传教育的形式和载体，加强法制宣传教育工作的监督检查，提高全市公民的法律素质和全市社会法治化管理水平，全面推进依法治理。

2007年7月25日，市十四届人大常委会第三十四次会议听取审议市政府《关于聊城市2006年财政决算的报告》，并作出关于批准聊城市2006年市级财政决算的决定。

2008年11月7日，市十五届人大常委会第六次会议听取审议市政府《关于将聊城市市政基础设施建设项目单一资金信托股权回购资金纳入市级财政预算的报告》，并作出决定，批准将聊城市市政基础设施建设项目单一资金信托股权回购资金纳入市级财政预算。要求市政府严格监督管理，加强跟踪审计，使用情况及时向市人大常委会报告。

2009年3月17日，市十五届人大常委会第九次会议听取审议市政府《关于将古城保护与改造项目贷款本息纳入市级财政预算的报告》，并作出决定，批准将古城保护与改造项目贷款本息纳入市级财政预算。要求市政府严格按照国家有关规定，编制具体工程项目预算，及时报市人大常委会备案。7月13日，市十五届人大常委会第十一次会议听取审议市政府《关于2008年度市级预算执行及其他财政收支情况的审计工作报告》，并作出决定。对于审计查出的问题，要求市政府及有关部门高度重视，切实加强整改，限期予以纠正和处理。

2010年12月28日，市十五届人大常委会第二十三次会议审议通过《关于批准将地方政府债券收支纳入市级财政预算的决定》。同意省财政厅核定聊城市2010年五年地方政府债券6861万元中市级使用的4315万元纳入市级财政预算；对于该项资金，要求市政府编制具体工程项目预算，严格监督管理，科学合理使用。

2011 年 9 月 27 日，市十五届人大常委会第二十八次会议听取审议市政府关于《聊城市 2011—2015 年依法治市规划》的汇报并作出决议。要求由市政府、市中级人民法院、市人民检察院组织实施。

2012 年 10 月 29 日，市十六届人大常委会第四次会议听取审议《关于将 2012 年度市本级政府债券纳入财政预算管理的报告》并作出决定，批准将市级使用的 3.2 亿元地方政府债券纳入市级财政预算。对于该项资金，要求市政府按照有关规定，坚持专款专用，严格支出范围，加强监督管理，认真跟踪审计，努力提高资金的使用效益。

2013 年 8 月 9 日，市十六届人大常委会第十一次会议听取审议市政府《关于聊城市 2012 年财政决算的报告》，结合审计工作报告和市人大财政经济委员会《关于聊城市 2012 年市级财政决算的审查报告》，审查批准聊城市 2012 年市级财政决算。12 月 25 日，市十六届人大常委会第十四次会议听取审议政府《关于将 2013 年度市本级地方政府债券纳入财政预算管理的报告》并作出决定，批准将市本级使用的 2.89 亿元地方政府债券纳入市级财政预算。要求市政府坚持专款专用，严格支出范围，加强监督管理，认真跟踪审计，努力提高资金的使用效益。

2014 年 4 月 11 日，市十六届人大常委会第十七次会议听取审议市政府《关于争取国家开发银行棚户区住房改造项目贷款有关情况的说明》及《聊城市棚户区住房改造项目建设及融资方案的报告》，并作出决定，同意市政府委托聊城市财信投资有限公司承担聊城市棚户区住房改造项目的建设和投融资事宜，向国家开发银行争取贷款融资 56 亿元，专项用于棚户区住房改造项目建设。要求市政府每年向市人大常委会报告贷款资金使用情况，审计机关每年进行 1 次专项审计，并将审计结果向市人大常委会报告。

2015 年 1 月 15 日，市十六届人大常委会第二十二次会议听取审议市政府《关于省道 105 济聊线聊城段项目融资方案的报告》并作出决定，批准省道 105 济聊线聊城段融资项目还本付息资金为政府有偿还责任的债务，列入市相应年度财政预算。要求市政府严格支出范围，加强监督管理，及时跟踪审计，努力提高资金的使用效益；同时，定期向市人大常委会汇报贷款资金使用和管理情况，接受人大监督。5 月 6 日，市十六届人大常委会第二十四次会议听取市政府《关于城乡规划工作的专题报告》并形成审议意见，进一步加强对城市规划工作的监督。9 月 15 日，市十六届人大常委会第二十七次会议审议通过《聊城市人民政府关于将 2015 年度市本级地方政府债券纳入财政预算管理的报告》并作出相应决议，决定批准将市本级使用的 5.328 亿元地方政府债券纳入市级财政预算。要求市政府按照有关规定，坚持专款专用，严格支出范围，加强监督管理，认真跟踪审计，努力提高资金的使用效益。9 月 15 日，市十六届人大常委会第二十七次会议结合《关于 2014 年度市级预算执行及其他财政收支情况的审计工作报告》，对市政府《关于聊城市 2014 年财政决算的报告》进行审查，决定批准聊城市 2014 年市级财政决算。12 月 25 日，市十六届人大常委会第二十九次会议听取审议市政府《关于 2015 年政府债券限额情况的报告》并作出相应决议，批准 2015 年聊城市地方政府债务限额和市本级债务限额。要求市政府针对各县（市、区）不同情况，加强分类指导与管理，及时准确核定各县（市、区）债务限额，兼顾好融资发展和防范风险，发挥政府举债的积极作用。

第二节　代表工作

一、代表联络

市十三届人大常委会是撤地设市以后的首届常委会。此届市人大常委会贯彻代表法，充分利用报纸、电视台等新闻媒体，宣传代表法和代表活动，为人大代表执行职务创造良好的舆论环境和社会环境。常委会注重加强与代表的联系，

1998年制定《聊城市人大常委会联系市人民代表大会代表办法》，常委会组成人员通过走访、召开座谈会、通信等形式，与驻聊城市的全国、省和市人大代表加强联系，经常向代表通报工作情况，及时听取代表的意见和要求，每年联系代表400余人，联系面达90%以上。邀请代表列席常委会会议，组织和协调代表开展执法检查、述职评议及联系群众和选举单位等活动。建立代表小组，每年提出闭会期间代表小组活动内容建议，加强对代表小组的指导。

市十四届人大常委会在抓好代表各项工作的同时，着重从加强服务、完善机制入手，充分发挥代表作用，做好代表工作。常委会研究制定《聊城市人民代表大会建议、批评和意见办理工作办法》《聊城市人民代表大会议案处理办法》《关于加强和规范市人大代表活动的若干意见》，促进代表工作的规范发展。常委会充分认识到代表小组是代表闭会期间开展活动最基本的组织形式，是代表工作的基础，始终把代表小组建设工作列入常委会的重要工作内容，按照易于组织、方便活动的原则，组建全国人大代表小组1个、省人大代表小组11个、市人大代表小组51个、县（市、区）人大代表小组215个。各代表小组制定活动计划，建立活动制度，开展代表活动。2007年，常委会制定《关于加强人大代表小组建设增强小组活动实效的意见》，建立代表小组活动制度，促使代表小组活动更加规范化、制度化。2012年9月25日，全国15个省（市、区）34个地市（区）人大工作联席会第二十四次会议在聊城市召开。会议紧紧围绕加强代表工作、充分发挥代表作用这一主题，从理论和实践两个方面深入交流和研讨，取得丰硕成果。会上，聊城市人大常委会作《夯实基础创新方式　努力开创代表工作新局面》的发言。

二、代表培训

市十五届人大常委会拓宽工作思路，增强服务意识，搭建履职平台，积极为代表发挥作用创造条件。为提高代表履职能力，常委会加强代表培训力度，换届之初，先后举办3期培训班，对256名新任市人大代表进行履职培训。常委会为规范市人大代表的履职行为，2008年制定《聊城市人民代表大会代表守则》。常委会进一步加强代表小组建设，以“八有”（有活动场所、有活动制度、有活动计划、有活动档案、有公开电话、有公开邮箱、有征求意见箱、有小组网站）建设为目标，在全市建起22个规范化代表小组，年初对代表小组提出活动建议，年底组织开展评比，对评选出的先进代表小组进行表彰。常委会坚持以代表为主体，组织代表围绕经济社会热点问题，自选题目，自拟方案，自行调研，让人大代表“唱主角”。为充分发挥代表作用，常委会在市级新闻媒体和《聊城人大》杂志上开辟专栏，通过集中采访、分期报道的方式，大张旗鼓地宣传优秀人大代表的先进事迹，营造良好的社会氛围。

市十六届人大常委会创新代表培训方式，采用闭会期间专题培训和人代会预备会议前集中培训的模式，坚持“请进来”和“走出去”相结合，先后对代表开展7次培训，为代表依法履职和知情知政奠定基础。为加强代表小组建设，组织代表小组召集人集体观摩学习，对代表小组建设情况采用百分制量化考核，表彰9个先进市人大代表小组和9位优秀代表小组召集人。为加强常委会组成人员和代表、代表和群众的联系，2014年常委会出台《聊城市人大常委会关于加强与人大代表和市人大代表与人民群众联系的意见》，规定每位常委会组成人员固定联系10名左右市级以上人大代表，所有的市人大代表固定联系10名左右的人民群众，并对联系方式、时间要求和有关意见建议如何处理等作出规定。常委会增加代表列席常委会会议人数，组织代表旁听市中级人民法院庭审，征求代表对群众路线教育实践活动、“三严三实”专题教育和被评议部门的意见建议。2015年，常委会开展代表述职工作，市人大代表以现场述职或书面述职的方式，向原选举单位述职。

三、代表议案建议办理

市人大常委会高度重视代表所提议案和建

议、意见、批评的办理工作。在建议办理过程中，采取领导带头督办、专委会对口督办、提建议代表参与督办、人事代表工作室协调督办、年中听取政府汇报督办、年底常委会会议测评办理情况等方式，进一步加大督办力度，增强办理实效，促进代表议案建议内容的落实。

为做好议案建议督办工作，1998年，市十三届人大常委会任期第一年即制定《聊城市人民代表大会代表议案处理办法》和《聊城市人民代表大会代表建议、批评和意见办理办法》。2006年，常委会对以上两个办法进行修订。2014年，常委会制定《聊城市人大常委会关于进一步加强和改进代表议案及建议办理工作的意见》。

市人大常委会不断创新议案建议督办方式。一是通过“两个结合”，提高办理效率与质量。市人大常委会人事代表工作室和各专门委员会共同督办，将代表建议办理与工作监督、执法监督相结合；人事代表工作室加强与市政府督查室的沟通，将代表建议办理与改进政府及相关部门工作相结合。二是采用“见面会”“回头看”等形式，提高督办实效。每年第四季度召开代表建议办理工作“见面会”，对办理情况不满意的，将提建议代表、负责督办的专门委员会、人事代表工作室、市政府督查室和承办单位召集在一起，面对面交流、磋商，力促建议落到实处。届满前开展代表建议办理“回头看”活动，对承办单位承诺解决但仍未落实的进行分类督办，有的还以常委会的名义向市政府发出代表建议督办函，让该届代表建议办理工作有始有终。三是对重点建议办理情况进行评议。市人大各委室结合常委会的监督工作以及市政府的重点工作，围绕着力解决代表建议反映的突出问题，从代表所提全部建议中筛选出部分建议进行重点督办。重点建议经主任会议研究确定后，交由市政府及其相关部门重点办理，市人大常委会领导牵头督办。制定重点建议评议方案，在年底召开的常委会会议上，常委会组成人员、提重点建议代表和市人大常委会有关委室负责人，对重点建议办理情况进行投票测评，测评结果向社会公布。2014年重点督办8件建议，2015年重点督办6件建议。四是评先树优。为提高代表的积极性和建议质量，常委会每年都要评选出部分优秀建议进行通报表彰。为加大承办单位落实力度，常委会筛选一些办理好、见实效、代表满意的建议，组织提建议代表和承办部门进行实地视察，并在新闻媒体上进行宣传报道。

1998—2015年聊城市人大代表议案建议办理情况一览表

表20-3　　　　单位：件

届次	总数	议案	建议		办理情况			
			会议期间	闭会后	已经解决或基本解决	正在解决或逐步解决	暂时无法解决	其他
十三届一次	121	0	118	3	58	38	25	0
十三届二次	103	0	99	4	50	29	16	8
十三届三次	111	0	110	1	32	53	18	8
十三届四次	116	0	114	2	32	60	16	8
十三届五次	76	0	75	1	13	53	10	0
十四届一次	80	0	74	6	14	55	11	0
十四届二次	66	0	61	5	20	27	11	8
十四届三次	67	0	66	1	27	29	5	6
十四届四次	66	0	65	1	23	26	10	7

续表 20-3

届次	总数	议案	建议		办理情况			
			会议期间	闭会后	已经解决或基本解决	正在解决或逐步解决	暂时无法解决	其他
十四届五次	90	0	90	0	36	34	12	8
十四届六次	—	—	—	—	—	—	—	—
十五届一次	61	0	61	0	22	25	9	5
十五届二次	42	0	39	3	14	17	7	4
十五届三次	67	0	67	0	22	28	10	7
十五届四次	83	1	80	3	37	29	16	1
十六届一次	124	0	120	4	43	73	31	0
十六届二次	126	1	118	8	36	68	16	6
十六届三次	—	—	—	—	—	—	—	—
十六届四次	109	0	103	6	30	65	14	0
十六届五次	178	2	166	10	47	105	26	0

第三节　监督工作

1998 年，聊城市人大常委会成立后，依法实施对“一府两院”的法律监督和工作监督，制定相关工作制度，对实施监督的范围、内容、方式和程序等作出规定。通过听取和审议“一府两院”工作报告、开展执法检查、财政计划监督、视察调研、规范性文件备案审查、工作评议、专题询问等，依法履行监督职能。

一、听取和审议“一府两院”工作报告

1998—2015 年，市人大常委会共听取和审议“一府两院”工作报告 486 项。

市人大常委会形成听取和审议“一府两院”工作报告的基本程序：一是确定议题。围绕全市政治、经济、社会事业发展中事关全局的重大事项，人民群众普遍关注的热点难点问题、在推进社会主义民主法治建设中遇到的突出问题等，选择和提出会议议题。二是会前调研。根据会议议题成立调研组，采取听取汇报、走访、座谈等多种形式，听取有关部门、人大代表和人民群众的意见，形成调研报告，供会议审议时参考。三是会议审议。“一府两院”工作报告一般由分管副市长、法院院长、检察院检察长到会作报告，审议时一般采取分组审议的形式进行，工作人员对常委会组成人员的审议发言进行记录整理。审议结束后，分别作出 3 种处理：凡属事关全市大局、需要动员全市人民共同参与的事项，提交市人大常委会会议表决，形成决议，并向社会公布；凡需交由“一府两院”办理、抓好落实的事项，以审议意见书的形式向“一府两院”反馈；凡属告知性的工作报告，不再形成审议意见书；四是意见督办。规定“一府两院”分管负责人为审议意见书的承办负责人，市人大相关专门委员会及工作室负责落实督办，办理落实情况需在规定时限内向市人大常委会会议作出书面汇报。

1998 年，常委会听取和审议市政府关于贯彻实施《中华人民共和国环境保护法》《中华人民共和国水污染防治法》情况的汇报。组织部分全国、省、市人大代表，对全市以水污染防治为重点的环保执法情况进行检查，实地察看高唐造纸厂、临清造纸厂、阳谷凤祥集团等企业的排污现场以及徒骇河高唐杨屯段水质污染情况。组织开展首次“环保世纪行”宣传活动，对 5 个污染严重治理不力的企业进行曝光，在社会上产生较大反响。听取和审议市中级人民法院、市人民检

察院上半年工作情况汇报和下半年工作打算，要求“两院”全面加强干警队伍的思想、作风、纪律、业务素质建设，自觉接受监督，巩固提高执法水平，更好地发挥审判、检察职能作用。针对“执行难”的问题，常委会还听取和审议市中级人民法院关于全市法院集中清理执行积案情况的报告，支持法院集中开展清理执行积案工作。

1999年，常委会听取和审议市政府关于贯彻实施《中华人民共和国环境保护法》情况的汇报，提出进一步贯彻落实《中华人民共和国环境保护法》和中央环保工作座谈会精神，加大环保执法力度，依法查处违法案件，依靠科技进步推动环保工作等建议。听取和审议市中级人民法院关于公正司法情况、市人民检察院关于法律监督工作情况的汇报。

2000年，常委会围绕《中华人民共和国合同法》的贯彻实施，听取市政府有关情况的汇报，深入到茌平县、高唐县、临清市三县市，抽查部分企业的合同文本，与企业负责人进行座谈，提出规范市场交易行为、依法保护合同当事人的合法权益等建议。听取和审议市中级人民法院、市人民检察院关于执行《山东省司法工作人员违法办案责任追究条例》有关情况的汇报，深入到东昌府区、冠县、莘县、阳谷县等地，详细了解条例执行情况，提出意见和建议。市中级人民法院进一步建立和完善违法审判责任追究的机构和制度，实施审判工作“阳光工程”和审判流程管理。

2001年，常委会听取和审议市政府关于企业改制、农业结构调整情况的汇报，关于聊城市2001年依法治市规划的汇报，关于“三五”普法依法治理情况和“四五”普法依法治市规划的汇报。听取和审议市公安局关于严打整治斗争开展情况的汇报、市中级人民法院关于全市法院改革工作情况的汇报、市人民检察院关于查办渎职侵权犯罪案件工作情况的汇报等，制定《聊城市人大常委会关于对司法机关实施个案监督的暂行办法》，积极促进司法公正。

2002年，结合聊城市举办的江北水城（聊城）文化旅游节和水城之秋观光周活动，常委会先后听取和审议市政府关于贯彻实施《城市规划法》、大力推进城市化进程和聊城市城区绿化情况的汇报，关于贯彻实施《中华人民共和国文物保护法》、《山东省旅游管理条例》和聊城市旅游发展情况的汇报，提出意见建议，作出决议决定，取得较好效果。

2003年，常委会听取和审议市政府关于全市就业和社会保障工作情况的汇报，建议市政府从维护人民群众根本利益、维护改革发展稳定大局的高度，千方百计做好再就业和社会保障工作。“非典”疫情发生后，常委会组织开展《中华人民共和国传染病防治法》宣传活动，听取和审议市政府关于全市防治“非典”工作情况的汇报，提出建立完善的公共卫生应急机制，坚持防治“非典”与发展经济两手抓、夺取双胜利的意见和建议。听取市中级人民法院、市人民检察院的工作汇报，听取市公安局关于当前聊城市社会治安情况的汇报，建议加大对群众反映强烈的案件和重点案件的侦办力度，进一步增强司法人员的法治观念。

2004年，常委会听取和审议少数民族经济发展情况的汇报，建议加强少数民族教育发展和人才建设，调整优化民族经济结构，促进民族经济协调发展。听取和审议全市安全生产情况的汇报，建议认真落实安全生产责任制和各项安全生产措施，全面提高安全生产监管水平，遏制安全事故的发生。听取和审议市政府贯彻实施《中华人民共和国消防法》情况的汇报，建议进一步提高消防意识，加大消防投入，加强消防基础建设和专项治理。听取和审议全市社会治安情况的汇报，要求有关部门加强治安队伍建设，努力营造良好社会治安秩序，为经济发展和群众生活创造良好的社会环境。听取和审议市中级人民法院贯彻实施《中华人民共和国法官法》、市人民检察院贯彻实施《中华人民共和国检察官法》情况的汇报，建议“两院”加强司法队伍建设，积极化解执行难的问题，预防打击职务犯罪等工作。

2005年，常委会听取和审议市政府关于聊城城区小学规划建设情况的汇报，督促市政府认真搞好城区小学规划和建设，切实解决班额过大、布局不合理等突出问题。市政府高度重视，确定投资3000万元，逐步解决城区小学生上学难的问题。听取和审议市政府关于“四五”普法和依法治理工作情况的汇报，对8个县（市、区）及市直有关部门、企事业单位的普法和依法治理情况进行全面检查，促进“四五”普法规划的落实。听取和审议市中级人民法院关于全市法院执行工作情况、市人民检察院关于全市检察机关开展民事行政检察工作情况的汇报，督促“两院”加强队伍建设，提高司法水平，促进社会公正。

2006年，常委会听取和审议市政府关于贯彻实施《中华人民共和国土地管理法》《中华人民共和国环境保护法》《中华人民共和国节能法》《出版管理条例》《山东省节约能源条例》《山东省旅游条例》《山东省农村初级卫生保健条例》有关情况的汇报，关于农村通自来水、城市建设、服务业发展等工作情况的汇报。听取和审议市中级人民法院关于开展审判监督工作情况的汇报、市人民检察院关于开展诉讼监督工作情况的报告，要求“两院”加强司法内部监督，确保严格执法、公正司法。

2007年，常委会听取和审议市政府关于贯彻实施《中华人民共和国消防法》《中华人民共和国体育法》《中华人民共和国城市规划法》情况的汇报，关于全市治安情况、农村公路建设管理、旅游业发展、技工教育、农民增收等情况的汇报。听取和审议市中级人民法院关于民商事审判工作情况、市人民检察院关于全市检察机关规范执法行为情况的汇报。

2008年，常委会听取和审议市政府关于建设社会主义新农村总体规划实施情况、全市农产品市场体系建设等情况的汇报，督促市政府加快推进农村改革发展，完善流通体系建设，促进农业增效、农民增收、农村经济发展。听取和审议市政府关于全市科技创新情况、提高自主创新能力和推进产业结构调整工作情况的汇报，督促市政府加快技术创新体系建设，推动产业结构优化升级。汶川地震后，听取和审议市政府关于聊城市对口支援四川省北川县抗震救灾工作情况的汇报，建议进一步加大救援力量，救生命于废墟，安民心于惊惧，健全对口支援机制，加大统筹协调，促进对口援助工作的开展。听取和审议市中级人民法院关于全市法院刑事审判工作情况、市人民检察院关于全市检察机关完善监督机制促进公正执法情况的汇报。

2009年，常委会听取和审议市政府关于全市教育工作情况的汇报，督促市政府加快整合教育资源，扎实推进素质教育，大力发展职业教育，更好地为经济社会发展提供人才支撑。听取和审议市政府关于保障和改善城乡困难群众生活情况的汇报，督促有关部门加强城乡低保和农村五保供养工作，及时实施特殊困难家庭救助，保障弱势群体生活水平。听取和审议市中级人民法院关于全市法院执行工作情况、依法开展行政审判工作情况的汇报，市人民检察院关于开展诉讼监督工作情况的汇报。

2010年，常委会听取和审议市政府关于贯彻实施《中华人民共和国农村土地承包法》及土地流转、粮食流通及粮油精深加工、美国白蛾防控等工作情况的汇报，督促市政府做好相关工作，推进农业增效、农民增收。听取和审议市政府关于加快推进商标战略的汇报，提出大力实施商标战略、建立健全商标管理机制、充分发挥企业主体作用、积极做好培育保护工作等建议。听取和审议市政府贯彻实施《中华人民共和国商业银行法》情况的汇报，积极促进金融业发展。听取和审议全市新上旅游项目建设情况的汇报，积极促进旅游业的健康发展。听取和审议市中级人民法院关于全市法院商事审判工作情况、市人民检察院关于开展反渎职侵权工作情况、聊城监狱关于贯彻执行《中华人民共和国监狱法》情况的汇报。

2011年，常委会听取和审议市政府关于全市民族经济发展、服务业发展、职业技术教育整合、对台工作、国企改革发展和国资监管工作、贯彻实施《中华人民共和国水法》及农田水利建设等情况的汇报，推动相关工作的开展。

2012年，常委会听取和审议关于全市民营经济发展情况的汇报，建议市政府进一步搞好规划布局、抓好政策落实、营造发展环境、促进企业提质增效。听取和审议市政府关于农业科技创新和应用水平、现代农业示范园区建设、贯彻实施《中华人民共和国环境保护法》、绿色通道建设和实行最严格水资源管理制度等情况的汇报。听取和审议市中级人民法院、市人民检察院工作汇报，督促“两院”加强基层基础建设，提升司法水平，促进司法公正，更好地服务地方经济社会发展。

2013年，常委会听取和审议市政府关于贯彻实施《中华人民共和国统计法》情况的报告，督促市政府依法科学反映经济数据、加强经济研判、增强宏观调控和抗风险能力。听取和审议市政府贯彻实施环保法情况的报告，提出加强环境质量监管、提高执法工作水平、创新污染治理方式等建议。听取和审议全市自主创新能力建设、绿色生产、发展旅游业、畜牧业、民族经济、新型农业科技服务体系建设、农田水利建设等情况的报告。听取和审议市中级人民法院关于全市法院民商事审判工作情况、市人民检察院关于全市检察机关刑事诉讼法律监督工作情况的报告。

2014年，常委会听取和审议市政府关于全市创业促进就业工作情况的汇报，实地察看聊城市创业孵化基地、创业大学等，提出加大宣传、强化培训、优化环境、加强就业与城镇化建设相结合等建议，积极推进就业工作再上新水平。听取和审议市中级人民法院关于全市法院陪审员工作、市人民检察院关于全市检察机关反贪污贿赂工作情况的报告和全市司法所工作情况的报告，积极推进相关司法工作的开展。

2015年，常委会听取和审议聊城市贯彻实施《物业管理条例》工作情况汇报，提出理顺物业管理体制、构建综合管理体系、规范引导物业管理、加快老旧小区整治提升等建议；市政府出台三年规划，加大资金投入，使解决老旧小区基础设施问题有路线图和时间表。听取和审议市政府关于精致农业发展、经济林产业发展、农业科技创新、农田水利建设及水资源管理等情况的报告。听取和审议市中级人民法院关于全市法院规范司法行为、促进司法公正工作情况的汇报，市人民检察院关于全市检察机关规范司法行为工作情况的汇报，建议进一步加强司法队伍建设、稳步推进司法改革、深化长效机制建设，确保公正司法、为民司法。

二、执法检查

1998年，常委会先后对《中华人民共和国公司法》《中华人民共和国档案法》《中华人民共和国劳动法》《中华人民共和国中国人民银行法》《中华人民共和国教育法》《中华人民共和国职业教育法》《中华人民共和国食品卫生法》《中华人民共和国科学技术进步法》《中华人民共和国科技成果转化法》《中华人民共和国工会法》《山东省计划生育条例》贯彻实施情况进行执法检查，提出70多条建议、批评和意见，有力地促进法律法规的贯彻实施。

1999年，常委会对《中华人民共和国专利法》《山东省专利保护条例》贯彻实施情况进行执法检查，提出抓好“一法一条例”的宣传贯彻、建立健全专利执法机构、改善专利执法手段和条件、加强专利执法检查等建议。

2000年，常委会先后对《中华人民共和国城市规划法》《中华人民共和国食品卫生法》《山东省科学技术进步条例》《中华人民共和国代表法》《档案法》《山东省档案管理条例》《山东省计划生育条例》《山东省禁止非医学需要鉴定胎儿性别和选择性终止妊娠的规定》《中华人民共和国农业推广法》《山东省农业技术推广条例》《中华人民共和国老年人权益保障法》贯彻实施情况进行执法检查。

2001年，常委会先后对《中华人民共和国税收征收管理法》《中华人民共和国产品质量法》《中华人民共和国公路法》《中华人民共和国防空法》《中华人民共和国气象法》《中华人民共和国防震减灾法》《中华人民共和国电信条例》《山东省民族工作条例》《山东省宗教事务管理条例》

《山东省文化市场管理条例》《山东省职业病防治条例》《山东省计划生育条例》贯彻实施情况进行执法检查。

2002 年，常委会对《中华人民共和国消费者权益保护法》《中华人民共和国食品安全法》《中华人民共和国档案法》《中华人民共和国人民防空法》《中华人民共和国种子法》《建设项目环境保护条例》贯彻实施情况进行执法检查。

2003 年，常委会成立执法检查组，到 8 个县（市、区）和聊城经济开发区的 17 个乡镇、37 个行政村，对《中华人民共和国人口和计划生育法》和《山东省人口和计划生育条例》贯彻实施情况进行执法检查；到 8 个县（市、区）和聊城经济开发区，对《中华人民共和国文物保护法》贯彻实施情况进行执法检查。常委会还对《中华人民共和国城市规划法》《中华人民共和国公路法》《中华人民共和国电力法》《城市供水条例》《电力设施保护条例》《山东省爱国卫生条例》贯彻实施情况进行执法检查。

2004 年，常委会对《广播电视管理条例》《广播电视设施保护条例》贯彻实施情况进行执法检查，督促市政府加快有线电视农村网络建设和城区网络改造。对《中华人民共和国母婴保健法》《中华人民共和国森林法》《山东省黄河防汛条例》贯彻实施情况进行执法检查。

2005 年，常委会深入 8 个县（市、区）对《中华人民共和国农业法》贯彻实施情况进行执法检查，督促市政府加大财政支农力度，加强农村社会化服务体系建设，化解乡村财务困难，稳定土地承包经营，全面做好“三农”工作。

2006 年，常委会对《中华人民共和国土地管理法》《中华人民共和国环境保护法》《中华人民共和国节能法》《出版管理条例》《山东省节约能源条例》《山东省旅游条例》《山东省农村初级卫生保健条例》贯彻实施情况进行执法检查。

2007 年，常委会成立执法检查组到 8 个县（市、区）和聊城经济开发区对《中华人民共和国义务教育法》的贯彻实施情况开展执法检查，先后深入 17 个乡镇、街道及 40 所中小学，召开 30 次座谈会，发放回收调查问卷 50 份，广泛听取群众意见，提出要进一步学习宣传义务教育法，尽快建立农村中小学校舍维修长效机制，提高公用经费保障水平，继续搞好农村中小学校舍危房改造和规范化建设，善始善终地完成城区小学扩建和新建任务，有计划地补充农村中小学教师，加快教育示范县建设步伐等建议。常委会还对《中华人民共和国环境保护法》贯彻实施情况进行执法检查。

2008 年，常委会到 8 个县（市、区）和聊城经济开发区开展《中华人民共和国农产品质量安全法》执法检查，对农产品生产、销售、加工等环节进行全面检查，建议市政府切实加强农业标准化建设和农产品质量安全工作，坚决杜绝不合格产品进入市场，切实维护好聊城市农产品信誉。常委会还对《中华人民共和国工会法》《中华人民共和国劳动合同法》《中华人民共和国税收征收管理法》《中华人民共和国土地管理法》《中华人民共和国文物保护法》贯彻实施情况进行执法检查。

2009 年，常委会对《中华人民共和国中小企业促进法》贯彻实施情况进行执法检查，推动中小企业产业转型和优化升级。对《中华人民共和国气象法》贯彻实施情况开展执法检查，要求市政府进一步加强气象探测预警，更好地为经济发展和群众生活提供服务。常委会还对《中华人民共和国母婴保护法》贯彻实施情况进行执法检查。

2010 年，常委会开展《中华人民共和国食品安全法》执法检查，先后到 8 个县（市、区）50 余家农作物生产点、畜禽养殖加工企业、餐饮经营单位等，听介绍、查流程、问情况、提要求，召开座谈会 10 余次，提出加大执法力度，全面加强食品安全工作；理顺政府职能，完善食品安全长效机制；突出工作重点，强化企业主导地位等意见建议。开展《中华人民共和国劳动法》执法检查，深入 8 个县（市、区）和聊城经济开发区进行实地检查，提出加大宣传力度，营造良好氛围；全面落实就业政策，缓解就业压力；做好重点工作，促进劳动关系和谐稳定；严格执法，切实保障劳动者权益等建议。开展《中华人民共和国土地管理法》《中华人民共和国城乡规划法》的执法检查，提出加大执法力度、加强监管工作、强化队伍建设等建议。

2011 年，常委会对《中华人民共和国公路法》《中华人民共和国红十字会法》《山东省实施〈红十字会法〉办法》《中华人民共和国渔业法》《中华人民共和国工会法》《中华人民共和国农业技术推广法》《中华人民共和国调解法》《中华人民共和国农业机械促进法》贯彻实施情况进行执法检查。

2012 年，常委会开展《中华人民共和国土地管理法》执法检查，建议市政府优化国土空间开发格局，提高土地使用效益，确保重点项目和强市名城建设用地。开展《中华人民共和国城乡规划法》执法检查，提出坚持以人为本、合理规划城市布局，加强规划监管、切实维护规划权威等建议。开展《中华人民共和国畜牧法》《中华人民共和国水土保持法》《山东省黄河河道管理条例》《中华人民共和国公路法》《中华人民共和国防震减灾法》《中华人民共和国行政强制法》贯彻实施情况的执法检查。

2013 年，常委会对《中华人民共和国律师法》《中华人民共和国监狱法》《中华人民共和国体育法》《全民健身条例》贯彻实施情况进行执法检查，确保这些法律法规在聊城市的贯彻实施。

2014 年，常委会对《中华人民共和国邮政法》《中华人民共和国妇女权益保障法》和《山东省〈妇女权益保障法〉实施办法》《中华人民共和国档案法》及《山东省档案条例》《山东省实施〈残疾人保障法〉办法》贯彻实施情况进行执法检查。

2015 年，常委会对《中华人民共和国食品安全法》《中华人民共和国土地管理法》《中华人民共和国防空法》《中华人民共和国消防法》《中华人民共和国农民专业合作社法》《中华人民共和国畜牧法》《中华人民共和国动物防疫法》贯彻实施情况进行执法检查。

三、财政、计划监督

1998 年后，依照宪法法律规定，市人大常委会每年都听取和审议市政府关于计划、财政和审计工作的报告，并作出相应决议决定，加强对计划和财政工作的监督。

2000 年，常委会听取审议市政府关于全市预算外资金管理情况的汇报，提出预算外资金应全部纳入财政管理，做到专款专用；对违犯预算外资金管理规定的，要按有关规定严格查处等建议。

2001 年，常委会印发关于审议市政府财政决算和审计工作报告的意见和建议的函，市政府就有关落实情况专门向市人大常委会主任会议进行汇报。

2005 年，常委会听取和审议市政府关于制定聊城市国民经济和社会发展第十一个五年规划纲要的报告，对“纲要草案”进行认真审查和科学论证，建议市政府认真落实科学发展观，进一步做好“纲要草案”的修改完善。

2011 年，常委会听取和审议市政府关于固定资产投资运行、政府举债及使用、国有资产监管和国有企业改革情况的汇报，督促市政府加强固定资产投资管理，严控债务规模，确保财政资金稳健运行。

2012 年，常委会听取和审议市政府关于市级地方政府性债务情况和将 2012 年度市本级政府债券纳入财政预算管理的报告，并作出决议，要求市政府严格支出范围，加强监督管理，及时跟踪审计，努力提高资金的使用效益。

2013 年，常委会听取和审议市政府关于调整 2013 年市级财政预算的报告、关于将 2013 年度市本级地方债券纳入财政预算管理的报告，并作出决议，确保全市经济保持平稳较快发展态势。

2014 年，常委会听取和审议市政府关于将 2014 年度市本级政府债券纳入财政预算管理的报告，并作出决议，要求市政府严格支出范围，加强监督管理，及时跟踪审计，提高资金的使用效益。听取和审议市政府关于棚户区住房改造项目建设及融资方案的报告，并作出决议，要求市政府设立专项偿债基金并纳入财政预算，定期向市人大常委会汇报贷款资金使用管理情况，自觉接受人大监督。

四、评议工作

述职评议 1999年，市十三届人大常委会第十一次会议审议通过《聊城市人大常委会关于开展述职评议工作的意见》。该意见规定：凡由市人大常委会决定任命的市政府秘书长、局长、委（办）主任，市中级人民法院副院长、审判人员和市人民检察院副检察长、检察人员，根据实际情况分批向市人大常委会述职。述职内容包括：贯彻执行党的路线方针政策和国家法律法规，依法决策、依法管理以及依法行政、公正司法的情况；落实市人大及其常委会决议、决定情况和办理人大代表提出的议案、建议和意见情况；履行职务、完成本职工作任务和廉洁自律、廉政建设的情况；坚持民主集中制原则，科学决策，团结协作，带头实干，转变思想作风和工作作风，密切联系群众情况等。

从2000年1月市十三届人大常委会十二次会议首次组织2名市政府组成人员述职开始，至2005年，有43名市政府组成人员和“两院”相关人员向市人大常委会述职。

执法评议 2004年，市十四届人大常委会十二次会议审议通过《关于开展执法评议工作的决定》，将具有行政执法主体资格的政府工作部门和事业单位、群团组织以及设在市内的中央、省垂直管理的部门和单位一并纳入评议的范围。

2006年，常委会围绕群众关心关注的就业再就业、养老保险和质量技术监督方面的问题，对市劳动和社会保障局、市质量技术监督局进行执法评议，通过民主测评、座谈、走访执法相对人、征求纪检审计部门意见等方式深入调查，通过新闻、网络等渠道广泛征求群众意见，并在市十四届人大常委会二十九次会议上对这两个单位进行投票测评，提出改进工作的意见建议。

工作评议 2011年，按照《中华人民共和国各级人民代表大会常务委员会监督法》的有关规定，常委会创新监督方式，对市科技局、卫生局、民政局、司法局、市政公用事业管理局等5个部门开展工作评议。市十五届人大常委会二十九次会议听取和审议被评议单位的工作汇报，开展满意度测评，促进被评议部门的工作。

2012年，常委会通过听取汇报、发放调查问卷、个别座谈、会议测评等方式，对市发改委、人口计生委、环保局、食品药品监管局和规划局5个部门进行工作评议，促进政府部门依法行政，推动相关工作的开展。

2013年，常委会对市住建委、人社局、审计局、行政执法局、旅游局5个部门开展工作评议，深入开展调研，广泛征求意见，全面掌握被评议部门的工作情况。市十六届人大常委会十四次会议听取和审议被评议部门的工作报告，进行满意度测评，并向被评议部门反馈评议意见督促整改。

2014年，常委会把市政府管理部门和具有执法权的垂管部门纳入评议工作中，对市教育局、交通运输局、水利局、文化广电新闻出版局、体育局、金融办、经济合作局、民营经济发展局、疾控中心、盐务局10个部门进行工作评议。

2015年，常委会对市公安局、民政局、财政局、国土资源局、工商行政管理局、安全生产监督管理局、公路局、住房公积金管理中心、地税局、聊城供电公司10个部门进行工作评议。评议中，坚持“未评先改、改后再评”的原则，分别到8个县（市、区）和3个市属开发区召开座谈会11次，征求意见325人；向全市各级人大代表发放征求意见表5000余份；召开座谈会，征求市监察局、卫计委、信访局、市长公开电话受理中心、政务服务中心5部门的意见，最后汇总形成对这10个部门存在问题的反馈意见。市十六届人大常委会二十八次会议对10个被评议部门整改情况进行投票测评。

法官评议 2014年，常委会依法启动对市中级人民法院部分法官的履职评议。通过调研、走访、阅卷、旁听庭审等对6名被评议法官履职情况进行详细解。市十六届人大常委会二十五次主任会议听取和审议对市中级人民法院部分法官履职评议工作情况的报告，确定对每名被评议法官的履职评议意见，建议市中级人民法院进一步加强规范化建设、加强案件质量评查、加强人民陪审员选任审查和业务培训等，不断促进市法院法官队伍素质的提升和能力的加强。

五、规范性文件备案审查

2009年，市十五届人大常委会第十五次会议审议通过《聊城市人民代表大会常务委员会规范性文件备案审查暂行办法》，依法加强规范性文件备案审查工作。

2010年，常委会召开规范性文件备案审查工作会议，制定《关于贯彻实施〈山东省各级人大常委会规范性文件备案审查规定〉的意见》，全面启动规范性文件备案审查工作。当年，常委会对市政府及县（市、区）人大常委会报送的4件规范性文件进行备案审查。

2011年，常委会对市政府及县（市、区）人大常委会报送的18件规范性文件进行备案审查。

2012年，常委会对市政府及县（市、区）人大常委会报送的13件规范性文件进行备案审查。

2013年，常委会设立备案审查工作室，配备专职人员，健全完善报送接收、定期沟通、审查反馈等机制，保证备案审查工作依法有序开展。当年，对市政府报送的4件规范性文件进行备案审查。

2014年，常委会对市政府报送的12件规范性文件进行备案审查，向省人大常委会报送备案市人大常委会规范性文件3件。

2015年，常委会对市政府报送的16件规范性文件进行备案审查。

六、专题询问

2015年，市十六届人大常委会第三十次主任会议通过《聊城市人大常委会对大气污染防治情况进行专题询问的实施方案》，对询问的组织领导、询问和应询问人员范围、询问主要内容和来源渠道、询问主要流程和工作分工等作出具体安排。

2015年，市十六届人大常委会第二十五次会议听取和审议市政府关于贯彻实施《环境保护法》情况的汇报，随后召开联组会议，对聊城市大气污染防治工作进行专题询问。询问中，11位常委会组成人员和人大代表围绕社会关注的要点，紧扣防治的关键，突出问题导向，开门见山提出询问；市环保局、发改委等10个部门的主要负责人当场应询，介绍工作，作出解释，提出下步的工作措施。

第四节　视察调研

1998年，常委会围绕全市贯彻实施《中华人民共和国农业法》《中华人民共和国农业技术推广法》《中华人民共和国乡镇企业法》等涉农法律情况深入8个县（市、区）及部分乡镇和市直有关部门，就农业与农村工作中出现的新情况、新问题进行调研。

1999年，常委会围绕《山东省计划生育条例》《山东省禁止非医学需要鉴定胎儿性别和选择性终止妊娠的规定》贯彻实施情况开展视察，深入17个乡镇（街道）、5家企业、27个村进行实地察看，形成视察报告并向市委汇报。

2000年，常委会围绕“整治城市环境，建设美好家园”和“一控双达标”活动，先后组织4次视察。

2001年，常委会对全市和部分县（市、区）招商引资情况进行视察，督促各级政府进一步研究落实相关措施，促进招商引资工作不断发展。

2002年，常委会深入8个县（市、区）和经济开发区，对全市教师工资发放情况进行检查，提出如期实现教师工资由县统一管理、积极推进县乡教育财政体制改革、切实解决教师工资陈欠问题、规范教师队伍等建议。

2003年，常委会围绕《中华人民共和国水土保持法》贯彻实施情况开展视察，深入冠县、东昌府区等地，检查水土保持规划的制定和执行、沙荒地治理改造情况等，并提出意见建议。

2004年，常委会围绕全市贯彻实施《中华人民共和国动物防疫法》《中华人民共和国动植物检疫法》和禽流感防治工作情况开展视察，督促市政府建立健全动物疫病防治长效机制，确保人民群众的生命健康和畜牧业生产安全。

2005年，常委会围绕《山东省文化市场管理条例》贯彻实施情况开展专题调研，深入聊城市城区、高唐县、临清市和阳谷县，座谈听取有关情况汇报，实地查看音像市场、网吧、营业性文化娱乐场所等，提出制定规范化管理文件、落实部门责任制、健全执法队伍建设、增加经费投入等建议。

2006年，常委会开展科技创新的专题调研，深入各县（市、区）和市直有关部门，通过走访、座谈、问卷调查的形式全面解情况，提出扩大科技创新宣传、发挥政府主导作用、加快创新体系建设、强化企业创新主体地位、推进农业科技创新等建议。对聊城市新农村建设情况进行集中调查，深入8个县（市、区）和开发区，召开多层次座谈会认真听取汇报，实地察看部分乡镇、村庄并走访部分农户，从提高认识、制定规划、加大投入、发展生产和加强组织领导5个方面提出意见建议。

2007年，常委会对《中华人民共和国农业机械化促进法》贯彻实施情况进行调研，先后听取东昌府区、冠县、临清市、东阿县有关情况汇报，深入部分乡镇农机站进行实地察看，提出提高对农机化发展重要性的认识、加大宣传推广力度、加大对农机化的投入、加大执法力度、加快新型农机合作服务组织建设等建议。对全市工业经济发展情况进行专题视察，通过听取汇报、实地视察、召开座谈会等方式，详细解情况，提出加强对工业工作的领导、做大工业经济总量、提高工业经济运行质量、加快推进市本级工业企业发展等建议。此外，围绕《中华人民共和国体育法》《中华人民共和国种子法》贯彻实施情况和旅游业发展开展调研。

2008年，常委会集中开展“建设平安聊城迎奥运”专题视察，深入莘县、临清市、东阿县、茌平县和部分市直单位进行察看，针对视察中发现的问题提出整改意见，并向市委汇报、向市政府反馈。开展对《山东妇女儿童发展纲要》《聊城妇女儿童发展纲要》贯彻实施情况专题调研，提出进一步实施好两个“纲要”、确保达标的意见建议。开展“五五”普法依法治理专项视察，深入临清市、冠县和部分市直单位，深入了解对“五五”普法规划的落实情况，督促市政府进一步加大措施，建立长效机制，推进工作开展。

2009年，常委会围绕“化解危机，弯道超越”开展调研，先后召开座谈会10余次，察看企业单位30余家，提出坚定信心、抓好项目、加快工作调整、促进农村改革、优化发展环境等建议。到临清市、冠县等地对全市重点项目建设情况开展调研，建议市政府科学把握形势，抓好项目落实和储备，发挥好项目带动作用，保障重点项目建设顺利推进。开展为推动生态文明市建设专题调研，通过召开座谈会、听取情况汇报、走访农村企业、征集社会建议等方式，全面了解情况，提出把握总抓手、选准突破口、以点带面推动全局、加快生态文明市建设的建议。此外，还对城市规划、广播电视事业发展、农村新居建设和危房改造、食品安全等开展视察，对加快农产品流通体系建设、农村沼气建设、农作物种子管理、农村危桥改造等进行调研，推动相关工作开展。

2010年，常委会对全市规范化学校建设、职业教育发展、城区学校规划布局等进行调研，督促市政加大投入、规范建设，切实解决教育中存在的问题。对“拆违”工作、创建环保模范城开展视察，围绕贯彻实施《中华人民共和国道路安全法》和《妇女儿童发展纲要》、侨务和对台工作、新农村建设和农村危房改造、住房公积金管理以及蔬菜生产加工等进行调研。

2011年，常委会对贯彻实施《中华人民共和国价格法》、维护物价稳定工作进行专题调研，先后深入市行政服务中心、昌润热电、市人民医院、金鼎商厦、农贸市场、银座超市等进行察看，召开由市物价局、卫生局、教育局、市政公用事业管理局负责人参加的座谈会，提出深入宣传贯彻《中华人民共和国价格法》、充分发挥政府职能、加强市场价格监管、强化价格执法手段、注重物价队伍建设等建议。对全市农村新居建设与危房改造情况进行调研，实地察看经济技术开发区、茌平县农村新居建设现场，提出加强政策宣传引导、搞好配套设施建设、用足用活各项政策、坚持以人为本等建议。此外，还对农村劳动力转移、《山东省旅游条例》及旅游业发展、服务业发展开展调研。

2012 年，常委会对聊城开发区重点项目建设情况进行专题调研，实地察看中央商务区、鑫亚电控产品工业园、中通新能源汽车产业园、金属材料深加工产业园、汇通国际金属物流园、鲁西化工新材料产业园和聊城农产品物流交易中心等，提出进一步优化环境、细化管理、规范建设、确保质量和进度等建议。对聊城市、东昌府区和临清市 9 所中小学及幼儿园进行实地调研，委托 18 名教育界的人大代表对 30 余所中小学及幼儿园开展自行调研，提出思想上高度重视、资金上加大投入、队伍上加强管理、机制上注重创新等建议；市政府高度重视，从加强领导、完善制度、强化队伍管理等方面抓好落实，促进校园安全管理和教育事业的健康发展。对“六五”普法情况进行视察，建议市政府突出重点、进一步增强法制宣传教育的针对性和实效性，建立长效机制、促进普法工作深入开展。此外，还对聊城市园林绿化、城区饮用水安全、南水北调工程沿线水污染防治情况等视察调研。

2013 年，常委会对聊城市政务服务体系建设情况进行调研，提出强化服务效能、完善服务网络、提升服务水平，确保聊城市率先在全省及周边地区实现行政审批项目最少、速度最快、收费最低等建议。对东阿县水源地、市东郊水厂等进行实地调研，召开全市饮水安全座谈会听取相关汇报，提出加强水源地保护、强化水质监测、加强饮用水事故预防、加大政策资金扶持力度等建议。组织开展食品安全、基础教育、城管执法、城市公交、集中供暖、城市卫生和绿化工作、城乡社区建设、中医药事业发展、基层医疗卫生机构综合改革、妇女儿童“两规”实施等情况的视察调研，促进发展成果更多更好地惠及广大人民群众。

2014 年，常委会围绕“双百大城市”建设，对城建重点项目、交通重点项目建设开展视察调研，实地察看德商高速、外环路等建设现场，深入了解项目进展情况，提出落实规划、科学施工、加快建设等建议，积极推进城市化进程。开展对聊城市学前教育、职业教育情况调研，通过实地察看、召开座谈会、发放调查问卷、组织人员暗访等方式，进一步摸清真实情况，提出落实政策、健全机制、加大投入、加强师资队伍建设等建议，促进教育教学资源均衡发展。开展对城区防汛、回迁安置房建设、小型农田水利重点县项目建设、宗教事务管理和贯彻实施《物业管理条例》《建筑工程质量管理条例》《山东省电力设施和电能保护条例》等情况的视察调研。10 月 28 日，由聊城市人大常委会发起的，冀鲁豫交界地区发挥人大作用促进旅游业发展座谈会在聊城召开。会上，冀鲁豫交界地区九市人大常委会围绕会议主题介绍各自推动旅游业发展的经验和下一步促进冀鲁豫交界地区旅游业融合发展的意见建议。会后，各市旅游部门共同签订促进旅游发展的合作协议。

2015 年，为推进国家卫生城复审工作，常委会实地视察湖西农贸市场、瑞祥小区、育新街等地，召开座谈会听取汇报并提出建议，促进创城复审工作扎实开展。为改善住宅小区物业管理工作，常委会深入多个不同类型、不同层次的住宅小区进行查看，召开政府物业管理部门、社区、物业公司和小区业主委员会成员参加的座谈会，充分听取意见，协调各方共商解决办法。开展电力市场和农村电网建设改造情况调研，建议市政府及电力部门加大工作力度，加快完成农网改造任务，确保用电安全和价格公平。常委会还对全市科技创新、交通运输、民族经济发展、旅游景点建设和管理情况开展专题调研，对农村妇女“两癌”筛查工作专题视察。

第五节　人事任免

市人大常委会对推荐任命的国家机关工作人员，通过任前法律知识考试、作供职报告、会议审议表决、颁发任命书等形式，保证人大人事任免权的正确行使。

任前法律知识考试。1998 年 5 月，市十三届人大常委会第一次会议审议通过《聊城市人民代表大会常务委员会人事任免办法》。办法规定:“凡提请市人大常委会任命的国家机关工作人员，在常委会召开会议之前，必须参加由常委会组织的《中华人民共和国宪法》《中华人民共和国地方各级人民代表大会和地方各级人民政府组织法》和与拟任职务相关的法律、法规考试，考试成绩向提请单位通报。考试成绩由主任会议向常委会会议报告，作为常委会组成人员审议、表决人事任免案的依据之一。”截至 2015 年 12 月，市人大常委会共对 633 名被提请任命人员进行任前考试。

供职报告。2000 年 1 月，市十三届人大常委会第十二次会议要求，凡被提请市人大常委会任命的人员，必须向市人大常委会会议提交供职报告。截至 2015 年 12 月，共有 541 人次的被提请任命人员向常委会作供职报告。

会议表决。市人大常委会议决定人事任免事项，采用无记名投票方式表决。

颁发任命书。市人大常委会举行颁发任命书仪式，由市人大常委会主任或副主任向被任命的市人大常委会工作机构负责人、市人民政府秘书长、委员会主任、局长、市中级人民法院副院长、市人民检察院副检察长颁发任命书。其他被任命人员任命书委托提请单位代发。截至 2015 年 12 月，共向被任命的 860 人次颁发任命书。

一、第十三届人民代表大会期间人事任免

1998—2003 年，市十三届人民代表大会共召开会议 5 次，选出市人大常委会组成人员 30 人；接受市人大常委会主任辞去职务 1 人，补选主任 1 人；接受市人大常委会副主任辞去职务 3 人，补选 4 人；接受市人大常委会秘书长辞去职务 1 人，补选 1 人；接受市人大常委会委员辞去职务 4 人，补选 4 人。选出市人民政府市长、副市长 9 人，补选市长 1 人；接受副市长辞去职务 4 人，补选 4 人。选出市中级人民法院院长 1 人。选出市人民检察院检察长 1 人。选举省人大代表 46 人。

市人大常委会共召开 35 次常委会会议，接受市长辞去职务 1 人，决定代理市长 1 人，任命副市长 3 人，接受副市长辞去职务 1 人。依法任免国家机关工作人员 496 人次。其中，根据市人大常委会主任会议的提请，任免市人大常委会工作机构负责人 19 人次；根据市长提请，任免市政府组成人员 103 人次；根据市中级人民法院院长提请，任免副院长、审判委员会委员、庭长、副庭长、审判员 202 人次；根据市人民检察院检察长提请，任免副检察长、检察委员会委员、检察员 166 人次，批准任命县（市、区）人民检察院检察长 6 人。

二、第十四届人民代表大会期间人事任免

2003—2008 年，市十四届人民代表大会共召开会议 6 次，选出市人大常委会组成人员 34 人；补选市人大常委会主任 1 人；接受市人大常委会副主任辞去职务 4 人，补选 4 人；接受市人大常委会秘书长辞去职务 1 人，补选 1 人；补选市人大常委会委员 3 人。选出市人民政府市长、副市长 10 人，补选市长 1 人。选出市中级人民法院院长 1 人，补选 1 人。选出市人民检察院检察长 1 人，接受市人民检察院检察长辞去职务 1 人，补选 1 人。选举省人大代表 47 人。

市人大常委会共召开 39 次常委会会议，接受市人大常委会主任辞去职务 1 人；接受市长辞去职务 1 人，决定代理市长 1 人，接受副市长辞去职务 1 人，任命副市长 4 人，接受市中级人民法院院长辞去职务 1 人，决定代理院长 1 人。依法任免国家机关工作人员 331 人次。其中，根据市人大常委会主任会议的提请，任免市人大常委会工作机构负责人 9 人次；根据市长提请，任免市政府组成人员 76 人次；根据市中级人民法

院院长提请，任免副院长、审判委员会委员、庭长、副庭长、审判员138人次；根据市人民检察院检察长提请，任免副检察长、检察委员会委员、检察员85人次，批准任命县（市、区）人民检察院检察长17人次，批准县（市、区）人民检察院检察长辞去职务6人。补选省人大代表2人。

三、第十五届人民代表大会期间人事任免

2008—2012年，市十五届人民代表大会共召开会议4次，选出市人大常委会组成人员38人；接受市人大常委会副主任辞去职务1人，补选1人；接受市人大专门委员会主任委员辞去职务5人，补选5人；补选市人大常委会委员7人。选出市人民政府市长、副市长8人。选出市中级人民法院院长1人。选出市人民检察院检察长1人。选举省人大代表45人。

市人大常委会共召开31次常委会会议，接受市人大常委会委员辞去职务1人。接受副市长辞去职务3人，任命副市长6人。接受市中级人民法院院长辞去职务1人，决定代理院长1人。接受市人民检察院检察长辞去职务1人，决定代理检察长1人。依法任免国家机关工作人员311人次。其中，根据市人大常委会主任会议的提请，任免市人大常委会工作机构负责人48人次；根据市长提请，任免市政府组成人员95人次；根据市中级人民法院院长提请，任免副院长、审判委员会委员、庭长、副庭长、审判员89人次；根据市人民检察院检察长提请，任免副检察长、检察委员会委员、检察员63人次，批准任命县（市、区）人民检察院检察长8人次，批准县（市、区）人民检察院检察长辞去职务8人。补选省人大代表2人。

四、第十六届人民代表大会期间人事任免

2012—2015年，市十六届人民代表大会共召开会议5次，选出市人大常委会组成人员39人；补选市人大常委会副主任3人；补选市人大常委会秘书长1人；补选市人大常委会委员4人。选出市人民政府市长、副市长9人，补选市长1人。选出市中级人民法院院长1人。选出市人民检察院检察长1人。选举省人大代表48人。

截至2015年12月，市人大常委会共召开29次常委会会议，接受市人大常委会主任辞去职务1人，市人大常委会秘书长辞去职务1人，市人大常委会委员辞去职务3人。接受市长辞去职务1人，决定代理市长1人，接受副市长辞去职务4人，任命副市长8人。依法任免国家机关工作人员232人次。其中，根据市人大常委会主任会议的提请，任免市人大常委会工作机构负责人26人次；根据市长提请，任免市政府组成人员74人次；根据市中级人民法院院长提请，任免副院长、审判委员会委员、庭长、副庭长、审判员67人次；根据市人民检察院检察长提请，任免副检察长、检察委员会委员、检察员65人次，补选省人大代表2人。

第六节　信访工作

1998年起，市人大常委会实行人大信访接待制度和主任、副主任阅批重要来信、接待重要到访制度。2003年，市人大常委会规定人民群众来信来访的处理程序和办法，明确受理人民群众来信来访范围。2005年，市人大常委会印发《关于市人大信访事项办理有关问题的通知》，对信访事项的办理进行规范。2008年，市人大常委会按照“属地管理、分级负责，谁主管、谁负责”的规定，信访人向市人大及其常委会、市人大常委会主任会议组成人员、市人大专门委员会、市人大常委会办事机构的来信来访，省人大常委会办公厅信访局发函交办的信访事项，由市人大常委会信访室统一转交相关机关、组织处理。2014年，市人大常委会进一步完善主任、副主任、秘书长接待群众来访制度，建立市人大机关县级干部定期接访，机关工作人员信访轮岗等制度。1997—2015年，市人大常委会受理人民群众来信5184件，来访6293件，接待上访11483人（次）。切实维护人民群众的合法权益，发挥人大信访工作在维护社会公平正义中的作用。

第二十一编 地方行政机关

Party XXI Local Administrative Organizations

1998 年 3 月聊城撤地设市后，聊城市第十三届人大第一次会议选举产生聊城市人民政府市长、副市长。至 2015 年，聊城市人大会议选举产生 4 届市政府领导机构。在此期间，聊城市人民政府依法履职，聊城市以及各县（市、区）经济、社会快速发展、科学发展、绿色发展，社会面貌发生巨大变化，人民生活水平显著提高。全市国内生产总值由 2000 年的 280 亿元，增长到 2015 年的 2663.6 亿元；人均国内生产总值由 2000 年的 5057 元人民币，增长到 2015 年的 7185 美元。政府各工作机关积极履行职责，保证了行政职能的高效顺畅。综合协调部门认真调查研究，保证信息畅通，高度重视来信来电来访，搞好政务督查。政府法制、审批部门严格法律规定，注重精简高效。外事侨务紧密围绕改革开放和经济发展开展工作，取得积极成效。油区工作加强依法治理，油区法治环境、经济效益根本好转。地方史志工作既重视地情资料的挖掘整理，又注重资料文献的开发利用，开创了地方史志工作新的局面。

第一章　会议制度

市政府实行全体会议、常务会议、市长办公会议和市政府专题会议制度，并视情召开全市性会议部署工作。会议围绕发展经济、加快城乡建设、促进社会事业发展、关注民生等问题进行议政决策。

第一节　市政府全体（扩大）会议

市政府全体会议由市长、副市长、市长助理、市政府秘书长和市政府组成部门的主要负责人组成。会议的主要任务是传达贯彻中共中央、国务院、省委、省政府和市委的重要指示、决定和会议精神，以及市人民代表大会及其常委会的决议、决定；总结和部署市政府一段时期的重要工作；讨论分析全市经济和社会发展形势，通报重要工作情况；讨论需要由市政府全体会议决定的其他事项。

第二节　市政府常务会议

市政府常务会议由市长、副市长、市长助理、市政府秘书长组成，市政府有关部门的主要负责人列席相关议题的讨论。市政府常务会议在组成人员超过半数时方能召开。会议的主要任务是传达党中央、国务院、省委、省政府和市委的重要指示、决定和会议精神，以及市人民代表大会及其常委会的决议、决定，研究提出贯彻意见；听取市政府重要工作情况的汇报；研究分析形势，讨论决定市政府工作中的重大问题；讨论通过提请市人民代表大会及其常委会审议的议案；讨论通过由市政府制定发布的政府规范性文件和重大政策规定；讨论决定各部门请示市政府的重要事项；研究全市国民经济和社会发展的长远规划、年度计划、财政预决算等；讨论需要市政府常务会议决定的其他事项。

第二章　政令政绩

第一节　重要政令

1997年1月29日，地区政府印发《聊城市村镇建设小康工程实施方案》。要求村镇建设要高起点、高标准搞好规划；搞好建筑设计；下大力抓好试点；坚定不移推行房地产综合开发；严格执行规划；积极实施强村带动、迁村并点战略；进一步健全完善村镇建设社会化服务体系；积极发展工业小区。

1997年2月28日，行署印发《关于进一步加快农业机械化发展的意见》。提出聊城农业发展的基本思路和任务是以市场经济为导向，以实现传统农业向现代化农业转化、农民实现小康走向富裕为目标，以深化改革、加快科技进步为动力，紧紧围绕“两高一优”农业的发展，适应两个转变的要求，加快宏观管理和基础建设，优化装备结构，强化服务功能，走农机服务市场化、服务组织实体化、服务实体企业化、企业群体产业化的路子，通过发展机械化，替代出更多的农业劳动力转向其他产业，加快产业结构的调整和优化，推进农村城镇化和贸工农一体化进程，经过三四年的努力，到20世纪末，全市农业生产的主要环节和主要目标基本实现机械化，农村综合机械化水平达70%。

1997年4月1日，地区行政公署印发《关于加强房地产开发管理的意见》。提出房地产开发实行统一规划、合理布局、综合开发配套建设。加强对房地产开发企业的管理和资质审查。严格审批程序，加强对开发项目的管理。严格开发项目的招标投标管理，认真清理不合理收费，降低住房价格。加强对房地产开发工作的组织领导。

1997年9月25日，地区行政公署印发《关于实施技术创新工程的意见》。要求切实加强对实施技术创新工程工作的领导，认真制定规划方案，做好技术创新的实施工作。抓好试点企业，建立和健全企业技术创新体系。大力推动“产学研”联合，加快科技成果转化工作。用足用活政策，建立技术创新的激励机制和约束机制，调动企业创新积极性。建立技术创新中介组织，搞好技术创新服务协调工作。抓一批重点企业和重点技术创新项目、培植新的经济增长点。

1998年2月19日，地区行政公署印发《关于中小企业实行股份合作制的意见》。提出对净资产数额较大的企业，采取增资扩股，出售部分净资产，土地使用权剥离等形式。对净资产数额较小的企业，采取全部卖给内部职工、不设公有股。对资债相抵的企业，“零”价出售。对资不抵债数额较小的企业，采取由内部职工或合伙人出资购买企业的全部资产，接收债权债务，资不抵债部分挂账处理、剥离租赁、切块搞活等形式。对资不抵债数额较大、前途无望的企业，依法破产。

1998年6月21日，市政府印发《关于撤地设市后市区机构调整和事权划分若干问题的通知》。对城市建设、农业、技术监督、工商行政管理、民政、文化、社会保障、交通运输、社会治安、环境保护、土地管理、卫生等管理机构的事权进行了合理划分。

1998年9月5日，市政府印发《关于进一步搞好农村产业结构调整的意见》。提出预计到2000年，全市多种经营总收入占农村第一产业的比重达70%以上，农村二、三产业占农村经济总量的比重达70%以上，农民收入来自农村二、三产业的比重达70%以上。今后的工作重点为全面调整品种结构，优化种植结构，二、三产业有大发展。

1998年9月5日，市政府印发《聊城市高新技术及产业发展计划》。主要目标：力争到2000年，全市高新技术产业实现技工贸总收入10亿元，年创利税4亿元，形成一批高新技术企业和高技术产品；形成销售收入超亿元的企业或集团3～5个，建立一批高新技术企业生长点，培育一批高新技术产业人才和管理人才。主要任务：一是电子通信技术研究开发及产业化；二是生物技术与制药研究开发及产业化；三是新材料研究开发及产业化；四是机电一体化产品开发及产业化；五是农业高新技术研究开发及产业化。

1998年12月15日，市政府印发《关于深化粮食流通体制改革的通知》。通知要求：一要转换经营机制，实行政企分开；二要建立县级粮食收储公司，实行收储与附营业务分离；三要搞好粮食企业减员分流；四要进一步加强粮食市场管理；五要切实加强对粮食流通体制改革的领导。

1999年1月8日，市政府印发《关于开拓农村市场的通知》。提出工作目标是到2000年，全市农产品商品率达到70%；农村商品市场发展到370处，比1997年增加55处；县以下社会消费品零售额达到19.5亿元，年递增10%。

1999年2月8日，市政府印发《关于实施企业市场化运行工程的意见》。明确在工作中加强企业营销市场化、企业技术进步市场化、企业管理市场化、资本运营市场化、人才机制市场化。提出相应工作措施：加强组织协调；制定工程实施方案和配套评价体系；做好先进评选和典型示范工作；配套联动，通力协作。

1999年2月8日，市政府印发《关于对国有工业企业实行资产经营责任制的意见（试行）》。意见确定对市属国有工业企业（含国有控股的股份制企业）和1999年度市里确定的18家重点工业企业集团公司实行资产经营责任制，与企业签订资产经营责任书，制定企业经营者年收入及兑现办法，建立资产经营风险抵押金制度并审定考核项目。

1999年7月20日，市政府印发《关于社会中介组织改革发展的意见》。要求做好已有社会中介组织的脱钩与改制，加强对社会中介组织的培育与扶持，逐步建立社会中介组织的人才机制。

1999年9月2日，市政府印发《关于大力发展民办学校的意见》。要求积极引导和扶持民办学校的发展，加强统筹协调，理顺管理体制。

1999年9月24日，市政府印发《关于加快发展民营科技企业的意见》。提出要充分认识发展民营科技企业的重要意义，为民营科技企业发展创造良好的环境条件。鼓励科技人员兴办民营科技企业，为民营科技企业发展提供税收优惠政策和多渠道的资金支持。规范企业管理，培育更富活力的创新机制，转变职能，引导民营科技企业健康发展。

2000年2月13日，市政府印发《关于治乱减负优化工业发展环境的意见》。该意见提出“九个严禁”，约束各级各部门各单位的行为。包括：严禁擅自设立行政事业性收费、罚款、集资、基金项目；严禁擅自提高收费标准，扩大收费范围；严禁向企业乱摊派、索要赞助和无偿占用企业的人财物；严禁向企业强买强卖，强制企业接受指定服务，从中牟利；严禁在公务活动中通过中介组织对企业收费；严禁将企业自愿接受的咨询、信息、检测、商业保险等服务变为强制服务，强行收费；严禁强制企业参加不必要的会议、培训、学术研讨、技术考核、检查评比和学会、协会、研究会等；严禁强行向企业拉广告，强制企业订购书报、刊物、音像制品等；严禁机关、事业单位及其工作人员到企业报销各种费用。

2000年4月29日，市政府印发《关于调整和完善盐业经营管理体制的通知》。要求市、县盐业公司实行资产、人员和债权债务从市、县供销社整体划转出来，组成具有独立法人资格的盐业专营公司，成为独立核算、自负盈亏的法人实体组织，为省盐业公司的下属企业。

2000年8月16日，市政府印发《关于全市政府机关实行政务公开的通知》。公开内容包括办事机构的管理权限、办事依据、办事程序、服务标准、办事结果、办理时限、工作纪律、监督投诉渠道以及服务承诺等。办事对象应具备的资格、条件以及应办理的手续。公开形式包括：通过会议、文件等方式公开；通过报刊、广播、电视等新闻媒体公开；通过建立政务公开专栏、印发《办事指南》等形式公开；通过聊城政务网公开。

2001年2月19日，市政府印发《关于加快工业产品结构调整的意见》。要求壮大骨干企业，优化产品结构，限制和淘汰落后生产能力和工艺。要大力筹措资金，保证调整项目顺利实施；大力开展技术创新，增强企业自主创新能力；加强企业经营管理者队伍建设，建立和健全国有企业经营管理者的激励约束机制；加强领导，精心组织，切实搞好全市工业结构调整。

2001年5月21日，市政府印发《关于发展城市社区卫生服务的意见》。该意见提出的任务目标为：到2002年，建立起符合聊城市特点的社区卫生服务网络，聊城市城区人口覆盖率达60%，其他县（市）城区人口覆盖率达30%～40%；到2005年，在全市建立起适应社会主义市场经济发展和人民健康需求功能较为完善的社区卫生服务体系。

2001年12月6日，市政府印发《关于实施耕地占补平衡制度的通知》。对在土地利用总体规划范围内占有耕地的，明确了开垦主体以及验收主体和开垦费收取程序。

2001年12月25日，市政府印发《关于推动基础教育改革和发展的意见》。提出确立基础教育在社会主义现代化建设中的战略地位，坚持基础教育优先发展。要在全市完善管理体制，健全投入机制，保证基础教育持续健康发展。深化教育教学改革，全面推进素质教育；完善教师教育体系，深化人事制度改革，大力加强中小学教师队伍建设；推进办学体制改革，促进社会力量办学健康发展；加强领导，营造基础教育改革与发展的良好环境。

2002年3月3日，市政府印发《关于企业改制土地资产处置问题的通知》。对企业改制按照不同方式，分别明确了土地使用权变更程序、批准主体等。

2002年3月17日，市政府印发《关于深化中小学人事制度综合改革的意见》。指出要以县为主，依法完善中小学教师和校长管理体制，依法实施教师资格制度，推行全员聘任制，建立优化教职工队伍的新机制，大力推行教师转任交流制度，加强农村学校和薄弱学校的建设与发展。

2002年5月20日，市政府印发《关于加快农业机械化发展的意见》。提出要加快农机结构的调整与优化，促进农机化科技进步与创新，加快农机服务产业化进程，加强农业机械的依法管理。

2002年9月26日，市政府印发《关于创建国家卫生城市的决定》。决定从2002年开始，集中开展创建国家卫生城市活动，到2004年把聊城市建成国家级卫生城市。要加强城市建设与管理，深入开展城区除四害工作，进一步加大饮食及公共场所的卫生管理力度，切实抓好健康教育宣传工作，认真搞好创城工作档案资料的统一规范整理。

2002年10月22日，市政府印发《关于全面推进企业创新工作的意见》。意见要求推进企业技术创新，抢占技术创新制高点，提高企业核心竞争力；推进企业制度创新，增强企业发展活力；推进企业管理创新，全面提高企业素质。

2002年11月25日，市政府印发《关于进一步加强和规范房地产开发管理工作的实施意见》。要求严格房地产开发项目管理，加强和完善房地产开发项目的招投标制度，加强对房地产开发全过程的管理和住宅小区配套设施建设的管理，加强开发企业资质管理。

2003年3月26日，市政府印发《关于建立计划生育投入保障机制的意见》。要求充分认识建立计划生育投入保障机制的重大意义，明确计划生育经费投入的基本原则和要求，建立投入保障机制，确保计划生育经费投入到位，加强监督管理，确保资金的合理使用。

2003 年 5 月 19 日，市政府印发《关于实施户籍管理制度改革工作的暂行意见》。明确实施范围包括各县（市、区）城区、中心镇的建成区和规划建成区。申请人首先向派出所提出申请，派出所受理后，10 个工作日内调查完毕，报县（市、区）公安局审批或审核。县（市、区）公安局接到材料后 5 个工作日内作出决定，报市公安局审核，批准人员办理准迁证只收取工本费。

2003 年 7 月 28 日，市政府印发《关于整顿和规范土地市场秩序有关问题的处理意见》。要求按照国家有关法律法规和国家、省关于整顿和规范土地市场秩序的通知精神，本着“尊重历史、面对现实、实事求是、严肃法纪、集中处理、不留后遗症、有利于经济发展和社会稳定”的原则，进一步规范全市土地市场秩序，依法妥善解决土地遗留问题。

2004 年 1 月 6 日，市政府制定《关于进一步促进企业上市融资工作的意见》。要求充分认识加快企业上市融资工作的重要意义，大力培育上市资源，发起设立股份有限公司，推动上市公司规范运作和规模扩张，提高上市公司质量，积极培育和发展证券中介机构，培养高素质资本运营人才。对以上市为目的的改制企业、拟上市公司，实行政策上的优惠和扶持。加强领导，确保企业上市目标任务的实现。

2004 年 2 月 3 日，市政府印发《关于进一步加快中医药事业发展的意见》。要求深化中医药事业改革，加强中医药机构建设，推进中医药继承与创新，加强农村中医药工作。加快中医药人才队伍建设，强化中医药监督管理，完善发展中医药优惠政策，加强对中医药工作的领导。

2004 年 2 月 6 日，市政府印发《关于鼓励扶持农业产业化发展的决定》。要求在工作中增加财政资金投入，落实税费优惠政策，加强金融信贷服务，提供优质电力服务。鼓励开拓国际市场，加强事业单位转制，鼓励农业部门招商引资。成立市农业产业化工作领导小组，切实加强组织领导。

2004 年 4 月 21 日，市政府制定《关于加强聊城市文物工作的意见》。要求各级政府切实加强对文物工作的领导，增强文物工作的责任感。落实“五纳入”措施，依法做好新时期的文物保护工作，将文物保护纳入经济和社会发展计划、城乡建设规划、财政预算、体制改革、领导责任制。

2004 年 6 月 1 日，市政府印发《关于完善城镇医疗保障体系有关问题的意见》。要求进一步推进基本医疗保险制度改革，提高医疗保障能力，改进和加强医疗保险费的缴纳，增强基金互济能力。建立和完善多层次医疗保障体系，保障各类人员医疗需求，强化医疗管理，保障医疗保险制度健康规范发展。

2004 年 7 月 5 日，市政府制定《关于进一步深化市属国有企业产权制度改革的意见》。要求按照积极推进、保持稳定，有进有退、促进发展，公平公正、国有资产不流失，公开透明、引入竞争等原则，到 2005 年年底，基本完成改制任务，对改制范围和改制形式作出明确规定，对有关政策和工作程序作出具体说明。成立市国有企业改革工作领导小组，实行市直各归口企业改制办公室目标责任制，各部门各司其职，密切配合，共同推进国有企业产权制度改革工作。

2004 年 7 月 23 日，市政府印发《关于建立失地农民基本生活保障制度的意见》。要求充分认识建立失地农民基本生活保障制度的重要性，加快建立失地农民基本生活保障制度，对保障对象、保障形式、保障资金的筹集和管理进行明确规定。大力促进就业，完善相关配套措施，大力促进失地农民就业，改革完善土地征用制度，加快推进撤村建居和“城中村”改造。加强领导，搞好组织协调，各级政府和有关部门明确责任，因地制宜制定具体实施意见。

2005 年 2 月 28 日，市政府制定《关于培育发展工业名牌产品的实施意见》。主要内容：充分认识培育发展名牌产品的重要意义。以对全市经济发展有重大影响的十大优势产业群为重点，在农机、机械及汽车制造业、纺织服装业、食品、医药制造业等 7 个领域，突出抓好 5513 工程企业主导产品创名牌工作。大力开展产品质量活动，提高全民质量意识；明确分工，大力推进争创名牌工作；加强对争创名牌工作的考核；积极推进“诚信聊城”建设，着力解决区域性、行业性的质量问题；充分发挥企业的主体作用，加快争创名牌的步伐；制定名牌扶持政策，推进名牌战略的实施；充分发挥新闻媒体舆论导向作用。

2005 年 8 月 1 日，市政府印发《关于进一步推行政务公开的意见》。明确主要内容和主要形式，制定具体措施。要求进一步改进施政方式，健全政务公开制度，包括建立健全新闻发布制度、建立健全社会公示、听证和专家咨询论证以及邀请人民群众旁听有关会议制度、建立健全重大会议和重要文件主动公开和依申请公开制度。要充分利用市政府现有宣传媒体，扩大政务公开，建立健全监督评议和举报制度以及责任追究制度。

2005 年 8 月 8 日，市政府印发《关于搞好农村通自来水工程建设的意见》。要求搞好规划，合理布局供水点；搞好水源测定，确保供水质量；多渠道筹集资金，加大财政投入，吸引社会资金，管理村集体和群众投资投劳，确保工程建设顺利进行；制定优惠政策，促进农村自来水工程建设；强化工程建设管理、资金监督管理，创新管理体制，合理确定水价，维护企业合法权益，确保工程长期发挥效益。

2005 年 9 月 2 日，市政府制定《关于深化粮食流通体制改革的意见》。主要内容：一是转换企业经营机制，加快推进国有粮食购销企业改革。改革产权制度，转换经营机制，分流富余人员，处理遗留问题，培植粮食产业化龙头企业。二是完善粮食价格形成机制，健全粮食市场体系。进一步完善粮食价格形成机制，加强粮食市场体系建设。三是建立直接补贴机制，调动农民种粮积极性。四是改革粮食收购资金供应办法，完善信贷资金管理措施。五是加强粮食市场管理，维护粮食正常流通秩序。完善市场准入制度，加强粮食市场监督管理。六是增强政府宏观调控能力，确保粮食安全。稳定提高粮食综合生产能力，建立完善地方储备粮食制度和调控机制，完善储备粮购销及价格管理，加快地方储备粮管理立法进程，建立粮食安全监测预警机制。七是切实加强领导，确保粮食流通体制改革顺利进行。落实粮食工作行政首长负责制，加强粮食行政管理机构建设，落实部门责任。

2005 年 10 月 31 日，市政府印发《关于印发〈聊城市国土资源管理体制改革实施意见〉的通知》。要求理顺市以下国土资源管理体制，完善土地利用总体规划编制和审批管理体制，强化各级政府及其国土资源部门的执法监察职能，规范程序，推动国土资源体制改革工作。

2005 年 12 月 1 日，市政府制定《关于加强行政行为考核激励公务员干事创业的意见》。要求完善考核机制，强化考核措施。健全平时考核制度，建立举报投诉制度，完善群众评议制度。加大考核结果使用力度，形成奖优罚劣的激励机制。各级各部门高度重视，加强对公务员行政行为考核工作的组织领导。

2006 年 4 月 19 日，市政府印发《关于印发〈聊城市中长期科学和技术发展规划纲要（2006—2020 年）〉的通知》。规划介绍了科学技术发展的形式和现状，提出指导方针和发展目标，在新材料技术领域、电子信息技术领域、光机电一体化技术领域等 7 个重点领域明确了发展方向，即优化科技创新环境；完善多元化科技投融体系；深化科技体制改革，加强和完善科技创新体系；推进科技对外开放与合作；加强科技人才队伍建设；实施知识产权战略，加强知识产权的创造与保护；加强科普工作，提高全民科学素质。

2006 年 9 月 14 日，市政府印发《关于发展城市社区卫生服务的实施意见》。明确城市社区卫生发展的指导思想、原则和目标任务，大力推进城市社区卫生服务体系建设，提高城市社区卫生服务质量和水平，完善发展城市社区卫生服务的政策措施，加强对城市社区卫生工作的组织领导。

2006年11月13日，市政府印发《关于农村义务教育经费保障机构改革的实施意见》。明确农村义务教育经费保障机制改革的主要内容包括：全部免除农村义务教育阶段学生杂费；提高农村义务教育阶段中小学公用经费保障水平；继续对农村贫困家庭学生免费提供教科书并补助寄宿生生活费；建立农村义务教育阶段中小学校舍维修改造长效机制；巩固和完善农村中小学教师工资保障机制；做好城市低保家庭义务教育阶段学生“两免一补”工作。从2007年春季开学起，在全市范围内实施农村义务教育经费保障机制改革。2008年以后，将根据国家统一部署推进改革，逐步提高农村义务教育经费保障水平。

2007年5月22日，市政府制定《关于进一步加强和改进城市社区工作的意见》。提出社区工作的指导思想、基本原则和总体目标，要求加强社区组织、队伍和基础设施建设。

2007年11月21日，市政府印发《关于实施质量兴市战略的意见》。要求充分认识实施质量兴市战略的重大意义，明确主要任务和目标。实施名牌战略、推进企业标准化、加强质量认证工作、强化计量工作、加快质量法制建设、加大食品质量安全监管力度、加强特种设备安全监管、着力抓好工程质量建设、大力提升服务质量。

2008年5月9日，市政府制定《关于印发〈聊城市城镇居民基本医疗保险实施方案〉的通知》。方案明确了实施时间和范围。提出坚持全面覆盖、重点保障，以收定支、略有结余，协同推进、配套实施等三条基本原则。对基金筹集标准、收缴方式和时限要求作出明确规定，对基本医疗保险待遇、医疗服务管理、医疗缴费年限及连续缴费、基金管理和监督等内容进行详细的阐述和说明。

2008年6月29日，市政府印发《关于完善政府投融资管理体制的意见》。意见提出立足实际、改革创新，完善机制、规范运行，优化配置、提高效率，统借统还、风险控制等四项原则。健全政府投融资管理机构设置，成立聊城市政府投融资工作领导小组，完善聊城市政府投融资管理中心职能，完善政府投融资管理制度体系。

2008年11月3日，市政府制定《关于大力推进人民防空事业改革发展若干问题的意见》。要求健全人民防空领导管理体制，推进信息化条件下人民防空整体能力建设，加快实施“两防一体”和“两建同步”，加强人民防空工程建设管理，全面贯彻落实人民防空法律、法规和政策。

2008年12月24日，市政府印发《关于实施标准化战略的意见》，明确实施标准化战略的指导思想和基本原则。提出2008—2012年的总体目标和工作任务，并在加工制造业标准化、农业标准化、服务标准化、循环经济标准化、信息标准化、人才队伍建设等方面提出具体工作目标。

2009年2月6日，市政府印发《关于畜牧兽医管理体制改革的意见》。要求建立健全畜牧兽医行政管理机构、行政执法机构、技术支持机构，加强乡（镇）动物防疫机构建设，完善畜牧兽医工作的公共财政保障机制。

2009年5月22日，市政府发布《聊城市扩大内需投资项目管理办法》，办法共21条，对扩大内需投资项目的领导协调、部门分工、项目建设、监督检查、责任追究等作出明确规定。

2009年6月14日，市政府发布《聊城市市级政府债务管理暂行办法》。办法共6章24条，对债务的举借、资金的使用管理、偿还、监督等作出明确规定。

2009年9月9日，市政府印发《支持市属工业企业加快发展的政策措施》。提出建立企业经营者奖励机制，支持企业加强项目建设，鼓励企业技术创新，支持企业多渠道融资，优化企业发展环境。

2009年9月15日，市政府发布《聊城市中小企业贷款及贷款担保风险补偿暂行办法》。办法共5章13条，对风险补偿金的来源、补偿标准和补偿程序、管理与监督作出明确规定，公布了聊城市中小企业贷款及贷款风险补偿金审核委员会成员名单。

2010年2月26日，市政府印发《关于实施“产业提升工程”的意见》。目标任务是实现产业规模、产业投资、产业结构、产业招商和产业集聚等方面的提升；以有色金属及深加工产业、运输设备及零部件产业、食品产业、化工产业、黑色金属加工产业、造纸产业、新能源和节能环保产业、商贸物流产业、文化旅游产业和基础产业为发展重点；狠抓重点项目建设、项目资金争取、招商引资、金融信贷和产业集聚。

2010年2月20日，市政府印发《关于加快高新技术产业发展的意见》。要求全市进一步增强加快高新技术产业发展的紧迫感，明确高新技术产业发展的目标任务。

2010年3月2日，市政府制定《聊城市市长质量奖管理办法》。办法共8章38条，对获奖组织和个人的范围、奖项设定和奖励条件、组织管理、评审程序、奖励及经费、获奖组织和个人的权利与义务、监督管理等作出具体规定。

2010年8月11日，市政府印发《扶持和促进中医药事业发展的意见》。意见共8个部分，对建立健全中医药服务体系，提升中医药服务能力，加强中医药人才队伍建设，推进中医药继承和创新提出全面要求。

2010年9月20日，市政府制定《聊城市农村公共供水管理办法》。办法共7章61条，对农村公共供水的范围、规划与建设、供水管理、用水管理、供水安全管理、法律责任等作出明确规定。

2010年11月8日，市政府印发《关于加强基本农田保护工作的意见》。要求做好基本农田的划定工作，落实基本农田保护措施。

2010年12月8日，市政府印发《关于实行城镇居民基本医疗保险市级统筹的实施意见》。明确自2011年1月1日起，城镇居民基本医疗保险实行市级统筹管理，实行“统一政策、分级管理，统一预算、分级核算，统一调剂、分级平衡，统一考核、分级负责”的模式，主要采取统一参保范围与时间、统一筹资标准与医疗待遇、统一经办流程和服务网络、统一规范医疗服务管理、统一市内就医结算、统一基金管理与使用等措施。

2010年12月28日，市政府制定《聊城市公共租赁住房管理办法》。办法共7章42条，对公共租赁住房的规划和建设、资金筹措及使用、供应对象和申请考核、租赁管理、法律责任等作出具体规定。

2011年3月21日，市政府制定《聊城市重点建设项目管理办法》。办法共6章19条，对重点项目的申报与确定、管理、保证、考核与奖惩等作出明确规定。

2011年5月18日，市政府印发《关于加快全市民营经济发展的意见》。要求放宽民营经济发展限制，鼓励民营企业科技创新和品牌创建，加大对民营经济的支持力度，提高民营经济竞争力，优化民营经济发展环境。

2011年5月18日，市政府印发《关于加快实施走出去战略建设海外聊城的意见》。要求加快推进境外资源合作开发，发展境外营销网络，建设聊城市境外工业园区，推动优势产能向境外转移。扩大对外承包工程队伍，建设对外劳务合作服务平台，提升对外劳务合作水平。

2012年2月14日，市政府批转市农业委员会等部门《关于提升粮食生产能力确保实现连续十年增产的意见》。意见明确了指导思想和任务目标，要求加强农业基础设施建设，调整优化种植结构，稳定粮食播种面积，提高粮食单产水平，确保粮食增产。

2013年4月9日，市政府印发《关于加快推进示范镇建设和发展的意见》。意见明确了示范镇建设的总体目标和具体目标。

2013年8月28日，市政府印发《关于进一步深化市以下财政体制改革的意见》。要求完善税收征管体制、加强财政收支管理、合理划分收入分享范围、合理确定收入基数、建立税收增量分享机制、建立税收增长激励机制。

2013年11月21日，市政府印发《关于建设聊城绿色农产品之都的意见》。要求增强推进绿色农产品产业持续健康发展的重要性和紧迫性的认识，明确思路，把区域农产品资源优势转化为品牌优势，推动农产品品牌上新台阶。

2014年2月17日，市政府印发《关于促进现代渔业持续健康发展的实施意见》。要求加快构建现代渔业产业体系，加强渔业资源管理和环境保护，完善现代渔业支撑服务体系，创新现代渔业发展体制机制，强化现代渔业发展的保障措施。

2014年2月19日，市政府印发《关于大力推进聊城市绿色建筑行动的实施意见》。要求充分认识开展绿色建筑行动的重要意义，明确指导思想、基本原则和总体目标，深入推进新建建筑节能，扎实推进既有建筑节能改造，实施供热计量改革，加强公共建筑节能管理，加快可再生能源建筑规模化应用，大力发展绿色建材，努力推动建筑节水，推动建筑工业化和住宅产业化，推进建筑废弃物资源化利用。

2014年10月16日，市政府印发《关于进一步改进政府投资项目管理的意见》。要求建立完善的决策程序，进一步加强市级政府投资项目概算预算管理，加强政府投资项目中长期规划和年度计划管理，进一步理顺项目建设管理体制，加强政府投资项目的投资概算控制，大力推进市场化运作，严格落实项目法人责任制，强化政府投资项目的竣工验收和后评价，建立政府投资责任追究制度。

2015年4月2日，市政府印发《关于运用政府引导基金促进股权投资加快发展的意见》。要求多渠道加大政府引导基金投入，完善管理运行机制，规范引导基金投资运作，促进股权投资基金发展。发挥引导基金带动作用，促进投资基金聚焦全市经济发展的重点领域。

2015年5月4日，市政府印发《关于聊城市建设国家节能减排财政政策综合示范城市的实施意见》。要求促进发展与节能减排相结合，政府调控与市场调节相结合，技术创新与管理创新相结合，整体推进与重点突破相结合。总体目标是要在“十二五”年均节能减排目标的基础上，超额完成目标任务的25%，2016年、2017年年均超额完成目标任务的23%，到2020年，把聊城建设成为经济发展、人民富裕、环境优美、“宜居宜业宜游”的生态城市。具体目标分全市万元GDP能耗目标和主要污染物排放量目标。工作重点是实施产业低碳化工程，下大力推进经济结构转型升级；实施交通清洁化工程，下大力优化综合交通运输体系；实施建筑绿色化工程，下大力提升建筑节能水平；实施服务业集约化工程，下大力推动服务业提质增效；实施主要污染物减量化工程，下大力治理水气污染；实施可再生能源和新能源利用规模化工程，下大力发展和推广清洁新能源。推进措施：切实加强组织领导，严格责任追究，实行重点项目示范，完善政策标准体系，强化资金统筹监管，鼓励体制机制创新，大力做好宣传引导。

2015年5月28日，市政府印发《关于整建制创建农产品质量安全市的意见》。提出切实加强农产品质量安全监管体系建设，全面落实地方政府属地管理责任，严格落实农产品生产经营主体责任，大力推行农业标准化生产，切实加大农业投入品监管力度，全面有效开展农产品质量安全检测，严厉打击农产品质量安全违法违规行为，建立完善农产品质量安全监管追溯平台。

2015年6月19日，市政府印发《关于建立健全临时救助制度的实施意见》。要求充分认识建立健全临时救助制度的重要意义，明确临时救助制度建设的总体目标，准确把握临时救助制度主要内容，积极开展并有效推进救急难工作，强化临时救助制度实施的保障措施。

2015年7月21日，市政府印发《关于创建交通安全管理样板市的实施意见》。要求强化交通安全管理组织保障，进一步深化实施“生命防护”工程，加强车辆和驾驶人源头管理，加大道路交通安全执法力度，强化交通安全宣传教育，加大交通事故责任追究力度。

2015年11月18日，市政府印发《关于促进慈善事业健康发展的意见》。要求健全完善运行管理机制，大力推动慈善组织快速发展；大力倡导慈善捐赠行为，充分激发全民参与慈善热情；有序规范慈善救助活动，不断扩大慈善事业的社会影响力和感召力。

第二节 施政政绩

一、1997年1月至1998年3月

1998年3月，撤地设市后的聊城市召开第十三届人民代表大会第一次会议，会议总结了1997年全区建设成就。

农村经济稳步发展，结构调整步伐加快 1997年，全区农业总产值达140亿元，农民人均纯收入达1851元。粮食总产33.18亿千克，其中夏粮总产19.5亿千克，创历史最高水平。棉花总产2.81万吨；油料总产23.65万吨；蔬菜总产393.8万吨；水果总产33.15万吨；肉类总产23.22万吨；水产品总产3.41万吨。以水利为重点的农业基础设施建设明显加强，1997年新打机井1万眼，机井保有量达9万眼，平均107亩地1眼井，有效灌溉面积723万亩，占总耕地面积的86.1%。农业机械化水平进一步提高，农用机械总动力493.95万千瓦。

工业经济保持速度与效益的同步较快增长 1997年，全区完成工业增加值1079亿元，其中乡及乡以上工业完成增加值55.65亿元，国有工业完成增加值32.51亿元，集体工业完成增加值22.41亿元，全部大中型工业企业完成增加值31.88亿元。全区利税过千万元的工业企业36家，高唐时风集团、双力集团、鲁西化工集团、东胶集团、阳谷凤祥集团、高唐造纸厂等18家重点企业集团销售收入、利税、利润分别占乡及乡以上工业的38.6%、47.9%和60.5%。企业兼并联合和资本运营取得了较大进展，上市、上柜和实行股份制改造企业直接融资5亿元。企业改革取得新进展，进行股份制改革的企业累计484家，建立现代企业制度试点企业12家，组建企业集团58家。交通运输和邮电通讯业全面增长。完成公路客运量1088万人，客运周转量94533万人千米，完成公路货运量704万吨；公路货运周转量111767万吨千米，全区公路通车里程4671.1千米，其中高速公路47.9千米，各乡镇办事处全部通了柏油路。邮电通信事业快速发展。全年完成邮电业务总量24128.14万元，邮电业务收入24067万元。资源节约和综合利用工作得到加强。节约用水、农村能源、再生资源回收利用和节能技术推广等方面都取得较好成绩。

固定资产投资保持较快增长，重点建设得到进一步加强 1997年，全社会完成固定资产投资55亿元，基本建设完成投资18.73亿元，更新改造完成投资7.57亿元。房地产开发开发保持了较快的增长速度，全年房地产完成投资1.47亿元。以“兴聊十大工程”为主的重点项目建设取得重大进展。京九铁路1996年全线正式通车运营，济聊馆高速公路聊城段建成通车。

利用外资稳步增长，外贸出口步伐加快 1997年，全区实际利用外资3580万美元，利用外资结构趋于优化，其中用于生产性项目的比重占91.5%；利用外资形式多样化，在盘活国有资产方面有所突破。自营出口队伍不断壮大，全区享有自营进出口权的各类各级企业24家，投产开业的“三资”企业80家，骨干企业出口创汇增长较快，自营出口完成4807万美元。

财政收支稳定增长，金融运行态势平稳 1997年，全区地方财政收入8.5亿元，一批有竞争力，规模效益好的骨干企业集团，如高唐时风集团等盈利户，对财政收入的支撑作用明显，成为财政收入的主要增长点。1997年，全区地方可用财力达14.4亿元，财政支出14.3亿元。金融机构各项存款余额177.4亿元；各项贷款余额164亿元。

市场物价继续走低，消费品市场保持平稳增长 1997年，全区实现社会消费品零售总额39亿元，物价涨幅进一步回落。城乡市场繁荣，农村市场商品充足，但新的消费热点还未形成。个体、私营经济成分的零售企业发展较快，流通企业通过改制，经营状况有所好转。市场培育和发展成效显著，到1997年年底，全区各类市场403处，年交易额近亿元的11处，城乡集市贸

易成交额实现69.55亿元。

认真实施科教兴聊和可持续发展战略，社会事业有了新的发展　各级围绕推动产业技术进步，加大新产品开发力度，努力培植以高新技术项目为主的经济增长点。1997年，取得科技成果29项，实施专利468项。东阿阿胶EPO项目、聊城神盾电子项目建设顺利。教育事业快速发展，教育质量和办学效益进一步提高。全区小学适龄儿童入学率99.65%，初中阶段入学率94.9%，基本普及了九年义务教育，全区中等职业技术学校招生14000人。社会保障制度改革步伐加快，初步建立了多层次的养老保险制度，养老保险的覆盖范围扩大，全区城镇企业职工养老保险统筹覆盖率90%，失业保险统筹覆盖率96%。再就业工程全面实施，就业和再就业渠道进一步拓宽。通过建立和完善再就业基金，严格控制“农转非”人口和积极整顿全区地方城镇居民户口，就业领域的宏观调控继续加强。土地管理和环境保护工作进版等各项事业健康发展，精神文明建设继续加强。

二、1998年3月至2003年2月

1998年3月，市第十三届人大第一次会议选举产生新一届市政府领导机构，任期至2003年2月。此届政府5年任期间，坚持以邓小平理论和“三个代表”重要思想为指导，解放思想，与时俱进，抢抓机遇，加快发展，全市改革开放和现代化建设迈出了新的步伐，取得了巨大成就。

综合经济实力迈上新台阶　五年来，完成了“九五”计划和“十五”计划前两年的任务，国民经济保持持续快速发展，主要经济指标增幅高于全省平均水平，许多方面实现了历史性突破。全市国内生产总值由1997年的217.7亿元增加到2002年的375.5亿元，按可比口径年均增长12.2%，其中一、二、三次产业年均分别增长5%、15.3%和15.4%；人均国内生产总值6712元。地方财政收入由8.5亿元增加到16.7亿元，年均增长20.1%；财政支出由14.5亿元增加到29.4亿元，年均增长15.2%。各类存款、贷款余额由177.4亿元和166.8亿元增加到388亿元和272.6亿元，分别净增160.5亿元和105.7亿元。五年累计完成固定资产投资438.7亿元，年均增长20.8%。

经济结构调整取得重大进展　五年来，把结构调整作为主线，不断调整优化第一产业，加快发展二、三产业，全市三次产业的比例由1997年的37.9∶41.2∶20.9调整为2002年的25.6∶46.1∶28.3。农业产业结构调整迈出重大步伐，粮经作物种植比例由1997年的6.2∶3.8调整为5.2∶4.8，粮食总产量稳定在30亿千克以上，优质高效经济作物已形成主导产业，林牧渔业比重提高，农业产业化、市场化进程加快。工业经济保持高速增长，主要指标增长幅度位居全省前列，一批优势骨干企业已经形成。2002年，全市规模以上工业实现增加值106.2亿元、销售收入351.9亿元、利税35.2亿元、利润21.1亿元，分别比1997年增长2.1倍、1.4倍、1.8倍和2.2倍；全市有53家企业实现利税超千万元，其中9家企业过亿元。商贸流通业发展步伐加快，旅游业、房地产业已成为新的增长点，全市社会消费品零售总额64.1亿元，比1997年增长63.3%。民营经济发展实现重大突破，提供税收占地方财政收入的比重由1997年的10.4%提高到29.6%，在增加财力、扩大城乡就业方面发挥了重要作用。

各项改革不断深化　推进各项改革，社会主义市场经济体制基本框架初步建立。国有经济布局调整有新的进展，国企改革与脱困“三年两个目标”如期实现，多数国有大中型企业初步建立现代企业制度。企业重组和资本运营成效显著，全市有3家企业成为上市公司，直接融资12.6亿元。国有资产管理体制改革快速推进，新型国有资产管理、运营和监督体制框架初步形成。城市资产经营迈出新步伐，公益事业投资多元化实现重大突破。农村产权制度改革走在全省前列，农村税费改革取得重要阶段性成果，农村新型合作经济组织发展加快。财税、金融、外贸、价格、流通、住房等项改革稳步推进。整顿

和规范市场经济秩序取得显著成效。政府机构改革顺利完成，政府职能进一步转变，行政效率明显提高。

对外开放实现重大突破　实施外向带动战略，对外开放的新格局基本形成。2002 年，全市合同利用外资首次突破 1 亿美元，比 1997 年增长 68%，实际利用外资 6004 万美元，比 1997 年增长 67.7%，五年累计利用外资 1.55 亿美元；进出口总值 1.95 亿美元，比 1997 年增长 40.3%，其中出口创汇 1.4 亿美元，比 1997 年增长 2.5 倍。聊城经济开发区建设步伐加快，进区项目 262 个，累计引进国内资金 41.4 亿元。县（市、区）相继成立工业园区，初步构筑起招商引资的平台。对外经济技术交流与合作不断扩大，工程承包、技术合作等都有新的发展。2001 年以来，实施“大开放、大招商，促进大发展”战略，仅一年多的时间，全市引进国内外投资项目 1480 个，实际到位资金 75.3 亿元，培植了一批新的经济增长点。

城乡面貌发生巨大变化　五年来，抓住国家实施积极财政政策和稳健货币政策的有利时机，抓住省委、省政府向西部倾斜的大好机遇，加大投资力度，重点加强交通、水利、通信、电力、城市基础设施和工业项目建设。先后完成邯济铁路、济聊馆高速公路、农村电网改造、彭楼引黄入鲁、中华电力聊城发电厂一号机组等一批基础设施项目和重点工业项目。五年间，全市新建、改建公路 719.4 千米，新增程控电话交换机 71.1 万门，新增城镇日供水能力 18.2 万吨，新增农业有效灌溉面积 23 万亩，基础设施得到了明显改善。五年来，我们大力实施城市化战略，确立了建设卓越秀美江北水城的战略定位，城市建设步伐明显加快，城市化水平由 1997 年的 16.5% 提高到 28.1%。五年间，全市城市开发建设累计投资 57.2 亿元，其中聊城城区 31.4 亿元，开发建设了东昌湖、古运河、徒骇河等一批亮点工程，新增城市绿地面积 372 公顷，新增城市道路 366.7 万平方米，聊城城区实现了集中供热、供天然气、建成了污水处理厂和东阿引供水工程，完成旧城改造拆迁面积 334.5 万平方米，新增住宅建筑面积 276 万平方米，城市面貌发生了重大变化。县市城区和小城镇建设步伐加快，农村基本实现了通路、通电和通电话，部分农村居民饮水困难问题得到解决，乡村面貌发生了很大变化。

各项社会事业全面发展　五年来，实施科教兴聊战略，突出抓科技、教育的发展，与高等院校和科研院所合作迈出实质性步伐。全市五年累计取得重大科技成果 248 项，建成高科技农业园（区）120 个，培植高新技术企业 13 家，新增国家和省级技术开发中心 7 个，有 500 多家企业与高等院校和科研院所建立了稳固的合作

2003 年，聊城大学南扩后建成的实验楼

关系。各级各类教育加快发展，提前完成“普九”任务，顺利实现“两基”目标，全市累计有17.5万名初高中毕业生升入大中专院校；农村义务教育管理体制改革成效明显，中小学布局调整、危房改造全面完成；职业教育、成人教育、民办教育进一步发展，建成了聊城职业技术学院，聊城师范学院发展成为综合性的聊城大学。狠抓三项基本国策的落实，计划生育实现了低生育水平，滥占耕地的现象得到遏制，重点污染源治理得到强化。

精神文明和民主法制建设得到加强　认真学习邓小平理论和“三个代表”重要思想，积极开展向孔繁森学习活动和多种形式的精神文明创建活动，深入开展农村“三个代表”教育，人们的思想道德素质和文明程度不断提高。大力开展崇尚科学、反对迷信的教育，严厉打击邪教组织。坚持依法治市、依法行政，普法教育扎实推进，村民自治制度全面推行。全民国防教育和双拥共建工作成效显著，被评为全省双拥模范城。加强廉政建设，深入开展反腐败斗争，查处了一批大案要案。加强社会治安综合治理，严厉打击各种犯罪活动，保持了政治安定和社会稳定。

人民生活基本上达到小康水平　五年来，城乡居民收入有较大增长，物质生活不断改善。2002年，全市城镇居民人均可支配收入6210元，农民人均纯收入2503元，分别比1997年增长55.8%和35.2%；城乡居民储蓄存款余额249.9亿元，比1997年增加107.8亿元，人均储蓄4451元。城镇居民和农民人均居住面积分别增加了2.92平方米和3.26平方米。汽车开始进入家庭，电话普及率达到每百人21.84部，人均预期寿命73岁。社会保障体系初步形成，“三条保障线”制度逐步完善，“两个确保”达到100%。认真做好就业和再就业工作，五年内安置12.2万名城镇劳动力就业，5.24万名下岗职工实现再就业，城镇登记失业率控制在4%以内，再就业率41%。大力实施劳务输出战略，全市在外务工人员55万人。积极开展扶贫开发，贫困县乡实现了整体脱贫。

三、2003年2月至2008年1月

2003年2月，市第十四届人大第一次会议选举产生新一届市政府领导机构，任期至2008年1月。此届政府5年任期间，坚持以邓小平理论和“三个代表”重要思想为指导，深入贯彻科学发展观，解放思想、抢抓机遇、团结实干、奋力开拓，顺利完成“十五”计划和“十一五”规划前两年任务，全市改革开放和现代化建设取得新的巨大成就。

认真贯彻国家宏观调控政策　坚持以科学发展观统领全局，坚决贯彻落实中央和省委、省政府一系列决策部署，努力推动发展方式转变。严格落实党的各项支农惠农政策，粮食总产连续4年创历史最高水平，先后登上40亿千克、45亿千克两个大的台阶。着力优化投资结构，加大对重点领域的有效投入，五年完成全社会固定资产投资1600亿元。加快创新型城市建设步伐，建成国家级工程技术研究中心1家，国家级技术中心3家，争取国家“863”计划相关项目10项。高度重视并切实抓好节能减排工作，2007年主要污染物化学需氧量、二氧化硫排放量分别比2005年降低1.61%和1.69%，单位生产总值能耗、规模以上工业万元增加值能耗有望完成目标任务。

着力调整优化经济结构　按照“一产调优、二产调强、三产做大”的思路，坚持不懈地推进经济结构战略性调整，预计全市三次产业比例调整为15.6∶59.2∶25.2，二、三产业比重提高11个百分点。大力发展高效农业，林牧渔业产值占农业总产值的比重提高4.5个百分点，省级以上农业产业龙头企业17家，标准化农产品生产基地面积243.7万亩。大力实施十大百亿产业（到2010年将有色金属、农业装备、造纸、食品、电力、汽车、纺织、化工、医药、电子信息等十大产业打造成为年销售收入达到或超过100亿元的大产业）和“5513”工程，工业化进程明显加快，预计规模以上工业企业个数是2002年的3.7倍、增加值3.4倍、主营业务收入5.8倍、利税5.7倍、利润6.4倍；高新技术产业产值所

占比重达 22.76%，提高 9.96 个百分点；新增中国名牌 10 个、中国驰名商标 7 个。大力发展旅游、商贸流通等产业，2007 年服务业增加值比 2002 年增加 152 亿元。

大力推进改革开放 国有资产管理体制改革和国有企业改革取得新进展，东阿阿胶、银河纸业等成功实现产权并购，三家上市公司成功实现股权分置改革。市级国库集中支付制度改革全面推进，国有粮食购销企业改革全面完成。农村综合改革扎实推进。城市管理执法体制改革迈出实质性步伐。非公有制经济快速发展，增加值占 GDP 的比重达 50%。努力深化改革、扩大开放，五年累计引进项目到位资金579亿元。信发铝电、祥光铜业、天沐温泉等一大批项目建成投产。对外合作交流不断扩大，缔结国际友好城市 4 个，累计利用外资 5.34 亿美元，2007 年进出口总额 16.5 亿美元，其中出口 9.5 亿美元，是 2002 年的 6.8 倍。

全面加强城市和新农村建设 以打造卓越秀美的江北水城为目标，加强城市规划建设管理，城市形象和知名度大幅度提升。新一轮城市总体规划编修工作全面完成，控制性详规覆盖率达 100%。城市开发建设累计投资 183 亿元，其中聊城城区 90 亿元，建设了水城明珠大剧场、中国聊城运河文化博物馆等一批精品工程，新增城市绿地面积 478 公顷，新增城市道路 498 万平方米。积极开展“五城同创”，成功创建中国优秀旅游城市、国家卫生城和省级园林城市，创建

2008 年，阳谷县人民医院新貌

国家环保模范城通过了国家技术核查，创建省级文明城市取得重要进展。城镇化率由 2002 年的 26.1% 提高到 39.5%。县市城区和小城镇建设取得重大进展，基本实现了村村通油路、村村通客车，自来水普及率达 83%，通有线电视的行政村达 54%，沼气用户达 2.83 万户，实现了城乡电网同网同价。基本建成了全市“半小时经济圈”。

积极推进和谐社会建设 努力拓宽就业渠道，五年累计新增城镇就业再就业 26.3 万人，登记失业率控制在 4% 以下。劳务输出 118 万人。健全社会保障体系，养老保险金、失业救济金发放率均为 100%；城市低保实现了应保尽保，标准逐年提高；农村低保制度初步建立。建立五保财政供养制度，新建改建农村中心敬老院 40 家，50% 的农村五保对象实现集中供养。加大了对欠发达县、经济弱乡镇和莘县马西地区的帮扶力度。大力发展教育事业，建立了“以县为主”的义务教育管理体制和农村义务教育经费保障机制，新建改建高标准中小学校舍 100 余万平方米，全市累计有 19.7 万名毕业生升入大中专院校。高等教育快速发展，职业、成人和民办教育水平进一步提高。重视发展卫生事业，抗击“非典”取得重大胜利，公共卫生“两个体系”和动物疫病防控体系基本建成，新建改建乡镇卫生院 108 所，379 万名农民参加合作医疗，参合率达到 92.2%。低生育水平持续稳定，人口自然增长率平均为 4.92‰。积极发展文化事业，新编历史剧《大明贤后》获第十届中国戏剧节三项大奖。举办了 5 届江北水城文化旅游节、4 届水城之秋观光周和第一届市运会。扎实推进平安聊城建设，切实抓好安全生产，加强社会治安综合治理，保持了社会和谐稳定。国防动员、人民防空、民兵预备役工作取得新成绩，连续两次被评为“全国双拥模范城”。

四、2008 年 1 月至 2012 年 2 月

2008 年 1 月，市第十五届人大第一次会议选举产生新一届市政府领导机构，任期至 2012 年 2 月。此届政府 4 年任期间，坚持以邓小平理论和“三个代表”重要思想为指导，深入贯彻科

学发展观，认真执行中央、省委省政府的各项决策部署，紧紧围绕加快建设生态型强市名城实现新跨越的奋斗目标，抢抓机遇、攻坚克难、奋力开拓，胜利完成了“十一五”规划任务目标，实现了“十二五”良好开局，全市经济建设、政治建设、文化建设、社会建设和生态文明建设都取得新的重大成就。

综合经济实力迈上新台阶　四年来，国际国内形势跌宕起伏、复杂多变，特别是国际金融危机对聊城市经济社会发展造成严重冲击。面对复杂形势和重大风险挑战，坚持化危为机、弯道超越，紧紧扭住科学发展、跨越发展不放松，组织开展了“落实年”“项目突破年”“继续提升年”活动，全市经济保持平稳较快发展，主要经济指标增长幅度均高于全省平均水平。2011 年，全市生产总值 1905.2 亿元，是 2007 年的 1.6 倍，年平均增长 12.9%，高于全省平均水平 1.1 个百分点，人均生产总值迈上 3 万元台阶；地方财政收入 96.6 亿元，是 2007 年的 2.3 倍，年均增长 22.9%，高于全省平均水平 3 个百分点；社会消费品零售总额 630 亿元，是 2007 年的 1.95 倍；本外币存贷款余额分别达到 1366.6 亿元、1110.7 亿元，是 2007 年的 2 倍和 1.9 倍。各县（市、区）竞相发展，茌平跨入全国百强县行列。

基础设施和发展后劲取得新突破　坚持把抓投入、抓项目作为保增长、转方式、调结构的关键，千方百计加大优质高效投入，坚定不移地上大项目、上好项目。金融危机期间，坚决贯彻中央宏观调控政策，抢抓国家实施刺激经济增长一揽子计划等机遇，开展“项目突破年”活动，实施“产业提升工程”，项目、土地和资金争取工作一举扭转了以往被动局面，四年来均达到全省平均数以上。坚持每年抓好 100 个重点项目，累计完成投资 1395.5 亿元，信发集团化工配套及赤泥处理、祥光铜业 40 万吨阴极铜、鲁西化工精细化工、中色奥博特 20 万吨铜合金板带、时风集团 20 万辆电动汽车、中冶银河 20 万吨高档文化用纸、泉林纸业 80 万吨有机肥等一批大项目陆续建成、发挥效益。交通、能源等基础设施建设取得重大突破，中华电力 2×60 千瓦机组建成投产，京九铁路聊城段电气化改造、聊城火车站改造全面完成，高临高速公路主线完工，邯济铁路扩能改造、德商高速、济聊一级公路、聊城国家公路运输枢纽正在建设，四年新建改建干线公路 318 千米，市区与各县（市）之间实现由一级以上公路连接。

各产业发展开创新局面　坚持把保增长与转方式、调结构相结合，努力培植产业发展新优势。一是推进农业产业调整振兴。坚持三农稳市，在全省率先提出实施了《农业产业调整振兴计划》。粮食生产实现“九连增”，总产连续登上 35 亿千克、40 亿千克、45 亿千克、50 亿千克四个台阶，2011 年达 53.75 亿千克，用不到全国 1‰的土地，生产了全国 1%、全省 1/8 的粮食，为国家粮食安全做出了突出贡献；蔬菜和食用菌、畜牧和水产、林果生产及加工产值分别达 150 亿元、140 亿元和 160 亿元，全市农业综合生产能力迈上一个大的台阶。省级以上农业龙头企业达 34 家，农业专业合作社 4151 家，分别是 2007 年的 2 倍和 45 倍；三品认证品种 266 个，基地面积 315.6 万亩，分别是 2007 年的 2.6 倍和 1.3 倍。四大灌区续建配套和节水改造、南水北调聊城段、全国小农水重点县建设、中小河流治理扎实推进，新打、恢复机井 2.8 万眼，旱涝保收面积占到总耕地面积的 78%。农业机械化水平达 78.5%，初步把农民从繁重的体力劳动中解放出来。二是推进工业做大做强。坚持工业强市，制定并实施了十大产业调整振兴规划，大力推进“4455 工程”。四大“千亿产业园区”发展框架全面拉开，聊城市被国家有关部门命名为“中国有色金属新城”，被省政府认定为“新能源汽车示范基地”；新口径高新技术产业产值占规模以上工业比重达 14.9%；民营经济占生产总值比重达 51.5%；主营业务收入过百亿元的企业达 6 家。四年来，连续 3 年获得省长质量奖，为全省连续获奖的两个市之一；规模以上工业主营业务收入突破 5000 亿元大关，由 2007 年的全省第十二位一举跃居第七位。三是推进服务业跨越发展。坚持三产兴市，加快商贸物流、文化旅游、金融保险和房地产业发展，狠抓重点项目建设，推进企业非核心业务剥离。2011年，全市国家AAAA级旅游景区达4个，旅游总收入达64.3亿元，四年年均增长23%；服务业占生产总值比重达30.2%，比2007年提高4.3个百分点。四是推进科技创新和节能减排。新增国家重点实验室、工程技术研究中心和企业技术中心7家，获省级科技进步一等奖6项，被认定为有色金属材料及制品国家火炬计划特色产业基地、国家知识产权试点城市，成功创建国家级高新技术创业服务中心。同高校院所合作进一步加强，西安交大聊城科技园正在建设，快速制造中心在聊城设立了示范中心。大力实施人才强市战略，建成博士后流动工作站8个。生态文明市建设迈出重大步伐，节能和减排在全省的位次由2007年的十六位分别提高到第六位和第四位，代表山东省首次参加全国海河流域水污染防治综合考核并取得第一名，在环保部采用新标准后第一个成功创建国家环保模范城市。

城乡面貌展现新气象　坚持以加快新型城镇化进程为目标，进一步加大城乡建设力度，城镇化水平提高了6.5个百分点，比全省同期快2.5个百分点。制订《全市土地利用总体规划》《城市空间战略规划研究》《城市建筑高度分区规划》等专项规划和一批重点项目控制性详规。坚持“城建靓市”，四年累计完成城市建设开发投资739亿元，其中2011年达214亿元，是2007年的5倍。按照“江北水城·运河古都”的城市定位，加强中心城区建设，新建改建城区道路28条，建成区面积由59.9平方千米增加到68.1平方千米，城区人口由51万人增加到62万人；新增集中供热面积315万平方米、管道燃气居民用户5.6万户，有线数字高清电视在全国地级市中率先实现城区全覆盖；中华水上古城独特风貌已具雏形，徒骇河世界运河（建筑）博览园建设加快推进，东昌湖风景区、运河四期、体育公园全运场馆等工程全面完成，一批设计漂亮新颖的标志性建筑、高层建筑先后建成，水城特色进一步凸显。2008年、2009年度分别被评为中国“十大特色休闲城市”“十大宜居城市”。各县（市）城区和小城镇建设也都取得很大进展，城镇面貌发生很大变化。坚持统筹城乡发展，新改建农村公路2886千米、客运站112个，改造农村危桥277座，所有行政村实现通油路、通客车，县到乡的客运线路公交化改造基本完成；新建沼气池9.8万个，新增64万人用上自来水，实现了村村通有线电视；农村新居建设和危房改造“三年任务、两年完成”，启动千户社区86个、整村改造300个，建成新房22.1万户，改造危房3.7万户，60余万名农民乔迁新居，农村基础条件、农民生活环境进一步改善。

经济社会发展不断增强新活力　国有资产监管体制框架基本建立，市属经营性国有资产监管实现全覆盖。鲁西化工与鼎辉投资成功合作，昌润集团与鑫亚公司实现优势互补、强强联合。鲁西化工实施定向增发，华泰化工、纷美包装分别在创业板和香港上市。农村承包土地流转57.5万亩，集体林权制度改革圆满成功。市县两级政府机构改革全面完成，分类推进事业单位改革工作已经展开。积极走出去、请进来，举办“2010海内外企业家齐鲁行”等一系列招商活动，提出实施“海外聊城”战略，与华润、中色、中冶、中盐等央企对接成功。四年累计招商引资到位资金1026.2亿元，利用外资4.26亿美元；2011年进出口总值55.9亿美元，是2007年的3.3倍，年均增长34.5%；累计完成境外投资2.65亿美元，取得探矿权1.04万平方千米，储备铝土矿6.7亿吨。2011年，组织开展春、秋两季招商引资“百日会战”，落地项目778个，到位资金405亿元，均创历年之最，聊城对外开放工作呈现出新局面。

社会事业全面进步、人民群众生活水平得到新提高　坚持以人为本，在财政比较困难的情况下，不断加大民生投入，2011年全市财政用于民生的支出113亿元，占财政支出的65%，高出全省10个百分点。全市城镇居民人均可支配收入20649元，农民人均纯收入7735元，均为

2007年的1.7倍。四年新增城镇就业35.8万人，城镇登记失业率控制在3.3%以内。全面建立了农村低保制度、农村五保财政供养制度；城乡居民养老、医疗保险实现全覆盖，全市70余万名60岁以上居民全部领到了基础养老金；“老工伤”人员全部纳入工伤保险，关闭破产企业离退休人员医疗保险保障问题基本解决，统筹城乡、覆盖全民的社会保障体系初步形成。4次提高城乡低保标准和企业退休人员养老金，新农合和城镇居民医疗保险政府补助标准提高到每人每年200元，保障水平进一步提高。城市住房保障制度全面实行，实施廉租住房补贴4954户，开工建设廉租住房3958套，建设经济适用房9576套，棚户区改造14933户，启动建设公共租赁房3609套、限价房2750套。各级各类教育均衡协调发展，教学质量明显提高。全市中小学全部免除了杂费，农村中小学免除了课本费，实现真正意义上的义务教育。建立从小学到大学的贫困生资助体系，困难家庭子女上学问题得到较好解决。新建重建校舍67.4万平方米，农村中小学面貌发生显著变化。实施城区小学改扩建计划，新建教室122个，小学班额全部控制在56人以内。2011年大学本科录取人数位列山东省第三位。市直中等职业教育资源整合取得重大突破，聊城高级财经职业学校、聊城高级工程职业学校新校区正在建设。各类高校再上新水平。卫生事业改革发展取得明显成效，城市社区卫生服务中心、卫生服务站和乡镇中心卫生院、村卫生室建设改造任务全面完成；启动实施基本药物制度，东阿县公立医院改革走在全省前列；创造性开展农民健康服务行动，受惠农民34万人，为农民节约医疗费用1140余万元。文化事业发展繁荣，市民文化中心、市豫剧院正在建设，中国聊城运河文化博物馆完成布展并免费开放，县（市）新建文化场馆11座，综合文化站、农家书屋分别实现乡镇、村级全覆盖。体育工作取得新成绩，新建全民健身站点1500余处，承办第十一届全运会部分赛事。人口和计划生育工作进入全省先进行列，年均人口增长率约为5.98‰。精神文明和民主法制建设进一步加强，获全国双拥模范城“三连冠”、全国民族团结进步模范集体，村居两委换届选举圆满完成。食品药品安全动态监管机制初步建立，安全生产事故各项指标全面下降，平安奥运、平安全运、平安世博等重大安保任务圆满完成，社会保持和谐稳定。支持四川地震灾区任务圆满完成。

五、2012年2月至2015年12月

2012年2月，市第十六届人大第一次会议选举产生新一届市政府领导机构。2016年2月，市第十六届人大第六次会议召开，对过去四年的工作进行了全面总结。四年来，此届政府面对国内外环境复杂变化和诸多挑战，抢抓发展机遇，积极应对挑战，全力推动科学发展、跨越发展，全市经济、政治、文化、社会、生态文明建设都取得巨大成就，“十二五”规划确定的主要目标任务胜利完成。

综合实力迈上新的台阶　面对国际金融危机持续影响、国内经济下行压力，全市经济保持平稳较快发展，主要指标增长幅度高于全省平均水平。2015年，全市生产总值完成2663.6亿元，是2010年的1.7倍，年均增长10.6%，人均达到7185美元；地方一般公共预算收入175.9亿元，是2010年的2.5倍，年均增长20.1%；社会消费品零售总额1060.2亿元，是2010年的2倍，年均增长14.6%；本外币各项存款余额2592.3亿元，贷款余额1872.8亿元，分别是2010年的2.1倍和1.9倍。

转型升级迈出重大步伐　全市三次产业比例调整为11.9∶51∶37.1，第三产业占比提高7.7个百分点。农业结构调整深入推进。粮食生产实现“十三连增”，达到“吨粮市”标准，被评为全国粮食生产先进单位。瓜菜菌总产达1626万吨，被评为“中国蔬菜第一市”。规模以上龙头企业主营业务收入、“三品”认证数量分别是2010年的2.4倍和7.7倍，农业机械化率提高11个百分点。工业经济扩量提质。规模以上工业企业2867家，主营业务收入突破9000亿元，年均增长17.5%。传统产业改造、新兴产业

2013 年 5 月，中国江北水城·运河古都（聊城）第二届水文化节暨首届国际微映像大赛在聊城举行

培育、工业园区建设取得新成效，高新技术产业占比达 26.3%。服务业发展步伐加快。全市旅游总收入年均增长 19.3%，社会物流总额突破 1 万亿元，电商企业 3600 家，被命名为“中国温泉之城”。科技创新和节能减排成效明显。全市新增国家级研发平台 3 家、省级 79 家，获中国专利奖金奖 1 项、全国质量奖和省长质量奖 4 项，成功创建国家环境保护模范城市，代表山东省参加全国海河流域水污染防治检查荣获第一名。

发展后劲显著增强 全社会固定资产投资累计完成 7747 亿元，年均增长 18.8%。招商引资到位资金 3350 亿元，是“十一五”的 3.7 倍。信发集团 6×66 万千瓦机组、鲁西化工新材料、中通新能源客车、中色奥博特铜精深加工等一批重大项目陆续建成投产。基础设施建设实现突破。全市电网投资完成 69.4 亿元，是“十一五”的 2.7 倍。新建改建公路 6732 千米。京九铁路聊城站房改造、邯济铁路扩能改造、高邢高速、德商高速聊城至范县段、济聊一级公路聊城段全面建成，青兰高速、莘县至南乐高速开工建设，郑济高铁、京九高铁、聊泰铁路、聊城机场、德郓高速等全部列入国家和省综合交通网规划，聊城畅通高效的现代交通体系正在形成。

城乡面貌发生巨大变化 全市住房和城乡建设累计完成投资 2970 亿元，是“十一五”的 10 倍；常住人口城镇化率预计达 46.2%，提高 10.1 百分点。城市规模明显扩大。中心城区由 69 平方千米扩展到 90 平方千米。全市达到 292 平方千米，是 2010 年的 1.4 倍。城市改造明显加快。棚户区改造征收面积 2823 万平方米，是“十一五”的 5.6 倍；开工建设回迁安置房 10.7 万套、基本建成 10.4 万套，5.4 万户群众乔迁新居。城市功能明显增强。全市新建改建城市道路 500 千米、雨污管网 675 千米，增加新能源公交车 1200 部、供热管道 200 千米、管道天然气用户 19.8 万户。新建污水厂 16 个、垃圾处理厂 9 个，污水处理率和生活垃圾无害化处理率分别为 95% 和 100%。城市形象明显提升。中华水上古城风貌基本形成，徒骇河滨河大道、湖南路徒骇河大桥建成通车，市体育公园、市民文化活动中心等投入使用。各县（市）城区新建湖泊 7 个、湿地 23 个，水城特色进一步凸显。城乡环境明显改善。全市林木绿化率 37.5%，提高 6.3 个百分点。中心城区新增提升绿化面积 3500 公顷，顺利通过国家卫生城市复审。小城镇建设步伐明显加快，建设农村新型社区 510 个，城乡环卫一体化实现全覆盖，城乡面貌发生

2015 年 3 月，茌平县振兴街道前曹村被中央精神文明建设指导委员会评为“全国文明村镇”

显著变化。

发展活力明显提升　农业农村改革扎实推进，土地确权登记颁证基本完成，农民专业合作社实现“一村一社”全覆盖。国企改革继续深化，国资监管体系更加完善。投融资体制改革和营商环境建设成效显著，设立了市级股权引导基金，市场主体达30.1万户，是2010年的2.5倍。金融改革成果丰硕，新增市级银行业金融机构8家，农信社银行化改革全面完成；高唐天泰集团成功在英国上市，16家企业在“新三板”挂牌，总量居全省第七位。医疗卫生体制改革更加深入，东阿公立医院综合改革走在全国前列。对外开放取得重要进展，累计利用外资5.2亿美元，连续三年入围全国外贸百强市，境外投资企业91家。新设立了高新技术产业开发区、江北水城旅游度假区，经济技术开发区进入国家级开发区行列。

群众生活大幅改善　全市财政用于民生的支出达1028.93亿元，占总支出的80.29%，高于全省3.9个百分点。城镇和农村居民人均可支配收入分别分别增长11.4%和13.9%，57.6万人实现脱贫。就业创业成效显著。新增城镇就业35.6万人、农村劳动力转移就业45.3万人，城镇登记失业率控制在3.3%以内。社保体系更加完善。连续4年提高居民基础养老金，企业退休人员基本养老金、城乡居民医保财政补助、失业保险、城乡低保、农村五保等标准逐年提高，城乡医保制度实现整合，基本社保覆盖率87.5%。全市新建农村“幸福院”338处，新增社会养老床位1.5万张，市儿童福利院投入使用，慈善捐款3.39亿元。建设各类保障房4.4万套，改造农村危房5.3万户。教育事业健康发展。建成乡镇中心幼儿园135所，新建、改建中心城区中小学15处、农村校舍160万平方米，聊城市技师学院、聊城高级财经职业学校投入使用。卫生计生水平明显提高。市人民医院成为省级区域医疗中心，县乡医疗机构全部实行“先诊疗后付费”，低生育水平保持稳定。文化体育事业不断进步。新建改造综合性文化服务中心1000个，市豫剧院投入使用，举办了市第二届运动会。社会治理能力明显提升。法治聊城、平安聊城建设深入推进，安全生产事故各项指标全面下降。国防动员工作扎实开展，实现全国双拥创城“三连冠”。

第三章　综合协调

第一节　调查研究

一、综合调研

1995—1997年，围绕全区整个“九五”发展思路和目标，撰写《“九五”发展战略研究报告》，为制定“九五”发展规划和2010年远景目标提供了科学的依据。1998年，创办《参阅件》，围绕政府中心工作，广泛搜集国内外重大经济社会信息，至2001年年底，共印发59期，内容涵盖入世的影响与对策、农业产业结构调整、国有企业改革与发展、个体私营经济发展、城市化、财政管理、人才引进、行政管理体制改革等各个方面。1998—2001年，根据聊城撤地设市的机遇，撰写《以撤地设市为契机，实现借路兴聊新突破》《积极应对入世，加快发展步伐》《聊城，正在迅速崛起》等署名文章和调研报告10余篇。

2002—2003年，围绕为市委、市政府中心工作服务这个核心，发表领导讲话和署名文章《积极应对入世，加快发展步伐》《适应入世的新形势，加快政府职能转变》《发展壮大县域经济，构筑区域经济新优势》《关于我市乡镇财政建设问题的调查报告》《关于我市企业改革的调查与思考》《大力实施林业产业化，培植发展新优势》

等，起草《关于提高行政效率、优化发展环境的意见》《关于政府工作提速情况的报告》《关于我市金融支持地方经济发展情况的报告》《聊城，打造卓越秀美的江北水城》等报告。

2004年，起草《坚持城乡统筹，解决“三农”问题》《转变经济增长方式，实现聊城跨越发展》《蓬勃发展的聊城经济》《关于坚持城乡统筹，解决“三农”问题的汇报提纲》等重要文稿，赴外地就“树立科学发展观，转变经济增长方式问题”进行学习考察，完成《关于我市转变经济增长方式问题的调研报告》。2005年，围绕“十一五”规划编制问题，完成《德州、滨州、临沂、菏泽四市“十一五”规划的特点和启示》。2009年，与市委政研室联合，组织完成《今年以来我市经济运行情况及发展趋势的研究》《对接蓝色经济区打造山东东引西拓“桥头堡”研究报告》。

2012年，完成《全市千亿产业园区发展情况调查》以及关于全市交通、教育等方面的调研报告多篇；争取省政府研究室把《加快省会城市群经济圈发展研究》《加快聊城、德州发展研究》列入2012年度全省重点研究课题。2014—2015年，完成《提升我市跨越赶超发展理念的研究》《关于我市全面建设小康社会情况的调查研究》等研究报告，其中《关于我市全面建设小康社会情况的调查研究》获全省政府系统优秀调研成果一等奖。

二、专题研究

1995—1997年，针对各县市大上“小热电”的现象，完成《关于我区热电厂的考察报告》；对全区农用三轮车发展前景等问题进行系统调研，向地委、行署提报《关于我区农用三轮车发展战略思考》；针对由农业大区向农业强区跨越问题，提出《实施科教兴农战略，加速聊城向农业强区跨越的报告》。1998—2001年，围绕重点问题，共完成重大调研成果50余项，参与起草《聊城市人民政府关于支持高校后勤社会化改革的意见》《聊城市合并乡镇党政机关事业单位机构改革的实施意见》等文件；对市委、市政府重大问题进行调研，组织开展全市加快城市化进程问题调查、加快发展跨入全省中等行列调查、国有企业领导建设情况调查、开拓农村市场问题调查等，完成《加快农业社会化服务体系建设，促进农业结构战略性调整》《大力发展林业经济，促进我市农业结构全面优化》《关于金融支持农村经济发展情况的调查报告》《我市企业法人治理结构建设情况调查报告》《关于我市中小企业贷款担保机构建设问题的调查报告》《我市中小企业服务体系建设问题调查报告》《加入WTO对我市第三产业发展的影响及对策》《适应加入WTO的需要，加快建立与市场经济相适应的行政管理新体制》等调查报告。

2002—2003年，开展对经济运行情况的跟踪调查、“三农”问题的调查、对招商引资和发展民营经济的调查、社会热点问题的调查、对城市建设和旅游业的调查等，完成《关于江苏、浙江两省招商引资情况的考察报告》《关于职业技术教育与区域经济协调发展的调查与思考》《关于江苏省太仓市民营经济发展情况的考察报告》；完成《关于八县（市区）、经济开发区上半年经济运行情况的调查》《全市经济形势分析及思考》《对经营城市的两点思考》《关于我市旅游业发展的调查报告》等专题性调研30余项。2004年，对全市经济社会发展中的一些热点、难点和重点问题进行广泛调研，完成《关于加快冠县、莘县和东阿发展的调查》《关于我市失地农民生活情况的调查》《出口退税政策调整对地方财政和出口企业的影响及对策》《我市部分强弱乡镇发展情况的调查》《关于农村村级组织正常运转情况的调查》《东阿县姚寨镇农业科技服务队的调查》《做大做强对外贸易，打造水城肉食品出口第一镇》等20余项。

2005年，就“加快我市第三产业发展”问题进行专题调研，完成《关于加快聊城市第三产业发展的调查报告》；就茌平信发集团做大做强发展经验和茌平县重点项目建设问题，会同茌平县政府进行专题调查，完成《关于信发集团做大做强发展经验的调查报告》《全力抓好重点项目建设，推动工业经济跨越发展》；围绕全市经济社会发展中热点、难点和重点问题，完成《关于加快我市民营企业担保体系建设的建议》《关于我市农村劳动力转移的调查》《上半年全市经济形势分析和下一步工作建议》《关于乡镇卫生院药品代购分发问题的调查》《我市经济结构性矛盾及对策》报告等。2006年，根据接轨省会城市群经济圈重大课题，完成《关于加快省会城市群经济圈发展的调研报告》《我市接轨济南、融入省会城市群经济圈当前应重点抓好的几项工作》《关于举办济南·聊城产业合作论坛的建议》《关于聊城至济南一级公路走向选择问题的建议》等调查报告；做好国内外重大经济社会信息的搜集整理，完成《国内部分省市加快发展服务业的有关政策等报告》。

2007年，完成《关于加快发展聊城现代农业的实施意见》《关于进一步繁荣文化促进旅游业发展的意见（草案）》《关于有关县市安全生产、社会稳定和节能减排的情况汇报》《关于优化聊城市发展环境的调研报告》《关于优化聊城市发展环境的意见》《关于聊城功能定位及产业结构战略性调整研究报告》《关于加快发展聊城现代农业的调研报告》《关于加快发展聊城现代农业的实施意见》《关于聊城市房地产业发展情况的调研报告》《关于加快聊城市文化旅游产业发展的调研报告》《聊城市工业发展研究报告》《抓住资本市场发展的历史性机遇，加快企业上市步伐》《关于乡村人才“空心化”问题的调查》《聊城市轴承产业发展调查报告》《国内中小企业融资支持的若干经验及启示》等重要调研报告。2008年，坚持“紧扣中心，突出重点，集中力量，打造精品”，对全市经济社会发展中带有全局性、前瞻性、战略性的重大课题和具有可操作性的专项工作，组织开展调查研究，围绕加快推进新型工业化步伐、加强农业基础地位、加快发展服务业、强化公共服务、促进县域经济协调发展等，重点抓优化发展环境、全市产业功能定位及产业结构战略性调整、文化旅游产业发展、农村改革发展、东昌府区功能定位等重大课题的调研，对产业集群、企业上市融资、中小企业贷款担保、银企合作、农村土地适度规模经营、城市中水回用、热电企业经营等专项工作进行专题调研，提出具体的政策措施。

2010—2011年，针对全局性、战略性、前瞻性问题开展调查研究，形成调研报告，2010年完成16篇，2011年完成27篇。2010年，根据聊城在全省率先实施的农业产业调整振兴计划，撰写《发展林果产业增加农民收入——对冠县暨兰沃乡发展林果产业的调查》《订单保蒜农规模出效益——茌平县冯官屯镇大蒜产业发展调查》《关于加快聊城市淡水养殖业发展的调研报告》《关于加快我市农民专业合作社发展的调研报告》。2011年，针对城乡一体化发展和战略新兴产业发展，完成《关于实施工农城乡一体化综合改革的思考和建议》《关于加快我市战略性新兴产业发展的调研报告》《全市重点项目建设情况跟踪研究》《关于农业产业调整振兴计划实施情况的调查与分析》。

2015年，围绕阿胶产业和新能源汽车产业两个优势产业，完成《关于加强我市阿胶产业链建设的调研报告》《关于我市新能源汽车产业发展情况的调研报告》。

第二节　政务信息

一、信息处理

1998—2015年，市政务信息工作围绕全市经济社会发展中取得的突出成就和人民群众关注的热点难点问题，完善政务信息报送工作机制，全面提高政务信息质量，发挥辅政资政助政作用。根据报送时间顺序、内容范围、来源渠道等，将搜集到的信息详细分类，妥善储存。同时，注重对从各个渠道搜集来的零碎信息进行修改整理加工，归纳和提炼出有价值的信息。对报送的信息，及时组织信息人员进行会商分析，对把握不准的信息主动征询领导或部门意见，保证采编的信息有情况、有问题、有分析、有建议。发挥好政务信息“上传下达”的作用，组织基层对落实情况、存在的困难和问题、对国家的建议等进行调研，并形成详细的调研信息上报，力争将基层的真实反映传达到上层。建立约稿制度，每周五组织一次信息讲评会，总结被采用的经验，剖析未被采用的原因，集思广益，研究改进措施，明确努力方向；同时对下周上报的题目进行商讨，研究确定上报的信息题目后，对各县（市、区）和市直部门专门下发约稿通知，提高信息的针对性和时效性。

二、信息报送

在各类信息搜集、加工、编发的各个环节，创新工作视角，突出强调时效性和准确性。2013年，针对李克强总理提出的“约法三章”（一是政府性楼堂馆所一律不得新建；二是财政供养人员只减不增；三是公费接待、公费出国、公费购车只减不增），对落实情况进行调查，报送《聊城市贯彻落实李克强总理“约法三章”要求的情况》，省政府办公厅报国务院办公厅，并被《国办综合信息》采用。针对国家质检总局提出的2013年8月1日起至年底免收商品法检费用的要求，办公室信息科就出口企业对这一政策的反映进行调查，报送了《聊城市调查反映免收出口商品法检费用对企业出口影响显著》，被《国办专报信息》采用。

针对经济社会发展中的亮点工作，及时报送好经验、好做法。报送《聊城市精准发力确保经济平稳健康发展》《聊城市着力深化重点领域改革》《聊城市创新完善金融支农体系》《聊城市集中清理整顿无证幼儿园建立长效管理机制》等信息被省政府办公厅《普刊信息》采用。反映焦点，围绕群众关心的难点、热点问题编报信息。2013年4月初，H7N9禽流感疫情大范围爆发，信息科在疫情暴发的第一时间对肉鸡养殖、销售情况进行调查，并撰写了《聊城市调查反映受H7N9禽流感影响肉鸡价格和销量双下降养殖户补栏意愿低迷》一篇信息，被省政府办公厅报送至国务院办公厅后，被《国办专报信息》采用，得到国务院领导批示。

2013年，中央1号文件首次提出“家庭农场”的概念，市政府办公室信息科4月对家庭农场发展政策的扶持情况和制约因素进行详细调查，撰写《聊城市家庭农场培育发展情况的调查报告》信息，被省政府办公厅《专报信息》采用。针对2013年8月1日在全国推行的“营改增”试点工作，信息科对交通运输业的税负变化情况进行深入广泛的调查，报送《山东聊城市调查反映“营改增”后交通运输业实际税负增加》的信息，被国务院办公厅《专报信息》采用，并得到国务院领导批示。

1997—2015年，聊城市共上报省政府办公厅信息18500余条。其中2012年，报省信息900余篇，被省采用50篇；被省选报国办信息53篇，其中国办采用8篇，国务院领导批示3篇。2013年，共上报省政府办公厅信息900余篇，被省采用100篇；省报国办信息106篇，其中国办采用16篇，国务院领导批示6篇。2014年，共上报省政府办公厅信息1275篇，被省采用226篇，省领导批示12篇；被国办采用28篇，国务院领导批示11篇。2015年，共上报省政府办公厅信息1100余篇，被省采用196篇，省领导批示12篇；被国办采用26篇，国务院领导批示11篇。

三、政务期刊

1988—1997年，政务信息通过传真电报的方式上报省政府；自1998年起，实行政务信息电子化传输，上报传输方式变得更为方便快捷。信息科每年接收各类信息13000余条，及时印发《政务信息》《内部参阅》《专报信息》《政务通讯》《一周政务》等刊物，送交市领导和各部门、县（市、区）参阅。根据市政府办公室制定的《聊城市政务信息采用考评办法》，每月通报1次信息采用及考核情况，年终进行总结评比；每年印发《政务信息》《一周政务》各50余期，《内部参阅》《专报信息》《政务通讯》各10余期。

四、信息公开

2008年，市政府制定《聊城市人民政府办公室关于做好政府信息公开工作的通知》，要求增加企业群众参与党和政府管理的知情权、参与权和监督权。是年，要求市政府、市直各部门及各县（市、区）每年都对政府信息公开工作进行总结，形成《信息公开年度报告》，在市政府网站上进行公示。2010 年，市政府制定《关于进一步推进政务公开工作的意见》，指导全市政府信息公开和政务公开工作。

2014 年，发布《聊城市人民政府办公室关于进一步加强政府信息公开工作的实施意见》，完善政府信息公开制度建设，制定《聊城市政府信息发布协调工作规定（试行）》《聊城市政府信息公开保密审查办法（试行）》《聊城市政府信息公开工作考核办法（试行）》等系列规章制度，完善政府信息公开的内容、程序、考核、责任追究等各个方面。同时，健全依法申请公开服务指南，指导群众根据需要申请政府信息公开。是年，市政府规范完善新闻发言人制度，建立市直部门例行新闻发布制度，设立新闻发布厅，实现信息发布工作的规范化。

第三节　政务督察

2002年市政府办公室设督查科，至2003年，强化督促落实，两年来共办理决策督查 103 项，督查落实市长办公会议纪要、市政府常务会议纪要 23 期，办理领导批件 550 件，办理人大代表建议和政协委员提案 3682 件，印发聊城政务督查 52 期。2004 年，制定《聊城市人民政府工作部门及有关单位督查工作考核办法》，全年，办理领导批示件 397 件，办理人大代表建议 66 件、政协委员提案 224 件。2005 年 3 月，市政府办公室督查科撤销，组建市政府督查室，为市政府办公室内设副县级机构。2005 年，对部分政府部门和各县（市、区）各项目标完成情况进行督查。办理领导批示件 361 件，市人大代表建议 66 件，政协委员提案 242 件。2006 年，在对年初确定的目标任务逐项分解的基础上，年中、年底进行两次督查。办理领导批示件 248 件，人大代表建议 59 件，政协委员提案 200 件。2007 年，对《政府工作报告》中的重要事项首次采用逐条逐项细化分解、目标责任落实到人、全程跟踪落实的办法，实现了决策督查方式的突破和创新。办理领导批示件 200 件，人大代表建议 86 件，政协委员提案 224 件，编发《聊城政务督查动态》16 期，《政府督查通报》16 期，《督查专报》12 期。2008 年，对重点工作的落实情况于年中、年底进行两次督查，办理领导批示件 270 件，人大代表建议 59 件，政协委员提案 147 件，省人大建议 1 件。2010 年，办理领导批示件 220 件，人大代表建议 63 件，政协委员提案 215 件。2011 年，立足保增长，搞好重点督查；立足保民生，搞好难点督查，年内办理领导批示件 137 件，人大代表建议 77 件，政协委员提案 166 件。2012 年，办理领导批示件 152 件，人大代表建议 116 件，政协委员提案 165 件。接听群众来电 20 余万次，承办事项 2 万余项，办结率 98% 以上，群众满意率 87% 以上。2013 年，办理领导批示件 396 件，人大代表建议 118 件，市政协委员提案 161 件，省政协委员提案 1 件。接听群众来电 21.09 万余人次，承办事项 2.21 万余件，办结率 99.3%，群众满意率 87.7%。2014 年，全年开展专项督查 61 项，办理领导批示件 281 件，人大代表建议 107 件，市政协委员提案 212 件。2015 年，把落实责任提高效率作为工作重点，办理批示件 202 件。对全市重点工作采取书面调度、电话催办和现场查看相结合的督导方式，深入现场查看 98 次，对 58 项工作开展了督促检查。承办人大建议 165 件，政协提案 228 件。参加大督查工作会议 20 次，大督查活动 24 次。至 2015 年，共承办全国、省、市人大代表议案、建议和政协提案 4938 件。

第四节　市长公开电话

一、受理系统

2005 年，市长公开电话开通，在 8 个县（市、区）、经济开发区和 24 个市政府有关部门（单位）设立了二级平台，负责群众来电事项的承办工作。市长公开电话受理系统由“一级中心、二级平台、三级网络单位”构成，一级中心即受理中心，二级平台主要包括县（市、区）政府、市属开发区管委会设立的县（市、区）长、主任公开电话和市直有关部门设立的局长（主任）公开电话办公室，三级网络主要包括市政府其他部门（单位）及二级平台所属的部门（单位）。2014 年 6 月，市长公开电话受理系统实施升级改造，将硬件设备供应商由原来的中国铁通聊城分公司改为中国移动聊城分公司，公开电话二级平台增加到 47 个。2015 年，“12345”网上受理、手机短信受理开通，形成了电话、网络、手机三位一体的诉求受理格局；受理系统实行统一指挥调度，上下左右互通，协调配合联动，24 小时全天候服务；各平台单位通过政府信息专网与受理中心连接，实现群众来电的网络交办，确保来电随打随接，随接随通。

二、来电受理

群众拨打“12345”市长公开电话，电话即直接受理中心，工作人员能当场解答的当场解答；需转交二级平台处理的，形成承办单通过网络转交；重要来电形成报批单，领导批示后转有关单位处理。承办单位接到受理中心承办单后，除来电人信息保密外都要及时和来电人联系，了解情况，调查处理，一般事项要求在 5 个工作日内办结反馈受理中心，特殊事项需延长办结时限的要向受理中心申请。

2005—2010 年，累计受理群众来电 66.29 万人次，其中，在线工作人员当场解答的 58.98 万人次，形成承办单通过网络转交二级平台处理的 7.31 万件次。

2011—2013 年，累计受理群众来电 63.19 万人次，其中，在线工作人员当场解答的 56.9 万人次，形成承办单通过网络转交二级平台处理的 6.29 万件次。

2014 年 6 月，市长公开电话实行全面提升改造，话务接听实行精细化的公司管理制度，来电一次接通率保持在 90% 以上。完善系统“知识信息库”，接线员可在接听电话同时，从系统内调出反映问题涉及的相关政策问答，将来电直接答复率提高到 75%。截至 2015 年年底，系统知识库已达 2448 条、约 108 万字。

2014 年，在市长公开电话设立“领导接听日”，每周三安排一位县（市、区）、市直部门主要负责人到受理中心现场接听群众来电，现场解答，现场处置，取得很好的效果。至 2015 年年底，共有 51 名市直部门主要负责人到中心接听群众电话，在领导接听日现场共接听群众来电 305 人次。对群众来电所反映的问题，通过现场答复、电话督办、书面督办、现场督办、与督查室联合督办等多种方式，积极进行督促落实，办结率在 98% 以上。2014—2015 年，累计受理群众来电 80 万人次，其中，在线工作人员当场解答的 61.50 万人次，形成承办单通过网络转交二级平台处理的 18.50 万件次。

2014 年，升级改造后的市长公开电话受理大厅

2005—2015 年聊城市市长公开电话受理群众来电情况表

表 21-1

年份	群众来电（万人次）	当场解答（万人次）	系统转办（万件）
2005	9.73	8.03	1.70
2006	7.30	6.28	1.02

续表 21-1

年份	群众来电（万人次）	当场解答（万人次）	系统转办（万件）
2007	9.79	8.90	0.89
2008	10.86	9.75	1.11
2009	14.30	13.00	1.30
2010	14.31	13.02	1.29
2011	21.02	18.99	2.03
2012	21.08	19.03	2.05
2013	21.09	18.88	2.21
2014	29.60	23.80	5.80
2015	50.40	37.70	12.70

第四章　政府法制

第一节　规范性文件监督管理

一、规范性文件制定审核

1998 年，市政府法制工作机构依据《聊城市人民政府规范性文件制定程序规定》，对全市规范性文件制定进行监督管理，每年年初根据市政府中心工作和各部门申报计划编制规范性文件制定计划，全年按照计划抓好落实。1999 年，对《聊城市人民政府规范性文件制定程序规定》进行修订。2008 年，为严格规范性文件制定程序，在全市组织 5 期培训班，共培训从事规范性文件起草、审查、备案的工作人员 456 人。2012 年，对《聊城市人民政府规范性文件制定程序规定》进行修订。2015 年，对《聊城市行政机关规范性文件制定程序规定》进行修订，全市规范性文件的计划、起草、制定、发布、备案等工作基本实现规范化。

二、规范性文件制定备案

1997 年，全区各级法制工作机构依据《聊城地区规范性文件备案规定》开展规范性文件制定备案管理。1999 年，修订《聊城市规范性文件备案规定》。2012 年，修订《聊城市规范性文件备案办法》，全市各级法制工作机构严格执行程序规定，以合法性审查为主导、以适当性审查为补充，及时审查规范性文件草案，并按照“三统一”制度（统一登记、统计编号、统一公布），对市直部门报请登记的规范性文件进行“三统一”管理，保障了规范性文件的合法性和公平公正。2015 年，制定《市政府规范性文件合法性审查征求人大代表和政协委员意见制度》，市县两级政府均建立规范性文件备案制度，全市备案审查制度日趋完善。

1997—2015 年，市政府法制办共审查市政府及其部门起草的规范性文件草案 365 件；认真履行备案审查职责，审查各县（市、区）和市直部门报备的规范性文件 698 件，有效防止了滥发规范性文件的现象，提高了规范性文件质量。

三、规范性文件清理

1998—2001 年，全市各级法制机构共清理规范性文件 6800 余件。2002 年，根据省委、省政府统一部署，重点对 1985 年以来的市委、市政府及办公室制发的规范性文件和其他政策措施进行全面清理，共清理卷宗 76 卷，查阅文件

6476件，登记规范性文件和其他政策措施461件，废止市委及办公室文件31件、市政府及办公室文件201件。2009年，对全市2009年12月31日以前市、县级政府及市直部门出台的规范性文件进行清理，共清理规范性文件2426件。其中，清理市政府及其办公室文件250件（失效3件、废止19件、修改16件、继续有效212件）；清理各县（市、区）政府文件1638件（失效80件、废止543件、修改35件、继续有效980件）；清理市直部门文件538件（失效31件、废止78件、修改7件、继续有效422件）。

2011年，按照《〈山东省贯彻实施中华人民共和国行政强制法工作方案〉的通知》，开展行政强制主体清理工作，共清理文件277件，其中，涉及行政强制规定的8件，均按照法律法规作出处理意见。2015年，集中清理1998年3月撤地设市至2011年12月31日期间市政府及市政府办公室制发的文件655份，其中废止369件、修订70件、继续有效的216件。

第二节　政府法制监督

一、行政执法监督

行政执法监督事项　1999年，市政府下发《关于贯彻鲁政发〔1999〕16号文件做好罚款决定与罚款收缴分离工作的通知》，认真落实罚缴分离制度。2001年，市政府下发《聊城市行政执法责任制暂行规定》，对行政机关全面实行行政执法责任制；下发《聊城市行政执法投诉办法》，设置投诉电话，公开投诉渠道，进一步加强行政执法监督检查。2007年，深化实行行政执法责任制，组织开展执法依据梳理工作，先后对市级具有行政执法职能的53个部门执法依据进行梳理分类，明确行政执法主体资格71个，其中法定机关42个、法律法规授权组织29个；确认5376项执法行为的合法性，其中行政许可622项、行政处罚4027项、行政强制149项、行政征收70项、行政确认51项、行政给付15项、行政裁决9项、其他行政执法行为433项；通过对行政执法依据梳理，首次查清聊城市市级行政执法部门的行政执法职权。2012年起，开始实施行政执法案卷评查制度，每年组织开展对上一年度行政执法案卷的评查工作，邀请部分县法制办分管负责人、聊城大学法学院行政法学专家等，随机抽取市级部门的典型案卷进行评审，评选出年度市直“十佳”案卷，在全市进行通报。

2013年，为强化对行政处罚工作的监管，聊城市建立重大行政处罚备案制度，要求重大行政处罚必须在规定期限内，向政府法制机构进行备案。2013—2015年，市政府共收到重大行政处罚备案126件。2015年，开展行政执法信息平台建设和制度拟定工作，先后与天津市、淄博市等地沟通交流，2次组织市直单位和政府法律顾问研讨平台建设有关问题，经市政府常务会议研究出台《聊城市行政执法信息平台管理办法》。

行政执法人员管理培训　1997年后，聊城市（地区）严格按照《山东省行政执法证件管理办法》《山东省行政执法监督条例》等规定要求，对申领行政执法证人员严格培训、考试，经考试合格者统一颁发行政执法证，杜绝不具备执法资格的单位和个人从事行政执法工作。

1998—2012年，全市共颁发行政执法证2.24万余个，审验执法证2.99万余个，使行政执法人员做到了持证上岗，亮证执法。2014年，全市清理并注销执法证2877个，确认符合条件执法人员1874人。

1998—2014年，为规范行政执法行为，保障和监督行政执法机关依法行使职权，全市共举办行政执法人员各类培训班120余期。2015年8月，对市直200余名执法人员进行公共法律知识培训；开展全市宪法和公共法律知识电视大赛活动，并遴选人员组成代表队代表聊城市参加省宪法和公共法律知识竞赛；组织全市7000余人次参加省法制办组织的9次宪法和公共法律知识视频讲座，翻印和下发省法制办《宪法和公共法律知识学习资料汇编》3200套。2015年，启用新行政执法监督平台，全面清理劳动合同制、临时借调及其他不符合条件人员的执法证件，共清理不符合条件的执法证件3000余个，换发新版执法证5223个，实现执法资格网上审查、法律知识网上考试。

二、行政审批监督

1997年，全区以加快行政执法改革创新为动力，推进政府职能转变。2002年，先后2次对市直55个部门的1073项审批项目进行审查，并以市政府令的形式，分3批发布《聊城市市级行政审批事项改革方案》，向社会公布市本级保留的585项审批事项。2004年1—6月，按照“谁设定许可、谁负责清理”的原则，组织清理1949年10月至2004年7月1日，市政府（含原地区行署）及其部门发布的126件规范性文件中的行政许可规定、行政许可实施主体、行政许可收费项目，凡是没有法律依据的均予以取消。其中，清理行政许可项目31项（其中保留13项）、行政许可实施主体82个（其中保留61个）、行政许可收费项目9项（其中保留7项）。2005年，对市级行政部门的许可、审批事项进行清理，全市保留许可、审批事项590项，其中进厅项目近480项。2006年，全市开展以“规范、发展、创新”为主题的行政审批制度改革，部分县（市、区）建立行政服务大厅，市政府法制办对进驻市行政服务中心的39个单位及307项行政许可和119项非行政许可的实施情况进行指导，解答有关法律法规问题，规范了实施过程中的行政行为。

2009年，市政府办公室下发《关于进一步清理行政审批项目的通知》，共取消行政许可项目15项，下放8项，改变管理方式3项。2011年，积极开展清理行政许可和非行政许可审批项目工作，经清理审查，认定保留的市级行政许可事项342项、非行政许可审批事项36项，取消行政审批事项23项，下放行政审批19项。2012年，市政府向社会公布《聊城市市级行政许可事项、非行政许可审批事项和取消、下放的行政审批事项》，保留行政许可事项342项、非行政许可审批事项39项，取消行政审批事项23项，下放17项。同年4月，市政府印发《关于公布市级行政强制实施主体的通告》，向社会公布67个市级行政强制实施主体。2013年，市政府法制办联合市监察局、市财政局、市物价局和市行政服务中心管委会五部门，对市级行政审批及相关收费项目等进行拉网式清理，其中，市级保留160项，精简207项；行政审批主体保留42个，减少11个。2014年，审查市级行政审批项目426项。2015年，审查市政府重大决策事项26起，以及52个部门的权力清单、责任清单和18个单位的行政审批中介服务收费项目清单。

三、行政处罚监督

1998年，市法制局按照省政府统一部署，在市级各执法单位提报执法内容和执法依据的基础上，依法对市级所有从事行政执法的单位进行清理审查。市政府下发《聊城市人民政府关于公布市级行政处罚主体（组织）的决定》。2003年，为适应聊城市机构改革需要，市政府法制办根据《中华人民共和国行政处罚法》，对市级行政处罚主体和罚款项目进行进一步清理，向社会公布99个市级行政处罚主体（其中行政机关及其分支机构、派出机构61个，法律、法规授权的组织23个，受委托的事业单位15个），清理了市直51个部门的3000余项罚款项目，并废止1998年下发的《聊城市人民政府关于公布市级行政处罚主体（组织）的决定》。

2003年，为稳妥推进全市相对集中行政处罚权工作，市政府法制办和有关部门到济南、潍坊、东营进行实地考察，在对市建委等11个部门的行政执法情况进行调查后，起草并经市政府同意，向省政府法制办呈报《聊城市城市管理相对集中行政处罚权工作方案》。2004年，筹建市城市管理综合执法局，先后将7个县（市）相对集中行政处罚权工作方案报省政府法制办。2005年，市城市管理综合执法局正式成立并开展工作，7个县（市、区）相对集中行政处罚权工作方案全部经省政府批复。

2009年，制定下发《关于开展规范行政处罚自由裁量权工作的意见》，市直10个部门率先制定了规范行政处罚自由裁量权实施方案或规定，建立完善行政裁量权基准制度，严格规范裁量权行使，避免了执法的随意性。2014 年 3 月、5 月，分别在《齐鲁晚报》、聊城政府法制网公布 2 批共 54 个市级行政执法机关及相应的行政处罚裁量基准。

四、重大行政决策监督

2012 年，修订《聊城市人民政府工作规则》，明确重大行政决策具体事项和操作规则，完善监督和责任追究制度，编印下发《法治政府建设工作手册》，加强政府法制监督。

2015 年，制定《聊城市人民政府重大行政决策程序规定》《聊城市人民政府议事规则》，并制定重大决策过程中的《公众参与程序细则》《专家咨询论证程序细则》《风险评估程序细则》《合法性审查程序细则》。同年，审查市政府重大决策事项 26 起，以及 52 个市直部门的权力清单、责任清单和 18 个单位的行政审批中介服务收费项目清单。

五、地方政府立法权监督

2015 年 12 月，根据新修订的《中华人民共和国立法法》，市政府拥有制定政府规章权利。市政府法制办起草《聊城市政府规章制定程序规定（草案）》，并向社会发布《聊城市人民政府法制办公室关于征集 2016 年政府规章立法项目建议及规范性文件制定计划建议的公告》，同时积极做好人才准备，向市直有关部门单位征求了立法专家库成员的推荐对象。

六、法律顾问制度

2012 年，市政府在全省首家开始建立并推进政府法律顾问制度，公开向社会聘任 10 名法律专家为第一届政府法律顾问，聘期 2 年。同年 8 月，市政府公布《聊城市政府法律顾问管理办法》。2014 年，市政府聘任第二届共 15 名政府法律顾问，各县（市、区）政府聘任了第一届共 55 名法律顾问。2015 年 12 月，成立聊城市法律顾问委员会，市政府副市长任奎军任主任，由 15 名法律顾问和法律专家库人员 60 名组成。2012—2015 年，法律顾问在政府重大行政决策和事关民生方面，有效发挥了参谋助手作用，提出许多建设性的意见建议，共接手市政府领导批转的各类合同、协议 200 余份；集体研究领导交办的规范性文件草案 20 余件。

第三节　行政复议与应诉

一、行政复议

1999 年，《中华人民共和国行政复议法》颁布实施后，全市受理行政复议的案件数量明显增多，从 1999 年的 8 件迅速增加到 2000 年的 86 件。2001 年，市、县（市、区）两级政府成立行政复议办公室，认真履行行政复议监督职能，坚持“定纷止争”“复议为民”的宗旨，依法作好行政复议工作，及时化解行政争议和矛盾纠纷，积极探索提高办案质量途径，行政复议的权威性和公信力不断提升。同年，全市行政复议案件达 115 件。

2003 年，法制办印发《聊城市行政复议听证程序规则》《关于方便群众进行行政复议的措施》，要求办案人员公正、快捷、准确地处理行政复议应诉案件。2007 年，制定行政复议听证制度、调查制度、和解制度、行政复议工作考核制度、重大案件备案制度、行政复议责任考核制度，确保行政复议工作有法可依、有章可循。2013 年，为建立行政复议与信访衔接机制，把符合行政复议受案管辖范围的行政争议纳入行政复议救济渠道，市政府下发《聊城市信访案件移交行政复议管辖规定》，整合优化行政复议资源，实现集中受理和集中审理行政复议案件，增强了行政复议的权威性、专业性和公信力；同年，聊城市本级受理的行政复议案件陡增至 336 件。2013—2015 年，平均每年受理的行政复议案件数维持在 300 件左右。

1999—2015 年，全市共受理涉及土地、治安、交通、房地产等方面的行政复议案件 2385 件，其中维持 998 件、撤销 385 件、终止 427 件、驳回 261 件、变更 3 件、责令履行 41 件、确认违法 74 件、不予受理 101 件、移送 20 件、视为未申请 48 件、告知 18 件、调解 3 件、中止 6 件。

1999—2015 年聊城市行政复议案件情况表

表 21-2　　　　单位：件

年份	收到案件	维持	撤销	终止	驳回	变更	责令履行	确认违法	不予受理	移送	视为未申请	告知	调解	中止
1999	8	2	3	3	—	—	—	—	—	—	—	—	—	—
2000	86	27	31	26	—	1	1	—	—	—	—	—	—	—
2001	115	42	48	22	—	1	2	—	—	—	—	—	—	—
2002	122	54	34	29	—		2	—	3	—	—	—	—	—
2003	152	76	35	35	—	1	2	—	3	—	—	—	—	—
2004	121	52	26	35	—	—	1	—	7	—	—	—	—	—
2005	108	32	33	36	—	—	4	—	3	—	—	—	—	—
2006	123	46	28	33	—	—	3	—	3	5	5	—	—	—
2007	104	37	32	20	2	—	3	1	3	—	6	—	—	—
2008	109	41	26	27	7	—	—	1	—	2	1	4	—	—
2009	100	53	10	16	10	—	1	—	5	2	1	2	—	—
2010	106	48	23	13	4	—	2	2	9	3	—	2	—	—
2011	88	51	11	8	5	—	3	1	7	2	—	—	—	—
2012	107	60	11	10	6	—	1	1	6	1	5	3	3	—
2013	336	107	15	37	100	—	3	36	8	3	27	—	—	—
2014	321	156	6	35	55	—	7	23	31	2	3	3	—	—
2015	279	114	13	42	72	—	6	9	13	—	—	4	—	6
合计	2385	998	385	427	261	3	41	74	101	20	48	18	3	6

二、行政应诉

1999—2001 年，聊城市行政应诉案件每年不超过 10 件。2003 年，根据市政府《关于进一步加强行政复议应诉工作的通知》，进一步规范行政。2015 年，新修定的《中华人民共和国行政诉讼法》实施后，针对新法特点加强行政复议能力建设，制定《关于全面推进行政机关负责人出庭应诉工作的实施意见》《聊城市信访案件移交复议管辖规定》，组织开展 2014 年度行政复议案卷评查活动，坚持畅通行政复议受理渠道，严格、全面进行合法性审查，规范办案程序，依法公正解决行政争议。同年，全市受理的行政应诉案件数量大幅增加，全年共受理 35 件。

1999—2015 年，全市共受理行政应诉案件 137 件，其中一审案件 111 件（其中维持 54 件、驳回起诉 11 件、驳回诉讼请求 7 件、撤销 17 件、撤诉 15 件、责令答复 5 件、中止 1 件、未结 1 件），二审案件 26 件（其中维持 15 件、驳回上诉 2 件、撤销 2 件、撤诉 3 件、不予受理 1 件、未结 3 件）。

1999—2015 年聊城市行政应诉案件情况表

表 21-3　　　　单位：件

年份	一审案件数	审理结果	二审案件数	审理结果
1999	0	0	0	0
2000	5	撤销 3 件、维持 2 件	2	维持 2 件

续表 21-3

年份	一审案件数	审理结果	二审案件数	审理结果
2001	7	维持 2 件、撤诉 1 件、撤销 3 件、确认违法 1 件	2	维持 2 件
2002	11	维持 9 件、撤销 2 件	6	维持 2 件、撤诉 1 件、撤销 1 件、不予受理 1 件
2003	11	维持 8 件、撤销 3 件	3	维持 3 件
2004	3	维持 3 件	1	维持 1 件
2005	5	维持 3 件、撤诉 2 件	—	—
2006	5	维持 3 件、撤销 2 件	1	维持 1 件
2007	3	维持 1 件、撤销 1 件、撤诉 1 件	—	—
2008	8	维持 7 件、撤销 1 件	1	撤销 1 件
2009	2	维持 2 件	—	—
2010	3	维持 1 件、撤诉 1 件、撤销 1 件	1	维持 1 件
2011	4	撤诉 1 件、维持 3 件	—	—
2012	1	维持 1 件	—	—
2013	3	维持 3 件	—	—
2014	5	维持 5 件	2	维持 2 件
2015	35	撤诉 9 件、驳回诉讼请求 7 件、驳回起诉 11 件、责令答复 5 件、撤销 1 件、中止 1 件、未结 1 件	7	驳回上诉 2 件、撤诉 2 件、未结 3 件

第四节　仲　裁

1998 年，聊城市仲裁委成立。2004 年 12 月，由正科级事业单位升为正县级事业单位。2005 年 8 月，聊城仲裁委开始审理仲裁案件，同年，共受理案件 41 件。2011 年，聊城仲裁委调解中心成立。此后聊城仲裁委每年受理的案件数量呈逐年递升趋势，2014 年、2015 年，聊城仲裁委连续 2 年受理案件数在全国 235 家仲裁委员会中排名第二十五位。

仲裁所覆盖的领域由初期的商品房买卖合同、保险合同纠纷，逐步向工业、商业企业间的合同纠纷扩展，2001—2015 年，积极拓展在交通事故损害赔偿、金融纠纷中引进仲裁制度。2005—2015 年，聊城仲裁委共受理并审结各类民商事合同纠纷 3214 件，案件总标的额 12.5557 亿元，其中调解和解 2681 件，调解和解率为 83.4%。

2005—2015 年聊城市受理仲裁案件情况表

表 21-4

年份	受理案件数（件）	标的额（万元）	调解和解率（%）
2005	41	642	26.8
2006	51	3043	51
2007	128	5882	79.7
2008	138	7121	81.1

续表 21-4

年份	受理案件数（件）	标的额（万元）	调解和解率（%）
2009	83	2471	50.6
2010	81	2084	66.6
2011	187	15780	60.9
2012	203	8868	83.2
2013	289	13742	76.4
2014	854	22924	90.7
2015	1159	43000	91
合计	3214	125557	83.4

第五章　行政审批

第一节　审批项目

1997—2001 年，聊城市（地区）行政审批工作，由具有行政审批职能的有关行政部门和事业单位根据有关的法律法规和政策规定分别进行审批，审批流程长、效率低。2001 年上半年，为提高行政审批效率，优化经济发展环境，市委、市政府成立聊城市外来投资者服务中心，集中与外商投资项目密切相关的工商、质监、税务、公安、规划、国土、建设等 12 个审批部门和 18 名工作人员，负责外商投资项目的集中审批服务。同年，为精简行政审批环节，进一步改善投资环境，市委、市政府决定深化行政审批制度改革，成立聊城市行政服务中心。

2002 年，共有 35 个市直部门在行政服务中心设立 38 个服务窗口，窗口工作人员 100 人，负责 502 项行政审批和收费项目的集中办理。

2002 年 2 月，市政府公布市级行政审批事项目录，由 2002 年前的 1032 项精简为 533 项；市行政服务中心根据市政府要求，在加强前期调研的基础上，将与企业群众生产、生活密切相关的 234 项市级行政审批事项纳入行政服务中心集中办理，集中办理率为 44%；是年，市行政服务中心受理各类审批业务 83376 件，其中已办结 82880 件，办结率 99%，行政性收费共计 2270 万元。

2005 年，市政府在清理规范的基础上，重新公布保留的市级行政许可及审批项目，共 413 项。同年 12 月，进厅办理的行政审批事项达到 296 项，集中办理率提升到 72%，进厅单位增至 41 个；同时，通过招标和行政方式确定 17 个中介及服务性企业进驻中心，基本形成以行政许可审批为主体、相关服务相配套的“政务超市”。2005 年，全年共受理审批办件 7.8 万件，办结率 99%，未出现 1 起行政投诉事件；收缴行政事

2005 年，聊城市行政服务中心大厅服务现场（徐慧莹摄）

业性收费逾 8000 万元，全部上缴财政，做到应收尽收，有效规避了收费的弹性化。

2013 年 6 月，为进一步深化行政审批制度改革，聊城市印发《聊城市关于进一步深化行政审批制度改革优化发展环境的意见》，将市级行政审批事项由 367 项精简为 160 项，精简幅度达 56%，率先在全省及周边地区实现项目最少；是年，累计办理各类审批事项 16 万件以上，按时办结率 99.7%，群众满意率 99%；加大对县级行政审批制度改革的同步推进，对县级项目清理、流程优化和收费规范提出明确意见，各县（市、区）行政审批制度改革深入推进，行政审批项目大幅度减少，平均降幅在 50% 以上，为“县域经济突破”营造了良好的服务环境。

2014 年 12 月，按照国务院和省政府关于推进行政权力清单制度的要求，对市级行政审批事项进行清理规范，建立市级行政审批事项目录清单，公布保留市级行政审批事项为 231 项（含子项共计 410 项）。

2015 年 12 月，聊城市对市本级非行政许可审批事项进行清理，取消 5 项，调整为政府内部审批事项 3 项，调整为其他行政权力 23 项，不再保留非行政许可审批事项类别。截至 2015 年 12 月底，共保留 289 项。随着简政放权力度的加大，审批办件量逐年下降，2015 年，全年共受理各类服务办件超过 10 万件，其中审批办件为 65925 件，办件量比上年同期下降 25%。

第二节　管理制度

2001 年后，为加强对窗口的组织协调、监督管理和指导服务，行政（政务）服务中心建立一系列运行管理制度。2003 年，市监察局成立“驻行政服务中心监察室”，对中心管理层和窗口单位工作人员进行行政效能和依法行政进行监督。2005 年，通过发放征求意见卡，广泛征求社会意见，提高服务质量。

2007 年 2 月，聊城市推进行政许可权相对集中改革，实行行政许可“两集中两到位”，即部门行政许可（服务）职能向一个科室行政许可科集中，部门行政许可科向行政服务中心集中；部门行政许可（服务）事项进行政服务中心要落实到位，部门对窗口工作人员要授权到位。2007 年 11 月，开展行政审批服务标准化试点工作，两年时间建立 589 项行政服务标准，中心各项工作初步实现制度化、系统化、规范化和标准化。

2007 年，加大社会监督的力度，定期召开监督员座谈会，通过意见箱、公开监督电话、主任信箱等措施，多渠道、全方位地接受社会监督。同时利用信息技术手段加强对审批程序的电子监察，有效地减少了行政审批中的违规现象。2008 年起，市政务服务中心每年初制定本年度政务服务信息公开工作要点，年终对政务服务信息公开工作进行总结，形成《信息公开年度报告》，在市政府及中心网站上进行公示。2010 年，进一步做好考核工作，制定《岗位考核奖励办法》，细化工作标准，考核覆盖面达 95% 以上。借助“行风热线”节目作为提高服务水平的有效途径，市政务服务中心被评为上线“十佳单位”。2014 年，开展党的群众路线教育实践活动，结合工作实际，开展“正风肃纪月”活动和“假如我是办事群众”换位体验活动，广泛征求群众意

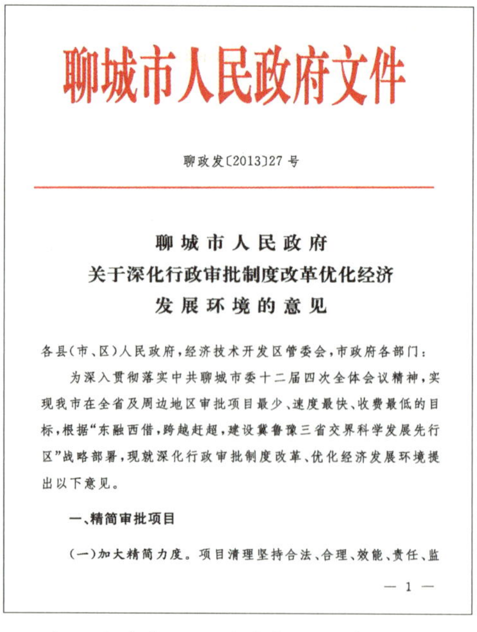

聊城市人民政府文件

聊政发〔2013〕27 号

聊城市人民政府
关于深化行政审批制度改革优化经济
发展环境的意见

各县（市、区）人民政府，经济技术开发区管委会，市政府各部门：

为深入贯彻落实中共聊城市委十二届四次全体会议精神，实现我市在全省及周边地区审批项目最少、速度最快、收费最低的目标，根据“东融西借，跨越赶超，建设冀鲁豫三省交界科学发展先行区”战略部署，现就深化行政审批制度改革、优化经济发展环境提出以下意见。

一、精简审批项目

（一）加大精简力度。项目清理坚持合法、合理、效能、责任、监

— 1 —

2013 年，聊城市人民政府印发《关于深化行政审批制度改革优化经济发展环境的意见》

见，收集各类意见建议108条，制定、完善各类规章制度23项。

2015年，市政府转发《聊城市政务服务中心窗口及工作人员考核办法》《聊城市县级政务服务中心考核办法》，将对市政务服务中心窗口及工作人员、县级中心考核纳入市级考核事项目录；部门窗口及工作人员考核实行月考核、年汇总，窗口部门每月考核情况报市五大班子、通报各部门主要负责人，工作人员每月评选微笑之星，年终评选先进集体和先进个人，由市政府进行表彰；县级政务服务中心每年年终组织统一考核，评选出先进中心，由市政府进行表彰；同时，中心对窗口部门的考核纳入市委、市政府目标考核和党风廉政建设考核。

2011—2015年，市政府共表彰县级服务中心15个次、窗口部门434个次、先进个人560人次。

第六章　外事　侨务和港澳台事务

第一节　外　事

一、重要来访

1997—2015年，聊城市共接待到聊外宾约3000人，其中重要外宾36批。主要来自韩国、美国、法国、尼日利亚、泰国、巴西、印度、西班牙、柬埔寨等国，在聊城活动主要是进行考察、访问、洽谈合作项目，参加有关仪式和友好交流等。

1997—2015年聊城市接待重要外宾情况表

表21-5

年份	到访外宾主要成员	在聊城主要活动
1997	黎巴嫩驻华大使法里德萨马哈	出席捐建学校剪彩仪式
1998	法国驻华大使毛磊	出席合资企业庆典仪式
1999	泰国农业部副部长阿克姆·安川一行	考察鲁西化工集团复合肥出口事宜
2000	尼日利亚贡北州州长哈吉·哈布·哈斯督政府经贸代表团	洽谈合作
	柬埔寨农业、工业、经济发展委员会委员长黄保嘉，副委员长林桑一行	洽谈合作
	泰国众议院首席副议长施冯·凡萨特旺一行	考察鲁西化工集团
2001	巴布亚新几内亚独立国驻华大使巴尼·龙加普、斐济群岛共和国驻华大使若杜乌济及夫人一行	考察
2002	印度尼西亚苏北省副省长伦都及夫人一行	考察
	诺贝尔奖获得者、美国哈佛大学教授盖蒂谢克	访问
2003	韩国音乐家协会会长任昌弟一行	参加文化旅游节
	韩国世界慈善会会长李秉勋一行	免费做白内障手术
	韩国希杰生物科技有限公司董事长李在元一行	洽谈合作项目
2004	韩国驻青岛总领事辛亨根、韩国CJ株式会社社长金周亨一行	出席希杰（聊城）生物科技有限公司奠基仪式
2005	韩国驻青岛总领事辛亨根、韩国CJ集团会长孙京植，韩国CJ株式会社社长金周亨一行	出席韩国希杰（聊城）赖氨酸工程竣工投产庆典仪式

续表 21-5

年份	到访外宾主要成员	在聊城主要活动
2005	韩国希杰集团会长李在元一行	洽谈合作项目
2006	美国艺术滑水协会主席詹姆斯卡迈隆麦克尼一行	出席中美滑水明星对抗赛
	西班牙里奥哈省省长桑斯阿隆索政府代表团	签署投资项目合作协议
2007	韩国韩中亲善协会会长	访问
	韩国韩中文化协会会长	访问
2008	坦桑尼亚桑给巴尔市长马察诺长	考察
2009	肯尼亚驻华大使及企业家代表团	考察
	巴西巴伊亚州副州长佩雷拉	考察
	韩国希杰集团会长李在贤一行	洽谈合作
2010	尼日利亚奥贡州州长丹尼尔一行	考察、签约
2011	赞比亚矿业与矿产发展部副部长邦费思·恩卡塔一行	考察
	苏丹喀土穆州委员会经济书记马希·哈勒夫拉·马希一行	经贸考察
2012	韩国驻华大使李揆亨、韩国驻青岛总领事黄胜炫一行	考察访问
	巴西帕拉州副州长	考察
	智利社会党和争取民主党代表团一行	考察
	瑞典韦斯特曼省省督因格玛·斯科格一行	考察
	韩国宜宁郡议长	友好访问
2014	美国弗吉尼亚州州长麦考利夫一行	考察
	太平洋岛国驻华外交使节代表团	合作交流
	太平洋岛国政治家联合代表团	访问
	越南党政干部考察团	访问考察
2015	意大利文化艺术中心主席、国际策展人温琴佐·桑弗一行	交流合作
	英国伯恩茅斯市前市长罗德·库伯一行	交流合作

1997—2015 年聊城市接待外宾统计表

表 21-6　　单位：人

年份	接待人数	年份	接待人数
1995—1997	约 200	2009	150
1998—2001	约 300	2010	160
2002—2003	约 500	2011	171
2004	约 120	2012	157
2005	约 130	2013	123
2006	134	2014	143
2007	165	2015	164
2008	147		

二、重要出访

1997—2015 年，聊城市组团出访范围由友好城市逐步扩大，出访目的有经贸活动、专项考察、友好交流等。出访团组和人数逐年增加，由市外侨办组团或协助其他单位组团出访的重要出访共 39 批。

1999—2015 年部分年份聊城市主要领导出国（境）访问情况表

表 21-7

年份	团组名称	团长	职务	出访目的地	出访目的
1999	市政府友好代表团	郭兆信	市长	法国、荷兰	友好访问
2002	市经贸考察团	张秋波	市长	韩国	招商
	市经贸考察团	仲崇高	常务副市长	俄罗斯、瑞典、芬兰	经贸考察
	市经贸考察团	张秋波	市长	日本	经贸考察
	市经贸考察团	路广业	副市长	澳大利亚、新西兰	经贸洽谈
	市政府友好代表团	张秋波	市长	意大利、德国	友好访问
	市经贸考察团	孔昭信	副市长	澳大利亚、新西兰	经贸考察
2003	市招商团	路广业	副市长	日本	招商
	市经贸考察团	郭兆信	市委书记	韩国、日本	招商
	市经贸考察团	张秋波	市长	韩国	经贸考察
	市政府友好代表团	张秋波	市长	澳大利亚	友好交流
	市经贸代表团	林峰海	市委副书记、副市长	德国、荷兰、法国	经贸考察、招商
2004	市经贸代表团	郭兆信	市委书记	日本	招商
	市招商团	张秋波	市长	韩国	招商
	市经贸代表团	郭兆信	市委书记	美国	经贸洽谈
	市友好代表团	张秋波	市长	韩国	友好访问、招商
2005	市经贸考察团	张秋波	市长	奥地利、德国、芬兰、瑞士、英国	经贸考察、友好访问
	市招商团	张秋波	市长	韩国	招商
	市经贸考察团	郭兆信	市委书记	印尼、澳大利亚	经济合作
2006	市经贸考察团	郭兆信	市委书记	俄罗斯、北欧	经贸考察
	市招商团	张秋波	市长	韩国、日本	招商
	市政府友好访问团	林峰海	代市长	韩国	友好访问
2007	市政府友好访问团	林峰海	市长	德国	友城访问
	市友好代表团	金维民	市委副书记	韩国	友城访问
2008	市政府代表团	秦传滨	副市长	韩国	友城访问、招商
2009	市经贸代表团	宋远方	市委书记	俄罗斯、芬兰、瑞典	
2010	市经贸考察团	林峰海	市长	俄罗斯	考察
2011	市经济考察团	汪文耀	市政法委书记	德国、荷兰、意大利	经贸活动
	市经贸代表团	刘新东	市人大常委会副主任	巴西	考察
	市政府代表团	李希信	常务副市长	韩国	访问、洽谈
	市招商团	张旋宇	副市长	日本、韩国	招商

续表 21-7

年份	团组名称	团长	职务	出访目的地	出访目的
2013	市经贸考察团	张旋宇	副市长	韩国	招商
	参加全国对外友协代表团	林峰海	市委书记	美国、加拿大	友好访问
	市政府代表团	王忠林	市长	德国	友好访问
	市友好访问团	丛锡钢	市委常委	韩国	友好访问
	市政府经贸考察团	张旋宇	副市长	韩国	招商
2015	市政府友好代表团	张旋宇	副市长	韩国	友好访问
	市政府经贸代表团	张旋宇	副市长	美国、加拿大、墨西哥	考察
	市政府经贸代表团	金维民	市政协主席	澳大利亚、新西兰	友好访问
	市政府经贸代表团	马丽红	副市长	澳大利亚、新西兰	考察
	市政府经贸代表团	耿　涛	副市长	意大利、荷兰、瑞典	招商
	市政府经贸代表团	蔡同民	市委常委	香港	考察

三、友好城市和友好人士

友好城市　2001 年 6 月，聊城市与韩国宜宁郡结为友好城市，是聊城市首个友好城市。此后，随着对外交往和外事工作的深入，陆续与澳大利亚的布莱克城市、西澳大利亚州天鹅市；韩国的奥芬巴赫地区、仁川市广域市中区；德国的光明市结为友好城市或友好合作关系城市。这些城市友好关系的建立，促进了友好交往，增加了人员和商贸往来，对聊城市经济建设和改革开放起到促进作用。

2001—2015 年聊城市结对外国友好城市一览表

表 21-8

国别	城市名称	中国城市名称	结对时间	备注
韩国	宜宁郡	聊城市	2001 年 6 月	友好城市
韩国	仁川市广域市中区	聊城市东昌府区	2001 年 6 月	友好城市
澳大利亚	布莱克城市	聊城市	2003 年 10 月	友好城市
澳大利亚	西澳大利亚州天鹅市	聊城市高唐县	2003 年 10 月	友好城市
德国	光明市	聊城市	2005 年 5 月	友好合作关系城市
韩国	奥芬巴赫地区	聊城市	2007 年 6 月	友好城市

2000—2015 年部分年份聊城市友好城市到访聊城团（组）情况表

表 21-9

年份	团组名称	团长	团长职务	目的
2000	韩国宜宁郡友好访问团	田元溶	郡守	友好合作
2001	韩国宜宁郡友好访问团	—	—	签署合作协议
2002	澳大利亚布莱克城政府代表团	潘多顿	市长	友好合作
	澳大利亚布莱克城澳大利亚铜管乐团一行	—	—	演出

续表 21-9

年份	团组名称	团长	团长职务	目的
2002	韩国宜宁郡政府代表团	金耕孝	副郡守	出席聊城文化旅游节
2003	韩国宜宁郡青少年访问团	—	—	交流访问
	韩国光明市市政府团	白在铉	市长	签订友好意向书
2004	德国奥芬巴赫铜管乐队一行	—	—	参加聊城文化旅游节演出
2005	韩国光明市政府代表团	白在铉	市长	签订友好城市关系协议书
	韩国宜宁郡政府团	韩佑相	郡守	友好合作
	韩国宜宁郡青少年团	—	—	交流访问
	德国奥芬巴赫民意代表团	—	—	友好考察
	德国奥芬巴赫政府代表团一行	—	—	友好访问
2006	澳大利亚布莱克城政府代表团	利奥·凯利	市长	友好交流
	韩国宜宁郡政府友好团	金采溶	郡守	友好交流
	韩国光明市政府友好团	李孝善	市长	友好交流
	澳大利亚布莱克城政府代表团	里奥·凯利	市长	友好访问
	韩国光明市青少年交流团	—	—	友好交流
2007	韩国宜宁郡友好访问团	—	—	友好交流
	德国奥芬巴赫民间友好访问团	—	—	友城交往
2008	德国奥芬巴赫政府代表团	彼得·瓦尔特	行政长官	友城交往
	韩国宜宁郡政府代表团	赵琪镐	副郡守	友城交往
	韩国光明市政府代表团	李孝善	市长	友城交往
	韩国光明市青少年代表团	—	—	友好交往
	韩国宜宁郡青少年体育代表团	田秀普	文化体育课课长	友好交流
2010	德国奥芬巴赫青少年代表团	—	—	友好交流
	韩国光明市青少年代表团	—	—	友好交流
2013	澳大利亚布莱克城政府代表团	莱奥纳多·罗宾逊	市长	友好访问
	韩国光明市政府和医疗代表团	—	—	访问
	韩国京畿道光明市青少年代表团	—	—	友好交流
2014	韩国宜宁郡青少年乒乓球代表团	—	—	友好交流
2015	韩国光明市政府和医疗代表团	—	—	友好交流
	韩国宜宁郡青少年代表团	—	—	友好交流

说明：表中空白栏为无资料记载

友好人士　1997 年以来，在外事交往中，许多外国朋友积极为聊城的对外交往牵线搭桥，为聊城市的经济建设引凤筑巢，为聊城市的科教文化提供信息，成为聊城经济建设的重要力量，中外文化交流的友好使者。2005 年，聊城市政府市长张秋波代表市政府，向韩国希杰（聊城）生物科技有限公司董事长李在元、总经理金载仪授予“聊城市荣誉市民”称号，并颁发金钥匙。2010 年，聊城市授予美国友人牧琳爱、日本友人林恭隆、澳大利亚友人查理劳尔斯等人“聊城荣誉市民”称号。

四、涉外管理

1998—2001 年，围绕贯彻落实中央、省委有关文件精神，加强对外事工作的集中统一领导和归口管理，市政府办公室下发《关于进一步做好因公出国管理和邀请外国人来访工作有关问题的通知》。2006 年，经国务院批准，外交部授予聊城市一定的派遣因公临时出国（境）人员和邀请外国相关人员来华事项的审批权，即根据人员管理权限，聊城市县处级及其以下经贸、科技人员因公临时出国（境）和邀请外国相关人员（不含在外国企业中兼职的前政要）来华，经市人民政府外事办公室审核后，报市人民政府审批；县处级以上人员和县处级及其以下非经贸、科技人员因公临时出国（境），须按有关规定报批；邀请外国副省部级及其以上人员前政要来访，须按规定程序办理报批手续。2007 年，市委办公室、市政府办公室下发《关于进一步加强领导干部因公出国管理工作有关问题的通知》，要求因公出国管理工作更好为全市“走出去”战略目标服务。2010 年，正式启动 APEC 商务旅行卡办理工作，使企业在亚太经合组织成员国之间免签出访。

1997—2015 年聊城市因公出国（境）人员审批情况表

表 21-10

年份	批准出访团组数（批）	批准出访人数（人次）
1997	132	366
1998	133	379
1999	120	310
2000	128	382
2001	139	324
2002	140	510
2003	100	385
2004	123	410
2005	148	470
2006	140	400
2007	102	430
2008	40	150
2009	96	328
2010	87	362
2011	91	334
2012	95	287
2013	63	140
2014	30	150
2015	64	135

第二节　侨务和港澳台事务

2015 年，聊城市在国外的华侨、华人和港澳同胞 5000 余人，主要分布在美国、澳大利亚、日本、俄罗斯、新加坡、中国香港共 30 余个国家和地区，留学或出外打工者居多。归侨 26 人，多为早期朝鲜、蒙古归侨，其中贫困归侨 4 人，贫困侨眷11人。侨眷及港澳眷属约3万人。

一、联络宣传

组团出访 1997年后，为充分发挥海外侨务资源的独特优势，加强联络联谊和经贸交流，市外事与侨务办公室（以下简称市外侨办）多次组织侨务团组出访，拜访海外华侨华人、专业人士。

2011年，市外侨办随省侨办组团出访澳大利亚、新西兰，先后走访5家使领馆、11个侨团及上百位华侨华人，拓展了海外侨务工作领域。

2012年，随省侨办出访美国、加拿大，制作介绍聊城概况以及人才平台和载体的PPT在海外讲演，参加在美国洛杉矶和加拿大多伦多举办的山东省引进人才政策说明会，向海外宣传聊城市的人才平台载体情况以及引进人才政策。

2013年，市外侨办和市委组织部共同组织赴日韩海外高层次人才招聘活动，在日本福冈成功举办“聊城市引进海外人才恳谈会”，来自日本福冈及九州地区的50余名博士、硕士、企业界专家以及驻福冈总领馆多名领事等出席恳谈会。会上，向华侨华人介绍聊城市的基本情况以及在人才引进方面的多项优惠政策，与海外人才进行一对一的交流，达成多项合作意向。

接待来访 1997年后，根据聊城市发展的实际需要，有计划、有目的地重点邀请海外重要侨团、侨届人士和有实力的海外华商及新生代人士到聊城访问考察。

2005年，邀请美籍华裔戴仁美率领的经贸代表团到聊城市考察访问，达成多个合作意向。2007年，举办“海外华商·博士投资与创业聊城洽谈会”，邀请来自日本、美国、加拿大、中国香港等10余个国家和地区的40多位经济上有实力、科技上有造诣的海外华商、高新专业人士和跨国公司代表，与全市有关部门和工商企业界的代表围绕现代农业、机械制造、文化教育等行业领域开展洽谈，达成20余个合作意向。

2012年，应市外侨办邀请，澳大利亚澳士福集团公司董事长、澳大利亚昆士兰中国人协会常务副会长阳云博士到聊城进行访问并考察山东创新腐植酸科技股份有限公司，双方就有机肥料项目达成合作意向。2013年，市外侨办通过扬州侨办介绍阿根廷华人联合会副主席林文龙等多位投资商到聊城考察访问，就城市商业综合体开发建设达成合作意向。为进一步向世界宣传住聊国际友人牧琳爱的感人事迹以及全市经济社会发展成就，市外侨办邀请参加世界华文媒体论坛的10余位海内外媒体代表到聊城进行集中采访，宣传推介聊城市开放的发展环境。此外，先后邀请荷兰ACM科技公司负责人、加拿大美中国际商务有限公司首席执行官、澳大利亚西澳洲国际工商管理学院副院长等20余名有专长的华人华侨到聊城分别就光学仪器、新能源汽车、生物科技、教育交流、农业信息化、友城合作等领域进行考察，达成多项合作意向。

2015年，经市外侨办邀请，西澳山东同乡会会长段昕、西澳山东商会会长卢方、西澳山东青联会会长齐洛一行3人到聊城市考察访问，召开“走进西澳——聊城友好交流座谈会”，组织市内30余家企业参加会议，就企业进出口业务、品牌宣传、技术及人才引进、留学、移民等问题进行深入沟通。邀请旅美专家协会执行会长、美国机械工程师学会顾问、美南山东同乡会名誉会长李守栋到聊城市访问考察，与聊城市在3D打印技术、精密铸造、垃圾发电、特种涂料等领域的合作进行深入交流。至2015年，聊城市接待来聊城市参观考察、经贸洽谈、采访讲学的华侨华人、港澳同胞1000余人次。

对外宣传 1997年后，市外侨办利用多种形式和渠道，大力开展对外宣传工作。利用团组出访，归侨、侨眷出境探亲和接待来访等“走出去”“请进来”的机会宣传聊城市的投资环境及各方面的优势，先后向海外发放外宣材料3000余份。制作大量的外宣品，并利用各种媒体开展对外宣传。先后有100多篇稿件在《山东外事》《齐鲁乡情》《山东侨报》《中国旅游报》《人民日报（海外版）》等涉外报刊上发表；组织拍摄了《风光旖旎话聊城》《省会城市经济圈外商看聊城》专题片；编印发行6000册《今日聊城》大型画册和8000本《聊城旅游指南》折页；邀请《中国旅游报》、美国《侨报》、美国《华尔街日报》、日本蓝色制片公司等中外新闻工作人员和美国驻华使馆外交官到聊城市进行采访报道；向美籍华人、美国丰荣集团有限公司总裁石丰荣投资的“中华锦绣图片网”提供聊城的图片资料；在世界华人论坛期间编印的《开放的山东欢迎您》大型画册上发表市长贺词等。2000年，向“中华锦绣图片网络”提供聊城市长贺词及聊城市的有关资料。2002年，邀请“美国之音”中文部驻香港首席记者熊亚华到市内进行采访。2012年，美国《华夏时报》以专版介绍聊城市经济社会发展情况和“533高端人才计划”。2013年，市外侨办邀请海外华文媒体一行10余人到市内采风，媒体代表团先后参观牧琳爱故居及牧琳爱纪念馆、中国聊城运河文化博物馆、山陕会馆、东阿阿胶博物馆等，举行牧琳爱事迹研讨会及聊城市经济社会发展推介会，为聊城市走向世界、扩大聊城市对外影响起到积极作用。

二、服务侨胞

1997年以来，各级侨务部门贯彻实施“一视同仁，不得歧视，根据特点，适当照顾”等项侨务政策以及《中华人民共和国归侨侨眷权益保护法》《〈山东省归侨侨眷保护法〉实施办法》，帮助归侨侨眷及其子女解决升学就业、工作调动、晋职晋级、调整住房、医疗保健、户口农转非、发展生产等方面的实际困难100余件，依法维护了广大归侨、侨眷合法权益。

侨务扶贫 针对聊城市归侨多系朝蒙归侨、主要居住农村、经济基础薄弱、生活比较贫困的现状，各级侨务部门根据侨户的实际情况，在资金、物资等方面进行重点扶持。从发展侨属企业入手，扩大归侨、侨眷及其子女的就业门路，增加侨户的经济收入，有100余名归侨、侨眷及其子女在侨属企业就业，有了稳定的经济收入。2015年，全市各级侨务部门积极开展“送温暖”活动，坚持采取定期与不定期深入侨户对归侨侨眷工作、生产、生活等情况进行全面了解，积极帮助解决所反映的问题，对生活有困难的侨户在资金、物资、发展项目上给予帮扶，贫侨脱贫率达98%以上。

侨务政策落实 1997—2015年，市外侨办认真贯彻落实《中华人民共和国归侨侨眷权益保护法》和山东省《实施〈中华人民共和国归侨侨眷权益保护法〉办法》。通过广播、电视、报纸进行集中宣传16次，举办归侨、侨眷、侨务干部参加的培训班、座谈会11次，举行侨法知识竞赛1次，举办侨界书画展3次，发放学习宣传材料8000余份，开展侨法宣传月20次，为全市归侨侨眷、侨务工作者和社会各界学习、了解《中华人民共和国归侨侨眷权益保护法》，依法维护归侨侨眷的合法权益奠定了基础。归侨侨眷参与现代化建设的积极性明显提高，先后有46名归侨侨眷被选为各级人大代表或政协委员，92名归侨侨眷被各行业评为先进工作者和拔尖人才，其中有5人被国务院侨办、全国侨联、教育部等省部级单位授予“先进工作者”称号。

三、服务经济

招商引资 1997年后，各级侨务部门充分发挥侨务资源优势，邀请客商、介绍朋友、反馈信息，积极开展招商引资工作。

1998—2001年，直接引进的香港汇丰房地产开发公司在聊城经济技术开发区注册成立“聊城（香港）恒萃房地产开发有限公司”。2008年，市外侨办促签温州侨商与聊城市东昌府区合作意向2个，意向金额3.8亿元。2009年，促成

2006年，聊城经济技术开发区举行荷兰帝斯曼公司奠基仪式

美国德惠集团对聊城市侨企股权投资，合资生产锌能源电池；促成侨资企业东阿阿胶股份有限公司与韩国东牛堂制药株式会社合资3000万美元生产化妆品项目。2010年，促成香港康富莱集团投资1000万美元用于聊城澳登农业发展有限公司扩大再生产；参加在济南市举办的“华交会”等活动，客商与聊城市农副产品加工、节能环保、新能源新材料以及金属制品行业等领域达成多项合作意向。2013年，市外侨办引进天安人寿保险股份有限公司聊城中心支公司、聊城宝克金百货有限公司、西部证券聊城营业部、香港豪翰投资发展有限公司等项目，其中香港豪翰投资发展有限公司在临清市建设大型专业市场综合体项目，占地240亩，总投资10亿元；参与在济南举办的第七届“华商科技交流合作洽谈会”，组织市内30余家企业以及60余位政府和企业代表参加交流会，向参会华商发各种引资引智项目材料200余份，现场签约过亿元项目2个，10余个项目达成初步合作意向。

2015年，市外侨办组织企业参与在烟台举办的第八届“华交会”，促成聊城市丰利达板业有限公司与台湾荣泰实业有限公司签订价值1.2亿元的板材加工合作项目。

2015年，全市共有侨资企业37家，投资总额8000余万美元。侨资企业投资主要来自港澳地区，其次是美加地区和东南亚地区，所属行业为加工制造业、商业服务业、电子信息等。侨资企业包括山东百佳食品有限公司、信发聚氯乙烯有限公司、华润纺织有限公司、山东纷美包装有限公司、山东祥瑞铜材有限公司等多家骨干公司。

接受捐赠　1997年，市侨办注重发挥职能优势，积极争取海外捐款，改善市内贫困地区教育、卫生设施落后状况，解决农民子女上学难等问题。1997—2000年，先后争取香港沈炳麟等10名侨胞、港胞的资助金150多万元，对9所中小学进行危房改造；接受价值300多万元的医疗设备、汽车、电脑等物品。2001年，由港胞沈炳麟捐助19.44万元的东阿县曹庙小学竣工。2005年，海外侨胞捐赠20万元兴建东昌府区侨心小学。2010年，东阿县“万侨助万村”帮扶点的文化大院主体工程及道路建设如期完工。美国京虹基金会分别在临清康庄中学、魏湾中学设立京虹书屋和奖学金，并向书屋捐款10万元。

2012年，争取香港应善良福利基金会捐助25.08万元人民币，实施阳谷县罗庄小学危房改建项目。为纳入省侨办省级“侨爱工程——万侨助万村”重点帮扶村之一的东阿县姜楼镇卢集村先后筹资140余万元，修建道路和文化大院，配备健身器械、图书等设施用品，丰富了村民的文化生活。

2014年，加拿大著名华商陈沙立“救护生命万里行”活动分别为莘县王庄集卫生院和冠县贾镇卫生院捐赠救护车各1辆，总价值约20万元。2015年，侨资企业大森（菏泽）生物质能源有限公司向阳谷县金斗营乡中心幼儿园的小朋友们发放爱心书包和文具近300套。

第七章　油区工作

第一节　油区综合治理

聊城油区地处山东、河南两省交界处，管理难度较大，偷油、窃电、盗气时有发生。1997年后，油区管理部门配合油田开发，积极抓好油区综合治理，省、市、县三级共进行综合治理和专项整治60余次，为油地经济发展创造良好外部环境。

1998—2001年，集中治理5次，打击涉案人员69人，抓获犯罪嫌疑人54人。1999年，省、市、县三级联合集中进行了为期半年的电网整治。2002年5月，市政府下发《聊城市油区工作联席会议制度》，8月，实施《聊城市油区工作管理办法》，加强油区综合治理的制度建设。2003年，对土炼油、小化工、原油收购点进行严厉打击。2004年，市、县两级对油区进行综合治理，配合油田对边缘井集中收缴。2006年，成立由副市长任组长的领导小组，开展油区整治专项活动，破获涉油刑事案件201起，摧毁涉油犯罪团伙15个；打击处理违法犯罪人员248人，刑事拘留91人；清理油坑20余处，取缔盗油暗眼17处，收缴被盗原油30吨，盗油车辆12台，掐除窃电点400处，缴获输气管线、输油管线等5000余米；各类涉油、电、气案件发案同比下降47.13%。

2011年，市油区办会同莘县油区办以及古云、大张等有关乡镇及采油三厂对油田井场进行规范清理，清理各类管线占压40余处，规范井场100余处，基本实现了“四无一通”（即油田井场无权属纠纷、无非法耕种、无非法侵占、高压线下无树木，油田井场道路畅通）；会同公安部门严厉打击管道打孔盗油盗气、井口盗油盗气、破坏油田生产设施违法犯罪行为；全年共破获各类涉油案件36起，打掉团伙2个，打击处理各类违法犯罪人员102人，抓获涉油在逃人员21人，清理废品回收点7处，收缴被盗原油10余吨。2012年，油田开发建设被纳入莘县城乡建设总体规划。2013年，借农网改造之际，对电力进行全面治理。2014年，健全多层次油地沟通平台。2014—2015年，进行井场圈占、管道占压、违章建筑集中治理。2015年，对“大气包”进行集中整治，对水井圈占、占压和输油气管道进行排查整治，共查出重大隐患26处、其他占压312处，完成管道占压改线任务11处；经过集中整治，非法油气收购点和小土炼油全部取缔，“大气包”问题有明显改观，偷油、窃电、盗气现象大大减少，涉油气案件大幅度下降。

第二节　油气管道管理

一、管道保护

2001年3月9日，聊城市石油天然气管道安全保护领导小组成立，市委、市政府有关领导任组长，市油区办担负全市油气管道的安全监管职能。2001年年底，纵跨、横越聊城市境内的管道有4条660余千米，分别是临濮输油管道，在聊城市境内172千米，管径377毫米，1979年建成运行；中沧输气管道，在聊城市境内177千米，管径426毫米，1985年建成投产；中济输气管道，在聊城市境内171千米，管径377毫米，2001年建成运行；聊泰输气管道在聊城市境内47千米，管径355.6毫米，2001年建成运行。2001年，市油区办坚持“打、防、管、建”，坚决遏制在输油（气）管道上打孔窃油、窃气，消除管道上的违章建筑，消除管道的坍塌、火灾等隐患，共消除管道上各类违章建筑68处，消除管道坍塌、火灾隐患8处；遏制管道上打孔窃油、窃气6处，抓获犯罪嫌疑人18人，其中批捕10人。

2005年，针对犯罪分子利用管线附近空闲房屋进行挖地道、打孔盗油的情况，市公安局组织人员在东昌府区、莘县、茌平县、高唐县等有关县（区）开展集中清理整顿输油管线两侧空闲民房屋活动，将输油管线两侧1000米以内的空闲、出租房屋（宅院）以及停产、破产的企业厂（院）作为清理的重点，与出租房屋户主逐一签订责任状。2009年5月建成运行鲁皖成品油管道，在聊城市境内121.6千米，管径457毫米；2010年建成运行榆济输气管道，在聊城市境内120千米，管径610毫米，全市油气长输管道共长808.6千米。

2011年，对全市输油气管道的走向图、设计规范、应急预案等资料实行备案管理。2014年，吸取青岛“11•22”东黄输油管道特大爆炸事故教训，按照“全覆盖、零容忍、严执法、重实效”的总体要求，市油区办投入778.83万元

2014 年 1 月，山东省安全领导小组在聊视察油气管道安全情况　（张衍明摄）

组织开展“输油气管道专项整治活动”；聊城输油处出资 92 万元对“临濮”输油管道与东昌府区、高唐县、莘县城区的市政管网交叉 9 处重大安全隐患进行整治；聊城输油处、中沧输气管理处、榆济管道分公司投入 231.4 万元对 115 处违章违法建筑进行拆除整治，投入 225.43 万元对管道裸露、过河、过沟处进行整治并加密埋设标识、标志桩和警示牌；济南输油处投资 200 余万元在南水北调水渠东岸新建 1 处阀室，消除“鲁皖”成品油管道泄漏影响南水北调水质安全的潜在隐患；聊泰输气管道投入 30 余万元，对北杨集分输站进行升级改造。

2015 年，进行为期三年的油气管道隐患整治工作，全市共排查油气管道隐患 190 处；按照隐患整改的“五落实”（整改措施、责任、资金、时限和预案落实）的要求，建立月报、专报、挂牌督办、督查等制度，认真整改油气管道隐患。管道企业和地方政府累计投入 13061 万元进行隐患整治，整治隐患 142 处，其中 139 处非改线隐患整治全部完成，51 处通过改线整治的安全隐患已完成 3 处，其余 48 处正在施工中。

二、应急救援

2001 年后，聊城市各管道企业完善应急预案，成立应急抢险队伍，定期进行应急演练，并有效防范和处置油气管道泄油、泄气等事故。

2003 年 5 月 1 日晚，在高唐县鱼丘湖因第三施工造成中济输气管道泄漏着火。聊城市、高唐县及市油区办领导启动应急预案，封路疏散高唐县城南五里铺村、姜堂村、金寨村、大杨村等 7 个村 200 余户群众，济南天然气管理处立即进行抢险作业，5 月 3 日上午抢险成功，无人员伤亡。2008 年 9 月 11 日 22 时 10 分，在高唐 322 省道北侧 20 米处因中济输气管道焊封砂眼漏气引发着火，高唐县启动应急响应，封路疏散周围群众，12 日凌晨 2 时 35 分抢险成功，无人员伤亡。2009 年 9 月 15 日，东昌府区闫寺镇北铁路附近因打孔盗油造成鲁皖成品油管道泄漏，泄漏柴油 27 吨，过油农田 3 亩，流淌到河沟 1 千米，立即启动应急预案。公安、消防、企业共 200 余人参加应急抢险救援工作，下午 14 时抢险成功，封堵了泄漏阀门，管道企业回收了泄漏原油，管道恢复正常运行，无人员伤亡；公安机关成功破获盗油案件，抓获作案分子 5 人。

2013 年 10 月 23 日 15 时 35 分，临濮输油管道在东昌府区新区办事处旗杆王村（距高速公路约 40 米）进行管道防腐大修作业沟时，碰到盗油阀门，阀门发生破裂，造成原油泄漏，部分原油喷至高速公路，致使高速公路封闭，立即启动应急预案。19 时 45 分成功封堵泄漏阀门，管道恢复输油，20 时 15 分清理完喷到高速公路上的原油，高速公路恢复通行。

是年，11 月 6 日 9 时，中济输气管道在东昌府区沙镇镇向庄村附近管道进行施工开挖时，发现预先埋设的盗气阀门及管径为 1 寸的短节，因短节腐蚀严重导致天然气泄漏，立即启动应急预案，11 时将泄漏点封堵完毕，消除了隐患。

第八章　地方史志

1982年3月17日，成立聊城地区地方史志编纂委员会，下设史志办公室，负责地区志的编纂工作。是年，开始《聊城地区志》编纂工作。1984年，各县（市、区）均成立编委会和办事机构。1995年4月，史志办成立年鉴科，负责年鉴编纂，是年，聊城地区第一部综合年鉴《聊城年鉴（1991-1994）》出版。1997年6月，聊城地区第一部社会主义新志《聊城地区志》出版发行。1998年，成立聊城市地方史志编纂委员会，下设办公室，组织全市开展社会主义新方志编修。2012年1月，聊城市印发《聊城市地方史志工作管理办法》，对地情文献、地方史志管理、开发利用等作出相应规定。2015年12月，制定《聊城市地方史志事业发展规划纲要（2016—2020年）》。截至2015年底，全市及县（市、区）两级共有史志工作机构9个，工作人员62人，初步构建修志编鉴、理论研究、质量保障、开发利用、工作保障“五位一体”的史志事业发展综合体系。

第一节　志书编修

一、旧志

据现有史料记载，在宋代，博平县曾组织过修志活动，但志书未能保存。明清时期，聊城因运河开通，经济、社会、文化等各方面均呈现繁盛景象，方志事业蔚然兴起。明清时期的志书编修活动比较普遍，志书编修质量较高。明正德十年（1515年）编修的《莘县志》是聊城现存最早的志书。截至2015年，聊城市可考旧志总数约108部，现存约75部，其中明代旧志8种，清代旧志56种，民国旧志10种。

现存75部旧志中，全市共影印、点校23部。2006年8月，聊城市地方史志办公室将康熙二年（1663年）《聊城县志》、光绪三十四年（1908年）《聊城县乡土志》、宣统二年（1910年）《聊城县志》三部旧县志整理而成合集《聊城旧县志点注》。

二、第一轮修志

《聊城地区志》编修　1982年，聊城地区决定编纂《聊城地区志》，同年，组建聊城地区地方史志编纂委员会，下设办公室，负责志书工作。1983年7月，召开全区第一次史志工作会议，推动修志工作的开展。1991年12月，完成《聊城地区志》初稿，约200万字，召开志稿评议会。1994年，对《聊城地区志》进行修改，完成230万字修改稿。1997年6月，聊城地区第一部社会主义新志《聊城地区志》出版发行，该志断限为1840—1996年，设21编、100章、168万字，全一册，该志荣获聊城市社科成果特等奖。

县（市、区）志编修　1982年，全区7个县成立县志编纂委员会和办事机构，各县市印发篇目征集资料。1982年，《阳谷县志》《聊城市志》

2012年11月，聊城市首部乡镇志—《张秋镇志》发行仪式在阳谷县举行

正式启动编纂。1983 年，《冠县志》正式启动编纂。1985 年，聊城市、阳谷县搜集近千万字的资料。是年，莘县开展县志编纂工作。1988 年，阳谷县完成《阳谷县志》征求意见稿，召开《阳谷县志》志稿研讨会。1991 年 10 月，《阳谷县志》出版发行。

1997 年，聊城市召开志稿评议会，《聊城市志》终审定稿。12 月，冠县召开《冠县志》评审会。1998 年，《高唐县志》《茌平县志》《莘县志》《临清市志》《东阿县志》出版发行。1999 年 3 月，《聊城市志》出版发行。2000 年 10 月，《冠县志》出版发行。至此，全市第一轮志书编修工作全部完成。

三、第二轮修志

市志编修　1998—2001 年，为全市续修（编修）新方志做前期准备工作，制定《聊城市续修新方志工作纲要》，确定全市共续修（编修）10 部志书，即 1 部市志、9 部县（市、区）志，制定《聊城市志》续修工作方案。

2010 年，完善《聊城市地方志书编纂质量规定》，要求严把志书评议关。2012 年初步拟定《聊城市志》篇目，2014 年进一步修订《聊城市志》篇目。2015 年完成篇目设计，12 月，召开全市续修新志启动大会，正式启动第二轮修志。《聊城市志》断限为 1997 年—2015 年，初步设定 37 编、115 章。

县（市、区）志编修　2004 年，冠县、东昌府区召开第二轮修志动员大会。2007 年，《茌平县志》《东阿县志》出版发行。2009 年，阳谷县开始《阳谷县志（1988—2008）》的编纂。2011 年，莘县启动《莘县志（1988-2010）》编纂工作，《东昌府区志》完成全志编辑工作。2012 年，《高唐县志》《阳谷县志》《东昌府区志》出版发行。《茌平县志》获山东省地方史志编纂委员会颁发的“八个一优秀”评选活动优秀市县级志书入围奖。《东昌府区志》被省史志办确定为全省唯一一部重点打造的县级优秀志书，荣获山东省优秀史志成果奖，受到山东省政府办公厅表彰。2013 年，《冠县志》《莘县志》出版发行。

2014 年，6 部志书被山东省地方史志编纂委员会授予“齐鲁新方志奖优秀·三级志书奖”，《东昌府区志》被山东省人民政府办公厅授予“优秀史志成果·优秀市县级志书奖”。

1981—2015 年聊城市志书编修情况一览表

表 21-11

志名	主编	出版时间	字数（万）	出版社	主要获奖情况
《聊城地区志（1840—1996）》	齐保柱、周广馥	1997.6	168	齐鲁书社	聊城市社科成果特等奖
《聊城市志（1840—1985）》	贺继德	1999.3	120	齐鲁出版社	—
《临清市志（1986—2002）》	杜明德	1997.8	127.4	齐鲁书社	—
《冠县志（1840—1988）》	石金铭、史钊、张怀轩	2001.12	120	齐鲁书社	聊城市社科联一等奖
《莘县志（1840—1987）》	陈庆立、胡维国	1997.8	102.7	齐鲁书社	—
《阳谷县志（1840—1987）》	张万知	1991.10	82	中华书局	全国性新编地方志优秀成果展览和评比优秀成果奖
《东阿县志（1840—1985）》	刘永禹、袁今富	1998.3	94	齐鲁书社	—
《茌平县志（1840—1985）》	张洪福、刘贵元	1997.4	80	齐鲁书社	—
《高唐县志（1840—1987）》	郑宽亭	1996.8	110.6	齐鲁书社	—
《聊城经济开发区志（1995—2008）》	齐保柱	2010.9	93.5	齐鲁书社	齐鲁新方志奖优秀三级志书奖
《东昌府区志（1986—2005）》	孟凡志、宋耀菊、马金成	2012.10	129.9	方志出版社	山东省人民政府办公厅优秀市县志奖

续表 21-11

志名	主编	出版时间	字数（万）	出版社	主要获奖情况
《临清市志（1991—2005）》	袁少亭	2010.11	102	山东美术出版社	齐鲁新方志奖·优秀三级志书奖
《续补冠县志（1988—2005）》	史钊、崔海坡	2014.5	139.6	方志出版社	市社科联三等奖
《莘县志（1988—2010）》	颜廷勇	2013.12	137.3	方志出版社	—
《阳谷县志（1988—2008）》	韩学斌	2012.12	128	中华书局	—
《东阿县志（1986-2005）》	王涛、张昭峰、张冬青	2009.7	143	齐鲁书社	齐鲁新方志奖·优秀三级志书奖
《茌平县志（1978—2004）》	朱士明、侯文芳	2008.8	110	中华书局	聊城市第十五次社会科学优秀成果二等奖，齐鲁新方志奖优秀三级志书奖
《高唐县志（1988—2005）》	张传庆、唐艳红	2012.2	96	中国民主法制出版社	—

四、其他志类丛书编纂

首轮修志期间，在编纂市志、区县志同时，全市大部分承编单位搜集大量的部门或行业资料。首轮修志结束后，陆续有部分部门、单位自发编纂基层志。2001 年，聊城市地方史志编委会制订《聊城市续修新方志工作纲要》，规定基层修志任务，要求历史名镇以及经济实力较强、知名度较高的乡镇、村、部门、企业要在市、县（市、区）史志机构的指导下，续修（编修）乡镇志、村志、部门志、企业志及其他类志书。

市史志办对部门修志人员进行修志业务培训。2004 年，指导编写《黄河志》《军事志》部门志。2010—2011 年，完成《四川汶川特大地震抗震救灾志（聊城部分）《中华人民共和国第十一届运动会志》（聊城部分）的编纂工作。2012—2014 年，对培训《聊城市卫生志》《聊城市药监志》《东昌府区人大志》《聊城市计划生育志》编修人员进行培训指导，协助指导《聊城市卫生志》《聊城市民政志》等行业志的编纂，《聊城市卫生防疫志》《聊城市食品药品监督管理志》出版发行。2015 年，对《阳谷县人民代表大会志》编修人员进行培训指导。

至 2015 年，全市公开出版、准印出版及内部印发的行业志、企事业部门志、乡镇志、村志等基层志书 220 余部。

第二节　年鉴编纂

一、《聊城年鉴》

1995 年 4 月，聊城史志办成立年鉴科，主要负责《聊城年鉴》工作。是年，聊城地区行政公署办公室《关于做好〈聊城地区年鉴〉编纂工作的通知》，要求地直部门为史志办提供年鉴稿件。1995 年 10 月，《聊城年鉴（1991—1994）》由齐鲁书社出版发行。全书共设文献选辑、大事记、全区概况、县市概况、政治、军事、法制、经济管理、工业、农业、交通邮电、建设环保、商业贸易、财政金融、科学技术、社会科学、文化、卫生体育、政策法规选辑、教育、社会生活、行业论文、人物、统计资料等 24 个部类，约 116 万字，介绍聊城地区 1991—1994 年间的社会基本情况，是聊城地区第一部大型综合性资料工具书，获聊城地区社会科学优秀成果奖一等奖。

此后，年鉴科编纂《聊城年鉴（1991—1994）》《聊城年鉴（1995—1997）》《聊城年鉴（1998—2001）》《聊城年鉴（2002—2003）》，均为多年鉴。2001 年 12 月 4 日，中共聊城市委办公室、聊城市人民政府办公室下发《关于认真做好〈聊城年鉴〉编纂出版工作的通知》，要求各市直单位为聊城年鉴供稿。

2005 年，《聊城年鉴（2005）》出版，记载 2004 年的聊城情况，《聊城年鉴》实现一年一鉴，于是年年底发行出版。《聊城年鉴（2006）》获第二届全省优秀年鉴评比综合一等奖、条目编写特等奖、印刷装帧特等奖、框架设计特等奖；《聊城年鉴（2008）》获第三届全省优秀年鉴评比综合特等奖、条目编写特等奖、印刷装帧特等奖、框架设计特等奖。1995—2015 年，全市共编纂《聊城年鉴》15 部。

二、各县（市、区）及专业年鉴

各县（市、区）史志办于 20 世纪 90 年代陆续开始年鉴的编纂工作，聊城市第一部县级年鉴为《莘县年鉴 1989》，于 1990 年 6 月打印，由莘县人民政府办公室编纂。1996 年，阳谷县地方史志办公室编辑出版《阳谷年鉴（1988—1994）》，是各县（市、区）史志办编纂完成的第一部年鉴。1998 年《聊城统计年鉴》出版，是全市第一部专业年鉴，由聊城市统计局编辑出版。

《茌平年鉴（1986-1996）》被山东省地方史志编纂委员会评为“优秀年鉴”，《阳谷年鉴（2000—2003）》获 2011 年度优秀年鉴奖，《东昌府年鉴（2006—2011）》获山东省年鉴评选特等奖。由于条件所限，2015 年前，各县（市、区）年鉴大多是多年鉴的形式，至 2015 年，各县（市、区）共出版年鉴 13 部。

第三节　馆网建设

一、网站建设

2001 年，为加强市情资料的实用性与便捷性，聊城市史志办开通“聊城市情网”，开设新闻中心、聊城市情、聊城历史、历史研究、聊城风光、聊城人物 6 个栏目。其后，根据工作需要，陆续增加区域研究、地情资料等栏目。2002 年 11 月，建成市情资料库，实现与山东省情网的联网。2003 年，对市情资料库进行充实和扩容，开始进行县级地情网站建设，是年年底，茌平县建立全市第一个县级地情资料库。2004 年，高唐县、临清市建成地情资料库。

2007 年，东昌府区情网、临清市情网、莘县地情网站等县级地情网站开通，全市建设县级资料库 9 个，实现省、市、县三级地情资料库的互联互通、资源共享。

2010 年，聊城市情网开通市情论坛、历史上的今天等栏目，实现聊城市情网与聊城政务网的链接。2011 年，聊城市情网被评为“齐鲁新方志奖”优秀地情网站。

至 2015 年，聊城市情网共历经 6 次升级改版与调换系统，设聊城市情、史志新闻、区域研究等一级栏目 15 个，与聊城新闻网和各县（市、区）网站等重点网站建立链接关系。网站添加聊城史志资料 300 余篇，计 20 余万字，发布 200 余篇聊城文史信息，上传历年《聊城年鉴》的电子版，实现了志鉴资料和地情资料的网络共享。

二、方志馆

2009 年 7 月，聊城市方志馆成立，面积约 100 平方米，是全面展示聊城方志文化的重要平台。馆内以收藏志书、年鉴为主要特色，主要收藏省、市、县（市、区）三级新方志、年鉴、地情资料书，全国各省、市、自治区新方志和年鉴，极具价值的旧志及其它重要历史文献资料。

馆藏资料的收集渠道主要有购买、交换交流、接受社会赠与等途径。市方志馆积极组织参加志书交流活动增加志书、年鉴的书籍馆藏，2013 年 5 月，参加第二届中原志鉴评估交流大会，交换志书 26 部（36 册），年鉴 11 部（15 册），其他地情书籍 7 册，丰富了志鉴馆藏数量。2014 年，聊城市史志办新交换志类产品 123 部（套）。截至 2015 年年底，全馆共有各类图书 680 种，12000 余册，其中省内志书 1070 册，省外志书 148 册；旧志馆藏 28 部。省内年鉴 6145 册，省外年鉴 142 册，地情资料书 2390 册，其他相关史书 2135 册。

第四节　地情研究与社会服务

全市（地区）史志部门挖掘地方历史文化资源，服务经济社会发展，编纂出版《聊城名人名胜名产》《东阿人物》《聊城历史文化遗存概览》等地情书30余种。

1985年，市史志办编印《聊城地区概况》，记述了本区及各县、市的建置沿革，自然条件、经济状况、文化事业、重大事件、著名人物、名胜古迹。围绕水利建设向相关单位提供了5.7万字的历史资料，为制定规划提供决策依据。1986年9月，对南水北调工程的走向提出了建议。

1989年，市史志办编辑出版《聊城风物》。1991年，市史志办编纂出版《聊城地区乡镇概况》一册，参与编纂《鲁西名人传略》。2000年，市史志办编纂出版《聊城名人名胜名产》，全面介绍聊城境内的古今人物、名胜古迹、土特产品。是年，编辑出版《聊城市情》。

2007年8月，市委、市政府组织召开聊城古城保护与整治规划评审会，对同济大学国家历史文化名城研究中心编制的规划进行评审。市史志办向有关单位提供了古城相关的资料文献。2013年，聊城市地方史研究会成立，共有会员80余名。

2012年，参与《中华人民共和国政区大典·山东卷》聊城部分的编纂工作，承担政区概况、风土人情、重大事件、重要人物等篇章内容的撰写任务。

2015年，市史志办编辑出版《聊城地方史研究》（第一辑），同年出版《聊城古今五千年》，介绍从原始社会到1949年中华人民共和国成立期间，聊城各方面的大事、要事。

在《中国地方志》《山东史志》等刊物发表理论文章多篇，内容涵盖地情研究、历史文化发掘等各个方面，深入研究宣传聊城历史文化。

第二十二编　政协地方组织

Part XXII Local Organizations of CPPCC

聊城志

1981 年 12 月，全区各县政协委员会均恢复建立。1986 年 4 月，政协聊城地区工作联络处（正县级）建立。1988 年 8 月，建立山东省政协聊城地区工作联络组（正厅级）。1989 年 2 月，改称山东省政协聊城地区工作委员会。聊城撤地设市后，1997 年 12 月成立地级市政协筹委会。筹委会协商决定聊城市政协顺延原县级政协聊城市委员会届次，成立政协聊城市第九届委员会，协商确定政协聊城市第九届委员会第一次会议召开的时间、领导人员建议名单以及大会议程、日程等建议草案；推荐安排市政协委员 321 名。1998 年 3 月 16 日，政协第九届聊城市委员会第一次会议召开。

1997—2015 年，聊城市政协共换届 4 次，召开全体委员会议 18 次。历届市政协始终坚持“围绕中心、服务大局”的工作原则，围绕市委、市政府中心工作，认真履行政治协商、民主监督、参政议政职能，为全市经济建设和各项社会事业发展做出突出贡献。

第一章　市政协全体委员会议

根据《中国人民政治协商会议章程》规定，市政协每届 5 年，每年举行一次全体会议。1997—2015 年间，政协聊城市委员会共换届 4 次，召开全体委员会议 18 次。

第一节　第九届政协全体委员会议

一、市政协第九届第一次会议

1998 年 3 月 16—22 日召开。参加会议的委员共 312 人，市委书记张敬涛出席开幕式并讲话。会议听取并审议通过市政协常务委员会工作报告，审议通过提案审查情况的报告，通过大会各项决议。全体委员列席市第十三届人大第一次会议，听取市政府工作报告和其他各项报告。

会议选举产生市政协第九届委员会领导成员，杜九西当选为市政协主席，胡元亭、王荣亭、梁永康、白万全、陈宗昭（女）、张培生、李荣勤（女）当选市政协副主席，副主席梁永康兼任政协秘书长。选举产生常务委员 49 人，组成聊城撤地设市后的首届市政协常委会。

二、市政协第九届第二次会议

1999 年 2 月 24—27 日召开。会议传达省政协第八届第二次会议精神，听取并审议通过市政协主席杜九西所作的市政协常委会工作报告，审议通过市政协提案工作报告，审议通过九届二次会议决议和有关人员事项；与会委员列席市第十三届人民代表大会第二次会议的有关会议，听取并讨论了市政府工作报告和其他有关报告。

会议决定，副主席梁永康不再兼任市政协秘书长职务，选举傅学泉任市政协秘书长，新增常委 15 人。

三、市政协第九届第三次会议

2000 年 2 月 25—27 日召开。会议传达省政协第八届第三次会议精神，听取并审议通过市政协主席杜九西所作的市政协常委会工作报告，听取并审议通过市政协提案工作报告，审议通过九届三次会议决议和有关人员事项；与会委员列席市第十三届人民代表大会第三次会议的有关会议，听取并讨论了市长郭兆信所作的市政府工作报告和其他有关报告。

会议增选宋来君为市政协副主席，增选赵凤昌、贺桂道、潘延红（女）为常务委员。

四、市政协第九届第四次会议

2001 年 2 月 21—25 日召开。会议传达省政协第八届第四次会议精神，听取并审议通过市政协主席杜九西所作市政协常委会工作报告，听取并审议通过副主席胡元亭所作的市政协提案工作报告，审议通过九届四次会议决议和有关人员事项；与会委员列席市第十三届人民代表大会第四次会议的有关会议，听取并讨论了代市长张秋波所作的《关于聊城市国民经济和社会发展第十个五年计划纲要的报告》和其他提交大会讨论的报告。

会议决定，胡元亭不再担任副主席职务，刘印奎等6人不再担任常务委员；增选布占祥、孙喜海为市政协副主席，增选刘孟林等8人为常务委员。

五、市政协第九届第五次会议

2002年2月21—24日召开。会议传达省政协第八届第五次会议精神，听取并审议通过市政协主席杜九西所作的市政协常委会工作报告，听取并审议通过副主席布占祥所作的市政协提案工作报告，审议通过九届五次会议决议和有关人员事项；与会委员列席市第十三届人民代表大会第四次会议的有关会议，听取并讨论了市长张秋波所作的政府工作报告和其他工作报告。

会议决定，傅学泉不再担任市政协秘书长职务，选举杨贞海为市政协秘书长。

第二节　第十届政协全体委员会议

一、市政协第十届第一次会议

2003年2月17—23日召开。市委书记郭兆信出席开幕式并讲话。会议听取并审议通过市政协副主席布占祥所作的市政协常务委员会工作报告，听取并审议通过常务委员会提案工作，通过大会各项决议。全体委员列席市第十四届人大第一次会议，听取并讨论市长张秋波所作的市政府工作报告和其他各项报告。

会议选举产生市政协第十届委员会领导成员，赵振兰（女）当选市政协主席，布占祥、李荣勤（女）、宋来君、孙喜海、杨刚岭、王泽才、张广霞（女）、潘延红（女）、马亮宽当选副主席，杨贞海当选秘书长，选举产生常务委员58名。

二、市政协第十届第二次会议

2004年1月30日至2月3日召开。会议听取并审议通过市政协副主席布占祥所作的市政协常委会工作报告，听取并审议通过市政协副主席杨刚岭所作的市政协常务委员会提案工作报告，审议通过大会所作决议和有关事项。与会委员列席市第十四届人民代表大会第二次会议的有关会议，听取并讨论了市长张秋波所作的市政府工作报告和其他有关报告。

会议决定，杨贞海不再担任市政协秘书长职务，增选许宗林为市政协秘书长。

三、市政协第十届第三次会议

2005年1月25—29日召开。会议听取并审议通过市政协主席赵振兰所作市政协常委会工作报告，听取并审议通过政协副主席杨刚岭所作的市政协常务委员会提案工作报告，表彰了优秀提案和提案办理委员会满意单位。审议通过大会所作决议和有关事项。与会委员列席市第十四届人民代表大会第三次会议的有关会议，听取并讨论了市长张秋波所作的政府工作报告和其他有关报告。

四、市政协第十届第四次会议

2006年2月6—10日召开。会议听取并审议通过市政协主席赵振兰所作的市政协常委会工作报告，听取并审议通过政协副主席杨刚岭所作市政协常务委员会提案工作报告，表彰十届三次会议以来的优秀提案，审议通过大会所作决议和有关人事等事项。与会委员列席市第十四届人民代表大会第四次会议的有关会议，听取并讨论了市长张秋波所作的市政府工作报告、聊城市“十一五”规划纲要和其他有关报告。

会议增选耿朝玉、李福祥、钟文泽为市政协副主席，布占祥不再担任市政协副主席职务。

五、市政协第十届第五次会议

2007年2月26日至3月2日召开。会议听取并审议通过市政协主席赵振兰所作的市政协常委会工作报告，听取并审议通过政协副主席耿朝玉所作的市政协常务委员会提案工作报告，表彰优秀政协委员和十届四次会议以来的优秀提案，审议通过大会所作决议和有关事项。与会委员列席市第十四届人民代表大会第四次会议的有关会议，听取并讨论了代市长林峰海所作的市政府工作报告和其他有关报告。

第三节　第十一届政协全体委员会议

一、市政协第十一届第一次会议

2008年1月3—7日召开。参加会议的委员共375人，市委书记宋远方出席开幕式。会议听取并审议通过市政协主席赵振兰所作的市政协常务委员会工作报告，听取并审议通过市政协副主席耿朝玉所作的常务委员会提案工作报告，审议通过大会所作的决议和有关事项。全体市政协委员列席市第十五届人大第一次会议，听取市长林峰海所作的市政府工作报告和其他各项报告。

会议选举产生市政协第十一届委员会领导成员，王志刚当选为市政协主席，路广业、徐淑满、孙喜海、张广霞（女）、潘延红（女）、马亮宽、李福祥、张传玄当选副主席，许宗林当选市政协秘书长，选举产生常务委员共71人。

二、市政协第十一届第二次会议

2009年1月13—16日召开。参加会议的委员共380人，市委书记宋远方出席开幕式。会议听取并审议通过市政协主席王志刚所作的市政协常委会工作报告，听取并审议通过副主席路广业所作的市政协常务委员会提案工作报告，表彰市十一届一次会议以来的优秀提案和提案办理委员会满意单位，审议通过大会所作决议和有关事项。与会委员列席市第十五届人民代表大会第二次会议的有关会议，听取并讨论了市长林峰海所作的市政府工作报告和其他有关报告。

会议决定，杨贞海不再担任市政协秘书长职务，增选许宗林为市政协秘书长。

三、市政协第十一届第三次会议

2010年2月3—6日召开。参加会议的委员共389人，市委书记宋远方出席开幕式。会议听取并审议通过市政协主席王志刚所作的市政协常委会工作报告，听取并审议通过副主席路广业所作的市政协常务委员会提案工作报告，审议通过大会所作决议和有关事项。与会委员列席市第十五届人民代表大会第三次会议的有关会议，听取并讨论了市长林峰海所作的市政府工作报告和其他有关报告。

四、市政协第十一届第四次会议

2011年1月21—24日召开。参加会议的委员共392人，市委书记宋远方出席开幕式。会议听取并审议通过市政协主席王志刚所作的市政协常委会工作报告，听取并审议通过副主席路广业所作的市政协常务委员会提案工作报告，表彰优秀提案和提案办理委员会满意单位，审议通过大会所作决议和有关事项。与会委员列席市第十五届人民代表大会第四次会议的有关会议，听取并讨论了市长林峰海所作的市政府工作报告和其他有关报告。

会议选举金维民为市政协主席，增选万庆阳、姜之厚为市政协副主席。

第四节　第十二届政协全体委员会议

一、市政协第十二届第一次会议

2012年2月25日至3月1日召开。参加会议的委员共407人，市委书记宋远方出席开幕式。会议听取并审议通过市政协主席金维民所作的市政协常委会工作报告，听取并审议通过副主席潘延红所作的市政协常务委员会提案工作报告，表彰市十一届四次会议以来的优秀提案、优秀调研报告和先进承办单位，审议通过大会所作决议和有关事项。与会委员列席市第十六届人民代表大会第一次会议的有关会议，听取并讨

2012年2月25日至3月1日，政协第十二届聊城市委委员会第一次全体会议召开

论市长林峰海所作的市政府工作报告和其他有关报告。

会议选举产生市政协第十二届委员会领导成员，金维民当选为市政协主席，贾少勇、张广霞（女）、潘延红（女）、马亮宽、万庆阳、张传玄、姜之厚、孟广武当选副主席，郑峰当选秘书长。选举产生常务委员77人。

二、市政协第十二届第二次会议

2013年1月7—10日召开。参加会议的委员共402人，市委书记宋远方出席开幕式。会议听取并审议通过市政协主席金维民所作的市政协常委会工作报告，听取并审议通过副主席潘延红所作的市政协常务委员会提案工作报告，表彰市十二届一次会议以来的优秀提案和先进承办单位，审议通过大会所作决议和有关事项。与会委员列席市第十六届人民代表大会第二次会议的有关会议，听取并讨论市长林峰海所作的市政府工作报告和其他有关报告。

三、市政协第十二届第三次会议

2014年1月7—10日召开。参加会议的委员共399人，市委书记宋远方出席开幕式。会议听取并审议通过市政协主席金维民所作的市政协常委会工作报告，听取并审议通过副主席潘延红所作的市政协常务委员会提案工作报告，表彰市十二届二次会议以来的优秀提案、优秀调研报告先进承办单位，审议通过大会所作决议和有关事项。与会委员列席市第十六届人民代表大会第三次会议的有关会议，听取并讨论代市长王忠林所作的市政府工作报告和其他有关报告。

会议决定，郑峰不再担任市政协秘书长职务，增选路仕佼为市政协秘书长，补选市政协委员5名。

四、市政协第十二届第四次会议

2015年2月26日至3月1日召开。参加会议的委员共404人，市委书记徐景颜出席开幕式。会议听取并审议通过市政协主席金维民所作的市政协常委会工作报告，听取并审议通过副主席潘延红所作的市政协常务委员会提案工作报告，表彰市十二届三次会议以来的优秀提案、优秀调研报告先进承办单位，审议通过大会所作决议和有关事项。与会委员列席市第十六届人民代表大会第三次会议的有关会议，听取并讨论市长王忠林所作的市政府工作报告和其他有关报告。

第二章　重要工作

第一节　政治协商和参政议政

市政协始终坚持“围绕中心、服务大局”的工作原则，紧紧围绕市委、市政府中心工作，积极参政议政，推进市委、市政府重要决策的科学化和民主化。

政协第九届聊城市委员会作为聊城撤地设市后的第一届政协，按照“服从大局、服务中心、求真务实、开拓创新”的工作思路，充分运用全委会、常委会、主席会和专题协商座谈会等形式，围绕全市国民经济和社会发展“十五”计划、下岗职工再就业、科技兴聊、大中型企业改革、个体私营经济发展、重点工程建设、社会治安综合治理、招商引资等事关全局的重大问题，开展议政建言活动，郑重提出意见建议，为市委、市政府科学决策及改进工作提供重要参考和依据。九届政协突出抓调查视察和提案工作，形成专题调查报告190多篇，提出建议800多条。

第十届聊城市政协自2003年2月至2008年1月，以科学发展观统领工作全局，围绕社会主义新农村建设、二、三产业发展、优化投资结构、规范项目建设程序、保持房地产业健康发展、实施科教兴国和人才强市战略等重大问题，提出意见建议。向市委、市政府报送建议案和调研视察报告65份，市委、市政府领导给予高度评价，并作出重要批示。十四次、十五次常委会议分别围绕推进社会主义新农村建设、建设节约型社会进行协商议政，所提意见建议纳入市委、市政府决策之中。其中，《关于加快我市旅游产业发展的调查报告》《关于我市企业自主创新情况的调研报告》《关于我市台资企业发展情况的调研报告》等20余件报告引起市委、市政府高度重视，为全市决策提供了依据。

2008年，市政协召开第十届政协委员"为建设强市名城献计出力"经验交流会

第十一届聊城市政协自2008年1月至2012年2月，围绕市委"加快建设生态型强市名城实现新跨越"的目标任务，坚持在"角度的选择、力度的把握、广度的覆盖"上下功夫，积极打建参政议政平台，促进"为建设强市名城献计出力活动"的深入开展。

市政协探索和创新参政议政方式，初步形成"主席会议重点协商、全委会整体协商、常委会专题协商、专委会对口协商"的参政议政格局。常委会采取会前调研、会中视察、部门通报、常委会总结等形式，创新了常委会开法，丰富了常委会内容，体现了常委会议专题议政的特点。市政协把"工业重点产业发展""实施领先战略促进企业可持续发展""农业四百工程实施""高新技术产业发展"等10余个课题作为重点调研题目，组织政协常委、专门委员会及相关部门、单位负责人进行深入调研。调研报告呈送后，市委、市政府主要领导均作出重要批示并要求有关部门和单位认真学习借鉴、研究采纳。围绕加快推进现代物流业、农村土地流转、加强城市管理等问题，开展40多次调研视察活动，形成30余份调研视察报告，引起市委、市政府领导的高度重视。

2012年2月第十二届聊城市政协成立后，先后围绕"加快融入省会城市群经济圈""适应新常态实现再创业""加快服务业转型升级创新发展""推进依法治市战略实施"等课题进行专题议政。围绕"工业转型升级""后申遗时代大运河山东段保护开发""统筹建设生态水城""大气污染防治""物流大通道建设"等题目进行调研视察，形成调研报告30余件，经市委、市政府领导批示后交有关部门研究采纳，实现了调研成果的有效转化落实。对接重点协商议政定期组织召开政情通报会，市政府有关领导及相关部门主要负责人通报年度工作安排和重点工作情况，主动征求政协意见建议，共同协商有关问题。围绕交通安全、科普工程、特色农业、职业教育、医药卫生体制改革、教育均衡发展等20余项工作，分别与市政府及市公安局、交通局、农委、科技局、教育局等部门开展各种协商活动，提出切实可行的意见建议。以中共聊城市委印发的《关于加强人民政协协商民主建设的实施意见》为遵循，制定出台关于加强人民政协政治协商工作的具体文件，市政协先后就市委十二届八次、九次全体会议中有关方面内容，提出意见建议9条，被市委直接采纳。政协8个专门委员会组织委员先后围绕新型城镇化、民营经济发展、法律服务体系建设等问题，与有关部门开展近20余次对口协商，特别是针对古城保护与改造工作，连续进行跟踪调研、跟踪视察，提出解决问题的方法，为建设“河湖秀美大水城、宜居宜业新聊城”提供了重要智力支撑。

第二节　视察调查

1998年3月至2003年2月，第九届市政协采用“专题、小型、分散”等视察调查方式，先后围绕个体私营经济发展、“三资”企业情况、土地资源及闲散土地开发利用、贯彻落实《中华人民共和国村民委员会组织法》、搞活国有大中型企业、水资源开发利用、民营经济发展环境等问题开展调查76次，找出存在问题，提出意见建议。围绕政法队伍教育整顿、城市建设、环保工作、医疗药品市场、基层派出所“三项教育”情况等方面进行视察45次，形成专题调研报告和视察报告121件，提出意见建议700多条。这些报告和建议引起市委、市政府高度重视，绝大部分被采纳。同时，组织住聊城省政协委员就企业改革、农村发展、中小学教育、乡镇企业、科技兴农、社会治安综合治理、国有企业发展等问题开展视察活动，提出切实可行的意见和建议，形成视察报告11件。

2003年2月至2008年1月，第十届市政协把开展“为建设强市名城献计出力活动”作为贯穿政协工作的主线，充分发挥政协智力密集、联系广泛、渠道畅通的优势，先后围绕社会治安防控体系、完善突发事件应急机制、建设社会主义和谐文化、加强安全生产、扩大消费需求和优化消费结构、建设资源节约型和环境友好型社会等重大问题，组织委员开展专题调查和视察活动138次。提出意见建议1246条。其中，2007年由市政协社会法制委员会牵头开展并起草的关于《中华人民共和国行政许可法》贯彻落实情况的调查报告，得到市委主要领导的批示，市委以“领导参阅件”印发各县（市、区）主要领导和有关部门负责人，并要求有关部门认真研究改进措施。同时，采取主席视察、委员跨县视察等形式，先后就县域经济发展、国有企业改制、食品卫生安全、科技创业服务、台资企业发展、土地市场管理、劳动力培训和输出等问题进行视察，促进了有关部门问题的解决，受到被视察单位的欢迎和好评。

2008年1月至2012年2月，第十一届市政协把视察、调查工作作为深入开展“谋划年、落实年、项目突破年、全面提升年、继续提升年”主题实践活动的重要抓手，采取主席集体视察、常委会专题协商、专门委员会专题视察等方式，先后就“一五二”产业基地建设、德商高速公路建设等重大项目开展协商议政提出意见建议，形成调研报告20余件，意见建议140余条。其中，2011年《关于推进我市产业提升的调研报告》，提出牢固树立市场经济的主体观念、加快“一五二”产业基地建设、壮大重点优势企业、实施领先战略、大力发展产业集群等建议，以《领导参阅》件的形式印发借鉴。围绕义务教育均衡发展、加快蔬菜产业发展、加快发展金融保险业、促进就业工作等涉及经济社会和民生改善的重要问题，进行深入调查和分析，形成调研报告，提出的意见和建议纳入市委、市政府及相关部门的决策之中。市政协把加强古城区保护与改造、推进“江北水城——运河古都”建设，作为政协常委会协商专题，先后召开2次常委会议，提交4份不同角度、不同侧面的调研视察报告，就彰显古城特色、打造精品工程、挖掘传统历史文化等问题提出意见建议，被市委、市政府及相关部门纳入决策规划，批示印发给市委常委、副市长及建设、规划、东昌府区等单位和部门学习参考。

2012年2月第十二届聊城市政协成立后，紧紧围绕市委确定的“作风引领、团结实干、争先进位、科学发展”的总体要求，坚持把政协履职融入党政中心工作之中。把“一区一圈一带”“打造内陆开放型园区”“城市综合管理长效机制”等30多个课题作为参政议政的主要内容，深入调查研究，提出意见建议，让更多发展成果惠及于民。其中，2014年《关于借助中原经济区、加快我市科学发展的调研报告》，提出“推动四大产业对接、构建三大互助平台、优化三方面环境”的建议。市委、市政府认为这份报告是“东融西借、跨越赶超的具体化参谋方案”，要求有关部门结合实际制定有效措施，推动与中原经济区相关兄弟市的联系合作，切实做好借力发展文章。坚持把群众关心、社会关注的问题作为协商议政的重要内容，先后4次组织专题协商，提出协商意见30条，被市委直接采纳。精心组织对口协商和界别协商。市政协8个专委会组织委员围绕全市改革发展稳定有关问题，与相关部门开展16次对口协商，与有关部门开展31次界别协商，助推相关工作。坚持寓民主监督于协商、视察、调查等履职活动之中，组织住聊省政协委员、市政协委员对国家卫生城市复审迎检、水污染防治、居家养老服务体系等问题进行视察，提出意见建议近百条，促进市委市政府决策部署得到更好落实。《关于我市社会化养老事业发展情况的调研报告》，深刻剖析全市社会化养老事业发展面临的困难和问题，提出“推动养老事业社会化、实现养老服务体系建设制度化、实现养老事业投入多元化”等6方面意见建议，得到市委、市政府及相关部门的重视和采纳。

第三节　提案工作

聊城市政协坚持“围绕中心、服务大局、提高质量、讲求实效”的提案工作方针，政协提案在服务大局、协调关系、促进和谐、汇聚力量等方面，发挥了积极作用。1998—2015年，共提交提案4697件，立案4147件，办结率100%。

1998年3月16—22日政协九届一次全会期间，制定《市政协九届一次会议提案处理办法》和《聊城市政协提案工作条例》（以下简称《条例》）。在九届十二次常委会议上，对《条例》又进行重新修订。依据《条例》规定，市政协和市政府研究制定《聊城市办理政协委员提案的暂行办法》。九届市政协共审查立案1329件，其中委员提案1313件，各民主党派和工商联提案16件。有320位委员参与提出提案，占委员总数的79%，其中提出10件以上提案的委员36人，最多的达46件。市政协对20件优秀提案、5个先进承办单位进行表彰，同时向省政协推荐部分提案，编录入全省《优秀提案选编》。

2003年2月至2008年1月，十届聊城市政协共收到提案1396件，立案1247件，其中各民主党派和工商联提案85件，政协专门委员会提案3件，委员提案1159件。经济建设方面的提案278件，占22%；科教文卫方面的提案366件，占29%；城市建设与管理方面的提案350件，占28%；社会法制等方面的提案253件，占21%。

2003年，市政协制定《优秀提案评选表彰办法》和《市政协领导督办重点提案的办法（试行）》。2004年，研究制定《聊城市政协办公室关于办理政协提案的意见》，市委、市政府“两办”联合予以转发。2006年，市政协常委会对九届市政协制定的《条例》进行修订，并经市委、市政府办公室转发各县（市、区）和市直部门贯彻执行。按照《优秀提案评选表彰办法》，5年间对41件优秀提案进行奖励，对5家“提案办理委员满意单位”进行表彰。市委、市政府对110多件重要提案作出批示，提出办理意见。从2004年起，市委、市政府将政协提案办理工作作为一项重要指标，纳入部门年度目标考核体系。按照《市政协领导督办重点提案的办法（试行）》，市政协主席、副主席对一些重点提案进行明确分工，领衔督办。

2008年1月至2012年2月，十一届市政协共收到提案926件，经审查立案767件。其中委员658件，民主党派和工商联提案107件，政协专门委员会提案2件。提案分别送交55个单位承办。市政协先后选择60件重点提案呈报市委、市政府领导阅批。每年第四季度的常委会议，邀请市政府领导通报政协提案办理情况。2008年，修订完善《政协聊城市委员会优秀提案和先进承办单位评选办法》，对44件优秀提案和32个先进承办单位进行表彰奖励。

2013年，市政协十二届六次常委会议对《政协聊城市委员会提案工作条例》进行修订。同年，市政协提案委员会协助市委办公室、市政府办公室制定出台《关于进一步加强人民政协提案办理工作的实施意见》。2013年开始，市政协与《聊城晚报》联合，开设“提案回头看”栏目，先后对120多件提案及办理落实情况进行宣传报道。2014年，结合党的群众路线教育实践活动，市政协开通提案工作热线；联合聊城日报社、聊城广播电视总台开办“提案追踪”栏目，2014年、2015年共刊播10期。2015年，市委常委会专题听取市政协提案工作情况汇报。截至2016年5月31日，十二届市政协共收到提案1281件，立案1011件，其中党派团体集体提案167件。

第十～十二届聊城市政协优秀提案、优秀建议一览表

表22-1

届	次	提案者	提案名称
第十届	第一次	农工党聊城市支部	整合教育资源，建立职业教育新体系，促进教育与经济协调发展
		徐奉彩	加强农产品销售工作，促进农民增收
		孙菁	教育是我市最大的就业和再就业工程
		陈铭等5位委员	关于尽快完善振兴路交通设施的建议
		鲁霞等4位委员	关于要求尽快解决聊城市图书馆对外开放的建议
		李艳军等2位委员	关于加快发展本地加工业，促进香江大市场快速崛起的建议
	第二次	市工商联	关于充分发挥人大代表、政协委员监督作用，强化市委、市政府重大决策落实情况监听督查机制的建议
		王岩等4位委员	关于减少行政机关败诉的建议
		张洪波等5位委员	关于加强聊城公众信息平台建设和管理的意见
		于法彦等2位委员	还小麦面粉以本来面目的建议
		阎方等2位委员	关于加大农村卫生投入，加强三级卫生服务网建设的提案
		徐振峰	对重大事件实行新闻发布会制度的建议
		岳建国等5位委员	关于整治占道经营、摆摊设点问题的建议
		市政协科教文卫体委员会	关于我市职业教育发展情况的调研报告
		市政协人口资源环境和社会保障委员会	关于我市水资源开发利用情况的调研报告
	第三次	九三学社聊城市委	关于推进聊城市循环经济建设的建议
		市政协人口资源环境和社会保障委员会	关于加快推行我市中水回用工作的建议
		民盟聊城市委	应加大对聊城市区小学的扶持和投资力度
		民建聊城市委	强化物业管理搞好城市现代文明建设
		市政协科教文卫体委员会	关于我市新型农村合作医疗试点工作情况的调研
		梁永广等8位委员	进一步整顿医疗市场的建议
		马连月等5位委员	关于建立无公害蔬菜体系，建设鲁西无公害瓜菜果生产基地的建议
		杨贞海等9位委员	关于尽快落实公务员医疗补助的建议
		吴金桥等2位委员	加大打击力度确保管道平安
		马军	应给农民应招工一个交易的场所

续表 22-1

届	次	提案者	提案名称
第十届	第四次	民革聊城市委	关于着力培养社会主义新农民，扎实推进我市社会主义新农村建设的建议
		民盟聊城市委	治理房屋出租混乱局面，建设平安聊城的建议
		民建聊城市委	强化名牌发展战略，创建强市名城形象的建议
		民进聊城市委	建立农业科研开发体系，加快我市农业科技发展的建议
		九三学社聊城市委	关于科学规划，统筹兼顾，加快聊城生态市建设步伐的建议
		市工商联	关于在我市开展千家民营企业评行风活动的建议
		市政协科教文卫体委员会	关于我市企业自主创新情况的调研报告
		市政协人资环和社会保障委员会	关于加快“空心村”治理的调研报告
		市政协社会法制委员会	关于我市农村治安防范工作情况的调研报告
		赵挺等 26 位委员	关于进一步加强工业领导力度的几点建议
		李金亮等 3 位委员	关于严厉打击非法传销的建议
		赵宪奇等 20 位委员	加大政府投入建立惠民医院，努力解决看病难、看病贵问题的建议
		吕宪立等 6 位委员	关于加强残疾人职业教育的建议
		卢士斌等 3 位委员	关于加入环渤海地区经济联合市长联席会的建议
		李东生	关于城市开发区和景区节省用电、减少灯具的建议
		张竞放等 7 位委员	加大财政支持力度，在我市建立生态农业综合示范园的建议
第十一届	第一次	杨延青等 29 位委员	关于邀请部分人大代表、政协委员及人民群众代表列席政府常务会议形成制度的建议
		民革聊城市委	关于尽快落实我市失地农民补偿安置和社会保障的建议
		民建聊城市委	启动新创意，创办大旅游的建议
		九三学社聊城市委	关于加强新农村文化建设的建议
		市工商联	关于保障民营企业职工养老保险的建议
		阎方等 2 位委员	加快实施我市全民医保步伐的建议
		张丽华等 2 位委员	关于加大污水治理力度的建议
		市政协经济委员会	关于加快我市工业重点产业发展的建议
		市政协人口资源环境和社会保障委员会	关于我市城乡居民最低生活保障工作的调研报告
		市政协文史委员会	关于推进聊城古城区保护性开发改造的调研报告
		市政协研究室	关于冠县、莘县、阳谷、东阿实现经济又好又快发展问题的调研报告
	第二次	九三学社聊城市委	关于加快生态聊城建设的建议
		民建聊城市委	坚持科学发展观，促进大旅游的建议
		民盟聊城市委	关于定期向社会公布市县级领导分包重点项目相关信息的建议
		市工商联	加强信用担保体系建设，切实解决民营企业融资难的建议
		马泽生等 5 位委员	关于加强校地合作，推进科技研发和成功转化的建议
		王学臣等 2 位委员	关于整合资源大力发展职业教育的建议
		张霞	关于为城区内桥梁征集具有自身特点名称，增强江北水城文化底蕴的建议

续表 22-1

届	次	提案者	提案名称
第十一届	第二次	哈宝泉等 9 位委员	关于利用城市建筑垃圾堆山造景的建议
		周保松等 4 位委员	关于创建国家森林城市的建议
		张颖	关于切实搞好学校周边交通安全的建议
		市政协综合四处	坚持创新实施领先斩落促进企业可持续发展的建议——关于我市企业发展情况的调研报告
		市政协经济委员会	关于阳谷、临清两县市农村土地规模经营和承包经营权流转情况的调研报告
		市政协社会法制委员会	关于我市食品安全工作的调研报告
		市政协科教文卫体委员会	关于全市农村科普工作的调研报告
	第三次	民革聊城市委	关于打造聊城区域文化圈的建议
		民盟聊城市委	发展生态农业，促进经济社会与生态协调发展的建议
		民建聊城市委	加大蔬菜产业扶持力度，促进我市经济发展的建议
		民进聊城市委	发挥政府职能，加强健康教育，提高全民健康水平的建议
		九三学社聊城市委	建设生态文明市需要解决的基本问题及对策建议
		市工商联	转方式调结构，促进我市民营经济健康发展的建议
		市政协社会法制委员会	建立第三方调解机制，解决医疗纠纷的建议
		窦延丽等 3 位委员	优化聊城城区中小学布局，促进教育均衡发展的建议
		刘勇等 8 位委员	关于加快我市公共交通发展的建议
		吴国芳等 4 位委员	关于加强对幼儿园实行规范化管理的建议
		张华鑫等 7 位委员	关于在我市部分路口设置“待驶区”的建议
		孙庆珠等 5 位委员	关于加强校企合作，政府搭建平台的建议
		市政协科教文卫体委员会	关于促进我市义务教育均衡发展的调研报告
		市政协人口资源环境和社会保障委员会	关于促进全市就业工作的调研报告
		市政协经济委员会	关于我市现代物流业发展情况的调研报告
		市政协综合四处	关于推进我市产业提升的调研报告
	第四次	民革聊城市委	关于城乡义务教育均衡发展的建议
		民盟聊城市委	关于开发利用我市优秀传统文化资源的建议
		民建聊城市委	关于加快农村水利基础建设的建议
		九三学社聊城市委	关于大力推进聊城市生态农业建设的建议
		农工党聊城市工委	关于加强城区中小学建设的建议
		聊城市工商联	关于规范我市民间融资的建议
		阎方等 2 位委员	关于实施县乡医疗卫生机构一体化管理的建议
		杨星荣等 5 委员	关于推进我市农业标准化生产的建议
		苗艳红	关于大力整治我市无牌无证营运机动（电动）三轮车的建议
		张颖等 3 位委员	关于扶持我市文化产业发展的建议
		王杰林等 2 位委员	关于大力发展第三产业的建议
		王俊华等 7 位委员	关于办好农民蔬菜合作社打响聊城蔬菜品牌的建议

续表 22-1

届	次	提案者	提案名称
第十一届	第四次	田君等 12 位委员	关于促进我市公共交通企业快速发展的建议
		崔阁等 14 位委员	关于加大招商引资力度的建议
		路宪民等 13 位委员	关于解决我市食品安全问题的建议
		市政协经济委员会	关于我市古城保护与改造的建议
		市政协人口资源环境和社会保障委员会	关于全市农业“四百工程”实施情况的调研报告
		市政协科教文卫体委员会	关于我市高新技术产业发展情况的调研报告
		市政协社会法制委员会	关于城市管理工作情况的调研报告
		市政协祖国统一联谊委员会	关于我市利用外资发展旅游情况的调研报告
		市政协文史资料委员会	关于我市古城保护与改造的建议报告
第十二届	第一次	民革聊城市委	关于加强企业技术创新，提升传统产业的建议
		民盟聊城市委	关于加强车用天然气气瓶管理的建议
		民建聊城市委	关于鼓励支持小微企业发展的建议
		民进聊城市委	关于实施市民素质提升工程的建议
		农工党聊城市委	关于实施中小学食堂管理改革及营养餐工程的建议
		九三学社聊城市委	关于科学推进节能减排工作的建议
		聊城市工商联	关于破解非公有制组织党建发展难题的建议
		李艳军等 5 位委员	关于加强生态环境保护，大力推进生态市建设的建议
		宫增民	关于建立见义勇为奖励基金的建议
		张华鑫等 16 位委员	关于加强城区道路建设的建议
		张娅等 9 位委员	关于加快企业上市步伐的建议
		刘继光等 4 位委员	关于农村生产生活垃圾处理工作的建议
		阎方等 2 位委员	关于在古城改造和城中村改造中优先安排教育用地的建议
		单庆海	关于调整住宅物业服务收费的建议
		范保兴等 3 位委员	关于规范城区客运三轮车的建议
		马莱萍等 9 位委员	关于解决城区停车难的建议
		市政协经济委员会	关于加快我市镇域经济发展的调研报告
		市政协人口资源环境委员会	关于全市农村环境保护工作的调研报告
		市政协科教文卫体委员会	关于全市公共卫生服务体系建设情况的调研报告
		市政协社会法制委员会	关于我市人民调解工作情况的调研报告
		市政协文史工作委员会	关于我市文物保护与利用情况的调研报告
		市政协民族宗教委员会	关于我市民族经济发展情况的调研报告
		市政协祖国统一联谊委员会	关于我市台资台属企业发展情况的调研报告
		市政协委员企业家联谊会	关于我市中小微企业发展环境的调研报告
	第二次	民革聊城市委	关于加快科技成果转化，提高企业自主创新能力的建议
		民盟聊城市委	关于促进我市现代农业发展的建议
		民建聊城市委	关于推进我市城镇化建设的建议

续表 22-1

届	次	提案者	提案名称
第十二届	第二次	民进聊城市委	关于新上工业项目加强与居民沟通的建议
		农工党聊城市委	关于转变管理模式，推进交通文明的建议
		九三学社聊城市委	关于推进新农村文化建设的建议
		市工商联	关于促进小微企业健康发展的建议
		张广才	关于加强农村学前教育的建议
		吕德衡等 3 位委员	关于设立循环经济与清洁生产专项资金的建议
		李红英等 5 位委员	关于促进留守儿童健康成长的建议
		唐明贵	关于加强区域经济发展，促进中原经济区崛起的建议
		李连清等 7 位委员	关于加强水资源管理，推进生态型强市名城建设的建议
		李友渔等 4 位委员	关于加强人才建设，用好突出贡献特殊人才的建议
		马卫红	关于制定加快推进农业物联网发展战略的建议
		崔阁等 3 位委员	关于促进民营企业新兴产业发展的建议
		付红英等 22 位委员	关于加快养老服务体系建设的建议
		市政协经济委员会	关于借助中原经济区加快我市科学发展的调研报告
		市政协科教文卫体委员会	关于我市现代农业发展情况的调研报告
		市政协人口资源环境委员会	关于我市旅游产业发展情况的调研报告
		市政协祖国统一联谊委员会	关于我市侨联工作发展情况的调研报告
		市政协社会法制委员会	关于我市社会化养老事业发展情况的调研报告
		市政协民族宗教委员会	关于我市宗教活动场所规范化建设情况的调研报告
		市政协文史工作委员会	关于聊城古运河保护利用情况的调研报告
	第三次	民革聊城市委	关于又好又快推进新型城镇化建设的建议
		民盟聊城市委	关于加强雨洪资源化利用的建议
		民建聊城市委	关于发展旅游经济的建议
		民进聊城市委	关于大力扶持发展战略性新兴产业的建议
		农工党聊城市委	关于实现一体化医疗保障的建议
		九三学社聊城市委	关于聊城市种子企业发展的建议
		聊城市工商联	关于促进民营医院健康发展的建议
		司淑芳等 24 位委员	关于大气污染治理工作的建议
		司尚涛等 8 位委员	关于转变民营经济发展方式，促进科学发展的建议
		杨传省等 3 位委员	关于建立农村垃圾集散地的建议
		魏保敬等 8 位委员	关于推进农村土地流转和规模经营的建议
		王安军等 12 位委员	关于规范城区电动车上路行驶的建议
		李艳军等 26 位委员	关于提升公交运营质量的建议
		刘玉华等 2 位委员	关于推进城市建筑垃圾资源化利用的建议
		张广才等 3 位委员	关于加强中小学生心理健康教育的建议
		金平等 5 位委员	关于加快徒骇河通航推进工作的建议

续表 22-1

届	次	提案者	提案名称
第十二届	第三次	市政协经济委员会	关于我市工业适应新常态、实现再创业的七点建议
		市政协经济委员会	关于我市加快融入省会城市群经济圈的建议
		市政协人口资源环境委员会	关于我市大气污染防治工作情况的调研报告
		市政协科教文卫体委员会	关于加快我市职业教育发展的调研报告
		市政协祖国统一联谊委员会	关于我市港澳台侨资企业发展情况的调研报告
		市政协社会法制委员会	关于为我市非公有制企业发展创造良好法制环境的调研报告
		市政协民族宗教委员会	关于我市少数民族文化建设情况的调研报告
	第四次	民革聊城市委	关于加快区域文化产业发展提升城市综合实力的建议
		民盟聊城市委	关于推动农村幼儿教育健康发展的建议
		民建聊城市委	关于加强农村公路养护管理的建议
		民进聊城市委	关于重视管理咨询助推中小企业发展的建议
		农工党聊城市委	关于推行垃圾处理资源化利用的建议
		九三学社聊城市委	关于发展低碳经济加快结构调整的建议
		市工商联	关于实施民营企业品牌发展战略的建议
		李宝林	关于加强我市水污染防治工作的建议
		李连清等 6 位委员	关于京杭运河聊城段废弃老运河改建成人工湿地的建议
		宗静等 16 位委员	关于加强交通管理缓解城区交通压力的建议
		高文举	关于创建国家森林城市的建议
		赵素婷	关于办健康教育公益宣传节目推进健康聊城建设的建议
		魏丽	关于加快推进城市信息化精细化管理的建议
		昝淑美等 12 位委员	关于加大邮政万亩示范园区扶持力度的建议
		马福庆等 5 位委员	关于大力支持企业实施“走出去”战略的建议
		朱炳立等 13 位委员	关于健全完善城乡环卫一体化工作长效机制的建议
		鞯大进等 10 位委员	关于推广绿色建筑减少建筑环境污染的建议
		刘玉慧等 13 位委员	关于加强小区物业管理的建议
		市政协经济委员会	关于加快我市服务业转型升级创新发展的建议
		市政协经济委员会	关于推进建设青岛至兰州高速公路高速铁路“双高”国际物流大通道的建议
		市政协人口资源环境委员会	关于建立城市管理长效机制的调研报告
		市政协科教文卫体委员会	关于加快我市公共文化服务体系建设的调研报告
		市政协祖国统一联谊委员会	关于我市维护港澳台侨合法权益情况的调研报告
		市政协社会法制委员会	关于健全完善我市公共法律服务体系推进依法治市战略实施的调研报告
		市政协社会法制委员会	关于我市交通安全情况的调研报告
		市政协民族宗教委员会	关于全市依法管理宗教事务的调研报告

第十～十二届聊城市政府提案先进承办单位一览表

表 22-2

届次	先进单位
十届二次会议	市委办公室　市政府办公室　市工商局　市公安局　市卫生局
十一届一次会议	市委办公室　市政府办公室　市公安局　市建委　市劳动和社会保障局　市工商局
十一届二次会议	市委办公室　市政府办公室　市公安局　市劳动和社会保障局　市财政局　市规划局　市建委　市工商局
十一届三次会议	市委办公室　市政府办公室　市农业委员会　市政公用事业管理局　市卫生局　市工商局　市财政局　市人力资源和社会保障局
十一届四次会议	市委办公室　市政府办公室　市公安局　市财政局　市市政公用事业局　市卫生局　市住建委　聊城市工商局　聊城市民政局　聊城市规划局
十二届一次会议	市委办公室　市委宣传部　市政府办公室　市公安局　市住房和城乡建设委员会　市市政公用事业管理局　市卫生局　市教育局　市规划局　市交通运输局
十二届二次会议	市委办公室　市政府办公室　市公安局　市住房和城乡建设委员会　市市政公用事业管理局　市规划局　市卫生局　市教育局　市人力资源和社会保障局　市交通运输局
十二届三次会议	市委办公室　市政府办公室　市纪检委办公室　市公安局　市住房和城乡建设委员会　市市政公用事业管理局　市环境保护局　市交通运输局　市教育局　市卫生和计划生育委员会
十二届四次会议	市委办公室　市政府办公室　市委宣传部　市公安局　市住房和城乡建设局　市城市管理局　市规划局　市交通运输局　市教育局　市卫生和计划生育委员会　市人力资源和社会保障局　市环保局

第四节　文史资料征编

市政协文史委始终坚持“立足文史，服务大局，做好点面结合文章”的工作思路，开展文史资料搜集、整理工作，发挥其在“存史、资政、团结、育人”等方面的特殊作用。

一、文史资料编辑出版

2003 年开始，开展代表性人士“三亲”（亲历、亲见、亲闻）史料的抢救性征集工作。至 2011 年，陆续编辑出版《聊城文史》系列丛书 1 ～ 5 辑。

2003 年 12 月，出版市内首部以历史事件为中心记载聊城几千年历史的纪事本末体史书——《聊城重要历史事件》，选取历史上发生在聊城或发生在国内其他地区但涉及聊城，在当时或对后世产生重要影响的事件，内容涉及政治、军事、工商、经济、科技、文化、社会各个方面。2005 年，出版《聊城重要历史人物》一书，较为详尽地介绍 160 多位在中国和聊城历史上曾经产生重大影响的聊城籍或客籍人物。2009 年，编辑出版《聊城运河历史与文化》。市政协组织专家学者，经过调查研究，编纂出版《山东区域文化通览·聊城文化通览》，全书共计 59 万字，全面系统地介绍了聊城区域文化特色。

2013 年，市政协文史委开始着手收集整理历代名人作品，以及非聊城籍名人有关聊城的作品，从收集到的 500 余条 2000 余幅图片中精挑

2014 年，政协聊城市委员会编辑出版《聊城文化史》

细选出230条384幅图片，包括书法、绘画、碑刻、印章、书稿、古印等，2015年10月，出版《中国历代书画名家真迹集珍》一书，以此来还原聊城历史文化发展的轨迹。

2014年，出版《聊城文化史》，全书共计86.1万字，分上下两篇，上篇写历史文化发展脉络，探源述变；下篇分专题写文化亮点和特色，是聊城地域文化研究的集成之作。

二、傅斯年研究

市政协文史委致力于对傅斯年及其学术思想的研究。2004年8月24—27日，“傅斯年与中国文化”国际学术讨论会在聊城举行，共有110余人参会，市政协文史委根据讨论内容，挖掘史料出版《傅斯年与中国文化》一书，全书共计45.2万字，详细记述了傅斯年的文化思想。

2010年8月26—29日，由聊城傅斯年研究会与台湾大学联合主办“傅斯年学术思想的传统与现代研讨会”在聊城市举行，来自海内外傅斯年研究领域的专家学者60余人齐聚一堂，从不同角度和层面，对傅斯年的学术思想，进行多方位、多层次的探讨，此次研讨会成为海峡两岸学术文化交流的一项重要内容。全国人大常委会原副委员长、民革中央原主席何鲁丽出席开幕式并致辞，全国政协原副主席、民革中央原常务副主席厉无畏出席闭幕式并致辞。为缅怀和发扬傅斯年的思想和精神，市政协搜集研讨会资料，于2011年6月出版《傅斯年学术思想的传统与现代》研讨会论文集，全书共计57万字，记述了各专家学者对傅斯年的研究成果。2014年8月，协助聊城大学召开“傅斯年与新文化运动”学术研讨会，傅斯年铜像在聊城大学东校区揭幕，台湾地区知名人士钱复、孙震等人发来贺信和题词表示祝贺。

第五节　“三胞”联谊

1998年5月，市政协祖国统一联谊委员会成立，组织开展祖国统一联谊活动。市政协充分利用亲情、乡情、友情与台湾同胞、港澳同胞、海外侨胞（简称“三胞”）建立起感情纽带，加强与“三胞”的联络，密切与“三胞”的感情，促进思想交流。坚持平时向“三胞”寄送宣传材料，宣传国家改革开放和经济社会发展大好形势，宣传家乡不断发展变化的投资环境和发展前景，宣传当地政府出台的优惠政策。每逢新年春节和重大喜庆节日，向“三胞”寄贺信贺卡，互致问候。在海外有联系的委员中开展“三个一”（寄一封信、取一条信息、引一个项目）活动，利用各种渠道、各个领域广交深交朋友。

1998年6月，召开全市各界人士庆香港回归1周年座谈会，共庆香港回归。1999—2000年，接待台湾地区方怀玉、张士明等人到聊城市探亲；2000年9月，市政协委员闫忠培应国民党原中将白万祥邀请到台湾地区台北市、高雄市举办个人画展。2002年3月，省政协副主席时立军带领省政协台港澳委员到聊城市考察。

2015年5月，祖国统一联谊委员会就“聊城市维护港澳台侨合法权益情况”开展专题调研，形成调研报告并报市委，得到市委重要批示。9月，协助民革山东省委举办海峡两岸书画艺术家协会高唐创作基地揭牌暨纪念抗战胜利70周年名家作品展开展仪式，邀请20余名台湾书画艺术家到聊城市参展。

第二十三编　民主党派

Part XXIII Democratic Parties

聊城市志

1956 年以后，中国国民党革命委员会、中国民主同盟、中国民主建国会、中国民主促进会、中国农工民主党、九三学社 6 个民主党派在区内先后建立组织。至 2015 年，聊城市区域内共有以上民主党派组织成员 1131 人，成员大多数为中高级知识分子，主要分布于聊城市直和东昌府区、临清市的文化教育界、医疗卫生界、科技界、工商界以及群众团体中。长期以来，特别是改革开放以来，聊城市区域内各民主党派组织和成员坚持中国共产党领导的多党合作和政治协商制度，遵循“长期共存，互相监督”“肝胆相照，荣辱与共”方针，发挥自身优势，积极参政议政，为改革开放和社会主义建设献计献策，为祖国统一大业贡献力量；以智力、技术、资金优势服务社会，积极参与社会救助和公益事业，为国家建设和社会发展做出应有的贡献。

第一章　中国国民党革命委员会聊城市委员会

第一节　组织建设

1997 年，中国国民党革命委员会（以下简称“民革”）聊城地区地方组织有民革聊城市（县级市）委员会和民革山东省委直属临清市支部委员会。民革聊城市委会由 5 人组成，白万全任主任委员，袁鼎勋任名誉主任委员，下设民革机关、古楼、湖西 3 个支部委员会，共有党员 36 人。民革临清市支部由 3 人组成，秦鸿德任主任委员，时有党员 9 人。同年，民革聊城地区党员发展对象由对台、港、澳地区和海外有较大影响、有一定代表性的人士以及原国民党和与国民党有历史关系的人士，扩展到教育、财经、科技、卫生、法律等有一定影响的中上层知识分子。

1997 年 5 月 20 日，民革聊城市（县级市）第三次党员大会召开，选举产生民革聊城市第三届委员会。市委会由 7 人组成，白万全任主任委员，下设 3 个支部，时有党员 32 人。1998 年 1 月 20 日，民革临清支部召开全体党员大会，王明辉当选为支部主任委员，时有党员 9 人。

1999 年 6 月 8 日，民革聊城市（地级市）筹备委员会成立大会召开，选举产生由 7 名委员组成的民革聊城市筹备委员会，白万全任主任委员，全市共有民革党员 49 人。同年 9 月 16 日，因聊城撤地设市，原民革县级聊城市委员会更名为“民革东昌府区委员会”，同时召开民革东昌府区第四次（顺延原民革县级聊城市委员会次序）代表大会。民革东昌府区委下设 3 个支部。

1999 年 12 月 23 日，民革聊城市第四次代表大会召开（经民革山东省委同意，顺延原民革县级聊城市委员会的次序），选举产生民革聊城市第四届委员会。第四届市委会由 7 人组成，白万全任主任委员。

民革聊城市第四届委员会成立后，对支部进行调整，将原民革东昌区委的机关、古楼、湖西 3 个支部改建为第一、第二、第三支部；省属临清支部和聊城师范学院支部（1997 年成立，2002 年改称聊城大学支部）隶属民革聊城市委管理。

2000 年 4 月，成立民革聊城市直支部。至此，民革聊城市委下辖民革东昌府区委员会（下辖 3 个支部）和民革市直支部、聊城师范学院支部、临清市 3 个直属支部。全市时有党员 58 人，平均年龄 48.9 岁。其中，女党员 11 人、中共党员 2 人，大专以上学历 43 人，市人大代表 2 人（其中常委 1 人），市政协委员 5 人（其中副主席 1 人，常委 2 人），县区政协委员 7 人（其中副主席 1 人，常委 3 人）。教育界 21 人、财经界 8

人、卫生界者 1 人，其他 29 人；具有高级技术职称者 6 人、副高技术职称者 3 人、中级技术职称者 29 人。

2001 年 12 月 26 日，民革聊城市第五次代表大会召开，选举产生民革聊城市第五届委员会，委员会由 7 人组成，马亮宽任主任委员，推举白万全为民革聊城市委员会名誉主任委员。民革聊城市委根据上级精神，组织发展有影响的民营企业家等新阶层人士入党，党员涵盖社会阶层更广、党员年龄更年轻、学历层次更高。同年，全市共有民革党员 75 人，下设民革东昌府区委（辖 3 个支部）和市直、聊城师院、临清市 3 个直属支部。

2011 年 12 月，民革聊城市第七次代表大会召开

2007 年 1 月 20 日，民革聊城市第六次代表大会召开，选举产生民革聊城市第六届委员会，委员会由 7 人组成，马亮宽为主任委员。至同年 6 月，民革聊城市委员会下设民革东昌府区委（辖 3 个支部）和 5 个直属支部。全市有民革党员 113 人，平均年龄 47 岁。其中，女党员 24 人、中共党员 2 人，大专以上学历 76 人；教育界 30 人、财经界 13 人、科技界 2 人、卫生界 11 人、民营企业家 5 人，其他 52 人；具有高级技术职称 6 人、副高技术职称 7 人、中级技术职称 41 人。

2011 年 12 月 24 日，民革聊城市第七次代表大会召开，选举产生民革聊城市第七届委员会，委员会由 9 人组成，马亮宽任主任委员。全市时有民革党员 169 人，民革聊城市委下设民革东昌府区委（辖 5 个支部）和 7 个市直直属支部。

2015 年 12 月，民革聊城市委员会下辖民革东昌府区委（下辖 6 个支部）和民革市直第一、第二、第三、第四、第五、第六、第七、第八、第九、第十支部和民革聊城大学支部、民革临清市支部共 12 个支部。全市时有民革党员 208 人，平均年龄 42.6 岁，年龄最大者 92 岁，最小者 29 岁。其中，市人大代表 1 人、县（市、区）人大代表 1 人、省政协委员 1 人、市政协委员 13 人（其中副主席 1 人，常委 3 人），县区政协委员 27 人（其中副主席 1 人，常委 6 人）。教育界 58 人、财经界 30 人、科技界 6 人、卫生界 35 人、其他 79 人；具有高级技术职称 9 人、副高技术职称 14 人、中级技术职称 71 人。

第二节　主要活动

一、参政议政

1999—2015 年，民革聊城市委成立参政议政专门委员会，在各支部开展“议政日”“一人一条”及“精品提案”活动。其间，民革聊城市委领导人参加中共聊城市委、市政府召开的民主协商会、意见征求会、情况通报会及座谈会共 60 次，就重大问题的决策、重要人事安排、重大方针政策的制定和执行进行协商，发表意见，提出建议。全市各级政协委员、人大代表在各级政协、人代会上提交提案、议案和建议共 210 件。其中，以民革聊城市委和东昌府区委名义所提集体提案 56 件、大会发言 12 次，个人提案、议案 165 件；有 8 件提案受到中共聊城市委、市政府主要领导人的批示，26 件提案被评为市优秀或重点提案。参加市人大、市政府和市政协组织的视察、检查、调研等活动 38 次，写出调查报告 17 篇，同时，民革市委还承担国家有关部委和民革山东省委的重大调研或研究课题 7 项，均取得重要成果，其中获省级以上奖励 3 项。

2002 年 2 月，民革聊城市委所提《建议制定中共聊城市委、市政府主要领导定期与民主党派主要负责人联系的制度》的提案，受到中共聊城市委、市政府的高度重视，中共聊城市委、市政府下发文件，明确了中共聊城市委、市政府主要领导定期与民主党派主要负责人联系的制度。

2003 年，民革聊城市委承担民革山东省委下达的关于“我省欠发达地区农村小学生辍学原因及对策”调研课题。此调研成果作为民革省委在省政协九届二次会议上集体提案，并作为大会发言材料，省长韩寓群、副省长王军民作了批示，省教育厅解决了此问题。

2005 年，民革聊城市委所提《关于进一步加强农民工教育培训的建议》提案，受到中共聊城市委、市政府的高度重视，召开会议专门研究，并采纳提案中的意见和建议，制定了《2005—2010 年全市农民工培训目标》。该提案在《联合日报》全文刊登，并被省委统战部评为“民主党派优秀提案”。2006 年 12 月，民革聊城市委被民革中央评为“参政议政工作先进单位”。

2007 年，民革聊城市委承担民革山东省委“关于尽快落实失地农民补偿安置和社会保障的建议”调研课题，组织部分专家到青岛、烟台、威海和东昌府区进行调研，得到民革山东省委的肯定。

2011 年，民革聊城市委所提《关于城乡义务教育均衡发展的建议》提案，受到聊城市政府和教育部门的高度重视，该提案被评为“市优秀提案”。

2013 年，《关于在全市县城内建立校长教师交流机制的建议》的集体提案，被市政协确定为重点提案，市教育局制定了具体实施方案。

2014 年，民革聊城市委《关于又好又快推进全市新型城镇化建设的建议》提案，得到市政府的高度重视，组织有关部门整体推动。

2015 年，民革聊城市委承担中共山东省委统战部理论调研课题“信息化时代下高校网络统战工作研究”和中共聊城市委统战部调研课题“混合所有制国有企业统战工作研究”，成立专门调研小组，深入调研，形成了调研报告，受到山东省、市统战部领导的肯定。根据国家《中原经济区规划》，民革聊城市委参与并完成《关于将聊城——邯郸——长治客车专列列入国家铁路规划建议》的调研报告，该建议被国家发改委列入国家“十三五”规划。

二、服务社会

1997 年后，民革聊城各级组织和广大党员，把“发挥优势，突出重点，量力而行，讲求实效，持之以恒”作为服务社会的基本方针，服务社会，超过半数的民革党员为志愿服务者。2012 年，民革党员出资 25 万元，成立“聊城市创业基金会”和“聊城大学历史文化学院励志文化奖励基金”，为扶贫助学和公益事业捐款共计 300 余万元，救助贫困学生 40 余人；所办企业吸入下岗、待岗人员就业 120 余人，获“聊城富民兴聊劳动奖”。

2015 年，民革东昌府区委在东昌府区北城街道秦庄设立“驻秦庄村律师工作站”，为群众免费提供法律咨询、诉讼代理法律服务。至 2015 年年底，民革聊城市委先后组织开展“春风惠民健康行”“博爱·牵手”“科技惠及民生，创新美好聊城”“伸出博爱之手——民革基层组织牵手困难群众”“同心协力·惠民工程”“科技、文化、卫生‘三下乡’”和支农扶贫、捐资助学、法律援助等社会服务活动。其间，深入乡镇农村、街道社区送医送药、义诊查体、健康咨询共 50 次，接待群众 800 人次；到敬老院为老

2014 年 9 月，民革市委聊城中山书画院向高唐尹集镇中学捐赠价值 4 万元图书

人进行义诊、查体、健康咨询共12次，受益老人260人次；到农村、社区进行普法宣传、开办法律知识讲座、开展法律咨询和援助共14次；开展济困扶贫、捐资助学累计捐款捐物共计400余万元。每年春节、中秋节前夕，民革聊城市委领导班子走访慰问民革老党员和生活困难者，每年都为70岁以上的党员免费查体。

三、对台交流

民革聊城市委认真贯彻中共中央关于“深入做好台湾人民工作，争取台湾民心”的指示精神，广泛开展对台工作，大力促进两岸人员的往来和交流合作。发挥聊城与台湾学术界进行学术交流的传统优势，深化在学术研究和资料信息等方面的学术交流。通过“走出去、请进来”的方式，不断加强全市党员在台及海外亲朋第二、第三代人的联络，加深了解，增强感情。

2004年8月，民革聊城市委参与由市政协主办的“傅斯年与中国文化”国际学术研讨会，台湾和聊城经济界人士进行洽谈，增进了共识。

2010年8月，民革聊城市委参与承办在聊城召开的“傅斯年学术思想的传统与现代”研讨会，台湾大学校长李嗣涔、台湾“中央研究院”副院长王汎森、台湾交通大学校长吴重雨等出席会议，民革聊城市委作题为《傅斯年的教育思想探析》的学术报告。

2014年8月，民革聊城市委协助聊城大学举办“傅斯年与新文化运动”学术研讨会和傅斯年铜像揭牌仪式，台湾地区监察机构原负责人钱复，台湾陈务、事务主管部门负责人、台湾大学原监察院长孙震，台湾“中研院”副院长王汎森等发来贺信和题词表示祝贺。会议在海峡两岸产生较大影响。

2015年，民革聊城市委促成台湾非也传播有限公司到聊城拍摄历史资料片《山东聊城走出来的国学大师傅斯年》、在高唐县成立海峡两岸书画艺术家协会创作基地，促成聊城职业技术学院与台湾台东圣母医院的合作，为台资项目山东日月潭怡养院提供护理和康复人员。至2015年年底，民革聊城市委主办或参与主办在聊城举行的大型学术研讨会6次；以民革聊城市委或党员个人名义接待台胞共90人次，其中有大学教授、学者、国民党元老10人。

第二章　中国民主同盟聊城市委员会

第一节　组织建设

1987年4月，中国民主同盟（下简称民盟）始在区内发展盟员。1989年4月，建立民盟聊城市（县级市）支部委员会。1990年11月，建立民盟聊城市总支委员会。1995年5月8日，民盟聊城市委员会成立，谢世瑜任主委，副主委许孟祥、姜曰厚，委员宋擎柱（兼秘书长）、陈连桢、赵敬忠、张竞放。1999年9月1日，因聊城地区撤地设市，民盟聊城市委员会更名为民盟东昌府区委员会，其领导班子成员不变。时有盟员87名（包括市直单位的一、三中和电大、师院及卫生系统的盟员），其中东昌府区直42名、原地直45名。专职驻会工作人员1名。

2000年6月，民盟聊城市（地级市）委筹备委员成立。筹委会由7人组成，王冲任主任委员。同年12月19日，民盟聊城市委第二次代表大会召开（顺延原聊城市县级民盟组织届次），选举产生民盟聊城市第二届委员会。委员会由7人组成，王冲任主任委员。民盟聊城市委时辖民盟东昌府区委、民盟临清总支和一中、三中、聊大、电大、社会、卫生、财校等7个市直支部；同时，民盟临清总支由原省直属变更为聊城市属。民盟临清总支下辖5个支部，时有盟员54人。全市共有盟员131人。

2001年12月，民盟聊城市第三次委员会召开，选举产生民盟聊城市第三届委员会。委员会由7人组成，王冲任主任委员。有盟员共150人。其中，女盟员38人、离退休盟员45人，中共党员2人；具有大学以上学历者76人、大专及大普者54人，占比分别为50.7%、54%；学位博士2人、硕士3人、学士17人；具有高级技术职称者4人、副高级技术职称者51人、中级技术职称者74人，占比分别为2.7%、34%、49.3%；从事高等教育的15人、普通教育的78人，占比分别为10%、72%；科学技术系统者12人、医药卫生系统者13人、文化艺术系统者12人，占比分别为8%、8.7%、8%；分布于大中城市93人，占比62.7%；平均年龄50.4岁，40岁以下47人、41～50岁24人、51～60岁42人、61～70岁32人、71岁以上5人。

2007年1月，民盟聊城市第四次代表大会召开，选举产生民盟聊城市第四届委员会。委员会由7人组成，赵永春任主任委员。全市时有盟员179人。其中，女盟员53人、离退休盟员76人、中共党员1人；具有大学以上学历者76人、大专及大普54人，占比分别为50.7%、54%；博士学位2人、硕士3人、学士17人；具有高级技术职称者6人、副高级技术职称者59人、中级技术职称者85人；从事高等教育的20人、普通教育的86人；科学技术系统13人、医药卫生系统17人、文化艺术系统12人、司法机关2人、政府机关4人、人大政协机关3人、党派机关2人、社会团体1人；平均年龄53.5岁，40岁以下29人、41～50岁56人、51～60岁23人、61～70岁55人、71岁以上16人。

2014年12月，民盟聊城市第四次代表大会召开，选举产生民盟聊城市第四届委员会。委员会由7人组成，郝光华任主任委员。全市时有盟员232人，其中女盟员81人。

2015年，民盟聊城市委辖民盟东昌府区委、临清总支和聊城大学、聊城职业技术学院、聊城高级财经学校、社会、卫生、聊城一中、聊城三中、市直一支部、市直二支部等9个市直支部，设有学习、文化艺术、教育科技、妇女、经济、参政议政、法制等专门工作委员会。全市共有在册盟员285人。其中，女盟员103人、中共党员9人，离退休盟员87人；大学以上学历者190人、大专及大普70人，占比分别为66.7%、24.6%；博士学位12人、硕士19人、学士68人；具有高级技术职称者8人、副高技术职称者93人、中级技术职称者134人，占比分别为2.8%、32.6%、47%；从事高等教育的35人、普通教育的121人，占比分别为12.3%、42.5%；科学技术系统者24人、医药卫生系统者30人、文化艺术系统者18人，占比分别为8.4%、10.5%、6.3%；在司法机关的2人、政府机关10人、人大政协机关3人、党派机关4人、社会团体3人；分布在大中城市者206人，占比72.3%；平均年龄56.1岁，40岁以下28人、41～50岁78人、51～60岁45人、61～70岁29人、71岁以上52人。盟员担任聊城市人大代表者3人、政协委员11人，县级人大代表3人、政协委员12人；任实职正县级领导者1人、副县级领导者2人；被推荐为聊城市特约监察员或监督者5人。

第二节　主要活动

一、参政议政

民盟聊城市委认真履行参政议政职责，针对全市经济社会发展中的重大问题，提出许多有价值的意见、建议，受到市委、市政府及相关部门的重视。

民盟聊城市委多次参加市委、市政府、市人大、市政协和市纪委组织的讨论会、工作会、情况汇报会、征求意见会及各种形式的检查和视察活动。提出有见地、质量高、可操作性强的意见和建议100多条。

聊城民盟盟员有市人大常委1人，市人大代表2人，市政协常委4人、委员7人，聊城盟员担任各级人大代表、政协委员共29人，约占盟员总数的13%。民盟聊城市委成立以来，共向各级人大、政协会议提交议案、提案200余件，以组织名义提交提案23件。其中，《关于发展聊城生态农业的建议》等12件提案被评为优秀提案；《关于加强农村学校师资队伍建设的建议》等10余件提案编入《山东民盟提案选编》《加强农村社会养老保险制度监管的建议》《关于实施新型农村社会养老保险试点工作的三点建议》等被民盟中央采纳。

民盟聊城市委围绕中共聊城市委、市政府中心工作，完善调研制度，发挥群体优势，采用座谈、实地调研、问卷调查等方式，深入开展“参政议政重点课题调研”活动。自民盟聊城市委成立以来，共提交调研报告6篇，其中民盟主委匙永春执笔的《关于加强食品监督工作的调研报告》、主委郝光华执笔的《关于建立运河文化长廊的建议》上报中共聊城市委后，其信息先后在《联合日报》《团结报》《人民政协报》上发表。《关于强化中小学体育课教学的调查报告》《关于做好民盟基层组织思想建设工作的建议》《改革少数民族干部任用模式促进各民族交流与融合》《转基因水稻商业化宜谨慎从事》《关于继续推进公车改革的几点建议》《加大民间借贷税收管理的五条对策》《恶性事件频发的根源在于“告状难”“法不全”》等建议报告得到市委、市政府主要领导批示，纳入市委、市政府决策范围。

二、服务社会

2003年，创立聊城经济技术开发区书法家协会，每年春节前夕组织盟内书画家深入到乡村集镇、厂矿企业、部队医院，为基层群众义务写春联，坚持十余年不间断，成为聊城民盟服务社会的重要品牌。民盟聊大支部主委发挥体育专长，为聊城大学组织各种排球、乒乓球、羽毛球比赛，并参与聊城市举办的各种运动会，聊城承办的全省乒乓球比赛均由聊大支部主委担任总裁判长；2012年，盟员在冠县进行生态农业实践，经济效益和生态效益初现成效；聊城大学支部独立设计出图书资料网上管理系统，极大地方便了学生的借阅学习，图书室成为聊城大学图书管理的典范。

2013年，临清支部利用流动舞台车在临清市16个镇、街道的40余个村居、30余个社区举办“迎新春文化惠民”“送演出到基层”巡回演出90余场次，为全市各中心敬老院慰问演出30余场次，观众近35万余人次。2014年，民盟山东省委社会服务部副调研员、民盟聊城市委第一副秘书长郝光华为临清引进价值近600万元的无偿捐赠垃圾箱。

民盟聊城市积极响应民盟中央倡导的旨在推动中国城乡义务教育均衡发展和城乡教育公平的“农村教育烛光行动”。2011年11月21日和24日，民盟聊城市委8位盟员分两批到许营中学，帮助农村教师提升教学水平。2012年8月6日，民盟ESS乡村少年科学营开营仪式在聊城举行，j ESS项目第一次落户山东聊城农村的70名在校学生参加活动。2014年，盟员陈永金把聊城市委组织部给予的1万元挂职补贴用于资助冠县的贫困学生。2015年，组织开展“烛光行·杏林行·春风行”社会服务活动；10月，联合东昌府区妇幼保健院到道口铺中学为80多名教职员工进行义诊；11月，联合市光明眼科医院到东阿县大桥乡毕庄村举行义诊活动。

第三章　中国民主建国会聊城市委员会

第一节　组织建设

1986年6月，中国民主建国会（以下简称“民建”）聊城地区小组扩建为民建聊城市（县级市）支部。1993年8月，民建聊城市（县级市）第一次会员大会召开，建立民建聊城市委员会，下设3个支部。1997年，民建聊城地区地方组织有民建聊城市（县级市）委员会和临清市支部委员会（省委直属）。民建聊城市委员会由5人组成，徐风孟任主任委员，周流任名誉主任委员。下设一、二、三、四支部，时有会员46人。民建临清支部委员会由3人组成，郝一岭任主任委员，时有会员18人。区内民建会员大多分布于经济、教育、卫生、法律等界别和政府机关。

1999年6月10日，经民建山东省委员会批准，召开民建聊城市（地级市）会员代表大会，推举出民建聊城市委员会筹备委员会。委员由7人组成，陈宗昭（女）任主任委员。是年12月17日，民建东昌府区第二次（顺延原民建县级市会员代表大会次序）会员代表大会召开。大会选举产生民建东昌府区第二届委员会，委员会由5人组成，张广霞（女）任主任委员，推举徐风孟为名誉主任委员。

1999年12月26日，民建聊城市第二次（顺延原民建县级聊城市会员代表大会次序）会员代表大会召开，选举产生民建聊城市第二届委员会。委员会由7人组成，陈宗昭（女）任主任委员。这次会议，标志着聊城撤地设市后民建聊城市委员会正式成立。民建聊城市委时辖民建东昌府区委（分设4个支部）和临清市支部，根据当时会员所在供职单位，聊城市城区（不含临清市）划分为市属会员和区属会员。全市时有民建会员共46人。其中，女会员11人，大专以上学历者24人；高级职称的5人，中级职称的28人，初级职称的4人。民营企业家5人，其中拥有资产逾千万元的3人。

2001年12月16日，民建聊城市第三次会员代表大会召开，选举产生民建聊城市第三届委员会。委员会由5人组成，张广霞（女）任主任委员。民建聊城市委时辖民建东昌府区委（下设3个支部）和临清市支部。全市时有会员共55人。其中，女会员14人、大专以上学历者30人；在经济界者36人、政府机关7人、卫生界6人、法律界2人。

2007年1月17日，民建聊城市第四次会员代表大会召开，选举产生民建聊城市第四届委员会。委员会由7人组成，张广霞（女）任主任委员。民建聊城市委时辖民建东昌府区委（下设3个支部）和临清市支部，市直一、二、三、四支部和综合、长青支部，共7个直属支部。全市时有会员120人，其中女会员35人、大专以上学历者98人；经济界69人、在政府机关28人、卫生界12人、教育界8人、其他3人。

2011年11月21日，民建聊城市第五次会员代表大会召开，选举产生民建聊城市第五届委员会。委员会由9人组成，张广霞（女）任主任委员。民建聊城市委时辖一个县级基层委员会和7个直属支部。全市时有会员179人。其中女会员60人、大专以上学历者156人；经济界96人、政府机关46人、教育界15人、卫生界15人，其他7人。

2015年，民建聊城市委员会下辖民建东昌府区委员会和9个直属支部（除原7个直属支部外，2014年建立市直五支部、高新区支部）。全市有民建会员233人，平均年龄46岁。其中，离退休者19人、在职者214人、女会员78人、大专以上学历者210人；全国人大代表1人、市人大代表1人、县（市、区）人大代表1人；省政协委员2人、市政协委员18人（其中副主席1人，常委2人）、县（市、区）政协委员18人（其中副主席2人、常委7人）；经济界者135人、政府机关48人、卫生界17人、教育界15人、法律界2人、其他16人；具有高级技术职称者8人、副高技术职称者19人、中级技术职称者111人。

第二节　主要活动

一、参政议政

1997年后，民建聊城市委班子成员积极参加中共市委、市政府及市直部门组织召开的重要会议，在会上作正式发言数十次；民建组织及会员个人共提交提案、议案400余件，其中30余件提案获市优秀提案奖或得到市委、市政府主要领导的批示；民建市委共组织进行重要调查研究60余次，写出调研报告26个，其中，9个被市委、市政府主要领导批示，建议均被有关单位部门采纳。2005年，民建聊城市委提交的《关于建立政府法律顾问制度的建议》，得到中共聊城市委书记郭兆信的批示。之后，民建聊城市委又多次深入调研，继续向市政府或有关单位提出相关建议，聊城市政府采纳建议后，于2012年正式出台《聊城市人民政府法律顾问管理规定》，使聊城市成为山东省最早建立政府法律顾问制度的城市。2007年，民建聊城市委《关于加强民营企业党团组织的建议》提案，引起中共聊城市委组织部领导的重视，明确提出把推进规模以上非公有制企业建立党组织工作作为聊城迎接中共十七大和深入贯彻落实省、市党代会精神的一项重要任务，《联合日报》对此头条予以报道。

2010年，民建聊城市委组织会内专家深入农村调查研究后，撰写《关于加快我市蔬菜产业发展的调查报告》，市长林峰海作了批示，部分建议被纳入《聊城市农业产业振兴规划》中。2012年，民建聊城市委关于《贯彻执行中央一号文件，加快我市农村水利基础建设》的提案，市政府将提案建议吸纳到聊城市委、市政府制定的《关于加快水利改革发展的意见》中；民建聊城市委的提案《狠抓县域经济，全面提升我市经济发展水平的建议》，进一步完善了促进聊城县域经济发展的政策措施。2013年，针对市内拆迁造成大量建筑垃圾的情况，民建市委撰写《关于推动城市建筑垃圾资源化的建议》，得到市政府的采纳，提案后被评为优秀提案，聊城电视台等新闻媒体对提案落实情况进行跟踪报道。2014年，民建市委的提案《关于发展我市旅游经济的建议》被评为市重点提案，被吸纳到旅游行业政策规划中。

2014年，民建聊城市直五支部成立后为民建山东省委机关社会调研联系点揭牌（史奎华摄）

2015年，民建聊城市委《关于加强我市乡村公路养护管理的建议》提案被市政协评为优秀提案，聊城电视台对提案落实情况进行跟踪报道。是年，市委会组织专业会员围绕市内抗战历史遗迹、红色教育基地保护和乡村旅游项目建设等方面的课题进行实地调研，并撰写了调研报告，引起文化、旅游等单位的高度重视，省拨专款对市文物保护单位范公祠进行修缮维护。

二、服务社会

1997年后，为发展聊城经济，民建会员利用熟悉经济工作的优势，千方百计地招商引资，累计为聊城引进资金10多亿元。发挥会内人才优势，为下岗职工再就业、返乡农民工、创业大学生提供技术和创业培训累计5000余人。利用会内专家的智力优势，同时聘请会外专家教授，积极开展科技下乡和扶贫活动，主动承担贫困村、贫困户的脱贫任务。每年均组织有关专家、教授下乡为农民讲授农业种植、养殖和防治病虫害及防疫知识，有效地推动了市内食用菌产业和鸡、猪等养殖业的快速发展，先后带动200多家农户脱贫致富。汶川、玉树、雅安地震期间，广大会员踊跃向灾区捐款捐物总计人民币460余万元。捐资助学累计捐款100余万元，先后资助贫困大、中、小学生1000余名。2014年10月，东昌府区企业家会员王磊捐资20万元成立“聊城民建妙展阳光励志助学基金”，决定每年都捐助贫困生，奖励品学兼优者，并于同年在冠县武训中学举行助学金首发仪式。此外，民建市委组织会员，每年“六一”儿童节到儿童福利院为孤残儿童捐赠图书、玩具等物品；每年春节到敬老院、老会员家中送去慰问品，送去社会的温暖和关爱。

至2015年，聊城民建共有会员企业56家，吸纳社会劳动力 2 万余人，每年向国家上缴税金 2 亿多元，累计为社会公益事业捐款捐物计人民币 600 余万元。

第四章　中国民主促进会聊城市委员会

第一节　组织建设

1985 年 11 月，建立中国民主促进会（以下简称民进）聊城 3 人小组。1988 年 10 月，成立民进聊城市支部。1990 年 10 月，建立民进聊城市筹委会。1994 年 1 月，民进聊城市委员会正式成立。1997 年，民进聊城地方组织有民进聊城市（县级市，1998 年 3 月撤市设区，民进聊城市委改名为民进东昌府区委）委员会和民进临清市支部委员会。民进聊城市委员会由 9 人组成，张道英任主任委员，下设民进聊城市师范学院（2002 年改为聊城大学）支部（1988 年成立）、民进聊城二中支部（1990 年成立）、民进聊城四中支部（1989 年成立）、民进文化支部（1989 年成立）和民进农科所（2003 年改为农科院）支部（1989 年成立）5 个支部，共有会员共 51 人。会员多分布于文化、教育、科技、卫生系统等部门。其中，文化系统 5 人、教育系统 33 人、科技系统 6 人、卫生系统 3 人；具有高级技术职称的 1 人、副高技术职称的 10 人、中级技术职称的 21 人。民进临清市支部委员会由 3 人组成，王英台任主任委员，时有会员 14 人。其中，文化系统 1 人、教育系统 12 人、卫生系统 1 人；具有副高技术职称 4 人、中级技术职称 8 人。

2000 年 3 月，经民进山东省委员会批准，民进东昌府区委员会和民进临清市支部委员会合并，成立中国民主促进会聊城市（地级市，下同）筹备委员会。筹备委员会由 7 人组成，孟广武任主任委员。是年 12 月，民进联合支部成立，时有会员 9 人；是年 12 月，民进教育联合支部成立，时有会员 7 人。

2000 年 12 月 14 日，中国民主促进会聊城市第二次（顺延原县级民进聊城市会员代表大会届次）会员代表大会召开。会议选举产生民进聊城市第二届委员会，委员会由 7 人组成，孟广武任主任委员。民进聊城市委下辖民进东昌府区委、民进临清市支部、民进聊城大学支部、民进联合支部和民进农科院支部。民进东昌府区委下辖民进聊城二中支部、民进聊城四中支部、民进文化支部和民进教育联合支部 4 个支部。是年，全市共有民进会员 96 人。其中，文化系统 7 人、教育系统 76 人、科技系统 7 人、卫生系统 6 人；具有高级技术职称的 3 人，具有副高技术职称的 19 人、具有中级技术职称的 69 人。2006 年 6 月，民进社会（2014 年改为经济）支部成立，时有会员 7 人；2001 年 9 月，民进古楼支部成立，时有会员 6 人。

2001 年 12 月 20 日，中国民主促进会聊城市第三次会员代表大会召开，会议选举产生民进聊城市第三届委员会，委员会由 6 人组成，孟广武任主任委员。民进聊城市委下辖民进东昌府区委、民进临清市支部、民进聊城大学支部、民进农科院支部、民进联合支部、民进社会支部。民进东昌府区委下辖民进聊城二中支部、民进聊城四中支部、民进文化支部、民进教育联合支部和民进古楼支部 5 个支部。是年，全市共有民进会员 98 人。2006 年 8 月，民进聊城中医医院支部成立，有会员 7 人。

2007 年 1 月，中国民主促进会聊城市第四次代表大会召开，会议选举产生民进聊城市第四届委员会。第四届委员会由 7 人组成，孟广武任主任委员。民进聊城市委下辖原 1 个民进区委和 6 个民进基层支部。民进东昌府区委仍下辖原 5

个民进基层支部。是年，全市共有民进会员127人。其中，文化系统9人、教育系统101人、科技系统7人，卫生系统10人；具有高级技术职称的3人，具有副高职称的26人、具有中级职称的112人。

2011年12月21日，中国民主促进会聊城市第五次代表大会召开，会议选举产生民进聊城市第五届委员会。第五届委员会由9人组成，孟广武任主任委员。民进聊城市委下辖除原1个民进区委和由原民进联合支部改建的民进聊城联合总支部及其他5个基层支部外，新增加民进聊城一中支部和民进水城支部。民进东昌府区委仍下辖原5个基层支部。是年，全市共有民进会员161人。

2015年，中国民主促进会聊城市委员会下辖民进东昌府区委（区委下辖聊城二中、聊城四中、文化、教育联合和古楼5个基层支部）、民进联合总支部（总支部下辖第一、第二两个基层支部）和民进临清市支部、农科院支部、社会支部、聊城市中医院支部、聊城一中支部和水城支部。共有民进会员195人。其中，文化系统10人、教育系统110人、科技系统8人、卫生系统16人；具有高级技术职称者9人、副高技术职称者83人，中级技术职称者103人；任副市级职务的1人、任副县级职务的3人、任科级和副科职务的14人；省政协委员1人、市政协委员11人、市人大代表2人；女会员72人；加入中国共产党者3人。

第二节　主要活动

一、参政议政

1997—2015年，民进聊城各级组织和会员，认真履行参政议政职责，积极参加党委、政府、政协、统战等部门召开的座谈会、通报会、协商会等会议，并在会上踊跃发言，提出不少好的意见和建议；同时，围绕社会上的热点、难点问题，自行组织或陪同上级领导进行调查研究，并向有关部门提交议政报告。其间，共参加各种重要会议51次，其中在会上作典型发言5次；进行专题调研7次，提交调查报告9件；民进会员中的各级政协委员提交提案311件，各级人大代表提交议案（或建议）、提案11件，所提议案、提案全部被有关部门采纳。

2000年12月，政协聊城市委常委、民进聊城市委主委孟广武代表民进聊城市委在聊城市政协九届四次会议上作《实施人才战略，实现聊城经济的跨越式发展》的发言，受到市委书记郭兆信的重视，聊城市委在《领导参阅》上全文特发。

2001年6月19日，民进聊城市委副主委孙元芳代表民进聊城市委参加市政协召开的聊城市民主党派、工商联庆祝中国共产党成立80周年座谈会，在会上作《紧跟共产党开创新局面》的发言，就民进会员要坚信党的领导，履行参政议政职责，开创新局面等问题提出独到见解，受到好评。

2014年3月27日，结合群众路线教育活动，民进聊城市委就城镇化建设问题到东昌府区堂邑镇进行专题调研，并写出调研报告供有关领导和单位参考。

2015年，在聊城市政协十二届四次全会上提交提案多件。其中《关于大力扶持发展战略性新兴产业的建议》提案获市政协优秀提案；《关于加强电动汽车代步车等特种车辆管理》提案获市政协优秀个人提案。

二、服务社会

1997—2015年，民进聊城各级组织和会员充分发挥专业技术特长，积极为社会服务，开展义诊、咨询、助学、培训、义演、书画展等公益活动。

2004年3月，民进聊城市委响应民进山东省委的“西行助学”号名，把冠县柳林武训学校和定远寨乡中心小学定为西行助学的伙伴学校。14日，在定远寨乡举行大型中小学教师培训启动仪式。民进教育专家徐焕斌、张淑敏对该乡100多名中小学教师进行培训，提高其教学水平。

2004年7月15日和2005年6月23日，民进聊城市委联合聊城市中医院，先后两次分别抽调内科、骨外科、中医科 10 余名业务骨干，组成会诊小组，到东昌府区郑家镇开展义诊服务。共为 60 余名群众进行义诊，为 30 余名群众解答健康咨询。

2005 年 12 月 30 日，民进聊城市委举行中国民主促进会成立 60 周年庆祝大会暨书画展。会上展出 11 位作者的书画，共 66 件，其中赴省民进参展的民进会员作品 9 件。

2006 年 12 月 3 日，民进聊城市委联合聊城市中医院抽调内科、骨外科、中医科 10 余名业务骨干组织会诊小组，到东阿县高集镇开展义诊服务。为 100 余名群众进行义诊，为 30 余名群众解答健康咨询。

2007 年 7 月初，民进聊城市委和东昌府区委组织具有演唱、乐器、舞蹈、书画等艺术专长的民进会员共 22 人成立民进聊城艺术团，分别于 12 日、24 日到东昌府区的许营镇、梁水镇敬老院义务演出，敬老院老人和附近村民约 1000 人观看演出，聊城、东昌电视台均予以报道。是年 7 月 22 日，民进聊城市委组织熟悉农业、农村、农民“三农”方面的会员，特别是具有农业种植技术专长的专家到东昌府区张炉集镇对农民进行咨询服务，有数百名群众前来咨询，对 70 余名群众的各种咨询当场给予满意的解答。

2008 年 5 月，四川汶川发生特大地震后，民进聊城市委立即组织为灾区捐款献爱心活动，民进会员积极响应，当日即捐款 4900 元，并通过聊城红十字会汇往灾区。

第五章　中国农工民主党聊城市工作委员会

第一节　组织建设

1997 年 11 月 25 日，农工党聊城小组经农工党山东省委批准建立，任命孟素华为组长，小组有成员孟素华、刘振中、郝耀武 3 人。由于 3 位党员的工作单位分属聊城地区、聊城县、莘县辖区，并受当时的交通、通信等客观条件限制，党组织未能得到发展，在 1999 年筹建农工党聊城支部之前，党员人数一直保持 3 人。在此期间，农工党山东省委主委张敏曾两次到聊城，与聊城市委统战部就农工党在聊城的组织建设和发展问题进行协商，1999 年 4 月，协商决定在市直单位物色主要领导人选，在市区内发展党员，并择机建立中国农工民主党山东省委直属聊城市支部（简称“农工党聊城支部”）。

1999 年 6 月，农工党山东省委将聊城卫校副校长孙菁发展为党员，并安排孙菁负责组织发展工作。2000 年 1 月 25 日，农工党聊城支部成立，选举孙菁（女）任主任委员，支部共有党员 8 人。

2006 年 6 月，农工党聊城市支部党员发展至 29 人。根据工作需要，经请示农工党山东省委，并与中共聊城市委统战部协商，开始筹备市级组织。2007 年 1 月 19 日，农工党山东省委给予《关于同意成立聊城市筹备委员会的批复》，1 月 30 日，农工中央给予《关于同意成立聊城市筹备委员会的批复》。

2007 年 4 月 30 日，农工党聊城市筹备委员会成立大会召开，选举孙菁（女）任主任委员。截至 2010 年年底，党员发展至 38 人。其中，卫生界 24 人（占 63%），教育界 8 人（占 21%），法律、农业科技、环保、行政及其他界别 6 人（占 16%）。党员中本科以上学历占 97%，博士、硕士占 25%，副高以上职称者 82%。在 38 位党员中，有全国人大代表（孙菁）、省人大代表（孟素华）各 1 人，分别担任聊城市和莘县人大常委会副主任；有聊城市政协常委 4 人，委员 2 人。

2011年12月20日，农工党山东省委对筹委会《关于成立聊城市工作委员会的请示》给予批复。12月23日，农工党聊城市工作委员会成立大会与其他民主党派市委换届同步进行。工委会成立大会选举孙菁（女）任主任委员。

2013年10月，建立农工党聊城市工委第一、第二、第三支部。2013年12月29日、30日和2014年1月4日，在民主党派机关会议室分别举行农工党聊城市工委会第一、第二、第三支部成立大会，焉鹏、范保兴、吴秀芳分别当选为第一、第二、第三支部主任委员。

2015年年底，全市共有农工党党员51人。其中，卫生界27人，占53%；教育界13人，占25%；法律、农业、科技、环保、行政及其他界别11人，占22%。本科以上学历者47人，占92%；博士、硕士18人，占35%；副高以上职称者39人，占76%。平均年龄49岁，其中年龄最大者74岁，年龄最小者36岁；任全国人大代表1人、省人大代表1人；聊城市政协常委2人、委员6人；女党员24人。

2015年1月，农工党聊城市工委召开2014年度工作会议 （张树杰摄）

第二节　主要活动

一、参政议政

2000—2007年，农工党聊城支部努力实践“立党为公、参政为民”的宗旨，积极参政议政。其间，完成专题调研8项，在省、市人大、政协提交提案、建议62件。其中，1项被山东电视台报道、2项被《人民政协报》报道、2项在市政协大会交流、1项在市政协常委会交流、2项获得第十届市政协优秀提案奖。

2008—2011年，提交第十一届全国人大议案9件、建议41件，其中《建立健全职业教育体系，培养高素质技能型人才》建议被全国人大列为重点办理建议，并在《中国人大》杂志登载；《关于规范垃圾分类，加强垃圾焚烧监管的建议》被《人民权利报》登载，《加强助产士队伍建设，确保母婴生命安全与健康》的建议被农工党中央党刊《前进论坛》刊载，中央电视台综合频道“见证履职”栏目以“千封邮件汇民意”为题对孙菁进行采访报道。农工党聊城市筹委提出的有关校车安全、医改惠民、基层法官队伍建设、保护国宝阿胶等建议被新华网、搜狐网、新浪网、凤凰网等转载，《关于试点推广低速电动车的建议》被工业和信息化部采纳，山东省成为低速纯电动乘用车试点地区。筹委会党员在省十一届人大会议上领衔提交建议8件；在市十五届人大上领衔提交建议16件，其中《关于加强我市市属地方本科高等教育建设的建议》和《加强我市城区中小学建设的建议》分别被市人大评为优秀代表建议和列为重点办理建议，市长亲自批示，相关部门积极督办，促进了相关问题的解决。筹委会党员在聊城市十五届政协会议上提交提案25件，在市政协全委会、常委会大会发言8次，1件被评为优秀提案，《规范处理医疗纠纷，促进和谐社会建设》《因势利导，解决我市乡镇卫生院发展中的人力资源瓶颈》《关于保护环城湖水生生态的建议》《关于规范房地产销售行为的建议》《关于加强我市农民剩余劳力转移转化工作的建议》《农村计划生育工作中存在的问题及对策》《找准古城特色，搞好古城保护性开发》《关于规范医疗垃圾处理的建议》等涉及全市经济社会的发展和保障民生的提案均受到各级政府和广大群众的关注。

2011—2015年，农工党聊城市工委会响应省委“参政议政百人工程”，号召党员围绕推进“四个全面”战略，围绕国计民生，特别是医药卫生体制改革、生态文明建设，积极建言献策，参政议政的整体水平有了提高。5年间，在全国、山东省、聊城市人大提交建议、议案共178件，在聊城市政协提交提案68件。其中被全国人大列为重点办理议案3件，获聊城市人大优秀建议8件，获聊城市政协优秀提案6件；报送社情民意信息110余条，被农工党中央采用4条、省政协采用32条、农工党省委采用79条。自2013年起，连续3年社情民意信息工作列全省17地市第2名；共完成专项调研17项，包括农工党省委会的耕地资源和基本农田情况调研及自选调研课题；涉及医疗垃圾处理现状、水城剧场资源闲置问题调研、基层儿科医疗现状调查、城市垃圾资源化利用，发展元宝枫种植、推广碳晶采暖和徒骇河马颊河危桥修建等。党员中各级人大代表、政协委员通过执法监督和视察调研、专项调研，参加市委、市政府召开的情况通报会、征求意见会等途径，围绕“十一五”规划执行情况和“十二五”规划的制订、社会经济发展和保障民生等提出建设性意见和建议，认真履行民主监督职责。

2000年1月农工党聊城支部成立后，有6名党员被聘为聊城市政建设监督员、市新型农村合作医疗监督员、市纪委（监察局）党风廉洁监察员、市卫生系统行风建设社会监督员、聊城市城市管理行政执法局行风监督员。2014年，党员张树杰被聊城市政府聘为法律顾问；2015年，刘建喜、赵素婷、范保兴、张树杰被聊城市重大决策咨询委员会聘为咨询专家。

二、服务社会

2000—2007年，农工党聊城支部开展的社会服务活动主要有两个方面：开展义诊、科普宣传与咨询。相继组织了“助残献爱心”“国际和平周”“健康迎奥运”等专题义诊活动以及糖尿病防治、结核病防治、龋病防治、哮喘病防治、心血管疾病防治等专项义诊活动和科普宣传与咨询12次。充分发挥党员专业技术人才密集优势，积极协助基层卫生组织搞好社区卫生工作。分别在市直机关门诊部、市政府门诊部、临清市卫生局、东昌府区新区医院等单位义务举办题为“全科医疗与社区卫生服务”“社区卫生服务的营销策略”“社区、家庭、个人健康档案”的专题讲座。2002年，在全市41个乡镇、110个自然村、512家农户进行家庭健康及卫生需求状况抽样调查，为聊城市农村医疗卫生体制的改革，提供翔实的原始资料。2004年，在茌平二院建立“农工党聊城支部基层卫生人员培训基地”，在基层医疗单位举办学术讲座，开展技术指导，建立市级医院与基层医院的联系，提高基层卫生人员的业务素质。其间，支部被农工党中央、农工党省委授予“社会服务先进集体”，有2人被农工党省委表彰为“社会服务先进个人”。

2007—2011年，农工党聊城筹委会围绕社会主义新农村建设，送医送健康知识到农村。连续4年参加市委宣传部组织的“文化科技卫生三下乡”活动，参加市社科联组织的社会科学普及周理论下乡活动，开展健康宣传和健康咨询服务。有3名党员被中共聊城市委宣传部授予“三下乡活动先进个人”称号；持续开展基层医院对口帮扶工作，农工基层卫生技术人员培训基地被农工党省委授予医药卫生“关爱行动”社会服务示范基地。以“中国环境与健康宣传周”为平台，组织开展“高血压防治五年大行动”。2007年8月，举办全市一级医院和社区卫生服务机构内科骨干医师高血压防治培训班，对全市150多个单位的170余名基层医务工作者进行培训。开展以“增进团结进步，构建和谐社会”为主题的义诊活动。分别到冠县十八里铺、东昌府区蒋庄村、东昌府区白庄村、莘县张鲁回族镇、临清市后焦庄等少数民族村开展义诊活动，聊城电视台、《聊城日报》多次予以报道；积极开展送温暖献爱心活动，组织党员到乡镇敬老院、到农村为五保老人义诊。其间，获农工党中央、农工党省委授予的“社会服务先进基层组织”称号。有2名党员被农工党中央和省委授予优秀党员称号。

2013年，工委与香港麦罗武慈善基金会共同主办“深港复明献爱心，齐鲁聊城光明行”活动，募集30万港元善款为聊城150名贫困、无保白内障老人做了免费复明手术。2014年，工委协助农工党山东省委在聊城举办第六十五届世界卫生日公益健康宣传义诊活动暨农工党山东省委“健康山东行”启动仪式和义诊活动，为聊城基层医疗单位募集价值10万元药品。2015年，与农工党山东省委共同主办“健康山东　医药关爱行动”捐赠仪式，向聊城20家医疗机构捐赠麻醉深度监测仪20台，价值360余万元。当年5月，争取国企慈善资金10万元为2000余名市民进行甲状腺功能减退免费筛查。11月，工委争取中国妇女儿童基金会资金10万元，为农工党对接的党外干部锻炼培养基地——莘亭街道的中心小学所有教室（20个）安装碳晶取暖设备。2012—2015年，工委被农工党中央授予“社会服务先进基层组织”称号，被聊城市政府授予全市“民族团结进步模范集体”称号。工委建立的“农工基层卫生技术人员培训基地”被农工党山东省委命名为“山东省医药卫生关爱行动社会服务示范基地”。

2015年1月，农工党聊城市部分党员到潍坊昌邑市调研生活垃圾处理新技术　（张树杰摄）

第六章　九三学社聊城市委员会

第一节　组织建设

1984年2月，九三学社聊城小组成立。1987年8月，九三学社聊城小组扩建为九三学社聊城支社。支社下分聊城师范学院小组和聊城市新区小组。1997年3月2日，九三学社聊城支社第三次代表大会召开，选举产生九三学社聊城市（县级）第三届委员会，选举武如宝继任主任委员。时有社员42人，其中文化系统2人、教育系统14人、科技系统17人、卫生系统8人，具有正高级职称9人、副高级职称20人、中级职称13人。

1997年9月3日，成立九三学社聊城师范学院（2002年改为“聊城大学”）支社、新区支社和柳园支社，有社员分别为14人、15人和14人。

2000年2月22日，经九三学社中央批准，在九三学社聊城市（县级）委员会基础上，成立九三学社聊城市委员会筹备委员会，武如宝任主任委员。同年5月14日，九三学社东昌府区支社成立，有社员17人。

2000年12月13日，九三学社聊城市第四次代表大会召开，选举产生九三学社聊城市第四届委员会（顺延九三学社聊城县级市代表大会届次），选举武如宝任主任委员。九三学社聊城市委时辖东昌府区支社、聊城师范学院支社、新区支社和柳园支社，社员共63人，其中文化系统3人、教育系统18人、科技系统24人、卫生系统16人，具备正高级职称9人、副高级职称36人、中级职称17人。

2001年12月20日，九三学社聊城市第五次代表大会召开，选举产生九三学社聊城市第五届委员会。选举潘延红（女）任主任委员，武如宝任名誉主任委员。九三学社聊城市委仍辖原4个支社，共有社员73人。

2003年11月24日，在九三学社东昌府区支社基础上成立九三学社东昌府区委员会，时有社员20人。

2007年1月19日，九三学社聊城市第六次代表大会召开，选举产生九三学社聊城市第六届委员会，选举潘延红（女）任主任委员。九三学社聊城市委时辖1个区委和3个支社，共有社员82人，其中文化系统2人、教育系统21人、科技系统16人、卫生系统24人，具备正高级职称11人、副高级职称43人、中级职称28人。

2000年2月，九三学社聊城市委筹委会成立大会召开

2011年12月30日，九三学社聊城市第七次代表大会召开，选举产生九三学社聊城市第七届委员会。选举潘延红（女）任主任委员。九三学社聊城市委时辖1个区委和3个支社，共有社员119人。

至2015年，九三学社聊城市委下辖九三学社东昌府区委和聊城大学支社、新区支社、柳园支社。共有社员159人，其中文化系统2人、教育系统37人、科技系统27人、卫生系统的53人；具备正高级职称28人、副高级职称82人、中级职称48人；任副市级职务1人、县级职务2人、副县级职务4人、科级和副科级职务24人；省政协委员2人、市政协委员13人；女社员74人；加入中国共产党5人。

第二节　主要活动

一、参政议政

1997—2015年，向各级人民政府提出建议案、提案200余件，其中集体提案50余件。2006年，提案《关于推进聊城市循环经济建设的建议》获聊城市政协第十届四次会议优秀提案奖，并得到聊城市市长林峰海的批示，指示有关部门把该提案相关建议作为聊城经济社会发展的重要参考依据采纳，该提案被评为全省民主党派优秀提案之一。2007年，组织撰写的《聊城市农村卫生工作调研报告》在市政协五次会议上获优秀调研报告奖，多项建议在《联合日报》上刊登。

2005年12月，九三学社聊城市委员会获山东省民主党派优秀提案“先进集体”称号

2009年，调研成果《县域经济和小城镇建设研究》作为九三学社中央提案提交全国政协十一届三次会议，并被评为重点提案，成为九三学社全国3件重点提案之一，得到中共中央政治局委员、国务院副总理回良玉的批示。2010年，调研成果《关于我国产业布局与主体功能区规划的建议》作为九三学社中央提案提交全国政协十一届四次会议，得到国家发改委的落实。2011年，提案《聊城建设生态文明市需要解决的基本问题及对策建议》获聊城市政协第十一届四次会议优秀提案表彰，得到市长林峰海和副市长蔡同民批示。2012年，提案《关于继续大力推进

聊城市生态农业建设的建议》获聊城市政协第十二届一次会议优秀提案表彰，多项建议被市政府采纳。

2012 年，提案《关于加快推进我省城镇化进程和小城镇建设的建议》作为九三学社山东省委提案提交省政协十一届一次会议并评为重点提案，提案《关于推进县域经济与小城镇建设的建议》获 2012 年度“经济文化强省建设做贡献建言献策优秀成果奖”。2013 年，调研成果《关于我省地下水资源保护与持续利用的对策与建议》被九三学社山东省委以提案形式提交省政协会议。2014 年，《关于农村小学师资现状改善及对策》由九三学社山东省委推荐确定为九三学社中央参政议政调研课题，调研成果作为九三学社中央提案提交 2015 年全国政协会议，是九三学社山东省委推荐课题中被采用的两件之一。2015 年，申报九三学社中央、九三学社山东省委参政议政调研课题 3 项、中标 2 项，《关于改善我国乡村小学教育质量的对策建议》由九三学社山东省委申报九三学社中央年参政议政课题，《关于山东省绿色经济发展机制创新的建议》被确定为九三学社山东省委参政议政课题，并以提案形式提交省政协会议，被省政协十一届四次会议采用为大会书面发言。

2015 年，九三学社山东省委主要负责人以及社员代表参加中共聊城市委、市政府及有关部门召开的座谈会、通报会、协商会、征求意见会等 100 多次，针对经济建设、社会发展和重大改革等方面的决策部署提出多项合理化意见建议，得到中共市委、市政府领导的充分肯定和认可。

二、社会服务

每年 3 月 24 日“世界防治结核病日”、5 月 15 日“国际家庭日”、12 月 1 日“世界艾滋病日”等重要宣传节点，九三学社聊城市委积极组织广大社员参加宣传服务系列活动。1997—2015 年，九三学社聊城市委及基层组织共组织参加大小服务系列活动 500 多次，解答群众健康、法律、科技、教育等方面问题 5 万多人次。

2014 年 11 月，由九三学社山东省委与山东省立医院、山东卫视联合主办，九三学社山东市委和莘县政府共同承办的“爱之光”白内障复明公益活动在莘县开展。山东省副省长、九三学社山东省委主委王随莲，聊城市政府市长王忠林，中共聊城市委常委、统战部部长蔡同民等出席授牌仪式。公益活动历时半个月，成功为 200 多名贫困患者免费实施白内障复明手术，山东卫视、《大众日报》等媒体全程跟踪采访，齐鲁网开设专栏报道。

2015 年 10 月 25 日，九三学社聊城市委与阳谷县侨润街道办事处共同举办“关注健康，珍爱生命”同心义诊咨询服务活动，共接受群众咨询 500 余人次，发放宣传资料 5000 余份。九三学社东昌府区委依托实践锻炼基地重点实施科技扶贫，开展“春雨行动”——农技普及在基层系列活动，相继举办 8 期课堂培训班、20 期田间培训班，培训农民 2000 余人次，得到群众的好评。

第二十四编　社会团体

Party XXIV Social Organization

1997—2015 年，聊城市工会以维护职工合法权益为中心目标，推进基层组织工会建设，加强民主管理，积极进行职工帮扶和促进就业，丰富职工物质文化生活。共青团聊城市委认真履行组织青年、引导青年、服务青年和维护青少年合法权益的基本职能，创新组织形式、管理形式，围绕精神文明建设组织广大青年开展一系列活动，取得显著效果。全市各级妇联组织积极推进维护妇女权益、促进妇女工作发展两条主线，开展“双学双比”“巾帼建功”“五好文明家庭”创建等活动，妇女儿童事业取得全面进步。

1998—2015 年，聊城市工商业联合会组织不断健全，会员不断增加，行业商会普遍建立。2010 年 4 月，中共聊城市非公有制经济组织工作委员会依托市工商联正式成立。2012 年 7 月，非公企业党工委和社会组织党工委合并成立为聊城市“两新”组织党工委，中国共产党的领导得到进一步加强。在新的时期，聊城市工商业联合会积极履行参政议政职能；各级组织和会员发挥自身优势，广泛开展经济、金融、科技、人才等方面的服务活动，成效显著。

市科学技术协会、文学艺术联合会、社会科学联合会、残疾人联合会、归国华侨联合会、革命老区建设促进会等群众团体，在各级党组织领导下，依据各自的纲领履行职能，围绕全市中心工作开展一系列活动，为改革、稳定、发展发挥了应有作用。

第一章　工　会

1997—2015 年，聊城市总工会组织各级工会推广厂务公开民主管理工作，建立困难职工档案，帮扶救助困难职工，开展职工技能培训和轮岗培训，完善工会劳动法律监督和劳动争议调解机制。市工会先后获全国帮扶工作先进集体、全省保障工作先进单位等称号。2015 年，全市基层工会组织达 13472 家，会员 127 万多人，全市企业工会组建率和职工入会率动态均保持在 96% 以上。

第一节　代表大会

1998 年聊城地区工会办事处撤销，成立聊城市总工会。市工会代表大会延续县级聊城市总工会届次，共召开两次代表大会。

一、第十一次代表大会

2000 年 10 月 10—12 日，聊城市工会第十一次代表大会召开。参加会议的正式代表 230 人，特邀代表 64 人，列席代表 62 人。市委副书记张秋波代表市委、市政府到会讲话，省总工会主席齐乃贵到会致辞。市总工会主席王改真作题为《认真贯彻落实“三个代表”的重要思想，团结动员广大职工为实现我市跨世纪宏伟目标而努力奋斗》的工作报告。

2000 年 10 月，聊城市工会第十一次代表大会召开

10 月 12 日，会议采取差额和无记名投票方式选举产生市总工会第十一届委员会委员 35 人，经费审查委员会委员 7 人；随后，市总工会十一届一次全委会召开，选举王改真（女）为市总工会主席，选举刘爱民（女）、肖俊海、张进刚为副主席，选举 13 人为市总工会第十一届委员会常务委员。同日，市总工会第十一届一次经费审查委员会会议召开，选举肖俊海（兼）为市总工

会第十一届经费审查委员会主任。

二、第十二次代表大会

2006年9月6—8日，市工会第十二次代表大会举行。参加会议的正式代表300人，特邀代表44人，列席代表147人。市委书记郭兆信代表市委、市政府到会讲话，省总工会副主席王祝玉到会致辞。市总工会主席王改真代表市总工会第十一届委员会作题为《全面贯彻落实科学发展观 团结带领全市职工为实现“十一五”规划建功立业》的工作报告。

9月8日，会议采取差额和无记名投票方式选举产生市总工会第十二届委员会委员35人，经费审查委员会委员7人；随后，市总工会十二届一次全委会召开，选举王改真（女）为市总工会主席，选举肖俊海为常务副主席，选举张进刚、刘娟（女）、刘朝阳为副主席，选举15人为市总工会第十二届委员会常务委员。同日，市总工会第十二届一次经费审查委员会会议召开，选举韩洪锋为市总工会第十二届经费审查委员会主任。

第二节 组织建设

1997年，山东省总工会聊城办事处重视改制企业和新建企业工会组建工作。1998年，聊城市委转发《关于全心全意依靠职工 搞好自身企业产权制度改革的几点意见》，对加强改制企业工会组织建设和民主管理工作作出明确规定，保证了改制企业工会工作正常开展。1999年，对全市工会组织情况进行全面普查，制定下发《关于加强工会组织建设的意见》。

2001年，聊城市总工会集中制定下发《关于进一步规范新建企业工会工作的意见》等13个文件，对新建企业工会组织建设进行规范。2002年，重点加大党政机关建会和组织农民工入会工作力度，提高工会组织覆盖率。2003年，聊城市总工会被评为“全国基层组织建设先进单位”。2005年，把个体经济组织组建工会和发展会员作为重点，在街道、社区（村区）、商场（市场）等个体工商户比较集中的地方，建立区域性或行业性工会联合会或联合基层工会。是年，全市基层工会增长72%，工会会员增长79%，在全省工会组织建设考核中名列第一。

2007年，制定《基层工会规范化建设“六有”评分细则》。突出抓好基层工会规范化建设，对基层工会“六有”建设普遍进行检查和规范。2008年，工商税务部门推出建会筹备金制度，协调建委部门推进建筑施工企业建会，联合组织部门实施“党建带工建，党工共建”活动。2009年，明确工会组织和工会主席必须选举产生，避免出现组建空壳工会、形式工会。2010年，推进“两新组织”建会，指导新建企业和民营非企业单位组建工会。同时在乡镇（街道）总工会以下探索建立小型非公企业工会联合基层工会和个体工商业户工会联合基层工会。

2011—2013年，促进企业工会组织规范化建设和作用发挥，企业建会和发展会员工作迅速发展。截至2013年年底，全市建立25人以上单独企业工会9257家，建立小型非公企业联合会360多家，涵盖25人以下小企业1万多家，企业会员近83万人，市总工会获“全国推进企业普遍建会先进集体”称号。在全市工会系统开展以“工会组织亮牌子，工会主席亮身份”为主要内容的“双亮”活动，承诺“职工有困难找工会”。

2014—2015年，根据山东省总工会工作部署，在全市深入开展以“双亮、双争、双述、双评”为主要内容的“四双”活动，稳步推进基层工会组建、规范化建设和作用发挥，活动覆盖面达到80%以上。2014年，在全市开展“工会会员优惠服务活动”，工会会员凭工会证实现普惠“一证通”。2015年，在全市开展“农民工集中入会行动”，是年，发展农民工会员61.5万人，增长16.4%。全市工会组建率和职工入会率动态均保持在96%以上。至2015年，全市基层工会组织13472家，发展会员127万多人。

一、乡镇（街道）工会建设

2001年，全市工会工作向乡镇（街道）延伸。8 月，市委下发《关于进一步加强新形势下基层工会组织建设的意见》，对乡镇（街道）建立工会组织和工会干部配备等问题作出规定。是年，全市 128 个乡镇（街道）全部建立工会工作委员会，配齐专兼职工会干部。

2005 年，根据全国总工会开展建立乡镇（街道）总工会试点工作要求，东昌府区郑家镇于 4 月在全市率先成立乡镇级总工会，全市 128 个乡镇（街道）工会工作委员会当年全部改建为总工会。是年，市总工会两次在全国会议上作经验介绍。2010 年，全市乡镇（街道）总工会普遍进行换届。

2012 年，制定下发《关于进一步加强乡镇（街道）工会规范化建设的意见》，提出“十好标准”，加强乡镇（街道）工会规范化建设。2014 年，根据山东省总工会《关于进一步加强乡镇（街道）工会工作的意见》《山东省社会化工会工作者管理办法（试行）》《山东省乡镇（街道）工会工作经费管理办法》，加强乡镇（街道）工会建设，重点解决乡镇（街道）工会组织建设和经费问题。

二、干部配备

2001 年 8 月，市委下发《关于进一步加强新形势下基层工会组织建设的意见》，明确规定乡镇（街道）和企事业机关工会干部按同级副职级配备。是年，实现乡镇（街道）工会主席全部由乡镇（街道）党委副书记担任。2004 年 5 月，市委下发《关于深入贯彻落实中国工会十四大精神　进一步加强工会工作的意见》，明确规定县（市、区）工会主席按同级副职级配备。2012 年，实现全市 8 个县（市、区）工会主席全部由副县级干部担任。

2006 年 1 月，市委决定市直部门单位工会主任（主席）按同级副职配备，市委组织部和市总工会区分不同情况逐步落实，市直单位专职工会主任（主席）开始由市委下文任命。至 2015 年，市直有 38 个部门单位配备副县级的专职工会主任（主席）。

1997—2015 年聊城市工会组织状况表

表 24-1　　　　单位：个、人

年份	基层工会数	工会会员数
1997	1427	244489
1998	1525	248976
1999	1668	251134
2000	2023	260061
2001	2745	296393
2002	3555	324730
2003	3698	326538
2004	4736	416178
2005	8167	745562
2006	9284	858165
2007	10426	981945
2008	11681	1079157
2009	12513	1146732
2010	13278	1199637
2011	13849	1230519
2012	13314	1222575

续表 24-1

年份	基层工会数	工会会员数
2013	13373	1225083
2014	13477	1239533
2015	13472	1270657

第三节　民主管理

1997 年，全区有 1307 个单位坚持职代会制度，国有企业普遍建立业务招待费使用情况向职代会报告制度。上半年，按照地委统一部署，对 730 家企业的 3746 名领导干部进行民主评议考核。1998 年，在全市企事业单位推进厂务公开制度。1999 年，市委成立厂务公开领导小组，市委副书记张秋波任组长。至 2001 年，全市推行厂务公开的国有集体及其控股企业 745 家，占应推行总数的 100%；事业单位推行院务、校务、政务公开的 649 家，占应公开的 96%；有 357 家非公有制企业推行厂务公开制度。

2002—2003 年，提高职代会和厂务公开建制率。全市 95% 以上国有集体及其控股企业的厂务公开制度达到规范化标准，卫生教育及其他 658 家事业单位实行厂务公开，85% 以上达到规范化。841 家非公有制企业推行厂务公开民主管理。2002 年 7 月，市委、市政府对全市 30 个先进单位进行表彰。2004 年，根据省总工会部署，在全市开展职代会星级创建活动。2005 年，被评为省级职代会“优秀星”单位 10 家，评选市级职代会“先进星”34 个。

2006 年，推进基层各单位建立职代会等民主管理制度，并逐步向非公有制企业扩展。2007 年，市内推行厂务公开民主管理制度的各类企事业单位 4409 家，其中国有集体及控股企业 680 家，推开面为 100%；事业单位 875 家，推开面为 100%；非公有制企业 2854 家，推开面为 64%。2007 年，聊城市被评为“全国推动厂务公开民主管理先进单位”。2008 年，组织对非公有制企业厂务公开民主管理工作进行调研并形成调研报告，厂务公开民主管理工作正式纳入市委综合目标管理考核。

2011 年，深化星级职代会创建活动，对全市命名表彰的 319 家职代会市级先进星和 18 家省级优秀星进行复查验收。制定下发《关于进一步推行区域行业职工代表大会制度的意见》，是年，全市建立区域行业职代会 117 个。2012 年，开展厂务公开民主管理示范单位创建活动，全市培植示范单位 100 家。针对国际金融危机和转变经济发展方式，开展“同舟共济保增长，建功立业促发展”“共同约定行动”等活动，引导职工开展企业技术创新和技术改造，参与企业经营管理。

2014 年，在全市开展学习贯彻《山东省厂务公开条例》宣传活动，市委副书记陈平任厂务公开民主管理工作机构组长。2015 年，开展厂务公开民主管理“法制推进年”活动，开展“推行协商民主，强化社会责任”工作品牌创建，选树培植各类典型 35 个。全市 496 家国有集体及其控股企业、785 家事业单位全部建立健全厂务公开民主管理制度，建制率 100%；建会非公有制企业 3548 家，建制率 95%。

第四节　困难职工帮扶救助

一、困难职工档案建立

按照“依档帮扶”“先建档，后帮扶，实名制”的原则，组织各级工会组织深入企业、深入职工家庭，通过入户调查、逐级核实的方式进行摸底，建立困难职工档案，实施动态管理。1997 年，完成对 238 家困难企业、1.1 万户特困职工的建档工作，实行地、县、系统和企业 4 级动态管理。2001 年，全市共有 8600 户特困职工的基本情况全部纳入特困职工档案，8 个县（市、区）均结合开始实行微机动态化管理。2015 年，全市共有在档困难职工 32667 户。建档推进精准帮扶，对符合救助条件的职工录入困难职工电子档案的同时，全面掌握其家庭情况、致困原因、困难程度、具体需求，对已经脱困的在档职工进行注销。

二、困难职工帮扶中心

2003 年 6 月，市总工会在全省率先成立困难职工帮扶中心，8 个县（市、区）工会均建立困难职工帮扶中心。12 月，全国总工会书记处书记张秋俭考察市总工会困难职工帮扶中心和东昌府区工会困难职工帮扶中心，给予较高的评价。2005 年，聊城市在全省率先开通市、县两级工会“12351”职工维权热线，建立市、县两级工会帮扶工作网络，实行职介、培训、接访、救助“一条龙”服务。2014 年，推动困难职工帮扶中心向职工服务中心转型升级，制定《聊城市总工会关于推进职工服务中心建设工作意见》。2015 年，全市投入 100 余万元，扶持各个县（市、区）困难职工帮扶中心转型升级为职工服务中心，并积极解决职工服务中心建设中面临的机构编制、资金、土地、项目和人员等问题。是年，聊城市县两级全部完成由困难职工帮扶中心向职工服务中心转型升级，打造救助、维权、服务三位一体的综合性工会服务平台。

2003 年 6 月，聊城市总工会困难职工帮扶中心成立大会召开

三、四季服务

1997—2015 年，每年“五一”前夕，对生活困难劳模实施帮扶救助，“七一”前夕，对困难企业老党员开展献爱心救助活动。开展春送岗位、夏送清凉、金秋助学、冬送温暖的“四季服务”活动，并推动活动常态化、长效化、社会化发展。

每年 3 月，开展“春送岗位”“就业援助月”“工友创业”、技能培训促就业等多项就业活动，并配合人社等部门联合开展“春风行动”及企业用工招聘会，帮助农民工、高校毕业生、下岗失业职工实现就业、稳定就业，提高就业质量，扶持职工以创业带动就业，建立具有工会特色的帮扶救助体系，累计帮扶救助 23 万多人次，发放帮扶救助资金 1 亿余元。2015 年，启用山东工会就业信息网，搭建工会就业服务信息化平台，222 家企业在信息网上发布招聘信息。

每年 7 月，开展“夏送清凉”活动。向生产一线的职工和农民工发放防暑降温慰问品，加强职工防暑降温和安全卫生知识宣传教育，督促企业落实《防暑降温措施管理办法》，预防和控制高温中暑及高温作业引发的各类事故。

每年 9 月，开展“金秋助学”活动。向考上大学的困难职工、农民工子女发放助学金，1998—2015 年，连续 18 年开展该活动，累计资助困难学生 14000 多名，发放资助金 2200 多万元。

元旦春节期间，开展“冬送温暖”活动，对困难职工、劳动模范、生活困难的农民工等进行走访慰问。1993—2015 年，坚持每年开展“两节”送温暖活动。1997 年，聊城地区和 8 个县（市）全部建立送温暖工程基金，全市各级工会在春节前共走访困难企业、慰问困难职工。1998 年，开展“访、谈、帮”活动，全市各级工会组织对困难职工定期走访。2001 年，成立市困难职工帮扶领导小组，组长、副组长分别由分管副书记和副市长担任，全市成立 175 个访谈小组。2002 年，市总工会被评为“全省实施送温暖工程先进单位”。

四、促进就业

2001 年，市总工会在全市提出下岗困难职工“专一门、会二门、学三门”技术的口号，并组织开展职业技能培训和转岗培训。针对全市情况，上报《关于国有企业关闭破产和职工下岗再就业工作的调查》《关于我市对特困职工有关政策落实情况的调查》等调查报告。制定《关于对特困职工群体进行帮扶意见》《关于非公有制企业特困职工帮困暂行办法》等文件，与劳动部门联合开展再就业援助行动，对下岗职工优惠政策落实情况进行检查。

2011 年，聊城市总工会组织困难职工就业技能培训

2002 年后，各级工会利用工人文化宫、职工中专学校等工会文化教育阵地，对困难职工、困难农民工及其子女进行免费教育培训，开设计算机、烹饪、家政服务、摄影、中医养生保健、汽车美容快修等具有广泛市场前景的专业。2002 年，各县（市、区）建立劳务输出服务中心，拓宽市外就业渠道。在全市设立 120 多个劳务输出服务站，在全国各大城市建立 80 名招工信息情报员队伍，全市上下形成招收、培训、建立工会、输送到工作单位、签订集体合同、维护进城务工人员的合法权益一条龙服务。2003—2005 年，召开全市工会劳务输出现场经验交流会，建立定期回访制度，维护外出人员的合法权益。全市各级工会共输出劳务 7 万多人，创经济效益 1.2 亿多元。2006 年，开展“心连心、手拉手，促进再就业帮扶行动”，各级工会通过信息、培训、资金支持等方式，鼓励下岗职工自主创业。

2008 年，建立市、县、乡三级工会劳动输出组织，为外出务工人员提供技术培训、职业介绍、发展为工会会员、加入工会组织、维护合法权益一条龙服务，得到全国总工会的充分肯定，在全国推广。

2008—2015 年，广泛开展“工友创业行动”，在全市范围内开展“工友创业园”创建创新工作，全市各级工会以促进创业带动就业为导向，对困难职工、农民工信息进行汇总建档，并给予创业培训、信息、荣誉激励等支持，鼓励支持自主创业，并通过技能培训和创业者的成功创业安置困难职工和农民工就业，在创业创新中发挥工会的积极作用。2008 年，全面完成“工友创业行动”3 年工作目标任务，帮助大批下岗职工成功就业。2010 年，市总工会拨付专项资金 44 万元，并在冠县召开全市“万名农民工援助行动”经验交流会，帮助农村剩余劳动力实现再就业。2015 年，启用山东工会就业信息网，搭建工会就业服务信息化平台，有 222 家企业在信息网上发布招聘信息。

第五节　维护职工合法权益

1997—2002 年，抓好平等协商、签订职工集体合同工作。对全市建立集体合同制度的企业，全部建立行政、工会和职工代表组成的集体合同监督检查委员会（小组），每季度定期进行检查。对到期的集体合同，做好修订完善和续签工作，保证集体合同的连续性。2003 年，市县级工会与劳动、经委、企业家协会建立劳动关系三方协商机制，聊城市总工会被评为“全省集体合同工作先进单位”。2004 年后，各级工会健全维权机制，组织开展《中华人民共和国工会法》实施办法知识竞赛，联合市人大开展《中华人民共和国工会法》实施情况大检查。市总工会被评为“全省法律宣传教育工作先进单位”。

2006 年，健全和完善工会宏观参与机制，畅通工会参政议政渠道。全市建立平等协商、签订集体合制度的企业3536家，覆盖职工32万人，聊城市被评为“全国依法维权先进单位”。2007年，市、县两级均建立职工维权工作领导小组，促进工会社会化维权，督促用人单位与职工依法签订和履行劳动合同，协助政府有关部门推进“劳动合同工作3年行动计划”。2008年，健全完善工会劳动法律监督和劳动争议调解机制。全市共建立企业劳动争议调解委员会3542个，受理劳动争议案件1468件，提供法律咨询和服务1.5万人次。2009年，深化创建劳动关系活动，参与创建活动的企业5625家，职工参与人数56.3万人，其中规模以上企业1131家，职工参与人数21.8万人，聊城市总工会被山东省工会评为“全省创建劳动关系和谐企业先进集体”。2010年，配合市人大对各个县（市、区）进行执法检查，召开全市创建劳动关系和谐企业暨工资集体协商经验交流会，推广高唐时风集团、聊城交运集团、聊城中通客车集团、聊城鲁西化工等先进典型经验。

2011年，加强协调企业劳动关系工作力度，构建“党委领导、政府支持、工会运作、三方推进、部门配合、企业职工参与”的工作格局。在企业普遍开展劳动关系和谐企业创建活动，实行工资集体协商制度。2014年，市总工会在全市各级工会开展“12•4”全国法制宣传日活动，讲解新《中华人民共和国工会法》，宣传工资集体协商工作，解答职工群众疑问。

2013年7月，全市贯彻实施《劳动法》《工会法》推行集体合同、劳动合同工作经验交流会召开

第六节　职工文化建设

1997年，山东省总工会聊城办事处以迎香港回归、庆祝中共十五大召开为主题，开展精神文明创建和文艺活动。举办理论骨干培训班1416期、演讲会734场，参加职工和演出职工分别为6.2万和2.6万人次。1998—2001年，市总工会开展以“讲道德、树新风、塑形象、多贡献”为主题的职业道德教育活动，举办理论学习班1567期。

2003年，聊城市总工会组织全市30多万职工参加学习中共十六大精神和“三个代表”重要思想知识竞赛。2004年，举办庆“五一”文艺演出、女职工健身操比赛和首届职工游泳比赛，在全省健身球、健美操大赛中获优秀组织奖。在全市职工中开展“创建学习型组织，争做知识型职工”活动。是年起，聊城市总工会每年对“创争”活动先进单位和个人进行评选表彰。

2005年，开展以“学振超、练绝活、强素质、创一流”为主要内容的“创争”活动，评选表彰职业道德“双十佳”先进单位和个人。2006年，开展职业道德“双十佳”和“创争”活动，参加“创争”活动的企事业单位5670个，培训职工30余万人次。

2007年，在职工中开展“当好主力军　建功‘十一五’　和谐做贡献　献礼十七大”主题教育活动；“五一”期间在聊城电视台开办“劳模风采”栏目，宣传劳模先进事迹。2009年，组织全市4790人次观看电影《铁人》，引导职工学习铁人精神。先后举办庆“五一”文艺演出、庆“七一”职工书画展、庆“八一”职工游泳比赛等活动。2010年，举办庆“五一”大型歌唱会暨劳动模范颁奖大会。制作影像片《闪光的足迹　辉煌的十年——聊城市总工会工作纪实》。

2011年，对职工队伍思想状况进行调研，共发出调研表1000份，收回991份，形成个案访谈记录10份。“五一”期间，市举办庆“五一”感动水城劳动奖章颁奖大会。2012年，组织职工参加山东省第六届职工运动会，开幕式上，聊城市代表队展示的女子交警指挥操获得先进展示一等奖。2013 年，组织职工参加“劳动我最美”全国职工微博大赛，向中华全国总工会推荐 100 多条职工微博作品。2014 年，组织职工参加“娘家人・暖心事——工会在身边”全国职工微博大赛，共推荐 80 条职工微博作品。举办“中国梦・劳动美”全市职工演讲比赛，共举办选拔赛 16 场，近 400 人参加比赛。在职工中开展“争当学习职工读书行动”和“读书让梦想成真”主题征文活动，共收到征文 100 多篇。

2015 年，开展“中国梦・劳动美”全市职工法律知识竞赛活动，全市共举办比赛 4 场。以“传承文体，提升素质”为主题，在全市职工中开展经典诵读活动。

第二章　共青团

1997—2015 年，聊城共青团履行组织青年、引导青年、服务青年和维护青少年合法权益的基本职能，组织开展“传承五四精神”“祖国在我心中”“祖国发展我成长”等主题实践活动；扎实开展“建设生态文明市・绿色行动计划”“全市青年就业创业服务”“小手拉大手，交通安全进万家”等系列活动，定期开展“走进青年——团干部恳谈日”“人大代表和政协委员与青年群体面对面”等主题活动；深入开展“百万书海”公益捐助、心愿直通车、“青少年维权岗在行动”等工作，维护青少年合法权益。围绕精神文明建设，组织开展青年志愿者、青年文明号、大中专生“三下乡”社会实践等活动。坚持党建带团建，探索“两新”组织团建、基层团组织公推直选、乡镇实体化“大团委”建设等团建新模式，扩大团组织对团员青年的有效覆盖。团市委先后获省消防志愿服务先进集体、山东省红旗少工委、全省青年文明号 20 年突出贡献组织单位、全省共青团“两新”组织工作先进单位、全省共青团宣传工作红旗单位等称号。

第一节　代表大会

一、共青团聊城市第十二次代表大会

2004 年 3 月 19—21 日，共青团聊城市第十二次代表大会（顺延原聊城地区团代会届次）召开。出席代表 259 名，列席代表 30 名。代表中，共青团专职干部 117 名，占代表总数的 45.2%；少先队工作者 13 名，占代表总数的 5%；先进模范人物、先进集体代表 129 名，占代表总数的 49.8%；共青团员 124 名，占代表总数的 47.9%；中共党员（含预备党员）135 名，占代表总数的 52.1%；女代表 78 名，占代表总数的 30.1%；少数民族代表 11 名，占代表总数的 4.2%。大会审议通过《全面贯彻“三个代表”重要思想，为实现率先崛起、建设强市名城贡献青春和力量》的工作报告；选举产生共青团聊城市第十二届委员会委员 33 名、候补委员 20 名，其中常委 9 名。在共青团聊城市十二届一次全委会上，选举产生新一届领导班子。

二、共青团聊城市第十三次代表大会

2012 年 9 月 16—18 日，共青团聊城市第十三次代表大会召开。出席代表 223 名，列席代表 20 名。代表中，共青团专职团干部 94 名，占代表总数的 42.2%；生产和工作一线代表 129 名，占代表总数的 57.8%。其中，经济、科技、文教、卫生、体育等专业技术人员代表 73 名，占代表总数的 32.7%；工人、农民及其他劳动者代表 21 名，占 9.4%；少先队工作者 16 名，占 7.2%；“两新”组织（新经济组织和新社会组织的简称）代表 14 名，占 6.3%；其他方面的代表 5 名，占 2.2%；少数民族代表 7 名，占代表总数的 3.1%；

2012 年 9 月，共青团聊城市第十三次代表大会召开

女代表 85 名，占代表总数的 38.1%。大会审议通过《投身生态型强市名城建设，为创造聊城人民的幸福生活贡献青春、智慧和力量》的工作报告；选举产生共青团聊城市第十三届委员会委员 33 名、候补委员 22 名，其中常委 11 名。在共青团聊城市委十三届一次全委会上，选举产生新一届领导班子。

第二节　组织建设

1997 年，聊城地区团员总数 350228 人，青年总数 1544842 人，团员占青年总数的 22.67%，其中 1997 年新发展团员 65699 人，超龄离团 57185 人。是年，有专职团干部 548 人，共有基层团委 594 个，团支部 10658 个。1998—2001 年，全市共新发展团员 245699 人，超龄离团 208740 人。2001 年，全市共有团员 335025 人，青年 1814089 人，团员占青年总数的 18.47%；专职团干部 521 人，基层团委 551 个，团支部 10826 个。

2003 年，全市 14—28 岁青年 160 万人，团员 34 万人，团员占青年总数的 21.30%。专职团干部 532 人，具有大学以上学历者 411 人。共有基层团委 553 个，团支部 11205 个。2003—2008 年，大力实施共青团凝聚力工程，探索“联村团建”“强乡带村”“强企带村”和在外出务工人员中建立团组织的新模式。2005 年，按照上级团组织部署，开展“万名团干部抓基层”工作，市、县、乡三级专职团干部每人联系 1 个基层团支部。截至年底，全市共建成具有完善工作制度和良好运行机制的农村青年中心 12 个、城市青年中心 5 个，全市非公有制经济组织团建率达 60%，全市社会力量举办学校建团率超过 80%。2006 年，全市共有基层团支部（总支）9956 个、基层团委 558 个，团员 33 万余名。

2009 年，实施基层团建统筹工程，全市建立 20 个基层团组织帮扶对子、18 个基层团建统筹工程试点单位。8 月 10 日，启动全市县乡团委换届工作，全市 103 个乡镇、28 个街道按照要求完成换届，新一届乡镇（街道）团委班子中 30 岁以下的有 382 名，占总数的 86%，其中 25 岁以下的有 178 人，占总数的 40%。

2011 年，开展以“加强行业协会建团，服务农村青年，为和谐社会建设做贡献”为主题的基层团建创新书记项目，开展“协会·企业”建团模式、“协会·产业链”建团模式、“协会·区域”建团模式，探索两新组织团建新途径。在济南市、青岛市、广西壮族自治区、山西省、新疆维吾尔自治区建立 5 个驻外团工委，12 个基层团组织，联系青年 11000 余人。推进乡镇实体化“大团委”建设，建成直属团组织 2164 个、农村专业合作社团组织 138 个。

2012 年 3 月，团市委联合市委组织部出台《关于加强新形势下基层党建带团建工作的实施意见》，对进一步推进基层党建带团建工作作出指导。9 月，团市委下发《共青团聊城市委关于开展示范性基层团组织创建工作的意见》，在县级共青团范围内开展示范性基层团组织创建工作。2013 年，创建市级示范性基层团组织 8 个，86 个应换届乡镇团委全部完成换届工作。新建乡镇直属团组织 2090 个，覆盖团员 45197 人，联系 35 岁以下青年 175525 人。巩固和深化乡镇团的组织格局创新和实体化“大团委”建设，全市 135 名派出所青年民警兼任乡镇团委副书记，22 名金融机构年轻干部兼任委员。2013 年，全市团员总数 320596 人，团员占青年总数的比例为 22.61%。

2014 年，建设基层服务型团组织，带动全市基层团建转型发展。9 月，按照团省委《关于进一步做好团员发展管理工作的通知》，制定中长期团员发展计划，调整团员发展数量，特别是控制学生团员发展比例。2014 年 7 月至 2015 年 6 月，全市共发展团员 16627 名，86 个应换届乡镇团委全部完成换届工作。2015 年 4 月，落实中央、省委关于加强和改进党的群团工作意见精神，开展全面从严治团工作，全市共青团系统开展主题为“自省自励、懂得感恩，克服缺点、虚功实做，坚定信念、远离贪腐”的 “团干部如何健康成长”大讨论活动。2015 年，全市共有团员 303747 名，专职团干部 518 名，兼职团干部 8577 名，基层团委数 420 个，团总支 413 个，团支部 9015 个。

第三节　评先树优

1997 年，全地区大力开展创建“青年文明号”活动，是年，全区共涌现出省级“青年文明号”90 个、地级 200 个、县市级 800 个。1997—2000 年，评选表彰“十大青年警官”“十大青年税官”等一大批先进典型。1998—2005 年，市、县两级制定《“青年文明号”奖励办法》，90% 以上的基层创建单位纳入企业管理目标；组织开展“创建青年文明号，做江北水城文明使者”“青年文明号做创城先锋”“文明聊城，青年文明号先行”“青年文明号　一助一结对援助下岗青工”“青年文明号　结对救助贫困大学生”等活动，促进评选树优活动深入开展。

2002—2005 年，先后开展“聊城市十大杰出青年”“杰出（优秀）青年企业家”“杰出（优秀）青年卫士”“聊城市优秀少先队辅导员”等评选表彰活动，形成多领域、多层次、多格局的优秀青年人才培养、评选表彰体系。

2006—2007 年，开展评选表彰全市“十大杰出青年”“十大杰出青年农民”“十大杰出青年卫士”“优秀青年岗位能手”“杰出青年志愿者”活动，广泛宣传优秀青年先进事迹。开展青年文明号工作，组织青年文明号单位开展“节约型社会我先行”“和谐聊城，青年文明号先行”“青年文明号做创城先锋”“青年文明号与祖国共奋进”等主题教育活动，引导青年文明号集体树立良好的职业道德和高度的职业文明。开展“青年文明号节约示范行动”，引导青少年增强资源意识和节约意识。2008—2009 年，团市委评选表彰全市“十大杰出青年”“十佳少先队工作者”“十佳少先队员”“水城小名士”“杰出青年卫士”等先进个人。

2010—2015 年，开展“青年文明号”“青年突击队”等评选表彰工作，开展“十大杰出青年”“青年岗位能手”“优秀青年知识分子”“杰出（优秀）青年卫士”“青少年维权岗”“学校团队工作先进个人和集体”“优秀青年志愿者”“最美青工”“乡村好青年”评选活动和争创“青年安全示范岗”活动。

2012 年，第十四届“聊城市十大杰出青年”暨共青团工作表彰大会召开

第四节　青少年教育

1997 年，以迎香港回归为主题，在青少年中大力开展爱国主义和社会主义教育，采取多种形式组织青年学习宣传中共十五大精神。1998—2000 年，组织开展 18 岁成人面对国旗宣誓仪式、集体入团入队仪式和庆香港回归、庆澳门回归宣讲演讲、知识竞赛等系列活动。在全市各级团组织和广大团干部中，积极开展“学习孔繁森，做实践‘三个代表’的模范”活动。2001 年，积极开展“校园拒绝邪教”行动和“社区青少年反

邪教”行动，形成崇尚科学、反对迷信的风气。

2002—2005年，团市委利用团课、业余团校、理论研讨会、报告会、培训班等形式，推动广大团干部和团员青年学习活动的开展。举办聊城市“首届少年儿童文化艺术节”活动，联合市综治办、市司法局、市教育局下发《关于进一步加强青少年法制教育的意见》，组织开展“城区少年模拟法庭表演”“青少年法制教育百校行”等青少年法制教育活动，提高青少年法律意识和法律素质。联合市节庆办、市民政局共同举办聊城市首届百对新人集体婚礼；开展“青少年网络文明行动”“红领巾文明网上行”“社区网络文明行”活动，引导青少年正确运用互联网，自觉抵制各种不文明上网行为。

2006—2007年，利用“三五”“五四”“六一”“七一”“十一”等重要节点，开展以“学雷锋、树新风”为主要形式的精神文明实践活动，以“我与祖国共奋进”为主题的中国近现代史、中共党史和基本国情教育，中华民族传统美德和艰苦奋斗教育。

2008—2009年，加强科学发展观、“三个代表”重要思想、中共十七大精神和团的十六大精神的学习；开展聊城市首届“江北水城·两岸情深”青少年对台文化交流活动；以中华人民共和国成立60周年、五四运动90周年、建队60周年为契机，开展才艺大赛、书信比赛、文艺晚会、书画展览、红歌传唱、红旗下誓言等系列庆祝活动。组织青年突击队参与消灭白蛾和古城拆迁工作，开展安全生产月宣传，增强企业青年团员的安全责任意识。

2010—2011年，根据不同类别青年群体在职业背景、社会阅历及思想意识方面的显著差异，开展分类引导青年工作。联合市委组织部建立青年人才库，储备各类人才262人。2012年，全市共开通团组织微博400个、团干部个人微博620个，开展“每天一句话，解读党代会”宣传等一系列线上活动，设立青少年心理咨询室，增强法律援助。2013—2014年，组建全市青少年普法宣讲团和市县两级共2000人的网络宣传员队伍，开展专项培训，在微博上运用“价值观体”发布对社会主义核心价值观的理解感悟。开展“纪念建党93周年”“我为核心价值观代言”和庆祝中华人民共和国成立65周年等线上集中宣教活动12次，18100人次直接参与话题讨论，总阅读量15万人次。开展“与人大代表政协委员面对面”座谈活动，畅通青少年利益表达渠道。2013年，在市人大、政协“两会”上，市、县两级涉及青少年的提案达到30余份。发挥“12355”青少年服务热线的服务功能，开展2013“轻松备考12355与你同行”阳光行动，组织“红丝带健康包”行动。加强重点青少年群体服务管理和预防犯罪工作，排查摸底五类重点青少年群体6646人。

2010—2015年，聊城团市委组织开展各类政治理论学习宣传和主题教育实践活动，在青少年思想道德建设与重要节点结合上做文章，广泛开展集中入团、入队、成人礼、报告会等形式的主题活动。研究分类引导青年工作方式、积极掌握新媒体引导主动权。

2015年，组织青少年开展植树造林、节水护水、美化净化等节能环保活动，服务聊城生态文明建设。加强微博、微信、网站等新媒体建设，全市共有网络宣传员2000人、网络文明志愿者3万人，在“清明祭英烈·共铸中华魂”“争做向上向善好青年·争做文明守法好网民”和“清朗网络·我来护苗”等主题宣教活动中做贡献。组建青少年维权专家团队，开展“12355”中高考心理减压阳光行动、“知心姐姐”心理健康报告、新东方“梦想之旅”励志讲座、青少年法制报告会等公益活动，开展“防灾减灾”“防拐防溺”“拒绝毒品”“远离网吧”等安全教育。开展“共青团与人大代表、政协委员面对面”活动，维护青少年合法权益。指导成立全市第一家青少年事务社工机构，承接山东省福利彩票公益金项目，服务进城务工青年子女和自闭症儿童。启动“婚然天成”主题活动，大力推动“青年之声”各项工作，坚持平台建设与常规工作相结合、线上问答与线下互动相结合、广泛发动与集中收集相结合，回应青年诉求，服务青年成长。

第五节　青年创业就业

1997年，全地区共有省级科技示范基地6个、地级120个、县级221个；全区8个县（市）均建立青年科技协会，新建立乡级青年专业技术协会46个，形成面广有效的科技推广网络，吸纳大批知识青年创业就业。1998年，在全市大力开展“青春创业行动”，为青年就业和再就业工作做出积极努力。2003年，落实青春创业行动近期及中期项目22个，其中市级项目8个、县级项目14个。2005年，共青团新增创业项目18个，新安置1500名青年就业，培训青年9800名，扶持青年创业9名，并建立青春创业行动网站、项目档案库和青春创业行动基地。开展下岗青工技能培训，为青年就业提供中介服务。抓好农村青年劳务派遣，加快农村青年劳动力的转移。深化青年岗位能手和青工创新创效活动，加强青工岗位技能培训，深化导师带徒活动，大力开展“新世纪青年农民培训工程”。

2006—2008年，青春创业行动拓展政策、资金获取方式，开展创业培训，帮助青年掌握实用技能。培养农村青年人才，开展农村青年就业技能培训、新世纪青年农民科技培训工程，实施“百千万农村青年创业计划”。

2009年，成立聊城市青年就业（创业）培训服务中心，建立15个全国“青年创业就业见习基地”和5个市级“见习基地”，提供见习岗位352个。举办聊城市“大学生就业创业专家进校园”报告会、农村青年春季培训班和农村致富带头人培训班。2010年，深入开展“农村青年培训工程”，做好进城青年农民工“订单式”技能培训工作，共培训青年农民工5000余人次，建立聊城市农村青年创业致富带头人人才库，制定“青春建功新农村——百千万农村青年创业计划”。开展城市青年创业小额贷款工作，共取得小额贷款总计5396.75万元，帮助创业青年1348人。联合金融系统举办首届青年员工点钞大赛。

2011年，联合市人行推进农村青年信用示范户试点，建立农村青年信用示范户档案158户，为156户发放贷款406万元，全市累计发放小额贷款8212.75万元，带动就业创业4251人。与市创业促进会联合开展“农村青年培训工程”，“订单式”培训青年8420人次；开展“百校千企送岗”活动，为大学生提供就业机会2300余个。2012年，为鼓励青年创业，开展“创领水城”聊城青年创业行动；召开全市各界青年建言献策青年创业行动座谈会，对青年创业进行培训扶持和贷款扶持，并对优秀创业者予以奖励。2013年，开展“创领水城”青年创业行动，创建“聊城青年创业俱乐部”，组织专家导师、青年企业家和创业青年典型开展“创业大讲堂”，对创业青年进行专业培训28期，培训973人次。联合邮储银行、农业银行等金融机构开展青年企业贷款项目，发放青年创业小额贷款3403万元，带动创业就业青年620人。累计评定农村青年信用示范户461户，授信额度2527万元，发放贷款1813万元。高唐县推出“15525”工程，围绕县域经济产业升级，推进青春创业行动，支持青年创业。

2014年，打造“创领水城”青年创业行动品牌，开展“创业奖”和“创业之星”评选表彰活动，选树创业典型100名。创建“青年创业俱乐部”，抓好线上线下活动，组织专家导师、青年企业家和创业青年典型开展“创业大讲堂”，开展专业培训41期，培训5000余人次。启动“农业实训基地”建设，依托农业龙头企业、农业合作社，推进农村青年创业创富培训。优化青年创业环境。联合金融机构开展青年创业贷款项目，为826名青年发放小额贷款9256.7万元，带动就业青年5322人，为24家企业争取到贴息76万余元；团市委与市科技局合作，积极推进青年创业园建设，吸引50余名创业青年入驻。依托青联、青企协等阵地，积极开展招商引资工作，引进项目2个，投资额共计7000万元，市县两级团委招商引资到位资金近1亿元。

2015 年，深化“创领水城”“青苗培育”“就有未来”等品牌活动，打造青年创业园区，加快建设“青创空间”，开展电商培训 5000 人次，发放“鲁青基准贷”2300 万元、青春创业贴息 16 万元，孵化成立北极星青年就业指导协会，创建线上线下平台，为以大中专学生为主体的广大青年提供就业指导和岗位推荐，培训学员 3000 余人次。

第六节　青年志愿者行动

1997—1999 年，举办“奉献日”活动，聊城团地委和地直团工委组织万名青年志愿者开展爱心关爱、帮残助幼、免费查体、卫生清扫等服务活动。2000 年 3 月 4 日，团市委召开全市先进青年志愿者表彰暨报告会，下发《共青团聊城市委关于进一步深化青年志愿者行动的实施意见》。联合国确定 2001 年为国际志愿者年，全市各级团组织和青年志愿者组织开展“学雷锋树新风”“做一名注册志愿者”“学习孔繁森，做一代四有新人”“保护母亲河，捐植纪念树”等活动，重点开展助残、敬老等“一助一”包户服务活动，全市有 6 个县（市、区）建立青年志愿者服务中心。2002—2008 年，以中国青年志愿者服务日和国际志愿人员日为契机，扎实开展助老、助残、助困志愿服务活动，扩大“一助一”长期结对服务规模。围绕市委、市政府争创“中国优秀旅游城市”工作和生态城市建设，推进“保护母亲河”行动，广泛开展植树造林、整治城市环境活动。2008 年四川汶川地震灾害发生后，全市各级团组织积极开展抗震救灾帮扶捐助活动，共筹集特殊团费 30.58 万元。

2009 年，开启十一届全运会志愿者招募工作，选拔出赛会、城市、社会志愿者 4251 名。开发志愿者网上注册系统，吸纳新注册志愿者 7000 余名，完成十一届全运会篮球小组赛及全国青年男子篮球联赛暨十一届全运会篮球测试赛的志愿服务工作。

2010—2012 年，以“文明山东、志愿先锋”为主题在全市集中开展志愿服务和现场招募注册青年志愿者活动，青年志愿者服务队和青年志愿者积极参加交通指挥、卫生清洁等服务。在全市团员和少先队员中广泛开展“一人一瓶水，爱心送旱区”特别行动，共向灾区捐赠款物价值 37 万余元。开展“保护母亲河行动”和春季植树活动，参与青年志愿者人次 5 万余人，植树造林 4800 亩。争取全国首批七彩小屋建设地市指标，共争取建设爱心七彩小屋 2 所，负责开展农民工留守儿童志愿服务活动。

2013 年 4 月 26 日，成立聊城市青年志愿者协会，聊城市青年志愿者队伍向组织化、规范化、社会化建设发展。同年，完成聊城市第二届运动会志愿服务工作，全市 5 万名注册青年志愿者全年参与志愿服务 50463 人次，总服务时长 46695 小时，“一对一”长期结对 12353 对。2014 年，启动以“文明美丽水城”为主题，以公益宣传、生态环保、文明劝导、阳光助残等 10 项重点项目为主体的青年志愿服务行动。全市 4572 名青年志愿者参与“阳光行动”，帮扶残障人士 20494 人次，服务各类活动 50 余场次，提供志愿服务时间 150 小时；“关爱行动”中全市农民工子女较集中学校结对 114 个，服务农民

2013 年 4 月 26 日，聊城市青年志愿者协会成立

工子女15411人次，学业辅导、亲情陪伴、感受城市、自护教育总时长1040小时，爱心捐款20万元。

2015年，先后承接全省城乡一体化现场会、全国现代畜牧业工作会、国际历史学科大会等重要会议志愿服务，共招募志愿者110人，服务时长960小时。青年志愿者组织在全国项目大赛中获银奖2项，山东省项目大赛金奖1项、银奖2项、铜奖4项；争取山东省级财政资金151万元，建成社区青年志愿服务站16处；组织青年志愿者开展农民工子女“关爱行动”、助残“阳光行动”、春运“暖冬行动”、文明交通“平安行·你我他”等志愿服务活动。为服务创建国家卫生城市复审，组建100余人的卫生文明监督志愿服务队伍，组建微信群“随手拍”，在城区组织开展卫生清扫、公益宣传、文明交通等志愿服务活动169次。

第七节　希望工程

1997年，聊城地区共有希望小学45所，救助失学儿童7860多名，为希望工程筹集资金1786万元。1998—2001年，希望工程不断扩大筹资渠道，将救助重点放在较为贫困的黄河沉沙池和黄河故道地区，共救助失学孩子900名。2002—2005年，团市委开展希望之星培养和希望小学援建等工作。

2006年7月，投资20万元兴建的东阿县姜楼镇静严爱心小学竣工。2007—2009年，开展“希望工程圆梦大学”行动；针对困难青少年开展“奉献爱心、共筑和谐”活动，共捐赠希望图书5000余册、电脑2台，为莘县援建2个希望图书室；开展“小橘灯温暖心灵，好图书伴我成长”系列活动，共募得图书5000余册，建立2个小学希望图书室。依托聊城职业技术学院图书馆挂牌成立“聊城市青年读书基地”，与中国光华科技基金达成协议，长期支持聊城市青年读书基地的图书馆建设，每年捐助价值不少于200万元的图书。协调中国孔子基金会，在聊城市4所学校设立“国学流动图书馆”，首批投放价值12万元的4000余册国学图书，2009年共设立和充实了3个希望图书室。

2010年，深入开展希望工程，推进基础设施建设。与中国光华科技基金会共同推出“百万书海”公益捐助项目，为聊城争取了首批价值100万元的图书，设立50个“信发希望图书室”，聊城一中作为第一批受捐赠单位，接受价值12万元的1万余册图书。开展“圆梦大学”行动，全市共募集资金60万余元，救助贫困大学新生282名，向200名大学生捐赠羽绒服。2011年，“圆梦大学”行动共募集资金33余万元，资助学生165人；协调新华保险公司出资70万元援建高唐县新华希望小学，争取省青基会援建希望小学2所。2012年，举行“百万书海”第二批图书捐赠仪式，将价值100万元的图书分发给50所中学；持续推进“圆梦大学”行动，共募集助学资金68.2万元，救助贫困大学新生299人。2013年，“圆梦大学”行动募集助学资金76.8万元，资助贫困大学新生269人；联合《齐鲁晚报》开展“百名贫困生捐助”活动，为119名贫困学生发放助学金13.7万元。联合春雨助学协会，拍摄微电影《春雨》。2014年，“圆梦大学”行动募集助学资金73.9万元，救助贫困大学新生233人；阳谷县王庄集海尔希望小学、冠县千户营兴业希望小学奠基；为5所希望小学争取援建近20万元的“九阳希望厨房”。通过“百万书海”工程，向东昌府区两所小学捐赠26万余元的图书，为急需增加图书配置的8所希望小学提供总价值27万余元的图书。联合春雨助学、蒲公英行动等青年社会组织，资助贫困生447名，资助金额40余万元，募集22.3万元设立“阳光助学”奖学金。2015年，为12所希望小学援建了希望图书室，高唐县固河镇沙王希望小学奠基；持续推进“圆梦大学”行动，募集助学资金87.6万元，资助贫困大学新生259人。至2015年，全市共有希望小学45所，其中在建2所。

第八节　少年先锋队活动

2010 年，聊城市少年先锋队举行建队 61 周年建队活动

1997 年，聊城团地委在广大少先队员中开展“学繁森从小做起”活动，深入开展“手拉手”活动，“手拉手”少先队员 10 万对，辅导员 1000 人，学校 1000 所。1998 年，聊城市少工委组织编写《聊城市少先队工作实用手册》。2005 年，开展聊城市首届青少年书信文化活动。“六一”期间，开展“鼓号队操大赛”“书画大赛”“歌咏比赛”等各类大型活动，组织青少年学生开展素质训练、科普行动、法律宣传、生产劳动和志愿服务等实践教育活动。广泛建立雏鹰假日小分队，组织城内的少先队员积极参与社区服务、植绿护绿等各项活动，将小学生的课外活动引向社区。雏鹰成长活动城区参与率 90% 以上，农村参与率 70% 以上。

2007—2008 年，在全市广大少先队员中深入开展“祖国发展我成长”荣辱观主题教育活动、社会主义荣辱观进校园活动和“八荣八耻进我家”等活动。2009 年，以中华人民共和国成立 60 周年、建队 60 周年为契机，团市委联合市节庆办、青少年网举办聊城市“水城之星”青少年才艺大赛；联合宣传部举办“盛世欢歌”庆祝中华人民共和国成立 60 周年文艺晚会；联合关工委、教育局在运河文化博物馆联合举办全市“老少共庆”中华人民共和国 60 华诞书画展；结合中华人民共和国成立 60 周年和中华人民共和国第十一届运动会的举办，以“祖国发展我成长”“文明与全运同行”为主题，开展聊城市第四届青少年书信文化活动。

2011 年，启动开展“红领巾心向党——把我的心声告诉党”第六届青少年书信文化活动，举办“庆六一·颂党恩”文艺联欢会。开展“心愿直通车”少年儿童关爱行动，征集少年儿童心愿 1102 个，救助款物近 10 万元。2012 年，获省少先队工作红旗单位 2 个，省优秀少先队先进集体 10 个。2013 年，先后开展“红领巾相约中国梦”科普进校园系列活动和“中国梦、我的梦”少先队活动课观摩活动，采用志愿服务、才艺展示、宣誓宣言、宣讲报告等多种形式，用中国梦筑牢广大青少年共同思想道德基础。2014 年，进一步完善少先队总辅导员配备和经费保障工作，各县（市、区）均配齐少先队总辅导员。2015 年，组织开展“红领巾相约中国梦”鼓号操大赛、“聊城市中小学生‘国学达人’挑战赛”和“培育和践行社会主义核心价值观——聊城市少先队活动课说课比赛”，增强少先队活动的吸引力和影响力。

第三章　妇女联合会

1997 年后，全市各级妇联围绕维护妇女权益、促进妇女发展两条主线，开展“双学双比”“巾帼建功”“五好文明家庭”创建等活动，妇女儿童事业取得全面进步，妇女地位全面提高，参与基层民主政治建设的积极性增强。1997年后，在村“两委”换届选举中，更多女性进入村“两委”工作，女性进“两委”达到100%，女党支部委员、女性正职比例大幅度提高。完善妇女创业就业服务体系，开展“十大技术”培训、“巾帼创业”等系列行动，推动妇女创业就业工程。2011年，制订《聊城市妇女儿童发展规划（2011—2015）》，促进儿童事业全面发展。2015年，全市女性就业人员比例为45.11%，城镇单位就业人员中女性18.77万人，妇女就业结构不断优化，经营管理人才增多。为维护妇女儿童合法权益，成立了妇女儿童权益协调组织，创建一批基层妇女维权服务组织。

第一节　妇女代表大会

一、聊城市妇女第七次代表大会

2000年8月29日召开聊城市妇女第七次代表大会（顺延原聊城地区妇女代表大会届次），省妇联主席赵玉兰应邀出席大会并在开幕式上讲话，市委书记张敬涛出席开幕式，市委副书记张秋波代表市委、市政府讲话。大会正式代表235名，特邀代表30名。刘东玲代表聊城市妇联作题为《坚持“三个代表”重要思想，团结动员广大妇女为实现我市跨世纪发展宏伟目标而努力奋斗》的工作报告。大会选举产生聊城市妇女联合会第七届执行委员会委员37人，常委7人；刘东玲当选为市妇联主席，徐文杰、邢跃隽、苗秀婷当选为市妇联副主席。

2000年8月29日，聊城市妇女第七次代表大会召开

二、聊城市妇女第八次代表大会

2006年8月17日召开，历时2天。市委书记郭兆信、省妇联副主席翟黎明出席会议并讲话。大会正式代表300名，特邀代表59名。刘东玲代表聊城市妇联作题为《全面落实科学发展观　团结动员全市妇女为实现“十一五”规划而努力奋斗》的工作报告。大会选举产生聊城市妇联第八届执行委员会委员37名，常委13名；刘东玲当选为市妇联主席，刘素芹、郝润霞、解洪英当选为市妇联副主席。大会通过《关于聊城市妇女第八次代表大会工作报告的决议》。

第二节　组织建设

1997年，地区妇联根据《关于进一步加强农村基层妇女组织建设的意见》，对全区基层妇联组织建设情况进行验收，全区6443个行政村，61个居委全部建立妇代会。消灭了空白村和软散瘫妇代会。2001年，市委办公室转发市委组织部、市妇联《关于加强各级妇女组织建设的意见》，全面推动妇联组织建设。2003年，根据1999—2003年基层妇女组织建设五年规划要求，全市农村妇代会组建率达100%，城市居民妇代会和社区妇联组建率达100%，县以上机关事业单位建立妇委会610个，私营企业、专业市场等新经济领域建妇女组织68个，基本形成纵横交错的妇女工作组织网络。2004年，临清市、东昌府区、冠县、东阿县、阳谷县相继召开妇女代表大会。

2008年，市妇联与市委组织部联合下发《关于加强基层“党建带妇建”工作的意见》，推动妇联基层组织建设纳入党的基层组织建设总体布局。制定下发《关于进一步加强村妇代会建设的意见》，全市5654个行政村妇代会换届选举顺利完成，乡、村妇女组织建设率100%。2010年，市妇联制定下发《关于加强妇联基层组织建设推进妇女参与基层民主政治建设的意见》，明确提出村（居）“两委”成员中应至少有1名女性成员。

2011 年，全市各级妇联以村“两委”换届为契机，制定下发《关于做好村级组织换届选举中女性进村“两委”工作的实施方案》，实现100% 的村有妇女参选、100% 的村有妇女当选、新当选的村委会女性党员 100% 进党支部、新一届妇代会主任 100% 进“两委”。2012—2013 年，将妇女干部培训纳入全市干部培训规划，对 6000 名村“两委”女性成员进行普遍轮训 1 ～ 2 遍。2014 年，在十一届村“两委”换届期间，推进女性进“两委”工作，100% 的村有女村委委员，100% 的村妇代会主任由新当选的村“两委”成员担任，女党支部委员、女性正职比例大幅度提高，市县乡三级妇联工作经费全部列入财政预算。

2015 年，全市共有县级妇联 8 个，乡镇妇联 109 个，街道妇联 31 个，村妇代会 6244 个，社区妇联 126 个，妇联团体会员 21 个，其他领域的妇女之家 73 个。

第三节　“双学双比”竞赛

1997 年后，按照 1989 年全国妇联联合 11 个单位发出的《关于在全国各族农村妇女中深入开展学文化、学技术，比成绩、比贡献的竞赛活动通知》要求，聊城地区妇联继续认真组织开展“双学双比”活动。

1997 年，以提高农村妇女素质和增收致富能力为重点，举办各类新技术培训班 2800 期、讲座 2400 期，发放学习资料 12 万份，受训妇女 23.9 万人次。地区妇联联合地区科协下发《关于发动妇女参加农函大学习和串班农函大妇女班的通知》，联合地区农业局下发《关于加强农村妇女绿证培训和农民技术职称评定工作的意见》，是年，参加学历和系统培训的女能手 11742 名，均取得“绿色证书”。在 8 个县（市）创办 83 个农函大妇女班，招收学员 7047 人。联合地区农业局、人事局下发关于评定女农民技术员的专门文件，评聘女农民技术员 4824 名。开展以争当“科技女状元”为主体的各种规模竞赛活动，有

2015 年，聊城市巾帼创业创新四大行动座谈会召开

以妇女为主体的专业村 710 个、妇女专业大户 16225 个、女致富能手 3 万余名。

1998 年，利用乡村农民技术培训中心、技术夜校、妇女之家等阵地，加强对农村妇女的技术培训。1999 年，举办为期 15 天的“农业十大技术骨干培训班”，40 个乡镇的 150 名农村妇女参加。组织全市 7000 名妇女参加全省“十大技术”知识竞赛活动。2000 年，以“两队一校”（即村村建立巾帼文明队、巾帼科技服务队，女子文化夜校）为载体，形成科技培训、科技服务、示范基地“三大网络”建设。联合市科协、农业局、卫生局、文化局、司法局下发文件，制订五年规划，市、县、乡三级成立女专家、巾帼文明示范岗参加的女志愿者服务队伍，开展科技、文化、卫生、法律“四下乡”活动。2001 年，全市 600 多个试点村建起“两队一校”，评选出 50 个示范村，并举行挂牌仪式。1998—2001 年，全市有 20 多万名妇女掌握了农业十大新技术，4 名妇女获得全省农业科技创新奖。

2002 年，实施巾帼科技致富工程，创建发展一条龙示范基地，市、县（市、区）均成立妇女科技指导中心，建立不同规模的科技示范基地。2003 年，全市共有创办巾帼科技示范基地 104 个，农村妇女科技指导中心、指导站 137 处，创建妇女科技协会 104 个；全市 40 万名妇女接受了农业新技术培训，13100 名妇女获得“绿色证书”和农民技术员职称。开展“巾帼科技聊城行”活动，开展送科技下乡 10 场次，举办培训班 40 余期，受益妇女近 10 万人。2004 年，联

合市科技局下发《关于发展“巾帼科技星火培训行动”的意见》，联合市农委、科技部门成立妇女科技服务指导中心，创办各类巾帼科技示范基地104个，建立农村妇女科技指导服务中心、指导站137处，创办妇女协会480个。

2006年，市妇联下发《关于组织动员妇女参与社会主义新农村建设的意见》，组织开展新农村、新女性、新发展“走百村、访千户”大型调研活动，对全市100个村、1000户农家进行走访调查，对如何组织农村妇女参与新农村建设进行积极探索。全市开展“巾帼科技聊城行”活动，200多名专家、技术人员送科技下乡100余次，举办培训班、讲座200多场，受益群众达3万多人，授予39名女优秀科技特派员市“三八”红旗手称号。2008年，深入实施百万新型女农民培训计划，利用农村党员干部现代远程教育网络开展“巾帼科技聊城网上行”活动，共举办各种培训班和讲座383场次、科技报告会155场、科普影视499场、开放科普基地90个、送科技下乡401场次。活动中参与妇女68864人次，共发放各类宣传材料138300份。2009年，实施“巾帼致富工程”和“城乡手牵手创业行动”，全市举办各种培训班1037次，万余名农村妇女接受农业新技术培训。2010年，制定下发《关于组织农村妇女参与转方式调结构实施巾帼增收倍增行的实施意见》，在其后5年内，在全市范围内实施“巾帼增收五个100工程”，即培养100名致富带头人、创建100个巾帼示范村、壮大100家妇字号龙头企业、发展100个巾帼创业示范基地、培育100个基层妇女就业创业科技服务站（中心）。

2012年9月，召开全市妇女创业就业暨庭院经济发展现场动员大会，成立“聊城市发展庭院经济推动妇女创业就业工作领导小组”，设立“巾帼创业专项扶持资金”，在全市大力推行庭院经济。2013年，成立“巾帼创业报告团”，开展进乡村、进社区、进机关、进高校“四进”活动68场，实施岗村联动、企村联动、典型带动，培树发展示范乡镇20个、示范村100个、示范基地108个，巾帼带头人40余人。2014年，市政府召开“全市巾帼创业推进会”，联合市人社、财政、金融等部门联合出台《聊城市促进妇女创业就业小额担保贷款实施办法》，聘请30名有关专家及女企业家为“巾帼创业就业导师”。全市建立300多个妇女专业合作社和巾帼科技示范基地，培养妇女创业典型1000多名，培植65个“妇字号”龙头企业，为9家企业和639名创业妇女发放小额担保贷款1.15亿元，贴息135.32万元。新增庭院经济示范户5万余户，户均年收入增加1.5万元。2015年，实施妇女电商创业、女企业家“三个对接”、行业女性岗位建功、新型女农民培育等“巾帼创新创业四大行动”。联合人社、农业等有关部门，建立28个巾帼现代农业示范基地、31个市级巾帼创业就业示范基地。为30家妇字号中小企业和521名创业妇女发放小额担保贷款1.4亿元。全市新增庭院经济户示范户12万户，培树巾帼增收带头人100名。

第四节 “巾帼建功”竞赛活动

1997年后，按照1991年全国妇联在全国城镇发起的“学政治、学文化、学科学、学技术、学管理，比思想、比质量、比服务、比成绩、比贡献”的“巾帼建功”活动通知要求，地区妇联继续组织开展“巾帼建功”竞赛活动，号召广大城镇妇女发扬自尊、自信、自立、自强的“四自”精神。

1997年，开展城镇女职工行业竞赛，在税务、贸易、交通、卫生、粮食、供销、保险、金融等窗口行业42924名女职工中树立37个“巾帼建功示范窗口”、74个“巾帼建功示范岗”、100名“巾帼岗位明星”，与工商、个协联合表彰100个巾帼文明经营户和20名巾帼标兵。全面实施下岗女职工再就业工程，联合劳动、工会、宣传等单位下发《关于在全区开展“实施再就业工程宣传年”活动的通知》，5月，集中开展职业介绍宣传月活动，为近千名下岗女工介绍新的职业。

1998—2001年，开展巾帼社区服务工程，对下岗女职工开展技术技能培训，全市创建再就业培训基地25个，培训下岗女工8000余人。争取市委、市政府的政策支持，筹集资金15万元，在城区主要街道建设25个“巾帼再就业社区服务亭”。开展家政劳务输出，层层建立“家政服务中心”“劳务输出工作站”等，累计输出1.1万人，创造经济效益2350余万元。2000年，开展争创“巾帼文明示范岗”“巾帼岗位明星”活动，全市30多个行业和单位参加，表彰巾帼文明示范岗标兵10名、巾帼文明示范岗103个、巾帼岗位明星标兵10名、岗位明星215名。2001年，与市公检法司四部门联合在全市政法系统评选表彰40名“巾帼建功”标兵。2002年，与聊城电视台先后赴北京、上海拍摄《聊城家政在北京》《打工妹在上海》《聊城市妇联劳务输出维权工作纪实》专题片。2003年春节，举办欢迎打工妹回乡过年及表彰活动，授予100名打工妹“三八”红旗手称号。依托劳务输出培训基地，免费举办两期高级家政服务员培训班，100余名女青年经省劳动厅考核，获得劳动部家政上岗证书，全部在北京市安置就业。12月，成立聊城市女企业家协会，发展会员55名。2004年，建立完善“真诚大姐”创业服务中心，全市输出工人和家政服务员4000多人，培训下岗女工1100多人。2005年，组织妇女劳务输出第五个宣传月启动仪式和妇女创业事迹演讲团，成立女大学生就业创业指导超市，组织26个女企业家协会单位与4000名女大学生开展就业洽谈活动，全市输出妇女劳动力5000人。2006年，举行第六个劳务输出宣传月启动仪式，率团考察四川省成都市市妇联女性就业服务中心，全市妇联系统共转移城乡妇女6000余人。

2007年，在聊城电视台、《聊城日报》等开辟“建设新农村、巾帼展风采”专栏，宣传科技致富、创业典型。2008年，联合市劳动和社会保障局开展“春风送岗位”活动，组织女企业家参加环渤海区域妇女创业发展论坛暨合作交流会。2009年，联合省妇联开展创业小额贷款项目，为有创业能力、创业项目但缺乏启动资金的城乡妇女提供贷款600万元、财政贴息10万元。选举产生了新一届女企业家理事会，选举田金龙为女企业家协会会长，创办山东省首个宣传展示女企业家、推进妇女就业创业的杂志《巾帼风》。授予黄显淑等10人“聊城市巾帼创业十杰”称号。

2010年，开展“信贷支持妇字号中小企业创业工程”，争取齐鲁银行发放贷款5800万元，联合市财政局争取省财政小额担保贷款贴息扶持资金23.41万元。2011年，利用“巾帼建功”活动20周年时机，向全市广大妇女和各级妇联组织发出“巾帼创新创业建功‘十二五’”的倡议书，表彰100个市级巾帼文明岗、100名市级巾帼建功标兵、50个市级先进协调单位。各县（市、区）共表彰582个县级巾帼文明岗、658名县级巾帼建功标兵。2012年，组织全市15家企业和个人参加中国家纺手工精品创意大赛，上报作品100余件，聊城市妇联被中国家用纺织品行业协会授予“优秀组织奖”；聊城市妇联被评为“全国妇女创先争优先进集体”。2014年，开展东融西借、跨越赶超“聊城巾帼十杰”评选表彰活动，在各行各业优秀女性中评选出10名“聊城巾帼十杰”，并授予“市‘三八’红旗手标兵”称号。

第五节　文明创建

一、五好家庭创建

1997年，成立聊城地区“五好文明家庭”创建活动协调小组，下发《关于开展“五好文明家庭”创建活动的通知》，开展争当“五好文明家庭”、争创“文明家庭示范户”活动。是年，对新评选出的100户地级“五好文明家庭”、10个文明家庭示范户、2个家庭文化建设先进县和30个先进乡进行表彰。1999年，开展“五好文明家庭奉献月”活动，组织省级“五好文明家庭”和3家银行的女职工捐款资助19个特困家庭。2006年，市妇联、市综治办共同制订《2006—

2012 年 3 月 7 日，聊城市“三八”国际劳动妇女节庆祝大会暨首届家庭文化节开幕

2010 年聊城市平安家庭创建活动五年规划》。2012 年，启动以“文明　和谐　幸福”为主题的聊城市首届家庭文化节，开展家庭厨艺大赛、家庭书画展、五好文明家庭创建等系列活动。

2014 年，市妇联、市委组织部、市委宣传部联合下发《水城女性大课堂培训方案》，启动“水城女性大课堂”培训工程。市妇联、市委宣传部、市文明办、市广播电视总台联合开展寻找“最美家庭”活动，评选出 127 户“最美家庭”，《齐鲁晚报》、齐鲁网、《聊城日报》对 36 户进行展播，其中 2 户被评为全国“最美家庭”。

2015 年，广泛开展寻找“最美家庭”、创建平安家庭、征集推广“好家风好家训”等家庭文明创建活动，全市广大家庭踊跃参与，涌现出各类最美家庭 1200 余户，揭晓聊城市“教子有方”“心系国防”“孝老爱亲”3 个“十佳最美家庭”。在聊城电视台“民生面对面”、齐鲁网聊城站、聊城妇女网、《聊城日报》开辟专栏，宣传妇女亮点工作、妇女典型，展播“最美家庭”事迹。

二、巾帼文化活动

1998 年，举办“尊老爱幼活动月”大型咨询一条街活动。2000 年，发动“情系西部、共享母爱”助西募捐活动，共收到捐款 95600 元，有 8 人被全国妇联授予“助西爱心大使”称号。

2001 年，市妇联联合市文化局、水利局开展首届“巾帼文化节”，先后举办聊城市女子绘画、书法和家庭手工艺品展览、市妇女健身舞大赛、市现代女性服饰表演赛活动。

2003 年，举办以“新世纪、新聊城、新女性”为主题的第二届“巾帼文化节”。全市建设“巾帼文明队”5100 个，发展队员 3.8 万名，命名 150 个村为“巾帼文明队”建设示范村，市、县为 1800 支队伍授旗，全市 3 支“巾帼健身队”被评为全国“巾帼文明健身队”。开展“净化环境，预防非典”家庭卫生清洁月活动，联合市卫生局表彰 110 名战斗在“非典”斗争一线的女医务工作者，分别授予“三八”红旗手、“三八”红旗手标兵称号。2004 年，市妇联联合市老龄委开展以“爱心献老人，真情暖人心”为主题、以敬老爱老送温暖和“助老扶贫”为主要内容的巾帼文明队敬老爱老活动。2005 年，举办第三届巾帼文化节暨庆“三八”、迎奥运女子运动会。2007 年，市妇联、市文化局、市地税局、市卫生局、市红十字会共同举办聊城市第四届巾帼文化节，举办“地税杯”“魅力家庭”“巾帼戏曲情”精品联欢会。

2004 年，市妇联联合市环保局、市爱卫会开展“参与创城行动，营造绿色家园”活动；联合市民政局、军分区政治部表彰“十佳”好军嫂。2006 年，下发《关于在全市广大妇女中开展社会主义荣辱观宣传教育活动的通知》，向全市妇女发出“做当荣之事、拒为辱之行”的倡议，开展公民道德建设知识竞赛活动。举行市区 32 支巾帼文明队、近千名妇女参加的“争创国家卫生城，卫生健康进社区”环城接力签字仪式，向广大家庭发出“积极参与创城行动、建设卫生健康家庭”倡议。2008 年，市妇联联合市交通局、市群众文化艺术中心举行“庆‘三八’，迎奥运，百万妇女学礼仪”展演活动，选派的市人民医院代表队《天使风采》获省“迎奥运、迎全运、树新风、展风采”妇女健身活动一等奖（总分第一名）。承办全国“迎奥运，周岁健康宝宝风采展示大赛”聊城赛区的各项赛事。汶川特大地震后，组织广大妇女干部、女企业家及国家级“三八”红旗集体、巾帼文明岗、五好文明家庭参加“齐鲁母亲行动——帮灾区妇女儿童建个家”、售书赈灾、“心系灾区小伙伴、爱心奉献我行动”等多项捐助活动，全市妇联系统捐款1600万元。2009年，开展“节能减排家庭社区行动”；通过“五小”征集，确定100个示范村，扎实开展“巾帼示范村”创建活动。开展“我为全运添光彩，争做水城新女性”系列活动、魅力女性大讲堂、“关注女性健康、提高生活质量”大型公益活动等。市妇联联合市委组织部在市委党校开设现代女性大讲堂，把全市各类妇女人才培训列入全市党员干部教育培训计划。联合市文化局在运河博物馆建立“运河文化”巾帼宣传教育基地。

2011年，举办“聊城市庆祝建党90周年‘巾帼风采’摄影展”，编辑出版《水韵飞扬——聊城妇女风采录》一书。在全市开展“清洁乡村、美化家园”活动。2012年，启动以“文明 和谐 幸福”为主题的聊城市首届家庭文化节，开展家庭厨艺大赛、家庭书画展、五好文明家庭创建等系列活动。市妇联与市红十字会共同举办聊城市第四届巾帼文化节。2014年，“三八”节期间，隆重表彰一批聊城市跨越赶超“巾帼十杰”和“巾帼十佳”；举行“巾帼建新功•共筑中国梦”庆“三八”女书画家美术书画精品展；启动“水城女性大课堂培训工程”。2015年，市妇联联合市委组织部在上海交通大学举办女领导干部素质能力提升班。

第六节 维护妇女儿童合法权益

1995年，聊城地区妇联加入全国“亿万爱心献春蕾”行动，正式实施“春蕾计划”，全体人员带头捐款资助7名女童返校学习。至2001年，全市筹措资金807867.5元，资助9047名女童返校，表彰10名十佳春蕾女童、30名优秀春蕾女童。

1997年，开展维护妇女儿童合法权益宣传和“把知识送给家长”系列活动。1998年，与市建委联合举办万名儿童游园活动。1999年，开展“家庭三优知识传播与实践”系列活动。2000年，开展第二届“健康新苗”评选，100名幼儿被选为“健康新苗”。2001年，开展“聊城好家长、好儿童”双百评选和“实际父母读书”活动。2001年，与市中级人民法院成立“家庭暴力致伤鉴定中心”，开辟“148”法律服务热线。

2003年，全市建立县以上建立妇女法律援助机构9个、家庭暴力致伤鉴定中心9个，市及8个县（市、区）全部开设妇女法律服务热线。2004年，联合茌平信发铝电集团成立儿童少年基金会，设立春蕾助学专项基金，“六一”期间召开基金会成立暨“春蕾计划”救助仪式，现场资助150名贫困女童。

2005年，开展“提高妇女法律素质，促进构建和谐社会，为建设‘平安聊城’做贡献”主题宣传活动。2006年，举办《中华人民共和国妇女权益保障法》宣传月暨妇女维权周启动仪式，开通妇女维权热线，全市妇联系统接待来信来访320件（次），处结率99%。2007年3月3日，在东昌府区梁水镇举行“为万名贫困母亲送健康”活动启动仪式，现场为300多名妇女群众提供健康查体，并进行土地法、妇女权益法的宣传和咨询服务。

2008年，全市各级妇联组织实施“牵手贫困、春风送暖”行动，全市共捐款14.7万元，救助336名贫困母亲和87名贫困女大学生。争取中国儿童少年基金会资金8.9万元，为166名贫困弱视儿童开展义诊，并筛选54名贫困儿童在北京光彩明天儿童眼科医院接受中国儿童少年基金会免费资助治疗。2009年5月，在聊城市心理医院成立全国首家聊城市妇女儿童心理健康指导中心，11月，在市民政局救助站成立全省首家妇女保护组织聊城市反家庭暴力妇女保护中心。

2010年11月，联合市公安局在柳园派出所举行“聊城市家庭暴力110报警点”授牌仪式，并举行“拒绝家庭暴力，共建平安聊城”大型签字仪式，全市各基层派出所挂牌率达100%，各级妇联组织均开通“12338”维权热线。2011年，成立由热心维护妇女权益的专职优秀律师组成的

2012年5月30日，市委、市政府召开全市妇女儿童工作会议

“聊城市妇女维权法律服务团”。9月，联合工商银行聊城分行、聊城大学举办女大学生助学金发放仪式，由中国工商银行聊城分行出资16万元，向20名女大学生每人每年发放2000元助学金和励志书籍。

2012年，市妇联与市司法局及24家律师事务所联合举行以“反对家庭暴力、构建和谐家园”为主题的“三八”妇女维权大型法律咨询宣传活动。阳谷县、东阿县两县被确定为全国农村妇女“两癌”免费筛查项目县。2013年，推动市妇儿工委纳入市政府议事协调机构，市委、市政府“两办”印发《关于“十二五”期间为妇女儿童办好十件实事的实施意见》。2014年，全面启动农村妇女“两癌”免费检查项目，市县财政决定3年拿出7000万元，70万名适龄妇女受益。建立救助长效机制，市县慈善总会每年分别拿出30万～50万元救助“两癌”贫困母亲。

2015年，市人大、市政协分别对农村妇女“两癌”免费检查工作开展视察、督导。启动女性安康工程，为260名贫困母亲送上安康保险。市妇联与民政部门联合全面完成以维护妇女儿童权益为重点的村规民约修订工作，推动农村土地确权颁证中实现妇女“证上有名，证下有权”。开展维权知识宣传、法律知识讲座，举办“万家联动、送法到家”大型法律宣传活动。

第七节　妇女儿童发展规划实施

市妇女儿童委员会办公室（简称市妇儿办）主要承担“2001—2018年妇女儿童发展规划”实施规程中的宣传、组织、协调、联络、督办等职能。

一、规划宣传

1996年，地区妇儿办协助联合国儿童基金会山东育儿基地举办了《中国儿童发展纲要》培训班，确定每年3月、6月为规划宣传月。1998年，联合市环保局组织“男女平等，环境保护”基本国策知识竞赛，联合聊城广播电台开辟女性专栏节目“感受暖色”。组织全区2万名妇女参加全省“幸福杯”《山东妇女发展纲要》知识竞赛。1998—2001年，先后与聊城电台、电视台、聊城报社配合开设“女性时间”“女性风景线”“巾帼风采”等女性栏目，积极倡扬男女平等和马克思主义妇女观。

2003年3月、6月，分别以“文明、健康、发展”“坚持儿童优先，共塑民族未来”为主题开展“两纲”宣传月活动。2004年3月、6月，以“平等、参与、发展”和加强儿童思想道德建设为主题开展妇女纲要和儿童纲要宣传月活动。2005年，各级妇联推动妇女儿童发展目标纳入各级“十一五”规划。2006年，举行《妇女发展纲要》《中华人民共和国妇女权益保障法》宣传月暨妇女维权周启动仪式，制订出台《聊城市家庭教育工作“十一五”规划》。2011年，新规

2015年，市统计局与市妇联联合召开全市妇女儿童发展“十二五”规划监测统计培训会议

划颁布后，各级各成员单位、部门开展多种形式的宣传月活动。2013 年，开展男女平等基本国策宣传月活动，举办 10 场关爱女性专题讲座。

二、规划评估

1996 年，聊城地区行署制定下发《聊城地区妇女发展纲要》《聊城地区儿童少年事业发展“九五”规划》。2000 年，妇女纲要中 34 项可量化指标中，聊城市 28 项达标或超标，儿童规划中 43 项可量化指标中 32 项达标。2001 年 12 月 27 日，市政府颁布 2001—2010 年《聊城妇女发展纲要》《聊城儿童发展纲要》。2004 年，完成“两纲”阶段性监测评估及统计分析工作。2005 年，召开全市中期检测评估会议，并通过省妇儿工委对聊城市的评估检查。2008 年，召开全市妇女儿童发展纲要监测统计工作会议，完善监测评估指标体系，完成阶段性监测评估自查工作，省“两纲”2008 年阶段价差评估组对聊城“两纲”实施工作给予高度评价。2011 年，《聊城市妇女儿童发展规划（2011—2015）》列入聊城市国民经济和社会发展“十二五”规划重点专项规划。当年，市政府印发《聊城市妇女儿童发展规划（2011—2015）》。2015 年，市统计局与市妇联联合召开全市妇女儿童发展“十二五”规划监测统计培训会议。10 月 15—16 日，省政协副主席栗甲带领“山东省妇女儿童发展十二五规划”实施情况视察组，到聊城市就“两个规划”实施情况开展视察，对聊城市“两个规划”实施情况给予肯定。

三、实施成果

妇女参政议政 1997—2015 年，妇女参与国家和社会事务管理的程度进一步提高，党政领导班子中的女干部数量明显增加。市、县（市、区）两级几大领导班子全部配齐女干部，市级党委、政府工作部门领导班子女干部配备率分别为 55.56%、34.38%，市人大代表、市政协委员中女性比例分别为 15.16% 和 26.27%。2014 年，第十一届村“两委”换届，实现女性进”两委“达 100% 和女支部委员、女性正职比例大幅度提高的历史性突破。

妇女创业就业 妇女创业就业服务体系逐步建立，统筹推进妇女创业就业，适合妇女特点的就业岗位增加。2015 年，全市女性就业人员比例为 45.11%，城镇单位就业人员中女性 18.77 万人，企事业单位专业技术人员中女性达到 4.64 万人，妇女就业结构不断优化，女性创业人员不断增多，女性经营管理人才不断涌现。

妇女儿童受教育程度 全面普及九年义务教育，稳步推进高中阶段教育，积极发展职业教育，不断提高女性受教育水平。2015 年，全市共有幼儿园 1997 所，其中公办幼儿园 884 所，学前三年入园率 96.6%，小学、初中、高中入学率分别保持在 100%、99%、87.6%，高级专业技术人员中女性比例为 32.19%。农村妇女大多接受实用技术培训，整体素质全面提高。家庭教育知识知晓率 95%，家长素质普遍提高。

妇女儿童卫生保健 妇幼卫生保健事业有了长足发展，妇幼卫生经费逐年增加。2014 年，全面启动农村妇女“两癌”免费检查。2015 年，全市“两癌”免费检查 118855 人次，妇女常见病筛查率 65.27%，婚前医学检查率 21.8%，孕产妇系统管理率城市和农村分别为 96.19% 和 83.43%。儿童健康水平不断提高，母乳喂养率 94.98%，新生儿疾病筛查 103.55%，纳入国家扩大免疫规划的 11 种疫苗接种率 99% 以上。计划生育工作成绩斐然，人口自然增长率为 8.72‰，全市人口性别结构趋于优化。

保护妇女儿童合法权益 成立妇女儿童权益协调组织，积极维护妇女儿童合法权益。畅通“12338”维权热线和心理咨询热线，成立妇女维权法律服务团、顾问团。密切关注流动留守儿童，2015 年，全市共有省市县级留守儿童活动站 22 所。健全家庭暴力“110”报警网络，创建一批妇女维权站、联络点等基层妇女维权服务组织，逐步构建起多角度、全方位的社会化维权格局，全面维护妇女儿童合法权益。

妇女社会保障 妇女参加各项社会保险的人数逐年增加，社会保障水平稳步提高，女职工劳动权益得到进一步维护。2015 年，参加失业保险的女职工 11.13 万人，参加基本养老保险的女性为 22.7 万人，参加城镇居民及职工基本医疗保险的女性为 42.5 万人，参加生育保险的职工 9.2 万人，基本覆盖全市城乡企业。

妇女生存和发展环境 全市妇女发展的自然环境不断美化，文化环境不断优化。2015 年，农村自来水普及率 94%，农村卫生厕所普及率 83.06%，城市垃圾无害化处理率 100%，城市污水集中处理率 95.17%。全市城市社区服务设施数 522 个，城镇便民、利民服务网点数 462 个。城乡社会救助体系不断健全，实施希望工程、春蕾计划、留守妇女儿童关爱行动等项目，困难妇女儿童权益得到有效保障。

第四章　聊城市工商业联合会

第一节　代表大会

2001 年 7 月 6 日，聊城市工商业联合会第七届（顺延原县级聊城市工商联会员代表大会届次）会员代表大会召开，参会代表共 121 人。会议听取审议并通过祖银之所作的《认清形势　抓住机遇　团结奋进　不断开创市工商联工作的新局面》工作报告，选举产生聊城市工商业联合会第七届执行委员会，孙喜海当选为会长，祖银之、周锡兰（女）、武玉春、郭庆华、田学儒、宛秋生、张同为副会长，周锡兰兼任秘书长。执委 39 名，其中常委 19 名。

2008 年 10 月 20 日，聊城市工商业联合会第八届会员代表大会召开，参会代表 275 名。会议听取审议并通过武玉春所作的《与时俱进，努力开拓，为全市经济社会科学发展和谐发展努力奋斗》工作报告，选举产生聊城市工商业联合会第八届执行委员会，刘冠凤（女）当选为主席，邢跃隽（女）、武玉春、姜延平、宛秋生等 19 人为副主席，李丙刚为秘书长。执委 137 名，其中常委 65 名。

2011 年 12 月 30 日，聊城市工商业联合会第九届会员代表大会召开，参会代表 281 名。会议听取审议并通过马丽红所作的《站在新起点　实现新突破　开创工商联工作新局面》工作报告，选举产生聊城市工商业联合会第九届执行委员会，马丽红（女）当选为主席，邢跃隽（女）、武玉春、李丙刚等 20 人为副主席，李丙刚兼任秘书长。执委 140 名，其中常委 73 名。

第二节　组织建设

1990 年，全区各县市工商联组织恢复健全。2001 年 7 月，召开聊城市工商业联合会第七届会员代表大会，成立新一届聊城市工商业联合会，并选举产生领导班子，由市政协副主席孙喜海兼任会长，市委统战部副部长祖银之兼任党组书记。2002 年 1 月，聊城市工商联直属商会家具协会成立；同年 6 月，聊城市工商联直属商会建筑装饰材料行业商会成立。2005 年 1 月，聊城市工商联直属商会轻纺商会成立。2007 年 11 月，聊城市工商联直属商会眼镜商会成立。2008 年 4 月，聊城市工商联直属物流商会正式成立。

2010 年 4 月，聊城市举行非公有制经济组织党工委授牌仪式，中共聊城市非公有制经济组织工作委员会依托市工商联正式成立。8 月，聊城市工商联直属商会婚礼庆典业商会成立。2012 年 7 月，非公企业党工委和社会组织党工委合并成立为聊城市“两新”组织党工委，工作机构设在市委组织部。

2013 年 8 月，聊城市工商联直属商会特种经济动物养殖协会成立。2014 年 1 月，指导聊城市工商联建筑装饰材料行业公会完成换届，更名为聊城市工商联泛家居商会。2015 年 7 月，聊城市工商联互联网商会正式成立。2015 年年底，全市会员共计 12144 个，其中企业会员 4741 个、行业商会 44 个（包括市直行业商会 8 个）。

第三节 参政议政

2001 年，新一届聊城市工商联成立后，积极履行参政议政职能，配合有关部门深入企业调查研究，每年均向市政协提交 5 篇以上提案。市政协工商联界别非公有制经济代表人士 24 人，充分发挥代表作用。是年，共写调研报告 30 篇、提案 60 件，其中有 8 篇被市委、市政府和各县市领导批转有关部门落实，有 5 篇报告被各有关县委、县政府以红头文件的形式下发全县各有关单位。

2002 年，全市工商联系统共撰写调研报告 50 多篇，提案 40 多件，其中《聊城市光彩事业上新台阶情况调查报告》《关于发展民营经济的思考》等调研报告和《关于成立聊城市非公有制企业贷款信誉担保联合会的建议》等提案引起党委、政府领导的高度重视，并在工作中予以采纳。2003 年，工商联界别的政协委员通过深入调查研究，提出《关于改革体制调整政策优化环境的提案》《关于实施城市化战略应先行配套修订相关规划的提案》《关于加强及规范同业公会、同业商会建设的提案》等提案，受到各级政府部门的关注。

2005 年 3 月，国务院颁布《关于鼓励支持和引导个体私营等非公有制经济发展的若干意见》后，由市工商联牵头，市工商联分管副会长任组长，组成专门调研组深入民营企业，就当前聊城市民营经济发展现状进行调研，组织撰写《贯彻落实国务院若干意见加快民营经济发展步伐的调查报告》。

2006 年，全市工商联系统共有提案、议案 120 件被有关部门采纳。2007 年，全市工商联系统围绕非公有制经济发展、行业商会建设、非公有制企业参与新农村建设等课题，开展调研 20 多次、撰写调研报告 11 篇、提出意见和建议 30 多条。市工商联撰写《非公有制企业参与新农村建设遇到的问题及对策》《行业商会在非公有制经济发展中的作用及遇到的问题》等 4 篇调研报告，引起市委、市政府主要领导的高度重视，并在工作中予以采纳。2008 年，市工商联向省政协会议递交 2 件提案，向市政协会议提出 8 件提案，其中，《关于引导非公有制企业积极落实劳动合同法的建议》《关于进一步加强企业安全生产管理的建议》《关于保障民营企业职工养老保险的建议》等提案引起市领导的高度关注，得到了详细、可行的答复和采纳。

2009 年 2 月，组织市、县两级工商联对全市 200 多家民营企业进行摸底调研，写出《全市民营企业用工情况的报告》。2011 年 3 月，采取走访座谈、调查摸底等形式，对 11 家企业进行党建情况专题调研，完成《聊城市非公有制经济组织党建情况调研报告》。2012 年 6 月，组织全市范围内的工商联会员企业“大调研、大走访”活动，紧紧围绕企业生存状况、发展中遇到热点难点问题等进行综合调研。2014 年 5 月，开展“为我市非公有制企业发展创造良好的法制环境”专题调研活动，撰写《关于聊城市非公有制企业发展法制环境的调研报告》。2015 年 6 月，组织开展省工商联 2015 年度重点课题综合问卷调查工作，完成《电子商务调研报告》《适应新常态展现新作为》等理论调研成果 7 篇。是年 11 月，开展“下基层增四信”走访调研活动，共走访企业 70 余家，涵盖化工、电子商务、新能源、物流等行业，并形成调研报告。

第四节 服务社会

聊城市工商联紧紧围绕服务非公有制经济，开展经济、金融、科技、人才等方面的服务活动。2004 年 1 月，举办聊城市外地企业家春节座谈会，市委副书记、副市长林峰海代表市委、市政府作讲话，7 名民营企业家代表发言。5 月，参与聊城市政府举办的香港·中国江北水城（聊城）周招商会，签约各类项目18个。其中，投资类项目11个，项目总投资4.7亿美元，外资额3.2亿美元；贸易项目7个，总贸易额5091万美元。7月，举办市联常委、执委和部分企业家培训班。会长孙喜海以“小胜靠智、大胜靠德”为题，就企业诚信问题作演讲报告，并请江苏小天鹅集团副董事长徐源作联动式报告。

2005年9月，举办由43人参加的民营企业家EMBA培训班，由中国人民大学商学院教授授课。在临清市举行民营经济银企洽谈会，邀请省工商联、省光大银行济南分行、深圳发展银行济南分行、浦东发展银行济南分行、济南市商业银行、建设银行聊城分行与聊城市60多家企业负责人进行洽谈，临清第二色织厂、冠县冠星集团、莘县义和诚集团与银行达成意向近2亿元，另有30家企业与银行建立业务关系。自2005年开始，连年与市劳动和社会保障局等相关部门联合举办招聘活动，为民营企业搭建用工平台，每年提供就业岗位1000余个。

2006年3月，举办“如何提高企业效益增长”大型讲座，邀请清华大学教授授课，全市工商联系统共有150余人参加。11月，举办全市非公有制经济代表人士培训班，全市260余名非公有制经济代表人士参加培训。2008年3月，与济南市商业银行聊城分行合作，根据各县（市、区）中小企业的不同特点，相继开展存货置押、小型担保商会等多种灵活的贷款方式，帮助资金短缺的中小企业渡过难关，帮助会员企业解决资金1.3亿多元。

2009年4月，与冠县人民政府联合主办“冠县1999梨花节10周年企业家联谊会”，全国工商联、省工商联领导及全国知名企业60余家出席联谊活动。签订意向和协议6个，总投资达9.3亿元，接受捐赠350万元。

2010年6月，聊城市工商联参与承办“海内外知名企业家齐鲁行暨中国聊城投资经贸洽谈会”，全国政协副主席、全国工商联主席黄孟复出席活动并在开幕式上讲话。洽谈会上，全市共签约投资项目84个，投资额288.3亿元，其中协议项目32个、投资额81.79亿元，合同项目52个，投资额206.51亿元。8月，举办聊城市工商联高端峰会，100余人参加会议，邀请亚太人力资源协会会员、高级经济师、广州经和堂生物科技公司董事长许键授课。

2011年10月，在东阿县举行全国工商联人才交流服务中心聊城岗位培训基地促进会议暨大学生岗位培训基地授牌仪式。2012年8月，与中国建设银行聊城分行签订“聊城建行—市工商联”推进中小企业融资合作方案。合作期内，市建行优先支持市工商联推荐的“优先支持客户池”中的中小企业。

2013年3月，与市发展改革委建立促进服务非公有制经济发展合作机制，建立市发展改革委、市工商联联席会议制度，研究解决民营企业在生产经营中遇到的困难和问题。4月，启动以“二次创业强信念、跨越赶超做贡献”为主题的非公有制经济人士理想信念教育实践活动，市委办公室转发《市委统战部、市工商联关于开展非公有制经济人士理想信念教育实践活动的实施意见》。11月，召开聊城市非公有制经济人士理想信念教育实践活动报告会，100余人参加会议。山东省民间商会副会长、山东天天清真食业有限公司董事长马敬涛等4名企业家代表发言。

2014年9月，举办全国知名民营企业家聊城行活动。活动以“鲁商省亲·合作共赢”为主题，邀请全国各地19家异地山东商会的近70名民营企业家到聊城参观考察，洽谈合作，现场签约金额达22.6亿元。

2015年7月，组织14名企业家参加在上海举行的“2015两岸现代服务业合作对接会”，随团企业家在养老健康产业、生态农业等方面与台湾企业进行深入交流并达成4项合作意向。12月，参加2015全国知名行业协会商会聊城行活动。会上，各县（市、区）与全国知名行业协会、商会企业现场签约太阳能发电项目、商业综合体项目、农光互补光伏示范基地项目等12个项目，签约额197.37亿元。

第五节　对外联络

2004年9月，组织部分民营企业家和各县（市、区）联谊会长共10人赴新疆、甘肃、青海、陕西考察。同年11月，市工商联企业家副会长学习考察团一行8人赴江浙考察学习。考察期间，企业家们参加由国务院外国专家局、全国工商联、浙江省人民政府主办的“2004首届全国民营经济人才智力引进与交流大会”。

2005年5月，市政协副主席、市工商联会长孙喜海带领高唐、莘县政府负责人一行6人赴南京，借全国工商联九届六次常委会召开之机，积极宣传聊城的投资环境，共签订3个项目的合作意向。6月，组织全市各县（市、区）有关人员20余人参加由香港中华总商会举办的第113期工商业经济研讨班，与香港九龙商会签订友好商会协议。9月，组织8名企业家赴巴基斯坦驻华大使馆，参加地震救灾报告会，并现场捐款10万元，援助巴基斯坦救灾。

2006年3月，市政协副主席、市工商联会长孙喜海带领16家会员企业赴德州、济南等3地参观学习。参观皇明集团、中大集团、华乐中共集团、微山湖集团、力诺集团等大型民营企业。4月，市政协副主席、市工商联主席孙喜海随同中央统战部副部长、全国工商联党组书记、中国光彩会副会长兼秘书长胡德平，前往巴基斯坦进行灾后重建工作的考察访问。7月，经过市工商联牵线搭桥，新瑞国际（美国）有限公司投资1.2亿人民币在冠县建设农产品深加工项目。

2007年5月，市政协副主席、市工商联主席孙喜海一行8人赴四川成都参加第八届中国西部国际博览会。6月，组织16家民营企业赴北京，参加由联合国开发计划署和中国企业联合会共同主办的“2007企业社会责任在中国”国际论坛。9月，市工商联一行2人随省工商联代表团赴日本参加第九届世界华商大会，并顺访韩国韩中协会。

2008年4月，组织10家企业赴湖北武汉参加全国工商联举办的“第三届中国中部投资贸易博览会”。5月，组织10余家会员企业赴济南参加“立足香港，迈向国际”介绍会，参加“内地企业走向国际化的平台”的专题讨论。2009年1月，组织15家会员企业参加在济南举办的“中国民营企业名优特产品展销会”。6月，市工商联主席、副主席、民间商会副会长及市直行业商会20多人赴河北邯郸市工商联和新奥集团进行考察学习。10月，组织20家会员企业参加在河北省张家口市举办的第十一届“环洽会”。

2012年9月，带领莘县工商联多次赴北京、河南省偃师市考察太阳能电池项目，洽谈协商，莘县人民政府与恒基伟业投资发展有限公司在北京就项目合作正式签约。2013年5月，由聊城市工商联16位企业家组成的工商联经贸考察团，随同市委副书记、市长王忠林，副市长、市工商联主席马丽红赴台湾地区考察访问，先后拜会中国国民党中央副主席林丰正、蒋孝严，海基会董事长林中森，参观考察台塑集团、耐斯集团等企业和相关单位。共有4家企业和台湾5家企业达成投资合作意向，总投资额130余亿元。11月，组织企业家一行15人赴江苏无锡和苏州考察招商，先后调研无锡华东可可食品股份有限公司、海澜之家等各具特色、规模不同的企业，随团的企业家与所拜访企业在物流、旅游、蔬菜批发以及生物技术等方面进行深入沟通。

2014年4月，参与组织在北京、广州、东莞召开的聊城（北京）创新发展座谈会、聊城（广州）开放发展恳谈会和聊城·东莞市潮商民营企业协会合作交流座谈会。与东莞市潮商民营企业协会签订友好合作协议。5月，参与组织聊城市在北京举办的2014山东聊城（北京）对接全联直属商会座谈会，共有全联20个直属商会的70余名企业家参加活动，活动现场共签约11个项目。6月，副市长、市工商联主席马丽红带领10余名企业家赴青海参加青洽会，参观项目，寻求合作，与海北州工商联签订友好商会协议。11月，组织会员企业家一行10人参加黑河市山东商会成立大会，并与黑河市工商联签订友好商会协议。

第六节　光彩事业

一、光彩项目

2002年1月，由市工商联牵头引进的广东香江集团投资29亿元在聊城建设香江光彩大市场项目、东方希望集团投资15亿元在茌平县建设铝深加工项目签订正式合同。同年，由市工商联牵头，深圳金峰湖实业有限公司董事长肖七妹向冠县甘管屯乡捐赠20万元建设光彩小学；5月，全国政协副主席、中央统战部部长王兆国到聊城市考察光彩事业项目。

2003年3月，中国新闻社深入市内香江光彩大市场、希望集团、新奥燃气、奈伦果汁等重点光彩事业项目企业进行采访，并制作完成宣传聊城及光彩事业开展情况的大型画册《光彩事业在聊城》。10月，中央统战部副部长、全国工商联党组书记、中国光彩会副会长兼秘书长胡德平，全国工商联副主席谢伯阳率全国工商联副主席、四通集团总裁段永基，中国光彩会副会长、香江集团董事长刘志强，中国光彩会副会长、中国光彩投资集团董事长卢志强，派斯集团董事长李学春等全国著名企业家到聊城市考察。

2005年4月，市政协副主席、市工商联会长孙喜海带领有关人员赴驻马店市、蚌埠市、万州区，与三地光彩会商谈成立中国光彩事业促进会重点联系地区联谊会。2007年4月，组织25家会员企业分别参加在安徽省蚌埠市召开的中国光彩事业促进会年会、在辽宁省阜新市举办的“中国光彩事业阜新投资考察活动暨经济转型城市社会主义新农村建设论坛”活动。2009年4月，由市工商联牵头，由新奥集团捐赠160万元、冠县冠城镇政府配套36万元建设的冠城镇新奥光彩小学奠基。

二、帮扶活动

2006年3月，市工商联制定《聊城市工商联开展“民企帮村”活动实施方案》。

2008年5月，四川汶川等地发生特大地震灾害后，号召全市工商联系统和非公有制经济人士捐款捐物奉献爱心。全市工商联会员为灾区捐款捐物折合人民币1624万元。2009年7月，为解决贫困大学生入学难的问题，市工商联倡议全市广大非公有制经济人士奉献爱心，开展“爱心资助贫困大学生活动”，共有579名会员企业参加，捐款350多万元。2010年5月，组织市工商联和民间商会领导班子成员及市工商联机关干部向青海玉树地震灾区捐款，捐助的善款20余万元。2012年8月，组织10余位企业家副主席到茌平县洪屯乡官庄村开展关爱“三老人员”行动，共捐资11万余元。2013年7月，联系云南省山东商会、明日之星教育科技有限公司，举行“中国梦·家乡情”公益助学捐赠活动，向东阿县、高唐县两县捐赠学习机等价值30万元的学习用品。

2015年5月，开展“一生一本·同心助学”捐赠活动，活动启动仪式在莘县张鲁回族镇本斋小学举行。明日之星教育基金会向聊城市捐赠价值353万元的学习用品、助学金8万元。启动仪式后，各县（市、区）随之举办相应的捐助活动，共捐助1234万元。

第五章　科学技术协会

1997—2015年，根据国家提升全民科学素质要求，聊城市科协举行“科普日”“科普之春”等多项活动，开展科学技术普及。特别在农村、学校、企业进行科学普及活动，切实提高农村及企业科技发展，增加经济效益，1995—2000年，共为企业提出合理化建议2600条，采纳1900

条；技术攻关项目560项，完成490项；开发新产品189个，实现经济效益1.3亿元。2015年，成立各级农计协560个，入会农户12万户，辐射带动农户40万户。为企业提出合理化建议1800余项，实现经济效益上亿元。

第一节　代表大会

一、聊城市科协第二次代表大会

2000年8月25—26日，聊城市科协第二次代表大会召开。市委书记张敬涛出席并作讲话，参会代表279人，其中正式代表262人，特邀代表17人。大会通过李欣亭所作的工作报告及《聊城市科学技术协会章程》，选举产生市科协第二届委员会委员60名。第二届委员会第一次全体会议选举产生市科协主席、副主席及常务委员15名。李新亭当选主席，王桂明、田建国、肖俊杰、张锡忠、唐佑乾、郭春杰、魏铁汉、卢国筠当选副主席。

二、聊城市科协第三次代表大会

2006年8月27—28日，聊城市科协第三次代表大会召开。参加大会的正式代表251人、特邀代表18人。会议总结市科协第二次代表大会的主要成绩和基本经验，确定今后五年科协工作的目标任务。大会选举产生聊城市科协第三届委员会委员55名。聊城市科协第三届委员会第一次全体会议选举产生市科协主席、副主席和常务委员18名，田建国当选为主席，王延飞、卢国筠、冯健、孙庆珠、孙怀轩、李学胜、赵伟、郭春杰、唐佑乾当选副主席。

第二节　《科学素质纲要》实施

2006年2月6日，国务院颁发《全民科学素质纲要行动计划纲要（2006—2010—2020）》（简称《科学素质纲要》）。根据国家要求，聊城市科协承担全民科学素质工作领导小组办公室职能，在开展科学技术普及、提升全民科学素质中担任牵头组织和督导协调。11月23日，聊城市政府下发《聊城市人民政府办公室关于成立科学素质工作领导小组的通知》《聊城市人民政府关于贯彻全民科学素质行动计划纲要的实施意见》，成立全民科学素质工作领导小组，对全市实施《全民科学素质行动计划纲要》工作进行宏观指导。2007年，研究制定《农民科学素质行动实施方案》《城镇劳动人口科学素质行动实施方案》《领导干部和公务员科学素质行动实施方案》《科普基础设施工程实施方案》《科普资源开发与共享工程实施方案》《大众传媒科技传播能力建设工程实施方案》《政策法规、队伍建设与监测评估工作实施方案》《未成年人科学素质行动实施方案》《科学教育与培训工程实施方案》等九大方案。2012年，组织起草印发《聊城市“十二五”全民科学素质行动计划纲要实施方案（2012—2015）》《聊城市未成年人科学素质行动实施方案（2012—2015年）》等五大科学素质行动实施方案；《聊城市科学教育与培训工程实施方案（2012—2015年）》等五大科学素质基础工程实施方案。

2013年10月，山东省全民科学素质工作领导小组与聊城市政府签署《关于加强全民科学素质建设的共建协议》，12月，聊城市全民科学素质工作领导小组审议通过《聊城市全民科学素质工作考核规范》，与各县（市、区）人民政府、市属开发区管委会签署科学素质共建协议。2013年11月起，每年围绕“节约能源资源、保护生态环境、保障安全健康、促进创新创业”主题，组织开展“科普之春”“全国科普日”“科技活动周”“食品安全宣传周”等大型科普宣传活动，组织专家义诊、科技咨询、节能环保科普巡展等活动300余场次。深入实施科学素质示范点培育提升工程，全市命名市级科学素质工作示范点61处。在聊城电视台、聊城广播电台、《聊城日报》开办“提升全民科学素质”栏目，建立聊城市全民科学素质网站，在《聊城日报》、聊城政务网、聊城新闻网和聊城广播电台开设系列科普专栏。2014年，全市开通东昌府区、临清市等县级电视台“科普大篷车”节目6个，开办县级电视台或报刊科普栏目26个，建立东昌府区、临清市、阳谷县等县级科协或科学素质网站3个。

2015年，市委、市政府将“提升全民科学素质”作为《聊城市2015年度科学发展综合考核工作意见》定性项目，列入对各县（市、区）科学发展综合考核内容。组织研究制定《全市2015年度提升全民科学素质考核实施方案》。10月，省科协党组书记、副主席王春秋带领督导组，到聊城督导调研“十二五”《科学素质纲要》实施情况和2015年度全民科学素质考核工作实施情况，对临清市创建全国科普示范县（市、区）工作进行检查验收。

第三节　科学技术普及

为深入贯彻落实《中共中央、国务院关于加强科学技术普及工作的若干意见》和中共山东省委、山东省人民政府印发的《关于大力推进科学技术普及工作的通知》精神，2001年，聊城市委、聊城市人民政府印发《关于大力加强科学技术普及工作的意见》。2006年11月，成立聊城市全民科学素质工作领导小组，在全社会推进科学普及工作。

一、大型科普宣传活动

“科普之春”活动　1997年3月21日，聊城地区科协印发《关于大力开展“科普之春”活动的通知》，决定自1997年开始，每年3—5月在全区开展“科普之春”活动，主要以广泛开展科普宣传、大力开展送科技下乡活动、抓好以“农函大”为龙头的农民科技培训、大力开展新技术新成果的推广与普及。2014年3月24日，聊城市第十八届“科普之春”暨山东省“科普报告百校行”聊城活动启动仪式在聊城大学学术报告厅举行。对全市各级科协开展第十八届“科普之春”、组织举办“科普报告百校行”活动，提出明确要求。2015年3月24日，聊城市第十九届“科普之春”暨山东省“科普报告百校行”聊城活动启动仪式在聊城职业技术学院报告厅举行。市科协向聊城职业技术学院授予“聊城市科普教育基地”奖牌，并向学生赠送《科普知识博览》《为水呐喊》等图书1500册。

“全国科普日”活动　2004年开始，为纪念《中华人民共和国科学技术普及法》的颁布和实施，根据中国科协要求，市科协在每年9月的第三个双休日组织举办“以节约能源资源，保护生态环境，保障安全健康，服务创业就业”为主题的科普日活动。2009年9月22日，聊城市科协在阳谷县文化广场举行聊城市“全国科普日”活动启动仪式，科普宣传员、科普志愿者和当地群众共计1000余人参加活动。2013年9月14日，市科协在聊城水城广场举行“全国科普日”活动，800余人参加活动，展示展板20多块，发放《科普知识博览》图书3000多册。

“造蓝护绿”大型科普宣传教育行动　2015年，中央发布《关于加快推进生态文明建设的意见》，结合市委、市政府关于加强生态文明建设的部署，市科协自2015年起，连续3年在全市范围内开展以生态环保、绿色低碳为主题的“造蓝护绿”大型科普宣传教育行动。2015年3月12日，聊城市科协印发《聊城市科协关于开展“造蓝护绿”大型科普宣传教育行动的实施意见》，共包括编印科普图书、举办科普展览等10项内容。是年，在全市举办“造蓝护绿”生态科普展览30场、节能环保科普讲座25场，制作张贴生态科普挂图5000余张，受益群众10万余人。

二、农村科普

农技协发展　20世纪80年代，在农村经济发展中，由于对农业技术的需求增加，聊城市出现农村专业技术学会。2000年8月，全市有农技协965个，其中种植业561个、养殖业295个、加工业86个，其他23个。2002年9月，聊城农村专业技术协会召开第一次会员代表大会，推动农计协发展。2006年，全市建立各类农技协1020个、入户农户11万户，辐射带动农户40余万户，有20多个农技协被评为国家或省级先

进农技协。东昌府区鲁西毛皮动物研究会获中国百强农技协、财政部、中国科协授予的“全国科普惠农兴村带头人”、农业部特种经济动物质检中心颁发的“全国良种大赛金奖”等多项荣誉称号。2012年，聊城市科协出台《关于加快发展全市农技协组织的意见》。2013年4月26日，聊城农村专业技术协会召开第三次会员代表大会。2014年，莘县、阳谷县、临清市、茌平县、冠县、东阿县6个县（市）成立县级农技协联合会，全市各类农技协组织有630个。

科普惠农示范工程 2006起，根据中国科协和财政部要求，实施“科普惠农兴村计划”，对有突出贡献的、有较强区域示范作用的、辐射性强的农村专业技术协会给予资金上的支持和奖励。2007年，聊城市科协、市财政局出台《聊城市“科普惠农示范工程”实施方案（试行）》，2013年联合出台《“聊城市基层科普行动计划”实施方案（试行）》。2006—2015年，共培育国家级示范项目59项、省级示范项目25项，为全市基层农技协、科普示范基地、科普带头人争取上级科普惠农项目奖补资金1227万元。

科普工作联系点重点培育工程 2011年6月20日，聊城市科协印发《关于实施科普工作联系点重点培育工程的意见》，要求在“十二五”期间，全市共培育科普工作联系点至少300处，其中市级50处，每个县（市、区）30处，经济开发区10处。即市科协平均每年培育市级联系点不少于10处，各县（市、区）、经济开发区培育县级联系点分别不少于6处、2处，提升科普公共服务能力和社会化服务水平。6月27日，市科协举行全市科协系统庆“七一”表彰大会暨科普工作联系点重点培育工程启动仪式，为首批市级科普工作联系点授牌（32个）。2015年，全市科协系统建立科普工作联系点380处，先后为联系点争取资金2000多万元，赠送科普图书3万余册，举办培训讲座360余场。

地暖炉技术示范推广工程 老科协会员杨俊生发明了地暖炉技术，主要使用农田废弃物做燃料，十分适合在农村住宅和学校推广使用。2010年10月，聊城市老科协在全市范围内推广冬季节能地暖炉；2011年6月，国家知识产权局授予实用新型专利权。2015年，全市共有地暖炉用户十几万户，每年节约煤炭十几万吨，节约资金上亿元。在中国老科协第三次服务“三农”工作经验交流会上，聊城就推广地暖炉的经验进行大会交流。在首届“幸福山东”高峰论坛暨全省推动科学发展建设幸福山东工作经验交流会上，杨俊生在大会上作典型发言，并获唯一个人建设幸福山东突出贡献奖。

三、社区科普

2007年1月16日，聊城市科协、聊城市文明办联合出台《关于实施“科普社区通”工程的工作方案》，提出在2007—2009年全市科普示范社区创建活动覆盖率达80%，全市60%以上的社区达到科普示范社区标准。5月，聊城市科协召开全市“三个一”和“科普社区通”建设工作现场交流会，对全市的科普服务站建设和科普社区通工作进行部署安排，实施以建设社区科普宣传栏、组建科普志愿者队伍、创办科普学校、建立科普活动站为主要内容的“科普社区通”工程。2009年，全市114个社区完成“四个一”建设任务，其中61个社区命名为市级科普示范社区。2011年，全市136个社区全部完成“四个一”建设任务，其中82个社区命名为市级科普示范社区。

2012年2月10日，聊城市全民科学素质工作领导小组办公室在全市实施全市科学素质示范点培育提升工程。2013年，共有聊城职业技术学院、聊城南湖湿地公园、聊城中国运河文化博物馆、聊城市电化教育馆、聊城一中、聊城三中、聊城市妇女儿童活动中心、聊城市小天才机器人俱乐部等市级科学素质工作示范点61个。

四、青少年科普

2001年，市科协开始将青少年科普工作列入议事日程，是年，市科协将青少年科普列入重点工作，会同市委宣传部、市教委、团市委联合下发《关于开展青少年创新教育及科技实践活动的通知》，制定了实施方案，会同东昌府区科协举办“世界昆虫蝴蝶科普展”、大型科普电影《宇宙与人》《巫师的骗术》首映式，全市共创建市级科普示范学校11所、科普教育基地4处，在全省青少年科普工作会议上，有2个青少年科普工作先进集体、4名先进个人、3所科普示范学校、1个科普教育基地受到省科协命名表彰，莘县实验小学作大会发言。

科技创新大赛 2002年，由市科协等七部门联合举办第六届全市青少年科技创新大赛，1项作品获得全国三等奖。2006年，4所学校创建为“全省科普示范学校”，参加第二十一届全国青少年科技创新大赛，获省级奖励15项。其中，莘县一中禄晓芳的“防冻太阳能”获全省大赛一等奖。2007年，举办全市第二十二届青年科技创新大赛，5000多名青少年学生参与。2011年，举办第二十六届全市青少年科技创新大赛，获得国家级大赛二等奖1项、三等奖1项。2014年，第二十九届聊城市青少年科技创新大赛作品获省级一等奖10项；推荐参加全国创新大赛作品3项，聊城一中徐云松“居家老人智能语音助手”获全国青少年科技创新大赛二等奖。2015年，举办第三十届全市聊城市青少年科技创新大赛，临清一中学生姚广宇专利创新项目《固体清洁剂自控装置》获山东省青少年科技成果竞赛项目一等奖、全国“明天小小科学家”三等奖。

校园科普工程 2012年2月，在全市实施校园科普工程，主要包括举办青少年科技创新大赛、“科普报告校园行”“流动科技馆县县通”“科普大篷车”进校园、“万名青少年学生走进数字科技馆”、大中学生科技节等校园科技活动。开展首届聊城市青少年科技教育“春晖奖”评选，评选表彰全市十佳科普示范学校、十佳科技校长、十佳科技教师。举办聊城市首届大型机器人展览，组织参加全省机器人大赛，获奖9项，市科协获优秀组织奖。举办科技夏令营，组织学生参观省科技馆和参加全国青少年高校科学营活动。举办全市省级地震科普示范学校科技辅导员演讲比赛，创建省级地震科普示范学校5所。开展“科普报告百校行”活动，邀请中科院科普演讲团6所中小学做科普报告。实施“流动科技馆县县通”工程，先后在高唐二中、莘县一中、东昌府区素质教育基地进行巡展。2013年，“科普报告百校行”在30多所中小学校，为3万余名中小学生举办科普报告。实施“流动科技馆县县通”工程，在聊城中国运河文化博物馆、山东技师学院、临清实验高中、东昌府区青少年素质教育实践基地等多所学校进行巡展。举办科技夏令营、聊城市机器人科技教师培训班、聊城市第二届大型机器人展览和聊城市中小学生机器人创意大赛。

数字科技馆 2012年，开始实施山东省数字科技馆地方工作站建设工程，在全市20余所中小学建立省级工作站5处、市级工作站15处，其中高唐二中被评为省级优秀数字科技馆地方工作站。2013年，建立省级工作站5处、市级工作站15处，其中东昌府区青少年素质教育实践基地被中国科协授予全国优秀科学工作室。

大学生科技节 自2011年开始，市科协联合相关高校先后举办3届聊城市大学生科技节。2011年6月，第一届大学生科技节在聊城职业技术学院举行，历时2个月，包括职业技能大赛、学术讲座、作品展示、文艺演出、社团活动月等33个活动项目。2012年，市科协联合职业技术学院开展第二届大学生科技节，包括职业技能大赛、学术讲座、作品展示、文艺演出、社团活动月等33个活动项目。

五、企业科普工作

1996年，聊城地区科协与地区计委、经委联合下发《关于深入开展“讲理想、比贡献”活动和加强企业科协组织建设的意见》。同年，山东省科协在阳谷县召开全省企业科协工作现场会，推广聊城企业工作经验。

1997年，聊城地区科协进一步贯彻全省企业科协工作现场会精神，实施企业科协组织建设年计划，加快企业科协发展，全区企业科协达到56家。1998年，聊城市科协继续实施企业科协组织建设年计划，在临清市举办全市企业科协秘书长培训班，全市企业科协72家。1999年，全市新建企业科协4家，企业科协总数76家。指导各企业科协组织动员科技工作者积极开展“讲理想、比贡献”活动，共提出合理化建议930条，其中700条被企业采纳；开展技术引进、技术改造、技术攻关70多项。时风集团公司科协被评为全省“讲比”活动先进集体，高唐县企业科协有3个项目被评为全省“讲比”优秀项目。2000年，全市企业科协达80家。1995—2000年，各级科协共提出合理化建议2600条，采纳1900条；技术攻关项目560项，完成490项；开发新产品189个，实现经济效益1.3亿元。

2001年，高唐时风集团企业科协承办的“SF系列拖拉机及拖拉机变形运输机”项目，获山东省“讲理想、比贡献”活动一等奖，受到省科协、省经贸委和省计委的联合表彰。2002年，聊城市科协联合市经贸委、市民营经济发展局转发省科协《关于加强企业科协组织建设的通知》，制定全市企业科协组织建设工作计划。2003年，指导各企业科协组织动员科技工作者积极开展“讲理想、比贡献”活动，共提出合理化建议950条，其中730条被企业采纳；开展技术引进、技术改造、技术攻关80多项。2004年，聊城市科协把在民营企业中发展科协组织作为重点，全市民营企业科协达28家。茌平华信铝业公司科协组织带领会员围绕科技创新开展“讲、比”活动，提合理化建议200多条，开展技术革新30多项，为企业创造经济效益200多万元。2005年，全市企业科协组织84家，会员10100人，“讲、比”活动带来较大经济社会效益。临清迅力集团科协组织120名技术人员开展技术比武大赛，完成技术革新项目12项，为企业增收节支4118万元。茌平华信铝业公司科协在开展“讲比”活动中提合理化建议200多条，技术革新30多项，为企业创经济效益200多万元。时风集团投资300多万元建立时风大学，定期聘请专家培训员工2000多人。

2006年，全市企业科协组织88家。其中，临清市新建4家民营企业科协，总数36家；高唐县新建6个民营企业科协，总数18个。高唐时风集团科协通过开展“讲创新、比敬业”活动，全年共完成新产品开发136项，达到国内领先水平的66项，取得专利技术26项，形成自有关键性技术34项，申报国家机械工业科技进步奖17项。临清迅力特种汽车有限公司通过活动开发新产品6个，直接经济效益5000万元。茌平县在企业开展的“讲、比”活动中，职工提合理化建议131条，被采纳82条，完成厂会协作项目2个，金桥工程4个，增加经济效益9600万元，减少污染物排放10%以上。2007年，全市企业科协组织98家，其中国有企业科协44家、非国有企业科协54家，会员1.1万多人。企业科协认真开展“讲、比”活动，推动企业科技进步。全市共涌现省级“讲、比”活动先进集体1个、优秀组织奖1个、科技标兵2名。

2008年4月，聊城市科协会同市发改委、市经贸委、市国资委等部门联合成立全市“讲理想、比贡献”活动领导小组，印发《聊城市“讲理想、比贡献”活动实施方案（试行）》，全市各企业科协开展以技术创新为主要内容的“讲理想、比贡献”活动。临清迅力集团科协组织120名技术人员开展技术比武大赛。阳谷三山集团科协组织完成多项科研攻关项目，10项成果通过省部级签订，4种产品被列为“国家级重点新产品”，并申报35项国家专利。高唐时风集团投资300多万元建立时风大学和科研基地，同清华、哈工大、山大等名校建立长期合作关系，定期聘请专家教授进行专题培训，培训员工2000多人。

2009年4月，聊城市科协印发《关于进一步加强全市企业科协组织建设的意见》，指导企业科协工作特别是企业科协组织建设工作，并开展聊城市杰出工程师评选表彰活动。是年，六部门联合评选出“杰出工程师”10名、“优秀工程师”10名。2010年9月，东阿阿胶股份有限公司召开科协成立大会暨聊城市直企业科协组织建设现场会，中国阿胶博物馆被评为“全国科普教育基地”。时风集团于2010年被评为全国“讲、比”活动先进集体，3人获“第二届山东省优秀工程师”称号。

2011年2月，聊城市科协印发《关于开展企业科协组织建设年活动的意见》。5月，开展第二届聊城市十大杰出工程师评选活动。是年，评出聊城市杰出工程师10名、优秀工程师20名。2012年，东昌府区中通钢构建设有限公司科协被评为全国“讲、比”活动先进集体，第三届“聊城市十大杰出工程师”评选表彰聊城市杰出工程师10名、优秀工程师20名。2007—2013年，全市共表彰“讲、比”优秀科技成果182项、先进集体56个、科技标兵119名、优秀组织者48名。2013年，在中国科协开展的2013—2014年度全国“讲、比”活动评选中，山东东阿阿胶股份有限公司获评先进集体。

2015年，全市园区科协8家，企业科协188家，其中国有企业科协28家、非国有企业科协160家，在聊城职业技术学院建立高校科协1家。

六、科普基础建设

由于受到当地经济社会发展和科协自身条件的限制，2004年之前全市科普基础设施建设进展缓慢，2004年，省科协全面实施“科普村村通”工程后，全市科普基础设施建设有了较快发展。

“科普村村通”工程 2004年上半年开始，省科协、省财政厅在全省科协系统部署开展“村村通科普工程”。同年7月18日，市科协、市财政局联合印发《关于认真落实省科协、省财政厅“村村通科普工程”的实施方案》。2005年年初，“科普村村通”列入省政府工作议程和“文明山东”建设方案，提出全省2007年完成村村有科普宣传栏的目标任务。市委、市政府将此列入全市十大民心工程的重要内容。市科协把科普村村通工作作为科普工作的总抓手，提出2006年完成全市村村建有科普宣传栏的目标任务。2005年，全市科普宣传栏建设资金共筹资331.6万元，其中财政资金87.6万元、社会资金155.4万元；全市建设科普宣传栏4697个，占总任务的76%，其中临清市完成700个、占全部行政村的161%，茌平县完成877个、占全部的107%，东阿县完成565个、占全部的101%，莘县完成1104个、占全部的96%，高唐县完成606个、占全部的92%。2006年，市委、市政府将科普村村通列入2006年庄严承诺为农民群众办好的“十件实事”之中，半年时间争取财政资金40多万元，市场运作50余万元，冠县、阳谷县在6月底前完成，并顺利通过省验收，全市共建宣传栏6577个，占总任务的105%。2013年6月，根据省科协、省财政厅在全省范围3年内全面实施数字科普工程的要求，市科协进行安排部署。2015年，在市级科普经费中列支8万元管理维护专项经费，给每个县（市、区）拨付1万元用于数字科普终端的维护管理。至2015年，全市共安装数字科普终端560台，其中2013年280台、2014年200台、2015年80台。在节目播放上，数字科普终端的开机时间为每天上午9点至11点、下午14点至16点播放与群众生活相关的科普内容。

科普基础设施 2011年4月28日，包括科技馆在内的聊城市民文化中心正式开工建设，2014年年底竣工。市科技馆位于市民文化中心4层，建筑面积为3756平方米，规划常设展厅建筑面积2578平方米（其中科技展教厅1685平方米、科技活动厅783平方米、顶部装修后净高3.2米左右），属小型科技馆。加大各类社会化科普场馆建设力度，全市建有包括科普场馆、博物馆、纪念馆、展览馆、校外活动中心、植物园、科普示范基地、科普示范学校、科普示范社区等各类科普教育基地270处，成功创建国家级科普教育基地2处、全国气象科普教育基地1处、全国优秀科学工作室1处、山东省星级科普教育基地6处，命名山东省科普教育基地10处、省级地震科普教育基地30处、省级消防科普教育基地6处。

科普人才队伍建设 1997年后，聊城市科协不断加强科协科普组织和农村科普宣传员队伍、青少年科技辅导员队伍、社区科普志愿者队伍建设。至2015年，全市建有市级学会35家、高校科协1家、县级科协8家（正科级单位）、县级反邪教办公室2家（正科级单位）、县级老科协8家、乡镇（街道）科协120家、社区科协110家、企业科协118家、县级农技协联合会6家、县以下基层农技协560家。市级科技专家库入库专家320名，农村科普带头人人才库入库农村科普人才1200名，发展农村科普员16000名、青少年科技辅导员1400名、大学生科普志愿者1800名、老专家科普志愿者1300名、社区科普志愿者3000名。

七、老科协组织

2001年年底，聊城市老科学技术工作者协会（简称聊城市老科协）成立，是以聊城市离退休老科技工作者为主体自愿结成、并依法登记成立的非营利性社团组织。该组织是由直属分会、各县（市、区）老科协团体、行业系统老科协团体、企事业单位老科协团体以及个人会员联合组成的法人社会团体。设立名誉会长1人、会长1人、副会长8人。协会下设农业、工业、建设、水利、教育、卫生、化工等7个专业委员会。闫廷琛任名誉会长，张锡九任会长，陈宗昭（女）、张锡忠、赵伟、陈孝忠、王贵钊、王桂明、黄广才任副会长，王贵钊兼任秘书长。

2005年起，聊城市老科协组织实施“科技助农致富”工程，2006年开始组织实施“夕阳红营养健康行动计划”,2008年开始组织实施“科普报告城乡行”等一系列活动，先后获“全国优秀科学报告团”（2012年、2013年）、“山东省优秀科学报告团”（2008年）、“山东省老科协工作先进集体”（2006年）、“全省老科协系统服务三农先进集体”（2008年）、“全省老干部老科技工作者摄影书画作品展优秀组织奖”（2004年）、“全省庆祝建国60周年暨中国老科协成立20周年书画摄影展优秀组织奖”（2009年），以及“全市三下乡活动先进集体”（2008年）等称号。

2013年4月24日，聊城市老科协召开聊城市直企事业老科协组织建设现场会暨聊城绿泽园林科技有限公司老科协成立大会。2014年12月，聊城市老科协进行改选换届，闫廷琛任名誉会长，张锡九任会长，市科协主席陈华兼任常务副会长，市科协副主席王延飞担任副会长兼秘书长，设常务理事19人、理事51人。

2015年，协会下设农业、工业、建设、水利、教育、卫生、化工等7个专业委员会，先后建立水利、教育、农业、卫生、建设等5个市直大系统老科技工作者协会，在8个县（市、区）全部建立老科协组织，是全省第四个全部建立县级老科协组织的市。建立高校老科协1个（聊城职业技术学院）、乡镇老科协31个、社区老科协34个、企业老科协8个，各级共建立各类专业委员会89个，会员总数4000余人。

第四节　学会工作

一、学会组织

1997年，聊城地区科协所属学会（协会）共有心理学会、数学会、物理学会、农学会、水利学会、医学会、预防医学会、电机工程学会、质量学会、标准化学会、化学化工学会、中医学会、护理学会、气象学会、环境科学学会、科普美术家协会、药学会、畜牧兽医学会、林学会、林木种苗花卉协会、野生动物保护协会、抗癌协会、食用菌协会、鲁西毛皮动物研究会、刑事科学学会等地级学会25个，拥有会员16752人。

1999年，成立聊城市植物病虫防治学会；2001年，成立聊城市反邪教协会、聊城市肉牛产销协会、聊城市特种设备安全技术协会、聊城市老科学技术工作者协会；2002年，成立聊城市农村专业技术协会；2003年，成立聊城市青少年科技辅导员协会；2006年，成立聊城市心理咨询师协会、聊城市健康协会、聊城市消防协会，聊城市质量学会、聊城市标准化学会、聊城市特种设备安全技术协会合并为质量协会。2008年，成立聊城市科技情报学会、江北水城水文化研究会、聊城市水生植物产业协会、聊城市糖尿病防治协会；2010年成立聊城市推拿协会；2012年，成立聊城市现代生态农业协会；2014年，成立聊城市公共营养师学会。

1997—2015年，共成立市级学会17个，有3个学会合并为1个学会，有8个学会被撤销。聊城市机电工程学会、聊城市化学化工学会、聊城市肉牛产销协会、江北水城水文化研究会、聊城市药学会、聊城市农学会、聊城市科普美术家协会、聊城市水生植物产业协会被民政部门撤销。

2015年，聊城市科协所属市级学会32个（聊城市水利学会、聊城市青少年科技辅导员协会、聊城市心理学会、聊城市质量协会、聊城市抗癌协会、聊城市医学会、聊城市护理学会、聊城市预防医学会、聊城市鲁西毛皮动物研究会、聊城市中医学会、聊城市物理学会、聊城市野生动物保护协会、聊城消防协会、聊城市林学会、聊城市气象学会、聊城市刑事科学学会、聊城市植物病虫防治协会、聊城市数学会、聊城市食用菌协会、聊城市反邪教协会、聊城市老科学技术工作者协会、聊城市农村专业技术协会、聊城市环境科学学会、聊城市健康协会、聊城市心理咨询师协会、聊城市科技情报学会、聊城市糖尿病防治协会、聊城市推拿协会、聊城市现代生态农业协会、聊城市畜牧兽医协会、聊城市公共营养师学会、聊城市林木种苗花卉协会），县级科协所属学会94个，其中市青少年科技辅导员协会、市农村专业技术协会、市老科技工作者协会、市生态农业协会直属市科协。全市共有会员21907人，其中市级会员11522人，包括高级职称2694人、中级职称6536人、初级职称2232人，中级以上职称科技人员占到80%，会员涉及工业、农业、林业、水利、畜牧、教育、科技、卫生、环保、气象等领域；县级会员10185人。

二、学会评奖

1996年，中共聊城地委组织部、聊城地区人事局、聊城地区财政局和聊城地区科协设立“聊城地区青年科技奖”“聊城地区自然优秀学术成果奖”“聊城地区科技建议奖”。3项评选每两年评选1次，推动聊城市学术繁荣和创新，举荐和培养拔尖创新人才，自开展此项表彰以来先后有5000多名科技工作者受到表彰。1997年，聊城地区科协联合地委组织部、地委组织部、地区人事局、地区财政局开展聊城地区第三届青年科技奖（第一届于1994年由地区科协举办）、第四届自然科学学术成果奖（第一届于1994年由地区科协举办）和第一届科技建议奖的评选活动，评出青年科技奖30人、优秀学术论文340篇、优秀科技建议奖29项。

1999年，开展聊城市第四届青年科技奖、第五届自然科学学术成果奖和第二届科技建议奖评选活动，共评出青年科技奖35人；优秀学术论文338篇，其中一等奖20篇、二等奖88篇、三等奖230篇；优秀科技建议奖11项，其中特等奖3项、一等奖3项、二等奖5项。2000—2015年，开展第五届至第十二届“三项评选”活动，其中2015年评出青年科技奖28人；优秀学术论文290篇，其中一等奖45篇、二等奖87篇、三等奖158篇；优秀科技建议奖12项，其中一等奖2项、二等奖10项。

三、课题研究

1996年9月，聊城地委、地区行署“两办”印发《关于开展〈实施“科教兴农”战略，加快聊城向农业强区跨越课题研究的意见〉的通知》，成立课题研究领导小组，组织地直十几个学会的专家和部分县市的研究人员共80余人，开展深入的课题调研活动。1997年，聊城地区科协围绕由农业大区向强区跨越的目标，提出具有权威性、可操作性的对策和建议，完成《实施“科教兴农”战略，加快聊城向农业强区跨越》课题研究。12月，地委、行署“两办”下发文件，要求各县（市）及有关部门根据课题报告认真研究制定实施“科教兴农”战略的规划和措施，推进聊城农业由大区向强区的跨越；地区科协编辑出版《实施科教兴农战略加快聊城向农业强区跨越研究》一书，汇编各方面的具体建议和实施措施。

1998年，开展《聊城市农业可持续发展战略研究》，此课题被列为聊城市1998年科技发展计划。1999年，《农业大区向农业强区跨越研究》课题获山东省科协科技建议一等奖；《加入世贸组织对我市科技兴农的对策研究》列入市科委软科学研究计划，并获课题研究经费1万元。

2002 年，市科协会同有关部门开展“聊城市农业产业化发展模式”课题研讨，并被列入省科协 2002 年重点学术项目，被市委办公室编发成《领导参阅》，供各级领导参阅。

2003 年，开展“江北水城及节水治污治理研究”课题研讨，该研究为省科协 2003 年重点学术活动项目，市委以领导参阅件形式转发。2004 年，聊城市科协开展“聊城市生态农业建设研究”课题研讨。参照国内外生态建设的先进技术和经验，结合全市农业生态现状、成功做法、存在的问题等开展综合性的研究，课题报告被市委以领导参阅形式转发。该项研究列入省科协 2004 年重点学术活动项目。2005 年，聊城市科协牵头联合市质量技术监督局、市质量协会，开展“加强农产品标准化体系建设研究”，为全市农产品标准化生产起到重要指导作用。

2006 年，聊城市科协牵头开展“建设节约型农业技术对策研究”课题研讨，对推广应用农业节水技术、作物秸秆综合利用技术、沼气技术、太阳能技术开展调研论证活动，课题研究报告被市委办公室以《领导参阅》予以印发。同时，该课题还被列入山东省科协学术活动重点项目。2007 年，聊城市科协、市水利局联合开展“饮水安全与生命健康研究”课题研讨。该课题列入山东省科协 2007 年重点学术活动项目。该项研究共分 16 个子课题，征集论文 57 篇，形成《进一步搞好村村通自来水工作的建议》总课题报告，被市委办公室编发的《聊城信息》刊登。组织市农学会、农科院、聊城大学农学院等科技人员，完成市政协委托的“如何发挥科学技术在现代农业发展中的支撑作用”课题研究。

2008 年，聊城市科协、聊城市水利局开展“聊城市水资源规划及生态发展研究”。组织市水利学会、市环境科学学会、市水利勘测设计院、市水文化研究会专业技术人员，围绕江北水城水资源规划及生态发展开展深入的调研活动，形成《聊城市城区河湖水系生态和谐发展初步研究》调研报告，系统地分析了聊城市水系存在的问题及其原因，从水源补给、截污导流、生态治理、古城区改造、水域管理机制、环保教育等 6 个方面提出可行性的对策建议。研究报告在市委办公室 2008 年第二十一期《领导参阅》上印发，并被省科协列入 2008 年学术活动重点项目。2009 年，聊城市科协开展并完成《聊城市发展现代生态畜牧业问题研究》课题。组织畜牧养殖、防疫、品种改良、畜牧政策研究等方面的专家开展该项课题研究，结合聊城市畜牧业生产实际，围绕进一步促进聊城市现代生态畜牧业发展，提出对策和建议，为党政领导决策服务。11 月 27 日，市委办公室以《领导参阅》形式转发课题报告，并列入山东省科协 2009 年重点学术活动项目。

2010 年，聊城市科协开展并完成“聊城市农业生态环境变化与保护对策研究”。由市科协牵头，组织市环境科学学会、农学会、农药学会的科技人员，分别从农业、农药、环境 3 个角度对全市农业生态环境的提升和保护进行分析研究，提出对策建议，完成《提升我市农业生态环境对策研究》总课题报告，被市委办公室以《领导参阅》形式转发。子课题成果《聊城市农药污染对农业生态环境的影响与对策》《聊城市农业生态环境保护对策研究》《聊城市农业面源污染现状与防治对策》获评山东省科协 2010 年学术年会优秀论文，并编入 2010 年省科协学术年会优秀论文集。

第五节　反邪教科普宣传

1999 年 7 月 27 日，市科协在全市开展“科普宣传周”活动；8 月，市科协、市委宣传部、市科委在东昌路联合举办“崇尚科学，破除迷信”大型科普宣传活动。2000 年 12 月 19 日，市科协向市编委呈送《关于申请聊城市反邪教协会办事机构及其编制的报告》。2001 年 1 月，成立聊城市反邪教协会办公室，负责开展全市反邪教社会科普宣传，组织群众性反邪教活动。1 月 5 日，召开聊城市反邪教协会成立大会，聊城市反邪教协会成立。2002 年 2 月，市科协联合市人民医院、市中医院、市国际和平医院、聊城百货大楼等举行“崇尚科学美化生活”科普宣传周活动启动仪式，省科普大篷车到聊城进行现场展示。

2004年，市科协等部门联合下发《关于在各县（市区）成立反邪教协会等群团组织的通知》，要求县、乡、村都要成立相应的反邪教组织。聊城市反邪教协会举办“崇尚科学、关爱生命、维护人权、反对邪教”大型展览，展出11场次。1月，举办全市农村反邪教警示教育干部培训班，就宗教与邪教的区别作了分析与论述。10—11月，配合有关部门对县（市、区）防范和处理邪教工作进行检查考核。2005年，以开展社区创建活动为依托，部署开展反邪教示范社区创建活动，全市各级各类民间反邪教组织576个，市、县（市、区）、乡（镇、街道）、社区、村居均建立反邪教协会或关爱协会。投资建立科普橱窗、活动室，购买科普图书，编辑出版《聊城市“鲁丰”杯中小学生“崇尚科学、反对邪教”有奖征文获奖作品选》，撰写《宣传教育群众构建和谐社会》等论文。2006年，加大县级反邪教协会建设力度，召开全市反邪教警示教育工作现场会。全市各级各类民间反邪教组织589个，其中市级1个、县（市、区）8个、乡（镇、街道）28个、社区39个、村居513个，初步形成了上下相通、左右相连的民间反邪教组织网络。

2007年，制定下发《关于开展“崇尚科学、反对邪教示范乡镇”创建活动试点工作的意见》，临清市烟店镇等9个单位被授予聊城市第一批“崇尚科学、反对邪教示范乡镇”称号，评选市级反邪教示范社区13个、省级反邪教示范社区2个。2008年，举办基层反邪教干部培训班，全市340余名基层反邪教干部参加培训。2009年，市科协评选市级反邪教示范社区5个、示范乡镇7个，省级反邪教示范社区1个。3—12月，开展“小手拉大手”反邪教警示教育活动，展出主题为“相信科学、反对邪教、提高素质、促进和谐”的科普展板40块，发放各类反对邪教科普宣传材料2300余份，教育读本、画册450余本。

2010年，全市共有市级反邪教示范社区23个、乡镇25个，省级反邪教示范社区3个、乡镇2个，聊城市反邪教协会办公室被评为2010年度全省反邪教协会系统先进单位。全市建立乡（镇、街道）反邪教协会92个，村、社区反邪教协会3074个，企业反邪教协会42个，学校反邪教协会45个，各级各类反邪教协会3200多个，会员、志愿者队伍10万人。2011年，举行聊城市暨东昌府区“远离邪教、健康人生”反邪教警示教育月活动。2012年3月，召开全市防范和处理邪教工作会议，对反邪教工作特别是反宣品清理清查进行安排部署。开展“弘扬科学文化、共建和谐家园”主题展览活动，在东昌府区青少年素质教育实践基地举行启动仪式，在各县（市、区）进行巡展。评选市级反邪教示范乡镇8个、示范社区7个。

2015年，开展以“拒绝邪教在行动”为主题的反邪教警示教育年活动，全市举办反邪教知识科普讲座25场，举行“远离邪教，崇尚科学”警示教育图片展览12场，发放科普图书和反邪教小册子8000余本。反邪教示范创建工作纳入全市平安综治和精神文明建设。评选表彰市级反邪教示范乡镇6个、示范社区6个。全市共有6个乡镇（街道）、社区被省反邪教协会命名为2015年度三星级“全省科学·关爱·和谐示范乡（镇、街道）、社区”。

第六章　聊城市归国华侨联合会

聊城市归国华侨联合会（简称市侨联）成立于1998年12月，属人民团体性质，为正县级单位。自成立以来，在市委、市政府和省侨联的领导下，立足本职，开拓进取，为聊城改革开放和经济建设做出积极贡献。

第一节　代表大会

一、聊城市第一次归侨侨眷代表大会

1998 年 12 月 27 日，第一次归侨侨眷代表大会召开，66 名归侨侨眷代表、17 名列席代表参加。大会选举产生市侨联委员 17 名，选举主席、副主席、秘书长各 1 人。

二、聊城市第二次归侨侨眷代表大会

2010 年 8 月 12 日召开，77 名归侨侨眷代表参加。大会选举产生市侨联委员 19 名，聘请委员会顾问 2 名、海外委员 3 名，名誉委员 5 名。选举主席、副主席、秘书长各 1 人。

第二节　主要活动

1998—2001 年，市侨联共接待到聊城访问、考察的华侨华人、港澳同胞重点客商 250 余人；6 次派员随政府团组出国考察。走访看望归侨侨眷 300 余人次，发放财物折合人民币 2 万余元；积极参与 2000 年聊城经贸洽谈会，邀请到会客商 21 人，直接促成意向协议 4 个，总投资额 5000 万元，签订订货合同 1 个，合同金额 140 万元。完成由港胞沈炳麟捐助 19.44 万元的东阿县曹庙小学改建项目，改善了学校的教学条件。

2002 年，接待美国全球华人反独促统联盟会长、俄罗斯彼得堡华侨华人联合会主席、澳大利亚华人体育基金会会长、芬兰华侨华人协会会长率领的 71 名“世界华商侨领参观考察团”，举办“中国澳洲之声”演唱会。看望贫困侨胞 64 人次，发放救济金 8600 元及面粉、食用油等物品；妥善处理侨务信访 12 件次，帮助 6 名归侨侨眷下岗职工走上工作岗位并提供帮扶资金 7000 元。

2003 年，接待到聊城市考察的华侨华人、港澳同胞 80 余人次，积极参与市政府举行的重大招商活动，为高唐泉林纸业、临清银河纸业牵线搭桥，为中通客车公司、聊城外纺等企业引进外商并做好跟踪服务工作。2005 年，接待华侨华人、港澳同胞 50 余人次。根据全市招商引资工作会议要求，促签项目 2 个，合同利用外资 465 万美元；协办境外招商活动 3 次，邀请 23 名外商到会参加。2006 年，接待华侨华人、港澳同胞 15 批，134 人。2007 年，协调有关部门妥善处理 8 件（次）侨务信访；在归侨侨眷居住相对集中的东昌府区开展社区侨务试点和省侨联基层联系点工作；在聊城嘉明工业园建立省侨联侨商投资服务基地，组织参与市政府赴新加坡、韩国 2 次大型招商活动。

2011 年，确定市第三人民医院为华侨华人归侨侨眷诊疗定点医院，在门诊挂号费、常规检查及住院费等方面给予特殊优惠。在阳谷县建立全市首个国务院侨务系统侨法宣传角，成为社区侨法宣传的主阵地。2012 年，参加在美国洛杉矶和加拿大多伦多举办的山东省引进人才政策说明会。

2013 年，市侨联和市委组织部共同组织赴日、韩进行海外高层次人才招聘活动，在福冈成功举办“聊城市引进海外人才恳谈会”。经市侨联联系，海军航空兵原副政委李春明受邀到聊城市开展讲党课暨赠书、颁牌、授旗活动。另有 23 名将军向省侨联帮扶的阳谷县西金村捐赠图书数千册，并成立“将军书屋”。2014 年，加拿大著名华商陈沙立“救护生命万里行”活动，分别为莘县王庄集卫生院院和冠县贾镇卫生院捐赠救护车各 1 辆，总价值约 20 万元。

2015 年，济南润尼康复器材有限公司的医疗专家举行“安全用耳·保护听力——助听器捐赠活动”，为阳谷县的 10 名村民赠送价值 20 万元的助听器；侨资企业大森（菏泽）生物质能源有限公司，向市内阳谷县金斗营乡中心幼儿园的小朋友发放爱心书包和文具近 300 套。

第七章 社会科学联合会

聊城市社科联围绕社会主义现代化建设的理论问题和实践问题，结合市委、市政府工作要求，开展理论研讨会及课题研究，1997—2015年间，每年举行一次优秀社科成果评奖，评选优秀成果1000余项，在学术创新、学科理论发展以及服务党委、政府决策中产生重要作用。

2005年5月，"齐鲁讲坛·聊城分坛"揭牌

第一节 代表大会

1987年8月聊城地区社会科学联合会成立，1988年11月聊城地区社会科学界第一次代表大会在聊城召开。1994年10月28日，召开聊城地区社会科学界第二次代表大会，出席代表318人，选举产生聊城地区社科联第二届委员会。设置专职主席1人，常务委员79人，委员165人，专职副主席1人，兼职副主席30人，专职秘书长1人，聘请名誉主席4人，顾问6人。

第二节 理论研究

一、理论研讨会

2004年，先后召开纪念邓小平100周年诞辰理论研讨会、《中共中央关于进一步繁荣发展哲学社会科学的意见》学习报告会，与市委宣传部联合组织召开全市宣传系统暨社科理论界学习宣传中共十七大精神座谈会。

2011年，举办纪念中国共产党成立90周年理论研讨会，50余人参会，共收到论文150余篇。确定"我市人口与经济社会协调发展研究"等重点研究课题16项。2012年，召开学习贯彻中共十八大精神座谈会，50余人参会。开展"我为聊城发展献计策"活动，围绕塑造聊城形象、强化产业支撑、提升城市品位、推动城镇化和新农村建设等问题，开展大讨论，收到建议220余项，分为经济金融、城镇建设、交通运输、文体旅游、社会民生5个类别。组织召开全市社科理论界"塑造聊城形象从我做起"主题活动座谈会，围绕如何理解"自豪、创业、包容、奋进"聊城形象的内涵，提升聊城软实力等方面做了阐述，形成一批理论研究成果。2013年，举办聊城市贯彻落实中共十八大精神理论研讨会，部分优秀论文集结成《历史新起点与聊城新跨越》一书出版。

二、课题研究

2005年，中共聊城市委办公室下发《聊城市社会科学重点研究课题公开招标实施办法》，首次将公开招标的科研模式列入市委文件。办法规定，聊城市社科联课题立项、招标和结项组织者，市财政对重点课题给予资助，为课题公开招标提供政策支持。2008年，按照聊城市委工作部署，根据市委宣传部要求，聊城市社科联组织有关专家对聊城市文化产业发展规划深入调研，完成《聊城市文化产业发展规划（2008—2015）》起草工作。

2010年，聊城市社会科学重点研究课题共完成14项，市委书记宋远方作出批示。其中《鲁西文化资源与文化产业发展问题研究》《关于打造山东东引西拓"桥头堡"问题报告》获山东省软科学优秀成果一等奖。

2011年，确定"我市人口与经济社会协调发展研究"等重点研究课题16项。以"打造百万人口中民主城市""转变发展方式机制设计""信息化与工业化融合""社区建设""新型农村养老保险""打造休闲度假温泉胜地""古城区旅游开发"等几个问题作为重点，进行深入研究。2013年，聊城市社会科学重点研究课题共完成13项，市政府将"财源建设"报告分析交付市财政局、国税局、地税局研究，以此为"收入"导向，抓好各项工作，引导一、二、三产业发展。

2015年，聊城市完成《我市重大决策科学化研究》《我市民营经济发展战略研究》等社会科学重点研究课题14项，出版《新常态下话发展》一书，加大课题成果的转化应用。

三、社科普及

从2004年起，聊城市社科联开展咨询服务、各类宣传讲座，举办多种形式的报告会、演讲会和培训班等社科普及活动；编辑出版《基层领导学》《纳税指南》《社会科学普及读本》等多种科普读物。2005年起，根据山东省社科联要求，在聊城举办社会科学普及周活动，宣传科学发展思想。2005年，举办两次社科普及周，其后，基本为一年举办一次。

开展社科知识宣传活动，参与《崇尚科学反对邪教》科普知识手册的编写。2008年，举行以"提升人物素质、建设文化强市"为主题的社科普及周活动，受众30余万人次。2010年，社科普及周举行下乡活动，实现"省、市、县、乡"四级联动。2013年，社科联坚持"三贴近"原则，打造"齐鲁大讲坛·聊城分坛"等品牌，并举行"文化引领小城镇"专题讲座，举办社科普及周暨"我的中国梦•宣讲进基层"专题活动。2015年，连续承办聊城市社会科学普及周活动12次，开展科普下乡、多种报告会、街头义务咨询、发放图书和宣传资料等，让社会科学走进百姓生活。

四、理论书刊

《光岳论坛》是社科联内部学术期刊，于1989年创刊，每年出版发行4期，主要栏目有"理论探讨""农村经济""问题与对策""工作研究""文史博览"等。1997—2015年，共编纂72期。2000年4月，经市委办公会专题研究后，启动《聊城百科全书》编纂工作，全书共180多万字，2003年基本完成，2005年正式出版。

第三节　社科成果奖励

聊城市社会科学优秀成果评选自1990年开始，至2015年，共组织评选21次，评选出优秀成果1000多项，在学术创新、学科理论发展以及服务党委政府决策中产生重要作用。

根据全市社会科学工作需要，参照山东省评奖办法，2008年在全省地市级范围内率先增设聊城市社会科学突出贡献奖、学科新秀奖两个奖项，至2015年，共评选突出贡献奖18名、学科新秀奖27名。评奖工作选拔出一批学术领军人物、学科带头人和青年科研骨干，形成一支由高等院校、科研单位、实际工作部门组成的多年龄梯次、多学科领域、多研究方向的社会科学人才队伍。

1996—2015年聊城市哲学社会科学优秀成果奖一览表

表24-2　　单位：项

次数	年份	获奖项数	一等奖	二等奖	三等奖	特别贡献奖	突出贡献奖	学科新秀奖	重大成果奖
第四次	1996—1997	60	10	20	30	—	—	—	—
第五次	1998—1999	56	10	17	27	2	—	—	—

续表 24-2

次数	年份	获奖项数	一等奖	二等奖	三等奖	特别贡献奖	突出贡献奖	学科新秀奖	重大成果奖
第六次	2000—2000	60	10	20	30	—	—	—	—
第七次	2001	30	7	9	14	—	—	—	—
第八次	2002	40	5	15	20	—	—	—	—
第九次	2003	56	9	18	28	1	—	—	—
第十次	2004	51	9	14	28	—	—	—	—
第十一次	2004	60	9	20	30	1	—	—	—
第十二次	2005	60	9	20	30	1	—	—	—
第十三次	2006	60	9	20	30	1	—	—	—
第十四次	2007	60	10	20	30	—	2	3	—
第十五次	2008	60	10	25	25	—	2	3	—
第十六次	2009	70	10	30	30	—	2	3	—
第十七次	2010	90	10	40	40	—	2	3	—
第十八次	2011	80	10	35	35	—	3	4	—
第十九次	2012	80	10	35	35	—	2	4	—
第二十次	2013.	80	10	36	34	—	3	3	—
第二十一次	2014	121	10	50	60	—	2	5	1
第二十二次	2015	119	10	49	60	—	4	4	—

第四节　学会建设

1996 年，按照国务院颁发的《社会团体登记管理条例》的规定，聊城地区社科联对所属学会团体进行重新登记，配合全区对学会组织进行统一清理和严格的整顿，撤销部分长期无活动、名存实亡的学会，加强重点骨干学会建设。2001 年，加强学会工作的制度化、正常化，新建学会 4 个。2005 年，在日常工作中加强对学会的规范化管理，督促和指导学会工作。是年，成立聊城市档案学会、聊城市金融学会、聊城市钱币学会，并顺利进行换届改选，产生新一届理事会。2010 年，为加强聊城市社科联联系和管理的所属各市级学会、协会、研究会、促进会、社团的科学化、规范化、制度化管理，根据相关法规、政策，参照《山东省社会科学界联合会所属社团九项管理制度（试行）》，研究制定《市级学会组织建设制度》《社团学术活动制度》《社团社科普及工作制度》等 5 项制度（办法）。社科联所属学会最多时达到 57 个，会员 1 万余人。

第八章　聊城市残疾人联合会

1990 年 12 月，聊城地区残疾人联合会成立，为正县级事业团体，由地区民政局代管。1992 年，县（市）、乡（镇、街道）、村相继成立残疾人联合会和残疾人协会。1994 年，成立地区政府残疾人工作协调委员会和地区残疾人福利基金会。2000 年，成立市聋人协会、市肢残人协会和市盲人协会，各协会按章程组织开展各类活动，市残联开通残疾人咨询电话，对残疾人提出的困难和问题进行解答、协调和救助。

为保障残疾人权益，市委、市政府出台《关于促进残疾人事业加快发展的实施意见》《关于加快推进残疾人社会保障体系和服务体系建设的实施意见》和《聊城市残疾人“整体赶平均、共同奔小康”行动方案》等多项文件，每5年制定和实施聊城市残疾人事业发展规划。2012年，聊城市被全国残疾人康复工作办公室评为“全国白内障无障碍市”。市残联2009年被省委、省政府评为“山东省扶残助残先进集体”，2014年，被省委、省政府评为“全省助残先进集体”，自2012年连续4年被省文明委授予“省级文明单位”称号。

第一节 代表大会

一、聊城地区残联第一次代表大会

1990年12月8日，在光岳宾馆召开，正式代表88人。大会选举产生地区残联主席团委员39人，主席王曙光（行署副专员），副主席6人；聘请地区残联主席团名誉主席魏景山、刘士谔、王加胜；推举地区残联执行理事会理事长窦德水。大会通过了工作报告和实施《中国残疾人联合会章程》细则。

二、聊城地区残联第二次代表大会

1993年6月22日，在光岳宾馆召开，正式代表103人，其中残疾人52人，占代表总数的50.5%。会议审议通过《认清形势，抓住机遇，为加快我区残疾人事业的发展而奋斗》的工作报告；选举产生市残联主席团委员50人，主席孙宗安，副主席6人；聘请魏景山、刘士谔、王加胜任市残联主席团名誉主席；推举窦德水任市残联执行理事会理事长。

三、聊城市残联第三次代表大会

1998年11月10日，在光岳宾馆召开。会议实到代表68名，特邀代表2名，其中残疾人38人，占代表总数的55.8%。审议通过《振奋精神 深化改革 努力开创残疾人事业新局面》的工作报告；选举产生市残联主席团委员27人，主席潘太银，副主席7人；聘请闫廷琛、张忠玉为市残联主席团名誉主席；推举刘福德为市残联执行理事会理事长。大会表彰残疾人自强模范和扶残助残先进集体、个人及残联系统先进工作者。

四、聊城市残联第四次代表大会

2003年6月24日，在光岳宾馆召开。会议实到代表131人，其中残疾人81人，占代表总数的62%。会议审议通过《团结实干推进残疾人小康建设跨越发展开创残疾人工作新局面》的工作报告，选举产生市残联主席团委员39人，主席刘继恩（市政府副市长），副主席8人；聘请霍正气、陈丙申、杨刚岭为市残联主席团名誉主席；推举吕宪立为市残联执行理事会理事长。

五、聊城市残联第五次代表大会

2008年4月22日，在东昌宾馆召开。会议实到代表135人，其中残疾人82人，占代表总数的61%。会议审议通过《以党的十七大精神为指导努力开创全市残疾人工作新局面》的工作报告，选举产生市残联主席团委员43人，主席刘继恩（市政府副市长），副主席10人；聘请金维民、申长海、徐淑满为市残联主席团名誉主席；推举吕宪立为市残联执行理事会理事长。

六、聊城市残联第六次代表大会

2013年5月22日，在东昌宾馆召开。会议实到代表150人，其中残疾人90人，占代表总数的60%。会议审议通过《加快推进残疾人社会保障和服务体系建设 为创造残疾人的幸福生活而努力奋斗》的工作报告，选举产生市残联主席团委员62人，主席白志坚（市政府副市长），副主席9人；聘请闫廷琛为市残联主席团名誉主席、副主席尹慧芹（女）；推举徐彩云（女）为市残联执行理事会理事长。

第二节 残疾人康复

1994年，制发《聊城地区关于开展社区康复工作的意见》，全区相继建立1所智障者学校、4处残疾人用品用具服务站、1处弱智儿童康复站、2个低视力配镜店、180处残疾人康复医疗站、9处社区康复站，逐步完善康复工作网络。2003年，市委、市政府出台《关于加强残疾人康复工作的意见》，从网络完善、制度建设、经费保障等方面对康复工作提出要求。之后，市残联着力加强残疾人康复工作制度建设，相继出台《聊城市贫困残疾儿童康复救助工程项目实施意见》《关于加强残疾人康复示范区建设工作的通知》《关于将残疾儿童门诊医疗康复项目纳入基本医疗保障范围的通知》等规范性文件。开展争创“白内障无障碍市”、残疾人康复机构规范化建设达标等活动，2005年，全市第一家社区残疾人康复服务指导站在柳园街道孔堂社区正式成立，市低视力康复中心在聊城市人民医院成立，聊城市脑瘫儿童康复中心在市残联挂牌成立。2013年起，市委、市政府投入2600余万元建立市残疾人康复中心，2016年年底投入使用。全市形成更加规范、完善的康复服务体系和残疾人康复医疗保障制度。

第三节　残疾人就业

1996年，启动残疾人分散按比例就业工作，残疾人就业形成按比例分散就业、集中就业和个体就业相结合的就业格局。1997年，出台《聊城地区分散按比例安置残疾人就业办法》，残疾人分散按比例就业工作有了法律支持。1998年，大力支持残疾人个体从业和自愿组织就业，协助残疾人落实资金、场地、享受税收等优惠政策。2005年，山东省残联、扶贫办在东阿县开展“百户贫困残疾人从业脱贫工程”试点工作，圆满完成试点任务。是年，聊城市残疾人教育培训基地在阳谷县成立，成为免费接受职业技能和实用技术培训的基地。2009年，以组织实施“百千万残疾人就业创业扶贫工程”为抓手，大力促进残疾人就业。组织残疾人大学生就业状况调查，对就业困难的残疾人大学生实行“一帮一”跟踪就业服务，争取141个公益岗位招聘残疾人专职干事。是年，安排141名残疾大中专毕业生就业。

2010—2011年，组织实施残疾人“五小”创业工程。2012年，实施“共享阳光　携手建功‘十二五’”自主创业项目，为残疾人就业创业打造平台、创造条件。2013年，开展“第一书记”帮包村“助残致富奔小康”项目。2015年，加大残疾人自主创业的扶持力度，依托“互联网+”概念的提出，残疾人在电商等项目的自主创业呈现快速发展态势。

2009—2015年，全市每年开展残疾人就业援助月活动，共建立培训基地10余处，开办培训班300余期，培训残疾人3万余人，组织残疾人专场招聘会70余场，建立扶持残疾人就业基地80余处，帮助1.4万残疾人实现就业创业。2011年起，每年评选残疾人优秀就业从业基地，累计对近60处基地进行表彰，每年对100名自主创业标兵予以嘉奖。

第四节　社会保障

2006年，选择80户农村贫困残疾人无房户和危房户作为试点进行危房改造。2007年，正式实施贫困残疾人危房改造工程。根据市政府《聊城市为农村残疾人建新居项目实施方案》，至2013年，共为农村贫困残疾人危房改造累计1611户，每户建造面积一般不低于50平方米，资助每户不低于1万元。2014年起，农村贫困残疾人危房改造纳入政府危房改造计划，按照残疾人优先的原则，统一办理，于2020年彻底完成。

2011年起，争取上级康复扶贫贴息贷款指导性计划及贴息资金，帮助贫困残疾人脱贫致富。2011年，贷款计划560万元，贴息资金29万元；2013年，贷款计划380万元，贴息资金22.6万元；2015年，贷款计划500万元，贴息资金29万元。扶持资金为残疾人创新创业、解决脱贫，提供了金融支持。

2013年起，市残联实施“第一书记”帮包村带动“双联共建”活动，通过选择成本低、收益好、见效快、适合残疾人的脱贫致富项目，帮助贫困残疾人增加收入。残疾人社会保障制度框架基本建立，对符合城乡最低生活保障条件的残疾人家庭实现应保尽保，对靠家庭供养的成年重度残疾人单独立户的，按规定纳入最低生活保障范围。2010 年，建立困难残疾人生活补贴制度，2014 年，建立重度残疾人护理补贴制度，分别比国家统一实施提前 6 年、2 年。生活补贴由每人每月 50 元增加到每人每月 80 元，护理补贴由 60 元增加到 80 元。残疾人参加城乡居民养老保险率达 98% 以上，参加城乡医疗保险率达 97% 以上。

第五节　社会助残

根据《中华人民共和国残疾人保障法》规定，每年 5 月第三个星期日为“全国助残日”。1991 年，全区各级残联以“宣传残疾人保障法”为主题，开展第一个“全国助残日”活动。此后，每年确定一个主题，开展助残活动。

1996 年，第六个助残日前后，为聋哑学校捐资 33120 元，为残疾人排忧解难 32100 件。2000 年，市政府出台《聊城市残疾人优待办法》，要求各级把扶残助残作为精神文明建设工作的一项重要内容。1998—2003 年，全市各新闻媒体围绕“全国助残日”“视觉第一中国行动”等重大活动，对残疾人事业进行全方位、多角度的报道。聊城电视台开办电视手语新闻，播出助残公益广告；《聊城日报》开辟全国助残日专刊。“志愿者助残”“红领巾助残”“文化助残”“科技助残”“一帮一、众帮一”等帮包带扶活动广泛开展。开展“百名残疾公民爱心律师顾问”活动，76 名律师志愿为残疾人担任免费私人法律顾问；开展社会助残、爱心捐赠活动，募捐电脑 69 台，联系社会为东昌府区特校开展定向捐助活动 3 次，款物折价近 4 万元；为全市残疾人免费安装电话 1700 余部。

“十二五”后，市委、市政府将走访慰问残疾人、开展扶残助残活动纳入政府工作整体安排，作为创建文明城市、文明单位的重要内容。2005 年助残日期间，全市共走访残疾人 1000 多户，各级残联为残疾人捐助募集资金 50 多万元。2006 年春节及助残日期间，全市共走访残疾人 2000 余户，为残疾人募集资金 150 多万元，为听力残疾儿童捐赠助听器 100 件，为肢残人捐赠轮椅 200 余辆。2009 年，全市共收到社会各界捐款捐物达 10 余万元。2010 年，组织实施“万名聋儿启聪工程”，免费为 130 名贫困聋儿配发价值 45 万元的助听器。2011 年，开展残疾人无障碍进家庭活动，为聋人家庭安装闪光门铃，为肢残人家庭进行无障碍改造。2011 年起，落实残疾人机动轮椅车燃油补贴政策，为以车代步、符合条件的肢残人每年发放不低于 200 元的燃油补贴。2012 年，围绕国际盲人节，为全市 4000 余名持证盲人每人免费发放电子盲杖；率先在全国开展残疾人 C5 驾驶培训，276 人领取驾驶证。2015 年开始，残疾人可以免费乘坐公交车。

第六节　残疾人文体活动

一、文艺活动

为丰富残疾人精神生活，使残疾人更好地融入社会，聊城市多次举办残疾人文艺活动。2011 年，为庆祝第二个“全国肢残人活动日”，聊城书画家和残疾人书画爱好者共同举办艺术作品展，引起社会的极大关注；2012 年，举办“共享阳光　携手同行”大型残疾人文艺会演。在全国、山东省的各项文艺活动中，多次获得奖项。2013 年，在第八届山东省残疾人艺术会演中，获金奖 2 个、银奖 1 个、优秀奖 3 个。2014 年，30 余名残疾人歌手在“乘着歌声的翅膀、共享阳光——山东省残疾人歌手大赛”上获得荣誉，成为省、市残疾人文艺骨干。2015 年，在第七届山东省特教学校学生艺术会演中，在不同项目分别获得二等奖、三等奖。

二、体育活动

全市残疾人运动员在参加国际、全国、山

东省各类比赛中，共获得金牌100余枚、银牌60余枚、铜牌60余枚。2002年，聊城市残疾人体育协会执行委员会成立。2011年，在全国第八届运动会上，残疾人运动员李绍民打破两项全国纪录，获得3枚金牌。残疾人运动员贾红光在2012年伦敦残奥会上获S6级别100米仰泳比赛银牌，2013 IPC游泳世锦赛上获100米仰泳项目银牌，在2015年全国第九届残疾人运动会上打破男子S6级100米仰泳世界纪录。

第九章　聊城市文学艺术界联合会

1997—2015年，聊城市文学艺术界联合会联系文艺界和广大文艺工作者，根据时代发展需求，大力发展文艺协会，繁荣发展聊城文艺事业，全市文艺界呈现多元化、时代化的发展趋势，为人民群众提供优秀的文学艺术作品。

第一节　协会管理

1997年，聊城地区文联有直属文艺家协会10个，分别是聊城地区作家协会、聊城地区书法家协会、聊城地区美术家协会、聊城地区摄影家协会、聊城地区戏剧家协会、聊城地区音乐家协会、聊城地区曲艺家协会、聊城地区舞蹈家协会、聊城地区民间文艺家协会和聊城地区杂技艺术家协会，共有会员约1500名。1998年，聊城市文联建立东昌书画院。

2002年，聊城市文联10个直属文艺家协会完成换届选举。2003年，聊城市文联党组将该年定位为“协会建设年”，积极帮助县（市、区）文联建立和完善协会组织，东昌府区、临清市、冠县、茌平县等县（市、区）相继建立和完善相应的协会组织。

2012年6—12月，依次完成聊城市书法家协会、聊城市美术家协会、聊城市作家协会、聊城市民间文艺家协会、聊城市音乐家协会、聊城市摄影家协会、聊城市舞蹈家协会、聊城市曲艺家协会、聊城市戏剧家协会9个文艺家协会的换届工作。

2015年，聊城市文联直属的10个文艺家协会共有各级会员8100多人，其中国家级会员143人、省级会员659人、市级会员3236人、县级会员4100余人。聊城市文联主管的社团有10个，分别是聊城市诗人协会、聊城市诗词楹联协会、聊城市公益活动策划协会、聊城市根石艺术家协会、聊城市女书画家协会、聊城市企业文化协会、聊城市电影家协会、聊城市朗诵艺术家协会、聊城市萨克斯协会和聊城市青少年艺术教育协会；主管的民办非企业单位2个，分别是聊城市光岳书画艺术研究院、聊城市爱心艺术团，共有各类会员3000多人。

2015年聊城市文联直属文艺家协会会员基本情况表

表24-3　　单位：人

文艺家协会名称	成立时间	国家级会员	省级会员	市级会员
聊城市书法家协会	1981年5月	53	195	1048
聊城市作家协会	1985年5月	14	70	150
聊城市美术家协会	1987年9月	18	110	360
聊城市戏剧家协会	1987年9月	30	115	580
聊城市音乐家协会	1987年9月	4	15	200

续表 24-3

文艺家协会名称	成立时间	国家级会员	省级会员	市级会员
聊城市摄影家协会	1987 年 9 月	18	110	498
聊城市曲艺家协会	1987 年 9 月	3	23	150
聊城市舞蹈家协会	1987 年 9 月	2	8	200
聊城市民间文艺家协会	1987 年 9 月	1	13	50
聊城市杂技艺术家协会	1987 年 9 月	—	—	—
合计		143	659	3236

2015 年聊城市文联主管社团和民非单位会员基本情况表

表 24-4　　单位：人

社会组织名称	成立时间	国家级会员	省级会员	市级会员
聊城市诗人协会	1995 年 5 月	3	36	122
聊城市诗词楹联协会	2015 年 5 月	80	196	2000
聊城市公益活动策划协会	2007 年 8 月	0	0	31
聊城市根石艺术家协会	2009 年 11 月	0	0	65
聊城市女书画家协会	2010 年 7 月	3	7	198
聊城市企业文化协会	2010 年 4 月	0	0	55
聊城市电影家协会	2012 年 10 月	0	0	54
聊城市朗诵艺术家协会	2014 年 9 月	0	1	67
聊城市萨克斯协会	2015 年 1 月	0	0	99
聊城市青少年艺术教育协会	2013 年 9 月	0	0	180
聊城市光岳书画艺术研究院	2013 年 4 月	2	9	21
聊城市爱心艺术团	2013 年 8 月	0	0	50
合计		88	249	2942

第二节　文艺活动

1997 年，为纪念毛泽东同志在延安文艺座谈会上的讲话发表 55 周年，聊城地区文联、音乐家协会参与接待山东省音乐家采风团到聊城市进行采风创作。同年，聊城作家协会建立聊城市第一个作家生活基地。

1998 年，市文联组织聊城市美协和聊城市书协参加山东省文联举办的“改革开放 20 周年”大型书画展活动和山东省电视台举办的绘画作品展播。1999 年，围绕庆祝中华人民共和国成立 50 周年和澳门回归祖国等重大庆祝节日，聊城市文联及各文艺家协会组织一系列大型活动。与市音协举办《祖国颂·聊城颂》大型音乐会；与市作协共同举办聊城市中华人民共和国成立 50 周年首次中短篇小说评奖活动，并出版获奖作品集《聊城市优秀中短篇小说集——献给新中国成立五十周年》；与市美协、市书协共同举办书画展征稿，展出优秀作品 180 件，展览 20 余次。

1997—2000 年，市文联引导组织各协会举办的各类文艺活动紧扣各年度全国性重大事件主旋律，文艺活动的形式以文学作品征集出版、音乐会、书画展览、摄影作品展为主。

2000年后，文艺活动的主题、活动形式开始出现多元化发展趋势，主题更加丰富，形式多种多样，为满足广大人民群众不断增长的文化需求和文艺欣赏诉求提供了更多的机会。2000年，聊城市文联与山东省摄影家协会、聊城市摄影家协会共同举办“冠宜春杯”聊城市首届人像摄影作品大赛，共征集300余件作品，选出优秀作品78件。是年，聊城市书协、聊城市美协共组织书画笔会和艺术采风活动40余次，举办“名人名作收藏展”“晚生代”书法作品展等活动。2001年，围绕纪念建党80周年，组织市音协、市舞协、市书协、市美协等举办歌曲征集、舞蹈调演、书画展览等大型活动。2003年，与聊城市摄协举办“美丽水城”摄影比赛。

2004年，成立山东省少儿艺术团聊城分团。5月，聊城市民协在聊城东昌府区科技园举办以精湛剪纸艺术闻名聊城的姚氏剪纸作品展。聊城市摄影家协会先后举办“聊城风光摄影比赛”“首届聊城风光网上摄影大赛”“‘创模杯’聊城环境摄影大赛”“美在开发区摄影展”“记者一日”等摄影比赛和创作活动。11月，聊城市诗人协会和孔繁森同志纪念馆联合举办“纪念江泽民等领导同志为孔繁森题词10周年”全国诗文大赛，收到稿件3000余件，部分作品编辑为《永恒的纪念》一书出版。2006年，围绕纪念建党85周年，聊城市诗人协会与聊城市委党校联合举办“纪念中国共产党成立85周年全国诗文大赛”，在全国范围内征稿2000余件，出版获奖作品集《先锋颂》一书。聊城市文联、聊城市民间文艺家协会与中共聊城市委宣传部联合举办“聊城历史民间故事征集暨演讲大赛”，在全市征集民间故事160余篇，30件优秀作品获奖。

2008年，聊城市摄影家协会承办“庆祝聊城建市10周年图片展”，共分“古老的历史文化”“灿烂的百年历程”“辉煌的十年成就”3个部分，共展出图片400余幅，展示了聊城的历史文化和建市10年来的发展成就。聊城市民间文艺家协会编辑出版《聊城民间故事选萃》，对聊城的民间文艺进行挖掘和整理，丰富了江北水城的文化蕴涵。为帮助汶川大地震灾民，5月，聊城市诗人协会举行“众志成城　抗震救灾”诗歌朗诵会；聊城市书法家协会、聊城市美术家协会组织4场书画作品义卖会，向省书协、省美协捐赠书画作品140余幅；聊城市杂技家协会先后组织会员赴四川、云南灾区一线为群众和救灾官兵演出70余场。

2009年，为庆祝中华人民共和国成立60周年，聊城市文联、聊城市作协编辑出版《聊城市新世纪优秀文学作品选》，收录聊城110余名作家新世纪以来创作发表的优秀短篇小说、诗歌和散文作品，共计60余万字，于9月29日召开“《聊城市新世纪优秀文学作品选》首发座谈会”。聊城市诗人协会举办庆祝中华人民共和国成立60周年“水城杯”全国诗文大赛，共在全国范围内征稿3000余件，有17件获奖，将应征的优秀作品编辑成《献给新中国60华诞的诗行》一书出版。聊城市民间文艺家协会编辑《聊城市优秀民间艺术品图册》，对聊城市富有特色的民间艺术品进行搜集和整理。聊城市戏剧家协会组织“中国戏剧红梅奖大赛聊城赛区选拔赛”，推出一批戏曲新秀和优秀剧目，2名选手获“中国戏剧红梅奖大赛”金奖。

2008—2009年，市文联围绕全国性重大事件、重要庆典，开展多项主题性文艺活动。2010年，围绕打造“江北水城　运河古都”的城市品牌，结合聊城古城区保护性开发，聊城市文联组织市书协、美协、摄协先后成功组织举办“聊城市老年书画展”“画家画水城·写水城”大型书画笔会，“聊建杯”迎聊建集团60华诞摄影大赛等具有聊城特色、有较大影响的艺术活动。2012年，举办“齐鲁十老国画精品展”，集中展示山东10位国画界老画家的精品力作百余幅。举办青少年才艺大赛，全面展示全市青少年健康向上的精神风貌和艺术才华。

2013年，由山东省书法家协会主办，聊城市文联和聊城市书法家协会承办山东省第六届书法篆刻展暨第二届王羲之书法论坛，共征集稿件3700余件，评出入展作品290件、优秀作品

28件。评出中国书法王羲之书法论坛入选论文41篇，优秀论文13篇。市摄影家协会举行“大美聊城”摄影展、“美丽中国”摄影大赛，出版风光画册《随影而行》、大型纪实画册《边城人》《活着》《古城遗韵》等。市杂技家协会参与创作、演出剧目《神话武林》《西湖之夜》《摩登天堂》，在中央电视台“走遍中国”栏目制作并播放专栏宣传片《聊城——杂技之乡》。

2014年，聊城市文联与中共聊城市委宣传部、聊城市教育局等共同主办“美德聊城”诵读大赛，评选获奖节目23个。2015年，围绕纪念抗日战争暨世界反法西斯战争胜利70周年举办系列书画展、文学征文、诗歌朗诵会等活动。聊城市文联、聊城市作协、聊城市诗人协会举办文学征文活动，征集各类文学稿件2000余件，出版作品集《血与火》；聊城市委宣传部、聊城市文联、聊城市广电总台、聊城市朗诵艺术家协会共同举办“铭记历史　圆梦中华”诗歌朗诵会。

第十章　聊城市革命老区建设促进会

聊城市革命老区建设促进会自2012年成立后，致力于服务老区建设，争取国家扶持政策，宣传老区精神，扩大对外学习交流，邀请上级老促会领导到聊城考察指导。在市老促会积极争取下，国家发改委同意，聊城8个县（市、区）自2015年1月1日起享受国家中部地区政策，并从财政部争取到无偿投资，用于老区建设，促进聊城经济发展。2015年3月，市老促会被市民政局评为AAAA级社会组织。

第一节　组织建设

2011年12月2日，中共聊城市委常委会研究决定，同意成立聊城市革命老区建设促进会（简称老促会），市人大常委会原副主任荣向林任市老促会筹建领导小组组长。

2012年3月29日，市老促会召开第一届第一次会员代表大会，表决通过《聊城市老促会章程（草案）》，表决通过12名常务理事，62名理事和内设机构，选举名誉会长5人，顾问7人，荣向林任市老促会会长，赵进喜、刘如峰、刘文英、段思海、刘继孟、刘爱民任副会长，刘如峰兼秘书长。会员87人，单位会员40个。

2012年4月13日，市老促会举行揭牌仪式。中国老促会会长邱金凯中将，市委书记、市人大常委会主任宋远方出席大会并讲话。至2013年10月，全市8个县（市、区）全部成立老促会。

2012年，聊城市革命老区建设促进会成立并揭牌

2015年4月24日，市老促会首届四次会员代表大会修改章程，将会员改称为理事，会员单位改称理事单位，同时增加常务理事2人。是年，经济技术开发区分会、高新技术产业开发区分会、江北水城旅游度假区分会成立。至此，市老促会内设5部1室和3个分会，共有理事单位

39个，常务理事14人，理事103人。是年年底，全市各乡镇（街道）基本建立老促会机构。

第二节　主要工作

聊城市老促会主要活动包括协助市委、市政府争取国家对老区的扶持政策；加大宣传力度，弘扬老区精神；抓住重大历史节点建议举行纪念活动，扩大老区影响；开展老区调研、建言献策；办实事，促进老区发展等多个方面。

一、争取国家扶持政策

2012年下半年，市老促会在广泛调查研究的基础上，起草《冀鲁豫边区革命老区中心区18个县应享受国家革命老区扶持政策即中部地区政策的建议》，由聊城市全国人大代表、市人大常委会副主任孙菁，在2013年和2014年全国人大会议上提交大会主席团，做了争取工作。2013年11月，为纪念中共冀鲁豫（平原）分局成立70周年，市老促会建议市委、市政府在莘县召开“纪念中共冀鲁豫（平原）分局成立70周年座谈会暨冀鲁豫边区民主民生运动与党的群众路线研讨会”，并起草革命前辈子女给党中央、国务院《关于落实冀鲁豫边区中心区——聊城革命老区享受国家中部地区发展政策的建议信》，连同市老促会协助市委、市政府起草的《中共聊城市委　聊城市人民政府关于申请支持聊城争取享受国家对革命老区和中部地区优惠政策的请示》（聊委〔2013〕198号）一并上报山东省委、省政府。山东省政府于2014年1月分别以鲁政字〔2014〕32号和鲁政字〔2014〕18号文上报国家发改委和财政部，要求聊城市8个县（市、区）在内的18个县享受国家中部地区政策，同时，市老促会将报告通过省老促会和中国老促会转呈国家发改委。2014年12月31日，国家发改委以发改办地区〔2014〕3235号文批复，同意聊城市从2015年1月1日起参照执行国家中部地区政策，财政部以财预〔2014〕395号文确定，2014年至2015年连续2年，每年为聊城市增拨2亿元的转移支付，用于老区建设，截至2015年年底，已增拨4亿元。

二、老区精神宣传

2012年11月19日，经市老促会建议，市委宣传部下发《关于加强聊城革命老区宣传工作的意见》，并召开由市委常委、宣传部长赵庆忠参加的老区宣传专题座谈会。

文史资料编纂　为增强宣传教育的系统性、故事性，市老促会编辑出版70多万字的《徐运北文集》和收有640多幅珍贵照片的《聊城革命老区画史》，并于2015年5月召开出版座谈会，邀请徐运北的亲属和中国老促会、中共党史出版社、山东省委党史研究室和山东省老促会，市委、市人大、市政府、市政协有关领导及专家学者参加这次座谈会。市委副书记陈平和市委常委、宣传部长赵庆忠分别讲话，对两本史书的出版意义和现实作用给予高度评价。

老区宣传　2011年12月29日，经市老促会筹建组协调促进，《聊城晚报》开设“红色记忆”栏目，开始宣传聊城革命老区。2015年，市老促会协调争取在聊城电视台、《聊城日报》《聊城晚报》等媒体开辟“聊城革命老区抗战纪实”专栏，宣传报道聊城老区抗战故事和英雄人物事迹。市老促会成立后建立了网站，编辑出版《聊城革命老区》刊物，至2015年年底，共编辑出版发行11期。东昌府区、临清市、莘县、阳谷县、高唐县等县（市、区）老促会也出版发行自己编辑的革命老区刊物。深入开展老区革命历史进学校进机关活动，市老促会领导先后到市委党校、市民政局、聊城职业技术学院、聊城大学等

2014年4月，聊城市举办聊城革命老区图片展览　（杨春建摄）

单位讲授聊城革命历史，传播老区精神。

三、纪念活动

聊城市8个县（市、区）均为民政部认定的革命老区县，为扩大聊城革命老区在全市、全省乃至全国的影响，市老促会每年都建议举办颇有影响的重要会议。2012年6月28日，由市老促会建议，在阳谷县寿张镇沙河崖村举行纪念刘邓大军强渡黄河战役65周年暨渡河指挥部旧址修复工程竣工庆典仪式，市政协主席金维民出席仪式并讲话。聊城市莘县大张家镇红庙村是当年中共冀鲁豫（平原）分局所在地，是中共中央在冀鲁豫边区设立的重要领导机构所在地，中共冀鲁豫（平原）分局书记黄敬等一批革命家曾在此工作过。2013年11月13日，由市老促会建议，市委批准，由中共党史学会、中国老促会、中共山东省委党校、中共聊城市委、聊城市政府主办的纪念中共冀鲁豫（平原）分局成立70周年座谈会暨冀鲁豫边区民主民生运动与党的群众路线研讨会在莘县举行。中国老促会副会长谷安林，市委书记林峰海，市长王忠林等参加座谈会，冀鲁豫边区革命者亲属、各级党史研究部门人员、高校专家学者、中国老促会及冀鲁豫三省部分市级老促会代表参加会议。

2014年4月8日，经市老促会和市老摄影家协会近3年筹备，由市委组织部、宣传部、党史研究室和市老促会联合主办的《聊城革命老区》大型图片展览开展仪式在中国运河文化博物馆举行，省人大常委会原副主任王克玉、市委书记林峰海等领导出席仪式。是年年底，市老促会邀请中国老促会会长邱金凯中将到聊城革命老区考察调研，参观了聊城革命老区图片展览。

2015年6月26—27日，经市老促会争取，中国老促会在聊城召开全国老促会系统纪念抗日战争胜利70周年暨弘扬老区抗战精神教育会议，中国老促会会长邱金凯中将及全国各省、市老促会领导参会。

四、老区调研

2012年4月13—14日，中国老促会会长邱金凯中将对冠县和临清市的老区现状进行实地调研。2015年8月，在市老促会2015年初组织全市老促会系统对老区调研的基础上，市委组织部、市委党史研究室、市民政局、市老促会在全市开展革命老区基本情况调研活动，成立调研领导小组，市委常委、组织部长杜昌伟任组长，市老促会会长荣向林任常务副组长，领导小组办公室设在市老促会，副会长刘如峰兼任办公室主任，下发《聊城革命老区基本情况调研活动实施方案》《调研提纲》等有关文件。2015年8月6日，召开全市革命老区基本情况调研工作会议，市委常委、组织部长杜昌伟出席会议并讲话。各县（市、区）均成立由县委常委、组织部长任组长的调研工作领导小组，深入到县（市、区）乡镇（街道）和村了解情况指导工作，至2015年，基本完成调研任务，全市共确认革命老区村3712个，又从中筛选出全市首批重点老区村60个。市老促会组织诗人协会、作家协会的60多位诗人和作家深入冀鲁豫边区抗日根据地中心区莘县，进行现场调研采风活动。经过调研，制作《平原根据地的红旗——聊城革命老区简介》电视专题片。

五、服务老区发展

服务社会　2012年8月，市老促会协调企事业单位资助12名贫困大学生，每人5000元。2013年至2014年，市老促会争取促成中国扶贫开发协会免费培训聊城市40名贫困村大学生“村官”。由市老促会牵线搭桥，2013年1月23日，青岛保税港区与冠县人民政府签订《关于建设青岛保税港区（冠县）功能区的框架协议》，2015年，新建的青岛保税港区冠县功能区建成投入使用。2013年，市老促会从中国扶贫基金会争取到对莘县、冠县农户实施小额贷款项目。至2015年年底，两县向农户发放贷款1.5亿元，惠及农户9000多户。2012年至2015年，市老促会协调市农工党聊城市工委和市复退军人医院等单位共同举办“为革命老区群众义诊服务活动”，先后到莘县大王寨镇杨庄村、东昌府区闫寺街道凤凰集村等老区村义诊6次，受诊人数2000余人。

经济合作　2014年5月18日，中国老促会支持聊城革命老区加快发展项目洽谈对接会议在聊城召开。中国老促会、全国总工会和省、市领导及中国老促会爱心团队企业家代表、聊城市部分企业负责人出席会议并进行现场考察。会议签约合作项目6项，总投资47亿元。2015年5月，市老促会借召开《徐运北文集》出版座谈会之机，邀请徐运北之子、中国保利集团董事长徐念沙一行，到聊城考察水城明珠大剧场与市政府合作托管事宜，促成保利集团与市政府签订水城明珠大剧场合作协议。

建言献策　市老促会成立以来，在充分调研、多方听取意见的基础上，先后向市委和有关县（市、区）委提出合理化建议16条，提出建议阳谷县沙河崖村刘邓大军强渡黄河战役指挥部旧址扩建为纪念馆，并已建成投入使用，《关于扩建范筑先将军纪念馆和重修范公祠的建议》《关于规划扩建聊城市革命烈士纪念馆的建议》等均已实施。

第二十五编 公安·司法

Chapter XXV Public Security and Judicial Administration

聊城志

1997年以来，结合严打整治，聊城市（地区）公安、检察、审判及司法行政机关加强治安管理，组织开展“严打”“打霸制痞”等专项活动，惩治刑事犯罪。进入21世纪后，加快便民法律服务平台建设，在户口管理、交通管理、公证等业务上提供方便快捷服务。加强诉讼服务中心和涉诉信访服务中心建设，健全立案信访及诉讼服务工作体系，严厉打击各种传销、非法吸收公众存款、利用互联网诈骗等犯罪活动。各级检察机关围绕经济建设，依法履行各项检察职能，在查办腐败犯罪、职务犯罪、渎职侵权犯罪、职务犯罪以及刑事警察、刑事执行检察、控告申诉检察、民事行政检察、检察技术等方面，积极探索，勇于创新，查办了许多在全省乃至全国有影响的大案要案，许多工作走在全省乃至全国前列，多项工作经验在全省乃至全国检察系统推广。法院系统大力推行改革。2002年，全市法院系统实行“大民事”改革，将经济审判纳入大民事审判范畴。2015年，全市法院改革案件受理制度，变立案审查制为立案登记制，解决群众反映强烈的“立案难”问题。深化“打黑恶、反盗抢、防诈骗、扫毒害、追逃犯”安民行动，破获各类现行刑事案件12096起，法院收案2105起。全面开展普法宣传。2001年、2006年、2011年，先后实施第四个五年普法规划和第三个依法治市规划、第五个五年普法规划和第四个依法治市规划、第六个五年普法规划和第五个依法治市规划，公民法律意识明显增强。推进律师、公证工作改革，探索创新人民调解、安置帮教、社区矫正、法律援助方式、方法，维护社会稳定。

第一章　公　安

第一节　户口管理

一、常住人口管理

1997年7月1日起，启用并换发新居民户口簿和常住人口登记表，是年年底，全市换发户口簿34.5万册、常住人口登记表138万份。1998年12月，聊城市公安局户籍科更名为聊城市公安局户政管理处。2000年，完成市公安局、县（市、区）公安局、公安派出所常住人口信息三级联网工程。

2001年5月，对市内常住人口登记表和户口簿进行核实注改，实现人口信息资料、户口簿、居民身份证、常表四统一。同年，聊城市取消城市增容费等费用，放宽小城镇落户条件，至2002年，全市共办理“农转非”20余万人。对全市550多万人口信息逐一进行校验，共纠正重人重户3万多人。2002年，完成人口信息人像数码采集系统建设和人口信息系统升级改造，实现与全国267个地市级城市联网。2003年，市政府印发《关于实施户籍管理制度改革工作的暂行意见》，进一步推动城市化、城镇化进程，引导农村剩余劳动力合理有序转移。2005年，市政府印发《户籍管理制度改革实施方案》，2月1日起取消农业、非农业户口性质划分，按照常住地登记户口的原则，统一登记为居民户口，全面放开县域内户口迁移政策，放宽投亲人员户口迁移条件限制。

2008年，开展常住人口核对工作，共注销重复户口、应销未销户口24886个。2009年3月1日起，将出生日期、性别、民族等三类项目更正改由市公安局审批。是年，共受理申请808份，批准603份。2010年，开展实有人口信息录入核查百日会战活动，纠正户口登记项目差错17966处、注销应销未销户口5624个。开展人口普查户口整顿，共入户核对186余万户，597

2011 年 9 月，东昌府区办证群众对东昌府公安分局古楼派出所户籍民警赞不绝口 （付延涛摄）

余万人。2011 年，开展户口登记管理清理整治专项行动，规范人口信息系统住址信息 80 余万条，纠正错误人口信息 4986 条，核实注销双重户口 1754 人。2012 年，市政府印发《聊城市户籍管理制度改革实施方案》，明确人员落户政策。市公安局共受理群众户口登记项目变更更正申请 1760 份，批准 1598 份。

2013 年，市公安局制定实施《全市户口居民身份证档案管理规范》，核查各类户口登记手续 32 万份，依法注销重复户口 19174 个，纠正人口信息相片错误 642 条。2014 年，贯彻省公安厅《关于进一步规范出生登记管理有关问题的通知》，办理新生儿出生登记 17.5 万个。开展为期三年的户口清理整顿，当年共完善档案 23065 份，核实删除重复人员 11899 人，核实更正户口登记项目 7156 项。2015 年，市政府印发《贯彻鲁政发〔2015〕18 号文件进一步推进户籍制度改革的意见》，进一步放宽户口迁移限制。市公安局共受理群众户口登记项目变更更正申请 6541 份，批准 5905 份。共核实删除重复人员 4086 人，注销应销未销户口 1506 人，主动核实更正各类户口登记项目 7921 项，清理空挂户口 9020 人；解决各类无户口人员 3988 人。

二、暂住人口管理

1997 年，聊城地区设暂住人口管理站 173 个，管理人员 639 人。是年，开始对暂住人口实行函查制度，全区共登记暂住人口 55349 人，发放暂住证 44579 个。1998—2001 年，市、县、乡三级建立暂住人口管理机构，实施“周查、清查、函查、互查、倒查”制度，强化对外来人口聚集区和租赁房屋的管理。加强对流动育龄妇女的验证工作。2001 年，全市登记暂住人口共 36753 人，发暂住证 31733 个。2002 年，取消暂住人口管理费，组织 3 次大规模暂住人口清理整顿，共登记暂住人口 103825 人。2003 年，开展暂住人口暨租赁房屋“百日会战”专项清理整顿，共清查暂住人口 56059 人，新登记暂住人口 6456 人，新办理出租房屋登记 4326 户。

2007 年，市政府印发《关于加强实有人口管理工作体系建设的意见》，成立市县乡三级人口管理办公室，落实实有人口管理专职和兼职队伍 8032 人。研发应用实有人口管理系统，并通过聊城市科技成果鉴定，被市科技局评为市级科技成果进步一等奖，获山东公安科学应用技术成果三等奖。2008 年，全市共登记流动人口 29887 人，出租房屋 17018 户。2009 年，全市登记暂住人口 85428 人。2012 年，贯彻《山东省流动人口服务管理办法》，发放居住证 2436 个。2014 年，全市共录入流动人口信息 15.6 万条、出租房屋信息 2.1 万条、签发居住证 4.7 万个。2015 年，全市共录入流动人口信息 18.96 万条、出租房屋信息 3.2 万条、签发居住证 6.6 万个。

三、居民身份证管理

1997 年，聊城进行居民身份证清理纠错试点工作，至年底，共清理身份证错号 1018 个、重号 551 个、一人多号多证号 289 个。1999 年，开展居民身份证号码由 15 位升至 18 位程序的试点工作。2000 年，按照公安部《关于认真做好居民身份证号码编制工作的通知》要求，全面开展居民身份证编码由 15 位升为 18 位工作，全市共编制居民身份证号 3124712 人，变更居民身份证号码 2945511 份，制作 18 位号码身份证 109044 个。

2004 年，纠正人口信息 69283 条，清理重复户口 22600 人、重号 7850 人。2005 年，开展第二代居民身份证集中换发工作，共受理、上传制证信息 642485 条。2008 年，上传制证信息 320256 条，16 周岁以上公民第二代居民身份证换证率 87.54%。2009 年，启动全市军人换发第二代居民身份证工作，共采集信息 667 条，上传信息 648 条。2014 年，共办理居民身份证申领、换领手续 25.4 万个。2015 年，启动省内异地办理居民身份证工作，受理市内跨县申请 29 个、省内跨市申请 155 个，签发市内居民在省内外市办证申请 730 个。是年，共受理居民身份证 25.9 万个。

第二节　治安管理

一、娱乐场所管理

1997 年，聊城地区公安机关对饭店、游戏厅、桑拿浴、歌舞厅、美发厅、录像放映点等场所全面进行安全检查，整改各类安全隐患 50 处，下达整改通知书 20 份，取缔非法经营业户 15 户。2001 年，市公安局印发《整顿和规范歌舞娱乐服务场所秩序专项行动方案》，组织 1500 余名干警，采取集中统一行动 7 次，清查各类公共复杂场所 13500 余家（次），取缔违法经营场所 159 家，责令停业整顿 144 家，整改各类安全隐患 500 余处。2002 年，对宾馆、饭店、歌舞厅、电子游戏厅、桑拿按摩房、美容美发厅等公共场所进行治安检查共 30 余次，整改各类安全隐患 460 余处，下达整改通知书 365 份，取缔非法经营业户 31 家。

2005 年 12 月至 2006 年元宵节，开展全面整治娱乐场所专项行动，推行“治安告知”“治安警示”等制度，实行有奖举报制度。2006 年，对娱乐场所统一组织治安检查 20 余次，整改各类安全隐患 230 余处，下达整改通知书 56 份，取缔非法经营业户 13 户。2008 年 12 月 1 日起，统一制作娱乐场所警示标志，至 2009 年年底，共悬挂（张贴）警示标志 800 余张。

2012 年 5 月初，在全市范围内组织开展为期一个半月的集中清理整治娱乐场所专项行动，8 月底，在全市范围内开展集中整治娱乐服务场所治安秩序专项行动。年内，全市共出动警力 6000 余人次、警车 1289 台次，检查娱乐场所 1356 家次，抓获涉黄涉赌违法犯罪嫌疑人 116 人，其中刑事拘留 29 人，收缴具有赌博功能的电子游戏机 290 余台，责令限期整改 78 家，取缔娱乐场所 63 家。2015 年 4 月上旬，对全市桑拿洗浴按摩等服务场所以及娱乐场所进行全面调查摸底，对发现的问题全部依规依法处理。

二、特种行业管理

1997 年，聊城公安机关采取集中整治与经常检查相结合等措施，清查旅店 159 家，发现破案线索 7 条，破获案件 4 起。1999 年，公安机关对全市旅馆业进行治安大检查，对不符合治安管理要求的 6 家旅馆责令停业整顿，取缔问题突出的旅店 3 家。2000 年，实行旅馆业微机化管理。

2002 年 4 月，对废旧物品收购业的管理重点转向查处违法收购、销赃等违法犯罪行为，破获破坏电力电信广播电视设施案件 2 起，抓获嫌疑人 3 人。11 月 1 日，取消印刷企业特种行业许可及个人从事印刷活动特种行业许可证的审批手续，启用全市印章刻制信息系统建设。是年，启动旅馆业治安管理信息系统建设工作，到 2005 年，全市 191 家旅馆安装旅馆业信息系统。2007 年，市公安局制定《公安机关加强旅馆业信息系统管理规范》和《聊城市公安局旅馆业治安管理信息系统前台操作管理暂行规定》，全市 255 家旅馆纳入信息系统管理。2008 年，全市 395 家旅馆全部安装旅业信息系统。2009 年 2—4 月，开展旅馆业管理专项整治行动，查控各类犯罪嫌疑人 60 余人。

2011 年 4 月 1—30 日，开展为期一个月的印章业专项整治行动，共检查印章刻制单位 30 家，取缔非法经营印章刻制点 2 家，查处非法刻制公章案件4起，治安处罚4人。7月6日至9月30日，开展旅馆业清理整治专项行动，检查旅馆510家，处罚不按规定登记45家，取缔无证经营旅馆19家，治安拘留5人，治安罚款14家，抓获网上在逃人员10人。2013年，对持有工商营业执照的开锁业户逐一登记，留存相关档案资料。对无证经营业户，在工商部门的配合下没收开锁工具、依法取缔。经排查，全市共有具备开锁服务资质的单位或个体工商户40户，从业人员46人，排查过程中没收开锁工具11套、取缔无证经营户10户。2014年，纳入旅馆业治安管理信息系统的旅馆1035家，通过旅馆业信息系统抓获网上在逃人员87人。2015年，开展旅馆业清理整治行动，通过旅馆业信息系统抓获网上在逃人员78人。

三、缉枪治爆

1997年，开展收缴社会非法枪支的专项行动，收缴各类枪支100余支、各类子弹100余发。1998年，开展公务用枪大检查，收缴不符合配枪条件的枪支。1999年6—9月，开展治爆缉枪专项行动，查处涉爆案件62起，治安处罚247人。是年，按照“集中保管、谁用谁借、领导审批、用后归还”的管理原则，在全市建立健全枪支使用、保管、出入库登记制度，共收缴非法枪支200余支。2000年，收缴非法枪支20余支，各类子弹2000发。2001年5月，对收缴的万余支非法枪支集中销毁。

2002年，开展烟花爆竹生产专项整治，收缴各类烟花800余件，鞭炮355万头，各种原材料370千克。同年，不再办理管制刀具的生产、销售审批手续。2005年6—9月，开展集中整治爆炸物品、枪支弹药、管制刀具专项行动，共收缴土制猎枪3支、气枪2支、弩22支、步枪1支、子弹920发、手榴弹4枚、雷管67枚，收缴各类管制刀具81把。2007年4月，开展集中整治爆炸物品专项行动。7月1—15日，对公安系统离退休干部配备枪支弹药进行检查清理。是年，共收缴“64”式手枪3支、“54”式手枪1支、非法枪支17支、手枪子弹300发、手榴弹3枚、管制刀具90把。2008年2月，开展无涉枪涉爆事故、无剧毒危险化学品安全责任事故活动，收缴各类非法爆炸物品、枪支弹药、剧毒化学物品，收缴非法枪支9支、手榴弹7枚、子弹1475发、导火索1000余米、管制刀具148把。2009年2月1日至5月10日，开展爆炸危险物品专项治理百日行动。2009年12月至2010年2月，开展严厉打击非法生产经营烟花爆竹雷管等爆炸物品专项行动，共收缴手榴弹1枚、炮弹1发、非法制造的雷管23万余枚，抓获非法制造、销售爆炸危险物品嫌疑人18人。

2011年，开展涉爆安全隐患排查专项整治行动、涉爆涉枪重点地区整治行动、缉捕涉爆涉枪逃犯会战、治爆缉枪专项行动，共破获各类涉爆案件6起，抓获各类涉爆违法犯罪嫌疑人11人，收缴各类枪支6支、子弹560余发、管制刀具50把、炮弹3枚、手榴弹11枚、雷管2.8万枚。2012年，先后开展缉枪治爆专项行动、缉捕涉枪涉爆重点人员专项整治行动、收缴社会面爆炸危险物品百日整治行动，共收缴各类枪支121支、子弹2860余发、管制刀具1750把、雷管200枚、弩57架，抓获涉爆涉枪在逃人员2人。2013年，开展烟花爆竹整治百日行动、缉枪治爆专项整治行动、危爆物品大检查大整治百日行动，共收缴各类枪支131支，各类子弹1960发、炮弹手榴弹6枚、管制刀具355把；检查烟花爆竹批发企业12家、剧毒化学品生产从业单位22家、涉枪单位30家，责令停业整顿剧毒化学品企业1家、关停剧毒从业单位2家。2014年，开展烟花爆竹整治百日行动、缉枪治爆专项整治行动、公务用枪安全大检查专项整治行动，共收缴各类枪支23支、各类子弹1800发、管制刀具242把、弩12架，检查涉枪单位34家、烟花爆竹批发企业12家。2015年，相继开展危化品整治百日行动、缉枪治爆专项整治行动、治安隐患大排查专项行动、危爆物品专项清理整治行动，共收缴各类枪支68支、各类子弹8878发、炮弹手榴弹5枚、管制刀具1020把，查处涉枪涉爆案件8起，抓获违法犯罪嫌疑

2015年2月，聊城市公安局民警在街头向群众宣传枪爆物品危害常识　（付延涛摄）

人21人，刑事处罚13人，治安处罚7人。

第三节　打击犯罪

一、案件侦破

1997年，贯彻公安部刑侦工作的改革意见，聊城地区公安机关建立责任区刑警中队，预审部门整建制地合并到刑侦部门，实现侦审合一，刑侦干警由年初的264人增至450人，占全体民警的29%。2002年，实施刑侦责任区中队规范化建设，侦查模式逐步实现从“由案到人”到“由人到案，由信息到案”转变。2007年，实行大要案件专案专办、重大积案挂牌督办制度，侦破一批影响大、危害严重的案件。2009年，实行以“一长双责”（局长对侦破命案工作负领导责任，专案组长对整个案件负总责）侦破命案工作机制，侦破性质恶劣、社会影响较大的重大命案，命案现案破案率98.11%。2011年，开展“双十精品案例”（“系列性团伙犯罪十大精品案例”和“信息技术破案十大精品案例”）破案会战活动，破获刑事案件数、抓获犯罪嫌疑人数比上年增长10%。同年，利用刑事技术直接查破案件2267起。2014年，开展“打黑恶、反盗抢、防诈骗、扫毒害、追逃犯”安民行动，破获各类现行刑事案件10549起，抓获犯罪嫌疑人1783人。2015年，建立完善打击重大刑事犯罪快速联动机制。年内共立故意杀人等八类命案41起，破41起，现案破案率100%。

二、严打斗争

聊城对严厉打击严重犯罪活动（简称“严打”）始终保持高压态势。1998年5月20日至6月20日，根据省公安厅统一部署，全市开展为期一个月的集中严打行动，破获刑事案件622起。共抓获各类违法犯罪嫌疑人819人，其中提请逮捕46人、刑事拘留286人、治安处罚330人、其他处理60人。2001年4月始，进行为期两年的“严打”整治斗争。第一阶段，2001年4—5月，重点对浮在社会面上的和公安部门已经掌握的犯罪嫌疑人，迅速采取行动，共抓获犯罪嫌疑人346人，缴获赃款及赃物折款76万元，提请逮捕犯罪嫌疑人156人，移送监察机关起诉98人。第二阶段，2001年6月至2002年6月，相继开展严打整治“春季攻势”“禁毒”“打击两抢”（抢劫、抢夺）“治爆缉枪”“追逃破案会战”等专项斗争和“打流反扒”、打击“抢劫出租车司机”“打击撬盗保险柜和盗抢机动车”等专项斗争，打掉各类犯罪团伙139个，抓获团伙成员473人，涉案568起。第三阶段，2002年7—12月，集中开展“打击制贩假证件、利用虚假信息进行诈骗犯罪活动”“网上追逃”“打击杀人、盗窃、抢劫机动车”等专项行动，共破获各类刑事案件1035起，抓获犯罪嫌疑人614人，其中网上在逃人员134人。2003年，开展严打整治“春季行动”，共破获各类刑事案件2230起，抓获违法犯罪嫌疑人530人，破获犯罪团伙45个，抓获团伙成员279人。

2005年，开展春季、夏季、冬季严打整治行动，先后侦破阳谷县“1·23”系列盗抢通信公司营业厅案、经济开发区冒充交警诈骗案、高唐县“2·27”爆炸案、东昌府区系列盗牛案、临清市系列抢劫女出租车司机案等影响大、危害严重的案件。2006年年底到2007年年初，开展“破案件、追逃犯、摧团伙、打流窜”冬季严打整治“百日会战”集中行动，刑事拘留1363人，提请逮捕625人，劳教106人；抓获各类在逃人员379人；破获犯罪团伙108个，抓获团伙成员475人。2007年，侦破一批影响大、危害大的严重案件，3000余名违法犯罪嫌疑人主动到公安机关投案自首。2008年11月起，集中开展为期2个月的破案追逃除恶会战，共破获各类刑事案件3798起，打击处理各类违法犯罪嫌疑人3611人，提请逮捕337人、刑事拘留928人，其中移送监察机关起诉587人、劳教61人，抓获各类在逃犯罪嫌疑人445人，打掉各类犯罪团伙94个，抓获团伙成员479人。2009年，严厉打击以黑恶势力为主的有组织犯罪、以命案为主的严重暴力犯罪和以“两抢一盗”（抢劫、抢夺，盗窃）为主的多发性侵财犯罪。2010年，开展打击“两抢一盗”犯罪大会战，破获“两抢一盗”案件4595起，其中抢劫案395起、抢夺案79起、盗窃案3907起、诈骗案214起，破获“两抢一盗”犯罪团伙168个，抓获“两抢一盗”犯罪嫌疑人4519人。2013年6月，按照山东省公安厅“破案攻坚会战”部署，聊城市集中时间、集中力量，侦破多起跨区域盗抢机动车、电信诈骗、重大网络贩枪等多发性、系列性、团伙性侵财案件。2015年，破获各类刑事案件12096件。

三、追逃打拐

1997年，抓获在逃人员189人。1998年5月，在集中严打逃犯行动中，追回在逃人员97人。1999年7月，市公安局建立追逃信息工作站，成立追逃办公室（简称“追逃办”）。开展为期3个月的“网上追逃”专项斗争，抓获各类在逃人员748人，其中网上在逃人员646人、山东省公安厅督捕2人、公安部督捕1人。2001年6月，开展上网逃犯信息质量清理整顿工作，将1996年以来的全部逃犯重新摸底排队，确定127名上网在逃人员，其中35名为部级督捕在逃人员。9月在全国第二次“网上追逃”专项斗争中，聊城市抓获各类上网在逃人员21人，其中省级督捕在逃人员1人、市级督捕在逃人员17人、外地上网在逃人员7人。是年，刑警支队安装CCIC综合系统，实现与公安部“在逃人员数据库”联网。年内，抓获各类网上在逃人员26名人，其中外地网上在逃人员13人，市公安局被省公安厅评为全省追逃专项行动先进单位。2002年3月，市公安局制定《刑侦部门“网上追逃”工作考核办法》，对26名不符合条件的网上在逃人员进行清理。在年内组织的“破案追逃”会战中，抓获网上在逃人员556人，其中省级督捕逃犯1名、外地网上在逃人员65人。

2004年，进一步完善“破案追逃”机制，抓获各类在逃人员519人，其中抓获并撤销聊城上网在逃人员419人，抓获省内外市网上在逃人员15人，抓获外省网上在逃人员62人、外省未上网在逃人员21人、外市未上网在逃人员2人、部级督捕在逃人员1人、公安部B级通缉在逃人员1人、省级督捕在逃人员1人。聊城市公安局在全省追逃工作会议上作典型发言。2006年，共抓获在逃人员890人。9月19日，山东省公安厅在聊城市召开全省追逃工作聊城现场会，推广聊城市追逃工作经验。2007年，完善信息追逃工作机制，实行追逃工作责任倒查和排行榜制度，实施“全警追逃”“信息追逃”战略。年内，抓获各类网上在逃人员1809人，其中外省在逃人员737人、省内外市在逃人员116人、当地在逃人员956人，抓获故意杀人在逃人员48人。2008年8月，开展“保奥运抓逃犯”行动、“打盗抢抓逃犯”专项行动。年内，共追回网上在逃人员1906人，其中外省在逃人员591人、省内外市在逃人员128人。2009年，开展“百日追逃”专项行动，共抓获上网在逃人员2032人，其中，抓获外省在逃人员336人、省内外市在逃人员100人、当地历年在逃人员88人。是年，在全国打击拐卖儿童妇女犯罪专项行动中，聊城市侦破一批重大拐卖儿童、妇女案件，破获一批流窜犯罪团伙。全市共立案128起，其中立现案38起、补立案件52起、补录案件38起、破案90起；解救儿童59人、妇女5人；破获犯罪团伙13个，刑事拘留124人，抓获网上在逃人员40人；采集被拐儿童血样57份、被拐儿童父母血样7份，比中1人；查结公安部督查线索6条。2005—2009年，全市共立拐卖妇女儿童案件109起，破102起，破案率93.58%。

2010年，开展“打团伙、摧网络、抓逃犯、攻积案”打击拐卖儿童妇女犯罪专项行动，通过网上追逃、架网守候、秘密侦控、政策感召、亲属规劝等追逃措施，共立案151起，破案154起（含积案），解救被拐人员93人，抓获犯罪嫌疑人195人，采集血样138份，抓获网上在逃人员27人，办结公安部督查线索7起，办结公安部督办案件2起。抓获各类网上在逃人员1915人，其中，故意杀人在逃嫌疑人47人。2010—2011年连续两年，聊城市公安局被山东省公安厅评为全省打拐专项行动先进单位。2012年，刑侦部门和“追逃办”在“清网行动”中，共抓获各类在逃人员2344人，立各类拐卖案件141起；解救被拐儿童妇女138人，采集解救儿童及失踪被拐儿童家长血样142份，比中3人。2015年，制定《全市集中打击拐卖妇女儿童专项行动实施方案》及考核办法，组织开展全市集中打击拐卖妇女儿童专项，共立各类拐卖案件12起，破案11起，抓获省督在逃人员4人，解救被拐儿童13人、被拐妇女2人；通过摸排发现来历不明儿童40人，采集血样并检测入库83份。全年抓获撒网在逃人员1341人。

四、打击黑恶霸痞犯罪

在1997年年底调研的基础上，1998年3月聊城市公安局开展打击车匪路霸专项斗争，抓获车匪路霸11人。1999年，开展严打专项斗争，摧毁犯罪团伙7个，抓获涉案成员23人，整治城乡接合部重点部位118处、治安落后村庄和单位1147个。2000年12月19日，成立聊城市“打黑除恶”专项斗争领导小组，公布举报电话。2001年，两次召开全市打黑除恶专项斗争电话会议。是年，查获嫌疑人员220人，其中提请逮捕99人、刑事拘留35人、劳动教养19人、行政处罚67人，打掉犯罪团伙15个、涉及成员171人，其中提请逮捕55人。破获公安部督办案件2起、省公安厅督办案件1起，追缴钱款18万元。2004年8月3日，开展打击市区黑恶势力专项行动，至9月，共摧毁黑恶势力犯罪团伙8个，抓获涉案成员15人，提请逮捕7人。

2006年，全市共破获恶势力团伙6个，抓获团伙成员42人，破获刑事案件23起。2008年，调整聊城市打黑除恶专项斗争领导小组组成人员，开展破案追逃除恶会战，破获刑事案件19起，破获恶势力团伙35个，查结群众举报涉黑恶线索5条。2009年7月，刑警支队成立反恐打黑专业队伍——五大队。是年，查结群众举报涉黑恶线索38条，破获恶势力团伙17个，破获刑事案件88起。2010年，查结群众举报涉黑恶线索6条，共破获恶势力团伙34个，破获刑事案件226起。2011年，查结群众举报涉黑恶线索3条，共破获恶势力团伙38个，破获刑事案件258起。2012年，开展“打黑除恶、打霸治痞”创造良好经济发展环境专项行动，破获黑恶霸痞团伙207个，破获案件1862起，抓获违法犯罪嫌疑人934人，刑事拘留604人，行政拘留274人，提请逮捕121人，劳教25人。

2013年8月6日，市公安局反恐怖支队成立，专门负责全市反恐怖和打黑除恶工作。全年，共破获黑恶霸痞团伙278个，破获案件1069起，抓获违法犯罪嫌疑人1433人，刑事拘留1339人，起诉920人，提请逮捕935人，行政处罚94人。破获“恶势力”团伙68个，抓获涉黑恶成员374人，破获刑事案件258起。2014年，开展打击整治农村黑恶势力专项行动，共破获各类霸痞团伙90个，抓获涉案人员397人，依法惩处“黑恶村干部”6人。全年破获重大涉黑团伙2个，抓获涉案成员38人。2015年，继续推进“打黑除恶、打霸治痞”专项行动，年内在审黑社会性质组织案件2个，破获重大涉黑恶团伙2个，破获涉恶类团伙50个，抓获涉恶成员320人。

五、打击经济犯罪

1996年6月，聊城地区公安处将金融、财税类经济犯罪案件交由经济文化保卫部门办理，全区各县、市公安机关经保部门相继开展案件侦办工作。至1997年11月，侦破金融、财税犯罪案件20起，挽回经济损失9761万元。1998年7月17日，聊城市公安局经济文化保卫科更名为聊城市公安局经济文化保卫支队。1—10月，侦办涉税犯罪案件46起，涉案总价值217万元，抓获犯罪嫌疑人28名，破获雷某4.5万余元偷税案等一系列重特大案件，并会同税务机关查办“浙江金华”“河北南宫”两起在全国有影响的特大虚开增值税专用发票案件。“河北南宫”案挽回损失200余万元。11月25日，市公安局经济文化保卫支队更名为市公安局经济犯罪侦查支队。

1999年，开展打击侵犯知识产权犯罪专项行动，破获假冒专利案15起，捣毁地下工厂5家，为企业挽回经济损失6000万元。全年共破获各类经济犯罪案件55起，其中重特大案件40起，涉案金额1.1亿元。2000年，侦破四海集团2.6亿元非法吸收公众存款等重特大案件52起，涉案金额2.9亿元，挽回经济损失6000余万元。2001年，侦破冠县宗某某4185万元特大虚开增值税专用发票案、东阿县王某某850万元特大票据诈骗案等一批案值较大、影响恶劣的经济犯罪案件。全年侦破案件239起，涉案金额1.5亿元，挽回经济损失5500万元，抓获犯罪嫌疑人363人。2002年，开展打击制假贩假、涉税犯罪、合同诈骗、职务侵占等涉企犯罪和涉盐犯罪集中整治专项行动。立案275起，破案240起，涉案金额7072万元，避免挽回经济损失3620万元，抓获犯罪嫌疑人367人。2003年，侦破高唐国棉厂2.9亿元非法吸收公众存款案，以及茌平杨某某等人生产销售伪劣隔离衣、防护服、口罩案等一批重特大经济犯罪案件。查封一批地下食盐市场营销网点。全年立案168起，涉案金额6.8亿元，避免和挽回经济损失3200万元，抓获犯罪嫌疑人256人。2004年，开展打击传销、保险领域违法犯罪和非法倒卖、虚开发票犯罪等联合整治行动。受理案件424起，立案276起，破案239起，涉案总价值3亿元，挽回经济损失5734万元。开展打击传销专项行动，查封窝点400余个，抓获违法犯罪嫌疑人300余人，刑事拘留72人。组织解救行动260余次，解救被控制人员600余人，驱散或遣返传销人员7000余人。2005年，开展打击非法传销犯罪“鲁剑”行动、打击侵犯知识产权犯罪“山鹰”行动，以及打击虚开运输发票和增值税发票犯罪、保险诈骗犯罪4个专项斗争，立案303起，破案220起，涉案金额3亿元，避免和挽回损失7472万元。

2006年，侦破涉及全国20个省市自治区、涉案金额20亿元、涉案成员60万人的“3·01”蝶贝蕾特大传销案。市公安局先后在全省打击传销工作电视电话会议、全国打击传销专项行动动员部署会上介绍经验。全年立案282起，涉案金额22.6亿元，破案222起，刑事拘留犯罪嫌疑人392人，提请逮捕犯罪嫌疑人109人，避免和挽回损失7199万元。2007年，立案275起，涉案金额14.4亿元，破案200起，刑事拘留犯罪嫌疑人348人，移送起诉犯罪嫌疑人206人，挽回经济损失1.05亿元。其中立查传销案件82起，破案79起，涉案金额11.3亿元，追缴赃款赃物3117.38万元，抓获传销头目343人，移送起诉犯罪嫌疑人167人。2008年，开展打击制售假发票和非法代开发票、打击非法传销、打击盗窃破坏电力设施等专项行动，立案353起，破案282起，涉案金额4.27亿元，避免和挽回损失4042万元，抓获犯罪嫌疑人533人。2009年，开展打击假币犯罪“2009行动”、打击整治发票犯罪专项行动、打击传销百日联合执法行动3个专项行动，立查案件377起，涉案金额7.4亿元，破案312起，刑事拘留犯罪嫌疑人355人，避免和挽回经济损失8459.6万元。2010年，立案查处银行卡犯罪案件31起，破案20起，抓获犯罪嫌疑人20人，涉案金额463.27万元。其中破获发票犯罪案件25起，查封储存假发票窝点72个，收缴假发票648.64万余份。是年，立案查处案件271起，刑事拘留犯罪嫌疑人311人，避免和挽回经济损失7000余万元。

2011年，开展打击侵犯知识产权和制售伪劣商品犯罪“亮剑”行动，打击整治发票犯罪“深入”行动、打击银行卡犯罪“天网”行动和追逃“清网”行动，共立案207起，涉案金额7.66亿元，刑事拘留犯罪嫌疑人240人，移送起诉犯罪嫌疑人186人，避免和挽回经济损失7539万元。2012年，开展打击经济犯罪“破案会战”，破获部督大要案件4起。是年，共立查经济犯罪案件737起，破案389起，移送起诉犯罪嫌疑人1318人。2013年，开展打击侵犯知识产权和制售假冒伪劣商品犯罪、整治发票违法犯罪专项行动和“打传销、反欺诈、促和谐”联合执法行动，立案379起，涉案金额4.95亿元，避免和挽回损失2054万元，抓获犯罪嫌疑人432人，移诉257人。2014年，侦破阳谷宝迈集团传销案，该案入选全省十大传销案件。在“猎狐2014”专项行动中将潜逃赞比亚两年之久的犯罪嫌疑人徐某抓获，成为“猎狐2014”行动中全国第一名被抓获并押解回国的境外逃犯。是年，立案359起，涉案金额5.17亿元，挽回经济损失3106.3万元，抓获犯罪嫌疑人441人。2015年，开展“猎狐2015”、打击侵犯知识产权、打击假币、打击保险诈骗、打击发票犯罪、非法集资问题专项整治和打击行动，立案242起，涉案金额5.8亿元，抓获犯罪嫌疑人310人，移送起诉犯罪嫌疑人342人。劝返逃往韩国、柬埔寨的经济犯罪嫌疑人尹某、王某某回国投案自首。

六、打击毒品犯罪

20世纪90年代初，聊城地区吸贩毒现象死灰复燃，毒品消费群体和涉毒区域不断扩大，各县、市均发现毒品违法犯罪案件，聊城已由原来的毒品过境地区发展为过境、消费与制造并存的毒品受害地，有的毒品犯罪活动与涉黑、涉枪等严重暴力犯罪交织在一起，禁毒形势严峻复杂。

1997年，成立聊城地区禁毒工作领导小组，下设办公室，办公室设在地区公安处刑警支队，禁毒工作逐渐加强。2005—2007年，各级禁毒部门在全市开展为期3年的禁毒“人民战争”。3年间，破获涉毒案件166起，抓获毒品犯罪嫌疑人184人。其中2007年破获毒品案件147起，抓获毒品犯罪嫌疑人162人，管控吸毒人员55人，强制戒毒1人。缴获海洛因90.7克、杜冷丁3755支、罂粟壳4767克、冰毒麻谷等新型毒品304.9克、易制毒化学品1575吨，铲除罂粟9229株。

2008年7月16日，聊城市公安局成立禁毒支队，市、县两级均成立禁毒委员会和禁毒委员会办公室，市、县两级公安局加挂禁毒委员会办公室牌子。是年，破获毒品案件16起，抓获毒品犯罪嫌疑人22人，查获吸毒人员31人，新发现吸毒人员21人，强制戒毒1人，缴获海洛因100克、各类毒品折合冰毒460克，抓获制贩毒团伙3个。2009年，破获涉毒案件32起，抓获毒品犯罪嫌疑人34人，查获吸毒人员3人，新发现吸毒人员3人，缴获海洛因400克、各类毒品折合冰毒1040克，抓获制贩毒团伙2个，查封制毒窝点1个。2010年，开展涉毒娱乐场所整治、打击制贩毒、涉爆易制毒化学品查控等专项打击整治行动，破获毒品犯罪案件26起，抓获毒品犯罪嫌疑人37人，查获吸毒人员6人，新发现吸毒人员3人，缴获冰毒1800克、氯胺酮50克，抓获制贩毒团伙4个。

2011年，破获毒品犯罪案件15起，抓获毒品犯罪嫌疑人36人，查获吸毒人员18人，新发现吸毒人员17人，强制隔离戒毒4人，缴获冰毒130克、海洛因50克，抓获制贩毒团伙5个。2012年，开展禁种铲毒、麻黄碱专项整治、易制毒化学品专项整治和打击毒品犯罪等专项行动。破获毒品犯罪案件44起、省级目标案件2起，协助山西警方破获部级目标案件1起，抓获毒品犯罪嫌疑人73人，缴获冰毒3566克、麻黄素8千克、盐酸二氢埃托啡100余片，铲除罂粟5000余株。查获吸毒人员57人，对3名吸毒人员做出强制隔离戒毒决定。2013年，先后开展“扫毒害保平安”专项整治、易制毒化学品专项整治和吸毒人员大排查大收戒大管控、“肃毒害

2015年6月，聊城市公安局民警在街头向群众讲解毒品危害和识毒常识 （付延涛摄）

创平安”禁毒百日攻坚会战和“破案攻坚”会战等专项行动。共破获各类毒品刑事案件121起，其中省级目标案件2起、市级目标案件7起，抓获毒品犯罪嫌疑人164人，提请逮捕毒品犯罪嫌疑人94人，查获吸毒人员286人、新增吸毒人员255人，强制隔离戒毒13人。缴获各类毒品4.35千克，查封制毒窝点2个。2014年，禁毒机关按照“逢嫌必检”原则，开展系列安民行动、全省县级公安机关缉毒会战和全省公安机关百城禁毒会战暨易制毒化学品专项整治行动，破获各类毒品案件96起，破获山东省公安厅毒品目标案件2起，抓获毒品犯罪嫌疑人96人，提请逮捕44人，缴获毒品折合冰毒1140千克、易制毒化学品83吨，铲除罂粟15000余株，抓获制贩毒团伙5个，查获吸毒人员247人、新增吸毒人员187人，社区戒毒89人，强制隔离戒毒39人。2015年，破获毒品犯罪案件62起，抓获涉毒犯罪嫌疑人79人，缴获各类毒品折合冰毒2430千克、易制毒化学品19.83吨，查获吸毒人员187人、新增吸毒人员138人，强制隔离戒毒26人，抓获制贩毒团伙2个。

七、打击网络犯罪

1998年10月，市公安局成立计算机管理监察科，主要负责全市计算机系统安全保护工作。2002年6月，聊城市公安局计算机管理监察科更名为公共信息网络安全监察支队（简称“网监支队”），承办入侵计算机信息系统、破坏计算机信息系统数据和应用程序、故意制作传播计算机破坏程序的刑事案件，打击网络犯罪。

2003年，网监支队侦破各类计算机违法犯罪案件61起，协助公安局机关其他部门破获案件40起，抓获违法犯罪人员27人，消除网上有害信息100条，查处非法经营网吧50家。2004年，网监支队独立侦办刑事案件1起，抓获嫌疑人1人，协助办理刑事案件6起，抓获嫌疑人9人。2005年，抓获全国通缉的AB级网上在逃人员3人，办结山东省厅交办案件3起，配合外地办案2起，配合外地抓获犯罪嫌疑人5人。协助湖南郴州市公安局破获在网络上非法销售“网际互联卡”案件，协助抓获犯罪嫌疑人1人，涉案金额600余万元。2006年，冠县侦破中国网络传销第一案“蒙卡迪”公司特大网络传销案，挽回经济损失300余万元，提请逮捕犯罪嫌疑人8人，刑事拘留20人，做其他处理15人。该案被评为“全省网监部门十大精品案例”。2007年，开展“2007净网”行动“侦破命案”“打击两抢一盗”等专项行动，办理行政案件68起、刑事案件69起，抓获犯罪嫌疑人126人。网监支队自侦破获案件3起，协助破获案件66起，其中协助侦破“1·22”LOB网络传销案、“2·2”房某某被杀案、“4·18”持刀抢劫案、“7·19”入室抢劫案等恶性案件。东阿侦破LOG网络传销案，涉案金额6.1亿元，抓获涉案人员28人，其中刑事拘留27人、取保1人、提请逮捕8人。该案被公安部评为“2007年度十大精品案件”。2008年，立刑事案件5起，侦破3起，抓获嫌疑人3人，立违法案件立案4起，侦破3起，行政处罚3人。配合其他刑侦、经侦等警种侦办刑事案件110起，抓获嫌疑人168人。其中抓获CCIC逃犯61人，配合外地市抓获在逃人员9人。

2009 年，根据《中华人民共和国刑法修正案（七）》规定，进一步明确网监支队刑事案件管辖范围为非法获取计算机信息系统数据、非法控制计算机信息系统案，提供侵入、非法控制计算机信息系统程序、工具案。全年，网监支队主侦刑事案件 11 起，破获 4 起，抓获嫌疑人 34 人。协助破获刑事案件 47 起，抓获犯罪嫌疑人 81 人。其中协助破获省公安厅督办网上泄露国家机密案件1起，抓获嫌疑人1人。2010年12月，公共信息网络安全监察支队更名为网络安全保卫支队。参与孙某某被敲诈勒索案、郭某某被诈骗案、“7 • 6”特大网络诈骗案的侦破，抓获嫌疑人 6 人，追回受骗资金，涉案资金 200 多万元。抓获 CCIC 在逃人员 68 人。2011 年，会同东昌府区分局刑警二中队破获“5 • 16”交警信息系统被破坏案，查获嫌疑人账户 9 个、赃款 330 万元，扣押房产两套价值 100 万元。抓获赵某某等犯罪嫌疑人 13 人。2012 年，全市网安共侦破刑事案件 13 起，抓获犯罪嫌疑人 47 人。侦办韩某某开设赌场案、李某某开设赌场案、刘某某开设赌场案等网络赌博案件，打掉“178”“EEG”“大淘宝”“合兴娱乐”等国内外赌博平台，抓获犯罪嫌疑人 10 余人，查扣赌资 3400 余万元。侦破“MM 公寓”淫秽色情专案，抓获主要犯罪嫌疑人 12 人。侦破聊城公安服务在线被攻击案，摧毁一个以敲诈勒索为目的攻击政府网站的犯罪团伙。2013 年，破获 26 起涉网案件，并组织开展打击网络犯罪专项行动，侦破一起公安部督办特大诈骗案管某某被诈骗案，抓获廖某某等犯罪嫌疑人 9 人，扣押作案电脑 15 台，短信群发器 16 台、银行卡 18 张、手机 8 部。2014 年，侦破刑事案件 24 起，抓获犯罪嫌疑人 62 人。其中在全国打击“伪基站”专项行动中破获一起伪基站非法经营案，抓获“伪基站”销售商张某某，查扣短信群发器材 4 套，涉案价值 5 万余元。破获赵某某生产销售伪劣产品案，摧毁利用网络大肆销售假冒卷烟犯罪团伙，抓获涉案犯罪嫌疑人 5 名，涉案价值 60 余万元。2015 年，全市网安共侦破刑事案件 22 起，抓获犯罪嫌疑人 79 人。侦办刘某某等人涉嫌赌博案、曲某某开设赌场案，抓获涉案犯罪嫌疑人 3 人，涉案资金 200 余万元。

第四节 交通管理

一、交通秩序管理

1997 年 4 月 15 日起，交警部门以机动车无牌无证、超载、超速行驶、酒后驾驶、违章超车、自行车带人、闯红灯、机动车乱停乱放、不各行其道、截头猛拐以及非法占用道路等违章为重点，开展道路交通秩序整顿。8—9 月，开展以治理机动车争道抢行、非机动车不按规定行驶、车辆乱停乱放、营业摊点违章占道等影响市容环境和群众反映强烈问题为重点的“讲文明、树新风”交通秩序集中整顿活动。1999 年 12 月 5 日至 2000 年 3 月 15 日，重点整治公路农用车载人、客车严重超员、货车严重超载、人货混装、无牌无证车辆和“病车”上路行驶、争道抢行、超速行驶、驶入高速公路不安装后雾灯等违章行为。2003 年，开展道路交通事故多发点段，摩托车、农用车严重交通违章、超员超载等 7 个方面专项整治，办证 60 余万个。1999—2004 年，开展“创建平安大道活动”和“畅通工程”建设活动。

2005 年，集中开展打击盗抢和无牌无证机动车专项行动，累计查获被盗抢机动车 118 辆，抓获犯罪嫌疑人 55 人，破获犯罪团伙 1 个。2007 年，开展创建“零死亡”路段、道路交通安全 70 天集中整治等 8 个方面整治活动。10 月 18 日至 12 月 31 日，开展预防重特大道路交通事故专项行动，受到公安部表彰。2008 年奥运交通安保期间，出动警力 35.4 万人次，警车 18.88 万辆次，查处各类交通违法行为 40 余万起。2006 年 3 月至 2009 年，开展“平安畅通县区”创建活动。高唐县被评为“平安畅通县区”模范管理水平，临清市、莘县达到“平安畅通县区”优秀管理水平。2009 年，十一届全运会期间，出动警力 6200 人次，车辆 2480 辆次，查出各类违法行为2779起。2006—2010年，对市区车辆乱停乱放、违章占道等现象，交警部门开展专项整治，城区规划临时停车泊位2786个6686.4平方米，在30个路口划定左转待转区，在市区主干道开展静态交通违法行为专项治理，市区停车难问题有效缓解。

2013年7月，聊城市公安局交巡警支队市区执勤大队民警在高温酷暑下指挥交通　（付延涛摄）

2011年，《中华人民共和国刑法修正案（八）》和《道路交通安全法修正案》公布实施后，醉酒驾驶入刑生效，交警部门适时开展酒后驾驶集中整治行动。5月3日，阳谷县交警大队在集中整治行动中，发现苏某涉嫌醉酒驾驶。经血液检测，确认苏某属于醉酒驾驶，遂依法以涉嫌危险驾驶罪对苏某采取刑事拘留措施，苏某成为聊城市“醉驾入刑”第一人。2012年，开展百日整治攻坚战，出动警力1.9万人次、检查车辆12万辆次。开展城区交通环境综合整治，教育劝返非法载客三轮车8200多人次，查处交通违法6万余起。2013年，开展“大排查、大教育、大整治”货车集中整治、道路交通“平安行·你我他”千警上路大巡查等专项行动，突出客车、货车、校车、危化品运输车、农村面包车和农用车等重点车辆管理，全市范围异地用警联合执法12次。开展城区交通环境综合整治，查处各类交通违法29万余起。2014年3月31日起，中心城区“三横七纵”10条干道、10个节点禁止违法运营三轮车通行。是年，开展“客运车·平安行”、酒后驾驶等专项行动，查处机动车道路交通违法行为1858起，查处货车超长、超宽、超高176起，机动车无牌无证251起，拼装、改装车45辆，报废车25辆，渣土车违法952起，超速32.1万起，酒后驾驶1110起，醉驾1起，非法载客营运三轮车550起，记满12分驾驶员2.16万人，行政拘留1425人。2015年，交警部门与其他警种、部门联勤联动开展专项整治行动，行政拘留607人，对4625名严重违法驾驶人一次记满12分。

2015年，创建国家级卫生城市期间，积极开展城区交通秩序集中整治，查处交通违法行为4万余起。

二、机动车辆管理

1997年以来，聊城市加强机动车辆管理，对机动车辆实行分类管理。1999年，聊城车管部门对达到报废年限的汽车，强制报废。汽车在规定报废期限的前两年，不允许过户、转籍。汽车报废需要到国家指定具有报废汽车资格的单位办理报废手续，到市公安局车辆管理所验车、签章并上交号牌和行驶证。是年6月，市车管所建立机动车业务受理大厅。自2000年4月30日开始，机动车在没有领取正式号牌、行驶证前，需要移动或试驾时，必须审领移动证、临时号牌或试车号牌。是年，检验汽车1.41万台、年审率93.7%，办理汽车报废手续469个、延缓报废手续349个、核发汽车牌证4776副、办理过户1106辆。

2001年10月1日起，使用全省统一的计算机登记系统和机动车登记信息数据库。2002年，实行每个县（市、区）安排1个月集中审验办法，对车辆较多的单位上门服务。取消沿用多年的人工加盖审验印章的办法，采用公安专用防伪打印机打印审验印章。2003年7月，车辆号牌由电脑公开选取“2选1”改为“5选1”。是年，办理新车挂牌8137辆，转籍过户2016辆，年检汽车2.61万辆。对全市9000余台接近报废期以及3年未参加年审的车辆进行强制报废。2004年12月27日始，车管部门不再办理拖拉机牌证及其驾驶证业务。是年，开展大吨小标整治工作，共更正车辆载量、整备质量1.1万辆。2005年，车管所对营运大中型客车每季度进行免费安全检验，重点对刹车、灯光、雨刷、转向等安全技术进行全面检查，对不合格的客运车辆停止营运。是年，车管部门办理新车注册登记1.99万辆、检验机动车4.62万辆、办理转移5741辆、变更3203辆、报废机动车6287辆、周期换证6858个、补换证1.71万个。

2006年，办理发放机动车号牌3.28万副、转移登记1.39万辆、变更登记2577辆、抵押登记2573辆、解除抵押1213辆、锁定4361辆、补换行驶证6694本、补换号牌1028副。2007年8月22日，启动"九二"式机动车号牌自编自选和"10选1"模式。至年底，发放自选号牌6619副。2005—2007年，全市注册登记机动车9.2万辆。

2008年，车管部门共受理机动车注册登记1.91万辆、转移登记1.12万辆、变更登记4475辆、抵押登记4870辆、转入4500辆、补换行驶证号牌登记证书共计1.01万次、办理机动车查验3.78万辆、核发检验合格标志1.09万个、上门服务90余次。2009年，注册机动车6.44万辆，检验机动车4.81万辆，注销机动车594辆。2010年，注册机动车8.14万辆，开通"网上车管所"，通过网上车管所挂牌1.4万套。2011年1月28日，启用"30选1"号牌管理系统。至11月底，注册机动车6.63万辆、查验机动车8.27万辆。2012年，注册机动车7.1万辆、查验机动车17.8万辆。2014年，调整选号程序，增加触摸屏选号设备，群众自主办理机动车号牌业务。全年，办理机动车注册登记10万辆、查验机动车8.4万台。2015年5—6月，完成机动车查验监管系统建设，通过网上远程审核，监督规范机动车查验业务。是年，注册机动车10.6万辆，查验机动车17.2万辆。

三、驾驶员管理

1997年，境内第一批考试人员取得山东省车辆管理所颁发的"考试员证书"。1998年始，应用机动车驾驶员交通法规及相关知识计算机考试系统。2000年，全市培训汽车驾驶员7116人，考试汽车驾驶员9061人次，检测年审驾驶员4.89万人。2003年，市车管所参加全国机动车与驾驶员管理系统核心软件测试应用试点并制作全国第一本新版驾驶证。是年，初学办证驾驶员2.19万人，年审驾驶员8.42万人。2004年1月起，车管部门建立考试员随机安排和双考试员、双签名制度。在新报考驾驶员档案中增加3个科目考试成绩单，考试成绩由考官、考生共同确认、签字。

2004年5月，执行公安部《机动车驾驶证申领和使用规定》，申领机动车驾驶证的人，必须符合相应年龄条件和身体条件，经道路交通安全法律、法规和相关知识考试（科目一）、场地驾驶技能考试（科目二）和道路驾驶技能考试（科目三）合格后，方能取得驾驶证。是年，车管部门建立驾驶员身体条件检测中心。2005年，聊城建成全省第一个全智能化驾驶员场地考试系统，当年受理驾驶人考试2.07万人次，合格发证1.71万人次。2008年，对原有桩考场地进行升级并与全国驾驶员信息管理系统联网，进行各个科目考试40万人次（含补考），其中科目一考试8.87万人、科目二桩考考试12.83万人、科目二场地考试9.68万人、科目三考试9.64万人、超分考试708人，制发驾驶证8.06万本。2009年，车管部门进行各个科目考试50余万人次（含补考）。2010年，核发驾驶证10.86万本。2011年，核发驾驶证13.34万本，进行各个科目考试87万人次。

2012年，实施科目一、二内外监控，实现数据和考试过程自动实时上传以及指纹、人像等身份识别、自动抓拍存档，实现驾驶人科目二考试远程监控实时上传。2013年，拓展"网上车管所"服务功能，开办预选号牌、预约考试等51项车驾管业务。是年，制发驾驶证近4万本。2014年，制发驾驶证13万本，培训记满12分驾驶人2.89万人次。2015年，市车管部门自主建设科目一、科目二和科目三考场。其中，科目三考场建设专门考试中心，设置7条考试线路，日考试能力1000人。该考场采用GPS差分模式电子评判，在全省率先实现4G信号传输。至2015年年底，组织各科目考试40万人次，制发驾驶证13万本。全市共拥有机动车102万辆，120余万人持有机动车驾驶证。

四、交通事故处理

1997年，实行交通事故分级处理，将轻微事故和适用简易程序的一般事故处理权限下放到交警中队。1998年12月26日开始，道路交通事故处理全部录入微机。1999年，实行事故处理分体办案和“三公开”（即办案程序、责任认定、损害赔偿调解公开）制度。2012年，全市事故办案区均安装全程音视频监控系统。2015年始，对道路交通事故，特别是道路交通死亡事故按周、月、半年、全年进行分析研判。对较大以上道路交通事故，安排专人收集、汇总事故信息，实行报告制度。全年处理交通事故1068起，死亡234人，伤1245人，直接经济损失400余万元。

2000—2015年聊城市道路交通事故情况表

表25-1

年份	事故起数（次）	死亡人数（人）	受伤人数（人）	直接经济损失（万元）
2000	2448	422	2038	729.20
2001	3224	467	2870	918.03
2002	2175	358	2050	541.85
2003	2163	387	2028	629.60
2004	1873	330	1949	473.87
2005	1775	334	1919	595.90
2006	1719	300	1887	524.25
2007	1574	282	1855	504.35
2008	1261	270	1429	409.69
2009	1211	267	1349	391.97
2010	1130	243	1253	319.86
2011	1119	233	1260	299.97
2012	1105	240	1239	324.41
2013	1072	241	1229	318.68
2014	1059	235	1205	349.72
2015	1058	234	1245	402.48

第五节　监所管理

1998年，开展“严格执法，文明管理”看守所创建活动，健全各项工作制度，落实岗位责任制，接受社会监督，看守所工作呈现新局面。1999年，东阿县、茌平县、冠县、高唐县看守所被评定为二级看守所，临清市、莘县看守所被评定为三级看守所。2001年起，看守所、拘役所、治安拘留所、收容教育所、强制戒毒所和安康医院等限制人身自由的场所由监管部门统一管理。7月，东昌府区看守所成建制划归市公安局管理，市看守所正式启用。2002 年 4 月，成立监所管理支队。全市看守所开展深挖犯罪工作，全年共获取线索 800 余条，破获各类刑事案件 110 余起，抓获犯罪嫌疑人 78 人，发现在逃人员 19 人，缴获赃款、赃物折价 21 万元。2006 年，全市监所共破获刑事案件 956 起，其中命案 16 起、重大案件 101 起，抓获各类违法犯罪嫌疑人 448 人，查获网上在逃人员 412 人，缴获赃款赃物折价 15.3 万余元，其中莘县看守所协助破获一起尘封 14 年的杀人命案。监管支队被省公安厅评为全省公安监管系统深挖犯罪工作先进组织单位。是年，全市看守所全部实行巡视和监控二岗合一，以及主、协管民警直接管理监室的勤务模式。2007 年 5 月，在东阿县召开全市监管工作暨监管执勤改革工作现场会议。全市看守所改造监控系统、增设钢网墙、完善物防设施。是年，全市监管部门共破获刑事案件674起，抓获各类违法犯罪人员 95 人，发现在逃人员 52 人，缴获赃款、赃物折价 9.2 万元。监管支队被评为山东省公安监管系统深挖犯罪工作先进组织单位。冠县公安局监管大队通过狱内深挖破获一起故意杀人案，山东省公安厅专门发贺电祝贺。2009 年，市公安局与聊城市财政局联合发文，确定看守所在押人员伙食金额标准每人每月 180 元，在押人员医疗费、衣被费、公杂费等给养费用每人每月为 75 元。

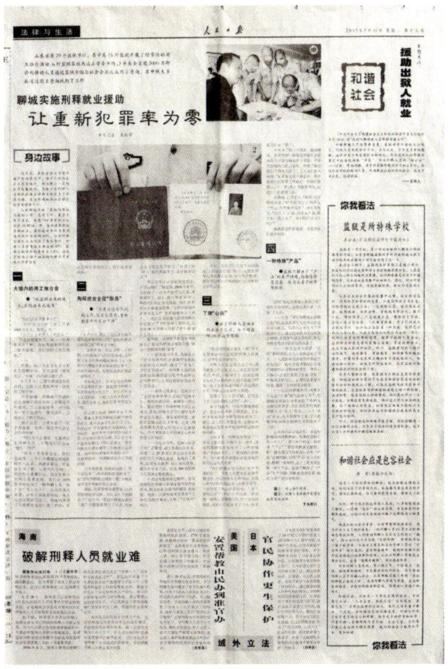
法律与生活
人民日报
聊城实施刑释就业援助
让重新犯罪率为零
身边故事
和谐社会
援助出狱人就业
你我看法
监狱是所特殊学校
和谐社会应是包容社会
海南
破解刑释人员就业难
美国
安置帮教由民办到准官办
日本
官民协作更生保护
域外立法

2005 年 12 月 23 日，报纸刊载全省“三共”活动经验交流会在聊城召开的文章

2010 年，组建女子监区民警队伍，全市看守所 89 名女性在押人员全部集中关押至市看守所。推进监所执法规范化建设，建立完善犯罪嫌疑人收押体检、在押人员轮号轮铺、在押人员量化考核、留所犯量化考核、民警盯餐、监控图像回放、生产劳动、羁押分析、不予收押等管理制度，推广使用监室日志、监务会讨论记录、巡诊记录、患病在押人员治疗记录和民警执法记录仪，设置看守所卫生所。2011 年，规范监所功能区域设置，编印《公安监管工作指南》《看守所执法规范细则》和在押人员《阳光生活教育读本》，拍摄制作《看守所民警执法流程规范教学示范片》和《在押人员一日生活规范教学示范片》。会同检察、法院、司法等部门联合制定《看守所在押人员计分考核办法》和《看守所留所犯量化管理及办理减刑假释实施办法》，对在押人员实行计分考核，并直接与审判量刑和监狱服刑挂钩，促进在押人员教育管理。是年 8 月，山东省公安厅在聊城市召开全省公安监管系统执法规范化建设现场会议，聊城市公安局作典型发言，与会人员实地观摩莘县看守所、聊城市看

2005 年 12 月 23 日，全省“三共”活动经验交流会在聊城召开

守所、市公安局监管支队执法规范化建设情况。12 月，市公安局监管支队先后被评为全国公安监管部门推进“两防一退”（防事故、防非正常死亡，退出舆情关注热点）工作先进单位、全国公安监管部门信息技术应用先进单位和全国公安监管部门“清网行动”先进集体。

2012 年，推行在押人员视频会见和心理干预，完成单独监室建设和未成年人员集中关押工作。2013 年，市看守所与东昌府中医院合作，建成启用全市公安监管医疗中心。设立办公区、普通病房区、传染病房区和特殊病房区，设置病床 24 个，集中收治全市监所各类患病人员。将全市看守所、拘留所安全管理工作纳入社会管理综合治理范围。开通法律援助咨询服务热线，开展公安局局长当一天看守所长活动。12 月，在公安部召开的全国公安监管工作座谈会上，聊城市公安局作典型发言，与会代表 80 余人到聊城市观摩看守所、公安监管医疗中心法治文明建设现场。是年年底，莘县看守所被公安部评定为一级所。聊城市局监管支队和市看守所分别被公安部评选为全国法治文明窗口建设年活动先进单位和全国看守所管理机制创新先进单位。莘县吕章义被授予全省“我最喜爱的十佳人民警察”称号。2014 年 3 月，全省公安监管工作暨管理创新现场会议在聊城市召开，与会人员实地观摩聊城市看守所和监管医疗中心。是年，全国共有 35 批次 489 位看守所工作人员到聊城交流学习。2015 年，全市各级公安机关先后投入 360 余万元，改造执勤设施，全市看守所武警应急小组全部提前上勤。将全市 8 个拘留所整合为市所、莘县、临清市 3 个拘留所。

第六节　治安防控

一、110 接报警服务

1997 年，临清市等市、县陆续建成 110 报警服务台，并投入使用。110 报警服务台由单一的接警电话发展成为集 110 接警电话、信息查询、指挥调度为一体的综合报警服务台。服务台公开向社会承诺“有警必接、有难必帮、有灾必救、有求必应”。全年，接警 1.7 万次，处警 1.5 万次。2000 年，聊城市公安局进一步协调各警种关系，明确职责，落实责任，强化指挥调度功能。东昌府区成立 110 直属中队，分布在城区中心部位听候 110 指令处警，后直属中队撤销，改为辖区派出所为主、其他警种为辅的处警模式。2001 年，各联动单位相继设立特服电话号码，直接受理群众求助，110 接处警更加专业化。2002 年，聊城市公安局出台《110 社会联动规范》，110 社会联动机制更加完善。

2005 年 10 月，聊城市公安局设立 110 报警服务台，建设完成 110、119、122“三台合一”综合接处警系统。东昌府区 110 报警台并入聊城市公安局报警服务台。市公安局 110 报警服务台负责东昌府区 110 接处警工作以及对县（市、区）110 接处警工作检查指导。“三台合一”综合接处警系统包括网络派单、有线无线调度、电视墙大屏幕、信息研判、可视指挥、应急管理等子系统。2006 年 9 月，东昌府区建立 260 人的巡防大队，划片处置，就近处警，按警情移交由辖区派出所或警情中队进一步处置。2007 年 8 月，市公安局指挥中心建成视频指挥系统，实现部、省、市三级可视化指挥，并将道路视频信号、通信指挥车视频信号传送首长指挥室，提升指挥调度工作的实战化能力和水平。2009 年，市政府建立应急中心与市公安局指挥中心合署办公机制。2010 年，市公安局指挥中心对可视指挥系统进行升级改造。改造后的系统集数据、语音、图像传输于一体，实现公安平台、应急通信、街面巡控和单兵指挥等各类公安信息数据的共享。2012 年，市公安局对指挥中心大屏系统进行升级改造。改造后通过实时的监控图像上屏显示等信息化手段，可直观获取各类公安视频图像和重大活动现场及沿线信息，为指挥人员快速有效作出决策、科学指挥调度提供技术支撑和数据保障。2013 年，市公安局指挥中心建设开通短信报警服务平台，报警人只需要将警情信息编辑成短信发送到“12110”，指挥中心工作人员就能受理警情，调度警力进行处置。2014年5月，市公安局指挥中心在全市范围内建设开通“一号调度台”，实现全警全员立体化、扁平化和数字化调度，在任何情况下上级公安机关和现场指挥员的实时通信畅通。2015年，全市公安机关指挥中心系统开展110接处警创满意活动，走访报警群众8800余人次，收集意见建议129条。

1997—2015年聊城市110报警服务台接处警情况表

表25-2 单位：万起

年份	接警总数	处警总数
1997	1.7	1.5
1998	3.9	2.9
1999	2.9	2.2
2000	3.4	2.7
2001	4.8	3.5
2002	6.4	3.9
2003	9.1	5.8
2004	18.3	7.7
2005	29.4	7.8
2006	55.4	6.5
2007	77.1	9.2
2008	71.1	9.3
2009	72.8	9.4
2010	71.6	7.9
2011	82.9	9.4
2012	74.7	10.5
2013	85.1	11.7
2014	79.4	13.5
2015	74.5	13.9

二、群治群防

1997年6月，聊城地区召开全区改革和加强派出所工作会议，建立和实行所长负责制警务制度，开展创建“安全小区”“安全村（居）”活动。各级公安机关对内部单位保卫干部进行全员培训，全区治保会发展到7588个，治保人员26022人，治安联防队发展到3941支，队员11330人。1998年，各县市局、分局整合调整警务区和责任区，城区所达到一区两警，农村所实现一区一警，全市责任区民警640人，占派出所总人数的80%。1999年11月至2000年3月，在全市开展冬季农村治保组织整训工作，共调整农村值班主任902名，新建治保会113个。2002年，开展派出所等级评定。高唐县公安局人和派出所和莘县公安局大张家派出所被公安部命名为一级派出所。

2004年，全市各级治安部门按照“农村抓承包、城区抓防控”工作思路，在全市规划设立156个治安卡点，安装电子巡更系统61套。2006年，聊城市公安局在莘县召开全市社区和农村警务工作现场观摩会，对社区、农村警务工作全面安排部署。先后投资560余万元建成464

处警务室，配备社区及驻村民警721人。探索“室队合一”（农村警务室与专职巡防队相结合）的新型警务模式，进一步织密农村治安防控网络。2008年，全市治保会发展到6314个，其中农村4705个、城镇998个、企事业单位611个，共有治保人员16375人。治保组织提供各类犯罪线索1769条，协助公安机关破获各类刑事、治安案件165起，抓获犯罪嫌疑人183人；调处纠纷1013起，帮教各类违法人员233人；缴获赃款赃物折价13.9万元。2009年，市公安局整合社区保安、楼院看护、社区物业管理、基层治保会和联户联防等社会资源，组建形式多样的群众性巡逻防控队伍，许多村居实现“零发案”；开展“平安社区”“平安校园”“平安村庄”创建活动，形成社会齐抓共管局面。在城区按照每10万人口巡逻力量不低于150人标准，全市统一招录1347名专职巡防队员。2010年，全市公安机关开展示范警务室创建工作，建成示范警务室72个。2011年，开展以听民意、保平安、促工作为重点的“大走访”开门评警活动。2012年，在全市开展以消防、车管、危管、外管、网管、物管进社区为主要内容的“社区六进”活动，在每个县（市、区）确定1～2个试点社区，开展试点工作。全市城区专职巡逻力量达1920人。2014年，在聊城城区，整合以武警、巡特警、派出所民警为骨干和社会化专职辅助力量为重要组成部分、群防群治力量为补充的街面巡逻资源，推行“网格化”巡逻模式；在农村，依托综治大巡防，完善“室队合一”警务模式，提升农村巡逻防控效能，全市农村综治大巡防巡逻力量达4674人。2015年，引导企事业单位安全工作实行保安化管理，并向城乡居民宣传推广治安保险，全市机关事业单位、大中型企业、商场、金融机构、学校、物业小区等保安配备使用率95%以上，保安员近2万名。实施“红袖标”“夕阳红”工程建设，动员社会力量参与联户联防、联村联防、看楼护院、邻里守望等群防群治工作，全市各类群防群治力量达5.6万人。

2011年9月，聊城市东昌府警方开展警校共建谱平安活动　（付延涛摄）

第七节　消防管理

1997年7—9月，聊城地区开展以建筑消防设施、建筑工程及建筑内部装修工程、公共场所和易燃易爆场所为主要内容的消防安全专项治理活动。共治理易燃易爆化危物品场所417处，发现火险隐患1290处，停业整顿19家，取缔加油站、液化气站摊点45处；治理各类公共场所363家，发现火险隐患996处，停业整顿28家；检查治理建筑自动消防设施19家，建筑工程及建筑内部装饰装修工程249个，其中责令停止施工22处、处罚单位13个。2001年5—10月，开展以公共娱乐、宾馆、饭店、商场、市场等和学校、医院为重点的公众聚集场所消防安全专项治理。全市共检查治理单位4535个，查出火灾隐患5374余处，督促整改5054余处，对31个单位进行处罚。

2006年4月，消防支队印发《关于推行消防监督执法“错时”工作制的实施方案》，提出建立“错时、流动、交叉、联合”检查制度，把消防监督警力部署到火灾高发时段和高发部位，保证第一时间发现和排除火灾隐患，第一时间纠正消防违法行为，第一时间核实、查处群众举报。消防支队开展消防文职雇员与派出所消防监督民警“双向派驻”活动，将26名优秀消防文职雇员先期派驻到城区派出所。是年，市消防大队投资61.8万元，购置执勤消防车4辆、消防指挥车3辆，消防大队全部配齐消防监督、消防验收和施工检查、火调等技术装备。2007年10月，聊城市综治委联合聊城市公安局、市发改委等七部门印发《聊城市社会主义新农村消防建设指导意见》。意见提出，大力加强“消防平安乡镇”“消防平安村庄”和社会主义新农村建设，夯实基层消防基础工作。是年，投资479.29万元购置5部消防车及部分特勤器材和个人防护装备，投资10万元购置无线基地台等通信设备，投资110余万元为全市11个中队抢险救援班配齐特勤器材。2008年，开展“春季消防平安专项行动”“围剿”火灾隐患行动、人员密集场所消防安全专项检查、自动消防设施专项整治、建筑工程施工现场专项检查、消防产品专项整治等活动。2009年，采取“异地互查、错时夜查、集中检查、集中处罚”等措施，对公众聚集场所易燃可燃装修材料专项治理和高层、地下建筑等消防安全专项治理。是年，投资569.78万元，购置消防员个人防护装备450件（套），防暴装备110件（套），购置消防车4部，改装消防车2部，投资20余万元购置服务器、摄像机等设备。2010年，投资1100余万元，购置消防员个人防护装备及特勤器材1145件（套）、监督检查

2009年5月，聊城市普法办与消防支队组织《消防法》宣传活动

车辆7部、消防执勤车辆6部。围绕世博会、亚运会安保工作，开展“除隐患、保安全”火灾隐患排查专项整治、建筑消防设施专项整治等10余项消防安全专项治理活动。

2011年9月26日始，在全市开展“清剿火患”战役。检查单位24745个次，下达责令改正通知书10714份、重大火灾隐患整改通知书11份，督促整改火灾隐患和违法行为20548处，临时查封单位235家，拘留87人。是年，投入1250余万元购置5部高喷消防车、1部53米登高平台消防车、3部灭火消防车和1部后援消防车，投入360余万元购置特勤器材98件（套）、消防员基本防护装备641件（套）、消防员特种防护装备120件（套）、常规器材301件（套）。2012年，开展“清剿火患”战役“回头看”“打非治违”、易燃易爆场所专项治理等行动，对鲁西化工、阿尔卡迪亚小区等15项重大建设工程实施防火、战训岗位联合验收。是年，投入2000余万元购置各类消防车辆13部，更新消防员个人防护装备4575件（套）、消防员特种防护装备1394件（套）、抢险救援及其他器材1247件（套）。2013年，投入2600余万元购置消防车9部（56米高喷消防车1部、通信指挥车1部、重型泡沫消防车1部、中型泡沫消防车1部、干粉消防车1部、抢险救援车1部、水罐消防车3部），更新消防员个人防护装备、抢险救援及其他器材1660余件（套）。

2014年，开展安全生产百日攻坚行动、“打非治违”和重大火灾隐患集中整治专项行动，对建筑面积97万平方米、涉及商户7358户的香江光彩大市场进行重点整治。2015年，开展抗日战争胜利70周年纪念活动消防安全保卫工作、劳动密集型企业消防安全专项治理、夏季消防检查、冬春火灾防控等系列消防安全专项行动，共检查社会单位1.2万余家，下达责令改正通知书8000余份，督促整改火灾隐患或违法行为2.3万余处，临时查封单位36家，拘留6人。全年，全市共审查建筑防火项目599个。是年，投入2900余万元购置远程供水系统1套、消防车15

部，其中城市主战消防车8部、水罐泡沫消防车5部、高喷消防车1部、通信指挥车1部。购置各类灭火救援器材3000余件（套）。利用美国进出口银行700万美元贷款购置14部高精端消防车。

1997—2015年，聊城消防支队共接警50358次，出动消防车82353台次、人员564025次。其中，火灾扑救12015次、抢险救援5010次、社会救助32242次、抢救人员5143人、抢救财产价值19.7亿元。其间，先后扑救2006年10月21日聊城鲁能热电有限公司油罐火灾、2007年1月25日高唐“1·25”浓硫酸运输槽车泄漏事故、2010年4月7日阳谷新诚塑胶有限公司火灾、2013年7月27日鲁西化工火灾、2015年12月26日东昌府区南湖新城小区火灾等事故。

第八节　出入境管理

1997年，出入境管理工作由聊城市（县级）公安局出入境管理科负责。1998年11月3日，聊城市公安局成立出入境管理科。2000年，聊城启用1997版护照。2001年，实行出国（境）审批差错追究制度。2002年，市公安局出入境管理科更名为出入境管理处。8月16日，举行聊城市公安局出入境管理处暨聊城市行政服务中心出入境受理服务大厅揭牌仪式，市公安局出入境管理处受理接待大厅启用。2003年8月5日，聊城成为全省首批实施按需申领护照的城市之一，召开全市公民实施按需申领护照新闻发布会。自此，聊城市开始按需申领护照，群众申请因私出国，只需提交中国公民出国申请审批表，交验身份证、户口簿即可，无须国外邀请函、单位意见等材料。国家公务员、金融、财税人员和国有企、事业单位管理人员等特殊身份人员仍按原规定办理。

2004年后，出入境管理业务量增长迅猛。2005年，市公安局出入境管理处办理山东凤祥食品有限公司、鲁西化工集团等涉农企业和农民企业家出国（境）商务手续900余人次，其中急件近130人次，全部兑现服务承诺，特急件随到随办。2006年，出入境管理处推出“全程服务”，为企业开拓境外市场、拓展境外业务，提供便利。2007年，市公安局在全市公安出入境管理系统开展“三个一”和“百十千”（每名出入境管理民警要开展一项业务调研，撰写一篇调研文章；联系一个涉外单位，打造一个工作亮点；获取一条线索或信息；市公安局出入境管理处走访100个派出所，县市公安局、分局出入境管理部门走访10个三资企业及涉外单位，派出所走访1000家住户）活动。2009年，出入境管理处建设启用新受理接待大厅及办公区，实现出入境证件受理、审核、审批、制证等工作网上运行，一条龙服务。2009年7月24日，出入境管理处举行发证仪式，为获“中华慈善大使”“感动山东十大人物”等荣誉的美国籍牧琳爱女士颁发“外国人在中国永久居留证”。自1998年开始，牧琳爱女士来到中国聊城投身公益事业，做了大量工作，获得较高荣誉，在中国永久居住是她的心愿。聊城市公安局出入境管理处积极申报，成功为她申办了聊城建国以来首个“外国人在中国永久居留证”。2010年，聊城出入境出现办证高峰，全市全年共受理审批居民赴港澳22000余人次，其中首次办理证件16600余人次、再次办理赴港澳签注手续6000余人次，比上年平均增长30%。2011年，投入资金70余万元，配齐签发电子护照的硬件设备。2012年3月15日，启动电子护照签发。2013年，全市共受理审批各类出入境申请7万余人次，比上年增长21%。2014年9月，启动电子港澳通行证受理审批。2015年，全市共受理审批出国（境）证件12.4万证（次）。

1997—2015年聊城市受理审批出国、出境证件情况表

表 25-3　　单位：证（次）

年份	护照	港澳通行证	台湾通行证	合计
1997	166	21	1	188
1998	241	36	3	280
1999	370	57	13	440
2000	560	135	21	716
2001	1070	96	35	1201
2002	1055	335	19	1409
2003	1490	210	55	1755
2004	1920	1350	99	3369
2005	2150	2566	240	4956
2006	3300	3125	182	6607
2007	4210	5369	203	9782
2008	5900	5960	210	12070
2009	6100	14151	690	20941
2010	9510	22216	3241	34967
2011	11146	28040	4973	44159
2012	14774	42279	8116	65169
2013	18307	51772	7414	77493
2014	24964	74273	9104	108341
2015	31630	84955	7493	124078

第九节　安全警卫

1994年，聊城地区公安处成立警卫科负责安全警卫工作。1998年，聊城撤地建市后，聊城地区公安处警卫科改为聊城市公安局警卫科。2000年，警卫科被山东省公安厅授予集体二等功。2002年4月，警卫科改为警卫处。2005年7月，警卫处升格为副县级单位。2004年，警卫处被聊城市政府授予集体二等功，2009年，被山东省公安厅评为全运安保先进集体。1998—2009年，市公安局警卫处（科）连续12年被团省委和省公安厅授予“青年文明号”称号，连续三年被共青团中央和公安部授予“青年文明号”称号。

1997—2015年，警卫处（科）共完成内宾、外宾警卫任务和重大会议活动警卫任务近70起。

第二章　检　察

第一节　贪污贿赂检察

1997—1998年，全市（地区）检察机关共立案查处贪污案件273件、贿赂案件50件、挪用公款案件129件，为国家挽回直接经济损失3426.96万元。1999年，集中查办一批犯罪数额大、影响大的职务犯罪案件，共立查大案要

案64件。其中，涉嫌犯罪数额5万～10万元的24件、10万～50万元的32件、50万元以上的5件。全年共立查贪污、贿赂、挪用公款案166件（其中，国家工作人员犯罪案件69件，涉案县级干部2名、科级干部28名、司法和金融系统工作人员24名），为国家挽回直接经济损失1378.6万元。

2000年后，大案要案在案件中所占比例逐渐增大。2000—2001年，全市共立案查处贪污贿赂、挪用公款等经济罪案339件。2002年，共立案查处贪污贿赂等职务犯罪案件166件，其中贪污案95件、贿赂案7件、挪用公款案64件。立案查处案件中大要案126件，挽回直接经济损失1240.7万元。2003年，共立案查处贪污贿赂等职务犯罪案件146件，其中贪污案68件、贿赂案12件、挪用公款案65件、私分国有资产案1件。其中贪污贿赂5万元以上、挪用公款10万元以上的大要案131件，为国家挽回直接经济损失1130.6万元。2004年，共立案查处贪污、贿赂等职务犯罪案件149件204人，其中大要案60件，挽回经济损失1370万元。2005—2009年，检察机关突出查办贿赂犯罪大案要案，将重心下移，选择基层院查处案件干扰阻力大的要害领域，直接查办大要案。采取指定管辖等方式，将侦查中挖出的大案26件32人交由基层院立案侦查，缓解基层院大案案源不足问题。全市检察机关共立案查处贪污贿赂等职务犯罪案件595件827人，其中大案254件、要案11件；提起公诉476件649人；提起公诉大案158件、要案10件；作有罪判决444件594人。

2010年，共立案查处贪污贿赂等职务犯罪案件69件126人，其中贪污案42件89人、贿赂案7件7人、挪用公款案13件24人、私分国有资产案1件2人。立案查处案件中大案24件54人；提起公诉67件124人，其中大案17件46人、要案1件1人；作有罪判决71件122人，其中实刑16件20人。2011年，共立查贪污贿赂等职务犯罪案件68件122人（含监所立查2件6人），其中贪污案37件76人、贿赂案18件23人、挪用公款案13件23人。立案查处案件中大案33件64人；提起公诉57件92人，其中大案22件38人；作有罪判决57件94人，其中实刑11件16人。2012年，反贪部门共立查案件66件115人，其中大要案52件90人；提起公诉84件133人；有罪判决84件135人，其中实刑判决48件59人。2013年，检察机关反贪部门以查办职务犯罪为重点，在医疗卫生、小麦良种补贴等领域集中查办案件。全市检察机关共立查贪污贿赂犯罪案件115件158人，其中大要案72件（百万元以上案件11件，包括千万元以上3件）108人，逮捕犯罪嫌疑人66人。2014年，重点在医疗卫生、财政管理、广电、农村新居和危房改造等领域集中查办案件。全市检察机关共立案查处贪贿案件119件165人，其中大案80件105人；侦查终结案件106件144人；提起公诉案件108件146人；作有罪判决83件113人，其中实刑判决35人。2015年，重点查处发改委、安监、交警等3个系统的系列窝串案，共立案查处案件15件27人。在查办医药购销领域贿赂犯罪专项行动中，立查贿赂案件24件24人，涉案金额达800余万元，其中100万元以上的案件4件。在农村危房改造补贴、土地复垦补贴、农村低保金、德商高速征地拆迁补偿等领域专项查办中，共立查涉农惠民案件37件59人。全市共立查贪污贿赂犯罪案件122件177人，其中大案93件128人；提起公诉115件154人，其中起诉大案89件116人；作生效有罪判决57人，其中实刑判决21人。

1997—2015年聊城市查处贪污贿赂犯罪案件情况表

表25-4

年份	立案侦查（件）	贪污案（件）	受贿案（件）	挪用公款案（件）	提起诉讼（件/人）	其中大案要案（件）
1997—1998	452	273	50	129	—	—

续表 25-4

年份	立案侦查（件）	贪污案（件）	受贿案（件）	挪用公款案（件）	提起诉讼（件／人）	其中大案要案（件）
1999	166	—	—	—	—	64
2000—2001	339	—	—	—	—	—
2002	166	95	7	64	—	126
2003	146	68	12	65	—	131
2004	143	—	—	—	—	60
2005—2009	595	—	—	—	476/649	265
2010	63	42	7	13	67/124	24
2011	68	37	18	13	57/92	33
2012	66	—	—	—	84/133	52
2013	115	—	—	—	112/163	72
2014	114	—	—	—	108/146	80
2015	114	—	—	—	115/154	90

第二节　渎职侵权检察

1997 年，检察机关受理各类渎职、侵权罪案件线索 161 件，立案侦查 113 件，其中查办徇私舞弊案 5 件、刑讯逼供案 4 件、玩忽职守案 31 件。1998 年，查办司法人员渎职、侵权犯罪案件 8 件 11 人，涉及公安干警 9 人、法院干警 2 人。1999 年，立案侦查渎职、侵权案 23 件。2000 年，立案侦查渎职、侵权案件 51 件。2001 年，立案侦查各类渎职侵权罪案 56 件（包括重特大罪案 28 件），其中滥用职权罪案 9 件、玩忽职守罪案 9 件、徇私舞弊不移交刑事案件案 9 件、非法批准占用土地罪案 15 件、非法拘禁罪案 27 件、非法搜查罪案 3 件、违法发放林木采伐许可证罪案 2 件。全年立案案件查结 51 件，全部移送起诉。2002—2003 年，立案侦查各类渎职侵权罪案 91 件。

2004 年，立案侦查渎职侵权犯罪案件 22 件 42 人，其中重特大案件 10 件 25 人，提起公诉 25 人，法院作出作有罪判决 21 人。2005 年，查处渎职侵权犯罪案件 25 件 50 人、重特大案件 10 件 26 人、滥用职权案 7 件 13 人、玩忽职守案 8 件 8 人、非法拘禁案 7 件 26 人、徇私舞弊不移交刑事案件案 1 件 2 人、暴力取证案 1 件 3 人、非法搜查案 1 件 2 人、故意泄露国家秘密案 1 件 1 人，侦查终结 24 件 51 人，全部移送起诉；起诉 35 人，法院作出有罪判决 34 人。2006 年，立案侦查渎职侵权犯罪案件 28 件 62 人（其中重特大案件 7 件 19 人）；提起公诉 35 人，作有罪判决 35 人。2007 年，立案侦查渎职侵权犯罪案件 22 件 50 人，其中涉嫌玩忽职守罪案 5 件 8 人滥用职权罪案 3 件 9 人、非法拘禁罪案 7 件 21 人、非法低价出让国有土地使用权罪案 1 件 3 人、帮助犯罪分子逃避处罚罪案 2 件 3 人，环境监管失职罪案 2 件 3 人、非法批准占用土地罪案 2 件 3 人。侦查终结 17 件 41 人，全部移送审查起诉。起诉 21 件 40 人，法院作出有罪判决 19 件 34 人。2008 年，立案侦查各类渎职侵权案件 20 件 37 人，侦查终结 18 件 34 人，全部移送起诉。起诉 34 人，判决 30 人。2009—2010 年，立案侦查渎职侵权犯罪案件 37 件 83 人，2010 年，立案侦查大要案 22 件 45 人。查办行政执法人员涉嫌犯罪案件 12 件 23 人。

2012 年，立案侦查青岛市李沧公安分局刑警大队中队长许某某、副中队长蔡某某涉嫌徇私枉法、受贿等为黑恶势力提供保护伞的系列案件。加大追逃工作力度，将立案在逃的 10 名职务犯罪嫌疑人抓获归案。全年立案侦查渎职侵权犯罪案件21件45人，立案侦查科级犯罪嫌疑人16人；立案侦查重特大案件20件44人；起诉23件47人，法院作出有罪判决27件50人，其中，实刑判决4件4人。2013年，立案侦查渎职侵权犯罪案件49件65人。立案侦查重特大案件68人，其中司法人员4人。共起诉渎职侵权犯罪案件58人，法院作出有罪判决61人，其中实刑判决10人。立案侦查科级、副科级犯罪嫌疑人25人，其中正科级10人，市检察院直接立案1人。2014年，市检察院反渎局运用“深入重点行业搞调研、全面解剖点带面、深挖细查窝串案”办法，选择与人民群众切身利益密切相关的食品安全领域、林业贷款贴息领域和土地领域渎职犯罪案件为突破点，开展专项工作，并取得新突破。畜牧领域专项工作，共立案15件17人；林业贷款贴息领域专项工作，共立案7件12人；土地领域职务犯罪专项工作，立案侦查8件8人，涉案金额1000余万元。全市反渎部门共立查各类渎职侵权犯罪案件42件60人，所立案件全部为重特大案件，其中重大案件15件25人、特大案件26件33人。立案侦查科级以上干部18人，其中正科7人、副科11人，立案侦查司法机关工作人员1人。法院作出有罪判决38件56人，实刑判决9人。2015年，严格执行立案前审查把关制度，整体办案结构得到进一步优化。立案40件58人，全部为重特大案件。立案侦查科级干部犯罪案件20人，立案侦查双罪名案8件14人，侦查终结37件56人，提起公诉37件56人，法院作出有罪判决38件48人。

1997—2015年聊城市查处渎职侵权案件统计表

表25-5　　　　单位：件

年份	数量	年份	数量
1997	113	2007	22
1998	38	2008	20
1999	23	2009	15
2000	51	2010	23
2001	56	2011	—
2002	55	2012	21
2003	36	2013	51
2004	22	2014	41
2005	26	2015	40
2006	28		

第三节　职务犯罪预防

1997年，聊城地区各级检察机关坚持“打防并举，标本兼治”原则，针对农民联名举报、集体上访反映农村财务混乱等热点问题，推行“村账乡管、乡审”工作。选取供销社等问题较多的系统进行治理，与管理混乱、亏损严重的单位建立法律服务联系点，主动介入建筑、筑路、桥涵工程、重大设备引进等12个重点项目，提供法律服务，实施同步预防。1998年，市检察机关在山东省率先成立职务犯罪预防处。职务犯罪预防处结合办案先后到重点部门和单位举办法律讲座以案释法；针对行业特点，开展系统预防工作；与重点企业、事业单位开展廉政共建活动；主动介入重大经济项目实施同步预防。推行党委统一领导、有关部门配合、人民群众参与、发挥检察机关职能作用的预防职务犯罪工作机制。1999 年，以个案预防为切入点，突出抓重点单位、系统、区域三项重点预防，实行党委统一领导有关部门配合、社会各界参与的社会预防机制。先后在金融、建筑、水利、粮食、卫生、教育等行业和系统开展预防工作。2000 年，共选择 127 件职务犯罪典型案件进行个案预防，在 189 个重点单位或系统开展综合预防，对 28 个百万元以上的重大工程项目实施专项预防。市检察院收集整理近百起全国职务犯罪典型案例，汇编成《法网恢恢》一书，免费赠阅市、县党政部门和重点企业的领导。全年查办职务犯罪案件 116 起，提出检察建议 84 份 538 条，协助建章立制 105 项 289 条。

2001 年，预防部门在 16 个系统 447 个单位建立预防职务犯罪联系点。2002 年，市检察机关草拟《聊城市预防职务犯罪实施办法》提交市人大常委会讨论，全市 6 个县（市、区）建立起党委领导、检察机关发挥职能作用、社会各界参与的大预防格局。2003 年，预防部门在 83 个重大工程中开展专项预防，与交通部门签署在“村村通”工程中加强职务犯罪预防的暂行办法。2004 年，提请市委成立预防职务犯罪工作指导委员会，提交《关于做好预防职务犯罪工作的意见》，印发《聊城市预防职务犯罪实施办法》。2007 年，在中小学危房改造、公路“村村通”等 187 个重大建设工程项目中实施同步预防。建立行贿犯罪档案查询系统，受理查询 1190 次。2009 年，推行行贿犯罪档案查询制度，市、县两级检察院建起“预防职务犯罪警示教育展室”。2010 年，对投资亿元以上的 31 个重点工程项目开展同步预防。

2011 年，在投资总额 240 亿元的南水北调、德商高速及古城改造等 100 余个重大项目中实施同步预防。全年受理行贿犯罪档案查询 4670 次。市、县两级检察院建立 9 个“预防职务犯罪警示教育中心”。2012 年，对南水北调、德商高速、保障性安居工程及全市重点项目开展同步预防。提供预防咨询 274 次、行贿犯罪档案查询 1496 次。冠县检察院保障性安居工程预防经验被最高人民检察院转发。2013 年，开展“百名检察官联系百个重大项目”活动。检察官深入全市 200 个重点项目开展同步预防，提供法律咨询 327 次，协助制定防控措施 86 项。2014 年，结合执法办案，进行典型职务犯罪分析 11 件，开展预防调查 9 次，提出预防检察建议 9 件。开展警示教育 268 次，受教育人员 5.97 万人次。对 43 个重点工程项目实施同步预防，涉及建设资金 509.76 亿元。受理行贿犯罪档案查询 4306 次。2015 年，进行典型职务犯罪分析 22 件；提出预防检察建议 18 件。对 64 个工程项目开展同步预防，涉及建设资金 382.44 亿元；受理行贿犯罪档案查询 5019 次，涉及 12851 家单位和 7670 位个人。对山东省检察院挂牌督办的聊城 5 个重大项目和全市百名检察官联系的 64 个重点项目，会同有关部门联合会签重点工程同步预防工作文件 65 份，与工程项目单位召开联席工作会议，协助完善内部廉政风险防控体系。开展检察官联系大项目活动，印发《聊城市检察机关预防职务犯罪约谈制度实施意见》，明确约谈主体、约谈范围、约谈对象、约谈方式、约谈内容、约谈程序等内容，对涉及民生民利、职务犯罪易发多发的卫生院、乡镇中学、畜牧站等 16 个单位的负责人进行预防约谈，在 14 个职务犯罪易发、多发部门和行业开展廉政预警防控工作，查找风险点 393 处，建立岗位廉政风险防控和权力运行监督机制。

第四节　刑事检察

一、审查逮捕

1997 年，聊城地区检察机关与公安、法院等职能部门配合，严厉打击严重刑事犯罪活动。全年共批准逮捕各类刑事犯罪嫌疑人 1145 人，经审查，批准逮捕 874 人。1998—2002 年，共批准逮捕各类刑事犯罪嫌疑人 6821 人，提起公诉 6311 人。其中，“严打”整治斗争期间，批准逮捕 2948 人，提起公诉 2737 人。2003—2007 年，重点打击故意杀人、爆炸、强奸、绑架等严重暴力犯罪和抢劫、抢夺、盗窃等多发性侵财犯罪，推进“平安聊城”建设。五年共批准逮捕各类刑事犯罪嫌疑人 9009 人，提起公诉 9096 人。

2008—2009 年，全市检察机关针对奥运安保、中华人民共和国成立 60 周年大庆、十一届全国运动会火炬传递和举办等重大事件在全市开展“打黑除恶”专项斗争。同时，探索运用刑事和解手段处理轻微刑事案件，对主观恶性不大、犯罪情节轻微的初犯、偶犯、过失犯，以及因亲友邻里纠纷引发、当事人达成和解的刑事案件，依法适度从宽处理，实现案结事了、定分止争。2010 年，针对毒品犯罪向二、三线城市蔓延现象，加大打击力度，共批准逮捕涉毒犯罪嫌疑人 24 人。参与打击拐卖儿童犯罪专项活动，共批准逮捕此类犯罪嫌疑人 51 人。刑事和解案件比例增加，对轻微刑事犯罪案件依法促成刑事和解 129 件。

2011 年，坚持“少捕慎捕”原则，全年共批捕 1054 件 1539 人，不捕 610 人，不捕率 28.4%。2012 年，办理涉案金额数亿元的王某某非法吸收公众存款案、刘某等非法吸收公众存款数十亿元案等重大案件。全年共受理公安机关提请批准逮捕案件和自侦部门报请决定逮捕案件 1395 件 2039 人。经审查，批准和决定逮捕 1018 件 1444 人，不批准逮捕 595 人，不捕率 29.18%。其中，无逮捕必要不捕 400 人，占不捕人数的 67.23%。2013 年，依据修改后的《中华人民共和国刑事诉讼法》及刑事诉讼规则，加强对社会危险性审查，会同侦查机关健全完善审查社会危险性证明和双向说理工作机制，防止和克服“构罪即捕”，减少对轻微犯罪嫌疑人的羁押。全市审查批准逮捕 1281 件 1872 人，其中批捕放火、爆炸、投放危险物质，非法制造、销售、运输、储存枪支等严重危害公共安全犯罪案件 260 件 266 人；批捕绑架、故意杀人、抢劫、强奸、拐卖妇女和儿童等严重暴力犯罪案件 383 件 515 人。开展捕后羁押必要性审查工作，依法提出审查意见和释放、变更建议，全市各基层院均与公安机关建立羁押必要性审查工作机制，建议公安机关对捕后犯罪嫌疑人变更强制措施 56 人次。

2014 年，开展“打霸治痞”“筑平安、保发展”等专项行动，严厉打击各类严重刑事犯罪。加大反腐力度，共受理职务犯罪上提一级案件 72 件 79 人，与上年同比件数上升 12.5%、人数持平；经审查决定逮捕 67 件 73 人，决定逮捕率 92.41%；不予逮捕 4 人，其中，事实不清不捕 1 人，无社会危险性不捕 3 人；移交职务犯罪线索 8 件，自侦部门立案侦查 3 件。2015 年，创新审查逮捕工作模式，以“走出去、请进来”方式，开展侦查监督环节检察宣告和公开审查，对符合条件的 94 件案件进行检察宣告、24 件案件进行公开审查。加大反腐力度，共受理职务犯罪上提一级案件 79 件 93 人，经审查决定逮捕 70 件 82 人，决定逮捕率 88.17%；不予逮捕 10 人，其中事实不清不捕 1 人，无社会危险性不捕 9 人。全市共受理审查逮捕案件 1680 件 2154 人，经审查批准（决定）逮捕 1195 件 1511 人；不捕各类刑事案件 469 件 627 人，不捕率为 29.11%，其中无社会危险性不捕 262 人，占不捕人数的 41.79%。

1997—2015 年聊城市审查批捕决定逮捕情况表

表 25-6

年份	公安机关提请逮捕人数（人）	批准公安机关报捕人数（人）	受理移送起诉人数（人）	公诉人数（人）	不批捕人数（人）	抗诉案件（件）
1997	1145	874	1045	826	—	—
1998	1354	1061	1341	1018	—	4
1999	1504	1171	1368	1046	333	5
2000	1512	1319	1426	1199	193	9

续表 25-6

年份	公安机关提请逮捕人数（人）	批准公安机关报捕捕人数（人）	受理移送起诉人数（人）	公诉人数（人）	不批捕人数（人）	抗诉案件（件）
2001	1925	1763	2108	1598	—	4
2002	—	1507	—	1450	—	4
2003	1813	1478	1821	1358	335	2
2004	2046	1759	2237	1642	287	2
2005	2498	2007	2689	1916	487	2
2006	—	2078	—	2328	577	3
2007	—	1687	—	1852	614	—
2008	—	1784	—	2117	655	2
2009	—	1701	—	1908	611	7
2010	—	1566	—	2221	587	18
2011	—	1730	—	2372	610	11
2012	—	1528	—	2280	595	13
2013	—	2013	—	2832	660	12
2014	—	1867	—	2890	—	12
2015	2154	1511	—	3161	627	18

二、审查起诉

1997 年，聊城地区检察机关结合“严打”专项斗争，受理移送起诉犯罪嫌疑人 1045 人，经审查提起公诉 826 人。1998 年，全市公诉人数明显增加，受理移送审查起诉犯罪嫌疑人 1341 人，经审查，提起公诉 1018 人。2000 年，试行庭前证据开示、不诉案件公开听证、量刑建议等改革举措，制定未成年人刑事案件审查起诉办法，修订完善审查起诉案件质量标准。2001—2002 年，市检察院追诉的王某某等人故意伤害致人死亡案作为典型案例被最高人民检察院公报刊发，抗诉成功的袁某某等人抢劫案被评为全省十大公诉案件。2003 年，加强对经济犯罪案件的追查，全市共受理公安机关移送起诉案件 1103 件 1821 人，经审查，提起公诉 857 件 1358 人。2004—2005 年，全市共受理移送起诉犯罪嫌疑人 4926 人，经审查，提起公诉 3558 人。2005 年，对为害一方、严重危害群众安全感的 23 件抢劫团伙案依法提起公诉。

2010 年，参与打击拐卖儿童犯罪毒品专项活动，全年共提起公诉 2221 人，其中批准逮捕拐卖儿童犯罪嫌疑人 51 人，提起公诉 82 人。2012 年，办理涉案金额数亿元的王某某非法吸收公众存款案、刘某等非法吸收公众存款数十亿元案等重大案件。全市共受理各类案件 2259 件 3625 人；经审查提起公诉 1536 件 2188 人，法院判决 1452 件 2091 人，决定不起诉 10 人。其中，受理职务犯罪案件 83 件 154 人，提起公诉 100 件 169 人，决定不起诉 2 件 3 人。全市公诉部门受理出庭支持上诉案件 13 件，共办理抗诉案件 13 件，其中二审程序抗诉 4 件，审判监督程序抗诉 9 件，经审理发回重审或改判 9 件。2013 年，受理各类案件 2412 件 3793 人，其中，检察机关侦查案件 164 件 231 人，公安机关侦查案件 2248 件 3562 人；审结提起公诉 1838 件 2832 人，其中，检察机关侦查案件 156 件 226 人，公安机关侦查案件 1682 件 2475 人，审结决定不起诉 16 人，其中 5 人为未成年人；法院判决生效 1582 件 2323 人，其中，被判处无期徒刑以上的 52 人，10 年以上的 131 人，单处附加刑 51 人，宣告缓刑 1098 人。全市公诉部门所办理案件有罪判决率 100%；改变侦查机关认定罪名 74 件；纠正遗漏同案犯 127 人，纠正遗漏罪行 48 人，其中 4 人被判处 10 年以上有期徒刑；书面纠正侦查活动违法 146 件次，书面纠正审判活动违法 61 件次；办理抗诉案件 15 件，其中，提出抗诉并获省院支抗 1 件，二审抗诉 4 件，再审抗诉 10 件，经法院审理，发回或改判 13 件。办理非法证据排除案件 11 件；通知合适成年人到场的未成年人案件 33 件、附条件不起诉 5 人、犯罪记录封存案件 14 件；办理羁押必要性审查案件 182 件；简易程序庭审出庭 829 件；办理当事人和解公诉案件 139 件；办理强制医疗案件 2 件；出庭履行职务上诉开庭案件 34 件。

2014 年，公诉部门起诉一批社会影响较大的经济犯罪案件。2015 年 3 月，公诉部门印发《关于开展职务犯罪判处缓免刑案件、认定自首、立功的案件、打霸治痞类案件公诉环节专项监督活动实施方案》，对三类案件办理过程中是否存在违法问题进行监督，成功改判部分案件。全年检察机关公诉部门共受理各类案件 2465 件 3616 人，审结 2185 件 3171 人。纠正遗漏同案犯 206 人，提出刑事抗诉 21 件 32 人。其中，市检察院受理案件 79 件 131 人，起诉 59 件 93 人，二审上诉案件 16 件 42 人，抗诉案件 21 件 32 人。

三、侦查监督

1997—1999 年，全市（地区）检察机关主要通过纠正违法通知书、应当逮捕犯罪嫌疑人意见书、检察建议书等形式对侦查活动进行监督。1998 年，追捕漏犯 41 人，追诉漏犯 13 人、漏罪 34 条。1999 年，在审查批捕、审查起诉工作中，严格监督关，决定不批准逮捕 333 人，不起诉 2 人；追捕 60 人，追诉 25 人。2000 年 9 月起，对侦查活动进行全面监督。是年，通过审查批捕、起诉，决定不捕 193 人，追捕 74 人，追诉 42 人。

2001 年，按照“有罪必究，不枉不纵”原则，追捕漏犯 69 人，追诉漏犯 37 人，其中“严打”以来追捕 60 人，追诉 37 人。2003—2004 年，对应当逮捕、起诉而未提请批捕、移送起诉的，追捕 112 人，追诉 162 人；对不符合法定逮捕、起诉条件的，不批捕 622 人，不起诉 69 人。2006 年，对应当逮捕、起诉而未提请逮捕、移送起诉的，依法追加逮捕、追加起诉 162 人，法院作有罪判决 115 人，其中判处 10 年以上有期徒刑的 11 人；对不符合逮捕、起诉条件的，不批准逮捕 577 人，不起诉 18 人。2003—2007 年，依法追加逮捕 278 人，追加起诉 460 人；对不符合逮捕、起诉条件的，不批准逮捕 2300 人，不起诉 138 人。2008 年，依法监督纠正有案不立、有罪不究、以罚代刑等问题，共监督侦查机关立案 29 件，监督撤销案件 32 件，追捕追诉漏犯 147 人，不捕不诉 655 人。2015 年，设立 24 个驻公安派出所检察官办公室，实现对全市 142 个公安派出所刑事执法活动监督的全覆盖，实现对公安派出所侦查活动全面监督。全年共调阅、检查派出所刑事案件 465 件、重大治安案件 1353 件，发现问题线索 79 件次。其中，发现监督立案线索 11 件次，监督立案 7 件；发现监督撤案线索 5 件，监督撤案 3 件；发出书面纠正违法通知书 30 件次，口头纠正违法 35 件次。

四、立案监督

1997 年，修改后的《中华人民共和国刑事诉讼法》赋予检察机关立案监督权，依法对公安机关工作进行监督。1998 年，全市排查刑事立案监督线索 123 条，要求公安机关说明不立案理由 32 件，通知公安机关立案侦查 27 件 37 人。对认为确有错误的刑事判决、裁定提出抗诉 4 件 6 人。1999 年，依法纠正有案不立、有罪不究、以罚代刑的问题，共通知立案 83 件 108 人。2000 年，要求侦查机关说明不立案理由或通知立案 165 件，侦查机关立案 159 件。2001 年，要求侦查机关说明不立案理由或通知立案 130 件 152 人，侦查机关立案 125 件 147 人。1998—2002 年，对侦查机关应当立案而未立案的，要求侦查机关说明不立案理由或通知立案 415 件，依法监督立案 649 人。

2004 年，要求说明不立案理由或通知立案

76件102人，侦查机关全部立案，提起公诉后，3人被判处无期徒刑，7人被判处10年以上有期徒刑。2006年，对应当立案而未立案的，监督侦查机关立案53件65人；法院作有罪判决36人，其中判处10年以上有期徒刑的4人。对不应当立案而立案的，监督侦查机关撤销案件25件。2003—2007年，共通过监督促使侦查机关立案325件，撤案49件。东昌府区人民检察院监督立案的聊城市梦幻乐园置业有限公司董事长王某某诈骗案被评为全省刑事立案监督“十佳”案件。

2011年，对监督案件条件、范围和程序从严把握，全市共监督公安机关立案25件27人；监督公安机关撤案10件12人；追捕漏犯54人，提出书面纠正违法49件次。2013年，共监督立案97件127人，移送审查起诉49人，判决42人，判处10年以上有期徒刑1人；监督撤案158件，纠正漏捕157人，纠正漏捕后起诉55人，判决41人，判处10年以上有期徒刑3人；纠正违法261件次，发出检察建议10份。按照省院要求，开展危害民生刑事立案专项监督活动。是年全市共监督行政执法机关移送涉嫌犯罪线索11件11人，公安机关立案侦查2件2人，提请批准逮捕2件2人，批准逮捕1人。2015年，全市共监督立案34人，监督立案后作出有罪判决30人；监督撤案71件；纠正漏捕69人，纠正漏捕后作出有罪判决61人；纠正违法85件次。

五、审判监督

1997年以来，聊城检察机关加强审判监督。1998—2000年，对认为确有错误的刑事判决、裁定提出抗诉18件24人，2000年，审判机关改判4件5人。2001—2002年，对确有错误的刑事判决、裁定，提出抗诉26人。加强对诉讼中违法情况的监督，共决定不批准逮捕1107人，不起诉48人，对侦查、审判和刑罚执行中的违法情况提出纠正意见760件次。2003年，对确有错误的刑事判决、裁定，严格审查，依法提请抗诉2件2人。2003—2007年，对确有错误的刑事判决、裁定，提出抗诉7件，法院改判6件；提出民事、行政抗诉527件，提请省人民检察院抗诉49件，法院再审后改变原裁判409件。

2008年，依法提出刑事抗诉2件，提出民事、行政抗诉和再审检察建议38件，提请省检察院抗诉25件。2009年，开展刑事审判法律监督专项检查活动，对确有错误的刑事判决、裁定，依法提出抗诉7件。2011年，全市共审阅行政执法案卷1000余件，建议移交15件21人，公安机关立案15件18人。2015年，对前三年的破坏环境资源和危害食品药品安全的行政处罚案件进行梳理，摸排线索，共建议行政机关移交刑事案件公安立案3件4人，监督立案3件3人，批准逮捕生产和销售有毒、有害食品及污染环境罪等犯罪嫌疑人11人。

第五节　刑事执行检察

1997年，监所检察重点纠正以钱抵刑、不依法交付执行以及在办理减刑、假释、保外就医等工作中出现的违法问题。共办理各类犯罪案件46件，其中自行立查监管场所干警及其他人员犯罪案件12件12人；对办理减刑、假释、保外就医，发现不当，依法提出纠正16件；对953名监外执行犯进行全面检察。1998年，加强执行刑罚监督，严打“牢头狱霸”。共办理被监管人又犯罪案件13件23人，依法纠正不依法交付执行和违法办理保外就医、减刑、假释等案件22件22人；对115名暂予监外执行犯实施检察，建议收监30人。依法纠正各个诉讼程序上的超期羁押132人。1999年，贯彻中央政法委和“两高一部”（最高人民法院、最高人民检察院，司法部）关于纠正超期羁押的部署，全市检察机关进行专项检察，依法清理纠正各诉讼环节上的超期羁押372人次。对不按法律规定交付执行以及违法办理减刑、假释、保外就医等问题，依法提出纠正14人次，办理监外执行罪犯又犯罪案件15件28人，判决7件12人。2000—2001年，对超期羁押进行专项治理，对不按法律规定交付执行以及无证收押、法律文书不全、不捕不放等问题，依法提出纠正62人次；纠正超期羁押案件 2 件。办理监外罪犯又犯罪案件 47 件 76 人。

2002 年，对犯罪嫌疑人被羁押的案件实行跟踪监督和提前催办制度，组织联合检查。开展对监外罪犯的专项检察，办理监外罪犯又犯罪案件 75 件，对于不符合监外执行条件的 33 名罪犯及时收监执行。检察中发现 2 名缓刑犯在缓刑期间担任村“两委”职务，检察机关依法予以纠正。2007 年，落实中央综治办、高法、高检、公安部、司法部五部门《关于开展核查纠正监外执行罪犯脱管、漏管专项行动的意见》要求，市检察院开展专项行动，向外省检察机关移送监外执行罪犯情况 120 余份，向外市检察机关移送监外执行罪犯情况 70 余份。专项行动中，针对执行机关未对监外罪犯建立健全档案和管理不到位等监管违法行为，提出口头纠正意见 53 件、书面纠正意见 120 件。公安机关对违法行为及脱管、漏管等全部及时进行纠正，办理又犯罪案件 3 件 3 人、劳动教养 3 人。全市监所检察部门办理监外执行罪犯又犯罪案件 62 件 102 人，办理在押人员又犯罪案件 2 件 4 人。2008 年，进行各类安全防范检察 2649 次，发出纠正违法通知书 231 件，审查批捕 51 人，审查起诉 54 人，立案监督 5 件 5 人，立案查处职务犯罪案件 3 件 5 人，判决 2 件 2 人。2010 年，对处理监管场所发生的安全事故和非正常死亡事件以及监管场所死亡事故进行复查。5 月 24—29 日，市检察院监所处对 2009 年以来市内监管场所发生的 2 起在押人员死亡事故进行全面复查，对死亡事故原因及事故后的整改措施作进一步的责任鉴定。派驻检察室进行安全防范大检查，每天对监区进行一次安全防范检查。主管检察长每月一次到看守所检查工作，针对存在的问题和安全隐患，全年共向监管部门提出口头纠正意见 32 件、书面纠正意见 15 件，监管场所全部进行纠正。

2012 年，纠正刑罚执行和监管活动不符合规定行为 71 件次，8 个基层检察院全部在看守所建成专用讯问室。加大社区矫正监督力度，对辖区内 1800 名社区矫正人员建立信息库，集中开展社区矫正检察 2 次，向社区矫正机关、公安机关、法院提出纠正违法 152 件，依法建议法院对 4 名严重违法违规的社区矫正人员收监执行。2013 年，监所检察部门办理又犯罪批捕案件 71 人、起诉案件 118 人，办理羁押必要性审查案件 11 件 11 人。立查在刑罚执行和监管活动中发生的职务犯罪案件 10 件 10 人，其中阳谷县检察院立查一起司法所长利用社区矫正管理职务之便索贿案件，在全省范围内属首例。纠正监管活动违法的信息、经验材料被高检院监所厅和省检察院监所处多次采用，关于加强监所检察部门与派驻基层检察室工作职能衔接的经验材料在全省转发。监所检察部门对处在死刑复核阶段的死刑罪犯建立死刑执行案件监督档案，并进行谈话教育，临场监督罪犯被执行死刑。2014 年，全市纠正监管活动违法 109 件。2015 年，市院监所检察处更名为刑事执行检察局，开展特赦部分服刑罪犯法律监督工作，依法确定特赦范围，聊城市初步筛选出符合特赦条件人员 56 名，其中聊城监狱在押人员 5 名、社区矫正人员 51 名。对筛选出的特赦罪犯逐人建立检察台账，实现全程同步法律监督。

第六节　控告申诉检察

一、群众申述、举报

1997 年，聊城地区控告申诉部门共受理群众来信来访 1498 件。1998 年，结合检察机关建立举报制度 10 周年，开展举报宣传和文明接待活动。全年共受理群众举报、来信来访 1569 件，依法初查 535 件。完善检察长接访制度，市检察院及各县、市、区检察院统一规定每月 5 日、20 日为正副检察长接待日，全年全市检察机关 54 位正副检察长接待群众上访 292 件 537 人次。是年，市检察院控申举报接待室被最高人民检察院（简称“高检院”）授予全国检察机关文明接待示范窗口称号。

1999 年，全年共受理各类来信来访 1877 件，依法处理一批群体性事件和集体上访。2001 年，坚持检察长接待日制度和约访、下访制度，处理集体上访163起，其中农民集体上访104起。1998—2002年，全市检察机关处理集体上访、告急信访787起，协助党委、政府及有关部门处置各类事件45起。2003年，在对治安混乱地区和突出治安问题的集中整治中，参与处置突发事件30起，处理告急信访、集体上访79次。东昌府区检察院开通“白云热线”，全天24小时值班，进行法律咨询。

2004年，坚持检察长接访和预约下访制度，推行首办责任制，把问题解决在基层和初始状态。市检察院和冠县检察院控申接待室被高检院授予“全国检察机关文明接待室”称号，茌平县检察院控申接待室被高检院授予“全国检察机关文明接待示范窗口”称号。2006年，全市控申举报检察部门共受理群众来信来访782件，其中，举报贪污贿赂案件线索428件，渎职犯罪案件线索54件。推行分级负责制，在重点乡镇聘请信访联络员106名，设立便民接访室56个。2004—2007年，“白云热线”共接听咨询、求助、举报电话3.1万个，接待群众来访4600人次，处理告急访216起，被群众誉为“贴心线”“平安线”“和谐线”。2007年11月，全国检察机关信访工作“白云热线”现场会在聊城市召开，总结推广其工作经验。

2008年，全市控申检察部门共受理控告举报案件588件，包括来信361件、来访189件、来电38件；受理举报案件线索363件，其中贪污贿赂案件线索309件、渎职犯罪案件线索54件。全市初查举报线索114件，其中市检察院初查4件、移送立案9件。6月30日，市检察院开通民生热线，至10月10日，各基层检察院民生热线相继开通。是年年底，民生热线共受理电话174个，其中法律咨询电话124个、举报电话43个，接受省检察院网络移送举报信息45条，答复网络咨询10个。2009年，全市控申检察部门共受理控告举报案件621件，包括来信385件、来访187件（其中集体访3件）、来电47件、网络举报2件；受理举报案件线索372件，其中贪污贿赂案件线索288件、渎职犯罪案件线索60件。民生热线受理信息3652件，包括管辖内1522件，管辖外1305件、法律咨询825件。2011年，市检察院控申举报接待室被高检院授予全国检察机关文明接待示范窗口称号。2012年，全市民生检察服务热线统一更名为“白云民生服务热线”，成立白云党员工作室，在全市设立101处白云热线联络室，聘请230名联络员。全年共接听电话6479个，提供维权、救助1095件。

2013年，山东省检察院将聊城市检察院作为全省涉法涉诉信访改革试点单位。聊城检察机关规范举报线索管理，规定受理的举报线索全部在7日内审查分流，每季度对线索办理情况进行清理、督办。开展主题为“完善举报制度，加强举报人保护”的举报宣传周活动。《人民日报》、新华社、中央电视台、《检察日报》等多家全国性媒体记者到高唐县检察院集中采访报道。全市共受理群众信访812件次，白云民生服务热线受理群众诉求8296件，提供帮扶救助1256件，收到锦旗30面，感谢信、感谢电话680件（个）。2014年，全市白云民生服务热线共受理群众诉求3596件，提供帮扶救助432件。2015年，开展主题为“依靠群众惩治职务犯罪，公开检务强化自身监督”举报宣传周活动，《大众日报》《齐鲁晚报》《聊城晚报》及聊城广播电视台等媒体集中采访报道，召开新闻发布会2次，发表电视讲话6次，接受群众咨询370余人次。全年共接待群众信访1860余件次。是年，市检察院控申接待室被高检院授予全国检察机关文明接待示范窗口称号，东昌府区、冠县、莘县3个接待室被高检院授予全国检察机关文明接待室称号。

二、案件处理

1997年以来，全市（地区）检察机关作着重解决群众反映的实际问题，依法处理一批长期申诉、久拖不决的案件。1998—2002年，共立案复查刑事申诉案件171件，对确有错误的依法纠正66件；立案办理刑事赔偿案件12件，决定给予赔偿4件。通过说服教育，746件民事行政案件当事人服判息诉。2004年，开展涉法上访集中整治，对2003年以来的来信来访逐件排查摸底，共排查出进京、赴省和多次到市检察院上访案件51件，其中属于检察机关管辖的22件。对原处理不当的予以纠正；对符合政策的予以落实；对上访无理的做细致的思想工作；对无理取闹、严重影响社会秩序的依法处理；对缠诉案件实行公开审查、公开听证和公开答询，经检察部门化解，属于检察机关管辖的案件全部息诉。

2005年，东阿县沿黄河10余个村庄因防汛用地补偿款管理不规范，引发集体上访。该县检察院立案侦查9起村干部贪污挪用补偿款案件，建议或协助公开账目，共查处私分国有资产、贪污、挪用公款犯罪人员83人，挽回直接经济损失700余万元。2006年，实行公开听证、答询制度，公开案件事实和处理过程。查办各类案件148件。受理首次申诉案件32件，其中不服检察机关处理决定的案件25件。2009年，落实高检院、山东省检察院《涉农涉检信访大排查大息诉活动》及《信访积案化解年专项活动》要求，全市控申部门开展涉检不稳定因素大排查和信访积案化解专项活动，消除信访隐患41件。全年，初核举报线索59件，移送立案5件。办理刑事申诉案件7件，刑事赔偿案件3件。2010年，按照“事前防范、事中处置、事后修复”三段式信访处理模式，将信访工作向事前事后延伸。针对东阿县开发区杨庄村干群矛盾突出、群众集体赴省进京上访的情况，东阿县检察院选派检察官挂职该村党支部书记，协调解决村民就业问题。山东省检察院总结“杨庄经验”，并在全省推广，全国、省、市新闻媒体对此广泛宣传报道。全市控申检察部门共受理控申举报案件575件，包括来信350件、来访211件、来电13件、网络1件。其中受理举报案件线索310件，包括贪污贿赂案件线索270件、侵权渎职案件线索40件。初核举报线索71件，移送立案7件。办理刑事申诉案件27件、刑事赔偿案件1件，支付赔偿金22286元。

2012年，开展全方位、拉网式涉检信访矛盾纠纷排查行动，处理信访案件580余件，全市检察机关信访息诉率100%。当年控申部门共办理刑事申诉案件92件，改变原决定9件，提出检察建议15件。办理4件刑事被害人救助案件均在第一时间内办结并发放救助金。初核举报线索158件，其中移送立案73件。2013年，初核举报线索64件，移送立案28件，奖励举报有功人员19件，对9件不立案线索进行审查。立案复查刑事申诉案件69件，立案复查后向上级检察院提请抗诉2件，发出检察建议26件，法院再审后改判2件，纠正原处理决定16件。在全省举报初核工作座谈会上，聊城市检察院作经验介绍。2015年，通过政法委联席会议机制化解信访案件2件。受理审查不服民事行政监督案件78件。初核举报线索23件，其中移送立案4件，对5件不立案线索进行审查。救助刑事被害人248人，发放救助金65.6万元。

第七节　民事行政检察

1997年，全区共受理各类民事、经济、行政申诉案211件，立案审查132件，其中提请抗诉74件，提出抗诉31件，法院改判12件。1998年，按照省检察院“多办一审案件、多办在当地有影响的案件、多办标的额大的案件”意见，市检察机关对明显不公的民事、经济、行政判决和裁定提请抗诉62件、提出抗诉19件，法院改判14件。1999年，对高某某、邢某某侵占案，一审以事实不清、证据不足判决二人无罪。检察机关依法提出抗诉后，二审分别改判两被告人有期徒刑5年、3年。2000年，举办拟抗诉案件听证会，对明显不公的民事、经济、行政判决和裁定提出抗诉48件、提请抗诉85件，审判机关改判66件。1998—2002年，推行控申首办责任制和民事行政抗诉案件公开审查制。突出办理诉讼标的额大、社会影响大、群众反映强烈的案件，依法提出抗诉213件、提请抗诉401件，审判机关改判113件。

2004年，试行检察机关代表国家支持公益诉讼制度，全年共支持起诉51件，法院判决40件，挽回直接经济损失500余万元。全年对明显不公的民事、经济、行政判决和裁定提请抗诉108件，提出抗诉87件，审判机关改判19件。2007年2月，由阳谷县检察院提请聊城市检察院抗诉的阳谷县某街道223户农民行政赔偿集体诉讼案，经法院再审全部予以调解纠正，为农民挽回经济损失11万余元，农民息诉罢访。2003—2007年，共提出民事、行政抗诉527件，提请省检察院抗诉49件，法院再审后改变原裁判409件。

2009年，审查各类民行申诉案件409件，受理85件，立案审查71件，提请省检察院抗诉7件；提出抗诉7件；法院再审39件，改变原判决23件；办理支持起诉案件20件，挽回经济损失70余万元。2010年，启动执行监督、督促起诉、行政执法活动监督等创新型监督工作。全年受理民行申诉案件85件、立案74件，其中市检察院抗诉37件、应当抗诉但以检察和解方式结案15件、提请省检察院抗诉7件、法院开庭再审4件、改变原审判决3件、维持1件。办理创新型监督案件32件，其中民事执行监督案件2件、行政执法监督案件3件、督促起诉案件27件，挽回或避免直接经济损失11322.43万元。2011年，配合有关部门加强对国有资产监管，避免和挽回国有资产损失1.4亿元。对于法院刑事判决和民事裁判并无不当、但当事人仍不服的，做好释法说理工作，620名案件当事人服判息诉。

2012年，办理各类民事行政检察案件386件，办结316件、息诉70件。其中提出抗诉41件，提请山东省检察院抗诉9件，法院开庭再审改变原判决23件；发出再审检察建议11件，法院裁定再审9件，改判、调解2件。促成3件道路交通事故案以和解方式结案。新型业务共办结237件，其中执行监督14件、行政执法监督62件、诉讼违法情形监督153件、督促起诉8件，挽回经济损失3644.44万元。2013年，根据新修订的《中华人民共和国民事诉讼法》，加大对裁判不公案件的监督力度，依法抗诉、提请抗诉81件，办理诉讼过程中违法情形监督案件196件、行政执法监督案件26件，办结党政机关执行法院生效裁判监督案件99件，执行标的3800余万元。2014年，根据新修正的《中华人民共和国行政诉讼法》，依法提出抗诉或再审检察建议35件，获改判26件。针对审判和执行活动中的违法情形，提出纠正违法检察建议97件，其中91件得到整改落实。是年，对环境保护、校园安全、危房改造等民生领域进行重点监督，提出检察建议54件，建议行政执法机关移交和监督立案136人。协助民政部门清退不符条件的低保对象16628人，新增应保对象13214人。向其他办案部门移送犯罪线索8件17人，立案审查14人，4人作出有罪判决。2015年，受理民事行政案件285件，一审抗诉5件，提请省检察院抗诉5件，抗诉改判50件，发出再审检察建议8件，法院采纳并改变原结果14件，法院采纳检察建议133件，发出行政执法检察建议112件，有关行政部门采纳检察建议110件。其中，在虚假诉讼专项活动中办理虚假诉讼案件5件，抗诉1件，发送再审检察建议4件，法院改判3件；将涉案人员移送公安机关立查2件4人，起诉1人，法院对涉案人员罚款4万元。共发出道路交通安全法律监督检察建议19件，发出环境保护行政执法监督检察建议39件，收到行政机关回复55件，移送公安机关立查刑事犯罪1案2人，法院作有罪判决1件。

第八节　检察技术

1997年，办理各类技术案件1925件，其中法医检验822件，改变原鉴定结论28件，文痕检验139件，司法会计鉴定175件，视听技术417件。2000年，斥资122万元建设计算机网络。全年共办理各类技术案件1213件，其中法医843件，文痕检验71件，司法会计检验92件，视听技术61件，其他146件。出具鉴定书56份、检验报告143份、文证审查意见书53份、现场勘查笔录1份、物证照相和录像19件、视听证据资料28件、其他文书材料161份。2001年，办理各类技术案件1404件。办理法医鉴定案件494件，文、痕检65件，司法会计检验鉴定案件50件，视听技术案件208件。与市保险公司联合成立保险理赔鉴定中心，共办理保险理赔344件。2004年，建设侦查技术楼，建成视频会议室、中心机房、大要案指挥中心及3间审讯监控室，购置服务器和交换机。

2006年，办理各类检验鉴定案件854件，其中法医检验鉴定674件、文件检验9件、司法会计鉴定13件、视听技术158件。3个县、区检察院建成符合省检察院相关技术指标的固定讯问指挥系统，共完成同步录音录像工作140余次，录制时间246小时。完成全国、全省、全市专线网视频会议保障24次，市检察院视频会议保障60余次。在全省“网上办公”岗位练兵活动中，建立网上考试平台，为全省第一个调通并正式使用考试平台。2008年，全市司法会计及文件检验案件全部由市检察院统一受理、签发，相关资料进行网上传输、远程会检，增加专网搜索功能。开通网上电视直播系统和监所监外罪犯执行监督管理系统。协商公安机关的实验设备与市检察院共享，随时使用公安机关的法医解剖室。全年办理技术案件471件，通过文证审查改变公安机关错误结论2件。

2009年，成立聊城市人民检察院司法鉴定中心。全年，提供计算机故障检修服务2000余次；完成全国、全省和全市会议调试和保障140余次。完成市检察院反贪、反渎、侦监等部门委托的8起案件的全程同步录音录像工作，配合监察处完成扣押冻结款物的专项检查，配合预防处开展重点工程同步预防，并为反贪部门提供司法会计协助。2010年，通过技术鉴定，改变原鉴定结论1件、建议退回重新鉴定4件。2012年，办理签发司法鉴定案件285件，文证审查10件，通过文证审查改变原结论或退回补充鉴定4件。协助监所处完成监管场所的信息互联，制定《看守所规范化讯问室技术规范》，建成看守所标准化审讯室。2013年，受理司法鉴定案件463件。通过文证审查纠正原鉴定机构意见10件。电子数据鉴定取得高检院鉴定资质。全年为市县、两级检察院提供电子数据协助113次。开发建成司法鉴定远程会检软件平台、录音录像控制台。2015年，办理检验鉴定类案件410件、技术性证据审查401件，提供电子证据技术保障91次，同步录音录像200余次。完成全市同录中心建设，自主研发的司法鉴定远程会检平台在全省推广使用，市检察院作为全国首批电子证据云平台接入单位。

第三章　审　判

1997年以来，全市（地区）法院系统全面加强刑事、民商事、行政等各项审判工作，为维护社会大局稳定、促进社会公平正义、保障人民安居乐业提供有力司法保障。发挥刑事审判打击犯罪、保护人民的职能作用，组织开展“严打”“打霸治痞”等专项斗争，对危害公共安全和人民群众生命财产安全的犯罪始终保持高压态势，维护聊城社会稳定。发挥民事审判化解人民群众之间矛盾纠纷的职能作用，对婚姻家庭、劳动就业、教育医疗等涉民生案件实行优先立案、优先审理、优先执行，并将调解贯穿案件审理全过程，促进社会和谐。发挥商事审判对市场经济秩序的规则治理作用，坚持平等保护各类市场主体，依法审理合同纠纷、证券票据、企业破产等案件，维护诚信交易、公平竞争的市场环境，推动产业转型升级。发挥行政审判化解“官民”矛盾的职能作用，依法处理涉及政府信息公开、土地征收、房屋拆迁等行政案件，通过推动行政机关负责人出庭应诉、发布行政审判白皮书、举办行政诉讼法培训班等方式，促进行政机关和执法人员提升依法行政能力，推动法治政府建设。

第一节　刑事审判

1997年，聊城地区中级人民法院内设刑事审判第一庭和第二庭。刑一庭负责审理辖区内危害国家安全犯罪、危害公共安全犯罪、侵犯公民人身权利民主权利犯罪、妨害社会管理秩序犯罪、危害国防利益犯罪的一、二审案件。刑二庭负责审理辖区内破坏社会主义市场经济秩序犯罪、侵犯财产犯罪、贪污贿赂犯罪及渎职犯罪的一、二审案件。2008年8月，为加强未成年人权益保护，新设刑事审判第三庭，2013年7月，刑三庭加挂未成年人案件综合审判庭，负责审理发生在辖区内涉及未成年人权益的刑事和民事一、二审案件。

1997年以来，全市毒品案件、黑社会性质组织、非法吸收公众存款案件在聊城出现并呈多发趋势，严重侵犯财产性犯罪案件及犯罪人数呈下降趋势，涉及危害食品、药品安全犯罪以及涉众型经济犯罪的案件数量较多。2013年后，非法集资类犯罪案件在全市呈现快速增长、扩散蔓延态势，过早脱离学校教育的未成年人犯罪倾向大，侵财犯罪、暴力犯罪和性犯罪是未成年人犯罪的主要形式。1997—2015年，聊城市中级人民法院共审理刑事一审、二审案件8280件，减刑假释案件17222件。

1997—2015年聊城市中级人民法院刑事案件情况表

表25-7　　　　单位：件

年份	收案	结案	故意杀人	故意伤害	涉毒	强奸	拐卖妇女儿童	抢劫	盗窃	贪污、受贿	挪用公款	非法吸收公众存款	减刑假释
1997	687	700	33	25	—	15	1	13	28	8	1	—	577
1998	1010	1006	32	36	—	4	—	8	7	3	1	—	897
1999	731	728	38	34	—	16	3	18	4	5	3	—	573
2000	874	852	33	43	—	7	1	17	6	10	2	—	684
2001	814	835	36	53	—	14	2	20	5	4	3	—	646
2002	1215	1216	40	37	—	9	—	23	3	1	5	—	10045
2003	1031	1018	23	198	—	46	10	106	205	42	23	—	466
2004	1245	1187	38	213	3	53	4	121	262	67	26	1	493
2005	1408	1202	46	219	—	54	10	173	280	70	25	1	846
2006	1402	1371	45	208	—	51	—	154	276	44	22	2	915
2007	1362	1389	28	201	—	54	7	178	279	63	22	—	812
2008	1379	1352	40	184	2	50	6	182	336	62	25	—	1031
2009	1299	1273	30	196	3	44	11	137	293	52	19	—	1779
2010	1375	1355	31	186	10	58	34	164	265	58	19	1	1407
2011	1404	1382	48	181	8	49	15	105	256	57	9	—	1539
2012	1688	1671	56	273	7	77	13	111	289	71	19	3	1915
2013	1855	2167	44	214	28	48	9	75	312	104	19	12	1597
2014	1898	1954	28	336	35	47	5	58	289	83	21	17	—
2015	2105	1991	41	204	33	42	4	58	259	79	19	27	—

1997—2015 年聊城市判决案犯量刑情况表

表 25-8

单位：人

年份	无期徒刑以上	10 年以上有期徒刑	3 年以上不满 10 年	不满 3 年	缓刑、免刑及其他	合计
1997	87	36	32	6	6	167
1998	55	16	8	6	9	94
1999	62	17	11	2	5	97
2000	58	24	26	2	13	123
2001	66	25	8	3	11	113
2002	70	12	13	1	5	101
2003	59	28	10	4	6	107
2004	61	30	33	4	15	143
2005	80	72	52	9	20	233
2006	70	60	42	10	19	201
2007	51	89	44	6	21	211
2008	59	38	32	13	21	163
2009	54	53	24	3	4	138
2010	61	66	33	13	2	175
2011	71	75	34	9	14	203
2012	70	59	14	4	1	148
2013	73	81	31	9	7	201
2014	50	26	31	5	8	120
2015	37	19	15	2	1	74

说明：此表数字为一审判决人数

第二节　民事审判

1997 年以来，随着社会主义市场经济的发展、民商立法步伐的加快，聊城市民事审判的范围从婚姻家庭及生产、生活领域一般财产关系，逐步扩展到房地产业、信息产业以及劳动、交通、知识产权、涉外民事纠纷等方面。进入 21 世纪，全市婚姻家庭纠纷案件、侵权纠纷案件、民间借贷纠纷案件、房地产纠纷案件、物权纠纷案件、建设工程合同纠纷案件、劳动争议纠纷案件、农村承包合同纠纷案件等方面的案件增多。2002 年，全市法院系统实行“大民事”改革，市法院撤销经济审判庭，设立民事审判第一、第二、第三、第四、第五庭 5 个民事审判庭，分别负责审理传统的民事纠纷、商事合同纠纷、知识产权纠纷、二审商事纠纷、涉外民事纠纷。各基层法院民事审判机构设置和审理业务随之相应调整。2015 年，全市法院系统受理一、二审民事案件共 17936 件，审结 17927 件，解决争议标的额 11.81 亿元。

1997—2015 年聊城市民事收结案件情况表

表 25-9

年份	审级	民事		
		收案（件）	结案（件）	标的额（万元）
1997	一审	13671	13232	—
	二审	622	597	—
1998	一审	12077	11893	5910.09
	二审	754	759	—
1999	一审	15147	14190	14372.63
	二审	885	839	—
2000	一审	13573	13420	7124.01
	二审	971	965	—
2001	一审	11688	11984	9084.26
	二审	920	918	—
2002	一审	10303	9308	12519.97
	二审	743	724	—
2003	一审	9444	10046	125342.66
	二审	512	529	—
2004	一审	9795	9747	112956.65
	二审	565	575	—
2005	一审	10270	10360	33985.38
	二审	538	551	—
2006	一审	10553	10292	51125.84
	二审	593	590	—
2007	一审	11556	11489	67629.20
	二审	703	706	—
2008	一审	10715	10896	22577.03
	二审	1120	1096	—
2009	一审	11940	11516	168281.94
	二审	1449	1448	1071.95
2010	一审	13930	14292	210979.46
	二审	1359	1377	874.50
2011	一审	13794	13614	68279.11
	二审	967	909	4408.90
2012	一审	14795	14092	35460.23
	二审	1104	1122	4547.10
2013	一审	14728	14224	81510.07
	二审	815	810	5235.10

续表 25-9

年份	审级	民事		
		收案（件）	结案（件）	标的额（万元）
2014	一审	15471	16356	89669.49
	二审	858	734	3817.40
2015	一审	16727	16715	92601.32
	二审	1209	1212	7544.08

婚姻家庭纠纷案件

1997—2015 年，全市法院系统共受理婚姻家庭纠纷案件 100604 件，占民事案件总数的 30.76%。其中，离婚案件 83507 件，审结 83209 件；继承纠纷案件 1348 件；赡养、抚养、扶养、收养（简称“四养”）案件 3388 件。

2003—2015 年聊城市法院系统离婚、“四养”、继承一审案件情况表

表 25-10　　单位：件

年份	离婚					“四养”		继承	
	收案	结案	判决	撤诉	调解	收案	结案	收案	结案
2003	3219	3413	1458	368	1538	201	216	34	40
2004	3087	3067	120	372	1453	227	226	63	58
2005	3620	3637	1128	568	1913	265	273	38	39
2006	3848	3782	1108	515	2104	351	351	45	49
2007	4221	4089	1372	553	2134	253	251	57	57
2008	4350	4469	1443	628	2371	209	218	60	57
2009	5048	4818	1545	7250	2523	199	188	47	41
2010	5254	5408	1360	1009	3019	204	209	37	42
2011	5684	5627	1653	829	3071	310	300	53	51
2012	6449	6170	1824	1036	3293	260	263	43	37
2013	6768	6605	2705	1259	2590	253	232	83	77
2014	6984	6765	2900	1310	2444	304	300	72	65
2015	6975	7359	3571	1429	2247	352	367	40	55

劳动争议纠纷案件

1997—2015 年，全市一审审结劳动合同、追索劳动报酬、养老保险待遇、工伤保险待遇等劳动争议纠纷案件 456 件。

1997—2015 年聊城市法院系统劳动争议纠纷二审案件情况表

表 25-11　　单位：件、%

年份	收案	结案	撤诉	调解	调撤率
1997—2002	25	25	—	—	—
2003	18	19	—	2	10.5
2004	14	15	1	—	6.7

续表 25-11

年份	收案（件）	结案（件）	撤诉（件）	调解（件）	调撤率
2005	19	17	2	2	23.5
2006	33	35	3	3	17.1
2007	16	16	3	3	37.5
2008	14	14	1	2	21.4
2009	13	11	—	10	90.9
2010	42	43	14	15	67.4
2011	27	28	1	19	71.4
2012	28	25	3	7	40.0
2013	31	23	4	4	34.8
2014	64	47	4	7	23.4
2015	137	154	4	12	10.4

农村承包合同纠纷

1997—2015 年，全市法院一审审结涉及土地承包经营转包、转让、互换等农村土地承包案件 770 件，审结 767 件。

1997—2015 聊城市法院系统农村承包合同纠纷二审案件情况表

表 25-12　　单位：件、%

年份	收案	结案	撤诉	调解	调撤率
1997	15	15	—	—	—
1998	26	26	—	—	—
1999	25	23	—	—	—
2000	33	35	—	—	—
2001	45	40	—	—	—
2002	57	62	—	—	—
2003	61	54	2	4	11.1
2004	89	91	6	4	11.0
2005	58	65	6	4	15.4
2006	95	95	4	22	27.4
2007	38	40	4	12	40.0
2008	49	45	—	13	28.9
2009	92	95	21	51	75.8
2010	8	9	1	3	44.4
2011	12	5	2	—	40.0
2012	14	22	1	7	36.5
2013	8	7	—	4	57.1
2014	14	14	4	3	50.0
2015	31	24	—	7	29.2

第三节 商事审判

商事合同纠纷案件

1997年以来，聊城市（地区）县两级法院受理的商事合同纠纷案件主要是借款合同、买卖合同和企业破产、公司改制、金融体制改革、融资租赁等当中发生的纠纷案件。1997—2015年，共审理商事纠纷案301469件，结案283339件，标的额258.59亿元。

1997—2015年聊城市法院系统一审商事案件情况表

表25-13 单位：件、万元

年份	收案	结案	标的额
1997	11261	10531	25393.41
1998	9536	8814	29723.49
1999	10352	8370	36540.73
2000	15705	7494	44157.26
2001	8410	8012	55053.02
2002	11877	14933	25412.30
2003	10948	10933	59507.60
2004	11204	10838	52562.39
2005	12048	11964	93038.95
2006	13547	13019	89528.88
2007	14141	13020	862901.49
2008	22847	21016	29268.20
2009	24286	23580	92414.50
2010	26856	23999	56423.11
2011	28301	26468	74761.84
2012	24415	22013	113836.77
2013	18912	16982	222476.81
2014	17040	14001	304395.36
2015	19083	17352	318508.93

知识产权纠纷案件

2002年，聊城市中级人民法院民事三庭成立。2013年起，受理著作权纠纷案件、商标纠纷案件、技术合同纠纷案件等，是年受理案件1件。2003—2015年，共审结知识产权案1287件，其中著作权纠纷案630件、商标权纠纷案件583件、技术合同纠纷案件18件。

第四节 行政审判

1997—2015年，全市（地区）共受理一审行政诉讼案件22542件，其中公安类行政案件1130件、资源类行政案件2519件、城建规划类行政案件841件、工商行政案件55件、劳动和社会保障类行政案件242件、乡政府行政案件1287、计划生育案1031件、药品类案件1件、环保类案件8件、交通类250件、烟草专卖类行案件 26 件，共受理各类行政非诉执行案件申请 61910 件，执结 61402 件，执结标的额 6.06 亿元。

1997—2015 年聊城市法院系统审理行政案件情况表

表 25-14　　单位：件

年份	一审收案	一审结案	二审收案	二审结案
1997	1002	1099	101	95
1998	1273	1265	61	83
1999	821	714	322	321
2000	688	792	242	236
2001	694	639	101	102
2002	385	411	105	105
2003	716	730	108	118
2004	796	801	116	120
2005	1433	1425	95	92
2006	728	742	82	85
2007	1179	1167	90	68
2008	1206	1216	68	84
2009	2128	2123	52	57
2010	2226	2231	50	51
2011	2233	2233	67	70
2012	2328	2309	67	67
2013	1014	1011	73	74
2014	1030	985	65	60
2015	662	547	81	81

1997—2015 年聊城市受理行政非诉讼执行案件情况表

表 25-15　　单位：件、万元

年份	收案	结案	执结标的额
1997	816	53	692.77
1998	1921	1774	239.97
1999	3650	3612	1683.15
2000	4288	4076	787.68
2001	3635	3507	299.59
2002	2209	2106	489.41
2003	1637	1663	1044.42
2004	2734	2878	1057.08
2005	2034	1988	1174.00

续表 25-15

年份	收案	结案	执结标的额
2006	3774	3776	1759.86
2007	4002	4022	1471.98
2008	4894	4912	6704.12
2009	3408	3403	2735.87
2010	5255	5265	4987.79
2011	3953	3983	2693.63
2012	3398	3394	3257.00
2013	3093	3135	1321.51
2014	2436	2276	5759.55
2015	4773	4905	22485.56

第五节　审判监督

1997—1998 年，聊城市（地区）审判监督工作由告诉申诉审判庭负责。该庭既担负立案职能，又承担审判监督职能。1999 年，全市法院系统告诉申诉审判庭相继分立为立案庭和审判监督庭，对生效的民商事、刑事、行政案件的再审，均由审判监督庭专司。2013 年年底，市法院减刑假释工作由刑事审判第三庭调整至审判监督庭。1997—2015 年，全市法院审监庭共审查各类申诉案件 1555 件，审结各类再审案件 1795 件。其中，进入再审程序的刑事案件 81 件，包括改判、发回 37 件；民商事再审案件 1591 件，改判 361 件，发回重审案件 122 件，调解、撤诉 315 件，维持原判 721 件；审结行政再审案件 117 件。审理减刑、假释案件 16711 件，其中开庭审理 1754 件。

1997—2015 年聊城市法院审判监督庭收结案情况表

表 25-16

单位：件

年份	类别		刑事	民事	经济	行政	确认	小计
1997	申诉复查	收案	1	50	23	2	—	76
		结案	1	42	20	2	—	65
	再审	收案	—	21	13	—	—	34
		结案	—	18	12	—	—	30
1998	申诉复查	收案	2	47	30	6	—	85
		结案	2	55	33	6	—	96
	再审	收案	—	18	12	—	—	30
		结案	—	21	13	—	—	34
		收案	8	85	60	58	1	212
	申诉复查	结案	6	68	44	57	1	176
1999	再审	收案	—	26	32	15	—	73
		结案	—	25	29	15	—	69

续表 25-16

年份	类别		刑事	民事	经济	行政	确认	小计
2000	申诉复查	收案	3	56	34	160	1	254
		结案	5	73	45	161	1	285
	再审	收案	3	50	53	1	—	107
		结案	3	43	43	1	—	90
2001	申诉复查	收案	—	18	8	3	—	29
		结案	—	18	13	2	—	33
2001	再审	收案	3	55	29	—	—	87
		结案	3	56	33	—	—	92
2002	申诉复查	收案	6	35	—	4	1	46
		结案	6	30	—	4	1	41
	再审	收案	3	67	—	1	—	71
		结案	3	70	—	1	—	74
2003	申诉复查	收案	3	86	7	12	—	108
		结案	3	95	11	12	—	121
	再审	收案	7	84	84	14	—	189
		结案	7	94	89	16	—	206
2004	申诉复查	收案	4	75	6	4	2	91
		结案	4	79	6	4	2	95
	再审	收案	3	101	31	—	4	139
		结案	4	97	28	—	4	133
2005	申诉复查	收案	6	81	3	4	3	97
		结案	6	66	3	4	3	82
	再审	收案	—	59	78	11	—	148
		结案	—	57	71	11	—	139
2006	申诉复查	收案	4	76	1	12	2	95
		结案	4	69	1	16	2	92
	再审	收案	4	55	84	59	—	202
		结案	2	52	84	4	—	142
2007	申诉复查	收案	3	74	3	2	—	82
		结案	3	87	3	2	—	95
	再审	收案	5	42	79	3	—	129
		结案	7	41	78	56	—	183
2008	申诉复查	收案	4	23	3	3	—	33
		结案	4	30	3	3	—	40
	再审	收案	5	83	48	3	—	139
		结案	2	79	52	2	—	135

续表 25-16

年份	类别		刑事	民事	经济	行政	确认	小计
2009	申诉复查	收案	6	12	—	—	—	18
		结案	6	11	—	—	—	17
	再审	收案	5	38	39	1	—	83
		结案	7	38	36	2	—	83
2010	申诉复查	收案	4	16	—	1	—	21
		结案	4	17	—	1	—	22
	再审	收案	3	43	28	1	—	75
		结案	4	27	32	1	—	64
2011	申诉复查	收案	2	11	—	—	—	13
		结案	2	9	—	—	—	11
	再审	收案	10	33	28	1	—	72
		结案	10	35	34	1	—	80
2012	申诉复查	收案	2	14	2	—	—	18
		结案	2	16	2	—	—	20
	再审	收案	9	18	15	1	—	43
		结案	9	32	17	1	—	59
2013	申诉复查	收案	1	28	3	10	—	42
		结案	1	28	3	10	—	42
	再审	收案	6	15	14	3	—	38
		结案	4	17	15	4	—	40
2014	申诉复查	收案	—	131	9	13	—	153
		结案	—	129	9	13	—	151
	再审	收案	10	23	32	2	—	67
		结案	7	20	22	2	—	51
2015	申诉复查	收案	3	66	2	6	—	77
		结案	3	60	2	6	—	71
	再审	收案	7	76	5	1	—	89
		结案	11	67	5	—	—	83

第六节　国家赔偿

1997—2015 年，全市法院共受理国家赔偿案件 66 件，审结 66 件。其中决定赔偿的案件 27 件，决定支付赔偿金 724725.29 元。

1997—2015 年聊城市国家赔偿案件情况表

表 25-17

年份	收案（件）	结案（件）	其中（赔偿义务机关）			结案方式				
			法院（件）	检察院（件）	公安局（件）	撤回申请（件）	决定赔偿（件）	决定不赔偿（件）	其他（件）	赔偿数额（元）
1997	7	7	3	3（1）	1		5	2	—	42099
1998	7	7	4	2	1	1	2	—	4	12633
1999	10	10	2	4（1）	4	1	5	3	1	182724
2000	5	5	1	1	3	—	2	2	1	8146
2001	7	7	4	—	3	—	5	2	—	198877
2002	5	5	4	（2）	1	—	4	—	1	106563
2003	3	3	3	（1）	—	—	—	1	2	—
2004	5	5	2	2	1	—	—	4	1	—
2005	3	3	2	（1）	1	—	2	—	1	66265
2006	3	3	—	2	1	—	—	2	1	—
2007	1	1	—	1	—	—	—	—	1	—
2008	1	1	—	1	—	—	1	—	—	43420
2009	1	—	1	—	—	—	—	—	—	—
2010	—	1	—	—	—	—	—	—	1	—
2011	1	—	1	—	—	—	—	—	—	—
2012	2	3	2	—	—	—	1	1	1	64000
2013	2	2	1	1	—	—	—	—	2	—
2014	1	1	1	—	—	—	—	—	1	—
2015	2	2	—	2	—	—	—	1	1	—

说明：检察院赔偿括号中的数字，代表与法院共同赔偿的案件数字

第七节　立案信访

1997 年至 1998 年 11 月，地区中级人民法院立案信访工作由告诉申诉庭负责。1998 年 12 月，市中级人民法院撤销告诉申诉庭，成立立案庭和审判监督庭，立案信访工作由立案庭负责。2009 年年底成立信访处，与立案庭合并办公。2013 年 11 月成立再审立案庭，与信访处合并办公，再审立案及涉诉信访工作职能从立案庭分离。

一、立案工作

1997 年，各审判庭自行立案。1998 年年底成立立案庭，全年全市立案 41177 件。1999 年，全市法院全面推行“大立案”审判管理模式改革。提出以审判流程管理为核心、以统一归口立案为前提，逐步建立符合审判工作规律、适应审判工作发展的审判运行和管理机制，克服分散立案、标准不一、该立不立等问题。全市法院为立案庭增配业务骨干，配备自动化办公设备和交通工具。至 2000 年 5 月，全市法院实现立案庭统一负责各类案件的登记立案、排期、送达、保全、审限跟踪、案件报结以及不予受理（立案）、管辖权争议案件的工作机制，基本实现对案件的全程监督，立案工作走上科学化、规范化的运行轨道。2000 年，市中级人民法院立案大厅投入

使用并实现一条龙窗口式服务，全年立案45895件。是年，制定《司法救助工作制度》，实行司法救助制度。2004年实行网上立案、远程立案、传真立案、巡回立案等便民措施。2005—2007年，聊城市中级人民法院立案庭先后3年被山东省高院授予集体三、二、一等功。2007年，实现立案、排期、案件报结自动化管理。全年，全市法院系统立案41944件。2011年，市法院“立案信访窗口”被山东省高级人民法院（简称“省高院”）通报表扬，市法院立案庭（信访处）被省高院授予集体二等功。2013年11月，最高法院在聊城市召开全国法院“立案信访窗口”文化建设共建工作座谈会，对聊城市诉讼服务中心建设特别是文化建设给予高度评价。2015年9月，市中级人民法院和各基层法院相继建起诉讼服务大厅。市中级人民法院在临清市召开全市法院诉讼服务中心规范化建设推进会。会议提出，着力构建完善诉讼服务大厅、诉讼服务网、“12368”诉讼服务热线“三位一体”的诉讼服务新格局，着力打造多层次、全方位、全过程、一站式的便民利民诉讼服务，最大限度地满足人民群众的司法需求。2015年5月始，立案审查制改为立案登记制。全年，全市法院系统立案63170件，其中刑事收案2466件、民商事收案39968件、行政收案744件、申诉申请再审173件、赔偿3件、执行19816件。至2015年，全市共为经济确有困难的当事人缓、减、免诉讼费40余万元。

二、涉诉信访工作

1997年，地区中级人民法院信访工作由告诉申诉庭负责。1998年年底，立案庭成立后由立案庭负责，主要承担接待当事人对立案、审判中的来信、来访，接受和处置信访人所反映的涉诉问题。除设有专人专司接访外，在全区两级法院建立院长定期集体公开接待来访制度。2000年2月，市中级人民法院被聊城市委、市政府授予“1998至1999年度全市信访工作先进单位”称号。2003年，市法院出台《关于加强和改进信访工作的意见》，对接访方式、复查听证程序提出明确要求，受到山东省高级人民法院通报表彰。2005年，市法院制定《关于信访工作若干问题的规定》，明确信访机构、职责分工、来信来访处置规范等，并将信访工作纳入岗位目标责任制。2006年，制定《办理涉诉信访终结案件工作程序》，对涉诉信访终结案件工作提出明确要求。2008年，聊城市中级人民法院被省高院评为全省法院北京奥运会、残奥会信访工作先进集体，2009年被市委评为维护社会稳定先进集体。2009年，市法院成立信访处，专门负责涉诉信访工作。市委政法委启动涉法涉诉信访救助基金制度。2012年，聊城市中级人民法院被省高院授予信访维稳工作先进集体。2013年11月，信访处与新成立的再审立案庭合并办公。2014年5月，新建的涉诉信访服务中心投入使用。该中心安装远程视频接访和信访指挥调度系统。实现来访登记、材料收转、咨询答疑、预约接谈和申诉、申请再审受理一站式服务。2014年5月以来，落实中央涉法涉诉信访改革的要求，实行诉、访分离，将符合条件的诉类信访事项及时导入再审审查程序，初步实现由“维稳信访”向“法治信访”转变。至2015年，全市共向42名生活困难的信访群众发放救助金107万余元。

三、再审立案工作

1997年，聊城地区中级人民法院再审立案工作由告诉申诉庭负责。1998年年底，再审立案工作由新成立的立案庭负责。1997—2006年，市（地区）中级人民法院共审查各类申诉、申请再审案件658件，再审立案105件。

2007年，民事诉讼法审判监督程序第一次修正后，市中级人民法院对民事再审审查程序和文书样式进行创新。在2010年3月全省法院第一次再审立案工作会议上，聊城市法院以《创新规范审查机制，努力实现“四高一少”》为题介绍创新经验。2007—2011年，市中级人民法院共审查各类申诉、申请再审案件380件，再审立案53件。

2012年，民事诉讼法审判监督程序第二次修正后，民商事申请再审案件的管辖由“全部上提一级”变为“部分案件可由原审法院管辖”，市中级人民法院受理的申诉、申请再审案件数量持续上升。2013年11月，市中级人民法院成立再审立案庭，专门负责民商事申请再审、刑事申诉、再审检察建议的受理和审查，以及行政申请再审及各类抗诉案件的登记立案工作。2014年12月，印发《关于进一步规范民商事申请再审立案工作的通知》，对民商事申请再审案件的受理、调卷、报送、分工等进行明确，规范审查流程。2014年，市中级人民法院再审立案庭（信访处）被省高授予立集体三等功。2012—2015年，共审查各类申诉、申请再审、再审检察建议465件，依法再审立案56件。2015年6月，市中级人民法院出台《关于规范民事检察建议办理工作的意见（试行）》，实现全市法院民事检察建议办理规范化。10月，在涉诉信访服务中心设立“律师代理申诉值班室”，由市司法局和市律师协会选派律师轮流值班，为申诉人提供专业的法律服务。2015年，再审立案庭（信访处）被市委、市政府评为全市政法系统先进集体。

1997—2015年聊城市市县两级法院立案情况表

表25-18　　单位：件

年份	案件总数	刑事	民商事	行政	申诉申请再审	赔偿	执行
1997	29844	—	—	—	—	—	—
1998	41177	—	—	—	179	—	—
1999	47233	—	—	—	304	—	—
2000	45895	—	—	—	335	—	—
2001	37625	—	—	—	252	—	—
2002	41907	—	—	—	254	—	—
2003	34357	—	—	—	—	—	—
2004	35162	—	—	—	—	—	—
2005	36739	1523	25437	1567	132	2	8078
2006	39807	1474	26013	869	94	3	11354
2007	41944	1482	28996	1493	37	1	9935
2008	51527	1522	37564	1277	85	1	11078
2009	52977	1451	40394	2181	111	—	8840
2010	58772	1553	44923	2277	62	—	9957
2011	57529	1573	44111	2301	61	1	9482
2012	61083	1926	46679	2396	37	2	10043
2013	55147	2023	40760	1090	38	—	11236
2014	57947	2262	40061	1097	137	—	14390
2015	63170	2466	39968	744	173	3	19816

第八节　执行工作

1997年，聊城地区收执行案件194件，结案145件。2001年年底，市法院成立执行局，下设执行一庭、执行二庭、执行三庭。2011年，市法院与市民政局联合印发《关于对执行案件特困申请执行人家庭实施生活救助的意见》，提出市（县）民政部门分别提供一定数量的救助金，用于救助执行不能的涉民生案件。是年，市法院积极与人民银行实行联动，实现法院执行信息与人民银行征信系统的对接。系统对接当天，3名“老赖”主动找银行还款，56人向人行营管部咨询还款事宜，促使42件案件的被执行人自动履行360万元的债务。2012年，市综治委将执行工作纳入全市社会治安管理综合治理暨平安建设年终检查考核标准，实行每年组织两次综合治理检查，对执行工作开展不力的地方党委政府实行一票否决制。建立健全执行联动机制。成立由市委常委、政法委书记为组长，市人大常委会副主任、市政协副主席和市中级人民法院院长为副组长，市纪委副书记、市检察院副检察长等19个单位负责人为成员的全市执行工作联动机制领导小组，在市法院设立办公室，建立联动机制联席会议制度，每年至少召开两次联席会议。市法院与市检察院、市公安局联合印发《关于办理涉嫌拒不执行法院判决、裁定犯罪案件若干问题的意见》，明确法院生效判决、裁定的种类和拒不执行应当追究刑事责任的具体情形。2010年，聊城市法院被省委政法委、省法院联合授予“全省集中清理执行积案活动先进单位”称号，并通报表彰。市中级人民法院执行局先后被省高院记集体三等功、集体二等功各一次。

2013年起，依照执行工作“分权制衡”要求，执行一庭、二庭、三庭分别行使执行案件的执行实施权、执行裁决权和执行监督权。2014年，建立执行指挥中心。依托执行案件信息管理系统、司法查控平台和委托案件管理系统，围绕执行联动、网络查控、信息公开、协调指挥、快速反应、监督管理等推动全市法院实现信息共享，提高执行工作水平。推进司法查控网络平台建设，开通与银行“点对点”查询系统。2014年10月后，市、县两级法院共对7名拒不履行法院判决、裁定的被执行人处以刑事处罚。聊城市中级人民法院在执行侯某某任法定代表人的某公司一案中，侯某某将法院查封、扣押的财产非法处置，并谎称死亡、将原籍河北邢台的户口注销，造成多起执行案件无法执行。申请执行人多次上访，严重影响法院公信力。聊城中级人民法院通过摸排，由公安机关协助侦查，最终在聊城金鼎商厦将侯某某夫妇抓获，并查扣其财产千余万元。移送并协助市公安局刑警支队对其涉嫌非法处置查封、扣押财产罪立案侦查，终使其获刑。2015年，全市法院执行系统收案1135件，执行完结1109件。至2015年，共救助481名特困申请执行人。

1997—2015年聊城市执行案件情况表

表25-19 单位：件

年份	收案					结案				
	数量	其中				数量	其中			
		民事	刑事附带民事	公证	仲裁		民事	刑事附带民事	公证	仲裁
1997	194	163	4	3	4	145	122	3	16	4
1998	221	194	3	7	7	187	155	4	20	8
1999	206	176	19	4	7	193	163	13	11	6
2000	224	184	25	6	—	295	251	30	5	1
2001	227	175	28	2	—	272	221	28	6	—
2002	169	137	21	1	1	218	191	18	—	—
2003	124	99	20	2	—	142	118	22	—	—
2004	172	152	17	2	—	157	131	21	4	—
2005	189	161	26	1	1	177	152	23	1	1

续表 25-19

年份	收案					结案				
	数量	其中				数量	其中			
		民事	刑事附带民事	公证	仲裁		民事	刑事附带民事	公证	仲裁
2006	168	114	41	—	11	168	113	46	—	7
2007	195	159	29	—	7	195	157	27	—	11
2008	177	144	23	—	10	201	167	24	—	10
2009	96	59	17	—	19	120	82	18	—	19
2010	109	58	29	—	19	113	62	29	—	19
2011	119	83	27	—	8	108	80	19	—	8
2012	71	93	31	6	41	162	8	36	4	34
2013	178	126	25	7	20	178	122	26	6	24
2014	39	203	12	6	28	439	204	14	8	23
2015	1135	592	9	—	54	1109	597	8	1	53

第九节　司法技术

1997 年，聊城地区中级人民法院司法技术工作由技术室具体负责。1998 年 8 月，成立聊城市司法技术鉴定中心。2002 年，司法鉴定增设测谎技术。2014 年，市中级人民法院按照国际标准重新装修、布置测谎室，提高测谎仪性能。至 2015 年，共测谎案件 179 件 358 人次。1997—2015 年，全市司法技术系统对外委托鉴定 2672 件，鉴定人出庭解答 168 人次，受理评估 842 件、拍卖 879 件。

1997—2015 年聊城市司法技术收结案件情况表

表 25-20　　单位：件

年份	评估	拍卖	工程	质量	法医	文检	测谎	审计	会计	其他	合计
1997	12	—	10	6	67	51	—	8	—	—	154
1998	13	—	8	8	36	15	—	—	7	—	87
1999	50	—	15	—	65	54	—	—	21	—	205
2000	90	—	8	12	93	83	—	10	20	—	316
2001	80	—	15	10	73	63	—	—	15	5	261
2002	59	—	8	3	81	57	15	—	11	—	234
2003	54	6	5	4	58	58	18	—	8	—	211
2004	50	11	4	1	41	53	22	—	—	—	182
2005	25	14	—	—	24	18	16	—	—	—	97
2006	15	6	—	—	—	41	23	—	—	—	85
2007	41	35	10	—	17	44	22	9	—	3	181
2008	43	34	12	1	12	69	11	1	1	—	184
2009	30	18	8	—	3	35	5	—	—	2	101

续表 25-20

年份	评估	拍卖	工程	质量	法医	文检	测谎	审计	会计	其他	合计
2010	24	19	2	2	8	47	4	1	—	—	107
2011	19	16	3	—	4	50	12	—	—	2	106
2012	18	81	—	—	7	54	10	—	—	4	174
2013	49	241	—	—	6	79	9	—	—	2	386
2014	80	303	6	2	7	126	5	1	—	—	530
2015	90	95	6	2	14	20	7	6	—	—	240

第四章　司法行政

1997 年，聊城地区司法局辖 8 个县（市）司法局和聊城地区法律援助中心、聊城地区公证处。全区有公证处 9 个，公证员 55 人；律师事务所 18 个，执业律师 138 人；司法所 167 个，工作人员 265 人。1998 年，聊城地区司法局更名为聊城市司法局。是年 10 月，市公证协会成立。1999 年，全市 21 个律师事务所有 16 个转变为合作制、合伙制。2001 年，开始实施第四个五年普法规划和第三个依法治市规划。2002 年，实施公证工作改革，先后有聊城市、临清市、阳谷县、东阿县、高唐县公证处改制成为自收自支事业单位。2004 年，全市 8 个县（市、区）法律援助机构均在各乡镇（街道）设立法律援助工作站。2006 年，实施第五个五年普法规划和第四个依法治市规划。2007 年，开始社区矫正试点工作。2011 年，实施第六个五年普法规划和第五个依法治市规划。当年，开办金融公证业务。对全市社区矫正人员进行 GPS 卫星手机定位监管。2013 年，部署开展创建全国法治城市工作。探索对基层矛盾纠纷排查预警工作网格化管理。2015 年，市司法局辖 8 个县（市、区）司法局和市法律援助中心、市公证处。全市有公证处 9 个，公证人员 94 人；律师事务所 37 个，执业律师 434 人；司法所 139 个，工作人员 426 人；人民调解委员会 6912 个，调解人员 20448 人；基层法律服务所 69 个，工作人员 400 余人；法律援助机构 9 个，工作人员 59 人。

第一节　普法教育

1997—2000 年，继续实施自 1996 年开始的全市（地区）第三个五年普法规划和第二个依法治市规划。普法的重点对象是县团级以上领导干部、司法人员、行政执法人员、企业经营管理人员、青少年，主要内容是学习邓小平关于社会主义民主与法制建设的理论以及“二十二法和一书、一条例”，即《中华人民共和国宪法》《中华人民共和国刑法》《中华人民共和国刑事诉讼法》《中华人民共和国行政处罚法》《中华人民共和国国家赔偿法》《中华人民共和国农业法》《中华人民共和国公司法》《中华人民共和国不正当竞争法》《中华人民共和国合同法》《中华人民共和国劳动法》《中华人民共和国消费者权益保护法》《中华人民共和国妇女权益保障法》《中华人民共和国香港特别行政区基本法》《中华人民共和国澳门特别行政区基本法》《中华人民共和国村民委员会组织法》《中华人民共和国消防法》《中华人民共和国工会法》《中华人民共和国老年人权益保障法》《中华人民共和国保守国家秘密法》《中华人民共和国审计法》《中华人民共和国行政

2001 年 3 月 12 日，聊城市司法局联合市妇联开展妇女维权周活动宣传

复议法》《中华人民共和国预防未成年人犯罪法》《社会主义法制建设基本知识》《国家公务员暂行条例》。"三五"普法期间，聊城市有 420 万名普法对象受到不同程度的教育，在全市 1400 余名县处级以上干部和 15000 名科级干部中落实、建立普法考核证制度；举办专题法制讲座 400 余场次、培训班 620 期，举办法律知识竞赛 40 余场次；在全市 70% 的行政村、50% 的乡镇、100% 的学校、70% 的厂企制作法制宣传栏。

2001 年 7 月 25 日，聊城市委印发《聊城市依法治市五年规划（2001—2005）》，市人大常委会作出《关于在全市公民中进一步开展法制宣传教育推进依法治市的决议》，把"四五"普法确定为依法治市一项重要的基础工程。市委市政府召开全市"四五"普法依法治理启动工作会议，部署"四五"普法工作，全市"四五"普法工作全面展开。"四五"期间，除"三五"普法期间学习的 22 部法律外，另增加《中华人民共和国婚姻法》《中华人民共和国教育法》《中华人民共和国产品质量法》《中华人民共和国土地管理法》等 14 个法律和《中组部、中宣部、司法部关于加强领导干部学法用法工作的若干意见》及《全国人大常委会关于取缔邪教组织、防范和惩治邪教活动的决定》，学习《山东省"四五"全民普法法律选编》《山东省"四五"全民普法法律读本》和山东省"四五"全民普法补充教材。"四五"普法期间，全市设置基层常年法制宣传橱窗 4500 个，举办各类普法培训班 8300 多场次，开展咨询和竞赛活动 6400 多场次，全市 560 万名普法对象普遍接受不同程度的法律常识教育。

2006 年，聊城市十四届人大常委会第 26 次会议作出《关于在全市公民中开展第五个五年法制宣传教育的决议》，市委、市政府转发《关于在全市公民中开展法制宣传教育的第五个五年规划的通知》，并召开聊城市普法依法治理工作总结表彰暨实施"五五"法制宣传教育规划动员大会，聊城市"五五"普法工作全面启动。"五五"普法的重点对象是领导干部、公务员、青少年、企业经营管理人员、农民。主要内容为：通过开展"法律六进"（进机关、进乡村、进社区、进学校、进企业、进单位）活动和法治城市、法治县（市、区）创建活动，以及法治文化建设，全面提升法制宣传教育的文化品位和社会法治化管理水平。"五五"普法期间，全市普法教育普及率 95%，其中领导干部和公务员（机关工作人员）普及率为 100%、青少年学生普及率 100%、企事业经营管理人员普及率 90%、居（农）民普及率 90%、外来民工普及率 80%。

2011 年，聊城市十五届人大常委会第 28 次会议作出《关于在全市公民中开展第六个五年法制宣传教育的决议》，通过《聊城市 2011—2015 年依法治市规划》，市委、市政府印发《关于在全市公民中开展法制宣传教育的第六个五年规划的通知》，召开全市普法依法治理工作会议，对全市"六五"普法依法治理工作进行动员部署。2013 年，市委、市政府出台《关于创建全国法治城市保障聊城跨越赶超的意见》，制定实施细则和考评标准，召开法治城市创建动员大会，提出"一二三四五"工作思路（围绕一个主线，即围绕创建全国法治城市这个主线；建设两个基地，即建立法制宣传教育基地和法治文化示范基地；组建三支队伍、完善三项机制，三支队伍即法制宣讲队伍、法律服务志愿者队伍、法律顾问队伍，三项机制即网格化管理机制、目标责任机制、考核考评机制；建立四个中心，即综合法律服务中心、矛盾纠纷调处和社会维稳中心、法制宣传教育中心、社会特殊人群管控中心；开展五大活动，即在全市开展法治机关、法治学校、民主法治示范村和社区、诚信守法企业、法治单位创建活动），对争创全国法治城市作出全面部署。2014年，市委出台《全面推进依法治市的实施意见》，明确责任分工，将依法治市工作列入市委、市政府大督查范围。“六五”期间，全市各级举办法治讲座500余期、法治培训班282期，公务员法治培训2.5万人次。全市共选聘法治副校长和法治辅导员2320余人；举办各类培训班60余期，培训5000余人次；举办“法律进学校”报告会、法治讲座、法治文艺演出2400余场次。开展法律下乡、赶法律大集、法治文艺巡演、法治宣传村村行、法律服务大篷车等法治宣传活动2800余场（次），开展法律服务人员社区“大走访”活动630余场（次）。编辑出版《法治聊城——热点问题法律解析》《法润水城——以案释法周周读》《领导干部学法笔记》《领导干部学法考法1000题》等法治读本；组织编写《农村常用法律手册》《百姓身边法》等法治宣传手册和制作农村法治光盘16.8万册（盘），免费发放到群众手中。全市90%以上的行政村建有普法一条街、法治宣传橱窗或“法治书屋”，95%以上的社区建有法治宣传橱窗，81个社区设立社区律师工作室或普法办公室。2015年，开展全市首届诚信守法企业评选，52家企业受到表彰。全市共建成8处省级法治文化基地，市级法治文化基地32处。临清市、东阿县先后被命名为“全国法治创建工作先进县（市）”，高唐县被命名为“全省法治创建工作先进县”。全市有4个村被命名表彰为“全国民主法治示范村（社区）”，17个村（社区）被命名表彰为“全省民主法治示范村（社区）”，102个村（社区）被命名表彰为“全市民主法治示范村（社区）”。

第二节　公证事务

1997年，全区共有公证处9处，包括聊城地区公证处和区辖8县（市）公证处，共有公证人员55人。1997年后，境内计划生育协议、农村社会治安、减轻农民负担、土地承包、果园蔬菜大棚承包等大批量的公证事项明显增多。是年，办理公证事项28万余件，到2000年公证事项近54万件。1998年10月，成立聊城市公证协会。2002年，出台《聊城市公证工作改革实施方案》，先后有聊城市公证处、临清市公证处、阳谷县公证处、东阿县公证处、高唐县公证处改制成为自收自支事业单位。2000年7月，全市公证机构对保全证据、现场监督、合同三类公证书实行“要素式”公证书格式。2004年2月，市委、市政府印发《关于进一步加强全市公证工作的意见》，对发挥公证职能作用提出具体要求。2007年，聊城市公证处冠名为山东省聊城市鲁西公证处，东昌府区公证处冠名为山东省聊城市鲁信公证处，各县、市公证机构冠名为山东省某某县、市公证处。2011年，开办金融公证业务。2014年，聊城市司法局与市人行联合印发《聊城市公证抵押贷款管理暂行办法》，规范抵押贷款公证工作。2015年6月，市政府印发《关于明确公证部门抵押登记范围的批复》，对聊城公证部门从事财产抵押登记的范围作出明确规定。2015年，全市共有公证处9处，公证人员94人。1997—2015年，全市共办理公证事项176.6万余件，其中国内经济公证65万余件、国内民事公证105万余件、涉外及涉港澳台公证6万余件，公证业务收费共计5894万元；接待来访群众近5万人次，制止不法经济活动1714起，涉及金额4.3亿元。

1997—2015 年聊城市公证人员一览表

表 25-21

单位：人

年份	合计	公证员						公证员助理	其他工作人员
		小计	一级	二级	三级	四级	未评		
1997	55	38		2	27	6	3	4	13
1998	55	50		2	31	6	11	1	4
1999	60	51		2	33	8	8		9
2000	57	44		3	28	5	8		13
2001	57	46		4	25	9	8		11
2002	72	49		3	25	13	8	18	5
2003	72	41		1	17	16	7	23	8
2004	82	39		2	20	13	4	26	17
2005	81	39		2	20	13	4	24	18
2006	74	38		2	19	10	7	15	21
2007	77	38		2	20	9	7	15	24
2008	81	38		2	20	8	8	22	21
2009	73	33		2	14	9	8	18	22
2010	80	38		2	14	16	6	18	24
2011	80	38		2	15	18	3	19	23
2012	84	39		4	15	18	2	20	25
2013	87	41		5	15	17	4	23	23
2014	89	40	1	4	13	17	5	24	25
2015	94	43	1	4	14	16	8	26	25

1997—2015 年聊城市公证业务一览表

表 25-22

年份	办理公证（件）				不予办理公证（件）	制止不法经济活动		接待来访（人次）	公证业务收费（万元）	处理来信（件）
	合计	国内经济公证	国内民事公证	涉外及涉港澳台公证		件数（件）	涉及金额（万元）			
1997	281180	233366	47656	158	84	10	548	2910	113	326
1998	270456	225245	44827	384	42	11	1456	7680	131	75
1999	383727	118854	264454	419	211	33	1451	4990	140	125
2000	539801	11181	528062	558	276	50	2505	5851	163	77
2001	34176	9526	23795	855	254	44	1570	2032	136	109
2002	35322	10105	24128	1089	311	65	1657	841	148	227
2003	23842	5302	16966	1574	293	57	645	714	195	73
2004	18173	8742	8511	920	714	160	1579	1537	231	33
2005	15424	7189	7395	840	718	211	862	1471	215	21

续表 25-22

年份	办理公证（件）				不予办理公证（件）	制止不法经济活动		接待来访（人次）	公证业务收费（万元）	处理来信（件）
	合计	国内经济公证	国内民事公证	涉外及涉港澳台公证		件数（件）	涉及金额（万元）			
2006	10603	3838	5256	1509	644	147	2486	2830	2296	64
2007	13551	5152	6489	1910	885	118	4232	1980	256	35
2008	12222	3742	5974	2506	578	90	10597	1242	283	24
2009	12366	3449	6986	1931	416	52	5029	1185	283	3
2010	12686	4287	6365	2034	615	89	2744	1289	336	6
2011	14649	5339	7517	1793	498	93	1343	1983	409	12
2012	18489	5045	11370	2074	801	117	1878	3180	510	5
2013	22642	4189	16150	2303	363	210	800	612	632	24
2014	22346	6771	12556	3019	353	84	1010	6267	735	12
2015	24718	10292	11268	3158	957	73	1120	963	748	7

第三节　律师事务

1997 年，聊城地区有律师事务所 18 家，执业律师 138 名。1999 年，聊城市司法局印发《关于律师事务所体制改革的实施意见》，2000 年 11 月，召开律师改制工作会议，全市 21 个所有 16 个完成脱钩改制，实现由国家出资设立的律师事务所向合作制、合伙所转变。是年，根据司法部《关于下发〈山东省律师事务所核定名称〉的通知》精神，全市 19 个律师事务所全部由“聊城 ×× 律师事务所”改为“山东 ×× 律师事务所”。2002 年 10 月，聊城市司法局出台《关于律师管理工作的若干规定》，规范法律服务秩序。2005 年，市司法局出台《聊城市律师业发展三年规划》等文件。2009 年 9 月，市司法局出台《聊城市律师管理工作考核办法》和《律师事务所业绩考核办法》。办法提出，从硬件建设、规章制度建设及落实情况、年度律师业务完成情况、遵守职业道德情况等 10 个方面对律师事务所进行全面考核。2011 年，组织全市 30 家律师事务所与 30 个乡、镇（街道）30 个新农村试点村及 30 个有发展潜力的中小企业签订法律帮扶协议，免费进行法律咨询和宣传，提供法律帮扶和法律服务。2014 年 3 月，印发《关于设立社区律师工作室的实施意见》，社区律师工作室建设稳步推进。市司法局印发《关于对律师案件质量进行电话回访的通知》《加强律师职业道德建设工作重点》《聊城市青年律师培养工作重点》，加强对律师事务所、律师的管理和青年律师的培养。2015 年 12 月，市委、市政府印发《关于推进基层法律服务全覆盖，实施“一乡镇一团队一村居一顾问”工程的意见》，推行全市每个乡镇有一支律师、法律服务工作者组成的服务团队担任法律顾问，每个村居有一名律师、法律服务工作者或司法所工作人员担任法律顾问。是年，启动律师代理申诉工作，选派 2 家省优秀律师事务所的 20 名资深律师到中级人民法院代理申诉值班。2015 年，全市共有律师事务所 37 家，其中市司法局直属所 15 家，县（市、区）司法局管辖所 22 家。按组织形式分，合伙所 30 家，国资所 3 家，个人所 4 家；律师人数超过 10 人的律师事务所 18 家。全市 434 名执业律师中，专职律师 428 人，兼职律师 6 人；具有博士学位 3 人，硕士、双学士学位 36 人，大学学历 372 人。

1997—2015 年，全市律师进行刑事辩护及代理案件共 18847 件，民事、经济、行政诉讼代理案件共 60029 件，非诉讼法律事务 28326 件。

1997—2015年聊城市律师机构、人员一览表

表25-23

单位：家、人

年份	律师事务所					律师工作人员				
	合计	国资所	合伙所	合作所	个人所	合计	专职	兼职	特邀	辅助人员
1997	18	17	—	1	—	181	107	31	8	35
1998	19	18	—	1	—	179	107	25	5	42
1999	21	20	—	1	—	171	130	13	—	28
2000	21	19	1	1	—	206	159	12	—	35
2001	19	4	8	7	—	188	128	11	—	49
2002	20	3	11	6	—	216	148	1	—	57
2003	21	4	11	6	—	210	163	5	—	42
2004	22	4	12	6	—	216	161	5	—	50
2005	22	4	12	6	—	199	157	5	—	37
2006	23	4	13	6	—	233	172	5	—	56
2007	23	4	14	5	—	252	178	6	—	68
2008	24	4	20	—	—	296	193	7	—	96
2009	6	4	21	—	1	309	199	4	—	106
2010	30	4	23	—	3	377	243	4	—	130
2011	31	4	23	—	4	427	293	5	—	129
2012	33	4	23	—	6	461	333	9	—	119
2013	33	4	24	—	5	494	369	7	—	118
2014	37	4	28	—	5	532	405	7	—	120
2015	37	3	30	—	4	580	428	6	—	146

1997—2015年聊城市律师业务一览表

表25-24

年份	法律顾问（家）	刑事辩护及代理（件）	民事诉讼代理（件）	行政诉讼代理（件）	非诉讼法律事（件）	代书（件）
1997	946	459	1686	208	2618	3591
1998	791	501	815	80	1278	2085
1999	899	621	2150	855	4583	5856
2000	855	670	2347	183	3905	5154
2001	471	561	2114	213	3853	4516
2002	487	508	2360	173	2729	2733
2003	485	614	2442	193	933	3852
2004	544	621	3273	221	1257	3320
2005	496	667	2354	198	204	3233
2006	527	608	2539	105	501	27048

续表 25-24

年份	法律顾问（家）	刑事辩护及代理（件）	民事诉讼代理（件）	行政诉讼代理（件）	非诉讼法律事（件）	代书（件）
2007	551	682	2347	87	622	20771
2008	529	1102	2513	70	731	22680
2009	664	731	2489	86	929	24379
2010	714	1113	2490	101	1265	24811
2011	722	1171	2714	103	615	20837
2012	780	1317	3034	70	439	21798
2013	766	2848	3278	53	465	23401
2014	928	2246	3927	99	286	20690
2015	757	1807	4557	140	1113	19729

第四节　劳改劳教

1997 年以来，聊城监狱坚持监管、生产、队伍、资产和社区“五个安全”一起抓，落实“四无二防止”（无罪犯脱逃、无狱内重特大案件、无重大疫情和成批疾病死亡、无重大生产安全事故；对外防止不法分子袭击监狱，对内防止罪犯袭警）工作，加强“三共”（共管、共建、共保安全）建设，开展监管秩序专项整治、专项严打整治，构建安全稳定长效机制工作体系。1999 年起，连续 17 年实现场所安全。1999 年、2006 年、2007 年、2008 年、2010 年先后被省司法厅记集体二等功；2003 年被省监狱管理局授予集体二等功；2005 年被司法部授予“全国监狱服刑人员普法教育先进单位”称号，被司法部、武警总部评为“全国三共活动先进单位”；2006 年度被人事部、司法部授予“全国司法行政系统先进集体”称号；2005 年起，连续 11 年被评为“省级文明单位”。2008 年起，对现有三个关押点进行“保二撤一”调整，即保留狱部及北郊两个关押区，撤销莱园关押区，把莱园关押区的押犯全部迁入狱部或新建的北郊关押区。

一、监狱安全管理

1997 年，实行监狱领导夜间带班制度，加强对夜班值班干警的监督。2002 年，推行与驻狱武警、市检察院联合进行安全检查制度。2004 年，开展“平安监狱”创建活动，推进现代化文明监狱、规范化管理建设，开展争创平安监区、平安小组、平安个人联创活动，推行罪犯检举揭发制度和“密码”举报制度，加大安全隐患排查。2005 年，推行安全形势评估和风险研判制度。

2005 年以来，推进数字化、信息化监狱建设，先后投入 640 余万元完成数字化监狱建设一期工程，建成“周界监控、周界报警、高压电网、狱墙照明、防攀爬隔离网和管理平台”六大系统，建立涵盖监控、报警、门禁、巡更、定位功能的三级监控体系，构建立体联防机制。2006 年，与驻狱武警部队组建联合防暴中队。2007 年，推行职业健康安全管理运行体系，突出应急机制建设。2009 年，推行监狱领导带班、值班巡查制度。2010 年，制定《监管安全评估和风险研判管理办法》等管理制度，加强耳目、危重顽特罪犯管理。

2011 年，推行罪犯集中会见、远程会见等制度，实现一对一监听和有针对性的家庭帮扶。投资 300 余万元，智能化改造监狱大门、会见室，重新改造狱墙通道、监控、电网，新建高 4 米的副警戒隔离网，新安触发式报警器、LED 显示屏等装备，总部狱内监控点达到 600 余个；功能化改造狱内警察值班备勤区，配 96 套单警装备和 290 部警务通；强化重点部位管控，在原有 A、B 门的基础上，增设 C 门。设立联合巡逻队，在公共、重点防范区域，由警卫队员定点值班和不定点、不定时巡查巡防，实行监狱大门重兵把守。研究制定“监管安全、机关保卫”应急预案，并按照不预设时间、地点、方式的原则组织模拟演练，检验应急预案的预见性和可操作性，提高应急防范能力和科学处置能力。2012 年，构建监狱、监区、分监区、包组警察“四级”安全评估研判机制，推行罪犯“代码”检举制度，启用“猎鹰”狱内侦查信息研判系统；在全省率先通过安全生产国家二级标准化达标验收，完成中心配电室等重大危险源改造，重点管控危化品、消防安全。2013 年，建立由指挥系统、监控系统和狱内 110 应急处置系统构成的监管指挥中心。强化监管指挥中心管理，保障重大狱情、紧急狱情及时发现、报告、处置，提高掌控能力。加强与市综治部门的合作，联合驻地乡镇、村庄等组织，共同维护狱墙周界安全；与武警聊城市支队、聊城市检察院共同组建联合检查组，每月开展联合检查。2014 年，整治狱墙周界巡逻通道、南狱墙内外侧遮挡建筑树木、监舍疏散通道门禁等重点隐患 30 余项，查处罪犯警告以上违规违纪行为 9 起、20 人。2015 年，武警应急小组前置到监狱大门，确立联合监控、联合演练、联合巡防、联合处置等“四个联合”工作机制，两警（狱警、武警）进行联合演练、联合巡防，提高对突发事件的快速反应和处置能力。

二、监管改造

1997 年，组建聊城监狱新生电视台，就执法改造情况加大宣传力度。1998 年，邀请驻狱检察室提前介入，提高执法透明度和公正性；推行“文化教育自修计划”。2001 年，实行罪犯集中就餐试点和监舍内务标准化试点。2002 年，在现代化文明监区评审中，申报的监区全部通过山东省局评审组的评审；加强罪犯心理矫治，先后为 610 名罪犯作心理测试，组织编写《服刑人员心理教育读本》。2003 年，制定并实施《罪犯计分考核与奖惩规范》和《罪犯劳动报酬管理暂行办法》，调动罪犯的改造积极性。创办亲情帮教学校，组织服刑人员家属到狱内帮教、参观。推出生日餐、自选餐，激发罪犯的改造积极性。2004 年，进行对新收罪犯的分类鉴定，对每名新入监罪犯进行评估鉴定，因人制定矫治指导方案和改造计划书。成立罪犯刑释就业推进委员会、罪犯刑释就业辅导中心、刑释就业过渡辅导中心、聊城大学社会帮教基地。创建全国首家“服刑人员计算机等级考试考点”。举办首次社会用工企业洽谈会，170 余名即将刑释罪犯与 11 家用工企业进行洽谈，有 130 名罪犯达成用工协议。2005 年，建立执法责任追究机制、执法目标管理机制和执法质量考核机制，制定执法安全责任追究办法。与社会联办罪犯职业培训中专班，培训结束后为 400 多名罪犯颁发不同级别的职业资格证书。设立“光岳职业介绍所”和刑释人员就业基地，有 200 多名刑释人员在就业基地就业；举办社会用工企业洽谈会，有 200 余名罪犯与 20 余家社会企业签订刑释后就业意向书。探索建立罪犯工伤保险制度、医疗保险制度和就业保障制度，落实罪犯 8 小时工作制和罪犯劳动报酬等制度。2006 年，成立慈善教育基金会，倡导警察、罪犯自愿捐助，捐助善款近 2 万元，支出救济金 13000 元，救助特困服刑人员家庭 38 个、救助服刑人员子女特困大学生 3 名、救助特困服刑人员亲属手术 1 人。

2007 年，出台《罪犯计分考核与奖惩规范补充规定（试行）》《罪犯计分考核分析听证制度》，实施罪犯考核分析、听证制度，落实“监狱考核监区罪犯综合改造情况、监区考核班组罪犯全面改造情况、包组警察考核罪犯具体改造情况”考核原则，在全省率先实施监区级积极分子及积极分子兑现奖励考验期。全年举办 12 期岗前技术培训班，培训 774 人。在全省率先尝试开办“SIYB”创业培训班。投资 25 万余元，在罪犯生活区安装 70 台太阳能热水器。2008 年，以各生产车间作为实训中心，推行“车间课堂化，课堂车间化”职业培训模式。2009 年，建立罪犯个体改造质量评估体系，开展罪犯心理健康教育。2010 年，成立聊城光岳职业培训学校，开展首届职业技能竞赛决赛，共有 2017 名罪犯参加比赛，174 名罪犯进入总决赛。聊城市人社部门在监狱启动免费技能帮扶行动，与地方司法行政部门合作，实施“假释罪犯衔接、刑释人员安置帮扶、在押罪犯狱内帮教”工程，实现帮扶衔接互动。投资 120 余万元，购买生化检验、彩色 B 超等医疗设备，成立病犯监区，实现病犯集中、专业化管理，营造“病有所医、弱有所助、残有所帮”改造环境。2011 年，建设特色文化长廊，全狱警察职工捐赠文史哲学、励志科普等书籍 1000 余册。2013 年，组织 1398 名罪犯进行技术考核，推介 132 名刑释人员就业。2014 年，挂牌成立中华传统文化教育基地。2015 年，启动“净心·崇德·躬行”文化品牌创建暨品德养成和道德教育专项活动，编纂近 30 万字的三卷本《品德养成及道德教育系列读本》，制作“感动中国”人物十年集锦视频。

第五节　基层司法行政

一、司法所

1997 年，聊城地区共有司法所 167 个，其中 95 个司法所达到省级规范化标准，司法所工作人员 265 名。2004 年 6 月，市委、市政府印发《关于进一步加强乡镇（街道）司法所规范化建设的意见》，规范司法所建设。2009 年，全市司法所建设实现以县司法局管理为主、乡镇政府管理为辅的管理体制，达到一乡一所，每个乡镇配备 2 名司法所工作人员。全市 136 个乡镇全部设立司法所，司法所工作人员 324 名。2010 年 3 月，聊城市机构编制委员会办公室、市司法局联合印发《关于转发山东省机构编制委员会办公室、山东省司法厅〈关于进一步理顺全省司法所管理体制的通知〉的通知》。根据通知要求，各县（市、区）将司法所收编管理，把司法所作为县（市、区）司法局的派出机构，实行以县（市、区）司法局管理为主、乡镇政府街道管理为辅的管理体制，全市 136 个司法所完成管理体制的理顺工作。是年 11 月 9 日，聊城市人力资源和社会保障局、市财政局联合印发《关于转发〈关于调整司法助理员岗位津贴标准的通知〉的通知》，将司法助理员岗位津贴标准提高为每人每月 150 ～ 300 元。2011 年，临清市被司法部授予全国司法所建设先进单位。2013—2014 年，开展“省级规范化司法所”创建活动。按照“省级规范化司法所”创建标准，择优推荐符合条件的司法所，全市有 54 家司法所被省司法厅命名为“省级规范化司法所”。2014 年 7 月，全市招录司法所公务员 101 名。2015 年，建立市司法局领导在司法所建设联系点制度，市司法局 7 名县级干部联系 19 个司法所。到 2015 年年底，全市共有司法所 139 个，工作人员 426 人。

1997—2015 年，司法所年均组织开展各类法制宣传 29500 场次，受教育人数 150 万人次；开展矛盾纠纷大排查 3214 次，协助基层人民政府调解、处理社会矛盾纠纷 2542 件；帮助基层人民政府制定、审查各类规范性文件 446 件；协助村居委会制定乡规民约 1222 个；为基层人民政府提出法律建议 721 件，被采纳 619 件；参与各项专项治理工作 894 件次。

1997 年 4 月 23 日，聊城地区召开全区基层两所建设现场会　（汝粤林摄）

二、人民调解

1997 年，聊城地区司法局与接边地区邯郸、濮阳、泰安、济宁、菏泽等 5 个地市司法局联合签署《关于建立联合调解组织加强接边地区人民调解工作的实施意见》，加强与接边地区的人民调解工作的协调。2001 年以来，聊城市司法局先后制定《聊城市人民调解工作程序》《聊城市人民调解委员会矛盾纠纷调处档案管理办法》，在全市统一人民调解公文格式，加强对调解工作的指导，加强队伍建设，不断提高调解人员的素质。至 2005 年，聊城市共建调委会 2000 多个，有调解人员 22488 个，其中一类调委会 1783 个、二类调委会 5001 个、三类调委会 216 个。2006 年，编印《人民调解员必读》一书，收录人民调解法律法规、规范性文件、常用人民调解知识问答、人民调解精品案例等，发放给调解员。2010 年 5 月 10 日，聊城市财政局、市司法局联合印发《关于转发〈关于进一步加强人民调解工作经费保障的意见〉的通知》，对全市人民调解经费保障工作提出具体要求，为解决人民调解经费提供政策支持。当年 8 月 13 日，中共聊城市委、市政府印发《关于转发〈聊城市中级人民法院聊城市司法局关于进一步加强新形势下人民调解工作的意见〉的通知》，对人民调解工作作出安排部署。是年，开展人民调解化解矛盾纠纷专项攻坚活动，全市共有 33681 人次参与排查工作，发现纠纷线索 52481 条，排查出纠纷 42902 件，化解矛盾纠纷 49066 件。至当年 12 月，全市初步建成“县、乡、村”三级人民调解组织网络。

2011 年 11 月初，市人大常委会对部分县（市、区）贯彻实施人民调解法情况进行视察检查。通过检查，人民调解工作进一步得到各级领导的重视和支持，一些困扰人民调解工作的问题得到解决。当年，共调解纠纷 40414 件。2012 年，市司法局与市卫生、公安等部门联合设立聊城市医患纠纷人民调解委员会，当年共调解纠纷 41574 件。2013 年，聊城市探索对基层矛盾纠纷排查预警工作实行网格化管理的办法，市综治委印发《关于在全市实施矛盾纠纷预警工作网格化管理的意见》。意见就矛盾纠纷排查、预警、调处工作网格化管理，提出明确要求。2015 年，参与“全省最美人民调解员”评选活动，临清市吕令俊当选“全省最美人民调解员”。2015 年，全市建有人民调解委员会 6912 个，其中村（居）调委会 6377 个，乡镇（街道）调委会 139 个，企事业单位调委会 96 个，专业性、行业性调委会 43 个，共有人民调解员 20448 人。

1997—2015 年，全市各级各类人民调解委员会调解纠纷 81 万件，调解成功率 98%；预防群体性上访 168 件，制止群体性械斗 38 起。

三、刑释解教人员安置帮教

1997 年 9 月，聊城地区刑释解教人员安置帮教经验交流会在阳谷县召开，会议通过《关于做好刑释解教人员安置帮教工作的意见》。当年 10 月，聊城地委办公室、地区行署办公室印发《关于成立聊城地区刑释解教人员安置帮教工作领导小组的通知》，至年底，8 个县（市、区）全部成立刑释解教安置帮教领导小组，领导小组办公室设在同级司法局。1998—2000 年，共接收刑释解教人员 1866 人，安置 1836 人，落实帮教措施 1830 人。2001 年，成立聊城市刑释解教人员安置帮教工作领导小组。2006 年 11 月，聊城市委、市政府对市刑释解教人员安置帮教工作领导小组组成人员进行调整，8 个县（市、区）及开发区均调整设立安置帮教工作领导小组及办公室，有专职人员负责该项工作，各司法所配备专兼职人员负责安置帮教工作。是年，全市共接收刑满释放人员 800 余人。2010 年 7 月，启用全国刑释解教人员信息管理系统，是年年底，市、县、乡三级安置帮教工作机构实现服刑在教、刑释解教人员信息全国联网管理，共有 5297 名服刑在教人员信息入网。2011 年 7 月，聊城市司法局与山东省第一劳教所签订安置帮教协议，实现安置帮教工作与狱所无缝衔接。2012 年 9 月，开展服刑在教人员未成年子女排查帮扶活动，排查服刑在教人员子女基本情况、生活情况、就学情况。2014 年 6 月，开展刑满释放人员救助管理工作专项调研活动，掌握全市刑满释放人员救助管理工作基本情况。2015年12月，开展刑满释放人员参加城乡基本养老保险情况等专项调研活动，为开展安置帮教工作打下基础。

2001—2015年，全市安置帮教机构每年平均接收刑满释放、解除劳教人员1000余人，其中落实各种帮教措施1000余人，帮教率100%；采取落实责任田、扶持个体经营、过渡性安置等方法，年均安置950余人，安置率95%；重新违法犯罪率控制在2%以内。

四、社区矫正

2007年，聊城市开始社区矫正试点工作。是年10月26日，市委办公室、市政府办公室印发《关于转发〈聊城市社区矫正工作意见〉的通知》，对全市社区矫正试点工作的指导思想、社区矫正的适用范围和任务、社区矫正组织和队伍、社区矫正相关部门职责等作出明确规定。2008年，市司法局出台《聊城市社区矫正工作实施细则》，对社区矫正对象的接收、社区矫正工作的执行及社区矫正对象的管理、考核、奖惩、解除等工作流程作出详细规定。2010年5月6日，市司法局出台《聊城市社区矫正工作实施方案》，对开展社区矫正工作的指导思想和工作原则、适用范围和主要任务、组织机构和工作职能、工作步骤与工作流程、工作制度与工作监督等提出具体要求。是年，社区矫正工作在全市6个县（市、区）和42个乡镇（街道）展开，其中，临清市、高唐县在全辖区所有乡镇（街道）全面试行社区矫正工作，工作覆盖面100%；全市累计接收社区服刑人员403人，未发生脱管、漏管，没有发生重新违法犯罪现象。2011年，对全市社区矫正人员实行GPS卫星手机定位监管。临清市被省法院和省司法厅联合确定为社区矫正判前社会调查工作联系点。2012年，开展社区矫正人员大排查、大走访专项活动，共走访社区服刑人员1824人。至2013年，8个县（市、区）均成立县级社区矫正领导小组，设立社区矫正工作办公室。2014年，贯彻落实司法部《社区矫正管理信息系统技术规范》和《社区矫正人员定位系统技术规范》，运行接入全国社区矫正信息管理系统，2784名社区矫正人员信息录入该系统。2015年，市司法局成立社区矫正科，东阿县设立社区矫正管理局，其他县（市、区）设立社区矫正科（办）。各县（市、区）普遍设立社区矫正中心（特殊人群教育管理中心），成立执法大队。对3044名社区服刑人员普遍实行分段评估、分类管理。至2015年年底，全市共有社区矫正工作人员446名，社区矫正工作社会志愿者800余名。全市累计接收社区矫正人员7377人，累计解除社区矫正人员4375人。

五、基层法律服务

1997年，聊城地区司法局印发《关于加强基层法律服务所管理的暂行规定（试行）》。2004年8月19日，聊城市司法局印发《关于进一步规范基层法律服务的工作的意见》。2005年，开展规范执法行为、促进执法公正专项整改活动。2007年1月12日，召开基层法律工作者协会第三次会员代表大会暨新农村建设理论研讨会，讨论通过《基层法律工作者协会章程》，选举产生基层法律工作者协会第三届理事会。是年10月，市司法局印发《关于进一步规范基层法律服务管理工作的通知》，提出进一步更新管理理念，增强服务意识，提升管理水平。2008年6月，基层法律服务工作开展“法律服务和法律援助工作为构建社会主义和谐社会服务”主题实践活动。2009年3月18日，市司法局印发《关于基层法律服务所与乡（镇、街道）结对帮扶工作的通知》，8县（市、区）共与70个乡（镇、街道）结对帮扶，协助基层党委、政府正确处理农村和农业工作中有关涉法、涉诉等问题，维护农民权益。2011年，开展“发挥职能作用，积极参与社会管理创新”基层法律服务工作者论文评选活动，评出一批有质量的论文。2012年4月，召开基层法律工作者协会第四次会员代表大会，选举产生基层法律工作者协会第四届理事会。同年11月2—4日，市司法局承办全省新录用的200余名基层法律服务工作者（聊城片）岗前培训班。2014年9月6日，召开基层法律工作者协会第五次会员代表大会，讨论通过《基层法律工作者协会章程》，选举产生基层法律工作者协会第五届理事会。2015年，实施“基层法律服务全覆盖”工程，调整基层法律服务所布局，提高网络化、便民化程度，扩大乡镇法律服务覆盖面。至2015年，全市建有基层法律服务所69个，其中乡镇法律服务所28个，城市街道法律服务所41个。依托基层法律服务所建立法律援助工作站69个，从事基层法律服务和法律援助工作人员400余人。全市基层法律服务所担任法律顾问948家，平均每年办理民事诉讼案件7286件、办理非诉讼法律事务5936件、调解纠纷5826件、解答法律咨询20185人次、办理法律援助案件253件，为人民群众挽回经济损失2.3亿元。

第六节　法律援助

1997年5月，聊城地区律师事务所更名为聊城地区法律援助中心，为全额预算管理的副县级事业单位，下设综合部、刑事民事部、行政申诉部3个部门。1998年3月，聊城地区法律援助中心更名为聊城市法律援助中心。至2000年，全市全部建立县级法律援助机构。

2002年，聊城市法律援助中心在聊城职业技术学院招募志愿者100名。是年起，市、县（市、区）两级法律援助机构在同级妇联、残联、老龄委、工会、民政、监狱、公安消防大队、看守所、军分区（武装部）、交警队、劳动仲裁院等部门建立法律援助工作站（联络站）。2004年，全市8个县（市、区）法律援助机构均在各乡镇（街道）设立法律援助工作站。2009年，开办法律援助中心门户网站“聊城法律援助网”。2010年，向困难群众发放“法律援助便民服务手册”及“法律援助绿卡”11万余份，推行法律援助“自选超市”制度。全市法律援助机构启用法律援助信息管理系统。聊城市综治办将法律援助工作纳入全市社会治安综合治理暨平安建设工作检查考核范围。将与困难群众息息相关的劳动保障、婚姻家庭等事项纳入法律援助范围。2011年，先后在10家律师事务所设立法律援助受理点，8个县（市、区）法律援助中心全部达到山东省法律援助中心规定的县级规范化法律援助机构建设标准。2012年始，全市法律援助机构每年开展法律援助案件质量评查活动。2014年，8个县（市、区）法律援助便民服务窗口，全部达到“省级法律援助便民服务示范窗口”建设标准。2015年，聊城市在全市范围内取消民事、行政法律援助事项范围限制，把受援对象从低保人群扩大到低收入人群。聊城市“12348”公共法律服务热线划归聊城市法律援助中心管理。开通聊城法律援助微信公众平台，开展普法宣传，发布法律援助信息。至2015年，“聊城法律援助网”点击率超过7万余人次。聊城市共有法律援助机构9个，包括聊城市法律援助中心和东昌府区、临清市、高唐县、茌平县、东阿县、阳谷县、莘县、冠县8个县（市、区）法律援助中心。法律援助机构共有工作人员59人，其中，法律援助律师42人。共有法律援助志愿者400名。全年办理法律援助案件3054件。81个乡镇（街道）法律援助工作站达到市级规范化基层法律援助工作站建设标准。全市5634个村（居）均设立法律援助联络点。

第二十六编 军事

Party XXVI Military Affairs

聊城志

聊城市地处河北省、山东省、河南省三省交界处，战略位置重要，时有重兵扼守。1997 年以来，聊城市（地区）各级军事组织始终坚持党指挥枪基本原则，积极开展爱国主义教育和正规化建设，不断加强战备、战术训练。民兵建设常抓不懈，加强技术战术训练，各项工作逐步走向正规化、规范化。严格按照《中华人民共和国兵役法》规定做好兵役登记、兵员征集、预备工作。国防动员、国防教育、人民防空等不断加强。密切军政军民关系，广泛开展拥政爱民活动，积极参加地方经济建设、维护社会安定、抢险救灾、扶贫解困等活动，为聊城市（地区）的建设做出积极贡献。2004 年、2008 年、2012 年，聊城市连续 3 届获得“全国双拥模范城”称号。

第一章　军事机构

第一节　地方军事委员会

1997 年，聊城地区有聊城地区人民武装委员会、聊城地区国防动员委员会、聊城地区人民防空委员会等军事委员会。1998 年，聊城地区人民武装委员会、聊城地区国防动员委员会、聊城地区人民防空委员会分别改为聊城市人民武装委员会、聊城市国防动员委员会、聊城市人民防空委员会。2003 年，聊城市国防动员委员会设立综合办公室和政治动员办公室、人民武装动员办公室、国民经济动员办公室、人民防空办公室、交通战备办公室等机构。同年各县（市、区）先后成立国防动员委员会。2015 年，聊城市有聊城市人民武装委员会及各县（市、区）人民武装委员会、聊城地区国防动员委员会及各县（市、区）国防动员委员会、聊城市人民防空委员会等军事委员会。

第二节　地方军事机关

一、聊城军分区

1997 年 7 月，中国人民解放军聊城军分区落实新编制，下设司令部、政治部、后勤部。司令部内设作训科、军务装备科、动员科，政治部内设组织干部科、宣传保卫科，后勤部内设战勤科、供应科，直属队为教导队、卫生所、民兵武器装备仓库。下辖聊城市、临清市、冠县、莘县、阳谷县、东阿县、茌平县、高唐县等 8 个县团级武装部及聊城离职干部休养所。1998 年 8 月 13 日，根据济南军区发出的《山东省军区系统实施调整精简的命令》，聊城军分区司令部军务装备科与动员科合并称军务动员科。2004 年 8 月，军分区撤销科的编制。至 2015 年，军分区机关建置没有发生变化。

二、聊城警备司令部

2013 年 6 月，经中国人民解放军济南军区批准，中国人民解放军聊城警备司令部成立。警备司令部工作由聊城军分区兼管。同年 8 月 1 日，聊城警备司令部正式挂牌。10 月 1 日起，按照《中国人民解放军警备条令》规定，警备司令部执行警备纠察任务。

三、人民武装部

1996 年 4 月，聊城地区 8 个县（市）人民武装部（简称“人武部”）收归军队建制，均为正团级单位，下设军事、政工、后勤 3 个科。县（市、区）委书记兼任人武部党委第一书记。1998 年 3 月，聊城市人武部改称东昌府区人武部。2004 年，各县（市、区）人民武装部由副部长兼任军事科科长。至 2015 年，全市共有东昌府区、临清市、冠县、莘县、阳谷县、东阿县、茌平县、高唐县 8 个县（市、区）人武部。

第三节　驻　军

一、71901 部队

2002 年 3 月 29 日，71901 部队在河南新乡组建，隶属于济南军区，2003 年 10 月转隶陆军某集团军。2004 年 12 月 29 日进驻山东聊城。

二、中国人民武装警察部队聊城市支队

1983 年，中国人民武装警察部队聊城市支队（简称“武警支队”）组建，主要担负看押、看守、处置突发事件和临时警卫任务。

三、济南军区驻聊城车站军事代表办事处

济南军区驻聊城车站军事代表办事处组建于 1997 年 12 月，隶属于济南军区联勤部。主要承担管内部队、民兵预备役等铁路运输、输送保障，警卫方案运输任务，管内部队的军事运输训练及装卸载、新老兵运输等。

四、94568 部队 82 分队

94568 部队 82 分队隶属济南军区，组建于 1953 年，1975 年改编为中国人民解放军 87057 部队 73 分队，2000 年 12 月转隶中国人民解放军 94326 部队，2014 年 10 月转隶 94568 部队。

五、72927 部队 53 分队

72927 部队 53 分队隶属济南军区第一通讯总站，2012 年编制体制调整后隶属济南军区某通信团。

六、山东陆军预备役后勤保障旅汽车营

山东陆军预备役后勤保障旅汽车营组建于 2004 年 4 月，隶属山东陆军预备役后勤保障旅，受上级军事系统和地方党委、政府双重领导。

第二章　兵　役

1997—2015 年，聊城市的兵役工作由市、县（市、区）人民政府和军事机关统一领导，通过动员会、观摩会等开展兵员征集和预备役登记。

第一节　兵役机构

1997—2015 年，聊城市的日常兵役工作由地（市）、县（市、区）两级征兵领导小组和征兵办公室负责。征兵领导小组组长由市政府领导人兼任，副组长由军分区司令员兼任。征兵办公室主任由军分区参谋长兼任，副主任由市政府副秘书长、军分区司令部军务动员科科长兼任。2002 年，聊城市调整征兵领导小组和领导小组下设征兵办公室。随之，各县（市、区）征兵领导小组也进行了相应的调整。1997—2015 年，聊城市征兵领导小组历任组长有张敬涛、郭兆信、张秋波、林峰海、王忠林。

2004 年，聊城市召开市征兵工作领导小组会议

第二节　兵役登记

1997—2015 年，聊城市（地区）按照《山东省兵役登记办法》开展兵役登记工作。每年 7 月 1 日至 9 月 30 日，为集中兵役登记时间。凡当年 12 月 31 日以前年满 18 岁的男性公民，在规定的时间内，按照县（市、区）兵役机关安排，进行兵役登记。2014 年起，聊城兵役登记改为依托全国征兵网进行。

第三节　兵员征集

1997年以来，聊城境内的兵员征集工作由聊城军分区、各县（市、区）级人武部主管。聊城军分区和各县（市、区）级人武部为部队输送了大批优秀人才。1997—2015年，全区先后有39个单位（次）受到省以上兵役机关表彰。其中，东阿县征兵办先后于2004年、2005年两次被国防部征兵办公室表彰为全国征兵工作先进单位。2009年8月，聊城军分区参谋长冯熹被国防部征兵办公室表彰为全国征兵工作先进个人。

2001年7月，聊城市召开民兵预备役动员工作会议

一、义务兵征集

1997—2012年，义务兵征集时间为冬季。2013年起，义务兵征集时间由冬季调整为夏秋季。

征集政策　20世纪90年代以来，聊城市政府、聊城军分区先后多次召开会议、印发文件，规范征兵工作程序、落实义务兵优待安置政策。2001—2004年，聊城市政府、聊城军分区先后发布《关于鼓励大专以上毕业生应征入伍的通知》《关于做好进藏新兵优待工作的通知》《关于进一步做好征兵工作的意见》《关于征兵工作责任分工和奖惩的通知》等文件。规范征兵工作程序、方法和确保新兵质量的措施，对各级各部门的职责和关键环节的工作进行量化，在征兵工作中开展“征兵工作百分考评”和“双争”（争当优秀接兵干部、争当接兵工作先进单位）评比活动；明确政府和兵役机关的责任，由聊城市政府、聊城军分区主要领导人与各县（市、区）政府、人武部主要领导人签订征兵工作责任状；实行市征兵领导小组成员包县（市、区）责任制。2003年，聊城市纪委、市监察局、聊城军分区政治部联合印发《关于严肃征接兵纪律确保兵员质量的通知》，市、县两级征兵办实行征兵政务公开，向社会公布举报电话，设置举报信箱，县、乡两级分别设立“征兵工作政务公开栏”和“征兵工作政务公开园地”。2010年11月，聊城市政府、聊城军分区联合印发《关于进一步做好义务兵优待和安置工作的通知》，明确提出2011年1月1日起，聊城市农村义务兵优待金调整至5000元；对进藏服役的义务兵，年优待金按现行优待标准增发1倍，农村青年服役期间获得“优秀士兵”以上奖励的，退伍后由农村户口转为城镇居民户口并给予安置，立三等功以上奖励的优先安置；进藏全日制普通高等学校毕业生义务兵退伍后，由其入伍所在地政府安置在所属事业单位。2011年10月，聊城市委、聊城市政府、聊城军分区联合印发《关于进一步做好新形势下征兵工作的意见》，提出2012年开始，对入伍青年不再区分农业与城镇户籍情况，按照城乡一体、同役同酬的原则，依据统计部门发布的各县（市、区）（含经济开发区，下同）上年度农村人均纯收入标准，由县（市、区）统一发放义务兵优待金（市直入伍义务兵的优待金由市财政保障）；对到西藏服役的义务兵，年优待金按当地

2002年11月，聊城市举行欢送进藏新兵大会

优待标准增发1倍、全日制普通高等学校毕业生退伍后由其入伍所在地政府安置在所属事业单位；对到新疆维吾尔自治区、青海省等艰苦地区服役的义务兵，年优待金按当地优待标准增发50%；大专以上毕业生义务兵服现役期间，年优待金按当地优待标准增发20%；退役大学生士兵服现役期间，视为基层工作经历；在聊城市入伍的聊城籍退役大学生士兵，2012年起，退役后3年内参加市直事业单位工作人员招聘视情况给予加分；对依法应当履行兵役义务的公民，拒绝、逃避兵役登记、体检、征集等进行相应处罚。2012年6月，聊城市政府办公室印发《关于落实义务兵优待金发放的通知》，明确对义务兵在部队服役期间获得荣誉称号和立功的，凭部队团以上政治机关通知书给予优待奖励。2013年7月，聊城市民政局、市财政局、聊城军分区司令部联合印发《关于转发鲁民〔2013〕36号文进一步做好义务兵家庭优待金发放工作的通知》，要求各县（市、区）认真落实相关优待政策，优待金务必于每年8月1日前全部足额发放到位。

征集程序 1997年以来，聊城在征集兵员过程中，严格按程序办理各种事项，努力提高兵员质量。

思想发动。20世纪90年代以来，聊城市各级党委、政府和兵役机关利用全民国防教育日和征兵、民兵组织整顿时机，广泛深入宣传《中华人民共和国国防法》《中华人民共和国兵役法》《中华人民共和国征兵工作条例》等法律法规，增强广大干部群众和青年学生的国防观念；先后印发文件，帮助服役青年解决入伍后家庭问题和退伍后就业问题，调动青年服兵役的积极性。每年兵员征集之际，聊城军分区利用报刊、电台、电视台等媒体在全市开展征兵宣传月活动，广泛宣传《中华人民共和国兵役法》《中华人民共和国国防法》和征兵政策。

政治审查。1997年以来，有关部门在审批定兵时，按照“择优定兵”原则。首先由机关团体、企事业单位和乡（镇、街道）政府、公安派出所，对体检合格的应征公民进行政治审查，重点弄清他们的现实表现；再由县（市、区）对准备批准服现役的应征公民，逐个进行复审。聊城市各级兵役机关准备批准服现役的应征公民实行“五访五查”（访所在单位、访学校、访村居委会、访公安执法部门、访知情人，查政治表现、查思想品德、查社会交往、查有无违法违纪行为、查家庭情况），注重“一个重点”（始终把应征青年的现实表现作为审查重点，严防对党和社会主义制度不满，资产阶级自由化思想严重，以及有流氓、盗窃、打架斗殴行为，思想品质不好或有犯罪前科的人混入部队，严防敌对分子混入军队内部），搞好“三个结合”（把征兵政审与平时对应征青年的考察结合起来、把县、市、区政审与基层初审结合起来、把内外调查与横向联审结合起来），提高政审工作质量。2014年，贯彻公安部、总参谋部、总政治部《征兵政治考核工作规定》，征兵政治审查改为政治考核。主要考核应征公民的个人基本信息、政治面貌、宗教信仰、婚姻状况、毕业（就读）学校、文化程度、主要经历、出国（境）情况、现实表现、奖惩情况，以及家庭成员、主要社会关系成员的政治情况等。

体格检查。1997年以来，聊城有关单位重视兵员体检工作。2003年，贯彻国防部《应征公民体格检查标准》，提高身高、体重、视力、听力检查标准，增加B超、心电图、艾滋病检测、心理检测（后改为士兵职业适应性检测）、吸食毒品检测等体检项目。2015年，贯彻国防部《应征公民体格检查标准》，国家卫生和计划生育委员会、总参谋部、总后勤部《应征公民体格检查办法》，聊城市对征兵体检工作进一步进行规范。

新兵审定。1997年以来，聊城市（地区）对体检、政审合格人员提出预定人员名单，然后最后采取“四方联审，合议定兵”（县级征兵办负责人、政审负责人、主检医生和接兵部队负责人共同参加定兵会，分别介绍预定对象政治、身体等各方面的情况，然后全面衡量、分类排队、择优定兵）的办法确定入伍人员。定兵后，将初定入伍人员名单在所在乡（镇、街道）、村庄张榜公布，听取群众意见。对群众反映的问题，进行调查落实，确实有问题的，及时调换。定兵结束后，兵役机关及时发给应征公民入伍通知书，被批准服现役的应征公民按照规定时间、地点报到。

集结送兵。1997 年以来，聊城新兵集结一般提前 3 天进行，第一天进行教育，发放新兵服装，第二天由新兵处理个人事情，第三天集中编队、办理交接手续，第四天由县（市、区）征兵办和接兵部队，按照运输计划按时组织起运。

二、士官招收

1997 年以来，聊城重视、支持部队士官招收工作。2001 年 12 月，聊城市作为全军首个试点单位，从聊城市高级技工学校为济南军区某部挑选技校毕业生，作为预选士官特招入伍。2002 年、2003 年，先后从聊城市高级技工学校为济南军区某部挑选预选士官。2005 年，在聊城市高级技工学校、山东省第二技术学院（驻聊城）、冠县技工学校、莘县职业中专、阳谷县职业中专、阳谷县劳动局技校等学校毕业生中挑选士官，为济南军区某部输送多人。历次预选士官专业包含钳工、车工、焊工、铣刨、数控车床、机电、机电一体化、机械装配、机械装配维修、机械制造维修、电子电工、电子钳工、电气工程、汽车维修、制冷设备维修、维修电工等。2011—2015 年，聊城市招录直招士官主要毕业于聊城大学、东昌学院和聊城职业技术学院。

第四节 预备役

一、士兵预备役

1997 年，聊城地区士兵预备役分别被编入一类预备役和二类预备役。1998 年，按照修改后的《中华人民共和国兵役法》规定，士兵退出现役时，符合服预备役条件的，由部队确定服士兵预备役。退出现役的士兵，由部队确定服预备役的，在回到居住地以后的 30 天内，到当地县级兵役机关办理预备役登记手续。2011 年，按照新修订的《中华人民共和国兵役法》规定，退出现役的士兵，由部队确定服预备役的，自退出现役之日起 40 日内，到安置地的县、市、市辖区的兵役机关办理预备役登记。

二、军官预备役

1997 年，聊城地区按照《中华人民共和国兵役法》办理军官预备役登记手续。1998 年起，按照修改后的《中华人民共和国兵役法》规定，士兵退出现役时，经过考核适合担任军官职务的，服军官预备役。军官预备役从退出现役的军官和文职干部、退出现役的士兵、非军事的高等院校的毕业学生、专武干部和民兵干部、符合预备役军官基本条件的其他公民中选拔。退出现役转入预备役的军官和文职干部、士兵，以及确定服军官预备役的高等院校毕业学生，在到达工作单位或者居住地以后的 30 天内，到当地县级兵役机关办理预备役登记手续。未服过现役或者未接受过军事专业培训的人员，被选拔为预备役军官的，在确定预备役军官职务等级前，接受军事专业培训。预备役军官在服预备役期间，依照《中华人民共和国兵役法》和《中华人民共和国预备役军官法》的规定接受军事训练和政治教育。在预备役部队或者预编到现役部队任职的预备役军官的培训，由其所在部队组织实施；其他预备役军官的培训，由当地兵役机关组织实施，预备役军官所在工作单位和当地人民政府有关部门予以协助。

第三章 军事活动

第一节 战 备

1997年，武警支队针对担负任务特点，把防袭击、防劫持、防越狱和追逃犯等作为重点研究课题加强训练，提高正规化执勤水平。1999年，武警支队相继设置激光仿真射击训练器材和小场地射击器材。2002—2004年，武警支队每年挑选轮训教学骨干，按季度组织军事会操。2004年，聊城军分区改建作战室、指挥控制室，指导人武部制作完成7类战备方案。2006年，聊城军分区开通与各人武部的电视电话会议系统，完成与市国动委各办公室和河务、水利、气象等有关部门的联网，实现互联互通、资源共享，完成机关“三室两库”配套设施建设，搭建集信息查询、网络指挥为一体的作战平台。2006—2008年，武警支队先后组织6次处突反恐战法研究、3次奥运安保实战练兵。2009年，武警支队投入资金20余万元加强训练场地建设，在武警山东省总队组织的军事训练尖子比武竞赛中，取得团体总分第四名和狙击步枪射击单项第一名。2012年，聊城军分区完成“前卫-4号”系统和值班监控系统建设。2013年11月，聊城军分区对照大规模作战军事斗争准备中期检验评估标准，做好静态准备，组织动态演练，作为唯一一个师级单位接受省军区检查考核。2014年，武警支队以“百日大练兵”活动为牵引，狠抓勤训轮换、专勤训练和狙击手集训，结合“卫士-14”演习和“齐鲁卫士-14”抗震救灾演习开展战法研练。2015年，武警支队组织集训轮训、野外驻训、军事考核等7大项军事活动，组织“卫士-15”实兵演习和联合防汛演练，推进训练场地建设，达标率100%。2015年，军分区综合战备值班系统整治，调整各级作战值班室值班要素设置。

2005年6月，聊城军分区组织信息化条件下岗位练兵比武考核

第二节 训 练

1997年，武警支队积极研究防逃制逃的基本方法和有效途径，完善执勤设施，健全各项勤务制度，全省公安、武警看守执勤工作现场会在聊城召开。1997年后，聊城军分区、各县（市、区）人武部坚持对首长机关按纲施训、巡回考核，每年完成30～60个训练日。1998年，聊城军分区为适应现代高新技术条件下的作战需要，对参谋人员进行新“六会”（会计算机操作、会摄像照相、会战场外语会话、会航空照片判读、会通信器材使用、会车辆驾驶）基本技能训练。1999年，武警支队建立健全三级查勤网络，进一步规范执勤秩序。2001年，聊城军分区狠抓首长机关训练，以专家辅导、封闭集训、难点攻关等方式，强化专业技能训练。2001年，武警支队建成局域网和多功能作战室。

2002年，聊城军分区以科技练兵为主线，以“学条令、明职责、强素质、正风气”为主题，结合民兵训练实际，对首长机关、现役干部、民兵进行高科技知识的学习和计算机操作训练。是年，武警支队建立执勤资料库，加强执勤设施建设，为哨位配置执勤用犬。2003年，聊城军分区组织县（市、区）人武部进行室内战术作业、体能试点训练和反空袭战术作业。2004年，聊城军分区完成“鲁卫-204”演习任务。2005年，聊城军分区大力开展信息化条件下岗位练兵比武活动，组织现役干部进行新理论、新知识、新装备、新技能和民兵预备役工作与正规化建设5个专题的封闭式集训，并挑选10名训练尖子参加省军区组织的信息化条件下岗位练兵成果观摩，其中，财务专业比武获得第二名，民兵通信支援分队“快速抢修被毁网络”课目获得优秀课目奖。2006年，武警支队成立网络监控班，对部队勤务组织情况进行不间断查控。是年，聊城军分区组织首长机关参加“前卫-206”网上演习和野战化演练，拟制各种作战文书300余份。2007年，聊城军分区突出使命课题训练，组织首长机关参加省军区理论学习和信息化条件下岗位练兵成果观摩，并组织进行信息化条件下岗位练兵比武竞赛。同年10月，聊城军分区组织城市反空袭作战演练，重点研究和演练城市反空袭作战的组织指挥和带部分实兵演练问题，观看东昌府区军地联合指挥部召开党委会议、分析判断情况、定下战斗决心和临清市军地联合指挥部战斗实施演练，点验了莘县供水设施抢修分队和茌平县电力抢修分队动员集结。是年，武警支队完成6个看守所的改革任务和东阿县、茌平县、高唐县3个看守所的搬迁任务。2008年，武警支队投资15万元，为基层中队安装语音告警系统和联动报警系统，先后对违犯执勤纪律的2个单位、7名个人进行通报批评。2009年9月，聊城军分区组织首长机关和县（市、区）人武部进行以城市防空袭为课题的战术作业演练。2010年，武警支队在“8·9”抗洪排涝中转战22个受灾点实施救援，被山东省政府表彰为抗洪救灾先进单位。2011—2012年，聊城军分区组织全体现役干部进行信息化集训，并通过山东省军区一体化指挥平台达标考核和军事斗争准备检验评估。2012年，武警支队完成直属大队二中队、三中队和阳谷县、莘县县、临清市、茌平县、东阿县中队执勤信息化建设和光纤化改造任务。2013年，聊城军分区围绕“能打仗、打胜仗”要求，坚持党委议训管训，常委带头参加军事训练，全体官兵进行系列“考、比、拉”活动，分两期组织现役干部随队参加封闭式集训，对一体化指挥平台操作、武器装备操作、轻武器射击、基本军事体能等4个课目、12项内容进行集中强化训练，所训科目考核及格率100%。2013年，武警支队配齐特勤排和县（市）应急班，联合市黄河河务局组织抗洪抢险专业技能培训和检验性拉动。2014—2015年，聊城军分区探索多类型训练试点，先后组织现役干部、拟推荐副团职后备干部集训，进行比武、轻武器夜间射击和人武部机关带民兵应急分队全员全装紧急出动观摩，组织开展“大考核、大排名”活动，打牢训练基础。

2005年1月，聊城军分区组织入伍新兵进行野营拉练训练

第三节 执勤

1997年以来，聊城武警支队先后承担“山东省第十一届大学生运动会”开幕式和闭幕式、“江北水城（聊城）文化旅游节”文艺晚会现场、全国青年男子篮球联赛暨十一运聊城赛区测试赛、第四届山东省“武协杯”传统武术比赛、第十一届全运会开幕式、全国女子排球联赛聊城赛区赛事、2010江北水城•运河古都（聊城）文化旅游节、2010“水城之秋休闲周”中泰散打对抗中方选拔赛、中国男子排球职业联赛聊城赛区赛事、中泰搏击对抗赛、中国男子排球职业联赛聊城赛区、首届中国（聊城）生态文明建设国际论坛开幕式、“聊城国际搏击对抗赛”的安全保卫任务。

2013年10月，聊城警备司令部成立以来，依据《中国人民解放军警备条令》，采取多种形式，组织警备人员学习条令，培训业务技能，不断提高文明执勤、依法执勤的能力水平。2014年5月19日，聊城警备司令部联合市委政法委、宣传部及市公安局、工商行政管理局等4个单位，开展军服军品集中整治和专项打击行动；5月23—26日，组成联合工作组，出动车辆7台次、纠察24人次，对市区内5个店铺、2个服装市场内的11个摊位进行集中整治，对辖区8个县（市、区）的21个店铺进行督导检查，拆除违规牌匾19块，收缴07式军装1件、其他旧式服装42件。2015年，聊城警备司令部共出动执勤兵力1600余人次，出动车辆300余台次，查纠违章违纪军车23台次、军人40余人次。

第四章 民兵

1997—2015年，根据党的路线、方针、政策和不同时期的形势需要，对民兵进行爱国主义教育；根据后备力量建设要求和武器装备任务变化，加强对民兵武器装备和训练基地的管理整顿、完善升级，加强技术战术训练、集中训练，各项工作逐步走向正规化、规范化。

第一节 组织建设

1997年，聊城地区继续把深化民兵工作调整作为民兵预备役工作的重点，压缩基干民兵数量、调整民兵建制、组建民兵应急分队，组建基干民兵专业技术分队（侦察连、通信连、工兵连、防化连、军械修理分队）和民兵应急分队。2001年，聊城军分区提出“战备建设标准化、指挥手段自动化、动员程序规范化、兵员管理经常化”的民兵预备役“四化”建设目标。将前5年转服预备役的退伍军人在基干民兵营建制内单独编组，组建退伍军人预备役基干连，由乡（镇、街道）党政干部、专武干部兼任连队干部，并健全党（团）组织和登记统计、跟踪管理、动员点验等制度。每年由县级人武部对当年转服预备役的退伍军人进行复训。2002年，聊城市政府、聊城军分区印发《聊城市深化城市民兵工作调整改革方案》，要求城市民兵工作调整改革要调整编组布局，科学合理编组，开展好民兵政治教育，努力建设一支组织健全、政治可靠、训练有素、保障有力的城市民兵队伍。2004年，聊城市委、市政府、军分区联合印发《关于进一步加强民兵基层建设的意见》，提出要求着力在基本教育、基本制度、基本队伍、基本设施落实上下功夫，进行党的路线方针政策学习，抓好基本教育；抓好以基干民兵为骨干的民兵队伍建设，在村、乡（镇、街道）、企事业单位建立民兵组织的基础上，重点抓好步兵分队、应急分队、专业技术分队、对口专业分队基干民兵队伍建设，搞好重要目标附近和交通沿线、黄河沿线的民兵应急分队等骨干力量布局；抓好民兵干部队伍建设、专武干部队伍建设；建立健全形势分析、现场办公、协调会议、创先达标、建立联系点等抓基层的制度；完善人武部值班室、作战室、动员资料室和战备器材库战备设施。是年，在全市所有乡（镇、街道）和企业、事业单位建立基干民兵组织。2006年，开展民兵组织整顿，加强民兵基层建设，全市所有乡（镇、街道）和部分企业、事业单位组建基干民兵组织，编成包括步兵分队、应急分队、专业技术分队、对口专业分队的基干民兵队。在市直系统组建公路抢修、铁路抢修、汽车运输、工程抢修、医疗救护、防化救援、通信支援、电力抢修、网络攻防等大队。2007年，按照有利于组织领导、有利于提高质量、有利于执行任务的原则，把复退军人、军地专业对口人员、高技术人员和经过军事训练的人员作为编组的主要对象，将全市基干民兵队伍整合为作战队伍、勤务保障队伍、应急队伍和其他队伍。2009年，开展民兵基层建设达标活动和民兵组织整顿，组建改建民兵应急抢险救援分队。2013年，将全市基干民兵总数进行压减，将基干民兵建设分类由作战、勤务保障、应急和其他队伍四大类，调整为应急、支援、储备队伍三大类，形成以应急队伍为重点，支援队伍为支撑，储备队伍为补充的基干民兵建设格局。2014，聊城军分区完成民兵组织调整改革任务。2015年，规范民兵组织整顿程序，民兵组织建设进一步加强。

第二节　政治教育

聊城的民兵政治教育主要由军队政治机关、各级人武部门具体负责组织和开展。1997—1999年，在抓好经常性教育落实的同时，以民兵干部和基干民兵为重点，在民兵中开展“四个教育”（爱国奉献教育、革命人生观教育、尊干爱兵教育、艰苦奋斗教育）和国防教育。1998年，聊城市170余万人参加全国“科凌杯”国防知识竞赛活动。1999年，聊城市把国防教育纳入“三五”普法规划，对民兵进行普遍教育。2002年，聊城市第一届江北水城文化旅游节期间对应急分队队员进行职能任务教育。2006—2010年，组织民兵学习科学发展观和胡锦涛总书记系列指示精神。2007年10月14日，聊城市召开民兵预备役政治工作表彰会议，对东昌府区梁水镇武装部等10个民兵预备役政治工作先进单位和张磊等10位民兵预备役政治工作先进个人通报表彰。2011—2015年，聊城军分区持续开展人民战争思想和民兵光荣传统、职能使命和形势战备、战斗精神、国防义务教育，要求每年组织民兵集中军事训练期间，按照不少于训练总时间的10%安排思想政治教育，组织民兵干部和基干民兵思想政治教育每年不少于16课时。

2012年，聊城军分区组织所属八个县（市、区）人武部党委第一书记述职

第三节　训练　执勤

一、军事训练

1997年以来，聊城军分区将专职武装干部、基干民兵、专业技术分队、民兵应急分队作为重点训练对象，对民兵进行军事训练。1998年9月，组织民兵应急分队队员，参加全省党管武装工作会议的军事课目汇报表演，被评为“优秀表演课目”。1999年，聊城军分区组织民兵应急分队进行防汛抢险实战演练，7月东

阿县民兵应急分队代表山东省民兵队伍参加国家黄河防总组织的黄河抢险堵漏实战演练，获得优胜杯。2000年，临清市、茌平县专职武装干部代表聊城市参加省军区组织的军事训练考核，被评为先进单位。2001年，按照“打得赢”的要求，各县（市、区）人武部抽出8—10天时间，以组织指挥能力、日常管理能力提高和政策法规为培训重点，对机关干部、兼职教员、民兵干部等进行训练。6月，聊城军分区在东昌府区和茌平县对退伍预备役人员进行训练。2002年，聊城军分区对报务员进行集训。2003年，聊城军分区对防化教练员进行集训。2005年，聊城军分区设置步兵、兵种、动员、维稳等23个专业课目，组织民兵教练员进行比武竞赛。2007年，组织开展人武部和部分民兵参加的联合防空演练。2008年，先后对8个县（市、区）民兵应急连进行拉动。2010年，聊城军分区在阳谷县黄河陶城进行防汛抢险演练。阳谷县临黄的阿城镇、张秋镇、十五里园镇、寿张镇、李台镇、金斗营乡6个乡（镇）民兵防汛分队，联合民政、医疗、公安、通信等部门演示编抛铅丝笼、捆抛柳石枕、打家伙桩、桩柳防浪等防汛课目。2013年6月，东阿县人武部黄河防汛分队对抢险机械、设备进行维修、保养、试车，对黄河内部通信微波线路和设备进行检修，并进行捆抛柳石枕、抢筑反滤围井、编抛铅丝笼、拴打家伙桩等科目演练。7月，冠县人武部组织民兵应急分队参加夏季大练兵活动，围绕队列养成、警棍盾牌基本动作、执勤队形、擒敌拳基本套路和技战术动作以及民兵应急分队拉动程序等科目进行强化训练。2014年5月，聊城军分区在省军区组织的基层武装部长集训中取得团体总分第三名。2015年6月，聊城军分区司令部配合山东省军区动员处组织全省应急分队指挥员和通信分队教练员进行集中训练，完成应急常识研讨、识图用图、冲锋舟操作、防暴队形演练以及数码收报、电子键拍发、机上勤务等22个课目学习训练。

2008年7月，聊城军分区在茌平组织民兵应急分队进行奥运安保课目演练

二、执勤应急

1997—2001年，民兵执勤巡逻分队协助公安机关抓获犯罪嫌疑人877人，取缔犯罪团伙23个。2002年，民兵应急分队完成聊城“江北水城文化旅游节”期间的值勤和维护社会治安任务。2003年4月防治“非典”期间，全市民兵参与维护隔离秩序，帮助农村构筑防御网络等急难险重任务。2005年夏，动员全市民兵迎战9号台风袭击待命。2008年6月，为提高各县民兵应急连应对突发事件、奥运安保和维护社会稳定的能力，聊城军分区先后对8个县（市、区）民兵应急连进行拉动考核。2013年，民兵应急分队在“5·3”直升机失事善后处理、抗击“7·23”“8·16”暴风雨行动中发挥重要作用。2014年5月20日，济馆高速89+800段发生危险品车辆侧翻导致甲苯泄露事件，东昌府区堂邑民兵应急排快速出动，联合公安、交警封控现场、疏散群众、指挥交通，协调6台渣土车运送沙土130立方米。2015年5月，东昌府区道口铺街道民兵应急排妥善处置“5·19”不明飞行物事件。

第五章　国防动员

第一节　国防教育

1997年1月，聊城地区国防教育委员会办公室印发《关于开展评选聊城地区关心国防建设十佳人物活动的通知》，评选后进行通报表彰。4月17日，为迎接香港回归和纪念建军70周年，地区国防教育委员会组织全区群众参加全国百家新闻、出版单位和国家国防教育办公室联合举办的“强我国防、兴我中华”系列活动，全区收回答卷35万余份。1998年，在全国人大法工委、国务院法制局、中央军委法制局等单位为纪念《中华人民共和国国防法》实施1周年开展的系列宣传活动中，先后组织国防知识电视竞赛、座谈会、报告会。聊城市（今东昌府区）、高唐县、东阿县国防教育委员会办公室被省国防教育委员会表彰为“先进单位”，郭兆信等30人被表彰为“先进个人”。1999年，为庆祝中华人民共和国成立50周年、迎接澳门回归，组织在校学生参加全国“迎国庆万校国防教育活动”，开展“保卫21世纪中国”国防知识竞赛、国防征文比赛和演讲比赛，全市有40余所学校、20万余名学生参加活动。2000年，为纪念抗美援朝50周年，组织纪念会、座谈会、报告会，举办影视周、书画展，开展送温暖和“爱心献功臣”活动，开展聊城市第二届关心国防建设十佳人物评比活动。2001年，为纪念建党80周年，聊城市国防教育委员会组织开展“共筑新世纪长城”系列国防教育活动。9月15日，在第一个“全民国防教育日”期间，聊城市国防教育办公室和市普法办公室在鲁西商厦广场联合举办庆祝活动，共设宣传点30余处，悬挂条幅70余条，散发宣传材料2万余份。同年，各级党委把国防教育理论学习列入中心组和机关干部理论学习内容；各级组织人事部门在科以上干部提拔和竞争上岗考试、考核中有国防知识内容。市委党校和各县（市、区）委党校把国防教育纳入培训计划，开设国防教育课程。2002年，市国防教育办公室通过《聊城日报》开展“国防知识竞赛”活动，重点加强对《中华人民共和国国防教育法》《山东省国防教育条例》等法律法规的宣传教育。2003年，国防教育办公室与国防动员委员会政治动员办公室合并办公，国防教育与国防政治动员同步进行。同年，临清市“张自忠将军纪念馆”被省委、省政府、省军区命名为“省级国防教育基地”。2004年，开展“爱中华、奔小康、强国防”系列教育活动，全市共印发国防知识竞赛试题35万余份，收到国防教育征文600余份，市、县两级国防教育办公室组织10万余人签署条幅43条，聊城市国防教育办公室被国家国防教育办公室评为全国“爱中华、奔小康、强国防”国防教育系列活动先进单位。在全民国防教育日期间，出动宣传车辆30台，设立国防知识咨询站200多个，制作宣传橱窗、墙报等4000余块，张贴“2004年全民国防教育日宣传画”280余幅，全市所有国防教育基地、纪念馆、烈士陵园等，向社会免费

2004年9月，聊城市组织“爱中华、奔小康、强国防”万人签名活动

开放。市委宣传部、军分区政治部、市教育局联合组织开展“学校国防教育周”活动，并组织军训成果汇报表演。9月18日10时，全市鸣防空警报，警醒人们牢记历史，勿忘国耻。2005年，以纪念抗日战争胜利60周年和反法西斯战争胜利60周年为契机，组织参加全省“昊宝杯”国防知识竞赛，收回答卷15万余份。通过《聊城日报》开展“国防知识百题竞赛”，收回答卷1000余份。9月18日，市委宣传部与军分区联合举办由14所学校参加的“纪念抗战胜利60周年青少年歌咏比赛”。10月23日，军分区政治部与市总工会联合举办“纪念抗战胜利60周年国防知识电视比赛”。2008年起，聊城市国防教育保障经费由每年5万元增加到每年20万元。2008—2011年，开展国防教育“进机关、进社区、进企业、进校院、进村庄”活动，每年出动50余台宣传车在城区主要街道巡回宣传，散发宣传材料10万余份。全民国防教育日期间，市县两级国动委主任（或副主任）都分别发表电视讲话，各县（市、区）六大班子领导带头到所属城区主要街道、路口散发宣传材料，张贴悬挂国防教育标语、条幅。2010年7月26日，高唐县委、县政府、县人武部在县委党校礼堂召开高唐县建功军营报告会。2015年10月，国防教育委员会办公室印制《双拥政策法规宣传手册》1万多本、宣传彩页5万余张，向干部群众免费发放。各基层单位、社区先后举办双拥政策法规知识竞赛等群众性宣传活动40余次。2011—2015年，挖掘红色文化资源，遴选30个革命遗址、纪念场馆作为聊城市国防教育基地，政府筹资1000余万元，新建苏村阻击战纪念馆，并对孔繁森同志纪念馆、张自忠纪念馆、中共鲁西北地委旧址、刘邓大军渡河指挥部旧址、“六二七”纪念园、高唐党史馆等教育基地进行修缮改造。组织编写《聊城红色记忆》《英雄的土地》《聊城国防年册》。投资500多万元设置国防宣传标志、国防教育街道、拥军广场、“八一”青年林等，全市500余所中小学校建立国防教育专栏和国防教育展室。2015年全市共有省级国防教育基地5处。

聊城市烈士陵园　位于东昌府区东昌西路与繁森路交会处，建于1986年，1997年被公布为“聊城市青少年爱国主义教育基地”，1998年5月被公布为“山东省爱国主义教育基地”。烈士陵园由纪念堂、陈列展厅、祭扫厅、骨灰存放室以及广场、办公室组成。2015年，占地3.5万平方米，其中面积近1万平方米的大理石广场可同时容纳2万余人活动。广场正中建有纪念碑，底座为24平方米、高22米，周围是汉白玉护栏，整个碑体由花岗石砌成，碑身正面竖书“革命烈士纪念碑”镏金大字。纪念堂建筑面积1315平方米，呈对称结构，正门门额由宋任穷题写。展厅陈列有13597名烈士的英名录，骨灰存放室安放着40位烈士的骨灰。

范筑先纪念馆　位于东昌府区古楼北街1号。1988年11月15日，民政部拨专款60万元，在范筑先将军殉国处建造“范筑先纪念馆”。纪念馆为仿古殿堂式建筑，坐北朝南，占地2400平方米，中央立邓小平于1986年7月9日题写的“民族英雄范筑先殉国处”碑。碑阴刻徐运北撰写的范筑先将军传略。纪念大厅为仿古式木构建筑，单檐歇山，筒瓦覆顶，转角带廊，挑角飞

范筑先纪念馆　（2015年摄）

翘。大厅面阔 5 间，正面和左右两侧檐下有一条宽 2 米的敞廊，廊柱间设有栏杆和靠椅。大厅室内 3 间，阔 10.2 米，深 5.87 米。大厅檐下正中悬挂由梁漱溟题写的“范筑先烈士纪念馆”木刻横匾。厅内为汉白玉雕刻成的范筑先将军半身塑像，四周陈列着将军的遗物和各时期的纪念报刊与书籍。大厅两侧，各有一飞檐翘角的亭阁式建筑——附厅，过廊将主厅、附厅连为一体。

聊城市民兵训练中心　位于东昌府区阎寺街道辖区（嘉明经济开发区邓王村西侧），于 2003 年 2 月 25 日动工，2004 年 6 月落成并投入使用，占地 15.54 公顷，总投资 2100 余万元，建筑面积 13650 平方米，承训能力 200 人。民兵训练中心由培训楼、附属楼、民兵装备仓库技术区、观礼台、射击场和各种训练场组成，融军事训练、装备管理、军械修理、征兵体检、国防教育于一体。2006 年，完善配套“六室四场”（教员办公室、专业训练教室、模拟训练教室、器材室、普通教室、多媒体教室和队列训练场、体能训练场、单兵训练场、专业训练场），达到市（地）级民兵训练基地“六室四场”标准。2007 年，被山东省军区确定为“全省通讯兵训练基地”。

张自忠将军纪念馆　位于临清市温泉路中段临清运河文化中心内。1998 年 10 月建，占地 1000 平方米，建筑面积约 500 平方米。仿古建筑，展厅分为 3 个部分。第一部分为序幕厅，其中陈列有毛泽东为张自忠题写的“尽忠报国”手迹，以及张自忠牺牲地湖北宜城十里长山、抗日战争爆发地卢沟桥的巨幅照片。第二部分为张自忠生平事迹展览，展有 200 余幅珍贵历史照片和部分文字资料。第三部分为张自忠纪念碑廊，共收入朱德、董必武、李先念、郭沫若、李宗仁、孔德成、季羡林等题词碑刻 50 余块。

刘邓大军渡河指挥部旧址　位于阳谷县寿张镇沙河崖村，北距阳谷 7.5 千米，南距黄河约 10 千米。1995 年，对旧址按原貌进行修复。刘邓大军渡河指挥部旧址是一座坐西朝东两进两出四合院。前院南厢房是刘伯承、邓小平当年就餐和参谋住室。悬挂李德生、段君毅等党和国家、军队领导人的题词和刘邓大军渡河的大幅油画。西厢房是当年警卫人员住室。后院内东厢房是当年刘伯承居室，西厢房是当年邓小平居室，摆放当年曾用过的桌椅床张以及临走时送给房东的一些物品，还摆放有当时参加渡河作战领导的题字、回忆文章等革命历史文物。正房为当年房东孔月仙及家人住室，珍藏有多幅珍贵的历史照片和刘邓大军渡河前后的历史资料。展室共有序言、战略态势、渡河准备、强渡黄河、鲁西南战役、人民支前、英雄儿女、老区新貌、治黄成就等 9 块展板。2005 年 11 月，指挥部旧址被中共山东省委宣传部命名为“爱国主义教育基地”。

第二节　国民经济动员

1997 年 8 月，聊城地委、行署、军分区印发《关于成立聊城地区国防动员委员会的通知》，聊城地区及下属各县（市）相继成立经济动员办公室。此后，在聊城市经济动员办公室的领导下，先后进行国民经济动员潜力调查、组建相应的民兵分队，并建立健全各项规章制度。1998 年，成立由市计划委员会主任任组长的国民经济动员潜力调查领导小组，组织开展全市国民经济动员潜力调查。制定《聊城市国民经济动员潜力调查实施方案》，明确潜力调查工作的目的、范围、内容、原则、方法、具体要求。通过调查摸清全市的基本情况，并建立数据库。2001 年，对调查数据进行更新补充。2003 年年初，对全市国防动员潜力进行全面调查和补充登记。2006 年，聊城市编制完成《国民经济动员“十一五”规划》。2008 年 5 月，汶川特大地震发生后，聊城市立即启动经济动员应急预案，并成立抗震救灾工作领导小组，配备抗震救灾 24 小时值班人员，配合政府应急部门，开展抗震救灾协调保障工作。2011 年 2—5 月，再次组织开展潜力调查工作。2012 年，聊城市编制完成《国民经济动员“十二五”规划》。2013 年，对数据库进行全面梳理和汇总，将数据更新到 2013 年。2014 年，根据《国家国民经济动员中心管理暂行办法》申报条件的有关规定，全市2家国民经济动员中心（山东省特种车辆动员中心、山东省通信网络设备动员中心）获山东省经济动员办公室批复。2015年4月，聊城瑞华电子科技有限公司获山东省经济动员办公室批复，成立山东省电子科技动员中心。11月，山东省犀牛工程机械有限公司、山东省明康安托山特种机电有限公司被评为“第二批战区级军民通用装备动员中心”。

第六章　拥政爱民

1997—2015年，聊城军分区和驻聊城部队以“驻扎一方、稳定一方、发展一方、造福一方”的思想为指导，在完成战备、值勤、训练、演习等任务的同时，积极参加地方建设，投入大量人力、物力、财力支援聊城的重点工程和公益事业建设，特别是在参加重大活动、处置突发性事件中发挥重要作用。

2014年12月，聊城军分区联合地方相关单位开展艺术家进军营活动

第一节　文明共建

境内驻军长期开展各种各样的文明共建活动。1997年京九铁路通车后，武警支队五中队、临清市中队和阳谷县中队分别与聊城、临清和阳谷火车站结成共建对子，开展共建京九铁路文明站区活动。2000年武警支队先后有37人参加义务献血，献血量7400毫升，直属大队二中队被聊城市精神文明建设委员会和无偿献血工作委员会表彰为“无偿献血先进单位”。2001年，聊城军分区响应省军区政治部、省委组织部关于开展“帮扶后进村党支部”活动号召，按照“建班子、理路子、解扣子”和“三帮三扶”的工作思路。在帮扶的136个村党支部中，46个跨入一类党支部行列、69个达到二类党支部标准。2001年10月29日，聊城军分区政治部和市委组织部要求各县（市、区）人武部、乡（镇、街道）人武部分别选定1个后进村作为帮扶对象。各级人武系统制定定点挂钩、蹲点帮抓、请示汇报、形势分析、检查验收、奖惩激励制度，帮助村庄“强班子、建队伍、正风气、解难题、谋发展”。11月10日，聊城军分区机关帮扶工作组入驻东昌府区朱老庄乡焦营村进行帮扶。2002年5月，聊城军分区组织机关30余名官兵到帮扶点参加筑路劳动，帮助焦营村修建柏油路1条。该路被村民誉为“爱民路”并竖碑纪念。

2004年，71901部队组织官兵参加聊城市组织的龙舟、游泳、田径、歌咏等系列活动，举办军民联欢80余次；72927部队53分队与聊城

2002年12月，聊城市举办聊城军分区援建的“同心路”通车典礼

市、东阿县、阳谷县传输局建立联合护线机制，先后60余次参加军警民联合护线活动，每年利用设备巡检巡修时机，对驻地军分区、7190部队等单位机线设备进行巡护，先后百余次为周边居民解决涉线施工问题。2005年，聊城军分区协调驻军单位开展“军地共建平安聊城，构建和谐社会”活动。2006年5月，聊城军分区组织东昌府区、临清市、阳谷县人武部成立3支青年民兵合唱队，每支队伍100人，参加2006中国江北水城（聊城）合唱节活动。2006年始，武警支队每年组织开展“警营开放日”活动，邀请驻地院校学生到县（市）中队进行参观学习，体验军旅生活，接受国防教育。2007年，聊城军分区召开军民联欢文艺晚会，举办“情系国防、爱我中华”图片展，由7190部队、武警支队等驻聊部队推荐英模人物，组成4～5人先进事迹报告团，到大、中专院校，部分高中、初中作巡回报告。2009年春节前夕，聊城军分区结合纪念改革开放30周年和学习实践科学发展观活动，组织干部职工和民兵预备役人员开展“献爱心送温暖”活动，到烈军属、五保户和特困户家中排忧解难，帮助困难群众解决实际问题，协调聊城驻军与聊城豫剧院、京剧院、聊城电视台举办多台内容丰富的军地联欢晚会。

2010年后，聊城军分区协调驻聊部队发动官兵和民兵预备役人员开展共建活动，驻聊城团级以上单位有针对性地与地方有关单位或部门结成共建对子，在全市开展“五个一”活动，即组织一次军地互访、开展一次入户慰问、举办一台联欢晚会、邮寄一张新年贺卡、形成一套长效机制，采取多种措施和手段，每个单位每年帮扶一个贫困村，使其甩掉贫困帽子，达到当地乡镇中等发展水平。同时，每个团级单位每年重点扶持3～5个“三老”（重点是老党员、老复转军人、老民兵干部）困难户，使其生活水平不低于本村中等收入家庭；协调武警支队、雷达站每年从人力物力上支援参加1～2项有影响的重点工程建设；驻聊城部队各单位组织人力物力，利用元旦、春节，以及“五一”“八一”“十一”等重大节日到市区内公共场所、旅游景点进行卫生清理、美化绿化、清沟挖渠等义务劳动；同时在营区设置服务点，开展科技咨询、理发、义诊、电器维修等爱民服务活动；配合地方有关部门和单位，搞好上岗前职工、在职职工、大中学学生及民兵预备役人员的军事训练。2011年9月，94568部队82分队组织官兵为许营中学、莘县一中进行军训。2011年10月，武警支队与市委宣传部、市民政局、市教育局、市文广新局、市体育局、团市委、市妇联及聊城日报社、市广电总台9家单位举行警地“文化共建联创”活动启动仪式。2011年，驻军单位响应当地政府号召，参加争创国家卫生城工作，组织部队参与市环境整治工程，共派出人力200余人次，植树200余株，清理垃圾杂物50余吨。2012—2015年，聊城军分区将“文明创建”活动与“文明聊城”活动有机结合起来，协调市委宣传部成立国防教育讲师团，利用学生军训、征兵报名等时机，到学校、社区等开展国防教育，受教育近万人次。2014年，聊城军分区与车站、医院等窗口行业共建文明服务窗口20余个。2015年，聊城军分区成立“学雷锋小组”，协助地方开展环境整治，定期组织现役官兵和民兵预备役人员进行环境清扫，维护生活环境。

第二节　支援地方建设

1997年以来，驻聊城部队积极支援地方建设。1999—2005年，全市民兵在古运河开发工程、环城湖改造工程，济聊馆高速公路建设工程等项目中成建制完成突击任务，成为重点项目建设中的骨干力量。2001年，聊城军分区机关、武警支队机关全体官兵、职工为古运河开发第二期工程捐款，军分区捐款21390元。在每年的挖河清淤和大型农田水利建设中，各级人武部门主动请缨，成建制组织民兵承担任务。2002—2004年，军分区系统先后协调资金450万元，帮助帮扶村里打井120眼，修路150千米，确立致富项目52个。2004年5月，在全省人武系统帮扶工作总结表彰大会上，军分区政治部、东昌府区人武部、莘县人武部、临清市老赵庄镇人武部、阳谷县石佛镇人武部、东阿县大桥镇人武部和冠县辛集乡前张官屯村党支部、阳谷县西湖乡任伍村党支部、茌平县肖庄乡后场村党支部等9个单位受到省委、省政府、省军区联合表彰。2004—2005年，驻军官兵完成2100个义务劳动日，支援地方工程建设4项，出动机械车辆3782台次，义务植树4000余株，挖沟、修渠动土石1600立方米，资助特困学生15名，资助失学儿童66名，捐款17436元，赠送图书3.2万册。2008年7月12日至9月25日，71901部队出动直升机7架，兵力112人，车辆19台，完成青岛奥帆赛安保任务。2008年9月至2009年年初，聊城市遇严重旱情，聊城军分区万余名民兵每天战斗10余个小时，疏通沟渠20余千米，挖掘机井135眼，浇水保苗266.7公顷。2009年9月30日至10月30日，71901部队出动直升机5架，车辆23台，完成第十一届全运会安保备勤任务。2010年冬至2011年春，聊城市遇罕见干旱天气，各民兵连相继成立组织，帮助群众打井抗旱。2012年，聊城军分区印发《关于深入推进援建驻地经济社会建设的规划意见》，采取有效措施支援老区建设，为聊城“东融西借、跨越赶超”贡献力量。组织全市人武系统帮扶贫困村9个，引进致富项目27个，打井46眼，植树3万余株，3年累计捐款10万余元，援建小学9所，结对资助贫困学生38名。2014—2015年，聊城军分区机关定点帮扶冠县东古城镇北刘庄村，筹资30余万元为村里铺设水泥路2条，协调卫生部门为村里群众免费义诊，指导村两委带领群众引进葡萄种植项目，协调技术指导员定期指导，村里70余个冬暖式葡萄大棚投入运营，10户群众脱贫致富。聊城军分区为村内两条生产路和主要街道实施路灯亮化工程。2015年6月25日，聊城军分区向于集镇王庙中心小学赠送教学电脑，为7名贫困学生送去学习用品。71901部队进驻聊城以来，坚持“把驻地当故乡、把人民当亲人”，积极支援地方经济建设，先后累计为附近村庄修筑道路10余千米，派出官兵为聊城大学、水城中学、聊城一中、贸易学校、鲁西化工集团等单位8万多名学生和职工进行军训，组织官兵到驻地社区和村庄开展义务植树1.2万余株；组织官兵参加排水沟清理，投入资金10余万元为驻地村庄修筑泄洪渠。武警支队组建以来，为社会做各种好事1600余件，清运垃圾4000余吨，为各大、中专院校和企事业单位军训学生和职工8万余人，义务植树2.8万余株，帮助群众抢收抢种233公顷。

第三节　抢险救灾

2001年8月，武警聊城市支队出动官兵140人、车辆8台参加东平湖抗洪抢险，支队官兵连续奋战12个昼夜，抢险5次，搬运沙袋12万个，石料480立方米，修堰1200米，挖排水沟360米，整修坝脚600米，抢修渗水点8处、管涌3处。同年，汽车营以预备役干部党员为骨干组成抢险运输队，参加东平湖抗洪抢险。2002年7月8日，莘县鲁西化工厂发生严重液氨泄漏事件，莘县人武部立即组织民兵应急分队赶赴现场实施救护、维护秩序。2003年，为配合地方政府做好预防非典型肺炎（简称“非典”）工作，聊城军分区成立防“非典”应急分队。筹集资金15万元，购买抗击“非典”必备的药品和器材。制定印发《聊城军分区组织民兵配合地方遏制非典型肺炎蔓延的行动预案》《民兵预备役人员在

2001年8月，聊城市武警支队官兵在东平湖抗洪抢险

抗击“非典”斗争中的政治工作指示》《防“非典”知识手册》，要求民兵带头抗击“非典”，各县（市、区）人武部和各基层人武部积极配合当地政府采取必要措施进行隔离观察，成建制使用民兵执勤巡逻，协助政府在主要交通要道设卡布控。同时，各基层人武部和民兵组织向在疫区打工的民兵发慰问信，劝说他们以做好自我防护为主，尽量不要返乡，凡返乡的要主动向当地政府报告。东昌府区、临清市、阳谷县、莘县、东阿县、高唐县人武部，均成立防“非典”领导小组，组织5.4万余名民兵值勤，协助当地政府设点布控、维护社会治安。同年5月，“三夏”农忙期间，聊城军分区发出《发挥主力军作用，众志成城做好“三夏”期间抗击非典型肺炎》的通知，要求各乡（镇、街道）民兵成立多种形式的帮扶小组，帮助烈军属、困难户、被隔离观察的民兵家庭等搞好夏收夏种。被聊城市指定为三级应急运输分队的汽车营，抽调120余名预备役官兵、50辆客货车组成应急梯队，实行24小时值班，先后运送被隔离人员200余人次，运输抗“非典”物资大宗。2008年5月12日，汶川特大地震发生后，聊城军分区积极协调聊城驻军并组织全市人武系统支援抗震救灾。5月13日，聊城军分区发出《关于组织为灾区捐款的紧急通知》。71901部队出动直升机10架、官兵百余名，火速奔赴灾区，在气候环境恶劣、空域陌生复杂、保障条件受限的情况下，不顾生命安危，连续作战40个日夜，先后转战7个县（市）、30余个乡镇，抢救伤病员和被困群众1200余人，运送急需救灾物资200余吨。部队1个集体和1名个人分别被中共中央、国务院、中央军委联合表彰为“全国抗震救灾英雄集体”“全国抗震救灾模范”。6月4日至7月15日，武警聊城支队派出5名官兵担负四川省北川县擂鼓镇地震灾区后勤保障任务。2009年5月，71901部队被列为山东省空中紧急运输服务队，先后出动直升机800余架次，空中洒水620余吨，灭火面积335公顷，完成青岛市、栖霞市、蓬莱市、日照市、新泰市、临朐县等山林灭火任务，两个任务机组被山东省政府表彰为“灭火英雄机组”。2010年8月9日，聊城市普降多年未遇的特大暴雨，城区交通严重受阻，农业经济损失严重。军分区抽调精干力量成立军地协调小组，立即启动民兵抗暴雨抢险应急预案，成建制组织3万余名民兵投入抗击暴雨保生产战斗，清淤道路、巡查线路2000余千米，疏通河道600余千米，清理排水管道3000余米。武警支队迅速启动抗洪救灾应急预案，先后转战人民广场丽人城、铁塔商城、大顺发购物广场、育新苑、明珠苑、滨河花园等受灾较重的商住区排涝抢险，抢救被困老人、儿童和残障人士360余名，转移受灾群众100余人，运送救灾物资10余吨，转移贵重物品1.2万余件，帮助1260余台受困车辆脱险，挽回经济损失1000余万元。2010年12月9日，阳谷县中石药业有限公司发生火灾，71901部队出动消防车3台，完成灭火救灾任务。2011年4月18日，71901部队出动直升机5架，完成济南长清山林火灾灭火任务。2012—2015年，内河、黄河主汛期期间，聊城军分区每年对抢险救灾预案进行修订完善，组织沿黄10余万名民兵预备役人员值班、巡逻、抢险。2013年7—8月，东昌府区、临清市、茌平县和高唐县普降大雨、暴雨。聊城军分区组织基干民兵参与防汛救灾，出动车辆760台次、机械8000余台次，协助地方有关部门疏通河渠13万米，清淤河道200千米，转移灾民500余人。武警支队启动应急响应机制，共救助600余名受困群众，抢救物资价值2000余万元，帮助360余台受困车辆脱险。2013年7月27日，聊城市鲁西化工集团股份有限公司发生火灾，71901部队出动消防车2台，完成灭火救灾任务。

第四节 扶贫帮困

1997年以来，聊城军分区和驻聊部队持续开展扶贫帮困、爱心助学和送温暖活动，每年发动官兵参加“慈心一日捐”活动。1999年，武警支队开展“爱心献功臣”活动，官兵捐款6000余元，为临清市康庄镇后善董村一等伤残

2002 年 5 月，聊城军分区组织官兵到帮扶点帮助群众修路

军人董秀柱建起新房，武警支队先被武警部队表彰为“拥政爱民先进单位”，2000 年被聊城市委、市政府表彰为“爱心献功臣先进单位”。2001 年 10 月 19 日，聊城军分区机关组织为中小学危房改造捐资活动，捐款 26670 元。2011 年，军分区组织官兵到聊城社会福利院为老人打扫卫生，送去慰问品，走访慰问贫困残疾人家庭，送去温暖。94568 部队 82 分队每年“六一”期间，组织官兵爱心捐款，为驻地王屯小学购买文体用品，并先后资助贫困学生数十名。2011 年，聊城军分区开展帮扶后进村党支部活动，先后为帮扶村协调资金 150 余万元，上致富项目 32 个，引进和传授种养殖技术 96 种，修路 78 千米，架桥 32 座，修渠 50 多千米，打井 26 眼，整修村“两委”办公室 140 余间，为烈军属、特困户修建房屋 48 间，救济特困户 20 余个，救助失学儿童 26 人，135 个帮扶点发生不同程度的变化。2014—2015 年，军分区党委常委和机关团职干部结对资助村里 10 名贫困学生。

1997—2015 年，聊城军分区先后开展 10 余次组织官兵捐款活动，累计捐款 50 余万元，捐物 3000 余件，先后资助 100 余名贫困学生，慰问贫困户、五保户（保吃、保穿、保医、保住、保葬）80 余户。71901 部队先后组织 10 余次捐款活动，累计捐款 50 余万元，开展巡诊 12 次，查体看病 600 多人次，发放药品价值 4 万余元。武警支队累计捐款 30 余万元。

第七章　人民防空

第一节　人防工程

1997—2005 年，人防工程建设“平战结合”被广泛用于酒店、餐厅、蘑菇养殖场所、电影院、KTV、停车场等场所。2002 年 4 月，市人民防空办公室掩蔽中心工程开发利用于酒店、宾馆。2006 年后，随着人防工程建设制度完善、房地产经济快速发展、人防意识增强，自建和结合民用建筑修建的人防工程初步进入快速发展阶段。2007 年，对全市人防工程进行详细普查，建立人防工程档案。2008 年，制订《聊城市人防建设及地下空间开发利用规划（2008—2020）》。2008 年，人防工程用于地下仓储、商业、餐饮等经营场所，共为社会提供就业岗位 2000 余个。2009 年，聊城市进行古城改造，利用古城20世纪70年代建设的防空洞和明朝时修建的地下古地道，将水、电、暖、通信等设施置于地下管道，建成融合市政、人防、观光于一体，全长6200米的综合管沟，达到提高古城防护能力和美化环境的双重功效，成为全国现代城市建设的典范。2010年，市人防办首次开放两处结构、位置合适的人防工程用作纳凉场所，配置桌椅水具、报纸书刊，接待纳凉群众5000余人次。2014年，使用人防工程质量监督管理软件对工程质量进行监督，并加大对人防工程专业监理单位质量行为的监督检查力度，重点对企业的专业资质和监理人员的专业资格是否与所承担人防工程相符进行检查，并作出检查意见。2015年，市人防办制订《聊城市人防建设及地下空间开发利用规划（2015—2030）》，将经济开发区、高新技术开发区、江北水城度假区、嘉明经济开发区、凤凰工业园地下空间开发利用纳入城市总体规划。2015年，人防工程涵盖指挥所、过街通道、人员掩蔽、物资储备等。人防工程战时由政府统一调配使用，平时按照“谁投资、谁受益、谁管理”的原则建设管理。聊城市人防工程以“平战结合”服务经济为导向，推进人民防空建设与经济建设融合发展。

第二节　防空警报

1997年，聊城城区只有20世纪80年代之前安装的4台电动式警报器，每年只作一般性的维护保养，从未实施试鸣。2000年，市人防办调整维修旧警报器，新安装电动式警报器6台，部分警报器控制系统实现无线遥控。同年，聊城市政府建立防空警报试鸣制度，将每年9月18日定为“防空警报试鸣日”。2001年，新安装电动式无线遥控警报器10台，音响覆盖率达85%以上。2005年，高唐县安装固定防空警报器。随后，临清市、茌平县、东阿县、阳谷县、莘县、冠县安装防空警报器。2007年，新安装电声无线遥控警报器、移动警报器32台，音响覆盖率达100%。2008年汶川特大地震后，每年9月18日，利用广播电视、固定警报、移动警报等多种手段进行防空警报试鸣演练。此后又相继新增电声警报器20台、多媒体警报器3台，并于2014年、2015年分期完成防空警报器改频升级工作，同时完成城区电声警报器防误鸣系统。2015年，全市完成第十六次防空警报试鸣工作。

第三节　防空防灾演习

2008年9月18日，冠县人防办组织防空防灾警报试鸣，与该县人武部联合在实验中学开展防空防灾应急疏散演练和人防知识技能展演活动。2009年5月12日，是国家设立的第一个防灾减灾日，市政府在聊城八中举行地震应急疏散演练观摩活动，社会各界开展不同主题的防空防灾疏散演练活动。同年6月，市政府组织鲁西化工开展危险化学品应急救援疏散演练。同年10月，莘县人防办举行2000余人参加的防空防灾暨防震减灾应急演练活动。2010年8月，冠县安监局、县人防办、县应急办在冠洲集团进行全县液氨泄漏应急演练。2011年9月，市无线电管理处和市人防办联合举办保障“9·18”防空防灾警报试鸣使用频率演练活动。2013年5月，山东省举行全省范围内市政府机关应急疏散演练，市政府机关应急疏散演练在市政府南楼举行，有17个部门260余人参加。同年12月，市人防办与河北省邯郸市人防办组织人防机动指挥通信系统跨区演习，共有18辆指挥通信车、50余人组成的演练队伍参加演习，参演人员有序地开展了机动指挥通信系统集结、机动指挥所开设与撤收、卫星、短波、超短波、无线宽带图传、视频会议等通信系统操作使用等课目演习。2014年12月，莘县防震防空防火应急疏散演练观摩会在翰林中学召开。2015年，东方英才双语幼儿园、鼎顺小学举行防空防灾演习。

第四节　人防教育

2014 年 9 月，聊城市人防办在警报试鸣日进行人防知识宣传活动

1997 年 8 月 1 日至 10 月 30 日，聊城地区举办人民防空知识竞赛，地区人防办公室干部职工及聊城城区初级中学师生共 3700 人参加答卷。1999 年，聊城市人防办公室无偿为城区各中学更换新的人防知识教育课本 1 万余册。2005 年，在市政务网设立人防网站，拓展宣传教育渠道向部分县（市）发放 3000 册人防知识课本，并在临清市、莘县、冠县城区初级中学开展人防知识教育试点，3 个县（市）人防办公室分别会同县（市）教育局、国防教育办公室联合印发《关于在城区开展人防知识教育试点工作意见》。2009 年，在临清市中学生实践学校建立聊城市中学生人防民防知识教育基地。2012 年，全市有 106 所城乡初级中学、40 所高中及大中院校、8 所党校开设人防知识教育课，建立中学生人防教育实践基地 8 处。2014 年 12 月，聊城市人防办在市区所有初级中学安装人防知识考试软件，2015 年 10 月，在冠县三中建立市级人防教育示范学校。

改革开放后，聊城市不断探索和推进人事管理体制改革，从传统的行政审批型向管理服务型转变，积极构建面向社会的公共服务体系。坚持把人才资源开发作为主线，不断健全人才工作机制、公务员管理机制、薪酬管理体制和人才评价机制，破除条条框框，先后在公务员制度建设和管理、事业单位改革、军队转业干部安置、大中专毕业生就业、人才市场体系培育等方面进行改革创新，逐步建立与社会主义市场经济相适应的人才管理模式。1997年后，各级政府逐步推进各项劳动管理制度改革，建立和完善市场导向的就业机制，不断加强职业技能培训和劳动关系维权，以及劳动保障体系建设。全市社会保障事业健康、稳步、持续发展。2015年，全市43万人参加城镇职工基本养老保险，13.9万人参加机关事业单位医疗保险，59.9万人参加城镇职工基本医疗保险，502.2万人参加新型农村合作医疗，333万人参加失业保险，22.5万人参加生育保险，48.22万人参加工伤保险。

第一章　机关事业单位人员管理

第一节　公务员管理

1997年以来，聊城市（地区）按照《国家公务员暂行条例》“凡进必考”原则，招考录用国家公务员。1999年，聊城市为基层公安机关考选国家公务员15名，其他单位招考国家公务员79名。2000年，工商行政系统招录国家公务员474名，公安系统招录110名人民警察。2002年，公开招考人民警察60名。2003年8月，编印《国家公务员管理常用法规文件汇编》，供从事人事工作人员学习。8月29日，举行首批国家公务员颁证仪式，为33个政府部门930名工作人员过渡为公务员颁发公务员证书。是年，对市政府部门报送的公务员花名册进行逐一核对，补办公务员过渡手续，并请聊城大学研制开发“聊城市国家公务员管理系统”软件，举办由各县（市、区）人事局、市直六大系统人事干部参加的公务员管理软件培训班。同年，选录8名应届毕业生到基层公安机关工作，为聊城市国家税务系统、工商系统、药品监督管理系统招录国家公务员36名。2004年，招考国家公务员136人。2005年，招考国家公务员161人。2006年4月中旬，举办“环保杯”聊城市“公务员法”知识竞赛。全市共有18支代表队报名参赛，聊城电视台对决赛进行录播。同年，全市进行公务员登记，共登记公务员14379人（其中政府系统在职8601人、离岗2448人，党委系统在职2676人、离岗654人），暂缓登记250人（其中政府系统213人、党委系统37人）。是年起，招考公务员采取网上报名、网上缴费、网上审核方式，经过笔试、面试、考察、体检、公示等环节录用公务员。2008年8月5日，市直295名参照管理单位人员参加登记资格考试，10月18日，县（市、区）1182名参照管理公务员单位人员参加登记资格考试。11月底，完成全市政府系统133个（其中市直27个，县市区106个）参照公务员管理单位的1854名（其中市直394名、县市区1460名）人员的登记工作，将登记人员的信息全部录入公务员登记系统，并将有关备案材料及数据库呈报省人事厅备案。12月，市委组织部与市人事局联合印发《关于集中进行公务员日常登记工作的通知》，对公务员日常登记提出要求。是年，呈报省委组织部、省人事厅《聊城市市直和县（市、区）事业单位申请参照公务员法管理的报告》，省委组织部、省人事厅审批聊城市参照公务员管理单位162个，其中市直单位32个，县（市、区）130个。2009年，对3930名公务

2013 年 4 月 27—28 日，聊城市举办第三期公务员录用面试考官培训班

员变动情况进行审查，对离开公务员队伍的 557 人从公务员等级信息系统信息库中删除，对职位和岗位等发生变动的 1023 人作出调整，对符合条件调任到公务员岗位上的人员 79 人、军转干部 23 人、试用期满考核合格的公务员以及选调生 127 人、符合相关条件通过资格考试的 9 人给予登记。2010 年，招录公务员 348 名，2011 年，招录公务员 279 人，2012 年，招录公务员 255 人。2013 年，招录国家公务员实行网络报名。网上报名 23737 人，审核通过 21095 人，网上缴费 18907 人，参加面试 1261 人，录用公务员 424 人。2014 年，网上报名 19869 人，审核通过 17759 人，网上缴费 15478 人，参加面试 991 人，录用公务员 327 人。2015 年，录用公务员 301 人。

第二节　事业单位人员管理

1997 年以来，聊城市（地区）不断深化事业单位人事制度改革，推进事业单位的社会化，实行政事分开，与党政机关区别开来。经费自收自支的，享受企业的各项自主权，实行企业化管理；由国家实行差额补助的，政府在管理上适当放活；国家全额拨款的，其数量和规模从严控制。2007 年 6 月，市人事局印发《聊城市事业单位全面推行人员聘用制度工作实施方案》，全面实施人员聘用制度。方案提出，通过实行人员聘用制度，转换事业单位用人机制，实现事业单位人事管理由身份管理向岗位管理转变，由行政任用关系向平等协商的聘用关系转变，建立一套符合社会主义市场经济体制要求的事业单位人事管理制度。同年 12 月，市人事局印发《聊城市事业单位公开招聘人员实施办法》，规定招聘专业技术人员、管理人员和工勤人员，都要实行公开招聘。2008 年 2 月，市人事局印发《聊城市事业单位岗位设置管理实施方案》，提出各级事业单位坚持因事设岗、精简效能、结构合理的原则，严格按照核准的岗位总量、类别、结构比例和最高等级进行设岗。此后，事业单位岗位设置管理实施工作展开。2010 年，市人社局印发《关于做好事业单位首次岗位聘用工作的通知》，召开全市事业单位岗位设置和公开招聘工作会议，提出规范、完善事业单位人员聘用制度，强化聘用合同的签订和管理。2011 年 8 月，召开聊城市事业单位岗位聘用工作会议，全面部署事业单位岗位聘用工作。市人社局印发《聊城市事业单位岗位聘用工作实施意见》，提出加强各级各类事业单位岗位管理工作，加快推进竞聘上岗、岗位聘用工作。9—12 月，市属事业单位公开招聘工作人员 138 名，组织 5 万余名专业技术人员参加继续教育公修课目培训学习。2012 年，市属事业单位公开招聘工作人员 188 名。全市核准岗位设置方案事业单位 3370 个，3192 个单位实行岗位聘用，全市岗位聘用人员 10.37 万人，岗位聘用合同签订率 99%。2013 年 10 月，市人社局、市教育局联合印发《关于做好全市幼儿教师公开招聘工作的通知》，提出具有聊城市常住户口的考生可报名，县（市、区）间可跨区域报考幼儿教师。全市公开招聘幼儿园教师 646 名。同年，市属事业单位公开招聘工作人员 266 名。2014 年，公开招聘幼儿园教师 434 名。2015 年 12 月，市委组织部、市人社局转发《山东省事业单位工作人员竞聘上岗实施办法》，按照“先入轨、后完善”的原则，进一步规范事业单位工作人员竞聘上岗工作。是年，事业单位公开招聘工作人员 1417 人。建立岗位动态调控机制，3421 个单位进行岗位聘用，岗位聘用人员 11.88 万人。开展事业单位工作人员在企业兼职（任职）清理工作，清理相关人员700余人。实施专业技术人才知识更新工程，登记备案、发证4万余人。举办省级高级研修项目培训3期，培训人员200余人。

第三节　军队转业干部安置

1997年以来，继续执行聊城市（地区）军队转业干部安置实行量化打分分配办法，每年对军转干部进行培训。军队转业干部主要安置分配到党政群机关和事业单位，少部分军队转业干部分配到企业。2000年，市人事局出台《关于在全市转业军官中实行考试考核安置的通知》，确定军队转业干部分配实行考试考核相结合的分配办法。2003年起，除少数军转干部主动要求去企业工作外，均安置分配到党政机关和事业单位。同年，为困难企业军队转业干部安置临时工作岗位，发放生活补贴。至2015年，共为395名困难企业军队转业干部安置临时工作岗位，发放生活补贴。

1997—2015年聊城市接受安置军队转业干部及随调家属情况表

表27-1　　　　单位：人

年份	合计	计划安置					自主择业	培训人数	随调（迁）家属
		小计	团职	营职	连排职	技术干部			
1997	92	92	7	28	34	23	—	78	31
1998	112	112	19	44	28	21	—	73	37
1999	250	250	19	91	91	49	—	157	86
2000	199	199	17	55	88	39	—	80	66
2001	100	91	15	27	29	20	9	36	29
2002	59	52	10	17	19	6	7	21	14
2003	83	71	14	27	28	2	12	31	18
2004	175	161	17	51	74	19	14	83	30
2005	153	142	12	43	56	31	11	71	31
2006	176	166	11	53	73	29	10	73	25
2007	101	95	11	34	34	16	6	42	7
2008	96	95	15	24	39	17	1	42	10
2009	61	58	16	16	17	9	3	31	15
2010	44	39	6	12	13	8	5	20	11
2011	56	49	11	17	8	13	7	19	27
2012	69	68	11	36	15	6	1	29	34
2013	47	42	8	23	4	7	5	28	10
2014	52	45	11	23	7	4	7	38	9
2015	55	39	7	24	5	3	16	46	26

第四节　工资福利

1997年以来，聊城市（地区）多次为机关、事业单位工作人员调整工资标准，晋升工资档次，增加地方福利补贴。2006年7月1日起，执行公务员工资制度改革和事业单位收入分配制度改革。2009年，为市直机关事业单位2008年度考核称职（合格）人员共计1.7万人审批晋升级别（薪级）工资，人均增资30元/

月。2010 年，对执行事业单位岗位绩效工资的公共卫生与基层医疗卫生事业单位正式工作人员，自 2010 年 10 月 1 日起，实施绩效工资。2012 年，深化事业单位收入分配制度改革，在全市事业单位实施绩效工资。其中，义务教育学校从 2009 年 1 月 1 日起实施；公共卫生与基层医疗卫生事业单位从2009年10月1日起实施；其他事业单位从 2012 年 1 月 1 日起实施。2010 年 1 月 1 日起，调整提高市直机关单位在职和离退休人员津贴补贴标准，人均增资 300 元 / 月，事业单位同步调增。中华人民共和国成立前参加工作的老工人按每月 264 元调增，退职人员按每月 100 元调增。市直共计约 2.8 万名在职和离退休人员调整提高津贴补贴。2011 年 1 月 1 日起，调整提高市直机关单位在职和离退休人员津贴补贴标准，人均增资 300 元 / 月，事业单位同步调增。中华人民共和国成立前参加工作的老工人按每月 264 元调增，退职人员按每月 100 元调增。市直共计约 2.8 万名在职和离退休人员调整提高津贴补贴。同年，为市直机关事业单位离休干部和中华人民共和国成立前参加工作的老工人共计 500 余人核算增发生活补贴，每年人均增加收入约 2000 元。2013 年 1 月 1 日起，调整提高市直机关单位在职和离退休人员津贴补贴标准，人均增资 348 元 / 月，事业单位同步调增。中华人民共和国成立前参加工作的老工人按每月 335 元调增，退职人员按每月 116 元调增。市直共计约 2.8 万名在职和离退休人员调整提高津贴补贴。2014 年 1 月 1 日起，调整提高市直机关单位在职和离退休人员津贴补贴标准，人均增资 360 元 / 月，事业单位同步调增。中华人民共和国成立前参加工作的老工人按每月 310 元调增，退职人员按每月 120 元调增。市直共计约 2.8 万名在职和离退休人员调整提高津贴补贴。同年，增加机关事业单位工作人员及离退休人员物业补贴，执行时间为 2015 年 1 月 1 日。其中，机关（参公管理事业单位）、事业单位工作人员：厅局级 280 元、处级 220 元、科级 170 元、科员及以下 150 元。专业技术人员中，高级 220 元、中级 170 元、初级 150 元。工人 150 元；机关事业单位已离退休人员，根据享受离退休生活待遇的职务（岗位），对应在职人员标准执行。中华人民共和国成立前参加工作的老工人 180 元。精简退职及按照《国务院关于工人退休、退职的暂行办法》文件退职人员 100 元；事业单位中同时聘在管理岗位和专业技术岗位的，按执行工资待遇的岗位确定补贴标准。军转干部按享受工资待遇的职务确定补贴标准。2015 年 1 月 1 日起，调整提高市直机关单位在职和离退休人员津贴补贴标准，人均增资 275 元 / 月，事业单位同步调增。中华人民共和国成立前参加工作的老工人按每月 280 元调增，退职人员按每月 120 元调增。离休人员补贴水平占同职级在职人员津贴补贴水平的比例今后逐步降至 90%；退休人员补贴水平占同职级在职人员津贴补贴水平的比例今后逐步降至 70%。市直共计约 2.8 万名在职和离退休人员调整提高津贴补贴。2015 年，全市实行县以下行政机关公务员（包括参照公务员管理事业单位）职务职级并行制度。

第二章　专业技术人员管理

第一节　职称评审

1997 年，按照省人事厅《关于做好 1997 年专业技术职务评聘工作有关问题的通知》要求，3010 名专业技术人员参加评审并取得中级以上资格，其中高级 253 人、中级 2757 人。1998 年，根据省人事厅《关于做好 1998 年度专业技术职务评聘工作有关问题的通知》，3512名专业技术人员参加中级以上评审并取得资格，其中高级619人、中级2893人。1999年，按照省人事厅《关于专业技术人员职称外语有关问题的通知》，是年3029名专业技术人员参加中级以上评审并取得资格，其中高级536人、中级2493人。2000年，按照省人事厅《关于做好2000年度专业技术职称评聘工作有关问题的通知》，3635名专业技术人员参加中级以上评审并取得资格，其中高级896人、中级2739人。2001年，实行个人申报、民主评议推荐、单位审查和主管部门审核呈报评审程序，7293名专业技术人员参加中级以上评审并取得资格，其中高级1217人、中级6076人。2002年，改革评审办法，推行社会化评审，评委会组成人员从全市范围内评委会成员备选库中遴选。取消外语免试和古汉语（译古文）考试，申报评审中、高级专业技术职务任职资格须参加职称外语等级考试。6031名专业技术人员参加评审取并得资格，其中高级1177人、中级4854人。2003年，放宽民营企业专业技术人员评审条件，凡在民营、乡镇企业的专业技术人员申报评审中级专业技术职务，免于外语、计算机要求。5361名专业技术人员参加中级以上评审并取得资格，其中高级918人、中级4443人。2004年，放宽职称评审范围，凡在聊城市企、事业单位和社会中介组织从事专业技术工作，与用人单位确定人事、劳动关系的专业技术人员，均可依据标准条件申报。是年4254名专业技术人员参加中级以上评审并取得资格，其中高级570人、中级3684人。2005年，4894名专业技术人员参加中级以上评审并取得资格，其中高级809人、中级4085人。2006年，深化卫生专业技术职称改革，中、初级专业技术资格实行全国统一考试制度。是年4139名专业技术人员参加中级以上评审并取得资格，其中高级863人、中级3276人。2007年，根据山东省人事厅《关于做好2007年度专业技术职务资格评审工作的意见》，“凡高、中级专业技术职务资格人数已超过按实施岗位设置管理规定应设置的相应岗位数15%的，从严掌握，一般不再推荐申报”，严格控制申报推荐数量。是年3952名专业技术人员参加中级以上评审并取得资格，其中高级985人、中级2967人。2008年，规范申报评审材料，统一材料格式，所有证件、表格、论文等材料分主、副本装订报送。是年2591人专业技术人员参加中级以上评审并取得资格，其中高级421人、中级2170人。2009年，事业单位按照专业技术岗位的设置数量，根据岗位专业特点和要求，组织申报推荐。是年3814人获得高、中专业技术职务资格，其中高级627人、中级3187人。2010年，突出业绩贡献和自主创新能力，注重向基层、企业、非公有制单位和一线专业技术人员倾斜。是年2018人获得高、中专业技术职务资格，其中高级496人、中级1522人。2012年，实行申报公示、异议期公示和个人诚信承诺制度，全年2354人获得高、中专业技术职务资格，其中高级715人、中级1639人。2013年，严格标准条件，突出业绩贡献和自主创新能力，贯彻公开、公正和综合评价原则，坚持把品德、知识、能力作为推荐和评审的主要依据。中小学教师职称评审工作，按照全省深化中小学教师职称制度改革的政策规定和部署要求组织过渡、评审等工作。全年1436人获得高、中专业技术职务资格，其中高级608人、中级828人。2014年，凡在聊城市企业事业单位、社会中介组织从事专业技术工作，与用人单位确定人员劳动（聘用）关系的专业技术人员，以及在城市、农村从事专业技术工作但无工作单位的人员，均可按规定的标准条件申报评审相应的专业技术职务资格。已实行按岗评审的中小学等事业单位，根据核准的专业技术岗位数量、等级结构和事业单位专业技术岗位空缺需求，组织专业技术职务资格申报推荐工作。通过评审的，由单位按规定程序和岗位要求聘用到相应专业技术岗位。全年1378人获高、中专业技术职务资格，其中高级557人、中级821人。2015年，1254人获高、中专业技术职务资格，其中高级547人、中级707人。

第二节　智力引进

1997年以来，聊城市（地区）注重技术和人才引进工作。1998年，聊城市引进国外智力办公室挂聊城市外国专家局牌子，负责引进国外技术和人才，申报“齐鲁友谊奖”，组织全市科技人员出国研修。1999年9月17日，聊城市美国专家戴维·哈德瑞可获得山东省人民政府“齐鲁友谊奖”。2001年，组织申报24个引智项目，提出技术难题30多个，为企业争取资金20万元。审核出国培训人员22人。2003年，组织引进外国专家项目11个，引进外国专家11人，其中文教专家2名。审核出国培训人员8人。2004年9月，山东省人事厅批准聊城市高唐泉林纸业集团成为山东省引智成果示范基地。2006年9月，参加冀晋苏鲁豫皖六省农业引智成果推介会，展出聊城农业领域最新引智成果11项。是年，编报引智项目22个，其中国家级项目4个、省级项目14个、出国培训项目2个、引智成果示范项目2个，拟引进外国专家16名，审核出国培训人员15人。2007年10月，参加冀晋苏鲁豫皖六省引智成果精品展示洽谈会，共提供各类引智成果展品20余类70余个品种，现场咨询1000余人次，意向引进或代销产品的客户60余人次。是年，编报引智项目10个，其中国家级项目3个、省级专家项目4个、引智成果示范项目3个，拟引进专家10名，项目涉及生物、化工、农业、机械以及全市重点企业、行业。聘请德国、以色列等外国专家到聊城市进行技术指导，共培训农业技术人员200余人，讲座10余次，现场指导示范园10余处。审核出国培训人员16人。2008年10月，聊城市国际和平医院美籍专家牧琳爱和中冶银河有限公司加拿大籍华人专家黄显淑获得山东省政府颁发的“齐鲁友谊奖”。11月，山东省外国专家局授权聊城市外国专家局办理“外国专家来华工作许可”和“外国专家证”业务。是年，申报引智项目15个，其中引进技术项目9个、出国境培训项目1个、示范推广项目5个。审核出国培训人员14人。是年，共有9个项目获得省外国专家局资助，资助金额10.98万元。2009年，申报引智项目4个，审核出国培训人员8人。2010年10月，组织15家大型企事业单位参加第六届海内外高端人才交流暨经贸项目洽谈会，展示岗位需求35项，拟引进高层次人才40多人，正式签约项目2个。年内，申报外国专家项目5个，出国培训项目1个，示范推广项目1个，新增省级引智成果示范推广基地1个。办理外国专家来华工作许可10人次，办理外国专家证26人次，新增聘请外国专家资格单位3个。审核出国培训人员19人。全年，共有7个项目获得省外国专家局资助，资助金额8.5万元。2011年2月，聊城市人民医院聘请加拿大籍专家韩发斌到院开展科研工作。是年，征集海外高层次人才需求10项，6个项目获得国家外专局审批立项。共办理外国来华许可15人次，外国专家证32人次，办理外国专家证注销11人次，外国专家证延期5人次。审核出国培训人员19人。2012年11月，组织30余家企事业单位参加“中国·山东第七届海内外高端人才交流暨技术项目洽谈会”，发布需求项目240个，实现网上对接项目48个，大会重点项目签约1个，市里组织签约项目2个。年内，新增山东省引智成果示范推广基地一个（密植苹果园修型示范基地），新增山东省高端外国专家项目1个（聊城市人民医院申报的“聊城——加拿大卡尔病理诊断中心合作模式探讨”），申报2013年度山东

2006年，牧琳爱当选“感动山东2006年度十大人物”

省高端外国专家项目1个（帕金森氏病GBA基因突变诱导多能干细胞模型建立与致病机理研究）。是年共办理外国专家来华工作许可12人次，新办外国专家证16人次，外国专家证延期21人次，变更5人次，注销10人次。审核出国培训人员28人。2013年11月，高唐县纷美包装（山东）有限公司韩国籍专家张国相获山东省政府“齐鲁友谊奖”。是年，申报省批成果示范推广项目2个，省批外国专家项目6个，执行项目聘请专家共计11人次，新增省级引智成果示范推广基地1个——聊城市畜牧站自然养猪法示范推广基地。是年，共办理外国到华许可13人次，新办外国专家证18人次，外国专家证延期23人次，外国专家证注销7人次，变更3人次。审核出国培训人员22人。2014年11月，聊城市人民医院荷兰籍专家吴亚平获山东省政府“齐鲁友谊奖”。是年，申报省级常规外国专家项目7个，高端外国专家项目2个，港澳台专项1个，省级引智成果示范推广项目2个。共执行引智项目6个，其中，省级外国专家项目5个，省批优秀引智成果示范推广项目1个，引进外国专家7人次，共获省外专局引智经费37万元。申报2015年度引智项目5个，申报2015年度引进国外智力成果示范推广项目4个。新增省级引智成果示范推广基地1个——和鲁牛胚胎移植及示范推广基地。是年，共办理外国专家来华工作许可新办26人次、注销2人次，外国专家证新办27人次、延期22人次、注销14人次。审核出国培训人员21人。2015年9月，邀请澳大利亚国家银行昆士兰州分行行长haelHall（迈克尔·霍尔）以及澳大利亚KTQ发展公司总裁AndrewSteptoe（安德鲁·斯泰普托）等4名外国专家到聊城市就“国际金融形势分析与国际资本运作”以及“养老服务体系建设”2个专题开设讲座。10月，联合国家外专局经济技术专家司、山东省人力资源和社会保障厅举办“山东聊城外国专家供需交流会暨技术项目洽谈会”。是年，申报省级引智项目10个，获批立项4个，其中省级高端外国专家团体项目1个，省级高端外国专家个人项目1个，省级优秀引智成果示范推广项目1个，外国专家来华系列专题讲座项目1个，共获省级引智经费支持69.54万元。新办外国专家来华工作许可11人次、注销1人次，新办外国专家证16人次、延期28人次、注销17人次，变更3人次。审核出国培训人员19人。

第三节　专家管理与服务

1997年以来，聊城市（地区）注重专家服务和管理，积极开展国务院政府特殊津贴人员遴选、申报工作。1998年，赵永堂、刘义发获得国务院政府特殊津贴。之后，孙占元（1999年）、刘成强（2001年）、张学信（2004年）、时洪功（2010年）、秦玉峰（2012年）、崔秀山（2014年）、张彬（2014年）7名专家享受国务院政府特殊津贴。2003年，聊城市组织本地有突出贡献的中青年专家推荐选拔工作。沈渴望被省政府批准为山东省有突出贡献的中青年专家。李洪法、刘成强先后于2004年、2005年，被省政府批准为山东省有突出贡献的中青年专家。2004年，市政府办公室印发《聊城市有突出贡献的中青年专家选拔管理暂行办法》，开展聊城市有突出贡献的中青年专家的选拔工作。2005年3月，聊城市人民政府批准赵西久等12人为2004年度聊城市有突出贡献的中青年专家。2007年，省政府批准赵西久、侯廷荣为山东省有突出贡献的中青年专家。2008年，省政府批准李明锁、时洪功为山东省有突出贡献的中青年专家。2009年以来，姜士宪（2009年）、李光耀（2010年）、尤金花（2011年）、方纪明（2011年）、王继跃（2012年）、周祥山（2014年）、夏章勇（2015年）被省政府批准为山东省有突出贡献的中青年专家。2012年，修订《聊城市有突出贡献的中青年专家选拔管理暂行办法》，出台《聊城市有突出贡献的中青年专家选拔管理办法》，评选出聊城市有突出贡献的中青年专家20名。2013年10月15日，聊城市举办“万名专家服务基层行动计划”，邀请4名中国工程院院士，23名享受国务院特殊津贴专家、国家及省有突出贡献的中青年专家参加活动。召开座谈会、报告会20次，为18个单位解决急需解决技术难题30多个。17个单位与专家签订合作协议意向书。78个单位参加胡正寰院士技术指导报告会，14个单位与胡正寰院士开展合作。2014年，开展聊城市有突出贡献的中青年专家评选，祁学文等18人获聊城市有突出贡献的中青年专家称号。截至2015年12月，共有28人享受国务院政府特殊津贴，夏章勇等14人获省有突出贡献的中青年专家称号，祁学文等50人获市有突出贡献的中青年专家称号。

第三章　社会就业创业

第一节　劳动就业

一、就业安置

1997年，聊城地区通过企业兼并联合，发展第三产业，企业调整产业结构，鼓励下岗职工自谋职业等措施，促进就业。全区城镇登记失业率3.5%，失业职工再就业率50%。1998—2001年，聊城市以实施再就业工程为主线，开展再就业援助行动，促进下岗职工再就业。2002年，聊城市开展“情暖万家”活动和“结对帮扶”活动，安置下岗失业人员。通过多种渠道实现城镇就业4万人，年底城镇登记失业率为3.1%。2003年，市政府印发《关于进一步做好就业工作的意见》，相关部门出台税费减免、小额贷款、社保补贴、就业援助、财政投入等促进就业再就业政策措。市直部门186名领导干部和市劳动保障局207名职工与919名下岗失业人员进行结对帮扶，开展“亲情服务”。新增城镇就业5.8万人，发放“再就业优惠证”2.4万个，年底城镇登记失业率3.2%。2004年，市政府把再就业纳入全市经济工作考核内容，层层建立目标责任制，建立就业再就业工作联席会议制度，新增城镇就业7.2万人，年底城镇登记失业率3.28%。2007年，市政府印发《关于做好城镇零就业家庭和农村零转移就业贫困家庭就业援助工作的通知》，在城乡“双零”家庭实行就业税收减免、社保补贴延续、灵活人员就业社保补贴、提高贷款额度等措施。新增城镇就业8.1万人，年底城镇登记失业率3.15%。2008年，市政府印发《关于进一步促进就业的意见》，召开全市就业工作会议，把就业工作重点从解决失业人员的再就业问题拓展到统筹城乡各类群体的就业工作。新增城镇就业9.35万人，年底城镇登记失业率3.07%。2009年，为应对金融危机对就业形势的不利影响，印发促进和稳定就业的文件25个，城镇新增就业9.1万人，城镇登记失业率3.05%。2012年，加大就业资金投入，9.7万人享受政策扶持，新增城镇就业7万人，城镇登记失业率3.13%。2014年，市政府印发《关于贯彻落实鲁政办发〔2013〕25号文件促进创业带动就业的实施意见》，设立5000万元市级创业带动就业扶持资金，将创业平台建设、小额担保贷款、创业补贴落实等任务指标分解到县（市、区），列入政府重要考核内容。全年城镇新增就业6.38万人，城镇登记失业率控制在2.94%。2015年，市政府印发《关于进一步做好新形势下就业创业工作的意见》和《关于印发〈聊城市实施就业优先战略行动方案〉的通知》，确定2015—2018年每年安排3000万元，作为市级创业带动就业扶持资金。城镇新增就业6.23万人，城镇登记失业率控制在3.01%。

二、公共就业服务体系建设

1997年，劳动力市场开展免费为失业下岗职工提供就业指导、代管档案、代缴社会保险等“一条龙”服务。1998年，职业介绍中心确定统一职业介绍洽谈日，开展专项就业洽谈会，建立职业介绍代理人制度。2002 年，全市城乡劳动力求职登记 6 万人，实现劳动力市场就业 4.56 万人。2003 年，128 个乡、镇（街道）建立劳动保障管理所，初步形成市、县、乡（镇、街道）、社区四级就业服务网络。城乡劳动力求职登记 9.9 万人，劳动力市场就业 8.2 万人。2004 年，在 8 个县（市、区）21 个乡、镇（街道）劳动保障工作机构建设示范点。东昌府区和临清市开展争创“再就业优秀社区”活动。2005 年，制定《聊城市人力资源市场建设规划》，筹建市和 4 个县（市、区）新的人力资源市场。2006 年，5 个县（市、区）完成人力资源市场改建扩建。是年，聊城市在全省就业工作暨失业保险工作会议上作人力资源市场建设典型发言。2007 年，聊城市人力资源市场正式揭牌。全市人力资源市场共进行求职登记 9 万人，介绍就业 7.3 万人。是年，临清市温泉社区、东昌府区向阳社区被省委组织部、省劳动保障厅等四部门评为优秀充分就业和谐社区。2008 年，开展基层优秀协理员评选活动，评选出先进个人 26 名、“充分就业和谐社区”15 个。2009 年，开展就业服务“进校园下乡村”活动。评选出高唐县鱼邱湖、西苑社区等 7 个“充分就业和谐社区”。2010 年，投资 1400 余万元，完善市、县两级人力资源市场、就业信息网络和基层平台建设，开展创建“充分就业星级社区”活动，实施“千个公益性岗位开发计划”。全市求职登记 11.6 万人，介绍就业 8.3 万人。聊城市人力资源市场和东阿县人力资源市场被评为“省级示范人力资源市场”，高唐鱼邱湖等 5 个社区被评为“省级充分就业星级社区”。2014 年，启动“数字就业社区”建设，东昌府区湖北社区、临清市元仓社区被列为省级“数字就业示范社区”试点单位。是年，聊城市创业孵化基地正式运营。莘县被省政府评为省级创业先进城市，高唐县人力资源和社会保障局创业园区被评为省级创业示范园区。2015 年，启用公共就业人才服务信息系统，建设“半小时公共就业服务圈”，实行城乡统一就业失业登记制度。聊城市创业孵化基地被评为省级创业示范孵化基地。是年，全市拥有省级创业孵化示范基地 4 家、市级创业孵化示范基地 17 家。

三、小额担保贷款

2003 年，成立聊城市小额贷款担保中心，开办小额贷款担保业务。个人贷款额度一般在 2 万元，劳动密集型小企业贷款额度最高不超过 100 万元。是年，发放小额担保贷款 39.5 万元。2008 年，个人贷款最高额度调整为 5 万元，劳动密集型小企业最高额度调整为 200 万元。2014 年，市、县两级隶属于人社部门的小额担保贷款担保机构全部成立。个人贷款最高额度调整为 10 万元，劳动密集型小企业最高额度调整为 300 万元。全市小额担保贷款发放突破 4 亿元。2015 年，撤销聊城市小额担保贷款中心建制，小额担保贷款业务并入市劳动就业办公室。是年，全市发放小额担保贷款 5.17 亿元。

2003—2015 年聊城市小额担保贷款（创业担保贷款）统计表

表 27-2　　单位：人、万元

年份	2003	2004	2005	2006	2007	2008	2009	2010	2012	2013	2014	2015
发放人数	21	98	203	232	261	259	260	320	861	1286	1702	1532
发放额度	39.5	147.25	374.8	431	503	513.5	559	786	14530	20150	41887	51728

四、劳务输出

1997 年，聊城地区劳务输出办公室负责劳务输出工作。是年，聊城对农村劳动力实行“务工许可证”制度，全年发放“务工许可证”1.2 万个。对外出区外就业人员发放“外出人员就业登记卡”。1998 年，聊城地区劳务输出办公室改为聊城市劳务输出办公室。2000 年，聊城市劳务输出办公室在京津地区建立劳务管理站。2001

年，召开市政府劳务输出工作会议，印发《关于进一步加强劳务输出工作的意见》，成立聊城市鲁西人力资源开发中心，与市劳务输出办公室一个机构、两块牌子，为正县级自收自支事业单位。成立聊城市深粤劳务输出服务站，挂市人民政府驻深圳办事处牌子。全市在外务工人员32.8万人，年创收超过10亿元。2002年，聊城市实施劳务输出战略，市、县两级成立劳务输出工作领导小组，层层落实目标任务，建立目标考核体系。在深圳市、广州市、天津市、北京市、珠海市等地建立劳务输出基地，全市在外务工人员52.7万人。2003年，成立聊城鲁西境外就业发展公司，高唐县被劳动保障部确定为全国农村劳动力返乡创业试点县。2004年，全市在外务工人员82.7万人，劳务输出成为聊城市经济发展中新的增长点和支柱产业。聊城市在全国推进农村劳动力跨地区就业工作电视电话会议上做典型发言。2005年，开展“春风行动”，组织“放心民办职业介绍服务单位”评选、职业介绍机构诚信服务等活动，年底全市在外务工人员97万人。2007年，聊城市“鲁西人力”被省劳动社会保障厅评为“山东省驰名劳务品牌”，并被劳动和社会保障部授予“全国优秀劳务品牌”。冠县、阳谷被省劳动保障厅确定为第一批省级劳务输出工作示范县。2008年，全市在外务工人员134万人，聊城市政府被山东省政府授予全省促进农村劳动力转移就业先进集体荣誉称号。2009年，受金融危机影响，在外务工人员大量返乡。聊城市启动农民工返乡监测机制，在乡镇、自然村建立定点监测点，帮助98%的返乡农民工实现二次就业或创业。2010年，聊城市成立高级海员工作领导小组，认定“高级海员定点选拔基地”8处，建立“高级海员促进专项基金”，高唐县被评为省级“农村劳动力转移就业工作示范县”。2011年，聊城市政府与山东海事局签署《航海人才培养合作备忘录》，加强驻日本办事处业务，开辟赴新加坡就业招聘项目。2012—2014年，向日本、韩国、新加坡等国派遣员工和海员3600多人。2014年12月，市政府印发《关于贯彻落实鲁政办字〔2014〕106号文件，推进农民工“三项行动计划”工作的实施意见》。2015年，聊城市被列为全省统筹农民工职业技能培训试点市。

五、就业创业培训

1997年，全区劳动服务培训企业124家，安置失业人员、下岗职工3500多人。2002年，开展创业培训，成立创业咨询委员会。免费培训失业人员3100人，培训后再就业率67%，组织就业前培训1万多人，开办两期创业培训班，培训下岗失业人员137名。2003年，全市免费培训下岗失业人员1.46万人，培训后再就业率为63%，组织创业培训1499人。2005年，开展“扬帆行动”和“就业再就业政策实效年”活动，安置“零就业家庭”415户、663人，实现“零就业家庭”至少一人稳定就业工作目标。2006年，免费培训失业人员2.13万人，培训合格率96%，再就业率60%。组织创业培训3737人，创业成功率53%。创业人员每人一般带动3～5人就业再就业。2007年，市、县（市、区）建立创业指导专家志愿团和创业项目资源库，组织失业人员就业培训1.8万人，创业培训2904人。2009年，出台《聊城市加强就业培训提高就业与创业能力五年培训规划（2009—2013）实施方案》，建立培训补贴与培训质量和就业效果挂钩绩效考评机制，形成再就业培训、创业培训、在职培训以及农村劳动力和农民工培训等多层次培训体系。2010年，开展创业助推“1+3”（即为每“1”位有创业意愿并参加创业培训的高校毕业生、城镇失业人员、返乡创业农民工等城乡各类劳动者，提供包括推荐一个创业项目、协助落实一处经营场地、帮助办理一笔小额担保贷款在内的“3”项服务）活动，组织开展“小班次、互动式”创业培训，完善充实市、县两级创业指导专家志愿团和项目资源库，并为参加培训的创业人员提供项目开发、小额贷款、政策扶持等“一条龙”服务。是年，共组织就业和创业培训56192人。2011年，组织就业和创业培训5.73万人，培训后就业和创业率86%。在全省“百名创业之星”评选活动中，聊城市5人入围。聊城中钢联金属制造有限公司颜景明入选全省“创业十杰”中。2013年，共组织就业和创业培训64813人。2014年，出台《聊城市加强就业培训提高就业与创业能力五年规划（2014—2018）实施方案》，将培训范围扩大到有就业创业愿望和能力的全体城乡劳动者，将农村实用技术培训列入重点培训内容。成立聊城创业大学，引入“创业培训四级课程体系”，提升创业培训实效。是年，共组织就业和创业培训73005人。2015年，选聘企业经营管理人员、专家学者、成功创业者等人士160多人，组成聊城市创业指导专家志愿团。公开招标认定51家定点培训机构，开展“四单式”（企业订单、劳动者选单、培训机构列单、政府买单）培训，构建“聊城创业大学+教学点”创业培训体系，在县（市、区）、驻聊城各高校设立13个创业培训教学点。是年，共组织就业和创业培训69016人。

第二节　大中专毕业生就业创业

一、分配派遣

1997年，大中专毕业生的接收与派遣由聊城地区人事局、教育局共同负责，其中非师范类大中专毕业生的接收与派遣由地区人事局负责。是年，聊城地区接收非师范类大中专毕业生报到登记共2562人，其中硕士研究生7人、本科生441人、专科生（含高职）1045人、中专生1069人。1998年11月，市人事局成立毕业生分配科，2002年4月更名为毕业生就业科。2010年1月，市人事局和市劳动社会保障局合并组建为聊城市人力资源和社会保障局后，成立就业促进科（高校毕业生就业科）。是年，聊城市政府办公室印发《关于做好2010年普通高校毕业生就业工作的意见》，提出实施“岗位拓展计划”，助推高校毕业生多渠道就业；实施“创业引领计划”，鼓励和扶持高校毕业生自主创业；实施“基层服务项目计划”，引导高校毕业生面向基层就业；实施“就业服务与援助计划”，为高校毕业生提供良好公共就业服务；实施“就业见习和培训计划”，加快高校毕业生就业见习基地建设。2011年，市人社局印发《聊城市引导和鼓励高校毕业生自主创业暂行办法》，提出毕业生在毕业5年内从事个体经营的（国家限制行业除外），自首次工商注册登记之日起3年内，可免缴登记类、证照类等有关行政事业性收费。出资1元即可申报登记。毕业生自主创业可申请小额担保贷款。贷款额度一般最高不超过5万元，期限一般不超过2年。从事微利项目可按规定享受贷款贴息政策。2013年，聊城市政府办公室印发《关于贯彻落实鲁政办发〔2013〕17号文件做好高校毕业生就业工作的实施意见》，提出实施高校毕业生就业促进“四项计划”（实施高校毕业生就业岗位拓展计划、创业引领计划、基层就业计划、就业服务计划）“三项行动”（就业帮扶行动、就业见习基地推进行动、毕业生培训和技能鉴定行动）“两大突破”（健全离校未就业毕业生实名制登记系统管理服务的新突破、加大督促宣传力度实现毕业生就业创业政策落实的新突破），推动高校毕业生就业。是年，聊城市“山东高校毕业生离校未就业实名制登记系统”上线，毕业生在系统上进行实名制登记。2015年，聊城市接收非师范类大中专毕业生报到登记17779人，其中博士35人、硕士研究生966人、本科生8050人、专科生（含高职）6342人、中专生2386人。

1997—2015年聊城市接收非师范类毕业生报到登记表

表27-3　　单位：人

年份	博士	硕士研究生	本科生	专科生（含高职）	中专生	合计
1997	—	7	441	1045	1069	2562
1998	—	—	554	854	2921	4329

续表 27-3

年份	博士	硕士研究生	本科生	专科生（含高职）	中专生	合计
1999	—	—	606	693	3909	5208
2000	—	—	850	920	4808	6578
2001	—	—	750	1916	5239	7905
2002	—	9	315	1856	3847	6027
2003	1	15	585	2126	5534	8261
2004	—	21	1136	2697	2694	6548
2005	—	46	967	3178	3731	7922
2006	5	54	1917	3243	3667	8886
2007	5	105	2811	5690	6925	15536
2008	2	137	3317	7046	4770	15272
2009	2	245	3320	5118	3351	12036
2010	8	295	3073	5656	4726	13758
2011	14	379	3339	6612	4420	14764
2012	13	410	4058	5786	3581	13848
2013	12	480	4258	5986	3974	14710
2014	45	867	6064	7833	3209	18018
2015	35	966	8050	6342	2386	17779

二、就业指导与服务

1997 年后，聊城市（地区）为毕业生和用人单位之间进行双向选择提供机会，每年都举办供需见面会，大型招聘会现场设置大学生就业见习专区。在招聘会现场设置高校毕业就业创业政策咨询台，发放高校毕业生实名制登记报到流程、高校毕业生就业见习政策、“三支一扶”（支农、支教、支医和扶贫）计划、高校毕业生社区就业计划等大学生就业创业政策。2013 年后，对离校未就业非师范类毕业生进行实名制登记，每年登记 1.5 万人左右，详细记录他们的基本信息、就业状况、就业意愿、就业服务需求以及创业需求，有针对性地提供就业创业服务，帮助毕业生了解熟悉促进就业创业政策和帮扶措施。2014 年，聊城市与济南市、淄博市、泰安市、莱芜市、德州市、滨州市等市签订高校毕业生就业工作合作协议，推进“济南都市圈”高校毕业生就业服务一体化。2008 年，开通 24 小时自动应答的“96009800”毕业生就业服务专线。2014 年，聊城大学生就业微信公共平台开通，为高校毕业生获取就业创业信息、办理相关手续提供便利。2015 年，聊城市开展“发现双创之星”（双创：大众创业、万众创新）推荐工作，进一步推动高校毕业生就业。

三、大学生创业孵化基地（园区）建设

2011 年，市人力资源和社会保障局依托聊城市高新技术创业服务中心成立聊城市大学生创业孵化基地。孵化基地以引导、支持、服务大学生创业为宗旨，以向大学生创业企业提供孵化服务为重点，提供政策支持、办公场地、物业管理、工商注册、创业培训、市场开发指导等服务，打造全方位的大学生创业孵化服务平台。2012 年，市人力资源和社会保障局印发《聊城市大学生创业孵化基地（创业园）管理申报暂行办法》，就基地（园区）设立的基本条件、认定标准、认定程序、管理制度及扶持政策作出明确要求。同年，市财政局、市人力资源和社会保障局印发《聊城市大学生创业引领专项扶持资金使

用管理暂行办法》，规定资金的使用范围包括大学生创业孵化基地（创业园）一次性奖励补贴、优秀创业项目补贴、场地租金补贴、一次性创业补贴、岗位开发补贴、创业项目开发征集补贴、创业孵化基地（园区）考核奖补等项目。2015年，市人力资源和社会保障局印发《聊城市大学生创业孵化示范基地（创业示范园）认定管理暂行办法》，规定认定条件、标准、程序、扶持政策及监督管理。至2015年，全市有聊城市高新技术创业服务中心、山东汇通金属材料市场有限公司、冠县建安商贸城开发有限公司、聊城鑫鹏源金属制造有限公司、临清市宏发轴承专业市场服务中心、东阿大学生创业孵化基地、聊城金正数字创意工场等7家市级大学生创业孵化示范基地（创业园）。其中，聊城市高新技术创业服务中心、山东汇通金属材料市场有限公司为省级示范创业基地（园区）。

第三节　人事代理与人才市场建设

一、人事代理

1997年1月，聊城地区按照《山东省人事代理暂行办法》规定，初步开展人事代理业务，主要是保管档案。卫生、教育、新闻广播、公安、消防、财政、审计等部门，中介、协会、民办学校等社会组织，在私企工作或自谋职业的大中专毕业生的人事档案陆续转入人才交流服务中心，多以单纯存档形式保管。2013年，中心共保管人事代理人员档案8000余份，保管个人存档人员档案4000余份。2014年年初，个人单纯存档人员档案转入人才流动科管理。至2015年，共为537余家用人单位保管档案8705份。

二、人才培训

1997年以来，聊城市（地区）不断创新人才培训工作思路，拓展新培训项目。1998年始，与高等院校开展联合办学，培养各类“适用型”人才。至2003年，与全国几十所高校联合共培养人才2200余名。2005—2006年，市人才交流服务中心与华中科技大学、南京陆军学院等全国十几所高等院校开展联合办学，输送50多名聊城市急需的“适用型”人才到高校学习深造。2006年，中共聊城市委组织部、聊城市人事局印发《关于培养和用好人才的若干规定》，提出“每年选送500～1000名高中或中专以上毕业生到高校深造”要求。2006—2008年，与海军航空工程学院、聊城大学东昌学院、山东科技大学等全国十几所高等学校开展联合办学，输送1438名聊城市急需的“适用型”人才到高校学习深造。2008年始，市人才交流服务中心开展面向未就业人员免费报名、免费技能培训、免费推荐就业的“三免”活动。2009年，市委、市政府印发《关于进一步加强人才工作意见》，市委办公室、市政府办公室印发《关于加强农村实用人才队伍建设和农村人力资源开发的实施意见》，决定在全市农民中实施“农村优秀中青年人才素质提升计划”，从2010年起，利用5年时间，通过与聊城农民培训学院（聊城高级财经学校）联合办班形式，为全市134个乡镇5748个行政村培养一批具有中专以上学历的村干部、后备干部、各类行业协会负责人及农民身份的科技特派员。2010—2014年，共培训农村实用人才1340名。至2015年，共举办“三免”培训班5期，培训学员218名。人才市场免费为结业的学员推荐单位，助其就业。对暂时不能被企业录用的学员，将其资料存入市人才储备库，实行动态管理。

三、人才市场

2014年，市人才交流服务中心新办公楼人才大厦建成并投入使用。是年11月，举行聊城市人才市场揭牌仪式。人才大厦总建筑面积6588平方米，人才市场设置在人才大厦二楼，配有500多平方米的交流大厅，60个展位，并配备LED电子显示屏，滚动播放各类招聘信息。服务大厅设人才输出、人才培训、人事代理等服务窗口，为就业人员提供“一站式”服务。是年，市人才市场举办招聘会，为用人单位和求职者搭建就业平台。注册成立“聊城人才网”，在全市首次开展网上招聘，求职者网上求职。2009

年5月始，市人才市场每周日上午举办定期公益类招聘会，向企业输送网络设计人员、土地测绘人员、高端销售人员等人才信息。2013年12月，市人才市场设置综合服务部、人力资源部、市场开发部、职业培训部、信息网络部5个内部工作机构。是年，人才市场开展招聘服务“进学校、进社区”服务活动，在聊城市各大院校、大型社区进行就业政策宣传，为市各类人才提供就业信息。是年，共举办各类招聘会51场，其中大型招聘会3场。共提供就业岗位19500余个，参会人员4.9万人，初步达成就业协议1.4万余人。向企业推荐就业人员1270余名，入企成功率53%。“聊城人才网”不断升级改版，完善手机短信通知、企业电子地图、自动匹配简历、视频等多项功能，并与全国多家网站建设链接关系，全年共发布招聘职位6000余个，登记人才13000余人。2014年，人才市场全年举办公益招聘会51场，共有1900家企业参会，提供就业岗位18150个，参会人员32600余人，初步达成就业协议10820余人。其中大型招聘会7场，共计356家企业参会，提供就业岗位6400余个，收集求职简历12068份。是年，人才网发布招聘岗位1352个，新增求职简历10876份；向企业推荐就业人员2100余名，入企成功率35%；新增网络招聘单位登记213家，其中月度会员71家、季度会员79家、半年会员21家、年度会员42家。

2015年1月，建立“聊城人才网”微信公众平台。2月25日至3月1日，市人才市场举办为期5天的“聊城市2015春季大型公益性人才招聘周”活动，共有260余家企事业单位参加，提供就业岗位6000多个，近万名求职者进场应聘，共登记求职者简历9000多份，2500人与用人单位初步达成就业意向。6月10—16日，聊城市人才市场与《齐鲁晚报》联合主办“新机遇·新未来——2015年聊城‘就业服务年’”公益活动暨首届大型综合招聘周活动。参与企业350家，提供岗位4500个，初步达成意向1800人，免费发布首套《聊城权威就业指南》。12月9日，人才市场与《齐鲁晚报》、聊城市电子商务产业园联合举办“2015聊城人才交流服务高峰论坛”，现场成立“聊城市人力资源企业联盟”，建立优质企业资源库。是年，人才市场共举办招聘会56场，参会单位2480家，参会人员36000人次，提供就业岗位21000余个，初步达成就业协议12500余人。“聊城人才网”发布招聘岗位3253个，新增求职简历11756份；向企业推荐就业人员3210余名；新增网络招聘单位登记共计145家，其中月度会员47家、季度会员53家、半年会员17家、年度会员28家。

第四节　人事考试

1993年3月，聊城地区人事局考试中心成立。1997年，聊城地区实行监理工程师执业资格制度，并组织一级注册结构工程师资格考试。1998年，聊城地区人事局考试中心改为聊城市人事局考试中心。是年，组织企业法律顾问执业资格考试、造价工程师执业资格考试。1999年，实行注册税务师执业资格考试制度。2000年始，实行价格鉴证师执业资格考试制度、注册城市规划师执业资格考试制度。2001年，首次组织全市质量专业职业资格考试工作，考生人数424人，通过40人。首次组织全市会计专业技术资格考试，报考2703人，合格153人。2002年，首次组织房产地经纪人考试，考生人数48人，通过16人。首次组织注册土木工程师（岩土）执业资格考试，考生人数33人，通过7人。首次组织出版专业职业资格考试，考生人数17人，通过2人。2003年始，实行注册咨询工程师（投资）执业资格考试制度。组织5682名专业技术人员计算机应用能力考试。2004年，首次组织注册咨询工程师考试工作，考生138人，通过18人。2004年，组织二、三级翻译专业资格（水平）考试。是年始，实行注册安全工程师执业资格考试制度、一级建造师执业资格考试制度。组织土地代理人职业资格考试。2005年始，实行设备监理师执业资格考试制度。组织环境影响评价工程师职业资格考试。2005 年，投入资金 16.7 万元建设聊城市人事考试网站。2006 年，首次组织卫生专业技术资格考试，报考 593 人，合格 304 人。2007 年，聊城市人事局考试中心更名为聊城市人事考试中心。重新修订《聊城市人事考试考务管理细则》，对考试工作的每个程序、每个环节都作出明确规定。2008 年，建立人事考试专用保密室。2008 年，首次组织社会工作者职业水平考试，考生人数 304 人，通过 16 人。2009 年，各类专业、执（职）业技术资格考试全部实现网上报名。2015 年，组织 8226 名专业技术参加经济、统计、审计、计算机软件、卫生、翻译等专业技术资格考试。至 2015 年，共组织 12 批次机关事业单位工人技术考核工作，考生人数 31658 人，共有 16 万人参加公务员录用考试。

第五节　劳动工资

一、工资调整

1997 年 12 月起，对实行三班制生产的企业、从事大夜班生产的工人和必须跟班生产的干部，夜班津贴标准为每天 10 元；对从事中班生产的工人和必须跟班生产的干部，标准为 7 元；对实行两班制生产的企业工人和必须跟班生产的干部，中班津贴标准为 7 元。1998 年 1 月，在企业技术工人中实行技能津贴制度。技能津贴标准：按技术等级不同分为初级工、中级工、高级工三个级别六个档次；其中初级工一个档次，月津贴 10 元；中级工三个档次，月津贴分别为 12 元、14 元、16 元；高级工两个档次，月津贴分别为 20 元、25 元。1999 年 7 月，聊城市建立企业最低工资标准制度，最低工资标准为 220 元 / 月・人。对城镇各类企业实行工资指导线制度，以 1998 年度全省全部企业在岗职工平均工资 6556 元为基数，全市安排企业工资指导线的基准线为 22.3%（122 元），上线为 26.3%（144 元），下线为 18.3%（100 元）。增资区间为生产经营正常、有支付能力的企业，可依照基准线安排工资增长；经济效益水平较高、支付能力较强的企业，可在基准线与上线区间内安排工资增长；生产经营困难、支付能力较差的企业，可在基准线和下线区间内安排工资增长。全市为 1160 家企业的 21 万名职工增加工资，人均月增资 124 元。2001 年 7 月，全市调整最低工资标准。东昌府区、临清市、高唐县、茌平县行政区域内的企业执行 280 元 / 月・人；冠县、莘县、阳谷县、东阿县行政区域内企业执行 260 元 / 月・人。以省政府公布的 2000 年度全省在岗职工平均工资 8245 元为基数，确定增长的基准线为 10%，上线为 12%，下线为 6%。经济效益水平较高、支付能力较强的企业，可在基准线与上线区间内安排工资增长；生产经营能力正常、有支付能力的企业，可依照基准线安排工资增长；经济效益一般，支付能力较差的企业，可在基准线和下线区间内安排工资增长；少数生产经营特别困难的企业，可按实际工资零增长的水平安排工资增长。同时，调整高级技术工人津贴标准：取得三级职业资格证书的，其津贴为每人每月 50 元；取得二级、一级职业资格证书（或技师、高级技师合格证书）的，其职务津贴分别提高至每人每月 100 元、150 元。2002 年 10 月，全市调整最低工资标准。东昌府区、临清市、高唐县、茌平县辖区内的各类企业最低工资标准由每人每月 280 元调整为每人每月 310 元；东阿县、阳谷县、莘县、冠县辖区内的各类企业最低工资标准由每人每月 260 元调整为每人每月 290 元。市直和经济开发区以及东昌府区、临清市、高唐县、茌平县的企业小时最低工资标准为 2.0 元 / 小时；冠县、莘县、阳谷县、东阿县的企业小时最低工资标准为 1.9 元 / 小时。2003 年，聊城市政府发布 2003 年企业工资指导线。以 2002 年聊城市职工平均工资 8972 元为基数，2003 年聊城市企业工资指导线的基准线为 13%，上线为 23%，下线为 7%。各类企业根据企业的生产经营状况，按照工资指导线要求，自主安排工资增长。2005 年 1 月，调整最低工资标准。东昌府区、经济开发区、临清市、高唐县、茌平县辖区内单位职工最低工资标准调整为380元，小时最低工资标准调整为2.9元；冠县、莘县、阳谷县、东阿县辖区内单位职工月最低工资标准调整为350元，小时最低工资标准调整为2.7元。市政府发布2005年企业工资指导线，以2004年全市职工平均工资10919元为基数，确定2005年全市工资指导线的基准线为职工平均工资增长10.5%，上线为16.5%，下线为5.5%。2006年10月，市政府公布全市最低工资标准。东昌府区、经济开发区、临清市、高唐县、茌平县辖区内单位职工最低工资标准调整为430元；冠县、莘县、阳谷县、东阿县辖区内单位职工月最低工资标准调整为390元。企业工资指导线，以2005年全市职工平均工资12052元为基数，确定2006年全市工资指导线的基准线为职工平均工资增长11%，上线为17%，下线为6%。2007年，企业工资指导线，以2006年全市职工平均工资13754元为基数，确定2007年全市工资指导线的基准线为职工平均工资增长16%，上线为24%，下线为8%。2008年1月，聊城市最低工资标准调整为500元。企业工资指导线，以2007年全市职工平均工资16511元为基数，确定2008年全市工资指导线的基准线为职工平均工资增长15%，上线为22%，下线为7%。2009年，企业工资指导线，以2008年全市职工平均工资18599元为基数，确定2009年全市工资指导线的基准线为职工平均工资增长9%，上线为15%，下线为4%。2010年5月，调整最低工资标准。调整后全市月最低工资标准为600元，小时最低工资标准调整为6.5元。企业工资指导线，以2009年全市职工平均工资21383元为基数，确定2010年全市工资指导线的基准线为职工平均工资增长15%，上线为23%，下线为6.5%。

2011年3月，调整最低工资标准。调整后全市月最低工资标准为800元，小时最低工资标准调整为8.7元。企业工资指导线，以2010年全市职工平均工资25784元为基数，确定2011年全市工资指导线的基准线为职工平均工资增长15%，上线为23%，下线为6.5%。2012年3月，调整最低工资标准，调整后全市月最低工资标准为950元，小时最低工资标准调整为10元。企业工资指导线，以2011年全市职工平均工资29697元为基数，确定2012年全市工资指导线的基准线为职工平均工资增长15%，上线为22%，下线为6%。2013年3月，调整最低工资标准。调整后全市月最低工资标准为1080元，小时最低工资标准调整为11元。企业工资指导线，以2012年全市职工平均工资33769元为基数，确定2013年全市工资指导线的基准线为职工平均工资增长15%，上线为22%，下线为6%。2014年3月，调整最低工资标准。调整后全市月最低工资标准为1200元，小时最低工资标准调整为12元。企业工资指导线，以2013年全市职工平均工资37649元为基数，确定2014年全市工资指导线的基准线为职工平均工资增长12%，上线为20%，下线为4%。2015年3月，最低工资标准调整为月最低工资标准1300元，小时最低工资标准13元。企业工资指导线以2014年企业在岗职工平均工资41559元为基数，企业职工货币工资增长基准线为10%；上线为18%；下线为4%。增资区间为生产经营良好、经济效益较快增长的企业，可在基准线和上线之间安排工资增长；生产经营正常、经济效益基本稳定的企业，可在基准线和下线之间安排工资增长；生产经营一般、效益亏损的企业可按下线安排工资增长；生产经营困难、预计当年可能出现亏损的企业，工资可以零增长或负增长。各类企业对提供正常劳动的职工支付的工资不得低于最低工资标准。垄断行业或国家财政补贴的国有及国有控股企业，职工平均工资增长幅度不得高于基准线，经济效益下降幅度较大或亏损的，职工工资增长不得高于下线。国有和国有控股企业，当年实发人均工资增长不得突破上线；职工平均工资不增长的，国有和国有控股企业领导人工资不应增长；企业在岗职工平均工资低于全市在岗职工平均工资的，国有和国有控股企业负责人收入增长幅度不得高于本企业职工工资增长幅度；一线职工（除企业中层及中层以上职工）年度工资增长幅度不得低于本企业平均工资增长幅度。

二、工资制度改革

1997年9月，聊城地区劳动局批复地区城乡建设物资总公司等企业《实行岗位技能工资制实施方案》，同意城乡建设物资总公司、聊城当代集团有限公司、地区一轻工业供销公司、山东聊城皮革公司、地区民政大厦、地区出口商品基地建设公司、地区兴昌物资公司、冠县电业管理公司、莘县饲料厂、莘县粮油集团总公司、莘县糖酒副食品公司、莘县食品肉联厂、莘县世隆商城、莘县饮食服务公司、莘县百货公司、莘县三联五交化公司、莘县工业品贸易总公司、茌平县轻工机械厂、茌平县自来水公司共21家企业2629名职工执行岗位技能工资标准。2000年3月，批复聊城市科霸电脑有限公司等企业《实行岗位技能工资制实施方案》，同意聊城市科霸电脑有限公司等8家企业1223名职工执行岗位技能工资标准。9月，批复聊城市东昌府区粮食局第一面粉厂《实行岗位技能工资制实施方案》，同意该企业182名员工执行岗位工资起点55元、技能工资起点120元的工资标准，月基本工资额91234元。2001年10月，批复高唐银桥有限责任公司等企业《实行岗位技能工资制实施方案》，同意高唐银桥有限责任公司等6家企业415名职工执行岗位技能工资标准。2003年3月，印发《关于停止审批企业职工档案工资的通知》，不再审批企业职工的转正定级、3%晋级、考工晋级、职工的年度升级及企业贯彻政府工资指导线的工资标准调整；不再审批企业职工调动工作后工资、机关（事业）单位职工调入企业后工资变动、转业干部分配到企业后工资、复退军人分配到企业后定级和企业职工调出后的工资转移；企业主管部门不再审批所属企业职工的转正定级；停止审批企业职工档案工资后，企业职工的工作岗位、工资发放标准应作为必备条款在劳动合同中具体约定。约定的工资发放标准不得低于市政府规定的最低工资标准。国有及国有控股的公司制企业、集体企业原则上要实行工资总额同经济效益挂钩办法，国家对工资总额实行总量控制，并对工资的发放情况进行监督检查。

1997—2015年聊城市劳动工资一览表

表27-4

年份	职工人数（万人）		职工年工资总额（亿元）		职工年平均工资（元）	
	合计	国有经济	合计	国有经济	合计	国有经济
1997	38.56	29.67	17.65	16.11	4629	5152
1998	33.48	26.73	17.9	15.18	5390	5723
1999	32.14	25.91	20.14	17.16	6241	6629
2000	32.34	25.90	22.73	19.41	7021	7487
2001	32.50	25.93	25.98	22.03	8020	8545
2002	32.98	22.42	29.41	21.18	8972	9459
2003	33.80	22.18	32.99	23.12	9841	10547
2004	33.54	22.08	36.79	25.65	10919	11658
2005	33.97	19.44	41.15	25.71	12052	13304
2006	35.97	18.56	48.54	28.86	13754	15629
2007	32.01	18.56	52.40	33.64	16511	18261
2008	33.63	19.28	63.81	40.77	18599	20890
2009	33.41	21.12	71.84	49.99	21383	23558
2010	34.18	19.54	88.41	54.77	25784	27963

续表 27-4

年份	职工人数（万人）		职工年工资总额（亿元）		职工年平均工资（元）	
	合计	国有经济	合计	国有经济	合计	国有经济
2011	35.94	20.01	108.28	65.41	29697	32410
2012	37.57	19.56	127.08	67.85	33769	35524
2013	45.52	19.21	177.76	78.05	37649	40966
2014	44.99	19.38	193.99	88.88	42244	45764
2015	44.38	19.41	216.8	107.45	48070	55524

第六节　劳动保障监察

1997 年 3 月，聊城地区劳动局印发《关于对用人单位实行劳动用工年检制度的通知》，确定每年 1 ～ 2 季度对用人单位上年度的招用职工、劳动合同、工资支付、工时休假、职业培训、社会保险等方面遵守劳动保障法律法规等方面的情况进行年度审查。全区对 1017 个用人单位进行年检工作，涉及职工 251261 人，发出限期整改指令书 357 份，督促用人单位与劳动者签订劳动合同 8498 份，催缴社会养老金 1080 万元，催缴失业保险金 10.45 万元，纠正厂规厂纪违法条款 798 条，责令用人单位清退 1792 名职工的集资风险金 358.4 万元，对拖欠工资、拖欠加班工资、违法延时加班等违法行为进行依法处理。是年，开展清理整顿社会民办职业介绍机构活动，动用车辆 20 余台次，出动人员 50 余人次，清理非法介绍机构 50 多家次，销毁各种广告牌匾 200 余块，罚款 2000 元，当场退还求职者被骗现金 1240 元。全年受理群众举报 67 起，立案 36 起，结案 36 起。1998 年，组成 14 人的劳动监察队伍，开展劳动用工年检、清理整顿非法职业介绍机构、中央省属驻聊城单位专项检查、社会保险和企业下岗职工基本生活保障监察、劳动违法案件举报专查等活动，共检查（监察）440 家（次），涉及职工 7.2 万人，其中年检 173 家单位、监察用人单位 136 家。责令 128 家单位补办用工手续 1421 人份，补签劳动合同 7151 份，补缴养老金 754.9 万元，补交失业保险金 60.428 万元。1999 年 4 月，聊城市劳动和社会保障局成立劳动监察大队。全市劳动监察机构共检查用人单位 1005 户次，涉及职工 82683 人次，催缴社会保险金 432.79 万元，责令用人单位补签劳动合同 1192 份，补办用工手续 491 人份；对 17 家严重违反劳动法律法规的用人单位实施行政处罚 5.22 万元，责令 13 家用工单位调整工作时间，为 9 名职工追回非法收取集资或押金 2.2 万元，补发 3 名劳动者工资 2050 元，为 26 名求职者追回被骗求职费 1.95 万元。在 4 次民办职业介绍机构检查中共检查 16 户次，依法取缔 15 家，由公安部门行政收审 2 人。2000 年，共检查用人单位 950 家，其中私营企业 375 家、国有集体企业 235 家、机关事业单位 340 家，涉及职工 25.9 万人。责令用人单位补缴社会保险费 3001 万元。2001 年，共检查用人单位 1966 户次，查处劳动保障违法案件 264 起，立案件数 245 件，结案 239 件，受理举报投诉案件 56 件；下达劳动保障监察责令改正指令书 548 份，履行 528 份，行政处理案件 13 件，督促缴纳社会保险费 1903 万元；行政处罚 13 件，罚款 34.2 万元；责令用人单位与劳动者补签劳动合同 24717 份、为劳动者补发劳动报酬 387 万元。2002 年，共检查用人单位 2078 户，涉及职工 234767 人，清缴社会保险费 3619.1 万元，其中养老保险费 2786.32 万元、失业保险费 704.18 万元、医疗保险费 128.6 万元，督促用人单位签订鉴证劳动合同 27070 份，督促用人单位办理职业资格证书 2116 份。

2003 年 3 月 28 日至 6 月 30 日，开展劳动保障年检工作，共检查市直用人单位395户，涉及劳动者5.2万人；通过年检征缴企业养老保险费889.1万元，机关事业单位养老保险费335.7万元，失业保险费139万元，责令用人单位为179劳动者补办用工手续，为1808名劳动者补签劳动合同，补办职业资格证书648份。9月，开展维护女职工、未成年工和禁止使用童工联合执法检查活动，共检查各类用人单位387户，涉及劳动者3.2万人，其中女职工1.1万人。查出非法使用童工用人单位7家，童工21人；未依法签订劳动合同单位118家；违反工作时间规定单位11家；违反女职工特殊保护规定单位2家；责令152家用人单位进行改正，对7家严重违反劳动法律法规的用人单位立案查处；责令用人单位补办用工手续1600人；督促用人单位为2260人补签劳动合同，责令用人单位补缴社会保险费362万元；责令支付劳动者工资4.5万元；清退童工21人；取缔非法职业中介机构2户；罚款7万元。是年，聊城市劳动和社会保障局劳动监察大队更名为聊城市劳动保障监察支队。聊城市劳动保障监察支队被山东省妇女联合会等部门授予“山东省优秀妇女维权岗”称号。2004年，开展劳动保障年检、专项检查、日常巡视检查、投诉举报专查等执法活动。共检查各类用人单位1066户次，涉及劳动者11.3万人次。征缴社会保险费283万元，社会保险扩面2139人，督促签订鉴证劳动合同327人，补办职业资格证书529份，解决拖欠1414名农民工工资299.8万元，取缔非法中介机构3家；共下达处理、处罚决定书31件，对9家违法单位罚款4.75万元。2005年，全市劳动监察机构开展劳动保障年检与清理整顿劳动力市场专项检查。全市共检查用人单位1.2万户次，立案查处673件，下达劳动保障监察责令改正指令书673份，行政处理案件190件，行政处理到位金额1909.8万元，行政处罚65件，行政处罚金额26.8万元。

2006年，开展农民工工资支付、清理整顿人力资源市场秩序、禁止使用童工等专项行动，以及劳动保障年检等执法活动。全市共检查用人单位1260户次，对173户存在问题的单位下达责令改正指令书，共责令补办招工手续147人，补签并鉴证劳动合同625人，补缴各项社会保险费1174万元，社会保险扩面1870人，办理职业资格证书1685人，缴纳证书考核鉴定费22.95万元，下达行政处理决定书26份，行政处罚决定书9份、罚款到位2.6万元，取缔非法职业中介机构24家。全年，共受理举报投诉市长热线案件197件，其中投诉63件、举报6件、市长热线128件，为3930名劳动者追回拖欠工资、中介费90.3万元，其中农民工工资中介费83.5万元。其中，清理整顿劳动力市场秩序专项检查行动中，共检查职业介绍机构41户，涉及从业人员156人，查处未办理职业介绍许可证33户，非法从事职业介绍活动3户，行政处罚3户，吊销职业介绍许可证1户，责令退还求职者中介费19.3万元。2007年，开展清理整顿劳动力市场专项检查、劳动保障年检、职业资格证书持证上岗执法检查、农民工工资支付专项检查等。共检查用人单位1311户次，下达责令改正指令书102户、行政处理决定书8户、行政处罚决定书5户；责令补办招用手续、劳务代理和派遣手续170人，补签并鉴证劳动合同5517人，补缴各项社会保险费1548万元，社会保险扩面5837人，办理职业资格证书467人，缴纳证书考核鉴定费7.2万元，取缔非法职业介绍机构25家。全年，受理举报投诉和市长热线案件163件，为职工追回工资85.42万元，为480名农民工追回工资18万元，为求职者讨回押金2.65万元，责令退还中介费2万元，纠正5家企业超工时现象，涉及职工1750人。是年，聊城市劳动保障监察支队被共青团山东省委等部门授予“优秀青少年维权岗”称号。2008年，检查用人单位1216户次，下达责令改正指令书145户、行政处理决定书3户、行政处罚决定书3户，申请法院强制执行1户；责令补办招用手续、劳务代理和派遣手续428人，补签劳动合同4289人，补缴各项社会保险费1903.2万元，社会保险扩面7275人，办理职业资格证书1628人，缴纳证书考核鉴定费20.1万元，取缔非法职业介绍机构11家。全年，受理举报投诉市长热线案件178件，为职工追发工资238万元，为23名求职者讨回押金1.41万元，责令退还中介费8.9万元，纠正4家企业超工时现象，涉及职工1500人。农民工工资支付专项检查活动检查用人单位40户，涉及农民工2300人，查出拖欠农民工工资的单位2户，涉及农民工300人，涉及金额11万元。通过检查，责令两户用人单位为300名农民工补发工资11万元。

2009年，开展农民工工资支付专项检查、清理整顿人力资源市场秩序专项行动、劳动保障年检、医疗和工伤保险扩面“突击月”活动及职业资格证书专项检查等。共检查用人单位960户次，下达责令改正指令书78户，行政处罚40户，罚款到位18.5万元，责令补办招用手续58人，责令补办职业资格证书567人、缴费10.4万元，补签劳动合同433人，责令新立户参保单位9户补缴社会保险费2488.5万元，责令社会保险扩面2654人，取缔非法职业介绍机构9家。是年，受理举报投诉市长热线案件129件，为职工追回拖欠工资16万元，退还中介费及押金48.4万元。责令用人单位补缴各项社会保险费456.88万元，行政罚款7000元。2010年，开展农民工工资支付专项检查、清理整顿人力资源市场秩序专项行动、整治非法用工打击违法犯罪专项行动、劳动保障年检、防暑降温专项检查、职业资格证书专项检查、举报投诉案件和市长热线案件专查等。共检查用人单位8170户次，下达责令改正指令书897份，行政处罚59户、罚款26.5万元，补签劳动合同15476份，责令补办职业资格证书779人，责令补缴社会保险费1.17亿元，社会保险扩面13484人，取缔非法职业介绍机构20家。是年，受理举报投诉和市长热线案件628件，为职工追回拖欠工资1561.1万元，退还中介费及押金13.6万元。2011年，市政府办公室印发《关于加强劳动保障监察工作的意见》，市人社局印发《关于进一步推进劳动保障监察“两网化”管理工作的意见》，推行劳动保障监察“两网化”（网格化和网络化）管理。是年，全市劳动监察机构共检查用人单位9128户次，下达责令改正指令书785份，行政处罚92户、罚款38.8万元，责令用人单位补签劳动合同2.68万份，补办职业资格证书3600人，补缴社会保险费1.2亿元，取缔非法职业介绍机构11家。全年，受理举报投诉和市长热线案件532件，为3659名职工追讨拖欠工资310.45万元，退还中介费及押金13.6万元。2012年2月，聊城市劳动保障监察局被省人力资源和社会保障厅评为“全省人力资源和社会保障系统先进单位”。4月初，全省劳动保障监察工作暨机构标准化建设现场会在聊城市召开，推广聊城典型经验。5月，聊城市劳动保障监察支队改为聊城市劳动保障监察局。是年，全市各级劳动监察机构共检查用人单位8741户次，下达责令改正指令书904份，行政处罚82户，罚款27.8万元，责令补签劳动合同5.46万份，催缴社会保险费1.4亿元，取缔非法职业介绍机构10家，全年受理举报投诉、市长热线及局长信箱等各类案件761件，为劳动者追讨拖欠工资1029.5万元，退还中介费及押金13.6万元。是年，各县（市、区）全部成立劳动监察局，县（市、区）设26个劳动监察大队，乡镇、街道设立142个劳动监察中队，5658个行政村配备劳动监察协管员。

2013年，建成劳动监察网络化管理信息系统，1525家用人单位录入用工信息，涉及职工122568人。网格内接受举报投诉案件58件，调处简单劳动纠纷151件。劳动监察“两网化”城乡覆盖率达85%。是年，劳动监察机构共检查用人单位7680户次，下达责令改正指令书821份，行政处罚67户、罚款23.5万元，责令补签劳动合同5.46万份，补发劳动者工资3124.2万元，催缴社会保险费1.14亿元，社保扩面0.75万人，督促办理职业资格证书523人、缴费9.4万元。是年，受理举报投诉、市长热线及局长信箱等各类案件745件，为劳动者追讨拖欠工资2013.5万元。2014年2月10日，聊城市劳动保

2013年4月9日，聊城市劳动保障监察集中执法拉练行动启动仪式

障监察局于被共青团中央评为全国“青少年维权岗”先进单位。是年，市、县两级劳动监察局共检查用人单位5337户次，涉及劳动者39.6万人次；责令用人单位与17125名劳动者补签劳动合同，补发0.79万名劳动者工资4049万元，补发防暑降温费64.9万元，社会保险扩面24858人，督促用人单位缴纳社会保险费1.55亿元，行政处罚31家、罚款金额11.5万元。是年，各级劳动保障监察机构共受理举报投诉、市长热线、局长信箱案件387件；责令用人单位为3024名劳动者补发工资2841.2万元。

2015年，劳动监察机构开展农民工工资支付、清理整顿人力资源市场秩序、用人单位遵守劳动用工和社会保险法律法规等专项检查、劳动保障年检、日常巡视检查等。全年共检查各类用人单位5420户次，涉及劳动者27.26万人次，责令用人单位为8182名劳动者补签劳动合同，为20148名劳动者补缴社会保险费1.22亿元，为8210名劳动者追讨工资6530万元，督促因欠薪逃匿移交法院、公安14起、被判刑人员1名。是年，受理举报投诉、市长热线、局长信箱等案件969起，责令用人单位为41名劳动者补发工资51.6万元。聊城市劳动保障监察局被人社部表彰为“全国清理整顿人力资源市场秩序专项检查”先进单位。

第七节　劳动争议仲裁

1997年，聊城地区劳动争议仲裁委员会及其办公室，负责劳动争议仲裁工作。1997年，聊城地区共受理劳动争议案件108件，结案101件，涉及职工1314人，当期结案率93.5%，按期结案率100%。全区基层调解委员会共调解劳资纠纷862起，涉及职工2100余人。全区共鉴证劳动合同46655人份，审查批复集体合同128份。聊城撤地建市后，聊城地区劳动争议仲裁委员会改为聊城市劳动争议仲裁委员会。1998年，共受理劳动争议案件136件，结案131件，当期结案率96.3%，时效内结案率100%。基层调解委员会调解劳动争议案件820余起，涉及职工3600余人。共鉴证劳动合同45761人份，劳动合同鉴证率95%，办理解除、终止劳动合同证明书2000人份，共接待来访咨询5300余人次。1999年，全市建立企业劳动争议调解委员会1532个。全市共受理劳动争议案件183件，结案175件，当期结案率95.6%，时效内结案率100%。全年提供法律咨询服务5000多人次，共鉴证劳动合同69962人份，下岗协议书1500份。2000年，全市共受理劳动争议案件233件，结案223件，当期结案率95.2%，时效内结案率100%。基层调解委员会调解劳动争议案件1345起。全市共鉴证劳动合同89236人份，劳动合同鉴证率95%。接待来访咨询6000余人次。收到群众来信58件，涉及职工7771人次，来信转办率100%；接待群众198起，涉及职工1787人次。举办各种培训班28期，参训人数3000余人。是年，建立聊城市劳动争议处理研究会。2001年，全市受理劳动争议279件，涉及职工1536人，结案267件，当期结案率95.6%，以其他方式调处争议60件。是年，共鉴证劳动合同160556人份，为3648名职工办理劳动合同解除终止手续，审查批复集体合同115户，涉及职工6149

人。全年共受理群众来信、来访5991件起，涉及职工13349人次，其中群众来信105件，涉及职工2160人次，接待群众来访5886起，涉及职工11189人次。2002年，全市共受理劳动争议案件295件，结案291件，结案率98.6%。全年共鉴证劳动合同69846人份，为2300名职工办理劳动合同终止解除手续，审查批复集体合同19户，涉及职工32876人。全市劳动保障信访总量为9923起，涉及职工15242人次；其中群众来信74件，涉及职工849人次；群众来访9849起，涉及职工14393人次。2003年，受理劳动争议312件，结案306件，结案率98%。是年，共鉴证劳动合同56176人份，为职工挽回经济损失380万元，为企业挽回经济损失160万元，接待来信来访909件起，涉及职工4783人次。共处理信访案件458件起，涉及职工3817人次，处结率99%；来访群众满意度100%。2004年，受理劳动争议195件，结案193件，结案率99%，以非立案方式处理劳动争议案件169件。全市共鉴证劳动合同58676人份，修改违法合同条款120条，督促补签劳动合同9365份。接待办理来信来访483件起，涉及职工4560人次。2005年，受理申诉案件326件，结案318件，时效内结案率100%。为劳动关系双方挽回经济损失532.7万元，以非立案方式调解争议396件次。共鉴证劳动合同57893人份。受理来信来访599件起，涉及职工4851人次，信访案件办结率100%，来访职工满意率100%。2006年，开展两次典型案例的庭审观摩和疑难案件的评析活动。全市受理劳动争议案件224件，结案219件，经立案审理后调解裁决163件，时效内结案率100%。以非立案方式处理争议462件，为劳动关系双方挽回经济损失570万元。全市共鉴证劳动合同63406人份。受理来信来访715件起，涉及职工2747人次。

2007年11月，召开全市疑难案件研讨会，就劳动纠纷争议案件进行讨论研究。是年，全市共受理劳动争议案件764件，以非立案方式处理争议493件；以立案方式处理争议271件，结案271件，时效内结案率100%，为劳动关系双方挽回经济损失530万元。全市共鉴证劳动合同77336人份，办理解除终止劳动合同手续9863人。劳动保障信访总量为881件起，涉及职工2905人次，全部信访案件结案率100%。2008年9月，市总工会、市经贸委、市劳动局联合召开“全市企业劳动争议调解工作经验交流会议”和“劳动争议预防工作会议”，督促和指导企业建立健全调解组织，并定期对企业调解委员会的建设情况进行检查督导。是年，开展“劳动争议仲裁质量年”活动，建立企业劳动争议调解组织609个。共受理劳动争议案件1488件，以非立案方式处理的1030件，以立案方式处理的458件，时效内结案率达100%。2009年3月，人力资源和社会保障部工作座谈会和全省劳动争议处理工作会议在聊城市召开。8月，省劳动争议仲裁庭审观摩现场会在聊城市召开。12月，全市基层劳动争议调解组织建设经验交流会暨试点现场会在东阿县召开。是年，共受理劳动争议案件1940件，涉及劳动者2900人，涉案金额1300余万元，时效内结案率100%。以立案方式处理316件，涉及劳动者544人；以非立案方式处理1624件，涉及劳动者2352人。2010年7月，召开聊城市劳动争议仲裁委员会与聊城市中级人民法院联席会议。10月，聊城市劳动争议仲裁委员会和市中级人民法院联合举办劳动争议疑难案件研讨会，就处理劳动争议案件若干法律适用与思路达成共识。11月，聊城市劳动争议仲裁委员会与市人事争议仲裁委员会整合成立聊城市劳动人事争议仲裁委员会。是年，共处理劳动争议案件936件，涉及当事人1333人，涉案金额1026余万元。其中，立案受理案件237件，非立案处理案件699件。时效内结案率100%。全市共建有基层调解组织865个，配备调解人员2727人。各类调解组织共调解案件297件，调解成功率100%。

2011年1月，成立聊城市劳动人事争议仲裁院。10月，全市劳动人事争议疑难案件研讨会在茌平县联合召开，对案件审理过程中遇到的问题进行讨论研究，探索建立互相派员观摩开庭、交流办案经验工作机制。11月，在阳谷县召开全市劳动人事争议基层调解组织建设经验交流会，对基层调解组织建设的经验、做法进行宣传推广。全年共受理劳动人事争议案件712件，涉及劳动者817人，涉案金额816万元，时效内结案率100%。以立案方式受理212件，以非立案方式处理500件。规模以上企业调解组织组建率92.6%。基层调解委员会共成功调解劳动人事争议案件100余件，化解争议效果明显。2012年8月，在临清市开展庭审观摩和案卷评查活动，推动仲裁办案规范化、标准化活动建设。同月，聊城市在全省劳动人事争议调解仲裁“规范建设年”交流现场会上做典型发言。10月，召开全市疑难案例研讨会，研讨法律法规适用、裁审理念和标准等。11月，全市“规范建设年”经验交流会在高唐召开。是年，在开展全面推进劳动人事争议调解仲裁工作标准化、规范化建设。全市共受理劳动人事争议案件686件，涉及劳动者800人，涉案金额1006万元。其中立案受理案件248件，非立案受理案件438件；调解、撤诉578件，占处理案件总数的84.3%，时效内结案率100%。全市共建立基层调解组织1482个，调解员6339人。2013年11月，组织开展全市仲裁庭审观摩活动，交流办案经验。是年，在全市开展“提升劳动人事争议仲裁效能建设”活动。全年共受理劳动人事争议案件682件，涉及劳动者940人，涉案金额1140余元。其中立案受理案件281件，涉及劳动者451人；非立案受理案件401件，涉及劳动者489人。时限内结案率100%。

2014年，建立终局裁决制度、劳动人事争议仲裁案件跟踪制度以及仲裁员联系用人单位制度。在全市开展“争创省级示范仲裁院”活动。全年共受理劳动人事争议案件670件，涉及劳动者855人，涉案金额1233万元，案件当期结案率100%。全市共建立基层调解组织1936个，配备调解员7240人，实现大中型企业、基层人力资源社会保障服务平台调解组织全覆盖，事业单位调解组织组建率50%。在全市选取295家具有代表性的用人单位作为首批定点联系单位，引导企业开展劳动争议先行调解，将调解关口向前延伸，将劳资矛盾就地解决在用人单位。设立微信服务平台，及时发布最近工作动态、法律热点以及发生在身边的典型案例，为用人单位和劳动者提供政策咨询。全市三家仲裁院（市直、阳谷、高唐）通过省劳动和社会保障厅首批省级示范仲裁院验收。2015年11月，组织举办全市劳动人事争议仲裁员、调解员业务能力提升培训班，近200人参加培训。12月，在阳谷县劳动人事争议仲裁院开展全市仲裁庭审观摩活动，交流办案经验。是年，全市劳动人事争议调解仲裁机构共受理劳动人事争议案件1112件，涉及劳动者2040人，涉案金额2778余万元，其中仲裁机构立案受理争议案件689件，非立案受理案件423件，时限内结案率为100%。临清市、东阿县被评为全省示范仲裁院。

第四章　社会保障

第一节　养老保险

一、城镇职工基本养老保险

1986—1997年，城镇职工基本养老保险由聊城地区社会劳动保险事业处负责。聊城撤地建市后，聊城地区社会劳动保险处改为聊城市社会劳动保险事业处。1998年8月，聊城市社会保险费实行“收支两条线”管理办法。2006年12月，市政府印发《关于印发聊城市完善企业职工基本养老保险制度实施意见的通知》，规定从 2006 年 1 月 1 日起，在全市范围内完善个人账户工作。基本养老保险个人账户规模由 11% 调整为 8%；个人账户全部由个人缴费形成，单位缴费不再划入个人账户；凡按规定补缴 2006 年 1 月 1 日以前的欠费，其个人账户部分仍按 11% 规模记入。2007 年，聊城市社会劳动保险事业处被劳动和社会保障部评为 2006—2007 年度全国劳动和社会保障系统“优质服务窗口”。2008 年，全市社会保险业务实现市、县（市、区）信息化平台联网，数据集中、全市一个核心平台内参保、缴费及作业。2010 年，聊城市社会劳动保险事业处被省人力资源和社会保障厅评为 2008—2010 年度全省人力资源和社会保障系统“优质服务窗口”。2014 年 5 月，贯彻人力资源社会保障部《人力资源社会保障部关于开展窗口单位改进作风专项行动的通知》要求，聊城市开展窗口单位改进作风专项行动，规范服务行为、服务场所、服务方式、服务监督等内容。2015 年 5 月，市政府办公室印发《关于完善企业职工基本养老保险市级调剂金制度的通知》，明确调剂金来源、上解、下拨和财政分级兜底责任。是年 12 月，聊城市申报创建社会保险标准化建设“先行城市”，获人力资源和社会保障部社会保险事业管理中心批复。是年，全市 43 万人参加城镇职工养老保险，收缴保险费 31.55 亿元，支付养老金 30.91 亿元，累计滚存养老基金 25.28 亿元。

1997—2015 年聊城市城镇职工基本养老保险一览表

表 27-5

年份	参保人数（人）	收缴保险费（万元）	月人均缴费基数（元）	离退休人数（人）	支付养老金（万元）	月人均领取养老金（元）	累计滚存结余（万元）
1997	168245	17456	317.00	33732	15774	398.01	9340
1998	173042	19726	372.30	34830	18406	446.41	10417
1999	171934	19611	358.78	35693	21143	542.33	9810
2000	174977	19252	374.50	38995	24437	545.02	8266
2001	178956	23754	420.76	42523	27819	562.52	5762
2002	188491	27411	483.14	45114	34579	659.80	4113
2003	215326	32821	532.69	47305	35539	627.75	9148
2004	241530	38719	582.16	49153	39371	679.72	17152
2005	258439	47951	623.75	50582	46027	770.82	25145
2006	274194	60924	782.99	52703	53812	871.01	35999
2007	290832	85771	960.89	59494	64163	931.03	64781
2008	308322	104965	1140.42	64606	78234	1048.29	93510
2009	321589	117517	1228.60	67616	93229	1169.94	119080
2010	344574	131999	1330.77	72156	117063	1381.18	134725
2011	373602	160373	1512.93	81259	140306	1544.81	154770
2012	393942	189102	1727.14	88011	169742	1672.63	177680
2013	411778	234365	2033.83	96322	205684	1867.30	211198
2014	424158	265788	2223.75	104837	255771	2109.13	234182
2015	429698	315491	2371.35	115310	309109	2367.82	252783

二、机关事业单位养老保险

1997年，聊城地区机关事业单位社会保险工作由聊城地区机关事业单位社会保险事业处负责。是年，聊城地区39584名机关事业单位职工参加医疗保险，其中合同制工人8100名，固定工作人员31484名；3338名离退休人员领取养老金。1998年，聊城地区机关事业单位社会保险事业处更名为聊城市机关事业单位社会保险事业处。1999年7月，市机关事业单位社会保险事业处由市人事局划归市劳动和社会保障局管理。是年始，对社会保险基金实行“收支两条线”管理，实行全额缴拨结算。2002年，启动全市机关事业单位离退休人员养老金社会化发放工作，离退休人员养老金由银行代发。2008年，实行养老金社会化发放的离退休人员32319人，社会化发放率100%。2015年10月，聊城市政府办公室出台《关于印发聊城市机关事业单位工作人员养老保险制度改革实施方案的通知》，召开全市机关事业单位养老保险改革工作会议。要求2014年10月起，机关事业单位养老保险实行与企业同样的养老保险制度，并轨后的养老保险工作在全市全面展开。2015年，全市机关事业单位养老保险参保人员139183人，征缴养老保险费251890万元，为47136名离退休人员拨付养老保险费219471万元，全市养老保险基金累计滚存37775万元。

1997—2015年聊城市机关事业单位养老保险一览表

表27-6　　单位：人、万元

年份	参保人数	收缴保险费	离退休人数	支付养老金
1997	39584	3156	3338	1811
1998	33466	1469	3510	1043
1999	34952	4592	4381	3616
2000	37798	8138	5100	6399
2001	59463	10541	11080	8811
2002	73982	17723	15632	15459
2003	78910	22970	16716	20389
2004	87467	27565	19725	25781
2005	92757	31525	21144	30372
2006	103550	39429	25936	38858
2007	115119	51624	30232	56924
2008	118547	68679	32319	68406
2009	121556	77948	35543	78980
2010	125706	91320	37400	92872
2011	127962	113804	38940	116049
2012	130804	138500	40738	138318
2013	132480	156604	42187	157773
2014	134445	181267	44418	184317
2015	139183	251890	47136	219471

三、居民社会养老保险

1997年，聊城地区民政局农村社会养老保险办公室负责全区农村社会养老保险工作。1999年7月，农村社会养老保险职能由民政部门划归劳动保障部门。之后，聊城市根据国家、省关于农保工作要稳步发展的政策，开展违规资金清理回收、投保缴费清查核对、业务档案规范化管理等工作。2009年12月，聊城市首批新型农村社会养老保险试点在东昌府区启动。2010年10月，聊城市第二批新型农村社会养老保险试点在茌平县、经济开发区相继启动。是年年底，全市32.58万名农民参加农村养老保险，基金滚存结余0.98亿元，有6223名农民领取养老金，人均月领取30元。2011年7月，临清市、阳谷县、莘县、东阿县、冠县、高唐县被确定为国家新型农村社会养老保险试点县（市），城镇居民社会养老保险同步试点。8月，市政府印发《关于开展城乡居民社会养老保险试点实施意见》，将新型农村社会养老保险与城镇居民社会养老保险合并实施，统称为居民社会养老保险。2012年5月，市农村养老保险办公室更名为市城乡居民社会养老保险事业处，随后各县（市、区）、乡（镇、街道）统一机构名称，村级配备协理员。9月，聊城市城乡居民养老保险处被国务院授予“全国新型农村和城镇居民社会养老保险试点工作先进单位”称号，聊城市人社局被山东省政府授予“全省城乡居民养老保险工作先进单位”称号。10月1日，基础养老金标准由每人每月55元提高到60元。2013年10月1日，基础养老金提高到65元。2014年2月，市政府出台《聊城市居民基本养老保险工作实施方案》，对原有政策进行规范完善。居民基本养老保险个人缴费标准全市统一为每年100元、300元、500元、600元、800元、1000元、1500元、2000元、2500元、3000元、4000元、5000元12个档次。其中，100元档次只适用于重度残疾人等缴费困难群体的最低选择。对选择500元至1000元缴费档次的，政府补贴每人每年60元；对选择1500元及以上缴费档次的，政府补贴每人每年100元。对重度残疾人等缴费困难群体，县（市、区）政府为其代缴部分或全部最低标准的养老保险费。增加700元丧葬补助金。相关人员在待遇领取人死亡后30日内办理居民养老保险注销登记的，一次性发给700元的丧葬补助金。是年5月1日起，基础养老金提高到75元。2015年1月1日，基础养老金提高到85元。是年，全市298.26万名城乡居民参加养老保险，参保率99%，87.4万人领取养老金，社会化发放率100%，基金滚存结余25.89亿元。

1993—2015年聊城市居民社会养老保险一览表

表27-7　　单位：万人、万元

年份	参保人数	保费收入	领取养老金人数	保费支出	基金滚存结余
1993—2000	31.51	5645.08	0.11	350.24	5294.84
2001	31.54	242.24	0.19	85.91	5451.17
2002	31.56	107.69	0.24	107.80	5407.80
2003	31.57	308.73	0.28	105.02	5651.77
2004	31.66	398.54	0.33	156.54	5867.50
2005	31.72	513.13	0.37	206.27	6174.19
2006	31.83	480.56	0.42	196.81	6578.53
2007	31.96	792.94	0.47	204.56	7153.13
2008	32.01	965.58	0.52	232.37	7886.34
2009	51.72	2650.37	0.59	252.95	10245.96
2010	66.80	16378.79	18.20	7516.99	19107.80

续表 27-7

年份	参保人数	保费收入	领取养老金人数	保费支出	基金滚存结余
2011	282.06	73332.44	72.01	30182.02	55300.80
2012	292.51	85867.12	79.09	53234.05	87934.13
2013	295.58	98999.86	81.08	61183.94	125749.26
2014	295.75	142355.01	84.60	76512.03	191592.11
2015	298.26	159511.54	87.40	92155.38	258948.27

第二节　医疗保险

一、城镇职工基本医疗保险

1997 年，聊城地区继续实行公费医疗制度和劳保医疗制度，业务由地区公费医疗管理委员会办公室负责。公费医疗制度实施范围包括各级国家机关、党派、人民团体以及文化、教育、科研、卫生、体育等事业单位的工作人员和革命残废军人、高等院校学生等，经费主要来源于各级财政。劳保医疗制度实施范围为国有企业和部分集体企业的职工及其供养的直系亲属，企业职工实行免费，职工家属实行半费。1998 年，地区公费医疗管理委员会办公室改为聊城市公费医疗管理委员会办公室。1999 年 7 月，市公费医疗管理委员会办公室由市卫生局划转市劳动和社会保障局。2000 年，市公费医疗管理委员会办公室撤销，职能并入新组建的聊城市医疗保险事业处。10 月，市政府印发《聊城市城镇职工基本医疗保险暂行规定》，规定基本医疗保险基金筹集由用人单位和职工双方共同负担，用人单位按上年度在职职工工资总额和退休人员退休金总额的 6% 缴纳，职工按本人上年度工资总额的 2% 缴纳，退休人员个人不缴费。医疗保险基金分为统筹基金和个人账户，个人账户划入标准为：在职职工 45 周岁（含 45 周岁）以下的，按照本人缴费工资的 3% 划入；在职职工 45 周岁以上的，按照本人缴费工资的 3.5% 划入。退休职工按照个人养老金的 5% 划入。参保职工住院发生的医疗费用，由统筹基金支付，住院医疗费用在起付标准以上，按医院级别分段累进制报销。在职职工在一级医院发生的 5000 元以下住院费用，统筹基金支付 84%；5000 元至 1 万元，统筹基金支付 86%；1 万元至最高支付限额以内，统筹基金支付 88%。在职职工在二级医院发生的 5000 元以下住院费用，统筹基金支付 82%；5000 元至 1 万元，统筹基金支付 84%；1 万元至最高支付限额以内，统筹基金支付 86%。在职职工在三级医院发生的 5000 元以下住院费用，统筹基金支付 80%；5000 元至 1 万元，统筹基金支付 82%；1 万元至最高支付限额以内，统筹基金支付 84%。退休职工统筹基金的支付比例比在职职工提高 5%。在一个年度内，基本医疗保险统筹基金的最高支付限额为 2.5 万元。参保职工同时参加大额医疗救助，大额医疗救助基金由用人单位每人每年缴纳 36 元，职工个人缴纳 24 元。在基本医疗保险基金最高支付限额以上的部分，由大额医疗救助支付 90%，一个年度内最高支付限额为 4.5 万元。超过大额医疗救助最高支付限额以上的部分，由基金、单位、个人分别负担 35%、35%、30%。将恶性肿瘤放化疗、肾功能衰竭透析、器官移植抗排异治疗、白血病、血友病等病种的门诊医疗费纳入统筹基金支付范围，执行一级医院支付比例。2004 年 6 月，聊城市政府出台《关于完善城镇医疗保障体系有关问题的意见》，提出参保单位缴纳基本医疗保险费的比例调整为 7%，个人 2%。2011 年 8 月，调整医疗保险支付标准，在职职工在一级医院发生的 2 万元以下住院费用，统筹基金支付 87%；2 万元至 5 万元，统筹基金支付 89%；5 万元至最高支付限额以内，统筹基金支付 91%。在职职工在二级医院发生的 2 万元以下住院费用，统筹基金支付 85%；2 万元至 5 万元，统筹基金支付 87%；5 万元至最高支付限额以内，统筹基金支付 89%。在职职工在三级医院发生的 2 万元以下住院费用，统筹基金支付 80%；2 万元至 5 万元，统筹基金支付 82%；5 万元至最高支付限额以内，统筹基金支付 84%。退休职工统筹基金的支付比例比在职职工提高 3%。在一个年度内，基本医疗保险统筹基金的最高支付限额提高为 7 万元。大额医疗救助基金单位缴纳标准调整为60元，个人缴纳调整为36元。在基本医疗保险基金最高支付限额以上的部分，由大额医疗救助支付 90%，一个年度内最高支付限额调整为 18 万元。超过大额医疗救助最高支付限额以上的部分，由基金、单位、个人分别负担 35%、35%、30%。至 2015 年，全市参保职工 59.9 万人，基金收缴 16.69 亿元，其中统筹基金收入 9.31 亿元，个人账户收入 7.38 亿元；支付 14.68 亿元，其中统筹基金支付 8.60 亿元，个人账户支付 6.08 亿元。

二、城镇居民基本医疗保险

2008 年 6 月，聊城市政府出台《聊城市城镇居民基本医疗保险暂行办法》，启动全市城镇居民医疗保险工作。医疗保险范围覆盖城镇老年居民、重度残疾人、学生、儿童及其他非从业居民。城镇居民基本医疗保险基金筹集由财政补助和居民个人缴费组成，按年度缴纳。老年居民（男满 60 周岁、女满 55 周岁以上）个人缴纳 90 元，属于重度残疾或低保对象的个人缴纳 50 元；其他城镇非从业人员个人缴纳 140 元；学生、儿童每人每年个人缴纳 20 元，属于重度残疾或低保对象的，个人缴纳 10 元；其余部分由政府予以补助。参保居民住院发生的在起付标准以上医疗费用，成年居民在一级医院发生的 3 万元以下费用，统筹基金支付 65%；3 万元至 8 万元，统筹基金支付 70%；在二级医院发生的 3 万元以下费用，统筹基金支付 60%；3 万元至 8 万元，统筹基金支付 65%；在三级医院发生的 3 万元以下费用，统筹基金支付 55%；3 万元至 8 万元，统筹基金支付 60%；一个年度内最高支付限额 8 万元。未成年居民支付比例比成年居民提高 10%。将恶性肿瘤放化疗、肾功能衰竭透析、器官移植抗排异治疗、白血病、血友病、精神病等 16 个病种的门诊医疗费纳入统筹基金支付范围，执行一级医院支付比例。2012 年 5 月，调整居民医疗保险待遇标准。成年居民住院医疗费用支付比例相应提高 5%，最高支付限额提高至 10 万元；未成年居民最高支付限额提高至 12 万元。2014 年，全市参保居民 102.37 万人，基金收缴 2.40 亿元，其中各级财政补助 2.08 亿元，支付 1.11 亿元。

三、新型农村合作医疗

2003 年 8 月，市卫生局、财政局、农业局联合印发《关于建立新型农村合作医疗制度的实施意见》，提出从 2003 年到 2010 年，在全市逐步建立起基本覆盖农村居民的新型农村合作医疗制度，确定东阿县姜楼镇、冠县柳林镇、茌平县贾寨镇开展新型农村合作医疗工作试点。市政府成立新型农村合作医疗工作领导小组，下设办公室，设在市卫生局，具体负责新型农村合作医疗实施。市政府出资 64 万元作为市级试点乡镇农民的补助资金。医疗补助采取社会统筹与个人账户相结合，按照分段按比例报销的方式进行。至 2004 年 1 月，试点县总医疗花费为 27.68 万元，报销金额 5.46 万元，其中个人账户支出 3.72 万元、社会统筹支出为 0.76 万元、大病统筹支出为 0.98 万元。2007 年，全市全部县（市、区）实行新型农村合作医疗制度，是年，参加新型农村合作医疗人数 379.09 万人。2012 年 8 月，成立新型农村合作医疗管理办公室。2013 年始，实行新型农村合作医疗 20 类重大疾病二次补偿制度。2014 年 2 月，聊城市政府办公室出台《聊城市整合城乡居民基本医疗保险工作实施方案》，对全市城镇居民基本医疗保险和新型农村合作医疗进行整合，将新型农村合作医疗管理职能、机构、人员、基金、信息系统由市卫生局整体划转市人社局，并入市医疗保险事业处。2015 年 1 月，全市实施统一的居民基本医疗保险制度，对居民基本医疗保险基金实行年缴费制度。按以下标准筹集资金：

政府补助每人360元，个人缴费每人120元。基本医疗保险待遇包括住院、普通门诊和门诊慢性病医疗待遇。参保居民在一、二、三级医院的住院医疗费用，统筹基金支付比例分别为80%、70%、60%，对一级医院实施基本药物制度的基本药物费用支付90%。一个年度内基金最高支付限额为12万元。21种医保门诊慢性病病种，门诊医疗费支付比例为65%。对在基层定点医疗机构的其他病种的普通门诊费用，支付比例为50%，年度最高支付限额为120元。

第三节　生育保险

2000年9月，聊城市政府关于印发《聊城市城镇职工生育保险暂行办法》，全市推行企业职工生育保险制度。生育保险基金按照“以支定收，收支基本平衡”原则，用人单位按照本单位职工工资总额的1%，每月缴纳生育保险费。参保单位女职工生育享受，顺产生育医疗费500元，剖宫产生育医疗费1000元，流产医疗费200元。2007年12月，调整生育医疗费，实行定额支付。女职工正常生产的，定额为1500元；剖宫产的，定额为2500元。2012年12月，开展市直参保职工生育医疗费用与定点医疗机构联网结算试点工作。参保员工在生育医疗费用联网结算试点医院进行包干项目内的孕期检查和生育，由生育保险经办机构和医院结算医疗费用，医院不再向个人收取费用。2014年，全市生育保险参保职工21.5万人，收缴生育保险金6892万元，支付3780万元，享受生育保险待遇6488人次。2015年，全市生育保险参保职工22.5万人，收缴生育保险金7184万元，支付4748万元，享受生育保险待遇7706人次。

第四节　工伤保险

1998年前，全市（地区）企业职工因工负伤治疗补偿，依据《中华人民共和国劳动保险条例》办理。1998年起，根据劳动部《企业职工工伤保险试行办法》办理。2000年，聊城市启动企业职工工伤保险制度，是年收缴工伤保险费3万元。2010年12月起，聊城市实行工伤保险市级统筹制度，全市范围内统收统支，基金统一预算管理。是年，全市36.81万人参加工伤保险，缴纳保险费5289万元，2667人领取保险金3769万元。2015年，全市48.22万人参加工伤保险，缴纳保险费17950万元，4009人领取保险金12118万元。

2000—2015年聊城市工伤保险一览表

表27-8　　　　单位：人、万元

年份	参保人数	收缴保险费	领取保险金人数	支付保险费	累计滚存结余
2000	—	3	—	—	3
2001	16342	52	3	7	48
2002	18171	91	27	51	88
2003	18171	99	28	40	116
2004	114256	596	147	166	516
2005	156561	1030	677	527	1241
2006	184904	1753	832	767	2228
2007	218294	2587	881	1477	3545
2008	232409	3531	1312	1719	5417
2009	322649	4225	2221	3179	7177
2010	368142	5289	2667	3769	8800

续表 27-8

年份	参保人数	收缴保险费	领取保险金人数	支付保险费	累计滚存结余
2011	400063	8112	2893	6038	11133
2012	420012	11051	3288	8299	14337
2013	436136	12997	3220	9506	18445
2014	462697	15353	3893	10585	23745
2015	482210	17950	4009	12118	30210

第五节　失业保险

1997 年，全市（地区）16.3 万人参加失业保险，缴纳保险费 920 万元，180 人领取失业保险金 19 万元。1999 年，城镇企业事业单位按照本单位工资总额的 2% 缴纳失业保险费，职工按照本人工资的 1% 缴纳失业保险费。城镇企业事业单位招用的农民合同制工人本人不缴纳失业保险费。失业保险金发放标准按当地最低工资 75% 计发，失业人员失业前所在单位和本人按照规定累计缴费时间满失业人员失业前所在单位和本人按照规定累计缴费时间满 1 年不满 5 年的，每满 1 年，领取 3 个月失业保险金；累计缴费时间满 5 年不满 10 年的，领取失业保险金期限最长为 18 个月；累计缴费时间满 10 年以上的，领取失业保险金期限最长为 24 个月。领取失业保险金期满，且距法定退休年龄不足 2 年的失业人员，其领取失业保险金期限可以延长到国家规定的退休年龄。单位招用的农民合同制工人连续工作时间满 1 年，所在单位已按规定缴纳失业保险费，劳动合同期满未续订或者提前解除劳动合同的，可一次性支付生活补助金。工作时间每满 1 年，发给 1 个月的失业保险金，最多为 12 个月。2003 年 8 月 21 日起，执行《山东省失业保险规定》的“失业人员领取失业保险金的期限，根据其失业前所在单位和本人按规定累计缴纳失业保险费的年限计算。累计缴费时间满 1 年不满 5 年的，领取失业保险金的期限最长为 12 个月；累计缴费时间满 5 年不满 10 年的，领取失业保险金的期限最长为 18 个月；累计缴费时间满 10 年以上的，领取失业保险金的期限最长为 24 个月。重新就业后再次失业的，缴费时间重新计算，领取失业保险金的期限应当与前次失业尚未领取的失业保险金的期限合并计算，但最长不得超过 24 个月。农民合同制工人连续工作满 1 年以上，所在单位已按规定缴纳失业保险费，劳动合同解除或者终止的，按累计缴费时间每满 1 年发 1 个月的规定发给一次性生活补助金。农民合同制工人领取一次性生活补助金的期限最长不得超过 24 个月。如农民合同制工人合同期未间断转招为城镇合同制工人后失业的，享受的失业保险待遇分段计算。转为城镇合同制工人前，按规定享受农民合同制工人一次性生活补助金；转招为城镇合同制工人后，按规定享受城镇失业保险待遇，但领取一次性生活补助金和享受失业保险金的累计时间最长不得超过 24 个月。

2005 年，市直、东昌府区、临清市、茌平县、高唐县、经济开发区失业保险金发放标准每人每月 210 元；冠县、莘县、阳谷县、东阿县失业保险金标准每人每月 195 元。是年，培训失业人员 4700 人，支出职业培训补助 299 万元，为 250 名失业人员介绍职业并实现再就业，支出职业介绍费 5 万元，支出调剂再就业基本生活保障补助 200 万元。2006 年，培训失业人员 6684 人，支出职业培训补助 486 万元，为 1311 名失业人员介绍职业并实现再就业，支出职业介绍费 11 万元。2007 年 5 月起，市直、东昌府区、临清市、高唐县、茌平县、经济开发区失业金发放标准调至每人每月 248 元，冠县、莘县、阳谷县、东阿县每人每月 228 元。2008 年，市直、东昌府区、临清市、茌平县、高唐县、经济开发区失业金发放标准调至每人每月 285 元，医疗补贴每人每月 14.25 元；冠县、莘县、阳谷县、东阿县失业金发放标准调至每人每月 265 元，医疗补贴每人每月 13.25 元。2009 年，全市共支出困难企业社保补贴 3941 万元，岗位补贴 884 元，减征失业保险减费 675 万元，涉及企业 972 家，涉及职工 16 万人。2009 年，市直、高唐县、临清市、经济开发区、茌平县、东昌府区失业金发放标准调至每人每月 315 元；莘县、阳谷县、东阿县、冠县 300 元，医疗补贴 15.75 元。2010 年 1 月，市直、临清市、茌平县、高唐县、经济开发区、东昌府区失业保险金发放标准每人每月 315 元，冠县、莘县、阳谷县、东阿县 300 元。7 月，10 个县（市、区）失业金发放标准调至每人每月 380 元，医疗补贴 19 元。10 月，推行失业保险基金“三统一”（统一筹集、统一管理、统一使用），实现市级统筹。是年，全市享受困难企业社保补贴企业 179 家，涉及职工 6.6 万人，支出社保补贴 4100 万元，岗位补贴 608 万元。为发挥失业保险预防失业、促进就业的功能，聊城市执行扩大失业保险基金支出范围，共支出 2619 万元用于促进就业，其中促进就业支出 1354 万元，监测企业预防失业支出 48 万元，促进就业服务支出 1217 万元。

2011 年，为进一步保障领取失业保险金人员的基本生活，及时弥补物价上涨对失业人员基本生活的影响，启动失业保险金标准与物价上涨挂钩联动机制，7—12 月连续 6 个月为失业人员发放价格临时补贴，每人每月 34.5 元。7 月起，为领取失业金期间失业人员缴纳职工基本医疗保险费，每人每月 151.83 元；失业保险金发放标准调整至每人每月 500 元。2012 年，聊城市下调失业保险费费率，按照单位 1%，个人 0.5% 的费率征缴失业保险费。1—3 月，连续 3 个月发放价格临时补贴，每人每月 36 元；4 月起，医疗保险费调整至每人每月 171 元。7 月起，失业保险金标准调整至每人每月 630 元。全年，扩大失业保险基金支出 5641 万元，其中，用于小额贷款担保基金 3120 万元，用于小额贷款贴息 2.58 万元。2013 年 4 月起，医疗保险费调至每人每月 191.61 元。4—6 月，连续 3 个月发放价格临时补贴，每人每月 32.76 元。7 月起，失业保险金标准调至每人每月 730 元。2014 年 3 月，从失业保险基金中列支 5000 万元作为市级创业带动就业扶持资金。4 月起，医疗保险费调整至每人每月 214.47 元。7 月起，失业保险金标准调每人每月 800 元。8 月 11 日，市人社局联合财政局印发《关于进一步规范失业保险金领取期限的通知》，提出“累计缴费时间满 1 年不满 5 年的，每满 1 年领取 3 个月的失业保险金，领取失业保险金的期限最长为 12 个月；累计缴费时间满 5 年不满 10 年的，每满 1 年领取 3 个月的失业保险金，领取失业保险金的期限最长为 18 个月；累计缴费时间满 10 年以上的，领取失业保险金的期限最长为 24 个月”。是年，扩大失业保险基金支出 5500 万元，全部用于小额贷款担保基金。2015 年 4 月起，医疗保险费调至每人每月 236.07 元，7 月起，失业保险金标准调整至每人每月 850 元。是年，将失业保险支持企业稳定岗位政策适用范围由化解产能严重过剩、淘汰落后产能、节能减排、主辅分离、兼并重组五类企业（称“困难企业”），扩大到所有采取有效措施不裁员、少裁员，稳定就业岗位、依法足额缴纳失业保险费的企业（称“其他企业”）。符合条件的五类“困难企业”给予 50% 的稳岗补贴，“其他企业”给予 30% 的稳岗补贴，全市共为 97 家企业拨付稳岗补贴 733.07 万元。

1997—2015 年聊城市失业保险一览表

表 27-9

年份	参保人数（万人）	收缴保险费（万元）	失业金标准（元）	领取失业金人数（人）	发放失业金（万元）	累计滚存结余（万元）
1997	16.3	920	165/185	180	19	1157
1998	19.0	1028	165/185	247	26	1596
1999	15.5	809	165/185	468	41	2493
2000	24.9	2355	195/165	3275	109	4469
2001	23.0	1921	195/165	3203	175	6153
2002	22.3	3162	195/165	6397	1041	8096
2003	22.3	2785	210/195	6606	1526	11324
2004	24.9	3413	210/195	9543	2125	14245
2005	26.3	3719	210/195	15107	3105	12005
2006	27.3	4871	210/195	17416	3787	13861
2007	27.8	4046	248/218	23032	4447	16244
2008	28.3	6404	285/265	18065	3708	18776
2009	27.6	7699	315/300	13181	3531	20419
2010	28.3	7931	300/315/380	12834	3276	19747
2011	28.4	9898	380/500	8548	4599	25223
2012	28.6	12423	500/630	11855	5446	30081
2013	31.0	8854	730/800	9334	4703	31209
2014	31.3	11442	800/850	9635	5368	36658
2015	33.3	13618	850	11847	7893	47220

说明：各县（市、区）失业金标准不统一

第六节 企业退休人员社会化管理服务

2003 年 10 月 28 日，成立聊城市企业退休人员社会化管理服务工作领导小组。11 月 10 日，聊城市委办公室、市政府办公室印发《关于全面推进企业退休人员社会化管理服务工作的意见》，提出“企业退休人员社会化管理服务是企业职工办理退休手续后，其管理服务工作与该企业分离，养老金实行社会化发放，人员移交城市街道和社区实行属地管理，由社区服务组织提供相应的管理服务。各街道办事处和社区组织主要承担以下八个方面的工作：配合社会保险经办机构做好确保养老金按时足额发放工作，保障企业退休人员的基本生活；为企业退休人员提供社会保险政策咨询和各项查询服务；跟踪了解企业退休人员生存状况，协助社会保险经办机构进行领取养老金资格认证；帮助死亡企业退休人员的家属申请丧葬补助金和遗属津贴；集中管理企业退休人员的人事档案；组织企业退休人员中的党员经常开展组织活动，加强企业退休人员的思想政治工作；建立企业退休人员健康档案，有计划地开展健康教育、疾病预防控制和保健工作，提供方便的医疗、护理和康复服务；组织企业退休人员开展文化体育健身活动，指导和帮助他们通过各种形式的社会公益活动发挥余热，开展自我管理和互助服务。”意见还提出，“到 2003 年年底，东昌府区、临清市、阳谷县、东阿县、茌平县、高唐县纳入社会化管理服务的企业退休人员要达到全部企业退休人员的85%以上，其他县要达到80%以上。”至2004年，全市基本实现企业退休人员的社会化管理（简称“退管”服务）。2005年7月，成立聊城市企业退休人员社会化管理服务办公室，为副县级财政拨款事业单位。企业退休人员社会化管理服务办公室的主要职责是指导全市企业退休人员社会化管理服务工作，建立相应的管理机制；办理企业退休人员移交社区管理手续；协助街道办事处或乡镇政府组建劳动保障服务中心，核拨相关经费；检查、督促劳动保障服务中心的工作；指导社区做好企业退休人员养老金领取资格认证工作；企业退休人员社会化管理服务的其他事项。

2006年3月30日，聊城市劳动和社会保障局、市财政局、市民政局、市物价局联合印发《关于加快推进企业退休人员社会化管理服务工作的实施方案》，提出企业职工在办理退休手续后，其管理服务工作与原企业分离，养老金实行社会化发放，人员纳入社区管理。2012年8月22日，市社会劳动保险事业处退管科及职能划转市企业退休人员社会化管理服务办公室。企业退休人员社会化管理服务办公室的主要职能调整为“贯彻执行国家有关企业离退休人员管理服务工作的各项法律法规和政策，负责对各县市区业务指导和监督检查；核发市直企业离退休人员的离退休证；定期对离退休人员及供养人员领取养老金资格进行资格认证（指纹认证）；对弄虚作假违规办理离退休手续的人员及死亡冒领基本养老金待遇人员，一经查实，及时向处和局相关行政科室汇报并按规定处理；负责市直企业离退休人员的社会化管理服务工作，对社区服务组织进行业务指导；组织离退休人员开展积极健康、丰富多彩的文化健身活动；负责接待有关养老保险待遇方面的来信来访、政策咨询工作；负责市直企业离退休人员活动经费的收缴、管理使用和监督检查；配合其他地市人社部门做好异地退休人员领取资格协查工作。”

2013年，人社部组织开展利用异地“退管”系统开展领取社会保险待遇资格协助认证工作，聊城市为全省5个试点市之一。2014年，山东省参加全国部分省份利用异地退管系统开展协助认证，聊城市上传认证通知1481份，外地办理反馈结果1403份，共接收外地协助认证通知1747份，办理反馈结果1694份。2015年，聊城市共接收省内协助认证通知2226份，协助认证完成2204份；接收省外协助认证通知1342份，协助认证完成1318份。是年11月，全省企业退休人员社会化管理服务工作会议在聊城市召开，聊城市做典型发言。

2007—2015年聊城市企业退休人员社会化管理服务一览表

表27-10　　单位：人

年份	离退休人数	纳入社区管理人数
2007	57644	49513
2008	69070	57740
2009	71780	69774
2010	75271	74218
2011	84374	84374
2012	90220	90220
2013	98400	98400
2014	107868	107868
2015	118173	118173

第二十八编 民政

Part XXVIII Civil Affairs

1997年以来，聊城市（地区）对优抚对象在政治上、经济上给予优待，提高优抚对象政治地位。相继建立城市居民最低生活保障制度和农村居民最低生活保障制度，探索建立以最低生活保障为主体，以社会互助为辅助，以有关政策相配套的社会救助制度。逐步建立起比较完善的社会救助制度体系，把社会救助的范围从保障贫困群众的基本生活拓展到解决其医疗、教育、住房、诉讼、就业等方面，社会救助的主体从以民政部门为主拓展到民政、教育、卫生、建设、司法、劳动保障、公安等部门合力推动。不断深化社会福利事业改革，加大资金投入，鼓励和动员社会力量兴办社会福利事业，逐步形成投资和兴办主体社会化、多元化的发展格局，社会福利事业取得长足发展。双拥工作常抓不懈。进入新的历史时期，聊城市以争创双拥模范城（县）为载体，在促进改革和发展中相互支持，在维护社会稳定和推动社会进步中同心同德，进一步巩固和发展“同呼吸、共命运、心连心”的新型军政军民关系，聊城市连续3届获“全国双拥模范城”称号。依靠社区力量，发挥社区居民主体作用，完善创新社区管理服务体制机制，强化社区功能，合力建设管理有序、服务完善、文明祥和社会生活共同体。逐步探索建立以家庭为核心、以社区为依托、以专业化服务为依靠，为居住在家的老年人提供以解决日常生活困难为主要内容的社会化服务。基层民主政治建设不断完善法规政策体系，总结推广先进典型，加强基层群众性自治组织建设，实行村（居）务公开，推进民主选举、民主决策、民主管理、民主监督，为推动经济社会快速发展，构建和谐社会发挥积极作用。

1997年以来，聊城市（地区）离退休军人和无军籍离退休职工全部集中安置到市、县（市）军休所。2005年后，按照民政部、财政部、劳动和社会保障部、总后勤部《关于加强和改进军队无军籍退休退职职工移交安置工作的意见》要求，无军籍离退休职工实行分散管理，由当地街道办事处、乡镇服务管理，无军籍退休、退职职工不再集中安置。

第一章　拥军　优抚

第一节　拥　军

1997年以来，每年在元旦、春节、建军节、国庆节等节日期间，聊城市机关、团体、学校等赴驻聊城部队进行走访慰问，文艺团体到驻聊部队举办文艺演出，慰问部队官兵，并对不同时间的过境演习部队进行走访慰问。1998年，长江抗洪抢险斗争中，聊城市向济南军区参加抗洪抢险部队赠送慰问金60余万元。2000年4月26日，开展“双四好”（地方科技拥军好、转业退伍安置好、优抚政策落实好、维护军人合法权益好；部队遵纪爱民形象好、扶贫帮困效果好、维护社会治安好、完成急难险重任务好）活动。2003年2月25日，聊城市民兵预备役训练中心和民兵武器装备仓库开工奠基，市政府投资2300万元，该工程被济南军区定为样板工程。6月18日，71901部队在聊城建设新营区，聊城市划拨土地187公顷，优惠征地费3000多万元，帮助部队新建、改建营房面积40多万平方米，无偿投资2800多万元用于架电、通水、送气、修路等营房配套设施建设。是年，开展“企业拥军行动”，30多家企业与部队结成对子，开展科技和文化拥军活动。2003年、2004年，市政府拨出慰问金120多万元，慰问参加东平湖、东明黄河滩等地抢险救灾的部队官兵。2004年5月，沿途群众自发到施工现场慰问国防光缆工程聊城段施工官兵。同年8月，市委、市政府组织慰问团赴

71901 部队和 94326 部队慰问参加“和平使命—2005”中俄联合军事演习的官兵。2009 年 12 月，聊城市成立“水城拥军车队”，对现役军人在城区乘坐出租车 3 千米内免费。2011 年市政府印发《聊城市支持部队建设的实施意见》，2014 年市政府印发《关于支持部队机制体制改革的意见》，支持驻聊城部队建设、改革。至 2015 年，全市建成共建对子 89 对，学雷锋小组 270 个，军民联防巡逻小组 1500 个，228 个社区建立 336 个双拥工作服务组织，互办实事 2000 多件，每个乡镇、街道、社区都建起双拥工作站，村庄建立双拥联络点，成立拥军优属服务队 200 多支。

第二节　创建双拥模范城（县）

90 年代，聊城市委、市政府把加强双拥组织领导、建立健全双拥工作运行机制摆上重要议事日程，双拥工作组织领导体系逐步建立健全。各级党委政府和驻军领导机构从经济发展、社会稳定、巩固国防的战略高度出发，把双拥工作纳入全市构建和谐社会和科学发展的大局，列入市委工作要点，列入政府工作报告，纳入“十二五”规划。市委每年至少召开 4 次书记办公会、常委会，听取市双拥办有关双拥工作情况的汇报，对涉及双拥工作的重要事项及时进行专题研究，制定出台有关双拥工作的文件、政策。每逢部队重大活动，都及时组织慰问团、携带慰问品到一线慰问部队官兵。每年“八一”、国庆、元旦、春节期间，各级党政领导及有关部门的负责人到部队走访慰问。各级双拥办公室发挥组织、协调、指导作用，先后制定并完善市、县（市、区）领导干部联系部队、领导干部“军事日”活动、奖励立功受奖官兵、评选双拥先进单位和个人、年度目标考核等十余项制度。1999 年后，在中小学校开设国防双拥教育课程，每年有 2 万名在校生接受军训和爱国主义教育。在《聊城日报》、聊城广播电台、电视台开设“水城国防”“聊城武装”等双拥教育专题节目。2002 年 3 月，成立聊城市双拥工作领导小组。领导小组由市委副书记、市长担任组长，市委副书记、军分区政委和市政府分管领导担任副组长，领导小组成员为双拥工作领导小组 37 个成员单位的主要负责人。市双拥工作领导小组印发《聊城市双拥工作领导小组办公室职责及规章制度》《开展创建省级双拥模范城（县）活动实施方案》，开展创建省级双拥模范城工作。2003 年，市双拥工作领导小组印发《聊城市双拥模范城（县）考核验收实施细则》。2004 年 2 月 20 日，市委、市政府、军分区召开创建第一届全国双拥模范城表彰大会。会议对高唐县、莘县等先进县（市、区），东昌府区八一社区、临清市银河社区等先进社区，市委办公室、市民政局等先进单位，薛玉强、宋冰、赵同江等先进个人分别进行表彰。2004 年，市双拥工作领导小组印发《关于进一步加强双拥工作的意见》《2004—2006 年聊城市双拥工作发展规划》，聊城军分区先后与聊城地税局、聊城供电公司、光岳宾馆等单位结成共建对子。71901 部队先后与聊城大学、聊城中通客车公司、市军粮供应站、孔繁森同志纪念馆等单位建立共建关系。武警聊城支队、聊城市公安消防支队、94326 部队 54 分队分别与有关单位结成共建对子。2004 年，聊城市首次被民政部、解放军总政治部命名为“全国双拥模范城”，2008 年，再次被命名为“全国双拥模范城”。2006 年，市双拥工作领导小组印发《聊城市创建全省、全国双拥模范城（县）实施方案》，推动双拥模范城创建工作向更深入发展。

2010 年 5 月，市双拥工作领导小组全体会议审议通过《聊城市双拥工作领导小组成员单位双拥工作职责》《市双拥工作领导小组成员单位双拥工作目标考核办法》。是年，按照《山东省先进双拥办公室标准》要求，提出政治思想坚定、业务素质全面、军地形成合力、本职工作到位、双拥实绩突出、工作作风优良、服务廉洁文明、组织制度健全、办公设施齐全、文秘管理规范 10 条标准，在全市和县（市、区）两级双拥办开展争创先进双拥办公室活动。2012 年，市双拥工作领导小组印发《聊城市创建双拥模范城

（县）奖励办法（试行）》。2月27日，在北京人民大会堂举行的全国双拥模范城（县）命名暨双拥模范单位和个人表彰大会上，聊城市被命名为“全国双拥模范城”。2月28日，在济南市召开的全省双拥模范城（县）命名表彰大会上，东昌府区、临清市、阳谷县、莘县、茌平县、东阿县、高唐县被命名为“全省双拥模范城（县）”，聊城市民政局、山东景阳冈酒业有限公司被评为“山东省爱国拥军模范单位”，聊城市百货大楼有限责任公司工会主席齐怀英被评为“山东省爱国拥军模范”，市人力资源和社会保障局局长任之燕、市双拥办副科长梁萱等一批先进个人受到记功表彰。7月24日，市委、市政府、聊城军分区召开双拥工作暨创建全国双拥模范城表彰大会，表彰全市爱国拥军模范单位100个，拥政爱民模范单位20个，爱国拥军模范40人，拥政爱民模范10人，双拥工作先进个人并记二等功60人，双拥工作先进个人并记三等功75人。2014年，市双拥工作领导小组出台《关于进一步加强新形势下双拥工作的意见》，明确进一步加强新形势下双拥工作的指导思想、工作方针、措施等。至2015年，在全市200多所中小学校开设国防双拥教育课程，涌现出兵妈妈刘希珍，好军嫂范桂红，全国优秀复员退伍军人鲁兴中，“全国优秀军转干部”白云、陈金良等在全国有影响的先进个人。2015年，全市有“全国双拥模范城”1个、“山东省双拥模范城（县）”7个。

2015年4月，聊城市召开全市双拥工作暨创建全国双拥模范城表彰大会（岳达摄）

第三节 优　待

1997年后，聊城市（地区）各级党委、政府每年“八一”“春节”期间，都走访慰问烈军属、荣誉军人，送慰问品和慰问信、光荣匾。1997年，聊城市二等乙级（6级）革命伤残军人继续享受公费医疗，在职标准为8000元／年，在乡村标准2000～3300元／年。1998年，根据省政府、省军区《关于做好进藏兵员征集工作的通知》精神，进西藏服现役义务兵优待金，按当地优待金标准增发1～2倍，增加部分由县（市、区）人民政府解决。2002年，市政府印发《关于在农村税费改革中进一步做好优抚和救济工作的通知》，提出优抚支出所需基本经费由乡级财政预算中优先安排，优待金由群众统筹改为财政列支。聊城市政府、聊城军分区印发《关于市直城镇义务兵家属优待金实行统筹管理的通知》，要求义务兵服现役期间，其家庭由当地政府发给优待金或者给予其他优待。优待标准不低于当地上年度农民人均纯收入，在西藏服役的义务兵优待金增发100%；新疆、青海等艰苦地区服役的义务兵优待金增发50%；大专生义务兵优待金增发20%；大专生进新疆服役的义务兵优待金增发70%。奖励优待：获得在军区以上单位授予荣誉称号的增发优待金40%；立一等功的增发优待金30%；立二等功的增发优待金20%；立三等功的增发优待金10%；评为优秀士兵的增发优待金5%。2007年以来，聊城市开展“关爱功臣行动”，对优抚对象房屋进行修缮。2008年6月，聊城市政府印发《聊城市抚恤定补优抚对象医疗保障办法》，规定优抚对象按照属地原则和有关规定参加相应的医疗保险：一至六级残疾军人参加城镇职工基本医疗保险，并参加大额医疗费用报销；城镇七至十级残疾军人、烈士遗属、因公牺牲军人遗属、病故军人遗属、复员军人、参战退役人员按照有关规定参加城镇职工医疗保险或者城镇居民基本医疗保险；农村七至十级残疾军人、烈士遗属、因公牺牲军人遗属、病故军人遗属、复员军人、带病回乡退伍军人、参战退役人员参加新型农村合作医疗，其个人缴费由所在地县级人民政府解决。一至六级残疾军人在定点医疗机构所发生的门诊费用，超过个人账户以外的部分，按照每人每年1000元标准实行县级统筹；在城镇职工基本医疗保险和大额医疗费用补助规定范围内，起付标准以下、最高支付限额以上以及个人共付部分的住院医疗费用，由所在地县级人民政府帮助解决。在定额门诊补助方面，规定：七至十级残疾军人、烈士遗属、因公牺牲军人遗属、病故军人遗属、复员军人每人每年180元，带病回乡退伍军人、参战退役人员每人每年120元。对限额内的住院医疗费用按照规定比例报销后剩余部分，由所在地县级人民政府给予医疗补助：七至十级残疾军人、烈士遗属、因公牺牲军人遗属、病故军人遗属、复员军人不低于35%，带病回乡退伍军人、参战退役人员每人每年不低于15%。为每名符合条件的驻聊城部队军人家属发放每人每月300元的生活补贴。2012年8月1日起，对当年立个人一等功军人每个家庭赠送慰问金5000元，当年立个人二等功军人每个家庭赠送慰问金3000元。2013年，市政府印发《关于开展部分优抚对象医疗保险工作的通知》，规定具有聊城市城乡居民户籍且在聊城市行政区域内领取定期抚恤金或者定期定量补助的退出现役的残疾军人、烈士遗属、因公牺牲军人遗属、病故军人遗属、复员军人、带病回乡退伍军人、参战参试退役人员、年满60周岁退役士兵和年满60周岁烈士子女，每年每位参保人员的保险金额为10000元。2015年，发放医疗补助款1868.4万元。为59581名优抚对象办理商业医疗保险。到2015年，全市先后投入1426.04万元，为农村贫困优抚对象修缮房屋1795间，新建住房1936间。

第四节 抚 恤

1997年以来，聊城市（地区）继续执行1988年国务院发布的《军人抚恤优待条例》，退出现役的特等、一等革命伤残军人，由国家供养终身。需要集中供养的，由国家设置专门机构供养；分散供养的，由地方政府负责妥善安置，并发给护理费。2004年10月1日起，执行国务院修订的《军人抚恤优待条例》，将义务兵和初级士官患精神病纳入评残范围；调整军人残疾等级的设置，把原来的“四等六级”，改为“一至十级”；取消军人补办评残级别限制；取消残疾军人抚恤标准在职、在乡的差别。对退出现役的一级至四级残疾军人、由国家供养终身；其中，对需要长年医疗或者独身一人不便分散安置的，经省级政府民政部门批准，可以集中供养。对分散安置的一级至四级残疾军人发给护理费，护理费标准为因战、因公一级和二级残疾的，为当地职工月平均工资的50%；因战、因公三级和四级残疾的，为当地职工月平均工资的40%；因病一级至四级残疾的，为当地职工月平均工资的30%。退出现役的因战、因公、因病致残的残疾军人因病死亡的，对其遗属增发12个月的残疾抚恤金，作为丧葬补助费；其中，因战、因公致残的一级至四级残疾军人因病死亡的，其遗属享受病故军人家属抚恤待遇。烈士、因公牺牲和病故军人一次性抚恤金分别为按死者死亡时的80个月、40个月和20个月的工资计发。2011年8月，实行烈士褒扬金制度。标准为烈士牺牲时上一年度全国城镇居民人均可支配收入的30倍。烈士遗属还享受因公牺牲一次性抚恤金，标准为烈士牺牲时上一年度全国城镇军民人均可支配收入的20倍加40个月的中国人民解放军排职少尉军官工资。因公牺牲军人遗属的一次性抚恤金为牺牲时上一年度全国城镇居民人均可支配收入的20倍加40个月的基本工资。病故军人遗属的一次性抚恤金为牺牲时上一年度全国城镇居民人均可支配收入的2倍加40个月的基本工资。2015年，全市发放抚恤定补金、生活补助金和义务兵家庭优待金2.4亿元。

第五节　烈士褒扬

1997年后，聊城市（地区）经常通过报纸、刊物、影视剧、戏曲、广播等形式宣传革命烈士事迹。每逢清明节、国家公祭日，组织社会各界人士到革命烈士陵园祭扫革命烈士。至2015年，聊城市共有1.5万名革命烈士，有烈士纪念建筑物5300余处。

一、烈士纪念建筑物

1997年以来，聊城市（地区）对烈士纪念建筑物指派专人看管，经常进行修缮维护。规模较大的烈士陵园配备讲解员。2010年，启动零散烈士墓集中管理工作，先后向国家、省争取资金6202万元，用于零散烈士纪念设施集中管理和烈士纪念建筑物维修，至2013年6月，完成零散烈士墓的集中管理工作。至2015年，全市共有零散烈士墓5313座、纪念祠1处、纪念塔2处、纪念碑28处、纪念亭2处。其中，烈士纪念建筑物保护单位24处，共有工作人员94名，讲解员20人。较大影响的烈士纪念设施有鲁西北革命烈士陵园、高唐清平烈士陵园、高唐徐庙烈士陵园、冠县六十二烈士墓、莘县冀南区抗日烈士陵园、莘县西寺烈士陵园、莘县耿楼烈士陵园、莘县苏村烈士陵园、马本斋烈士陵园、临清张自忠将军纪念馆等处。2015年，接待祭扫、瞻仰人员2万人次。

聊城革命烈士陵园　坐落于东昌湖西岸，主要有革命烈士纪念堂和革命烈士纪念碑等主要建筑物组成。1973年6月兴建。1984年11月重新整体规划扩建。1988年7月2日，烈士纪念堂竣工。1990年，聊城革命烈士陵园被山东省人民政府批准为省级重点烈士纪念建筑物保护单位。1991年4月1日，将堂邑烈士祠灵位、烈士骨灰迁至聊城革命烈士陵园。1996—2013年，先后四次扩建、维修改造。2015年，接待祭扫、瞻仰人员3万人次。

鲁西北革命烈士陵园　位于莘县大王寨镇丈八村，占地16.8公顷，建于1945年。陵园坐北朝南，主要有门楼、纪念塔、纪念广场、纪念馆、烈士墓5部分组成，是鲁西北规模最大的革命烈士陵园。1999年，被聊城市人民政府批准为市级文物保护单位，2011年7月，被聊城市委党史研究室、聊城日报社、聊城新闻网列为“聊城市十大红色纪念地”。2015年，接待祭扫、瞻仰人员2万人次。

鲁西北革命烈士陵园　（2015年摄）

二、烈士事迹编纂

1997年以来，各级民政部门通过各种措施搜集、挖掘、抢救烈士史料。2013年始，在民政部“烈士褒扬信息系统”录入烈士信息。将烈士姓名、性别、籍贯、民族、出生时间、牺牲地点等个人信息进行详细录入该系统。2014年，对全市“烈士证明书”合法持证人进行信息采集、核对，呈报省民政厅。经省民政厅审核，换发补发“烈士证明书”，共换发、补发“烈士证明书”2321份。至2015年，聊城市在烈士褒扬信息系统中，录入14808名烈士信息。

第二章　安　置

第一节　退役士兵安置

1997年以来，按照“从哪里来、回哪里去”和“妥善安置、各得其所”方针安置退伍义务兵。对原城镇户口的退伍义务兵、服役前没有参加工作的，由国家统一分配工作，实行按系统分配任务、包干安置，各接收单位必须妥善安排。1998年，按照国务院、中央军委“安置就业和自谋职业相结合”安置工作新思路，聊城市推进计划分配和自谋职业结合安置退伍义务兵。11月，按山东省政府、山东省军区《关于做好进藏兵员征集工作的通知》要求，对进藏服役的义务兵实行优惠安置政策。在部队服役期间获得“优秀士兵”称号以上荣誉的农业户口的现役军人退伍时由农业户口转为非农业户口，立三等功以上者优先安置。2001年10月，聊城市印发《关于鼓励大专以上毕业生应征入伍的通知》，规定在部队连续两年被评为优秀士兵或立三等功以上的，退伍后可优先录取为国家公务员，在机关、事业单位安置。2006年4月，市政府办公室印发《关于扶持城镇退役士兵自谋职业优惠政策实施意见的通知》，为自谋职业退役士兵发放一次性补助金。2010年，莘县被省民政厅表彰为“山东省退役士兵自谋职业工作先进县”。同年11月，聊城市政府、聊城军分区印发《关于进一步做好义务兵优待和安置工作的通知》，规定农村青年服役获得“优秀士兵”以上荣誉称号的，退伍后由农村居民户口转为城镇居民户口并给予安置，立三等功以上的优先安置；进藏全日制普通高等学校毕业生义务兵退伍后，由其入伍所在地政府安置在所属事业单位。2012年8月，聊城市政府办公室印发《关于做好自主就业退役士兵一次性经济补助工作的通知》和《聊城市自主就业退役士兵一次性经济补助金发放暂行办法》，明确补助对象、补助标准、审批发放途径等事项。2015年，发放退役士兵一次性自主就业救助金3988万元、自谋职业金77万元、待安置期间生活费84万元。2009—2015年，全市共接收一至六级伤病残退役士兵24人，均按政策作妥善安置。

第二节　退役士官安置

1997年以来，聊城市（地区）对退出现役的志愿兵，原则上转业回原籍。本人申请复员回乡参加农业生产的，生产、生活有困难的，当地政府协助解决。1999年，对退出现役的士官，原则上回入伍时户口所在地安置，也可以异地安置；农村入伍的士官，允许落城镇户口；转业士官和城镇入伍的复员士官待安置期间，由当地政府按照不低于当地最低生活水平的原则发给生活补助费；服现役满30年或者年满55岁的可作退休安置，也可以作转业安置。2002年12月，聊城市人民政府召开专门会议，会议确定退役士兵安置原则：转业士官和在部队立二等功以上的退役义务兵一律安排在工资有保证的差额或自收自支的事业单位，其余退役义务兵可安排在经济效益较好的企业单位。

第三章　救灾救助

第一节　救　灾

1997年以来，聊城市（地区）每逢灾害年，各级政府组织各种力量组织救灾。市、县、乡级财政每年列支救灾经费均在50万元以上。1998年，省民政厅拨付210万元生活款、50万元建房款，用于聊城市救灾。市财政拨付救灾捐款78.61万元，县乡两级财政筹措307.6万元，用于救济贫困户。是年，民政部门共购买550万千克粮食救助12.54万贫困户和灾民。同年，民政部门接收社会捐赠11358床棉被，分发到8个县（市、区）农村灾民手中。是年，东北三江流域抗洪抢险，聊城市一次性捐赠资金350多万元、衣被25万余件，捐物折款868.15万元。救灾捐助衣被中，棉被4260床、棉衣225780件、单衣10081件。1999年10月，聊城市响应省政府号召，社会各界捐赠衣物被褥大宗，装11节车皮支援新疆灾区。1999年8月30日，冠县、莘县特大风雹灾后，市民政局拨付救灾资金15万元，帮助灾民恢复生产。冠县、莘县县乡财政支出35万元用于灾民生活、建房。　市财政列支30万元地方自然灾害救济事业费、县级财政列支41.9万元地方自然灾害救济事业费。民政部门拨付461.61万元用于救灾救济款。同年，县（市、区）、乡（镇）通过减免提留、互助互济措施，各地自行调剂粮食，解决口粮500余千克。2000年冬至2001年春荒期间，全市约16万人缺粮1350千克。省财政拨付救灾款890万元，市财政安排救灾款30万元，用于救灾。中国福利彩票赈灾专项资金160万元，采购1230吨粮食发放灾民手中。2001年，聊城发生较大旱、涝、冰雹等自然灾害，全市共投入救济款730万元，发放救灾粮760吨，救济重灾民15万人。2002年，全市财政筹集567万元资金（其中，市级财政200万元、县级财政241万元、乡级财政126万元），为灾民解决缺粮435千克。省财政两次拨付聊城市救灾款600万元（其中，11月130万元、12月470万元），解决灾民口粮460千克。2003年，全市投入资金1850万元，为灾民修建房屋8329间，解决缺粮1240千克，救济灾民19万人次。是年，聊城市社会各界捐赠棉大衣500件、棉被1500件，折款20余万元，送往菏泽灾区。2004年，省财政拨付聊城市特大自然灾害救济款840万元、恢复重建救济款238万元，市财政投入恢复生产救济款320万元，救济灾民20.18万人次。2005年，中央、省、市财政拨救灾资金1396万元，发放捐助棉衣被、毛衣84590件，解决16万人次群众生产生活和住房困难。2006年，中央财政拨付救灾资金1394万元。市、县两级拨付救灾款65万元，发放实物折款51.55万元，拨付捐赠资金135.39万元，发放捐赠实物折款19.74万元用于救灾。2007年，地方财政投入救灾救济资金392万元。各县（市、区）筹集建房补助款276万元，从省市争取困难残疾人修建房款60万元，计336万元用于修建补助，救助修、建房屋1041间。2008年5月12日，四川省汶川县发生特大地震后，聊城市救灾物资储备库接山东省援川办公室通知，紧急行动，筹备救灾物资。5月20日，全市共筹集方便面3396箱，矿泉水1266箱、火腿肠4200箱，共计51吨，价值37.2万元，20—21日，通过铁路紧急发往四川省绵阳市。5月22日，全市共筹集篷布270包66322平方米、捆绳326.5千克、电池10000节、手电筒2000个，价值105747元，并通过陆路紧急发往四川省绵阳市。5月23日，组织2000箱（4万瓶）复方阿胶浆（药品），价值100万元，通过陆路紧急发往四川省绵阳市。5月29日，在浙江省台州市定制加工救灾帐篷500顶，并通过陆路紧急发往山东省对口支援北川抗震救灾前线指挥部。6月11日，定制加工棉救灾帐篷50顶，定制加工活动板房1500套，分两批通过陆路紧急发往四川省绵阳市。8月6日，采购太空棉被1200床，通过陆路紧急发往四川省绵阳市。8月12日，采购双人床200床，通过陆路紧急发往四川省绵阳市。社会各界捐款捐物折价736.4万元，其中，饮食类物资折价58.15万元，药品及医疗器械类折价145.20万元，衣服及被褥类折价396.05万元，帐篷折价64万元，其他折价73万元，未折价物资111件，紧急发往灾区。2010年，中央、省财政拨付聊城各类救灾资金3140万元，救济灾民50余万人次。2011年，中央、省财政拨付各类救灾资金1670万元，主要用于受灾群众冬令春荒期间口粮及衣被救助。2012年，中央、省财政拨付聊城各类救灾资金2250万元，主要用于受灾群众冬令春荒期间口粮及衣被救助。2013年，全市发生两次特大洪涝灾害，中央、省财政拨付各类救灾资金2590万元、市财政下拨50万元救灾补助资金、各县级财政支出300万元救灾补助资金用于应急救灾工作。2014年，中央、省财政拨付聊城救灾资金1240万元。2015年，中央、省财政拨付聊城救灾资金1058万元，拨付棉衣被7000件，市级配套70万元，用于救灾。

第二节　城乡医疗救助

2005年，市财政局、市民政局联合印发《关于转发〈山东省城市医疗救助基金管理暂行办法〉的通知》，明确城市医疗救助基金的筹集、管理、救助标准的确定和基金发放，并在高唐县和茌平县开展城市医疗救助试点工作。2006年，市政府印发《关于建立城市医疗救助制度意见的通知》，明确城市医疗救助范围：城市低保对象中未参加城镇职工基本医疗保险人员；低保对象中参加城镇职工基本医疗保险单个人负担仍然较重的人员；其他特殊困难群众。

2007年，市民政局、财政局、卫生局联合印发《关于开展农村医疗救助制度建设工作的通知》《关于开展农村大病救助制度建设工作的通知》。东昌府区等5个县（市、区）及开发区建立农村医疗救助制度，冠县、莘县和阳谷县3个县建立农村大病救助制度。11月，市政府印发《聊城市农村医疗救助制度实施意见》。2008年，市政府印发《关于印发聊城市城镇居民基本医疗保险实施方案通知》。2010年，聊城市在东阿县开展医疗救助“一站式”即时结算平台试点工作。救助对象在医院结算费用时，持民政医疗救助证等相关证件，到民政医疗救助服务窗口，直接申请办理医疗救助，由医院负责通过医疗救助系统自动生成的救助金额在医疗费用中直接核减，救助对象只交纳剩余的医疗费用，实现医疗救助与城镇医疗保险、新农合报销同步即时结算。医疗救助信息全部纳入一个网络管理，与“城镇职工基本医疗保险、城镇居民医疗保险、新农合信息系统”实行系统联网并行。2011年，各县（市、区）全部实现开展医疗救助“一站式”即时结算。2012年5月23日，聊城市民政局印发《关于进一步做好城乡医疗救助有关工作的通知》，明确提出医疗救助对象政策范围住院自付费用救助比例不低于50%。2013年，聊城市民政局印发《关于落实城乡低保提标提补暨医疗救助工作的通知》，各县（市、区）大病医疗救助比例由原来50%提高到55%。大部分县（市、区）年封顶线提高到1万元以上，并在茌平县率先开展城乡居民重特大疾病医疗救助试点工作，重特大疾病医疗救助封顶线2.5万元。2015年，市民政局联合财政、人社、卫计委、保险协会等部门印发《关于进一步完善医疗救助制度全面开展重特大疾病医疗救助工作的实施意见》，对城乡低保、农村五保及低收入家庭，在政策规定范围内的自付住院费用，在规定的最高限额内，医疗救助比例由2014年的60%提高到70%。

2007—2015 年聊城市医疗救助统计表

表 28-1　　单位：万元、人

年份	2007	2008	2009	2010	2011	2012	2013	2014	2015
资金	134.3	728.55	1274	1739	3409	2434.8	2195	1476.2	4563
人数	1097	96007	69740	111941	127488	68822	99416	65558	173913

第三节　教育救助

2010 年，市民政局和财政局印发《实施城乡低保家庭高等教育新生入学救助办法》，明确聊城市所有城乡低保家庭中，参加全国普通高等教育入学考试，经山东省教育考试院高等学校招生办公室正式录取的全日制本科大学新生，可以申请一次性新生入学救助。考取师范、军校等专业免交学费的学生不享受此项救助。凡符合救助条件并经审核批准者，每人一次性救助不低于 4000 元。救助资金来源省、市、县三级福彩公益金、社会捐赠资金等渠道。是年救助 264 名大学生，发放救助金 105.6 万元。至 2015 年，共发放救助金 835.6 万元。

2010—2015 年聊城市低保家庭大学新生入学救助统计表

表 28-2　　单位：万元、人

年份	2010	2011	2012	2013	2014	2015
资金	105.6	168.4	170.8	153.6	121.2	116
人数	264	421	427	384	303	290

第四节　临时救助

2009 年，市民政局印发《关于转发省民政厅〈关于进一步建立健全城乡临时救助制度的通知〉的通知》。明确临时救助对象主要包括：1. 已纳入最低生活保障和其他专项救助覆盖范围，但由于特殊原因仍导致基本生活暂时出现较大困难的家庭；2. 在城乡低保制度和其他专项救助制度覆盖范围之外，因特殊原因造成基本生活出现暂时困难的低收入家庭，重点是低保边缘家庭；3. 各县（市、区）政府认定的其他特殊困难人员。临时救助标准由各县（市、区）人民政府根据各县（市、区）经济发展水平和财政状况以及救助内容、救助种类、困难对象劳动能力、遭受困难程度以及城乡低保标准等因素制定，并与城乡低保标准同步调整。每个家庭每年享受临时救助不超过一次。临时救助资金以政府投入为主、社会捐助为辅，县级财政安排临时救助资金预算，并根据经济发展水平和财政状况逐年增加资金投入。鼓励社会组织和个人为临时救助提供捐助，捐助资金纳入临时救助资金账户，专项使用。2013 年，向 3933 个家庭发放临时救助金 299.3 万元。2014 年，向 6328 个家庭发放临时救助金 521.3 万元。2015 年，市政府出台《聊城市人民政府关于建立健全临时救助制度的实施意见》，对遭遇突发事件、意外伤害、重大疾病或其他特殊原因导致生活陷入困境，其他社会救助暂时无法覆盖或救助之后基本生活仍有严重困难的家庭或个人，给予应急、过渡性救助，做到兜底线、救急难。是年，向 7720 个家庭发放临时救助金 1535 万元。

第五节　精简退职职工救济

1997 年，聊城市（地区）为 1557 名 20 世纪60年代精简退职人员发放生活困难补助费72.8万元。1999年，为1485名20世纪60年代精简退职人员发放生活困难补助费108.6万元。2012年、2013年、2014年连续3年先后为500名、461名、435名20世纪60年代精简退职人员发放生活困难补助费。2015年，全市为410名20世纪60年代精简退职人员发放生活困难补助费186.96万元。

第四章　社会福利

第一节　福利机构与"五保"供养

一、福利机构

1997年以来，政府在大力发展社会福利机构的同时，出台各种优惠政策，鼓励、支持、扶持社会力量兴办社会福利机构。2013年2月，聊城市政府印发《关于加快社会养老服务体系建设的意见》，对新建养老机构，省财政对新增养老床位不少于20张、符合有关部门规定资质条件的养老机构，按核定床位给予一次性建设补助6500元。在此基础上，市财政再配套补贴每张床位3500元。其中对护理型养老机构建设补助，省财政补助标准提高20%。对租赁用房且租用期5年以上、达到前述条件的养老机构，在省财政按核定床位给予一次性改造补助资金3000元的基础上，市财政配套补助每张床位900元。对已运营、养老床位不少于20张、符合资质条件的民办和公建民营养老机构，按实际入住的自理、半自理和不能自理老年人数量，在省财政分别给予每人每年600元、1200元和2400元运营补助的基础上，市财政配套每人每年补助200元，连补3年。是年，聊城市民政局印发《关于做好养老机构设立许可和管理工作的实施意见》，将兴办老年人福利机构由审批管理改为养老机构许可管理。2014年12月，市政府印发《关于加快养老服务业发展的实施意见》，就养老服务业发展给予优惠政策扶持。2015年6月，市民政局印发《关于养老机构设立许可若干问题的通知》，规范养老机构的设立许可，细化申报条件和提交材料，为养老机构的设立提供便利条件。2015年，全市拥有各种社会福利机构百余家。

2015年聊城市社会福利机构一览表

表28-3

市、县（市、区）	社会福利机构
聊城市	聊城市社会福利院、聊城市儿童福利院、聊城市祥鹤医养中心
东昌府区	东昌府区爱心福利院、东昌府区道口铺中心敬老院、东昌府区沙镇中心敬老院、东昌府区郑家镇中心敬老院、东昌府区梁水镇中心敬老院、聊城市爱心护老院、东昌府区光明康复护理中心、聊城水城老年公寓、聊城市鸿福老年公寓、东昌府区后街老年公寓、东昌府区凤城老年公寓、东昌府区和盛老年公寓、东昌府区福寿康老年公寓、东昌府区百寿山老年公寓、东昌府区海源念慈老年服务中心、东昌府区颐乐家园、东昌府区安康养老院、东昌府区大众老年公寓
临清市	临清市综合社会福利中心、临清市大辛庄中心敬老院、临清市八岔路中心敬老院、临清市老赵庄中心敬老院、临清市魏湾中心敬老院、临清市温馨老年康乐中心、临清市合祥老年公寓、临清市新华博爱老年养护院、临清市福乐园老年公寓、临清市慈善老年公寓、临清市潘庄福寿老年公寓
冠县	冠县社会福利服务中心、冠县兰沃中心敬老院、冠县东古城中心敬老院、冠县定远寨中心敬老院、冠县冠州中心敬老院、冠县天星老年公寓、冠县长顺庄园养老院

续表 28-3

市、县（市、区）	社会福利机构
莘县	莘县社会福利中心、莘县城区中心敬老院、莘县马西中心敬老院、莘县朝城中心敬老院、莘县张鲁回族中心敬老院、莘县经济开发区中心敬老院、莘县夕阳红老年公寓、莘县东方养老院、莘县桃元老年公寓、莘县福寿康老年公寓
阳谷县	阳谷县社会福利综合服务中心、阳谷县十里景荷香苑老年公寓、阳谷县张岩寨和谐公寓、阳谷县健民福寿苑老年公寓、阳谷县寿张镇中心敬老院、阳谷县阿城镇中心敬老院、阳谷县大布乡中心敬老院、阳谷县高庙王镇中心敬老院、阳谷县城区中心敬老院、阳谷县安镇中心敬老院、阳谷县郭屯镇中心敬老院
东阿县	东阿县社会福利中心、东阿县民康养老院、东阿县绿源养老院、东阿县安然养老院、东阿县铜城中心敬老院、东阿县陈集中心敬老院、东阿县姚寨中心敬老院、东阿县牛店中心敬老院、东阿县姜楼中心敬老院、东阿县刘集中心敬老院
茌平县	茌平县振兴中心敬老院、茌平县信发中心敬老院、茌平县乐平中心敬老院、茌平县韩屯中心敬老院、茌平县博平中心敬老院、茌平县肖庄中心敬老院、茌平县贾寨中心敬老院、茌平县山东盛世千岛山庄养老服务有限公司、茌平县福利中心
高唐县	高唐县鱼邱湖街道敬老院、高唐县人和街道敬老院、高唐县汇鑫街道敬老院、高唐县梁村镇敬老院、高唐县清平镇敬老院、高唐县琉寺镇敬老院、高唐县卅里铺镇敬老院、高唐县固河镇敬老院、高唐县杨屯镇敬老院、高唐县姜店镇敬老院、高唐县赵寨子镇敬老院、高唐县尹集镇敬老院、高唐县福利综合服务中心、高唐县伯特利爱心老年公寓、高唐县舒安康老年公寓
开发区	聊城经济技术开发区中心敬老院、聊城市永衡康复护养院、聊城市爱国会敬纳养老院
高新区	许营中心敬老院、聊城市鲁西老年养护院
度假区	度假区朱老庄中心敬老院、聊城市桃源山庄老年公寓、东昌府区凤凰苑老年公寓、聊城市康寿老年公寓

农村敬老院　1997年以来，聊城市（地区）敬老院管理实行乡镇管理体制。至2000年，全市建有敬老院162所，集中供养5474人，占五保对象总数的28%。2006年，聊城市敬老院管理推行县级政府统一管理体制，乡镇敬老院改建为中心敬老院。聊城市政府出台《关于进一步加强全市敬老院建设的实施意见》，确定利用三年时间建设区域性的中心敬老院，统一规划建设布局，多渠道、多形式筹集建设资金，采取市、县、乡三级分担办法，市财政实施对新建院补助100万元，改建院补助25万元的“以奖代补”政策，市财政分3年投入补助资金3750万元；中心敬老院建设享受福利事业建设的各种优惠政策，减免相关建设费用。是年，在县（市、区）财政部门设立“中心敬老院建设”资金专户，市级资金根据工程进度分期分批拨入县级资金专户，县、乡资金全部集中到县级专户，实行专户管理。市政府与各县（市、区）政府签订目标责任书，规定完成任务的时限、标准和奖罚措施。2006—2009年，全市各级累计投入3亿元，将103所乡镇敬老院整合为36所中心敬老院。2010年，冠县兰沃中心敬老院被评为“山

2015年，冠县兰沃中心敬老院组织老人表演节目 （安文龙摄）

东省民政系统行风建设示范单位”、被民政部授予“全国模范敬老院”称号，茌平县被评为“全国五保供养工作先进单位”，高唐赵寨子镇敬老院院长王奎生被评为“全国五保供养工作先进个人”。2012年，市民政局印发《关于在全市开展创建“幸福敬老院”活动的意见》，开展“幸福敬老院”创建活动。推广冠县兰沃中心敬老院以老人为本，管理精细化、人性化服务“兰沃模式”。53所敬老院建有卫生室，建立院民健康档案，定期安排查体，与附近医院签订医生派驻协议，共改造或新设卫生间360间。普遍推行从院民分级护理到“小帮老、智帮痴、健帮病、强帮弱”“四帮”服务。冠县兰沃中心敬老院帮扶小组达24个。组织院民开展文化娱乐活动，53所敬老院有业余演出组织162个。利用院内闲置土地，开展种植、养殖。全年，全市农村公办敬老院院办经济收入260多万元。临清市八岔路中心敬老院生猪存栏60多头，副业收入10万元。是年，53所敬老院全部达到市级幸福敬老院标准，41所敬老院被省民政厅批准为新的省一级农村五保供养服务机构。同年，莘县17个乡镇敬老院合并为5所中心敬老院。2013年4月26日，全国农村五保供养服务机构建设与管理推进会在聊城市召开，向全国推广聊城市“集约化建设、规范化管理、亲情化服务”的“聊城经验”。是年，全市共有31所中心敬老院被评为全国三星级农村五保供养服务机构。至2015年，全市共有由县级政府统一管理的中心敬老院41所、乡镇管理的敬老院12所，床位14176张，集中供养人员12351人，管理服务人员1117人。

聊城市社会福利院 1956年，在临清市（县级）建社会救济院，1980年迁入聊城市鲁化路56号，更名为聊城地区社会福利院。1998年改称聊城市社会福利院。2009年10月，聊城市社会福利院分院（位于龙山南路9号）正式启用。2013年10月，市福利院整体改造开工建设。工程建筑面积10490方米，预计总投资3500万元，设计床位300张（2016年5月，改建项目竣工投入使用）。2015年，全院共有床位400张，收养人员180余人，干部职工共78人，40人拥有养老护理员资格证书，中级社工师6名（其中1名为研究生学历）、初级社工师5名、临床医师1名、心理咨询师1名。

聊城市儿童福利院 是聊城市唯一一所综合性儿童福利机构，其前身为市社会福利院儿童部。2008年在社会福利院南楼二层成立独立儿童区，设住宿区、儿童餐厅、康教室等，配备医生1名和护士3名。2005年，社会福利院儿童区改为儿童福利院。2012年8月，独立儿童福利院正式启用，位于柳园北路东侧，高速公路以南，占地26978平方米，总建筑面积23596.5平方米，床位500张。2015年，收养孤残儿童173名。共有职工84人，其中编制10人，康复治疗师2人、医护人员4人。

聊城市复退军人医院 位于聊城城市中心，北接聊城公园、南靠聊城大学。建于1986年，占地50余亩，1989年12月落成试诊，是一所集医疗、保健、康复、教学、科研于一体的市级优抚综合医院。2000年改名“聊城国际和平医院”，2013年更名为“牧琳爱中美友好医院”，原已故名誉院长牧琳爱博士的小女儿索菲亚·布鲁克接任医院名誉院长。医院与山东省千佛山医院、山东省医学影像学研究所等建立医疗协作关系。2014年，被民政部授予“全国文明优抚事业单位”称号。2015年2月，被评为“二级甲等综合医院”，同年12月，被命名为“省级文明单位”。2015年，该医院除设优抚病房、精神科外，还有内、外、妇、儿、眼、耳鼻喉、口腔、神经、ICU、中西医、康复理疗、健康体检等30余个临床医技科室。拥有7000平方米现代化、多功能门诊楼，1万平方米病房楼和4100平方米的优抚病房楼。开放床位530张，其中社会服务床位380张。医护人员541人，其中副高以上专家71名、中级卫生人员118名。

二、农村“五保”供养

1997年以来，聊城市（地区）“五保”（保吃、保住、保穿、保医、保葬）人员供养方式实行集中供养或者分散供养。集中供养依托于农村敬老院，分散供养主要由亲友或者邻里代养。供养标准每人每年500—600元。口粮由村集体提供，一般按每人每天0.5千克粮或全年250千克粮供给。供养费用由乡镇统筹解决。税费改革后，由农业税和农业特产税附加中列支。2002年，市政府出台《聊城市农村五保供养工作暂行办法》，明确规定五保供养标准、经费来源渠道和分担、补助办法。五保供养采取集中供养和分散供养两种形式，集中供养经费（包括敬老院工作费用）由乡镇财政解决，分散供养经费（包括护理人员费用）由村级负担。2006年，聊城市政府办公室印发《聊城市人民政府办公室关于进一步建立和完善城乡社会救助体系的意见》，将分散、集中供养标准分别定为每人每年1200元、2000元。2009年，将分散、集中供养标准分别提高到每人每年1400元、2400元，至2012年分别提高到每人每年2520元、3600元。2013年，市政府印发《关于进一步加强我市农村五保供养服务机构建设管理工作的通知》，提出农村五保对象供养标准不低于上年度该地农村居民人均生活消费的80%，并要求各县（市、区）要建立农村五保财政供养自然增长机制。2014年将分散、集中供养标准分别提高到每人每年3360元、4800元，2015年分别提高到每人每年3500元、5000元。2015年，全市共供养“五保”人员16697人。

2004—2015年聊城市农村“五保”供养人数统计表

表28-4　　单位：人

年份	供养人数	年份	供养人数
2004	19612	2010	18616
2005	23301	2011	21501
2006	22737	2012	19204
2007	21832	2013	18563
2008	21399	2014	18792
2009	19582	2015	16697

第二节　城乡居民最低生活保障

一、城市居民最低生活保障

1997年5月，聊城地区行政公署印发《关于落实〈山东省人民政府关于建立城市居民最低生活保障制度〉的通知》。聊城市、临清市随即开展工作，建立城市居民最低生活保障线制度，确定保障线标准为每人每月100元。保障对象为城市居民非农业户口、家庭人均收入低于最低生活保障线标准的人员。11月，聊城地区行政公署印发《关于在全区建立城市居民最低生活保障制度的通知》，规定城市最低生活保障对象是指家庭人均收入低于当地最低生活保障标准的城镇常住非农业居民，保障范围是全区（县、市）驻地所在城镇非农业人口（含地方城镇户口）。主要分三类：一是无生活来源、无劳动能力、无法定赡养人或抚养人的居民；二是领取失业救济金期间或失业保险期满未重新就业，家庭人均收入低于最低生活保障标准的居民；三是在职人员、下岗人员、退休人员中，在领取工资或最低工资、基本生活费和退休金后，其家庭人均收入仍低于当地最低生活保障标准的居民。城市居民最低生活保障线制度所需资金由地、市（县）两级财政按比例分担，列入同级财政当年预算。低保金实行人工发放。1998年6月、11月，先后两次召开全市最低生活保障制度建设会议，明确申请审批、资金发放、保障对象和保障标准。1999年8月，聊城市城市居民最低生活保障线提高到每人每月130元。2003年12月，市政府将市属单位及东昌府区、经济开发区范围内城市居民最低生活保障线标准提高到每人每月150元。是年始，保障金通过银行代发，实现社会化发放。2004年10月1日起，城市居民最低生活保障标准提高到每人每月170元。12月，聊城市民政局、财政局联合印发《关于切实做好今冬明春城市低保工作的通知》，提高低保对象人均月补差水平，在原基础上增发16元。2005年6月1日起，东昌府区、高唐县、开发区城市居民最低生活保障标准提高到每人每月220元，其他县（市、区）提高到每人每月180元。2007年1月，市民政局、财政局联合印发《关于对城市低保户发放生活补助的通知》，城市低保户每户一次性发放300元。2月，市政府印发通知，决定“自2007年1月1日起，东昌府区、经济开发区、高唐县城市居民最低生活保障标准提高到每人每月230元，其他县（市）提高到每人每月190元。”12月，市民政局印发《关于妥善安排城市低保家庭社会有关问题的通知》，明确对城市低保对象实际补差每人每月增加不低于15元。2008年4月，聊城市民政局、财政局联合印发通知，2008年1月1日起，每人每月补助水平增加15元。7月，聊城市民政局、财政局联合印发通知，城市低保对象补助水平再次按每人每月15元的标准提高，自2008年7月1日起执行。8月，聊城市政府决定在全市建立物价上涨与提高困难群众生活补贴和保障标准联动机制，印发《关于建立物价上涨与提高困难群众生活补贴和保障标准联动机制的通知》，以年度为周期，当年度城镇低收入居民基本生活费用价格指数同比涨幅超过5%（含5%）时，启动联动机制。2009年4月，聊城市民政局、财政局联合印发《关于对城市居民最低生活保障对象实行分类施保的通知》，对城市低保对象中的特殊困难家庭，在已核定补差数额的基础上，根据其困难程度适当增加补差金额。分类施保的对象主要是因老、幼、病、残等原因导致日常消费支出过大，明显影响基本生活的特殊困难城市低保家庭。7月，市政府办公室印发通知：自2009年1月1日起，东昌府区（含聊城经济开发区）城市居民最低生活保障标准提高到每人每月245元，其他县（市、区）按照物价上涨挂钩联动机制要求调整保障标准。2010年11月，市政府办公室下发通知，自2010年10月1日起，东昌府区（含聊城经济开发区）城市居民最低生活保障标准提高到每人每月255元，其他县（市）保障标准由当地政府确定并报市政府备案后公布执行。是年，对城区4400户城市低保对象和低收入家庭发放救助物资及救助资金102万元。2011年起，市政府办公室连续4年印发通知，提高东昌府区（含聊城经济开发区）城市居民最低生活保障标准，其他县（市）同时提高保障标准，并于当年1月1日执行，分别是2011年285元，2012年305元，2013年330元，2014年360元。2015年4月，市政府办公室印发通知，自2015年1月1日起，全市城市居民最低生活保障标准提高到每人每月380元。

1998—2015年聊城市城市低保保障人数及保障金发放统计表

表28-5　　　　单位：人、万元

年份	保障人数	发放保障金
1998	2613	157
1999	3240	233
2000	3420	328
2001	13466	805
2002	24460	1397
2003	26256	2520
2004	43379	3123

续表 28-5

年份	保障人数	发放保障金
2005	52076	3669
2006	51932	4702
2007	52716	5060
2008	51632	5676
2009	44002	5204
2010	44152	6644
2011	40958	8056
2012	38164	9025
2013	34526	8452
2014	27552	7273
2015	20571	6074

二、农村居民最低生活保障

2006 年，聊城市建立农村最低生活保障救助制度。是年 11 月，对年人均收入低于 700 元的农村特困家庭（“五保户”除外）实行差额救助。2007 年 11 月，提高到 800 元。2008 年 1 月，每人每月增加 10 元，7 月每人每月增加 10 元。是年 10 月，全市农村居民最低生活保障标准提高到每人每年 900 元。此后逐年提高，至 2015 年 7 月，每人每年提高到 2600 元。

2007—2015 年聊城市农村低保保障人数及保障金发放统计表

表 28-6　　单位：人、万元

年份	保障人数	发放保障金
2007	141745	1276
2008	142592	7845
2009	145848	10500
2010	178349	15500
2011	173536	19900
2012	172639	25900
2013	169234	26400
2014	155777	26100
2015	149973	27047

第三节　社会福利彩票

1997 年，聊城地区社会福利彩票发行由聊城市社会福利彩票有奖募捐办公室（聊城市福利彩票发行中心）负责。1998 年，聊城地区社会福利彩票有奖募捐办公室（聊城地区福利彩票发行中心）改为聊城市社会福利彩票有奖募捐办公室（聊城市福利彩票发行中心）。2006 年 9 月 4 日，聊城市社会福利彩票有奖募捐办公室（聊城市福利彩票发行中心）更名为聊城市福利彩票销售管理中心。2000 年 5 月 1 日，“齐鲁风采”电脑福利彩票在聊城市面市。

是年，聊城市彩票销售接入“山东省准热线电脑彩票销售系统”，实行电脑销售福利彩票。2007年11月5日，即开型福利彩票“刮刮乐”在聊城市面市。是年年底，聊城市的“刮刮乐”销量298万元。2015年，聊城市福利彩票销售管理中心设电脑彩票部、即开票部、中福在线部、财务部、技术部、办公室、综合部。全市共有电脑福彩投注站535个、从业人员626名。至2015年，全市累计销售福利彩票35.44亿元，募集社会福利资金12.4亿元。

2000—2015年聊城市福利彩票销量统计表

表28-7　　单位：万元

年份	销售额	年份	销售额
2000	1571	2008	12933
2001	4712	2009	20967
2002	10181	2010	29598
2003	9786	2011	37731
2004	8917	2012	42797
2005	11996	2013	46236
2006	10167	2014	46918
2007	12836	2015	47034

第四节　慈善事业

2001年，成立聊城市慈善总会办公室。2002年12月27日，召开聊城市慈善总会成立大会暨第一次会员会议，通过《聊城市慈善总会章程》。还审议通过《聊城市慈善总会资产管理办法》，对慈善总会资产的来源与分类、劝募原则和优惠政策、使用范围及管理监督等作出具体的规定。此后，东昌府区、临清市、冠县、莘县、阳谷县、东阿县、茌平县、高唐县、经济技术开发区、高新技术产业开发区、江北水城旅游度假区等11个县（市、区）相继成立慈善总会、135个乡镇（办事处）成立慈善分会。2002年始，举办“微笑列车”活动（“微笑列车”是1998年由美籍华人王嘉廉以及微软公司总裁比尔·盖茨资助，为第三世界国家贫困的唇腭裂患者实施免费手术），为贫困的唇腭裂患者实施免费矫治手术，每年实施近300例。2003年始，每年举办“康复助医工程”，资助贫困家庭的大病患者。2004年以来，每年举办以“奉献一片爱心，构建和谐社会”为主题的“慈心一日捐”活动；举办“朝阳助学工程”，实施“救助高考特困新生项目”，在大学集中录取新生期间，举办以“心系寒门学子，奉献真挚爱心”为主题的慈善助学活动，为高考录取的贫困家庭新生发放助学金，每年资助1200人左右，每人给予3000—4000元一次性救助；实施“救助在校特困优秀大学生项目”，资助低保户或因特殊原因无力支付学费的城镇居民家庭、经济困难的农村家庭中在校学习取得优异成绩的大学生，每年救助人数在600人左右；举办“夕阳扶老工程”，为敬老院（福利院）的改扩建提供资金援助，为敬老院等养老机构捐赠健身器材；举办“情暖万家工程”，实施“烛光工程”，资助农村特困中小学教师；实施“特困群众生活补助项目”，在每年新年春节期间，救助特困家庭；举办“爱心复明”活动，每年为100位特困家庭的白内障患者免费实施手术；举办“爱心助孤”活动，对孤残儿童养育单位提供慈善资助。2005年，市慈善总会在水城明珠大剧场举办“慈心一日捐”动员大会暨文艺会演，动员社会各界捐赠善款。2008 年，组织四川省汶川地震的赈灾捐助活动，灾后第二天即向社会各界发布赈灾捐助倡议书 1 万份，在市区主要街道悬挂赈灾宣传横幅 30 余幅，并通过新闻媒体向社会各界公开市救灾募捐办公室账号、联系电话，在市区设立临时捐赠点 7 个。组织发动义工和志愿者 100 余人次，开展街头宣传和募捐。2009 年始，每年开展“聊城慈善奖”评选活动，表彰在慈善领域有突出贡献或产生较大影响力的个人、机构和项目。2012 年，市委办公室、市政府办公室印发《关于加快全市慈善事业发展的实施意见》，要求各级把慈善事业作为精神文明工作的一项重要内容，纳入创先争优和文明城市、文明单位考核体系。2012 年始，实施“关爱妇女项目”，每年为 100 名家庭贫困的子宫肌瘤妇女实施免费手术。2013 年始，举办慈善“最美三百”表彰活动，表彰 100 名“孝心子女”、100 名“爱心父母”和 100 名“公益老人”；实施“暖心项目”，联合上海远大心胸医院，为患有先天性房间隔缺损、先天性室间隔缺损和动脉导管未闭等三种先天性心脏病的贫困患儿实施介入封堵手术，每例患者减免手术费 2000 元左右。2015 年，市政府印发《关于促进慈善事业健康发展的意见》，加大对慈善事业的宣传力度，加强对慈善理念、慈善行为、典型人物和事迹的宣传，对制作、播出、刊登慈善广告、慈善捐赠公告行为提供支持。是年，慈善机构募集善款 1.06 亿元。至 2015 年，全市正式注册的慈善公益志愿者类社会组织 12 家、志愿者 3700 多人，助学类社会组织 4 家、就业指导类 1 家、助困扶贫类 4 家、救灾救援类 2 家、义工活动类 1 家。全市社会各界共募捐赠善资金 8.9 亿元，慈善捐助物品 3 万余件，救助困难群众近 30 万人。

第五章　基层自治组织

第一节　村民委员会

1997 年，聊城地区共有村民委员会 6840 个。1997 年以来，聊城市（地区）历届村民委员会换届选举，县（市、区）、乡（镇）均成立专门的换届选举领导机构，配备熟悉农村工作、熟悉法律法规的人员组织指导换届工作。换届前，对县（市、区）组织、民政部门工作人员和乡镇（街道）党委书记、组织委员进行重点培训。换届选举期间，各乡镇设立专职信访员，24 小时在岗，做到信访案件专人负责。市、县、乡换届办实行 24 小时值班制度，并在广播电视等主要媒体公开举报电话，对来访来电实行“三个及时”（及时受理、及时办理、及时反馈）制度。1998 年，山东省人事厅、民政厅表彰茌平县为“山东省村居委员会建设先进县”，东昌府区张炉集乡、阳谷县寿张镇、高唐县高唐镇为“齐鲁乡镇之星”，阳谷县安乐镇左洼村村民委员会、茌平县博平镇杨庄村村民委员会、冠县斜店乡前社庄村村民委员会、莘县单庙乡后大里庄村村民委员会为“山东省模范村民委员会”，东昌府区古楼街道办事处北口居民委员会为“山东省模范居民委员会”。1999 年 1—5 月，聊城市举行第六届村民委员会换届选举，6644 个村完成选举工作，占总村数的 99.3%。2002 年 2—5 月，进行第七届村委会换届选举，全市 6403 个村完成村委换届，占总数的 98.6%。全市共选出村“两委”（支部委员会、村民委员会）成员 23088 人，村委会成员 22001 人，村党支部书记与村委会主任“一人兼”的 5725 人，交叉兼职率为 88.2%；“两委”成员交叉兼职的 18998 人，占 82.9%；“两委”成员中 40 岁以下人数为 12159 人，占总数的 51%，高中以上文化程度的为 8142 人，占总数的33.8%，分别比往届提高1.7和2.3个百分点，村“两委”成员平均年龄比换届前下降2.6岁。2004年，市委办公室、市政府办公室印发《关于进一步健全和完善村务公开民主管理制度的通知》，就村务公开民主管理有关事项作出明确要求。

2005年、2008年，聊城市先后进行第八、第九届村委会换届选举工作。2011年3—5月，进行第十届村委会换届选举，5783个行政村中有5761个村委会完成换届选举，一次换届成功率98%。全市5783个村共选举产生村“两委”成员22130人，6011名妇女被选进“两委”班子，其中女村支部书记58人、女村委会主任87人；新当选的村“两委”班子成员中，35岁及以下干部3136人，45岁以下干部9659人；高中及中专以上学历的13987人。2014年10月至2015年3月，聊城市进行第十一届村民委员会换届选举，全市共有6244个村进行选举。党支部书记、主任“一人兼”比例为82.4%；女性成员6532名；45岁以下的10872名，占39.5%；高中以上学历的占50%。至2015年，全市共有村民委员会6244个。

第二节　居民委员会

1997年，聊城地区共有居民委员会80个。2014年10月至2015年3月，聊城市进行第一次城市社区居民委员会选举，全市共有126个城市社区进行换届选举。新一届居委会班子，党支部书记、主任“一人兼”比例为82.4%，高中以上学历占50%。至2015年，全市共有居民委员会161个，居委会成员843人。

第六章　社区建设

第一节　城市社区

1997年以来，聊城市（地区）城市社区工作稳步推进。2000年，市政府办公室印发《聊城市社区服务业管理暂行办法》，就社区服务管理有关事项作出明确规定。2002年9月，市委、市政府召开城市社区建设动员大会，并印发《关于加强城市社区建设的意见》《关于进一步加强和改进城市社区工作的意见》《聊城市社区居民委员会办公用房管理若干规定》，各县（市、区）结合实际制定相关意见，城市社区工作进一步加强。2003年6月，聊城市召开城区社区揭牌暨社区共建大会，城区新设立的34个社区居委会举行揭牌仪式。2004年8月，为解决社区办公用房问题，市政府组织由市建设、房管、规划、国土、民政等部门负责人及东昌府区分管负责人参加的社区办公用房座谈会，成立社区用房工作领导小组。市政府从建设专项资金中拨付400万元，市、县、乡财政投入社区经费3000多万元，用于社区用房建设。至2005年，城市社区普遍达到“五个一”（一处办公用房、一处社区服务设施、一部热线电话、一套完善的工作制度、一支志愿者队伍），多数社区实现“三室三站一校一场所”（社区办公室、警务室、文体活动室，社区服务站、社区卫生站、社区社会保障站，社区学校，群众文体活动场所）。全市155个城市社区（除莘县26个新设社区外），办公用房面积平均达400平方米。

2006年，市政府印发《关于进一步加强和改进城市社区工作的意见》，明确社区工作的指导思想、基本原则和总体目标，提出大力发展社区志愿服务。全市各街道、社区志愿者服务团队先后开展技术咨询、义诊、义修等志愿服务活动，志愿者活动进一步组织化、社会化、经常化。各社区面向社区居民开展家政、求助、就业信息等服务。临清市新华街道各社区成立环境卫生保洁队，安排失业下岗职工 310 人。东昌府区培训下岗失业人员 3112 人，帮助 5051 名下岗职工重新走上工作岗位。2007 年，聊城市贯彻省政府《关于加强和改进社区工作的意见》，规定新建住宅小区和旧城区连片改造居民区的社区居委会办公和服务用房，按照不低于 300 平方米建设标准，老城区社区居委会办公和服务用房达 150 平方米以上，社区工作经费，原则上按每千户每年不少于 10000 元核拨，由市、县（市、区）政府分担。是年，东昌府区被省民政厅评为“全省和谐社区建设示范区”。2009 年，东昌府区古楼街道被民政部评为“全国和谐社区建设示范街道”，东昌府区古楼街道、临清市新华街道、高唐县人和街道、高唐县鱼丘湖社区、东阿县工业园社区、东昌府区古楼街道湖北社区被省民政厅命名为“山东省城市社区建设示范单位”。2010 年，开展示范社区创建活动。各社区在社区服务中心设“一站式”服务大厅，相关部门在社区服务中心设立服务窗口，实现社会救助、社会福利、医疗卫生、计划生育、社会治安、科技教育、文化体育、劳动保障、法律援助等行政管理、社会事务、便民服务“一门式办公、一站式服务”。是年，全市建街道社区服务中心 26 个、社区服务站点 140 个、社区图书室 92 个、社区社会保障站 137 个、社区文体活动站（室）122 个、社区警务室 142 个、社区卫生站 147 个，形成以区、街社区服务中心为龙头、以社区服务站为基础的社区服务组织网络体系。省民政厅授予东昌府区“全省城市社区建设示范区（市）”、古楼街道“全省城市社区建设示范街道”、湖北社区“全省城市社区建设示范社区”称号。2011 年 9 月，东昌府区古楼街道站前社区、柳园街道利民社区、高唐县人和街道盛世社区、临清市新华街道华润社区被省民政厅评为“山东省城市社区建设示范社区”。至 2013 年，全市城市社区服务设施 133 个，街道以上社区服务中心、社区服务站逐渐完善。

聊城经济技术开发区久和社区（2015 年摄）

至 2015 年，全市共有城市社区 161 处。其中，东昌府区 61 处、临清 15 处、冠县 10 处、莘县 10 处、阳谷县 17 处、东阿县 11 处、茌平县 11 处、高唐县 24 处、经济技术开发区 2 处；全市共有社区居委会成员 843 人，其他社区专职人员 369 人。

第二节　农村社区

2007 年 3 月，聊城市启动农村社区建设。是年，东昌府区被民政部确定为全国农村社区建设试验区，聊城市确定高唐县为全市农村社区建设试验县。2009 年，规划建设农村社区 1119 个。2013 年，规划建设新型农村社区 750 个。新规划建设社区服务中心平均服务半径 2.4 千米，社区平均人口约 5000 人。对原有 257 个农村社区布局进行全面调整，重新组建农村社区 189 个。2015 年，制定《关于深入推进农村社区建设的实施意见》，开展“美丽社区”创建活动，农村社区基本实现“无缝隙”管理和服务。

第七章　社会组织管理

第一节　社会团体管理

2001年3月19日，成立聊城市民间组织管理处。2013年8月1日，聊城市对行业协会商会类、科技类、公益慈善类、城乡社区服务类社会组织实行民政部门直接登记，不再需要业务主管单位审查同意。政治法律类、宗教类等社会组织和境外非政府组织在聊代表机构仍需要经业务主管单位审查同意。上述社会组织依据法律法规需前置行政审批的，在申请注册登记时，要提供相关职能部门的行政许可法律文件。同年11月，对296个行业协会、商会进行清理整顿，共清理兼职（任职）领导干部和工作人员469人，其中市直125人、县（市、区）344人。2014年3月，按照政府指导、社会参与、独立运作、第三方评估要求，在全市范围内开展社会组织评估工作。2015年5月，聊城市民间组织管理处改为市社会组织管理处。至2015年，共评估市管社会组织21个，其中AAAAA级2个、AAAA级13个、AAA级6个。全市直接登记社会组织117个，其中市管社会组织83个，县（市、区）社会组织34个；经民政部门批准登记注册的社会团体797个，其中市管社会团体277个、县（市、区）管社会团体520个；登记注册非公募基金会2个，其中市管基金会1个，县（市、区）基金会1个；登记注册行业协会商会205个。全市社会团体共变更登记1447个（次），注销社会团体216个。

第二节　民办非企业单位管理

1999年1月起，聊城市各级民政部门受理民办非企业单位的登记管理工作。2000年6月，市民政局贯彻省委办公厅、省政府办公厅《关于开展民办非企业单位复查登记工作的通知》精神，成立领导小组，召开会议，对复查登记工作全面部署。按照民办非企业单位自查和申请登记、业务主管单位审查、登记管理机关核准等要求，先在临清市进行试点，随即在聊城全市展开。2001年10月，在青州市召开的全省民办非企业单位复查登记工作现场交流会上，莘县作典型发言。2002年5月31日，复查登记工作结束。全市共复查登记民办非企业单位达1.2万个，涉及卫生、教育、文化、科技、体育、劳动等10多个行业。通过复查登记，符合条件的2190个民办非企业单位依法取得民事主体的法律地位和依法从事各项活动的合法权益。2005年6月，市民政局印发《关于开展全市民间组织自律和诚信建设活动的通知》，在全市开展民间组织自律与诚信建设活动，召开全市民间组织自律与诚信建设动员会，聊城市服装成人学院等31家民办非企业单位向全市1706家民间组织发出《聊城市民间组织自律和诚信建设倡议书》。至2015年，全市各级民政部门共登记民办非企业单位371个。

第三节　基金会管理

2013年9月26日，聊城市第一个非公募基金会聊城市牧琳爱爱心基金会成立，注册资金200万元。业务范围：资助贫困学生和贫困患者；奖励优秀医疗工作者；资助医护培训和医疗设备；资助社会福利机构设施建设；开展对外友好合作交流等。至2015年，全市登记非公募基金会2个，市级非公募基金会1个，县级非公募基金会1个。接受捐款累计252.52万元，用于“助医、助学、助贫”等公益活动支出71.28万元。

第八章 婚姻、殡葬与收养管理

第一节 婚姻登记管理

1997年1月，聊城地区婚姻登记由乡、镇、街道办事处改为由县、市集中办理。2001年3月起，聊城市民政局承办大陆一方户籍登记在聊城市辖区内的涉华侨、中国港澳台和出国人员的婚姻登记、双方自愿的协议离婚及相关出证工作。2002年5月1日起，市民政局承办大陆一方户籍在聊城市辖区的涉外国人的结婚登记及相关婚姻出证工作。2003年10月1日，适当集中农村办理结婚登记的机关，城市实现民政部门集中办理婚姻登记；取消结婚登记由单位或村（居）民委员会出具婚姻状况证明，结婚登记改由当事人作无配偶及与对方没有禁止结婚的亲属关系的签字声明。是年，取消离婚登记出具介绍信的制度。办理离婚登记只需持本人户口簿和身份证、结婚证、双方当事人共同签署的离婚协议书。婚姻登记实行计算机登记管理。2006年，聊城市东阿县民政局婚姻登记处、莘县民政局婚姻登记处被省民政厅评为全省婚姻登记规范化建设达标单位。2008年，聊城市东阿县民政局婚姻登记处被民政部评为全国婚姻登记规范化单位、冠县民政局婚姻登记处被评为全省婚姻登记规范化建设达标单位。2009年，东昌府区民政局婚姻登记处、临清市民政局婚姻登记处、阳谷县民政局婚姻登记处被评为全国婚姻登记规范化单位，莘县民政局婚姻登记处被评为全省婚姻登记规范化建设达标单位。2010年，聊城市民政局婚姻登记处、茌平县民政局婚姻登记处、高唐县民政局婚姻登记处被评为全国婚姻登记规范化单位、全省婚姻登记规范化建设达标单位。

2011年8月，聊城市实现婚姻登记在全省婚姻登记信息系统联网，同步使用全国婚姻登记信息系统。是年，聊城市民政局被民政部评为全国婚姻登记规范化建设先进单位，商爱民被民政部评为全国婚姻登记规范化建设先进个人，莘县婚姻登记处被评为首批全省民政系统行风建设示范单位。2012年，东昌府区民政局婚姻登记处、高唐县民政局婚姻登记处和东阿县民政局婚姻登记处被民政部认定为全国AAA婚姻登记机关。2013年，聊城市推广结婚登记颁证制度。婚姻登记机关在给每对新人颁发结婚证的同时，在颁证大厅举办颁证仪式。2014年，聊城市组织选拔婚姻登记处优秀婚姻颁证员，参加山东省第二届结婚登记颁证大赛，聊城市代表队获二等奖，聊城市民政局获组织奖，冠县登记处郑芳馨获“山东省金牌颁证员”称号。

2015年，临清市民政局婚姻登记处被民政部认定为全国AAA婚姻登记机关。是年，全市办理结婚登记45233对、离婚登记8684对、补发结婚证件8804件、补发离婚证件件574件、出具婚姻证明18102件；办理涉港澳台居民、华侨和外国婚姻登记22对、离婚登记1对、出具婚姻证明7件。

2004—2015年聊城市婚姻登记一览表

表28-8

年份	结婚登记（对）	离婚登记（对）	补发结婚证件（件）	补发离婚证件（件）	出具婚姻证明（件）
2004	48933	1549	621	—	—
2005	43387	2128	798	—	—

续表 28-8

年份	结婚登记（对）	离婚登记（对）	补发结婚证件（件）	补发离婚证件（件）	出具婚姻证明（件）
2006	55387	2056	706	—	—
2007	55916	3134	1155	—	—
2008	60163	3995	1321	—	—
2009	60962	4088	2126	—	—
2010	65922	4714	3714	54	—
2011	65110	5193	4554	112	4682
2012	62588	5999	5482	188	15484
2013	59976	7551	9707	401	21827
2014	55243	8196	9740	470	20811
2015	45233	8684	8804	574	18102

2001—2015 年聊城市涉中国港澳台居民、华侨和外国人婚姻登记一览表

表 28-9

年份	结婚登记（对）	离婚登记（对）	补发结婚证件（件）	出具婚姻证明（件）
2001	24	2	—	—
2002	20	—	—	—
2003	20	—	—	—
2004	15	—	—	—
2005	15	—	—	—
2006	21	—	—	—
2007	7	—	—	—
2008	8	—	—	—
2009	6	—	—	—
2010	21	1	—	5
2011	32	1	—	9
2012	38	4	1	10
2013	81	7	1	6
2014	102	6	1	3
2015	22	1	—	7

第二节　殡葬管理

1997 年 3 月，聊城地区开展“平坟还耕”活动，各县（市、区）基本上实现耕地内、铁路、公路两侧无坟头。是年，高唐县民政局、茌平县民政局被省民政厅评为全省殡葬改革先进单位。1998 年，聊城市殡仪馆被民政部命名为国家三级殡仪馆。2004 年，聊城市民政局印发《关于加强殡葬行业管理的意见》。2005 年 4 月，市

民政局召开全市社会事务管理行风建设会议，对市内个别县（市、区）出现的土葬回潮、以罚款代替火化、乱埋乱葬等问题提出严厉批评，并要求限期纠正，全市殡葬改革形势出现好转。2006年3月29日，市政府召开全市殡葬改革会议，市政府与各县（市、区）签订殡葬改革目标责任书。7月30日，市民政局在东阿县召开殡葬改革现场会，推广东阿县公益性墓地建设经验。2007年，茌平县、莘县、冠县、高唐县、阳谷县、东昌府区普遍成立殡改领导小组，召开殡改专题会议，县与乡、乡与村签订殡葬改革目标责任状，将殡葬改革纳入县（市、区）对乡镇千分考核。2008年，临清市、冠县因火化率在全省位列倒数第三被省民政厅通报，当地采取强有力措施，加大工作力度，管理和服务水平显著提高。2010年，高唐殡仪馆馆长高金太被民政部评为全国殡葬改革先进个人。2011年，市政府印发《关于进一步深化殡葬改革大力推行公益性墓地和骨灰堂建设的意见》，提出大力发展公益性公墓。2013年，聊城市殡葬管理处职工辛如意被民政部评为全国殡葬工作先进个人。至2014年6月，公益性墓地和骨灰堂建设总投资8318余万元，建成公益性墓地和骨灰堂278余处，存放骨灰32120余例，直接节约土地1000余亩，节约木材及其他丧葬费用8560余万元。全市公益性墓地和骨灰堂覆盖率26%。

聊城市殡仪馆设有火化区、供水供电区、办公生活区以及停车场绿化带等。馆区总面积27788平方米，建筑面积5681平方米（其中火化间1023平方米、告别厅645平方米、功能业务厅300平方米、办公室1164平方米、骨灰寄存楼2000平方米），停车场13000平方米，高档火化炉1台，中档火化炉3台，高档告别用水晶馆罩1组，三门三屉冷藏柜5组，运尸车4辆及备用发电机等配套设备。2015年，全市火化尸体27922具。

2002—2015年聊城市火化量统计表

表28-10 单位：具

年份	火化数	年份	火化数
2002	32463	2009	28368
2003	32129	2010	33449
2004	31328	2011	32505
2005	33105	2012	34537
2006	25346	2013	31256
2007	26507	2014	28601
2008	28849	2015	27922

第三节 收养管理

1999年，聊城市根据国务院《中国公民收养子女登记办法》，开始办理收养登记业务。2011年，发放“收养登记证”112件，补发“收养登记证”1件。2015年，发放“收养登记证”50件。2011—2015年，共发放“收养登记证”386件，补发“收养登记证”7件。

2011—2015 年聊城市收养登记统计表

表 28-11　　单位：件

年份	发放“收养登记证”	补领“收养登记证”	年份	发放“收养登记证”	补领“收养登记证”
2011	112	1	2014	48	3
2012	95	2	2015	50	—
2013	81	1			

第九章　行政区划与地名管理

第一节　行政区域界线勘定及调处

一、行政区域界线勘定

聊城行政区域界线勘定主要涉及省级行政区域和县级行政区域界线勘定。

省级行政区域界线勘定　1997 年 2 月 18 日，成立聊城地区勘界工作领导小组，在地区民政局组建勘界办公室，开始勘界工作。聊城境域省级行政区域界线的勘定涉及冀鲁、鲁豫两条省界。在聊城境域冀鲁线行政区域界线全长 164 千米，其中临清市与临西县边长 37.6 千米，临清市与馆陶县边界长 8 千米。勘界中涉及 3 个县 13 个乡镇，其中临清市 7 个乡镇和办事处，临西县 5 个乡镇，馆陶县 1 个乡镇，共设界桩 9 个。冠县与大名县边界长 24.04 千米，涉及冠县 1 个乡镇，大名县 2 个乡镇，设界桩 7 个。冠县与馆陶边界长 31.5 千米，涉及冠县 3 个乡镇，馆陶县 5 个乡镇，设界桩 19 个。莘县与大名边界长 62.86 千米，涉及莘县 4 个乡镇，大名县 5 个乡镇，设界桩 13 个。1997 年 7 月，鲁豫两省行政区域界线勘定工作全面展开。鲁豫线聊城濮阳段起于冀鲁豫三省交会点，止于山东省东平县、阳谷县，河南省台前县三县交会点，全长 229.72 千米，共埋设界桩 4 个，分别是 133741S 三面桩、001 号双面桩、002 号双面桩、003 号双面桩。涉及聊城市的莘县、阳谷县 2 个县 19 个乡镇，濮阳市的南乐县、清丰县、濮阳县、范县、台前县 5 个县 17 个乡镇。其中鲁豫金堤河地段界线走向两省有分歧，多次协商没有达成共识，致使勘界一度处于停顿状态。2001 年 6 月 23 日，国务院向山东、河南两省政府下达《关于核定山东省与河南省金堤河地区行政区域界线及有关问题的批复》，对该段边界走向作出裁决，鲁豫线全线贯通。2001 年 6 月，完成埋桩、测绘任务。7 月 22 日，完成勘界资料汇总。

县级行政区域界线勘定　1998 年，开展县级行政区域界线勘定工作，除鲁冀、鲁豫省界外，全市共勘定县级边界线 25 条（共计 1086.857 千米）、三交点 17 个，牵头边界线 19 条（共计 850.386 千米），三交点 12 个。其中，涉及德州、济南、泰安 3 个市的 8 个县（市、区）共 11 条边界线。在聊城市牵头的 19 条边界线中，共埋设双面界桩 48 个，三面界桩 14 个。2000—2001 年，进行勘界收尾，包括边界纠纷的调处、勘界成果归档、上报、审批等工作。其间，调绘边界带状地形图约 1608 平方千米；解决争议点 10 处 12 千米，涉及 40 多公顷土地；形成各类勘界成果资料 3800 份，其中县级边界线协议书 150 份，共用 1∶10000 地形图 901 幅，勘界技术资料 2749 份，形成文字资料 25 万字。2002 年 7 月 3 日，市民政局孔祥林被人事部、民政部记一等功，王洪恩、郭连坤被记二等功，张金林、任家昌、陈杰、徐帮杰等 4 人被记三等功。

2003年6月10日，东昌府区、临清市、莘县、茌平县勘界领导小组办公室、聊城市测绘院等5个单位被省人事厅、省民政厅表彰为“省勘界工作先进集体”。

二、边界争议调处

聊城市边界争议调处主要涉及省际边界、省内边界、市内边界争议调处。

省际边界争议调处　省际边界争议主要为金堤河地段界线争议（鲁豫线）。金堤河位于山东省、河南省两省边界，全长159千米。1964年前，金堤河上游属河南省，下游属山东省。由于洪涝排水等方面的矛盾，经常引发群众械斗事件。由于区划调整时只偏重解决水利矛盾，对其他方面的矛盾考虑不周。区划调整以后，因土地耕种、引黄灌溉、金堤河修防等问题，引发更多的矛盾，大规模的群众性械斗事件时有发生。多年来，国务院多次派工作组组织两省进行协调，均未解决。为解决该处争议，国务院勘界办曾多次到现场察看，4次组织两省召开协调会，均未形成一致意见。在这种情况下，河南省政府、山东省政府分别于1999年12月与2000年4月向国务院写出报告，陈述各自的意见。2001年6月23日，国务院向山东省、河南省两省政府下达《关于核定山东省与河南省金堤河地区行政区域界线及有关问题的批复》，确定：山东省与河南省金堤河地区行政区域界线以1964年两省区划调整时标绘的两省在金堤河地区的界线核定。双方群众在界线两侧对方境内经营的插花土地的经营权、管理权和所有权不变，具体范围以双方土地详查时明确的土地权属范围为准。

省内边界争议调处　省内边界争议主要为平阴东阿扬水站地段界线争议（平阴东阿线）。争议地点位于济南市平阴县平阴镇与聊城市东阿县大桥镇之间的黄河扬水站附近。历史上两县就以黄河河道中心为界。1998年勘界时，两县在联合勘界实施方案中商定“核定边界线以黄河河道中心线划分为标准”。在扬水站以东黄河南岸有东阿大桥镇的17.22公顷河滩地、6.4公顷耕地。东阿县要求将其划入东阿界内，平阴县不同意，东阿县的意见是以实际管辖现状为基础划线。平阴县的意见是以黄河河道中心线为界。由此，双方发生争议。1998年7月15日，省勘界办人员到争议现场进行查勘，认为按照整条界线的情况，以黄河河道中心线划界，河南省岸东阿县的土地划为插花地比较妥当。对这一方案，东阿县不同意。省勘界办多次做工作，要求按照管辖现状确定这一地段的边界走向，济南市、平阴县同意省里的意见。至此，平阴东阿线全线贯通。

市内边界争议调处　市内边界争议主要为赵王河林场边界争议（阳谷东阿线）。争议地点位于阳谷县赵王河林场与东阿县刘集镇西崔村、陈庄村接界处，引水渠的东岸，涉及土地面积8.14公顷。寿张县建设国营赵王河林场时，该争议地段属于林场管辖。区划调整，撤销寿张县后，赵王河林场划归阳谷县管辖。后因开挖引黄干渠时，将林场分割成两部分，其中河东土地8.14公顷。东阿县刘集镇西崔村、陈庄村的村民认为这些土地原来都是自己村的，林场也没有征地手续，一直耕种，虽经有关部门多次调解，但都未得到解决。勘界时，双方就边界走向发生争议。阳谷县意见是以土地接连线为界。东阿县意见是以引水干渠的中心线为界。争议发生后，省、市勘界办人员多次到现场解决争议，但是由于双方的意见相差太多，赵王河林场段的界线走向，迟迟没有得到解决。2000年6月24日，聊城市人民政府根据阳谷县、东阿县两县的要求，下达《关于阳谷东阿线赵王河林场段边界走向裁定意见的批复》，对两县赵王河林场段边界线走向进行裁决，并以聊城市人民政府《关于阳谷县与东阿县边界线勘定问题的函》报告省勘界工作领导小组，省同意聊城市意见，至此全线贯通。

第二节　地名管理

1997年，聊城地区地名办公室负责全地区的地名管理工作。1998年聊城地区地名办公室改为聊城市地名办公室。聊城市政府发布《聊城市地名管理暂行办法》，就地名命名、更名，地名书籍编辑，地名标志设置，地名档案管理等作出明确规定，为聊城市第一部关于地名管理的地方性法规。是年，完成全市沿国道两侧500米以内村镇设置标志任务，设标率100%。2003年，聊城市选取高唐县为地名标志设置试点，开展地名标牌标准化设置工作。该县采取市场化运作方式，多方面多渠道筹集资金50.2万元，共设置街路巷牌168块。2006年3月，聊城市在高唐县召开地名标志设置现场会，推广高唐经验。2007年，编辑出版《聊城地名故事》。2008年，聊城市8个县（市、区）城区全部安装符合国家标准的街路巷标牌。2009年，编辑出版《区划简册》。2010年，印制纸质《聊城市地图》、布质《聊城市地图》。市、县两级财政投入224万元、通过市场运作筹措60万元，共设置市、县两级路牌1159块、乡镇路牌986块，实现城乡路牌全覆盖。是年，依据民政部、建设部《关于开展城市地名规划工作的通知》、省民政厅《山东省城市地名规划编制大纲》要求，聊城市按照“与城市规划同步原则；整体性、系统性和连贯性的原则；可持续发展原则；尊重历史与体现聊城特色并举原则；尊重当地群众意愿原则、规范性原则”，着手市城区地名规划工作，历时一年，形成《聊城市城区地名总体规划》文本。该规划以聊城市城市总体规划的功能分区为框架，结合行政管理、建设用地情况和自然地形，将规划范围划分为6个地名主分区和13个地名亚区块，并规定每个地名主分区区块范围、规划定位和命名主题。在确定地名主分区和地名亚区块的基础上，对区块内的道路、桥梁等交通设施、河流水系、开敞空间、街区划分等进行命名规划。对地名标志设置进行规划，提出根据地名类型设置不同的地名标志，严格按照国家规定设置标准的地名标志。对全市的地名优化和地名文化保护进行规划，严格地名调整，传承及弘扬聊城的老地名，提出“政府主导、民政牵头、部门协调、社会参与”的地名规划与管理工作机制，推进地名管理的法制化，理清地名命名（更名）的程序，并提出进一步推进“地名公共服务工程”措施。2011年3月10日，在聊城召开的全省地名公共服务工程建设座谈会上，《聊城市城市地名总体规划》作为样本在会上展示，得到省民政厅领导的认可。10月25日，山东省民政厅在聊城市组织召开《聊城市城市地名总体规划》论证会，听取规划编制工作汇报和成果介绍，审查相关文件，《聊城市城市地名总体规划》通过省专家组的论证。2012年，编纂《中华人民共和国政区大典·山东卷聊城部分》。该志采用工具书词条类目式编纂，每个词条内容分为政区概况、自然条件、经济概况、社会发展、基础设施、重大事件、著名人物和城区市政建设9个方面，共144个词条，约42万字，涉及46个部门。2013年8月，各县（市、区）开展地名管理信息系统建设，至年底，市、县（市、区）两级地名数据库建成并投入使用。地名信息库共收集、整理、录入地名数量17625条，信息条目288533条。依托地名数据库，开通地名网站网9个，触摸屏查询系统10处。是年，完成《中华人民共和国政区大典·山东卷聊城部分》编写工作，于2015年出版发行。

第二十九编　科学技术

Part XXIX Science and Technology

聊城志

1997年以来，聊城市（地区）坚持实施“科教兴聊”“创新驱动”战略，推进科学技术的研发和应用，科学技术在经济社会发展中的地位和作用不断增强。1999年，出台《加快科学技术进步的意见》《进一步发挥科技人员作用的意见》等十余个文件，助推科技发展。2000年，制定《关于引进招聘高层次人才的暂行规定》。为引进高层次人才，市政府每年由市财政拨出专项经费50万元，设立高层次人才智力引进基金。2006年以来，以“自主创新、重点跨越、支撑发展、引领未来”为指导方针，持续推动科技在经济社会发展中的支撑引领作用。2009年6月18日，聊城市通过国家知识产权试点城市验收。市高新技术创业服务中心晋升为“国家级高新技术创业服务中心”。2011年，聊城市被科技部命名为“全国科技进步先进市”，2013年，聊城市再次获此称号。2012年以来，不断完善区域创新体系，加大产业培育力度，全市科技综合实力、科研基础条件、企业创新能力、成果转化效率、全民科学素质等均有显著提高，大众创业、万众创新的社会氛围更加浓厚。农业科技进步进展迅速，农业科技创新体系不断完善。育成聊玉23号、冠棉3号等一批国内一流高产、优质作物新品种，引进、繁育、推广大批国内外优良品种，全市农作物良种普及率达90%以上。形成涉农高校院所、科技特派员、科技示范基地（合作组织）和农户农民“四位一体”的新型农村科技服务体系。科技特派员工作走在全国前列；气象服务、地震监测水平不断提高。与高校院所科技合作不断深入；信息技术得到广泛应用。2015年，全市国内发明专利申请量1335件，是1997年的10.7倍。至2015年，全市共建立国家级工程技术研究中心2家、省级工程技术研究中心25家；国家级企业重点实验室1家、省级企业重点实验室6家；省级工程实验室9家，省级院士工作站8家，省级以上技术创新战略联盟3家，省级以上高新技术企业36家。建立起以企业为主体、市场为导向、产学研相结合的科技创新体系。

第一章　科研机构与科技平台

第一节　科研机构

1997年，聊城地区有独立科研机构9个，职工182人，其中科技人员140人，占77%；厂办技术开发机构201个，从业人员2655人；民营科技企业127家，科技人员2450人。2015年，全市共有市级科研机构4家，国家级工程技术研究中心2家、省级工程技术研究中心25家；国家级企业重点实验室1家、省级企业重点实验室6家；省级工程实验室9家，省级院士工作站8家，省级以上技术创新战略联盟4家；国家级科技企业孵化器和大学生科技创业见习基地1家。

聊城市科技情报研究所　1984年7月，成立聊城地区科学技术情报研究所，系公益性科技信息研究机构，主要从事科技情报收集、整理、加工、存贮、传递，科技情报分析研究、科技情报信息资源开发利用，网络信息平台建设，高新技术成果引进转化和科技信息研究咨询。1998年，改称为聊城市科学技术情报研究所。2015年全所共有人员7人，其中高级专业技术职务2人、中级专业技术职务1人，固定资产26万元。1990—2015年，共承担各类研究课题23项，获得各类奖项30余项。该所曾先后编辑出版《聊城科技》《科技参考》《科技快讯》《科技信息》《晋冀鲁豫信息网》等刊物。

聊城市农业科学研究院　位于聊城大学西邻。1958年9月25日组建聊城地区农业科学研究所，1959年2月正式成立。1998年更名为聊城市农业科学研究所，2003年11月更名为聊城市农业科学研究院。2015年占地28.27公顷，拥有各种先进仪器和农机设备200余套，总固定资产1564万元。共设置17个中层机构，包括6个研究所、4个科研辅助开发科室及7个行政科室。在职职工90人，科技人员75人，其中研究员7人、高级农艺师19人、农艺师29人、初级技术职务人员16人；山东省有突出贡献的中青年专家1人、聊城市有突出贡献的中青年专家2人；省、市级劳模4人，获聊城市科技最高奖1人。1997—2015年，该院共完成市级以上科研项目139项，其中省部级以上91项。获科技成果奖励78项，其中国家级奖励2项、省部级奖励32项。在省级以上核心期刊发表论文476篇，出版著作14部，获国家专利5项，计算机软件著作权登记证书2项。选育出玉米国审品种聊玉18号，聊玉系列和聊麦系列玉米、小麦省审品种10个，获植物新品种权7项，3个品种获转基因安全评价证书。转让科技成果7项，在省内外累计推广应用面积18亿亩，增创社会经济效益900亿元。

2013年，聊城市农科院科研人员在南繁基地开展育种试验 （邱牧摄）

聊城市农业机械科学研究所 1963年4月成立聊城地区农业机械科学研究所。1998年改称为聊城市农业机械科学研究所。2015年有科技人员17人，其中研究员1人、高级工程师5人、中级职称7人。1997—2015年，取得省市科技成果60余项，15项获奖，其中，国家级1项、省（部）级3项、市（厅）级11项，获得国家专利10余项，在国家级刊物发表论文20余篇，政策研究与分析类的论文10余篇，农业机械适用性研究及技术推广报告10余篇。

聊城市畜牧研究所 20世纪50年代，建立聊城地区种猪场，占地57.36公顷，其中生产区占地17.34公顷、附属用地40公顷。建场之初从胶东、泰安市、四川省等地先后调配养猪专家3人。之后，先后引进汉普夏、杜洛克、大约克等国外瘦肉型良种猪。成立聊城地区父母代汉普夏种猪生产与研究中心、聊城地区父母代杜洛克种猪生产与研究中心、聊城地区父母代大约克种猪生产与研究中心等。“文化大革命”期间，为聊城地区“五七干校”所在地。1992年12月30日，聊城地区种猪场更名为聊城地区畜牧研究所。时为山东农业大学、山东省畜牧兽医职业学院、聊城农校等大中专院校的教学实践基地。1994年，被山东省农业厅评为全省农业科研机构先进单位。1995年，创办聊城地区艾维茵父母代肉用种鸡场，饲养父母代种鸡13000余套。1998年，聊城地区畜牧研究所改称为聊城市畜牧研究所。是年，建良种猪示范场，年向社会输送杜洛克、汉普夏等良种猪10000余头。2000年10月，并入聊城职业技术学院。并入时，有职工56人，累计取得科研成果30多项，其中，获奖成果12项（国家级奖励3项、省部级奖励9项）。

聊城发展研究院 成立于2011年1月12日。2015年下设区域发展研究中心、经济管理研究中心、综合研究部。区域发展研究中心主要为各级政府服务，围绕聊城区域或县域经济为政府提供产业规划、决策咨询，提供研究报告或形势分析等。经济管理研究中心主要为市场经济主体服务，围绕把优势企业做大、做强、做持久，坚持创新，培养企业核心竞争力，培养企业具有领先水平的能力。综合研究部为学术交流、高端培训等提供服务。

第二节 研发平台

1997年，聊城客车厂客车研究所被认定为山东省客车工程技术研究中心，时为聊城地区第一家省级工程技术研究中心。至2004年，全市建成省、市级工程技术研究中心11家，其中省级6家、市级5家。2005年，山东奥博特铜业公司建立省级山东省高精铜加工工程技术研究中心。2007年，依托山东阳谷华泰化工有限公司组建的国家橡胶助剂工程技术研究中心，经科技部批准列入2006年度国家工程技术研究中心组建项目计划。至年底，全市共有工程技术研究中心26家，其中国家级1家、省级11家。2008年，新建山东省高纯阴极铜工程技术研究中心和山东省车用机油冷却器工程技术研究中心2家省级工程技术研究中心，聊城市组建成立市级工程技术研究中心9家。至年底，全市工程技术研究中心35家，其中国家级1家、省级16家。2010年，山东冠丰种业科技有限公司组建的主要农作物种质创新国家重点实验室建设计划通过科技部专家组验收。阳谷华泰化工股份有限公司组建的国家橡胶助剂工程技术研究中心通过科技部专家验收。东阿阿胶股份有限公司“国家胶类中药工程技术研究中心”的创建申报工作进入国家评审阶段。新建成山东省阿胶工程技术研究中心、山东省高精铜加工工程技术研究中心、山东省大容量注射剂工程技术研究中心3家省级工程技术研究中心和30家市级工程技术研究中心，全市工程技术研究中心74家。新增中通集团的山东省新能源客车安全与节能技术企业重点实验室、阿胶集团的山东省胶类中药研究与开发企业重点实验室和冠丰集团的山东省棉花种质创新等3家实验室为省企业重点实验室，启动聊城市2010年重点实验室（企业）建设工作，批准“聊城市畜禽疾病监测”等2家实验室为聊城市重点实验室、“聊城市新型肥料研发”等15家实验室为聊城市企业重点实验室。2011年，创建省级企业院士工作站3家，建设市级企业重点实验室11家，全市重点实验室总数达33家（其中，国家级1家、省级4家）。新增工程技术研究中心39家（省级3家），工程技术中心总数115家（其中，国家级2家、省级18家）。山东东阿阿胶股份有限公司组建的国家胶类中药工程技术研究中心，顺利通过科技部专家委员会综合评审，阿胶产业技术创新战略联盟升格为“省级联盟”。2012年，阳谷华泰化工股份有限公司牵头组建的橡胶助剂及新材料产业技术创新战略联盟和山东天海电装有限公司牵头组建的汽车电子控制产业技术创新战略联盟升格为“省级联盟”，全市省级技术创新战略联盟达3家。东阿阿胶、齐鲁味精被省科技厅批准建设省级院士工作站。新批准建设企业重点实验室18家，重点实验室总数51家（省级以上5家，其中国家级1家）。新增工程技术研究中心37家（其中省级5家），工程技术研究中心总数达152家（省级以上25家，其中国家级2家）。阳谷祥光铜业有限公司组建的山东省高纯阴极铜工程技术研究中心等5家省工程技术研究中心通过建设计划验收。2013年，新批准建设市级重点实验室16家，新组建市级工程技术研究中心28家。全市共有重点实验室67家（省级以上5家、国家级1家），工程技术研究中心179家（省级以上25家，国家级2家）。聊城市冠丰种业科技有限公司牵头共联合20家成员单位共同组建的“农业生物技术产业技术创新战略联盟”被认定为第三批国家产业技术创新战略试点联盟，成为全市首家国家级产业技术创新战略

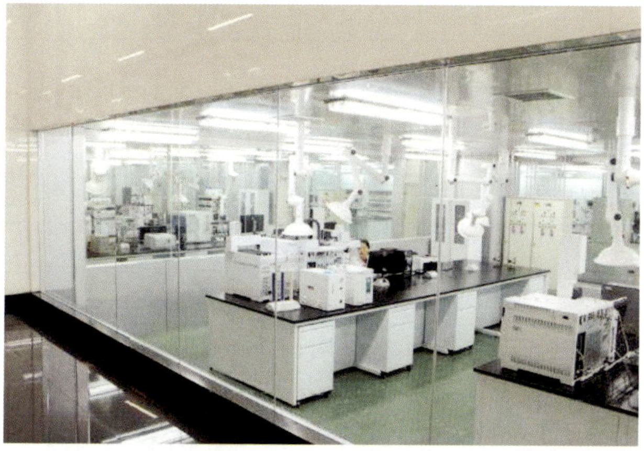

2010年，东阿阿胶国家级工程技术研究中心建成

联盟。2014年，新增省实验室1家、市级工程技术研究中心31家、重点实验室17家。聊城大学、高新区共同组建的山东省抗体制药协同创新中心等3个生物医药研发中心正式启用，引进生物制药博士3人。2015年，新建省级重点实验室1家、省级示范工程技术研究中心2家、市级重点实验室7家。推动大型科学仪器设备协作共用网络平台建设，优化扩大“创新券”政策实施范围，推动实施重大科研基础设施和大型科研仪器向社会开放，入网小微企业86家，入网设备原值达2.9亿元。全市创新平台的发展初步形成以源头创新平台、技术创新平台、成果转化和中介服务平台为主的三大类创新平台建设架构。至2015年，全市共建立国家级工程技术研究中心2家、省级工程技术研究中心25家；国家级企业重点实验室1家、省级企业重点实验室5家；省级工程实验室9家，省级院士工作站8家，省级以上技术创新战略联盟4家；国家级高新技术创业服务中心和大学生科技创业见习基地1家。

2015年聊城市产业技术创新战略联盟一览表

表29-1

联盟名称	级别	牵头单位
农业生物技术产业技术创新战略联盟	国家级	山东冠丰种业科技有限公司
阿胶产业技术创新战略联盟	省级	东阿阿胶集团
橡胶助剂产业技术创新战略联盟	省级	山东阳谷华泰化工股份有限公司
汽车电子制造产业技术创新战略联盟	省级	山东天海科技股份有限公司

2015年聊城市省级以上重点实验室一览表

表29-2

平台名称	级别	依托单位	主管部门
主要农作物种质创新国家重点实验室	国家级	山东冠丰种业科技有限公司	冠县
棉花种质创新	省级	山东冠丰种业有限责任公司	冠县
新能源客车安全与节能技术	省级	中通客车控股股份有限公司	东昌府区
胶类中药研究与开发	省级	山东东阿阿胶股份有限公司	东阿县
山东省草本制浆清洁造纸重点实验室	省级	山东泉林纸业有限责任公司	高唐县
山东省铜合金新材料重点实验室	省级	中色奥博特铜铝业有限公司	临清市

2015年聊城市省级以上工程技术研究中心一览表

表29-3

平台名称	级别	依托单位
国家橡胶助剂工程技术研究中心	国家级	山东阳谷华泰化工有限公司
国家胶类中药工程技术研究中心	国家级	山东东阿阿胶股份有限公司
山东省大容量注射剂工程技术研究中心	省级	山东华鲁制药有限公司
山东省车用机油冷却器工程技术研究中心	省级	茌平吉星汽车零部件有限公司

续表 29-3

平台名称	级别	依托单位
山东省水泥助磨剂工程技术研究中心	省级示范	东阿东昌天汇科技有限公司
山东省腐植酸工程技术研究中心	省级	山东创新腐植酸科技股份有限公司
山东省病原微生物检验设备工程技术研究中心	省级	山东鑫科生物科技有限公司
山东省羰基合成工程技术研究中心	省级	鲁西化工集团股份有限公司
山东省金刚石及制品工程技术研究中心	省级	山东聊城昌润超硬材料有限公司
山东省轴承保持器架工程技术研究中心	省级	聊城市金帝保持器厂
山东省客车工程技术研究中心	省级	中通客车控股股份有限公司
山东省药用辅料工程技术研究中心	省级	山东聊城阿华制药有限公司
山东省秸秆本色制浆造纸清洁生产工程技术研究中心	省级示范	山东泉林纸业有限责任公司
山东省低速汽车工程技术研究中心	省级	山东时风集团
山东省胶原蛋白肽工程技术研究中心	省级	山东博奥克生物科技有限公司
山东省激光设备工程技术研究中心	省级	聊城市神绘激光设备有限公司
山东省火电厂大气污染物控制工程技术研究中心	省级示范	山东三融环保工程有限公司
山东省剑杆织机工程技术研究中心	省级	山东日发纺织机械有限公司
山东省高精铜加工工程技术研究中心	省级示范	中色奥博特铜铝业有限公司
山东省专用汽车工程技术研究中心	省级	山东临清迅力特种汽车有限公司
山东省造纸与环保工程技术研究中心	省级	中冶纸业银河有限公司
山东省磁力夹具工程技术研究中心	省级	临清宏鑫机床有限责任公司
山东省心脑血管微创治疗工程技术研究中心	省级	聊城市人民医院
山东省特种光电线电缆工程技术研究中心	省级示范	山东太平洋光纤光缆有限公司
山东省螯合肥料工程技术研究中心	省级	山东谷丰源化肥有限公司
山东省高纯阴极铜工程技术研究中心	省级	阳谷祥光铜业有限公司

第三节 合作平台

上海阿华生物工程研究所 1999年9月，山东东阿阿胶股份有限公司与华东理工大学合作建立上海阿华生物工程研究所。山东东阿阿胶股份有限公司提供经费建设实验楼，配置仪器实验设备，并每年提供不低于50万元科研经费。该研究所以生物技术产业化为主攻方向、直接面向企业，重点开展“大规模培养杂交瘤细胞生产体内治疗用单抗”“细胞培养用生物反应器的研制和应用”“优化EPO工业生产工艺”“重组大肠杆菌发酵生产L-苯丙氨酸”“杂交瘤细胞无血清培养基”等课题研究，通过应用有关技术，东阿阿胶研制出地特胰岛素，实现EPO工业生产。

山东省院士工作站 至2015年，全市共建设有山东省院士工作站8家，分别是山东省冠丰种业院士工作站、山东省和光科技院士工作站、山东省鲁西化工集团院士工作站、山东省中色奥博特铜铝业院士工作站、山东省时风（集团）院士工作站、山东省东阿阿胶院士工作站、山东省齐鲁味精食品集团院士工作站、山东省绿泽园林科技院士工作站。聘请中科院、工程院院士13人，开展合作项目13项。

博士后工作站 2000年始，聊城市开展博士后工作站申报工作。2000年10月，高唐时风博士后科研工作站建立，为聊城市第一个博士后科研工作站。2001年11月，山东东阿阿胶股份有限公司博士后科研工作站成立。2003年12月，山东凤祥（集团）有限责任公司博士后科研工作站、山东信发铝电集团博士后科研工作站成立。2008年6月，中通客车控股股份有限公司博士后科研工作站成立。2010年8月，聊城市人民医院、阳谷祥光铜业有限公司和中冶纸业银河有限公司博士后科研工作站成立。2013年9月，山东博奥克生物科技有限公司、山东冠丰种业科技有限公司、鲁西化工集团股份有限公司和中色奥博特铜铝业有限公司博士后科研工作站成立。2014年，山东省首次开展省博士后创新实践基地的申报工作。山东鑫亚工业股份有限公司和东阿阿胶阿华医疗器械有限公司两家单位被批准为省博士后创新实践基地。2015年1月，市政府出台《聊城市博士后人员管理暂行办法》，明确博士后科研工作站的管理政策、管理权限、优惠扶持政策、考核评估、成果归属等等，提出对新设立的博士后科研工作站，在招收博士后进站后，市财政给予20万元的奖励资金，对博士后研究人员申报获得国家、省博士后科研项目基金的，市财政将分别给予10万元和5万元的配套资金。是年9月，山东阳谷华泰化工股份有限公司和山东省高唐蓝山集团总公司博士后科研工作站成立。至2015年，全市共有博士后科研工作站14家，在站博士21人，主持省部级科研项目28项，获国家自然科学奖1项，获省博士后创新项目资助30余万元，为企事业单位解决技术难题数十余项，取得直接和间接经济效益2.24亿元。

第四节　孵化平台

2002年，建立聊城市高新技术创业服务中心。2004年，市委、市政府出台《关于支持聊城市高新技术创业服务中心发展的规定》等文件及配套办法，明确在税收、用地、注册等方面予以创业中心最大限度的优惠和扶持。2004年，聊城市高新技术创业服务中心被省科技厅认定为“省级科技企业孵化器”，2008年，被科技部认定为“国家级科技企业孵化器”，2010年，被科技部认定为第一批大学生创业见习基地试点单位，2012年，被省人社厅认定为省级大学生创业孵化示范基地。2015年，创业服务中心建成科创大厦、大学科技园主体楼、创新大厦、综合服务楼、院士工作站和两栋标准厂房，总建筑面积8.4万平方米，培育孵化神绘激光、北科电子、坤霖环保、海新安生物制药等63家科技型企业。是年，创业中心在孵企业120家。

第二章　科技活动

1997—2015年，聊城市（地区）每年都组织开展不同形式的科技合作洽谈会、举办科技成果展等活动，搭建合作平台，引导、鼓励和支持企业与高校不断深化产学研合作，引进科技资源，转化科技成果，提升自主创新能力。每年编印《聊城企业技术项目需求汇编》和高校科技成果，向高校院所和企业发布，促进科技成果转化和技术难题的解决。在科技合作、引进科技人才工作中，“不求所有，但求所用”，先后引进以汪应洛、卢秉恒、石碧、孙宝国等院士为代表的200多名专家学者，与企业开展联合承担科研课题、合作开发、成果转化、聘任科技顾问等科技合作活动。

第一节　合作交流

1998年，聊城市组团参加科技部在埃及举办的“中国星火成就及适用技术产品展览会”，5

个项目获“埃及金字塔奖”。2001 年 5 月 28—30 日，聊城市举办引进高校及科研院所科技成果洽谈会，清华大学、北京大学、中国科技大学、复旦大学、同济大学、中科院电子研究所、中科院自动化所、中科院化学研究所等高校及科研院所 278 所应邀参加，其中高校 142 个、科研院所 103 个、公司中介机构 33 个。应邀来宾 568 人，其中省厅级领导 8 人，博士生导师 26 人、博士 63 人，教授、研究员 131 人，分院（系）领导 126 人，高级工程师 128 人。聊城市以县（市、区）为单位组团，市直以系统为单位组织参会，参会企业和单位 1600 家，参会人员 7000 余人次。大会签约 726 项，其中意向 216 个、协议 429 个、合同 81 个。2002 年 6 月 11—28 日，聊城市分别在北京市、上海市、西安市、哈尔滨市和重庆市举办引进高校及科研院所科技成果洽谈会。全市共组织外出人员 1518 人次，邀请参会人员 726 人，邀请参会高校院所 231 所。洽谈会期间，共发布技术需求信息 1034 条，签约 2444 项，其中合同 886 项、协议 1358 项、意向 220 项。市政府与科研实力较强的高校签订全面合作协议，签订技术项目合同 1096 项。9 月 25—28 日，聊城市组织 58 家企业参加省政府在北京市举办的山东省企业与驻京高校及院所技术创新洽谈会，聊城市共签订合同 32 项、协议 35 项。聊城市政府与北京科技大学签订北京科技大学聊城科技成果转化基地协议。是年，时风集团与同济大学联合成立“时风—同捷联合研发中心”。在平华信铝业有限公司聘请冶金高级工程师担任公司副总经理，聘请享受国务院特殊津贴的东北工业大学教授担任技术总顾问，引进西安科技大学电控学院“阳极钢爪校直器”技术成果。

2003 年 4 月 15—17 日，举办聊城市引进高校及科研院所科技成果回访周洽谈会，全国 15 所高校院所 42 名专家教授应邀参会。全市 600 多家企业和单位参会洽谈，共提出技术难题和技术需求 566 项，解决技术难题 168 项。组织专家教授参观考察企业 46 家，签约 188 项（其中意向 101 项、协议 27 项）。9 月 17 日，举办“山东省第十一届大学生运动会（聊城）科技合作联谊会”，邀请省内 71 所高校的 87 名专家教授参会，全市共组织 294 家企业、乡镇和有关单位的 396 人参加洽谈活动，推介技术需求和技术难题 165 项，签约 57 项（其中合同 3 项、协议 16 项、意向 38 项）。是年，全市组织外出洽谈团组 147 个，签约 228 项（其中合同 140 项、协议 88 项）。2004 年 5 月 18 日，举办引进南京市、武汉市高校院所科技成果说明会，邀请两市 22 所高校院所 46 名专家教授出席说明会，考察部分企业，初步达成一批合作意向和协议。6 月，在南京市、武汉市举办引进高校及科研院所科技成果洽谈会，共签约 122 项，其中合同 57 项、协议 54 项、意向 1 项。8 月 3 日，在苏州市举办聊城——苏州企业联谊会。聊城市科技局与苏州市科技局结成友好合作兄弟单位。聊城市创业服务中心与吴中科技创业园结成“姊妹园”。11 月 27 日，举办 2004 中国聊城新材料专家高峰论坛及成果项目发布会，全国 40 位专家、教授出席并作报告，24 位专家教授发布最新科技成果。9 月、12 月，市委、市政府主要领导人带队先后赴哈尔滨市、西安市、上海市、北京市、重庆市开展引进高校院所科技成果回访活动。2005 年 3 月 13 日，在高新技术创业服务中心举行东南大学与聊城企业科技合作座谈会，东南大学副校长邹采荣及该校 10 余位专家教授出席。聊城市各县（市、区）、市直有关部门负责人及 80 多家企业负责人参加。会后东南大学专家、教授分赴聊城市各县（市、区）与有关企业、单位进行对接洽谈。9 月 2 日，举办中国·聊城 2005 科技合作高峰论坛暨引进高校院所科技成果五周年展览，全国 62 所高校、科研院所专家、教授共 233 人应邀出席开幕式。聊城市各县（市、区）、市直各有关部门及企业的主要负责人共 1200 余人参加开幕式，举行高峰论坛报告。同日，中国·聊城 2005 引进高校科研院所科技成果五周年展览在中国运河文化博物馆开幕，展览主题为“展示合作成果，提高合作层次，促进跨越发展”。展览面积 2000 平方米，以县（市、区）为单位设置展区，展示聊城市企业与高校院所的科技合作交流成果。展出新技术 276 项、新产品 411 项，其中工业新技术、新产品 302 项，农业新技术、新品种 127 项。还设置高校院所展洽区。聊城市共签约项目 168 项，其中合同 18 项、意向 60 项、协议 90 项。

2006 年 4 月 11 日，聊城市政府、中国科学院微生物研究所和聊城大学共同主办中国·聊城 2006 生物产业高峰论坛，来自中科院的 16 位专家教授以及全市各界共计 200 余人参加论坛。中科院微生物所所长高富出席并讲话，中科院院士魏江春作题为《21 世纪的真菌资源与人类健康》报告。7 月 20—21 日，山东省科技厅、中共聊城市委、聊城市人民政府、聊城大学共同举办中国·聊城 2006 先进制造技术高峰论坛暨工程技术成果交流洽谈会，来自全国高校院所的教授以及聊城市各界共 300 余人参加。科技部党组成员、纪检组长吴忠泽作关于技术创新的辅导报告。洽谈会共签约项目 35 项。2007 年 4 月 25 日，聊城市在济南市举办 2007 中韩信息通信技术项目合作洽谈会。聊城市 12 家企业找到对接洽谈伙伴，6 家企业与韩方企业和大学建立长期合作交流关系，签订 7 项合作意向。5 月 24—29 日，在北京市举办的第十届中国北京国际科技产业博览会上，聊城市中通客车公司等 3 家企业到会参展，达成 3 项合作意向。5 月 25—27 日，聊城市 13 家企业参加第七届新疆国际农业科技博览会，签订销售合同 33 份，销售金额 8200 万元。7 月 9—12 日，聊城市组织企业参加由科技部、山东省科技厅、威海市政府、欧盟膜技术协会和意大利科学院合作主办的中国—欧盟膜应用技术研讨暨合作洽谈会。9 月 11—17 日，组织企业参加在莫斯科举行的中国（山东）—俄罗斯高新技术合作洽谈会，聊城市企业共达成合作协议和意向 5 个。10 月 21—22 日，聊城市委、市政府、中国工程院学部工作局和山东省科技厅在聊城举行院士专家技术对接活动暨聊城市人民政府科技专家工作站揭牌仪式。中国工程院 5 名院士和国内名校的 5 位专家教授应邀出席活动。在对接活动中，达成技术合作协议 12 项，签订技术合作意向 6 个。

2008 年 4 月 17 日，聊城市科技局与西安交通大学（简称“西安交大”）科技处签订《关于成立产学研合作办公室的协议》，产学研合作办公室作为双方全面合作的联络办事机构。11 月 6 日，聊城市在西安市举办 2008 聊城市与西安交大科技合作交流洽谈会。聊城市 30 余家企业与西安交大各科研院所积极进行科研项目对接，签订合同、协议及意向协议 38 项，包括山东坤霖环保科技有限公司与西安交大签订的“低毒高效造纸废水混凝剂”项目，山东统亚集团与西安交大签订的“先进陶瓷镀锌铝装备”“企业组织及流程建设”等项目。洽谈会期间，聊城市政府与西安交大签订全面合作协议。2009 年 3 月 11—14 日，聊城市在西安市举办以“深化产学研合作、提高自主创新能力”为主题的大型科技招商洽谈活动，西安市委、市政府及西安 10 余所高校的领导出席活动，22 所高校院所近 200 名专家教授与聊城市 160 多家企业进行对接洽谈。活动期间，共签订科技合作项目 98 项（其中合同 41 项、协议 43 项、意向性协议 14 项），达成就业意向 3851 个，现场签约 208 个，包括西安交大聊城科技园项目以及山东通亚（机械）有限公司与西安交通大学联合开发的节能型陶瓷内加热式热镀（Zn、Al）项目。11 月 18 日，山东省科学院院长王天义率领所属研究所主要负责人及专家教授 30 余人赴聊城考察，并与聊城市政府签署科技合作协议。省科学院新材料研究所、自动

2008 年 11 月 6 日，聊城市与西安交通大学科技合作交流洽谈会召开

化研究所还分别与华泰集团、时风集团、中通客车、神绘激光等企业签订项目合作协议。是年，聊城与西安高校人员往来300多人次。西安交大先后组织18批次专家教授赴聊考察指导，中通客车、时风集团、临清迅力、中冶纸业等多家大型企业与有关高校院所签订全面合作协议。2010年1月18日，西安交大与聊城共建的聊城科技园举行奠基开工仪式。5月20日，聊城市在西安市举办聊城市·西安交通大学科技合作成果座谈会。西安交大能源动力、机械工程、材料科学、电气工程等9个学院的32名专家教授和聊城市的45家企业代表参加座谈会，达成合作项目20项。市高新技术创业服务中心与西安交大共同组建快速制造国家工程研究中心聊城示范中心。8月9—13日，山东省政府与西安交通大学组织的“2010年西安交通大学院士专家齐鲁行”活动在聊城举行启动仪式。是年，山东通亚集团与西安交大联合研发的节能型陶瓷内加热式热镀装备，被省政府列为山东省重点建设项目。山东坤霖环保科技有限公司与西安交大环境能动学院环境系合作开发“造纸废水深度处理药剂”，通过国家环评检测。聊城经济开发区与西安交大机械工程学院合作共建“科技成果转移平台”，设立西安交通大学实习基地。

2011年5月9—14日，聊城市组织部分科技型中小企业家赴广州、深圳等地开展走访洽谈活动，签订长期科技合作协议2项。6月23日，在南京举办“2011聊城（南京）科技合作洽谈会”。聊城市中通客车、鲁西化工、东阿阿胶、祥光铜业、高唐蓝山集团等64家企业赴南京开展走访洽谈，走访高校17所、研究所4个、高新技术企业5家，签订科技合作项目87项。11月17日，聊城市在西安市举办2011山东聊城（西安）科技合作洽谈会。西安交通大学、长安大学、西北工业大学等23所高校院所的校长、院士、专家教授86人参加会议，并与聊城市企业签订科技合作项目85项。2012年7—10月，聊城市与西安交通大学、西北工业大学、武汉大学、东南大学、华中科技大学等12所高校共同举办科技成果展，推介高校最新科技成果1516项，技术涵盖新能源、新材料、生物技术、环保节能、电子信息、光机电一体化等领域。是年，以石碧、孙宝国等院士为代表的200多名专家学者到聊城的企业调研考察，累计为企业解决科技难题300余项。东阿阿胶、齐鲁味精被省科技厅批准建设省级院士工作站。聊城市举办2012山东聊城（武汉）科技合作洽谈会、2012山东聊城（杭州）经济合作恳谈会。聊城市企业与武汉大学、华中科技大学、武汉理工大学等25所高校院所签订科技合作项目109项。时风集团与日本东久公司合作的“铸造自动化造型技术合作研发及产业化应用”项目被科技部列入2013年国际科技合作重点项目。

2013年5月22—24日，聊城市举办2013山东聊城·东南大学产学研对接交流会。东南大学52名专家教授与聊城市257家企业参加活动，达成合作项目72项，涉及机械、冶金、先进制造、电子信息、生物医药、化工、节能环保等领域。聊城市政府与东南大学签订《全面合作协议》《共建“东南大学国家技术转移（聊城）中心”协议》两个校地合作协议。9月25日，聊城市在华东理工大学举办聊城市人民政府—华东理工大学科技合作洽谈会。华东理工大学生物工程、化工、药学、资源环境、材料等学院30余名教授及聊城市22家企业负责人参加会议。洽谈会期间，聊城市政府、华东理工大学签订全面合作协议。东阿阿胶集团与华东理工大学科研院签订科技合作协议。2014年3月28日，聊城市与西安交大共同举办西安交通大学聊城科技园运行发展研讨会，就科技园运行、发展等进行研讨。7月6日，东阿阿胶集团举办东阿阿胶科技创新大会暨院士工作站揭牌仪式。11月5日，聊城市举办2014中国科学院（聊城）科技合作会议。第十届全国人大常委会委员、中科院原副院长杨柏龄，中科院老专家技术中心常务副主任魏立新等十余名中科院专家学者出席。会上，市科技局与中科院老专家技术中心签署《科技合作协议》，中科院作技术成果推介。2015年，东南大学国家技术转移聊城中心先后组织5批24家企业与东南大学对接，实施20余项技术合作项目。东南大学科研院与鲁西化工达成战略合作协议，市规划局与东南大学建筑设计学院开展对接。市高新技术创业服务中心与济宁市、菏泽市等7市技术市场管理及服务机构联合成立山东省西部经济隆起带技术转移联盟。

第二节　科技推广

1997年，聊城地区有农业科技推广、服务机构4321个，从业人员21039人。拥有农民技术协会、学会、研究会655个，市地级以上科技示范点、试点89个，农民技术员20285人。1998年，组织实施各级、各类科技计划。至2001年获得星火科技奖90项，其中省星火一等奖2项、省星火二等奖18项、省星火三等奖3项。培植省级可持续发展科技示范区3个，市级生物工程中心1个，科技示范乡镇10个，科技型农副产品加工龙头企业10家，市、县、乡科技示范园和农业科技示范基地200余个。全市农作物良种覆盖率90%以上，林果良种率达到80%以上，畜禽、水产良种率90%以上。科技进步因素在农业增长中的贡献率48%以上。2002年，加强农业科技示范园区、科技示范乡镇、农业科技示范基地和农业科技创新型龙头企业建设。制定印发《聊城市农业科技示范园区管理办法》《农业科技创新型龙头企业标准》《科技示范乡镇标准和农业科技示范基地标准》，对上述单位和企业进行规范化管理。以省级农业科技示范园区为龙头，以市级农业科技示范园区、农业科技创新型龙头企业、科技示范乡镇、农业科技示范基地为主体，初步建成一批集现代农业科技、观光旅游于一体的高科技农业示范园区和基地。实施农业良种产业化工程，市农科所承担的“优质、高产、粮饲兼用玉米新品种选育与开发”经过两年多试验，培育出高产优质粮饲兼用型玉米新品种聊玉19号，通过山东省农作物品种审定委员会审定，在全国及周边省市示范推广。聊玉18号参加全国玉米区域试验，比对照品种农大108增产13.2%。

2003年年初，聊城市矮化大樱桃红梨特色园列为省级农业科技特色园。市农科所被省科技厅批准建立山东省优质、高产玉米研究推广中心。莘县被省科技厅定为全省食用菌星火科技示范县。12月9日，聊城市在冠县举办苹果高光效树型改造及综合配套技术推广现场会，邀请北京市昌平区政协原副主席、北京市日川果树研究中心主任张显川教授作技术报告，并进行现场改剪示范。各县（市、区）科技局局长、林业局果树站站长，及冠县各乡镇镇长、林果站站长，重点村支部书记、技术员共计160余人参加会议。2004年，评选出市级农业科技示范园6个，农业特色园、科技示范乡镇10个。聊城市凤凰苑农业科技园利用组培全光雾扦插、嫁接快速繁育技术，繁育各类苗木595万珠，培育工业人工林266.8公顷、生态林133.4公顷、林草复合经营林66.7公顷、干鲜果品优质生产基地66.7公顷。该园区与市气象局合资成立气象科普教育基地，成为当时全国最大的气象科普教育基地之一，被评为“全国农业旅游示范点”。全市建设矮化大樱桃基地66.7公顷、红梨基地33.35公顷，其他名优果品基地33.35公顷。在冠县田马园举办聊城市苹果高光效树型改造现场会，推广苹果高光效树型改造及综合配套技术。对93公顷果园进行不同程度的改型，亩产量2432千克，优质果率占90%以上，全红果率占100%，含糖量提高3～4个百分点，果品锈病明显改善，果个均匀，较对照（未改接）亩增产186千克，每亩较对照增加效益3000元。是年，市农科院承担的“超级小麦育种技术研究与产业化开发”项目，培育出超高产小麦品种聊麦16号，集高产、优质、多抗于一体，通过山东省作物品种委员会审定在全省推广。冠丰种业有限公司承担的“优质专用玉米新品种中试、示范与推广”被确定为国家级成果转化资金项目。该项目建立优质专用玉米新品种中试基地66.7公顷，良种繁育基地10000.5公顷，引进优质专用玉米新品种5个。

启动粮食丰产科技工程，“山东小麦玉米两熟丰产高效技术集成研究与示范”项目被列入科技部“粮食丰产科技工程”重大专项。阳谷县和冠县分别被招标确定为“粮食丰产科技工程”辐射区。在东昌府区举办新技术新品种推广会，推广茄嫁接新技术和菜用桔梗种植技术。省农科院蔬菜专家教授李凤姣和市农业局高级农艺师郝琴廷讲课指导，60余名种植户参加会议。

2005年，邀请聊城市科技特派员、北京市日川果树研究中心主任张显川教授和日中农林水交流协会副会长、林果专家末永武雄指导苹果高光效树型改造，对改型果树的夏季管理进行现场技术培训。全市8个县（市、区）建立苹果高光效树型改造及综合配套技术示范点，推广面积1334公顷。冠县田马园村建设苹果高光效树形示范园69公顷，示范园实行果实全套袋技术，平均单果重280.2克，果实着色面积72%，优质果率80%以上，果实可溶性固形物含量15.1%。当年平均亩产量2820千克，亩产值7332元，亩增加效益2256元。冠丰种业有限公司承担的优质专用玉米新品种中试、示范与推广被确定为国家级成果转化资金项目。投资310万元，建立优质专用玉米新品种中试基地66.7公顷，良种繁育基地1000.5公顷，引进优质专用玉米新品种5个。“粮食丰产科技工程”辐射区——冠县项目区完成本辐射区玉米种植面积20010公顷，实现平均亩产627千克，较前3年平均水平增产83千克；完成小麦种植面积33500公顷，平均亩产489.20千克，比前3年平均水平增产56.7千克。阳谷项目区13400公顷小麦高产田平均亩产519千克，20010公顷小麦中产田平均亩产441.8千克，6670公顷玉米高产田平均亩产627.7千克，13340公顷玉米中产田平均亩产561.8千克。总增粮食7387万千克，增收8575.1万元。2006年4月，冠丰种业科技有限公司自主选育的冠丰3号玉米新组合通过山东省农作物品种审定委员会审定。是年，“阳谷县小麦玉米两丰产高效技术集成研究与示范”项目中的1334公顷小麦高产示范区平均亩产520.7千克，比项目实施前亩增115.7千克；20010公顷中产小麦示范区平均增收85千克，增产率18.8%。聊城市在阳谷县举办“利用玉米秸秆生产加工饲料技术”推广现场会，推广玉米秸秆生产加工饲料技术。

2007年，全市组织聊城金地林业科技有限公司等6家企业申报农业科技贷款项目，其中山东东泰农化有限公司和山东谷丰源化肥有限公司被省农业厅、农发办公室批复为第一批农业科技贷款项目企业名单。引导企业引进农业高新技术，加快“高产、优质聊玉系列玉米新品种与无公害生产技术推广”“红梨新品种示范”“茌平早中熟鲜食枣品种选育及产业化开发”项目管理。建立重点新农村建设科技示范样板，发挥科技示范的辐射带动作用。

2008年，贯彻落实科技部《新农村建设民生科技行动方案》，市政府办公室印发《关于加强社会主义新农村科技支撑体系建设的意见》，市科技局印发《聊城市新农村建设民生科技行动实施方案》。5月17—23日，全国“科技活动周”期间，邀请科技部农村司副司长贾敬敦到聊城市作有关农副产品深加工技术发展形势报告，组织专业技术人员赴8个县（市、区）现场对农民培训和指导苹果高光效型改造技术。9月，茌平县冯屯镇小杨屯村被省科技厅命名为首批省级新农村建设民生科技示范村（试点）单位。是年，聊城市授予聊城兴兴食品有限公司等10家涉农企业为市级农业科技创新型龙头企业、东昌府区堂邑镇刘庄村等4个村为市级新农村建设科技示范村、临清市新华办事处等7个乡镇（办事处）为市级科技示范乡镇、聊城新世纪农林科技有限公司等6个科技示范园区（基地）为市级科技示范基地。2009年，开展新农村建设民生科技行动，对新农村建设科技支撑体系以及科技创新型龙头企业、科技示范基地建设情况进行摸底总结，推动农业先进适用技术的研发、转化和示范推广，培育科技示范新村（乡镇）、科技示范园区（基地）和农业科技创新型龙头企业，共示范转化先进适用技术23项，建设科技示范村镇5个、示范园区3个、

2010年8月10日，聊城市举行西安交通大学院士专家齐鲁行启动仪式

龙头企业3家。出台《聊城市星火科技12396信息服务试点工作方案》，成立市级信息服务中心，组建50人的农业专家队伍，建成远程专家视频诊断系统，在全市8个县（市、区）扶持建设81个基层信息服务站，发展远程视频站点160个，初步形成农村科技信息服务网络框架。“科技活动周”期间，组织专业技术人员赴8个县（市、区）现场对农民培训和指导苹果高光效型改造技术，在10个科技特派员示范点举办茄子嫁接育苗技术培训班，在全市挑选优秀科技特派员到8个县（市、区）进行巡回演讲，邀请有关专家对科技特派员进行蔬菜种植、畜牧业养殖技术培训。至2010年，全市共培育57家农业科技示范基地，其中农业科技创新型龙头企业24家、村农业科技示范新村9个、农业科技示范乡镇（办事处）11个、农业科技示范园区13个。

2011年，聊城市认定农业科技创新示范企业13家、科技创新示范园区（基地）11个、科技创新示范乡镇9个、科技创新示范村5个。2012年，培育认定农业科技创新示范企业12家、科技创新示范园区（基地）10个、科技创新示范乡镇7个、科技创新示范村8个。举办各类技术培训班82期，现场培训26期，培养农村科技带头人1200余人，印发各类技术资料2万余册。组织各县（市、区）申报部、省级星火计划项目16项。2013年，培育认定9家农业科技创新示范企业、11个科技创新示范园区（基地）、7个科技创新示范乡镇、6个科技创新示范村。至年底，全市共培育农业科技示范基地158家，其中农业科技创新型龙头企业54家、农业科技示范园区43个、农业科技示范乡镇34个、农业科技示范新村27个。开展星火科技培训，制定《聊城市星火科技培训方案》，为每个星火培训基地和科技特派员示范基地确定培训目标，全年培训农业实用技术人员1万人次。2014年，新培育27家农业科技示范基地。东阿县刘集村、大桥村和陈集村109个村被认定为山东省国家农村农业信息化示范综合信息服务站点，并争取省50万元扶持资金为站点配备硬件设备。在东阿县、东昌府区、阳谷县等地开展农业科技信息、畜牧养殖和手工编织培训数十期。

2015年5月19—20日，组织12名樱桃种植大户赴泰安参加由山东省科技厅举办的“樱桃夏季修剪培训班”。是年，冠县高质粮油、莘县瓜菜菌、东阿县黑毛驴、临清市丁马甲鱼4个农业科技园区被列入省级农业科技园区。莘县绿色瓜菜菌种植农业科技园区申报国家农业科技园区，获科技部批准，成为全市首家国家农业科技园区。组织省级农业科技园区内的农业龙头企业申报省级科技计划项目，共立项省农业良种工程项目1项、省农业科技成果转化资金项目2项，争取资金300万元。举办培训班2期，培训科技带头人及种养大户100余人，其中莘县“返乡农民工就业技能（小麦规模化种植）技术”培训班1期，培训40人，冠县“返乡农民工就业技能（机械化种植）技术培训班”1期，培训63人。

第三节　科技情报

1997年，聊城地区科技情报研究所负责科技情报的收集、整理、加工、存贮、传递、分析研究等任务，下设信息检索室、资料编辑室、情报研究室、综合办公室。继续编印《晋冀鲁豫信息网》《信息快讯》《聊城科技》《科技参考》《科技信息》等刊物。1998年，聊城地区科技情报研究所改为聊城市科技情报研究所。1999年，聊城市科技情报所被省科委评定为山东省“省级科技查新咨询单位”，2000年，获山东省科技网络建设先进集体人员称号。2005年7月，该情报所论文《开展情报信息服务，促进中小企业发展》获中国科学技术情报学会优秀学术论文二等奖。2007年，该情报所被省科技厅列为“科技立项查新机构”，2009年被山东省科技厅评为全省专题教材制播先进集体。2012年，该所承担的“聊城市科技创新支撑平台”运行。该平台为科技网络信息平台，服务范围和内容包括为用户提供科技文献检索，资源导航、资源揭示、全文资源定位，主动推送式信息，个性化和深度信息，知识挖掘分析和科技创新辅助决策支持。2013年，开通查新委托网络受理，用户可通过邮箱等方式直接办理委托查询业务。2014年12月，开办国际查询和论文收录引用证明等查询业务。2015年9月，选派4名科技人员参加山东全省首期科技报告指导人员培训会并获得科技报告指导人员资格证书。12月，对50家省级科技项目承担单位进行科技报告培训。1997—2015年，该所共提供科技查新服务5000人次，编辑期刊700多期，承担各类研究课题15项，获各种奖项13项。

第四节　科技奖励

国家级科技奖励　1997—2015年，聊城市（地区）共获国家科技奖励4项，其中二等奖3项、三等奖1项。

1997—2015年聊城市获国家科技奖励项目一览表

表29-4

获奖项目名称	获奖等级	完成单位	获奖年份
高档重涂铜版纸	国家三等奖	山东高唐泉林纸业有限公司	2000
高性能钎具特钢生产技术与产品开发	国家二等奖	山东三山集团有限公司	2007
秸秆清洁制浆及其废液肥料资源化利用新技术	国家二等奖	山东泉林纸业有限公司	2012
超强化旋浮铜冶炼和无氧化还原精炼工艺研发及产业化应用	国家二等奖	阳谷祥光铜业有限公司	2013

省级科技奖励　1997—2015年，聊城市（地区）共获省级奖励91项，其中一等奖7项、二等奖23项、三等奖61项。

1997—2015聊城市获省级科技奖励项目一览表

表29-5

年份	获奖项目名称	奖项及等级	完成单位
1997	尿液r-谷氨酰转肽酶测定方法及临床应用的研究	省科学技术进步奖三等奖	聊城市人民医院
1998	高产中早熟玉米新品种鲁玉15号	省科学技术进步奖三等奖	聊城市农业科学研究所
1999	新生儿供体大桥状穿透性角膜移植的实验和临床应用研究	省科学技术进步奖三等奖	聊城市人民医院
2000	便携式心肺复苏器的研制及临床研究	省科学技术进步奖三等奖	聊城市人民医院
2001	宽带光发射机、接收机及其网络研究开发	省科学技术进步奖二等奖	聊城师范学院
	多媒体信息处理及网络环境的应用研究	省科学技术进步奖三等奖	聊城师范学院
	胺碘酮对心力衰竭患者细胞因子影响的研究	省科学技术进步奖三等奖	聊城师范学院
	BB系列单板刨切机及锚杆和钻具	省科学技术进步奖三等奖	山东凿岩钎具厂
	胺碘酮对心律衰竭患者细胞因子影响的研究	省科学技术进步奖三等奖	聊城市人民医院

续表 29-5

年份	获奖项目名称	奖项及等级	完成单位
2002	介观量子系统的物理效应与量子群理论	省自然科学奖三等奖	聊城师范学院
	作物缺铁黄化症机家蚕微孢子虫病的发生与防治技术研究	省科学技术进步奖二等奖	聊城市农科所
	鹤望兰的快速繁殖及规模化生产技术	省科学技术进步奖三等奖	聊城师范学院
	改良截石位对预防术后并发症相关因素的临床研究	省科学技术进步奖三等奖	聊城市人民医院
	分布式多媒体信息实时处理和传输应用研究	省科学技术进步奖三等奖	聊城师范学院
	HB-A 型音、视频火灾报警装置	省科学技术进步奖三等奖	聊城市公安局消防分局
2003	二维体系的非线性光学特性、磁学特性及超快动力学特性研究	省自然科学奖二等奖	聊城大学
	玉米弯孢菌叶斑病发生规律及防治研究	省科学技术进步奖三等奖	聊城市植保站
	环孢菌素 A 逆转白血病和多发性骨髓瘤耐药的研究	省科学技术进步奖三等奖	聊城市人民医院
2004	金属有机配合物的合成、结构、生物活性急构效关系研究	省自然科学奖三等奖	聊城大学
	菏豆 12 号和聊玉 93-1 的选育及配套栽培技术研究	省科学技术进步奖三等奖	聊城市农科所
	北方花木扦插再生机理的研究	省科学技术进步奖三等奖	聊城大学
	沿黄地区沙化综合防治技术的研究与开发	省科学技术进步奖三等奖	聊城市人民政府
	利用光纤 2 兆接口实现视音频等信息实时远程传输问题研究	省科学技术进步奖三等奖	聊城大学
	干法无尘纸	省科学技术进步奖三等奖	山东信成纸业有限公司
2005	水性 UV 固化油墨专用树脂的制备机应用	省科学技术进步奖二等奖	山东聊城齐鲁特种涂料有限公司
	聊城市防汛抗旱实时信息监控及信息管理系统研究	省科学技术进步奖三等奖	聊城市水利局
	先心病伴肺动脉高压患者血清 VEGF、PaO2 与肺细小动脉病理形态关系研究	省科学技术进步奖三等奖	聊城市人民医院
2006	新型量子态的构造及量子态新特性研究	省自然科学奖二等奖	聊城大学（冯健、王继锁、高云峰）
	主族金属有机化合物的合成、机构及性质研究	省自然科学奖三等奖	聊城大学（尹汉东等）
	优质中华鳖良种繁育技术研究及产业化养殖	省科学技术进步奖二等奖	山东丁马生物科技有限公司
	三倍体毛白杨 APMP 配抄高档 LWC 的研究	省科学技术进步奖三等奖	山东泉林纸业有限公司
	长距离视频终端驱动器的研制	省科学技术进步奖三等奖	聊城大学
	6000 吨 / 年橡胶硫化促进剂 NS 生产技术开发	省科学技术进步奖三等奖	山东阳谷华泰化工有限公司
2007	轿车漆用热固性丙烯酸树脂的制备及应用	省科学技术进步奖二等奖	山东聊城齐鲁特种涂料有限责任公司
	江北水城河湖水系健康生命研究	省科学技术进步奖三等奖	聊城市水利局
	几味活血化瘀中药的表面活性及应用研究	省科学技术进步奖三等奖	聊城大学
	心力衰竭患者细胞因子表达和 NK 细胞活性变化的研究	省科学技术进步奖三等奖	聊城市人民医院
	系列中分自卸车	省科学技术进步奖三等奖	山东临清迅力特种汽车有限公司
	山东省小城镇可持续发展研究	省科学技术进步奖三等奖	聊城大学

续表 29-5

年份	获奖项目名称	奖项及等级	完成单位
2008	新型高效湿法烟气脱硫技术的开发与应用	省科学技术进步奖二等奖	山东三融环保工程有限公司
	先天性双侧唇裂切口改良设计及口轮匝肌解剖学修复研究	省科学技术进步奖二等奖	聊城市人民医院
	高产、优质、粮饲兼用型玉米新品种聊玉 19 号选育与开发	省科学技术进步奖三等奖	聊城市农业科学研究院
2009	国家一类新药注射用重组人白介素 -11（I）的研制与开发	省科学技术进步奖一等奖	山东东阿阿胶股份有限公司
	祥光绿色生态铜冶炼工艺及关键技术研究与应用	省科学技术进步奖一等奖	阳谷祥光铜业有限公司
	中通串联混合动力客车产品开发	省科学技术进步奖二等奖	中通客车控股股份有限公司
	高产、稳产、多抗玉米新品种聊玉 18 号选育与开发	省科学技术进步奖二等奖	聊城市农业科学研究院
	冠心病患者外周血内皮祖细胞变化及其机制的研究	省科学技术进步奖二等奖	聊城市人民医院
	经济性电动轿车	省科学技术进步奖三等奖	山东时风（集团）有限责任公司
	毛白杨种质资源遗传评价及优良无性系选育研究	省科学技术进步奖三等奖	山东省国营冠县苗圃
	橡胶硫化促进剂 NS 绿色生产技术开发	省科学技术进步奖三等奖	山东阳谷华泰化工有限公司
2010	重组人组织纤溶酶原激酶衍生物的研制开发及产业化	省科学技术进步奖一等奖	东阿阿胶股份有限公司
	缺血性脑卒中形成的基础和临床处理的研究	省科学技术进步奖二等奖	聊城市人民医院
	无捻纱平机织物	省科学技术进步奖三等奖	山东泽祥纺织有限公司
	高性能集成电路用键合引线产业化关键制备技术	省科学技术进步奖三等奖	北科电子信息材料有限公司
	全自动机器人激光下料机科技创新平台	省科学技术进步奖三等奖	神绘激光科技研发有限公司 聊城大学
	超级小麦聊麦系列品种的选育及品种资源的创新利用	省科学技术进步奖三等奖	聊城市农业科学研究院
	生物柴油生产新工艺和新原料的研究与利用	省科学技术进步奖三等奖	山东生物柴油集团有限公司
	氧化铝厂固体废弃物及化工电石渣综合利用技术研究与应用	省科学技术进步奖三等奖	信发铝业集团
	慢病毒载体介导 siRNA 抑制裸鼠肺腺癌 survivin 基因活性研究	省科学技术进步奖三等奖	聊城市人民医院
	海生素对血液肿瘤细胞作用机理、逆转耐药及临床应用研究	省科学技术进步奖三等奖	聊城市人民医院
2011	铜阳极精炼新工艺技术研究与产业化应用	省科学技术进步奖一等奖	阳谷祥光铜业有限公司
	基于生物技术的阿胶质量标准提升研究	省科学技术进步奖一等奖	东阿阿胶股份有限公司
	万吨级橡胶防焦剂 CTP 产业化技术开发	省科学技术进步奖一等奖	阳谷华泰化工有限公司
	纯电动豪华客车	省科学技术进步奖三等奖	中通客车控股股份有限公司
	粗细特纱合股线织物	省科学技术进步奖三等奖	山东菲捻科技发展有限公司
	颈动脉闭塞病变介入治疗术后预后和再狭窄机制的研究	省科学技术进步奖三等奖	聊城市人民医院
	颅脑损伤病人的综合救治及预后评估	省科学技术进步奖三等奖	聊城市人民医院

续表 29-5

年份	获奖项目名称	奖项及等级	完成单位
2012	同轴并联式混合动力机电耦合驱动系统及整车开发与应用	省科学技术进步奖二等奖	中通客车控股股份有限公司
	Φ325 壁厚无缝钢管生产工艺	省科学技术进步奖二等奖	聊城中钢联金属制造有限公司
	胶类中药技术科技创新平台	省科学技术进步奖二等奖	山东东阿阿胶股份有限公司
	麦草制浆清洁生产技术	省科学技术进步奖三等奖	山东泉林纸业有限公司
	12 万吨 / 年甲烷氯化物生产新工艺及其产业化应用	省科学技术进步奖三等奖	聊城鲁西化工集团股份有限公司
	高产、稳产、多抗、高淀粉玉米新品种聊玉 20 选育与开发	省科学技术进步奖三等奖	聊城市农业科学研究院
	非机器人全胸腔镜技术在先心病手术治疗的临床应用研究	省科学技术进步奖三等奖	聊城市人民医院
2013	橡胶助剂新材料技术创新体系（企业科技创新）	省科学技术进步奖二等奖	山东阳谷华泰化工股份有限公司
	信发集团区域循环经济关键技术集成与模式示范	省科学技术进步奖二等奖	信发集团 山东省国合循环经济研究中心 山东大学
	高弹耐蚀稀土铝黄铜带材研究	省科学技术进步奖三等奖	中色奥博特铜铝业有限公司 江西理工大学
	汽车智能网络	省科学技术进步奖三等奖	山东天海科技股份有限公司 聊城大学汽车与交通工程学院
	铸铁屑高效熔炼及齿轮铸造关键技术	省科学技术进步奖三等奖	山东时风（集团）有限责任公司
	工业化高效液相层析分离提纯装备	省科学技术进步奖三等奖	聊城万合工业制造有限公司
	脓毒症患者炎性免疫状态及其干预	省科学技术进步奖三等奖	聊城市人民医院
2014	带肋间神经的肋骨肌皮瓣移植修复下颌骨缺损的基础研究与临床应用	省科学技术进步奖一等奖	聊城市人民医院
	功能与寿命同步型高光效农业设施覆盖材料	省科学技术进步奖二等奖	聊城华塑工业有限公司
	优良玉米自交系聊 85-308 的选育与应用	省科学技术进步奖二等奖	聊城市农业科学研究院
	阿胶生产关键技术创新及应用	省科学技术进步奖二等奖	东阿阿胶股份有限公司
	车联网交通导航通信监视新技术及装备	省科学技术进步奖二等奖	山东天海科技股份有限公司
	Φ5 系列高精度无缝内螺纹铜管产业化生产新技术	省科学技术进步奖三等奖	中色奥博特铜铝业有限公司
	危重手足口患儿早期识别和中西医结合救治策略	省科学技术进步奖三等奖	聊城市人民医院
	基因改造肝干细胞对肝移植急性排斥反应的影响	省科学技术进步奖三等奖	聊城市人民医院
2015	个体化颈动脉内膜剥脱术及其围手术期并发症的预防策略	省科学技术进步奖二等奖	聊城市人民医院
	花生中功能因子制备技术研发及应用	省科学技术进步奖三等奖	山东省高唐蓝山集团总公司（第二位）

市级科技奖励 1997 年以来，聊城市（地区）按照《中华人民共和国科学技术进步奖励条例》及其实施细则和《山东省科学技术奖励办法》，对做出突出贡献的科技人员进行表彰奖

励。2011年，市政府重新修订出台《聊城市科学技术奖励办法》，增设聊城市科学技术最高奖和科技成果转化奖。市科学技术最高奖和市科学技术成果转化奖不分等级，市科学技术最高奖每3年评审一次，授奖人数不超过2名（根据评审条件可空缺）。市科学技术成果转化奖，每年度评审一次，奖励总数每年不超过5项。加大科技奖励力度。市科学技术最高奖的奖金为每人10万元。市技术发明奖和经济发展类科技进步奖奖励总数不超过50项，一等奖、二等奖、三等奖的奖金分别为3万元、2万元、1万元。社会公益类科技进步奖奖励总数不超过70项，一等奖、二等奖奖金分别为0.5万元、0.3万元，三等奖不颁发奖金。市科学技术成果转化奖奖金为每项2万元。

1997—2015年，全市共评出市级科学技术奖1925项，其中特等奖3项、一等奖221项、二等奖528项、三等奖1146项、最高奖5项、转化奖22项。

1997—2015年获聊城市科学技术进步奖统计表

表29-6　　单位：项

年份	合计	特等奖	一等奖	二等奖	三等奖	最高奖	成果转化奖
1997	70	—	5	20	45	—	—
1998	65	—	6	21	38	—	—
1999	62	—	5	22	35	—	—
2000	53	1	9	20	23	—	—
2001	55	1	10	15	29	—	—
2002	49	—	4	16	29	—	—
2003	60	1	8	18	33	—	—
2004	81	—	10	21	50	—	—
2005	90	—	8	20	62	—	—
2006	141	—	11	31	99	—	—
2007	165	—	15	41	109	—	—
2008	148	—	14	38	96	—	—
2009	128	—	14	29	85	—	—
2010	135	—	15	29	91	—	—
2011	126	—	14	30	75	2	5
2012	125	—	16	35	69	—	5
2013	125	—	18	41	61	—	5
2014	125	—	19	40	58	3	5
2015	122	—	20	41	59	—	2

第三章　科技管理

第一节　科技计划管理

1997年，聊城地区实施科技攻关计划项目148项，包括省以上火炬计划项目12项。1998—2001年，聊城市先后实施攻关、火炬、星火、推广各类科技计划300余项。2002—2003年，全市共争取到各类计划项目71项，项目资金1198万元。2004年，全市共列入国家、省各类计划项目42项（含国家级27项、省级15项），项目资金970万元。其中山东三山集团承担的“高强度热成型中空型材钢研制与开发”等4个项目被列入国家“863”项目。2005年，列入国家、省各类科技发展计划项目共计48项，争取项目资金885万元，含国家级计划项目31项，争取资金460万元，省级计划项目17项，争取资金425万元。其中，国家“863”引导计划1项共80万元；国家攻关计划1项共60万元；国家重点新产品7项共60万元；国家火炬计划6项；国家星火计划8项共40万元；国家推广计划4项共20万元；另外，国家创新基金1项共50万元；国家成果转化1项共50万元；国家富民强县工程1项共100万元；国家兴贸计划1项；省攻关计划8项共225万元；省成果转化2项共50万元；省良种工程4项共80万元；省创新基金3项共70万元。

2006年，列入国家、省各类科技发展计划项目49项，其中国家级计划项目21项（科技支撑计划2项、“863”计划2项、火炬计划1项，重点新产品6项，星火计划7项，创新基金1项，特派员专项1项，国际重点科技合作计划1项），省级计划项目28项（重大专项3项、攻关计划10项、农业良种工程5项、农转资金计划3项、创新基金3项、资源节约型社会科技支撑体系建设专项1项、火炬计划1项、星火计划1项、自然科学基金1项），争取资金1933万元。2007年，列入国家、省各类科技发展计划项目26项，争取无偿资金近3000万元。其中，山东阳谷华泰化工有限公司承担山东省自主创新成果转化重大专项1项，争取资金500万元；中通客车控股股份有限公司承担的国家863计划项目2项，争取资金517万元，另外承担山东省高新技术自主创新工程专项1项，争取资金30万元；山东生物柴油集团有限公司承担的山东省自主创新成果转化重大专项，争取资金210万元；冠县田马园村承担国家农业科技成果转化资金项目，争取资金50万元；争取国家创新基金项目4项，资金220万元，省级农业科技成果转化资金项目3项，争取资金60万元，山东省第一批科技发展计划6项，争取资金125万元，山东省科技富民强县工程项目1项，争取资金50万元，山东省资源节约型社会科技支撑体系建设计划专项1项，争取资金30万元。

2008年，列入国家、省各类科技发展计划项目共计55项，争取项目资金4172万元。其中，省工程中心1项共500万元；省重大项目3项共600万元；新产品4项共120万元；省富民强县2项共100万元；省经济强县2项共36万元；省青年基金1项共6万元；省科研中心1项共50万元；省科研项目1项共8万元；省科技特派员1项共16万元；省星火1项共10万元；国家农业科技成果转化1项共50万元；省级农业科技成果转化资金3项共60万元；省资源节社会科技支撑体系建设计划专项2项共80万元；省良种工程5项共80万元；省攻关计划1项共15万元；863计划2项686万元；省级科技攻关计划3项共60万元；省高新技术自主创新工程1项50万元；省级创新基金5项共175

万元；国家创新基金 6 项共 380 万元；国家火炬计划 3 项；国家星火计划 2 项共 90 万元；国家新产品 3 项；另外东阿阿胶项目争取国家资金 1000 万元。

2009 年，列入国家、省各类科技发展计划项目共计 55 项，争取项目资金 2457 万元。国家级计划项目 17 项共争取资金 800 万元；省级计划项目 38 项共争取资金 1657 万元。其中国家创新基金 14 项共 700 万元；国家科技人员服务企业 3 项共 100 万元；省自主创新成果转化专项 5 项共 1000 万元；省农业科技成果转化资金项目 2 项共 40 万元；省科技发展计划项目 16 项共 184 万元；省农业良种工程 3 项共 65 万元；省科技富民强县 1 项共 75 万元；省创新基金 5 项共 165 万元；工程技术研究中心验收优秀补助资金 1 项共 50 万元；经济强县参与国家重大专计划 3 项共 72 万元；科技特派员 1 项共 10 万元。

2010 年，列入国家、省各类科技发展计划项目共计 65 项，争取项目资金 3607 万元。国家级计划项目 23 项共争取资金 1324 万元；省级计划项目 39 项共争取资金 2124 万元。其中国外申请专利专项资金 2 项共 14 万元；国家创新基金 13 项共 1040 万元；国家级农业科技成果转化资金 2 项共 100 万元；国家级政策引导类计划项目 6 项共 170 万元；省科技发展计划类项目 20 项共 314 万元；省级农业科技成果转化资金计划项目 2 项共 40 万元；省专利创造能力培育单位资助 2 项共 20 万元；省重大专项 4 项共 1000 万元；省创新基金 5 项共 175 万元；省农业良种工程 3 项共 50 万元；省科技富民强县 1 项共 70 万元；重大专项后补助 2 项共 455 万元。另外，战略性新兴产业科技项目贷款风险补偿奖励资金 4 项共 159 万元。

2011 年，共争取国家级科技计划项目 25 项，资金 2050 万元；省级科技计划项目 53 项，资金 2703 万元。合计共争取资金 4753 万元，其中：国家级创新基金 11 项，经费 820 万元；国家重大新药创新专项 3 项，经费 1200 万元。国家重点新产品计划 1 项，资金 30 万元。国家政策引导类项目 15 项（其中火炬计划 7 项，重点新产品 3 项，星火计划 5 项）。争取省级计划 48 项，其中自主创新成果转化重大（重点）项目 6 项，经费 1360 万元；省科技发展计划（结转部分）5 项，经费 53 万元；战略性新兴产业科技项目贷款风险补助资金 3 项，资金 387 万元。省农业科技成果转化资金项目 4 项，经费 80 万元；省科技发展计划第一批 8 项，经费 185 万元。省创新基金项目 10 项，经费 385 万元；省农业良种工程项目 5 项，经费 175 万元；省重大专项后补助项目项，资金万元；省科技发展计划第二批 7 项，资金 78 万元。省政策引导类项目 5 项。

2012 年，争取国家级计划项目 12 项，资金 1390 万元。其中，国家工程中心 1 项，资金 300 万元；国际合作 1 项，资金 455 万元；创新基金 10 项，资金 635 万元。争取省级计划 57 项，资金 9682 万元。其中：省科技计划结转 7 项，资金 68 万元；省科技计划第一批 5 项，110 万元；省重大专项 6 项，资金 1100 万元；省创新基金 13 项，资金 500 万元；国家工程中心省配套 1 项，资金 300 万元；富民强县 1 项，资金 60 万元；省自然科学基金 1 项，资金 8 万元；软科学 1 项，资金 1 万元；省科技计划第二批 9 项，资金 405 万元；省自主创新专项计划 6 项，资金 7000 万元。省农转资金 3 项，资金 70 万元；省良种 4 项，资金 60 万元。国家级无资计划项目 10 项。其中国家重点新产品 3 项，国家火炬计划 5 项，国家星火计划 2 项。省政策引导类项目 1 项。其中省火炬计划 1 项。

2013 年，共争取省级及以上项目 112 项，资金 9531 万元。国家级计划项目 15 项，资金 1878 万元。其中：创新基金 12 项，资金 780 万元；国际合作专项 1 项，资金 500 万元。政策引导 1 项，资金 165 万元。国家基础研究计划 1 项，资金 433 万元。争取省级计划 76 项，资金 7653 万元。其中：省科技计划结转 7 项，资金 81 万元；省科技计划第一批 5 项，资金 82 万元；省自主创新专项 3 项，资金 4000 万元；省自主创新成果转化 10 项，资金 2200 万元；省创新基金 11 项，资金 385 万元；富民强县 2 项，资金 110

万元；省农转资金5项，资金100万元。省科技发展计划第二批2项，资金30万元。省自然科学基金1项，资金7万元。省科技发展计划第三批7项，资金318万元。省农业良种工程项目4项，资金80万元。省科技惠民计划3项，资金160万元。国家资助向国外申请专利专项资金资助项目6项，资金15万元。省知识产权优势培育单位1项，资金10万元。省首批优势企业培育计划9项，资金75万元。国家级无资计划项目项：其中国家重点新产品3项，国家火炬计划11项，国家星火计划7项。

2014年，共争取省级及以上项目72项。其中：国家级计划项目2项，资金500万元；创新基金2项，资金500万元。省级计划59项，资金2964.5万元。其中，省科学技术发展计划（结转部分）5项，资金48万元。省自主创新成果转化结转项目3项，资金530万元。省科技发展计划（第一批）计划项目8项，资金111万元。省农业良种工程项目3项，资金55万元。省农业良种工程泰山学者种业计划专家项目1项，资金300万元。科学技术发展计划（软科学）计划项目2项，资金1.5万元。省自主创新及成果转化专项计划项目5项，资金800万元。省科技惠民1项，资金80万元。省科技发展计划（第二批）16项，资金535万元。省中小企业创业奖励资金8项，资金270万元。省自然基金3项，资金21万元。省科技条件建设（重点实验室）2项，资金200万元。省优秀中青年科学家奖励基金2项，资金13万元。国家级政策引导类计划项目11项，其中国家重点新产品2项，国家火炬计划5项，国家星火计划4项。

2015年，共争取国家级、省级各类计划项目54项，资金3161万元。其中：省科学技术发展计划（结转部分）6项，资金33万元。省重大专项结转12项，资金1130万元。省自然基金3项，资金28万元。省重点研发第一批10项，资金180万元。省重点研发第二批1项，资金20万元。省重点研发第三批9项，资金70万元。是年，出台《聊城市关于改进和加强科技计划管理提高财政科技资金效益的意见》，加快建立适应科技创新规律、职责清晰、公开透明的科研项目和资金管理机制，进一步规范工作程序，强化过程监督。制定《科技计划项目管理工作流程》《聊城市科技发展计划项目2015年巡视检查工作方案》，对2012年以来承担的所有科技计划项目执行情况及经费使用情况进行全覆盖巡视检查，对完成合同任务的省级以上科技项目及全部市级创新平台实施验收。

1997—2015年聊城市争取国家、省科技计划项目一览表

表29-7　　单位：项、万元

年份	争取国家、省科技计划项目数	项目金额
1997	148	—
1998—2001	300	900
2002—2003	71	1198
2004	42	970
2005	48	885
2006	49	1933
2007	26	3000
2008	55	4172
2009	55	2457
2010	65	3607
2011	78	4753

续表 29-7

年份	争取国家、省科技计划项目数	项目金额
2012	69	11072
2013	112	9531
2014	72	3465
2015	54	3161

第二节　科技成果管理

1997 年后，聊城市（地区）先后出台《聊城市科技成果评价中介服务机构认定管理办法》《关于做好新形势下科技成果鉴定工作的意见》《聊城市科技成果鉴定管理程序》《聊城市科技成果鉴定指南》等 13 项科技成果管理相关规章制度，规范科技成果管理操作程序。1998—2001 年，全市共取得重要科技成果 296 项，达到国际领先水平者 3 项、国际先进的 11 项、填补国内空白 16 项、国内领先的 57 项、国内先进 116 项；1 项获省科技进步二等奖、31 项获省科技进步三等奖；获得星火科技奖 90 项，其中省星火一等奖 2 项、省星火二等奖 18 项、省星火三等奖 3 项。取得科技成果 82 项，获省科技进步奖 9 项，其中一等奖 1 项、二等奖 2 项、三等奖 6 项。聊城市评定市级科技进步奖 53 项，其中特等奖 1 项、一等奖 9 项、二等奖 20 项、三等奖 23 项。2002—2003 年，相继取得科技成果 146 项，其中农业 17 项、工业 16 项、卫生 112 项、其他 1 项；科技成果中国际先进 1 项、国内领先 56 项、国内先进 36 项、省内领先 3 项、省内先进 2 项。对 109 项科技成果授予市科技进步奖，其中特等奖 1 项、一等奖 12 项、二等奖 34 项、三等奖 62 项。2004 年，全市取得科技成果 108 项。申报省科技进步奖 19 项，4 项优秀成果获得省科技进步三等奖；对 81 项优秀科技成果授予市科技进步奖，其中一等奖 10 项、二等奖 21 项、三等奖 50 项。2005 年，全市取得科技成果 126 项，其中农业 17 项、工业 11 项、卫生 98 项。2 项取得省科技进步三等奖，对 90 项优秀科技成果授予市科技进步奖。2006 年，取得科技成果 186 项，其中处于国际先进水平 5 项、国内领先水平 96 项、国内先进水平 79 项、省内先进水平 6 项。获得省科技进步二等奖 1 项、三等奖 2 项。山东丁马生物科技有限公司完成的“优质中华鳖良种繁育技术研究及产业化养殖”项目获得二等奖。山东泉林纸业有限责任公司和山东省造纸工业研究设计院共同完成的“三倍体毛白杨 APMP 配抄高档 LWC 的研究”项目和山东阳谷华泰化工有限公司完成的“6000 吨 / 年橡胶硫化促进剂 NS 生产技术开发”项目获三等奖。2007 年，共取得科技成果 130 项。获得国家科技进步二等奖 1 项，省科技进步二等奖 1 项、三等奖 5 项。阳谷三山集团“近终型特种钢开发项目”获得国家科技进步二等奖。2008 年，取得各类科技成果 208 项，其中工业领域 42 项、农业领域 24 项、医疗卫生领域 170 项、其他领域 3 项。达到国际领先水平 1 项，国际先进水平 13 项，国内领先水平巧 8 项，国内先进水平 36 项。评选聊城市科学技术进步奖 148 项，其中一等奖 14 项、二等奖 38 项。获得省科学技术进步奖二等奖 2 项、三等奖 2 项，省自然科学奖三等奖 2 项。2009 年，重点培育聊城市纳米燃油添加剂技术研究推广中心、聊城市花生蛋白技术研究推广中心、聊城市花卉组培技术研究推广中心、聊城市型煤粘全剂技术研究推广中心、聊城市无水银体温计技术研究推广中心、聊城市专用车技术研究推广中心、聊城市中华鳖绿色养殖技术研究推广中心等 7 家技术研究推广中心，起到良好示范带动作用。取得重要科技成果 150 项，90% 以上的达到国内领先水平。

2010 年 10 月 27 日，市政府颁发实施《聊城市科学技术奖励办法》。是年，全市取得各类科技成果204项，其中达到国内领先水平的3项、国际领先水平的5项。2011年，组织科技成果鉴定217项，其中，省级鉴定34项，达到国际先进水平的22项。获省科技进步奖一等奖2项、技术发明一等奖1项、科技进步三等奖4项、国际科技合作奖1项。获得山东省软科学成果奖12项，其中一等奖1项、二等奖2项、三等奖9项。获第12届山东省专利奖一等奖2项。2012年，全年完成科技成果鉴定185项，其中省级鉴定85项；获得国家技术发明二等奖2项，省科技进步二等奖3项，省科技进步三等奖4项。2013年，组建以山东沃田重工有限公司为依托的聊城市矿用机械技术研究推广中心等8家科技成果推广中心，引导示范科技成果向现实生产力转化。全年完成科技成果鉴定160项，90%以上项目达到了国内领先水平，共获得国家科技进步二等奖1项、省科技进步二等奖2项、省科技进步三等奖5项。2014年，登记各类科技成果160余项。完成省技术市场安排的4亿元的技术合同登记任务。1个项目获国家科技“金桥奖”，2个单位获省技术市场“金桥奖”先进集体，2人获技术市场“金桥奖”先进个人，2个项目获技术市场“金桥奖”优秀项目。组织获省科技进步奖的东阿阿胶参加在北京举办的第十七届北京科博会。2015年，完成科技成果鉴定120项。聊城市科技奖励网上申报系统建成并正式投入应用，实现科技奖励网上申报、评审的全过程网络管理。

第三节　知识产权保护

1997年，聊城地区专利申请数量125件。是年，组织39项专利技术、新产品参加1997中国（泰山）专利技术暨新产品博览会，“凿岩钎具”“大豆分离蛋白”等7个专利项目获金奖。1998—2000年，聊城市共申请专利367件，授权255件，实施1350件。2001年，发放《聊城专利信息》4800余册，发布专利信息8000余条。接待专利咨询2000余人次。全市专利实施540余项，销售收入14亿元，创利税2.6亿元。2005年，开展保护知识产权专项行动，在商品流通领域现场检查商品1万多件，统计专利产品817项，检索认定涉嫌假冒、冒充专利14项，处理假冒、冒充专利案件2项。2006年，组织知识产权机关执法人员和执法监督员，开展查处假冒他人专利和冒充专利活动，检查商品、药品万余种，统计专利产品404项，涉嫌冒充专利8项。2007年7月，聊城市被批准为全国知识产权试点城市。2008年，成立聊城市知识产权试点工作领导小组，出台《聊城市知识产权试点城市工作方案》，全面开展知识产权试点工作。

2009年4月，成立聊城市知识产权执法支队，出台《聊城市知识产权战略纲要》。6月，建成山东省知识产权信息服务平台聊城分平台。2009年6月18日，聊城市通过国家知识产权试点城市验收。2011年，申请国内专利1796件，授权国内专利1290件。国内发明专利申请406件。国内发明专利授权230件，居全省地市第一位。PCT国际专利申请6件，有效国内发明专利523件。全市每百万人拥有发明专利5.79件，居全省地市第八位。开展打击侵犯知识产权和制售假冒伪劣商品专项行动，以家电、食品、药品为重点领域进行专利执法现场检查，出动执法人员60余人次，共检查五星百货、大商电器、高唐银座超市、华联超市、东方大药店等单位12家，检查商品5720件，统计专利产品112件，纠正专利标注不规范情况12件，未发现假冒专利。

2012年10月，开展专利执法现场检查行动，重点检查食品、日化、小家电、药品和医疗器械等领域的商品2000余件，统计专利产品29项，检索出过期专利2项，标注不规范专利2项。是年，组织参加第十四届中国专利奖申报，两项发明专利获优秀奖。制定《聊城市知识产权系统知识产权执法维权护航专项行动工作方案》《专利产品检查通知》，要求有关商业企业、药店、医院进行专利产品自查，自查上报专利产品200余项。聊城市知识产权局被山东省知识产权局评为专利统计工作先进单位。2014年4月，签署《晋冀鲁豫部分省辖市知识产权执法维权协作协议》、山东省《西部经济隆起带知识产权战略推进联盟协议》和《省会城市经济圈知识产权战略推进联盟协议》。7月，经山东省科技厅、省知识产权局批准，在聊城大学设立山东省知识产权（聊城）培训基地。是年，聊城市知识产权局被山东省知识产权局评为专利质押融资工作先进单位。阳谷祥光铜业一项发明专利获第十六届中国专利金奖1项（全市首个、2014年全省唯一、全国共20项）、优秀奖2项。高唐泉林纸业以110件专利、34件注册商标知识产权质押贷款79亿元，居全国首位。齐鲁银行聊城分行完成知识产权质押贷款13笔，贷款金额突破1亿元。

2015年，申请国内发明专利1335件，国内发明专利授权299件。获第十七届中国专利奖优秀奖2项，第七届“山东省少年儿童发明奖”10项，山东省科技奖9项、山东省专利奖20项。15人获第九届山东省“发明创业奖”。培育知识产权优势企业，10家企业列入山东省第三批培育范围。在东阿县、阳谷县等地举办知识产权培训班4期，培训企事业负责人和知识产权工作人员600余人。印发《2015年聊城市知识产权系统执法维权工作实施方案》。在全国知识产权宣传周、第九届全国食品博览会、全国第三十八个质量月期间，开展专利执法和宣讲行动，共查处假冒专利3件，调处专利侵权纠纷3件。与省内和晋冀鲁豫周边地市开展多次专利侵权案例研讨和业务交流。开展知识产权质押融资工作，完成13家科技型小微企业1亿元的知识产权质押合同，9家企业续贷8060万元，新增5家企业知识产权质押贷款2600万元，争取省级知识产权质押融资贴息经费213万元。

1997—2015聊城市年国内专利申请和授权数量统计表

表29-8　　单位：件

年份	国内专利申请数量	国内专利授权数量
1997	125	—
1998	193	—
1999	174	—
2000	174	—
2001	207	—
2002	333	—
2003	444	—
2004	504	—
2005	527	—
2006	1085	484
2007	1479	750
2008	1235	872
2009	1421	825
2010	1779	1348
2011	1796（其中发明专利406件）	1290（其中发明专利230件）
2012	2303（其中发明专利473件）	1409（其中发明专利218件）
2013	627（发明专利）	251（发明专利）
2014	841（发明专利）	208（发明专利）
2015	1335（发明专利）	299（发明专利）

第四章　气象业务与服务

第一节　气象观测

1997年，聊城地区有莘县国家基准气候站和临清市、冠县、聊城市、阳谷县、高唐县、茌平县、东阿县7个国家一般气象站，农业观测站有聊城国家农业气象基本观测站和临清市、冠县、阳谷县、莘县、高唐县、茌平县、东阿县山东省农业气象一般观测站。国家基准气候站主要观测项目有气压、气温、相对湿度、降水、风向、风速、地温（地表；浅层5厘米、10厘米、15厘米、20厘米；深层40厘米、80厘米、160厘米、320厘米）、日照、蒸发（小型、大型）、雪深、雪压、云状、云量、能见度、天气现象、冻土、电线积冰等。编发地面天气报、重要天气报、航危报、气象旬月报、台风加密报等，编制月、年报表。国家一般气象站主要观测项目有气压、气温、相对湿度、降水、风向、风速、地温（地表，浅层5厘米、10厘米、15厘米、20厘米）、日照、小型蒸发、雪深、雪压、云状、云量、能见度、天气现象、冻土等。编发天气加密电报、重要天气报、台风加密报、旬月报等。编制月、年报表。国家农业气象基本观测站和山东省农业气象一般观测站观测项目主要有冬小麦、夏玉米生育状况，农田土壤水分和自然物候，向山东省气象局上报观测资料报表，审核后报中国气象局。2002年10月，莘县国家基准气候站安装CAWS-600（SE）型自动观测站（系统）2003年1月正式投入业务运行。实现地面气压、气温、湿度、风向风速、降水、地温（包括地表、浅层和深层）自动观测记录、编报、制作报表。2003年7—11月，国家一般气象站先后安装CAWS-600（B）型自动气象站（系统）。是年，聊城市气象局建设“CTL-713”型数字化天气雷达。2004年起，陆续建设二要素、四要素区域气象观测站。2006年9月，山东省在莘县气象局建设全省首个GPS/MET水汽监测站（试验站）。2009年6月，由国家气象、国土资源部门联合在聊城、临清、高唐、冠县气象局建设4个GPS/MET水汽监测站。是年，国家农业气象基本观测站和山东省农业一般观测站农田土壤水分观测由人工观测改为自动观测，采用太阳能供电和GPRS方式传输数据。2010年，莘县建成设施农业小气候观测站。设施农业小气候观测站可对大棚内二氧化碳含量、光合有效辐射、多层次地温、湿度等气象要素进行实时自动观测。2011年始，聊城市气象台制作设施农业气象服务专报，每年10月至次年5月制作，每周制作两期。2012年，阳谷建成设施农业小气候观测站。2013年10月，聊城市气象局安装全省首部724XSP全固态双偏振多普勒天气雷达。2014年，莘县国家基准气候站CAWS-600（SE）型自动观测站（系统）升级成DZZ4型自动观测站（系统），实现地面气压、气温、湿度、风向、风速、降水（液态、固态）、地温（包括地表、浅层和深层）、能见度、大型蒸发等气象要素自动观测。数据采集采用专用宽带网传输。是年，东阿建成田间小气候观测站。

2015年3—6月，区域气象观测站全部更新为CAWS-600新型自动站，数据采集方式采用GPRS无线传输。11月，聊城市气象局安装L波段固定式风廓线雷达，主要测定100～3000米高度的垂直风向、风速。2015年，国家一般气象站由CAWS-600（B）型自动气象站（系统）升级成DZZ5新型自动气象站。2015年，全市有区域气象观测站116个，其中临清市13个、冠县16个、东昌府区21个、阳谷县15个、莘县21个、高唐县9个、茌平县12个、东阿县9个，基本每乡镇一个。观测项目有温度、降水、风向、风速。

第二节　预报预测

1997年以来，聊城市（地区）气象预报业务主要有天气现象、风向风力、最高气温、最低气温和灾害性天气；制作并发布预警信号（台风、暴雨、暴雪、寒潮、大风、沙尘暴、高温、干旱、雷电、冰雹、霜冻、大雾、霾、道路结冰）；制作发布专业气象预报，主要有森林火险、紫外线、人体舒适度、穿衣指数、火险等级、春播预报、秋收秋种预报、作物生长预报、病虫害预报、交通预报、空气污染气象条件预报、CO潜势预报等服务。发布渠道有广播、电视、报刊、网络、手机短信、"12121"语音电话、呈阅件等。

2015年聊城市主要预报产品一览表

表29-9

名称	内容	次频
临近预报	未来0～2小时内天气过程、气象要素及其变化状态	有灾害性天气发生或可能发生灾害性天气时
短时预报	未来0～12小时内（时间分辨率小于3小时）的天气过程、气象要素及其变化状态	每日6时、12时、18时，汛期时增加9时、15时、21时
短期预报	未来1～3天内（时间分辨率为6小时）天气过程、气象要素及其变化状态	每日6时、16时
中期预报	未来4～10天内天气过程、气象要素及其变化状态	每日16时
旬（月）报	上一旬（月）降水、气温、光照条件分析；未来一旬（月）的天气过程、气温变化预报和对策建议	每旬（日）初
重要天气预报	本次天气过程内天气过程、气象要素及其变化状态	重要及转折性天气发生时
节假日天气预报	节假日期间天气过程、气象要素及其变化状态	重要节假日期间
天气周报	天气过程、气象要素及其变化状态	每周周末
重大社会活动天气预报	天气过程、气象要素及其变化状态	重大社会活动期间
空气污染气象条件预报	空气污染气象条件等级	每日16时
紫外线预报	日平均辐射数值	每日16时

第三节　气象服务

一、决策服务

1997年以来，聊城市（地区）气象局每年定期发布春夏秋冬短期气象预测。春播期短期气候预测，冬小麦农业气象条件分析和产量趋势预测。遇有重大灾害性、转折性、关键性天气以及重大社会活动和农忙季节时，为地方党委政府和有关部门提供短时、短期及中长期天气预报、降水实况、农业气象信息等决策服务。主要通过电话、传真、手机短信和打印书面材料及现场服务。2002—2003年，"五一""十一"文化旅游节、山东省第十一届大学生运动会等重大活动期间，聊城市气象局承担气象保障工作，被市委、市政府授予"支持地方经济发展贡献奖""江北水城文化旅游节先进集体"称号。2006年，聊城市气象局获"全省麦收期逐日滚动降水预报竞赛优胜单位"称号。2007年起，气象部门使用移动MAS代理服务器向党政领导和相关职能部门发送气象决策服务手机短信。2010年，聊城市遇到连续强降雨，汛期全市平均降雨量539.9毫米，比常年同期偏多62.5%，给内河防汛和边界大河防洪造成巨大压力，气象部门准确及时预报、预警，为市委、市政府和各级防汛指挥部（简称“防指”）决策提供科学依据，实现大河不决口、内涝少成灾、城市保安全、人员无伤亡。省政府授予聊城市气象局“全省防汛抗洪先进集体”称号，市委、市政府给予市气象局记“集体三等功”，3人次获记功、嘉奖、通报表彰。2014年，亚太经合组织（APEC）领导人会议在北京市召开，聊城市作为上游城市，会议期间每天制作未来一周天气状况、风向风速，高低温和空气污染气象条件等级预报，为政府决策提供气象信息参考。2015年，通过聊城市网络信息化办公系统，报送气象信息决策服务材料。

2015年聊城市气象决策服务一览表

表29-10

种类	内容	时间	服务对象	服务手段
呈阅件	重大气象工作情况和建议	不定期	市委书记，市长，分管副书记、副市长，市委、市人大、市政府、市政协办公室	送达
	冬小麦产量预测、全年粮食产量定量预报	5月中旬 8月中旬	市委书记，市长，分管副书记、副市长，市委、市人大、市政府、市政协办公室	送达
	短期气候趋势预测	不定期	市委书记，市长，分管副书记、副市长，市委、市人大、市政府、市政协办公室	送达
	人工影响天气作业安全管理及效果分析等信息	不定期	市委书记，市长，分管副书记、副市长，市委、市人大、市政府、市政协办公室	送达
重要天气预报	灾害性天气、气象灾害预警及预警信号	不定期	市委、市政府办公室及市政府应急办等安全生产部门和市防指成员单位	短信、传真、电子邮件
	重要天气预报	不定期	市委、市政府办公室及市政府应急办等安全生产部门和市防指成员单位	短信、传真、电子邮件
气象服务快报	短期气候趋势预测（及对策建议）	每月月底，1月中旬，4月中下旬	山东气象局气候中心、市防指、市防汛办	送达、传真、电子邮件
	农业气象服务信息（农用天气预报、农业气象条件分析等）	不定期	市农业局	传真、电子邮件
	各类粮食作物产量趋势预报	4月中旬 7月中旬	市发改委、市统计局、市农业厅	电子邮件
	农业气象旬（月）报	每旬第一天或每月第三天	市防指、民政局、财政局农业科、农业局、统计局、植保站	传真、电子邮件
	年度重大天气气候事件	1月上旬	相关部门	传真、电子邮件、新闻发布
	春运	1～2月	市春运办（市经信委）、市交通厅等相关部门	短信、传真、电子邮件
	两会	2～3月	相关部门	短信、传真、电子邮件
	春节、十一等重大节日	重大节假日期间	相关部门	短信、传真、电子邮件
	抗旱	不定期	市防指及相关部门	送达、传真、电子邮件
	突发事件	不定期	相关部门	送达、传真、电子邮件
	雨情	不定期	市防指、民政局、农业局等相关部门	短信、邮寄、传真、电子邮件

续表 29-10

种类	内容	时间	服务对象	服务手段
气象服务快报	人工影响天气	不定期	山东省气象局人影中心、市人影工作领导小组成员单位、市政府、市人影办	送达、传真、电子邮件
	聊城市气候影响评价（季）	每季度上旬	山东省气候中心，市防指、民政局、农业局、环保局、林业局，市交通警察总队、植保站，市森林病虫害防治检疫站等相关部门	送达、邮寄、电子邮件
	聊城市气候影响评价（年）	1月下旬		
	聊城市气候公报（年）	1月中旬		

公众服务 1997年以来，聊城市（地区）气象部门通过广播电台每天定时发布气象信息。内容主要有0～6小时短时临近天气预报、0～72小时短期天气预报和96～168小时的中期天气预报。2004年，市气象局开播电视天气预报，引进虚拟演播系统，搭建虚拟演播室，推出5分钟气象新闻综合栏目“气象万千”，在聊城电视台3个频道每晚4次播出。“气象万千”设置“今日气象”“都市气象”“气象百科”“气象经济”“缤纷气象潮”“双休冷暖天”“气象周报”7个板块。2005年始，制作时效3小时至168小时天气预报，通过有广播、电视、报刊、网络、手机短信、“12121”语音电话等渠道发布。同年，开始发布气象灾害预警信号（包括台风、暴雨、暴雪、寒潮、大风、沙尘暴、高温、干旱、雷电、冰雹、霜冻、大雾、霾、道路结冰等14类）。2012年，实施“气象灾害预警信息村村通”工程，更新市、县、乡、村应急处置人员手机号码近8000个，升级预警短信平台，实现移动、联通、电信手机短信同台发布。2014年始，使用国家突发事件预警信息发布系统发布预警信号，公众可以通过“12379”网站查询天气预警信息。2014年年底，聊城微天气公众号运行，每天定点更新未来72小时天气预报。聊城市气象局网站公众可以查看实时天气信息。至2015年，“气象万千”栏目播出4380期。

二、专业服务

1997年，市气象局开通“121”声讯服务。“121”气象信息自动答询服务平台，90条线路同时满足90人电话收听气象信息。2004年，“121”平台升级为“12121”。内容更加丰富，包括未来3天天气预报、未来7天天气预报、中长期预报、各县市24小时天气预报、全省主要城市天气预报、农业专家热线等，年拨打量500多万次，线路扩充为240路。2013年，“12121”声讯平台线路扩充至480路，年拨打量1300多万次。2004—2015年，开通手机气象短信服务。每天早晚2次推送，接收气象短信服务用户23万人次。

三、人工消雹增雨

1997年，聊城地区及所辖市、县均成立以地方政府为组长的消雹增雨领导小组，小组下设办公室，办公室设在当地气象局。2006年，聊城市气象局与山东省气象科学研究所等单位共同完成“地市级人工影响天气业务技术系统”，经中国气象局科技发展司组织鉴定达国际先进水平。2007年，聊城市气象局与山东省气象科学研究所、聊城市水利局等单位共同完成的“聊城市空中水汽资源开发利用研究”和“地面增雨防雹指挥系统与作业效益评估技术研究”，经山东省气象局组织鉴定达到国际先进水平。2015年全市有“三七”高炮58门，火箭发射装置13部。

2003—2015年聊城市人工增雨、防雹作业一览表

表 29-11

年份	作业情况	效果
2003	增雨 5 次，动用火箭架 5 部次，高炮 111 门次，发射火箭弹 51 枚，炮弹 1390 发；防雹 16 次，动用火箭架 2 部次，高炮 87 门次，发射火箭弹 5 枚，炮弹 1330 发	增雨作业受益面积 360 平方千米，增加降水 4393 万立方米，经济效益 3514 万元，防雹作业保护面积 565 平方千米，减少损失 5600 万元
2004	增雨 3 次，动用火箭架 4 部次，高炮 1 门次，发射火箭弹 12 枚，炮弹 4 发；防雹 11 次，动用高炮 196 门次，发射炮弹 4254 发	增雨作业受益面积 25 平方千米，增加降水 73 万立方米，经济效益 58 万元，防雹作业保护面积 1011 平方千米，减少损失 10110 万元
2005	增雨 7 次，动用火箭架 2 部次，高炮 64 门次，发射火箭弹 4 枚，炮弹 446 发；防雹 6 次，动用高炮 50 门次，发射炮弹 934 发	增雨作业受益面积 922 平方千米，增加降水 1734 万立方米，经济效益 601 万元，防雹作业保护面积 280 平方千米，减少损失 2800 万元
2006	增雨 10 次，动用火箭架 9 部次，高炮 140 门次，发射火箭弹 27 枚，炮弹 1117 发；防雹 11 次，动用火箭架 2 部次，高炮 91 门次，发射火箭弹 4 枚，炮弹 1459 发	增雨作业受益面积 698 平方千米，增加降水 5314 万立方米，经济效益 2293 万元，防雹作业保护面积 372 平方千米，减少损失 3720 万元
2007	增雨 9 次，动用火箭架 28 部次，高炮 11 门次，发射火箭弹 56 枚，炮弹 78 发；防雹 10 次，动用火箭架 2 部次，高炮 66 门次，发射火箭弹 3 枚，炮弹 985 发	增雨作业受益面积 3850 平方千米，增加降水 1879 万立方米，经济效益 1505 万元，防雹作业保护面积 2850 平方千米，减少损失 2850 万元
2008	增雨 5 次，动用火箭架 3 部次，高炮 89 门次，发射火箭弹 3 枚，炮弹 736 发；防雹 5 次，动用高炮 25 门次，发射炮弹 394 发	增雨作业受益面积 3300 平方千米，增加降水 490 万立方米，经济效益 472 万元，防雹作业保护面积 1200 平方千米，减少损失 1800 万元
2009	增雨 5 次，动用火箭架 20 部次，高炮 235 门次，发射火箭弹 48 枚，炮弹 1677 发；防雹 2 次，动用火箭架 2 部次，高炮 28 门次，发射火箭弹 4 枚，炮弹 365 发	增雨作业受益面积 10100 平方千米，增加降水 8820 万立方米，经济效益 7056 万元，防雹作业保护面积 1300 平方千米，减少损失 1950 万元
2010	增雨 2 次，动用火箭架 1 部次，高炮 75 门次，发射火箭弹 3 枚，炮弹 589 发；防雹 1 次，动用高炮 19 门次，发射炮弹 311 发	增雨作业受益面积 2450 平方千米，增加降水 1000 万立方米，经济效益 800 万元，防雹作业保护面积 700 平方千米，减少损失 1125 万元
2011	增雨 5 次，动用火箭架 38 部次，高炮 121 门次，发射火箭弹 151 枚，炮弹 740 发；防雹 2 次，动用高炮 38 门次，发射炮弹 571 发	增雨作业受益面积 4700 平方千米，增加降水 2460 万立方米，经济效益 2460 万元，防雹作业保护面积 1500 平方千米，减少损失 2250 万元
2012	增雨 5 次，动用火箭架 20 部次，高炮 130 门次，发射火箭弹 74 枚，炮弹 1379 发；防雹 5 次，动用火箭架 2 部次，高炮 38 门次，发射火箭弹 3 枚，炮弹 488 发	增雨作业受益面积 4050 平方千米，增加降水 6590 万立方米，经济效益 6590 万元，防雹作业保护面积 2050 平方千米，减少损失 2925 万元
2013	增雨 6 次，动用火箭架 17 部次，高炮 132 门次，发射火箭弹 76 枚，炮弹 1514 发；防雹 1 次，动用高炮 7 门次，发射炮弹 95 发	增雨作业受益面积 5600 平方千米，增加降水 3775 万立方米，经济效益 3775 万元，防雹作业保护面积 250 平方千米，减少损失 375 万元
2014	增雨 5 次，动用火箭架 26 部次，高炮 86 门次，发射火箭弹 88 枚，炮弹 986 发；防雹 2 次，动用火箭架 2 部次，高炮 15 门次，发射火箭弹 4 枚，炮弹 287 发	防雹作业保护面积 500 平方千米，减少损失 750 万元
2015	增雨 7 次，动用火箭架 24 部次，高炮 72 门次，发射火箭弹 67 枚，炮弹 656 发；防雹 4 次，动用火箭架，5 部次，高炮 25 门次，发射火箭弹 12 枚，炮弹 404 发	增雨作业受益面积 4105 平方千米，增加降水 4988 万立方米，经济效益 4988 万元，防雹作业保护面积 1400 平方千米，减少损失 1400 万元

四、气象科普

1997 年以来，气象部门每年举办“3·23”世界气象日、“5·12”防灾减灾日、科技宣传周、安全生产宣传月等宣传活动，开展气象科普知识进社区、进乡村、进学校、进车站、进广场活动。通过聊城政务网、兴农网、气象网、“12121”语音平台，开展科普宣传。2001 年，建成聊城气象科普馆，位于凤凰苑农业科技园内，建筑面

积1600平方米。展馆内安置雷电模拟器、人工影响天气发射装置模型、自动气象站等设施。年接待参观者在2万人次。2001年8月，聊城气象科普馆被山东省科协、山东省教育厅命名为“全省科普教育基地”。2008年11月，被中国气象局、中国气象学会命名为“全国气象科普教育基地”。2010年3月8日，被中国科学技术协会命名为“全国科普教育基地”。2015年5月，再次被命名为“全国科普教育基地”。

第五章　防震减灾工作

聊城市位于华北地震区华北平原地震带，辖区内断裂发育，聊考断裂、沧东断裂等多条断裂穿过，具备发生中强以上地震的地质构造背景，地震活动具有分布广、强度大、震源浅、致灾重的特点。聊城市所处的冀鲁豫交界地区是1996年国务院在全国确定的21个地震重点监视防御区之一，国务院在新一轮（2006—2020年）的防震减灾规划中，又将其确定为全国地震重点监视防御区。1997—2015年，聊城市辖区内未发生破坏性地震。聊考断裂带中段河南范县、山东鄄城一带自1998年以来小震活动比较活跃，年均发生2次3级左右地震，影响到与范县相邻的莘县南部古云镇、大张家镇等乡镇。2006年4月9日，山东省莘县、河南省濮阳市交界地区发生ML4.6级地震，是1997—2015年聊城市发生的最大震级地震。

第一节　地震监测台站网点

1997年，聊城境内建有聊城地震水化试验站（省地震局直属）和鲁29井地下水位观测站。2001年以来，省、市加大了地震监测设施建设。至2015年，共建有地下流体前兆观测站6座、测震台5座、强震台8座、地震台网中心4处、流动测震台1台、宏观观测点134个。

聊城地震水化试验站　聊城地震水化试验站是山东省地震局直属正处级事业单位，地处聊（城）—（兰）考断裂带东侧，是中国地震局地下流体监测Ⅰ类基本台、地磁基本台、山东测震台网区域台。1976年7月，山东省地震局在蒋官屯选台。1977年3月，建成聊城地震综合台。1977年8月，山东省地震局依托军王屯聊古1井（井深2337.72米）建设聊城地震水化试验站。1979年3月，水化各测项陆续投入观测。两台站均由聊城地区行署地震办公室管理。1984年7月，两台站合并，组建成聊城地震水化试验站，并由山东省地震局直接管理。2015年，聊城地震水化试验站拥有地下流体水化学、电磁、测震、形变四大观测项目，20余台套观测仪器。地下流体观测系统有RG-BS测汞仪、FD-125测氡仪、CIC-200离子色谱仪、SP3400气相色谱仪、GC2400便携气相色谱仪、RAD-7电子测氡仪、DRSW-1水温水位仪、SD-3A测氡仪、ATG-6138M痕量测汞仪、ATG-6118H痕量测氢仪、WGK-1测氦仪、气象三要素等共12台（套）观测仪器，38个测项。电磁观测系统有EMAOS-L电磁辐射观测仪、CHD-6核旋仪、电离层斜向探测站。测震观测系统有强震仪，EDAS-24IP测震仪。形变观测系统有GNSS基准站。共有在职职工14人，其中高级工程师3人、工程师9人，具有研究生学历的4人、本科学历的8人。

地下流体前兆观测站　2015年，聊城市共有地下流体前兆观测站6座。

鲁29井　位于聊城市新区办事处王官屯，地处聊考带西侧、莘县凹陷东部边沿，地理坐标为北纬36.45°、东经115.98°。鲁29井于1983年4月14日由省地质局第二水文地质队成井，1985年12月始，使用SW40-1型日记水位仪观测水位变化。2001 年 7 月，新增 1 台 SZW-1A 型数字水温观测仪。2010 年 8 月更换为中科光大 ZKGD3000 数字化水位水温仪。该仪器通过安装在井中的水位、水温探头和数据采集模块，通过 GPRS（通用分组无线业务）方式把水温、水位等监测数据实时无线传输到连接互联网的计算机上，可随时获得即时监测数据。

莘县莘城观测井 位于莘县通运路东、商业街南原莘县化肥厂东北角。地理坐标为北纬 36.25°、东经 115.67°。2004 年 1 月始，采用 S-40 型日记水位仪观测。2010 年 8 月更换为中科光大 ZKGD3000 数字化水位水温仪观测。

高唐汇鑫观测井 位于蓝山集团厂区内。井深 200 米，为非自流井。地理坐标为北纬 36.88°、东经 116.22°。2005 年 3 月始，采用 SW-40 型日记水位仪观测。2015 年 4 月改为中科光大 ZKGD3000 数字化水位水温仪观测。

阳谷博济观测井 位于阳谷县谷山路，井深 400 米。地理坐标为北纬 36.11°、东经 115.78°。2005 年 3 月，采用 SW-40 日记水位仪观测。2008 年年初，因规划建设住宅小区停止观测。2008 年 10 月阳谷县地震局重新在阳谷县电业局家属院（地理坐标：北纬 36.13°、东经 115.83°）利用一口深井开展地下水位观测，观测仪器更换为中科光大 ZKGD3000 数字化水位水温仪。

临清青年观测井 位于临清市政府综合办公楼西北侧，2006 年临清市地震局投资 10 万元钻探，井深 200 米。地理坐标为北纬 36.83°、东经 115.7°，海拔 37 米，为非自流井。2006 年 5 月始，使用 SW40-1 型日记水位仪进行观测。2015 年 4 月更换为中科光大 ZKGD3000 数字化水位水温仪观测。

冠县冠中观测井 位于冠县供销社家属院内，井深 400 米，地理坐标为北纬 36.8°、东经 115.78°。2006 年 9 月采用 SW40 型日记水位仪进行观测。

测震（强震）台站 2015 年，全市共有 5 个测震台、8 个强震台。各测震（强震）台均为数字化无人值守台站，工作状态可自动运行、远程遥测、实时传输、实时处理，测震（强震）台数据并入省地震台网，可在地震发生后 15 分钟内完成地震参数测定、地震速报和发布工作。

1997—2015 年聊城市地震台站一览表

表 29-12

观测台站	经纬度		运行时间（年、月）	仪器型号、名称
	东经	北纬		
临清测震台	115.7°	36.85°	2006.3	FSS-3DBH 深井地震计
临清强震台	115.7°	36.85°	2006.5	ETNA/SLJ-100FBA-T 强震仪
莘县强震台	115.69°	36.24°	2006.5	ETNA/SLJ-100FBA-T 强震仪
莘县测震台	115.59°	36.05°	2006.12	FSS-3DBH 深井地震计
聊城水化站强震台	116.04°	36.43°	2009.5	ETNA/SLJ-100FBA-T 强震仪
高唐强震台	116.25°	36.86°	2011.7	Bbas-2 强震仪
高唐测震台	116.25°	36.86°	2011.7	BBVS-60DBH 深井地震计
阳谷强震台	115.79°	36.12°	2011.8	Bbas-2 强震仪
茌平强震台	116.22°	36.59°	2011.8	Bbas-2 强震仪
东阿强震台	116.24°	36.33°	2011.8	Bbas-2 强震仪
冠县强震台	115.5°	36.51°	2012.4	Dbas-2 强震仪
冠县测震台	115.5°	36.51°	2012.4	Bbas-2 强震仪
阳谷测震台	115.79°	36.12°	2014.11	BBVS-60DBH 深井地震计

聊城市地震台网中心　2012年10月1日正式投入运行。聊城市地震台网中心工作人员由市地震局和聊城水化站技术人员共同组成，实行24小时值班，承担全市测震监测数据处理、地震速报、地震信息网络维护管理等。台网中心采用SDH专线，与省地震台网中心、聊城市地震局连接。台网中心通过实时接收处理聊城市辖区内临清、莘县、冠县、高唐、聊城以及德州、泰安、肥城、梁山、禹城等周边市（县）数字地震台站连续波形数据，能对聊城市及周边地区ML1.5级以上地震进行有效监测，实现2分钟内计算机自动速报、15分钟以内人机结合精确定位。2015年，莘县、阳谷、临清相继建成县级地震台网中心。

流动测震台　流动测震台包括地震数据采集器、地震计、UPS不间断电源、GPS等，可随时随地架设测震台以监控地震。2005年，山东省地震局为聊城市地震局配置一套。2006年4月9日，山东莘县与河南濮阳交界地区ML4.6级、2010年1月15日濮阳市范县与山东鄄城ML4.2级、2011年10月13日河南省濮阳市范县ML4.1级、2015年01月18日河南省濮阳市范县ML4.4级等有感地震发生时，地震局工作人员赴地震现场架设流动测震台进行地震监测。

地震宏观观测网络　1997年以来，聊城市大力推进群测群防体系建设和地震宏观观测点建设。至2015年，每个乡镇（办事处）配备兼职防震减灾助理员1人，建有地震宏观观测点134个。

第二节　地震分析预测

一、震情分析

1997年后，随着计算机应用和测震、前兆分析软件的普及，逐步对测震资料和前兆资料进行科学系统的理论分析，形成比较完善的地震趋势研究报告。2001年起，按照山东省地震局要求，地震预报实行震情周会商、月会商、临时会商（有地震发生或其他前兆异常情况）和年中、年度会商，并及时将会商结果上报省地震局。

二、震情调查

地震工作机构对1998年莘县王铺乡水井翻花冒泡、2001年临清市松林镇出现地裂缝、2001年冠县清水镇机井翻花冒泡、2005年莘县莘城观测井水位突降、2008年莘县、阳谷、冠县深井水位下降、2009年聊城大学一自备井水温升高、2010年东昌府区王红庙村水井水温升高、2010年莘县观城镇后山谷村水井气体逸出、2010年茌平县乐平镇中学水井水温升高、2013年临清市孙合庄村井水翻花冒泡、2014年临清市青年办事处朱庄青年中学水井水温升高、2014年莘县樱桃园镇东耿王村井水翻花冒泡等异常现象及时进行现场调查，分析原因并呈报省地震局。

三、有感地震处置

地震工作机构对2003年4月27日山东省莘县和河南省范县交界ML3.9级地震、2005年4月27日，河南省范县和山东省鄄城县交界ML4.2级地震、2005年10月2日聊城市许营ML3.4级地震、2006年4月9日山东省莘县和河南省濮阳市交界ML4.6级地震、2007年4月8日河南省范县ML3.9级地震、2008年8月26日河南省范县ML3.7级地震、2010年1月15日山东省鄄城县与河南省范县交界ML4.2级地震、2011年10月13日河南省濮阳市范县ML4.1级、2015年1月18日河南省濮阳市范县ML4.4级地震等有感地震都迅速派出工作组开展地震宏观调查，并将有关情况迅速呈报市委、市政府和省地震局。

1997—2015 年聊城市 1.0 级以上地震统计表

表 29-13

发震时间		震中位置			震级（ML）	深度（千米）	备注
年月日	时分秒	北纬	东经	地点			
1997.2.11	15：6：29	36.10°	116.02°	阳谷县张秋镇	1.7	—	—
1997.3.9	5：5：40	36.35°	116.18°	东阿县顾官屯镇	2.4	21	—
1997.7.20	18：15：28	36.02°	115.80°	阳谷县寿张镇	2.5	18	—
1998.9.4	7：13：0	36.00°	115.47°	莘县柿子园镇	2.5	10	—
1999.5.20	22：58：10	35.92°	115.40°	莘县观城镇	4.0	—	有感
2002.9.10	16：08：31	36.12°	115.52°	莘县毕屯村	2.2	—	—
2003.2.18	1：20：20	36.50°	115.30°	冠县东古城镇	2.9	30	—
2003.7.29	20：14：18	36.90°	115.72°	临清市石槽村	2.2	—	—
2003.12.4	9：40：21	35.78°	115.37°	莘县古云镇	2.2	—	—
2005.9.30	4：46：56	36.30°	116.12°	东阿县姜楼镇	2.3	15	—
2005.10.2	8：59：15	36.25°	116.08°	阳谷县七级镇	2.4	—	—
2005.10.2	8：59：46	36.25°	116.08°	阳谷县七级镇	3.4	—	有感
2005.10.3	1：20：1	36.33°	116.08°	东昌府区于集镇	2.1	—	—
2005.10.3	1：20：53	36.25°	116.08°	阳谷县七级镇	2.1	—	—
2005.10.3	3：41：2	36.30°	116.12°	东阿县姜楼镇	3.1	14	有感
2007.3.14	21：12：37	35.97°	115.62°	莘县古城镇	2.0	10	—
2007.4.8	20：46：33	35.98°	115.62°	莘县古城镇	3.9	25	有感
2007.10.28	8：59：7	35.93°	115.43°	莘县观城镇	3.2	8	有感
2008.9.17	8：10：36	36.90°	115.83°	临清市松林镇	1.9	8	—
2010.1.31	20：38：12	35.78°	115.43°	莘县古云镇	1.7	9	—
2010.2.19	10：10：2	36.73°	115.52°	临清市潘庄镇	1.8	10	—
2011.5.16	4：43：17	35.78°	115.43°	莘县古云镇	2.5	5	—
2011.10.13	13：02：19	35.78°	115.43°	莘县古云镇	2.3	8	—
2011.10.23	7：47：9	35.80°	115.38°	莘县古云镇	3.4	5	有感
2012.3.12	18：18：49	36.12°	115.79°	阳谷县	1.7	—	—
2012.4.12	15：07：10	35.80°	115.35°	莘县古云镇	2.7	5	—
2012.12.31	1：45：46	36.30°	116.07°	东昌府区于集镇	1.9	10	—
2013.9.27	3：25：07	36.07°	115.54°	莘县朝城镇	1.4	6	—
2013.12.8	0：55：18	36.11°	115.63°	莘县妹冢镇	2.2	6	—
2014.8.21	10：44：37	36.46°	116.32°	东阿县高集镇	3.0	7	—
2014.8.21	13：11：19	36.50°	116.26°	茌平县赵屯村	2.0	23	—
2014.12.26	14：36：15	35.99°	115.60°	莘县柿子园镇	1.6	27	—
2015.1.11	2：31：22	36.43°	116.20°	茌平县乐平铺镇	1.4	20	—

第三节　震害防御

一、抗震设防

1997 年以来，聊城地区认真贯彻《中华人民共和国防震减灾法》，防震减灾工作稳步推进。1999 年，市地震局联合阳谷县科学技术委员会对阳谷县某化工企业未进行地震安全性评价进行行政处罚。这是聊城市地震系统第一次施行行政处罚。案例被收编中国地震局主编的《地震行政执法案例》。2002 年 4 月，聊城市地震局进驻市行政审批大厅，办理地震行政审批业务。2005 年 5 月，聊城市将抗震设防要求审批事项纳入基本建设程序。2008 年 9 月，高唐县孙五里新村在新村建设过程中严格按照抗震设防标准要求进行规划、设计、施工，被山东省地震局确定为“山东省五个农村民居地震安全示范工程”之一。2009 年 8 月 10 日，《聊城市地震安全评价管理办法》经市政府第二十四次常务会议通过，并由市政府印发。该办法规定将地震安全评价工作纳入基本建设管理程序，一般建设工程的抗震设防要求须经地震行政主管部门审核后才能使用。2011 年 2 月，启动聊城城区地震小区划工作。小区划面积 120 平方千米，范围为：东起新东环、西至京九铁路、南起新南环、北至济聊馆高速公路。2011 年 4 月底，完成野外调查。2012 年 12 月，地震小区划报告通过中国地震局评审。2014 年 6—8 月，聊城市地震局在全市开展农村民居地震安全情况调查，涉及全市 8 个县（市、区）、16 个乡（镇）、32 个行政村。通过调查农村民居房屋结构类型、基础类型、地基处理方式、内外墙及梁、柱、屋盖材料、抗震措施等情况，并形成调研报告。是年 12 月，临清市通过省级防震减灾基层基础工作示范县验收。2015 年 12 月，冠县举办全县村镇建设抗震设防技术培训工作会，对各乡镇（街道）分管建设负责人、计划进行农村新型社区建设的村支部书记、各建筑施工单位安全质量负责人等约 120 余人进行培训。

二、防震减灾科普宣传

1997 年以来，聊城市地震局每年举办防震减灾知识“进机关、进企业、进学校、进社区、进农村、进家庭”宣传活动。在全国防灾减灾日（5 月 12 日）、《中华人民共和国防震减灾法》颁布施行纪念日（5 月 1 日）、唐山地震纪念日（7 月 28 日）、《山东省防震减灾条例》施行纪念日（12 月 1 日）等重要时段，通过科普讲座、上街咨询、发放宣传材料、刊登文章、播放宣传片、张贴挂图、悬挂标语、知识竞答、网络宣传等方式，开展防震减灾科普宣传活动。2003 年 9 月，临清京华中学、阳谷县第三中学被省地震局命名为第一批“山东省地震科普示范学校”。2008 年 9 月，聊城市防震减灾信息网站开通运行。2009 年起，每年“5·12”汶川特大地震纪念日开展防震减灾知识宣传周活动。2012 年 4 月，东昌府区广场社区等 7 个社区被省地震局、省民政厅、省科协认定为“山东省地震安全示范社区”。7 月，市委宣传部、市地震局、市教育局、市科学技术协会联合主办“全市省级地震科普示范学校辅导员演讲比赛”。2013 年 3 月，临清市银河社区获中国地震局“国家地震安全示范社区”称号。5 月，在 3500 多个乡村（办事处）科普宣传栏张贴悬挂防震减灾科普宣传画。9 月，市委宣传部、市教育局、市地震局、市人防办、市气象局等部门组织开展“构建平安和谐环境——安全教育科普知识走进百所学校”大型公益科普宣传活动，在 100 所中小学校进行科普知识展板巡展。12 月，临清市温泉社区获得“国家地震安全示范社区”称号。是年，东昌府区青少年素质教育实践基地被省地震局命名为“山东省防震减灾科普宣教基地”。2014 年 4 月，省委宣传部、省地震局联合在聊城市开展举办“山东省防震减灾走基层专题采风”活动。2014—2015 年，市地震局为省（市）级地震科普示范学校、防震减灾科普宣教基地配发青少年防震避震知识系列挂图。2015 年 3 月，山东东阿阿胶股份有限公司等 2 家企业被省地震局命名为“山东省地震安全示范企业”。5 月，聊城市地震局与聊城地震水化试验站联合举办首届“地震台站开放日”活动。12 月，市地震局编辑印制《地震群测群防工作知识手册》8000 册、防震减灾科普宣传彩页 5 万份，由各县（市、区）地震部门发放到机关、学校、企业、社区。是年，东阿县青少年活动中心、临清市中小学生科技创新教育实践基地、阳谷县青少年素质教育基地被省地震局命名为“山东省防震减灾科普宣教基地”。

第四节　地震应急

1997 年以来，聊城市（地区）及周边地市多次发生强有感地震事件。在震后第一时间内，市地震局立即启动应急预案，派出现场工作组赶赴震区开展地震应急工作，并及时向市委、市政府上报震害、灾害情况，及时、有序开展强有感地震事件应急处置工作。2000 年 11 月，市政府修编印发《聊城市破坏性地震应急预案》。各有关部门和单位制订了各自的地震应急预案。2006 年 5 月，市政府完善修订地震应急预案，并更名为《聊城市地震应急预案》。2006 年，市防震减灾工作领导小组成员单位，学校、医院、重点企事业单位结合各自工作实际，编制各自部门、各自单位地震应急预案。2009 年 6 月，依托聊城市公安消防支队，组建聊城市应急救援支队。12 月，聊城新奥燃气有限责任公司成立燃气地震应急抢险救援队。泉林纸业等多家企业建立地震应急救援小分队。是年，聊城市地震局制定《聊城市地震系统地震应急预案》，规范地震系统地震应急工作。临清市、莘县开展创建“全省地震应急预案示范县”活动，政府部门、医院、学校等人员密集场所，及每个乡镇、村庄都制定地震应急预案，建立起比较完善的县级地震应急预案体系。全国首个“防灾减灾日”暨汶川大地震 1 周年期间，市地震局在聊城市第八中学组织开展全市中小学校地震应急疏散演练观摩会。是年起，每年“5・12”宣传周及 9 月份新生入学第一周，市地震局组织动员中小学校、高等院校、机关、企事业单位开展地震应急疏散演练活动。2011 年 3 月，建成聊城市地震应急指挥中心，地震应急指挥技术系统投入使用，开通聊城市“12322”防震减灾服务热线。

2012 年 8 月，聊城市城区湖滨公园、人民广场、聊城市体育公园等 3 处地震应急避难场所正式挂牌投入使用。3 处场所具备应急篷宿、应急救护、应急物资储备等区域及供水、供电、消防、厕所等应急设施。是年，聊城市与菏泽市、河南省濮阳市共同建立鲁豫交界三市地震应急区域协作联动区，协同处理聊（城）兰（考）断裂带突发地震事件的应急工作。是年 9 月，市地震局与武警聊城市支队组建聊城市地震应急救援分队，并合建聊城市地震应急救援装备库。2013 年 5 月，市地震局再次修订完善《聊城市地震应急预案》，对地震应急组织体系、应急准备、预警预防机制、应急响应机制等环节进行完善，突出破坏性地震事件的应急处置能力建设。与聊城职业技术学院联合成立聊城市地震应急救援志愿者服务队。6 月，依托冠县基干民兵成立全省第一支基干民兵地震应急救援队。是年，8 个县（市、区）陆续印发《县级政府地震应急预案》。2014 年 9 月 18 日，聊城市体育公园地震应急避难场所通过山东省地震局专家组验收。被评为Ⅰ类避难场所和全省室内地震应急避难场所试点工程。”2015 年 12 月，市地震局依托鲁西集团组建聊城市鲁西集团地震应急救援队。是年，莘县、临清市、阳谷 3 家县级地震应急指挥中心及技术系统投入使用。

第六章　信息技术

第一节　农业信息化

20世纪90年代，聊城信息化技术在农业领域应用较少。进入21世纪，聊城市农业信息化技术步入较快发展阶段。2002年，聊城市农业部门与北京光彩农业信息网络技术有限公司合作，建设农业信息网络“村村通”工程，推广电话信息终端500多户。2004年，聊城市实施农业信息服务平台建设。市农业局网站开通，县（市、区）农业局均建起农业信息平台。2005年，完善信息服务组织体系建设，建成农业部“一站通”信息平台8个，乡镇信息服务机构87个。2006年，建立阳谷县、冠县、茌平县农业信息服务站。县（市、区）农业局购置微机36台并接入互联网。2007年，全市建涉农网站5个，培训农村信息员200人。部分县设立“农业110”服务电话，并配备服务专车。2010年，聊城市编制《聊城市农业信息化示范工程建设规划（2011—2015）》。组织农村信息骨干参加全省统农村信息工作统一培训。全年各级农业部门培训信息员450多人。2011年，连接全国主要农业信息平台、覆盖全市的市、县、乡三级农业信息服务体系初步形成。2015年，市、县、乡三级农业信息服务体系基本建成。

第二节　工业信息化

20世纪90年代，聊城信息化技术在工业领域普遍应用。进入21世纪，聊城市工业信息化水平持续提高。国家第十个五年计划期间，聊城市规模以上企业信息化改造资金投入9亿元。至2005年，计算机集成制造系统（CIMS）应用工程在工业领域5家企业中应用，计算机辅助设计（CAD）技术在建筑、电力、规划、科研设计、机械加工等重点行业基本普及，计算机监控技术在80%规模以上的化工、造纸、电力等流程型生产企业应用，30%规模以上企业实施企业资源计划系统（ERP）。全市80%规模以上企业建立网站。2007年，计算机辅助设计技术在科研、建筑规划、电力设计单位和重点企业集团基本普及。计算机控制技术在机械、纺织、化工、医药、造纸等连续性生产企业以及供电、供气、供水等行业中广泛应用。计算机集成制造系统（CIMS）、企业资源计划系统（ERP）等信息管理技术在中通客车集团、阿胶集团、时风集团、鲁西化工等重点企业普遍应用。中通客车集团实施的CIMS“863”应用示范工程项目，使变形产品开发周期由原来的40天缩短为25天，获山东省信息产业厅信息化应用一等奖。东阿阿胶集团投资近2000万元，全面实施ERP系统，平均降低消耗1.5%，库存总费用降低35.5%，采购成本降低300万元，年增效益1200多万元。时风集团投资近千万元建立ERP系统，初步实现物流、资金流、信息流的集中整合和网络化管理。全市1500多家企业上网，其中500多家企业在网上设立企业主页。国家第十一个五年计划期间，聊城市工业信息化应用水平不断提升。企业信息化投资增长幅度明显，信息技术渗透应用于企业的研发、管理、生产、流通、销售等环节。2009年，规模以上企业的信息化投入占企业固定资产总投资的1.91%，比第十个五年计划期间增长97.6%。企业综合管理信息系统普及率56.2%。计算机辅助设计（CAD）、企业资源规划（ERP）和供应链管理（SCM）等现代信息手段在重点企业中不断普及，形成一批具有示范意义的信息化样板企业。全市56.2%规模上企业实现联网管理，65.6%建有企业网站。企业网上采购与企业网上销售占总销售量的比重分别为7.52%和3.35%。国家第十二个五年计划期间，出台《聊城市电子商务企业认定管理办法》，挂牌成立聊城电子商务产业园。汇通国际电子商务交易平台、钢管企业联盟等电子商务公共服务平台先后建立。鲁西集团、时风集团、东阿阿胶、金号织业等工业骨干企业电子商务应用水平不断提升。至2015年，全市共有12家省级电子商务认定企业和10家市级电子商务认定企业。聊城市80%规模以上企业实现联网管理，85%以上建有企业网站。成立聊城首席信息官（CIO）联盟，搭建国内外首席信息官交流合作平台。聊城市连续四届被评为“中国城市信息化50强”。

第三节　政务信息化

20世纪90年代末，聊城市大力推进电子政务和信息化建设。21世纪，电子政务和信息化建设进入快速发展阶段。

2001年9月，聊城市信息化工作领导小组和聊城市信息化办公室成立。2002年9月28日，聊城市政务公众信息网正式开通，提供信息服务和便民服务。是年11月12日，聊城市数字证书认证管理有限公司暨山东CA聊城市分中心成立。

2003年，成立聊城市电子政务工作领导小组。2005年4月30日，聊城市举办2005中国（聊城）江北水城网上招商暨经贸洽谈会。经洽会上共发布招商项目511个，推出名牌商品236种。5月，成立财税增收信息化工程协调小组。工程协调小组下设工作小组主要负责：制定数据交换具体内容、格式、时间；制定数据比对方法，完成数据比对；人员培训工作等。是年，聊城市首次实现“两会”网上直播，播发信息800多条，访问量1万多人次，并对首届市运会进行直播。2014年3月，成立聊城市信息化服务中心，负责电子政务网络建设等工作。7月，聊城市网络信息化办公系统正式启用。至2015年，全市电子政务网络基本实现市、县、乡三级全覆盖。建成城区免费无线WIFI一期工程，实现公共场所全覆盖。“智慧聊城”建设取得重大进展。“‘智慧聊城’时空大数据与云平台”工程通过国家试点项目验收；“智慧气象”对灾害性天气实现全方位监测；“智慧水务”实现水源地、净水厂、污水处理厂统一调度；“智慧交通”实现公交车信息实时显示，手机扫码乘坐公交车；“智慧电业”实现用电交费、业务办理等业务“一网通办”；“智慧城管”系统建成18个子系统，实现城市可视化管理；“智慧安监”建成安全生产信息平台；“智慧环保”建成一期工程。

第四节　软件业与信息技术产业

一、软件业

20世纪90年代后期，聊城市软件业起步。软件产品主要以嵌入式软件为主，应用软件为辅，涉及汽车电控、医疗设备、数控设备等领域。2007年，聊城市“双软认证”（软件企业认定和软件产品登记）企业4家，软件业务收入2734万元。2015年，“双软认证”增加到7家，实现软件业务收入13670万元，其中软件产品收入1359万元、信息技术服务收入5704万元、嵌入式系统软件收入6607万元。全市具备计算机信息系统集成资质企业5家，其中三级资质企业1家、四级资质企业4家。

山东鑫科生物科技股份有限公司　2001年8月成立，注册资金4500万元，位于山东省聊城市凤凰工业园内，为省级高新技术企业。公司占地2公顷，建筑面积1.2万平方米，拥有10万级GMP生产车间2200平方米、万级GMP生产车间200余平方米，是国内唯一一家可为客户提供“微生物实验室全面解决方案”的医疗器械生产厂家。产品涵盖自动血液细菌培养仪、细菌鉴定/药敏分析仪等，其中自动血液细菌培养仪填补国家空白，是国际上第三家掌握其核心技术的企业。软件产品主要有XK医院感染监测软件；v1.0、XK型半自动微生物鉴定仪环保专用软件；v1.2、XK细菌鉴定仪畜牧专用软件；v1.0、XK微生物鉴定药敏分析系统软件；v1.0、

XK 半自动细菌鉴定／药敏分析仪医疗卫生专用软件；v1.0、labstar 微生物鉴定与药敏分析系统软件；v1.0、labstar50 自动血液细菌培养仪软件；v1.0、labstar100 自动血液细菌培养仪软件；v1.0、labstar120 自动血液细菌培养仪软件；v1.0、labstar60 自动血液细菌培养仪软件。2013 年 3 月 29 日，该公司获山东省经济和信息化委员会颁发的软件企业认定。2015 年 12 月 29 日，获山东省软件行业协会的软件企业评估和认定。至 2015 年，国内 2000 多家二甲以上医院使该公司产品。企业总资产达 8917 万元，员工 120 余人。

山东创通信息技术股份有限公司　成立于 1998 年，注册资本 660 万元。该公司主要从事大中型信息化平台规划、设计、建设和运行维护。基于大型数据库计算机应用管理软件规划、设计、编程测试，包括医药行业进、销、存管理系统，中小型企业信息化管理系统，医院信息管理系统，公安印章制作审批管理系统。嵌入式软件研发制造，包括 CTE-1 智能直流电法物探仪、CTE-2 智能激发极化物探仪、CTE-3 数字直流电法物探仪、CTF-1 型智能箭杆织机控制系统、基于物联网技术的远程信息采集多种传输网络的信息化平台（主要用于水库监测、农田水土壤、气象监测、环境环保监测、固定移动信息的监测）等。2002 年，该公司通过信息产业部系统集成认证。2003 年，“创通科技”在国家工商总局注册为著名商标。2006 年，该公司通过信息产业部“双软”企业认证，2009 年被科技部等四部委认定为国家级高新技术企业，2010 年通过 ISO 9001 国际质量体系认证。2014 年，“创通科技”在“新三版”挂牌。股票代码为 831470。2015 年，资产总值 1257 万元，主营业务收入 1562 万元，公司员工人数 38 人，其中大专以上学历和高级以上职称者有 30 人。

山东天海科技股份有限公司　2001 年 12 月注册成立，位于聊城市高唐县经济技术开发区。该公司成立之初，主要生产汽车线束总成。2004 年，开发客车电源总分配单元控制器。2007 年，研制开发汽车电子仪表、汽车行驶记录仪、CAN 总线等软件程序，形成集汽车线束产品、汽车电子产品、软件研发、生产、销售于一体的高新技术企业。主要软件产品有：120 调度 APP，车载数据服务 APP，汽车行驶记录仪管理软件、卫星导航车载监控系统软件、新能源汽车整车控制器软件、新能源汽车电动助力转向系统、新能源汽车智能化数字仪表系统软件、卫星导航车载监控系统、北斗车载终端系列、北斗智联监视装备系统、北斗卫星车联网智能可视信息装备、新能源总线监控系统、电动助力转向控制系统等软件产品。2014 年 10 月，“天海科技”在全国中小企业股份转让系统“新三板”挂牌（股权代码：831261）。2014 年，获软件企业认证。至 2015 年，获登记证书 2 项、软件著作权 11 项、软件产品登记 2 项。部分软件产品达到国内领先水平，其中 120 调度应用于聊城市指挥调度中心，车载数据 APP 应用于各主机厂家。企业注册资本 1710 万元，总资产 7200 万元，有员工 210 人。

二、信息技术产业

1997 年以来，阳谷电缆集团的光纤拉丝、通信电缆、通信光缆项目，高唐蓝山集团的液晶显示器、电极板项目，高唐天海电装项目、冠洲集团的稀土钕铁硼等一批电子信息项目相继启动并开工建设。至 2001 年，全市电子信息产业生产通讯电缆 35 万千米、光纤电缆 6947 芯片千米、UPS 电源 2734 台、电池 2 万块、电机换向器 23.5 万只，完成工业总产值 2.5 亿元。2005 年，全市固定电话（含小灵通）总用户 132 万户，实现所有行政村通电话；移动电话 155 万部；有线电视用户 35 万户，其中数字电视 0.3 万户，广播、电视覆盖率 100%。全市互联网出口总带宽超过 5G，互联网注册用户 15 万户。全市电信光缆线路总长度 16000 千米，城域网覆盖全市所有城乡及 70% 以上行政村。卫星地球站、微波站、广播电视台、短波和超短波电台、蜂窝基站、无线接入基站等近 4000 个。是年，全市电子信息企业 10 余家。信息产业资产总额 5 亿元，实现销售收入 3 亿元。通信服务业实现业务收入13亿元，信息产业总收入完成16亿元。规模较大的科技市场3家，从事计算机系统集成服务企业200余家，从业人员4100余人。网吧320余家，可提供上网服务计算机15800台，计算机服务业实现销售额超过1亿元。2006年，规模以上信息产业企业58家，实现主营业务收入58.1亿元。2007年，先后出台《聊城市关于加快推进国民经济和社会信息化的意见》《聊城市国民经济和社会信息化“十一五”发展规划》《聊城市信息化建设管理规定》等文件，强化对信息市场监管。是年，规模以上信息产业企业实现主营业务收入75亿元。2008年，规模以上信息产业企业实现主营业务收入91.23亿元。其中全市电子产品制造业规模以上企业49家，从业人员5300余人，全实现主营业务收入65亿元。通信业、计算机服务业、软件业分别实现主营业务收入23亿元、2.5亿元、0.73亿元。2015年，全市通信光缆线路总长度29100千米，网络覆盖全市所有城乡及85%以上行政村，近60%的行政村接通光缆。全市固定电话（含小灵通）总用户78万户；移动电话总用户318万户，城乡有线电视用户46万户，入户率45%；全市互联网出口总带宽47.5G，互联网注册用户34万户；卫星地球站、微波站、广播电视台、短波和超短波电台、蜂窝基站、无线接入基站等近4500个。2015年，聊城市信息技术产业规模以上企业实现主营业务收入310亿元。

专记：科技特派员工程

2004年年底，聊城市被省科技厅列为科技特派员工作试点市。2005年，全市全面实施科技特派员工程。聊城《关于建立市委、政府领导联系科技特派员制度的通知》《科技特派员工程领导小组办公室职责》《科技特派员管理办法》《科技特派员示范点工作管理办法》《科技特派员工程项目管理办法》《实施科技特派员工程专项资金管理办法》等文件，为科技特派员工作开展打下坚实基础。4月22日，全省科技特派员示范工程现场会在聊城市召开，参加会议代表150多人。科技部、省政府、省科技厅有关领导人及聊城市委、市政府有关领导人出席会议。会后，聊城市1223名科技特派员和23个法人科技特派员单位奔赴农村开展创业活动。至年底，创业活动总投资1.037亿元，建立利益共同体201个，成立专业协会119个，带动农户33.1万户。引进新品种650个，推广新技术、新产品395项。2006年，科技特派员队伍发展到1777人，其中吸引市外科技特派员274人，法人科技特派员单位24个。科技特派员通过与农民和农村经济组织建立各种类型的利益共同体，在全市培育形成36个科技园区、200多个示范基地、示范面积6万亩、推广面积85万亩，组建龙头企业76个，并以此为依托，向农民群众教授新技术，推广新成果，传播新观念，形成社会化、市场化的农村科技服务体系雏形。科技特派员为农村累计引进1200多个新品种，推广1100多项新技术和200多种种植、养殖新模式，形成230多个节约型、环保型、生态型的现代农业示范园区和基地，大批科技成果和实用技术迅速转化为现实生产力。苹果高光效树型改造技术在全市推广2000公顷，仅此一项技术就为农民增收近亿元。全市300多个具有特色优势农产品生产、加工和销售的专业村镇，取得60多个无公害产品和绿色产品标志。实施400多项农业特色产品开发项目，形成8种不同模式的经济利益共同体360多个，引发城市的资金、人才、科技、信息、管理等各类资源投向农村特色产业。全市组织成立的协会200多个，参加协会的农户近3.5万户。

2006年5月，《科技日报》头版刊登《聊城：新的农村生产关系悄然诞生》长篇报道，详细介绍全市实施科技特派员工程的创新做法，中宣部新闻局第278期《新闻阅评》认为，聊城市实施科技特派员工程为促进农村经济的快速发展注入旺盛的生命力，是对建设社会主义新农村有重大意义的典型。7月，聊城市作为全国科技特派员试点工作先进市，在全国科技特派员试点工作会议上做典型发言。9月，科技部与联合国开发计划署把聊城市作为“中国农村科技扶贫创新与长效机制”（UNDP）项目30个试点区之一，给予重点支持，总投资400万元。2007年，2003名科技特派员和24个法人科技特派员单位奔赴农村，实施工程项目408个，科技示范基地发展到200多个，组建科技特派员工作站147个，建立各类规范性协会89个，累计为农村引进1200多个新品种，推广1100多项新技术和200多种种植、养殖新模式。在科技特派员示范带动下，全市农村涌现出大量的种养业和农产品加工大户，形成360多个具有特色优势农产品生产、加工和销售的专业村镇，发展农业龙头企业近百家，取得60多个无公害产品和绿色产品标志。“绿亚”牌乌鸡蛋、“宝丰”牌蔬菜、“甜脆”牌果品等50多个品牌产品在国内市场产生较大影响。北京日川果树研究所教授张显川在聊城市推广苹果高光效树型改造技术3335公顷，每亩增收3000元以上。茌平县科技特派员赵荣金研究推广的圆铃大枣密植速生丰产技术，带动茌平县新建枣园4669公顷。茌平县畜牧局副局长于振洋带领5名科技特派员与小杨屯鸭业集团联合建设养鸭基地，为养殖户提供养殖及禽病防疫技术，带动全县农民养鸭1500万只，养鸭产值1.6亿元，农民增收2000万元，企业加工营利1000万元。东昌府区科技特派员辛显庆组建新世纪农林科技有限公司后，申请注册“甜翠”牌商标，在7个乡镇建立无公害产品生产示范基地26处，面积580公顷。11月13—14日，全国科技特派员工作经验交流会在聊城市召开，科技部部长万钢，科技部副部长刘燕华，人事部副部长王晓初，农业部副部长危朝安，省委常委、副省长王军民出席会议并讲话。全国各省市区科技、人事、农业厅（局）主要负责人和科技特派员代表参加会议。2008年，新增科技特派员422人，全市科技特派员发展到2425人，覆盖全市1253个村庄，与农民建立利益共同体462个，科技特派员工作站、示范基地（园区）和专业协会（合作组织）分别达到149个、236个和125个，培育发展产品品牌66个，农业龙头企业82家。聊城市制定“三个100”（100个特派员工作站、100示范基地、100个协会组织）建设标准，重点指导特派员健全和完善“三个100”质量控制体系、技术创新体系和社会化服务体系，增强在推进农业生产标准化、农业产品品牌化、农业经营组织化方面的服务功能。涌现出带领农民发展无公害标准化蔬菜生产的聊城新世纪农林科技有限公司、组织农民发展订单生产的高唐艳丽苗木专业合作社、引导农民走上食用菌产业化道路的莘县富邦食用菌厂等大批典型。聊城市建成科技视频系统，聘请专家级科技特派员和聊城大学、聊城农科院的专家教授在线值班，在5个县（市、区）发展视频终端站点103个，广大农民群众足不出乡村便可直接享受市级一流专家的科技服务。6月17日，中央电视台“新闻联播”播出聊城市科技特派员利用科技视频系统为基层群众提供新技术服务的消息。同时，聊城市被列入“全省星火科技12396信息服务试点市”。2009年，指导科技特派员“三个100”的健全和完善质量控制体系、技术创新体系和产业化经营体系，逐步向标准化、品牌化和组织化发展。加强科技特派员管理工作，为2400多名科技特派员建立信息档案，全部录入科技部“农业科技人才管理系统”。把科技特派员工作由农业向一、二、三产业延伸，适时启动“企业科技特派员工程”。在当年全国科技特派员工作会议上，市科技局和东昌府区科技局被评为全国科技特派员工作先进集体，9名科技特派员获全国优秀科技特派员称号，东昌府区樱桃谷鸭产业链和莘县食用菌产业链列入国家级科技特派员创业产业链项目（全省仅有3个）。

2010年，细化完善《科技特派员管理办法和服务规范》，对科技特派员试行标准化管理。加强科技特派员创业产业链培育工作，确定“聊城市科技特派员创业产业链”10家，其中，被省科技厅认定为“省级科技特派员创业链”创业链3家。东昌府区樱桃谷鸭产业链和莘县食用菌产业链得到科技部重点支持，争取扶持经费100万元。进一步整合市内科技资源，推动科技特派员工作向更深层次延伸。联合聊城大学、职业技术学院启动实施“企业科技特派员工程”，推动人才、技术等创新要素向企业集聚，首批49名企业科技特派员进驻相关企业开展服务。2011年，重点推进科技特派员农村科技创业行动，选择10名“创业型”科技特派员作为示范典型，对有意创业的科技特派员进行培训指导，引导100多名科技特派员从“中介服务型”转变为“实体创业型”，走创业之路。同时，组织25名科技特派员参加全国科技特派员农村科技创业大赛，共有4个项目获奖。继续深入实施企业科技特派员工程，在2010年启动企业科技特派员工程的基础上，2011年，对服务企业开展实地调研，又正式选聘57名企业科技特派员到企业一线开展技术服务。

2012年，推动科技特派员工作从抓数量转变为抓质量，选聘一批高层次专家型人才，进一步充实企业科技特派员队伍，使科技特派员服务的范围从单纯的技术领域扩展到管理、财务、经贸等多个领域。建设科技特派员创业示范基地，探讨创业支持机制。对创业成功典型进行重点宣传，强化示范带动作用，使示范基地成为创业辅导和实训基地。选定莘县富邦菌业和高唐艳丽苗木专业合作社两个示范试验点，推行“大特派员+小特派员”的创业模式。支持“科技特派员创业产业链”建设，在10个市级科技特派员创业链中，选优推荐东阿绿色蔬菜和茌平圆铃大枣两个产业链申报省级科技特派员项目，各获得支持资金15万元。2013年，在2000多名科技特派员中精选50名创业能力强、带动范围广的“创业型人才”进行重点培养，筛选认定10个“科技特派员创新创业示范基地”，评选出35名“优秀科技特派员”，激发科技特派员的创业热情。2014年，重新组建聊城市科技特派员协会，初步完成协会的改制工作，举办各类农业（星火）培训17期，受训人员1000余人。

2015年，创新服务方式、服务模式、服务机制，科技特派员工作持续稳步推进。

第三十编 教育

Part XXX Education

1997年下半年，聊城地区基本完成普及九年义务教育、基本扫除青壮年文盲（简称“两基”）工作。2000年10月，聊城广播电视大学、聊城卫生学校、聊城市畜牧研究所等合并建立聊城职业技术学院。2001年8月，聊城旅游职业中等专业学校划转聊城职业技术学院。2001年，实施中小学危房改造，当年累计投入工程资金2.06亿元，维修改造校舍21万平方米，新建校舍23万平方米。2002年，聊城师范学院更名为聊城大学，成立聊城大学东昌学院。2003年，全市农村学前一年教育普及率98%；城区学前三年教育普及率60%。2005年，全市“以县为主”的基础教育管理体制逐步完善，农村教师工资全部由县级财政统一发放。同年，东昌学院、聊城教育学院、聊城师范学校三校合并，组建成为新的东昌学院。2008年，全市农村中小学实行免课本费，提高贫困家庭寄宿生生活费补助标准，从小学、初中、高中、职业学校到高等教育的资助体系基本形成。2009年，山东省聊城贸易学校、聊城市财政学校、聊城市商业技工学校、聊城水利职业中专学校和聊城外国语中等专业学校5所学校合并，组建聊城高级财经职业学校。聊城高级技工学校、聊城市轻纺技工学校、聊城建设学校、聊城劳动技工学校、聊城机电工程技术学校、聊城电子信息学校6所学校合并，组建聊城高级工程职业学校。2011年，中共中央政治局委员、国务委员刘延东到茌平县杜郎口中学调研，对杜郎口中学教改经验给予肯定。2012年，聊城市教育局获全国“两基”工作工作先进单位。2013年，杜郎口中学和聊城第二中学获评“全国最具特色中学”。2014年，冠县东古城教师轩云湘获“全国模范教师”称号。

第一章 基础教育

第一节 学前教育

1997年，聊城地区学前教育学制为3年（小班、中班、大班），按照音乐、体育、美术、语言、常识和计算分科目设置课程。部分幼儿园有学前班。是年，聊城地区行政公署出台《聊城地区幼儿教育“九五”发展规划》，明确“九五”期间幼儿教育发展的总目标及保障措施，提出大力发展学前教育。聊城师范学院幼儿园被评为首批地级一类幼儿园。年底，全区有幼儿园2865所，在园幼儿11.61万人，其中学前班8.69万人。1998年，聊城共有省级实验幼儿园5所（莘县实验幼儿园、茌平县实验幼儿园、冠县实验幼儿园、阳谷县实验幼儿园、高唐县实验幼儿园），省级示范幼儿园2所（聊城师范学院幼儿园、聊城发电厂幼儿园）。2001年，教育部门根据教育部《幼儿园指导纲要（试行）》，将幼儿园教育内容相对划分为健康、语言、社会、科学、艺术等5个方面。2003年，全市农村学前一年教育普及率98%，城区学前三年教育普及率60%；全市有省级示范性幼儿园4所、省级实验幼儿园5所、市级乡镇中心幼儿园25所。2005年，教育部门编写《幼儿园活动课程》幼儿用书和教师指导用书各6册。2006年，市教育局举办幼儿园园长培训班，全市200余名园长参加培训。2007年，市教育局印发《聊城市幼儿园办园水平督导评估方案》，明确幼儿园分类评估具体要求。2008年，聊城市在临清市召开全市学前教育工作现场会，提出转变学前教育发展思路，明确扩大公办幼儿园规模和数量以及民办幼儿园规范化发展方向。2009年，市教育局转发省教育厅《关于规范办园行为 防止和纠正小学化倾向等有关问题的通知》，提出坚决执行“五个不得”（不得搬用小学教材，不得进行奥数培训、珠脑心算、拼音、写字等教育内容，不得给幼儿布置家庭作业，不得进行任何形式的测验和考试，不得在正常教学活动内举办兴趣班并单独收费）。2011 年，聊城市政府办公室印发《聊城市学前教育三年行动计划（2011—2013 年）》，提出实施学前教育体系建设工程，加快乡镇中心幼儿园建设，乡镇中心幼儿园进入快速发展时期。2013 年，市教育局出台《聊城市幼儿园常规管理细则（试行）》，制定《幼儿园一日标准化保教常规细则（试行）》，规范幼儿园各项管理规章制度，制止幼儿园“小学化”倾向。至 2013 年，全市总投资 6 亿多元，共新建、改扩建乡镇（街道）中心幼儿园 135 所，其中公办及公办性质幼儿园 208 所，占幼儿园总数的 59.3%。2013 年，市教育局投入专项经费 65 万元，实施幼儿教师首轮全员培训工程，全市 1175 名幼儿教师和 171 名园长接受培训。2014 年，聊城市贯彻《山东省学前教育规定》“学前教育机构不得设立学前班”要求，取消幼儿园学前班。

2015 年，市教育局等七部门联合印发《聊城市第二期学前教育三年行动计划（2015—2017 年）》，启动新一期三年行动计划，完成新建、改扩建农村学区幼儿园 164 所。是年，开展市级示范性幼儿园评估认定工作，取消市级实验幼儿园、示范幼儿园称号，统一规范为“聊城市市级示范性幼儿园”，全市 73 所幼儿园被认定为“聊城市市级示范性幼儿园”。是年，全市共有幼儿园 397 所，在园幼儿 163522 人，幼儿教师 3688 人。

茌平县实验幼儿园 建于 1954 年 6 月，前身为茌平县机关幼儿园。园址在茌平县政府大院西邻。1987 年 9 月，更名为茌平县实验幼儿园。2003 年 5 月，投资 960 万元在县城中心街建设新幼儿园。建筑面积 5600 平方米，教学楼面积 3700 平方米。2008 年 9 月，被认定为全国幼儿教育示范单位，2009 年，被评为“山东省十佳幼儿园”。2013 年 10 月新园区动工，2014 年 8 月建成投入使用，共投资 6000 余万元，建筑面积 2 万平方米，规模 36 个教学班，可容纳幼儿 1080 人。2015 年，教学班 20 个，在园幼儿 705 名，有教职工 87 人，其中中学高级教师 1 人、小学高级教师 36 人、小学一级教师 36 人，教师专业合格率 100%。

莘县实验幼儿园 建于 1961 年，占地 17000 平方米，建筑面积 7000 平方米，户外活动场地 4800 平方米，绿化面积 2900 平方米。2013 年，有教学班 56 个，教职工 296 人，在园幼儿 1796 人，被评为山东省十佳幼儿园，被教育部中国教师发展基金会评为全国特色学校，2015 年，在全国说课标说教材大赛中获团体金牌奖和优秀组织奖。2015 年，有教学班 25 个，其中大班 8 个、中班 8 个、小班 9 个。在园幼儿 956 人，教职工 81 人，全部达到大专以上学历，其中省特级教师 1 人、省教学能手 1 人、省优质课获得者 5 人、市教学能手 19 人，拥有高级技术职称教师 2 人。

2010 年 6 月，茌平县实验幼儿园被评为“山东省学前教育先进单位”

1997—2015 年聊城市幼儿教育基本情况一览表

表 30-1　　单位：所、人

年份	幼儿园	在园幼儿	幼儿教师
1997	2865	116162	4308
1998	2871	98235	4767

续表 30-1

年份	幼儿园	在园幼儿	幼儿教师
1999	950	84212	4304
2000	876	66085	3676
2001	179	37833	736
2002	179	37709	850
2003	563	59033	1921
2004	491	61687	2141
2005	650	82394	2323
2006	482	62327	2600
2007	408	77503	2121
2008	392	74303	2457
2009	374	78982	2867
2010	338	65009	2349
2011	314	146879	3274
2012	320	164744	3566
2013	351	181167	3078
2014	356	168772	3474
2015	397	163522	3688

2009—2015 年聊城市省级幼儿园一览表

表 30-2

幼儿园名称	类别	认定年份
茌平县实验幼儿园	省级十佳幼儿园	2009
莘县实验幼儿园	省级十佳幼儿园	2013
聊城市医院幼儿园	省级示范性幼儿园	2000
聊城交运幼儿园	省级示范性幼儿园	2002
临清八岔路中心幼儿园	省级示范性幼儿园	2008
莘县明天幼儿园	省级示范性幼儿园	2008
临清市第三幼儿园	省级示范性幼儿园	2011
临清市第四幼儿园	省级示范性幼儿园	2011
临清市第一幼儿园	省级示范性幼儿园	2013
茌平县翰林幼儿园	省级示范性幼儿园	2013
冠县实验幼儿园	省级示范性幼儿园	2015
临清实验幼儿园	省级示范性幼儿园	2015
高唐实验幼儿园	省级示范性幼儿园	2015
聊城大学幼儿园	省级示范性幼儿园	2015
阳谷实验幼儿园	省级示范性幼儿园	2015

第二节　小学教育

1997年，聊城地区共有小学3237所，在校生675807人，专任教师29487人，学龄儿童入学率99.65%。学制由五年改为六年制。低年级（一、二年级）开设品德与生活、语文、数学、体育、艺术（或音乐、美术）等课程。学年总课时945节。中高年级（三、四、五、六年级）开设品德与社会、语文、数学、科学、外语、综合实践活动、体育、艺术（或音乐、美术）等课程。学年总课时1050节。1998年，全市小学实行每周双休工作制。2001年，中高年级新设置综合实践活动课程，主要包括信息技术教育、研究性学习、社区服务与社会实践以及劳动与技术教育。2002年起，聊城市分3批开展小学课程改革。课程改革要求学校除开设国家规定的必修课外，还要安排选修课，完善国家课程、地方课程、校本课程三级课程管理体系建设。是年，东昌府区、临清市、高唐县3个县（市、区）小学三年级开设英语课。2003年，聊城市教育局自主编写地方教材《运河两岸》《生命教育》，在全市小学教学中使用，每周开设1节课。2006年，全市小学三年级全部开设英语课程。是年，聊城市贯彻《山东省教育厅关于做好减轻中小学课业负担工作的意见》，加大对“减负”工作的督导力度，进行专项督导。2007年，聊城市教育局推出开展“4312”（四操：保健操、广播体操、健美操、武术操；三球：篮球、排球、乒乓球；一跑：跑步；二艺：上午和下午课前一首歌，每位学生具有一门以上艺术特长）活动，学生艺体活动进一步活跃。2008年1月，市教育局印发《聊城市教育局关于认真落实山东省普通中小学管理基本规范大力推进素质教育的实施意见》，提出以增强学生体质、提高道德水平和创新实践能力为重点，深化教育改革，用3至5年的时间建立起符合素质教育要求的运行机制。2010年，市教育局印发《关于进一步规范全市中小学课程设置等办学行为的通知》，对全市中小学课程设置、教学用书选用、学生在校学习时间和作业量、节假日等进行重申和界定，小学按每周30节课安排课程表。2010年4月，市教育局在温陈政法希望小学召开全市第一届农村小学教育教学工作会议。自此，以温陈政法希望小学为示范，全市农村小学教育教学改革和学校管理水平提升活动全面展开。同年，市教育局印发《关于加强全市农村小学教育教学工作的意见》《关于实施农村小学骨干教师培养工程的通知》，开展市教育局“大培训”活动，实施名师带动战略，全面推进素质教育，促进义务教育均衡发展。是年起，每年举办全市中小学生体育运动会（内容包括田径、体质测试、健美操、跳绳、踢毽子等）及“五大联赛”（篮球、排球、乒乓球、羽毛球、游泳）、“六大联赛”（篮球、排球、乒乓球、羽毛球、游泳、武术）、“七大联赛”（篮球、排球、乒乓球、羽毛球、游泳、田径、足球）活动。2011年，市教育局印发《关于表彰农村小学教学示范学校、校本教学研究先进单位、教育教学工作先进工作者的决定》，对教学管理、教学质量突出的先进单位和先进个人进行表彰。同年，市教育局印发《关于在全市小学开展国学经典诵读系列活动的实施意见》，全市中小学开展“读国学经典，育道德人才”主题活动。2015年，市教育局印发《关于开展中小学生过重课业负担专项整治活动的通知》，加强对课业负担的监控。是年，举办聊城市纪念抗战胜利70周年主题作文大赛，先后组织学生参加山东省中小学生网上普法教育和普法作文大赛、山东省首届青少年经典诵读电视大赛观后感征文、青岛出版杯中小学生书法展示等活动。2015年，全市共有小学750所，在校生513976人，专任教师24960人，义务教育适龄儿童入学率100%。

1997—2015年聊城市小学教育基本情况一览表

表 30-3　　单位：所、人、%

年份	学校数	招生数	毕业数	在校生数	教职工数	专任教师数	学龄儿童入学率
1997	3237	135943	131068	675807	31593	29487	99.65
1998	2815	120281	125753	660693	30541	28414	99.51
1999	2564	97773	125379	628503	29975	27837	99.50
2000	2302	76817	129133	574587	29143	27070	99.39
2001	1630	59698	136720	504953	26943	24775	99.90
2002	1474	57074	109984	449373	24721	22963	99.57
2003	1391	54910	66128	433309	24660	22666	99.96
2004	1230	57982	83161	402156	23861	22119	100.00
2005	1117	59462	92217	366558	23202	21554	99.59
2006	1003	65296	75432	356567	23437	21715	99.79
2007	906	72749	59505	375536	23936	22207	99.83
2008	811	70065	57229	388264	24043	22365	100.00
2009	786	64442	56850	398454	24453	22695	100.00
2010	782	75441	61224	414355	24837	23221	100.00
2011	788	77597	65406	430988	24871	23349	100.00
2012	782	79461	69930	411876	24415	22957	100.00
2013	784	88307	67363	430252	25051	23684	100.00
2014	760	102408	65666	466194	25599	24431	100.00
2015	750	106891	58450	513976	25976	24960	100.00

聊城市实验小学　位于聊城市东昌府区状元街9号，前身是聊城最早的中学——山东省立第二中学。该校于清光绪二十八年（1902年）建校，系清朝东昌府启文书院改组而成。抗日战争前期，省立二中改成六区政治干部学校，由范筑先将军任校长。抗战中后期，曾更名为“模范小学”。1949年5月，在省立二中校址上建立小学，为纪念革命烈士张郁光，定校名为郁光小学。1951年，隶属于聊城师范，改为师范附小。1953年，被定为聊城地区重点小学。1954年，改校名为郁光小学。1956年，再改校名为师范附小。1962年，改为实验小学。“文化大革命”期间，实验小学改名为“五七”小学。1978年，被定为山东省重点小学。1979年，取消“五七”小学校名，恢复“实验小学”名称。1997年以来，学校先后建立起高标准的多媒体教室、微机室、语音室、电子备课室，完善充实了实验室、仪器室、图书室、阅览室、电教器材室、音美劳器材室、卫生保健室、体育器材室、综合实践（劳技）室、科技活动室、舞蹈室等。先后培养出全国模范教师阎淑青，全国优秀教师王梅，全国优秀辅导员蔡玉娟，山东省特级教师林宏、阎淑青等。2015年，聊城市实验小学实行集团化办学，占地4.5公顷，其中，总校区占地1.7公顷。有教学班77个、在校生5600多人，其中总校区3000余人，教职工230余人，平均年龄35岁左右，专任教师全部达到专科以上学历。

莘县实验小学　位于莘县商业街。1944年，建吕世隆完全小学，1958年年底易名为莘亭完全小学，1982年4月更名为莘县实验小学。1997年以来，学校坚持“夯实常规管理、加强团队建设、深化课堂改革”三大支柱建设，全面

莘县实验小学

实施素质教育，先后被中央教科所基础教育课程教材研究中心评为农村作文教学实验研究全国先进单位，中国教育学会数学教育研究发展中心、尝试教学理论研究会评为全国小学数学尝试教学改革先进集体，山东省教育厅评为山东省素质教育先进单位。2015 年，学校占地 27000 平方米，建筑面积 17000 平方米。教学班 62 个，在校生 4600 余人，教职员工 206 人（其中全国优秀教师、省市教学能手 80 余人）。

聊城东方双语小学 创办于 1996 年，是一所走读与寄宿制全日制学校。建校以来，坚持“教育就是培养良好习惯”办学方向，常年教育学生做好“十件小事”（叠好被、扫好地、洗好手、排好队、吃好饭、读好书、写好字、唱好歌、上好操、做好人），培养学生良好生活和学习习惯。通过开设国学、音乐、舞蹈、美术、书法、益智等校本课程，培养学生的兴趣，提升学生的核心素养。2015 年，有本部和东校两大校区，教学班 150 个，在校生 7000 余人。教职工 600 人，其中专职教师 424 人，具有大学本科学历 360 人、研究生学历 40 人。

第三节　中学教育

1997 年，聊城地区有普通中学 246 所，其中初中 218 所、高中 28 所，在校生 34.36 万人，教职工 1.96 万人，专任教师数 1.49 万人。2007 年，初中减至 175 所，2008 年减至 167 所。2015 年，全市共有普通中学 206 所，其中初中 178 所、高中 28 所，在校生 28.41 万人，教职工 2.52 万人，专任教师数 2.25 万人。

1997—2015 年聊城市普通中学教育基本情况一览表

表 30-4　　单位：所、人

年份	学校数	招生数	毕业生数	在校生数	教职工数	专任教师数
1997	246	128067	81764	343628	19605	14924
1998	244	139439	101841	375383	20516	15890
1999	245	140273	117247	392743	21066	16439
2000	262	148277	125028	413985	21945	17398
2001	261	156178	134906	440076	24096	18685
2002	252	137629	133871	437063	24430	19153
2003	269	106651	146840	397302	25028	19629
2004	257	126763	150586	372775	25433	19952
2005	245	133744	139431	364008	25076	19845
2006	229	109188	105976	361817	24948	19767
2007	226	99483	120322	343344	24638	19925
2008	213	94106	132046	302752	24318	20013
2009	205	92259	109887	283244	24026	19988

续表 30-4

年份	学校数	招生数	毕业生数	在校生数	教职工数	专任教师数
2010	202	94535	96939	276865	23587	19992
2011	201	94751	91593	280132	23548	20220
2012	198	92633	89132	264735	23691	20358
2013	198	95882	84802	272708	24000	20648
2014	203	95960	85238	280551	24148	21271
2015	206	93395	90246	284110	25289	22490

一、初中教育

1997 年，聊城地区共有初中 218 所，在校生 29.98 万人，适龄人口入学率 97% 以上。学制 3 年，一般开设思想政治、语文、数学、外语、历史、地理、物理、化学、生物、体育、音乐、美术、劳动技术等 13 科课程。设置晨会（夕会）、班队活动、体育活动、科技文体活动、社会实践活动和学校传统活动等。学年总课时 1090—1122 节。1999 年，全市初中招生 11.6 万人，适龄人口入学率 96.7%。2000 年年初，推进城乡教育均衡发展，市教育局提出城区学校教师赴农村薄弱学校任教，各县（市、区）开展教师交流、挂职、支教，建立教学协作区。是年，茌平县推行“阳光读写”普及工程。全市初中探索素质教育课堂教学改革。是年始，全市推行军训制度。初中新生入学均要接受为期一周的军训。学校普遍开设安全教育和心理健康教育课，校本教材建设起步。2001 年，启动以精选课程内容和转变学生学习方式为主要内容的新一轮课程改革。初中阶段开设思想政治、语文、数学、外语、物理、化学、生物、历史、地理、体育与健康、音乐、美术、综合实践活动（包括信息技术教育和劳动）等课程。2002 年 8 月，成立聊城市基础教育课程改革实验工作领导小组、聊城市基础教育课程改革实验工作和实验工作专家指导组。9 月，莘县等 4 个县被省教育厅确定为省级课改实验区。2003 年，市教育局编写的地方教材《聊城地理》《聊城历史》纳入初中学业内容。2005 年，全面实施素质教育。全市确立各级各类学校德育总目标，建立德育体系，未成年人思想道德建设进一步加强。推进高效课堂建设，改进学生课堂活动形式，尝试合作学习、探究学习，引导老师活跃课堂形式，更多地关注学生的学习过程。杜郎口中学“三三六”（课堂自主学习三特点：立体式、大容量、快节奏；自主学习三模块：预习、展示、反馈；课堂展示六环节：预习交流、明确目标、分组合作、展示提升、穿插巩固、达标测评）教学方式引起全国教育界关注。2007 年，聊城市教育局推出开展“4312”活动，将艺体普及活动作为初中教育的重要内容。是年，全市共有初中 175 所，在校生 22.8 万人，专任教师 1.39 万人。2008 年，全市初中调减为 167 所。茌平县创立区域教研模式，将全县 15 所学校划分为 4 个教研区，以教研区为单位组织教研活动。2012 年，全市开展创建义务教育均衡县工作。2013 年以来，完善学校、社会、家庭三位一体的德育教育网络，初级中学均建立家长委员会。2015 年 1 月，全市初中教育教学工作暨阳光读写、区域教研会议在茌平召开。会议决定将推进阳光读写、区域教研作为全市初中教研工作的重点。同年，市教育局实施名校办分校、强校带弱校战略。全市 44 所城区学校办 66 所分校，惠及 48648 名学生。年底，临清市、茌平县通过“全国义务教育发展基本均衡县”评估认定。全市共有初中 172 所，在校生 179859 人。全市适龄人口入学率 98.7%。

聊城市实验中学 位于聊城市区振兴西路。建于 1997 年。2006 年，被评为山东省教育教学示范学校，2012 年接管嘉明工业园小学、水岸新城幼儿园，2014 年接管聊城九中。2015 年，学校占地 4.7 公顷，建筑面积 18000 多平方米。建有现代化教学楼、多功能科技楼、学术报告厅、学生公寓和师生餐厅等建筑，以及操场、篮球场、乒乓球场、生物园、地理园等教学设施，还有科技活动室、综合实践室、摄录编室、舞蹈室、实验室、微机室等专用教室设备。教学班 48 个，在校生 2000 余人，教职工 207 人，其中有特级教师 2 人、齐鲁名师 2 人、水城名师 5 人、东昌名师 15 人。

茌平县杜郎口中学 （2015 年摄）

茌平县杜郎口中学 位于茌平县杜郎口镇西街，建于 1956 年，为乡镇公办初中。1997 年 4 月 28 日，校长崔其升从抓教师工作作风着手，实行“四看”（学生看老师、老师看班主任、班主任看领导班子、领导班子看校长）管理，学校风气逐渐好转。此后，崔其升带领全校人员实施“人人参与、个个展示、尝试成功、享受快乐、激活思维、释放潜能、自主学习”为特色的课堂教学改革。2003 年，学校中考成绩成为全县第二名。2007 年，杜郎口镇中学被人事部、教育部授予全国教育系统先进集体，被省教育厅命名为山东省教学示范校。2009 年，杜郎口镇中学被省教育厅命名为山东省规范化学校、山东省依法治校示范校、山东省中小学素质教育工作先进单位。2010 年，杜郎口镇中学被中国教育学会命名为全国初中教育改革创新示范校。2011 年 9 月 16 日，中共中央政治局委员、国务委员刘延东到学校考察，对学校教育教学改革给予评价：“杜郎口中学的经验很好，教学工作全部围绕促进学生全面发展展开，不仅使学生掌握了知识，还锻炼提高了表达能力、学习能力、实践能力，培养了孩子的创造性思维，要认真总结经验推广。”是年，杜郎口镇中学被国家教育行政学院命名教学考察基地，被山东省科学技术协会命名为山东省科普教育基地。2013 年，杜郎口镇中学被山东省环境保护厅、教育厅命名为山东省“绿色学校”。2015 年，国务院发展研究中心对杜郎口中学教学改革评价说：“杜郎口中学课程改革的过程，可谓是一次彻底的教学革命。杜郎口中学……探索出适合自身发展的自主教育模式的勇气及成就是不可磨灭的。”1997—2015 年，该校共接待到校参观交流的国内外一线教师、专家 120 万人次，该校教师到全国各地讲学 5000 人次。《人民日报》《中国教育报》《中国教师报》、中央电视台等 100 多家新闻媒体先后对杜郎口中学作了报道。包括全国第二届农村教育改革现场会在内的省市级以上会议多次在杜郎口中学召开。2015 年，学校占地 69990 平方米，建筑面积 18418 平方米，绿化面积 11000 平方米。教学班 16 个，在校生 783 人，教职员工 81 人，其中专任教师 68 人。

二、高中教育

1997 年，聊城地区共有普通高中 28 所，在校生 4.38 万人。学制 3 年。开设思想政治、语文、数学、外语、历史、地理、物理、化学、生物、体育、音乐、美术、劳动技术等 13 科课程。设置晨会（夕会）、班队活动、体育活动、科技文体活动、社会实践活动和学校传统活动等。2000 年始，新生入学接受为期一周军训。学校普遍开设安全教育、心理健康教育课。试行校本教材。推广“分层次教学”法，及“学生自主学习、探究性学习、大容量阅读”等教学模式。推行“老师为主导，学生为主体”教学观念。2002 年，城区建设水城中学，2003 年 9 月开始招生。2004 年，全面实施《普通高中课程标准（实验）》。高中教育教学从大纲时代进入到课标时代。2007 年 3 月，市教育局印发《聊城市高中教育教学评估方案》，细化评价指标，促进高中教育教学质量。2008 年，市教育局转发省教育厅《关于进一步规范中小学办学行为推进素质教育有关问题的通知》，推行规范办学，统一全市中学作息时间、放假日期和作业量，督促开齐开足国家规定的课程。是年，在全市推广杜郎口中学“开放式”教学和聊城一中“低重心”教学、体育自助餐等经验，开展课堂教学改革，创建激情、活力、高效课堂。4 月，市教育局印发《关于规范普通高中学生学习辅导用书的通知》，规范教辅用书使用行为。5 月，按照山东省教育厅《关于做好普通高中学校二年级课程实施指导工作的通知》要求，成立聊城市普通高中课程实施计划研究指导小组。全面实施高二年级选课走班教学模式。规模以上高中基本完成系统安装和学校选课计划、选课结果的上传工作。2009 年 6 月，修订《聊城市普通高中办学水平评估方案》，新方案共含 5 个 A 级指标、18 个 B 级指标、39 个 C 级指标，满分为 1000 分，分 4 个等级，用于 2009—2012 年全市普通高中学校办学水平评估。2009 年 7 月，市教育局印发《关于进一步规范高考补习学校管理工作的通知》，禁止普通高中招收插班复读生，规范复读生招生、培训行为。2010 年，高中各学科开展构建高效课堂活动，对教学各个环节进行整体规划。聊城一中实施“低重心教学”策略，关注学生全面发展，教学质量不断提高。

2013 年 12 月，聊城市教育局出台《关于推进“教学质量、师德建设、立德树人”三项重点工作的意见》，对教育教学提出全面、系统要求。2015 年，全市共有普通高中 28 所，在校生 9.6 万人，高中段毛入学率 97.4%。

聊城第一中学 位于聊城市东昌府区双街 114 号。建于 1942 年冬，先后名称泰西公学、冀鲁豫第四中学、平原省立聊城中学。1953 年 2 月，定名为山东省聊城第一中学。1999 年，在山东省率先实施教职工全员聘任制、岗位责任制和结构工资制。2000 年，校长崔秀山提出“以学生终身发展为本，不仅为学生的阶段性发展负责，更要为学生的终身发展负责”办学理念，推行素质教育和创新教育。2002 年，聊城一中被中央教科所审定为全国创新教育示范学校。2004 年 10 月，被中国创新教育发展论坛年会组委会评为全国创新教育示范校。2006 年，推行“自助餐式”体育教学，学生在校 3 年，至少学会 3 个体育运动技能。2007 年 5 月，被中央教科所评为全国学校规范化管理示范单位。2008 年，提出“从最后一名学生抓起，对全体学生负责”教学理念，并推行“低重心运行”教学策略和“分组合作学习”及“教学案一体化”教学模式。2013 年，推行“自助餐式”艺术教学模式。1997—2015 年，该校先后获得省级以上荣誉称号 50 余项。2015 年，学校占地 93321 平方米，校舍面积 53450 平方米，绿化面积 29862 平方米，有篮球场 5 座、排球场 4 座、400 米标准体育场 1 座、多功能报告厅 1 座、阶梯教室 2 座、多媒体阅览室 3 座、图书 17 万余册、电子图书 10 万册。

莘县第一中学 建于 1951 年。1997 年以来，该校逐步完善以年级主任为核心的年级负责制，以班主任为核心的作业组负责制，以教研组为核心教研室协助的学科成绩、竞赛成绩负责制。2004 年，以全面加强校风建设为主题，以推进课堂教学改革为核心，推行“教育教学高考一体化”改革。2006 年，被山东省教育厅评为省级规范化学校。2008 年，提出“德育为先、能力为重、全面发展”办学思路，组织开展“微格教学”活动，规范教学行为，细化教学环节，优化教学过程，提高课堂效率。2012 年，被山东省教育厅评为教学示范学校，2015 年，被国家语委评为全国语文教育特色学校。2015 年，学校占地 17.34 公顷，建筑面积 14 万平方米。106 个教学班，在校生 7000 余人，教职工 526 人。拥有电子视听阅览室 4 座，图书馆藏书 30 余万册。实现教学、管理、办公等信息交流网络化，多媒体教学班班通。

莘县实验高级中学 位于莘县政府街西首202号，建于1998年8月。该校2004年12月被山东省教育厅评为山东省规范化学校，2007年9月被山东省教育厅评为山东省校本研究示范校，2011年12月被中国教育协会评为全国素质教育示范校。该校篮球机器人小组于2012年11月、2013年11月，2次获全国冠军、2次全省冠军，足球机器人小组于2012年、2013年，获2次全国亚军。2013年、2014年，该校被确定为北京大学中学校长实名推荐制学校。1997—2015年，该校获得国家知识产权局颁发的专利200多项，向北京大学、清华大学输送学生26名，23名学生获得全国奥林匹克竞赛一等奖。2015年，该校占地13.34公顷，建筑面积9.8万平方米，绿化面积2.3万平方米。拥有教学楼2栋、实验楼1栋、艺体楼馆1栋，学生宿舍楼4栋，学生餐厅2座，图书馆2座（藏书10多册），及实验室21座、计算机室4座、语言室1个座、多媒体教室2座，电子阅览室3个座、音乐教室10座、美术教室10座，运动场32100平方米。教学班102个，在校生6000多人，教职工472人，其中60%以上的教师是县级教学能手或优质课教师，水城名师、市级教学能手或优质课教师占全校教师的20%以上，省级教学能手或优质课教师8名，省市县各级优秀教师占全校教师人数的70%以上。

莘县实验高级中学 （2015年摄）

聊城第三中学 位于东昌西路37号，建于1953年，是山东省首批省级重点中学、省级规范化学校。2008年起，每年与美国康州纽顿中学互派师生访问交流。2015年8月，设北校。北校占地4.5万平方米，建筑面积12650平方米，招收高中3个年级、学生2000人。同年9月，该校制定完善教师评价体系、绩效考核办法、职称评审体系、教职工考勤制度、班主任评价方案、周星级班主任评选办法、学生一日常规、学生量化考核细则等系列规章制度。1997—2015年，该校先后获得省级规范化学校、省体育传统项目学校、省依法治校示范学校、省富民兴鲁劳动奖状等省级以上荣誉称号40余项。2015年，学校占地11.1万平方米，建有教学楼、艺术中心、信息技术中心、图书楼、教育科研楼、办公楼、学生宿舍楼、教工宿舍楼、餐厅礼堂、体育馆、科技信息楼等，楼房总建筑面积9万多平方米。在校学生4500人。教职工355人，其中特级教师6人，拥有正高级技术职称教师2人、副高级技术职称教师110人、中级技术职称教师152人，教师学历达标率100%。

东阿实验高级中学 位于东阿县曙光街255号，建于1998年，1999年开始招生。建校以来，坚持“以先进文化引领学校发展；以人为本，全面实施素质教育；以质取胜，全面提高教育教学质量”办学理念，与北师大附中、省实验中学等名校建立定期交流机制，建设华中师大附中卫星示范校和山东工艺美院高考美术教学基地，先后被评为山东省规范化学校、山东省文明单位、山东省校本教研先进单位、山东省绿色学校、山东省花园式单位等。2015年，学校占地83638平方米，总建筑面积40224平方米。教学班60个，在校学生3400人。教职工309人，其中，高级技术职称教师50人、中级技术职称教师93人，聊城市首席班主任1人，省市优秀教师、水城名师、聊城市教学能手、优秀班主任、东阿名师等80余人。

第四节 特殊教育

1997年，聊城地区聊城市、临清市、莘县、阳谷县、东阿县、茌平县、高唐县设有特殊教育学校8所（聊城市特殊教育中心校附设盲童学校）。聊城市特殊教育中心校、莘县特殊教育学校、高唐特殊教育学校设培智班。共有在校生390人、教职工175人。特殊教育实行“五三”（小学五年、中学三年）制。聋哑学校开设思想品德、语文、数学、校本课程、体育、绘画与美术、唱游与律动、校本课程等。盲童学校开设的课程和教材，按国家规定的盲校教学计划使用国家统编的盲文教材，实行小班个别教学。培智班（专业）开设生活语文、生活数学、生活适应、劳动技能、运动与保健、音乐与律动、绘画与手工、沟通与交流、康复训练（多元智能、多感官训练、启智博士、启慧博士）。2002年，全市所有特殊教育学校完成“五三”学制到“六三”（小学六年、中学三年）学制过渡。2005年，冠县设立特殊教育学校。是年，特殊教育学校学生全部享受“两免一补”政策（免学杂费、书本费、补生活费），特殊教育得到健康快速发展。2006年，莘县特殊教育学校开设服装裁剪课，成立粉笔制作车间、印刷车间和红领巾制作车间，让学生实习。高唐特殊教育学校开设烹饪、缝纫、修理、种植、养殖等专业，培养学生动手能力。2006—2008年，省、市、县政府斥资900余万元，对特殊教育学校教学仪器进行更新。2014年，市教育局制订《聊城市特殊教育提升计划（2014—2016年）》，提出完善布局合理、学段衔接、普职融通、医教结合特殊教育体系，初步建立财政为主、社会支持、全面覆盖、通畅便利的特殊教育服务保障机制。2015年，特殊教育学校普遍设立培智教育专业。是年，全市有特殊教育学校9所，在校生1531人，教职工323人，其中市级教学能手26名。

1997—2015年聊城市特殊教育基本情况一览表

表30-5　　　　单位：所、人

年份	学校数	在校生学生数	教职工数
1997	8	390	175
1998	8	476	189
1999	8	495	188
2000	8	495	220
2001	8	758	229
2002	7	831	243
2003	7	742	272
2004	7	891	268
2005	7	748	280
2006	8	791	299
2007	8	858	298
2008	8	868	297
2009	9	953	328
2010	8	803	313
2011	8	1009	324
2012	8	1017	324

续表 30-5

年份	学校数	在校生学生数	教职工数
2013	8	1069	325
2014	8	1069	321
2015	9	1531	323

高唐县特殊教育学校 为集聋儿语训、聋教育、培智教育、康复教育于一体的公办学校。主要承担高唐县域内残疾儿童少年实施义务教育工作。建于1997年4月，地址在高唐县商会街，占地0.1公顷，校舍20间平房，教学班2个，教职工13人，学生24人。1998年5月搬迁到县城东北人和街道三里庄，占地1.7公顷，校舍48间平房。2001年，被山东省政府残疾人工作协调委员会命名为省残疾人康复工作先进单位，2005年被山东省教育厅命名为省级规范化学校，2009年4月被山东省政府残疾人工作委员会命名为省优秀残疾人之家，2010年被教育部、中残联命名为全国特殊艺术人才培养基地。2013年7月，迁至县城东兴南路196号，占地2公顷，综合楼1栋，建筑面积6360平方米。2015年，该校被山东省教育厅命名为省康教结合实验学校。是年，学校有教学班9个，在校生65人。教职工33人，其中山东省特级教师1人、聊城市优秀教师3人、聊城市教学能手8人，教师学历达标率100%。

东阿县特殊教育学校 1990年成立。2015年，有4个教学班，40名聋儿，教职工30人，其中专业教师9人。开设有剪纸、编织、缝纫等劳动技能课。配有微机室、律动室、语训室、图书室、仪器室、劳技室、手工室、美术室、体育室等各种辅助教室。

第二章 中等（职业）教育

第一节 中等师范教育

1997年，聊城地区师范教育学校有聊城师范学校、临清师范学校、莘县师范学校、阳谷师范学校、冠县教师进修学校。20世纪90年代始，国家陆续从民办教师中选招一部分优秀教师充实到公办教师队伍中，弥补公办教师数量的不足。1998年5月，聊城市民办教师选招工作结束。全市共选招民办教师共2080人，其中东昌府区、冠县、茌平县各260人，临清市250人，莘县县330人，阳谷县280人，东阿县200人，高唐县210人，经济开发区30人。民办教师入选后，聊城师范学校负责培训高唐县、茌平县、东阿县、冠县、东昌府区、经济开发区的入选教师，阳谷师范负责培训阳谷县的入选教师，临清师范负责培训临清市的入选教师，莘县师范负责培训莘县入选教师。2000年，聊城师范学校、临清师范学校被山东省教育厅列为山东省省级规范化师范学校。是年，山东省中等师范学校布局结构进行调整。阳谷师范学校、莘县师范学校停招普师专业，相继转为普通中等专业学校，开始招收高中生。2003—2008年，各师范学校实行普通中专、高中和教师培训并举的办学模式。2005年6月，阳谷师范学校更名为聊城外国语中等专业学校。是年，莘县师范更名为聊城电子信息学校。2005年8月，聊城师范学校与聊城大学东昌学院、聊城教育学院合并，2008年8月，聊城师范学校招收最后一批五年一贯制师范生（2013年7月，最后一届五年一贯制师范生毕业，该校停止师范生招生）。2008 年 6 月，冠县教师进修学校与冠县技工学校、冠县第一职业中学合并组建冠县职业教育中心。2009 年 7 月，临清师范学校更名为聊城幼儿师范学校。2015 年，聊城幼儿师范学校通过山东省规范化中等职业学校认定。

聊城师范学校　成立于 1988 年 4 月，位于闸口南龙山西街聊城教育学院东院。1998 年，学校教职工 146 人，其中专职教师 70 人，行管人员 34 人，工勤人员 42 人。1989 年 12 月，被山东省教委确定为山东省首批标准化学校。1999 年 8 月，聊城师范学校实现五年制小学教育专科化，招收第一批五年一贯制小学教育专科专业 280 人。2000 年 6 月，被山东省教育厅命名为山东省省级规范化学校。2001 年，增设招收三年制英语、计算机专业学生。2002 年，增设招收三年制科学、艺术专业学生。是年，斥资 100 万元建设拥有 104 台计算机的大型电子阅览室，将校园网升级为 1000 兆网，与宽带网连接，申请使用永久国际域名，为全校教职工免费开通上网服务和电子邮件。同年 11 月，学校被列为全国计算机、公共英语等级考试聊城市中心考点。2003 年，增设招收五年制小学教育音乐、美术、体育专业学生。是年，与山东省教育学院联合开通远程教学视频会议系统，实现实时视频、音频接收。2004 年年，学校占地 227468 平方米，绿化用地 78240 平方米，运动场 9000 平方米，学校产权校舍建筑面积 68293 平方米。2005 年 8 月，聊城教育学院、聊城师范学校与东昌学院合并办学。聊城师范学校与聊城市第一中学东校进行校区置换，后迁入东昌学院。2013 年 7 月，该校最后一批五年一贯制师范生毕业，停止师范生招生。2005 年 8 月，学校在编教职工为 155 人，其中全国优秀教师 2 人，特级教师 1 人，聊城市拔尖人才 2 人，全国曾宪梓教育基金会中师优秀教师三等奖 2 人，山东省教学能手 4 人。

聊城幼儿师范学校　1948 年 8 月，成立临清县立师范学校，1954 年 9 月与临清女子师范学校合并为山东省临清师范学校。2000 年 12 月，临清师范学校被山东省教育厅评为省级规范化师范学校。2009 年 8 月，临清师范学校更名为聊城幼儿师范学校。是年 9 月，挂靠聊城大学，招收初中毕业生，培养五年一贯制大专学历的小学师资。同年 12 月，通过省级规范化师范学校验收。2010 年，开始招收五年制学前教育专业学生，培养大专学历幼儿教师。2014 年 10 月，被教育部语文出版社授予“十二五语文教师专业化试点项目、语文教师专业化发展工程基地校”称号。是年始，招收初中起点“3+4”（3 年中等职业教育、4 年大学本科）本科学前教育专业学生，培养本科学历幼儿教师。2015 年，教职工 150 人，在校学生 2300 余人。开设有“3+4”本科学前教育专业，“2+3”（二年中等职业教育、三年高等职业教育）大专初等教育、学前教育专业，三年制普通中专学前教育等专业。学校占地 15.7 公顷，建筑面积 3.42 万平方米。拥有地面卫星接收系统、校园网络系统和多媒体教室、微机室、语音室、实验室、舞蹈房、钢琴室、图书馆等，图书 12 万余册。

聊城幼儿师范学校　（2015 年摄）

莘县师范学校　1967 年成立，原名莘县工读师范，坐落在莘县十八里铺公社农场。1972 年，迁到莘县县城振兴街 88 号。1974 年更名为莘县师范学校，正式招收国家计划普通师范中专生。2000年，国家政策调整，师范类中等专业停止招生。设立中专部和高中部，创办聊城三立中学，举办高中教育，招收第一届高中生。2001年，开始招收计算机、英语、幼教、艺术专业普通中专生。2005年6月，更名为聊城电子信息学校。2009年8月，并入聊城高级工程职业学校。

阳谷师范学校 1946年3月，在山东省菏泽市创建冀鲁豫建国学院，曾先后更名为冀鲁豫第一师范、平原省第一师范、山东省聊城第一师范。1957年7月，改称山东省阳谷师范学校。1991年，阳谷师范在阳谷县城筹建新校。1997年7月，由寿张搬迁到阳谷县城。是年，学校占地5.87公顷，建筑面积1.19万平方米，固定资产850万元，在校生680人。教职工92人，其中高级讲师32人。设有普师和民办教师专业。2000年，阳谷师范停招普师专业，开始举办高中班。2001年起，学校开始招收普通中专，实行普通中专、高中和教师培训并举的办学模式。2005年6月，阳谷师范学校更名为聊城外国语中等专业学校。2009年8月并入聊城高级财经职业学校。

冠县教师进修学校 1970年3月创办。2008年6月，与冠县技工学校、冠县第一职业中学合并组建冠县职业教育中心。

第二节 中等职业教育

1997年，聊城地区有中等职业学校50所，在校生2.82万人。是年，阳谷县第一职业中学、聊城第二职业中专被山东省教育厅评为省级重点职业中专学校。1998年3月，聊城市委、市政府作出关于大力发展职业教育的决定，提出“进一步调整职业教育结构，推进以初中后为重点的不同阶段的教育分流，建立健全职业学校教育和职业培训并举，并与其他教育相互沟通、协调发展的职业教育体系。”

进入21世纪，全市各类职业学校推进办学体制改革，初步建立起政府为主，行业、企事业单位和社会力量多元化办学的新格局，推行教学、生产、科技推广与服务多位一体的教学体制。2000年，全市中等职业学校全面实行职业资格证书制度。各类职业学校和职业培训毕（结）业生，实行毕（结）业证书和技术等级证书并举的“双证”制度。劳动部门会同有关部门按照国家技术等级标准，对各类职业学校和职业培训实体的毕（结）业生进行技术等级考核鉴定，合格者颁发相应的技术等级证书。是年，全市有中等职业学校57所，在校生4.6万人，教职工3000余人。2001年，聊城贸易学校计算机软件开发专业、聊城职业技术学院护理专业被认定为国家级重点专业。2003年，市教育局成立职业教育毕业生就业指导中心。聊城建设学校、贸易学校、财政学校等四所中等专业学校开办“三二连读”高职班。中等专业学校的毕业生可以对口升大学专科。是年，全市有国家级、省级重点职业中专8所，其中，国家级重点学校2所（聊城贸易学校、聊城工业学校）。全市53所中等职业学校在校生5.57万余人。2004年，中等职业学校降至33所，在校生5.57万人。各类职业学校推进办学体制、教学体制和招生就业制度改革，实施素质教育，注重培养学生的创新精神，推行教学、生产、科技推广与服务多位一体的教学体制和突出实践教学环节教学模式。3910名中等职业学校毕业生参加对口升高职考试，被录取2616人。2005年，3487名中等职业学校毕业生考入高职学校。12586名中等职业学校毕业生参加不同类别不同等级的考试，7532人获得证书。是年，全市中等职业学校在校生与普通高中在校生比例为3.5∶6.5。

2007年，东阿县职业中等专业学校与东阿县技工学校进行整合，成立东阿县职业教育中心。高唐职教中心被教育部评为国家重点中等职业学校。是年，中等职业学校招生24638人，毕业生就业率98%以上。2008年2月，莘县撤销县卫生学校、技工学校、体育学校，依托县职业中专成立莘县职业教育集团。是年6月，冠县整合冠县教师进修学校（1970年3月建校）、冠县技工学校（1990年5月建校）、冠县第一职业中学（1975 年 6 月建校）资源，组建冠县职业教育中心（挂冠县技工学校牌子）。2009 年 8 月，山东省聊城贸易学校、聊城市财政学校、聊城商业技工学校、聊城水利职工中专学校和聊城外国语中等专业学校 5 所学校合并，组建聊城高级财经职业学校。聊城市高级技工学校、聊城建设学校、聊城市轻纺技工学校、聊城市机电工程技术学校、聊城市劳动技工学校和聊城电子信息学校 6 所学校合并，组建聊城高级工程职业学校（保留聊城高级技工学校牌子）。

2011 年，推进职业教育教学改革，根据市场需要设置专业课程。莘县职业中等专业学校新增植物保护专业，聊城高级工程职业学校新增无人机应用技术，高唐县职教中心和阳谷县职业中专新增会计专业。开展“校企合作”“订单培养”和涉农专业“送教下乡”。高级财经职业学校与山东移动通信有限公司联办移动通讯专业班，与市人才交流中心合作开办“农干班”。高唐职教中心与时风集团联合办学。以“练就一流技能，赢得精彩人生”为主题，举办中等职业学校技能大赛，6 所学校 246 名选手参加 10 个专业门类、29 个项目比赛。推荐优秀选手参加全省职业院校技能大赛，取得二等奖 3 个、三等奖 15 个。此后，每年举办全市中等职业学校技能大赛，并选派优秀选手参加省级、国家级技能比赛。2011 年，全市有中等职业学校 28 所，在校生 5.88 万人。

2012 年 9 月 10 日，聊城市高级技工学校改建为聊城市技师学院。是年，在山东省职业院校技能大赛活动中，聊城市代表团获得二等奖 3 个、三等奖 14 个。2013 年 8 月，茌平县职业高中、技工学校、实验高中等 3 所学校整合为茌平县职业教育中心。10 月 1 日，聊城市高级技工学校、聊城建设学校、聊城市轻纺技工学校、聊城市机电工程技术学校、聊城市劳动技工学校和聊城电子信息学校 6 校“完全整合”迁入新校园。是年，全市中等职业学校技能大赛涉及的比赛项目扩展到计算机应用技术、现代制造技术、电工电子技术、服装设计与制作、建筑装饰技能、现代会计、护理技术、焊接、汽车使用与维修、智能家居安装维护等专业类别 49 个项目。聊城市政府办公室印发《关于加快推进现代职业教育体系建设　构建鲁西技能型人才培养高地的实施意见》。意见提出，充分发挥 48 家省级企业实训基地作用，围绕全市主导产业和特色优势产业，鼓励院校与企业共同制定人才培养方案、专业建设、校本课程开发，将企业先进的生产服务标准转化为教学标准，增强教学针对性，提升教学品质。2014 年，聊城幼儿师范学校与聊城大学联合举办 3 年中等职业教育与 4 年大学本科教育（“3+4”）对口贯通分段培养试点。是年，组织代表团参加全国中等职业学校“文明风采”（中职学生综合素质竞赛）竞赛，获得二等奖 1 个、三等奖 3 个；省级竞赛一等奖 5 个、二等奖 14 个、三等奖 21 个。2015 年，全市有中等职业学校 20 所，招收新生 11803 人，在校生 35123 人，教职工 3822 人。职业院校合作企业 200 余家。4 个中等职业学校增加三年中等职业教育与两年高等职业教育“3+2”联合培养点。

1997—2015 年聊城市中等职业教育一览表

表 30-6　　　　　　　　　　　　　　　　　　　　　　单位：所、人

年份	学校	在校生	教职工
1997	50	28200	—
2000	57	46000	3000
2003	53	55700	—
2004	33	46155	3245
2005	30	43962	3039

续表 30-6

年份	学校	在校生	教职工
2006	37	48442	3658
2007	47	57231	4188
2008	39	61502	4309
2009	38	53243	4356
2010	29	54334	4330
2011	28	58793	4377
2012	26	54600	4285
2013	24	35687	4211
2014	23	33748	3973
2015	20	35123	3822

2015 年聊城市具有举办学历教育资质的中等职业学校及招生专业备案表

表 30-7

学校	招生专业
莘县职业中等专业学校	畜牧兽医、机电技术应用、数控技术应用、模具制造技术、汽车电子技术应用、计算机应用、电子技术应用、护理、服装设计与工艺
聊城高级工程职业学校	棉花加工与检验、园林技术、农产品保鲜与加工、农业机械使用与维护、农村经济综合管理、太阳能与沼气技术利用、建筑工程施工、建筑装饰、工程造价、建筑设备安装、市政工程施工、道路与桥梁工程施工、机械制造技术、机械加工技术、机电技术应用、数控技术应用、电机电器制造与维修、制冷和空调设备运行与维修、电气技术应用、纺织技术及营销、汽车运用与维修、计算机应用、电子与信息技术、电子技术应用、会计电算化、市场营销
高唐县职业教育中心学校	设施农业生产技术、现代农艺技术、机械加工技术、机电技术应用、数控技术应用、化学工艺、汽车运用与维修、计算机应用、康复技术、会计、高星级饭店运营与管理
阳谷县职业中等专业学校	设施农业生产技术、畜牧兽医、淡水养殖、农业机械使用与维护、农村经济综合管理、建筑工程施工、机电技术应用、数控技术应用、模具制造技术、化学工艺、汽车运用与维修、计算机应用、电子技术应用、会计、电子商务、服装设计与工艺、家政服务与管理
冠县职业教育中心学校	果蔬花卉生产技术、畜牧兽医、农业机械使用与维护、农村经济综合管理、机电技术应用、数控技术应用、汽车制造与检修、焊接技术应用、城市轨道交通运营管理、计算机应用、客户信息服务、音乐
茌平县职业教育中心学校	农业机械使用与维护、机电技术应用、汽车运用与维修、计算机应用、会计电算化、音乐、服装设计与工艺
东阿县职业教育中心学校	现代农艺技术、畜牧兽医、农业机械使用与维护、机械加工技术、机电技术应用、数控技术应用、机电设备安装与维修、焊接技术应用、电气技术应用、服装制作与生产管理、汽车运用与维修、计算机应用、计算机动漫与游戏制作、营养与保健、会计、会计电算化
聊城工业学校	农业机械使用与维护、农村经济综合管理、机电技术应用、数控技术应用、模具制造技术、焊接技术应用、汽车运用与维修、计算机应用、电子与信息技术、高星级饭店运营与管理
临清工业学校	农业机械使用与维护、农村经济综合管理、机电技术应用、数控技术应用、电子电器应用与维修、汽车运用与维修、计算机应用

续表 30-7

学校	招生专业
聊城高级财经职业学校	果蔬花卉生产技术、农村经济综合管理、机电技术应用、电子电器应用与维修、粮油饲料加工技术、汽车运用与维修、计算机应用、计算机平面设计、会计电算化、金融事务、市场营销、电子商务、商务韩语、物流服务与管理、高星级饭店运营与管理、中餐烹饪与营养膳食
聊城幼儿师范学校	学前教育
阳谷县第二职业中等专业学校	现代农艺技术、畜禽生产与疾病防治、农产品保鲜与加工、农业机械使用与维护、农村经济综合管理、数控技术应用、电气技术应用、服装制作与生产管理、计算机应用
聊城经济开发区职业技术学校	农村经济综合管理、药剂
聊城市人社局职业中等专业学校	农村经济综合管理、机电技术应用、数控技术应用、模具制造技术、焊接技术应用、汽车运用与维修、计算机应用、连锁经营与管理、电子商务、物流服务与管理、中餐烹饪与营养膳食
聊城市化工职业中等专业学校	木材加工、农资连锁经营与管理、化学工艺、化工机械与设备
聊城市体育运动学校	运动训练
聊城市交通技工学校（又名聊城市交通职业中等专业学校）	机电技术应用、汽车电子技术应用、电子电器应用与维修、汽车运用与维修、市场营销、电子商务、物流服务与管理
聊城市竞技体育运动学校	运动训练
聊城轻工职业中等专业学校	火电厂热力设备运行与检修、航空服务、计算机应用

聊城市高级技工学校　坐落于聊城市东昌东路 52 号，占地 6.7 公顷，建筑面积近 10 万平方米。1958 年 10 月建校，原名为山东省聊城地区专员公署技工学校。1997 年 5 月，被聊城地区劳动局列为首批车工、铸工、电工鉴定基地。开设电工、焊工、摩托车维修、农机维修、家电维修短训班，每月一期。1998 年，聊城地区专员公署技工学校改称为聊城市高级技工学校。截至 2009 年 8 月，在职职工 252 人，具有高级职称的 55 人、中级职称 53 人，“双师型”教师占 60% 以上；国家级优秀教师 3 人，省级先进模范 16 人，市级学科带头人 18 人；实训设备值 1500 万元，资产总值上亿元。开设专业涉及机械、电力、电工电子、商经营销等几大门类，其中钳工、焊工、电工、数控专业是山东省名牌重点专业。2009 年 8 月，并入聊城高级工程职业学校。2009 年 8 月至 2013 年 9 月，作为聊城高级工程职业学校（聊城市技师学院）分校区实行党委领导下的分校区负责制，按照原管理体制运行，实行财务报账制等。2013 年 10 月 1 日，迁入聊城市技师学院校园，人财物由聊城市技师学院统一管理。

2009 年，聊城市高级技工学校

聊城市轻纺技工学校　坐落于聊城市利民东路 52 号，占地 2.8 公顷，建筑面积15000平方米。1981年11月建校，原名聊城地区纺织技工学校。1983年4月，成立聊城地区纺织职工中等专业学校（挂聊城地区纺织职工中等专业学校和聊城地区纺织技工学校），两块牌子、一套班子。1998年，聊城地区纺织职工中等专业学校改称为聊城市轻纺技工学校。截至2009年8月，在职职工93人，高级职称25人，中级职称17人；固定资产近1000万元。开设专业有棉纺织保全、含有毛纺、毛织、针织、染整、服装、制革、现代纺织技术、棉花检验加工与经营等共17个，其中现代纺织技术专业被山东省教育厅确定为省级教学改革试点专业。2009年8月，并入聊城高级工程职业学校。2009年8月至2013年9月，作为聊城高级工程职业学校（聊城市技师学院）分校区实行党委领导下的分校区负责制、按照原管理体制运行，实行财务报账制等。2013年10月1日，迁入聊城市技师学院校园，人财物由聊城市技师学院统一管理。

聊城建设学校　坐落于聊城市鲁化路31号，占地10公顷，建筑面积5万多平方米。1982年，聊城地区基本建设委员会开设建筑技术培训班。1990年6月，成立山东省聊城建设学校，招收工民建（建筑工程技术）、给排水工程两个专业。1993年起，与山东建筑大学、青岛理工大学联合办学，开设成人脱产班、专科班和成人函授班、专科班。2002年4月，与聊城大学合作，增设了“3+2”五年制工民建专业普通专科层次学制生。截至2009年8月，在职职工106人，其中高级职称41人、中级职称50人；固定资产2600余万元。开设专业有工民建、电气化、给排水、装饰、道路与桥梁、工程造价、建筑施工与监理等共26个专业。2009年8月，并入聊城高级工程职业学校。2009年8月至2013年9月，作为聊城高级工程职业学校（聊城市技师学院）分校区实行党委领导下的分校区负责制，按照原管理体制运行，实行财务报账制等。2013年10月1日，迁入聊城市技师学院校园，人财物由聊城市技师学院统一管理。

聊城市劳动技工学校　原名聊城地区粮食局技工学校，1981年建校，曾几度迁址、更名。2000年12月，市政府决定将学校成建制划归市劳动局，更名为聊城市劳动技工学校，加挂鲁西人力资源开发技术学校牌子，连同聊城经济职业中等专业学校，形成“一校三牌”格局。2004年，该校被山东省劳动厅认定为山东省劳务培训基地和再就业培训定点机构。截至2009年8月，在职职工33人，其中高级职称7人、中级职称14人。固定资产420多万元。开设仓储、粮食经济、会计、市场营销、机电、电子、数控车工等共14个专业。2009年8月，并入聊城高级工程职业学校。2009年8月至2013年9月，作为聊城高级工程职业学校（聊城市技师学院）分校区实行党委领导下的分校区负责制，按照原管理体制运行，实行财务报账制等。2013年10月1日，迁入聊城市技师学院校园，人财物由聊城市技师学院统一管理。

聊城市机电工程技术学校　1975年建校，曾几度更名。2004年，更名为聊城市机电工程技术学校。2005年6月，被市政府确定为国家农村劳动力转移阳光工程培训学校。7月，被山东省劳动厅确定为山东省技能扶贫计划招生学校，被省政府授予山东省职业教育先进单位。2006年，取得山东省农村劳动力转移阳光工程培训资格。2007年，被国务院扶贫办确定为“雨露计划”示范基地，被共青团中央评为全国进城务工青年培训工作先进集体。是年，被教育部批准为中国西部教育顾问单位，先后为宁夏民族自治区、甘肃省等10余个省、区、县免费培养8000余名贫困生，涉及回族、彝族、苗族、藏族等14个少数民族。截至2009年8月，在职职工44人，其中高级职称9人、中级职称10人。固定资产620余万元。开设有农机使用与维修数控车工、普通车工、机械装配等24个专业，其中数控车工专业是省技工学校重点专业、百强专业。2009年8月，合并于聊城高级工程职业学校。2009年8月至2013年9月，作为聊城高级工程职业学校（聊城市技师学院）分校区实行党委领导下的分校区负责制、

2003年，聊城市机电工程技术学校

按照原管理体制运行，实行财务报账制等。2011年，接受四川省汶川区、云南省丽江市、甘肃省舟曲县和云南省彝良县灾区661名学生到校免费学习。11月，被表彰为全国扶贫开发先进集体，姜国峰被评为“中国扶贫开发典型人物”。2012年起，举办“雨露计划”实验班，涉及德州市、滨州市、聊城市、菏泽市、临沂市五地市特困生，至2013年接收计划生150多人。2013年10月1日，迁入聊城市技师学院校园，人财物由聊城市技师学院统一管理。

聊城电子信息学校　其前身是山东省莘县师范学校，1967年建校，时名“莘县工读师范”，主要任务是对县内中小学教师进行短训，时坐落在莘县十八里铺公社农场，占地0.67公顷，校舍28间，隶属莘县文教局；1972年，迁到莘县县城振兴街88号，校园占地3.33公顷。1974年经山东省人民政府批准，更名为“山东省莘县师范学校”，正式招收国家计划普通师范中专生，学校归属莘县教育局领导，正科级事业单位。1984年7月，学校归属聊城地区教育局管理，处级事业单位。2005年6月，莘县师范学校更名为聊城电子信息学校。2006年，与印度国家信息技术学院中国总部联合办学，重点培养软件工程师。与聊城大学合作成立成人高等教育函授站，举办多层次的函授学历教育。

截至2009年8月，在职教职工64人，其中高级职称28人、中级职称22人，资产1800万元。2009年8月，并入聊城高级工程职业学校。2009年8月至2013年9月，作为聊城高级工程职业学校（聊城市技师学院）分校区实行党委领导下的分校区负责制、按照原管理体制运行，实行财务报账制等。2010年年初，与莘县劳动局合作成立“莘县同创人才培训基地”，对企业人员进行岗前培训，当年培训人员62人。2013年10月1日，迁入聊城市技师学院校园，人财物由聊城市技师学院统一管理。

聊城市技师学院　2009年8月，聊城市高级技工学校、聊城市轻纺技工学校、山东省聊城建设学校、聊城市劳动技工学校、聊城市机电工程技术学校、聊城电子信息学校6个学校组建聊城高级工程职业学校（保留聊城市高级技工学校牌子）。2012年9月10日，聊城市高级技工学校改建成聊城市技师学院。2013年10月1日，新校园启用，占地33.33公顷，建筑面积16万平方米，总投资5亿余元。学院实行党委领导下的院长负责制和院系两级管理，设有机械工程系、电气工程系、信息工程系、建筑工程系、经济管理系、城市建设系、基础教学部等11个教学系部和12个行政处室。开设了符合聊城区域经济及产业发展的机械加工技术、电气工程技术、建筑工程技术等25个专业，此后正在着力加强机械加工技术、建筑工程、电气技术应用、汽车维修、电子商务等重点专业（群）建设，其中机械装配与维修、数控车工和电气工程是省名牌重点专业；数控车工和机械装配维修是省百强专业；2015年建筑工程施工专业被确定为山东省中职学校品牌专业和现代学徒制试点专业。建有2.5万平方米的实训楼和1.5万平方米的生产实习车间。2014年，与市人社局、市民政局、市住建委、市农委、鲁西化工等单位合作开展下岗再就业培训、“雨露计划”、复退军人培训、“阳光工程”及建筑特种作业工作人员、基层农技人员和职工岗前的培训等，培训人员11000余人次。成立学院职业技能鉴定站，承担聊城市鉴定指导中心委托的数控、焊接等10个工种的技能鉴定。2015年，开设“3+2”（三年中等职业教育与两年高等职业教育）专业达8个（建筑工程技术、工程造价、机电一体化、数控技术、电气自动化技术、会计电算化、护理、计算机技术）。该校先后获得国家职业教育改革发展示范学校、全国职业教育百强校、全国社会扶贫工作先进集体、山东省富民兴鲁劳动奖状、山东省教育系统先进集体、省级文明单位、省级花园式单位等多项荣誉称号。

聊城市财政学校　（2008年摄）

山东省聊城贸易学校　建于1978年7月，时称聊城供销技工学校，隶属于山东省供销社。1999年，被评为省部级重点普通中专。2001年，被评为国家级重点普通中专。2001年3月，由省供销社下放至聊城市管理，改称为山东省聊城贸易学校。2003年，学校大专专业4个、中专专业18个。在校生5000余人，教职工227人，其中高级讲师72人、讲师96人、全国优秀教师3人、省（部）级优秀教师7人。2009年8月，并入聊城高级财经职业学校，时称聊城高级财经职业学校一校区。

聊城市财政学校　1988年，在聊城地区财政干部学校、山东省会计干部中等专业学校聊城分校基础上成立聊城地区财政学校。1997年，更名为聊城财政学校。1998年，改为聊城市财政学校。2000年，设立山东财政学校继续教育学院聊城分院。2002年，聊城市财政学校分别与聊城大学、山东信息职业技术学院、山东财政职工大学签订“3+2”合作办学协议。2003年，与滨州医学院联合办学举办成人教育班。2009年，学校占地6.4公顷，建筑面积3.2万平方米，拥有教学楼2座，宿舍楼2座，有办公楼、图书楼、餐厅等，计算机网络实验室10个，多媒体教室5个，还有语音室、会计模拟实验室、技能操作训练室等，图书馆、阅览室藏书10万余册。教职工161人，专兼职教师110人，其中高级讲师38人、讲师28人。2009年8月并入聊城高级财经职业学校，称为聊城高级财经职业学校二校区。

聊城市商业技工学校　成立于1979年7月20日，招生规模360人。校址在聊城地区商业局院内，开设商品知识与养护、烹饪、无线电修理等专业。1984年，迁入聊城地区文化西路南新校址。新校占地1.43公顷，校舍建筑面积2900平方米。1990年9月，新建教学办公楼投入使用，建筑面积为7612平方米。1993年，加挂聊城地区商业职工中专学校牌子，招生规模扩大到1000人。1997年，聊城地区劳动局确定该校为商品营业员、家用电子产品维修工、餐厅服务员、中式烹调师等4工种职业技能鉴定基地。1998年，聊城撤地建市后，改为聊城市商业技工学校。2002年，成为山东省技能人才开发协会会员单位，2003年，获全国商业服务业先进集体称号。2009年，成为中国旅游协会旅游教育分会会员单位。2009年8月，并入聊城高级财经职业学校，称为聊城高级财经职业学校三校区。

聊城水利职工中等专业学校　成立于1985年4月3日，是山东省唯一一所水利职工中专学校，隶属于聊城市水利局管理。1997年，校园占地2.6公顷，建筑面积7000平方米。固定资产总值1723万元。设农田水利技术、水利工程、计算机及应用专业。在校生220人。教职工73人，专任教师28人，其中高级职称8人、中级职称9人、初级职称11人。2000年11月2日，与山东农业大学成人教育学院联合办学，成为山东农业大学函授教学点。2008年，学校占地2.6公顷，建筑面积11154.58平方米。图书藏书10000册。教职工74人，专任教师32人，其中高级职称12人、中级职称5人、初级职称11人。全日制学生在校生200余人，成人教育在校注册生360人。2009年8月，并入聊城高级财经职业学校，称为聊城高级财经职业学校四校区。

聊城外国语中等专业学校　学校创建于1946年3月，曾先后更名为冀鲁豫第一师范、山东省聊城第一师范等。1957年7月改称山东省阳谷师范学校。2005年6月，阳谷师范学校更名为聊城外国语中等专业学校。开设英语、韩语、日语、计算机等专业。先后与韩国东义科学大学、庆云大学等建立友好校际关系，与韩国、日本、新加坡等国家的有关企业建立了国际劳务合作关系，被确定为长江三角洲地区联合培训与定向就业培训基地、上海市人才市场定点用人单位、山东省涉外劳务输出培训基地。2009年8月，学校建筑面积1.32万平方米，有教职工108人，其中高级讲师48人、讲师26人，在校生700余人。固定资产1350万元，图书馆藏书5万余册。2009年8月，并入聊城高级财经职业学校，称为聊城高级财经职业学校五校区。

聊城高级财经职业学校　2009年8月24日，山东省聊城贸易学校、聊城市财政学校、聊城市商业技工学校、聊城水利职工中专学校及聊城外国语中专学校组建为聊城高级财经职业学校（加挂聊城市第一职业学校和聊城农民培训学院牌子），9月16日正式揭牌。2009年起，与山东财经大学、山东科技大学、山东农业大学、临沂大学和滨州医学院等高校联合办学，举办成人高等教育，每年招生近千人。2010年，被国家体育总局表彰为全民健身先进单位。2011年，被教育部评定为国家级重点中等职业学校。2011年、2012年、2013年，先后获教育部、中央文明办等七部门联合组织的第八届、九届、十届全国中等职业学校文明风采竞赛活动“优秀组织奖”。2013年9月7日，学校各校区由旧址迁入新校区，位于聊城高新技术产业开发区光岳路199号。新校园占地24.59公顷，建筑面积11万平方米。教职工576人，专任教师395人，其中高级讲师139人、讲师143人。设置会计系、工程系、商贸系、餐旅系、农学系等5个系，开办会计电算化、计算机平面设计、计算机应用、中餐烹饪与营养膳食、高星级酒店运营与管理、机电技术应用、市场营销、电子商务、汽车运用与维修、果蔬花卉生产技术、粮油饲料加工技术等11个大、中专专业。附设聊城育才学校（中学）。2014年，5个专业133名学生被烟台大学、山东理工大学、济南大学、山东科技大学、青岛科技大学等本科院校录取。是年，获第十一届全国中等职业学校文明风采竞赛活动全国决赛“卓越组织奖”，5位教师获全国决赛“优秀指导教师奖”。2015年，被认定为山东省规范化学校。是年，招收全日制新生2430人、成人函授新生457人。在校生（含普通中专、三二连读大专、成人教育、春季高考实验班）8000余人。436名学生参加春季高考7个专业的“知识+技能”考试，223人上本科录取线。

聊城市交通职业中等专业学校　建于1965年。1996年，被山东省劳动厅评为山东省技工学校教学质量优秀单位。2002年，被评为省部级重点技工学校，2006年，被山东省劳动厅确定为山东省“金蓝领”高技能人才培养基地。2011年12月，被人力资源社会保障部评为国家重点技工学校。2015年，学校占地7.4公顷，建筑面积42209平方米，固定资产2836万元。建有实验实训中心、形体训练室、校园电视台和校园网站。图书藏书8万余册，专业技术图书占图书总量的75%以上。拥有数字化双向教学评估系统、微机室11座、各类实验室16座、多媒体教室23座、网络实验室2座、语音室2座。实训场地总建筑面积10764平方米，实验实习设备 2000 余台（套）；设交通运输、机械加工、计算机信息、农林等 4 个门类 10 个专业。在校生 2342 人。教师 92 人，其中专业课教师 64 人、高级讲师 33 人。

山东聊城卫生学校 1958 年 1 月，建立山东聊城卫生学校，校址在道署西街，设医士、护士、医士助产 3 个专业并招生。1958 年 10 月，学校搬迁至楼北白衣堂巷。1959 年 3 月，购买聊城东昌府区王口桥东耕地 6.6 公顷，筹建新校。1960 年 5 月，新校建成并迁入，建筑面积 5388 平方米。1962 年，临清卫生学校并入聊城卫生学校。1963 年，五年一贯医疗专修专业改为四年制医士专业、医士三年制改为四年制。1964—1971 年，招收“社来社去”护士、医士专业学生。1972—1976 年，招收二年制医士专业工农兵学员。1977 年，恢复考试制度后，聊城卫生学校恢复正常招生。1979 年 11 月，举办聊城地区医疗卫生人员业余医士培训班，培训 100 人。1984 年 10 月，中医门诊部开诊。2000 年，并入聊城职业技术学院。合校前聊城卫生学校教职工 195 人，在校生 3758 人。

聊城市旅游职业中等专业学校 1992 年 5 月 28 日，成立山东省旅游学校聊城分校。后改为聊城地区旅游职业中等专业学校。1998 年，聊城地区旅游职业中等专业学校改称为聊城市旅游职业中等专业学校。2001 年，并入聊城职业技术学院。合校前教职工 26 人，在校生 819 人。

第三章　高等教育

1997 年，聊城地区有聊城师范学院、聊城教育学院共 2 所普通教育高等学校。2000 年，成立聊城职业技术学院。2002 年，聊城师范学院改为聊城大学，建立聊城大学东昌学院，山东省第二高级技工学校更名为山东省第二技术学院。2009 年 6 月，山东省第二技术学院改为山东工程技师学院。至 2015 年，聊城市有高等教育学校 4 所，其中普通高等教育学校 2 所（聊城大学、聊城大学东昌学院）、高等职业教育机构 2 所（聊城职业技术学院、山东工程技师学院）。共有在校生 63564 人，教职工 3256 人。其中：普通教育高等学校在校生 40200 人，教职工 2335 人；高等职业学校在校生 23364 人，教职工 921 人。

第一节　普通高等教育

聊城大学 1981 年 7 月，山东师范学院聊城分院更名为聊城师范学院。1997 年，学校拥有 25 个本、专科专业。1997 年 10 月，该校联入中国教育和科研计算机网络。是年 11 月，通过山东省教委本科教学工作评估。1998 年 3 月，经国务院学位委员会审核批准为硕士学位授予权单位，获批分析化学、中国古典文献学 2 个硕士学位点。1998 年 8 月，建成西校区办公楼与教学楼网络，拨号上网。9 月 1 日，与青岛海洋大学建立“手拉手协作学校”关系，开展教育改革、师资培训、高教课题研究、人才和信息交流、图书资料、教学设备等方面合作。是年，经国务院批准成为硕士学位授予权单位。1999 年，聊城农业学校、聊城畜牧研究所（部分）并入聊城师范学院。2000 年 7 月 3 日，与漳州师范学院签订“友好学校协议书”，展开人才资源、教学、科研、管理等方面交流与合作。2001 年 9 月，新图书馆投入使用，建筑面积 2.24 万平方米。新图书馆与聊城市共同投资建设，集高校图书馆和市公共图书馆于一体，这种模式属国内首创。12 月 10 日，与台湾明新技术学院建立友好校际关系，开展科研信息和出版物交换、学术研讨、联合办学等方面合作与交流。是年，实现光

2002 年 9 月，聊城大学揭牌

纤全校互联，教工、学生百兆入网，结束拨号上网历史。至 2001 年，学校占地 85.38 公顷，校舍建筑面积 41.4 万平方米，图书馆藏书 160 余万册，教学科研仪器设备总值 5736 万元。有省级重点学科、重点实验室共 5 个。拥有 45 个本、专科专业，建成 9 个硕士学位点。有教职工 1446 人。其中专任教师 851 人，具有博士、硕士学位教师 294 人，教授 109 人，副教授 394 人；其中，6 人享受国务院政府特殊津贴，6 人获全国优秀教师称号，8 人获曾宪梓教育基金会高等师范院校优秀教师奖，3 人获山东省优秀教师称号。1997—2001 年，学校先后派出 8 个代表团赴国外高校访问、考察，与美国、澳大利亚、英国、日本、加拿大等国家 14 所高校签署教育交流与合作协议书或备忘录。2002 年 5 月，聊城师范学院更名为聊城大学。是年，该校采购图书 6 万余册，订购期刊 2400 余种，引进和完善中国学术期刊、维普科技期刊、中国学术会议论文、超星数字图书馆、书生之家数字图书馆等电子文献资源。2003 年 6 月，与济南军区签订《关于为军队培养干部协议书》，开始国防生培养工作。是年，劳动经济学等 11 个学科专业被批准为二级学科硕士学位授权点，硕士学位授权点达到 20 个。2004 年，开始通过高考招录国防生。2005 年 7 月，成立后备军官学院。是年，获得招收港澳台学生资格，被批准为全国教育硕士专业学位研究生培养单位。聊城市体育运动学校并入聊城大学。2006 年，获批第一个一级学科硕士学位授权点——化学学科。是年，新增二级学科硕士学位授权点 25 个。2007 年，建成 26500 平方米的东校区逸夫图书馆。图书馆馆舍总面积 49500 平方米，共有 30 多个书库和阅览室，阅览座位 6000 余个。

2008 年 3 月 25 日，成立聊城大学运河文化研究中心。该中心主要研究方向为京杭大运河史（河道变迁、运河工程、运河漕运、税关仓储、河政管理、生态环境变迁等）、运河区域社会变迁（运河城镇带的形成、商人商帮、因河而兴手工业、农业产业结构变化、人口流动、社会结构变化等）、运河区域民俗与文化（民风民俗、民间信仰、民间社会、民间文学、民间艺术、书院科举、文化交流等）等。12 月，成立聊城大学—东阿阿胶研究院，主要从事阿胶现代化研究等。是年，该校通过教育部本科教学工作水平评估。2009 年，被增列为艺术硕士专业学位培养单位。2010 年 4 月，实施“聊城市企业科技特派员工程”，选派 17 名教授、博士作为企业科技特派员服务聊城市企业。10 月，与美国北乔治亚大学合作兴办北乔治亚大学汉语言文学专业。12 月，成立聊城有色金属研究院。是年，被列为体育硕士、翻译硕士、工程硕士专业学位培养单位。2011 年 1 月，成立聊城发展研究院。3 月，获批应用经济学、政治学、教育学、中国语言文学、音乐与舞蹈学、美术学、世界史、物理学、地理学、生物学、系统科学、材料科学与工程、信息与通信工程、风景园林学、软件工程、管理科学与工程 16 个一级学科硕士学位点。10 月，通过全国高校教育硕士专业学位教学工作合格评估。2011 年起，美国北乔治亚大学每年选派学生到该校参加中国语言文化研修。是年，入选山东省首批名校建设工程立项单位。2011 年，新增一级学科硕士学位授权 16 个。至此，共有一级学科硕士学位授权点17个，二级学科硕士学位授权点93个。2012年1月，中国国家汉语国际推广领导小组办公室正式授权和委托该校作为中方执行机构与约旦费城大学合作兴办孔子学院。9月16日，该校与约旦费城大学合作共建的孔子学院在约旦首都安曼皇家文化中心举行揭牌仪式。10月，聊城大学选派首任中方院长和3名教师赴孔子学院开展中国语言文化教学工作。是年，成立太平洋岛国研究中心。这是国内首个太平洋岛国专门学术研究机构。2014年4月，举办首届“太平洋岛国研究高层论坛”。斐济共和国驻华大使泰莱尼、汤加王国驻华大使拉图、密克罗尼西亚联邦驻华大使苏赛亚、太平洋岛国贸易与投资专员署贸易专员萨沃等太平洋岛国驻华使节一行9人应邀出席论坛。三国驻华大使和太平洋岛国贸易与投资专员署贸易专员受聘为研究中心学术顾问。7月11日，接待由瓦努阿图、密克罗尼西亚、萨摩亚、所罗门群岛等国14名政治家和媒体代表组成的第四批太平洋岛国政治家联合考察团。5月，成立中通新能源汽车研究院，与中通客车控股股份有限公司深度融合。9月，成立中国智慧城市研究院。2015年1月，作为主要完成单位参与的“奥美拉唑系列产品关键制备技术与产业化”项目获国家科学技术进步奖二等奖。3月，成立聊城大学生物制药研究院，协助聊城市高新区建设生物技术研发中心。4月，受教育部委托遴选派遣5名理工科教师赴萨摩亚开展教育援外工作。这是中国首个对太平洋建交岛国的教育援外试点项目。随后，学校遴选5名教师赴萨摩亚5所高中履职，开展教学和师资培训工作。是年，翻译硕士等4个专业学位点通过全国专项评估检查。国家社科基金重大项目选题“太平洋岛国研究”被列入2015年度国家社科基金重大项目（第二批）招标选题研究方向，《海源阁藏书研究》入选《国家哲学社会科学成果文库》。截至2015年年底，该校先后与俄罗斯、韩国、美国、加拿大、日本、德国、英国等40多个国家和地区的百余所高校、学术机构建立友好校际关系和交流协作关系。共招收外国留学生1395人，生源覆盖5大洲30余个国家。

至2015年，该校占地200公顷，校舍建筑面积76.3万平方米，固定资产总值15.42亿元。图书馆纸质藏书239万余册，中外文期刊2160种，电子图书300万余种，中文电子期刊13000余种，外文电子期刊9800余种，各类中外文数据库47个。设学院25个，本科专业88个，涵盖哲学、经济学、法学、教育学、文学、历史学、理学、工学、农学、管理学、艺术学、医学等12大门类，拥有一级学科硕士学位授权点17个，硕士专业学位授权点5个。建有10个省级重点学科，4个山东省高校重点实验室，2个山东省重点实验室，2个山东省工程技术研究中心，8个省级研究基地，1个山东省高校优秀科研创新团队，1个山东省高校协同创新中心。全日制在校生3.2万人。教职工1590人，其中专职教师1512人。专职教师中教授196人，具有博士学位教师517人。学术学位研究生导师316人，专业学位研究生导师295人。

2002—2015年，承担省部级以上科技类科研项目640项，其中，973、863和国家级基金项目208项，科研经费9707万元。取得科研成果9903项，获省部级二等奖以上奖励15项。授权发明专利175项。承担人文社科类国家级课题77项。其中，国家社科基金重点项目2项、一般和青年项目55项、后期资助项目5项、中华学术外译项目2项、艺术学项目2项、教育学项目6项、全国高校古籍整理委员会项目1项、国家清史编纂委员会项目1项、国家社科基金重大项目子课题2项、国家科学技术学术著作出版基金1项。获得人文社科类省部级以上科研奖励183项。其中，中国高校人文社会科学研究优秀成果奖2项、高等学校科学研究优秀成果奖（人文社会科学）3项、中国书法兰亭奖1项、夏衍电影文学奖1项、山东省文化创新奖1项、山东省社会科学重大成果奖1项、山东省社会科学优秀成果奖一等奖8项。

2002—2015 年聊城大学省级重点学科、实验室、研究基地一览表

表 30-8

名称	批准部门	备注
分析化学学科	山东省教育厅 山东省财政厅	山东省“十五”“十一五”强化建设重点学科，“十二五”特色重点学科
科学社会主义与国际共产主义运动学科	山东省教育厅 山东省财政厅	山东省“十五”“十一五”强化建设重点学科，“十二五”特色重点学科
古典文献学学科	山东省教育厅 山东省财政厅	山东省“十五”“十一五”重点学科
课程与教学论学科	山东省教育厅 山东省财政厅	山东省“十五”重点学科、“十一五”强化建设重点学科、“十二五”重点学科
中国现当代文学学科	山东省教育厅 山东省财政厅	山东省“十一五”重点学科，“十二五”特色重点学科
系统理论学科	山东省教育厅 山东省财政厅	山东省“十一五”“十二五”重点学科
中国近现代史学科	山东省教育厅 山东省财政厅	山东省“十一五”“十二五”重点学科
光学学科	山东省教育厅 山东省财政厅	山东省“十二五”重点学科
自然地理学学科（黄河下游资源环境与生态安全）	山东省教育厅 山东省财政厅	山东省“十二五”重点学科
分子生物学与抗体药物工程学科	山东省教育厅 山东省财政厅	山东省“十二五”重点学科
生态学与生物多样性实验室	山东省教育厅 山东省财政厅	山东省高校“十一五”“十二五”重点实验室
光通信技术实验室	山东省教育厅 山东省财政厅	山东省高校“十五”实验室
现代光通信实验室	山东省教育厅 山东省财政厅	山东省高校“十一五”强化建设实验室
光信息传输与处理实验室	山东省教育厅 山东省财政厅	山东省高校“十二五”强化建设实验室
清洁化学能源技术实验室	山东省教育厅 山东省财政厅	山东省高校“十二五”重点实验室
智能信息处理与网络安全实验室	山东省教育厅 山东省财政厅	山东省高校“十二五”重点实验室
运河文化研究基地	山东省教育厅 山东省财政厅	山东省“十一五”人文社科研究基地
运河与区域经济社会发展研究中心	山东省教育厅 山东省财政厅	山东省“十二五”人文社科研究基地
教师教育创新研究基地	山东省教育厅 山东省财政厅	山东省“十二五”人文社科研究基地
非物质文化遗产保护学科	山东省文化厅	山东省文化艺术类“十一五”“十二五”重点学科
产业升级与经济协同发展软科学研究基地	山东省科技厅	2012 年 12 月获批建立山东省软科学研究基地
体育文化研究基地	国家体育总局体育文化发展中心	2013 年 11 月获批建立国家体育总局体育文化发展中心研究基地
可再生能源化学与技术创新团队	山东省教育厅 山东省财政厅	2012 年 10 月获批建立山东省高校优秀科研创新团队
反腐倡廉理论教育基地	山东省委高校工委	2011 年 9 月获批山东高校反腐倡廉理论教育基地

续表 30-8

名称	批准部门	备注
抗体制药协同创新中心（自主培育建设）	山东省教育厅 山东省科技厅 山东省财政厅	2013 年 7 月获批建立山东省高等学校协同创新中心
山东省世界社会主义共产主义运动研究基地	山东省哲学社会科学规划领导小组	2005 年 1 月获批建立山东省哲学社会科学类重点研究基地
山东省当代中国哲学研究基地	山东省哲学社会科学规划领导小组	2006 年 11 月获批建立山东省哲学社会科学类重点研究基地
山东省运河文化研究基地	山东省哲学社会科学规划领导小组	2009 年 10 月获批建立山东省哲学社会科学类重点研究基地
山东省光通信科学与技术重点实验室	山东省科技厅	2008 年 11 月获批建立山东省重点实验室
山东省化学储能与新型电池技术实验室	山东省科技厅	2011 年 3 月获批建立山东省重点实验室
山东省光通信工程技术研究中心	山东省科学技术委员会	1995 年 3 月获批建立山东省工程技术研究中心
山东省纳米药物与释药系统工程技术研究中心（筹）	山东省科技厅	2014 年 12 月获批筹建山东省工程技术研究中心

2002—2015 年聊城大学教职工构成一览表

表 30-9　　　单位：人

年份	教职工总数	专任教师人数	正高级职称人数	副高级职称人数	博士人数
2002	1523	894	124	422	30
2003	1570	976	142	353	98
2004	1824	1330	184	417	140
2005	1897	1470	193	428	170
2006	1986	1526	219	467	191
2007	2056	1562	218	454	201
2008	2135	1634	228	494	225
2009	2150	1657	220	477	240
2010	2151	1663	215	466	270
2011	2150	1668	209	526	310
2012	2152	1697	201	523	348
2013	1891	1453	201	577	399
2014	1920	1483	197	612	462
2015	1950	1512	200	599	517

2002—2015 年聊城大学全日制研究生、本专科生培养一览表

表 30-10　　单位：人

年份	招生数				在校生数				毕业生数			
	合计	研究生	本科	专科	合计	研究生	本科	专科	合计	研究生	本科	专科
2002	7478	55	4887	2536	18318	99	13584	4635	3761	9	2026	1726
2003	8179	110	5959	2110	22709	192	15849	6668	3323	16	3225	82
2004	9134	146	6245	2743	24933	306	17599	7028	6228	23	3938	2267
2005	9538	187	6982	2369	27030	424	20616	5990	7648	59	4703	2886
2006	8850	210	7208	1432	29179	525	23840	4814	6786	109	5192	1485
2007	7192	268	5423	1501	26799	650	22676	3473	9993	143	7723	2127
2008	7919	305	6697	917	27634	764	23322	3548	9808	190	8116	1502
2009	8339	400	6555	1384	26753	939	22685	3129	8637	289	7296	1052
2010	8885	407	7461	1017	26768	1068	23276	2424	8884	442	7514	928
2011	8646	405	7799	442	29785	1119	26270	2396	5637	532	4541	564
2012	8326	442	7426	458	31484	1150	28188	2146	6715	607	5277	831
2013	8895	470	7991	434	32379	1186	29618	1575	8079	617	6383	1079
2014	8406	512	7894	—	32445	1195	30260	990	8051	608	6858	585
2015	8057	536	7521	—	32970	1278	30381	1311	8610	712	7531	367

1997—2001 年聊城师范学院科研成果统计表

表 30-11

项目 / 年份	科研成果（项）	哲学社会科学科研项目获厅级以上科研立项（项）	自然科学科研项目获厅级以上科研立项（项）	自然科学科研项目获厅级以上科研成果奖（项）	科研经费（万元）
1997	975	49	42	19	102.9
1998	733	41	44	22	73.0
1999	971	34	52	28	58.5
2000	1061	28	48	15	64.6
2001	1168	16	8	1	68.0

2002—2015 年聊城大学科技类科研课题及成果统计表

表 30-12　　单位：个、万元

年份	国家级课题数量	厅级以上课题数量	课题经费总额	科研成果数量
2002	1	10	87.0	—
2003	1	16	143.8	524
2004	6	21	211.0	771
2005	5	30	195.4	808
2006	7	35	319.6	902

续表 30-12

年份	国家级课题数量	厅级以上课题数量	课题经费总额	科研成果数量
2007	10	39	453.6	925
2008	16	53	511.6	841
2009	9	53	409.3	1124
2010	22	82	892.6	932
2011	22	70	1119.3	816
2012	25	78	1739.6	655
2013	27	87	2827.4	672
2014	32	36	2704.4	477
2015	25	30	2816.9	456

2002—2015 届聊城大学研究生发表论文统计表

表 30-13

届别	论文数量（篇）	其中
2002—2004 届	200	SCI、EI 收录 40 篇
2005—2006 届	366	SCI、EI、中文核心期刊收录 65 篇
2007 届	—	SCI、EI、中文核心期刊收录 61 篇
2008 届	—	SCI、EI、ISTP、CSSCI、中文核心期刊收录 91 篇
2009 届	—	SCI、EI、ISTP、CSSCI、中文核心期刊收录 131 篇
2010 届	581	SCI、EI、ISTP、中文核心期刊收录 141 篇
2011 届	873	SCI、EI、中文核心期刊收录 119 篇
2012 届	723	SCI、EI、中文核心期刊收录 155 篇
2013 届	610	SCI、EI、CSSC、中文核心期刊收录 131 篇
2014 届	621	SCI、EI、CSSC、中文核心期刊收录 115 篇
2015 届	700	SCI、EI、中文核心期刊收录 120 篇

聊城教育学院 1977 年 10 月，聊城师范专科学校创建。1987 年，更名为聊城教育学院。1997 年，继续招收中文、英语、数学、政史、物理、化学等 6 个专业师资专科班，共招生 388 人。师资班学生参加全国成人高考，合格者取得国家承认学历的成人专科毕业证书。是年，举办音像本科助学辅导班、自学助考专科班、中小学校长培训班。1998 年，化学、化工、计算机、机电 4 个专科专业经省教育厅批准招生，学制 3 年，招生 83 人。是年始，举办国家计划普通高等专科教育。1999 年，增设国家计划普通专科 7 个专业，招生 299 人。地区计划师资专科班招生 303 人。是年，与北京师范大学联合举办研究生班。2000 年，聊城广播电视大学、聊城教育学院、聊城地区卫生学校、聊城畜牧研究所（时称三校一所）合并组建聊城职业技术学院。聊城教育学院普通专科学生以聊城职业技术学院（筹）名义录取建册，共招收国家计划普通专科学生 255 人，市计划师资专科班 158 人。2001 年，聊城职业技术学院挂牌成立，但聊城教育学院未实质性并入聊城职业技术学院。聊城教育学院以聊城职业技术学院名义招生，共招国家计划普通

专科学生2个专业65人，市计划师资专科班144人。是年始，音像本科助考辅导教学、专科主考辅导教学、校长培训、联合办学逐步发展。地区计划师资专科班学生逐渐减少。2002年，聊城教育学院恢复单独招生，共招收国家计划普通专科生376人，学制3年。开办市计划大专班，招生96人。是年，设立聊城教育学院中专部，招收初中毕业生，学制2年，招生184人。2003年，共招收国家计划普通专科生532人，招收中专生299人。是年，与韩国世明大学开展协商，学院培训初级韩语，学院专科生可直接申请到韩国读本科。2004年，共招收国家计划普通专科生557人，中专生133人，成人专科生438人。2005年，共招收国家计划普通专科生653人，中专生226人，成人专科生572人，在校生2330人，仪器设备值1173万元，图书11.05万册。是年8月，聊城教育学院与东昌学院、聊城师范学校合并办学。聊城教育学院主校区迁入聊城大学东昌学院，原校区改称聊城大学东昌学院西校区，作为东昌学院中专部。2008年，聊城教育学院招收最后一届中专生。

聊城大学东昌学院教学楼（2015年摄）

聊城大学东昌学院 成立于2002年，为聊城大学二级学院。2005年6月，聊城大学申请举办、山东泉林集团投资建设、教育部批准设立为独立学院，为民办公助、全日制本科层次、普通综合类高等学校。8月，与聊城教育学院、聊城师范学校合并，组建成新的聊城大学东昌学院。东昌学院设置经法系、外语系、电子系、教育学院、师范学校，有5个本科专业、2个专科专业，在校生377人。10月，专业设置调整为中文系、经法系、电子工程系、英语系、韩语系、教育系、数学系、物理系、化学与生物系、机电工程系、美术设计系、音乐表演系及基础教学部、师范部。是年，学校建筑面积109096平方米，纸质图书15万册，专任教师160人。2006年，本科专业增至13个、专科专业增至5个，在校生1256人。2008年，本科专业增至19个，专科专业增至9个，在校生3466人。2008年8月，师范部所有学生毕业，撤销师范部。2010年9月，本科专业增至21个，专科专业增至12个，在校生4881人。聊城教育学院在校生863人，成人专科生45人。2012年9月，本科专业增至23个，专科专业增至11个，在校生5949人。聊城教育学院在校生529人，成人专科生15人。2013年8月，韩语系与英语系合并更名为外国语系。本科专业增至26个，专科专业增至14个，在校生6485人。聊城教育学院在校生584人，成人专科生15人。2014年6月，数学系、电子科学系合并成立数学与信息工程系。8月，物理工程系更名为影视传媒系，经济与法律系更名为经济管理系。本科专业增至30个，专科专业增至18个，在校生6763人。聊城教育学院在校生698人，成人专科生30人。2015年年底，学院净产值5.2亿元，教学科研仪器设备值4632.7万元，总建筑面积145653平方米。馆藏纸质图书391351册，线装古籍图书3038册，部分被选入《山东省珍贵古籍名录》（第一批）。设有中文系、外国语系、教育系、美术设计系、音乐表演系、经济管理系、数学与信息工程系、影视传媒系、机电工程系、化学与生物系及基础教学部。本科专业30个，专科专业17个，在校生8205人，招生范围覆盖28个省、自治区。聊城教育学院在校生894人，成人专科

33 人。有教职工 385 人，其中专职教师 296 人，专职教师中副高级以上职称 86 人，硕士以上学位 205 人。

2008—2015 年，教科研成果总数 1180 项，其中：社会科学类 760 项，自然科学类 420 项，公开发表论文 1061 篇（被 SCI 收录 35 篇，EI 收录 5 篇，核心期刊收录 313 篇），编写教材、出版专著 56 部，获得专利 13 项。承担省级科研项目 42 个，15 个结题。2005—2015 年，学院先后与韩国的世明大学、大佛大学、清州大学、亚洲大学、培才大学、崇实大学、明知大学，新加坡的特许科技学院以及乌克兰利沃夫国立音乐学院等高校建立友好校际关系。

第二节　高等职业教育

山东工程技师学院　1965 年 5 月，聊城汽车运输公司成立半工半读中等技术学校，开设汽车运用与修理专业，学制四年。校址在聊城市东姚，占地 2.7 公顷。1976 年 4 月，建立聊城汽车运输公司“七·二一”工人大学。校址设在聊城汽车运输公司基建科院内。1977 年 7 月，以聊城汽车运输公司成立半工半读中等技术学校和“七·二一”工人大学为基础，筹建聊城汽车运输公司技工学校。8 月，成立山东省聊城汽车运输公司技工学校。校址设在聊城市古楼北街 89 号，占地 1.1 公顷，开设汽车修理专业，办学规模 400 人。1983 年 10 月，更名为山东省公路运输公司聊城技工学校，办学规模扩大到 600 人，开设汽车驾驶专业。当年招生 186 人。1987 年 5 月，改为山东省劳动局聊城技工学校。1988 年 12 月，改为山东省建材工业技工学校。1993 年 10 月，在五里屯新校址招收首批学生。1995 年，办学规模扩大到 1800 人。1996 年，学校搬迁至新校址。1999 年 5 月，在山东省建材工业技工学校基础上，成立山东省建材工业职业中专学校。2000 年 7 月，改建为山东省建材高级技工学校。总规模为 2400 人。2001 年 7 月，更名为山东省第二高级技工学校。2002 年 12 月，更名

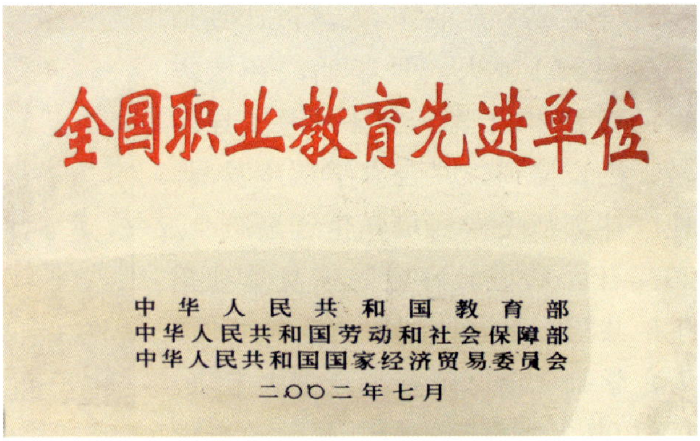

2002 年 7 月，山东工程技师学院被评为“全国职业教育先进单位”（王然摄）

为山东省第二技术学院。2009 年 6 月，改为山东工程技师学院。

2015 年，学院占地 28 公顷，建筑面积 13 万平方米，实验实训设备总值 7600 万元，教职工 247 人，在校生 8000 人。设有材料科学系、商贸服务系、自动化系、现代制造系、汽车工程系和通用能力建设部、驾驶培训部、鲁西培训部等 8 个教学系部，常设工业分析、化工工艺、电子商务、邮政快递、物流管理、电气自动化、楼宇智能化、计算机网络技术、数控技术、机电一体化、模具设计与制造、有色金属加工、汽车运用、新能源汽车、焊接技术等 21 个专业。设有国家职业技能鉴定站、省职业介绍中心分中心。建有八个实训中心和山东省技师工作站，为汽车技术项目的省级竞赛集训基地、国家高技能人才培养示范基地、人社部首批确认的一体化改革试点院校、山东省首批企业新型学徒制试点单位，山东省就业创业培训项目定点机构。

聊城职业技术学院　2000 年 10 月，聊城广播电视大学、聊城卫生学校、聊城市畜牧研究所合并组建聊城职业技术学院，系专科层次全日制普通高等学校。学校占地 48 公顷，建筑面积 12 万平方米，固定资产总值 6170 万元。教职工 376 人。2001 年 8 月，聊城旅游职业中等专业学校并入聊城职业技术学院。是年 9 月，护理、医学检验技术、康复治疗技术、财务会计、计算机应用技术、机电一体化技术、建筑工程技术、文秘、法律事务、旅游管理等 10 个专业首次招生

467人。2003年7月，聘请中科院院士陈达担任名誉院长。10月，通过山东省高等学校校园文明检查评估，专家组认定达到优秀标准。12月，被教育部等五部委确定为“护理专业紧缺人才培养基地”。2004年1月，增设动物防疫与检验、广告设计与制作、软件技术、数控技术、工业自动化、助产、电子商务、动物科学等专科专业。12月，通过教育部高职高专院校人才培养工作水平评估，专家组认定达到良好标准。2005年3月，省教育厅确定护理、计算机专业为山东省职业教育“十百千”（十处职教实习实践基地、百所高水平现代示范骨干中职学校、千个具有现代职教特色的示范专业点）示范专业。4月，护理系获全国首届“天堰杯”护理教学改革成果展示赛团体第二名。2006年8月，6部教材入选教育部普通高等教育“十一五”国家级规划教材。9月，护理专业实训基地被确定为中央职业教育实训基地建设项目。12月，通过省高职院校人才培养工作水平评估复查。2008年1月，3部教材入选教育部普通高等教育“十一五”国家级规划教材。9月，图书楼竣工，建筑面积14972平方米。12月，与菲律宾伊密里欧学院签订合作办学协议。2009年，建成5000平方米标准化体育场。2010年10月，被山东省教育厅表彰为山东省高等学校图书馆管理先进集体。2011年3月，被中国机械工业企业管理协会命名为首批“全国机械工业高技能人才培养示范基地”。7月，被中国职教学会评为全国高职高专院校科研工作先进单位。11月，被教育部、国家语委评为国家语言文字规范化示范校。2012年3月7日，国家副主席习近平与参加十一届全国人大五次会议的副院长孙菁交流，对孙菁介绍的通过职业教育改善农村贫困家庭子女就业工作表示肯定。11月，被省教育厅、省财政厅确立为山东省技能型人才培养特色名校建设单位。12月，北京钓鱼台国宾馆成为该校学生校外实习实训基地合作单位。2013年1月，被省教育厅和省财政厅联合授予“山东省学生资助工作先进单位”称号，被评为“山东省高校能源管理与节能减排工作先进单位”。中国人民解放军总医院在该校建立护理人才培养基地。6月，成为山东省计算机应用技术专业五年制专业教学指导方案牵头学校。10月，《中国教育报》以《让感动成为动力——聊城职业技术学院开展职业核心能力培训侧记》为题，报道该校职业教育办学实践，中国教育新闻网、中国高等职业教育网、求实理论网、中国青年网等20余家网站转载。10月，承办由省社科联主办的山东社科论坛——大学生人文素质教育与实现中国梦研讨会。12月，获批国家级中学生示范性综合实践基地建设项目。2014年4月，与中通工业集团有限公司签订合作办学协议。6月，牵头联合62家职业院校、行业协会、企事业单位，注册成立民办非企业单位聊城市第一职业教育集团。与空军总医院签订合作办学协议，每年为空军总医院定向培养100名护理人才。9月，空军总医院在该校建立护理人才培养基地。与中国人民解放军第二炮兵总医院达成合作办学协议。12月，聊城市综合性公共实训中心在该校落成。与华为技术有限公司合作成立华为信息与网络技术学院。2015年8月，被省教育厅确定为首批现代学徒制试点单位，承办全国康复治疗职业教育学术大会暨全国康复治疗技术专业技能大赛。11月，与东阿阿胶股份有限公司联合成立东阿阿胶学院。12月，与山东舜和酒店集团联合成立舜和商学院。被教育部列为首批“国家职业院校文化素质教育基地”建设单位，被中华全国总工会授予全国模范职工之家称号。

至2015年，该学院占地63.4万平方米，建筑面积26.5万平方米。固定资产3.8亿元，教学仪器设备总值9993万元，馆藏纸质图书85.2万册。设有护理学院、医学院、工程学院、建筑学院、汽车学院、信息学院、经济管理学院、旅游管理学院、农牧科技学院、继续教育学院、思想政治课教学部、基础部、体育部等13个教学单位，42个专业。合作单位有上汽大众、阿里巴巴、思科公司、华为公司、中国康复中心、钓鱼台国宾馆、中通客车、中国重汽、深圳国泰安公司、河北智扬教育集团等企业。与解放军总医院、空军总医院、海军总医院、火箭军总医院共建护理人才培养基地，校企共建东阿阿胶学院、舜和商学院。有国家级精品课程和国家级资源共享课2门、省级精品课程36门，中央财政支持专业3个、省级特色专业7个，“3+2”专本贯通分段培养试点专业2个。教职工676人，副高以上职称教师186人，具有博士、硕士学位教师280人，省级教学名师4人，省级优秀教学团队4个。录取学生4595人。学生在全国职业院校技能大赛、省职业院校技能大赛获奖100余项。建有11个市级工程技术中心和重点实验室，承担科技部星火计划项目4项、教育部重点课题3项。依托聊城市职业技能鉴定基地，开展“金蓝领”等培训、鉴定、考试10万余人次。获得国家级教学成果奖1项，省级教学成果奖5项。

2001—2015年聊城职业技术学院全日制学生培养情况一览表

表30-14　　单位：人

年份	招生数			毕业生数		
	专科	中专	合计	专科	中专	合计
2001	491	—	491	—	—	—
2002	974	—	974	—	—	—
2003	1533	—	1533	—	—	—
2004	1512	399	1911	489	—	489
2005	1535	—	1535	890	—	890
2006	3019	157	3176	1490	—	1490
2007	3595	155	3750	1496	399	1895
2008	3892	450	4342	2422	—	2422
2009	4225	240	4465	2959	157	3116
2010	3710	466	4176	3363	155	3518
2011	3132	176	3308	4044	450	4494
2012	2632	269	2901	3920	240	4160
2013	2679	981	3660	3536	466	4002
2014	3675	622	4297	2763	176	2939
2015	4595	—	4595	2532	269	2801

聊城广播电视大学　1979年1月，山东广播电视大学聊城行署工作站成立，教职工6人，在校生190人。1985年4月11日，聊城地区电大工作站改为山东广播电视大学聊城地区分校，教职工12人，在校生1018人。1993年4月27日，山东广播电视大学聊城地区分校更名为聊城广播电视大学。1993年学校教职工68人，在校生1510人。2000年10月，聊城广播电视大学并入聊城职业技术学院。合校前教职工102人，在校生3493人。

第四章 成人教育

第一节 农民教育

扫除青壮年文盲 1997年以来，聊城市（地区）积极开展扫除青壮年文盲工作。至2003年，全市青壮年扫盲率98.9%，脱盲人员固定率在99%以上。2015年，全市非文盲率为99.5%，脱盲人员固定率在99%以上。

农民实用技术培训 1997年，依托山东省农业广播电视学校聊城市分校，组织开展实施中专学历教育。是年，实施“跨世纪青年农民科技培训工程”，开展“绿色证书”培训，至2004年，培训农民2.3万余人。2004—2013年，先后实施农村劳动力转移培训阳光工程、新型农民科技培训工程和新型农民创业培训“三大农民培训工程”，每年培训农民2万余人次。2014年起，以种养大户、农民专业合作社骨干、农业企业领办人、家庭农场主等为重点培育对象，实行“分段式、重实训、参与式”培育模式，开展农民实用技术培训。2014年，培育生产经营型、专业技能型和社会服务型新型职业农民2350人。2015年，培育新型职业农民2500人。至2015年，全市实用技术培训36.26万人次。山东省农业广播电视学校聊城市分校培养中专学历生13628人，培训“绿色证书”生22916人、新型职业农民创业培训学员1400人、新型职业农民培育学员3000人。

2015年，聊城市召开2014年度新型农民创业学员培训暨经验交流会

第二节 职工教育

1997年，聊城地区职工教育办公室承担全区企业干部和经济管理干部培训工作。全地区有8处（聊城地区职工中专、聊城建设职工中专、茌平县职工中专、阳谷供销职工中专、莘县职工中专、山东省会计干部中专聊城分校、临清市职工中专、聊城市职工中专）职工中等专业学校专门从事脱产、业余职工培训工作。1998年，聊城地区职工教育办公室改称为聊城市职工教育办公室（简称“市职教办”）。是年，全市共有职工中等专业学校9处，在校生6358人。2005年，市职教办举办“高绩效管理模式与业绩评价体系建立”与“企业管理变革——思路与出路”“依法纳税与合理避税”“高绩效团队执行力”等培训班4期，培训企业高层管理人员近700人。是年，聊城电厂、鲁西化工集团举办脱产培训班5期，培训1000余人。90%的企业举办各种适应性培训，培训人员10000余人。2006年，全市培训教育的重点放在限额以上工商企业中高层管理人员，举办“绩效考核、创新管理、商务谈判、财务管理”为主的系列培训，全年共举办培训班3期，培训近500人。2007年下半年至2009年，市职教办举办企业总裁高级研修班3期，为130余家企业培训学员152人。2009年，市职教

办认定企业实习培训基地26家。至2011年10月，实训基地培训学员14124人。2010年，市职教办出台《企业职工教育培训工作意见》，开展职工岗前培训、技能培训、安全教育等培训。启动《聊城市企业经营管理人才队伍建设规划纲要（2010—2020）》编制工作。2012年5月，撤销市职业教育办公室。之后职工培训教育由企业自行举办。企业普遍采取与大学、技术学院、技校等建立订单式教育方式培训员工。鲁西化工集团公司与聊城大学、山东省第二技术学院、聊城职业技术学院、聊城高级技工学校合作，对各层次干部、员工分专业、分层次进行全封闭培训。东阿阿胶集团与华东理工大学、山东大学、清华大学、浙江大学、中国科学院、山东中医药大学、北京化工大学等国内多家高校和科研院所合作建立以人才培养和技术协作为重点的产、学、研体系，对公司科研人员进行知识、技能教育培训。东阿阿胶公司与华东理工大学建立企校合作办学。中色奥博特铜铝业有限公司选派90名员工到中南大学、江西理工大学参加学习培训。华鲁制药与中国药科大学、上海财经大学、聊城大学等合作办学，选派30余名员工到上述高校接受培训。山东信发集团与聊城大学经法学院和化工学院联合办学，定向培养企业管理专业和化学工程与工艺专业人才。山东信发集团与山东省第二技术学院联合办学，定向培养电气运行和机械维修专业学生。至2015年，全市销售收入10亿元以上的36家企业与大中专院校建立合作培训机制。

第三节　自学考试

聊城高等自学考试始于1984年。1997年以来，聊城市（地区）自学考试发展迅速，自学考试参加人数迅猛增加，开设专业渐趋完备。2001年，共有2301人参加研究生自学考试。2002年，3540人参加研究生自学考试。2003年，高等教育自学考试开考专业（本、专科）91个，41649人报名参加788832科次自学考试。11000余人报名不同类别、等级证书考试，8600余人获得证书。4711人参加硕士研究生自学考试。2004年，自学考试开考专业（本、专科）108个，26759人报名参加57984科次自学考试。13126人参加不同类别、不同等级的证书考试，82355人参加中小学信息技术等级证书考试，5086人参加研究生自学考试。暑假期间，高唐职业中专培训教师200余人。2005年，自学考试开考专业（本、专科)86个，17866人参加333348科次自学考试。12586人报考不同类别、等级证书考试，7532人获得证书。79569人参加中小学信息技术等级考试，合格率75%。5446人参加研究生自学考试。2006年，13779人参加（本专科）25522科次自学考试，5679人参加研究生自学考试。2007年，13002人参加（本、专科）22991科次自学考试，6675人参加研究生自学考试。2008年，15099人参加（本、专科）29927科次自学考试，6215人参加研究生自学考试。2010年，12197人参加（本、专科）26134科次自学考试，6274人参加研究生自学考试。是年起，随着普通高校的扩招，高等教育越来越普及，自学考试（本专科）报名人数逐年下降。2013年，5951人参加（本、专科）14354科次自学考试，5732人参加研究生自学考试。2014年，5342人参加（本、专科）12752科次自学考试，5686人参加研究生自学考试。2015年，3768人参加（本、专科）10097科次自学考试，5800人参加研究生自学考试。

第四节　成人高考

1997年，聊城地区成人高校在校生4635人。1997年以来，成人高考发展势头呈现稳步增长趋势。至2001年，聊城市8042人参加成人高考，本科录取2804人，录取率34.9%。2002年，12882人参加成人高考，本科录取2853人。2003年，15152人参加成人高考，本科录取4182人。成人教育在校生13000余人。2004年，10110人报考成人高校，录取6914人。本科录取3938人，录取率39%。11870人报考8所成人中等专业学校，录取11359人。是年，三项社会证书（计算机证书、普通话证书、教师资格证书）考试逐步推向社会，全市共有13162人报考不同类别、不同等级的证书考试。82355人参加中小学信息技术等级证书考试，合格75%。2005年，9143人参加成人高考，本科录取为3180人。79569人参加中小学信息技术等级考试，合格率75%。2010年，9804人参加成人高考，本科录取7276人。此后，成人高考报考人数呈持续上升趋势。2012年，12242人参加成人高考。2013—2015年，聊城市成人高考报考人数与录取人数稳步增长，每年参加成人高考人数稳定在10000人以上。

第五章 民办教育

1997年，聊城地区共有社会力量办学机构54处，在校生6600人。1997年以来，聊城市推进义务教育阶段公办民助、民办公助、股份制等办学模式。至2001年，全市有社会力量办学教育机构112个，其中民办幼儿园19所，小学7所，中学51所，中等专业学校5所，民办非学历高等教育机构3个，其他教育机构27个，各类社会力量办学机构在校生3.44万余人，教职工3000余人。办学范围从幼儿教育、职业教育、成人教育扩大到基础教育和高等教育等各个领域。21世纪以来，推动非义务教育阶段国有民办、公办民助、民办公助、股份制等办学模式，到2003年，全市社会力量办学机构70多所。2004年，全市共有全日制民办学校67所，在校生5.4万人。至2006年，全市共有全日制民办学校37所，在校学生4.6万人，聊城服装专修学院、聊城东方中学为省十佳品牌学校。阳谷华阳中学、聊城计算机专修学校、聊城科技学校获省级优秀办学单位荣誉称号。2007年，聊城市贯彻落实《中华人民共和国民办教育促进法》和《民办教育促进法实施条例》，市政府出台《关于加强民办教育规范管理引导民办教育健康发展的意见》，聊城市民办教育进入快速发展阶段。2015年，深化办学体制改革，鼓励支持社会力量办学，完善民办学校法人治理结构，规范学校、企业、个人按照现代学校管理制度办学，鼓励和引导出资人加强对民办学校持续投入，形成以政府办学为主体，社会各界参与的多种形式共同发展的办学格局。至2015年，全市有民办学校54所，在校生4.7万人。其中民办职业学校3所、在校生2000余人，专兼职教师247人；义务教育段民办学校41所，在校生3万余人，专兼职教师1574人。

第一节 民办基础教育

1997年以来，聊城大力推进义务教育阶段公办民助、民办公助、股份制等办学模式，形成企业、社会团体和个人等社会力量通过独资、合资、合作等形式举办中小学校，民办基础教育蓬勃发展。至2015年，有学前教育园（所）826处，在校幼儿8万余人，专兼职教师3846人；义务教育段民办学校41所，其中民办高中学校12所。

文轩中学 1996年创办。先后被评为市级规范化学校、市级教学示范校。至2015年，累计为优质高中输送近两万名优秀毕业生。2015年，设本部（走读制）、西校区（寄宿制）和高新区校区（走读、寄宿）3个校区。共有教学班131个，在校生9220人，教职工436人。

东昌中学 创建于1999年7月，位于聊城市兴华路89号。2008年，聊城东昌中学与美国康涅狄格州牛顿中学结为联谊中学。2009年7月，在聊城经济技术开发区黄河路103号设立东校区。2010年，该校被聊城市教育局评为聊城市

东昌中学 （2015年摄）

教学示范学校，2011年被聊城市教育局评为聊城市实验教学先进单位。2014年7月，在开发区设立新校区（聊城市开发区黄河路与燕山路路口），在东昌府区凤凰工业园设立南校区（聊位路179号）。四个校区由东昌中学统一领导，统一管理，教师统一调配，实行管理和教学的一体化。2015年，有教学班90个，在校生600余人，教职工300余人。拥有化学实验室、物理实验室、生物实验室、多媒体教室、微机室、音乐教室、美术教室、微机教室、图书室、阅览室等。是年，该校被聊城市教育局评为聊城市教育教学工作先进集体。

聊城市外国语学校 1999年，创建文轩完全中学，2002年6月，改称聊城一中东校，2003年3月，称聊城一中东校、聊城市外国语学校，2008年6月称聊城市外国语学校。2015年，该校设三个校区：高中复读部位于柳园南路60号；小学部分校位于高新技术开发区黄山南路161号；小学部（本部）、初中部和高中应届部位于柳园南路53号。共有教学班200个，在校生7000余人，教职工800余人，其中专任教师520人，高级职称教师占40%，中级职称教师占60%。建有塑胶环形跑道操场、篮球场、足球场。拥有理化生实验室7座、多媒体教室2座、微机教室5座，配有微机225台。教室配备微机、多媒体投影等现代化教学设备。拥有宽带数字化校园网络。教师人手一台高配置微机，教学办公实现自动化、信息化。

金太阳学校 建于2002年，为九年一贯制民办寄宿学校。2015年，有教学班54个，学生2300余人，教职工300余人，其中本科达标率50%，专科达标率100%。有省级优秀教师2人、市级教学能手3人。拥有中小学教学楼、学生公寓、地下办公楼、地上广场、餐厅、风雨操场等8个建筑单体。学生宿舍配备专用洗漱间、空调、电热水器等。

冠县清华园学校 建于2014年，位于冠县县城建设路与新北环路交叉口西北角。为小班额、全封闭、全日制寄宿学校。按山东省规范化学校标准建设，当年规划、当年建设，是年9月投入使用。2015年，学校占地12公顷，建筑面积近6万平方米。有教学班59个，在校学生2554人，教师200人。

第二节 民办职业教育

20世纪90年代，聊城市（地区）社会力量办学单位有聊城科技成人中专学校、东昌经贸培训学校、聊城嘉明成人中专学校、聊城公共关系培训学校、聊城青年职业技术培训学校、聊城服装专修学院、聊城计算机专修学校等8所学校，开设微机、财会、机电等专业，学生毕业后自谋职业。1997年，招生人数约3400人，1998年3月，在校生人数约2500人。2006年，聊城服装专修学院获省十佳品牌学校称号，聊城计算机专修学校、聊城科技成人中专学校获省级优秀办学单位称号。聊城市民办职业教育经过10年（2006—2015年）的发展，全市民办职业学校有3所：聊城交通职业中专、聊城竞技体育运动学校、聊城市轻工职业中专。在校生2364人，教师290人。

聊城市竞技体育运动学校 位于聊城市西郊聊堂路路南。成立于2010年2月，是以培养

15至18周岁的青少年体育特色人才为主的体育运动学校。开设武术、散打、拳击、跆拳道、篮球、排球、足球、举重、柔道、摔跤、田径等十几个运动项目。2014年，在山东省二十三届运动会上该校足球队获得冠军，自由跤获得冠军，拳击获得亚军。该校被山东省体育局评选为拳击省优秀队后备人才培训基地。2015年12月，被山东省举柔摔管理中心确认为“山东省优秀队人才基地”。2010—2015年，在省、市级各项赛事中获得金牌50多枚、银牌100余枚，向社会输送体育人才300余人。2015年，在校生800余人，教职工45人。

聊城市交通职业中等专业学校　参见该编第二章第二节。

聊城市交通职业中等专业学校（2015年摄）

第六章　教　师

第一节　教师队伍

1997年，聊城地区有中学教职工19605人，专任教师14924人；小学教职工31593人，专任教师29487人；幼儿园教职工4308人；特殊教育教职工175人。1998年，清退代课教师，优化教师队伍结构。为2080名民办教师办理转正手续，为772名民办教师解决退养问题。2000年，中学教职工达到21945人，专任教师17398人；小学教职工29143人，专任教师27070人；幼儿园教职工3676人，特殊教育教师220人。2003年，全市5277名民办教师纳入教师队伍正常管理和工资发放序列。至2005年，高等职业技术学院教职工462人，民办学校教师2135人。2009年，市教育局提出每年充实教师的数量必须大于自然减员数量，并纳入教育综合督导。当年，充实教师1102人，占自然减员人数的114%。

2011年，实施学前教育教师队伍建设工程。加大幼儿教师招聘力度，全市招聘公办幼儿教师61人。全年，补充教师881人。2012年，补充教师1008人。2013年，补充教师1867人，其中市直学校补充94人、县（市、区）补充1773人。为每个乡镇中心幼儿园核编8个，共核定幼儿教师编制1080人。2013年，公开招录公办幼儿教师646人。2014年，共补充教师1383人，其中幼儿教师434人。安置21名免费师范毕业生到中学任教。2015年，为9名聊城市生源免费师范生提供29个岗位供其选择，全部签约就业。全市共补充教师1394人。全市共有教职工62135人，其中中学教职工25289人、小学教职工25976人、幼儿园教职工3688人、特殊教育学校教职工323人、中等职业学校教职工3822人、高等教育院校教职工3571人。

1997—2015 年聊城市教育职工统计表

表 30-15　　单位：人

年份	中学教职工		小学教职工		幼儿园教职工	特殊教育学校教职工	中等职业学校教职工	高等教育院校教职工
	合计	专任教师	合计	专任教师				
1997	19605	14924	31593	29487	4308	175	—	—
1998	20516	15890	30541	28414	4767	189	—	—
1999	21066	16439	29975	27837	4304	188	—	—
2000	21945	17398	29143	27070	3676	220	3000	—
2001	24096	18685	26943	24775	736	229	3100	—
2002	24430	19153	24721	22963	850	243	—	—
2003	25028	19629	24660	22666	1921	272	—	—
2004	25433	19952	23861	22119	2141	268	3245	—
2005	25076	19845	23202	21554	2323	280	3039	—
2006	24948	19767	23437	21715	2600	299	3658	—
2007	24638	19925	23936	22207	2121	298	4188	—
2008	24318	20013	24043	22365	2457	297	4309	—
2009	24026	19988	24453	22695	2867	328	4356	—
2010	23587	19992	24837	23221	2349	313	4330	—
2011	23548	20220	24871	23349	3274	324	4377	—
2012	23691	20358	24415	22957	3566	324	4285	—
2013	24000	20648	25051	23684	3078	325	4211	—
2014	24148	21271	25599	24431	3474	321	3973（统）	—
2015	25289	22490	25976	24960	3688	323	3822	3571

第二节　教师管理

一、职称评定

1997 年以来，聊城地区职称评定工作有序开展。1998 年，聊城市教委印发《关于 1998 教育系统教师专业技术职务评审有关问题的通知》，对全市中小学教师从思想政治、文化专业和知识水平、教育教学能力和工作成绩等方面进行考核评审，分别按中学高级、中学一级、中学二级、中学三级和小学高级、小学一级、小学二级、小学三级评定职称。2000—2005 年，在职称评定标准上，突出教师教育教学水平和实际成绩，以及继续教育方面的要求，破除论资排辈的观念，明确提出中学高级教师职务申报者，必须胜任一定年级段的循环教学工作；对年轻教师、城镇中学教师，在外语、普通话、计算机应用能力方面提出明确要求。2006—2010 年，中小学教师队伍中中高级职称的比例基本稳定。2010 年，中小学、幼儿园和中等职业学校教师参加教师专业技术职务评定。经过全面考核和逐级评审，向省高评委推荐中学高级教师和高级讲师 234 人，评审通过 213 人；中级职称上报材料 947 人，评审通过 917 人。此后，每年进行一次教师职称评聘。2013 年，中小学教师职称制度改革，改变原中学和小学教师相互独立的职称（职务）制度体系，建立统一的中小学教师职称（职务）制度。统一后的教师职务分为初级职务、中级职务和高级职务。初级职务名称为三级教师、二级教师，中级职务名称为一级教师，高级职务名称为高级教师、正高级教师。是年，建立评审专家责任制，推行公示制度。是年，向省高评委推荐正高级教师6人，通过4人；推荐高级教师和高级讲师271人，评审通过233人。中小学一级教师职称评审通过453人。2015年，向省高评委推荐196名教师参加高级职称评审，通过184人。中小学一级教师职称评审通过293人。

二、资格认定

2001年7月，按照国务院《教师资格条例》《山东省教师资格认定教育学、教育心理学考试补训办法》《山东省教师资格认定工作中普通话水平测试办法》《山东省普通话测试规程》，聊城市开始实施教师资格制度工作。至是年12月，完成各类学校在职教师的认定工作。2003年，面向社会人员认定中等职业学校、中小学、幼儿园教师资格。2004年，近3000人参加面向社会认定教师资格考试，2122人通过教师资格认证。2006年，5707人通过教师资格认证。2015年，2296名师范教育类毕业生通过教师资格认定，4378名社会考生通过教师资格证面试，完成5000余人教师资格认定工作。

三、师德建设

1997年，贯彻国家教委重新颁布的《中小学教师职业道德规范》，聊城教育主管部门要求各县市、各学校把教师职业道德的情况列入教师岗位职责，定期检查和考核。2002年，确定每年9月份为全市教育系统师德活动教育月。各县（市、区）教育部门每年普遍开展“十佳师德标兵”“十佳青年教师”“十佳校长”“十佳老师”“十佳师德建设先进单位”“三项教育”（职业道德教育、形象教育、事业心教育）及优秀教师评选活动。开展师德演讲竞赛、先进典型事迹报告会、师德知识竞赛等活动。2007年，组织师德报告团在各县（市）巡回演讲，在聊城电视台举行师德建设文艺演出和知识竞赛。2012年，市教育局印发《聊城市中小学和幼儿园教师师德检查考核办法（试行）（征求意见稿）》和《聊城市教师职业道德行为规范七十一条（征求意见稿）》。是年，先后举行师德建设座谈会，师德演讲比赛报告会等，开展向冠县东古城镇中学教师轩云湘学习活动。2014年，冠县东古城教师轩云湘获“全国模范教师”称号。是年，聊城市有全国模范教师3名、全国优秀教师6名、全省优秀教师25名。2015年，教师在绩效考核、职务聘任、进修深造和评优奖励时，实行师德表现一票否决制。冠县东古城镇中学教师轩云湘被评为全国师德标兵。聊城一中校长崔秀山获全国先进工作者称号。

四、名师名校长评选

2004年，聊城市教育系统启动“水城名师”“水城名校长”工程。当年评选出第一届水城名师31人、水城名校长11人。2009年，评选出第二届水城名师42人、水城名校长22人。2013年，评选出水城名师49人、水城名校长23人。至2015年，全市评选出水城名师122人，水城名校长56人。县（市、区）评选县级名师380人，县级名校长60人。建立名师工作室313个，585名中小学教师结成研修群组；名校长工作室41个，186名中小学校长结成研修群组。

第三节　教师培训

一、校长培训

1997年，逐步实行中小学校长持证上岗制度。1997　2000年，市教育局与市委组织部、市人事局联合开展校长任职资格培训，共有2000余名中小学校长接受政治理论、思想品德修养、教育政策法规学校管理理论等内容的系统培训。2001年起，对中小学校长分期分批开展教育改革前沿动态，教育热点、难点及学校依法治校等内容的系统培训。是年，市教育局在聊城师范学院举办小学校长教育管理专业培训班，培训400人。至2001年，全市小学、初中、高中校长持证上岗率分别达95%、90%、85%。2005年，组织全市部分小学校长赴北京光明小学、崇文小学进行为期10天考察学习。组织部分高中校长到黄冈市、武汉市、邢台市学习，选派8名校长到洋思中学蹲点考察学习。2006年起，围绕规划学校发展、营造育人文化、领导课程教学、引领教师成长、优化内部管理、调适外部环境6个方面进行专题系统培训。2008年，选派14名高中校长到寿光市进行为期3个月的挂职锻炼。2009年，选拔253名农村中小学校长在聊城大学举办第一期聊城市农村中小学校长素质提高培训班。2010年，第二期农村中小学校长素质提高培训班培训160余人。2011年起，实施校长素质提高工程，组织校长赴异地名校跟岗培训。是年，28名中小学校长赴江苏省中小学对口跟岗培训，31名高中校长参加山东省高中校长素质教育专题培训，75名中青年骨干校长、120名农村中小学骨干校长参加全市集中培训。全年，培训幼儿园园长400人次、小学校长600人次、中学校长208人次（其中初中校长180人次、高中校长28人次）。2013年，培训幼儿园园长500人次、小学校长1200人次、中学校长360人次（其中初中校长300人次、高中校长600人次）。2014年，3名校长参加山东省教育厅组织的海外研修，60名校长参加山东省教育厅校长提高培训。160名中小学法制副校长参加全市专题培训班。是年，培训幼儿园园长560人次、小学校长1400人次、中学校长360人次（其中初中校长300人次、高中校长60人次）。2015年，培训幼儿园园长800人次、小学校长1600人次、中学校长360人次（其中初中校长300人次、高中校长60人次）。

二、教师培训

1997年，实行继续教育学分网上认定和继续教育证书管理制度，将教师完成学分情况和培训考核情况纳入教师年度考核和职称评聘的必要条件和重要依据。1997年起，在中小学开展教师五项通用基本功（具体包括教师礼仪、硬笔书法、教师口语、教育技术和教师才艺等五个方面）训练活动（大练兵活动）。至1998年，5万名（人次）教师参加五项通用基本功训练。是年起，开展教师学历提升工程。1999年，市教育局先后与北京师范大学、山东师范大学举办3期8个专业研究生课程进修班。2000年，1500余名教师参加由市广播电视大学举办的小学教师小学教育专业专科学历培训班。2001年，启动“中小学青年骨干教师培养工程”，以名师建设工程为龙头，打造骨干教师“三五七十”（三年教坛新秀、五年骨干教师、七年学科带头人、十年县级名师）专业成长梯队结构。是年，160名骨干教师参加“国培——示范性培训项目”，国家、省、市三级集中培训骨干教师校长1434人。1600名幼儿教师参加以贯彻落实《3～6岁儿童学习与发展指南》为主题的国培——远程研修。至2002年，3万名教师通过学历提升工程，学历普遍提高。全市小学、初中、高中教师学历达标率分别达到98%、85%、78%，2005年分别达到99.02%、96.35%、78.37%。2003年后，围绕推进新课程改革，逐年级开展以“三新一德”（新理念、新课程、新技术和职业道德）“新课程培训”为主要内容的培训活动与全市骨干教师培训，建立院校培养、名师带徒等培训制度。2006年，144名教师参加全省骨干教师培训。2007年，市教育局在北京师范大学举办教育干部、教师培训班2期，每期100人；在聊城大学举办培训班3期，每期100人。2008年，以省内外师范院校为基地，开展各类高级研修；以远程研修为主要手段，开展高中教师新课程全员培训。对初中教师分学科进行全员培训，1800余名小学教师参加分学科骨干教师培训。至2008年年底，通过举办各种短训班、送教下乡等形式，培训农村教师4.5万人。2009年，市教育局在聊城大学教育科学学院设立聊城市中小学教师培训基地，建立聊城教师教育网，成立聊城新世纪教师教育培训中心。启动全市中小学教师读书计划，全年开列100多本书目，供教师参阅选读。2010年，开展中小学“校本培训”示范校活动，并逐步实现常态化、规范化。2011年，市教育局与聊城大学合作成立“聊城教师教育研究院”，联合开展教师培训。2012年，启动“水城名师名校长网络工作室”“教育创新大讲堂”创新人才平台，开展教育创新大讲坛活动8期。举办聊城市首届幼儿教师基本功大赛。组织中小学教师参加全省中小学教师远程研修，涉及小学、初中、高中3学段，34个学科，受训教师17906人。寒暑假期间集中培训教师3000余人。2013年，举办“教育创新大讲坛”10期，30余位国内外教育专家及聊城市名师就新课程改革等进行解读，受训教师3000余人。是年，评选出聊城市教育创新人物31人。2014年，市教育局与聊城大学合作建立聊城市中小学教师校长培训基地和聊城市教育系统法制教育培训基地。东昌府区、高唐县建立县级教师培训研修中心，临清市建立临清市教师研修基地。聊城一中和茌平杜郎口中学被山东省教育厅评为首批山东省中小学教师校长实践培训基地。320所城乡中小学结成伙伴学校，建立教师发展共同体80个。161所市级校本培训示范校制订校本培训年度计划，为每位教师配备《校本培训学习手册》，建立《教师个人专业成长档案》。评选市级校本培训示范校109所。459名教师参加教育部“国培”计划，1名英语教师参加山东省教育厅组织的海外研修，560名教师参加山东省教育厅“万名骨干教师培训计划”，29517名教师参加全省中小学（幼儿园）教师远程研修，61名教师参加“国培计划”——示范性教师集中培训，16名教师参加“国培计划”——示范性综合改革研修，79人参加“国培”集中培训，91名教师参加“国培计划（2014）”——教师工作坊高端远程研修，157名校长参加教育部——中小学校长信息技术提升远程研修，20415名教师（其中5396名高中教师、7107名初中教师、7296名小学教师、616名幼儿园教师），387名指导教师（其中104名高中指导教师、143名初中指导教师、128名小学指导教师、12名幼儿园指导教师）参加全省中小学（幼儿园）教师暑期远程研修。2015年，聊城市选派30名骨干教师，青海省刚察县选派15名骨干教师，双方结成学习对子，跟岗培训。是年，开展农村教师培训示范、中小学骨干教师培训示范、名师名校长高级研修等项目培训，培训教师2000人。组织远程研修，培训中小学教师5万人。选派572人参加国家级、省级培训。省级“送教下乡”培训教师1086人，市级“送教下乡”培训教师7562人。

第七章　教育行政

第一节　教育经费

1997年以来，聊城市（地区）建立起以政府投入为主，多渠道筹措教育经费的体制。社会团体和公民个人办学经费，社会捐、集资办学经费，事业收入，其他收入，呈逐年增长态势。2005年秋季学期起，聊城市对农村义务教育阶段的部分贫困家庭学生实施“两免一补”（免课本费、免杂费，补助寄宿生生活费）资助政策。是年，全市农村教师工资全部由县级财政统一发放。茌平县将小学财务实行教育行政部门统管。2006年9月，聊城市政府印发《关于农村义务教育经费保障机制改革的实施意见》，提出按照“明确各级责任、中央地方共担、加大财政投入、提高保障水平、分步组织实施”基本原则，建立和完善各级分项目、按比例分担农村义务教育经费保障机制，逐步将义务教育全面纳入公共财政保障范围。秋季学期始，对享受城市居民最低生活保障政策家庭的义务教育阶段学生实施“两免一补”。是年，成立教育经费集中核算中心，实行“校财局管”。各县（市、区）调整财政体制，在县域内统一教师工资标准，并纳入县级财政预算。2007年10月，聊城市政府办公室印发《关于免除城市义务教育阶段及农村民办义务教育学校学生杂费的通知》，规定自2007年秋季开学起，全部免除城市义务教育阶段学生杂费。免除城市初中每生每年370元，城市小学一至二年级每生每年200元、三至六年级每生每年260元学杂费。免除学生杂费所需资金由省、市、县按比例共同承担，其中省财政负担80%。市县财政负担20%部分，市属学校全部由市财政负担；对东昌府区和临清市，市财政分别负担50%，东昌府区和临清市各负担50%。并要求有关县（市、区）在落实免除杂费所需资金的同时，要足额拨付城市中小学预算内公用经费。生均公用经费按城市初中每生每年不低于70元、城市小学每生每年不低于40元标准拨款。城市中小学预算内公用经费按原渠道由同级财政安排。同时，继续对城市居民最低生活保障家庭的义务教育阶段学生免费提供教科书并补助寄宿生生活费。对城市居民最低生活保障家庭的义务教育阶段学生免费提供教科书。免费教科书不包括教辅材料。对寄宿贫困家庭学生的生活费补助由各地根据实际情况确定，对城市居民最低生活保障家庭学生免费提供教科书和补助寄宿生生活费所需资金按原渠道由同级财政安排。城市民办义务教育阶段学生免除杂费标准，按城市公办学校免除杂费标准执行。由物价部门批准的、收费标准高于免除杂费标准的民办学校可以按不高于二者之差的标准继续收费。免除农村义务教育阶段学生杂费，初中每生每年300元、小学每生每年210元。所需资金由省、市、县三级共同承担。省财政负担80%，市、县共同负担20%。对于需由市、县承担的部分，分担比例根据各县（市、区）财力状况分四类确定：高唐县、临清市、茌平县三县（市），市与县（市）的分担比例为2∶8；东昌府区、阳谷县二县（区），市与县（区）的分担比例为3∶7；莘县、冠县、东阿县三县，市与县的分担比例为4∶6；开发区只分配省配套资金，市里不再配套，所需资金自行解决。

2007年秋季学期起，农村义务教育阶段学生免费提供国家课程的教科书。2008年1月15日，市财政局、教育局印发《关于调整完善农村义务教育经费保障机制改革有关政策的通知》，2008年春季学期起，提高农村义务教育阶段家庭经济困难寄宿生生活费补助标准。基本补助标准由每生每年补助300元提高到小学每生每年500元、初中每生每年750元。享受补助的困难学生占寄宿生的比例应不低于8%。所需补助资金由省、市、县（市、区）共同承担，其中：省财政承担80%。市与县（市、区）的经费分担比例按农村义务教育经费保障机制改革确定的分担比例执行。是年春季学期起，农村义务教育阶段免费提供地方课程教科书，提高国家课程免费教科书补助标准。免费提供国家课程及地方课程教科书所需资金，分别由中央、省级财政负担。是年，政府预算内农村小学生均公用经费定额由240元提高至295元，初中生均公用经费定额由340元提高至445元。2009年，农村小学生均公用经费定额提高至350元，初中生均公用经费定额提高至550元。2013年，农村小学生均公用经费定额提高至610元，初中生均公用经费定额提高至810元。取暖费标准由每生50元提高到60元。2014年，农村小学生均公用经费定额提高到710元、初中生均经费定额提高到910元。2015年6月，落实山东省教育厅等6部门《关于进一步加强残疾儿童少年随班就读工作的意见的通知》精神，随班就读工作的经费保障。特殊学校按每生每年6000元标准拨付。是年，全市教育经费73.85亿元，其中，国家财政性教育经费拨款64.91亿元，是1997年的15.11倍。

第二节　教育设施

一、中小学校舍建设

1995年，聊城地区实施中小学校舍危房改造。至1997年，全区共投入资金7.5亿元，新建教学楼93幢，平房教室15115口（3间为1口），扩建实验室1015口。2001—2003年，聊城实施建市以来第一轮危房改造。2004—2006年，进行第二轮危房改造。三年全市累计投入中小学（不含高中、中专）校舍建设与维修改造资金44300.56万元，总计建设中小学校舍748627.41平方米，其中建设教学、实验楼249栋5180.98平方米。消除学校各类危房361432.47平方米，其中拆除D级危房150566平方米。撤并农村中小学（教学点）474处，其中中学22处、小学153处、教学点299处。异地新建50处，新增学校用地274.72公顷（不含校外实践用地）。新建校墙34472米，硬化路面226859平方米。累计投入资金44300.56万元，其中中央、省危改补助资金4100万元，占9.25%。2006年，全市累计投入资金11491.12万元。其中，中央、省危改补助资金2370万元。总计建设中小学校舍179217.92平方米，其中建设教学、实验楼68栋136701.42平方米。消除学校各类危房179279.3平方米，其中拆除D级危房79164.9平方米。撤并农村中小学（教学点）112处，其中，中学9所、小学22所、教学点81个。异地新建19处，新增学校用地947.5亩

2015年，冠县斜店乡南史村小学改造前

2015年，冠县斜店乡南史村小学改造后

（不含校外实践用地）。新建校墙12529米，硬化路面66390平方米。2001—2006年，聊城市相继投入危改资金69607.67万元，消除危房130万平方米，其中消除D级危房46万平方米，新建中小学校舍147.9万平方米。

2007年，市教育局印发《聊城市教育局关于全部消除2005年年底D级危房、建立农村中小学校舍维修改造长效机制及继续实施农村中心中小学建设的通知》，要求全部消除2005年年底所存D级危房，将校舍维修改造长效机制经费落到实处，继续实施农村中心中小学规范化建设工程。2009年起，实施校舍安全工程。2010年9月，全市中小学校舍安全工程工作会议召开，市政府与县（市、区）政府签订校舍安全工程目标责任书。至2013年，基本完成中小学校舍安全工程建设任务。“211”工程（热水、热饭、取暖、改厕）覆盖农村中心中学、中心小学和寄宿制学校。全市60%的中小学实验室、功能教室、图书室、音体美等教学设施达到省定标准。2013年，贯彻山东省教育厅、山东省财政厅《关于实施全省农村义务教育学校校舍标准化建设工程的通知》精神，聊城市决定用三年时间实施农村义务教育学校校舍标准化建设工程。

至2015年，全市投资11.56亿元，完成87.35万平方米建设任务，超额完成消除2000年前建设的有缺陷校舍任务。2014年8月，市教育、发改、财政、人社、住建五部门联合出台《关于全面改善农村义务教育薄弱学校基本办学条件的实施意见》，实施“全面改薄”（全面改善农村义务教育薄弱学校基本办学条件）工程。成立“全面改薄”工作领导小组，制订2014—2018年“全面改薄”规划。规划校园建设总面积259.59万平方米，其中校舍类规划建设面积161.9万平方米，运动场地规划建设面积97.69万平方米；规划总投资29.52亿元，其中校园建设类规划投资23.09亿元，生活设施和教学设施购置类规划投资6.43亿元。2015年，校舍开工面积90.76万平方米，开工率78.83%，竣工面积48.97万平方米，竣工率30.25%。运动场地

开工面积48.29万平方米，开工率49.43%；竣工面积48.29万平方米，竣工率49.43%。

二、电化教育设施

1997年，聊城地区设有电化教育馆。1998年，聊城撤地建市后，聊城地区电化教育馆改为聊城市电化教育馆。1998年，全市各县（市、区）城内，80%的学校拥有常规电教媒体（投影、录音、录像、电视等）、多媒体教室、微机室、语音室等。全市30%的乡镇中学、中心小学达到教育部颁布的一类标准，60%达到二类标准。10%的村级小学开设电化教室。聊城一中、聊城师范等6处学校建成校园网，聊城三中、聊城实验小学等36处学校建成网络微机教室。全市中小学和师范共有微机5600余台、录像机1400余台、电视机3300余台。全市有卫星电视地面接收站217座。2004年，全市新增微机4667台，新建多媒体教室210口，新建校园网10个，新增卫星接收系统100套，新增电视机1000台。2005年，全市新增微机3087台，新建多媒体教室135口，新建校园网10个。2006年5月，召开全市教育信息化建设工作会议，提出加快教育城域网和信息化建设步伐。8月，临清市、阳谷县、茌平县、东昌府区以及经济开发区、聊城一中、聊城三中建成网络汇聚中心。9月，高唐县、东阿县、冠县、莘县等县建成网络信息中心，宽带接入教育信息主干网，1200多所学校接入到教育城域网。2007年3月底，聊城市教育信息资源中心投入使用。全市有省级教育资源信息中心8个、校园网73个，全市乡镇驻地中心小学以上学校实现“校校通”。5月31日，启动聊城市农村现代远程教育工程（简称“农远工程”），至年底，完成农远工程建设。农远工程涉及全市1242所学校，总投资2958万元，覆盖全市98%以上的农村中小学，学生使用率99%。2007年，全市有校园网368个、多媒体教室956座、微机室431座、微机25000台，688个村完小实现宽带上网，实现聊城市县乡校网络互联互通和资源共享。2008年，省教育厅拨付聊城市农村现代远程教育资金1148万元，市配套资金2000万元，建成现代远程教育网，覆盖全市1254所农村中小学和教学点。全市小学教学会议、第三届运动会等实现网内直播。2010年7月，聊城市“聊城教育信息网”获“首届全国教育门户网站评比”地市级优秀网站称号。2010年5月，市教育局印发《关于在全市中小学校实施专任教师“人手一机”工程的意见》，实施中小学校专任教师“人手一机”工程。至2013年5月，共配备教师用计算机39677台，基本实现全市中小学专任教师“人手一机”。2011年5月，市教育局印发《关于在全市中小学实施班班通工程的意见》，实施中小学校“绿色班班通”工程。2014年10月，聊城市参与教育部教育装备研究与发展中心和中国下一代教育基金会联合发起的“蜂窝行动”活动，搭建基于互联网的中小学门户网站建设与服务平台。2015年11月，在东阿县召开全市教育信息化暨“人人通”云教学平台应用研讨会，中央电教馆有关负责人参加研讨会，是年年底，聊城市完成“人人通”初级应用工作。12月，市教育局投资500万元组织招标采购教育云平台建设，实现计算资源动态分配。至2015年，全市配备“绿色班班通”设备10533套，班与班、异地异校之间实现“班班通”“校校通”，实现优质教育资源的分享与交流。

三、实验教学设施

1997年，成立聊城地区教学仪器供应站。1998年3月，更名为聊城市教学仪器供应站，2013年11月，更名为聊城市实验教学教研室。是年，实施中小学实验教学普及县工程。1999—2001年，新购置500余万元仪器设备。2005年，临清市通过市教育局中小学实验教学普及县工程验收。东昌府区投入300余万元、高唐县投入280万元、市开发区投入50余万元，实施“普实”工作。2008—2012年，省、市投入资金5657万元用于“山东省特殊教育学校教学仪器配备工程”和“山东省农村中小学教学仪器更新工程”。其中特殊教育830万元，用于改善残疾学生学习生活条件。农村中小学仪器更新工程4827万元，全市新建小学科学实验室363个，初中理、化、生实验室473个，增加药品橱516个、仪器柜13639个。2012年，全市农村初中、乡镇中小学及部分教学点教学仪器配备达到基本配备标准。2008年，全市利用仪器更新资金集中招标采购2000万元普通中小学仪器设备、900万元的特殊教育学校仪器设备。2015年，临清市投入241万元新建小学科学实验室52个、初中实验室30个，补充仪器橱1884个。茌平县投入14.56万元，新建实验室12个。冠县实验中学和樱桃园中学投入130万元，建立理、化、生探究室和机器人室。东昌府区新星小学投入24万元新建小学科学探究室。东阿县投入140万元、市开发区投入56万元、高唐县投入126万元购买教学仪器。临清市、茌平县通过国家义务教育均衡县验收。

四、图书藏馆

1997年，聊城地区基本上各个中小学都设有图书馆（室），全地区中小学图书馆（室）藏书近900万册，生均图书9册。1997年后，聊城市不断加强中小学图书馆（室）建设，丰富馆藏图书。2009年11月，聊城市教育局印发《关于在全市中小学启动振兴阅读工程的实施意见》，启动“振兴阅读工程”。该工程共推荐课外阅读书目500余种。2011年，全市中小学图书馆（室）共藏书964.73万册。2015年，全市中小学购置图书174.58万册。是年，全市中小学图书馆（室）藏书2637.73万册，生均图书36.7册。小学生生均图书30册，初中生生均图书40册，高中生生均图书40册。

第三节 招生考试

一、初中招生和学业水平考试

1997年，贯彻省教委《关于改革中考招生制度的决定》，聊城市取消初中入学考试制度，实行划片招生。2014年5月，市教育局出台《关于进一步做好全市义务教育学生入学工作的意见》，明确要求义务教育阶段公办和民办学校一律实行免试入学，任何学校不得采取考试方式选拔学生。公办学校严格执行“划片招生、就近入学”原则，无条件接受辖区内适龄儿童就学。市属民办学校半数通过面谈录取，半数通过随机派位录取。城区2所市属民办学校文轩中学和东昌中学“小升初”随机派位录取。2015年，初中学业水平考试实行等级呈现和多次考试制度。语文、数学、英语3个科目成绩实行分数表达，其他考试科目成绩采取等级呈现。

二、中考招生考试

1997年，聊城地区中考录取学生4490名。1999年，聊城市实行高中统一招生制度。考试科目：语文（150分），数学（150分），英语（150分），物理、化学、生物（3科合卷，150分），政治、历史、地理（3科合卷，150分），体育（40分），实验操作（20分）。2000年，中考在文化课考试基础增加试物理、化学、生物3种实验操作考试。2001年，落实教育厅《关于改革高中会考制度的意见》，高中考试，思想政治学科实行开卷考试。2008年，实施初中学业考试加综合素质评定为主，重点参考学生成长记录的标志性成果进行推荐录取、特长生和统一录取招生。2014年始，重点高中统招生总数的70%作为指标生，依据初中学校毕业生人数和素质教育实施水平评估得分，分配到招生范围内的初中，初中择校和大班额问题得到一定缓解。2015年，将初中学业水平考试成绩和综合素质评价结果作为高中阶段学校招生录取依据。市教育局印发《关于完善初中学业水平考试及高中阶段招生工作的意见》，进一步明确综合素质评价结果在招生录取中的比重。是年，各县（市、区）将优质高中招生计划的60%按比例分配到区域内各初中。建立高中阶段学校（含技工学校）统一招生录取工作平台，初中毕业生从网上填报高中段志愿。

1997—2015 年聊城市初中起点各类学校招生统计表

表 30-16　　　　　　　　　　　　　　　　　　　　单位：人

年份	录取总数	“3+4”高职本科录取人数	“2+3”高职专科领取人数	五年制高职录取人数	三二连读高职录取人数	普通中专录取人数	报名人数
1997	4490	—	—	—	—	—	—
1998	5360	—	—	—	—	—	—
1999	6552	—	—	30	—	6522	6552
2000	7893	—	—	560	—	7333	7893
2001	7116	—	—	659	—	6457	7116
2002	12127	—	—	4885	—	7242	12127
2003	13775	—	—	1347	3932	8496	13775
2004	11359	—	—	1251	2678	7430	11359
2005	10239	—	—	1525	2375	6339	10239
2006	6814	—	—	1107	939	4768	6814
2007	6885	—	362	452	413	5658	6885
2008	6064	—	362	131	518	5053	6064
2009	6205	—	280	26	559	5340	6205
2010	5266	—	267	19	339	4641	5266
2011	4851	—	44	58	345	4404	4851
2012	4883	—	237	227	525	3894	4883
2013	5941	—	424	411	802	4304	5941
2014	6361	215	482	560	937	4167	6146
2015	6398	146	457	921	1065	3809	6398

三、高考招生考试

1997 年，高考科目调整为“3+2”，即理工类：语文、数学、外语、物理、化学；文史类：语文、数学、外语、历史、政治。2002 年，高考科目调整为“3+X”，即理工类：语文、数学、外语、理科综合；文史类：语文、数学、外语、文科综合。2007 年，除小语种外，增加基本能力测试。2014 年，高考科目调整为“3+ 综合”，即理工类：语文、外语、数学 1、综合 1；文科类：语文、外语、数学 2、综合 2；英语取消听力。2015 年，高考科目调整为“3+ 综合”，即理工类：语文、数学、外语、综合 2；文史类：语文、数学、外语、综合 1；英语采用全国卷并恢复听力。

2007—2015 年聊城市高考报考统计表

表 30-17

年份	报考人数（人）	报考科次	科	升学率（%）
2007	42967	11273	—	26.24
2008	47545	12573	11	26.44
2009	40326	15050	6	37.30
2010	36991	14673	3	39.67

续表 30-17

年份	报考人数（人）	报考科次	科	升学率（%）
2011	35659	18410	13	51.60
2012	30729	16856	11	54.90
2013	26712	14286	8	53.48
2014	25364	12981	6	51.20
2015	26296	12801	10	48.70

第四节　教育督导

1997 年，聊城地区教委内设地区行署教育督导室，负责对下级人民政府的教育工作、下级教育行政部门和学校工作进行监督、检查、评估、指导。1998 年，地区行署教育督导室更名为聊城市人民政府教育督导室。2003 年，贯彻执行山东省教育厅《山东省县（市、区）“两基”巩固提高工作督导评估标准（试行）》，聊城市教育局启动创建教育示范县、示范乡活动，加强对县、乡两级政府教育工作的督导力度，落实“以县为主”教育管理体制。是年，将教师工资、中小学公用经费、危房改造等作为教育综合督导重点，并建立教师工资发放情况通报制度。2004 年，市教育局、市人民政府教育督导室印发《关于对县（市、区）教育工作综合督导评估确定等次的意见（试行）》《关于对县（市、区）部分重点教育工作进行专项督导评估的通知》《聊城市人民政府教育督导室关于聘任兼职督学的通知》等文件，完善督导考核制度。2005 年 4 月，聊城市所辖 8 个县（市、区）全部通过“两基”巩固提高验收。是年始，聊城市教育局配备专职督学。2006 年，增加 5 名副县级督学，副县级督学达 6 名，兼职督学 25 名。2008 年，启动市级教育工作示范乡镇创建工作，强化乡镇政府履行教育职责，加强对乡镇教育工作的督导。2009 年，落实《山东省中小学体育卫生工作专项督导评估方案（试行）》要求，组织安排市及县（市、区）的自评工作。同年，实行素质教育督导责任区制度和县级教育督导报告、备案制度。2010 年，市人民政府教育督导室印发《关于建立县级督学责任区的实施意见》，督促各县（市、区）建立和完善县级督学责任区。实施对县（市、区）2009 年度教育体卫、职业教育和三项工程（农村中小学“两热一暖一改”工程、农村中小学教学仪器更新工程、特殊教育学校教学仪器配备工程）专项督导工作。2011 年，将所辖各县（市、区）及市直学校划分为 5 个责任区。2012 年 9 月，聊城市教育局被授予全国“两基”工作先进单位称号。是年，启动对县（市、区）教育主要工作年度考核。2013 年，市人民政府教育督导室印发《聊城市普通中小学校素质教育督导评估实施方案》，开展素质教育督导评估和素质教育示范校的评选工作。2014 年 2 月，成立聊城市人民政府教育督导委员会。6 月，市人民政府教育督导委员会印发《聊城市推进县域义务教育均衡发展实施方案》。是年，明确提出每年充实教师数量必须大于自然减员数量，并纳入教育综合督导。2015 年 3 月，市政府办公室印发《关于进一步推进国家义务教育发展基本均衡县创建工作的通知》，提出大力推进“全国义务教育发展基本均衡县”创建工作。11 月，临清市和茌平县通过国家教育督导组督导评估，成为全国义务教育发展基本均衡县。12 月，市政府召开全市推进义务教育均衡发展工作会议，对“全面改薄”、解决城镇中小学大班额问题进行部署，对义务教育均衡县创建工作进行重点安排。

第五节　教育研究

1997 年，教科研工作由聊城地区教学研究室承担。1998 年，聊城地区教学研究室改为聊城市教学研究室。1999年，聊城市申请并加入中央教科所和省教科所“创新教育课题的研究与实验”，承担中央教科所创新教育课题研究的子课题——“创新教育与大面积提高教学质量研究与实验”课题研究，经过中央教科所考察，被中央教科所确定为全国唯一一处以地级市为实验单位的创新教育实验基地。2002年5月，聊城实验基地正式揭牌。7月，成立聊城市教育科学研究所（简称市教科所）。是年，杜郎口中学通过课堂教学改革，探索出“自学·探究·合作”教学模式。聊城一中探索出课堂教学模式包括语文教学实施“二二二”制改革（即2课时在教室，2课时在阅览室，2课时在写作室）；英语教学实施“一二三”制改革（即1课时在语音室，2课时在阅览室，3课时在教室）；数学实施分层次教学；化学教学实施“学案导学”教学模式。聊城一中作为全国唯一的高中学段的代表在第五次全国创新教育研究与实验课题研讨会上作“以学生的终生发展为本，努力探索素质教育成功之路”典型发言。2003年，聊城一中课堂教学创新模式被中国教育电视台和山东省教育电视台报道。2005年11月，全省农村中学教育教学改革现场会在杜郎口中学召开。会上，推广杜郎口中学“三三六”（三特点：立体式、大容量、快节奏；自主学习三模块：预习、展示、反馈。课堂展示六环节：预习交流、明确目标、分组合作、展示提升、穿插巩固、达标测评）自主学习模式。2006年5月，中国教育学会教育实验研究分会在杜朗口中学召现场会，推广杜朗口中学课堂教学改革经验。2008年，市教育局成立“构建和谐师生关系研究活动”课题领导小组和以教科所为主的课题研究执行小组。课题研究的主要内容为构建“民主平等、真诚互信、尊重理解、沟通交流、愉悦合作”的师生关系；通过“和谐管理制度的建设、和谐校园文化的建设、和谐课堂的构建、家长学校活动内容的研究与实践、师生交流平台的建立与实践”5项研究活动为主题的“实践基地”建设，培植“和谐师生关系”典型。2008年12月，在聊城二中召开第一次“构建和谐师生关系研究活动”现场会，总结、展示活动开展一年来的成果。2010年4月，在临清民族实验中学召开第二次“构建和谐师生关系研究活动”现场会，明确和谐师生关系的构建“重点是校长，关键是老师，核心是课堂”。2010年11月，在东昌府区建设路小学召开第三次“构建和谐师生关系研究活动”现场会，展示和谐课堂的研究成果。2012年9月，在开发区顾官屯中心小学召开第四次“构建和谐师生关系研究活动”现场会，推广顾官屯联校“书信文化”给学校、教师、学生、家长之间搭建“沟通”经验。2015年，聊城市教育科学规划领导小组办公室立项课题762项。聊城市在山东省教育科学规划领导小组办公室立项课题13项。

2002—2015年聊城市教育科学规划领导小组办公室立项课题一览表

表30-18　　单位：件

年份	数量	年份	数量
2002	42	2009	360
2003	154	2010	369
2004	208	2011	918
2005	669	2012	608
2006	171	2013	584
2007	110	2014	434
2008	636	2015	762

第三十一编 文化

Part XXXI Culture

1997年以来，聊城文艺工作者深入生活，深入群众，创作出大批反映现实生活和聊城文化传统的小说、诗歌、散文、影视和民间文学作品。1997—2015年，聊城市共出版小说、诗歌、散文、文艺理论、报告文学、民间文学等各类文学作品专集220余部。文联主办的内部文学期刊《东昌文苑》《水城文艺》出刊50多期。2015年年底，全市有中国作家协会会员14人，山东省作家协会会员111人，聊城市作家协会会员330人。

聊城民间传统艺术发达。被列为国家级非物质文化遗产的有东昌木版年画艺术、张秋木版年画艺术，被列为省级非物质文化遗产的有茌平董庄中堂画、郎庄面塑。传统舞蹈极富地方特色。被列入国家级省级非物质文化遗产的舞蹈有冠县柳林花鼓，被列入省级非物质文化遗产名录的有冠县柳林降狮舞、聊城市东昌府区梁水镇伞棒舞、聊城市东昌府区运河秧歌。聊城杂技久负盛名。杂技艺人走南闯北，足迹遍布全国各地，经常出国演出。2006年，“聊城杂技”列入首批国家级非物质文化遗产项目名录。聊城文化底蕴深厚，文物古迹众多。至2015年年底，全市共有全国重点文物保护单位13处、省文物保护单位73处、市文物保护单位125处、县文物保护单位152处；共有市级以上非物质文化遗产项目174项，其中国家级11项、省级35项、市级128项。

第一章 文学 艺术

第一节 文学创作

一、小说

1997年，田绍润的长篇小说《血染凤凰城》由山东文艺出版社出版。该书以解放聊城为背景，描写人民军队与日伪残余进行浴血奋战的历史场景。1998年，左建明的长篇小说《欢乐时光》由上海文艺出版社出版。该书描写20世纪50—60年代民众的生活境况。同年，王朴的长篇小说《金牛寨》由中国文联出版社出版。该书主要描写20世纪60年代鲁西北地区农村的生活。通过金开贵一家围绕儿女婚事产生的复杂的矛盾纠葛，展现当时农村广阔的社会生活场景和农民的众生相。1999年，王涛的短篇小说《牛牛与牛》被《小说选刊》选载。2000年，张军的中篇小说《终局》获“人民文学·贝塔斯曼”杯文学征文三等奖，并被收入获奖作品集《爱如烟花，只开一瞬》一书（人民文学出版社出版）。2001年，刘文华的中篇小说《一条二十一世纪的狗》在《滇池》发表，王涛的中篇小说《温柔之乡》在《时代文学》发表。袁淑珍的中篇小说《银支架》获《女友》优秀奖。2002年，王春海的长篇小说《凤城人家》由华艺出版社出版。刘恩水、李同生、高静合著长篇章回小说《闯王之女》由中国文联出版社出版。刘文华的短篇小说《村级干部刘大胡子》获山东省首届齐鲁文学奖。李立泰的短篇小说《秦大嫂》获《中国作家》举办的世纪论坛短篇小说一等奖。2003年，于兰的短篇小说《陈苹、白脸女人和乐四季》在《红豆》发表。王大民的长篇小说《马戏一族》由中国文联出版社出版。该书主要描写鲁西地区杂技的发展历史及三代马戏艺人的命运变迁。2004年，北雁的长篇武侠小说《武林大风歌》系列之一《神州劫》由群众文艺出版社出版。该书以曲折生动的故事、清新独特的语言以及对武侠精神的全新诠释，受到普遍关注。杨凤华的长篇历史小说《清水英烈传》由中国文联出版社出版。2005年，王涛的短篇小说《心中的蝙蝠》被《中华文学选刊》选载。刘书康的短篇小说《北方的传说》发表在《人民文学》增刊，11 月获“人民文学爱与和平征文优秀作品奖”。2006 年，符银山的短篇小说《舍利塔下的女人》在全国首届“黄河口杯”文学征文大赛获得二等奖。北雁的长篇武侠小说《铁血大风歌》获红袖添香文学网站、中华书局联合举办的“2006 新武侠大赛”冠军。2007 年，吴金锋的长篇小说《红绫扇》在新浪网第四届原创文学大赛中获推理文学银奖。2008 年，李立泰的中篇小说《故里素描》获《中国作家》第七届金秋之旅笔会中篇小说一等奖。2010 年，田瑜的中篇小说《龙卷风》获“恒光杯”全国公安文学大奖赛优秀奖。2011 年，邵云飞的长篇小说《塔或牧歌》在《时代文学》发表，获聊城市第二届水城文艺创作奖一等奖。李金龙的长篇小说《正道》获聊城市第二届水城文艺创作奖二等奖。范玮的短篇小说《孟村的比赛》获山东省第二届泰山文艺奖（文学创作奖）。留待的短篇小说《十三楼一五零九》在《当代小说》发表，被《小说选刊》（2012 年第一期）转载，并入选《21 世纪年度小说选·2011 短篇小说》。2012 年，李金龙的长篇小说《正道》、田瑜的长篇小说《天妒红颜》、王秀礼的长篇小说《大风歌》获聊城市第十届精神文明建设“文艺精品工程”优秀作品奖。留待的中篇小说《父亲骑在树杈上》在《时代文学》发表，被《中篇小说选刊》（2012 年第 6 期）选载。2013 年，范玮的中篇小说《太平》在《当代小说》发表，被《小说选刊》（2014 年第一期）选载。高杉的短篇小说《求你们让我活过来》获中国小说学会中国当代小说奖。王涛的短篇小说《族谱》获山东省作家协会创作室主办的《齐鲁文学作品年展 2013》小说二等奖。2014 年 8 月，孙洪峰的长篇小说《拴龙记》由内蒙古出版集团、内蒙古文化出版社出版，获聊城市第十一届精神文明建设“文艺精品工程”优秀作品奖。同年，李立泰的小小说《保定的枪声》获梁斌小说奖二等奖。王涛的长篇小说《无处栖息》获中国文化报社、天津市文化广播影视局举办的“东丽杯”全国梁斌小说奖长篇小说二等奖。2015 年，王涛的长篇小说《一九四三》、高杉的短篇小说《娃娃的抗战》在山东省委宣传部、山东省作家协会举办的“纪念中国人民抗日战争暨世界反法西斯战争胜利 70 周年”征文活动中分别获长篇小说二等奖、短篇小说二等奖。李立泰的微型小说《年关》获中国小小说学会举办的第七届小小说“金麻雀奖”。留待的中篇小说《杀人时间》在《十月》发表，其中篇小说《三朵》在《当代小说》发表，被《小说选刊》2015 年第九期选载。

二、诗歌

1997 年以来，张维芳、姜建国、张军、赵登垒、姜勇、臧利敏、高杉、崔会军、王冬、张桂林、宋开颜、田兆阳、康学森、赵继波、仇长义、赵洪杰等老中青年诗人创作发表了大量优秀作品，作品入选多种诗歌选本，或出版个人作品集，并多次获得国家级、省级文学奖励。1997 年，姜建国的讽刺诗集《芒刺小集》、郭立河的讽刺诗集《搔痒集》由人民中国出版社出版。1999 年，姜建国的诗集《98 新韵》、张维芳的诗集《张维芳乡土诗选》由中国文联出版社出版。2000 年 10 月，郭立河的讽刺诗集《麻辣歌》由中国文联出版公司出版。同年，张维芳的讽刺诗集《蒺藜花》和《张维芳讽刺诗选》，由中国文联出版社出版。2002 年，仇长义的组诗《诚信九行》获“诚信杯”全国诗歌大奖赛优秀奖。2003 年，姜建国的诗集《姜建国诗选》由中国文联出版社出版。2005 年，张军的诗歌《翅膀》，仇长义诗歌《蒲公英》《鹤舞白沙》，朱春华的诗歌《翅膀》《飞翔》在《诗刊》社主办的“白沙杯——我心飞翔”全国诗歌大赛中获奖。2006 年 12 月，郭立河的讽刺诗集《怪味豆》由时代文艺出版社出版。2009 年 9 月，《郭立河讽刺诗选》由山东文艺出版社出版。同年，秀水的组诗《缝合》获《诗刊》社“伊帕尔汗”杯全国爱情诗大奖赛优秀奖。2011 年，张军的诗集《平芜尽处》获山东省第二届泰山文艺奖（文学创作奖）。臧利敏的诗集《我不知道风的方向》获聊城市第二届水城文艺创作奖一等奖。微紫的组诗《女性书》、张桂林诗歌《回乡》获中国首届网络文学大赛诗歌奖。2012 年，赵登垒的诗歌《苏醒的雨滴》获诗刊社“时代冲浪杯”首届微诗会优秀奖。2013 年，王冬的组诗《王冬的诗歌》获第三届中国红高粱诗歌大奖赛校园诗人奖。弓车的组诗《从艾山卡口到黄河入海口》获中国诗歌学会、山东省作协和东营市委宣传部联合举办的“黄河入海”全国诗歌大赛一等奖。李航的散文诗《春暖花开》获得山东省作家协会举办的“世纪金榜杯”青春文学大赛三等奖。2014 年，崔会军的诗歌《倚海而歌》获“望海楼杯”全国海洋诗歌大赛优秀奖。张维芳的诗集《张维芳自选诗》由中国文联出版社出版。2015 年，市文联、市诗人协会等联合举办纪念抗日战争暨世界反法西斯战争胜利 70 周年文学征文活动暨诗歌朗诵会。

三、散文

1997 年以来，聊城市（地区）涌现出谭庆禄、高文举、谭登坤、王西广、于兰、武俊岭、李明芳等散文作家。1998 年，王西广的散文《挖宝》获全国报纸副刊优秀作品奖，《最后一只蝌蚪》获山东省报纸副刊作品三等奖。武俊岭的散文《村乐》获华东地区报纸副刊好作品三等奖。张方文的散文《故乡的老槐树》、王涛的散文《故乡的老槐树》获全国吴伯箫散文大奖优秀奖。2000 年、2003 年谭庆禄的散文集《冬天的树》《读书的歧路》先后由明天出版社出版。2003 年，高杉的散文《心灵深处的歌声》获第十四届华东地区报纸副刊好作品三等奖。王庆军的散文《爱生涯断想》获人民文学征文优秀作品奖。2004 年，高文举的散文集《独步人语》获山东省第七届精品工程奖。2006 年，臧利敏的散文《窗外》获聊城市首届水城文艺创作奖新人新作奖。2008 年，谭庆禄的散文集《盒子里的日月》由山东大学出版社出版。2010 年，田瑜的散文《圆圆的榆钱》获中国散文学会“中国当代散文奖”。2011 年，谭登坤的散文集《马颊河十二月》获山东省第二届泰山文艺奖（文学创作奖）和第二十一届孙犁散文奖三等奖。高杉的散文《不曾中风的母爱》获中国散文学会举办的全国散文作家论坛征文大赛一等奖。于兰的散文《你好，时光》获第五届冰心散文奖单篇作品奖。2014 年，谭庆禄的散文集《东乡草木记》获山东省第三届泰山文艺奖（文学创作奖）。2015 年，王西广的散文《家乡的一座高山》获山东省委宣传部、山东省作家协会举办的“纪念中国人民抗日战争暨世界反法西斯战争胜利 70 周年”征文散文三等奖。臧利敏的散文《羊汤馆》获中国散文学会主办的首届“金锣杯”全国散文大赛三等奖。《乡土记忆》散文丛书由山东友谊出版社出版。该丛书包括谭庆禄的散文集《故乡的池塘》、王西广的散文集《一个村庄的剪影》、武俊岭的散文集《村乐图》、谭登坤的散文集《在村庄》、于兰的散文集《旧田园》。

四、报告文学与文学评论

1997 年，马军的长篇报告文学《京九潮》由华龄出版社出版。该书以全景式视角记述京九铁路聊城段建设通车的历史场景。郭刚的报告文学集《耳闻目睹》、杜德禄的《杜德禄文学评论集》由华龄出版社出版。1998 年，宗汉星、王涛创作的报告文学《大京九与鲁西开发》被收录进省委宣传部主编的《春天的报告》一书。姜建国的诗歌评论集《姜建国谈诗》由中国文联出版公司出版。2002 年，孟昭诗的《毛泽东诗词修改始末与修改艺术》由华夏出版社出版。2000 年，马军、于福华合著的长篇报告文学《祖国不会忘记——孔繁森》由陕西人民出版社出版。该书以生动感人的笔触记录当代领导干部的楷模孔繁森的成长过程和模范事迹。2003 年，王春海的长篇纪实文学《黄河之子——孔繁森》由华艺出版社出版。2004 年，马军、石宝生合著的报告文学《聊城公安纪事》被编入山东省作协主编的《大地诗行》一书。马军、石宝生合著的长篇纪实文学《警旗》由中国广播电视出版社出版。该书反映聊城市公安干警保家卫国、打造“平安聊城”的生动事迹，获中国报告文学学会举办的“东方红杯”全国报告文学征文优秀作品特等奖。2006 年，马军的长篇报告文学《英雄的土地》、张志忠长篇传记《画出来的风雨人生——孙大石》出版。马军的报告文学《鑫丰之歌》获全国首届“黄河口杯”文学征文大赛三等奖。2007年，左建明、高文举、赵存吉合著的长篇报告文学《人民检察官白云》获第四届全国检察机关精神文明建设“金鼎奖”优秀作品评选文学类二等奖、山东省第八届精品工程奖。2011年，乌以强的长篇纪实文学《怀念母亲》获山东省第二届泰山文艺奖（文学创作奖）。2012年，韩艳辉的长篇纪实文学《岁月无悔》获聊城市第十届精神文明建设“文艺精品工程”优秀作品奖。2014年10月，庞洪锋的纪实文学《往事》获山东省委宣传部、山东省作协联合举办的“中国梦”主题文学征文报告文学三等奖。同年，高杉的报告文学《一个地委书记在北京的午宴》获山东省委宣传部、山东省作家协会举办的“中国梦”主题文学征文优秀奖。庞洪峰的纪实文学《往事》获山东省委宣传部、山东省作协联合举办的“中国梦”主题文学征文报告文学三等奖。石兴泽、杨春忠合著的《转型时期中国浪漫主义文学研究》获第九届中国文联文艺评论奖著作类二等奖。

五、儿童文学与影视文学

1997年，赵华伟创作的电影文学剧本《少年孔繁森》在《影视文学》发表。1998年，周世民编剧的电视连续剧《凤城刑警》由聊城电视台拍摄播出。1999年，张方文的儿童文学作品集《知了龟传奇》由中国文联出版社出版，共收录其创作的儿童中短篇小说12篇、童话3篇。2000年，刘北创作的童话《雪狐》获第四届冰心儿童图书新作奖佳作奖。2000年，聊城电视台拍摄的电视连续剧《凤城刑警》获山东省戏剧小品评奖一等奖。2002年，刘北创作的童话《云狐》获第十三届冰心儿童文学新作奖大奖。2015年，李金龙创作的32集电视连续剧《铁血将军》在聊城等地拍摄完成，主要描写抗日民族英雄范筑先将军浴血抗战、保家卫国、壮烈捐躯的悲壮故事。

第二节　戏剧　曲艺

一、戏剧

京剧　1997年以来，聊城市（地区）京剧院每年惠民演出近200场。主要演出及保留剧目：《龙凤呈祥》《四郎探母》《红鬃烈马》《玉堂春》《秦香莲》《金玉奴》《望江亭》《状元媒》《诗文会》《凤还巢》《窦娥冤》《陈三两爬堂》《范进中举》《野猪林》《孔雀东南飞》《杨家将》《八珍汤》《赵氏孤儿》《吕布与貂蝉》《谢瑶环》《春闺梦》《霍小玉》《对花枪》《姚期》《红娘》《红楼二尤》《勘玉钏》《金龟记》《奇冤报》《宝莲灯》《珠帘寨》《朱痕记》等几十部传统剧目；《李逵探母》《游龙戏凤》《小商河》《柜中缘》《八大锤》《活捉三郎》《辕门斩子》《岳母刺字》《遇后龙袍》《天女散花》《徐母骂曹》《杜十娘》《三娘教子》《三岔口》等几十部传统折子剧目；红色经典现代京剧《红灯记》选场、《沙家浜》选场，《杜鹃山》《智取威虎山》《江姐》《平原作战》《红色娘子军》等经典选段。新编排剧目：新编反映农村实干精神的现代京剧《红土情》，歌颂党员干部楷模的大型现代京剧《孔繁森》。反映反腐败斗争的大型现代京剧《女纪委书记》，讴歌地税干部执法如山形象的现代京剧《情与法》，新编现代京剧《天良》等剧目。《红土情》《孔繁森》《女

2001年，荣获山东省“五个一精品”工程奖《女纪委书记》

纪委书记》《情与法》《天良》等剧目在山东省文化艺术节上多次获奖并被评为省“五个一”精品工程。演员有京剧表演艺术家李宗义的高徒、高派老生、聊城市京剧团原副团长，国家一级演员鲁艺峰；聊城市京剧团原团长，国家一级演奏员张澄清；国家一级演奏员张文瑞；京剧艺术大师张君秋的关门弟子、国家一级演员鲁霞；京剧表演艺术家许振华的入室弟子、国家一级演员杨世琢；国家一级演员，程派青衣赵晓霞；京剧表演艺术家谭元寿的弟子、国家一级演员王立明；国家一级演员、主攻老旦的耿金芝等。2015 年，聊城市京剧院具有高级专业技术职称的人员 18 人、中级专业技术职称的人员 25 人，初级专业技术职称的人员 11 人。

豫剧 1997 年以来，聊城市（地区）豫剧院经常演出的剧目有《陈三两》《三上轿》《穆桂英挂帅》《孟丽君》《女县令》《苗郎审爹》《大明贤后》《萧城太后》《焦裕禄》《海源阁》等 20 余个剧目，每年演出 300 余场。主要演员李淑珍、张民为等国家一级演员，付成勇、田迎春等国家二级演员，钟桂华、祝玉芹、纵宛宛等国家三级演员。纵宛宛是山东梆子省级非遗项目的第五代传承人。2009 年大型现代戏《火车轮子毛驴腿》、大型新编历史剧《大明贤后》参加文化部主办庆祝中华人民共和国成立 60 周年第三届全国地方戏优秀剧目（北方片）展演。2010 年 5 月，《大明贤后》参加全国第九届中国艺术节，获文化部

2011 年，文化部舞台艺术精品工程资助剧目新编历史轻喜剧豫剧《大明贤后》

第十三届“文华优秀剧目奖”。聊城市豫剧院被山东省文化厅、聊城市委、市政府分别记二等功，市豫剧院被省人力资源和社会保障厅、省文化厅评为全省文化系统先进集体。2011 年，《大明贤后》获国家舞台艺术精品工程“年度资助剧目”。2015 年，聊城豫剧团有演职员工 70 人，其中高级职称演员 18 人、中级职称演员 14 人。

山东梆子 1997 年以来，聊城市（地区）山东梆子剧院经常演出的剧目为《萧城太后》《海源阁》等，每年演出 200 余场。2012 年，山东梆子《萧城太后》参加“喜迎十八大 相约十艺节”剧目展演，获优秀剧目展演。2013 年 7 月，新编历史剧《萧城太后》参加第三届中国少数民族戏剧会演，获优秀剧目金奖、优秀编剧奖、优秀导演奖、优秀音乐奖、优秀灯光舞美奖、优秀表演奖 6 项大奖。10 月，《萧城太后》参加全国第十届艺术节优秀剧目演，获“优秀剧目奖”。2014 年，山东梆子《萧城太后》参加庆祝中华人民共和国成立 65 周年精品剧目进北京，2015 年，被省委宣传部评为“精品工程奖”。2015 年，新编历史剧《海源阁》入选山东省舞台艺术重点选题创作作品的资助项目和地方戏与京剧保护扶持工程，为 2015—2016 年扶持项目。

二、曲艺

1997 年以来，聊城市（地区）传统曲艺种类有山东快书、八角鼓等，近现代曲艺类型有小品、相声等。主要艺人有张明东为山东快书第二十一代正宗传人、高派再传掌门弟子、大师高元钧大弟子刘洪斌弟子，聊城八角鼓艺人朱朝晖等。1997—2000 年，山东快书《卖血》、对口快板《楷模故乡行》《两栖人》先后获省级奖励。2002 年，聊城八角鼓《晴天白云》在全国首届职工艺术节中获创作奖和表演三等奖。2010 年，山东快书《热血铸警魂》在全省曲艺会演中获一等奖，单弦联唱《水城美》获三等奖。2014 年，中国曲艺家协会举办的首届“高元钧杯”全国山东快书大赛，山东快书《卖元宵》获少儿组银奖，山东快书《武松赶会》获铜奖。2015 年，常年演出艺人数十人。

第三节 美 术

1997年以来，聊城市（地区）书画创作活动日趋活跃。1998年，聊城组织美协会员优秀作品参加山东省文联举办的“改革开放二十周年”大型书画展及山东电视台举办的美术作品展播。1999年，聊城市委宣传部、聊城市文学艺术界联合会（简称“市文联”）、聊城市书法家协会（简称“市书协”）、聊城市美术家协会（简称“市美协”）联合举办庆祝中华人民共和国成立50周年暨迎接澳门回归祖国书法美术作品展。2002年，袁长启、徐书林、陈默等书画家在聊城市举办个人书画展。2003年，市美协举办聊城市“美术精品展”。2004年，市美协选送5人作品参加全省美术作品展。11月，市美协、市书协举办“延青杯”企业家书画展，展出企业家书画作品200余幅。2005年，市书协举办聊城市“纪念抗日战争暨世界反法西斯战争胜利六十周年大型书画展”，征集作品800余件，展出400余件，出版《纪念抗日战争暨世界反法西斯战争胜利六十周年书画集》。市美协举办聊城市少儿美术作品大赛，组织作品参加2005年山东体育美展和全国体育美术作品展，组织参加山东省第三届写生作品展，其中2幅作品获二等奖，5幅作品获优秀奖。在组织参加的2005山东省版画作品展暨全国第十七届版画作品展中，有1幅作品入选全国展，1幅获省展优秀奖。2006年，市美协举办聊城市美术家作品精品展和赵安民、韩英凌、于平国画联展。聊城市7名书画家作品参加由中国美协在书画之乡高唐举办的“全国中国画提名展”，其中，赵安民工笔画、巩德春山水画获优秀奖。2008年、2009年，市美协先后举办纪念改革开放30周年聊城市美术书法作品精品展和聊城市庆祝中华人民共和国成立60周年书画展。2009年，市美协会员孙印昌、韩英凌多幅美术作品入选中国美协主办的全国美术大展。2010年，聊城市委宣传部、市文联、市文化局、高唐县委、县政府等单位联合举办孙大石书画艺术展，展出孙大石书画作品104幅。举办“国风颂盛世”朱希江牡丹画展，展出聊城市老画家朱希江牡丹画作60余幅。市美协会员张建新、韩英凌多幅美术作品入选中国美协主办的全国美术大展。韩英凌国画《暖冬》、孙印昌油画《家园•老玉米》在山东省社会文化“星光奖”美术、书法、摄影作品展中获一等奖。聊城市选送山东省第十四届美术新人新作展24幅，获奖8幅。2011年，高唐县政府纯公益事业单位“巩德春美术馆”开馆。该馆后被文化部定为全国300家、全省18家公益性美术馆重点管理单位。市文联主办庆祝中国共产党建立90周年聊城市中国画精品展。聊城市政协、市文联、市文化局、高唐县委县政府主办，聊城运河文化博物馆、高唐画院承办“水墨延伸——巩德春山水画展”。2012年，聊城市文联与山东省文物局、山东省社会科学界联合会、中共聊城市委宣传部等联合举办“齐鲁十老国画精品展”，集中展示山东10位国画界老画家精品力作百余幅。2013年，市文联在北京军事博物馆举办“水城墨韵”聊城书画精品晋京展。“文化齐鲁、和美山东”全省少年儿童大画廊大型系列活动获奖60幅作品，参加展览30件。由山东省美术家协会、聊城市文联、高唐县政府主办的“自然生化——巩德春画展暨画展作品研讨会”在省美术馆举行，数十位著名画家、教授、美评家参加作品研讨会，全国上百家报刊和网站报道画展。2014年，举办“甲午海祭”吴泽昊系列国画作品展，展出以甲午战争为创作素材的作品70余幅。2015年，市协组织作品参加第十届高唐书画博览会。聊城市政府、聊城市委宣传部主办“艺镜水城”聊城书画精品晋京展。聊城市文联主办“水墨清华”东昌书画院中国画精品展。聊城市举办“运河古都•大美聊城”中国当代书画名家邀请展。是年，聊城市有中国美协会员18人，省美协会员110人，市级美协会员360人。

一、绘画

20世纪末，韩英凌国画《景物》获得教育部颁发的“未来成就奖”，《秋吟图》获中国美协举办的“中国少儿美术教师优秀美术作品展”优秀奖（最高奖），《小镇集市图》获山东省文化厅主办的大赛中获优秀奖（最高奖），《土枪土炮打天下》在山东省“纪念建党80周年书画摄影大赛”中获得三等奖。宋义文国画《花开花落》获全国中小学美术作品评选园丁组金奖（最高奖），《古韵》获山东省跨世纪中国画精品展优秀奖（最高奖），人物画《春》在山东省首届中国画双年展中获佳作奖。周建国《正月里》获文化部金奖。徐焕春作品获文化部主办的“中华世纪之光”中国书画大展金奖。金增友国画《南窗系列一》获中国美术家协会主办的全国中国画展优秀奖，《南窗系列二》获中国美术家协会主办的新世纪全国书法绘画展银奖，《秋野白露》获第二届全国青年国画大展银奖，《南窗系列三》获中国美术家协会主办的新时代中国画展优秀奖，《秋风无语》获中国美术家协会主办的第六届工笔画大展优秀奖，《梦里飞花》获中国美术家协会主办的第一届中国美术金彩奖，《四季雅园图》获第二届工笔山水画大展优秀奖。孙良利国画《秋风》入选中国美术家协会主办的“纪念孔子诞辰2550年全国书画大展”，并获优秀奖。郑旭庆水粉画入选参展第九届全国美展，《红色和谐》参加山东省文化厅主办的山东省第四届艺术学校美术作品巡回展获金奖，同时获指导教师奖。

20世纪末21世纪初，周建国油画《人汉风》获全国第八届文化部群星奖银奖，《秋白》在山东画院、美协、美术馆美术作品展览中获一等奖。郑东庆油画《情系陶花》入选中国美协主办的中国油画大展，并获优秀作品奖，《花语》入选中国美协主办的2002年中国美术家协会第十六次新人新作展。郑旭庆油画《我的家园》入选中国油画大展，史国强油画《瞿秋白》在山东省纪念建党80周年书画摄影大赛中分别获得一等奖。

进入21世纪，孙良利国画《晨妆》入选中国美术家协会主办的“世纪·中国风情”中国画展，《翠羽琼花》入选中国美术家协会主办的“民族魂·国土情”全国书画大展，《铜墙铁壁》入选中国美术家协会、人民日报社联合主办的“伟大胜利·纪念抗日战争胜利六十周年全国作品展”。程烁国画《家园系列之萌》入选中国美术家协会主办的“锦绣中原”全国作品展，《晚秋晨曲》入选中国美术家协会主办的“翰墨新象”全国作品展，《一路清音》入选中国美术家协会主办的全国中国工笔画展，《家园系列之冬韵》入选中国美术家协会主办的吴冠中艺术馆开馆暨全国作品展，《净慧》入选中国美术家协会主办的“泰山之尊”全国作品展，《掠过芬芳》入选中国美协主办全国作品展，《风过春林一路歌》入选中国美术家协会主办的第九届全国工笔画大展，《风过春林一路歌》入选中国美术家协会主办的第九届全国工笔画大展。韩英凌国画《风景这边独好》入选中国美术家协会主办的全国中国画提名展，《万壑气象》在中国美术家协会主办的全国中国画展大展中获优秀奖（最高奖），《四季云烟》在中国美术家协会主办画展中获优秀奖（最高奖），《新气象》在山东省美术家协会主办的首届青年美术大展中获优秀奖（最高奖），《暖冬》获省文化厅主办的山东群文大展一等奖，在山东省社会文化“星光奖”美术、书法、摄影作品展中获一等奖，《辛卯雪晴》获中国美术家协会主办的全国作品展优秀奖（最高奖），《大岳行云》入展中国美术家协会主办的全国中国画大展，《云烟四季润家园》入选中国美术家协会主办的全国美术作品展，《九洲墨韵》参加珠海、深圳巡回展，参加水墨行动第三届中国画邀请展，《清溪流过碧山头》入选中国美术家协会主办的中国画双年展，《溪山牧归》入选第十届中国艺术节，文化部主办的全国优秀美术作品展，美术作品《情系菜农》入围山东省重大历史题材，个人画集《翰墨随心》《造化心源》由文化艺术出版社出版。王冬青国画《山水》参加“中华颂·国庆60周年全国群众文化美术书法大展”获优秀奖，美术作品在山东省少年儿童“文明山东从我做起”美术书法摄影作品大展中获优秀教师辅导奖，在山东省第二届“星光奖”获三等奖，《千禧年的故事》在“山东省2006群星美术书法摄影作品大展”中获三等奖，《囚》在纪念孔繁森全国书画邀请展中被评为优秀作品。张瑞东国画《葵园——2》入选“绿色·和谐——第四届全国中国画作品展”，《花语1——4》获“第一届全国中国画学术展”优秀奖，《葵园——1》获“第六届全国花鸟画名家作品展”佳作奖，《葵园秋》获“我爱丹青”首届全国中国画展优秀奖，《葵园雨后》获“明德和融全国中国画作品展”优秀奖，《秋满葵园》获“金陵文脉——全国中国画作品展”优秀奖。张正军国画《牡丹亭·寻梦》在中国美术家协会主办的“锦绣中原”作品展中获优秀奖，《京韵·妆》在中国美术家协会主办的“八荒通神”哈尔滨作品双年展中获优秀奖，在全国第三届线描艺术展中获优秀奖。宋义文国画《祥和年集》在“翰墨新象”中国画大展中获优秀奖（最高奖），《话桑麻》获“八荒通神”哈尔滨美术双年展（中国画）中获优秀奖（最高奖），花鸟画《葵园——2》入选“绿色·和谐——第四届全国中国画作品展”，《含笑秋风》入选“第八届民族百花奖——全国中国画作品展”，《承得中天雨露多》入选“翰墨齐鲁首届全国花鸟画作品展”，《葵园——3》入选“首届八大山人全国花鸟画作品展”，《盛世荷韵》入选中国美术家协会主办的辉煌浦东2011年作品展，《新苗》入选中国美术家协会主办的中国当代花鸟画展，《初醒》入选中国美术家协会主办的“第二届工笔山水展”，《太行情寄》入选中国美术家协会主办的“中国首届现代工画大展”，《婴戏图》入选中国美术家协会主办的第二届中国线描艺术展。金增友国画《远村之梦》入选中国美术家协会纪念抗日战争六十周年全国美展，《南塘清风》入选中国美术家协会第一届西部大地情中国画大展，《秋高月无声》入选中国美协“海潮杯”中国画大展，《青衣》入选中国文联、中国美术家协会主办的第二届造型艺术新人展，《京韵·西厢记》入选中国美术家协会主办的吴冠中艺术馆开馆暨全国作品展，《胭脂》入选中国美术家协会主办的2012全国工笔画展，《游园惊梦》入选中国美术家协会主办的2012作品展。张建新国画《太行霁月》入选中国美术家协会主办的全国作品展，《大雪无垠》《太行岁月》入选文化部、解放军总政治部、中国美术家协会主办的“庆祝中国人民解放军建军85周年全国美术作品展”，《春回太行》入选中国画学会主办的“明德·和融”第三届全国作品展，《遥望那满山瑞雪》入选中国美术家协会“泰山之尊”全国中国画、油画作品展，《太行霁月》入选中国美术家协会主办的全国作品展，李绪广国画《和暖》入选由中国美术家协会主办的“泰山之尊”全国中国画、油画作品展，《花鸟》在北京一画山房美术馆主办的“福日升杯全国扇面小品大奖赛”中获优秀奖，《绿色天堂》在中国美术家协会主办的“翰墨齐鲁”首届全国花鸟画作品展中获优秀奖（最高奖），《一家亲》入选中国美术家协会主办的“泰山之尊”全国中国画、油画作品展，《即将醒来的水城》《开元之光》入选中国美术家协会主办的第二十次新人新作展作品展，《自然生化系列》《开元之光系列》入展由北京广纳德书画院、中国国家画院、辽宁省美协、中央国家机关美协、北京广纳德书画院、辽河美术馆等主办承办的《回归》当代中青年实力派中国画精品展。巩德春国画《大雪无垠莽太行》入选中国美术家协会主办的“首届公望富春中国山水画作品展”并获优秀奖，《玉宇丹青秀武当》入选中国美术家协会主办的“画说武当全国作品展”并获优秀奖，《雪岭崔嵬》入选中国美术家协会主办的“泰山之尊”全国山水画展获优秀奖，《丰年兆瑞》入选中国美术家协会主办的“美丽新丝路　翰墨定西行”全国中国画、油画作品展并获优秀奖。徐焕春国画《春意》在全国园林美术大展中荣获银奖，《和风》在第三届全国群众文化美术书法大展中荣获铜奖，《太行霁月》入选中国美术家协会主办“全国作品展”，《大雪无垠》《太行岁月》入选文化部、解放军总政治部、中国美术家协会主办的“庆祝中国人民解放军建军85周年全国美术作品展”，《春回太行》入选中国画学会主办的“明德·和融”第三届全国作品展，《遥望那满山瑞雪》入选中国美术家协会“泰山之尊”全国中国画、油画作品展。程烁山水画《风过春林一路歌》入选中国美术家协会主办的第九届全国工笔画大展。张建民花鸟画参加“清风雅逸”中国画名家扇面作品邀请展，《花语无声》入选中国当代国画家精品展，《荷塘——1》入选中国美术家协会主办的“精致立场”全国第二届现代工笔展，两件作品参加“书画同源——全国书画名家作品邀请展”，入选中国美术家协会主办的“金陵文脉”2014全国作品展，《荷塘——3》入选中国画学会主办的“明德·和融”全国作品展。马昭银冰冻画《冻霜雪地回娘家》入选《全国实力派画家作品集》，郑东庆水粉画《秋声》入选中国美协主办的第六届全国水彩粉画展。王银祥漫画《触目惊心》入选中国美术家协会主办的“子恺杯”中国漫画大展，《真假包公》获中国美术家协会主办的全国《知荣明耻》网上漫画展优秀奖。朱丽君油画获山东省文化厅举办的群星奖山东选拔三等奖，油画作品在山东省文化厅举办的美术展中获三等奖，作品在山东省第二届“星光奖”获三等奖。王冬青油画《白驹过隙》在山东省群星奖选拔赛中获三等奖。郑东庆油画《厨房印象》入选中国美协主办的第二届风景风情全国油画展，《故乡印象》入选中国美协主办的第二届时代精神全国油画作品展，《小岗》入选山东美协、山东文化厅主办的山东省庆祝中华人民共和国成立六十周年美术作品展获优秀作品奖，《琴思》入选中国美术家协会主办的上海世博会中国美术作品展览获优秀作品奖。刘鹏油画《静物》在纪念孔繁森全国书画邀请展中获优秀奖，《莲说1》在山东省文化厅主办的全省廉政文化书画展中获二等奖，《莲说2》在山东省美术家协会主办的首届山东省青年美术大展中获优秀奖。刘鹏油画在中国群众文化学会主办的第三届全国群众文化美术书法大展中获优秀奖。王冬青岩彩画《门神》入选中国美术家协会主办的“放飞心灵，成就未来——全国少儿美术教育学术展”。马昭银出版《冰中意韵——马昭银冰冻画作品集》。李健版画《艺术家的生活》在中国美术家协会、湖北美术出版社主办的全国第七届“三版”展中获优秀奖，该作品收录于《全国第七届铜版、石版、丝网版大展作品集》，由湖北美术出版社出版发行。韩英凌版画《情系菜农》获山东省群星美术一等奖。李健版画《升》入选中国美术家协会主办的第十八届全国版画展，作品收录《第十八届全国版画展作品集》，由上海锦绣文章出版社出版发行。《涅槃》在第七届国际园博会组委会主办的第七届中国国际园林花卉博览会中获绘画奖银奖。王国强版画《和谐家园》入选山东省美术家协会主办的“山东省第十六届美术新人新作展”。周建国线描作品《八千里路》获第四届全国线描展优秀奖。王银祥漫画《上钩》入选中国美术家协会主办第三届中国桐乡廉政漫画展，王国新漫画《何处是我家》获第三届大学生漫画·插画大赛优秀奖，《小平漫像》获中华人民共和国成立60周年优秀作品，并被多个网站转载。《人民日报》漫画增刊《讽刺与幽默》在“漫乡采风”栏目以《聊城这座漫画城》为题作专题报道。孙宝欣漫画《剪刀石头布》入选中国美术家协会漫画艺术委员会、桐乡市人民政府主办的第八届“子恺杯”中国漫画展，《伫立望故乡顾影凄自怜》在中国美协漫画艺术委员会、海盐县人民政府、上海三毛形象发展有限公司举办的“三毛杯”首届中国漫画动画大赛中优秀作品奖。王怀申漫画《啥年月，有鱼吃还捉老鼠！》被教育部高等考试命题中心选为全国高考I卷作文题。王怀申漫画《全体通过》入选中国美术家协会漫画艺术委员会主办的第八届“子恺杯”全国漫画展。王银祥漫画《进城归来》入选中国美术家协会主办第五届中国嘉兴国际漫画展。《山村新貌》入选中国美术家协会主办中国首届民生漫画展，《渴望》入选中国美术家协会主办第六届中国嘉兴国际漫画展，《新夫妻识字》入选中国美术家协会主办第三届中国桐乡廉政漫画展。王国新漫画《妙笔绘蓝图》入选中国美术家协会主办的首届《漫画民生》作品展，王发社漫画《疑惑》入选“全国节能杯漫画展及作品集”。孙宝欣漫画《打劫》《新时代》获中国美术家协会第一届、第二届“民生漫画作品展”入选奖，《流行风》获中国美术家协会“子恺杯”中国漫画大展入选奖，《救赎》获联合国国际漫画大奖赛“卓越奖”，为此次联合国国际大赛唯一获奖中国漫画家，联合国秘书长潘基文签发奖状。《人与自然》获中国美术家协会“三毛杯”第二届全国漫画大展入选奖。《巨无霸》获中国美术家协会第六届中国·嘉兴国际漫画双年展入选奖，《战争与和平》获中国美协漫画艺术委员会、《人民日报》漫画增刊《讽刺与幽默》主办的纪念世界反法西斯战争暨中国抗日战争胜利70周年全国漫画巡展入选奖。《愿景》获中国美术家协会主办的第七届中国·嘉兴国际漫画双年展入选奖。《老虎苍蝇一起打》获中国美术家协会主办的第十届“子恺杯”中国漫画大展优秀奖（最高奖）。刘维新漫画《先富起来再说》获湖南省美术家协会、湖南省美术家协会漫画艺术委员会主办的“首届中国当代优秀漫画作品展”佳作奖。

二、民间美术

东昌木版年画　东昌木版年画制作流传于东昌府古城区内东关街、清孝街，堂邑镇许堤口、梁水镇大赵等城镇乡村。聊城（古时为东昌府）与潍坊杨家埠并称山东民间两大画市，代表着山东木版年画的东西两大系统，在国内享有盛誉。东昌府木版年画的制作有300余年的历史。清初时期，山西商人在阳谷张秋开办三家画店，经销年画、门神。后来，这三家之一的“刘振升画店”迁往东昌府的东关清孝街。东昌木版年画融年画、门神画于一体，既具有年画的艺术风格，又起到门神作用。构图简洁，人物突出，刻画夸张，整体感强。人物造型眼形窄长，鼻梁鼻翼瘦窄，形象丰满质朴。线条刚劲、流畅、圆润，弧中有直，柔中有刚。色彩柔和、鲜明、古朴。色彩鲜艳，对比强烈。其勾绘线条，朴拙而生动，清秀而简练。取材范围非常广泛，包括描写劳动生产的耕织图、小渔家乐、戏曲故事、民间传说以及福禄吉庆之类的吉利画等。主要有两大类：一是《天仙配》《武松打虎》《钟馗》等古代神话、民间传说和历史人物；二是《双喜临门》《麒麟送子》等呈祥、喜庆、欢快的吉庆内容。东昌府木版年画历来只有“草版”，即只印不画，全部用木版分色套印，用红、黄、灰、青、黑五种基本色，最多的为七色八版。整个画面五彩缤纷，装饰性强。人物面部不着色，形象突出醒目。东昌木版年画艺术被列入国家级非物质文化遗产代表性项目名录。

张秋木版年画　张秋木版年画兴于元朝中期，由山西省、陕西省引至山东阳谷县张秋镇。清末民初，画店迁往聊城。张秋年画的制作技法是套色木版印刷，工序四个步骤：绘稿、刻板、印刷、手绘。颜色一般有红、黄、灰、青、黑五种基本色，画面五彩缤纷，装饰性强。题材新颖、形式多样，内容丰富，题材品种300余个。人物造型夸张，面部一般不着色，刻画夸张朴实，眼睛窄长，眼皮纹路清晰，鼻梁鼻翼瘦窄，线条简洁流畅有力，色彩明快沉着。构图丰满、匀称古朴，刻板精细，线条流畅，简洁有力，做工考究。张秋木版年画艺术是国家级非物质文化遗产。

茌平董庄中堂画　茌平县杜郎口乡董庄为著名的中堂画创作基地。该村60余户人家，从

茌平县董庄中堂画

事绘画者100余人。明隆庆五年（1571年），河北省清河县人董月迁移到董庄落户从事中堂画制作。董庄中堂画内容主要有《三仙炼丹》《麻姑献寿》《八仙》《八骏图》等，另有山水、花鸟等。作品销往山东省各地及河北省、河南省、山西省、安徽省、黑龙江省、吉林省、辽宁省等省，在北方民间有较大影响。茌平董庄绘画被列为山东省非物质文化遗产名录。

冠县郎庄面塑　冠县郎庄面塑在当地俗称“面老虎”，是一种传统民间雕塑艺术。郎庄三四十户人家，几乎家家男女老少都会做面塑。题材有《哪吒闹海》《赵匡胤借头》《舞狮》，以及老虎、金鱼、青蛙、瓜果、花篮等。制作过程是用精麦发面，发好后在案板上用剪刀、梳子等工具捏塑出各花样，然后蒸熟，上胶、绘色、晾干即成。造型简洁夸张，为半浮雕式，经过蒸熟“发胖”，显现出一种浑圆敦厚的造型。着色常以大块面的红黄绿等原色，间以多变的线条，再用少量钴蓝和白粉等原料点缀成各种花朵，最后用墨绿勾画人物的眉眼和发色，色相对比度强烈，活泼跳跃，绚丽多彩，被誉为“中国民间工艺中的一枝奇葩”“中国一绝”。80年代后期到90年代，在国家旅游局、轻工业部、商业部联合举办的“中国旅游精品展”上获“天马金奖”。在山东省第二届民间工艺品博览会上获金奖，在“2005江北水城文化旅游节民间绝活大赛”上获金奖。2006年，参加中国深圳文化产业博览会和山东省文化产业博览会。同年，被山东省政府公布为首批省非物质文化遗产项目。2008年，被列为国家级非物质文化遗产项目名录。

2008年，冠县郎庄面塑被列为国家非物质文化遗产名录

第四节　书法　篆刻

聊城市（地区）书法家协会（简称“市书协”）成立于1981年5月。20世纪90年代后期，聊城书法创作比较活跃，书法交流活动频繁。1998年，聊城组织书协会员优秀作品参加山东省文联举办的“改革开放二十周年”大型书画展及省电视台举办的美术作品展播。1998年，李荫群篆刻作品入选第四届全国篆刻艺术展，入选西泠印社首届国际篆刻书法展，并在此之后多次入选该展。1999年，聊城市委宣传部、市文联、市书协、市美协联合举办庆祝中华人民共和国成立50周年暨迎接澳门回归祖国书法美术作品展，征集作品400余幅，选出180件优秀作品展览。2000年，陈文轩作品入选浙江省书法家协会、中国硬笔书法家协会主办全国第八届钢笔书法展三等奖。进入21世纪，聊城书法事业就呈现出欣欣向荣、蓬勃发展之势。书法创作方面，主题丰富、形式多样、成果较多。书法展览方面，除在主题性书法作品集中展览继续不断发展之外，个人书法展举办质量和次数均有所提升。2001年，李荫群篆刻作品获全国篆刻艺术展览金奖，特邀入选当代古典细朱文印精品展。2002年，陈默书法作品参加中国文联、中国书协举办的“兰亭杯”书法作品展。陈默、刘胜民、刘元飞在第五届振兴中华“金贵杯”山东省青年书法比赛中获得提名奖。袁长启、徐书林、陈默等书画家在聊城市举办个人书画展（简称“个展”），白忠海在高唐县孙大石美术馆举办个展。李荫群作品入展全国中青年篆刻家精品展。吉凯丰作品入选第四届全国楹联书法大展，陈文轩书法作品入选中国书法家协会主办的全国第四届楹联大展。2003年，聊城市书协和市美协分别举办聊城市“书法临帖展”，分别展出优秀书法和美术作品100余幅。吉凯丰作品入选首届“杏花村汾酒集团杯”全国电视书法大赛、首届敦煌国

际书法艺术节。2004 年，市书协举办“延青杯”企业家书画展，展出聊城市各行各业的企业家的书画作品 200 余幅，李荫群作品入选全国第八届书法篆刻作品展、首届全国青年书法篆刻作品展。吉凯丰作品入选全国第八届书法篆刻展、纪念邓小平 100 周年诞辰全国大型书法展、第二十届中国兰亭书法节全国名家邀请展（获最高奖“王羲之书法奖”）、纪念邓小平 100 周年诞辰书画大赛（获优秀奖）。陈文轩书法作品入选中国书法家协会主办全国第八届书法篆刻展、中国书法家协会主办的纪念邓小平 100 周年诞辰全国书法展。2005 年，聊城市书法家协会、市美术家协会举办聊城市“纪念抗日战争暨世界反法西斯战争胜利六十周年大型书画展”，征集作品 800 余件，展出 400 余件，出版《纪念抗日战争暨世界反法西斯战争胜利六十周年书画集》。吉凯丰作品入选二届“杏花村汾酒集团杯”全国电视书法大赛、第一届国际书法作品展（获“岳安杯”提名奖）。陈文轩作品入选由中国书法家协会主办的全国书法大赛冼夫人奖作品展、中国书法家协会主办的全国第二届扇面展，河北省文联、河北书法家协会主办的纪念徐悲鸿 110 周年诞辰“东方光大杯”全国书画艺术分科评选展（获隶书优秀奖）。2006 年，聊城市书法家协会举办首届书法理论研讨会。聊城市 7 名书画家作品参加由中国美协在书画之乡高唐举办的“全国中国画提名展”，其中，吉凯丰、李建新的书法作品分别入选 2006 年国际书法篆刻大展。吉凯丰名列 2006 中国书坛青年“百强榜”。其作品入选纪念老子诞辰 2578 周年全国书法大展。2007 年，吉凯丰作品入选第二十三届中国兰亭书法节“中国书法群贤展”。陈文轩作品入选中国书法家协会主办的首届中国普洱茶乡书法艺术节、中国硬笔书法协会主办的硬笔书法篆刻艺术大展（获一等奖）。2008 年，白忠海作品入选全国首届册页书法作品展、全国第二届草书艺术展、全国首届册页书法作品展、全国第二届草书艺术展。汪雷作品入选河南省书法家协会主办的河南宝丰第四届魔术文化节书画大赛优秀奖、中国书法家协会主办的中国书协培训中心教学成果展（获三等奖）、中国书法家协会主办的全国第二届隶书艺术展入展。李光文作品入选第七届全国刻字艺术展（第十二届国际刻字艺术交流大展）。陈文轩作品入选中国残联主办爱在中国大型书画展。2008 年、2009 年，先后举办纪念改革开放 30 周年聊城市美术书法作品精品展和聊城市庆祝中华人民共和国成立 60 周年书画展，两次展览在全市范围内征集书画作品 500 余件，选出百余幅优秀作品出版。2009 年，李光文作品入选第三届中国书法兰亭奖（尧山杯新人展）。李霖荣随中国书法家协会代表团出访日本。汪雷作品入选中国书法家协会主办的全国中小学生书法节教师作品展。2010 年 6 月，聊城市委宣传部、市文联、市文化局、高唐县委及县政府等单位联合举办孙大石书画艺术展，展出孙大石创作的书画作品 104 幅。是年，先后组织举办“聊城市老年书画展”“画家画水城·写水城”大型书画笔会等活动。在山东省社会文化“星光奖”美术、书法、摄影作品展中，方建光获书法类一等奖。中国书法家网站推出陈默网络书法艺术展，山东电视台《今日报道》节目做专题介绍。汪雷作品入选中国书法家协会主办的首届全国篆书展入展。李光文作品获全国首届篆书作品展提名奖。李霖荣随中国书法家协会代表团出访韩国。2011 年，陈文轩获聊城市书法家协会等主办的东昌墨韵聊城市纪念辛亥革命 100 周年书法展提名奖。2012 年，尹成铎的书法作品小楷获第五届“重阳书画展”

2013 年，“水城墨韵”聊城书画精品晋京展军博开展现场

总分第一名，李霖的书法作品入选第四届中国书法“兰亭奖”佳作奖。李光文入选首届“张芝奖”全国书法大展。2013年，“水城墨韵”聊城书画精品晋京展在北京军事博物馆举办，展出聊城市书画家创作的书画精品138件。同年，山东省书法家协会、聊城市文联、聊城市书法家协会共同举办山东省第六届书法篆刻展暨第二届王羲之书法论坛。此次展览征集稿件3700余件（含150篇第二届王羲之书法论坛稿件），290件作品入选，评出优秀作品28件，41篇论文入选“中国书法王羲之书法论坛”。王银祥作品获“水墨千秋”中国水墨艺术大赛获优秀奖。解长城书法作品入展全国首届书法小品展，吴华枫书法作品入展首届“孙过庭奖”全国行草书大展，刘胜民书法作品在第二届“平复帖杯”全国书法篆刻大展获大奖，郭西军书法作品入展全国第七届楹联书法作品展。2014年，举办“驿道题壁——于茂阳书法作品展”，展出于茂阳作品百余幅。汪雷作品入选中国文联第三届造型艺术新人展。2015年年底，聊城市有中国书协会员53人，省书协会员195人，市书协会员1048人。

第五节 摄 影

一、作品

1997年12月，《情系鲁西》——聊城地区青年摄影家协会成立12年摄影作品集出版。这是聊城摄影史上的第一部摄影作品集。1998年8月4日，《中国摄影报》发表聊城市青年摄影家协会会员作品专版。8月20日，陈明远拍摄的《职责》在全国石油杯摄影作品展览中获优秀奖，10月，其作品《乐哉》在中国“文苑杯”摄影美术大赛中获特别奖，被选为赴美国美中友好馆展出。同年，雷建峰作品《柿子红》获中华人民共和国文化部、中国艺术摄影学会举办的第四届大河上下艺术摄影作品展览二等奖。1999年10月，聊城市老摄影家协会辑辑出版《聊城影画》，收录照片150幅，印刷3000册。同年，吴军生作品《心声》在庆祝中华人民共和国成立50周年“大红鹰杯·祖国颂”全国摄影万元大奖赛中，获唯一的一等奖。2000年5月，《聊城影画》第二期出版。11月，吴军生拍摄的《风雪映真情》在省摄协兴办的“首届人像摄影大赛”中获银奖。该作品在2001年“党在我心中”全国摄影大赛中获佳作奖。同年，雷建峰作品《山里人家》入选中华人民共和国文化部、中国艺术摄影学会举办的第五届大河上下艺术摄影作品展览。2001年1月，《聊城影画》第三期出版。2002年，雷建峰作品《古城晨曦》在中国京杭大运河风情摄影艺术展中获优秀奖。2003年，赵雅军个人摄影集《回眸鲁西》出版。该作品集收录赵雅军从事摄影工作以来30余年的摄影作品。同年，吴军生拍摄的《“板的”上的小老板》在“移动杯”全国摄影大赛中获三等奖。2004年1月，《聊城影画》第四期出版。11月，赵雅军鸟类摄影专集《水城挚友——聊城野生鸟类》出版发行。专集收录20余年赵雅军拍摄的聊城地区常见的野生鸟类100余种，比较全面系统地展现聊城境内的野生鸟类及多年来聊城环境保护工作的发展与进步。同年，雷建峰作品《运河夜景》在中国京杭大运河文化艺术节“情系运河”摄影艺术展中获优秀奖。林虎的摄影作品“市井生活”获山东省第八届摄影艺术展银奖，聊城市首次获此奖项。2005年11月，聊城市摄影家协会编辑出版大型画册《聊城图片百年》，画册收录清末以后聊城不同历史阶段的老照片近千幅，在社会上引起巨大反响。同年，“五一”期间市摄影家协会协助中国新闻摄影学会举办“记者眼中的聊城”全国新闻摄影比赛，接待全国各地记者50余人，拍摄近万幅照片，有几十个专题发表在全国各地的报刊上。2006年，聊城市老摄影家协会经过一年多策划、编辑的庆祝聊城解放60周年《老聊城·新聊城》大型摄影画册出版发行，全书192页，大16开，彩色印刷，收录照片707幅，其中老照片243幅。同年，郭文春获文化部第三届全国“群艺杯”摄影纪实类金奖。林虎的纪实摄影作品《阳谷8·25大案》获全国“扫黄打非”摄影比赛一等奖。雷建峰作品《劳模心中的金鸭子》获山东省文化厅举办的《相约文博会——山东省社会主义新农村建设摄影作品展》一等奖。安文龙作品《春天的希望》在中国新闻摄影协会、山东省新闻摄影协会举办的“聚焦江北水城——记者眼中的聊城”全国新闻摄影比赛中获佳作奖。张子生作品《天使降梨园》获山东省总工会、文化厅、文联举办的省“五一文化奖”摄影类作品二等奖。雷建峰作品《凤舞祥云》获得中国新闻摄影学会、人民摄影报社主办的第三届中国新闻摄影“金镜头”聊城采风摄影大赛铜奖。2008年2月1日，陈明远拍摄的《武松敬虎图》在中华人民共和国文化部、中国摄影家协会等联合举办的纪念改革开放30周年《全国第四届群艺杯摄影艺术展览》中获金奖。8月，聊城市老摄协编辑出版《百岁老人千年古树》摄影画册。10月，市摄影家协会会员作品集出版。是年，市摄影家协会出版庆祝聊城撤地建市10周年大型图片展大型画册，郭文春作品获山东省第八届摄影展银奖。2009年，林虎摄影作品获山东省第九届摄影艺术展金奖。2010年7月，焦兴臣拍摄的《育雏》在山东省政府新闻办公室和山东省摄影家协会联合举办的《孔子故乡中国山东国际网络摄影大赛》上获优秀奖。10月，林虎摄影作品获山东省政府奖泰山文艺奖摄影类三等奖。同年，雷建峰作品《清风荷影》获山东省文化厅举办的《山东省社会文化“星光奖”美术、书法、摄影作品展》中获三等奖。张子生作品《冠县郎庄面塑》获山东省艺术馆、艺术摄影学会举办的“山东省摄影作品展览”二等奖。同年，安文龙作品《郎庄面塑》获《人民摄影报》、齐鲁摄影学会影友摄影比赛优秀奖。2011年7月，市摄影家协会编辑出版“巾帼英雄”摄影大赛画册。同年，郭文春摄影作品《中原百姓》在《人民摄影报》发表专版，林虎摄影作品《沉寂的大运河》在《人民摄影报》发表专版。2013年6月，靖福庆《夏荷》获美丽中国摄影大赛优秀奖。郭峰春《祥云》获得山东省摄影家协会三等奖。《卧室外的栈桥》获得山东省摄影家协会入围奖。同年，郭文春出版个人摄影集《边城人》。2014年8月，郭峰春《海洋之心》获得山东省广播电视台齐鲁网、山东省广播电视台经济频道网络人气奖第一名。2015年，市摄影家协会编辑出版大型画册《运河聊城》。画册收集运河相关的图片千余幅，把运河聊城段从清末、民国时期到改革开放时期变化，以图片的形式展现给读者。同年，雷建峰《七级古镇的人们》获天津市文化广播影视局举办的全国2015美丽中国都市风采网络摄影展三级佳作奖。

二、展览

1997年以来，聊城市（地区）经常举办各种形式的摄影展览。1998年年初，举办“聊城地区青年摄影家协会成立十二周年作品回顾展”。1999年9月，市委宣传部举办“前进中的聊城”大型图片展。10月30日，聊城市老摄影家协会在聊城市光岳楼下举办首届摄影作品展，展出作品79幅。2003年9月23日，聊城市老龄委办公室和聊城市文化局在海源阁联合主办——老摄影家陈明远“庆国庆迎九九聊城夕阳别样红摄影图片展览”。10月，聊城市摄影家协会举办“美丽水城”摄影比赛。2004年4月，市摄影家协会与聊城市信息办公室联合举办首届聊城风光网上摄影比赛。6月，市摄影家协会与聊城市环保局共同举办“创模杯”聊城环境摄影比赛。10月，市摄影协会与聊城市开发区管委会联合举办“美在开发区”摄影展，在凤凰新城、孔繁森纪念馆等地流动展出。程兴普、郭文春代表协会参加在贵州省都匀市举办的第六届中国摄影艺术节，展出协会作品100余幅，获中国摄协颁发的参展证书。市摄影家协会参加在贵州省都匀市举办的第六届中国摄影艺术节，展出作品100余幅，获中国摄协颁发的参展证书。2006年3月，市摄影家协会组织会员赴东阿县为东阿县林业局举办“喜鹊之乡”鸟类影展。7月，市摄影家协组织会员参加淄博周村举办的“国际旱码头杯”摄影大赛，有两幅作品分获佳作奖和入选奖。8月，市摄影家协会为聊城脑科医院举办建院五周年摄影展。10月，市摄影家协会举办海源阁杯“读书乐”摄影展览。11月，聊城市摄影家协会与《人民摄影报》联合举办影友联谊会，有30余幅会员作品被评为佳作奖。与市公路局联合举办“公路杯”摄影艺术大赛，经过几个月的拍摄创作，入选公路建设题材的摄影作品200余幅，评出特别奖2幅、佳作奖10幅、优秀奖50幅，并出版大型画册。同年，市摄影家协会组织优秀摄影作品参加首届“水城文艺奖”评选，评出一等奖1人、二等奖2人、三等奖3人、新人奖7人。2007年5月，为纪念世界环境日，聊城市摄影家协会与聊城市环保局共同举办摄影展览，展出反映全市环保工作和成果的摄影作品200余幅。6月，市摄影家协会与东阿县委宣传部联合举办东阿城市建设摄影作品展，展出作品100余幅。8月，市摄影家协会组织10余名会员赴新疆创作采风，拍回大量优秀作品，有多幅被省市组影展选用。9月，市摄影家协会为冠县首届中华第一梨园采摘节举办摄影艺术作品展览，展出作品100余幅。10月，市摄影家协会组织会员参加省摄影家协会举办的“庆祝党的十七大召开摄影成就展”，5幅入选。12月，为迎接2008年北京奥运会，市摄影家协会与市群艺馆联合举办“邮政杯”《美丽的世界》风光艺术摄影展览，展出风光摄影作品100余幅。2008年3月，筹备举办庆祝聊城撤地建市10周年大型图片展，历时2个多月收集整理近万张图片，5月开展。8月8日，市老摄摄影家协会在聊城公园举办庆奥运聊城《百岁老人千年古树》大型摄影图片展览，展出展板94块，展出时间12天，观众10万余人次。编辑出版《百岁老人千年古树》摄影画册。2010年9月28日，市摄影家协会举办“水城交警”杯摄影比赛，在市公安局展出作品200余幅。10月1日，市摄影家协会举办第二届百货大楼“百大风采”杯摄影大赛，200余幅作品同时在3个地点展出。同一天，为迎接聊城建设集团集团建立60周年市摄影家协会举办“聊建”杯摄影大赛，在人民广场展出图片400余幅。2011年7月，市摄影家协会与市妇联共同举办“巾帼英雄”摄影大赛，由协会派出20余名优秀会员深入8县（市、区）进行协作，举办大型图片展，300余幅作品展出。2012年4月，聊城市政府举办“水城新姿”摄影作品展，展出摄影作品100余幅。7月，市摄影家协会与市游泳协会合作联合举办金柱杯全国公开水域游泳比赛摄影大赛，组织会员近百人全程拍摄。8月，市摄影家协会举办“水城车影”广华奥迪文化摄影大赛。9月，市摄影家协会举办第四届百大三联，“微笑·美丽瞬间”摄影大赛。11月，市摄影家协会举办庆“十八大”江山多娇•阎有国、于连波、马思民风光摄影作品展。2013年，聊城市摄影家协会与百大三联联合举办庆国庆“笑脸”摄影大赛。2014年，为配合古城开街，市摄影家协会在古城内举办“古城新韵·美丽聊城”摄影展，展出反映古城新貌的作品近300余幅，7天时间接待参观者数万人次。同年，聊城市摄影家协会承办由市委宣传部主办的“美丽聊城·幸福水城”摄影大赛，大赛历时8个月，收到作品近3000幅。2015年4月，举办聊城古城风光摄影大奖赛。10月1日，聊城老照片博物馆正式开馆，面积2000平方米。12月，聊城市摄影家协会与市委宣传部联合举办“发现美丽 聊城印象”年度图片展，展出图片数百幅。

聊城老照片博物馆 （2015年摄）

三、摄影家协会

1998 年 4 月 18 日，成立聊城市老摄影家协会筹委会。同年 10 月 18 日，聊城地区青年摄影家协会改为聊城市摄影家协会。1999 年 5 月 25 日，聊城市老摄影家协会在聊城市民政局登记注册。2010 年 1 月 16 日，聊城市艺术摄影学会成立。同年，聊城市老摄协在平分会成立。2013 年，聊城市老摄协高唐分会成立。至 2015 年年底，聊城市老摄影家协会有会员 300 余人，其中中国老摄影家协会会员 20 人、山东省老摄影家协会会员 37 人。聊城市国家摄影协会有会员 12 人。

第六节　音　乐

1997 年，杨建波创作的歌曲《齐鲁人圆一个梦》获得山东省文化厅颁发的创作三等奖。邱方军在中组部、中宣部、文化部、广电部共同举办的《孔繁森之歌》歌曲征集中获最佳歌曲创作奖。周月华创作歌曲《孔繁森是咱聊城人》在中组部、中宣部、中央电视台联合主办的“歌唱孔繁森声乐作品颁奖晚会”演唱，在中央电视台一台播放。薛红创作歌曲《星星云霞曲》在山东省文化厅主办的文艺作品评选中获得二等奖。1998 年，杨建波民族音乐论文《四平调音乐》由《中国曲艺集成》全国编辑委员会出版。薛红创作歌曲《中原是咱好家园》在山东省文联、山东省音乐家协会主办的山东省第三届齐鲁风情声乐、新作品演唱中获得优秀奖。1999 年，杨建波创作歌曲《车从北京来》获山东省文化厅颁发的创作三等奖。邱方军创作的歌曲《气象万千》在国家气象局、文化部举办的歌曲征集中获金奖。周月华创作的歌曲《孔繁森是咱聊城人》获全国第九届群星奖山东省选拔赛二等奖，《中国农民》获山东省文化厅主办的歌曲评选二等奖，《人往高处走》获山东省音乐家协会主办的歌曲评选二等奖。周长军创作的歌曲《打水漂》发表在《中小学音乐报》。20 世纪末 21 世纪初，丁伟曾获首都老艺术家协会举办的“全国推新人美声歌手大赛”银奖，“全国十佳歌手”称号，获中国文学艺术界联合会和中华全国总工会联合举办的庆祝中华人民共和国成立 50 周年全国产业系统文艺展演音乐类声乐比赛银奖，《江北水城　人间天堂》获文化部中国音乐文学学会和中国音乐家音像出版社举办的“首届神州风采全国词曲作家与歌手迎新年旅游形象歌曲新人新作大奖赛”演唱金奖，《和谐中国》获山东省委宣传部和山东省文化厅举办的山东省“歌颂新中国、喜迎全运会”系列群众文化活动评选一等奖，《家园》获首届华东六省一市新红歌大赛组委会和浙江省文化厅举办的“首届华东六省一市新红歌大赛”创作、演唱银奖，《剪纸姑娘》获山东省委宣传部和山东省文化厅“中国艺术节群星奖山东省评选金奖”、第五届“山东省泰山文艺奖”和“山东省第二十四届电视艺术牡丹奖”。2000 年，周月华创作的歌曲《想》获山东省三等奖。2001 年，杨建波创作的歌曲《海那边》获山东省文化厅颁发的创作二等奖，《常来常往》获山东省文化厅、山东省文化学会颁发的创作特等奖，《走进沂蒙》获山东省文化厅、山东省文化学会颁发的创作一等奖。邱方军创作的歌曲《源远流长母亲的爱》在全国妇联、文化部举办的歌曲征集中获金奖。周长军创作的歌曲《老师您早》发表在《儿童音乐》。薛红创作的歌曲《中国大西北》在山东省艺术馆主办的山东省“时风杯”青年歌手大奖赛中获一等奖。2002 年，邱方军的歌曲作品《水娃娃》在文化部举办的少儿文艺调研中获金奖。周月华创作的歌曲《水城春雨》获全国征歌二等奖。周月华创作的歌曲《水城春雨》在《儿童音乐》发表。2004 年，薛红、王海云等表演的音乐作品《战马奔腾》在山东省文化厅主办的山东省文化艺术馆（站）业务干部专业技能比赛中获三等奖。2005 年，邱方军在中纪委、中宣部共同举办的廉政歌曲征集中获最佳歌曲三等奖。2006 年，聊城市第一家古琴琴馆——“鸣凤琴馆”在铁塔古玩城成立。同年，丁伟的歌曲作品《人民消防兵之歌》获中国音乐文学学会“第三届神州风采全国原创歌曲新人新作评选大赛”创作、演唱一等奖。聊城市合唱团参加文化部主办的合唱比赛，获二等奖。2007年，薛红创作的歌曲《摇浆少年》，在山东省少儿歌曲创作评选活动中获三等奖。王海云创作的歌曲《我的心愿》，在山东省少儿歌曲创作评选活动中获二等奖。陈婷创作的歌曲《爷爷带领我》，在山东省少儿歌曲创作评选活动中获三等奖。周长军创作的歌曲《小奥运开在月宫殿》发表在《黄河之声》。2008年，薛红创作的歌曲《牵着母亲的手》在“感动中国——2008全国第二届新创歌曲、歌词大赛”中获三等奖。王海云创作的歌曲《我的心愿》在“感动中国——2008全国第三届校园歌曲大赛”中获三等奖。周长军创作的歌曲《家》发表在《歌海》，《世界儿童是一家》发表在《儿童音乐》。2009年，薛红创作的歌曲《说给祖国》在山东省少儿歌曲创作评选活动中获三等奖。王海云创作的歌曲《小小航天梦》在山东省少儿歌曲创作评选活动中获一等奖，《明天是个好日头》入选聊城市第九届精神文明建设文艺精品工程，《小小航天梦》在山东省《群众艺术》刊物发表。尹鹏创作的歌曲《福娃的祝福》，在山东省群众文化学会创作评选活动中获三等奖，《在阳光里奔跑》在山东省少儿歌曲创作评选活动中获优秀奖。王亚博创作的歌曲《幸福的微笑》在山东省少儿音乐新作品创作评选活动中获优秀奖。

2009年，聊城市合唱协会成立。2010年5月，聊城市古琴学会成立。6月，聊城市古琴学会与聊城大学音乐学院联合建立聊城市古琴学会研训基地。聊城大学音乐学院特聘刘燕为古琴专业教师。同年，聊城市合唱协会和聊城市群众艺术馆创办《歌唱与艺术》杂志。聊城市群众艺术合唱团参加在北京举办的第六届世界合唱比赛，获得二等奖。刘西政创作歌曲《生日》在山东省第二届“星光奖”获二等奖。周长军创作的合唱作品《老师您早》在由中国儿童少年基金会、中国儿童音乐学会等单位联合举办的“童谣中国 灵动武当——2009全国青少年健康艺术节”展评中获金奖。2011年，聊城市代表队参加中央电视台《歌声与微笑》栏目举办的合唱比赛，《对花》获二等奖，并获得指挥奖，在春节时段播出。周长军创作的歌曲《祝福伟大的祖国》在中国少数民族音乐学会主办的“庆祝建党当九十周年暨感动中国”——全国第六届新创词曲大赛上，获优秀奖。2011—2012年，刘燕创作的古琴曲《水城秋色》。徐天童在中国民族管弦乐学会——古琴专业委员会举办的“2012年中国首届古琴网络比赛”中，获少年组优秀奖，“中韩艺术特长生才艺展示活动”总决赛中获优秀指导教师奖。穆策扬获第九届“星星火炬”中国青少年艺术英才推选活动全国总决赛古琴专业小学B组银奖。2012年7月，陈婷的音乐作品《临清运河太平号》获山东省委宣传部和山东省文化厅“中国艺术节群星奖山东省评选金奖”。10月，聊城市组织群艺合唱团赴奥地利“维也纳”金色大厅参加第九届国际合唱艺术节，获演唱金奖和最佳指挥奖。同年，周长军创作的歌曲《红色的风采》获聊城市委宣传部主办的聊城市第十届精神文明建设“文艺精品工程”优秀作品奖，合唱作品《西藏，人间天堂》获山东省教育厅艺术教育委员会主办的山东省中小学校园歌手大赛优秀作曲奖。2014年11月，丁伟获中国大众音乐协会“感动中国——全国首届群文杯声乐大赛”美声组银奖。同年，聊城古琴演奏技艺被列入聊城市非物质文化遗产保护名录。聊城市古琴学会代表聊城市赴法国参加中法文化交流，为法国人展示中国古琴文化。刘燕参加全省器乐演奏员技能竞赛，获民族乐器组演奏二等奖。2015年，聊城市合唱团参加全国合唱协会举办的合唱比赛，获二等奖。

第七节 舞 蹈

一、舞蹈家协会

聊城市（地区）舞蹈家协会成立于1988年。2000年后，茌平县、东昌府区、阳谷县、冠县、高唐县、临清市、莘县、东阿县等县（市、区）先后成立舞蹈家协会。2002年8月，聊城市舞蹈家协会（简称“市舞协”）第二届会员代表大会召开，选举新一届理事会。2005年，聊城X—

RAY街舞社团成立。2012年10月，聊城市舞蹈家协会第三届会员大会召开。2013年6月，聊城市舞蹈家协会街舞协会成立。2015年10月，聊城市中老年舞蹈家协会成立。至2015年年底，聊城市舞蹈家协会下设街舞协会、中老年舞蹈家协会、少儿舞蹈专业委员会3个专业协会及7个县（市、区）舞蹈家协会。

二、演出

1997年，市（地区）舞协组织参加聊城市庆香港回归专题文艺演出，姚军创作演出的作品《忆》被评为聊城“五个一”精品工程作品，聊城地区文艺会演一等奖，山东省舞蹈大赛二等奖。左瑞平在中央电视台《欢聚一堂》栏目“欢聚在田野”中自编自演的《庆丰收》参加现场演出并播放。1998年11月，徐兴芬创编的舞蹈《地球的孩子》获山东省计划生育文艺调演一等奖。同年，姚军演出的舞蹈作品《漫漫草地》获山东省舞蹈大赛二等奖。郗先锋的舞蹈《看京九》获第五届山东省“小飞天”舞蹈大赛一等奖。1999年，市舞协组织参加山东省武警总队文艺会演，姚军创作的作品《钢铁长城》获一等奖，该作品同年度获山东省司法厅文艺会演一等奖。郗先锋的《中国娃》获山东省第五届“小飞天”奖舞蹈大赛二等奖。郗先锋的舞蹈作品《妞妞牛》获山东省少儿舞蹈大赛金奖。2000年，郗先锋的舞蹈《春的奔跑》获全国首届“蒲公英”奖山东赛区一等奖。魏湘俐创作的舞蹈《旱伞秧歌》参加全国第十届“群星奖”山东选拔赛，并获得创作二等奖，并作为经典创作剧目被省委宣传部收入“星光50”光盘。高瑞华编导的舞蹈《幸福女孩》参加中央电视台《神州大舞台》栏目获二等奖。市舞协副主席赵丽娜表演的独舞《春姑娘》获山东省电视舞蹈大赛一等奖。2000—2008年，郗先锋的舞蹈作品《庆龙年》《金蛇狂舞》《鼓丫惊荷》《水城童画》《猴山乐》《春涌》《赶年集》《中国魅力》分别入选山东电视台、聊城电视台春节晚会。2001年，姚军的舞蹈作品《丰年欢歌》在全国中老年舞蹈大赛中获二等奖。郗先锋的舞蹈《鼓韵乡音》获山东省第一届舞蹈电视大赛中创作一等奖，《升灵》在山东省第一届舞蹈电视大赛中获三等奖。魏湘俐创作的少儿舞蹈《鲁西春早》参加山东省“小飞天”奖评选，获创作二等奖，并参加山东省民俗文化博览会的演出。2002年，市舞蹈协会组织三里铺镇农民秧歌队，由姚军编排的秧歌《丰年欢歌》参加中国舞蹈家十佳主办的全国广场舞大赛获二等奖。郗先锋的舞蹈《湖畔欢歌》《喜庆洛子》，赵丽娜表演的独舞《驰骋草原》获山东省第六届“小飞天”奖舞蹈大赛一等奖。同年11月，郗先锋进京参加中共十六大全国气象系统文艺会演，舞蹈《气象万千》获一等奖、《越来越好》获三等奖。2004年，魏湘俐舞蹈作品获得聊城市“精品工程”奖。2005年6—8月，聊城市组织参加山东省第七届“小飞天”舞蹈比赛，获得银奖3项，铜奖1项，市舞蹈家协会获优秀组织奖。同年，聊城市举办第一届运动会开幕式，并举行大型团体舞蹈表演《水城晨曲》和《水城好风光》。8月，聊城市舞蹈家协会副主席、聊城市舞蹈家协会街舞分会主席郭佳佳参加山东省阿帕奇全省高校街舞大赛获4强。同年，聊城大学X—RAY街舞社团成立。赵丽娜创作的《小小美少女》获山东省第七届“小飞天”奖儿童舞蹈大赛一等奖。聊城市组织37名选手参加第四届全国少儿艺术风采大赛，高唐特种学校群舞《鼓魂》获金奖。2006年8月，市舞协组织参加山东省第七届“小飞天”儿童舞蹈大赛，获优秀组织奖。11月，徐兴芬在全国第四届少年儿童艺术风采展示全国总决赛中编导的现代舞《魅力无限》及指导的舞蹈《花木兰》等五段舞蹈，分别获一、二、三等奖。聊城大学音乐学院舞蹈教研室李雯在2006山东省艺术院校舞蹈大赛中获指导教师奖，指导的独舞《蚂拐》获一等奖。12月，徐兴芬编导舞蹈《美丽的迪丽拜尔》评为聊城市首届水城文艺创作三等奖。2007年1月，市舞蹈协会组织参加“全国第五届少儿艺术风采大赛”，获金牌2枚、银牌7枚、铜牌4枚，市舞协获优秀组织奖，参加“两岸同根杯——全国小天使大赛”，蒋昊钏获银奖。4月，徐兴芬舞蹈《洗唰唰》在山东省第二届青少年舞蹈比赛中获优秀辅导奖。5月，市舞协组织参加“山东省第二届青少年舞蹈选拔赛”，获优秀组织奖。8月，组织参加“山东省第二届青少年舞蹈选拔赛”，获银牌3枚、铜牌2枚，市舞协获优秀组织奖。12月，李长强的舞蹈《大爱飞翔》获全国大学生文化节比赛音乐舞蹈剧全国二等奖。同年，聊城市组织参加“全国两岸根杯选拔赛”，选出18件作品参加2008年春节期间北京总决赛。郗先锋的舞蹈《葫芦秀》获全国第十四届“群星奖”三等奖。冠县舞协排练的柳林花鼓参加山东电视台地方文艺大奖赛获“最具特色奖”。2008年，聊城市参加山东省首届“谁不说俺家乡好”地方文艺电视大赛，贾振鑫创作、刘姗编排、商刚作曲的曲艺舞蹈《水城桥韵》获一等奖。魏湘俐创作的舞蹈《伞棒舞》获最佳节目奖、最有活力奖、创作金奖。郗先锋的舞蹈《赶年集》获“全省基层廉政文艺创作展演”活动节目三等奖。《伞棒舞》参加中央电视台少儿频道《音乐快递》栏目，作为“唱响奥运、加油中国”的开场演出，被山东省文化厅选为全运会暖场节目。李雯编导（指导）的群舞《进城》获第三届全国校园文艺会演暨第八届全国校园春节联欢晚会一等奖。郭佳佳参加济南“热血高校”全省街舞大赛，获季军。2009年1月，李雯编导（指导）的群舞《迷彩英雄》获第四届全国校园文艺会演暨第九届全国校园春节联欢晚会一等奖。5月，李长强原创的舞蹈《追山》获山东省第一届音乐舞蹈比赛创作一等奖，表演二等奖，《大地之舞》获表演三等奖。10月，聊城市组织山东省第四届青少年舞蹈比赛（聊城分赛），全市有96个节目400余名小选手参加，获一等奖11人、二等奖17人、三等奖11人。同年，郭佳佳获北京“STREET LEVEL”全国职业街舞大赛十六强，获郑州ADW全国街舞大赛八强。茌平县舞协刘世锋创作的《伞棒舞》《泰山童子迎全运》在中华人民共和国第十一届全民健身运动会开幕式上演出。2010年4月，在山东省第四届高校音乐专业师生基本功比赛中，李雯编排指导的双人舞《无言的倾诉》、李长强原创的三人舞《家锁》获创作二等奖。同年，李长强指导的舞蹈节目《木兰辞》获第三届中韩交流活动金奖。2011年4月，李雯编导（指导）的群舞《风酥雨忆》、群舞《月吟春雨》获第六届全国校园文艺会演暨第十一届全国校园春节联欢晚会一等奖。8月，红帆舞蹈艺术学校参加韩国第七届青少年艺术总决赛，获一等奖2个、二等奖6个、三等奖1个。2012年，姚军创作的作品《女警风采》交警指挥操，获山东省职工运动会一等奖。徐兴芬创作的《小兵风采》获聊城市青少年舞蹈大赛一等奖。2013年5月，李雯编排指导的独舞《赞哈》、独舞《顶碗》获“山东省第八届青少年舞蹈比赛”二等奖。6月，市舞协街舞协会主办“WE ARE FUTURE”全国少儿街舞大赛聊城区选拔赛，大赛选拔出8名选手参加全国比赛，获个人八强及团体四强。8月14—22日，市舞协组织举办“舞动水城”聊城市青少年舞蹈电视艺术节，现场、电视、网络等途径观众3万人次。11月，李雯编创作的舞蹈《坚守》获“2013海峡两岸欢乐汇”优秀曲艺节目展演二等奖。12月，主办聊城市少儿街舞大赛“水城争霸赛”，聊城X—RAY街舞连锁学校学员获冠军。同年，赵丽娜创作、表演的水鼓舞《荣耀之光》获公安部全国公安院校培训基地师生文艺大赛二等奖。高瑞华参与编创的舞蹈《袖色》参加山东省第八届青少年舞蹈比赛获青年组二等奖。2014年8月14—21日，市舞协组织举办“舞动水城”聊城市青少年舞蹈电视艺术节现场、电视、网络

2013年10月，聊城市举办首届广场舞比赛

等途径观众数万人次。6月，李雯编排指导的群舞《傣家的女儿傣家的雨》、三人舞《傣源》、三人舞《源》、独舞《咏荷》获“山东省第九届青少年舞蹈比赛”二等奖。9月6日，市中老年舞协组织举办“幸福舞起来”山东省首届中老年广场舞大赛聊城赛区选拔赛。10月20日，聊城市参加魅力夕阳红山东省中老年舞蹈大赛并获金奖。是年，市文化馆组织两支代表队参加山东省“幸福舞起来”广场舞大赛，获最佳风采奖和最佳表演奖。徐兴芬指导的舞蹈《茉莉花》在山东省第八届舞蹈家协会举办的青少年舞蹈比赛中获二等奖。刘世锋的舞蹈作品参加山东省中小学生艺术展演，获创作二等奖和优秀指导教师奖。2015年2月，临清市舞协马淑云创编的舞蹈《巴郎仔》在第十一届德艺双馨全国文艺展演中获金奖。6月，李雯编排指导的舞蹈《潇洒》《吉日格那》《寻》《出走》《映山红》获“山东省第十届青少年舞蹈比赛”二等奖。8月，李长强的舞蹈《兵娃娃》《孩子的呼唤》《谁不乖》获聊城市第三届电视舞蹈比赛金奖。11月，李雯指导的群舞《燃烧的火焰》获山东省第六届高校音乐专业师生基本功比赛二等奖。同年，姚军参与创作表演舞蹈《新对花》中国十一届艺术节山东省提名奖，《新对花》入选山东省备战“群星奖”新创作品评选。徐兴芬指导的舞蹈作品《小鸡也疯狂》《啊西拉依》获山东省第二届青少年艺术节舞蹈大赛一等奖。

第八节 杂 技

聊城杂技有3000年的历史。聊城杂技艺人走南闯北，足迹遍布全国、世界各地，并获得众多奖项。2001年，“中国少儿杂技基地”在聊城市建立。2003年3月，聊城市蒲公英杂技艺术学校成立。2006年，“聊城杂技”列入首批国家级非物质文化遗产项目名录。2015年，全市有杂技艺人数百人。

聊城市杂技团 聊城市杂技团成立于1955年。1997年以来，常年演出节目主要有《太空漫步》《梅花桩飞叉》《快乐的炊事员》《蹦床爬杆》《滚环》《空中飞人》《顶碗》《力量》《晃板弹碗》《转碟》《抖空竹》《柔术》《手技》《呼啦圈》《对顶花坛》《魔术》等，平均每年在全国各地进行商业演出300余场。多次代表山东省、聊城市出访对外文化交流和商业演出，到达国家和地区有20多个，并每年参加聊城市对外文化交流、非物质文化遗产展演、庆祝建党节庆活动、国庆节文艺演出、“三下乡”演出、消夏文化艺术节演出、新年文艺晚会等公益性演出任务数十场。2000年12月，《顶碗》《爬杆》获山东省第二届杂技魔术比赛一等奖。2013年10月，《力量》《呼啦圈》节目参加第十届中国艺术节表演。至2015年，在国际、国内各类杂技比赛中获得各类奖项30余个。2015年，有各类专业技术人员47人。

东阿县杂技团 东阿县杂技团成立于1955年。1970年改名为聊城地区杂技团。2008年9月，东阿县杂技团重新恢复成立，性质为民办公助，自收自支。常年演出节目主要有《滑稽厨师》《蹦床爬杆》《集体高车踢碗》《集体草帽》《地圈》《花盘》《蹬人》《绸吊》及杂技剧《盛世东阿》等，每年演出近400场。该团曾连续6年获山东

杂技肩上芭蕾 （2015年摄）

省杂技比赛一等奖、泰山文艺奖等，多次出访美国、德国、韩国等国家进行演出。2008 年 9 月，《草帽》节目进京参加残奥会开幕式表演，获第二十九届奥运会组委会纪念证书。2011 年，经典节目《滑稽厨师》参加中央电视台《我要上春晚》栏目演出。2012 年，东阿杂技团承办山东省杂技比赛暨东阿县首届杂技艺术节。在中央电视台元宵节晚会联袂演出杂技音乐剧《团圆饭》。2013 年、2014 年，连续 2 年参加央视农民工春晚演出。2015 年，有演职人员 68 人。

第九节　民间艺术

冠县柳林花鼓　柳林花鼓为鼓子秧歌的一种，以花鼓为主要道具，在伞、锣、鞭的配合下，载歌载舞，展示技巧。柳林花鼓表演的为一个固定故事。元宵节之际，梁山好汉化妆成江湖艺人混进大名府，搭救被官府陷害的卢俊义。柳林花鼓全队由 14 人组成，分别为伞头（吴用）、头鼓（刘唐、李俊），二鼓（花荣、柴进）、头锣（孙二娘、扈三娘）、二锣（顾大嫂、乐大娘子）、和尚（武松、鲁智深）、老鞑子（宋江）、金妈妈（金小姐）、憨小（燕青），以伞头为先锋，头鼓、二鼓、头锣、二锣为内角，其余为外角。表演时，伞头持伞，头鼓、二鼓挎长带腰鼓，头锣、二锣提小锣，和尚拿棒槌，其余三人持鞭。柳林花鼓表演刚劲威武，带有浓重的武术色彩。2008 年，冠县柳林花鼓被列入国家级非物质文化遗产名录。

蛤蟆嗡　蛤蟆嗡戏源于河北省武安县一带的“武安落腔”。蛤蟆嗡的主奏弓弦乐器称“二胡头”（或称“胡子”）最富有特色：用粗大的椿树根挖制成琴筒，蒙以桐木薄板，上配 30 多厘米长的琴担和两根丝弦及马尾弓。椿树根木质松软，发音浑厚悦耳，瓮声瓮气，使蛤蟆嗡的唱腔具有一种特殊的韵味。蛤蟆嗡角色行当，生、旦、净、末、丑俱全，传统剧目可连演 5 天不重样。主要剧目有《借》《王定保借当》《蓝桥会》《赶三关》《夜宿花亭》《王子龙掉印》《马前泼水》《吕蒙正赶斋》《老少换》《杨二舍化缘》《宋江杀惜》《柜中缘》《安安送米》《梁祝下山》《劝嫁》《王少安赶船》《卖油郎》《李三娘打水》《宇宙锋》，以及连台本戏《刘公案》等 30 余个。蛤蟆嗡的唱腔音乐属板式变化体，主要板式有慢板、二板、流水以及娃娃腔、发腔迷子等。慢板为一板一眼（4/4 节拍），二板、流水、娃娃腔为一板一眼（2/4 节拍），发腔迷子和闷场则属无板无眼自由节拍的唱腔。蛤蟆嗡的唱腔起句多从 5 音上起（也有从 2 或 1 音上起），而下句落音基本上是落在 1 音上，属宫调式。蛤蟆嗡的唱词以七字句的上下对偶句为主，也有十字句地，间或有八字、九字等字数不等的长短句。此外，还经常加用衬字，如“那个”“呀”等。蛤蟆嗡是在冠县土生土长的民间小戏，具有浓烈的地方色彩。

地方戏剧——蛤蟆嗡《武训推磨》剧照

聊城八角鼓　八角鼓是盛行于清代的曲艺曲种。以演唱者所用的击节乐器八角鼓而得名。八角鼓初传至聊城就开始改用当地方言演唱，并吸收岭调、靠山调、马头调等民间小曲和河南鼓子曲的一些曲牌衍变而成。最早演唱者为博平盲艺人褚连登，擅长自弹自唱和巧变丝弦。清末职业艺人渐多，遂发展成为既可清唱，又能化妆彩唱两种演出形式。清唱大段有《送穷神》《耗子告猫》等，多半儿是咏事咏物，抒情写景之作，化妆演出节目有《何先生教馆》《母女顶嘴》等，大都是反映民间生活的作品。聊城八角鼓属于曲牌联套体唱腔结构，开头都用“鼓子头”“阴阳句”，中间使用的曲牌视内容情绪而变化，结尾多用“垛子”或“鼓子尾”。以唱为主，辅以表情动作。早期只用三弦伴奏，演唱者以八角鼓击节，后来伴奏乐器逐渐充实，增加扬琴、琵琶、二胡等弦乐器和节子板、小钹等打击乐器。聊城八角鼓是聊城周边遐迩闻名的民间剧目，唱腔多变，有“九腔十八调七十二哼哼”之说，场地适应性强，坐唱、表演、围桌唱均可，是极富特色的地方曲艺形式。

临清时调 “临清时调”是临清市民之间流行的一种说唱音乐曲种，它是北方曲种“天津时调”的姊妹篇，由明清俗曲、时调、歌谣等民间腔调、曲牌逐渐发展起来的一种联曲体曲种，属于“杂曲类”亦可称为“时调小曲类”。“临清时调”吸收其他曲种的曲牌和民间俗曲，形成鲁西北独特风格，所用曲牌多于天津时调，发展到后期（即1940年以后）改名为“丝绸”（南方曲牌名），意为丝弦所伴奏。1950年后正式命名为“临清时调”。“临清时调”在初期，以男性艺人演唱为主，几乎没有女演员上台，“天津时调”亦如此。“临清时调”以说为主，唱为次，再加上生动、夸张的表演，以吸引观众。

临清驾鼓 临清驾鼓采用纯打击乐合奏的形式表演，一般由二十四面鼓、八面点锣和两面大锣组成。鼓点由二十八宿起点，间有长鼓、小排鼓、老排鼓，又有点鼓称为街点，最后有滚鼓收尾，节奏丰富多变，鼓声洪亮威武，气势磅礴雄伟，故临清驾鼓会又有威武会之称。据说，驾鼓原名助阵鼓，又名羯鼓，起源于东汉末期，击鼓是为大将助阵扬威的。清乾隆二十三年（1758年），乾隆乘龙舟沿京杭大运河下江南，船经临清时龙旗招展，鸣锣击鼓显示龙威。有一伙码头工人听的鼓声悦耳，甚为好奇，便尾随龙舟暗学鼓技，以超人的记忆力记下这套鼓技。茶余饭后休息时，便用口头击鼓为乐。民国初期，洪鹤岭发起并组织群众购置锣鼓，在家里夜夜传授鼓技，临清才有真正的驾鼓会。参加驾鼓会的多是回族群众，驾鼓为当地回族群众的一种独特的文化娱乐形式。

临清架鼓

莘县莘城镇温庄火狮子 温庄火狮子起源于民间，已有千年历史，是当地独有民间舞蹈艺术。据老艺人回忆，清朝时期，莘城镇东街前辈老艺人曾在上海、南京等地进行表演。解放初期，莘县境内由莘城东街传给温庄第二代传人任金生、任银生。“火狮子”狮子毛由数千根可点燃的火捻组成，演出时点燃火捻，点燃后的亮点组成狮子轮廓，通身窜火星，极具感染力。舞“火狮子”一般用于庆丰收、祈求来年风调雨顺等，但大多是春节过后、农历二月二晚上一种群众性的娱乐活动。

阳谷寿张黄河夯号 寿张黄河夯号产生于临黄河岸边的金堤脚下寿张镇一带，是当地人们在抵御黄水侵害而修筑堤坝的劳动时，为消除寂寞，缓解疲劳，统一步调，所喊唱的一种调子。这种调子不仅广泛出现在过去的修筑堤坝时，而且还普遍使用于黄河两岸的农村建房夯实地基劳动中。喊唱的内容有民间传说、历史人物故事、传统戏曲，有的是即兴发挥编唱。喊唱的调子有民间小调、小咳呀、小莲花落、大雁窝、大锯缸、咳呀咳、打杈头等，节奏有快有慢，有领有合，声音高低和唱词长短皆不固定，可谓最平凡、最朴实、最执着的民间艺术，通称黄河号子，又称硪号。

鱼山梵呗 鱼山梵呗是中国汉语佛教音乐的原声，源于印度声明学。三国魏太和四年（230年）陈思王曹植，“尝游鱼山，闻空中梵响，清扬哀婉，细听良久，深有所悟，乃摹其音节”。自此，“梵音”开始适用于汉语咏唱。后鱼山梵呗泛指为传统佛教音乐，历史上曹植被尊称为汉传佛教音乐——梵呗始祖。2008年，鱼山梵呗被列入国家级非物质文化遗产名录。2012年，永悟禅师被国务院批准，文化部命名为国家非物质文化遗产鱼山梵呗代表传承人。

伞棒舞 聊城伞棒舞约有300多年的历史，是聊城市级非物质文化遗产。流行于聊城市境内运河两岸的水闸码头，周边村庄，以梁水镇一带最为流行。道具主要以伞和棒为主。伞顶用木条做支架，竹条做伞骨，直径120厘米，套大红色镶黑边的布伞套。棒由枣木制成，长80厘米，直径4厘米，两端涂红、黑色，中间为本色。表演者的服饰特点为均头扎白毛巾于额前系结，身穿自布对襟上衣、黑布便裤、拖鞋，腰系红色绸带于腹部打结，两端下垂。每当节庆和农闲时节，是“伞棒舞”走街串巷进行交流的日子。表演阵容少时二三十人，多时六七十人。表演可在舞台、广场上进行，可以沿通街边舞边唱边行进。表演时，以伞棒开场，引出角色入场，有伞棒对舞、伞独舞和棒的集体表演。广场演出，先以棒舞开场然后舞伞人领诸人登场。舞伞者先唱祝福词，随后伞旋棒打。舞队中的各角色在伞的指挥下依次表演，或甲按角色表演，或乙按曲调演唱，各走图行，互相逗乐。舞棒者跳跃旋转，动作幅度大，激越高亢，动作豪迈粗犷，矫健、英武。另有以伞做指挥的各角色演唱伞指向谁，谁即出场演唱。伞的动作有转伞、搓伞、顶伞、抛伞、滚伞、顿伞等。棒的动作有击棒、挑棒、推棒、右蹦打棒等，风格古朴、奔放、粗犷。表演的过程中配有打击乐伴奏。演出时分大场和小场两部分，大场跑舞，小场唱戏。小场戏多描述乡里街坊的邻里琐事的，叙事性强，语言直白、易懂，又富有寓意。在表演中，运用聊城方言进行演唱，音乐旋律性强，以唱为主，旁白为辅，具有浓郁的地方特色。伞棒舞素材多取源于人民群众身边的物、人、情，多与古老礼仪文化、古运河文化等密切联系，有“花大姐”“花公子”“三花脸”“没皮虎”“憨老婆”“憨小”“绅士”“老翁”“火流星”“高跷”“跑驴”“摔鬼”“老背少”等，诙谐逗趣，具有浓郁的地域特色。

第十节 非物质文化遗产

2006年9月13日，聊城市政府办公室根据山东省人民政府办公厅《关于贯彻国办发〔2005〕18号文件做好我省非物质文化遗产保护工作的通知》精神，印发《关于做好全市非物质文化遗产保护工作的意见》，全市开展非物质文化遗产普查。按照国务院关于“建立国家级和省、市、县级非物质文化遗产代表作名录体系”要求，与国家级、省级非物质文化遗产代表作名录相衔接，建立聊城市非物质文化遗产代表作名录体系。市级非物质文化遗产代表作名录由市政府批准公布，县级非物质文化遗产代表作名录由同级政府批准公布，并报上一级政府备案。2006年5月，聊城杂技入选第一批国家级非物质文化遗产代表性项目名录。9月，聊城市组织各县（市、区）申报第一批聊城市非物质文化遗产代表性项目名录，确定第一批市级非物质文化遗产名录。12月，聊城市人民政府印发《关于公布第一批市级非物质文化遗产名录的通知》，公布13类71个非物质文化遗产项目被列为市级名录。12月31日，聊城市13个非物质文化遗产项目入选第一批山东省非物质文化遗产代表性项目名录。2007年，聊城市在“五一”期间，在山陕会馆、海源阁图书馆分别组织全市非物质文化遗产展演和非物质文化遗产展览。是年，6名非物质文化遗产传承人被列入省级非物质文化遗产传承人名单。2008年6月，东阿阿胶制作技艺被列入第一批国家级非物质文化遗产扩展项目名录。“十一”期间，举办聊城市非物质文化遗产展演。2009年1月，聊城市政府公布第二批市级非物质文化遗产名录。2010

年6月，临清肘锤被列入第三批国家级非物质文化遗产名录。7月，聊城市三位非物质文化遗产传承人李玉成、金凤杰等在上海世博会展示泼彩剪纸、郎庄面塑制作、雕刻葫芦等精湛的民间绝活。“十一”期间，聊城市参加中国（山东）首届非物资文化遗产博览会。11月，聊城市申报全国国家级非物质文化遗产生产性示范保护基地。2011年12月，聊城市政府公布第三批市级非遗名录。2012年，聊城市东阿阿胶股份有限公司、东昌府区福禄缘葫芦工艺制品有限公司入选山东省级非物质文化遗产生产性保护示范基地名单。2013年，东昌府区堂邑镇路庄被评为山东省十大非物质文化遗产特色村，东昌葫芦雕刻传承人李玉成获山东省传统技艺大师称号。组织参加中国（成都）非物质文化遗产博览会。2014年，东昌葫芦雕刻、东阿阿胶制作技艺等非遗项目参加“中华巧艺——中国（深圳）非物质文化遗产百项技艺联展”。2015年，临清肘捶传承人申孝生被评为2014年度山东省十大模范传承人。12个非物质文化遗产项目入选第四批山东省非物质文化遗产代表性项目名录。

2015年聊城市市级以上非物质文化遗产名录项目一览表

表31-1

项目名称	申报地区或单位	级别
民间文学		
凤凰山传说	东阿县	省级
武训故事	冠县	省级
鲁班传说	聊城市光岳楼管理处	市级
仁义胡同传说	聊城市傅斯年陈列馆	市级
秃尾巴老李的传说	东昌府区、阳谷县	市级
堠崮冢的传说	东昌府区	市级
武松的故事	阳谷县	市级
刘备寻马传说	莘县	市级
陈氏端方教子传说	莘县	市级
皇姑坟琉璃井和凤凰坑的传说	莘县	市级
王灵官的传说	阳谷县	市级
任疯子的传说	阳谷县	市级
迷魂阵的传说	阳谷县	市级
王汝训的故事	东昌府区	市级
神仙度狗铺的传说	东昌府区	市级
菜瓜打金牛的传说	茌平县	市级
小县官的故事	茌平县	市级
古柳树的传说	阳谷县	市级
骆驼巷的传说	阳谷县	市级
冉子的传说	冠县	市级
笤瓜打金牛的传说	东阿县	市级
查拳故事	冠县	市级
临清塔的传说	临清市	市级

续表 31-1

项目名称	申报地区或单位	级别
吕才故事	高唐县	市级
王曰高的故事	茌平县	市级
晋台西望的传说	茌平县	市级
曹植传说	东阿县	市级
紫石街的传说	阳谷县	市级
博济桥的传说	阳谷县	市级
东阿位山撒河灯	东阿县	市级
花姑节	高唐县	市级
传统美术		
东昌木版年画艺术	东昌府区	国家级
张秋木版年画艺术	阳谷县	国家级
茌平董庄绘画	茌平县	省级
剪纸艺术	茌平县	省级
东昌泥塑	东昌府区	市级
剪纸艺术	东昌府区、冠县	市级
莘县河店西郭泥塑	莘县	市级
东阿迟庄木版年画	东阿县	市级
东阿郭氏剪纸	东阿县	市级
虎头鞋帽、香包手工技艺	东昌府区	市级
金氏剪纸	东昌府区	市级
临清木版年画制作技艺	临清市	市级
阳谷烙画	阳谷县	市级
冠县木版年画	冠县	市级
莘县刻纸	莘县	市级
郎庄面塑	冠县	省级
传统音乐		
佛教音乐（鱼山梵呗）	东阿县	国家级
阳谷寿张黄河夯号	阳谷县	省级
金氏古筝	临清市	省级
道口铺唢呐吹奏艺术	东昌府区	市级
临清驾鼓	临清市	市级
临清琴曲	临清市	市级
临清田庄吹腔	临清市	市级
临清时调	临清市	市级
高唐扛哥	高唐县	市级
打夯歌	莘县	市级
东南庄唢呐	冠县	市级

续表 31-1

项目名称	申报地区或单位	级别
古琴	聊城市古琴学会	市级
琵琶	聊城市艺术馆	市级
传统舞蹈		
冠县柳林花鼓	冠县	国家级
莘县温庄火狮子	莘县	省级
冠县柳林降狮舞	冠县	省级
高唐落子舞	高唐县	省级
运河秧歌	东昌府区	市级
道口铺龙头凤尾花竿舞	东昌府区	市级
道口铺竹马	东昌府区	市级
伞棒舞	东昌府区	市级
临清民舞“五鬼闹判”	临清市	市级
临清洼里秧歌	临清市	市级
冠县三合庄高跷	冠县	市级
冠县田庄花船	冠县	市级
莘县张鲁回族秧歌	莘县	市级
顶灯台	阳谷县	市级
茌平平调秧歌	茌平县	市级
哆嗦旗舞	高唐县	市级
高唐民舞（摸鱼舞、扑蝶舞、牵象舞）	高唐县	市级
周店舞龙	东昌府区	市级
东阿大王秧歌	东阿县	市级
道口铺秧歌	东昌府区	市级
于窝黄河大秧歌	东阿县	市级
麻庄竹马	高唐县	市级
冯圈竹马落子	临清市	市级
跑竹马	茌平县	市级
传统戏剧		
聊城八角鼓	东昌府区	省级
临清驾鼓	临清市	省级
临清时调	临清市	省级
蛤蟆嗡	冠县	省级
四根弦	临清市	省级
高唐四平调	高唐县	省级
东昌弦子戏	东昌府区	省级
山东梆子	聊城市梆子剧院	省级
山东快书	临清市	市级

续表 31-1

项目名称	申报地区或单位	级别
谷山调	阳谷县	市级
高唐丝调	高唐县	市级
高唐木板大鼓	高唐县	市级
东阿下码头王皮戏	东阿县	市级
东昌木板大鼓	东昌府区	市级
临清乱弹	临清市	市级
野庄乱弹戏	冠县	市级
四股弦	冠县	市级
高唐四根弦	高唐县	市级
传统体育、游艺与竞技		
聊城杂技	聊城市	国家级
查拳	冠县	国家级
临清肘捶	临清市	国家级
东阿杂技	东阿县	省级
临清潭腿	临清市	省级
聊城梅花桩拳	东昌府区	省级
张鲁查拳	莘县	省级
东阿二郎拳	东阿县	省级
东阿于氏金刚力功	东阿县	市级
东阿姜韩独杆轿技艺	东阿县	市级
田庙查拳	东昌府区	市级
流星锤	东昌府区	市级
民间手工技艺		
面花（郎庄面塑）	冠县	国家级
葫芦雕刻（东昌葫芦雕刻）	聊城市	国家级
临清贡砖烧制技艺	临清市	国家级
聊城牛筋腰带制作技艺	东昌府区	省级
聊城铁公鸡制作技艺	东昌府区	省级
东昌古锦制作工艺	东昌府区	省级
东昌澄泥制品技艺	东昌府区	省级
东昌运河毛笔制作工艺	东昌府区	省级
阳谷木雕制作技艺	阳谷县	省级
景阳冈陈酿酒传统酿造技艺	阳谷县	省级
义安成高氏烹饪技艺	东昌府区	省级
鲁庄造纸技艺		省级
临清什香面制作技艺	临清市	省级
沙镇云灯	东昌府区	市级

续表 31-1

项目名称	申报地区或单位	级别
道口铺龙灯制作工艺	东昌府区	市级
马官屯泥人制作工艺	东昌府区	市级
东昌陶器制作工艺	东昌府区	市级
临清千张袄制作工艺	临清市	市级
临清哈达制作工艺	临清市	市级
冠县宝德葫芦制作工艺	冠县	市级
冠县史庄圈椅制作技艺	冠县	市级
阳谷脸谱葫芦制作技艺	阳谷县	市级
茌平黑陶制作工艺	茌平县	市级
东昌府沙镇呱哒制作工艺	东昌府区	市级
临清济美酱园“甜酱瓜”制作工艺	临清市	市级
莘县燕店范家烧鸽制作技艺	莘县	市级
莘县房氏康园肉饼制作技艺	莘县	市级
莘县古城镇鸳鸯饼制作技艺	莘县	市级
阳谷吊炉小烧饼制作技艺	阳谷县	市级
高唐老豆腐制作工艺	高唐县	市级
东阿高集冯氏锅饼制作技艺	东阿县	市级
老王寨驴肉制作技艺	高唐县	市级
李台苇编	阳谷县	市级
清平坠面制作技艺	高唐县	市级
清真八大碗制作技艺	临清市	市级
临清温面制作技艺	临清市	市级
马蹄烧饼制作技艺	茌平县	市级
乌枣加工制作技艺	茌平县	市级
海“二八”宴席制作技艺	茌平县	市级
郭氏纯粮白酒制作技艺	东昌府区	市级
阳谷根雕制作技艺	阳谷县	市级
阳谷石佛鲁庄造纸	阳谷县	市级
临清木制圈椅制作技艺	临清市	市级
临清杆秤制作技艺	临清市	市级
临清礼服呢布鞋制作技艺	临清市	市级
临清魏湾贡砖烧制技艺	临清市	市级
清平糖藕手工技艺	高唐县	市级
临清进京腐乳制作技艺	临清市	市级
珍馐园清真肉食	冠县	市级
杜郎口豆腐皮制作技艺	茌平县	市级

续表 31-1

项目名称	申报地区或单位	级别
手工空心挂面制作技艺	茌平县	市级
伊尹养生宴	莘县	市级
阳谷顾氏红木镶嵌技艺	阳谷县	市级
民俗		
聊城山陕会馆庙会	聊城市博物馆	市级
传统医药		
中医传统制剂方法（东阿阿胶制作技艺）	东阿县	国家级
阳谷古阿邑达仁堂张氏阿胶糕技艺	阳谷县	省级
健脑补肾丸制作技艺	临清市	省级
古阿井阿胶制作技艺	阳谷县	市级
袁氏接骨膏制作技艺	茌平县	市级
中医郑氏喉科割烙疗法	东阿县	市级
东阿国胶堂阿胶传统制作技艺	东阿县	市级

第二章　群众文化活动与文化市场管理

第一节　群众文化活动

1997年以来，每年春节、元宵节、中秋节等传统节日以及国庆节、建党节、建军节等节庆期间，聊城市（地区）均举办相应的主题文化活动。特别是在香港回归、澳门回归、庆祝改革开放20周年、中华人民共和国成立50周年、五四运动80周年、迎接千禧年、迎接新世纪等重大节庆期间，都举办各种形式的专题文化活动，包括文艺晚会、电视晚会、文艺调演、焰火燃放、游行联欢、歌咏比赛等大型活动。1998年始，聊城市每年于7—9月举办消夏文化艺术节。聊城市消夏文化艺术节由聊城市人民政府主办，聊城市人民政府办公室、中共聊城市委宣传部、聊城市文广新局承办。活动内容包括群众街头广场文艺演出、舞蹈比赛，专业院团、企事业单位装场演出，科学技术知识普及与宣传，工艺品展销等。2002年始，每年“五一”黄金周期间，聊城市举办中国江北水城文化旅游节。2005年，中国江北水城文化旅游节期间，组织全市文艺调演和花车巡游、民间艺术展演、绝活大赛等系列群众文化活动。2006年11月4日，在杭州闭幕的第二届中国节庆产业年会上，“中国江北水城文化旅游节”入选2006年度中国十大旅游类节庆。2008年，围绕“庆祝撤地设市10周年”“迎奥运庆奥运”“纪念改革开放30周年”等主题，组织开展主题鲜明的文化活动。是年始，举办“欢乐水城大舞台”活动。“欢乐水城大舞台”是聊城市为活跃城市社区文化生活，完善公共文化服务体系建设而打造的文化品牌。举办时间为每年的5—10月。活动内容主要有群众文艺调演、少儿才艺大赛、书画展览、模特大赛、社区文艺会演、红色剧目进社区演出等。系列活动演出100场左右，参与群众5万余人。2012年，聊城市围绕“第十届中国艺术节”，举

2012 年 8 月，2012 好客山东休闲汇暨聊城“水文化”主题休闲周启动仪式在聊城运河文化博物馆广场举行

办“迎十艺　百团下乡”“十艺节”倒计时万人签名、“喜迎十艺节　全民共欢乐”——百戏闹春新年春节演出季、“迎接十艺节　备战群星奖”节目展演、“迎十艺　走基层　惠民生”主题文化广场、“美丽聊城展示工程”文艺作品征集等活动。2013 年 8 月 10—12 日，在中国人民革命军事博物馆举办“水城墨韵”聊城书画精品晋京展。全国政协委员、首都师范大学教授、书法家欧阳中石宣布展览开幕，文化部副部长董伟，全国政协副秘书长、政协书画室副主任赵喜明，全国政协委员、国家画院名誉院长龙瑞，全国政协委员、政协书画室副主任王成喜等领导、国内书画名家及部分参展作者代表出席开幕式。展出的 130 件作品均从聊城市书画爱好者提供的作品中精选而出，代表聊城市书画创作的最高水平。10 月 16 日，“大卫·斯图亚特小提琴演奏会”在聊城大学举办。此次演奏会是中国第十届艺术节特邀外演剧目，由聊城市文广新局和聊城大学音乐学院承办，是“十艺节”期间聊城市一项重要的文化活动。大卫·斯图亚特为加拿大渥太华大学音乐系小提琴教授，也是挪威现代音乐节的创始人。曾师从音乐泰斗卡梅拉·威可斯，并担任多个知名交响乐团首席，曾获得“朱诺奖”等多项音乐大奖。此场演出还邀请中国青年钢琴演奏家黄岑为大卫·斯图亚特的室内音乐会担任特约钢琴伴奏。2015 年 2 月 8 日至 3 月 21 日，聊城市举办首届民俗文化节。文化节分为启动仪式和“欢乐春节民俗大集”“春联送福进万家”，及传统戏曲展演、元宵花灯展、元宵节灯谜会、民乐民舞展演、舞龙舞狮大赛暨闭幕仪式八大部分。民俗文化节以“弘扬传统文化　共享民俗盛会”为主题，传统民俗活动贯穿始终，以传统民俗文化和传统技艺项目的展示、交流为主要内容，集中展示聊城市优秀民俗文化。

第二节　文化市场管理

1997 年，聊城地区进行较大规模的“扫黄打非”（扫除淫秽色情、封建迷信等危害人们身心健康、污染社会文化环境的文化垃圾，打击非法出版物）集中行动 4 次，组织检查人员 1400 余人次，出动车辆 470 余辆次，共查缴各类非法书刊 15 万余册，音像带 11800 余盘，激光视唱盘 670 盘；查缴反动淫秽书刊 9800 册（张）、VCD 影碟 79 盘；没收作案工具 46 件；查处从事非法活动的印刷厂 32 家，书刊摊点 11 个，音像制品摊点 15 个，电子出版物销售点 6 个。1998 年，组织较大规模“扫黄打非”集中行动 2 次，收缴非法书刊 280640 册，非法光盘 16670 册，刑事拘留从事非法出版活动的违法犯罪嫌疑人 4 人，查扣作案工具 13 件。1999 年，对全市 296 家印刷业进行清理整顿，取缔 3 家。查处非法出版活动 11 起，拘留审查犯罪分子 3 人，收缴非法印刷图书 23094 册，音像制品 14828 盘，其他宣传品 15411 件。开展以电脑游戏、录像厅、网吧为重点的文化市场集中整治行动，取缔、打击一批非法、违法经营业户。是年，聊城市文化局获全省文化市场管理先进单位荣誉称号。聊城市“海乐迪”和“皇家钱柜”两家单位被省文化厅和省文明办评为山东省文化市场文明经营单位。2000 年，聊城市按照国务院、省政府要求，不再审批办理新设电子游戏机经营场所和歌舞娱乐场所，并对歌舞娱乐场所进行清理整顿。全年开展共较大规模的出版物市场集中检查和专项治理13次，查处非法出版活动33起，收缴各类非法书刊23.5万册、非法音像制品、电子出版物8.9万盘（盒）。取缔《黄金事业报》等一批非法报刊和一批广告小报，建立起小报小刊“市场准入”审批制度。是年，聊城市影剧院和聊城市姜堤乐园两单位获山东省文化市场文明经营单位称号。2001年，聊城市制定《加强全市书刊零售业管理的意见》，建立起出版物市场反盗版监督体系。是年，开展查缴非法出版物集中行动，查处非法出版活动案件32起，查缴各类非法书刊18万余册。2002年，加强对“网吧”等互联网场所的管理，按照“控制总量，合理布局，规范经营”的原则更换网吧经营许可证。是年，聊城市文化市场执法部门组织文化、公安、工商、电信等有关部门以音像、网吧为文化市场重点，对文化市场进行集中整治，查处非法、违法经营业户80多户，收缴非法音像制品20多万件，并集中销毁。全年共进行封堵和查处政治性非法出版物、打击走私光盘、打击有害卡通画册和淫秽“口袋本”图书、打击盗版教材教辅读物、整顿内部资料性出版物等5个专项治理行动，共收缴非法书刊12万余册，非法音像制品、盗版软件4.8万盘（套），查处各类非法出版活动案件32起，取缔、关闭无证照和违规摊点30多个，取缔非法印刷黑窝点25个，行政处罚109人次。2003年，全市查处违规经营网吧100多家，查扣上网设备100多台。查办制造盗版大案3起，查处非法出版活动案件67起，取缔非法经营摊点30多个，非法印刷黑窝点28个，行政处罚90人次，共收缴、销毁非法音像制品30多万张，收缴非法书刊15万余册，收缴非法音像制品、盗版软件10.7万余盘（套）。全年责令19种报刊（含内部报刊）停办，取缔非法小报刊24种。2004年，建立聊城市文化市场监控中心，全市所有网吧安装监控软件。是年，引进正版连锁经营机制，提高正版音像制品的市场占有率。全面清理整顿驻聊记者站，取缔一批非法设立的记者站。在对“网吧”集中整治中，查处违规经营网吧130多家。按照“打扶并举”原则，关闭非法音像店60多家，收缴、集中销毁非法音像制品10多万张。在打击软件盗版专项治理行动，收缴销毁盗版软件1800余盘。全年开展三个阶段的打击政治性非法出版物集中行动，共出动检查人员1181人次，查处非法出版活动案件36起，收缴各类非法出版物10万余册（盘），其中政治性非法出版物12册、淫秽色情书刊33册、侵权盗版图书8万多册、淫秽“口袋本”和有害卡通画册4082册。先后对违规出版的《临清周讯》《茌平文化报》《聊城华夏文化报》《冠县周讯》《山东工商教育报》等进行查处。2005年，举办文化市场监控中心计算机培训班，并对互联网出版活动进行调查摸底。全年共查处非法出版活动案件20余起，收缴各种非法出版物7万余册（盘），其中封建迷信品180余册，格调低下刊物40余册，盗版教辅等5万余册（张），取缔无证经营的出版物批销窝点2个，无证厂家3个，集中销毁非法音像制品11万张。关闭香江光彩大市场和铁塔电子批发市场音像非法经营业户60余家，收缴盗版音像制品7万余张。在全市部署开展打击销售盗版软件专项治理行动中，收缴盗版电子出版物（光盘）4000多盘。先后查处取缔《都市生活》《涉外经济导报》等20家非法报刊。2006年，开展“反盗版百日行动”等活动，查处《启智文化传播》《临清周讯》等小报小刊，查处驻聊城各类记者站的违规经营活动和机关团体违规编印内部资料性出版物行为，全年共查处违规违法印刷发行案件40多起，受理群众举报近20起，结案27起，移交公安机关1起。取缔无证游商、摊点80余个，取缔无证照印刷企业6家。共收缴各种非法出版物16万余件，其中涉嫌政治性非法出版物6册，盗版教材教辅读物54000余册，其他盗版图书46000册，盗版计算机软件、电子出版物12000余盘，盗版音像制品45000余盘。查收非法音像制品20万张，盗版音像制品45000余盘，并集中销毁。8月，阳谷县查处一起重大盗印制作工具书案件，收缴盗版《牛津高阶英汉双解词典》等工具书

34000多册，涉案码洋150万元。2007年，聊城市新闻出版局对《大众日报》《齐鲁晚报》《山东商报》三家驻聊城记者站进行核检登记。聊城市新闻出版局、市“扫黄”办取缔香江、铁塔、将军苑等擅自组建的图书市场，同时组建聊城市鲁西图书销售有限责任公司（图书城）。全年共查处违规违法出版印刷发行案件67起，受理群众举报27起，日常检查查处37起，立案43起，结案42起，移交公安机关1起。共收缴图书、报刊、音像制品、电子出版物、计算机软件等非法出版物21万余件，其中政治性非法出版物30余册、淫秽色情出版物300余册、盗版教辅153000余册，盗版图书报刊32000余册，盗版计算机软件电子出版物6000余盘，盗版音像制品18000余盘。取缔关闭店档摊点8个，印刷复制企业7家，游商地摊80余家，端掉批销窝点11个，拘捕犯罪嫌疑人1人。2008年，实行网吧违规经营有奖举报制度，开展“奥运保障行动”“扫黄打非”“未经授权预装盗版软件”等一系列专项行动，全市共出动执法人员2000余人次，检查经营出版物摊点1200多个次，检查印刷企业2300余家次，共查缴各类非法盗版出版物11.4万余册（盘），清理取缔非法流动书摊和游商小贩60余个。查处各类违法违规案件41起，打掉各类非法印刷、发行窝点3个，集中销毁非法音像制品10万多张。2009年，开展清缴低俗音像制品集中行动，收缴低俗音像制品1000余盘，取缔非法地摊3个，责令停业整顿音像销售店2个。2010年，文化执法落实区域划分制度和执法责任制度，连续开展暑期文化市场集中整治行动、净化校园周边环境专项治理活动、专项治理网吧接纳未成年人进入、不按规定登记、运行禁止游戏集中行动等系列专项治理行动。在开展打击手机网站传播淫秽色情信息专项行动、迎世博“扫黄打非”专项行动、和打击侵犯知识产权等一系列专项治理行动中，共受理举报案件60多起，出动执法人员17800余人次，检查经营单位7500余家次，查处违法印刷发行经营单位50多家，查处违规网吧、娱乐场所400余家次，收缴违法出版物17000余册（盘），取缔关闭无证印刷窝点6个。2011年，举办全市文化市场综合执法办公系统管理员培训班。组织开展“建党90周年文化市场专项保障行动”“清理医疗卫生非法出版物”，以及校园周边环境治理、盗版教材教辅集中整治和打击非法“网络共享”网站及设备产品专项治理行动。共出动执法人员2万余人次，检查经营单位8600余家次，受理举报122件，查处违规经营单位191家。对恒昌商业街存在的小、乱、差的娱乐场所多次检查，取缔无证照娱乐场所40余家。2012年，组织打击“新闻敲诈”治理有偿新闻专项行动，查处擅自设立报社记者站案件3起，并依法取缔。查处盗版侵权案件6起，全年收缴侵权盗版出版物7万余册。组织开展迎接中共十八大文化市场专项保障行动和“扫黄打非”、网吧接纳未成年人、广播电视违规广告等专项整治行动，受理并查处举报177件，吊销网吧经营许可证7家。2013年，聊城市文化市场管理工作加大监管力度，扎实开展“扫黄打非”专项行动、出版物专项治理“利剑行动”“清源行动”“秋风行动”，以及广播电视违规广告等专项整治行动。是年，文化部和山东省文化厅确定聊城市为“网吧转型升级试点城市”，聊城文广新局被授予全省互联网上网服务监管软件管理先进单位荣誉称号。2014年，聊城市文广新局印发《聊城市文化执法行政处罚裁量基准》公布文化市场自由裁量标准104项。聊城市“全国文化市场技术监管与服务平台”正式上线运行，包括520家文化类经营单位，714家非文化类经营单位，其信息录入“全国文化市场技术监管与服务平台”。是年，聊城市文化市场管理工作实现“12318”文化市场举报电话自动转接至县级，并建成文化市场视频监控市级平台。组织开展“净网2014”“清源2014”“秋风2014”“固边2014”等10个“扫黄打非”专项行动，检查经营单位4300余次，受理举报136件，办结案件121起，收缴图书、报刊、音像制品等各类非法出版物25100余件。对接纳未成年人违规情节严重的两家网吧吊销网络文化经营许可证。打掉电子游戏非法经营窝点5个，取缔非法电台1家。2015年，开展文化综合执法暨“扫黄打非”业务培训班。开展案卷评查工作，办理说理式执法文书培训班，制定说理式执法文书模板7份。开展“净网2015”“清源2015”“秋风2015”“固边2015”“护苗2015”五个专项活动。出动执法人员22000人次，检查经营单位6700余家，受理举报157件，办结案件101件，取缔无证经营KTV业户44家（新区街道辖区21家、恒昌商业街18家、柳园街道辖区内5家），取缔非法电台4家。

第三章　文化基础设施

1997年后，聊城市（地区）文化基础设施进一步完善。至2015年，全市有公共图书馆8座，县文化馆和县艺术馆9座，乡镇文化站65个，村（社区）文化活动中心（文化大院）1156个。

第一节　图书馆

聊城市海源阁图书馆　位于东昌府区楼南大街56号，建于1954年。1997年以来，海源阁图书馆在藏书特色上注重综合性、公共性和地方性，坚持“读者第一，服务至上”宗旨，建立完善的服务制度，为读者和用户提供办证、咨询、电子阅读和下载、图书外借、电话续借等多种服务，并实行“全天候”开放，节假日照常接待读者。1998年，引进图书馆自动化管理系统ILAS系统，有分类、编目、流通、连续出版物和检索咨询5个子系统，实现计算机网络化管理。2001年1月，建立电子阅览室，购置微机20余台，为读者提供多媒体电子文献阅览、上网查询的平台，读者在此可以阅览各种电子图书、上网查询信息，所需资料可以随时下载、打印。启用24小时自助图书馆，实现图书、期刊自助借还，购置数字阅读设备20余台，安置在行政服务中心、孔繁森同志纪念馆、运河博物馆及城区部分医院、银行营业厅、书店、机关等，拓展图书馆服务范围。2015年，出版《刻书藏书与聊城》，编纂《聊城旅游文化》，《聊城地域文化探论》《聊城宗教文化》付印。购置《中华再造善本》中的海源阁藏书，丰富海源阁内容。2015年，藏书30余万册，其中古籍图书近万册、报刊合订本20000册、地方文献4000余册、年订报刊600余种。持证读者3.8万余人，阅览座席100余个，年接待读者40万人次。在职职工21人，其中高级职称5人，中级职称12人，大专以上学历占70%以上。

临清市图书馆　建于1958年。1987年在青年路中段建图书馆楼，建筑面积1320平方米，文献总藏量6万余册，期刊60种，1987年10月26日开馆。馆内设采编室、外借室、报刊阅览室、普通图书阅览室和特藏室，标准座位40套。1993年，参加全国县以上公共图书馆评估，被评定为国家三级图书馆。1997年以来，每年购买图书，补充馆藏。2010年，在原张彦青艺术馆基础上改建为临清市图书馆。新馆坐落于青年路西段大众公园东南侧，于2011年7月1日正式开放。新馆总建筑面积2600平方米，设阅览座席252个，计算机终端67台，接入带宽100兆光纤独享，采用INTERLIB图书馆自动化管理系统。2011年，投入120万元购书经费，购买图书14807册。2015年，图书馆文献总藏量10.6万册，其中图书99742册，期刊451种、5036册，电子文献417种、417册，地方文献198种、235册。数字资源总量4TB，包括自行开发数字资源和国家图书馆拨发的数字资源。栏目包括文物天地、历史照片、经典影视、民间故事等内容。

冠县图书馆 建于1956年。1976年迁至冠县滨河西路24号，更名为冠县图书博物馆，兼管全县的文物文作。占地0.33公顷。主体大楼3层，建筑面积864平方米。1997年以来，每年购买图书，补充馆藏，开展读者征文竞赛、图片展览、信息服务、地方文献收集等活动。1999年，在全国第二次公共图书馆评估定级中被文化部评定为国家二级图书馆。2008年，实行自动化管理。2015年，图书馆设有采编室、辅导室、藏书室、阅览室、多媒体电子阅览室、资料室、总务处等部门。馆藏4.5万余册，固定读者2400人，年图书流量8万册次。

阳谷县图书馆 （2015年摄）

莘县图书馆 建于1956年6月。馆址在十字大街西北古燕塔下。1958年12月，莘县划归范县，图书馆随往搬迁。1961年7月，恢复莘县建制，县文化馆设图书室。1978年，在县城西购地0.66公顷，筹建新馆，1979年10月1日，正式对外开放。2003年1月，图书馆将所有办公平房拆除，新建图书馆综合楼。2005年7月，图书馆分为莘县图书馆与莘县文物管理所两个单位，8月图书馆楼正式对外开放。新图书馆楼办公面积1000平方米。设有借书室（200平方米）、阅览室（80平方米、座席40个）、多媒体电子阅览室（80平方米、座席40个）、书库资料室（60平方米）。有图书12万册，期刊30余种，1000余册。2011年12月，图书馆免费开放，开架借阅。2015年，接待读者3200余人次，图书流通6200册次，解答读者咨询230余次。

阳谷县图书馆 建于1978年，位于县城谷山中路12号。1997年以来，每年在“世界读书日”期间举办全县读书朗诵大赛、青少年经典诵读大赛活动，暑假期间开办国学讲堂、举办优秀影片展播活动，免费播放红色爱国系列专题片和少儿动漫卡通系列优秀影片，助残日期间到特殊教育学校开展送书送爱心活动。2015年，图书馆设阅览室、图书室、公共电子阅览室、采编室、书库、多媒体室等。馆藏图书5.6万余册，持证读者5000余人，流通人次8.6万，流通图书10万余册。有职工13人，其中中级职称5人、初级职称8人。

东阿县图书馆 建于1979年9月。2010年2月，开工建设图书馆新馆，2011年9月竣工。2013年1月16日，正式向社会免费开放。图书馆占地1.73公顷，建筑面积7158.4平方米。图书大楼分为东西两厅，东厅设有书库、期刊阅览室、艺术展厅、办公区。西厅设有多媒体教室、儿童借阅室、图书借阅室、电子阅览室、“于氏书苑”等，藏书20余万册（套），上架纸质图书18万余册，电子图书5万种，报刊370余种，科教光盘近4000张，计算机130余台，触摸屏电子阅报机2台，书目检索机1台，自助借还机1台。读者自修座席300余个，配有文化信息资源共享工程中心机房，是一座集现代化、智能化、数字化于一体的大型公共图书馆。2013年10月，东阿县图书馆被文化部评定为国家一级图书馆。是年，在县武警中队、消防大队和乡镇的中心学校，开辟“图书流动式服务网点”6个。该馆被中共聊城市委宣传部、聊城市社会科学界联合会首批命名为“聊城市社会科学普及教育基地”。至2015年，文化信息资源共享工程通过“农村党员基层组织网”和“山东省图书馆业务平台”覆盖全县的505个行政村，覆盖率100%。是年，东阿县尼山书院在馆内挂牌成立，编辑出版《东阿图书论谭》，录入职工论文68篇，30万余字。免费办理图书借阅证10000余个，年接待读者5万人次。

茌平县图书馆　建于1956年。1997年以来，每年购买图书，补充馆藏。2011年搬迁新址，新馆建筑面积10800平方米，位于县城南环路1648号。2015年，藏书19.8万册，古籍1750册，拥有持证读者近3万人。

高唐县图书馆　建于1949年。位于金城西路129号。1997年以来，每年购买图书，补充馆藏。建馆60年来，高唐县图书馆在藏书特色上注重综合性、公共性和地方性。高唐县图书馆坚持“读者第一，服务至上”的宗旨，建立完善的服务制度，图书馆所有设施如成人阅览室、少儿阅览室、多媒体阅览室（电子阅览室）、报告厅（培训室、综合活动室）、自修室等公共空间设施场地实行免费开放。文献资源借阅、检索与咨询、公益性讲座和展览、基层辅导、流动服务等基本文化服务项目健全并免费提供。为保障基本职能实现的一些辅助性服务如办证、验证及存包等全部免费。普及性的文化艺术辅导培训、时政法制科普教育等基本文化服务项目健全并免费提供。2015年，图书馆藏书近20万册，持证读者7966人，阅览座席320个，接待读者11万余人次，在职职工15人，其中高级职称3人、中级职称6人，大学专科以上学历占80%。

第二节　群众文化艺术中心

1987年10月22日，建立聊城地区群众文化培训中心，为科级事业单位，隶属于聊城地区文化局。1999年9月29日，更名为聊城市群众文化艺术中心。艺术中心成立以来，经常对社区文化、广场文化、企业文化、校园文化、军警文化等群众文化活动进行指导，对大型公益文化活动适时进行策划、组织、实施，对文艺团体、文艺骨干、文艺爱好者常年进行业务指导培训或公益培训，对群众业余文化活动经常进行辅导，对业余创作人员经常进行指导，对美术、摄影、音乐等艺术门类业余群众文化进行研究，并经常组织公益演出。先后组织举办聊城市“青歌赛”“惠民文化演出”“民间艺术展演”等群众文化活动百余次。2012年4月，该中心闫贵明创作的作品《牡丹》被中国群众文化协会、山东省文化厅获得优秀奖，2013年7月《融》在被中国画家画院收藏以作教学、研究之用，2014年4月《八千里路》在中国美术家协会主办的全国“第四届中国群众文化美术书法大展”中评为优秀奖、在第十二届群星奖大展中获银奖、在第十三届群星奖大展中获二等奖，《丽人行》在第十四届群星奖大展中获优秀奖。2015年5月《故乡情之二》在中国美术家协会、江西省文化厅主办的“首届八大山人全国山水画作品展”中获优秀奖。此外，阎贵明还有诸多作品入选省级、国家级报刊。

第四章　报刊　图书发行

第一节　报　刊

1997年，聊城地区具有国内统一连续出版物号报纸4种：《聊城日报》（1958年创刊《聊城大众》，1959年10月1日更名为《聊城日报》，1961年11月5日停刊，1985年1月1日复刊更名为《聊城报》，1988年1月1日，更名为《聊城日报》），《鲁西科技报》（原名《聊城科技报》，1992年更名为《鲁西科技报》），《聊城广播电视报》（1991年创刊），《聊城师范学院报》（1984年9月创刊）。聊城市具有国内统一连续出版物号期刊 2 种:《聊城师范学院学报（自然科学版）》（1988 年创刊），《聊城师范学院学报（哲学社会科学版）》（1981 年 1 月创刊）。2002 年，《临清日报》创刊，《聊城师范学院报》改为《聊城大学报》，《聊城师范学院学报（哲学社会科学版）》改为《聊城大学学报（社会科学版）》，2003 年《聊城师范学院学报（自然科学版）》改为《聊城大学学报（自然科学版）》。2003 年 12 月底，《临清日报》停办。2003 年，《聊城日报》被评为山东省十佳报纸。2005 年，《鲁西科技报》更名为《聊城晚报》。2007 年 1 月 20 日，《聊城大学报》电子报（地址：http：//lcu. cuepa. cn）上线。2012 年 12 月 14 日，《聊城日报》开通聊报网和官方微博。2015 年 3 月 27 日，《聊城大学报》微创办信公众平台（lcdxb1984）。2015 年，聊城市具有国内统一连续出版物号报纸 4 种：《聊城日报》《聊城晚报》《聊城广播电视报》《聊城大学报》；具有国内统一连续出版物号期刊 2 种：《聊城大学学报（自然科学版）》《聊城大学学报（社会科学版）》。

《聊城大学学报（社会科学版）》

2015 年聊城具有国内统一连续出版物号报纸情况表

表 31-2

报纸名称	出版物号	刊期	开张	单期版数	创办年份	出版单位	主管单位	主办单位
聊城日报	CN37—0048	周七报	对开	5	1985	聊城日报社	中共聊城市委宣传部	中共聊城市委
聊城晚报	CN37—0049	周七报	四开	32	2005	《聊城晚报》编辑部	聊城日报社	聊城日报社
聊城广播电视报	CN37—0095	周一报	四开	32	1991	聊城广播电视报社	聊城人民广播电台、聊城电视台	聊城人民广播电台、聊城电视台
聊城大学报	CN—0805/（G）	周一报	四开	8	1984	《聊城大学报》编辑部	中共聊城大学委员会	中共聊城大学委员会

2015 年聊城具有国内统一连续出版物号期刊情况表

表 31-3

期刊名称	国内统一连续出版物号	国际标准连续出版物号	刊期	页码	创办年份	出版单位	主管单位	主办单位
聊城大学学报（自然科学版）	CN37—1418/N	ISSN1672—6634	季刊	110	1988	《聊城大学学报（自然科学版）》编辑部	山东省教育厅	聊城大学
聊城大学学报（社会科学版）	CN37—1401/C	ISSN1672—1217	双月刊	128	1981	《聊城大学学报（社会科学版）》编辑部	山东省教育厅	聊城大学

第二节　图书发行

20世纪后期，聊城地区图书市场基本是新华书店独家经营，民营、个体资本很少参与到图书发行领域。聊城新华书店是聊城市图书发行和居民购书的主渠道，负责所属临清、冠县、高唐、阳谷、东阿、莘县、茌平7个县（市）新华书店干部任免和财务、业务、劳动人事的管理工作。主营书刊、音像制品、电子数码产品、视频产品、办公设备等批零业务，同时负责全市中小学及大中专学校的教材教辅供应工作。1997年至2015年，先后完成中共十五届、十六届、十七届、十八届全会文件、历届政府工作报告和其他重要文件汇编及《江泽民文选》《胡锦涛文选》《习近平谈治国理政（第一卷）》等党和国家主要领导人的著作发行任务；配合重大活动的开展，如建党90周年及建国50周年等活动发行配套宣传资料等；参与“农村书屋”建设，配合科技、文化、卫生“三下乡”及社会科学普及周活动，组织人员开展送书下乡。2015年，全市系统干部职工287人，其中在岗职工244人，市分公司在岗职工67人。

一、经营方式的变革

1988年3月，聊城撤地建市，聊城地区新华书店改称为聊城市新华书店。

1994年8月，成立山东省聊城地区图书音像发行公司，隶属于山东省图书音像发行总公司。次年4月，聊城地区新华书店所属各县（市）新华书店成立图书音像发行公司。

进入21世纪，聊城新华书店系统积极探索改革，改变以往计划经济模式的影响，经营方式由简单、粗放，“闭架”门市、等客上门，转向“开架”售书，由读者自由选购。书店还组织人员开展流动服务，摆摊设点、送书上门，到机关、团体、企事业单位、工矿企业、部队、大专院校、中小学校进行售书，举办书市和签名售书，扩大图书销售。

2006年，全市系统在省店指导下实施连锁经营，依托连锁经营的网络优势，强化门市管理，优化品种结构，增加品种数量，提高服务水平，销售额逐年攀升。2006年，全市销售码洋12588万元，销售净收入10965万元；市分公司销售码洋2886万元，销售净收入2453万元。

2007年，在实行连锁经营的第一年，市店第一门市部销售426万元，较上年同期增加46万元，增长12.11%，达到了历史最好水平。

2008年，全市完成销售码洋13636万元，较上年同期增加885.1万元，增长6.94%；市店完成销售码洋3398万元，较上年同期增加145万元，增长4.46%。

2011年7月，聊城市新华书店成立股改上市领导小组，开展股份制改造工作，启动股改上市。

2012年9月，聊城市新华书店更名为山东新华书店集团有限公司聊城分公司。改制后的聊城分公司驶入发展快车道，主要经营指标连续保持两位数增长。2012年，全市系统2012年完成系统外销售码洋18324万元，实现利润总额484万元。市分公司完成系统外销售码洋4420万元，实现利润总额85万元。销售总额和利润总额创历史最好水平。

2013年，全市系统实现销售21030万元，较上年增长14.77%；实现利润总额1058万元，较上年增长22.17%。市分公司实现销售总额5096万元，较上年增长15.29%；实现利润总额290万元，较上年增长44.2%。

2014年，全市系统实现系统外销售码洋23611万元，较上年增长12.27%；实现利润总额2059万元，较上年增长94.61%。市分公司实现系统外销售码洋6171万元，较上年增长21.09%；实现利润总额391万元，较上年增长4.83%。

2015年，全市系统完成营业收入28758万元，较上年增长25.86%；利润总额实现3058万元，较上年增长50.44%。市分公司完成营业收入7159万元，较上年增长20.6%。实现利润总额600万元，较上年增长60.85%。

2015年，集团召开“寿光会议”后，聊城分公司在集团统一部署下，积极顺应网络时代需求，将深化改革与提升服务相结合，做大文化产业与增强国有企业社会责任担当相结合，加快全面转型升级，促进线上线下融合发展。

二、经营网点的建设

聊城市新华书店的网点建设，从无到有，不断发展。自1948年建立分店起，在楼东大街即设门市部一处。1956年在聊城东关大街又租赁两间门市营业，1959年在堂邑、沙镇、蒋官屯建下伸门市部3处，后相继撤销。1964年原书店门市部由古楼东路北迁至路南。1968年底，在柳园路路东增建新门市部一处。1976年8月，地、县新华书店分设，原地区店的人员、门市及课本教材发行均交县新华书店管理，地区店无营业门市。1979年春，地区店和出版办公室合建办公楼在柳园路西建成，1980年春在一楼设七间门市部对外营业，同时在聊城师院设书亭一个。1996年在聊城利民路和柳园路口建成营业住宿楼。2002年7月，聊城市新华书店6000平米的营业办公大楼竣工并投入使用，成为鲁西最大的现代化图书超市，图书品种达4万余种。至2015年，按照聊城市城区规划，市区内新华书店临街营业网点全部撤除，仅保留柳园南路21号营业大楼。2015年，为助力全民阅读，在集团的统一部署下，在全市建设大中小学校园书店、社区书店和古城特色书店。同年11月，市分公司首批两家校园书店—聊城二中校园书店和文苑中学校园书店建成投入使用。是年，全市共有发行网点18个（含校园书店7家）。

三、开展多形式的读书及签售活动

至2015年，连续参加全国青少年爱国主义读书教育活动征文和演讲（讲故事）比赛二十一届，组织开展山东省新华书店杯演讲（讲故事）活动六届。先后邀请商晓娜、杨红樱、大冰、金山等知名作家到聊城进行签名售书。2014-2015年联合光明出版社举办两届“新华·光明”书香节大型书市。

2014年，聊城分公司被国家新闻出版广电总局、中国书刊发行业协会授予年度出版物发行行业“文明店堂”称号。聊城分公司自1993年被全市首批命名为省级文明单位以来，至2015年已连续22年保持省级文明单位称号。

第五章　广播　电视　电影

1998年撤地改市，聊城地区广播电视局更名为聊城市广播电视局。2007年，完成全市的广播电视“转星”调整任务。2009年年底，整合聊城人民广播电台、聊城电视台、聊城有线电视台等单位，组建聊城市广播电视总台（集团），为正县级事业单位。2010年10月29日，市文化广电新闻出版局、文化市场综合执法局举行揭牌仪式。2015年，全市有国家批准广播电台8座、电视台9座、广播电视差转台2座。

聊城地区广播电视传输网的建设工程自1997年月开始筹建，到10月底，连接全区8个县（市、区）的光缆传输网建成开通。全区广播电视人口覆盖率分别达98%和92%，超过全省平均水平。形成天空地面结合、有线无线结合、多层次兼顾、全方位服务的综合性广播电视事业。1998年，开始建设市广播电视中心和村村通光缆、户户通有线电视工程。至2001年，全市形成广播电视并举、有线无线结合的立体广播电视传输覆盖网络。2001年，开展全市农村有线电视光缆工程建设，同时按照“四个统一”（统一规划、统一建设、统一管理、统一经营）原则，对全市广电网络整合。是年年底，聊城广电网络采取收购等方式完成全市乡镇以下广电网络整合工作。2005年4月29日，山东广电网络有限公

2014 年 4 月，聊城广播电视台 8+2 讯道高清转播车顺利启用

司聊城分公司正式挂牌成立，网络建设进入快速发展期。与中辉世纪传媒发展有限公司签订数字化合作协议，合资成立聊城市中广数字电视运营有限责任公司，聊城市的广播电视数字化工作全面启动。2008 年，新架光纤干线 130 余千米，新埋市区地下管线 20 余千米，新开光接点 50 余个，提前 4 个月完成市委、市政府下达的农村有线电视新增用户 3 万户任务。全年新增农村有线电视用户近 5 万户。2010 年，贯彻省委、省政府《关于印发全省广播电视有线网络改革发展方案的通知》精神，按照“全省广电网络实行省、市、县三级垂直管理”要求，启动资产评估和台网资产、人员剥离工作，市、县广播电视台分别以评估确认的资产入股省网络公司成为股东。2014 年，人员剥离工作基本完成。

2001 年，由市广播电视局主办成立网站——广电宽带网，以提供网络视频点播为主，辅以采制新闻信息服务，设置网络论坛版块供网友交流讨论。2007 年，广电宽带网更名为聊城视窗网。2008 年“聊城视窗”网站取得新闻网站资质。2011 年，实现电台“行风热线”栏目的常态化网络直播。2012 年 9 月，聊城视窗网改版。网站新主页采用国际最流行的页面配置方案，网站页面更具标准化、模块化，具有提升访问速度、易于系统化维护等特点。在视频播放方面，聊城视窗网全面启用 FLV 格式，网站日访问量由技术改造前的 400 余次增至 2000 余次。聊城视窗网成为聊城市唯一拥有互联网视听、节目制作两项资质的视（音）频网站，以及中国网络视听节目服务协会和山东省网络视听节目服务协会的会员单位，具备独立的网络视听节目审核资质。2015 年 10 月，由聊城市广播电视总台（集团）主办的智慧手机台上线运营，至是年年底，点击量超过 300 万次，注册用户 20 万人。

第一节 广 播

1993 年 12 月，聊城人民广播电台正式开播。开播之初，聊城地区人民广播电台转播节目有中央人民广播电台“新闻和报纸摘要”和山东人民广播电台“全省新闻联播”。自办栏目有“鲁西潮”“鲁西晚风”“午间时光”“东昌晨曲”“校园风景线”“社会经纬”“968 时空”等。并先后录播长篇广播剧《金牛寨》、长篇历史小说《中华商祖陶朱公》。1997 年 3 月，聊城地区人民广播电台改称为聊城人民广播电台，实行局台合一体制。栏目调整为“聊城新闻”“新闻早班车”“新闻午间道”“新闻时时听”“政风行风热线”“文而化之”“老年想唱大声唱”“968 帮帮忙”“教之道”“今夜不寂寞”等。是年，录制《香港回归“洗雪百年耻辱，喜迎香港回归”》主题的系列广播电视节目。广播剧《回归》，获地区精神文明建设精品工程奖。1998 年，开设专栏，纪念改革开放 20 周年，宣传聊城市改革开放取得的成就。1999 年，开设专栏，宣传庆祝中华人民共和国成立 50 周年、澳门回归活动。2001 年 1 月，聊城人民广播电台开办第二套节目，呼号为聊城人民广播电台经济台。自办节目有“整点资讯”“水城经济　活力对话”“音乐不塞车”“我为歌狂”等。是年，开设专栏宣传纪念中国共产党成立 80 周年活动。2003 年，开设专栏，多方位、多层次、大密度宣传抗击“非典”情况。2005 年，开设专栏，宣传中国人民抗日战争暨世界反法西斯战争胜利 60 周年活动。2007 年 6 月，“政风行风热线”栏目开播。2008 年，开设“精彩聊城　辉煌 30 年”和“见证”栏目，展示聊城市改革开放 30 年来经济、政治、文化、社会和党的建设方面取得成就。2009 年，开设专栏“精彩聊城辉煌六十周年部门负责人访谈”“项目突破年”“创建国家卫生城市”“精彩聊城全民全运”“爱心传递精彩全运”。是年，中央人民广播电台“新闻与报纸摘要”节目播出聊城台记者参与采访的稿件《全民全运山东实现办赛模式漂亮转身》，聊城台录制的录音新闻《吃亏是福的好支书——张国忠》。2010年，开设“科学发展看县区”“全面提升在行动”“节能攻坚 全民行动”“人大代表访谈”等专栏，报道季羡林、冯思广、章兰、杜立芝等人的事迹。是年，录制48集广播剧《正道》，该剧获中国广播电视协会广播电视文艺工作委员会专家一等奖。2011年，中央人民广播电台“新闻和报纸摘要”头条播发录音稿件《山东聊城：绿色产业成经济结构调整的巨大后发优势》。2012年，先后开设“科学发展成就辉煌”“喜迎十八大——触摸身边的水城”“喜迎十八大——聊城百姓故事”“学习贯彻十八大精神 全面建设生态型强市名城”“走基层贯彻落实十八大精神”“十八大报告摘播”“十八大报告解读”等专栏，报道聊城市学习贯彻中共十八大精神的情况，播发系列报道百余集。聊城台采制的专题录音新闻《半个世纪雷锋情》《单玉乐的脑瘫儿康复中心》《孤寡老人的女儿贾秀兰》《身残志坚的养猪大户孟现壮》《老支书张国忠》，分别在中央人民广播电台“中国之声·国防时空”“中国之声·央广新闻”“央广新闻·难忘的中国人”栏目播出。2013年，开设“东融西借新机遇，跨越赶超新征程”“学习贯彻十八届三中全会精神”“融入济南 服务省会”“整治经济环境，进跨越发展”“二次创业进行时”等专栏。录音新闻《聊城“行政效能风暴” 使项目落地零干扰》《聊城生态优势转化为经济优势 迈向绿色崛起》《聊城三道辩题辨出一圈一带发展新思路》《聊城市全面融入济南服务省会》《聊城东融西借掀起“二次创业”新热潮》《聊城“二次创业” 闯出一片新天地》等主题性稿件在《山东新闻》和《山东新闻联播》中的播发。2014年9月，聊城人民广播电台开办第三套节目，呼号为聊城人民广播电台交通广播。节目通过中波和调频同时发射，广播信号可覆盖人口1000余万人。开设“资讯快车”“交通俱乐部”“水城秀”“生活在水城”“畅行早（晚）高峰”“汽车那点事”“交警直播室”“水城名医”等栏目。录播的《向快乐出发》《爱在路上》《他俩有点相》《我的音乐有话说》等6档节目深受听众喜爱。是年，开设“深入开展党的群众路线教育实践活动”专栏，对聊城市开展党的群众路线教育实践活动进行动态追踪报道。专栏累计发稿20余篇，配发评论50余篇。中国“大运河”正式列入世界遗产名录后，山东广播新闻频道和聊城广播电台策划实施“行走大运河”大型采访活动，4天完成聊城采访工作。同年9月6—12日，山东广播新闻频道《直播山东》播出大型系列报道“行走大运河”之聊城篇，共7集，每天1集，每集5分钟。是年，广播剧《一个美国老人的“中国梦”》入选山东省第十一届精神文明建设“文艺精品工程”（2012—2014年），广播剧《我的中国梦》获聊城市第十一届精神文明建设“文艺精品工程”奖。2015年，开设专栏专题，报道中共中央、山东省委和聊城市委关于开展“三严三实”（严以修身、严以用权、严以律己，谋事要实、创业要实、做人要实）专题教育的重要精神和决策部署，报道聊城市“三严三实”专题教育进展情况和典型经验。为纪念抗日战争胜利70周年开设“永恒的抗战记忆”专栏。录播6集广播剧《一刻不能没有党》。中央人民广播电台“新闻和报纸摘要”播发录音新闻《聊城市实行周六企业工作日制度帮助企业解决困难和问题》，播出后在全国引起较大反响。中央人民广播电台“中国之声——难忘的中国人”，播出对检察官白云访问，对退休后的白云坚守“白云热线”为民服务进行报道。

第二节 电 视

1990年7月1日，聊城电视台开播，每周播出4次。1992年，改为每周播出6次，1993年改为每天播出。先后开设《晚间报道》《生活赢家》《快乐家园》《聊城纵横》《水城故事》《声音》等栏目。2004年8月10日，聊城电视台公共频道开播。主要栏目有《相约有线》《公共新闻》《财富前言》《黄金强档》《星光大道》等。2005年1月起，无线发射和有线传输混合覆盖聊城8个县（市、区）。2009年年底，整合聊城人民广播电台、聊城电视台、聊城有线电视台等单位，组建聊城市广播电视总台（集团），为正县级事业单位。全天播出节目全天播出电视节目36小时，发射塔高198.9米。

一、新闻宣传

1997年，中共十五大期间，聊城电视台组织系列报道，多侧面、全方位宣传中共十五大精神，并对迎接香港回归等重大新闻进行重点报道。1998年，为纪念中共十一届三中全会召开和改革开放20周年，开设专栏，全面地宣传报道聊城市20年来两个文明建设取得的成就和经验。1999年，为庆祝中华人民共和国成立50周年，聊城电视台在国庆期间开设专栏，从不同侧面、不同角度反映全市各个方面取得的巨大进步。对澳门回归等重大新闻进行重点新闻报道。2001—2006年，重点宣传报道贯彻中共十六届三中、四中全会精神，保持共产党员先进性教育活动、加强党的执政能力、纪念中国人民抗日战争暨世界方法西斯战争胜利60周年等方面的新闻。2007年，开办“学习贯彻十七大 高举旗帜科学发展”栏目，围绕中共十七大报告提出的新思想、新理论和聊城市学习贯彻中共十七大精神情况进行宣传报道。2008年，先后开辟“精彩聊城 辉煌30年”“见证”“抗震救灾 众志成城”“心系灾区 共建家园”“喜迎建市十周年”“精彩聊城辉煌十年”“加快建设强市名城 实现新的跨越”“喜迎奥运”“与奥运同行”“凝神聚力抓落实”“掀起社会主义文化建设新高潮”等专栏，就聊城市纪念改革开放30周年、抗震救灾、纪念建市10周年、迎接北京奥运会、加快强市名城建设、推动文化强市建设等方面的活动、进展、落实情况进行宣传报道。2009年，围绕庆祝中华人民共和国成立60周年、喜迎十一届全运会和“项目突破年”、建设生态文明城市等重大工作部署进行宣传报道。2010年，开辟“辉煌‘十一五’展望‘十二五’”栏目，展示五年来聊城市各行各业发生的巨大变化。《支农医生下乡来》获山东省优秀新闻作品奖。2011年，通过动态消息、选题、专访等形式大容量、多角度报道聊城市各县（市、区）、部门学习贯彻中共十七届六中全会精神的新闻。2012年，开辟“回眸2011”“辉煌‘十一五’喜迎党代会”栏目，展示“十一五”成就，展望“十二五”发展前景。开辟“喜迎十八大”栏目，报道迎接中共十八大活动。开辟“聚焦党代会”“聚焦两会”“报告解读”专栏，对省市“两会”和党代会进行广泛报道。2013年，开设“学习宣传贯彻中共十八大精神 创造聊城人民幸福生活”“群众利益挂心间”“记者走基层”等专栏，报道全市贯彻中共十八大精神，各行各业在学习宣传贯彻中共十八大精神中产生的好经验、好做法。在2013中国江北水城·运河古都（聊城）“水文化”期间，在“聊城新闻”中先后播发水文化节活动相关新闻150余条。2014年，播发稿件1700余篇。2015年，围绕全市中心工作开设“深入学习贯彻市委十二届八次全会精神”“美

2015年9月9日，聊城电视台聊城市第五届道德模范评选晚会

丽水城　宜居家园”“新常态新作为新亮点”“聚焦重点项目建设”“招商引资在行动”“跨越发展发展看民营”“乡村文明在行动”“英雄鲁西　抗战记忆”“弘扬优秀传统文化　建设文明美丽水城”“党风廉政建设主体责任大家谈”等栏目，对适应新常态、推进转调创、国家卫生城市复审迎检，现代农业示范区建设、现代畜牧业发展、银企对接、简政放权转作风、环境综合整治、城乡环卫一体化、营造良好营商环境、纪念抗日战争胜利70周年，弘扬优秀传统文化，党风廉政建设等方面进行主题规划宣传报道。

二、创作

1990年始，聊城电视台每年举办春节文艺晚会（简称“春晚”）。20世纪90年代，聊城电视台独立录制电视连续剧《挡车》《鸡血石》《冻土》《凤城刑警》，其中《鸡血石》《冻土》在中央电视台播出，《冻土》获山东省“精品工程”奖，《凤城刑警》获聊城市“精品工程”奖。

2002—2006年，聊城市连续举办“中国江北水城（聊城）文化旅游节”，聊城电视台策划推出《放眼苏浙看发展》《跳出聊城看水城》《经营城市启示录》《京九行》等系列专题片。聊城电视台主持策划制作的“江北水城”城市形象宣传片，在中央电视台各大频道及中国旅游卫视播放。配合聊城市“水城旅游活动月”，聊城电视台策划的“水城之夏大型对歌会”，连续7天在东昌湖上演出。《“泉林造”打破跨国公司26年垄断》获2006年度山东广播影视奖二等奖。2007年，专题片《江北水城——中国聊城》获山东省“牡丹奖”一等奖、第三届山东省纪录片学术奖繁荣创作奖。专题片《大运河边的文化苦旅》《放飞梦想》获山东广播电视新闻奖电视专题一等奖，《圆梦》获山东省学术奖短片一等奖。2008年，《实施科技特派员工程　促进农村经济发展和农民增收》获得山东科技新闻奖科普宣传专项奖。专题片《水路桥的故事》获牡丹奖一等奖、淮海电视台协作体特等奖，被聊城市委评为外宣作品精品工程。专题片《道法自然看鹿邑》获中国电视艺术家协会优秀奖。2009年，《民生面对面》栏目被评为“全省十佳电视栏目”，栏目组被授予“山东省青年文明号”称号。同年，推出30集系列报道《大河放歌》、大型航拍专题片《飞越聊城》、大型电视纪录片《发现聊城》，首次全景式地展现中华人民共和国成立60周年，特别是改革开放30年聊城经济社会发展的成就。元宵节文艺联欢晚会《水城春韵》、纪念改革开放30周年文艺晚会《水城欢歌》获山东省“牡丹奖”二等奖。纪录片《九位老人的音乐会》在第十届四川国际电视节“金熊猫”奖国际纪录片评选中获“人文类短片入围”奖。纪录片《热土》获“纪念改革开放三十周年”中国优秀纪录片银奖。《渐远的硪号》获中国广播电视协会第三届“纪录中国”铜奖。2010年，专题文艺演出《古城之春》获山东省“牡丹奖”一等奖。是年，启动系列动漫片《古城故事》创作。为迎接中国共产党成立90周年，策划录制大型系列报道《影像聊城》。2011年，专题文艺节目《全市职工庆“五一”大型歌唱会暨劳动模范颁奖盛典》获山东省“牡丹奖”一等奖。制作完成大型电视文献纪录片《鲁西党旗红》。纪录片《血诗》，获“党的光辉照四方”全国电视节目评析二等奖和山东省广播电视节目奖三等奖。专题片《血染的风采》、航拍纪录片《飞越聊城》分别获“庆祝中国共产党建立九十周年全省电视片评奖”长片一等奖、短片一等奖。是年，录制专题片《因为有爱　生命不息》、风光片《雪韵》、纪录片《水·路·桥》。

2012年，春晚“龙腾盛世水城春”在聊城电视台播出后，赢得社会各界赞誉。山东电视台公共频道在大年三十中午播出一个半小时的聊城广电春晚节目。人民网、光明网、凤凰网、搜狐网等40余家全国网络媒体就“聊城春晚现象”展开博文讨论。聊城春晚连续多年获“牡丹奖”一等奖。是年，《我要秀舞台》栏目被中国电视艺术交流协会评为2012全国城市台电视栏目20强，《水城百家姓》栏目被中国电视艺术家协会评为2012年十好电视栏目，动画片《古城故事》获山东省“牡丹奖”大奖一等奖、泰山奖三等奖。

文献纪录片《鲁西党旗红》获山东省“牡丹奖”二等奖，纪录片《走向生态文明》获“牡丹奖”二等奖，纪录片《江北水城的生态之变》获山东新闻奖和山东省广播电视节目奖二等奖。2013年，纪录片《三道辩题辨出“一圈一带”发展新思路》获山东广播电视节目奖二等奖，《爱的力量》获山东广播影视大奖二等奖。2014年，纪录片《一个美国老人的“中国梦”》获2014“金熊猫”国际纪录片节入围奖、第三届中国西部国际电影节纪实类二等奖、2014中国（青海）世界山地纪录片节社会类入围奖、第六届新农村电视艺术节优秀对农电视作品二等奖和由国务院妇女儿童工作委员会、中华全国妇联、中国艺术家协会共同举办的第六届女性题材优秀电视作品一等奖、第二届“全国市县电视台推优活动”文化艺术专题类三等奖。《“美国奶奶”牧琳爱：我有一颗中国心》获2014年度全国地方台电视节目一等奖。专题片《吃进棉柴吐出电》《小织机织出大生意》分别获中国农业电视节目评选专题类一、二等奖。动画片《泥娃娃镇的故事》获山东省第二十五届电视艺术牡丹奖动漫类二等奖。对外宣传片《中国聊城》获山东省广播电视外宣三等奖。纪录片《一个父亲的救赎》获“金熊猫”奖国际纪录片评选活动社会类入围奖。电视片《美丽聊城》和《印象水城》获“第七届中国旅游电视周”旅游广告宣传片和景点景区宣传片好作品奖。

2015年，纪录片《一个美国老人的中国梦》和《中国杂技之乡》分别获第五届聊城市“对外传播奖”二等奖和三等奖。微视频《生活的节奏》获2015聊城市首届微电影（微视频）大赛一等奖。是年，聊城市广电总台独资注册成立中原（聊城）文化影视传媒有限公司，组织拍摄以抗日民族英雄范筑先为原型、以鲁西北聊城为背景的重大革命历史题材电视连续剧《铁血将军》。《铁血将军》被山东省委宣传部、山东省财政厅列入2015年度省级文化产业发展专项扶植项目，入选山东省第十二届精神文明建设“文艺精品工程”，入选山东省“喜迎十九大”优秀文艺作品展映展播展演展览剧目书目。电视剧《铁血将军》以及片尾曲《枪杆子挑亮那颗星》入选聊城市第十二届精神文明建设“文艺精品工程”。是年，《一个有良心的将军》《抗日英雄马本斋》《血染的风采》纪录片入选第六届山东省电视纪录（专题）片学术奖。微视频《生活的节奏》获2015年聊城市首届微电影（微视频）大赛一等奖。

第三节　电　影

1997年以来，聊城影剧院筹措资金，进行改造维修，发展第三产业。其他县（市、区）电影院通过改造、租赁等方式改做其他用途，盘活国有资产。东阿县影剧院文企联姻，电影放映工作稳中有升。进入20世纪，聊城市狠抓城市电影、爱国主义教育影片和农村电影三个重点，扶持发展电影事业。在城市以放映主旋律影片和大片为主，在中小学生以放映爱国主义教育影片为主，在农村围绕农村社教、种植、养殖及结构调整等方面放映科普片和故事片结合，增加放映场次，放映收入稳步增长。2002年，聊城市政府投资200万元对聊城市影剧院改造。5月高唐电影院（单位）与人民剧院合成立金城文化艺术中心。2003年，东阿等县与计划生育部门结合开展送电影下乡活动，受到群众的欢迎。2004年，聊城市各影剧院和县市电影公司引进上座率高的文艺团体和具有轰动效应的影片，重视中小学爱国主义教育影片放映，加大宣传力度，收到较好效果。2005年，聊城市开展文企联姻、对口帮扶、主题宣传等组织百场文化下乡演出，电影下乡4000余场。2007年，聊城市推进农村公益电影放映工作，实施农村公益电影放映“2131”工程（即在21世纪初，在广大农村实现一村一月放映一场电影）。全年放映78311场。2010年，鲁信集团投资1200万元在聊城市建设档电影院。新世纪影院投资近400万元对设备更新，实现3D放映和计算机终端售票，拥有消费会员近万名，市民在家门可以同步欣赏中外影片。2011年，山东省新闻出版广电局在聊城市高唐县召开全省县级城市数字影院建设现场会。会议提出2012年9月底前，通过新建、扩建、改建等方式，基本完成“十二五”期间的县级城市数字影院建设改造，达到县级城市所在地至少有1家数字影院（厅）要求。至2012年年底，茌平县建成数字影院2座，茌平影联电影放映有限公司建成数字放映厅5个（1.3K电影放映机4台、2.0K电影放映机1台），茌平星光汇影电影城有限公司建成数字放映厅5个（1.3K电影放映机3台、2.0K电影放映机2台），莘县新世纪电影城有限公司建成数字放映厅2个（1.3K电影放映机2台），冠县清泉电影放映有限公司建成数字放映厅2个（2.0K电影放映机2台），东阿新世纪影院建成数字放映厅4个。至2015年年底，全市有影院13家、银幕82块，电影票房收入1700余万元。

第六章 档　案

1997年以来，聊城市（地区）档案事业快速发展。聊城市档案馆、东昌府区档案馆、临清市档案馆、冠县档案馆先后晋升为国家二级档案馆。全市各级国家综合档案馆馆藏档案由20世纪90年代初期的534个全宗，11万余卷，上升到2015年的783个全宗，41万余卷。2015年，全市各级国家综合档案馆馆藏227449件，案卷排架长度6270米，影音档案1098盘，照片58894张，图纸4557张，实物档案2028件，图书资料132626册。档案信息化开始起步。聊城市、东昌府区、临清市、冠县档案馆建立了档案局域网，全市建成9个档案信息网站。

1997—2015年，全市档案部门举办档案业务、法制等各类培训班200余期，培训专兼职档案员3万余人次。举办和参与举办各类展览120余场。为社会各界提供档案服务3万余次，提供档案资料12.6万余卷（册），编辑出版《聊城历史大事记》《中共聊城党史资料选》等20余本（套）历史资料书籍。《百字消息》《悠远的记忆》《光绪皇帝颁布的屈辱圣旨》《孔繁森与母亲的最后一张照片》等80余篇文章和论文在《中国档案报》《中国档案》《山东档案》等省级以上报纸杂志发表。

第一节　档案馆

聊城市档案馆　1997年以来，该馆先后征集到20世纪二三十年代加拿大传教士威廉·史密斯拍摄的反映聊城及周边地区风俗民情的老照片62张，江泽民、温家宝、吴邦国、李鹏、李瑞环、王乐泉等国家领导人到聊城考察时的照片和光盘资料300余件，以及聊城撤地设市庆祝大会、重印清嘉庆《东昌府志》（一部共31册）、《应试诗法浅说详解》（清嘉庆时期，共2册6卷）、聊城市第一批市级非物质文化遗产的民间文学、美术、舞蹈等12类71项文字材料，民间艺术档案“中国避疫葫芦”等保存价值较高的档案资料。

聊城市档案馆馆藏《东昌府志》

至2015年，馆藏全宗132个，74825卷，85236件，案卷排架长度782米，影音档案190盘，照片7764张，实物档案26件，图书资料24311册。馆藏档案资料的历史跨度480余年。保存年代最早的是明代正德年间的志书，还有少量革命历史档案及旧政权档案（民国档案），保存最多的是中华人民共和国成立后的档案资料。馆藏档案以纸质为主，有部分录音、录像、照片及磁介质档案，及部分实物档案、书画档案、印章等二十多个门类档案。馆藏档案中，革命历史档案518卷，主要是1937—1949年期间，冀鲁豫行署、华北人民政府、中共冀鲁豫六地委、九地委、六专署、九专署领导人民群众开展武装斗争、减租减息、土地改革、生产自救、财税管理、优抚、干部管理、教育卫生、河防等工作中形成的文件材料。旧政权档案674卷，主要是1920—1949年，国民党中央执委、国民党山东省政府，山东民团第二路指挥部，山东省保安部队，国民党第十二、九十六集团军，以及聊城、临清、东阿等27个县国民党县党部形成的文件材料，内容涉及宣传、教育、司法、邮电、交通、行政、武器管理、战役伤亡、经费开支、禁烟禁毒等方面。其中以民国初年出版印有蒋中正、段祺瑞、李宗仁、张学良、何思源等民国要人题词手迹的纪念武训诞辰90周年纪念册尤为珍贵。中华人民共和国成立后档案158869卷（件），主要是1949—2015年，中共聊城市（地）委、市政府（行署）、市（地）直机关、事业单位形成的文件材料，其内容涉及政治、经济、社会、文化等各个方面。主要是文书档案，兼有其他门类、载体档案。照片影像档案主要包括中华人民共和国成立后部分县级领导干部及副高级以上职称人员照片、聊城当地著名人物照片、重大活动照片，本地风景名胜照片等。党和国家领导人江泽民、胡锦涛、李鹏、李瑞环、吴邦国、王乐泉考察聊城的照片、影像资料及有关聊城的纪录片、文献片等。聊城市档案馆还存有邓小平为民族英雄范筑先题写的碑文手迹、江泽民为孔繁森同志纪念馆题写的馆名手迹、乔石为孔繁森同志纪念馆的题词手迹以及书画家李苦禅、武中奇、孙英等人的书画作品等，为馆藏珍品。

东昌府区档案馆　1997年以来，该馆征集到清末至“文化大革命”时期的堂邑木板年画85册、省级非物质文化遗产东昌府木版年画（19种38份）。东昌毛笔宣传片1部、实物8盒18支、制作流程照片22张。至2015年，东昌府区档案馆馆藏档案84个全宗，包括文书档案、科技档案、会计档案、纪检档案、照片档案、声像档案、统计档案、土地档案、死亡干部档案、人口普查档案等10余种门类档案41079卷，27009件，馆藏资料34620册。另有声像档案155盘，照片档案8341张，实物档案210件，书画434幅。其中清代状元邓钟岳、现代名画家丰子恺、李苦禅等古今名人字画20余件馆藏精品。

临清市档案馆　1997年以来，经过机关档案移交，通过向社会征集，接受民间捐赠，馆藏逐年增多。至2015年，馆藏档案103个全宗，36128卷，24802件，声像档案32盘，照片4403张，实物档案423件，资料14157卷册。包括历史档案、革命历史档案、现行档案三部分。历史档案有宋代朱晦奄编辑的《宋名臣言行录》、明朝以来的实物档案、清雍正以来的地契、家谱档案、道光年间的《防海辑要》等。革命历史档案主要有1941—1949年华北局、冀南区党委、冀南一地委、华北人民政府、冀南行署等机关以及临清市（县）、清平（永智）县党政机关领导人民进行反帝反封、抗日救国、减租减息、生产救灾、拥军优抚、土地改革、宣传教育、妇女运动、复查斗争、政权建设等革命运动和斗争形成的文件材料。其中1941年冀鲁豫边区临时参议会第一次会议形成的整套文件，记载邓小平、杨秀峰等领导人参选情况。中华人民共和国成立后档案有上级党政机关和临清市（县）、清平县（1956年撤销）党政机关、区、乡（镇）、人民公社、市直机关及部分企事业单位关于抗美援朝、改革开放等社会主义革命和建设及各种政治运动中形成的重要文件材料。还存有马列著作，政治、经济、哲学、军事、法律、文学、艺术、历史等方面的综合性图书、杂志、实物，清乾隆年间编修的《临清直隶州志》、1933 年编修的《临清县志》、1935 年编修的《清平县志》、清代文学家谢榛的《四溟诗话》等，以及抗日民族英雄张自忠将军的档案资料、国家主席李先念为张自忠将军 100 周年诞辰的题词、纪念张自忠 100 周年诞辰的全部展品，季羡林的档案资料，朱镕基、温家宝等国家领导人视察临清市时的珍贵资料和照片。

冠县档案馆 1997 年以来，该馆征集到面塑、布贴画、剪纸、灵芝、书法等实物档案 470 件，民间艺术品 81 件，宋洪勋在抗日战争时期的工作手稿等。至 2015 年，馆藏档案全宗 97 个，35295 卷，36150 件，排架长度 515 米，资料 8155 册，录音录像带 179 盘，照片 2692 张，实物档案 470 件，印模档案 246 枚，岩石矿物标本 80 件（种），民间艺术品 81 件。馆藏革命历史档案主要是 1948—1950 年冠县进行土改时形成的土地房屋所有证存根，中共平原省委、冀南地委、华北人民政府、冠县县委、冠县县政府、武训县委等机构形成的文件材料（内容涉及宣传、教育、司法、民政、青年、妇女、组织建设、对敌斗争、土地革命、整党建政、农业生产等方面），宋洪勋在冠县抗日战争、解放战争时期记录的工作笔记手稿等。馆藏当代文书档案主要有中共中央、国务院、中共山东省委、省政府、中共聊城市（地）委、市政府（行署）等机关印发的文件材料及领导人讲话稿等。中共冠县县委（中共冠县革委核心领导小组）、县政府（人委、革委会）、县人大常委会、政协冠县委员会及其所属机关、团体、企事业单位，以及乡镇（区、公社）、街道形成的档案。馆藏照片档案主要有中华人民共和国成立后冠县历任县委书记、县长照片，冠县历次党代会、人代会、政协会的照片，历届梨花节暨梨园文化观光周、采摘节照片，冠县重大活动照片，记录冠县发展变化的记忆工程照片等。馆藏录音磁带档案主要有中华人民共和国成立前中共冠县县委书记王维群、赵健民、马景汉等关于冠县早期学生运动、抗日战争和解放战争时期的回忆、谈话等。馆藏电子档案主要有单位电子文件档案、档案管理软件数据备份、馆藏照片档案原文数据、馆藏部分全宗永久保管期限文书档案原文数据、部分年度《冠县新闻》光盘、《天南地北冠县人》光盘等。馆藏实物档案主要有 1966 年前后冠县县委、冠县人委所属的部分、企事业单位、公社（区）使用的印模。中共冠县县委、县政府被中央及国家机关、省、市授予的荣誉称号的证书、奖状、奖牌等，以及面塑、剪纸、布贴画等民间艺术品、岩石矿物标本等。馆藏资料主要有书籍、报纸、期刊、统计资料、志书、族谱、工具书等。馆藏最早的报纸是 1939 年的《大众日报》。馆藏志书有清康熙四十九年（1710 年）修成、清光绪十九年（1893 年）重刻的《堂邑县志》，清光绪十九年（1893 年）重刻的《重刻馆陶县志》及 1936 年重印的《馆陶县志》，1934 年重修的《冠县县志》及 2002 年重刊的清道光版本《冠县志》，1986 年编纂的《冠县回族志》《冠县基督教志》等。馆藏族谱有冠县桑阿镇黄寨子村 1925 年印制的《黄氏族谱》、1963 年印制的《马氏族谱》等，以及 1827 年重印的《康熙字典》37 本（全套缺 3 本）等。

莘县档案馆 1997 年以来，该馆征集到明正德《莘县志》（3 卷 6 本），明天顺《朝城县》（9 志 6 本），民国榆树三槐堂《王氏家谱》（1 本），莘县名人书法、字画 20 幅，刘少奇在莘县考察的照片，民族英雄马本斋的照片，1948 年，朱德总司令在观城十王庙村与区党委军区领导人合影照片，1981—1985 年孔繁森在莘县工作时合影照片等档案资料。至 2015 年，馆藏档案 83 个全宗，30373 卷，排架长度 516 米。馆藏资料 9428 册，声像档案 45 盘，照片档案 2000 多张，书法、字画 20 幅。馆藏民国档案主要有关于县知事熊士昌、杨孝则等贪官污吏、祸国殃民、敲诈勒索、苛捐杂税、钩心斗角等劣迹材料档案。革命历史档案主要有冯子华带领冠县中心县委、莘县特区委，在莘冠边界开展革命斗争史料。中共鲁西北特委派张炳元、吕世隆等在莘县开展工作。莘县县委开展党的组织发动和各项抗日救国活动史料。1938年5月莘县开展红月活动史料。1938年11月国民党顽固分子制造莘县事变史料。1938年12月中共莘县县委在邹巷乡李净庄重新成立，县委积极党的组织恢复、发展，建立抗日武装等工作，相继建立六个区委，成立地方抗日武装史料。日伪档案主要有莘县中统、军统、日伪特务人员（1955—1958年）名单、处理、结论等史料。名人照片档案主要有党和国家领导人考察莘县时的照片，全国劳模曾广福参政议政、在家乡奋斗的记录和毛泽东主席接见他时的照片档案。孔繁森在莘县工作时与联合国官员布朗在马西的照片、孔繁森陪同联合国官员视察马西项目林的照片、孔繁森与演员的合影、莘县县委领导班子欢送孔繁森调聊城工作的合影照片。万里、王震、胡锦涛等国家领导人接见张海迪的照片。还有民族英雄马本斋的照片。1934年加拿大传教士威廉·史密斯拍摄的莘县古塔照片，解放莘县城、重要会议、工作活动、抗灾救灾的照片。馆藏资料主要有明正德《莘县志》3卷、正德《汝州志》3卷、明嘉靖《武定州志》2卷、《续修莘县志》（一套5本）、榆树三槐堂《王氏家谱》（1本）等。

阳谷县档案馆　1997年以来，该馆征集到《阳谷历史大事记》《阳谷共青团》《阳谷县军事志》《阳谷文史资料选编》《狱炼》《尘封的硝烟》《山东省首届活学活用毛泽东思想积极分子代表大会材料选编》《山东文史集粹》《聊城巾帼英模录》《阳谷县文物志》《阳谷文史集刊》《刘琰诗文校注》等档案资料60余册。至2015年，馆藏档案99个全宗，31603卷，3730件，排架长度306米，照片档案2191张，馆藏资料11222册。其中，革命历史档案主要有1945—1949年，中共冀鲁豫区党委、冀鲁豫二地委，华北政府、平原省府、冀鲁豫行署，阳谷县政府、区委领导人民反帝反封、抗日救国、减租减息、生产救灾、拥军优属、治安保卫、土地改革、复查斗争、组织任免、宣传教育、妇女运动、乡政建设等形成的文件材料。中华人民共和国成立后档案主要有1950—2013年，阳谷县委、县政府（县人委、县革委）及其县直部门、各群众团体、各乡镇（人民公社）及撤销机关等全宗的文书档案。其中，比较珍贵的有胡锦涛总书记视察阳谷照片，刘邓大军过黄河的照片，有阳谷县第一位中共党党员王寅生、阳谷县第一任中共县委书记杨耕心等革命先烈的照片。比较珍贵的馆藏资料有清代的《重订王凤洲先生纲鉴会纂》《御批历代通鉴辑览》《历代名臣言行录》等古籍历史著作。

东阿县档案馆　1997年以来，该馆征集到曹植档案资料，“感动山东”入选人物陈金良档案资料等。至2015年，馆藏65个全宗，19986卷，6485件，排架长度268米。其中，革命历史档案主要有1944—1949年，东阿县委、县政府以及华东局、平原省委、聊城地委、冀鲁豫边区第一和第六行署形成的文件材料。内容涉及党务、人事、民政、公安、司法、教育、生产、财、粮等方面。中华人民共和国成立后档案主要有东阿县党政机关、区、乡（镇）、人民公社、撤销单位以及部分机关单位形成的和上级机关印发的重要文件。馆藏资料主要有各种书籍、文件汇编、统计资料、各种报刊合订本、工具书等。史料价值较高的有《东阿县地方志》《东阿县黄河志》《中共东阿县组织史资料》《东阿县区划志》《东阿县国民经济统计资料》《魏氏族谱》《秦氏族谱》等。馆内还存有会务、国庆游行盛况、劳模表彰、拥军优属、工农业生产、中央和省级领导人考察东阿以及2000年国际曹植学术研讨会会议等的录音、录像、照片档案。

茌平县档案馆　1997年以来，该馆征集到全国劳模张国忠、张学信的档案120件，全国人大常委会委员长吴邦国、新疆维吾尔自治区党委书记王乐泉在茌平县考察的档案41件，张家楼抗日遗址照片14张、相关资料12件，抗日英雄村纪念碑档案，《德王河畔星火燎原》《迟氏族谱》《茌（博）平南下北上干部》等。至2015年，馆藏档案58个全宗，15638卷、10800件，图书资料8314册，照片档案277张，录音录像档案6盘，实物档案106件。馆藏档案分革命历史档案和中华人民共和国成立后的档案两大部分。革命历史档案主要有1946—1949年，茌平县人民政府、公安局、民政科、博平县委、县政府、公安局、冀鲁豫边区形成的关于治安、宣传、土改、教育、卫生、民政、财税、文教、防汛等方面的文件材料。中华人民共和国成立后的档案主要有茌平、博平（1956年并入茌平县）县委、县政府、县直各机关、团体、企事业单位及人民公社（1984年前）形成的文件材料。这部分档案，绝大多数是文书档案，少数是专门档案和名人档案。照片档案主要有茌平县和原博平县历届党代会、人代会、政协会等会议照片，历届县委书记、县长照片，时任全国人大常委会委员长吴邦国在茌平视察工作照片，档案工作照片以及有关宣传教育的照片等。馆藏资料主要有各种文件汇编、内部刊物、史志资料、工具书等。其中比较珍贵的有清康熙四十九年（1710年）编修的《茌平县志》、清道光十一年（1831年）编修的《博平县志》、清光绪元年（1875年）编修的《宋史》和民国二十四年（1935年）编修的《茌平县志》等志书。

高唐县档案馆 1997年以来，该馆征集到《高唐文史资料》，山东省第五、六届精神文明建设工作先进县申报材料，《崛起的高唐（光盘）》《高唐州报（合订本）》《时风之路》《高唐群英》《中共高唐历史大事记》，中共中央总书记胡锦涛视察山东时风集团责任有限公司的照片，禹城县公安局1951年的外侨登记（或居留）证工本费收到条，《智取威虎山》剧本，高唐县红卫兵代表大会委员会印章，以及日伪特资料，国民党军统特务资料、中统特务资料，韩国人物等20余种档案资料。至2015年，馆藏总量71个全宗，74970卷，33022件，案卷排架长度130米，影音档案299盘，照片323张，实物档案723件，图书资料8000余册。馆藏档案资料的历史跨度达100余年。保存年代最早的是清光绪年间的志书，还有少量革命历史档案及旧政权档案（民国档案），保存最多的是中华人民共和国成立后的档案。馆藏档案以纸质为主，并有部分录音、录像、照片及磁介质档案，及部分实物档案、书画档案。馆藏档案中，革命历史档案54卷，主要是1938—1949年，冀南行署、华北、平原省人民政府、中共冀南二地委等领导人民群众开展武装斗争、减租减息、土地改革、生产自救、优抚、干部管理、教育卫生等工作中形成的文件材料。中华人民共和国成立后的档案107938卷（件）。主要是1949—2015年，中共高唐县委、高唐县政府、县直机关、各镇街、事业单位形成的文件材料，其内容涉及政治、经济、社会、文化等各个方面。主要是文书档案，兼有其他门类、载体档案。照片影像档案主要有重大活动照片、本地风景名胜照片、党和国家领导人胡锦涛、吴邦国、王乐泉等考察高唐的影像资料及有关高唐的纪录片、文献片等。

第二节　馆库建设

一、库房建设

1997年以来，聊城市（地区）各级政府加大投入，新建、扩建部分国家综合档案馆和专业档案馆，加强库房建设。1998年3月，建立聊城市土地档案馆，库房面积160平方米，2001年，更名为聊城市国土资源档案馆。1998年年底，高唐县档案馆新馆竣工投入使用，库房面积1200平方米。2005年12月，聊城大学综合档案室改建为档案馆，库房面积400平方米。2008年年底，聊城市城建档案馆新馆竣工并投入使用，库房面积约2000平方米。至2015年年底，全市9座国家档案馆建筑面积11103平方米，库房面积4831平方米，全市共有档案室985个，库房面积22307平方米。

二、档案设施

1997年以前，聊城地区各级国家综合档案馆的装具，以木质、铁质档案橱为主，文件柜、档案架为辅，且数量还不能满足需要。室内外温度靠人工观测。档案馆内的温湿度控制以自然通风为主，只是部分档案库房配有有限的电扇，在库房湿度较大时使用。防盗主要是门锁加工作人员值班。基础设施非常薄弱。1997 年以来，聊城市（地区）加强档案馆设施建设，档案保管条件逐步改善。1997 年后，各级国家综合档案馆购进先进的档案装具和相关设备。初步建立以档案密集架为主，铁质档案柜为辅，自动火警、24 小时监控、室内温湿度自动调节的档案储存管理系统。1998—2015 年，聊城市档案馆购进档案密集架 277 立方米、铁质档案橱 242 套（淘汰原来的木质档案橱）、去湿机 4 台、吸尘器 2 台、消磁柜 1 台、空调 2 台。2015 年，聊城市档案馆库房安装监控系统 1 套，实现了库房温湿度自动控制。至 2015 年年底，聊城市所辖 8 个县（市、区）档案馆先后购进和更新了大量库房设施和设备，档案存放环境全部达到“九防”（防火、防盗、防虫、防潮、防尘、防光、防鼠、防污染、防高温）要求。

第三节　档案管理

1997 以来，聊城市（地区）各级档案行政管理部门按照集中统一管理，分级分专业指导和监督的原则，对所属档案管理机构和市（区、县、镇）直机关、团体、企事业单位的文书、科技、声像各种门类、各种载体及各种新型档案进行监督与指导。1998 年 6 月 16 日，聊城市档案局印发《关于调整市直档案工作协作组的通知》，重新调整市直机关档案工作协作组成员。明确档案工作协作组组长职责和协作组成员单位职责。2000 年 11 月下旬至 12 月上旬，聊城市人大常委会委员带领市档案局与市人大教科文卫委员会、市监察局、市人事局联合开展档案执法检查，对档案工作中存在问题较多的高唐时风集团等单位下达责令限期改正通知书，要求限期整改。2001 年 12 月，聊城市档案局组成两个检查小组，采取听汇报、核数据和实地抽查的办法，全面检查县（市、区）档案局（馆）2001 年度档案工作任务目标完成情况。

2004 年 10 月，依据《山东省档案管理考核办法》，聊城市档案局检查考核 8 个县（市、区）档案馆和城建档案馆、聊城经济开发区的档案工作。考核 900 余个市、县两级档案行政管理部门单位。2005 年 3 月 9 日，聊城市档案局与市委保持共产党员先进性教育活动领导小组办公室联合转发山东省档案局、中共山东省委保持共产党员先进性教育活动领导小组办公室《关于加强保持共产党员先进性教育活动档案管理的通知》，要求全市各级各部门把在保持共产党员先进性教育活动中形成的档案材料收集好、整理好、管好、用好，更好地为深入开展党员先进性教育活动和各项工作服好务。2006 年 3 月，聊城市人民政府公布出台《聊城市地下管线工程档案管理办法》。2007 年 3 月 26 日，聊城市档案局印发《关于贯彻实施国家档案局〈机关文件材料归档范围和文书档案保管期限规定〉的意见》。该意见指出贯彻实施“规定”的重要意义、实施内容和步骤。2008 年 6 月，聊城市档案馆制定《信息公开送交暂行办法》。该办法共分送交原则、送交单位、送交范围、送交形式、管理与监督 6 部分。

2009 年，聊城市档案局贯彻落实国家档案局 8 号令，加强业务基础建设，推进民生档案建设。重点对建委系统、教育系统的档案指导和监督检查。加大对税务、金融、特检、安监等单位档案指导力度，帮助这些单位分析总结业务材料形成的特点和规律，结合行业规定，制定业务档案的分类方案和编号方法。2010 年 1 月 21 日，聊城市档案局制定印发《关于做好市直政府机关机构改革中档案管理工作的通知》。该通知对档案管理工作提出 10 条具体要求。2011 年 12 月，聊城市档案局采取档案业务考核与档案执法检查相结合的方式，考核县（市、区）档案局馆、经济开发区管委会档案室。组织考核档案馆（室）100 个，评定晋升省特级档案室 3 个、省一级档案室 15 个、省二级档案室 9 个。

2012 年，聊城市档案局制定《聊城市档案行政执法检查程序规定》《聊城市档案行政处罚程序规定》《聊城市档案行政处罚裁量标准（试行）》。是年，市县两级档案部门开展新农村档案示范乡镇创建活动。冠县清泉街道通过检查验收，被认定为省级新农村建设档案示范乡镇。其他各县（市、区）树立创建试点。2013年，市档案局开展“城市记忆工程”档案指导工作，监督、检查和指导各单位档案整理。部分县（市、区）围绕新农村建设、城中村改造、河道整修治理等项工作，开展“社会记忆工程”拍摄记录工作，并建立档案。高唐县档案局参与全县重大活动的全程摄录拍照和新农村建设的摄录工作，保留下大量珍贵档案。聊城市档案局按照《山东省重大活动档案管理办法》要求，对聊城市人代会、市党代会，市十二届四次全会、水城旅游节等全市重要会议、重大活动全程跟进，指导和帮助重大活动（会议）的档案整理和立卷归档工作。是年，全市15个新农村建设档案工作示范乡镇通过省档案局、省民政厅、省农业厅考核验收。

2014年，市县两级档案部门指导有关部门、单位对农村土地确权登记、村（社区）两委换届形成的档案进行收集、整理、归档。东昌府区档案局完成聊城市东发制革厂污水深度处理及中水回收再利用项目和南水北调东线一期山东段小运河输水工程征地移民项目档案的验收。东阿县档案局完成南水北调穿黄河工程项目档案验收工作。茌平县档案局加强对县水质净化中心、垃圾处理厂、齐鲁味精公司等重点建设项目的档案指导力度。市城建档案馆先后对宏运房地产馨苑二期、荣盛房地产阿尔卡迪亚三期、鑫源泰房地产翡翠城、当代国际会展中心等建设项目形成的档案进行跟踪指导管理，现场指导培训160余次。聊城市第二批党的群众路线教育实践活动期间，市档案局派专人进驻市党的群众路线教育实践活动领导小组办公室，负责档案资料的收集、整理、归档和进馆工作。东昌府区档案局会同东昌府区教育实践活动领导小组，督促指导全区107个部门、单位，对党的群众路线教育实践活动档案进行收集整理和立卷归档。是年，市档案局对聊城市园林处、市烟草专卖局、鲁西化工等20余个企事业单位贯彻落实国家档案局10号令情况专项检查。临清市档案局、茌平县档案局文件，要求相关企业制定本单位档案归档范围和保管期限表工作。是年，聊城市档案局联合市政府法制办对全市行政执法案卷进行执法检查，抽查市直单位5个，县（市、区）直单位20个。市档案局会同市人大教科文卫委员会、市监察局、市人社局、市政府法制办，对莘县档案馆、莘县黄河河务局、莘县国税局、东昌府区档案馆、东昌府区检察院、东昌府区郑家镇政府贯彻落实《中华人民共和国档案法》、《山东省档案条例》和国家三部委30号令情况执法调研，形成专题调研报告向市人大常委会专题汇报。

2015年，聊城市档案局派专人对卫生城市创建、海河流域迎检等重大活动全程跟进，指导和帮助有关单位对形成档案整理立卷归档。高唐县在全县重大活动中，拍摄大量照片和视频资料，并建立档案。东昌府区档案局在区机关搬迁过程中采取分组帮包方式主动上门服务，避免档案资料流失、损毁。阳谷县档案局深入企业指导规范化建档。根据农业部、国家档案局《农村土地承包经营权确权登记颁证档案管理办法》及山东省档案局《农村土地承包经营权确权登记颁证档案整理规则》，聊城市各级档案行政管理部门和农业部门，对承包土地确权档案工作进行指导、检查，建立起完整的承包土地确权档案。聊城市农委和市档案局联合举办全市土地确权颁证档案整理工作培训会议，培训各县（市、区）档案局、农业局（农办）、乡（镇、街道）经管站及有关单位的分管领导及业务骨干近300人。

第四节　档案信息化建设

聊城市档案信息化建设起步于20世纪80年代末，90年代初步形成档案信息化建设的基本格局。2000年，建成以内部局域网、电子政务网、互联网为平台，以档案目录数据库为核心，以档案管理信息系统、文档一体化办公自动化系统、互联网信息发布系统为支撑，面向党政机关、社会公众的“三网一库”构架。聊城市及所辖8个县（市、区）档案馆配备计算机114台，建立网站、网页4个。基层单位建立数字化档案室78个。初步形成功能完善、性能稳定的档案信息化平台。2003年，聊城市各级国家综合档案馆安装局域网和网络版档案管理软件。2005年，聊城市档案馆建立并开通档案网站。2007年，聊城市档案馆实现档案目录信息网上查询。各级国家综合档案馆加快主要全宗文件级机读目录的录入工作，部分档案馆建立重要、珍贵档案原文数据库。机关、团体、企事业单位加快档案信息化建设，全市52个单位实施数字档案工程，室藏档案目录数据库、原文数据库和多媒体数据库建设逐步扩大。2008年，聊城市档案馆重点加强档案数据库和档案网络工程的建设。馆藏档案及资料目录数据库建设进入收尾阶段，建立照片档案、多媒体档案的全文数据库和珍贵档案及利用率频繁纸质档案的全文数据库等。全年微机输入文件级目录23500余条。2012年，聊城市档案馆新购置服务器、扫描仪、大型复印机等设备。临清市、东昌府区、冠县档案馆购置新设备开展档案数字化扫描，采取“外包”与自主扫描的形式，扫描不涉密档案资料40余万页，照片3000余张。2013年，聊城市档案局与市财政、市政府采购办等部门联系，推进数字化档案馆建设。聊城市档案局制定的《聊城市档案局数字化档案馆招投标规划方案（第一期）》通过市经信委、市政府采购办审核后，完成数字化档案馆设备购置招投标的前期工作。2014年11月，聊城市档案馆完成数字化档案馆设施设备的安装、调试工作。东昌府区档案馆完成馆藏筑先县委、聊阳县委等7个主要全宗2144卷、总计320253页的全文数字化扫描工作。高唐县档案馆对进馆的县政府办公室7000余件电子文件录入原文数据库。冠县档案馆建立2.1万页原文数据库、挂接2638张照片档案。临清市档案馆挂接原文800余份。2015年，聊城市档案馆馆藏重点档案数字化加工工作，完成100余万页的全文录入。东阿县档案局按照分步实施的原则，购置服务器、扫描仪、不间断电源等设备，升级档案数据库，开展常用文件的原文扫描。

第五节　学术成果

1997年5月20日，经山东省档案局开发科技档案信息资源成果评委会评审，山东省档案局批准，聊城化工厂《档案微机综合管理信息系统》（AMIS）、《科技档案信息资源在3万吨/年烧碱扩建改造中的开发和利用》获山东省1996年开发科技档案信息资源成果一等奖。12月28日，山东省档案学会公布山东省1996—1997年度档案学优秀成果奖评选结果。聊城地区档案局林桂香撰写的《不确定条件下档案决策研究》获一等奖。2001年10月16日，在中国档案学会自动化管理技术委员会举办的“新世纪的档案现代化管理”的论文征集活动中，聊城市档案局周长岱的《我国数字化档案馆发展探讨》，臧华军的《浅谈电子文件的原始性》被评为入选论文。2004年7月1日，山东省档案学会公布2003年度开发利用档案信息资源获奖项目。山东东阿阿胶股份有限公司曹婷、尹杰、张昔颖、唐爱霞、李淑平的《利用档案信息资源建设中国阿胶博物馆》获一等奖。2005年6月28日，山东省档案学会公布2004年度开发利用档案信息资源获奖项目。聊城市城市水务集团有限公司刘玉英、崔好发、阎世勇、张梅、马黎敏的《在鲁西第一化肥厂供水工程建设中科技档案的开发效果》，山东东阿阿胶股份有限公司张代云、任儒倬、张肖颖、李淑平的《东阿阿胶产品、项目荣誉集成》，曹婷、张代云、柴海强、张肖颖、李淑平的《利用档案资源，加强六西格玛在东阿阿胶的应用》分别获二等奖。2005年8月2日，山东省档案学会公布2005年度档案学优秀成果奖评选结果。聊城市档案局杨兴成、周长岱的《档案馆档案信息需求市场开发流程设计》获一等奖。聊城市第三医院张鹤的《关于现行文件服务工作的思考》，聊城市城建档案馆龙清杰的《浅谈建设工程档案的接收进馆机制》，茌平县档案局乌庆正的《搞好企业档案工作之我见》分别获二等奖。

2005年9月6日，聊城市档案学会成立，来自全市的12名单位会员和54名个人会员代表参加大会。是年，聊城市档案学会部署组织全市档案工作人员共撰写档案学术论文60余篇，经研究评议向省档案学会优秀成果评审委员会推荐论文16篇，并全部获奖。向省档案学术研讨会议推荐论文21篇，3篇论文在会上进行交流。2006年，聊城市档案学会向全省档案优秀成果评选活动推荐论文16篇并全部获奖，向全省档案学术研讨会推荐论文23篇，4篇入选山东省第六次档案学术研讨会交流论文并获奖。2007年，聊城市档案学会向全省档案学优秀成果评选活动推荐论文21篇，获得一等奖2项、二等奖6项、三等奖13项。是年，聊城市档案学会制定《聊城市档案学优秀成果评选办法》，并首次组织开展全市档案学优秀成果评选活动。收到成果15项，评选出一等奖3项、二等奖5项、三等奖7项。举办全市2007年档案学术交流会，收到论文45篇，大会交流38篇，评选出优秀论文一等奖10篇、二等奖14篇、三等奖14篇。8月7日，山东省档案学会公布2007年档案学优秀成果奖评选结果，其中聊城市档案局杨兴成、臧华军的《一代名相——马周》、茌平县档案馆乌庆正的《搞好档案资源建设之浅见》获一等奖。聊城市档案局崔丽红、周长岱的《对建立和谐档案事业的几点思考》、聊城市房产局张建国的《对电子档案与纸质档案在现阶段长期并存的思考》，聊城市财政学校郝庆明的《关于加强普通中专学校档案管理的思考》，中通汽车集团公司周春华的《浅谈企业档案的管理》，聊城市档案局崔丽红与聊城市高速公路局臧国华的《创新是做好档案馆利用服务工作的源动力》，聊城市河道工程管理处李玉华的《浅谈房地产档案资源的开发利用》获二等奖。2007年12月13日，聊城市档案学会公布2007年度档案学优秀成果，优秀论文16篇，一等奖4篇、二等奖5篇、三等奖7篇。2008年，向全省档案学优秀成果奖活动，推荐论文10篇并全部获奖，其中二等奖5篇、三等奖5篇。向省档案学会2008年年会推荐论文42篇，获奖24篇，其中大会典型发言1篇，书面交流1篇。2009年，向省档案学会推荐论文10篇，省企业档案学术研讨会推荐论文9篇、全省档案学优秀成果评选活动推荐论文7篇，全部获奖。组织召开2009年全市档案学术研讨会，评选出优秀论文31篇。2010年8月16日，山东省档案学会公布2009—2010年度档案学优秀成果奖评选结果。聊城市住建委张翠文的《推动房产档案管理数字化提升房产档案管理服务水平》获一等奖，东阿县档案局秦爱华的《坚持以人为本增强档案馆服务社会功能》获二等奖。2011年，聊城市档案学会向省档案局推荐论文13篇，其中9篇被评为优秀论文并被《档案管理与理论探讨》（中国华艺出版社）录用发表。组织召开全市档案学术研讨会，评选出优秀论文33篇。2012年，聊城市档案学会向省档案学术刊物推荐论文14篇，发表8篇。向省档案学会档案学优秀成果奖评审委员会推荐优秀成果6项，5项获三等奖。向全省档案文化建设研讨会推荐优秀论文6篇，获二等奖1篇、三等奖4篇。2013年12月，市档案学会举办档案学术交流会，收到论文26篇，评选出优秀论文15篇。是年，向省级以上档案报刊推荐优秀论文6篇，其中发表5篇。向省档案学会推荐优秀论文6篇，获二等奖2篇、三等奖2篇。向市社科联推荐优秀成果1项，获二等奖。2014年，向省级以上档案报刊审查推荐优秀论文3篇，其中发表论文2篇。向山东省档案学会推荐优秀成果2篇全部获二等奖。2015年，向省档案学会推荐论文4篇，获一等奖1篇、二等奖2篇、三等奖1篇。组织召开2015年全市档案学术研讨会，数十篇论文参加研讨交流，评选出20余篇优秀论文。

第七章 文物古迹

聊城历史悠久，文化灿烂，是国家级历史文化名城。早在四五千年前，这里就产生了以大汶口、龙山文化为代表的新石器时代文化类型，是中华文明发祥地之一，文化内涵丰厚，留下众多文物古迹。2007 年 9 月，启动第三次全国不可移动文物普查，至 2011 年年底，普查结束，全市共普查登记不可移动文物 1009 处，其中复查 265 处、新发现 729 处、消失 15 处。至 2015 年年底，全市共有全国重点文物保护单位 13 处、山东省文物保护单位 73 处、聊城市文物保护单位 125 处、县级文物保护单位 152 处。

第一节 古遗址

至 2015 年，聊城市境内发现的大汶口文化遗址 18 处、龙山文化遗址 45 处，其中，龙山文化古城 9 座，占山东省龙山文化城数量的一半。

景阳冈遗址 景阳冈遗址是龙山文化古城址。位于阳谷县张秋镇景阳冈村。据地方志记载，此处原来岗阜起伏，草密林茂，传说为“武松打虎”之处。遗址内台基上有建于明代的“武松庙”。1973 年，中国社会科学院考古研究所吴汝祚发现此处为龙山文化遗址。1979 年，聊城地区文物工作者对遗址进行试掘，在遗址北部清理出龙山文化灰坑 1 座、春秋墓 1 座。1994 年，聊城地区文物管理委员会组织文物勘探队在配合阳谷县景阳冈公园建设工程中发现龙山文化城址，探出城垣中间有城门。城址平面呈舟形，东北西南向，长 1150 米，宽 300 ～ 400 米，面积 38 万平方米。是年年底至翌年秋，山东省考古研究所和聊城地区文物管理委员会对其进行钻探发掘，发现城中心有大、小两座台基。大台基位于城址南部，面积约 9 万平方米。小台基位于北部，面积约 1 万平方米，形状、方向与遗址一致。大、小夯土台分上、下两层：下层主要用纯净黄褐面沙土夯筑，上层为灰花土筑成。夯具分圆棍夯与石器夯，夯窝明显，夯面清楚。小台基上灰坑中发现羊、狗的头骨及骨架，表明此处进行过祭祀活动。出土遗物具有明显的地方特征。陶器中以灰陶为主，黑陶较少，红褐陶占一定比例。纹饰以素面为主，有较多的绳纹、方格纹。器形较大，以盆、罐、豆、盒、瓮为常见，鼎、鬲较少。

该城址是鲁西北地区发现最早的龙山文化城址，规模大、规格高，在全国亦属罕见。城内大、小台基布局清楚，遗物丰富，为研究新石器时代晚期城市结构、功能及社会形态提供新的线索。有的考古专家认为，此处很可能是舜的都城。2001 年，被国务院公布为全国重点文物保护单位。

尚庄遗址 位于茌平县振兴办事处尚庄村、西关村。遗址西距徒骇河约 10 千米，东距管氏河 9500 米左右。地势隆起，为缓坡土岗，高出周围约 3 米。遗址于 1973 年发现，1975 年、1976 年，山东省博物馆等单位 2 次发掘。1994 年，山东省文物考古研究所等调查勘探又发现龙山文化时期古城址。遗址为缓岗地带，表面散布着大量陶片。文化层厚度约 5 米，东西长 332 米，南北宽 240 米，总面积约 79680 平方米。城址大体呈圆角方形，东西约 240 米，南北约 160 米，面积约 38400 米。1975 年、1976 年发掘面积 1125 平方米。发现的遗迹包括大汶口文化墓葬、龙山文化灰坑、灰沟、房址，商周时期灰坑、墓葬等。出土的大汶口文化遗物有陶器和玉、石器，陶器有鼎、鬶、盉、罐、背壶、杯等。玉、石器通体精磨，有斧、铲、纺轮以及镯、环坠、绿松石等。尚庄遗址最早年代为大汶口文化晚期，之后延续为龙山文化、商周和汉代。龙山文化城址的发现对研究黄河流域文明起源有重要意义。2013年，被国务院公布为全国重点文物保护单位。

教场铺遗址 位于茌平县乐平镇教场铺村西北。相传战国时孟尝君曾于此练兵，故名教场铺。教场铺城址于1994年发现，1999年，由中国社会科学院考古研究所做复查和初步钻探，2000年，开始进行4次考古发掘。城址呈东西略长、南北略短的椭圆形，城墙内东西长约230米，南北长约180米，总面积近5万平方米。城墙平均宽度为28米，最宽处达30米，保存下来的高度接近2米。城内出土房址、陶窑、祭祀坑、奠基坑、墓葬及灰坑等大量海岱时期龙山文化中晚期阶段的遗迹，并出土大量陶器、石器、骨角器、蚌器等遗物。其中有精美的磨光蛋壳黑陶杯、磨光黑陶三足盘等陶质礼器，出土带有明显灼痕的卜骨，表明这是一处等级、规格较高的龙山文化中晚期中心性城址。房址绝大多数为平地起建或浅地穴建，个别呈半地穴建筑。平面形状分为圆形、圆角方形和方形。房址内部结构相同，居住面中心位置设有地面灶，四周立有四根木柱。面积较大的房址分布在遗址中部偏北处，涂抹白灰面。城内发现7座窑址，为横穴窑，有窑室、窑箅、火道、火塘四部分组成，还发现用于存放待烧制陶坯的窖穴。按照窑箅等部位烧成颜色的不同，区分为烧制灰黑陶和红陶两类。灰黑陶窑居多，这组陶窑为认识和研究该地区龙山文化先民的制陶技术提供不可多得的第一手资料。城墙分为两期，分层夯筑的痕迹非常明显。在一、二期城墙之间，存在举行奠基仪式而遗留下的奠基坑、祭祀坑。墙外侧挖有护城壕，内侧有取土沟。

教场铺遗址位于古济水流域，是当时华夏和东夷族交界处。传说中的黄帝、炎帝、蚩尤等部落逐鹿中原都曾在这一带活动。因此，教场铺遗址的发现对中国古代社会复杂化进程的研究、中国早期国家起源与形成以及夷夏两大集团相互关系的研究具有较高的学术参考价值。2006年，被国务院公布为全国重点文物保护单位。

萧城遗址 位于冠县北馆陶镇东南萧城村，亦名驻马城、歇马城。该城建于北宋景德元年（1004年）。当时，辽国太后萧绰摄政，携子耶律隆绪（辽圣宗）发兵攻宋，于此地筑城屯兵，与宋军对垒。辽因先锋大将萧达揽被宋军射杀，取胜无望，遂达成“澶渊之盟”而退。1995—1996年，中国社会科学院考古研究所对遗址进行发掘。遗址呈方形，边长1250米，周长5000米，占地面积1562500平方米。城墙为夯土建成，城墙基部宽26米，顶部阔8米，现存东北城角高达12米，西南城角高10米，西北、东南城角高约8米，护城河宽80米。四城角沿直角处向外夯筑“箭楼”。城有4门，南北两门相对，有瓮城。城内有“点将台”遗址，夯筑。高约5米，方圆100余平方米，夯层厚15厘米，每层较均等，夯筑规范。萧城古城址是保存较为完整的宋代军事城址，对研究当时的政治、经济、军事等均有较高的价值。2013年，被国务院公布为全国重点文物保护单位。2015年8月，冠县文化广电新闻出版局启动实施萧城遗址保护规划编制及城址抢救性保护工程。

萧城遗址西城墙角 （2015年摄）

土桥闸遗址 见运河文化编第二章第一节

蚩尤冢遗址（皇姑冢遗址） 位于阳谷县十五里园镇叶街村东。1973年发现，1979年，进行试掘。清理出龙山文化灰坑1个及大量龙山文化陶片。1995年，在遗址处发现龙山文化古城址，西南、东北向，东西宽160米，南北长400米，占地面积约6万平方米。城内有夯土台基，文化层厚度在4.5米左右。城址为平地，中心有一方形、高出地面4.1米的夯土台基。在该城址中采集到的标本有石器、骨器，陶片有夹砂陶和泥质陶，陶色多为红陶，其次是灰陶。纹饰有绳纹、弦纹、附加堆纹、菱形纹等。器形有石铲、骨锥、泥质红陶鼎、红陶环、灰陶杯、夹砂红陶鬲、夹砂灰陶鬲、灰陶罐、陶豆等。从文化特征看，蚩尤冢基本属于城子崖龙山文化，也具备部分河南龙山文化特征。1992年，被山东省人民政府公布为文物保护单位。

红堌堆遗址　位于阳谷县张秋镇许楼村西，为新石器时代龙山文化遗址。为隆起高台地，高出四周地面约1米，南北长约250米，东西宽约200米，面积约5万平方米，文化层堆积厚度约3米左右。遗址表面散布灰土，灰土中有大量的陶片，并有红烧土块。陶器中泥质红陶占大多数，多数为素面，有的陶钵口沿处饰一圈黑彩。部分灰陶上有按压纹、附加堆纹、方格纹、绳纹等。出土器物主要有陶钵、钵形鼎、缸、器盖及纺轮、石铲、石斧等。1992年，被山东省人民政府公布为文物保护单位。

阿城故城遗址（含古阿井）　位于阳谷县阿城镇王庄村西。春秋时为齐国西部重镇，时称柯邑。历史上齐国晏子曾于柯邑为宰，“晏子治阿”的故事就发生在这里。秦改称东阿，汉置东阿县，此城为治所。北魏时，东阿县治东迁，此城渐为黄水淤废，残垣尚存。城址呈圆角方形，边长2千米，周长8千米，面积4平方千米。城墙东南角和北城墙保存较好，其他部分城墙略高于地面。东南角城墙保存长约250米，地表上高度14米，地表下2米有余，宽近30米。城墙断面由主体城墙和后期补筑而成。主体城墙为板筑棍夯，夯层平整，厚6～10厘米不等。补筑部分位于城墙内外皮处，夯质更好。此段城墙利用大汶口、龙山时期文化堆积，夯土内含有这时期的包含物，土呈灰色，且主体城墙叠压在龙山时期夯土上。北城墙西端高12米，夯质结构同东南角。东部为龙山时期城址。城墙部分被春秋时期城墙占压，长约56米，宽12米，高约2米。城墙为黄沙土夯筑，质地坚硬，夯层不明显。有一灰坑打破城墙，出土大量陶片，以红陶片为主，灰陶片次之。从器型上看分属大汶口时期和龙山早期，说明城墙筑于龙山早期或更早。其文化特征与城子崖龙山文化有一定差异，有中原龙山文化的因素。城址内有古阿井1眼，井深30余米，以青砖砌就，井口以长方形青石板覆盖。井北有六角六柱石亭，为清光绪五年（1879年）重建，亭内有龟趺碑，碑上篆刻“古阿井”3个大字。1992年，被山东省人民政府公布为文物保护单位。

聊古庙遗址　位于东昌府区阎寺镇申李庄东。遗址为方形高台地，暴露面积约3000平方米，文化层厚约2米。遗址表面散布着大量陶片，可识器型有龙山文化时期的罐、杯、豆、盆，殷代的鬲，周代的绳纹筒瓦等，属龙山文化至商周时期的遗址。据专家考证此处应为春秋时期聊城城址。鲁仲连射书救聊城的故事就发生在这里。遗址西北角有颛顼墓。颛顼为黄帝之孙，曾继黄帝为帝，称高阳氏，聊城为其属区与临视之地。由三部分组成：一是颛顼庙，又名“聊古庙”“聊王庙”，系祭祀颛顼的庙宇。1945年庙毁，仅存遗址。二是颛顼墓，在颛顼庙后（北），传说为颛顼帝衣冠冢式塑像墓，为长方形高台地。三是圣泉井，为一古井，直径80厘米。井水甘洌清澈，“圣泉携雨”为聊城古八景之一。2013年，被山东省人民政府公布为文物保护单位。

台子高遗址　位于茌平县杜朗口镇台子高村西南。台子高遗址又称牡丘遗址，为僖公会盟诸侯之地。遗址为缓坡土岗，中心高出地面约2米，四周为平地，土质沙性。东西宽64米，南北长56米。整个遗址保存完好，文化层厚7米，内涵丰富。发现的器型有石斧、石镞、石矛、陶鼎、陶罐、陶盆等共100余件。陶器纹饰多见绳纹、弦纹、方格纹以及附加堆纹。1977年，被山东省人民政府公布为文物保护单位。

李孝堂遗址　位于茌平县振兴街道办事处李孝堂村。遗址中部略高于四周，东西长约96米，南北宽约93米，面积约8900平方米。该遗址从新石器时代龙山文化延续到汉代，延续时间较长，文化内涵丰富。地表采集有龙山文化及商周时期的陶片。2013年，被山东省人民政府公布为文物保护单位。

南陈遗址 位于茌平县杜郎口镇南陈村。该遗址于20世纪70年代中期发现。表面为灰土，四周散布大量龙山至汉代的陶片。1980年秋，山东大学历史系考古专业和聊城地区文化局、茌平县图书馆联合对遗址进行发掘。遗址面积近8万平方米，文化内涵丰富，文化堆积厚2.5～3.2米。延续时间较长，从龙山一直延续到汉。其中以龙山文化最为典型，出土大量石、骨、蚌器，主要有石斧、石刀、骨凿、角锥、蚌镰等。陶器以夹砂灰陶居多，其次为泥质黑、灰陶，有少量红、褐陶，蛋壳陶偶有发现，厚度在0.1厘米。代表器物为深腹罐、瓮、大口罐、盆、碗、杯、器盖。另外还有商周、战国、汉代的遗存。南陈遗址位置十分重要，作为山东龙山文化与河南龙山文化的接触地带，是探索两文化间关系的重要地点，尤其是在遗址内同时出现岳石、二里头陶片，在鲁西尚属首次，对研究东夷、夏两族关系提供新线索。2006年，被山东省人民政府公布为文物保护单位。

王菜瓜遗址 王菜瓜遗址系春秋战国时期遗址。位于茌平县肖庄乡王菜瓜村西。遗址中心部位高出周围约0.5米，南北长280米，东西宽约580米，总面积约162400平方米，文化堆积厚约2米。该遗址是春秋战国时期的博平古城。出土有盆、罐、砖等战国、汉代器物。该遗址文化内涵丰富，面积较大。据记载这里原为摄城，春秋时并入齐国，故又称摄城。2013年，被山东省人民政府公布为文物保护单位。

堌均店遗址 堌均店遗址系龙山文化至战国遗址。位于经济技术开发区蒋官屯镇堌均店村西部。1980年发现。遗址被南北流向的四新河分隔为东西两部分，南北长220米，东西约300米，总面积约66000平方米。地势较高，有的地方高出地面3～5米。遗址表面土层为灰沙土。文化层堆积厚度约为2米，土质松软，内含有大量各时期的陶片。陶片以灰陶为主，有少量黑陶。陶质以泥质陶为主，另有部分夹砂陶，部分陶器中还夹有蚌壳。陶器均为轮制，除部分磨光陶器外，纹饰以绳纹为主。可识器型有鼎、甑、豆、碗、甗等。根据采集的标本判断，该遗址年代跨度从龙山、商代到战国，或更往后延，延续时间长。2013年，被山东省人民政府公布为重点文物保护单位。

前赵遗址 位于东阿县城（原铜城镇）鲁西化工厂东北侧。1996年12月，由聊城地区文物管理委员会进行勘探。遗址为古城址，平面呈舟形，中间宽两端窄，东北至西南走向，长449米，中间宽140米，东北端宽80米，西南端宽90米，总面积约5.3万平方米。城墙宽8米，城墙外有壕沟，宽约8米。城址中间有南北两处断口，宽均在30米左右，为城门址。前赵龙山文化城址的堆积呈斜坡状，中间高四周低，四周文化层比中间要厚，南半部房址分布比较密集。龙山文化层堆积厚1.2～2.3米，包含物丰富，出土灰陶盆、罐、瓮等陶片，并探出房址。前赵龙山文化城址从属关系明确，文化堆积较厚，内涵丰富，形状结构特殊，是探讨研究中国古代文明产生、发展以及“都”“邑”“居”社会形态的珍贵资料，具有十分重要的历史价值和科学研究价值。2006年，被山东省人民政府公布为文物保护单位。

迟桥遗址 位于高新技术开发区韩集乡迟桥村西。遗址南北长约150米，东西宽约100米，面积约15000平方米。遗址大部为平地，东南部有一高台地，遗址北部有一沙坑。从遗址上发现大量灰、黑陶片，大部分为夹砂陶和泥质陶，有少量细泥陶。器物大部分轮制，纹饰有方格纹、绳纹、附加堆纹。器形有豆、尊、罐、鬲、盆等，另外有石、骨、铜器。迟桥遗址内涵丰富，延续时代长，从龙山一直到战国时代。2013年，被山东省人民政府公布为文物保护单位。

王集遗址 位于东阿县工业园区王集村南，为隆起高地，当地俗称“金牛堌堆”。1994年12月，由山东省考古所和有关单位，对王集遗址进行勘探。该遗址东北至西南走向，南北长300米，东西宽250米，面积约75000平方米。遗址堆积可分三层：上层为灰褐土，厚0.35～1米，出土商周时期的鬲、罐等陶器残片。中层为黑灰色土，厚0.35～1米，出土有豆、罐、鼎、盆等陶器残片。下层为黑灰色土，厚1～2米，出土有龙山文化的罐、鼎、盆等陶器残片，有夯土城墙存在。根据出土物及城墙遗迹分析，该遗址为一龙山文化古城址，对研究山东地区的新石器时期的延续有重要参考价值。2013年，被山东省人民政府公布为文物保护单位。

王宗汤遗址　位于东阿县铜城街道办事处王宗汤村东南2千米处，为一微微隆起的高地，当地俗称“仓王坟”。2000年12月，市县文物考古工作者对此进行考古勘探。该遗址南北长430米，东西宽230米，呈舟形，文化堆积厚2.5米，总面积约98900平方米。遗址暴露面积约2500平方米，灰沙土质，距地表以下0.5米有文化层堆积。采集标本有龙山文化的泥质灰陶罐、磨光黑陶、鼎足、商周陶片、汉罐，纹饰除素面外有绳纹、弦纹等。遗址西部暴露有汉代石椁墓。该遗址为龙山文化至汉代时期文化遗址。旧志记载为仓颉墓。2013年，被山东省人民政府公布为文物保护单位。

北馆陶故城　位于冠县北馆陶镇政府驻地。东南、东北、西北城墙角三处，均为夯土所筑。东南城墙角保存较好，宽9米，东西长约15米，南北长约15米，高约8米。东北角与西北角城墙夯土断面上分布着较多的砖瓦碎片。东南、东北角外均有护城河。河底宽约15米，深约5米。据清光绪版《馆陶县志》记载，城池为明成化三年（1467年）知县唐祯所筑。存清代县衙大堂，坐东朝西，占地120平方米，硬山式建筑。2013年，被山东省人民政府公布为文物保护单位。

辛庄遗址　位于冠县斜店乡辛庄村西。遗址系新石器晚期文化遗存，内涵丰富，从龙山文化延续至春秋战国时期，前后约2000年。该遗址是2009年第三次全国不可移动文物普查过程中在辛庄村窑厂一个多年取土坑内发现。文化层堆积约2.5米，暴露面积约500平方米。出土有灰陶器物残片及石器，其中可辨器形有龙山文化时期的瓮、罐等。商周时期的罐、鬲、鬶等。春秋战国时期的瓦当、罐等遗物。从暴露的文化堆积层断面判断，有龙山文化时期的房址，距今4100年左右。该遗址的发现，对研究史前人类文明提供实物证据，同时也填补冠县史前文化的空白。2013年，被山东省人民政府公布为文物保护单位。

河隈张庄明清砖窑遗址　见运河文化编第二章第二节

陈公堤遗址　位于临清市先锋办事处郭堤村东，占地50万平方米，高8米，东西长1000米，南北宽200米，为宋代时期的黄河故堤，俗称“陈公堤”。现古堤及周围种植万余株桑树，其中百年古桑树千余株，2002年以后陆续规划建设，建有牌坊、仿古凉亭等建筑。2013年，被山东省人民政府公布为文物保护单位。

孟洼遗址　位于莘县朝城镇西孟庄村村北。占地330万平方米，为一盆地，比四周低0.6～1米。遗址地表有大量汉代灰陶片、灰坑及唐、宋、元时期瓷片，出土罐、盆多为汉代遗物。遗址内分布有一大型汉代墓葬群，其中在遗址西南部是一高10米，占地面积约6000平方米的汉墓，为大型砖石结构墓葬，墓壁内有彩绘壁画。壁画以白灰抹墙为底，用朱砂、黑墨画图，色彩艳丽。大部分为祥鸟瑞兽，有青龙、白虎、朱雀、玄武。壁画内容生动形象，场面宏大，绘画技艺娴熟，保存完整。该遗址延续时间长，内涵丰富，具有重要的科学研究和考古价值。2006年，被山东省人民政府公布为文物保护单位。2014年5—6月，山东省考古所对遗址进行考古勘探，初步确定该遗址为东汉东武阳旧址。

相庄遗址　位于莘县东鲁街道办事处相庄村东。遗址占地36万平方米，内有一处低于地面2～4米的洼地，断崖上有明显的文化堆积分布。此洼地南北长100米，东西长50米，基本呈长方形，有两处废弃的枯井。初步勘探，在地表0.5米以下即发现唐代文化堆积。自1998年以来，陆续出土文物60余件，有铜佛、陶器、三彩器等，其中国家三级文物6件。2006年，被山东省人民政府公布为文物保护单位。

权寺遗址 位于江北水城旅游度假区凤凰办事处权寺村西。遗址在1981年文物普查时发现，系新石器时代龙山文化至汉代遗址，延续时间较长。遗址面积1万平方米。中部原有一土堆，高出地面约3米，下为黄沙，曾被大量挖掘，形成约2000平方米的大坑。遗址表面散布大量陶片，文化层可见厚度为2米，采集标本有石锛、石镞、鼎足、灰黑陶片等。陶质分夹砂、泥质两种，多为灰陶、黑陶，并有少量红陶和褐陶。纹饰有绳纹、弦纹、方格纹和附加堆纹，以绳纹居多。陶器均为轮制，可识器形为鬶、鼎、罐、盆、碗、器盖、盘等。此外，遗址还出土数十个汉代陶罐、陶壶，并发现典型的岳石文化时期的遗物，对研究夏文化在山东的分布有重要价值。1992年，被山东省人民政府公布为文物保护单位。

魏湾钞关遗址 见运河文化编第二章第二节

第二节　古墓葬

曹植墓 位于东阿县城南17千米处的鱼山西麓。始建于魏青龙元年（233年）三月，为三国时魏陈思王曹植的陵寝，依山营穴，封土为冢。

墓葬坐东面西，平面呈“中”字形。由甬道、前室、后室三部分组成，全长11.4米、宽4.35米，甬道长2.2米、宽1.47米、高2.24米。券顶，甬道口用砖砌有凹槽，为顺砖错缝横砌封门之用。墓室为砖结构，墓壁采用三横一竖砌法。棺木放置于前室中部，已腐朽，从痕迹上观察，应为单棺。棺内铺垫3层，下层为厚约3厘米的木炭灰，中层为豆粒大的朱砂，上层为剪成日、月、星形的云母片。尸体安置在云母片上，已腐朽，仅存部分骨骼。随葬器物共有陶器、铜器、玉器、石器等132件。除玛瑙和3件玉璜放置于前过道封门墙内侧外，余均放置于棺木两侧。根据墓室中器物零乱状推测，该墓早年曾被盗过。

1977年3月，在曹植墓墓门处墓壁中，发现一块青色铭文砖。砖的3面有铭文，共6行，刻画着不规范的汉字计56个，记述曹植墓的修建过程。此外，在墓室北侧，尚存隋开皇十三年（593年）刊刻的《曹植墓神道碑》一幢，记述曹植的生平及事迹。碑文书体篆、隶、楷三体相杂，结体险峻，气韵高迈，笔力雄齐，是书法史上承上启下的重要艺术作品，具有很高的艺术价值。

曹植墓从形制到葬品，均堪称曹魏时期的典型，对于研究曹魏时期的丧葬制度、社会风俗等，具有极其重要的意义。1996年，被国务院公布为全国重点文物保护单位。2015年，东阿县启动实施曹植墓保护规划编制及安全技术防范工程。

韩氏家族墓地 位于莘县董杜庄镇梁丕营村北200米处。韩氏家族墓地现存韩国昌、韩允中父子及其家族墓地与神道碑、牵马俑、武士俑、石马、石羊、石虎、墓表等石刻。据旧唐书记载：魏博镇为割据河北的三大强镇之一。韩允忠为唐魏博节度使，其父韩国昌为贝州刺史兼御史中丞，故其家族墓地规模宏大。石刻雕琢古朴，系圆雕手法雕刻而成。碑额高浮雕，神龙曲身盘绕、层叠分明。韩允忠神道碑通高6.38米，宽2.15米，厚0.75米，由额、身、座三部分组成。碑额和碑身为一巨石雕刻而成。碑额为方形圆角，用高浮雕的手法刻二龙戏珠，二龙盘环、曲身、层叠分明，各用一爪踏珠于碑额中心上部。碑额中心有圭形平面，阴刻篆书3行12字：“唐故魏博节度使韩公神道碑”。碑额两侧各浮雕3个下俯龙首。碑额背面雕饰龙身，碑身高3.57米，下部略残，碑文楷书，阴文50行，行约84字，合计约3800字。龟形座，足内收，龟爪露出，细雕其状，从侧面观之此龟似静，又似在缓缓行进之中。牵马俑位于石马的左侧，首残，身着圆领宽袖长袍，腰束带，双手持马缰，右手握缰至马辔出处，做拢马停进状，马体圆肥，马首饰辔，低首，鬃毛直立，背饰凹形鞍。武士俑身穿长袍，双手在胸前紧握宝剑，目光正视前方。石羊体大肥壮，前腿双膝跪地，作伏卧状。马辔、人俑衣服纹饰等则用浅浮雕的方法来表现。整组石刻粗犷、古朴，造型生动形象，是唐代石刻的艺术珍品。碑文为楷书，字迹端庄、规整、秀丽，是研究书法的重要实物资料。2006 年，被国务院公布为全国重点文物保护单位。2015 年，启动实施韩氏家族墓地安全防范工程。

堠堌汉墓 位于东昌府区斗虎屯镇堠堌村西 300 米处。墓冢呈覆斗状，封土堆高 16 米，底边南北长 110 米、东西长 107 米，占地 11877 平方米。《堂邑县志》记载："堠堌冢在城北五十里，大邱崛，土花斑斓，相传是古冢。"考古调查表明：堠堌汉墓系文化堆积，其表面有多种陶片，可识器形有东周的陶罐，汉代的陶瓮、陶罐、板瓦、筒瓦，唐代的莲花瓣圆瓦当及宋代瓷片等。在堠堌汉墓南、西南侧断面上可看到夯土层，每层 10 ～ 15 厘米。2006 年，被山东省人民政府公布为文物保护单位。2015 年，编制《聊城市堠堌汉墓保护加固设计方案》。

傅氏家族墓 傅氏家族墓系清朝开国状元、兵部尚书傅以渐祖茔。位于江北水城旅游度假区湖西街道傅家坟村南 100 米。建于明成化年间，自始祖至傅以渐为七世。墓地坐南面北，南北长 200 米，东西宽 100 米。傅以渐墓位于墓地东南，封土高 2 米，直径 4.5 米。墓前原有墓碑和石人、石马、牌坊及石刻等，均毁于"文化大革命"初期，其他墓葬多座被毁，出土有傅以渐及其子孙墓志多方。墓地尚存傅以渐父辈及晚辈墓葬，均无封土，排列不明。2013 年，被山东省人民政府公布为文物保护单位。2015 年年末，启动实施傅氏家族墓维修工程。

邓庙汉画像石墓 邓庙汉画像石墓系东汉时期大型多室石砌画像石墓。位于东阿县姜楼镇邓庙村东 100 米处。1998 年 11 月，由聊城市文物管理委员会、东阿县文体委联合清理发掘并修复，出土较为珍贵的画像石 35 块及少部分随葬品。墓坐北朝南，东西长 12 米、南北宽 8 米，为夫妻合葬。夫妻双方各有墓室，加上前庭、左右耳室及甬道，共计 10 室，墓室顶部为盝顶式结构。

墓室全部为石砌，不含铺底石，用石 178 块，其中带图案的墓石 73 块，分见在盝顶、前甬道门，东、西、南、北额石、耳室的东西挡板上、墓的北挡板壁上、前堂的四面过梁上、梁下立柱、北壁角石，以及墙四壁基础石上。其中有画像内容的 35 块，计 36 幅（有一块额石两面有图案）。画像石采用浅浮雕及线刻技法，线条流畅，技法娴熟，呈浑朴雄健的艺术风格。画像题材丰富，有反映墓主生前地位的车马出行图，有反映庄园生活的庖厨图、宴饮图，有孔子见老子、七十二贤等历史故事图案，有神话传说中的伏羲女娲、飞龙、凤凰等圣贤神仙、珍禽瑞兽，还有一些天文星象图、亭台楼阁图及几何装饰图。该墓是聊城境内清理发掘的规模最大、内容最丰富的一座汉画像石墓，对研究东汉时期的政治、经济、文化具有重要的历史价值和艺术价值。2006 年，被山东省人民政府公布为文物保护单位。

固河墓群 位于高唐县固河镇固河村。固河墓群分布在固河村西半部，在东西宽约 1.5 千米，南北长约 3 千米的范围内保存有多座古代墓葬，旧有"七十二冢"的说法。墓群中原有封土高大的古墓 7 座，封土面积均在 0.33 公顷以上，封土高 8 米左右。另外还有十几座封土较小的古墓。齐盼子（春秋人）墓是固河汉墓群中大墓之一，在固河村西南 200 米处，距高唐县城 17.5 千米，俗称"大冢"。该墓旧时封土高大，因坍塌流失，封土逐年缩小，现存封土高 4 米，直径 20 米。在盼子墓周围尚有王子坟和小冢 3 座，双冢 2 座。

固河墓群先后出土大批陶楼、绿釉陶厨俑、陶井等珍贵文物。绿釉陶楼高 144 厘米，气势雄伟，技艺精湛，是当时木构楼阁的一个典型缩影，为国家一级文物，现藏于国家博物馆，曾作为国宝多次出国展览。2006 年，被山东省政府公布为文物保护单位。2015 年，启动实施固河墓群保护维修工程。

张本家族墓地 张本家族墓地系明代兵部尚书张本家族墓地。位于东阿县铜城办事处王宗汤村西300米处。墓地南北长约60米，东西宽20米，占地1200平方米。张本与其父张从善的墓葬在“文化大革命”期间遭到破坏，墓室结构不详。其中在两墓葬中出土汉白玉石质墓志铭各一方。墓前立有明《张本夫人诰命碑》和《兵部尚书张本神道碑》2幢。在神道的两侧，分别置立墓表1对、“张氏之茔”石坊1座、石人2尊（一文一武）、石羊1对、石虎3尊。特别是刊刻于明宣德六年（1431年）的《兵部尚书张本神道碑》，具有较高的研究价值。2013年，被山东省人民政府公布为文物保护单位。

朱昌祚家族墓 位于高唐县梁村镇朱楼村西南约2千米处。早年由于当地农民种地除碱，不断把田间地表碱土往墓地堆积，致使墓地逐渐形成高80厘米的台地，现墓地（即台地）东西长75米，南北宽38米。墓地共有朱昌祚墓等9座墓葬。

朱昌祚，字云门，生于明崇祯元年（1628年）前后，自幼天资聪颖。清兵第一次入关至高唐，将他掠走，编入汉军镶白旗，因为他既懂汉文，又懂满文，很快官至宗人府启心郎。清顺治十八年（1661年）朱昌祚由工部侍郎迁任浙江巡抚，平盗贼、减税赋、免欠饷、抚难民、除兵役，人称名宦，享誉颇远。大旱年间，他劝说富户献粮，请朝廷赈济，自己也捐出俸禄救济灾民，救济民众数十万人。三年后，朱昌祚又迁升江西总督，但未到任。后再迁升兵部尚书，督冀、鲁、豫三省，人称“朱三省”。此时辅政大臣鳌拜，以镶黄旗地亩瘠薄，要圈换镶白旗地亩并开垦成熟的民地，要将旗内汉人全部逐出，弄得民不聊生，朱昌祚调查审理上疏反对，却被鳌拜诬陷绞死。清康熙八年（1669年），清廷为朱昌祚平反，诏复原职，赐祭葬，谥“勤”。2013年，被山东省人民政府公布为文物保护单位。

武训墓及祠堂 位于冠县柳林镇南街村武训路东首路北，是清代平民教育家武训的墓葬及祠堂。清光绪二十二年（1896年），武训病殁于临清御史巷义学内，遵从他的遗嘱安葬于他所创办的第一处义学“崇贤义塾”东侧。光绪二十九年（1903年），堂邑、临清、馆陶三县乡绅在武训墓前为其修建祠堂。祠堂坐北朝南，面阔5间，长14.5米，宽8.6米，高12米，建筑面积300平方米，依次为大门、碑廊、雕像、祠堂、墓。碑廊的东西两侧有武训魂亭和高歌台等。武训墓直径5米，高1.8米，墓前立有徐运北题写的“武训先生之墓”碑。2006年，被山东省政府公布为文物保护单位。

武训墓（2015年摄）

武训（1838—1896年），冠县柳林镇武庄人，出身贫苦，在兄姐中排行为七，故名“武七”。名“训”则是清廷嘉奖他行乞兴学时所赐。武训7岁丧父，乞讨为生，求学不得，因文盲屡被欺辱，遂决心行乞兴学。先后用行乞所得在柳林、临清杨二庄、临清御史巷创办3所义学。武训行乞办学的义举得到清政府的嘉奖，光绪帝赐“乐善好施”匾额，并授以“义学正”名号，赏穿黄马褂。

陈镛墓 位于冠县辛集乡洼陈村村南。墓为圆形土丘，墓冢封土高约7米。陈镛（1344—1428年），明代地方官员。曾随朱元璋参加义军，后留守东昌府任东昌卫守御指挥佥事，守御东昌，在任共12年，多有建树。明洪武二年（1369年），为与元朝残余部队作战，陈镛主持将北宋熙宁三年（1070年）所建土城改建为砖城。其后，为“窥敌望远”，他又主持以修城所余砖石木料，于城中央建楼一座，洪武七年（1374年）完工，取名“余木楼”，俗称古楼、鼓楼，后定名光岳楼。2013年，被山东省人民政府公布为文物保护单位。

汪广洋家族墓 位于临清市八岔路镇杨二庄村西300米处，系是汪广洋及后世子孙的墓地。占地7000平方米，墓葬20座，碑刻10余通。汪广洋（？—1379年），字朝宗，高邮人。为人宽和简重，通经史，善篆隶，工诗歌，元末中进士。元至正十五年（1355年），朱元璋渡江，攻下采石矶，召汪进见，擢元帅府令史、江南行省提控。后又任都谏官，并相继调升为行省都事、中书省右司郎中。不久任骁骑卫事，参与常遇春的军务。至正二十六年（1366年），常遇春攻下赣州，汪为留守，任江西行省参政。明洪武元年（1368年），大将军徐达平定山东，因汪廉明持重，朱元璋任命他料理行省。后入京任中书省参政。二年，出任陕西参政。三年，朱元璋召汪广洋为左丞相。洪武十二年（1379年）十二月汪广洋被贬杀。被杀后其子孙避难于山东福山，洪武二十五年（1392年）其夫人携长子迁到此地，并把汪广洋遗骨迁葬于此。2013年，被山东省人民政府公布为文物保护单位。

王旦墓 位于莘县东鲁街道办事处群贤堡村东，是宋代名相王旦墓地。现存墓葬1座，坐北面南，高3米，直径8.5米，占地144平方米。墓前立石碑1通，高1.8米，宽0.66米。墓碑正面书“宋相文正公讳旦字子明墓”，背面书“重立宋相王旦墓碑志”，刻有王旦的生平简介及墓地的变迁。2013年，被山东省人民政府公布为文物保护单位。

王旦（957—1017年），北宋大臣，字子明，莘县人，北宋太平兴国五年（980年）进士。宋真宗咸平时累官同知枢密院事、参知政事，景德三年拜丞相，监修《两朝国史》。善知人，多荐用厚重之士。天禧元年，以疾罢相。

张庄古墓（太子冢） 位于莘县十八铺镇太子张庄村西北，墓高5米，直径44米，占地3249平方米。春秋时，卫国宣公宠妾宣姜加害继子太子伋。宣姜之子寿舍命相救，二人皆被杀并葬于莘野。此为大太子伋之墓，当地俗称太子冢。墓前曾发现石碑一块，藏莘县文物管理所。2013年，被山东省人民政府公布为文物保护单位。

吴楼墓群 位于阳谷县定水镇乡吴楼村西。该墓群发现5座。1997年8月，聊城地区文物管理委员会对其中较大的一座进行抢救性发掘。墓南北长20米、东西宽11米，有墓道、甬道、东西室和四面回廊。双墓室均呈长方形、券顶，用3层青砖侧砌而成，石灰黏合。其中东墓室为男性，为突出墓主人的地位，甬道、墓道与东室正对。四面回廊宽1.5～2米，高2.5米。该墓早年被盗，并有火烧痕迹，发掘出陶器、铜器、石器和骨器、钱币等85件。陶器有大型陶壶、陶仓、灶、鼎、罐、瓮、人俑、动物俑等60余件。人俑造型各异，有的双手合十，或跪或蹲，哭着似在送葬。动物俑有猪、猴、狗、羊、鸭子、飞鹅等，造型逼真，栩栩如生。陶瓮上雕塑着各种不同造型的羊头。铜器中的四乳四虺镜极为光亮，为镜中佳品。骨器中的尺子保存完好，磨制精细。该墓系东汉早期中型墓葬。2013年，被山东省人民政府公布为文物保护单位。

陶城铺魏氏家族墓 位于阳谷县阿城镇陶城铺村东，共有大小墓葬11座，碑刻11通，占地2000平方米。魏氏家族为当地名门望族，魏钿、魏湳、魏展奇均为清代名人，颇受朝廷器重。魏钿曾任南顺宁府云州知州等职。主墓前立有石碑一通，由碑首、碑身、碑座三部分组成，为清乾隆四十七年（1782年）立。碑帽为浮雕麒麟、云雷纹，中间刻有“皇清”二字。碑文阴刻行书，共90字，为东阁大学士刘统勋题。该墓对研究清朝的丧葬习俗和书法艺术具有重要参考价值。2013年，被山东省人民政府公布为文物保护单位。

第三节 古建筑

光岳楼 位于聊城古城中央，建于明洪武七年（1374年），是全国现存古代建筑中最古老、最雄伟的木构楼阁之一。光岳楼为四重檐歇山十字脊过街式楼阁，占地1185平方米，通高34米。由墩台和4层主楼组成。

墩台为砖石砌正方椎体，高9.38米。底边长34.43米，上缘边长31.93米。台体东、西、南、北四面中部，各设一券形拱门。四拱门相同，在墩台中心成十字交叉。拱上方砌门额，南曰“文明”，北曰“武定”，东曰“太平”，西曰“兴礼”。东拱门是登楼唯一通道。门内为一方室，东设踏跺，升四级至梯台，登临可达墩台面。台面墁砖，绕以女墙，东西两侧设排水道。

墩台之上为4层主楼，全木结构，方形带廊，高约24米，共有“金柱”192根，斗拱200朵。第一层楼，地面比墩台面略高，平面呈正方形，四周砌以条石，面阔进深皆7间。第二层面阔进深仍为7间。第三层系暗层，实际是结构层。第四层为楼的最高层，面阔进深皆3间，平面正方形，较其下诸层骤然缩小。楼脊为歇山十字脊，脊顶正中装有透花铁葫芦。

光岳楼雄伟高大，为一方名胜，有“虽黄鹤、岳阳亦当望拜”之誉。帝王将相，文人墨客路过聊城都要登楼抒怀，留下大量的匾额、碑刻等艺术珍品。清康熙皇帝曾4次登楼并题匾“神光钟暎”。乾隆皇帝9次路过东昌，6次登楼，题匾额“光岳楼”。光岳楼建成之后，屡经修葺，总体保持创建时原貌，在建筑史上是由宋元向明清过渡的珍贵例证，是研究中国古代建筑史的重要实物资料。1988年，被国务院公布为全国重点文物保护单位。2009年，光岳楼管理处委托省文物科技保护中心编制《山东聊城光岳楼修缮保护方案》。2012年3月至6月5日，修缮四层主楼外檐木构件的油饰和四层瓦面以及墩台四个发券部位。

隆兴寺铁塔 坐落于聊城市城区东关古运河西岸、原护国隆兴寺内。始建于宋代，明永乐年间倒塌，明成化二年（1466年）隆兴寺住持祖崇等僧众重新竖立。隆兴寺铁塔是聊城市现存最早的古代建筑。铁塔为八角形仿木结构铸铁式佛塔，由地宫、塔座、塔身、塔刹四部分组成。塔座高3米，塔身高15.5米，通高18.5米。塔座为石砌正方体，上下叠涩不对称式，束腰。须弥座高3.9米，边长2.88米。塔座牙座四角为卷云状，罨牙刻宝装覆莲一周。束腰四周均有浮雕，南为二龙北为二凤。东西两侧各有两个翩翩起舞的伎乐人。束腰东南、西南两角各有一金刚力士。束腰上下罨部分均刻有鸾凤、仙鹤、带翼鱼化龙及缠枝牡丹纹饰等，雕刻精美，栩栩如生。

塔身用生铁仿木结构分层铸造，逐层叠装而成。铁壳中空，厚6～8厘米不等。第一层塔身直径1.53米，底部一周安装覆莲，塔身八面设置4个假门和4个假窗，窗门上均有铺钉和门钉。第二至第七层塔身无门窗雕饰，第八至第十层只雕饰格窗。转角置倚柱，自二层起以上各层均设有腰檐平座。各层倚柱、斗拱与第一层相同。塔身逐层收分，塔顶置仰莲葫芦宝瓶式塔刹。铁塔原为13层，由于风灾地震，年久失修，上部8层和塔顶在百年前倒塌，仅存下部5层塔身与塔座。1973年3月，聊城县政府组织人员对铁塔进行清理和重修，重立后的铁塔为12层。在拆卸塔座时，发现乐舞人物浮雕刻石4块，在塔座底部中间发现一块1米见方的石盖，盖下有一地宫。地宫内陈放着一个长方形石函。石函内放置一银棺和两包骨灰。棺身刻有“辟支佛舍利”五字。棺底刻有“大明成化丙戌三月吉日造”，棺内有丝料骨灰袋一个、银币四枚和“舍利子”若干粒。该塔是国内为数不多的铁石建筑，其铸造工艺精细，须弥座石刻内容丰富，形象生动，工艺水平高超，是研究宋代佛塔建筑珍贵的实物资料。2006年，被国务院公布为全国重点文物保护单位。

兴国寺塔 坐落于高唐县梁村镇梁村街东。始建年代无考，传为兴国寺寺僧和当地民众筹资兴建。据史籍记载其为宋塔，专家考证亦认为是宋代建筑，明清时曾维修。塔为青砖砌筑，八角楼阁式仿木结构，共11级，高37.5米。基座为正八边形，周长22.8米，面积33平方米。第一层重檐，檐下设斗拱，北有门洞。第二层到第十层，每层四窗，皆单檐，下有陶质斗拱承托。第十层窗呈圭角形。塔身底层辟单门，并置阶梯可登至塔顶，二层以上四面设券门。宝瓶式塔刹，刹顶已失。塔体由下而上逐层收分，呈八面棱柱形，挺拔俏丽。塔北 20 米处有古槐一株，枝干苍虬，传为唐代所植，素有“唐槐宋塔”之说。塔东部有明成化年间“敕赐重建兴国寺”碑和清道光年间“重修兴国寺”碑。塔内设有天宫、地宫。天宫设在第六层塔室内，西入东出。地宫偏南，距地面 2.2 米。1999 年，维修塔体时对地宫进行发掘清理，由于早年被盗，器物无存。1999 年，省、县分别拨专款对塔进行全面维修。2013 年，被国务院公布为全国重点文物保护单位。

临清运河钞关 见运河文化编第二章第二节

鳌头矶 见运河文化编第二章第二节

山陕会馆 见运河文化编第二章第二节

傅氏祠堂 位于古城区东关大街路北。系清代开国状元、武英殿大学士兼兵部尚书傅以渐家祠之正堂。面阔 3 间，通阔 12.8 米。进深 2 间，前带廊厦，实为 3 间，通深 8.2 米。祠堂外观为砖墙、瓦顶、硬山脊，正脊饰花草螭吻。祠堂各间面阔相等，均为 4 米，廊深 1.6 米。前廊与正堂有木质花棱隔扇，三间隔扇均能作门打开或关闭。傅氏家族是聊城“任、邓、朱、傅、耿”五大家族之一，中国近代学者傅斯年为傅以渐七世孙。祠堂大门上方悬康熙皇帝御题“状元府第”木质匾额，红地金字，浑朴大方。2006 年，被山东省人民政府公布为文物保护单位。

傅氏祠堂 （2014 年摄）

海源阁 系晚清著名私人藏书楼。位于聊城古城西南隅万寿观街杨氏宅院内。杨以增于清道光二十年（1840 年）创建，为清代四大私人藏书楼之一，现存建筑是按照原结构样式在原址重建的。海源阁为三间硬山脊南向二层楼阁，下为杨氏家祠，上为宋元珍本及手抄本等秘籍收藏处。藏书楼上层中间门额悬杨以增书“海源阁”匾额。东西厢房均为卷棚顶，面阔 3 间，南北长 10.5 米，进深 2 间，通深 6.2 米。东西厢房南有游廊连接大门，东厢房南有凉亭。海源阁大门为卷棚式，面阔 5 间，东西长 16 米，进深 1 间，通深 6.4 米，东西接围墙。杨氏藏书始于杨以增之父杨兆煜，后经杨以增、杨绍和、杨保彝祖孙三代广泛收集，藏书逐渐宏富。海源阁最盛时珍藏宋元明清木刻印刷古籍共计 4000 余种、22 万余卷，金石书画不胜枚举，其藏书之宏富，版本之精善，文物之丰富，海内闻名。书楼自 1930 年起，历经战乱，迭遭破坏，所藏古籍大部分散失，只有一小部分辗转收入北京图书馆和山东省图书馆。1972 年，日本首相田中角荣访华时，毛泽东的赠品《楚辞集注》，即以海源阁藏本所影印。2006 年，海源阁被山东省政府公布为文物保护单位。2013 年，聊城市政府投入 170 余万元对海源阁藏书楼进行修缮。

海源阁 （2015 年摄）

堂邑文庙 位于东昌府区堂邑镇北街。始建于金大定年间。坐北朝南，占地 6666 平方米，建筑面积 1316 平方米，存有棂星门、泮池、大成门、金声门、玉振门、大成殿、乡贤祠、名宦祠等。建筑布局采用中国传统的中轴对称形式，是鲁西北地区最完整的文庙建筑群。棂星门，三开间木牌坊结构，东西长13.5米，进深3间长11米，四根立柱支撑坊身，八根斜撑木戗住立柱并设有石质柱础。柱头之上用十字钻心连接拱承托流水檐。坊顶为灰瓦浅脊四面坡式，整体建筑玲珑雅致。大成门面阔三间，砖台砖墙，歇山脊，绿色琉璃瓦顶，斗拱抬梁结构，正脊饰大吻，四条垂脊有吻兽。乡贤祠、名宦祠位于大成门左右两侧，皆面阔3间，进深4间，砖墙瓦顶硬山脊，正面辟一门二窗。二室原系祭祀当地“乡贤”“名宦”祠堂。大成殿面阔5间22.45米，进深3间12.45米，筑于高60厘米砖台之上，大殿正面主、次间辟门，梢间设窗，门前有一宽6米，长18米的月台。后面主间辟门，两侧各设一窗。大成殿梁架为斗拱抬梁式结构，房面为歇山脊，覆绿色琉璃瓦。正脊浮雕云龙图案，脊两端是翘起的大吻，四条垂脊装饰仙人和脊兽。大成殿是孔庙的主体建筑，是祭祀孔子中心场所。雄伟宽敞，飞檐翘角，十分壮观。大成门前，有一棵围径3.6米的柏树，苍劲挺拔。堂邑文庙在金、元、明、清时曾进行8次局部维修，中华人民共和国成立后，堂邑文庙曾经作为完全小学，2005年小学迁出。2006年，被山东省政府公布为文物保护单位。2009年曾对文庙进行全面维修。

海会寺 位于阳谷县阿城镇南街，始建于清康熙年间，后经乾隆、光绪年间两次扩建，形成“殿宇巍峨，楼阁连亘”的清代典型古建筑群，由大殿、戏楼、碑亭、千佛阁、刘公祠等建筑组成，为华北五大寺院之一。寺院占地6万平方米，原有殿宇168间，现存81间。建筑采用传统的中轴线对称布局，从南向北依次为山门、前殿、中殿、大雄宝殿。山门三间，额“海会寺”。山门东西各有旁门，山门内两旁立有哼哈二将。前殿即天王殿，3间。殿两侧建有钟鼓二楼。中殿即千佛殿，为穿堂式建筑，3间，供弥勒佛和观音菩萨。大雄宝殿，也称三殿，面阔5间，进深3间，是寺主体建筑，供奉三尊木雕三世佛坐像，像高丈余，中间为释迦牟尼，东西山墙相向分列着十八罗汉像。两厢配殿为东西禅堂，各五间，内供神像，高与人等。大悲阁在海会寺后院，又叫千佛阁，供千手千佛。方丈阁为东院主体建筑，是寺内方丈的住处。

海会寺 （2015年摄）

海会寺旁有盐运司，亦称运司会馆、山西会馆，原是盐务衙门，清代盐运司撤销改为山西会馆。现存建筑有山门、前殿、后殿、配殿等。南北长72米，东西宽47米。山门包括正门和两便门。正门门楣上方有石质匾额，上书“护国佑民”四个大字。前殿六开间，现存关帝大殿、配殿等建筑。大殿东西宽18米，进深12米，硬山起脊。配殿砖木结构，卷棚顶，东西宽29米，进深12米。另有西配房3间。盐运司建筑技法精湛，大殿柱础雕刻精细传神，木构件制作精巧，彩绘流畅生动。2006年，被山东省人民政府公布为文物保护单位。

高唐文庙 位于高唐县城内北湖路南首西侧。始建于元至元二十四年（1287年），原有大成殿、照壁、月宫门、厨房、东门、西门等建筑。高唐文庙自元代一直是学宫所在地。清朝末年，废除科举制，在此处设学堂。中国国画大师李苦禅少年时曾在此读书。大成殿南门正上方有书法家启功题写的“李苦禅大师少年读书处”匾额。文庙现仅存大成殿。大成殿坐北朝南，面阔5间，进深3间，东西长17.7米，南北宽11.1米。大成殿为单檐歇山式建筑，屋顶正脊前后除用黄绿琉璃瓦砌出三个菱形图案外，其余均为灰瓦。正脊中央为一圆形宝葫芦，两端为螭吻。

在大成殿周围，先后发现碑座赑屃及古碑多块，主要有《高唐州学施田之记》《高唐州重修庙学记》《平定准噶尔大吉》等。2006年，被山东省人民政府公布为文物保护单位。

清平文庙　位于高唐县清平镇，始建于金大定十三年（1173年）。原由牌坊、礼门、泮池、棂星门、大成门、大成殿、崇圣祠和配殿等建筑组成，现存大成殿。大成殿坐北朝南，面阔5间，进深4间，占地277.8平方米。青砖砌筑，单檐灰瓦歇山顶。清代曾维修，梁架结构基本保留明代建筑风格。文庙四周有汉柏17株，树龄千年，古木参天，枝繁叶茂。文庙南100米处有照壁，高5米，宽10.25米，厚1.27米，整体棂架式，用大方青砖砌筑，琉璃瓦盖顶，中间有一圆形绿色花边琉璃饰件，其四周为十字透空，上有“太和元气”4个大字。方青砖上皆有乾隆“二十五年”的戳印，据此推断影壁当为清乾隆年间建筑。2013年，被山东省人民政府公布为文物保护单位。

清平迎旭门　坐落于高唐县清平镇政府驻地东部，始建于清嘉庆元年（1796年）。青砖砌筑，由基座和门楼两部分组成。门楼为单檐歇山式建筑，飞檐挑角，绿琉璃瓦覆顶，顶脊饰以仙人、瑞兽。基座南北长19.4米，东西宽13米，高9米，中有4.25米宽的门洞。门东北部有1996年清平镇政府立“重修迎旭门记”碑一通。2013年，被山东省人民政府公布为文物保护单位。

魏庄石牌坊　魏庄石牌坊含节孝坊和孝子坊，位于东阿县姜楼镇魏庄村内，两坊相距16米，全部由青石雕砌。2006年被山东省政府公布为文物保护单位。

节孝坊建于清康熙五十九年（1720年），是为魏庄村一位姓雷的寡妇所立。该坊面阔7.2米，高7.4米，二层三间四柱结构，顶为歇山式。顶有石瓦垄，脊两端有龙吻。正脊有葫芦状大珠。牌坊周身浮雕以云海、二龙戏珠为主的图案花纹，配以麒麟、神马、仙鹤、凤凰、人物、牡丹、菊花等图案。柱子两侧各有圆雕狮柱脚，八个坐狮姿态各异，形象逼真。檐下额匾有阳文“圣旨”二字，其下横额阳文“节孝可风”4个大字。左右两边各刻有阳文竖行小字。再下横额枋上阳文“旌表太学生考授同诰赠儒林郎魏嗣徵继雷氏之坊”。额枋下阴刻“康熙五十九年四月十七日建成”。整个石坊雕刻巧妙，装饰优美生动，堪称古代石刻艺术珍品。

孝子坊建于清乾隆四十五年（1780年）。面阔6.8米，高6.6米，三间四柱结构，柱顶端雕一蹲式石狮，中间枋上有二龙戏珠浮雕，二龙间额匾阳文“圣旨”二字。额枋西面横额书“天良笃挚”，额枋东面横额书“纯孝性成”，左侧阴刻“乾隆四十五年四月谷旦”。阑额书“旌表太学生应封武信郎魏惠饶之孝坊”，东西两面相同。四柱均有楹联：东面内联“硕德重乡评名标大名之望，纶音褒国瑞行居百行之先”，外联“龙章宝诰腾声远，玉树兰芽锡类长”；西面内联“诗咏蓼莪室筑松楸成马鬣，孝褒纶綍门高绰楔护龙纹”，外联“三年庐墓光珂里，一夕纶音贯德门”。柱子两侧均有云纹柱脚。整个石坊雕刻精巧，装饰优美。

净觉寺　位于东阿县刘集镇皋上村东。始建于北宋大观三年（1109年）。明正统六年（1441年）寺僧普锦重修。1920年时任山东省督军兼省长张怀芝再度扩修，并将其改为义学。

净觉寺坐北朝南，占地6605平方米。现存大雄宝殿、天王殿、地藏殿、观音殿、藏经楼、钟鼓楼等。建筑布局采用中轴线对称形式。天王殿位于东西栅门之间，面阔3间，通高8.3米。在前壁中央上方镶嵌着楷书阴刻“净觉寺”匾额。天王殿两侧为钟鼓楼，台阶砖石筑砌，距地面1.8米，窗圆形，边缘饰锯齿纹和三角纹。钟鼓楼北，东西并立观音殿、地藏殿。两殿面阔各3间，通高7.2米，券拱门窗，二根檐柱支撑，灰瓦覆顶。檐枋饰花卉图案。大雄宝殿位于寺院的中心，面阔5间，进深4间，四扇门，直棂窗，木结构。大殿16根立柱支撑。柱头以额枋、平板枋相连接。殿内雕梁画栋，造型精巧。大雄宝殿后为藏经楼，2层，面阔3间，砖石筑砌，券拱门窗，灰瓦盖顶，通高11.5米。一楼有2根檐柱支撑，内有楼梯，高3.85米，30级台阶。楼板为木板平铺。檐枋镂刻麒麟，绘花卉图案。净觉寺所有建筑物均为硬山式，全为砖石筑砌。

仰山书院 位于茌平县博平镇西街北侧。建于清乾隆十年（1745年），道光年间增修。坐北朝南，东西长约10.9米，南北宽约6.4米，进深5.4米。书院为3间出檐硬山式，二层楼砖木结构，青砖灰瓦，屋顶为三架梁结构，彩绘装饰。2008年，对书院进行落架维修。2013年，被山东省人民政府公布为文物保护单位。

南街民居 位于冠县冠城镇南街村红旗路西。由三座院落组成，均坐西朝东，硬山起脊青砖瓦房，抬梁式结构，门窗为格棂门窗。三座院落占地3396平方米，建筑面积1000平方米。1号院建于清代，为二进院，单体建筑六座，东首一座曾落架重修，五座为复建，共有房屋22间。2号院落建于清代，一进院，单体建筑4座，均曾落架重修，共有房屋9间。3号院落建于民国初年，二进院，单体建筑六座，五座曾落架重修，二进院内靠南一座为复建，共有房屋22间。1926年“三一八惨案”中壮烈牺牲的烈士张梦庚出生在这里。抗日战争后期，南街民居曾为鲁西北地委驻地，宋任穷曾在此居住。2004—2009年，由专业古建修复队依次对该民居2号、3号、1号院修复，对周边环境整治和美化，并分别于2007年和2009年开辟为“党史陈列馆”和“文化遗产馆”，总称为鲁西北地委旧址陈列馆。2006年，被山东省人民政府公布为文物保护单位。

西街清真寺 位于冠县冠城镇西街。始建于明永乐三年（1405年），后逐渐扩建。清真寺占地9333平方米，其中大殿30间，南北讲堂、东对厅、水房、门楼等共28间。建筑布局错落有致，色调清新，庄严肃穆。

清真寺大门内为高大影壁。两侧为透花矮墙和角门。门楼匾额“开天古教”。北讲堂正对大门是过厅。柱联“终朝梦寐何朝醒，逐日奔忙哪日闲”。大殿古棚下北头立有清咸丰年间“重修清真寺碑记”石碑1通。南头有石碑3通。大殿前古棚下有匾3块，正中书“清真独一”，南侧书“上于至善”，北侧书“其尊无对”。对厅正中有匾额一块，书“行端学正”，南讲堂正中匾书“至公守法”，北讲堂匾额上书“万化朝真”。水房内匾额上书“日日新”。2013年，被山东省人民政府公布为文物保护单位。

临清民居 临清民居包括冀家大院、朱家大院、汪家大院、赵家大院等众多民居。大部分为明、清时期建筑。临清民居处于明清时期运河沿岸，周围居民稠密，街巷胡同纵横交错，民居古朴。这些民居院落主次有序、布局紧凑、规整，整体结构巧妙，和谐得体，其建筑形制极具时代特点和鲁西民居建筑特色。

冀家大院 位于临清市青年办事处前关街，建于明洪武年间。明洪武二十一年（1388年），冀天仪举家由山西平阳府岳阳县迁居临清，并在此购建宅第。明景泰、嘉靖、万历年间多次扩建，至清道光初年达20000多平方米，房舍400余间。冀氏家族自明代迁居临清后，历经600多年，30余代人，人丁兴旺，富庶一方。冀家大院中华人民共和国成立后由于历史原因迭遭破坏。现存建筑占地10000多平方米，残存房屋30余间。主院二进院落，南跨院存四进院落，北跨院一进院落，西院一进院落。有穿厅、廊房、绣楼、耳房、厨室、影壁等。主建筑穿厅面阔3间，进深两间，抬梁木构，雕枋刻檩，花雕石础，雕花木隔。从平面布局看，院落规模庞大，墀头浮雕工艺精湛，檐檩下有曲拱形额枋，上面有浮雕梅、兰、竹、菊和卷草图案。冀家大院建筑结构严谨，造型完美，工艺精良。

汪家大院 位于临清市青年办事处后关街，建于清乾隆五十七年（1792年）。宅主汪永椿系安徽歙县人，乾隆年间在临清经商，创办“济美酱园”，与北京“六必居”，济宁“玉堂”，保定“槐茂”齐名，并称为“江北四大酱园”。汪家大院为汪姓宅院之一。坐北朝南，占地1600平方米。三进院落：一进由门楼、影壁组成；二进由南房 3 间、西廊房 3 间组成，中间为天井；三进由正屋 3 间、耳房 2 间（明间为客厅、耳房为卧室），南北廊房各 3 间（南廊房已毁），中间为狭长天井。属徽派民居建筑，建构俱为砖墙、木梁架、方砖铺地。门罩、影壁砖雕朴质华丽，廊房隔扇，窗棂雕花，细腻多彩。整座宅院布局疏朗，舒适紧凑。

赵家大院　位于临清市先锋街道办事处竹杆巷 47 号、白布巷 125 和 126 号。赵家大院建于明代，相传初为“书院”（艺妓馆），后官购为“道台大院”，民国间名医赵悦仁购得。四进院落：一进院落已毁；二进院落由垂花二门和穿厅组成，中为天井；三进院落由正堂（北向）3 间，两侧各两间耳楼（西耳楼已毁）和东西廊房各 3 间、南耳室各 2 间组成，中为天井；四进院落楼屋俱毁。西跨院三进院落，一进院落由门楼（已毁）、照壁组成，二进院落穿厅 3 间（北屋）、西廊房 3 间组成，三进院落由南北廊房各 3 间组成，中为天井。跨院穿厅硬山卷棚顶，廊厦与穿厅呈勾连搭式。蜀柱、枋额、雀替、多饰菊兰、八宝雕饰。窗棂、挂落多饰花卉、回纹刻花。整座院落主次有序、布局疏朗，合为一院，分行各门，方便聚住。整座院落现占地 140 多平方米，现存门、厅、堂、屋 37 间，保存较好。

孙家大院　位于临清市先锋街道办事处撸桶巷 105 号。孙家大院为清代建筑，原为临清地方税课局，民国间税课局迁移，由天津商人孙氏购得。院落坐北朝南，原为四进院落：一进院落已毁；二进院落由穿厅 3 间、东西廊房各 3 间组成，中为天井；三进院落由主房 3 间、东耳房两间和东西廊房各 3 间，南耳房各 2 间（西廊已改建）组成，中为天井；四进院落由北房 3 间、西耳室 1 间和东西配房各 2 间（东配房已改建）组成，中为天井。现整座建筑占地 1200 多平方米，房屋 29 间。整座宅院主次有序、布局紧凑、规整，廊房窗、门、挂落、隔扇多饰梅、兰、菊、竹、八宝、冰凌刻雕，疏朗大方，古香质朴，保存完好。孙家大院完美体现出明、清时期建筑风格及鲁西民居的特点，是研究运河文化、城市发展、商贸流通及家族生活乃至社会发展的重要实物资料。

朱家大院　位于临清市区先锋街道办事处后关街。朱家大院始建于清代，现存房屋 60 余间，占地 3400 平方米。三进院落：一进院落由门楼、照壁、3 间北房组成；二进院落由 15 间廊房组成；三进院落由南屋 3 间、东屋 7 间、穿堂 1 间、北房 6 间组成。后跨院北房 3 间组成。整座宅院布局规整、主次有序。房屋均为砖墙，木梁架和方砖铺地，梁驼、雀替、门窗、隔扇多饰鱼莲、花卉、冰凌八宝雕饰，刻意求工，质朴华丽。

大宁寺大雄宝殿　大宁寺始建年代无考，明万历年间、清乾隆年间两次重修。坐北朝南，原占地 10000 多平方米，三进院落，中轴线上自南向北依次为山门、祭殿、戏楼、大雄宝殿、伽蓝殿，东西两侧铺以对称禅堂、斋堂。现存大雄宝殿，面阔 5 间，进深 3 间，建筑面积 440 平方米，抬梁式木构架，单檐硬山布瓦顶。明、次间前后建有四柱三楹檐廊，檐廊硬山卷棚顶与主殿相连，成勾连搭式。殿中原塑有释迦牟尼佛像，还供奉观音、文殊、普贤三尊佛像。殿外现存有明万历四十七年（1619 年）《大宁寺稳长老重修大雄宝殿碑记》等三通碑碣及经幢。碑文中记有当时“环四周为市廛，金银钱布，贝工珠玑堆积如山”的民间商业繁荣景象。《临清州志》中多处载有谢榛、朱彝尊等人吟诵游览该寺的诗篇。2013 年，被山东省人民政府公布为文物保护单位。

临清县治遗址阁楼　位于临清市区考棚街西侧，为明初临清县治所，又称“文昌阁”，建于明洪武二年（1369 年）。县治遗址阁楼，是临清县治所门楼。阁楼用临清大砖垒砌基座，高 3 米，占地 42.3 平方米。基座辟有南北向门洞，直通街巷，北达会通河临清闸（今称会通桥）。门楣上镌刻“县治遗址”四字。阁楼面阔 3 间，进深 2 间，歇山卷棚顶，抬梁式木构梁架，筒瓦覆顶，飞檐挑角。临清县治在此处存在800余年。

是研究临清历史变迁的重要实物资料。2013年，被山东省人民政府公布为文物保护单位。

箍桶巷张氏民居 箍桶巷张氏民居即张自忠故居，位于临清市箍桶巷街156号。建于清代，原为车氏当铺，后转卖给张家。原建筑规模宏大，占地近10000平方米，由多进院落组成。正房为前出抱厦，青砖墁地，现存500平方米左右，主要包括北房4间，东厢房3间，西厢房3间，均为抬梁式建筑。张自忠将军的青少年时期就在这里度过。2013年，被山东省人民政府公布为文物保护单位。

华美医院诊疗楼 位于临清先锋办事处健康街聊城市第二人民医院内。建于清光绪二十六年（1900年），由华方捐款，美国人所建。诊疗楼为砖木结构，平面呈“T”字形，坐西朝东，建筑面积1200多平方米，歇山四坡顶，面阔60米，进深20米，前后设内廊，地上2层，地下1层。房间百余间。墙体砖砌，门窗拱券，檐下饰木质斗拱，彩绘，兼具中西建筑风格。2013年，被山东省人民政府公布为文物保护单位。

莘县文庙 建于明洪武三年（1370年）。文庙原由棂星门、大成殿、启圣祠、明记堂、敬亭、名宦乡贤二祠等组成，占地2439平方米。现存大成殿，面阔5间（19米），进深3间（11.8米），单檐歇山顶。大成殿的木柱和梁架风格古朴，有元末明初特征，具有较高的文物价值。

内有清雍正九年（1731年）《圣训碑》、清乾隆二十年（1755年）《平定准噶尔告成太学碑》

莘县文庙大成殿 （2015年摄）

等碑碣数通，古槐1株、古柏4株、古藤1株，均有数百年树龄。2006年，被山东省人民政府公布为文物保护单位。

朝城清真寺 位于莘县朝城北街路西，是鲁西地区大型的清真寺之一。坐西朝东，占地约1333平方米。据寺内《修缮纪要》载，该寺始建于明代，清康熙年间重修。寺院由大门、过厅、大殿组成。主体建筑为大殿，大殿饰以伊斯兰教象征和平的绿色为主色调，球体部分饰以金黄色调。

寺院大门为塔楼式，进大门为一对厅，对厅后为大殿，旁为沐浴室2间，住室2间，讲堂3间。大殿面阔3间，面积200平方米，由卷棚、串堂殿及后殿组成。砖墙硬山，楹柱12根，三梁起架。大殿为重檐歇山式，方砖墁顶，勾连搭式灰瓦。瓦脊饰十二生肖和新月。1937年，大殿北山遭日本炮弹轰击，修补痕迹清晰可见。1963年和1985年两次修缮。2013年，被山东省人民政府公布为文物保护单位。

阳谷文庙 位于阳谷县城内紫石街北侧。建于北宋景德三年（1006年），明清两代陆续增修，清雍正二年（1724年）文庙发生火灾，御碑亭和其他建筑被焚毁，仅存大成殿及东庑三间。

大成殿为是歇山式，筒瓦覆顶。面阔5间、进深3间，平面呈长方形，东西长25米，宽15米，顶高13米。整座殿为砖木结构，殿内雕梁画栋，有24根立柱支撑，柱础为古镜式，柱头以额坊、平板坊连接，四周设60垛斗拱承托外檐。构架为抬梁式，并设有穿插坊、抹角梁。大成殿。2003年，文庙进行全面维修。2006年，被山东省人民政府公布为文物保护单位。

博济桥 系明代石桥，也叫石牛拉石车桥，因桥上雕有“牛车出行”图而得名。位于阳谷县城中心广场东南角，建于明万历三十四年（1606年），是旧时进出县城的交通要道。石桥由桥基、桥身两部分组成，上有两排浮雕石栏，下为三孔石砌拱券式桥洞。桥身东西长10.18米，南北宽5.06米，通高3.70米。整体石砌，做工细致，手法精巧，古朴大方，结构严谨。桥下曾出土石碑一通，上书“博济桥”，上款“修桥善人寿官董宪章”，下款“明万历三十四年岁次丙午”。桥栏有望柱12根，顶端雕有形态各异的狮子。望柱间镶嵌石栏板，镌有浮雕图案，分别为“八仙过海图”“寿星下棋图”“天马行空图”“柴王推车过桥图”“牛车出行图”“鹿鹤图”“蝙蝠寿字图”“铁杵磨针图”。望柱雕有竹梅鸟兽以及山水人物。

博济桥整个石砌做工细致，手法精巧，造型美观，古朴大方。各部件之间，卯榫相接，严密无间，结构严谨，浑然一体。桥下有3个涵洞，桥洞顶端南雕龙首，北雕龙尾，蜿蜒透迤，上下曲回。桥两端各雕一对石虎，伏爪静卧。博济桥是鲁西地区较为少见且保存完好的明代桥梁，具有较高的文物和艺术价值。

张秋山陕会馆　见运河文化编第二章第二节

张秋陈氏民居　位于阳谷县张秋镇北街。建于清代，为典型的清代北方小城镇民居建筑，坐东朝西，原有五进院落，现存一进院落，东西宽80米，南北长30米。由阁楼、南北厢房组成。阁楼传为陈家祠堂，坐东面西，上下两层，下有东西两门，前后通行，左有砖砌楼梯可登二楼。阁楼三开间，硬山顶，面阔13.5米，进深4.5米。左右厢房各3间，分列于阁楼前，对面而立，面阔11.56米，进深6.3米，硬山顶。整体建筑青砖砌筑，砖雕琳琅满目，内容多为蝙蝠、祥云、梅鹿、麒麟等吉祥图案。2013年，被山东省人民政府公布为文物保护单位。

坡里教堂　位于阳谷县定水镇坡里庄。教堂由到阳谷传教的德籍神甫安治泰和奥籍神甫福若瑟购地置建，始建于清光绪八年（1882年），落成于清宣统元年（1909年），系鲁西地区最大的教堂。占地2.67公顷，分为9个院落，共有房子200余间。教堂为哥特式建筑，砖木结构，坐北朝南，由8栋西式洋楼相互连接组成规模宏大的建筑群，包括大教堂、修士楼、修女楼、育婴堂、修道院等。外环以二层圈楼，楼下地下室相互贯通。教堂宏伟壮观，结构完备，工艺精湛。历史上，坡里教堂是天主教鲁西北教区的主教所在地，辖阳谷、范县、观城、朝城、梁山等地堂口。坡里教堂还是中国共产党领导的山东省最早的一次农民革命运动所在地。1928年1月14日，中共东昌县委在此发动坡里暴动。2006年，被山东省人民政府公布为文物保护单位。

第四节　革命纪念地

范公祠及纪念塔　位于东昌府区梁水镇梁水镇村。1941年，聊城军民为纪念在抗日战争中牺牲的范筑先等将士建立。范公祠坐北面南，原有正门、大殿、二殿、东西厢房、纪念塔等建筑，“文化大革命”中，范公祠遭到严重破坏，正殿被拆除，存大门和纪念塔。大门为青砖拱门，上嵌“范公祠”石匾。门内建有纪念塔，塔高15米，为四重檐六棱形砖塔，直径12.6米。塔身四周嵌有蒋介石、林森等人题词和石匾多方。2013年，被山东省人民政府公布为文物保护单位。2015年全面维修。

北杨集革命烈士纪念亭　位于聊城经济技术开发区北城办事处北杨集村东北角，建于1947年。1938年，聊城早期党支部之一北杨集党支部建立。支部组织党员和群众成立农民互助会，开展减租减息斗争，捣毁日伪通讯交通设施。由于有人告密，1940年4月2日，日本驻聊城宪兵突然包围北杨集村，赵春华等7名党员被日军当场杀害。为纪念革命先烈，北杨集村村民捐款修建革命烈士纪念亭。烈士亭建筑面积64平方米，占地300平方米。烈士亭筑于高出地面0.5米的台基之上，2层，四面有门，方亭。亭内竖有赵春华等烈士功德碑，镌刻有北杨集烈士姓名及烈士大事记。亭东南15米处建有四棱方形纪念碑楼。2015年，被山东省人民政府公布为文物保护单位。

琉璃寺烈士陵园　位于高唐县琉璃寺镇徐庙村东。1946年农历五月，由茌平七区抗日公所建立，安葬着1939年在玻璃寺战斗中捐躯的48位烈士。陵园坐北朝南，南北长100米，东西宽85米，占地约8000平方米。陵园院内东

琉璃寺烈士陵园（2015年摄）

部为烈士墓地，墓地南北长39.6米，东西宽29米，在墓地北侧是烈士纪念堂，面阔5间。墓地南15米为碑楼，碑楼内有1946年立的石碑，刻有时任茌平县抗日民主政府县长徐汉三和区长张光的题字。2015年，被山东省人民政府公布为文物保护单位。

“六二七”惨案碑亭 位于聊城高新技术开发区韩集乡张会所村东南约1千米处。1944年6月27日，茌平、博平、聊城1000余日伪军对抗日根据地以“铁壁合围”形式大举“扫荡”，各村联防队民兵及抗日军队奋勇抗击，掩护大部分抗日群众冲出日伪军的包围圈。后包围圈逐渐缩小，将200多名群众和部分抗日工作人员包围在张会所村东1千米处，日伪军对手无寸铁的群众用刺刀挑、机枪扫，134名群众惨死在日伪军的刺刀枪弹下，并伤73人。1944年7月，茌平县抗日政府为纪念在这次惨案中死难的134名群众，在张会所村东南惨案发生地修建“六二七”惨案纪念碑，后加修碑亭。1999年，被山东省人民政府公布为文物保护单位。2009年6月，建成“六二七”纪念园。

徐河口三英烈士墓 位于茌平县徐河口村西南，为抗日战争期间毁家纾难、壮烈牺牲的徐宝珊三兄弟烈士墓。老大徐宝珊（1908—1942年），1940年任八路军一二九师新八旅二十四团团长，在百团大战中战功卓著，二十四团被授予“模范战斗团”称号，1942年徐宝珊在山西省辽县（今左权县）麻田地区反“扫荡”战斗中牺牲。徐宝珊的三弟徐宝璧（1918—1945年），1943年任博平抗日县大队副队长，1945年在解放茌平的战斗中牺牲。五弟徐宝珍（1926—1944年），1942年任齐禹县大队青年干事，1944年在战斗中牺牲。1996年4月茌平县人民政府在墓地立碑，碑文书：“一门三烈士，兄前赴，弟后继，抗战救国，堪同杨门媲美；七子尽英豪，屋俱焚，财充饷，毁家纾难，可与子文齐芳！”2015年，被山东省人民政府公布为文物保护单位。

后田庄六十二烈士墓 位于冠县东古城镇后田庄村东南。1940年2月16日，八路军一二九师抗日先遣纵队一团三营十连（卫河支队）在馆陶县赵官寨遭遇千余名日伪军围攻，在敌众我寡情况下，连长王德林等62名先遣纵队指战员奋起还击，终因寡不敌众，全部壮烈牺牲。战后，当地群众为死难烈士收殓，同穴埋葬。1946年，当地人民政府将62名烈士遗骸由赵官寨迁葬于支队的诞生地后田庄村，竖立墓碑。墓坐西朝东，墓为圆形，直径8.3米，高1.7米。四周翠柏环绕，绿荫掩映。墓上封土为圆丘形，前有砌砖封门墙及高台，北去数米建有烈士纪念碑楼。碑楼内立石碑，碑两侧有青砖镶裱，顶覆青灰瓦，起脊四角攒顶，形为亭楼。碑文由冀南军区七分区政治部主任于笑虹撰写，详细记述62名烈士的壮举。2015年，被山东省人民政府公布为文物保护单位。

刘邓大军强渡黄河指挥部旧址 位于阳谷县寿张镇沙河崖村。指挥部旧址为二进院落，土木结构，一进院落南屋3间，西屋2间。二进院正房3间，东西配房各2间。1947年6月26日，刘伯承、邓小平在这里发出《晋冀鲁豫野战军鲁西南战役作战命令》。6月30日，刘邓大军12万名将士在西起濮阳、东至东阿县150千米的黄河防线上，突破国民党重兵把守的黄河天险，吹响人民解放军战略进攻的号角。2013年，被山东省人民政府公布为文物保护单位。

运东地委旧址 位于聊城高新技术开发区韩集乡迟桥村。1939年春，中共鲁西区第四地委于博平小李庄成立，因地处运河以东，故称运东地委。最初辖聊城、茌平、博平、清平、齐河、东阿等县，后随着根据地的变化，分别先后改称冀鲁豫四地委、一地委，冀鲁豫（平原）分局一地委，冀鲁豫一地委、六地委。1940年，运东地委迁驻茌平南部迟桥、大白一带农村。1948年6月迁驻聊城，1948年8月平原省建立后运东地委并入中共聊城地委，至此运东地委建制撤销。迟桥、大白一带是运东地委、专署、军分区的常驻地。2009年，建运东地委革命纪念馆。2013年，被山东省人民政府公布为文物保护单位。

鲁西北革命烈士陵园 位于莘县大王寨乡东丈八村西首，1945年建。又名丈八烈士陵园。陵园坐北朝南，占地36000平方米，由大门、革命纪念塔、革命烈士事迹陈列馆和墓区组成。大门系仿古牌坊，门额“烈士陵园”，两旁分别写有“生的伟大，死的光荣”。烈士纪念塔系八角，四级石、砖、木、琉璃瓦结构，楼阁式建筑。塔的二级、三级镶嵌着16通碑刻，分别为烈士纪念碑、烈士英名录和肖永智、张炳元、史钦琛3位地师级干部小传等。墓区有25座烈士墓。1999年，被聊城市政府公布为文物保护单位。2007年，对革命烈士纪念塔进行维修。

马本斋烈士陵园 位于莘县张鲁回族镇南街村南。陵园坐北朝南，占地5800平方米，是为纪念抗日民族英雄马本斋烈士于1953年年初建立的。1985年扩建。陵园由大门、纪念亭、烈士墓和烈士纪念堂组成。大门是阿拉伯式穹形大门，门额“马本斋烈士陵园”题字由烈士之子马国超书写。纪念亭为古典式六角型建筑。亭内立有烈士墓碑，碑高2.18米，宽0.85米，厚0.3米，碑阳面刻“马本斋司令员永垂不朽”，阴面刻“马本斋司令员传略”。烈士纪念堂内塑有马本斋烈士塑像。整个陵园掩映在苍松翠柏之中。1999年，被聊城市政府公布为文物保护单位。

苏村战斗纪念地 位于莘县张寨乡苏村，占地约20000平方米。1941年1月，日伪军1万余人，出动汽车400余辆，坦克30余辆，在6架飞机的配合下，向鲁西抗日根据地分路“扫荡”。1月18日，为掩护杨勇、段君毅率领的鲁西军区、行署机关转移，鲁西军区特务第三营第九、十两个连指战员，在苏村阻击日伪军。阻击部队与十倍于己的日伪军浴血搏杀，相持8小时，击毙日伪军300余人，鲁西军区和行署机关安全转移。三营九、十连指战员除少数突围或被群众抢救脱险外，其余126人全部牺牲。为纪念殉难烈士，莘县政府在苏村东划出陵地2万平方米，修建3座烈士集体墓。2004年春，县政府对陵地整修，新立纪念碑，由赵健民题写碑名。2014年，被聊城市政府公布为文物保护单位。

苏村战斗纪念地 （2015年摄）

血水井 位于冠县白塔集乡前李赵庄村。1943年6月10日凌晨，14500名日伪军以白塔集、赵庄为主要合击点，兵分15路，对冠南抗日根据地进行铁壁合围。村民发觉后，纷纷离家出逃。上午9时，日伪军将逃难的群众合围在前李赵庄村内。日伪军把居民赶到村头的一个大坑里，逐个盘查审问，发现可疑者就拉出来推到坑边的水井里。一连推下21个人，接着点燃井旁的麦茬，扔进井里，随后用机枪向井内扫射，丢手榴弹。最后又推进一扇石磨，顿时水涨丈余，变成一井血水。日伪军撤走后，幸存村民将尸体打捞出来，个个血肉模糊，惨不忍睹。日军临走时，又在村内外枪杀12人，抓走几十人为他们运送财物。后来，当地政府和群众为悼念死者，将此井命名为“血水井”。1999年，被聊城市政府公布为文物保护单位。

张家楼抗日遗址 位于聊城经济技术开发区广平乡张家楼村。抗日战争时期，张家楼村四周曾筑阔7～8米，高约7米的土墙，围墙外有鹿砦和壕沟，有115人组成的民兵钢枪队。1944年12月6日晨，日伪军近千人围攻张家楼村，被击退，死伤250余人。翌年2月16日，日军纠集1200多人，再次侵犯张家楼村，战斗持续三天，北门被大炮轰开，全村有333人牺牲，271人负伤，264人被捕，房屋全部烧毁。1971年，修建张家楼抗日革命烈士陵园。陵园坐北朝南，占地3750平方米，建有大门、纪念碑、革命纪念堂等建筑。纪念碑高10米，基部为三级水泥方台，上置须弥碑座。纪念碑呈方柱形，碑身及座四周皆镌有碑文。正面碑文：“人民英雄永垂不朽！”纪念碑北面为五间红瓦房，门悬一匾，上书“张家楼革命纪念馆”，馆内陈列该村民兵群众抗敌所用的土炮、铡刀、标枪、铁斧等。

第五节 馆藏文物

至2015年年底，聊城中国运河文化博物馆馆藏文物12560余件（套），在级珍贵文物共计249件（套）。

石斧 系大汶口文化遗存。1975年，于茌平尚庄遗址出土。平面略呈梯形，青褐色，微弧刃，管钻孔，两面均为磨制，锋较钝。长9厘米，宽4.5厘米。基本具备斧的特征和功用。

灰陶四袋足盉 系大汶口文化遗存。1975年，于茌平尚庄遗址出土。泥质灰陶，侈口，长颈下四袋状足，矮宽裆，足尖距呈方形，管状流斜置于一足背上，高17.5厘米，口径9.5厘米。盉，大部分为三袋足。此件四袋足盉较为罕见。

红陶彩绘罐 系大汶口文化遗存。1975年，茌平尚庄遗址发掘出土。口微侈，直颈，鼓腹，平底。泥质红陶，器表施红陶衣，颈部饰5个赭色圆点，内填白色圆圈图案。肩、腹饰三道平行赭色带，上绘白边黑色菱形格加印点等纹样，共8个，似钱币。高20厘米，口径8.5厘米。

鹿角 系大汶口文化遗存。1975年，于茌平尚庄遗址出土。色泽洁白，骨质紧密，羊角枝状，分两枝，为鹿角之佳品。残长32厘米，根部径粗5厘米。

红陶鬶 系大汶口文化遗存。1975年，于茌平尚庄遗址出土。泥质红陶外施红陶衣，短流，矮径，鼓腹，小平底，凿形实足，泥条状把手。颈部一周饰齿状锥纹。高21.2厘米，造型较好。

黑陶三足盘 龙山文化遗存。1979年，文物店从茌平征集。泥质黑陶。圆唇，敞口，浅腹，平底，腹下部有一周凹槽，三环状足。高21厘米，口径48厘米。

鬲 系龙山文化遗存。陶器。1980年，于茌平南陈庄遗址出土。为夹砂灰陶，方唇，窄沿外侈，沿内略凹，腹径小于高度，裆较高，半高尖足。腹部饰绳纹，其上饰一周附加堆纹。口径28厘米，腹径32.4厘米，高36.8厘米。

铜觚 系商代盛器。青铜质。1982年，由山东省博物馆移交。方唇，喇叭形，细高柄，柄的中下部有两圈弦纹。铜觚造型古朴，设计合理，铜质优良。高23.2厘米，口径14.8厘米，底径7.5厘米。

红陶鬲 系西周陶器。1980年，于茌平县南陈遗址出土。夹砂红陶。方唇，窄沿外侈，沿内略凹，腹径小于高度，裆较高，半高尖足。腹部饰绳纹，其上饰一周附加堆纹。口径28厘米，腹径32.4厘米，高36.8厘米。

陶豆 系战国陶器。1978年，由茌平征集。泥质灰陶。浅盘，直口，圆唇，喇叭形圈足。通高15.5厘米，口径14厘米，足径8.5厘米。

贝币 系春秋时代钱币。1979年4月，于阳谷县张秋镇景阳冈村出土。共1700余枚，状似海贝，正面刻一道竖纹，两旁刻有贝齿，背面平，双穿，贝长2.2厘米，宽1.7厘米，厚0.6厘米。

绿釉陶楼 系东汉陶器。1957年，于高唐县涸河（现名固河）汉墓出土。胎质灰色，通高1.52米。底座方形，楼阁式，高4层，由3节组成。楼向外斜伸四层檐，四角为高出的岔脊，与檐平行上翘，层顶正脊两端上翘，每层斗拱各为“一斗三升”。屋前有镂空平座，平座四角有长方形挑檐。屋正面及两侧中央有镂空方窗。通体施绿色釉。造型独特，制作精细。“一斗三升”斗拱较为少见。藏于国家博物馆，为国家一级藏品。

绿釉陶厨俑 系东汉陶器。1958年，于高唐县涸河汉墓出土。通高28厘米，肩宽14厘米，案长11厘米，宽3厘米，为切菜厨俑。头戴大顶锁口厨师帽，身穿右衽上衣，衣袖卷到肘部，面带笑容，双视，作切菜状。造型形象逼真，自然大方。通身施以绿釉，釉色光亮。系国家三级藏品。

绿釉陶公鸡 系汉代陶器。1958年，于高唐县涸河汉墓出土。高28.5厘米，长30厘米，身宽14厘米。高冠翘尾，长颈，似做争斗状。两腿、两足特别粗大，造型生动形象，施以绿釉。系国家三级藏品。

绿釉陶鸳鸯 系汉代陶器。1958年，于高唐县涸河汉墓出土。高20厘米，长25厘米，身宽13.5厘米。一雌一雄，雄性作回首呼唤状。两只鸳鸯的腿、足粗大。造型生动形象，施以绿釉。系国家三级藏品。

青釉四系瓷罐 系南北朝瓷器。1979年，于高唐涸河汉墓出土。罐圆唇，直口，短颈，广肩，深腹，平底，肩部有一周弦纹，四横鼻施青釉至腹下，有滴痕，胎微泛红，弦纹以下有拍印布纹，有小开片。高23.5厘米，口径10.8厘米，底径11.5厘米。

黄釉瓷壶 系南北朝东魏瓷器。1972年，于高唐县出土。高15.5厘米，口径6厘米，黄釉，盘状口，细颈，鼓腹，平底，颈部有两道凸弦纹。藏于山东省博物馆。

唐三彩炉 系唐代三彩器。1987年，于莘县刘庄乡赵官目村出土。圆口微卷，鼓腹，圆底。上腹部有两道凹弦纹，下腹部有一道凹弦纹，底部有切旋刀痕，下有三个外撇的兽形足。炉口部施橘黄色釉，腹部施黄绿两色釉。两色釉从上腹部向下腹部施釉，釉色从上至下均匀地流泛在器物表面，下垂欲滴，给人一种似流非流、似动非动的感觉。腹下无釉处露出白色化妆土，胎色白中微泛黄。该炉制作精美，庄重古朴，釉色鲜艳，晶莹闪亮。整件器物完好无损，是唐三彩中的精品。

唐三彩武士俑 系唐代三彩器。1986年，于莘县张寨乡张弘墓中出土。通高68厘米，自然立于方形台座上。面微左侧。头、面部无釉色，陶质灰色。竖眉怒目，表情威严。右臂前伸握拳，左手放置胯上，身着铠甲战袍，条带束腰，下身穿护膝战服，足登长筒紧靴。铠甲、战袍施黄、绿釉，色彩艳丽明亮。

唐三彩仕女骑士俑 系唐代三彩器。1986年，于莘县张寨乡张弘墓中出土。胎呈白色，釉为草绿、姜黄、乳白三色。高35厘米。马站于托板上，马背束有鞍桥，剪鬃、缚尾，马头略左回首、微俯张口，四蹄稳健地立于踏板上。女俑骑于马背，端坐平视，双臂下垂，身着圆领长袍。为国家二级藏品。

唐三彩武士俑

唐三彩仕女骑马俑

狮鞍驼　系唐代三彩器。1986年，于莘县张寨乡张弘墓中出土。胎呈白色，施姜黄、豆绿、黝黑三色。高58厘米，长35厘米。驼头高昂，目视前方，张口露齿，鼻孔大张。背负一饰狮头纹革囊鞍立于托板上。为国家二级藏品。

金黑釉双系凸线纹罐　系金代瓷器。圆唇，短颈，圈足底，颈部饰两耳。圆腹凸出金线，施釉不到底，胎质较厚。高21厘米，口径10.5厘米。为金代瓷器中的精品。

彩绘罐　系宋代瓷器。尖唇直口，微内敛，直壁深腹，腹下急收，圈足，口内白色化妆土，内满釉，外不及底。腹部饰酱釉花绘。制作精细，胎釉结合良好。高12厘米，口径11.8厘米，底径6.7厘米。

铜佛造像　系明代鎏金佛造像，铜质。头饰螺髻，双耳垂肩，凤眼微闭。鼻梁棱角分明。鼻翼与嘴角几乎同宽。脸圆腴丰满，颈稍短粗。身穿双领下垂式袈裟。袒胸，腰束带，结跏趺坐于长方形束腰须弥座上。左手平摆于左膝之上，右臂自然伸放于右膝之上，手面向前，呈入静状。通高32.5厘米，座高8.5厘米。

龙泉瓷香炉　系元代礼器。圆唇，平沿，直口，短颈，鼓腹，小平底三兽蹄足。通体施青釉，釉色凝重均匀，为龙泉窑上乘佳品。高11.5厘米，口径11厘米，底径3.6厘米。

香炉　系元代礼器。圆唇，平折沿，小立颈，圆角，球腹，腹下结三柱状足。口部对出二立耳，粉青釉，釉层凝重，体外施暗花。高22厘米，口径19.5厘米，底径13.5厘米。

鼎形炉　元代瓷器。尖唇，卷沿，唇部有两个近似方形的耳，鼓腹，最大径在中部，底部接三个近似三角形柱足。褐黑色胎，胎体较厚。粉青色釉，略呈灰青色，釉色淡雅光洁，釉面布满压痕纹缠枝花卉。通高22厘米，口径19.5厘米。

樽式八卦炉　系元代龙泉窑瓷器。直口，方唇外敛，直筒式炉身，腹底有圈足，周围装3个兽蹄足。腹上下部各饰一周凸弦纹，中间饰八卦纹。青绿釉，釉层肥厚滋润，光亮如脂，白胎泛灰，胎质细腻坚硬，足底心不施釉。口径35厘米，高38厘米。

白釉瓷壶　系明代瓷器。圆口，长颈，溜肩，鼓腹，把手连接于颈部和腹部。器表釉色青中泛白，底无釉。口径5厘米，腹径14.2厘米，底径7.7厘米，高19.5厘米。

铜铳　系明代兵器。铜铳由口部、筒身、药室、后室四部分组成，全长36.4厘米，重15.5千克。筒身外铸固箍3道。铳口部呈碗状，直径14.9厘米，口壁厚1.5厘米，直径9.1厘米。药室略呈球状，直径11.5厘米，底径5厘米，药室下部有一道直径0.2厘米引火孔。后座上细下粗，呈喇叭形，底径11.2厘米。膛室自口至底深31.1厘米，筒膛与药室成直筒状，第一道固箍处，内径7.3厘米。铳筒中部镌铭文四行，共计29字，内容为："横海卫教师祝官孙习学军人王官保铳筒重二十五斤洪武十一年月日造。"后座另镌有"海"字。

铜鼎　系明代礼器。圆拱形对立耳，微侈，素面，截面为匚形，槽内有一圆拱形凸棱。方唇，折沿，斗形方腹。腹部饰饕餮纹。四柱足宽面饰缠枝花卉。鼎通高27厘米，口径24.5×13厘米，底径20.2×11厘米，腹壁厚0.5厘米，重约19千克。

青花胆瓶　系清代瓷器。方唇，方形，侈口，长颈，腹微鼓，圈足，兽形双耳，青花纹饰，图案有梅花、狮子等。高37.5厘米，口径14×9.5厘米，底径13.8×9.8厘米。

玉壶春瓶　系清代瓷器。瓶为喇叭形口，长颈，颈根部内束，肩半角，垂腹略呈水滴形或称胆形，直圈足稍高。白色胎，外饰山水画四幅，画技考究，着色均匀，堪为佳品。口径8.5厘米，腹径13厘米，高38.5厘米。

岫玉玲珑塔　清代玉石透雕，质地岫岩玉，通高54厘米。共7层，底层径长15厘米，雕有对称2个龙头，龙嘴下各配一透雕玉环，两龙头间对称处各有一略大透雕玉环。二层周围透雕花饰八处，花颈形成颈环并各挂一玉环。三层为棱形，配有透雕花饰和4个对称龙头，周围10根花颈各挂一玉环。四层对称二龙头间有一碗状附盖玉雕，6 根花颈各挂一玉环。五层、六层均雕有对称龙头，头上各挂一玉环。顶层为雕压腰葫芦状，有 4 根花颈，各挂一玉环，对称透雕花耳，耳下各挂一玉环。雕工精细，玲珑剔透，艺术价值较高。系国家三级藏品。

第六节 考古发掘

1997—2015 年，中国社会科学院、山东省文物考古研究所、山东大学考古队、聊城市文物局、部分区县文物管理所等单位多次对聊城境内古遗址、古墓葬进行抢救性和研究性发掘。

1997 年 8 月，阳谷县定水镇吴楼村窑厂发现一砖室古墓，聊城地区文物管理委员会勘探队遂进行现场调查，发现是一多室、结构复杂的较大型墓葬，在该墓周围还分布着数座与此相同的墓葬。为确保地下文物的安全，对已遭到部分破坏的墓葬进行抢救性发掘。吴楼古墓形制特殊，由墓道、砖砌甬道、前廊、后廊、东廊、西廊，东、西两墓室组成，是山东省仅见的一座砖室结构回廊墓。省文物局非常重视，认为是汉代考古的又一重要发现，指示该墓要就地保存，以供今后研究。该墓早年被盗，并有火烧痕迹，但仍出土一大批陶器、铜器、石器和骨器、钱币共计 85 件。陶器有大型陶壶、陶仓、灶、鼎、罐、瓮、人俑、动物俑等 60 余件。人俑造型各异，有的双手合十，或跪或蹲，哭着似在送葬。动物俑有猪、猴、狗、羊、鸭子、飞鹅等，造型逼真，栩栩如生。陶瓮上雕塑着各种不同造型的羊头。铜器中的四乳四虺镜极为光亮，为镜中佳品。骨器中的尺子保存完好，磨制精细。从墓葬形制和出土遗物来看，该墓属东汉早期墓葬。从其规模来看，属于中型墓葬，其墓室四周围以回廊的墓葬形制，基本属于地方官吏所采用，且多数级别较高。1997 年秋冬，地区文物管理委员会勘探队在高唐时风工业园探出 40 余座古墓，在高唐造纸厂、化工厂、电厂新征耕地内探出古代墓葬、窑址、庙址等，并对大部分墓葬进行抢救性发掘。通过发掘，出土文物 100 余件，弄清了这些唐、五代、宋代小型墓葬结构形式和特点。唐代小型墓室多为砖室圆形或椭圆形，穹隆顶，0.5～0.8 米长的甬道开在墓室南边，甬道宽度多在 0.4～0.6 米之间，棺床一般在北部。头向西置，迁葬现象较多。头前或棺床南放置瓷碗、陶罐祭器。五代墓室多为砖室长方形，南北向、头向南，单人葬，一般把墓室砌成南宽且高、北窄且低的棺形。多在南壁外置陶罐，室内头前置瓷碗，有的是一碗或一罐，有的两件都有，有的还放盘。宋代墓室宽阔。仿照唐代圆室而又多改为八角形或六角形，也有近圆形的，都有砌柱和斗拱、门窗等繁杂饰件。出土物以瓷器最具特色，尤以碗、盘为多，其中出土的宋代白釉瓷盘，胎薄釉润，胎质洁白，釉色润白光亮，是瓷盘中的佳品。1998 年 11 月，由聊城市文物管理委员会、东阿县文体委联合清理发掘并修复邓庙汉画像石墓，出土较为珍贵的画像石 35 块及少部分随葬品。画像题材丰富，有反映墓主生前地位的车马出行图，有反映庄园生活的庖厨图、宴饮图，有孔子见老子、七十二贤等历史故事图案，有神话传说中的圣贤神仙、珍禽瑞兽，如伏羲女娲、飞龙、凤凰等，还有一些天文星象图、亭台楼阁图及几何装饰图。该墓是境内已清理发掘的规模最大、内容最丰富的一座汉画像石墓，对研究东汉时期的政治、经济、文化具有重要的历史价值和艺术价值。是年，先后完成邯济铁路、济聊馆高速公路、山东中华电力有限公司聊城电厂、新奥天然气公司、聊城文轩完全中学、高唐 308 千米等基建项目的勘探，发现古遗址 40 余处、古墓葬 400 余处、古窑址 80 余处，对一些重要遗存进行抢救性发掘，发现大批珍贵文物。1999 年 5 月，莘县城关镇后邹村挖养鱼塘时发现汉代砖室墓，出土绿釉陶楼、陶灶、陶井等珍贵文物，造型别致，省内罕见。是年，中国社会科学院考古研究所对茌平教场铺遗址做复查和初步钻探。2000—2004 年，聊城市文物事业管理局、茌平县文物管理所配合社科院先后进行 4 次考古发掘。发现龙山时期房址 14 座，灰坑 300 余个，墓葬 11 座及大量陶器、石器、骨器、玉器等文物。该遗址的发掘对研究黄河文明、中华文明的起源和形成、中国早期国家的形态和国家的发展进程等具有重要的价值，对于丰富聊城史前时期的文化内涵和进行聊城史前文化研究提供了丰富的实物资料。

2002年，在配合运河旅游开发工程中，发现10余幢碑碣石刻以及元代沉船、古牌坊、石狮、麒麟和大量陶瓷残片，为研究运河历史提供了实物资料。2003年，聊城市文物局配合大型基本建设工程，完成香江大市场二期工程、聊城大学、昌润热电有限公司、莘县一中等工地文物勘探和发掘工作，出土一批精美文物，特别是在莘县一中清理两座汉代墓葬，出土的各类文物十分精美。2004年，聊城市文物局为配合国家“南水北调”工程，对大运河聊城段文物遗迹考古调查，并进行试掘。对阳谷凤祥集团等几处建设用地文物勘探，对高唐县南湖发现的数十座古代墓葬进行考古发掘。在莘县孟洼遗址发现一座罕见的汉代壁画墓，为大型砖石结构墓葬。墓壁内有彩绘壁画。壁画以白灰抹墙为底，用朱砂、黑墨画图，色彩艳丽。大部分为祥鸟瑞兽，有青龙、白虎、朱雀、玄武，壁画内容生动形象、场面宏大，绘画技艺娴熟，保存完整，具有重要的考古价值。2005年，聊城市文物局对市区新时代城市广场、开发区建设工程中发现的古墓葬进行抢救性发掘，发现墓志铭两块，其他文物一批。2006年，聊城市文物局配合聊城大学东校区、茌平信源水库等建设工程，进行考古勘探和抢救性发掘，出土一批较为珍贵的文物。2009年，对临高高速公路沿线及榆济输气管道沿线进行文物勘探。2010年，聊城市文物局组织勘探队伍，对经济开发区小湄河工程、山东聊城热电扩建工程等进行勘探。2010—2011年，配合“南水北调”工程，会同山东省文物考古研究所、山东大学对东昌府区土桥闸遗址、西梭堤古遗址、临清陈坟古遗址、丁马庄古遗址进行考古勘探发掘。东昌府区土桥闸遗址、阳谷县七级码头遗址勘探发掘取得重大考古成果。两处遗址是保存条件最好的古代运河水利工程之一，设计精巧，气势雄伟，为研究古代运河水利科技提供了丰富的实料。运河河道中出土的瓷器、瓷片标本、铁器、铜钱等体现明清时期聊城运河沿线经济文化交流的状况。2012年，两处遗址和济宁南旺分水枢纽遗址作为一组入选“2011年度全国十大考古新发现”。土桥闸遗址位于梁水镇土闸村，建于明成化七年（1147年），清乾隆二十三年（1758年）重修，至清道光二十年（1840年）一直由运河管理机构（河道总督）管理，是当时运河上的重要水利设施。为全面了解土闸的基本结构，考古工作者对闸进行清理发掘。土桥闸由青石堆砌而成，结构基本完整，包括闸门、墩台、东侧的月河及运河两岸的进水闸、减水闸等组成。该闸闸口宽6.2米，深约7米，燕翅宽56米，底部采用木质梅花桩、碎石灌浆等固基技术，闸墩砌石采用燕尾扣连接，整个工程设计合理，施工精心，虽历经数百年，仍非常坚固，对研究运河漕运历史及水利工程发展具有重要意义。在清理河道过程中发现丰富的瓷器、陶器、铁器及大量的铜钱。瓷器以青花瓷、青瓷、白瓷为主。年款标示以明清时期为多，为研究该时期的陶瓷提供了丰富的实物标本。发现的铜钱里面，存有日本“宽永”年号铜钱。同时，对河岸东侧大

2002年4月，运河城区段出土沉船

王庙进行部分发掘，发现明代运河管理的“抚院明文”碑刻一幢。七级码头遗址由顶部平台、石砌台阶状慢道及水边河滩木桩遗迹组成。台阶顶部平台由长方形大石板平铺而成，南北宽约6.8米。东侧与古街道相连接。石砌台阶状慢道由南北两侧斜坡状边石与中部台阶组成。中部台阶共17级，南北宽4.9米，每级高0.13～0.20米，进深0.23～0.6米。两侧边石用宽0.25米的长条石斜铺而成，斜长7.8米，斜度28度。在码头下水边河滩发现数量较多木桩痕迹，为多次立桩形成。专家分析，木桩应为河水下降、河道变窄时拴船所用。同时，对码头东侧古街进行部分清理。探明古街用石板平铺，宽约1.5米。中间平铺宽约0.5米的大石板，两侧为碎小石块。调查发现《重修渡口石磴碑记》石碑一通。碑文记载，渡口石阶重修于清乾隆十年（1745年），属民间集资修筑。对码头南侧运河东岸排水设施清理，出土石碑六通，碑座、碑首若干。

2011年，聊城市文物局对邯济铁路扩能改造工程、“南水北调”东线工程、德商高速等大型基建项目进行文物调查勘探。6月，对市民文化中心建设工地发现的汉代墓葬群进行抢救性发掘。8月，对冠县清水河施工工地发现的宋代石棺墓抢救性清理，出土陶器、铁器、石棺等文物30余件。2012年，茌平县文物管理所配合东邢水库建设项目进行文物调查。相关区县文物部门配合省考古所对中国石化新疆煤制天然气外输管道工程聊城段进行文物勘探。2013年，聊城市文物局配合省考古所对南水北调工程中的临清戴湾闸、阳谷七级下闸进行考古发掘。莘县文物管理所对德商高速莘县曹庄宋元时期古遗址进行考古发掘。2014年，相关区县文物部门配合省考古所等单位对茌平信发电厂、聊阳路阳谷段拓宽工程等建设项目文物调查勘探。莘县文物管理所配合省考古所对莘县孟洼遗址汉墓群考古勘探。莘县、东昌府区文物管理所分别对境内发现的唐代古墓进行抢救性发掘。山东大学考古队对江北水城旅游度假区周店船闸进行清理发掘和考古测绘。2015年，聊城市实施“寻找聊城故城”考古调查工程。聊城市文物局对聊古庙遗址、徐田遗址进行考古勘探，探明两处遗址的范围和布局。配合青兰高速公路聊城段、聊城外环路等建设项目进行初步文物调查。冠县文物管理所对赵固村古墓葬进行抢救性发掘。

第七节　文物保护与管理

一、文物调查

1997—2015年，全市范围内先后进行过两次大规模的文物调查，分别是第三次全国不可移动文物普查和第一次全国可移动文物普查。

2007年9月，聊城市启动第三次全国不可移动文物普查工作。11月，成立由副市长任组长，文化、财政、国土、建设等14个市直有关部门负责人为成员的聊城市第三次全国文物普查领导小组。下设普查办公室，具体负责普查工作的组织协调，检查督导。办公室设在市文化局，由市文化局局长兼任办公室主任。2008年1月，市普查办公室制定《聊城市第三次全国文物普查实施方案》，进入实地调查阶段。4月，市普查领导小组印发《关于加强第三次全国文物普查工作的通知》。12月，市普查领导小组与各县（市、区）签订责任书。普查期间，普查队员按照“有文必查，应保尽保”原则，凡是具备历史、科学和艺术典型价值之一的不可移动文物逐一调查登录。运用GPS定位、计算机录入等现代科技手段，提高普查信息的精确度和工作效率。全市普查登记不可移动文物1009处，其中复查265处、新发现729处、消失15处。通过调查，新发现在聊城境内大批具有重要价值的乡土建筑，以及反映近现代社会经济状况的工业建筑、商贸建筑、文化教育建筑、水利设施等。还新发现一些具有重要价值的古遗址、古墓葬、古建筑、石刻等。冠县辛庄龙山文化遗址填补该县史前文化遗迹空白。2009年，全市文物普查基本结束。通过普查，建立起聊城市第三次全国文物普查不可移动文物信息管理系统，编辑出版《历史的印记——聊城文物概览》一书。

2012年10月始，聊城市开展第一次全国可移动文物普查工作。先后举办4次文物普查培训班，各县（市、区）组织相应的专业培训，市、县两级共培训普查人员368人次。组织普查队员98人，吸纳社会志愿者36人，组建起一支以文博系统专业骨干为主、社会各方面力量参加的普查队伍。聊城市确定纳入普查范围的国有单位3379家，其中，机关单位946家、事业单位1649家、国有企业及国有控股企业763家、其他21家。至2014年6月，全市共发放国有单位文物收藏情况调查登记表3379份，回收登记表3379份。反馈收藏有文物的国有单位33个，占国有单位总量约1.07%，统计文物收藏量30000余件（套）。至2015年12月底，全市申报藏品25661件（套），完成文物信息采集25877件（套），文物信息登录25664件（套）。至此，辖区内33家文物收藏单位文物信息登录工作完成。

二、文物保护单位

1997年，聊城地区有全国重点文物保护单位3处（山西会馆、光岳楼、曹植墓）、省级文物保护单位6处（台子高遗址、张家楼抗日遗址、权寺遗址、红堌堆遗址、皇姑冢遗址、阿城故城址）。1999年4月，聊城市政府公布聊城市第一批市级文物保护单位，共68处。2001年6月，临清钞关、景阳冈龙山文化遗址被国务院公布为全国重点文物保护单位。2003年1月，市政府公布第二批市级文物保护单位，全市市级文保单位达108处。2004年7月，聊城市政府公布第三批市级文物保护单位，市级文保单位数量达120余处。2006年5月，茌平教场铺遗址、隆兴寺铁塔、莘县韩氏墓地和古运河聊城段列入全国重点文物保护单位，全市国保单位达9处。12月，省政府公布第三批省级文物保护单位名单，全市新增24处山东省文物保护单位。2013年5月，冠县萧城遗址、茌平尚庄遗址、高唐兴国寺塔、东昌府区土桥闸遗址，列入第七批全国重点文物保护单位。10月，省政府公布第四批省级文物保护单位名单，全市新增53处省保。2014年10月，市政府核定公布72处第四批市级文物保护单位及其保护范围，市保单位数量增至129处。2015年6月，省政府核定公布第五批省级文物保护单位，聊城市新增4处省保单位，省保单位数量增至73处。至2015年年底，聊城市境内共有文物保护单位363处，其中，全国重点文物保护单位13处、省级文物保护单位73处、市级文物保护单位125处、县级文物保护单位152处。

2015年聊城市全国重点文物保护单位一览表

表31-4

名称		时代	类别	位置	公布时间
山陕会馆		清	古建筑	聊城市东关闸口南运河西岸	1988年1月
光岳楼		明	古建筑	聊城市古城中心	1988年1月
曹植墓		三国	古墓葬	东阿县单庄乡鱼山西麓	1996年11月
景阳冈龙山文化遗址		新石器	古遗址	阳谷县张秋镇景阳冈村	2001年6月
临清运河钞关	临清运河钞关	明	古建筑	临清市青年街道办事处后关街、前关街	2001年6月
	鳌头矶	明	古建筑	临清市先锋街道办事处吉士口街35号	2001年6月
	清真寺	明	古建筑	临清市先锋街道办事处桃园街北首	2001年6月
	清真东寺	明	古建筑	临清市先锋街道办事处桃园街	2001年6月
	舍利宝塔	明	古建筑	临清市先锋街道办事处小庄村北卫运河东岸	2001年6月

续表 31-4

名称		时代	类别	位置	公布时间
京杭大运河聊城段	张秋上闸（荆门上闸）	元	古建筑	阳谷县张秋镇上闸村	2006 年 5 月
	张秋下闸（荆门下闸）	元	古建筑	阳谷县张秋镇下闸村	2006 年 5 月
	阿城上闸	明	古建筑	阳谷县阿城镇阿西村	2006 年 5 月
	阿城下闸	明	古建筑	阳谷县阿城镇刘楼村	2006 年 5 月
	阿城盐运司	清	古建筑	阳谷县阿城镇	2006 年 5 月
	七级下闸（七级北大桥）	元	古建筑	阳谷县七级镇北	2006 年 5 月
	周家店船闸	元	古建筑	聊城市江北水城旅游度假区凤凰街道周店村	2006 年 5 月
	辛闸	明	古建筑	聊城市经济技术开发区北城街道辛闸村	2006 年 5 月
	梁乡闸	明	古建筑	东昌府区梁水镇梁闸村	2006 年 5 月
	戴湾闸（戴闸）	明	古建筑	临清市戴湾镇戴闸村	2006 年 5 月
	临清砖闸（临清二闸）	明	古建筑	临清市青年街道前关街南首运河之上	2006 年 5 月
	临清闸（问津桥）	元	古建筑	临清市先锋街道白布巷街西首运河之上	2006 年 5 月
	月径桥	清	古建筑	临清市先锋街道桃园街西首运河之上	2006 年 5 月
	会通闸（会通桥）	元	古建筑	临清市先锋街道福德街北首运河之上	2006 年 5 月
	河限张庄明清砖窑遗址	明	古遗址	临清市戴湾镇河限张庄村	2006 年 5 月
	阿城陶城铺闸	清	古建筑	阳谷县阿城镇刘石庄	2013 年 5 月
	会通河阳谷段	元	古遗址	阳谷境内	2013 年 5 月
	会通河临清段	元、明	古遗址	临清境内	2013 年 5 月
隆兴寺铁塔		宋	古建筑	聊城市区铁塔体育场东南角	2006 年 5 月
教场铺遗址		新石器	古遗址	茌平县乐平铺镇教场铺村	2006 年 5 月
韩氏家族墓地		唐	古墓葬	莘县董杜庄镇梁丕营村北	2006 年 5 月
萧城遗址		宋	古遗址	冠县北馆陶镇东南萧城村	2013 年 5 月
尚庄遗址		新石器、商、周、汉	古遗址	茌平县振兴办事处尚庄村、西关村	2013 年 5 月
兴国寺塔		宋	古建筑	高唐县梁村镇梁村街东	2013 年 5 月
土桥闸遗址		明	古遗址	东昌府区斗虎屯镇土闸村	2013 年 5 月

2015 年聊城市省级文物保护单位一览表

表 31-5

名称	时代	类别	位置	公布时间
台子高遗址	新石器、商	古遗址	茌平县杜郎口镇台子高村	1977 年 12 月
张家楼抗日遗址	现代	近现代重要史迹及代表性建筑	聊城市经济技术开发区广平乡张家楼村	1977 年 12 月
权寺遗址	新石器、汉	古遗址	江北水城旅游度假区凤凰办事处权寺村西	1992 年 6 月
红堌堆遗址	新石器	古遗址	阳谷县张秋镇陆海村	1992 年 6 月

续表 31-5

名称		时代	类别	位置	公布时间
皇姑冢遗址		新石器	古遗址	阳谷县十五里元乡叶街村	1992 年 6 月
阿城故城址（含古阿井）		东周	古遗址	阳谷县阿城镇王庄村	1992 年 6 月
堠堌汉墓		汉	古墓葬	东昌府区斗虎屯镇堠堌村西	2006 年 12 月
堂邑文庙		明	古建筑	东昌府区堂邑镇	2006 年 12 月
傅氏祠堂		清	古建筑	聊城市东关街路北	2006 年 12 月
海源阁		清	古建筑	聊城市万寿观街路北	2006 年 12 月
临清民居	冀家大院	清	古建筑	临清市青年街道办事处前关街 82 号、78 号、86 号、98 号	2006 年 12 月
	汪家大院	清	古建筑	临清市青年街道办事处后关街 86 号、88 号	2006 年 12 月
	孙家大院	清	古建筑	临清市先锋街道办事处竹竿巷 105 号	2006 年 12 月
	赵家大院	清	古建筑	临清市先锋街道办事处竹竿巷 56 号	2006 年 12 月
	朱家大院	清	古建筑	临清市先锋街道办事处福德街 124 号、127 号	2006 年 12 月
阳谷文庙		明	古建筑	阳谷县紫石街景阳冈酒厂内	2006 年 12 月
博济桥		明	古建筑	阳谷县城区中心广场	2006 年 12 月
海会寺		清	古建筑	阳谷县阿城镇	2006 年 12 月
坡里教堂		清	古建筑	阳谷县定水镇坡里村	2006 年 12 月
南陈遗址		新石器	古遗址	茌平县杜郎口镇南陈村	2006 年 12 月
前赵遗址		新石器	古遗址	东阿县城东北前赵村	2006 年 12 月
邓庙汉画像石墓		汉	古墓葬	东阿县姜楼乡邓庙村	2006 年 12 月
净觉寺		清	古建筑	东阿县关山乡皋上村	2006 年 12 月
魏庄石牌坊（含节孝坊、孝子坊）		清	古建筑	东阿县姜楼乡魏庄村	2006 年 12 月
孟洼遗址（含汉墓群）		汉	古遗址	莘县朝城镇孟庄村	2006 年 12 月
相庄遗址		唐	古遗址	莘县城关镇相庄村	2006 年 12 月
莘县文庙		清	古建筑	莘县城内东街	2006 年 12 月
武训墓及祠堂		清	古墓葬	冠县柳林镇	2006 年 12 月
南街民居（张梦庚故居）		清	古建筑	冠县红旗南路路西	2006 年 12 月
涸河墓群		汉	古墓葬	高唐县涸河镇涸河村	2006 年 12 月
高唐文庙		清	古建筑	高唐县北湖路南首西侧	2006 年 12 月
北馆陶故城		隋至清	古遗址	冠县北馆陶镇	2013 年 10 月
陈公堤遗址		宋	古遗址	临清市先锋街道办事处郭堤村	2013 年 10 月
迟桥遗址		新石器至汉	古遗址	聊城市高新技术开发区韩集乡迟桥村	2013 年 10 月
堌均店遗址		新石至东周	古遗址	聊城市经济技术开发区蒋官屯街道堌均店村	2013 年 10 月
李孝堂遗址		新石器至汉	古遗址	茌平县振兴街道办事处	2013 年 10 月
聊古庙遗址		新石器至周	古遗址	聊城市东昌府区闫寺街道	2013 年 10 月

续表 31-5

名称	时代	类别	位置	公布时间
王菜瓜遗址	东周、汉	古遗址	茌平县肖庄乡	2013 年 10 月
王集遗址	新石器至汉	古遗址	东阿县新城街道王集村西南	2013 年 10 月
王宗汤遗址	新石器至汉	古遗址	东阿县铜城街道王宗汤村南	2013 年 10 月
辛庄遗址	新石器至东周	古遗址	冠县斜店乡辛庄村	2013 年 10 月
陈镛墓	明	古墓葬	冠县辛集乡洼陈村	2013 年 10 月
傅氏家族墓	清	古墓葬	聊城市江北水城旅游度假区湖西街道傅家坟村	2013 年 10 月
陶城铺魏氏家族墓	清	古墓葬	阳谷县阿城镇	2013 年 10 月
汪广洋家族墓	明、清	古墓葬	临清市八岔路镇杨二庄村	2013 年 10 月
王旦墓	宋	古墓葬	莘县东鲁街道	2013 年 10 月
吴楼墓群	汉	古墓葬	阳谷县定水镇吴楼村	2013 年 10 月
张本家族墓	明	古墓葬	东阿县铜城街道王宗汤村西	2013 年 10 月
张庄古墓	东周	古墓葬	莘县十八里铺镇	2013 年 10 月
朱昌祚家族墓	清	古墓葬	高唐县梁村镇	2013 年 10 月
朝城清真寺	明清	古建筑	莘县朝城镇	2013 年 10 月
大宁寺大雄宝殿	明清	古建筑	临清市先锋街道办事处商场街 32 号	2013 年 10 月
箍桶巷张氏民居	清、中华民国	古建筑	临清市先锋街道办事处箍桶巷街 156 号	2013 年 10 月
临清县衙南门阁楼	明	古建筑	临清市先锋街道办事处福德街南首	2013 年 10 月
七级运河古街	明至中华民国	古建筑	阳谷县七级镇	2013 年 10 月
清平文庙	明清	古建筑	高唐县清平镇	2013 年 10 月
清平迎旭门	清	古建筑	高唐县清平镇	2013 年 10 月
西街清真寺	明清	古建筑	冠县清泉街道红旗南路路西	2013 年 10 月
仰山书院	清、中华民国	古建筑	茌平县博平镇	2013 年 10 月
张秋陈氏民居	清	古建筑	阳谷县张秋镇北街	2013 年 10 月
张秋山陕会馆	清	古建筑	阳谷县张秋镇南街	2013 年 10 月
邓庙石造像	宋至元	石窟寺及石刻	东阿县姜楼镇邓庙村内	2013 年 10 月
朝城天主教堂	中华民国	近现代重要史迹及代表性建筑	莘县朝城镇	2013 年 10 月
朝城耶稣教堂	清	近现代重要史迹及代表性建筑	莘县朝城镇	2013 年 10 月
道署西街聊城粮库	1950 年	近现代重要史迹及代表性建筑	聊城市东昌府区古楼街道	2013 年 10 月
古楼街天主教堂	1934 年	近现代重要史迹及代表性建筑	临清市新华街道办事处古楼街 4 号	2013 年 10 月
华美医院诊疗楼	清	近现代重要史迹及代表性建筑	临清市先锋街道办事处健康街 306 号、更道街 198 号	2013 年 10 月
梁水镇范公祠	1941 年	近现代重要史迹及代表性建筑	聊城市东昌府区梁水镇	2013 年 10 月

续表 31-5

名称	时代	类别	位置	公布时间
临清先锋大桥	1958 年	近现代重要史迹及代表性建筑	临清市先锋街道办事处桃园街北首，卫运河之上	2013 年 10 月
沙河崖刘邓大军渡黄河指挥部旧址	1947 年	近现代重要史迹及代表性建筑	阳谷县寿张镇沙河崖村	2013 年 10 月
运东地委旧址	1939 年	近现代重要史迹及代表性建筑	聊城市高新技术开发区韩集乡迟桥村	2013 年 10 月
七级码头	清	古建筑	阳谷县七级镇	2013 年 10 月
三元阁码头	明	古建筑	临清市青年街道	2013 年 10 月
北杨集革命烈士纪念亭	1947 年	抗战遗址、纪念设施	聊城市东昌府区北城街道	2015 年 6 月
后田庄六十二烈士墓	1946 年	抗战遗址、纪念设施	冠县东古城镇	2015 年 6 月
琉璃寺烈士陵园	1946 年	抗战遗址、纪念设施	高唐县琉璃寺镇	2015 年 6 月
徐河口三英烈士墓	中华民国	抗战遗址、纪念设施	茌平县胡屯乡	2015 年 6 月

2015 年聊城市市级文物保护单位一览表

表 31-6

名称	时代	类别	位置	公布时间
聊城东昌湖	宋、元、明、清	古遗址	聊城市古城外环	1999 年 4 月
聊城古城墙遗址	明	古遗址	聊城古城区内	1999 年 4 月
王汝训墓	明	古墓葬	东昌府区沙镇郭庄村	1999 年 4 月
穆孔晖墓	明	古墓葬	东昌府区堂邑镇三里张村	1999 年 4 月
朱延禧墓	明	古墓葬	东昌府区沙镇朱楼村	1999 年 4 月
礼拜寺	清	古建筑	聊城市礼拜寺街路西	1999 年 4 月
聊城天主教堂（含神父楼及其他建筑基址）	清	近现代重要史迹及代表性建筑	聊城市山陕会馆北 100 米处	1999 年 4 月
赵以政墓	1928 年	近现代重要史迹及代表性建筑	聊城市花园南路 135 号	1999 年 4 月
孔繁森同志纪念馆（含五里墩故居）	1995 年	近现代重要史迹及代表性建筑	聊城市区、东昌府区堂邑镇五里墩村	1999 年 4 月
乐平铺遗址	新石器—战国	古遗址	茌平县乐平铺镇北街	1999 年 4 月
韩王遗址	新石器	古遗址	茌平县振兴街道办事处韩王村	1999 年 4 月
东一甲遗址	新石器、商、汉	古遗址	茌平县振兴街道办事处东一甲村	1999 年 4 月
马家坊遗址	商周	古遗址	茌平县振兴街道事处马家坊村	1999 年 4 月
冯玉祥题字碑	1936 年	近现代重要史迹及代表性建筑	茌平县博平镇杨庄村	1999 年 4 月
“六二七”惨案碑亭	1944 年	近现代重要史迹及代表性建筑	聊城高新技术开发区韩集乡张会所村	1999 年 4 月

续表 31-6

名称	时代	类别	位置	公布时间
香山遗址	新石器	古遗址	东阿县黄屯乡香山村南	1999 年 4 月
孙秀珍烈士墓	—	近现代重要史迹及代表性建筑	东阿县单庄乡鱼山村	1999 年 4 月
黑堌堆遗址	新石器	古遗址	阳谷县张秋镇刘楼村	1999 年 4 月
黑土坑遗址	新石器	古遗址	阳谷县范海镇常楼村	1999 年 4 月
马湾遗址	春秋战国	古遗址	阳谷县阿城镇马湾村	1999 年 4 月
殷云霄墓	明	古墓葬	阳谷县寿张镇沙河崖村	1999 年 4 月
吴凯墓	明	古墓葬	阳谷县城棋盘街	1999 年 4 月
刘琰墓	清	古墓葬	阳谷县石门宋乡八里营村	1999 年 4 月
五体十三碑	明清	石刻	阳谷县张秋镇	1999 年 4 月
孙膑碑	1938 年	近现代重要史迹及代表性建筑	阳谷县大布乡小迷魂阵村	1999 年 4 月
发干古城	汉	古遗址	莘县河店乡马桥村	1999 年 4 月
王嘉祥家族墓群	明	古墓葬	莘县明天中学内	1999 年 4 月
马本斋陵园	1945 年	近现代重要史迹及代表性建筑	莘县张鲁镇	1999 年 4 月
丈八烈士墓	1945 年	近现代重要史迹及代表性建筑	莘县大王寨乡东丈村	1999 年 4 月
血水井	1943 年	近现代重要史迹及代表性建筑	冠县白塔集乡前李赵庄村	1999 年 4 月
胡家湾瓷窑遗址	宋元	古遗址	临清市青年街道办事处胡家湾村西北 500 米	1999 年 4 月
考棚黉门	清	古建筑	临清市青年路街道办事处考棚街 41 号	1999 年 4 月
金谷兰墓	1938 年	近现代重要史迹及代表性建筑	高唐县韩寨乡谷官屯村北	1999 年 4 月
华歆墓	三国	古墓葬	高唐县涸河镇人华村	1999 年 4 月
范筑先殉国处及纪念馆	1940 年 1988 年	近现代重要史迹及代表性建筑	聊城古城区光岳楼北	1999 年 4 月
王懋德墓	元	古墓葬	高唐县三十里铺乡石门村	1999 年 4 月
高唐北关清真寺	清	古建筑	高唐县城北关街	2003 年 1 月
聊城小礼拜寺	清	古建筑	聊城市东关街路北	2003 年 1 月
腰庄遗址	新石器	古遗址	茌平县杜郎口镇腰庄村	2003 年 1 月
土城遗址	北魏	古遗址	茌平县乐平铺镇土城村	2003 年 1 月
大碾李遗址	新石器	古遗址	茌平县韩屯镇大碾李村	2003 年 1 月
宋占一烈士墓	现代	近现代重要史迹及代表性建筑	东昌府区张炉集乡张庄村	2003 年 1 月
大窑遗址	新石器	古遗址	东阿县杨柳乡大窑村	2003 年 1 月
曹庙（泰山行宫）	清	古建筑	东阿县单庄乡曹庙村	2003 年 1 月
张令璜墓	清	古墓葬	阳谷县张秋镇王营村西	2003 年 1 月

续表 31-6

名称	时代	类别	位置	公布时间
城隍庙大殿	清	古建筑	阳谷县张秋镇北街	2003 年 1 月
马陵道古战场遗址	战国	古遗址	莘县大张镇马陵村	2003 年 1 月
东武阳古城	汉	古遗址	莘县十八里铺西段屯村	2003 年 1 月
莘亭伊尹耕处碑	清	石刻	莘县单庙乡大理寺村	2003 年 1 月
张梦庚烈士墓	现代	近现代重要史迹及代表性建筑	冠县梁堂乡张里村	2003 年 1 月
张秋运河古镇	明清	古城镇、街区	阳谷县张秋镇	2004 年 7 月
竹竿巷	明清	古城镇、街区	临清市先锋街道办事处竹竿巷	2004 年 7 月
箍桶巷	明清	古城镇、街区	临清市先锋街道办事处箍桶巷	2004 年 7 月
堂邑古城墙遗址	宋—明	古遗址	东昌府区堂邑镇	2014 年 1 月
傅光宅家族墓（含石刻）	明	古墓葬	东昌府区闫寺办事处冯庄村	2014 年 1 月
任克溥二次迁移墓（含任克溥墓志铭）	清	古墓葬	东昌府区道口铺街道办事处仙庄村（墓志铭在侯营镇任楼村）	2014 年 1 月
郭大庄汉墓群	汉	古墓葬	东昌府区张炉集镇郭大庄村	2014 年 1 月
王汝训家庙	明	古建筑	东昌府区沙镇镇王楼村	2014 年 1 月
许家祠堂	明	古建筑	东昌府区堂邑镇	2014 年 1 月
玄帝都（杨氏家庙）	明、清	古建筑	东昌府区斗虎屯镇北杨庙村	2014 年 1 月
西关古井	明	古建筑	东昌府区古楼街道办事处西关大桥西首路北	2014 年 1 月
凤凰集烈士墓	现代	近现代重要史迹及代表性建筑	东昌府区闫寺街道办事处凤凰集村	2014 年 1 月
西路庄遗址	新石器	古遗址	茌平县乐平镇西路庄村	2014 年 1 月
禅州寺遗址	东周	古遗址	茌平县冯屯镇小杨屯村	2014 年 1 月
大刘遗址	新石器	古遗址	茌平县杜郎口镇大刘村	2014 年 1 月
袁楼党支部纪念地	现代	近现代重要史迹及代表性建筑	茌平县博平镇袁楼村	2014 年 1 月
梁庄遗址	新石器、商周、汉	古遗址	聊城市经济技术开发区广平乡梁庄村	2014 年 1 月
鱼山龙山文化夯土台址	新石器—汉	古遗址	东阿县鱼山镇鱼山西麓	2014 年 1 月
赵德和墓	明	古墓葬	东阿县姜楼镇广粮门村西北	2014 年 1 月
陈宗妫家族墓	清	古墓葬	东阿县鱼山镇青苔铺村西北	2014 年 1 月
陈宗妫故居	清	古建筑	东阿县鱼山镇青苔铺村	2014 年 1 月
张氏家祠	清	古建筑	东阿县铜城街道办事处张大人集村内	2014 年 1 月
程氏家庙	清	古建筑	东阿县刘集镇程葛村内	2014 年 1 月
三官庙	清	古建筑	东阿县刘集镇西苫山村内	2014 年 1 月
张怀芝家族墓	清—民国	古墓葬	东阿县刘集镇皋上村	2014 年 1 月
李子光烈士墓	现代	古墓葬	东阿县铜城街道办事处王庄村	2014 年 1 月
八里庙龙山文化遗址	新石器	古遗址	阳谷县寿张镇八里庙村	2014 年 1 月

续表 31-6

名称	时代	类别	位置	公布时间
孟堤口龙山文化遗址	新石器	古遗址	阳谷县十五里元镇孟堤口村	2014 年 1 月
任大仙墓	明	古墓葬	阳谷县张秋镇	2014 年 1 月
阿城义井	清	古建筑	阳谷县阿城镇	2014 年 1 月
水门桥	明	古建筑	阳谷县张秋镇南街	2014 年 1 月
张秋码头	元	古建筑	阳谷县张秋镇南街	2014 年 1 月
阳谷教堂	民国	近现代重要史迹及代表性建筑	阳谷县城中心	2014 年 1 月
韩氏家族墓（含碑刻）	明	古墓葬	莘县观城镇韩楼村	2014 年 1 月
宁氏家族墓	清	古墓葬	莘县樱桃园镇樱东村	2014 年 1 月
苏村战斗纪念地	现代	近现代重要史迹及代表性建筑	莘县张寨乡苏村	2014 年 1 月
莘县铁钟	金	其他	莘县古城镇政府门前南侧	2014 年 1 月
黄河故道遗址（田马园段）	周—东汉	古遗址	冠县东古城镇田马园村	2014 年 1 月
堂邑故城遗址	隋	古遗址	冠县定远寨乡千户营村	2014 年 1 月
冉子祠遗址	明、清	古遗址	冠县万善乡王段村	2014 年 1 月
凤凰台遗址	春秋—汉	古遗址	冠县东古城镇张查村	2014 年 1 月
草镇寺遗址	宋	古遗址	冠县辛集乡草镇村	2014 年 1 月
斜店村古驿站遗址	宋	古遗址	冠县斜店乡斜店村	2014 年 1 月
东马固村齐王庙遗址	宋	古遗址	冠县万善乡东马固村	2014 年 1 月
段辛庄马固庄子遗址	宋	古遗址	冠县万善乡段辛庄村	2014 年 1 月
段氏家族墓	清	古墓葬	冠县万善乡段辛庄村	2014 年 1 月
冯氏家族墓	明	古墓葬	冠县桑阿镇务头村	2014 年 1 月
张氏家族墓	明	古墓葬	冠县崇文街道办事处吉固村	2014 年 1 月
东古城古井	明、清	古建筑	冠县东古城镇东古城村	2014 年 1 月
沙庄清真寺	明	古建筑	冠县清泉街道办事处沙庄村	2014 年 1 月
山东省引卫灌溉进水闸	1958 年	近现代重要史迹及代表性建筑	冠县斜店乡班庄村	2014 年 1 月
秤钩湾会议遗址	1939 年	近现代重要史迹及代表性建筑	冠县东古城镇秤钩湾村	2014 年 1 月
常兴花园小区人防工程	1970 年	近现代重要史迹及代表性建筑	冠县常兴花园小区内	2014 年 1 月
更道街基督教公寓楼	清	古建筑	临清市先锋街道办事处更道街 198 号	2014 年 1 月
陈家大院	清	古建筑	临清市先锋街道办事处桃园街 98 号	2014 年 1 月
苗家店铺	清	古建筑	临清市青年街道办事处会通街 33 号	2014 年 1 月
王家宅	清	古建筑	临清市先锋街道办事处大寺街 62 号	2014 年 1 月

续表 31-6

名称	时代	类别	位置	公布时间
单家大院	明清	古建筑	临清市先锋街道办事处福德街 74 号	2014 年 1 月
武训纪念堂	民国	近现代重要史迹及代表性建筑	临清市先锋街道办事处吉士口街南侧大众公园内	2014 年 1 月
邢家佛寺遗址	明	古遗址	高唐县尹集镇邢家佛堂村	2014 年 10 月
报恩寺遗址	元	古遗址	高唐县赵寨子乡解庄村	2014 年 1 月
减水回龙庙遗址	元	古遗址	高唐县尹集镇四新村	2014 年 1 月
杨通墓	金、元	古墓葬	高唐县固河镇石羊村	2014 年 1 月
吕才墓	唐	古墓葬	高唐县清平镇吕庄村	2014 年 1 月
庄氏族茔	清	古墓葬	高唐县三十里铺镇庄庄村	2014 年 1 月
秦氏族茔	清、民国	古墓葬	高唐县琉璃寺镇秦庄村	2014 年 1 月
南关村清真寺	清	古建筑	高唐县开发区办事处时风路	2014 年 1 月
李玉带烈女碑	清	石刻	高唐县固河镇李集村	2014 年 1 月
清平中学大门	民国	近现代重要史迹及代表性建筑	高唐县清平镇清平村	2014 年 1 月
状元厅遗址	清末	古遗址	江北水城旅游度假区朱老庄镇四甲李村	2014 年 1 月
白庄遗址	新石器	古遗址	江北水城旅游度假区凤凰办事处白庄村	2014 年 1 月
王庙文庙	明	古建筑	江北水城旅游度假区于集镇王庙村	2014 年 1 月
谭氏家庙（含谭家林）	清	古建筑	江北水城旅游度假区凤凰街道办事处谭庄村	2014 年 1 月
孙堂小学革命遗址	近代	近现代重要史迹及代表性建筑	江北水城旅游度假区于集镇孙堂村	2014 年 1 月
韩氏家庙	清	古建筑	高新技术开发区许营镇韩庄村	2014 年 1 月

三、文物维修

1998—2001 年，聊城市文物局对山陕会馆、光岳楼、临清舍利塔、高唐兴国寺塔、武训祠等多处重点文物进行维修。2002—2003 年，文物部门对莘县文庙、阳谷文庙等一批重点古建筑维修。2006 年，对高唐文庙、堂邑文庙维修。2008 年，对临清鳌头矶古建筑维修。2009 年 7—11 月，高唐县文物管理所对清平文庙落架维修，更换部分构件，重新油漆、彩绘。2011 年，文物部门对阳谷山西会馆、聊城市清真东寺、临清大宁寺维修。2012 年，聊城市文物局对光岳楼、土桥闸、阳谷盐运司维修。2013 年，文物部门实施傅氏祠堂、东昌府区堂邑文庙大成殿、海源阁藏书楼维修工程。2013—2015 年，实施临清运河钞关维修工程、临清段和阳谷段运河保护与展示工程、阳谷古闸维修工程。2014 年，实施山陕会馆三大殿屋面抢救性维修工程。2015 年，实施冠县南街民居保护及维修加固工程、临清清真东寺维修工程、范公祠维修工程、聊城古城区道署西街老粮库保护维修工程。

四、文物保护执法

1997 年，莘县文管所与公安部门配合破获盗挖相庄孟洼遗址案，收缴文物 60 余件。是年，在“严打”活动中，该县破获案件多起，追缴文物 200 多件，其中国家二级文物 2 件、三级文物 11 件。冠县文管所与北馆陶镇派出所配合，破获盗挖唐、宋墓葬案，抓获盗墓犯罪嫌疑人3名，追缴文物40余件。阳谷县在抓获盗窃二级馆藏文物唐塔的犯罪嫌疑人后，跟踪追击，破获一盗卖文物犯罪团伙，收缴文物78件。2004年，聊城市文物局对聊城公园非法处置古碑刻等几起文物违法案件依法进行处理，追回一批重要文物，并移交博物馆收藏。2006年，聊城市文物局对东昌府区张炉集镇郭大庄窑厂破坏汉代墓群等文物违法事件进行依法处理。2012年8月，高唐县文广新局、高唐县文物管理所协助公安部门追回被盗遗失文物水月庵石塔。9月和11月，聊城市文物局先后组织专家对东阿刘集镇程葛村被盗古墓葬和莘县朝城镇姜楼村被盗古墓葬现场勘察和鉴定，为公安部门起诉犯罪嫌疑人提供依据。2013年，聊城市文物局组织专家对莘县朝城镇西街被盗明代古墓葬现场勘察和鉴定，为公安机关、法院惩处犯罪嫌疑人提供量刑依据。

第八节 博物馆建设

1997年以来，聊城市（地区）先后建起中国运河文化博物、傅斯年陈列馆、季羡林资料馆、武训纪念馆、孙大石美术馆、曹植纪念馆、阿胶博物馆等文物展示场所。2008年，推行聊城市博物馆免费开放。全市登记注册的14家博物馆、纪念馆在实行常年向社会免费开放。2009年以来，建起鲁西乡村记忆博物馆、契约博物馆、老照片博物馆等专题性博物馆，以及明清圣旨博物馆、东阿阿胶博物馆、东阿魁风博物馆等私人博物馆。

中国运河文化博物馆 位于大运河西岸，西依东昌湖，由著名社会学家费孝通题馆名。建筑总面积1.6万平方米，展览面积近7000平方米。博物馆共5层，地上4层，地下1层，分陈列区、收藏区、研究和学术交流区三个功能区域。除序厅之外，分为10个展厅，其中二层3个展厅为“运河文化陈列”，三层3个展厅为“聊城历史文物陈列”。

聊城市博物馆（山陕会馆管理处） 地址在山陕会馆内。成立于1979年5月。2015年，内设办公室、群工部、文物部、保卫科等四个部室，有职工23人，其中高级技术职称专业人员4人、中级技术职称17人。馆内文物藏品3201件，其中国家一级文物6件、二级文物21件、三级文物185件。

傅斯年陈列馆 位于聊城市东关大街路北。该馆是依托省级重点文物保护单位傅氏祠堂建立起来的一处名人纪念馆。国学大师季羡林题馆名。1993年建，占地近2000平方米，建筑面积1024平方米。馆内有大小迎壁、傅氏祠堂、傅斯年铜像、傅斯年陈列楼、仁义牌坊等建筑，并利用原有傅氏家族墓志石刻在仁义胡同建碑廊及仁义胡同故事壁画。傅氏祠堂原是供奉包括傅斯年七世祖、清代开国状元、武英殿大学士兼兵部尚书傅以渐等傅氏族人的宗祠，现为傅斯年陈列馆的序厅。该馆主要负责傅斯年陈列馆日常管理，保护维修傅氏祠堂，收集、收藏和研究有关傅斯年的历史资料并保证傅斯年陈列馆正常开放。陈列楼内则是傅斯年生平陈列展览。

聊城市乡村记忆博物馆 2003年，建聊城市民俗博物馆。地址在光岳楼下。2015年，在古城区西城门清远门内建聊城市乡村记忆博物馆。建成后民俗博物馆迁入。2015年9月，该馆正式列入国有博物馆序列。该馆共有5个展厅：鲁西民居复原厅、鲁西传统农业展厅、交通工具展厅、传统纺织展厅、农场与民间艺术展厅，涵盖鲁西居民的衣食住行，共展出民俗文物百余

聊城市乡村记忆博物馆 （2015年摄）

件。该馆由光岳楼管理处管理。

孔繁森同志纪念馆 国家三级博物馆。全国爱国主义教育示范基地，全国廉政教育基地。1995年9月，开馆，2008年3月，向社会免费开放。2013年2月，纪念馆在原址进行改扩建，成为全国首家按照三星级绿色节能建筑标准设计建设的纪念馆。主体建筑8712平方米，包括主题纪念馆、交流展厅、综艺展厅、影视报告厅和纪念广场。主题纪念馆以图片、实物、场景、多媒体等形式，集中展示孔繁森为民务实清廉的典型事迹。开馆以来，接待全国各界观众1500多万人次。

临清市博物馆 1984年建馆，原址设在临清市鳌头矶内。2008年3月，免费向社会开放。2010年10月，迁入临清市文化中心内新馆。新馆总体设计共6个展厅，3500平方米。2015年，馆藏文物1000余件，以瓷器、字画、钱币、铜器为主，多来自社会征集，其中国家二级文物8件（套）、三级文物38件（套）。

季羡林先生纪念馆 位于临清市。1998年，季羡林先生资料馆建成。2008年，免费向社会开放。2010年4月，资料馆迁址重建，改为季羡林先生纪念馆，占地4000平方米，建筑面积3500平方米，展厅面积2300平方米。馆名由著名书法家欧阳中石题写。馆内通过数百幅图片资料和部分文字资料，较全面地反映了季羡林的学术生涯、学术成就。

张自忠将军纪念馆 1998年建。2009年，迁址重建，2010年10月，开馆。新馆坐落在临清市温泉路中段，分上下2层，占地4000平方米，建筑面积3500平方米，展厅面积2300平方米。纪念馆馆名由当代书法家启功题写。

张彦青艺术馆 位于临清市。2007年建，2009年，迁址重建，2010年10月，落成并对外开放。建筑面积4300平方米，陈展面积2000平方米。展厅分上下2层，第一层展示张彦青精品之作和多年收藏的艺术珍品。第二层为对外大型活动展厅，主要用于对外承办展览、会议、文化交流、庆典座谈、拍卖会等各项文化艺术活动。2008年，向社会免费开放。

莘县博物馆 建于2008年。原馆址位于莘县县城新华路中段，建筑面积700平方米，展厅500平方米。2014年4月，搬迁至新馆，位于政府街西首，建筑面积2000平方米，展厅1200平方米。一楼为石刻展厅、二楼为历史文物展厅、三楼为历史文化展厅。

高唐博物馆 建于2000年。2009年9月，迁入李苦禅艺术馆一楼的博物馆新馆，并向社会免费开放。新馆设2个展厅，1个文物库房和1个碑廊。展厅建筑面积1200平方米，基本陈列为《高唐县历史文物展》和《高唐县石刻展》。至2015年年底，馆藏文物共计200余件，主要以陶器、瓷器、铜器、石刻为主，多来自社会征集，其中一级革命文物1件、二级文物4件、三级文物47件。

第八章　文化产业

20世纪90年代，聊城市文化产业发展缓慢。进入21世纪，聊城市文化产业快速发展。2008年1月，高唐县书画街、东昌府工艺葫芦产业基地被省文化厅命名为首批省级文化产业示范基地。2009年1月，茌平陶元黑陶艺术有限公司被评为第二批山东省文化产业示范基地。是年，聊城市文化产业增加值达35.77亿元。2011年，山东阳谷千秋文化实业有限公司、冠县宝德工艺葫芦有限公司被评为第三批省级文化产业示范基地。2012年，聊城市组织代表团参加第四届山东文化创意产业博览交易会，推出54个文化产业招商项目，现场签约投资总额3.5亿元，现场展品交易额10余万元。组织评选认定9家文化企业作为聊城市首批市级文化产业示范基地。2013年10月，聊城市组织参加第十届中国艺术节演艺产品交易会，4个演艺项目签约，合作项目额度127万元。是年，聊城市在水城明珠大剧场举办中国第十届艺术节特邀外演剧目——大卫·斯图亚特小提琴演奏会。聊城市获得“中国（山东）演艺产品交易会优秀展示奖”和“中国（山东）演艺产品交易会优秀组织奖”。聊城市完成《省会城市群经济圈文化产业发展规划（2013—2020年）》的编制工作。2014年，聊城金正动画有限公司和阳谷文状元木雕文化艺术有限公司省文化厅命名为省级文化产业示范基地。聊城市编制《西部经济隆起带文化产业发展规划（2014—2020年）》，确立聊城市“两轴一地一区”的文化产业结构布局和九个重点行业。命名8家市级文化产业示范基地。组织参加第五届山东省文博会，征集文化产业重点招商项目50个，其中，金正数字创意工场和意大利文化城两个项目达成意向合同金额100多亿元的现场签约。2015年，聊城市出台《聊城市文化产业示范基地认定管理暂行办法》，加强对文化产业示范基地的管理。成立聊城市文化创意产业协会，进一步促进文化创意产业发展。东阿阿胶养生文化苑入选全国2015年度特色文化产业重点项目。山东阳谷千秋文化园、阳谷县郓哥梨园休闲农庄、文化家居工艺品项目入选文化部2015年中国文化产业重点文化项目手册。临清市魏家湾贡砖文化传播展示基地、山东金明文化产业发展有限公司被省文化厅命名为第五批文化产业示范基地，聊城市评选出7家市级文化产业示范基地。是年，聊城市省级文化产业示范基地9家，级文化产业示范基地24家，文化产业增加值达百亿元。

第一节　传媒制作

20世纪90年代中期，聊城市影视动画传媒公司逐渐壮大发展。1996年，聊城市金鼎广告有限公司成立，经营范围涉及户外媒体广告、VI设计、影视制作、活动策划等。1996年3月18日，成立聊城市第一家个体广告公司，阳谷恒通广告公司。1997—1999年，该公司先后引进聊城市第一个圆灯箱、第一台刻字机，并代理阳谷县路灯杆广告。2010年5月，山东金正动画股份有限公司注册成立，是聊城市第一家专业的动画企业，下设二维动画部、三维动画部、艺术设计部、影视传媒部、策划创意部、市场开发部、新媒体运营部等专业部门及全资子公司——聊城高新区金正演艺经纪有限公司，拥有“广播电视节目制作经营许可证”及“山东省营业性演出许可证”，是“聊城首批文化产业基地”“聊城大学青年就业创业见习基地”“山东省文化产业示范基地”“聊城市高校毕业生就业见习基地”。原创动画《上班记》入选中国好动漫六强，2014年，山东逸彩文化传媒公司注册成立，是一家集企业策划推广、大型影视宣传片及专题片、影视广告片、微电影、视频特效、商业摄影、平面广告、大型会议、文艺晚会直播录播等业务于一体的视觉传达产品综合服务商，设立专业非编机房、录音棚、抠像棚。2015年，中原（聊城）文化影视传媒有限公司（简称“中原影视”）注册成立，经营范围包括影视制作发行，影视基地项目建设，影视文化项目开发，大型文艺活动、体育赛事活动，国内旅游业务，广告业务，企业形象策划，会展服务，网站开发。是年，该公司投资拍摄聊城第一部大型电视剧《铁血将军》。《铁血将军》被山东省委宣传部、山东省财政厅列入2015年度省级文化产业发展专项扶持项目。2015年12月，山东金正动画股份有限公司在“新三板”挂牌。

第二节　文化产业基地

阳谷县状元红文化家具有限公司　2012年12月，注册成立。阳谷县状元红文化家具有限公司是“阳谷木雕”的重点保护单位，坐落于阳谷县汽车站北邻，占地0.13公顷。该公司为中国家具协会会员，山东省旅游商品研发基地，山东省重点文化产业示范基地。2014年，阳谷县状元红文化家具有限公司投资2709.2万元，建设非物质文化遗产博物馆。该博物馆建筑面积5000平方米。室内陈设“阳谷木雕”家具、工艺品、木刻版画三大系列。博物馆日接待人数800余人次，2015年，阳谷县状元红文化家具有限公司投资专项资金1908.5万元，用于“阳谷木雕”的专项保护，建设完善阳谷木雕非遗传习所。该传习所建筑面积2000余平方米，内设非物质文化遗产工艺流程演示、非物质文化遗产传授交流中心、茶道文化、香道文化和名人字画展示中心。

东阿阿胶养生文化苑（2015年摄）

东阿阿胶旅游养生有限公司　2009年8月，注册成立。东阿阿胶旅游养生有限公司业务涉足文化旅游、影视拍摄、演艺娱乐、文化产品开发等多方面。拥有国家AAAA级旅游景区东阿阿胶城。东阿阿胶城占地面积13.33公顷。景区一期工程为东阿阿胶养生文化苑，以史料记载的清末民初时的老济南与老东阿为背景，以恢复再现的济南东街、济南南街、东阿大街等街道为主脉络，整体建筑风格上体现出民国风情，《大宅门1912》《小白菜奇案》《雪鹰》《茶魂》等多部影视剧在此取景并完成拍摄。景区二期工程以养生旅游为主题，引进阿胶养生、休闲餐饮、特色购物、娱乐互动等项目，并建成以展示东阿阿胶三千年历史文化、医药文化、养生文化为主要内容的贡胶馆。

第三十二编　运河文化

Part XXXII Canal Culture

聊城志

聊城市是一座具有灿烂文化的历史文化名城，元明清时期，京杭大运河穿城而过，为聊城带来了数百年的经济繁荣，也给聊城留下了丰厚的运河文化遗产。

元代开凿会通河，逐渐为聊城带来兴盛和繁荣。元代聊城段运河全长约 125 千米，河底高、水量少，成为会通河上的关键河段。明清时期，聊城段运河多次淤塞、溃堤，经明永乐、景泰、弘治、嘉靖、万历和清康乾年间多次修治，运河基本保持畅通。清咸丰年间，黄河在张秋镇（今属聊城市阳谷县）冲决运河，京杭大运河聊城段逐渐淤塞断航。民国年间，经国民政府疏浚，临清至陶城铺一带曾通航。抗日战争爆发后，运河治理工程停止，通航计划夭折。中华人民共和国成立后，各级水利部门对境内运河进行分段治理，并利用运河发展灌溉事业。

2008 年，京杭大运河申报世界遗产工程启动后，聊城市精心组织对京杭大运河聊城段的普查、测绘、规划。2012 年 5 月，聊城市有 3 段河道（临清市元运河段、临清市明运河段、会通河阳谷段）、5 个遗产点（阿城上闸、阿城下闸、荆门上闸、荆门下闸、临清运河钞关）共计 8 个遗产点段被列入申遗名单，各级政府全力整治运河沿岸环境、拆除占压河道民居、进行河道清淤、维修沿线遗存。2013 年 9 月，国际古迹遗址理事会（ICOMOS）专家莉玛·胡贾代表联合国教科文组织宣布京杭大运河聊城段的遗产保护、管理、监测等工作均达到了验收标准。2014 年 6 月，第三十八届世界遗产大会宣布中国大运河项目入选世界文化遗产名录，聊城市 8 个遗产点段全部列入其中，聊城市成为世界文化遗产城市，为“江北水城·运河古都”的城市品牌注入新的文化内涵。

运河的流经给聊城带来广泛而深远的变化，南来北往的人口和商品的交流、管河机构的多重设置、运河沿线的文化碰撞，给社会各个层面都带来了深刻影响，形成了以聊城本土文化为基础、融汇南北文化精髓、内容繁丰富赡的聊城运河文化。

第一章 运河开凿与治理保护

元代开挖济州河、会通河、通惠河，使京杭之间的运河缩短为 1794 千米，这就是近代的京杭大运河。会通河穿聊城腹地而过，“起东昌路须城县安山之西南，由寿张西北至东昌（今聊城市），又西北至于临清”，接通御河，全长 125 千米。

明代，政府疏通改造会通河，使会通河自安山镇（今东平县安山）、戴庙，经张秋（今阳谷县张秋镇）至于东昌（今聊城市），再至于临清，解决了会通河水源不足、屡受黄河冲击问题；这次修整使京杭运河全线畅通，成为漕运的主要通道，漕运量由元初的每年不足 10 万石，陆续增至明永乐年间的 150 万石、明成化年间的 400 万石，运河航运进入最为繁荣时期。

清政府继承了明代的治河做法，年年治河，基本保证了运河畅通。清咸丰年间黄河改道冲决张秋运河，清政府无力修治，聊城段运河逐渐淤塞停运，河堤和堤外道路均变为农田。民国时期，北洋政府和南京政府都曾对运河进行过局部修治，使临清至陶城埠段一度可以行船，最终因工程标准低、质量差，维护管理不善，致使聊城段运河彻底停运。

中华人民共和国成立后，聊城境内的运河河道主要流经今阳谷县、江北水城旅游度假区、东昌府区、临清市，其中临清市境内又分为元代会通河入卫运河线和明清会通河入卫运河线。聊城地方政府和人民积极利用小运河引黄河水灌溉两岸农田对小运河河道经常进行治理，并对运河遗产进行保护。

第一节　元运河的开凿与修浚

元朝建立后定都大都（今北京市），京城百万官兵民众，“无不仰给于江南”，因此元政府急需建立起南北交通运输线。隋唐时期的运河年久失修，元政府要水陆转徙，运输成本高，运量有限。随后，元政府开辟了海运路线，海运成本低、运输量大，但风险也大，每年都要漂失数十万石漕粮、溺亡五六千名漕卒。至元年间，元政府决定对运河进行改造、疏浚。当时江南运河、江淮运河、淮北至山东南部段水路基本畅通，从临清也可通过卫河抵达通州，只需要开通济宁到临清、通州到北京两段水路即可沟通南北，而开挖济宁到临清的河道尤为关键。

元政府先后开挖了从济宁到东阿的济州河和从安山到临清的会通河。至元十九年（1282）十二月，元政府下令以济州任城（今济宁市）为中心，向南开挖至鲁桥镇与泗水沟通，向北开挖至须城县安山（今梁山县小安山）入济水（也称大清河、北清河，今黄河），这条运河全长 75 余千米，被称为“济州河”。济州河开通后，漕运从济宁经济州河到东平入济水到东阿，一是经东阿（今聊城市东阿县单庄乡北旧城村）到利津入海，由海运抵天津；二是经东阿陆路到临清入卫河运往通州。至元二十年（1283）十月，元政府设立东阿至御河的水陆驿，以便递运。随后，海口沙壅不能通行，漕运只能从东阿陆路运到临清入卫河。从东阿过茌平再到临清，这段陆路地势低洼，每逢下雨行路艰难。元政府又在东阿至临清间增设了 8 个驿站，每个驿站征用民夫 3000 人、牛车 200 辆。

至元二十三年（1286），寿张县尹韩仲辉上书请求开挖自安山经寿张至东昌，又西北至临清入卫河的运河。至元二十六年（1289）正月，元政府发中统钞 150 万贯、米 4 万石、盐 2.5 万千克，征调 3 万名夫役开挖自安山至临清的河道，历时 6 个月、用工 2510748 个，六月运河开挖成功，全长 125 千米，建闸 31 个，元世祖赐名“会通河”。该河道自汶上县过袁口（汶上县西，今属梁山县），至安民山西南，经寿张城（今梁山县寿张集）东门，傍安山湖西，西北流至东昌。会通河开通后，上接济宁的济州河，下通临清的卫河，此段运河与济州河并称为会通河，济州河的名称渐废。会通河的开通，使京杭运河全部贯通，成为沟通海河、黄河、淮河、长江、钱塘江五大水系，纵贯南北的黄金通道。至此，南起余杭（今杭州市）北至大都（今北京市）的直航水道全部完成，全长 1700 千米。

元政府每年拨付闸费，令各闸堰处的闸官和闸夫专门负责管理维护运河。至元二十九年（1292），在东阿县景德镇（今阳谷县张秋镇）设立都水分监，重点管理临清至徐州段运河的修浚、漕粮运输。大德三年（1299），增设聊城巡防捕盗司。至治元年（1321），都水监张秋分监都水丞张仲仁奉朝廷之命疏浚、整修临清至彭城（今徐州市）350 千米河道，修建小桥 98 座、大桥 58 座，并于河岸两旁修建石涵，增减河水流量，植马蔺草和树木，以固溃沙。至正年间又在行都水监之下设张秋、聊城、临清 3 处河防提举司。

元泰定二年（1325），又在徐州以北的运河上兴建拦河船闸等工程，此后南起徐州北至临清的河道统称“会通河”。

自安山至临清，元政府在今聊城境内修建了 12 座船闸控制水深及水量。

元代会通河（聊城段）水闸一览表

表 32-1

序号	水闸名称	水闸位置	竣工年份	与南邻水闸的距离（千米）
1	会通北闸（会通闸、会通头闸、会通桥）	临清市先锋街道桃园街	至元三十年（1293 年）	1.5
2	会通中闸（临清闸、问津桥）	临清市先锋街道白布巷街	大德二年（1298 年）	1.5
3	会通溢闸（临清南闸、隘船闸）	临清市先锋街道，已圮	延祐元年（1314 年）	1.5
4	李海务闸	江北水城旅游度假区凤凰街道李海务村，已圮	元贞二年（1296 年）	6
5	周家店闸	江北水城旅游度假区凤凰街道周店村	大德四年（1300 年）	6
6	七级北闸（七级下闸）	阳谷县七级镇北	大德元年（1297 年）	1.5
7	七级南闸（七级上闸）	阳谷县七级镇，已圮	元贞二年（1296 年）	6
8	阿城北闸（阿城下闸）	阳谷县阿城镇刘楼村	大德三年（1299 年）	1.5
9	阿城南闸（阿城上闸）	阳谷县阿城镇阿西村	大德二年（1298 年）	5
10	荆门北闸（张秋下闸）	阳谷县张秋镇上闸村	大德三年（1299 年）	1.25
11	荆门南闸（张秋上闸）	阳谷县张秋镇下闸村	大德六年（1302 年）	3.15
12	寿张闸	阳谷县寿张镇，已圮	至元三十一年（1294 年）	4（南邻安山闸）

元代运河“河道初并、岸狭水浅”，元政府为赶工修建的船闸多为简易的砖木结构，后因卫河水涨溢入会通河，这些船闸出现不同程度损坏，以后逐年“易闸以石，而视所损缓急为先后”。元代运河通航能力有限，每年运至大都的漕粮最多不过二三十万石，不及漕粮总量的十分之一。元运河通航约 90 余年，后因黄河决口，会通河段淤塞。

第二节　明运河的开凿与疏浚

明洪武二十四年（1391），黄河决口，东流淤塞会通河河道，济宁至德州段停航。永乐初年，明政府迁都北京，京师粮饷大都仰仗江南，修治运河被提上日程。永乐九年（1441），明政府征发民夫开通了自济宁至临清的会通河。该河道改变了元代走向，自汶上县袁口改道，东徙 10 千米傍安山湖东，经蓟口、安山镇（今东平县安山）、戴庙至张秋，再向北至东昌、临清，全长 192.5 千米，“深一丈三尺，广三丈二尺”，并在该段运河上增修水闸 15 座。为解决水源问题，又修建了戴村坝和东平安山湖、汶上南旺湖、济宁马场湖、沛县昭阳湖四个水柜。此后，运河成为南北交通要道。

明正统、景泰年间，黄河多次决口冲毁张秋段运河。景泰四年（1453），左佥都御使徐有贞赴沙湾治河，开挖自河南新乡至阳谷张秋入会通河的广济河，在沙湾（原属东阿县、寿张县，今属河南省台前县）运段修筑大堰和水门，挑浚沙湾至临清的河道，在聊城的龙湾、魏湾等地修建了 8 座调节水量的减水闸，运河得以畅通。明弘治年间，黄河多次决口冲毁张秋段运河，明孝宗先后派户部左侍郎白昂、都察院副都御使刘大夏治河。白昂“北堵南疏”，堵塞决口 36 处，开月河 10 余条，建减水坝多处。刘大夏导黄河水入淮、入运，在黄河上游修建减水坝，在黄河北岸修筑防护大堤，此后黄河北决之水多在济宁、鱼台以南入于运河，对聊城段运河不再造成威胁。弘治八年（1495），明孝宗赐名张秋为“安平镇”（远近仍称张秋）。明中期，会通河航运能力大幅度提升，由元初每年不足 10 万石增加到每年 400 万石，最高年份达 580 万石，运河航运进入繁荣时期。

明代修建的会通河（聊城段）水闸一览表

表 32-2

序号	水闸名称	水闸位置	始建年份	与相邻水闸的距离	现状
1	南板闸（头闸、砖闸）	会通河临清段南支	永乐十五年（1417 年）	东距新开上闸 1.25 千米	已圮
2	新开上闸（二闸、临清砖闸）	临清市青年街道前关街南首运河上	正统二年（1437 年）	西距南板闸 1.25 千米	改闸为桥，保存良好
3	戴湾闸（戴家湾闸、戴闸）	临清市戴湾镇戴湾村	成化元年（1465 年）	北距新开上闸 15 千米	遗迹尚存
4	土桥闸（土闸）	东昌府区梁水镇镇土闸村	成化七年（1471 年）		保存较好
5	梁家乡闸（梁水镇闸、梁闸）	东昌府区梁水镇镇闸村古运河道上	宣德四年（1429 年）	北距土桥闸 7.5 千米	改闸为桥，保存良好
6	永通闸（辛闸）	东昌府区古城东关闸口北 9 千米处运河河道上	永乐十六年（1418 年）	南距 9 千米	
7	通济桥闸	东昌府区东关老闸口	永乐十六年（1418 年）	北距梁家乡闸 17.5 千米	现址为东关桥
8	通源闸	在运河西岸广济渠口	景泰三年（1452 年）	—	已圮

河道管理一直是整个运河工程管理的重点。明代的运河管理实行双重官司机构体系，一是由朝廷派出的工部—都水司—都水分司系统，二是由地方官府派出的监司（按察司副使）—丞倅（管河同知、通判及其他佐贰官）。明初运河疏通后，政府在东阿县景德镇（今阳谷县张秋镇）设立都水分监，管理临清至徐州段运河的河道疏浚、闸坝维修和漕运政务。自成化年间起，由工部将运河分段派郎中进行管理，成化二年（1466）在张秋设都水分司，常驻北河郎中（正五品），专门负责卫河、会通河漕政。万历年间，黄患频繁，工部将运河分为 4 段，其中北河段驻地设在张秋，由管河郎中负责管理山东运河事务，可考核、稽查、调动、节制沿河所属有司管理河道的官吏。明后期，北河段曾下设临清分司。明政府在临清、魏湾等处设有钞关，临清钞关是设于运河上督理漕运税收的机构，万历年间临清钞关年征收船料和商税银 83000 余两，居全国八大钞关之首，占全国课税额的 1/4。魏湾钞关是临清钞关的分关，所收税额约等于清平县税收的 1/3。

运河流经的各府、州、县都分派专职官吏负责运河河道防务，东昌府（今聊城市）设有管河通判署，临清州设有管河按察司分署和卫河提举司，聊城县、堂邑县、茌平县、清平县、博平县、馆陶县、东阿县、阳谷县、寿张县各设管河主簿。另外，运河上的闸还设有闸官，负责启闭闸门、放行船只等。

运河河道管理包括常规管理和定期维修，二者往往同时进行。常规管理主要是浅铺看管和堤防修守，运河各段都设有不同数量的捞浅夫负责捞浅维护航运，另外有沿河军卫所夫负责堤岸的修守；定期维修又分为岁修和大挑，岁修为每年一次的常规性维修，大挑是两三年或三四年一次的大规模维修。聊城段运河上维护河道的差役根据具体分工可分为闸夫、浅夫、溜夫等，明代在运河上设置了大量差役。

明代京杭大运河（聊城段）部分州县差役数量表

表 32-3

序号	州县	差役数量	职责
1	临清州	闸夫 30 名	管临清闸
		闸夫 30 名	管会通闸
		闸夫 40 名，溜夫 115 名	管南板闸
		闸夫 40 名，溜夫 75 名	管待开上闸
		老人 11 名，夫 110 名，捞浅夫 90 名	看浅铺 11 处
2	聊城县	闸夫 30 名	管通济桥闸
		闸夫 30 名	管李海务闸
		闸夫 30 名	管周家店闸
		老人 23 名，夫 230 名，捞浅夫 200 名	看浅铺 23 处
3	阳谷县	每闸闸夫 20 名，共 40 名	管七级上下闸
		每闸闸夫 20 名，共 40 名	管阿城上下闸
		闸夫 20 名，月河修坝夫 50 名	管荆门上闸
		闸夫 20 名，月河修坝夫 50 名	管荆门下闸
		老人 10 名，夫 100 名，捞浅夫 500 名	看浅铺 10 处
4	堂邑县	闸夫 30 名	管土桥闸
		闸夫 30 名	管梁家乡闸
		老人 7 名，夫 70 名，捞浅夫 200 名	看浅铺 7 处
5	清平县	闸夫 30 名	管戴家湾闸
		老人 9 名，捞浅夫 200 名	看浅铺 9 处
6	东阿县	老人 8 名，夫 80 名，捞浅夫 120 名	看浅铺 8 处
7	寿张县	老人 5 名，夫 50 名，捞浅夫 100 名	看浅铺 5 处
8	博平县	老人 6 名，夫 60 名，捞浅夫 250 名	看浅铺 6 处

经过明代上百年的经营，运河路线大体定形、运河工程基本完成，从中央到地方的运河管理制度已基本完备。

第三节　清运河的开凿与疏浚

在明代完成运河主体工程的基础上，清代对运河的治理主要是挑挖疏浚、定期修治。清初，黄河多次决口泛滥。清顺治七年（1650），黄河决口直趋沙湾，“张秋以下堤尽溃”。顺治九年（1652），黄河再次决口，从长垣趋张秋，溃沙湾堤、断运道。顺治十年（1653），“令南旺、临清岁一小浚，间岁一大浚”。清政府对元明两代修建的闸坝进行了大规模修整，康熙年间对戴村坝进行维修；雍正年间重修戴村坝、新建沙湾大坝；乾隆年间，再次重修戴村坝及戴庙、七级等闸，新建张秋平水三闸。乾隆二十二年（1757），将石佛闸北至临清、南至台儿庄段河道加深至 2.67 米，并修筑纤道。清政府一直十分重视运河的维护，几乎年年治河，年年修闸坝，直到清末基本保证了运河的畅通。

清朝对运河的管理基本沿袭明制，但从中央到地方都加强了对运河河道的管理。地方管理机构分道（相当于明代的都水分司）、厅（相当于明代的府州管理机构）、汛（相当于县级管理机构），并配有文职、武职两系统。据清代为解决漕运用水与沿运农田灌溉的矛盾，康熙三十年（1691）颁布了详细的用水制度，乾隆年间卫河分水口（临清）建有闸门，漕运期间闸门关闭，漕船过临清后方能启用，其余时间，分水比例为“官八民二”或“官七民三”。

清咸丰五年（1855），黄河在河南铜瓦厢决堤，在张秋附近穿过运河，将运河拦腰冲断，使汶水不能注入张秋以北的运河河道，破坏了明清以来会通河的水源体系，极大地降低了会通河的通航能力，“由张秋东至安山，运河阻滞”。当时，清政府正忙于镇压太平天国起义，无力筹措治河费用堵塞决口，又无力彻底解决黄河穿运的问题。清道光年间，清政府贷款修筑卫运河、汶水堤堰。清同治四年（1865），清政府筹备修复会通河运道，在张秋北的八里庙修筑堤坝。同治八年（1871），准备挑浚张秋运河淤段，同时黄河在兰阳决口，大水再次冲坏运河河堤，张秋以北运河水源断绝。清光绪年间，卫运河、会通河多次决口，清政府多次疏浚会通河。光绪七年（1881），疏浚山东运河，改山东北运河口于陶城铺，并开挖新河以达阿城闸（即运河汊）。清光绪三十二年（1906）、三十三年（1907），将南、北运河分段修浚，然而北运河仅挑东昌（今山东聊城）至临清一段45余千米，东昌以南到黄河北岸百余里依然淤塞不通，无法恢复通航。清政府最后只得放弃修复运河计划，宣布各省漕粮全改折色。光绪二十七年（1901），废除会通河漕运；光绪二十八年（1902），裁撤会通河闸官。随后，京杭大运河（聊城段）逐渐断航。

第四节　民国时期修建与维护

1913年，全国水利局成立。1928年，聊城地区各县建设局分管水利，隶属于山东省实业厅。1933年裁撤建设局设立建设科，分管土地、工商、森林、水利、道路、桥梁等工程，隶属于山东省建设厅。

民国时期社会动荡，加上黄河频繁决口，聊城境内运河水源断绝、淤塞严重。其中，聊城至陶城铺（今阳谷县张秋镇东）段运河在清末漕运停止后基本干涸；临清至聊城（今东昌府区）段运河民国初年尚有1米左右的水，后来逐渐干涸。1915年，山东清理官产处通令各县可将运河滩地变卖，阳谷、寿张两县垦务局不仅变卖滩地，甚至打算将河道变卖。山东巡按使蔡儒楷下令：凡属运河堤内土地一律不准买卖。由于运河基本废弃，河堤及堤外道路均变为农田。

1914年，全国水利局筹备修治山东运河。1916年，全国水利局才对山东运河进行实地勘察、拟制处治理规划，由于缺乏资金，此规划最终没有实施。1919年四月，设立卫运河冠县北馆陶镇水位站。1930年，山东省政府建设厅派人赴戴村坝进行勘察，准备将旧坝拆除改建成新式活动坝，因巨额经费无法解决，遂将旧坝略作修整了事。1934年4月，山东省建设厅在聊城设工程局负责对山东运河北段进行疏浚，“此次征夫治运，仍按以往挑河办法，按地亩调集民夫，计分全河为临清、清平、堂邑、博平、聊城、阳谷、东阿七段，每段派督工员一人，就地指导。……不数日间竟到民夫二十余万人……考沿河人民之所以如斯踊跃者，因为运河可以吸收各坡洼之水，不致淹没良田，然实际心理确欲一睹运河之舟楫连樯，交通便利也”。7月中旬工程告竣，该工程用款280余万元，完成土方1400万立方米，疏浚河道135千米，使临清至阳谷陶城埠段一度可以行船。1935年6月，成立黄运联运工程处，隶属山东省建设厅，统筹办理黄河与北运河联运工程。同年，为解决陶城铺至临清段运河的通航问题，结合灌溉部分农田，由山东省建设厅设计、黄河联合运输公司工程处施工，在东阿牛屯和位山村之间的黄河堤上（即今位山引黄闸西边29号坝下）修建引黄虹吸，该工程尚未发挥作用，就在抗日战争时期遭到破坏，其基础和部分砌体在1958年修建位山闸时爆破拆除。同年11月至次年6月，山东省政府与黄河水利委员会联合实施小清河、黄河与运河通航联运工程，在黄河以北至临清段运河上修筑两座新式船闸，又修建陶城铺活动桥，徒骇河、马颊河穿运涵洞，临清船闸和魏湾桥，使运河以西之水可以东流，保证运河水源，改善交通条件。

历史上卫河泄流缓慢，堤防残破不堪，洪涝灾害频繁。1939 年，卫运河在临清花园庄、汪庄等地决口 29 处，受灾面积 171 万亩，灾民 40 余万人。1940 年 6 月下旬至 10 月，山东卫运河护岸工程启动，由华北政务委员会拨款，山东省公署主办，对临清县（今临清市）大营、杨缆、温凉社、三元阁、铁窗户等 5 处进行维护。1945 年，卫运河决口于临清县王江、刘口。

由于当时政府拨付的治河经费不足，治河技术水平低下，河道维护管理不善，再加上当时的治河工程没有从根本上解决运河水源缺乏、运河穿黄等问题，因此聊城段运河始终没有改变凋敝残存的局面。

第五节　中华人民共和国成立后整治与维护

中华人民共和国成立初期，小运河由政府统一治理，聊城专署努力疏通运河，试图恢复运河航运功能。后归属地方政府管理，除全市大型治理工程外，基本由所属各县（市、区）分别管理、疏浚。

1950 年，专署制订水利工程五年计划大纲草案，要求小运河从张秋镇到临清旧闸（共有桥 18 座），需及时疏导，修补闸桥，以达常年通航。同年，山东省水利局北运河水利工程处实施北运河堤防加高培厚工程，堤顶普遍高于 1949 年洪水位 1 米以上。

1951 年 5 月，疏浚小运河工程重新设计，境内运河以周店为界分为两个水级，周店以南作为第一个水级，周店以北至临清与卫运河相接处作为第二个水级，在周店、临清两处恢复战前 2 个船闸。同年 6 月，治理小运河工程启动，由东阿、阳谷、聊城（今江北水城旅游度假区和东昌府区）3 个县分别施工，包括周店船闸工程、临清船闸修复工程、周公河穿运涵洞修补工程、堂邑马颊河穿运涵洞修补工程、堂邑土桥闸翅及聊城李海务闸翅修补工程、清平三孔桥闸修补工程等，并在陶城铺和牛屯设虹吸管，在张秋南金堤建泄水闸，补充运河水量。同年 12 月，设计小运河治理善后工程，如陶城铺修复泄水闸口、周公河穿运涵洞改建等。最终，经疏浚后的小运河口一般宽 24 米左右，水深 1～2 米，汛期可达 3 米，平时水很浅，仅在七级、周店以北恢复通航，河上有 106 只木船担负着聊城的煤炭及南北物资运输。

1954 年 2 月，山东省农林水利会议批准聊城专区小运河沿线发展灌溉事业等水利工程。1954—1957 年，利用运河发展灌溉事业，沿河两岸先后建立墩台王、张湾、辛闸南、坡舒、念箔、周店、邓楼、梁水镇 8 处小型自流灌区，灌溉面积 16 万亩。1958 年，聊城修建位山灌区，暂停向小运河供水，原小运河系统被打乱，小运河只能在雨季短暂通航，部分河段被作为输水渠道，从此，小运河由各县分段治理，再没有作为航道统一治理过。

阳谷分段　境内京杭大运河阳谷段是指张秋至官桥口段，全长 29.75 千米。1949 年中华人民共和国成立后，阳谷县政府设立建设科分管水利工作，是年在运河荆门、郎湾各修建涵洞 1 座。1955 年 4 月，在张秋北金堤新建流量为 15 立方米 / 秒的涵闸 1 座，引金堤水入小运河，进行灌溉或排涝。1956 年，县建设科撤销，成立阳谷县水利局。1959 年春，聊城专区组织开挖位临运河，南起位山至阿城南入小运河，至周店与小运河分流，改道西行，至临清入卫运河。1962 年，又在 1955 年所建涵闸左侧 70 米处新建引水闸 1 座（1955 年所建闸废弃不用）。1963 年 3—5 月，对小运河进行清淤，全县出动劳力 15737 人，总投资 107.55 万元，完成土方 130 余万立方米。1964 年 11 月，按三年一遇标准治理中型支流小运河。1965 年，对小运河进行清淤加宽，治理长度 38.81 千米，并对阿城、夏堂、郎湾、关桥口处河段进行裁弯取直。1967 年，确定运河张秋闸至徒骇河段改为排水河道，长53千米，流域面积348平方千米。1969年引黄复灌，小运河周店至四河头段改为位山二干渠。1970年，对运河汊进行清淤，完成土方8万立方米；同年，在张秋镇北海子村西北小运河上建成张秋红星节制闸，共3孔，设计流量40立方米/秒，主要用于拦河蓄水灌溉。1975年，以张秋闸和小运河为基础，建成张秋灌区，自小运河向西至安镇开挖干渠。1976年，修建小运河郎湾渡槽。1977年，对小运河进行综合治理，在张秋镇王庄前和后沙窝两处裁弯，周店以下段改道从聊城王庄西北（七级的关桥口）至聊城的苏里井入赵王河，新开河道长10.77千米，动用民工2.16万人。1980年春、秋两季疏浚小运河；10月，在阿城镇刘楼村西南小运河上建成刘楼节制闸，用于拦河蓄水灌溉。1983年11月，拆除张秋原有旧闸3座（1885年、1955年、1962年建），在原址各建引水闸1座。此后至1990年，小运河未再进行大的治理，河道淤积严重，平均深1.5～2米。

1991—1992年，对小运河进行清淤。1994—1997年，配合农田水利建设，对部分河道段进行清淤。1998年，由于小运河上段多年没有治理，造成张秋镇40余亩耕地被淹。2000年，为缓解位山闸引黄济津淤区困难，于陶城铺东开挖新输沙渠，从陶城铺东闸引黄河水，顺运河权走向入小运河；同年10月，在七级镇崔庄北三干渠与小运河交叉处建成崔庄节制闸，主要用途是在启用陶城铺引黄补水系统时，关闭小运河节制闸闸门，使小运河水流入三干渠（位临运河），平时可落闸蓄水灌溉。2005年，采用机械化施工治理小运河闸堤口至运河汊段。

2011年，南水北调工程占用大运河部分河段。该工程阳谷渠段18.4千米，（桩号6+200—24+600，其中含东昌府单侧3.04千米），于2011年3月18日，开工，2013年3月25日，完成合同项目验收。其中，南水北调干线占用阳谷县小运河12.8千米，夏堂节制闸—崔庄倒虹吸，涉及各类建筑物71座，其中生产桥12座（夏堂南—官桥口东北桥），分水闸1座（阳谷莘县分水闸），涵闸38座（夏庄东－崔庄排水沟涵闸），附属涵闸3座（安七公路桥上下左右岸涵闸），涵管16处（大赵村涵管+阳谷灌排影响涵管），枢纽1处（七级分干枢纽）。

2012年，运河申遗工作进入攻坚阶段，会通河阳谷段被列入申遗名单，阳谷县政府投入资金2200万元，调动水利、环保、国土等多个部门疏浚河道、整治环境，运河阿城镇区段实现了恢复通水。2014年6月，第三十八届世界遗产大会宣布中国大运河项目成功入选世界文化遗产名录，会通河阳谷段作为1处遗产段列入其中，会通河阳谷段约19千米，南起金堤闸至阿城下闸北1千米，河道内元代水工设施荆门上、下闸和阿城上、下闸4个遗产点随会通河阳谷段列入世界文化遗产名录。

至2015年，京杭运河阳谷段自张秋闸至三干渠，全长29.75千米，流域面积为310.7平方千米，境内主要支流有6条，自南向北依次为北关沟、阳张公路沟、运河汊（原陶城铺至阿城的运河河道）、南运西沟、张庄沟、北运西沟，支流上共有水工建筑物约68座。

东昌府分段运河（含江北水城旅游度假区） 小运河由阳谷县官桥口入东昌府区（含今江北水城旅游度假区）境，北至东昌府区梁水镇梭堤村，沿聊茌边界至梁水镇土闸村以北出东昌府区境，境内全长51千米。

1958年冬，聊城县（今东昌府区）在小运河李海务段附近右岸建小型木轮水力发电站1处，小运河水通过发电站排入赵王河后沉沙难以处理，水电站维持1个月后便即废除。1964年，聊城县（今东昌府区）西北部普降大雨，土闸运河左堤被冲开。1977年，对小运河进行综合治理，自周店向西北行至苏里井入赵王河。1981年，国务院指示“引黄济津工程扩大治理京杭运河”，聊城段为主要工程，聊城地区组织15万人施工，截至1983年年底，在运河上重建与新建桥24座、涵闸25座、扬水站4座。1982年，为加强运河管理，聊城县成立运河管理所，隶属于聊城县水利局。1983年冬，治理运河的四河

2014 年，重新修复的京杭大运河聊城段

头至辛闸段，长 11.8 千米，动土 33.1 万立方米，兴建建筑物 11 座，改名小运河分干。20 世纪 80—90 年代，政府未对运河进行大规模治理，运河主要发挥供水、沉沙、城市防汛、地下水源补充以及下游 5 个乡镇、街道的灌溉的作用，因长期疏于修缮，运河河道功能下降，水面狭窄、淤积严重，沿河棚户林立、环境较差。

1998 年 3 月，聊城撤地设市，原聊城地区改称聊城市、原县级聊城市改称东昌府区，城市建设相关工作由东昌府区归属聊城市。1998 年 5 月，小运河管理所归属聊城市建委，更名为运河管理处，为科级全额事业单位，编制 8 人，管理东昌府区境内全长 11.8 千米的运河河道，负责运河两岸堤防管理、绿化美化、卫生保洁、引黄管理、城市防污、河道治理等。1998 年，市委、市政府提出抓好“四大工程”以古运河开发为代表的形象工程为其中之一，计划把古运河城区段全部开发完成，使河湖相连、两水相通。1999 年，运河管理处成立卫生队和运河城建监察执法，负责景区保洁及综合整治；同年，聊城市古运河开发建设工程正式破土动工。

同年，古运河城区段改造工程开始实施。一期工程于 1999 年 8 月 18 日正式破土动工，南起龙湾桥北至闸口桥，全长 1465 米，水面平均净宽 20 米。工程完成拆迁 8 万余平方米，动用土方 20 余万立方米，两岸砌石 3000 米，安装栏杆 3000 余米、各种灯具 1300 余盏，建设码头 4 处、石砌拱桥 4 座，两岸石铺道路 3000 余米，铺设排水管道 2000 米、供水管道 2300 米，完成沿河绿化面积 12 万平方米，同时实现运河和东昌湖联通。

1999 年 12 月下旬，政府投资 15.9 万元，对淤积严重的南环路以南 900 米河段进行清淤治理，历时 40 天，清淤土方 45515 立方米，外调土方近 4 万立方米，保证了运河向东昌湖供水的畅通。2000 年，成立专职河道保洁队，加强河道保洁。7 月，对南环路以北实施了开卡式清淤，清淤长度 1.4 千米，土方 1 万余立方米。同年，对建设路到济聊馆高速公路运河段河道进行整治，以修复两岸堤防为主，治理长度 1778 米，土方 57384 立方米。2001 年，响应市政府“城建系统由事业化管理积极向企业化管理转变”政策号召，运河管理处成立国有企业“聊城市运河园艺服务中心”，以承包管理责任制方式，对开发段运河卫生、电务、绿化等进行管护。

二期工程于 2001 年开工，南起闸口桥北至王口桥，全长 2242 米，水面平均净宽 25 米，局部加宽至 50 米。工程采取“政府投资、开发带动”筹资建设，总投资约 2.3 亿元，其中政府投资 2400 万元；共完成拆迁 19 万平方米，动用土方 40 万立方米，砌石 3 万立方米；沿河建设游船码头 5 处、广场 6 处、景桥 9 座。运河两岸建滨河公园绿化带，平均宽度 21.15 米（含斜坡），绿化带内设置景石 17 组，种植各类乔木约 3773 株、花灌木 2519 株、竹子 1137 平方米、绿篱、模纹植物 14483 平方米、草坪 48424 平方米。滨河公园道路的外侧为商业步行街，建有 2 层（局部 3 层）仿古建筑。二期工程建成后，与一期工程连为一体，形成河湖环形水上游览线。

2002 年，市政府根据景区实际实施领导责任制、承包责任制和警民联防共管相结合的管理机制，对河岸实施绿化美化、卫生保洁、设施维护及综合整治，使运河做到城市景观功能和城市防洪功能的有机结合。2003 年，运河管理处改制重组，更名为“聊城江北水城运河经营管理有限公司”（以下简称“运河公司”），隶属国有独资企业“聊城江北水城风景名胜区开发建设管理集团有限公司”（简称“水城集团”），全面负责运河一期、二期的卫生保洁、绿化亮化、基础设施维护、环境综合整治等工作，水城集团每年从景区管护经费中支出42万余元，专项用于运河管护。

三期工程于2003年开工，分为南北两段，南段从湖南路至龙湾桥，北段从王口桥至兴华路桥，全长2210米，河道最窄处25米、最宽处60米。工程完成拆迁20万平方米，两岸砌石近2万立方米，安装栏杆3768米，石铺道路8608米，沿途建设5座桥梁、20个广场，绿化带宽为15～67米，种植常绿乔木、落叶乔木、花灌木、百三叶等，其中乔木1.6万株，灌木23.8万株，绿化面积3.63万平方米。

2006年，水城集团接管运河三期，开始对一、二、三期（全长5908米）卫生保洁、绿化、电务、基础设施等进行规范化管理，职工人数由10余人增至60余人，配备统一保洁服、标准打捞工具等，管护方式主要以流动清扫、定期检修、综合整治为主。

四期工程于2007年5月开工，南起兴华路桥北至双力路桥，全长1245米。工程完成拆迁20万平方米，河道最宽处40米，沿河两岸兴建景观带，景观带内有展现运河故事的小广场和浮雕墙，另有码头、林荫道。绿化带面积约14.55万平方米，以疏林草地为主，乔、灌、草相结合，沿路栽植流线型装饰花带。2009年，运河沿岸数字监控系统建设完成，实现重要区域远程实时监测，景区管护正式进入数字化进程。2010年，水城集团接管运河四期，卫生保洁、维护经费由2003年的42万元增至506万元。至2011年，一、二、三、四期工程已相继完工，城区运河南起湖南路北至双力路，全长7162米，成为纵贯市区南北，集旅游观光、文化娱乐、商业服务于一体的风景游览区。

2013年，为打造“夜游水城”品牌，成立亮化工程监管小组，开展为期3个月的景区环境综合整治，重点对垃圾、杂物及排污管沟等进行清理，并对一、二、三期绿化、亮化、数字监控系统进行改造提升。2014年，购买湿法扫路车，对河道划片分包，垃圾随产随清，同时推行“智慧景区”建设，开启智能化管理模式。

2011年7月，运河五期工程规划完成。五期工程规划南起双力路北至济邯铁路，与济聊馆高速公路相交，总长度约2000米；规划景观区域以运河为中心两侧控制在150～350米；项目总投资（景观建设工程）约3.5亿元，用地面积约56公顷（845亩），景区分为景观引导与协调区、运河生活雕塑区、运河古都风情区、标志景观区和郊野风情区等五大景区。

2015年，建立“网格化管理”管护机制，管护资金增至820万元；同年，为国家卫生城市迎审复检，开展景区综合整治“百日行动”，共补植各种苗木500棵、宿根花卉1万平方米、地被、草坪1.1万平方米，清理垃圾1000余车，打捞清运水草1100吨，完成道路维修3880平方米，垒砌树穴400个，增设垃圾箱120个、水泥隔离墩200个，封堵桥洞8个计1000平方米，更换损坏灯具120盏、电缆500米，设置毒饵站1000余个，发放灭蚊虫药12桶、老鼠药30袋、灭蟑螂针剂200个，封堵排污口4处，治理景区内洗刷、野泳、违规停车、垂钓、摆摊等各种不文明行为千余起。

临清分段运河 临清市境内的小运河全长36.5千米，自魏湾镇入临清，至汶卫交汇处入卫运河。城区内小运河有2条故道：一条是元代会通河入卫运河河道，经鳌头矶西北流，在先锋

2008年，临清古运河新貌

大桥南入卫运河，全长约 2 千米；一条是明清会通河入卫运河河道，自魏湾镇入临清，至汶卫交汇处入卫运河，全长 34.5 千米。

20 世纪 50 年代，临清市境内的会通河主要发挥防洪和抗旱的作用。1953 年 8 月，水利部部长傅作义到临清视察会通河和卫运河交汇处——头闸口和三孔桥（魏湾南），指示河道管理应以“防洪为主，兴利为辅”。1959 年，位山引黄闸放水，临清利用会通河故道引黄灌溉 12.5 万亩。1964 年，在头闸口建立临时扬水站，引卫灌溉。1970 年冬，为引黄复灌，对小运河进行清淤，动用民工 5900 人，完成土方 69.87 万立方米。1982 年，小运河三里铺建井柱承台单孔节制闸 1 座。1984 年春，为黄水东调，对郭庄至戴颜渠一段（全长 15.55 千米）进行加深治理，共挖土方 44.4 万立方米，用工 18.64 万个，治理后渠底宽 5 米。

1998 年 4 月，对小运河段三里铺至头闸口全长 4.5 千米河道进行综合整治，工程主要内容包括：河道内垃圾清除外运，河道清淤，两岸道路修整，房屋拆迁及两岸绿化等。设计河底高程 29.5 米，边坡 1∶2.5，河底宽 10 米，局部 15 米，两岸道路各宽 6.0 米，整个工程共计完成土方 36.75 立方米，拆除房屋 17450 平方米。2002 年，再次治理城区小运河，包括浆砌石护岸、大理石亲水平台、栏杆草皮护坡、沿岸两侧种植观景树及亮化工程，已建成集旅游、观光、健身、观赏、娱乐于一体的多功能运河公园。

2008 年，大运河申报世界文化遗产工程正式启动。2010—2011 年，对临清城区段河道进行疏浚和整治，对运河沿岸重要古建筑，如鳌头矶、清真寺、舍利塔等进行了修缮。2012 年下半年，申遗进入攻坚阶段，临清市政府从地方财政出资 1.2 亿元投入运河申遗工作。临清市文广新、住建、规划、水务、环卫、园林等多个部门齐上阵，用 2 个月的时间完成了河道清淤工作，河道基本成型，其间，6 台挖土机、30 余辆垃圾车昼夜不停清运垃圾，共清运生活、建筑垃圾 28.4 万立方米；临清市政管理处等部门日夜奋战，铺设两岸下水管道，在河道两岸铺设排污管道近 5000 米，排污问题得到基本解决；在全力开展河道环境整治的同时，还开展大运河遗产临清段保护与展示工程、临清运河钞关环境整治及维修工程等重点项目，运河文物保存状况得到了极大提升；展示道路铺设、遗产界桩和保护标志设置、遗产档案和信息数据库、监测信息系统建设等基础工作也同步完成。2014 年 6 月，第三十八届世界遗产大会宣布中国大运河项目入选世界文化遗产名录，会通河临清段（临清段共 8 千米），包括两部分：南段为明运河（俗称“小运河”），从邱屯枢纽至临清头闸（板闸），此河段共 6.8 千米；北段为元运河，从邱屯枢纽至临清闸，此河段共 1.2 千米。和运河钞关、鳌头矶 2 个遗产点随会通河临清段列入世界文化遗产名录。

第六节 运河遗产修缮与保护

一、古运河开发与保护

自 1999 年 8 月开始，聊城市先后实施了四期运河开发工程，为做好开发过程中文物保护工作，市政府专门下发了《关于在运河开发中做好文物保护的通告》，市文物部门派驻专人对运河沿岸工地进行巡查，对运河沿岸文物名胜进行重点保护。

2002 年，在配合运河旅游开发工程中，发现 10 余通碑碣石刻以及元代沉船、古牌坊、石狮、麒麟和大量的陶瓷残片，为研究运河历史提供了实物资料。2002 年 4 月 12 日，在运河二期工程工地闸口北 100 米处发现木料，经过文物部门发掘清理，确认为古代沉船。该沉船残长 16.44 米，残宽 2.84 米，船底宽 2.20 米，船头略呈尖形，船尾为方形，船底为浅凹形，有 12 个船舱，船体保存基本完整。截至 2015 年年底，该船是聊城市发现的年代最早、船体最大、保存最为完整的古代沉船，也是山东省发现的年代较早、保存较为完整的沉船之一，它的发现对研究运河交通史、经济史有很重要的学术价值，对聊城市发掘运河文化内涵、发展文物旅游有重大的推动作用。2013 年，为进一步丰富运河文化博物馆馆藏，元代古船运至中国运河文化博物馆库房保存。2014 年，博物馆启动古船修复工作，委托荆州文物保护中心和山东省文物考古研究所编制《大运河（聊城）出土古船及闸板脱水保护修复方案》，2015 年 10 月 1 日，古船修复完工，移至博物馆三楼展厅长期展出。

二、配合南水北调工程考古研究

南水北调工程东线工程取道京杭大运河，南水北调工程文物保护工作是中华人民共和国成立以来山东省最大的一项配合基本建设的文物保护工作。为了做好工程实施过程中的文物保护工作，工程正式开工建设前，全国政协科教文卫体委员会联合国家文物局、国务院调水办、水利部、国家发改委等部门，组成“南水北调工程中的文物保护”联合调研组，对工程沿线区域文物资源及文物保护工作开展了广泛调研。2004 年 3 月，国家文物局原局长单霁翔率南水北调工程文物保护调研组到聊城调研，认为聊城段运河文物遗存价值较高，具备申报国家重点文物保护单位的条件，请山东省及聊城市地方政府在加强保护的同时，做好申报国保单位的准备工作。同年，为配合南水北调工程，市、县文物部门配合山东省考古研究所等单位进行工程沿线的文物调查及考古勘探工作，选定 14 处古遗址及运河古桥闸考古勘探发掘工地，将张秋上闸等 14 处运河遗存升级为聊城市第三批市级文物保护单位。

2010—2011 年，会同山东省文物考古研究所、山东大学对东昌府区土桥闸遗址、阳谷县七级码头进行考古勘探发掘，其中东昌府区土桥闸遗址、阳谷县七级码头遗址取得重大考古成果。两处遗址是大运河上进行系统考古发掘的、保存条件最好的古代运河水利工程之一，其精巧的设计，雄伟的气势，展示了古代运河的风采，为古代运河水利科技研究提供了丰富的实证。同时，运河河道中出土的瓷器、瓷片标本、铁器、铜钱等体现了明清时期聊城运河沿线经济文化交流的状况。2012 年，两处遗址和济宁南旺分水枢纽遗址作为一组入选“2011 年度全国十大考古新发现”，这在聊城市历史上尚属首次，引起社会各界广泛关注。2013 年，配合省考古所对南水北调工程中的临清戴湾闸、阳谷七级下闸进行考古发掘。

三、申报世界文化遗产

2008 年，我国大运河申报世界文化遗产工程正式启动。2009 年 4 月，大运河聊城段保护与申报世界文化遗产工作领导小组及申遗办公室成立。按照国家文物局、省文物局、大运河联合申遗办的部署和要求，聊城市、县文物部门组织精干力量结合第三次全国不可移动文物普查对运河文化遗产进行了全面调查。2010 年 8 月，聊城市政府委托中国文化遗产研究院编制完成《大运河遗产山东聊城段保护规划（2010—2030）》，并正式公布实施。

2010—2012 年上半年，全市以环境整治、文物维修为抓手，先后疏浚和整治部分运河河段如聊城城区段、临清城区段，修缮大码头、小码头等运河文物，保护运河沿岸各类古建筑、古街区、古街巷，如光岳楼、山陕会馆、礼拜寺、小礼拜寺、天主教堂、鳌头矶、清真寺、舍利塔、海会寺等，运河沿岸的历史风貌得到了较好的保护，运河文物的保存状况得到质的提升。

2012 年下半年，申遗进入攻坚阶段，市政府及申遗点段所在地的临清市、阳谷县均成立申遗领导小组办公室。申遗办充分发挥协调作用，积极争取上级资金扶持，并从地方财政拨付资金投入申遗工作，其中临清市共计投入资金 1.2 亿元，阳谷县投入资金 0.22 亿元。2012 年 9 月，临清市彻底截住污水来源、清理河道垃圾，保护沿岸古树名木，对元代运河鳌头矶至问津桥段约 1.2 千米的两岸居民区进行测绘、搬迁，对元明运河、各桥闸、钞关进行环境整治和文物维修，并对钞关进行了考古发掘，将公堂、后堂等古建筑遗址进行了清理保护，恢复、维修了船料房、书办房等古建筑。阳谷县对会通河阳谷段进行环境整治、河道疏浚、周边绿化、道路铺设，疏通河道 19 千米，对占压运河文物的违章建（构）

筑物依法拆除，铺设柏油路、沿河砂石路，确保了列入遗产点的荆门上下闸、阿城上下闸4个水工设施的保护与修缮工程完美收工。阳谷县和临清市分别安装大运河监测预警平台，同时在运河沿岸及钞关等树立保护标志碑、说明碑及界桩。

2013年9月，聊城市政府办公室发布《通知》，要求各县（市、区）人民政府、市属开发区管委会、市政府有关部门严格执行《山东省大运河遗产山东段保护管理办法》规定，进一步加强大运河聊城段遗产保护管理工作，切实保护好大运河各类水工遗存、历史遗存和相关附属设施。

2013年9月，国际古迹遗址理事会（ICOMOS）专家莉玛·胡贾代表联合国教科文组织到聊城对大运河申遗工作进行检查验收，对聊城市的运河保护与申遗工作给予高度评价，大运河聊城段的遗产保护、管理、监测等工作均达到了验收标准。2014年6月22日，卡塔尔多哈第三十八届世界遗产大会上宣布，中国大运河项目入选世界文化遗产名录，聊城市有8个遗产点段列入其中，成为世界文化遗产城市。大运河申遗成功，填补聊城市世界文化遗产的空白，为“江北水城·运河古都”城市品牌注入新的文化内涵，也为聊城带来新的发展机遇。

四、世界文化遗产保护修缮

申遗成功后，全市文物部门对已列入世界文化遗产名录的8个遗产点、段，按照世界遗产的要求继续做好保护工作，相继实施会通河临清段临清砖闸、月径桥、隘船闸修缮工程、临清运河钞关二期修缮工程、会通河阳谷段水门桥、运河石桥保护修缮工程、会通河临清段及阳谷段保护规划编制等工程。

临清运河钞关是世界遗产的重要组成部分，临清市在完成院内修缮的基础上，对濒临倒塌的三座钞关附属建筑前关街98号院、后关街162号院和前关街65号院进行了抢救性修缮，修缮面积300平方米。为打造大运河上唯一的钞关文化旅游景点，聘请专业团队科学编制《临清运河钞关布展设计方案》：在南北穿厅、书办房内再现明末钞关衙署办公场景，在船料房制作大型沙盘展示当时缴税流程，通过奏折等资料丰富钞关文化内涵，精心陈展文物复活钞关历史。清真东寺是国家级重点文物保护单位，是大运河临清段遗产的重要组成部分，因常年失修，大殿木建筑糟朽严重，透风漏雨，面临着倒塌的危险。2014年开始，临清市组织专业团体，编制整体修缮方案，进行抢救性修缮，完整保护清真寺的历史风貌。临清市编制《大运河临清段遗产月径桥、隘船闸、砖闸维修工程实施方案》，准备对月径桥、隘船闸、砖闸进行维修。阳谷县依照国家批复的保护与展示方案继续完善河道及沿岸的整治工作，编制的《大运河阳谷段河工设施—陶城铺闸、水门桥、张秋运河石桥修缮保护工程设计方案》获国家文物局批复通过，按规划方案加强对运河闸、桥的修缮保护工作。

对于暂未列入遗产名录的文物点，各级文物部门一并做好后续保护工作。周店船闸、辛闸、梁乡闸等古闸的考古勘探、维修工作相继展开。2013年，聊城江北水城旅游度假区组织人员对周店船闸进行河套清淤、附着物清理工作。同年下半年，山东大学文化遗产院考古团队先后对周店船闸进行测绘、考古调查、发掘，出土碑刻、钱币、瓷片等文物。2015年3月，梁乡闸修缮项目正式施工；4月，辛闸维修工程启动。

2015年，聊城市、县两级文物部门以第六、七批国保单位记录档案制作、上报备案以及国保单位综合管理系统试运行为契机，进一步完善运河遗产重要点段纸质和电子档案。阳谷县、临清市利用大运河监测平台，与水利、气象、环保、城建等各部门联合，对运河的水位、水质、环境卫生及沿岸的建筑进行细致监测，实现了大运河遗产安全和监测数据及时准确上报。

全市在加强运河遗产保护的同时，开始探索遗产保护利用途径。2014年，抓住山东省文物局编制《山东运河历史文化长廊建设规划》的有利时机，市、县文物部门积极配合规划编制单位开展运河资源调查工作，为利用好运河遗产推动经济社会发展做足准备工作。初步确立大运河聊城段保护利用战略，并于2015年聘请高水准国际设计公司编制《京杭古运河（聊城段）概念规划》。

第二章 运河文化遗产

第一节 水工建筑

京杭大运河聊城段长97.5千米，地势较高，接近整个河道的最高点，为保证水源充足、运输正常，元明清各代在聊城段运河上修建了大量闸坝码头等水工建筑。据统计，沿线遗产包括航运工程设施24项：水门桥码头、七级码头、运河大码头、运河小码头、三元阁码头、水门桥、迎春桥、月径桥、荆门上闸、荆门下闸、陶城铺闸、阿城上闸、阿城下闸、七级上闸、七级下闸、周家店船闸、李海务闸、永通闸、梁乡闸、土桥闸、戴湾闸、临清闸、会通闸、砖闸等。各时期的建筑和遗存在沿运河两岸呈现出各具特色的建筑文化特点和鲜明的运河文化带色彩。

会通河临清段 位于临清市境内，会通河最北端的河段，全长36.02千米，2013年5月，被国务院公布为全国重点文物保护单位。

临清段自北向南先后流经临清市的先锋街道、青年街道、新华街道、大辛庄街道、戴湾镇和魏湾镇。2014年6月22日，会通河临清段的部分河段随大运河项目列入世界文化遗产，列入大运河遗产段的会通河临清段全长8千米，包括两部分，南段为明运河（俗称“小运河”），从邱屯枢纽至临清头闸（板闸），共6.8千米，河道走向未发生变化，河道形制基本完整，生态保护良好；北段为元运河，从邱屯枢纽至临清闸，共1.2千米，河上有元代临清闸、会通闸和隘船闸，还有月径桥、天桥等历史建筑。

会通河阳谷段 位于阳谷县境内的东部，北起阿城下闸以北1千米处，南至金堤闸，全长19千米，2013年5月，被国务院公布为全国重点文物保护单位。

至元二十六年（1289年），元世祖决定开凿会通河。会通河开通后，上接济宁的济州河，下通临清的卫河，自南由张秋镇入阳谷境，经阿城镇、七级镇，然后与聊城李海务贯通。会通河的开通使京杭运河至此全部贯通，成为沟通海河、黄河、淮河、长江、钱塘江五大水系，纵贯南北的黄金通道。

阳谷段运河通航功能的强盛时期始于明永乐九年（1411），当时疏浚之后，运河宽11米，深4.33米。清咸丰五年（1855），黄河于河南兰考决口改道北流，于张秋南汇流穿运河，夺大清河道入海。黄河改道的冲击，造成运河堤岸损坏，河道淤塞，运河漕运开始衰败。清光绪二十七年（1901）清政府诏令运河停运。

漕运结束后，会通河阳谷段失去航运功能，改为排洪灌溉河道。现河道河床宽30～50米，堤岸主要为土壤植被护坡。

小东关街迎春桥 位于东昌府区柳园街道后菜市街，明清时期运河的“十二连桥”之一，2012年，被东昌府区人民政府公布为县级文物保护单位。

聊城段运河地势高、借黄河水泥沙大，河道需要经常维护，于是在主河道附近开挖月河，以保障运河的正常通行。月河修建后，河上修建了许多桥，小东关街迎春桥就是其中之一，始建于明代，一直沿用到清代。清末，随着漕粮改折，运河逐渐废弃。现在迎春桥月河原址上已填埋修建为小巷，仅存部分栏板及桥面，建筑面积60平方米。

水门桥 位于阳谷县张秋镇运河西岸，2014年10月，被聊城市人民政府公布为市级文物保护单位。

始建于明代的运河引水桥，民国年间重修，石材均为附近当年所拆古寺庙碑刻。桥东西宽8.5米，南北长10米，2个涵洞、拱形。栏板共由6块碑刻组成，清晰可辨者有清同治八年（1869）的“三官碑”、清道光二十年（1840）的募捐碑、明万历二年（1574）募捐碑等，栏板长1.8米，宽5.1米，厚0.3米。在中间栏板下有一石质匾额，嵌于桥内，上书“水门桥”三字。该桥是古运河上重要的水利设施，也是研究张秋镇历史的重要实物资料。

月径桥 位于临清市先锋街道桃园街西首元代运河故道上，始建于清顺治年间的古桥，2006年5月，被国务院公布为全国重点文物保护单位。

清顺治九年（1652），商人邵以枢捐资修建了该桥。民间传因河道呈弯月状，故此桥被命名为“月径桥”。月径桥为东西走向，砖石结构，桥洞为半圆形单孔，直径4.6米，孔高2.3米，桥身长5.8米，通高6米。桥身宽3.1米，桥栏砖砌高1.3米，东雁翅栏墙高1～1.8米，长19.6米，最宽处5.8米，西雁翅长12.3米，最宽处为11.4米，桥身及雁翅保存完好。月径桥恰在问津桥与会通桥之间，与问津桥、会通桥共同被称为“玉带三桥”。桥头西边是白布巷，桥头东边为牌坊街，周边是古民居。因月径桥附近曾是禽鸟贸易市场，民间又称此桥为“鸽子桥”，临清民间的禽鸟集会俗称“赶桥”，直到20世纪60年代禽鸟市场还存在。

会通闸 又名会通头闸、会通桥，位于临清市先锋街道桃园街，京杭大运河上的元代船闸，明代改建为桥，2006年5月，被国务院公布为全国重点文物保护单位。

临清会通河段开凿于元至元二十六年（1289），并于至元三十年（1293）和元元贞二年（1296）分别修建了会通闸和临清闸，这两处船闸与建于元延祐元年（1314）隘船闸一同称作运环闸（明朝改称连环闸），是元朝会通河上的重要水利工程。会通闸是会通河入卫河的第一闸，东至临清闸0.5多千米，始建于元至元三十年（1293），正月一日开工修建，十月二十九日建成，历时300天。闸座长33.33米，宽26.67米，两直身各长13.33米，两雁翅各斜长10米，高6.67米，孔宽6.67米。会通闸是砖闸，由临清砖垒砌而成，由于历代不断维护，古闸保留了元明清各个朝代的临清砖，其中挖掘出一块“大工砖”是永乐年间为修建故宫所造。会通闸雁翅南北各长50多米，形成巨大的漏斗状，能提高进水、出水的速度，根据古闸尺寸可以推断当年会通河河面宽度70～80米左右。

京杭大运河临清段元代河道会通闸（会通桥）（2015年摄）

明永乐九年（1411），宋礼治理运河时对该闸进行重修。永乐十五年（1417），临清运河的南支开通，作为北支的元代运河逐渐成为一条月河、排水河。明正德年间起拱建桥，名为会通桥。该桥长8.2米，跨径3.2米，至2015年保存良好。

临清闸 又名会通中闸、问津桥，位于临清市先锋街道白布巷街，京杭大运河上的元代船闸，明代改建为桥，2006年5月被国务院公布为全国重点文物保护单位。

临清闸始建于元元贞二年（1296），位于当时临清城内的元代运河上，西至会通闸0.5千米。该闸座长33.33米，宽26.67米，两直身各长13.33米，两雁翅各斜长10米，高6.67米，孔宽6.67米。

明永乐、弘治年间由宋礼、白昂相继重修临清闸。明万历年间，临清州人秦大藩又重修，在原址上起拱建桥，明崇祯年间重修时，题刻为“问津桥”。问津桥呈西南东北走向，砖石砌成，全长7米，半券式单孔，孔径2.6米，孔高1.3米，东西雁翅各长4米，桥面石板铺设，中间高、两头低，保存较好。

戴湾闸 又名戴家湾闸、戴湾闸，位于临清市戴湾镇戴闸村，京杭大运河会通河段上已知元明两代船闸中保存最为完整的闸之一，始建于元皇庆二年（1313），2006年5月，被国务院公布为全国重点文物保护单位。

元朝开凿运河时在戴河以西建成戴湾闸，位在月河出入口，北至临清新开上闸（二闸）15千米。戴湾闸与明永乐十五年（1417）所建的二闸相距104年，两闸的形制及规模大致相同，都由墩台、雁翅、石防墙（已毁）组成。闸门长6.7米，闸墩长13.4米、宽10米，闸高5.6米，闸墩上下游两侧筑雁翅13～17米长，闸墩与雁翅分别砌成锐角，左右向上下游展开，使闸孔与正河之间从收缩到扩展形成过渡，使水流流线不致紊乱，尽量减少水流对闸墩的破坏力，保障舟船航行安全，符合流体力学原理。雁翅结构独特，闸体由1.3×0.4米青石砌筑而成，条石与条石相接处凿以燕尾槽，槽内由铁汁浇灌相牵，浑然一体，坚固持久。燕尾槽上有“戴家湾”字样。闸槽由8块厚0.25米的杉木板提落调节水位，以节蓄泄，保障运河漕运。现河床水面下0.2米，尚有闸板存在。戴湾闸在历史上曾有4坐镇水兽，坐落在桥的两端，由于年代久远，仅保留下1座。

闸后改桥，桥洞宽约10余米，桥基是用百块巨石砌成，缝隙严密，工艺高超。戴湾闸小桥东侧立一石碑，记录了戴闸村的由来，明万历八年（1580），李姓由肖寨乡李营子村迁来，在水闸附近以捕鱼为生，形成村落后以闸命村名曰“戴闸”。戴闸北侧，居住着戴闸村的村民。闸北首村委会院内，埋有1通重修戴湾闸的碑刻，闸南头曾建有大王庙1处。

临清砖闸 又名二闸、新开上闸，位于临清市青年街道前关街，京杭大运河上的明代船闸，2006年5月，被国务院公布为全国重点文物保护单位。

明永乐十五年（1417），临清城区内的元代运河淤积严重，明政府又重新开挖南支运河，派平江伯陈瑄主持修建2闸。明正统二年（1437）建为砖闸，后改为石闸。

临清砖闸由墩台、雁翅、石防墙（已毁）组成。南北相距50米，东西相距100米（现残存雁翅相距20米），高4.5米，占地5000平方米。闸墩后改铺桥板，成为行人桥。桥宽3米，长5米，保存完好。

七级下闸 又名七级北大桥，位于阳谷县七级镇北，京杭大运河上的元代船闸，2006年5月，被国务院公布为全国重点文物保护单位。

七级下闸始建于元大德元年（1297），农历五月一日开工，十月六日完工。七级下闸南距七级上闸1.5千米，北距周家店闸6千米。闸长100尺，宽80尺，两直身各长40尺，两雁翅各斜长30尺，高20尺，孔宽20尺，旁有月河。此外，在雁翅上还保留有一座镇水兽，形态可掬，栩栩如生。清代末年漕运停止后，当地百姓便改闸为桥，利用原有闸座，上面铺木板作桥面，后桥面改木板为水泥混凝土材质。

阿城上闸 又名阿城南闸，位于阳谷县阿城镇阿西村，京杭运河上的明代船闸，2006年5月被国务院公布为全国重点文物保护单位。2013年5月，随会通河阳谷段作为一个点被列入世界文化遗产名录。

阿城上闸始建于元大德二年（1298），正月二十五日开工建设，十月一日完工，用工446名。阿城上闸南距荆门北闸5千米，北距阿城下闸1.5千米，闸长33.33米，阔26.67米，两身各长13.33米，两雁翅各长10米，闸孔阔6.67米，高6.67米，定时起闭，节制水流。明永乐九年（1411）二月，朝廷命尚书宋礼、侍郎金纯、都督周长疏浚会通河，对阿城上闸进行重修。

阿城上闸由青石垒砌而成，原来的闸板、闸面早已无存，雁翅部分损坏。起初，后人用木料搭建成闸面，以供通行。2014年，作为京杭大运河的申遗点，已经修缮一新，桥面已经改为是不可拆卸的水泥板桥面。另外，阿城上闸附近还有一座面目斑驳的镇水兽，体形较该地区其他镇水兽较小。

阿城下闸　又名阿城北闸，位于阳谷县阿城镇刘楼村，京杭大运河上的明代船闸，2006年5月，被国务院公布为全国重点文物保护单位。2013年5月，随会通河阳谷段作为一个点被列入世界文化遗产名录。

阿城下闸始建于元大德三年（1299），农历三月五日开工建设，七月二十八日完工，用工441名。阿城下闸南距阿城下闸1.5千米，闸长33.33米，阔26.67米，两身各长13.33米，两雁翅各长10米，闸孔阔6.67米，高6.67米，定时起闭，节制水流。明永乐九年（1411）二月，朝廷对阿城上、下闸进行重修。雁翅部分损坏，闸板早已无存。2014年，作为京杭大运河的申遗点，已经修缮一新。

张秋上闸　又名荆门南闸、荆门上闸，位于阳谷县张秋镇上闸村，京杭大运河上的元代船闸，2006年5月，被国务院公布为全国重点文物保护单位。2013年5月，随会通河阳谷段作为一个点被列入世界文化遗产名录。

张秋上闸始建于元大德六年（1302），农历正月二十三日开工建设，六月二十九日完工，南距寿张闸32.5千米，北距荆门下闸1.25千米。明永乐九年（1411）曾进行重修，现在是上闸村和孟楼村之间的交通要道。

闸由青石垒砌而成，设有双闸板，闸涵南北长10米，东西宽13米，闸坝雁翅长8米，闸板槽宽15厘米。用大石块整齐垒砌额的雁翼共有13层，底部石块用玲珑扣衔接，迎水面石块尽头的木桩浸泡在淤泥里，基本没有腐烂，依旧坚固如初。今闸板已不存在。闸栏尚有镇水兽石刻遗留，为圆浮雕，威武凶猛。2014年，作为京杭大运河的申遗点，已经修缮一新。

张秋下闸　又名荆门北闸、荆门下闸，位于阳谷县张秋镇下闸村，京杭运河上的元代船闸，2006年5月，被国务院公布为全国重点文物保护单位。2013年5月，随会通河阳谷段作为一个点被列入世界文化遗产名录。

张秋下闸始建于元大德三年（1299），农历六月一日开工，十月二十五日完工，用工310名。张秋下闸南距张秋上闸1.25千米，北距阿城上闸5千米。明永乐九年（公元1411年）曾进行重修。闸涵南北长12米，东西宽8米，闸板槽宽0.25米。闸头有石刻石狮4尊，现仅存1尊，狮高1.2米，底座0.8×0.6×0.3米，保存基本完好。据下闸村民讲，闸头曾有碑刻多通，当年连同闸头石狮坠入运河内。

阿城陶城铺闸　位于阳谷县阿城镇陶城铺村，京杭运河上的清代船闸，2013年5月，被国务院公布为全国重点文物保护单位。

阿城陶城铺闸始建于清咸丰五年（1855），现存闸涵长12米，宽6米，雁翅长15米，闸槽宽0.12米，平铺错缝，青石垒砌而成。因河道废弃，闸已失去原有作用，原闸板、闸面早已无存，部分雁翅边沿稍有损坏。20世纪60年代，修建水泥桥面时，在闸的中间加有两道横墙，成为现今的三孔桥，其他构造未改变。

周家店船闸　又名周店船闸，位于江北水城旅游度假区凤凰街道周店村，京杭大运河上的元代船闸，2006年5月，被国务院公布为全国重点文物保护单位。

周家店闸始建于元大德四年（1300），包括南闸、北闸和越（月）河涵洞，南北两闸结构形式大体相同，相距66.2米。公元1936年加固维修。

北闸，顺河南北长12米，跨河东西宽38米，闸高7.33米，闸口宽7.33米。闸口两边均为条石砌筑，向外伸出13米左右。闸口内原有两扇闸门，门关闭时呈“八”字形，以利于挡水。闸门上设有两扇方形小门，叫蝴蝶门，小门用绳索加以控制。闸门内侧设有石砌凹槽，凹槽上有铸铁搅磨，搅磨下部装有铁齿轮，铁齿轮与凹槽底部方杠相连，使用时即可推动搅磨而带动齿轮，再以齿轮拨动木杠，或外推，或内拉，以达到闸门启闭之目的。另外还设有闸板装置，闸板即长条木板，闸门出现故障时，即使用闸板，自下而上依次将闸板两端卡入两壁的凹槽中。南闸与北闸形制大体一致，只是闸门的开启方向相反。南北两闸之间的河道东岸，曾设有3个码头，码头台阶均是方石砌成，当年运河通航时，多在此装卸货物。

南北两闸向西约60米处，即是越（月）河。由于船闸阻碍水流，洪水来临的时候会产生危险，越（月）河的主要功能是泄流。越（月）河自南闸流出，然后向西、再向北转东，形成一个圆弧状，最后在北闸北部并入运河主道。越（月）河上跨河建有桥梁式涵洞，涵洞下设水孔，各孔设门，可开可闭，以控制水流。1936年加固维修时，当时的山东省水利厅长张鸿烈题字“周家店船闸”和“月河涵洞”，石刻保存较好。周家店船闸有记事碑刻3通［注：清乾隆四十七年（1782）的通济桥碑记和重修周家店闸悬桥碑记，另一通内容无法考证］。

因河床淤积，水位下降，船闸已失去水闸功能，南闸现已被改建为桥，闸板犹存，闸体条石有部分残损。北闸西南仍能看到青砖砌起的护坡，北部为村中硬化柏油路。

辛闸 位于经济技术开发区北城街道辛闸村，京杭大运河上的明代船闸，2006年5月，被国务院公布为全国重点文物保护单位。

建于明永乐九年（1411），闸跨南北向河道，南北长约40米，东西宽约20米。辛闸主要由两侧石砌燕翅及闸口构成，现仅存闸根、燕翅和一对镇水兽。镇水兽一在东北燕翅上，雕刻精美，风化、残损严重，另一只在东南燕翅上所建的平房里。闸根及燕翅上局部有残损，但主结构尚存。燕翅系长方形青石砌成，砌石外侧为筑土，现存十余层高，两翼向外延伸，上部砌石保存较好，两侧路面上仍可见砌石基体，向西延伸约32米。闸口由两侧的燕翅围拢而成，为水流、船只通道，长约5米、宽约7.5米，中部原为闸门所在，两侧还有宽约0.30米、深约0.06米的闸门槽。清朝末年，因漕运功能丧失，水位下降失去水闸功能，已被改建为桥。闸面现架筑石桥，供群众通行。

1951年，重新治理张秋镇至临清河段张秋泄水闸，同时维修了周家店船闸、辛闸、梁乡闸、土闸等6座桥梁。1954—1957年，利用运河发展灌溉事业，辛闸南、周店、梁水镇8处形成自流灌区。1983年冬季，疏浚四河头至辛闸段，改名为“运河分干”。

梁乡闸 又名梁家乡闸、梁水镇闸、梁闸，位于东昌府区梁水镇梁闸村，京杭大运河上的明代船闸，2006年5月，被国务院公布为全国重点文物保护单位。

明永乐十六年（1418），工部尚书宋礼征集民夫16万人，开挖南自济宁、北至临清元代运河故道，同年，兴建了梁乡闸。梁乡闸南距永通闸10千米，北距土桥闸7.5千米。闸附近还设有泄水闸和浅铺、涵洞，现仅存闸根，后来人们在闸基上建桥。

土桥闸遗址 又名土闸，位于东昌府区梁水镇土闸村，京杭大运河上的明代船闸遗址，2013年5月，被国务院公布为全国重点文物保护单位。

始建于明永乐九年（1411），清乾隆二十三年（1758）扩宽闸口，至清道光二十年（1840）一直由运河管理机构（河道总督）管理，是当时运河上的重要水利设施。南距梁家乡闸7.5千米，北距戴湾闸24千米。

土桥闸遗址由土桥闸、闸东大王庙基址、月河、上游进水闸基、下游减水闸基组成。土桥闸主要由墩台、闸口、折冲、燕翅、裹头、流水、燕尾组成。闸基用直径0.08～0.20米的松、柏木柱打桩作为基础，燕尾外有石砌护坡及木柱护坡。墩台由砌石、砌砖、三合土和夯土组成。闸体石壁由起加固作用的铁扣砖和铜杆相连。2010年，山东省文物考古研究所对其进行调查发掘，现出土元代、清代镇水兽3个，残件2个。明、清、民国瓷器残片约5000片，主要为青花瓷、青瓷和白瓷，另有陶器、紫砂器。此外有石碑、铁扣砖、铜钱、耳勺、船上用器（盆、绳、篙、钉、鱼钓、网坠等）、建筑构件、烟袋、石锤、兽骨等。

土闸遗址是当前运河上进行系统考古发掘的、保存条件较好的古代运河水利工程，其设计坚固合理，施工精细，为了解同类型水利设施的研究提供了范例，其发现与发掘为中国古代水利技术史、大运河历史的研究提供了重要的基础资料。

李海务村船闸遗址　位于江北水城旅游度假区凤凰街道李海务村，明代船闸遗址，2012年，被东昌府区人民政府公布为县级文物保护单位。

始建于明永乐年间，在周家店闸北6千米，闸务归并周家店闸。船闸口宽6.66米，长7.70米，高4.35米，占地面积51平方米。船闸上原有活动式木桥1座，由于运河废弃，船闸及木桥被埋在地下1米处。船闸遗址现为村中道路。

西梭堤村进水闸遗址　位于东昌府区梁水镇西梭堤村，明代船闸遗址，2012年，被东昌府区人民政府公布为县级文物保护单位。

始建于明代，1920年从闸南200米左右移到现址，闸总长15.6米，燕翅宽4.7米，面积约73平方米，已经成为村内的石板桥。闸现暴露高度1.4米，以下为淤土，闸上有石板五块，石板长3.45米，宽2.42米，闸外侧宽2.5米，折翅1.44米，上刻有“惠民”二字，燕翅宽4.7米，闸板槽宽0.145米，深0.14米。闸往北28米为民居，西面、南面为耕地，东面为老运河河道。

张秋码头　位于阳谷县张秋镇南街古运河西岸，京杭大运河沿岸的元代码头，2014年10月，被聊城市人民政府公布为市级文物保护单位。

始建于元代，南北长约100米，宽50米，呈长方形。运河停止航运后，码头废弃，大部分已淤埋于河床下面。每到河水干涸时就会显现出部分石基，石基完好，错缝平铺，用料硕大。码头当年的主要作用是停泊船只、装卸货物、上下行人。

七级码头　位于阳谷县七级镇西街村运河东岸，为京杭大运河沿岸历时元明清三代的古码头，2013年10月，被山东省人民政府公布为省级文物保护单位。

元代，开凿会通河穿镇而过，小镇主要转运粮食。为了南北物资交流，装卸货物，上下行人之便，镇上就修建了古渡口，有七级石质台阶，遂改镇名为“七级”。明清两代曾进行过维修，据记载清乾隆十年（1745）的一次重修，由民间集资完成。清末以后，运河缺少监管，码头被建房的居民填埋。

2011年春，山东省文物考古研究所、聊城市文物局、阳谷县文物管理所对七级码头遗址进行了全面发掘，通过发掘发现，码头现存用条石错缝平铺垒砌而成的17级台阶保存完好。七级码头也是运河山东段至2015年发掘的唯一一座保存完整的古码头，入选“2011年度全国十大考古新发现”。

三元阁码头　位于临清市青年街道西夹道街，京杭大运河沿岸的明代码头，2013年10月，被山东省人民政府公布为省级文物保护单位。

临清卫运河两大码头，一是三元阁码头，一是浮桥口码头（俗称水簸箕）。三元阁码头当时被称为运河之上的第一商业码头。该码头始建于明嘉靖二十一年（1542），倚卫运河东岸而建，坐东朝西，长、宽各15米，台高4米，占地230平方米，条石砌筑。有阁建于台上，前后两进，是道教观阁，具有典型的道教建筑风格，大殿供奉有武财神关帝、大士观音、妈祖海神娘娘等神灵。清末，漕运逐渐停航，三元阁香火日稀。民国时期，三元阁彻底失去宗教用途，成为民国临清水上警察所。至2015年，三元阁码头已基本消失。

崇武驿大码头　位于东昌府区古楼街道东关闸口南800米处，古运河西岸，明代运河码头，2006年5月，被聊城市人民政府公布为市级文物保护单位。

在东昌府区东关运河西岸有一座著名的官驿——崇武驿。明洪武二年（1369），在京杭大运河建成一处码头，因临近崇武驿，而被命名为崇武驿大码头（为区别附近的崇武驿小码头）。崇武驿大码头是运河沿岸的重要口岸之一，距码头街南约5米，南距基督教堂120米。码头长17.5米，宽5.8米，呈“巨”字形，共设踩踏两处，左右各设上下台阶16级。大码头附近曾有一御碑，是清康熙皇帝为减免东昌税收而立。

崇武驿小码头 位于东昌府区古楼街道东关闸口，古运河西岸，明代运河码头，2006年5月，被聊城市人民政府公布为市级文物保护单位。

崇武驿小码头原为商贾所建的私用码头。码头以青石垒砌，东西长14米，南北宽3.75米，为南北轴线对称布局。平面呈“凹”字形，凹槽用以停泊船只，装卸货物。凹槽东西宽7米，南北深1.5米。凹槽东西两端各有6蹬踏跺接河槽。踏跺长1.25米，宽0.27米，高0.16米。凹槽左右各有石砌台阶，台阶最上层青石上有圆形穿孔，为系舟船缆绳之用。凹槽以北原为2.5米的青石条路。部分码头石条经风雨剥蚀，斑驳不平，主体结构没有改变。小码头现保存完整。

第二节 沿河遗存

临清运河钞关 位于临清市青年街道青年路，明清政府派驻临清督理漕运税收的直属机构所在地，2001年6月，被国务院公布为全国重点文物保护单位。2013年5月，作为一个点被列入世界文化遗产名录。

临清运河钞关，始建于明宣德四年（1429），是明清两代中央政府设于运河上督理漕运税收的直属机构。明清时期，基于临清是漕运咽喉、商业都会以及诸王练兵、漕粮储积、贡砖烧制、商市税征之处，明永乐二十一年（1423）山东巡抚陈济上疏请求在临清设钞关。明宣德四年（1429），临清钞关设立。宣德十年（公元1435），朝廷在临清又增设户部榷税分司，以督理关税。至明代万历年间，临清钞关年征收船料和商税银83000余两，居全国八大钞关之首，占全国课税额的1/4。明万历年间，山东省一年的税课银只有8800余两，仅及临清钞关所收1/10稍强，临清钞关的显赫地位可见一斑。

明万历二十七年（1599），在临清钞关演绎了一场震惊朝野的大事件，这就是王朝佐反监税斗争。临清民变事件揭开了中国历史上民众自发组织抗税的新篇章。

清光绪二十七年（1901），运河漕运停止，钞关署治废止。后为临清民国政府驻地，解放后为临清县人民政府驻地。1949年10月，中华人民共和国成立至21世纪60年代初，运河钞关一直为临清县人民政府所在地。

临清钞关为一组建筑群，自运河而西依次为河口正关、阅货厅、“国计民生”坊、关堞、仪门、正堂等。钞关南北三进院落，置设穿厅、船料房、鼓铸坊等，厅堂坊舍室400余间。现存两进院落，主要有仪门、南北穿厅、公堂、巡拦房、科房、船料房、官属舍房等80余间古建筑，面积6000余平方米。前院为公署办公区，后院为仓储区。此外尚有原钞关官员住宅保存较好、建筑大多为硬山建筑，青色灰瓦屋面。钞关内收藏了记载钞关税收与王朝佐起义的明清碑刻。现公署办公区及北侧仓储区由临清博物馆管理使用，南侧钞关官员住宅变为临清水利局家属院。

临清运河钞关作为古代八大钞关之一，是中国古代运河税收机构典型遗存、运河文化重要载体，也是全国仅存的一处运河钞关，是研究中国明清两代经济生活、运河城市的形成与发展及中国税务发展的宝贵实证资料。

阿城盐运司 位于阳谷县阿城镇海会寺村，聊城运河沿线仅存的古代盐业管理机构遗存，2006年5月，被国务院公布为全国重点文物保护单位。

始建于明代，清乾隆年间由阿城的山西盐商与阿城盐运司联合扩建维修，当地俗称山西会馆，又称南会馆，既是会馆，亦为盐运分司官署。盐运司位于海会寺西侧，两进院落，独成一体，占地面积2623平方米，现存建筑有山门、前殿、后殿、配殿等，大殿内供奉关公，东西两配殿供奉关平和周昌。盐运司建筑技法精湛，大殿柱础雕刻精妙传神，木构件制作精巧，彩绘流畅生动。

鳌头矶　位于临清市先锋街道吉士口街35号，明代古建筑群，2001年6月，被国务院公布为全国重点文物保护单位。

临清城区内的古运河有两条，一条为元代运河，一条为明代运河。两河在鳌头矶处分流，一南一北，形成纵贯市区的巨大“人”字形格局。鳌头矶始建于明嘉靖年间，此处原为元代运河与明代运河交汇处的一座石坝，其状如鳌头，两条运河上的四处河闸像鳌的四只足，广济桥在鳌头矶后，像鳌的尾，当时知州马伦题名曰“鳌头矶”。明代书法家、临清人方元焕为鳌头矶题写了“独占”二字，寓“独占鳌头”之意。

鳌头矶是一组结构精巧、古朴典雅的楼阁式建筑，是运河岸边的标志性建筑和明清两代文人墨客登临览胜之所，现在被作为临清市博物馆和古砖陈列馆。鳌头矶主要由鳌矶坊、正门、吕祖堂、李公祠、望河楼、观音阁组成。整组建筑中，东楼名“观音阁”，西殿称“吕祖堂”，北庑名“甘棠祠”，门外原有木桥，枋楣“鳌头矶”三字是明人方元焕所写。

观音阁建在砖初基座上，基座高5米、占地9平方米，下辟门洞，面阔3间，进深2间，歇山卷棚顶，三、五、七架梁和抹角梁木构架，上覆筒瓦，陶质脊兽装饰，四角飞挑，木隔落地。

南楼望河楼现存3间，卷棚顶，前后隔扇，建于台基之上。从望河楼登上观音阁，可以远眺旷远的街市。观音阁与望河楼相映成趣，浑然一体，为临清景观“鳌矶凝秀”之所在。西殿吕祖堂现存3间。

鳌头矶内的碑刻位于院门洞的两侧：南侧一块是杜公去思碑，此碑记述了清咸丰年间义和团在临清的活动；北侧一块是清代州民为知州李询伯所立，碑上刻“经正民兴”4个楷体大字。另外，碑墙上还嵌有数块明代墓志。观音阁对面是画坊、曲廊、石桥、流水、花坛、喷泉交织的登瀛文化广场。

鳌头矶还是一处重要的革命纪念地，这里曾是党的领导机关所在地和重要活动场所。1938年，中共临清县工委机关报《力报》便在此创刊。1939年1月，八路军陈赓将军在此召开重要军事会议。近年来，许多学者、诗人、书画家如季羡林、臧克家等先后为鳌头矶题赠墨宝佳作，国画大师李苦禅81岁时为鳌头矶题写匾额，使古老的建筑增添了新的文化内涵。

鳌头矶作为与京杭大运河关系密切的古建筑，保存较为完整，是研究明、清两代南北经济文化交流、社会风俗、道教文化、运河文化、民间信仰诸多领域的实物资料。

清真寺　位于临清市先锋街道桃园街，始建于明代，2001年6月，被国务院公布为全国重点文物保护单位。

明弘治年间是临清最兴旺的时期，临清由县治升为州治，临清清真寺即始建于明弘治十七年（1504），明嘉靖四十三年（1564）重修。

临清清真寺坐西朝东，建筑规模宏大，占地面积2万余平方米，所有建筑为砖木结构、中轴线自东向西依次为山门、望月楼、正殿、后殿、后门；左右两侧对称排列角亭、经堂、沐浴房、供殿、楼、堂86间。

正殿前半部为四阿庑殿顶，正脊装有鸱尾，后部为重檐，结顶呈“山”字形。中为八角攒尖顶，后出抱厦，两侧各掩一四角攒尖顶，坡度比较大，森然耸峙，错落有致。望月楼为歇山重檐牌楼式建筑，结构精巧，玲珑别致。门楣正面镶毛泽东手书“清真寺”匾额。山门、东讲堂雕梁，挂落上平雕、圆雕、透雕颇具徽派风格；建筑构件吻、走兽、仙人、套兽脊块、瓦当等又遵伊斯兰教无偶像崇拜全部嬗变为花卉纹饰。壁画、圆光、匾额、瓦联等既有《古兰经》《圣经》箴言，又融合汉文化《论语》《中庸》《易经》精髓，书体既有汉文化的楷体、行书，又有穆斯林库法体、波斯体，质朴相融，相得益彰。

临清清真寺绵地壁画与中国传统建筑中麻刀灰抹墙不同，是采用羊毛闷灰抹墙，然后在其上创作壁画，这在全国是绝无仅有的。壁画与其他寺庙单线平涂技法明显不同，具有宣纸洇润的艺术效果。几百年色彩不褪，墨分五色，栩栩如生，在中国绘画史上有着特殊贡献，极具研究价值。

整个清真寺布局精巧，结构紧严，舒展大方，既具有伊斯兰宗教建筑特点，又体现了中国传统的木结构建筑风貌，是不可多得的建筑艺术佳构。临清清真寺在鲁西北地区可称寺庙之冠，规格高，建筑宏阔，影响深远，充分体现了伊斯兰民族在临清迁徙、安居、繁衍、融合、发展的历史轨迹，体现出临清的文化多元性、包容性、亲和性，有着深刻的社会价值和研究价值。

清真东寺　位于临清市先锋街道桃园街东侧，始建于明成化元年（1465），分别在明万历十一年（1583）、清顺治六年（1649）进行了翻修。2001 年 6 月被国务院公布为全国重点文物保护单位。

临清清真东寺坐北朝南，四进院落，占地面积 5500 平方米，建筑面积 1625 平方米。建筑布局平面呈“十”字形，南北中轴线上自南向北依次为山门、垂花二门、穿厅、讲经堂；在三进院落中央南北轴线上，又有一条与之相垂直的东西中轴线，东西中轴线上自东向西依次为对厅、正殿、后殿、后门。

主体建筑礼拜大殿，宽 18.5 米，长 28.5 米，廊厦木隔高敞，斗拱疏朗，彩绘精巧。大殿金柱轩昂，梁架巧构、殿厅三间三进，广阔明亮。殿顶呈“凸”字形，四角飞檐，门为落地格扇。殿内松木地板，悬阿文经字匾 6 块，水彩各形阿文通天木柱 8 根。殿堂内雕梁画栋、富丽堂皇。对厅面阔 2 间，进深 2 间，落地隔扇，六门相连，八角两窗，前有门楼，彩绘精雕，造型别致。上悬古匾 3 方，匾额题字“万化朝真”“一本万殊”“道有统宗”。

伊斯兰教传入中国 1500 余年，宗教建筑由城堡式嬗变为中国传统的殿堂式，建筑中轴线均为东西向。但临清清真东寺是东西、南北两条中轴线垂直交叉，这种建筑格局在全国伊斯兰教建筑中是唯一的个例。这种独特的建筑个性，是汉文化南北向为尊与伊斯兰文化东西向为尊的融合，体现了临清几百年间回汉民族两种文化碰撞融合的丰富文化内涵，在中国民族发展史上极具个性，有较高的研究价值。

舍利宝塔　舍利宝塔位于临清市先锋街道小庄村西北，明代佛塔，2001 年 6 月，被国务院公布为全国重点文物保护单位。

舍利宝塔，俗称临清砖塔，为临清的标志性建筑，有“运河四大名塔之一”美誉。宝塔下原有明代古建筑群永寿寺，规模巨大，殿宇恢宏，现永寿寺已不复存在。舍利宝塔并非为“舍利”而建，而是缘于风水。明万历年间，临清文人缙绅聚议，认为临清风水不利，决定将临清土城北方的观音大士像移至此处，并建造一座宝塔，此处是临清汶、卫两河汇流北去的“天关”，可“扼塞两河水口，弘开万里天关”。众人推举在家赋闲的临清籍人工部尚书柳佐主管其事，并将宝塔定名“舍利宝塔”。万历三十九年（1611）开始策划，万历四十五年（1617）建成第五层，次年由临清布商汪道济独资捐建第六层，历时三年后，九层宝塔全部建成。当地民间传说：曾有名叫大青、二青的两个鱼精在卫河中兴风作浪，专食婴孩，后有神仙下凡，移来古塔，将大青、二青锁在深井之中，镇压于宝塔之下，此塔即为舍利宝塔。

舍利宝塔九级八面八角，楼图式，通体近垂直，上部稍内收，砖木结构，塔顶呈将军盔形，为省内罕见。基座八面，每面长 4.9 米，底面积 186 平方米，空间面积 7000 平方米，外檐砖木结构，檐下为陶质仿木出挑斗拱，转角斗拱下垂莲花垂柱，斗拱下部镶嵌陶质“阿弥陀佛”四字，门楣上镌刻“舍利宝塔”四字。塔室内各层辟有转角形石质梯道，梯道迂回至顶层。各层为穹隆顶，顶上施龙骨架，地面平托金丝楠木楼板，平面铺青砖，每层辟八门，四明四暗。各层塔心室内都有刻石、画像镶嵌壁上，宝塔中心部位原有金丝楠木通天柱，上至塔刹，下至地宫，以承托每层平面负荷，此特点属宋代遗风。

舍利宝塔应“灵收八表”的意象，塔的各层平面均是正八边形，第一、二、三、四、五、

临清舍利宝塔 （2015 年摄）

七、八层塔心室为正方形，六层和九层为八角形。塔的平面构成结合竖向设计而统筹布置。就全塔而言，登临凭眺，八面风光皆可撷取；就各层言，层层相错，收入景物各有不同，形成统一中的变化，丰富了“灵收八表”的戏剧性空间变幻效果。自明朝以来，不少文人墨客赋诗咏怀，“孤塔临河岸，峥嵘插碧天，帆影望中没，钟声幕后圆”等不少佳句至今被人们吟诵。

塔原通高 61 米，塔刹毁于清代康熙年间地震，现高为 53.44 米。塔内中心原竖有 60 米金丝楠木塔心柱，俗称通天柱，毁于 20 世纪 20 年代雷火。1991 年，临清市人民政府决定对宝塔进行维修。同年，宝塔维修工程由国家文物局立项，由山东省文物局承修，历时六年，终于使舍利宝塔复现了昔日风采。

舍利宝塔整个建筑巍峨壮观，风格浑厚大方，是临清繁荣的见证。它与北京通州燃灯塔、江苏镇江文峰塔、浙江杭州六和塔并称“运河四塔”。

河隈张庄明清砖窑遗址 位于临清市戴湾镇河隈张庄村，京杭运河沿岸保存至今最为完整的一处烧造贡砖的明代官窑遗址，2006 年 5 月，被国务院公布为全国重点文物保护单位。

临清烧造贡砖始于明初，最盛时有砖窑 380 余座。自明永乐年间起，每年向京城输送皇家建筑用砖百万块左右，成为明清两代营建皇家宫殿、园林、陵寝、军事工程、水利工程的主要贡砖烧造基地。临清砖窑明初为官办，明代后期为官督民办，清代始终坚持官督民办。明清中央政府在临清曾专设工部营缮分司督理烧砖业，清顺治十八年裁撤工部营缮分司，由山东巡抚领之，东昌府监办、临清州承办。清代末年，临清烧砖官窑停烧。

临清烧造贡砖历时 500 余年，时间之长、数量之大是中国任何地方都无法比肩的。

临清官窑集中分布在运河沿岸，西起河隈张庄村西，东至陈官营村西北，东西绵延约 1500 米。距河道最近者仅五六十米，远者 700 余米。绝大多数窑址已被夷为平地，个别尚存高出周围 2 ～ 3 米的土堆。窑址构筑建造方式大体相同，都是在原地面上挖相应部位形制的浅抗，周壁用青砖砌成，以砖铺底。内部结构基本一致，均由长梯形斜坡式操作间、火门、长方形火塘、马蹄形或长方形窑室及方形烟囱构成。

河隈张庄明清砖窑遗址占地面积约 30 万平方米，均呈马蹄形或圆形。遗址中发现明代窑址 2 座，清代窑址 16 座。

遗物主要为大量青灰砖，其中完整且戳印款铭的 100 余块，有款铭的残块数百块。款铭格式、内容一致，长方形单线框内单行楷书，内容有纪年、窑户及作头姓名，但不同时代款铭的位置、内容有变化。明代款铭皆戳印于砖的长侧面，阳文楷书，有“万历”纪年的残块，其余为“天启元年、三年或五年”，窑户为“王甸”，完整款铭如“天启五年上长窑户王甸作头张义造”。清代砖款铭均戳印于端面，绝大部分为阳文楷书，少量为阴文楷书，纪年跨顺治、康熙、雍正、乾隆、道光五代，完整款铭如“康十五年临清窑户孟守科作头岩守才造”等。

河隈张庄明清砖窑遗址是研究中国古代建筑材料生产、临清贡砖烧造历史的重要实物资料，对于研究运河漕运、运河城市发展、明清临清手工业发展提供了重要佐证。

魏湾钞关遗址 位于临清市魏湾镇魏湾

东村，明代临清钞关的分关，又叫“魏家湾钞关”2010年7月，被临清市人民政府公布为县级文物保护单位。

魏湾钞关是临清钞关的分支机构，位于运河之上，负责检验、稽查、收纳过往船只货物和税银。魏湾钞关始建于明代，据《中国运河文化史》一书记载，明洪武年间，在魏家湾建一钞关，位于大运河拐弯处。《临清县志》记载，明宣德四年（1429）在魏家湾设关，1931年撤关，魏家湾钞关共存在502年。魏家湾钞关开始以御史、郡佐兼职，明正统、成化年间直接罢免了，明景泰、弘治年间又复兴。明嘉靖二十九年（1550），东昌府设一人为总管，官名叫监收官，在关前运河里设一道铁索，两岸有绞盘控制，过往船只交税后放行。

钞关坐北朝南，占地410平方米，原有公堂、衙皂房、阅货厅等建筑。至2015年，仅存古井1眼、古槐1株。

山陕会馆 位于聊城市东关闸口南运河西岸，清代山陕商人所建会馆，1988年1月被国务院公布为全国重点文物保护单位。

山陕会馆亦称关帝庙，由旅居山东的山西、陕西客商创建，是清代山西、陕西两省商贾集会联谊、祭祀神灵的场所。会馆南北阔43米，纵深77米，是一处占地3311平方米的庞大古建筑群，经多次维修扩建形成了目前的形制。

会馆山门3间，牌坊式门楼，门上正中书有“山陕会馆”4个大字。正门的上方悬挂着一块匾额，上书“协天大帝”4个大字，证明这是一座关帝庙。门内前部为戏楼，三层三间重檐歇山建筑，正面石刻匾额题“岑楼凝霞”4个字，取意为戏楼虽小，但绚丽可比彩霞。戏楼向东北、东南各伸出两个挑角，向西北、西南各伸出三个挑角，似众鸟争飞，顶部建筑形制为国内罕见。两旁有钟鼓楼，重檐十字脊建筑。会馆戏楼建筑结构之复杂，施工雕刻之精细，装潢彩绘之华丽，堪比故宫内廷的戏台漱芳斋、颐和园内著名的德和园大戏台，在全国可谓首屈一指。

戏楼前的天井内巨碑矗立，古树参天，左右两棵古槐树有数百年历史，虽然历经沧桑但依然苍翠欲滴、生机盎然。

与戏楼遥遥相对的是山陕会馆的中心建筑，大殿坐西向东，主殿为关帝大殿，三座并列，前为九间献殿，后为正殿和南北配殿。殿前有方形石柱4根，石柱正面刻有歌颂关羽的楹联。过廊后面是复殿，殿中偏后部有一暖阁，阁前供有关圣帝君、关平和周仓3尊雕像。关圣帝君神像高3米，身穿刺绣衮龙袍，头戴金冠旒，威丽端正。正殿南面有文昌火神殿，是当年商人们祭祀文昌火神的地方。殿后建春秋阁和左右两配房，阁旁夹筑望楼，前后两部簇拥搭配，楼阁相望。大殿额枋均为透雕或高浮雕，雕刻极为精细，龙凤花草，三老八仙，形象逼真，栩栩如生。

会馆现保存有历代重修碑刻16幢，石雕方形檐柱26根，浮雕、透雕的精密木质额枋21方，作为柱础的石雕狮子、象、麒麟等16座，2.8米高的石狮子两座，照壁、人物、花鸟、山水等石刻13幅。三座大殿主要建筑金柱的石础128个，都刻制了各种人物、花鸟、兽类等装饰，另外有在木柱上刻的楹联2副，石柱上刻的楹联8副。戏楼与夹楼内壁记有到此演出的许多剧团及120多个传统剧。它的石雕、木雕、砖雕和绘画工艺更是中国建筑艺术界的精品，对于研究中国古代建筑史、商贸史、戏剧史、运河文化史、书法史、绘画史、雕刻艺术史以及清代资本主义萌芽因素的产生具有重要的史料价值。

1977年，山陕会馆被公布为山东省重点文物保护单位，开始进行维修。本着修旧如旧、保持原貌的原则加固了梁柱和墙壁，更换了残破瓦顶，重新进行了油漆彩绘，共历时5年，耗资40多万元。21世纪初，政府再次投资对山陕会馆的山门、戏楼、南北夹楼、钟鼓二楼、南北看楼等景点进行维修与复原。

聊城山陕会馆是历史上聊城商业发达、经济繁荣的见证。它集中国传统文化之大成，融中国传统儒、道、佛三家思想于一体。整个建筑布局紧凑，错落有致，连接得体，装饰华丽，堪称中国古代建筑的杰作。

张秋山陕会馆 位于阳谷县张秋镇南街，清康熙年间由山东、陕西的商人合资兴建的会馆建筑，2013年10月，被山东省人民政府公布为省级文物保护单位。

山陕会馆始建于清康熙三十二年（1693年），东距古运河约50米。会馆建筑形式为四合院，坐北朝南，南北长32米，东西宽40米，占地总面积约1280平方米。现存建筑主要有正殿、配殿、戏楼、山门等。正殿3间，东西厢房各2间。会馆正殿原为关帝殿，前为献殿，后为复殿，并供有关帝塑像，三开间，东西宽10.3米，进深10.5米。配殿位于正殿两侧，均为3间，东西宽7.35米，进深5.5米。整体建筑均为歇山式建筑，施斗拱，青砖砌体，灰瓦覆顶。

山门为三开间，后与戏楼连为一体。在山门门洞上嵌有一石质匾额，长2.0米，宽0.6米，边饰线雕飞龙花卉，中书“乾坤正气”4个大字，落款为“康熙癸酉孟秋榖旦，山东陕西商人同创建”。大门与戏台为上下两层。戏楼亦为三开间，坐南面北，右有砖砌楼梯可拾级而上。戏楼东西长9.8米，进深8米，由前台和后台组成。台高1.9米，下有甬道与山门相通直达院内。甬道宽2.45米，高1.8米。此外，尚有几通石碑卧于配殿东侧。

竹竿巷 位于临清市老城区先锋街道竹竿巷，漳卫运河东岸，元代会通河南岸，明清之际因运河而兴起的运河城市典型的商业古街区，2004年7月，被聊城市人民政府公布为市级文物保护单位。

竹竿巷是一条专门加工、出售各种竹器的街道。临清作为重要漕运码头，各色人等多从临清购买油、醋、酱菜及各种土宜，对竹制容器需求量很大。临清当地人从江南人那里学会了各种竹编工艺，编制出油篓、竹筐、竹耙之类，供应四方客商及当地民用。明后期，临清的竹器业已有一定的规模。此后，临清的竹器经营户形成了两个专门的街巷，一为竹竿巷，一为油篓巷。这两条街巷都在卫河与运河之间的中洲。竹竿巷内有两大竹商“亨通”和“太和”，他们从江浙一带贩来竹料，出售给临清当地的手工业者，同时也自己雇佣工匠进行生产。临清经营竹器的小手工业者很多，仅竹竿巷内就有70多家。竹竿巷的产品有百十种，农器类主要有竹耙、扫帚、鞭条、筛子等；生活用品主要有竹帘、竹篮、竹筐、竹篓、竹几、竹椅、竹担、竹杠、竹笼屉、竹筷、竹牌等；另外还有竹鸟花、竹呼哨等装饰品和儿童玩具，满足了人们从生产到生活各个方面的需要。老街与20世纪60年代翻建过，至2015年，竹竿巷还保留着17处前店后坊古建筑，街巷整体格局保存完整。

箍桶巷 位于临清市老城区先锋街道箍桶巷街，漳卫河东岸，元代会通河南岸，明清之际因运河而兴起的运河城市典型的商业古街区，2004年7月，被聊城市人民政府公布为市级文物保护单位。

箍桶巷是明清时期商业官驿繁华区，是手工业木桶、马桶等生活器具作坊、店铺专业性街巷，形成于明代。临清木工分成三大类：牙活木匠、圆活木匠、方活木匠，做木盆、木桶、锅盖、笼头、笼屉等圆活的木匠被称为圆活木匠，圆活作坊有了较大发展空间。明宣德年间，形成专门加工制作箍桶圆活的作坊街巷，这条街巷被人们称为箍桶巷。民国年间箍桶巷有60余家圆活木匠作坊商铺，其中圆活做得最好的有徐家、赵家、侯家、王家、杨家。另外，临清有名的李家“耀兴漆店”坐落在箍桶巷，其私家园林“漆山”为临清当时一景，远近闻名。至2015年，箍桶巷东西长600米，宽4.5米。箍桶巷内有多处古宅民居，整体街巷格局保存完好，成为临清特色街巷，见证了临清明清时期手工业的繁荣景象。

张秋运河古镇 位于阳谷县张秋镇，明清时期因运河而崛起的古镇，2004年7月，被聊城市人民政府公布为市级文物保护单位。

张秋镇，位于山东省阳谷县东南部，宋真宗景德年间，赐张秋名为“景德镇”，元代沿用，明弘治年间又改名为“安平镇”。而民间始终称之为“张秋”，清代便又改回张秋镇，沿用至今。

元明清时期，京杭运河穿镇而过，张秋因其得天独厚的地理优势迅速崛起，以一个小镇的身份跻身京杭运河九大商埠，又列为山东三镇之一。清朝末年运河中断，张秋渐次衰落成为鲁西平原上的一个普通乡镇。

张秋镇，位居南北两京之中、济宁和临清两大运河城市之中，且船闸密布，是运河沿岸名副其实的“闸河重镇”。据《张秋志》卷三《河渠志一》记载：张秋段运河上有正闸 7 座（荆门上闸、荆门下闸、阿城上闸、阿城下闸、七级上闸、七级下闸、戴家庙闸）、小闸 3 座（通源闸、积水闸、减水石闸）、坝 3 个（减水石坝、师家坝、李家坝）。

张秋地势低洼，是河患严重、堤防薄弱之所，备受历代朝廷重视，是名副其实的具有政治意义的河道要害。元代开通会通河后不久，就在张秋设置了都水分监，专管北河地区的水道治理与漕船航运。明清之际，一般的水利事务均归地方，朝廷仅在“诸水要会，遣京朝官专理以督有司”，而张秋设有多处管河机构。

明清时期，各州县为存储征收的漕粮，都要修建临时粮仓（水次仓），以便“岁额转漕京师”。张秋附近的州县为便于漕粮运输，直接在张秋建立了水次仓。据《张秋志》记载：张秋一带有 14 个水次仓，其中 9 个在张秋，即曹州、曹县、定陶、郓城、寿张、范县、濮州、朝城水次仓。每个水次仓中，存储漕粮少则 1000 石，多则四五千石。

明嘉靖年间，张秋已有“九门九关厢、七十二条街、八十二胡同”，城池规模远超东阿、阳谷、寿张三县城，甚至超过了当时的泰安府城。当时仅在镇上经商的山西商人即有上百家，建有规模较大的山西会馆。至清末民国初，因受运河停运及战乱、匪祸之影响，张秋镇渐失昔日之繁荣，但仍有商号 70 余家（其中晋商 20 余家），其中较为著名的有经营糖、茶、果的“聚”字号（如成聚、福聚、工聚、新聚等）、经营粮食的“德”字号（如石盛德、崇信德、恒德等），经营药品药材兼坐堂行医的“堂”字号（如保圆堂、义圆堂、玉升堂、德华堂等），以及经营南北杂货及典当业的王太恒、泰盛隆、常兴全、常兴和等，上述商号多于日伪时期倒闭。

同时，大运河的畅通也刺激了张秋镇手工业的发展。明清时期，张秋镇铁木业、酿造业、糕点业、酱菜业、草苇编织业、纺织业、印染业、金银首饰加工业、印刷业均十分兴盛。其经营方式多为前店后作坊，自产自销。至清朝中后期，又逐步出现了一批具有相当规模的、带有资本主义萌芽性质的手工工场，其中比较著名的有“天增帽店”“源茂永画店”“刘振升画店”“鲁兴聚画店”“天增染坊”“天宝楼饰品坊”等。随着商业的发展，张秋出现了大量买卖中间人——牙人。据《张秋志》记载，当时张秋的牙人共有 280 多人，分作二三十个行业，牙人都有市籍，必须持政府颁发的牙帖才能够经营，政府按照货物的“轻重多寡”征收牙税，每年征收的牙税计 200 余两，全部留充本镇经费。

历代达官贵人、四方商贾乘船到达张秋，等待过闸期间，不免在镇中吃喝游览，张秋还有许多古迹胜境。元代时，张秋城东就有一株柏树，旁有石刻“季子挂剑徐君墓树”，后又有“季子词”“挂剑台”。明弘治年间，通政使韩鼎筑戊已山，后成为张秋胜景，明清文人墨客在这些古迹处留下大量诗词歌赋。

七级运河古街 位于阳谷县七级镇西街，七级运河古街保存有清末、民国及“文化大革命”时期建筑 22 处。2013 年 10 月，被山东省人民政府公布为省级文物保护单位。

七级镇在阳谷县城东北，古称毛镇。元代，开凿会通河穿镇而过，镇上修建了古渡口，有七级石质台阶，遂改镇名为“七级”。明清时期，在东昌府以南、张秋镇以北崛起了 3 座典型的运河市镇，有“金七级、银阿城、铁打的周店”之称，主要是因为七级、阿城、周店分别有重要的粮食转运、食盐转运和船舶维修码头。

七级镇城有六门、四关、十四街，街分六纵六横。大运河穿镇而过，镇市始分为东西两部分，中间吊桥名为古渡。在河东岸的南北街为东顺河街，中部纯为商肆，两端是商农杂处，北有运河闸署；在河西岸的南北街为西顺河街，商肆较少，农舍居多，北有莘县仓廒；东岸义和街（也称前街）有冯安人寿坊，东阿仓廒建在这里；西岸最南的东西街是太和街，县别署及仓廒在这里。后来运河西渐，东顺河街南的商民为水运便利，移商肆到西面街，遂东西相错。东关为本镇与东阿运输大道，西南关达安乐镇，南北二关，便利阿城、聊城之交通。自元以来，江南诸省漕粮由此入贡，镇上设有东阿、阳谷、平阴、肥城、莘县5个水次仓。清末民国初运河漕运废弛，七级逐渐消失了往日的繁荣。

七级运河古街区东西长220米，南北长300米，宽4～6米，“一碑担两间”茶店、狄家药铺、翟家祠堂等众多古迹星罗棋布。房屋为砖木结构，石刻、残碑散落在街巷之中，是明清两代重要的商业街区。临街房屋皆青砖灰瓦，房屋出檐宽0.5米，店铺都有典型的明清时期的“板大门”，这种店门由一条条木板拼接而成，依次卸开每块木板，才能打开店门对外营业，店铺为穿堂式，通向后面正房，外廊用檐柱斜出“J”形支撑檐檩，此种建筑形制在山东地区多有分布，但保留如此完整的却不多见。

“一碑担两间”茶馆位于七级古城隅首西北角。茶馆地处街衢，生意很红火。南来北往的商人、旅客在码头停船靠岸，多到此休息品茶，畅谈聊天。茶馆只有两间，中间大梁正下埋着一座石碑，石碑正好处于中间，因此，有“一碑担两间”的说法。其实，“一碑担两间”的谐音是“一百单两间”，意思就是茶馆虽小，但是很敞亮。

狄家药铺即春和堂，是聊城近代名医狄大光的故宅。狄大光原籍莘县，青年时期迁来七级坐堂行医。狄大光对《伤寒论》颇有研究，医术高明，就医者日以百数。河南、河北以及周边地区的病人经常慕名前来诊病，素有“南毛北狄”之称。抗日战争期间，抗日军民前来就诊，他总是冒着风险，悉心诊治。凡来求诊者，不论其贫富贵贱，均一视同仁，精心治疗，贫困者就医，则免收药费。原铺面悬有当时的府台、县台所赐匾额，门前竖立龟驮碑两座，至2015年，两石龟犹在。狄家药铺保存较完整，屋内还留存有药柜。

翟家祠堂又叫翟家庙，位于七级运河中桥东约40米路南，建于明万历年间，坐南朝北，正堂3间，东西配房各3间，占地600多平方米，抱柱飞檐，雕花窗帘，古朴典雅。

第三节　运河非物质文化遗产

京杭大运河带动了运河两岸的商品经济交流，外来商品、技艺的不断涌入，丰富、改良了聊城本地的部分手工技艺、民间艺术和传统美食，孕育出新的、带有浓烈运河文化特色的非物质文化遗产资源，这些非物质文化遗产资源既有本土属性，又有鲜明的运河文化带色彩，主要包括手工技艺、民间艺术、传统美食等。

一、手工技艺

东昌葫芦雕刻　宋代，东昌府葫芦雕刻已十分流行。明清时期，东昌葫芦雕刻因用料考究、刻工纯熟、线条流畅、图案丰富、制作精良，随运河远销全国各地，一度成为聊城的特色工艺品。

聊城市境内，种植、制作、销售葫芦的村庄大都集中在聊城市古城城关、闫寺镇、梁水镇。东昌葫芦雕刻用料多以“大葫芦”“亚腰葫芦”和“扁圆葫芦”为主。葫芦的制作上分3道工序：第一道工序，将成熟的葫芦摘下来，放在锅中煮，然后堆放在一起使其发酵，以去掉表层青皮，使葫芦颜色变黄；第二道工序，在葫芦上面雕刻各种图案，一般雕刻葫芦的技法是“刻”或“片”，都只是在葫芦表面上做文章，东昌葫芦雕刻在技法上的最成功之处在于借鉴了雕刻工艺的镂雕技法，将构图以外的空白部分全部镂空，透刻上折线纹、如意纹、古钱纹等各式花纹，不仅改善了葫芦的透气传声性能，也增强了葫芦的整体审美效果。第三道工序是上色，先用锅底灰或麦秸灰同棉油或豆油搅拌均匀，加入色料，深抹在雕有图案的葫芦上，最后用布把葫

东昌葫芦雕刻 （2015 年摄）

芦表面的灰擦拭干净，留在图案凹槽的油灰会使图案更加清晰逼真，永不褪色。葫芦成品按照质量大体可以分为 3 种：一是“上等葫芦”，选料精良，精工细刻，图案主要是人物、山水；二是“中等葫芦”，用料稍次，多刻花鸟、鱼虫、走兽；三是“花葫芦”，将葫芦染成红色后，以粗犷遒劲的刀法，刻各类花纹。

东昌葫芦雕刻的题材内容非常丰富，以花鸟、虫鱼、走兽、人物、山水居多，还有人们耳熟能详的历史人物、革命英雄人物、地方名人等。人物雕刻多取材于四大名著，如《三国演义》中的桃园三结义、《红楼梦》中的金陵十二钗、《西游记》中的三打白骨精、《水浒传》中的武松打虎等。另外数量较多的雕刻题材还有老百姓耳熟能详的戏剧故事、民间故事、神话传说等，如穆桂英挂帅、三娘教子、墙头记、樊梨花征西、四郎探母、八仙过海等，富有浓郁的生活情趣。

随着东昌葫芦雕刻技艺项目的保护和传承，以及葫芦产业的发展，东昌府区已成为全国最大的葫芦种植生产加工基地，种植面积以及加工销售占到了全国 60% 的份额。历经 1000 多年的传承与发展，东昌葫芦雕刻工艺水平不断提升，种植面积及消费市场逐步扩大。东昌葫芦雕刻已初具规模，成为地方经济的特色产业。举办了 9 届中国葫芦艺术节，使东昌府区因葫芦雕刻享誉全国、甚至海外。2008 年，东昌葫芦雕刻被列入第二批国家级非物质文化遗产保护名录，东昌府区被国务院命名为“中国葫芦雕刻文化艺术之乡”。2010 年，东昌雕刻葫芦传承人李玉成走进上海世博会，东昌雕刻葫芦成为聊城唯一在世博会上展示的具有鲁西特色的艺术品；随后李玉成又参加了中法文化交流、中韩文化交流、海峡两岸文化交流（台湾）、香港澳门文化活动周等活动，向外国友人展示了东昌葫芦雕刻技艺，为传播中国文化起到了重要作用。

运河毛笔 东昌府毛笔制作历史悠久，明代中叶境内有制笔工人 1000 余人，清康熙帝曾用聊城毛笔撰文赋诗，并为光岳楼题写“神光钟暎”匾额。聊城毛笔，除少数纯羊毫楷笔外，基本上都是沿用三国时期“韦诞法”制作，经过 72 道工序方能制成。境内毛笔有 200 余种，按规格大小可分为毫长最大的“抓笔”，可写 1 米大字，可写豆粒状小字的蝇头小楷笔；按制作原料可分为“羊毫”“狼毫”“兼毫”“七紫三羊”等。境内毛笔的统一特点是外形美观、刚柔相济、吸墨性强、经久耐用，具有精品毛笔所特有的“尖、齐、圆、健”四德，是书画佳品。1955 年，曾被评为山东省同类产品第一名。2013 年，东昌府运河毛笔被列为省级非物质文化遗产代表性项目。

二、民间艺术

木版年画 运河的畅通，各地客商带来了许多聊城本土没有的艺术，比如木版年画等，木版年画在聊城扎根后，逐步适应了聊城本地特点，并逐步发展演变为张秋木版年画和东昌府木版年画。

木版年画是山东省汉族传统民俗工艺品，始兴于阳谷县张秋镇，已有近 300 年的生产历史。张秋是京杭运河北上进入聊城境内的首个乡镇。清初，山西、陕西商客沿运河而来，首先在阳谷县张秋镇开设了 3 家年画店。张秋木版年画刻印分家，历来只坐庄卖画，本身没有画工、刻工，刻工要从百里之外的堂邑雇佣，或将画样送往堂邑刻制。年画店春天印扇面画，销给制扇子的手工业者，农历八月底开始印年画，十一月初一挂牌出售，每年冬天来张秋镇贩卖年画的商贩多达上千人，张秋镇画店产量可观，每年印画达2800多令纸。清时景顺和的店主刘振升将画店由张秋迁往聊城（聊城当时为旧东昌府治），将店号“张秋景顺和”“张秋景顺”改为“老店景顺”“东昌景顺和”“东昌景顺”，进而繁盛了东昌府木版年画。东昌府木版年画在鼎盛时分工明确，堂邑镇一带刻制年画木版，梁水镇一带印刷木版年画，而东昌府沿运河一带则销售木版年画，这种分工有利于木版年画产业的形成和发展。随后，鲁西的聊城、堂邑、东阿、东平、范县、筑先县、莘县均开有年画店。年画除销往山东省西部和泰安、济南等地外，还远销山西、河南、河北、东北等地。随着运河的淤塞，张秋的交通优势不再，年画等艺术品的销售也大受影响，慢慢衰落。

年画蕴涵着汉族独特的艺术风格，形式变化多样，内容广泛，武将门神、灶爷、财神、观音、八仙、寿星、戏曲人物、耕织农作、民间传说、历史故事、花卉动物、仕女、娃娃、风光景色等应有尽有。这一独特珍贵的民间艺术在堂邑镇、梁水镇仍有传承老艺人。东昌府区对木版年画制作艺术进行资料整理、汇编等静态保护，对民间刻板艺人进行重点保护，以堂邑镇许堤口村、梁水镇大赵村为重点，建立起非物质文化生态保护村，并培养传承人；依托“中国江北水城文化旅游节”，组织“东昌府木版年画工艺品展”主题活动，对外展示聊城深厚的文化底蕴。2008年6月，东昌府木版年画被国务院列为第二批国家级非物质文化遗产名录。

临清时调　参见文化编第一章第九节

伞棒舞　参见文化编第一章第九节

三、传统美食

魏氏熏鸡　又称“聊城铁公鸡”，清嘉庆十五年（1810年）由聊城北关魏永泰创制，已有180余年历史。明清时期，聊城紧靠运河，商贾云集，为方便客商携带，魏家扒鸡店研制出一种能够长时间保存而不变质的熏鸡，每年农历十月至十二月成批制作，供全年销售。魏氏熏鸡制作精细，选取外形丰满、肉多肥嫩、体重1～1.5千克的1年左右无病活鸡，先加工成扒鸡，再在腹内装入丁香、八角、桂皮、茴香等药物，放在锯木（木屑）烟火上熏制而成。配料比例视批量多少及季节变化而有所不同，锯末以沙、柳、红松木最佳，并要掺入适量细土。在熏制过程中要不断翻动，一般熏制3～4小时内呈栗色，手掐无弹性，涂上鸡油即成。经熏制的扒鸡，水分少、皮缩裂、肉外露、无弹性、药香浓，可存1年左右不变质，既可下酒，又可佐茶，过往商贾游客争相购买。魏氏熏鸡制作技术代代相传，魏氏传人严格按照传统工艺，并吸收先进技术，采用新的设备制作熏鸡，产量、质量均不断提高，产品远销闽、粤、浙、沪、京、津等地。

临清美食　元代，会通河开通后，临清地处要塞，成为北上南下的必经之地，商业的繁荣，流动人口的聚集，令临清的餐饮风味融汇八方，临清赢得了“小天津”的美名。临清饮食文化产生在运河商业文化的摇篮中，不同于宫廷饮食和文人饮食，是更具风土人情的市井小吃。至2015年，评出的“临清名小吃”有20余种，其中武德奎肉饼、运河什香面、临清烧麦、尹阁下凡肉5种小吃被省烹饪协会推荐为“山东省名小吃”。2015年，运河什香面被列入山东省第四批省级非物质文化遗产代表性项目名录。

济美酱菜　创建于清乾隆五十七年（1792年），与北京的“六必居”、保定的“槐茂”、济宁的“玉堂”合称为江北四大酱园。济美酱菜的发展与运河息息相关，清乾隆年间，安徽故县汪姓商人顺运河而上，在临清创办济美酱园，至清代末年已拥有千口大缸。临清“济美豆腐乳”是其传统产品之一，质地细腻、味道鲜美，深得朝廷赏识，又被称为“进京腐乳”。1935年，临清济美酱园的甜酱瓜在南京召开的“国货展览会”上获奖。甜酱瓜和进京腐乳先后被列入聊城市非物质文化遗产代表性名录。

第三章　运河文化研究

第一节　研究机构

聊城因运河而繁盛数百年，市井街巷处处都有运河留下的痕迹，社会各界存在大量热爱、研究运河文化的机构、个人。

聊城大学运河学研究院　聊城大学开展运河研究始于20世纪90年代。2008年，成立聊城大学运河文化研究中心；2012年6月，升格扩建为聊城大学运河学研究院（以下简称“研究院”）。研究院是国内首家以运河学为研究对象的独立科研机构，已形成科研力量雄厚、研究特色鲜明、学科优势突出的多学科交叉科研平台。

2015年，研究院有专职科研人员16人，科研平台4个：山东省哲学社会科学研究基地——运河文化研究基地；山东省高校人文社科研究基地——运河与区域经济社会发展研究基地；聊城大学学科重点建设项目——运河与区域经济社会发展项目；聊城大学科研创新平台——运河文化遗产研究保护与开发规划协同中心。研究院下设“运河史”“运河区域经济与社会”“运河区域生态与环境变迁”“运河文化遗产”“运河藏书与文献整理”5个研究中心，研究领域涵盖历史学、

聊城大学运河学研究院网页

文学、地理学、社会学、民族学、艺术学、图书馆与情报学等多个学科门类。研究院建有全国高校界唯一的“中国运河文献数据库”和“中国运河文物文献展览馆”，在建“运河民间文献数据库”。研究院先后主持召开了“运河与区域社会研究”国际学术研讨会、山东社科论坛·运河学论坛，承办了第二十二届国际历史科学大会·聊城卫星会议，与香港中文大学明清史研究中心联合召开“运河学研究”学术论坛等，并与日本、韩国等国家和中国台湾等地区的专家学者频繁开展学术交流，与香港中文大学等高校建立长期合作关系，在运河文献、运河区域社会史等研究领域开展全方位合作。

研究院先后承担国家社会科学、自然科学基金项目10项（含重点项目1项），教育部、司法部、国家民委、山东省社科规划等省部级课题10项，出版运河学相关著作20余部，发表学术论文200余篇，获省部级以上科研奖励10余项，为运河区域社会发展提供了强有力的文化动力和智力支持。

聊城中国运河文化博物馆　聊城中国运河文化博物馆（以下简称“运河博物馆”）建成于2004年，2009年5月1日，正式对外免费开放，是聊城市最大的一处集文物收藏、保护、研究、陈列、宣传教育于一体的大型综合类博物馆，也是国内第一座以运河文化为主题的大型专题博物馆，系统展现中国运河文化的发展史、科技史以及沿岸地区的重要文化面貌和文化内涵，是宣传、展示、研究运河文化、直观感受运河历史文化变迁的一个重要窗口和平台。

至2015年年底，运河博物馆共接待中外观众600万人次，获“全国科普教育基地”“齐鲁文化特色新地标”“山东省爱国主义教育基地”“山东省三星级科普教育示范基地”“山东省

文物系统先进集体”等称号，为宣传运河文化、普及运河知识、促进运河保护发挥了积极作用。

聊城运河文化促进会　聊城运河文化促进会（以下简称“促进会”）成立于2002年6月15日，是聊城市专门研究运河文化的民间社团，首任会长侯继唐、副会长岳玉玺、常务理事殷庆湘。成立初期，社团在政府资金扶持下，参与聊城运河文化研究与宣传、运河考察与开发、运河博物馆布展、运河书画展等活动，曾出版期刊《运河文化》、专著《京杭运河·齐鲁风情》（聊城卷）等。2014年前后，社团成员、社团活动逐渐减少，社团最终解散。

运河书画院　2007年4月24日，在工商部门注册成立。同年，为宣传弘扬运河文化，创办“中国大运河艺术网”。该组织自成立以来，举办多次全国范围的书画展。2008年5月，在孔繁森同志纪念馆，举办首届江北水城运河古都名家书画展。2013年5月16日，在聊城中国运河文化博物馆，举办了纪念冯亦吾先生110周年诞辰全国名家书画展。

第二节　研究成果

聊城市各研究机构常年致力于运河文化研究，出版了大量研究成果，主要有专著、期刊、课题、论文等形式。

一、专著

至2015年年底，全市共出版学术专著20余部，其中获山东省社科重大成果奖3项（其中2项为系列成果之一）、一等奖1项、二等奖2项，市社科重大成果奖1项。

1997—2015年聊城市运河相关学术著作一览表

表32-4

序号	成果名称	出版社、时间	编著者	获奖情况
1	聊城通史	中华书局，2005年12月	程玉海主编、李泉、王云副主编	省社科一等奖
2	山东运河文化研究	齐鲁书社，2006年11月	李泉、王云	—
3	“运河与区域社会研究国际学术研讨会”论文集	中国社会科学出版社，2015年12月	李泉	—
4	运河文化	山东大学出版社，2013年	李泉	—
5	清代聊城傅氏家族文化研究	中华书局，2013年12月	李泉	省社科重大成果奖（成果之一）
6	明清山东运河区域社会变迁	人民出版社，2006年10月	王云	省社科二等奖
7	中国运河文献书目提要	人民出版社，2012年10月	王云、李泉	—
8	中国大运河历史文献集成	国家图书馆出版社，2014年6月	王云、李泉	市社科重大成果奖
9	清代民事诉讼与社会秩序	中华书局，2007年10月	吴欣	省社科二等奖
10	中国消失的服饰	山东画报出版社，2010年5月	吴欣	—
11	鲁商与运河商业文化	山东人民出版社，2010年6月	张礼恒、吴欣、李德楠	—
12	海源阁藏书研究	商务印书馆，2012年	丁延峰	省社科重大成果奖、入选国家社科优秀成果文库

续表 32-4

序号	成果名称	出版社、时间	编著者	获奖情况
13	古籍文献丛考	黄山书社，2012 年 9 月	丁延峰	华东地区古籍优秀图书奖二等奖
14	海源阁善本叙录	国家图书馆出版社，2015 年 8 月	丁延峰	—
15	清代聊城杨氏藏书世家研究	中华书局，2013 年 12 月	丁延峰	省社科重大成果奖（成果之一）
16	明清京杭运河沿线漕运仓储系统研究	中国社会科学出版社，2015 年 7 月	郑民德	—
17	聊城运河文化研究	山东画报出版社，2013 年 12 月	陈清义	市社科优秀成果一等奖、山东省博物馆学会第十三次优秀学术成果奖获一等奖
18	走进文化聊城	山东友谊出版社，2008 年 1 月	殷立森	市社科优秀成果评选三等奖
19	聊城文化遗产大观	山东友谊出版社，2007 年 12 月	殷立森	山东省文化艺术科学优秀成果奖评选一等奖
20	京杭运河·齐鲁风情（聊城卷）	山东人民出版社，2013 年 2 月	王玉芬、王德春	—

二、期刊

《运河文化》 运河文化促进会成立后，创办了《运河文化》刊物，专门登载京杭运河相关文章。第一期是成立专刊，临清市、东昌府区、阳谷县各有 1 期介绍专刊。2004 年，在《人文与自然》杂志出版聊城专刊，主要介绍聊城市打造江北水城的情况，为宣传推介聊城、提升聊城知名度发挥了积极作用。

《运河学研究通讯》 2014 年，聊城大学运河学研究院创办年刊《运河学研究通讯》，介绍上一年度全国运河学研究的相关学术动态，包括“研究综述”“新书介绍”“学术信息”“研究院学术动态”“论文索引”等 5 个部分，旨在为学界提供一部专业的运河学研究年度总结。

三、课题

至 2015 年年底，全市共获批国家级课题 8 项、省部级课题 10 项，横向课题 4 项，科研经费总额超过 300 万元。

1997—2015 年聊城市运河相关课题、经费一览表

表 32-5　　单位：万元

序号	项目、课题名称	项目来源	项目起止时间	科研经费	负责人
1	明清运河区域社会变迁	国家社科基金项目一般项目	2001-2004	10	王云
2	京杭运河文献整理与研究	国家社科基金项目一般项目	2007-2010	10	王云
3	海源阁藏书研究	国家社科基金项目一般项目	2008-2011	10	丁延峰
4	明清时期京杭运河区域社会组织研究	国家社科基金一般项目	2010-2015	10	吴欣
5	明清黄运地区的河工建设与生态环境变迁	国家社科基金一般项目	2011-2014	15	李德楠
6	全新世以来东平湖变迁与黄河洪水关系及动力机制研究	国家自然科学基金一般项目	2011-2013	51	陈诗越

续表 32-5

序号	项目、课题名称	项目来源	项目起止时间	科研经费（万元）	负责人（姓名、专业技术职务）
7	京杭运河与明清时期区域农业开发	国家社科基金一般项目	2012-2015	15	李泉
8	汲古阁藏书、刻书、抄书研究	国家社科基金一般项目	2014-2017	20	丁延峰
9	民国时期的古籍丛书研究	教育部人文社科基金	2012-2015	9	崔建利
10	逋赋治理与明代江南财赋管理体制的变迁	教育部人文社科基金青年项目	2015-2018	8	胡克诚
11	明清运河漕运仓储与区域社会研究	教育部人文社科基金青年项目	2015-2018	8	郑民德
12	运河城市的空间形态及生命历程研究——以临清为中心的历史人类学考察	教育部人文社科基金青年项目	2015-2018	8	周嘉
13	新型城镇化背景下散杂居少数民族的社会融入——基于晋冀鲁豫回族的考察	教育部人文社科基金青年项目	2015-2018	8	郭福亮
14	区域史视野下的法律秩序研究	国家法治与法学理论研究立项课题	2015-2018	0	吴欣
15	新型城镇化背景下散杂居少数民族的文化适应和重构	国家民委民族问题研究项目	2014-2014	2	郭福亮
16	明清山东运河区域民间文献整理与研究	山东省社科规划一般项目	2008-2012	1	吴欣
17	明清山东运河城镇研究	山东省社科规划一般项目	2015-2018	1	朱年志
18	《中国运河志·文献卷》	江苏凤凰出版集团（横向课题）	2013-2015	40	李泉
19	《中国运河志·人物卷》	江苏凤凰出版集团（横向课题）	2015-2016	40	王云
20	运河地名文化数据库	民政部地名所合作项目（横向课题）	2013	5	李泉
21	运河地名保护利用	民政部地名所合作项目（横向课题）	2014	5	李泉
22	京杭运河山东段人文自然风景带建设	省人文促进会项目	2009	—	侯继唐

全市各级各类研究机构和个人发表论文百余篇，其中获省社科一等奖 1 项、二等奖 1 项。

1997—2015 年聊城市运河相关论文一览表

表 32-6

序号	论文名称	发表刊物、时间	编著者	获奖情况
1	村落与宗族：明清山东运河区域宗族社会研究	《文史哲》，2012 年第 3 期	吴欣	省社科一等奖；《新华文摘》论点摘编、人大复印资料《明清史》全文转载
2	唐女郎鱼玄机诗版本源流考	《中华文史论丛》，2012 年	丁延峰	省社科二等奖
3	关于在聊城古城设立“中国科举博物馆”等 40 个专题博物馆的可行性调查报告	《聊城科学发展研究》，2012 年 2 月	陈清义、赵铮、纪又方、孙晶	二〇一二年度山东省文化艺术科学优秀成果评选优秀奖

续表 32-6

序号	论文名称	发表刊物、时间	编著者	获奖情况
4	运河文化遗产保护、展示中存在的问题	《江淮文化论丛》，2011 年 12 月	陈清义	聊城市第十八次社会科学优秀成果评选二等奖
5	明代铁钟除锈磷化剂的配备工艺及应用	—	陈清义	2010 年度中国文物学会科技发明与创新项目评选二等奖
6	京杭运河穿黄及其相关问题考	《齐鲁文史》，2009 年第 4 期	陈清义	聊城市第十五次社会科学优秀成果评选三等奖
7	阳谷县七级下闸发掘简报	《海岱考古》，科学出版社，2014 年 12 月	吴志刚、陈清义、王秀伟、李振光	—
8	关于打造“江北水城”的思考与建议	《聊城日报》	岳玉玺	—
9	关于聊城古城开发之我见	《聊城日报》	殷庆湘	—

第三节　展示交流

聊城市在组织开展运河研究的同时，十分注重运河文化的宣传与弘扬，兴建运河博物馆，举办运河文化书画展，并不断加强与其他运河城市之间的交流协作。

一、展示

运河博物馆　聊城中国运河文化博物馆展示活动以博物馆基本陈列为主，分为“运河文化陈列”与“聊城历史文物陈列”。

“运河文化陈列”展览面积 1300 平方米，分为世界运河陈列、中国运河陈列和聊城运河陈列 3 个展厅。运河文化陈列获山东省文物局评选的首届（2011 年度）“山东省博物馆、纪念馆十大精品陈列展览”。“聊城历史文物陈列”展览面积 1800 平方米，分为史前时期、商周秦汉—魏晋隋唐时期、宋辽金元—近现代时期 3 个展厅。聊城历史文物陈列荣获山东省文物局评选的第二届（2013 年度）“山东省博物馆、纪念馆十大精品陈列展览”。

2015 年，聊城中国运河文化博物馆筹备、完成了聊城中国运河文化博物馆契约分馆暨聊城契约文化博物馆的布展工作，10 月 1 日，正式对外免费开放。该馆建筑面积 1200 余平方米，共展出契约珍品 500 余件，是中国第一个以契约文化为主题专题博物馆。博物馆专题陈列“契约文化陈列”荣获山东省文物局评选的“第三届（2015 年度）全省博物馆十大精品陈列展览”。

2009 年 9 月，“京杭大运河—山陕会馆”特种邮票首发式在聊城中国运河文化博物馆举行

此外，博物馆利用临时展厅和外围广场，与相关机构和部门联合举办或主办了 140 余次大型展览和公益活动，其中大型书画展览 70 余次、摄影展 6 次、图片展 8 次、成果汇报展 12 次、专题科普展 20 次、大型公益活动 30 余次，取得了良好的社会效益。

聊城中国运河文化博物馆自 2009 年 5 月 1 日对外开放至 2015 年

年底，共接待中外观众600万人次，其中：2009年29.3万人次；2010年73.5万人次；2011年106万人次；2012年82.5万人次；2013年93万人次；2014年94.8万人次；2015年90.8万人次。

研究院展览馆 聊城大学为迎接建校40周年，集中展现运河学研究的特色成果，2014年8月20日，建成“中国运河文物文献展览馆”（以下简称“展览馆”），展览馆集研究、筹备、收藏、展览功能于一体，是运河研究、学术交流和对外展示的重要平台。

展览馆位于聊城大学校内，面积800余平方米，共有14个展厅，分为中国运河历史变迁、运河区域音乐、运河研究传统文献与论著、运河区域民间文献（碑刻、族谱、契约文书）资料等专题展馆。展品共计4000余件，包括墓志铭（原件）30余通，其中明代20余通；碑刻拓片300余张，其中隋唐时期的10余张、明代的20余张，内容主要以墓志铭、庙宇记、工程记、祭祀和水利碑为主；契约3000余张，主要以房屋买卖、土地买卖、林木分割等为主，其中清代500余张；家谱60余部；古籍40余部。

自开馆以来，先后接待全国人大常委会原副委员长、全国政协原副主席何鲁丽、“运河与区域社会研究”国际学术研讨会、“傅斯年与新文化运动”学术研讨会、国际历史科学大会聊城卫星会议的专家学者和兄弟高校的领导同仁20余批次，得到了校内外专家学者的高度评价和赞誉。

促进会书画展 2003年9月，“运河文化”中国书画精品邀请展在孔繁森同志纪念馆开展。2004年6月，运河文化促进会举办“运河文化”全国书画精品邀请展，共收到书法、绘画、篆刻作品2200多件，评出一等奖3名，二等奖12名，三等奖17名。2011年6月28日，运河文化促进会与市住房和城乡建设委员会、市文化广电新闻出版局、市农民书画研究会联合举办“江北水城”沿京杭运河城市书画邀请展，共收到书法、绘画、篆刻作品360余件，展出212件。2012年10月27—30日，运河文化促进会与市农民书画研究会、运河博物馆联合举办“喜迎十八大”聊城市书画展，征集到560余件书画作品，展出220件；展览结束后，将作品编辑成册，免费赠送参展作者和部分书画爱好者、运河文化研究者。运河文化书画展览对于弘扬运河文化，宣传推介聊城“江北水城·运河古都”的良好形象，加强沿京杭运河城市之间的交流协作，发挥了积极的促进作用。

二、交流活动

全国运河经济与商业文化研讨会 1997年4月22—25日，由中国商业史学会与聊城地区行署联合主办的全国运河经济与商业文化研讨会在聊城召开。中共中央委员、全国政协常委胡平参加会议。

山东运河文化研讨会 1997年5月5—8日，山东运河文化研讨会在聊城召开。会议的议题是：研究运河的保护与开发，探讨古运河在社会发展中的积极作用，并借鉴历史经验，利用京九铁路促进山东省西部地区的经济发展。

“运河文化大码头”专家座谈会 2012年12月30日，在运河博物馆举办“运河文化大码头”专家座谈会，聊城大学教授李泉、文博专家陈昆麟等部分专家学者一致认为“运河文化大码头”文化品牌的确定及时准确，并对“运河文化大码头”的选址工作进行了充分论证，对今后的建设、发展和宣传提出了宝贵的意见。

元代古船保护专家研讨会 2013年11月16日，“运河聊城段出土元代古船保护专家研讨会”在聊城东昌宾馆召开。原海军装备技术部部长、少将郑明，中国造船工程学会船史研究学术委员会副主任、武汉理工大学教授顿贺，蓬莱登州博物馆馆长袁晓春，荆州文保中心主任吴顺清，山东省文物考古研究所技术资料室吴双成等国内知名造船与古船研究专家，聊城市文广新局局长杨达和聊城文物专家陈昆麟、王宗涛、郭争鸣、孙淮生等出席了研讨会。研讨会对出土古船的年代定位问题、意义、保护与展示以及修复、加固保护方案的编制提出了建设性意见。

京杭运河商贸价值学术研讨会　2014年4月12日，由聊城大学运河学研究院同中国商业史学会联合主办的“京杭运河商贸价值”学术研讨会在聊城举行。会议邀请来自山东大学、郑州大学、江苏师范大学、淮阴师范学院、德州学院、中国运河文化博物馆等高校和科研单位的十余位运河研究专家、学者参加，加强了不同高校与单位之间关于运河商业贸易价值的合作与交流。

“运河与区域社会研究”国际学术研讨会　2014年8月20—22日，由聊城大学运河学研究院主办，聊城大学与临清市政府承办的“运河与区域社会研究”国际学术研讨会在聊城召开。共有来自北京大学、中国社科院、香港中文大学、南京大学、南开大学、中山大学、韩国高丽大学、暨南大学及《光明日报》理论部、中国社科出版社、国家图书馆出版中心、山东省教育厅等高校与单位的80余名专家与学者出席，提交论文50余篇。该学术研讨会在一定程度上代表了国内外运河学研究的最新动态与水平，为其后的研究提供了新思路、新视角、新观点、新方法，扩宽了运河学研究的领域与范围。

第22届国际历史科学大会·聊城卫星会议　2015年9月24日，由国际历史学会主办，中国史学会、山东大学、聊城市人民政府、聊城大学承办的第二十二届国际历史科学大会聊城卫星会议开幕。

国际历史科学大会，始办于1900年，是当今世界最重要和规模最大的历史学会议，享有史学界“奥林匹克”的盛誉。国际历史科学大会每5年举行一次，第二十二届国际历史科学大会首次走进亚洲与中国，2015年9月在山东济南举行，并在聊城市、济宁市、泰安市、淄博市、青岛市等地设立分会场。大会主会场以“全球视野下的中国”“历史化的情绪”“世界中的革命：比较与关联”“数码技术在史学中的运用”为主要议题，分会场分别以地域文化为主题；聊城卫星会议以“运河文化与世界遗产保护利用”为主题，吸引美国、澳大利亚、国内专家学者70余人参加，提交论文60余篇。与会专家学者分别就“运河文化的内涵与学术价值”“运河遗产保护、文化景观、文化产业类”“运河工程、河道变迁类”等主题进行了深入交流与探讨。

“运河学研究”学术论坛　2015年9月23—26日，“运河学研究”学术论坛在聊城大学举行，此次论坛由聊城大学运河学研究院、香港中文大学明清研究中心合办，计有香港中文大学、香港科技大学、日本大阪大学、中山大学、山东大学、淮阴师范学院、聊城大学的30余位学者参加，提交论文12篇。会议分别对运河文化遗产、运河城市、运河水域环境变迁、运河区域宗族社会、漕运、运河神灵信仰等方面的问题进行了全面的探讨。

专记：大运河（聊城段）申遗

2008年，大运河申报世界文化遗产工程正式启动。聊城市按照国家文物局、省文物局、大运河联合申遗办的部署和要求，组织文物部门的精干力量结合第三次全国不可移动文物普查对运河文化遗产进行了全面调查，摸清了运河文化遗产的数量和保存状况。同时，配合清华大学、中国文化遗产研究院、山东省考古所对运河重要河段、水工设施等进行了多次考察，对聊城段运河进行了科学测绘，掌握了翔实的数据。通过实地调查，摸清了聊城段运河的历史演变，对河道、堤岸、水工设施、古建筑等搜集了大量第一手资料，为保护规划的编制及其他各项工作的开展打下了坚实的基础。

2009年4月，聊城市成立了以分管副市长刘冠凤为组长的“大运河聊城段保护与申报世界文化遗产工作领导小组”，并设立申遗办公室，具体负责申遗工作的组织、协调、指挥。市政府把申遗工作确定为年度重点工作之一，及时研究解决申遗工作中出现的困难和问题；将申遗工作任务分解下达到各职能部门，明确分管领导为直接责任人，保证各项工作落实到位。

2009年8月，根据国家文物局的统一部署，聊城市委托中国文化遗产研究院编制完成了《大运河遗产山东聊城段保护规划》，并在随后进行的市级、省级评审中顺利通过专家评审。2010年8月，《大运河遗产山东聊城段保护规划》由市政府正式公布实施，从此，聊城市的运河保护工作有了科学规划的指导。

运河文化遗产内涵丰富，遗产要素众多，申遗前期，全市对部分运河河段如聊城城区段、临清城区段进行疏浚和整治；对土桥闸、崇武驿大码头、小码头等运河文物进行修缮；做好运河沿岸各类古建筑、古街区、古街巷的保护工作，并先后对光岳楼、山陕会馆、礼拜寺、小礼拜寺、天主教堂、鳌头矶、清真寺、舍利塔、海会寺等文物建筑进行修缮。

为确定申遗点段名单，国家文物局先后多次组织专家来聊考察遴选。2012年5月，大运河申遗名单最终确定，聊城市有3段河道（临清市元运河段、临清市明运河段、会通河阳谷段）、5个遗产点（阿城上闸、阿城下闸、荆门上闸、荆门下闸、临清运河钞关）共8个遗产点段被列入申遗名单。

尽管经过前期修缮保护，全市运河遗产保存现状并不乐观。运河阳谷段部分河段因淤积严重，废弃多年，有的河道种上了庄稼；有的河段成为蚊蝇滋生、恶臭难闻的垃圾场；部分沿岸群众在两岸建设了多处房屋，占压了古闸闸体。位于临清古城区元、明两个时期2.3千米的河道因长期弃用河道变窄变浅，有的河段已被垃圾填平，被民居侵占；两岸排水设施严重不足，沿河居民直接将污水排入运河，河水腥臭难闻；浅窄的河面漂浮着各种生活垃圾，蚊蝇滋生。临清人都把元代会通河一段称之为“死河子”，房屋窗户不敢对着河道，出门走路要捂着鼻子一溜小跑。临清闸这座元至元三十年（1293年）建成的重要文物建筑埋在民居之下，会通闸也深埋在垃圾堆中，仅露出破败的桥面。距离2013年6月申遗检查验收的最后时间节点仅剩不到1年的时间，仍有文物修缮、环境整治、拆迁安置等多项繁重工作急需完成，时间紧、任务重，申遗工作随即进入攻坚阶段。

各级政府在积极争取上级资金扶持的同时，在地方财政非常困难的情况下，拨付巨额资金投入申遗工作，其中临清市共计投入资金达1.2亿元，阳谷县投入资金达2200万元，为各项工作的开展提供了资金支持。攻坚阶段，全市以环境整治为突破口，扎实推进申遗工作。首先要拆除占压河道、古闸的民居，妥善安置沿岸居民。2013年春节假期，临清市十几位运河申遗工作人员大年初一便开始挨家挨户做动迁动员，仅5天时间，就完成了200余户居民的拆迁动员。住户们都被妥善安置到新社区，群众的利益得到了有效保障。阳谷县政府带领阿城镇、张秋镇干部职工，发扬攻坚克难的精神，耐心做好宣传解释工作，按照阳光操作、公开透明的原则，召开群众会议，向群众宣传讲解补偿标准、面积、款项等群众关心的问题，工作公开透明并接受群众监督。同时，及时拨付各种补偿款项，真正做到“资金、工程、干部”三安全，最大限度降低了拆迁安置的阻力，在工程实施过程中，未出现一起信访、人访事件，确保了申遗工作的顺利实施。

为治理好河道，临清市文广新、住建、规划、水务、环卫、园林等多个部门齐上阵，仅用两个月的时间就完成了河道清淤工作，河道基本成型，共间清运生活、建筑垃圾28.4万立方米，6台挖土机，30余辆垃圾车昼夜不停清运垃圾。临清市政管理处等部门日夜奋战，铺设两岸下水管道，在河道两岸铺设排污管道近5000米，排污问题得到基本解决。阳谷县政府划拨专款80余万元，通过机械和人工相结合的方式，累计发动2万余名群众，动用大型机械对运河两岸的垃圾和堆积物进行了彻底清理，对影响大运河阿城段河道的淤积进行了排查和疏浚，共清理存量垃圾40万吨以上，疏通河道19千米，运河阿城镇区段实现了恢复通水，保持了河道的畅通。同时，建立长效保洁机制，专门配备了环卫车辆，在运河两岸新建垃圾池50处，成立了4支环卫专业队伍，实现了垃圾日产日清，杜绝了垃圾倒入运河河道的现象。

全力开展河道环境整治的同时，全市还开展了土桥闸、荆门上闸、荆门下闸等多处古闸维修工程、大运河遗产阳谷段及临清段保护与展示工程、临清运河钞关环境整治及维修工程等重点项目。身处工作第一线的文物工作者充分发挥爱岗敬业、无私奉献的精神，吃住在维修现场，牺牲节假日和休息时间，收集文物与完善资料，全程记录和拍摄维修过程，培训和指导维修队伍，在工艺流程和质量上严格把关。临清市文广新局、市博物馆主要负责人长期盯守在施工现场，经常是“晴天一身土，雨天两腿泥”，施工现场指挥部的条件十分艰苦，几张桌子、一杯清水就是全部。展示道路铺设、遗产界桩和保护标志设置、遗产档案和信息数据库、监测信息系统建设等基础工作也同步完成。

2013 年 6 月，申遗进入迎检准备阶段。全市精心研究选定了现场考察线路，制定了详备的接待方案，编写了高质量的申遗点段保护管理PPT 报告，明确了负责现场讲解的主要人员，精心准备了讲解材料，从会场安排、食宿接待、线路设计都严格要求，精益求精，不放过任何一个细节，对预演中暴露的问题做了认真整改，信心百倍迎接专家最终的考察验收。

2013 年 9 月 19 日，国际古迹遗址理事会（ICOMOS）专家莉玛·胡贾代表联合国教科文组织，对大运河申遗工作进行检查验收，大运河聊城段的遗产保护、管理、监测等工作均达到了验收标准。莉玛·胡贾对聊城市的运河保护与申遗工作给予高度评价，并在运河岸边和当地群众亲切合影留念。

2014 年 6 月 22 日，卡塔尔多哈第三十八届世界遗产大会上宣布，中国大运河项目入选世界文化遗产名录，聊城市有 9 个遗产点段列入其中，成为世界文化遗产城市。大运河申遗成功，填补了聊城市世界文化遗产的空白，为“江北水城·运河古都”城市品牌注入了新的文化内涵，也带来了新的发展机遇。

第三十三编 医疗卫生

Part XXXIII Medical and Health Service

聊城志

1997—2015年，全市（地区）医疗卫生工作有长足的发展。实现初级卫生保健，优化卫生资源配置，建立医疗机构分类管理制度，完善院长负责制，新型农村合作医疗制度在全市实施。实施基本药物制度，建立健全城乡基本医疗卫生服务体系，卫生计生机构全部整合到位，县级公立医院综合改革全市实现全覆盖，基本医疗保障制度城乡居民全覆盖。至2015年年底，全市有各级各类医疗卫生机构552所，其中三级医疗机构5所，二级医疗机构24所，疾控机构9所，妇幼保健机构9所，乡镇卫生院及社区卫生服务机构233所；拥有卫生人员33883人，其中卫生技术人员28864人，业务用房面积185万平方米；全市医疗卫生机构固定资产总额47亿元，其中万元以上设备价值30.8亿元，开放床位26280张；全市门诊1799万人次，出院90.24万人，医疗机构总收入88.35亿元，全市卫生计生事业拨款15.8亿元。

第一章 机构队伍

第一节 医疗机构

1997年1月，地区卫生局批复同意在聊城地区第三人民医院（今聊城市传染病医院）成立“肿瘤研究所”“结核病防治研究所”。至1997年年底，全区各级各类卫生机构达563个，各类卫生专业人员14769人，其中卫生技术人员12128人；拥有医院病床9863张，比1995年增加305张。地区中医院达到“三级甲等”中医医院标准，5个县（市）医院和3个县（市）中医院分别被命名为“二级甲等”医院和“二级甲等”中医院，18个乡镇卫生院达到“一级甲等”医院标准，3个妇幼保健站、11个县以上医院被命名为国家级“爱婴医院”；以地区医疗急救中心为“龙头”的全区医疗急救网络得到健全和完善。

2000年9月，市卫生局印发《关于公布全市医疗机构级别的通知》，对184家医疗机构的级别进行了确认，其中三级医疗机构4家、二级医疗机构19家、一级医疗机构161家，并根据《医疗机构管理条例》，对各级医疗机构进行重新登记。其中，聊城市人民医院、聊城市第二人民医院、聊城市精神卫生中心、聊城市中医医院等四家三级医疗机构由山东省卫生厅审批管理。聊城市精神卫生中心于2012年9月下放市管。聊城市人民医院、聊城市第二人民医院、聊城市中医医院于2014年10月下放市管。2001年3月，市卫生局印发《关于进一步加强医疗机构管理的意见》，进一步规范医疗机构执业登记、医疗质量管理、医疗广告发布、医务人员从业行为、母婴保健机构和技术服务等监督管理工作。2003年7月，市卫生局批复同意东阿县人民医院成立东阿县微创外科中心。2004年7月，市卫生局批复同意临清市卫生局组建“临清市医疗集团”。批准成立聊城市脑科医院、聊城市光明眼科医院、鲁西骨科医院、莘县中日友好医院、聊城市水城妇产医院，批准聊城市人民医院加挂聊城市查体中心牌子。11月，市卫生局批复同意聊城市人民医院成立聊城市肿瘤微创治疗中心，批复同意聊城市第四人民医院成立聊城市脑立体定向治疗中心。2005年12月，市卫生局批复同意在市传染病医院成立聊城市肝病医院。在市光明眼科医院成立聊城市眼科研究所。2006年11月，市卫生局批复同意聊城市传染病医院成立“聊城市乳腺疾病筛查中心”“聊城市肿瘤介入放疗中心”。2011年11月，批准成立冠县中心医院。2012年11月，经省卫生厅批准，聊城市人民医院加挂聊城市眼耳鼻喉医院牌子。2013年4月，市卫生局批复同意聊城市第三人民医院托管聊城鸿福医院。5月，经省卫生厅批准，依托聊城市人民医院儿科成立聊城市儿童医院。批复同意以聊城市人民医院病理科为依托成立“聊城市病理中心”，此为山东省首家区域性病理中心，负责全市病理专业技术指导和会诊等工作。11月，市卫生局批复同意聊城市第四人民医院加挂“聊城市心身健康管理中心”牌子。12月，市卫生局批复同意聊城市第二人民医院建设教科研基地。2014年3月，市卫生局批复同意聊城市人民医院加挂“聊城市胸痛诊治中心”牌子。2015年，聊城市较大型医院有聊城市市直综合专科医院7家（聊城市人民医院、聊城市第二人民医院、聊城市第三人民医院、聊城市第四人民医院、聊城市传染病医院、聊城市复退军人医院、聊城市光明眼科医院），县（市、区）人民医院8家，大型民营医院3家（鲁西骨科医院、冠县中心医院、聊城市水城妇产医院）。

至2015年年底，全市有各级各类医疗卫生机构552所，其中三级医疗机构5所，二级医疗机构24所，疾控机构9所，妇幼保健机构9所，乡镇卫生院及社区卫生服务机构233所；拥有卫生人员33883人，其中卫生技术人员28864人，业务用房面积185万平方米；全市医疗卫生机构固定资产总额47亿元，其中万元以上设备价值30.8亿元，开放床位26280张；全市门诊1799万人次，出院90.24万人，医疗机构总收入88.35亿元，全市卫生计生事业拨款15.8亿元。

1997—2015年聊城市卫生机构与队伍基本情况表

表33-1

年份	卫生机构（个）	医疗机构（个）	卫生机构床位（张）	医疗机构床位（张）	卫生机构技术人员（人）	其中	
						医生（人）	护士（人）
1997	234	184	9863	9557	12128	5223	1038
1998	233	184	10013	9735	12263	5399	990
1999	232	184	9920	9594	12609	5713	941
2000	232	187	10201	9921	12977	5886	976
2001	226	181	10614	10266	13197	6070	943
2002	346	188	10460	10117	16819	5963	3679
2003	337	184	10468	10152	14579	5779	3612
2004	336	183	10874	10539	15002	5979	3910
2005	339	186	11576	11217	15414	6015	4018
2006	344	190	12427	11985	15688	6322	4523
2007	334	189	13268	12812	19112	6234	4669
2008	300	190	14806	14295	16897	6393	4891
2009	293	196	17130	16596	19386	7119	6333
2010	289	198	18426	17777	20433	7696	6997
2011	295	200	19653	18948	21282	8061	7388
2012	390	356	21350	20645	22763	8379	8355
2013	553	520	24460	23726	26588	9637	10017
2014	558	524	26102	24919	27903	10134	11132
2015	552	518	26280	25057	28864	10240	11895

说明：①1997—2001年度未包括厂矿企业的门诊部、所
②2002年后的医生数为执业医师（含助理执业医师数）
③2012年后机构数包括社区卫生服务站，不包括村卫生室

第二节 卫生防疫保健机构

一、卫生防疫机构

聊城市疾病预防控制中心 成立于1956年7月，时称聊城地区卫生防疫站。1998年，原地区卫生防疫站更名为“聊城市卫生防疫站”，地址在东昌府区育新街19号。2004年12月18日，聊城市卫生防疫站更名为“聊城市疾病预防控制中心”。时有用房3700平方米、仪器设备66.17万元、人员108人，办公地点仍在原址。2008年，聊城市疾病预防控制中心迁址湖南路东首，总建筑面积9417平方米。2013年，有职工127人，其中卫生技术人员85人，共有设备452台件，总价值638万元。

2015年年底，市疾病预防控制中心共有在职人员101人，其中卫生技术人员82人。

县（市）疾控中心 1991年，全区有县（市）卫生防疫站8所，房舍建筑面积2.74万平方米，业务技术人员423人，其中副主任医师4人、主管医（技）师56人、医（技）师159人。一般设有防疫、地方病、食品卫生、检验、宣传教育、消杀等科室。配有普通显微镜、普通培养箱、721分光光度计等检验设备。

2004年、2006年、2007年、2008年、2010年，阳谷县卫生防疫站、高唐县卫生防疫站、莘县卫生防疫站、茌平县卫生防疫站、临清市卫生防疫站、东阿县卫生防疫站、冠县卫生防疫站相继撤销，并分别成立县（市）“疾病预防控制中心”。市直及各县（市、区）医疗单位、各乡镇、街道卫生院均设有防保科或疾控科。2015年，除东昌府区卫生防疫站外，7个县（市）疾控中心共有在职职工537人，其中卫生专业技术人员505人。

东昌府区卫生防疫站 始建于1959年，是全区实施疾病预防控制与公共卫生技术管理和服务的疾病预防控制专业机构，是保障全区人民身心健康的公益性事业单位。同时，为区内唯一一家获得“食品从业人员健康检查资质”和“职业健康检查资质”的卫生防疫机构。2015年，站有在职职工127人，其中专业技术人员94人；拥有艾滋病筛查实验室、结核病痰检实验室、血清学实验室、病原菌实验室、微生物实验室、霉菌实验室、水质实验室、食品实验室等8个专业实验室，监测能力79个大项，610个参数。

聊城市疾病预防控制中心 （2015年摄）

2015年聊城市县级疾控机构房屋面积、职工、职称、学历、资产、设备一览表

表33-2

机构名称	房屋面积（平方米）		职工（人）		职称		学历			固定资产总额（万元）	设备总值（万元）
	总建设面积	业务办公用房	在编人员	卫生专业技术人员	高级	中级	硕士	本科	大专		
东昌府区防疫站	5057	2319	127	94	2	39	—	19	60	506	138.91
临清市疾控中心	2950	1300	71	54	5	34	1	16	34	360.58	223.66
冠县疾控中心	2605	1805	80	81	2	40	—	14	44	390	123

续表 33-2

机构名称	房屋面积（平方米）		职工（人）		职称		学历			固定资产总额（万元）	设备总值（万元）
	总建设面积	业务办公用房	在编人员	卫生专业技术人员	高级	中级	硕士	本科	大专		
莘县疾控中心	3300	2800	136	116	3	50	1	13	67	292	185
阳谷县疾控中心	3267	967	60	92	1	44	0	11	23	616.6	276.8
东阿县疾控中心	2800	1900	60	53	3	20	—	19	15	413	150.6
茌平县疾控中心	3877	3277	56	48	3	32	0	15	22	287	192
高唐县疾控中心	4200	2000	74	61	2	34	0	20	23	935	200
合计	28056	16368	664	599	21	293	2	127	288	3800.18	1489.97

二、妇幼保健机构

县（市、区）妇幼保健机构 1997年，全区妇幼保健机构有3个妇幼保健站、11个县以上医院被命名为国家级“爱婴医院”。1998年，聊城市妇幼保健机构设有市、县两级妇幼保健院，市直及各县（市、区）医疗单位、各乡镇、办事处卫生院均设有妇产科。2014年，全市县级以上妇幼保健机构共有工作人员2162人，其中副主任以上医师14人、主治医师111人。2015年，全市共有县级以上妇幼保健机构9个，其中市属1个，8个县（市、区）各1个。共有工作人员2202人，其中副主任以上医师39人、主治医师356人。

聊城市妇幼保健院 始建于1952年3月，时称“聊城专区妇幼保健所”。1990年年底，该站升格为副县级单位，时称“聊城地区妇幼保健站”，拥有职工30人，其中卫生技术人员25人，占地面积1852.02平方米，建筑面积1176.25平方米；医疗设备总值4.8万元。1998年3月，聊城撤地设市后，医院易名为“聊城市妇幼保健站”。1999年，按照市卫生医疗区域规划，聊城市妇幼保健站与聊城市第三人民医院合并组建“聊城市妇幼保健院”，聊城市第三人民医院加挂“聊城市妇幼保健院”牌子。2009年10月，经市卫生局党组研究同意、市编办批准，决定撤销聊城市第三人民医院加挂“聊城市妇幼保健院”的牌子，聊城市妇幼保健站正式更名为“聊城市妇幼保健院”。2012年12月28日，聊城市妇幼保健院投资3亿元购置原“聊城开发区医院”，2014年4月，聊城市妇幼保健院正式营业。至此，聊城市妇幼保健院成为集医疗、保健、康复、科研、教学和急救于一体的特色明显、功能齐全、技术先进的区域性综合医疗保健机构。保健院开放床位500张，医疗技术人员600余人，其中高级职称业务人员60人、中级职称业务人员110人，硕士研究生63人。设有内科、外科、妇科、儿科、急诊科、ICU、影像科、五官科等科室34个；拥有百万元以上设备64排螺旋CT、核磁共振、大型C臂、数字胃肠、GEE8四维彩超、美国全进口GE钼铑双靶乳腺X线机，配有德国进口呼吸机、美国多参数监护仪、现代化医疗数字网络等大型医疗仪器和设备。

儿童康复医院 是全市最大的公立康复治疗机构，是全省首批顺利通过山东省肢体残疾（脑瘫）二级、精神类（孤独症）一级抢救性康复救助的准入机构，同时承担着聊城市儿童福利院百余名残障儿童的康复训练与指导工作，与山东大学齐鲁儿童医院建立长期战略合作关系。至2015年，设有儿童康复科、神经康复科、疼痛康复科等科室，包含运动、作业等30余个治疗室；重点开展高危儿早期康复、儿童斜颈、脑瘫、发育迟缓、精神运动发育迟滞、各类神经损伤、孤独症等儿童神经系统常见病的康复；刘岩工作室在市区内率先应用“新医正骨疗法”治疗颈椎病、颈椎管狭窄症、腰椎间盘突出症、腰椎滑脱症等脊柱软组织损伤与退变性疾病，使众多患者免于手术，临床疗效显著。

第三节　医疗卫生队伍

一、西医卫生队伍

1997年，聊城地区共有卫生机构234个，医疗机构184个，卫生机构床位9863张，卫生机构技术人员12128人，其中医生5223人，护士1038人。2003年，新型农村合作医疗制度在全市实施。全市医疗卫生机构在职人员16628人，其中医疗机构14392人，卫生机构2236人；年末门急诊440.99万人次，其中县级及县级以上医院199.61万人次，乡镇卫生院241.38人次；出院人数248227人次，其中县级及县级以上医院171155人次，乡镇卫生院78122人次。2010年，全市卫生机构卫生技术人员增加1053人，达20878人。卫生技术人员达26588人，增加3825人。2015年，全市有各级各类医疗卫生机构拥有卫生人员33883人，其中卫生技术人员28864人。全市门诊1799万人次，出院90.24万人。

二、中医卫生队伍

1997年，聊城各级中医管理机构逐步建立健全，加强中医药队伍建设，充分利用夜大、函授和高等自学考试、名老中医带徒等途径培训了一大批中医药人才。2003年，市政府出台《关于进一步加快中医药事业发展的意见》《全市重点中医专科专病建设评选标准和细则》，督促各中医机构明确专科专病建设目标，全市中医机构初步形成“院有专科、科有专病、病有专药”的发展格局。大力实施名老中医战略，积极开展农村中医药人才培训和适宜技术推广，乡村医生中医药知识与技能培训启动。至2013年年底，全市中医药人员共计1489人，其中，中医人员535人，中药人员954人。执业医师共计339人，药师837人。2014年，市中医医疗联合体正式成立，成为聊城市首家医疗服务联盟。大会选举成立了第一届理事会，共由55个理事成员单位组成（包括市中医医院和8个县级中医医院、2个县级综合医院、44个乡镇卫生院）。全市建成国医堂68家。其中东阿县实现了全覆盖，阳谷县19家卫生院已建成16家。东昌府区、阳谷县、茌平县和临清市4个县级中医医院顺利通过二级甲等中医医院评审。组织开展了对省市级重点专科2013年度绩效评价工作，省级财政一次性拨付2014年中医药重点专科补助资金173万元，用于专科建设。2015年，开展中医优势病种收费方式改革试点，深入实施基层中医药服务能力提升工程，全市建成国医堂118家，乡镇卫生院基本实现全覆盖。是年年底，全市共有31名五级师承带教老师和62名继承人。

2015年聊城市各县（市、区）中医院基本情况表

表33-3

医院名称	占地面积（平方米）	建筑面积（平方米）	卫生技术人员（人）		床位（张）	固定资产（万元）
			高级	中级		
东昌府区中医医院	30000	21600	11	58	300	6800
临清市中医医院	6700	12673	2	26	100	1567
冠县中医医院	9600	5970	6	16	150	1016
莘县中医医院	20000	12000	6	45	120	1650
阳谷县中医医院	16008	7483	24	130	300	5158
东阿县中医医院	9856.8	4290	5	46	80	517
高唐县中医医院	28000	24869	13	64	120	4700
茌平县中医医院	19931	13914	8	49	140	3522

2015 年聊城市各县（市、区）中医院中医药人员情况表

表 33-4　　　　单位：人

医疗机构	中医人员总数	职称			中药人员总数	职称		
		高级	中级	初级		高级	中级	初级
东昌府区中医医院	32	6	16	10	4	—	2	2
临清市中医医院	17	4	9	4	4	—	3	1
冠县中医医院	24	8	14	2	16	—	13	3
莘县中医医院	35	5	14	16	12	1	7	4
阳谷县中医医院	52	14	29	9	13	1	8	4
东阿县中医医院	—	—	—	—	—	—	—	—
茌平县中医医院	22	9	11	2	5	0	5	—
高唐县中医医院	25	7	12	6	5	—	2	3

2015 年聊城市、县中医医院护理人员情况表

表 33-5　　　　单位：人

医疗机构	总数	相应职称人数			
		副主任护师	主管护师	护师	护士
聊城市中医医院	55	11	40	2	2
东昌府区中医医院	9	—	3	3	3
临清市中医医院	10	—	10	—	—
冠县中医医院	4	—	3	1	—
莘县中医医院	2	—	2	—	—
阳谷县中医医院	129	—	44	50	35
东阿县中医医院	37	2	18	17	—
茌平县中医医院	44	—	5	39	—
高唐县中医医院	60	3	16	41	—

1997—2015 年聊城市中医在职培训情况表

表 33-6　　　　单位：人次

医疗机构	外出进修	学术讲座	上级会诊	学术活动	总计
聊城市中医医院	169	355	529	585	1638
东昌府区中医医院	16	100	40	80	236
临清市中医医院	76	186	58	93	413
冠县中医医院	32	131	61	88	312
莘县中医医院	118	140	70	60	388
阳谷县中医医院	70	1000	300	80	1450
东阿县中医医院	30	90	35	51	206

续表 33-6

医疗机构	外出进修	学术讲座	上级会诊	学术活动	总计
茌平县中医医院	41	120	48	55	264
高唐县中医医院	124	560	59	88	831

第二章　中西医医疗

第一节　西　医

1997 年，以理顺管理体制和转换运行机制为重点，积极推进卫生改革。农村卫生改革围绕搞活乡镇卫生院的经营运行，推行“四制”改革，即院长负责制、全员聘任制、分配制度方面的绩效工资制和层层分解量化的综合目标管理责任制，在全区推行了乡村卫生机构一体化管理模式。城市医疗卫生机构改革，院（站、所、校）长负责制的不断完善，促进医疗卫生单位内部运行机制的转换，增强事业发展活力。改革医疗保障制度，为加强公费医疗管理，健全和完善公费医疗管理制度，合理利用现有公费医疗资金，保证干部、职工的基本医疗保健需求，在《聊城地区地直公费医疗改革试行办法》基础上，通过学习外地经验，结合实际制定了基本医疗和大病补助相结合的管理办法。实施科技兴医战略，1997 年，共培养近 500 名中等卫生专业毕业生，同时举办大专层次的卫生教育，为基层输送大批应用型卫生技术人才。开展有骨髓移植术、体外循环心脏直视手术、角膜移植、介入治疗、射频消融术、胃肠外营养等一批填补地区空白的高新技术项目，部分项目达到省内先进水平，在推进技术进步方面实现了大的突破。县以上医院对心脑血管、恶性肿瘤等较疑难病症和部分疑难病症都能够进行正确的诊断和治疗；全区 150 所乡镇卫生院中，近 30% 能开展胃大部切除；70% 能开展阑尾切除术；50% 能进行血液生化检查，60% 初步形成了专科专病特色。

2013 年，聊城市率先成为鲁西及周边地区市人民医院和市中医医院“双三甲”市

2015 年，全市县级公立医院综合改革全市实现全覆盖，全面取消药品加成。聊城市第四人民医院通过三级甲等专科医院评审、东阿县人民医院通过三级医院管理评审，市复退军人医院、冠县中心医院通过二甲评审。16 个卫生计生项目列入市级建设重点。出台《关于推进医疗联合体建设的指导意见》，城市医疗机构通过托管、技术协作等形式，与基层、民营医疗机构建立医疗联合体 7 个。市第二人民医院全面推进集团化

建设，加入省立医院集团，与河北省、河南省、德州市等地的12家县级医院签订合作协议，初步建成覆盖冀鲁豫三省交界的医疗联合体。

聊城市人民医院 位于聊城市东昌西路67号，始建于1947年，前身是冀鲁豫九专署政民医院、哈利生总医院第二分院。1949年9月，冀鲁豫九专署政民医院与哈利生总医院第二分院合并，正式成立平原省聊城专区人民医院；1952年11月，平原省撤销，医院随聊城专署划归山东，改称山东省聊城专区人民医院；1954年改称聊城专区第一人民医院；1958年9月，由城内东北白衣堂街搬迁至王口桥东新院址，改称山东省聊城中心医院；1966年3月，改名为山东省聊城专区人民医院；1967年3月，聊城专区改为聊城地区，医院改称山东省聊城地区人民医院；1998年3月，聊城撤地设市，改称聊城市人民医院。

基础建设 1992年2月，医疗保健康复中心大楼破土动工；11月，聊城市人民医院分院成立，1994年1月建成启用。1995年10月，与聊城发电厂联合办院，成立电厂分院；1998年4月，聊城发电厂医疗管理体制改变，电厂分院停办。1996年6月，地区卫生局医疗器械维修管理站移交医院管理。1998年5月，聊城市脑科医院破土动工，2001年6月建成使用，2011年6月，脑科医院神经外科病房楼投入使用。2000年2月，聊城市卫生职工中等专业学校交由聊城市人民医院代管。2001年5月，聊城市红十字会服务站移交聊城市人民医院管理；2001年9月，聊城市人民医院第二分院开业。2003年7月，聊城市人民医院湖北社区卫生服务站设立。2004年8月，医疗保健中心大楼正式施工，2007年10月，正式投入使用。2004年12月，聊城市眼耳鼻喉医院开业。2004年12月，聊城市人民医院第一门诊部开业。2006年1月，成立聊城市人民医院香江分院。2011年7月，李嘉诚基金会在聊城市人民医院成立山东首家宁养院。2013年5月，聊城市儿童医院成立，加入北京儿童医院集团。2014年5月，成立龙湾社区卫生服务站。2015年，原市卫生局办公楼划转市人民医院，专门用于开展科研工作。

业务建设 1991年年初，医院业务用房35000平方米，职工955人，（其中高级专业技术人员31人，本科148人，硕士1人）。设临床医技科室39个，开放床位680张。拥有CT、X光机、彩超等大型医疗设备54台（件），总值720万元。1991年，完成门诊诊疗374895人次，出院病人15451人次。2014年5月，医院业务用房251220平方米，职工4333人（其中高级专业技术人员584人，本科3061人，博士71人，硕士999人）。设临床医技科室63个，病区70个，开放床位2600张。拥有PET/CT、直线加速器、DSA、256排CT、核磁共振等大型医疗设备4637台（件），总价值8.7亿元。2013年，完成门诊诊疗2130037人次，出院病人125914人次。2014年，完成门急诊量2610649人次，收治住院病人133306人次，手术60399台次。2015年，医院门、急诊诊疗3007346人次，同比增长15.2%；出院病人142378人次。

科研教学 1997年11月，成立“泰山医学院附属聊城地区人民医院”。2004年10月，成为“泰山医学院聊城临床学院”。2005年3月，成立“泰山医学院聊城临床学院临床药理研究所”。2007年9月，泰山医学院口腔医学系正式设在聊城市人民医院；11月，“山东大学医学院研究生培养基地”揭牌。2008年1月，口腔修复正畸专业被卫生部批准为国家级培训基地；3月，口腔颌面—头颈外科整形专业被卫生部批准为国家A级专业。2009年9月，徐州医学院聊城市人民医院麻醉学研究生培养基地揭牌；12月，甲型H1N1流感重点实验室通过省卫生厅专家验收。2010年10月，成为山东大学医学博士研究生培养基地。2014年1月，中西医结合儿科实验室被山东省卫生厅和山东省中医药管理局批准为山东省中西医结合儿科实验室。2014年7月，临床药理学重点实验室、医学微生物与免疫重点实验室、血液重点实验室、细胞病理学重点实验室、呼吸疾病重点实验室、临床护理重点实验室获批为聊城市重点实验室。2014 年 8 月，获批国家自然科学基金面上项目 2 项、国家自然科学基金青年项目 1 项。2014 年 8 月，成为武汉大学医学博士研究生培养基地。2014 年 9 月，与聊城大学联合成立聊城大学医学院。2014 年 11 月，成为聊城大学硕士研究生培养基地。2015 年 10 月，精准生物医学重点实验室、眼科学重点实验室获批为聊城市重点实验室。2015 年，获批国家自然科学基金面上项目 3 项。2015 年，举办了 4 项国家级、38 项省级继续医学教育项目，培训人数 9000 余人次。

学科建设　1991 年 3 月，CT 正式启用。2003 年 3 月，对一名患者同时开展二尖瓣置换术、左心房取栓术和冠状动脉搭桥术，属山东省首例。2003 年 9 月，成功开展首例肝脏移植术。2004 年 11 月，实施体外循环下房间隔缺损修补术同时行同种异体右全肺移植手术。2007 年 5 月，完成 1 例同种异体家属供肾肾移植手术。2009 年 7 月，肝脏移植技术通过卫生部复核。2010 年，开展全腔镜下二尖瓣置换术。2012 年 3 月，开展山东省首例双供体活体肝移植手术。2013 年 12 月，建成国内一流的复合手术室。2015 年，医院有 35 个国家级、省级重点学科、特色专科，3 个实验室成为省级重点实验室；护理学科得到发展，有 7 个山东省专业护士岗位临床培训基地，护理专业为山东省临床护理重点专科，中医护理学为山东省第四批中医药重点专科建设项目。承担国家“十一五”攻关课题、“863 计划”、国家自然科学基金项目等省部级以上课题 100 余项，获得省、部级科技进步奖 60 余项，其中《带肋间神经的肋骨肌皮瓣移植修复下颌骨缺损的基础研究与临床应用》获山东省科技进步奖一等奖。2015 年 10 月，《重症危重症手足口病患儿中西医结合早期诊断与综合救治》获得山东省首个宋庆龄儿科成果奖。

聊城市第二人民医院　位于京杭运河与京九铁路相交会的临清市健康街 306 号。始建于 1886 年，由美国传教士瓦格纳创建的施医院和 1938 年成立的宏济医院演变而来，施医院于

聊城市第二人民医院门诊楼 （2015 年摄）

1901 年更名为华美医院，1940 年，更名为冀南军区战地医院，随军转战。1949 年 10 月更名为河北省第二人民医院，驻河北省威县赵庄天主教堂。1950 年 5 月，迁至临清市原华美医院院址，与驻华美医院的冀南第二人民医院合并，仍称河北省第二人民医院。1952 年 12 月，临清市划归山东省德州专区，医院改为德州专区第二人民医院。1953 年 2 月，临清县划归聊城专区，医院改称聊城专区第二人民医院。1958 年 6 月，与临清市人民医院合并，称临清市中心医院，1961 年 12 月，恢复聊城专区第二人民医院的名称。1967 年 3 月，更名为聊城地区第二人民医院，1998 年 10 月，改称聊城市第二人民医院。

基础设施　1994 年，北病区东病房楼投入使用。2004 年，西病房楼投入使用。2005 年 10 月，外科病房楼暨医技楼投入使用。2012 年 4 月，门诊楼接续工程竣工投入使用。2011 年 10 月，35kv 变电站投入使用。同月，内科综合楼正式投入使用。2012 年 8 月，华美红星医院正式启用。2013 年 8 月，病员餐厅楼正式投入使用。

业务建设　1991 年年初，医院业务用房 11083 平方米，职工 463 人，（其中高级专业技术人员 20 人）。设临床医技科室 9 个，病区 13 个，开放床位 380 张。1991 年，完成门诊诊疗 170189 人次，出院病人 6509 人次。2014 年 5 月，业务用房 86540 平方米，职工 2029 人（其中高级专业技术人员 212 人，本科 1262 人，硕士 161 人）。设临床医技科室 65 个，病区 37

个，开放床位868张。拥乙等大型医疗设备12台（件），总价值0.365亿元。2013年，完成门诊诊疗84.3万人次，出院病人5.7万人次。2014年，医院总收入完成7.51亿元，同比增长22.4%；门诊量96.5万人次，同比增长14.51%；出院患者65990人次，同比增长15.34%；手术量14477台次。2015年，医院总收入8.01亿元，门诊诊疗101.8万人次。出院6.18万人次，床位使用率81%，手术12832台次，平均住院日7.98天。

科研教学 1994年7月15日，泰山医学院教学医院挂牌。2006年3月22日，通过省卫生厅组织的泰山医学院附属医院验收。2006年6月3日，泰山医学院研究生培养基地揭牌，聊城市二院成为泰山医学院省内十所附属医院中第一所挂研究生培养基地牌的医院。2012年6月29日，滨州医学院、聊城市第二人民医院首期研究生班正式开班。2012年10月27日，承办山东省继续医学教育项目“缺血性脑血管病治疗新进展”及“脑卒中筛查与防治工程项目推广”学习班。2013年，成为中国高血压教育与管理计划示范基地。2014年度，医院获得国家卫计委医药卫生科技发展计划中心课题3项，山东省医药卫生科技发展计划项目5项。2015年度，获得山东省医药卫生科技发展计划项目4项，山东省中医药科技发展计划项目5项。2015年，在SCI上发表第一作者文章16篇。2015年11月4日，五项中医药科技获得省发展计划项目立项。

学科建设 1993年，徐兆冰研制的医用喷雾注射器、医用电动骨凿和程文峰研制的B超穿刺定位测度仪获国家级专利。2011年5月，聊城市第二人民医院重症医学科成功实施院内首例血浆置换术。2012年7月，获得冠心病介入、先心病介入、心律失常介入、心血管介入资质。2013年9月，获得人工膝关节置换技术、人工髋关节置换技术资质。拥有省级临床重点专科1个：烧伤科；省级临床重点专科建设单位1个：消化内科；聊城市级医学重点学科2个：心血管内科、放射科；聊城市级临床重点专科26个：耳鼻咽喉科、风湿免疫科、妇科、呼吸内科、口腔科、麻醉科、内分泌科、皮肤科、普外科、神经内科、神经外科、肾脏内科、心脏大血管外科、胸外科、血液科、眼科、医学影像科、小儿内科、重症医学科、骨科、产科、泌尿外科、病理科、心血管内科、临床护理、急诊科；聊城市级特色专科2个：耳鼻喉科、生殖医学科。2015年获得聊城市中医药重点专科建设项目1项：肛肠科。

聊城市第三人民医院 位于聊城市卫育路62号。始建于1963年，始名为聊城专区干部疗养院。原址在花园路北首。1968年，迁到卫育路北端（现院址）。1971年7月，与聊城地区人民医院合并，称聊城地区人民医院第二病区。1973年11月，恢复独立，更名为聊城地区新医医院。1982年7月，恢复原名，为聊城地区干部疗养院。1985年10月，改称聊城地区东昌医院。1998年10月，更名为聊城市第三人民医院。

基础建设 1992年9月15日，病房楼竣工交付使用，建筑面积3879平方米。1993年5月，连接楼竣工交付使用，建筑面积1182平方米，12月服务楼完工，建筑面积1083平方米。1997年3月，成立聊城地区“心脑血管病防治研究所”“股骨头坏死病防治研究所”“颈肩腰腿痛防治研究所”。1998年9月，医技楼竣工启用。2002年11月，妇幼保健大楼投入使用，建筑面积4070平方米。2007年1月，广场社区卫生服务站建成营业。2010年9月，血液净化康复理疗楼正式投入使用。2013年2月，神经八科VIP病房楼正式启用。2013年11月，成立聊城肛肠专科医院。2014年3月，与聊城鸿福老年公寓合作，成立聊城市第三人民医院鸿福分院。2014年9月，22000平方米新病房综合大楼开工动土。

业务建设 1991年年初，医院业务用房6520.15平方米，职工182人（其中高级专业技术人员8人，本科学历52人）。设临床医技科室19个，病区5个，开放床位160张。拥有300毫安X光机、B超等大型医疗设备22台，总价值200万元。1991年，完成门诊诊疗45397人次，出院病人1599人次。2008年，出院病人12336人次，完成门诊诊疗58729人次，完成手术2567台次；2011年，出院病人18527人次，完成门诊诊疗64849人次，完成手术2451台次。2013年，业务用房16168.16平方米，职工789人（其中高级专业技术人员91人，本科398人、硕士50人），设临床医技科室50个，病区23个，开放床位431张。拥有1.5T超导核磁共振、64排螺旋CT等大型医疗设备133台，总价值0.8亿元。2013年，出院病人21556人次，门急诊诊疗104102人次，完成手术2960台。2014年，出院病人22439人次，门急诊诊疗110294人次，完成各类手术3209台。2015年，业务用房16288.16平方米，职工870人（其中高级专业技术人员94人，本科605人、硕士72人，博士1人），设临床医技科室32个，病区18个，开放床位461张。拥有宝石能谱CT、1.5T超导核磁共振、64排螺旋CT和血管造影机等大型医疗设备140台，总价值1亿元。出院病人23063人次，门急诊诊疗129596人次，完成各类手术3064台次。

科研教学和学科建设　1992年12月，引进聊城地区首台核磁共振。1994年，开始承担高护生和中专生的实习带教任务。2001年10月，内科、外科被省卫生厅公布为第三批住院医师规范化培训基地。2005年，组建产前诊断中心实验室、分子生物学实验室，并通过省卫生厅和省临床检验中心验收。2006年5月，成为济宁医学院教学医院。2006年12月，“卫生部十年百项血管病聊城检测中心”挂牌成立。2008年4月，开展急性脑血栓动脉内接触溶栓术，2010年4月，开展急性脑卒中血管内缺血性支架取栓术，填补市内空白。2013年3月，承办上海华山医院国家级继续医学教育项目“脑血管病三级康复治疗方案学习班”，6月，推广“十二五”攻关课题“脑卒中筛查与干预管理技术”。8月，开展临床医学仿真模拟教学实验。2005年，神经内科被市卫生局批准为聊城市医学重点学科、聊城市二级医院医疗质量管理示范科室。2013年12月，重症医学科、心血管内科被市卫生局批准为聊城市临床重点专科。承担国家“十一五”攻关课题2项，获得省级科技进步奖3项。2014年8月，聊城市脑血管病诊治重点实验室被聊城市科学技术局批准挂靠聊城市第三人民医院。2015年7月，神经内科、神经外科、康复医学科、医学影像科被聊城市卫计委评为聊城市临床重点专科。2015年9月，聊城市第三人民医院被山东省人力资源与社会保障厅批准为山东省高校毕业生就业见习省级示范基地。2015年10月，聊城市心血管病诊治重点实验室被聊城市科学技术局批准挂靠聊城市第三人民医院。2015年12月，在聊城市率先成立“胸痛中心”。

聊城市第四人民医院（聊城市精神卫生中心）　聊城市第四人民医院位于花园北路49号，前身是聊城县精神病医院，始建于1956年，1956年8月1日，经地县领导机关批准，将堂邑西关精神病联合诊所改建为聊城县精神病医院，隶属于聊城县卫生局。1957年12月20日，由堂邑搬迁到现址。1971年12月1日，聊城县精神病医院改名为聊城地区精神病医院。1998年聊城撤地设市，聊城地区精神病医院更名为聊城市精神卫生中心，同时称聊城市第四人民医院（第二名称）。

基础建设　1993年1月，精神科病房楼开始启用。1998年，成立聊城市红十字老年护理院。2001年3月，综合病房楼落成。2002年，成立聊城市心理咨询中心，开设心理咨询热线。

聊城市第四人民医院门诊楼（2015年摄）

2006 年，在原址建设新六层新门诊楼。2011 年 5 月，成立聊城市心理医院。2012 年 8 月，在聊城市心理医院莘县分院正式开诊。2013 年，成立聊城市心身健康管理中心。拥有全身螺旋 CT、日本光电睡眠脑电系统、无抽搐电休克仪（MECT）、经颅磁刺激治疗仪、多参数生物反馈治疗仪、脑涨落图仪、心理测试系统等诊疗设备。2015 年 10 月，16 层综合病房楼正式投入使用。

业务建设 1991 年年初，医院业务用房 18563.83 平方米。设有 8 个临床医技科室，9 个病区，开放床位 330 张。1991 年，完成门诊诊疗 40945 人次，出院病人 1456 人次。2008 年，医院业务收入 2032.03 万元，比上年同期增加 432.27 万元，增长 27.02%；其中医疗收入 1369.48 万元，比上年同期增加 299.07 万元，增长 27.9%；药品收入 568.32 万元，比上年同期增加 129.34 万元，增长 29.4%。全年门、急诊诊疗人次 52656 人次，比上年同期增加 7982 人次，增长 17.8%；收治住院病人 3915 人次，比上年同期增加 522 人次，增长 16.1%；完成健康查体 5000 余人次，医保、新农合出院患者 2281 人次；120 急救出车 500 余次；床位使用率 80.8%；出入院诊断符合率 98.5%；治愈好转率 97.2%；急危重病人抢救率 87.92%；基础护理合格率 100%；甲级病案率 97%；门诊处方合格率 95%；门诊病历合格率 92%；院内感染率 1.4%。2012 年全院完成门、急诊诊疗比 2011 年增加 21399 人次；完成出院病人比 2011 年同期增加 1290 人次；完成手术 459 台次，比 2011 年同期增加 93 台次；病床周转较 2011 年增长 1.67 次；病床工作日较 2011 年增加 52917 天；全年共实现收入 9672.69 万元，比 2011 年同期提高 23.29%；其中业务收入 8036.04 万元，比 2011 年同期提高 34.83%；医疗收入完成 7955.2 万元，比 2011 年同期提高 34.31%；2012 年共接待求助者 19776 人次，收入 794.21 万元，比 2011 年提高 50.71%。出入院诊断符合率 98.6%；治愈好转率 98%；基础护理合格率 100%；护理文件书写合格率 100%；甲级病案率 97%；门诊处方合格率 98%；抗生素使用率为 21.2%；院内感染率 3.7%。2013 年，业务用房 32579.65 平方米，职工 862 人（其中高级专业技术人员 74 人，本科 375 人、博士 1 人、硕士 19 人）。设有 9 个临床医技科室，14 个病区，开放床位 536 张。2013 年完成门诊诊疗 67602 人次，出院病人 6689 人次。2014 年，全年收入 1.71 亿元，较上年增长 25.74%；其中业务收入 1.513 亿元，较上年增长 27.25%；医疗收入 1.49 亿元，较上年增长 26.27%；全院完成门、急诊诊疗 103470 人次，较上年增长 17.33%；完成出院病人 8729 人次，较上年增长 18.36%。2015 年，医院总收入 1.75 亿元，比上年增长 10.88%。其中业务收入 1.53 亿元，比上年增加 1388.33 万元。门急诊人次 145011 人次，比上年同期增长 40.15%，收治住院病人 8508 人次，比上年增长 7.93%；病床使用率 93.81%，比上年同期增长 1.44 个百分点；实际占用床日 368515 万床日，比上年同期增长 8.85%。

科研活动 1994 年，进行全省第二次精神疾病的流行学调查。2002 年 3 月，承办全市乡镇医生提高班，10 月，承办聊城市第三届神经内科年会。2004 年，进行全国第三次精神病流行学调查。2013 年 11 月，承办山东省心理卫生协会第三届会员代表大会。2014 年，成为山东省高校毕业生就业见习基地。医院是滨州医学院教学实践基地；山东省大华心理职业培训学校聊城分校；华夏心理教育中心实习基地。2015 年，成为国家级住院医师规范化培训基地。

聊城市传染病医院 位于聊城市建设东路 45 号，前身是聊城专署干部疗养院，始建于 1953 年。1957 年，由综合疗养院改为结核病专科疗养院。1958 年 6 月，改为聊城结核病防治所。1984 年 8 月，改为聊城地区结核病防治院。1994 年 2 月，更名为聊城地区第三人民医院，1998 年，随聊城撤地设市，院名相应变更为聊城市第三人民医院。1998 年 10 月，更名为聊城市肿瘤防治院，同时加挂聊城市结核病防治中心的牌子。2004年6月，更名为聊城市传染病医院，保留聊城市肿瘤防治院的牌子。

基础建设 1993年12月24日，新建2号病房楼竣工，交付使用，共计3240.98平方米。2003年4月30日，3200平方米的病房楼全部按照要求改造完毕，设备安装调试完毕，具备了随时接收SARS病人的能力。2004年9月，新建病房楼、综合楼，面积4262平方米。2008年5月，新建放疗楼，ICU、DSA手术室投入使用。2011年10月，新建三层门诊生化检测楼。2012年4月18日，新建学术报告厅，完成3号病房楼接建。2013年6月，完成3号病房楼七病区扩建。2015年12月，新建换热站440平方米。

科研教学 2010年8月，成为北京地坛医院合作医院。2012年9月，成为聊城职业技术学院教学医院。2013年9月，成为泰山医学院实践教学医院。2015年7月9日，医院与火箭军总医院全军肝胆胃肠病专科中心签约合作，实现了全市医疗机构与全国顶尖军队医院的首次合作。2015年8月，成为复旦大学附属中山医院区域医疗协作体战略合作医院。2015年12月，被中国癌症基金会、国家卫计委农村癌症早诊早治项目专家委员会评为重大公共卫生服务项目农村癌症早诊早治项目、2013—2015年度上消化道癌早诊早治项目优秀项目单位，被省卫计委评为2015年度山东省癌症早诊早治项目先进集体。2015年，消化内科、肿瘤科、胸外科、普外科、呼吸内科、结核科、妇科、ICU分别与北京地坛医院肝病科、天津医科大学第二附属医院肿瘤科、齐鲁医院胸外科、千佛山医院、山东省胸科医院、上海肺科医院、山东省肿瘤医院妇瘤科、聊城市人民医院ICU建立了对口帮扶关系。

业务建设 1991年年初，业务用房2196.19平方米，职工110余人。设有6个临床医技科室，开放床位170张。完成门诊诊疗22288人次，出院病人805人次。2008年，医院业务收入2676万元，完成全年计划的122%，比上年的1911万元增加765万元，增长40%；其中医疗收入1344万元，比上年的988万元增加356万元，增长36%；药品收入1356万元，比上年的923万元增加433万元，增长47%。2010年，入院人数6994人次，治愈好转率80.1%，病死率0.6%，病床周转率23.3次，平均病床工作日302，平均住院日13.9天，诊断符合率96%。业务收入4732万元，比上年同期增加934万元，增长24.6%。其中医疗收入2564万元，比上年同期增加581万元，增长29.3%；药品收入2163万元，比上年同期增加350万元，增长19.3%。2013年，实现业务收入8572万元，比上年同期增加1219万元，增长17%。出院人次7697人次；门诊人次88324人次，比上年增加15755人次，增长率22%；实际占用床日比上年同期增长17%；病床使用率提高12%；出院患者平均住院日缩短了0.16天，法定传染病报告率100%；患者满意度99%。2014年，医院业务用房11100平方米，职工366人（其中高级专业技术人员34人，研究生17人，本科228人）。设有14个临床医技科室，11个病区，开放床位450张。拥有CT、DR、CR、数字胃肠、直线加速器、模拟机、DSA等大型医疗医疗设备8台，总价值0.2亿。实现业务收入10049万元，比上年同期增加1477万元，增长17%；出院人次8588人次，比上年同期增加891人次，增长12%；实际病床使用率80.39%，较上年增长7.8%。治愈好转率98.3%，平均住院日15.28天，较上年缩短0.68天。法定传染病报告率100%；在院、出院患者满意度97.8%。2015年，医院业务收入11255万元，比上年同期增加1206万元，增长12%；出院人次8848人次，比上年增长3%；实际病床使用率82%，较上年增长3.6%。治愈好转率98%，平均住院日15.67天，较上年缩短0.05天。法定传染病报告率100%；出院患者满意度98.5%。

学科建设 1992年5月6日，引进市内首台钴60放射治疗及后装腔内放疗设备，成为全地区第一个能够独立完成放化疗的医院。1992年10月20日，开展食道癌、肺癌、宫颈癌、鼻咽癌等恶性肿瘤的放射治疗，填补区内空白。2005年11月1日，结核科被市卫生局评为市级医学重点学科。2007年10月30日，引进市内首台冷循环微波消融设备，成为全市第一个开展影像引导下微波消融治疗肝癌、肺癌、肾癌等恶性肿瘤的医院。2010年8月，引进省内首台E9彩超。2011年6月21日，引进世界先进水平潘太克斯高清胃肠镜，参与卫生部上消化道早癌筛查并采用i-scan内镜技术应用在上消化道早癌筛查中。2012年6月，开展消化道肿瘤化疗缓释粒子植入术，并与内镜下氩气刀、高频电刀联合应用，填补省内空白，在国内处于领先地位。2013年12月10日，引进市内首台高强度聚焦超声设备，成为全市第一个开展聚焦超声无创治疗肿瘤的医院。2013年12月，顺利通过省卫生厅组织开展的“癌痛规范化治疗示范病房”评审。2014年10月，国内一流的奥泰Centauri1.5T超导核磁共振落户医院，1.5T高场强核磁共振机能提供清晰、可靠的诊断影像。2014年10月10日，在整合医院麻醉科、疼痛科、康复科、中医科等相关学科优势的基础上，依托疼痛康复诊疗技术，建立了聊城市特色疼痛康复诊疗中心。实现了将疼痛康复诊疗的基础研究与临床实践、应用相结合的技术操作。2014年12月24日，聊城市传染病质量控制中心和肿瘤质量控制中心挂靠医院，成为两个质量控制中心的主任委员单位。2015年7月13日，肿瘤科、呼吸内科、消化内科、胸外科、医学影像科5个学科被市卫计委评为市级重点学科；中医科被列为重点学科建设单位。

聊城市复退军人医院 位于聊城市花园南路皋东街2号，是一所集医疗、优抚、保健、康复、急救、教学、科研于一体的市级综合性优抚医院。医院于1986年经山东省民政厅和聊城地区行政公署批准筹建，定名为聊城地区复退军人医院。1988年4月，聊城地委全委会研究决定，批准医院为正县级优抚福利事业单位，隶属于聊城地区民政局。1989年12月，医院面向社会试诊；1990年3月，医院正式收治病员。1998年3月，聊城撤地设市，医院改名为聊城市复退军人医院。2000年10月，聊城市民政局特聘美国丹佛市儿童医院原院长牧琳爱博士为医院名誉院长，并加挂“聊城国际和平医院”牌子。2013年9月，聊城国际和平医院更名为牧琳爱中美友好医院。

基础建设 1991年12月，医院院外门诊部成立，1997年搬迁至龙山小区附近，于2014年年初撤销。1992年4月，建立聊城荣军汽车修理厂，于2002年6月撤销。1992年7月，医院病房楼开工建设，1994年5月，竣工，建筑面积4888平方米。2002年9月，新门诊楼开工建设，2005年3月，正式启用，建筑面积6980平方米。2008年4月，医院租赁盐务局位于聊城市花园南路24号新建临街楼一层、二层作为院前急救中心、口腔科、康复理疗科执业地点。2010年7月，优抚精神病房楼开工建设，2011年6月，竣工，建筑面积4119平方米。2014年4月，承办聊城市养老服务信息中心，“12349”便民服务热线正式开通。

业务建设 1991年年初，医院业务用房4618.9平方米，职工近200人，其中专业技术人员150余人，副主任医师2人，主治医师20人，医师54人。设病床180张，其中优抚病床100张。设立内科、外科、五官科、中医科、手术室、急症科、检验科、供应室、放射科、康复理疗科、特检科等业务科室。2009年，收治优抚病员4批，398人次，收治优抚精神病人76人次，社会病人门诊人次完成56000人次，出院病人7780人次。开展手术1668台次，门诊手术289台次，业务收入实现3341万元，药品比例33%。2010年，门诊人次完成51100人次，入院人次完成7872人次，出院病人完成7837人次，收治优抚病员3批共180人次，收治优抚精神病员81人次，收治老年公寓病员205人次，收治市医保病人995人次，收治区属医保病人746人次，城镇居民334人次，开展手术1688台次，急救出车3399台次，门诊手术完成297台次，健康查体11080人次。全年下乡义诊30次，业务总收入完成3800万元。市医保实现收入615万元，区医保实现收入414万元，农合住院病人 2891 人，实现收入 1013 万元。门诊收入实现 566 万元，住院收入实现 3056 万元，医疗收入实现 2289 元，药品收入实现 1333 万元。2012 年，门诊完成 54111 人次，入院 10075 人次，出院病人完成 9707 人次，收治优抚病员 4 批 400 人次，收治优抚精神病员 181 人次，建档优抚精神病员 272 人次，开展手术 1553 台次，急诊出车 3976 台次，健康查体 11527 人次，下乡义诊 321 余次，优抚精神巡回医疗 462 余次，业务总收入完成 5414 万元，比去年同期增加 33.7%。危重病人抢救成功率 89%，出入院诊断符合率 92%，手术前后诊断符合率 95%。入院三日确诊率 91%，甲级病案率 97%。2013 年，医院门诊诊疗 48349 人次，出院病人完成 12213 人次，收治优抚疗养员 396 人次、精神病 328 人次。2014 年，医院建筑面积 3.5 万平方米，编制床位 530 张，优抚对象休养床位 150 张。在岗职工 523 人，其中主任医师 7 人、副主任医师 24 人、主治医师 61 人、住院医师 54 人，拥有硕士学历 6 人、本科学历 337 人。拥有美国 GE64 排 128 层多功能 CT、费森尤斯 4008S 型血液透析机、飞利浦 IU22 智能化多功能彩色 B 超等大型医疗设备 200 余台（件）。2015 年，医院门诊诊疗 46403 人次，出院病人 11337 人次，急救出车 2824 车次，收治优抚疗养员 400 人次、精神病 155 人次，开展手术 1380 例，共开展下乡查体、义诊 102 次，发放宣传材料 6000 余份，查体 5435 人次，为城乡生活困难居民免费查体 34 次，受益群众 2351 人次。全年业务收入 1.32 亿元，比上年增长 8.6%。

优抚医疗　1992 年 3 月，从收治第三期优抚病员开始，慢性病康复休养床位达 100 张；1994 年 8 月，从收治第十三期优抚病员开始，在院优抚实行集中优抚病房住院；1999 年 12 月成立优抚精神科病房，2000 年 3 月正式开展工作，设床位 50 张，从聊城市精神卫生中心转来首批复退军人精神病人；2007 年 10 月，制定《优抚对象住院安全的若干规定》，由民政局以文件形式发放乡镇办事处民政所；2013 年，建立优抚、优抚精神病人康复训练大厅并开通优抚对象住院费一站式结算平台。

科研教学和学科建设　1992 年，承办“山东省民政康复医学会老年病专业委员会学术交流会”。1992 年 12 月，医院开展的潘生丁食道心房调搏复合试验诊断冠心病临床价值的对比研究获山东省科技进步三等奖。2001 年 3 月，与山东省千佛山医院建立协作关系。2005 年，承办“山东省民政康复医学会学术会”。2005 年 4 月，成为聊城职业技术学院实习基地。2007 年 1 月，与齐鲁医院心内科建立合作关系。2008 年，与泰山医学院建立临床实习带教协作关系。2010 年，与白求恩医科大学北京校友会建立技术合作关系。2014 年 4 月，与山东省医学影像研究所进行技术合作。2014 年 5 月，与山东省千佛山医院与聊城市复退军人医院开展全面合作。

第二节　中　医

1997 年，地区中医院达到“三级甲等”中医医院标准，5 个县（市）医院和 3 个县（市）中医医院被命名为“二级甲等”医院和“二级甲等”中医院。至 2015 年年底，聊城市中医医院共设立内科、外科、妇科、儿科、骨伤科、肛肠科、针灸推拿科等 9 个一级临床科室。内科下设肺病科、心病科、脑病科、脾胃病科、肿瘤科、肾病科、内分泌病科等二级临床科室。其中，肺病科独立建制于 1997 年 6 月，陆续开展了经 C 臂引导股动脉穿刺肺癌介入化疗及穴位敷贴、耳穴压豆等中医适宜技术。心病科独立建制于 1996 年，陆续开展了临时起搏器植入术、射频消融术等 5 种以上项目。脑病科独立建制于 1996 年，陆续开展了腰大池引流术、颅内血肿微创清除术、神经阻断术、枕大池穿刺术及穴位贴敷、中药导入、中药熏蒸等临床手术及中医适宜技术，并将自制制剂天麻晕痛胶囊、柴胡解郁胶囊应用于临床。脾胃肾病科独立建制于 2013 年，陆续开展了胃镜下碎石、腹水回输、肝肾穿刺、腹水回收等 8 种以上治疗技术项目。肿瘤科独立建制于 2008 年，先后开展了肿瘤的化疗、放疗，中医药治疗、中西医结合治疗等治疗手段，重点突出中药内服、外敷、灌肠、熏的个体化治疗方案，中医特色突出，治疗效果明显。骨伤科下设骨创伤科、骨关节科、脊柱骨科、小儿骨科、手足外科、颈肩腰腿痛科共6个二级临床分科。骨创伤科在突出传统中医正骨疗法的基础上，结合现代医疗手段，先后开展四肢复杂骨折、髋关节、膝关节人工关节置换术等。骨关节科发挥中西医结合优势，开展了切开复位造盖旋转截骨术治疗小儿DDH及人工股骨头置换术、前后交叉韧带重建术等。小儿骨科主要治疗14岁以下小儿各种创伤骨折、软组织损伤、脊柱四肢畸形、骨肿瘤及类骨肿瘤等疾病。手足外科开展了各类断指（趾、肢）再植；拇、手指再造；各种四肢、皮肤软组织缺损的皮瓣移植、带血管骨块游离移植等。颈肩腰腿痛科主要治疗技术有穴位注射、牵引疗法、针刺疗法、拔罐疗法、中药熏洗疗法等。肛肠科成立于1985年，该科先后开展了高位肛瘘的开窗挂线、痔上直肠黏膜环切吻合（PPH）术、溃疡性结肠炎特色中药灌肠疗法，突出了中医传统优势。皮肤科成立于1978年，逐步开展了中药药浴疗法、中药石膏倒模、放血疗法和刺络拔罐等4种中医治疗项目。眼、口腔、耳鼻喉科。眼科成立于1978年。该科既开展了常规眼科手术还开展了后巩膜加固术及小儿斜视矫正术等复杂眼科手术。口腔科成立于1978年，开展了口内、口外、修复、正畸等口腔疾病的诊疗项目。耳鼻喉科成立于1985年，相继开展了内窥镜下鼻窦炎根治术、下鼻甲部分切除术、扁桃体摘除术等手术，研发了茶花散、苦蚕末、硝黄散、耳炎灵等中药自制剂，疗效明显。针灸科成立于1980年。开展的治疗技术有针刺疗法、艾灸疗法、拔罐疗法、穴位贴敷、耳穴压豆等。推拿科成立于1978年，先后开展了成人推拿和小儿推拿，成人推拿包括颈肩腰腿痛、关节脱位等，小儿推拿包括小儿腹泻、厌食、腹痛、遗尿等。聊城市人民医院中医科以中医药治疗为主，同时开展中西医结合治疗技术，主要收治心脑血管病、周围血管病、肿瘤等病种。先后引进血液磁极化治疗机等治疗设备。引入中医“治未病”理念，开展了亚健康中西医保健中医体质辨识和亚健康的中医药调理，将中药穴位贴敷疗法、耳穴贴压疗法、辨证食疗等项目逐步开展起来。开发“静晕灵”等特色中药制剂5种，取得了良好的社会和经济效益。2015年，聊城市中医医院各病区开展中医护理技术项目均在4项以上，耳穴压豆、艾灸、穴位贴敷、穴位按摩、拔罐、刮痧、磁热疗法、中药熏洗、中药外敷、中药溻渍、中药涂药等在各临床广泛应用，现开展中医护理技术项目已达21项。聊城市人民医院各病区均能开展中医护理技术项目，中药雾化吸入、中草药炮制后熏洗、刮痧、中药灌肠、穴位按摩、穴位注射、拔罐、中药贴敷、艾灸、耳穴压豆等在临床科室常规应用。

聊城市中医医院 始建于1975年，坐落于聊城市东昌府区文化路1号，是聊城市首家“三级甲等中医医疗机构”。1992年1月2日，正式列为“山东省示范中医院建设单位”。1993年3月12日，聊城地区中医医院生物技术研究所成立。1994年10月10日，药剂系统业务用房竣工并实施搬迁。1995年4月16日，CT业务用房开工建设，CT楼为二层砖混结构，建筑面积600平方米。1996年5月28日，三级甲等中医医院揭牌仪式举行。1999年5月28日，行政办公楼开工建设，其中一层为门诊科室和磁共振业务用房，建筑面积940平方米。2015年，全年申报国家级课题1项；省级课题9项；完成省级课题鉴定2项、市级课题鉴定13项；获山东中医药科学技术奖1项，聊城市青年科技奖2项，申报聊城市科技进步奖7项；发表SCI论文2篇，省级以上论文56篇，其中核心论文22篇；出版著作9部，获得专利12项。1月7日，骨伤科通过了国家中医药管理局重点专科中期评估，肾病科、脾胃病科、内分泌病科被评为聊城市重点专科。6月16日，“聊城市骨科医院”正式挂牌。全年门诊量356198人次，出院病人22179人次，手术4604台次；病床使用率94.75%；总收入27556万元，业务收入25129万元；医疗收入 25129 万元；药品收入占业务收入 37.06%。

聊城市人民医院中医科　1990 年，中医科病房迁入内科系统病房楼，病床增至 38 张。1993 年，痔瘘科从中医科分出成为独立科室。1997 年，针灸科从中医科分出成为独立科室。

2008 年 6 月 6 日，中医科门诊由原东区门诊楼二层搬迁至东区原急诊楼一层西侧，相关亚专业也逐步建立，开设了中医老年病门诊、心血管病门诊、风湿病门诊、消化病门诊和碎石门诊。碎石门诊新引进了 ESWL- Ⅴ型 X 线、B 超双定位碎石机。2009 年 3 月 6 日，中医科病房由原东区眼耳鼻喉医院北面的简易平房搬迁至东区儿科楼（原内科系统病房楼）二层东侧，开放床位 19 张。2009 年 5 月，中医科与查体中心合作，在查体中心开设亚健康中西医保健门诊。2003 年，被聊城市人事局、卫生局授予“全市中医工作先进集体”称号。2012 年 7 月，被评为“山东省第四批中医药重点专科建设项目”。李猷河被评为“聊城市名老中医”、田在泉被评为“聊城市优秀中青年中医人才”、张梅红被选为“第三批全国老中医药专家谷越涛学术经验继承人”。2006 年，张梅红被评为“聊城市优秀中青年中医人才”。2009 年，被聊城市卫生局评为“全市中医适宜技术推广工作先进集体”；李猷河、谷万里被评为“全市中医适宜技术推广工作先进个人”。

中医科以中医药治疗为主，同时开展中西医结合治疗技术，主要收治心脑血管病、周围血管病、风湿病、消化系统疾病、结石病、肿瘤等病种。先后引进血液磁极化治疗机、中药熏蒸治疗仪、排石治疗仪等治疗设备。引入中医“治未病”理念，开展了亚健康中西医保健中医体质辨识和亚健康的中医药调理，将中药穴位贴敷疗法、耳穴贴压疗法、穴位封闭疗法、膏方疗法、艾灸疗法、辨证食疗等项目逐步开展起来。开发“静晕灵”等特色中药制剂 5 种，取得了良好的社会和经济效益。

聊城市第二人民医院中医科　1991 年，编制床位 40 张，科室治疗人员 10 人，护理人员 10 人；中药房有中药师 5 人；针灸科有针灸师 8 人；康复理疗科有康复师 10 人。中医科对多种疾病开展了中西医结合治疗，治愈肝炎 3 例。2007 年 6 月，组织全院 24 位中医、中药师公共课程（内经）的考试。

聊城市第三人民医院中医科　中医科先后开展了对脉管炎、脑梗塞后遗症、胃癌、晚期食道癌、肾病综合征、病毒性肺炎等疾病的治疗；此外，还开展了附件炎、子宫内膜炎、崩漏、不孕症等疾病的治疗业务。开展了中药镇逆汤治疗呃逆，解毒降逆治血行气汤治疗食道癌、胃癌、晚期肝癌等，开展了胃炎、血管性痴呆、偏瘫康复、脂肪肝等病症的观察、治疗、研究。

第三章　疾病预防与控制

第一节　计划免疫

2000 年，全市预防接种证制度开始实行。至 2005 年，全市基本消除入户和以村为接种点的接种形式，逐步建立完善各级冷链设备，并按照省统一调整的疫苗品种和免疫程序开展相应预防接种工作。2006 年，市卫生局、市教育局联合制定下发《聊城市入托、入学儿童预防接种证查验及补种工作实施方案》，开始在全市范围内开展入托、入学儿童预防接种证查验及补种工作。2007 年，市卫生局制订《2006—2012 年全国消除麻疹行动计划》，全面启动消除麻疹工作。同年，印发《聊城市儿童免疫规划工作信息管理系统建设及应用工作实施方案》，正式启动预防接种信息化建设。2008 年，聊城市 2007 扩大免疫规划项目管理工作方案实施，适时调整疫苗品种和免疫程序，开始扩大国家免疫规划工作。2009年、2010年，根据扩大国家免疫规划的需要，又调整了部分疫苗的免疫程序。2010年，儿童免疫规划信息管理市级平台建设完毕并投入正常使用。2011年，“星级接种门诊”创建活动在全市启动。2012年4月，全省第二家儿童预防接种管理信息平台开通。7月，全市产科预防接种室信息化建设开始实施。年底，全市正常运行的冷链系统有冷藏车1辆、疫苗运输车14辆、普通冷库11座、低温冷库1座，普通冰箱690台、低温冰箱55台、保冷运输箱226个、保冷背包1645个、制冰用冰排7182个。2013年，聊城市以儿童预防接种信息系统为平台，全面开通儿童预防接种短信预约通知平台，成为全省首个全市开通预防接种短信通知服务的设区市。全省群众共评出30家最满意的预防接种单位，聊城市3家，在山东省17个地市中数量最多。2014年，聊城市创新免疫规划工作精细化管理模式，改革基本公共卫生服务项目经费拨付机制，在全省率先实行预防接种项目经费单独列支、根据专业公共卫生机构考核结果分级拨付的经费使用管理办法，预防接种工作取得明显成效，全市免疫规划“八苗”全程接种率90%以上。2015年，全市免疫规划“八苗”全程接种率92.56%，超出省政府科学发展考核指标近6个百分点。

第二节　传染病防治

1997—2015年，聊城市传染病疫情大致分三个阶段。疫情平稳期（1997—2003年），全市疫情呈波浪式变化，升降幅度不太明显。疫情上升期（2004—2008年），由于传染病报告意识明显增强、疫情网络直报实行和纳入管理的传染病病种的增多，全市疫情呈明显上升趋势。疫情起伏期（2008年—2015年），由于疫情网络直报制度不断完善、传染病群防群控综合防控措施落实和新发传染病的不断出现，疫情起伏较为明显。

1997—2002年，全市发生的甲、乙类法定报告传染病发病率居前五位的传染病为肝炎、出血热、痢疾、肺结核和斑疹伤寒；2002—2008年，肺结核、肝炎、痢疾、麻疹和淋病发病率排在前列；2008年以后，梅毒发病率显著上升，排在前几位的传染病为肝炎、肺结核、梅毒、痢疾和淋病。病死率较高的病种主要有乙脑、狂犬病、乙肝、艾滋病、肺结核等。2014年，聊城市疾控中心传染病防治专业入选省医药卫生重点学科，聊城市成为全省拥有公共卫生领域重点学科的六市之一。2015年，传染病防控精细化管理试点工作开展。至2015年年底，全市已连续39年无白喉、24年无脊髓灰质炎病例发生，百日咳、乙脑、流脑等发病都降至历史最低水平。

1997—2015年聊城市甲、乙类传染病发病率统计表

表33-7

年份	甲、乙类发病率（/10万）	年份	甲、乙类发病率（/10万）
1997	43.44	2005	111.52
1998	44.28	2006	113.13
1999	61	2007	136
2000	38.92	2008	148.01
2001	36.22	2009	124.02
2002	28.63	2010	102.01
2003	47.15	2011	113.8
2004	84.19	2012	142.47

续表 33-7

年份	甲、乙类发病率（/10 万）	年份	甲、乙类发病率（/10 万）
2013	167.54	2015	174.42
2014	68.88		

霍乱　1997—2015 年，全市疾控机构和医疗机构严格按照《全国霍乱防治方案》和《全国霍乱监测方案》开展工作。每年 5—10 月霍乱流行季节，实行霍乱监测周报告和零报告制度；5 月 1 日至 10 月 31 日，各级医疗机构设立腹泻门诊，对腹泻病人逢泻必登，并对可疑患者进行病原学检测；同时，对外环境水体和食品进行监测，每月将监测结果录入霍乱疫源检索表。至 2015 年年底，全市共报告霍乱病例 4 例，全部来自莘县。

伤寒／副伤寒　1997—2015 年，全市伤寒／副伤寒发病率整体呈散发下降趋势。1998 年发病数最高，有 18 例。2002 年以后一直处于 0.1/10 万以下。发病率居前两位的县是东阿县和高唐县，茌平县发病率最低。

细菌性痢疾　在其他感染性腹泻被纳入法定报告传染病管理之前，细菌性痢疾是聊城市发病率最高的肠道传染病。1997—2015 年，全市无细菌性痢疾疫情暴发，整体较平稳，呈下降之势，发病率最低的年份是 2002 年（3.58/10 万）。

狂犬病　1997—2015 年，全市共报告狂犬病病例 52 例，死亡 52 例，年均发病率 0.049/10 万，病死率 100%。2006 年是高发年份，共发病 20 例，发病率为 0.37/10 万。经对 2006—2013 年报告的 42 例狂犬病病例分析，结果显示男女比为 3.67∶1，农民占 78.6%，30 ～ 55 岁青中年占 76.2%。

流行性出血热　1997—2015 年，全市共报告出血热病例 2965 例，各年均有发病，年均发病率 2.825/10 万。共报告死亡病例 5 例，病死率为 0.17%。1997 年以后疫情下降明显，尤其是 2005 年以后，发病率均低于 0.3/10 万。各县（市、区）均有发病，以东昌府区、东阿、冠县发病数最多。

艾滋病　1997 年，聊城地区第一处艾滋病筛查实验室建立。1998 年，聊城市防疫站艾滋病筛查实验室初次检测出一例艾滋病病毒感染者（为河南台前县人，曾在山西太原煤矿打工）。2002 年，聊城市确证第一例艾滋病病毒感染者，为阳谷县人（此人是从聊城市居民中检测出首例经性途径传播的艾滋病病毒感染者，也是聊城市第一例艾滋病感染者死亡病例）。2003 年 4 月，聊城市第一个省级综合医院门诊监测哨点设立在莘县人民医院，每年对综合性病门诊就诊者进行监测。6 月，加强市防疫站艾滋病筛查实验室建设，成立聊城市艾滋病筛查中心实验室，为全市艾滋病筛查实验室提供技术指导。8 月，聊城市人民医院成立医疗系统第一家艾滋病筛查实验室，对术前与有侵入性治疗的病人进行艾滋病检测。2004 年，聊城市人民政府成立防治艾滋病工作委员会，由市卫生局、市委宣传部、市公安局、市计生委、市文化局、市广播电视局等 33 个部门组成，负责领导全市艾滋病防治工作。8 月，聊城市中心血站成立血液系统第一家艾滋病筛查实验室，对无偿献血人员进行艾滋病抗体检测。10 月，聊城市组建由 61 名市、县两级疾控人员组成的第一支艾滋病高危行为干预工作队。2007 年 4 月，检测出首例男性同性恋者感染艾滋病病毒病例（25 岁，已婚，东昌府区人）。12 月，首次从孕产妇中检测出艾滋病病毒感染病例（23 岁，莘县人，夫妻俩婚前均在南方长期打工）。2010 年 1 月，全球基金艾滋病整合滚动项目（RCC）在聊城市启动。4 月，聊城市首次承担 6 个国家级哨点任务，监测人群分别为性病门诊男性就诊者、男男性行为者、暗娼、孕产妇、青年学生和医院侵入性人群。哨点监测共完成调查和监测 2770 人。7 月，8 个县（市、区）在疾控、妇幼、医疗机构分别设立一个艾滋病自愿咨询点，全市共设立25家自愿咨询检测点。2012年，聊城电视台、《齐鲁晚报》《聊城晚报》多次报道“老蔡在行动”工作事迹。“老蔡团队”被聊城电视台以年度“聊城骄傲”加以报道，“老蔡在行动”品牌被省卫生厅定为主推的“三好一满意”服务品牌。2013年4月，率先在全国开展女性同性恋流行病学调查，开创了中国公共卫生领域创新性研究，并首次在核心期刊发表论文2篇。2014年，阳谷县通过国家审核，成为第三轮国家级艾滋病防控示范区，成为全国县级艾滋病防控示范区76家之一。

乙型肝炎　2002年，聊城市将乙肝疫苗纳入计划免疫管理。2003年，乙肝疫苗接种纳入儿童计划免疫程序，新生儿乙肝疫苗免费接种在全市铺开。2003年1月1日后出生的新生儿都要按照免疫程序（0,1,6月）免费接种乙肝疫苗。是年9月，全市对276名正常人群进行乙肝免疫水平监测，其中抗-HBs阳性人数248人，阳性率89.86%。2004年，对全市学龄前儿童进行乙肝疫苗查漏补种，全市学龄前儿童乙肝疫苗全程接种率按出生年度分别为1997年95.59%，1998年95.91%，1999年95.40%，2000年95.80%，2001年95.56%，2002年95.72%，2003年95.68%。自2004年7月始，病毒性肝炎预防控制工作纳入免疫预防系统管理。2006年，开展0—15岁儿童乙肝疫苗查漏补种活动，以乡镇为单位，分年龄组儿童乙肝疫苗全程免疫接种率均达到95%以上。2009年，启动聊城市阻断乙肝行动—乙肝疫苗免疫接种活动。“阻断乙肝行动”开展后，全市乙肝报告发病数2010年比2008年下降52.37%，2010年，提出全市“新生儿乙肝疫苗全程接种率以乡为单位达90%以上”“新生儿首针及时接种率以县为单位达90%”的“十一五”规划目标。

脊髓灰质炎　1997—2015年，每年均开展脊灰疫苗加强免疫活动，保持了聊城市脊灰疫苗免疫高覆盖率，聊城市已连续24年维持无脊灰状态。

1997年后，全区无临床符合病例和脊髓灰质炎野病毒病例。1999年，聊城市消灭脊髓灰质炎证实准备工作小组和聊城市脊髓灰质炎专家诊断小组成立。2000年，聊城市消灭脊髓灰质炎证实准备工作小组成员根据山东省消灭脊髓灰质炎的证实标准，逐项审议消灭脊髓灰质炎的各项工作，认为聊城市已达到了消灭脊髓灰质炎证实的各项标准，正式向山东省消灭脊髓灰质炎准备小组递交《聊城市消灭脊髓灰质炎证实文件》。2010年，继续加大消灭脊灰免疫、监测与管理3大措施工作力度，重点防范脊灰野毒株的输入和脊灰疫苗衍生株病毒（VDPV）的传播流行。

麻疹　1997年，全区始选用麻疹、风疹、腮腺炎（MMR Ⅱ）3种疫苗联合免疫。1998年，聊城市麻疹检测实验室开始建立。1999年，全市报告麻疹疑似病例100例，发病率1.81/10万，96%的病例为学龄和学龄前儿童。2004年，东昌府区麻疹暴发，报告发病50例，主要以学龄前及部分学龄儿童为主。2008年，全市疫情网络直报系统报告麻疹病例761例，实验室确诊427例，临床诊断334例，死亡1例，报告发病率13.30/10万，为近20年发病最高水平。为控制麻疹疫情，对全市8月龄至14周岁未完成麻疹疫苗免疫程序的儿童开展查漏补种工作，共接种麻疹疫苗20余万人次。2010年春，东昌府区、莘县麻疹疫情急剧上升，在全市范围内开展8月龄至14岁儿童麻疹疫苗强化免疫接种工作，接种838260人，接种率98.17%。2012年，市卫生局、市教育局联合在全市范围内组织开展对2009年后出生的适龄儿童进行麻疹疫苗强化免疫。同时，对全市6岁以下儿童、大中专院校学生及35岁以下流动人群开展查漏补种活动。2013年，聊城市在中国疾控中心组织召开的麻疹传播因素流行病学调查项目中期总结会议上代表山东省作典型发言。至2015年，全市以乡镇为单位适龄儿童含麻疹成分疫苗常规免疫报告接种率均在95%以上，建立了较好的免疫屏障，麻疹疫情控制在较低水平。

白喉　2000年，对全市1993年1月1日至1999年6月30日之间出生的儿童开展白破二联强化免疫活动，摸底登记儿童138146人，实种130147人，接种率94.21%。2002年，推广使用无细胞百白破三联制剂。2009年，在全市范围内开展6—12岁儿童白破疫苗查漏补种工作，应种230408人，实种222133人，接种率96.41%。2010年，使用无细胞百白破疫苗替代全细胞百白破疫苗。聊城市已连续39年无白喉病例发生。

流行性乙型脑炎 全市乙脑发病率自20世纪90年代至2005年一直处于较低水平，但2006年、2013年出现了小高峰。2006年，报告乙脑疑似病例50例，大部分集中在10岁以下年龄组，阳谷县、东昌府区、莘县发病较多。市政府办公室下发特急传真电报《关于进一步加强流行性乙型脑炎和狂犬病预防控制工作的紧急通知》，安排部署防控工作。在阳谷县、东昌府区、莘县的20个乡镇8.5万人紧急进行了应急免疫接种。2013年，出现一定程度的乙脑暴发流行。共报告乙脑疑似病例79例，死亡2例，报告发病率1.34/10万，较2012年（5例）明显上升，发病数居全省第二位。临清市、高唐县发病最多，占59.49%。为遏制疫情，立即开展了乙脑疫苗查漏补种及应急免疫接种工作。全市共对50582名儿童（2—10岁）开展了乙脑疫苗查漏补种，实际补种49244人，补种率97.35%。1998年，调整乙脑免疫程序，取消10岁年龄组加强免疫针次。1999年，在临清市、莘县、东阿县和高唐县4县随机抽取适龄儿童60名，免疫成功率88.30%。2005年，推广使用乙脑减毒活疫苗。当年，全市发生乙脑病例13例，发病率0.23/10万。2009年，莘县莘亭白马庙小学学生接种乙脑减毒疫苗时，多名学生自述腹痛、头痛症状，并送往医院就诊。事件发生后，市卫生局迅即选派临床、流行病学、免疫规划方面专家进行调查处理，结论是群体性心因性反应。事件平息后，所有学生无后遗症。

结核病 2000年，聊城市肺结核疫情由过去高于全省平均患病率约50%左右下降至低于全省平均患病率30%左右。2001年12月，世界银行贷款结核病控制项目结束，累计利用世界银行贷款274万元，全市落实配套资金310万元，累计检查可疑肺结核病人52005人，发现活动性肺结核患者15238人，其中新发涂阳患者7188人，其他初治患者3人，新发涂阴患者1193人。复发涂阳1693人，复治涂阳5161人，免费治疗病人数14680人；已治愈结核病人11740人；新发涂阳病人3个月痰菌阴转率98.07%，复发涂阳病人3个月末痰菌阴转率96.04%。2002年9月，在莘县、冠县、阳谷县启动CIDA-WHO山东省结核病控制项目。2003年，聊城市人民政府办公室下发《聊城市结核病防治规划（2001—2010年）实施意见》。2004年7月，茌平县开始实施山东省结核病控制项目，同加拿大赠款结核病控制项目工作模式相同。2005年1月，增加临清市为加拿大赠款结核病项目市。东昌府区、高唐县被确定为“山东省结核病防治重点管理县”。2007年，聊城市成功申请到第五轮全球基金耐多药结核病项目。2010年，聊城市卫生局、聊城市传染病医院与省结防中心签订山东省中国全球基金结核病项目一期项目执行协议书，明确责任和义务，确保项目顺利实施。山东省中国全球基金结核病项目一期自2010年7月1日启动，至2013年6月30日结束。2013年，聊城市政府出台《聊城市“十二五”期间结核病防治工作意见》，明确了结防经费市级人均不低于0.1元、县级不低于0.3元的补助标准，为结防工作的开展提供了有力保障。当年，全市共登记报告活动性肺结核患者3086人，其中，涂阳患者1234(新发涂阳患者1134人，复治涂阳患者100人）人，涂阴患者1745人，上年同期新发涂阳肺结核患者治愈率89.4%。

第三节 地方病防治

地方性氟中毒 2001年，全市开展水氟调查，采集水样296份，其中轻病村占29.37%，中病村占18.48%，重病村占3.85%。2006年，冠县、东阿县、东昌府区、阳谷县、莘县开展饮用水高氟水源筛查工作。2009年，在东阿县、阳谷县、莘县开展地方性氟中毒监测工作。2011年，全市共有除氟改水工程68处，均运行良好，受益人口36万余人。2013年，已完成改水病区村322个，涉及所有氟病流行的8个县（市、区），改水率为90.96%，受益人口216328人。

高碘甲状腺肿 2004年，全市开展水碘含量调查，结果显示聊城市绝大部分地区属于高碘和适碘地区。其中，冠县、莘县、茌平县和临清市为整体高碘县，其他4个县（区）的部分乡镇为高碘乡镇。2005年，省地方病防治工作领导小组重新划定高碘地区（病区），聊城市8个县（市、区）56个乡镇、街道为高碘区。同年，对临清市、莘县、茌平县和冠县4个县（市）整体停供碘盐，对阳谷、东昌府区、东阿和高唐县16个高碘乡镇（街道）停供碘盐。2011年，对居民食用盐质量状况进行抽样调查，共检测食盐样本3216份，碘盐覆盖率100%，碘盐合格率97.64%。2013年，开展以自然村为单位的居民饮水碘含量调查，共检测水样863份，为全市不同碘水平地区重新划分提供依据。

地方性砷中毒 2006年，在阳谷县、东阿县、东昌府区开展地方性砷中毒水源筛查、病情调查。2008年，在莘县、茌平县、高唐县3个县开展地方性砷中毒水源筛查，结果表明，聊城市存在高砷区，但不存在病区。

第四章 卫生监督

第一节 食品卫生监督

1997年后，全区加大食品卫生监督力度，确保了食品卫生的安全。相继开展了对酒类、肉制品、保健食品、奶粉、粮油、散装食品及食品生产加工企业的检查，封存抽检可疑食品，集中没收销毁过期、变质等不合格食品。重点检查了市场、食品摊贩、馒头作坊、白糖、食品添加剂等关乎群众切身利益的场所和日用食品。不定期开展了食品卫生安全大检查，特别是对餐饮从业人员，餐饮单位餐具的重点监督，保证了从业人员的健康证持证率100%。及时处置涉及食品卫生的突发事件，1999年12月30日夜，茌平县发生一起78名学生不明原因集体中毒事件；同日，公安部门侦破查明系一中学生泄愤投毒，至2000年1月7日，78名中毒学生全部治愈返校。2000年9月22日晚，聊城市文轩完全中学发生一起集体食物中毒事件，中毒人数153人，其中住院治疗16人，经流行病学调查和实验室诊断，确定为食用未煮熟豆浆引起。完成重大活动食品安全风险监测任务。1999年9月，《聊城市城乡集市食品卫生监督管理办法》施行。2008年7月，集体聚餐申报制度和食品留样制度实行。扎实推进食品药品安全行动。2011—2015年，全市食品药品监管系统共查处食品药品安全违法案件5200余件，罚款1300余万元，移交公安机关11起，抽取各类样品800个，合格率99%以上。

至2015年，全市共检查各类生产经营单位30余万个（次）、检查集体食堂5万余个（次），中小餐饮单位50余万户（次），副食品零售批发单位45万家，散发宣传材料200余万份，共办理省厅移交、市长热线转交及直接受理的食品举报投诉案件1200余起，没收不符合要求的食品、保健品近10万千克，提出卫生监督意见100余万项（次），实施行政处罚3万余项（次），对拒不履行处罚条款的受罚单位，向人民法院申请强制执行。

第二节 学校卫生监督

1997年后，学校卫生监督监测工作继续开展。主要是对入学新生进行查体，对学校食堂馒头、定型包装食品等进行监督检查，开展了以“创建卫生校园，保障师生健康”为主题的学校卫生专项综合监督检查。以学校食品卫生、饮用水卫生、公共场所卫生、教室卫生和传染病防治为重点内容，积极推行综合监督执法，消除卫生安全隐患，提高学校卫生管理水平，保障了师生健康。对部分幼儿园食堂卫生管理制度不健全、餐具使用化学消毒操作不严谨等给幼儿饮食安全带来隐患的环节下达了监督意见书，提出整改措施，责令限期整改。对学生常见病防治（主要包括沙眼、龋齿、色觉异常、视力低下等）、学校健康教育、卫生室建设、学生健康档案及学校卫生监督监测情况进行全市通报。对于严重违犯《中华人民共和国食品卫生法》的单位进行立案查处。特别是2000年，对全市学生进行贫血调查，经比对，贫血率与1994年相比下降14.17%。2005年，在餐饮行业、学校和集体食堂全面推行了量化分级管理工作。2008年，对6岁以下儿童进行营养调查。共调查儿童303名，其中男190人、女113人。调查结果显示：低体重率占3.3%，女孩（占3.5%），略高于男孩（占3.2%）；3岁年龄段儿童低体重率最高，为5.7%；其次为5岁段，4.1%，2岁儿童最低，为1.8%。儿童生长迟缓率为3.0%，男孩（3.7%），高于女孩（1.8%）；各年龄段分布差别较大，1岁、2岁和4岁年龄段落为0，0岁、5岁较高，分别为9.1%、6.1%，其中5岁男孩（9.3%）和0岁女孩（14.3%）最高。儿童消瘦率3.3%，女孩（4.4%）高于男孩（2.6%）；年龄分布上，5岁女孩（11.8%）和0岁男孩（4.9%）最高。总体营养不良率为9.6%，男孩9.5%，女孩9.7%。0岁和5岁年龄段最高，分别为16.4%、16.3%；其中男孩5岁、0岁、3岁年龄段均超过10%，分别为15.6%、14.6%、13.3%，女孩0岁、5岁年龄段最高，分别为21.4%、17.6%。儿童总体贫血率24.1%，0岁最高（36.4%），5岁最低（6.1%），贫血率随年龄增大而降低。女孩贫血率（26.5%）高于男孩（22.6%）。贫血率最高的为0岁年龄段女童，高达50.0%。两周内患呼吸系统疾病和腹泻患病的儿童分别占调查人数的19.5%和8.6%，其中2周内患呼吸系统疾病以0岁年龄组最高（27.3%），最低为2岁组（11.1%）；而2周内患腹泻儿童0岁组最高，达25.4%，其他各年龄组均低于10%。至2015年，全市共检查各类学校1100余处（次），学校食堂、托幼园所食堂3000余家，对县（市、区）眼镜店4000余人次验光人员进行培训，查处不合格食品5万余千克，下达监督意见书2100余份，责令整改1800余家，发放《集体食堂如何预防食物中毒》等宣传单45000余份，联合教育部门组织开展全市学校传染病防控监督检查，全市共检查500余家。至2015年，学校卫生监督进一步加强，监督覆盖面达99%。

第三节　劳动与职业卫生监督

1997年，全区共完成健康查体5000余人，查出尘肺病患者2人，尘肺观察对象20人，“0+”2人，其他患者数十人。同年，全区共有厂矿247个，粉尘应测961个点，共测定761个点，合格率70.17%。其中化学因素应测350个点，实测284个，合格率59.15%；物理因素应测1712个点，实测1547个点，合格率64.19%。国有企业372个，应测点中实测346个，合格率70.81%；化学因素应测143个点，实测117个，合格率72.65%；物理因素应测792个点，实测729个点，合格率71.6%。集体企业粉尘应测点167个，测定点152个，合格率69.74%；化学因素应测78个点，实测51个，合格率58.82%；物理因素应测268个点，实测217个点，合格率68.2%。乡镇企业粉尘应测点381个，实测点242个，合格率61.16%；化学因素应测124个点，实测113个，合格率45.13%；物理因素应测632个点，实测581个点，合格率53.53%。三资企业粉尘应测点41个，实测点21个，合格率76.19%；化学因素应测5个点，实测3个，合格率66.67%；物理因素应测20个点，实测20

个点，合格率60%。1998年，对21家企业进行监测，检测率78%，其中粉尘点103个，实测90个，检测率87%，合格率52%；毒物作业点101个，实测90个，合格率89%；噪声作业点529个，实测450个，合格率65%。对284名接害职工进行健康查体，拍胸片260张，对查体中发现的职业禁忌症和职业病按规定做出妥善处理，全年无生产性农药中毒死亡。1999年，各类有害企业625家，实际检测326家，监测率52%，其中粉尘作业点579个，实测480个，合格率59.5%；化学因素作业点252个，实测166个，合格率42%；物理因素作业点949个，实测690个，合格率55%。全市共有职工107581人，接害职工58030人，应检33942人，实检15301人，对于发现的职业病和职业禁忌症做了妥善处理，并充实调整了尘肺诊断小组。1999年，各类职业病新病例构成及地区分布数据中，包括尘肺、急性中毒、物理因素职业病、职业性皮肤病、职业性耳鼻喉疾病等项目数据，聊城均为零；聊城市粉尘、化学、物理3项合格率分别为71.46%、64.46%、75.36%。至2004年，在全市针对农村劳动安全，利用多种形式向农民宣传安全用药及中毒抢救知识，乡镇基层人员的治疗水平逐渐提高，由于劳卫人员积极宣传，培训抢救技术，措施得力，加之植棉面积的大幅减少，农药中毒人数控制在较低水平。劳动与职业卫生监督在抓好企业食堂及从业人员健康管理的同时，主要针对企业粉尘进行实时监测，重点抓了尘毒危害较重的企业。2002年7月，对8个县（市、区）职业病防治工作进行了督导检查。全年共采集企业车间空气粉尘140个，合格率86%；锰、三苯、氨等毒物80余项，合格项80%；噪声等物理因素560个，合格点占75%；食品卫生共采集样品150个，合格率75%。2005年，开展以保护劳动者身体健康权益为重点的执法活动。对市直及驻聊城存在职业危害因素的25个用人单位进行检测，共检测生产性粉尘浓度162个点次，超标50点次，并对其粉尘分散度、游离二氧化硅含量进行了检测和分析；检测三苯、锰、氯气、氨、硫酸及三氧化硫、碱等毒物138点次，超标13点次；物理因素噪声检测920点次，超标189点次。微波检测9个点次，均符合国家职业卫生标准。经省级职业病诊断机构诊断，聊城市新增职业病人6例。其中尘肺2人、职业性正己烷中毒1人、职业性铬鼻病1人、职业性重度听力损伤1人、职业性接触性皮炎1人。同年，组织市直工业企业职工食堂从业人员健康查体393人，查出职业禁忌2人，已全部调离食品作业岗位；组织工业企业职工职业健康查体1674人，查出职业禁忌患者33人，疑似职业病人1人，及时给予复查、调离职业禁忌作业。经省级职业病诊断机构诊断，聊城市新增职业病人6例。其中尘肺2人、职业性正己烷中毒1人、职业性铬鼻病1人、职业性重度听力损伤1人、职业性接触性皮炎1人。至2015年，市县劳动卫生监督机构每对市直企业、各县（市、区）有毒有害企业进行职业病防治大检查10余次，组织相关企业职工查体20余万人次。对市直及县（市、区）近千家用人单位职业病危害情况进行了现场检测与评价，共计采集样品6万份，其中粉尘1.5万余份，毒物3万余份，物理因素1.5万余份。共完成职业健康查体20余万人，其中特殊工种7万余人。督促全市职业健康查体机构和职业病诊断机构开展好自查，并将所有机构自查情况报至省所，全市监督监测覆盖率达100%。

第四节　放射卫生监督

1997年后，聊城市（地区）放射卫生监督工作贯彻国务院和卫生主管部门有关放射防治、防护、监测和许可的法规、条例和标准，对全区各医疗单位有关放射设备开展监测、评价，对相关从业人员进行了管理，特别是加强对全市放射工作人员的健康管理，相继开展对聊城市从事放射工作的人员进行体检，核医学工作场所预评价和控制效果评价，召开全市涉源单位负责人现场经验交流会，每年均与省医科院放研所联合进行全市二级以上医疗机构放射性设备监测和放射防护监测，包括各单位医用X线机、CT、加速器等放射性设备。2004年，企业小型密封源由各级环保局监管，聊城市有14家企业、纸业、公路系统、水利局、化工厂、化肥厂等70余枚放射源全部移交环保局接管。2005年，市疾控中心开始放射工作人员个人剂量监测工作。2008年5月，市卫生监督机构取得省卫生厅颁发的放射卫生防护检测与评价资质。2012年，取得省卫生厅放射卫生防护监测资质和个人剂量监测资质。2008—2012年，共进行放射性防护监测292台次，其中医用X线机、CT机防护检测140多台次。2009年，从业人员发放放射工作人员证。2010年，对全市800余名放射工作人员进行培训。2011年，监测医疗单位28家，监测X线机67台、CT43台、介入机8台、加速器2台、模拟机2台、ECT1台、放免场所2个、乳腺机1台、Co-60放疗机2台、铱-192后装机1台。2014年8—11月，对全市所有开展放射诊疗的单位进行摸底调查和专项监督检查。全市共检查放射诊疗单位205家，其中取得放射诊疗许可证的医疗机构171家，持证率为83%；检查的205家医疗机构共有放射诊疗设备465台，其中取得许可的放射诊疗设备425台，进行防护性能检测和稳定性检测的设备395台。全市共有放射工作人员1156人，其中持证上岗人员1079人，参加培训1120人，职业健康体检1075人，个人计量检测1087人。专项行动期间，共给予警告28家，对2家省发证的放射诊疗单位进行了现场校验初审，督促6家设计新、改、扩建的医疗机构放射诊疗场所进行了建设项目职业病危害放射防护评价、控制效果评价及竣工验收。2015年，继续对全市医疗机构放射诊疗设备开展建设项目放射防护预评价报告，对11家医疗机构49台放射诊疗设备进行建设项目职业病危害控制效果评价和竣工验收；配合省卫生监督所对5家医疗机构的放射诊疗许可证进行现场审核验收。至2015年，全市范围内各种放射性单位工作人员进行查体和个人剂量监测近5000人次，发放监测报告800余份。检查各级各类医疗机构3000家（次），下达监督意见书2000余份，整改意见7000余条。

第五节　饮用水与化妆品卫生监督

1995年起，对辖区内的集中式供水系统的水源水、出厂水、末梢水水质进行采样监测。水源水于枯水期、丰水期分别进行全分析监测，出厂水、末梢水每月监测一次，监测指标为菌落总数、大肠菌群、色度、浑浊度、pH值、肉眼可见物、嗅和味、游离余氯，合格率90%以上。1998年起，增加对昌裕宝乐来化妆品公司进行卫生监督管理，对其所生产的餐洗净等产品进行抽检，抽检其样品每年2次、6份样品。当年，共抽检化妆品24份样品，合格率87.5%。2000年8月，对聊城市城区集中式供水卫生监测情况进行通报，结果显示：理化指标合格率100%，微生物指标合格率已上升为87%，分析监测微生物指标不合格的原因是由于氯消毒不彻底造成的。依据《中华人民共和国传染病防治法》《生活饮用水卫生监督管理办法》，规定每个水厂出厂水每半年进行一次全分析，分析项目不少于23项；对管网末梢水的监测按每年2万～3万人口设一监测点，每月进行浑浊度、余氯、菌落总数、大肠菌群四项指标进行分析。同时，集中力量对全市桶装饮用水生产企业进行了治理整顿，取缔无证经营业户，对不符合标准的饮用水器，如“离子水机”等进行预警公告。以整治化妆品标签说明书违法宣称治疗作用为重点，加强对药店和化妆品专卖店等流通环节的监督检查，建立健全化妆品企业卫生许可数据库。组织执法力量对全市化妆品专卖店、商场超市、宾馆客用化妆品进行专项检查。检查重点为防晒类、染发类、烫发类以及宾馆客用化妆品的卫生许可证号、国产特殊化妆品批准文号、标签、标识、说明书等内容。2009年起，化妆品卫生监督移交至食品药品监督管理局负责。启动聊城市对辖区内集中供水单位和二次供水单位进行监督检查，对二次供水设施的设置是否合理；卫生管理体系、卫生管理制度、卫生管理档案是否健全；防锈、防尘、防污措施是否健全到位，是否定期进行清洗和消毒；水箱、蓄水池安全防护等情况进行监督检查。做好了对全市已建成的228处农村饮用水安全集中式供水工程（含部分重复工程）中的出厂水、末梢水水质卫生监测。2008年，监测113处工程；2009年，监测50处工程；2010年，监测65处工程；2011年，监测120处工程；2012年，监测120处工程；2013年，监测100处工程。

2008—2011年，每份水样共计检测19项指标：色度、浑浊度、臭和味、肉眼可见物、pH、铁、锰、氯化物、硫酸盐、溶解性总固体、总硬度、耗氧量、氨氮、砷、氟化物、硝酸盐、菌落总数、总大肠菌群、耐热大肠菌群。

2008—2013年，农村饮用水水质卫生监测项目，每年均按照省卫生厅下发的工作方案制定聊城市各年度项目工作方案，并按此进行每年的枯水期、丰水期水质卫生检测；共查处568处农村集中式供水工程，采集水样2272份。

聊城市农村饮用水总体水质检测结果为各年度水质检测合格率均略低于全省平均水平。

2014年，联合市公用事业管理局、市水利局，完善了全市116家供水单位名称、类型、行业主管部门、供水量、服务人口、消毒净化工艺等基本信息，健全了监管档案。全年，共检查市政供水单位8家，二次供水单位3家，日供水千吨以上的农村集中式供水单位21家，日供水千吨以下的农村集中式供水单位76家，累计下达卫生监督意见书107份。

2015年，全市共检查城市集中式供水、农村千吨以上集中式供水和农村千吨以下百吨以上供水单位107家、二次供水14家，下达监督意见书201份；检查涉水产品生产企业12家、涉水产品经营单位61家、水处理材料经营单位15家、水质处理器经营单位28家、现制现售饮用水自动售水机10户。共开展生活饮用水卫生安全放心行动宣传活动36次数，发放宣传品7150份数，出动监督员484人次，出动车辆72辆次，新闻媒体报道66次，向主管部门通报9次。

第六节　综合卫生监督

1997年，医疗卫生保健机构消毒卫生监督监测管理进一步加强，卫生监督执法费用由财政负担，实行收支“两条线”。1999年，在全市组织开展了大规模的医疗市场集中整治活动。全市共清理非法行医1260家，清理无证人员1532人，规范合法机构130家，有效遏止了“乱办医、办医乱”的现象。随着卫生监督工作的深入，确立了《聊城市卫生监督员纪律规范》《卫生监督员行为准则》《聊城市卫生监督标志服装管理暂行规定》《聊城市卫生许可证发放管理暂行办法》《聊城市卫生行政处罚实施办法》《聊城市卫生监测检验工作程序（试行）》等相关事项。打击制售假冒伪劣食品、化妆品违法犯罪活动。对食品生产加工经营、公共场所经营单位集中开展“卫生许可证”专项整治行动。市卫生局监督所对城区餐饮单位推广实行“六个三”做法。“三证齐全”：卫生许可证、健康证、培训合格证齐全；“三制上墙”：卫生管理制度、卫生管理组织、卫生要求上墙；“三间分设”：粗加工、消毒间、厨房分设；“三件配齐”：冰箱、消毒箱、密闭垃圾箱配齐；“三防到位”：防蝇、防鼠、防尘设施到位；“三纱四化”：纱门、纱窗、纱罩、地面硬化、墙壁瓷化、下水道网络化、门底铁皮化。2004年，全市共监督检查医疗机构1272户次，限期整改358户，行政处罚300户，没收药品、器械价值23.35万元，罚款121.1万元，取缔非法机构267家。是年，对全市各县（市、区）打击非法行医专项行动开展情况进行了督查。督导组共出动监督车辆1200余辆次，执法人员3500余人次，检查医疗机构3000余户次；共取缔非法行医256家，查处对外承包科室15处，清除非卫生技术人员196人，罚款50余万元，没收药械200余台件，发布宣传稿件40余篇，编发专题简报20余期。

2005年，公共场所监测45家，检测样品数1208份，合格率91.5%。2006年，公共场所监测 43 家，检测样品数 1043 份，合格率 92.1%。2007 年，公共场所监测 32 家，检测样品数 897 份，合格率 93.3%。2008 年，公共场所监测 29 家，检测样品数 839 份，合格率 92.8%。是年，对东昌府区以外的 7 个县（市）建城区及经济开发区的 424 家小型医疗机构进行了暗访，全市共出动执法车辆 686 辆次，出动执法人员 2084 人次；取缔黑诊所 359 家；拆除非法行医牌匾 308 块；没收器械、药品 207 宗，约计价值 50 万元。同年，对市直医疗单位在电视台、广播电台、报纸等新闻媒体发布医疗广告情况进行监测，共监测医疗广告 1100 条（次）。

2012 年 5 月，开展了病原微生物实验室专项监督检查，核实了底数，建立了监管档案，承担山东省公共场所健康危害因素监测任务，监测范围包括《公共场所卫生管理条例》规定的 7 类公共场所，选择了 12 个公共场所作为监测点，其中包括住宿场所、商场、超市、交通等候室、游泳场所、洗浴场所和美容美发场所。监测项目包括室内空气质量、微小气候，噪声，照明，水质，顾客用具和卫生设施（公共用品），集中空调通风系统新风量、送风（PM10、细菌总数、真菌总数、β-溶血性链球菌）和风管内表面（积尘量、细菌总数、真菌总数），冷却水、冷凝水（嗜肺军团菌），公共场所健康危害事件。重点是对婴幼儿游泳场所卫生许可证办理、从业人员健康查体、池水消毒、水循环和水质状况、卫生管理、卫生用品消毒等方面的检查。开展以严厉打击无证行医、开展民营医疗机构专项整治和大力推进规范化诊所建设活动为重点的集中整顿，严肃查处了未取得医疗机构执业许可证擅自从事医疗美容和坐堂行医的违法行为。

2015 年，全市共检查各类医疗机构 1102 家，其中市监督所检查医疗机构 59 家，检查茌平、高唐、阳谷的消毒产品生产企业 4 家，对 3 家企业 8 个品种的产品进行了卫生安全评价报告备案。市卫生执法监督所共校验医疗机构 38 家，累计提出各类整改意见 400 余条，下达不良执业行为记分通知书 22 份，对省级下放的聊城市人民医院进行了现场校验，对 1 家医院给予暂缓校验。

第五章　妇幼保健

第一节　妇幼保健项目

一、妇女病普查普治

2002 年 8 月，出台《聊城市母婴保健保偿暂行办法》，对保偿的原则、程序、服务、内容与标准等进行统一规定。2005 年，孕产妇保健保偿覆盖率 80%。

2003 年 9 月，建立健全妇女病普查普治制度。在机关、企事业单位，定期组织安排女职工进行健康查体，并规范档案管理；依托县、乡、村三级医疗卫生保健网，通过合作医疗、妇幼保健保偿等形式，探索切实可行的妇女定期查体制度；各级医疗保健机构建立健全妇女病诊治常规，确保妇女病得到规范治疗。加强针对女职工职业防护和劳动卫生知识的宣传教育，建立健全女性常见职业病防治常规。2005 年，为降低全市孕产妇死亡率和婴儿死亡率，如期实现《聊城妇女发展纲要（2001—2010 年）》《聊城儿童发展纲要（2001—2010 年）》提出的“到 2010 年，全市孕产妇死亡率和婴儿死亡率均比 2000 年下降 1/5”的目标，印发《聊城市降低孕产妇死亡率和婴儿死亡率行动方案（2005—2010 年）》。2012 年，山东省卫生厅确定阳谷县为乳腺癌检查项目县、东阿县为宫颈癌检查项目县；2013 年，增补茌平县为乳腺癌检查项目县、东昌府区宫颈癌检查项目县。2014年，聊城市农村适龄妇女"两癌"检查项目方案实施，每3年一个周期，对全市适龄农村妇女进行"两癌"免费检查，并将全市农村适龄妇女的免费乳腺癌、宫颈癌检查项目列为2014年惠民工程10件实事之一。至此，农村妇女"两癌"免费检查项目在聊城市实现全覆盖。至2015年年底，宫颈癌检查共164510人，乳腺癌检查共132823人，结案率100%。

二、妇女围产期管理及孕期保护

2007年5月，聊城市孕产妇系统保健管理暂行规定实施。2009年，农村孕产妇住院分娩项目方案实施，增补叶酸预防神经管缺陷项目方案实施，实施农村孕产妇住院分娩补助政策和对准备怀孕和怀孕3个月内的农村妇女免费增补叶酸，使广大农村孕产妇能够平等地享有安全、有效、规范和便捷的孕产期保健服务。至2013年，全市孕产妇系统管理率为85.07%，至年底，全市共有270556名符合补助条件的农村孕产妇领取了住院分娩补助9469.46万元，共有176836名孕前及孕早期农村妇女服用了叶酸。

2010年，阳谷县纳入中央补助地方预防艾滋病、梅毒和乙肝母婴传播项目县。2011—2013年，全市共有172283人次的孕产妇接受HIV抗体检测，感染5人；梅毒检测172882人次，感染164人；接受乙肝检测182840人次，阳性人数为7225人。2013年，将莘县纳入中央补助地方预防艾滋病、梅毒和乙肝母婴传播项目县。是年，印发《聊城市妇幼安康工程实施方案（2013—2015年）》，通过实施妇幼安康工程，整合妇幼卫生资源，落实医改任务，健全妇幼卫生服务体系，提升妇幼卫生服务能力。2014年，为全面提升妇幼健康服务质量和水平，结合"妇幼健康服务年"活动，市卫生计生委、市总工会于8月21日举办"共圆妇幼健康梦——全市妇幼健康技能竞赛"。各县（市、区）和市直医疗保健机构的55名卫技人员参加此次竞赛。

三、儿童保健

自2001年，全市开展新生儿疾病筛查工作。筛查甲状腺功能减低症（CH）、苯丙酮尿症（PKU）疾病筛查2项。是年，全市共筛查新生儿近40000人。2002年，启动以聊城市妇幼保健院为中心，各县（市、区）妇幼保健院为筛查点的听力筛查工作，全市听力筛查服务网络已经形成。是年，全市共完成初筛5596人，筛查率为71.3%；复筛1959人，复筛率24.96%；共确诊20人，阳性率为2.5‰。2004年，聊城市新生儿疾病筛查康复中心成立，隶属于市卫生局，挂靠聊城市妇幼保健站，具体负责聊城市新生儿疾病筛查的组织实施工作。2006年，聊城市围产儿死亡技术评审小组成立，负责全市孕产妇死亡技术评审，科学客观的分析、探讨围产儿死亡的构成因素，协助卫生主管部门制定提高围产儿医疗保障水平的政策措施。2006年，死胎死产人数为76人，7天内死亡人数为369人，死亡率为7.79‰；2013年，死胎死产人数为52人，7天内死亡人数为113人，死亡率为2.81‰。死亡人数逐年减少，死亡率逐年降低。2009年，在原有的新生儿疾病筛查项目中，增加先天性肾上腺皮质增生症（CAH）和葡萄糖-6-磷酸脱氢酶缺乏症（G6PD）两个筛查项目。聊城市新生儿遗传代谢性疾病在全省率先扩大至4种。是年，全市共有新生儿62324人，其中62142人均进行了四种新生儿疾病筛查，新筛率99.71%。全市新生儿死亡率逐年下降。2005年，全市新生儿死亡率为10.33‰；2006年降至8.24‰；2008年降至4.27‰；2010年降至4.03‰；2013年降至2.35‰。2013年9月，全市新生儿窒息复苏知识与技能竞赛在市妇幼保健院举办，全市15个医疗保健机构的45名选手参加了竞赛。竞赛内容包括理论考试和实际操作，市妇幼保健院和东阿县人民医院分获市直组和县（市、区）组一等奖。2014年3月，在原有4种新生儿遗传代谢性疾病筛查的基础上，运用串联质谱技术扩大新生儿遗传代谢性疾病筛查范围，新增筛查疾病26种。自2001年项目启动至2013年年底，全市共筛查新生儿686407人，聊城市新筛率由2001年的80%上升至2013年的100%。2015年，为全面提升儿童早期发展服务能力和水平，聊城市各级医疗卫生机构积极创建儿童早期发展示范基地，各县（市、区）卫生计生行政部门对辖区医疗机构进行初审。是年 9 月，市卫生计生委组织专家对通过县级儿童早期发展示范基地初评的 4 家医疗机构进行了复评，东昌府区妇幼保健院被认定为省级儿童早期发展示范基地。

第二节 妇幼保健管理

一、妇幼卫生监测

20 世纪 90 年代后期，质量控制是保证妇幼卫生监测与统计工作质量的重要环节，每个监测单位都要进行质量控制，实行逐级质量控制制度。聊城市妇幼保健院负责全市 1 个市 1 个区 6 个县的妇幼卫生监测质量控制，各县（市、区）幼保健机构负责辖区内监测质量控制，每年定期对 5 岁以下儿童死亡、孕产妇死亡和出生缺陷进行全面的统计汇总与抽样调查。将妇幼卫生监测工作列入了年度妇幼卫生工作目标，作为对县（市、区）妇幼卫生工作考核重要指标。2006 年，聊城市妇幼卫生信息统计报告管理办法实施细则制定，对所有妇幼卫生信息统计报告（孕产妇死亡、围产儿死亡、5 岁以下儿童死亡、新生儿出生缺陷、接生情况、婚前医学检查、产前诊断、新生儿疾病筛查和新生儿听力筛查、孕产妇系统化管理、儿童系统化管理等监测报告，以及市级以上卫生主管部门制定经统计部门批准的其他妇幼卫生信息统计报告）进一步明确了工作要求。同年，为健全聊城市妇幼卫生信息管理系统，做好全市妇幼卫生信息监测工作，根据山东省卫生厅《关于加强妇幼卫生信息管理工作的通知》文件精神，是年 8 月，市卫生局举办全市妇幼卫生信息监测业务知识培训班。各县（市、区）卫生局基妇科科长，乡镇卫生院分管副院长、妇产科主任，县（市、区）妇幼保健院分管副院长、妇产科主任、信息统计员，县（市、区）综合医院、中医院、市直医疗单位的医务科科长、妇产科主任 200 多人参加培训。培训班上，市卫生局要求全市各级医疗保健机构要设置相应的信息管理职能科室，配备相应的人员负责资料收集、数据处理、检查汇总、统计分析等工作。建立健全各项原始资料的登记，信息的收集、整理和分析，要标准化、规范化、制度化。是年，全市婴儿死亡率为 9.77‰，新生儿死亡率为 8.24‰，5 岁以下儿童死亡率为 10.89‰，孕产妇死亡率为 40.33/10 万，住院分娩率为 98.71%，高危产妇管理率为 100%。

2008 年，部署《聊城妇女儿童发展纲要》（以下简称“两纲”）阶段监测评估工作。7—10 月，市妇儿工委各成员单位和各县（市、区）对照“两纲”目标和职责分工，开展自查并上报监测数据和中期评估报告。市妇儿工委组织专家评估组、监测评估组成员组成 4 个小组，对各县（市、区）、市妇儿工委成员单位实施“两纲”情况进行了监测评估抽查，重点查阅县（市、区）、成员单位实施“两纲”工作档案材料、年度“两纲”监测统计数据报表、为解决“两纲”重点问题出台的有关法规政策、有关部门批文、有关制度规定、监测评估方案及有关文件材料，现场考察了县（市、区）妇儿工委办公室建设情况、硬件设施建设情况等。

在各成员单位和县区自查、评估组抽查、重点单位普查的基础上，通过监测统计组统计汇总、专家评估组分析评审，形成了聊城妇女儿童发展纲要 2008 年阶段监测评估报告。报告显示：2008 年，孕产妇住院分娩率达 95.58%，高危孕产妇住院分娩率 99.75%，非住院分娩中消毒接生率 99.67%，孕产妇死亡率降到 11.79/10 万，婴儿死亡率降到 7.09‰，婚前医学检查率为 39.93%，孕产妇系统管理率为 95.57%，农村孕产妇保健覆盖率 98.12%。计划生育工作成绩斐然，人口自然增长率为 6.93‰，出生人口性别比例为 104.6∶100，人工流产率下降到 0.16%，已婚育龄妇女避孕节育措施落实率保持在 98% 以上，计划生育基础知识普及率 90% 以上，无节育手术并发症发生。儿童身体健康水平不断提高，新生儿疾病筛查率 98.94%，婴儿母乳喂养率 98.94%，7 岁以下儿童保健管理率 95.15%，全市计划免疫四苗接种率 99.35%；5 岁以下儿童死亡率降至 7.53%，5 岁以下儿童重度营养不良患病率为 1.19%。

2010 年，全市孕产妇产前检查率为 97.91%，其中城市 98.34%、农村 97.72%；孕产妇系统管理率为 97.18%，其中城市 97.29%、农村 97.13%；住院分娩率为 99.98%，其中城市 99.95%、农村 99.99%。全市孕产妇死亡率为 14.91/10 万，与 2009 年孕产妇死亡率为 12.84/10 万相比，有所上升。抽查东昌府区和茌平县的 2 个乡镇进行质量控制，活产上报 1372 人，漏报 0 人，孕产妇系统管理上报 1360 人，漏报 0 人，儿童系统化管理上报 3705 人，漏报 0 人，儿童保健管理上报 9072 人，漏报 0 人，新生儿死亡上报 5 人，漏报 0 人，婴儿死亡上报 7 人，漏报 0 人，1～4 岁儿童死亡 0 人，漏报 0 人，5 岁以下儿童死亡 7 人，漏报 0 人，没发现孕产妇死亡漏报。

为保证全市妇幼服务信息的严肃性，2012 年 11 月，对全市孕产妇保健服务指标和儿童保健服务指标及生命指标进行重点核查。结果显示：全市上报活产 13984 人，漏报 27 人；孕产妇系统管理上报 13378 人，漏报 16 人；儿童系统化管理上报 45932 人，漏报 62 人；新生儿死亡上报 43 人，漏报 1 人，漏报率为 3.2%；婴儿死亡上报 61 人，漏报 1 人，漏报率为 2.4%；5 岁以下儿童死亡上报 66 人，漏报 1 人，漏报率为 2.2%。2013 年，市卫生局印发《关于加强全市妇幼卫生信息管理工作的通知》，要求各县（市、区）卫生行政部门要切实提高对做好妇幼卫生信息工作重要性的认识，把妇幼卫生信息系统建设列入当地卫生发展规划和目标管理的内容，从政策、经费、人员等各方面给予大力支持，进一步提高信息报告的时效性和准确性。并于是年 5 月再次举办全市妇幼卫生信息培训班。市直医疗卫生机构分管副院长、各县（市、区）卫生局基妇科科长、各县（市、区）妇幼保健院分管副院长，负责新听筛、出生医学证明、签发以及妇幼卫生信息工作负责人共计 100 余人参加培训。2014 年，为进一步加强妇幼健康信息安全管理，全市各级医疗机构开展自查自纠和清理整顿工作。各医疗机构制定《出生医学证明管理制度》《病人隐私保护制度》《产房规章制度》及《妇幼保健信息报告质量控制制度》等，实现妇幼信息的制度化管理。各医疗机构建立妇幼卫生信息安全管理责任制，对自查工作做了详细部署，对薄弱环节进行了逐条梳理。

2015 年，全市孕产妇死亡率、婴儿死亡率、新生儿死亡率分别为 5.5/10 万、3.14‰和 4.07‰，与 2000 年 35.01/10 万、15.05‰和 15.54‰相比，分别下降了 29.51/10 万、11.91‰和 11.47‰。

1995—2015 年聊城市妇幼卫生监测主要指标统计情况表

表 33-8

指标	1995 年	2000 年	2005 年	2010 年	2013 年	2015 年
孕产妇死亡率（/10 万）	37.6	35.01	34.9	14.91	10.22	5.5
婴儿死亡率（‰）	17.37	15.05	11.71	5.19	3.61	3.14
5 岁以下儿童死亡率（‰）	19.14	15.54	12.18	5.93	4.45	4.07

二、妇幼卫生合作

1997 年，莘县被联合国儿童基金会批准为《1996—2000 年妇幼卫生合作》项目县之一，援助的设备有心电图机、波姆红外光、制氧机、婴儿称、幻灯机、无影灯、丰田皮卡车等设备，省、地、县设立项目配套资金。至 2000 年项目结束。由此，莘县妇幼保健院综合服务能力大大提高。2002 年，临清市妇幼保健站与山东省妇幼保健所联合开展“婴儿维生素 K 缺乏的系列研究”的科研项目。2002 年 2 月 6 日，山东省与日本国驻华大使在济南签订“日本国利民工程无偿援助项目”。莘县妇幼保健院作为该项目援助单位之一，在县城振兴街西首路北征地1.3万平方米，进行搬迁改造，人员由原来的97人发展到2014年的218人，开放床位由22张发展到200张，业务用房面积由1200平方米发展到16000平方米。

三、母乳喂养与爱婴医院创建

1997年，聊城市创建“爱婴医院”“爱婴市”活动继续开展。至2000年年底，全市产科床位在10张以上的172所医疗保健机构全部达到爱婴医院（爱婴卫生院）标准。聊城市率先在欠发达地区达到爱婴市标准，被省政府命名为“爱婴市”。在全市妇幼保健工作中，重点是将母乳喂养、提高产科质量、降低孕产妇死亡率与巩固爱婴医院成果有机地结合起来，进一步规范爱婴医院服务，保障母婴健康。至2013年，全市累计创建“爱婴医院”33家，“爱婴乡镇卫生院”91家。2014年，专家对全市提出申请爱婴医院创建、复核的33家医疗保健机构逐一进行评审，最后确定27家医疗保健机构通过评审。2006年，对全市51693名4个月以内的儿童进行母乳喂养调查，其中母乳喂养49420人，母乳喂养率为95.6%。2010年，对53742名4个月以内的儿童进行母乳喂养调查，其中母乳喂养51420人，母乳喂养率为95.68%。2014年，对全市52251名6个月以内的儿童进行母乳喂养调查，其中母乳喂养49628人，母乳喂养率为95%。2015年，对全市53157名6个月以内的儿童进行母乳喂养调查，其中母乳喂养49998人，母乳喂养率为94.06%。

第六章　基层卫生

第一节　新型农村合作医疗

1997年，有6个县（市）实现初级卫生保健规划目标。全区实行乡办乡管合作医疗制度的乡镇91个。农村受益人口312.3万人。占全市农业人口的57.2%。实现乡村卫生机构一体化管理的乡镇104个，占乡镇总数的69.3%。

2003年，中共中央、国务院和省委、省政府先后出台《关于进一步加强农村卫生工作的决定》，明确要求在广大农村逐步推行新农合试点工作，解决农民群众的看病难、看病贵问题。是年11月，市委、市政府首先在冠县柳林、茌平贾寨、东阿姜楼3个乡镇启动新农合市级试点工作，摸索路子，积累经验，做好前期准备。2004年9月、2005年7月，临清市、东阿县先后被省政府批准为第二、第三批省级试点，以县（市）为单位启动报销工作。2006年，高唐县、茌平县、东昌府区、开发区被列为第四批省级试点县（市、区），并于3月正式启动报销工作；2007年，省政府将莘县、冠县、阳谷县纳入省级试点，5月1日正式启动报销工作。至此，全市8个县（市、区）和经济开发区、135个乡镇全面建立了新型农村合作医疗制度。2007年，全市参合农民379.09万人，占全市农业人口的86.2%。共筹集新农合资金19621.16万元，其中中央、省财政补助聊城市资金9856万元，参合农民自筹3791万元，市、县财政补助5230.85万元（其中市财政补助1410.58万元）；共报销合作医疗基金15252.47万元，受益人口297.7158万人次，其中住院16.7341万人次，门诊280.98万人次；参合人口受益面近78%。

新农合与以往合作医疗制度的最大区别就是政府主导，各级财政成为筹资主体。至2012年，每年参合农民个人缴纳的费用一直维持在10元，但各级财政的配套资金逐渐增加：2004

年、2005 年为 10 元，2006 年 30 元，2007 年 40 元，2008 年 60 元。每位参合农民的新农合基金也由 2004 年、2005 年的 20 元增加到 2006 年的 40 元、2007 年的 50 元，到 2008 年达 70 元。在财政配套资金的分配上，省、市均采取分类指导，不搞一刀切。2007 年，中央、省配套本市的新农合资金为每人每年 26 元（东部 10 元、中部 14 元；聊城市、德州市、滨州市、菏泽市及临沂市 26 元，后又增加了 2 元达 28 元），其余由市、县（市、区）补齐。同中央和省一样，聊城市采取分类指导，视各县（市、区）财政状况确定补助数额。

从 2004 年、2005 年制度建设初期的 20 元 / 人 · 年（政府补助和参合农民缴费各 10 元），到 2013 年的 350 元 / 人 · 年（政府补助 280 元、参合农民个人缴费 70 元），随着全市新农合工作的稳步推进，筹资水平逐年提高，新农合制度的保障能力明显增强，报销比例的逐年提高，逐步减轻了参合农民的就医负担。2007 年，参合农民次均住院补偿仅为 633.06 元，住院实际补偿比仅为 25.04%，2013 年前三季度，聊城市参合农民次均住院补偿已达 2939.32 元，住院实际补偿比高达 49.31%。仅 2013 年前三季度，全市共有 522.38 万人次参合农民得到补偿，受益率达 123.98%。至 2013 年 6 月底，全市已累计有 3270.15 万人次，共补偿医药费用 41.76 亿元，累计补偿万元以上者达 185013 人次，有效地缓解了长期以来困扰农民的看病难、看病贵问题。

自 2007 年始，试点县（市、区）基本建立起“政府补助、集体扶持、个人交费、社会资助”相结合的筹资机制。农民的参合资金按照自愿参加的原则，由乡、管区、村层层发动，村委会收取后交乡镇财政，由各乡镇统一缴纳至县财政专户。在资金管理上，县级农合管理办公室在县财政设立专门账户，专户存取，专款专用，封闭式运行。参保农民在定点医疗机构现场报销，定点医疗机构与县合管办定期结算，县财政定期拨付经县合管办审核的费用。县合管办定期向社会公布资金支出情况，张贴补偿名单和补偿金额，接受群众监督。

为保证新农合试点工作的健康运行，聊城市研究制定《聊城市新型农村合作医疗制度暂行规定》《定点医疗机构管理办法》《定点医疗机构考核标准》等文件，对合作医疗资金筹集、使用、管理，定点医疗机构的管理、监督、考核等明确规定；制定新农合用药、住院病种、诊疗项目、服务设施项目等 4 个目录，规定参合农民的补偿范围。市卫生局和市新农合管理办公室研究开发新农合信息管理系统，实现对参合个人信息的统一管理和住院转诊、费用补偿网上结算、审核、审批。市、县卫生部门加强对定点医疗机构的督导检查，对乱用药、乱检查、大处方、滥用新特药和抗生素、医护文书书写不规范、不严格执行“四个目录”及“小病大治”等现象，进行严厉查处，进一步规范定点医疗机构的服务行为。

管理系统设计了现场直接报销程序，简化报销程序。参合农民在县域内门诊就医或住院治疗时先缴费用，就诊结束或办理出院手续时，由定点医疗机构在结算窗口按照网络设定的报销范围、报销比例直接报销。为解决参合农民转诊手续复杂、费时费力的问题，聊城市规定参合农民可根据病情需要选择任何一家定点医疗机构就诊。对单纯性阑尾炎等 37 种疾病实行单病种限额收费制，确定收费的高压线。各定点医疗机构把单病种限额收费管理和医院管理系统有机地结合起来，将 37 种单病种疾病按照不同专业特点，将疾病收费分为院前检查、病房、手术室和药房 4 环节，每个环节都规定了具体的限价数额，对即将超收的及时警示，对每个环节出现的超收部分，内部实行“加倍扣罚”，确保做到限“价”不降“质”。

对补偿比例和范围进行了 3 次调整，及时调低县级定点机构的起付线，取消乡镇一级的起付线，适当调整住院费用的报销比例。2005 年 6 月 1 日，确定将参合孕妇的住院分娩纳入新型农村合作医疗报销范围，对住院分娩的参合产妇实行一次性补偿，每位产妇补偿100元，扩大了参合农民的受益面。

全市不断扩大定点医疗机构的范围，把符合要求的市直医疗机构和部分条件较好的专科医院确定为定点医疗机构，为其装配新型农村合作医疗软件管理系统，参保农民在市直定点医疗机构就医出院时，可现场结算报销，其费用由定点医疗机构先期垫付，再由各县合管办进行审核，对其垫付的费用按90%拨付，预留10%作为保证金，根据年终考核审定结果予以结清。同时，把部分符合标准和纳入一体化管理的村级卫生室确定为定点机构，参保农民在村级定点机构所花费的门诊费用，可当场报销，使参保农民在足不出村的情况下就可以就医、报销。

进一步完善了药品集中招标采购工作，药品价格明显下降。有些县（市、区）定点医疗机构的药品价格基本与零售药店持平，部分药品价格低于零售药店，使新型农村合作医疗制度更加深入人心，提高了农民的参合积极性。

至2013年年底，全市建立起了覆盖全体居民的城乡基本医疗保障体系，基本实现了“应保尽保”，新农合人均筹资标准350元，其中政府补助280元；重大疾病医疗保障范围扩大20种，最高年补偿限额20万元。是年，全市大病保险共补偿37649人次，支付保额6265.89万元，实际补偿比例达64.41%，位居全省前列；进一步加强了新农合的管理，开展了新农合专项整治活动，严厉查处违规违纪行为；积极推进支付方式改革，实行总额预付与单病种限价相结合的付费方式，市、县、乡三级定点医疗机构次均住院费用增幅同比分别下降15.6%、9.07%、19.93%，有效缓解了农民“看病难，看病贵”问题。

2015年，全市参保居民达502.25万人，基本实现全覆盖，居民医保基金收入24.21亿元，基金支出20.48亿元。城乡居民医保政府补助标准提高到380元，市属一、二、三级医院由报销53%分别提高到80%、70%、60%。

第二节 村卫生室

一、村卫生室建设

1997年，为进一步理顺村级卫生组织的管理体制，净化农村医疗医药市场，确保农民群众用药的安全有效，在全区推行乡村卫生机构一体化管理模式。至2002年，聊城市6561个行政村，建有卫生室的村4733个，村卫生室覆盖率72.14%。2004年，全市村卫生室5504个，农村示范社区卫生服务站1652个。第一批规范化村卫生室724个、农村示范社区卫生服务站23个。2006年3月，印发聊城市农村社区卫生服务站3套平面图，制定《聊城市农村社区卫生服务站建设方案》，提出利用3年时间，调整并适当撤并村级卫生机构，在各乡镇每个管区设置一所政府举办的农村社区卫生服务站，全市共改造建设农村社区卫生服务站600所。全年全市共有242处农村社区卫生服务站达到建设标准要求，通过聊城市卫生局验收，投入运营。至2008年年底，全市有村卫生室5241个，全市600所农村社区卫生服务站建设完成，覆盖5333个行政村，覆盖农业人口495万人，业务用房总面积27.77万平方米。其中村集体办的843个；卫生院办的73个；卫生院与村集体联办的72个；卫生院与乡医联办的278个；村集体与乡村医生联合举办的165个；乡医自办的3609个；其他形式的201个。2010年，纳入省统一规划的1490个村卫生室提前一年完成建设任务，建设总投资1.05亿元，改扩建业务用房面积2.2万平方米，达到了覆盖所有行政村的目标。2015年，全市行政村有村卫生室4265个。

二、乡村卫生

自1997年始，每年均对全市乡村医生举行培训和考核，经过考核达到相当于医士水平。2003年，按照《乡村医生从业管理条例》，建立乡村医生执业注册制度，并保证乡村医生至少每2年接受一次培训，乡村医生执业管理工作不断规范。2004年，全市组织7689人分别参加省级、市级和县级乡村医生执业注册考试。2005年，全市完成8305名乡村医生的注册工作，并将证书发放到乡村医生手中。至2008年，新增注册乡村医生1680名。2008年，乡村医生卫生保健专业中专学历教育工作启动。聊城市卫生职工中等专业学校被省卫生厅、省教育厅定为招生学校。参加学习的人员必须是在岗乡村医生，具有县级卫生行政部门核发的乡村医生执业证书、年龄在45岁以下且在村卫生室工作3年以上，非在岗乡村医生一律不得报考。至是年年底，全市共有3806名乡村医生参加了大专学历水平教育，实现了市内农村卫生技术人员学历水平和业务知识培训的历史性突破。2010年7月，乡村医生在岗培训项目启动，对全市8300余名在岗乡村医生进行了2个学年的全员培训。全市组织2919名考生参加全省乡村医生执业资格考试，有2137人通过考试合格。2011年，聊城市乡村医生多渠道补偿机制逐步建立，村卫生室实施国家基本药物制度后，乡村医生收入主要来自农民人均25元基本公共卫生服务经费中40%的补助、每个诊疗人次收取6元，一般诊疗费的劳务补助和每名乡村医生每年6000元的基本药物专项补助3个方面，根据乡村医生提供服务的数量和质量，经绩效考核后予以补偿。同时积极引导乡村医生参加新农保，有条件的县（市）组织乡村医生参加了其他形式的养老保险，提高了养老保障水平。2012年6月，对9400余名在岗乡村医生开展医改专项培训。至是年年底，全市共有286名乡村医生报名参加了中专学历教育。2013年5月，与山东协和学院联合对3600余名乡村医生骨干轮流进行了为期两周的集中免费脱产培训。11月，对9400余名在岗乡村医生进行基本医疗卫生服务强化培训。据2014年5月统计，全市村卫生室工作人员共有9643人。2015年4月，聊城市老年乡村医生生活补助发放工作方案实施。至年底，经过各县（市、区）详细的调查认证筛选，全市共对11854名老年乡村医生发放生活补助，合计发放补助资金7004.24万元。

2015年聊城市老年乡村医生补助人数和补助金额统计表

表33-9　　单位：人、万元

县（市、区）名称	补助人数	全年补助金额
聊城合计	11854	7004.24
非省管县小计	8611	4969.97
东昌府区	1421	717.34
临清市	1137	783.22
阳谷县	1257	783.32
东阿县	973	557.27
茌平县	1739	914.87
高唐县	1199	748.09
开发区	244	117.64
高新区	315	173.13
度假区	326	175.09
省管县小计	3243	2034.27
冠县	1583	965.63
莘县	1660	1068.64

第三节 乡镇卫生

一、一体化管理

1997年，聊城地区制定乡村卫生机构一体化管理办法，“乱办医、办医乱”、假劣药品泛滥的现象得到有效遏制。1998年，全市104处卫生院试行一体化管理，占卫生院总数的69.3%，全市实行一体化管理的乡镇卫生院124处，占卫生院总数的82.7%。1999年，临清市被认定为创建“四位一体”（乡村医疗卫生机构一体化管理、合作医疗保健制度、农村社区卫生服务和乡镇卫生院建设）的农村卫生规范化管理示范点。2001年5月，市政府办公室印发《聊城市乡村卫生组织一体化管理办法》，要求推进乡村一体化管理。2002年，聊城市144个乡镇卫生院，实行乡村卫生服务一体化管理的128个，上划到县级卫生行政部门管理的111个。2003年10月，重新确认中心卫生院和一般卫生院，促使农村卫生资源的配置更加合理，并充分发挥综合效益。是年，全市共有乡镇卫生院145个，其中中心卫生院36个，一般卫生院109个。2004年，对撤乡并镇后剩余的21所卫生院，采取兼并、托管、租赁、改建社区卫生服务站、发展专科等形式，进行不同形式的改革。2005年4月，聊城市卫生局制定《聊城市乡镇卫生院基本标准》，各县（市、区）各单位对照标准，加大资金投入，完善配套设施，改善服务环境。至2007年，84所乡镇卫生院基本达到“一无三配套”（无危房、房屋、人员、设备配套）的建设标准。2008年，实行乡村卫生服务一体化管理的卫生院129个，上划到县级卫生行政部门管理的乡镇卫生院数143个。2009年，聊城市共改造建设乡镇卫生院61个，建设面积9.46万平方米，建设总投资1.29亿元，全市126所乡镇卫生院全部建起门诊楼、病房楼，业务用房达标率100%。2013年3月，全市开展规范化管理先进单位评选活动，20所乡镇卫生院（社区卫生服务中心）被授予“聊城市规范化管理先进单位”称号。至2015年年底，东阿县高集中心卫生院、临清市老赵庄镇卫生院、冠县北陶中心卫生院、莘县租店镇中心卫生院、高唐县清平中心卫生院被国家卫计委评为国家级群众满意的乡镇卫生院。

二、岗位培训

1997年，区直、县（市）医疗卫生机构派出52支医疗队283名业务骨干，从技术上对52所乡镇卫生院进行支援。2000年，聊城市共组织60支医疗队、400多名医务人员，对60个乡镇卫生院进行了技术、设备、管理支援。2003年6月18日，在全市范围内实施基层卫生“春风行动”，免费对全市基层卫生人员进行专业知识培训。2003年，聊城市农村卫生技术人员培训中心成立。2004—2008年，对在职乡镇卫生院卫生技术人员实行岗位培训、中专学历教育和大专学历教育，培训活动，共有1030名乡镇卫生技术人员接受大专学历教育，112名乡镇卫生技术人员接受中专学历教育。2013年3月，对24名乡镇卫生院院长（社区卫生服务中心主任）和100名乡村医生分别授予“聊城市优秀乡镇卫生院院长”和“聊城市优秀乡村医生”称号。2015年，举办全市基本公共卫生服务技能竞赛。共有6个县的基层卫生及乡镇卫生院负责人，参加山东省乡镇卫生院标准化建设骨干培训班。

第四节 社区卫生

1999年，全市部分城区和县市社区卫生服务工作逐步开展。2001年11月，聊城市社区卫生服务机构标志启用，标志图案由6个花瓣、LSW、医疗机构标志和中国•聊城组成。2002年，全市社区卫生服务工作全面启动，并逐步建立适合社区卫生工作发展的网络。同年，对各县（市、区）上报的45所中心、站进行验收，批准合格中心5处，站29所，核发由市卫生局统一验印的“社区卫生服务执业许可证”，统一使用规范的机构名称。2003年11月，对在规划范围内尚未建立的社区卫生服务机构原则上通过竞争的形式予以确定，以打破垄断，吸引社会资金共同举办社区卫生服务机构，形成开门办社区的局面。2004年，创建“全国（省、市）社区卫生服务示范区（中心、站）”活动开展，建立社区卫生服务中心6所，服务站42所，社区卫生服务基本框架初步形成。2006年12月，全市城市社区卫生服务机构设置规划调整，全市共设置社区卫生服务中心19个，社区卫生服务站118个。2007年9月，共建设完成城市社区卫生服务中心8个，在建2个，建设完成社区卫生服务站45个，在建10个。2008年12月，全市有14个城市社区卫生服务中心和82处城市社区卫生服务站，城市社区卫生服务机构建设工作整体进展顺利。2009年9月，全市16个城市社区卫生服务中心和94个城市社区卫生服务站全部建成。城市社区卫生服务体系初步建立，基本形成城市社区卫生服务网络和居民15分钟健康服务圈。“小病在社区，大病进医院，康复回社区”的城市居民就医模式逐步形成。2013年，全市共改造建设了16个城市社区卫生服务中心和94所城市社区卫生服务站，新型城市社区卫生服务实现了无缝隙覆盖。至2014年，聊城市共有城市社区卫生服务中心24个，城市社区卫生服务站94个。自2015年1月1日起，由东昌府区履行对市属11个社区卫生服务站开展基本公共卫生服务项目的属地管理职责。7月起，市属各城市社区卫生服务站承担的基本公共卫生服务项目移交东昌府区卫生计生局管理。

第七章　爱国卫生

1997年起，聊城爱国卫生运动健全完善市、县（区）、乡（街道）、村（社区）爱国卫生组织网络，落实人员、编制和经费，制订爱国卫生工作计划，组织开展形式多样的爱国卫生活动，建立起“横到边、纵到底、全覆盖”的健康教育工作网络。结合爱国卫生月、世界卫生日、世界无烟日等，组织开展丰富多彩的爱国卫生宣传教育活动。引导广大人民群众讲卫生、讲文明、树新风，全市城乡卫生面貌明显改观。2007年12月30日，聊城市获“国家卫生城市”称号。

2015年7月17日，聊城市国家卫生城市复审调度会

第一节　农村饮用水安全

1997年，全区大力推广以乡为中心的供水模式，采取国家集体和个人三方集资的办法，全区新造自来水24处，受益人口6.16万人，累计140.29万人，农村自来水普及率30%。1999年，全市共投资170余万元，新增自来水厂（站）22个，自来水受益人口154万人，占农村总人口的33%。2000年，全市农村饮用自来水人口172.29万人，占农村总人口的36.73%。2006年，自来水覆盖率74.03%。2010年，自来水覆盖率89.82%。2015年，自来水覆盖率96.79%。

2006—2015年聊城市农村改水情况统计表

表 33-10　　单位：万人、%、个、万台、万元

年份	农村总人口	农村改水类型																		当年用于农村改水改厕投资				
		合计			自来水				手压机井				雨水收集				其他			金额合计	资金来源			
		累计受益	受益率	当年受益	厂站个数	累计受益	受益率	当年受益	台	累计受益	受益率	当年受益	水窖	累计受益	受益率	当年受益	累计受益	受益率	当年受益		国家	集体	个人	其他
2006	469.05	469.049	100.00	0	1297	347.26	74.03	32.83	39.93	121.79	25.97	-82.83	0	0	0.00	0	0	0	0	22720	12271	2108	8341	0
2007	469.05	469.05	100.00	0	1174	368.89	82.48	39.63	34.82	82.16	17.52	-39.63	0	0	0.00	0	0	0	0	8564	5671	781	2112	0
2008	469.05	464.65	100.00	0	1208	393.8	83.96	15.85	25.7	70.85	15.11	-15.85	0	0	0.00	0	0	0	0	1309	657	330	322	0
2009	469.05	469.05	99.06	0	798	408.9	87.18	15.1	24.16	60.15	12.82	-15.1	0	0	0.00	0	0	0	0	6632	3438	165	1751.41	1281
2010	469.05	469.049	100.00	0	809	421.31	89.82	12.42	19.03	47.73	10.18	-12.42	0	0	0.00	0	0	0	0	4212	2633	670	899	10
2011	469.05	469.05	100.00	0	834	429.29	91.52	10.75	9.8	39.76	8.48	-10.75	0	0	0.00	0	0	0	0	4644	2950	773	921	0
2012	467.74	478	100.26	8.95	845	449.28	94.24	19.99	6.53	28.72	6.02	-11.04	0	0	0.00	0	0	0	0	3833	2785	334	759	5
2013	460.36	457.16	99.30	10.08	809	441.82	95.97	10.49	1.2	6.8	1.48	-0.86	0	0	0.00	0	8.54	1.86	0	9105	5369	1347	20	2369
2014	449.09	431.23	96.02	11.58	425	411.77	91.69	11.58	2.73	10.92	2.43	0	0	0	0.00	0	8.54	1.9	0	6971	4698	1580	693	0
2015	469.56	463.03	98.61	12.34	789	454.49	96.79	12.34	0	0	0.00	0	0	0	0.00	0	8.54	1.82	0	5053	3732	0	0	1321

第二节　农村卫生改厕

1997年，全区共投入资金79.1万元，新造各类卫生厕所1.7万多个，全区改厕累计31.54万个，农村卫生厕所普及率26.22%。1999年，新建各类卫生厕所2.3万个，全市卫生厕所累计42.6万个，普及率为35.4%。2000年，卫生厕所改造45.76万个，占农村总户数的38.04%。2015年，农村总户数138.03万户，累计卫生厕所户数117.28万户，卫生厕所普及率84.97%。

2005—2015年聊城市农村改厕情况统计表

表33-11

年份	农村总户数（万户）	累计卫生厕所户数（万户）	卫生厕所普及率（%）	无害化卫生厕所普及率（%）	累计改厕类型（万座）							当年新增该册数（万座）	累计使用卫生公厕户数（万户）	当年用于农村改厕投资（万元）				
					三格化粪池式	双翁漏斗式	三联沼气池式	粪尿分集式	完整下水道水冲式	双坑交替式	其他类型			金额合计	资金来源			
															国家	集体	个人	其他
2005	120.32	67.84	56.38	—	0	8.8	0.07	0.1	0.02	0	58.85	6.99	2.04	2416.6	37.5	1176	1248.07	—
2006	120.32	71.05	59.05	7.72	0	8.83	0.24	0.18	0.04	0	61.76	0.30	2.01	739.40	70	83.1	561.3	25
2007	120.32	74.20	61.67	8.18	0	8.83	0.34	0.20	0.47	0	64.36	0.55	1.77	1000.00	13	165	822.04	0
2008	120.32	80.28	66.72	9.11	0	8.87	1.04	0.33	0.72	0	69.32	1.12	1.54	772.80	47.5	12.25	713.05	0
2009	120.32	84.63	70.34	9.28	0	8.87	1.23	0.71	0.36	0	73.46	0.81	2.29	1091	84.98	84.22	921.80	0
2010	120.32	90.915	75.56	12.06	0	9.09	3.28	1.36	0.775	0	76.41	2.995	3.21	2482	1105	332	1045	0
2011	120.32	94.4451	78.49	14.08	0.1	9.11	5.32	1.52	0.895	0	77.50	2.4401	3.335	839.20	390	65	329.2	55
2012	130.30	100.632	77.23	13.57	0.15	9.41	4.987	1.82	1.315	0	82.95	2.36	3.625	906.20	560	50	296.2	0
2013	136.19	109.745	80.58	19.23	0.3	9.66	9.105	2.70	4.43	0	83.55	8.8227	6.37	665.80	373.4	59.7	232.7	0
2014	138.21	114.79	83.06	22.06	0.3	9.71	9.27	2.98	8.22	0	84.31	6.01	7.95	1317.40	21	1222.4	0	—
2015	138.03	117.28	84.97	22.91	0.45	9.39	9.07	2.88	9.81	0	85.66	2.49	7.85	1962.63	138	0	1745.8	78.83

第三节　城乡卫生健康服务

一、灭害防病

1997年后，除“四害”（鼠、蚊、蝇、蟑螂）是爱国卫生工作的重点工作之一。自1998年始，聊城市组织工商、化工、农业、技术监督、卫生防疫等部门进行联合行动，对鼠药的生产、经营和鼠药市场加大监管力度，杜绝剧毒急性鼠药的生产、销售。各县（市、区）加大剧毒急性鼠药查禁力度，取缔擅自生产、销售鼠药者。为进一步规范鼠药市场，建立健全管理制度，宣传教育群众，坚持科学灭鼠，确保群众性灭鼠活动的健康发展。以临清市、东阿县为试点，实行经营许可证制度。为巩固灭鼠、蚊、蝇、蟑螂发展成果，进一步降低“四害”密度，全市在卫生清理的基础上，进行全面灭鼠投饵。特别是2002年，各级公安、卫生、农业、工商、爱卫会、化工、质量监督、供销等有关部门联合开展鼠药生产、销售、使用、管理检查，严厉打击非法制售、使用毒鼠强等剧毒鼠药违法行为，彻底消除隐患。各县（市、区）重点抓好冬季集中灭鼠投饵活动，按照《聊城市人民政府办公室关于组织开展冬季灭鼠活动的通知》和全市灭鼠技术培训班提出的技术要求，集中时间、集中力量抓好灭鼠投饵、增设防鼠设施等重点环节，促进除“四害”工作扎实开展。市爱卫会督促有关部门组织开展药物消杀，搞好蚊蝇、蟑密度监测，备齐软件资料，全面做好自评、自查。是年，聊城市被命名为“全国灭鼠先进城市”“全国灭蝇灭蟑先进城市”。2006年，突出抓好了宣传发动、粮款筹集、灭鼠投饵、防鼠措施，统一时间、统一药械、统一投饵、统一检查，做到“乡不漏村、村不漏户、户不漏室”，切实把鼠密度降到不足为害的程度。2009年，各县（市、区）蚊蝇消杀专业队伍成立，制定完善除“四害”制度及措施，建立应急处理预案，组建应急处理队伍，储备应急处理杀虫灭鼠药与器械，防治处理突发病媒生物控制。2014年4月，在全市组织开展爱国卫生月活动，活动的主题是“远离病媒侵害，你我同享健康”，要求广泛宣传，增强群众防病能力；标本兼治，搞好病媒生物防制；突出重点，综合治理城乡环境；加强督查，促进各项工作落实。

二、“健康山东行动”

1997年，全区学校健康教育普及率达93%。继1993年聊城市被命名为省级卫生城之后，茌平县、高唐县又达到省级卫生县城标准。2010年，市爱卫会响应省爱卫会提出的为期3年的“健康山东行动”，发挥爱国卫生运动全民参与、群防群控的优势，推动城乡环境卫生进一步改善。是年9月，聊城市健康山东行动领导小组成立，并下发健康山东行动任务分解表。2011年，先后开展聊城市“健康山东行动——健康风向标”10项健康好习惯和10项健康陋习公众评选活动、健康山东首届健康大使评选暨防病与健康知识演讲比赛。印发《聊城市全民健康生活方式行动示范创建工作实施方案》，深入做好健康示范社区、单位、餐厅（食堂）、学校的示范创建工作，发挥典型带头作用。2014年，在全市开展以治理农村环境卫生和村容村貌为主要内容的农村环境综合整治工作。2015年，开展首届聊城市“明星健康家庭”评选活动，在全市范围内推荐评选11户“明星健康家庭”。制作更换健康教育宣传栏内容8万余次，发放健康教育宣传资料1100万余份，举办健康知识讲座9万余次，受益10万余人次。积极开展全民健身行动，先后建设农村体育健身工程780套，新增健身场地面积23万平方米；农村社区健身工程135套，新增健身场地面积8.5万平方米；城市社区健身工程80套，新增健身场地面积6万平方米；县（市、区）共举办全民健身运动会竞赛项目87项、日常活动50项，共培训国家级社会体育指导员13名。至2015年年底，聊城市共有社会体育指导员10555人，其中三级社会体育指导员8801人、二级社会体育指导员1416人、一级社会体育指导员302人、国家级社会体育指导员36人。继续加大环境卫生整治行动。相继出动机械化作业车辆7.2万部次，清扫保洁城区主次干道6400余次，城区机械化保洁率达到了89.5%。至2015年，全市“户集、村收、镇运、县处理”的环卫体系基本形成，8个县（市、区）全部一次性通过全省城乡环卫一体化全覆盖首批认定，全省城乡环卫一体化现场会在冠县召开。是年，共创建国家级生态乡镇37个，省级生态乡镇74个。

2010—2015年，市、县慈善总会每年分别拨付30万—50万元资金，用于救助贫困“两癌”妇女，市妇联争取全国妇联“贫困母亲两癌救助”中央专项彩票公益金项目78万元，救助78名贫困“两癌”母亲。整合社会资源，筹集救助金近200万元。大力开展疾病预防控制行动。2015年，适龄儿童免疫规划“八苗”全程接种率93.87%，儿童建卡、建证率均95%以上。

第八章　医政管理

第一节　医疗学科管理

1997年后，聊城市（地区）卫生局引导各医院按照规划发展专科特色。是年，有聊城地区人民医院妇科等重点专科学科12个。

2005年11月，市卫生局公布首批市级重点学科9个、特色专科12个。脏器移植、介入治疗、微创和腔镜等4项技术发展迅速，列全省前列。2008年1月，聊城市人民医院口腔修复正畸专业被卫生部批准为国家级培训基地。2011年8月，设在聊城市人民医院的省市共建山东省口腔颌面—头颈医学生物学重点实验室培育基地通过评审验收。2012年10月，全市临床重点专科建设工作开展，聊城市临床重点专科建设工作全面启动。2013年1月，聊城市人民医院病理科通过省医药卫生重点专业建设单位验收。3月，聊城市科技局批准聊城市人民医院“聊城市中西医结合儿科重点实验室”“聊城市生殖遗传学重点实验室”“聊城市干细胞与再生医学重点实验室”3家实验室为聊城市重点实验室。聊城市人民医院儿科、重症医学科、病理科、临床护理获批为省级临床重点专科。12月，公布全市首批10个专业的25个市级重点专科，辐射带动了聊城市本专业技术水平的整体提升。聊城市人民医院血液内科、消化内科、神经外科、妇科、口腔科、麻醉科、内分泌科、皮肤科获批为省级临床重点专科。聊城市二院消化内科获批为省级临床重点专科建设单位。2014年8月，聊城市人民医院被确定为全省首批三个省级区域医疗中心之一。2015年3月，聊城市人民医院神经内科、风湿免疫科、耳鼻喉科、康复医学科，聊城市二院烧伤科获批为省级临床重点专科，聊城市人民医院眼科、肾内科获批为省级临床重点专科建设单位。7月，聊城市公布2015年度全市第二批16个专业的67个市级临床重点专科和3个市级临床重点专科建设单位。

第二节　医疗质量管理

1997年，对县级以上医疗机构消毒供应室进行检查验收，保障消毒供应安全。1998年6月，市卫生局、市质量技术监督局联合对全市二级以上医院强制检定计量器具使用管理情况进行督查，强化计量器具规范管理。1999年，将每年的11月定为全市医疗质量活动月，通过开展集中自查、督查活动形式，强化医疗质量管理各项措施落实。2000年3月，聊城市医疗质量监督管理委员会成立。2002年2月，印发2001年全市医疗质量检查情况的通报，医疗质量管理工作全面强化。3月起，市卫生局部署在全市各级各类医疗机构开展“医疗质量管理效益年活动”。5月，为推进整体护理工作落实，印发《聊城市整体护理质量检查标准》和《整体护理病历格式》。2004年8月，《聊城市医疗质量管理示范科室评选标准》出版。10月，市卫生局安排依法加强医疗废物无害化处置，做好医疗废物的管理工作。2005年4月，开展“医院管理年”活动。11月，按照《聊城市医疗质量管理示范科室评选标准》，评选出21个单位的44个科室为全市医疗质量管理示范科室。2008年4月，市卫生局组织对全市156家医疗机构实验室进行检查，进一步规范聊城市临床实验室建设。2010年4月，以“夯实基础护理，提供满意服务”为主题的“优质护理服务示范工程”活动全面启动。5月，部署在全市各级各类医疗机构开展“持续改进质量，保障医疗安全”的“医疗质量示范工程”活动。6月，在县级以下各类医疗机构开展主题为“规范服务行为，提高服务水平”的专项行动，促进基层医疗机构服务水平提高。2011年5月，对64个“优质护理服务示范病房”、42名“优质护理服务先进个人”通报表彰。在全市卫生系统启动开展为期3年的以“服务好、质量好、医德好，群众满意”为主题的“三好一满意”活动。8月，部署开展“以病人为中心，以保障安全，提升质量，改善服务，提高效率为主题”的优质医院创建工作。2012年11月，启动实施县级公立医院能力提升工程，全面提升县级公立医院的服务能力和服务水平，努力解决县域群众的看病就医问题。2013年5月，全市“癌痛规范化治疗示范病房”创建活动培训班举办，旨在提高癌痛规范化治疗水平的“癌痛规范化治疗示范病房”创建活动全面启动。9月，对全市医疗机构开展“癌痛规范化治疗示范病房”创建工作进行督导检查。10月，印发《聊城市预防与控制医院感染行动计划（2013—2015)》，制定了工作方案和考核指标，提升包括基层医疗机构在内的各级医疗机构的医院感染防控水平。2014年9月，组织对全市二级以上综合医院和部分中医医院、专科医院、妇幼保健院进行医院标准化建设“回头看”和医疗质量综合督导检查。2015年9月，组织开展全市医疗安全督导检查，并于11月组织开展“回头看”活动，查找隐患，扎实整改，确保医疗质量和患者安全。

第三节 医护人员管理

医师管理 1999年4月，市卫生局印发《关于学习宣传和贯彻实施〈中华人民共和国执业医师法〉的通知》，贯彻实施执业医师法，医师管理步入法制化轨道，逐步健全了考试、注册、考核工作机制。1999年，组织首次医师资格考试，后每年举行一次。2000年6月，全市组织开展医师资格认定工作。至2002年年底，全市认定执业医师、执业助理医师资格共6400余人。至2005年，全市补充认定执业医师、执业助理医师资格共600余人。2009年，医师资格聊城考点被评为“全省优秀考点”。代表山东省接受卫生部医师资格考试实践技能考试工作检查评估。至2014年5月，全市注册执业医师总数为9640人，执业助理医师总数为2186人。2011年4月13日，市卫生局印发《聊城市医师定期考核工作方案》，全面启动医师定期考核工作。2013年5月15—16日，省医师协会、市卫生局采用“人机对话”形式举行医师定期考核业务水平测试，共开设考场42场次，2076人参加“人机对话”考试，第一周期共考核医师4888人，其中考核合格4762人，合格率97.4%。

护士管理 市级的护士执业资格首次考试于1994年组织进行，由省卫生厅统一命题、统一阅卷。1996年6月，地区卫生局转发省卫生厅《关于进一步加强护士执业管理工作的通知》。2003年，护士执业资格考试改为国家统一考试。护士执业资格考试每年举行一次。2005年8月，市卫生局印发《关于加强护士执业注册工作的通知》，全面开展护士执业注册工作。2013年10月，市卫生局印发《聊城市护士执业注册管理规程》，进一步规范护士执业注册工作。至2014年5月，全市注册执业护士总数为10899人。

评先选优 2004年4月，市卫生局、市医学会、市护理学会联合印发《关于开展评选聊城名医、杰出青年医生、优秀医技工作者、天使之星活动的通知》。2006年3月，对评选出的4名资深医学专家、10名聊城名医、30名杰出中青年医生、10名优秀医技工作者、31名天使之星进行通报表彰。2008年5月，市卫生局印发《关于表彰聊城市“优秀护士长”“优秀护士”的通报》，授予27人为聊城市“优秀护士长”、46人为聊城市“优秀护士”称号，在“5·12”国际护士节进行表彰。2011年5月，市卫生局、市妇联联合印发《关于对全市卫生系统百名巾帼建功标兵进行表彰的通报》，授予100人全市卫生系统巾帼建功标兵称号。2012年5月，市卫生局举行“5·12”国际护士节百年庆典，对全市10个“护理工作先进集体”、30个“优质护理服务示范病房”、10个“巾帼文明岗”、100位“护理工作先进个人”、10位“三八红旗手”、10位“十佳护士长”、10位“优秀护士”进行表彰。2013年5月，市卫生局印发《关于表彰全市卫生人才和学科建设工作先进集体、先进个人的通报》，对16个“聊城市卫生人才学科建设工作先进集体”、30名“聊城市卫生人才工作先进个人”、30名“聊城市卫生学科建设工作先进个人”进行表彰。

第四节　采供血管理

1997年后，聊城市（地区）卫生局对辖区内采供血工作严格管理，确保采供血工作的安全运行。

1998年3月，省卫生厅批准在阳谷县设立单采血浆站，是年12月，开始试运行。1999年5月，经省、市卫生行政部门验收合格，正式开始采集血浆。1998年10月，《中华人民共和国献血法》在聊城施行。1999年11月，市委、市政府组织召开“全市无偿献血工作动员大会”，市委办公室、市政府办公室印发《关于认真做好无偿献血工作的通知》，成立聊城市无偿献血工作委员会，并下设办公室，办公室设在市卫生局。是年12月，全市取消个体卖血，临床用血全部来自无偿献血。2001年，聊城市指令性计划献血取消，临床用血全部来自街头群众的自愿无偿献血。2002年，成分输血在全市推广。2003年，全市实现由一次无偿献血200毫升向一次献血400毫升的转变。是年10月，聊城市中心血站采供血实验楼建成竣工，中心血站搬迁至经济技术开发区华山路75号。2006年4—6月，采供用血岗位人员培训和考核工作开展。4—9月，在全市范围内开展以采供血机构专项整治为重点的打击非法采供血专项行动。8—9月，全市血液安全监督检查开展。阳谷县单采血浆站于2006年9月完成改制，更名为“聊城安泰单采血浆有限公司”；莘县单采血浆站于2006年12月完成改制工作，更名为“聊城天坛生物单采血浆站有限公司”，2007年1月迁址东昌府区沙镇大张村。2007年4—5月，组织对全市医院输血科（血库）进行专项检查。7月，2007年聊城市打击非法采供血专项整治工作方案实施。2009年8月，聊城市脐带血临床采集和脐带血造血干细胞库管理全面加强。2010年3月，聊城市临床用血应急处理领导小组成立。2012年8月，全市临床合理用血暨临床输血质量控制研讨会召开。9月1日起，实行临床用血异地返还。2013年10月，省卫生厅批准聊城天坛单采血浆站在莘县增设分支机构——聊城天坛单采血浆站莘县分站。至2015年，聊城市连续7次获“全国无偿献血先进城市”奖。

第五节　急救管理

1997年1月10日，聊城地区急救中心设立，受地区卫生局的监督管理和聊城地区人民医院的业务指导。2004年11月23日，聊城市紧急救援中心在聊城市人民医院成立。2005年3月17日，聊城市120医疗急救指挥调度中心成立。2006年6月，聊城市医疗急救站（点）建设标准（试行）发布。7月，聊城市120医疗急救指挥调度中心建成，在建城区内试运行，并于11月在全市范围内全面开通。全市医疗急救服务实现统一受理、统一指挥、统一调度。2007年1月，印发《关于对全市院前急救工作综合检查情况的通报》。12月，举办全市院前急救知识及技能师资培训班。2010年4月，全市院前急救业务技能培训班举办，对各急救站200余人进行了院前急救知识强化培训。7月，市卫生局组织进行医疗急救实战演练，11月，全市急诊急救岗位技能竞赛举办。2013年4—5月，开展“中国初级创伤救治”培训项目第三阶段培训，对聊城市200名急诊急救技术骨干进行集中强化培训。12月，增设基层急救站（点）9个，推动院前急救网络向基层延伸，并举办全市院前急救业务技能培训班。2014年10月，聊城市疾病应急救助制度建立。

第六节 专科病防治管理

2003年，聊城市制定突发非典疫情应急预案，确定定点医院10所，设立160个发热门诊和67个监测检查站，举办培训班和实战演练共12期。2007年后，强化重症救治，搞好后勤保障，落实防治责任，全力做好手足口病、禽流感、猪流感、甲型H1N1流感、麻疹等医疗救治工作，做到早发现、早报告、早隔离、早治疗，减少患者死亡。2009年9月，印发《关于做好全国第十一届运动会聊城赛区医疗救护和医疗保健工作的通知》并完成十一运会聊城赛区的医疗救护和医疗保健工作。10月，贫困白内障患者复明项目正式启动。2012年5月，农村贫困家庭儿童先天性心脏病免费救治试点工作全面启动。6月，聊城市承办山东省第十七个“爱眼日”宣传活动启动仪式及初级眼保健培训班。省、市专家为基层卫生技术人员300余人进行了初级眼保健知识培训，义诊医疗队为5000余名群众开展了眼保健知识讲座、义诊、筛查、咨询活动。并于2013年扩大救助范围，规范贫困家庭认定程序，简化结算程序，进一步提高了全市儿童重大疾病医疗保障水平，做好全市农村贫困家庭儿童先天性心脏病免费救治试点工作，聊城浙江商会为项目实施捐助130万元。2013年8月，对全市唇腭裂患者全部进行免费修复手术。9月，全市青少年视力低下防治和视觉健康促进工作系统化、规范化、专业化开展。2014年5月，全市眼科新技术论坛及中华“健康快车”聊城行白内障超声乳化培训班举办。

第七节 中医药管理

1997年，继续发展农村种植中药材工作。并于是年8月举办乡村中医中专教育培训活动，旨在提高农村中医药队伍素质，加速培养中医药人才。2001年7月，推荐茌平县申报山东省农村中医工作先进县建设。2002年8月，开展聊城市名老中医及优秀中青年中医人才评选工作，规定了评选办法及名额分配，推动全市中医药事业的发展；10月，聊城市乡村医生中医药知识与技能培训方案实施。2008年10月，中医药防治小儿泌尿系结石技术指南试行。2009年，提出进一步提高乡村医生学历层次，逐步实现乡村医生向职业助理医师转化目标。印发《中医药防治手足口病技术指南（2009年试行版）》和《中医药预防甲型H1N1流感技术指南（2009版）》，开展甲型H1N1流感中医药预防工作。2010年，第一批聊城市中医药特色乡镇卫生院、村卫生室和社区卫生服务中心（站）公布。2011年4月，开展聊城市中医护理岗位技能竞赛，逐步扩展中医护理服务领域。2012年6月，聊城市中医医院、聊城市人民医院、东昌府区中医医院、茌平县中医医院、高唐县中医医院5个医疗单位的9个中医药专科被命名为山东省中医药服务能力提升工程项目第四批中医药重点专科；10月，聊城市人民医院中医儿科学入选山东省“十二五”中医药重点学科建设单位，杨巧芝为学科带头人；12月，聊城市人民医院中医儿科学被评为国家重点学科。2013年4月，东阿县中医医院脑病科被评为“国家农村医疗机构中医药特色优势重点专科”。聊城市东昌府区中医医院骨伤科入选全省中医药服务能力提升工程优势（特色）专科（专病）评审验收合格项目名单。阳谷县中医医院、临清市人民医院被评为山东省农村医疗机构针灸理疗康复特色专科建设项目评审验收合格项目单位；2014年1月8日，聊城市中医医院中医骨伤学和聊城市人民医院中医肛肠病学被评为山东省首批中医药重点学科建设项目，聊城市人民医院中医西医结合儿科学被评为山东省首批中医药重点科研实验室；推荐老中医药专家学术经验继承指导教师及继承人，遴选出4名老中医药专家和5名继承人；开展山东省五级中医药师承教育项目第二批指导老师和继承人遴选工作，17名指导老师和34名继承人分别入选省、市、县、乡“五级中医药师承教育项目”。聊城市中医医院金维良、刘红书和聊城市人民医院胥庆华获

“山东名中医药专家”称号。

2015年，聊城市印发《聊城市基层医疗机构国医堂建设实施方案》，进一步推进乡镇卫生院、社区卫生服务中心国医堂建设，完善基层中医药服务体系。印发《关于推荐聊城市中医药一技之长人员考核暨中医药业务评审专家库专家的通知》，规定了推荐条件、程序、要求等，为做好全市中医药一技之长人员纳入乡村医生临床技能考核提供了强大的人才支撑。

第八节　疾病控制管理

一、传染性疾病控制管理

1997年1月，聊城明确卫生行政部门、医疗保健机构和卫生防疫机构在疫情报告工作中的职责。1998年，印发《聊城市传染病防治规划》。加强霍乱防治工作，要求各县（市、区）及有关单位认真落实以治本为主的综合性防治措施，切实抓好饮水、食品卫生、建筑工地等重点环节。1999年，成立聊城市消灭脊髓灰质炎证实准备工作小组和聊城市脊髓灰质炎专家诊断小组。2000年，聊城市2000年结核病流行病学抽样调查领导小组和流调专业队成立。2001年，强化结核病防治工作的规范化、法制化管理，严禁非结核病防治专业机构截留收治肺结核病人。2002年，成立聊城市消灭丝虫病和寄生虫病防治工作领导小组，领导小组办公室设在市防疫站。是年，举办培训班3次，组织开展大型检查2次。对各县（市、区）、开发区及市直各医疗单位腹泻病门诊临床医生及细菌检验人员进行霍乱及0157大肠杆菌感染等腹泻病防治技术培训。是年9月，举办全市新的《消毒管理办法》和院内感染控制培训班以及全市艾滋病防治培训班。2003年，在县及县级以上医疗保健单位开展“绿色医院”活动。经审议，市人民医院、市中医院、东阿县人民医院等11个单位获得聊城市“绿色医院”称号。5月，市委、市政府成立由市长张秋波任总指挥的聊城市防治非典型肺炎指挥部。市卫生局成立卫生系统防非领导小组，下设后勤保障组、救护组和统调组，制定具体防控“非典”疫情措施，试行传染性非典型肺炎早期预警症状监测方案，确定市人民医院为“市级监测医院”，高唐县人民医院和东阿县人民医院为“县级监测医院”。2004年，聊城市政府成立聊城市重大动物疫病防治指挥部，市长张秋波任指挥长，并对可能出现的人感染禽流感疫情进行部署。聊城市人民政府防治艾滋病工作委员会制定防治艾滋病工作委员会成员单位工作职责。并在全市范围开展既往有偿供血（浆）人员［（指自1990—1998年期间参与有偿供血（浆）者］艾滋病病毒抗体筛查。2006年，实施《聊城市外来妇女艾滋病病毒感染状况专项调查方案》《〈聊城市结核病防治规划（2001—2010年）〉2006—2010年计划》。2007年，明确聊城市消除麻疹策略和措施。试行狂犬病暴露处置规范，规范狂犬病暴露处置门诊的设置和管理工作。聊城市儿童免疫规划工作信息管理系统建设及应用工作方案实施，预防接种信息化建设正式启动。2008年，手足口病纳入丙类报告传染病管理。聊城市肠出血性大肠杆菌0157：H7感染性腹泻防治应急预案和聊城市霍乱防治应急预案实施。预防接种异常反应鉴定办法正式施行。2009年5月，全市部署甲型H1N1流感防控应对工作，研究防治措施，成立领导小组，建立医疗救治队伍和防疫队伍，制定聊城市卫生局甲型H1N1流感应急预案，确保甲型流感防控应急工作高效、顺畅开展。成立聊城市甲型H1N1流感疫情防控专家组，制定聊城市甲型H1N1流感防控工作方案（试行）。2010年，聊城市对范围内8月龄至14周岁儿童麻疹疫苗强化免疫工作，并调查出2008年全市麻疹发病率13.3/10万和2010年麻疹发病率9.31/10万等数据。2011年，开展“健康山东行动·加速结核病控制”系列活动及“3·24世界防治结核病日”宣传活动和“星级预防接种门诊”创建活动，进一步提升全市预防接种门诊规范化管理水平。2012年，全市二级以上公立医院建立公共卫生科，依托已有医疗卫生资源组建各级各类卫生应急队伍。其中，市直医疗卫生单位组建10支，8个县（市、区）各组建1支。2013年，对15岁以下未接种含流腮成分疫苗或免疫史不详的儿童进行查漏补种工作。启动疾病控制与卫生应急创先争优项目试点工作，全市共确定试点项目22个。对全市人用狂犬病疫苗购销情况进行排查，进一步规范疫苗购进、使用管理、预防接种行为。东阿县消除疟疾工作通过省专家组考评。2014年年初，全市麻疹疫情呈明显上升势头，迅速在全市范围内组织开展了查漏补种活动，采取一系列针对性措施，有效遏制了麻疹疫情的蔓延。是年4月，启动免疫规划规范管理年活动，改革免疫规划管理模式，有效预防控制疫苗针对传染病发生和流行。5月，聊城市在全省率先实行基本公共卫生服务预防接种项目经费单独列支、根据专业公共卫生机构考核结果分级拨付经费的管理办法。

二、非传染性疾病控制管理

1997年，强化农药中毒防治中科学用药、合理用药和安全用药的宣传及技术指导、农药中毒的救治，降低了中毒死亡率。

1998年，市卫生局明确要求，对发生生产性中毒人数较多、中毒范围较广或有死亡发生时，卫生防疫部门要会同有关部门立即赶赴现场，查清原因，及时防治，并立即上报当地政府及省有关部门。2005年，按照全市重点地方病防治规划（2005—2010年），明确碘缺乏病、地方性氟中毒、地方性高碘甲状腺肿等具体防治目标。2008年，确定全市8个县（市、区）开展社区综合防治试点，加强全市城区及农村基层慢病综合防治。2010年，市人民政府地方病防治领导小组对各县（市、区）完成国家和省、市“规划”情况进行终期考核评估，下发《聊城市重点地方病防治规划（2005—2010年）终期考核评估方案》。调整市地方病防治工作领导小组成员，并举办聊城市重点地方病终期考核评估暨寄生虫病防治培训班。2011年，经济开发区和临清市列为脑卒中高危人群筛查和干预项目试点单位，聊城市人民医院附属脑科医院、市二院为对口基地医院。是年10月，从市精神卫生中心抽调部分精神科医师，对口支援各县（市、区）精神卫生工作。2013年，要求各县（市、区）完善精神卫生服务体系和网络，进一步规范精神疾病诊疗服务行为。明确“十二五”时期慢性病防治重点目标任务。确定莘县、阳谷县、东阿县、茌平县为“686”项目实施县。组织开展减盐防控高血压项目中期评估工作，并通过省卫生厅考评。

第九节　基层卫生管理

一、农村卫生管理

2003年，成立聊城市农村卫生技术人员培训中心，进一步加强全市农村卫生人才培养。2004年，制定村卫生室规范化建设基本标准。明确申请乡村医生执业注册的对象，规定乡村医生执业注册的操作要求，进一步规范乡村医生队伍。是年8月，聊城市加强农村卫生技术队伍建设方案实施。聊城市农村卫生技术队伍建设业务指导小组成立，负责制定全市农村卫生技术队伍培训计划、培训大纲，以及培训工作的业务指导、评估和培训基地的审核验收。2005年，开展基层卫生“春风行动”培训工作，加强农村卫生队伍建设。为首批乡村医生执业注册考试考试合格的乡村医生发放注册证书。市卫生局对全市的药品代购分发工作进行全面调查，并组织有关人员到茌平县、临清市、冠县的乡镇卫生院、村卫生室进行了现场调查。印发《关于进一步加强乡村卫生机构管理的通知》，要求推进乡村卫生机构一体化管理和药品代购分发管理。2006年，对评选出的马书芹等20名乡镇卫生院院长和路敬华等100名乡村医生分别授予“全市优秀乡镇卫生院院长”“全市优秀乡村医生”称号。在全市申报的60个乡镇卫生院、171个农村社区卫生服务站和1338个村卫生室中抽取53个乡镇卫生院、51个农村社区卫生服务站和76个村卫生室进行检查，通过综合评价，乡镇卫生院、农村社区卫生服务站和村卫生室合格数分别为45个、122个和1140个。印发《关于〈印发聊城市乡村医生准入管理办法（暂行）〉的通知》，规定自2006年起，实施乡村医生退休制度，男乡村医生年满65岁，女乡村医生年满60岁应当退休。达到退休年龄的，一律不再予以注册。2007年12月，确定组织乡村医生执业资格考试，经考试合格的人员可按规定程序申请乡村医生执业注册并取得“中华人民共和国乡村医生执业证书”。2009年，全市共评选先进县（市、区）2个，先进城市社区卫生服务中心3处、城市社区卫生服务站8个，先进农村社区卫生服务机构18个，妇幼保健工作先进集体2所，妇幼保健工作先进个人28人。2010年，公布农村孕产妇住院分娩补助项目市级定点单位6家，县级定点单位30家，乡（镇）级定点单位36家。第二批农村孕产妇住院分娩补助项目定点单位35家。是年，由各县（市、区）卫生局按照《乡村医生从业管理条例》规定的程序，对具备申请乡村医生执业注册资格的人员办理执业注册，并将信息录入山东省乡村医生执业管理系统。

2013年，落实上级“服务百姓健康”行动中做好老年人健康查体和乡村医生签约服务工作的通知要求，辖区内65岁以上老人健康体检率90%，健康指导率80%以上，体检结果及时反馈率90%以上；到2013年年底，辖区内乡村医生签约服务覆盖所有一体化管理的农村医疗卫生机构，老年人、慢性病和重性精神疾病患者等重点人群签约率30%。2014年，聊城市健康中国行——全民健康素养促进活动领导小组成立。从解决群众反映强烈的突出问题入手，探索政府主导、部门合作、全社会参与的健康促进工作模式，全面推进健康促进工作科学发展。

二、社区卫生管理

2004年3月，以东昌府区为示范区，大力开展社区卫生服务工作。2006年9月，召开全市城市社区卫生工作会议，对城市社区卫生服务机构的设置审批、基本功能、运行机制、监督管理等提出明确要求，并规定城市社区卫生服务站一律在目录范围内用药，其药品由市卫生局组织招标采购，微利销售，统一核定药品零售价。对社区卫生服务人员行为准则、社区卫生服务中心主任职责、社区卫生服务站站长职责、社区医师职责等进行了确定。2007年9月，确定全市共设置社区卫生服务中心20所，社区卫生服务站118所。2008年7月，对全市城市社区卫生服务机构进行了重新规划设置。调整后全市共规划设置城市社区卫生服务中心16所、社区卫生服务站94所。2009年，全市妇幼保健机构和城市社区卫生服务机构，针对重点人群、重点部位、重点环节，扎实开展手足口病防控工作，防止手足口病疫情的蔓延，确保全市儿童身体健康。是年。山东省城市社区卫生服务信息系统单机版软件在聊城市正式启用。2013年，开展星级（省级示范）社区卫生服务机构创建活动。至2015年，聊城市有4所社区卫生服务机构被命名为山东省星级社区卫生服务机构。

第十节　卫生基本建设管理

一、“两个体系建设”

2003年，市政府第八次常务会议研究全市建立医疗救治体系、疾病预防控制体系（简称“两个体系”）。市政府印发《关于进一步加强全市疾病预防控制和传染病救治体系建设的意见》。按照规划建设方案，“两个体系”项目建设总投资7288万元，其中医疗救治体系4323万元，疾病预防控制体系2965万元。按投资来源分：中央和省级投资1155万元，市级投资1946万元，县级投资905万元，单位自筹3282万元。以市结核病防治院为基础，投资1600万元建设了聊城市传染病医院，以市人民医院急救中心为基础改建聊城市紧急救援中心，同时新建覆盖全市的120医疗急救指挥调度中心。临清市、冠县、莘县、阳谷县、高唐县建设了传染病分院。茌平、东阿建立了传染病区。全市传染病救治和医疗急救网络初步形成。投资近3000万元迁址新建了聊城市疾病预防控制中心，各县（市、区）在原卫生防疫站的基础上进行了改扩建，购置了一大批检验监测设备，进一步完善了疾病预防和控制的信息处理系统，全市实现了传染病网络直报，疾病预防和控制的能力和水平大幅度提高。

二、中心卫生院建设“333 工程”

2003 年市政府第八次常务会议研究决定，从 2004 年开始实施中心卫生院建设“333 工程”，即用 3 年的时间总投资 3000 万元完成全市 30 个中心卫生院的建设任务。重点加强门诊楼、病房楼和设备配置。建设资金主要由市、县（市、区）两级政府负责。2004 年，建设东昌府区于集镇，临清市烟店镇、松林镇，冠县桑阿镇、辛集乡，莘县王奉镇，阳谷县张秋镇，东阿县高集镇，茌平县贾寨乡，高唐县琉璃寺镇。2005 年，建设东昌府区的沙镇镇，临清市金郝庄镇，冠县清水镇，莘县魏庄乡、俎店乡，阳谷县李台镇，东阿县刘集镇，茌平县韩屯乡、乐平铺镇，高唐县清平镇、尹集镇。2006 年，建设东昌府区梁水镇，临清市刘垓子镇，冠县柳林镇，莘县古云镇，阳谷县定水镇、安乐镇，东阿县牛角店镇，茌平县杜郎口镇，高唐县梁村镇。

三、乡镇卫生院建设工程

“110 工程”。2005 年 7 月，国家发改委、卫生部实施乡镇卫生院建设项目，共分配山东省 110 个项目，简称“110 工程”。其中，聊城市共争取 11 个项目：冠县范寨乡、柳林镇、清水镇、辛集乡，莘县古云镇、张鲁镇、俎店乡、魏庄乡，东阿县姜楼镇、大桥镇，刘集镇。每所卫生院国家投资 20 万元、省补助 40 万元。

“360 工程”。2005 年 12 月，山东省人民政府办公厅转发《省卫生厅省财政厅关于实施“360 工程”加强全省重点卫生院建设的意见》的通知，全省选定 360 所重点卫生院，由省、市、县三级共同组织对其进行优先建设和改造。聊城市“360 工程”建设项目共 25 个，其中房屋整修项目 21 个，总投资 2147 万元，其中省投资 626 万元。建设的主要内容，整修业务用房实现 2000 平方米。每所重点卫生院可用业务用房面积原则上不低于 2000 平方米；配置必需设备实现“五个必备”，即 X 光机、B 超、生化分析仪、血球计数仪、救护车等；培训技术骨干保证“七个一”，从每所重点卫生院的内科、外科、急救、医技、妇产、传染、手术护理等 7 个重点科室中，各选派 1 名技术骨干，分期分批到县或县以上公立医院进行半年正规临床技术培训，提高诊治和处理一般急症、常见病、多发病的能力，基本达到高年资主治医（护）师或相当于副主任医（护）师的水平。

“1127 工程”。2006 年 12 月，省卫生厅、财政厅印发《关于实施“1127 工程”全面提升农村公共卫生服务能力的意见》，由省、市、县三级共同投资，全省确定改造建设 1127 所乡镇卫生院。聊城市共争取项目 90 个，其中业务用房整修项目 36 个，建设总投资 1473 万元，其中省级补助资金 776 万元。建设的主要任务，中心卫生院可用业务用房面积 2000 平方米，一般卫生院 1000 平方米；中心卫生院配备 X 光机、B 超、生化分析仪、血球计数仪、救护车等 5 件急用和必需设备，一般卫生院配备 X 光机、B 超、心电图仪、医用电冰箱等 4 件主要设备；选择 7 名技术人员，分期分批到临床教学基地、疾病控制和妇幼保健机构，进行半年正规技能培训。

四、农村中心卫生室建设工程

2006 年 2 月，市政府印发《关于加强乡村卫生机构建设的意见》，用 3 年时间，建设 43 所一般卫生院和 600 个农村社区卫生服务站。农村社区卫生服务站每年建设 600 所，纳入乡村卫生机构一体化管理，做到院落独立，用地由所在村无偿提供，占地面积不低于 300 平方米，建筑面积不得低于 100 平方米，设有相互隔离的全科诊室，观察室、治疗室、药房和其他辅助用房。建设资金以县为主，市每所补助 1 万元。

五、国债建设项目

2009 年，聊城市落实建设项目 172 个，争取中央投资 30062 万元。建设总投资 95721.2 万元，改扩建业务用房面积 40.8 万平方米。2009 年共 4 批 26 个项目，其中乡镇卫生院 23 个（中央投资 1337 万元）、县级医院 2 个（临清市人民医院、中央投资 1050 万元；高唐中医院，中央投资 1100 万元）、市级 1 个（聊城市中医院，中

阳谷县人民医院 （2015 年摄）

央 700 万元）。2010 年，9 个项目，其中乡镇卫生院 6 个（中央投资 520 万元）、县级医院 3 个（莘县人民医院，中央投资 1250 万元；冠县人民医院，中央投资 1000 万元；阳谷县中医院，中央投资 1200 万元）。2011 年，12 个项目，其中市级医院 2 个（聊城市人民医院全科医生培训基地，中央投资 1200 万元；聊城市精神卫生中心，中央投资 1100 万元），县级医院 2 个（东昌府区中医院，中央投资 1000 万元；茌平县人民医院，中央投资 1000 万元），县级卫生监督机构 8 个，中央投资 970 万元。2012 年，37 个项目，其中乡镇卫生院 25 个（中央投资 1919 万元），县级医院 1 个（东阿县人民医院，中央投资 950 万元），县级急救中心项目 8 个（中央投资 708 万元），县级疾控中心项目 2 个（东昌府区和莘县，中央投资各 320 万元），基层医疗卫生机构信息化项目（中央投资 741 万元）。2013 年，9 个项目，其中乡镇卫生院 8 个（中央投资 602 万元），县级医院 1 个（高唐县人民医院，中央投资 1362 万元）。2014 年，14 个项目，其中市级医院 1 个（聊城市人民医院儿科病房楼，中央投资 1700 万元），县级医院 1 个（阳谷县人民医院，中央投资 1200 万元），县级计划生育服务机构 5 个（中央投资 42 万元），乡镇卫生院 5 个，中央投资 357 万元，县级妇幼健康服务机构 2 个（阳谷县妇幼保健院，中央投资 350 万元，东阿县妇幼保健院，中央投资 350 万元。）2015 年，56 个项目，其市级疾病预防控制机构 1 个（聊城市疾病预防控制中心，中央投资 130 万元），县级医院 2 个（东阿县中医医院，中央投资 1150 万元，茌平县中医医院，中央投资 1150 万元），县级妇幼健康服务机构 1 个（冠县妇幼保健院，中央投资 400 万元），乡镇卫生院 8 个，中央投资 700 万元，村卫生室 44 个（中央投资 220 万元）。

六、卫生项目国际贷款管理

1991 年后，先后有 6 所医院实施了外国政府贷款项目，主要购置医疗设备。聊城市人民医院，美国贷款 42.778226 万美元，还款期限 1999—2007 年；高唐县人民医院，美国贷款 99 万美元，还款期限 2003—2009 年；高唐县人民医院，北欧贷款 29.7168 万欧元，还款期限 2004—2014 年；临清市人民医院，西班牙贷款 100 万美元，还款期限 2005—2009 年；临清市人民医院，西班牙贷款 100 万美元，还款期限 2005—2034 年；聊城市人民医院，美国贷款 467.1 万美元，还款期限 2008—2015 年；聊城市第三人民医院，奥地利贷款 374.836 万美元，还款期限 2008—2018 年；聊城市中医医院，北欧贷款 362 万美元，还款期限 2012—2024 年；聊城市第二人民医院，奥地利贷款 600 万欧元，还款期限 2013—2033 年。

七、基本药物制度

2010 年 3 月，东阿县作为全省第一批先行实施基本药物制度的县（市、区）之一，13 所基层医疗卫生机构在全省率先实施了药品零差率销售。市政府办公室印发《关于推行国家基本药物制度的实施意见》，提出 7 项任务：按规定配备使用基本药物，药品零差价销售；实行基本药物统一招标、统一配送、统一付款；提高基本药物报销比例；完善以政府为主的补偿机制；加快人事制度改革；实施分配制度改革；加强对基层医疗卫生机构的考核。第十五次市长办公会专题研究国家基本药物制度实施工作，确定市级投入政策，原则上对各县（市、区）的补助比例不超过市本级财政占整个财政盘子的比例，县级人均财力超过聊城市本级的，不再进行补助，省直管县考虑特殊政策。3月，转发省人社厅《关于将国家基本药物纳入城镇基本医疗保险药品报销目录的通知》。同时，市卫生局印发《关于将基本纳入新农合报销目录的通知》，基本药物全部纳入医保报销范围，报销比例提高10%。市卫生局转发《山东省增补药物目录（2010年版农村基层部分和社区部分）》，开始实施省增补基本药物品种。2010年12月23日，市卫生局下发《关于做好基本药物制度扩大实施工作的通知》，临清市、茌平县、高唐县政府办基层医疗卫生机构于2011年1月1日开始实施基本药物制度。2011年7月1日，东昌府区、冠县、莘县、阳谷县和经济开发区实施基本药物制度，全市政府办基层医疗卫生机构实现了基本药物制度全覆盖。2012年6月，市财政局、卫生局联合印发《关于村卫生室实施国家基本药物制度的指导意见》，建立了省统一规划村卫生室实施基本药物制度的运行新机制。2013年7月，公立医院改革试点县开始执行全省县级医院常用药品目录。2015年1月，聊城市增补99个药品品种，全部纳入报销目录，并在山东省药品集中采购平台正式挂网使用。

八、卫生服务价格管理

1998年10月，山东省计划生育专项技术服务收费标准试行，聊城市从11月1日开始执行。1999年10月，列入政府定价的药品不再公布出厂价和批发价。2000年8月，《山东省医疗机构收费项目及收费标准》和《山东省大型医疗设备检查治疗收费管理办法》印发，调整后的收费项目共3060项。9月1日，聊城市医疗机构执行新的收费标准。2000年8月，对医疗机构8种医用设备实行单台件收费许可和统一收费票据制度，包括CT、MRI、X刀、伽马刀、PET、UFCT、LA和眼科准分子激光治疗仪。2000年10月，在全市县以上医疗机构推行住院费用一日清单制度。2006年3月，在全市县及县以上公立医疗机构实行单病种限价收费制度，二级以上综合性医疗机构开展限价收费病种不少于20种，专科医院开展限价收费病种不少于5种。2010年3月，新医改形势下的药品和医疗服务价格政策执行。2011年6月，聊城市控制医药费用“三双行动”方案实施，在全市县及县以上医疗卫生机构实施医药费用双控、双降、双规范行动，即降低药品收入占业务收入比重、降低卫生材料支出占医疗收入的比重，控制医疗成本、门急次均收费和住院床日收费过快增长，规范检查和用药行为、临床路径和治疗项目；11月，市物价局、卫生局、财政局联合下文，取消实施基本药物制度的基层医疗卫生机构和村卫生室现有的挂号费、诊查费、注射费（含静脉输液费、不含药品费），合并为一般诊疗费，不单设药事服务费，并明确了收费标准。2013年，《医疗机构收费标准》修订完成，中医类收费从2月1日执行，其他类收费标准从4月1日执行。新的收费标准对医院现行4000多个项目进行了调整，平均调整幅度15%。是年，对首批公立医院综合改革试点东阿县取消药品加成，上调了门诊诊疗费、住院诊疗费、护理费、手术费收费标准，调整额度占医疗服务价格调整总量的比例分别为15%、30%、25%和30%。市卫生局在全市县及县以上公立医院开展了以控制医药费用总额、改善医药收入结构、控制成本支出为主要内容的“三控行动”。2015年，对参与县级公立医院综合改革的临清市、冠县、莘县、阳谷县、茌平县、高唐县、东阿县医疗服务价格进行调整，调整项目涉及诊疗、床位、护理、手术及中医服务。

1997—2015年度聊城市卫生事业经费统计表

表 33-12　　　　单位：万元

年份	金额	年份	金额
1997	7125	2007	20887
1998	8217	2008	23780
1999	8592	2009	29224
2000	7630	2010	34732
2001	8876	2011	54564
2002	9261	2012	69058
2003	9901	2013	80839
2004	10744	2014	121148
2005	11955	2015	146091
2006	15300		

第三十四编 体育

Part XXXIV Sports

聊城是体育运动之乡。聊城全民体育运动广泛开展。学校体育全面普及，老年体育蓬勃发展。武术、拳击、举重、跆拳道、皮划艇、赛艇等竞技体育项目优势明显，在全省、全国比赛中屡获奖牌。1997 年始，聊城在县（市、区）城区和部分有条件的乡镇建立全民健身指导站（点、院）。1999 年，聊城市《全民健身计划纲要》全面实施。2000 年，在亚运会上孙昭稳与队友夺得赛艇男子四人单桨无舵手冠军。王磊在亚洲皮划艇锦标比赛中获金牌 1 枚、银牌 1 枚，填补山东省在亚洲皮划艇锦标赛中金牌的空白。2011 年开始，聊城市每年举办全民健身运动会、中小学生体育联赛。2011 年 6 月，聊城市第一部体育志《东昌府区体育志》正式启动编修，2015 年 1 月完成初稿。2014 年，杨增鑫在第十七届亚运会上与队友夺得赛艇男子 2000 米八人单桨有舵手冠军。2015 年，聊城城市社区 15 分钟健身圈建成率 90%。全市体彩销量 3.4 亿元，中国体育彩票在聊城面市后，累计销售 20 亿余元，筹集公益金 7 亿余元。

第一章 群众体育

第一节 全民健身活动

1997 年，聊城地区全民健身活动蓬勃开展，内容广泛，形式多样，经常参加体育活动的人数 190 余万人，占全区总人口的 1/3，达到国家体育锻炼标准的学生有 50 万余人，全区各级体育运动协会 60 个。1998 年，聊城撤地建市，聊城市全民健身工作向纵深发展。群众体育工作以增强人民体质为重点，开展形式多样、丰富多彩、群众喜闻乐见的体育健身活动，全市群众体育蓬勃发展。同年，组织第八套广播操比赛，全市有 532 所学校参加比赛，预赛决赛历时 10 天，参加人数 13.6 万人。临清市体委除月月有活动外，组织 3 万人环城长跑活动。阳谷县举办万人大型文体表演。聊城市体育局组织各类群体比赛 14 项 20 次，各县（市、区）组织各类活动 172 项（次），聊城市体育局、机关工委、农委联合举办运动会，设置乡镇农民体育组别，项目有篮球、钓鱼、台球、棋牌等项目，3 个乡镇受到表彰。1998 年后，“景阳冈杯”“金贵杯”“扳倒井杯”“造纸杯”“齐鲁油漆杯”篮球比赛连续举行 3 年。综合性体育比赛设置田径、乒乓球、羽毛球、台球、拔河、桌上足球、象棋、麻将、够级、飞镖、钓鱼、游泳、划船等项目 10 余个。1998—2005 年，大规模职工运动会举行 11 次，专项体育活动举行多场，参与职工人数 28000 人。1999 年，聊城市《全民健身计划纲要》全面实施。建立全民健身指导站 125 个。全市经常参加体育锻炼的人数 47 万人次，占总人口的 36.8%。全年组织各种各类大型比赛、表演 11 项 19 次，参加人数 15 万人次。承办省级比赛 5 次，举办市级比赛 3 次；参加省级以上比赛 16 次，获得金牌 16 枚、银牌 6 枚、铜牌 9 枚。举办各类庆国庆迎回归比赛 139 次，参加人数 4700 多人次。7 万多老年人经常参加体育活动。2000 年，全市开展全民健身宣传月活动，组织各种各类大型比赛和表演 7 项，参加人数 5 万人次，跳绳比赛获全省第三名。东昌府区郑家镇被国务院授予“全国亿万农民健身活动先进乡镇”称号。2001 年，聊城市继续全面实施“全民健身计划纲要”。全市经常参加体育锻炼的人数 47 万人次，占城市人口数量的 30.8%。成立全民健身指导站 126 个，俱乐部 7 个，培训中心站、点 59 个，晨练点、晚练点共 137 个，参练人数每天 3 万人次。16 万名老年人经常参加体育活动，老年人活动站点742个。2002—2003年，聊城市政府部门和社会办体育相结合，全面实施全民健身计划纲要第二期第二阶段的工作。共设立全民健身指导站点37个，老年活动站点742个，参加全国、全省竞赛26次，各协会组织全市体育活动60次，城区锻炼人口达40%，12个单位跨入全省先进行列。承办水上体育活动国际大赛3次，接待国外和国内运动员1600余人。聊城市选手夺得国际龙舟比赛全部金牌。2004年，贯彻落实《山东省全民体育健身条例》，"体育三下乡"蓬勃开展，省级健身精品工程在湖西公园建成。组织参加全国群众体育比赛8次，获冠军3项、亚军5项，举办群众体育运动会220余次。节庆体育活动丰富多彩，共组织大型比赛活动9项，参与人数50万人次以上。2005年，组织迎奥运万人长跑活动。开办聊城市文化旅游节。先后组织举行龙舟赛、自行车拉力赛、万人长跑、武术表演、老年健身、乒乓联谊等多项大规模体育活动。2006年，聊城市举办中美滑水明星对抗赛、中英国际男篮对抗赛、全国拳击散手精英赛、万人全民健身精品展示、千人轮滑刷街表演、全国第一届小龙舟锦标赛，并组织参加山东省首届老年人体育比赛、体育总会各项比赛等国家级、省级大型体育活动。在山东省首届老年人运动会上聊城市在13个单项比赛中，取得金牌2枚、银牌1枚、铜牌3枚。残疾体育运动员李绍民夺得全国残运会自行车比赛3枚金牌枚2银牌。全市经常参加体育锻炼的人口达42%，全民健身指导站点达380多个。市体育局被评为2006年全国全民健身周先进单位。2007年，"五一"节庆活动期间，组织8项大型体育活动。"十一"节庆活动期间，组织6项大型体育活动。2008年，聊城市以喜迎十一运为契机，掀起全民健身热潮。"五一"节庆活动期间，组织大型群众体育活动8项。"十一"休闲观光周组织活动6项。聊城市体育局被国家体育总局评为"全国全民健身月活动先进单位"，并被山东省体育局授予"山东省群众体育工作贡献奖"。2009年，群众体育运动以"全民健身、共享全运"为主题，加快建设全民健身体系。斥资300余万元，建设完成市、县、乡三级全民健身工程60余处。在2800个村安装农民体育健身设施，农村健身工程设施安装完成计划的30%。基层健身站、晨晚练点达285个，健身气功活动点达75个。全市90%的乡镇、社区，30%的行政村设有农民体育健身站点；单项体育协会18个，体育协会和健身俱乐部106个。在迎全运、庆元旦、全民健身日、火炬传递等活动中持续开展全民健身活动。聊城市首部体育宣传片《全民迎全运，激情荡水城》，在人民广场、电视台、市体育馆内连续播出。市公安局、市供电公司、市轮滑协会、聊城二中、东昌府区新区街道八一社区、茌平县铺乐平镇等被评为"全国群众体育先进单位"，张海青等3人被评为"全国群众体育先进个人"。市交警支队被评为"2009山东省十佳基层职工体育先进单位"。2010年，举办龙舟、万人健康跑、自行车环城环湖骑行、篮球、羽毛球、足球、武术、游泳、体育舞蹈、万人广播操展演、轮滑等大型群体活动。2011年，市、县两级制定《全民健身实施计划》，并将其纳入市、县两级国民经济社会发展规划。举办聊城市第一届全民健身运动会（之后每年举办一次）。各县（市、区）都举办本级全民健身运动会，总比赛场次超过80场，参与人数超过10万人。聊城市组团在山东省首届全民健身运动会上共参加体育舞蹈、地掷球等18项比赛，获得一等奖11个、二等奖35个、三等奖18个，获山东省首届全民健身运动会突出贡献奖和体育道德风尚奖。在全省全民健身休闲精品展示中，"空竹舞龙"被选定为山东省首届全民健身运动会闭幕式全民健身休闲精品展示项目，获山东省全民健身休闲精品项目展示奖。组织开展"十一"休闲周期间的"健身休闲汇"。在社区和农村，广泛开展自行车、武术、健美操、轮滑、街舞、趣味健身比赛等各具特色的群众体育活动。建立健全育单项协会和俱乐部，发挥体育社团在全民健身运动中的作用，将单项体育协会向城市社区、乡镇农村延伸。2012年，各县（市、区）举办第二届全民健身运动会。市体育局组队参加山东省第二届全民健身运动会，参加门球、健身秧歌、太极拳、龙舟、太极拳展示、传统武术、国际象棋、桥牌、羽毛球、自行车公路赛、体育舞蹈、篮球、乒乓球、中国象棋等16项比赛，获得一等奖40个、二等奖33个、三等奖46个。是年，争取省级体彩公益金资助540万元，市配套资金378万元，在全市范围内提升全民健身工程建设覆盖率，改善群众健身条件。在“水文化”节期间举办以水上项目为主的龙舟比赛、游泳比赛。其中，2012中国聊城首届“水文化”节全国公开水域游泳大奖赛在东昌湖和京杭运河聊城城区段举行。北京市、天津市、上海市、浙江省、黑龙江省、吉林省、安徽省、湖南省、湖北省、江苏省、河南省、江西省、山西省等省市和全省各地市、企业43支代表队1035名运动员参加比赛。“五一”节庆期间，举办2012聊城市全民健身月启动仪式暨摩托车特技表演城市巡游活动、传统武术项目展演、国际搏击对抗赛、广场空竹舞龙综合技能展演、第四届少儿棋王赛、第三届少儿轮滑锦标赛等6项体育活动。2013年，全市群众体育围绕构建全民健身公共服务体系，按照“全年有主题、月月有活动、个个有特色”原则，努力打造具有地方特色的全民健身活动品牌，不断扩大体育活动人口数量。聊城市申报的龙舟活动被山东省体育局审批为“全省市级精品项目”。东阿金刚力功被国家体育总局审批为“中国体育非物质文化遗产”。各级各类体育组织不断完善，体育人口快速增长，全市拥有各类体育协会280余个、各类健身站点2000多个、各类健身队伍28000支。各县（市、区）开展“一县一特色”的全民健身活动，县级全民健身运动会比赛项目近300余项。有40%的乡镇举办农民运动会。组队参加山东省第三届全民健身运动会的健身秧歌、武术、体育舞蹈、羽毛球、乒乓球、腰鼓、门球、篮球、龙舟、象棋、围棋等15个大项比赛。全市建立全民健身新闻宣传的网络组织，各县（市、区）均配备专兼职的全民健身宣传员。是年，聊城市体育局被国家体育总局评为“2009—2013年度全国群众体育先进单位”，被省体育局授予“山东省第三届全民健身运动会健身优秀组织奖”，临清市、茌平县分别被评为山东省第三届全民健身运动会先进单位。

2014年，各县（市、区）开展“一县一特色”的全民健身活动，县级全民健身运动会比赛项目109项，40%的乡镇开展农民运动会。举行端午节龙舟大奖赛，市直机关、企事业单位22支代表队、500余名运动员参赛，5万名群众和中外游客观看，市龙舟项目被省体育局命名为省级精品健身项目。举行首次网络健步走比赛，活动主题为“日行万步，强身健体，助力聊城，跨越赶超”，比赛采取实际健步走和网络模拟相结合的方式进行。在互联网上建立比赛专区，设立虚拟比赛地图，线路从聊城市区有代表性的地标出发，途经各县（市、区）、聊城市贡献税收50强企业，进行网络竞赛。千余人参与“日行万步”比赛活动。举办“环保世纪行”自行车公开赛，全市8个县（市、区）、高新技术产业开发区、经济技术开发区、旅游度假开发区和江苏省、河南省、河北省以及山东省济南市、泰安市、济宁市等地近600名运动员参赛。举办聊城市首届最美健身舞大赛，共有100余支代表队、1600余人参加选拔赛，比赛共分为预赛和决赛，预赛分4场进行，最终选出15支代表队进行决赛。比赛活动首次在聊城电视台《民生面对面》栏目录播。开展全国第六次体育场地普查。经普查显示，聊城市共有体育场地5299处，体育场地总

2015年6月，聊城市第五届全民健身运动会开幕

面积700万平方米，人均体育场地面积1.15平方米。其中室内体育设施97处，室外体育场地3849处，健身路径1335个，城市健身步道16个，户外营地2个。是年，聊城市体育局被省体育局授予“山东省第四届全民健身运动会健身优秀组织奖”，东昌府区、莘县分别被授予山东省第四届全民健身运动会先进单位称号，茌平县体育运动办公室等9个单位获全省群众体育先进单位称号，孔祥杉等14人获全省群众体育先进个人称号。2015年，举办聊城市第五届全民健身运动会，比赛项目138项，乡镇举办全民健身运动会项目91项，聊城市体育局获山东省第五届全民健身运动会优秀组织奖。聊城市体育局印发《关于城市社区建设15分钟健身圈的通知》，斥资280万元，在城市社区、居民小区建设全民健身工程260处，增加体育场地器材面积52000平方米、健身器材2460余件，实现城市社区15分钟健身圈的全覆盖，城市社区15分钟健身圈基本建成。

第二节　老年人体育

1997年以来，老年人体育活动日趋活跃，在各级各类比赛中取得众多奖项。2004年，聊城市举办门球、台球、地掷球、乒乓球、老年人门球、太极拳（剑）、健身球操、健身秧歌、城区门球联赛等全市性比赛9项，参加人数达1000余人次。聊城市9个项目参加山东省比赛，获健身球操、健身秧歌、太极剑、运动养生表演赛4项团体最佳奖。聊城市代表队参加2004年全国中老年健身球操比赛，获农村组最佳奖。举办聊城市“天年科技杯”城区门球联赛。2006年，聊城市组织参加全省首届老年人运动会，并承办其中的“时风杯”钓鱼比赛。聊城市代表团参加全部13个项目比赛，参赛运动员、教练员、工作人员200余人，部分项目取得团体第一名、第三名、第四名、第六名、第七名，在22个代表团中取得团体总分第七名，在山东省17个市中位列第四名，并获优秀组织奖和体育道德风尚奖。9月19—22日，聊城市老年人太极拳精品套路展示活动在人民广场举行，城区有23个拳、剑晨练点报名参赛，比赛人数400余人，运动员最大的78岁，参赛套路60余项。10月下旬，为迎接“九九老人节”，聊城市老年体协举办德州市、滨州市、聊城市三市京剧票友联谊会和聊城市首届老年人柔力球比赛。三市老年京剧票友联谊会，共有30余名票友参加演出。首届老年人柔力球比赛共有12个代表队，130余名运动员参加。聊城市各县（市、区）加强场地设施和活动站点的建设。莘县城区新建门球场3处，22个乡镇建门球场14处，大张家镇陈庄村建有村级门球场1处。临清市新建4块老年地掷球场地，对2处门球场地维修，设立老年乒乓球室。东阿县对3处活动站点充实调整。茌平县博平镇老年体协组织起农民门球队、太极拳队、京剧票友协会、柔力球队等多支队伍，建起门球场、活动室等场地。全市各种活动站点发展到500余处。2009年，聊城市举办迎十一届全运会老年人乒乓球比赛，首届老年人桥牌比赛，十一运倒计时100天老年京剧票友演唱会、老年人健身项目展示等活动。组织老年人方阵参加十一运倒计时100天万人健步走和火炬传递活动。聊城市承办全省老年人地掷球比赛，组队参加全省老年人乒乓球、桥牌比赛，派队参加全省老年人健身秧歌、门球比赛，以及四省十一市老年人门球比赛，其中，桥牌比赛获得团体第五名、健身秧歌比赛获二等奖，四省十一市老年人门球比赛获得

2010年8月26日，山东省第二届老年人运动会健身球操比赛在聊城举行

第二名。2010年，聊城市参加山东省第二届全省老年人运动大会全部19个项目中14个项目，在台球、健身气功、乒乓球、门球、桥牌、风筝、传统项目展示、田径、地掷球、太极拳剑、柔力球等项目中，获得金牌15枚、银牌20枚、铜牌17枚，其中田径队获金牌6枚、银牌7枚。传统项目展示获得4个最佳奖、3个体育道德风尚奖。2011年，推进农村老年体育组织、设施建设和农村文化大院建设，推进老年体育活动的经常化、竞赛多样化、活动假日化、组织社会化。60%的行政村建立老年体协组织。区、县老年人活动中心普遍建起综合训练馆、地掷球场、门球场、室外训练场地等。城市社区和农村乡镇普遍建起老年人活动室、地掷球场、门球场等。居委会、行政村和文明生态村普遍建起老年人活动点。2012年6月3日，市直老年体协舞蹈队一行18人赴韩国参加“中韩文化交流活动”，演出5个节目。10月23日，市老年体协组织的聊城市“喜迎十八大　欢度老人节”中老年健身项目展演在聊城影剧院举行，1000余名老年人参加。市直老体协举办“庆新春中老年交谊舞表演交流”活动，有近300人参加。举办门球、柔力球、台球、交谊舞、太极拳剑、游泳、票友演唱等10余项活动，直接参与人数1500余人，参与公益演出活动近20次。市直老年体协常年举办各种培训班10余次，培养各类骨干。11月21—24日，阳谷县举行首届老年人腰鼓比赛，32支代表队近千人参赛。茌平县新增老年活动16处，购置部分活动、音响器材，并对部分文化大院、行政村进行指导员、教练员培训，举办指导员、教练员培训班5期，健身秧歌、健身腰鼓和太极拳培训班3期，共培训300余人。聊城市经济开发区新增活动站点8个，各站点定期举行多种多样、丰富多彩的体育活动。高唐县新增活动站点25个。同年，聊城市承办全省老年人桥牌比赛。组织参加全省老年人健身气功、门球比赛，柔力球、门球教练员和裁判员培训班等。并相继举办老年人门球、台球、太极拳剑、柔力球、健身秧歌、中国象棋等项比赛，举办老年人门球教练员、裁判员培训班，老年人广场舞培训班。是年，全市51%的行政村建立老年体协组织。阳谷县18个乡镇、街道都建有门球场，并组建腰鼓队、秧歌队、门球队，有的还挖掘竹马、高跷、舞狮、抬阁转阁等传统项目。腰鼓成为阳谷县老年体育活动的一大亮点，参加人数1500多人。2013年3—9月，聊城市组织由750名运动员组成的代表队参加山东省第三届老年运动会。该届运动会15个比赛项目，聊城市除网球外，参加其中14项比赛，共获得79枚奖牌，其中金牌53枚、银牌20枚、铜牌6枚，并获创新项目表演奖和先进组织奖。至年底，全市共有老年体育活动站点1万余处，社会体育指导员5000人，活动骨干3万多人，有近40万人老年人经常参加各种不同形式的健身活动。2014年，东昌府区成立体育分会16个，高唐成立专项协会11个，临清成立单项协会15个，阳谷成立项目组7个。东昌府区斥资80万元，升级改造4个门球场。阳谷县在黄金地段安排0.53公顷土地，建设老年活动中心。多县（市、区）在重大节日期间，举办大型文体展演活动。2015年，农村老年体育基础建设进一步加强，实现村级“六个一”（培养一个文体带头人，打造一面文化墙，配备一套音响，安装一组广场，铺设一条健身路径，建设一处活动室）。全市广泛开展太极、秧歌、歌舞、健身气功、门球、书画、摄影、钓鱼、京剧等活动。全年经常参加文体活动的老年人达40多万人，占老年人口的42%。至年底，全市共有老年体育活动站点3445处，其中县（市、区）722处、乡镇645处、行政村2078处，社会体育指导员10555人，其中三级8801人、二级1416人、一级302人、国家级36人。

第三节　学校体育

一、体育活动

1997年，聊城地区继续实施《学校体育工作条例》《国家体育锻炼标准》，聊城市北顺小学被国家体委、教委评为《推行国家锻炼标准实行办法》先进单位并获荣誉称号3项。是年，聊城地区中学生10千米越野赛在冠县举行，聊城地区代表队获团体总分第二名、男子团体总分第三名，张洪娟获5千米银牌。男子中学生篮球赛、女子篮球赛、男子排球和女子排球赛均获金牌。同年，聊城地区中学生田径运动会在临清市举行，聊城市选派的20名运动员获团体总分第二名，并获11枚金牌，分别是男子甲组、乙组100米第一名，男子甲组、乙组200米第一名，男子乙组400米第一名，男子乙组4×100米接力第一名，男子甲组400米第一名，女子乙组800米第一名，女子乙组1500米第一名，女子甲组跳远第一名，男子甲组跳远第一名。1998年，先后举办聊城市中学生田径运动会和聊城市中学生篮球赛举行，东昌府区代表队获篮球赛男子组冠军及女子组冠军，并代表聊城地区参加山东省第七届中学生运动会排球赛，获全省男子组第三名。同年，组织第八套广播操比赛，全市有532所学校参加比赛，预赛决赛历时10天，参加人数13.6万人。1999年，中小学实施《国家体育训练标准》达标活动，全市472所小学、57所中学，3所职业中专，全部参加活动，达标率为88%。2000年，新增省级体育传统项目学校13所。同年，对学校体育工作进行监督指导，全面检查学校体育条例执行情况。2004年10月，聊城体校归入聊城大学，为聊城大学社会体育部（挂聊城市体校牌子）。同年，全市山东省传统体育项目学校达29所，青少年俱乐部训练基地达4处。2005年，聊城市中小学普遍开设体育课程，幼儿园普遍设置体育常识和游戏课程，城乡中小学设有体育教学组、体育教学设施和专职体育教师，学校体育参课率95%。2006年，聊城市为加强体育后备人才基地建设，聊城大学社会体育部（挂聊城市体校牌子）、聊城训练基地、莘县、临清市被省体育局批准为青少年俱乐部训练基地。山东省传统体育项目学校29所。莘县体校扩大办学规模，在校生达800多人。2009年，向国家体育总局申报10家以学校为依托的青少年体育俱乐部。

2010年2月，市体育局依托少林武校成立聊城市竞技体校，开设武术、跆拳道、散打、柔道、摔跤、举重、足球等训练项目，引进教练员4名，当年训练运动员1200余人。5月，市体育局与教育局举办聊城市第四届中学生田径运动会，全市12支代表队360余名运动员参赛。10月，举办聊城市中学生篮球赛，8个县（市、区）及市直学校的10支代表队近200余名运动员参加比赛。市体育局利用暑假期间举办聊城市夏季篮球赛，参赛队伍36支，运动员近400名。同年，在聊城一中、聊城三中、水城中学、聊城外国语学校建立武术、田径、篮球、排球、足球、乒乓球等重点项目活动基地，是年，训练学生近千人。增加国家级青少年体育俱乐部6所，占全省（全省新增23家）新增数量的1/4。争取国家扶持资金70余万元，用于国家级青少年体育俱乐部建设和发展。为聊城市两所业余体校争取扶持资金25万元，用于业余体育训练。2011年5月11日，派队参加山东省中学生羽毛球锦标赛，获女子团体第二名、男子团体第三名以及个人第二名1个、第三名1个、第四名3个、第五名2个、第六名2个。5月12日，组队参加省中学生游泳锦标赛，获第三名1个、第六名2个。同年，市体育局和市教育局联合组织数百名学生参加山东省中小学生游泳、羽毛球比赛和山东省中学生足球、乒乓球、排球、篮球联赛。聊城市举办第一届全市中小学生体育联赛。此后，每年举办一次。2012年3月，市体育局联合市教育局举力聊城市“体彩杯”中学生篮球联赛，全市26所高中代表队456人参赛，取得良好效果。5—12月，相继举办全市中小学生足球对抗赛、乒乓球联赛、游泳锦标赛以及中学生排球联赛。2012年，申报全国青少年体育俱乐部9所，获批省级传统项目学校13所，检查审批市级传统项目学校65所。争取国家资金44万元，扶持聊城市青少年业余训练基础设施建设，聊城市国家级青少年体育俱乐部达11所。争取省级资金30万元，扶持10所学校体育设施向社会开放。2013年，聊城市举办全市中小学排球、篮

2013 年，聊城市举办“景阳红星杯”首届中小学生武术比赛

球、乒乓球、羽毛球、田径、游泳联赛，240 所学校 2400 名运动员参加活动。组队参加山东省中小学生篮球、排球、乒乓球 3 个项目的比赛，全市 6 所学校参加，其中聊城三中获男子排球第八名、莘县实验中学获乒乓球初中团体第二名和女子单打第三名。2013 年，新增国家青少年体育俱乐部 3 处，拥有省级以上体育传统学校 13 所、青少年俱乐部 14 所，推动全市体育后备人才的培养。2014 年，全市共 172 个单位、学校组队 3124 名运动员参加聊城市中小学生体育联赛。通过联赛，选拔 9 所学校的 152 名运动员代表聊城市参加省排球、足球、篮球、游泳联赛。2015 年，举办聊城市中小学生体育联赛，共有 204 支代表队参赛，教练员、运动员 4000 余人，参加学校、运动员人数超过历年。全年，举办学生体育活动 100 余次。是年年底，全市有省级体育传统学校13所、市级体育传统项目学校65所、国家级青少年体育俱乐部 14 所，会员 4 万多人。

二、体育场地选介

聊城二中大型看台式体育场　该场地内设标准足球场，可容纳观众 21000 余人；400 米田径场 1 处，约 20000 平方米；有 200 米小型运动场 1 处，约 4800 平方米；有标准篮球场 9 个，约合面积 4284 平方米；各类球场 14000 平方米；有室外乒乓球台 20 个，占地面积 640 平方米；室内乒乓球室 1 处，约 50 平方米；建设单体、双层训练馆 1 处，1000 余平方米；校园内运动场配置各类健身器材，能够满足体育课及学生的需求。

聊城四中体育场　有 250 米综合式田径场 1 处，约 2000 平方米；篮球场 2 处，排球场 2 处，羽毛球场 1 处，约合面积 1665 平方米；乒乓球台 12 个，约合面积 384 平方米；室内乒乓球室 1 处，约合面积 70 平方米；校园内设置各类健身路径、健身体育器材。

实验中学体育场　设有 300 米看台式标准田径场 1 处，约合面积 12000 平方米；内设足球场 6 处；有乒乓球台 10 个，有室内乒乓球训练场 1 处，约 150 平方米；共有标准篮球场 8 处，约合面积 3360 平方米；操场内有健身路径、攀登器材等体育设施。

第四节　社会体育指导员

1997 年以来，各级社会体育指导员承担群众体育锻炼活动的指导工作。2006 年，举办社会体育指导员培训班。全市社会体育指导员发展的 1600 人。2008 年，分期举办社会体育指导员培训班，累计培训人员 1108 人次。至是年年底，全市共有社会体育指导员 3697 人，其中一级社会体育指导员 95 人。2009 年，群众体育组织网络建设得到进一步提升，各级各类社会体育指导员 4521 人。2010 年，市体育局培训一级社会体育指导员 99 人、二级社会体育指导员 137 人，推荐参加国家级社会体育指导员培训班 4 人。2011 年，依托聊城大学师资力量，设立培训基地，建立各级各类社会体育指导员注册、审批、年审制度，加大经费投入，累计投入经费 40 余万元，举办各类社会体育指导员培训班 10 余期。2013 年，全市各级社会体育指导员 7000 人。2014 年，全市有 14 人获国家级社会体育指导员称号、40 人获一级社会体育指导员称号。2015 年，13 人取得国家级社会体育指导员称号，35 人参加省一级社会体育指导员培训并获得一级社会体育指导员称号。至 2015 年年底，聊城市共有社会体育指导员 10555 人，其中三级社会体育指导员 8801 人、二级社会体育指导员 1416 人、一级社会体育指导员 302 人、国家级社会体育指导员 36 人。

第五节　国民体质监测

2005 年，聊城市举行国民体质监测（国民体质监测自 2000 年起，每五年进行一次）和青少年发育监测样本量抽样调查。是年 8 月，聊城市完成 4300 人的国民体质监测和青少年发育监测样本量抽样调查，整理出 3600 份监测样量的数据进行录入、校验、汇总、备份，并导出存入光盘。2009 年，全市有 4 个县完成国民体质监测站的建设任务。2010 年，聊城开展第三次全国、全省国民体质监测工作；对 5 个县（市、区）的机关、社区、农村、企业、学校等 72 个行业群体进行体质监测，共完成 4000 个样本量的监测，高质量地完成第三次国民体质监测任务。2014 年，完成全国第四次国民体质监测，共监测幼儿样本 1200 人、成年人样本 3600 人、老年样本 600 人。

第二章　竞技体育

第一节　运动项目

1997 年以来，聊城市（地区）积极组织运动员参加各种比赛活动，竞技体育进一步发展。1998 年，在省第十九届运动会上，聊城市参加 24 个项目中的田径、武术、拳击、射击、柔道、摔跤、举重、赛艇、皮划艇、跆拳道等 10 项比赛，共夺得金牌 18 枚、银牌 13 枚、铜牌 18 枚。1999 年，组织代表队参加 1999 年山东省“希望杯”12 个项目的比赛，获得金牌 18 枚、银牌 29 枚、铜牌 34 枚。2000 年，聊城市承办山东省青少年武术套路锦标赛和青少年皮划艇锦标赛，聊城市参赛选手夺得金牌 12 枚、银牌 13 枚、铜牌 12 枚，其中皮划艇项目 10 枚金牌。全年共参加 13 个项目的省级比赛，获得金牌 28 枚、银牌 27 枚、铜牌 27 枚。2001 年，在第九届全运会上，聊城市运动员张乃杰获得皮划艇金牌。在山东省青少年武术套路锦标赛上，聊城市参赛选手夺得金牌 12 枚、银牌 5 枚、铜牌 2 枚。全年共参加 13 个项目的省级比赛，获得金牌 24 枚、银牌 18 枚、铜牌 22 枚。2003 年，在亚洲皮划艇锦标比赛中，聊城市运动员王垒获金牌 1 枚、银牌 1 枚，填补山东省在亚洲皮划艇锦标赛中金牌空白。在全国比赛中聊城市共获金牌 1 枚、银牌 1 枚。在全省比赛中共获金牌 30.5 枚、银牌 27 枚、铜牌 32 枚。2004 年，承办 2004 年全国钓鱼锦标赛，全国 128 支代表队 400 多名选手参加比赛，聊城市受到国家体育总局表彰。聊城市皮划艇运动员王垒代表中国参加雅典奥运会，并在奥运会亚洲区选拔赛上夺得 1 枚金牌。全年，在全国比赛中，聊城籍运动员夺得金牌 10 枚、银牌 3 枚、铜牌 6 枚。在省级比赛中获得金牌 7 枚、银牌 11 枚、铜牌 9 枚。2005 年，聊城市举办中国乒乓球超级联赛聊城赛区的比赛。在第十届全国运动会比赛上，聊城市 24 名运动员代表山东省参加皮划艇、赛艇、跆拳道、散打等多项比赛。这是聊城市运动员参加全运会人数最多的一次。皮划艇运动员王垒在获得男子单人皮艇 1 枚银牌后又与队友彭云飞、张吉点在男子 4 人皮艇比赛中获得第二枚银牌。跆拳道选手刘广松获得男子 85 公斤级铜牌。赛艇运动员孙昭稳获得第五名。2006 年，运动员田学光代表中国参加在越南举行的世界跆拳道锦标赛，夺得金牌；冯飞夺得世界杯女子跆拳道比赛获银牌；李振军、刘广松、王垒、王超、杨浩等分别在柔道、跆拳道、皮划艇、射击等项目中夺得全国比赛金牌。在山东省第二十一届运动会上，聊城市运动员在13个大项比赛中，取得金牌25枚，并获得优秀运动员金牌数量奖、优秀运动员竞赛成绩奖、体育道德风尚奖。2007年，运动员王垒、王文涛代表山东省参加在日照市举行的2007中国首届水上运动会，获得8枚金牌，赵艳敏获得全国第十届中学生运动会2枚金牌。2008年，李振军代表国家队参加国际柔道公开赛90公斤级比赛，获得第三名。同年，结合聊城市优势体育项目，组织参加国家体育总局和山东省体育局举办的全国和全省规模的武术、帆船、跆拳道、空手道、田径、赛艇、皮划艇、举重、射击、柔道等全国和全省赛事，聊城市运动员获得金牌9枚、银牌11枚、铜牌14枚。在第十一届全国运动会上，聊城市14名运动员参加皮划艇、赛艇、跆拳道、武术、柔道、田径、射击等7个项目的比赛，获得金牌2枚、银牌1枚、铜牌1枚。是年，聊城市共参加全国性比赛（含全运会）6次，获得金牌7枚，共组织参加省级锦标赛8次，获得金牌5枚、银牌8枚。2010年，聊城市代表团参加山东省柔道、举重、武术、散打、跆拳道、空手道、皮划艇、赛艇、射击、田径10个项目，共获得金牌23.5枚、银牌2枚、铜牌7枚。11月，聊城市运动员孙昭稳、潘婷婷参加在广州市进行的第十六届亚运会，孙昭稳获赛艇男子4人单桨无舵手项目金牌、潘婷婷获女子帆船项目第四名。2011年，聊城市承办“体育彩票杯”山东省柔道冠军赛，全省17市的488名运动员参加比赛，聊城市代表队获得金牌2枚、银牌1枚、铜牌6枚。同年，聊城市竞技体校开设武术、跆拳道、散打、柔道、摔跤、举重、足球等训练项目，招聘教练员6人，在校运动员发展到2000余人。2012年，在山东省锦标赛中，聊城市运动员参加跆拳道、柔道、摔跤、拳击、皮划艇、赛艇、武术套路、散打等比赛，获金牌7枚、银牌11枚、铜牌17枚。2013年，在全国第十二届运动会上，聊城市运动员获得金牌4枚、银牌1枚、铜牌1枚、1个第六名。在亚洲锦标赛上，田径、皮划艇等项目获得3枚金牌。组队参加全省青少年锦标赛21项，获得金牌3枚、银牌6枚、铜牌7枚，前八名46个。2014年9月，在第十六届亚洲运动会上，聊城市运动员杨增鑫在赛艇男子八人单桨有舵手比赛中，获得金牌。2015年，聊城市备战第二十四届山东省运动会。历时近3个月，完成参加篮球、排球、足球、游泳、田径、武术套路、散打、摔跤、柔道、举重、跆拳道、射击、皮划艇、赛艇、拳击等15个项目运动员注册工作，共注册运动员556人。

第二节　比赛成绩

1998—2015年，聊城市运动员在各级各类体育比赛活动中共获得奖牌650枚，其中金牌200枚、银牌180枚、铜牌270枚。

1998—2015 聊城市运动员获奖情况表

表34-1

年份	姓名	性别	组别	项目	名次	地点	运动会（比赛）名称
1998	林乐海	男	—	跆拳道54公斤	第一名	青岛	山东省第十九届运动会
	杨洪金	男	—	跆拳道54公斤	第三名	青岛	山东省第十九届运动会
	王　健	男	—	跆拳道83公斤	第三名	青岛	山东省第十九届运动会
	虞彩丽	女	—	跆拳道47公斤	第三名	青岛	山东省第十九届运动会
	邓坤增	男	—	拳击45公斤	第三名	潍坊	山东省第十九届运动会
	高衍方	男	—	拳击60公斤	第三名	潍坊	山东省第十九届运动会
	刘　鹏	男	—	柔道+95公斤	第二名	济南	山东省第十九届运动会

续表 34-1

年份	姓名	性别	组别	项目	名次	地点	运动会（比赛）名称
1998	刘　鹏	男	—	柔道无差别	第三名	济南	山东省第十九届运动会
	高言臣	男	—	男子举重 +105 公斤	第一名	德州	山东省第十九届运动会
	林　亮	男	—	男子举重 85 公斤	第二名	德州	山东省第十九届运动会
	仲　华	女	—	女子举重 +85 公斤	第一名	潍坊	山东省第十九届运动会
	仲　华	女	—	女子举重 +85 公斤	第一名	潍坊	山东省第十九届运动会
	崔新壮	男	—	田径铁饼	第一名	潍坊	山东省第十九届运动会
	李文娟	女	—	田径铁饼	第三名	潍坊	山东省第十九届运动会
	男团体	男	男乙	射击移动靶标准速	第一名	潍坊	山东省第十九届运动会
	男团体（董　磊　王　磊　冯广军）	男	男乙	射击移动靶标准速	第三名	潍坊	山东省第十九届运动会
	男团体（董　磊　王　磊　冯广军）	男	男乙	射击移动靶混合速	第三名	潍坊	山东省第十九届运动会
	赵志广　郑怀磊	男	男甲	武术全能对练	第一名	潍坊	山东省第十九届运动会
	苏保成	男	男乙	武术全能剑术	第一名	潍坊	山东省第十九届运动会
	郭艳娜	女	女乙	武术全能规定拳	第一名	潍坊	山东省第十九届运动会
	陈　丽	女	女乙	武术全能刀术	第一名	潍坊	山东省第十九届运动会
	陈　丽	女	女乙	武术全能棍术	第一名	潍坊	山东省第十九届运动会
	李颜娟	女	女乙	武术全能棍术	第一名	潍坊	山东省第十九届运动会
	高伟浩	男	男乙	武术全能刀术	第二名	潍坊	山东省第十九届运动会
	潘　勇	男	男乙	武术全能枪术	第二名	潍坊	山东省第十九届运动会
	李红云	女	女乙	武术全能剑术	第二名	潍坊	山东省第十九届运动会
	李红云	女	女乙	武术全能枪术	第二名	潍坊	山东省第十九届运动会
	程双双　李红云　陈　丽	女	女乙	武术全能对练	第二名	潍坊	山东省第十九届运动会
	李颜娟	女	女乙	武术全能刀术	第三名	潍坊	山东省第十九届运动会
	张晓冉	女	女乙	武术全能枪术	第三名	潍坊	山东省第十九届运动会
	刘振国	男	男甲	皮划艇 K1，1000 米	第一名	德州	山东省第十九届运动会
	刘振国　王　垒	男	男甲	皮划艇 K2，1000 米	第一名	德州	山东省第十九届运动会
	王　垒	男	男甲	皮划艇 K1，500 米	第一名	德州	山东省第十九届运动会
	郭孟彬	男	男乙	皮划艇 K1，500 米	第一名	德州	山东省第十九届运动会
	刘振国　王　垒	男	男甲	皮划艇 K2，500 米	第一名	德州	山东省第十九届运动会
	李　峰　郭孟彬	男	男乙	皮划艇 K2，200 米	第一名	德州	山东省第十九届运动会

续表 34-1

年份	姓名	性别	组别	项目	名次	地点	运动会（比赛）名称
1998	李　峰	男	男乙	皮划艇 K1，500 米	第二名	德州	山东省第十九届运动会
	李　峰	男	男乙	皮划艇 K1，200 米	第二名	德州	山东省第十九届运动会
	王　垒	男	男甲	皮划艇 K1，1000 米	第三名	德州	山东省第十九届运动会
	刘振国	男	男甲	皮划艇 K1，500 米	第三名	德州	山东省第十九届运动会
	郭孟彬	男	男乙	皮划艇 K1，200 米	第三名	德州	山东省第十九届运动会
	张　婷	女	女乙	皮划艇 K2，200 米	第三名	德州	
	贾志磊	男	男甲	赛艇双人双桨	第二名	烟台	山东省第十九届运动会
2002	李振军	男	男乙	柔道 81 公斤	第一名	济南	山东省第二十届运动会
	刘　鹏	男	男甲	柔道无差别	第二名	济南	山东省第二十届运动会
	王庆涛 季广安	男	男甲	赛艇轻量级 200 米双人双桨	第一名	莱西	山东省第二十届运动会
	王庆涛 王艳峰 高　峰 张大勇	男	男甲	赛艇轻量级 2000 米四人单桨	第一名	莱西	山东省第二十届运动会
	李　楠 张　焕 单　婷 魏　博	女	女乙	赛艇 1500 米四人单桨	第二名	莱西	山东省第二十届运动会
	李　楠 张　焕 单　婷 魏　博	女	女乙	赛艇 1500 米四人双桨	第二名	莱西	山东省第二十届运动会
	李　楠 张　焕 单　婷 魏　博	女	女乙	赛艇四人两项全能	第二名	莱西	山东省第二十届运动会
	皮桂波 张腾肖	男	男乙	赛艇 1000 米双人双桨	第二名	莱西	山东省第二十届运动会
	王艳峰 吴正民	男	男甲	赛艇轻量级 2000 米双人双桨	第二名	莱西	山东省第二十届运动会
	季广安 于晓峰 李　强 潘克启	男	男甲	赛艇 2000 米四人单桨	第二名	莱西	山东省第二十届运动会
	皮桂波 张腾肖	男	男乙	赛艇 5000 米双人双桨	第三名	莱西	山东省第二十届运动会
	于晓峰 潘克启	男	男甲	赛艇 2000 米双人双桨	第三名	莱西	山东省第二十届运动会
	吴正民 张其峰 毕庆国 周升旺	男	男甲	赛艇 2000 米双人双桨	第三名	莱西	山东省第二十届运动会
	邓坤曾	男	男甲	拳击 51 公斤	第一名	青岛	山东省第二十届运动会
	王佰艳	男	男甲	拳击 54 公斤	第三名	青岛	山东省第二十届运动会

续表 34-1

年份	姓名	性别	组别	项目	名次	地点	运动会（比赛）名称
2002	李孟林	男	男甲	拳击 67 公斤	第三名	青岛	山东省第二十届运动会
	张吉点	男	男甲	皮划艇 1000 米单人	第一名	莱西	山东省第二十届运动会
	王　垒 张吉点	男	男甲	皮划艇 1000 米双人	第一名	莱西	山东省第二十届运动会
	苑金娜 丁小梅 吴春华 张乃杰	女	女甲	皮划艇 500 米四人	第一名	莱西	山东省第二十届运动会
	郭孟彬 刘振国 程　栋 沙亚飞	男	男甲	皮划艇 1000 米四人	第一名	莱西	山东省第二十届运动会
	王　垒	男	男甲	皮划艇 500 米单人	第一名	莱西	山东省第二十届运动会
	郭孟彬 刘　振	男	男甲	皮划艇 500 米双人	第一名	莱西	山东省第二十届运动会
	谷培星	女	女乙	皮划艇 200 米单人	第一名	莱西	山东省第二十届运动会
	宋百连	男	男甲	皮划艇 1000 米单人	第二名	莱西	山东省第二十届运动会
	谷培星	女	女乙	皮划艇 500 米单人	第二名	莱西	山东省第二十届运动会
	赵兴鹏 彭云飞	男	男乙	皮划艇 500 米双人	第二名	莱西	山东省第二十届运动会
	尚　磊	男	男甲	皮划艇 500 米单人	第二名	莱西	山东省第二十届运动会
	尚　磊 宋百连	男	男甲	皮划艇 500 米双人	第二名	莱西	山东省第二十届运动会
	张　娜 王　敏	女	女乙	皮划艇 200 米双人	第二名	莱西	山东省第二十届运动会
	王　超 任洪磊	男	男乙	皮划艇 1000 米双人	第三名	莱西	山东省第二十届运动会
	沙亚飞	男	男甲	皮划艇 1000 米单人	第三名	莱西	山东省第二十届运动会
	张　娜 王　敏	女	女乙	皮划艇 500 米双人	第三名	莱西	山东省第二十届运动会
	程　栋	男	男甲	皮划艇 500 米单人	第三名	莱西	山东省第二十届运动会
	房佰超 袁善宇	男	男乙	皮划艇 200 米双人	第三名	莱西	山东省第二十届运动会
	刘振亭	男	男甲	武术套路拳术	第一名	济南	山东省第二十届运动会
	陈　丽	女	女甲	武术套路拳术	第一名	济南	山东省第二十届运动会
	王　飞	男	男甲	武术套路刀术	第一名	济南	山东省第二十届运动会
	陈　丽	女	女甲	武术套路刀术	第一名	济南	山东省第二十届运动会
	胡海涛	男	男乙	武术套路棍术	第一名	济南	山东省第二十届运动会
	陈　丽	女	女甲	武术套路棍术	第一名	济南	山东省第二十届运动会
	刘振亭	男	男甲	武术套路刀术	第二名	济南	山东省第二十届运动会
	王　飞	男	男甲	武术套路拳术	第三名	济南	山东省第二十届运动会
	刘振亭	男	男甲	武术套路棍术	第三名	济南	山东省第二十届运动会

续表 34-1

年份	姓名	性别	组别	项目	名次	地点	运动会（比赛）名称
2002	陈　丽	女	女甲	武术套路拳术	第三名	济南	山东省第二十届运动会
	胡海涛 张晓亮	男	男乙	武术套路对练	第三名	济南	山东省第二十届运动会
	王立强 路广辉	男	男甲	武术散打 56 ～ 60 公斤小团体	第二名	济南	山东省第二十届运动会
	李　峰 于荣生	男	男甲	武术散打 65 ～ 70 公斤小团体	第二名	济南	山东省第二十届运动会
	刘国梁	男	男乙	田径链球	第三名	济南	山东省第二十届运动会
	刘华飞	女	女乙	田径 800 米	第三名	济南	
	王圆圆	女	女乙	跆拳道 47 公斤	第二名	济南	山东省第二十届运动会
	李传越	男	男甲	跆拳道 +80 公斤	第三名	济南	山东省第二十届运动会
	田学凯	男	男乙	跆拳道 62 公斤	第三名	济南	山东省第二十届运动会
	颜琳琳 唐艳艳 刘洪如	女	女乙团体	射击标准速	第一名	济南	山东省第二十届运动会
2005	王　垒	男	—	单人皮艇 1000 米	第二名	南京	中华人民共和国第十届运动会
	王　垒	男	—	四人皮艇 1000 米	第二名	南京	中华人民共和国第十届运动会
	张吉点	男	—	四人皮艇 1000 米	第二名	南京	中华人民共和国第十届运动会
	姜　泳	男	—	四人皮艇 1000 米	第二名	南京	中华人民共和国第十届运动会
	彭云飞	男	—	四人皮艇 1000 米	第二名	南京	中华人民共和国第十届运动会
	刘松广	男	—	跆拳道 +80 公斤	第三名	吴江	中华人民共和国第十届运动会
	姜　泳	男	—	单人皮艇 200 米	第二名	杭州	全国皮划艇春季冠军赛
	王　垒	男	—	单人皮艇 1000 米	第二名	杭州	全国皮划艇春季冠军赛
	王　垒	男	—	单人皮艇 2000 米	第三名	杭州	全国皮划艇春季冠军赛
	张吉点	男	—	单人皮艇 2000 米	第二名	杭州	全国皮划艇春季冠军赛
	张吉点	男	—	男了四人皮艇 1000 米	第二名	广东	全国皮划艇锦标赛
	姜　泳	男	—	男子四人皮艇 1000 米	第三名	广东	全国皮划艇锦标赛
	彭云飞	男	—	男子四人皮艇 1000 米	第三名	广东	全国皮划艇锦标赛
	彭云飞	男	—	男子双人皮艇 2000 米	第二名	广东	全国皮划艇锦标赛
	张吉点	男	—	男子四人皮艇 2000 米	第一名	广东	全国皮划艇锦标赛
	姜　泳	男	—	男子四人皮艇 2000 米	第一名	广东	全国皮划艇锦标赛
	彭云飞	男	—	男子四人皮艇 2000 米	第一名	广东	全国皮划艇锦标赛
	王文涛	男	—	男子四人皮艇 2000 米	第三名	广东	全国皮划艇锦标赛
	张吉点	男	—	男子四人皮艇 500 米	第二名	广东	全国皮划艇锦标赛
	姜　泳	男	—	男子四人皮艇 500 米	第二名	广东	全国皮划艇锦标赛
	彭云飞	男	—	男子四人皮艇 500 米	第二名	广东	全国皮划艇锦标赛
	王　超	男	—	男子四人皮艇 200 米	第一名	广东	全国皮划艇锦标赛
	张吉点	男	—	男子四人皮艇 200 米	第二名	广东	全国皮划艇锦标赛
	姜　泳	男	—	男子四人皮艇 200 米	第二名	广东	全国皮划艇锦标赛

续表 34-1

年份	姓名	性别	组别	项目	名次	地点	运动会（比赛）名称
2005	彭云飞	男	—	男子四人皮艇 200 米	第二名	广东	全国皮划艇锦标赛
	孙昭稳	男	—	男子八人单桨有舵手	第三名	陕西	全国赛艇锦标赛
	李振军	男	—	柔道 90 公斤	第三名	南昌	全国青年锦标赛
	李振军	男	无差别	柔道	第二名	南昌	全国青年锦标赛
2006	郝晓蕊	女	女乙	跆拳道 59 公斤	第三名	威海	山东省第二十一届运动会
	孟盈盈	女	女乙	跆拳道 47 公斤	第三名	威海	山东省第二十一届运动会
	吕　霖	女	女乙	跆拳道 63 公斤	第三名	威海	山东省第二十一届运动会
	陈　龙	男	男乙	柔道无差别	第一名	烟台	山东省第二十一届运动会
	侯胜杰	男	男乙	柔道—100 公斤	第二名	烟台	山东省第二十一届运动会
	张云鸥	男	男丙	柔道 90 公斤	第二名	烟台	山东省第二十一届运动会
	潘婷婷	女	女激光级	帆船	第二名	蓬莱	山东省第二十一届运动会
	周厚磊	男	男乙	武术套路剑术	第一名	威海	山东省第二十一届运动会
	冯召召	女	女甲	武术套路刀术	第二名	威海	山东省第二十一届运动会
	周厚磊	男	男乙	武术套路枪术	第三名	威海	山东省第二十一届运动会
	冯召召 郭　伟	女	女甲	武术套路对练	第三名	威海	山东省第二十一届运动会
	李　冉	女	女乙	武术套路枪术	第三名	威海	山东省第二十一届运动会
	贾志科	男	男甲	举重 62 公斤	第二名	烟台	山东省第二十一届运动会
	秦井泉	男	男甲	赛艇公开级测功仪	第二名	烟台	山东省第二十一届运动会
	秦井泉	男	男甲	赛艇公开级 2000 米单人双桨	第二名	烟台	山东省第二十一届运动会
	李金华	男	男甲	赛艇轻量级 6000 米单人双桨	第二名	烟台	山东省第二十一届运动会
	肖秀萍	女	女乙	赛艇轻量级测功仪	第二名	烟台	山东省第二十一届运动会
	李金华 牟广君	男	男甲	赛艇轻量级 2000 米双人单桨	第三名	烟台	山东省第二十一届运动会
	牟广君	男	男甲	赛艇轻量级测功仪	第三名	烟台	山东省第二十一届运动会
	杨增鑫	男	男乙	赛艇公开级 2000 米单人双桨	第三名	烟台	山东省第二十一届运动会
	杨增鑫	男	男乙	赛艇公开级 6000 米单人双桨	第三名	烟台	山东省第二十一届运动会
	满　佳 王祥东	女	女乙	皮划艇双皮 1000 米	第三名	烟台	山东省第二十一届运动会
	满　佳 李丹丹	女	女乙	皮划艇双皮 6000 米	第三名	烟台	山东省第二十一届运动会
	杜倩倩	女	女甲	田径 800 米	第二名	烟台	山东省第二十一届运动会
	杜倩倩	女	女甲	田径 1500 米	第二名	烟台	山东省第二十一届运动会
	李广路	男	男丙	田径 110 米栏	第二名	烟台	山东省第二十一届运动会
	谭福文	男	男甲	田径链球	第三名	烟台	山东省第二十一届运动会
	冯　飞	女	—	跆拳道 51 公斤	第二名	泰国	世界杯

续表 34-1

年份	姓名	性别	组别	项目	名次	地点	运动会（比赛）名称
2006	田学光	男	—	跆拳道 78 公斤	第一名	越南	世界青年锦标赛
	王 垒	男	—	皮划艇（个人全能）	第三名	上海淀山湖	全国皮划艇春季冠军赛
	王文涛	男	—	双人皮艇 1000 米	第二名	江西宜春	全国青年皮划艇锦标赛
	王文涛	男	—	四人皮艇 500 米	第三名	江西宜春	全国青年皮划艇锦标赛
	王文涛	男	—	四人皮艇 1000 米	第二名	江西宜春	全国青年皮划艇锦标赛
	王 超	男	—	双人皮艇 200 米	第一名	上海淀山湖	全国皮划艇锦标赛
	王 超	男	—	双人皮艇 2000 米	第二名	上海淀山湖	全国皮划艇锦标赛
	张吉点	男	—	单人皮艇 500 米	第二名	上海淀山湖	全国皮划艇锦标赛
	张吉点	男	—	单人皮艇 1000 米	第三名	上海淀山湖	全国皮划艇锦标赛
	张吉点	男	—	单人皮艇 2000 米	第二名	上海淀山湖	全国皮划艇锦标赛
	张吉点	男	—	四人皮艇 200 米	第一名	上海淀山湖	全国皮划艇锦标赛
	张吉点	男	—	四人皮艇 1000 米	第二名	上海淀山湖	全国皮划艇锦标赛
	张吉点	男	—	四人皮艇 2000 米	第一名	上海淀山湖	全国皮划艇锦标赛
	王文涛	男	—	四人皮艇 2000 米	第二名	上海淀山湖	全国皮划艇锦标赛
	孙昭稳	男	—	八人单桨有舵手 2000 米	第一名	陕西杨陵	全国赛艇锦标赛
	杨 浩	男	—	射击（混合速）	第一名	陕西	全国射击个人锦标赛
	杨 浩	男	—	射击（移动靶标准速个人）	第二名	陕西	全国射击个人锦标赛
	刘广松	男	—	跆拳道 84 公斤	第一名	浙江金华	全国锦标赛
	冯 飞	女	—	跆拳道 51 公斤	第三名	浙江金华	全国锦标赛
	吴 倩	女	—	跆拳道 49 公斤	第一名	淄博	全国青年锦标赛
2007	王 垒	男	—	男子单人皮艇 500 米	第一名	—	2007 中国水上运动会暨全国皮划艇锦标赛
	王 垒	男	—	男子四人皮艇 200 米	第一名	—	2007 中国水上运动会暨全国皮划艇锦标赛
	王 垒	男	—	男子四人皮艇 500 米	第一名	—	2007 中国水上运动会暨全国皮划艇锦标赛
	王 垒	男	—	男子四人皮艇 1000 米	第一名	—	2007 中国水上运动会暨全国皮划艇锦标赛
	王文涛	男	—	男子四人皮艇 200 米	第一名	—	2007 中国水上运动会暨全国皮划艇锦标赛
	王文涛	男	—	男子四人皮艇 500 米	第一名	—	2007 中国水上运动会暨全国皮划艇锦标赛
	王文涛	男	—	男子四人皮艇 1000 米	第一名	—	2007 中国水上运动会暨全国皮划艇锦标赛
	王 超	男	—	男子四人皮艇 200 米	第一名	—	2007 中国水上运动会暨全国皮划艇锦标赛
	张吉点	男	—	男子单人皮艇 200 米	第一名	—	2007 全国皮划艇春季冠军赛
	张吉点	男	—	男子单人皮艇 1000 米	第一名	—	2007 全国皮划艇春季冠军赛
	张吉点	男	—	男子单人皮艇 500 米	第一名	—	2007 全国皮划艇春季冠军赛

续表 34-1

年份	姓名	性别	组别	项目	名次	地点	运动会（比赛）名称
2007	冯　飞	女	—	女子跆拳道 51 公斤	第一名	—	全国跆拳道锦标赛
	王文涛	男	—	男子四人皮艇 500 米	第二名	—	2007 全国皮划艇夏季冠军赛
	陈　龙	男	—	男子团体	第二名	—	2007 全国柔道锦标赛
	孙昭稳	男	—	男子赛艇四人单桨无舵手 2000 米	第三名	—	2007 中国水上运动会暨全国皮划艇锦标赛
	刘广松	男	—	男子跆拳道 84 公斤	第三名	—	全国跆拳道锦标赛
	吴　倩	女	—	女子跆拳道 51 公斤	第三名	—	全国跆拳道锦标赛
	陈　龙	男	—	男子柔道 +100 公斤	第三名	—	2007 全国柔道锦标赛
2008	潘婷婷	女	—	女子青年组帆船 470 米	第一名	—	全国青年帆船锦标赛
	张吉点	男	—	男子双人皮艇 1000 米	第一名	—	全国皮划艇锦标赛
	王文涛	男	—	男子双人皮艇 1000 米	第一名	—	全国皮划艇锦标赛
	王　垒	男	—	男子双人皮艇 500 米	第一名	—	全国皮划艇锦标赛
	王　垒	男	—	男子四人皮艇 1000 米	第一名	—	全国皮划艇锦标赛
	王　垒	男	—	男子四人皮艇 1000 米	第一名	—	全国皮划艇锦标赛
	陈　丽	女	—	女子螳螂拳	第一名	—	全国武术套路锦标赛
	陈　丽	女	—	女子朴刀	第一名	—	全国武术套路锦标赛
	张　微	女	—	塑质球女子单人赛	第一名	—	全国地掷球锦标赛
	潘建民	男	—	小金属球男子单人赛	第一名	—	全国青年暨大学生地掷球锦标赛
	刘广松	男	—	跆拳道 +84 公斤	第二名	—	全国跆拳道锦标赛
	段红菊	女	—	塑质球女子单人赛	第二名	—	全国地掷球锦标赛
	张　微	女	—	大金属球女子双人连续抛击	第二名	—	全国地掷球锦标赛
	张　伟	女	—	大金属球女子双人连续抛击	第二名	—	全国地掷球锦标赛
	董衍全	男	—	塑质球男子单人赛	第二名	—	全国地掷球锦标赛
	薛超峰	男	—	大金属球男子双人赛	第二名	—	全国地掷球锦标赛
	刘保庆	男	—	大金属球男子双人赛	第二名	—	全国地掷球锦标赛
	张　微	女	—	塑质球女子单人赛	第二名	—	全国地掷球精英赛
	薛超峰	男	—	塑质球男子单人赛	第二名	—	全国地掷球精英赛
	张　微	女	—	大金属球女子双人连续抛击	第二名	—	全国青年暨大学生地掷球锦标赛
	梁月峰	男	—	男子团体组手	第三名	—	全国空手道锦标赛
	潘婷婷	女	—	女子组 470 场地赛	第三名	—	全国青年帆船锦赛
	胡海涛	男	—	男子棍术	第三名	—	全国武术套路冠军赛
	胡海涛	男	—	男子刀棍小全能	第三名	—	全国武术套路冠军赛
	李振军	男	—	男子柔道 90 公斤	第三名	—	全国柔道冠军赛
	刘广松	男	—	跆拳道男子 +84 公斤	第三名	—	全国跆拳冠军赛
	张文华	男	—	塑质球男子单人赛	第三名	—	全国地掷球精英赛

续表 34-1

年份	姓名	性别	组别	项目	名次	地点	运动会（比赛）名称
2008	张　微	女	—	大金属球女子双人连续抛击	第三名	—	全国地掷球精英赛
	张　伟	女	—	大金属球女子双人连续抛击	第三名	—	全国地掷球精英赛
	薛超峰	男	—	大金属球男子双人连续抛击	第三名	—	全国地掷球精英赛
	刘保庆	男	—	大金属球男子双人连续抛击	第三名	—	全国地掷球精英赛
	金　钊	男	—	大金属球男子准确抛击	第三名	—	全国青年暨大学生地掷球锦标赛
	张　伟	女	—	大金属球女子单人赛	第三名	—	全国地掷球精英赛
	孟昭乾	男	—	大金属球男子准确抛击	第三名	—	全国地掷球精英赛
	潘建民	男	—	小金属球男子单人赛	第三名	—	全国地掷球精英赛
	张　微	女	—	大金属球女子双人赛	第三名	—	全国地掷球精英赛
2009	段红菊	女	—	大金属球女子双人赛	第三名	—	全国地掷球精英赛
	刘保庆	男	—	塑质球男子双人赛	第三名	—	全国地掷球精英赛
	孟昭乾	男	—	塑质球男子双人赛	第三名	—	全国地掷球精英赛
	孙昭稳	男	—	赛艇男子 2000 米四人单桨无舵手	第一名	济南	中华人民共和国第十一届运动会
	张吉点	男	—	皮划艇男子四人皮艇 1000 米	第一名	济南	中华人民共和国第十一届运动会
	王文涛	男	—	皮划艇男子四人皮艇 1000 米	第一名	济南	中华人民共和国第十一届运动会
	赵艳敏	女	—	田径 4 ×400 米接力	第二名	济南	中华人民共和国第十一届运动会
	赵艳敏	女	—	女子 400 米	第一名	济南	全运会预赛
	孙昭稳	男	—	赛艇男子 2000 米四人单桨无舵手	第一名	日照	中华人民共和国第十一届运动会
	张吉点	男	—	皮划艇男子四人皮艇 1000 米	第一名	日照	中华人民共和国第十一届运动会
	王文涛	男	—	皮划艇男子四人皮艇 1000 米	第一名	日照	中华人民共和国第十一届运动会
	赵艳敏	女	—	田径女子 4×4 米接力	第二名	济南	中华人民共和国第十一届运动会
	张吉点	男	—	男子单人皮艇 1000 米	第三名	日照	中华人民共和国第十一届运动会
	杜倩倩	女	甲组	女子 800 米	第二名	临沂苍山	山东省田径锦标赛
	王　通	男	—	男子乒乓球	第二名	济南	山东省“明天杯”乒乓球比赛
	苏伊宁	女	—	女子乒乓	第二名	济南	山东省“明天杯”乒乓球比赛
	王铁军	男	甲组	举重 77 公斤	第三名	泰安	山东省男子举重锦标赛
	刘　超	男	甲组	举重 +105 公斤	第三名	烟台	山东省男子举重冠军赛
	付言冬	男	乙组	武术散打男子 52 公斤	第一名	菏泽	山东省武术散打锦标赛
	肖　杰	男	乙组	武术散打男子 65 公斤	第一名	菏泽	山东省武术散打锦标赛

续表 34-1

年份	姓名	性别	组别	项目	名次	地点	运动会（比赛）名称
2009	王忠腾	男	乙组	武术散打男子 70 公斤	第三名	菏泽	山东省武术散打锦标赛
	付言冬	男	乙组	武术散打男子 52 公斤	第一名	菏泽	山东省武术散打锦标赛
	张云鸥	男	甲组	柔道 +100 公斤	第二名	烟台	山东省男子柔道锦标赛
	张云鸥	男	甲组	柔道无差别级	第二名	烟台	山东省男子柔道锦标赛
	张云鸥	男	甲组	柔道 +100 公斤	第一名	莱芜	山东省男子柔道冠军赛
	张云鸥	男	甲组	柔道无差别级	第二名	莱芜	山东省男子柔道冠军赛
	孟盈盈	女	甲组	跆拳道女子 51 公斤	第三名	滕州	山东省跆拳道锦标赛
	谢　雨	男	丙组	男子剑术	第一名	枣庄	山东省武术套路锦标赛
	谢　雨	男	丙组	男子剑术	第三名	青岛	山东省武术套路冠军赛
	周厚磊	男	甲组	男子枪术	第一名	青岛	山东省武术套路冠军赛
	周厚磊	男	丙组	男子剑术	第二名	青岛	山东省武术套路冠军赛
	桑士洋	男	甲组	男子枪术	第三名	青岛	山东省武术套路冠军赛
2010	孙昭稳	男	—	赛艇男子 2000 米四人单桨无舵手	第一名	广州	第十六届亚运会
	付言冬	男	男乙	武术散打 52 公斤	第二名	淄博	山东省第二十二届运动会
	王忠腾	男	男乙	武术散打 70 公斤	第三名	淄博	山东省第二十二届运动会
	周厚磊	男	男甲	武术套路全能	第三名	淄博	山东省第二十二届运动会
	周长兵	男	男甲	跆拳道 58 公斤	第三名	淄博	山东省第二十二届运动会
	翟　盟	男	男乙	跆拳道 80 公斤	第三名	淄博	山东省第二十二届运动会
	王子健	男	男甲	射击 10 米移动靶	第二名	淄博	山东省第二十二届运动会
	洪　可	女	女子	空手道 48 公斤	第三名	淄博	山东省第二十二届运动会
	刘　超	男	男甲	举重 105+ 公斤	第三名	淄博	山东省第二十二届运动会
	杨增鑫	男	—	赛艇四人双桨	第一名	淄博	山东省第二十二届运动会
	孙昭稳	男	—	赛艇男子四人单桨无舵手	第一名	广州	第十六届广州亚运会
	张云鸥	男	—	柔道男子甲组 +100 公斤	第一名	淄博	山东省二十二届运动会
	肖　杰	男	—	武术散打男子乙组 65 公斤	第一名	淄博	山东省二十二届运动会
	付言冬	男	—	武术散打男子乙组 52 公斤	第二名	淄博	山东省二十二届运动会
	王忠腾	男	—	武术散打男子乙组 70 公斤	第三名	淄博	山东省二十二届运动会
	周长兵	男	—	跆拳道比赛男子甲组 58 公斤	第三名	淄博	山东省二十二届运动会
	翟　盟	男	—	跆拳道比赛男子乙组 58 公斤	第三名	淄博	山东省二十二届运动会
	洪　可	女	—	空手道比赛女子 -48 公斤	第三名	淄博	山东省二十二届运动会
	刘　超	男	—	举重比赛男子甲组 105+ 公斤	第三名	淄博	山东省二十二届运动会

续表 34-1

年份	姓名	性别	组别	项目	名次	地点	运动会（比赛）名称
2012	张 彪	男	—	传统拳术	第一名	安徽黄山	第五届世界传统武术锦标赛
	张 彪	男	—	传统器械	第一名	安徽黄山	第五届世界传统武术锦标赛
	潘婷婷	女	—	帆船	第一名	—	全国帆船锦标赛
	杨增鑫	男	—	赛艇男 2000 米八人单桨	第一名	浙江淳安县千岛湖	全国赛艇锦标赛
	杨增鑫	男	—	赛艇男 2000 米五人单桨	第三名	浙江淳安县千岛湖	全国赛艇锦标赛
	杨增鑫	男	—	赛艇	第一名	—	中国杯赛艇赛
	王文涛	男	—	四人艇 1000 米	第一名	—	全国皮划艇锦标赛
	孙昭稳	男	—	赛艇男子八人单桨有舵手	第一名	浙江淳安县千岛湖	全国赛艇锦标赛
	孙昭稳	男	—	赛艇男子双人单桨	第二名	浙江淳安县千岛湖	全国赛艇锦标赛
	张吉点	男	—	皮划艇四人艇 1000 米	第一名	—	全国皮划艇锦标赛
	张吉点	男	—	男子皮艇马拉松赛	第一名	—	“吉玛良斯杯”中国绍兴环城河国际皮划艇马拉松赛
	杨增鑫	男	—	赛艇 M2—2 千米	第三名	—	全国春季赛艇锦标赛
	高玉坤	男	男乙	跆拳道 62 公斤	第三名	潍坊	山东省跆拳道锦标赛冠军赛
	刘玉辉	男	男甲	拳击 48 公斤	第二名	泰安	山东省拳击锦标赛冠军赛
	姚丙贤	男	—	柔道 55 公斤	第二名	莱芜	山东省柔道锦标赛冠军赛
	周鲁杰	女	—	女子柔道 57 公斤	第二名	莱芜	山东省柔道锦标赛冠军赛
	郑修超	男	乙组	自由式摔跤 46 公斤	第一名	淄博	山东省锦标赛冠军赛
	王德积	男	甲组	男子 105 公斤挺举	第三名	济南长清	山东省举重锦标赛冠军赛
	张佳欣	女	女子乙组	青少年女子跆拳道 47 公斤	第一名	滨州	山东省跆拳道锦标赛冠军赛
	赵 伟	男	甲组	皮划艇男了 500 米 K1	第二名	日照	山东省皮划艇锦标赛冠军赛
	赵 伟	男	男子甲组	皮划艇 200 米 K1	第三名	日照	山东省皮划艇锦标赛冠军赛
	李东宇 任佰辉	男	男子甲组	皮划艇 200 米 K2	第三名	日照	山东省皮划艇锦标赛冠军赛
	郑修超	男	乙组	男子自由式摔跤 46 公斤	第一名	—	山东省自由式摔跤锦标赛冠军赛
2013	赵艳敏	女	—	女子田径 400 米	第一名	—	第二十届亚洲田径锦标赛
	赵艳敏	女	—	女子田径 4×400 米	第二名	沈阳	中华人民共和国第十二届运动会
	张吉点	男	—	男子 1000 米四人皮艇	第一名	沈阳	中华人民共和国第十二届运动会
	王文涛	男	—	男子 1000 米四人皮艇	第一名	沈阳	中华人民共和国第十二届运动会
	杨增鑫	男	—	男子 2000 米四人单桨无舵手	第一名	沈阳	中华人民共和国第十二届运动会
	杨增鑫	男	—	男子 2000 米八人单桨有舵手	第一名	沈阳	中华人民共和国第十二届运动会

续表 34-1

年份	姓名	性别	组别	项目	名次	地点	运动会（比赛）名称
2013	孙昭稳	男	—	男子 2000 米四人单桨无舵手	第一名	沈阳	中华人民共和国第十二届运动会
	王　飞	男	—	武术套路　团体	第三名	沈阳	中华人民共和国第十二届运动会
	孙昭稳	男	—	男子 2000 米八人单桨有舵手	第一名	沈阳	中华人民共和国第十二届运动会
	杨增鑫	男	—	赛艇 M2—8K 和 2 千米全能	第三名	—	全国春季赛艇锦标赛
	杨跃群	男	男乙	赛艇 2000 米公开级测功仪	第三名	淄博	山东省第二十二届运动会
2014	杨增鑫	男	—	赛艇 2000 米八人单桨有舵手	第一名	韩国仁川	第十七届亚运会
	张吉点	男	—	皮划艇 MK41000 米	第一名	日照	全国皮划艇夏季冠军赛
	李振军	男	—	柔道 90 公斤	第一名		全国柔道俱乐部赛
	冯　飞	女	—	跆拳道	第一名	烟台	全国青少年锦标赛
	田　光	男	—	跆拳道	第一名	成都	全国青少年锦标赛
	王　超	男	—	皮划艇	第一名	日照	全国划艇冠军赛
	单　婷	女	—	赛艇 2000 米 4 人	第一名	大连	全国赛艇青年赛
	王　垒	男	—	皮划艇 K21000 米	第一名	日照	全国皮划艇夏季冠军赛
	王　垒	男	—	皮划艇 K21000 米	第一名	日本	雅典奥运会资格赛
	孙昭稳	男	—	2000 米双人艇	第一名		全国青年锦标赛
	彭云飞	男	—	皮划艇 MK41000 米	第一名	日照	全国夏季冠军赛
	丁海娟	女	—	武术（刀术）	第二名		全国武术锦标赛
	单　婷	女	—	赛艇	第二名	大连	全国青年赛艇比赛
	张吉点	男	—	皮划艇 MK21000 米	第二名	浙江	全国皮划艇春季锦标赛
	李振军	男	—	柔道 81 公斤	第三名	江西	全国青年柔道锦标赛
	冯　飞	女	—	跆拳道	第三名	杭州	全国跆拳道锦标赛
	吴　倩	女	—	跆拳道	第三名	烟台	全国青少年锦标赛
	王　超	男	—	皮划艇四人 200 米	第三名	广州	全国皮划艇锦标赛
	张吉点	男	—	皮划艇 MK45000 米	第三名	—	全国皮划艇夏季冠军赛
	王　垒	男	—	皮划艇 K1500 米	第三名	—	全国皮划艇秋季冠军赛
	姜　泳	男	—	单人皮艇 200 米	第二名	杭州	全国皮划艇春季冠军赛
2015	张庆堂	男	甲组	自由式摔跤 55 公斤	第一名	—	山东省自由式摔跤锦标赛
	郑　超	男	甲组	自由式摔跤 61 公斤	第一名	—	山东省自由式摔跤锦标赛
	武存强	男	甲组	自由式摔跤 54 公斤	第三名	—	山东省自由式摔跤锦标赛
	张万辉	男	甲组	自由式摔跤 70 公斤	第二名	—	山东省自由式摔跤锦标赛
	张兴明	男	甲组	自由式摔跤 80 公斤	第三名	—	山东省自由式摔跤锦标赛
	高月旭	男	甲组	柔道 100 公斤	第二名	—	山东柔道省锦标赛
	李　娅	女	甲组	拳击 81 公斤	第三名	—	山东省拳击锦标赛

续表 34-1

年份	姓名	性别	组别	项目	名次	地点	运动会（比赛）名称
2015	郭新斌	男	乙组	举重 56 公斤	第三名	—	山东省举重锦标赛
	虞建行	男	乙组	举重 62 公斤	第三名	—	山东省举重锦标赛
	郜 睿	男	乙组	举重 44 公斤	第三名	—	山东省举重锦标赛
	孙静宇	男	乙组	举重 55 公斤	第二名	—	山东省举重锦标赛
	贾惠琳	男	乙组	举重 63 公斤	第三名	—	山东省举重锦标赛
	马国威	男	甲组	剑术	第一名	—	山东省武术套路锦标赛
	张玉婷	女	甲组	赛艇公开级 2000 米单人双桨	第一名	—	山东省赛艇锦标赛
	张万辉	男	男乙	赛艇 70 公斤	第二名	—	山东省赛艇锦标赛
	张兴明	男	男乙	赛艇 80 公斤	第三名	—	山东省赛艇锦标赛
	李 娅	女	女甲	赛艇 81 公斤	第三名	—	山东省赛艇锦标赛
	高月旭	男	男乙	柔道 100 公斤	第二名	—	山东省柔道冠军赛
	薛守旺	男	男乙	柔道 66 公斤	第二名	—	山东省柔道冠军赛
	马国威	男	甲组	剑术	第一名	—	山东省武术套路冠军赛
	薛守旺	男	乙组	柔道 66 公斤	第一名	—	山东省柔道锦标赛
	马瑞楠	男	乙组	柔道 56 公斤	第三名	—	山东省柔道锦标赛
	王晨阳	男	乙组	柔道 60 公斤	第三名	—	山东省柔道锦标赛
	杨德顺	男	乙组	柔道 52 公斤	第一名	—	山东省柔道锦标赛
	邹振虎	男	乙组	柔道 56 公斤	第三名	—	山东省柔道锦标赛
	苏维金	男		自由式摔跤 70 公斤	第三名	—	山东省自由式摔跤冠军赛
	张庆堂	男		自由式摔跤 55 公斤	第一名	—	山东省自由式摔跤冠军赛
	锆 瑞	女		自由式摔跤 44 公斤	第一名	—	山东省自由式摔跤冠军赛
	刘 阳	女		自由式摔跤 53 公斤	第二名	—	山东省自由式摔跤冠军赛
	贾惠琳	女		自由式摔跤 63 公斤	第三名	—	山东省自由式摔跤冠军赛
	虞建行	男		自由式摔跤 62 公斤	第二名	—	山东省自由式摔跤冠军赛
	王瑞稚	男		自由式摔跤 69 公斤	第三名	—	山东省自由式摔跤冠军赛
	邹振虎	男		武术散打 56 公斤	第三名	—	山东省武术散打冠军赛
	戚云龙	男		武术散打 90 公斤	第三名	—	山东省武术散打冠军赛
	刘心悦	女		武术散打 52 公斤	第三名	—	山东省武术散打冠军赛
	王晨阳	男		武术散打 56 公斤	第二名	—	山东省武术散打冠军赛
	马瑞男	女		武术散打 56 公斤	第二名	—	山东省武术散打冠军赛

第三章　赛事活动

第一节　聊城市运动会

聊城市第一届运动会　2005年9月，举办聊城市第一届运动会。此次运动会是中华人民共和国成立以来聊城市规模最大、层次最高、影响最广的体育盛会。8个县（市、区）和市直共28支代表队3300人参赛，先后进行18个大项，265个小项比赛。历经71天，共产生1490枚奖牌，其中金牌635枚。大型团体操表演出动演职人员8800余人。

聊城市第二届运动会　2013年10月10日，聊城市第二届运动会在聊城市体育场开幕。参加入场式的代表团87个、入场运动员4900人，参与开幕式全民健身展演单位21个，演职员约5200人。服务运动会的志愿者约800人次。开幕式现场观众约30000人。开幕式上进行火炬传递。聊城电视台现场直播。闭幕式于10月15日下午在市体育馆举行。聊城市第二届运动会设10个大项、186个小项，87个代表团、3200名运动员、600名裁判员参加。

第二节　全民健身运动会

聊城市第一届全民健身运动会　2011年5月3日上午，聊城市第一届全民健身运动会在水城明珠广场开幕。先后举办山地自行车、够级、传统武术、健身气功、象棋、拔河、健美操等14项比赛。运动会历时5个月，全市各县（市、区）和市直单位的45个代表团、近30000人参加此届运动会。

聊城市第二届全民健身运动会　2012年10月10—15日，举办聊城市第二届全民健身运动会。运动会期间，共举行篮球、乒乓球、台球、龙舟、游泳、够级、太极拳、剑、羽毛球、中国象棋等16项比赛，参赛运动员近30000人。

2011年5月4日，聊城市第一届全民健身运动会上表演健身舞蹈《映山红》

聊城市第三届全民健身运动会　2013年4月，举办聊城市第三届全民健身运动会。此次运动会设大赛14项，历时4.5个月，采用联赛、大奖赛、对抗赛、展演等方式，举办比赛场300次，6万多名运动员参加比赛。其间，县（市、区）、乡分别举办全民健身运动会，参与人数近60万人次。

聊城市第四届全民健身运动会　2014年4月，举办聊城市第四届全民健身运动会。共进行龙舟、自行车、健步走、国际象棋、家庭趣味运动会等12项比赛，历时5个月，6万多人参与。其间，县（市、区）、乡分别举办全民健身运动会。

网络健步走比赛　2014年6月5日上午9时，聊城市第四届全民健身运动会健步走活动在水城明珠大剧场启动。各县（市、区）、市直部门、企事业单位、聊城市税收贡献50强企业等80个单位的3000余名市民和工作人员从水城明珠剧场出发，途经腾龙广场、孔繁森纪念馆、东昌路，最后到达终点。启动仪式后，有千余人以团体形式参与“日行万步”比赛活动，比赛时间为6月12日至11月30日。活动主题为“日行万步，强身健体，助力聊城，跨越赶超”，比赛采取实际健步走和网络模拟相结合的方式进行。在互联网上建立比赛专区，设立虚拟比赛地图。线路从聊城市区有代表性的地标出发，途经各县（市、区）、聊城市贡献税收的50强企业。

聊城市第五届全民健身运动会　2015年4月，聊城市第五届全民健身运动会在东昌府区郑家镇健身广场启动。此次运动会共设足球、龙舟、国际象棋、街舞、钓鱼、台球、武术、健身舞、篮球、中国象棋、乒乓球等比赛项目15个，比赛时间从4月开始一直延续到12月。其间，各县（市、区）举办全民健身运动会，共举办比赛项目138项。乡镇举办全民健身运动会项目91项。

第三节　承办国际、全国重要赛事

第十一届全运会（聊城赛区）　2009年，第十一届全国运动会聊城赛区承担男子篮球项目比赛和实施全民健身工程建设、火炬传递、群体大型活动等项工作任务。是年4月，举办2009全国青年篮球联赛暨十一届全运会聊城赛区测试赛，深圳市、河北省、内蒙古自治区、江苏省、四川省、山东省和解放军八一队的7支青年男子篮球代表队参赛，共举行比赛42场。10月8日，“十一届全运会”火炬传递活动在聊城举行。全省90名火炬手进行精彩的传递，数十万群众参与聊城火炬传递活动。10月12日，“十一届全运会”聊城赛区组委会召开全体成员扩大会议，对“十一届全运会”聊城赛区筹备工作再次进行安排部署。10月16日，赛区组委会印发《关于进一步明确十一届全运会聊城赛区工作责任的紧急通知》，提出确保聊城赛区赛事工作的顺利进行。10月20日，中央纪委驻国家体育总局纪检组长吴齐到聊城检查赛区工作并出席开赛仪式。

2012中国聊城首届“水文化”节全国公开水域游泳大奖赛　2012年7月21—22日，2012中国聊城首届“水文化”节全国公开水域游泳大奖赛在东昌湖和京杭运河聊城城区段举行。北京市、天津市、上海市、浙江省、黑龙江省、吉林省、安徽省、湖南省、湖北省、江苏省、河南省、江西省、山西省等省市和全省各地市、企业的43支代表队1035名运动员参加比赛。

第三届亚洲沙滩运动会“亚沙快乐使者”巡游聊城　2012年，第三届亚洲沙滩运动会是继2008年北京奥运会之后中国举办的最大的国际综合赛事。聊城市承接第三届迎“亚沙快乐使者”巡游聊城活动。4月21日，展示活动在明珠剧场广场举行，社会各界代表近1000人参加。

中澳艺术滑水国际对抗赛　2013年10月3—6日，中澳艺术滑水国际对抗赛在东昌湖举行，近万名观众观看比赛。

国际舞蹈公开赛　2014年9月20日，中华国际舞蹈联合会主办的“2014CIDU中国中原经济区城市群（聊城）第二届国际舞蹈公开赛”在聊城市举行。

国际象棋精英赛　2014年10月4—6日，2014中国环渤海城市国际象棋精英赛（山东省最高等级国际象棋赛事）在聊城市举行，中国国际象棋领军人物、国际象棋特级大师、国际象棋国家队总教练叶江川到聊城市并与棋手进行比赛交流。

第四章 体育设施

第一节 全民健身工程

1997年，聊城地区在市、县城区和部分有条件的乡镇建立全民健身指导站（点、院），至2000年，建立全民健身指导站（点、院）126个，俱乐部7个，培训中心站点59个，晨练点、晚练点137个。2000年，市政府决定拆除废止沙滩浴场，在原址重修扩建。截至2005年，全市全民健身指导站（点）达到350个以上，在湖西公园建成山东省健身精品工程，各县（市、区）建成1～2个健身路径。2006年，规划建设聊城体育公园。是年年底，聊城市全民健身指导站点380个。2007年，聊城体育馆开工建设，2009年3月28日竣工。2008年，聊城市加强群众体育网络和全民健身工程设施的建设，共建设完成农村体育健身工程1200余处。2009年5月，开工建设聊城市全民建设中心。2010年，聊城市提出建设“聊城市15分钟健身圈”的目标，对城区全民健身设施进行改建、扩建、新建。争取省级以上资金337万元，建设市级全民健身体育公园项目1处，县级全民健身中心2处、县体育公园1处，乡镇、街道全民健身活动中心6处，城市社区健身苑2处，农村社区健身苑1处，农村健身工程300个。投资50余万元，建设聊城城区主干道广场健身工程18处、农村社区健身苑5处、城市社区健身苑2处。2011年11月，全民健身中心竣工投入使用。是年12月，开工建设聊城市体育场。同年，聊城市投入586万元。建设农村健身工程189处、乡（镇、街道）全民健身中心13个、城市社区健身苑14处、人民公园塑胶围网灯光篮球场2个。各县（市、区）建成一批规模大、档次高的全民健身活动中心和体育设施。茌平县建设完成高标准的田径场、体育馆。高唐投资建设标准的体育场。临清市、冠县、阳谷县、东阿县对原有的体育设施进行改造修建，完善功能。莘县体育馆开工建设。围绕徒骇河开发，建设滨河健身公园。东昌府区体育中心纳入政府规划。争取利用体育彩票公益金进行城市精品健身工程建设，在聊城城市公园、广场、湖河两岸，建设一批健身设施；在建设路与向阳路东南广场、东昌路与军需路广场、东昌路与光岳路西南广场、东昌路与鲁化路交叉口北侧广场、东昌路与东板桥西广场、运河东岸一期工程（一中）广场处，建设一批健身路径和设施。2012年，聊城市争取省级体彩公益金资助540万元，市配套资金378万元，在全市范围内提升全民健身工程建设覆盖率，逐步改善群众健身条件。全年共建成县级全民健身工程4处、乡（镇、街道）全民健身工程21处、城市社区全民健身工程2处、农村全民健身工程980处。同时，申报全民健身工程县级2处、乡（镇、街道）20处、城市社区10处、村级252处。是年，沙滩浴场被评为省级全民健身活动优秀站点。2013年上半年，聊城市体育场竣工并交付使用。设有国家标准的足球场和400米跑道，可承办洲际单项比赛、国家单项比赛和省级大型运动会。6月，聊城体育公园建成并交付使用。主要建设有体育馆、全民健身活动中心、体育场、游泳馆、乒羽馆、室外运动场、接待中心、运动员公寓等。同年，聊城市获得省体育扶持资金950万元，市体育局投入配套资金702万元，在全市范围内资助建设1600个行政村农民健身工程。2014年8月，聊城市东昌府区政府投资数十万元，对铁塔老年门球场进行升级改造为（25米×20米×4个）约2000平方米人工草坪高标准场地。同年，全市建设农民健身设施1500套、乡镇体育健身设施80套、社区多功能公共运动场2座、室外健身器材13300

套。建设户外健身体育公园1座、健身广场1座。2015年，建设和配置农民健身设施780套、农村社区健身设施130套、城市社区健身设施80套。

第二节　体育场馆选介

聊城体育公园　位于湖南路路南、徒骇河以东。2006年规划，2013年6月，全部建成完工交付使用。总占地面积40万平方米，主要建设有体育馆、全民健身活动中心、体育场、游泳馆、乒羽馆、室外运动场、接待中心、运动员公寓等。总建筑面积5.2万平方米，占地面积3万余平方米，南北长298米，东西长246米，总体规模3万个座席，具备举办全市运动会的条件。

聊城体育馆　位于聊城体育公园内，为举办第十一届全国运动会篮球小组赛率先启动建设的第一个场馆。2007年7月20日，开工，2009年3月28日，竣工。建筑面积16854平方米，最大竞赛场地面积2100平方米，设观众座椅4972个，工程投资为0.8亿元。该馆竣工后被评为国家优质工程奖。体育馆“一馆多用”，具备承办篮球、排球、手球、乒乓球、体操、拳击、柔道、跆拳道等项目比赛及大型演出的能力。项目建成后即承办第十一届全运会篮球小组赛，连续4届成功承办中国男子排球联赛山东队的全部主场比赛。

聊城市体育场　位于体育公园园区内东北部。体育场占地面积160亩，总建筑面积5.2万平方米，设观众座席3万个，罩棚面积4.5万平方米，总投资约4.3亿元。工程于2011年12月开工建设，2013年，上半年竣工并交付使用，为聊城市第二届运动会的主赛场和举行开幕式的场所。体育场系聊城市唯一由省住建厅进行扩充设计审查的公建项目，设有国家标准的足球场和400米跑道，可承办洲际单项比赛、国家单项比赛和省级大型运动会。

全民健身中心　位于聊城体育公园内。该项目为框架结构，2009年5月，开工，2011年11月，竣工投入使用，总建筑面积1.6万平方米，总投资约1.8亿元。一楼为建筑面积6000平方米的新概念健身会所。室内设置负氧离子发生器158台。配备各种健身器材108台，设有氧训练区、无氧训练区、休闲娱乐区等功能区域。

聊城东昌湖沙滩浴场　位于聊城市区西关街路南、东昌湖西岸。1995年，由聊城市人民政府投资，环城湖管理处筹建。2000年，市政府决定拆除废止沙滩浴场。2002年，东昌湖管理局通过招商引资，确定由出资人在原址重修扩建沙滩浴场。根据市政府规划，设计建设南北长480米，东西宽130米，总占地建筑面积62400平方米，可容纳50000余人。该浴场是江北冀鲁豫地区及周边一带最大的平原地区淡水人工建造沙滩浴场，是市民和游泳爱好者夏季避暑、纳凉、游玩休闲理想之处。盛夏时节日客流量1500余人，高峰时2000余人。每年吸引周边省市广大游客、游泳爱好者20余万人游玩。该浴场又是聊城老年体育协会游泳爱好者游泳基地、聊城青少年游泳培训基地、民兵防洪训练基地、聊城晚报小记者培训实习基地等。2012年，被评为省级全民健身活动优秀站点。

第五章　体育协会　体育彩票

第一节　体育协会

1997年，聊城境内有聊城地区体育总会（1989年成立）、聊城市棋类协会（1993年4月成立）等体育协会。1998年，聊城撤地改市后，聊城地区体育总会改名为聊城市体育总会。同年，聊城市乒乓球协会成立。1999年，聊城

2007年12月30日，聊城市自行车运动协会正式成立

市拳击运动协会成立。2003年7月，聊城市钓鱼协会成立。2004年8月，聊城市体育舞蹈协会成立。2006年6月，聊城市轮滑协会成立。2007年12月，聊城市自行车运动协会成立。2008年8月，聊城市传统武术协会成立。2011年1月，聊城市马拉松运动协会成立，8月聊城市篮球运动协会成立。2013年4月，聊城市羽毛球协会成立。2014年12月，聊城市航模协会成立。2015年1月，聊城市登山户外运动协会成立，5月聊城市汽车摩托车运动协会成立，6月聊城市文体健身协会、聊城市鞭陀健身协会成立。2015年12月，聊城市跆拳道运动协会成立。至2015年年底，共有各种协会20余个、各种会员数千人，全市有各种体育爱好者数十万人。

第二节　体育彩票

1998年年底和1999年年初，阳谷县举行首次即开型体育彩票卖场活动，每张即开彩票票面值2元。此处卖场活动销售彩票110万余元。随后，全市各县（市、区）开展体育彩票销售活动。2001年1月18日，聊城在全市开始布设电脑彩票销售终端机。2002年，山东省体育彩票管理中心聊城分支站成立，负责中国体育彩票在聊城市内的销售和管理服务。同年，阳谷县举行第二次体育彩票卖场活动。是年，全市销售体育彩票1528万元。2005年8月，聊城8个县（市、区）成立体育彩票管理办公室。是年起，每年“六一”儿童节期间，聊城开展体育彩票“六一”爱心助学捐赠活动。2006年，按照山东省体彩中心《关于规范分支机构管理的通知》要求，山东省体育彩票管理中心聊城分支站改为山东省体育彩票管理中心聊城分中心。是年，全市销售体育彩票3603万元。2009年，销售额首次突破亿元，达1.12亿元，2012年，销售额3.35亿元，2015年，销售额体育彩票34020万元。自2002年聊城体彩销售有效数据统计，至2015年，全市累计销体育彩票19.26亿元。聊城体彩累计为社会筹集公益金7亿余元，提供公益金聊城支持近千次各类体育比赛活动，陆续捐赠300余万元资助120余所学校，并资助100多名优秀大学生。

2014年，六一儿童节期间，聊城体彩中心向全市21所器材严重缺乏的学校捐赠体育器材

2002—2015年聊城市体育彩票销售情况表

表34-2　　　　单位：万元

年份	销售额	年份	销售额
2002	1528	2004	735
2003	729	2005	2097

续表 34-2

年份	销售额	年份	销售额
2006	3603	2011	26375
2007	4074	2012	33487
2008	3836	2013	28755
2009	11226	2014	27854
2010	14289	2015	34020

第三十五编 社会生活

Part XXXV Social Life

聊城志

1997—2015 年，聊城市（地区）通过开展精神文明建设，全市社会层面的文明程度得到显著改善，广大干部群众和学生的素质明显提高。涌现出孔繁森、白云为代表的、在全国有影响的精神文明典范。社会文明程度的提高，促进了聊城全社会经济的增长和物质财富的丰富，居民收入成倍增加，消费能力显著增强，生活质量全面提高，从温饱进入到总体小康，又向更高水平全面小康迈进。同时，全国各地多民族在此聚居，聊城也是宗教传播的重要区域。全市各少数民族积极融入社会建设的大家庭中，在经济、文化、体育、科技等领域发挥其积极作用，为聊城经济社会的发展做出巨大贡献。正是因聊城独特的地理环境和多民族的融合，形成聊城独具特色的风俗习惯和极具地域特点的方言俚语。

第一章　精神文明建设

1997 年，聊城地区精神文明建设办公室成立。随后在全市印发《聊城市民文明公约》《聊城市社会公德“十不”规范》《村规民约》，开展“讲文明、树新风”活动，加强思想道德教育；先后开展“三优一树”活动、“十佳文明窗口行业”评选活动、“十星级文明户”评选活动、“行风万人评”活动，以多种形式推动文明行业、文明窗口、文明服务创建活动；树立孔繁森、白云等先进典型，开展精神文明先进工作者评选，以及“十佳单位”“十佳公仆”评选活动，弘扬时代精神。

2002—2015 年，聊城市把多种形式的和谐创建活动同群众性精神文明创建活动有机结合起来，群众性精神文明创建活动蓬勃发展，步入全面打造“文明品牌”的新阶段。多次编制精神文明建设规划，先后印发有章可循、有法可守的精神文明建设相关文件，形成聊城精神文明建设长效机制；以文明村镇为抓手，以农村“文明一条街”建设为载体，实施“创文明村镇、建和谐家园”示范工程，农村精神文明建设形成品牌；以“文明聊城”建设为总抓手，在全市大力开展“营造环境、文明养成、繁荣文化、塑造品牌、科学普及、诚信友爱、容貌整治、环境保护、奉献爱心、健康成长”等十大行动，通过“百佳文明市民”“千佳文明户”“感动聊城十佳文明市民”“百佳水城文明市民”“塑造聊城形象十佳人物”“塑造聊城形象十佳单位”评选活动，打造“双十佳”文明服务品牌；开展“建文明城市，做文明市民”大讨论活动，“自豪、创业、包容、奋进”的新时期聊城形象，成为推动聊城经济社会发展的最珍贵的精神财富和最强的精神动力。

2007 年 8 月，全国助人为乐模范白云和青年学生在一起

第一节　思想道德教育

一、公民思想道德教育

1997 年，印发《聊城市民文明公约》《聊城市社会公德“十不”规范》《村规民约》等，大力加强思想道德教育。2001 年，《公民道德建设实施纲要》颁布后，全市掀起思想道德建设热

潮。2002年，聊城市印发《聊城市“十五”期间社会主义精神文明建设规划》，修订完善《聊城市民公约》《聊城市民行为规范》，大力开展社会公德宣传教育。2007—2015年，聊城市印发《聊城市“十一五”期间社会主义精神文明建设规划》，再次提出加强社会公德建设的任务，开始在全市范围内组织实施公民道德建设工程，通过建设城市社区道德宣传教育专栏、农村道德宣传教育专栏、公民道德建设示范点等形式，积极开展社会公德、职业道德、家庭美德教育。

社会公德教育　1997年，印发《聊城市民文明公约》《聊城市社会公德“十不”规范》《村规民约》；组织群众和志愿者走上街头、走进社区，对不文明行为进行劝阻；开辟“精神文明建设之窗”电视栏目，谴责不道德、不文明行为，提倡“从我做起、从身边做起”，自觉养成“珍惜自己、关爱他人”的良好道德风尚；2003年，以抗击“非典”为契机，在全市范围内开展为期6个月的“改陋习、树新风”活动，专项整治城市市容和环境卫生，重点治理乱扔垃圾、随地吐痰、随地便溺、乱贴乱画等陋习；是年，利用“2003中国江北水城（聊城）文化旅游节”召开的时机，在全市广泛开展学文明语言、学行为规范、学礼仪常识，做文明乘客、文明顾客、文明游客、文明观众等文明道德实践活动，引导市民提高道德修养，养成良好行为习惯；市委、市政府印发《关于建设“诚信聊城”的意见》，成立“诚信聊城”建设工作领导小组，颁布行业部门信用承诺制度、市民信用公约、公务员信用守则、信用惩戒制度，进一步强化针对道德领域突出问题的专项教育和治理。

2005年，进一步修订完善《聊城市民文明公约》《聊城市民行为规范》，利用文明学校、村民学校、人口学校对公民进行社会公德教育；印制《市民文明公约》招贴画，在街道和社区宣传栏广泛张贴。2008年，在全市范围内开展以“讲文明话、办文明事、做文明人”“倡导文明行车、构建和谐交通”等为主要内容的“我为水城添光彩”活动，在市区繁华地段和主要旅游景点设置志愿者“文明监督岗”，对不文明行为进行劝导、教育。2009年，组织开展“迎国庆、迎全运、讲文明、树新风”公益广告征集和展播活动，并举行电视知识竞赛和平面媒体知识竞赛活动，选拔组成聊城代表队参加全省礼仪知识电视竞赛并获优秀奖。2013年12月，在东昌宾馆举办首届公民道德教育公益论坛，围绕“弘扬中华优秀传统文化，实现中华民族伟大复兴”的主题，进行“以德为政”“以德兴企”“子女教育”“健康保健”“孝道与道德”“弟子规新用”等内容丰富的宣讲。2014年，围绕“美德聊城”建设，组织编写《道德讲堂》系列读本，依托部门单位和城乡基层“道德讲堂”“道德论坛”等阵地，引导群众修身养性、尊崇道德。

职业道德教育　1997年，围绕“学雷锋，见行动”这一主题，结合“向孔繁森同志学习”活动，对全区各级干部开展廉洁勤政、无私奉献教育，为全区1000名科级以上干部建立廉政档案；开展精神文明先进工作者创建评选活动，授予王学文等11人“市级精神文明先进工作者”称号。1998年，在全市司法机关、行政执法部门和主要窗口行业中开展旨在加强职业道德建设和行风作风建设的“行风万人评”活动、“十佳单位”“十佳公仆”评选活动，授予白云等10人“十佳公仆”称号。2001年4月，结合纪念江泽民总书记为“孔繁森同志纪念馆”题写馆名6周年，在全市党员干部中广泛开展“学习孔繁森，做实践‘三个代表’的模范”活动。2003年，开展“树行业新风，做文明职工”主题教育活动，引导职工改掉陋习、讲究文明，并将“改陋习、树新风”活动作为考核文明职工的重要依据。2005年2月26日，白云被最高人民检察院授予“模范检察官”称号，全市掀起了向白云学习的热潮。2007年，在工厂企业开展“创建学习型组织，争做知识型职工”活动，开展系统的职业道德基础知识培训，着重做好上岗职工和转岗职工的培训；在商贸市场开展“百城万店无假货”活动，引导商户自觉树立“无欺、守诺、践约”的诚信观念。2013年，开展岗位学雷锋主题实践活动，在党政机关广泛开展“执政为民、做人民满意公务员”活动，在窗口行业开展“礼貌待人、热心服务”活动，在各类企业开展“爱岗敬业、争做好员工”主题活动。

家庭美德教育　聊城市大力倡导“以法治家、以爱暖家、以学兴家、以廉守家”的和谐家庭建设理念，广泛开展“五好文明家庭”“和谐家庭”“平安家庭”“爱书家庭”“绿色家庭”“节约型家庭”“婚育新风进万家”“好婆婆、好媳妇、好妯娌”评选活动，以及“关爱女孩行动”创评活动，推进家庭美德教育。

1998年，开展“‘孔府家杯’全市农村倡新风”活动，对广大农民进行爱国主义、集体主义和社会主义教育，引导广大农民移风易俗、革除陋习、倡树新风，做有理想、有道德、有文化、有纪律的“四有”新型农民，对活动中表现突出的家庭进行表彰，推荐省级新风模范户600户，评选市级新风模范户6000户。2003年，开展文明督导员和“万家洁净”活动，以“家家洁净美，人人讲文明”为主题，以创建“五好文明家庭、美在家庭”为抓手，帮助家庭和孩子树立良好的卫生习惯、生活习惯。2006年，深入开展创建“十星级文明户”“好媳妇”“好婆婆”等评选活动，促进了乡风文明。2015年，探索开办“乡村儒学讲堂”，开展村风村训、家风家训、孝老爱亲教育，继续开展移风易俗教育，引导人们自觉抵制封建迷信、非法宗教，反对婚丧嫁娶铺张浪费、大操大办。

二、未成年人思想道德教育

2003年，在全市中小学开展“改陋习、树新风”活动，组织中小学生与家长签订“改陋习、树新风”共勉协议，开展“告别陋习从小公民做起”活动。2004年6月，聊城市委、市政府出台《关于进一步加强和改进未成年人思想道德建设的实施意见》，将营造积极健康的社会文化环境作为推进未成年人思想道德建设的一项基础工作，组织协调有关部门集中为未成年人办好有纪念意义的场所向未成年人免费开放、治理学校周边环境、网吧集中整治、规范整顿文化市场、净化电视荧屏等8件实事，形成全社会关爱未成年人健康成长的浓厚氛围。在全市城乡广泛开展“希望之星”文艺展演活动。2005年，组织全市中小学生广泛开展“我为父母做件事，我与父母共文明”“争做文明小使者”“心系祖国　健康成长”“青少年网络文明行动”等系列活动；组织青少年参加“文明山东　从我做起”全省少年儿童美术、书法、摄影作品大展，获一等奖2项、二等奖8项，奖项总数位列全省第三名。2009年，向省文明办推荐全国首届“做一个有道德的人”主题活动联系点2个（聊城市第一中学、聊城市实验小学）和全省主题活动联系点10个，全市200余所中小学校10余万名学生积极参与联系点活动。

2010年，在全市组织开展“文明上网、文明办网”活动。举办聊城市“放飞梦想”绿色手机文化创作传播活动启动仪式，面向广大青少年征集优秀手机短信、彩信、动漫、短剧作品，吸引5万余名大中专学生参与，收到参赛作品16万条，作品总量位列全省第三名，其中动漫作品总量位列全省第一，聊城市被省组委会授予“全省优秀组织奖”，《中国青年报》专门对聊城市的活动情况进行报道。同年，组织引导青少年到工厂、农村、街道、企事业单位参加社会事件和公益性活动，培育他们的劳动意识、创造意识、效率意识、自主意识和进取意识；结合“平安聊城”建设，实施“平安校园工程”，开展创建“法制校园”活动，加强对中小学生的法治教育。

2011年后，每年在全市范围内组织开展“我们的节日”主题教育实践活动。在清明节期间，以“认知传统、尊重传统、继承传统”为主题，在全市中小学开展“清明祭英烈”活动，组织未成年人在中国文明网向先贤先烈鞠躬献花、签名寄语，组织学生到烈士陵园祭扫、献花和宣誓，礼敬先烈先辈，培养爱国情感；在儿童节期间，开展“学习和争做美德少年”活动，组织中小学生通过上网学习、举办主题班（队）会、学习心得展示、与美德少年座谈交流等形式，引导未成年人崇德向善、知行合一、争做美德少年，创建文明校园；在“七一”前后，开展“童心向党”歌咏活动；在国庆节期间，组织开展“向国旗敬礼、做一个有道德的人”主题实践活动。

2013年，开展“红色家乡行，共筑中国梦——我是红领巾小导游”主题实践活动。2014—2015年，组织开展“国学小名士”经典诵读电视大赛，在县（市、区）、市属开发区各设置一个海选点，通过县初赛、市决赛的形式，选拔并推荐20人参加山东省复赛，5人进入山东省决赛。认真抓好未成年人校外活动场所建设。结合社会主义新农村建设，依托基础设施较好的乡镇中学或其他社会资源，为农村未成年人就近参加校外活动提供方便。至2015年年底，全市共建成“乡村学校少年宫”132所，实现全市乡镇乡村学校少年宫全覆盖。

2015年，聊城市开展“全民阅读 书香聊城”活动

三、主要宣传活动

1998年，在全市范围内开展“讲文明、树新风”活动。2003年6月中旬，举办“改陋习、树新风”活动启动仪式和“改陋习、树新风”万人签名活动，现场散发《致市民的一封信》等有关宣传材料。2005年，市委、市政府全面部署“文明聊城”系列宣传活动。在《聊城日报》《聊城晚报》、聊城电视台等新闻媒体开辟专栏专题，宣传创建工作中涌现出的先进典型、经验，以及反面警示案例，加强舆论引导；在社区、街道设计制作大、中型公益广告牌，在繁华场所设置阅报栏、科普宣传栏、不文明行为警示牌，形成“文明聊城”建设的浓厚舆论氛围；组织“文明聊城 从我做起”主题活动暨“文明聊城建设”启动仪式，开展“建文明聊城，做文明市民”大讨论活动，增强全市广大干部群众的文明意识，养成遵守法律、社会公德和社会生活基本规范的良好习惯。2008年，开展“迎奥运全运、树文明新风”活动，不断深化群众性精神文明创建活动。结合改革开放30周年，广泛开展中国特色社会主义理论宣传普及活动，大力弘扬以爱国主义为核心的民族精神和以改革创新为核心的时代精神；深入开展社会主义荣辱观教育，知荣辱、讲正气、促和谐的良好社会风尚进一步形成。2009年，在全市开展“迎国庆、迎全运、讲文明、树新风”活动，加强文明礼仪、公共秩序、社会服务、城乡环境等方面建设，形成同迎全运、共创文明的浓厚氛围。2013年，印发《关于深入开展“讲文明树新风”公益广告宣传的意见》，要求各地各单位紧扣“讲文明树新风”公益广告宣传主题，组织各类媒体和广告创意单位，围绕培育社会主义核心价值观、规范道德行为、建设生态文明，以及与人民群众生活关系密切的交通、食品安全4个方面内容，结合“美德山东”建设、“乡村文明行动”“学雷锋做山东好人”“文明餐桌”等活动，组织精干力量和专业团队，集中创作推出一批主题鲜明、创意新颖、贴近生活、群众喜闻乐见的公益广告。

第二节　文明创建活动

一、文明城市创建

1997年，聊城地区印发《关于开展创建、评选精神文明建设工作先进县市活动的实施意见》，要求把精神文明建设纳入经济和社会发展中长期规划，建立精神文明建设工作目标责任制，把精神文明建设工作的活动经费列入同级财政预算。1998年，在全市范围内开展“讲文明、树新风”活动，通过实施语言美、城市容貌、交通秩序“三大工程”，集中解决文明言行、环境卫生、交通秩序、服务质量等方面存在的突出问题。语言美工程包括：对全民进行讲文明话、讲普通话、讲热情教育，编写50句文明用语在全市推广，号召全市人民告别脏话、粗话、向不文明语言宣战；城市容貌工程包括：对车站广场、各大商场、各居民小区卫生死角进行排查，对市容环境进行集中整治；交通秩序工程包括：着力解决机动车违章、非机动车闯红灯、行人跨越交通设施等问题，对城市交通进行科学化、规范化管理。

2003年，印发《中共聊城市委、聊城市人民政府关于在全市深入开展创建文明城市活动的意见》，从市民素质、城市建设、社会秩序、社会服务、文化建设5个方面提出要求。成立创建文明城市活动领导小组，制定《创建省级文明城市实施方案》，动员全社会的力量积极参加创建文明城市工作；对建设文明聊城、创建文明城市主题活动先进集体和先进个人进行了表彰，授予聊城市公安局交巡警支队等20个单位先进集体称号，庞金田等20人先进个人称号。2007年，印发《聊城市“十一五”期间社会主义精神文明建设规划》，制定创建文明城市工作规划，把精神文明创建工作的目标任务、措施和工作要求纳入城市建设总体规划。围绕深化思想教育、改善生活环境、提高服务功能、倡树文明新风，广泛开展科教、文体、法律、卫生“四进社区”活动。圆满完成“文明山东”测评和“文明聊城”检查工作。2008年，印发《建设“文明聊城”争创省级文明城市实施方案》，确定以“文明聊城”测评工作为载体，在全市深入开展建设“文明聊城”、争创省级文明城市活动，开展“文明聊城”短信息有奖征集大赛。聊城市被评为山东省第二届省级创建文明城市先进城市，临清市获省级文明县（市、区）称号，东昌府区、东阿县获省级创建文明城市工作先进县（市、区）称号，受到省委、省政府的表彰。高唐县获全国文明县城称号，受到中央文明办的表彰。

2011年年初，聊城市委、市政府印发《关于深化文明城市创建活动的实施意见》，健全和完善创建文明城市工作机制，以《全国文明城市测评体系》和《全国未成年人思想道德建设工作测评体系》为依据，制定《文明城市测评职责分工》和《未成年人测评职责分工》，组织、协调、督促各责任部门明确任务，落实责任，高点定位，全力迎检。是年9月，聊城市被评为省级文明城市。2011—2015年，聊城市连续4年通过省级文明城市复查，保留省级文明城市的称号。

二、文明行业创建

聊城市文明行业创建以行业文明和职业道德建设为突破口，以创建文明行业、文明窗口、文明服务等活动为载体。1997年，开展“十佳文明窗口行业”评选活动，在窗口行业开展“为人民服务、树行业新风”活动，推行社会服务承诺制度和配套制度建设。自1998年5月开始，在全市司法机关、行政执法部门和主要窗口行业开展行风建设的“行风万人评”活动。2002年，在窗口服务行业开展以“创服务名牌，树聊城形象”为主要内容的行业创建活动。2003年，在全市县级以上党政机关开展“创建文明机关、争做人民满意公务员”活动，全面实施公务员行为规范。2004年，开展文明市场、文明经营区、“文明诚信户”“文明诚信企业”等评选活动。2005年，召开全市创建文明行业和文明窗口动员会、现场经验交流会，在行政执法部门、窗口服务单位开展“窗口文明　从我做起”“争当聊城文明使者”活动，打造了一批为民服务的文明品牌。2006年，在全市创建“文明行业、文明窗口”活动，授予市公安局出入境管理处等41家单位“市级文明窗口”称号。

2006年，市文明办与市工商局开展文明市场和文明经营区评选工作；与市个体劳动者和私营企业协会开展评选“文明诚信民营企业”“文明诚信工商户”活动；与市交通局开展创建文明交通行业；与市科协开展创建“科普示范社区”；与市环保局开展创建“绿色社区”等各具特色的创建活动。2008年，在全市深化文明行业、文明窗口创建活动，推进社会服务承诺制、行政执法公示制、生产经营信誉制；在党政机关开展“创建文明机关，争做人民满意公务员”活动；与建设、工商、交通、环保等有关部门开展“文明风景区”“文明市场”“文明诚信企业”“文明交通行业”“绿色社区”等各具特色的创建活动。2009年，开展“讲职业道德、树行业新风”迎全运文明窗口创建活动，制定了各种窗口行业服务规范，着力改善服务态度，提高服务质量，规范服务行为，树立行业新风。2010年，市文明办与市卫生局、联合开展了十佳医生、十佳护士评选活动，与市住建委联合开展了城建行业规范化管理先进单位和规范化服务标兵评选活动。

2011年，组织开展聊城市首届“文明服务品牌”评选活动。经过市直部门和各县（市、区）推荐、网上投票、评委会评选等程序，10个服务品牌获聊城市首届十佳文明服务品牌称号；聊城市人民广播电台行风热线节目部“行风热线”等49个服务品牌获聊城市首届文明服务品牌称号。

2014年，组织开展创建“群众满意文明行业”、第二届“文明服务品牌”两项专题活动，360多个单位自荐申报，市文明办会同有关部门调研论证、评议审核，初评出“群众满意文明行业”候选名单68个、“文明服务品牌”候选名单72个，并在聊城市主要新闻媒体进行公示。随后，召开专题评审会，组织市文明委成员和各县（市、区）宣传部部长、文明办主任对入围的68个候选名单现场评议打分，最终评出“聊城市十佳文明服务品牌”10个、“聊城市文明服务品牌”49个，“聊城市十佳群众满意文明行业”10个、“聊城市群众满意文明行业”52个。

三、文明单位创建

1997年，地区印发《关于评选1996—1997年度地级文明单位的意见》，要求严格按照《文明单位管理条例》规定，对文明单位实行动态管理，并将评审标准量化、细化，每年对文明单位进行检查，在文明单位中开展军民共建、警民共建、城乡共建等形式多样的创建活动。是年，聊城百货大楼等33家单位被地区文明委命名为精神文明建设示范点。1999年，市委成立“双评”领导小组办公室，授予市电业局、东昌府区工商局、市城市信用社、东昌府区农业银行、市百货大楼、市自来水公司、市电信局、市教育委员会、市水利局、聊城长途汽车总站等10个单位“十佳单位”称号。2002年，在全市范围内开展“十佳文明单位”评选活动，评选出10家文明单位。2004年，修订完善《聊城市文明单位建设管理办法》，按照“减少数量，提高质量”的方针和动态管理原则，对文明单位进行重新申报，加强对文明单位的管理。2010年，颁发实施《聊城市文明单位建设管理办法（修订稿）》，对文明单位创建标准进行修改完善，规定文明单位评选实行自愿申报、择优推荐、提前公示、动态管理的模式。2013年，在市级以上文明单位开展“一堂、一队、一牌、一桌、一传播”为主要内容的“五个一”创建活动，即建好用好道德讲堂、建立常态化的学雷锋志愿服务队、设置与环境相融合的遵德守礼提示牌、开展文明餐桌行动、建立有效发挥作用的网络文明传播志愿服务小组。2014年，下发《关于进一步加强文明单位创建工作的通知》，在“五个一”创建活动、网络文明传播志愿者、志愿服务、文明创建信息报送、

2015年11月，聊城市公安局开展“强化文明创建 促进科学发展”推进会

“山东好人之星”推荐报送等5个方面对文明单位做出具体要求。

截至2015年年底，全市共有全国文明单位6家、省级文明单位218家、市级文明单位260家。

聊城市全国文明单位一览表

表35-1

年份	获奖单位	评奖单位	称号
2005	山东聊城热电有限责任公司	中央文明办	第一届全国文明单位
2008	聊城市国家税务局	中央文明办	第二届全国文明单位
2011	聊城市公安局	中央文明办	第三届全国文明单位
2011	聊城市工商行政管理局	中央文明办	第三届全国文明单位
2014	聊城市地方税务局	中央文明办	第四届全国文明单位
2014	聊城市财政局	中央文明办	第四届全国文明单位
2014	国网聊城供电公司	中央文明办	第四届全国文明单位

四、文明村镇创建

截至2015年年底，全市共建成全国文明村镇6个，省级文明村镇91个，市级文明村镇128个；省级文明社区35个，市级文明社区48个。

1997年，聊城地区印发《关于评选文明乡镇的实施意见》，开展创建文明村活动，主要抓“一个班子”（以党支部为核心的村级班子）、“两项制度”（村账乡管制度、村民代表议事会制度）建设，广泛开展“十星级文明户”的评选活动。全市共评出十星级文明户12000余户，五星级以上挂牌户11万余户，精神文明建设示范村48个。按照动态管理、择优推荐、末位淘汰的原则，地区文明办每年组织人员对文明村镇、文明社区进行复查考核。2003年，深入开展创建文明村镇活动，评选推荐出一批全省创建文明村镇工作先进镇村。2004年，着力解决农村环境卫生，道路硬化、绿化，文化生活设施等方面的突出问题，大力开展农村精神文明建设，建设了一批“农村文明一条街”。同年，在东昌府区召开社区建设现场会，在每个县（市、区）建设1—2个样板社区，开展“科技、文化、卫生、法律”四进社区活动。2005年，以文明社区建设为重点，开展形式多样的共建活动和社区服务、社区文化活动。2006年，围绕“生产发展、生活宽裕、乡风文明、村容整洁、民主管理”的目标要求，制定《聊城市文明村镇建设管理办法》，印发《关于在全市农村广泛开展文明新村创建活动的实施意见》，进一步规范农村精神文明创建活动，提高创建水平。2007年，以“乡风文明、村容整洁”为重点，广泛开展“文明一条街”“文明生态村”“文明信用户”“城乡文明牵手共建”等创建活动。制定实施《关于在全市农村广泛开展和谐文明新村创建活动的实施意见》，创建“和谐文明新村”“文明一条街”“十星级文明户”，有1/3的村达到和谐文明新村的标准，2/3的村建成“文明一条街”。2011年，在全市农村实施“乡村文明行动”，把“乡村文明行动”主要任务细化为49项具体工作，突出村容村貌、村风民俗、乡村道德、生活方式、平安村庄、文化惠民等6个方面，要求到2015年年底，全市70%以上的村要达到县级以上文明村标准，农村环境面貌更加整洁、村风民俗更加文明、道德素质更加提高、生活方式更加健康、社会秩序更加稳定、精神生活更加丰富，全市广大农村文明程度和农民群众生产生活水平显著提高。2013年，实施“创文明村镇、建和谐家园”示范工程，制定《关于组织实施乡村文明行动、建设“乡村文明家园”

2015年，茌平县冯官屯镇申报文化特色建设示范镇

示范工程的通知》，参照省“百镇千村”建设项目，在自愿申报、实地考察、研究论证后，确定10个示范镇和100个示范村，市财政采取以奖代补形式，打造10个示范镇和100个示范村典型示范建设。2014年，以村容村貌、环境整治为突破口，开展乡村文明行动城乡环卫一体化工作，聊城市群众整体满意度由51.8%上升到94.5%，综合排名由第十六名上升到第二名，其中，冠县在全省132个县（市、区）中位居第三位。2015年3月，全省乡村文明行动城乡环卫一体化工作现场推进会在聊城召开，聊城市、冠县分别作典型发言。是年，市财政拨付城乡环卫一体化专项资金2000万元，对县（市、区）、市属开发区实行分类奖补，城乡环卫一体化实现全覆盖。

聊城市全国文明村镇一览表

表35-2

年份	获奖单位	评奖单位	称号
2005	茌平县冯屯镇小杨屯村	中央文明办	第一届全国文明村镇
2008	高唐县县城	中央文明办	第二届全国文明村镇
2011	东阿县大桥镇	中央文明办	第三届全国文明村镇
2011	冠县斜店乡前社庄村	中央文明办	第三届全国文明村镇
2014	莘县古云镇	中央文明办	第四届全国文明村镇
2014	阳谷县安乐镇刘庙村	中央文明办	第四届全国文明村镇
2014	茌平县振兴街道前曹村	中央文明办	第四届全国文明村镇

五、文明家庭创建

1998年，开展“‘孔府家杯’全市农村倡新风活动”，对在讲文明、树新风活动和创建“十星级文明户”活动中表现突出的家庭进行表彰，向省推荐省级新风模范户600户，评选市级新风模范户6000户。2002年，在全市范围内开展“千佳文明户”评选活动。2003年，开展文明督导员和“万家洁净”活动，以“家家洁净美，人人讲文明”为主题，帮助家庭和孩子树立良好的卫生习惯、生活习惯。2006年开始，在农村开展创建“十星级文明户”“五星光荣户”“文明家庭”“好媳妇”“好婆婆”等评选活动。2010年9月10日，在东阿县大桥镇召开全市农村精神文明建设现场经验交流会，推广东阿县大桥镇开展“文明家庭”“好媳妇”“好婆婆”等活动的经验做法，树立农村精神文明创建样板。2014年，组织开展“新农村新生活”培训，省妇联领导到会并作开班第一课，各县（市、区）、市属开发区妇联主席、文明办主任，各乡镇（街道）妇联主席、宣传委员共300余人参加培训；是年，全市各级共举办相关培训500多场次，受益群众达20余万人。编辑出版《聊城市“新农村新生活”

培训系列读本》，并免费发放至全市所有镇村。是年，聊城市在全省“新农村新生活”现场推进会上做典型发言。

第三节　先进典型

一、先进典型评选

“百佳”“千佳”评选　2002年，在全市范围内开展“百佳文明市民”和“千佳文明户”评选活动。2006年，在城区市民中开展“百佳水城文明市民”评选活动，举行启动仪式和万人签名活动，通过新闻报道、言论评论、专家点评、群众讨论和公益广告等多种形式进行宣传。2007年，孙长祥等108人被授予“十佳感动聊城文明市民”“百佳水城文明市民”称号；专门举办“百佳水城文明市民”颁奖晚会，编印《百佳水城文明市民风采录》，在纪念碑广场举办事迹展览，并在新闻媒体上进行广泛宣传。

道德模范评选　自2007年起，每两年在全市范围内组织开展一届道德模范评选活动，每届评选出“助人为乐、见义勇为、诚实守信、敬业奉献、孝老爱亲”五类道德模范。至2015年年底，全市共举行评选活动5届，评选出市级道德模范317名。2009年、2011年、2013年，在评选全市道德模范的基础上，组织人员参选全省道德模范、全国道德模范，白云获全国第二届道德模范提名奖称号；陈金良获全省第二届道德模范称号；王静获全省第二届道德模范提名奖称号；冯思广获第三届全国道德模范称号；陈金良获第三届全国道德模范提名奖称号；张国忠获全省第三届道德模范称号；詹春芳获全省第三届道德模范称号；秦守佩获第四届全省道德模范称号；阮树立等9人获第四届全省道德模范提名奖称号；商孝江、王凤青获第五届全省道德模范称号；倪西群等8人获第五届全省道德模范提名奖。

2009年，聊城市印发《聊城市帮扶生活困难道德模范实施办法（暂行）》，由市财政每年拨付一定数额的资助经费，对生活困难的道德模范及提名奖获得者给予适当补助。2013年9月17日，市文明委在聊城电视台举行聊城市“跨越赶超、文明先行”道德模范颁奖典礼，并编写《道德的力量》《榜样的力量》两书，对模范事迹进行广泛宣传。2015年，印发《聊城市道德模范奖励及困难帮扶实施办法》，以财政出资、社会捐助、企业冠名等方式，筹集设立道德模范奖励帮扶基金，对每届市级以上道德模范均一次性给予一定数额的物质奖励。是年9月，表彰第五届全市道德模范50名、第五届全市道德模范提名奖50名。通过播放电视短片、现场访谈、宣读致敬词等形式，充分展示道德模范的感人事迹和崇高品格；对受表彰的道德模范，依据《聊城市道德模范奖励及困难帮扶实施办法》给予每人现金奖励1万元。

“身边好人”评选　2012年始，在全市范围内开展“身边好人”推荐评选活动。广泛发动基层群众推荐候选人，自下而上层层选报，并对候选人进行严格把关、遴选、审核，对符合条件的候选人逐级向上推选报送，“身边好人”推荐评选活动成为公民思想道德建设的重要平台。至2015年年底，经“身边好人”推荐入选中国好人榜18人、山东好人榜104人、山东好人之星8人。

见义勇为褒奖　1997年1月，茌平县国土资源局职工杨广祥被授予“聊城地区见义勇为十佳公民”“聊城市见义勇为十大模范”称号；11月，被中华见义勇为基金会授予“全国人民群众见义勇为与犯罪分子作斗争先进分子”称号；2003年10月，被山东省综治委、山东省见义勇为基金会授予“山东省见义勇为十佳公民”称号。2006年，茌平县肖庄乡朱楼村朱士旺等6位农民勇斗抢劫歹徒，获“山东省见义勇为先进个人”称号，聊城市掀起向朱士旺等6人学习活动。

2012年12月1日起，聊城市正式实施《山东省见义勇为奖励和保护条例》，各级政府及部门开始对见义勇为人员及其家庭、子女在基本生活、教育、就业、医疗、住房等方面给予优先照顾。2013年9月30日，聊城市见义勇为基金会成立；10月8日，见义勇为基金会以聊城市财政拨付的400万元原始资金为基础，设立见义勇为募捐专用账户，建立见义勇为信息收集、宣传教育、表彰奖励等各项制度和机制，对在一线、基层、平凡岗位涌现的“凡人义举”，及时给予褒奖。2014年，市综治办、市见义勇为基金会联合创办《正义与平安》（半年刊）杂志，大力宣传全市涌现出的先进典型及英模人物事迹，对传播社会正能量、树立文明新风尚起到积极的推动作用；3月，市综治委、市见义勇为基金会对李庆洋、潘立国等25名“全市见义勇为先进分子”、丰雷等22名“全市见义勇为先进工作者”、东昌府区政法委等10个“全市见义勇为工作先进单位”进行表彰奖励；11月，市制定的《关于进一步加强全市见义勇为工作的意见》《关于进一步规范全市见义勇为工作的实施办法》，对见义勇为行为的界定、申请举荐、受理确认和表彰奖励等均作出明确规定，推动了聊城市见义勇为工作规范化和制度化建设进程。

2015年3月，市综治委、市见义勇为基金会对王庆亮、李梦、姜浩3名“全市见义勇为英雄”，梁法兴、龚礼平、张朋珍3名“全市见义勇为模范”，冯迎成等18名“全市见义勇为先进分子”，郭名章等15名“全市见义勇为先进工作者”，侯长波、邱礼贵、陈元辉等5个“见义勇为先进群体”和阳谷县综治办等12个“全市见义勇为工作先进单位”进行表彰奖励。其中，王庆亮、梁法兴、龚礼平、冯迎成被山东省综治委、省见义勇为基金会评为“全省见义勇为模范”。

二、先进典型宣传

在推进精神文明建设的过程中，全市积极树立典型，形成了一批在全国具有较强影响力的典型人物，如张海迪、孔繁森、白云等。

改革开放初期，聊城市总结宣传了青年楷模张海迪的先进事迹，在全市产生强烈反响，并迅速引起全国瞩目，被团中央确定为全国青年的学习楷模，授予“中国的保尔”“80年代新雷锋”等称号，在全国范围内大力宣传，成为改革开放后第一个全国重要典型。

1995年后，全地区积极响应党中央发出的“向孔繁森同志学习”的号召，广泛深入地组织开展学习宣传孔繁森事迹活动。1995年，筹备孔繁森事迹展览3次；6月中旬，在省博物馆首展，参观群众达5万余人；10月上旬，在北京市中国革命博物馆举行首展，党和国家领导人胡锦涛、尉健行、姜春云、宋平以及中组部部长张全景等出席了开展仪式，首都各界群众30余万人参观了展览。1995—1997年，先后在全国20多个省、市、自治区进行巡展，观众500余万人。聊城地区组织孔繁森事迹报告团在地直、各县（市、区）进行巡回报告，并应邀到区外进行报告，广泛宣传孔繁森事迹。1995年8—11月，在全国范围内开展《孔繁森颂歌》歌曲征集活动，共收到应征歌曲1000余首、歌词150余件。1996年4月28日，在山东电视台举办《孔繁森颂歌》歌曲征集活动颁奖晚会，编辑出版《孔繁森颂歌》歌曲集和专辑音带。是年，在全区广泛组织开展了群众性的孔繁森颂歌演唱活动。1997年，为纪念江泽民总书记、李鹏总理为孔繁森题词2周年，在全区举办“向孔繁森同志学习”文艺调演活动，编辑出版大型画册《孔繁森》，播放电视剧《孔繁森》《孔繁森颂歌颁奖晚会实况》等，广大干部群众在活动中进一步受到教育。

白云（回族）自部队转业后，长期从事检察工作，秉公执法，心系群众，被百姓称为“当今包青天”。1998年10月，白云被评为“中国十大杰出检察官”，聊城市检察院将全市民生检察服务热线统一更名为“白云民生服务热线”，成立白云党员工作室，全市掀起向白云学习的热潮。2003年11月8日，东昌府区人民检察院开通了“白云热线”。2005年2月，最高人民检察院、中共山东省委联合在聊城市召开命名表彰大会，授予白云“全国模范检察官”称号，《人民日报》、新华社和中央电视台《焦点访谈》和《东方之子》栏目对白云先进事迹进行报道，把树立、宣传、学习白云的活动在全国引向高潮。2007年，最高人民检察院在聊城召开全国检察机关信访工作“白云热线”现场会，肯定其先进经验。2008年，全省检察机关推广“白云热线”

经验，开通“民生检察服务热线”。东昌府区检察院建设“时代先锋”展厅，并通过媒体积极宣传，让社会各界了解白云。先后编辑出版《人民的检察官白云》、编辑印刷《时代先锋》等宣传资料，向社会各界广泛赠送；组织报告会、党课、法治教育等多种形式，以《努力做一名让党放心、让人民满意的检察官》《面对人生 ABC》《二十个面对》为题，广泛宣传白云先进事迹。2009 年，白云被省委组织部、宣传部等十单位评为山东省为中华人民共和国成立、建设做出突出贡献的 100 位英模人物之一。

第二章 人民生活

1997 年后，聊城地区（市）始终坚持把增加居民收入、改善人民生活作为工作的出发点和落脚点，居民收入成倍增加，消费能力显著增强，消费结构不断升级，生活质量全面提高，从温饱进入到总体小康，又向更高水平全面小康迈进。1997 年，聊城地区总人口为 548.22 万人，总户数为 143.65 万户。其中，非农业人口 81.69 万人，全部单位职工人数为 38.56 万人，工资总额为 17.65 亿元，年平均工资为 4629 元。全市农村人口 466.53 万人，农村居民人均总收入为 3055 元，人均纯收入为 1851 元，人均总支出为 2305 元。2005 年，聊城市总人口为 569.50 万人，总户数为 164.74 万户。其中，非农业人口 163.70 万人，全部单位职工人数 33.97 万人，工资总额为 41.15 亿元，年平均工资为 12052 元；城镇居民家庭年人均总收入为 9397 元，人均总支出为 7992 元。全市农村人口 405.80 万人，农村居民人均总收入 4765 元，人均纯收入 3448 元，人均总支出 3450 元，其中生活消费支出 2168 元。2015 年，全市居民人均可支配收入 15249 元，其中工资性收入为 9474 元，人均消费支出 9643 元。城镇居民人均可支配收入 21570 元，人均消费支出 12405 元；农村居民人均可支配收入 10512 元，人均消费支出 7573 元。

第一节 城镇居民收入与消费

一、收入

1997 年，聊城地区全部单位职工平均工资为 4629 元，比上年增长 7.7%。随着新的财政体制改革、企业改革、实行全员劳动合同制、发展个体私营经济，及机关事业单位职工工资的套改等各项改革的全面展开，就业渠道的拓宽使城镇居民的收入来源逐渐增多，居民收入得到大幅度增长。2005 年，全部单位职工平均工资为 12052 元，比上年增长 10.3%。2015 年，城镇居民人均可支配收入 21570 元，比上年增长 7.9%。

收入水平 1998 年，聊城地区撤地设市，配套制度改革促进了城市经济的快速发展，国有、集体和其他单位职工工资大幅度上升，随后居民收入随经济发展而不断增加。

1997—2015 年聊城市职工平均工资及增长情况一览表

表 35-3

年份＼项目	平均工资（元／人）	增长幅度（%）	年份＼项目	平均工资（元／人）	增长幅度（%）
1997	4629	7.6	1999	6241	15.7
1998	5390	16.4	2000	7021	12.4

续表 35-3

年份＼项目	平均工资（元／人）	增长幅度（%）	年份＼项目	平均工资（元／人）	增长幅度（%）
2001	8020	14.2	2009	21383	—
2002	8972	11.8	2010	25784	—
2003	9841	9.6	2011	29697	—
2004	10919	10.9	2012	33769	—
2005	12052	10.3	2013	37649	—
2006	13754	—	2014	42244	—
2007	16511	—	2015	48070	—
2008	18599	—			

2005—2008 年，机关和事业单位工作人员的工资制度进行调整及改革，工资水平和离退休人员工资普遍提高；随着国家宏观调控措施逐步到位，各种性质所有制企业焕发出新的生机和活力，企业经济效益的不断提高，不同所有制企业职工工资水平也得到了相应提高。工资性收入的增长成为拉动城镇居民可支配收入快速提高的主要因素，城镇居民收入快速增长。2008 年，城镇居民人均工资性收入 11639 元，比 2005 年 7419 元增加 4220 元。

2008—2009 年，金融风暴波及全球，聊城市在这场金融危机中也受到一定的影响，全市居民生活受到一定冲击和间接影响。全市工业增速幅度回落、某些行业生产效益下降、少部分中小企业经营困难，影响到居民收入水平的提高，聊城市城镇居民收入增长缓慢。

2010—2014 年，聊城市政府着力保增长、扩内需、重民生，经济继续保持平稳快速健康发展，综合经济实力进一步增强。继而出台一系列调增津贴补贴增加工资、提高企业最低工资标准、多渠道促进就业等各项惠民政策，城镇居民收支稳步增长。根据城镇住户调查资料显示：2013 年城镇居民人均可支配收入 26087 元，比 2010 年的 17889 元增加 8198 元，增长 45.8%。2014 年、2015 年国家统计局实施住户调查城乡一体化改革，统计方法、制度、指标、口径等都有所变化，城镇居民收入持续增长。

2005—2015 年聊城市城镇居民收入及增长情况一览表

表 35-4

年份＼项目	可支配收入（元／人）	增长幅度（%）	年份＼项目	可支配收入（元／人）	增长幅度（%）
2005	9019	—	2011	20649	15.4
2006	10474	16.1	2012	23685	14.7
2007	12401	18.4	2013	26087	10.1
2008	14559	17.4	2014	28382	8.8
2009	15957	9.6	2015	21570	7.9
2010	17889	12.1			

1997—2005 年，聊城市（地区）内各县（市、区）居民收入水平不均衡，高唐县、东昌府区职工平均工资历年较高；临清市、茌平县后来居上，职工工资水平增长较快；冠县、莘县职工平

均工资偏低，增长较慢。

1997—2005 年聊城市县（市、区）职工平均工资表

表 35-5　　　　　　　　　　　　　　　　　　　　　　　　　　单位：元

年份 县市区	1997	1998	1999	2000	2001	2002	2003	2004	2005
东昌府区	5158	6000	6937	7868	9304	10570	11751	13244	14991
临清市	3773	5019	5677	6180	7064	8346	9179	10407	10800
冠县	4218	4934	5465	6266	7069	7352	7315	8778	9482
莘县	4098	4474	5288	6549	6452	6950	7963	8941	9805
阳谷县	4199	5088	6060	6331	6861	7662	8086	9340	10710
东阿县	4501	4569	6491	6619	7542	8264	8833	9612	10948
茌平县	4381	4485	5135	6432	7577	8389	9593	10070	11770
高唐县	5434	5931	7213	7836	9156	10074	10655	11148	11433
全市平均	4629	5390	6241	7021	8020	8972	9841	10919	12052

2005—2015 年，聊城市各县（市、区）城镇居民收入依然不均衡，但是较上一时期有所变化，东昌府区发展势头始终良好，茌平县城镇居民收入保持稳定增长，冠县城镇居民收入增长迅速，高唐县城镇居民收入增长缓慢、排名下降，临清市、阳谷县城镇居民收入增速持续低迷。2013—2015 年，莘县城镇居民收入大幅度上涨，新成立的 3 个市直开发区居民收入始终保持较高水平。

2006—2015 年聊城市县（市、区）城镇在岗职工平均工资表

表 35-6　　　　　　　　　　　　　　　　　　　　　　　　　　单位：元

年份 县市区	2006	2007	2008	2009	2010	2011	2012	2013	2014	2015
东昌府区	17121	19841	23270	26015	30764	36570	39709	45046	52305	60352
临清市	13163	16053	16510	17799	21857	25049	28689	32875	37651	42013
冠县	11529	15467	17162	21837	25109	29274	29785	34765	39500	44421
莘县	11354	13366	15128	18033	22781	26155	30409	36046	39306	47370
阳谷县	10273	12963	16687	18989	23309	25681	30548	33772	35768	41540
东阿县	12495	15661	16881	19290	24102	26984	31481	34690	39787	45082
茌平县	14462	16372	18846	22301	27040	30537	35375	37721	40208	46177
高唐县	12843	15119	16251	18700	22425	26481	31603	33542	37681	41716
开发区	—	—	—	—	—	33972	33099	40147	43974	49268
高新区	—	—	—	—	—	—	—	39176	48385	60624
度假区	—	—	—	—	—	—	—	—	—	47972
全市平均	13754	16511	18599	21383	25784	29697	33769	37649	42244	48070

收入结构 1997—2015年，居民收入大幅度增长的同时，城镇居民收入格局呈现多元化。

20世纪末期，聊城市城镇居民收入的最主要来源是工资性收入，其次是转移性收入，二者是家庭收入的两大支柱。所以，调整工资、津贴、养老金、住房公积金等政策性因素成为城镇居民收入增长的主要原因，城镇居民社会保障制度的逐步完善也成为促进居民收入增长的另一因素。

21世纪后，伴随经济体制改革，城市经济注入新的活力，多种经济形式并存，居民就业观念逐渐转变，就业渠道逐步拓宽，城镇居民收入构成由过去的单一工资收入为主，发展成为工资性收入、经营性收入、财产性收入、转移性收入四位一体的收入渠道。工资收入占家庭收入的比重逐渐下降，2015年人均工资性收入的比重62.13%，比2005年人均工资性收入下降了16.8个百分点。

2010年后，随着居民财产积累的增多和资本市场、金融市场的健康快速发展，人们的投资渠道逐步拓宽，理财意识逐渐增强，财产性收入和经营性收入的占比逐渐提高。聊城市城镇居民家庭人均财产性收入自2005年的51元增加到2015年的1313元，成为居民收入增加的新亮点；人均经营性收入也由2005年的254元增加到2015年的3388元，比重由2.7%上升至15.7%。

2005—2015年聊城市城镇居民收入构成表

表35-7　　单位：元/人

年份	家庭总收入	可支配收入	家庭收入构成			
			工资性收入	经营净收入	财产净收入	转移净收入
2005	9397	9019	7419	254	51	1673
2006	11012	10474	8286	37	15	2673
2007	13066	12401	10858	134	31	2044
2008	15007	14559	11639	1217	53	2099
2009	17013	15957	13010	1363	80	2559
2010	19151	17889	15005	1258	94	2793
2011	21769	20649	16580	1727	132	3329
2012	24928	23685	19010	1882	223	3814
2013	27417	26087	20708	2044	252	4413
2014	32397	28382	29845	378	177	1998
2015	—	21570	15915	3388	1313	955

说明：城镇住户调查2005年开始实施，即从2005年才有城镇居民收支相关调查数据。2014年，国家统计局实施住户调查城乡一体化，调查制度改革统计口径有所改变。2014—2015年数据来源于国家统计局聊城调查队

二、消费

消费水平 随着居民收入的逐年增长，聊城市城镇居民的消费水平也不断提高。20世纪末，城镇居民消费性支出受收入限制，主要用于生活消费和子女教育消费。随着房产制度的改革，购房与建房支出、转移性支出、财产性支出、社会保障支出逐渐增加。

2005年，城镇居民人均消费性支出为6093元，2014年，人均消费性支出18158元，比2005年增长近2倍。2015年，城镇居民人均消费支出12405元，排除统计口径的变化，城镇居民人均消费性支出仍呈增长趋势。

2005—2015 年聊城市城镇居民消费性支出增长表

表 35-8

年份	消费性支出（元 / 人）	年增长率（%）
2005	6093	—
2006	6765	11.0
2007	7939	17.4
2008	9459	19.1
2009	11626	22.9
2010	12676	9.8
2011	13847	8.5
2012	15350	10.9
2013	16766	9.2
2014	18158	8.3
2015	12405	8.7

说明：2015 年始，居民收支调查统一发布新口径数据：一是统计指标和指标含义有所变化，2014 年之前发布的是城市居民人均可支配收入和农民人均纯收入，2015 年开始发布的是城镇居民人均可支配收入和农村居民人均可支配收入。二是城镇和农村的统计口径有所变化。2015 年一季度起，聊城市县两级城镇和农村居民人均可支配收入调查采用新的统计口径，与老口径相比，城中村的村委会由原来的农村居民人均纯收入统计范围纳入到城镇居民人均可支配收入统计范围。所以，2015 年居民收支调查数据与 2014 年住户调查不完全可比

消费结构　1997—2005 年，聊城市（地区）城镇居民生活的花费去向主要用于衣、食、住、行等生活消费，具体分为 8 大类：食品、衣着、居住、家庭设备用品及服务、医疗保健、交通和通信、教育文化娱乐服务、其他商品和服务，其中食品占据消费的主要部分。随着消费水平的提高，居民消费观念逐步改变，消费结构的不断升级，城镇居民的消费需求由以满足生存需要为中心的必需品消费阶段逐步向满足发展需求和享受需求的非必需品消费阶段过渡，居民生活向更加富裕的小康生活迈进。

2005—2015 年聊城市城镇居民年人均消费支出表

表 35-9　　单位：元 / 人

年份	消费总支出	消费构成							
		食品	衣着	居住	家庭设备用品及服务	医疗保健	交通和通信	教育文化娱乐服务	其他商品和服务
2005	6093	2067	810	706	434	397	650	840	191
2006	6765	2100	752	715	648	604	746	973	225
2007	7939	2605	1005	864	694	505	708	1184	371
2008	9459	3100	1186	974	764	747	831	1358	499
2009	11626	3447	1318	776	1001	984	1779	1905	415
2010	12676	3650	1444	975	1108	1079	2313	1858	342
2011	13847	4378	1584	1340	1425	1173	1716	1674	557
2012	15350	5121	1787	1367	1657	1436	1405	1807	771

续表 35-9

年份	消费总支出	消费构成							
		食品	衣着	居住	家庭设备用品及服务	医疗保健	交通和通信	教育文化娱乐服务	其他商品和服务
2013	16766	5302	1976	1459	1525	1605	1651	2150	1098
2014	18158	5842	2213	1598	1588	1656	1768	2305	1188
2015	12405	3770	1198	2471	647	1560	1494	983	282

食品消费。随着经济的不断发展，居民收入增长，聊城市城镇居民食物结构逐步形成由细粮为主，粗杂粮辅助、副食兼有、荤素搭配的消费模式，食品消费质量提高，饮食格局不断优化。食品消费由吃饱向吃好转变，品种更加丰富，营养更加全面，膳食结构向营养、科学、健康食品发展。2014 年，全市城镇人均食品支出 5842 元，比 2005 年的 2067 元增加 3775 元，增长 1.8 倍。食品支出占消费性支出的比重（恩格尔系数）从 2005 年的 33.92% 下降到 2015 年的 30.39%，下降了 3.3 个百分点。2014 年，全市城区居民人均在外就餐支出为 1206 元，比 2005 年的 268 元增加 938 元，增长 3.5 倍，从中折射出城市居民的生活的巨大变化。

衣着消费。随着市场经济的繁荣和生活水平的提高，聊城市城镇居民在衣着消费上不断追求多样化、时装化、个性化和品牌化。“新三年，旧三年，缝缝补补又三年”已成历史，全民“蓝、绿、灰”的简单朴素衣着消费形态也逐渐消失，无论是从消费金额还是数量上都有体现。抽样调查资料显示：2005 年、2014 年、2015 年人均衣着支出分别是为 810 元、2213 元和 1198 元，2014 年比 2005 年增长 1.7 倍，排除 2015 年的统计口径变化，衣着消费有增无减。聊城市的城镇居民不再局限于每年每季衣服够穿即可，购买衣服的比重和数量逐年上升，衣着消费更注重品位、追求个性时尚。

住房消费。1997 年前，全市城镇居民人均居住面积不到 10 平方米，除平房外，多为 2 层、3 层、5 层的多层建筑。1998 年，随着住房分配制度的改革，延续几十年的实物性福利住房体制结束，原有的公房经过产权改革发生改变，城市居民住房需求明显放大，房地产市场逐渐趋热。此后，城镇居民开始通过分期付款、公积金贷款等方式购买商品房，自有房比例大幅度上升，住房条件全面改善，居住质量大幅度提高。住房制度改革后，全市城市居民住房状况得到极大改善，无房户、拥挤户大幅度减少。2005 年，城镇居民租赁住房比例为 4%，私房拥有率占 92%。2015 年，全市城镇居民租赁住房比例为 1.65%，私房拥有率 97.42%。城镇居民人均居住面积逐步增加，2005 年，全市居民住房人均建筑面积 30.79 平方米，2015 年达 44.31 平方米，比 2005 年增加 43.9%。在住房规模上，筒子楼、连片平房基本消失，2015 年，城镇居民拥有单元房比例上升至 52.66%，其中四居室的家庭占 3%、三居室占 53%、二居室占 38%、普通楼房占 4%。市区内配套设施齐全的花园区、别墅区纷纷拔地而起，成为人们生活水平提高的一道最直观、最亮丽的风景线，不少居民开始选择较高档的住宅楼、小高层、复式楼和别墅。随着收入水平的提高，城镇居民住房的质量、室内装修和配套设施不断完善，居住环境更加安全、卫生、舒适。至 2015 年年底，58.1% 以上的城镇居民开通了管道燃气，62.6% 的城镇居民可以享受集中供暖。大多数居民越来越注重室内装饰装潢，美化居室环境，提高居住品位。2013 年，城镇居民居住消费人均支出 1459 元，占生活消费支出的 8.7%，其中用于房屋装饰装潢消费人均支出 165 元，占居住消费支出的 11.3%。2015 年，城镇居民居住消费人均支出 2471 元，占生活消费支出的 19.9%。

2005—2015 年聊城市城镇居民人均住房面积情况表

表 35-10　　单位：平方米 / 人

年份	住房建筑面积	年份	住房建筑面积
2005	30.79	2011	34.58
2006	30.89	2012	34.69
2007	31.93	2013	34.99
2008	32.78	2014	—
2009	32.85	2015	44.31
2010	34.16		

交通通信消费。随着城市建设和城市基础道路建设快速发展，交通设施大大改善，人们出行的工具更是多种多样。

居民出行原来主要靠步行或自行车，后来自行车逐步被助力车、摩托车、公交车、出租车所代替。2005 年后，作为高档消费品的轿车逐渐进入老百姓生活圈。2005 年，城镇百户家庭拥有家用汽车 2 辆；2015 年，增加到百户拥有 43.6 辆。2005 年，城镇人均交通和通信支出为 650 元；2015 年，增加到 1560 元。20 世纪 90 年代，普通百姓家庭固定电话拥有量微乎其微。21 世纪后，通信事业突飞猛进，固定电话和移动通信设备在城镇居民家庭中迅速普及。同时，宽带网络也逐渐走进平常百姓家庭，极大丰富了城镇居民的日常交往和对信息的需求。网上消费成为居民家庭通信消费的新内容，居民生活更加便利。2005 年年底，聊城市城镇居民百户拥有家用电脑 31 台、移动电话 121 部，接入互联网的电脑 26 台；2015 年年底，聊城市城镇居民百户拥有家用电脑 86 台、移动电话 235.4 部，接入互联网的电脑 75.8 台。

家庭用品。1997—2015 年，聊城市城镇居民生活变化尤为显著的是家庭耐用消费品的更新换代，家庭设备档次提高，新潮时尚成为主流。随着新技术的运用和新家电产品的不断上市，家用电器的升级换代也开始加快节奏，城镇居民更加重视家庭的“基本建设”，购买各种家庭设备的费用逐渐增加。2000 年后，电视机逐步由显像管式升级为平板式液晶屏幕，洗衣机升级为全自动智能型，环保冰箱、变频节能空调、家用电脑、数码（摄）相机、电话、电脑在居民家庭中一轮轮地被更换。2005 年，城镇居民人均家庭设备用品及服务消费 434 元；2014 年，同类用品人均消费 1588 元，比 2005 年增长 2.6 倍。2005 年年底，聊城市城镇居民百户拥有彩色电视机 116 台、电冰箱 84 台、洗衣机 94 台、空调 86 台；2015 年年底，聊城市城镇居民百户拥有彩色电视机 117.4 台、电冰箱 100.6 台、洗衣机 101.3 台、空调 134.9 台；城镇居民人均用电量为 436.8 千瓦时。在家庭主要耐用消费品逐步达到饱和的同时，健身器材、消毒碗柜、高档乐器等成为城镇居民家庭设备中新的消费目标，数量正在逐步增加。

2005—2015 年聊城市城镇居民百户家庭耐用品拥有量情况表

表 35-11

项目	单位	年份										
		2005	2006	2007	2008	2009	2010	2011	2012	2013	2014	2015
摩托车	辆	33	30	31	23	23	19	12	12	12	11	28.9
助力车	辆	30	44	59	72	92	102	92	97	103	96	—

续表 35-11

项目	单位	年份										
		2005	2006	2007	2008	2009	2010	2011	2012	2013	2014	2015
家用汽车	辆	2	2	7	8	11	16	26	25	27	32	43.6
洗衣机	台	94	97	97	98	102	103	100	103	103	101	101.3
电冰箱	台	84	90	96	96	105	110	110	110	112	107	100.6
彩色电视机	台	116	118	122	116	125	127	125	126	129	122	117.4
家用电脑	台	31	41	59	60	82	94	93	95	100	103	86.0
组合音响	套	15	18	34	20	28	25	20	20	20	16	—
摄像机	架	0	3	4	2	2	1	8	8	8	9	10.2
照相机	架	39	42	45	42	51	57	60	61	61	62	30.5
钢琴	架	1	0	2	—	0	0	3	3	3	3	3.5
其他中高档乐器	件	3	6	7	6	5	6	1	1	1	1	
微波炉	台	25	32	35	44	49	57	58	59	59	60	—
空调器	台	86	83	100	121	146	170	180	187	187	180	134.9
淋浴热水器	台	51	42	82	89	92	96	97	100	101	104	99.0
消毒碗柜	台	4	2	2	4	5	5	3	3	3	2	—
洗碗机	台	3	1	1	1	0	0	3	3	3	1	—
健身器材	套	3	6	7	4	5	6	8	8	8	5	—
固定电话	部	97	100	83	67	69	74	62	62	62	40	31.5
移动电话	部	121	125	164	196	208	217	210	212	219	228	235.4
接入互联网移动电话	部	3	2	2	13	7	7	22	22	33	61	119.6
接入有线电视电视机	台	103	91	105	104	103	102	101	101	102	98	—
接入互联网计算机	台	26	25	38	34	39	43	48	49	51	60	75.8

教育文化娱乐消费。1997—2015年，聊城市城镇居民在满足物质生活需求的同时，日益追求丰富的精神文化生活，人力资本的投入成为居民家庭新的消费热点。在实施减免义务教育学杂费政策后，居民家庭义务教育费用开始下降，但家长在教育方面更加注重孩子的个性化发展，为孩子请家教、参加各种培训班的现象日益增多。同时，成人技能培训方面的支出也不断增加，使得教育费用继续增长。随着居民收入水平的提高，城镇居民对娱乐健身、旅游观光、休闲度假、参观游览等享受型消费的需求增加。特别是随着收入水平的提高以及“长假”“小长假”带薪公休假等休假制度的推行，城镇居民外出观光、休闲度假者增多。城镇居民用于旅游的支出逐年增加，旅游消费成为热点。2014年，全市城镇居民人均教育、文化和娱乐消费1494元，比2005年的840元增加654元，增长77.86%。

医疗保健消费。1997—2015年，随着城镇居民收入不断增加和科学技术的发展，聊城市城镇居民医疗消费层次不断上升，就医看病场所增多，大到等级医院，小到社区医疗服务机构，形成较为完善的医疗服务网络。随着社会医疗保障体系的建立和完善，居民对健康重视程度提高，自我保健意识不断增强。城市居民医疗消费观念由单纯的“医病”向“医保”转变。日常保健、定期体检、加强锻炼渐成时尚，“花钱买健康”已被越来越多的人所认同，对医疗器具、滋补保健品的需求不断增加。2015年，全市人均医疗保健支出1560元，比2005年的397元增加1163元，增长近3倍。

第二节　农村居民收入与消费

一、收入

1997年后，聊城市（地区）农村居民生活完成由温饱向小康生活的转变，农村居民收入呈现跨越式增长的特征，收入结构发生巨大变化，农业逐渐不再成为主要收入来源，工资性收入成为带动农民增收的主要动力。农村居民人均纯收入由1997年的1851元增至2014年的11232元，增长6倍多；2015年，聊城市实行居民收支调查一体化改革，公布全市新口径数据，全市农村居民人均可支配收入10512元。

收入水平　中共十一届三中全会后，开始进行经济体制改革，极大地调动了农民辛勤创业的积极性，实现了粮食作物和经济作物并重，农业经济效益大幅提高，基本解决了农民的温饱问题。1997—2003年，全市农村居民人均纯收入持续缓慢增长。聊城市农村居民人均纯收入从1997年的1851元增至2003年的2677元，增加826元，增长幅度44.62%。2004—2015年，中共中央连续12年发布中央1号文件，将解决好农民增收、农业增效作为农村工作重点。聊城市委、市政府切实落实粮食直补和农业税减免等惠农政策，积极推进农村产业结构调整，加强农业基础设施建设，注重提高农业生产效益和农民收入，农民收入实现持续快速增长。聊城市农村居民人均纯收入从2004年的3066元增至2014年的11232元，增加8166元，增长幅度266.34%。2015年，聊城市农村居民人均可支配收入10512元，比上年增长8.9%。

1997—2015年聊城市农村居民人均纯收入及增长幅度一览表

表35-12

年份＼项目	纯收入（元／人）	增幅（%）	年份＼项目	纯收入（元／人）	增幅（%）
1997	1851	13.1	2007	4501	14.0
1998	2003	8.2	2008	5108	13.5
1999	2105	5.1	2009	5539	8.4
2000	2222	5.6	2010	6377	15.1
2001	2353	5.9	2011	7735	21.3
2002	2503	6.4	2012	8872	14.7
2003	2677	7.0	2013	10083	13.6
2004	3066	14.5	2014	11232	11.4
2005	3448	12.5	2015	10512	8.9
2006	3948	14.5			

收入结构　1997—2015年，伴随着农村经济的发展，聊城市（地区）农村居民收入结构发生一定的变化。同口径比较来看，聊城农村居民家庭经营收入持续减少，工资性收入占比逐年提升，财产性收入占比没有明显变化，而转移性收入占比大幅度提升。1997—2002年，聊城市农村居民人均总收入由工资性收入（劳动报酬）、家庭经营收入、转移性收入和财产性收入4个部分组成。

1997—2002年，农村居民人均总收入和纯收入均呈增长趋势。2002 年，人均纯收入比 1997 年增长 652 元，增长幅度为 35.22%；2002 年，人均总收入比 1997 年增长 712.34 元，增长幅度为 23.31%。在人均总收入结构中，工资性收入占比由 1997 年的 10.92% 增加到 18.64%，家庭经营收入占比由 1997 年的 85.87% 减少到 79.70%，财产性收入占比由 1997 年的 0.94% 减少到 0.49%，转移性收入占比由 1997 年的 2.21% 减少到 1.18%。

2003 年，聊城市统计口径发生变化，原来的农村居民人均总收入构成变为人均纯收入构成，人均纯收入由工资性收入（劳动报酬）、家庭经营收入、转移性收入和财产性收入 4 个部分组成，农村居民收入情况得到更直观的体现。同口径比较来看，聊城市农村居民家庭经营收入持续减少，工资性收入占比逐年提升，这与年轻农村居民逐渐脱离土地，开始外出打工、家庭经营有关。2014 年，工资性收入占比 51.3%，比 2003 年工资性占比 29.91% 有大幅度提升，并首次超过家庭经营收入，成为农民收入的最主要来源。2015 年，农村居民工资性收入占比 44.22%、家庭经营收入占比 40.34%，工资性收入仍呈增长趋势。2003—2015 年，农村居民财产收入性占比一直较低。2003 年，财产性收入占比 3.14%；2015 年财产性收入占比 1.81%，没有明显变化。转移性收入占比大幅提升，由 2003 年占比 1.61% 上升到 2015 年占比 13.6% 主要来源于部分农村居民退休金、养老金的提升和各项补贴的增加。

1997—2015 年聊城市农村居民人均总收入情况表

表 35-13　　单位：元 / 人

年份	人均纯收入	人均总收入	其中			
			工资性收入	家庭经营收入	财产性收入	转移性收入
1997	1851	3055.37	333.79	2623.59	28.83	67.67
1998	2003	3102.48	364.45	2629.90	26.22	81.71
1999	2105	—	—	—	—	—
2000	2222	—	—	—	—	—
2001	2353	3607.64	599.44	2926.31	29.41	52.47
2002	2503	3767.71	702.18	3002.80	18.40	44.32
2003	2678	—	801	1750	84	43
2004	3067	—	915	1991	115	46
2005	3448	—	1153	2113	120	62
2006	3948	—	1373	2409	94	72
2007	4501	—	1633	2673	112	84
2008	5108	—	1801	3079	94	134
2009	5539	—	1994	3284	96	165
2010	6377	—	2444	3654	111	168
2011	7735	—	3310	4070	132	223
2012	8872	—	4021	4456	144	251
2013	10083	—	4750	4800	167	366
2014	11232	—	5766	4241	128	1097
2015	10512	—	4648	4241	190	1433

二、消费

1997—2015 年，随着聊城市（地区）农村居民生活完成由温饱向小康生活的转变，收入水平的不断提升，聊城市农村居民的消费水平也随之逐年提升，尤其是 2004 年中央“反哺农业”政策逐步实施以后，农村居民消费水平大幅度提升。20 世纪末，农村居民消费支出中占较高的有食品、居住、教育、医疗。随着时代的发展，除食品、居住、教育、医疗等生活必须消费支出外，衣着、家庭设备用品和交通通信费用增长迅猛，农村居民生活条件越来越与城市生活水平接近。

消费水平　1997 年，聊城地区农民人均生活消费支出 1070 元，2014 年增加到 6326 元，年均增长 11.0%。2015 年，聊城市实行居民收支调查一体化改革，公布全市新口径数据，全市农村居民人均可支配收入 10512 元，消费支出 7573 元，比上年增长 9.5%。

1997—2015 年聊城市农村居民消费性支出增长表

表 35-14　　单位：元／人、%

年份	消费性支出	年增长率	年份	消费性支出	年增长率
1997	1070	—	2007	2633	10.08
1998	1075	0.47	2008	2942	11.74
1999	1095	1.86	2009	3169	7.72
2000	1113	1.64	2010	3542	11.77
2001	1492	34.05	2011	4553	28.54
2002	1575	5.56	2012	5190	13.99
2003	1561	-0.89	2013	5623	8.34
2004	1711	9.61	2014	6326	12.50
2005	2168	26.71	2015	7573	19.71
2006	2392	10.33			

消费结构　1997—2005 年，聊城市（地区）农村居民生活的花费去向主要用于衣、食、住、行等生活消费，具体可分为八大类：食品、衣着、居住、家庭设备用品，以及服务、医疗保健、交通和通讯、教育文化娱乐服务、其他商品和服务，其中食品占据消费的主要部分。随着消费水平的提高，农村居民消费结构和消费理念也呈现出全新的变化，不再满足必需品消费，开始向满足发展需求和享受需求的非必需品消费过渡。

1997—2015 年聊城市农村居民生活消费情况表

表 35-15　　单位：元／人

年份	生活消费支出	其中							
		食品	衣着	居住	家庭设备用品	交通和通信	文教娱乐	医疗保健	其他
1997	1070	637	80	118	41	23	113	44	13
1998	1075	624	81	104	51	26	130	43	16
1999	1095	577	79	120	61	43	143	48	22
2000	1113	534	87	155	53	36	155	63	30
2001	1492	648	92	266	83	104	177	62	59

续表 35-15

年份	生活消费支出	其中							
		食品	衣着	居住	家庭设备用品	交通和通信	文教娱乐	医疗保健	其他
2002	1575	721	89	203	72	100	174	70	146
2003	1561	567	95	174	62	234	192	209	28
2004	1711	697	99	354	73	154	219	81	35
2005	2168	795	128	503	100	218	280	105	40
2006	2392	912	156	453	116	312	275	131	38
2007	2633	1041	170	436	137	333	322	149	45
2008	2942	1147	183	567	186	317	333	156	54
2009	3169	1206	202	523	275	334	375	198	54
2010	3542	1418	235	539	318	377	389	204	63
2011	4553	1724	277	954	354	481	351	333	80
2012	5190	1926	340	1072	339	566	408	453	86
2013	5623	2054	365	918	357	824	449	530	126
2014	6326	2295	397	1089	372	880	499	652	142
2015	7573	2341	436	1559	469	905	890	809	164

食品消费。1997 年，聊城地区农民饮食消费以粮食、蔬菜为主，肉类、酒类消费主要集中在节日期间。随着生活水平的提高，农民家庭食品消费支出逐渐增加。2015 年，全市农民食品消费支出 2341 元，比 1997 年的 637 元增加 1704 元。家庭饮食结构和饮食习惯也有明显升级，一日三餐的鸡蛋、肉类、牛奶消费支出越来越多。2004 年，肉禽蛋奶等制品人均年支出 115.93 元；2014 年，同类制品人均年支出为 555.62 元；2015 年，肉禽制品年人均消费 17.2 千克、水产品年人均 3.2 千克、蛋类年人均 15.8 千克、奶类年人均 8.7 千克。排除统计口径和物价变化，肉禽蛋奶制品消费支出有增无减。农民在外就餐的次数不断增多，2004 年农村居民人均在外饮食支出 58.89 元，2014 年同类支出增加至 337.75 元，增加 278.86 元。2015 年，农村居民日常外出饮食有明显增多，逢年过节进酒店吃团圆饭的现象屡见不鲜。

衣着消费。1997 年后，聊城农村居民衣着消费不断增加。随着农村居民生活水平的提高，城乡交流的日益增多，聊城市农村居民的衣着消费更加追求时尚，质量和档次不断提高。农村市场上随处可见款式时尚的各类服装、鞋帽，能满足婴幼、青少年、中老年等各类人群的需求，能满足经济条件不同的各类群体的需求。部分富裕的农村居民拥有的高档服装数量也逐年增加，如品牌高档的皮草服装、羽绒服、羊毛衫、运动装、皮鞋等。2015 年，全市农村居民衣着消费支出 436 元，比 1997 年增加 356 元。

住房消费。1997 年后，聊城市（地区）农村居民住房条件在逐渐改善，住房质量明显提高。1997 年，农村居民人均住房面积 25.09 平方米;2015 年，增加到 46.75 平方米。20 世纪末，聊城市农村居民居住的主要是砖木结构的简易平房，普遍用红色砖作为墙体，用椽梁苇箔和瓦作顶，平房、瓦房都比较普遍；住房普遍无集中供水、供暖。21 世纪后，随着建筑材料的普及，农村居民越来越多地采用钢筋混凝土结构、砖混结构，大多数用红砖作墙体，外抹一层水泥保护层或粘贴彩色瓷砖，房顶多用水泥板等材料，部分富裕的农民开始建设二层或三层小楼，也有部分农村开始注重房屋的美观，或用仿古青砖，或在屋檐处进行装饰等。农村居民在房屋装修上的消费支出也在逐步提升。2014年，装修生活用房年人均支出51.72元，比2007年的4.63元有了明显提升。装潢所用材料档次不断提高，部分富裕农村居民家庭装修不亚于城市居民。农村居民对生活环境、居住环境的要求越来越高，生活用房内部设备齐全、室内装饰讲究、家用电器时尚等都已成为农民最现实的目标。

1997—2015年聊城农村居民人均住房面积统计表

表35-16　　单位：平方米

年份	住房面积	年份	住房面积	年份	住房面积
1997	25.09	2004	28.35	2011	36.74
1998	26.62	2005	33.23	2012	38.91
1999	26.14	2006	33.80	2013	39.92
2000	25.32	2007	35.18	2014	45.42
2001	26.2	2008	35.77	2015	46.75
2002	28.35	2009	36.63		
2003	27.45	2010	35.96		

耐用消费品消费。1997年后，聊城市（地区）农村居民随着家庭收入的增加，逐步增加耐用消费品，从最初的电风扇、黑白电视机、固定电话等品种，逐步向中高档品质发展。随着家用电器更新换代步伐加快，各类家用电器的消费支出已经成为农村家庭设备、用品及服务支出快速增长的主要动力，农村家庭中高档生活用品拥有量稳步增加。液晶彩电逐步在农村畅销，洗衣机、冰箱逐步向高档化转变，节能产品倍受农民家庭的青睐。2015年，是农村家庭主要耐用消费品迅速增多时间节点，彩色电视机、洗衣机、电冰箱、热水器、空调迅速增多，每百户家用拥有量从2014年的35台、29台、26台、16台、9台迅速增至114台、93台、93台、70台、48台；家用计算机、生活用汽车等高科技耐用消费品逐步进入农家。家用电脑在农村占领市场，全市农村居民每百户拥有计算机数从2014年的9台增至33台。

1997—2015年部分年份聊城市农村居民人均家庭耐用品拥有量情况表

表35-17

项目	单位	年份						
		1997	1998	2004	2007	2010	2014	2015
自行车	辆	—	—	0.50	0.54	0.49	0.34	—
摩托车	辆	0.02	0.04	0.10	0.12	0.12	0.13	0.44
助力车	辆	—	—	—	0.18	0.24	0.22	—
家用汽车	辆	—	—	—	—	0.01	0.02	0.21
电风扇	台	0.30	0.32	0.43	—	—	—	—
洗衣机	台	—	—	0.07	0.18	0.20	0.29	0.93
电冰箱	台	—	—	0.01	0.07	0.12	0.26	0.93
黑白电视机	台	0.21	0.21	0.11	0.03	0.01	—	—
彩色电视机	台	0.03	0.04	0.18	0.28	0.27	0.35	1.14

续表 35-17

项目	单位	年份						
		1997	1998	2004	2007	2010	2014	2015
家用电脑	台	—	—	0.01	0.01	0.03	0.09	0.33
组合音响	套	—	—	0.01	—	—	—	—
收录机	台	—	—	0.03	—	—	—	—
影碟机	台	—	—	0.08	0.14	0.11	—	—
摄像机	架	—	—	—	—	—	—	—
照相机	架	—	—	0.01	0.01	0.01	—	0.02
微波炉	台	—	—	—	0.01	0.02	0.03	—
抽油烟机	台	—	—	—	—	0.01	—	—
空调器	台	—	—	—	0.01	0.03	0.09	0.48
热水器	台	—	—	0.01	0.04	0.09	0.16	0.70
寻呼机	台	—	—	0.01	—	—	—	—
固定电话	部	—	—	0.18	0.19	0.12	0.07	0.20
移动电话	部	—	—	0.04	0.27	0.36	0.60	2.03
接入互联网移动电话	部	—	—	—	0.03	0.04	0.14	0.63
接入有线电视电视机	台	—	—	—	0.13	0.18	0.22	—
接入互联网计算机	台	—	—	—	—	0.02	0.03	0.27

交通通信消费。1997 年后，随着全区（市）农村经济社会的快速发展，城乡一体化的持续推进，农村道路状况、交通设施和通信设备不断改善，促进了农村居民交通通信工具更新换代，交通通讯消费水平显著提高。20 世纪末，农村家庭的交通工具主要是自行车。2007 年前后，自行车拥有量基本达到最高点。此后，摩托车和电动自行车、电动三轮车等助力车迅速进入农村家庭，逐渐代替自行车成为主要交通工具。家用汽车消费处于显著上升期，在农村迅速打开市场。全市农村居民每百户拥有汽车数量从 2014 年的 2 辆增至 2015 年 21 辆。2005 年前后，手机开始进入农村市场。2007 年，农村居民每百户家庭拥有手机 93 部，2014 年增至 60 部，2015 年迅速增至 203 部，手机消费接近饱和，更新换代频率加快。随着农村信息化的快速发展，电脑和智能手机得越来越普及，农村通信设施改善，农民对外联络能力增强，农村物流快递破解难题及时跟进，在乡镇驻地、工业园区等地方设置了服务网点，全市农民开始乐享“互联网 +”红利，网络购物渐成部分农民的消费新方式。

医疗保健消费。1997 年后，随着农村居民收入的不断增加，新型农村合作医疗制度的完善，聊城市农村居民“小病拖，大病扛，实在不行才往医院抬”的现象明显减少。农村医疗体系逐渐完善，就医看病场所增多，除市、县级医院外，农村居民可就近到乡镇医院享受医疗服务。随着社会医疗保障体系的建立和完善，居民对健康重视程度提高，自我保健意识的不断增强。日常保健、定期体检、加强锻炼渐成时尚，“花钱买健康”已被越来越多的人所认同，对医疗器具、滋补保健品的需求也不断增加。2015 年，人均医疗保健支出 809 元，比 1997 年的 44 元增加 765 元。

教育文化娱乐消费。1997 年后，聊城不断加大对教育文化事业的投入力度，有效治理教育乱收费现象，并且认真落实农村义务教育学杂费减免政策，农村居民家庭子女教育方面的经济负担逐渐减轻，人均教育文化类支出及其所占当年生活消费性支出的比例均呈逐年下降趋势。2004年，聊城市农村居民人均教育服务消费支出178.38元，其中学杂费165.42元。2013年，农村居民人均教育服务消费支出167.12元，其中学杂费113.31元。2014年，农村家庭教育服务消费支出为220.99元。在义务教育费用减免的同时，农村家庭越来越注重子女其他才能的培训，越来越多的农村儿童走进各类音乐、美术、舞蹈、书法以及各类学习培训班。

第三章　老龄事业

第一节　人口老龄化状况

1997年，聊城地区60周岁以上老年人口54万人，占总人口的10%，标志着聊城从此开始步入老龄化社会。此后，全市老年人口总数每年以3%左右的速度增长。2000年，全市60周岁以上老年人口59万人，占总人口的10.8%；2005年，全市60周岁以上老年人口64万人，占总人口的11.4%；2010年，全市60周岁以上老年人口87万人，占总人口的14.5%。至2015年年底，全市60周岁岁以上老年人口106.5万人，占全市人口的17.1%；65周岁以上老年人口数70余万人，占全市人口的11.2%，人口老龄化形势日益严峻。

2015年聊城市老年人口年龄结构状况表

表35-18　　单位：人

县（市、区）	总人口	60周岁以上	65周岁以上	70周岁以上	80周岁以上	90周岁以上	100周岁以上
东昌府区	1231119	195384	129992	81834	28432	3674	49
临清市	802183	131479	83680	49325	14504	1450	16
冠县	853186	135036	86226	51476	18102	2040	28
莘县	1053682	174316	115628	57295	25222	3694	59
阳谷县	813538	146832	96847	57295	20139	2785	47
东阿县	404177	79280	54400	33398	12185	1859	23
茌平县	559231	102690	69293	42996	15522	1934	21
高唐县	506249	99589	64041	38349	11817	1130	12
全市	6223365	1064606	700107	411968	145923	18566	255

说明：东昌府区一栏包含经济开发区、高新区和度假区人口数

2005—2015年聊城市百岁老人统计表

表35-19　　单位：人

年份	2005	2006	2007	2008	2009	2010	2011	2012	2013	2014	2015
人数	76	119	128	145	191	138	238	243	252	267	255

第二节 老年人供养

一、社会养老服务

随着人口老龄化进程的加快、家庭规模的缩小和社会的快速转型，老年人特别是高龄、失能老年人的照料、康复护理服务需求迅速提高。在国家政策推动下，聊城市养老机构迅速发展，政策制度不断完善，投资主体日益多元，数量规模发展迅速，服务类型更加多样，服务设施不断完善，人员队伍逐渐发展。21世纪初，民营资本开始进入社会养老服务领域，兴建民办养老机构。聊城市相继制定多项意见，要求按照政策引导、政府扶持、社会兴办、市场推动的原则，推进养老服务体系建设。至2015年年底，全市初步形成以居家养老为基础、社区服务为依托、机构养老为补充的养老服务体系，全市共有各类养老机构95个，涵盖福利院、敬老院、老年公寓等多种类型，养老床位2.14万张，收养各类老年人1.55万人；日间照料功能的社区服务中心100余个、农村幸福院400余个。另外，老年文化活动场所基本普及，建成各类老年活动中心、室、站3600余个，老年学校（老年大学）超过30所。各级政府对养老服务机构建设进行经济补贴和政策支持。

敬老院 20世纪90年代中期，全区有敬老院162处，实现每个乡镇有敬老院的目标。2005年9月，市政府提出“统一规划，适当集中建设，节约投资，规模化发展，建设中心敬老院”的要求，确定利用3年时间，通过新建或改建方式建设区域性中心敬老院，提高五保对象集中供养率。是年，全市农村“五保”对象23301人，集中供养3168人，集中供养率13.6%。2008年，全市建成中心敬老院43处，在建中心敬老院17处，五保对象集中供养率70%以上。2015年年底，全市有敬老院53处，有床位14720张，供养“五保”老人9748人。

2009年，聊城市社会福利院活动

社会福利院 福利院是由民政局主管的综合性、公益性社会福利服务机构，主要承担城市人口中“三无”人员（无劳动能力、无生活来源、无法定赡养人（扶养人）或其赡养人（扶养人）无赡养（扶养）能力）和孤老、孤残、优抚对象的收养任务。至2015年年底，全市建成社会福利院2家（聊城市社会福利院和东昌府区爱心福利院），开放床位630张，收住老年人356人。

聊城市社会福利院。成立于1956年2月，即救济院。1980年，救济院迁入聊城市鲁化路23号（现更改为56号），更名为聊城地区社会福利院，设床位40张。1998年7月，更名为聊城市社会福利院。2009年，聊城市社会福利院分院暨光荣院开业启用，开放床位109张。2013年10月，改建扩建。至2015年年底，市社会福利院共建成床位500张（含分院），收住老年人230人。

东昌府区爱心福利院。2009年，东昌府区爱心福利院建成使用，全院占地面积约6.67万平方米，建筑面积2万平方米。承担东昌府区古楼、新区、柳园、阎寺等办事处五保对象、三无人员的养老等工作。至2015年年底，东昌府区爱心福利院建成床位130张，收住老年人126人。

老年公寓 老年公寓是市场化养老服务机构，由政府部门或社会力量投资兴建。老年公寓向入住老年人收取一定费用，提供住宿、膳食、娱乐休闲等。聊城市公办老年公寓有3处：聊城祥鹤医养中心（原聊城市红十字老年护理院）、临清颐乐老年公寓、冠县颐乐居老年公寓。

聊城祥鹤医养中心原称聊城市红十字老年护理院。1998年，聊城市红十字老年护理院成立，占地面积6.8亩，注册资金360万元，开放床位108张，年收治病人1500余人次，是一家集医疗、护理、康复、保健、心理康复、急救、居住于一体的多功能公益性老年卫生服务机构。2013年，聊城市红十字老年护理院更名为聊城祥鹤医养中心，业务用房面积4330平方米，开放床位138张。2015年年底，设计床位416张的医养中心大楼建设项目主体工程基本完成。

2000年6月，全市第一家民营股份制老年公寓——聊城市幸福老年公寓营业，设单人居室、双人居室、餐厅、电视厅、多功能娱乐厅、健身广场、阅报室等。是年，经聊城市民政局批准为社会福利机构。2002年，被市民政局确定为"星光老年之家"，列入政府星光计划。2005年，被山东省民政厅确定为首批省级养老服务社会化示范活动试点单位。2009年，聊城市鸿福老年公寓投入运营，占地面积22亩，建设面积2.6万平方米，设计床位500张，分为居住区、文化娱乐区、生活服务区、康复医疗区等4个区域，设有单人间、标准间、三人间和套房，室内设施齐全，服务功能完备，是一所集居住、生活、娱乐、医疗、康复保健等多种功能于一体的养老机构，运营状况较好。

2010年，印发《关于市财政对养老服务机构扶持的意见》，市级财政列预算资金20万元，对全市民办养老服务机构择优扶持，提高养老服务机构规范化程度和服务水平。此后，市财政连年对民办养老服务机构给予扶持。2010年，印发《关于规划建设农村老年公寓的实施意见》，要求在新农村建设中规划老年人活动和养老场所建设用地，推动农村养老服务事业发展。2013年2月，市政府制定《关于加快社会养老服务体系建设的意见》，提出"十二五"期间全市新增养老床位1.2万张，实现每千名老年人拥有养老床位30张的目标，制定社会养老服务机构新（扩）建和改造、日间照料中心建设、养老服务信息平台建设等奖补政策，鼓励各类医院建设专业化的养老服务机构。2014年，市政府决定对新建养老服务机构，在省级资金一次性补助的基础上，市级再配套每张床位3500元。至2015年年底，聊城市有老年公寓38处，其中公办3处，民办35处，拥有床位6381张，入住老年人3444人。

二、居家养老服务

农村幸福院　是由村民委员会主办和管理，立足于日间休息、休闲娱乐等综合性日间照料服务的公益性活动场所。2010年后，聊城市按照"村级主办、互助服务、群众参与、政府支持"的原则，由村集体采取扩建、改建、租赁现有房屋或新建等多种形式建设，村集体提供水、电、暖等必要的生活服务设施，为年满60周岁有需求的老年人提供服务。2013年11月，全市农村幸福院建设现场会在茌平举行。茌平县贾寨镇耿店村农村幸福院是全市建设较早的一家农村幸福院，2011年9月，动工建设，2013年4月，投入使用，总投资110万元，幸福院可容纳50余位老年人居住，为入住老年人提供生活照料、精神慰藉、休闲娱乐健身等服务。2014年5月，阳谷县阎楼镇辛庄村幸福院投入使用。设房间22个，床位40张，餐厅、娱乐室、浴室等配套设施齐全，为65岁以上孤寡老人、一级残疾能自理、计划生育双女户、特困户老人服务，免费食宿。至2015年年底，全市建成农村幸福院401处。

老年人日间照料中心　是指为社区内生活不能完全自理、日常生活需要一定照料的半失能老年人提供膳食供应、个人照顾、保健康复、休闲娱乐等日间托养服务的设施。2012年，冠县清泉街道东三里社区、高唐县鱼丘湖街道蓝山社区老年人日间照料中心率先建成使用。高唐县鱼丘湖街道蓝山社区投入10余万元建成"老年人日间照料中心"，设有厨房、餐厅、休息室、娱乐室、电子阅览室、电脑培训室、多功能会议室、心理疏导室等，可为高龄老人、空巢老人、残病老人、优抚老人、低保和低收入老人等提供膳食供应、精神慰藉、休闲娱乐等日间托养服务，实现“白天入托接受照顾参与活动、晚上回家享受家庭生活”的养老方式。至2015年年底，全市建成老年人日间照料中心136个。

社会养老服务信息平台　2014年4月1日，聊城市社会养老服务信息中心正式启动。社会养老服务信息中心以老年人信息数据库为基础，以社区为依托，以“12349”服务热线和老年救助终端为纽带，整合社会各类服务资源，在日常照料、家政服务、精神慰藉、康复护理、紧急救助等方面全天候为老年人提供优质服务，构建“没有围墙的养老院”，切实帮助老年人及家庭解决困难，使老年人安心、舒心，让子女放心、省心。

三、文化活动场所设施

老年人综合活动中心创办于1994年7月，由离休干部、20世纪50年代全国劳动模范、原农业银行博平镇办事处主任张天虎自筹资金在茌平县博平镇创办成立，设有阅览室、活动室等。该中心是聊城地区首家老年人文体活动场所。

2006年，茌平市、东阿县、临清市、开发区等县（市、区）把农村老年活动基地建设纳入新农村建设整体规划，新建、改建一批标准较高的农村老年活动基地。茌平县振兴街道焦庄村、何洋村，东阿县南关村、王海村，临清市大桥村，开发区武楼村等建成标准较高的老年文化大院，为老年人学习、娱乐提供良好的活动平台。2013年5月，在临清市召开全市村（居）老年活动场所建设现场会。2015年，在市民文化活动中心建设市老年人活动中心，使用面积1200平方米。

至2015年，全市各级向村（居）老年活动场所投入6000余万元，建设了多层次老年人活动场所，在城市社区、居民小区建设全民健身场所260处，完善提升文体活动中心969个，增加体育场地器材面积52000平方米，健身器材2460余件，实现城市社区15分钟健身圈的全覆盖。

第三节　老年人社会保障

一、老年人社会保险

改革开放后，聊城在养老保险制度的运行机制、制度模式方面进行了较深层次的探索。

进入新世纪后，全市初步构建起以企业职工养老保险、机关事业单位养老保险、城乡居民养老保险为主体框架的养老保险制度体系，基本解决了“老有所养”的问题。随着经济社会发展，聊城市又建立高龄津贴和贫困老人生活补贴制度，并积极引入商业保险强化老年保障，社会养老保障体系日益健全。

基本养老保险制度　聊城根据经济发展水平，不断提高离退休人员待遇。1997—2015年，机关事业单位离退休人员养老保险待遇随在职人员按比例调整，按时足额拨付。2005—2015年，连续11年上调企业离退休、退职人员基本养老金，提高离退休职工的生活质量和幸福指数。

城乡居民养老保险制度　1992年，聊城市（地区）开展农保工作，有重点地将农村养老保险的工作重点逐步转移到富裕村、富裕户、农村干部、应征入伍青年和计生对象等特定群体上来，稳步推进农村养老保险工作。2009年12月，聊城市首批新型农村社会养老保险（以下简称新农保）试点在东昌府区启动。2010年10月，国家第二批新农保试点县茌平县、开发区相继启动。至年底，参保农民资金28万元，积累基金0.75亿元，6223名参保农民开始领取养老金，人均月领取30元。2011年，城乡居民养老保险合并实施。是年7月，聊城市除东昌府区、茌平县、开发区以外的其他县（市）也被确定为国家新农保试点县（市），城镇居民社会养老保险同步试点，比全国提前一年实现全覆盖。自2012年10月1日起，基础养老金连续4年上调，由每人每月55元提高到2015年的每人每月85元。

多层次医疗保障体系　1997—2015年，聊城市（地区）构建起以城镇职工医保、城镇居民医保、新农合为基础，以大额救助、补充医疗保险、公务员医疗补助和离休干部医疗保障为补充的多层次医疗保障体系，切实维护老年人的医疗保障权益。2007 年，新农合试点工作在全市铺开，参合农民享受实惠，其中农村 70 岁及以上老年人享受优待政策。

二、老年人社会救助

农村“五保”供养　2002 年，聊城市颁布的《聊城市五保供养工作暂行办法》规定：“五保的供给标准（不含敬老院工作人员和分散五保护理人员的报酬），应略高于当地人均收入的水平，而且随着群众生活水平的提高，供给标准也要相应提高。”2004 年，全市农民人均收入 3066 元，五保户集中供养和分散供养年人均水平分别是 1606 元和 436 元，占当年农民人均收入的 52% 和 14%。自 2004 年后，聊城市五保户供养资金逐年提高。

2004—2015 年部分年份聊城市农村五保老人供养标准表

表 35-20　　单位：元／人·年

标准＼年份	2004	2006	2009	2011	2012	2014	2015
集中供养标准	1606	2000	2400	2600	3600	4800	5000
分散供养标准	436	1200	1400	1800	2520	3360	3500

低保老年人高龄津贴　2013 年 10 月起，对全市低保老年人发放高龄津贴。80 ～ 89 岁低保老年人每人每月 100 元，90—99 岁低保老年人每人每月 200 元。

三、老年人社会福利

高龄老人生活补助　1998 年，聊城市制定优待老年人的具体办法，规定百岁老人每人每月享受 100 元的生活补助。2003 年 1 月起，由户籍所在县（市、区）财政对百岁老人每人每月发放 100 元长寿补贴；2006 年起，省级财政对百岁老人每人每月增发 100 元长寿补贴。2008 年 1 月 1 日起，市财政为百岁老人每人每月增发 60 元长寿补贴，至此，百岁老人每人每月可以领取省、市、县三级补助共 260 元。2012 年，百岁老人长寿补贴省级补助资金由每人每月 100 元增至 200 元。是年 11 月，百岁老人长寿补贴市级补助由 60 元提高到 100 元，百岁老人每人每月可领取省、市、县三级补助资金共计 400 元。

2009 年，茌平县对 90—99 周岁老人每人每月发放 50 元生活补贴金；莘县在对 95—99 岁高龄老人每人每年发放 360 元生活补助金。2011 年，制定《聊城市直机关 90 周岁以上老年人高龄补贴发放管理办法（暂行）》，自 2011 年 1 月 1 日起，对市直机关 90—99 岁老年人每人每月发放 50 元高龄津贴。2012 年 11 月 1 日，市直 90—99 岁老人高龄补贴由 50 元提高到 100 元。2013 年，全市 90—99 岁老人高龄补贴实现全覆盖。自 2015 年 1 月 1 日起，将高龄补贴范围扩大到 80 岁以上老年人，全市 80—89 岁老年人每人每月发放 30 元高龄补贴。

计划生育奖励扶助　2005 年，全市共有 85 个乡（镇、街道）落实农村计划生育家庭奖励扶助制度，对于农村计划生育独子或双女户老年家庭每人每年给予 600 元奖励扶助，占乡（镇、街道）总数的 64.4%。2006 年，全面推行农村部分计划生育家庭奖励扶助制度；2011 年，上调奖励扶助标准，每人每年给予 720 元奖励扶助；2013 年，再次上调奖励扶助标准，每人每年给予 960 元奖励扶助。

四、老年人商业保险

2009 年，为提高老年人的抗风险能力，聊城市老龄办与中国人寿聊城分公司联合实施“银龄安康工程”，即推广以“老年人意外伤害组合保险”为内容的老年人意外伤害保障工程。老年人每年交 10 元保费，获得最高 8000 元保障。除老年人自己投保外，动员党政机关、企事业单位、集体组织及社会各界，为老年人赠送意外伤害险。在全市提出“献 10 元爱心，做 8000 元善事”的口号。2009 年 6 月 23 日，在高唐县召开实施“银龄安康工程”现场经验交流会，明确责任分工、细化目标任务、强化保障措施，有效地推动银龄安康工程的开展。2009—2015 年，省级财政专项公益金出资 88.5 万元为贫困老年人赠送意外伤害保险，带动地方各级、企业、个人慷慨解囊，捐资赠保向老人献爱心，推动银龄安康工程。至 2015 年，全市老年人共有 120 万余人次参加意外伤害组合险，投保总额 2300 余万元；赔付案例 5639 件，赔付总额 1280 余万元。

第四节　老年人优待

一、老年人优待政策

20 世纪 90 年代后，聊城市制定一系列惠老政策，不断提高老年人优待水平，增进老年人福祉。1998 年 3 月，聊城市印发《关于贯彻落实〈山东省老年人优待规定〉的实施意见》，规定：老年人使用收费公厕一律免费；70 岁以上老年人免费乘坐市内公共汽车，到各医院、卫生所、门诊部就诊可免费挂号、优先就诊；百岁以上老年人每人每月享受 100 元长寿补贴。1999 年 5 月，全市免除农村 70 岁以上老年人的村提留、乡统筹费。2000 年，聊城市 70 周岁及以上老年人可免费乘坐市内的 6、7 路公交车和更新车辆后的 1、2、3、4、5 路公交车。2001 年，全市认真执行筹资酬劳减免政策，村“五保户”和年过 70 岁以上的老人不再担负出资出劳的义务。2002 年，全市对 70 岁以上老年人免征新增农业税及附加照顾。2003 年，聊城市政府就老年人承担社会集资、就医、旅游参观、体育场所活动、乘坐公交车辆、使用公厕、百岁老人长寿补贴、老年优待证发放范围等问题作明确规定，其中明确 65 岁以上老年人可半价乘坐市内公交车，70 岁以上老年人可以免费乘坐公交车。严格执行农业税减免政策，对 70 岁以上老人一律实行税前减免。是年，全市共免除农村老年人出资出劳人数 43.6 万人、总金额 1451.8 万元，免除农村 70 岁以上老年人新增农业税及附加总金额 1761.8 万元，免除老年人乡村公益事业金 131.7 万元。2006 年 9 月，免除 70 岁及以上老年人个人交纳的每人每年 10 元钱的参加新农合的基金。是年，全市试点县（市、区）共免除 70 岁及以上老年人参合基金 138.72 万元。2012 年，市政府规定尚未参加城镇居民医疗保险和新型农村合作医疗的老年人，在政府兴办和支持的县级以上医疗机构就医，减免不低于 20% 的治疗、检查、住院普通床位等费用；全市公共交通对 65 周岁以上老年人实行半价优惠、70 周岁以上老年人免费，逐步实现 65 周岁以上老年人乘车免费；政府兴办和支持的供水、供电、供暖、燃气等公用事业经营单位，有线（数字）电视经营单位，博物馆、图书馆、美术馆、科技馆、展览馆、纪念馆等文化场所，公共体育健身场（馆），收费公园，旅游景点，法律服务机构等对不同年龄段的老人实行减免收费制。2014 年 12 月，市政府规定 65 周岁以上老年人免费、不满 65 周岁的老年人免费或半价乘坐市内公共交通工具；老年人免费进入公共文化体育场所；具有聊城市户籍的 80—

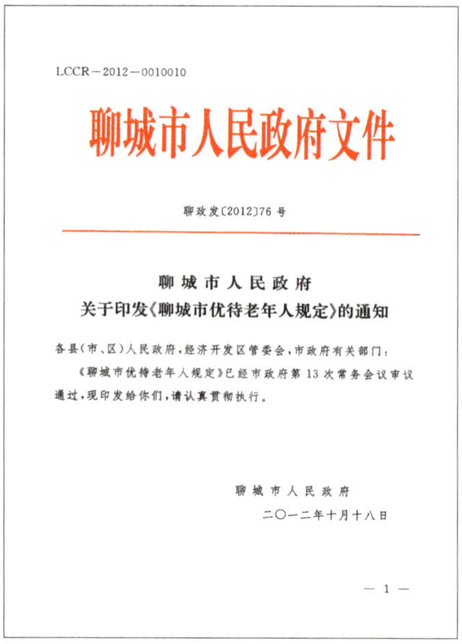
LCCR－2012－0010010

聊城市人民政府文件

聊政发〔2012〕76 号

聊城市人民政府
关于印发《聊城市优待老年人规定》的通知

各县（市、区）人民政府，经济开发区管委会，市政府有关部门：

《聊城市优待老年人规定》已经市政府第 13 次常务会议审议通过，现印发给你们，请认真贯彻执行。

聊城市人民政府

二〇一二年十月十八日

— 1 —

2012 年，市政府印发《聊城市优待老年人规定》

89 周岁老年人，每人每月发放 30 元高龄补贴。

二、敬老活动

1997 年后，（地）市委、市政府每年重阳节均下发通知，安排部署全市各级开展敬老活动。

1999 年，市委、市政府以“爱心献老人、真情暖人心”为主题，开展以“五送两包”（即送水、送粮、送煤、送医、送日用品和包干家务、包清扫环境卫生）为基本内容的助老活动，在全市形成 1500 个尊老敬老“一助一”的对子。2004 年，市委、市政府举办“开发式助老扶贫活动”，让有能力的青年带头人和致富女能手与有致富愿望的低龄健康贫困老人结对，帮扶他们尽快脱贫。是年，临清先锋街道大桥村 60 岁以上老年人在原来每月 30 元补助金的基础上又增加 10 元。茌平县慰问百岁老人、特困老人、孤寡老人、敬老院老人，发放慰问金 3 万余元。东阿县为重阳节活动发放补贴金及各种礼品费 50 余万元。高唐县委、县政府为城区内失地农民设立失地养老保险，解除失地人员的后顾之忧，并开展了针对老年人的小灵通优惠活动。2006 年 10 月，市委、市政府举办以“关爱老人健康，共建和谐社会”为主题的广场社区“九九”老人健康大型义诊活动，向千余名老人捐赠药品和健康科普书籍。2010 年，市老龄办、市妇联组织开展“五个一”敬老活动，提倡子女给老人“添一件新衣、做一顿可口的饭菜、做一次健康体检、进行一次情感交流、开展一次户外活动”。2012 年，聊城市鼓励社会各方面力量利用各种资源为老年人生活、医疗、康复、健身、娱乐等提供捐助、资助和优待。2015 年，聊城市水滴善行会走进鲁西老年养护院和沙镇镇中心敬老院，为老人送上礼物；聊城市传统文化研究会、聊城市国学促进会在茌平县韩屯镇张庄村道德讲堂举办“孝心饺子宴”志愿服务活动。

第五节　老年人合法权益维护

1997 年 10 月，聊城市将《中华人民共和国老年人权益保障法》纳入“三五”普法内容。1998 年 11 月，市老年法执法协调小组成立，负责研究处理老年法执法中出现的问题，监察有关部门老年人权益保障工作；市老龄办成立老年人权益保障科，协调解决侵害老年人权益的事件，受理老年人投诉、举报。1999 年 12 月，市委、市政府印发《关于做好老年人法律援助工作的意见》，强调重视和加强老年人法律援助工作，建立老年人法律援助联络机构。市、区老龄部门配合司法部门对东昌府区新区街道赵方平老人赡养案件进行公开审理，山东电视台进行跟踪报道，在社会上引起强烈反响。2002 年 6 月，市老龄办先后到东昌府区、茌平县和高唐县的 6 个乡镇、6 个村庄，对贯彻落实老年法规情况进行全面调查，并撰写《关于部分县区老年法规贯彻落实情况的调查》报告，提出进一步加强对老龄工作的领导、加大对老龄事业的投入、加大老龄宣传力度、加强基层老龄组织建设等 4 项对策建议，获市委主要领导批示。2010 年，市中级法院制定《关于审理涉及老年人权益案件问题的有关规定》，对城市“三无”老人、农村“五保”老人、农村 70 岁及以上老年人和其他城乡困难

2013 年 6 月 6 日，聊城市举办老年法主题宣传活动

老人参加诉讼，全市两级法院一律免交诉讼费，对于涉及赡养、抚养等案件，依照司法救助的相关规定，实行“减、缓、免”制度。2013年6月，举办老年法主题宣传日活动，向市民宣传老年法律法规知识。举行全市老年法律法规知识竞赛，在电视台播出后收到良好的普法宣传效果。2015年，开展全省首批老年人公益维权服务示范站创建活动，冠县人民法院等8个单位被命名为“山东省老年人公益维权服务示范站”，带动了全市老年维权工作。

2009—2015年聊城市老年维权优待情况统计表

表35-21

年份	侵害老年人权益立案数（件）	侵害老年人权益审结数（件）	获司法救助老年人数（人）	减免诉讼费（元）	获法律援助老年人数（人）	减免律师费（元）
2009	89	88	106	43362	227	28070
2010	147	147	193	70430	437	800000
2011	126	126	167	13360	668	668000
2012	113	107	129	51630	676	364465
2013	45	45	174	13140	990	40870
2014	77	74	239	41986	367	133325
2015	106	84	104	43346	331	121625

第六节　老年人社会参与

一、老年团体

聊城市高度重视老年团体的组织建设工作，先后成立老年体协、老年书画研究会、老科技工作者协会、老摄影家协会、健康协会、村居老年协会等老年人协会组织，聚集近万名老专家、老学者、老干部、老教师、老模范等，组织引导广大老年人，充分发挥自身优势，在维护稳定、志愿服务、社区共建、宣传教育等多领域多方参与，做出积极贡献。

聊城市老年书画研究会　1989年，成立。2007年，举办“庆七一书画展”“纪念抗日战争胜利62周年书画展”“学习宣传十七大精神百名古稀老人书画展”。2011年，举办庆祝中国共产党成立90周年“和谐杯”书画提名展，展出作品230余幅。2015年，与其他部门联办纪念抗战胜利70周年书画展共20余次，展出作品3000余幅。据不完全统计，至2015年年底，该研究会举办、承办、联办大型书画展72次，展出作品8400余幅，同时出版书画集22部，印发图书32000余册。

聊城市老摄影家协会　1998年，成立。2007年，该协会承办“庆祝聊城解放六十周年摄影展览”，展出版面142块，图片800余幅。2008年8月，组织举办“百岁老人　千年古树”大型摄影图片展，展出近百位百岁老人幸福晚年生活纪实。2009年10月，组织举办“聊城市辉煌成就图片展览”，展出图片500余幅。2011年6月29日至7月8日，举办“光辉历程　巨大成就——庆祝中国共产党成立九十周年大型图片展”，收录128个先进典型，采用图片1600余幅，回顾中共聊城党组织走过的不平凡历程，展现改革开放取得的巨大成就。2012年10月，组织举办庆祝中共十八大胜利召开“共产党荣耀辉煌”大型摄影图片展览，采用照片811幅。2013年4月8日，承办“聊城革命老区图片展览”，设置展板146块，展出聊城军民英勇抗战及英烈照片500余幅。2015年，承办山东省老摄影家协会第十四届摄影作品展览，共展出摄影作品378幅。

聊城市老科技工作者协会　2001年成立。2006年，实施“卫生支农”和“夕阳红营养健康行动计划”，免费义诊、健康咨询，向城乡老年人发放《大众科普手册》等科普资料2万余册。2007年，组织有关专家编写《节能与环保科普知识手册》。2008年，编写《综合除法和余式定理》《不定方程的整数解》《简单的抽屉原理》等教学参考资料，编印《为水呐喊》科普读本，编纂《改革开放三十年聊城卫生系统成就大型摄影画册》。2010年，组织实施“科技助农致富”工程，举办技术培训班80期，举行科普报告会60场，开展科技咨询服务1000余人次。2010年，农业专业委员会主任刘湘书被中国老科协评为“全国优秀离退休科技工作者”。2012年，开展“卫生科普报告城乡行”活动，实施卫生健康服务工程，组织老医务专家举办健康科普讲座32场次，受益群众5000余人。

聊城市老龄委晚晴联谊社暨报道站　2009年成立。至2015年，共编发《晚晴苑》87期，编办《宣传栏》21期，编辑出版《晚晴文集》7卷，100余万字。

聊城市“水城银龄”老年志愿者服务队　2014年6月，组建。主要负责组织老年志愿者积极参与环境卫生整治、水环境保护等志愿活动，至2015年年底，登记在册的老年志愿者250余人。

二、文体活动

1997年后，组织老年体协、体委等相关部门，多次组织老年人群体开展太极、秧歌、歌舞、健身气功、门球、书画、摄影、钓鱼等体育表演、比赛活动。2002年，聊城市代表队参加山东省首届老年文艺体育电视大赛，参赛的4个节目分获最佳演出奖1个、演出奖2个、体育类三等奖1个。2003年10月，聊城市代表队参加山东省老年文艺会演，分获最佳演出奖、优秀演出奖、演出奖。2004年，主办“重阳未了情”暨庆祝“九九”老人节文艺晚会。2006年6月，市群艺合唱团参加文化部举办的“夕阳秀”华夏中老年（合唱）赛，参赛歌曲《军民一家亲》《瓦西里的故事》获一等奖。2010年，市老龄委办公室、老年体协、京剧院联合组织专场文体展演8场，2000余位老年人参演，15000余位老年人观看了演出。2013年，聊城市百余位老人参加第二届山东省老年书法美术大赛，18幅作品获奖；在第一届山东省老龄主题摄影大赛中，3幅作品分获二、三等奖和优秀奖；在第二届全省银龄风采艺术节中，分获舞蹈类、戏曲类二等奖。2014年9月，聊城市举办“欢度国庆节　喜迎老年节”暨参加省第三届老运会项目成果展演活动；11月，组织举办“相约文博会•欢乐夕阳红”首届聊城市中老年文化艺术节。2015年7月，举办“银龄杯”全市中老年广场舞大赛。是年10月，聊城市中老年舞蹈家协会成立，为中老年舞蹈爱好者提供交流舞技、提高水平的桥梁和平台。至2015年年底，全市有百余支中老年舞蹈队活跃在城市乡村，参与人数超过10万人。

2015年9月17日，聊城市“银龄杯”中老年广场舞决赛在水城广场举行

第四章 少数民族

2009 年 9 月，聊城市人民政府被国务院授予“全国民族团结进步模范集体”荣誉称号

2015 年，聊城市拥有 43 个少数民族，少数民族人口 6.7 万人，其中回族人口 6.4 万余人，占少数民族总人口的 95.5%；另外，人数较多的少数民族有满族、壮族、蒙古族、藏族、黎族、苗族等。

第一节 经济建设

1997—2015 年，聊城市（地区）各级党委、政府非常重视少数民族经济发展，把少数民族乡（镇、街道）、村（居）的经济建设列入所在县（市、区）经济发展规划，在政策上给予优惠，相关部门制定和完善扶持少数民族经济发展的配套措施；对少数民族贫困村，有关县（市、区）优先加以扶持帮助、优先解决存在的困难，努力解决少数民族群众生产生活问题；对经济条件较好、发展较快的少数民族村居加大资金投入，推动其率先步入“小康”。同时，鼓励少数民族干部群众发扬自力更生、艰苦奋斗、勤俭节约的精神，加快改革开放步伐，努力增强自我发展的能力。全市少数民族经济建设在各级党委、政府的政策扶持下，取得了长足发展，民族乡镇、村居的基础设施建设得到根本改善，基本实现村村通电、90% 的村解决人畜饮水和农田灌溉问题、95% 的村解决交通问题，少数民族生产、生活水平基本达到全市平均水平，区域经济社会事业实现与全市同步发展。

一、资金扶持

1997—2015 年，聊城市（地区）扶持少数民族经济发展的财政专款，主要包括省少数民族发展资金、市少数民族经济扶持资金等。国家及省各项扶贫资金原则上按资金渠道和投向集中用于少数民族贫困乡村，非少数民族贫困村的少数民族贫困户原则上由市地以下各级政府安排资金扶持。各县（市、区）根据实际情况安排少数民族专项扶贫资金，与国家、省、市的资金投入配套使用。

聊城市高度重视对各类扶持资金的使用和管理，有严格的申报、审批程序。对市级扶持资金扶持项目的确定，由县级民族事务部门会同财政局等有关部门提出计划，论证筛选后报市民族事务部门，由市民族事务部门会同财政局等有关部门研究审批。对上级扶持资金扶持项目的确定，由县级民族事务部门会同财政局等有关部门提出计划，论证筛选后报市民族事务部门，由市民族事务部门会同财政局等有关部门研究把关后，上报山东省民族事务委员会，由山东省民族事务委员会会同财政厅等审批，最后经山东省民族事务委员会和山东省财政厅共同研究确定资金分配方案，每年分项下达。

少数民族发展资金 原名“新增发展资金”，由财政部、国家民族事务委员会于 1998 年 7 月设立，《关于加强“少数民族发展资金”使用管理问题的通知》规定，由有偿使用改为无偿使用，更名为“少数民族发展资金”，专门用于民族地区和少数民族人口相对集中的散杂居地区改善少数民族群众生产生活条件，促进经济和各项社会事业发展。1998—2015年，聊城市共争取到省少数民族发展资金2994万元。主要用于扶持莘县张鲁回族镇及全市民族村改善少数民族乡村生产生活基础条件，包括修建乡村人畜饮水、电、路、便桥、农村能源等设施；培训少数民族群众劳动技能、推广先进适用的生产技术；发展具有一定资源优势和地方特色的种植业、养殖业、农产品加工业，手工业和民族特色旅游产业。

少数民族经济扶持资金　原名“少数民族补助金”，由聊城地区行署于1984年设立，主要用于改善民族村居基础设施条件、启动致富项目、提高少数民族群众劳动技能，改善少数民族群众生产生活条件。1999年，聊城市将资金额度由3万元增加到20万元；2006年增加到30万元；2011年增加到50万元；2015年增加到100万元。1997—2015年，聊城市共落实市少数民族经济扶持资金678万元。

二、鲁羊扶贫工程

1997—2007年，山东省在民族乡村实施“鲁羊扶贫工程”，把推广鲁羊（鲁西高腿小尾寒羊）养殖作为“扶到村、帮到户”的主要手段。1998年，先后2次至东平县调拨小尾寒羊101只，价值15万元；2000年，聊城市向省民委争取到小尾寒羊调拨指标30万元，帮助临清市甄八里村、东阿顾官屯村分别调拨小尾寒羊30只、50只；2001年，争取到鲁羊扶贫工程补助金88万元，先后为少数民族村调拨小尾寒羊10批，1760只；2002年，落实鲁羊扶贫和发展养殖业调拨款240万元，为全市10余个少数民族村调拨小尾寒羊1373只；2004年，调拨小尾寒羊600余只；2005年，小尾寒羊调拨款52万元，调拨小尾寒羊746只；2006年，为15个民族村争取小尾寒羊调拨款30万元；2007年，为20余个民族村调拨价值39.49万元的小尾寒羊407只。至2007年，聊城市通过争取山东省小尾寒羊调拨指标资金的支持，为各县（市、区）30余个民族村调购价值近500万元的种羊5000余只，落实省专项扶持资金近300万元，受益少数民族群众10000余人。

三、少数民族帮扶工程

1999年，确定“到2000年年底全市少数民族整体脱贫”的目标，市政府同各县（市、区）政府签订少数民族脱贫目标责任书。2000年12月，对各县（市、区）少数民族村脱贫目标完成情况进行现场验收。2000年全省民族工作会议后，由省民委牵头、省民族事务协调委员会组织实施“少数民族帮扶工程”，各成员单位对口帮扶民族贫困乡村。2003年，省扶贫办向莘县张鲁回族镇投入60万元扶持资金。2005年11月，山东省民族事务协调委员会在莘县召开第一次现场帮扶会议，研究确定投资800万元帮助张鲁回族镇加强交通、水利、农业、卫生、教育、城镇及社会福利设施建设，扶持其发展一批带动能力强的支柱产业。2006年3月，市民族宗教工作领导小组各成员单位在莘县召开联动帮扶张鲁回族镇现场会，举行向张鲁回族镇捐赠及帮扶协议签字仪式，省民委、市民宗局分别向张鲁回族镇本斋小学捐赠教学电脑25台、桌凳300套，市民族宗教工作领导小组21个成员单位与莘县人民政府签订帮扶张鲁回族镇的项目协议，捐赠和协议资助资金550余万元，13家少数民族特需用品定点生产企业一次性为张鲁回族镇捐赠现金34万元，用于改造张鲁回族镇政府办公条件。2007年10月，省民委、省民政厅等省民族事务协调委员会成员单位到聊城视察指导对口帮扶张

2014年12月，市委统战部举办全市非公有制经济组织企业家培训班

鲁回族镇工作，为帮助张鲁回族镇搞好新型敬老院建设，分别拨付专项资金 40 万元。“少数民族帮扶工程”实际完成投资 900 余万元，各帮扶项目均得到顺利实施并发挥良好效益。

四、民品企业

聊城市是山东省开展民品定点生产工作最早的地区（市）之一。1992 年 4 月，确定临清市丝绸厂和临清市工艺丝织厂为“八五”期间“全国少数民族特需用品定点生产企业”，实现了聊城地区民品定点生产企业的零突破。“九五”期间少数民族特需用品定点生产企业 2 家，“十五”期间增加到 17 家，“十一五”期间增加到 24 家，“十二五”期间调整为 18 家。各级党委、政府高度重视民品企业发展，制定多项优惠政策，并多次组织企业参加技术培训和全国性经济贸易交流活动。民品企业发展迅速，产品涉及纺织印染、机械制造、清真食品、造纸印刷等多个行业 30 余个品种，每年获得国家财政贴息数千万元，既保证了少数民族群众需求，又促进了地方经济社会发展。

2004 年，聊城市在全省第一个成立聊城市民族用品生产企业管理办公室，具体负责对全市民族用品定点企业资格审查认定和申报、对民族用品定点企业产品生产进行监督等。是年 6 月，全国少数民族特需用品定点生产企业工作会议在聊城市召开。2008 年 7 月，市政府组织召开第一次少数民族特需商品定点生产工作联席会议，会议研究决定成立聊城市少数民族特需商品定点生产工作联席会议领导小组，联席会议的主要任务是贯彻落实国家有关部门对民品定点生产企业贷款贴息的优惠政策，做好少数民族特需商品生产供应工作，加强对贴息工作的管理，建立完善的信息沟通机制，使少数民族特需商品定点生产工作走上制度化、规范化的轨道，保证市内民品生产企业生产和优惠政策落实工作的良性发展，为全市经济又好又快发展做出积极贡献。民族宗教、财政、人行等部门加强了对民品企业的申报、调整、管理监督。各民品企业不仅确保少数民族特需商品的正常供应，带动周边少数民族群众发家致富，还每年从新疆、甘肃、贵州、西藏等少数民族地区购进总价值高达 10 多亿元的棉花、大豆、松香等原材料，积极参与“西部开发”“兴边富民”工程，实现互惠共赢。“十一五”期间，全市民品企业先后为少数民族事业、民族村（居）建设、贫困大学生与汶川、玉树等地震灾区，以及社会公益事业捐款捐物 8000 余万元。

2011 年 8 月，聊城市受国家民委特邀参加在济南召开的全国民贸民品工作座谈会，并作典型发言。2012 年 3 月，聊城市受国家民委特邀参加在郑州召开“十二五”期间全国民贸民品生产政策及定点企业调整研讨会，参与有关政策和规则的制定。2013 年 4 月，组织全市 18 家民品企业参加在青岛召开的全省民品企业政策落实工作会，并作为全省 3 个发言的地市之一作典型发言。是年 8 月，参加国家民委召开的“十二五”期间民品生产政策执行情况座谈会，交流“十二五”后民品工作开展情况和民品贴息新办法实施后工作中存在的一些问题。由国家民委、省民委推荐，先后有青岛市、东营市、济宁市以及湖南省湘西土家族苗族自治州、怀化市、广西南宁市、西藏自治区、青海省、宁夏回族自治区等省内外民族工作部门或民品生产企业到聊城参观考察。

“八五”期间聊城地区全国民族用品定点生产企业一览表

表 35-22

确定时间	企业名称	所批民品产品
1992 年 4 月—1998 年 3 月	临清市丝绸厂	—
1992 年 4 月—1998 年 3 月	临清市工艺丝织厂	—

“九五”期间聊城市全国民族用品定点生产企业名录

表 35-23

确定时间	企业名称	所批民品产品
1998 年 3 月—2002 年 8 月	山东省临清市丝绸厂	迎春绸、克利缎、春花缎、花喜绫、广壮约
1998 年 3 月—2002 年 8 月	莘县建业陶瓷厂	穆斯林都瓦牌、中堂对子等

“十五”期间聊城市全国民族特需用品定点生产企业一览表

表 35-24

确定时间	企业名称	所批民品产品
第一批（2002 年 8 月—2007 年 11 月）	聊城市建工民族用品有限公司	蒙古刀、新疆各种民族刀、粉碎机等
第一批（2002 年 8 月—2007 年 11 月）	山东高唐棉纺织厂	白棉布、民族红蓝布等
第一批（2002 年 8 月—2007 年 11 月）	山东省高唐蓝山集团总公司	少数民族文字印刷品、少数民族壁（挂）毯、提花带穗线毯等
第一批（2002 年 8 月—2007 年 11 月）	山东凤祥（集团）有限责任公司	白棉布、民族红蓝布、毛蓝布、少数民族用婚被、枕头套、少数民族服装
第一批（2002 年 8 月—2007 年 11 月）	山东省临清市鲁西棉纺织厂	民族服装、白棉布
第二批（2004 年 1 月—2007 年 11 月）	山东泉林纸业有限责任公司	少数民族文字印刷品
第二批（2004 年 1 月—2007 年 11 月）	山东省临清市第二色织厂	民族红蓝布、条花布、彩条布
第二批（2004 年 1 月—2007 年 11 月）	山东临清银河纸业有限责任公司	少数民族手工地毯、壁挂毯、礼拜毯、哈达、少数民族文字印刷品
第二批（2004 年 1 月—2007 年 11 月）	山东双力集团股份有限公司	牧草机、微型发电机、碾米机
第二批（2004 年 1 月—2007 年 11 月）	山东东阿阿胶集团有限责任公司	少数民族文字印刷品、少数民族成药
第二批（2004 年 1 月—2007 年 11 月）	莘县莘星纺织印染有限公司	民族红蓝布、印花富春纺等
第二批（2004 年 1 月—2007 年 11 月）	聊城金纬纺织有限公司	少数民族手工地毯、毛毯、扎染品等
第二批（2004 年 1 月—2007 年 11 月）	山东东阿海鸥有限公司	碾米机、微型粉碎机、榨油机
第二批（2004 年 1 月—2007 年 11 月）	山东华鲁制药有限公司	少数民族文字印刷品、少数民族成药
第二批（2004 年 1 月—2007 年 11 月）	山东阳谷日辉实业有限公司	白棉布、少数民族手工地毯、壁挂毯
第二批（2004 年 1 月—2007 年 11 月）	冠县植物油厂	清真食用油脂、面点等
第二批（2004 年 1 月—2007 年 11 月）	临清市兴隆油脂有限责任公司	清真食用油脂、面点等

“十一五”期间聊城市全国民族特需商品定点生产企业一览表

表 35-25

确定时间	企业名称	所批民品产品
动态调整前后存在的企业（2007 年 11 月—2012 年）	山东鑫亚股份有限公司	割草机、搂草机、移动小型发电机组、移动式灌喷设备
动态调整前后存在的企业（2007 年 11 月—2012 年）	华润东阿阿胶有限公司	少数民族成药
动态调整前后存在的企业（2007 年 11 月—2012 年）	中通客车控股股份有限公司	微型水轮发电机、割草机、篷车
动态调整前后存在的企业（2007 年 11 月—2012 年）	山东凤祥（集团）有限责任公司	清真肉制品、乳制品、调味品、食品油脂等
动态调整前后存在的企业（2007 年 11 月—2012 年）	阳谷县鲁信清真食业有限公司	清真肉制品等
动态调整前后存在的企业（2007 年 11 月—2012 年）	山东阳谷日辉实业有限公司	少数民族手工地毯、壁毯、挂毯、白棉布

续表 35-25

确定时间	企业名称	所批民品产品
动态调整前后存在的企业（2007年11月—2012年12月）	山东凿岩钎具厂有限公司	碾米机、粉碎机、冰镩、民族刀镰
	山东冠洲股份有限公司	少数民族用刀具、餐具、碾米机等设备
	山东冠昊地毯有限公司	少数民族手工地毯、礼拜毯
	冠县冠星纺织有限责任公司	白棉布、民族红蓝布、少数民族服装
	临清三和纺织集团有限公司	民族红蓝布、彩条布、白棉布、蜡染品
	临清鲁西棉纺织厂	白棉布、扎染品、蜡染品等
	临清银河纸业有限责任公司	少数民族文字印刷品、手工地毯、礼拜毯、蜡染品
	山东润源实业有限公司	山区用微型碾米机、粉碎机、割草机
	临清市鸿基集团有限公司	白棉布、少数民族彩条布
	山东奥博特铜铝业有限公司	白棉布、彩条布、铝水舀、铝茶壶
	山东省高唐蓝山集团总公司	清真食用油脂、肉制品等
	山东泉林纸业有限责任公司	少数民族文字印刷品等
	山东吉地尔（集团）有限公司	割草机、搂草机
动态调整后取消的企业（2007年11月—2009年9月）	高唐金星人造板有限公司	藏柜等民族家具、民族建筑装饰用品
	莘县莘星纺织印染有限公司	白棉布、民族红蓝布、少数民族彩条布
	山东飞泰纺织集团有限公司	白棉布、民族红蓝布、毛蓝布彩条布
	山东中奥毯业有限公司	少数民族手工地毯、壁毯、挂毯、提花带穗绒毯、礼拜毯
	山东东阿钢球集团有限公司	山区用微型碾米机、粉碎机、割草机
动态调整后增加的企业（2009年9月—2012年12月）	山东汇通纺织有限公司	白棉布、民族红蓝布、少数民族彩条布、民族毛蓝布等
	山东鲁西化工股份有限公司	牧区用塑料棚膜、少数民族文字印刷品
	临清联创实业有限公司	少数民族手工地毯、挂毯、礼拜毯等
	山东冠丰种业科技有限公司	清真食用油脂、面点等
	山东奥克特化工有限公司	牧区牛、羊等牲畜用兽药等

“十二五”期间聊城市全国民族特需商品定点生产企业一览表

表 35-26

确定时间	企业名称	所批民品产品
2012年12月—2017年12月	山东鑫亚股份有限公司	少数民族生产工具
	中通客车控股股份有限公司	少数民族生产工具
	山东凤祥（集团）有限责任公司	清真食品
	阳谷县鲁信清真食业有限公司	清真食品
	山东冠洲股份有限公司	少数民族生产工具
	冠县冠星纺织有限责任公司	少数民族针纺织
	临清三和纺织集团有限公司	少数民族针纺织
	中冶纸业银河有限公司	少数民族文体用品
	山东润源实业有限公司	少数民族生产工具

续表 35-26

确定时间	企业名称	所批民品产品
2012 年 12 月—2017 年 12 月	山东泉林纸业有限责任公司	少数民族文体用品
	山东智德纺织有限公司	少数民族针纺织
	山东超越纺织有限公司	少数民族针纺织
	山东龙达植物油有限公司	清真食品
	山东中奥毯业有限公司	少数民族针纺织
	山东东阿钢球集团有限公司	少数民族日用杂品
	山东汇通纺织有限公司	少数民族针纺织
	山东飞泰纺织有限公司	少数民族针纺织
	山东奥克特化工有限公司	少数民族药

五、培训交流

1997—2015 年，聊城市（地区）民族工作系统组织或参加农村少数民族种植、养殖技术培训 10 余批（次），组织或参加全国性经济贸易交流活动和对外交流 10 余批（次）。

技术培训　1998 年 10 月，组织全市 12 名少数民族群众参加省民委在东平县举办的小尾寒羊养殖培训班。2003 年，选派 15 名养殖技术骨干，参加省民委在泰安举办的养殖技术培训班，为小尾寒羊、肉牛养殖在全市民族村居的推广培养技术力量。2009 年，以少数民族村基层组织建设、少数民族经济发展基本技能建设、少数民族村基础设施建设等“三基”建设为主线，全面展开农村实用技术培训工作，分别在东阿县、东昌府区、临清市、冠县等县（市、区）开展以鲁西黄牛养殖、小尾寒羊养殖、肉鸡肉鸭养殖、果树林木种植为主要内容的农村实用技术培训班，培训人数 700 余人。2010 年 4 月，召开全市农村少数民族经济发展现场观摩会，组织民族工作重点县（市、区）分管领导人，各县（市、区）民宗局局长，有种植、养殖项目或发展计划的 33 个民族工作村党支部书记或村主任到茌平县洪屯乡回民李村、冠县烟庄乡后十里铺村等村庄参观考察。2012 年 10 月、12 月，省民委、省科技厅在莘县张鲁回族镇和经济开发区举办山东省少数民族星火科技培训班活动。2013 年 12 月，组织临清市、冠县分别举办以肉牛育肥、苹果种植技术与管理为主要内容的农村少数民族实用技术星火科技培训班 1 期，共培训农村少数民族群众 200 余人。2014 年 11 月，在经济开发区举办以肉羊养殖为主要内容的农村少数民族实用技术培训班一期，培训农村少数民族养殖户 100 余人。2015 年 10 月，邀请聊城大学农学院教授在莘县莘亭街道举办少数民族蔬菜种植技术培训班 1 期。

对外交流　1999 年 10 月，组织山东凤祥集团、莘信油脂化工厂等 9 家企业和单位参加由国家民委、国家经贸委在北京联合举办的“全国少数民族和民族地区名优产品博览会”。2001 年 5 月，组织冠洲集团、凤祥集团、莘县张鲁回族镇部分民族企业参加国家民委和深圳市政府联合举办的中国少数民族和民族地区名优新特产品交易会；9 月，组织山东凤祥集团、嘉明公司参加在宁夏回族自治区银川市举行的全国清真食品展销会。2002 年 5 月，承办山东省少数民族经济发展促进会第二次代表大会暨全省民族经济经验交流会。其间，举办聊城市招商引资推介会。2003 年，组织全市部分民族用品定点企业代表山东省参加国家民委和贸促会组织的在加拿大多伦多市举办的“国际家庭用品展”；10 月，组织高唐蓝山集团参加在河南省郑州市举办的首届中国清真食品博览会暨第九届郑州全国商品交易会，参展产品被评为“博览会推荐名优产品”。2011 年，组织民族企业、民品企业参加中国第三届（2011

年）清真食品穆斯林用品企业评选活动，山东凤祥集团获“中国清真食品穆斯林用品企业金牛奖”；临清市三和纺织集团董事长宛秋生、山东天天清真食品有限公司总经理马敬涛、山东莘县洪达清真食品有限公司总经理李洪达3名回族企业家获“中国杰出穆斯林企业家金狮奖”。

第二节　社会事业

一、民族教育

1997年，地区民宗局认真做好全区少数民族中考、高考考生加分审核工作共为全区1万余名少数民族考生办理了加分审核手续。

为提高少数民族人口素质，聊城市不断加大民族教育资金投入，动员社会力量集资办学。1998年，协助省直工委驻聊工作组与莘县张鲁回族镇本斋小学的30名少数民族贫困儿童建立“手拉手”关系，帮助失学儿童重返校园。2002年，临清市筹资200余万元为民族实验中学新建3400平方米的四层教学实验楼。2004—2015年，聊城市争取省民族教育专项资金500余万元。2006年，全市落实市财政民族教育专项经费20万元，支持民族教育发展。莘县筹集资金300余万元改善民族学校的教学条件，争取多方投资200余万元为张鲁本斋小学兴建了教学楼和实验楼。2008年，召开全市民族宗教界爱心基金发放座谈会，联合市慈善总会救助少数民族特困大学生4名。2010年，临清市筹资1000余万元为尚店镇焦庄回民学校等3所民族小学进行校舍改造。2015年，全市共有回民中学2所、回民小学14所；全市各级各类民族学校中共有学生15441人，其中少数民族学生7734人。共有教职工878人，其中少数民族教师117人。少数民族受教育程度普遍提高，适龄儿童受教育的人数大幅度增长。2015年，全市少数民族适龄儿童受教育的比例为100%。

1990—2015年聊城市民族学校教师、学生数量一览表

表35-27　　单位：人

学校	少数民族教师数量／教师总数				少数民族学生数量／学生总数			
	1990年	2000年	2010年	2015年	1990年	2000年	2010年	2015年
东昌府区东关民族小学	—	—	7/233	12/132	—	—	3060/6100	437/2128
济钢沙镇民族希望小学	—	—	0/16	2/14	—	—	171/292	32/282
莘县张鲁回族镇本斋小学	10/35	13/40	14/44	17/45	330/810	365/850	410/940	455/952
莘县张鲁回族镇中心初级中学	5/45	5/61	6/85	7/96	295/790	3461/878	380/965	440/1007
莘县朝城镇西街民族小学	4/16	5/18	6/20	6/22	147/295	163/315	172/330	186/342
莘县王奉镇北滩民族小学	2/7	4/18	5/19	5/20	85/150	90/172	135/360	178/445
临清市民族实验中学	16/80	21/92	30/190	30/210	200/1300	224/1500	324/2600	456/2690
临清市尚店镇焦庄中心小学	7/19	7/18	6/22	5/18	85/152	120/190	190/316	212/330
临清市青年民族小学	1/13	1/15	1/28	0/39	21/230	56/305	89/426	275/792
临清市新华民族小学	7/33	4/28	6/31	5/30	257/524	215/496	223/475	246/481
临清市逸夫民族小学	8/51	10/55	10/65	12/72	312/860	450/1134	635/1342	812/1400
冠县店子镇里固民族小学	15/22	10/15	9/12	6/19	366/489	304/406	163/225	269/316
冠县梁堂乡闫村中心小学	1/3	1/12	1/15	6/15	16/87	28/198	32/242	157/213
冠县后十里铺民族小学	3/7	4/8	4/12	4/13	136/188	122/160	117/148	85/122
冠县梁堂乡民族小学	4/4	4/4	5/16	6/17	146/146	132/132	78/206	116/225
阳谷县张秋镇南街民族小学	2/13	3/15	2/18	1/21	136/342	154/368	134/336	116/324

二、民族文化

1997—2015年，聊城市（地区）支持少数民族文化团体建设，加大少数民族乡镇、村居文化大院、农家书屋建设投入，组织少数民族文化工作者举办少数民族文化活动，参加全省少数民族文艺会演、书画摄影展览等，促进全市少数民族文化事业繁荣发展。

文艺表演　1997年1月，参加全省首届少数民族文艺表演活动，聊城地区选送的作品获得二等奖1个、三等奖4个、入选奖10个。2000年11月，山东省民委和聊城市委、市政府联合举办“家和万事兴”电视文艺晚会，山东电视台《星光50》栏目现场直播。2006年1月，组织参加第三届全省少数民族文艺调演活动。聊城市选送的节目获得二等奖4个、三等奖3个，市民宗局获省民委、省文化厅等5个部门联合颁发的“第二届全省少数民族文艺表演组织奖”。

2013年8月，市豫剧院代表山东省参加在呼和浩特市举办的第三届中国少数民族戏剧会演，参演剧目《萧城太后》被授予此次会演最高奖——剧目金奖。

书画摄影　1997年1月，参加第三届山东省少数民族书画展。聊城地区选送的节目获得一等奖1个、二等奖4个、优秀奖1个，并获“第三届山东省少数民族书画展最佳组织奖”。参加全省少数民族纪念改革开放20周年书画摄影展，并获得一等奖2个、二等奖6个。1999年，参加全省首届少数民族摄影展。聊城市送展的60幅作品中，获得一等奖1个、二等奖6个、三等奖1个，市民宗局获“全省首届少数民族摄影展优秀组织奖”。2006年，参加第七届山东省少数民族书画展。聊城市选送4幅优秀作品参展，市民宗局获“第七届山东省少数民族书画展组织奖”。

其他活动　2004年12月，召开全市民族古籍会议。2005年5月，完成搜集、整理，并将各类石碑、家谱、古兰经等民族古籍卡片、文字材料，照片22件报送省民委。2012年11月，山东省民委拨付聊城市少数民族社会事业发展资金40万元，用于莘县张鲁回族镇文化大院、马本斋烈士陵园扩建、临清大桥架鼓传承与发展等4个项目建设。

三、民族体育

聊城市具有民族特色的体育项目有查拳、蹴球、打陀螺等。

1997年11月，组织参加省民委、省体委在青州市举办的全省少数民族武术比赛，聊城地区代表队获得2个第一名、6个第二名。1998年11月，组织参加省民委、省体委在济南市举办的全省少数民族蹴球、打陀螺比赛，聊城市代表队获得男子单蹴第二名。1999年5月，组织参加第五届山东省少数民族传统体育运动会。聊城市代表团共获得8个单项第一名、7个单项第二名、表演节目优秀奖和体育道德风尚奖，团体成绩列全省第二名。聊城市2名个人和1个单位被山东省民委、省体育局授予“民族体育模范工作者”和“民族体育模范集体”称号。

2003年4月，组织参加第六届山东省少数民族传统体育运动会。聊城市代表团获得武术女子3人对练第二名、押甲54公斤级第二名、男子双蹴第三名，隋闽东被评为优秀教练员，聊城市民宗局被授予“第六届山东省少数民族传统体育运动会优秀组织奖”和“第六届山东省少数民族传统体育运动会体育道德风尚奖”。2007年4月，组织参加第七届山东省少数民族传统体育运动会。聊城市代表团共夺得金牌4枚、银牌6枚、铜牌1枚及表演项目一等奖，取得聊城市在历届全省民运会上的最好成绩；聊城市3名个人和3个集体被省民委、省体育局授予“全省民族体育先进个人”和“全省民族体育先进集体”称号。2011年4月，组织参加第八届山东省少数民族传统体育运动会。聊城市代表团取得表演项目一等奖和竞赛项目1枚金牌、4枚银牌、2枚铜牌的成绩，并获得“第八届山东省少数民族传统体育运动会优秀组织奖”。是年9月，组织选派25名运动员参加在贵州省贵阳市举办的第九届全国少数民族传统体育运动会，取得武术比赛二等奖2个、三等奖3个和表演项目三等奖；11月，聊

2014 年 9 月，聊城代表团参加全省少数民族体育运动会

城市民宗局、临清市民宗局被评为“参加第九届全国少数民族传统体育运动会先进集体”，聊城市民宗局张冰等 5 人被省民委、省体育局通报表彰为“参加第九届全国少数民族传统体育运动会先进个人”。2013 年 7 月，组织参加全省少数民族武术邀请赛，聊城市代表队取得一等奖 1 个、二等奖 1 个、三等奖 4 个及优秀组织奖；10 月，组织参加省民委在淄博市举办的 2013 年省少数民族毽球邀请赛。2013 年 10 月，山东省民委拨付聊城市少数民族社会事业发展资金 10 万元，用于冠县查拳训练场地建设。2014 年 9 月 20—22 日，组织参加山东省第九届少数民族传统体育运动会，夺得竞赛项目一等奖 1 个、二等奖 8 个、三等奖 2 个和表演项目二等奖 1 个，并获得优秀组织奖。

第三节　干部队伍

一、少数民族干部选拔培养

聊城市重视少数民族干部队伍建设，把培养选拔少数民族干部工作纳入议事日程，实施培养选拔少数民族干部工作计划，组织部门认真做好综合协调工作，统战和民族事务部门发挥联系党内外少数民族干部的优势，积极推荐人选。另外，通过进一步健全和完善少数民族后备干部的选拔、考核和管理制度，保证少数民族后备干部中有一定数量的女干部和党外干部。全市各级国家机关都有相当数量的少数民族工作人员，参加地方事务的管理，少数民族参政议政权力得到充分保障。

干部配备　1997 年后，聊城市不断加强对少数民族干部的培养选拔，扎实做好少数民族干部配备、强化干部培训交流等工作。2001 年，聊城市党政机关事业单位中共有少数民族干部 830 人，其中副厅级干部 1 人，县处级干部 12 人，科级干部 150 人；全市少数民族干部中年龄在 35 岁以下的有 312 人，占少数民族干部总数的 37.6%，学历达到本科及以上的 105 人，占少数民族干部总数的 12.7%。至 2015 年，聊城市党政机关事业单位中共有少数民族干部 856 人，其中副厅级干部 2 人，县处级干部 15 人，科级干部 131 人；全市少数民族干部中年龄在 40 岁以下的有 569 人，占少数民族干部总数的 66%，学历达到本科及以上的 414 人，占少数民族干部总数的 48%，呈现出年轻化、知识化的特点。

干部培训　2004 年 6 月，配合省民委在聊城市举办“全省民族宗教工作干部培训班”，对少数民族干部加强培训教育。2006 年 3 月，召开全市培养选拔少数民族干部座谈会，研究部署培养选拔少数民族干部工作。是年，聊城市印发《中共聊城市委　聊城市人民政府关于进一步加强民族工作促进民族团结进步事业发展的意见》，进一步明确少数民族干部的培养选拔工作任务和目标。2009 年 9 月，聊城市举办全市民族宗教干部培训班，各县（市、区）134 名基层民宗干部参加培训。2011 年 4 月，聊城市在中南民族大学举办全市少数民族领导干部培训班。2012 年 6 月，聊城市在西南民族大学举办全市少数民族领导干部培训班。2015 年 9 月，聊城市在大连民族大学举办全市少数民族领导干部培训班。

二、少数民族干部参政议政

聊城市各少数民族与汉族一样都以平等的

地位参与国家大事和各级地方事务的管理，少数民族参与行使管理国家的权利受到应有保障。1997—2015年，各级人大选举中，少数民族代表所占名额的比例均高于同期全体人大代表在全市人口中所占的比例。

聊城市第十三届、十四届、十五届、十六届人民代表大会分别有少数民族代表14人、12人、12人、13人。中国人民政治协商会议第九届、第十届、第十一届、第十二届聊城市委员会分别有少数民族委员14人、26人、25人、18人。

1997—2015年全国人民代表大会聊城市少数民族代表基本情况统计表

表35-28

届期	姓名	性别	民族	工作单位及职务	备注
第八届（1993—1998）	李荣勤	女	回	高唐县政协副主席	—
第十一届（2008—2012）	宛秋生	男	回	临清市三和纺织集团有限公司董事长	—
第十二届（2012—）	宛秋生	男	回	临清市三和纺织集团有限公司董事长	连任

1997—2015年山东省人民代表大会聊城市少数民族代表基本情况统计表

表35-29

届期	姓名	性别	民族	工作单位及职务	备注
第八届（1993—1998）	马荣建	男	回	山东莘县酒厂厂长、莘县县委副书记（兼）	—
	李淑贞	女	回	临清市丝绸厂技术科副科长	连任
	张瑞雪	女	回	冠县一中教师	—
第九届（1998—2003）	李荣勤	女	回	聊城市政协副主席	—
	张瑞雪	女	回	冠县实验中学工会主席	连任
第十届（2003—2008）	李荣勤	女	回	聊城市政协副主席	连任
第十一届（2008—2012）	沙秀芝	女	回	冠县第二汽车运输有限公司总经理	—
第十二届（2013—　）	李　娟	女	回	冠县教育局副局长	—

1998—2015年中国人民政治协商会议山东省委员会聊城市少数民族委员基本情况统计表

表35-30

届期	姓名	性别	民族	工作单位及职务	备注
第八届（1998—2003）	宛秋生	男	回	临清市第二色织厂厂长	—
第九届（2003—2008）	宛秋生	男	回	临清市第二色织厂厂长	连任
第十届（2008—2012）	宛秋生	男	回	临清市三和纺织集团有限公司董事长	连任
第十一届（2013—　）	马丽红	女	回	聊城市人民政府副市长	—
	宛　斌	男	回	临清市三和纺织集团总经理	—

第四节　民族团结进步

1997年后，聊城市（地区）通过出台规范性文件，广泛深入地开展民族团结进步创建活动，在全市形成了各民族和睦相处、和衷共济、和谐发展的良好局面。

2000年，山东省委、省政府将每年10月定为民族团结进步宣传月。聊城市成立全市民族团结进步宣传月活动领导小组。此后，每年坚持开展民族团结进步宣传月活动。2001年，开展广场宣传、组织全市民族宗教界代表人士参观孔繁森同志纪念馆、举办民族政策培训班、电视专题报道、报纸专栏报道等活动。2002年，开展民族政策广场宣传、争创民族团结进步模范村（居）活动；在《聊城日报》、聊城电视台及时通报宣传月的进展情况；向全市人民展示近年来民族村经济发展的巨大变化；在东昌府区召开市、区两级民族界代表人士座谈会；到莘县民族村走访慰问回族老党员、模范军属、五保户等。2003年，进行清真食品市场大检查；举办全市《山东省清真食品管理规定》执法培训班；在莘县、冠县举行全省少数民族先进代表巡回报告活动两场；组织一批优秀作品参加全省少数民族书画展；选拔、推荐2个民族村、6名个人参加“山东省民族团结进步奔小康先进集体、先进个人”评选活动。2004年，邀请省民族村民主法制建设报告团在临清市、东昌府区举行民主法制建设报告会两场；参加省“泰山民族杯”民主法制知识竞赛；参加全省民族团结进步模范村（居）表彰活动。2005年，组织全市民族村居参观孔繁森同志纪念馆、马本斋烈士陵园；开展送科技、文化、卫生三下乡活动；进行《山东省清真食品管理规定》的宣传及全市清真食品市场检查；组织、参加第三届全省少数民族文艺会演等活动。2006年，对全市贯彻落实中央和省委民族工作会议精神进行专项调研督察；承办“山东省民族工作成果暨中华少数民族风情图片展”；组织开展东关民族小学新校区“揭牌庆典暨捐赠仪式”；组织参加第三次全省民族团结进步模范村居评选活动。是年，“孔繁森同志纪念馆”被国家民委命名为全国民族团结进步教育基地。2007年，组织全市开展清真食品行业大检查；开斋节慰问少数民族群众；看望慰问少数民族困难群众，指导对口帮扶张鲁回族镇工作；组织医疗卫生专家到冠县烟庄乡后十里铺村开展卫生下乡义诊活动。2008年，组织开展关爱少数民族老年人活动，到莘县看望慰问少数民族高龄老人以及为少数民族事业做出特殊贡献的老党员、老民族宗教界人士；《中国民族报》记者对全市少数民族特需用品定点生产企业工作及民族工作长效机制建设情况进行专题采访；组织医疗卫生专家到东昌府区北城街道开展卫生下乡开展义诊活动。2009年，开展清真食品市场检查；组织医疗卫生专家到张鲁回族镇开展义诊活动等。2010年，对民族工作情况进行专题调研；配合《中国民族报》记者对民族村经济合作组织发展情况进行采访；组织医疗卫生专家到经济开发区北城街道白庄村开展义诊活动。2011年，组织各县（市、区）集中开展户外民族常识宣传活动；组织医疗卫生专家到临清市尚店镇开展义诊等活动。2012年，组织医疗卫生专家到东昌府区张炉集镇开展义诊

2004年10月，孔繁森同志纪念馆被国家民委命名为“全国民族团结进步教育基地”

活动；邀请省农业专家在莘县张鲁回族镇举办民族乡镇科技培训班；在孔繁森同志纪念馆陈列宣传展板，宣传党和国家民族政策，展示全市民族团结进步创建工作的成果。是年，“马本斋烈士陵园”被省委宣传部、省委统战部、省民委命名为全省民族团结进步教育基地。2013年，组织医疗专家到开发区北城街道开展义诊活动；邀请省农学院农业专家在临清市尚店镇、市农业局专家在冠县店子镇举办民族乡镇科技培训班。2014年，组织开展“建设伟大祖国　建设美丽家乡”主题教育活动；组织各县（市、区）参加全省“我身边的民族团结故事”主题征文活动；组织医疗专家到莘县莘亭街道开展义诊活动；邀请聊城大学农学院专家在开发区举办养殖技术培训班。强化基层组织在创建活动中的堡垒作用，加强民族村（居）“两委”班子建设。2014年，结合省民委“基层组织建设年”，全市各民族工作重点乡（镇、街道）成立民族宗教工作领导小组，同时配备了统战委员或民宗助理。2015年，在《聊城日报》开设专栏，对全市民族团结进步创建活动中涌现出的模范典型事迹进行集中宣传；组织开展“建设伟大祖国　建设美丽家乡”主题教育活动；在大连民族大学联合举办全市民族宗教干部培训班1期；组织医疗专家到茌平县洪屯镇开展义诊活动；邀请聊城大学农学院专家在莘县莘亭街道举办种植技术培训班。

1999—2015年，聊城市注重培植典型，树立样板，先后培植全国民族团结进步先进典型8个、省级典型49个。

1999—2015年聊城市获评全国民族团结进步模范集体（个人）统计表

表35-31

时间	表彰大会	颁奖机构	奖项	获奖单位或个人
1999年9月	中央民族工作会议暨国务院第三次全国民族团结进步表彰大会	国务院	模范集体	山东凤祥集团总公司
			模范个人	窦余亭（回族，东昌府区古楼街道铁塔回族居委会党支部书记、经济师）
2005年5月	中央民族工作会议暨国务院第四次全国民族团结进步表彰大会	国务院	模范集体	聊城市民族宗教事务局
			模范个人	白云（回族，东昌府区人民检察院副检察长）
2009年9月	国务院第五次全国民族团结进步表彰大会	国务院	模范集体	聊城市人民政府
			模范个人	宛秋生（回族，临清市三和纺织集团有限公司董事长）
2015年9月	国务院第六次全国民族团结进步表彰大会	国务院	模范集体	临清市三和纺织集团有限公司
			模范个人	王维峰（汉族，聊城市民族宗教事务局局长）

第五章　宗　教

1997年，全区有宗教活动场所280处。2002年，发展至361处，宗教教职人员83人，宗教团体20个。2007年，全市有宗教活动场所420处，宗教教职人员105人，宗教团体29个。至2015年，经政府登记的宗教活动场所438处，其中省级和谐宗教活动场所66处，市级和谐宗教活动场所100处，宗教教职人员793人，经登记的爱国宗教团体28个。其中全市性团体3个，

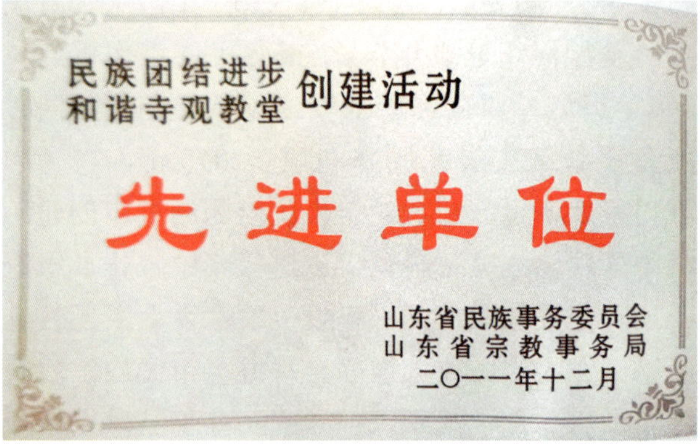

2011年12月，聊城市民宗局被省民委（宗教局）授予“民族团结 和谐寺观教堂创建活动先进单位”荣誉称号

县（市、区）爱国宗教团体25个。

第一节 佛 教

一、活动场所

1997年，聊城地区开放的佛教活动场所有3处（临清大宁寺、临清刘垓子镇梁庄佛堂、临清先锋办事处东柴庄佛堂）。2002年，全市登记的佛教活动场所6处（临清大宁寺、临清刘垓子镇梁庄佛堂、临清先锋办事处东柴庄佛堂、阳谷海会寺、临清市戴湾镇陈官营普善寺、东阿净觉寺），教职人员7人，佛教团体1个。2007年，全市依法登记的佛教场所有8处，教职人员18人，其中寺院4处（临清大宁寺、阳谷海会寺、东阿净觉寺、东阿鱼山梵呗寺），念佛堂4处（临清东柴庄念佛堂、临清陈官营普善寺念佛堂、临清梁庄念佛堂、高唐大觉寺念佛堂）。2015年，全市依法登记的佛教场所有11处，经认定备案的教职人员16人，其中寺院6处（临清大宁寺，阳谷海会寺，东阿净觉寺、梵呗寺，高唐大觉寺，冠县万寿寺），念佛堂5处（临清东柴庄念佛堂、临清陈官营普善寺念佛堂、临清梁庄念佛堂、高唐兴国寺般若堂、东昌府区护国隆兴寺念佛堂）。

2015年聊城市佛教寺院一览表

表35-32

寺院名称	所在地	场所负责人	常住人员
护国隆兴寺	东昌府区铁塔处	释界空	6
大宁寺	临清市先锋街道商场街	李成志	2
万寿寺	冠县兰沃乡韩路村	释源续	5
海会寺	阳谷县阿城镇南街	释仁海	6
净觉寺	东阿县刘集镇皋上村	释永悟	7
梵呗寺	东阿县鱼山镇曹植墓神道北侧	释永悟	7
大觉寺	高唐县鼓楼路南侧管道街西侧	释觉映	4

至2015年，聊城寺院中规模较大、宗教活动较多的有临清大宁寺，阳谷海会寺、东阿净觉寺、梵呗寺，高唐大觉寺，冠县万寿寺。

临清大宁寺 位于临清市先锋街道商场街32号，始建于明洪武年间，明万历四十七年（1619年）和清乾隆年间曾进行两次重修。寺院原占地1万余平方米，坐北朝南，三进院落，平面呈纵长方形，沿中轴线自南而北依次为山门、祭殿、戏楼、大雄宝殿、伽蓝殿，东西两侧辅以对称禅堂、斋室，东西夹道贯通庙宇，东北、西北角辟有2个小门，是“壮丽甲于诸刹”的古建筑群。《临清州志》中载有多篇谢榛、朱彝尊等名人游览该寺吟咏而成的诗篇。1958年，寺内建筑大部被拆毁，仅存大雄宝殿，由临清市城建部门管理。大雄宝殿（俗称前大殿）面阔5间，进深3间，建筑面积440平方米，抬梁式木构架，单檐硬山布瓦顶，前后建有4柱迎檐廊，檐廊硬山卷棚顶与主殿相配连，成勾连搭式，重梁起架，鸱吻檐铃。殿外存有明万历四十七年《大宁寺稳长老重修大雄宝殿碑记》等3通石碑。1992年，临清市政府为贯彻落实党的宗教房地产政策，满足广大信教群众的宗教生活，将大宁寺归还佛教协会管理使用。2010年，被评为山东省“和谐宗教活动场所”。2011年6月，经聊城市文物事业管理局和临清市民宗局、文广新局批准，在坚持“保护文物古建筑原貌，不破坏文物价值”的原则下，由管委会自筹资金，对大雄宝殿顶部及墙体进行修缮。大宁寺大雄宝殿是临清市现存的唯一完整的寺观古建筑，是临清深厚佛教文化的实证。2013年10月，被山东省人民政府公布为省级文物保护单位。

阳谷海会寺 参见文化编第七章第三节“海会寺”

东阿净觉寺 参见文化编第七章第三节“净觉寺”

东阿梵呗寺 位于东阿县鱼山镇曹植墓神道北侧，始建于明朝隆庆年间，后毁弃。2004年12月，山东省宗教局同意复建鱼山梵呗寺。2005年10月5日，举行鱼山梵呗寺工程启动暨山门奠基仪式。2006年9月，在聊城明珠大剧场举行以“鱼山梵呗、和谐之音”为主题的首届中国国际鱼山梵呗文化节。同年10月，鱼山梵呗被聊城市政府确定为市级非物质文化遗产；是年12月，被山东省政府确定为省级非物质文化遗产。2008年6月，被国务院确定为第二批国家级非物质文化遗产。

高唐大觉寺 位于高唐县城东南，始建于唐，宋代进行维修，元代毁于兵燹，明代复修，清代倾覆，解放前仅余断壁残垣，2004年重建。大觉寺相传是唐太宗命尉迟敬德监造，周围1666余米，寺东北偏建舍利宝塔。元代，大觉寺毁于兵燹，唯存舍利宝塔。明代进行重修，新建大觉寺分前后两院，前建大门，进入大门两旁建金刚殿和天王殿，中间为大雄宝殿，后院为法堂，法堂东侧是观音堂，西侧是禅堂，共200余间列于两旁。整座寺院绕以垣墙，栽植树木，香火鼎盛，明成祖朱棣、明仁宗朱高炽都曾到过大觉寺。清道光九年（公元1829年）地震，舍利塔倾斜，道光二十年（公元1840年）倾覆。解放前夕，整个大觉寺已仅余断壁残垣，大部分地基被公用建筑和民房所占。清代中后期，大觉寺内广场成为高唐重要的商贸中心，以棉花交易最为繁盛。2004年，高唐县政府复建大觉寺，占地4.67万平方米；2006年9月9日，举行方丈院佛像开光暨大雄宝殿奠基仪式，作为佛教活动场所正式开放；2011年被省宗教局批准为寺院。

冠县万寿寺 位于冠县兰沃乡韩露村中华万亩梨园内。2011年9月，开工建设，2012年12月，经山东省宗教局同意规范为宗教活动场所。2014年，寺院建设基本完工。寺院东西长106米，南北长88米，占地面积9330平方米，建筑面积3900余平方米。主体建筑大雄宝殿为重檐歇山顶结构，主体建筑两侧为仿宫廷宅第廊院式布局，建筑均为汉式传统古建筑风格。有大雄宝殿、客堂、斋堂、功德堂、厨房、禅堂、念佛堂、山门等建筑。

二、教职人员

1997年，聊城地区无僧尼主持宗教活动。随着党的宗教政策的落实和佛教寺院的恢复开放，僧尼、居士和信徒的数量逐渐增加。

聊城市佛教寺院对要求常住的僧人，须考核1年合格后，报请政府主管部门办理户口转入等手续；常住僧人须定居2年以上，方可外出参学；常住僧人如还俗离寺，由所在寺院收回戒牒、度牒，将户口转回原地。凡挂单僧人须遵守寺规，随众修持、劳作。至2015年年底，全市备案僧人共计16人。

三、佛教协会

中共十一届三中全会后，佛教信众不断增加。临清市佛教协会于1992年成立，为聊城境内第一家佛教协会。至2015年年底，聊城市共有佛教协会6家，分别是东昌府区佛教协会、临清市佛教协会、莘县佛教协会、阳谷县佛教协会、东阿县佛教协会、高唐县佛教协会。

临清市佛教协会 1992年2月28日，临清市佛教协会第一次代表会议召开，选举会长、副会长、秘书长。1998年2月6日，召开第二次代表会议，选举出会长、副会长。2011年10月，召开第三次代表会议，选举出会长、副会长，秘书长。

聊城市佛教协会　2004年11月底，针对全市佛教寺院的不断开放和信教群众增加的情况，经聊城市民宗局批准成立聊城市佛教协会筹委会。筹委会设副主任3名、委员若干名。2016年6月，聊城市佛教协会成立。

阳谷县佛教协会　2005年8月，阳谷县佛教协会第一次代表会议召开，选举出会长、副会长和秘书长。会议通过阳谷县佛教协会章程草案、阳谷县佛教协会选举办法、阳谷县佛教协会办公经费筹集办法等草案，会址设立于阳谷县阿城镇海会寺内。2009年4月，阳谷县佛教协会举办全体理事会，组织换届选举事宜，并选举出县佛教协会会长、副会长和秘书长。

东阿县佛教协会　2006年4月20日，东阿县佛教协会第一次代表大会召开，会上通过佛教协会章程、理事会选举办法，选举佛教协会第一届理事会。推举出会长、副会长、秘书长及名誉会长。2013年5月，东阿县佛教协会召开第二次代表大会，并对会长、副会长进行选举。

东昌府区佛教协会　2014年9月29日，东昌府区佛教协会第一次会议召开，选举出会长、副会长和秘书长。

四、主要活动

1997年7月，日本京都大原三千院在东阿县鱼山刻立“中国、日本两鱼山友好纪念碑”，碑文写道：“东阿鱼山乃佛教音乐之故里，唐时慈觉大师圆仁请去日本，于京都大原三千院生根且承传梵音声明，并因东阿鱼山之名亦改称日本鱼山，经绵绵岁月，以声明始祖曹植之缘，使得两鱼山梵音相和。两鱼山隔海同调，梵音和声，共记中日友好万古长青。”2006年9月8—9日，以“鱼山梵呗、和谐之音”为主题的首届中国国际鱼山梵呗文化节开幕式在东阿鱼山举行，全国各地和日本的高僧参加开幕典礼。文化节期间，在聊城水城明珠大剧场、东昌宾馆及鱼山梵呗寺分别举办大型佛教音乐演出、佛教音乐学术研讨会、梵呗寺大雄宝殿奠基仪式、全堂佛像募捐仪式、供千僧大斋、瑜伽焰口法会和书画艺术笔会等一系列宗教文化活动，使梵呗文化深入人心。2012年，有2部有关鱼山曹植墓的书稿、7篇研究曹植与佛教音乐的文章在日本出版和发表，极大推动中日民间佛教文化的交流和发展。至2015年，日本有11个佛教音乐团体到中国参拜鱼山曹植墓，并举行法事活动，进行唱诵表演和文化交流。

第二节　道　教

一、活动场所

20世纪90年代后，境内部分道教活动场所陆续得到恢复，活动恢复地域主要分布在临清市。2015年，全市依法登记的道教活动场所3处，均在临清市内，即泰山行宫碧霞元君祠、西歇马亭、皇殿岗道教活动场所。

泰山行宫碧霞元君祠　原名东歇马亭，位于临清市新华街道桑树园村、东环路东侧，是1992年由桑树园村出资200万元建设的歇马亭旅游商贸开发区。商贸区占地面积300亩（20万平方米），其中寺庙占地面积1.6万余平方米，建筑面积1749平方米。1997年，山东省宗教局批准为宗教活动场所。2012年，场所名称变更为泰山行宫碧霞元君祠，负责人为蔡永兵。2015年，观内有教职人员2人。

西歇马亭　位于临清市大辛庄街道歇马亭村、东环路西侧。1992年，由歇马亭村出资40万元建设，占地面积3000平方米，建筑面积604平方米。1997年，被山东省宗教局批准为宗教活动场所。

皇殿岗道教活动场所　位于临清市戴湾镇水城屯村，是2003年登记的道教固定处所。

二、教职人员

中华人民共和国成立以来，道教专职教职人员没有进行过统一登记管理。2013年，经山东省道教协会认定，临清市泰山行宫碧霞元君祠的道教教职人员2人。至2015年年底，聊城市道教教职人员仍为2人，其中乾道教职人员1人，坤道教职人员1人。

三、道教团体

境内道教主要集中在临清市境内，发展较为缓慢。2013年，聊城市成立第一个道教团体，即临清市道教协会。2013年4月15日，临清市道教第一次代表会议召开。会议审议通过《临清市道教协会筹备委员会工作报告》《临清市道教协会章程》，选举产生临清市道教协会第一届理事会和领导班子。临清市道教协会办公驻地设在泰山行宫碧霞元君祠内。

第三节　伊斯兰教

一、活动场所

中华人民共和国成立初期，境内有清真寺28坊。中共十一届三中全会后，通过省、地、县拨款以及广大回族穆斯林集资，不断对清真寺进行修复。1997年，境内有清真寺38个，伊斯兰教团体1个。2009年，境内有清真寺43个，伊斯兰教团体6个，经认定备案的教职人员68人。2015年，境内依法登记的清真寺有44个，伊斯兰教团体6个，经认定备案的教职人员75人。

至2015年，境内依法登记的44坊清真寺，其中历史久远、规模宏大、宗教活动丰富的有：东昌府区清真东寺、东昌府区清真西寺、临清市清真北寺、临清市清真东寺、临清市清真女寺、莘县朝城清真寺、莘县张鲁清真寺、冠县清真寺、冠县张尹庄清真寺、阳谷张秋清真寺、茌平南关清真寺、经济开发区白庄清真寺。

东昌府区清真东寺　位于东昌府区楼东大街路北小礼拜寺街，是聊城市重点文物保护单位。始建于明永乐年间，已有700余年的历史。该寺坐西朝东，占地2400平方米，总体布局运用中国传统设计手法，形成几个封闭的院落，缀以花木、山石，使寺院环境更为幽雅。建筑组合主次分明，协调对称，严格遵循伊斯兰教的礼仪制度，设计构思十分巧妙。礼拜寺大门东向，门堂挂有红地金字“清真寺”的巨匾1块。步入大门，为一院落，南侧有沐浴室，是穆斯林进行宗教活动沐浴净身的场所。礼拜殿阔5间，由前后殿两部分组成，前部为单檐硬山顶、卷棚廊，后部为重檐歇山顶，两顶勾连搭成。大殿内前后殿之间的提门上有阿拉伯文横匾1块，中间后墙上满设阿文经字罩格和百字赞木匾。礼拜殿南山墙外建望月亭。庭前院落置花坛，院南有明代7架梁3开间楠木厅1座，称“老厅”，又名“诚信堂”。老厅南面的院落有古水井1口，井旁置花坛。老厅西面附下房1间，下房南北侧各有圆门通第二进院落，第二院落已毁。

东昌府区清真西寺　位于东昌府区东关街大礼拜寺街，是聊城市文物保护单位。清真西寺又称为大礼拜寺，始建于明洪武十七年（公元1384年），由东昌府守备白麟主持兴建，已有600余年的历史。明嘉靖年间、清康熙三十五年（公元1696年），清真寺教民曾捐资两次重修。该寺坐西朝东，占地3980平方米，建筑面积1260平方米。全寺建筑布局对称严谨，构思精巧，砖木结构凝重肃穆，泥金彩画富丽堂皇，在中国传统的宫殿式建筑形式上带有浓重的阿拉伯装饰风格，形成中国式伊斯兰教建筑的独特形式。院内正西为礼拜殿，朝向圣地麦加，原礼拜大殿年久失修，新建礼拜大殿于2010年竣工，面积350余平方米。为方便穆斯林群众的殡葬需求，清真西寺新建成占地面积300平方米的殡仪厅。

临清清真北寺　亦称洪家寺，位于临清市城区西北部，卫运河东岸先锋桥畔。该寺建于明弘治年间，后经明嘉靖四十三年（公元1564年）、清乾隆四十四年（公元1779年）、清嘉庆十四年（公元1809年）和嘉靖四十三年（公元1564年）重修，在落实民族宗教政策后，成立民主管理委员会，聘任阿訇。2010年12月，清真北寺被中共中央统战部、国家宗教局评为“首届全国创建和谐寺观教堂先进集体”。至2015年，该寺已有400余年历史。北礼拜寺建筑规模宏伟，布局完整，风格独具，占地10000平方米，建筑面积2000平方米。寺院坐西朝东，由东向西其主体建筑为牌坊门、望月楼、礼拜大殿、殿后门楼等，排列在一条东西中轴线上，有两进院落，南北讲堂等对称建筑。2001年6月，被国务院批准为全国重点文物保护单位。

临清市清真东寺　位于临清市先锋路街道办事处桃园街，与北礼拜寺隔路相对，是临清三大名寺之一。临清清真东寺占地东西长62米，南北长38米，建筑面积2000多平方米。该寺始建于明成化元年（1465年），坐北朝南，四进院落，建筑布局“十”字形，建筑以东西排列的对厅、正殿、后殿、后门和南北排列的山门、垂花二门、穿厅、讲经堂等构成两条中心相交的中轴线，两中轴线相交处为一方丹墀，两旁对称排列有穿厅、讲经堂、备房、沐浴房等，共有殿、堂、厅70余间。主体建筑为前殿、后殿相连而成的正殿，正殿面阔20.07米，进深29.62米，殿内前、后殿由三拱门相通连。殿内梁坊结构凝重，金柱挺拔，阿文经字额匾、圆光、天花、壁画古朴典雅、清幽脱俗。殿顶四檐相接呈勾连搭式，后殿塔楼突起，攒尖顶部饰鎏金葫芦。山门、对厅雕梁画栋，彩绘斗拱，雀替雕刻剔透，造型优美生动，与正殿相映媲美，浑然一体。2001年6月，被国务院批准为全国重点文物保护单位。

临清市清真女寺　位于临清市先锋街道桃园街回族聚居区。始建于1924年，“文化大革命”期间被拆除，原址被用于街道橡胶厂。党的民族宗教政策落实后，清真女寺归还给穆斯林群众。1992年，重建大殿及配房。后因礼拜的穆斯林群众不断增多，2009年10月，三和纺织集团董事长宛秋生捐资近500万元对临清清真女寺进行扩建重建，2010年8月，竣工。扩建、重建后的清真女寺占地面积1100平方米，建筑面积693平方米，设牌坊门楼、大殿、南北讲堂、沐浴室等，是一所园林式四合院建筑。大殿高19.88米，进深24.32米，面阔17.24米，为大木起脊式，由前厦、中殿、后殿组成，采用勾连搭式构造，平面呈现长方形，塔楼起在中殿，形成中间高、两端低的格局，殿内开有天窗，以利于空气流通。女寺飞檐四挑，雕梁画栋，青砖碧瓦，光彩夺目。整个建筑吸收现代建筑元素，古朴大方，既具有鲜明的地方特色，又体现伊斯兰文化精髓。清真女寺重建后，落实各项规章制度，加强场所管理，积极开展“和谐宗教活动场所”创建活动。2011年，被评为山东省“和谐宗教活动场所”。

莘县张鲁清真寺　位于莘县张鲁回族镇，始建于元代。明永乐年间、嘉靖年间曾两次修复，清道光十四年（1834）重修。1994年，张鲁广大穆斯林群众捐资26万元翻建。该清真寺坐东朝西，有西门和南便门，西门为正门，塔楼式砖石结构，南便门为月亮门。寺院内有礼拜殿、南讲堂、东对厅及沐浴室。礼拜殿基高1米，阔5间，能容千人以上做礼拜。

莘县朝城清真寺　参见文化编第七章第三节“朝城清真寺”

冠县清真寺　至2015年，该清真寺阿訇1人，寺管会主任1人。除日常宗教活动外，该清真寺还设有回族查拳的学习场所，武师和该寺阿訇负责免费教授青少年学习查拳。（参见文化编第七章第三节西街清真寺）

冠县张尹庄清真寺　位于冠县清泉街道办事处张尹庄村，始建于明朝中期。清咸丰十年（1860年）被烧毁，此后教民捐助重修，“文化大革命”中遭受严重损坏。中共十一届三中全会后，政府和群众出资修葺清真寺。2009年，张尹庄清真寺在群众的捐助下进行大规模维修和扩建。清真寺现占地面积为2300余平方米，其中建筑面积占地1000余平方米。设有水房（礼拜前大、小净的地方）、大殿、阿訇住处等建筑房屋。至2015年，寺管会主任1人、阿訇1人，负责日常的宗教活动和礼拜讲经。

阳谷县张秋清真寺　位于阳谷县张秋镇。张秋镇原有3座清真寺，按其所处方位分别叫东寺、西寺、南寺。其中，东寺历史最长，相传马氏始祖于明弘治八年（1495年）从泰安迁居张秋，后家业昌盛，官运亨通，于是自筹资金修建这座清真寺。东寺大殿共81间。这座雄伟宏大的建筑，不幸于1940年农历二月二日被日本侵略军烧毁，除北讲堂尚残存外，其余全部化为一片瓦砾。只有两对石柱未毁，其中刻有清康熙六十年（1721年）山东巡抚李树德题写的一副楹联："道只一原岂有性天分物我，教无二致唯将忠孝答君亲"。张秋南寺是沙姓捐资修建的，为砖木结构，歇山转角式建筑，青砖绿瓦，雕梁画栋，巍峨高大，气宇轩昂，颇为壮观。另有3间南偏殿，3间东厢房，1间雕刻精细的大门。院内石桌、石凳、石鼓俱全，苍松翠柏，古色古香。至2015年，南寺保存尚完好，并有阿訇驻寺主持教务。张秋西寺是由展、李、王、蒋等姓27户平民筹资修建的，规模较小。

茌平县南关清真寺　位于茌平县城区南关村，由回民王冶始建于清光绪年间。"文化大革命"时期被毁。1986年，南关村回民王立正主持筹建，到1996年建成，礼拜大殿3间，南、北讲堂各3间，大门1间，占地0.8亩。2010年，按照茌平城市建设规划，南关清真寺选址新建。2011年4月破土动工，2012年1月建成。新清真寺占地面积1935平方米，建筑面积1000余平方米，坐西朝东，分为正门、南讲堂、北讲堂、礼拜大殿、沐浴室、生活办公区6个部分，功能齐全，设施完善。正门门楼单檐歇山，卷棚出厦，朱门铜饰，威严庄重。南、北讲堂古香古色，宏丽雅致。礼拜大殿为绿琉璃瓦、铜宝顶，飞檐四出，翼角轻举，蔚然壮观；顶棚置天花，地面铺地毯，可供300余名穆斯林群众集体礼拜。殿前月台宽敞，四周绕以汉白玉石栏。檐廊绘画精美，富于质感。寺内亮化硬化绿化，环境优美。整体建筑气势宏伟，布局严整，楼、台、亭、殿疏密得宜。

白庄清真寺　位于聊城市经济技术开发区北城街道白庄村，始建于明成化年间。2010年5月，开发区民族宗教办公室申请专项资金7万元进行修缮。修缮后的清真寺保留原建筑风格，可供200余名穆斯林群众集体礼拜。至2015年，有礼拜大殿3间，南、北讲堂各4间，大门1间，占地3000平方米。

二、教职人员

聊城市伊斯兰教教职人员在2007年前未作统计。2007年，聊城伊斯兰教教职人员68人，其中住寺阿訇40人、散班阿訇18人、海里凡10人。2015年，聊城市伊斯兰教教职人员57人、其中住寺阿訇44人、散班阿訇13人。

三、伊斯兰教协会

聊城市第一家伊斯兰教团体——临清市伊斯兰教协会于1989年成立。至2015年，聊城市共有伊斯兰教协会6家，分别是聊城市伊斯兰教协会、东昌府区伊斯兰教协会、临清市伊斯兰教协会、莘县伊斯兰教协会、冠县伊斯兰教协会、茌平县伊斯兰教协会。

临清市伊斯兰教协会　1998年2月，临清市伊斯兰协会进行第三次换届，并选举出会长、副会长和秘书长。2004年2月，临清市召开伊斯兰教第四次代表大会进行换届调整，选举产生第四届伊协领导班子，有名誉会长、会长、副会长、秘书长和副秘书长。

莘县伊斯兰教协会　2002年，莘县召开伊斯兰教第一次代表大会，成立莘县伊斯兰教协会，设名誉会长1名、会长1名、副会长3名、秘书长1名、委员15名。2006年8月，莘县召开伊斯兰教第二次代表会议，选举产生莘县伊斯兰教第二届领导班子。2013年6月，召开莘县伊斯兰教第三次代表会议，选举产生莘县伊斯兰教第三届领导班子，会长1人、副会长3人、秘书长1人。

冠县伊斯兰教协会　2003年，冠县成立县伊斯兰教协会。2009年，经县民政局进行登记。有会长1人、副会长3人、秘书长1人、副秘书长3人。

茌平县伊斯兰教协会　成立于2003年6月，有会长1人、副会长3人、秘书长1人。

聊城市伊斯兰教协会　2004年5月14日，召开聊城市伊斯兰教第一次代表大会，成立聊城市伊斯兰教协会。会议通过《聊城市伊斯兰教协会章程》，选举产生聊城市伊斯兰教第一次代表会议委员25名。经一届一次委员会选举，聊城市伊斯兰教第一届委员会会长1人、副会长8人、秘书长1人、副秘书长2人，后增补副秘书长2人。2014年7月，召开聊城市伊斯兰教第二次代表会议，选举出会长1人、副会长6人、秘书长1人。

东昌府区伊斯兰教协会　2004年8月27日，东昌府区伊斯兰教协会成立，选举出会长1人、常务副会长1人、副会长3人、秘书长1人、副秘书长1人。2007年4月，东昌府区伊斯兰教协会班子进行调整，调整会长1人、常务副会长1人、秘书长1人，后增设副秘书长1人。2013年9月，召开东昌府区伊斯兰教第三次代表大会，选举出会长、副会长和秘书长。

四、主要活动

聊城市伊斯兰教协会和各县（市、区）伊斯兰教协会负责对清真食品的生产厂家、外贸公司、私营工商户进行监制，凡进入市场的清真食品、副食品、调料、糕点、保健药品、清真肉类食品等均属监制范围。2004年，聊城市经市、县伊斯兰教协会监制的清真食品企业20余家。2009年，聊城推选2名阿訇参加山东省第三届“卧尔兹”演讲比赛，获得三等奖和优秀奖。

1997—2015年，经伊斯兰教协会办理自费朝觐24人。

1997—2015年聊城市伊斯兰教寺院、团体、教职人员分布表

表35-33

县（市、区）	清真寺数量（个）			团体组织（个）			教职人员（人）		
	1997年	2007年	2015年	1997年	2007年	2015年	1997年	2007年	2015年
东昌府区	6	7	5	0	1	1	7	7	7
临清市	11	13	13	1	1	1	13	21	16
冠县	9	10	10	0	1	1	9	—	9
莘县	5	6	7	0	1	1	3	—	7
阳谷县	3	3	3	0	0	0	6	—	3
东阿县	0	—	0	0	0	0	2	—	—
茌平县	2	2	2	0	1	1	—	—	3
高唐县	2	2	2	0	0	0	2	—	2
开发区	0	—	2	0	0	0	—	—	4
高新区	0	—	0	0	0	0	—	—	—
度假区	0	—	0	0	0	0	—	—	—

第四节　天主教

一、活动场所

中共十一届三中全会后，党的宗教信仰自由政策得到进一步落实，天主教活动逐步开展。1997年，全市依法登记天主教活动场所27处、神甫5人。2000年，聊城市天主教由阳谷教区和临清教区合并为聊城教区。2007年，全市依法登记天主教活动场所35处、教职人员25人（其中主教1人、神甫6人、修女18人），信教群众6905余人。至2015年，全市依法登记天主教活动场所33处、教职人员48人（其中主教1人、神甫9人、修女38人）。

全市依法登记的33所教堂为天主教活动场所。教堂经济为自给自足，经济来源主要依靠教徒奉献，主要用于日常事务开支及教职人员的生活费用。境内比较著名、影响较大的天主教堂有

东昌府区南关天主教堂、临清城区天主教堂、莘县朝城天主教堂、茌平马沙天主教堂、阳谷县坡里天主教堂、开发区华山路天主教堂、前姜天主教堂。

东昌府区南关天主教堂　始建于清光绪三十二年（公元1906年），距今已有100余年的历史，由荷兰人马利诺神甫在聊城南关街建成。教堂原有房屋数十间，占地面积1300平方米，其中建筑面积632平方米。教堂是个大四合院，坐西朝东，教堂大门上装饰着十字架，镶有一石匾，石匾宽近1米，长2米左右，石匾中央刻着“天主堂”3个镀金大字，大字左侧雕刻有“光绪三十二年岁次丙午立”字样，右侧雕刻有“天主降生一千九百零六年”字样。从大门进去，院子的两侧有两排房屋，北侧两间青砖是最早建教堂时留下的，正西面是做礼拜的大教堂，是后来重建的，南北长66米，东西宽17米，高40米，建筑面积1100平方米，可同时容纳1500人。2010年，在市重点项目龙堤的开发项目建设中，教堂予以拆除并在原址重建。

临清市城区天主教堂　位于临清市先锋街道大寺街。2000年，为切实解决城区天主教信教群众无宗教活动场所的实际问题，临清市政府本着尊重历史、照顾现实的原则，落实临清一中占用的天主教房产，采取房产置换的方式，将撤并的临清市城区原第二小学的部分房地产划归临清天主教爱国会使用。2002年8月，山东省宗教局批准同意临清天主教爱国会修建教堂1座。临清市城区天主教堂于2004年下半年开工修建，2005年5月竣工，为二层中欧式建筑。教堂总占地面积1440平方米，建筑面积320平方米，可同时容纳500余人参加宗教活动。2009年，临清城区天主教堂被评为“山东省和谐宗教活动场所”。

莘县朝城天主教堂　位于莘县朝城镇南街，占地面积7200平方米，建筑面积1200平方米。始建于1907年，1944年竣工。原有礼拜堂、钟楼各1座，附属房屋66间。1947年，教堂由政府接管，由冀鲁豫行署第九专署使用。1948—1956年，分别由南峰县、观城县、朝城县历届县委及公安局、武装部、监狱及莘县农校使用。1960年，朝城区接管，后为朝城镇办企业使用。1985年后，陆续落实朝城天主教堂的房产。现礼堂、门楼尚存，有南院平房数间及北院平房10间，钟楼1座。

茌平马沙村天主教堂　位于茌平县振兴街道马沙村，始于清光绪三十二年（1906年），由德国神父主持建造。“文化大革命”期间被毁。1995年，由神甫王世光及教友建教堂4间、东屋4间。2010年3月，茌平县天主教爱国会主任刘长奎发动教友集资8万余元，扩建教堂为5间，全面修缮房顶、钟楼、地面、圣像等设施。马沙村天主教堂气势宏伟，古朴典雅。半圆拱形大门线条流畅，庄重而朴素，两侧各耸立一座钟塔，塔身高21.8米，塔内悬有大钟，钟乐鸣奏，声传数里之外。

阳谷坡里天主教堂　参见文化编第七章第三节“坡里教堂”

开发区华山路天主教堂　位于聊城经济技术开发区华山路中段，是解决城区天主教白衣堂房产遗留问题而异地置换而建。始建于2006年，占地6000余平方米。教堂长35米，钟楼高40余米，宽18米，哥特式建筑，建筑面积700平方米，能同时容纳1000余人。教堂内设施齐全，环境幽雅、自然，外观干净简洁，每年这里都举行圣诞节、复活节等天主教的庆典，是广大天主教徒朝拜的理想之所。教堂东附设中华圣母院，教堂南侧建有三层办公楼，是聊城市天主教爱国会办公驻地及教职人员宿舍。

开发区前姜天主教堂　位于聊城经济开发区韩集乡前姜村，始建于2008年，占地1660平方米。教堂长25米，宽11米，能同时容纳500余人。教堂内设施齐全，环境幽雅、每年都举行圣诞节、复活节等天主教的庆典，是周围广大天主教徒朝拜的理想之所。

二、教职人员

1997年，聊城地区共有神甫5人。2007年，教职人员25人（其中主教1人、神甫6人、修女18人），信教群众6905余人。至2015年，全市依法登记天主教教职人员48人（主教1人、神甫9人、修女38人）。

三、天主教爱国会

聊城市天主教爱国会，是聊城市天主教徒自愿结成的奉行独立自主自办原则的爱国宗教团体（聊城市第一家天主教教团体是临清市天主教爱国会，成立于1985年）。至2015年，聊城市共有天主教爱国会6家，分别是聊城市天主教爱国会、东昌府区天主教爱国会、临清市天主教爱国会、莘县天主教爱国会、阳谷县天主教爱国会、茌平县天主教爱国会。聊城市天主教爱国会自成立起，始终高举爱国爱教的伟大旗帜，坚持独立自主、自办教会的方针，认真贯彻落实党的宗教信仰自由政策，充分发挥桥梁纽带作用，协助教会积极落实房地产。

聊城市天主教爱国会及聊城教区民主管理委员会 原称“聊城地区天主教爱国会”，成立于1994年9月，第一届主任1人、副主任4人、秘书长1人、副秘书长2人。根据聊城地区爱国会章程，1999年12月，举行换届选举，召开第二次代表大会，聊城地区天主教爱国会更名为“聊城市天主教爱国会”，同时成立“聊城教区民主管理委员会”，制定聊城市天主教爱国会章程会议选举产生聊城市天主教爱国会主要领导成员和聊城教区民主管理委员会主要领导成员。民主选举出聊城教区（由阳谷县教区、临清教区组成）正权主教、主任、副主任和秘书长。聊城教区民主管理委员会主任、副主任、秘书长。聊城市天主教第三次代表会议于2014年7月22日召开。

东昌府区天主教爱国委员会 1999年年底，东昌府区召开天主教第一次代表大会，成立东昌府区天主教爱国会，选举主任1人、副主任2人、秘书长1人。由于天主教聊城教区内神职人员的变动，2005年8月，根据民主推荐和东昌府区天主教代表会议的选举，对东昌府区天主教爱国会领导班子进行充实调整。2013年7月，东昌府区天主教爱国会第二届代表大会召开，选举产生天主教爱国会第二届领导班子。

临清市天主教爱国会 1999年12月，临清市召开天主教第二次代表大会进行换届，选举出主任1人、副主任兼任秘书长1人、副主任1人、委员3人。2005年11月，临清市召开天主教第三次代表大会，选举名誉主任2人、主任1人、副主任2人，秘书长1人、委员4人。2013年4月，临清市天主教召开第四次代表会议，经选举，原班子成员获连任。

莘县天主教爱国会 1999年12月，莘县天主教爱国会成立。选举出主任、副主任和秘书长。2004年12月，莘县召开天主教第二次代表大会，进行换届调整。2013年7月，莘县召开天主教第三次代表大会，进行换届调整。

茌平县天主教爱国会 1999年12月，茌平县召开天主教第一次代表大会，选举主任1人、副主任2人、秘书长1人、委员1人。2012年，茌平县天主教爱国会进行换届调整。2013年5月，召开茌平县天主教爱国会第二次代表大会，换届选举新一届领导班子。

阳谷县天主教爱国委员会 1999年12月，阳谷县召开天主教第一次代表大会，成立阳谷县天主教爱国会，选举主任1人、副主任2人、副会长兼任秘书长1人，县爱国会由1名副会长负责教务，1名副会长负责财务。2007年后，1名副会长调离阳谷，教务由1名神甫管理。2013年5月，阳谷县天主教爱国会第二次代表会议召开，会议选举产生阳谷县天主教爱国会第二届委员会。

第五节　基督教

一、活动场所

1997年，全市依法登记基督教活动场所214处、牧师1人。2007年，全市依法登记活动场所331处、团体组织8个、牧师11人、长老7人，信教群众4.8万余人。至2015年，全市依法登记活动场所367处，团体组织12个，牧师12人、长老8人。全市重点教堂有：聊城双街基督教堂，临清市城区基督教堂，莘县朝城基督教堂，茌平县冯屯镇前赵村基督教堂，阳谷基督教堂。

聊城双街基督教堂 位于东昌府区山陕会馆北邻、古运河西岸，是市基督教“三自”爱国运动委员会直属教堂、聊城市重点文物保护单位。教堂由原美国传教士于清光绪三十四年（1908）购建，坐西面东，临河而建。是年，原美国通圣会传教士陶纯嘏牧师及牧琳爱（后定居阳谷刘庙村）的父亲牧鸿恩等人购地120亩，历经10年，建成容纳千人的双层木质教堂1座、西式牧师楼2座、中式牧师楼3座、平房160余间，形成较大规模的传教基地，并在此建立聊城基督教“通圣会”总会，牧师陶纯嘏任第一任会长。聊城解放后，教堂和牧师楼由聊城第一中学接管并占用。教堂主楼为二层楼房，两侧分别为三层的望楼和四层的钟楼。牧师楼位于教堂北侧，为三层城堡式建筑，平顶拱形窗，为原圣职人员居住场所。该教堂是鲁西地区保存较为完整的教堂建筑，建筑材料采用中国传统的青砖，上覆红瓦，建筑形式“中西合璧”，风格独特，有较高的文物和观赏价值。2000年6月，市政府印发《聊城市人民政府办公室关于双街基督教房地产有关政策问题的通知》，明确将聊城一中占用基督教堂和牧师楼归还市基督教“三自”爱国运动委员会（筹委会），教堂至牧师楼区间的管理、使用和建设由市基督教“三自”爱国运动委员会（筹委会）负责，至此双街基督教堂房产全部落实。

临清市城区基督教堂 位于临清市青年街道福德街。临清市基督教原有房地产3处，分别被聊城市第二人民医院、临清市武装部、针织厂所占用。党的宗教房地产政策落实后，经过临清市委、市政府与有关占用宗教房产单位的协调联系，于2002年达成协议：3家单位共补偿基督教40万元。此后，临清市基督教“三自”爱国运动委员会将原临清市第四粮店以39.8万元购买下来，并开始筹划建设教堂。由聊城市建筑设计院设计，2004年10月26日，举行奠基典礼。2005年12月，临清市城区基督教堂于竣工。为集礼拜堂、办公室、灵修堂、会议室于一体的4层综合楼，建筑面积1172平方米，礼拜堂可同时容纳1000余人。

莘县朝城基督教堂 位于莘县朝城镇，建于1917年，占地面积8775平方米，建筑面积1200平方米。解放后，由中共莘县县委党校占用，后由朝城镇政府购买。2001年9月，莘县人民政府落实宗教房产，把该教堂落实给莘县基督教“三自”爱国运动委员会，颁发宗教活动场所登记证。至2015年，有礼堂和钟楼各1座，房屋多间。

茌平县冯屯镇前赵村基督教堂 位于茌平县冯屯镇前赵村，是茌平县“三自”爱国运动委员会的办公驻地，也是茌平县1500余名基督教信教群众宗教活动、培训的主要场所。2008年，茌平县民宗局协调有关部门划拨建筑用地，县基督教“三自”爱国运动委员会筹集资金40余万元，建设高标准的主教堂7间、更衣室1间和偏房6间。主教堂宽12米、长28米、高5米，是典型的礼堂式建筑，宽敞明亮，可容纳700余人同时聚会或举行活动，能够满足基督教信教群众宗教活动的需求。2009年，获山东省宗教局授予“和谐宗教活动场所”称号。

阳谷基督教堂 位于阳谷县城西侧、育才街西首路南。建筑占地面积720平方米，坐东朝西，前面是二层欧式小楼，后面是砖混结构的大瓦房，是一座现代建筑与古典建筑相结合的建筑物。为落实被学校占用的基督教房产，2003年4月，阳谷县政府采取异地补偿的方式，在阳谷县棉油一厂旧址建设。教堂建成于2007年，内设讲台40平方米，会众席采用大联椅，配有钢琴、空调等设施，能同时容纳1000人做礼拜，满足了广大信教群众的需求。

二、教职人员

1997年，聊城地区只有基督教堂牧师1人。2007年，聊城市共有基督教堂教职人员21人，其中牧师13人、长老8人。至2015年，全市共有基督教堂教职人员20人，其中牧师12人、长老 8 人。

境内基督教组织成立后，不定期举办奋兴会或培灵会，提高信徒整体素质，并利用冬闲时节到各县（市）开展培训工作。2003 年 9 月，聊城市基督教讲师团成立，牧师李全新任团长，每年冬闲时节，分赴各县（市、区）开办短期培训班，重点培训各堂点负责人、讲道人与义工。2004 年 7 月，市“三自”组织成立后，每年由市“三自”统一调配师资、安排课程分赴各县（市、区）进行培训工作。2004 年、2005 年、2007 年、2011 年，先后举办神学思想建设培训班、研讨会，邀请省两会牧长指导、授课。自 20 世纪 80 年代始，境内基督教组织积极选送有志青年到国家设立的正规宗教院校中接受培训。2004—2014 年，全市有神学毕业生 5 名、在校生 13 名，按立了 12 位牧师、7 位长老，在一定程度上缓解了教牧力量不足的问题。2009—2015 年，全市举办传道员培训班 9 期，考核合格后予以认定备案。2007 年，市“三自”直属堂为规范管理，明确责任分工，成立“堂委会”，并制定相应的制度、规定。2008—2015 年，市“三自”相继制定《教牧人员管理制度》《安全管理制度》《聊城市基督教冬季义工培训班教师管理暂行办法》等，为全市教会逐步实现制度化、规范化管理提供了依据。

三、基督教三自爱国运动委员会

基督教三自爱国运动委员会，是基督教徒自愿结成的奉行自治、自养、自传的爱国爱教组织。至 2015 年，聊城市共有基督教爱国宗教团体 11 个：聊城市基督教三自爱国运动委员会、东昌府区基督教三自爱国运动委员会、临清市基督教三自爱国运动委员会、莘县基督教三自爱国运动委员会、冠县基督教三自爱国运动委员会、阳谷县基督教三自爱国运动委员会、东阿县基督教三自爱国运动委员会、东阿县基督教两会、茌平县基督教三自爱国运动委员会、高唐基督教三自爱国运动委员会、聊城经济技术开发区基督教三自爱国运动委员会。

聊城市基督教三自爱国运动委员会 聊城市基督教徒自愿结成的奉行自治、自养、自传的爱国爱教组织。2004 年 7 月，召开聊城市基督教第一次代表会议，成立聊城市基督教三自爱国运动委员会。会议通过《聊城市基督教三自爱国运动委员会章程》，选举主任 1 人、副主任 7 人、副会长兼秘书长 1 人。2014 年 7 月，聊城市基督教第二次代表大会召开，参加代表 36 人。会议通过《聊城市基督教三自爱国运动委员会章程》修改提案，选举出主任、副主任和秘书长。

东昌府区基督教三自爱国运动委员会 1999 年，东昌府区基督教三自爱国运动筹备委员会正式成立，有主任 1 人、副主任 2 人、秘书长 2 人。2004 年 8 月，区基督教三自爱国运动筹备委员会领导班子进行调整。2013 年 7 月，召开东昌府区基督教第一次代表会议，成立东昌府区基督教三自爱国运动委员会。会议通过《东昌府区基督教三自爱国运动委员会章程》，选举主任 1 人、副主任 3 人、副会长兼秘书长 1 人。

临清市基督教三自爱国运动委员会 该组织最初是 1956 年经牧师彭百祥倡议决定成立的，以“自信、自传、自养”和爱国为方针。中共十一届三中全会后，全国基督教会恢复活动，部分教产归还教会。1982 年，临清“三自爱国运动委员会领导小组”成立，并得到山东省基督教三自爱国运动委员会的承认。1998 年 1 月，进行换届选举。

莘县基督教三自爱国运动委员会 2001 年，在民政局登记备案。2006 年，莘县基督教三自爱国运动委员会进行换届调整。2013 年 8 月，莘县基督教第二次代表大会召开，会议通过《莘县基督教三自爱国运动委员会章程》，选举主任 1 人、副主任 5 人、副会长兼秘书长 1 人。

冠县基督教三自爱国运动委员会 2010 年，冠县基督教三自爱国运动委员会换届，设常委 9 人、委员 15 人，选举出主任、副主任、秘书长（兼任）、副秘书长和常务委员。2010 年 11 月，冠县基督教三自爱国运动委员会依法进行社团登记，并制定团体章程。

阳谷县基督教三自爱国运动委员会 2013

年 7 月，阳谷县基督教第一次代表会议召开，成立阳谷县基督教三自爱国运动委员会。会议通过《阳谷县基督教三自爱国运动委员会章程》，选举出主任 1 人、副主任 2 人、秘书长 1 人、副秘书长 1 人、委员 3 人。

东阿县基督教“两会” 包括东阿县基督教三自爱国运动委员会和东阿县基督教协会。2013 年 4 月，东阿县基督教第一次代表会议召开，成立东阿县基督教三自爱国运动委员会和东阿县基督教协会。会议通过《东阿县基督教三自爱国运动委员会章程》《东阿县基督教协会章程》，选举出主任、会长，副主任、副会长，秘书长、总干事，委员。

茌平县基督教三自爱国运动委员会 2003 年 10 月，成立茌平县基督教三自爱国运动委员会，选举主任 1 人、副主任 2 人、秘书长 1 人。2013 年 5 月，茌平县基督教第二次代表大会召开，会议通过《茌平县基督教三自爱国运动委员会章程》修改提案，选举出新的会长、副会长和秘书长。

高唐县基督教三自爱国运动委员会 1998 年 12 月，高唐县基督教召开第一次代表会议，成立高唐县基督教三自爱国运动委员会。会议通过《高唐县基督教三自爱国运动委员会章程》，选举主任、副主任。2004 年换届，选举出第二届三自爱国运动委员会主任、副主任和任秘书长。2013 年 5 月，高唐县基督教第三次代表大会召开，成立高唐县基督教协会，会议通过《高唐县基督教三自爱国运动委员会章程》，会议选举主任、会长，副主任、副会长，三自秘书长，协会总干事。

聊城经济技术开发区基督教三自爱国运动委员会 2015 年 1 月，召开聊城经济技术开发区基督教第一次代表会议，成立聊城经济技术开发区基督教三自爱国运动委员会。会议通过《聊城经济技术开发区基督教三自爱国运动委员会章程》，选举主任、副主任和秘书长。

四、主要活动

自身发展和对外交流 1997 年春，刘圣民在济南经四路教堂按立为长老。2004 年 2 月，聊城市基督教举行首次神学思想建设研讨班。2009 年 5 月，市“三自”爱委会接受青岛郝丽华同工为东昌府区周庄教会建设捐赠的 11 万元人民币；是年 8 月，国际联合圣经公会贺女士（新加坡籍）一行 2 人访问聊城市，赠送高唐县 600 本 64 开本圣经；10 月，韩国监理会北川地方教会牧师李龙根一行 8 人访问聊城市。2013 年 6 月，聊城市基督教会组织成员到临沂市罗庄区、枣庄市台儿庄区、德州市齐河县三地参观学习；9 月，潍坊市基督教两会，访问聊城市基督教会，学习交流教会牧养及诗班管理等方面的先进经验；12 月，聊城市双街基督教堂被山东省宗教局评为“山东省和谐宗教活动场所‘示范窗口’”。2014 年 6 月，威海市基督教两会成员到聊城基督教会参观学习。2015 年 4 月，美国口袋圣经协会参访团到聊城市基督教会参观、访问；7 月，聊城市基督教“三自”爱国运动委员会主任牧师李全新赴香港中文大学崇基神学院学习；9 月，联合圣经公会中国事工部的符玉莲、曾秀玲、张丹丹访问聊城市，赠送给培训中心 120 套图书。

社会公益活动 1998 年，全市基督教会为洪涝灾区捐款 55681.50 元，衣被 5036 件，鞋子 100 双。2004 年 12 月，聊城市双街基督教堂为印度洋地震海啸捐款 6000 余元。2008 年 5 月，聊城市双街基督教堂通过聊城市红十字会为汶川地震灾区捐款 32268.6 元，获“聊城市红十字会捐赠证书”。2010 年 4 月，聊城市双街基督教堂通过聊城市红十字会为青海玉树地震灾区捐款 2058 元，被授予“聊城市红十字会捐赠证书”。2012 年 8 月，聊城市基督教会在慈善周期间到聊城市福利院慰问孤寡老人，并为他们送去价值 4200 元的高档内衣 140 件。2014 年 8 月，市基督教“三自”爱委会到高唐县伯特利爱心老年公寓慰问老人，送上价值 6000 元的衣服、床单、被罩。2015 年 8 月，举办“心系塘沽献热血，播撒真爱暖人间”为灾区无偿献血和捐款活动，共为塘沽爆炸灾区募捐 8988.6 元，17 人爱心献血 6800 毫升。

爱国活动　1999 年 9 月，全市各基督教堂点以贴标语、举行座谈会的方式，庆祝中华人民共和国成立 50 周年。2009 年 10 月，聊城市基督教会举行“庆祝中华人民共和国成立 60 周年华诞”感恩崇拜。2011 年 7 月，市“三自”举行爱委会“庆祝建党 90 周年”活动。2015 年 3 月，聊城市基督教“三自”爱国运动委员会主任、牧师李全新参加《山东统一战线史（聊城卷）》编撰工作；8 月，聊城市基督教三自爱国运动委员会举办“铭记历史，共祝和平”纪念抗日战争暨反法西斯战争胜利 70 周年纪念活动。

第六节　宗教事务管理

一、宗教活动场所管理

1997 年，聊城地区登记的宗教活动场所 280 处。2002 年，聊城市有宗教活动场所 361 处，临时登记场所有 8 处，宗教团体 20 个。2004 年，全市共有依法正式登记的活动场所 397 处、临时登记的 11 处、暂缓登记的 2 处。2005 年，《宗教事务条例》和《宗教活动场所设立审批和登记办法》发布施行。2006 年，全市 420 处宗教活动场所全部更换宗教活动场所登记证。2007 年，聊城市有宗教活动场所 420 处，宗教团体 29 个。2009 年后，全市宗教工作系统以规范化管理宗教活动场所为抓手，开展“和谐宗教活动场所”创建活动，按照爱国爱教、遵纪守法，组织健全、制度完善，管理有序、教务规范，安全整洁、环境优美，服务社会、投身公益的标准，利用 5 年时间，使全市 400 余处宗教活动场所基本全部达到规范化建设要求。至 2015 年年底，聊城市经登记的宗教活动场所共 458 处，宗教团体 32 个。获国家宗教局命名的“和谐宗教活动场所”1 处、省宗教局命名的“和谐宗教活动场所”58 处、市民宗局命名的“和谐宗教活动场所”115 处。

二、教职人员和宗教团体管理

1997 年，聊城地区教职人员数量较少，没有进行统一管理。2002 年，全市宗教教职人员 83 人。2007 年，全市教职人员 105 人。2009—2012 年，基督教举办培训班 9 期。2012—2015 年，按照“政治上靠得住，学识上有造诣，品德上能服众，关键时刻用得上”的标准，市民宗局配合省伊斯兰教协会、佛教协会、基督教两会、天主教两会等全省性宗教团体对需认定、备案的宗教教职人员采取考试、评议、考核等方式严格进行把关，做好教职人员备案工作。至 2015 年年底，聊城市有教职人员 161 人，其中经全省性宗教团体认定的教职人员天主教 46 人、基督教 18 人、伊斯兰教 79 人、佛教 16 人、道教 2 人。担任省天主教两会秘书长和省佛教协会副秘书长各 1 人。

聊城市宗教团体的登记管理机关为民政部门，业务主管机关宗教事务部门。2008 年，市民宗局指导市、县宗教团体建立会长（主席）办公会议、重大事项报告、定期学习、财务管理、外来人员接待等各项制度，并对宗教团体班子进行年度考核。2010 年，东昌府区、临清市、高唐县等开始对宗教团体进行年度目标管理考核。

1999—2015 年聊城市批准登记的宗教团体表

表 35-34　　　　单位：个

类别	市			县			总计		
	1999 年	2004 年	2015 年	1999 年	2004 年	2015 年	1999 年	2004 年	2015 年
天主教	2	2	2	5	5	5	7	7	7
基督教	0	1	1	6	7	11	6	8	12
伊斯兰教	0	1	1	3	5	5	3	6	6
佛教	0	0	0	2	2	6	2	2	6

续表 35-34

类别	市			县			总计		
	1999 年	2004 年	2015 年	1999 年	2004 年	2015 年	1999 年	2004 年	2015 年
道教	0	0	0	0	0	1	0	0	1
总计	2	4	4	16	19	28	18	23	32

第六章 民 俗

聊城市历史悠久，人民质朴，民风淳厚，民俗文化积淀十分丰富。民俗文化资源具有典型的地方特色和较高的研究价值。因京杭大运河穿境而过，在聊城形成多处著名商埠，地理位置优越、南北商物交流频繁。域内外文化的碰撞，民族的融合，在聊城形成了地方味十足的生活习俗、节庆习俗、礼仪习俗及信仰习俗等。1997—2015 年，随着时代的进步和经济的发展，聊城当地的习俗也遭遇到社会多元文化的影响和冲击。一部分民风民俗正在悄悄地改变，一部分正在慢慢淡出人们的生活视野，一部分具有聊城地方特色的习俗也正在被现代意识所取代。

第一节 生活习俗

一、饮食

日常饮食 1997 年后，随着生活水平的提高，聊城人的日常饮食标准也得到很大提升。日常饮食主要以馒头、米饭、面条、稀饭为主；副食则以菜蔬、蛋类、豆类、肉类、鱼类、海鲜等相辅。居民偶尔也食用一些昆虫类，如知了猴、蝉、蝗虫、蟋蟀、蝎子、豆虫等。特色小吃有临清烧卖、茌平马蹄烧饼、魏氏熏鸡、朝城水饺、琉璃丸子、孟家包、冠县酥肉、武大郎烧饼、沙镇呱嗒、高唐豆腐脑、潘佳驴肉、馓子、罗汉饼等。

境内用餐习惯一般为一日三餐。早餐多在上午 9 点前，主要有包子、馒头、油条、面条、面包、煎饼果子、呱嗒、鸡蛋、咸菜、豆腐脑、牛奶、豆汁、八宝粥、胡辣汤等。城市、乡镇街边都有不少早餐点，满足上班族的需要，随着生活节奏加快，在外就餐人数越来越多。

午餐多在中午 11 点半至下午 1 点左右，主食主要有馒头、包子、面条，副食主要为菜蔬及鱼、肉、海鲜。菜蔬主要有白菜、萝卜、菠菜、油菜、卷心菜、芹菜、莲藕、黄瓜、西红柿、韭菜、冬瓜、南瓜、玉米、花生、土豆、西葫芦、菜花、西蓝花、青椒、茄子、洋葱、地瓜、芋头、甘蓝、蒜薹、蒜黄、苦瓜、丝瓜，以及各种豆类及菌类等；鱼、肉及海鲜主要有草鱼、鲶鱼、鲤鱼、带鱼、甲鱼、黄花鱼、蟹、虾、猪肉、羊肉、牛肉、鸡肉、鸭肉、鹅肉、鸽子肉等。大部分居民在家中吃午餐，不少上班族在单位餐厅或快餐店、饭店吃午餐，也有不少人喜欢中午在酒店等场所请客聚餐。21 世纪初，随着

莘县古城肉锅饼 （2015 年摄）

阳谷蒸碗 （2014年摄）

电子商务的兴起，境内兴起不少外卖店，顾客可以通过网络或手机微信等方式订餐，再由送餐员快递至家中，境内有百度外卖、美团外卖、饿了么等多家外卖公司。晚餐主要在晚上6点至8点左右，对不少家庭而言，大人们下班或农活归来、小孩子放学回家，全家人聚在一起吃晚餐，成为全家人享受天伦的时刻，故样式比较丰富。近几年，不少人接受了新的健康养生理念，讲究晚餐少吃，以清淡为主。大部分家庭午餐与晚餐的准备无多大差别，午餐一般讲究快捷，制作较为费时的水饺、馄饨、蒸菜、炖菜等一般放在晚餐。家庭用餐的菜品，城镇要丰富一些，每家每顿一般有2～4个，外加1个汤；农村则简单一些，一般有1～2个，外加1个汤；具体情况因家庭经济水平和饮食习惯而异。

20世纪90年代，国外洋快餐逐渐进入聊城，包括肯德基、麦当劳、必胜客、德克士等品牌。这些快餐店适应了当今生活快节奏的需求，并带来与传统中餐截然不同的饮食文化，迅速被年轻人所接受。店内出售的汉堡、炸鸡、色拉水果、可乐等快餐食品深受年轻人喜爱，许多儿童在父母陪伴下也成为消费主力之一。与之同步的，西餐也被作为时尚而被推崇，年轻人相亲、恋爱越来越多选择西餐店，用红酒、牛排、鲜花来烘托浪漫的氛围。此外，日韩菜系也深受欢迎，如韩国烧烤、日本料理等。现在社会崇尚多元化，一切具有异国情调的饮食均被推崇为社会时尚，如意大利比萨与面条、印度甩饼、巴西烤肉等。面对西餐的进入，中式快餐也迅速崛起，较有名的品牌如李先生、永和豆浆等，聊城当地品牌有神圣山羊、金龟、品味非凡等，相对西餐而言，中餐优势在于物美价廉。在聊城，每个县（市、区）都有美食或小吃一条街，提供除本土外的国内其他地区的风味小吃，如西安拉皮、兰州拉面、重庆小面、云南米线、成都担担面、杭州小笼包、新疆羊肉串、武汉周黑鸭等。这些小吃物美价廉，能满足各种人群的口味需求，深受年轻人的喜爱。

在饮料上，传统的白酒、啤酒、汽水、茶水等已远不能满足年轻人的需求。现在洋酒、咖啡、可乐已成为新的时尚。在聊城比较大的酒吧如缪斯、班卓音乐、菲林、木吉他、爵色等，均提供各种洋酒，著名品牌有马爹利、人头马、纤尼诗、芝华士、法拉帝、桃乐丝、拉菲等。在店内品酒、听音乐成为年轻人休闲的新时尚。咖啡馆环境优雅安静，节奏缓慢，非常适合朋友、情侣、生意伙伴聊天洽谈，深受年轻人喜爱。聊城较大的咖啡馆有上岛、班禾、两岸等，提供的著名咖啡品牌有雀巢、哥本哈根、克莱士、上岛等。此外国外啤酒与可乐也是现在较为流行的饮料，啤酒如百威、嘉士伯、喜力等，可乐有可口可乐、百事可乐等。

烧烤是中国传统的一种烹饪方式，在聊城20世纪末随着私家车的增多，野外烧烤悄然成为一种新的饮食时尚。每逢周末或节假日，许多市民自买便携式烤炉，携带木炭、铁签、食材、啤酒及各种调料，约上亲友自驾到郊区或野外，自己动手烧烤。在聊城市城区比较常见的地方是徒骇河或小湄河等河边地带，烧烤种类除肉类外，还有面筋、豆皮、茄子、蘑菇、韭菜、玉米、香蕉等。野外烧烤可以放松心情、增进亲情、友情，但随意的烧烤也造成空气污染及火灾等安全隐患，因此卫生部门多次明令禁止露天烧烤。

与传统中国人围坐而食不同的是，进入21世纪后用餐方式崇尚自助餐与AA制。自助餐是西方的一种用餐方式，店家将预先做好的凉、热菜及水果、饮料等摆好放在食台上，消费者根据自己需求自由取拿。自助餐因样式丰富、价格实惠深受欢迎，成为用餐新时尚。聊城较大或较受欢迎的自助餐厅有汉丽轩、皇家5号、帝豪、机器人等，不少酒店也提供自助餐，如阿尔卡迪亚、中银、昌润、清泉、鑫瑞大酒店等，样式有自助火锅、自助烧烤、自助海鲜等。自助用餐虽然方式较为灵活，满足不同人口味，但也有不少消费者食用过于随意，容易造成不小的浪费。

节日饮食　相比日常饮食而言，境内逢年过节饮食则要丰盛一些，尤其是春节，家家都要提前几天准备。对比日常饮食，节日饮食主要增加了鱼、肉、海鲜和平日较少吃的蔬菜如莴苣、芦笋、高档菌类等。肉、鱼、海鲜类较多的有猪肉、牛肉、羊肉、鸡肉、鸭肉、甲鱼、各类海鲜和高档鱼类等。但随着生活水平的提高，肉蛋蔬菜日常的供应逐渐普遍，因此节日饮食和日常饮食的差距也在逐渐缩小。进入21世纪后，不少家庭节假日选择预订饭店或电话叫菜送上门，也有一些选择外出旅游，去当地特色美食店或农家乐品尝农家饭。在农村，主要是表现在鱼、肉、海鲜的集中增加上。

节日期间，境内居民喜欢家人或友人聚集在一起会餐，饮酒、饮茶成为聚餐或宴席的必备品。平日一般饮用当地的普通白酒如东昌老窖、景阳冈酒、孟尝君酒、卫河王酒、东阿王酒、雁宾酒等，茶叶有茉莉花茶、铁观音、普洱等。部分经济条件较好的家庭一般以中高档酒茶为主，像四川、贵州、江苏等省份比较有名的白酒，如泸州老窖、舍得、国窖1573、茅台等，云南、福建、浙江等省份有名的茶叶都会出现在饭桌上。注重生活情调的家庭则一般饮用红酒或国外洋酒。啤酒则与日常变化不大，一般饮用哈尔滨、青岛、燕京、雪花、纯生等品牌。妇女与儿童一般饮用可乐、果汁或酸奶。

待客饮食　境内居民有着山东人热情好客的特质，一般亲朋好友前来拜访，大都留下吃饭。一般熟客招待主要在家中，重要的或初识的客人或在家招待，或去饭店就餐。近年来，在饭店待客的越来越多。从家中饮食的招待看，一般是菜品的花样比平时多一些，数量一般为偶数，多为6个或8个，少数为10个。

菜品样式一般由冷菜、热菜、汤菜组成。冷菜一般为凉拌或去超市、市场现买的炸货、熟食等，凉拌有拌黄瓜、苦菊、猪耳朵、花生、豆皮等；炸货有藕盒、茄盒、炸鱼、炸虾、炸猪肉等；熟食有豆干、香肠、卤牛肉、卤猪肉、猪下货、烧鸡、熏鸡、烤鸭等。热菜一般为家常蔬菜，荤素搭配，构成基本为青菜、蛋类、肉类、海鲜等，一般会有鱼，将鱼头朝向客人，表达对客人的尊敬。汤菜一般为西红柿鸡蛋汤、紫菜蛋花汤。主食主要有馒头、面条、米饭等。

宴席　境内居民逢结婚、生日、过寿、孩子升学、丧葬、各周年等大事时，一般会举办大的宴席。宴席的宾客较多，菜品的数量与档次相对要求较高，具体以各家的经济条件有所差异。进入21世纪后，无论城乡已很少在家中准备宴席，大多选择去饭店预定，尤其一些名气较高的饭店，更是需要提前数天或数周甚至数月预定。在聊城市区较为有名的饭店有阿尔卡迪亚、中苑、昌润、新开、恒泰、东昌、昆仑、凯旋宫等，一般各区县都有星级饭店，成为宴席的首选。乡镇也有适合周边农村居民经济水平的各类饭店，甚至可以负责免费接送客人。

宴席一般每桌宾客为10～12人，城市中的菜品数量一般为10道或12道，菜品一般以肉食为主，至少有5道以上的肉菜，主要有火腿、肘子、肉丸、烧鸡、烧鸽、烤鸭、牛肉、羊肉等，一般还会有2道或以上的鱼或海鲜，主要有对虾、花蛤、海鱼、螃蟹等。除鱼、肉和海鲜外，一般还会有1～2道甜菜，如拔丝地瓜、松子玉米等。在一些县城或乡镇，则保留比较丰盛的宴席传统，菜品有“二八八”“三八八”之称，多达16道、24道菜。上菜的次序一般是先上凉菜，依次为热菜、汤菜、主食，最后上果盘。客人不用等到菜上全后再食用，一般是上到第4道菜时开始饮酒。宴席饮料主要有白酒、红酒、啤酒及果汁，一般选择市面上档次较高的品牌。宴席的座次讲究长幼有别，一般由主人坐在正对门口的主陪位置，右手边是主宾，由长者或贵客坐，左手边为副主宾，由仅次于主宾的客人坐，主陪对面的位置为副主陪，其右手边为三宾、左手边为四宾，其余客人则相应随意就座。喝酒时一般先由主陪、副主陪带酒，主陪要带 4 个、6 个或 8 个，副主陪相应减少 1 ～ 2 个，总体数量图个吉利；带酒结束后，大家开始单独敬酒，比较随意。随着文明程度的提高，宴席上很难再见吆五喝六的猜拳声，多按照次序依次行酒。宴席行完酒后，一般上主食，主要为包子、馒头、花卷、水饺、烧饼、面条，除祝寿宴、满月宴为面条外，其他则比较随意。吃完主食后，宾客一般会喝茶聊会天，再向主人告别。

随着城市生活节奏加快，城市宴席的时间变得越来越短，一般 2 小时左右便结束。随着对宴席的排场越来越重视，饭桌上留下不少剩菜剩饭，造成不小的浪费。21 世纪初，在国家提倡节约的号召下，如 2013 年发起“光盘行动”（吃光盘中的食物），民众的节约意识有较大提高，比较干净的饭菜会被打包带走。随着中央“八项规定”的普及，不少公务员家庭宴席从简，甚至不办宴席、不收红包，社会风气得到改善。

二、服饰

服装 1997 年后，随着生活水平的提高，境内居民在服装穿着上越来越讲究布料和款式，无论男装、女装布料越来越高档、款式越来越新颖。人们在追求服装多样化的同时，个性化、高档化成为新的穿衣潮流，城市年轻人成为引领服饰新潮的主流。境内服装的品牌，高端较少，中端品牌较多，这两类服装多在城市的大型购物商城出售，乡镇市场上则多为当地加工的各类无牌或仿牌服装。

男装 春秋季主要有短袖衬衫、T 恤衫、西服、夹克、运动服、短裤、风衣、牛仔服等，冬季主要穿羽绒服、保暖内衣、马甲、羊毛衫、皮衣、毛衣、毛裤等。在农村则相对简单一些，主要为普通单衣、夹克、运动装、短裤、T 恤衫、短袖衬衫等，冬季主要为羽绒服、毛衣、毛裤等，一些家庭自己动手缝制棉衣、棉裤。

境内居民的女装款式越来越丰富多样。在城镇，仅夏季裙子就有连衣裙、套裙、牛仔裙、超短裙、吊带裙、百褶裙、一步裙、直筒裙等多种样式；此外夏季服装还有短袖或无袖上衣、新式旗袍等，面料以柔滑、轻薄的丝织品为佳，纯棉或亚麻类透气吸汗，也较受欢迎。春秋季主要有西服、衬衫、短袖、牛仔装等，冬季女装主要有羽绒服、毛衣、毛裤、保暖内衣等。2000 年后，城市年轻女性流行冬季穿裙子，一般是穿毛呢料中长裙或短裙，内穿打底裤。因境内冬季严寒，一种自动发热的暖宝在年轻女性中流行。在农村，女装的款式相对要少一些，布料要低档一些，但年轻女性的着装也有向城市模仿的趋势。

城市年轻男女的款式则向国外模仿，如日韩系最受欢迎，除商场外，在网上都有不少流行的日版、韩版衣服出售。如夏季小套裙、冬季长款针织衫、圆领或 V 领羊毛纱等。

中老年人的服装相对款式较少，唯在近几年流行新式唐装。唐装色彩艳丽，有红色、绿色、蓝色、橘黄色、混合色等，在节日中穿着较能烘托气氛，受到中老年人的追捧。与之对应的，中老年旗袍也具有与唐装类似的特点，而受到相同年龄段女性的欢迎。童装则一般在专门的育婴店或商场童装区购买，春秋季主要有长短外套、短袖 T 恤衫、长短裤、牛仔装、短裙、小旗袍等；冬季则为羽绒服、毛衣、毛裤、保暖内衣等。儿童装的特点是在服装上卡通形象较为丰富，一般都会有卡通人物、小动物、植物等作为点缀。

鞋帽 随着服装样式的增多，鞋子的款式也越来越丰富多样，不少人讲究鞋子与服装的搭配。男式有运动鞋、布鞋、休闲鞋、皮鞋、凉鞋、皮拖鞋、凉拖鞋等。女式有高跟皮鞋、半高跟皮鞋、平底皮鞋、布鞋、运动鞋、休闲鞋、松糕鞋、高跟凉鞋、洞洞鞋、凉拖鞋、长筒靴等，不少年轻女性夏天喜欢穿长丝袜与鞋子搭配。近几年还流行一种增高垫，分内增高（放鞋子里）、外增高（加高外在鞋底）两种，为不少对身高不满意的年轻男女所喜爱。

境内居民对帽子使用有增无减，但用途发生了重大改变。除中老年人和婴幼儿夏季戴帽遮阳、冬季取暖外，越来越多的年轻人将帽子作为装饰品来用。男士帽子主要有遮掩帽、鸭舌帽、太阳帽、线帽、牛仔帽、棒球帽等；女士帽子花样较多，如针织花帽、小礼帽、太阳帽、草帽、时装帽、贝雷帽、鸭舌帽、头巾帽、棒球帽等。女士所带帽子以手工编制为时尚，一年四季都有相应的帽子与衣服搭配。相对于年轻男女对帽子的装饰要求，中老年人更强调帽子的保暖、实用价值，样式主要有博士帽、鸭舌帽、毛呢帽、八角帽、平顶短檐帽等。童帽款式较多，基本以卡通形象造型，主要有贝雷帽、遮阳帽、草帽、短檐帽，冬季主要以针织为主，强调其柔软、保暖性。手工编织的草帽基本退出了历史舞台。

发型　在发式上，城市年轻男女无疑是新潮的引领者，很多年轻人将发式作为彰显个性的表达，染发、烫发、焗发较为普遍。男士发式主要有偏分、寸头、光头，但也有不少讲究个性的年轻男士留长发或染发，颜色主要有白色、黄色、咖啡色、棕色、银色等。女士发式主要有直板发、披肩发、马尾发、辫发、齐耳短发、公主发、运动发、大波浪等，极少数年轻女士留分头、爆炸头甚至光头。另外，女士普遍流行烫发、染发，颜色主要有大红色、棕色、暗黄色、褐色、绿色、粉色、酒红色等，发型则有大波浪、小波浪、造型等。

饰物　随着人们生活水平的提高，佩戴饰物也越来越讲究档次，贵重饰品一般以玉、黄金、白金、银、蜜蜡等为主要材料。女士饰品主要有发夹、发带、耳环、耳钉、项链、手镯、戒指、脚链、手链、手包、手袋、挎包、丝巾、披肩、墨镜、手表、折扇等。男士主要是戒指、手表、项链、手链等，一些年轻男性佩戴耳钉。对年轻女性而言，除身上穿戴饰品彰显身份外，一个名贵的挎包或手包、手袋也是必不可少的，如LV、香奈儿、寇兹、鳄鱼、达芙妮等品牌也时有出现，但这种高档消费目前还是较少的。绝大部分女性常用的手包多为一二线品牌，乡镇女性使用的手包多无牌、仿牌。随着手机的普及，在充当通话工具的同时，也充当了人们重要的饰品，不少年轻男女为手机做美容（手机贴膜、彩绘、镶钻、加装饰壳等），成为表达个人审美的一种方式。

美容　1997年后，先进的美容技术与理念传入聊城，吸引大批年轻男女纷纷体验。进入21世纪后的专业美容机构一般是美容院，实行会员制，消费前先办理会员卡，定期前去美容。一些知名度较高的美容院甚至需要提前预约，可见今日人们对美容的热情度。女性美容技术已比较成熟，内容包括拉皮、纹眉、去皱、增白、祛斑、纹眼线、纹唇线、睫毛加长、丰胸、提臀、人工酒窝、脱毛等。男性也有不少去美容院，主要消费项目有祛斑、去皱、增白等。

随着美容理念的传播，现在社会讲究以瘦为美，因此瘦身减肥也成为人们外在形塑自身的重要内容，不少美容院都能提供减肥服务。与此同时健身会所也纷纷出现，女性追求骨感美，男性追求肌肉美，成为新的美容健身理念，各种减肥方法如减肥茶、减肥药、中药减肥、针灸减肥、舍宾、瑜伽、抽脂等层出不穷。

除了对容貌与身材进行美容外，对手指、脚趾进行美甲也极为流行。在市区大型商场一般都会有美甲柜台，内容包括外形整修、涂指甲油、美甲镶钻、美甲彩绘、美甲烤瓷、贴假片等。美甲颜色一般有红色、黑色、褐色、粉色、银色、绿色、蓝色、紫色、透明色等。

三、宅居

20世纪末，境内农村居民住房一般为砖瓦房，北房为正房，也叫堂屋。房前用围墙围起一个庭院，种植花卉或果树等，也有的在房前屋后种植蔬菜。在庭院内一般还会再建一两间东屋和西屋，作为子女居住、盛放杂物或粮食之用。庭院外出口建造带顶棚的大门，顶棚下可放农具或烧火用的柴草等。在城镇一般是筒子楼，多为单位楼房，布局多为两室一厅一卫、三室两厅一卫、四室两厅两卫等，面积自50平方米至200

平方米之间。单位房的特点主要是面积小，大部分在100平方米以下；楼道狭窄，无电梯，上下楼梯及搬运东西不方便；居住功能单一，一大家子挤在一起，很难照顾人的学习、休闲、娱乐等用途；阳台狭小，晾晒衣服不方便，有些用作厨房。

进入21世纪，随着经济发展、人们生活水平的提高，单位福利房逐渐停止，改之以购买商品房为主。这时农村进城务工成为潮流，不少年轻人渴望在城里买房定居，更是促进了房市的升温。商品房主要以新型住宅小区为主，选址多临近公交车站、商场超市、医院、学校、体育场、银行、邮局等居民生活方便的地区。在小区内建设绿化场地、停车场或地下车库，提供健身器材，配备专门的物业服务人员，为小区居民提供卫生清洁、绿化、维修、安保等服务。一些小区还成立业主委员会，由每栋楼、每单元选出代表组成，听取物业服务近况，维护小区居民权益。每逢节庆日，不少小区还会组织居民开展各种丰富多彩的活动，加强邻里之间的联系。小区楼房根据高度可分为超高层、高层、小高层、多层、2层别墅等，一般楼层越低价格越高。随着越来越多的农村人进城买房，城市人口的构成也发生了重大变化，户籍身份已被淡化，在小区内无论原先为城市户口还是农村户口一律称为业主。小区楼房除居住功能外，更注重人的居住环境质量的提高，楼房内基本配备电梯、网线、地暖、水电、天然气，有的配备太阳能、中央空调等，改变过去的暖气片、煤气罐等配置。不少小区选择在临近河边或湖边风景秀丽的地方建房，为居民提供高质量的生活环境。在聊城市区较有名的小区主要有昌润莲城、东昌御府、绿城百合新城、宏泰御景王宅、民生凤凰城、凤凰新城、聊大花园、裕昌国际、金柱、新东方龙湾、光岳府、伟业中华御苑、星美城市广场、景盛观澜一品、华建、恒大名都、孟达国际新城等。除商品房外，城区旧房危房改造、棚户区改造等民生服务项目也在政府主导下大力推行，现在经济适用房、廉租房成为不少年轻人及经济低收入家庭的首选。在农村，住房结构变化不大，一些富裕起来的农民建造2层小楼，扩大居住面积；一些家庭在扩建或新建住房时，会选择建造临街房，用来做生意。

在室内装修上，无论城乡都体现出与时俱进的特点。在农村，传统的门窗主要是木匠现场制作，木料采用杨木、松木、梧桐木等，新世纪一般用铝合金代替。在电器使用上，家电、冰箱、洗衣机、空调、热水器等大家电一应俱全。现在国家实施家电惠农政策或下乡服务，农村装修在家电的使用上，已与城里趋同。农村房屋顶棚过去以纸或塑料纸为原料，现在以石膏板为主，地面过去主要是水泥或红砖铺就，现在也换成瓷砖。不少家庭在厨房里安装上了天然气、自来水，厕所甚至还安装上了城里人常用的抽水式马桶。

城镇居民对房子的装修更为烦琐，一般持续1～2个月，多的要持续3～4个月甚至半年。装修前一般会找装修公司设计图纸，在客户满意后双方签订合同，开始基础装修。基础装修的风格有新中式、美式、日式、韩式、欧式等，具体样式看个人喜好。基础装修完成后，要添购家居，购买家电，在聊城市区及各县（市、区）都有不少家居城提供一站式服务，如东昌府区顺屹家居广场、香江大市场，开发区红星美凯龙家居广场等。随着科技发展，居民对家电的要求要越来越注重科技含量，便捷、节能、环保、智能都是人们对其新要求。现在在城镇居民家中，各式家电基本一应俱全，并注重提高生活质量，如空气净化器、净水机、消毒柜、除螨机、料理机等，都是近几年时兴的新产品。人们在家居对现代化追求的过程中，不少传统的东西也被赋予了新内涵而被重新重视，并被引以为时尚。如新中式的装修风格，对红木或实木桌椅的使用，以及仿古字画、书籍、雕塑等饰品的使用，对古代装饰风格的借鉴等，都体现出现代人对传统回归的一种新式解读。

四、行旅

20世纪末，境内城乡居民出行主要靠摩托

车或自行车，汽车也有一定数量。在农村主要是自行车，基本每家都有 1 ～ 2 辆，而摩托车已是较为常见。不少农用车辆如拖拉机、农用三轮车也被用来作为交通工具。汽车在农村还属少见，主要由一些先富裕起来的农民或农民企业家添购。在城市虽然汽车的数量要多一些，但居民出行依然靠公交汽车、出租车、自行车、摩托车。

进入 21 世纪后，城乡交通发生巨大变化，这时期电动自行车（电瓶车）以价格低廉、使用方便的优势，迅速受到城乡中低收入阶层的青睐。电动自行车、电动三轮车充斥于城乡的大街小巷，不少快递、外卖业务都将电动车作为主要交通工具。还有不少中老年人以电动车作为谋生工具，无证载人拉客，造成不小的安全隐患，相关部门多次予以整顿。城市公交车重视绿色环保，推行新动力能源车，如中通集团研发的新能源客车成为公交采购的首选。不少城市出租车由燃油改造成为燃气，面的基本消失，代之以“普桑”“夏利”“捷达”“羚羊”“现代”等品牌的小轿车。随着网络发展，市面还出现了“滴滴打车”“快滴打车”等打车软件，方便居民出行。城镇家庭轿车已渐普及，平均每 2 ～ 3 户家庭便有 1 辆轿车，不少新婚家庭将轿车作为嫁妆。

2010 年后，对家用轿车的要求也越来越高，随着国产汽车越来越多，价格也越来越亲民，不少家庭优先考虑合资车，其次为国产，一些富裕的家庭则将目光瞄准国外进口车。在品牌上，越来越注重名牌，如一些家庭把宝马、奔驰、路虎、林肯、沃尔沃等进口车作为身份的象征，价格基本维持在 50 万～ 100 万元。不少家庭选择合资车，如北京现代、东风本田、广汽本田、东风日产、广汽标致、悦达起亚等，价格一般在 15 万～ 20 万元。不少国产车则是中低收入家庭的选择，价格一般在 10 万元左右及以下。在车型上，除传统的两厢或三厢小型轿车外，近几年 SUV 车型兼具运动与舒适性，比一般轿车更具越野性能，迅速成为家庭购车热门车型，在市面上与日俱增。

随着电动车、机动车的日益增多，自行车逐渐退居次要地位。但随着人们环保健康观念的增强，自行车又以低碳环保运动的优势重新被人们所认识，不少家庭将其作为休闲、运动、健身的交通工具，但多以山地自行车为主。在农村，汽车也不再是稀缺品，数量也占一定规模，多以国产车为主，主要是年轻人购买，不少家庭购买面包车或货车，载人的同时，也可以跑运输业务。农民出行主要以汽车或电动车、摩托车出行，农用车或自行车已很少作为交通工具。

聊城境内铁路主要为京九线与邯济线，均已实现电气化改造，火车基本为空调快车，传统的绿皮车基本退出历史舞台。居民出行南上北下较为便捷，然而东西行尤其去往山东中东部则要滞后很多，不少家庭改而选择汽车出行。2007 年开始，中国铁路出现动车及高铁，实现铁路技术的大变革。直至 2015 年，聊城境内尚未有动车或高铁，去往省会济南仅有几班普快车。目前境内尚无飞机场，居民乘坐飞机，要转道去济南遥墙国际机场，故交通状况在省内属于相对滞后地区。

20 世纪末，居民出行主要是单位公差、走亲访友，家庭旅游出行的观念尚不是很重，主要乘坐长、短途汽车或火车，少数政府人员或企业家乘坐飞机。进入 21 世纪，家庭节假日外出旅游、购物渐成风气。随着铁路动车、高铁时代的来临，居民形成夏天去省内青岛、威海、日照、烟台等海滨城市避暑的旅游潮，一般是坐汽车或火车去济南，再从济南乘动车、高铁去海滨城市。居民外出旅游方式有参加旅行社或自行出游，去往的国内旅游目的地主要为一线城市或风景名胜古迹众多的地区，以及港、澳、台地区。国外城市主要是东南亚及日本、韩国等周边国家。除中长途旅游外，短途出游主要流行自驾游，不少家庭购置汽车后，将家门口周边作为自驾游的重要目的地，如去往泰安、济南、德州及河南、河北一些地区。

五、家用电器

随着科技进步，境内居民家用电器的使用上偏重于向品牌性、科技性、简洁性、便携性等方向发展。在家用电器的选购上，偏重于在业界领先的具有高科技含量的电子产品，如西门子冰箱、史密斯热水器、老板油烟机、格力空调、海尔洗衣机、美的净水器、海信电视、九阳豆浆机、苏泊尔压力锅、苹果电脑、亚都加湿器、恒洁智能坐便器等。随着互联网的普及，手机及IPAD、电脑（包括台式与手提）等作为个人小型家电也成为彰显时尚的舞台。年轻人追捧力度最大的当属美国苹果公司出产的手机及电脑，通过手机或电脑聊QQ、发微信、刷微博，用支付宝或微信购物，通过“滴滴”或“快递”打车等，都成为新的使用时尚。在聊城比较重要的电子产品市场有鲁西科技广场、百大三联、银座商城、金鼎商厦、红星美凯龙家居生活广场等，可供时尚家庭的产品需求。

第二节　节庆习俗

一、传统节日

春节　每年农历正月初一为春节，民间俗称为“过年”，是中国民间最为隆重的节日。对城镇上班族而言，春节一般遵从国家法定假日，放假7天（包括2天双休日），自除夕至正月初六。在农村一般要到正月十五结束，也有“不出正月都在年里”的说法。在聊城，从春节前几天，居民便开始大扫除，张贴春联、年画、门神、过门钱，做年夜饭。在城里一般以贴福字代替春联，无贴年画习惯，而以挂历、装饰画替代。

正月初一，家家穿上新衣服拜年，晚辈要去长辈家磕头、拜年，现在也有不磕头，只说声“爷爷、奶奶过年好”之类的拜年话。长辈在接受晚辈拜年后，要分发压岁钱，现在一般只给小孩。拜完年后，农村一般街坊邻里间开始串门，给家族里的长辈磕头。随着时代发展，磕头的风俗越来越少。正月初一这天只能说“恭喜发财”“大吉大利”“万事如意”等吉利话，忌讳说“死”“破”“坏”“病”等不吉利的话。另外，春节期间忌洗衣服、剃头，寓意会把一年好运洗掉、剃掉。城里则一般找亲戚朋友串门，也有去电影院、游乐场等。现在春节网络拜年也大行其道，通过手机短信、微信、微博、QQ等方式，向亲戚、朋友、同学、老师、领导等拜年早已司空见惯。

正月初二，在农村一般是已婚妇女回娘家的日子，夫妻准备好礼品，如烟、酒、糖、茶、肉、点心、水果，带小孩去娘家做客。一部分城里人回娘家，另有部分家庭选择利用难得的假期外出游玩。初三、初四，在农村则是走亲戚的日子。其中初五也叫“破五”“财神生日”，在城里一般商铺燃放鞭炮，开始营业。初七开始，各机关企事业单位开始上班，对城里来说春节基本结束，然而在农村则要持续更久一些。春节期间，无论城镇还是农村，一般会有秧歌表演，舞龙灯、舞狮子、踩高跷、跑驴、荡湖船等。聊城市和各县（市、区）都会举办春节联欢会，各级党政领导还会看望春节期间值班的工人、公安干警等人，并向贫困户发放过年物品。春节期间，城里各大商场、超市、电影院一般照常营业，并展开各种促销活动，个体商户与外来务工者多半会在初八开始工作。

元宵节　又称为“上元节”“灯节”，是春节之后的第一个重要节日。在聊城市，元宵节当天，多数家庭要吃元宵，象征全家团圆之意。商家继春节后会展开新一轮促销活动，如元宵、烟花、玩具、灯笼都是热销的商品。元宵节当天，机关企事业单位一般不放假，正常上班。夜晚华灯初上，是元宵节最为热闹的时候。在城镇，城中主要街道一般都会有灯展，一些大的企事业单位或居民小区会燃放烟火。在聊城市区，居民吃过晚饭，游古城、看灯展成为元宵主要庆祝方式，届时东昌路、古城区人群熙熙攘攘，需要进行交通管制，沿途街道树木上均布置五彩斑斓的彩灯，伴有规模大小不一的放烟花及猜灯谜活动，时间持续三四天。农村地区主要是晚上集体出来放鞭炮、烟花，以及舞龙、舞狮等秧歌表演。在元宵节，亲朋间一般会通过手机短信、微信、QQ等方式问候节日快乐。元宵节持续时间短暂，家庭一般选择在家庆祝，较少有外出旅游活动。

二月二　民间一般称为“龙抬头”“青龙节”。在聊城市农村，农历二月初二，农村家庭会用灶台下烧剩的草木灰在院内、大门外、大街上撒成囤型，中间放上一点麦粒、玉米粒等，称为“填仓”，寓意五谷丰登。当天也是理发店最忙碌的日子，人们在正月忌讳理发，一般会留到二月二龙抬头之日，认为这天理发必会大吉大利。农村还盛行炒豆，用来祭祀龙王，乞求一年风调雨顺。炒豆有甜有咸，还有糖豆、面豆等各种豆制品。随着生活节奏的加快，在城里一般只保留二月二理发的习惯，农村保留的节日项目要多一些。

上巳节　又称“三月三”，因这天多为农历三月的上旬巳日，故称为“上巳节”。上巳节一般是春天农耕开始的日子，一般乡镇会有大集，农民多赶赴集市选购种子、农药、化肥、农具等春耕用品。三月三也是人们外出踏青的好日子，有些家庭会相约外出短途旅游。不少婚介机构这天会组织相亲会，帮助单身男女在这个春暖花开的日子能够邂逅自己的另一半。聊城周边地区会举办不少庙会，居民逛庙会也蔚然成风。

清明节　又称“寒食节”“鬼节”，一般在4月4日或5日，是民间扫墓祭祖的重要日子。在聊城，清明节各机关企事业单位按照国家法定假期放假3天（包括2天双休日）。农村一般早起在自家屋檐下插柳枝，并煮红皮鸡蛋吃。这天祭祖扫墓是最重要的形式，有已婚妇女回娘家为去世的长辈烧纸的习俗，上坟时先要在坟帽下压上新纸，并在旧坟上添加新土，将带来的祭品摆好，燃香烛、烧纸钱进行祭奠。随着生活节奏加快，这一习俗正逐渐变淡。在城里，清明节也要祭祖，有些离家比较远的人，则选择在十字路口烧纸，遥祭家乡的亲人。各党政机关、学校等会组织到革命烈士公墓或纪念碑前敬献花圈，祭扫烈士墓，凭吊革命先烈，接受传统教育。居民趁清明节假期外出踏青旅游的热度越来越高，出现“景点热”或“交通热”现象；无论城市、农村，在清明当天还有放风筝的习俗。

端午节　又称“端阳节”“重五节”，为每年农历五月初五，境内多以包粽子、赛龙舟的习俗进行纪念。端午节期间，各机关企事业单位按照国家法定假期放假3天（包括2天双休日）。在农村清早要在房檐下插艾枝，并用五色彩线系在小孩的手腕或脚腕处。因农历五月已进入夏季，气温升高，病菌易繁殖，又被称为“恶月”“毒月”，因此五色彩线寓意保佑孩子远离疾病。节日中家家食用粽子，农村主要讲究自己买粽叶包，城里则多去商场超市购买成品。现在粽子的样式越来越丰富，除传统的糯米红枣外，还有肉粽、山药粽、红豆粽、花生粽等。在东昌湖等水域每年照例举办龙舟比赛，吸引大批市民前来观看。在农村，端午节有父亲看望已婚女儿的习俗，父亲准备好粽子等礼品，女儿在家中则要准备酒菜款待。在城里，家庭主要是利用3天“小长假”外出旅游，商家利用端午展开商品促销活动，粽子、鸡蛋、度夏用品都成为热销商品。

七夕　又称“乞巧节”，在农历七月初七，相传为牛郎织女一年一度相会之日。现在七夕又被称为“中国情人节”，以与2月14日西方情人节相区别。在聊城市农村地区七夕的风俗早已淡化，主要是在城里以“中国情人节”的形式被单身男女所追捧。商家在七夕前一天便展开促销活动，如鲜花、巧克力、化妆品都成为热销商品，电影院、娱乐场、旅游景区也展开“七夕浪漫情侣”活动，对热恋中的情侣进行优惠。不少商家、楼市、婚介所也会展开各种形式的相亲会，吸引大批单身男女参加。

中元节　民间俗称“鬼节”，在农历七月十五，与清明节同属扫墓祭祖的节日，但与清明相比习俗要减少很多，重要性不如清明节。在聊城，中元节在城市、农村普遍较为淡化，只保留了祭祖的习俗。农村主要是为先人上坟，在坟前燃香烛、纸钱进行祭祀。城市与农村相比差别不大，部分人远离家乡，不能回家祭祖，便选择在路边或十字路口燃烧纸钱，寓意引导逝去的亲人找到回家的路。

财神节　是民间祭祀财神生日的节日，在

农历七月二十二日。在聊城，每年农历正月初五是迎财神的日子，七月二十二日则是财神生日祭拜的日子。在城市，财神节主要是经商的业户庆祝，店铺中多供奉财神爷塑像，节前买好香纸、供品，当天进行祭祀，有的还要燃放鞭炮庆祝。在农村则要热闹得多，财神节当天，就置办好祭祀的香纸、果品，在家中祭祀，有的要磕头求财神爷保佑财源滚滚。拜完后燃放鞭炮庆祝，并炒菜喝酒，在家中欢饮，气氛不亚于端午、中秋等节日。

中秋节　又称“八月节”“拜月节”，在农历八月十五。中秋节讲究阖家团圆，在外的家庭成员一般都会纷纷回家团聚。在聊城市，中秋节各机关企事业单位按照法定假日放假3天（包括2天双休日）。月饼是中秋最有代表性、最重要的食品，月饼的样式越来越丰富，除了传统的五仁、枣泥等馅，增加了鸡蛋、咸肉、红豆、水果等各种馅。月饼的价格也在节节攀升，除市场上普通商家制作的月饼外，还出现了作为礼品的、包装精美的天价月饼，使中秋月饼的意义有所变味。商家往往在中秋节前展开各种促销活动，月饼、鸡蛋、粮油、水果等节日礼品销量较大。在农村还保留中秋夜拜月的习俗，月亮升起后，家家会在庭院中摆放供桌，放上月饼、苹果、板栗、石榴等供品。拜月者多为家庭妇女，要燃香烛、烧纸钱，乞求全家平安。拜完月后，全家一起赏月，然后欢聚宴饮，并分食月饼，庆贺全家团圆。在城里，则一般提前预订好饭店，与家人或亲友聚餐。

中秋无论城市农村均有走亲访友的习俗，相互以月饼等礼品馈赠对方。尤其是已婚的女儿，要准备好月饼、香烟、酒等各种礼品回娘家。中秋之夜，中央电视台会播放中秋晚会，因此晚上阖家宴饮的同时看晚会，也成为某些家庭的固定习惯。中秋也是短途旅游出行的高峰期，届时依然会出现“景点热”“交通热”等现象。

重阳节　又称“重九”“登高节”，在农历九月初九。2012年12月28日，国家规定每年农历九月初九为“老年节”，孝敬老人成为节日的重要内容。在聊城市农村，重阳节主要活动是儿女看望老人，形式较少。相比而言，城里则要丰富得多。重阳节素有登高的习俗，聊城市为平原地区，因此周边济南市、泰安市等多山地区便成为一些人登高旅游的热选。各机关、社区一般会组织孝敬老人活动，如看望慰问离退休人员、到养老院看望老人、为老人免费体检、举办老人登山旅游、同老人聚餐等。

冬至节　冬至是民间二十四节气之一，在农历十二月二十一日至二十三日之间。在聊城冬至节与清明节、中元节为一年中的三大“鬼节”，是民间扫墓祭祖的重要日子。冬至节当天有吃饺子的习俗，寓意吃完饺子不会被冻掉耳朵。现在生活节奏加快，冬至节的形式也非常简单，甚至吃饺子的习俗也被很多人认为可有可无。

腊八节　俗称“腊八”，在农历十二月初八，相传这天是佛祖释迦牟尼成佛之日，称为“法宝节”，是佛教盛大节日之一。在聊城市，现在无论城市还是农村，腊八节的习俗较为淡化，主要在部分家庭中有喝腊八粥、腌制腊八蒜的习俗。

腊八粥源自佛教寺庙用五谷杂粮煮成粥奉送施主，现民间多有效仿，以糯米、红豆、红枣、莲子、花生、板栗等五谷杂粮选取八样，但很少能严格按照腊八粥的标准制作，主要以大米、红枣、花生等其中的几样熬粥。境内寺庙也有施舍腊八粥的习俗，人们去寺庙多采取祈福的方式，保佑家人平安。腊八时节正是天寒地冻之时，在聊城市多有社区青年志愿服务站和公益志愿者协会举办“感恩环卫工，温暖爱心粥”等活动，向辛勤打扫马路的环卫工等群体送去腊八粥，表达爱心，多次被新闻媒体报道。

送灶　民间俗称为“小年”，为农历十二月二十三日，传说这天是灶王爷上天之日，因此要祭灶神。在聊城，农村祭灶的风俗经久不衰，而城市则非常淡化，基本不祭灶。在农村，传说灶神爷要在这天上天向玉皇大帝汇报本家一年的功过，为了贿赂灶王爷多言好事，在祭灶时要摆放芝麻糖，让灶王爷的嘴巴变得甜甜的，为本家多多美言。农村祭灶时要在灶台挂上灶王爷的新画像，一般为传统木板年画，如东昌府年画等。年画旁边张贴一副对联，上联是“上天言好事”，下联是“下界保平安”，横批是“一家之主”。然后在画像下摆放供桌，上面放上糖果、花生、饼干、糖酥、柿饼等，多以甜品为主，另在旁边香炉内插上 3 支香。祭灶一般由家庭妇女来做，摆放完供品后还要在灶台下燃纸钱，并磕 3 个响头，口中乞求灶王爷保佑家人平安，来年顺顺利利。男主人则在庭院中燃放鞭炮，恭送灶王爷上天汇报。祭完灶后，家人围坐一起分享供品。在农村，进入小年就意味着为过年做准备了，因此打扫屋子、准备年货、拆洗衣被、购买新衣就从小年之后开始。在城市，对小年的重视远不如农村，对祭灶、燃放鞭炮等习俗早已淡化。

除夕　又称“除夜”“岁除”等，是农历腊月的最后一天，代表除旧迎新的开始。除夕一般在是每年农历腊月二十九或三十，故又常称为“大年三十”。2007 年，除夕成为国家法定节假日，单独放假。2014 年，国务院作了修改，不再单独作为法定节假日，而是与春节合并到一起，从除夕开始连续放假 7 天（包括 2 天双休日），至正月初七开始上班。

在聊城市农村，除夕当天一般家家都会贴春联、年画、过门钱、挂灯笼，有些家庭还会贴门神。除夕夜，城市农村都要准备年夜饭，城市家庭除在家吃年夜饭外，也有不少家庭会提前预订饭店吃年夜饭，因此这天知名饭店的生意会异常火爆。农村家庭一般在家吃年夜饭，鸡鸭鱼肉异常丰富，其中饺子是必不可少的。年夜饭也称团圆饭，在外的家庭成员会尽可能回到父母身边，因此除夕前交通异常拥堵。年夜饭要尽可能丰盛，菜品一般是双数，忌讳单数，其中一定要有鱼，寓意年年有余。吃完年夜饭，看中央电视台播放的春节联欢晚会是大部分家庭约定俗成的习惯。除夕夜，有守岁的习俗。当子时（夜晚 12 点）一过，家家响起密集的鞭炮声，代表辞旧迎新，标志着正式进入了新的一年，也就是所谓的“一夜连双岁，五更分二年”。除夕夜亲友、同学、同事间会通过手机短信、微信、微博、QQ 等提前互发新春祝福信息。除夕期间，部分机关、企事业单位领导也会看望慰问坚守在岗位上的公安干警、工人、医生、护士等，走访慰问贫困户、五保户、退休老干部、老职工等，向他们发放粮油米面等过年用品。

二、现代节日

元旦　元旦在每年 1 月 1 日，已被纳入国家法定节假日，各单位职工放假 3 天（包括 2 天双休日）。在聊城市，一般机关、企事业单位会举行年终集体庆祝活动，单位之间或个人之间一般会互赠贺年卡、挂历，表示辞旧迎新之义。单位多张贴标语、布置装饰物，张灯结彩，还会组织元旦晚会进行庆祝。亲朋之间会互发手机祝福短信。元旦 3 天假被称为“小长假”，单位或家庭不少组织外出短途旅行。各大中小型商场、超市、饭店、影院、楼市、娱乐场所等均会有各种让利促销活动。不少年轻情侣也会选择在元旦举办婚礼，寓意一年美好的开始。元旦在聊城市的城镇较受重视，在农村则较少庆祝活动。相对农历春节来说，元旦在社会上的重要性要小的很多。

女生节　最早起源于 1986 年的山东大学，由校园文化发展而来，后迅速扩散到中国各高校。时间一般在每年 3 月 7 日，提前“三八”妇女节一天。这是因为高校女生不愿称自己为妇女，又不想放弃女性的节日特权，因此便有了女生节。随后社会上不少年轻女性因嫌妇女节“老套”，纷纷加入进来，使女生节成为一个时尚节日。

在高校主要举办展现女生风采的活动，如女生节主题晚会、才艺展示、趣味运动会，在女生节当天会收到同学、朋友赠送的贺卡、糖果、毛绒玩具等小礼物。通过女生节，让年轻女性充分展示自己的才干，自身价值受到重视，因此被年轻女性一致欢迎。在聊城市，女生节主要流行于驻聊城高校，是校园文化、时尚文化的重要组成部分，以及部分年轻白领女性中，目前受众的范围较小，尚未在社会上形成广泛影响。

妇女节　又称“国际劳动妇女节”“三八妇

女节”，在每年3月8日。聊城市城镇机关、企事业单位在节日当天，会组织妇女表彰大会或开展参观、旅游、晚会等文化娱乐活动，或发放与妇女相关的纪念品或给妇女放假半天。农村中一般不庆祝。

植树节　在3月12日，即孙中山逝世纪念日。在聊城市，除3月12日举办植树节活动外，一般按时间长短还有植树日、植树周或植树月等活动。在活动期间，一般由各级领导干部带头，以共青团员或青年为骨干，进行义务植树劳动，宣传保护生态环境。2009年，在互联网上兴起由联合国环境规划署、中国人口福利基金会、中国绿化基金会主办的“中国网络植树节”，不少聊城市民积极响应，登录活动官方网站，以捐植一棵树、一片林等网络植树的方式，参与到西部绿化行动中。

劳动节　又称“五一国际劳动节”，每年5月1日，为世界性纪念工人运动的节日。在聊城市，2000年开始，各城镇机关、企事业单位按照国家假日规定放假3天（包括2天双休日），又称“小长假”。劳动节前，各单位一般会组织劳动表彰会，表彰劳动先进个人或集体，同时举办庆祝会等。一般家庭也会利用假期外出旅游，走亲访友，出现“交通热”“景点热”的现象。商家则会抓住这一商机，展开各种促销，价格一般比平日优惠，因此又会出现“购物热”的现象。但在农村地区，一般无过劳动节的习惯。

青年节　又称“五四青年节”，每年5月4日，主要纪念1919年国内反帝爱国的“五四运动”。在聊城市，各初高中、高校一般会放假半天，组织青年学生开展成人礼宣誓、参观革命博物馆或纪念馆，开展纪念“五四”为主题的朗诵、演讲、作文、展览等系列活动。也有学校组织各种娱乐活动，以及走上街头开展“义务献血”“促文明”“促环保”，到贫困老人、敬老院中“献爱心”等活动。

护士节　又称“国际护士节”，在每年5月12日。在聊城市，护士节主要是各级医院、护士学校组织庆祝，一般组织表彰会、文艺表演、举办护士技能竞赛、发放纪念品等活动。另外一些医院、护校会举行庄严的护士授帽仪式，但并不普及。各级机关领导也会到医院、护校慰问，采取召开座谈会、表彰优秀护士、慰问临床一线护士等形式。一些医院也会走上街头，宣传护理知识、健康生活等方式，为居民群众解疑答惑。

儿童节　又称“国际儿童节”，在每年6月1日。在聊城市，各幼儿园、小学会在儿童节之前举办“庆祝六一”为主题的各种庆祝活动，如组织儿童同父母一起观看六一晚会、发放六一纪念品；组织少年先锋队入队仪；组织儿童观看电影、儿童剧等。各机关领导或工作人员也会到学校慰问教职工、向儿童赠送图书、书包、玩具等纪念品。儿童节当天，一般会放假1天，届时商家也会开展对儿童产品的促销活动，各电影院、游乐园也会开展打折或免票等活动。家长也会对孩子赠送礼物，包括零食、贺卡、书籍、学习用品等。现在随着生活提高，家长对孩子的溺爱现象增长，孩子在父母心中作为“小公主”“小皇帝”，在儿童节收到的礼物也越来越奢侈。一些家长会赠送名牌手表、手机、游戏机等给孩子，不利于培养孩子勤俭节约的观念。

建军节　又称“中国人民解放军建军节”，在每年8月1日。在聊城市，建军节当天现役军人放假半天。建军节主要是中国人民解放军、武警部队、地方武装驻聊城机关举行庆祝活动。地方党政机关与群众团体也会对驻军单位进行慰问，开展军民联欢、拥军优属等活动。地方电视台也会播放红色革命题材的纪录片、电影等，进行革命传统教育。

建党节　在每年7月1日，为党的生日和纪念日。在聊城市，各级党政机关主要通过听取讲话、组织学习会议、举办晚会等庆祝活动。有些党政机关会通过组织参观革命陈列馆、教育基地等方式，接受党的传统教育。

抗战胜利纪念日　在每年9月3日，为中国人民抗日战争胜利纪念日。在聊城市，各机关企事业单位一般通过参观展览馆、红色革命基地，观看红色革命电影，组织报告会、讨论会等方式进行庆祝。

教师节　在每年9月10日。在聊城市，党政部门及教育管理系统领导一般前往学校慰问教师，学校内部召开座谈会、教师表彰大会、师生联欢会、发放纪念品等方式组织庆祝。学生也会以赠送小礼品的方式向老师表达感激之情，如钢笔、贺卡、巧克力、鲜花等。但也有出现学生赠送贵重物品的现象，如名牌手机、手表、首饰等，这种现象已引起社会的各种讨论。部分商家及旅游景点、影院也会开展教师节优惠活动，提供打折商品或免票等方式。

国庆节　在每年10月1日，为中华人民共和国国庆日。国庆节各党政机关及企事业单位按照国家节假日规定放假7天，属于节假日中为数不多的假期较长的节日，又叫“国庆黄金周”。在聊城市，各党政机关、群众团体、社区等一般会在公园、街道、火车站、汽车站、广场等公共场所一般会布置各种国庆题材的花卉，各单位一般会悬挂国旗，驻军单位会举行升旗仪式。特殊年份组织观看大型阅兵，如1999年国庆50周年、2009年国庆60周年大阅兵。国庆也是人们走亲访友、旅游出行的高峰，各地会出现“交通热”“旅游热”现象。商家也会展开促销折扣活动，引发“购物热”。国庆也是年轻人扎堆结婚的重要日子，这天会出现婚庆、婚宴密集举办，甚至需要提前几个月预约。而医院也会迎来生育高峰，父母喜欢将新生儿以“国庆”命名。

记者节　2000年，国务院批准将中国记协的成立日即11月8日定为记者节。在聊城市，记者节一般在报社、电视台等新闻媒体举办各种庆祝活动，如表彰先进新闻工作者、发放纪念品、开展文艺竞赛、晚会等方式。

光棍节　光棍节产生于校园文化，并通过网络等媒介传播，逐渐在年轻人中变成了一个时尚的节日。一般认为光棍节起源于南京地区高校的校园文化，后在社会上流行开来。每年11月11日是光棍节，源于这一天日期里有4个阿拉伯数字“1”，形似4根棍子，而被大学生所追捧为光棍节。光棍节主要在大学校园广泛流行，但也被商家用来作为打折促销的重要日子。如在京东、当当、卓越、淘宝、天猫等网站，每年11月11日都是一年中优惠力度最大的日子之一，引发新一轮的“购物潮”。在聊城，光棍节主要在聊城大学、东昌学院、聊城职业技术学院等高等院校及校外年轻人中流行，同时也是年轻人一年中购物的重要时刻。不少家庭网购也大多集中于这一天购买。

光棍节当日“脱单”（脱离单身）也成为流行最高的词汇，不少年轻人选择在这天向心仪的对象告白或定亲、结婚。对成功脱单的，周围同学朋友则会向其祝贺，并聚餐庆祝。对没能成功脱单的，则勉励其来年继续努力。电影院也会很应景的放映一些单身男女题材的影片，如鲁信影城、新世纪影城等在2011年、2014年光棍节分别上映了脱单为题材的香港电影《单身男女1》《单身男女2》，影院观众爆满。

三、舶来节日

愚人节　也称“万愚节”“幽默节”，时间为4月1日。20世纪愚人节传入聊城，主要在年轻人中流行，作为娱乐的一种方式。在西方，人们在这一天以多种方式互相欺骗和捉弄，在玩笑的最后才揭穿并宣告捉弄对象为“愚人”。当然这种玩笑的动机很少包含实质恶意，但也有个别玩笑开得过大而造成不良影响。现今在聊城年轻人中，主要以手机短信、聊天软件等方式互开玩笑，但往往介于关系比较密切的亲朋之间。在聊城，愚人节的影响范围较小，仍未被大众所普遍接受。

情人节　2月14日，为西方“情人节”，主要是年轻男方向爱慕的女方赠送鲜花、巧克力、贺卡等表达爱意，是一个充满浪漫的爱情节日。20世纪传入聊城，在年轻人中极为盛行。节日前一天或当天，恋爱中的男青年一般会去花店订购象征爱情的玫瑰花，另需购买巧克力等礼物，赠送给女方，以表达爱意；然后再选择短途旅游、看电影或去饭店、游乐场等方式，共度这个充满浪漫的节日。

情人节期间一些商家或大型超市大肆炒作

宣传，开展鲜花、葡萄酒、巧克力、情侣服饰、情侣包等商业促销活动；电影院、游乐场则开展情侣套餐等促销，使情人节变得商业味道浓厚。在年轻人中，则出现热衷攀比等奢侈浪费的现象，如送玫瑰999朵（象征天长地久）、1001朵（象征直到永远）；送名国外牌巧克力等，以礼物贵重代表感情重视。另外，在聊城情人节也是相亲或定亲的重要日子，单身青年男女会参加各种规模不一的相亲会，恋爱中的男女则不少选择在这天定亲。

母亲节　5月的第2个星期日，为西方“母亲节”。20世纪传入聊城，在不同年龄段中流行。母亲们在这一天通常会收到儿女赠送的礼物，如收到一束象征慈祥、母爱的康乃馨或萱草花（又叫忘忧草），或者儿女写满感激养育之恩的贺卡。现在母亲节当天，在外的儿女一般会通过电话问候妈妈身体健康，与父母一起生活的儿女则替母亲做家务、给母亲洗头洗脚或全家一起短途出游等方式表达儿女的感谢。在一些单位如医院、学校也会组织一些母亲节活动，商场也会搞女性产品打折促销活动。在聊城，母亲节在城市主要流行在一部分家庭中，农村基本不过，至今尚未成为普及性较广的节日。

父亲节　6月的第3个星期日，为西方“父亲节”。20世纪传入聊城，在不同年龄段中流行。在聊城，父亲节同样只流行于部分家庭，农村基本不过。在父亲节这天，儿女一般会赠送象征慈祥、父爱的石斛兰、玫瑰、康乃馨、太阳花、向日葵等，或写满祝福语的贺卡之类。现在，父亲节主要是家庭聚餐或外出短途旅游等方式度过，普及率较低。

圣诞节　又称“耶诞节”，西方传统节日，在每年12月25日。大部分的天主教堂会先在24日的平安夜举行弥撒，而一些基督教会则举行报佳音，然后在12月25日庆祝圣诞节。圣诞节在20世纪传入聊城后，迅速被年轻人所接受并热衷，成为普及性较广的节日。商家会在圣诞节之前展开各种促销活动，持续至圣诞之后数天；在店铺中一般会布置圣诞树，悬挂圣诞老人画像等方式进行装饰，以吸引顾客。在平安夜，年轻人一般会参加夜市游逛，购买圣诞商品，并在亲朋间赠送苹果以示平平安安。在学校尤其高校，年轻人会举办各种圣诞晚会，或游园（校园）活动。在聊城，圣诞节的普及面主要限于城市中的年轻人，农村基本不过。

四、地方节日

中国江北水城（聊城）文化旅游节　2002年5月1日，聊城成功举办了首届中国江北水城（聊城）文化旅游节，此后每年“五一”举办江北水城文化旅游节，“十一”举办水城之秋观光周活动，成为聊城重要的特色节庆活动。聊城文化旅游节是一项融文化活动、旅游活动、体育活动、经贸洽谈活动于一体的大型国际性节庆活动。届时主要举办全国龙舟邀请赛、全国拳击邀请赛、水上摩托艇表演、帆船表演、明星文艺演出、大型体育活动、摄影展、非物质文化遗产展演、书画艺术精品展览等各式各样的活动，向外界展示聊城的城市形象。聊城文化旅游节已获“中国节庆五十强”“中国十大旅游类节庆”等称号。

中国江北水城（聊城）荷花文化艺术节　自2007年在聊城南湖湿地公园举办首届中国江北水城荷花文化艺术节以来，逐渐发展成为聊城地区重要的特色节庆活动。南湖湿地公园（聊城植物园）占地面积72公顷，是一处以荷、莲、水生植物为主体，集科技示范、农业观光、苗木繁育、绿色餐饮于一体的特色园区，也是江北最大的水生植物品种园。荷花文化艺术节每年举办1次，时间为公历7月初至9月初，届时主要开展赏荷花观光亲子游、小记者观光采风、青少年夏令营素质拓展、小龙虾趣味垂钓、荷文化展、荷花风情旗袍秀、环境科普教育等活动，让游人在荷风荷情中体会到人与自然的和谐共融之美，受到周边民众的欢迎。

冠县梨花节　冠县位于黄河故道，其中兰沃乡的万亩梨园闻名全国，被称为“中华第一梨园”，是“鸭梨之乡”。在2006年举办第一届冠县梨花节以来，观光游客络绎不绝，每年4月5—15日定期举办梨花节。梨园旅游区主要景观

冠洲梨园　（2013 年摄）

有梨王廷、梨王后宫、寒露寺、群梨荟萃、结义园、百草园、连观园、观雪园、老龙池、林间道、御梨园、贡梨园、养生园、吉祥园、百梨食坊等 16 处。节日期间正是清明前后，附近民众纷纷外出踏青，纷至沓来，成为聊城西部地区具有重要影响的节庆。

花姑节　高唐县种植棉花历史悠久，明代便以“木棉甲于天下”，素有“金高唐”之美称。因植棉，农历正月二十八日为花姑节，是高唐独有的传统节日。据传，过去有位叫花姑的姑娘，到高唐定居，教人们种植棉花、纺线、织布，使高唐人丰衣足食，人们对她奉若神明。她去世后，在高唐城西门外修了 1 座花姑庙，并把她的生日——农历正月二十八日定为花姑节。过去每年举办花姑庙会，除祭祀花姑神外，还购置生产农具、交易农副产品等。农村家家煮面疙瘩、面片和面条食用，面疙瘩示为棉桃，面片示为棉叶，面条示为棉枝，纪念花姑，祈求棉花丰收。现如今花姑庙早已不存，但高唐人在每年正月二十八日仍要在家中焚香纸、摆供品望天祭祀。随着生活水平的提高，也有吃水饺或其他代替面条等，然那句“收花不收花，要看正月二十八”的农谚至今流传。

第三节　礼仪习俗

一、婚嫁

定亲　1997 年后，随着经济发展，社会开放程度的提高，聊城单身男女的婚恋大多选择自由结合，父母基本不再包办或干涉儿女婚姻。单身男女相识一般有 3 种途径：双方自由恋爱；经亲朋等介绍相亲认识；经大众传媒、婚姻介绍所、婚姻介绍网站等途径认识。随着网络的发达，少数年轻男女通过 QQ、微信等网络聊天软件认识，成为一种新的婚恋途径。

男女双方经过认识了解，感觉对对方已有充分了解，自己也感觉满意后，两家开始商量定亲。现在社会生活节奏加快，有些单身男女相识后，一般未等到充分了解就快速结婚，社会上称为“闪婚”一族。闪婚的速度都很快，双方认识一般数月便结婚，短的仅数周，对“闪婚”社会评价褒贬不一。定亲当天，男方要设定亲宴，通知自己及女方直系亲属前来参加，如果经媒人介绍相识的，一般也会把媒人叫来。宴会一般根据人数定数桌，规模不会很大，席间定亲男女须向参加宴会亲朋及媒人敬酒，向他们表达前来参加的谢意，同时接受别人的道贺。宴会结束后，男方一般向前来参加的亲朋及媒人赠送一些礼品，再次表达谢意。

定亲时男方父母要给女方改口费，同样女方父母也要给男方改口费，数额由几百到几千不等，男女双方互叫对方父母“爸、妈”。男方要携带提前买好的“三金”（一般指金项链、金戒指、金耳环）给女方。现在社会对“三金”早已没有明确的概念，也有选择白金或钻石，如钻戒、钻石手镯、钻石耳钉、白金手链、白金项链、玉、宝石等，不一而足。另外男方要向女方父母递上礼金，数额高低不等。少者如 10001 元（万里挑一）、10007 元（万里挑妻），然后女方父母将 1 元或 7 元回给男方。近几年礼金数额猛增，像 31800 元（三家一起发）、48000 元（四平八稳）、68000 元（顺发）、88000 元（发发）、100000 元（十全十美）、110000 元（三斤三两）、150000 元、200000 元等，让社会上直呼“结不起婚”。高额的礼金不仅使婚姻的性质变味，也严重增加了男方的经济负担。也有不少开明的女方父母在女儿定亲时，象征性地收一点礼金，因此礼金的数额很大程度上受女方家庭的左右。除礼金外，无论城乡，1套或1栋新房也是必不可少的。很多女方父母出于女儿生活安定的需要，一般都会要求男方在城里购买1套或在农村盖1栋新房，当然也有考虑到男方家庭条件不好相约婚后共同买房的。现在社会上定亲流行“一动不动”的说法，指买了房子后（不动产），添置一辆家庭轿车（动车）也是必不可少的，但仅限于部分家庭，一般是男方买房，女方装修或陪送1辆车。

结婚　男女双方经过定亲，领取结婚证后，下一步就是结婚。娶亲一般由双方父母操办，因此双方要先协商一下结婚的日期，同时参考子女的意见。结婚一般要根据男女双方的生肖、生辰八字选好黄道吉日，现在也有不少选定节假日，如元旦、春节、“五一”“十一”等。双方商定好结婚日期后，男方开始准备结婚用品，提前预订饭店，联系婚庆公司，找好司仪，预定婚纱。在此前后男方可先与女方拍摄结婚照，一些照片可提前悬挂在男方布置好的新房内。男方还要提前去通知亲友，希望他们到时前来参加婚宴。女方则提前准备好嫁妆，如被子、衣服、家电等。

结婚当天，男方家中装饰一新，由亲朋帮忙在门口贴好结婚对联，悬挂灯笼、彩带，准备好婚房。女方则在请人提前化好妆穿戴婚纱，等候新郎前来迎亲。新郎一早要穿戴整齐，佩戴胸花，带领伴郎、伴娘各2人，率领车队前去迎亲。迎亲过程则由婚庆公司全程摄像，并放鞭炮出发。见到新娘后，一般要举行一些接亲仪式，如为新娘穿袜子、鞋子，同吃糖块（代表甜甜蜜蜜），新娘喂新郎鸡蛋或面条（代表早生贵子、生活有滋有味）。然后由新郎将新娘抱上婚车，迎亲队伍开始返回。等到参加婚礼的亲朋到齐后，婚礼正式开始。亲朋事先要准备好礼金前来参加婚礼，礼金数额由几百元到几千元不等，男方家则安排专人写礼单、收礼金。

婚礼一般在新郎家附近开阔地或饭店中举办，由司仪主持，请新郎新娘及双方父母上台，首先由新郎新娘交换戒指，再向双方父母齐叫“爸、妈”，双方父母再给1次改口费。最后司仪喊着“一拜天地，二拜高堂，夫妻对拜，送入洞房”。新娘被送入洞房后，男方亲朋会涌入“闹洞房”。最后男方大摆筵席，请亲朋赴宴。席间，新郎新娘要向参加婚宴的亲朋敬酒，婚庆摄影也会一路跟随，宴会结束后婚礼基本结束。也有婚礼在男方家、女方家各举办1次，尤其是两家相距较远，不在同一地区居住者。一般在男方家举办叫婚礼，在女方家举办叫婚宴。

结婚是人一生中最重要的大事之一，一般都会以最隆重的礼节及规格举办，力求办得体面、热闹。然随着新思想的传入，结婚仪式也有简化的趋势。一些家庭提倡节约，简办婚礼，不收礼金；有的则参加集体婚礼，减少铺张浪费；有的选择结婚旅行，不在家大操大办等。

二、生育

随着社会生活水平的提高，人们对健康生育的认知日益重视，一般已婚妇女在怀孕前都要做好前期准备。在聊城，丈夫被要求在2～3个月内不能饮酒、抽烟，女方则提前补充叶酸，以防怀孕后胎儿畸形。女方怀孕在民间俗称为“有喜”，现在无论城乡基本都要到妇产院或妇幼保健院建立档案，进行检查。档案建立后，每隔一段时间都要根据医生的建议检查1次，内容包括胎儿发育、胎儿畸形、微量元素补充、疾病预防等。女方在怀孕时一般选择听舒缓的音乐，保持舒畅的心情，胎儿在5～6个月时也可以选择听音乐进行胎教。怀孕后女方忌讳生气、哭泣、饮酒、抽烟、吃生冷硬及辛辣等带刺激性的食物。一般不让做重活，如搬抬重物、举提重物等，也一般不参加红白喜事、晚会、酒宴等人多的场合。不少孕妇按照医生建议，吃孕妇餐，讲究清淡、营养均衡。

临产前，男方要提前到医院给妻子预定产房，普通产房一般安排2～3名产妇同住；同时医院也推出单间、家庭套房等针对个人的产房，可以免于外界干扰，但收费也昂贵一些，每个家庭可以根据经济状况选择。随着医学发达，产妇在临产时可以根据意愿选择顺产或剖宫产，大龄或高龄产妇医院一般建议剖宫产。产妇在产子时，丈夫都要在产房外守候，直到孩子顺利出生，也有双方父母都在场的。孩子出生后要由护士称一下体重，然后为新生儿洗澡。现在医院还提供为孩子按手摸、按脚模、提供金银纪念币（一般刻上孩子出生日期、体重、产院等内容）等服务，以供孩子父母选择留念。顺产产妇在医院住 2 ～ 3 天，观察无大碍后可以选择出院，剖宫产则一般要待 7 天左右。

产妇回家后，主要是休息调养身子和哺乳婴儿，民间俗称为“坐月子”。企事业单位的产妇可以享受国家法定产假，现在聊城规定为 158 天，如果是剖宫产另加 15 天，双胞胎再加 15 天，丈夫也享有 7 天的陪产假。坐月子期间，产妇忌讳频繁下床、哭泣、生气、吹风、洗澡、干活等，认为这些会落下“月子病”，将损害产妇身体健康。但也有一些年轻女性接受西方观念，正常作息、洗漱、饮食。在农村伺候月子一般由婆婆或岳母承担，城里则不少人家会请月嫂。月嫂接受过专业培训，会针对产妇做月子餐、为产妇催乳、为婴儿按摩、洗澡等服务，对伺候月子更科学、周到一些，但价格也相对昂贵。月嫂一般都是按照星级进行评定，如金牌月嫂为五星级，月入在万元左右，且极为抢手，甚至需要找关系或提前半年至 1 年预定。

产妇在坐月子时，一般要吃鸡蛋，喝母鸡汤、猪蹄汤、小米红枣粥等滋补食品，既利于恢复身体也有助催乳。坐月子期间，一些家庭也忌讳男人或外人进入卧室，认为会“冲月”，不利于产妇及孩子健康，但一些家庭则允许孩子父亲或直系女性亲属入内。孩子出生后，婆家一般会将喜讯告诉亲朋，俗称“报喜”。亲朋得到喜讯后，一般会在孩子满月前来探望。

在城市，孩子出生后选择满 7 天、9 天、12 天或 1 月的任何一天，一般要摆“满月酒”，较多的是选择满 1 月，此时产妇也基本坐完月子。满月酒一般选择在饭店举办，届时亲朋会携带鸡蛋、红枣、红糖、挂面、长命锁、小孩衣服、礼金等前来道贺。一般由孩子父亲出面负责招待，宴请亲朋，并安排专人收礼金、记礼账。等宴会结束，贺喜者起身离开时则回赠每人 1 个小红包，金额在 5 ～ 10 元不等。农村在孩子满月后，一般由女性亲属携带鸡蛋、小米、红枣等礼物前来道喜，婆家则回赠一些红皮鸡蛋（用颜料染红），在家中简单招待一下。等到孩子出生 100 天时，农村俗称“过百天”，婆家要宴请亲朋好友前来参加，相当于城市的“满月酒”，多选择在饭店举办，也有选择在家中。前来道喜者一般携带礼金，由专人记账，写礼单，由婆家出面负责招待。等小孩过完“百天”后，正式的生育习俗方才结束，以后便是负责抚养、教育孩子。部分乡镇还有给孩子过“三周”的习俗，孩子临近 3 周岁前，家长举办宴席邀请亲戚、朋友参加，亲友一般会携带礼金或礼物。

三、寿诞

寿诞又称“过生”或“祝寿”，一般指为 60 周岁以上的老人过生日。现在社会老龄化加剧，人的寿命普遍得到延长，因此有些老人选择 70 岁以上才给自己“过生日”，具体年龄因家而异。祝寿是儿女亲朋向老人表达敬意与孝心的重要风俗，逢老人整岁如 60 岁、70 岁、80 岁、90 岁、100 岁等则办的格外隆重。祝寿前，晚辈要提前准备寿礼，一般有寿面、鸡、鸭、鱼、猪肉、鸡蛋、蛋糕、烟、酒、茶等，有的给老人买一身新衣服或一双新鞋子，有的给老人送拐杖、寿联、寿匾、寿画等。祝寿当天，晚辈携带礼品来给老人拜寿，老人则在家中接受晚辈的祝福，并设寿宴款待。现在随着生活水平提高，不少城里老人选择去饭店办寿宴，饭店也会给庆生的老人一定优惠。农村老人普遍在家中摆寿宴，寿宴一般由老人的子女张罗，老人只在家中接受晚辈祝寿，也有一些老人讲究亲力亲为，自己张罗寿宴。祝寿时老人要穿戴一新，在房中正坐，有些家庭为烘托气氛，会张贴祝寿字画、寿星图或寿联、寿匾。现在，随着社会发展，祝寿的风俗也有很大改变，如有些儿女在电视台、电台为老人点播歌曲，祝福老人生日快乐；有些儿女提前去照相馆预约，在祝寿当天与老人照全家福或倡议亲朋与老人合影，以作留念；有些儿女携带老人外出旅游，让老人放松心情。还有些老人忌讳过生日，认为过寿便是折寿。对某些德高望重的老人，原单位或政府有关领导也会登门祝寿，赠送礼品、致寿词等。随着手机、网络的普及，有些子女身在外地不能赶回家给老人祝寿，则会通过手机电话、短信、彩信、QQ、微信等方式或电脑视频聊天给老人送去祝福。

四、丧葬

丧葬在汉族群众心目中也是最重要的大事之一，向有“人生大事，婚丧嫁娶”的说法。20世纪末，聊城的丧葬风俗比较烦琐、大操大办现象比较普遍。近几年，国家提倡移风易俗，铺张浪费、大操大办的情况比较少见，大部分丧事都能做到从简。

死者在生命垂危时，亲属都要陪在身边寸步不离，听遗嘱，直至目送死者离去。在医院去世的，一般由医院开具死亡证明。死者逝后，要由家人尽快为其净身、穿寿衣，并尽快将死者去世的消息通知亲朋，在城里一般通过电话告知，农村则由专人去亲朋家一一告知，以显隆重。死者在当日或次日或出殡日送往火葬场进行火化。

在发送讣告的同时，死者亲属要布置灵堂，大部分家庭在家中布置灵堂，也有部分家庭在殡仪馆布置灵堂。灵堂布置好后，正中摆放死者的骨灰盒，墙上中间位置悬挂死者黑白遗像，桌上放置3炷香，由死者亲属为其守灵。死者“停灵”的时间一般为3天，如死者上有父母健在，则“停灵”2天，也有部分地区如高唐县的部分地方会停灵5天、7天。丧家一般会在家族中或亲朋中找一主管协助办理丧事，一般选族长或德高望重者担任。主管的任务主要是安排丧葬有关事宜，如出殡安排、办丧人员分工、丧宴准备等。在聊城部分县、市、区丧家门口或楼道口放置一架小鼓，有亲朋前来吊唁，有专人负责敲鼓，来男客敲2声、女客敲1声、男女客同来先敲2声后敲1声，也有部分县（如莘县）门口有专人负责喊“吊客”。吊唁者进入灵堂向死者遗像鞠躬致哀，劝死者家属节哀，并向死者献上花圈、挽联（农村一般不送）、礼金（数额几百至几千元不等）。死者亲属一般安排专人记账，称为“白账”。中午死者家属要安排丧宴招待帮忙、吊唁的亲友，又称“白宴”，丧宴一般是大锅菜，菜品中一般有豆腐，故民间赴丧俗称为“吃豆腐”，也有不少家庭会在家中或饭店安排宴席。

吃完丧宴后，便是正式的出殡仪式，一般安排在下午。出殡时，死者直系亲属要按亲疏远近穿上不同的丧服，鞋面也要用白棉布裹起来，亲友则佩戴丧帽或孝带，一般用白棉布制成，小孩也不例外。由死者儿子手拿哭丧棒又称“孝子棒”在前面哭着引路，众人哭着在后面跟随。在经过第1个十字路口时要“摔老盆”，撒纸钱，此后沿途要一路哭一路撒纸钱。到墓地后，将墓穴开启放入死者的骨灰盒，然后封土。在墓地众人还要磕头哭祭，烧纸钱、上香、摆供品，说着祝死者一路走好之类的话。返程时众人脱下丧服。死者死后第7天，称“头七”，聊城当地要给死者过“头七”，由家人到墓地祭祀。还有部分县会过“三七”、“四七”、“五七”或“一百（100）天”，各县不一样，先前参加吊唁的亲朋一般都来参加，死者子女仍要设宴款待众人。此后在死者逝后1周年、2周年、3周年要连续到坟上祭奠，参加人员比之前要少得多，一般是死者的直系亲属。另外，死者的子女要在每年的年三十、忌日、清明节、中元节前往坟前祭奠。

第四节　信仰习俗

一、动植物信仰

聊城市居民对动植物信仰多由谐音、形似、寓意选定某些动物或植物作为吉祥物加以信仰。如动物方面，龙凤代表吉祥富贵，麒麟代表送子，喜鹊代表喜事，金龟代表长寿，骏马代表成功，羊代表好运，金鱼代表发财，鹿代表长寿或官运亨通，仙鹤代表长寿，蝙蝠代表有福，鹌鹑代表平安，猴子代表做高官，鲢鱼代表连年有余，大象代表吉祥，鸳鸯代表婚姻美满，金钱豹代表财富或抱子，壁虎代表必福、避祸，雄鸡代表辟邪等；在植物方面，苹果代表平安，橘子代表吉庆，牡丹代表富贵，吉祥草代表吉祥，并蒂莲、百合、万年青代表婚姻美满，枣子、花生、桂圆、石榴代表生子、多子，梅、兰、竹、菊代表高洁，灵芝、松、柏，佛手代表有福，桃子代表长寿，艾草、桃木代表避邪等。

人们为了求得谐音的相似，有时还将这些动植物混合起来，组成一个新的吉祥含义。如赴婚宴时，送给新娘新郎枣子、花生、桂圆、栗子代表早生贵子；送带有鸳鸯、并蒂莲、百合图案的暖瓶、脸盆或枕巾，代表婚姻美满。过年时，家里张贴带有金鱼、鲤鱼等年画，代表连年有余；贴带橘子、磬、金鱼的年画，代表吉庆有余；贴带蝙蝠、喜鹊、佛手的年画，代表福喜临门。给做官的人家送猴子骑马的装饰画，代表马上封侯。赴寿宴时，送给老人带有仙鹤、梅花鹿、桃子、松、柏、灵芝的装饰画，代表健康长寿。过端午时，门口粘有艾草、雄鸡的张贴画，代表逢凶化吉、辟邪。

二、神仙信仰

观音菩萨 又称“观世音菩萨”，在佛教中地位低于如来佛祖，但在民间的影响要高过佛祖。

在聊城，无论城市农村，都有一些家庭供奉观音。在百姓心中，观音一直是救苦救难、保平安的象征，因此家中如有困难则会向观音敬香，乞求逢凶化吉；许多司机也喜欢在车内摆放观音塑像，以求外出平安。在民间，观音还有一个重要身份就是送子，不少新婚家庭或长期没有孩子的家庭，都会在家中供奉观音或去庙里向观音献香，以求早生贵子。

送子娘娘 又称“注生娘娘”，在民间信仰中是中掌管生子的道教神。在聊城不少地方有娘娘庙，供奉送子娘娘，神态安详端坐，怀抱娃娃。有新婚夫妻或长期没有孩子的夫妻，来娘娘庙烧香祈愿，请求娘娘赐子。有些还要摆放供品，在供案上抽签，如求得“吉签”，表示娘娘已赐福。得子后，还要来拜谢，因此娘娘庙的香火十分旺盛。

福、禄、寿星 在民间是信仰基础非常广泛的3位道教神，分别象征吉祥、富贵、长寿。福星即天官，在民间有“天官赐福”的说法；禄星即文昌帝君，主管人的功名利禄；寿星即南极仙翁，代表着长寿。3星在民间的形象通常是福星手拿一个“福”字，禄星捧着金元宝，寿星托着寿桃、拄着拐杖，有时还衬以鹿、仙鹤、松树等。在聊城民间，对福、禄、寿3星的信仰极为广泛，除在家中摆放塑像供奉外，不少家庭中的茶壶、扇子、年画、拐杖、坐凳等都有3星的画像或图案。给老人祝寿时，买的生日蛋糕通常也有寿桃或寿星的图案。

土地公公 又叫“土地爷”，是掌管一方土地的道教神。因其住在地下，在神仙中级别中最低，但与土地密切相关，在农村受到百姓崇祀。现在聊城农村，部分村庄仍有土地庙，多由当地村民自发组织建造，属于微型建筑，高度大多不到2米，面积约1～2平方米，从外形看多似神龛。有的外面加一匾额，上写“土地公公”，里面摆有果品，供奉土地公公的塑像；还有的在土地公公旁边塑有土地婆婆，作为陪伴。土地庙一般为村民自己信仰，建造非常简单，有的在村头路口，有的在树下、路旁，有的在房屋外墙下。每年农历二月二日相传是土地公公生日，村民进行祭祀；百姓认为土地爷是坟墓的守护神，在清明节一般在扫墓前先祭拜土地爷，予以答谢。

财神 财神是民间信仰最为广泛的神仙之一，其原型有赵公明、比干、范蠡、关公、管仲等。财神是道教神，在民间有不同说法，一般认为赵公明是正财神，此外还有文、武财神之说，如比干、范蠡、刘海被奉为文财神，钟馗和关公被奉为武财神。在聊城，对财神的信仰极为普遍，尤其商家一般都供奉财神，在家庭中也有很多供奉，所要表达的愿望都是一致的，就是希望财神保佑能够财源滚滚。每年农历正月初五是迎财神的日子，农历七月二十二日是财神节，都有相关的祭祀活动。

文曲星 在民间信仰中，文曲星是主管文运的道教神，认为古代文章好而又做高官的人都是文曲星下凡。在民间，文曲星的原型一般是商朝丞相比干，也有认为宋代范仲淹、包拯、文天祥等人是文曲星下凡。在聊城，一些家庭因家中有学生而信奉文曲星，以求保佑孩子能够升学顺利、高考金榜题名。在不少公园、寺庙或旅游景点中有文庙或魁星阁，一般供奉的就是文曲星。

麻姑　又称“寿仙娘娘”，在民间信仰中，麻姑是代表长寿与送子的一位女性道教神，有“麻姑献寿”“麻姑送子”的说法。在聊城，一般是悬挂麻姑的画像，如家有女性老人过寿，就送一副麻姑捧桃的装饰画或印有麻姑形象的蛋糕或手杖等，祝福老人长寿。有不少想要孩子的家庭，也会供奉麻姑，通常是一副麻姑抱子的画像或塑像，乞求麻姑能够让其早日得子。

灶神　又称“灶王爷”，是民间信仰中最为普遍的道教神之一，主管一家人的饮食及祸福。灶王名字有张单、苏吉利、宋无忌等多种说法。每年农历腊月二十三日是灶王爷生日，民间也叫“祭灶”。在聊城，一般会在厨房锅台前张贴一张灶王爷的画像，摆放供品进行祭祀，并焚香烧纸，燃放鞭炮，乞求灶王爷保佑全家来年吃穿不愁。

八仙　在民间，八仙是信仰非常普遍的8位道教神仙，分别名叫铁拐李、汉钟离、张果老、吕洞宾、何仙姑、蓝采和、韩湘子、曹国舅。八仙在得道之前都是凡人，在民间都有着生动鲜活的故事，因此与百姓生活更为接近，深受欢迎。八仙分别代表着男、女、老、少、富、贵、贫、贱，所持器具有8件，分别为檀板、扇子、洞箫、渔鼓、宝剑、葫芦、荷花、花篮，在民间被称为“八宝”，代表八仙之品。在聊城，对八仙的信仰也非常普遍，如个人所用扇子、茶壶；家中方桌、窗格、凳子、挂历、装饰画；单位屏风、影墙；公园墙壁、雕塑；商场工艺品、食品包装等许多都绘有八仙图案。在民间八仙还充当了财神、平安神与送子的功能，不少家庭供奉八仙，乞求能够财运亨通、逢凶化吉、早日添子。

门神　在民间信仰中，门神是守卫家庭门户、镇宅辟邪的道教神。其原型有两种说法，一是远古时期的神荼、郁垒；一是唐代的尉迟敬德、秦叔宝。在聊城，门神一般是过年时张贴于自家大门上的年画。在农村，许多家庭将门神画像作为守护神贴于大门上，用来保佑家人平安、驱邪避鬼、获得吉祥等。按照习俗，在春节前夕，门神与春联是同时张贴的，也都有祈福辟邪的意思。

龙王　在民间信仰中，龙王是统领水族的王，掌管兴云降雨；此外还能消灾降福，代表长寿。在神话中，龙王分别指即东海龙王敖广、南海龙王敖钦、北海龙王敖顺、西海龙王敖闰。在聊城，龙王信仰较为普遍，早年间有些农村遇到干旱年份，便会组织祈雨仪式，祭祀的主要对象便是龙王。祈雨一般由老年妇女主持，先向各家募捐钱财购买香纸，在村头举行，向龙王烧香磕头，祈求普降甘雨。在年节时，农村或社区还流行舞龙，用来庆祝丰收和祈福。此外，老人过寿时，子女或晚辈有的会送龙头拐杖，祝福老人能够长寿。在每年农历二月初二，有龙抬头节，祭祀龙王；五月初五端午节有赛龙舟习俗，目的之一也是祭祀龙王。

三、庙会

1997年后，聊城地方信仰的主要表现方式是庙会。庙会，又称“庙市”“节场”，在唐代便已存在。庙会一般在寺庙所在地举办，利用神祇、社火、神戏招徕顾客，是工商业者开展城乡贸易、进行物资交流的一种手段。在聊城，随着社会经济的不断发展，许多地道的庙会形式逐渐消逝，或者简化了内容；诸多以庙会为载体的民间艺术形式也濒临消失的危险。然而庙会的样式也具有了许多新时期的内容，时代发展赋予了庙会更多的现实功能。

茌平鲁义姑庙会　位于茌平县韩屯镇罗西村，时间为每年农历二月初一至初七。鲁义姑，姓名不详，相传为春秋时鲁国之农妇。一次齐国发兵攻鲁，鲁义姑为躲避齐军，将怀中所抱自己的孩子舍弃不顾，而抱起兄长的孩子逃难，由此留下舍己救人，不以私害公的美名。鲁国君得知此事，尊之为“鲁义姑”。农历二月初六，据传是鲁义姑的生日，每年都有万余名民众利用戏曲、歌舞、二人转、民间曲艺等方式到罗西村鲁义姑祠进行追忆，由此形成庙会。现在庙会时间持续7天，在20世纪末重修了1座二层的“鲁义姑祠”（当地人称“鲁姑奶奶庙”），人们从四面八方前来拜祭，最多时每天可达4万余人。主要仪式有膜拜、放鞭炮、烤烧饼、上香、祈福、求子。届时罗西村前的乡村公路上停满各种车辆，路两边摆满各色售卖日常用品的摊点，特别是茌平县博平镇的特产——马蹄烧饼更是随处可见，随烤随卖，成为赶庙会祈福求子的必备供品。2012年，当地人出资成立了茌平鲁义姑文化传播有限公司，通过国家商标局注册了“鲁义姑”商标，并组织成立茌平县鲁义姑文化发展协会集贸市场，将庙会转变成为带动当地经济发展的重要动力。

冠县大郭庄庙会　位于冠县北馆陶镇大郭庄村，时间为每年农历二月十五日，庙会持续时间一般为3天。据传，大郭庄村民祖先来自山西洪洞大槐树，从明洪武初年迁来，在黄河故道大郭庄安家后不久，发现此地风沙特别大，威胁到他们的生活，于是派人返回山西老家请来了“托山奶奶”，希望能够镇住风沙。他们在村西建庙供奉，并在农历二月十五日托山奶奶生日这一天举行祭祀活动，此后发展成为庙会。

至21世纪，在托山奶奶庙内，还供奉着“观音菩萨”和“碧霞元君”（当地村民也称为“麦黄奶奶”和“泰山奶奶”），与托山奶奶一起充当祛邪、避灾、送子、祈福、治病等功能。在村民眼里，托山奶奶地位最为重要，每年过了农历二月二，村里的妇女就会自觉来到托山奶奶庙缝制神袍、神鞋。庙会前一天，村里在十字大街西南角搭起神棚，将庙里的托山奶奶画像请至神棚安放。庙会当天，周边商贩云集，村内道路两侧摆满了各种摊点，大部分为食品、玩具及烧纸、香等。神棚两侧挂满了高大的神袍，神鞋也被摆放在左右，请来民间剧团在神棚前唱戏。午后1点钟，举行“烧袍”仪式。众人抬着托山奶奶的轿子，挑着神袍、神鞋进行游街。后面有高跷、花船、秧歌、花鼓跟随，最后在村西烧神袍、神鞋。虔诚的村民会涌上前去，抢接飞扬的“袍灰”，据说能“治百病”。

阳谷张秋任疯子庙会　位于阳谷县张秋镇，时间为每年农历四月初一，持续5天。任疯子，原名任山，号清虚道士，人称“任大仙”。据传，任山善用“分身术”，能1个月不吃不喝，还将魔术“种瓜”节目传了下来。现在，当地仍然流传着很多关于他的济公式的故事，主要称颂他乐善好施、恤贫济孤、治病救人的精神。在张秋镇运河东岸有任疯子墓，20世纪末当地出资新建了任疯子庙。每年农历四月初一到初五，附近乡镇的村民都来赶庙会，祈求任大仙能够保佑家人平安、生活富足、身体健康、祛病消灾等。

临清歇马亭、桑树园庙会　分别位于临清市大辛庄街道歇马亭村与新华路街道桑树园村，两地位置毗邻，庙会时间同为农历三月三十日，持续约1个月。当地一般将两处庙会作为同一个庙会来赶，是聊城地区最大的庙会。

临清信仰泰山奶奶历史悠久，据传早在宋代，就建有碧霞元君祠（即泰山奶奶庙），现在的歇马亭与桑树园后末分别建有泰山奶奶庙。从时间看，歇马亭庙宇时间更早，清乾隆帝南巡时，地方官吏在此迎送圣驾，皇帝在此下马歇息，后把此地改称为“歇马亭”，泰山奶奶庙便也改称为“歇马亭奶奶庙”。桑树园泰山奶奶庙，虽然修建时间较晚，但因有政府的参与，临清市道教协会主持，所以现在规模更大。

每年农历三月三十日，在歇马亭、桑树园两地举办泰山奶奶迎驾庙会，周边群众纷纷前来赶会，达数万人之多。因泰山在临清东南方向，因此每年都要在城外东南方向举办迎驾仪式，将象征泰山奶奶乘坐的銮驾接至庙内供奉参拜，善男信女前呼后拥，组成绵延0.5千米多的迎驾队伍。接驾时，有人敲锣打鼓在前面开道，抬着泰山奶奶的轿子从庙里出发，沿着运河河堤前行，在城外东南方向举行相应的接驾仪式，再回到庙宇中。沿途有各种民间艺术表演，如临清架鼓、腰鼓、扭腰歌等，甚至还有仪仗军乐队表演，给庙会增添了现代元素。庙宇两侧，全是集市，大多卖衣服、零食、饰品、黄纸、香、玩具等。庙外神台高架、鼓乐喧天，文武戏班献技竞艺，很多信客都要买来香和黄纸进行祭拜，多数以中老年人为主，祈求泰山奶奶能够保佑全家万事如意。除烧香拜神的，还有各种各样的民间娱乐活动，如竹马、舞龙灯、京剧人物扮相等。歇马亭庙会与桑树园庙会相比，更加民间化，在庙宇里面都有大量的商贩，也有不少乞丐在其中行乞。歇马亭、桑树园庙会一般持续到四月三十日，将泰山奶奶送回泰山为止。前来赶庙会的大部分为临清本地人，也有河北、河南、天津等地人，辐射范围达周边数省。

东阿邓庙村庙会　位于东阿县姜楼镇邓庙村，时间为农历三月初六，庙会持续 6 天。邓庙村原名跑马集，相传 2000 多年前，有一位姓邓的老太太来到这里修建了武当庙，死后便埋葬在这里。当地村民为了纪念邓老太太，便把村子改名为邓庙村。邓庙的武当爷最为奇特处是有 6 只手，3 只手托着阴阳八卦太极图，代表儒教；2 只手拿着天书，代表道教；1 只手提着佛珠，代表佛教，这些手就是代表三教合一。邓庙武当石像高 1.92 米，宽 0.94 米，雕刻精美，栩栩如生，为宋元时期文物。

农历三月初六是武当爷的生日，届时周边善男信女蜂拥而至，有的是专门来看大戏，有的是来给庙内供奉的武当爷献上一炷香，祈求家人平安。武当庙门前的小广场搭好戏台，唱戏前先要进行盛大的祭庙仪式，由村里主事者带领戏班进庙祭拜，然后唱戏祝寿。仪式过后，大戏正式开唱。庙会上，烧饼、豆腐脑、糖葫芦、玩具、手链等各色美食和饰品琳琅满目，深受赶会群众的欢迎。

东阿药王山庙会　位于东阿县城区药王山景区，庙会时间为农历正月初一至十五，持续半月。药王山庙会是当地民间为纪念和祭拜药王孙思邈而举行的盛会，已发展成为融中药材产品展销、民间歌舞、杂技社火、传统工艺、物资交流等多项内容于一体的民俗民风大舞台，也成为市民春节期间必不可少精神文化活动。庙会由景区组织，安排了民俗演出、特色小吃、祈福活动、书画展览等丰富多彩的内容，市民可以在过年期间游古城、看表演、赏民俗，向药王上一炷香，撞响第一声钟，祈愿新年新气象。庙会现场人头攒动、热闹非凡，提高了景区游客的参与性和互动性。

第五节　主要少数民族习俗

一、回族习俗

聊城市回族人喜欢吃面食，肉食以按伊斯兰教教规屠宰的牛、羊等反刍类偶蹄食草动物和鸡为主。“油香”（特制油炸面食）是山东回民的传统食品。每逢回族节日和纪念亲属“周年”（亡日）、“冥纪”（亡人诞辰）、婚嫁日，都要做油香分赠亲友和邻里。回民出售清真食品的商店或摊贩，常在广告和招牌上画一把“汤瓶壶”，作为清真的标志；汤瓶壶系由阿拉伯国家传入。回族喜饮绿茶。回族禁食动物血液、自死物，其宗教信仰视动物的血液、自死物为污秽不洁之物；禁食驴、马、骡等非反刍动物的肉，禁食食肉类动物如猫、狗的肉，禁食猛禽猛兽。回族饮食禁忌尤以禁猪为甚。《古兰经》中有禁食猪肉的经文，称为“哈拉目”（阿拉伯语，意为“禁忌”）。伊斯兰教传入中国后，这一禁食习俗同时传入并长期沿袭。

回族人有爱好清洁卫生的习惯。进行宗教活动前须沐浴，沐浴分大净和小净；沐浴时不用回流的水；大净用淋浴的方式，小净用一把汤瓶壶洗浴。

回族人一般使用汉语、汉文。民间日常生活中迄今仍保留许多阿拉伯、波斯语汇，如“多斯蒂”（朋友）、“赛瓦布”（施舍）、“阿訇”（教长）、“都瓦”（祈福语）等。虔诚穆斯林见面互道“色俩目”，互祝安宁。宗教教职人员诵经通用阿拉伯语。常到清真寺礼拜或参加节日会礼的回民，男性一般戴黑、白色礼拜帽；女性戴黑、白色盖头，不露耳饰。

回族家庭门楣上一般贴有用阿拉伯文书写的横联，回民称为"都瓦"（又译为"杜哇"，阿拉伯语为"祈祷吉祥"的意思）。"都瓦"的内容，有的写清真言，有的为《古兰经》摘句。书写体式各异，笔法多变，但都是阿拉伯文句连成的花纹图案，如同汉字的美术字变化一样。"都瓦"不仅是回族家庭的标志，也是清真饮食和回民食品商店的一种特有标志。

回族人习惯本民族内部通婚，实行一夫一妻制。回族传统婚礼，由男女双方各两名家长代表和阿訇主持。新郎新娘到场，阿訇诵经、撒喜果。男女双方用语言明确表示同意结婚，证婚人作证，并由阿訇用阿拉伯文写一份宗教内容的婚约（"依扎布"）。男方赠予新娘聘金（"卡宾"钱），多少不等，仪式而已。

回族实行土葬深埋，不用棺木，葬礼从简，提倡厚养薄葬。殡期不超过3天。不看风水，不摆供品、花圈，禁号哭。墓地一般选在地势较高、土层坚实的地方。各地有回民公墓。病人临危时，请阿訇为其作忏悔（"讨白"），提念作证言。弥留者头北脚南面西仰卧，或头东脚西抬高头部面西仰卧（多为前一种方式）。人死后，将其脱去衣服，平放在专用的"水溜子"上，再用一块洁净的白布覆盖，由子女守灵。殡礼由亲友邻里协助办理，丧主出具讣告。如亡者是已婚妇女，其子女要到死者娘家报丧，并由亲友出面到女方娘家征求丧事处理意见。殡前，要将死者遗体洗净，一般由阿訇和子女动手，用汤瓶壶浇洗。洗后揩干，把死者遗体按照规定的方法用白布包裹；不论贫富贵贱都用白布，不用绫罗绸缎。包裹死者遗体的白布（"克番"），男性3件、女性5件，一般撒有香料以防虫蛀。包裹完毕，放入"塔布"。"塔布"由底、盖、帮3部分组成，平时存放在清真寺里，供回民殡葬公用。殡礼一般在第2天或第3天中午举行，请阿訇诵《古兰经》有关章节，站"则那哉"（殡礼），然后由亲友街坊将死者送往墓地。墓穴是在选定地点，先打1个长2米、宽0.5米、深2米左右的南北走向的长方形深坑，然后从坑北端底面向北挖进1个高1米、深3米的洞，墓洞周围钉上白布围幔，白布上写有阿拉伯经文，称"幔棚"。入葬时，先将其用"塔布"的底托放进深坑里，然后将死者遗体移放到洞里仰卧，把包裹头部的白布揭开，使其面向西方。洞口用土坯或石板封好，然后填土成坟。回民为已故亲人做"日子"，逢7日、40日、100日一般要请阿訇走坟诵经，做油香，周年须做悼念活动。

回族几乎全民信仰伊斯兰教，称信仰为"伊玛尼"。信教者称"穆斯林"，意为"和平者""顺从者"。聊城回族穆斯林信奉伊斯兰教逊尼派，教法学宗哈乃斐派。在回族聚居的较大村（居），一般设有清真寺。

回族除与当地汉族共度春节、中秋节等民间节日外，传统上遵循伊斯兰教的规定，每年过开斋节、宰牲节等节日。开斋节和宰牲节现已演化为隆重的民族节日。开斋节在伊斯兰教历十月一日，是回族成年人封斋1个月后庆祝斋功完成的日子。回民群众很重视这个节日，此日成年人要去清真寺沐浴并参加会礼。国家机关、企事业单位也为回族等10个信仰伊斯兰教的少数民族放假1天。宰牲节在伊斯兰教历十二月十日，国家规定宰牲节宰杀牛羊免征屠宰税并增供节日食品，使少数民族欢度节日。

二、满族习俗

满族人喜欢吃小米、黄米干饭和黄米饽饽。讲究饮食营养，粗粮细做，善于烹制菜肴，无大吃大喝的习惯。逢年过节吃饺子，除夕夜吃手扒肉。有些满族人喜吃粘食、酸馇子、白肉血肠。实行一夫一妻制。传统上采取族内婚制，但同姓或同宗者不能婚配；现在满族男子可娶外族女子，满族女子可婚配外族男子。满族实行土葬，但在聊满族多入乡随俗，实行火葬。最主要的禁忌是打狗、杀狗、吃狗肉，使用狗皮制品。满族人以西为上，在农村室内西炕不得随便坐人和堆放杂物，忌在西炕或北炕上死人。人死入棺后，由窗户抬出。满族人有供奉祖宗的习俗。各家各户同姓血统的成为一祖，供奉共同的祖宗。一般用梨木制成的祖宗板，高祭在"穆昆达"（满语

“族长”）室内的西山墙上。以西为上，因其老家在东北的长白山一带，把祖宗板供在西墙上，遥对东北方向，以示怀念老家和自己的祖先。祖宗板上还有祖宗口袋和锁子。祖宗口袋内有用满汉文记载的家谱和重大事件。祭祀祖宗，一般1年或几年祭祀1次，各姓氏不尽一致。现在聊城市满族的重要节日与汉族差不多，诸如春节、元宵节、二月二、端午节、中秋节等。

三、壮族习俗

壮族喜吃腌制的酸食，以生鱼片为佳肴。主食是大米和玉米。年节时，用大米制成各种粉、糕。妇女有嚼槟榔的习俗。结婚送聘礼时，槟榔是必须赠送的礼物。婚姻实行一夫一妻制。恋爱自由，婚姻自主。曾盛行“不落夫家”或“坐家”，此习俗指青年男女结婚后，新娘便返回娘家居住，遇重大节日、农忙时节才到丈夫家短暂居住，直到怀孕之后才长住婆家，在聊城这种习俗已难觅。丧葬曾经有过各种葬式，较为流行的是拾骨葬，在聊城市主要是火葬。民族节日主要有吃立节、歌婆节（歌墟）和娅拜节，现多与汉族过传统节日。

四、蒙古族习俗

蒙古族的服饰是受蒙古草原生活环境决定的。服饰中，长袍是蒙古族人民的传统服饰，袍子肥大，不开叉。冬装多为光板皮衣，也有以绸缎、棉布做衣面的；夏季一般穿布类；颜色一般爱用红、黄、深蓝色。现居住聊城的蒙古族群众，因居住环境的改变，已较少坚持穿着蒙古民族服饰，而与汉族基本趋同。饮食原以牛、羊肉及奶食为主，以粮食、蔬菜为辅，现与汉族基本相同。圆形蒙古包是蒙古族牧民传统的居住场所，现在主要居住楼房或瓦砖房。萨满教和藏传佛教是蒙古族信仰的主要宗教，现有少量的人口信仰基督教和伊斯兰教。蒙古族的家庭一般由夫妻和未成年子女组成。儿子结婚后分居，另立门户。婚姻为一夫一妻制，近亲不婚。男女青年自由恋爱，媒人牵线。妇女在家庭中享有与男子同等的地位。实行火葬。蒙古族重要节日有春节、兴畜节和那达慕等。现聊城市蒙古族人一般顺随当地汉族过传统节日。

五、藏族习俗

藏族喜食糌粑，喜饮酥油茶，肉食以牛、羊肉为主。在聊城市实行一夫一妻制，僧人除黄教严禁娶妻外，其余各教派允许结婚。藏族传统服饰以右开襟长袍为主，宽松肥大，袍、帽、靴等均多用皮毛或毛织的氆氇制成；藏族女子的头饰讲究。现在聊城市藏族群众因居住地的变化，无论饮食、居住、服饰均与汉族趋同。藏民接待宾客通常奉献一条丝织白色长巾，藏语称为“哈达”，回赠时置于奉献人的项下，在聊城藏族已简化或略去此仪式。藏族有火葬，土葬和水葬一般被认为不吉利，在聊城藏族一般实行火葬。藏族普遍信奉喇嘛教。藏族节日丰富多彩，既有生产性、纪念性节日，也有社交、游乐性节日，另外还有很多宗教性节日。其中，藏历正月元旦是藏族人民最重要的节日，男女盛装互相拜年。四月十五日相传为释迦牟尼成佛和文成公主到藏的日子，在聊藏族亦有相应的庆祝活动。但现在聊城市藏族多与汉族过传统节日。

六、黎族习俗

黎族一般日食3餐，以大米为主，把生鱼、肉掺以炒米粉，加入少许食盐，用陶罐封存制作而成的肉茶、鱼茶是黎家腌制的特色风味食品。黎族男子喜好烟、酒。现在聊城市黎族与汉族饮食、服饰多有相同。黎族的节日与历法有密切关系，“三月三”是自古以来黎族民间悼念祖先、庆贺新生、赞美生活和歌颂英雄的传统佳节。2010年第六次全国人口普查统计，全国黎族总人口1463064人；聊城市黎族人口101人，其中以高唐县、东昌府区较多。在聊城市黎族人过节与汉族总体趋同。

七、苗族习俗

苗族主食大米、玉米、红薯、小米、土豆、荞子、燕麦等。擅长制作醅菜（一种别具风味的酸腌菜）。嗜酒，凡遇婚丧、节日或亲友到访，都用酒待客。实行一夫一妻制。传统丧葬有土葬、火葬和野葬，在聊苗族一般实行火葬。苗族节日很多，如过“苗年”、踩花山、龙船节、花山节

（五月初五）、吃新节（农历六七月间稻谷成熟时），清明节、赶秋节（立秋）等。现聊城市苗族人过节基本同汉族。

第七章 方 言

根据《中国语言地图集》中的方言分区，聊城市 8 个县市区方言分属于冀鲁官话和中原官话两大方言区。其中，临清市、茌平县、东阿县、东昌府区（包括开发区、高新区和旅游度假区）、莘县、高唐县、冠县属于冀鲁官话区；阳谷县属于中原官话区的郑曹片。

另据钱曾怡《山东方言研究》中对山东方言的分区，除临清市外的所有方言点均属于西区的西鲁片，临清市则属于西区的西齐片。西鲁片和西齐片的主要区别是古入声次浊声母字的今声调不同。如“业、月落、麦、木”，西齐片今读去声，西鲁片今读阴平。

第一节 语 音

与普通话相比，聊城市方言具有自己的特点。

一、声母系统

聊城市方言声母涉及的发音部位有双唇、唇齿、舌尖前、舌尖后、舌面前、舌面后，除东昌府区、临清市、阳谷县城区周围无舌尖后声母外，其他方言点都有。从发音方法上看，涉及塞音、塞擦音、擦音、鼻音、边音。普通话有 21 个声母，而聊城方言各方言点声母个数从 21 到 25 个不等。

东昌府区和临清方言中没有 zh[tʂ]、ch[tʂ^{h}]、sh[ʂ]、r[ʐ] 声母，这些方言里把全部或部分的 zh、ch、sh 读成 z[ts]、c[ts^{h}]、s[s]，把 r 读作浊擦音 [z]，与普通话中原读 z、c、s 声母的字合为一类，例如：“争”“增”都读 zēng[tsəŋ^{13}]，“找”“早”都读 zǎo[tsɔ^{55}]，“馋”“蚕”都读 cán[ts^{h}an^{42}]，“傻”“洒”都读 sǎ[sa^{55}] 等。把 r 读作 [z]，如把“仍然”读成“[zəŋ^{42}zan^{42}]”，把“人民”读作“[zən^{42}min^{42}]”等。

舌面音 j、q、x，该方言区大部分地区发音部位偏前，带有舌尖前音色彩，近似于 z、c、s。这一现象在城镇青少年中出现较多，偏前的程度轻重不一。有部分县区把普通话中合口呼韵母 u、un、ong 前的 z、c、s 声母读成了 j、q、x 声母，韵母也由合口呼变为相应的撮口呼，或把撮口呼 ü 头韵母变为合口呼韵母。如：足（zú）读成 jú[tɕy^{42}]，存（cún）读成 qùn[tɕ^{h}yn^{42}]，绝（jué）读成 zuò[zuo^{42}]。或把普通话撮口呼韵母前的 q[tɕ^{h}] 韵母读成 c[ts^{h}]，把 x[ɕ] 韵母读成 s[s]，韵母也由撮口呼变为相应的合口呼。如：泉（quán）读成 cuàn[ts^{h}uan^{42}]，选（xuǎn）读成 suān[suan^{55}]。

r[ʐ] 的发音情况在该方言区内比较复杂，表现为一部分县市发 z[ts] 的浊擦音 [z]，发音部位与“z”相同，但在发音时声带振动，如：把“人”发为 [zən^{42}]；一部分县则发为齿间音 [ð]，即上下齿咬住舌尖，气流从齿间擦过，同时振动声带发出声音，如把“人”发为 [ðən^{42}]；一部分县市如高唐和临清的部分乡镇发为 l，如把“让”发为“浪”[laŋ^{213}]，把“乳”发为“鲁”[lu^{55}]，把“热”发为“乐”[lɤ^{213}]，把“肉”发为“漏”[ləu^{213}] 等；还有把 r 发为“er”[ɚ] 的，如把“日本”读为“二本”，把“日子”读为“二子”。

普通话一部分读零声母的字，如“鹅、袄”等被发成了有声母的字，大致情况如下：1. 以 a、o、e 开头的零声母字（er 除外）时，常在前面加舌根鼻音 ng[ŋ]。如：鹅（é）读成 ngè[ŋɤ^{42}]，袄（ǎo）读成 ngāo[ŋɔ^{55}]。2. 以 w 开头的零声母字（即韵母为合口呼的零声母字）读成了 [v] 万（wàn）读成 vǎn，问（wèn）读成 věn。

二、韵母系统

聊城各方言点韵母系统整体性差异不大，韵母个数各点相似。普通话有韵母 39 个，其中有 33 个韵母和各方言点韵母是一对一的关系，一对二的韵母有 3 对：o 韵和 e 韵在聊城话中合并为 e 韵；普通话 ie 韵在聊城话中分为 [iə] 韵和 [iɛ] 韵；普通话 ong 韵和 ueng 韵在聊城话中合并为 [uŋ] 韵。

聊城方言和普通话韵母的差异主要表现在以下几个方面：

（一）o 韵母

普通话 b、p、m、f 一组声母只拼 o 不拼 e，而聊城部分地区却是拼 e 不拼 o，如："坡" 读成 "pe"，"播" 读成 "be"；部分地区拼 ei 不拼 o，如："迫" 读成 "pei"，"伯" 读成 "bei"。

（二）e 韵母

聊城部分地区把普通话 e 韵母拼 d、t、g、k、h（部分），z、c、s 声母的字读成 ei 韵母，或 ei、e 两读皆可，或一些字读 ei，一些字读 e，如：德、隔、客、刻；部分地区如莘县、阳谷等地把普通话 e 韵母拼 g、k、h 和零声母的部分字读成 uo 韵母，如"科、课、河、贺"读成"kuo、huo"。

（三）复韵母

聊城方言一般在发复韵母时，普遍存在着开口度不够、动程太短、缺少韵尾的缺陷，如常把"ai、uai、ao、iao"发成"ê、uê、ɔ、iɔ"。部分县市把普通话字 ie 韵母拼 j、x 声母的部分读成了 [iɛi]，如："阶、街、鞋"。阳谷、高唐部分乡镇把普通话 "ai" 韵母的部分字读成 "ei"，如 "德麦"。

（四）鼻韵母

聊城地区多数人把普通话前鼻音韵母读成鼻化单元音，如把 "安" 读成 [ã]。聊城方言中没有 ang、iang、uang 这一组韵母的鼻音韵尾 ng[ŋ]，而发成鼻化韵母 ã。如水缸 shuigã、高唐 gaotã。

三、声调系统

（一）调类和调值对应规律

聊城话和普通话都是 4 个调类，而且基本互相对应形成规律，但是调值均不相同。其对应情况如下：阴平：普通话 55、聊城 13；阳平：普通话 35、聊城 42；上声：普通话 214、聊城 44；去声：普通话 51、聊城 312。

从以上可以看出聊城方言和普通话的调类对应关系。即在念单字时，聊城人常把普通话中阴平调的字（调值 55）读成近似阳平调的字（调值 13），把普通话中阳平调的字（调值 35）读成近似去声调的字（调值 42），把上声调的字（调值 214），读成近似阴平调的字（调值 44），把去声调的字读成近似上声调的字（调值 312）。

（二）聊城方言声调特征

聊城 8 个县市区，除有着共同的方言外，还有着各自的声调特色。如东昌府区（包括开发区）居民说话往往强调一些读音，而轻读一些字音，调值一般都不够。语流中轻声少，降调多，极有抑扬，但显得生硬。

有的地方如临清，把普通话读音中的上声字在轻声字前时读为阴平，调值为 55，而且还要重读、拖腔。"奶奶" 读为 nāinai，姥爷读为 lāoye，姐姐读为 jiējie。值得注意的是，部分上声开头的名词、代词，如果后一音节是轻声，也这样读，如 "火烧" "卡子" "我们" 等。而且，在这些词语中，后一音节是附加了音调的，为低降调，调值为 42。而普通话中这些词语的读音，后一音节读轻声。

也有地方如莘县把阴平的字大都读成上声，如把 "莘县" 读为 "shěnxian"，其中 "shěn" 的调值为 212。还有部分人会把部分去声字读为阴平，如把 "绿" 读为 lū，把 "灭" 读为 "miē"，把 "如" 读为 "rū" 等。

冠县人习惯把普通话去声和阳平的字读为上声，如 "昨" 读 "zuǒ"，"习" 读 "xǐ"，"国" 读 "guǒ" 等，只是调值与普通话有所不同，如 "做啥" 读作 "zuǒshǎ"，调值分别是 212、214。

阳谷人则把阴平读为阳平、把去声读为上

声，把部分以“子”为词缀的名词中的“子”重读，调型为阴平。如“麦子”读“měizī”,“袜子”读“wǎzī”,“叔叔”读“fūfu”等。

（三）语流音变

语流音变在聊城方言中的情况是很复杂的，主要表现在以下几个方面：

1. 轻声变读

聊城方言的4个声调都有变读轻声的现象，其中尤以双音节词语的后一字最为常见。聊城方言轻声的特点是读得轻而短，但也有高低之分，大致可分为低、半低、中、半高四度，可依次用1、2、3、4表示。

轻声的规律跟普通话大体相同，助词、语气词、叠音词的后一个字、“子、头”等后缀、趋向补语，一般都读轻声；一批常用的双音节词，如“豆腐、耳朵、便宜”等，习惯上后字也读轻声。

2. 连读变调

聊城方言连读变调比较复杂，主要表现如下：

（1）后字不是轻读的连读变调。阳平在去声前时阳平字声调由[42]变[55]，如“前进、全部”。

（2）后字是轻声的连读变调。阴平在轻声前时，阴平字变为[131]或不变调，如：“砖头、生铁（变调）因素、天气（不变调）”；阳平在轻声前变为[44]，如:“棉花”，或不变调，如:“年龄”；上声在轻声前变为[35]，如：“冷清”，或变为阳平[42]，如:“雨水”，或不变调，如:“小麦”；去声在轻声前变为阳平[42]，如：“料子”，或变为半去[31]，如：“运气”或不变调，如：“面貌”。

（3）“一”和“不”的变调

“一”和“不”的单字调在聊城话中都读阴平，连读变调大同小异，但跟一般阴平的变调不同。在阴平和上声前都变半去[31]，如：“一天、一晌、不说、不好”；在阳平和去声前都变上声[55]，如：“一年、一夜、不行、不对”；在轻声前的变调跟其他阴平字相同，多数变为[131]，少数不变，个别的变作上声[55]，如：“一月、不啦、不是”，“一”在末尾读阴平，“不”在末尾读轻声，如：“初一、对不”。

（4）儿化

聊城方言的36个韵母，除卷舌韵母er之外，其余的35个，都可以儿化。韵母儿化，一般都是元音卷舌，往往引起韵尾脱落、增音、换位等音变现象。

第二节　各方言音系

一、高唐方言音系

（一）声母23个（包括零声母）

p 巴布步　p^{h} 怕平盘　m 木门买　f 飞冯符费

t 到道夺　t^{h} 汤同　n 难怒　l 兰认老软

ts 糟祖增侮　ts^{h} 仓曹醋从　s 散苏丝

tʂ 招主争蒸　tʂ^{h} 昌巢潮处　ʂ 税扇书生　ʐ 饶瓤肉

tɕ 杰精经焦　tɕ^{h} 千齐区桥　ɕ 修休晓虚

k 贵跪　k^{h} 开葵　x 花合灰　ŋ 艾案

ø 危闻午日

说明：

1. n在与i，y相拼时实际音值应为ȵ，其他情况下仍为n，此处仍记为n。

2. 舌面音与齐齿呼相拼时，带有舌尖色彩。

3. x声母发音时摩擦较重。

4. p、p^{h} 拼i时摩擦较重。

（二）韵母37个

a 辣爬　ia 架　ua 花刮　ə 河波舌

iə 姐接野　uə 过落　yə 靴缺确

ɿ 资　ʅ 支知直　ɚ 耳　i 第地以

u 出故赌鹿　y 雨绿欲虚　ɛ 盖百

iɛ 解介　uɛ 怪帅　ei 北妹　uei 桂罪

ɔ 饱烧　iɔ 浇条　ou 斗丑　iou 流

ã 胆三含　iã 间减连　uã 短关　yã 权圆

ə̃ 根门　ĩ 紧心林　uə 魂温　yə̃ 群勋

ã 党桑　ã 讲良　uã 光床　əŋ 习庚

iŋ 日星灵　uŋ 翁东　yŋ 日穷胸

说明：

1. uŋ有些发音为uəŋ，如“红”“哄”。

2. 发 u、y 两韵母时，唇形不是非常圆拢。

3. ɚ 实际舌位要更高一些。

（三）声调 4 个

阴平 213 高开诗甲

阳平 53 兰穷寒局

上声 55 口纸老马

去声 312 近抗漏利月

二、临清方言音系

（一）声母 20 个（包括零声母）

p 布抱　p^h 破排　m 慢忙　f 飞妨

t 项段　t^h 替团　n 男女　l 理软

ts 祖状　$tʂ^h$ 仓船　s 琐数　z 人让

tɕ 鸡精　$tɕ^h$ 去秋　ɕ 稀先

k 哥跪　k^h 开葵　x 好河　ŋ 安碍

ø 耳英伟云

说明：

1. n 在齐齿、撮口韵母前读舌面鼻音 ȵ。

2. tɕ $tɕ^h$ ɕ 实际发音部位略前。

（二）韵母 36 个

a 拿发　ia 牙甲　ua 瓜滑　ə 波磕

iə 姐帖　uə 火桌　yə 月决　ɿ 枝资

ɚ 耳儿　i 披力　u 煮哭　y 娶绿

ɛ 抬摘　iɛ 街鞋　uɛ 怪获　ei 媒泪

uei 追或　ɔ 貌弱　iɔ 飘药　əu 斗肉

iəu 纠六　ɛ̃ 办甘　iɛ̃ 间帘　uɛ̃ 端软

yɛ̃ 选权　ẽ 根针　iẽ 宾心　uẽ 囤春

yẽ 军旬　ã 缸张　iã 江想　uã 双光

əŋ 朋升　iŋ 杏丁　uŋ 宏龙　yŋ 永雄

说明：

1. ə 在唇音声母后略有圆唇趋势。

2. yŋ 的实际音值是 yiŋ。

3. ua、uə、uɛ、uei、uɛ̃、uẽ uaŋ 零声母时，上齿微触下唇，音色近 v。

（三）声调 4 个

阴平 323 歌科三烟答铁湿揖

阳平 53 台红云容人来闸拾

上声 55 管垦女懒好手挡摆

去声 312 近厚正菜树漏麦日

三、茌平方言音系

（一）声母 23 个（包括零声母）

p 巴布步别　p^h 怕平盘　m 木门买　f 飞富冯

t 到夺　t^h 汤同　n 难　l 兰老

ts 糟精　ts^h 动粗　s 三苏

tʂ 招争　$tʂ^h$ 初出　ʂ 扇梳　ʐ 认日

ɭ 二耳

tɕ 间杰　$tɕ^h$ 千谦　ɕ 先掀

k 贵跪　k^h 开葵　x 灰　ŋ 岸案　ɣ 哀沤

ø 延闻

（二）韵母 37 个

a 辣爬　ia 夹 架　ua 花刮　ə 波蛇

iə 姐斜　uə 郭国　yə 靴月　ɿ 资

ʅ 支知　ɚ 而　i 第以　u 故鹿　y 雨绿

ɛ 盖海　ɿɛ 解矮　uɛ 怪帅　ei 倍色麦

uei 罪对　ɔ 饱保　iɔ 浇条　ou 斗狗

iou 柳　ã 胆干　iã 坚咸　uã 短关

yã 员圆　ə̃ 根盆　ĩ 心林　uə̃ 吞温

yə̃ 群勋　ɑŋ 党桑　iɑŋ 讲　uɑŋ 光

əŋ 增 登　iŋ 英形　uŋ 红宗　yŋ 熊胸

（三）声调 4 个

阴平 213 高开织割

阳平 53 穷寒局舌

上声 55 老纸土果

去声 312 近厚盖立月

说明：语流中阴平有时调值为 24。

四、东昌府区方言音系

（一）声母 21 个（包括零声母）

P 巴步　p^h 怕平　m 木买　f 冯发

t 道地　t^h 台图　n 努难　l 来连

ts 资知　ts^h 次吃　s 私失　z 人弱

tɕ 尖居　$tɕ^h$ 秋确　ɕ 玄希　ȵ 年女

k 干古　k^h 开宽　x 喝化　ɣ 爱藕

ø 儿烟窝雨润

说明：

1. n 和 ȵ 互补，在洪音前是 n 在细音前是 ȵ。

2. ɣ 是和 x 相对应的浊擦音。北京话开口呼韵的零声母字，多半读 ɣ 声母，但摩擦并不太重。

（二）韵母 36 个

a 马杂哈　ia 压家瞎　ua 洼瓜刷

ə 剥车恶　iə 别接爷　uə 作郭窝

yə 决缺约　ɚ 儿耳二　ɿ 资支尺湿日

i 鸡西衣　u 猪谷屋　y 句区玉

ɛ 百责挨　iɛ 街鞋崖　uɛ 摔乖歪

ei 笔培德　uei 追归畏　ɔ 包烧袄

iɔ 交消腰　əu 斗勾欧　iəu 牛纠优

an 潘单安　ian 边先烟　uan 端关弯

yan 捐劝冤　ən 本根恩　in 斤亲阴

uən 尊棍温　yn 均群云　aŋ 帮当昂

iaŋ 江乡央　uaŋ 庄光汪　əŋ 崩争庚

iŋ 经兴英　uŋ 中工翁　yŋ 穷兄拥

说明：

1. 单韵母 a 和复韵母 ua 实际是 ᴀ 和 uᴀ。

2. ə 与舌根音 k　k^h、x、ɣ 相拼时舌位靠后，实际是 ɤ

3. ɛ 的舌位偏低偏后，读去声时有一个小的动程，近似复元音 ɛi。

4. ɔ 的唇形不太圆，舌位略靠前。

（三）声调 4 个

阴平 13　高安专边开初天婚伤飞　出约竹福尺铁确

阳平 42　穷唐平寒神扶鹅尤文云　局宅白食合舌服

上声 55　古走碗口丑体好手五老有　读掠仆属索乙

去声 313 盖　爱抗汉共害岸近是厚社　木麦绿入月袜

五、莘县方言音系

（一）声母 23 个（包括零声母）

p 巴布步别　p^h 平盘　m 木门买　f 飞冯符费

t 到道夺　t^h 太同　n 难怒　l 兰路吕

ts 槽祖增　ts^h 仓曹醋从　s 散苏丝

tʂ 招主蒸　tʂ^h 昌巢潮处　ʂ 税扇书师　ʐ 认绕日

tɕ 杰精经焦　tɕ^h 秋齐全桥　ɕ 修休旋玄

k 贵跪　k^h 开葵　x 灰红胡话　ɣ 艾安

ø 危闻午约

说明：

1. ɣ 摩擦比较轻。

2. tɕ、ɕ 发音部位稍靠后，但不到舌面中位置。

3. n 在与 i，y 相拼时实际音值应为 ȵ，其他情况下仍为 n，此处记为 n。

（二）韵母 37 个

a 辣爬　ia 架　ua 花刮　ə 河蛇舌

iə 姐接野　uə 过落　yə 靴确　ɿ 资

ʅ 支知直　ɚ 耳　i 第地以　u 母故鹿

y 雨绿欲　ɛ 盖百　iɛ 解介　uɛ 怪帅

ei 北妹　uei 桂　ɔ 饱烧　iɔ 条　ou 斗丑

iou 流　ã 胆三杆　iã 间衔减　uã 短关

yã 权圆　ə̃ 根　ĩ 紧心林　uə̃ 魂温

yə̃ 云勋　ɑŋ 党桑　iɑŋ 讲　uɑŋ 光床

əŋ 庚横　iŋ 星灵　uŋ 红翁东　yŋ 穷胸

（三）声调 4 个

阴平 24 诗高开甲

阳平 53 时穷寒局

上声 55 使纸老马

去声 312 事抗漏利月

说明：

阴平曲折不明显，记成 24，实际调值更像是 224。

六、冠县方言音系

（一）声母 23 个（包括零声母）

p 巴布步别　p^h 平盘　m 木门买　f 飞冯符费

t 到道夺　t^h 太同　n 难怒　l 兰路吕若

ts 槽祖增　ts^h 仓曹醋从　s 散苏丝

tʂ 招主争蒸　tʂ^h 巢潮处　ʂ 税扇书生　ʐ 认绕日

tɕ 精经焦　tɕ^h 秋齐全桥　ɕ 修休旋虚

k 贵跪　k^h 开葵　x 灰红胡话　ɣ 艾案

ø 危闻午约

说明：

1. ɣ 摩擦比较轻微。

2. n 在 i，y 相拼时实际音值应为 ȵ，其他情况下仍为 n，此处仍记为 n。

（二）韵母 37 个

a 辣爬　ia 架　ua 花刮

ə 河蛇舌　iə 姐接野　uə 过落

ɿ 资　ʅ 支知直　ɚ 耳

i 第地以　u 出故赌鹿

ε 盖百　ɿε 解介　uε 怪帅

ei 北妹　　uei 桂对

ɔ 饱烧　iɔ 条

ou 斗丑　iou 流

ã 胆三含　iã 间减连　uã 短关

ə̃ 根门　ĩ 紧心林　uə̃ 魂温

ɑŋ 党桑　iɑŋ 讲良　uɑŋ 光床

əŋ 庚　iŋ 星灵　uŋ 翁东

yə 靴缺确　y 雨绿欲虚　yã 权圆

yə̃ 群勋　yŋ 穷胸

（三）声调 4 个

阴平　13　高开甲诗

阳平　42　时穷寒局

上声　55　使纸老马

去声　213　事抗漏利月

七、东阿方言音系

（一）声母 23 个（包括零声母）

p 巴布步别　p^h 怕平盘　m 木门买　f 飞富冯

t 到夺　t^h 汤同　n 难　l 兰老

ts 糟资　ts^h 词曹　s 三苏

tʂ 招争　$tʂ^h$ 初出　ʂ 扇梳色　ʐ 认日

tɕ 间杰　$tɕ^h$ 千谦　ɕ 先掀

k 贵跪　k^h 开葵　x 灰　ɣ 岸案

ø 延闻

说明：

1. 零声母拼齐齿呼和撮口呼时，发音略有摩擦，如“安”“恩”。

2. n 在与 i，y 相拼时实际音值应为 ȵ，其他情况下仍为 n，此处仍记为 n。

（二）韵母 37 个

a 辣爬　ia 夹架　ua 花刮

ə 波蛇　iə 姐斜　uə 郭国　yə 靴月

ɿ 资　ʅ 支知　ɭ 耳二

i 第以　u 故鹿　y 雨绿

ε 盖海　ɿε 解矮　uε 怪帅

ei 倍色麦　　uei 罪对

ɔ 饱保　iɔ 浇条

ou 斗狗　iou 柳

ã 胆干　iã 坚咸　uã 短关　yã 员圆

ə̃ 根盆　ĩ 心林　uə̃ 吞温　yə̃ 群勋

ɑŋ 党桑　iɑŋ 讲　uɑŋ 光

əŋ 增登　iŋ 英形　uŋ 红横　yŋ 熊胸

说明：

1. u、y 发音时嘴唇不如普通话圆拢。

2. “儿、耳、而、二”几个字发音情况比较特殊，记作 ɭ 韵母，属于声化韵母，声母为零声母。

（三）声调 4 个

阴平 213 高开织割

阳平 53 穷寒局舌

上声 55 老纸土果

去声 312 近厚盖麦月

说明：

阴平曲折有些并不明显。

八、阳谷方言音系

（一）声母

p 巴布边抱倍病　p^h 抛普怕皮平胖

m 妈眉买民米明　f 法夫分肥双水

t 都大打道度刀　t^h 他天秃田头同

n 拿奴南内闹能　l 拉来力老软荣

ts 资遭醉宗绝俊　ts^h 仓醋村粗全泉

s 私三苏孙旬宣　tɕ 基金加巨尖足

$tɕ^h$ 启气妻千取墙　ɕ 训鞋谢宿

ȵ 泥年女娘鸟牛　tʂ 庄章知柱侧择

$tʂ^h$ 初昌乘池策测　ʂ 试诗神市涩色

ʐ 日仍人让绕热　k 高根关姑郭

k^h 靠扣抗夸葵狂　x 黑好火胡候怀

ɣ 熬欧安　ø 拟凝微五闰云

（二）韵母

ɿ 资雌私　i 比飞低基衣　u 布杜古乌

y 居足区俗　ʅ 知吃诗　a 巴打哈扎

ia 加卡瞎　鸭　ua 瓜夸抓蛙

ε 摆摔待栽　iε 街鞋挨也　uε 乖快坏拽

ie 憋爹接爷　ə 说歌磕折　uə 播多捉

yə 决确靴约　əi 碑笔水格　uəi 归追最为

ɔ 包刀高招　iɔ 标挑文腰　ou 兜勾周走

iou 丢溜纠秋　ã 般单甘沾　iã 边颠坚先

uã 端官专弯　yã 捐圈轩冤　ə̃ 奔跟真怎

ĩ 宾林今亲　uə̃ 敦昆准尊　ỹ 军群勋云

ɑ̃ 帮当刚章　iɑ̃ 良江枪央　uɑ̃ 光筐庄汪

əŋ 崩登耕争　iŋ 兵丁京应　uŋ 东公忠翁

yŋ 穷凶拥

（三）声调

阴平 13 刚知婚飞急竹黑 却尺纳禄麦热

阳平 42 穷 陈床寒食鹅娘人 麻局宅合舌

上声 55 古展好手五女染老买武读额

去声 312 近住 盖正共阵岸闰怒 帽六物

第三节　特色方言词汇

聊城各方言点的词汇大同小异，下面所例举词语以东昌府区为主。

阿渣（á zā）——脏，令人恶心。

俺（ān）——⑴我：你有～也有。⑵我们（不包括对方）：～都同意，就是你反对。

按点儿（ǎn diān'r）——准时：他是～来的。

安根儿（án gén' r）——开始。

熬（áo）——把粮食等放在水里煮成糊状：～鸡蛋汤 ｜ ～稀饭 ｜ ～玉米糊突。

傲（ǎo）——好，不作定语和状语：这庄稼真～。｜ 这文章很～啦！ ｜ 这活干得多～！

熬（ào）——⑴同熬（áo）。⑵为了提取有效成分或去掉水分杂质，把东西放在水中久煮：～盐 ｜ ～药。

肮脏（áng zàng）——⑴同阿渣 ⑵由于心情很坏进而影响了身心健康甚至出现疾病：这些天他父亲病逝，把她～着了（病倒了）。

笆（bá）——用苇子编织，花纹很大，用来作覆盖屋顶的建筑材料。

拔茬（bā chà）——衣服开线：你的裤子这儿都～了。

扒查（bá chà）——拨弄，捡寻：别乱～ ｜ 还没～着哩。

拔干（bà gán）——便秘。

把棍儿（bá gǔn'r）——小木棍。

疤瘌（bá la）——⑴伤疤：伤口或疮平复以后留下的痕迹。⑵水果、蔬菜、器皿等物体上像疤的痕迹。

扒瞎（bá xiá）——撒谎。

巴兄弟儿（bá xióng dǐ'r）——结拜的朋友。

白搭（bài dá）——不起作用，无意义：墙再高也～。｜ 谁说也～。

摆彻（bāi huài）——⑴摆弄：这孩子就好～机器。⑵戏弄，耍弄：他们这是～人。

百天（bái tiān）——婴儿百日庆。

败污（bǎi wū）——⑴浪费 ⑵说别人的坏话。

白瞎（bài xiá）——⑴同白搭⑵不好，没有希望：今年的棉花～。｜ 这孩子～啦。

百一儿（bái yī'r）——百日祭。

白煮（bāi zhou）——用玉米面等做的粥。

半处腰儿里（bàn chū yāo'r li）——半截处。

半大小子（bàn da xiāo zi）——男少年。

半吊（bàn diāo）——脾气执拗暴躁而且不通事理。

班伐（bán fà）——一起（去干某件事儿）。

扳跟头（bán gén tòu）——水平等相当，差不多。

板拉狗儿（bān lā gōu'r）——杨树花。

板筋（bān jìn）——（脾气）执拗、暴躁。

棒（bǎng）——大量沙尘飘入空气中的状态：（甲）咋这么～啊？（乙）刚过了几辆汽车，带起来的。

棒子（bàng zi）——玉米。

包瘩（báo dā）——⑴瑕疵，污点：这块布有～。｜ 坐过二年监，是个大～。 ⑵指摘缺点：不买人家的也别～啦。｜ 他好～人 ｜ 俗话说“～是买主”。

包憨儿（báo hán'r）——吃亏并且包容对方。

包皮儿卷子（báo pì'r juǎn zi）——一

层细粮一层粗粮相间制成的卷子。

包屈（báo qú）——受委屈。

背儿（běi'r）——田埂。辈儿（běi'r）——辈分。

备不住（bèi bū zhǔ）——很有可能，说不定。

被窝（běi wó）——⑴被子 ⑵铺盖的通称。

笨狗（bèn gōu）——普通本地狗。

绷（běng）——挺：我看这事儿～好。

蹦拉星哩（béng là xíng li）——稀少、偶尔：～来一趟 ｜ ～考上一个。

扁瓜（biān gua）——扁。

扁食（biān shi）——水饺。

别价（biē jià）——别（一般动词要省略，可单独成句）：甲：我揍他去！乙：～！ ｜ 甲：我跟他要钱去。乙：你～！

别拉牛（bié lā niǔ）——蜗牛。

箔（bò）——用苇子或高粱秸秆连缀而成的像帘子一样的物品，用来做覆盖屋顶的建筑材料。用高粱秸秆做成的箔有时也用来存放粮食（高粱秸秆与地面垂直围成圆柱形）。

剥色（bó sái）——褪色。

薄性（bō xǐng）——言行直白地让人尴尬：我送他几个咸鸭蛋，他马上要回我几个鸡蛋，这也忒～了。

醭儿（bù'r）——⑴醋、酱油等表面长的白色的霉。⑵覆盖在固体上的像"醭"一样的东西：～土（浮土）｜ 面～（揉面团、擀面条等时使用的少量干面粉）⑶物体上长出的霉菌或苔藓：地上长出了绿～，挺滑，小心摔倒。｜ 馍馍都长～啦，不能吃啦！

不搭腔（bǔ dá qiáng）——因有嫌隙而彼此不说话。

不管忽儿（bǔ guān hú'r）——同白搭。

不几（bú jì）——⑴用面团、泥巴搓成的条状的物体。⑵在用手工纺车纺线之前，为了便于操作，把棉花搓成的条形的棉条：把这些棉花～纺完就睡觉。

卜啦（bū la）——拨拉。

不棱头（bú lēng tòu）——摇头。

布罗曲儿（bū luo qú'r）——碎布条（旧时称呼）。

不咋样儿（bǔ zhā yǎng'r）——不怎么样，较差。

柴（cài）——病态。

残坏（cai huài）——⑴残疾 ⑵残损：这件家具有～。

踩鸡（cāi jí）——鸡交配。

猜思（cāi si）——思考，想：叫我～～。

猜摸子（cāi mǒ zī）——估计。

草鸡（cāo jì）——母鸡。

草驴（cāo lǘ）——母驴。

草鞋底（cāo xiè dī）——百足虫。

蹅（chā）——⑴事情没办好：这事叫他办～了。⑵关系决裂：他俩闹～了。⑶舀：她不用勺子，直接用碗～了。⑶踩：小孩儿喜欢～水。｜ ～雨（在雨水中走）｜ ～了一脚泥。

搽括（chá guà）——当面讽刺。

衩裤（chǎ kū）——无裆的棉裤，今已少见。

查奶（chà nāi）——哺乳期乳汁分泌突然终止或分泌量突然大幅度减少。

长虫（chàng chōng）——蛇。

长果儿（chàng guō'r）——花生。

吵（chāo）——说，批评。对儿童说成重叠词"吵吵"。

趁（chěn）——富有：～钱 ｜ 过哩～（生活富足）。

撑（chéng）——⑴吃得过饱：吃～啦、～得慌 ⑵强势，跋扈（含贬义）：别看他现在～，早晚倒霉。

撑劲（chéng jǐn）——处事张扬跋扈：人家～，谁都不怕。

撑腰（chéng yáo）——给予有力的支持：～打气 | 有群众～，你大胆干吧！

成家儿（chèng jiá'r）——多指订婚，有时也指结婚。

城里（chèng lī）——⑴广义指市区 ⑵狭义指城墙以内。

乘实（chèng shi）——饱满。

眵马糊（chí mà hú）——眼屎。

吃面（chī miǎn）——婴儿十二天生日庆。

吃全菜（chī quàn cǎi）——分娩的第三天，把可能收集到的各种蔬菜每样少许做熟，让产妇吃下。

吃十八两（chī shì bá liāng）——占便宜。

瞅（chōu）——(1)看。(2)瞧不起，抓住弱点或把柄进行欺侮：都～他不会说话。｜～他偷过人家的东西。

凋（chòu）(1)洗：他～了一把毛巾，擦了擦脸。(2)洗好以后用清水冲洗：还没来得及把盆里的衣服～出来，就到点儿了。

臭大姐（chǒu dà jiē）——椿象。

绌（chū）——(1)上当吃亏：这套家具买～啦（买贵了）。｜今天这头牛卖～啦（卖贱了）。(2)事情没办好：今天这事儿办～啦。

除根儿（chù gén'r）——痊愈不再复发。

怵头（chǔ tòu）——畏难，畏惧。

厨屋（chū wū）——厨房。

欻（chuā）——夺：他把～过去拿跑了。

膗（chuǎi）——肥胖而肌肉松：看他那～样。

踹（chuài）——(1)用力向后踩 (2)把对方不愿接受的强制给他：把剩下的烂苹果都～给他啦！｜把孩子～给他奶奶啦。

春咕咕（chún gū gu）——布谷鸟。

戳（chuò）——挑拨：小王和小李闹别扭都是他～的。

呲（cí）——(1)用大压力的水冲刷：用水～一下再擦。(2)指责，批评：咋了？挨～了？

呲愣（cí lèng）——（冷风）吹：业儿哩哄杭～哩，冻着啦，头疼（意思：昨天晚上风吹的，感冒了，头疼）。

疵毛（cí mào）——孬，差：这个地方真～。｜这件衣裳～。

刺挠（cì nào）——(1)有“痒”的意思：浑身～。但是和“痒”有区别，比如：用羽毛轻轻触碰比较敏感的地方（如耳朵、脚心等处）的感觉说成“痒”而不说“刺挠”。(2) 不稳重、犯贱：小毛孩别在这儿捣乱了，再刺挠我揍你啦！(3)讽刺：～人

刺挠狗（cì nào gōu）——（植物）苍耳子。

瓷实（cī shī）——坚实：地都踩～啦。｜白菜心儿挺～。

呲牙子（cí yā zi）——嚼环。

脆（cuì）——无论：～有啥别有病，～没啥别没钱。

脆多子儿（cuì duā zī'r）——永远。

错拐（cuǒ guāi）——幸亏：～是你，换了别人还真不行。

搓揉（cuó yòu）——(1)揉搓。(2)纠结：我们为这事儿～了好几天啦。

大氅（dǎ chǎng）——棉大衣。

打春（dā chún）——立春。

褡包（dá fāo）——衣服口袋。

打艮（dā gěn）——卡，停顿。

大过明儿里（dǎ guò mīng'r li）——大后天。

大伙儿（dǎ huō' r）——大家。

大家伙儿（dà jiā huō'r）——同大伙儿

大尽（dǎ jǐn）——大月。

打圈儿（dā juǎn'r）——猪交配。

耷拉头（dá lā tòu）——低头。

大娘（dǎ niāng）——(1)伯母(2)面称岳母。

打扑拉儿（dā pú lā'r）——垂死挣扎。

搭孝（dá xiào）——老人去世出殡那天，由妻子的娘家人带去两块布，奠之前夫妻俩各一块披在肩上（男左女右），直到出殡结束。挺重孝的，娘家要带白布，其余的娘家要带蓝色或黑色布。

大些儿（dǎ xié'r）——许多：没～。

大爷（dǎ yē）——(1)面称父亲（其父排行为老大）(2)伯父 (3)面称岳父。

打油（dā yòu）——(1)榨油 (2)买油。

大油（dǎ yòu）——猪油。

大约么儿（dǎ yué mē'r）——大概，估计。

打阵儿（dā zhěn'r）——间歇性、不定时。

打支应（dā zhí yìng）——(1)应酬 (2)服侍

逮（dāi）——在：俺聊城待了好几天了。

呆（dái）——不凑巧，多指大材小用：这块布做裤子～材料。｜给他个县长也干喽，当科长～材料。

呆料（dái liǎo）——做某项工作或工程，因材料有剩余而出现浪费：盖这座房子基本没～，还是事先算计得准啊！

带犊子（dài dū zi）——妇女再嫁时带往后夫家的子女：～小儿｜～妮儿。

当底儿（dáng dī'r）——中间。

当么地（dàng mē di）——有可能。

当么兴（dàng mē xíng）——也可能。

当门儿（dáng mèn'r）——正冲屋门的房间。

当院儿（dáng yuǎn'r）——庭院。

捣鼓（dāo gū）——⑴摆弄，整治：车子坏了，～～。⑵经营（ 转手倒卖 ）：～化肥 ⑶拨弄，非正当地整治：胡～ ｜ 挺好的一个单位叫他～坏了。

刀螂（dáo lang）——螳螂。

倒磨（dào mō）——⑴反刍。⑵反思（含轻侮义）：他自个～～就知道了。

倒札门（dǎo zhá mèn）——男方到女方家定居，旧制须改随女姓。

对（děi）——⑴正确。⑵告发：你再骂人我～你去。｜他偷东西叫人家～啦

得（déi）——舒服。

得劲儿（déi jǐn' r）——舒适，舒服。

得闲（déi xiàn）——有空闲时间。

得矣儿里（dèi yí'r li）——故意的，成心的。

抵（dī）——关系密切：他俩很～。

地分儿（dì fen'r）——地方，空间：这屋里已经没有放桌子的～啦。

提溜（dí liù）——悬挂：把布袋～到梁头上。｜树上～着老些苹果。

提溜耷拉（dí liù dá lá ）——形容物品悬挂得不整齐。

奠（diǎn）——出殡当天午饭后孝子及男亲友向死者行祭拜礼。亲友行礼有一定的顺序，孝子最后行礼。不同关系的亲友所行礼的程式不同，主要有“三角卯”“九拜礼”“走马上香”“十二拜”“二十四拜”等。

颠憨儿（dián hán'r）——撒娇。

垫牙（diǎn yà）——因食物中含有沙土等，咀嚼时所产生的难受的感觉。

吊窗（diào chuāng）——后墙或两山墙上的窗户。

掉魂儿（diǎo hùn'r）——精神失常以致休克，迷信的人认为是灵魂离开了躯壳

吊孝（diǎo xiǎo）——吊唁。

爹（dié）——⑴当父亲排行在中间时称呼父亲（参见词条大爷叔叔）⑵父亲去世后，哭丧时，对父亲的称呼（与父亲排行无关）。

迭不哩（diè bū li）——⑴来不及 ⑵正忙着，没时间。

腚垂子（dǐng chūi zi）——屁股。

腚蛋子（dǐng dàn zi）——同腚垂子。

钉疙渣儿（díng gé zhā'r）——结痂。

丁锅（díng guó）——粘锅，做粥等时在锅底粘有一层。

豆腐皮儿（dòu fū pì'r）——做豆腐时从豆浆表面取下的一层薄膜。

抖（dōu）——阔，振作：穿上这套西装很～。｜他这二年挺～。兜儿（dóu'r）——同褡包。

肚子（dū zi）——⑴动物的胃 ⑵胆气：这人有～。

段（duǎn）——追：～他去 ｜ ～不上。

断路儿（duǎn lǔ'r）——断绝关系（多指亲朋关系 ）。

短路的（duān lù di）——拦路抢劫的人。

囤（dǔn）——⑴用藤条编制的用来存放粮食的器具。最近几年多用水泥沙子浇筑而成或用铁板制成的。⑵把粮食存放到囤里：～棒子 ｜ ～麦子。

砘地（dǔn dī）——播种后用砘子镇压覆土或压伏麦苗。

砘子（dùn zi）——农具。木架上装有石头轮子。

多咱（duō zan）——什么时候：房价老是涨，~才能买房啊？

多咱晚儿（duō zan wān'r）——同多咱。

恶（é）——⑴脾气暴躁：这人真~。⑵速度快，效率高：他干活真~ ｜ 这辆车跑得真~。⑶程度深。

讹（è）——讹诈：叫人家~啦 ｜ ~人。

恶影（é ying）——讨厌。

二半夜（èr bān yě）——深夜。

耳背（ēr běi）——耳聋，程度较轻。

二愣青（èr lēng qíng）——指那些傻头傻脑、不通事理而又倔强鲁莽的人（骂人的话）。

儿马（èr mā）——公马。

伐（fà）——使物体旋转或者使园（球）形物体滚动。

嬎（fǎn）——鸡、鸭、鹅等鸟类产卵：鸡~蛋。

反群（fān qùn）——驴交配。

饭食儿（fàn shī'r）——餐饭：~好 ｜ 吃的什么~。

仿（fāng）——孩子在相貌、体态、性格等方面与父母相像。

妨（fáng）——迷信中的"克"，妨害。迷信的人所进行的毫无根据地联系：~婆婆 ｜ ~爹 ｜ ~男的。

废头（fèi tóu）——无能。

坟茔地（fèn yìng dǐ）——坟地。

风呲楞（féng cì léng）——风车（玩具）。

逢集（fèng jī）——集市日。

风水仙儿（féng shuī xián' r）——阴阳先生。

伏了儿（fū liǎo'r）——体型较小，出现时间较晚的蝉。

覆鞋（fú xiè）——服孝者鞋上边覆一层白布。

改天（gāi tián）——以后，等几天：这事儿~再说吧。

该账（gái zhǎng）——欠账。

杆草（gān cāo）——（小米）谷子的秸秆。

干粮（gán liàng）——馒头、窝窝等类的熟食。

赶么紧儿里（gān me jīn'r li）——⑴抓紧时间（说话人催促对方）⑵迅速

干亲（gán qín）——无血缘关系但又按血缘关系称谓和来往的。如"干妈""干闺女"等。

泔水（gán shuì）——刷锅水。

杠（gàng）——太：~好了。

冈子（gāng zi）——茧子。

稿荐（gāo jiǎn）——用麦秆编制，今亦称苫子。用来铺床或在夏天直接铺在地上午休。

搁（gé）——放置：把书~到桌子上吧。

搁（gé）——⑴值：例：这头牛~多少钱？粮食不~钱了。 ⑵禁受：~不住：麻织品~不住揉搓。｜ ~得住：再结实的东西，~得住你这样使吗？

革白（gé bà）——⑴纸板：纸~。⑵用面糊把多层废布片粘贴成的板状的东西，旧时用来做鞋底：使这些铺衬打了张~，够揍好几双鞋的呢！

咯嘚（gē dèi）——受突发事件的影响心情突然变得沮丧：听到这事儿，老人一~，病倒了。

圪得儿（gē dèi'r）——⑴黄瓜、茄子等瓜果类果实的蒂。⑵黄瓜、丝瓜等长条形果实的靠近蒂的部分。

胳拉拜子（gé lā bài zi）——膝盖

胳拉子（gé lā zi）——套在牲畜的脖子上，垫在夹板子的后面。

各啦嘣（gē la bēng）——脖子。

搁气（gé qǐ）——打架，生气。

格蔫（gé yàn）——⑴枯萎：地里的棒子苗都~了。⑵因失水而变得不新鲜：这几个苹果都放~了。

硌影（gè ying）——同恶影。

虼蚤（gé zāo）——⑴跳蚤。⑵经常比喻爱发作的性格（带儿化音）：他那脾气跟~儿样的，一说就蹦。

胳着窝儿（gē zhǎo wó'r）——上腋窝。

共（gǒng）——相处：他俩～哩好（意思是“关系密切”）。

公公（góng gōng）——公爹。面称随同丈夫。也说“老公公”。

狗打吵子（gōu dā cháo zi）——(1)群狗交配。(2)一群人没有主题的胡乱争吵（贬义）(3)对内讧的蔑称。

箍巴（gú bà）——紧紧地裹住：这件太瘦了，～地上。（“箍巴地上”的意思是：紧紧裹在身上，不舒服）。

鼓怵（gū chú）——(1)皱褶，不平滑。(2)忧虑：这些天他正～这件事呢！

谷堆（gú dèi）——(1)小丘 (2)蹲：他就在那儿～着呢！

咕都（gù dù）——(1)靠臀部左右前后的移动。(2)为达到目的而耍赖纠缠（多指小孩子调皮撒娇）。

咕登（gù dēng）——同咕都。

骨朵儿（gú dù' r）——花蕾。

姑娘（gú niàng）——姑母。

咕涌（gù yong）——蠕动，扭动，例：它老是～。

咕跩（gù zhuai）——同咕涌。

褂衩儿（guǎ chā'r）——短袖上衣。

呱嗒儿（guá dā'r）——食品。形如鞋底，夹肉馅或鸡蛋，油煎后再烤熟。

刮净（guajing）——整洁。

挂孝（guǎ xiǎo）——亲友送丧幛，也说“挂幛子”。

褂子（guà zi）——长袖上衣。

怪（guǎi）——(1)怪罪，生气：他拿你的～了。（意思：他生你的气了。）(2)相当：这件事儿还～不好处理哩！

管乎（guān hú）——有效果。

关门儿（guán mèn'r）——(1)店铺下班(2)倒闭。

逛游（guàng yōu）——散步，悠闲地走。

贵客（guǐ kéi）——女婿。

滚儿喽（gūnr lou）——车轮子或者像车轮子一样的圆形的东西。

滚轮（gūn lun）——滚动圆形或球形的物体。

滚热（gūn rě）——（水）非常热，又是也说“滚烫热”。

过节儿（guǒ jié'r）——(1)节日期间：逢年～，他都来串门。(2)嫌隙：不知道为什么事，他两个好像有过节。(3)缘由、关节：这件事里边有～。

过路雨儿（guǒ lǔ yū'r）——阵雨，雨过天晴。

过明儿里（guò miē'r li）——后天。

过年（guǒ niān）——明年。

过七（guǒ qí）——死后七日周期的祭奠活动。一般过三七和五七，也有过四七的。

过晌儿（guǒ shāng'r）——午后。

过生儿（guǒ shéng'r）——(1)做寿 (2)儿童生日庆。

过十二天（guǒ shī ěr tián）——同吃面。

锅腰儿（guó yáo'r）——驼背。

过周年（guǒ zhóu niàn）——死后周年的祭奠。有一年、二年、三年、十年、二十年的祭奠。

果子（guō zi）——油条的旧称。

害耳朵底子（hǎi ēr duò dī zi）——患中耳炎。

合黑儿（hè héi' r）——黄昏。

合哩哄杭（hē li hòng hang）——傍晚。

蛤蟆（hē mà）——青蛙。

蛤蟆蝌查子（hē mǎ ké chā zi）——蝌蚪。

荷泡鸡蛋（hē pāo jí dǎn）——磕掉皮在水里煮熟的整鸡蛋，多下在面条里。

荷撒（hē sa）——(1)哆嗦：他穿衣服少，冻得直～。(2)抖动。(3)形容某人爱出风头（贬义）：正事儿办不成几个，你～地个啥啊？

喝头儿（hé tòu'r）——汤、面条之类的食品。

喝汤（hé tāng）——有时特指吃晚饭。

核桃疙瘩儿（hē tāo gé dà'r）——用布缝

成圆条然后结成疙瘩的扣子。

河崖（hē yài）——河沿，河堤。

合子（hē zi）——馅饼。因用馅不同而分别叫“×× 合子”：肉～｜菜～｜韭菜～

黑家（héi jia）——夜晚。

黑更半夜（héi jīng bǎn yě）——深更半夜。

黑瞎子（héi xiá zi）——狗熊。

哄杭（hòng hang）——晚上。

哄杭饭（hòng háng fǎn）——晚饭。

哄笼（hòng long）——哄骗：别听他～你了。

哄笼局儿（hòng lōng jù'r）——(1)设下的哄骗的圈套。(2)将就，权且如此。

吼咸（hóu xiàn）——非常咸。

护大襟（hǔ dā jín）——围裙。

护驹子（hǔ jū zī）——(1)护短，多指偏袒自己的子女。(2)好护短的人。

糊笼（hù long）——同哄笼。

糊突（hū tū）——用玉米面或者杂粮面做的粥。

花糕（huá gáo）——面食，圆形，上部略呈球冠状，上盖和底由发酵面粉制作，中间填枣。直径小的约十几厘米，大的要有几十厘米。

换柬儿（huǎn jiān'r）——旧时择定婚期下聘礼时双方互换柬帖。

回门（huì mēn）——结婚三天，新郎陪新娘回娘家。也有简化手续，当天回门的，叫“当日三”。

毁局（huī jù）——事态非常不利。

火头（huō tou）——用作烧材的废木料。

豁子（huó zi）——唇裂患者。

解大手儿（jāi dǎ shōu'r）——大便（委婉语）。

街杭（jái hàng）——街上，泛指市区及有集市的村镇。

疥蛤蟆（jài hē má）——蟾蜍。

解小手儿（jāi xiào shōu'r）——小便（委婉语）。

鸡蛋花（jí dǎn huá）——把鸡蛋打在碗里，搅碎，沸水沏成。

计较（jì jiāo）——(1)禁忌，多属迷信。如治丧期间不喝面条，正月初一、正月初五、正月十五妇女不得住娘家，违背这样的习俗叫犯～。(2)一般的忌讳(3)注意，多加小心：你病才好，～子点儿吧（注意着点吧）。

鸡宿眼（jí xú yān）——夜盲症。

夹板子（jiá bān zi）——木制农具，夹在驴骡等牲畜脖子的两侧，并用粗绳连接要拉动的农具。与套类似。

家东（jiá dóng）——住宅的东面，也泛指村庄以东。

家后（jiá hǒu）——住宅的北面，也泛指村庄以北。

夹磨（jiamo）——折磨（多指精神方面）。

家里人儿（jiá lī rèn'r）——(1)女人(2)妻子。

家前（jiá qiàn）——住宅的南面，也泛指村庄以南。

家雀儿（jiá qiāo'r）——麻雀。

家什儿（jiá shi'r）——家具，(劳动)工具。

夹少（jiá shào）——在钱财上不大方，小气。

夹鞋（jiá xāi）——单布鞋。

家西（jiá xí）——住宅的西面，也泛指村庄以西。

夹衣裳（jiá yí shàng）——春秋穿的双层衣服。

嫁主儿（jiǎ zhū'r）——女人再婚。

奸（jián）——在为人处事中，斤斤计较，不能吃亏。

奸棒子（jián bang zi）——吝啬鬼。

见天（jiǎn tiān）——每天。

将（jiáng）——牲畜下仔。

将才（jiáng cài）——刚才。

强（jiǎng）——勉强：～够吃的｜～及格。

犟筋头（jiàng jīn tòu）——性格执拗的人。

浆衣裳（jiǎng yí shàng）——为使衣物挺

括，用含浆糊的水浸洗一遍。现已少用。

搅和（jiāo huò）——⑴搅拌 ⑵拨弄是非，搞乱秩序。

叫驴（jiào lǜ）——公驴。

焦酸（jiáo suán）——非常酸。

角子（jiāo zi）——长形的包子，多为质量较差者。

结巴嘴（jié bà zuī）——口吃。

孑个（jiè gē）——自己，孤身一人。

姐了（jiē liao）——蝉。

姐了儿龟儿（jiē liao'r guí' r）——蝉的幼虫。

羯羊（jié yàng）——公羊。

褯子（jiè zi）——尿布。

紧趁（jīn chēn）——麻利：你干得忒慢，能不能~点儿？

紧打紧儿（jīn dà jīn'r）——很勉强，很紧张，一点多余的也没有。

金瓜（jín guā）——南瓜。

尽尽（jìn jīn）——最：他一声不吭地走在~后边。

紧（jīn）——老是，总是：这雨~下，没完没了，真烦人。｜你就答应他吧，一趟趟他~来，也怪不容易的。

紧儿紧儿（jīn' r jīn'r）——刚好，刚刚。

今儿哩（jín' r li）——今天。

进门子（jǐn mēn zi）——女子嫁进婆家。

妗子（jìn zi）——舅母。

净（jǐng）——老是，总是：别~瞎说了。

净面（jǐng miǎn）——为死者整容，孝子要亲自动手，但以别人为主。

酒场儿（jiù chāng'r）——酒宴：晚上他家里有~。

就地（jiú dǐ）——地面：扫~｜~不平。

就头儿（jiù tōu'r）——下饭的菜，多指小菜之类。

撅嗒（jué dà）——⑴翘：一压这头，那头~起来了。⑵形容人的脾气不稳定，易发火：他人品不错，就是脾气有点儿~。

绝户（juē hù）——⑴无儿子的人 ⑵无子女的人。

角喽儿（juē lòu）——角落。

觉么子（jué mē zi）——感觉：我~这事儿不妥。

脚盆（jué pèn）——旧时尿盆的讳称。

均（jūn）——⑴匀：这边忒多，往那边~~。⑵让：小时候，俺娘总是把好吃的~给俺。

可（kē）——千万：~别再这样了。

苛巴（ké bā）——侮辱性的斥责。

磕绊儿（ké bàn）——伤病（多指老人）：遭~。

骒马（kè mā）——母马。

客套儿（kè tāo'r）——寒暄。

可子（kē zi）——⑴在某个范围不增减：~可｜~头做帽子｜~用的数准备，多了也是浪费。⑵不加约束和节制：不能什么事都~孩子，会惯坏孩子的。

抠（kóu）——同夹少。

寇（kòu）——⑴同恶。⑵锋利：这个锯子太~啦（指锯齿锋利）。

抠哧（kóu ci）——慢慢地想或做。

裤衩儿（kǔ chā'r）——短裤头。

㧟（kuāi）——⑴挠：~痒痒 ⑵挎：~着小竹篮。

快当（kuài dāng）——指处理事情雷厉风行的样子：人家那人干么就是~。

快时里（kuài shi li）——同赶么紧儿里。

拉巴（lá ba）——⑴生育。⑵养育。⑶扶持。

刺八腿（là bā tēi）——分腿。

蝲蛄（lā gù）——蝼蛄。

拉呱（lā guā）——说话。

拉饥荒（lā jí huāng）——同该账。

拉架（lá jiǎ）——劝架。

拉偏手儿（lá pián shōu' r）——拉架时偏向一方。

拉钱（lá qiàn）——跌价。

拉屎（lá shī）——大便（粗俗语）。

拉稀（lá xí）——⑴泻肚 ⑵溏便。

拉秧子病（lā yāng zi bìng）——久治不愈的慢性病。

拉账（lá zhǎng）——同该账。

懒呆（lān dǎi）——不情愿。

郎当（làng dāng）——紊乱，不整洁。

老（lāo）——很：～长｜～粗｜～大｜～高｜～厚。

老辈了（lāo bèi zi）——过去，很久以前。

老病根儿（lāo bǐng gén’r）——宿疾。

老的儿（lāo di’r）——泛指父母、祖父母等长辈。

老鸹（lāo gua）——乌鸦。

老架儿（lāo jiǎ’r）——年龄大而且资格老的人。

老碱窝（lào jiān wó）——重碱地。

老啦（lāo lā）——老年人死，含尊重义。

老妈虎（lāo má hú）——传说中的怪物，常用来威吓小孩。

老马马（lào mā ma）——对老太太的戏称。

老么实儿地（lāo mè shī’r di）——老老实实的。

姥娘（lāo niàng）——外祖母。

老盆子（lāo pēn zi）——瓦盆内外贴上金银箔，出殡时棺材一起动由孝子把它摔烂，叫摔～。

老气（lāo qi）——长相比实际年龄大：这人长的～。

老攫（lāo qúe）——强盗。

老师儿（lāo shí’r）——⑴具有某种专业技术的人，多指木工、瓦工、厨师等：木匠～、瓦匠～、厨子～。⑵和不熟悉的人打招呼时的客气语，相当于 20 世纪 50、60 年代的“同志”。

落窝鸡（lǎo wó jí）——只蹲窝不下蛋的母鸡。

姥爷（lāo ye）——外祖父。

老油（lāo yòu）——炸过东西的熟油。

老油子（lāo yōu zi）——特别狡猾的人。

老丈人（lāo zhàng rēn）——岳父。背称。面称根据年龄称“大爷”或“叔叔”

勒（lōi）——欺骗，坑害：叫人家～啦｜～的他不轻。｜他好～人。

楞（lěng）——很，特别：～多｜～好。

冷子（lēng zi）——冰雹。

粒膏（lì gáo）——块糖，多指水果糖。

哩哏儿棱（lī gěn’r léng）——不着边际的事儿：你别跟俺整那个～。

离啦（lī lā）——为表示关系密切或主持公道而指出对方的说法和想法不对，含有不应该那样说或那样想的意思：（甲）给你钱！（乙）那才～哩，我能要你的钱？｜（甲）我说的那个事还想子哩吗？（乙）那才～哩，你说的事儿我能忘喽！｜（甲）揍他一顿！（乙）那才～哩，不能打人家！

楝（liǎn）——把：他不小心，～腿摔折了。

谅期子（liǎng qí zi）——有把握料定：～他不敢｜～能考上。

两乔儿（liāng qiào’r）——连襟，姊妹的丈夫之互称或合称。

撂（liǎo）——⑴同搁（gé）。⑵摔：地下滑，～了个整个的（ 整个身子都倒了）。⑶参见撂倒。

撂倒（liǎo dāo）——⑴摔倒。⑵使 摔倒。⑶病人病危，已经卧床不起。

撂三天儿（liǎo sán tián’r）——死后在家停尸三天埋葬。另有“撂五天儿”“撂七天儿”等。

料盱（liǎo xū）——预料。

灵么床（lǐng me chuāng）——停放死者的“床”，用秫秸（高粱的茎秆）绑扎而成，下面用两根长凳支撑。

溜达（liú dà）——散步。

拢（lōng）——控制。

垄儿（long’r）——农田的行幅。

笼头（lōng tōu）——套在牛的头上，以便用缰绳牵引。

笼嘴（lòng zuī）——用铁丝编制，半球形，套在牲口的嘴上，防止偷食。路祭（lǔ jī）——出殡途中，亲友及孝子对死者行祭拜礼。

参见莫。

罗圈腿（luō quān tuī）——0 形腿。

落小贴儿（luǒ xiāo tié’r）——旧时订婚的手续。

略许（luǒ xū）——稍微。

旅生子（lū shēng zi）——也说“偷生子”，指私生子。

马法儿（mā far）——哪怕：～你只借给我50 块钱也行。

麻花儿（mā huā）——(1)油炸食品，样子像短绳。(2)旧织物未残损，但已变得很不坚固：这件衣服都～啦。

马梢子（mā sháo zi）——一种蜥蜴，体型较小。

麻阴天（mā yīn tian）——阴云疏而薄的天气。

蚂蚱（mà zhā）——蝗虫。

马扎子（mā zhá zi）——用木头和绳子制成的器具，用途和凳子相同，可折叠。

满共（mān gǒng）——仅仅：～剩下一个｜～住了三天。

牤牛（máng niǔ）——公牛。

面叶儿（miǎn yě’r）——面片，形状为三角形、菱形，也有不规则的。

茅子（māo zi）——厕所。

么儿（mè’r）——什么。

么个（mē ge）——同么儿。

么黄子（mè huāng zi）——什么玩意儿（贬义并带有骂人的意味）。

没（méi）——没有（可能单独回答问题，参考没价）：～来｜问：你吃饭了吗？答：～。

每道儿（mēi dǎo’r）——往常，以前，过去。

没价（méi jià）——没有（只用来回答问题，参考没）：问：你看见他啦吗？答：～。

媒婆子（mèi pō zi）——旧时以说媒为业的妇女。

门插关儿（mēn chá guānr）——门闩。

门禁（mēn jīn）——考虑问题时，脑子转不过弯来。

门禁头（mēn jīn tòu）——头脑反应慢的人。

门台儿（mèn tài’r）——门前台阶。

门头（mèn tòu）——眉头。

猛个丁（mēng gè ding）——忽然、顿时。

面（miǎn）——(1)面粉：麦子～｜棒子～(2)面条：擀～喝～｜凉～。

棉花柴（miān huā cài）——收完棉花以后剩下的植株。

苗细（miāo xǐ）——细含有不坚固的意思。

明儿哩（miè’r li）——明天。

抹（mō）——(1)涂抹：把他的名字～啦 (2)杀：一刀把他～啦

魔道（mō dāo）——较轻的精神病。

木棱雨儿（mù lēng yur’）——毛毛雨。

哪合门儿（nā hè men’r）——哪里：问“你在～哩？”答“我在单位上班呢。”

那合门儿（nà hē men’r）——那里：在桌子～有一个板凳。

那会里（nǎ hùi’r li）——那时候。

拿堂（nà tàng）——因据有挟制对方的凭借而拿架子。

哪乡里（nā xiáng li）——什么地方：问“你家～啊？”答“山东聊城。”

奶奶（nāi nai）——祖母。

暖（nān）——孵：～小鸡。

攮（nāng）——(1)刺。(2)插：忒厚啦，用针～不透。(3)言语冲撞：～了他一句，我就走了。

囊膪（náng chuǎi）——猪胸腹部的肥而松的肉。

孬巴（náo bā）——(1)质量差：这块布～。(2)丑：模样～｜小～妮儿。

脑袋瓜儿（náo dǎi gua’r）——(1)头 (2)头脑：～不简单、～挺好使｜真闹不清他～里想得啥。

孬地（náo dǐ）——贫瘠地。

孬天（náo tián）——一般指阴雨天。

恁（nēn）——(1)你（不含敬意）：～好哎，

俺能跟～比啊！(2)你们：～都走吧，我再等一会儿。(3) 你的，你们的：～叔叔 | ～姨 | ～学校 | ～那里。

能（nèng）——有本事，多含有戏谑意味。如：你这么～，还用找人帮忙啊？

妮儿（ní' r）——(1)女孩。(2)女儿。

泥不几儿（nì bú jì' r）——多数时候指洗澡时搓下来的 ：你看你身上这些～，几天没洗澡了？

腻虫子（nì chóng zi）——蚜虫。

腻磨（nì mo）——拖延，磨蹭。

腻摸头（nì mo tòu）——说话做事不爽快的人（含贬义）。

年根儿底下（niàn génr dī xia）——年底

黏黏娇（niān niān jiáo）——病态，弱不禁风的样子。

年时（niān shi）——去年。

黏窝窝（niàn wo wo）——(1)黏米面加枣蒸制的窝窝头。(2)说话做事不痛快的人：这人就是个～。

年下（niān xiǎ）——春节。

年月（niàn yue）——(1)年代：在那兵荒马乱的～，日子真难过。(2)年景：今年～不错，也可以说风调雨顺了。

娘们儿（niāng men' r）—— (1)已婚妇女(2)长幼辈合称，长者为女：～俩

娘儿俩儿（niàng' r liā' r）——长幼辈合称，长者为女。

尿泡（niǎo páo）——小便（粗俗语）。

暖壶（nuān hù）——热水瓶。

哝（nòng）——凑合：～一会说一会呗！

哝糊局儿（nōng hū jù' r）——凑合着过关的事儿。

浓泥噗嚓（nǒng nì pú chá）——道路泥泞。

怄烟（ōu yán）——柴草、煤炭等燃烧不充分而产生大量的浓烟。

沤粪（ǒu fěn）——把人畜粪便、杂草、河泥等放在坑内，加入水浸泡，经分解发酵制成肥料。

怄气儿（ǒu qì' r）——生闷气。

盘缠（pān chan）——路费。

跑肚（pāo dǔ）——同拉稀。

跑茅子（pāo māo zi）——同拉稀。

袍子（pāo zi）——多指中式棉大衣。

陪送（pēi sǒng）—— (1)动词：～了一台彩电 (2)嫁妆皮（pì）——(1)淘气，顽皮。(2)不娇气：这孩子真～。谝（piān）——显摆，炫耀：～能 | 他又～上了。

偏屋儿（pián wú' r）——东屋或西屋。

破（pǒ）——旧：～房子 | ～家什。

破五（pō wǔ）——五月初五。

铺的（pú di）——褥子。

铺衬（pú chèn）——做衣服等的下脚料之类的碎布。

扑燎（pú liào）——水泡、血泡：烫了个大～。

普搂（pū lǒu）——寻觅。

齐溜（qī liū）——近似正圆形，杂面做皮，一般馅粗劣。

起毛（qī mào）——挑剔并发作。

起眼儿（qì yān' r）——(1)醒目，惹人注意。(2)质量好，耐看。

起跟儿（qī gén r）——一开始，原始。

卡巴（qiā bā）——(1)人长得瘦小无力。(2)束缚钳制，使不活动：只要把他～住，别人就不敢动啦。

掐巴（qiá bà）——欺负。

前矣儿（qiàn yi' r）——前天。

强亮（qiāng liǎng）——强势。

巧（qiào）——很，非常：～冷 | ～热。

敲打（qiáo dà）——旁敲侧击。

悄么时儿（qiáo me shì' r）——悄悄地。

雀儿嗍儿（qiāo suò' r）——同家雀儿。

亲家（qìng jiā）——背称，面称根据年龄互称兄弟或姐妹。

亲家母（qìng jiā mū）——女亲家。

清起来（qíng qī lai）——早晨。

吣（qǐn）——(1)猫、狗等动物呕吐。(2)胡

说八道（骂人语）：满嘴胡～。勤（qìn）——频繁。

亲家（qín jia）——亲戚。

勤利（qīn li）——勤快。

秋里（qiú li）——秋天，特指秋收时节。

求起儿（qiù qī' r）——稍微得，轻轻得。

全幻（quān huàn）——圆满；想得周到。

全家鞋（quàn jiá xài）——新婚女子给婆家老少各做一双鞋，表示要伺候婆家老少的意思，现今多数是为婆家老少各买一双鞋。鞋的接受一方要回赠礼物（或钱）以表谢意。

蜷枉（quān wāng）——⑴卷曲：～头发 ⑵弯曲：～子腿（盘着腿）。

蛐蜷（qū quǎn）——蚯蚓。

搉（qué）——击打：被他～了一拳头。｜～蒜（砸蒜泥）。

群（qùn）——泛指动物交配。

瓤（ràng）——⑴瓜、柑橘等内部包着种子的部分：西瓜～儿 ｜ 橘子～儿。⑵某些东西皮或壳里包着的部分：秫秸～。⑶不好，软弱：赶车的技术不～。｜ 病后身体～。

认哩（rèn li）——认识：我不～这个人。

认生（rěn shéng）——怕见生人（一般指小孩）。

日偎（rì wēi）——延误。

软化儿（ruān huar）——柔软：塑料遇热变得～了。

腮帮子（sai bang zi）——人面部颌骨两侧末端的部分，即下巴的两侧。

三马车（sán mā ché）——机动三轮车。

三天纸儿（sán tián zhī' r）——同搿三天儿。另有“五天纸儿”“七天纸儿”等。

搡（sāng）——推，撞：差一点把他～倒。

搡白（sāng bāi）——⑴搡。⑵斥责：把他～了一顿。

扫帚星（sào zhòu xíng）——彗星。

沙土冈子（shá tū gāng zi）——沙丘。

山木喳子（shán mū zhà zi）——喜鹊。

山药（shán yuè）——甘薯。

苫子（shán zi）——用谷秸编制，用以螺旋式覆盖垛顶。

上大水（shǎng dǎ shuī）——大水灾。

上冻（shǎng dǒng）——结冰。

晌午（shāng hu）——上午。

晌午饭（shāng hū fǎn）——午饭。

晌午头儿（shāng hǜ tòu' r）——正中午。

晌午歪（shāng hǔ wái）——中午刚过。

上劲（shǎng jǐn）——（脾气）特执拗。

殇啦（sháng la）——青壮年死。

上晌（shǎng shāng）——下地干活。

筲（sháo）——水桶。旧时多用竹子或木头制成；现今多以薄铁板或塑料制成。

捎（shǎo）——⑴慢慢向后退：～车。⑵役使牲口时让其稍微向后退的命令。参见吁。

捎带子（sháo dāi zi）——顺便：你要的东西我～就买来了。

捎脚儿（sháo jué' r）——运输中顺便载客或捎带货物。

少面（shào mian）——长相比实际年龄年轻：他长的～，不像这么大年纪。

哨皮（shǎo pì）——戏谑讽刺：你别～我啦！

烧汤（sháo táng）——做晚饭。

身巴骨儿（shén bā gú'r）——身体的骨架、素质：大～ ｜ ～很结实。

神仙（shèn xiān）——有时指蝉的幼虫，同姐了儿龟儿。

神主（shèn zhū）——写有死者姓名的牌位。

婶子（shēn zi）——⑴叔母。⑵面称岳母。

生分（shéng fēn）——⑴不熟悉 ⑵因有嫌隙而关系疏远：这二年他两个～啦。

牲口（shéng kōu）——能役使的牲畜。

牲口儿（shéng kòu' r）——家畜、家禽的通称。

生炉子（shéng lū zi）——点炉子。

生儿（shéng' r）——生日。

生月儿（shéng yue' r）——出生的农历月份。

生月儿大（shéng yuè'r dǎ）——上半年生，

或两相比较生日在前者。

生月儿小（chóng yuè' r xiāo）——下半年生，或两相比较生日在后者。

生灾儿（shéng zái' r）——小孩生病。

拾掇（shī dao）——收拾。

屎咯螂（shī ge làng）——屎壳螂，学名“蜣螂”。

牸牛（shì niù）——母牛。

瘦巴（shòu bā）——人比较瘦：长得～｜那人是个～。

瘦溜（shòu liu）——同瘦巴。

寿器（shǒu qī）——棺材。

收拾（shóu shī）——⑴修理：～房子｜～自行车 ⑵整理：～床铺｜～房间 ⑶惩罚或杀死：把他～收拾一顿｜把这家伙～喽。

收生婆（shóu shéng pò）——旧指接生的妇女。

树穿孝（shǔ chuán xiǎo）——雾凇。

熟化（shū hua）——熟悉。

秫秸（shǔ jiē）——高粱秆儿。

叔叔（shū shu）——⑴面称父亲，其父排行为老小 ⑵叔父 ⑶面称岳父。

叔伯（shú bài）——⑴同祖父或同曾祖父的兄弟姐妹关系：～兄弟｜～姐姐。如果进一步细分，同祖父的兄弟姐妹，又称“亲～（简称qín shú)”；同曾祖父不同祖父的称“堂～（简称 tàng shú)”⑵对父母的叔伯兄弟姐妹背称时的前缀词，（以此来区分父母的“亲兄弟”“亲姐妹”)：～大爷｜～姑娘｜～姨｜～舅舅⑶背称祖父的兄弟时加的前缀：～爷爷｜～奶奶。

耍手艺的（shuā shōu yǐ di）——从事手工技术劳动的人。

涮嘴（shuǎn zuī）——漱口。

双巴（shuàng bā）——双胞胎。

爽地（shuāng dì）——干脆。

爽当（shuāng dǎng）——爽快麻利。

霜雪（shuáng xuè）——霜。

甩手（shuāi shōu）——放手：～掌柜的（掌权但不过问具体事务的人）。

勺子星（shuō zi xíng）——北斗七星。

斯挠（sí nào）——⑴撕裂使变松：把破套子～～。⑵经过辩论把事理搞清楚：看来该和他～～了。⑶ 处事优柔寡断：这人真～。⑷馊：这饭～了，不中吃了。

斯文（sí wèn）——⑴逗留：我在超市里～了一会儿，来晚啦。⑵做事拖拉，时间观念不强：这个人真～。

送汤米（sǒng tang mī）——在亲友家的婴儿 12 天生日时，带着鸡蛋、米、面等物品去祝贺（主人设宴款待）。现今也有不带物品而是给主人钱的（一般是直接给产妇）。

松洒（sóng sà）——宽松：一晌就这点儿活，时间挺～。

松张（sóng zhang）——做事、说话迟缓，慢吞吞的样子：这人就是这种～脾气，就是“火上房”他也不兴跑两步的。｜他太～，干起活来两个也不顶一个。

蒜臼子（suǎn jiù zi）——一种主要用于制作蒜泥的工具，由一个容器和一个“鼓槌”组成。

随便儿（suī biǎn'r）——任意，怎么都行，爱咋地咋地。

随礼（suì lī）——红白事中亲友向主家送喜礼或丧礼。

孙（sún）——受人欺侮。

孙男嫡女（sún nàn dǐ nú）——子孙后代。

抬头亲家（tài tòu qìng jiā）——男方的父母。

趟（táng）⑴对付：我去～他｜非～他这个茬不可｜～不了他 ⑵碰撞：～他正么（碰他干什么）？

堂屋（tāng wū）——北屋。

套（tǎo）——役使牲口时牵拉的绳索。

淘换（tāo huǎn）——⑴购买。⑵（物品）以旧换新。⑶牲畜产崽。

忒（téi）——太：～好｜天～热｜～狠。

推头（téi tòu）——理发。

提另（tí lǐng）——专门，特别：～给他准备一个房间。

提亲（tì qín）——说媒。

添（tián）——生：他家～了个小儿。

天窗（tián chuáng）——(1)门楣上边的窗户。(2)房顶上的窗户。

填还（tiān huàn）——(1)报答或效劳（含不敬意）：该～他哩 (2)投合心意，令人喜爱：～人 ｜ 不～人（讨人厌恶）。

填房（tiàn fàng）——续弦，即男人再婚。

甜杠（tiān gǎng）——(1)香甜：早晨活动活动吃饭～。(2)爽快：旁人求他事儿，都很～。

腆脸（tiān lián）——(1)仰脸。(2)厚着脸皮。

天夕（tián xí）——下午。

条杆儿（tiào gàn’r）——身材：这个小伙子不光个子高，～也好。

挑眼儿（tiáo yān’r）——在交往中挑剔对方。

铁木锨（tié mù xiān）——铁锨。

贴身儿的（tié shénr di）——内衣。

听说（tíng shuó）——听话，乖：你家孩子比我家的孩子～。

挺重孝（tīng zhǒng xiǎo）——丧主。一般指死者的儿子。如果死者的儿子已经死亡，则由其孙子承担；如果死者没有儿子，则由其家族中亲缘关系最近的侄子（或晚辈中）择一承担。

葶（tìng）——(1)无茎植物从地表（通常自基生莲座）抽出的无叶花序梗：韭菜～。(2)像(1)中所说“无叶花序梗”样的植物的茎：麦秸～（小麦的茎）。

头里（tòu lī）——前边：他在～走，我在后边跟。

头年儿里（tòu niān’r lī）——新年以前的一段时间。

透气儿（tǒu qǐ’r）——(1)通风 (2)喘气 (3)明事理：这人不～。

头晌儿（tòu shāng’r）——上午。

瓦（wǎ）——赶（路）：他们正往这儿～呢！

外甥儿（wài shēng’r）——(1)外孙 (2)姐妹的儿子 (3)连襟的儿子。

外甥女儿（wài shēng nǖ’r）——(1)外孙女 (2)姐妹的女儿 (3)连襟的女儿

外头人儿（wài tōu rèn’r）——(1)男人(2)丈夫。

歪（wái）——躺，睡：～下。

歪胯子（wái kuà zi）——(1)上身向一侧歪斜。(2)偏心。

崴嘴（wài zuī）——过分、过早地自夸。

晚娘（wān niàng）——后娘。他称。另有“晚爹”“晚奶奶”等。

玩玩艺儿（wàn wān yǐ’r）——杂技表演。

旺相（wǎng xiǎng）——健康，多用于老人、幼儿或产妇。

偎（wéi）——(1)拖：这件事儿别～，抓紧办。(2)贴，挨。～着：贴着、挨着、靠近的意思：割韭菜时，要～着地皮割。｜天冷，～着炉子烤烤。

味儿（wěi’r）——(1)味道 (2)气味：这是什么～？｜厕所里的～跑出来啦 (3)食物变质：馒头～啦(4)意趣：越琢磨越有～ (5)关系：他两个～好深哩！｜没有～也不去找他。(6)热情真诚：见喽面好～哩(7)意义，经常跟“没”组合，“没～”即无意义：这样做有什么～呢？｜这都是没～的事。｜提这种意见才没～哩！

偎脓（wéi nòng）——反应慢，做事效率低下。

围子（wēi zi）——环绕村落的土墙。也叫“土～”。

窝憋（wó biè）——郁闷。

窝囊（wó nang）——(1)形容人懦弱，没有本事。(2)形容某件事处理得很不理想：今天这件事，真～。(3)心里有委屈却没地方诉说因而感到憋屈：我心里～得慌，想和你说说。(4)让受委屈：别～他了，他心里已经够难受的了。

窝棚鸡（wó pèng jí）——孵化成型但没有出壳就死了的鸡。

五更头儿（wū jīng tòu’r）——黎明以前。

捂眼子（wù yān zi）——用布或类似材料做成，带在牲口头上，挡住牲口的眼。

五月单五（wū yüe dán wū）——端午节。

杌子（wù zi）——凳子。

澥（xǎi）——⑴稀 ⑵糊状物失去粘连性：稀饭～啦、浆糊～啦。

鞋曳跟（xāi yè gēn）——附在鞋帮后沿上，供提鞋用。

细发（xì fā）——⑴仔细 ⑵细致，细腻：这块布织得挺～｜皮肤挺～。

媳妇（xī fū）——⑴妻 ⑵儿媳。

细狗（xī gōu）——猎狗。

细溜（xī liū）——细：身条挺～｜花钱～子点儿。

希松（xí sóng）——⑴很少：～儿个、有也～ ⑵才干或地位有限：这个人～。

稀甜（xí tiàn）——非常甜。

戏匣子（xǐ xiā zi）——旧称收音机。

瞎（xiá）——⑴瞎眼。⑵报废，毁坏：不会过日子，净～东西。｜衣裳铰～啦｜冰箱买～啦（没有买好）。｜～喽个孩子｜～喽半天工夫。

瞎包儿（xiá báo）——质量差，不成器：这孩子算～啦。｜这台冰箱买～啦。

瞎答答胡咧咧（xiá dá da hù liē lie）——说话没有根据，乱说一通。

下膗（xiǎ chuǎi）——同囊膗。

下货（xiù huō）——被宰杀的动物的内脏。

下节礼（xiǎ jié lī）——订婚后，于端午节、中秋节、春节前夕男方向女方家庭互送节日礼品。

下晌（xiǎ shāng）——收工。

匣子（xiā zi）——劣质、简陋的薄板棺材。

现大晚儿（xiǎn dà wān'r）——现在，这时候。

闲地顺儿（xiān dì shùn'r）——空地。

先前（xián qiàn）——从前。

降（xiàng）——制服：只有他才能～住那小子。

相好（xiáng hāo）——⑴有结拜的朋友关系 ⑵男女有暧昧关系。

相好的（xiáng hāo di）——⑴结拜的朋友 ⑵姘居的对象。

降磨（xiàng mo）——把自己以前对人的恩惠反复向受惠人述说，实际是表达对受惠人的不满。

相应（xiáng yíng）——⑴周到：老人家能活这么长时间，全靠儿女伺候的～。⑵舒适：他媳妇不在家，就是不～。

乡里（xiáng li）——⑴农村。⑵乡镇府。

乡下（xiáng xiǎ）——同乡里⑴。

小儿（xiāo'r）——⑴儿子。⑵年长的长辈对年少的男性晚辈的亲昵称呼（如果长辈的年龄小或者二者年龄相仿，这样称呼则有戏谑的意味）。

小尽（xiāo jǐn）——小月。

小年儿（xiāo niàn'r）——腊月二十三日。

小性儿（xiāo xìng'r）——⑴心胸狭窄。⑵虚荣心强，受不了别人批评。

小心眼儿（xiāo xín yān'r）——⑴同小性儿⑴。⑵爱耍小聪明，算计别人：这人就爱使～。

小子（xiāo zi）——男孩子。

些（xié）——相当，很：～多｜～好｜～孬。

蝎虎子（xié hū zi）——壁虎。

歇晌（xié shāng）——⑴午休。⑵工间休。

谢孝（xiě xiǎo）——⑴出殡当天凌晨，死者的女儿回婆家向婆家的族人表示感谢。⑵丧事过后孝子向亲友表示感谢。

心壳啷子（xín kē láng zi）——前胸部：这几天咳嗽的我～疼。

心壳啷儿（xín kè láng'r）——心胸：他不是那种小～的人。（意思是他不是那种心胸狭窄的人。）

腥气（xíng qì）——腥味。

雄（xiòng）——严厉训斥：～人｜～喽一顿。（熊？）

兄弟（xióng di）——弟弟。

暄（xuán）——松软。

暄头儿（xuán tou'r）——松软：新被子

就是～。｜今天蒸的馍馍真～。

穴拉子风（xuē lā zi féng）——方向不定的风。

穴摸（xuē mò）——搜索，寻找。

熏（xún）——说大话忽悠人：哈哈，你咋叫他给～住了？

熏气儿（xún qǐ' r）——说大话。

寻思（xūn sī）——思索。

牙碜（yà chēn）——⑴同垫牙。⑵比喻难听的声音或难听的话 ："是谁用钉子划玻璃呀？这声音好牙碜。"｜"说这话，你也不觉得牙碜？"⑶牙垢。

压风被（yá féng bēi）——冬季盖在上层不粘身子的被子。

牙花子（yà huá zi）——牙龈。

牙狗（yā gōu）——公狗。

牙猪（yā zhū）——公猪。

延（yǎn）——正：～好｜～巧｜～够。

碱场地（yàn chāng dì）——碱地。

沿达里（yān dā lī）——到处：～跑｜～去找。

咽气儿（yàn qǐ' r）——停止呼吸。眼儿气（yān' r qì）——眼红，嫉妒。

烟筒（yán tōng）——烟囱。

延准儿（yǎn zhūn' r）——恰好，正合适。

洋车子（yāng ché zi）——自行车。

洋灰（yāng huí）——水泥。

洋气（yāng qǐ）——时髦。

洋柿子（yāng shì zi）——西红柿。

样子（yàng zi）——模式，代表，样品：鞋～｜商品～。

咬（yāo）——受责难或审讯时主动供出或牵扯别人。

咬磨（yáo mo）——认为危及自己的利益时攀比别人：这个人总是好～别人。｜本来是他不行吧，还～人家。｜你有啥事儿说啥事儿，～我干吗？

腰子（yáo zi）——肾。

夜儿哩（yè' r li）——昨天。

爷儿俩（yè' r liā）——长幼辈合称，长者为男。

爷们儿（yē mēn' r）——⑴男人。⑵长幼辈合称，长者为男：例：～俩｜他家～仨都是国家干部。⑶长幼辈男性互称，含疏远不严肃义。

夜马乎（yè mā hú）——蝙蝠。夜猫子（yè māo zi）——猫头鹰。也兴（yè xíng）——也许。

爷爷（yē ye）——祖父。

爷儿爷儿（yē' r ye' r）——太阳。

爷儿爷儿地儿（yē' r ye' r di' r）——太阳照到的地方。

弈（yí）——⑴比赛，游戏：～毽、～牌⑵共事：不跟他～啦。｜再～下去就没好啦！

一把棍儿（yǐ bá gùn' r）——距离很近。

一点儿点儿（yǐ diān' r diàn' r）——很小，很少。

一嘟噜（yǐ dú lū）——⑴一串：这～葡萄熟了。⑵因生气而脸色难看：他的脸～就再也不言语了。

一伐儿（yi fa' r）——一起：他俩～来的。

一晃（yǐ huāng）——⑴一眨眼：～二三年过去啦。⑵顿时：～不知道说什么好。

胰子（yì zi）——肥皂。

窨子（yìn zi）——地窖，用来存放地瓜、萝卜等食物。

影（yīng）——同恶影。

影门墙（yīng mèn qiàng）——影壁。一般在院门里或外。

盈人（yìng rèn）——⑴优秀：他家小三儿真～。⑵争气：全家都好，就我这身子不～，老是有毛病。

应应（yíng yīng）——⑴勉强维持：赚不了钱～子呗。｜一口气咽不下，还～子哩。⑵应付：这个活没人干，我先～子吧。

蝇子（yīng zi）——苍蝇。

拥为（yóng wèi）——因为。

拥么（yóng me）——为什么。

有本儿（yòu bēn' r）——有本事（用于对

老人、产妇的问候语）：～吃饭啊？（意思是，饭量如何？）。

有能（yōu nèng）——在某些方面本领出众：看人家这一家人，都这么～。

有时气（yōu shī qì）——走运。

有音儿（yōu yín’ r）——有可能。

酉咱（yòu zan）——这么早：～就结婚啦？｜～你就起来了？才3点！

吁（yú）——使牲口停止前进的口令。

迂磨（yù mo）——(1)同腻磨(2)长时间拖累：别再～孩子们了，孩子们也不容易。

愚脓（yú nòng）——同畏脓。

怨不里（yuàn bū li）——怪不得，难怪。

圆坟（yuàn fèn）——葬后第二天（也有第三天）孝子添坟培土。

愿偎（yuàn wēi）——(1)祷告：她在他娘坟前～了几句，就走啦。(2)央求：我～了她半天，总算没事儿啦。

原先（yuàn xián）——起初，一开始：～他不是这样说的啊！

圆油（yuān you）——圆、球或者与之接近的样子。

月姥娘（yuě lāo niang）——月亮。

月姥娘地儿（yuě lāo niāng dir）——月亮照射的地方。

约摸（yué mò）——估计。

药丸（yuě wàn’ r）——泛指中成药丸及西药的片剂、胶囊等。

悦悦（yué’ r yue’ r）——愉快，高兴：你今天看起来不～，咋子啦？

润（yǔn）——春风得意的样子：看看人家，多～。

砸凉（zà liàng）——冰凉，非常凉。

咋子（zā zi）——(1)怎么办：你想～？｜这件事～好呢？(2)怎么：他～啦？｜这是～回事儿？

在儿（zǎi’ r）——微小的楔子。

在子（zài zi）——楔子。

咱（zān）——(1)我：～说不行，你就是不听。(2)我们（含对方）：～是下象棋，还是打扑克？

早起（záo qi）——同清起来。

早起饭（zāo qì fǎn）——早饭。

早起来（zào qī lai）——同清起来。

贼星（zèi xīng）——流星。

扎挂（zhá guā）——打扮。

炸馃子（zhà guō zi）——油条。

扎旱针（zhá hǎn zhén）——中医针灸。

炸藕合儿（zhà ōu hè’ r）——两藕片夹馅，外包面糊，油炸而成。

扎眼儿（zhá yān’ r）——过于醒目，以至于让人看着不舒服。

咋样儿（zhā yǎng’ r）——怎么样。

窄巴（zhái ba）——狭小，紧张：这个地方有点儿～。｜他家日子过得～（经济条件不好）。

占房（zhǎn fàng）——分娩。

涨包（zhàng bao）——(1)浪费（含有责怪的意思）：把好好的米饭都倒了，真～！(2)忘乎所以：我看这人有些～，早晚倒霉。

账房（zhǎng fàng）——(1)跟门面相连的小房，结算账目的地方。(2)管账的人。

丈母娘（zhàng mū niàng）——岳母。背称。面称和老丈人的面称对应：老丈人面称“大爷”，丈母娘则面称“大娘”；老丈人面称“叔叔”，丈母娘则面称“婶子”。

招（zháo）——(1)扶，碰触：用手～了他。｜～结实，别倒喽！｜别用手～。(2)招惹。

灶呼窝（zhào hū wó）——做饭放柴火的地方。

折腾（zhé teng）——(1)翻来覆去、反复做和折磨。(2)没事找事，无事生非。(3)朝令夕改，忽左忽右，就是重复做一些无意义无关联不必要的事情。

争竞（zhéng jìng）——争执；计较。

整壮（zhēng zhuàng）——(1)不碎。(2)充实、有分量：这份礼物挺～、这几条意见挺～。

制（zhǐ）——弄：把桌子～干净我的电脑坏了，咋子～也不好。｜恁几个赶紧哩把垃圾～喽。｜这人没～了（谁都那他没办法）。

治（zhì）——调教：这人没～了（意思：谁都拿他没办法：有时含有喜爱调笑意味，指这人太调皮；有时指这人不正干，已经“不可救药”令人彻底失望了）。

支蒙耳朵（zhí mèng ēr duō）——把耳朵竖起来：你～听一听。

直捻（zhī nǐan）——直。

执使（zhí shì）——使唤。

中不溜（zhóng bù liú）——中等。

皱巴（zhòu bā）——不平，有皱折。

庄儿（zhuá’r）村名的通称：这是什么～？｜前边有个小～。

抓药（zhuá yuě）——买中草药。

拽布（zhuǎi bǔ）——买布。

转筋（zhuǎn jín）——肌肉痉挛。

转悠葵（zhuàn yōu kuì）——向日葵。

转悠末（zhuàn yōu mó）——陀螺（玩具）。

装（zhuāng）——⑴整理（线型的东西）：把这些废电线～起来。⑵趾高气扬：你看他～的不是他啦。

壮（zhuǎng）——结实：这根破绳子不～，换根新的。

装唬子（zhuáng hū zi）——假装。

妆老衣（zhuáng lāo yí）——寿衣。

装么儿（zhuáng mè’r）——在交往中装模作样。

庄乡（zhuáng xiáng）——同乡。

装样儿（zhuáng yǎng’r）——同装么儿。

自儿不啦哩（zi’r bū lā li）——很惬意的样子。

自家（zǐ jiā）——自己。

自家个儿（zǐ jiā gē’r）——同自家。

滋生（zí shēng）——⑴枝叶旺盛 ⑵得意、精神旺盛时的表现。

滋味儿（zí wěi’r）——味道。

自沿（zǐ yān）——自在，有些贪图享受的意思。

嘴巴子（zuī bà zi）——下巴。

揍（zǒu）——⑴打 ⑵做：～饭了吗？｜这套家具是我自己～的。

揍么（zǒu mē）——干什么。

走巴（zōu ba）——梁檩家具等物变形。

走动（zōu dǒng）——⑴解大便（委婉语）：老人好几天天没～啦（便秘）。⑵亲朋礼尚往来：老亲戚都～子哩！｜多年不～啦。

走羔（zōu gáo）——羊交配。

咗咕（zuō gū）——收缩。

左拉撇（zuò lā piē）——左撇子。

坐席（zuǒ xì）——赴宴。

坐月子（zuǒ yuè zi）——⑴分娩。⑵产妇在分娩后的一个月。在这一个月里有很多禁忌，有些禁忌带有浓重的封建迷信色彩，没有科学道理。

第四节　语　法

聊城各方言点内部语法规律基本一致，跟普通话大同小异，限于篇幅，只介绍一些比较突出的特点。

一、词缀

前缀有二、圪；后缀有头、悠、哒、巴、乎。

（一）前缀

1. 前缀“二”

“二”做前缀的词，多是用来形容处于某一个状态或者是具有某一种性格的人，里面含有看不起、轻蔑的意思。

（1）表示次序上“第二”，理解为“不是关键性的，不起主要作用的”。如二当家。

①老张是店里哩二当家。

②这个男人在家里是个二当家。

“二当家”既可以做一个中性词也可以做一个具有贬义色彩的词。如①中的这个词则可以理解为中性，是仅次于大当家，相当于大家现在所说的“副总”“副主任”。但②中的这个词就有了贬义的色彩，表示一种嘲讽，在该句中的具体意思就是在家里做不了主，听老婆的。

（2）用来形容性格有缺点的人或者是性格不健全的人。如二皮脸、二半吊子、二拼瓜、二愣子。这里所举出的这几个词，表示的仅是人的性格上的缺点，但不是品质和道德的问题。

①他就是个二皮脸，别和他一般见识。

②小光其实是个二半吊子。

③一有点事你就跟个二拼瓜似的。

④你个二愣子，自己把书放哪里了还不知道吗？

（3）用来形容具有某种恶劣品质的人，含有轻蔑或讽刺意味。如二混子、二流子。“混子”和“流子”意思相近，表示人无所事事，游手好闲，惹是生非，道德恶劣。从感情色彩上看，“流子、混子”具有明显的贬义。

①他的孩子就是个二混子。

②强子可是这里有名哩二流子。

上述（2）和（3）所举的词中，前缀“二”省略也不改变原词的意思，但是人们习惯于这样使用，并且“二”本身也具有轻蔑和讽刺的意味，与这类词搭配，使原有词义得到强化，增加感情色彩。

“二”，放在名词词根前构成新的名词，一般用来指称具有某种性格或处于某种状态的人，多含有轻蔑、讽刺的味道。如：

二：带些傻气的人。

二愣子：胆大而且鲁莽的人。

二半调子：一瓶子不满，半瓶子晃荡的人。二马枪：比喻技术不熟或知识不足的人。二虎：做事说话不动脑子的人。

2．前缀“圪”

“圪”本身没有意义，主要起到构词的作用。如：

圪 蚤 跳 蚤

圪巴　开始黏糊后变干的东西圪褡　旧时用细布条盘成的衣扣圪拉拜　膝盖

圪拉绷　脖子

圪当子　高粱秸秆的一段

圪针　植物上的小刺

（二）后缀

形容词后缀主要有“不拉唧”“而呱唧”“不唧”等，多带有贬义色彩。如丑不拉唧、傻不拉唧、憨不拉唧、脏不拉唧、瘦不拉唧、愣而呱唧、呆而呱唧、憨而呱唧、傻而呱唧等。

“里慌”也是使用频率较高的一个词缀。用在动词、形容词后面构成表示感知和心理活动的形容词，如：

渴里慌　饿里慌　馋里慌　撑里慌冻里慌　闲里慌　疼里慌　累里慌闷里慌　热里慌　累里慌　晒里慌　烫里慌　烤里慌　气里慌　憋里慌

1．后缀“头”

（1）用在方位词“东、西、南、北”的后面，表示“该方向的端点”，如“东头、西头、南头、北头”等。

①他家在村东头。

②你去地南头看看去。

（2）用在动词前，组成的词是一个名词。比如“喝头、拾掇头、买头、盖头”。

①中午做饭就不熬点喝头吗？

②屋里这么干净有什么拾掇头啊？

③我去赶集，你有什么买头吗？我给你捎来。

④快点拿个盖头来给孩子盖上。

2．后缀“哒”

“哒”用在动词后面，一般具有较强的随意性和漫不经心的意味。

（1）用在手脚发出的动作后面，动作比较随意，如“敲哒、摔哒、蹦哒、蹬哒”。

①你快去看看谁又敲哒门呢。

②小红吵架的时候总是摔哒东西。

③那群小孩儿在俺门口蹦跶玩呢。

（2）用在身体或是物体发出的动作后，如“扭哒、颠哒”。

①他婶子跳舞扭哒得真好看。

②这辆车的减震不太好，有个小坑都颠哒。

（3）用在“撅”的后面，表示一个人的性格和脾气。也会使用它的AABB的重叠式“撅撅哒哒”

①俺闺女那个脾气真撅哒。

②改改你那撅撅哒哒哩脾气。“哒”在这里使用本身没有意义，并且读轻声，使得动作更加的生动，具有感情色彩。

3. 后缀“巴”

“巴”用在形容词的后面，读轻声，用于表示事物或人物的某种状态，如“干巴、皱巴、挤巴、瘦巴、老巴”，它们的AABB重叠式则在感情色彩上表达一种不欣赏甚至嫌弃的意思。

（1）表示人或事物的状态。

①小梅一直这么瘦巴。

②这个小伙长得有点老巴。

③橘子放在那里都干巴了。

④衣服没叠好，有些皱巴。

（2）AABB的重叠式表示一种不欣赏、嫌弃的意思。

①一个大小伙子瘦瘦巴巴哩不好看。

②她年龄不大怎么长得老老巴巴哩！

③这馒头干干巴巴哩怎么吃？

④小王真不利索，衣服天天皱皱巴巴哩。

⑤他家那么小，挤挤巴巴哩，哪有咱家好。

4. 后缀“乎”

“乎”也是用在形容词的后面，表示对人或事物的直接感受，如“胖乎、热乎、软乎”；也有的用于表示抽象的感受，如“邪乎”。它们各自的重叠式，又分别有自己的感情色彩。

（1）表示人的直接感受的，它的ABB式含有人们内心的喜欢程度的加深。

①这个小孩真胖乎。这个小孩胖乎乎哩真招人待见。

②即们哩汤很热乎。即们哩汤热乎乎哩不孬。

③即们哩馒头比昨天哩软乎。即们哩馒头软乎乎哩比昨天好。

（2）表示抽象的感受，如特有的一个词“邪乎”有不可思议，甚至是害怕的意思。它的重叠式“邪邪乎乎”，表示程度加深。

①这件事有点邪乎。

②我一进东屋就感觉邪邪乎乎哩。

形容词的后面加上“乎”，增加了词的形象性，它的重叠式使感情色彩也进一步加深。

二、程度副词

部分语素位于形容词前面，表示程度加深，如杠苦、剔亮、剔圆、稀甜、稀嫩、稀碎、稀烂、忒好、忒孬、忒快、忒慢、忒香、些远、些近、些长、些矮、些高、些厚、些胖、些老。下面重点分析“将、透、怪”三个程度副词。

1.“将”与“将将里”

（1）在语义上，“将”相当于普通话中的“刚”，表示勉强达到某种程度。此外，“将”还可以形成重叠形式“将将”，在使用时“将将”习惯性与“里”连用，组成“将将里”，也表示刚刚，仅仅，但是“将将里”表示的程度更低，往往带有人的一种感情在内，例如：

①俺将吃饱饭就跑过来了。

②俺将回到家，雨就下大了。

③他牺牲时将18。

④馁咋这么会挑唉，这个衣裳将将里合适。

⑤他老两口里退休金将将里够花哩。

（2）在语法上，“将”与“将将里”都在句中做状语，修饰动词。但是“将将里”有一个比较典型的句式“……忒……了，……将将里……”，例如：

①馁家里窗户忒高了，俺将将里够觉（着）。

②这栝（棵）付（树）忒粗了，俺仨才将将里抱过来。

③这个衣裳忒小巴点了，我将将里穿进去。

④馁来里忒不巧了，大夫将将里走唠。

⑤馁来里忒不是时候了，俺们将将里把这个大西瓜吃完。

由上述例子可以发现，“将”“将将里”都表示勉强达到某种程度，“仅仅、刚刚”之义，如果超出所说的范围，这种行为或事件就不可能发生或完成。

2.“透”与“透透里”

⑴在语义上，“透”有彻底之义，表示的程度较深，例如，“凉透了，湿透了，饿透了，熟透了”等等。此外，“透”还可以形成重叠形式“透透里”，也表示程度高，“透透里”表示程度的极端化，因此“透透里”表示的程度更高，例如，“凉里透透里，湿里透透里，饿里透透里，熟里透透里”等。

（2）在语法上，程度副词“透”与“透透里”

都只作补语，不作状语，例如：

①饭都凉透了，你还不吃？

②饭都凉里透透里啦，你还咋吃？

“透”与“透透里”表示的程度有所差别，“透”示的程度较深，“透透里”表示程度的极端化，因此“透透里”比“透”的程度高，以下面两例做对比：

③饭都凉透了，你还不吃？（饭不是很凉，还可以吃。）

④饭都凉里透透里啦，你还咋吃？（饭已经完全凉了，不能吃了。）

⑤你看看你，不让你去，你非得去，浑身淋透了不是？（身上淋湿了）

⑥你看看你，不让你去，你非得去，浑身淋里透透里啦吧？（全部淋湿了）

3.“怪”与“还怪”

⑴在语义上，带有意外惊喜的意味。“怪”常与“还”连用，组成词组“还怪”，有一种评价判断的情感语气，例如：

①馁家里小狗还怪听话里，一点也不叫唤。

②他这个人脾气还怪好里，一点也不爱生气。

③馁哥哥还怪体贴里，还知道给你过涩（生日）呢。

④即门这天还怪凉快里，咱们出起玩起吧。

⑤那个快递（员）还怪好里，把快递送到咱楼下啦都。

⑥几天没见你，还怪想里慌里。

（2）“怪”带有亲昵，满意爱抚等色彩，如，“怪能（聪明）里，怪机灵里，怪巧里，怪便宜里”。但是“怪”单用表示讽刺批评，例如：

①“你怪好，啥事都不管。”

②“你怪嘚（好），干完这点活就没事了。”

③“她怪爽，天天在家看电视。”

4.“可”与“些”

（1）“些”表示的程度较深，程度介于“怪”与“可”之间，“些”带有一定的感情色彩，使用频率很高，用在形容词、心理动词、动词短语之前。

①俺哥哥对我很好。

②俺哥哥对我可好了。

③俺哥哥对我些好。

“很、可、些”都可以修饰形容词，但是三者在语义上有所不同，“很”表示普通话中的一般意义，“可、些”的程度比“很”深。

（2）从语法搭配上看，“可”与“些”有细微的差别。“些”后面的形容词后不能再加语气词，而“可”后的形容后一定要语气词。

①俺哥哥对我可好了呢。

②俺哥哥对我些好。

③即门（今天）俺同桌可高兴了呢。

④即门（今天）俺同桌些高兴。

三、助词“哩”的用法

（一）“哩”作结构助词

1. 用在定中短语之间，功能相当于普通话中的“的”。

（1）他哩这件衣服是在聊城买的。

（2）小四儿娶了个很俊哩媳妇。

2. 用于状中短语之间，功能相当于普通话中的“地”，表示修饰关系。

（1）他头上那个疙瘩慢慢哩就起来了。

（2）小红把作业又仔细哩检查了一遍。

3. 用于动补短语之间，功能相当于普通话中的“得”，对动词起补充说明作用。

（1）这件事你办哩可真漂亮！

（2）小刚穿哩酷酷哩。

4. 构成“哩”字结构，相当于普通话中的“的”，表示人或物。

（1）村东头来了个卖菜哩。

（2）她脸上起青春痘了，不能吃辣哩。

5. 固定结构，用于“A 哩 A,B 哩 B”结构中。

（1）集市上喊哩喊，叫哩叫，真热闹。

（2）体育课上跑哩跑，跳哩跳，真快乐。

（二）“哩”作时态助词

1. 用于谓语动词后或句末，相当于普通话中的“的”，表示动作或事情已经发生。

（1）我是今天下午发哩短信，没人回。

（2）这是咱事先说好哩，你怎么能说变就变呢？

2. 表示动作正在进行，相当于普通话中的“呢”。

（1）这小孩子还在那里等他爸爸哩。

（2）给孩子把帽子戴上，外面正刮着风哩。

3. 用于谓语动词的后面，表示眼前将要发生的动作，含有催促、嘱咐的意味。

（1）吃饭哩，快去洗洗手。

（2）我上车走哩，你别再送了。

（三）“哩”做语气助词

表示夸张的语气或疑问的语气，相当于普通话中的“呢”。

（1）找了半天，原来这本书就在我桌子上哩。

（2）我就纳闷了，她说这话，咋就不脸红哩？

（3）电脑已经让给你了，你还哭啥哩哭？

（4）这个杯子是弟弟打碎哩！

（5）我还纳闷哩，这事咋就被她知道了。

（四）含“哩”的固定格式

1. 哩样：相当于普通话中的“像……似的”，用于两件事物的比较或比喻。

（1）你那张嘴，说话就跟抹了蜜哩样，谁都爱听。

（2）陈老师讲课，跟说天书哩样，我们一句也没听懂。

2. 样哩：和“哩样”的意思相近，相当于普通话中的“似的”。

（1）一个飞碟样哩不明飞行物突然出现在他的视线里。

（2）我被她那丁香样哩气质感染了。

3. 哩话：相当于普通话中的“的话”。

（1）你如果困哩话，就睡去。

（2）你要是不想出去哩话，我自己去就行。

4. 哩很：相当于普通话中的“得很”，中间也町插入“忒”“不”“才”等副词。

（1）我昨天睡哩不晚，所以今天上课没困。

（2）这孩子的成绩差哩忒很，恐怕一时半会补不上来。

5. 哩个：相当于普通话中的结构助词“的”，起增强语气的作用，含有惊叹、略带夸张的意味。

（1）我哩个天啊，老赵啥时候去世哩？

6. 哩吧：用在疑问句中，可以表示试探性地推测、猜测的疑问语气，相当于普通话中“要……吧”“的吗”。

（1）你闺女即年结婚哩吧？

（2）这样的事还多着哩吧？

还可以表示询问动作正在进行或状态的持续，如：

（1）弹琴哩吧？（动作正在进行）

（2）窗户还开着哩吧？（状态还在持续）

四、介词“从”

（一）“从”做动词，表示人或事物存在的处所、位置，在句子中作谓语的中心语。例如：

（1）我从屋里嘞！（我在屋里。）

（2）他们都没从学校。（他没在学校。）

（二）“从”做副词，表示“从来”，用在否定词前面，例如：

（1）我从没见过他。

（2）咱家从未出过这样的事情。

（三）“从”做介词。

（1）介词“从1”与普通话的介词“从”用法大致相同。

聊城方言中的介词“从”有三种用法。（1）表示处所、时间的起点。例如：

①从阳台到客厅，摆的都是书。

②从上周一，他就吃不下饭啦！

（2）表示经过的路线、场所。例如：

③从这个村穿过去就到俺家啦！

④从小路上走比较快。

（3）表示凭借、根据。例如：

⑤从背影看，那个就是他。

⑥从他说话的口气，我就知道他怎么想的。

第五节　唱儿（歌谣）

1. 小板凳，四根腿儿，我给奶奶嗑瓜子儿。奶奶嫌我嗑得慢，我给奶奶下挂面。奶奶嫌我下得稠，我给奶奶放香油。奶奶嫌我放得香，我给奶奶放块姜。奶奶嫌我放得辣，我给奶奶唱个唱儿。

2. 老帅老帅快放学（[ɕiɔ^{42}]），家里擀滴凉面条，一人一碗舀一勺，回去（[tɕʰi^{213}]）晚了捞不着。

3. 小枣树，结大枣，俺家有个懒大嫂。懒梳头，懒裹脚，哄哄孩子装睡着。一睡睡到日头红，起来以后不做饭，东门里瞧，西门里窜，针线筐子里鸡下蛋。

4. 柳树柳，槐树槐，槐树底下搭戏台。人家的闺女都来了，咱那闺女还没来，说着说着就来了，骑着驴，打着伞，吃着妈妈（吃奶）瞪着眼。炸，炸，炸果果，腰里带照铜锁锁，待开不开，将家过来，你一半我一半，咱俩吃老揍买卖，你敲梆子我敲鼓，咱俩完个小老虎，小老虎，撅尾巴（yi ba），一撅撅到天底下。

5. 娘（棉）花种，水里拌，种到地里锄七遍。打娘（棉）花心，落娘（棉）花盘，开得花儿黄灿灿，结得桃子一连串，开得娘（棉）花白泛泛。老婆拾，老头担，小箔晒，大箔摊。轧车轧，响弓弹，搓了个布剂长珊珊，纺了个穗子滴溜溜圆。倒车倒，旋风旋，拐子拐，yue 子（该字是上面一个竹字头，下面一或字，是一种绕线的工具）缠，牵机就像跑线马，镶机好似倒拉船。戳上杼，揆上缯，拿个板子垫上腚。唏哩哩，哗啦啦，一天织了一丈八。染坊染，棒槌颠，剪子铰，钢针穿，做上衣服老头穿，得（dei）的老头儿窜两窜。

6. 小蛤蟆，当街坐，车来了，轧着我，亲娘哎，亲舅哎，不知道孩子难受哎。

7. 蚂蚱草里生，前腿爬，后退蹬，长出翅来，翅愣愣，飞蓝。

8. 小小小，扎一扎，杀我不如杀只鸭，鸭说，下蛋下的脖子长，杀我不如杀个羊，羊说，四根白腿向前走，杀我不如杀个狗，狗说，看家看的嗓子哑，杀我不如杀个马，马说，套杭大车日日转，杀我不如杀个雁，雁说，飞地高，落地高，杀我不如杀个咾咾（猪），咾咾说，吃一辈子糠，喝一辈子水，杀我不如杀个鬼，鬼说，领着鬼子打鬼子，叫我交枪我交枪，叫我投降我投降。

9. 青秫秸，白秫秸，隔着墙头叫姐姐。姐姐给了半个钱，跑到集上打花莲。花莲花，买个瓜。瓜挺甜，买个镰。镰挺快，买棵苋。苋挺咸，买青蒜。青蒜青，买个弓。弓没弦，买个船。船不走，买个狗。狗咬人，买个盆。盆没底，买笊篱。笊篱捞，买铁勺。铁勺铁，挖他爹。爹上房，挖他娘。他娘上了木架子，挖他爷爷的嘴巴子。

10. 反正话，真难学（xiao），蚂蚁过河压断桥，葫芦过河沉到底，碌碡过河水上漂。东西道，南北走，出门碰见人咬狗，抄起狗来就打砖头，反被砖头咬一口。布袋驮驴一溜烟。一跑跑到和尚庙，和尚把蝎子蜇得“吱吱”叫。

11. 老天爷爷下大雨，收了麦子供香你。你吃心儿，我吃皮儿，剩下的麸子喂小驴儿。

12. 小老鼠，上灯台，偷油喝，下不来，叫爹来，爹不来；叫娘来，娘不来，叽里咕噜滚下来。

13. 咕咕咕咕，你在哪住，俺在阳谷，吃的啥饭，喝里糊嘟，让俺喝碗，发锅另揍。

14. 山蚂蚱，尾巴（yi ba）长，娶了媳妇忘了娘。

15. 筛锣锣，打淌淌，磨麦麦，走姥娘，姥娘不管饭，给个驴粪蛋！

16. 小麻妮，拾棉花，一拾拾了个大甜瓜，爹一口，娘一口，一咬咬了麻妮的手指头，麻妮麻妮你别哭，我给你买个杭浪鼓，白天拿着玩，黑老吓犸虎。

17. 小巴狗，戴铃铛，晃啷晃啷到集上，要吃桃，桃有毛，要吃杏，杏又酸，要吃果子面淡淡。

18. 推车哩，打道哩，到了吗？没有哩，还差几里地？还差三里地。推车哩，打道哩，到了吗？没有哩。还差几里地？还差两里地。推车哩，打道哩，到了吗？没有哩。还差几里地？还差一里地。推车哩，打道哩，到了吗？没有哩。还差几里地？到啦！

19. 大福福（叔叔）二福福（叔叔），拿着富（树）秸赶老复（鼠），一门赶到匪（水）缸里，淹地老复（鼠）伏得伏得地。

20. 倒背，竖背，葱花，芫荽。疙瘩，蹲下，韭菜，起来。天上是嘛？天上是星。地上是嘛？地上是坑。坑里有嘛？坑里有水。水里有嘛？水里有蛤蟆。呱呱呱。

21. 哦、哦，睡觉觉，猴来了，猫来了，给俺小，叼个桃来了。红尖儿地，白尖儿地，俺小吃了坐官去。

22. 呱嗒板，上刘海，刘海挂着个花布袋，谁揍地，娘揍地，来了一个卖肉的；卖地肉，怪香地，又来了一个卖姜地；卖地姜怪辣地，又来了一个算卦地；算地挂，怪灵地，又来了一个打绳地；打地绳怪好地，又来了一个卖枣地，卖地枣怪甜地，又来了一个磨镰地；磨地镰，怪快地，哧喽哧喽割麦子。

23. 小公鸡，上门楼，王大娘家包杞柳，包地什么馅？干蚂蚱，一吃乱蹦跶。

24. 椒树，开白花，亲戚六人都来了，拍拍炕沿坐下吧！问问今天晚上揍什么饭啊？杀小鸡，小鸡说：白天下蛋黑了趴，怎么不杀小黑鸭？黑鸭说：白天下蛋黑了走，怎么不杀小花狗？花狗说：给馁看家哑了嗓儿，怎么不杀小白马？白马说：给馁磨面咕碌碌，怎么不杀老黑猪？黑猪说：吃馁地米，喝馁地汤，躺到桌子上让馁杀，一片子肉、两片子肉，让馁大人孩子吃个够吧！

25. 山老鸹，尾（yi）巴长，寻（xin）唠媳妇忘唠娘。把娘扔到灶坑里，把媳妇背到炕头上。媳妇要吃雪花梨，起唠个早，赶唠了个集，集上买了雪花梨。倒座着门嵌子削梨皮．削唠皮，递到媳妇手心里，叫声媳妇，慢慢吃慢慢咽，梨核（hu）卡（qia）着没法办。他娘要吃酥烧饼，哪有闲钱补窟窿。

26. 前腿蹬，后腿弓，长了翅膀扑楞楞，一飞飞到柳树上，问问记牛（蝉）老先生，什么时候长，什么时候生，正月二月没有你，三月四月你才生，五月六月兴家月，七月八月你还行，九月十月你归阴城。

27. 胡说话，话说胡，荞麦地里耪三锄，一耪耪到瓜地里，葡萄耪掉两嘟噜。东西胡同南北走，出门碰见人咬狗，拿起狗来打砖头，砖头咬了狗的手，大吃二喝炒马豆腐。说反话，道反话，门楼栓到马底下，牵起门楼就要走，一碰碰到人咬狗，拾起狗来就砸砖，兔子撵狗一溜烟。

28. 月老娘，露半个。兔子打水狗推磨，鸡抱柴火猫烧火，一对老鼠蒸窝窝，蒸的不一般大，吱吱呀呀乱打架，一打打到锅底下，烧的没头没尾巴。

29. 巴瞎巴瞎，锅台上种了二亩瓜，长的给滚砘子那么大，叫人隔（读 gai）着窗户眼儿偷了仨，瞎子看见了，聋子听见了，哑巴就喊，瘸子就撵，最后叫没胳膊没腿的抱住了。

30. 椿树椿，槐树槐，槐树底下搭戏台。人家的闺女都来了，咱的闺女还没来，说着说着来到了，爹看见，接包袱，娘看见，抱娃娃，哥哥看见牵白马，嫂子看见一扭搭，嫂子嫂子你别扭，当天来了当天走，不吃你家的饭，不喝你家的酒，留下喂您的小巴狗。

31. 拉大锯，扯大锯，姥娘门儿上唱大戏，接闺女，请女婿，亲家婆子也要去，三斤高粱二斤糠，蒸的窝窝有翅膀，一飞飞到枣树上，窝窝窝窝你下来，擀白饼，调和菜，吃到肚里乱古拽。

32. 月姥娘，亮堂堂，出来门，洗衣裳，洗得白，浆得白，赶个集，到黑来，买个烧饼没芝麻，气得小孩儿打扑喇，一打打到锅底下，一烧烧了秃尾巴。

33. 打箩箩，筛箩箩，下来麦子蒸馍馍。打箩箩，筛糠糠，下来麦子蒸干粮。打箩箩，摔剂剂，叫俺小，吃屁屁。筛箩箩，打箩箩，磨了白面蒸馍馍，蒸了馍馍给谁吃，给俺小吃，吃了揍么，搬砖头，垒瓦茬，累得俺小拉粑粑。

34. 纺线车，一摇拉，哼呀哼呀纺娘（棉）花。纺成线，织成布，你做褂子我做裤。也有单，也有棉，花花绿绿过个年。

第六节　时尚语言

时尚语言主要指今天流行于社会的网络流行语，是年轻人借网络语言表达个性的一种方式。现在网络流行语主要在年轻人中传播，但实际已覆盖到社会各个年龄段。网络语言诞生于20世纪90年代，随着互联网的普及，网民们为了提高网上聊天效率，或处于幽默、逗乐等需要而采取的方式，久之就成为特定语言。现在网络流行于不仅流行于民间日常交流，在政府机关文件、刊物中也有少量使用，已被全民所认可。在聊城，主要是在年轻人语言交流中使用。在1997—2005年主要以网络“方言”为主，如“GG”（哥哥）、“MM”（妹妹）等词汇缩写，以及“顶”“沙发”“恐龙”等称谓，以及“我靠”“I服了You”等感叹词。2005—2007年大量出现模仿影视台词的网络流行语，如“做人要厚道”（电影《手机》）、“出来混，迟早都是要还的”（电影《无间道》）、“XX很生气、后果很严重”（电影《天下无贼》）、“额滴神啊”（电视剧《武林外传》）等。有关中央电视台春晚台词的网络语也不少，如“忽悠”“伤自尊”“太有才了”“不差钱”（赵本山小品）。2008—2010年网络流行语以社会热点及网络自创词汇为主，如热点类词汇“打酱油”“我爸是李刚”“豆你玩”“姜你军”等；网络自创类词汇“囧”“雷人”“山寨”“杯具”“围脖”“鸭梨”“给力”等。2011—2015年网络语言以感情表达类为主，如“坑爹”“伤不起”“hold不住”“你out了”“萌萌哒”“现在整个人都不好了”等。某些词汇在官方媒体及文件中也开始出现，如“APEC蓝”“新常态”“顶层设计”“中国梦”“正能量”等。现在网络流行语不仅是一种时尚语言，也是公众表达情感、折射社会舆论的一种重要载体。

第三十六编 组织机构

Part XXXVI Organizational Structures

聊城志

第一章　市级领导机构

第一节　中共聊城市（地区）委员会

1997年8月，国务院决定撤销聊城地区，设立地级聊城市。1998年2月28日至3月3日，中共聊城市第九次代表大会（沿用原县级聊城市届次）召开，选举产生了中共聊城市委领导机构，共有委员31名，候补委员5名。2001年1月，张敬涛调离，郭兆信任中共聊城市委书记。2003年2月，中共聊城市第十次代表大会召开，选举产生新一届中共聊城市委领导机构，共有委员37名，候补委员7名。在中共聊城市第十届委员会第一次会议上，选举常委13名，郭兆信为书记，副书记5名。2007年4月16日，中共聊城市第十一届委员会第一次全体会议选举宋远方为聊城市委书记，林峰海、金维民为市委副书记。2012年2月5日，中共聊城市第十二届委员会第一次全体会议选举宋远方为聊城市委书记，林峰海、王忠林为市委副书记。2013年2月21日，中共山东省委决定，宋远方不再担任中共聊城市委书记，林峰海任中共聊城市委书记。2015年3月2日，聊城市第十六届人民代表大会第五次会议召开，选举徐景颜为中共聊城市委书记。

一、中共聊城地区委员会

（1997.1—1998.3）

书　记：陈延明　—1997.12
　　　　张敬涛　1997.12—1998.3
副书记：张敬涛　—1997.12
　　　　王国生　—1997.12
　　　　法进衍　—1997.12（挂职）
　　　　高选民　1997.8—1998.3（挂职）
　　　　白志刚　1997.12—1998.3
　　　　张秋波　1997.12—1998.3
　　　　赵振兰（女）　—1998.3
　　　　郭兆信　—1998.3
委　员：陈延明　—1997.12
　　　　张敬涛　—1998.3
　　　　赵振兰（女）　—1998.3
　　　　王国生　—1997.12
　　　　赵立银　—1998.3
　　　　张春禄　—1998.3
　　　　吕绍勤　—1998.3
　　　　董金刚　—1997.12
　　　　薛新民　—1998.3
　　　　郭兆信　—1998.3
　　　　孙宗安　—1997.12
　　　　白志刚　1997.12—1998.3
　　　　张秋波　1997.12—1998.3
　　　　张　桓　1997.12—1998.3
　　　　金维民　1997.12—1998.3
　　　　路广业　1997.12—1998.3
　　　　许立全　1997.12—1998.3
秘书长：赵立银　—1998.3
副秘书长：迟庆斋　—1998.3
　　　　李望尘　—1998.3
　　　　王全礼　—1998.3
　　　　袁书明　—1998.3
　　　　张世荣（女）　—1998.3
　　　　李士先　—1998.1
　　　　宋文明　—1998.3
　　　　王泽才　—1998.3
　　　　李显科　—1998.3
　　　　于广超　1997.12—1998.3

二、中共聊城市委员会

（1998.3—2015.12）

书　记：张敬涛　1998.3—2001.1
　　　　郭兆信　2001.1—2007.3

宋远方　2007.3—2013.2
林峰海　2013.2—2015.2
徐景颜　2015.2—
副书记：赵振兰（女）1998.3—2003.2
郭兆信　1998.3—2001.1
高选民　1998.3—1998.9（挂职）
白志刚　1998.3—2001.1
张秋波　1998.3—2006.10
霍正气　2001.11—2006.12
仲崇高　2001.1—2002.12
张春禄　2002.2—2003.2
林峰海　2002.12—2013.2
吕绍勤　2003.2—2006.12
金维民　2003.2—2011.1
葛长伟　2004.10—2005.12（挂职）
刘加顺　2010.12—2011.12
王忠林　2011.12—2015.7
陈　平　2013.12—
宋军继　2015.7—
常　委：张敬涛　1998.3—2001.1
郭兆信　1998.3—2007.3
赵振兰（女）1998.3—2003.2
白志刚　1998.3—2001.1
张秋波　1998.3—2006.10
赵立银　1998.3—2003.2
张春禄　1998.3—2003.2
吕绍勤　1998.3—2006.10
薛新民　1998.3—1999.5
张　桓　1998.3—1999.8
金维民　1998.3—2011.1
路广业　1998.3—2001.1
许立全　1998.3—1999.8
郭兴元　1999.8—2004.11
刘加顺　2000.6—2011.12
霍正气　2000.11—2006.12
仲崇高　2001.1—2002.12
申长海　2001.1—2008.1
卢保民　2001.1—2010.9
魏惠育（女）2002.1—2007.4
林峰海　2002.12—2015.2
王改真（女）2003.2—2012.2
贾少勇　2003.2—2012.2
葛长伟　2004.10—2005.12（挂职）
李胜庆　2005.1—2008.12
汪文耀　2005.12—2012.2
万志博　2006.12—2014.4
徐春福　2006.12—2010.12
宋远方　2007.3—2013.2
侯　军　2007.1—2013.6
刘　强　2008.11—
张顺华　2008.12—2010.5
李希信　2010.12—2013.12
秦传滨　2010.9—2013.5
王　勇　2010.5—2014.1
从锡钢　2010.12—2013.12
王忠林　2011.12—2015.7
刘春华（女）2011.11—
刘　炤　2011.3—2012.8（挂职）
蔡同民　2012.2—
赵庆忠　2012.2—
陈　平　2013.12—
李吉增　2013.5—
耿　涛　2013.6—
张旋宇　2013.12—
杜昌伟　2013.12—
张宝泉　2014.4—
宋铁平　2014.1—
徐景颜　2015.2—
宋军继　2015.7—
秘书长：赵立银　1998.3—2003.2
卢保民　2003.2—2007.4
申长海　2007.4—2008.1
万志博　2008.1—2010.9
秦传滨　2010.9—2013.5
李吉增　2013.6—
副秘书长：迟庆斋　1998.3—1999.8
李望尘　1998.3—2001.3
王全礼　1998.3—2001.9

袁书明　1998.3—1998.9
张世荣（女）1998.3—2001.9
宋文明　1998.3—2000.9
王泽才　1998.3—1998.5
李显科　1998.3—1998.9
于广超　1998.3—2003.2
贾少勇　1998.9—1999.4
陈玉福　1998.9—2008.5
于世旺　1998.9—2004.2
徐传光　2001.1—2001.11
田　勇　2001.9—2004.4
卢士斌　2001.9—2008.5
孙东江　2001.9—2006.2
刘宝义　2001.9—2006.9
赵光灵　2001.9—2013.8
田春玲（女）2004.7—2007.4
牟桂禄　2004.7—2008.12
张景福　2004.7—2010.6
程继峰　2004.7—
段思海　2004.7—
赵紫峰　2004.7—2013.6
李志华　2004.11—2013.7
贾邱君　2005.5—2010.11
任海涛　2007.6—2007.12
崔新乐　2008.5—2011.11
满庆富　2009.4—2011.12
孔红伟　2009.4—2011.10
任永胜　2011.12—2015.12
李西郊　2012.6—2013.6
王　鹏　2013.7—2015.12
许兰岭　2013.8—
张文阁　2013.8—
刘全来　2013.10—
孙怀恩　2015.12—

第二节　聊城市人民代表大会常务委员会

1997年8月，国务院批准聊城撤地设市，顺延原县级聊城市人代会届次。1998年3月17至23日，撤地设市后的聊城市第十三届人民代表大会第一次会议在聊城市召开，出席会议的代表共439名。会议选举产生聊城市第十三届人大常务委员会主任、副主任、秘书长和委员，通过各专门委员会主任委员、副主任委员。2003年2月18日至24日，聊城市第十四届人民代表大会第一次会议在聊城召开，出席会议的代表共456名。会议选举产生聊城市第十四届人民代表大会常务委员会主任、副主任、秘书长、委员；通过聊城市第十四届人民代表大会各专门委员会组成人员人选。2008年1月4日至6日，聊城市第十五届人民代表大会第一次会议在聊城召开。会议选举产生聊城市第十五届人民代表大会常务委员会主任、副主任、秘书长、委员；通过聊城市第十五届人民代表大会各专门委员会组成人员人选，表决通过市人大各专门委员会组成人员人选。2012年2月27日至3月2日，聊城市第十六届人民代表大会第一次会议在聊城召开。会议选举产生聊城市第十六届人民代表大会常务委员会主任、副主任、秘书长、委员；

一、山东省人大常委会聊城地区工作委员会

（1997.1—1998.3）

主　任：侯继唐　—1998.3
副主任：许桂英（女）　—1998.3
张洪恩　—1998.2
迟庆斋　—1998.3
张忠玉　—1998.2
党组书记：李朝琪　—1997.2
侯继唐　1997.2—1998.3
党组副书记：许桂英（女）—1998.2
张洪恩　—1998.2

二、聊城市人大常委会

（1998.3—2015.12）

主　任：侯继唐　1998.3—2002.2
郭兆信　2002.2—2003.2（兼）
2003.2—2008.1
宋远方　2008.1—2013.3
林峰海　2013.3—2015.3

徐景颜　2015.3—
第一副主任：张春禄　2003.2—2008.1
吕绍勤　2006.2—2008.1
申长海　2008.1—2012.3
汪文耀　2012.3—
王改真（女）2015.3—2015.5
副主任：许桂英（女）1998.3—2008.1
孙宗安　1998.3—2001.2
刁立山　1998.3—2001.2
迟庆斋　1998.3—2003.2
李芳林　1998.3—2001.2
潘太银　2001.2—2008.1
王　冲　1998.3—2008.1
张树仁　2000.2—2008.1
陈丙申　2001.2—2008.1
李望尘　2001.2—2008.1
荣向林　2003.2—2008.1
王启让　2006.2—2008.1
尹慧芹（女）2006.2—2012.3
孙　菁（女）2007.3—
郭秀华　2008.1—2012.3
刘新东　2008.1—
张同村　2011.1—
王改真（女）2012.3—2015.3
白志坚　2015.3—
朱加云　2015.3—
秘书长：迟庆斋　1998.3—1999.2（兼）
王传斌　1999.2—2003.2
尹慧芹（女）2003.2—2007.3
孟昭星　2007.3—2008.1
韩更大　2008.1—2012.3
满庆富　2012.3—2014.1
李文禄　2014.1—
副秘书长：殷庆湘　1998.3—2003.9
王保成　1998.3—2001.11
司朝贤　1998.3—2004.7
孔祥民　2001.9—2012.8
吕　品　2000.11—2010.9
郭新华　2002.7—2006.7
武登路　2004.7—2009.7
秦新义　2007.11—2008.1
杜文亭　2008.3—2010.3
时书东　2009.7—2013.8
郭　剑　2009.7—2013.12
王俊华　2011.12—2013.10
孙风泉　2013.10—2015.12
刘善华　2014.1—
党组书记：李朝琪　—1997.2
侯继唐　1997.2—2002.6
郭兆信　2002.6—2007.2
吕绍勤　2007.2—2008.1
申长海　2008.1—2012.2
汪文耀　2012.2—2015.1
王改真（女）2015.1—2015.5
党组副书记：许桂英（女）　—1998.2
张洪恩　—1998.2
许桂英（女）1998.4—2003.2
孙宗安　1998.4—2001.2
张春禄　2003.2—2006.2
吕绍勤　2006.2—2007.2
许桂英（女）2003.2—2008.1
郭秀华　2008.1—2012.2
王改真（女）2012.2—2015.1
白志坚　2015.3—

第三节　聊城市人民政府

1997年12月，张敬涛升任中共聊城地委书记。郭兆信任聊城地区行政公署专员。1998年3月，聊城撤地设市，聊城地区行政公署改为聊城市人民政府；3月17—23日，聊城市第十三届人民代表大会（延用原县级聊城市届次）第一次会议选举郭兆信为聊城市人民政府市长，副市长8人。2001年1月，聊城市第十三届人民代表大会常务委员会第十九次会议，接受郭兆信辞去市长职务，决定张秋波为代市长；2月，聊城市第十三届人民代表大会第四次会议补选张秋波为聊城市人民政府市长。2003年2月18—24日，聊城市第十四届人民代表大会第一次会议选举张秋波为聊城市人民政府市长，副市长9人。2006年11月，聊城市第十四届人大常委会第二十八次会议召开，接受张秋波辞去市长职务的请求，决定任命林峰海为聊城市人民政府代市长。2007年3月1—3日，聊城市第十四届人民代表大会第五次会议召开，补选林峰海为聊城市人民政府市长。2012年3月2日，聊城市第十六届人民代表大会第一次会议选举林峰海为市长，副市长7人。2013年3月7日，聊城市第十六届人大常务委员会第七次会议，接受林峰海辞去市长职务，决定任命王忠林为聊城市人民政府代市长。2015年7月29日，聊城市第十六届人大常务委员会第二十六次会议，接受王忠林辞去市长职务，决定任命宋军继为聊城市人民政府代市长。

一、聊城地区行政公署

（1997.1—1998.3）

专　员：张敬涛　—1997.12
郭兆信　1997.12—1998.3

副专员：刘玉华（女）　—1998.3
孙宗安　—1997.12
布占祥　—1998.3
白志刚　—1998.3
孔昭信　—1998.3
潘太银　—1998.3
王志刚　—1998.3
董金刚　1997.12—1998.3
郭秀华　1997.12—1998.3

秘书长：王志刚　—1997.1
陈丙申　1997.1—1998.3

副秘书长：梁永康　—1997.1
杨刚岭　—1998.3
王黎民　—1998.3
郝　光　—1998.3
陈丙申　—1997.1
陈修坦　—1998.3
王文德　—1998.3
张传玄　—1998.3
王洪斌　1997.6—1998.3

党组书记：张敬涛　—1998.1
郭兆信　1998.1—1998.3

党组副书记：孙宗安　—1998.1
白志刚　1998.1—1998.3

二、聊城市政府领导机构

（1998.3—2015.12）

市　长：郭兆信　1998.3—2001.1
张秋波　2001.1—2006.10
林峰海　2007.3—2013.3
王忠林　2013.3—2015.7

代市长：张秋波　2001.1—2001.2
林峰海　2006.11—2007.2
王忠林　2013.3—2015.7
宋军继　2015.7—

副市长：刘玉华（女）1998.3—2001.2
布占祥　1998.3—2001.2
白志刚　1998.3—2001.1
孔昭信　1998.3—2008.2
潘太银　1998.3—2001.2
王志刚　1998.3—2008.1
董金刚　1998.3—2008.1
郭秀华　1998.3—2008.1
仲崇高　2001.1—2002.12
路广业　2001.1—2008.1
刘继恩　2001.1—2008.1
徐淑满　2001.2—2008.1
刘冠凤（女）2001.2—2010.9
林峰海　2002.12—2006.11
刘玉兰（女）2003—2006（挂职）
刘加顺　2006.12—2010.12
万志博　2006.12—2008.1
白志坚　2007.12—2015.5
秦传滨　2007.12—2010.9
侯　军　2008.1—2013.6
蔡同民　2008.1—2012.2
赵庆忠　2008.1—2012.2
李吉增　2008.1—2013.6
王玉林　2009.6—2010.7（挂职）
李希信　2010.12—2013.12

马丽红（女）2010.11—
刘　炤　2011.2—2012.8（挂职）
张旋宇　2010.9—
任晓旺　2012.3—
耿　涛　2013.8—
洪玉振　2013.6—
冯艺东　2013.8—　（挂职）
郭建民　2014.1—
哈斯巴图　2014.4—2015.3（挂职）
任奎军　2015.11—

市长助理：李军生　—2010.12
张树仁　—2000.3
陈秀英（女）　—2001.9
娄秀臣　—2001.9
李显科　—2004.12
韩明武　—2002.10
任建军　2006.3—2010.6
姜之厚　2008.5—2010.12
张同村　2008.5—2010.12

秘书长：陈丙申　1998.3—2001.3
杨刚岭　2001.11—2003.3
刘新东　2003.3—2007.12
张乐天　2007.12—2010.9
李友渔　2010.9—2013.7
马　骏　2013.7—2015.10
高洪岩　2015.12—

副秘书长：杨刚岭　1998.3—2001.11
郝　光　1998.3—2000.4
陈修坦　1998.3—1998.10
王文德　1998.3—1998.4
张传玄　1998.3—2001.2
王洪斌　1998.3—2009.7
王传斌　1998.5—1999.3
王刚领　1998.10—2002.9
张振生　1998.10—2001.9
张凤琴（女）1998.10—2001.9
许晓东　1998.10—2013.1
王登阁　1998.10—2007.7
李培友　1998.10—2001.11
吕昭岭　2001.2—2010.7
张其增　2001.9—2009.7
徐　坤　2001.9—2004.7
陈建生　2001.9—2009.12
魏茂森　2001.9—2005.5
叶晓旻　2001.9—2013.10
吴凡普　2001.9—2010.11
赵继伦　2004.7—2005.10
葛敬方　2004.7—2008.3
连维明　2004.9—2010.9
曹宇翔　2004.11—2010.1
宋士功　2004.11—2013.8
胡廷金　2005.5—2013.8
耿迎新　2005.10—2008.3
周文明　2006.6—2009.7
李西郊　2007.7—2012.6
杨广平　2008.5—2009.7
王立民　2009.7—2010.4
2012.9—
高洪岩　2010.1—2011.12
崔　岩　2010.1—2011.12
孙　锋　2011.12—2013.8
杨连柱　2011.12—2013.8
李国颂　2012.7—2014.7（挂职）
朱正林　2013.7—2014.5
靳凤莲（女）2013.7—
郭新华　2013.10—
刘延勇　2013.8—
魏天山　2013.10—
张玉录　2014.10—
周兆岩　2015.12—
韩锡本　2015.8—　（挂职）
张　龙　2015.11—　（挂职）

党组书记：郭兆信　1998.3—2001.1
张秋波　2001.1—2006.10
林峰海　2007.3—2013.3
王忠林　2013.3—2015.7
宋军继　2015.7—

党组副书记：白志刚　1998.3—2001.1

仲宗高 2001.1—2002.12

林峰海 2002.12—2013.1

李希信 2010.12—2013.12

耿 涛 2013.8—

张旋宇 2013.12—

第四节 政协聊城市委员会

1998年3月前，政协聊城地区工作委员会是省政协派出机构。1998年3月，聊城撤地设市。1998年3月至2012年2月，先后选举产生政协聊城市第九、十、十一、十二届委员会。

政协聊城地区工作委员会

主 任：杜九西 —1998.3

副主任：胡元亭 —1998.3

谷庆雪 —1998.3

王荣亭 —1998.3

李芳林 —1998.3

梁永康 —1998.3

政协聊城市第九届委员会（顺延原县级政协聊城市委员会届次）

主 席：杜九西 1998.3—2003.2

副主席：胡元亭 1998.3—2001.2

布占祥 2001.2—2003.2

王荣亭 1998.3—2003.2

梁永康 1998.3—2003.2

白万全 1998.3—2003.2（不驻会）

陈宗昭（女，不驻会）1998.3—2003.2

张陪生 1998.3—2003.2（不驻会）

李荣勤（女，回）1998.3—2003.2

宋来君 2000.2—2003.2

孙喜海 2001.2—2003.2

秘书长：梁永康 1998.3—1999.2（副主席兼任）

傅学泉 1999.2—2002.2

杨贞海 2002.2—2003.2

副秘书长：刘继刚 1998.4—2002.5

李宗达 1998.4—2001.9

张培远 2002.6—2003.2

吴润昌 2002.6—2003.2

政协聊城市第十届委员会

主 席：赵振兰（女）2003.2—2008.1

副主席：布占祥 2003.2—2006.2

李荣勤（女，回族，不驻会）2003.2—2008.1

宋来君 2003.2—2008.1

孙喜海 2003.2—2008.1

杨刚岭 2003.2—2008.1

王泽才 2003.2—2008.1

张广霞（女） 2003.2—2008.1

潘延红（女，不驻会） 2003.2—2008.1

马亮宽 2003.2—2008.1（不驻会）

耿朝玉 2006.2—2008.1

李福祥 2006.2—2008.1

钟文泽 2006.2—2008.1

秘书长：杨贞海 2003.2—2004.1

许宗林 2004.1—2008.1

副秘书长：张培远 2003.2—2003.5

吴润昌 2003.2—2006.6

刘云田 2004.7—2006.12

刘子庆 2004.7—2008.1

苗秀婷（女）2006.6—2008.1

政协聊城市第十一届委员会

主 席：王志刚 2008.1—2011.1

金维民 2011.1—

副主席：路广业 2008.1—2011.1

徐淑满 2008.1—2012.2

孙喜海 2008.1—2012.2

张广霞（女） 2008.1—2012.2

潘延红（女，不驻会） 2008.1—2012.2

马亮宽 2008.1—2012.2（不驻会）

李福祥 2008.1—2012.2

张传玄 2008.1—2012.2

万庆阳 2011.1—2012.2

姜之厚　2011.1—2012.2
秘书长：许宗林　2008.1—2012.2
副秘书长：刘子庆　2008.1—2012.2
苗秀婷（女）2008.1—2012.2
夏长森　2009.7—2012.2

政协聊城市第十二届委员会

主　席：金维民　2011.1—
副主席：贾少勇　2012.2—
张广霞（女）2012.2—
潘延红（女）2012.2—（不驻会）
马亮宽　2012.2—（不驻会）
万庆阳　2012.2—
张传玄　2012.2—
姜之厚　2012.2—2015.2
孟广武　2012.2—（不驻会）
秘书长：郑　峰　2012.2—2014.1
路仕佼　2014.1—
副秘书长：刘子庆　2012.2—2013.8
苗秀婷（女）2012.2—2012.10
隋树军　2013.10—
陶连如　2013.10—
李涤尘　2013.10—

第五节　中共聊城市纪律检查委员会

1998年3月，撤销中共聊城地区纪律检查委员会，成立中共聊城市纪律检查委员会。2001年8月，成立纠正部门和行业不正之风办公室。2004年7月，成立政策法规室，挂靠研究室。2009年12月，设立8个统管派驻纪检组。2011年5月，设立案件监督管理室。2012年7月，设立行政效能监察室，挂靠执法监察室。2013年7月，撤销党风廉政建设室、纠正部门和行业不正之风办公室，设立党风政风监督室（市纠正行业不正之风办公室）；撤销执法监察室（挂行政效能监察室牌子），设立执法和效能监督室；设立第三纪检监察室。2014年8月，将市工商局和市质监局纳入市纪委监察局统管派驻机构监督部门。2014年12月，撤销办公室、监察综合室，设立办公室；撤销干部室，设立组织部；撤销宣传教育室，设立宣传部；撤销党风政风监督室、执法和效能监督室，设立党风政风监督室；设立第四纪检监察室、纪检监察干部监督室。

中共聊城地区纪律检查委员会

书　记：张春禄　—1998.3
副书记：张树仁　—1998.3
汤润芝　—1998.3
委　员：王迎生　—1997.6
李正祥　—1998.3
魏进芳（女）　—1998.3
申春建　—1998.3

中共聊城市纪律检查委员会

书　记：张春禄　1998.3—2003.2
吕绍勤　2003.2—2006.2
霍正气　2006.2—2007.4
卢保民　2007.4—2010.9
万志博　2010.9—2014.4
张宝泉　2014.4—
副书记：张树仁　1998.3—2000.1
汤润芝　1998.3—2001.9
李正祥　1998.3—2001.9
申春建　1998.3—2009.7
孙志勇　2002.1—2011.4
张东生　2003.2—2012.2
王广柱　2011.4—2015.9
李文禄　2012.2—2015.9
张玉峰　2015.9—
李龙蛟　2015.9—
常　委：张春禄　1998.3—2003.2
张树仁　1998.3—2000.1
汤润芝　1998.3—2001.9
李正祥　1998.3—2001.9
申春建　1998.3—2009.7
孙志勇　2002.1—2011.4
魏进芳　1998.3—2001.9
江玉林　1998.3—2001.9
申长生　1998.3—2001.9
朱士法　1998.3—2007.4

张凤吉　2001.9—2003.2
赵学增　2001.9—2003.2
张东生　2001.9—2003.2
徐文柱　2001.10—2012.2
陈华岭　2003.2—2012.2
张建华　2003.2—2012.2
王　利（女）　2003.2—2007.4
吕绍勤　2003.2—2006.2
霍正气　2006.2—2007.4
卢保民　2007.4—2010.9
张玉峰　2007.4—
宓东影（女）　2007.4—
方志博　2010.9—2014.4
李海龙　2009.7—2012.1
王广柱　2011.4—2015.9
李文禄　2012.2—2015.9
郭新华　2012.2—2013.10
周江涛（女）　2012.2—2014.10
岳　目　2012.2—
李洪强　2012.2—
李沛森　2013.10—
张宝泉　2014.4—
刘玉华　2014.10—
李龙蛟　2015.9—

秘书长：申长生　1998.3—2001.9
张东生　2001.9—2003.2
张建华　2003.2—2009.7
李海龙　2009.7—2013.8
李洪强　2013.8—

· 聊城市监察局

局　长：张树仁　1998.3—2000.1
汤润芝　2000.1—2001.9
申春建　2001.9—2009.7
孙志勇　2009.7—2011.4
王广柱　2011.4—

副局长：李正祥　1998.3—2002.8
张凤吉　2001.9—2002.6
常正海　1998.9—2000.12
徐文柱　2001.9—2007.1
李泽尘　2002.6—2013.10
贾立平　2005.12—2006.1
刘玉华　2013.10—2014.10
杜　娟（女）　2013.10—

· 市网络举报电子监察中心

2004年10月，聊城市行政投诉中心成立，为正县级事业单位；2014年12月，聊城市行政投诉中心更名为聊城市网络举报电子监察中心。

主　任：徐文柱　2005.10—2011.1（兼）
张玉峰　2011.3—2013.10（兼）
周江涛（女）　2014.10—

副主任：王立民　2009.7—

· 市纪委派驻第一纪检组

2009年12月，成立聊城市纪委派驻第一纪检组，为正县级单位。

组　长：张建华　2009.12—2010.12
白立新　2011.12—

副组长：张瑞生　2009.12—
吕学德　2009.12—
陈胜利　2013.10—

· 市纪委派驻第二纪检组

2009年12月，成立聊城市纪委派驻第二纪检组，为正县级单位。

组　长：满学儒　2009.12—2013.6
张建军　2013.10—

副组长：崔代奇　2009.12—
刘黎明　2009.12—2013.10
李　芳（女）　2013.10—

· 市纪委派驻第三纪检组

2009年12月，成立聊城市纪委派驻第三纪检组，为正县级单位。

组　长：郁宝友　2009.12—2013.6

副组长：程德君　2009.12—
于明华　2009.12—
刘延勇　2009.12—2011.3
耿　军　2011.9—

· 市纪委派驻第四纪检组

2009年12月，成立聊城市纪委派驻第四纪检组，为正县级单位。

组　长：王月浩　2009.12—2013.11
副组长：戴明泉　2009.12—2013.10
王庆贵　2009.12—
刘怀军　2009.12—2013.10
王登信　2013.10—

· 市纪委派驻第五纪检组

2009 年 12 月，成立聊城市纪委派驻第五纪检组，为正县级单位。

组　长：郝兴国　2009.12—2012.7
戴明泉　2013.10—
副组长：马长清　2009.12—2011.7
王俊英（女）　2009.12—2013.10
于凤贵　2009.12—
范秀彬　2013.10—

· 市纪委派驻第六纪检组

2009 年 12 月，成立聊城市纪委派驻第六纪检组，为正县级单位。

组　长：李文禄　2009.12—2013.10
烟少平　2013.10—
副组长：烟少平　2009.12—2013.10
么章忠　2009.12—
刘方正　2009.12—
范洪波　2013.10—
张广喜　2014.12—

· 市纪委派驻第七纪检组

2009 年 12 月，成立聊城市纪委派驻第七纪检组，为正县级单位。

组　长：张玉达　2009.12—2013.10
刘德法　2013.10—
副组长：赵　青（女）　2009.12—
陈　杰　2009.12—
侯仰琨　2010.9—

· 市纪委派驻第八纪检组

2009 年 12 月，成立聊城市纪委派驻第八纪检组，为正县级单位。

组　长：胡士孝　2009.12—2012.3
张玉达　2013.10—
副组长：刘德法　2009.12—2013.10
周江涛（女）　2009.12—2013.10
司树伟　2009.12—2013.9
王广记　2013.10—
杨国勇　2013.10—
胡中波　2013.10—
正县级纪检员：陈华岭　2009.7—
姜运清　2011.3—
李海龙　2013.9—
副县级纪检员：王文义　2009.7—2013.9
王立民　2009.7—
王昌华　2011.3—

第六节　军事组织机构

聊城军分区

1997 年 7 月，聊城军分区落实新编制，司令部内设作训科、军务装备科、动员科；政治部内设组织干部科、宣传保卫科；后勤部内设战勤科、供应科；直属队为教导队、卫生所、民兵武器装备仓库；下辖聊城市（今东昌府区）、临清市、冠县、莘县、阳谷县、东阿县、茌平县、高唐县 8 个正团级县（市）人武部及 1 个正处级干休所。1998 年 3 月，聊城地区撤地设市，原县级聊城市改称东昌府区，原聊城市人武部番号随之更改；8 月 13 日，根据济南军区发出的《山东省军区系统实施调整精简》的命令，聊城军分区司令部军务装备科与动员科合并称军务动员科。2004 年 8 月，军分区机关撤销科的建制，各县（市、区）人武部由副部长兼任军事科科长。至 2015 年，军分区机关设置未有改变。

中国人民武装警察部队聊城市支队

1983 年 1 月 1 日，成立中国人民武装警察部队聊城地区支队（正团级），支队下辖 1 个直属大队、轮训队、直属一、二中队、8 个县内卫中队（聊城、临清、冠县、莘县、阳谷、东阿、茌平、高唐）和 5 个县消防中队（聊城、临清、莘县、高唐、阳谷）。1984 年 11 月，支队直属二中队撤销。1985 年 1 月，直属一中队改成直属中队。12 月，组建直属大队四中队。1986 年 6 月，聊城支队 8 个消防中队从支队划出；1992

年4月，支队轮训队改编为教导队，警通班扩编为警通中队，直属中队改称为支队五中队。1998年3月，中国人民武装警察部队聊城地区支队改称为中国人民武装警察部队聊城市支队，支队机关设司令部、政治处、后勤处，支队下辖1个直属大队、1个教导队、14个中队。

第二章　市直工作机构

第一节　市委工作机构

市委办公室

1998年3月前，称地委办公室。1998年3月，撤地设市，地委办公室改称市委办公室。2000年10月，市委办公室督查室改称市委督查室。2001年9月，该室定为副县级单位。1998年3月，中共聊城地委办公室机要局改称中共聊城市委办公室机要局；同年10月，又改称中共聊城市委机要局，隶属市委办公室。1997年，孔繁森同志纪念馆为副县级全额预算管理事业单位。2014年3月，孔繁森同志纪念馆管理体制由市委办公室代管调整为市委组织部管理。1958年，成立聊城地区第一招待所。1996年，改称光岳宾馆，为副县级事业单位。1998年7月，成立市委办公室机关服务中心，为副县级事业单位。

主　任：李望尘　　—2001.3
于广超　2001.9—2003.2
孙东江　2004.7—2006.2
任海涛　2007.6—2007.12
牟桂禄　2008.3—2008.12
李志华　2009.4—2013.7
程继峰　2015.12—

副主任：贾少勇　　—1998.9
关　华　1998.9—2001.9
陈玉福　1995.4—1998.9
孙东江　1998.9—2001.9
刘宝义　1998.9—2001.9
赵光灵　1998.9—2001.9
汪保成　1998.9—2001.12
张景福　1998.9—2004.7
程继峰　2001.10—2004.7
段思海　2001.12—2004.7
赵紫峰　2001.12—2004.7
满庆富　2004.7—2009.4
贾卫平（女）2004.7—2009.12
崔新乐　2004.7—2008.5
张文阁　2004.7—2013.8
毕黎明　2004.7—2007.1
彭志国　2008.3—2009.7
徐立国　2009.7—
刘立新　2009.7—
王相东　2013.8—
崔　巍　2013.10—

· 中共聊城市委督查室

主　任：李纯白　2000.10—2009.5
杨广达　2009.7—2013.10
梁长博　2013.10—

· 机要局

局　长：郭景玉　　—2003.2
范文龙　2004.7—2013.10
杨广达　2013.10—

· 孔繁森同志纪念馆

馆　长：赵雅军　　—2000.4
满庆福　2000.4—2009.7
高　杉　2009.7—

保密局

1990年5月10日，建立聊城地区保密局；同年11月26日，建立中共聊城地区保密局党组。1998年3月，中共聊城地委保密委员会办公室、聊城地区保密局分别改称中共聊城市委保密委员会办公室、聊城市政府保密局。2005年5月16日，设立市保密技术检查服务中心。2015年7月7日，聊城市保密局更名为聊城市国家保密局。市委保密委员会办公室与市国家保密局“一个机构、两块牌子”，既是市委保密委员会的办事机构，又是市政府职能部门。

主任（局长）：王全礼　　—2001.9
田春玲（女）2001.9—2004.7
郭景玉　2004.7—2010.1
范文龙　2013.10—

党组书记：王全礼　　—2001.9
田春玲（女）2001.9—2004.7
郭景玉　2004.7—2010.1
范文龙　2013.10—

副主任（副局长）：田春玲（女）　—2001.9
张瑞辉　　—2001.9
常文华　2001.9—2010.1
范文龙　2010.4—2013.10（主持工作）
吴春强　2010.4—2013.6
刘兰玉（女）2013.12—

市委党史研究室

1981年9月，设中共聊城地委党史资料征集研究委员会，下设地委党史资料征集研究委员会办公室。1984年6月，党史资料征委会办公室改为县级事业单位，列地委编制序列。1998年2月，中共聊城地委党史委办公室更名为中共聊城地委党史研究室。1998年3月，中共聊城地委党史研究室改称中共聊城市委党史研究室。

主　任：高丕勤　　—1998.4
张世荣（女）1998.4—2001.9
田　勇　2001.9—2004.7
刘如峰　2004.7—2010.10
张绪阳　2013.10—

副主任：高占武　　—1998.12
薛守望　　—1998.2
杨明坤　　—1998.2
刘如峰　2001.9—2004.7
杜来雨　2001.12—2013.8
李爱民　2004.7—2006.7
张绪阳　2006.6—2013.10
郭　杰　2009.7—
赵淑慧（女）2013.10—

档案局（档案馆）

1998年5月，设置聊城市档案局，挂聊城市档案馆牌子，行使档案行政管理和档案保管利用两种职能，正县级事业单位，规格不变，由市委办公室领导。2008年4月，聊城市档案局（馆）改为聊城市参照公务员管理事业单位。

局　长（馆长）：王同山　　—1997.6
杨兴成　1997.6—2012.3
焦保强　2012.3 —

党 组 书 记：王同山—1997.6
杨兴成　1997.6—1998.9
刘文英　1998.9—2004.8
盛连库　2006.6—2010.10

副局长（副馆长）：
杨兴成　—1997.6
盛连库　—2010.10
王忠平（女）1998.9—2009.2
彭焕英（女）2004.7—2010.8
焦保强　2009.7—2012.3
周长岱　2009.7 —
杜言同　2013.10 —

纪检组长：孙建新（女）1998.9—1999.4
许晓蕙（女）2001.12—2003.2

机关事务管理局（接待处）

1986年5月，成立聊城地区接待处，为副县级事业单位，由地委办公室、行署办公室直接领导。1998年，聊城市接待处由副县级升为正县级，原单位性质、经费形式、隶属关系不变。2001年9月，组建机关事务管理局，挂市接待处牌子，为正县级全额事业单位。2008年，市接待处（市机关事务管理局）列入参照公务员法管理事业单位范畴。2015年12月，市接待处与市机关事务管理局分设，为正县级公益一类事业单位，直属市委管理。

处　长：卢士斌　　—2008.5
雷　霞　2008.5　2008.12
满庆富　2009.4—2011.12
程继峰　2012.3—
调研员：韩怀珏　2009.4—2010.10
副处长：韩怀珏　　—2009.4
韩万玺　1998.9—2006.3
焦保强　2001.9—2009.7
杜寅祥　2007.12—2009.7
崔兴军　2009.7—
霍明纪　2009.7—

信访局

1987年8月7日，建立地委信访处。1988年8月8日，地委信访处与地区行署信访处合并，改称聊城地委、聊城行署信访局。1998年3月，改称中共聊城市委、聊城市人民政府信访局，为正县级单位，由市委办公室、市政府办公室管理，以市委办公室管理为主。2012年9月10日，接访科更名为接访一科，增设信访事项复查复核办公室和接访二科。2013年6月7日，增设网络信访科。

局　　长：袁书明　1997.3—1998.9
于世旺　1998.9—2003.4
牟桂禄　2003.4—2008.3
李志华　2008.5—2009.4
孔红伟　2009.4—2011.11
任永胜　2011.8—2015.12
张文阁　2015.12—
党组书记：张善增　1997.3—2003.4
刘绍先　2003.4—2006.9
副 局 长：张善增　1997.1—1998.9
于世旺　　—1998.9
刘延毅　1998.9—2003.12
刘绍先　1998.9—2003.12
张凤杰　2003.12—2012.8
刘文杰　2003.12—2012.7
郭文堂　2010.4—
高发虎　2011.7—2012.5（挂职）
赵立杰　2012.6—2013.5（挂职）
贾秀云（女）2011.12—
张英山　2013.12—（副县级信访督查专员）
李泽三　2013.12—（副县级信访督查专员）
宋义刚　2014.12—

政策研究室

1986年3月，地委调研处改为研究室。1993年7月，聊城地委研究室是隶属于地委的正县级调查研究机构和决策服务部门。1996年2月，该室改称聊城地委政策研究室。1998年3月，改为市委政策研究室，单位性质、级别未变。

主　任：李望尘　1997.1—1998.9
宋文明　1998.9—2000.11
陈玉福　2001.9—2008.5
赵光灵　2008.5—2013.10
刘全来　2013.10—
副主任：刘文英　1997.1—1998.9
管明河　1997.1—1998.9
赵墨林　1998.9—2003.10
王龚路　1998.9—2005.7
谢存海　2001.9—2012.1
刘东平　2001.9—2012.1
梁桂森　2004.7—2012.10

深化改革办公室

2014年2月，中共聊城市委成立全面深化改革领导小组。领导小组下设办公室，作为常设性工作机构，设在市委政策研究室，一个机构、两块牌子。

主　任：李吉增　2014.2—
兼职副主任：刘全来　2014.2—
葛敬方　2014.2—

组织部

1998年3月，聊城撤地设市后，地委组织部改为市委组织部，单位性质、级别未变。2004年5月，成立中共聊城市委党员干部现代远程教育中心，为副县级财政拨款事业单位。2007年11月，成立市目标管理考核委员会，办公室设在市委办公室。2009年11月，市委考核办公室整体划入市委组织部。1997年，中共聊城地委下派干部工作领导小组办公室为副县级单位，由地委组织部代地委管理。1998年3月，该单位改称中共聊城市委下派干部工作领导小组办公室，由市委组织部代管。

部　长：郭兆信　1997.1—1997.12（兼）
张秋波　1997.12—2000.6（兼）
刘加顺　2000.6—2006.12
徐春福　2006.12—2010.12
丛锡钢　2010.12—2013.12
杜昌伟　2013.12—

常务副部长：张荣德　1997.1—1999.6
刘继恩　1997.9—1999.9
史兆奎　2001.9—2010.9
马保杰　2011.8—

副部长：陈瑞阳　1997.1—2001.9
蔡志广　1997.1—2001.9
刘继恩　1997.1—1997.9
史兆奎　1997.1—2001.9
徐福金　1997.1—2010.3
葛保忠　2001.9—2006.1（兼）
刘维新　2001.9—2008.12
赵亚林　1998.5—2009.11
李志华　2001.5—2004.11（援藏）
马爱国　2001.9—
陈玉福　2008.5—2012.5
张连臣　2010.4—2012.3
关玉琳（女）2010.4—2011.8
任尚显　2010.4—
谭学国　2011.8—2013.8
商　华　2013.8—
吴广连　2013.10—

·目标管理考核委员会办公室

主　任：吴广连　2009.7—2009.11

·组织员办公室

1984年11月，成立地委组织员办公室，为副县级单位，由地委组织部代地委管理。1998年3月，聊城撤地设市，该单位改称中共聊城市委组织员办公室，由市委组织部代市委管理。同年8月，升格为正县级单位。2015年12月，市委组织员办公室设置未有改变。

主　任：陈瑞阳　—1998.9
史兆奎　1998.9—2004.7（兼）
关玉琳（女）2004.7—2011.11
任尚显　2013.8—2015.6
贾鹏柱　2015.12—

副主任：常书彦　—1998.12
关玉琳（女）1998.9—2004.7
马保杰　2003.3—2008.5
谭学国　2009.7—2011.8
商广胜　2010.4—2015.12

机构编制委员会办公室

1982年7月，地区人事局建立编制科，为地区人事局内设科室。1987年12月，建立地区编制委员会办公室，撤销编制科，将其业务划归编委办公室管理。1988年3月，明确地区编委办公室。为副县级行政单位。2010年7月，市编办单独设置，列入市委机构序列。聊城市机构编制委员会办公室既是市委工作部门，也是市政府工作部门。2013年12月，在市编办设立聊城市人民政府行政审批改革办公室。2011年11月，市事业单位登记管理局更名为市事业单位监督管理局，升格为副县级单位。

主　任：杨贞海　—2001.9
葛保中　2001.9—2006.1
梁绍立　2006.1—2009.11
马爱国　2009.11—

副主任：王彦臣　—2001.9
付东旭　2001.12—2006.6
杜新亭　2001.12—2006.6
高　佳　2006.6—
马存民　2006.6—
闫　晗（女）2013.8—

·市事业单位监督管理局

局　长：辛　红　2013.8—

老干部局

1984年11月，设立聊城地委老干部处，为副县级单位，由地委组织部领导。1988年11月，地委老干部处改为地委老干部局，为正县级单位。1998年3月，改为市委老干部局，归口市委组织部。1991年6月，成立聊城地区老年大学。1998年3月，聊城撤地设市，更名为聊城市老年大学（市委老干部党校），为副县级单位。2003年12月，成立市关心下一代委员会办公室，为副县级单位。

局　长：田　勇　　—2001.9
徐福金　2001.9—2010.4
郑　娟（女）2010.8—2015.6
任尚显　2015.6—
副局长：李书文　　—2002.10
韩建国　　—2004.7
梁其峰　　—2004.7
孙来山　2003.10—2010.8
刘长坤　2004.7—2013.10
蒋国华　2004.7—2011.1
朱明宪　2011.11—

·老龄工作委员会办公室

1987年9月，成立聊城地区老龄问题委员会，为正县级事业单位。1990年3月，聊城地区老龄问题委员会更名为聊城地区老龄委员会，归属党群口。1998年3月，地区老龄委员会改称市老龄委员会。2001年10月，聊城市老龄委员会更名为聊城市老龄工作委员会，归属党群口。2008年4月，市老龄工作委员会办公室被省委组织部、省人事厅定为“参照公务员法管理的事业单位”，归属组织口。

主　　任：孙志勇　　—2001.9
史永忠　2001.9—2011.3
孙来山　2011.3—2013.10
王世君　2013.10—
副 主 任：史永忠　　—2001.9
孙永福　1998.7—2000.11
王立军　2001.9—2004.9
王世君　2006.6—2013.10
党组书记：陈瑞阳　　—2001.9
史永忠　2001.9—2004.7
韩建国　2004.7—2009.1
孙来山　2010.9—2011.3
张进刚　2011.3—2014.5
副 书 记：孙志勇　　—2001.9
史永忠　2004.7—2011.3
孙来山　2011.3—2013.10
王世君　2013.10—

市大督查落实委员会

2013年7月，市大督查落实委员会（简称“市大督委”）成立。各县（市、区）、市属开发区也成立相应组织机构，市直部门（单位）建立大督查联络员制度，形成上下联动、一抓到底的大督查格局。

大督查落实委员会

主　任：陈　平　2014.2—
副主任：万志博　2013.7—2014.4
张宝泉　2014.4—
李吉增　2013.7—
耿　涛　2013.7—
杜昌伟　2013.7—
王广柱　2013.7—2015.5
吴广连　2015.5—

大督查落实委员会办公室

主　任：王广柱　2013.7—2015.5
吴广连　2015.5—
副主任：张文阁　2013.7—
朱正林　2013.7—2014.7
杨连柱　2014.7—
岳　目　2013.7—2014.12
吴广连　2013.7—2015.5

宣传部

1998年3月，聊城撤地设市后，地委宣传部改称市委宣传部，单位性质、级别未变。2002年11月22日，保留聊城市精神文明建设委员会办公室，为正县级行政单位。1998年8月，由市委宣传部外宣科升格为副县级单位。2002年11月，保留市委对外宣传办公室（挂市政府新闻办公室牌子），为副县级行政单位。2009年7月，成立市网络文化办公室，隶属市委宣传部管理；8 月，社会宣传科加挂市文化体制改革和文化产业发展办公室牌子。1984 年 12 月，恢复建立聊城地委讲师团。1998 年 3 月，聊城撤地设市，更名为聊城市委讲师团，为副县级单位。

部　长：董金刚　—1997.12
张　桓　1997.12—1999.8
金维民　1999.8—2003.2
魏惠育（女）2003.2—2006.12
贾少勇　2007.4—2012.2
赵庆忠　2012.2—

常务副部长：张泮舟　—1997.7
苏星坤　2004.7—2008.1
杜泽华（女）2009.7—

副部长：李印中　—2002.9
雷保重　—2008.12
高文举　2001.9—2011.12
白伟明　2004.7—2011.3
杨　达　2004.7—2008.3
2013.12—
刘　博　2008.3—
王洪奇　2009.7—2012.4
路仕佼　2010.1—2013.12
赵昌军　2013.12—
苗运周　2013.12—

· 外宣办

主　任：杜泽华　1998.9—2004.7
任银平　2004.7—2013.12
衣善忠　2013.12—

精神文明建设委员会办公室

1983 年，成立“五讲四美三热爱”活动委员会，由地委宣传部代管。1988 年 5 月，“五讲四美三热爱”活动委员会改称地区精神文明建设委员会办公室，其办事机构改称为地区精神文明建设协调委员会办公室（简称文明办）。1989 年，市精神文明建设协调委员办公室定为副县级行政单位。1998 年，撤地设市后，聊城地区精神文明建设协调委员会办公室更名为聊城市精神文明建设委员会办公室，升格为正县级单位。2002 年 11 月，该办职责、任务、隶属关系不变。

主　任：苏星坤　—2004.7（兼）
杜泽华（女）2004.7—（兼）

副主任：王洪奇　2004.7—2009.7
赵昌军　2009.7—2013.12
姚清昌　2013.12—

聊城报业传媒集团（聊城日报社）

《聊城日报》是中共聊城市委机关报，创刊于 1956 年 11 月 1 日，是时名为《聊城大众》，中共聊城地委主办。1959 年 10 月 1 日，《聊城大众》更名为《聊城日报》。1961 年 11 月 5 日停刊。1985 年 1 月 1 日复刊，报纸名为《聊城报》，为周二四开四版小报。1988 年 1 月 1 日，更名为《聊城日报》，正县级事业单位。

党委书记：高文举　1988.8—2015.8
朱茂明　2015.12—

总 编 辑：高文举　—2015.8
朱茂明　2015.12—

副总编辑：和培旺　—2004.5
马　军　—2001.12
董百柱　—2005.9
于福华　1998.8—2012.1
赵振华　2004.7—
吴文立　2004.7—2015.12
张　晨　2008.11—

纪检组长：郭月才　—2001.11

纪委书记：马培忠　2004.7—

统战部

1951 年 6 月，根据中共平原省委通知，地委设统战部。1967 年春，因“文化大革命”，统战部工作中断。1976 年 9 月，设统一战线工作部。1992 年 7 月 31 日，成立山东省工商业联合会聊城地区办事处，为县级单位，挂靠地委统战部。1998 年 3 月，中共聊城地委统一战线工作部改称中共聊城市委统一战线工作部。2001 年 7 月，成立聊城市工商业联合会，由统战部联系指导工作。

部　长：胡元亭　1993.7—2000.11
宋来君　2000.11—2006.2
贾少勇　2006.2—2007.4

张传玄　2007.4—2014.6

蔡同民　2014.6—

常务副部长：王之栋　1994.5—1998.4

魏立云（女）1998.5—2001.9

李欣亭　2001.9—2005.10

王维峰　2006.6—2007.6

徐启山　2007.6—2012.8

谭学国　2013.8—

副部长：祖银之　1988.7—2003.3

魏尚洪　1990.11—1998.8

李晓青（女）　1994.5—2007.12

贾邱君　1998.4—2003.2

邢跃隽（女）　2003.3—2013.1

李超雪　2006.3—2013.8

殷立森　2008.3—2013.8

辛刚英　2013.8—

中共聊城市委台湾工作办公室

1987年10月，聊城地委台办正式成立。1998年3月，改称中共聊城市委台湾工作办公室（聊城市人民政府台湾事务办公室）。2002年11月22日，根据新的"三定"方案，该单位与中共聊城市委统战部合署。

主　任：贾邱君　—2009.6

朱正林　2009.6—2013.7

孙光木　2013.7—

副主任：杜西安　—2005.10

胡守忠　—1998.9

房庆厚　—1998.9

张庆华　1999.1—2008.2

靳福海　1998.9—2001.9

李超雪　1998.9—2006.3

杨明坤　2001.9—2011.6

李爱民　2006.6—2015.11

朱正林　2006.6—2009.6

杜寅祥　2009.6—

陶新镇　2010.4—

·社会主义学院

2001年5月，成立聊城市社会主义学院，为正县级事业单位，挂靠市委统战部，在市委党校挂牌子，设培训工作办公室。

院　长：李晓青（女）　2001.9—2007.12（兼）

殷立森　2008.3—2013.8（兼）

李军生　2014.10—2015.9（兼）

政法委员会

1981年12月，成立中共聊城地委政法委员会。1991年8月，地区社会治安综合治理委员会办公室与地委政法委合署办公。1998年3月，改称市委政法委员会。

书　记：吕绍勤　—2002.12

申长海　2002.12—2007.4

汪文耀　2007.4—2012.2

刘　强　2012.2—

常务副书记：袁书明　1998.9—2001.12

唐　华　2008.11—2012.10

副书记：唐　华　—2008.11

崔学光　1998.9—2010.8

刘爱民（女）2003.12—2009.6

常书彦　2009.7—2013.8

姚惠杰　2011.3—

郝润霞（女）2013.8—

社会治安综合治理委员会办公室

1991年8月，成立地区社会治安综合治理委员会办公室（简称"综治办"），与地委政法委合署办公，委员会下设办公室，为正县级行政单位。1998年3月，改称聊城市社会治安综合治理委员会办公室，单位性质、级别不变。

主　任：唐　华　1998.9—

副主任：唐　华　—1998.9

孙保明　1998.9—2006.6

姚惠杰　2001.12—2008.11

陈　军　2005.8—2014.8

谷月祥　2008.11—

市直机关工作委员会

1997年，中共聊城地区地级机关委员会（简称地级机关党委）为正县级单位。1998年3月，改称中共聊城市委市直机关工作委员会（简称市委市直机关工委），为正县级单位。2002年11月，原市直机关工会工委与市直机关妇女工委合并，称市直机关工会与妇女工作委员会，其他内设机构不变。至2015年，机构设置未变。

书　　记：俞　前（女）　—2001.9
许焕荣（女）2001.9—2006.6
马爱国　2006.6—2010.1
刘　强　2010.1—2012.2
蔡同民　2012.2—2014.6
袁炳臣　2014.6—

副 书 记：张兴林　1998.3—1998.9
谢甲亭　1998.3—1998.9
李光路　1998.9—2001.9
武登路　1998.9—2004.6
程道会　2000.9—2006.6
魏凤岐　2001.9—2009.2
孔祥华　2001.9—2010.4
付士荣　2010.4—2012.9
李　静　2010.3—2015.6
赵玉民　2013.10—

纪工委书记：魏凤岐　1998.9—2009.2

市委党校

1997年，中共聊城地委党校是大专体制的副地级单位，同时挂“聊城地区行政学院”的牌子。1998年3月，聊城撤地建市，地委党校更名为中共聊城市委党校，聊城地区行政学院更名为聊城市行政学院。2001年9月，加挂“聊城社会主义学院”的牌子，实行“三块牌子，一套机构”的管理模式。至2015年，学校设置未有变更。

校　　长：陈延明　　—1997.12
张敬涛　1998.6—2001.1
郭兆信　2001.4—2007.3
宋远方　2007.3—2013.2
林峰海　2013.2—2015.2
徐景颜　2015.2—

常务副校长：史兆奎　2010.9—

副 校 长：刘继孟　　—2001.10
姜锡达　　—2004.5
夏吉余　　—2004.9
王秋成　　—2010.9
张盛忠　1998.9—2003.12
李荣海　2001.9—2011.5
吴庆田　2005.5—2013.6
王永玲（女）2006.6—

党委书记：张荣德　　—1999.9
刘继恩　1999.9—2001.1
张延安　2001.1—2010.9

副 书 记：刘继孟　　—2001.10
王秋成　2006.6—2010.9

纪委书记：郭玉平　1998.9—2004.6
王玉华　2006.6—2010.9

第二节　市政府工作机构

市政府办公室

1997年至1998年3月，称行署办公室。1998年3月，行署办公室改称聊城市人民政府办公室。2002年4月，机构改革，市政府办公室的性质、级别、主要职能未变。1999年5月，成立聊城市打击走私综合治理领导小组办公室，设在市政府办公室，对内作为内部科室管理；2002年4月，《聊城市人民政府办公室职能配置、内设机构和人员编制方案》确定，市打击走私综合治理领导小组办公室可配备主任1名（副秘书长兼任）、副主任1名（副县级）；2011年4月，聊城市机构编制委员会研究确定，对历史遗留问题市打私办的规格进行明确，为正县级性质。2005年3月，组建市政府督查室，为市政府办公室内设副县级机构。2006年6月，成立市突发公共事件应急委员会办公室，挂聊城市人民政府值班室的牌子，为市政府办公室副县级内设机构。1997年，撤销聊城地区经济研究中心，成立聊城地区调查研究室；1998年3月，改为聊城市政府调查研究室；2010年1月，市政府调研室合并到市政府办公室，不再保留市政府调研室。1997年，聊城东昌宾馆为副县级事业单位；1998年3月，撤地设市后，聊城东昌宾馆隶属聊城市政府办公室，单位性质、级别、主要职能未变。1997年12月，聊城地区无线电管理委员会办公室改为省无线电管理办公室派出机构，名称为山东省无线电管理办公室聊城管理处，挂聊城市无线电管理处牌子，为副处级行政性事业单位，受省无线电管理办公室和行署办公室双重领导，业务工作由省无线电管理办公室统一管理，党务、人事、财务、物资、后勤保障等由行署办公室管理。1997 年 12 月，成立聊城地区行署办公室机关生活服务中心，为副县级事业单位；1998 年 3 月，该单位改称聊城市政府办公室机关生活服务中心。

主　任：梁永康　　—1997.1（行署副秘书长兼）
　　杨刚岭　1997.1—1998.3（行署副秘书长兼）
　　　　　　1998.3—2003.2（市政府副秘书长兼）
　　刘新东　2003.3—2008.1（兼）
　　王洪斌　2008.1—2009.7
　　许晓东　2009.7—2013.1
　　朱正林　2013.7—2014.5（市政府副秘书长兼）
　　郭新华　2015.12—

副主任：张振生　　—1998.10
　　张凤琴（女）　—1998.10
　　许晓东　　—1998.10
　　王登阁　　—1998.10
　　李培友　　—1998.10
　　连维明　1998.5—2004.7
　　吴凡普　1998.10—2001.9
　　赵继伦　1999.2—2004.7
　　耿迎新　1999.2—2004.7
　　孙孟来　2001.12—2004.7
　　葛敬方　2001.12—2004.7
　　范高潮　2003.3—2011.12
　　叶常香　2004.7—2011.3
　　孙　峰　2004.7—2013.12
　　马广朋　2004.12—2007.12
　　杨连柱　2004.7—2011.12
　　崔　岩　2007.7—2010.1
　　范高潮　2010.1—2011.12
　　张树奎　2010.1—2011.3
　　魏天山　2010.8—2013.10
　　王子章　2011.3—2014.1
　　张玉录　2011.12—2014.10
　　王广奎　2013.10—
　　陈长华　2013.10—
　　王福祥　2013.10—
　　李　颖（女）2013.10—

党组书记：王志刚　　—1997.1
　　陈丙申　1997.1—2001.3
　　杨刚岭　2001.9—2003.3
　　刘新东　2003.3—2007.12
　　张乐天　2007.12—2010.9
　　李友渔　2010.9—2013.7
　　马　骏　2013.7—2015.10
　　高洪岩　2015.12—

副书记：杨刚岭　1994.5—2001.9
　　王洪斌　2008.1—2009.7
　　许晓东　2009.7—2013.1
　　朱正林　2013.7—2014.5
　　郭新华　2015.12—

·市人民政府驻北京办事处

1994 年 2 月，成立聊城地区驻北京办事处。1998 年 12 月，在聊城市财政局驻京信息联络处的基础上组建聊城市人民政府驻北京办事处，级格暂不确定，人、财、物的管理暂维持现状。2000 年 12 月，聊城市委书记办公会研究确定：聊城市人民政府驻北京办事处为副县级全额事业单位，隶属市政府办公室管理。2003 年 1 月，聊城市人民政府驻北京办事处增设信息招商部，为科级自收自支事业单位。2004 年 7 月，升格为正县级。内设办公室、联络部。2012 年 12 月，根据工作需要，经研究同意市政府驻北京办事处增设财务部。

主　任：杨广平　1998.12—2008.6
　　马保杰　2008.6—2011.8
　　孙怀恩　2012.5—

副主任：孙怀恩　2008.5—2012.5

郭志刚　2010.4—2011.12

·市信息化服务中心

2014年3月，成立市政府办公室信息化服务中心，为正县级全额拨款事业单位，隶属市政府办公室管理。2014年7月，市政府办公室信息化服务中心更名为聊城市信息化服务中心，其余机构编制事项未变。至2015年年底，市信息化服务中心一直未配备主任和副主任，故无领导情况。

政务服务中心管理办公室

2002年4月，撤销聊城市外来投资者服务中心和聊城市外来投资者投诉中心，成立聊城市行政服务中心，为市政府直属正县级全额事业单位。2005年11月，聊城市行政服务中心更名为聊城市行政服务中心管理委员会，为聊城市人民政府的派出机构。2013年12月，聊城市行政服务中心管理委员会更名为聊城市政务服务中心管理办公室，为市政府派出机构，使用行政编制。

主　任：王俊义　2001.9—2011.12
　　　　靳凤莲（女）　2011.12—2015.6
　　　　李　静（女）　2015.6—
副主任：徐　晶　2002.4—2013.6
　　　　徐　涛　2009.7—
　　　　何靖雯（女）2013.7—
纪检书记：白志强　2004.7—2013.6

金融办公室

2010年8月17日，设置聊城市人民政府金融工作办公室，为正县级事业单位。2013年12月21日，聊城市人民政府金融工作办公室挂聊城市地方金融监督管理局的牌子，为正县级财政拨款事业单位。2015年1月4日，聊城市人民政府金融工作办公室列入参照《中华人民共和国公务员法》管理范围。

主　任：马广朋　2011.12—
副主任：陈长华　2010.8—2013.10
　　　　任　凯　2013.10—
副书记：任　凯　2013.10—

市政府法制办公室

市政府法制办公室原称市政府法制局。1990年3月，成立聊城地区法制局。1995年7月，聊城地区法制局更名为聊城地区行政公署法制局，为正县级单位。1998年3月，聊城地区行政公署法制局改称聊城市人民政府法制局。2001年5月，聊城市人民政府法制局更名为聊城市人民政府法制办公室，为正县级行政单位。2010年，合并到聊城市人民政府办公室，政府办公室挂法制办公室的牌子。

聊城市法制局

党组书记：孙东平　—2001.5
局　　长：孙东平　—2001.5
副 局 长：安秀士　—2001.9
　　　　　赵金梅（女）　—2001.9

聊城市法制办

主　　任：孙东平　2001.5—2004.8
　　　　　范高潮　2004.12—2011.12
　　　　　张玉录　2011.12—
党组书记：孙东平　2001.5—2004.7
　　　　　范高潮　2004.7—2011.12
　　　　　张玉录　2011.12—
副 主 任：范高潮　2004.7—2004.12
　　　　　张玉录　2001.12—2011.3
　　　　　张建华　2001.12—
　　　　　邢海仙（女）2011.3—

·仲裁委员会办公室

1998年，聊城仲裁委员会成立，为正科级事业单位。2005年8月，聊城仲裁委员会揭牌，聊城仲裁委员会办公室正式开展工作，为正县级事业单位。2015年，改为正县级参公事业单位。

主　任：范高潮　2005.8—2009.7
　　　　张玉录　2009.7—
副主任：张玉录　2005.8—2009.7

·贸易促进委员会

1998年8月，成立中国国际贸易促进委员会聊城市委员会（简称“聊城市贸促会”），原名中国国际贸易促进委员会聊城市支会，为正县级全额预算管理单位。2003年9月，中国国际贸易促进委员会聊城市支会（中国国际商会聊城商会）为市政府直属参公管理全额预算正县级事业单位。2006年7月，“中国国际贸易促进委员会聊城市支会”更名为“中国国际贸易促进委员会聊城市委员会”，简称“聊城市贸促会”。

会　　长：路宗海　1998.10—2003.4
崔华军　2003.4—2014.1
刘耀峰　2014.8—

党组书记：孙德智　1998.9—2001.9
郑　峰　2001.9—2003.3
安文珠　2003.4—2004.7
刘耀峰　2004.7—

副 书 记：崔华军　2001.9—2014.1
路宗海　2002.6—2003.4

副 会 长：杨增琪　2001.12—
孙　蔚　2013.12—

国际商会会长：崔华军　2005.5—

国际商会副会长：杨增琪　2005.5—

· 市油区工作办公室

1993年8月成立，地区油区工作办公室与地区经济协作办公室分设。地区油区工作办公室为正县级事业单位，经费由财政全额拨款。1998年3月，聊城地区油区工作办公室改称为聊城市油区工作办公室，隶属市政府办公室。

主　　任：李体元　—2006.10
张凤安　2006.10—2010.10
康　鹏　2011.3—2013.6
胥庆国　2013.10—

党组书记：李体元　—2006.10
张凤安　2006.10—2010.10
康　鹏　2011.3—2013.6
胥庆国　2013.10—

副 主 任：吕宪立　—2001.10
康　鹏　1999.2—2011.2
胥庆国　2001.12—2013.9
闫中华　2011.3—
郭翠菊　2013.12—

纪检组长：于公宪　1998.9—2010.10

· 市经济合作局

2001年8月，成立市招商局，为正县级单位。2008年，将市发改委经济协作职能划归市招商局，招商局名称改为经济合作局。

局　　长：张其增　2001.9—2009.7
周文明　2009.7—2011.11
崔　岩　2011.11—

党组书记：张其增　2001.9—2009.7
周文明　2009.7—2011.11
崔　岩　2011.11—

副 局 长：刘召浮　2001.9—2009.8
王越军　2001.12—2008.3
谢　华　2002.6—2011.12
张玉达　2004.9—2009.7
么章忠　2004.7—2009.12
孙　锋　2007.6—2009.4
孙奇宏　2008.12—2013.8
郭志刚　2011.12—2013.8
刘保滨　2011.6—
王兆坤　2014.10—
刘　强　2014.10—

发展和改革委员会

1993年7月，聊城地区计划委员会为正县级行政单位，隶属聊城地区行政公署。1998年3月，聊城地区计划委员会改称聊城市计划委员会。2002年，聊城市计划委员会改称聊城市发展计划委员会。2005年，原聊城市发展计划委员会改组为聊城市发展和改革委员会。2008年8月，聊城市价格监督监察局成立，为副县级行政单位。2011年4月，成立聊城市工程咨询院，为副县级事业单位。

主　　任：李芳林　—1998.4
祝世春　1999.4—2001.9
刘新东　2001.9—2003.2
王友武　2003.2—2008.3
李友渔　2008.3—2010.9
孙兰雨　2010.9—2013.7
葛敬方　2013.7—

副 主 任：祝世春　—1999.4

陈秀英（女） —1999.4
袁少林 1998.4—2010.8
吴 林 —2006.6
刘贞坚 1998.5—2002.12
陈秀兴 2001.12—2008.12
侯德功 2002.6—2013.7
梁志刚 2003.3—2008.3
武振华 2005.1—2006.6
段金荣 2005.10—2011.3
张学振 2006.6—
张银东 2006.6—
许世水 2008.3—2010.2
岳建如 2009.7—2011.12
曹宇翔 2010.1—
宋家元 2010.8—
李运军 2013.8—

党组书记：李芳林 —1998.4
祝世春 1999.4—2001.9
刘新东 2001.9—2003.2
王友武 2003.2—2008.3
李友渔 2008.3—2010.9
孙兰雨 2010.9—2013.7
葛敬方 2013.7—

·服务业管理办公室

2004年9月，成立服务业管理办公室，为正县级财政拨款事业单位，隶属市计委管理。

主 任：陈秀兴 2006.6—2008.3
许世水 2008.3—2010.1
曹宇翔 2010.1—

副主任：刘香荣 2013.7—
王 民 2013.7—

·市县（区）域经济管理办公室

2013年6月，设立县（区）域经济管理办公室，为正县级单位。

主 任：宋家元 2014.10—

·市工程咨询院

院 长：刘国华 2013.7—

·物价局

1997年5月，聊城地区物价局划归聊城地区计划委员会管理。1998年3月，聊城地区物价局改称聊城市物价局；同年11月，市人民政府收费管理办公室（副县级行政单位），由聊城市物价局代管。2002年4月，市物价局划归市发展计划委员会管理。2006年3月，市物价检查所升格为副县级事业单位。2007年12月，市物价局检查所由事业编制改为行政编制。2008年8月，市物价局检查所更名为聊城市价格监督检查局。2014年12月，市物价局调整为市发展和改革委员会直属机构，副处级单位。

局 长：周晓德 —2001.9
王安泽 2001.9—2002.1
冯俊武 2002.2—2004.9
马荣锁 2004.7—2011.4
孙玉臣 2011.4—2013.8
张同奇 2013.8—2015.12
孙风泉 2015.12—

党组书记：周晓德 —2001.9
王安泽 2001.9—2002.1
冯俊武 2002.6—2004.7
马荣锁 2004.7—2011.4
孙玉臣 2011.4—2013.8
张同奇 2013.8—2015.12
孙风泉 2015.12—

副局长：陈建生 —1998.9
庞如鸿 —2003.10
王安泽 2001.2—2001.9
郭玉奇 —2002.10
商成伦 1998.9—2001.9
邵冠军 2001.9—2012.9
哈广和 2003.10—2011.11
岳凤芹（女）2003.12—2012.5
尹志义 2012.1—
张金峰 2012.9—
蒋 伟 2012.9—

·市价格监督检查局（物价检查所）

局（所）长：张金峰 2006.6—2012.9
申 磊 2012.9—

支部书记：蒋 伟 2006.6—2012.9

李晓宝（女）2012.9—2014.5

·粮食局

1978年7月，聊城地区革命委员会粮食局改称聊城地区行政公署粮食局。1994年2月，在原聊城地区粮食局的基础上组建聊城地区粮油集团总公司。1997年4月，组建聊城地区粮食局。1998年2月，设粮油质量检测中心、军粮供应中心、粮食局机关生活服务中心3个事业单位。1998年3月，聊城撤地设市后，聊城地区粮食局更名为聊城市粮食局。2012年5月，撤销市粮油购销中心、市粮食局国有资产管理中心。

局长（总经理）：孙章考　　—2003.3
段金荣　2003.3—2011.3
张同奇　2011.3—2012.7
李柏林　2012.7—

副局长（副总经理）：张培远　　—1997.4
王建印　　—2012.9
张春贵　　—2002.5
张同奇　2002.7—2012.7
张培远　1997.4—2002.5
雷言海　2005.6—
范爱军　2012.9—

经济和信息化委员会

1997年7月，设立地区经济委员会，后改为经济委员会，为正县级单位。2002年7月，市经济委员会改为市经济贸易委员会。2010年8月，市经济贸易委员会改为市经济和信息化委员会。1998年8月，成立聊城市商会，为副县级单位。2007年4月，成立聊城市节能执法大队。2009年4月，更名为聊城市节能执法支队。2012年5月，聊城市职业教育办公室和聊城市节能执法支队合并后组建聊城市节能执法监察支队，为副县级全额拨款事业单位。

党委书记：郭大威　1998.7—2000.7
王友武　2000.7—2003.3
张兆亮　2003.3—2010.1

主　　任：吴守廉　1997.7—2001.9
王友武　2001.9—2003.3
张兆亮　2003.3—2012.3
许世水　2012.3—2014.1
刘东昌　2014.5—

副书记：张兆亮　1998.9—2003.3
张东玲（女）2000.7—2007.6

党组书记：许世水　2010.1—2014.1
刘东昌　2014.5—

副书记：张兆亮　2010.1—2012.3
李光路　2010.1—2015.12

副主任：殷培庚　2000.11—2004.7
张兆亮　2001.9—2003.3
韩利民　2001.9—2005.8
王宝玉　2001.9—2009.4
田汝华　2001.9—2003.12
桑士厚　2001.9—2007.6
孙福亮　2004.7—2013.6
吕昭华　2004.7—2013.8
张　政　2004.7—
于海龙　2001.6—2008.3
屠学仁　2010.2—2012.3
许世水　2010.2—2012.3
何顺刚　2010.2—
陈玉庚　2013.7—

·民营经济发展局（中小企业办公室）

1993年，成立聊城地区乡镇企业局，为正县级行政单位。1997年6月，地区乡镇企业局更名为地区乡镇企业管理局，正处级单位。2002年，聊城市乡镇企业管理局更名为市民营经发展局（市中小企业办公室）。2014年，市中小企业办公室更名为市民营经发展局，调整为市经济和信息化委员会直属机构，副处级单位。

局　长：吕昭岭　　—1998.1
张其增　1998.4—2001.9
田学儒　2001.10—2006.6
李光路　2006.6—2015.12
刘培哲　2015.12—

副书记：李光路　2001.9—2006.6

副局长：田学儒　　—2001.9
冯仕禄　　—2007.5
贾卫国　2002.8—2011.6

刘召浮　1998.10—2001.9
李光路　2001.9—2006.6
朱正林　2002.6—2006.6
贺光建　2006.6—
姜延平　2011.12—

·工业行业管理办公室

1997年6月，聊城地区机构改革，撤销聊城地区一轻局、二轻局、化工局、纺织局、机械电子局、医药局，组建聊城地区一轻总会、二轻总会、化工总会、纺织总会、机械电子总会、医药总会，为具有行政职能的行署直接管理的正县级事业单位。1998年3月，聊城撤地设市后，聊城地区一轻总会、二轻总会、化工总会、纺织总会、机械电子总会、医药总会更名为聊城市一轻总会、二轻总会、化工总会、纺织总会、机械电子总会、医药总会，并增挂聊城市一轻局、二轻局、化工局、纺织局、机械电子局、医药局的牌子。2001年10月，聊城市机构改革，撤销原五大行业主管局，设置聊城市一轻行业管理办公室、二轻行业管理办公室、化工行业管理办公室、纺织行业管理办公室、机械电子行业管理办公室，为全额预算管理事业单位，隶属市经贸委管理。2002年6月，市医药局承担的行业管理及对所属药品生产、经营企业的管理职能分离出去，成立市医药行业管理办公室。2010年1月，聊城市机构改革，撤销聊城市一轻行业管理办公室、二轻行业管理办公室、化工行业管理办公室、纺织行业管理办公室、机械电子行业管理办公室、医药行业管理办公室。将5个行业办公室（一轻、二轻、化工、纺织、机械电子）整合为市行业协调办公室，为正县级事业单位，隶属市经信委管理。2010年8月，将市医药行业办公室划入市行业协调办公室。2011年5月，市行业协调办公室更名为市工业行业管理办公室。

主　任：屠学仁　2010.1—2013.7
吕昭华　2013.7—
党组书记：孙福亮　2010.7—2013.6
张　政　2015.12—
党组副书记：吕昭华　2013.7—
副主任：武茵荣　2010.1—2013.6
王希华　2010.1—2011.6
唐玉东　2010.1—2010.8
王文晶（女）2010.1—2013.8
郭玉葵　2013.7—
赵　哲　2013.8—
宋　强　2013.8—

市机械电子行业管理办公室

局　长（会长、主任）：
商保立　1997.1—1999.4
刘孟林　1999.10—2001.9
耿守泉　2001.10—2007.7
屠学仁　2007.7—2010.1
党委（党组）书记：
商保立　1997.1—1999.4
刘孟林　1999.10—2001.10
韩利民　2001.10—2005.8
党委（党组）副书记：
耿守泉　2001.10—2007.7
赵金成　2001.12—2007.7
副局长（副会长、副主任）：
刘孟林　1997.1—1999.9
李传江　1997.1—1998.9
赵　杰　1997.1—2000.3
耿守泉　1997.1—2001.9
赵金成　1997.1—2007.7
关建国　1997.1—1999.6
王秀兰（女）1997.1—2001.3
谢　耕　1998.9—2007.7

市化工行业管理办公室

局　长（会长、主任）：
付学泉　1997.1—1998.8
孙贺庆　1998.8—2001.9
屠学仁　2001.9—2010.1
党委（党组）书记：
孙贺庆　1997.1—2001.9
张兆亮　2001.9—2004.7
副书记：付学泉　1997.1—1998.8

副局长（副会长、副主任）：
赵培芳　1997.1—2001.9
段丽娜（女）1997.1—2001.9
屠学仁　1997.1—2001.9
张绍川　2001.12—2008.4
杨庆云　2001.12—2009.7

市一轻行业管理办公室

局　长（会长、主任）：
宫福瀛　1997.1—1999.4
桑士厚　1999.9—2007.5
党委（党组）书记：
宫福瀛　1997.1—1999.4
桑士厚　1999.9—2007.5
副局长（副会长、副主任）：
孙德显　1997.1—1998.12
王绍端　1997.1—1998.10
孙　征　1997.1—1999.2
顾辛年　1997.1—2000.8
崔士风　2001.12—1999.6
王希华　1999.9—2010.1

市二轻行业管理办公室

局　长（会长、主任）：
赵大凯　1997.1—2001.10
党委（党组）书记：
赵大凯　1997.1—2001.10
副局长（副会长、副主任）：
胡新力　1997.1—2003.7
武茵荣　1998.9—2010.1
韩洪峰　2001.12—2006.6

市纺织行业管理办公室

局　长（会长、主任）：
田汝华　1997.1—2003.12
党委（党组）书记：
李　夫　1997.1—2000.12
田汝华　2000.12—2003.12
副书记：田汝华　1997.1—2000.12
副局长（副会长、副主任）：
刘殿臣　1997.1—1998.10
程　旭　1997.1—2001.9
王德俊　1997.1—2003.11
刘长安　1997.1—2006.1
于海龙　1997.1—2004.5
唐玉东　2001.12—2010.1
曹力华（女）1998.9　2008.8
张长芳（女）1999.2—2004.7

·市医药行业管理办公室

主　任：谭成武　2002.6—2006.5
党组副书记：谭成武　2002.6—2006.5
副主任：宫兆敏（女）2002.6—2006.7
马庆智　2002.6—2010.1

安全生产监督管理局

2001年9月，撤销市安全生产委员会办公室，成立市安全生产监督管理局，为正县级单位。2004年9月，成立聊城市安全生产执法监察支队，为副县级财政拨款事业单位。

局　长：殷培庚　2001.9—2004.7
朱学东　2004.7—2008.3
于海龙　2008.3—
党组书记：殷培庚　2001.9—2004.7
朱学东　2004.7—2008.3
于海龙　2008.3—
副书记：朱学东　2003.3—2004.7
副局长：李绍宇　2001.9—2015.6
付德合　2001.9—2008.11
朱学东　2003.3—2004.7
李泽华　2003.12—
郝蜀生　2004.7—2014.1
马国都　2004.9—2015.4
孙守红　2010.4—
张淑滨　2012.9—

教育局

1993年7月，聊城地区教育局为正县级行政单位，隶属聊城地区行政公署。1994年12月，聊城地区教育委员会成立。1998年3月，聊城地区教育委员会改为聊城市教育委员会。2001年10月，聊城市教育委员会改为聊城市教育局。2005年，聊城市教育局配备专职督学。

聊城市教育委员会

主　任：赵世基　1997.1—1997.6
宋玉山　1997.6—2001.4
孟昭星　2001.4—2001.10
副主任：胡阔阳　1997.1—1997.6
邵明才　1997.1—1997.6
任金川　1997.1—1997.6
孟昭星　1997.1—2001.4
许铭新　1997.1—1997.6
张金玉　1997.1—2001.10
周济成　1997.1—2001.10
赵本金　1997.1—1999.10
张秀云（女）1999.2—2001.10

聊城市教育局

局　长：孟昭星　2001.10—2007.4
张聚传　2007.7—2013.7
哈宝泉　2013.7—
党组书记：赵世基　1997.1—1997.6
宋玉山　1997.6—2001.4
孟昭星　2001.4—2007.7
张聚传　2007.7—2013.7
哈宝泉　2013.7—
副书记：胡阔阳　1997.1—1997.6
邵明才　1997.1—1997.6
任金川　1997.1—1997.6
孟昭星　1997.1—2001.4
张聚传　2006.6—2007.7
副局长：张聚传　2006.6—2007.7
周济成　2001.10—2007.7
张秀云（女）2001.10—2006.6
史兆海　2001.12—2008.8
2010.5—
李开双　2001.12—2008.8
徐化忠　2002.5—
李　正　2010.5—

科学技术局

1998年4月，聊城地区科学技术委员会改称为聊城市科学技术委员会。2001年9月，聊城市科学技术委员会改称聊城市科学技术局。

局长（主任）：孙培元　—1997.6
王泽才　1997.6—1999.4
商保立　—2008.1
刘　淼　2008.3—2015.12
张同奇　2015.12—
党组书记：孙培元　—1997.6
王泽才　1997.6—1999.4
商保立　1999.4—2008.1
刘　淼　2008.3—2015.12
张同奇　2015.12—
副局长（副主任）：
胡克淮　—1998.4
刘同凯　—2005.10
郇延禄　—2001.9
郭锡武　—2003.11
魏铁汉　1998.9—2004.9
刘开斌　2001.9—2004.8
李学胜　2002.6—
赵继伦　2005.12—2008.3
田俊国　2005.12—2006.6
刘立水　2005.12—2010.11
韩道莹　2006.6—2012.8
范纯志　2008.11—
王海涛　2009.7—

公安局

1998年2月，聊城地区公安处更名为聊城地区公安局。指挥中心与办公室合并升格为副县级单位；政治处升格为副县级单位，更名为政治部；刑警支队升格为副县级单位；同年3月，聊城撤地设市，聊城地区公安局改称聊城市公安局；同年12月，成立警务督察支队。2001年2月，经济犯罪侦查支队升格为副县级单位；同年11月，聊城地区公安干部学校更名为聊城市人民警察培训学校，升格为正县级单位；同年，聊城市看守所与东昌府区看守所合并为聊城市看守所；年内，市看守所、交通警察支队升格为副县级单位。2002年4月，治安管理科更名为治安警察支队，市公安局刑事警察支队更名为市公安局刑事侦查支队，为副县级单位。2003年12

月，治安警察支队、国内安全保卫支队升格为副县级单位，在交通警察支队基础上组建交通巡逻警察支队（正县级）。2004 年 11 月，火车站分局撤销，其职能和管辖范围划归东昌府分局；撤销市区交通巡逻警察支队，在其基础上组建防暴警察支队（副县级）；设立聊南分局，为市公安局直属副县级单位。2005 年 3 月，防暴警察支队更名为特警支队；同年 7 月，成立公安信息中心（与信息通信处合署办公）。行动技术支队升格为副县级单位；同年 8 月，警卫处升格为副县级单位；同年 9 月，增设驻聊城市管理综合执法局公安大队。2006 年 1 月，驻聊城市管理综合执法局公安大队更名为城市管理公安支队。2008 年，工会升格为副县级单位。2013 年 10 月，新设高速公路交通警察支队（为副县级直属机构）。至 2015 年年底，市公安局内设 43 个行政单位，下设 2 个事业单位，辖临清市、冠县、莘县、阳谷县、东阿县、茌平县、高唐县等 7 个县（市）公安局。

局　　长：侯广文　—1998.2
　　　　　于长安　1998.2—2003.12
　　　　　任建军　2005.1—2010.5
　　　　　任奎军　2010.5—
政　　委：孟昭诗　1998.9—2001.12
　　　　　李炳和　2001.12—2006.6
　　　　　栾玉新　2006.6—2008.11
　　　　　傅　强　2008.11—2014.10
　　　　　李　勇　2014.10—
党委副书记：栾玉新　2001.12—2006.6
　　　　　李　勇　2008.11—2014.10
　　　　　刘延福　2008.11—2012.1
　　　　　李学军　2014.10—
副 局 长：李福祥　—1998.2
　　　　　赵恒祥　1988.11—1997.6
　　　　　杨德杰　—2002.9
　　　　　孟昭诗　—1998.9
　　　　　李炳和　—2001.12
　　　　　栾玉新　1998.9—2006.6
　　　　　付　强　1998.9—2008.11
　　　　　李　勇　1998.9—2008.11
　　　　　刘延福　2001.12—2008.11
　　　　　李学军　2001.12—2014.10
　　　　　于智勇　2006.6—
　　　　　王荣正　2002.6—2011.11
　　　　　韩明忠　2007.6—
　　　　　杜跃民　2004.5—
　　　　　李学孟　2008.11—

· 公安局交通巡逻警察支队

1997 年，聊城地区公安处交通警察支队为地区公安处直属的副县级工作机构。1998 年 3 月，聊城地区公安处交通警察支队更名为聊城市公安局交通警察支队（副县级）。2003 年 12 月，在聊城市公安局交通警察支队基础上组建聊城市公安局交通巡逻警察支队，为市公安局直属正县级行政单位。

支 队 长：董心毅　1998.9—2001.9
　　　　　刘延福　2001.12—2008.11
　　　　　张金忠　2008.11—
政　　委　赵延明　1998.9—2002.7
　　　　　付强（兼）　2004.8—2008.11
　　　　　崔月亮　2008.11—2012.11
副支队长　刘万起　1998.9—2002.6
　　　　　金增星　1998.9—2002.6
　　　　　杜保田　1998.9—2002.6
　　　　　庞金田　1998.9—2008.4
　　　　　韩晨光　1998.9—2008.10
　　　　　朱秋常　1998.9—2008.11
　　　　　白兴业　2002.6—2005.12
　　　　　王学盈　2002.6—2008.11
　　　　　崔月亮　2004.8—2008.11
　　　　　李吉代　2005.9—2011.6
　　　　　王小伟　2006.11—
　　　　　郭以军　2008.11—
　　　　　王华民　2008.11—
　　　　　杜可心　2008.11—
副 政 委　王延山　—1998.9
　　　　　刘万起　—1998.9
　　　　　王学盈　2008.11—2011.11

纪委书记　郝　沛　2005.8—2009.7
胡全仓　2009.7—

· 人民警察培训学校

1997 年，聊城地区公安干部学校为聊城地区公安处的直属副县级单位。2001 年 11 月，聊城地区公安干部学校更名为聊城市人民警察培训学校，升格为正县级单位。

校　长：陶洪生　—2001.9
董心毅　2001.9　—2004.7
栾玉新　2004.7　—2008.11
于殿梅　2008.11—2012.1
政　委：郝纪索　—2001.9
赵清斌　2001.9—2004.7
李　勇　2004.7—2008.11
副政委：李德岭　2008.11—
副校长：孙兆启　—2002.9
王进忠　—2001.9
陶洪生　2001.9—2002.7
郝纪索　2001.9—2004.7
王子建　2003.3—
李　悦　2004.7—2008.11
岳彩霞　2008.11—
书　记：陶洪生　—2002.7
董心毅　2002.7—2004.10
栾玉新　2004.10—2008.11
于殿梅　2008.11—2014.3
王子建　2014.3—
副书记：郝纪索　—2002.7
赵清斌　2002.7—2004.10
王子建　2004.10—2014.3
李　悦　2004.10—2008.11
李德岭　2014.3—
赵保明　2014.3—

消防支队

聊城市公安消防支队前身为聊城消防大队。1990 年，升格为支队，编制为正团，受山东公安消防总队和聊城市公安局双重领导。2009 年 11 月，市消防指挥中心落成，支队机关搬迁至东昌府区陈庄路 56 号。挂牌：中国人民武装警察部队聊城市消防支队、聊城市公安消防支队、聊城市公安局消防分局和聊城市应急救援支队。

支队长：刘延福　—1998.12
张宪友　1998.12—2004.5
张文华　2004.5—2009.9
张伟书　2009.9—2012.10
李　军　2012.10—2015.6
张　洋　2015.6—
党委书记：刘延福　—1998.12
张宪友　1998.12—2004.5
张文华　2004.5—2009.9
张伟书　2009.9—2012.10
张　成　2012.10—2015.6
李　军　2015.6—
副书记：王东海　1998.12—2002.10
张文华　2002.10—2004.5
马德法　2004.5—2008.5
张伟书　2008.5—2009.9
张　成　2009.9—2012.10
李　军　2012.10—2015.6
张　洋　2015.6—

民政局

1997 年 6 月，聊城地区残疾人联合会脱离地区民政局；同年 12 月，建立聊城军用饮食供应站（1998 年 2 月，升格为副县级事业单位。2000 年 10 月，确定为全额预算管理的事业单位）。1998 年 12 月，设聊城市军队离退休干部休养所（科级全额事业单位。2007 年 12 月，升格为副县级事业单位）。东昌府区殡仪馆并入聊城市殡葬管理处（2013 年 8 月，市殡葬管理处加挂聊城市殡仪馆牌子）。1999 年 7 月，农村社会养老保险办公室划归市劳动局管理，其所辖职能随之划转。2001 年 3 月，在市民政局社团科基础上组建市民间组织管理处（2008 年 1 月，市民间组织管理处为副县级财政拨款事业单位；2015 年 5 月，市民间组织管理处更名为市社会组织管理处）。2001 年 12 月，成立聊城市慈善总会办公室（正县级差额预算事业单位）。2003 年 4 月，设立城乡居民最低生活保障管理办公室。2007年[illegible]月，成立聊城市公墓管理处（科级财政补贴事业单位）。2010年8月，市民政局设社会救助科。2012年5月，设立聊城市儿童福利院（科级全额拨款事业单位）。2015年5月，设立聊城市救灾物资储备中心（科级全额拨款公益一类事业单位）。

局　长：王洪恩　　—2001.1
　　刘明星　2001.1—2005.2
　　汤丙水　2005.5—2009.1
　　郑　峰　2009.1—2012.3
　　韩更大　2012.3—

党组书记：王洪恩　　—2001.1
　　刘明星　2001.1—2005.2
　　汤丙水　2005.5—2008.3
　　郑　峰　2008.3—2011.12
　　韩更大　2011.12—

副书记：汤丙水　2008.3—2009.1
　　张汝宽　2001.9—2005.2
　　徐彩云（女）2005.5—2010.8

副局长：窦德水　　—1997.6
　　刘福德　　—1997.7
　　马月清　　—1997.11
　　张汝宽　1998.5—2005.2
　　叶晓旻　1997.11—2001.9
　　孔祥林　1998.4—2003.8
　　郭庆生　1998.9—2009.5
　　汤丙水　2003.3—2005.5
　　徐彩云（女）2004.7—2010.8
　　郝宝友　2004.11—2009.12
　　张明国　2006.6—
　　闫冬梅（女）2011.3—
　　张吉文　2011.3—

司法局

1997年，聊城地区司法局为正县级单位，管辖聊城地区法律援助中心和聊城地区公证处。聊城地区法律援助中心为全额预算管理的副县级事业单位，聊城地区公证处为自收自支的事业单位。聊城地区司法局辖8个县市司法局和聊城地区法律援助中心、聊城地区公证处。1998年3月，聊城撤地改市，聊城地区司法局更名为聊城市司法局，局属各单位也均以聊城市冠名。2015年年底，市司法局辖8个县（市、区）司法局和市法律援助中心、市公证处。2002年6月，成立聊城市全民普法依法治理办公室，为副县级行政单位。

局　长：阎之元　　—2001.2
　　孔繁英（女）　2001.3—2007.6
　　哈宝泉　2007.6—2013.8
　　常书彦　2013.8—

党组书记：阎之元　　—2001.2
　　孔繁英（女）　2001.3—2007.6
　　哈宝泉　2007.6—2013.8
　　常书彦　2013.8—

副局长：范廷波　　—1997.6
　　刘文才　　—1999.7
　　马万奎　　—2001.10
　　曲绪申　1998.4—2002.6
　　王永达　2005.10—2007.6
　　王长福　　—2004.11
　　孙保齐　2001.12—2008.4
　　满学儒　2003.3—2008.11
　　宋新华　2005.10—2010.7
　　宋一丁　2007.11—
　　张广文　2008.11—2011.3
　　周明法　2008.11—
　　郝润霞（女）　2010.4—2013.8

纪检组长：马万奎　　—1998.9
　　王永达　1998.9—2005.10
　　李新英　2005.10—2008.11
　　周明法　2008.11—2011.3
　　王文婷　2011.3—

财政局

1997年11月，聊城地区财政局设15个职能科室。1998年3月，撤地设市，聊城地区财政局更名为聊城市财政局，为正县级单位。1998年1月，成立聊城地区第二预算资金管理处；8月，更名为聊城市第二预算资金管理处，为副县级单位；11月，加挂聊城市收费资金管理局牌子。2000 年 2 月，市财政局成立政府采购办公室（挂市政府采购中心的牌子），为副县级全额预算管理事业单位。2003 年 10 月，市政府采购办公室更名为市政府采购管理办公室。在法规税政科增挂“财政行政复议办公室”牌子；3 月，市税收财务物价大检查办公室更名为市财政监督处，原规模、性质不变。2001 年 3 月，成立农业税征收管理局（隶属财政局），为副县级全额事业单位；8 月，成立中小企业投资担保中心，为副县级企业化管理事业单位，隶属市政府，由市财政局代管。2002 年 5 月，市第二预算资金管理处更名为市预算外资金管理处，为副县级全额预算管理事业单位。2005 年 6 月，成立市国库集中收付中心，为副县级财政拨款事业单位，隶属市财政局。2006 年 4 月，成立市投融资管理中心，为副县级财政拨款事业单位，与市中小企业投资担保中心合署办公。2012 年 2 月，市农业税征收管理局更名为市基层财政管理处；5 月，将国债服务部并入市经济开发投资公司。2014 年 7 月，成立市财政局机关党委。至 2015 年年底，聊城市财政局设 18 个职能科室，另设机关党委。所属正县级单位 3 个，副县级事业单位 7 个。1997 年，聊城地区财政信用资金管理处为副县级事业单位，实行企业化管理，隶属地区财政局。1998 年 3 月，该单位改称为聊城市财政信用资金管理处（挂市棚户区改造资金管理中心牌子），单位性质、级别未变。

局　长：杜建中　—1999.4
王泽才　1999.4—2003.3
姜之厚　2003.3—2011.3
马　骏　2011.3—2013.7
李志华　2013.7—

党组书记：骆怀宝　—1997.6
杜建中　—1999.4
王泽才　1999.4—2003.2
姜之厚　2003.3—2011.3
马　骏　2011.3—2013.7
李志华　2013.7—

党组副书记：杜建中　—1997.6
姜之厚　1998.2—1999.4
张春华　2013.7—

副局长：姜之厚　—1999.4
冯俊武　—1999.4
刘保新　—2008.2
李　建（女）—2004.5
陈霖亭　—2001.9
王连申　1999.4—2008.3
韩永奎　2001.9—2010.5
张春华　2001.9—
姚传瑾　2005.12—2011.5
蔡家明　2005.12—2009.11
刘奎忠　2011.11—2014.5
徐冬云（女）2013.7—
李玉虎　2013.7—2015.12
邓　丽（女）2014.5—

· 市农业综合开发办公室

1988 年 10 月，聊城地区黄淮海平原农业开发指挥部办公室成立，为正县级事业单位。1998 年 7 月，更名为聊城市农业综合开发办公室。2002 年 4 月，机构改革调整为市农业局管理的全额预算管理正县级事业单位。2004 年 12 月，列为参照国家公务员管理事业单位。2010 年 1 月，调整为隶属市财政局管理的参公事业单位。

主　任：王海泉　—2001.9
苏本生　2001.9—2012.4
颜　善　2011.12—

党组书记：王海泉　—2001.9
苏本生　2001.9—2012.4
颜　善　2012.4—

副主任：刘继宗　—1997.12
张其增　—1994.4
李富林　—1999.8
周美亭　1997.11—2001.9
杨吉德　1999.5—2001.9
郭桂华　1998.9—2009.8
李　科　2001.12—
王廷才　2011.3—

· 市财政监督处

1988年3月，建立财政监察科。1990年2月，建立聊城市税收财务物价大检查办公室为科级行政单位，挂靠市财局。2000年3月，市税收财务物价大检查办公室更名为市财政监督处，原规模、性质不变。机构规格为正县级，内设综合科、财务检查科两个职能科室，人员编制列局机关。2015年，规格、性质、内设科室不变。

处　长：李　建（女）2001.9—
　　　　张春华　2005.12—
副处长：张效成　1997.7—2007.
　　　　周　新（女）　2005.7—2008.10
　　　　井庆河　2010.7—2013.6
　　　　孟宪奇　2013.7—

· 市经济发展投资管理中心

1992年9月，建立聊城地区经济开发投资公司，为正县级事业单位，实行企业管理，自收自支，隶属地区财政局。2012年5月，同意市国债服务部并入市经济开发投资公司，市国债服务部职责由市经济开发投资公司承担。2015年5月，市经济开发投资公司更名为市经济发展投资管理中心，类别为公益二类，其他机构编制事宜不变。

经理（主任）：段思源　　—2005.12
　　　　　　　魏铁汉　2005.12—
副经理（副主任）：
　　　　田道臣　2005.12—
　　　　马　骏　2009.4—2011.3
　　　　徐文华　2011.3—
　　　　张官庆　2013.12—
　　　　孙　建　2013.7—

聊城市住房公积金管理中心

1993年，成立聊城地区住房资金管理处，为直属市政府正县级全额事业单位。1998年撤地设市后，更名为聊城市住房资金管理处。2003年，更名为聊城市住房公积金管理中心。2006年，实现市县管理垂直，对全市住房公积金管理机构实行“统一决策、统一管理、统一制度、统一核算”，全市设分支机构10个。

主　　任：陈霖亭　　—2001.9
　　　　　王连中　2001.9—2008.3
　　　　　朱学东　2008.3—2013.8
　　　　　刘子庆　2014.2—
党委书记：吴　林　2006.6—2013.6
　　　　　刘子庆　2013.8—2014.2
副 书 记：朱学东　2008.3—2013.8
　　　　　刘子庆　2014.2—
副 主 任：司秀莲（女）1998.9—2003.5
　　　　　　　　　2003.5—2005.4
　　　　　　　　　（正县级）
　　　　　张凤安　2003.4—2006.5
　　　　　　　　　（正县级）
　　　　　周美亭　2001.9—2013.10
　　　　　张念喜　2005.5—2013.6
　　　　　郑昭镇　2006.6—2010.11
　　　　　梁振华（女）2013.10—
　　　　　李令奇　2013.12—

人力资源和社会保障局

1975年7月，地革委政办改为地区人事局。聊城地区人事局为正县级行政单位，隶属聊城地区行署。1998年3月聊城地区人事局更名为聊城市人事局，隶属聊城市人民政府。1997年7月，聊城地区劳动局为正县级行政单位，隶属聊城地区行署。1998年3月，聊城地区劳动局改称聊城市劳动局，隶属聊城市人民政府。1999年4月，聊城市劳动局更名为聊城市劳动和社会保障局。2010年1月，聊城市人事局和聊城市劳动和社会保障局整合为聊城市人力资源和社会保障局。其内设机构：

1990年3月，建立地区退休干部服务管理处，为副县级行政单位。1993年6月，建立聊城地区机关事业单位社会保险事业处，为副县级机关事业单位，隶属人事局领导，与聊城地区退休干部服务管理处合署办公，一个机构，两块牌子。

1997年，聊城地区社会劳动保险事业处，为副县级事业单位，隶属地区劳动局。1998年3月，改称聊城市社会劳动保险事业处，隶属市劳动局，单位性质、级别、内设科室未变。

1997 年，聊城地区劳动就业办公室为副县级全额事业单位，隶属聊城地区劳动局。1998 年 3 月，该单位改称聊城市劳动就业办公室，为副县级事业单位。2014 年 12 月，加挂市创业服务中心牌子。

2000 年 9 月，成立聊城市医疗保险事业处，为副县级事业单位，隶属聊城市劳动和社会保障局。

2002 年 4 月，成立工资福利与离退休处，为副县级行政单位，原地区退休干部服务管理处、工资福利科撤销，其业务划归工资福利与离退休处管理。

1986 年，成立地区科技干部处，为低半格的局级行政单位，由地区科委领导。1993 年 4 月，由地区科委移交地区人事局。1998 年 3 月，改称聊城市科技干部处，主要职责未变。2002 年 4 月，市科技干部处更名为市专业技术人员管理处，为市人事局内设机构，副县级行政单位。

1986 年 6 月，成立聊城地区军队转业干部培训中心。1998 年 3 月，改称聊城市军队转业干部培训中心。2009 年 12 月，更名为聊城市军队转业干部管理与服务中心，加挂市自主择业军队转业干部管理与服务办公室牌子，为副县级事业单位。

1993 年 3 月，成立地区人事局考试中心，为科级事业单位，2005 年 3 月，后升格为副县级事业单位。1999 年 7 月，聊城市机关事业单位社会保险事业处为副县级事业单位，该单位由市人事局划归市劳动和社会保障局。2005 年 7 月，成立市企业退休人员社会化管理服务办公室，为副县级事业单位。2006 年 6 月，成立市劳动争议仲裁院，为副县级事业单位。2011 年 1 月，更名为市劳动人事争议仲裁院。

一、原市人事局（1997.1—2009.12）

局　　长：杨贞海　—2001.9
葛保中　2001.9—2006.1
梁绍立　2006.1—2010.1

党组书记：丁允让　—1999.7
葛保中　2001.9—2006.1
梁绍立　2006.1—2010.1

党组副书记：杨贞海　—2001.9
梁绍立　2004.7—2006.1

副局长：丁允让　—1999.7
张文堂　—1999.12
潘洪才　—1998.8
张月君　—1999.2
孙玉安　—2001.9
梁绍立　—2005.12
王彦臣　2001.9—2008.12
任保庆　2001.12—2004.10
何宪卓　2002.6—2007.1
刘　婧（女）　2006.6—2009.12
付东旭　2006.6—2009.12
杜新亭　2006.6—2009.12

二、原市劳动和社会保障局（1997—2009.12）

局　　长：徐淑满　—1997.12
赵其彬　1997.12—2002.1
王安泽　2002.1—2008.7
任之燕　2008.12—2009.12

副局长：陈存禄　—1998.1
苏茂金　—1998.　8
许焕荣（女）　1998.5—2001.9
谢遵礼　1998.9—2001.9
顾俊年　1998.5—2006.10
冯俊武　2001.9—2002.2
陈　华　2001.10—2012.7
王建平　2001.10—2010.4
郑　娟（女）　2002.6—2008.3
任之燕　2007.7—2008.12
伦　炜　2008.3—2009.12

党组书记：徐淑满　—1997.12
赵其彬　1997.12—2002.1
王安泽　2002.2—2008.12
任之燕　2008.12—20019.12

副书记：许焕荣（女）　1997.12—2001.9
冯俊武　2001.9—2002.2
顾俊年　2004.7—2006.10

三、市人力资源和社会保障局（2010.1—2015.12）

局　　长：任之燕　2010.01—

副 局 长：伦　炜　2010.01—2012.7

刘　婧（女）　2010.1—

付东旭　2010.1—2013.8

杜新亭　2010.1—2013.8

杨化生　2013.7—

魏庆荣　2013.7—

黄佰龙　2013.7—

党组书记：任之燕　2010.01—

副 书 记：刘　婧（女）　2013.7—

· 鲁西人力资源开发中心

1992 年 5 月，成立聊城地区劳务经济技术开发总公司，是聊城市第一家开展劳务输出业务的服务性机构。1994 年 6 月，在此基础上成立了聊城地区劳务输出办公室为科级事业单位。2001 年 5 月，在市劳务输出办公室基础上建立鲁西人力资源开发中心，该中心为正县级事业单位。

主　任：顾俊年　2001.9—2007.6

任之燕　2007.7—2013.7

付东旭　2013.8—

副主任：张振书　2003.12—2013.8

王晓延（女）　2013.8—

· 人才交流服务中心

1984 年 9 月，聊城地区人才交流服务中心成立，为正科级事业单位。1998 年 11 月，市人才交流服务中心（挂合资企业中方干部管理科牌子）为全额预算管理事业单位。2001 年 9 月，升格为正县级事业单位。2002 年 5 月，为正县级全额预算管理事业单位，隶属市人事局管理。2015 年，撤销市人才市场事业单位建制，并入市人才交流服务中心。

主　任：谢兴江　　　　—2001.9

梁绍立　2001.9—2009.11

杜新亭　2013.8—

副主任：徐爱民　　　　—1999.8

高　佳　　　　—2001.9

唐宪年　1999.12—2001.9

谢兴江　2001.12—2009.11

高　佳　2001.12—2006.6

高　磊　2013.8—

蒋玉勤　2013.8—

· 深粤劳务输出服务站

2001 年 9 月，成立聊城市深粤劳务输出服务站，挂市人民政府驻深圳办事处牌子，为正县级事业单位。2015 年 7 月，不再加挂聊城市人民政府驻深圳办事处牌子。

站　长：顾俊年　2001.9—2013.7

张振书　2013.8—

副站长：梁成俊　2005.12—2010.1

逯国防　2013.8—

国土资源局

1998 年 3 月，原聊城地区土地管理局改称为聊城市土地管理局，列市政府行政序列，正县级单位，人员编制、内设机构、职能不变。原聊城市（县级）土地管理局更名为聊城市东昌府区土地管理局；是年 12 月，成立聊城市地租征收站、聊城市土地开发勘测大队，均为科级自收自支事业单位。2001 年 3 月，成立聊城市土地储备中心，为正县级自收自支事业单位，隶属于市土地管理局；是年 10 月，在原聊城市土地管理局、矿产资源局、测绘管理办公室的基础上合并组建聊城市国土资源局。2002 年 5 月，成立嘉明工业园区土地房管分局。2003 年 7 月，成立聊城市土地开发整理中心，为科级自收自支事业单位；是年 12 月，成立聊城市矿产资源开发监理站，为正科级全额事业单位。2005 年 7 月，市地租征收站升格为副县级事业单位，更名为聊城市地租征收处；聊城市土地开发整理中心升格为副县级事业单位。2006 年 5 月，聊城市国土资源执法监察大队更名为聊城市国土资源执法监察支队，升格为副县级事业单位；是年 9 月，增设市国土资源局凤凰分局，为市国土资源局派出机构，领导职数和人员配备由市国土资源局内部调剂。2007 年 8 月，市国土资源开发勘测大队更名为聊城市地理信息中心；11 月，增设行政许可科，归并、集中其他科室承担的行政许可及相关职能，统一交由行政许可科承担。2008 年 9 月，成立马颊河林场国土管护办公室，为科级财政拨款事业单位，隶属市国土资源局管理。2012 年 5 月，市土地整理中心更名为市土地综合整治服务中心，更名后机构规格、经费形式、人员编制等事宜不变。2013 年 9 月，市地租征收处更名为市土地资产管理中心，更名后，其机构规格、领导职数、人员编制等机构编制事宜不变。2015 年 12 月，成立市不动产登记中心，隶属于市国土资源局，为副处级自收自支事业单位。

聊城市土地管理局

局　　长：李在松　　—2001.9

党组书记：许广明　　—1997.6

副 书 记：李在松　　—2001.1

王长申　　—1998.7

吕端奎　1998.9—2001.1

副 局 长：许广明　　—1997.7

任晓旺　2001.1—2001.9

吕端奎　1998.10—2001.9

陈时印　　—1997.7

孙长贵　　—2001.9

王长申　　—1998.5

牛庆明　　—1999.12

聊城市国土资源局

局　　长：任晓旺　2001.9—2003.1

许玉恒　2003.3—2014.7

靳凤莲（女）2014.7—

党组书记：任晓旺　2001.1—2003.1

许玉恒　2003.3—2014.7

靳凤莲（女）2014.7—

副 书 记：李在松　2001.1—2001.9

吕端奎　2001.1—2006.11

副 局 长：吕端奎　2001.9—2006.11

孙长贵　2001.9—2006.11

商成伦　2001.9—2012.12

董焕臣　2001.9—2004.12

王怀成　2007.12—2009.12

阎怀民　2006.11—2012.12

张　戈　2012.12—

梁利美　2012.12—

张银先　2012.12—

· 地质矿产资源管理局

1998 年 3 月 22 日，原聊城地区地质矿产办公室更名为聊城市地质矿产资源管理局，原级别、编制、职能不变。2001 年 10 月，在原聊城市土地管理局、矿产资源局、测绘管理办公室的基础上合并组建聊城市国土资源局。2002 年 4 月，原聊城市地质矿产资源管理局的行政管理职能划入市国土资源局，地质矿产管理科为市国土资源局内设机构之一。

局　　长：董焕臣　1998.3—2001.9

副局长：杜希元　1998.3—2002.8

梁柏柳　2001.4—2002.8

· 测绘管理办公室

1997 年 5 月 1 日，地区测绘管理办公室为地区水利局职能科室之一。1998 年 3 月，聊城地区测绘管理办公室更名为聊城市测绘管理办公室。2001 年 10 月，在原聊城市土地管理局、矿产资源局、测绘管理办公室的基础上合并组建聊城市国土资源局。2002 年 4 月，原市测绘管理办公室的行政管理职能划归市国土资源局，测绘管理科为市国土资源局内设机构之一。

主　　任：洪玉振　1997.9—1999.8

于子中　1999.8—2000.4

刘兴华　2000.4—2002.4

住房和城乡建设局

1997 年，聊城地区城乡建设委员会改为聊城地区建设委员会，为正县级单位。1998 年 4 月，更名为聊城市建设委员会。2010 年 8 月，更名为市住房和城乡建设委员会。2014 年 12 月，市住房和城乡建设委员会更名为市住房和城乡建设局。1998 年 12 月，成立市建筑建材管理处，为副县级全额事业单位，隶属于聊城市建设委员会。1997 年，聊城地区规划建筑设计院为副县级事业单位，自收自支、自主经营、自负盈亏，实行企业化管理，隶属聊城地区建设委员会；1998 年 3 月，聊城地区规划建筑设计院改称聊城市规划建筑设计院，隶属聊城市建设委员会，单位性质、级别未变。

聊城地区建设委员会

主　　任：郑毓鳌　　　　—1998.4
党组书记：郑毓鳌　　　　—1998.4
副 书 记：李军生　1998.4—2001.9
　　　　　杨效成　　　　—1998.4
副 主 任：杨效成　　　　—2001.3
　　　　　于文团　　　　—1998.4
　　　　　宋连笃　　　　—1998.4
　　　　　王凤坡　　　　—1998.4
　　　　　韩英鸿　　　　—1998.4
　　　　　潘洪才　1998.4—1998.9

市建设委员会

主　　任：李军生　1998.4—2005.5
　　　　　杨万香　2005.5—2007.6
　　　　　蒋玉尚　2007.6—2010.1
党委书记：杨万香　2001.9—2007.7
　　　　　蒋玉尚　2007.6—2010.1
　　　　　王文德　1998.4—2001.9
　　　　　李军生　2001.9—2010.1
副 书 记：李军生　1998.4—2001.9
　　　　　杨效成　1998.4—2001.3
　　　　　杨万香　2001.9—2005.5
　　　　　任长河　2003.1—2007.1
副 主 任：杨效成　1998.5—2001.3
　　　　　韩英鸿　1998.5—1998.10
　　　　　于文团　1998.5—2006.2
　　　　　潘洪才　1998.4—1998.10
　　　　　宋新全　1998.10—2006.9
　　　　　岳建国　1998.10—2005.5
　　　　　杨万香　2001.9—2005.5
　　　　　李新阁　2002.6—2008.3
　　　　　任长河　2003.3—2005.5
　　　　　蒋玉尚　2001.9—2007.6
　　　　　程道会　2006.6—2008.5
　　　　　袁炳臣　2007.6—2010.8
　　　　　　　　　2009.8—2010.1
　　　　　　　　　（正县级）
　　　　　国孟德　2005.12—2010.1
　　　　　　　　　2009.4—　（正县级）
　　　　　王爱生　2005.12—2010.1
　　　　　刘书强　2005.12—2010.1
　　　　　鲁公范　2006.11—2010.1
　　　　　苗慧清　2008.3—2010.1
　　　　　周长春　2009.12—2010.1

聊城市住房和城乡建设委员会（2010.8—2014.12）

主　　任：蒋玉尚　2010.1—2012.3
　　　　　张连臣　2012.3—2015.6
党组书记：丁东明　2010.1—2014.8
　　　　　张连臣　2014.8—2015.12
　　　　　栾居军　2015.12—
副 书 记：蒋玉尚　2010.1—2012.3
　　　　　张连臣　2012.3—2014.8
　　　　　丁东明　2014.8—2015.12
　　　　　袁炳臣　2010.1—
副 主 任：张义波　2013.7—2015.6
　　　　　张春杰　2013.7—2015.6
　　　　　丁东明　2010.1—2015.6
　　　　　袁炳臣　2010.1—　（正县级）
　　　　　周长春　2010.1—2014.3
　　　　　国孟德　2010.1—2014.1
　　　　　李玉振　2010.1—2012.1
　　　　　王爱生　2010.1—2013.12
　　　　　刘书强　2010.1—2013.7
　　　　　鲁公范　2010.1—2013.7
　　　　　苗慧清　2010.1—2015.6
副县级领导干部：
　　　　　蔡兴军　2010.1—2011.4
　　　　　赵永辉　2011.4—2013.8

市住房和城乡建设局（2014年12月—　）

局　　长：张连臣　2015.1—2015.12
　　　　　栾居军　2015.12—
副 局 长：丁东明　2015.6—2015.12
　　　　　苗慧清　2015.6—
　　　　　张春杰　2015.6—
　　　　　赵朝庆　2015.12—

·房屋征收管理办公室

聊城市房屋征收管理办公室前身为聊城市城建拆迁办公室，归口聊城市建设委员会；1998年，聊城撤地设市后，聊城市拆迁主管部门为聊城市房地产管理局，为正县级行政单位。2002年，明确聊城市房屋拆迁管理办公室为正县级全额事业单位。2004年，列入参照公务员管理单位，为聊城市房屋拆迁主管部门。2011年，更名为聊城市房屋征收与补偿管理服务办公室，为聊城市行政区域的房屋征收主管部门，为正县级全额事业单位。

主　任：李宝兰（女）2002.3—2008.3
周长春　2008.3—2015.6
张义波　2015.6—
副主任：李红光　2002.3—
王道木　2004.9—
王俊广　2014.12—
党总支书记：
周长春　2008.12—2015.6
张义波　2015.6—

城市规划局

1998年12月，组建聊城市规划局，为正县级行政单位，隶属聊城市建委管理。2002年12月，设置聊城市城市规划局，是市建设委员会管理的负责城市规划的行政主管部门。2008年8月，聊城市城市规划局更名为聊城市规划局，为市建设委员会管理的负责规划的行政主管部门。2010年8月，设立聊城市规划局，为市政府工作部门。

局　　长：杜文亭　1998.10—2008.3
李新阁　2008.3—2011.3
李猷滨　2011.3—
党组书记：杜文亭　1998.9—2008.3
李新阁　2008.3—2011.3
李猷滨　2011.3—
副 书 记：吕守波　1998.9—2003.3
白　晶　2003.12—2008.1
副 局 长：吕守波　1998.10—2003.3
李猷滨　2002.6—2011.3
白　晶　2003.12—2008.1
郭守印　2008.3—
潘胜军　2009.7—
姜士宪　2011.3—

市政管理局　2005年5月8日，成立聊城市市政管理局。2010年1月，与公用事业管理局合并，组建聊城市市政公用事业管理局。

局　　长：任长河　2005.5—2008.3
岳建国　2008.3—2010.1
党组书记：岳建国　2005.5—2008.3
赵继伦　2008.3—2010.1
党组副书记：任长河　2005.5—2008.3
岳建国　2008.3—2010.1
副 局 长：岳建国　2005.5—2008.3
闫志和　2005.10—2010.1
崔存福　2005.10—2009.9
王　铁　2005.10—2010.1
赵继伦　2008.3—2010.1

公用事业管理局　1998年12月13日，组建聊城市公用事业管理局。2010年1月，与市政管理局合并，组建聊城市市政公用事业管理局。

局　　长：刘　勇　2001.1—2009.3
高洪岩　2009.4—2010.1
党委书记：陈修坦　1998.9—2001.9
刘　勇　2001.9—2009.3
高洪岩　2009.4—2010.1
副 书 记：刘　勇　2001.1—2001.9
苏本生　1998.9—2001.9
左保金　1998.9—2002.10
高兴明　2005.5—2006.6
黄复林　2006.6—2007.6
副 局 长：苏本生　1998.10—2001.9
高兴明　1998.10—2006.6
蒋玉尚　1998.10—2001.9
刘玉英（女）1998.10—2004.3
黄复林　2003.3—2007.6
王凤山　2004.8—2010.1
王华明　2008.10—2010.1
马　林　2009.7—2010.1

市政公用事业管理局 2010年1月7日，将市政管理局与公用事业管理局合并，组建聊城市市政公用事业管理局。

局　　长：岳建国　2010.1—2014.1
　　　　　张金伦　2014.5—2015.6
党组书记：赵继伦　2010.1—2013.9
　　　　　李保忠　2014.5—2015.6
副 书 记：岳建国　2010.1—2014.1
　　　　　李保忠　2013.10—2014.5
副 局 长：赵继伦　2010.1—2015.6
　　　　　闫志和　2010.1—2011.9
　　　　　王　铁　2010.1—2010.6
　　　　　王凤山　2010.1—2015.6
　　　　　王华明　2010.1—2015.6
　　　　　马　林　2010.1—2015.6
　　　　　李保忠　2013.10—2014.5

城市管理行政执法局 2005年9月，设立聊城市城市管理行政执法局。

局　长：肖居智　2005.5—2008.12
　　　　李宝兰（女）　2008.12—2010.7
　　　　袁炳臣　2010.7—2015.6
党组书记：肖居智　2005.5—2008.3
　　　　　李宝兰（女）　2008.3—2010.7
　　　　　袁炳臣　2010.7—2015.6
副书记：周长春　2005.10—2008.3
　　　　肖居智　2008.3—2008.12
　　　　伦　炜　2012.7—2015.6
副局长：周长春　2005.10—2008.3
　　　　宋　军　2005.5—2012.5
　　　　尹志义　2005.5—2010.7
　　　　王　华　2011.3—2012.9
　　　　李清华　2011.8—2013.7
　　　　伦　炜　2012.7—2015.6
　　　　赵同江　2013.9—2015.6

城市管理局

2014年12月16日，将聊城市城市管理行政执法局、聊城市市政公用事业管理局的职责进行整合，组建聊城市城市管理局，为市政府工作部门。1998年，聊城撤地设市后，组建聊城市城市园林管理处，为副县级全额事业单位，由聊城市建设委员会管理。1998年4月，成立聊城市市政工程管理处，为副县级全额事业单位，由聊城市建设委员会管理。1998年4月，聊城市环境卫生管理处更名为聊城市城市环境卫生管理处，为副县级全额事业单位。1998年，聊城市城建监察支队，为副县级单位。2005年，更名为聊城市城市管理行政执法支队，单位性质、级别未变。

局　　长：张金伦　2015.6—
党组书记：李保忠　2015.6—
副 局 长：王凤山　2015.6—
　　　　　王华明　2015.6—
　　　　　马　林　2015.6—
　　　　　赵同江　2015.6—

交通局

1994年1月，聊城地区交通局更名为聊城地区交通委员会，单位性质、级别、主要职能、内部机构未变。1998年3月，聊城地区交通委员会更名为聊城市交通委员会。2001年9月，聊城市交通委员会改称聊城市交通局。1998年8月，设立聊城市交通稽查支队，为副县级事业单位；设立聊城市交通投资开发公司，为副县级事业单位。2001年3月，聊城市运输管理处升格为副县级事业单位。2013年，成立聊城市交通运输局农村公路管理处，为副县级事业单位。以上四个单位均隶属聊城市交通局。

聊城市交通委

主　　任：郭秀华　　　—1998.3
　　　　　钟文泽　1998.3—2001.9
党组书记：郭秀华　　　—1998.3
　　　　　钟文泽　1998.3—2001.9
副 主 任：史保安　　　—1999.12
　　　　　李友渔　　　—2001.9
　　　　　杜先广　　　—2001.9
　　　　　谢克臻　　　—2001.9
　　　　　李伯平　　　—1998.1
　　　　　蔡同民　　　—1998.10
　　　　　孙贵生　1998.10—2001.9

韩建国　2001.7—2001.9

聊城市交通局

局　　长：钟文泽　2001.9—2005.12
　　　　　李友渔　2005.12—2008.2
　　　　　韩建国　2008.2—2011.12
　　　　　葛敬方　2011.12—2013.7
　　　　　高洪岩　2013.7—2015.12
　　　　　周文明　2015.12—

党组书记：钟文泽　2001.9—2005.12
　　　　　李友渔　2005.12—2008.3
　　　　　韩建国　2008.2—2012.3
　　　　　高志国　2013.5—　（援青）
　　　　　高洪岩　2013.7—2015.12
　　　　　周文明　2015.12—

副 局 长：孙贵生　2001.9—2007.12
　　　　　韩建国　2001.9—2005.12
　　　　　王月浩　2001.10—2009.7
　　　　　徐传亮　2004.7—2013.11
　　　　　王绣宇　2009.7—2013.7
　　　　　孙光木　2007.6—2013.1
　　　　　高志国　2011.3—2013.5
　　　　　杨金霞　2013.7—
　　　　　林树军　2013.7—
　　　　　司树伟　2013.8—

纪检组长：齐瑞昌　　　　—1999.2
　　　　　王绣宇　2001.12—2009.7
　　　　　司树伟　2009.7—2009.12

· 市公路管理局

1998年3月，聊城地区公路管理局更名为聊城市公路管理局。

局　长：郭秀华　1989.1—1998.9
　　　　蔡同民　1998.9—2001.9
　　　　李友渔　2001.9—2006.1
　　　　韩建国　2006.1—2008.3
　　　　葛敬方　2008.3—2011.12
　　　　高洪岩　2011.12—2013.7
　　　　孙玉臣　2013.7—

党委书记：郭秀华　　　　—1998.9
　　　　　梁金钟　1998.9—2002.10
　　　　　李新昌　2006.1—2010.6
　　　　　刘　静　2013.8—

副书记：衣述宽　　　　—1999.3
　　　　蔡同民　1998.9—2001.9
　　　　李友渔　2001.9—2006.1
　　　　李新昌　2001.9—2006.1
　　　　韩建国　2006.1—2008.3
　　　　葛敬方　2008.3—2011.12
　　　　高洪岩　2011.12—2013.7
　　　　孙玉臣　2013.7—

副局长：梁金钟　　　　—2002.10
　　　　侯国允　　　　—1994.6
　　　　杜文亭　　　　—1998.9
　　　　吴文静　　　　—2005.4
　　　　张玉芳　　　　—2002.12
　　　　郭德功　1999.1—2005.2
　　　　李新昌　2000.7—2010.6
　　　　刘　静　2001.9—2013.8
　　　　张建生　2001.9—2010.3
　　　　张敬波　2009.7—2013.10
　　　　辛家旺　2009.7—
　　　　李文忠　2011.12—
　　　　张宝松　2013.8—
　　　　田庆云　2013.8—
　　　　杨兴鲁　2014.12—

水利局

1950年2月，聊城专署所辖交通科、农业科合并，建立建设科。1953年，建设科所辖水利推进社与水利组合并，建立水利队。1958年2月，建立聊城专区水利建设指挥部。1968年12月，聊城专区水利建设指挥部改称聊城专区水利建设指挥部革命委员会。1970年6月，聊城专区水利建设指挥部革命委员会改称聊城地区水利局革命委员会。1978年10月，聊城地区水利局革命委员会改称聊城地区水利局（1979年8月一度改称聊城行署水利局）。1998年3月，聊城撤地设市，聊城地区水利局更名为聊城市水利局。1997年，聊城地区防汛抗旱指挥部办公室为正科级全额预算事业单位，隶属聊城地区水利局。1998 年 3 月，聊城撤地设市后，改称聊城市防汛抗旱指挥部办公室，2001 年 9 月，升格为副县级事业单位。2001 年 9 月，成立彭楼引黄灌区管理处为副县级差额事业单位，2003 年 6 月更名为金彭陶水利管理处，2012 年 10 月调整为公益一类事业单位。1997 年，聊城地区河道工程管理处为副县级差额事业单位，隶属地区水利局。1998 年 3 月，聊城撤地设市后，该处改称聊城市河道工程管理处，单位性质、级别未变，隶属聊城市水利局。2012 年 10 月，调整为公益一类事业单位。

局　　长：荣向林　　　—2003.4

唐佑乾　2003.4—2008.12

马爱忠　2008.12—2012.3

栾居军　2012.3—2015.12

任永胜　2015.12—

党组书记：荣向林　　　—2003.4

唐佑乾　2003.4—2008.12

马爱忠　2008.12—2012.3

栾居军　2012.3—2015.12

任永胜　2015.12—

副 书 记：唐佑乾　2001.9—2003.4

栾居军　2011.12—2012.3

副 局 长：江喜善　　　—1998.7

王洪金　　　—1998.7

唐佑乾　　　—2003.4

刘云田　1998.4—2001.9

洪玉振　1998.9—2001.1

王山英　2001.9—2010.12

李国荣　2001.1—2006.8

董丕业　2001.12—2013.8

蔺怀国　2003.3—2011.12

栾居军　2004.5—2007.12

王金山　2006.6—2011.8

程道敏　2011.12—2013.11

齐海云　2007.5—

刘延章　2011.12—

马喜堂　2013.10—

· 市南水北调工程建设管理局

2009 年 7 月，成立聊城市南水北调工程建设管理局，为正县级全额拨款事业单位，隶属市水利局。2015 年 12 月，市南水北调工程建设管理局设置未有改变。

局　　长：董丕业　2009.7—2013.10

程道敏　2013.10—

副局长：杨旭东　2010.1—2013.10

许晓华　2015.12—

· 水利工程总公司　1992 年 8 月，成立聊城地区水利开发总公司。1994 年 2 月，聊城地区水利开发总公司更名为聊城地区水利工程总公司，为正县级企业化管理的事业单位。1998 年 8 月，聊城地区水利工程总公司更名为聊城市水利工程总公司。

总 经 理：荣向林　　　—2003.4（兼）

唐佑乾　2003.12—2004.3（兼）

副总经理：李伯鲁　　　—1997.10

王福路　　　—1997.10

宁更全　　　—2002.1

马爱忠　　　—2009.7（兼）

王明庆　1997.10—1998.9

王改莲（女）1998.10—2008.12

董丕业　2000.3—　　（聘）

徐树坤　2000.3—2002.1（聘）

杜代军　2009.7—

葛朝军　2012.7—

李令安　2012.7—

· 水利开发投资公司

1995 年 9 月，成立聊城地区水利开发投资公司，为正县级企业化管理事业单位，该公司隶属地区水利局。1998 年 3 月，聊城地区水利开发投资公司更名为聊城市水利开发投资公司。

经　理：唐佑乾 2001.9—2004.3（兼）

姜　波　2012.7—

副经理：宁更全　1999.7—2001.12

程道敏　2001.12—

姜　波　2001.12—2012.7

朱月立　2012.7—

位山灌区管理处 1980年12月，成立独立设置的聊城地区位山灌区管理处，为副县级事业单位。1984年6月，聊城地区引黄灌溉管理处更名为聊城地区灌溉处，明确为地区水利局领导的降半格事业单位。1998年3月，撤地设市，聊城地区灌溉处更名为聊城市灌溉处。2001年9月，聊城市灌溉处升格为正县级事业单位，更名为聊城市位山灌区管理处。2010年8月，成立中共聊城市位山灌区管理处委员会。

主　任：马爱忠　　　—2009.7
　　　　单清明　2009.7—2014.1
　　　　李其超　2015.12—

市农业委员会

1997年，聊城地区畜牧中心为正县级事业单位。1998年2月，更名聊城地区畜牧局（聊城地区畜牧管理服务中心）。2009年2月，更名为聊城市畜牧兽医局。2010年2月，将市畜牧兽医局的行政管理职责划入市农业委员会。市畜牧兽医局为市农业委员会的内设机构，为副县级行政单位。1997年，聊城地区水产工作处为副县级事业单位。1998年2月更名为聊城地区水产局（挂聊城地区水产管理服务中心牌子），为全额预算行使行政管理职能的正县级事业单位。1998年5月，更名为聊城市水产局（挂聊城水产管理服务中心牌子）。2002年3月，为正县级全额预算管理事业单位。2010年8月，市水产局为市农业委员会的内设机构，为副县级行政单位。1997年2月，聊城地区农业机械管理局为正县级单位。1998年3月，聊城地区农业机械管理局更名为聊城市农业机械管理局，为正县级行政机关。2001年9月，聊城市农业机械管理局改为聊城市农业机械管理办公室，正县级事业单位。2008年8月，聊城市农业机械管理办公室更名为聊城市农业机械管理局。2010年1月，聊城市农业机械管理局行政管理职责整合划入市农业委员会，作为市农委的内设机构，为副县级行政机关。2010年1月，原市农业办公室、市农业局、市蔬菜（棉花）办公室合并，组建市农业委员会。1997年，聊城地区种子管理处为副县级事业单位。1998年3月，聊城地区种子管理处改称聊城市种子管理处，由聊城市农业局管理。2002年4月，成立聊城市农村合作经营管理站，挂聊城市农民负担监督管理办公室的牌子，为科级单位；2004年9月，升格为副县级单位；2005年6月，更名为聊城市农村合作经济经营处（农民负担监督管理办公室）。2006年9月，成立聊城市动物疫病预防与控制中心，为副县级事业单位。1997年，山东省农业广播电视学校聊城分校，为副县级事业单位。

主　　任：张世杰　2010.1—2014.3
　　　　　侯德功　2014.3—
党组书记：张世杰　2010.1—2013.7
　　　　　侯德功　2013.7—
副 书 记：张重全　2012.7—
副 主 任：王振国　2010.1—2011.12
　　　　　刘素真（女）2010.1—2011.3
　　　　　邱振国　2010.1—2012.5
　　　　　宋培刚　2010.1—2011.4
　　　　　张　燕（女）2010.1—2014.8
　　　　　郭新成　2010.1—2011.11
　　　　　张重全　2010.1—
　　　　　张进军　2010.1—2011.11
　　　　　王子尚　2010.1—
　　　　　白文儒　2011.12—2014.8
　　　　　刘春宝　2012.8—2014.3
　　　　　孙玉杰　2012.8—

市农业办公室 1998年3月，地区农业委员会更名为市农业委员会，为正县级单位。2001年10月，撤销市农业委员会设市农业办公室。2010年1月，被合并到新组建的市农委。

主　　任：吴保明　　　—1998.8
　　　　　徐奉彩　1999.8—2003.12
　　　　　王登阁　2003.12—2007.6
　　　　　李西郊　2007.6—2010.1
党组书记：吴保明　　　—1998.7
　　　　　徐奉彩　1999.8—2003.12
　　　　　王登阁　2003.12—2007.6
　　　　　李西郊　2007.6—2010.1

副 书 记：徐奉彩　1998.7—1999.8
副 主 任：盛守杰　—1998.7
李秉忠　—1997.6
王海泉　—1998.7
杜明堂　—1998.7
路梦斗　—1998.7
郑之明　—1997.1
杨旭东　—2001.10
徐奉彩　1998.8—1999.8
张延秋　2006.6—2009.11
张进军　2001.12—2010.1
王子尚　2001.12—2010.1

市农业局　1998年3月，地区农业局更名为市农业局，为正县级单位。2010年1月，被合并到新组建的市农委。

局　　长：张继智　1998.4—2001.8
许玉恒　2001.9—2003.3
张世杰　2003.3—2010.1
党组书记：张继智　1998.4—2001.8
许玉恒　2001.9—2003.3
张世杰　2003.3—2010.1
副 书 记：张继智　1997.1—1998.3
宋士岩　1998.9—2001.8
许宗林　2001.8—2004.1
副 局 长：郑之明　—1998.9
宋士岩　1998.9—2001.9
王兴明　1998.7—1999.9
许宗林　1998.9—2004.1
张　燕（女）　2001.9—2010.1
张重全　2001.12—2010.1
郭新成　2002.8—2010.1

市蔬菜（棉花）办公室　1998年3月，地区行署棉花（蔬菜）办公室更名为市棉花（蔬菜）办公室。2002年3月，市棉花（蔬菜）办公室更名为市蔬菜（棉花）办公室，为正县级单位。2010年1月，被合并到新组建的市农委。

主　　任：李秉忠　—1997.7
张明清　1998.7—2004.7
王振国　2004.12—2008.3
杨旭东　2008.3—2010.1
党组书记：李秉忠　—1997.6
张明清　1998.7—2004.7
王振国　2004.12—2008.3
杨旭东　2008.3—2010.1
副 书 记：王振国　2004.7—2004.12
副 主 任：张明清　—1998.3
张玉萍（女）　—2006.3
张进刚　1997.11—2000.6
刘春宝　2001.9—2010.1
王振国　2004.7—2004.12
孙玉杰　2006.6—2010.1

市农机局　1975年10月，聊城地区农业机械管理局成立。1984年7月，撤销农业机械管理局，组建聊城地区农业机械管理公司。1989年2月，地委行署决定将聊城地区农机管理公司更名为聊城地区农业机械管理局，列行署行政序列，为正县级单位。1997年2月，组建农机技术工程开发站（全额预算正科级事业单位）。1998年3月，聊城地区农业机械管理局更名为聊城市农业机械管理局，为市政府序列正县级行政机关，职能不变，一个农机技术工程开发站（全额预算正科级事业单位）。2001年9月，聊城市农业机械管理局改为聊城市农业机械管理办公室（依照公务员管理的全额预算正县级事业单位）。2002年4月，农机技术工程开发站更名为农机服务中心，单位规格、性质不变。2008年8月，聊城市农业机械管理办公室更名为聊城市农业机械管理局，单位职能、规格、经费形式、人员编制等机构编制事宜不变。2010年1月，聊城市农业机械管理局行政管理职责整合划入市农业委员会，作为市农委的内设机构，为副县级行政机关。2012年12月，聊城市农机服务中心加挂市农业机械技术推广站的牌子。

局　　长：周桂堂　—2001.9
张守科　2008.10—2009.4
宋培刚　2009.4—2011.4
张　燕（女）　2011.8—
党组书记：王启杰　—2001.9

张守科　2001.9—2009.4
宋培刚　2009.4—2011.4
张　燕（女）2011.8—
副书记：周桂堂　—2001.9
副局长：姜维村　—1998.4
王启杰　—2001.9
张树立　—2001.12
史　民　—1998.9
张以国　—2001.12
董乐华　1998.9—2001.12
2008.10—2010.1
宋培刚　2008.10—2009.4
王江川　2012.7—

聊城市农机办

主　任：张守科　2001.9—2008.10
副主任：董乐华　2001.12—2008.10
张以国　2001.12—2004.6
宋培刚　2005.10—2008.10

农业科学研究院　1978年3月，聊城地区农业科学研究所升格为正县级事业单位。1998年9月，更名为聊城市农业科学研究所。2003年11月，更名为聊城市农业科学研究院，更名后单位性质、规格、编制等内容不变。2005年10月，农科院党支部更改为农科院党委。

市农科所

党支部书记：宋士岩　—1999.9
郑之明　1999.9—2005.10
副书记：赵春亮　—2002.4
郑之明　1998.9—1999.9
所长：宋士岩　—1998.9
郑之明　1999.9—2003.11
副所长：付朝臣　—1999.2
赵春亮　—2002.4
冯承业　1998.9—2003.11
褚丁印　1998.9—2003.11

市农科院

党委书记：郑之明　2005.10—2008.12
张重全　2012.7—
副书记：褚丁印　2005.10—
曹修才　2012.7—
院长：郑之明　2003.11—2005.10
褚丁印　2005.10—
副院长：冯承业　2003.11—2008.11
褚丁印　2003.11—2005.10
金兰奇　2004.7—2010.2
曹修才　2004.7—
张　徽　2012.7—
杜玉林　2012.7—

商务局

1994年2月8日，聊城地区对外经济贸易委员会与聊城地区外贸局合并，组建聊城地区对外经济贸易委员会，1998年，更名为聊城市对外经济贸易委员会。2002年4月19日，对外经济贸易委员会更名为对外贸易经济合作局。2010年1月7日，组建聊城市商务局，将市对外贸易经济合作局的职责、市经济贸易委员会内贸管理和机电产品进出口管理职责，整合划入市商务局，不再保留市对外贸易经济合作局。

党组书记：邢耀明　—1997.6
娄秀臣　1997.6—1999.8
殷德荣　1999.8—2003.4
郑　峰　2003.4—2008.3
梁志刚　2008.3—
主任：娄秀臣　—1999.8
殷德荣　1999.8—2001.9
局长：殷德荣　2001.9—2003.3
郑　峰　2003.3—2008.3
梁志刚　2008.3—
副主任：梁兴珽　—1997.6
刘怀德　—2001.9
董文元　—2000.2
孙德智　—1998.9
王晓峰　—2001.9
路宗海　—1998.9
郑　峰　—2001.9
安文珠　—2001.9
殷德荣　1998.4—1999.8
副局长：郑　峰　2001.9—2003.3

安文珠　2001.9—2003.4
刘耀峰　2001.9—2014.8
郝兴国　2004.7—2009.7
耿冰天　2004.7—
赵迎春　2008.11—
王　鹏　2009.7—2013.8
谢　炜　2013.11—

·国际经济技术合作公司

1995年7月，聊城国际经济技术合作公司为正县级事业单位，实行企业化管理，隶属聊城地区对外经济贸易委员会。1998年3月，隶属聊城市对外经济贸易委员会，后隶属聊城市对外贸易经济合作局（2004年8—9月，执照被收回，已名存实亡，只有一个名，且2004年之后已无副县级领导）。

总经理：王晓峰　　—2001.10
刘　斌　2001.11—2004.9

文化广电新闻出版局

2010年1月，聊城市文化局、聊城市新闻出版局、聊城市广电局整合职能后组建聊城市新闻出版广电局。2010年8月，成立市文化市场综合执法局，为副县级行政单位。1998年12月，成立市文物事业管理局，为副县级事业单位。1997年，聊城地区杂技团为副县级事业单位，隶属聊城地区文化局。1998年3月，聊城撤地设市后，聊城地区杂技团改称聊城市杂技团，该团隶属聊城市文化局，单位性质、级别未变。

局　　长：杨　达　2010.2—
党组书记：周济成　2010.2—2012.8
杨　达　2014.10—
副 局 长：周济成　2010.2—2012.10
孟昭民　2010.2—2012.1
张景超　2010.2—2012.5
翟　健　2010.2—
孙瑞峰　2010.2—2010.11
臧兴宏　2010.2—2011.12
王凯英（女）　2010.2—2013.6
刘兴元　2013.8—

市文化局　1949年，设立的聊城专署文化科。1959年，改为聊城专署文教局。1971年4月，设立聊城地革委政治部文化组。1975年政治部撤销，设聊城地区革命委员会文化局。1978年，改称聊城地区文化局。1998年，改为聊城市文化局。2010年1月，与聊城市新闻出版局、聊城市广电局整合职能后组建聊城市新闻出版广电局。

局　　长：张泮舟　　—1997.7
殷立森　1998.4—2008.3
杨　达　2008.3—2010.2
党组书记：张泮舟　　—1997.7
殷立森　1998.4—2008.3
杨　达　2008.3—2010.2
副 书 记：许金珠　1998.9—2007.10
副 局 长：向秀珍（女）1998.4—
许金珠　1998.9—2007.10
赵亚军　2000.5—2006.2
王凯英（女）2006.8—2010.2
刘延章　2007.11—2009.7
孙瑞峰　2009.7—2010.2

市新闻出版局（版权局）　1975年10月，成立聊城地区革命委员会出版办公室。1984年5月，改称山东人民出版社聊城办事处。1987年5月，改称山东省出版总社聊城分社。1990年5月，成立聊城地区新闻出版局。1998年3月，改为聊城市新闻出版局。2001年10月，设聊城市新闻出版局（挂聊城市版权局牌子）与市文化局合属。2010年1月，与聊城市文化局、聊城市广电局整合职能后组建聊城市新闻出版广电局。

局　　长：潘　峰　　—2004.12
周济成　2004.12—2010.1
党组书记：李福印　　—2001.4
王德春（女）2001.9—2004.9
周济成　2004.10—2010.1
副 书 记：潘　峰　　—2004.12
谢洪祥　　—2009.4
副 局 长：李福印　　—2001.4
谢洪祥　　—2009.4
蒋记录　　—2004.4

王德春（女）2001.9—2004.9
张景超　2003.11—2010.1
翟　健　2009.7—2010.1

市广播电视局　为市政府工作部门。1963年10月，建立的聊城专区广播管理站。1970年11月，改为广播事业局。1975年9月，改称聊城地革委广播事业局。1978年10月，改称聊城地区行署广播事业局。1984年5月，改为聊城地区广播电视处。1987年4月，改为聊城地区广播电视局。1998年3月，改为聊城市广播电视局。2010年1月，与聊城市文化局、聊城市新闻出版局整合职能后组建聊城市新闻出版广电局。

局　　长：张清海　1997.1—2003.3
李印中　2003.4—2006.5
路仕佼　2006.11—2010.2
党组书记：张清海　1997.1—2003.6
李印中　2003.6—2006.5
路仕佼　2007.3—2010.2
副 书 记：盛金方　1997.1—1998
副 局 长：盛金方　1997.1—1999.6
霍士章　1997.1—2003.12
孙学成　1997.1—2007.6
王凤河　1997.1—1998.4
王　滨　1998.4—2000.10
任焕英　2001.12—2007.6
孟昭民　2001.9—2010.2
秦金星　2005.8—2010.1
电视台台长：王　滨　1997.1—1998.4
烟少平　2001.12—2004.7
朱国方　2002.6—2010.2
宋　苒（女）2004.7—2010.2
孟宪忠　2009.7—2010.2
副 台 长：孟昭民　1998.11—2001.9
万维兴　2004.7—2010.2
祁学兰（女）2004.7—2010.2
玄志刚　2009.7—2010.2

山东新华书店集团有限公司聊城分公司

聊城市新华书店前身为1948年成立的冀鲁豫新华书店聊城总店，后又相继改名为新华书店聊城支店、聊城专区新华书店。1987年4月，原聊城县新华书店撤销，地县两店合并为聊城地区新华书店，为副县级单位。1998年3月聊城撤地建市，聊城地区新华书店改称为聊城市新华书店，中共聊城地区新华书店支部委员会改建为中共聊城地区新华书店委员会。2012年9月改制后，聊城市新华书店更名为山东新华书店集团有限公司聊城分公司；中共聊城市新华书店委员会更名为中共山东新华书店集团有限公司聊城分公司委员会。

总 经 理：臧庆霄　1995.7—2000.11
程先军　2000.11—2012.5
张国林　2012.5—
党委书记：刘光桐　1997.6—2002.4
程先军　2002.4—2012.6
张国林　2000.11—2012.6
副总经理：管　炜　1996.8—2000.11
臧庆霄　2000.11—2002.4
连　训　1996.8—2005.12
李新文　2002.4—2005.8
张国林　2002.4—2012.6
牟　欣　2005.12—2014.7
张国光　2012.8—
刘书箫　2012.8—
副 书 记：臧庆霄　1997.6—2000.11
程先军　1997.6—2002.4
李新文　2002.4—2005.8
赵　坤　2005.12—2012.12

卫生和计划生育委员会

2014年5月，聊城市卫生局与聊城市计划生育委员会合并为聊城市卫生和计划生育委员会。1984年12月，成立聊城市爱国卫生运动委员会办公室，为区级事业单位；2004年7月，升格为副县级事业单位，由卫生局代管。2011年8月，成立聊城市干部保健处，隶为副县级事业单位。

主　　任：刘德勇　2014.5—
副 主 任：赵金星　2014.5—

谢　华（女）2014.5
冯守琦　2014.5—
杜保瑞　2014.5—
宋汝祥　2014.5—
谢忠民　2014.5—
马胜军　2014.5—
干部保健处主任：赵素婷（女）2014.5—
市爱卫办主任：袁浩然　2014.5—
市疾控中心主任：赵金星　2014.5—
市计生协会常务副会长：
谢　华（女）2014.5—
市计生协会副会长：侯宪霄　2014.5—

市卫生局　1949年10月，建立聊城专署卫生科。1958年2月，建立聊城专署督导室文教卫生组。1959年9月，建立聊城专员公署卫生局。1967年3月，更名聊城地区革命委员会卫生局。1970年2月，改名聊城地区卫生局革命委员会。1978年7月，易名聊城地区行政公署卫生局。1998年3月，聊城撤地设市，更名为聊城市卫生局。2014年5月，聊城市卫生局与聊城市人口和计划生育委员会合并，组建聊城市卫生和计划生育委员会。

局　　长：宿春明　　—1998.4
葛保忠　1998.4—2001.9
赵宪奇　2001.9—2009.12
刘德勇　2010.1—2014.5
党组书记：宿春明　　—1998.3
葛保忠　1998.4—2001.9
赵宪奇　2001.9—2009.12
刘德勇　2010.1—2014.5
副书记：李福顺　　—1997.1
路仕佼　2001.9—2006.11
徐　坤　1998.4—2001.9
副局长：李福顺　　—1997.1
牟世忠　　—1997.11
徐　坤　　—2001.9
任淑英（女）　—2001.10
路仕佼　1997.11—2001.8
徐爱青（女）2001.9—2006.5
李凤来　2001.12—2006.6
赵金星　2001.12—2006.5
郑修德　2003.10—2013.7
王启昌　2006.6—2007.7
杜保瑞　2013.7—2014.5
宋汝祥　2013.7—2014.5
马胜军　2013.7—2014.5
朱明华　2013.12—2014.5
市疾控中心主任：赵金星　2006.6—2014.5
市红十字会常务副会长：
徐爱青（女）2006.6—2012.4
干部保健处主任：
赵素婷（女）2013.7—2014.5
爱卫办主任：李凤来　2004.11—2006.6
张兆森　2006.6—2009.2
袁浩然　2013.8—2014.5

市人口和计划生育委员会　1993年7月，聊城地区行署确定聊城地区计划生育委员会为正县级行政单位。1998年3月，聊城地区计划生育委员会更名为聊城市计划生育委员会。2005年10月，更名为聊城市人口和计划生育委员会。2014年5月，与聊城市卫生局合并为聊城市卫生和计划生育委员会。

主　　任：邹承照　　—1998.4
郭银德　1998.4—2003.12
王广柱　2003.12—2011.3
张树奎　2011.3—2014.5
党组书记：邹承照　　—1998.4
郭银德　1998.4—2003.12
王广柱　2003.12—2011.3
张树奎　2011.3—2014.5
副书记：王广柱　1998.4—2003.12
副主任：杨遇春（女）1986.2—2001.9
赵玉莲（女）　—2001.2
侯新亭　　—2001.9
王广柱　　—2003.12
徐文杰（女）2001.9—2006.6
刘凤起　2001.12—2012.1
郭长兴　2003.12—2010.8

宋文广　2006.6—2013.7
冯守琦　2006.6—2014.5
柳善华　2006.11—2013.7
谢忠民　2013.8—2014.5

市计划生育协会　1987年10月，聊城地区计划生育协会成立。1998年3月，聊城地区计划生育协会更名为聊城市计划生育协会。2011年10月，市编委会研究，将聊城市计划生育协会明确为群众团体机关。

常务副会长：赵玉莲（女）　—2001.2
侯新亭　2001.9—2006.3
徐文杰（女）　2006.6—2011.3
谢　华　2011.12—

副　会　长：谢忠民　2001.12—2013.8
侯宪霄　2013.8—

·聊城市疾病预防控制中心

1998年12月，聊城地区防疫站改称聊城市卫生防疫站。2003年11月，在原市卫生防疫站的基础上组建聊城市疾病预防控制中心，为正县级单位。

站　长：辛宝家　—1999.9
孙嘉兴　1999.9—2001.9
申长生　2001.9—2004.12

副站长：李凤华　—1998.10
唐肇昶　—2004.12
梁永平　—2004.12
张子文　1998.8—2004.12

党总支书记：
张清江　—1998.4（1994.8任调研员）
辛宝家　—1999.9
徐　坤　1998.4—2001.9
申长生　2001.9—2004.12

主　任：申长生　2004.12—2006.6
赵金星　2006.6—

副主任：唐肇昶　2003.11—2013.8
梁永平　2003.11—2012.11
张子文　2004.11—2009.1
石兴瑞　2009.4—
姜祥坤　2009.4—
赵书森　2013.7—
张芙蓉　2013.8—

党总支副书记：赵金星　2006.6—

食品药品监督管理局

2011年5月，成立市食品药品稽查支队，为副县级事业单位。2013年11月28日，经市政府研究，将市政府食品安全工作办公室的职责、市食品药品监督管理局的职责、市工商行政管理局的流通环节食品安全监督管理职责、市质量技术监督局的生产环节食品安全监督管理职责进行整合，重新组建聊城市食品药品监督管理局（加挂聊城市食品安全委员会办公室牌子），为市政府工作部门。

局　　长：李庆林　1999.12—2004.7
徐　坤　2004.7—2007.11
朱增法　2007.11—2009.9
徐　坤　2009.9—2014.1
孙　峰　2014.2—

党组书记：李庆林　1999.12—2004.7
徐　坤　2004.7—2007.11
朱增法　2007.11—2009.9
徐　坤　2009.9—2013.12
孙　峰　2013.12—

副 局 长：刘君之　2001.7—2010.10
朱明华　2002.3—
杨建峰　2002.3—2010.4
于永辉　2009.7—
孙　峰　2013.12—2014.2
李继荣　2013.12—

纪检组长：梁凤英　2003.3—2007.8
万庆广　2007.8—2010.1

市食品药品稽查支队支队长：
梁宝河　2013.8—

市食品安全工作办公室　2013年11月28日，经市政府研究，将市政府食品安全工作办公室的职责、市食品药品监督管理局的职责、市工商行政管理局的流通环节食品监督管理职责、市质量技术监督局的生产环节食品安全监督管理职责进行整合，重新组建聊城市食品药品监督管理局（加挂聊城市食品安全委员会办公室牌子），为市政府工作部门，承担聊城市食品安全委员会的具体工作。

主　任：徐　坤　2013.12—2014.1
孙　峰　2014.2—
副主任：孙　峰　2013.12—2014.2
朱明华　2013.12—
李继荣　2013.8—
于永辉　2013.12—

工商行政管理局

1998年3月，聊城地区工商行政管理局改为聊城市工商行政管理局，为正县级单位，是年，工商行政管理系统实行省以下垂直管理。2013年10月24日，山东省人民政府发布《关于改革完善市县食品药品工商质监管理体制的意见》（鲁政发〔2013〕24号），“将工商、质监省级以下垂直管理改为地方政府分级管理体制”。

局　　长：陈学隆　　—2000.12
李　磊　2000.12—2002.6
刘　波　2003.1—2006.3
陈学隆　2006.3—2008.3
张文峰　2008.3—2013.3
李忠贤　2013.3—
党组书记：韩明武　　—1998.8
陈学隆　1998.9—2000.12
李　磊　2000.12—2002.6
刘　波　2003.1—2006.3
陈学隆　2006.3—2008.3
张文峰　2008.3—2013.3
李忠贤　2013.3—
党组副书记：陈学隆　　—1998.9
刘　波　2002.6—2003.1
刘云旺　2006.8—2007.4
郭庆华　2008.1—2008.11
副　局　长：白维贵　　—2001.2
郭庆宏　1998.4—2003.12
刘云旺　1998.9—2007.4
郭庆华　2001.2—2009.4
杜长武　2004.12—2007.4
刘忠贤　2009.4—
杨乃先　2007.4—
罗本江　2007.4—
纪检组长：郭庆华　　—2001.2
杜长武　2001.2—2004.12
刘忠贤　2004.12—2009.4
李峻峰　2009.4—2014.12

审计局

1984年5月，聊城地区审计处成立，为副县级单位。1986年4月，聊城地区审计处更名为聊城地区审计局，为正县级单位。1998年，更名为聊城市审计局。2001年2月，成立市经济责任审计办公室（副县级事业单位）。2005年8月，成立市政府投资审计专业局（副县级事业单位）。2008年4月，改为参照公务员法管理事业单位。

局　　长：贺桂道　　—1999.12
姜之厚　1999.12—2003.4
刘　敏（女）2003.4—2008.3
王连申　2008.3—
党组书记：贺桂道　　—1999.12
姜之厚　1999.12—2003.4
刘　敏（女）2003.4—2008.3
王连申　2008.3—
副　书记：姜之厚　1999.4—1999.12
刘　敏（女）2001.9—2003.4
马荣锁　2003.4—2004.7
崔玉忠　2006.6—2008.3
副　局　长：姜之厚　1999.4—1999.12
梁士清　　—1997.8
李昌忠　　—1999.12
刘　敏（女）　—2003.4
郭明芳　2001.9—2010.3
马荣锁　2003.4—2004.7
杨泽峰　2001.9—
崔玉忠　2004.11—
张　斌　2002.6—
周玉明　2013.7—

环境保护局

1973年10月，聊城地区革命委员会环境保护办公室成立。1978年7月，聊城地区革命委员会环境保护办公室改称聊城地区行政公署环境保护办公室。1984年8月，聊城地区环境保护办公室定为局级事业单位，由地区城乡建设环境保护委员会代管。1989年10月，聊城地区环境保护办公室改称聊城地区环境保护局，列行署工作部门序列。1993年7月，聊城地区环境保护局为正县级行政单位，列政府工作部门序列。1998年4月，聊城地区环境保护局改称聊城市环境保护局。2004年3月，聊城市环境监理站更名为聊城市环境监察支队；2005年11月，聊城市环境监察支队升格为副县级事业单位。1976年4月，成立聊城地区环境保护监测站；2005年11月，更名为市环境监测中心，为副县级事业单位。2007年12月，成立市污染物排放总量控制办公室，为副县级事业单位。

局　长：李清宇　—2001.9
韩更大　2001.9—2002.9
魏茂森　2005.5—2008.3
许泽英　2008.3—2011.3
马荣锁　2011.3—

副局长：杨文义　—1997.6
刘文忠　—2002.9
刘海贵　1998.4—2009.1
梁志强　2000.8—2008.12
韩更大　2001.1—2001.9
刘耀国　2004.7—2010.5
黄福朝　2005.9—2013.7
吴登峰　2010.3—2013.7
高广忠　2009.7—
葛洪波　2013.7—
付卫东　2013.7—

民族宗教事务局

1997年1月，聊城地区民族宗教事务处改称聊城地区民族宗教事务局（升格为正处级）。1998年3月，聊城撤地设市，更名为聊城市民族宗教事务局。2002年4月，聊城市民族宗教事务局（挂“聊城市宗教团体管理办公室”牌子）。

局　长：张家驯　—1998.7
魏尚洪　1998.7—2007.7
王维峰　2007.7—

党组书记：张家驯　—1998.7
魏尚洪　1998.7—2007.7
王维峰　2007.7—

副局长：杨连民　—2012.9
郭常禹　2003.12—2012.5
刘书俊　2007.11—
张英健　2011.9—
李相党　2011.9—

广播电视总台（集团）

2010年1月，撤销聊城电视台、聊城人民广播电台、聊城有线台、山东省聊城转播台、莘县转播台，组建聊城市广播电视总台（集团），为正县级单位。

台　长：路仕佼　2010.1—2014.2
郑　娟（女）2015.6—

副台长：秦金星　2010.1—
朱国方　2010.1—
宋　苒（女）2010.1—2011.9
万维兴　2010.1—
玄志刚　2010.1—
孟宪忠　2010.1—2015.12

党委书记：路仕佼　2010.1—2014.2
郑　娟（女）2015.6—

党委副书记：秦金星　2010.1—

体育局

2000年，聊城地区体育运动委员会更名为聊城市体育局。2004年10月，聊城体校归入聊城大学，为聊城大学社会体育部，体校50岁以上的工作人员编制归体育局，其余人员归聊城大学社会体育部。2010年8月，聊城市体育局设3个职能科室。

主　任：薛明华　1998.3—2008.3

副主任：张保俊　—2008.4（正县级）
孙世勇　—2004.10

张朝柱　　　　—2000.12

局　　长：徐传亮　2003.4—2004.5

孙孟来　2004.7—2008.3

程道会　2008.5—

副局长：张保俊　　　　—2008.4（正县级）

胡守忠　1998.4—2009.12（正县级）

史　民　2003.3—2012.6（正县级）

张宏图　2001.6—

赵万里　2002.6—

卢燕平　2006.6—

统计局

1998年3月，地区统计局改称市统计局，为正县级行政机关单位。2002年10月，成立聊城市农村经济调查队和聊城市企业经济调查队（副县级事业单位）。2009年12月，省统计局直属的副县级事业单位聊城市城市经济调查队划归地方。

局　　长：宋玉山　　　　—1997.6

许广明　1997.6—2004.7

李东兰（女）2004.7—2010.3

王立民　2010.3—2012.7

张同奇　2012.7—2013.8

孙　锋　2013.8—

党组书记：付中华　　　　—1997.6

许广明　1997.6—2004.7

李东兰（女）2004.7—2010.3

王立民　2010.4—2012.9

张同奇　2012.9—2013.8

孙　锋　2013.8—

副 书 记：李东兰（女）2003.3—2004.7

副 局 长：袁　杰　　　　—1997.6

胡东生　1998.7—2010.7

柴凤元　1998.7—2007.6

刘奎忠　2002.7—2007.11

李东兰（女）2003.3—2004.7

张学仲　2007.11—

黄文辉　2009.7—2013.7

李奇增　2013.12—

林业局

1998年，地区林业局改为市林业局，为正县级单位。

局　　长：许玉恒　1998.4—2001.9

刘云田　2001.9—2004.7

司朝贤　2004.7—2008.3

王振国　2008.3—2012.5

白文儒　2012.5—2015.12

党组书记：都清波　　　　—1997.6

许玉恒　1998.4—2001.9

刘云田　2001.9—2004.7

司朝贤　2004.7—2008.3

王振国　2008.3—2012.12

白文儒　2012.12—2015.12

副 局 长：李庆龄　　　　—1997.6

刘秀岱　　　　—1998.4

邢同寅　　　　—2002.5

许玉恒　1997.6—1998.4

王山英　　　　—2001.9

邱振国　1998.10—2008.3

王振国　2001.9—2004.7

李运军　2002.6—2013.9

郭书生　2007.9—2012.7

张景臣　2010.8—

孙大兴　2013.9—

陶广道　2014.12—

供销合作社

1998年3月，地区供销合作社改为市供销合作社，为正县级单位。

理事会主任：高升祥　　　　—1998.9

张守科　1998.10—2001.9

尹燕秋　2001.9—2009.12

王怀金　2010.1—2014.1

2014.2—2015.6（主持工作）

伦　炜　2015.6—

党委书记：高升祥　　　　—2001.9

尹燕秋　2001.9—2009.12

王怀金　2010.1—2014.1

2014.2—2015.6
（主持工作）
伦　炜　2015.6—
副书记：高学年　　　—1998.4
张守科　1998.4—2001.9
王怀金　2009.8—2010.1
理事会副主任：
高学年　　　—1998.4
1998.4—1999.2（任副调研员）
范素贞（女）　—1998.4
1998.4—1998.10（任副调研员）
张秋生　　　—2002.10
刘福修　　　—1998.4
1998.4—1999.2（任调研员）
朱加云　1997.11—2001.1
张守科　1998.4—1998.9
陈德兰（女）2001.9—2003.12
2003.12—2009.3（任调研员）
孔祥立　2003.12—2009.12
许玉芳（女）2003.12—2009.7
王保军　2009.7—
王怀金　2009.8—2010.1
王乐思　2011.8—
监事会主任：王兆坤　2001.9—2004.7
许玉芳（女）2009.7—
监事会副主任：孔祥立　1998.10—2003.12
王乐思　2009.7—2011.8
纪检书记：陈德兰（女）1998.4—2001.11
许玉芳（女）2001.12—2009.12
工会主任：侯德生　　　—1998.12
贾百灵　2001.12—

外事与侨务办公室

1984年，成立聊城地区行政公署外事侨务处（副县级行政单位）。1989年8月，改称聊城地区行政公署外事侨务办公室（正县级单位）。1998年，聊城地区撤地设市，正式更名为聊城市政府外事与侨务办公室。

主　　任：穆孟霞（女）　—2001.6
许世水　2001.6—2008.3
王越军　2008.3—
副 主 任：姚遂楹　　　—2002.10
朱清武　　　—2010.1
李增国　2006.7—2012.7
鲁亚真（女）　2002.6—
密茂繁　2012.9—2013.12
盛　强　2008.11—
党组书记：穆孟霞（女）—2001.6
许世水　2001.6—2008.3
王越军　2008.3—
纪检组长：张传华　1998.8—2014.9

国有资产监督管理委员会

1990年，成立聊城地区财政局国有资产管理科。1994年，设立聊城地区国有资产管理局。2000年2月，聊城市国有资产管理委员会成立，为市政府组成部门，正县级行政单位。2001年10月，聊城市国有资产管理委员会更名为聊城市国有资产管理局，为政府组成部门。2000年3月，聊城市国有资产管理局更名为聊城市国有资产监督管理委员会。

局　长（主任）：
陈秀英（女）2000.1—2001.10
裴崇利　2001.10—2004.7
汤　广　2004.12—2009.12
刘东昌　2010.1—2014.5
张树奎　2014.5—
副局长（副主任）：
裴崇利　2000.1—2001.10
汤　广　2001.12—2004.7
高志国　2002.6—2007.11
王金才　2005.3—2009.7
谷太伟　2005.2—2013.12
柏呈明　2005.5—2010.4
刘东昌　2007.11—2010.1
刘　娟（女）　2010.4—
韩春岐　2012.11—
魏华南　2013.12—
书　记：陈秀英（女）2000.1—2001.10
裴崇利　2001.10—2004.7

王志刚　2005.2—2010.1
侯　军　2010.1—2013.8
洪玉振　2013.8—
副书记：裴崇利　2000.1—2001.10
汤　广　2004.7—2009.12
刘维新　2005.2—2008.12
刘东昌　2010.1—2014.5
张树奎　2014.5—

地方史志办公室

1982年3月，成立聊城地区地方史志编纂委员会办公室。1998年3月，聊城地区地方史志编纂委员会办公室改称为聊城市地方史志办公室，隶属聊城市人民政府，单位性质、级别、主要职能、内设科室未变。

主　　任：齐保柱　—2001.9
薛守望　2001.9—2004.10
宋士功　2004.11—2015.6（兼）
刘延勇　2015.6—（兼）
副主任：周广馥　—1998.9
李长忠　—2005.10
赵仕秋　2001.12—2009.7
党组书记：向修礼　—2001.9
薛守望　2001.9—2004.9
宋士功　2004.11—2015.6
刘延勇　2015.6—
副书记：齐保柱　2001.9

旅游局

1997年1月，保留聊城地区外事侨务办公室，增挂聊城地区旅游局的牌子。1998年，聊城地区撤地设市，旅游工作从外事侨务办公室分离出来，成立聊城市旅游局。

局　　长：刘　淼　2001.9—2008.3
刘光辉　2008.3—
党组书记：刘　淼　2001.9—2008.3
刘光辉　2008.3—
副局长：崔华军　1998.10—2001.9
刘光辉　2001.12—2008.3
孙瑞峰　2002.1—2009.7
王绍军　2009.7—
任家帝　2008.11—

口岸办

1996年11月，成立聊城地区口岸办公室。1997年机构改革后，聊城地区口岸办公室为行使行政管理职能的正县级事业单位，隶属行署办公室管理。1998年3月，地区口岸办公室改为市口岸办公室。

主　　任：张传玄　1997.4—2001.1
吕昭岭　2001.1—2010.4
叶常香　2011.3—
副主任：李庆河　1997.4—2011.3

地震局

1975年2月，聊城地区地震办公室建立。1998年2月，聊城地区地震办公室更名为聊城地区地震局；同年5月，聊城地改市，原聊城地区地震局改为聊城市地震局。聊城市地震局是全市防震减灾工作的职能机构和防震减灾领导小组的办事机构，行使行政管理职能，正县级参照公务员管理事业单位。

主　　任：刘连岐　—1998.5
副主任：冯在成　—1998.5
郭桂真（女）　—1998.5
局　　长：刘连岐　1998.5—2007.6
高洪岩　2007.6—2009.4
孙　锋　2009.4—2011.12
马卫红（女）　2012.3—
党组书记：刘连岐　—2007.7
高洪岩　2007.7—2009.4
孙　锋　2009.4—2011.12
孙莉青（女）2012.3—2014.2
张进刚　2014.5—
党组副书记：孙莉青（女）2011.12—2012.3
副局长：郭桂真　1998.5—2003.12
魏继海　1998.9—2008.3
孙莉青（女）2009.7—2013.12
许恒友　2011.9—
马卫红（女）2011.12—2012.3（主持工作）
刘法立　2013.12—

人民防空办公室

1962年6月19日，聊城专区人民防空委员会成立。1972年，聊城专区人民防空委员会改称聊城地区战备领导小组。1978年，改称为聊城地区行政公署人民防空领导小组。1998年，改称聊城市国防动员委员会。

主　任：韩英鸿　　　　—2000.12
　　　　王文英　2001.1—2006.5
　　　　宋新泉　2006.6—2009.3
　　　　张树奎　2009.4—2011.2
　　　　王子章　2011.3—2013.12
　　　　时书东　2014.2—

党组书记：韩英鸿　　　　—2000.12
　　　　　王文英　2001.1—2006.10
　　　　　宋新泉　2006.11—2009.3
　　　　　张树奎　2009.4—2011.2
　　　　　王子章　2011.3—2013.7
　　　　　时书东　2013.8—

副主任：杨希贵　　　　—1999.5
　　　　张春发　1998.6—2004.7
　　　　李洪生　　　　—2001.10
　　　　李令军　　　　—2010.8
　　　　庞洪江　1998.9—2011.9
　　　　李荣国　2005.12—2008.4
　　　　任维民　2007.12—
　　　　李玉华　2011.12—

市长公开电话受理中心

2005年1月23日，成立市长公开电话受理中心，为正县级财政拨款事业单位，隶属市政府办公室管理。

主　任：葛敬方　2005.10—2008.3
　　　　杨广平　2008.5—2009.7
　　　　王立民　2009.7—2010.4
　　　　高洪岩　2010.8—2011.12
　　　　孙　锋　2011.12—2013.8
　　　　郭新华　2013.10—

副主任：董振岩　2005.12—2013.10
　　　　杨　洁　2013.10—

市人大常委会办事机构

1998年7月，聊城市人大机关机构改革后，设办公室、研究室、人事代表工作室、信访室4个正处级办事机构，设6个科级专门委员会办公室，设1个副处级机关服务中心。2003年1月，增设市人大专门委员会工作一处、二处。2004年1月，市人大专门委员会工作一处、二处更名为专门委员会工作一室、二室，增设市人大专门委员会工作三室。2006年2月，市人大专门委员会工作一室、二室、三室更名为市人大内务司法工作室、城乡建设环境保护工作室、教育科学文化卫生工作室，增设市人大财政经济工作室、农业与农村工作室、民族侨务外事工作室。2015年1月，增设市人大常委会预算工作委员会。2015年7月，增设市人大常委会法制工作委员会。

办公室

主　任：吕　品　1998.3—2001.11
　　　　时书东　2001.11—2009.7

副主任：时书东　1998.9—2001.9
　　　　李文禄　1999.1—2004.7
　　　　肖奎林　1999.1—2004.7
　　　　李金龙　2001.12—2013.10
　　　　王振江　2004.7—2013.10
　　　　肖培民　2013.10—
　　　　念以怀　2013.10—

研究室

主　任：司朝贤　1998.3—2001.11（兼）
　　　　郭　剑　2001.11—2009.7

副主任：郭　剑　1998.7—2001.11
　　　　孙风泉　2001.12—2009.7
　　　　葛　锐　2009.7—

人事选举代表工作室

主　任：王保成　1998.3—2001.2
　　　　张新同　2001.11—2009.7
　　　　张国莉（女）2013.10—

副主任：张新同　1998.9—2001.11
　　　　刘善华　1999.1—2004.7
　　　　张国莉（女）2004.7—2013.10

郑金成　2004.7—2010.12
李香荣（女）2013.10—
刘　雷　2013.10—

信访室

主　任：孔祥民　1998.5—2001.9
张书清　2004.7—2009.7
梁静华　2009.7—2013.6
孙风泉　2013.10—2014.1
副主任：张书清　1999.1—2004.7
梁静华　2001.12—2009.7
李香荣（女）2009.7—2013.10
郭延伟　2013.10—2015.12
陈广利　2015.12

内务司法工作室

主　任：张书清　2009.7—2013.6
杨文臣　2011.9—

财政经济工作室

主　任：刘善华　2009.7—2013.10
李金龙　2013.10—
副主任：李沛森　2009.7—2013.10

农业与农村工作室

主　任：孙风泉　2009.7—2013.10
刘振华　2013.10—
副主任：任振鲁　2009.7—2013.10

城乡建设环境保护工作室

主　任：李义禄　2009.7—2009.12
李保兰（女）2012.1—2013.12
副主任：刘振华　2009.11—2013.10
任振鲁　2013.10—

教育科学文化卫生工作室

主　任：肖奎林　2009.7—2012.3
王振江　2013.10—
副主任：陈广利　2012.9—2015.12

民族侨务外事工作室

主　任：刘善华　2013.10—2014.1
副主任：贾怀生　2009.7—2013.7
王世福　2013.10—

预算工作委员会

主　任：李玉虎　2015.12—

法制工作委员会

副主任：郭延伟　2015.12—

市政协办事机构

1998年3月前，政协聊城地区工作委员会下设办公室、提案联谊工作处、经济工作处、文史宣传工作处、科教法制处。1998年3月，聊城撤地设市，始称：政协聊城市委员会，设办公室、调查研究室、综合一处、综合二处4个正县级工作机构；是年5月，设提案委员会、学习宣传文史委员会、经济科技委员会、文教卫生委员会、社会法制委员会、祖国统一联谊委员会。1999年4月，设人口资源环境委员会，工作机构为综合一处，综合二处。2004年，增设提案工作室、委员活动工作室、综合三处3个正县级工作机构，设7个专门委员会：提案委员会、经济委员会、科教文卫体委员会、社会法制委员会、人口资源环境和社会保障委员会、祖国统一联谊委员会、文史资料委员会，其工作机构为提案工作室、综合一处、综合二处、综合三处。2008年8月，增设综合四处、综合五处、综合六处3个正县级工作机构。至2015年，市政协工作机构为四室六处，即办公室、调查研究室、提案工作室、委员活动工作室、综合一处、二处、三处、四处、五处、六处。设8个专门委员会：提案委员会、经济委员会、科教文卫体委员会、社会法制委员会、人口资源环境和社会保障委员会、祖国统一联谊委员会、文史资料委员会、民族宗教委员会。1998年，成立聊城市政协机关服务中心，为副县级单位。

政协聊城地区工作委员会

办公室

主　任：刘继刚　—1998.4
副主任：李　永（女）1994.5—1997.6

政协聊城市委员会

办公室

主　任：刘继刚　1998.4—2001.11
杨贞海　2001.11—2004.1
刘子庆　2011.12—2013.8
王　鹏　2015.12—

副主任：邵冠军　1998.7—2001.11
　　　　隋树军　1999.1—2004.7
　　　　周大全　2001.12—2010.10
　　　　徐炳星　2004.7—2010.3
　　　　左庆琦　2009.11—2013.10
　　　　阎友亮　2013.10—

调查研究室

主　任：李宪达　1998.4—2001.11
　　　　秦福文　2001.11—2004.7
　　　　隋树军　2004.7—2013.10
副主任：秦福文　1998.7—2001.11
　　　　刘子庆　2001.12—2004.7
　　　　吕德衡　2004.7—2013.10
　　　　杨庆春　2013.10—

提案工作室

主　任：李　永（女）2004.7—2009.4
　　　　陶连如　2009.7—2013.10
　　　　吕德衡　2013.10—
副主任：郭新华　2009.7—2012.4

委员活动工作室

主　任：段丽娜（女）2004.7—2005.8
　　　　刘云田　2006.6—2006.12
　　　　马莱萍（女）2007.12—2014.1
　　　　李光路　2015.12—
副主任：刘培哲　2007.11—2013.10
　　　　冯　楠　2013.10—2015.12

市派出机构

聊城经济技术开发区管委会

主　任：虞永伟　—2001.1
　　　　张同村　2001.1—2008.5
　　　　陈秀兴　2008.5—2008.11
　　　　杨广平　2009.7—2011.4
　　　　　　　　2013.7—
　　　　许泽英　2011.4—2013.7
副主任：李秋波　—2001.1
　　　　任树东　—2004.5
　　　　崔长友　—2001.6
　　　　孙玉臣　2001.12—2008.5
　　　　张　林　2001.12—2012.1
　　　　雷　霞（女）2002.6—2008.5
　　　　张　颖　2006.6—2007.11
　　　　田俊国　2008.5—2011.11
　　　　周兆岩　2008.5—2013.7
　　　　吕广华　2008.5—
　　　　孙永智　2009.11—2011.11
　　　　张银东　2010.5—2012.5
　　　　孙福亮　2010.5—2012.5
　　　　孙奇宏　2010.5—
　　　　李猷滨　2010.5—2012.5
　　　　商成伦　2010.5—2012.5
　　　　刘吉龙　2010.5—2012.5
　　　　孟宪昌　2011.11—2013.8
　　　　滕谋勇　2012.4—2013.4
　　　　苏永侠　2013.8—
　　　　张　翀　2013.12—2014.12
　　　　康秀莲（女）2014.4—2015.2

聊城地区（市）经济技术开发区党委

书　记：李显科　—2001.1
　　　　张同村　2001.1—2011.3
　　　　杨广平　2011.3—
副书记：虞永伟　—2001.1
　　　　李秋波　—2001.1
　　　　管名河　1998.9—2003.5
　　　　王立民　2001.1—2009.7
　　　　李昌忠　2001.9—2007.6
　　　　赫清稳　2002.6—2008.5
　　　　张　颖　2006.6—2007.11
　　　　孙玉臣　2006.6—2011.3
　　　　陈秀兴　2008.3—2008.11
　　　　杨广平　2009.7—2011.3
　　　　许泽英　2011.4—2013.7
　　　　商　华　2011.11—2013.8
　　　　戴旭文　2013.8—2014.8
　　　　金同元　2013.8—
　　　　刘立新　2015.5—

聊城经济技术开发区

1992年12月，设立聊城开放开发综合试验区。聊城地委、行署将其定名为聊城地区经济技术开发区。1993年12月，开发区开始筹建。1994年10月，聊城地区行政公署确定开发区管理委员会为聊城地区行政公署的派出机构，对开发区实行统一管理。1995年，中共聊城地区经济技术开发区委员会建立，为中共聊城地委的派出机构。1995年2月，地区机构编制委员会下文成立山东省聊城地区经济技术开发区管理委员会和山东省聊城开放开发综合试验区管理委员会，实行一个机构两块牌子，隶属地委、行署直接领导，撤销聊城地区经济技术开发区筹建处。

1995年8月，聊城市（今东昌府区）的蒋官屯镇和柳园街道的李太屯村成建制地划归开发区管辖；开发区党委、管委与8个县（市）的县级党政机构并列，行使县级党政职权；同年10月8日，开发区正式成立并全面启动各项工作；11月，京九铁路即将通车，山东省人民政府决定设立聊城对外加工贸易区，与开发区的工业小区和科技园区合为一体，对外加工贸易区的管理实行与经济技术开发区两区合一的模式。1996年3月，聊城地区行署将对外加工贸易区区址选定在开发区黄河路以南，该区域内的原聊城市柳园街道的武楼、马庙、张庄、军王屯和许营乡的徐田等5个村成建制地划归开发区管辖，并设立临时行政管理机构。

1998年3月，聊城撤地设市后，聊城地区经济技术开发区相应更名为聊城市经济技术开发区，中共聊城地区经济开发区委员会改称为中共聊城市经济技术开发区委员会，为中共聊城市委的派出机构；同年10月，成立聊城经济技术开发区纪律检查委员会。

2001年9月，中共聊城市经济技术开发区委员会更名为中共聊城经济开发区工作委员会。聊城经济技术开发区纪律检查委员会更名为聊城经济开发区纪律检查工作委员会。2002年2月，聊城经济技术开发区更名为聊城经济开发区。2008年5月，聊城市高新技术产业园并入聊城经济开发区，聊城经济开发区同时挂聊城市高新技术产业园牌子。2009年6月，北城街道整建制划归市经济开发区管辖。2010年7月，东昌府区许营乡、东阿县顾官屯镇、茌平县广平乡、韩集乡整建制划归市经济开发区管辖。

2013年3月，山东聊城经济开发区升级为国家级经济技术开发区，定名为聊城经济技术开发区；是年7月，聊城经济技术开发区和聊城高新技术产业开发区分设管理。聊城经济技术开发区辖黄河路以北，东外环路（黄河路口至长江路口）以东，长江路东延伸线以北范围，含北城街道、蒋官屯街道、广平乡3个乡（街道）和东城街道的一部分。

聊城高新技术产业开发区

2006年7月，成立聊城市高新技术产业园，为正县级事业单位。2008年3月，在聊城市高新技术产业园设立聊城高新技术产业开发区。2008年4月，将聊城高新技术产业开发区并入聊城经济开发区。聊城经济开发区加挂聊城高新技术产业开发区牌子，实行一个机构，一套班子，两块牌子。2013年7月，中共聊城市委经济开发区（高新技术产业开发区）工作委员会分设为中共聊城市委经济开发区工作委员会、中共聊城市委高新技术产业开发区工作委员会。聊城高新技术产业开发区与聊城经济开发区正式分设管理。

中共聊城市委高新技术产业开发区工作委员会

书　记：许泽英　2013.7—2015.7
　　　　张连臣　2015.12—
副书记：周兆岩　2015.1—2015.12
　　　　韩金芳　2015.12—
　　　　徐　霞（女）2015.12—
　　　　赵迎春　2015.5—

聊城高新技术产业开发区管理委员会

主　任：许泽英　2013.7—2015.7
　　　　张连臣　2015.12—
副主任：周兆岩　2013.7—2015.12
　　　　韩金芳　2015.12—
　　　　郭志刚　2013.8—
　　　　杨印成　2015.12—

聊城江北水城旅游度假区

2013年7月20日，成立聊城凤凰湖旅游度假区服务中心，直属市政府管理，为正县级财政拨款事业单位。2013年8月4日，成立中共聊城市委凤凰湖旅游度假区工作委员会（服务中心党委）。2013年12月2日，更名为聊城江北水城旅游度假区服务中心。2015年2月15日，山东省机构编制委员会批复同意设立聊城江北水城旅游度假区管理委员会。2015年7月8日，聊城市政府设立聊城江北水城旅游旅游度假区管理委员会，为市政府派出机构，正处级规格。

聊城江北水城旅游度假区管理委员会

主　任：胡廷金　2013.7—

副主任：商光胜　2015.12—

李　瑛（女）2013.9—

武尚田　2013.9—

中共聊城市委江北水城旅游度假区工作委员会（服务中心党委）

书　记：胡廷金　2013.8—

副书记：韩金芳　2013.8—2015.12

商光胜　2015.12—

第三章　法院　检察院

第一节　聊城市中级人民法院

1997年，聊城地区中级人民法院下辖聊城市、临清市、冠县、莘县、阳谷县、东阿县、茌平县、高唐县8个县（市）人民法院。1998年，聊城撤地设市，原聊城地区中级人民法院更名为聊城市中级人民法院，原聊城市人民法院更名为聊城市东昌府区人民法院。2015年，聊城市中级人民法院（以下简称中院）下辖东昌府区、临清市、冠县、莘县、阳谷县、东阿县、茌平县、高唐县8个县（市、区）人民法院，聊城经济技术开发区法院经最高法院批准设立，筹建中。

院　长：刁立山　—1998.1

魏学平　1998.1—2006.12

苏　勇　2006.12—2007.3（代院长）

苏　勇　2007.3—2011.12

黄伟东　2011.12—2013.3（代院长）

黄伟东　2012.3—

党组书记：刁立山　—1997.12

魏学平　1998.1—2006.12

苏　勇　2006.12—2011.12

黄伟东　2011.12—

党组副书记：赵希银　1993.4—2001.11

张连才　2001.9—2005.4

吴　声　2006.6—2011.12

刘景涛　2011.12—

副院长：赵希银　—2001.11

王广甲　—2000.1

殷长春　—2000.1

靳鸿魁　—1997.6

张连才　—2005.4

吴　声　2000.1—2011.12

王尹宗　2000.1—2011.7

马　岩　2002.6—2007.3

孙振明　2006.1—2008.1

刘景涛　2006.1—

张晓辉　2008.11—

王传师　2008.11—

刘允霞　2011.12—

叶建全　2011.12—

第二节　聊城市人民检察院

1998年3月，聊城撤地设市，山东省人民检察院聊城分院更名为聊城市人民检察院，原县级聊城市人民检察院更名为东昌府区人民检察院。1992年7月，成立聊城地区反贪污贿赂局，

1998 年 3 月，改称聊城市反贪污贿赂局，为副县级单位。

检　察　长：王启让　　—2006.2
王　晨　2006.2—2011.12
王学军　2011.12—

党 组 书 记：王启让　　—2006.2
王　晨　2006.2—2011.12
王学军　2011.12—

党组副书记：傅朝珠　　—1997.10
阎付芳　2001.9—2006.6
王保太　2006.6—2008.11
田超英　2008.11—
宋晓磊　2015.12

政治部主任：王保太　　—1998.9
赵振怀　1998.12—2001.8
王立贵　2003.12—2006.6
于文华　2006.6—2011.3
马兰亭　2011.3—

副 检 察 长：傅朝珠　　—1997.10
李玉宽　　—2002.1
李方成　　—1998.9
郭思安　　—2002.1
孙西祥　　—1997.10
阎付芳　1998.11—2006.6
王保太　1998.11—2008.5
田超英　2001.5—
路庆钫　2001.9—2003.12
王春法　2001.9—2011.5
赵振怀　2006.8—2011.5
张继光　2006.8—2011.5
田中庆　2007.11—2008.12
宋晓磊　2008.11—
邢文革　2011.3—
靖传忠　2011.12—
刘　勇　2011.12—

反贪局局长：李方成　　—1998.9（兼）
阎付芳　1998.9—2003.4（兼）
张继光　2003.4—2006.6
王传师　2007.1—2008.11
宋晓磊　2008.11—2011.3
刘昌文　2011.3—

纪 检 组 长：高源庆　　—1997.6
赵振怀　2001.9—2011.3
于文华　2011.3—2015.12

第四章　社会团体及民主党派

第一节　社会团体

市总工会

1997 年，机构改革，地区工会办机构性质、级别、隶属关系、主要职能没有变化。1998 年 3 月，聊城撤地设市后，山东省总工会批准撤销山东省总工会聊城地区办事处，成立聊城市总工会。从 1998 年 4 月 1 日起，按照工会组织属地管理的原则，聊城市直单位各级工会组织也全部收归聊城市总工会管理。根据《中国工会章程》的规定，2000 年 10 月，聊城市工会第十一次代表大会（顺延原县级聊城市的届次）召开。至 2015 年，共选举产生第十一届、第十二届聊城市总工会委员会。出席大会的代表 230 名。大会选举产生聊城市总工会十一届委员会，王改真（女）当选为市总工会新一届委员会主席，刘爱民（女）、肖俊海、张进刚当选为副主席。2003 年 2 月，中共聊城市十届一次全委会议上王改真（女）当选为市委常委，负责工会工作。此期间，郭锁柱、范佩珍（女）曾任助理调研员。2005 年 3 月，成立经费审查委员会办公室，为副县级单位。

聊城市总工会第十一届委员会

主　　席：王改真（女）2000.10—2006.9
党组书记：杜清雷　1998.3—1999.9
　　　　　王改真（女）1999.9—2006.9
副 书 记：刘爱民　1999.9—2003.12
副 主 席：刘爱民（女）1998.4—2003.12
　　　　　肖俊海　2000.10—2006.9
　　　　　张进刚　2000.10—2006.9

聊城市总工会第十二届委员会

主　　席：王改真（女）2006.9—2015.5
　　　　　朱加云　2015.12—
党 组 书 记：王改真（女）2006.9—2015.5
　　　　　　白文儒　2015.12—
常务副主席：肖俊海　2006.9—2011.4
　　　　　　杨　杰　2011.4—2015.12
　　　　　　白文儒　2015.12—
副　主　席：张进刚　2006.9—2011.4
　　　　　　刘　娟（女）2006.9—2010.4
　　　　　　刘朝阳　2006.9—2012.11
　　　　　　韩洪锋　2013.10—
　　　　　　罗冬梅（女）2013.10—

共青团聊城市委员会

1998年3月，聊城撤地设市后，团地委改称为共青团聊城市委员会（简称聊城团市委）。单位级别、基本任务、内设科部室未变。

书　记：王改真（女）　　—1999.9
　　　　王伟华（女）2000.9—2002.12
　　　　任海涛　2002.6—2007.12
　　　　郑　娟（女）2008.3—2010.8
　　　　彭志国　2010.8—
副书记：岳建国　　—1998.9
　　　　魏铁汉　　—1998.11
　　　　徐爱青（女）1997.10—2001.9
　　　　程道会　1998.9—2000.9
　　　　王伟华（女）1998.9—2002.12
　　　　张国洲　2000.9—2002.12
　　　　李其超　2000.9—2007.12
　　　　刘　博　2003.12—2008.3
　　　　李　凯　2003.12—2010.8
　　　　张云生　2008.11—
　　　　杨曙光　2009.8—

市妇女联合会

1997年，为山东省妇女联合会聊城分会。1998年，聊城撤地设市，山东省妇女联合会聊城分会更名为聊城市妇女联合会。1984年5月，成立聊城地区少年儿童工作委员会，其办事机构设在地区妇联，由少年儿童工作部兼管。1994年5月，聊城地区少年儿童工作委员会改名为聊城地区妇女儿童工作委员会，委员会设在市妇联办公室。2015年1月为副县级单位。

主　　任：陶玉梅（女）　　—2000.7
主　　席：刘东玲（女）　2000.7—2008.12
　　　　　雷　霞（女）　2008.12—2011.11
　　　　　刘素芹（女）　2011.12—
党组书记：刘东玲（女）　　—2008.12
　　　　　雷　霞（女）　2008.12—2011.11
　　　　　刘素芹（女）　2011.12—
副 主 任：刘东玲（女）　　—2000.7
　　　　　徐文杰（女）　　—2000.7
　　　　　邢跃隽（女）　1998.9—2000.7
副 主 席：徐文杰（女）　2000.7—2001.9
　　　　　邢跃隽（女）　2000.7—2001.1
　　　　　苗秀婷（女）　2000.7—2006.6
　　　　　郝润霞（女）　2001.9—2010.4
　　　　　刘素芹（女）2001.9—2011.12
　　　　　解洪英（女）　2006.6—2009.7
　　　　　王　玲（女）　2011.3—
纪检组长：解洪英（女）　2001.12—2006.6
妇儿工委办主任：尹保军（女）2006.6—

市残疾人联合会

1997年6月，聊城地区残联脱离地区民政局管理，机构独立，理事长实行专职，划归党群口，由中共聊城地委、聊城地区行署直接管理。1998年3月聊城撤地设市后，地区残联改称聊城市残疾人联合会（简称聊城市残联），常设办事机构为执行理事会，由理事长、副理事长、理事组成。

市残疾人联合会理事会

理事长：窦德水　　　　　—1997.6（兼）
　　　　刘福德　1998.6—2003.4
　　　　吕宪立　2003.4—2010.8
　　　　徐彩云（女）2010.8—

党组书记：窦德水　　　　　—1997.6（兼）
　　　　　刘福德　1997.6—2001.9
　　　　　吕宪立　2001.9—2003.4
　　　　　刘延毅　2003.4—2009.6
　　　　　徐彩云（女）2012.3—

副理事长：李钦卯　　　　　—1998.6
　　　　　李连璧　　　　　—1997.6
　　　　　刘长城　1998.7—2005.12
　　　　　吕宪立　2001.9—2002.6
　　　　　刘延毅　2003.4—2009.6
　　　　　温立峰　2003.5—2013.6
　　　　　张贵银　2008.10—

市科学技术协会

1997年，称聊城地区科协。1998年，聊城地区撤地设市，聊城地区科协改称聊城市科协。2001年，成立聊城市反邪教协会。2015年，聊城市科协下设3个科室。

主　席：李新亭　　　　　—2001.9
　　　　田建国　2001.9—2010.9
　　　　李柏林　2011.4—2012.7
　　　　陈　华　2012.7—

副主席：王桂明　　　　　—2001.9
　　　　田建国　　　　　—2001.9
　　　　肖俊杰　　　　　—2006.6
　　　　孙怀轩　2001.9—2010.11
　　　　王延飞　2002.6—
　　　　赵　伟　2006.8—2013.12

市反邪教协会办公室主任：
　　　　赵　伟　2001.9—2013.12

市社会科学界联合会（社会科学院）

1998年3月，聊城撤地设市后，聊城地区社会科学界联合会改称为聊城市社会科学界联合会（简称聊城市社科联）。聊城市社科联与聊城市社会科学研究所为一个机构、两个牌子。同时，聊城地区社会科学规划领导小组改称为聊城市社会科学研究规划领导小组，单位性质、级别、主要职能未变。2006年9月，市编委研究决定，以原聊城地区社会科学研究所为基础，成立聊城市社会科学院（在市社科联加挂牌子，社科院没独立编制），为市政府直属单位。聊城市社会科学院与市社科联、市社科规划办为“三块牌子、一套机构”。

主　席（所长）：
　　　　张秀贵　　　　　—2002.5
　　　　刘全来　2004.7—2013.10

副主席（副所长）：
　　　　姚结智　　　　　—2003.9
　　　　刘全来　1998.9—2004.10
　　　　胡　伟　2013.12—
　　　　张利军　2006.6—
　　　　王志强　2013.12—

市文学艺术界联合会（市作家协会）

1998年，聊城撤地设市，聊城地区文学艺术界联合会改称为聊城市文学艺术界联合会，简称市文联。5月，聊城市文学艺术界联合会，挂聊城市作家协会（简称市作协）牌子，聊城市文学艺术界联合会与聊城市作家协会为一个机构，两个牌子。市文联（市作协）机关内设办公室（挂人事科牌子）、组织联络部两个部室，设聊城市文学创作创作室和东昌书画院两个全额预算管理科级事业单位。2015年，市文联（市作协）内设3个部室。

主　　席：玄先昌　　　　　—2001.9
　　　　　马　军　2003.12—2008.12
　　　　　赵安民　2009.4—2014.1
　　　　　　　　　2014.2—2015.12
　　　　　　　　　（主持工作）

党组书记：玄先昌　　　　　—2001.9
　　　　　马　军　2003.12—2008.12
　　　　　白伟明　2009.6—2011.4

副 书 记：吴文立　2015.12—（主持工作）

副 主 席：宗汉星　　　　　—2001.9
　　　　　苏道宏　　　　　—1997.6

杜德禄　　　—1998.7
马　军　2001.9—2003.12
赵安民　2001.9—2003.12
苏学雷　2001.9—
杜　娟（女）2011.8—2013.10
吴文立　2015.12—
纪检组长：苏学雷　2000.1—2001.9
魏春菊（女）2001.12—2007.6

聊城市工商业联合会

1992年7月31日，成立山东省工商业联合会聊城地区办事处，正县级单位，为山东省工商业联合会的派出机构，挂靠地委统战部。1998年3月，因聊城撤地设市，改称聊城市工商联办事处。2001年7月，聊城市工商业联合会召开代表大会，延续原县级聊城市的届次，为第七届会员代表大会，正式成立了聊城市工商业联合会。2008年、2011年，召开第八届、第九届会员代表大会。

主　　席：孙喜海　2001.7—2008.10（市政协副主席兼）
刘冠凤（女）2008.10—2010.9（副市长兼）
马丽红（女）2010.12—（副市长兼）
党组书记：祖银之　2001.7—2003.3（统战部副部长兼）
邢跃隽（女）2003.3—2013.6（统战部副部长兼）
谭学国　2013.12—（统战部常务副部长兼）
专职副主席：周锡兰（女）2001.7—2001.12
武玉春　2001.7—
姜延平　2001.12—2011.12
邢跃隽（女）2003.3—2013.6
李丙刚　2011.12—

市归国华侨联合会

1998年8月，成立聊城市归国华侨联合会，为正县级单位。受中共聊城市委、聊城市人民政府领导和山东省归国华侨联合会指导。

主　席：朱清武　1998.8—2010.1
鲁亚真（女）2010.4—
副主席：杨丽英（女）1998.12—2010.4
赵艺民　2010.4—

市人民对外友好协会

2012年12月，成立聊城市人民对外友好协会。为正县级全额预算管理事业单位。

会　长：王越军　2012.12—
副会长：康怀泉　2012.12—

聊城市红十字会

1986年12月12日，聊城地区红十字会成立。2002年，聊城市编办发文规范机构编制管理，明确聊城市红十字会办公室职责、编制，为市红十字会的办事机构，由市卫生局代管。2005年市编委理顺红十字会管理体制，市红十字会由卫生局代管改为市政府领导联系。2012年3月，聊城市红十字会党组成立。全市有县级红十字会8个。

会　长：马丽红（女）　2012.3—
党组书记、常务副会长：徐爱青（女）2012.3—

市慈善总会

2002年12月，聊城市慈善总会成立，为差额正县级单位。

会　　　长：刘继恩　2004.7—2008.11
李吉增　2008.1—2013.6
白志坚　2012.8—2015.3
任奎军　2015.11—
法定代表副会长：刘明星　2004.7—2006.11
汤丙水　2006.11—2012.8
韩更大　2012.8—
副　会　长：孔祥林　1998.4—2003.8
郭庆生　2004.7—2012.8
张明国　2013.7—

聊城市法学会

2006年5月，市法学会为正县级财政拨款事业单位，隶属政法委管理。2011年10月，经市编委会研究，明确市法学会机关为群众团体机关，由市政法委管理。

会　　长：阎之元　2000.1—2004.2

申长海　2004.2—2008.11
姚惠杰　2008.11—2013.8
郝润霞（女）2013.8—

常务副会长：袁书明 2004.2—2008.11

副　会　长：王长福　2000.1—2008.11
袁书明　2004.2—2008.11
李新英　2008.11—2011.11
陈　军　2014.8—

秘　书　长：王长福　2000.1—2008.11

第二节　民主党派

中国国民党革命委员会聊城市委员会

1999年6月8日，民革聊城市（地级市）筹备委员会成立大会召开。1997年5月、1999年12月、2001年12月、2007年1月、2011年12月，民革聊城市委第三次、第四次、第五次、第六次、第七次党员大会召开。

主　委：白万全　—2001.12
马亮宽　2001.12—

副主委：钱成坤　—1997.5
岳玉玺　1997.5—1998.6
杨国荣　1997.5—1998.6
马亮宽　1998.6—2001.12
王明辉　1998.6—2007.1
温路新　1998.6—2007.1
王学臣　2007.1—
刘东安　2007.1—

中国民主同盟聊城市委员会

民盟聊城市筹备委员会于2000年6月成立。2001年12月、2007年1月、2014年12月分别召开民盟聊城市第三次、第四次、第五次代表大会召开，并选举产生民盟聊城市相应届次委员会。

主　委：谢世瑜　—2000.12
王　冲　2000.12—2007.1
匙永春　2007.1—2014.12
郝光华　2014.12—

副主委：许孟祥　2000.12—2007.1
娄曰厚　—2000.12
张竞放　2000.12—2014.12
马　诚　2000.12—2001.12
辛刚国　2001.12—2007.1
王俊华　2007.1—2014.12
李艳军（女）2007.1—
阎淑青　2014.12—

中国民主建国会聊城市委员会

民建聊城市筹委会于1999年6月成立。1999年6月，组建民建聊城市委员会筹备委员会。1999年12月、2001年12月、2007年1月、2011年11月，分别召开民建聊城市第二次、第三次、第四次、第五次会员代表大会，并选举产生了民建聊城市相应届次委员会。

主　委：徐凤孟　—1999.12
陈宗昭（女）　1999.12—2001.12
张广霞（女）　2001.12—

副主委：张广霞（女）　—2001.12
徐洪喜　1999.12—2001.12
李金亮　—2007.1
王俊山　2001.12—
张高丞　2007.1—
张　斌　2007.1—

中国民主促进会聊城市委员会

1988年10月，中国民主促进会聊城市（县级市）支部委员会成立。1990年10月，经民进山东省委批准成立中国民主促进会聊城市（县级市）筹备委员会。1994年1月，中国民主促进会聊城市（县级市）委员会正式成立。2000年3月，中国民主促进会聊城市（地级市）筹备委员会成立。2000年12月，中国民主促进会聊城市（地级市）委员会成立。为正县级单位。

主 任 委 员：张道英　—2000.3
孟广武　2000.3—

副主任委员：黄效统　—2000.3
孙元芳　—2001.12
张道英　2000.3—2001.12
王英台　2000.3—2001.12
王万增　2001.12—

温成义　2001.12—
杨庆云　2007.1—
王效文　2011.12—（2000.7起驻会）

秘书长：王效文　2007.1—

九三学社聊城市委员会

九三学社山东省支社聊城小组于1984年2月成立。九三学社聊城市委筹委会于2000年2月成立。2001年12月、2007年1月、2011年12月，分别召开九三学社聊城市第五次、第六次、第七次社员代表大会，并选举产生九三学社聊城市委员相应届次委员会。

主任委员：星兆钧　1997.3—2000.12（名誉主委）
武如宝　—2001.12
2001.12—2006.2（名誉主委）
潘延红（女）2001.12—

副主任委员：于心潭　1997.3—1998.11（名誉主委）
闫增山　—2011.12
罗玉顺　—2011.12
邹胜鲁　2007.1—
谢国栋　2007.1—2011.4
刘继光　2011.12—
黄　勇　2011.12—

秘书长：傅茂钧　1997.3—2000.2
李东生　2000.2—2007.1
周保松　2011.12—

中国农工民主党聊城市工作委员会

2000年1月，中国农工民主党聊城市支部委员会成立。2007年4月，中国农工民主党聊城市筹备委员会成立。2011年12月，中国农工民主党聊城市工作委员会成立。

主　委：孙　菁（女）2000.1—

副主委：刘建喜　2011.12—
赵素婷（女）2011.12—

秘书长：刘建喜　2011.12—

第五章　省属以上驻聊城单位

第一节　行政机构

聊城市国家税务局

1994年10月，聊城地区税务局分设聊城地区国家税务局和地方税务局。聊城地区国家税务局隶属山东省国家税务局，正县级单位。1996年6月，增设开发区分局。1998年3月，聊城地区国家税务局改称为聊城市国家税务局。

局　长：张延荣　—1999.1
王建新　1999.1—2006.7
李刚昌　2006.7—2010.6
宋义海　2011.3—

副局长：林玉惠　—1997.10
肖继明　—2000.4
王建新　—1999.1
刘登友　1999.3—2002.7
郭洪林　1999.10—2013.9
姜怀印　2000.9—2006.3
周传立　2011.3—
张怀海　2006.7—
贺照耀　2006.7—2013.1
梁忠东　2014.1—2015.12
吴志燕　2014.1—

党组书记：张延荣　—1999.1
王建新　1999.1—2006.12
李刚昌　2008.9—2010.6
宋义海　2011.3—

党组副书记：肖继明　—2000.4
姜怀印　2000.9—2006.3

李刚昌　2006.7—2008.9
贺照耀　2006.7—2013.1

聊城市地方税务局

1998年3月，聊城地区地方税务局改称为聊城市地方税务局，正县级行政单位，单位性质、级别、主要职能未变。

局　　长：郑玉才　　—2000.3
罗　蓉（女）2000.3—2001.9
葛明跃　2001.9—2006.8
张川英　2006.8—2013.12
郝晓伟　2014.12—

副 局 长：葛明跃　2000.3—2001.9
郝晓伟　2010.6—2014.12
何有恭　—2000.3
阮忠之　—2001.9
姚同喜　—2000.3
宓东生　—2008.9
申连秋　2001.9—2002.10
姜亚南　2002.10—2004.5
樊凤云　2002.10—2010.6
宗彦博　2006.12—
侯国华　2008.12—
姜凤利　2015.9—

党组书记：郑玉才　—2000.3
罗　蓉（女）2000.3—2001.9
葛明跃　2001.9—2006.8
张川英　2006.9—2013.12
郝晓伟　2014.12—

党组副书记：何有恭　—2000.3
葛明跃　2000.3—2001.9
宓东生　2005.12—2008.9
郝晓伟　2010.6—2014.12
宗彦博　2015.9—

聊城市质量技术监督局

1956年7月，成立聊城专区计量检定所。1958年，更名为"山东省聊城中心计量所"。1959年，更名为"山东省聊城专区计量检定所"，划归聊城专区科委领导。1969年11月，成立"山东省聊城地区计量检定所革命委员会"。1972年10月，更名为"山东省聊城地区计量标准所"。1978年9月，成立"山东省聊城地区行政公署标准计量管理局"，升格为县级单位。1984年6月，降为二级机构，副县级单位，归口经委。1988年11月，更名为"聊城地区标准计量局"，升格为正县级单位。1992年12月，更名为"聊城地区技术监督局"。1998年4月更名为"聊城市技术监督局"。2000年1月，更名为"聊城市质量技术监督局"，同时实行省以下垂直管理。2013年12月，聊城市质量技术监督局由省以下垂直管理改为地方政府分级管理，为市政府工作部门。

局　　长：李传实　1999.2
孙　军　2001.6—2002.4
纪德法　2002.4—2006.6
常子友　2006.6—2008.12
孟祥京　2008.12—2012.3
孙　军　2012.3—

党组书记：李传实　—2001.6
孙　军　2001.6—2004.5
常子友　2004.5—2008.12
孟祥京　2008.12—2012.3
孙　军　2012.3—

副 局 长：钱肇基　—1997.6
周正钰　—1997.6
魏继海　—1998.9
王洪波　1998.4—2001.6
孙　军　1998.8—2001.6
田化东　1998.9—2010.3
马鲁生　2001.6—2006.10
赵文新　2001.6—2010.3
孙　军　2002.4—2004.5
常子友　2004.5—2006.6
孟祥京　2007.2—2008.12
高　强　2010.3—2012.4
白云国　2014.12—
赵传文　2010.3—
田西坡　2014.12—

纪检组长：赵文新　1998.9—2001.6

宋敬华　2001.6—2005.3
鲁树兵　2006.10—2012.3
白云国　2012.3—2014.12

党组成员、稽查局局长：
赵传文　2006.10—2010.3
田西坡　2012.4—2014.12（其2013.1起任党组成员）
王建国 2014.12—

党组成员、总工程师：
刘景良　2004.12—2012.3（其2005.6—2013.1任党组成员）
袁荣谦　2012.3—2014.12（其2013.1起任党组成员）

聊城市气象局

1998年，聊城地区气象局改为聊城市气象局，为正县级事业单位。

局　长：王培业　1997.1—2000.6
吕淑琳（女）　2000.6—2006.11
柳　林　2006.11—2015.9
房岩松　2015.9—

党组书记：王培业　1997.1—2000.6
吕淑琳（女）　2000.6—2006.11
柳　林　2006.11—2015.9
房岩松　2014.9—

副书记：邱国林　2006.11—2009.8

副局长：张学仁　—2002.9
吕淑琳（女）　1997.1—2000.6
王俊华　—1997.1
张兴强　2001.12—2004.7
邱国林　2002.9—2006.11
张　敏　2004.7—
杨士恩　2006.11—

聊城黄河河务局

1998年3月，聊城地区黄河河务局更名为聊城市黄河河务局，为中央垂直正县级事业单位。2004年9月，聊城市黄河河务局更名为山东黄河河务局聊城黄河河务局，机构隶属规格不变。

局　长：赵　勇　—1997.6
王广山　1997.6—1999.5
钟新生　1999.5—2005.2
孙宗海　2005.2—2010.11
李遵栋　2012.4—2015.3
武士国　2015.3—

党组书记：赵　勇　—1997.6
王广山　1997.6—1999.5
钟新生　1999.5—2005.2
孙宗海　2005.2—2010.11
李遵栋　2012.4—2015.3
武士国　2015.3—

党组副书记：李遵栋　2011.12—2012.4

副　局　长：王广山　—1997.6
王汉新　—2001.6
李东征　1997.5—1998.10
张洪明　1998.7—2005.4
周万军　2001.6—2006.4
刘云志　2003.4—2011.12
檀中原　2004.3—2006.3
张玉宾　2005.6—2011.11
韩文峰　2008.6—2015.10
宋振利　2008.12—2015.12
李遵栋　2011.12—2012.4
吴　斌　2012.12—2014.12
韩传海　2015.3—

纪检组长：张中华　—1999.6
蔡长岩　2000.8—2003.4
杨　建　2003.4—2006.4
蔡长岩　2006.4—2015.7
王　震　2015.12—

国家统计局聊城调查队

2007年7月，成立国家统计局聊城调查队，是国家统计局的派出机构，为正县级单位。2009年11月20日正式揭牌。

队　长：胡东生　2007.6—2015.8
张良军　2015.8—

副队长：张良军　2008.5—2015.8
郝　军　2014.9—2016.11
田淑芬（女）　2017.6—

布乃君 2018.8—

党组书记：李东兰（女） 2008.6—2011.1

胡东生 2011.1—2015.8

张良军 2015.8—

党组副书记：胡东生 2008.6—2011.1

张良军 2014.4—2015.8

纪检组长：郝军 2009.7—2014.9

赵崔红（女） 2014.10—2018.8

周启东 2018.11—

中央储备粮聊城直属库

1996年3月，成立聊城国家粮食储备库，为中央储备粮聊城直属库的前身，隶属于聊城市粮食局，为正县级自收自支事业单位。2001年11月，划转至中国储备粮管理总公司，隶属于中国储备粮管理总公司山东分公司，为正处级央企单位。辖属冠县、高唐2个分库，阳谷、莘县两个控股公司，监管6个国家粮食储备库。

主任：张培远 —2001.11

2001.11—2002.9（任临时负责人）

张春贵 2002.9—2012.11

2002.5—2002.9（任临时负责人）

殷贵华 2012.11—2014.12

周勤和 2014.12—

党委书记：张春贵 2003.2—2009.8

刘朝恩 2009.8—2012.11

王开光 2012.11—2015.6

周勤和 2015.7—2015.12

于林平 2015.12—

副主任：桑庆山 —2002.9

刘孟来 —2002.9

刘学军 1997.9—2001.11

2003.9—2013.4

邓金厢 2002.12—2011.6

刘朝恩 2002.12—2006.6

张永志 2008.10—

邓志强 2011.1—2013.4

周庆刚 2013.4—2014.9

刘波 2014.12—

聊城出入境检验检疫局

1989年，聊城进出口商品检验局成立，机构规格为正县（处）级。1999年"三检合一"后，当年11月16日，正式组建中华人民共和国聊城出入境检验检疫局（以下简称聊城检验检疫局），隶属山东检验检疫局，机构规格为正县（处）级。至2015年，聊城检验检疫局下设7个科室。

局长：王黎民 1999.11—2004.6

王建平 2004.6—2005.9

李金山 2005.9—2007.4

黄谦存 2007.4—2012.7

侯玉栋 2012.7—

党组书记：王黎民 1999.11—2004.6

王建平 2004.6—2005.9

李金山 2005.9—2007.4

黄谦存 2007.4—2012.7

侯玉栋 2012.7—

副局长：张羽 1999.11—2004.6

2005.9—2012.6

侯秀娥（女） 1999.11—2005.3

刘延国 2001.3—2008.5

孙艺健 2005.4—2015.10

张士忠 2012.6—

马国良 2015.12—

济南海关驻聊办事处

1996年5月，开始筹建青岛海关驻聊城办事处，1999年8月26日，正式开关，原隶属于青岛海关。2012年12月13日，直属济南海关正式开关。济南海关驻聊城办事处由青岛海关隶属关调整为济南海关隶属关。

主任：邹朝银 1998.8—2000.11

都强国 2000.11—2005.6

张凯 2005.6—2007.8

于占胜 2007.8—2013.10

张云翔 2013.10—2015.8

董孝荣 2015.8—

党组书记：邹朝银 1998.8—2000.11

都强国 2000.11—2005.6

张凯 2005.6—2007.8

于占胜　2007.8—2013.10
张云翔　2013.10—2015.8
董孝荣　2015.8—
副 主 任：刘广霞　1998.8—2005.6
吴志刚　2000.11—2007.8
黄湘军　2007.8—2013.10
胡　军　2007.8—2015.8
王　浩　2013.10—

第二节　金融机构

中国人民银行聊城市中心支行

中国人民银行聊城市中心支行为中国人民银行派出机构，正县级单位，与国家外汇管理局聊城分局为一个机构，2块牌子。1998年3月，聊城撤地建市。1998年6月，中国人民银行聊城地区中心支行改为中国人民银行聊城市分行。1999年1月，改为中国人民银行聊城市中心支行。2003年，银行业监管职能从人民银行分离，由新成立的中国银行业监督管理委员会承担。

行　长：连相坤　—1999.5
张胜林　1999.5—2004.4
徐小林　2004.10—2008.3
2004.4—2004.10（主持工作）
吴金忠　2008.12—2013.4
2008.3—2008.12（主持工作）
刘贤军　2013.4—
副行长：雷　鸣　—1997.5
丁向东　—1999.5
刘立坤　—2004.4
李建文　1997.6—1998.10
周少明　2000.7—2001.7
张维秋　1999.5—2003.8
于树明　1999.5—2003.12
彭江波　2004.4—2005.10
姚　冬　2004.4—2014.7
王武声　2004.4—2006.2
2008.3—
吴金忠　2006.2—2008.12
牛庆国　2006.2—2008.3
张维建　2008.3—2011.2
郭　强　2011.2—2013.3
彭凤祥　2013.4—
纪委书记：邱玉祥　1999.5—2003.12
崔长夫　2004.4—2006.2
2008.3—

中国银监会聊城监管分局

2003年12月8日，中国银行业监督管理委员会聊城监管分局从中国人民银行聊城市分行分离出来，单独办公，为正县级单位。2005年，分局增设财务会计科。至2015年年底，机关内设8个职能科室，下辖7个监管办事处。

党委书记：于树明　2003.12—2006.10
刘世明　2006.10—2011.7
郭虎英　2011.7—
局　　长：于树明　2003.12—2006.10
刘世明　2006.10—2011.7
郭虎英　2011.7—
副 局 长：邱玉祥　2003.12—2013.2
韩咏军　2005.3—2007.10
孔凡申　2007.7—2010.12
杨　磊　2011.3—
唐玉明　2011.11—2015.5
盛作安　2015.5—

中国工商银行聊城分行

1984年10月，设立中国工商银行聊城地区中心支行，为正县级单位。1998年3月，撤地设市后，中国工商银行聊城地区中心支行更名为中国工商银行聊城市分行。2005年11月，更名为中国工商银行股份有限公司聊城分行。

行　长：冯俊山　—2000.12
侯天笑　2001.1—2003.9
徐光林　2003.9—2008.9
亓立强　2008.9—2010.7
刘　磊　2010.7—2013.2
杨　峰　2013.2—
副行长：刘延久　—2003.2
侯天笑　—2000.12

王德水 —2001.8
刘国强 2001.8—2004.4
皮桂亭 2001.12—2010.6
徐光林 2003.1—2003.9
郭　义 2003.1—2008.6
贾广祥 2004.4—2012.9
亓立强 2004.8—2007.9
房志波 2006.1—2011.10
刘　磊 2008.9—2010.7
陈　强 2012.1—2013.3
狄建明 2011.7—
谢林明 2010.7—
李建印 2011.9—
王天伟 2011.12—2013.7
冯保勇 2014.9—
王月华 —1998.1
王德水 2001.8—2005.7
叶晓生 2006.1—

中国农业银行聊城分行

1993 年 7 月，中国农业银行聊城地区中心支行是国有独资商业银行分支机构，隶属于中国农业银行山东省分行。1998 年 3 月，聊城撤地设市后，中国农业银行聊城地区中心支行改称中国农业银行聊城市分行，为正县级单位。2009 年 8 月，改制为中国农业银行股份有限公司聊城分行。

行　长：巴烈芝 —1998.1
胡晓毅 1998.11—1999.12
戚传志 1999.12—2004.6
王旭光 2004.6—2009.2
段义金 2009.2—2013.7
付　晓 2013.7—2015.12
潘兆华 2015.12—

副行长：李清润 —1997.1
苏守信 —1998.11
胡晓毅 1997.11—1998.11
韩文英 1997.1—2006.1
司　峰 1998.11—2006.1
2012.11—
侯志华 2001.3—2007.3
王义平 2006.1—2012.11
李联盟 2007.4—2009.4
刘连军 2006.1—2013.7
罗秉环 2007.4—2014.1
宋光涛 2014.1—
巩稚峰 2014.3—

中国银行聊城分行

1982 年 1 月，成立中国银行聊城支行。1990 年，聊城分行升格为正县级单位。2004 年 8 月，改制为中国银行股份有限公司聊城分行。

行　　长：韩凤生 —2000.3
李进生 2000.3—2005.10
陈　涛 2005.10—2010.10
张　军 2011.1—2012.9
纪　忠 2012.9—

党组书记：刘汉城 —1999.1
韩凤生 —2000.3

党委书记：李进生 2000.3—2005.10
陈　涛 2005.10—2010.10
张　军 2011.1—2012.9
纪　忠 2012.9—

副 行 长：桑建德 —1999.7
冯　颖 —1998.4
梁增昌 —2000.3
路忠义 1999.7—2007.12
许兰梅 2002.12—2011.6
郭兴盛 2007.1—2013.5
汪文泰 2008.2—
纪利兵 2013.6—

中国建设银行聊城分行

1954 年 10 月，成立中国建设银行聊城支行。1960 年 5 月，成立中国建设银行聊城市办事处。1973 年 1 月，成立中国建设银行聊城地区支行。1979 年 3 月，地区支行改称中国建设银行聊城地区中心支行。1998 年 5 月，更名为中国建设银行聊城市分行。2004 年 9 月，改制为中国建设银行股份有限公司聊城分行。

党组书记、行长：李树森 —1998.9

党委书记、行长：

李树森　1998.9—2001.12

朱治昌　2002.10—2003.8

刘春龙　2003.8—2008.3

王广升　2008.3—2013.4

荣卫民　2013.4—2015.7

白彤文　2015.7—

党委副书记：刘金堂　1999.7—2001.12

副书记、副行长：

刘金堂　—1998.9

1998.9—1999.7

颜廷安　—1998.9

1998.9—2001.12

王力强　1999.7—2006.5

张明星　1999.7—2003.5

朱治昌　2001.12—2002.10

郭　胜　2002.1—2012.11

交通银行聊城分行

2012年1月，交通银行聊城分行正式对外营业，为正县级单位。

行　　长：鲍　峰　2012.2—2013.5

李相伟　2013.5—2014.7

董经庆　2014.7—

党委书记：鲍　峰　2012.2—2013.5

李相伟　2013.4—2014.7

董经庆　2014.7—

副 行 长：张新丽（女）2012.2—2014.11

韩　勇　2012.2—2013.5

董经庆　2013.11—2014.7

李瑞杰　2015.1—

王荣云　2014.11—

中国农业发展银行聊城市分行

1996年11月4日，成立中国农业发展银行聊城地区分行，为正县级单位。1998年4月，更名为中国农业发展银行聊城市分行。

行　　长：郝贵新　1997.9—1999.7

马兆华　2000.12—2006.2

肖连奎　2006.2—2011.6

徐敬喜　2011.7—

党委书记：马兆华　2000.12—2006.2

肖连奎　2006.2—2011.6

徐敬喜　2011.7—

副 行 长：郝贵新　—1997.9

马兆华　1997.1—2000.12

肖连奎　1997.9—2001.3

周　强　2001.3—2009.11

王志敏　2002.12—2006.3

徐敬喜　2006.4—2011

王士韬　2011.7—

郭　莹　2009.11—

张　健　2013.5—

华夏银行聊城分行

2003年10月30日，成立华夏银行股份有限公司聊城支行，为正县级单位。2013年1月18日，升格为华夏银行股份有限公司聊城分行。

行　　长：秦俊梅　2003.10—2007.9

薛丙珠　2008.3—

党 委 书 记：秦俊梅　—2007.9

薛丙珠　2007.9—2013.1

党总支书记：薛丙珠　2013.1—

副　行　长：薛丙珠　2003.10—2008.3

芦武成　2003.10—2008.2

张洪贞　2003.10—2010.11

孙红兵　2006.2—2007.3

岳帮鲁　2008.11—2013.11

颜　文　2011.7—

宁金龙　2008.2—2011.9

郭佳隽　2009.3—2015.2

杨玉民　2011.9—

路　海　2014.6—

恒丰银行聊城分行

2011年9月，恒丰银行股份有限公司聊城分行正式成立，为恒丰银行的二级分行。

行　长：王永伟　2011.6—

副行长：王德强　2012.2—2013.7

陶东升　2012.2—

李志春　2012.11—

毕宜龙　2014.7—2015.1

浦发银行聊城分行

2012年1月，浦发银行股份有限公司聊城分行正式成立，为浦发银行的二级分行。

行　　长：房志波　2011.12—
党委书记：房志波　2012.3—
副 行 长：房居超　2011.3—2013.7
　　　　　苑广新　2011.12—
　　　　　韩　进　2014.3—
　　　　　娄　宁　2014.9—
　　　　　李建成　2015.11—

兴业银行聊城分行

兴业银行股份有限公司聊城分行2015年9月25日正式成立。

党委书记、行长：张　军　2015.8—
党委委员、行长助理：盛　达　2015.8—
　　　　　　　　　　李　阳　2015.10—

齐鲁银行聊城分行

2008年3月，成立济南市商业银行聊城分行，为正县级单位。2009年6月，更名为齐鲁银行聊城分行。

行　　长：张　华　2008.3—2010.4
　　　　　张克非　2010.9—
党组书记：张　华　2008.3—2009.7
党委书记：张　华　2009.7—2010.4
　　　　　张克非　2010.9—
副 行 长：张克非　2008.3—2010.8
　　　　　潘清亮　2010.9—
风险总监：孙宝军　2014.7—
行长助理：潘清亮　2009.3—2010.8
　　　　　田　皓　2010.5—2012.9
　　　　　李　强　2013.7—2015.11

潍坊银行聊城分行

2013年12月29日，成立潍坊银行股份有限公司聊城分行。

行　　长：冯怀春　2013.12—
党委书记：冯怀春　2013.12—
副 行 长：王育智　2014.3—
　　　　　张德印　2013.12—
　　　　　燕东勇　2013.12—

莱商银行聊城分行

2013年12月29日，成立莱商银行股份有限公司聊城分行。

行　　长：王素荣　2013.12—2015.2
　　　　　张乘胜　2015.2　2015.8
　　　　　段元香　2015.8—
副行长：高　立　2013.12—
　　　　金　鑫　2013.12—

北京银行聊城分行

2014年11月20日，成立北京银行股份有限公司聊城分行。

行　　长：肖之寅　2014.11—
副行长：郝红梅（女）2014.11—
　　　　陈建华　2014.11—

山东省农村信用社联合社聊城办事处

2004年8月，成立山东省农村信用社联合社聊城办事处（简称“省联社聊城办事处”），是山东省农村信用社联合社的派出机构。

党 委 书 记：张明星　2004.12—2013.2
　　　　　　丁建民　2014.1—
党委副书记：丁建民　2013.5—2014.1
　　　　　　　　　　（主持工作）
主　　　任：张明星　2004.12—2013.2
　　　　　　丁建民　2014.8—
副　主　任：陈东升　2004.7—2004.12
　　　　　　　　　　（主持工作）
　　　　　　　　　2005.1—2009.12
　　　　　　陈志刚　2004.7—2008.8
　　　　　　林朝美　2004.7—2007.6
　　　　　　张新华　2008.8—2011.4
　　　　　　丁建民　2007.11—2014.1
　　　　　　魏凤阳　2013.5—
　　　　　　张念才　2013.5—

聊城农村商业银行

2006年1月，成立东昌府区农村信用合作联社，取消多级法人单位体制，成为统一的县级法人单位。2013年12月，原东昌府区农村信用合作联社通过银行化改革，成立聊城农村商业银行股份有限公司。

农村信用合作联社

理事长：耿秉正　2006.7—2011.2
　　　　颜景元　2011.2—2013.12
主　任：郝　彬　2006.12—2011.5
　　　　邵景国　2011.7—2013.12
监事长：何立彤　2006.1—2008.12
　　　　徐树志　2008.12—2011.2
　　　　郭金炬　2012.4—
副主任：郝　彬　2006.7—2006.12
　　　　张　波　2006.7—2011.2
　　　　徐树志　2006.1—2008.12
　　　　何立彤　2008.12—2013.12
　　　　李　然　2010.4—2013.12

农村商业银行

董　事　长：颜景元　2013.12—
行　　　长：邵景国　2013.12—
党委书记：颜景元　2014.3—
副　行　长：何立彤　2013.12—2014.7
　　　　　　李　然　2013.12—2014.5
　　　　　　姜　涛　2013.12—
　　　　　　刘秀文　2014.12—
　　　　　　马　宁　2014.12—
董事会秘书：刘志国　2014.12—
党委成员：邵景国　2014.3—
　　　　　　郭金炬　2014.3—
　　　　　　李　然　2014.3—
　　　　　　姜　涛　2014.3—
　　　　　　张　涛　2014.3—

第三节　其他机构

市邮政管理局

2012年10月，聊城市邮政管理局成立，为副县级邮政监管机构。

局　　长：王　华　2012.8—2015.8
　　　　　范　涛　2015.9—
党组书记：王　华　2012.8—2015.8
　　　　　范　涛　2015.9—

中国邮政集团公司聊城市分公司

1998年4月，撤销聊城地区邮电局，成立聊城市邮电局；是年10月，聊城市邮电局实行邮电分营，设立聊城市邮政局和聊城市电信局。聊城邮电局所辖的临清市、高唐县、茌平县、东阿县、阳谷县、莘县、冠县邮电局于当年9月分别实行邮电分营；是年10月8日，聊城市邮政局正式挂牌并独立运营。2014年3月，聊城市邮政局更名为“中国邮政集团公司聊城市分公司”。

中国邮政集团公司聊城市分公司（2014.3—　）

总　经　理：王开峰　2015.3—
副总经理：王开峰　2014.3—2015.3（主持工作）
　　　　　陆　忠　2014.3—
　　　　　高立军　2014.3—

聊城市邮政局（1998.4—2014.3）

局　　长：段西智　1998.10—2001.3
　　　　　汪文旗　2001.3—2008.5
　　　　　唐志炜　2008.5—2010.3
　　　　　昝淑美（女）　2010.12—2014.3
党委书记：段西智　1998.10—2001.3
　　　　　汪文旗　2001.3—2008.5
　　　　　唐志炜　2008.5—2010.3
　　　　　昝淑美（女）2010.12—2014.3
党委副书记：昝淑美（女）2010.3—2010.12
副　局　长：汪文旗　1998.10—2001.3
　　　　　杜建国　1998.10—2002.6
　　　　　汪文彬　2001.3—2006.7
　　　　　尹贻军　2001.3—2001.9
　　　　　陈　欣　2002.6—2003.8
　　　　　赵新光　2002.6—2008.9
　　　　　石敬民　2003.8—2006.7
　　　　　宋海霞　2003.10—2005.6
　　　　　张国仁　2006.5—2007.5（挂职）
　　　　　昝淑美（女）2008.5—2010.3
　　　　　齐保东　2008.5—2011.1
　　　　　王永海　2010.3—2011.10
　　　　　王开峰　2010.12—2014.3

中国联合网络通信有限公司聊城市分公司（2008.10— ）

1998年4月7日，撤销聊城地区邮电局，成立聊城市邮电局；10月8日，聊城市邮电局实行邮电分营，设立聊城市邮政局和聊城市电信局。聊城邮电局所辖的临清市、高唐县、茌平县、东阿县、阳谷县、莘县、冠县邮电局于是年9月分别实行邮电分营。1999年2月2日，原聊城联通成立，翌年12月21日，正式开业运营。2000年12月，聊城市电信局对多种经营实行独立经营，成立聊城电信鲁通有限公司（2003年6月撤销融入主体单位）。2001年2月13日，聊城市电信局进行政企分开，不再履行地方通信行业管理职能，更名为山东省电信公司聊城市分公司。各市（县）电信局相继更名为山东省电信公司某某市（县）电信局。至此，聊城市以邮电分营、电信重组、政企分开为主要内容的邮电管理体制改革工作基本完成，聊城电信进入了市场经济下的企业化运作新阶段。

2002年5月，中国电信重组分为中国电信（南方）、中国网通（北方），山东省电信公司聊城市分公司归属中国网通；是年12月17日，山东省电信公司聊城市分公司更名为山东省通信公司聊城市分公司（简称聊城通信），各乡镇电信支局更名为山东省通信公司某某分公司某某营业部。2004年11月3日，山东省通信公司聊城市分公司更名为中国网通（集团）有限公司聊城市分公司（简称聊城网通）。2008年10月，聊城网通与原聊城联通进行融合。2009年3月19日，更名为中国联合网络通信有限公司聊城市分公司（简称聊城联通），在内部管理体制上仍沿袭“市管县”模式，实现从政企合一到政企分离，从主附合一到主附剥离的电信行业改革。

筹备组组长：李民生　2008.11—2009.3
副　组　长：于万之　2008.11—2009.3
筹备组成员：胡汝琦　2008.11—2009.3
　　　　　　臧朝辉　2008.11—2009.3
　　　　　　郭振珠　2008.11—2009.3
　　　　　　王新斌　2008.11—2009.3
　　　　　　彭　晗　2008.11—2009.3
总　经　理：李民生　2009.3—2011.3
　　　　　　崔　波　2011.3—2013.8
　　　　　　李开新　2013.8—
党委书记：李民生　2009.3—2011.3
　　　　　　崔　波　2011.3—2013.8
　　　　　　李开新　2013.8—
党委副书记：于万之　2009.3—2010.5
　　　　　　　　　　2011.4—2011.9
副总经理：于万之　2009.3—2010.5
　　　　　　　　　　2011.4—2011.9
　　　　　　胡汝琦　2009.3—2010.3
　　　　　　臧朝辉　2009.3—2013.8
　　　　　　郭振珠　2009.3—2014.5
　　　　　　王新斌　2009.3—
　　　　　　彭　晗　2009.3—2011.4
　　　　　　陈　龙　2008.3—
　　　　　　于传渭　2012.6—
　　　　　　张　辉　2013.8—
　　　　　　朱宪平　2015.1—

聊城市电信局（1998—2001年）

局　　长：王朝法　1998.10—2001.1
党委书记：王朝法　1998.10—2001.1
副 局 长：谭学岭　1998.10—2001.1
　　　　　胡汝琦　1999.7—2001.1

山东省电信公司聊城市分公司（2001—2002年）

总 经 理：王朝法　2001.1—2002.10
党委书记：王朝法　1998.10—2002.10
副总经理：谭学岭　2001.1—2002.10
　　　　　陈　刚　2001.11—2002.10
　　　　　胡汝琦　2001.1—2002.10
　　　　　张志辉　2001.11—2002.10
　　　　　尹绪斋　2001.11—2002.10

山东省通信公司聊城市分公司（2002—2005年）

总　经　理：王朝法　2002.10—2005.6
党委书记：王朝法　2002.10—2005.6
党委副书记：郝立谦　2002.10—2005.6

副 总 经 理：郝立谦　2002.10—2005.6
胡汝琦　2002.10—2005.6
张志辉　2002.10—2005.6
李永涛　2002.10—2005.6
尹绪斋　2002.10—2005.6

聊城鲁通有限公司（副县处级）（2002—2003年）

董事长：王朝法　2002.11—2003.6
总经理：尹绪斋　2002.11—2003.6

中国网通（集团）有限公司聊城市分公司（2005—2008年）

总 经 理：郝立谦　2005.6—2007.8
李民生　2007.8—2009.3
党委书记：郝立谦　2005.6—2007.8
李民生　2007.8—2009.3
副总经理：李永涛　2005.6—2007.8
胡汝琦　2005.6—2008.11
张志辉　2005.6—2007.8
尹绪斋　2005.6—2008.11
王新斌　2007.8—2008.11
彭　晗　2007.8—2008.11
王文民　2007.8—2008.11
郭振珠　2008.5—2008.11

中国联通有限公司聊城分公司（原聊城联通）（1999—2008）

筹备办公室副主任：刘同德　1999.2—1999.8（主持工作）
负 责 人：唐曙光　1998.8—2000.9
总 经 理：刘同德　2000.9—2004.10
邢福俊　2004.10—2007.3
于万之　2007.3—2008.11
党委书记：刘同德　2001.5—2004.10
邢福俊　2004.10—2007.3
于万之　2007.3—2008.11
副总经理：刘同德　1999.8—2000.9（主持工作）
赵　华　2000.9—2001.4
臧朝辉　2001.4—2008.11
吴　放　2001.4—2003.1
李文化　2003.1—2005.1
宋志果　2005.1—2008.10
陈　龙　2008.2—2008.11

中国电信聊城分公司

2002年12月，筹建聊城电信公司，2003年6月，正式挂牌成立中国电信集团公司山东省聊城市分公司，2008年9月，成立中国电信股份有限公司聊城分公司。

总 经 理：王力宏　2002.12—2004.4（公司筹备组负责人）
2004.4—2005.5（副总经理主持工作）
2005.5—2014.1
李方春　2014.1—
党委书记：王力宏　2003.6—2014.1
李方春　2014.1—
副总经理：任永刚　2004.4—2013.9
程洪梅（女）2005.5—
宋志国　2008.12—2009.9
顾　菲　2013.9—2015.12

中国移动聊城分公司

1999年7月，聊城市电信局将移动业务剥离，成立山东移动通信公司聊城分公司，隶属山东移动通信公司。2000年10月，更名为山东移动通信有限责任公司聊城分公司。2004年1月，聊城铁通成立。2008年5月，聊城铁通并入聊城移动，成为全资子公司。2015年11月，被聊城移动全资收购。

总 经 理：陈文跃　1999.7—2001.2
徐学礼　2001.3—2012.3
吕尧启　2012.3—2014.10
吕雪峰　2014.10—
党委书记：陈文跃　1999.7—2001.2
徐学礼　2001.3—2012.3
吕尧启　2012.3—2014.10
吕雪峰　2014.10—
副总经理：杨宪华　1999.8—
王子谦　2001.3—2011.12
王同文　2004.2—2005.1

张　勇　2008.5—
孙世伟　2013.4—

国网聊城供电公司

2002 年 11 月，聊城电业局正式更名为聊城供电公司，隶属山东电力集团公司。

局长（总经理）：
韩胜利　　—2001.1
吴高亭　2001.1—2002.8（局长）
　　2002.8—2005.11（总经理）
李安全　2005.11—2009.6
孙敬国　2009.6—2010.12
孙旭日　2010.12—2013.12
王　肃　2013.12—

党委书记：霍彩亮　　—2002.2
徐熙赞　2002.2—2003.2（党委副书记，主持工作）
　　2003.2—2007.12
周建华　2007.12—2011.6
陈儒群　2011.6—2014.11
房茂伟　2014.11—

副局长（副总经理）：
贾振奎　　—2002.1
张　磊　　—2000.1
王东伟　1999.8—2003.10
卢国筠　2000.1—2006.7
李国华　2002.1—2009.4
李启昌　2004.1—2013.12
李献民　2007.5—2011.6
刘吉龙　2009.6—2015.8
聂　翔　2010.9—
张　勇　2015.6—
胡晓东　2015.8—

聊城市保险行业协会

2003 年 3 月，成立聊城市保险行业协会。至 2015 年年底，协会历经 5 届理事会。

第一届理事会
会　长：孟庆云　2003.3—2005.7
秘书长：石保月　2003.3—2005.7

第二届理事会
会　长：徐正毅　2005.7—2007.8
秘书长：石保月　2005.7—2007.8

第三届理事会
会　长：牛建军　2007.8—2009.12
秘书长：石保月　2007.8—2009.12

第四届理事会
会　长：王洪斌　2009.12—2012.4
　　　　董　波　2012.4—2012.9
秘书长：程绪孔　2009.12—2012.4

第五届理事会
会　长：刘　宁　2012.9—
秘书长：刘永考　2012.9—

聊城监狱

1997 年，山东省聊城监狱设置 3 个关押区，聊城监狱各大队、中队更名为监区、分监区。2011 年撤销菜园关押区，总部、北郊关押区更名为东区、西区关押区。

监狱长：徐明贵　　—2002.8
葛井泉　2002.8—2009.7
李正义　2009.9—2012.11
万继烈　2012.11—

政委：葛井泉　2001.3—2002.8
万继烈　2002.8—2009.9
赵希柱　2009.9—

副监狱长：崔秋溪　　—1998.3
李瑞芝（女）　—1998.3
万继烈　　—2002.8
赵希柱　　—2009.9
葛井泉　1998.3—2001.3
朱贵堂　1998.3—
武继华　2001.3—2015.7
王金峰　2010.6—
张心勇　2015.9—

副政委：林国军　　—1999.3
邓文兵　2006.8—2012.12
巩金忠　2015.9—

党委书记：徐明贵　　—2002.8
葛井泉　2002.8—2009.7

李正义　2009.9—2012.11
万继烈　2012.11—

党委副书记：崔秋溪　—1998.3
李瑞芝（女）　—1998.3
林国军　1998.3—1999.3
葛井泉　2001.3—2002.8
万继烈　2002.8—2009.9
赵希柱　2007.2—

纪委书记：李瑞芝（女）　1995.12—1998.3
葛井泉　2001.3—2002.8
万继烈　2002.8—2006.7
宋伯羽　2010.6—

烟草专卖局

1997年，聊城地区烟草专卖局与烟草聊城分公司合署办公。1998年，聊城地区烟草专卖局改为聊城市烟草专卖局。2000年，聊城分公司改制为国有法人独资的山东聊城烟草有限公司。

局　长：石继光　—1998.7
刘宝英　1998.7—1999.1
赵　波　1999.1—1999.11
陈维德　1999.11—2002.5
蒋树珍　2002.5—2005.11
贺连军　2005.11—2009.5
王春山　2009.5—2012.3
巩红卫　2012.3—2013.11
王淑敏　2013.11—

书　记：石继光　—1998.7
刘　杰　1998.7—1999.11
赵　波　1999.11—2002.5
蒋树珍　2002.5—2005.11
贺连军　2005.11—2009.5
王春山　2009.5—2012.3
巩红卫　2012.3—2013.11
王淑敏　2013.11—

盐务局

1996年，聊城地区盐业公司从聊城地区果品盐业公司摩托车总公司独立，成为独立企业，隶属于地区供销社。1998年，更名为聊城市盐业公司。2000年，更名为聊城盐业公司，加挂聊城市盐务局的牌子，是山东省盐业总公司的下属企业；是年，市盐务局设立聊城市盐政管理稽查支队。2003年，聊城盐业公司（聊城市盐务局）设立直属分公司（直属分局）。

局　长：付曙光　2000—2007.3
马文农　2007.3—2010.6
贾　凡　2010.6—2013.7
王　毅　2013.7—2014.4
王俊君　2014.4—

书　记：谢梅荣（女）　2007.3—2010.6
曹清刚　2010.6—2013.7
王俊君　2013.7—2014.4
刘文胜　2014.4—

中国石油聊城分公司

1997年，中国石油聊城地区相关业务由中国石油华北销售山东分公司管理。2002年，成立中国石油天然气股份有限公司华北销售山东聊城分公司，后更名为中国石油天然气股份有限公司山东聊城销售分公司。

党委书记：聂光华　2005.12—2008.12
张春明　2008.12—2013.12
党恩学　2013.12—2015.5
战云超　2015.6—

总经理：聂光华　2002.7—2008.12
张春明　2008.12—2015.5
李绍祥　2015.6—

中国石化聊城分公司

1997年，中国石化聊城地区相关业务由山东省石油集团聊城总公司管理。1998年，划归中国石油化工集团公司，更名为中国石油化工集团山东聊城石油总公司，2000年3月，中国石油化工集团公司实施重组改制，设立中国石油化工股份有限公司山东聊城石油分公司。2014年，成立中国石化销售有限公司山东聊城石油分公司。

党委书记：张成如　—1997.12
李汝存　1997.12—1999.5
郭凤合　1999.5—2001.10

孟祥涛　2001.10—2007.8
周连德　2007.8—2008.11
刘云铎　2008.11—2011.2
亓　众　2011.2—2014.7
王利胜　2014.7—
总经理：李汝存　　—1999.5
张维河　1999.5—2008.5
胡振怀　2008.5—

第六章　高　校

第一节　聊城大学

1970年，山东师范学院迁至聊城办学。1974年8月，建立山东师范学院聊城分院。1981年7月，山东师范学院聊城分院改建为聊城师范学院。2002年2月，教育部批准聊城师范学院改建为综合性聊城大学。

党委书记：赵润生　　—2002.7
程玉海　2002.7—2011.11
李　喆　2011.11—2014.9
马春林　2015.5—
院（校）长：程玉海　1997.6—2002.7
宋益乔　2002.7—2009.10
李　喆　2009.9—2011.11
马春林　2011.11—
党委副书记：李富成　　—1999.8
程玉海　1997.6—2002.7
于茂阳　1997.6—2003.1
徐同文　1999.10—1999.12
王庆功　2000.10—2004.9
王昌松　2003.11—2009.9
张　桓　2005.12—2010.12
李　喆　2009.11—2011.11
徐传光　2009.11—
马春林　2011.11—2015.5
张贵桥　2011.10—2013.12
王　强　2015.7—
副院（校）长：程玉海　　—1997.6
徐同文　　—1999.10
张锡忠　1997.6—2003.10
张泮舟　1997.6—2003.10
张　桓　1999.12—2005.12
宋益乔　1999.10—2002.7
董泉增　1999.10—2009.10
马春林　2000.11—2002.7
李剑萍　2002.1—2010.11
李军生　2003.10—2012.9
冯　健　2003.10—2013.7
张贵桥　2003.10—2011.11
李　喆　2005.12—2009.10
窦建民　2009.11—
张跃飞　2009.11—
王　强　2011.6—2015.7
孙兰雨　2013.6—2015.6
段培永　2014.7—
王昭凤　2014.7—
胡海泉　2014.7—
纪委书记：郭恩敦　　—1997.6
于茂阳（兼）　1997.6—1999.10
王昌松　1999.10—2003.11
李　喆　2003.11—2005.12
徐传光　2005.12—2009.9
孔祥华　2009.9—

第二节　聊城职业技术学院

2000年10月，在聊城广播电视大学、聊城卫生学校、聊城市畜牧研究所单位实质合并的基础上建立聊城职业技术学院，学院系专科层次的全日制普通高等学校。2001年8月，聊城旅游职业中等专业学校划转聊城职业技术学院。

党委书记：徐传光　2002.7—2005.12
孙庆珠　2005.12—2010.9
王　强　2010.9—2011.10
张乐天　2011.10—

院　　长：孙庆珠　2001.12—2005.12
王　强　2005.12—2010.9
张乐天　2010.9—2011.10
王　勇　2011.10—

党委副书记：孙庆珠　2001.11—2005.12
徐传光　2001.11—2002.7
房庆厚　2001.11—2011.4
王　强　2005.12—2010.9
张乐天　2010.9—2011.10
王　勇　2011.11—
程学武　2013.8—

副　院　长：徐传光　2001.11—2003.1
冯丁锁　2001.11—2008.7
王福瑜　2001.11—2004.5
孙　菁（女）　2001.11—2013.9
李英民　2006.6—2013.8
徐龙海　2008.8—
刘庆起　2008.8—
孙凌云（女）　2013.12—

纪委书记：吴广河　2001.11—2008.7
刘德云　2008.8—2013.8
徐公义　2013.12—

第七章　县（市、区）组织机构

第一节　东昌府区

中共东昌府区委员会

1998年3月，撤销聊城地区设地级聊城市，原县级聊城市改称东昌府区，隶属聊城市。中国共产党东昌府区委员会分别于1998年2月、2003年1月、2007年1月、2012年1月召开第九、十、十一、十二次代表大会，分别选举产生相应届次中共东昌府区委员会，在各届次第一次会议上分别选举产生中共东昌府区委书记、副书记、常委。

书　记：张　桓　—1997.12
路广业　1997.12—2001.1
卢保民　2001.1—2002.12
蔡同民（回族）2002.12—2008.2
李小平　2008.2—2015.10
陈秀兴　2015.10—

副书记：赵其彬　—1998.2
马保安　—1998.2
刘新东　1997.12—2003.1
赵松鹍　1998.1—2003.1
刘维新　1998.1—2003.1
胡廷金　2001.1—2005.5
李兰芳（女）2001.1—2003.1
蔡同民（回族）2001.9—2002.12
马荣锁（回族）2001.1—2003.1
任之燕　2001.1—2007.1
李小平　2002.12—2008.2
朱加云　2003.1—2008.2
孙孟来　2008.2—2015.12
杨　杰　2008.2—2011.4
毕黎明　2011.3—
赵长久　2013.12—2014.12（挂职）
李　剑　2014.5—　（挂职）

常　委：赵松鹍　—1998.2
刘维新　—1998.2
丁敬斌　—1998.2

李兰芳（女）　　—2003.1
杨桂芳　　—1998.2
李培坤　　—1998.2
刘新东　　—1998.2
赵墨林　　—1998.2
张　桓　　—1997.12
王新勇　　—2007.1
刘新东　1997.12—2003.1
路广业　1997.12—2001.1
刘　勇　1998.1—2003.1
刘胜清　1998.1—2003.1
马荣锁（回族）1998.1—2003.1
任长河　1998.1—2003.1
任之燕　1998.1—2003.1
卢保民　2001.1—2002.12
胡明岗　2001.1—2003.1
朱加云　2001.1—2003.1
由西锋　2001.1—2006.1
蔡同民（回族）2002.12—2008.2
毕黎明　2007.1—
王奎龙　2007.1—
李　静（女）　2007.1—
王　华　2001.1—2007.1
张晓平　2001.6—2007.5
吴润昌　2006.6—2007.1
苗慧清　2003.1—2007.1
苗洪军　2005.5—2007.1
李艳秋（女，回族）2003.1—2007.1
李小平　2008.2—2015.10
刘培国　2008.3—
马　骏　2007.2—2009.3
李　凯　2010.8—
侯仰琨　2007.5—2010.6
吴广海　2010.6—
陈秀兴　2015.10—

东昌府区人民代表大会常务委员会

东昌府区于1998年2月、2003年1月、2007年12月、2012年1月分别召开第十三、十四、十五、十六届人民代表大会第一次会议，分别选举产生相应届次人大常委会及人大常委会主任、副主任。

主　任：马保安　1998.2—2003.1
蔡同民（回族）2003.1—2008.6
李小平　2008.6—2015.10

副主任：刘兆玉　1998.2—2003.1
罗洪祥　1998.2—2003.1
丁敬斌　1999.1—2003.1
刘胜清　2001.2—2003.1
陈宗昭（女）　1998.2—2003.1
田孔举　1998.2—2003.1
王义兴　1998.2—2003.1
孙永月　1998.2—2006.2
任建国　2001.2—2007.12
李兰芳（女）　2003.1—
徐顺之　2003.1—2006.2
申成方　2003.1—2007.12
王新勇　2007.1—2011.11
王怀华　2003.1—2007.12
邵建忠　2006.2—2012.1
张金岭　2003.1—2007.12
苗洪军　2007.5—2012.1
郭元堂　2006.2—2007.12
王奎龙　2012.1—
刘继光　2007.12—
路立民　2012.1—2015.7
郭振明　2012.1—
赵化玉　2012.1—

东昌府区人民政府

东昌府区分别于1998年2月、2003年1月、2007年12月、2012年1月，召开第十三、十四、十五、十六届人民代表大会第一次会议，分别选举产生相应届次东昌府区人民政府及区长、副区长。

区　长：赵其彬　　—1997.12
刘新东　1998.2—2002.1
蔡同民（回族）2002.1—2002.12
李小平　2002.12—2003.1（代区长）

2003.1—2008.2
孙孟来　2008.2—2008.6（代区长）
2008.6—2015.12
毕黎明　2015.12—　（代区长）

副区长：杨桂芳　—1998.2
张继智　—1997.1
罗洪祥　—1998.2
杨学增　—1998.2
袁少林　—1998.2
刘兆玉　—1998.2
许振清（女）—1998.2（科技）
徐德铭　—1997.10（科技）
徐顺之　—2001.1（科技）
孙安学　—1999.1（科技）
田中俊　1998.1—2003.1
刘　勇　1998.2—2001.1
丁敬斌　1998.2—1999.1
李培坤　1998.2—2000.10
秦新义　1998.2—2007.11
李　静（女）2001.2—2011.4
商　华　2001.2—2007.1
胡廷金　2003.1—2005.5
王奎龙　2003.1—2007.1
胡明岗　2003.1—
任之燕　2005.5—2007.1
孙大兴　2007.11—2011.11
毕黎明　2007.1—2011.3
刘培国　2007.1—2008.2
2011.4—
王怀华　2007.12—2012.2
马丽红（女，回族）2009.7—2010.11
赵书超　2008.11—2009.11（挂职）
2012.1—
黄性利　2011.11—
宋存志　2011.4—2011.11
刘光涛　2011.11—
郭海英（女）2012.1—
王怀福　2012.1—
丁保河　2012.3—2013.3（挂职）
唐明贵　2012.3—2013.11（挂职）
王铁宇　2013.12—　（挂职）
滕谋勇　2013.12—　（挂职）
马生明　2014.4—　（挂职）
李　剑　2014.5—　（挂职）
吴晓佳（女）2014.12—2015.12（挂职）
李华飙　2015.2—　（挂职）
段广彬　2015.7—　（挂职）

中国人民政治协商会议东昌府区委员会

政协东昌府区委员会分别于1998年2月、2003年1月、2007年12月、2012年1月，召开第九、十、十一、十二届委员会第一次会议，分别选举产生相应届次政协东昌府区委员会及委员会主席、副主席。

主　席：杨桂芳　1998.2—1999.8
赵松鹍　2000.1—2006.2
由西锋　2006.1—2012.1
毕黎明　2012.1—

副主席：杨学增　1998.2—2003.1
白万全　1998.2—2003.1
许广达　1998.2—2003.1
王怀华　1998.2—2003.1
李东生　1998.2—2007.12
张广霞（女）1998.2—2007.12
孙安学　1999.1—2002.3
杨庆福　2002.1—2006.2
姜玉昆　2003.1—2011.12
潘素贞（女）2003.1—2011.12
刘继光　2003.1—2008.12
董玉江　2004.2—2007.12
闫修泉　2007.1—2012.1
路立民　2007.1—2012.1
姚立星　2010.9—
闫　方　2007.12—
郭海英（女）2007.12—2011.12
王万增　2007.12—
段林祥　2012.1—

国金祥 2012.1—

张永利（女） 2012.1—

中共东昌府区纪律检查委员会

中国共产党东昌府区委员会分别于1998年2月、2003年1月、2007年1月、2012年1月，召开第九、十、十一、十二次代表大会，选举产生相应届次中共东昌府区纪律检查委员会。在各届次第一次会议上分别选举产生中共东昌府区纪委书记。

书 记：赵松鹍 —1998.1

李兰芳（女）1998.1—2003.1

朱加云 2003.1—2007.1

王奎龙 2007.1—2011.12

吴润昌 2011.12—

第二节 临清市

中共临清市委员会

中共临清市委员会于1998年2月、2003年1月、2007年1月、2012年1月，分别召开中国共产党临清市第九、十、十一、十二次代表大会，选举产生相应届次中共临清市委员会。在各届次第一次会议上分别选举产生中共临清市委书记、副书记、常委。

书 记：耿朝玉 —1997.12

赵润田 1997.12—2001.1

万庆阳 2001.1—2005.2

李吉增 2005.2—2008.12

张旋宇 2008.12—2010.12

王建鹏 2010.12—

副书记：钟文泽 —1997.12

刘云田 —1998.1

蒋保江（回族）—2001.1

殷德荣 —1998.1

李 夫 —2001.1（挂职）

陈如明 —1996.1（挂职）

孔繁忠 —1997.5（挂职）

万庆阳 —1997.12（挂职）

1997.12—2001.1

刘 强 1998.1—2001.1

李吉增 1998.1—2005.2

孔红伟 2000.6—2002.12（挂职）

洪玉振 2001.1—2002.12

张聚传 2001.1—2006.1

邢跃隽（女）2001.1—2002.12

侯洪义 2002.6—2002.12

白建荣 2002.8—2002.12（挂职）

王建鹏 2002.12—2010.12

唐峰伟 2003.1—2006.1

韩更大 2005.2—2007.11

王广华 2005.5—2007.1

张连臣 2008.3—2010.4

杨 珍 （回族，女）2009.2—2009.8（挂职）

李新阁 2010.12—

祁学兰 （女）2011.11—

常 委：耿朝玉 —1997.12

钟文泽 —1997.12

刘云田 —1998.1

蒋保江 —2001.1

殷德荣 —1998.1

李长敏 —1998.1

许世水 —1998.1

刘 伟 —1998.1

侯洪义 —2002.12

王玉芝 —1998.2

王德义（回族） —2003.1

赵润田 1997.12—2001.1

万庆阳 1997.12—2005.2

刘 强 1998.1—2001.1

李吉增 1998.1—2008.12

李西郊 1998.1—2002.12

刘德勇 1998.1—2001.1

牟桂禄 1998.1—2002.12

高景春（回族）1998.7—1999.6

2006.1—2007.1

刘君之 1999.6—2001.7

洪玉振 2001.1—2002.12

张聚传　2001.1—2006.1
邢跃隽（女）2001.1—2002.12
张连臣　2001.1—2010.4
王凤山　2001.11—2004.7
王建鹏　2002.12—
高　峰　2002.12—2011.11
唐峰伟　2003.1—2006.1
刘素真（女）2003.1—2007.1
汪保远　2003.1—2012.1
王广华　2003.1—2007.11
杜寅祥　2004.2—2007.2
韩更大　2005.2—2007.11
赵维海　2006.1—2007.1
马广朋　2007.11—2011.11
任永胜　2007.1—2011.8
祁学兰（女）2007.1—
李汝山　2007.1—
穆相生　2007.6—2008.8
张子明　2007.11—
张克顺　2008.8—2011.5
张旋宇　2008.12—2010.12
李新阁　2010.12—
韩德振　2011.11—
秦生春　2011.11—
冯子峰　2011.11—
衣述光　2011.11—
韩　青（女）2012.1—
马培虎　2011.11—

临清市人民代表大会常务委员会

1998年2月、2003年1月、2007年12月、2012年1月，分别召开临清市第十四、十五、十六、十七届人民代表大会第一次会议，分别选举产生相应届次临清市人大常委会及人大常委会主任、副主任。

主　任：孙景山　—2003.1
万庆阳　2003.1—2005.2
李吉增　2005.2—2009.1
张旋宇　2009.1—2011.1
王建鹏　2011.1—

第一副主任：王德义（回族）2003.1—2007.12
高景春　2007.12—2012.1
王晓华（女）2012.1—

副　主　任：张培科　—1998.2
徐英芹（女）　—2001.2
马景瑞　—2001.2
苗锡英　—1998.2
韩俊明　—2001.2
张俊刚　—2003.1
李铭福　1998.2—2003.1
魏庚臣　1998.2—2003.1
匙永春　1998.2—2012.1
刘　伟　1999.1—2003.1
李兰生　2001.2—2003.1
高汝明　2001.2—2003.1
王清秀　2001.2—2003.1
汪春峰　2003.1—2012.1
王鹤琴（女）2003.1—2012.1
张承高　2003.1—2012.1
王秀璞　2003.1—2007.12
刘召坤　2003.1—2007.12
高景春（回族）　2007.2—2007.12
荆信远　2007.2—2007.12
赵孝洪　2012.1—
孙玉璞　2012.1—
宋加利　2012.1—
张学庚　2012.1—

临清市人民政府

1998年2月、2003年1月、2007年12月、2012年1月，分别召开临清市第十四、十五、十六、十七届人民代表大会第一次会议，分别选举产生相应届次临清市人民政府及市长、副市长。

市　长：钟文泽　—1997.12
万庆阳　1998.2—2001.1
李吉增　2001.2—2005.2
韩更大　2005.2—2007.11

王建鹏　2007.12—2010.12
李新阁　2011.1—
代市长：万庆阳　1997.12—1998.2
李吉增　2001.1—2001.2
韩更人　2005.2　2005.2
王建鹏　2007.11—2007.12
李新阁　2010.12—2011.1
副市长：刘　强　1998.1—2001.1
李兰生　—2001.1
李铭福　—1998.2
尹燕秋　—1998.1
刘素真（女）—2003.1
唐峰伟　—1998.3（科技副市长）
1998.3—2006.2
宋亚坤　—1998.2（聘任）
殷德荣　—1998.1
魏茂森　—2001.11
万庆阳　1997.12—1998.2
刘　伟　1998.2—1999.1
刘庆复　1998.2—2001.1
李吉增　2001.1—2001.2
洪玉振　2001.1—2003.1
高景春（回族）2001.1—2006.2
范高潮　2001.2—2003.1
马卫红（回族，女）2001.2—2011.11
刘延章　2003.1—2007.12
宋一丁　2003.1—2007.12
张　欣　2003.1—2011.4
韩更人　2005.2—2005.2
王广华　2006.2—2007.11
王晓华（女）2006.2—2012.1
高　峰　2007.1—2012.1
赵维海　2007.1—2015.11
马广朋　2007.12—2011.11
赵存吉　2008.11—2011.11（挂职）
李新阁　2010.12—2011.1
韩　青（女）2011.4—2012.1
韩德振　2012.1—
冯子峰　2012.1—
王　磊　2012.1—
秦荣菊（女）2012.1—
周志雯（女）2012.1—

中国人民政治协商会议临清市委员会

1998年2月、2003年1月、2007年12月、2012年1月，分别召开政协临清市第十、十一、十二、十三届委员会第一次会议，分别选举产生相应届次政协临清市委员会及委员会主席、副主席。

主　席：刘洪友　—2001.2
蒋保江（回族）2001.2—2006.2
唐峰伟　2006.2—2012.1
汪保远　2012.1—
副主席：刘文成　—1998.2
刘荣太　—1998.2
陈乃泉　—1998.2
白万勤　—2001.2
唐云忠　—1998.2
武治信　—2003.1
刘宏娥（女）—1998.9
李长敏　1998.2—2003.1
李实山　1998.2—2003.1
孙佔元　1998.2—2003.1
徐洪喜　1998.2—2003.1
王俊山　1998.2—
王玉芝　1998.9—2006.2
刘庆复　2001.2—2007.1
张由军　2001.2—2012.1
许朝生　2003.1
贾艳华（女）2003.1—
马兆瑞　2004.1—2007.12
赵金栋　2006.2—2012.1
宛秋生（回族）2007.12—
徐宝福　2012.1—
王保粮　2012.1—

中共临清市纪律检查委员会

1998年2月、2003年1月、2007年1月、2012年1月，分别召开中国共产党临清市第九、

十、十一、十二次代表大会，选举产生相应届次中共临清市纪律检查委员会，在各届次第一次会议上分别选举产生中共临清市纪委书记。

书　记：李长敏　　　　—1998.1
侯洪义　1998.1—2002.12
王建鹏　2002.12—2007.1
任永胜　2007.1—2011.10
张子明　2011.11—

第三节　冠　县

中共冠县委员会

1995年3月、1998年2月、2003年1月、2007年1月、2012年1月，分别召开中国共产党冠县第九、十、十一、十二、十三次代表大会，分别选举产生相应届次中共冠县委员会。在各届次第一次会议上分别选举产生中共冠县县委常委、书记、副书记。

书　记：宋来君　　　　—2000.11
宋文明　2000.11—2005.12
刘　强　2005.12—2008.12
洪玉振　2008.12—2013.6
牟桂禄　2013.6—

副书记：刘明星　　　　—2001.1
吕昭岭　1998.2—2001.1
潘秀章　1998.2—2003.1
孔繁英（女）1998.2—2001.1
汤丙水　2001.1—2002.12
刘　强　2001.3—2005.12
田斌文　2002.8—（挂职）
洪玉振　2002.12—2008.12
张树奎　2001.1—2009.4
许泽英　2003.1—2007.1
张　琳　2011.11—
牟桂禄　2008.12—2013.6
李宝林　2009.7—2012.1

常　委：张怀起　1988.2—2001.1
汤丙水　1998.2—2002.12
谭承阳　　　　—1999.8
胡明岗　1999.8—2001.1
李柏林　1998.2—2001.1
王立民　1998.2—2001.1
任海涛　2001.1—2001.7
张汝亭　1998.2—2003.1
许公绥　1998.3—2001.1
张树奎　2001.1—2009.4
许泽英　2001.1—2007.1
张景超　2001.1—2003.4
王小伟　2003.4—2006.5
许兰岭　2001.1—2007.1
王绍军　2001.1—2009.7
任尚显　2002.12—2009.7
阎冬梅（女）2002.12—2011.3
盛耀光　2003.1—2011.11
刘洪林　2006.1—2007.1
2012.1—
张　琳　2007.1—
韩金芳　2007.1—2013.8
陈洪刚　2006.5—2009.4
李宝国　2009.4—2011.4
魏　雷　2009.7—
邓　丽（女）2009.7—2011.11
刘延章　2009.7—2011.11
卢振龙　2011.3—
赵存吉　2011.11—
宋存志　2011.11—
李文军　2011.4—
王丽慧（女）2011.11—
巩存臣　2013.3—

冠县人民代表大会常务委员会

1993年3月、1998年2月、2003年1月、2007年12月、2012年1月，分别召开冠县第十二、十三、十四、十五、十六届人民代表大会第一次会议，分别选举产生相应届次冠县人大常委会及人大常委会主任、副主任。

主　　任：任谦元　1998.2—2003.1
宋文明　2003.1—2006.2
刘　强　2006.2—2008.12

洪玉振 2008.12—2013.7

第一副主任：刘钦朋 2003.1—2007.12

宋占方 2007.12—2012.1

盛耀光 2012.1—

副 主 任：沙元兴（回族）1998.2—2000.1

么太儒 1998.2—2003.1

刘梅兰（女）1998.2—2003.1

王广超 1998.2—2003.1

杜兰阁 1998.2—2003.1

宋占方 1998.2—2003.1

苏法旺 1998.2—2001.12

张怀起 2001.3—2003.1

许长进 2001.3—2003.1

郑增龙 2003.1—2007.12

于奎祥 2003.1—2007.12

刘增兰（女）2003.1—2007.12

张树义 2003.1—2006.2

徐书春 2003.1—2006.2

丁文学 2006.2—2007.12

杨一和 2006.2—2012.1

郭建军 2007.12—2012.1

田长计 2007.12—2012.1

边玉芝（女）2007.12—

朱继武 2012.1—

赵 平 2012.1—

刘梅元 2012.1—

冠县人民政府

1993年3月、1998年2月、2003年1月、2007年12月、2012年1月，分别召开冠县第十二、十三、十四、十五、第十六届人民代表大会第一次会议，分别选举产生相应届次冠县人民政府及县长、副县长。

县 长：刘明星 1997.3—2001.3

刘 强 2003.3—2006.1

洪玉振 2006.2—2008.12

牟桂禄 2008.12—2009.1（代县长）

2009.1—2013.7

副县长：吕昭岭 1998.3—2001.3

许公绥 1998.3—2001.1

刘钦朋 1998.3—2003.1

呼炳旭 —2003.2

靖培恩 1998.2—2001.2

汤丙水 —2002.12

梁志刚 1998.2—2002.12

刘冠凤（女） 1998.2—2001.2

刘 强 2001.1—2003.3

洪玉振 2002.12—2006.2

韩 东 2001.1—2007.1

周长春 2001.1—2005.10

李宝林（回族）2001.1—2009.7

苏法旺 2001.12—2012.1

任尚显 2001.3—2002.12

邓 丽（女）2002.12—2011.11

许泽英 2006.1—2007.1

金同元 2006.1—2007.11

刘洪林 2007.1—

张 琳 2007.1—2011.11

秦生春 2008.3—2011.11

雷传波 2009.8—

赵存吉 2011.11—

郭秀芳（女） 2011.11—

赵维波 2011.11—

徐世栋 2011.11—

中国人民政治协商会冠县委员会

1993年3月、1998年2月、2003年1月、2007年12月、2012年1月，分别召开政协冠县第五、六、七、八、九届委员会第一次会议，分别选举产生相应届次政协冠县委员会及委员会主席、副主席。

主 席：刘金钟 1998.2—2003.1

潘秀章 2003.1—2007.12

韩 东 2007.12—2012.1

李宝林（回族）2012.1—

副主席：吴明岐 1998.2—2003.1

张金光 1998.2—2003.1

周月岐 —2003.1

郑增龙　　　　—2003.1
董善祥　　　　—2007.1
王春法　1998.2—2003.1
许公绥　2001.2—2003.1
郭富华　2001.2—2003.1
韩　东　2007.1—2007.12
呼炳旭　2003.1—2006.2
张汝亭　2003.1—2007.12
申景高　2003.1—2007.12
王代法　2003.1—2012.1
郭书江　2003.1—2007.12
贾蕴才　2006.2—2007.12
郭保敬　2007.12—2012.1
刘钦礼　2007.12—2012.1
李云善　2007.12—2012.1
郭秀芳（女）2007.12—2011.11
苏法旺　2012.1—
胡之彬　2012.1—
田东奇　2012.1—
朱玉宇　2012.1—
苏兴玲（女）2012.1—

中共冠县纪律检查委员会

1995年3月、1998年2月、2003年1月、2007年1月、2012年1月，分别召开中国共产党冠县第九、十、十一、十二、十三次代表大会，分别选举产生相应届次中共冠县纪律检查委员会。在各届次第一次会议上，分别选举产生中共冠县纪委书记。

书　记：张怀起　1998.2—2001.1
张树奎　2001.1—2006.12
阎冬梅（女）2006.12—2011.3
韩金芳　2011.4—2013.8
宋存志　2014.5—

第四节　莘　县

中共莘县委员会

1995年3月、1998年2月、2003年12月、2007年1月、2012年1月，分别召开中国共产党莘县第九、十、十一、十二、十三次代表大会，选举产生相应届次中共莘县委员会。在各届次第一次会议上分别选举产生中共莘县县委书记、副书记、常委。

书　记：孟宪海　1997.1—1997.12
金维民　1997.12—1999.10
刘赞杰　1999.10—2002.12
赵庆忠　2002.12—2008.1
王　勇　2008.1—2012.1
朱加云　2012.1—2015.10
张国洲　2015.10—

副书记：赵润田　1997.1—1997.12
丁兴荣　1997.1—1998.1
徐传光　1997.1—2001.1
马荣建　1997.1—1998.1
赵庆忠　1998.1—2002.12
王安泽　1998.1—2001.1
张晓民　1998.1—2002.12
张其增　1997.1—1998.1（挂职）
王松根　1997.1—1997.3（挂职）
李冬兰（女）　2001.1—2002.12
王　勇　2001.1—2008.1
任长河　2001.1—2002.12
袁炳臣　2002.12—2007.1
李西郊　2002.12—2007.1
刘国强　2002.12—2007.1
任建华　2002.7—2002.10（挂职）
张胜明　2004.2—2006.2（挂职）
孙明禄　2004.2—2006.2（挂职）
马　辉（回族）　2004.2—2006.2（挂职）
许庆豪　2006.2—2008.2（挂职）
朱加云　2008.3—2012.1
张国洲　2008.3—2015.10
杨　凡（女）　2010.11—2012.5（挂职）
张俊之　2012.1—
胡建军　2015.4—　（挂职）

常　委：贾鹏柱　2011.1—

丁洁清（女）　2011.1—2012.1
温振峰　2011.1—2013.1
王鲁清　2011.1—
宋景润　2011.1—2012.1
张宪华　2012.1—
孙荣军　2012.1—
赵　敏（女）　2012.1—
郭万松　2013.5—2013.11
张　媛（女）　2013.5—2014.6
于福来　2013.9—2015.12（挂职）
夏继宏　2014.1—2015.6
谭鸿宇　2014.4—2015.4（挂职）
贾相云　2015.1—
王永胜　2015.6—
解志超　2015.12—
黄　卿　2015.6—　（挂职）

莘县人民代表大会常务委员会

1998 年 2 月、2003 年 1 月、2007 年 12 月、2012 年 1 月，分别召开莘县第十三、十四、十五、十六届人民代表大会第一次会议，会议分别选举产生相应届次莘县人大常委会及人大常委会主任、第一副主任、副主任。

主　　任：王朝会　1997.1—1998.2
丁兴荣　1998.2—2003.1
赵庆忠　2003.1—2008.6
王　勇　2008.6—2012.1
朱加云　2012.1—
第一副主任：李法起　2003.1—2007.12
曹贵增　2007.12—
副　主　任：齐光前　1997.1—1998.2
马自越　1997.1—1998.2
范秀兰（女）1997.1—1998.2
邵泽图　1997.1—1998.2
吴广岱　1997.1—1998.2
王连生　1997.1—2003.1
刘效荣　1998.2—2003.1
王　冲　1998.2—1998.3
尹学明　1998.2—2003.1
陈存生　1998.2—2006.2
楚新贞　1999.2—2003.1
赵万真　2001.1—2003.1
张明山　2001.1—2006.2
商善刚　2001.1—2004.2
李合生　2003.1—2007.1
张玉德　2003.1—2007.1
王庆顺　2006.2—2012.1
杨洪星　2006.2—2012.1
宋继华　2006.2—2007.1
刘学明　2007.2—2007.12
孟素华（女）2007.12—2012.1
耿西臣　2007.2—
徐振峰　2012.1—
刘淑青（女）2012.1—
孙长厚　2012.1—

莘县人民政府

1998 年 2 月、2003 年 1 月、2007 年 12 月、2012 年 1 月，分别召开莘县第十三、十四、十五、十六四届人民代表大会第一次会议，分别选举产生相应届次莘县人民政府及县长、副县长。

县　长：赵润田　1997.1—1998.2
徐传光　1998.2—2001.1
赵庆忠　2001.2—2003.1
王　勇　2003.1—2008.6
朱加云　2008.6—2012.1
张国洲　2012.1—
副县长：路安良　1997.1—1998.2
王　冲　1997.1—1998.2
郭庆宏　1997.1—1998.2
徐奉彩　1997.1—1998.2
李实山　1997.1—1998.7
马鲁生　1997.1—2001.1
张晓民　1997.1—1998.2
李冬兰（女）1997.1—1998.2
楚新贞　1997.1—1999.1
李法起　1997.1—2001.1
伦　炜　1998.2—2001.1
王奎龙　1998.2—2001.1

刘学明　1998.2—2007.1
赵庆忠　1998.2—2001.1
张金伦　2000.9—2003.5
周　军　2001.2—2002.12
王　勇　2001.1—2003.1
宋景润　2001.2—2007.12
张鲁清　2001.2—2003.1
袁炳臣　2003.1—2007.1
张国洲　2003.1—2012.1
王　玲（女）2003.1—2010.12
刘书俊（回族）2003.1—2007.12
商善刚　2003.5—2006.6
张胜明　2004.3—2006.3（挂职）
荣　光　2004.3—2006.3（挂职）
马丽红（女，回族，挂职）
2005.8—2006.11
2006.11—2009.8
高　涛　2006.4—2007.3（挂职）
钱　城　2006.4—2007.12（挂职）
陈秋生　2007.4—2007.12（挂职）
张俊之　2007.1—2012.1
张宪华　2007.1—2012.1
徐振峰　2007.1—2012.1
石汝强　2007.12—2014.7
杨庆云（回族）2009.8—
杨　凡（女，挂职）2010.11—2012.5
贾相云　2012.1—
张　涛　2012.1—
于豪胜　2012.1—
孙孟花（女）2012.1—
李玉保　2012.4—2013.4（挂职）
郭万松　2012.11—2013.12（挂职）
张　媛（女，挂职）2013.5—2013.12
于福来　2013.9—2015.8（挂职）
樊颖伦　2014.1—2014.12（挂职）
谭鸿宇　2014.4—2015.4（挂职）

中国人民政治协商会议莘县委员会

1998年2月、2003年1月、2007年12月、2012年1月，分别召开政协莘县第八、九、十、十一届委员会第一次会议，分别选举产生相应届次政协莘县委员会及委员会主席、副主席。

主　席：曹存德　1997.1—1998.2
路安良　1998.2—2003.1
张晓民　2003.1—2012.1
温振峰　2012.1—

副主席：杨丽英（女）1997.1—2003.1
杨巨源　1997.1—2003.1
徐宝恩　1997.1—2001.2（兼）
王合祥　1997.1—2003.1（兼）
常家荣　1997.1—1998.2
马敬波　1998.2—2004.1（兼）
刘存泽　1998.2—2000.12（兼）
李家谦　2003.1—2007.12（兼）
徐振峰　2003.1—2007.1（兼）
孟素华（女）2003.1—2007.12（兼）
韩志平　2003.1—2012.1（兼）
刘锡金　2003.1—2015.12（兼）
刘义军　2005.2—2007.12
杨贵生　2007.1—2012.1
徐跃进　2007.1—2012.1（兼）
王俊君　2007.1—2013.12（兼）
刘淑青（女）2007.12—2012.1（兼）
文尚印　2012.1—
王　晔　2012.1—
武清燕（回族）2012.1—
宋玉平（女）2012.1—
顾　磊　2015.3—

中共莘县纪律检查委员会

1998年2月、2003年1月、2007年1月、2012年1月，分别召开中国共产党莘县第十次、第十一次、第十二次、第十三次代表大会，选举产生相应届次中共莘县纪律检查委员会。在各届次第一次会议上分别选举产生中共莘县纪委书记。

书　记：魏庚臣　1997.1—1998.2
李冬兰（女）1998.2—2003.1

李西郊　2003.1—2007.1
丁洁清（女）2007.1—2012.1
孙荣军　2012.1—

第五节　阳谷县

中共阳谷县委员会

1995 年 3 月、1998 年 2 月、2003 年 1 月、2007 年 1 月、2012 年 1 月，分别召开中国共产党阳谷县第八、九、十、十一、十二次代表大会，选举产生相应届次中共阳谷县委员会。在各届次第一次会议上分别选举产生中共阳谷县委常委、书记、副书记。

书　记：安世银　—1997.12
徐淑满　1997.12—2001.1
汪文耀　2001.1—2006.1
关　华　2006.1—2011.11
田中俊　2011.11—

副书记：王传斌　—1997.12
郭银德　—1997.12
李银起　—2003.1
汪文耀　—1997.12
张同村　1997.12—2001.1
王友武　1998.1—1998.8
关　华　1998.1—2006.1
王文英　1998.1—2001.1
段金荣　2001.1—2003.1
张凤安　2001.1—2003.1
徐传亮　2001.1—2003.1
刘贞坚　2003.1—2007.1
吴世彩　2003.1—2004.5
丁东明　2003.1—2007.11
李柏林　2007.1—2011.3
田中俊　2007.11—2011.11
何宪卓　2011.11—
崔新乐　2011.11—

常　委：宋兰英（女）　—1998.1
王树稳　—1998.1
潘福章　—1998.1
郭代荣　—1998.1
张凤安　—2003.1
魏庆堂　—1996.4
姜　峰　—2001.1
李春青　—1998.1
郝清稳　—2000.4
王　鲁　1998.1—2003.1
丁东明　1998.1—2007.1
孙兰雨　1998.9—2001.1
吴凤超　1999.1—2003.1
王道木　2000.4—2003.12
李柏林　2001.1—2007.1
孙　锋　2003.1—2007.1
白立新　2003.1—2011.11
周素霞（女）2003.1—2007.12
吴黎明　2003.1—2011.11
刘同玉　2003.12—2006.12
朱炳立　2007.1—2012.1
崔新厚　2006.1—2007.1
何宪卓　2007.1—2011.11
靳凤莲（女）2007.1—2011.11
商　华　2007.1—2011.11
赵同江　2007.1—2011.9
李其超　2007.12—
王志国　2008.10—
王守柱　2011.3—
刘　峰　2011.9—2015.9
刘凡成　2011.11—
丁洁清（女）2011.11—
马　颖　2012.1—
王同章　2012.1—
吴　颖　2015.2—
王昌华　2015.5—
张玉清　2015.9—

阳谷县人民代表大会常务委员会

1993 年 3 月、1998 年 2 月、2003 年 1 月、2007 年 12 月、2012 年 1 月，分别召开阳谷县第十三、十四、十五、十六、十七届人民代表大会第一次会议，会议分别选举产生相应届次阳谷县人大常委会及人大常委会主任、副主任。2006年2月，召开阳谷县第十五届人民代表大会第四次会议，会议补选县委书记关华为阳谷县人大常委会主任。2012年1月，阳谷县第十七届人民代表大会第一次会议上，县委书记田中俊当选县人大常委会主任。

主　　任：张振珽　—1998.2
宋兰英（女）　1998.2—2006.2
关　华　2006.2—2012.1
田中俊　2012.1—

第一副主任：李春青　2003.1—2007.12
周素霞（女）　2007.12—

副　主　任：吕兰英（女）　—1998.2
刘秀兴　—1998.2
陈贵昌　—1998.2
王明玉　—1998.2
阎金祥　—2003.1
廉庆福　—2003.1
崔新厚　—1998.2
王树稳　1998.2—2003.1
姜　峰　1999.3—2003.1
魏庆堂　2001.3—2003.1
楚泽鲁　2001.3—2003.1
邵玉臣　1998.2—2003.1
王利英（女）1998.2—2006.2
吕顺成　2003.1—2006.2
王文岩　2003.1—2012.1
唐宪明　2003.1—2012.1
杜梦华　2003.1—2007.12
于智长　2006.2—2012.1
董兴凯　2007.1—2007.12
程仁国　2007.12—
赵云才　2012.1—
张宪锋　2012.1—
万开义　2012.1—

党组专职副书记：吕学堂　1998.9—2003.1
刘庆安　2003.1—2007.12

阳谷县人民政府

1998年2月、2003年1月、2007年12月、2012年1月，分别召开阳谷县第十四、十五、十六、十七届人民代表大会第一次会议，会议分别选举产生相应届次阳谷县人民政府及县长、副县长。其中：2001年2月，召开阳谷县第十四届人民代表大会第四次会议，会议补选关华为阳谷县人民政府县长。2006年2月，召开阳谷县第十五届人民代表大会第四次会议，会议补选刘贞坚为阳谷县人民政府县长。2007年1月，召开阳谷县第十五届人民代表大会第五次会议，会议补选丁东明为阳谷县人民政府县长。2007年12月，阳谷县第十六届人民代表大会第一次会议选举田中俊为阳谷县人民政府县长。2012年2月，阳谷县第十七届人民代表大会第一次会议选举代县长何宪卓为阳谷县人民政府县长。

县　长：王传斌　—1997.12
张同村　1997.12—2001.1
关　华　2001.1—2006.1
刘贞坚　2006.1—2007.1
丁东明　2007.1—2007.11
田中俊　2007.12—2011.11
何宪卓　2011.11—2012.2（代）
2012.2—

副县长：郭代荣　—1998.2
邵玉臣　—1998.2
王友武　—1998.8
杨吉德　—1998.7
张同村　—1997.12
吴凤超　—1998.12
张庆华　—1998.12
阎存祥　—2000.10
张征南　—1995.3
许立全　—1995.3
刘建民　—1997.3
王春林　—1997.3
魏庆堂　—1998.1
孙兰雨　1998.2—2001.2
胡廷金　1998.2—2001.2
潘福章　1998.2—2003.1
孙　锋　1998.2—2003.1

李春青　1998.3—2003.1
崔新厚　1998.3—2007.1
王劲松　1999.11—2000.11
孙　蕾（女）2000.5—2002.9
苏永侠　2000.10—2011.11
段金荣　2001.1—2003.1
徐　莹（女）2001.2—2003.1
刘贞坚　2003.1—2006.1
靳凤莲（女）2003.1—2011.11
赵云才　2003.1—2012.1
刘培国　2003.1—2007.1
王同章　2006.2—
何宪卓　2007.1—2011.11
张学仲　2007.1—2007.12
王志国　2007.8—2011.3
张德印　2007.12—2010.1
王守良　2011.3—
丁洁清（女）2011.11—
李　超　2011.11—
杨廷军　2012.1—
郭振光　2012.1—
黄宝旭　2013.12—2014.12
李晓鹏　2014.1—2014.12
任春晓　2015.7—

党组副书记：杜梦华　2007.12—2011.11
　　崔福臻　2011.11—

中国人民政治协商会议阳谷县委员会

1998年2月、2003年1月、2007年12月、2012年1月，分别召开政协阳谷县第八、九、十、十一届第一次会议，会议分别选举产生相应届次政协阳谷县委员会及委员会主席、副主席。

主　席：郭银德　—1998.2
　　郭代荣　1998.2—2003.1
　　潘福章　2003.1—2007.12
　　崔新厚　2007.12—2012.1
　　朱炳立　2012.1—

副主席：李印逵　—1998.2
　　韦燕福　—2001.2
　　孟昭海　—1998.2
　　杜元宗　—2001.2
　　李贵勤　—1998.2
　　仝绪启　—2000.1
　　陈明皓　—2003.1
　　卢恩光　1998.2—2003.1
　　苏永侠　1998.2—2000.10
　　吕顺成　2000.1—2003.1
　　王长亮　2001.2—2006.2
　　张长英　2001.2—2012.1
　　杨廷军　2001.2—2012.1
　　王守良　2003.1—2011.3
　　王明惠（女）2003.1—2007.12
　　潘景会　2003.1—
　　李金山　2006.2—2012.1
　　崔新厚　2007.1—2007.12
　　秦广胜　2007.1—2007.12
　　吴春凤（女）2007.12—2012.1
　　朱丙林　2011.3—2014.10
　　孙兰华　2012.1—
　　史晓莉（女）2012.1—
　　阎邦一　2012.1—
　　冯继勇　2012.1—
　　魏庆银　2015.2—

党组副书记：陈保全　—2003.1
　　徐怀谦　2004.1—2007.12
　　朱丙林　2012.2—2014.8
　　孙兰华　2014.8—

中共阳谷县纪律检查委员会

1998年2月、2003年1月、2007年1月、2012年1月，分别召开中共阳谷县第八、九、十、十一、十二次代表大会，选举产生相应届次中共阳谷县纪律检查委员会。在各届次第一次会议上分别选举产生中共阳谷县纪委书记。

纪委书记：宋兰英（女）　—1998.2
　　张凤安　1998.2—2003.1
　　丁东明　2003.1—2007.1
　　白立新　2007.1—2011.11
　　李其超　2011.11—

第六节　东阿县

中共东阿县委员会

1998年2月、2003年1月，2007年1月、2012年1月，分别召开中共东阿县第十次、第十一次、第十二次、第十三次代表大会，分别选举产生相应届次中共东阿县委员会，在各届次第一次会议上分别选举产生中共东阿县书记、副书记、常委。

书　记：金维民　—1997.12
张延安　1997.12—2001.1
尹慧芹（女）2001.1—2002.12
张传玄　2002.12—2006.12
张璇宇　2006.12—2008.12
王伟华（女）2008.12—2011.11
刘国强　2011.11—

副书记：于广超　—1997.12
孟昭山　—1997.12
尹慧芹（女）　—2001.1
刘维志　—2002.12（兼）
殷立森　—1997.12（挂职）
谢　庚　—1997.12（挂职）
解洪起　1997.9—1997.12（挂职）
李世先　1998.1—2000.9
张世杰　1998.1—2002.12
段金荣　1998.1—2001.1
李爱珍（女，挂职）1998.4—2001.1
高洪岩　2000.7—2002.12（挂职）
张传玄　2001.1—2002.12
哈宝泉　2001.1—2007.1
刘德勇　2001.1—2007.1
王吉明　2002.9—2002.12（挂职）
霍高原　2002.12—2008.2
田中俊　2002.12—2007.11
王子章　2007.3—2011.4
刘国强　2008.2—2011.11
周文明　2011.11—2015.12
申　强　2011.11—
张铁岩　2015.2—（挂职）

常　委：金维民　—1997.12
于广超　—1997.12
尹慧芹（女）　—2002.12
李广富　—1997.12
程绪源　—1997.12
张敬亮　—1997.12
胡长坤　—1997.12
张世杰　—2002.12
申连秋　—1998.7
王文英　—1997.12
张延安　1997.12—2001.1
李世先　1998.1—2000.9
段金荣　1998.1—2001.1
胡长坤　1997.12—2001.1
崔玉琳　1998.1—2006.2
刘子明　1998.1—2002.12
哈宝泉　1998.1—2003.6
王子建　1998.1—2002.12
申连秋　1997.12—1998.7
王金山　1998.7—1999.6
赵鲁俊　1999.6—2003.6
张传玄　2001.1—2003.6
刘德勇　2001.1—2007.1
胡长坤　2001.1—2001.3
许树元　2001.1—2002.12
赵鲁俊　2001.1—2002.12
颜　善　2001.1—2011.11
霍高原　2002.12—2008.2
田中俊　2002.12—2007.11
王子章　2002.12—2011.4
高清浩　2002.12—2011.11
王海荣（女）2003.1—2007.1
申　强　2003.1—2011.11
张璇宇　2006.12—2008.12
于凤贵　2005.1—2008.2
张玉星　2007.1—2011.11
李艳秋（女）2007.1—

王　凯　2007.11—
陈元旺　2008.2—2010.4
刘吉星　2008.3—2009.7
王伟华（女）2008.12—2011.11
刘国强　2008.2—
朱凤泽　2009.7—
陶光道　2010.6—2014.2
刘凡成　2011.3—2011.11
周文明　2011.11—2015.12
高　峰　2011.11—
孙大兴　2011.11—2013.8
崔弘领　2011.11—
牛鹏飞　2014.2—
张铁岩　2015.2—　（挂职）
杨国强　2015.6—　（挂职）

东阿县人大常委会

1998年2月、2003年1月、2007年12月、2012年1月，分别召开中共东阿县第十四届、第十五届、第十六届、第十七届人民代表大会第一次会议，分别选举产生相应届次东阿县人大常委会及人大常委会主任、副主任。

主　任：麻召荣　　—1998.2
孟昭山　1998.2—2003.1
张传玄　2003.1—2006.12
张璇宇　2006.12—2008.12
王伟华（女）2008.12—2011.11
刘国强　2011.11—

第一副主任：许树元　2003.1—2006.3
王海荣　2007.1—2012.1
高清浩　2012.1—

副主任：李延德　　—1997.3
唐立明　　—2003.1
张际平　　—1998.2
段俊杰　　—1998.2
雷嘉正　　—1998.2
陈瑞常　　—1997.7
赵善庆　　—2006.1
李怀孝　　—2001.2
张敬亮　1998.2—2003.1
刘　沂　1998.2—2006.1
刘树杰　2001.3—2003.1
郑邦文　2001.2—2003.1
李吉福　2001.2—2007.12
张方福　2003.1—2007.12
张剑平　2003.1—2007.12
张俊杰（女）2003.1—2007.12
高明久　2007.1—2007.12
徐传军　2006.2—2012.1
邵吉同　2007.12—2012.1
董泽森　2007.2—2012.1
黄玉华　2007.2—
王德勇　2012.1—
李村河　2012.1—
胡立春　2012.1—

东阿县人民政府

1998年2月、2003年1月、2007年12月、2012年1月，分别召开中共东阿县第十四届、第十五届、第十六届、第十七届人民代表大会第一次会议，分别选举产生相应届次东阿县人民政府县长、副县长。其中在2008年6月，东阿县第十六届人民代表大会第二次会议上，补选刘国强同志为东阿县人民政府县长。

县　长：金维民　　—1997.2
于广超　1997.3—1997.12
尹慧芹（女）1998.2—2001.1
张传玄　2001.2—2002.12
霍高原　2003.1—2008.2
刘国强　2008.6—2011.11
周文明　2012.1—

代县长：于广超　1997.2—1997.3
尹慧芹（女）1997.12—1998.2
张传玄　2001.1—2001.2
霍高原　2002.12—2003.1
刘国强　2008.2—2008.6
周文明　2011.11—2012.1

副县长：程绪源　　—1997.12
张守科　　—1997.12
许树元　　—2002.12

崔玉琳　　　—1997.12
王山英　　　—1998.10
马兆瑞　　　—2002.12
杨振亮　　　—1998.8（科技）
　　　　1998.8—2001.1
邹一夫　　　—1997.2（挂职）
王守波　　　—1997.2（挂职）
杨兴礼　　　—1997.2（挂职）
石建军　　　—1997.2（挂职）
展西亮　　　—1997.2（挂职）
王绍宽　　　—1997.2（挂职）
司学志　　　—1997.2（挂职）
殷立森　　　—1997.12（挂职）
卢景波　　　—1997.2（挂职）
杨晓光　　　—1997.2（挂职）
崔振南　　　—1997.2（挂职）
王宏伟　　　—1997.2（挂职）
孙庆国　　　—1997.2（挂职）
管义杰　　　—1997.2（挂职）
崔　巍　　　—1997.2（挂职）
叶恒林　　　—1997.2（挂职）
谢　庚　　　—1997.2（挂职）
王　冰　1997.1—1997.12（挂职）
于广超　1997.2—1997.3
王　冰　1997.2—1997.12（挂职）
解洪起　1997.10—1997.12（挂职）
杜敦山　1997.10—1997.12（挂职）
尹慧芹（女）1997.12—1998.2
李世先　1998.1—2000.9
张树奎　1998.2—2001.1
秦玉珍（女）1998.2—2007.12
李爱珍（女）1998.4—2001.1（挂职）
张金城　1998.8—2001.8（兼）
闫学文　2000.3—2001.1（挂职）
潘　群　2000.9—2002.12（挂职）
张传玄　2001.1—2001.2
张世杰　2001.1—2002.12
靖培恩　2001.2—2005.12
刘吉星　2001.2—2009.7
王　玮（女，挂职）2002.9—2003.6
霍高原　2002.12—2003.1
田中俊　2002.12—2007.1
朱凤泽　2003.1—2011.11
孙荣军　2003.1—2011.11
申　强　2007.1—2011.11
黄性利　2007.11—2011.11
陈荣梅　2007.12—
姚炳辉　2009.7—
于丙涛　2011.3—
高　峰　2011.11—
孙大兴　2011.11—2013.8
江绍华　2011.11—

中国人民政治协商会议东阿县委员会

1993年7月，政协东阿县第五届委员会，雷保训任政协东阿县委员会主席。1998年2月，政协东阿县第六届委员会第一次会议召开，选举李广富为政协东阿县第六届委员会主席。2001年2月，李广富离职。同月，政协东阿县第六届四次会议选举崔玉琳为主席。2003年1月，政协东阿县第七届委员会第一次会议召开，选举崔玉琳为主席。2006年2月，政协东阿县七届四次会议补选靖培恩为主席。2007年12月，中国人民政治协商会议东阿县第八届委员会第一次会议召开，选举靖培恩为主席。2012年1月，中国人民政治协商会议东阿县第九届委员会第一次会议召开，选举靖培恩为主席。

主　席：雷保训　　　—1998.2
　　　　李广富　1998.2—2001.2
　　　　崔玉琳　2001.2—2006.2
　　　　靖培恩　2006.2—
副主席：杨金宏（女）　—1998.2
　　　　刘　沂　　　—1998.2
　　　　许庆泽　　　—2003.1
　　　　曲绪宏　　　—2003.1
　　　　贾生金　　　—1998.2
　　　　刘芙蓉（女）　—1999.7
　　　　张方福　1998.2—2003.1
　　　　申长印　1998.2—2003.1

仇志高 1998.2—2007.12
王修成 2000.1—2005.12
胡长坤 2003.1—2005.3
李卫东 2003.1—2012.1
陈荣梅（女）2003.1—2007.12
黄玉华 2003.1—2007.8
司家珍 2006.2—2012.1
秦玉珍 2007.12—2012.1
李爱军 2007.11—
杨星荣 2007.12—
李成伟 2012.1—
王广峰 2012.1—
王恒庆 2012.1—
张玉星 2012.2—

中共东阿县纪律检查委员会

1998年2月、2003年1月、2007年1月、2012年1月，先后召开中共东阿县第十次、第十一次、第十二次、第十三次代表大会，选举产生了新一届纪律检查委员会。纪委各届一次全会，选举产生新一届纪委常务委员、书记、副书记。

书　记：李广富 —1998.2
崔玉琳 1998.2—2001.1
哈宝泉 2001.1—2007.1（县委副书记兼）
颜　善 2007.1—2011.11
李艳秋（女）2011.11—

第七节　茌平县

中共茌平县委员会

1995年至2015年12月，中共茌平县委员会历经第九、十、十一、十二届委员会，委员会由县委委员、候补委员组成。县委日常工作由县委常务委员会主持，县委设书记1人、副书记若干。

书　记：齐炳文 —1997.12
许立全 1997.12—1999.8
贾少勇 1997.8—2002.12
侯　军 2002.12—2006.12
任晓旺 2006.12—2011.11
陈秀兴 2011.11—2015.10
马　骏 2015.10—

副书记：徐法水 —1998.2
葛保中 —1998.1
张学信 —2012.1
许立全 —1997.12
韩更大 —2001.1
黄利明 —1997.4（挂职）
曾庆梅 —1997.10（挂职）
张向阳 —1997.4（挂职）
乌以祥 —1998.2
于树杰 1997.10—1998.10（挂职）
汪文耀 1997.12—2001.1
侯　军 1998.1—2002.12
殷庆太 1998.1—2003.1
朱学东 2001.1—2002.12
颜廷华 2001.1—2002.12
朱金山 2002.6—
刘永平 2002.8—2002.11（挂职）
任晓旺 2002.12—2006.12
王伟华（女）2002.12—2008.12
高洪岩 2002.12—2007.1
冯海亭 2003.1—2007.1
许泽英 2007.1—2008.3
白文儒 2008.3—2011.11
陈秀兴 2008.12—2011.11
许兰岭 2011.11—2013.8
郑　瑶 2010.11—2011.11（挂职）
雷　霞（女）2011.11—
朱正林 2014.5—

常　委：孙新建（女） —1998.1
徐法水 —1998.2
齐炳文 —1997.12
韩更大 —2001.1
乌以祥 —1998.2
韩宪宏 —2003.1
殷庆太 —2003.1

葛保中　　　　—1998.1
张学信　　　　—1998.2
朱金山　　　　—2002.12
许立全　　　　—1999.8
李国荣　　　　—1998.2
左青山　　　　—2000.4
侯　军　1998.1—2006.12
张聚传　1998.1—2001.1
颜廷华　1998.1—2002.12
王伟华（女）1998.1—1998.9
　　　　2002.12—2008.12
汪文耀　1998.2—2001.1
樊庆锡　1998.10—2001.1
贾少勇　1999.8—2002.12
王保书　2000.4—2002.6
朱学东　2001.1—2002.12
靳凤莲（女）2001.1—2002.12
周文明　2001.1—2006.6
白文儒　2001.12—2011.11
袁世泽　2002.6—2004.1
任晓旺　2002.12—2011.11
高洪岩　2002.12—2007.1
冯海亭　2003.1—2007.1
张俊之　2003.1—2007.1
徐文华　2002.12—2011.3
韩德振　2002.12—2011.11
金　山　2004.1—2006.1
于永生　2006.1—2008.5
路绪剑　2006.6—2009.9
许泽英　2007.1—2008.3
许兰岭　2007.1—2013.8
徐　莹（女）2007.1—2007.12
景志国　2007.1—
刘奎忠　2007.11—2011.11
殷守来　2008.3—
陶广道　2008.5—2010.6
陈秀兴　2008.12—2015.10
彭志国　2009.7—2010.8
齐广山　2010.6—2013.6
郑　瑶　2010.11—2011.11（挂职）
王　琦　2011.3—
杜贾林　2011.3—
邓　丽　2011.11—2014.5
张雪廷　2012.1—2014.10
鲍世利　2011.11—
雷　霞（女）2011.11—
许永权　2012.3—2013.3（挂职）
张　曦　2012.5—2013.5（挂职）
柴利华　2013.6—2015.9
朱正林　2014.5—
肖德刚　2014.5—
汪仁乐　2015.9—
马　骏　2015.10—

茌平县人大常委会

1995年至2015年，茌平县人大常委会历经第十三、十四、十五、十六、十七届人民代表大会，分别选举产生相应届次人大常委会及人大常委会主任、副主任。

主　任：司文瞻　　　　—2003.1
　　　　侯　军　2003.1—2007.12
　　　　任晓旺　2007.12—2011.11
　　　　陈秀兴　2011.11—2015.10
副主任：迟会孝　　　　—2003.1
　　　　田　冲　　　　—2003.1
　　　　李泽明　　　　—2003.1
　　　　金庆岱　　　　—2003.1
　　　　张宝海　　　　—1997.10
　　　　张兴义　　　　—2003.1
　　　　徐发水　1998.2—2003.1
　　　　王长山　1998.2—2003.1
　　　　孙新建（女）2003.1—2007.12
　　　　韩宪宏　2003.1—2007.12
　　　　梁宝忠　2003.1—2006.2
　　　　孙乐生　2003.1—2007.12
　　　　刘士贵　2003.1—2007.12
　　　　王希忠　2003.1—2006.2
　　　　刘继军　2003.3—2012.1
　　　　何其平　2003.3—2012.1

徐　常（女）2007.12—2012.1
贾占信　2007.1—2012.1
王金玉　2006.3—2012.1
尹海波　2012.1—
张丽华（女）2012.1—
赵希亮　2012.1—
丁洁卉　2012.1—
靳明华　2012.1—

茌平县人民政府

1995—2015年，分别召开茌平县第十三、十四、十五、十六、十七届人民代表大会，选举产生相应届次茌平县政府及县长、副县长。

县　长：许立全　　　—1997.12
汪文耀　1997.12—2001.2
侯　军　2001.2—2002.12
任晓旺　2002.12—2006.12
王伟华（女）2007.1—2008.12
陈秀兴　2008.12—2011.11
雷　霞（女）2011.11—2012.1
（代县长）
2012.1—

副县长：王林华　　　—1999.3
乌以祥　　　—1998.2
刘安荣　　　—1998.2
杨忠平　　　—1999.3
苏本生　　　—1998.11
郭德功　　　—1998.2（科技）
高金道　　　—2001.12（科技）
杨立峰　　　—1998.2（科技）
刘海贵　　　—1998.1
樊庆锡　　　—1998.2
曾庆梅　　　—1997.10（挂职）
张相阳　　　—1997.4（挂职）
黄利明　　　—1997.4（挂职）
高　其　　　—1997.4（挂职）
邓海燕　　　—1997.4（挂职）
李光平　　　—1997.4（挂职）
李志平　　　—1997.4（挂职）
毕思春　1997.1—1998.2（挂职）
张春兰（女）1997.12—（科技）
于树杰　1997.10—1998.10（挂职）
侯　军　1998.1—2001.2
李国荣　1998.2—2001.2
冯海亭　1998.2—2003.1
朱学东　1998.2—2003.1
栾振利　1998.2—
孙新建（女）1999.3—2003.1
宋秋玲（女，挂职）2000.7—2002.9
殷立泉　2000.7—2003.1（挂职）
孙光木　2001.1—2007.1
白立新　2001.1—2003.1
王奎龙　2001.2—2003.1
高洪岩　2003.1—2007.1
徐　莹（女）2003.1—2007.12
崔　岩　2003.1—2007.11
张雪廷　2005.6—2014.10
许兰岭　2007.1—2011.11
尹海波　2007.1—2012.1
刘奎忠　2011.3—2011.12
肖德刚　2007.11—2014.5
曹志程　2007.12—
衣述光　2008.11—2011.11
（挂职）
彭志国　2009.7—2010.8
宋永刚　2011.11—
景志国　2012.1—
杨立军　2012.1—（科技）
李　恩　2012.1—
王　巍　2013.7—（援青）
许永权　2012.3—（挂职）
王长征　2013.12—（挂职）
张　曦（女）2012.5—（挂职）
李　兵　2012.7—（挂职）
潘　虹（女）2013.1—（挂职）
谢华鸥　2013.5—（挂职）
张　钟　2013.10—（挂职）
申卫星　2013.12—（挂职）

巴　特　2014.4—2015.2　（挂职）
刘　勇　2014.8—　（挂职）
刘海涛　2014.10—　（挂职）
王　昕　2015.4—　（挂职）
孙　凯　2015.7—　（挂职）
刘　冰　2015.9—　（挂职）

中国人民政治协商会议茌平县委员会

1995—2015 年，政协茌平县委员会分别召开第六、七、八、九届委员会，分别选举产生相应届次政协茌平县委员会及委员会主席、副主席。

主　席：孙素清（女）　—2001.2
乌以祥　2001.2—2003.1
殷庆太　2003.1—2007.12
冯海亭　2007.12—

副主席：李盛奎　—1998.2
白咸太　—2001.2
何荣德　—2003.1
高士奎　—1998.2
韩明来　—2003.1
冯永常　—2007.12
乌以祥　1998.2—2001.2
刘继军　1998.2—2003.1
刘安荣　1999.3—2003.1
孙协平　2001.2—
董廷路　2003.1—2007.12
杨秀桂（女）2003.1—2007.12
李捷恩　2003.1—
张丽华（女）2003.1—
冯海亭　2007.1—2007.12
刘培哲　2007.1—2007.12
杜长之　2007.2—
吴广军　2007.12—
王　彪　2007.12—
刘继军　2012.1—
贾国峰　2012.1—
初士锋　2012.1—
谷秀坤　2015.3—

中共茌平县纪律检查委员会

1995—2015 年 12 月，中共茌平县委员会历经第九、十、十一、十二届委员会，选举产生相应届次中共茌平县纪律检查委员会，在各届次第一次会议上分别选举产生中共茌平县纪委书记。

纪委书记：朱金山　—2003.1
王伟华（女）2003.1—2007.1
徐文华　2007.1—2011.3
韩德振　2011.3—2011.11
邓　丽（女）2011.11—2014.5
肖德刚　2014.5—

第八节　高唐县

中共高唐县委员会

1998 年 2 月、2004 年 1 月、2007 年 1 月、2012 年 1 月，分别召开中国共产党高唐县第八、九、十、十一次代表大会，选举产生第八、九、十、十一届中共高唐县委员会。在各届次第一次会议上分别选举产生中共高唐县委常委、书记、副书记。

书　记：路广业　—1997.12
申长海　1997.12—2002.12
李伯平　2002.12—2004.11
孙兰雨　2004.11—2008.2
霍高原　2008.2—2011.11
刘春华　（女）2011.11—　（市委常委）

副书记：张延安　—1997.12
孙庆禄　—1998.1
王东元　—1997.4（挂职）
潘洪才　—1998.2（挂职）
申长海　—1997.12
孙德平　—1997.4（挂职）
韩方友　1997.6—1998.8（挂职）
王　侠　（女，挂职）1997.9—1998.9
魏春明　1997.9—1998.9（挂职）
李伯平　1997.12—2002.12
任晓旺　1998.1—2001.1
李玉兰　（女）1998.1—2003.1

王墨林　1998.1—2000.8
孙兰雨　2001.1—2004.11
杨万香　2001.1—2001.9
刘成强　2001.9—2005.2
宋爱莲（女）2002.8—2002.12
（挂职）
孔红伟　2002.12—2007.1
颜廷华　2002.12—2007.1
徐启山　2003.1—2007.1
张乐天　2004.11—2007.11
霍高原　2008.1—2008.2
张　颖　2007.11—
朱茂明　2009.9—2010.4（挂职）
2010.4—2015.12
周晓慧（女）2014.5—（挂职）

常　委：路广业　—1997.12
张延安　—1997.12
孙庆禄　—1998.1
申长海　—2002.12
崔正堂　—1998.1
武合存　—1998.1
刘克诚　—2001.1
李玉兰（女）—2003.1
刘胜清　—1998.1
袁志连　—1998.1
任晓旺　—2001.1
潘洪才　—1998.2（挂职）
王东元　—1997.4（挂职）
宫志军　—1995.9（挂职）
郑志华　—1995.9（挂职）
孙德平　—1997.4（挂职）
方玉庆　—1997.12
李伯平　1997.12—2004.11
王墨林　1998.2—2000.8
韩方友　1997.6—1998.8（挂职）
王　侠（女）1997.9—1998.9（挂职）
魏春明　1997.9—1998.9（挂职）
杨万香　1998.1—2001.9
徐启山　1998.1—2007.1
单清明　1998.1—2002.12
刘　萍（女）1998.1—2012.1
贾元平　1998.7—2001.7
李桂华　2001.1—2005.5
吕端义　2001.1—2003.1
刘成强　2001.9—2005.2
张　颖　2004.1—2006.6
宫金卫　2001.11—2006.1
常书彦　2001.12—2009.1
宋爱莲（女）2002.8—2008.12
李丙成　2003.1—2012.1
孙兰雨　2001.1—2008.2
张乐天　2004.11—2007.11
孔红伟　2002.12—2007.1
颜廷华　2002.12—2007.1
张学宏　2006.1—
何　华　2006.5—2010.6
刘东昌　2006.6—2007.11
郭新华　2006.6—2011.11
聂　磊　2007.1—
霍高原　2008.1—2011.11
刘春华（女，市委常委）2011.11—
张　颖　2007.11—
朱茂明　2009.9—2010.4（挂职）
2010.4—2015.12
高志国　2007.11—2011.3
吴黎明　2011.11—
王清水　2012.11—
刘吉星　2009.7—
焦申孝　2010.6—2011.7
金同元　2011.3—2013.8
朱　峰　2011.9—2012.5
王亚男（女）2011.11—
周晓慧（女）2014.5—
石宪平　2012.5—2014.2
王永利　2014.8—
任海波　2015.5—（挂职）
邓　军　2015.12—（挂职）

高唐县人民代表大会常务委员会

1998年2月、2003年1月、2007年12月、2012年1月，分别召开高唐县第十三、十四、十五、十六次人民代表大会，分别选举产生相应届次高唐县人大常委会及人大常委会主任、副主任。

主　　任：马心林　—1998.2
孙庆禄　1998.2—2003.1
李伯平　2003.1—2005.2
孙兰雨　2005.2—2008.6（兼）
霍高原　2008.6—2012.1（兼）
刘　萍（女）2012.2—
第一副主任：方玉庆　2003.1—2012.1
副 主 任：张金贵　1993.3—1998.2
赵长江　—1998.2
常吉庆　—1998.2
武合存　1998.2—2003.1
靳洪江　1998.2—2003.1
袁志连　1998.2—2003.1
白友海　1998.2—2003.1
侯泽远　—2003.1
许文尧　—2003.1
赵忠义　—2006.2
刘义发　1998.2—2003.1
刘克诚　2001.2—2003.1
姜宝良　2001.2—2003.1
王怀英　2002.1—2003.1
刘成强　2005.2—2007.12
杨振亮　2003.1—2006.2
李荣勤（女，回族）2003.1—2007.2
李继文　2003.1—2006.2
王福祯　2003.1—2006.2
李公敏　2003.1—2006.2
赵振洲　2006.2—2012.1
周现君　2006.2—2007.12
吕端义　2007.2—2012.1
白忠海　2007.12—
李桂英（女）　2007.2—2012.1
王其平　2012.1—
于殿勇　2012.1—
薛兆臣　2012.1—
姚美运　2012.1—

高唐县人民政府

1998年2月、2003年1月、2007年12月、2012年1月，分别召开高唐县第十三、十四、十五、十六次人民代表大会，分别选举产生相应届次人民政府及县长、副县长。

县　长：张延安　—1997.12
李伯平　1998.2—2002.12
孙兰雨　2003.1—2004.12
张乐天　2005.2—2007.11
张　颖　2007.12—
代县长：李伯平　1997.12—1998.2
孙兰雨　2002.12—2003.1
张乐天　2004.12—2005.2
张　颖　2007.11—2007.12
副县长：申长海　—1997.12
谢可亮　—1997.12
马新生　—1992.10（挂职）
孙承荣　—1992.9（挂职）
姜宝良　—2001.1
王广新　—1997.12
王怀英　—2001.1
王东元　—1997.4（挂职）
潘洪才　—1998.2（挂职）
孙德平　—1997.4（挂职）
陈绪宾　—1997.4（挂职）
吴茂林　—1997.4（挂职）
刘克诚　—1998.1
王　侠（女）1997.9—1998.9（挂职）
韩方友　1997.8—1998.8（挂职）
魏春明　1997.9—1998.9（挂职）
张建德　1997.9—1998.9（挂职）
李伯平　1997.12—2002.12
任晓旺　1998.1—2001.1
孙喜海　1998.1—2001.7
刘东昌　1998.2—2007.12

方玉庆 1998.8—2001.2（挂职）
2001.2—2003.1

彭 彬 1998.8—1998.9（挂职）

高尚瑞 2000.8—2002.12（挂职）

安广斌 2000.8—2002.2（挂职）

孙兰雨 2001.2—2002.12

单清明 2001.2—2003.1

张 颖 2001.2—2002.12

张乐天 2004.12—2005.2

孔红伟 2003.1—2007.12（常务）

刘东昌 2003.1—2007.12

吕端义 2003.1—2007.12

李桂英（女）2003.1—2007.12

侯林江 2003.1—2012.1

刘 萍（女）2007.12—2012.1（常务）

金同元 2007.12—2013.8

王清水 2007.12—2012.1

臧立邦 2007.12—

徐 健 2007.12—2010.9（挂职）

崔弘岭 2007.12—2011.11（挂职）

韩子民 2011.4—

张学宏 2012.1— （常务）

刘 莹 2012.1—

冯能斌 2012.1—

周 勇 2012.1—2012.10（挂职）

惠鸿忠 2012.1—2013.4（挂职）

文 朴 2012.1—2013.5（挂职）

邵 卫 2012.1—2014.1（挂职）

刘趁华 2012.1—2014.4（挂职）

马中东 2014.2— （挂职）

李 俊 2014.2— （挂职）

姜莉琴（女，挂职）2014.5—
2015.5

赵艳雷 2015.7— （挂职）

邓 军（女，挂职）2015.12—

中国人民政治协商会议高唐县委员会

1998年2月、2003年1月、2007年12月、2012年1月分别召开政协高唐县第六、七、八、九届委员会第一次会议，分别选举产生相应届次政协高唐县委员会及委员会主席、副主席。

主 席：孙桂香（女） —2003.1

李玉兰（女）2003.1—2007.12

颜廷华 2007.12—2012.1

李丙成 2012.1—

副主席：邵庆臣 —1998.2

白友海 —1998.2

崔正堂 1998.2—2003.1

孙丙浩 —2003.1

谢可亮 1998.2—2005.5

李荣勤（女，回族） —2003.1

靳洪江 —1998.2

公现光 —2003.1

解德福 1998.2—2005.12

巩德春 1998.2—

杨振亮 2001.2—2003.1

李若林 2001.2—2003.1

田友平 2003.1—2005.12

丁 君（女）2003.1—2012.1

曹俊山 2003.1—

苗长友 2006.2—2012.1

张心田 2007.12—2012.1

刘殿军 2007.12—2012.1

孙海清 2012.1—

李保胜 2012.1—

黄广鸿（女）2012.1—

贾建华 2015.3—

中共高唐县纪律检查委员会

1998年2月、2004年1月，2007年1月，2012年1月，分别召开中国共产党高唐县第八、九、十、十一次代表大会，选举产生相应届次中共高唐县纪律检查委员会。在各届次第一次会议上，分别选举产生中共高唐县纪委书记。

书 记：崔正堂 —1998.1

刘克诚 1998.1—2001.1

李玉兰（女）2001.1—2003.1（兼）

徐启山 2003.1—2007.1

郭新华 2007.1—2011.11

聂 磊 2011.11—

第三十七编 县（市、区）概况

Part XXXVII Overview of County (City, District)

至2015年，聊城市辖8个县（市、区），分别是东昌府区、临清市、冠县、莘县、阳谷县、东阿县、茌平县、高唐县；共有135个乡（镇、街道），6244个行政村。

第一章　东昌府区

山东省聊城市东昌府区居鲁西，临黄河，地处聊城市中心城区，是市委、市政府驻地，至2015年底辖7镇、5个街道、两个工业园区，总面积829.46平方千米，常住人口89.01万人，是国家级历史文化名城、国家卫生城市、国家园林城市、国家环保模范城市、全国优秀旅游城市、全国宜居城市，是闻名遐迩的中国“江北水城·运河古都”，也是当代领导干部的楷模——孔繁森、全国模范检察官——白云、2004年度感动中国人物——徐本禹的故乡。

东昌府区历史悠久、文化灿烂。明清两代，得益于京杭大运河漕运的兴盛，经济繁荣、文化昌盛达400年之久，成为沿河九大商埠之一，被誉为“江北一都会”。境内名胜古迹众多，光岳楼、山陕会馆、宋代铁塔、海源阁、傅斯年陈列馆、范筑先纪念馆和孔繁森同志纪念馆等。

东昌府区环境优美、风景秀丽，东昌湖环抱古城，被誉为“中华水上古城”。东昌湖总面积达5平方千米，是我国江北最大的人工城市淡水湖泊，也是垂钓基地。举世闻名的大运河蜿蜒穿城而过，湖河相连，城湖相依，城湖河一体，构成独特的水城风貌，素有“上有天堂，下有苏杭，过了济宁，便是东昌”的美誉，是中原一带、京九沿线独具特色的旅游观光胜地。

1997年，国内生产总值47.26亿元，粮食总产量48.56万吨，地方财政收入12471万元。

2015年，地区内生产总值277.80亿元，粮食产量53.02万吨，全区公路通车里程1693.6千米，地方财政收入32.62亿元。城镇和农村居民人均可支配收入分别为2.23万元和1.06万元。

第一节　自然条件

境域　东昌府区位于山东省西部，地处冀、鲁、豫三省交界处，北纬36°16′～36°42′，东经115°14′～116°08′之间，是中共聊城市委、市政府驻地。东依东阿县、茌平县，南接阳谷县，西连冠县、莘县，北靠临清市。总面积829.46平方千米。

地形　全境地处黄河以北，黄泛平原西部，土层深厚，地势低平，起伏较小。区域地形西高东低，顺贯穿境内的徒骇河流向自西南向东北缓倾，坡降为1/5500，海拔高度一般在31～38米之间。

地貌　地貌的显著特征为单一的低平宽广平原。由于历受黄河改道、决口和自然侵蚀的影响，逐渐形成微度起伏，岗、坡、洼相间的微地貌。缓岗、坡地、洼地在低平宽广平原上交错分布。岗地主要分布在西新河以西的郑家镇、张炉集镇、堂邑镇、道口铺街道及沙镇镇的古河道附近、许营乡、于集镇东南部和京杭、徒骇、马颊3条河道近侧，面积332.1平方千米。坡地主要分布在区境南部、周公河与西新河之间及四新河流域，为境内分布最广，面积最大的一种地貌类型，面积609.6平方千米。洼地包含河间浅洼平地和背河槽状洼地两种。河间浅洼平地面积170.1平方千米，占全区总面积的13.8%，主要分布在沙镇镇的牛家洼，凤凰街道的谭家洼和城区以北的白家洼。背河槽状洼地因修筑河堤取土而成，多呈不连贯条状，面积69平方千米，占全区总面积的5.5%，主要分布在马颊河沿岸的梁水镇镇至堂邑镇的“放马场”一带。

气候 东昌府区属暖温带季风气候区，半干燥大陆性气候。四季分明，光照充足。具有明显的季节变化和季风气候特征，春季干燥多风，夏季高温多雨，秋季天高气爽，冬季寒冷干旱。1997—2015年，境内年平均气温为13.7℃。极端最高气温40.7℃，出现在2002年7月15日和2009年6月25日。年平均降水量为571.4毫米，年际变化较大，最多年为954.2毫米（2013年），最少年为318.9毫米（2002年）。

河流 东昌府区境内河道属海河流域，流域面积829.46平方千米，主要河道有省内大型河道徒骇河、马颊河，境内总长50余千米；区管河道周公河、西新河，总长37千米；流域面积小于20平方千米的河流21条，长度74千米；设计流量大于1立方米/秒的渠道31条，长度244千米。大部分沟渠属于灌排两用型。河网密度0.49千米/平方千米。

土壤 东昌府区土壤共分2个土类（潮土、盐土），5个亚类（褐土化潮土、潮土、盐化潮土、碱化潮土、潮盐土），6个土属（褐土化潮土、潮土、盐化潮土、碱化潮土、白潮盐土、油潮盐土），133个土种。土壤母质为黄河冲积物，有机质及氮、磷含量偏低，全区平均碱解氮70ppm，速效磷25ppm，速效钾105ppm。土地等级多样，分为Ⅱ、Ⅲ、Ⅳ、Ⅴ4个等级，8个亚级。

自然资源 土地总面积为1048.28平方千米。水资源有地下水、地表径流水及黄河水。2015年地表水资源量为11750万立方米，地下水供水量8700万立方米。矿产资源主要有煤炭、石油、天然气、石膏、地热、矿泉水等。已开发利用地热和矿泉水2种矿产资源。生物资源分为植物资源、植物类药材、动物资源和动物类药材，其中，植物资源有130余种，植物类药材主要有5大类183种，动物资源有4大类91种，动物类药材有33科36种。

第二节　经济发展

农业 属于黄河冲积平原，土地肥沃，气候适宜，雨水充沛，日照充足，农业较为发达。1997年，全区有耕地82.45千公顷。粮食播种面积10.22万公顷，占作物播种面积的0.78%。粮食总产量48.56万吨。全区多种经营总收入24亿元，蔬菜、畜牧、林果生产初具规模。特别是蔬菜生产发展迅猛，总面积28万亩，其中保护地栽培面积达18万亩。农业产业化经营开始起步，涌现出一批贸工农一体化、产加销一条龙的经济合作组织。1998年后，完善农村土地承包责任制，调整农业产业结构，增加科技投入，发展设施农业，提高农业机械化水平，加快农业产业化进程，促进高产优质高效农业的健康发展。2015年，全区有耕地53.36千公顷，农林牧渔业完成总产值59.14亿元。粮食产量53.02万吨，棉花总产0.12万吨，油料总产0.47万吨。新增造林面积1240公顷。水果总产量4.17万吨，养殖业存栏量为1661.08万只，蛋类总产量4.41万吨，奶总产量1.78万吨，肉类总产量6.03万吨。

工业 1997—2005年，东昌府区对工业系统全面实施经营体制改革，实行多种形式的生产经营责任制，调动职工的积极性。2000年，对区属工业企业进行彻底改制。至2005年，区属国有、集体企业全部通过产权制度改革，实行股份制、兼并、租赁、破产等形式的改制，企业经营体制发生根本变化。改制后延续经营的企业，随着城区规划的调整，逐步迁移到工业园区。20世纪90年代中期，按照“产权清晰、权责明确、政企分开、管理科学”的现代企业制度要求，开始积极稳妥地推行多种形式的产权制度改革。东昌府区食品工业门类较广，主要包括酿造、酱菜、糕点等。轻纺工业有纺织、造纸印刷、家具五金、皮革塑料、仪器仪表。东昌府区化学工业包括化学肥料、化学农药、化工机械、医药等行业。1998年3月，撤市设区，聊城市政府电力办公室更名为东昌府区电力办公室。至2005年，辖区内除许营乡、北城街道外，每个乡镇街道均有一座35千伏以上的变电站。2006—2011年，东昌府区新建（扩建）变电站10座，新增变压器49台，增加供电容量3129995千伏安，新建（改建）输电线路16条，长度302.98千米。至2011年年底，东昌府区已建成投运220千伏变电站13座，供电变压器26台，容量4070000千伏安，输电线路26条686.83千米；110千伏变电站18座，供电变压器31台，容量1350500千伏安，输电线路29条342.35千米；35千伏变电站26座，供电变压器52台，容量286995千伏安，35千伏输电线路31条233.76千米。聊城建材工业中，主导企业是中通钢构建筑有限公司和山水水泥有限公司。传统工艺品有牛筋腰带、雕刻葫芦、聊城毛笔、木版年画。2006年，全区规模以上企业达到234家，比2002年新增158家，规模企业个数上升到全市第二位；固定资产投资由2002年的4.57亿元增加到24亿元；主营业务收入实现84.56亿元，利税6.29亿元，分别是2002年的4.18倍和5.77倍，年均递增43%和55%。骨干企业群体规模不断壮大，中奥毯业、昌华造纸机械等一批骨干企业迅速成长。全区主营业务收入过亿元的企业由5户增加到15户，利税过千万元的企业由2户增加到12户。工业结构日渐清晰，初步形成机械电子及配件加工业、农副产品加工业等六大工业体系。2006年，全区民营经济实现营业收入275亿元，实现增加值65亿元。至2014年年底，全区规模以上企业234户，实现主营业务收入639.7亿元、利税49.5亿元、利润36.6亿元，较2011年分别增长72%、71.5%和71%。与“十一五”末相比，实现翻番增长，年均增长幅度达20%以上，其中主营业务收入过亿元的企业达50家。重点培育发展的35家骨干企业，实缴税金连续5年年均增长幅度在20%以上，其中10家企业纳税过千万元，鑫鹏集团、齐鲁漆业、山水水泥、天工岩土4家企业纳税过3000万元。昌华纸机、中通钢构等14家企业主打产品生产能力在细分行业中位居全国前十，中奥毯业年产能力居亚洲第，天工岩土、金帝保持器年产能力居全国第一。全区拥有中国驰名商标1件，山东省著名商标9件，7家企业8个产品获得山东名牌，3家企业获得市长质量奖，东昌府区被评为山东省优质轴承保持器生产基地。天工岩土被国家工信部评为“品牌培育示范企业”，是全市唯一一家。“昌裕”牌系列产品获“好品山东”称号。2012年，全区共引进投产、在建项目167个，计划总投资260.5亿元，全年到位资金55亿元。2013年，全区共引进在建、续建项目290个，计划总投资368.2亿元，到位资金81.5亿元。2014年，全区共引进在建、续建项目495个，计划总投资610亿元，到位资金155亿元。2012—2014年，聊城供电公司对东昌府区电力建设投资3.9亿元，结合市政建设和农村拆迁的实施，逐步优化配网结构，相继完成10千伏线路智能配网建设198条，完成10千伏线路改造32条，改造农村低压台区186个，共改造10千伏线路238千米，新增配电变压器236台。农网改造工程项目总投资7559.37万元。共完成10千伏顾庄线、西堂I和II线、王铺线、道西线胜利渠支线等5条10千伏线路改造，完成道口铺高马、斗虎屯闵庄等标准化村改造79个。共改造10千伏线路16.78千米，改造0.4千伏线路60.3千米，更换下户线156.3千米，电杆1571基，新增变压器49台，新增容量1.24万千伏安。2012—2014年，共建设侯营、张炉集、梁水镇3个电气化镇和180个电气化村。2015年，全区规模以上企业239家，同比增长12.43%。实现主营业务收入657.19亿元，增长1.13%。实现利税48.51亿元，增长3.47%。实现利润36.25亿元，增长1.24%。工业经济效益综合指数为511.38。企业亏损面为1.67%。

商业贸易　1999年后，东昌府区商业集团总公司所辖商业企业普遍开始实行股份制改造，各国有、集体企业陆续实行彻底的产权改革，一部分企业先行破产随后改制，一部分未破产的企业直接由国有、集体自行实行改制。2005年，东昌府区商业企业有13家，网点51个，营业面积20570万平方米，完成销售收入3195.8万元。2006—2011年，市场商贸业累计投资28.45亿元，新建扩建新东方国际、鸿顺宜家家具商城、五星百货二期、大顺发超市、四海商城、江北汽车城、绿康瓜果市场等30余处市场、商业网点。东昌府区市场总量达96处，其中城区市场58处，市场及大型商业网点经营面积400多万平方米，商户总量达到1.8万余户，直接提供就业岗位12万余个。带动建筑、运输、加工、餐饮、服务、娱乐等十几个行业的发展，拉动相关产业从业人员14万余人。2011年，市场成交额完成336亿元，比2005年年均增长15.3%。市场商贸业实现税收5.29亿元，比2005年年均增长21%。市场商贸业对东昌府区的财政贡献和社会贡献日益突出，在引导社会消费、拉动经济增长、扩大劳动就业、优化资源配置等方面发挥重要作用。2012—2014年，市场商贸业累计投资8.5亿元，新建扩建银座商城、京都商城、绿康瓜果、斗虎巷土杂、铁西粮油、育新商贸楼、育新义乌商品城等10余处市场、商业网点，新增营业面积28万平方米。至2014年年底，城区市场共39处，商户总量达到1.9万余户。由于东昌府区区域调整，同区域内2014年，全区市场成交额完成360亿元，比2011年年均增长6%；全区市场商贸业实现税收11.02亿元，是2011年2.08倍。市场商贸业日益成为东昌府区经济发展的重要支撑，对全区经济发展拉动作用明显增强。2015年，全区市场成交额完成382亿元，是2010年的1.3倍。全区市场商贸业实现税收5.6亿元，是2010年的1.14倍。

第三节　社会事业

科技　2001—2002年，连续组织大规模科技成果洽谈活动，鼓励企业“走出去”，主动与高校院所结合，把高校院所的专家、教授“请进来”，发布最新科技信息和成果。2003年，鑫大变压器开发的S11-M.R不分级卷变压器，被科技部、建设部等五部委认定为推广的新产品。东泰农化有限公司申报的“45%谷草净可湿性粉剂”专利项目实施后，年生产300吨，销售1140万元，利税250万元。2006—2011年，组织实施各级各类科技计划项目148，其中实施国家科技计划项目10项，省级科技计划项目18项，争取资金2010万元。取得重大科技成果48项，申请专利2987项，实施率60%。连续6年专利申请与授权量居全市第一，拥有“省级专利明星企业”2家。2011年年底，高新技术产业产值达35.95亿元，占规模以上工业总产值的比重达14.9%。省级高新技术企业达17家。2012—2014年，组织实施各级各类科技计划项目78项，其中实施国家级科技计划项目1项，省级科技计划项目15项，争取资金2910万元，取得科技成果28项。2012年，专利申请量225件，授权量114件。2013年，专利申请量269件，授权量125件。2014年，专利申请量309件，授权量103件，专利申请、授权量均居全市各县（市）之首。至2014年年底，高新技术产业产值达75亿元，全区省级高新技术企业6家。2015年，组织企业申报省科技重大专项产业转型升级项目6项，省重点研发计划项目7项，省西部经济隆起带科技创新人才基金扶持项目3项，省自然科学基金项目1项，泰山产业领军人才项目1项。发明专利申请量577件，授权量132件。技术转让、开发、服务合同登记20余项，技术交易额9000余万元，共取得科技成果10项，技术合同登记8000万元。

教育　1997年，普及九年制义务教育评估验收，被授予全国义务教育区牌匾。共有小学417所，学生11.15万人，入学率100%，在校生辍学率0.18%，毕业率达99.66%，教职工2733人，专任教师2421人，中师以上文化程度2477人。是年，山东省扫除青壮年文盲复查验收，境内青壮年人口非盲率98.2%。1998年后，着重开展示范幼儿园和农村中心幼儿园建设。1999年，全区小学毕业生全部实行就近免试升入初中。2000年，启动0—3岁幼儿教育计划，实施学前6年教育。2003年9月起，全区小学学制由五年制改为六年制。是年，全区小学4—6年级增设“运河两岸”地方课程。2004年9月，普通高中开始课改实验，使用鲁教版教材。随着城区建设的扩大和城市人口的增加，出现城区小学大班额问题。采取调整学校布局和建设，实施“名校带分校”战略，将新建学校和薄弱学校作为城区名校的分校，全面提高新建学校和薄弱学校的办学水平。自2006年12月起，将农村中小学教师工资全部上划区本级财政预算管理，真正实现城乡教师同工同酬。2006年至2011年年底，全区共发放义务教育经费保障机制改革资金143776万元，惠及学生621007人次。其中公用经费12732.46万元，教科书费2268.45万元，寄宿生生活费233万元。发放中职学生资助金884万元，惠及学生5895人次。发放普通高中学生资助金430.1万元，惠及学生6270人次。2006年后，特殊教育真正实现“零收费”，免除残障学生“三免一补”（免书费、免学费、免餐费和补助住宿费）。自2007年1月起，将农村中小学杂费、预算内生均公用经费、校舍维护费、贫困学生生活补助费和在编公办教职工养老保险金、医疗保险金、住房公积金、农村退养民师的补助、精减退职人员的生活费等全部纳入区本级财政预算管理。2010年1月，印发《东昌府区人民政府关于进一步加强学前教育管理工作的通知》，按照学前教育属地管理的原则，明确区、乡镇街道的责任，理顺学前教育在审批、年检、日常管理等方面的工作，进一步完善学前教育管理体制。2011年9月，东昌府区青少年素质教育实践基地建成，是东昌府区唯一的义务教育阶段校外教育场所，负担着东昌府区、开发区、高新区和旅游区初中二年级和小学五年级所有学生的培训任务。2011—2013年，共投资3145万元，完成11处镇办中心幼儿园园舍和内部配套建设，并全部通过省级乡镇中心幼儿园验收。投资1123万元，建设12个班的区实验幼儿园，填补东昌府区没有省级公办示范园的空白。2015年年底，东昌府区有各级各类学校（含市属学校）158所，其中小学118所、初中22所、普通高中4所、完全中学4所，九年一贯制学校3所、十二年一贯制学校2所、职业学校3所、素质教育实践基地1所、特殊教育中心学校1所。在校生162683人，其中小学93427人、初中41490人、高中26584人、职业学校1086人、特殊教育中心学校96人。区属学校教职工6515人。幼儿园323所，在园幼儿44027人。

文化　1998年，撤市设区，聊城人民广播电台划归聊城市人民广播电台，有线电视管理职能划归聊城市广播电视局。2002年，东昌府区文化局与体育运动委员会合并，更名为东昌府区文化体育局。2005年，全区有文化馆1个，文化站18个，农村文化大院、社区文化中心50个，农民文艺创作组15个100人，市级以上文物保护单位30处。2006—2011年，全区各镇、街道全部建起高标准的文化站，并建设农家书屋275个。2015年，有档案馆1个，文化馆1个，农家书屋186家。完成农村公益电影放映9204场。东昌电视台记者采制的新闻在山东电视台《山东新闻联播》等节目播出32件，在市电视台播出838件。

卫生　1997年，多数卫生（医）院能够开展生化检查和X光机拍片业务。是年，制定《聊城市农村合作医疗管理办法》，合作医疗对象为全市农村人口（参加公费医疗和医疗保险的人员除外）。至1998年年底，共有12个乡（镇、街道）启动合作医疗工作。1999年，公费医疗转归社会劳动保障局管理，开始医疗保障制度的改革。2000年后，各乡镇卫生院对医疗设备投入有所增加。至2001年年底，公费医疗制度基本上被城镇职工基本医疗保险制度取代。2005年年底，全区有区级医疗机构6处，乡镇卫生院18所。2006年，新型农村合作医疗制度全面在东昌府区推开。2012年，全区18所政府举办的基层医疗机构和省统一规划的176个村级卫生室均实行了基本药物制度，实行零差价销售，参加基本药物网上采购。2015年，有卫生机构20个，其中医院、卫生院11个、社区卫生服务中心5个、妇幼保健院1个、疾病预防控制中心1个、卫生学校1个、社会卫生管理办公室1个。各类卫生机构共有床位1641张，卫生技术人员2047人。

体育 1997年起，为落实《东昌府区全民健身计划》，全区共举办单项运动会11次，参加体育活动职工2.8万人，占职工总数的1/3以上。1998—2005年，每年举办老年体育竞赛、表演活动20余次。2005年，举办东昌府区第一届农民篮球、门球比赛，参赛人数600余人。举办区直机关、事业单位篮球、乒乓球比赛等。是年，道口铺街道被推荐为全国“亿万农民健身活动”先进乡镇。2000—2005年，有3所学校开设体育专业班，为体育院校输送体育专业人才120余人。2001—2005年，在聊城举办的国际国内龙舟、皮划艇比赛中，东昌府区选手多次获得冠军。2008年10月，举行“鲁阳型材杯”东昌府区第一届运动会。大会设置田径、武术、篮球、象棋、拔河等20个大项148个小项，分3个组别进行比赛，共有76个代表团4000余人参加比赛，年龄最大的74岁，最小的6岁，产生金牌158枚，由18个单位获金牌总数奖、18个单位获团体总分奖、25个单位获优秀组织奖、23个单位获体育道德风尚奖、“鲁阳集团”获突出贡献奖、12个单位获贡献奖、262人受到表彰。2011年7月，东昌府区举行第一届全民健身运动会，共设21个比赛项目，参加人员2097人，项目队伍140余支，组织13个项目队伍参加市级比赛。承办市运动会2个项目，9项比赛，并组队代表市参加省运动会比赛项目3项，获省金牌6枚、银牌2枚、获市金牌15枚、银铜牌41枚，获省全民健身运动会优秀组织奖。2011—2015年，连续五年举办东昌府区全民健身运动会。2014年，升级改造铁塔门球场面积2000余平方米；是年3—6月，组织开展第六次体育场地设施普查（含开发区、高新区、旅游度假区、东昌府区），对25个乡镇、街道612个村及单位进行实地调查。经过调查，有体育场1068个，其中24个室内体育设施场地，726个室外体育设施场地（七人足球场地3个、篮球场352个、三人制篮球场16个、排球场27个、室外网球场8个、羽毛球场15个、乒乓球场248个、室外轮滑场1个、室外门球场20个、室外射击场1个、其他体育场地35个），317个健身路径，1个户外活动营地，体育场地面积146万平方米。开展东昌府区第四次国民体质监测工作。道口铺街道荣获“全国农民健身工程示范单位”，这是全市唯一获此荣誉的乡镇级单位。至2015年年底，全区606行政村，共安装体育健身设施581套，80%以上居民小区配备有体育器材，全区健身工程覆盖率95%。3个街道、62个城市社区实现15分钟健身圈，基本满足城乡居民对体育健身设施的需求。

交通邮电 1997年，农村通水、通路、通电、通信“四通工程”不断完善。2005年，全区公路通车总里程达2216.43千米。其中，干线公路225.51千米，县乡公路364.2千米，乡村公路1626.72千米，通油路行政村达953个，通村率99.8%。2006—2010年，全区累计投资3.6亿元，改建公路556.5千米，其中改建国省道56.5千米，改建农村公路500千米。投资596万元，改建危桥16座。全区公路通车总里程达到2231千米，其中国省道231千米，农村公路2000千米，在全市率先实现100%行政村通油路的目标，受益人口60余万人。2012—2014年，全区累计投资1.2亿元，改建公路341.6千米，农村公路通车总里程达1887千米，包括县道45.3千米，乡道238.2千米，村道1603.5千米。客运量1280万人次、客运周转量2.18亿人千米、货运量7260万吨、货运周转量363000万吨千米，同比增长2.4%、2.2%、6.3%、5.7%。至2015年年底，全区公路通车里程1693.6千米。其中：国道1条，31.9千米，省道9条共147.4千米，县道6条共45.2千米，乡道41条共244.2千米，村道1224.9千米。“十二五”期间，全区累计投资1.3亿元，改建农村公路304.8千米，其中改建县乡公路159.1千米，改建村级公路145.7千米。投资360万元，改建危桥8座140延米。在全市率先实现100%行政村通油路的目标，受益人口60余万人，初步形成以国、省道为依托、县乡道为骨架、乡村道为支脉，干支相连、互联成网、城乡互通的公路交通网络。

1997年，境内有邮电支局、所22处，其中市区4处，乡镇支局16处，邮电所2处。1998年3月，撤市设区，原聊城市改为东昌府区，聊城地区改为聊城市；是年10月，邮政、电信分营，成立聊城市邮政局和聊城市电信局。聊城市邮政局履行对辖区内邮政通信业的行业管理职能，在东昌府区城区共设营业网点12处，农村共设营业网点19处。聊城市电信局负责全市的固定电话、移动通信、寻呼等通信业务的管理及电信网的运行维护和经营服务。东昌府区不再有管辖权。

城乡建设 1997年，境内继续实行住房制度改革。1998年3月，东昌府区房改机构整体划归聊城市房改办，东昌府区房改工作由区财政局负责。1999年1月1日起，终止实物福利性分房，实行住房分配货币化，房改房按成本价套改为私人全部产权。是年年底，全区参改单位29个，580户，房改面积4.7万平方米。至2005年，全区参改单位80个，3166户，房改面积28万平方米。2006—2011年，全区监督建设工程277项，建筑面积214.3万平方米，工程造价214476万元，办理工程竣工备案178项、建筑面积101.5万平方米，全区建设工程质量监督覆盖率达99%。至2011年年底，全区已建成建制镇9个（中心镇2个），街道7个，工业园区2个。全区累计完成小城镇拆迁34.68万平方米，新建58.2万平方米，完成建设投资5.52亿元，其中基础设施投入9810万元。2012—2014年，累计拆迁60.8万平方米，新建在建工程81万平方米。建设农村新居20225户，改造危房3113户。2015年，城市基础设施建设投资17.89万元，城市人均道路面积27.28平方米，建成区绿化覆盖率47.73%。自来水普及率99.99%，燃气普及率99.74%。城镇建设投资7亿元。

人民生活 1997年，实现人均国内生产总值比1980年翻两番的目标（比预期目标提前3年）。2000年，全区在岗职工平均工资6627元，农民人均纯收入2380元。2001—2005年，经济实力显著增强，人民生活水平明显改善。食品消费由吃好转变为营养丰富、品种多样，生活质量大幅度提高。衣着消费由成衣化向时装化、名牌化发展，消费档次不断提升。家庭耐用消费品更加现代化，背投电视、等离子彩电等大屏幕电视越来越多地进入居民家庭。电脑、DVD、空调等高档现代化的消费品成为城镇居民的日常用品。交通通信消费增势强劲，电动自行车、摩托车成为城镇居民的主要交通工具。公交车、出租车使人们出行更加便利。私人轿车逐步进入城市中高收入家庭。手机取代寻呼机成为人们的主要通信工具。住房条件明显改善，住房面积大幅扩大，质量明显提高，2005年，城镇居民人均居住面积24.03平方米，全区在岗职工平均工资1.18万元，农民人均纯收入3298元。2011年，全社会消费品零售总额113.74亿元，农民人均纯收入和城镇居民人均可支配收入分别是7735.82元和20649.24元。2015年，社会消费品零售总额达206.8亿元，城镇和农村居民人均可支配收入分别为2.23万元和1.06万元。

第二章 临清市

临清市地处冀鲁交界，全市总面积950平方千米。至2015年年底，共辖12个镇4个街道办事处，654个行政村（居委会）。有1个省级经济开发区。年末全市总人口80.22万人，其中城镇人口37.16万人，有少数民族31个，18191人。

临清，西汉初年即设县制，明清时期得益于京杭大运河漕运发达，经济社会繁荣500余年，是当时全国重要的流通枢纽城市和商业都会，曾被清乾隆皇帝誉为“富庶甲齐郡”，是中国京剧艺术之乡、书画之乡、武术之乡、轴承之乡和酱菜之乡。

临清市物产丰富，盛产棉花、小麦、玉米、蔬菜、果品、油料、水产品和畜产品，是国家优质棉、出口棉和商品粮基地，也是山东省重要的蔬菜瓜果生产基地。临清狮猫、鲁西黄牛、小尾寒羊等都是驰名中外的名产。境内地热资源丰富，交通便利，处于京津冀一体化发展、中原经济区、省会城市群经济圈、山东西部经济隆起带等重大发展战略的叠加区。是京九铁路进入山东省的第一站，2条高速（邢临高速、德商高速）、7条国省道（省道315、临冠路、临莘路、聊临路、临博路、临高路、聊夏路）穿境而过。工业基础雄厚，做大做强轴承、机械制造、有色金属加工、纺织、服装及造纸和纸制品、食品及医药等六大优势产业，形成高端装备制造、电子信息及新材料、生物医药、节能环保等四大战略性新兴产业，纺织、蜡染、轴承、有色金属（铜加工）等行业在全国均占有一席之地。1997—2015年，临清市相继获全国科技进步先进市、全国法制宣传教育先进市、全国科普示范市、全国农村集体“三资”管理示范市、山东省社会文化先进市、山东省精神文明建设先进市、平安山东建设模范市、山东省信访工作先进市、山东省基层党建工作先进市、山东省双拥模范城、省级文明市、省级生态示范区、省级文化生态保护实验区等多项省级以上称号。

1997年，临清市国内生产总值24.15亿元，全社会固定资产投资总额40878万元，社会商品零售总额46075万元，地方财政收入9083万元，地方财政支出13773万元。临清市投资环境逐步改善，国民经济持续增长。

2015年，实现生产总值369.77亿元，比上年增长9.0%。其中，第一产业增加值24.57亿元，第二产业增加值217.02亿元，第三产业增加值128.18亿元。固定资产投资268.99亿元，公共财政预算收入17.6亿元，公共财政预算支出31.74亿元，社会消费品零售总额149.05亿元，进出口总额38452万美元。城镇居民人均可支配收入20710元，农村居民人均纯收入10370元。

第一节　自然条件

境域　临清市位于北纬36°39′～36°55′，东经115°27′～116°02′。地处山东省西北部，东与高唐县、茌平县为邻，南与东昌府区、冠县接壤，西与河北省临西县隔卫运河相望，北与德州市夏津县毗连。东从康庄镇大油坊村，西至烟店镇魏厂村直线距离46.73千米。南从魏湾镇辛道庄，北至松林镇中梁庄直线距离25.28千米。面积950平方千米。市人民政府驻临清市青年路街道龙华街5号，东南距聊城市区45千米。

地形地貌　境内地势平坦，自西南向东北倾斜，坡度为1/7000，海拔29～38米。地貌有6种类型：河滩高地约541平方千米，占总面积的56.5%；沙质河槽地112.5平方千米，占11.8%；决口扇形地17平方千米，占1.8%；缓平坡地165.5平方千米，占17.3%；河间浅平洼地49平方千米，占5.1%；背状槽状洼地72平方千米，占7.5%。

气候　临清市地处温带季风气候，具有明显的季节变化和季风气候特征，属半湿润大陆性气候。四季气候的基本特征为“春旱多风，夏热多雨，晚秋易旱，冬季干寒”。全年盛行风向为南风和偏南风，年平均降水量为550毫米左右。

水文　主要有天然降雨、河水、地下水等。年平均降水量550余毫米。2001年，引黄河水1.26亿立方米，地下水开采量1.1亿立方米。境内天然降水所产生的地表径流为13091万立方米，补给的浅层地下水量10220万立方米，总量为13091万立方米。可利用量包括降雨径流拦蓄可利用及浅层地下水源可利用量，总量为9932

万立方米，年可供水量为25374万立方米。

河流　卫运河自西南向东北，沿西部边境而过，境内长44.184千米，流域面积247.7平方千米。古运河由东南向西北，从中部穿过，至城区汇入卫运河，境内长34.5千米。马颊河自西南向东北，沿东部边境而去，境内长13.331千米，流域面积702.4平方千米。另有尚潘渠、友谊渠、胡姚河、裕民渠、戴颜渠、庞丁渠、德王河等干渠17条，全长267千米，形成纵横交错的排灌网络。

土壤　境内土壤为黄河冲击沉积而成，属黄河平原的一部分。境内土壤形成有7000～8000年历史。在地形、时间和生物等因素等综合作用下，经过人们长期的生产活动，具备一定的肥力基础后，由母质转变成为土壤。由于黄河冲击沉积，逐渐形成砂质、砂壤质、壤质及黏质地。土壤分潮土、盐土、风沙土3个土类，4个亚类、5个土属、45个土种。褐土化潮土382.4平方千米，占全市总面积的49.8%，主要分布在唐园镇、潘庄镇、大辛庄镇、刘垓子镇、金郝庄乡、松林镇、老赵庄镇。潮土239.23平方千米，占总面积的31.2%，主要分布在潘庄镇、烟店镇、刘垓子镇。盐化潮土120.97平方千米，占总面积的15.8%，主要分布在康庄镇、魏湾镇、戴湾乡，以及刘垓子镇的东部，老赵庄镇的南部。风沙土23.34平方千米，占总面积的3%，主要分布在松林镇、金郝庄乡、唐园乡。白潮盐土1.73平方千米，占总面积的0.3%，主要分布在魏湾镇东部。

自然资源　临清市矿产资源是制砖黏土，质纯无沙、细腻无比、土质优良丰厚。临清地热田位于山东省西部，大致为冠县凹陷的范围，呈北东向延伸，以临清断裂为西边界，冠县断裂为东边界，总面积约1550平方千米，北端与德州地热田相接。畜禽有牛、驴、骡、马、鹿、猪、羊、犬、猫、貂、兔、鸡、鸭、鹅、火鸡、鹌鹑、鸽子等近20种，名贵特产有大尾寒羊和狮猫。野生动物有野兔、刺猬、猫头鹰、仓鼠、锦鼠等。主要树种有银杏、油松、雪松、水杉、侧柏、毛白杨、加拿大杨等。水生植物有芦苇、铺草、浮萍、藻类、菱、藕、水花生、水葫芦等。境内天然植被很少，仅有零星灌木林，分布在古黄河故道地带。地表植物多为农作物、自然草本植物以及人工栽培的乔木、灌木。农作物以小麦、玉米、棉花和蔬菜为主。

第二节　经济发展

农业　1997年，临清市乡村总人口56.27万人，农村劳动力28.67万人。1997年后，全市认真落实各项惠农政策，坚持以市场为导向，以农民增收为目标，积极调整农业产业结构，积极探索现代农业发展的路子，努力提高农产品品质和竞争力，取得较为明显的成效。2011年，临清市土地总面积142.6万亩，其中耕地面积99.5万亩，2012年，临清市农业总人口56.5万人，农村劳动力34.5万人。2015年，全年农林牧渔业实现总产值45.37亿元，比上年增长5.05%。粮食总产5.81万吨，增长0.17%；棉花总产0.56万吨，增长3.7%；油料总产0.2万吨；水果总产8.6万吨；蔬菜总产59.83万吨，增长29.58%；水产品总产1.46万吨，增长6%；肉类总产3.36万吨，增长25.28%；禽蛋总产2.87万吨，增长16.97%；奶类总产2.06万吨，增长41.27%；新增造林面积13515亩，农田有效灌溉面积73.55万亩；全市农机总动力132.87万千瓦，增长3.34%。

工业　1997年年初，临清市工业总产值513479.00万元。2015年，实现工业增加值213.11亿元，比上年增长10.2%。规模以上工业企业454家，增长12.98%，实现主营业务收入1345.75亿元，增长6.87%。实现利税129.43亿元，增长5.48%。实现利润84.62亿元，增长4.51%。工业经济效益综合指数为455.82，比上年提高4.61点。企业亏损面为2.86%，减小0.66个百分点。全市资质三级及以上建筑企业18家，完成建筑业总产值16.97亿元，增长1.78%。

商业贸易　为促进临清市商业的改革与发

展，1994年下半年开始将商业局整建制转为商业集团总公司，作为商业系统的主管部门其职能也由行政管理向企业化管理过渡，但以后的十几年中商业集团总公司一直担负着商业主管部门的行政管理职能。至2005年年底，在商业系统的20家商业企业中，有5家企业完成股份制改造，这5家企业是大家庭糖酒茶副食品有限公司、华泰医药连锁有限责任公司（该公司于2005年7月由地区医药管理局下放划归临清市商业集团总公司管理）、大正金行有限公司、运河餐饮服务有限公司（即原饮食服务公司）、家家乐商贸服务有限公司（原蔬菜公司）。有6家企业正在进行股份制改造。另有9家企业因经营萎缩、亏损严重、资不抵债，而被迫进入破产程序。是年，全市商业系统共有干部职工2817人，有经营网点96处，经营面积56027余平方米，资产总值19371万元，年经营额1.88亿元，年创利税312万元。至2015年年底，商业系统共有在职管理人员19名，下属企业15家：6家非公有制企业，大家庭糖酒茶副食品有限公司、大正金行有限公司、山东泰祥医药有限公司、聊城漱玉平民大药房有限公司、运河餐饮服务有限公司、家家乐商贸服务有限公司。5家国有企业：交电大厦、五金交电化工公司、百货大楼、新华百货大楼、食品公司。4家集体企业：杂货土产公司、第二副食品公司、第二饮食服务公司、清真肉类加工厂。系统总人口2673人，其中在职职工1439人，离退休1234人。

2013年后，临清市贯彻“互联网+”战略，大力推动电子商务工作。2014年，编制《临清市电子商务发展规划》，先后印发《关于加快发展电子商务的实施意见》和《临清市电子商务发展扶持办法（试行）》等扶持政策，进一步优化全市电子商务发展环境。2015年，引进京东乡村电商项目，京东临清服务中心是聊城市首家县级服务中心，推广员达310人，覆盖近500个村居。是年，营业额1000余万元。至2015年年底，阿里巴巴农村淘宝已与临清市达成合作意向。组织全市22家重点企业参加2015年第九届全国食品博览会，参展企业现场销售商品21万余元，达成协议意向210余份。

1997年，临清市第一家外商投资企业成立。2013年，全市实际利用外资实现17万美元。2014年，全市实际利用外资2331.5万美元。2014年，实际利用外资额相当于近5年利用外资额之和。2015年，实际利用外资实现4212万美元；是年，聊城市海关信用等级最高的8家企业中临清市企业有4家；是年10月，临清市外贸综合服务中心被授权成为阿里巴巴——达通的——拍档，为全市广大外贸企业提供贸易代理、业务咨询、报关报检、办理退税等业务服务，满足企业在开展进出口业务中的各类需求。

至2015年年底，临清市共有外资企业10家，投资商分别来自5个国家和地区，其中外商独资企业5家，中外合资企业5家。全市实际利用外资共12705.5万美元。拥有自营进出口权的企业达159家，产品销往亚、美、欧、非等100多个国家和地区。全市出口连续多年在聊城市八县（市、区）中位居前列。其中：2013年，全市进出口总额实现47916万美元。2014年，全市进出口总额实现43273万美元。2015年，全市进出口总额实现38452万美元。

第三节　社会事业

科技　1997年，重要科技成果4项，专利申请量5项。1997年后，累计争取省级以上科技计划56项，市级科技计划39项，获得无偿资金4349.88万元。取得重要科技成果63项，获科技进步奖励46项，其中国家级二等奖2项，省级二等奖1项、三等奖2项。1985—2012年，累计申请专利2255项，授权1478项。2015年，发明专利申请量134件，授权专利37件。

教育　1997年，临清市有体育馆1座。1997年年初，临清市共有学校540所，其中中等专业学校2所，在校生373人，普通中学35所，在校生13076人，小学498所，在校生16032人，农业职业中学4所，技校1所。至2015年年底，临清市有中等职业、技工学校各1所，在校生2000人。普通高中4所，在校生10061人。初中22所，在校生22440人。小学118所，在校生81742人。特殊教育学校1所，在校生40人。

文化　1997年年初，临清市有文化馆1处，文化站22个，剧院2个，图书馆1个，电影院1个。1997年后，临清市坚持文化建设跨越式发展。2007年，建设完成首批农家书屋示范点3个。2008年8月至2010年8月，建设临清文化中心，包括临清市博物馆、张自忠将军纪念馆、季羡林先生纪念馆、张彦青艺术馆、临清市文化馆、多功能厅、城市规划展览馆等。至2012年年底，完成农家书屋建设436家。2006年，临清贡砖烧制工艺和临清驾鼓被列为山东省第一批非物质文化遗产项目；2008年，被列为第二批国家级非物质文化遗产名录项目；2009年，临清驾鼓传承人洪玉卿、临清贡砖制作技艺传承人景永祥被列为山东省第二批非物质文化遗产项目代表性传承人。临清时调、临清肘捶、临清谭腿、健脑补肾丸制作技艺被列为山东省第二批非物质文化遗产项目。其中，临清肘捶于2010年5月被列为第三批国家级非物质文化遗产名录项目。至2015年年底，全市有博物馆1个，公共图书馆436所，文化馆（站）13个，农村文化大院436个。广播、电视人口综合覆盖率分别达100%和100%。

卫生　1997年年初，临清市有卫生机构96个，床位1466张，其中医院机构数26个，医院床位数1466张，技术人员1672人，医生755人，乡镇卫生院17个。2005年，全市有市属医疗卫生机构5家，镇卫生院16家，疾控中心1家，保健站1家。城区有个体医院2所，厂矿企业医院3所。厂矿企业医务室和城区有个体开业诊所39个。农村有卫生室468所。有各类卫生技术人员3082人，病床1578张。至2015年，全市有卫生机构23个，其中，医院、卫生院15所、社区卫生服务中心4个、妇幼保健院（站）1个、疾病预防控制中心1个。各类卫生机构共有床位2888张，卫生技术人员3695人，其中，执业医师及执业助理医师1240人，注册护士1009人。

体育　2009年，成功申报临清肘捶为国家级非物质文化遗产。2000—2006年，发掘整理临清潭腿，中央电视台中文国际《走遍中国》栏目播出。2009年，临清潭腿被列为山东省非物质文化遗产。2008年，参加试点省武术太极拳锦标赛，李凤春获金牌1枚、银牌1枚、铜牌2枚，郝玉山获铜牌2枚。2009年，参加中国焦作第四届国际太极拳交流大赛，李凤春获银牌1枚、铜牌1枚，王洪梅获银牌1枚、铜牌1枚，石英林获铜牌1枚。《中国体育》杂志第五期刊登文章《最后的肘捶》，介绍肘捶的发展传承现状。是年7月，魏门弟子16人赴香港参加首届世界国术大赛，共获金牌22枚、银牌7枚、银牌8枚。魏庆新获突出贡献奖，魏门家庭获尚武家庭奖。2001年，获山东省十佳"全国体育先进县"。2010年，肘捶研究会派人首次参加全国民间武术比赛，获金牌3枚、银牌3枚、铜牌2枚。2011年，参加全国第十一届子午门、少林民间武术争霸赛，取得金牌2枚、银牌2枚、铜牌1枚，并获得山东省武术非物质文化遗产技艺交流大会一等奖，申孝生被山东省批准为非物质文化遗产保护项目临清肘捶代表性传承人。参加山东省传统武术邀请赛，获金牌6枚、银牌4枚、铜牌4枚。参加中国焦作第五届国际太极拳交流大赛，李凤春获金牌1枚、银牌1枚，王洪梅获金牌1枚、银牌1枚。安装健身体育器材336套，免费发放到村、社区、学校。深化"农民体育健身工程"和"城市社区建设工程"建设，改善人民群众的健身环境和条件．全市各镇、办事处均建有综合文体中心，实现全市镇村基本体育设施覆盖50%，基层健身体育设施条件明显改善。2013年，新建农村体育健身工程105个，完成农民健身路径工程建设6个乡镇6个社区。2014年，新建农村体育健身广场206个。至2015年，全市有体育馆5座。全年参加市级以上体育比赛共获奖牌59枚，其中金牌34枚。

交通邮电　1997年年初，临清市公路里程631.9千米，公路客运量为199.4万人。1997

年后，临清市建设畅安舒美的“大路网”、安全便捷的“大运管”，努力构建高效完善的“大交通”发展框架。2000年，全市公路通车里程663.7千米（其中干线公路129.7千米、县乡公路158.9千米、乡村公路375.1千米），87%的自然村通柏油路。2004年，投资1030万元新改建县乡村里程70.3千米，全市通车里程1208.8千米。2005年，通车里程1361.5千米（其中干线公路191千米、县乡公路200.5千米、乡村公路970千米）。2009年，新改建县乡村里程65.4千米，全市县乡里程200.9千米，村道1131.2千米，通车里程1522.1（包含省道190千米）。2010年，新改建县乡村里程46千米，全市县乡里程200.9千米，村道1226.9千米，通车里程1617.8千米。2011年，新改建县乡村里程45千米，全市县乡里程200.9千米，村道1255千米，通车里程1645.9千米。2013年，全市新改建农村公路145.7千米，全市通车里程1707.6千米，其中干线公路213千米、县乡路200.9千米、村道1325.7千米。2014年，全市新改建农村公路290.1千米，全市通车里程1822.5千米，其中干线公路213千米、县乡路200.9千米、村道1408.6千米。2015年，全市新建农村公路1.3千米，全市通车里程1823.8千米，其中干线公路213千米、县乡路200.9千米、村道1409.9千米。至2015年年底，全市通车里程1823.8千米，其中干线公路213千米、县乡路200.9千米、村道1409.9千米，形成干支相连、四通八达的高效公路交通网络。

1997年年底，邮电分营前共有城乡邮电支局22处，农村汽车干线邮路单程长度240千米，农村投递线路1665千米，市内投递段道9条。全年完成函件1164264件，包裹20915件、汇票36287件、报刊流转额240万元、邮政快件1402605件、特快专递12774件。1998年9月8日，临清邮政独立运营，临清邮政相继推出代办电信、代理保险及物流等新型业务。2005年，临清邮政大力发展物流配送业务，努力打造邮政服务“三农”平台，在确保高定位、高质量的前提下，加快“三农”服务站的建设步伐，被列为全国“万村千乡农家店”试点。是年年底，全局累计完成邮政业务总量3246.99万件，实现业务收入3053万元，比分营初翻6番。全员劳动生产率达10.09万元，邮政网络运行质量明显提高。一个以信息流、资金流、实物流三流合一的邮政实物传递网已初具规模。2015年，完成邮电业务总量7732万元。其中，电信业务总量2001万元，邮政业务总量5761万元。年末移动电话用户51.5万户，互联网用户11.1万户。

城乡建设　自1996年开始，临清市与省规划设计研究院联合进行了新一轮《临清市城市总体规划》的编制工作。按照“绿脉、秀水、商埠、名城”的总体构想，本着突出省级历史文化名城的特色和经济建设、城市建设、环境建设三同步，经济效益、社会效益、生态效益三统一的原则，经过反复论证和专家评审，临清市新一轮城市总体规划于1999年通过省政府的批准。2003年，根据建设“运河名城”的定位，将临清城区划分为古城、老城、新城三大部分，并对城市总体规划进行修编、申报。2005年年底，通过省政府审批。在不断完善城市总体规划的同时，相继编制完成《临清市市域城镇体系规划》《临清市城市供水规划》《临清市消防规划》等一批专业规划。委托山东省规划设计研究院等单位为临清市编制高起点、高标准的城市详细规划，已编制详细规划面积1755.26公顷，详细规划覆盖率达86.85%。投资100多万元，委托山东省第一测绘院对临清市进行1∶10000地形图及地形图管理软件系统，为搞好城市的规划和建设提供更加科学的依据。至2005年，城区共建成主干道17条，其中东西向9条、南北向8条，道路全长90937米，面积1712200平方米，城市人均占有道路10.07平方米。新修、翻修道路总长度62250米，面积1136039平方米，总投资4544.20万元。主要结构为厚40厘米的3∶7灰土基础、厚4.5厘米的沥青碎石面层。2008—2011年，翻建、新建温泉路路面、先锋路东段路面、龙山路南段路面、健康路路面、永青路北段路面、大众路路面、东环路路面、解放路路面等15条道路，路面面积236485.6平方米，投资达1391.28万元。至2011年年底，全市道路总长92053.38米，道路面积1756555.56平方米。2008—2011年，修建曙光路雨水沟、北环路污水沟、曙光路排水沟、东环路工业污水沟、青年路南侧雨水沟等17条排水沟，全长19.48千米，投资达1804.07万元。清淤十八里干沟、小运河、青年路、新华路、大众路、永青路、红旗渠、总排口等13条排水沟，总长41912.5米，投资202.37万元。为完善老城区排水设施，防止小运河以南生活污水直排，在考棚街路口向北新建长280米，管径1200毫米和150米管径1200毫米的顶管排水管。该工程直接将老城区污水引入污水处理厂，有效改善老城区的生活质量。至2011年年底，全市排水沟总长12420.92米，其中混凝土管沟92832.26米、盖板沟9156.66米、砖拱沟9684.00米，明沟709.00米。至2015年年底，城镇化率54.43%，比上年提高1.31个百分点。城市基础设施建设投资7.8亿元。城市人均道路面积30.67平方米，人均绿地面积13.6平方米，建成区绿化覆盖率42.92%。自来水普及率99.2%，燃气普及率99.2%。公租房交付1423套，50091.6平方米。村镇建设投资17.45亿元，增长4%。建成污水处理厂16座，无害化垃圾处理率达100%。

人民生活　1997年后，临清市大力开展文明城市、文明村镇、文明行业等群众性精神文明创建活动，工作水平不断得到提高。2001—2003年，分别被授予“全省第五届精神文明建设工作先进市”“全省第六届精神文明建设工作先进市”称号。2005年，全市有省级文明单位12个、省级文明机关2个、省级文明村镇1个，市级文明单位28个、文明机关6个、文明村镇2个。2015年，城镇居民人均可支配收入20710元，农村居民人均可支配收入10370元。全市城镇基本养老、医疗、失业、工伤和生育保险参保人数分别为42.1万人、71.63万人、5.4万人、6.95万人和2.39万人，比上年年底增加33.65万人、47.79万人、0.17万人、0.3万人和0.04万人。社会保险基金总收入10.74亿元，增加1.35亿元；支出16.14亿元，增加1.51亿元。新型农村养老保险参保农民33.57万人，参加新型农村合作医疗农民64.02万人。全市城乡最低生活保障救助22352人。其中，城镇低保3428人、农村低保18924人、农村特困救济1575人。收养性社会福利单位10个，收养1402人。安置残疾人员10人。

第三章　冠　县

冠县位于冀鲁豫三省交界处，全境地处黄河冲积平原，河膏村幽，林茂粮丰，总面积1161平方千米，辖1个经济开发区和18个乡镇（街道），760个行政村，总人口81万人。

冠县历史悠久，人杰地灵。虞舜筑有鲧堤，春秋为晋国冠氏邑，隋开皇六年（公元586年）置建冠氏县，元升冠洲，明改冠县至今。孔子弟子冉子曾长期在此游学，亚圣孟子冠氏论道，留下“贫贱不能移，富贵不能淫，威武不能屈”的至理名言。宋辽澶渊古城（萧）城至今余存。清末行乞兴学的千古奇丐武训享有盛名、黑旗军起义领袖宋景诗名噪神州。抗日战争时期，冠县成为冀鲁豫根据地的重要组成部分，被誉为鲁西北的“小延安”。冠县文化底蕴深厚，名扬天下的查拳、柳林花鼓、郎庄面塑均起源于此，均被列为国家级非物质文化遗产。

冠县交通便利。邯济铁路东联京九、西接京广，青兰高速公路和329省道横贯全境，京九公路、106国道纵穿南北，是山东省西部呼南应北、承东接西的交通枢纽中心，是晋冀鲁豫物流集聚区之一。冠县是中国鸭梨之乡、中国毛白杨之乡、全国平原绿化先进县、国家粮食生产先进县。成功创建省级出口农产品质量安全示范区。工业经济发展较快，精品钢板、纺织服装、装备制造、农副产品加工四大主导产业进一步发展壮大；以稀土永磁、蓝宝石晶体、光伏发电等为代表的新能源新材料产业蓬勃发展。冠县是山东省旅游强县和重点服务业城区。2015年年底，全县有国家AAAA级旅游景区1处、国家AAA级旅游景区2处、国家AA级旅游景区3处，全国休闲农业与乡村旅游示范点1个，省旅游特色村3家，省特色景观旅游名镇1家，省工业旅游示范点1个，三星级饭店3家，二星级饭店3家，旅行社7家。

1997年，农村居民人均纯收入1736元，城镇职工年均工资4219元。2015年，全县生产总值268.95亿元、增长9.1%，是1997年26.94亿元的9.98倍；公共财政预算收入10.32亿元，增长11.6%，是1997年0.59亿元的17.49倍；规模以上固定资产投资219.8亿元、增长14.8%，是1997年1.25亿元的175.84倍；通过优化结构，三次产业比例由1997年42.69∶32.22∶28.6转变为2015年的16.51∶49.17∶34.32，第二产业成为经济发展的主导力量，第三产业不断壮大。

2015年，全县各项存款216.77亿元，各项贷款150.24亿元，城镇居民人均可支配收入20998元，农村居民人均可支配收入10432元，社会消费品零售总额80亿元。累计实施重点建设项目377个，其中过亿元的260个、过10亿元的31个，完成投资418.2亿元，为经济社会科学跨越发展奠定坚实基础。

第一节　自然条件

境域　地处山东西部边陲，位于北纬36°22′～36°42′，东经115°16′～115°47′之间。东临东昌府区，北界临清市，南接莘县，西隔漳卫河与河北省馆陶县和大名县相望。全境南北长35千米，东西宽45千米，面积1161平方千米。

地形　县境所处的鲁西北黄泛平原，系华北平原的一部分。其地势开阔平坦，但略有起伏。地形一般自西南向东北倾斜，地面坡降为1/6000～1/7000，海拔高程一般为42.5～35米，最高点在县西南部斜店乡樊楼村，高达54.8米；最低点在县东部辛集镇花园村，仅34.6米。由于境内历史上古黄河不断改道、决口，淤积沉淀有大量泥沙等物质，形成岗、坡、洼相间的微地貌差异。

气候　冠县属于暖温带季风区域性半干旱气候。四季分明，冬季干冷；春旱多风；盛夏、初秋多雨，雨热同步，降水集中；晚秋易旱，秋高气爽为主要气候特点。年平均气温为13.6℃，极端最高气温为41.8℃，极端最低气温为-21.6℃，最热月出现在7月，最冷月为1月，平均年较差为29.7℃，大陆度为64.5%。年平均终霜（地面最低温度≤0℃）在4月10日，初霜在10月27日，年平均无霜期为202天，最长为227天，最短为178天。年平均降水量为545.3毫米，夏季（6—8月）集中全年降水量的67%，降水量的变率较大，年平均绝对变率为115.1毫米，平均相对变率为19%，最多年份为892.7毫米，最少年份仅280.6毫米。多雨年份，易造成局部内涝，少雨年份，旱灾严重。年平均太阳辐射量为124.384千卡／平方厘米，生理辐射量为62.192千卡／平方厘米，年平均日照时数为2280.0小时，最多达2967.4小时，最少为1786.9小时，年平均日照百分率为59%，均以春夏之交的五六月份最多。

河渠　漳卫河及其水系：漳卫河流经县西部边境，境内全长39.51千米，其中卫河长9.174千米，卫运河长30.336千米。境内和漳卫河相连的渠道有长顺渠、一干渠、二干渠、三干渠、四干渠、鸿雁渠、青年渠等。马颊河和位山三干渠（原京杭运河）：马颊河，位于县东南部边境，是境内唯一的排水河道，县内段长20千米，宽

62 米，流域面积 882 平方千米。位山三干渠（原临位运河）于 1960 年春在平地开挖，它上自东昌府区周店通原京杭运河，改道西行至辛集镇岳胡庄入境，经辛集镇和范寨镇东部，沿柳林镇北上，至大界牌出境入临清市，到临清闸口入漳卫河。该河全长 110 千米，境内长 18 千米。

土壤　根据土壤发生学分类，境内可分为潮土、盐土、风沙土 3 个土类，4 个土属，50 个土种。潮土类，依据受潜水作用的大小和盐化程度的轻重分为褐土化潮土、潮土、盐化潮土 3 个土属。

自然资源　全县土地总面积为 1161 平方千米，其中耕地 783.58 平方千米。大气降水是境内主要地表水资源。在 2408 米以下有大量油层，为冠县馆陶古潜山油区。境内煤炭资源沿马颊河呈西南东北向条带状分布，位于与莘县、东昌府区的交界处，预测含煤 7 层，厚 8.7 米，贮煤 14 亿吨。据勘探资料，境内藏有天然气资源。

第二节　经济发展

农业　冠县地处平原，土壤肥沃，适宜农业生产，全县有耕地 783.58 平方千米。1997—2015 年，坚持运用抓工业的理念、方式、方法和手段抓农业，农村四大支柱产业进一步优化，进行名优特新品种引进和新技术推广，使果品质量得以提高，各类畜禽存养量逐年增加。1997 年，粮食作物总播面积 137716 公顷，总产量 44.43 万吨。其中蔬菜、瓜果播种面积 16220 公顷，总产量 532583 吨；油料播种面积 24336 公顷，产量 81677 吨；棉花播种面积 2833 公顷，总产量 2733 吨。2005 年，粮食总产 52.3 万吨，林果面积 1.63 万公顷，瓜菜菌面积 2.6 万公顷，花生等油料作物面积 1.67 万公顷，棉花 1.53 万公顷。新培植的 70 个典型村、24 个科技示范园初见成效，涌现出一大批各具特色的专业村、专业乡镇，形成大樱桃种植、大棚水果、棚菜栽培、灵芝养殖加工等“多彩农业”格局。实施科技特派员、“致富早班车”、阳光培训工程，科技兴农成效显著。标准化生产稳步推进，全县 13 个农产品品牌获得国家和省绿色无公害认证。规模以上“农字号”龙头企业发展到 14 家，冠丰种业公司成为国家级龙头企业。扎实推进农村税费改革，认真落实国家农业税税率降低、粮食直补、良种补贴、农机补贴政策，该四项惠农资金农民人均得实惠 169.19 元。创新农村工作组织形式，联村自治成效显著。2010 年，粮食总产 64.8 万吨，连续 5 年保持粮食增产，被农业部授予“全国粮食生产先进县”称号。2015 年，农业总产值 89.4 亿元，粮食总产 90.27 万吨。市级以上龙头企业达 53 家，其中国家级 1 家。“三品一标”认证农产品 99 个，国家地理标志保护产品和证明商标分别为 2 个、5 个。优质果园面积 35 万亩，各类规模养殖场（户）2900 余个，蔬菜面积 6666.67 万公顷，育苗面积 4933.33 公顷。种植大户 61 户，家庭农场 31 家，市级以上农民专业合作示范社 70 家。建成县农产品质检中心和农产品质量安全追溯平台，农产品检测合格率达 98% 以上。农机总动力 154 万千瓦，粮食生产综合机械化水平达 90% 以上。先后实施小农水重点县、土地综合整治等工程，改善和扩大灌溉面积 35 万亩，建设高标准基本农田 2.01 万公顷。全面落实各项强农惠农政策，累计兑现惠农资金 5.89 亿元。

工业　自 1997 年始，为工业经济布局成形阶段。推进产权制度改革，推进技术进步，强化企业内部管理，实施第二产业带动战略。加大工业结构调整力度，培植优势产业，扶持重点骨干企业，工业强县的意识逐步树立。2000—2010 年，为工业经济规模迅速膨胀阶段。精力向工业集中，资源向工业汇集，政策向工业倾斜，招商引资，激活民资，扩大信贷投放，加大投入，求增量、调结构、增后劲，活存量、建体制、增活力。以冠星集团为龙头的纺织服装加工业，以冠洲集团为龙头的金属板材精深加工制造业，以冠丰种业、冠宜春酒业为龙头的农副产品和食品加工业，以犀牛重工、双力车辆有限公司等为龙头的机械机电制造业等四大产业初步形成。以三融工业园、国电生物质发电、冠丰生物柴油等为主体的环保新能源产业初具规模。主要生产棉纱、白酒、面粉、稀土永磁制品、冷轧板、镀锌板、彩涂板、陶瓷复合管、水泵、轴承、消毒剂等1500余个品种，产品远销意大利、韩国、日本、俄罗斯等国。2015年，全县规模以上工业企业292家，较2010年增加77家。规模以上企业销售收入首次突破千亿达1044.9亿元，是2010年的2.67倍。工业用电量16.56亿千瓦时，是2010年的1.95倍。精品钢板、纺织服装、装备制造、农副产品加工四大主导产业进一步发展壮大，以稀土永磁、蓝宝石晶体、光伏发电等为代表的新能源新材料产业发展较快。累计完成技改投入200亿元，市级以上高新技术企业达9家，其中省级4家。中科院老专家技术中心冠县工作站、聊城大学冠县科技服务中心相继挂牌成立，与5所高校院所签订有战略合作协议。

商业贸易 1997年，对商贸流通企业进行不同形式的产权制度改革。县属流通企业改制82家，其中有限责任公司8家、股份合作制1家、破产3家、出售8家、合并13家、兼并1家、资产划转1家、承包46家、租赁1家。食盐、石油、烟草等专卖品实行专营，后有的企业则放开经营。民营商业逐渐打破国有商业的一统天下，迅速崛起，并最后形成对大多数商品购销的主导地位。县商业系统经营网点主要有百货大楼、国贸商场、饮食服务公司、五交化公司、福星超市、如海超市、华联大卖场等，购销商品主要有百货纺织品、糖酒茶副食品、食品、五金交电与化工原料等。1997年，集市贸易成交额3.8亿元。外资企业17家，实际利用外资额322万美元。至2005年年底，县内有专业市场39处，61个村镇有固定集市、古会，社会消费品零售总额23.5亿元，同比增长18.4%。2010年，实现社会消费品零售总额52.73亿元，同比增长18.2%。实现进出口额1.72亿美元，实际利用外资230万美元。至2015年，县内新增个体工商户11580户、私营企业2763家，全年实现社会消费品零售总额79.90亿元，比上年增长11.1%，其中城镇市场零售额48.64亿元，增长12%；乡村市场零售额31.26亿元，增长10%。实现进出口总额45008万美元，其中出口44860万美元，增长8.09%。新签利用外资项目1项，合同外资额755万美元，实际利用外资240万美元。

第三节 社会事业

科技 1997年，全县年内引进技术3000项，引进各类专业人才183人，承担省、地科技攻关项目15个，申报国家专利和优秀科技成果奖15项，科技进步在经济增长中的贡献份额达48.3%。2003年，先后聘请30名具有高中级专业技术职务和一定业务专长的技术人员，组成“科教兴冠”技术顾问委员会，并设立工业、农业、经贸、文教卫生4个专业组。其主要任务是参与制定科技法规政策，调研论证拟上的重大项目，参与重大决策的分析研究，参加科技成果的评议鉴定，参与专业技术职务评定，参加技术服务和技术咨询活动，参与高校院所进行科技合作。顾问委员会委员对科技进步和经济发展献计献策，提出多项建设性意见，为县委、县政府的重大决策提供科学依据并提升其科学化水平。2004年，将实施科技特派员工作作为加快科技兴农、繁荣农村经济、增加农民收入、破解“三农”问题的重要措施。贯彻落实市委、市政府关于科技特派员工作的部署，围绕科技进步、农业发展、农民增收的创新机制，坚持双向选择、利益共享原则，扎实推进科技特派员工作。至2005年，共选派科技特派员263人，其中高级专业技术职务人员87人、中级专业技术职务人员94人。科技特派员培育农业示范基地19个，示范面积4533公顷，带动面积2万公顷，带动农户3万户；组建农业科技协会研究会21个，特派员工作站25个，培育品牌6个，举办技术培训班367期，培训农民5.9万人次。引进农业新品种91个，推广农业先进适用技术69项，建立县级以上科技示范园27处，面积达2400公顷。新增经济效益211亿元。2015年，全县省级高新技术企业达4家，市级高新技术企业达5家。三融环保通过国家级高新技术企业复审，众冠钢板、恒通晶体成功申报国家级高新技术企业，依托瑞祥生物科技开发公司成功申报建设省级高质粮油农业科技园区。开展“校企嫁接工程”，分别与济南大学、青岛农业大学、山东农业大学开展科技对接活动，并签署战略合作协议。依托中科院老专家技术中心冠县工作站，中科院先后分3批派12位院士、专家对县内中华第一梨园、光伏产业园、马颊河湿地、瑞祥科技生物有限公司、冠丰集团、店子乡灵芝产业进行考察，专门组织专家对瑞祥生物公司高质粮油农业科技园进行规划。19项省、市科技计划项目通过山东省科技厅专家的验收。其中山东省自主创新成果转化重大专项项目7项、山东省科技成果转化项目5项、山东省农业科技成果转化项目2项、山东省农业良种工程项目2项、中小企业创新基金项目2项。2015年，共申请发明专利161件，同比增长347.2%。

教育　1997年，冠县通过省政府“普九”验收。是年，设立武训高中。1999年，第一职业高中开始较大规模招生并与沿海发达地区联合办学。2000年，设立冠城镇民办高中。招飞工作8次获全国县级第一，共为国家输送飞行学员154名，县一中成为全国第一个被空军命名的“飞行学员早期培训基地”。是年，全国“招飞”现场会在冠县召开。2005年，教育整体水平显著提高，在顺利通过省“双基”验收基础上，整合基础教育和职业教育资源，探索出学校后勤社会化和“民建公租”的新路子。农村中心中小学建设、学前教育走在全市前列。4所学校成为省级规范化学校。高考升学率由2000年的31.6%提高到64.3%。2008年，职教中心首次招生2100人。山东省武训教育基金会成立。2010年，教育事业稳步推进，县职教中心被评为国家级重点职业中专。学前教育和职业教育跨入全市先进行列。重视校园安全，为全县所有中小学和幼儿园配备保安500名。2015年，教育事业加快发展。累计投资12.1亿元，新建镇村幼儿园32处、农村中小学校舍49.2万平方米。清泉中学、武训实验小学、第二实验小学建成投用，县一中、武训高中实现扩容。实验高中正在建设。育才双语、清华园、金太阳3所高标准民办学校顺利招生。在全省县级层面率先开展青少年视力免费筛查。在全国范围内公开选聘2名优秀高中校长，招聘教师1424人。在全市率先建立优质教学资源库，实现优质资源全县共享。学前教育、家庭教育、民办教育、师德建设、教育综合改革走在全市前列。至2015年年底，全县共有学校124所，其中小学97所、初中22所、高中5所。在校学生101930人，其中小学71876人、初中20166人、高中9888人。教职工数5953人，其中小学3438人、初中1628人、高中887人。

文化　1997年后，随着一些文学刊物创办，县内业余文艺创作逐渐繁荣，出版不少资料性著述作品。在全国范围开展的“民间文学三套集成”搜集整理、非物质文化遗产普查等大型活动，取得较为丰富的成果，抢救、保护民间文化的步伐加快。县内文艺舞台，每年均保证若干场演出，特别是2000年后，文艺演出场次增加到每年10～20场。其中，“春节文艺晚会”“元宵节民间文艺会演”“消夏艺术节”成为常规大型活动，各类重大庆典也均进行文艺演出。不少企业开始重视文化活动，如冠星集团、冠宜春酒厂、第一棉厂等均组建水平较高、设备齐全的宣传队。不少乡镇也开始组织文艺活动，如桑阿镇推出小戏，斜店乡推出小品，北馆陶镇推出组歌等均在全县引起较大反响。对于文化产业，县文化部门成立专门机构，每年除对文化经营业户进行常规性检查外，还随时根据上级部署，重点进行“扫黄打非”专项活动。县内民间文学主要是民间故事、民间歌谣等。民间艺术主要是以蛤蟆嗡、乱弹、四根弦等为主的地方戏演出，以河南坠子、山东琴书、木板大鼓、山东快书等形式为主的曲艺演唱，以唢呐演奏为主的民间音乐，以柳林花鼓、柳林降狮舞、乱弹伴竹马、乱弹伴花船、舞龙灯、狮子舞、祭祀舞、蜡花等表演为主的民间舞蹈，以郎庄面塑、葫芦刻花、鲁西织锦、剪纸、木雕等为主的民间工艺美术等。全县共有省级文物保护单位 2 处、市级文物保护单位 7 处、县级文物保护单位 34 处。在国家推行的非物质文化遗产项目评选中，县内共有 70 个项目名列其中，其中国家级 3 项、省级 5 项、市级 12 项。2015 年，乡镇（街道）均建成文化站，其中 9 个文化站达到三级以上标准，农村文化大院覆盖率 100%。萧城遗址被列为全国重点文物保护单位，一期抢救性保护工程已经启动。全县网吧实现全程实时监管，杜绝电视台虚假低劣广告，开辟专栏大力宣传冠县好人好事，在全市率先上线“智慧冠县”手机台。

卫生 1997 年后，县内卫生保健、医疗机构健全，医疗队伍整体素质不断提升，医疗设施向较高层次发展，医疗技术水平明显提高。2005 年，卫生“两个体系”建设和基层卫生院建设迈出新步伐，累计完成投入 3400 余万元。2010 年，投资 4300 万元的冠医集团门诊楼运营良好。总投资 2.1 亿元的股份制合作医院一期土建工程基本完工。22 个乡镇卫生院改扩建项目、237 个高标准村卫生室全部建成投用，新增病床 1100 张。新农合基本实现全覆盖。手足口病、甲型 H1N1 流感等重大传染性疾病得到有效防控。成立县食品药品安全联合执法大队，并进行卓有成效的工作，有效保证饮食用药安全。2015 年，基本药物制度平稳运行，县级公立医院改革进展顺利。全县综合性二甲医院达 2 家，县中心医院、精神健康服务中心建成运行。县中心医院与新华医疗器械集团成功合作。乡镇（街道）卫生院全部改建完毕、国医堂实现全覆盖，省规划村卫生室达 237 所。至 2015 年年底，全县共有医院、卫生院 20 所，医院、卫生院床位数 2703 床，卫生技术人员 2385 人。

体育 1997 年，县内体育场地较为健全，民间体育种类较多，尤其查拳全国闻名。学校体育、职工体育、农民体育、老年体育等群众体育蓬勃开展。经常开展篮球、排球、田径、武术、柔道等竞技体育项目，在国家、省、市比赛中多名运动员取得优异成绩。1998 年，全县有大小田径场 18 个，中小学增建 200 米以上跑道的田径场 20 处，总数达 30 处。增建篮球场 30 处，总数达 50 处。增建足球场 2 处，总数达 5 处。增建排球场 5 处，总数达 10 处。县直机关、企事业单位增建篮球场 6 处，乒乓球室 12 处，其他健身器材、设备也不断更新和增加。至 2015 年，县内有体育馆 3 座，新增群众体育健身活动场地 3.5 万平方米。全年参加市级以上体育比赛共获奖牌 23 枚，其中金牌 15 枚。

交通邮电 冠县境内公路四通八达，济聊馆高速公路、邯济铁路、G309、G106、S259、S260、S315、S333 纵横穿越县境。1997 年，全县城乡公路 57.3 千米，通车里程 579.3 千米。全县 18 个乡镇实现村村通电话，通话率 91%，农村通电率 100%。2005 年，经境内的干线公路 7 条，县内长 181.7 千米。县乡公路 22 条，全长 303.96 千米。邯济铁路横贯全境，途经 6 个乡镇，境内长 41 千米。全县公路旅客运输量和周转量 170 万人次、11374 万人千米，同比增长 31.8% 和 19.3%。公路货物运输量和周转量 248 万吨、37231 万吨千米。完成邮电业务总量 7928 万元，其中电信业务总量 4921 万元。2015 年，全县公路通车里程 2414.33 千米，其中高速公路通车里程 34 千米。完成旅客运量 378 万人次，完成货运量 1576 万吨。年末民用汽车拥有量 33656 万辆。完成邮电业务总量 31150.6 万元，其中电信业务总量 25150.6 万元，邮政业务总量 6000 万元。固定电话用户 36989 户，移动电话用户 37000 户，互联网用户 38293 户。

城乡建设 1997 年起，冠县不断加强城市基础设施，以新修主干道、打通断头路为重点，先后实施道路建设改造工程，新修南北向主次道路 9 条（红旗南路、建设北路、育才路、教育路、和平路、工业路、兴华路、兴业路、东环路），东西向道路 8 条（北环路、杭州路、苏州路、冉子路、白杨路、冠宜路、春东路、团结路），新增道路63.26千米。2008年，完成各类燃气工程163项，铺设各类供气管道416.712千米，其中铺设高压长输管线29.6千米，铺设中压燃气工程共计240.952千米，铺设低压燃气工程共计145.16千米。增加各类燃气用户30203户，其中居民用户29922户、采暖用户97户、工业用户72户、商业用户112户。增加CNG加气站6家、LNG加气站1家、液化气站14家。2010年，采用“BOT”方式建成第一个生活垃圾处理厂——冠县国环无害化垃圾厂。2013—2014年，新修建设北路和北环路，新增建成区面积10平方千米，建成区面积达25平方千米。改造城市道路10条（城区原有道路基本改造一遍），改造道路26.3千米。新修、拓宽改造城区桥梁15座。完成道路绿化22条，完成绿地46块，实施140个单位的庭院绿化。至2015年，城区主次干道共27条、95.78千米，“三纵四横一环”的城市发展框架已经形成。城区有雨水管网58.7千米、污水管网76.4千米，雨污合流的管网56.6千米，污水收集率100%。实施湿地公园建设，处理后的污水通过湿地公园净化后，水质达到地表水四类标准。城区绿化覆盖率、绿地率、人均公园绿地面积、城区绿地面积分别由2003年的36.2%、9.5%、1.97平方米、82万平方米，提高到2015年的45.6%、30.44%、13.73平方米、402万平方米。共安装及升级改造路灯7899盏，总亮灯里程95.95千米。2014年10月底，全县城乡环卫一体化工作全面实施，10个垃圾分拣转运站安全运行，全县18个乡（镇、街道）和经济开发区760个村庄全部实现日常保洁。2009年，编制《冠县县域村镇体系规划》，将全县754个行政村合并为254个农村新型社区（乡镇驻地社区16个、城中居住社区9个、中心社区95个、基层社区134个），确定优先建设的重点社区34个。2011年3月，完成各社区规划编制工作。至2015年，全县共开工建设农村新型社区53个，其中完工10153户，入住5701户。2009—2015年，完成农村危房改造19703户，其中享受上级补助的3788户，累计拨付危改资金5172.65万元。

人民生活　1997年，农村居民人均纯收入1736元，城镇职工年均工资4219元。2000—2004年，“两个确保”和“一个低保”得到较好落实。2005年，劳务输出工作成绩显著，全县在外务工人员达16万人，形成冠县劳务输出品牌。加强就业再就业工作，开展“春风行动”等再就业援助活动，安置城镇就业再就业近3万人，城镇登记失业率控制在4%以内。2010年，累计新增就业岗位6.5万个，转移农村富余劳动力10.5万人，城镇登记失业率控制在3%以内。健全社会保障体系，扩大各类保险覆盖范围，新增城乡低保增长幅度列全市第一位，实现应保尽保。新建敬老院4所，“五保”对象集中供养率达71%。2015年，新增城镇就业6.04万人，转移农村劳动力就业7.94万人，城镇登记失业率控制在3%。完成城乡医保并轨，人均筹资标准增至500元。城乡居民社会养老保险实现全覆盖，基础养老金提高至85元。企业离退休人员基础养老金连年增长10%。城乡居民大病保险制度正式启动。养老体系不断健全，新增养老机构8个，建设城市社区老年人日间照料中心14处、农村幸福院45所，新增养老床位1080张。4所中心敬老院全部被评为三星级敬老院，其中兰沃中心敬老院被评为“全国模范敬老院”，全国五保供养工作推进会议在冠县召开。城乡低保标准连年提高，分别达到每人每年4560元和2600元。全市第一家县级社会救助中心正式成立，乡镇救助站实现全覆盖。扶贫工作扎实开展，贫困人口减少4万人。2015年，全体居民可支配收入13848元。

第四章　莘　县

莘县位于山东省西部、聊城市西南部，总面积1420平方千米，辖24个镇街、10个城市社区、1116个行政村，总人口110万人，是聊城市面积最大、人口最多的县。

莘县历史悠久、名人辈出。唐虞三代属兖州之域，春秋时期为卫国莘邑，秦置阳平县，隋大业二年（606年）始称莘县。商朝贤相伊尹曾躬耕莘野，北宋名相王旦祖籍莘县，领导干部的楷模孔繁森任莘县县委副书记达5年之久，当代保尔张海迪在莘县度过青少年时期。莘县是革命老区，是山东省委的恢复地。抗日战争时期是冀鲁豫抗日根据地的中心地区，宋任穷、杨得志、杨勇等老一辈无产阶级革命家曾在此战斗生活多年。

莘县区位独特、交通便利。地处冀鲁豫三省交界，南与河南省濮阳市范县接壤，西与河北省邯郸市大名县、河南省濮阳市南乐县、清丰县毗邻，省际边界线280.21千米。国务院1990年勘立的冀鲁豫三省交界碑栽植在辖区董杜庄镇毕屯村西南，素有“一脚踏三省”之说。“十三五”规划后，山东省委、省政府不断加大对中西部交通重大项目投资，莘县受益明显。有莘南高速、青兰高速、德上高速、范辉高速过境，拥有7个高速出入站口，济郑高铁经过莘县并确定设站，国道240保台线、341胶海线和省道248、249、260线穿境，交通后发优势越来越突出。

莘县是农业大县、蔬菜大县。山东蔬菜发展“东有寿光、西有莘县”。至2015年，莘县瓜菜菌播种面积达6.67万公顷，总产500余万吨，拥有冬暖式蔬菜大棚27万座，大拱棚1.67万公顷，拥有“三品一标”品牌196个，有“莘县香瓜”“莘县蘑菇”地理商标，有市级以上农业产业化龙头企业38家、农民专业合作社2200家、家庭农场192家，是聊城市国家农业科技园区核心区、国家级出口食品农产品质量安全示范区、中国香瓜之乡、中国双孢菇之乡、中国小肉食鸡之乡、中国蔬菜第一县、中国最美绿色生态旅游名县。先后获国家级生态示范区、全国粮食生产先进县、全国食用菌行业先进县、全省农民增收先进县、全省双拥模范县等称号。

第一节　自然条件

境域　莘县位于山东省西部，聊城市西南端，冀鲁豫三省交界处。地理坐标：北纬35°48′～36°25′，东经115°20′～115°43′。莘县县境东至东鲁街道朱家庄村东南，西至古云镇西池村西南，最宽39.97千米。南至古云镇高堤口村东南，北至魏庄镇邵净庄村北，最长75.6千米。全县总面积1420平方千米，比原来认定的1387.74平方千米多28.26平方千米，均为平原。

地质　自第三纪后，境内一直处于缓慢下沉中，在地质运动中形成不同规模的隆起和凹陷，在一级地质构造单元中，属华北地台，在二级地质构造单元中，属辽冀台向斜。境内有4条断层：聊（城）考（兰考）大断裂，从徐庄、袁屯一带通过；马陵断层，经张寨一带进入河南省；堂邑断层，由东北方向进入本境，经过河店（村）、王化（村）、董杜庄（村）一带；冠县断层，由东北方向进入境内西滩一带。断层将境内地壳分割为4个四级构造单元：聊考大断裂以东，属阳谷凸起；聊考大断裂与堂邑断层之间，属莘县凹陷；堂邑断层与冠县断层之间，属于桑阿凸起；冠县断层以西，属临清凹陷。该地表层均为第四系，主要有沙质黏土，黏质沙土及粉沙、细沙组成，局部区域存在中沙。第四系地层厚度一般在190～230米之间。

地形地貌　莘县处在古燕山运动太行山隆

起东部下沉区，300米以上地质构造为第四系沉积物覆盖。历史上由于受黄河多次决口、改道、泛滥的影响，泥沙堆积，形成了高中有洼、洼中有岗的微地貌。地势自西南向东北倾斜，地面海拔35.7～49.0米，自然坡降为1/6000，岗、坡、洼相间分布。河滩高地位于西南大沙河（位于古云、大张家）、秦皇堤以南及西北马颊河两岸。主要分布在古云、大张家、王庄集、妹冢、王奉、大王寨、位庄等乡镇，面积491.07平方千米，占全县总面积的35.4%，地面海拔38.0～49.0米。沙质河槽地位于徒骇河上游的大沙河、金堤河沿线及鸿雁渠的丈八段以上两侧，多为历史上的故河溜道，主要分布在古云、王奉等乡镇，面积119.59平方千米，占全县总面积的8.4%。土质偏沙，土体结构不良，漏肥、漏水。缓平坡地主要分布在徒骇河流域的绝大部分乡镇，面积685.9平方千米，占全县总面积的49.6%，坡降一般为1/4000～1/8000。河间浅平洼地面积45.78平方千米，占全县总面积的3.3%，是两次故河泛道的河间地带，多为封闭洼地。较大的有莘亭街道办事处大邹家洼、十八里铺镇张洼、朝城镇孟家洼等。背河槽状洼地面积28.59平方千米，占全县总面积的2.1%，分布在境内马颊河下游两岸，呈带状，一般比周围低1～1.5米。决口扇形地面积16.81平方千米，占全县总面积的1.2%，主要分布在徒骇河沿岸，土壤多沙质。

气候　莘县属于温带季风气候区，具有显著的季节变化和季风气候特征，属半干旱大陆性气候。四季分明，雨热同期，温度适宜，光照充足，春季干旱多风，回暖迅速，光照充足。夏季高温多雨，秋季天高气爽，气温下降快。年平均风速2.7米/秒，冬季盛行东北风，夏季盛行南风，全年主导风向为南风。1997—2015年，年平均气温13.4℃。1月最冷，平均气温-1.9℃，历年极端最低气温-23℃，出现在2000年。7月最热，平均气温26.8℃，历年极端最高气温41.8℃，出现在2009年6月25日。年平均降雨量501.9毫米，其中6—9月份降雨量352.7毫米，占全年降雨量的70.1%。年降水最多为937.9毫米，出现在1964年，最少降水量为256.1毫米，出现在2001年。日最大降水量186.9毫米，出现在2000年8月30日。年平均无霜日为201天。年平均日照时数为2231.1小时。年平均蒸发量1538.8毫米。年平均相对湿度70%。日平均气温≥0℃的活动积温5046.7℃。≥10℃的活动积温4622.7℃；≥20℃的活动积温3198.5℃。

水文　境内主要有徒骇河、马颊河、金堤河、新金线河4条自然河流和7条人工干沟，总长359.74千米。河网密度3.85千/平方千米。莘县客水资源来源于黄河、金堤河以及南水北调引江供水，主要用于农田灌溉。莘县有大、中、小型及纯井灌区4个样点灌区，覆盖全县耕地面积。彭楼引黄灌区，设计灌溉面积13.6万公顷，入鲁引水流量30立方米/秒，启用后灌区运行正常，干支渠贯穿莘县境内大部区域，主要用于农业灌溉，2015年引水135天，总引水量2.73亿立方米，灌溉面积7.83万公顷。金堤河，在古云镇高堤口村进入莘县境，县境内河道长33.68千米，建有道口、仲子庙等2处引水闸，设计引水能力每秒30立方米。莘县南水北调引江供水工程，位于莘县莘州街道，调蓄引江水量，为莘县工业和生活用水提供水源保障，年引水量1871万立方米，主要是为城区工业供水。2015年，莘县引金堤河水6000万立方米，引黄河水4870万立方米，客水资源的引用有效地缓解水资源供需矛盾，促进区域经济快速发展。

土壤　莘县属黄泛平原，地形地貌为黄河改道和决口泛滥冲积而成。全县共分潮土、盐土、风沙土3个土类，6个亚类，12个土属，74个土种。按土壤表层质地分，壤质土占82.4%。2010年，与第二次土壤普查（1983年）相比，风沙化土地、盐碱化土地面积骤减。县内原来的流动风沙土、半固定风沙土已向固定沙土转化，并且固定风沙土向沙质潮土、沙质壤潮土慢慢转化。少部分碱化潮土已向潮土转化。原县级编码归属到省土种代码后，全县土种合并为36个。2006—2007年，莘县土壤养分总体情况：粮田土壤有机质含量不高，大部分有效磷含量丰富，部分沙地速效钾含量较低。不同乡镇、村庄、农户之间差异大。菜田土壤不同土质及农户之间差异大。种植年限越长，养分含量越高，比例越不协调。总体看，有机质含量偏低，有效磷偏高，部分大棚地微量元素相对缺乏。

土地 2015年，全县土地面积142003.25公顷。其中，耕地93745.15公顷，园地1513.63公顷、林地13415.59公顷、草地112.45公顷、城镇村及工矿用地22242.13公顷、交通运输用地5190.13公顷、水域及水利设施用地4805.59公顷、其他土地978.58公顷。

矿产 境内有丰富的石油、天然气、岩盐、地热、砖瓦用黏土等资源。石油储量近3000万吨，天然气储量10亿立方米，主要分布在古云镇、大张家镇。岩盐探明储量300亿吨，主要分布在古云镇。古云镇岩盐矿分3个矿段：黄庄矿段、同智营矿段、西池矿段。2013年2月，设置岩盐矿采矿权1个，即莘县华祥盐化有限公司，由省国土资源厅审批。莘县华祥盐化有限公司采矿权属于黄庄矿段，距古云镇驻地约5千米，行政区划隶属莘县古云镇。矿区东距259省道约9.4千米，南距濮台铁路濮城火车站约8千米，南距范辉高速2千米，由县级公路相连。莘县地热流体的水化学类型有Cl·SO_4-Na型、Cl·SO_4-Na·Ca型、Cl—Na型三种。地热流体的pH值一般在6.5～8.0之间，水温在52℃～65℃之间，呈弱碱性，氟、偏硅酸含量高，并含有锂、锶、偏硼酸等微量元素。多年水化学动态比较稳定。

动植物资源 莘县动植物资源丰富，除林业栽植树木、农作物与家养畜禽、鱼类以外，野生动物150余种，野生植物、水生植物、药用植物200余种。其中，全县哺乳类野生动物有5目、6科、13种。鸟类有15目、36科、62属、77种和亚种。昆虫类60余种。全县列入国家保护的动物（三级）6种，列入国家三级保护的鸟类有19种。

第二节　经济发展

农业 1997年，全县粮食总产59.5万吨，多种经营初步形成以蔬菜、畜牧、食用菌、林果为主的四大主导产业。1998年，完成金堤穿涵和毕屯渡槽建设，累计治理沟渠152条，完成土方140万立方米，发展地埋管道灌溉1000亩，新建配套机井700眼，修旧井1000眼，全县机井拥有量达1.65万眼。是年9月，县委印发《关于进一步稳定和完善农村土地承包关系的通知》，要求巩固和完善以家庭联产承包为主的责任制和统筹结合的双层经营体制，将土地承包合同再延长30年。1999年，坚持以市场为导向，立足当地优势，适当压缩粮田面积，农业结构调整成效显著，全县蔬菜总面积发展到30万亩，冬暖式大棚、大弓棚突破10万座。香菇4800组，香瓜1466.7公顷，芦笋800公顷，冬罩韭菜和其他露地菜1.34万公顷。双孢菇面积达750万平方米，一年新增面积相当于前四年的1.3倍。大牲畜存栏29.1万头，猪存栏32.8万头，家禽存养1040万羽。2000年，瓜、菜、菌、果、牧五大主导产业初步形成。全县蔬菜总面积2.94万公顷，冬暖式大棚14万座，大中小弓棚6666.7公顷，露地菜1万公顷，食用菌1000万平方米。大牲畜存栏26.7万头。其中，牛20.5万头。果园面积20万亩。是年12月，彭楼引黄工程开闸通水，结束莘县40年用不上黄河水的历史。2002年，农业和农村经济结构调整成效显著。粮经作物比例由1997年的7.8∶2.2调整为5.2∶4.8。2004年，全县瓜菜菌播种面积达4.47万公顷，比上年增加4666.67公顷，其中新发展冬暖式大棚2.3万座、弓棚1933.4公顷。全县绿色无公害农产品品种18个，其中国家认证8个，种植面积2.34万公顷。全县蔬菜瓜果年市场交易总额20余亿元，十八里铺蔬菜、燕店香瓜、魏庄瓜菜、张寨韭菜等市场年交易额分别超过2亿元。全县农副产品年加工能力22万吨，澳登公司建设完成，东兴公司与加拿大中信公司签订合作合同，新发展农村专业合作经济组织23个。2005年，蔬菜播种面积4.94万公顷，比2000年增加2万公顷；总产243万吨，比2000年增长1倍多。食用菌产业走出高产、高效、多品种发展的路子，被评为全国食用菌标准化示范县。2006年，全年粮食总产6.55亿千克，被农业部评为“全国粮食生产先进县”。是年6月，全县取消农业税，结束延续2600余年农民缴纳“皇粮国税”的历史。2008年，莘县粮食市场获得中央储备粮代储资格。莘县香瓜、莘县蘑菇获得国家地理标志证明商标。农民专业合作社发展到190个。2009年，按照“南部乡镇有新突破、北部乡镇有新提升”的要求，深入推进农业结构调整，大张家、樱桃园等南部乡镇蔬菜大棚新增数量占全县新增总量的20%，在规模上实现突破；燕店、河店等北部乡镇建设高标准示范基地，在品种引进、技术推广上有新的提升。全县瓜菜菌播种面积86万亩，新增冬暖式大棚9000座、大中小拱棚1.6万亩。小肉食鸡出栏5.2亿羽，被认定为“中国小肉食鸡之乡”。2010年，把发展现代农业作为拓宽农民增收渠道的重大举措，抓基地、标准化、品牌、龙头企业、协会和市场建设，农业结构进一步优化。新建面积200亩以上的标准化种植基地19处，新建高标准养殖基地2处，育苗基地发展到20处。供港澳蔬菜生产基地规模不断扩大，莘县被评为山东省首批出口农产品质量安全示范区。农产品销售渠道进一步拓宽，举办2次农超对接会，与国内30个大中城市、80家大型超市和农产品市场建立合作关系。粮食、蔬菜、食用菌、小肉食鸡、生猪五个生产大县建设成效显著。坚持以日光温室、大拱棚反季节蔬菜栽培为主导。2012年，0.13公顷以上的标准化种植基地35处，现代化育苗工厂20处，出口农产品区域化管理示范基地6处，供港澳地区蔬菜生产基地面积124.53公顷。2011年后，南北两大食用菌基地协调发展，南部是以双孢菇为主的种植生产产业基地，北部是以草菇、鸡腿菇、秀珍菇、姬菇、杏鲍菇等品种的珍稀食用菌生产产业基地。2013年，全县双孢菇、草菇等栽培面积600万平方米，其中周年化菇房栽培双孢菇面积100余万平方米。新建标准化种植基地27处，千家万户分散种植向合作化种植、集约化经营转变。是年4月，在北京新发地农产品批发市场国际会展中心举办莘县鲜活农产品推介会，成立北京新发地莘县经营户联合会；10月，在北京新发地农产品批发市场建立莘县无公害果蔬专销区，销售统一印有“莘县蔬菜”标识的安全可追溯品牌蔬菜。是年，瓜菜菌种植面积92万亩，成为“中国蔬菜第一县”。有农民专业合作社1197家，比上年增长33%。燕店镇被农业部认定为“全国一村一品示范村镇”。至2015年，粮食生产实现“十二连增”，达到“吨粮县”标准，总产稳定在10亿千克以上，被评为全国粮食生产先进县。瓜菜播种面积达6.47万公顷，食用菌栽培面积达到600万平方米，总产470万吨。年出栏生猪达到125万头，被评为全国生猪调出大县。新增标准化瓜菜菌基地84处，标准化规模养殖场241处，合作社796家，家庭农场101家，“三品一标”品牌127个，认证面积达4.34万公顷。“一村一品”“一乡一业”的区域化布局和规模化发展态势正在形成。

工业　1997年，有乡及乡以上工业企业130家，工业总产值13.42亿元。1998年，受经济危机影响，县国棉厂、针织厂、巾被厂、化肥厂等企业纷纷停产。对全县企业开始彻底实行产权制度改革，乡及乡以上工业企业完成改制47家，改制面达38.8%。1999年，重点进行以产权制度改革为重点的企业改制，实施精细化工厂、化肥厂、不锈钢项目和肉联厂鸡加工生产线出售，国棉厂纺织车间承租，盘活资产1.5亿元。工业技改投入完成1.25亿元，比上年增加4700万元。开展“学邯钢、学海尔、学亚星”活动，推行购销比价管理，实施“管理效益示范工程”，全县工业生产逐步进入良性发展的轨道。限额以上工业企业完成销售收入8.1亿元，实现利税4756万元，分别增长31.5%、37.4%。是年，莘县骨干企业山东雁宾酒厂，年产白酒3509吨，年创利税1400万元。莘县棉纺织厂，年产棉纱8343吨，棉布828万米，年创利税760万元。2002年，限额以上工业企业达53家，比1997年增加31家。实现销售收入21.4亿元，利税1.44亿元。销售收入过亿元的企业达6家，利税过500万元的企业达11家。民营企业完成固定资产投入11亿元，比上年增长30%。民营企业发展到2325家，比1997年增加1965家，其中固定资产投资500万元以上的企业30家，1000万元以上的7家。乡镇工商税收完成7413万元，比1997年增加5081万元。2005年，莘县开始发展盐化工产业。培植骨干企业，发展民营经济，加快建设古云和县城2个工业园区。全县规模以上工业实现销售收入72.8亿元、利税6.5亿元、利润4亿元，五年年均分别增长50.8%、61.3%和75.8%。2007年，全县民营企业总数达3800余家，民营经济实现增加值49.5亿元、税收2.9亿元，年均分别增长43%和29%，成为重要的大豆蛋白基地、国内重要的塑编基地和特种钢基地。2008年，应对宏观经济形势变化和金融危机的影响，加大扶持、服务力度，努力保运行、防下滑、促增长、提质量。全县规模以上工业企业130家，实现主营业务收入204.5亿元、利税22.3亿元、利润12.4亿元，分别增长31.8%、34.5%和34.6%。全县民营经济税收完成2.9亿元。全县高新技术产业产值占规模以上工业的比重达27.1%，增长3.5个百分点。获得山东省名牌产品2个、著名商标1个。2010年，全县有规模以上（总产值500万元以上）工业企业231家，其中，有国有企业1家、国有控股企业1家、非公有制企业129家。规模以上工业主营业务收入308.1亿元，利税41.5亿元，利润30.49亿元，实现总产值300亿元（当年价格），形成畜禽饲料加工、木材加工、轴承及轴承保持器加工、特钢铸造、大豆蛋白五大产业集群。2011年，五个特色产业集群规模不断壮大，饲料及屠宰加工企业达168家，轴承及配件加工企业达676家，木材加工企业达966家，特钢铸造产业生产能力达到120万吨，大豆蛋白产业生产能力达到10万吨，成为全国最大的大豆蛋白生产基地。2011—2013年，全面实施工业强县发展战略，坚持以“黑、白、绿”三大产业为重点，打造“两区一带、五大工业聚集区、六大产业集群”的工业发展格局。以石油化工、盐化工和绿色农产品加工为黑、白、绿三大支柱产业，两个园区成为产业布局主要载体，依托两个园区及交通干线，基本体现区域资源特点和地理区位。樱桃园镇、柿子园镇、朝城镇、十八里铺镇、河店镇等镇的工业项目大多布局在临商公路沿线形成经济发展带。以古云镇、大张家镇、朝城镇、河店镇、大王寨镇5个镇为工业聚集区，形成大豆蛋白、塑料编织、特钢铸造、畜禽加工、轴承加工、木材加工、六大产业集群。特色产业成为县域经济发展的有力支撑和促进农业产业化发展的龙头。2015年，全县规模以上工业企业达329家，比2010年增加98家，完成主营业务收入823.2亿元、利税79.1亿元、利润48.8亿元，分别是2010年的2.4倍、2.3倍和2.3倍。实缴税金过500万元的企业达10家，其中过千万元的企业4家。156家工业企业新上二次创业项目186个，累计完成投资187亿元。工业用电量稳定增长，达13万千瓦时，比2010年增长72.3%。高新技术产业产值达239.9亿元。新增中国驰名商标1个、山东著名商标13个、山东名牌产品1个。

商业贸易　1997年，商粮供物贸五大流通部门通过深化改革，调整建制，开拓市场，初步扭转困难局面。集贸市场是莘县城乡商贸活动的主要形式。莘县中心市场和莘北综合批发市场，是莘县城区两个大型市场商场。1998年，全县有各类集贸市场58处，个体工商户14488户，销售收入24547.9万元，同比分别增长15%、31%。1999年，县政府把农副产品批发市场建设纳入乡镇工作目标考核，兴建莘北综合批发市场。2000年，全县有大、中、小型超市1022家。2005年，实现社会消费品零售总额33.5亿元。比上年增长18.8%。城乡商品交易市场98处，成交额26亿元。2006年，实施“万村千乡”市场工程，标准化农资店、农家店达396个。

2007 年，举办莘县美食节和农资博览会。“万村千乡”市场工程规范化“农家店”达 600 家。举办第四届莘县瓜菜菌博览会和商贸文化节。2010 年，全县形成燕店香瓜蔬菜市场、河店瓜菜菌交易市场、魏庄瓜果菌菜批发市场、十八里铺蔬菜市场、张寨绿安蔬菜批发市场等“五大”农副产品批发市场。是年，全县实现社会消费品零售总额 59.42 亿元，其中，公有制经济社会消费品零售总额 9.5 亿元，非公有制经济社会消费品零售额 49.92 亿元。全县有各类大型市场 44 处，其中农村期集 33 处，主要经营百货、副食、农副产品等。2011 年，全县初步形成“公司 + 基地 + 农户 + 超市”的农产品购销网络，在董杜庄镇、燕店镇、大王寨镇、河店镇、张寨镇等乡镇建立 8 处农产品标准化生产基地 104.67 公顷。是年 5 月，经中国农产品区域公用品牌价值评估课题组评估，2010 年度“莘县蘑菇”品牌价值 7.13 亿元。2012 年 5 月，召开“首届中国（莘县）国际瓜菜节”。是年，注册“莘县西瓜”地理标志商标。2013 年，全县服务业增加值完成 88.7 亿元，增长 10.1%，占全县 GDP 的比重达到 33.5%，服务业固定资产投入完成 54.21 亿元，增长 53.4%，高于全社会固定资产投入增长幅度 32.5 个百分点。是年年底，全县食用菌深加工企业有 4 家，日加工鲜菇 10 吨以上的腌渍菇厂 20 余家，脱水厂 10 余家，年加工能力 30 余吨。一批合作组织、经纪人走出家门闯市场，形成基地和市场的产销对接，莘县成为全国最大的盐水菇集散地。同年年底，全县社区综合服务中心达到 7 处。

物流业是一种新兴产业。莘县运输公司于 1996 年开始经营物流企业，是莘县最早的物流企业。1997 始，随着商贸流通业的发展，物流企业数量快速增加，莘县网购人数、数量、商品品种等呈现出快速发展趋势，至 2010 年，莘县物流企业达 34 家。千千佳等现代物流企业发展迅速。2011 年，鲁西国际现代物流城被确定为省级重点物流园区，被评为 2011 山东现代服务业品牌最佳投资园区。2015 年，服务业增加值完成 110.6 亿元，是 2010 年的 2.1 倍。现代物流业快速壮大，鲁西国际现代物流园被列为全省服务业重点园区，顺和小微企业创业园被列为全省服务业重点企业，金羊汽车城、通达汽配城、温州商贸城、中原国际商贸港等一批重点物流企业项目建成运营。传统商贸流通业、新兴业态健康发展。电子商务方兴未艾。与阿里巴巴集团合作的农村淘宝项目全面铺开。

第三节　社会事业

科技　1997 年后，坚持科技兴农、科技兴工，科技成果转化率明显提高，全社会科技和人才意识增强。至 2000 年，取得重要科技成果 20 项，被评为“全国科技工作先进县”。2001 年，申报科技计划项目 17 项，与 40 余所大专院校、科研院所建立联系。2003 年，全县取得重要科技成果 3 项、专项 11 项。2004 年，获得省、市科技成果奖 4 项，“科技回访周”活动签约项目 18 个，新增省级高新技术企业 2 家。实施科技特派员工程，全县选派科技特派员 100 余人，占全市的 1/4。2006 年，全县发明专利申请量增长 33.3%，科技进步贡献率达 49.1%，引进各类中高级人才 470 多名。2007 年，加强企业科技创新平台建设，建成国家级大豆蛋白实验室，积极实施科技特派员工程，累计取得授权专利 115 件，科技进步贡献率达 49.1%。2010 年，全县申请专利 100 余件，争取国家、省、市科技计划项目 6 项，争取资金 196 万元，其中国家级 1 项、省级 2 项、市级 3 项。全县有各类专业技术人员 12713 名，其中，中级以上职称 5218 人，占专业技术人员总数的 41%。具有研究生以上学历和高级职称的高层次人才 485 人，享受政府津贴的杰出人才 10 人。至 2013 年，全县新增市级工程技术研究中心 4 家、市级重点实验室 3 家。创办农业科技示范服务站点 13 处。至 2015 年，取得科技成果 147 项，授权专利 65 件，引进高校院所科技成果 116 项，成功实施 45 项。

教育　1997 年，莘县有幼儿园 403 所，在园人数 7454 人。有小学 762 所，招生 24424 人，毕业生20292人，在校生119642人，正常适龄儿童入学率100%。有初中31所，招生19987人，毕业10258人，在校学生45367人，入学率98.5%。有高中6所，招生2920人，毕业生1162人，在校生6056人。高考录取人数579人。1999年，有普通高中7所，高级职业学校1所，中等专业学校6所，初中38所，小学384所，幼儿园126所，在校生计18万人。高中入学率36%。是年，全县高考本科上线首次突破300名，增长幅度全市第一。2001年，全县高考本科上线人数857人，居全市第一位。2002年高考本科上线突破千人大关，连续3年居全市第一位。2002年，县政府制定关于深化中小学人事制度综合改革的意见，全县农村中小学教师工资上收到县，由县政府统一发放。一次性将全县1034名民办教师转为公办教师。2003—2010年，全县投入9036.5万元改造学校383所，新建教学楼89座。2002年秋，全县统一实行“六三”学制（小学6年，初中3年），实现实质性的九年义务教育。2003年，全县小学辍学率控制在1%以内，初中2%以内，初中毕业生升学率在80%以上，高考本科上线达1637人，连续4年居全市首位。2005年，高考本科上线人数连年居全市第一，省级规范化学校达3所。2010年，全县有省级示范幼儿园2所，市级示范幼儿园17所。有幼儿园301所，在园人数33218人。小学192所，招生10754人，毕业生12429人，在校生70256人。有初中31所，招生12254人，毕业生13820人，在校生38037人。有高中7所，招生6060人，毕业生5540人，在校生18362人。职业教育集团1所，招生2848人，在校生7887人。全县高考本科录取2623人居全市首位。2011年，全县教育基础设施经费共投入3140万元。其中，投资700万元新建小学29所，投资2300万元建设初中教学楼、综合楼、宿舍楼12处，投资140万元维修中小学教室5.86万平方米。是年，全县有幼儿园280所，学前教育招生23819人，学前教育三年毛入园率达65%。2012年4月，在第二届全国教育局长会议上，莘县作为山东省唯一一个被评为全国十大“区域课改样本”的县。中国教科院在莘县实验小学召开全国课堂教学改革现场会。2013年，全县共有中小学生109416人，小学生76630人，初中生32786人。小学升初中升学率98%，初升高升学率95%。2013年，为全县中小学配备价值77万元的绿色“班班通”51套，价值450万元的教师用计算机1484台。2011—2013年，特殊教育学校毕业生中有21人考入中职学校。2015年，高考实现十六连冠，职业教育保持全省领先。新建农村中小学教学楼宿舍楼248栋，镇（街）中心幼儿园24处，维修改造校舍75万平方米。至2015年年底，全县有各级各类学校285所，在校生176043人，中小学在编教职工8537人。

文化旅游 1997年后，争取政府主导、市场运作、文企联姻、群众参与的形式，全县群众文化活动进一步繁荣和发展，各种社会文化团体相继成立，群众文化队伍不断壮大，活动形式丰富多彩。共组织县内外文艺演出、消夏、春节文艺晚会、歌咏比赛、节庆活动、各种展览等270余场，观众累计38万人次。2006年，有县级公共图书馆1座，文化馆1座，档案馆1座。广播、电视人口覆盖率均达100%。2008年，新建农家书屋128处，新增有线电视用户8300户，放映公益电影1.3万场。编制旅游业发展规划，修建文庙、马陵之战纪念馆等，加大对旅游文化资源开发保护和宣传推介力度。2009年，莘县燕塔公园扩建，剧院全部拆除。2009年，加强文化载体建设，新建乡镇综合文化站14处，新发展农村有线电视用户4.5万户。2010年，乡镇综合文化站建设全部完成，农村文化大院达到810处，农家书屋达到233个，新发展农村有线电视用户1万户。全县有县级图书馆1座，藏书3万册。农家书屋233家。2014年，进入市级以上电台、报刊新闻稿件150余条，电视台《身边》栏目播发24期。至2015年年底，莘县城区有各类标志性文化建筑5个：燕塔广场、电影院、文化馆、博物馆、图书馆。全县镇街综合文化站（社区文化中心）、农村文化大院和农家书屋覆盖率100%。乡村旅游发展规划编制完成。

卫生 1997年，全县有卫生机构1118个，其中乡级以上医院25个、卫生防疫站1个、妇幼保健站1个、药检所1个、卫生学校1个、村卫生室1089个。是年，在全县医疗机构推行“三制”（院长负责制、综合目标管理责任制、职工全员聘任制）改革，激活各医疗卫生机构的内部活力，管理和医疗水平提高。2000年，完善乡村医疗机构一体化管理，深入开展农村合作医疗。2001年，卫生事业健康发展，医疗基础设施建设明显加快，医疗质量和服务水平不断提高，乡村卫生组织一体化管理得到完善和发展，各种传染病发病率大幅度下降。2002年，医疗卫生条件不断改善，人民群众健康水平明显提高。2004年，开展健康教育活动，搞好乡镇卫生院改造，加强疾病预防控制体系和医疗救治体系建设，县医院传染病分院主体工程完工。是年，莘县城镇职工基本医疗保险实行“基本医疗保险费由用人单位和职工双方共同负担”。2006年，改建乡镇卫生院7所，新建村级卫生服务站39处。2007年，开始全面实施新型农村合作医疗。至2013年，全县有参合农民719094人。2008年，建设乡镇卫生院门诊病房楼6处，新建农村社区卫生服务站35处。劳动技能培训基地和远程医疗信息平台项目顺利通过省市验收。2009年，县医院内科系统病房楼建成使用，县二院病房综合楼完成主体工程，新建乡镇卫生院病房楼4栋、农村社区服务站177处，投资4000万元购置一批高新医疗设备。2010年，全县有各级各类卫生医疗机构933家，从业人员3992人。有乡级以上医院25所，标准化村级卫生室609所，社区卫生中心294所，卫生防疫、防治机构1所，妇幼保健机构1所。卫生机构拥有床位2145张，卫生技术人员2422人。2015年，新增医疗用房13万平方米，新增床位2797张，新建标准化卫生室280处。

体育 1997—2001年，实施《全民健身计划纲要》，举办全民健身宣传周，开展广播体操、万人跑、篮球赛等形式多样的群众性体育活动，举行健身大秧歌、健美操、武术等表演。2004年，开展“体育三下乡”活动，在[illegible]、董杜庄等乡镇进行武术表演。2005年，在莘县一中体育场举行聊城市第一届运动会圣火传递仪式。2006年，在徒骇河公园举办太极拳、太极剑比赛，500余人参加表演；参加省级以上体育比赛获奖牌35枚，其中金牌10枚。2008年，举办聊城市“全民健身共享全运”莘县表演大会，全县23个单位的2000余名健身爱好者参加太极拳、太极剑、太极功夫扇、气功五禽戏、广播体操等项目表演。参加省级以上体育比赛获奖牌9枚，其中金牌3枚。2009年，莘县运动员赵艳敏，在第十一届全运会女子4×100米接力比赛中获得银牌，被省政府记二等功，被市妇联授予“聊城十大杰出女性”称号。2010年，莘县运动员参加国际比赛1次，获铜牌1枚。参加国家级比赛3次，获金牌3枚、银牌3枚、铜牌1枚。2012年，召开首届全民健身运动会，促进全民健身运动的开展。开始实施农村基础公共体育设施建设。2013年，投资138万元建设“农民体育健身工程”60处、城市社区健身工程6处及乡镇体育健身工程3处，改善农民参与健身活动的环境和条件。至2015年年底，全县有“农民体育健身工程”150处，城市社区全民健身工程9处，乡镇体育健身工程12处和体育公园1处。

交通邮电 1997年，莘县境内有5条省道，其中，S316、S259、S260为纵向道路，S333、S324为横向道路；是年，新建改建公路512千米，形成“三纵十横一环”的公路网络。县内通车里程达到685千米，76%的村通沥青路。1999年，省道S316线（河北省永安村至莘县）由9米宽二级公路改建为15米宽二级公路，境内全长5.4千米。2003年，国家实施“村村通”工程，莘县全面启动农村公路改造。全县新修公路942千米，总投资2亿余元，工程量是全市的1/4，其中省道25千米、县乡道路75千米、“村村通”公路842千米，基本实现“村村通油路”的目标。城网改造完成投资3319万元。至2007年，新、改建农村公路2557千米。2010年，全县农村公路通车总里程2170千米。其中，县级公路306.9千米、乡级公路238.2千米、村级公路1624.9千米，初步形成以省道为依托，县乡公路为主干，农村公路为延伸的公路网络。交通局更名为交通运输局，城市客运管理职责划入交通运输局。全县实现公路村村通。是年，改造省道333线（蒙阴县至河北省馆陶县）线路由阳谷界入境经十八里铺镇、莘州街道、莘亭街道、燕店镇、魏庄镇、大王寨镇7个镇街，境内全长34千米。2014—2015年，完成县级公路邹五路改造、张鲁—河北大名连接线建设。完成村级公路建设及省直帮扶贫困村道路改造项目，共计163千米。2015年，完成省道S324齐南路大修罩面工程，投资1300万元；完成蒙馆路莘县城区段生命安全提升工程，长12.5千米，投资4000余万元。是年，完成莘南高速征用永久土地133.33公顷，完成勘测定界、地上物清点、土地报批手续，完成赔付土地资金7114万元，地面附着物878万元，青苗赔付资金161.9万元，社保金1976万元。

2002年，莘县23处乡镇支局改称邮电支局。2008年5月，成立莘县邮政储蓄银行。2009年，速递物流业务专项经营。至2010年，县邮政局设综合办公室和市场部，辖21处农村邮政支局和2处城区邮政支局。2013年，实现收入差额1882.13万元，其中邮政储蓄实现收入3490.21万元，分销物流实现收入429.63万元，函件业务实现收入327.94万元，报刊专业实现收入219.3万元，电子商务累计完成收入352.98万元，集邮业务实现收入168.69万元。至2015年年底，主要邮政业务包括金融、保险、物流、函件、集邮、电商、报刊、零售八大类。是年，实现收入7777.33万元，完成利润3138.93万元，保持"全省发展三十佳县局"行列，其中，邮政储蓄余额净增6.32亿元，实现收入4897.68万元。保费实现收入1143.75万元，分销物流实现收入242.92万元，函件业务实现收入182.98万元，报刊专业实现收入240.9万元，电子商务累计完成收入677.35万元，集邮业务实现收入179.52万元。

城区建设 1997年，修建14.7千米的环城路，拓宽改造振兴街，规划建设安居工程伊园新村住宅小区，城区面貌有较大改善。1999年5月，开始实施将通运路开发为私营经济一条街工程，总长约3000米，道路油面宽15米。2001年，打通、拓宽和改造城区道路11条，总长24.5千米，拆迁面积11万平方米。新增县城区绿色面积7500平方米。2002年，县城建设总投资为2.2亿元，主要开发改造振兴街、通运路、新华路、北环路和中心市场。2003年，公开拍卖政府街部分经营性用地使用权，迈出经营城市的第一步。2004年，绿化覆盖率、人均公共绿地由2000年的23%和2.45平方米分别提高到52%和5.1平方米。2005年10月，徒骇河公园一期工程开工，至2012年5月，四期工程竣工，基本完成拦河大坝、河槽衬砌、喷泉雕塑、休闲广场、护栏路灯、环境绿化、蔡庄公路景观桥、沙滩洗浴广场、自然湿地、北岸栈道等基础设施。2006年，自来水供水能力1500吨/日，供热面积30万平方米，垃圾无害化处理能力30吨/日，城市园林绿地270公顷，城市建成区绿化覆盖率达40%。是年5月，燕塔重建工程奠基，至2009年10月，举行新塔落成典礼。后陆续开建燕塔公园，至2010年年底，建成燕塔公园，成为集休闲、游乐、集会于一体的大型文化设施。2007年，新编修县城总体规划，城区详规覆盖率达80%。实施中心市场、政府街、振兴街和新华路的开发改造，新修道路40千米，铺设排水管网26千米、天然气管网20千米，新增绿地面积2万平方米。供热面积40万平方米，用气人口1万人。2003—2007年，累计建筑面积120万平方米，其中，住宅75万平方米。2010年，城区面积14.54平方千米，城区人口16.65万人。2011—2015年，新建和改造滨河大道、任圣西路、甘泉路、武阳街、阳平路、鸿图街等一大批城市骨干路网工程，新增道路长度40千米，改造道路长度32千米，新建和改造道路面积86.7万平方米。实施城区武阳街、阳平路、甘泉路、小康街、莘范公路等道路三角绿地等道路绿化工程建设，栽植各类苗木10万余株，灌木200万株，新增公共绿地面积100万平方米。2011年，莘县开始建设南部新区。实施安庄干渠整治工程，在干渠两侧埋设排水管道截污，形成城区碧水长廊，改变原有污水横流、垃圾遍地状况。全年埋设污水配套管网5.4千米。完成创业街、昌盛路、振兴街西段、工农路和甘泉路北段排水管网的铺设，新增污水配套管网8千米，工程总投资400万元。投资540万元，建设从政府街至振兴街全长520米的诺德茂步行商业街。2013年，投资1.4亿元，完成污水、雨水、供水管道140千米。全县新增供热面积200万平方米。2015年，新修改造城区道路110千米，新铺设各类管网220千米，新增路灯线路45千米，新增供热面积100万平方米。新区路网已经形成，供排水等配套设施同步建设。德商高速莘县段通车，结束莘县不通高速的历史。至2015年年底，天然气用户达1.65万户。城区供热主管道达到74.7千米，集中供热面积达130.3万平方米。加快城区排水和污水配套管网建设，新建供排水管道200千米，增强城市供水和防洪排涝能力。

1997—2015年，为完善城市基础设施、改善居民住房条件、提高住房利用率，相继实施房屋拆迁工程。1997年拆迁面积12642.79平方米，补偿金额220.06万元。2009年，印发《关于印发莘县城区城中村开发改造意见的通知》，规划启动莘县部分城中村的开发改造，增加城市化率。2010年，拆迁面积20756.87平方米，补偿金额1278.50万元。先后启动燕塔公园片区（二期）、东街片区（一期）、人大政协片区、府前片区房屋的征收改造工作。2014年，莘县城镇化率达35.41%，比上年提高1.91个百分点。开工建设公租房1115套，面积56735.24平方米。开工建设棚户区改造项目2770套，面积达287452平方米。2015年，启动旧城片区改造项目13个，拆迁房屋85万平方米，建设安置房64.4万平方米，回迁安置34.8万平方米。

人民生活　1997年，农民人均纯收入1706元，比上年增加180元。1998年，农民人均纯收入比上年增加240元。1999年，下岗职工就业率为46%，全年支出救济金130万元。城镇居民人均可支配收入5080元，人均住房面积16平方米；农民人均收入2026元，人均住房面积21平方米。百户拥有电话2.19部，电视机98台。2000年，城镇居民人均可支配收入和农民人均纯收入分别达到7800元和2900元。2002年，农村参加社会养老保险7800人，农民人均纯收入2338元，人均居住面积21平方米；城镇居民人均可支配收入5860元，人均居住面积25平方米。2003年，农民人均纯收入达2532元，比上年增长8.3%。在岗职工平均工资达8137元，比上年增长11.3%。2004年，农民人均纯收入达3025元。全县劳务输出新增2万人，在外务工人员保有量达15万人。城镇新增就业1万余人，城镇登记失业率控制在3.6%以内。直补粮农资金1342万元。新建人畜吃水工程61处，解决139个村的吃水问题。农民人均纯收入达3366元，比2000年增加1292元，年均增长10.2%。城乡居民储蓄余额36.5亿元，年均增长14.1%。社会消费品零售总额33.4亿元，年均增长22.5%。城镇在岗职工人数3.5万人，增长15%。在岗职工平均工资8941人，增长12.3%。2005年，城镇人均住宅建筑面积达到26平方米，农民人均生活用房面积达到29平方米，分别比2000年增加3平方米和4平方米。移动电话用户达14.8万户，年均增长58%。私人轿车0.2万辆，增长16%。2006年，新增城镇就业8360人，城镇登记失业率控制在3.34%以内。2007年，社会保障和救助体系进一步完善，城镇居民人均可支配收入9417元，增长33%。城镇在岗职工年平均工资13312元，农民人均纯收入4464元。人均生活消费支出1543元。2009年，认真落实各项支农惠农政策，发放各类涉农补贴1.3亿元。加强就业和社会保障工作，新增城镇就业9096人。新增城镇居民医疗保险10万人，企业养老保险扩面1500人。城乡居民低保3.25万户，发放低保金2400多万元。发放廉租房补贴57万元，开工建设经济适用房、廉租房500套。2010年，累计发放各类涉农补贴1.2亿元。农村基础设施进一步完善，新修改造农村公路153千米，新修改建桥梁29座，新建续建农村集中供水工程6处，新建沼气池4500个。全县在外务工人员保有量达到23万人，新增城镇就业1.2万人。征缴各类劳动保险金1.7亿元，企业养老保险扩面1860人。投资6000万元，建设保障性住房5万平方米，为496户住房困难家庭发放廉租住房补贴。为1万名农民进行健康查体和疾病治疗。2008—2013年，累计投资4亿元，新修改造农村道路640千米、道路桥梁25座，主要县乡道路全部改造一遍。新修樱古路。行政村通油路率、通客车率均达到100%。农村自来水普及率达到83.4%，新建改建水利桥涵90座。农村电网改造全面升级。农村沼气用户达3万户。建设保障性住房8.1万平方米，累计发放廉租房补贴资金260万元。高标准建设了5所中心敬老院，1794名老人入住，五保集中供养率达71%。城乡低保月人均补差标准分别由2007年的68元、30元，提高到153元、95元。低保金实行“一折通”，并按时足额发放。五项社会保险全面实施，累计发放保险金8亿多元，受益面95%以上。完成乡镇文化站建设，农村文化大院达923处，农家书屋达295个。农村有线电视用户突破11万户，列全市第一位。2014年，城镇居民人均可支配收入23125元，比上年增长9.6%。人均生活消费支出14850.79元，比上年增长8.8%。农民人均纯收入11230元，比上年增长11.7%。人均生活消费支出6071.28元。2015年，城镇居民人均可支配收入19554元；农民人均纯收入10540元。至2015年，企业基本养老保险参保33441人，征缴额2.62亿元。机关事业养老保险参保17690人，征缴额24055万元。城乡居民养老保险参保507608人，征缴额9390万元。职工医疗保险参保人35370，征缴额9100万元。城乡居民医疗保险参保821000人，保险征缴额4.1亿元。生育保险参保12600人，征缴额326万元。失业保险参保1.97万人，征缴额834万元，工伤保险参保36393人，征缴额1024万元。

第五章　阳谷县

阳谷县是“东夷之都、千年古城、武松故乡”，因“观日阳，播五谷”而得名。上古时期，阳谷是东夷部落政治、经济、文化的中心，中华人文始祖之一蚩尤带领氏族在此生活，是黄河下游开化较早的地域之一，是中国农耕文明的重要发源地。历史悠久，人文荟萃，文化底蕴深厚。景阳冈、狮子楼、迷魂阵、海会寺、古运河等众多名胜古迹远播四海，蚩尤、孙膑、武松、韩子栋等历代英雄人物千古流芳，张秋木版年画、阳谷哨等一大批非物质文化遗产享誉中外。老一辈无产阶级革命家毛泽东、邓小平、刘伯承和原中共中央总书记、国家主席胡锦涛等给这里留下巨大精神财富。全县社会稳定，经济发展，民风淳朴，人民安居乐业。

隋开皇十六年（596年），置阳谷县，至2015年，已有1400余年的历史。阳谷县总面积1065平方千米，辖侨润街道、博济桥街道、狮子楼街道3个街道，阎楼镇、阿城镇、安乐镇、七级镇、石佛镇、郭店屯镇、定水镇、西湖镇、李台镇、寿张镇、十五里园镇、张秋镇、高庙王镇、金斗营镇等14个镇，大布乡1个乡，853个行政村，17个社区。城市建成区面积25.53平方千米、城区人口18万人。年末全县户籍总人口81.35万人，其中城镇人口25.52万人，有少数民族24个。

1997年，国内生产总值25.73亿元，工农业总产值49亿元，全社会固定资产投资总额43139万元，社会商品零售总额5.1亿元，地方财政收入 9497 万元，三次产业比例 45.9∶35.6∶18.5。

2015 年，国家生产总值 295.2 亿元，工农业总产值 1090 亿元，全社会固定资产投资额 270.16 亿元，社会消费品零售总额 149.66 亿元，地方财政收入 12.34 亿元。全社会用电量、工业用电量分别是 20.1 亿千瓦时和 14.8 亿千瓦时。存贷款余额 292.8 亿元和 184.3 亿元。城镇、农村居民人均可支配收入 20159 元和 10349 元。三次产业比例 14.41∶55.22∶30.37。

阳谷县先后获全国国土资源节约集约模范县、全国粮食生产先进县、国家级出口食品农产品质量安全示范区、国家新型工业化产业示范基地、全国蔬菜重点监测县、农田水利产权改革国家级试点县、山东旅游强县、山东省土地执法模范县、山东省生猪调出大县和山东省双拥模范县等称号。

第一节 自然条件

境域 阳谷县地处鲁西平原，黄河北岸，山东省的西部，聊城市南端。东临东阿县，西毗莘县，南与河南省台前县接壤，北接东昌府区，东南隔黄河与东平县相望。位置介于北纬 35° 55′ 15″ ～ 36° 18′ 15″，东经 115° 38′ 39″ ～ 116° 06′ 15″ 之间，黄河北金堤呈东北西南向横亘县域的南部。县境西起西湖镇西界之金线河，东止于阿城镇东南角之黄河，东西长 42.14 千米；北起郭店屯镇北界之三干渠，南至寿张镇南境之金堤外，南北宽 42.59 千米，总面积 1065 平方千米。

地形地貌 阳谷县地处鲁西平原，属黄河冲积平原。全县土地大平小不平，地貌平稳，微地貌多变，平稳中有起伏，起伏中有差异，但总趋势中间高，东西两边低。全境地势总趋势是由西南向东北缓倾，平均坡降为 1/6000 ～ 1/7000。平均海拔高度 39.62 米。最高点在县西南部金斗营镇斗虎店村，海拔 44.75 米；最低点在县东北部七级镇赫林大洼，海拔 34.5 米，极端高差 10.25 米。由于黄河多次决口、改道和泥沙淤积，逐渐形成微度起伏的缓岗、缓平坡地和浅平洼地三种微地貌相间的现代平原地形。缓岗占地面积 517 平方千米，占全县总面积的 48.6%。阳谷县缓岗由三类微地貌组成。一类为河滩高地，占地面积 413.7 平方千米；另一类为沙质河槽岗地，占地面积 61.64 平方千米；再就是决口扇形地，占地面积 41.7 平方千米。缓平坡地主要分布在缓岗的下端，以河滩高地下端多见。其另一侧与浅平洼地相接，系高、洼地之间的过渡带，全县分部面积 440.1 平方千米，占全县总面积的 41.4%，海拔在 37 ～ 39 米之间，高差较小。浅平洼地面积 106 平方千米，占全县总面积的 10%，海拔高度在 34.5 ～ 37 米之间。

气候 阳谷县地属暖温带大陆性季风半湿润气候。四季分明，光照充足，气温温暖，无霜期长，大陆性气候特征值为 60%。形成了春季少雨多风，夏季高温多雨，秋季凉爽宜人，冬季干冷、雨雪较少的气候特征。日极端最高气温 41.7℃，发生在 2002 年 7 月 15 日。日极端最低气温 -17.3℃，发生在 2001 年 1 月 14 日。阳谷县年极端最高气温变化幅度为 34.8℃～ 41.7℃。大于 40℃的年极端最高气温出现过 4 次，即 1997 年 6 月 23 日、2002 年 7 月 15 日、2005 年 6 月 23 日、2009 年 6 月 25 日。阳谷县年极端最低气温变幅为 -9.5℃～ 17.3℃。年降水量在 286.0 ～ 851.8 毫米之间，年降水量平均为 588.6 毫米。最多年降水量 695.9 毫米，发生于 1998 年。最少年降水量 408.5 毫米，发生于 1997 年。多年平均日照时数为 2314.2 小时。年内按季、月分配，夏季最多，为 544.9 小时；冬季最少，为 421 小时。月平均 6 月最多，为 211.9 小时；2 月最少，为 138.7 小时。

河流 阳谷县境内主要有新金线河、羊角河、赵王河、小运河、徒骇河、金堤河和黄河 7 条河流。其中，新金线河在县西境，羊角河、赵王河在县中部，徒骇河在县北部，小运河在县东部，黄河、金堤河沿南境而过。上述河流，构成全县骨干排灌系统。

以北金堤为界，分属两个流域、水系。堤南为黄河流域，金堤河水系，过境河流有黄河、金堤河；堤北为海河流域，徒骇河水系。一级支流（自东向西）小运河、赵王河、羊角河、新金线河。

黄河 流经阳谷县的黄河，是清咸丰五年（1855年）原黄河在铜瓦厢决口改道夺大清河入渤海后形成的。阳谷县段黄河桩号为3+000—6+104，即上自北金堤和河南台前临黄大堤交界，下至东阿县牛屯村上界出境，长3.104千米。

附：临黄堤

自张秋的东堤向东北，由陶城铺东出境，境内长度3.2千米。

新金线河 位于莘县、阳谷两县边界，是徒骇河上游的主要支流。发源于莘县樱桃园镇，为莘县、阳谷县两县界河，流经本县西湖镇、大布乡等乡（镇），至定水镇西北部李丙东村附近汇入徒骇河，境内长度26.46千米，流域面积258.7平方千米。近代的金线河源于莘县谷疃村，东北行至阳谷县西湖镇范庄村入境，经关庄村、西湖镇、门坊村北西行至月堤入莘县境，西北行至莘县北关入徒骇河。为解决莘县、阳谷县两县边界水利纠纷，1961年，将金线河改道而成，其路线基本沿莘县、阳谷县两县边界走，由南向北至阳谷的李丙东村入徒骇河。故称新金线河。原金线河称老金线河，南起徐集南，北至玉皇庙入新金线河。

羊角河 分上段、中段、下段，阳谷境内为上段、中段。上段发源于大布乡小迷魂阵村，北流至郭店屯镇宋堤口村汇入徒骇河，流经大布乡、石佛镇、定水镇、郭店屯镇四乡镇，全长17千米，流域面积56.8平方千米；中段发源于石佛镇石佛村西，北至郭店屯镇西韩庄西北与位山三干渠交汇，全长11.5千米，排涝流量13.6秒立方米。担负着石佛镇、定水镇、郭店屯镇三个乡镇35平方千米的排涝任务，是阳谷县境内的骨干排水河道；下段入东昌府区境。

赵王河 发源于寿张镇的赵升白村，北流经国庄村东、阎楼镇西、安乐镇东、再北行至郭店屯镇的孟屯村东穿过三干渠入东昌府区境，境内长度37.66千米，流域面积318.7平方千米。

小运河 原为京杭大运河之一段，开凿于元至元二十六年（1289年）。中华人民共和国成立后，大运河河道东移，改称今名。小运河上起张秋闸，向北经阿城镇、七级镇两镇，由崔庄北穿涵过三干渠出县境入东昌府区境，境内长度29.75千米，流域面积310.7平方千米。

徒骇河 过境河道中，徒骇河自定水镇李丙东村入境，经双楼、王把式、坡里、至郭店屯镇邵楼村出境，境内长度12千米，流域面积998平方千米。

金堤河 金堤河是黄河下游的支流，北金堤与之平行。金堤河流域自古以来是黄泛区。金堤河并非古河道，是由历史上黄河迁徙、决泛而产生的。北金堤以南原有河道，在多次黄河决泛中，有的被侵占，有的被淤塞，成为洼淀，一遇大水，由于北金堤的阻挡，水沿北金堤东北流，久而久之形成泛道。自斗虎店入境，东至陶城铺汇入黄河，境内长度43.0千米，流域面积77.84平方千米。

土壤 阳谷县所在地域为黄河冲积平原，土壤类型为潮土，质地良好，壤质土占绝大多数，经近20年的耕作、改造，土壤属肥力中等偏上，养分比例比较合理，适宜多种作物生长。潮土主要包括褐土化潮土、潮土、盐化潮土和盐潮土4个亚类，4个土属，面积10.35万公顷，约占全县总面积的98.89%。褐土化潮土亚类分一个土属（褐土化潮土土属），面积3.78万公顷，占全县总面积的36.2%（其中耕地面积2.83万公顷）。潮土亚类分一个土属（潮土土属），面积4.77万公顷，占全县总面积的45.5%（其中耕地面积3.57万公顷）。盐化潮土亚类分一个土属（盐化土土属），面积1.25万公顷，占全县总面积的14.5%。盐土类分一个亚类（潮盐土亚类），一个土属（白潮盐土土属），面积1331公顷。约占全县总面积的1.2%。风沙土类：一类是河流沉积的沙土经风力搬江而形成的沙丘，面积很小约80公顷，需造林固沙；另一类是沉沙池沙土类，面积达133.34公顷，需改造使用。

自然资源　1997年，阳谷县土地总面积为72292.52公顷。至2015年年底，阳谷县土地总面积10.66万公顷，其中农用地面积8.615万公顷（耕地7.23万公顷、园地373.53公顷、林地5925.39公顷），建设用地1.89万公顷，未利用土地面积1506.78公顷，人均土地面积2.1亩。阳谷县地下水资源量11255万立方米。还有丰富的动物资源和植物资源。矿产资源丰富，主要矿种有煤、地热、矿泉水、砖瓦用黏土等。（附：北金堤境内由斗虎店（73+604）至陶城铺（120+335，0+000—3+000），总长49731米。从张秋的东堤村至陶城铺西北新闸的旧金堤，长3千米，现已不承担防洪任务，通称废金堤。）

第二节　经济发展

农业　1997年，农村社会总产值55亿元，农业总产值9.8亿元，耕地6.67万公顷，粮食种植面积9.58万公顷，总产量47.2万吨。蔬菜种植面积1.52万公顷，总产量52.7万吨。畜牧业总产值3.9亿元，果品总产量2万吨，肉类产量8.1万吨，蛋类总产量4.09万吨。棉花总产量0.18万吨，豆类作物总产量1.4万吨，油料作物总产量1.9万吨。农业机械总动力68万千瓦，平均每百亩耕地拥有68千瓦。机耕5.46万公顷，机收4.5万公顷。农田有效灌溉面积5.8万公顷，旱涝保收面积4.49万公顷。2015年，种植结构总体趋于稳定，种植种类多元化。小麦种植面积5.38万公顷，玉米种植面积4.87万公顷，蔬菜种植面积3.09万公顷，棉花种植面积2800公顷，花生种植面积2400公顷，大豆种植面积966.67公顷，薯类种植面积273.34公顷，稻谷93.34公顷。测土配方施肥技术推广面积9.35万公顷，粮食高产创建示范方完成9300公顷，两季实现亩均单产1187.1千克。全县种粮大户、种粮农场165家，发放种粮补贴资金141.7万元。粮食总产稳定在7亿千克以上，连续3年被评为全国粮食生产先进县。农村土地确权登记颁证基本完成。农产品“三品一标”达191个。全县农业机械总动力146.76万千瓦。阳谷县被山东省列为农机深松整地作业补助试点县。农机合作社66家，社员1092户。有高标准养殖小区46家，省级高效特色高牧业养殖场6家，标准示范场63家（其中国家级3家、省级15家、市级17家、县级13家），农业生态养殖园区一家。全县肉鸡规模化养殖在90%以上，奶牛规模化养殖在92%以上。无公害产品产地认定总数达39家，地理标志产品2家，有机食品认证2家，无公害产品产地认证数位列全市第一。全县蔬菜播种面积3.14万公顷，其中设施面积2.57万公顷，蔬菜总产203万吨。水产养殖面积1114公顷，产量8370吨。发挥棉花高产创建项目示范带动作用，全县全年棉花共落实价格补贴面积833.19公顷，涉及农户15582户。农业综合开发项目总投资2885万元，完成高标准农田建设666.67公顷，扶持产业化项目3个。全县有林地面积2.42万公顷，其中防护用材林1.94万公顷、经济林4620公顷。农田林网化面积4.87万公顷，林木覆盖率34%。果品产量44059吨，木材加工50万立方米，林业产值236574万元。全年分春季、三夏、夏季3次共引黄、引金16500万立方米。

工业　1997年，阳谷县完成工业总产值368969万元。全县工业企业总数3750个。1998年，先后对县属17家企业中的12个进行改制改造。主要采取：整体出售、租赁、股份合作及依法破产等。经改制改造，原处于停产半停产状态的企业全部得到启动，全县中小企业逐步走上良性发展的轨道。1999年，累计盘活资产34426万元，安排下岗职工3000余人，取得较好的经济效益和社会效益。是年年底，全县工业企业总数达6045家，其中国有及年产品销售收入500万元以上非国有企业39家，产品年销售收入500万元以下企业6006家。全县工业总产值实现482294.2万元，其中：国有及年产品销售收入500万元以上非国有企业完成300412万元。2015年，全县规模以上工业企业达到316家，实现工业增加值153.61亿元。实现主营业务收入1001亿元，利税103.64亿元，利润71.27亿元。至2015年，阳谷县工业门类日趋齐全，有色金属、黑金属及金属制造，电缆，塑料制品，设备制造，医药，纺织，皮革，木材加工，造纸，印刷，化学原料生产，食品加工等企业已形成规模。形成全国最大的钎具生产基地、振动器软管生产基地、江北最大的塑料管材生产基地和全省最大的电缆生产基地等。产品畅销国内，远销欧美、日韩和东南亚等20余个国家和地区。累计授权发明专利312件，省级以上企业研发平台达17个，祥光铜业荣获国家科技进步二等奖和中国专利奖金奖。创建中国驰名商标4个、省名牌产品和著名商标24个、政府质量奖10项。在国内同行业率先制定汽车坐垫、震动软管企业联盟标准。5家企业参与制订国家和行业标准。全国电线电缆产业知名品牌示范区创建通过省级初审。新建220千伏变电站1座、110千伏变电站3座。2013年2月，祥光生态工业园被批准为国家级生态工业示范园区。法国耐克森、瑞典阿特拉斯、百胜集团等世界500强企业和广东富华、武汉长飞、新希望六和等国内企业落户阳谷。

商业贸易　1997年，全县社会消费品零售总额实现4.8亿元。2002年，民营经济完成销售收入64亿元，增加值8.9亿元，分别增长46.6%、63.7%。2000年之后，商业企业经营、商品购销、饮食服务等全部放开，政府及主管部门不再干涉指导。企业经营及商品购销方式灵活多样，如厂商联合开展总经销、总代理，企业与外资联合创办大中型超市等等，充分体现出市场经济条件下商业经营的自主性、灵活性、多样性。2003年，阳谷县与上海华联联合创办第一家超市——华联超市。至2008年，全县共有连锁超市4家，连锁店56个，物流企业3家。县食品总公司、综合大市场、荡宇集团、华联超市、京九物资中心、景阳冈养殖基地等6家企业被确定为县骨干企业。2008年，全县社会商品零售总额达44.9亿元。2015年，全年实现社会消费品零售总额149.66亿元，实现进出口总额20.27亿美元，其中出口4.26亿美元。新批境外企业（机构）2家，协议投资总额1800万美元。外派人员643人次。宝福邻购物中心、新世界广场、澳林商贸城等商业综合体建成。阳谷至黄岛港、日照港集装箱货运班列开通运行。澳林电子商务产业园正式启动，“云书网”电子商务运营中心、阿里巴巴农村淘宝等项目加快推进。

第三节　社会事业

科技　1997年，阳谷县申报的省星火奖项目“橡胶防焦剂CTP生产技术开发”获得省星火奖一等奖。1998年，山东阳谷华泰化工厂完成“硫化调节剂MTP的研究”，该项目是全市唯一获奖项目，获省科技进步三等奖。1999年，获得市级科技进步奖4项。2000年，农医方面取得各类科技成果42项。2001年，全县获得省、市级科技进步奖5项，2002年，全县承担实施的市级以上各类科技计划项目中，其中1项达到国际先进水平，2项达到国内领先水平，2项达到国内先进水平。2003年，获得市科技进步二等奖1项，三等奖1项。2007年，获得国家科技进步二等奖1项，这是阳谷县首次获得国家科技进步奖。2007年，获得市级科技进步一等奖1项，二等奖1项，三等奖4项。2008年，全县建有国家级工程技术研究中心1家，博士后科研工作站1家，国家星火计划龙头企业技术创新中心1家，省级工程技术研究中心3家，省级企业技术中心2家，省级技术研究推广中心1家，市级工程技术中心5家。获得市级科技进步一等奖1项，二等奖3项，三等奖1项。2009年，获得省级科技进步奖3项，省科技进步一等奖1项，省技术发明一等奖1项，省科技进步三等奖1项，获得市级科技进步一等奖1项，二等奖1项，三等奖5项。2010年，获得市级科技进步一等奖1项，二等奖3项，三等奖1项。2011年，获得省技术发明一等奖1项，省科技进步一等奖1项，获得市科技进步二等奖2项，市科技进步三等奖1项。2012年，获得市科技进步一等奖1项，二等奖2项，三等奖3项。2013—2015年，共组织企业申报各类科技发展计划83项，其中获批各级科技计划项目30项（国家级6项，省级14项、市级10项）。组织企业进行科技成果鉴定11项，其中国际先进水平4项，国内领先水平7项。2015年年底，全县建有国家级工程技术研究中心1家，博士后科研工作站3家，省级工程技术研究中心3家，省级企业技术中心6家，市级工程技术研究中心15家，市级企业重点实验室5家。

教育　1997年，阳谷县共有幼儿园508所，入园幼儿数15159人，教职工625人。1999年起，各职业学校实行“合理分流、提前招生”的招生制度改革，实行“双元制”（学校、企业）办学，注重“双师型”（技师和教师）教师的培养，坚持组织送教到乡。是年，通过省政府“普九”复查。2000年，通过国家督导团“两基”检查。城区小学和乡镇中心小学三年级开设英语课。2001年，阳谷县被评为省“两基”工作先进单位。2003年，全县基本普及小学英语教育。是年秋季，阳谷县加入山东省第二批基础教育课程改革实验区，中小学全面开展基础教育新课程改革。2006年1月起，全县教育经费实行校产局管，统一核算。是年11月，启动农村义务教育经费保障机制改革，免除学生杂费。2007年秋季开始，免除课本费，普通高中按8%实行贫困救助，中职学校一、二年级学生全部享受国家每年1500元/人助学金。2008年3月，阳谷实行国库集中支付改革。阳谷县教育系统核算中心作为一级核算单位，将全县各级学校统一纳入国库集中支付。全县幼儿园共有206所，在园幼儿13504人，教职工784人。2004—2008年，对22处项目学校进行改扩建，共建校舍面积36881.32平方米，总投资1887万元。全县消除各类危房72762.8平方米，其中拆除D级危房32675.6平方米，新增学校用地385亩。2012年，阳谷县被评为“山东省教育技术装备先进单位”“聊城市教育网络建设及应用先进单位”。2013年12月，国家教育科学“十二五”规划教育部重点课题总结活动在阳谷县实验小学开幕。2014年10月16日，阳谷县第三中学新校在西部新城区开工奠基。2015年，村小学教学点全部升级改造为光纤10M接入，网络建设达到“校校通”。全县本科录取1478人，总录取率46.8%。全县春季高考录取192人，在聊城市名列第一。新启用城区幼儿园4所、乡镇中心幼儿园16所。扩建阳谷一中、阳谷二中，建设阳谷三中新校区。是年年底，全县共有学校174所，在校生11.38万人，其中公办小学110所，初中23所，高中3所，职业学校2所，特教学校1所，公办幼儿园22所，民办学校2所。有省级规范化学校9所，市级规范化学校26所，县级规范化学校59所。已结题国家级实验课题2项，省级实验课题58项，市级实验课题89项。省级教学成果奖183项，市级教学成果奖27项。全县有全国优秀教师和教育工作者2人；省优秀教师和教育工作者8人，省级教学能手2人，省优质课获奖者3人；市优秀教师和教育工作者320人，市级教学能手128人，市优质课获奖者150人，市级师德标兵27人；县优秀教师和教育工作者1200人，县级教学能手360人，县级师德标兵90人，阳谷名师240人。

文化　1997年1月，县河北梆子剧团到郭屯乡葛集村送戏下乡，文化下乡开始。1999年7月1日，在阳谷火车站广场举办了庆“七一”暨1999年消夏文化活动开幕式文艺晚会，拉开消夏文化活动的序幕，这是阳谷县举办的首届广场消夏文化活动。是年，阳谷县境内有省级文物保护单位：景阳冈龙山文化遗址、红堌堆遗址、东阿故城（含古阿井）、皇姑冢遗址共4处，市级文物保护单位14处，重点保护名胜1处，县级文物保护单位10处。名人字画54件，馆藏文物2163件，其中国家二级文物10件，国家三级文物59件，一般文物2094件。2001年6月，国务院正式批准景阳冈龙山城遗址为全国重点文物保护单位。2007年，“张秋木版年画”被确定为省级非物质文化遗产保护项目。2008年，“张秋木版年画”被公布为国家级非物质文化遗产保护项目，“阳谷哨”等7个项目被确定为市级非物质文化遗产保护项目。2009—2012年，油画作品《村头》在“中华颂·国庆”60周年全国群众文化美术书法大展中获优秀奖，美术作品《水粉画》获山东省农民艺术节优秀奖。油画《静物》获山东省社会文化“星光奖”优秀奖、“纪念中国人民抗日战争胜利65周年聊城市书画精品展”佳作奖。摄影作品《晨练》《冬季捕鱼》分获省文化厅二、三等奖。童话剧《狐狸和兔子互道晚安》、快板《建设和谐富美的新农村》在山东省群众文化学会年度评比中获三等奖。论文《浅析传统音乐中文人音乐的艺术价值》在山东省群众文化学会年度评比中获优秀奖。《水粉画》获山东省农民艺术节优秀奖。摄影作品《农家乐》在山东省新农村建设纪实摄影大赛中获优秀作品奖，并获全国“城市主人杯”摄影大赛三等奖。话剧《一切为了支前》获聊城市精品工程奖。相继组织开展书法绘画楹联展览、文庙祭孔大典、地方民间文艺演出、民间工艺品艺术品展销等，组织“狮子舞祭”“腰鼓”“秧歌”演出活动。至2015年年底，阳谷县有公共图书馆1个，文化馆1个，文化站18个，农村文化大院854个，村级文化小广场总数达740个，农家书屋全覆盖。广播、电视人口覆盖率均为100%。蚩尤陵、刘邓大军渡河战役纪念园对外开放，景阳冈旅游区扩建规划正在加快修编。2014年6月，京杭大运河（阳谷段）入选世界文化遗产名录。2015年年底，阳谷县境内共有文物保护单位68处，其中，国家级文物保护单位8处、省级文物保护单位14处、市级文物保护单位19处（其中名胜1处）、县级文物保护单位27处；县文管所保存有名人字画40件。

卫生 1997年，阳谷县农村医疗合作制度继续推行。县医院购置具有全市先进水平的日立W450型CT、大生化设备、高压氧舱等大型医疗设备。1998年11月，阳谷县在张秋镇召开全县农村合作医疗现场会。至1999年年底，全县已有14处乡镇卫生院建起门诊楼。全县村级卫生室增至685个，村办卫生室覆盖率达100%。县乡两级医疗单位累计投资915万元，购置B超、X光机、心电图机、CT等大型医疗设备120台件。2006年，张秋镇作为市级试点乡镇，实施新型农村合作医疗制度。阳谷县成立新型农村合作医疗领导小组，成立新型农村合作医疗管理委员会及监督委员会，设立阳谷县新型合作医疗管理办公室。2007年，阳谷县作为省级试点县，新型农村合作医疗制度全面铺开。是年5月，正式启动报销程序。是年年底，阳谷县确定新型农村合作医疗定点机构861处，其中：县级4处，乡镇级21处，村卫生室836所。2011年6月，全县所有基层医疗卫生机构实行药品销售零利率制度。2012年5月，全县医疗机构全面推行“先诊疗后付费”服务模式。阳谷县是山东省第三批实施国家基本药物制度县，是年7月，全县省统一规划的217个村卫生室全部实行基本药物制度，523种基本药物被纳入医保目录，实行基本药物目录公示制度，基本药物统一采购、供应和零差率销售，给群众带来看得见的实惠，逐步实现“小病在基层，大病到医院”的目标。至2015年，阳谷县有卫生机构39个，其中医院（含民营医院13个）卫生院35个、社区卫生服务中心2个、妇幼保健院（站）1个、疾病预防控制中心1个。各类卫生机构共有床位2996张，卫生技术人员3153人，其中执业医师及执业助理医师938人，注册护士793人（包括各类民营医院）。城镇居民医保和新农合顺利并轨，社会保险实现“一票征缴”。城乡低保、农村五保基本实现应保尽保。全国基层中医药先进单位获得批复，省级卫生县城通过复审。农村饮水安全实现全覆盖。

体育 1997年4月，阳谷县运动员在山东省“希望杯”武术比赛中夺得金牌13枚。1998年10月，在山东省第十九届运动会上，阳谷县运动员获金牌8枚、银牌6枚、铜牌3枚。金牌总数列全市第一，总分第二。1998年10月，阳谷县老年人太极拳、太极剑代表队获得全市第一名并代表聊城市参加山东省老年人太极拳、太极剑比赛，获最佳奖。1999 年，举办“全国散打邀请赛”，共有 11 队 120 人参赛，阳谷县运动员获金牌 4 枚。在市中小学生田径运动会上阳谷县夺取 4 枚金牌。2001 年，寿张镇被评为全国群众体育工作先进乡镇。阳谷县全民健身第一辅导站被评为全省妇女健身先进辅导站。张秋镇被评为全国群众体育工作先进乡镇。2002 年 10 月，在山东省第二十届运动会上，阳谷县运动员获得金牌 8 枚、4 枚银牌、4 枚铜牌。金牌总数继省十九届运动会后再列全市第一位。2001—2002 年，先后承办并参加第一、第二届聊城市体育系统“体育彩票杯”职工篮球赛，阳谷县代表队连续两届夺取冠军。2003 年 5 月，县女子健身队被全国妇联授予“全国亿万妇女健身活动巾帼文明健身队”称号。2005 年，阳谷县在全市第一届综合运动会上共获得金牌 57 枚、银牌 25 枚、铜牌 21 枚。2008 年 4 月 19—26 日，在阳谷县举行的全国地掷球锦标赛中，阳谷县运动员取得金牌 2 枚、银牌 7 枚、铜牌 9 枚；6—7 月，阳谷县先后组队参加在河南舞钢市和贵州安顺市举行的全国地掷球精英赛、全国青年锦标赛，共获得金牌 2 枚，银牌 4 枚，铜牌 4 枚。2009 年 3 月，阳谷县运动员张微入选国家队，参加在意大利罗马举行的大金属暨塑质球女子世界锦标赛，获大金属球女子双人赛冠军，实现山东省在这个项目上金牌零的突破，也是阳谷县获得的第一个世界冠军。是年 7 月，国家体育总局正式批准阳谷县为国家地掷球训练基地。是年 10 月，阳谷籍运动员孙昭稳在第十一届全运会赛艇项目中获得 2000 米男子四人单桨无舵手赛艇金牌，也是聊城市在十一届全运会获得的首枚金牌；11 月，阳谷地掷球队代表山东省参加在浙江衢州举行的全国地掷球精英赛，取得金牌 2 枚、银牌 1 枚、铜牌 4 枚。2012 年，在浙江衢州举行的全国地掷球锦标赛中，阳谷运动员获得金牌 1 枚、银牌 4 枚，并获体育道德风尚奖。阳谷运动员金钊在陕西西安举行的全国青年暨大学生地掷球锦标赛，获得金牌 2 枚。在衢州举行的全国地掷球精英赛中，阳谷运动员获得金牌 2 枚、银牌 3 枚、铜牌 1 枚。阳谷代表聊城市参加山东省第二届全民健身运动会地掷球比赛，包揽全部 8 项冠军。阳谷运动员颜琳琳代表中国在第十六届亚洲小金属地掷球锦标赛中，夺得女子双人赛冠军，实现中国小金属地掷球在亚锦赛上金牌零的突破。2014 年，全年参加县级以上体育比赛共获奖牌 74 枚，其中金牌 37 枚。2015 年，阳谷县有体育馆 1 座。体育系统参加县级以上体育比赛共获奖牌 41 枚，其中金牌 18 枚。承办全国青年暨大学生地掷球锦标赛。参加市级以上体育比赛共获奖牌 61 枚，其中金牌 14 枚。全民健身和老年体育活动蓬勃开展，地掷球运动成为阳谷特色品牌。1997 年至 2015 年年底，阳谷县运动员在赛艇、武术、地掷球等项目上获得世界运动会冠军 1 项、世界锦标赛冠军 2 项，亚洲锦标赛冠军 1 项、全国锦标赛冠军 52 项。

交通邮电　至 1997 年年底，阳谷县已先后新建、改建县乡、乡村公路 406 千米，完成投资 2021 万元。2015 年，全县建设农村公路 134 千米，总投资 4991 万元。至 2015 年年底，全县建有乡镇客运站 16 处，成立道路货物运输公司 53 家，拥有车辆 3313 辆，共 70723 吨位。成立客运企业 7 家，拥有客运车辆 372 辆，其中农村客运车辆 110 辆，城区出租车 190 辆，城市公交 72 辆。开通农村客运线路达 31 条，城乡公交客运线路 15 条，聊城至阳谷城际公交线路 1 条。2015 年 1 月，城市公交车开通，共开通 11 条公交线路，投资 5000 万元投放纯电动公交车 72 辆。是年，阳谷汽车站旅客发送量 1013820 人次，客运周转量 52589 万人千米。新修改造农村公路 840 千米。

1997 年，市话扩容工程、数字移动电话和光缆传输工程业已完成，全县 21 个乡镇、570 个行政村实现国内国际电话直播。1998 年，全年通信工程投入资金 5000 万元，市话总容量增至 1.728 万门。全县通直拨电话的村增至 810 个，占行政村总数的 96.3%。2014 年，完成邮电业务总量3.12亿元。其中，电信业务总量2.6亿元；邮政业务总量0.52亿元。是年年底固定电话用户8.46万户，移动电话用户62.34万户，互联网用户6.34万户。电话普及率达到每百人88部。2015年年底，主要邮政业务包括金融、保险、物流、函件、集邮、电商、报刊、零售八大类，实现收入5965.37万元，其中邮政储蓄余额达32.5亿元，实现收入3015.85万元，保费累计24.5亿元，实现收入1591.8万元，分销物流实现收入189.65万元，函件业务实现收入248.7万元，报刊专业实现收入270.24万元，电子商务累计完成收入351.5万元，集邮业务实现收入104.74万元。是年，完成邮电业务总量3.1亿元。其中，电信业务总量2.52亿元；邮政业务总量0.58亿元。是年年底固定电话用户6.27万户，移动电话用户64.78万户，互联网用户7.45万户。电话普及率达到每百人89部。

城乡建设 1997年后，城市基础设施建设逐步得到加强，城市综合功能逐步提高。至1999年年底，先后扩建、改建城区道路12条，总长47千米，修建村镇道路262.5千米。新建桥梁四座，垃圾处理场1处，广场3处，新增绿地面积269亩。2000—2003年，共修筑砼路面92680平方米，沥青路面69400平方米，铺设排水管道12000米，安装路灯956盏和中心广场礼花灯1处。对所有乡镇驻地进行重新规划调整，村庄规划调整率达到70%以上。至2008年年底，乡镇建成区面积为1575.4公顷，铺设道路300.20千米，面积149.6万平方米。2009年，县域村镇体系规划确定，将全县874个行政村逐步合并为105个新型农村社区。启动农村新居建设。至2012年，土地增减挂项目复垦完成5个村，并通过省市部门验收。共有11个乡镇启动驻地社区建设，总建设规模达40余万平方米。农村危房改造1221户全部完工，共完成建筑面积68461平方米。至2014年年底，全县已启动农村社区建设34个，涉及60个村庄，迁建农房9024户、3.1万人，规划建设出石佛镇康居佳苑社区、郭屯镇朝阳社区等一批全市农村社区建设的典型。全县农村危房改造共完成建筑面积67059平方米。侨润街道办事处迷魂阵村、七级镇七一村被确定为山东省第一批传统村落。高庙王镇前仓村被山东省住建厅确定为山东省第一批“宜居村庄”。2015年，新建农村社区一体化污水处理设施15处。阿城镇海会寺村被确定为山东省第二批传统村落。阎楼镇张岩寨村被山东省住建厅确定为山东省第二批“宜居村庄”。城中村、棚户区张楼、城角孟等29个城市片区、5279户居民喜迁新居。城市日保洁面积674万平方米，已建成污水处理厂1座，污水集中处理率达95%，无害化垃圾处理率达100%。集中供热能力达400万平方米，燃气管网总长度达473.5千米，城镇化率39.76%。城市道路总面积401.6万平方米，人均绿地面积6.11平方米，建成区绿化覆盖率25.3%。自来水普及率100%，燃气普及率78%。生活垃圾实现“户集、村收、镇运、县处理”。建设保障性住房3840套，改造农村危房3422户。农村旱厕改造走在全市前列。新修改建城区道路62千米，形成“十纵十二横”的交通网络。新建金水湖公园、紫汇湖公园和谷山公园，贯通城市水系，结束县城区没有公园和水面的历史。

人民生活 1997年，城镇居民可支配收入2448元，农民人均纯收入1827元，金融机构存贷款余额分别为19亿元和18.36亿元。2015年，城镇居民可支配收入20159元，农民可支配收入10349元。金融机构存贷款余额分别为292.83亿元和184.27亿元。2015年，城镇在岗职工年平均工资41029元，城镇居民人均可支配收入20159元，人均消费性支出15493元，人均住房建筑面积34.13平方米。农村居民人均纯收入11038元，人均生活消费支出8850元，人均住房面积47.08平方米。全县城镇基本养老、医疗、失业、工伤和生育保险参保人数分别达到5.42万人、19.95万人、2.4万人、4.25万人和2.05万人。社会保险基金总收入13亿元，支出11.3亿元。新型农村养老保险参保农民44.27万人，参加新型农村合作医疗农民55.4万人。

全县城乡最低生活保障救助 2.22 万人，其中，城镇低保 0.17 万人，农村低保 0.05 万人，农村特困救济 25448 人。收养性社会福利单位 7 个，收养 1835 人。12 个乡镇开通天然气。建立健全县、乡、村三级食品药品监管网络。

第六章　东阿县

东阿县地处鲁西平原、黄河之滨，位于山东省西部，隶属“江北水城·运河古都”——山东省聊城市，总面积 729 平方千米，辖 10 个乡镇（街道）、1 个省级经济开发区。是中国阿胶之乡、中国喜鹊之乡、中国杂技艺术之乡、中国黄河鲤鱼之乡、中国油用牡丹之乡，全国绿化模范县、国家级生态示范区、中国绿色名县、国家园林县城、中国最佳养生休闲旅游名县，省级园林城、省级文明县、平安山东建设先进县，被誉为“万户喜鹊吉祥地，千年阿胶福寿乡”。

东阿，春秋置邑，秦朝设县，距今已有 2000 多年的历史，境内存有大汶口文化、龙山文化、仓颉墓、邓庙石刻造像、梵呗寺、静觉寺等文化遗迹。人文始祖仓颉、战国名相晏子、明代帝师于慎行、苫山刘家一门三进士等载入东阿史册。鱼山为省级地质公园，鱼山曹植墓为全国重点文物保护单位。“鱼山梵呗”“东阿阿胶制作技艺”为国家级非物质文化遗产。县境依傍黄河百余里，南水北调东线穿黄隧洞和引黄济津工程渠首均在东阿。毗邻京九、京沪、邯济、济馆等交通动脉，105 国道和两条省道贯穿全境。济聊一级公路聊城段已全线贯通，东阿县作为济南市、聊城市“卫星城”的地缘优势更加凸显。

1997 年，全县国内生产总值 9.66 亿元，全社会固定资产投资总额 2.64 亿元，社会商品零售总额 4.28 亿元，地方财政收入 6477 万元。全县总人口为 42.19 万人，其中农业人口 38.2 万人，非农业人口 3.9 万人，人口出生率 7.64‰，自然增长率 2.6‰。

2015 年，地区生产总值 188.14 亿元，全社会固定资产投资总额 124.53 亿元，社会消费品零售总额 39.7 亿元，地方一般预算收入 10.85 亿元。年末全县总人口 40.41 万人，其中城镇人口 12.7 万人。人口出生率 10.1‰，自然增长率 3.7‰。有少数民族 23 个，176 人。

第一节　自然条件

境域　东阿县位于山东省西部、黄河下游，处于山东丘陵与鲁西平原交界地带，介于北纬 36°07′～36°33′，东经 116°02′～116°33′之间。东依泰山，东临黄河，隶属“江北水城”—聊城市，位于济南都市圈内。引黄济津、济卫工程渠首均在东阿。105 国道，省道 324、329、710、258 穿境而过。县境沿黄河呈西南东北向，东、南以黄河为界，分别与平阴县、东平县隔河相望；西及西南与东昌府区、阳谷县为邻；北以赵牛河为界与茌平县相分；东北与齐河县接壤。南北长 52.5 千米，东西宽 24.5 千米。全县总面积 729 平方千米，人口 40 万。县城（铜城），居县境中心，位于北纬 36°20′，东经 116°15′。

地形　东阿县境系黄河冲积平原，地势自西南向东北倾斜，海拔在 40.2～27.7 米之间，自然坡降比为 1/6000～1/7000。最高点在刘集镇关山村，海拔 40.2 米；最低点在高集镇庙杨村，海拔 27.7 米。沿黄河北岸，有零星石灰岩残丘。由于历史上黄河改道、漫流、冲决及引黄池渠清淤和沉积，形成波状起伏的高岗、缓坡、洼地，其差 5 米左右。

地貌　微地貌类型有 7 种：河滩高地、缓平坡地、河间浅平洼地、沙质河槽地、背河槽状洼地、残丘、黄河河道。东阿县境内尚存10余座石灰岩浅丘零星分布在沿黄一线，分别是位山、关山、苫山、贾山、鱼山、曲山、香山、艾山、凌山、张山等。境内有黄河、赵牛河、赵王河、中心河、四新河、巴公河、班滑河及官路沟等河流。

气候 东阿县属温带季风大陆性气候，四季分明，年平均气温和降水量适中，无霜期较长，日照充足。春季风多雨少，回暖迅速，气候干燥；夏季温度高，湿度大，雨量集中，易出现大风、冰雹、雷电、暴雨和洪涝灾害；秋季气温急降，雨量大幅下降，秋高气爽；冬季低温严寒，雪少干燥。年平均气温14.0℃，最冷月（1月）平均气温-1.5℃，最热月（7月）平均气温26.7℃。年极端最高气温41.2℃，极端最低气温-16.2℃。降水季节性明显，分布不均，年平均降水量552.4毫米，其中5—9月降水量470.0毫米，占全年降水量的85.1%；7月份、8月份降水较多280.4毫米，占全年降水量的50.8%。年平均相对湿度63%，3月份相对湿度较小为51%。年平均日照时数1965.5小时。年平均蒸发量1695.7毫米。年最多风向为南风。年平均雷暴日数18天。无霜期较长，年平均无霜期237天。主要气象灾害有大风、冰雹、暴雨、洪涝、高温、干旱、雷电等。

河流 过境河道主要是黄河，其径流量年均428.5亿立方米。黄河水资源年可利用量1.82亿立方米。

土壤 据土壤普查统计，全县按土壤表层质地分：紧沙、沙壤、轻壤、中壤和重壤5个类型，褐土、潮土、盐土和风沙土4个土类，7个亚类，13个土属，70个土种。褐土有1个亚类，即褐土亚类，主要分布在曲山和香山一带。潮土包括褐土化潮土、潮土、盐化潮土、湿潮土4个亚类，各乡（镇）均有分布。其中褐土化潮土亚类主要分布在河滩高地。潮土亚类，是全县土壤面积最大亚类，主要分布在缓平坡地、浅平洼地和沙质河槽地带，表层质地和土体构型较复杂，大部为壤质，潜水埋深一般2米左右，有盐碱化威胁。盐化潮土亚类主要分布在洼地边缘或缓平坡地上。湿潮土亚类分布在大桥镇与铜城街道办事处交界的井圈和艾山一带，背河槽状洼地上。盐土有1个亚类，即潮盐土亚类，主要分布在陈集乡封闭洼地上，土壤含盐量高，不经改造不易利用。风沙土仅半固定风沙土1个亚类，主要分布在刘集镇葫芦头村周围漫滩沙地上，呈丘岗状沙丘，土壤物理性状差，农作物易受风沙危害，水土流失严重。

自然资源 至2015年，全县土地总面积7.99万公顷。耕地4.87万公顷，占土地面积的60.91%；园地531.81公顷，占全县0.67%；林地9046.11公顷，占11.32%；草地224.01公顷，占0.30%；城镇村及工矿用地9760.55公顷，占12.22%；交通运输用地3363.53公顷，占4.21%；水域及水利建设用地7247.97公顷，占9.07%；其他用地1037.56公顷，占1.30%。地表水主要源于大气降水径流和过境河道径流。地表水径流根据全县5个雨量站统计，历年平均年降水量4.76亿立方米，年径流量5100万立方米，地表径流深64.8毫米；拦蓄量243万立方米，年可利用量仅104万立方米。过境河道主要是黄河，其径流量年均428.5亿立方米。黄河水资源年可利用量1.82亿立方米。地下水主要源于大气降水、内河及坑塘入渗、黄河侧渗和灌溉回归等。境内地下水总贮藏量23.3亿立方米，其中淡水22亿立方米，咸水1.3亿立方米。多年平均总补给量1.85亿立方米；黄河侧渗补给1810万立方米；降水径流、内河、坑塘拦蓄补给43万立方米；灌溉回归补给6593万立方米。年均可利用量9577万立方米。东阿县境内矿产资源丰富，主要包括煤、矿泉水、地下水、砖瓦用黏土、水泥配料用黏土、耐火黏土、饰面用灰岩、建筑石料用灰岩、天然石英砂。生物资源主要分为动物资源、植物资源、林木资源、水产资源、药用资源等，其中，动物资源有5大类95种，植物资源有49种，林木资源有200余种，水产资源有54种，药用资源有186种。

第一节 经济发展

农业 1997年，农村经济由粮棉主导型向多种经营和乡镇企业主导型转变加快，全县耕地4.83万公顷，农业主要以粮食种植为主，农业总产值完成10.91亿元，粮食总产5.79亿元。1999年，全县农业总产值6.46亿元，粮食总产31.76万吨，农村居民人均收入2028元。2000—2005年，全民落实各项支农惠农政策，5年农民人均减负260元。培育和发展林业、畜牧、蔬菜、桑蚕等主导产业，农业结构逐步向高效农业转变。5年造林44.8万亩，大牲畜存栏14.7万头，规模养殖户达到3600户。规模以上涉农企业13家，新建沼气池660个，创无公害绿色农业产品6个，良种覆盖率95%，机耕作业面积5.2万公顷，“科技特派员”工程顺利实施。郭口、位山灌区节水改造、农村饮水解困、机井建设等水利工程成效显著，村村通自来水工程正式启动。2006—2010年，粮食、农资、良种、农机、家电下乡等各项惠农补贴资金达到2.9亿元。粮食总产达到历史最高水平，连续7年实现增产增收。全县有林面积57万亩，木材加工企业发展到350家，美国白蛾防控成效显著。畜牧、蔬菜、水产规模和效益同步提升。规模养殖户达1100户，无公害蔬菜面积达到11万亩，认证无公害品牌4个、绿色品牌2个。规模以上龙头企业达47家，发展农民专业合作社196家。加快农业基础设施建设，实施了国家小型农田水利重点县项目，实施国家级、省级土地开发整理复垦项目5个，整理土地面积5200公顷，引黄灌区节水改造、中低产田改造、标准良田建设、沼气建设、测土配方施肥推广以及农村劳动力培训取得新成效。粮食作物良种推广率达95%，综合机械化水平达77%，机井灌溉面积达3.79万公顷。2011—2015年，现代农业稳步发展，特色产业逐步壮大。全面落实各项支农惠农政策，“十二五”时期各项惠农补贴资金达11.84亿元。粮食总产达49万吨。成功创建“全省粮食生产先进县”“省级现代农业示范区（首批）”“农业物联网应用示范县”“小农水重点县”。实施粮食高产创建示范方建设，在全市率先实施10万亩示范方1个、3万亩示范方1个。“东阿小麦”“东阿黑毛驴”“东阿鱼山大米”“东阿黄河鲤鱼”获国家地理标志认证。全国油用牡丹产业发展座谈会在东阿县召开，获“中国油用牡丹之乡”。以驴文化为主题的单体博物馆——毛驴文化博物馆正在建设。国内唯一的黑毛驴种质繁育中心——东阿天龙牧业有限公司基地建设完成。新发展养驴合作社42个，养驴规模达3.2万头。全国现代畜牧业建设工作会议和中国首届驴产业发展大会在东阿县召开和观摩。无公害蔬菜面积达1.2万公顷，完成省级蔬菜标准园2处。2015年，全县农民人均可支配收入10421元，比2010年农民人均纯收入增加4085元，年均增长辅导超过13%。“三品”认证达108个（绿色54个、无公害54个），地理标志认证5个（东阿黄河鲤鱼、东阿鱼山大米、东阿黑毛驴、东阿小麦、东阿草莓），国家地理商标2个（东阿小麦、东阿黄河鲤鱼）。规模以上龙头企业达83家，发展农民专业合作社838家。2家农民专业合作社成为“国家级示范社”。成功创建省级现代渔业示范区，获“中国黄河鲤鱼之乡”。实施农田水利基本建设3年会战、高标准基本农田建设、农村饮水安全工程、省级农田水利项目县建设。

工业 1997年，工业总产值9.45亿元，乡及乡以上工业实现利税7039万元。县属工业实行股份合作制的企业1家，实施破产1家，实施兼并6家，共盘活存量资产740万元。1998年，全县工业企业154家，其中县属工业企业33家、乡镇集体工业企业121家，形成一轻、二轻、机械、化工、建材、食品等门类齐全的工业格局。按企业规模划分，全县有大型（二）企业3家、中型（一）企业2家、中型（二）企业3家。全县工业完成总产值102732万元，实现销售收入104511万元，实现利税9198万元，实现利润4954万元，企业总资产160158万元。1999年，加大企业投入，注重企业技术改造和新产品开发，全县限额以下非国有工业及全部个体工业企业1375家，完成总产值4亿元，上缴税金852.8万元。国有企业14家，完成工业总产值5.93亿元。集体企业8家，完成工业总产值9545.2万元。股份有限公司1个，完成工业总产值2.79亿元。私营独资企业3家，完成工业总产值30954万元。2005年，全县有企业85家，销售收入58亿元，过亿元企业14家，利税过千万元企业13家。2006年，全县有一定规模的行业有机械、建材、化工、轻工业。至2010年，已形成具有较大规模和较强竞争力的产业8个，即金属材料工业、通用机械工业、建材化学工业、食品药品工业、电力工业、汽车及零部件工业、农业装备工业、纺织服装工业。这8个产业中年收入达5亿～43亿元的行业有钢铁铸造、通用机械、建材、化学工业。年收入1亿～5亿元行业有食品药品工业、电力工业、汽车零部件工业、纺织服装工业。是年，规模以上企业达200家，过亿元企业54家，利税过千万元企业54家，实现收入217亿元、实现利税26亿元、实现利润18亿元，年平均同比增长30%以上。20家规模以上、19家规模以下钢球有限公司钢球的总产量近300亿粒，占全国75%以上的市场份额，带动与钢球有关联的特钢产业2家、专业铸造厂2家。化工行业由2006年东阿第二化肥、第六化肥等8家企业销售收入10亿元，发展到2010年23个规模以上企业销售收入44亿元，5年翻四番，占全县比重20%以上。已完善80万吨尿素、40万吨烧碱、10万吨液氯、10万吨氯磺酸、8万吨氯化苄等主要产品产能，形成中国氮肥行业最大的生产营销基地。引进珠海华丰方便食品有限公司、山东六和集团2家全国500强食品加工企业。“十一五”期间，全县共完成工业投入131亿元。2011—2015年，全社会固定资产投资累计完成467亿元，年均增长20%，是2010年的6.59倍。建成投资过千万元项目330个，其中过亿元的项目96个。全县规模以上工业企业达172家，主营业务收入、利税、利润分别实现522亿元、82亿元、61亿元，分别是2010年的2倍、2.6倍、2.9倍。生物制药、机械、纺织、阿胶食品等产业逐步壮大。深入实施招商引资工程，累计到位资金239.8亿元。共争取上级扶持项目89个、各项资金32.55亿元。民营经济实现税收40.07亿元，年均增长11.7%。深入实施“全民创业计划”，汇银中小企业创业基地成功创建为省级基地。建立全市首家返乡农民工创业园、全市首家县级大学生创业孵化基地。进出口总额达到1.67亿美元，年均增长23%。有自营进出口权的企业达74家，实际利用外资2249万美元，境外投资完成1543.37万美元。高标准抓好“1+3”产业园区规划建设，东阿经济开发区成为“省级优秀开发区”，入园企业达到137家，实现销售收入320亿元、财政收入1.3亿元、税收2.97亿元，分别是2010年的4.1倍、4.6倍和2.6倍。

商业贸易 1997年，从事百货纺织类、烟酒糖茶类、五金交电、化工原料批发业务的单位，由于经营机制发生重大改革，不再适应市场需要，批发机构全部撤销。1997—2002年，新建批发市场，建营业门店62间。1998年，兼并得利斯集团东阿县肉类供应基地。商品销售收入达2357万元。后连续6年突破2000万元大关。1999年，食品公司销售额2000万元，利润6万元。新建牛角店、高集、顾官屯、关山4处食品站，改造县城加工厂和熟制品加工厂，并购置黄屯食品站。1999年，经营生猪达39997头。2000—2004年，大李、杨柳、大桥、姜楼、姚寨食品站维修改造。至2002年，平均每年上缴利税费116万元。2010年，东阿县生猪进点屠宰量15.9万头。2006年，“万村千乡市场”工程启动。至2010年年底，东阿县“万村千乡市场”工程共建设试点企业2家，农家店476家（农资农家店316家、日用消费品农家店160家），其中有96家悬挂“万村千乡市场”工程专用标识牌。2008年，实施“家电下乡”政策，2009年，实施“家电以旧换新”政策。至2010年年底，全县总计销售家电以旧换新产品3150台，收旧3792台，销售金额1054.3万元，发放补贴金额 80.6 万元。销售家电下乡产品 53099 台，销售金额 1.15 亿元，发放惠民补贴 1703 万元。2009 年，东阿县被批准为“五大工程”试点县，省财政支持资金 800 万元。2013 年，实现进出口总额 8445 万美元。2014 年，实现进出口总额 11571 万美元。2015 年，全县实现社会消费品零售总额 40 亿元，2010—2015 年，电子商务发展迅速，物流配送系统逐步完善。至 2015 年年底，有 40 余家企业利用电商销售渠道经营，部分企业网上年销售额达 4000 万元左右。聊城亿顺物流有限公司创办自有网站——中国危货网，自行研发手机终端“化工物流宝”（手机 APP），网站日均业务量达 100 单左右。有电商配送公司 16 个，可直接配送到乡镇。与电商平台合作顺利，苏宁易购、京东商城在东阿县设立县级服务中心，京东商城与县供销社联合建设电商网络。全县共有社区便利店 8 个，高档次早餐店 12 个。家政服务业成为就业新渠道。家政培训中心培训家政服务员近 5000 名。“十二五”期间，共组织 95 家企业门店参与诚信企业创建活动，发放诚信商贸企业承诺牌匾 95 个。牵头组织协调全县“双打”工作，建立信息员联络制度，推进“两法衔接”。是年年底，各双打领导小组成员单位出动检查人员共计 2400 余人，车次 500 余次，查处案件 6 起。全县共有综合商品交易市场 3 个，专业批发市场 1 个，城区农产品批发零售市场 1 个，农村集贸市场 13 个。全年，完成进出口总额 16716 万美元，同比增长 44.48%，5 年累计进出口总额 48981 万美元。

第三节 社会事业

科技 1997 年，东阿县被评为全国科技工作先进县。1997—2005 年，承担完成国家，省计划项目 5 项。2005—2010 年，共申报国家计划项目 4 项，省级项目 6 项，“省级院士工作站”2 个，“市级科技计划项目”10 项，“市级高新技术工程技术研究中心”“市级重点实验室”“市级科技型中小企业”15 个。2010 年，科技活动人员总量达 2000 人，比 2005 年增加 1500 人，年均增长 58.7%。全县累计申请专利 674 件，其中发明专利 126 件；专利授权量累计达 449 件，其中发明专利 75 件。是年，全县专利申请量和授权量分别达到 120 件和 122 件，比 2005 年分别增加 101 件和 110 件。2011—2015 年，“创新驱动计划”列入县重点推进的“十大工程”之一，共有 58 个科技项目获得市级以上立项，有 4 个项目获得山东省自主创新重大专项支持，有 2 个项目获得国家星火计划和火炬计划项目支持。全县农业科技签订合作协议及技术开发合同 60 项，有 2 家企业获得“中国产学研合作创新奖”。2015 年，全县高新技术产业产值累计 122.5 亿元，占规模以上工业比重达 25%，比“十一五”末增长 3.8 个百分点。全县拥有市级以上高新技术企业 25 家，其中国家级高新技术企业 6 家，高企数量位居全市前列。全县发明专利申请 96 件、授权 35 件，比“十一五”末分别增长 209.7%、483.3%。是年年底，全县有效发明专利达 112 件，处于全省第七十四位、全市第三位。拥有市级以上工程技术研究中心、重点实验室 24 家，其中国家胶类工程技术研究中心 1 家，省级工程技术研究中心 3 家。拥有省级防震减灾科普宣教基地 1 处，省级地震安全示范社区 1 处，省级地震科普示范学校 4 所，市级地震科普示范学校 1 所，省级地震示范企业 1 家，建有应急避难场所 12 处，在 5 个乡镇建设有地震烈度速报与工程预警站点。

教育 1997 年，全县有小学 317 所。统一实行初中教育三年制。筹建实验高中。筹资 6000 万元用于教学设施的改善，基本实现“普九”目标。1998 年，通过职业中专资格验收。1999 年，实验高中建成，招生 10 个班 610 人。是年，全县高中招生 2000 人，在校生 5240 人。市政府批准职业中专与成人中专一校两牌。2002 年，全县一次性调整小学六年制。2004 年，全县小学调整为 110 所。全县共有高级职称教师 237 人，中级职称教师 2028 人。至 2004 年，共向大中专院校输送新生 18053 人，其中本科

3278人，专科6007人，中专8768人。2005年，共向大中专院校输送学生2154人，其中本科725人，专科1063人，中专366人。全县公立教师5800余人，其中在职人员3500余人。2005—2010年，建设农村幼儿园72所。农村小学教学点67所，初中10所，初中小学在校生40153人。普通高中2所，高中在校生6957人。职业教育中心1所，特殊教育学校1所。2006年，落实补助义保经费及免除教科书费共计990万元，全县58648名学生受益。2007—2009年，共解决进城农民工子女接受义务教育1145人。全县"三残"儿童少年的入学率保持在87%以上。2010年，职业教育中心在校生2056人。2011—2015年，共实施乡镇中心幼儿园建设项目10处，新建建筑总面积32000余平方米，总投资5000余万元。全县中小学共开工建设校舍维修改造项目14个，总投资2300余万元，建筑总面积22000余平方米。全县配备校车90辆，实现全县中小学全覆盖。投入资金4000余万元，配备实验仪器67套，实验室24个，图书20万册，学生微机3100余台，教学一体机630套，学校卫生保健设备50套，学生综合实践设备200套，学生心理咨询设备50套。

文化 1997年，曹植墓被国务院列为全国重点文物保护单位。自2005年年始，东阿县注重文化旅游事业发展，东阿阿胶和鱼山梵呗先后被评为国家级非物质文化遗产。2007年，组建农村公益电影放映队。2008年，东阿县正式被文化部命名为"中国杂技之乡"。2009年，东阿杂技列入山东省省级非物质文化遗产名录。2012年，新建杂技团。2013年，图书馆新馆开馆。档案馆1座，案卷达到16968卷，资料11890册。广播电台1座，电视台1座。广播、电视人口覆盖率均为100%。2012年，东阿县被山东省旅游局评定为"山东旅游强县"。至2015年，初步形成以"阿胶·养生、黄河·生态、鱼山·梵呗、喜鹊·吉祥、历史·民俗"为文化主题，以"阿胶养生文化苑""鱼山曹植墓景区""黄河森林公园"为主体框架，以"阿胶养生·梵呗养心"为基本特色的总体旅游格局，"中国养生休闲旅游目的地"趋于完善。至2015年，已创建国家AAAA级旅游景区1处、国家AAA级旅游景区1处、国家AA级旅游景区2处、国家黄河森林公园1处。黄河水利风景区被评为"国家级水利风景区"，洛神湖景区为"国家湿地公园"。东阿阿胶养生休闲文化旅游园区列为"山东省重点服务业园区"，东阿阿胶城被列入"到山东不得不去的一百个地方"。

卫生 1997年，全县有医疗卫生单位21个。县医院、中医院、防疫站、保健院、卫校、药检所各1个，乡镇有卫生院（含3个中心卫生院）14个，行政村卫生室503个。全系统共有干部职工1178人，其中卫生技术人员986人；医疗设备总值1539万元，设有病床630张，平均每千人拥有床位1.5张，平均每千人拥有卫生技术人员2.4人，治愈率97%。2000年，全县有企事业单位卫生室28处，卫生技术人员33人，其中医师10人、医士14人、护士5人、药剂4人。2001年，县卫生学校招收中专医士学员，计830人。是年，根据省政府《关于医学教育调整的通知》，停止招生。2001年，关山卫生院划归刘集中心卫生院。2002年，大李卫生院划归牛角店中心卫生院，杨柳卫生院划归姚寨卫生院。2004年，铜城卫生院改称铜城办事处卫生院，黄屯卫生院改称铜城办事处黄屯卫生院。是年，新城办事处卫生院成立。全县共有在职副高级职称以上医疗人员41名，其中正高级4人、副高级37人（中医副高级2人）；副高级医技科室人员7人、副高级护理人员8人；中级治疗人员207人（中医20人）、中级护理人员136人、中级医技科室人员61人、初级技术人员607人、乡村医生660人。2005年，全县有铜城办事处、铜城办事处黄屯、新城办事处、顾官屯镇、姜楼镇、刘集中心、刘集镇关山、单庄乡、大桥镇、陈集乡、姚寨镇、姚寨镇杨柳、牛角店中心、牛角店镇大李、高集中心等15个乡镇卫生院。全县设村卫生所271个。有企事业单位卫生室33个，卫生技术人员47人，其中医师14人、医士20人、护士7人、药剂6人，负责各单位医疗保健工作。东阿县被批准为山东省新型农村合作医疗省级试点县，是年7月，启动报销。2006—2007年，投资371万元，新建村卫生室54个。2009年，投资600万元，新建省级规范化卫生室67个。2010年，全县有村卫生室183个。其中，省级统一规划村卫生室121个，有乡村医生859人。投资50万元，为105个村卫生室统一配备电子管理联体机系统。全县村卫生室全部纳入乡村卫生一体化管理。2005—2010年，全县有县人民医院、县中医院、县疾病控制中心、县妇幼保健院、县卫生进修学校以及8个乡镇卫生院、2个街道社区卫生服务中心。2011—2015年，相继启动卫生监督所办公楼建设项目、县人民医院新建项目、牛角店镇卫生院门诊楼扩建项目、新建姜楼镇卫生院病房楼、县急救中心、改扩建刘集镇中心卫生院病房楼、新建黄屯卫生院病房楼、规划县妇幼保健院建设项目、规划县中医院建设项目、建设鱼山镇卫生院公共卫生综合楼项目和6个村卫生室建设项目（高集镇大侯村卫生室、姚寨镇杨东村卫生室、陈集乡陈店村卫生室、铜城街道王庙村卫生室、姜楼镇徐楼村卫生室、鱼山镇鱼山村卫生室）。

体育　1997—2005年，全县体育场地有小运动场（250米跑道以上）18个，排球场1个，篮球场37个（教育33个、工矿4个）。2008年，实施“农民健身工程”，为40个行政村配建体育健身设施。至2010年年底，全县农民健身工程共到位127套，到位率25%。2012年，参加聊城市全民健身运动会，获得一等奖6个，二等奖5个、三等奖5个和道德风尚奖3个，获得个人冠军四项。2013年聊城市第二届运动会，东阿县夺得金牌16枚、银牌8枚、铜牌9枚。2014年，第五届华夏武术状元国际争霸赛，东阿县金刚力功获得金牌6枚、银牌2枚、铜牌1枚。东阿武术协会在山东省第四届全民健身运动会武术比赛获得一等奖1个、二等奖1个。是年，轻舞飞扬健身队表演的广场舞《小苹果》在网络上被湖南电视台选中，登陆《快乐大本营》。2015年，在省市举办的比赛中，金刚力功获得金牌5枚，最美健身舞获人赛冠军，乒乓球女子团体、个人均获冠军，武术在山东第一届武术大会上获七金二银的历史最佳成绩。至2015年，农村健身工程累计557个，农村社区健身工程26个，城市社区健身工程8个。

交通邮电　1997年，域内有国道1条，省道5条。国道105线，北京至珠海公路，县境内由茌平县界到聊济市界，长18.3千米（其中二级公路8.5千米、一级公路9.8千米）。省道有S105线济聊一级公路东阿段全长79.4千米。省道329线，薛家岛至馆陶公路，2004年改线，从聊济市界至东聊县界，全长26.2千米。省道710线，为东阿至聊城连接线（原省道329线薛家岛至馆陶公路，2005年年初改名S710线），属省道二级公路，县境内由东阿大桥镇至东聊县界，长22.2千米（其中2.3千米重合S324线齐南路）。省道324线，齐河至南乐公路（原041线，1998年更名），属省道二级公路，县境内由德州聊城市界至东阿阳谷县界长55.3千米（其中穿过城区4.6千米与省道710线重合）。省道258线，清至邹城公路（原为聊城至位山公路，102线，1998年更名），属省道三级公路。2001年，东阿阳谷界至位山9.8千米改建为沥青混凝土路面，二级路面，宽12米。至2015年年底，全县农村公路通车里程达1935千米，其中县级公路9条、135千米，乡级公路15条、116千米，村级公路1684千米，实现100%行政村通沥青（水泥）路，公路密度达265千米/百平方千米、48.38千米/万人。全县新能源城市公交车达到290辆、公交线路16条，其中空调线路4条。东阿县境内建设浮桥9座。

1997年，济南至聊城自办汽车邮路，两车对开，途经长清、平阴、东阿、阳谷、聊城，全长225千米。汽车邮路在东阿境内沿线大桥、姜楼、刘集支局，由济南邮车押运员负责与其交接进出口邮件和报刊。同时设置刘集——关山自行车逐日班邮路，全程往返18千米。1999—2010年，聊城至东阿自办汽车邮路，每天两班。全长30千米。至2015年，全县县内有汽车邮路2条，总长165千米，投递段道46路，其中城区投递12路、农村投递34路，邮运投递生产汽车4辆。2003年，电信投资500多万元，新建固网机房5处，新建电缆50千米皮长，光缆80千米皮长，覆盖东阿县城境内50多个小区电话宽带业务。2005年，有固定电话用户2200余户，宽带用户1200余户，月营业收入10万元。2008年10月，承接原中国联通CDMA网络及业务的运营。2009年，联通完成主营业务收入3700万元。2010年，收入3855.35万元。2015年，移动在网用户达21.6万户，比2011年增加8.2万户。营业收入比2011年增加3000余万元。上缴地方财税达300余万元，比2011年增加100余万元。

城乡建设 1997年，投资修建文化东路、商业街西路等主要街道，形成比较完整的城市交通框架。在公路建设上新建改建池中路、陈高路等共40余千米，全县公路通车里程达280余千米。2003年，新一轮城市总体规划完成。规划区包括铜城办事处、新城办事处和陈集乡部分村庄，面积达74平方千米。在全市率先完成全县乡镇驻地总体规划编制工作。2005年9月，完成占地24公顷，集休闲、观光、娱乐、健身于一体的大型综合性广场——东阿广场。2007—2015年，先后对城区16条道路进行了综合整治活动。2008年，城镇化率35.46%，城镇人口、城镇建成区面积分别达11.11万人、13.6平方千米。2009年，县城燃气普及率、日供水能力分别达66.5%、3万吨，绿化覆盖率、绿地率、人均公共绿地分别达31.26%、28.26%、12.79平方米。2009年，投资2689万元完成喜鹊广场建设，占地面积64.5亩。2011年，东阿县被评为“山东省园林城市”。2015年，被评为“国家园林县城”。

人民生活 1997年，城镇居民人均生活费收入2876元、比上年增加311元；农民人均纯收入1714元，比上年增加262元。2005年，全县农民人均纯收入3382元，城镇居民家庭人均现金总收入10446元。共创办福利企业6家，职工410人，其中残疾职工204人，全年实现工业销售产值11400万元，净产值3900万元，免税1040万元，残疾职工月工资560元以上。2013年起，为全县80周岁以上低保老年人发放高龄津贴。至2015年年底，80～89周岁低保老年人有328人，全年发放高龄津贴40.79万元；90至99周岁低保老年人有78人，全年发放高龄津贴17.53万元。2015年，全县城镇居民人均可支配收入18094元，农民居民人均可支配收入10421元。城镇单位从业人员平均工资为44456元。全县各种社会福利收养性单位51个，社会福利收养性单位床位2639张，在职职工794人，其中残疾职工301人，全年实现退税金额927万元，残疾职工月工资1400元以上，各类社会保险参保率100%；是年，全县居民基本养老保险参保人数345060人，居民基本医疗保险参保人数358251人，享受居民生活最低保障人数7328人。

第七章　茌平县

茌平县位于鲁西平原，聊城市东部，秦始皇二十六年（公元前221年）置县，因县境在茌山之平陆而得名。东临齐河县，南连东阿县，西靠东昌府区、临清市，北与高唐县接壤。县境南北长43.5千米，东西宽46.3千米，总面积1003.37平方千米。县城距市政府驻地聊城35千米，至省会济南80千米。2015年年底，茌平县总面积1003.37平方千米，辖3个街道办事处、10个镇、1个乡，732个村民委员会，980个自然村，总人口55.92万人，其中城镇人口

20.42 万人。

茌平县历史悠久，地灵人杰。新石器时代的教场铺遗址，为全国重点文物保护单位。有省级文物保护单位 3 处，市级文物保护单位 7 处，各类文化遗址 60 余处。春秋时期的重耳，战国时期的淳于髡、鲁仲连，盛唐宰相马周，北宋九经状元孙奭，宋代医学大家成无己，明朝状元、礼部尚书朱之蕃，清朝翰林、康熙帝师王曰高，皆为茌平先贤，名列中华青史。茌平县物华天宝，名优特产众多。圆铃大枣，蜚声中外。黄花菜，栽培历史 2000 余年。白莲藕，曾为上等贡品。茌平文化底蕴深厚，民间艺术繁荣。尤以民间剪纸、龙山黑陶著称。

茌平县区位优势明显，基础设施完善。县城东距山东省会、"泉城"济南 90 千米，西南距"江北水城"聊城 20 千米。邯（郸）济（南）铁路贯通县境，境内有国道 2 条、省道 4 条。以县城为中心的县、乡、村公路交通网络已经形成。邮电业务发展迅速，国际、国内联络便捷。

1997 年，全县实现国内生产总值 24.1 亿元，其中第一产业增加值完成 10.7 亿元、第二产业增加值完成 9.8 亿元、第三产业增加值完成 3.6 亿元。完成农业增加值 1.19 亿元、工业增加值 8.7 亿元。社会消费品零售总额 3.08 亿元，实现外贸出口总额 1.48 亿元。2015 年，全县完成生产总值 441.2 亿元，比 2010 年增长 187.2 亿元，年均增长 11.7%，人均达 1.2 万美元。地方一般财政预算收入达 29.4 亿元，是 2010 年的 2.4 倍，年均增长 19.4%。自 2010 年起的"十二五"期间，组织实施县级以上重点项目 468 个，其中省级以上重点项目 3 个，市级以上重点项目 117 个，全社会固定资产投资累计达到 1053.2 亿元。百强县建设连年进位提升，由 2010 年的第九十八位跃居第七十二位。三次产业由 2010 年的 13.7∶68.9∶17.4 调整到 10.9∶64.3∶24.8。

第一节　自然条件

境域　茌平县位于鲁西平原，聊城市东部，地理坐标为北纬 36° 22′ ～ 36° 45′ 、东经 115° 54′ ～ 116° 24′ 。东临齐河县，南连东阿县，西靠东昌府区、临清市，北与高唐县接壤。县境南北长 43.5 千米，东西宽 46.3 千米，总面积 1003.37 平方千米。县城距市政府驻地聊城 35 千米，至省会济南 80 千米。

地形地貌　茌平县地处黄河泛滥冲积平原，平均海拔高度 32.5 米。最高点在洪官屯乡摆渡口村北，海拔 35 米；最低点在王老苗圃，海拔 26.5 米。地势由西南向东北缓倾，自然坡降为 1/7000。历史上，黄河多次在境内改道、决口，大量悬浮物反复沉积，逐渐形成微度起伏的岗、坡、洼相间地貌。据 1991 年 5 月《山东省茌平县土地资源调查报告》载：茌平县地貌类型主要有平坡地、洼坡地、河滩高地、决口、扇形地和浅平洼地等。其中平坡地 4.69 万公顷，占全县土地总面积的 45.6%；洼坡地 2.9 万公顷，占 28.3%；河滩地 1.24 万公顷，占 12.1%；决口扇形地 1.02 万公顷，占 9.6%；浅平洼地 4266.67 公顷，占 4.1%。

气候　茌平属温湿带大陆性季风气候。四季分明，温度适宜，光照充足，热量充沛，无霜期长。形成"春旱多风，夏热多雨，秋爽多旱、冬季干寒"的气候特点。1997—2015 年，年平均气温为 14.1℃，年极端最高气温为 41.8℃，年极端最低气温为 -21.7℃。一般情况下，7 月温度最高，1 月温度最低。年平均降水量为 577.8 毫米，降水主要集中在 6—9 月，占全年降水量的 70% 以上。年平均日照时数为 2327.8 小时。全年风向以南风为主，占 18%；其次为东北风，占 13%；西风最少，占 2%。年平均相对湿度为 68%。年平均晴天日数为 97 天，冬季晴天最多，占全年的 41%；夏季最少，占全年的 15%；秋季占全年的 33%。年平均阴天日数 100 天，7 月最多，12 月最少。年平均蒸发量为 2106.5 毫米，夏季最大，冬季最少，各月以6月最大，1月最少。

河流 茌平县为海河流域，依干、支流关系和流域界限分为徒骇河、马颊河两大水系。徒骇河由聊城开发区庄家庄入境，流经博平镇、温陈镇、韩屯镇、胡屯镇4镇，境内长28.7千米，流域面积142平方千米。其支流有赵牛、管氏、四新、茌新、茌中、冯氏、西新、七里、老徒骇河和普及沟，境内总长176.4千米，流域面积731.1平方千米。马颊河由东昌府区岳庄入境，流经洪官屯镇、贾寨镇、菜屯镇3个乡（镇），境内长21.3千米，流域面积32.5平方千米。其支流有德王河、小运河，境内共长9.3千米。境内河流多系源近流短、季节性间歇河流。位山引黄第一、二干渠由南向北纵贯境内，分干、支、斗渠遍布各乡（镇）。全县有固定渠道500余条，总长1277.6千米，灌溉面积占总耕地的90%以上。

自然资源 全县土地总面积为100337公顷，其中耕地64872.56公顷，占全县土地总面积的64.65%；园地321.04公顷，占0.32%；居民点及工矿用地15247.88公顷，占15.2%；交通用地4688.8公顷，占4.67%；水域6709.85公顷，占6.69%；未利用土地1325.9公顷，占1.32%，林地7116.99公顷，占7.1%。

茌平县水资源可利用总量为14649万立方米（降水保证率P=50%时），人均占有当地水资源256立方米，低于全国平均2200立方米/人、全省人均344立方米/人的水平，属极度贫水地区。当地水资源量占全县用水总量的50%左右。2009年，供水量为26287万立方米，其中水利工程蓄水量为1310万立方米，引黄水16528万立方米，引河水量1790万立方米，地下水开采量6009万立方米，再生水利用量330万立方米，引东阿岩溶水供给生活用水量320万立方米。全县各行业用水量：生活用水1311万立方米，农业用水22477万立方米，工业用水2112万立方米，城镇公共用水340万立方米，生态与环境用水47万立方米。全县地下水漏斗面积增至310平方千米（地下水埋深度大于6米），占全县总面积的28%，达历史最大面积。深层地下水埋藏深度110米，呈逐年下降趋势。

茌平县生物资源种类较多。主要粮油作物有小麦、玉米、谷子、大豆、高粱、地瓜、棉花、花生、油菜等20余种。全县蔬菜品种有10大类78个品种。木本植物有46科、140余种，草本植物有67科、120余种。动物资源有40余种、200余个品种。名优土特产有圆铃大枣、茌梨、黄花菜、十孔藕等。圆铃大枣已有2000多年的栽培历史，素以个大、核小、脆甜、味美而出名，历史上为贡品。经熏制而成的乌枣，宋代即远销东南亚等地，2015年，销往20余个国家和地区。全县以建设“铝城枣乡”为契机，大力发展枣树种植，实行地域性保护，以博平镇、肖庄镇、韩屯镇等为主的乡（镇）在种植枣树方面走在全县的前列。

第二节 经济发展

农业 1997年，全县农业总产值为19.75亿元，粮食总产量4.24亿千克，农民人均纯收入为1892元，农业内部结构农、林、牧、渔的比重为66∶6∶21∶7。2008年，60万亩农业标准化示范区、1万户生态家园、10万名新型农民培训、2.1万亩节水项目和102座水利危桥改造等“十大惠民工程”全面完成。2009年，全县粮食播种面积142万亩，平均单产459千克，粮食总产66万吨，年均增长幅度10%以上，全县农业总产值41.48亿元，农民人均纯收入达5790元，超过聊城市平均水平（2009年聊城市农民人均纯收入为5539元），农业内部结构农、林、牧、渔的比重为57∶8∶26∶9。万户生态家园、温暖家园等“十大惠农工程”全面完成，争取上级项目资金2.36亿元，农村“水、电、路、气、医、学、桥”等基础设施建设不断完善。小麦良种、玉米测土配方施肥覆盖率分别达100%和80%。2014年，全县农业总产值68.2亿元。2015年，全县粮食播种面积10.67万公顷，平均单产600千克，粮食总产

96万吨，农业内部结构农、林、牧、渔的比重为76∶0.4∶18.4∶2.2。市级以上农业龙头企业、农民专业合作社分别达55、1021家，分别是2010年的3.7倍和13倍；家庭农场从无到有，达88家；“三品一标”认证达132个，是2010年的4.4倍。农产品质量安全检测监管追溯体系实现全覆盖。实施农田水利基本建设三年会战，治理排涝沟渠374条、930千米，农业发展基础进一步夯实。新增省级龙头企业2家、市级4家，新增“三品”品牌33个、农民专业合作组织46家。推广测土配方施肥等新技术112项，引进新品种39个，良种面积75万亩。

工业　1997年，全县乡镇企业实现产值19亿元，实现利税1.74亿元。实施技改项目23个，其中省重点1项，地区重点6项，投入资金4.4亿元。骨干企业的规模迅速膨胀，造纸生产规模达8万吨。味精形成2.5万吨的生产规模。电力生产达5万千瓦。是年，14户技改企业实现产值7.37亿元，占全县乡及乡以上工业产值的68.9%。实现利税1.14亿元，占全县乡及乡以上工业利税总额的73.6%。培植骨干企业，加大对弱小企业的扶持力度。按照“三改一管”的要求，深入开展“管理效益年”活动，引导企业借鉴邯郸钢铁集团经验，瞄准全国同行业先进水平，积极探索适合各自企业特点的管理模式，涌现出一批基础工作比较扎实、消耗低、管理好的企业，全县工业经济整体素质和运行质量明显提高。全县全年县属工业企业实现产值9.2亿元，利税1.18亿元。1997—2009年，茌平县实施工业带动战略，坚持工业立县，以扩总量、调结构、转方式、强特色为主线，把发展优势产业链条和优势产业集群相结合，全县工业经济取得又好又快发展。全县实施骨干企业带动战略，围绕有市场、有效益、有竞争力的产品，着眼于工业结构优化升级，不断投入、连续投入，形成一批主业突出、核心竞争力强、拥有自主知识产权的重点企业。围绕电解铝特色产业，培植起发电、供热、氧化铝、电解铝、电石、液碱、聚氯乙烯、碳素、氟化盐、工（民）用型材、汽车配件、铝板带箔等企业群体；围绕密度板产业，培植起中（高）密度板、黏合剂、贴面板、装饰板、强化木地板、家具等企业群体，围绕味精产业，培植起味精、淀粉、硫酸、液氨、复合肥、包装等企业群体；围绕纺织产业，培植起棉花加工、纺纱、印染、织造、家饰用品等企业群体；围绕制药产业，培植起大瓶液体、软袋液体、针剂、固体制剂、包装、印刷等企业群体。至2009年年底，全县共有规模以上工业企业303家，实现主营业务收入537.2亿元、利润45.6亿元、利税59.6亿元，分别同比增长14.5%、37.8%、27%。其中主营业务收入过百亿元的1家，即信发铝电集团（284.7亿元），占全县的53%；过10亿元的6家，分别是信发铝电集团（284.7亿元）、恒信铝业（20.5亿元）、信乐味精（18.8亿元）、金号织业（10.7亿元）、齐鲁味精（14.7亿元）、凯丰铝业（10.9亿元），占全县的67.1%；过亿元的43家，占全县的82.3%。实现利税过亿元的2家，即信发铝电集团（39.2亿元）、信乐味精（1.3亿元），占全县的68%；过5000万元的6家，分别是信发铝电集团（39.2亿元）、信乐味精（1.3亿元）、金号织业（9220.1万元）、华鲁制药（9142.7万元）、金鑫化工（6328.2万元）、齐鲁味精（5481.8万元），占全县的73%；过千万元的51家，占全县的86.6%。工业经济扩量提质，“十二五”期间，全县累计完成工业投入643亿元，规模以上企业由2010年的342家增加到454家。2015年，实现规模工业销售收入1464.1亿元、利润120亿元、利税151亿元，均比“十一五”末翻一番。民营经济加快发展，私营企业、个体工商户分别达4077家、24484户，比“十一五”末分别增长2611家、15793户

商业贸易　1997年后，积极引进外资，大力发展连锁经营、仓储式超市、物流配送等，已建成上海联华购物中心、永鑫超市，在建中的京都国际广场、林庄商贸城等逐步形成中心街商业中心区域。改造提升传统商贸业，围绕商住开发、批发零售、餐饮、酒店、娱乐五大行业，改

造和新建信发步行街、祥和商城、泰和商业街、家具市场等多处特色商业中心。推进农村商贸网点建设，发展万村千乡市场工程，以茌平新源果品土杂有限公司和民生农业生产资料有限公司为依托，采取合理竞争、政府扶持、市场运作、农民自愿加盟的方式，发展农资农家店95个、日用消费品农家店240个、配送中心1个，实现配送额2.2亿元。初步形成以乡（镇）店为骨干、村级店为基础、以日用品消费和农业生产资料供应为主要内容的农村流通网络，使农民购物最远半径不超过1.5千米。1997年，全年集市贸易成交额达到3亿元，社会消费品零售总额3.08亿元。个体私营经济发展较快，全县私营企业发展到56家，个体工商户达1.03万户，个体私营工商税收实现600万元。2009年，全县社会消费品零售总额45.5亿元，同比增长19.7%，增幅居全市首位，其中限额以上社会消费品零售总额7.49亿元，增长50.5%；限额以下为2.44亿元，增长7.16%；个体经营户为35.02亿元，增长15.69%。全社会消费品零售总额中，非公有经济占93.9%，占消费市场的主导地位，全县人均消费额达到7598元，比2008年人均增加1176元。大宗消费品特别是汽车、房产和各类生产资料保持常年旺销，零售物价总水平呈逐年上升之势，房产、粮油、副食品、蔬菜上涨幅度较大。城乡居民实际生活水平逐年提高，交通、住房条件比1997年有了飞越式的变化。2015年，实现社会消费品零售总额80亿元，比上年增长13%。全年引进项目129个，实际到位资金146亿元。完成外贸进出口总额7.9亿美元，实际利用外资2107万美元。

1997—2009年，全县累计吸引外商投资项目20个，项目总投资近3亿美元，累计完成合同利用外资近1.5亿美元，实际利用外资1.1亿美元。港华燃气城区天然气供应项目是茌平县第一家服务业利用外资项目。至2009年年底，全县正常生产经营的外商投资企业18家，从业人员15000余人。累计进出口贸易总额达21.8亿美元，其中出口贸易总额8.2亿美元，进口贸易总额13.6亿美元。有自营进出口权的企业80家，出口产品主要有电解铝、铝深加工产品、纺织品、机电产品、肉制品、味精、化工产品、农副产品深加工等，进口产品主要有铝矿石、氧化铝粉、棉纱、铝型材、机电产品等。进出口国家有日本、美国、韩国、新加坡、俄罗斯、澳大利亚、印度、印度尼西亚等国家和地区。出口创汇：1998年为22万美元，1999年为4万美元，2000年为154万美元，2001年为424万美元，2002年为1360万美元，2003年为4629万美元，2004年为8638万美元。2005年，由于国家限制电解铝出口，是年出口总额开始下降。2005年为5991万美元，2006年为3382万美元，2007年为14849万美元，2008年为35262万美元，2009年为7345万美元，2015年为23024万美元。

第三节　社会事业

科技　1997年，全县各类科技组织已发展到113家，与省内外7所高校和9个科研单位建立了长期稳固的技术协作关系。科技推广成效显著。温室栽培、配方施肥、优良品种、精量播种、病虫害综合防治等先进适用技术覆盖面已达87%，农作物良种覆盖率达到97%。围绕农业关键技术大力组织科技开发，建立5个科技示范样板基地，其中胡屯、脱毒“两薯”良种开发推广项目，已被列为全省农业科技开发“三〇工程”。科技进步因素对经济增长的贡献率达39.1%。是年，茌平县被评为“全国科技工作先进县”。1997—2009年，茌平县先后承担实施县级以上各类科技计划项目244项，其中，国家级10项、省级32项、市级71项、县级131项。通过以上项目的实施，对促进工农业经济的发展起到重要的推动作用。全县共认定各级科技成果283项，其中省级以上科技成果45项。全县一直将激发社会创新活力、提高自主创新能力作为科技工作的重要内容来抓，通过加大专利申报工作力度，鼓励社会、企业、个人开展技术创新。至2009年，全县累计申请上报专利585项，获得授权

363 件。2015 年，共取得市（地）级以上各类重要科技成果 1 项，即省科技奖励 1 项。发明专利申请 96 件，发明授权专利 35 件。

教育 1997 年，教育工作跨入全省先进行列。全县大学本科上线人数，按万人比计算，连续八年位居全区之首。“普九”工作顺利通过检查验收，新建中小学校舍 12 万余平方米，教学楼 21 幢，城乡基础教育办学条件明显改善。2009 年，全县有小学 88 所，其中完全小学 68 所、教学点 20 个，教学班 862 个，在校生 36563 人；初中 18 所，教学班 309 个，在校生 12194 人；普通高中 4 所，教学班 217 个，在校生 12036 人；职业高中 1 所，在校生 1078 人；特殊教育学校 1 所，教学班 10 个，在校生 95 人；实验幼儿园 1 所，教学班 20 个，在园幼儿 992 人。全县有教职工 5635 人。家庭贫困学生救助长效机制进一步完善。2009 年，补助义务教育阶段困难家庭寄宿生生活费 350 人次，补助资金 13.1 万元；救助普通高中学生 1130 人，发放政府助学金 113 万元；中职学生全部享受每人每年 1500 元的国家助学金。救助中考、高考贫困学生 200 人，救助资金 30 万元。办理大学生助学贷款 667 人。学校建设和教育装备进一步加强。博平中学、冯官屯中学改扩建工程，王老中学和温陈中学建设，以及乐平铺中学、广平中学等 8 所中小学“两热一暖一改”（即“211”）工程全部竣工。大力实施了中小学教学装备更新工程，投资 424 万元，为全县中小学配备计算机 805 台，多媒体教室 18 个。素质教育成效显著。学校办学行为不断规范，书香校园建设成效明显。全国中学生科技创新大赛，选送的 19 件作品全部获奖；选送的温陈政法希望小学与实验高中合演的“泰山童子迎全运”节目参加全运会开幕式演出，并获一等奖。教师队伍不断加强，2009 年，全县有 1 人被评为全国优秀教师、全国中小学优秀班主任，4 人被评为山东省优秀教师，2 人被评为“齐鲁名师”，1 人被评为“齐鲁名校长”，4 人被评为“水城名师”，2 人被评为“水城名校长”。教育教学质量普遍提高。全县中小学全面开展学习推广杜郎口中学教改经验活动，启动高中教改实验，开展高效课堂创建活动，优化教育教学环境，茌平县教育呈现出又好又快的发展势头。2015 年，全县有中等职业学校 1 所，普通高中 4 所、初中 15 所、小学 69 所、特殊教育学校 1 所，有档案馆 1 个，公共图书馆 1 所，文化馆 1 个，体育馆 1 座。

文化 1997 年，文化事业以创建“全省社会文化先进县”活动为契机，积极开展文化下乡，群众性文化活动空前活跃。是年，茌平县被评为“全省文化下乡先进单位”。城乡移风易俗，争创文明家庭、文明村镇、文明单位活动全面推开，敬业爱岗的行业新风初步确立。1997—2015 年，先后出版发行《茌平县志（1840—1985）》《茌平年鉴（1986—1996）》《茌平县志（1986—2005）》等志书，先后为《中国县情大全》《山东年鉴》《山东风物大全》《聊城年鉴》《聊城市情》《聊城风物》等书刊提供大量文字资料。多次获“全省地方史志系统先进集体”“全省地方史志系统先进工作者”称号。2002 年，茌平县被省委、省政府命名为社会文化先进县。城乡文化体育旅游事业较快发展，全县文化体育旅游事业设施建设得到进一步加强，投资 4 亿元建设的三馆一场（图书馆、博物馆、体育馆、体育场）投入使用。16 个乡（镇、街道）建有一级图书馆，有藏书 10 万余册。文物管理所有馆藏文物 700 余件，全县文化遗址有国家级重点文物保护单位 1 处，省级文物保护单位 4 处。茌平剪纸被评为省级非物质文化遗产保护项目。剧团每年送戏下乡 370 余场。

卫生 1997 年后，卫生工作狠抓制度建设，强化医德医风教育，取得新的成绩。全县医疗机构基础设施明显改善，医疗条件明显提高，卫生技术人员呈高学历之势。2003 年，成立新型农村医疗办公室，2006 年，批准正科级事业单位编制 8 人。2015 年，有各级各类医疗卫生机构 681 处，开放床位 1508 张，其中县直医疗卫生单位 7 处，乡（镇）卫生院 19 处，社区卫生服务机构 9 处，行政村卫生室及其他医疗机构 645

处，职工1545人，其中高级专业技术职务任职资格83人、中级541人、初级712人。

体育 1997年后，随着群众体育运动的发展，全县体育运动场地及设施建设速度加快。2005年，建成3400平方米的体育综合楼1座，设有室内乒乓球室、健身房及室外简易篮球场等体育设施。2008年，开始建设体育场和体育馆。体育场占地15422平方米，设置6450座，甲级标准，能容纳手球等国内综合比赛和国际单项比赛要求。体育馆占地13945平方米，设置20000座，作为全民健身中心使用。至2009年年底，全县中、小学增建200米以上跑道的田径场15处，总数达28处。增建篮球场29处，总数达62处。增建排球场11处，总数达16处。县直机关、企事业单位增建篮球场11处乒乓球室、棋类室35处。各乡镇街道、行政村新增体育健身广场5处，篮球场地105处，乒乓球场地105处。室内健身房4处，健身器材、设备不断更新和增加。2011年，茌平县博物馆、图书馆、体育馆、体育场正式投入使用。自2010年起，茌平县大力发展竞技体育；2011年，茌平运动员吴克入选CBA全明星，2012年获得亚洲杯第五名，2012—2013赛季获CBA联赛第二名，2013年第十二届全国运动会获C男子篮球第三名。2012年，茌平运动员张吉点获得全国皮划艇锦标赛1000米男子四人艇冠军，获得中国绍兴环城河国际皮划艇马拉松赛男子皮艇冠军。2013年获得第十二届全运会1000米男子四人皮艇冠军。是年，聊城市第二届运动会中茌平县获金牌总数第三名，团体总分第四名。

交通邮电 1997年，茌平县配合有关单位进行济聊高速公路、邯济铁路等大型工程的建设，全县晴雨通车里程达812千米，全县有704个村通油路，占村庄总数的87%。至2003年，全县修建农村公路1000余千米。至2006年，全县累计投资2.5亿元，争取上级补助9600万元，建设里程1227千米。通油路村庄达780余个，占全县行政村总数的95%以上。茌平县交通基础设施建设里程数量、规模技术等级均快速发展。干线公路不断升级改造、县、乡、农村公路里程快速增长，茌平县“七纵连五横、一环绕茌平”的公路网络得到完善，基本实现“村村通油路”。全县有国道2条、省道3条，总里程163.6千米。2007年后，争取国家和省、市无偿资金4655万元，新建、改建农村公路552.5千米，建设大、中桥梁21座，总投资1.72亿元，“村村通油路”目标提前完成。

1997年，全县通信网络进一步完善，程控电话容量达9000门。全县40%的村庄接通电话。1998年，茌平邮政局及所属博平、王老、温陈支局与济南邮车交换进出口邮件。对县内邮路重新进行组织调整，撤销委办自行车邮路，全县共组织邮运路线两条，运用两辆四轮柴油汽车运输。县城和农村18处支局均驻有投递员，县城投递共设有4个专段，4名投递员，逐日投递，共投740户，112千米。2003年，因邮路调整，所有邮件通过县局封发室与聊城市局邮车交换进出口邮件。2015年，完成邮电业务总量3420万元。

城乡建设 1997年，城市建设发展迅速。先后对市场街、外环路进行拓宽改造，主要交通路口设置交通岗亭，“四街六路”格局基本形成。城市面貌发生新的变化，在“齐鲁杯”城市三上活动中，连续2年被评为全区第一名。城市管理跃上新台阶，通过省级卫生县城验收。小城市建设步伐明显加快，博平镇被列为“全国小城镇建设示范镇”。1997—2015年，全县新修改造城区道路120余千米，完成省道804城区段、中心街、枣乡街、振兴路、隅东隅西路、文化路、外环路等道路的改造建设，完成投资3.2亿元。新增城区排水管网70余千米，投资5600万元。实施污水处理一期、二期及垃圾无害化处理工程、茌东引水一期及复线工程，污水集中处理率达90%，生活垃圾无害化处理率达92%，城区供水合格率100%。建设人民广场、茌山公园等一批集休闲娱乐为一体的大型活动场所，开工建设群众文化体育中心（投资6.2亿元）。加大环卫、燃气、供热、供水等民生基础设施建设，清扫机械化率30%，燃气普及率达97.16%，集中供热普及率75%，供水普及率98%。加快综合开发和保障性住房建设，逐步建立实物配租和补贴发放相结合的住房保障体系，中心花园、金都花园、水岸豪庭、翡翠龙城等环境优美、功能完善的现代化住宅小区相继建成。至2009年年底，累计开发房地产项目65个，建筑面积达341.92万平方米。城中村改造工作稳步开展，完成文化路、影剧院等六大片区100余万平方米的拆迁工作。县城区绿地总面积865.89万平方米，累计总投资11011.96万元，建成区绿化覆盖率36.02%、绿地率32.7%、人均占有公共绿地面积10.6平方米。2009年，茌平县被评为“山东省人居环境范例奖”。14个乡镇总体规划和101个村的新农村建设规划完成，小城镇建设投入不断增加，绿化、道路、给水等配套功能不断完善。至年底，累计完成村镇建设投资22.3亿元。农村新居和危房改造工作扎实推进，第一批8个土地增建挂试点村完成规划编制，部分村庄建设全面启动。“十二五”期间，开展茌平县城市总体规划修编，完成城乡统筹规划、新型城镇化规划，实施专项规划11个、城区控规编制，完成乡镇总规修编、示范镇驻地控规、农村社区规划设计20个。建成区面积扩大到31.4平方千米，城镇化率达44.7%。实施民生路、朝阳街等38项路网工程，城区道路总长度达56千米，排水管网124千米，初步形成“九纵九横，一环绕城”的路网格局。新增房地产开发面积344.7万平方米，完成棚户区及城中村改造11975户、221万平方米，开工建设各类保障性住房7590套。博平镇、乐平铺镇、冯官屯镇省级示范镇建设取得新突破，组织实施第一批小城镇提升工程。新建在建农村新型社区26个。“户集、村收、镇运、县处理”的城乡环卫一体化模式实现全覆盖，在省市满意度调查中名列前茅。实施水污染物减排项目40个，大气污染物减排项目48个，信发集团7台总装机容量68万千瓦的燃煤机组一次性集中爆破，二氧化硫和氮氧化物排放总量比“十一五”末分别降低18.7%和19.7%。圆满完成两次海河迎检工作任务，全县基本建立起“治、用、保”水污染防治体系。2015年，保洁清扫率、路灯亮灯率、市政设施完好率分别达95%、98%、97%以上。

人民生活　1997年，全县农民人均纯收入1785元，比上年增加27元。1998年，城镇居民年人均工资4485元，全县农民人均纯收入2000元。2003年，茌平县被列入全省农村救济示范试点县。2004年，农村社会救助制度建立，并于2007年第四季度顺利完成向农村低保制度的过渡。累计救助20361人，发放救助金296.1万元。2006年，新建振兴等7所中心敬老院，总投资5400万元，总建筑面积38600平方米，共设床位1840张。建立并完善五保对象财政供养长效机制，实现农村五保供养由低水平向高水平、由集体供养向财政供养的根本转变，五保供养对象的生活得到有效的保障。2007年启用以来，7所中心敬老院的管理逐步规范，制度逐步健全，服务水平逐步提高。2008年，在全省敬老院验收评比活动中，振兴、信发、博平、贾寨、肖庄5所中心敬老院被评为“省一级五保供养服务机构”。至2009年年底，共入住五保对象1472人，入住率达72%。2013年，对7所敬老院整体服务水平进行提升，进一步加强服务质量。至2015年，全县集中五保供养对象736人，五保集中供养标准为5000元。是年，全面整合新型农村合作医疗与城镇居民医疗保险，参保人数达47.26万人。新增城镇就业人员8000人，城镇登记失业率控制在2.3%，新增转移农村劳动力7500人。开展全县“阳光低保”专项行动，提高城乡低保标准和农村五保供养标准，实现了动态下的应保尽保。城镇居民人均可支配收入21436元，全县城镇基本养老、医疗、失业、工伤和生育保险参保人数分别达5.9万人、7.2万人、4.1万人、6.2万人和3.3万人。社会保险基金总收入96232.31万元。全县城乡最低生活保障救助14149人，其中，城镇低保724人，农村低保13425人，农村特困救济1795人。收养性社会福利单位16个，收养1640人。社会福利企业4个，安置残疾人员55个。城镇和农村居民人均可支配收入分别达 22711 元和 10938 元。

第八章　高唐县

高唐，春秋时期为五都之一，定名为高唐。位于山东省西北部，属聊城市，辖 1 个省级经济开发区、9 个镇、3 个街道，603 个行政村、42 个城市社区，面积 947 平方千米，人口 50.6 万人。县城城市规划区面积达 173 平方千米，建成区面积达 34 平方千米，其中鱼丘湖、双海湖、南王湖水域面积达到 3.8 平方千米，泉林人工湿地面积 1.2 平方千米，城区绿化覆盖率达 40%。志记“桑蚕之富为山东名郡”“货以木棉甲于齐鲁”，素有“金高唐”之美誉。

历史悠久，人文荟萃，文化底蕴深厚。东汉鲁相乙瑛，三国魏相华歆，唐代著名哲学家、音乐家吕才，元代中书左丞王懋德，清代三省总督朱昌祚均青史留名。国画大师李苦禅，山水画大师孙大石，山水画家谢家道，作家、军旅画家韩静霆，学者画家李燕等均是高唐当代文化艺术的杰出代表。高唐的书画艺术源远流长，代出名人、家家爱书画、户户习丹青，是文化部命名的第一批中国书画艺术之乡。

区位优越，交通便捷。东与德州市的禹城市和齐河县为邻，西与临清市、夏津县接壤，南连茌平县境，北接平原县界。东距济南国际机场 70 千米，邯济铁路穿境建高唐站，距京九铁路聊城站、临清站均 50 余千米，距京沪铁路德州站各 60 千米，有“20 分钟上火车、1 个小时登飞机、4 个小时进京城到港口”的便捷，青银高速公路、山东西外环高速在县内穿过。

工业发达，产业集聚。培植有世界机械制造 500 强企业、国家级特大型企业、全国最大的小型纯电动汽车生产基地——时风集团，全国造纸业十强企业、全国环保印刷纸张标准化实验与推广基地——泉林集团，首批国家级农业产业化龙头企业——蓝山集团，聊城市首家境外上市企业——纷美公司等一批优势企业。

1997 年，全县总人口为 46.04 万人，比上年年末增加 54 人，增长 0.0117%，其中农业人口 41.99 万人、非农业人口 4.05 万人。人口出生率 6.83‰，自然增长率为 0.28‰。全县国民生产总值 13.15 亿元，工农业总产值 44.8 亿元，完成地方财政收入 10419 万元，农民人均纯收入 1903 元。

2015 年年末，全县总人口 50.62 万人，其中城镇人口 21.09 万人。全县生产总值 368.8 亿元，其中第一产业增加值 36.74 亿元、第二产业增加值 239.64 亿元、第三产业增加值 92.46 亿元，三次产业比例为 10∶65∶25。全社会固定资产投资 259.31 亿元，公共财政一般预算收入 13.78 亿元。城镇居民人均可支配收入 21436 元，农民人均纯收入 10693 元。

第一节　自然条件

境域　高唐县地处北纬 36°39′～37°02′，东经 116°06′～116°24′。县境南北长 42.4 千米，东西宽 40.8 千米。东与禹城市、齐河县为邻；西与临清市、夏津县接壤；南靠茌平县；北邻平原县。县城居于县境中部，位于北纬 36°51′00″、东经 116°13′00″。东南距省会济南市 107 千米，西南距聊城市城区 56 千米。东北至禹城市城区 38 千米，东至齐河县城 48 千米，南至茌平县城 30 千米，西至临清市区 58 千米，西北至夏津县城 26 千米，北至平原县城 43 千米。2015 年，高唐县总面积 947 平方千米。辖一个省级经济开发区，9 个镇，3 个街道，715 个行政村，24 个城市社区。总人口 50.62 万人，其中城镇人口 21.09 万人。

地形 高唐县在大地构造体系上属华夏系第二沉降带，全境属黄河冲积平原，无山地丘陵，坦荡沃野，一望无垠。土地资源得天独厚，地势由西南向东北倾斜，平均海拔 27 米。

气候 高唐属暖温带半干旱季风区域大陆性气候，大陆度为 65.7%，气候适宜，四季分明，物产丰富，素有“金高唐”之称。年平均气温 13.0℃，年平均降水量 506.3 毫米，年平均无霜期 207 天，有“春旱多风，夏热多雨，晚秋易旱，冬季干冷”的气候特征。

河流 境内主要河流：徒骇河、马颊河为过境河流，虽然都独流入海，但皆属海河流域，两河具有共同的水文特征。它们是鲁西平原上的两大河流，顺着地势由西南流向东北，形成平行水系，而且河道平直、河谷宽浅，属坡水性河流；地表径流季节变化大，为季节性间歇河流。徒骇河、马颊河的客水径流资源缺乏。两河的水源补给主要依赖于大气降水。每当雨季到来之时水量增多，而旱季水量很少，枯水期甚至断流干涸，为较典型的间歇河流。同时河流径流量的年季变化很大，丰水年和枯水年径流相差悬殊。人工河有七里河、四新河、官道沟、辛浦沟、唐公沟、管氏沟、沙河沟、友谊沟、尚官屯沟，总长 147.5 千米，与徒骇河、马颊河相通，形成一个比较完整的水系。

土壤 高唐县属黄泛平原，自东向西土壤表层质地由沙到黏，依次为紧沙土、沙壤土，轻壤土和中壤土。紧沙土主要分布在清平镇、三十里铺镇、赵寨子镇，该土壤通气透水性强，保肥保水能力差，占总耕地面积的 2.8%。沙壤土主要分布在赵寨子、鱼丘湖、姜店一带，该土壤的特点是土壤疏松，通透性较好，但肥力低、后劲短，占总耕地的 35.3%。轻壤土分布较广，占总耕地的 52.4%，各乡镇均有，该土壤水肥气热协调，生产性较好。中壤土主要分布在杨屯、琉璃寺、尹集、固河的洼地和缓平坡地，占总耕地的 9.5%，该土壤通透性差，但保肥保水性强，后劲长。

第二节 经济发展

农业 1997 年前，高唐县农业以粮棉等传统种植业为主，棉花生产为高唐特色农业。1997 年，开始全面普及抗虫棉。2000 年后，全县棉花生产比较稳定，并逐年呈递增趋势，由 1.34 公顷左右升至 2008 年的 2 万公顷。2008 年后，种植面积受全国棉花收购形势的影响，逐年下滑。2013 年降至 12.8 万亩，下降幅度 53.33%。

20 世纪 90 年代中期，全面调整农业种植结构，粮食作物和经济作物面积压减，蔬菜面积增加。1997 年，随着农业生产结构的调整，促进了全县蔬菜生产发展，蔬菜面积 8866.67 公顷，果品总产量 3.2 万吨，新植树木 50 万株。全县农业总产值 7.5 亿元，比上年增长 6%。实现粮食总产 35.34 万吨，棉花总产 19.6 万担。以蔬菜、林果、畜牧为重点的农业结构调整的力度不断加大。1997—1999 年，全县建冬暖式大棚 4500 个，大拱棚 5500 个。2000 年，全县蔬菜总面积达 1.27 万公顷。2002 年，全县瓜菜种植面积 2.47 万公顷。2003 年，国家粮食种植直接补贴政策开始实施，粮食作物面积有所扩大。至 2005 年年底，粮食作物达 4.31 万公顷，经济作物 1.64 万公顷，蔬菜 2.14 万公顷。2005 年后，按照县“稳定产业、主抓畜牧、突破有机、塑造品牌”的总体要求，不断调整优化农业结构，转变农业发展方式，加快农业转型升级，推进传统农业向现代农业转型，努力构建集约化、专业化、组织化、社会化相结合的新型农业经营体系。至 2015 年，高唐县有市级以上农业产业化重点龙头企业 66 家，其中国家重点龙头企业 1 家、省重点龙头企业 9 家。

1997 年，全县黄牛存栏 13.6 万头，肉鸡存栏 278 万只。2006 年起，全县形成以家庭承包农户为基础，专业种养大户、家庭农场、农民专业合作社、农业龙头企业为骨干的新型农业经营主体队伍。农村土地合理流转，推动全县农业产业化、区域化、规模化和现代化进程。2008 年后，涌现出一批大规模高档次的锦鲤养殖企业。2014年，高唐县被山东省渔业协会授予“山东锦鲤第一县”称号。至2015年，全县种养大户达320家，家庭农场15个，农民专业合作社达860个，农业龙头企业276家。

1997年，农田水利基础设施经受住特大干旱的严峻考验，促进农业的增产增收。2009—2013年，连续5年实施小型农田水利重点建设县项目，完成9个镇（街道）192个村高效节水灌溉面积1.38万公顷，累计完成投资1.3亿元。2005—2015年，农田水利建设共清淤治理县级骨干引排水河道52条（次），清淤治理总长度369千米，完成土方761万立方米，新建、改建、维修生产桥441座，闸32座，新打、维修机井1979眼，总投入建设资金1.5亿元。

2015年，全年农林牧渔业实现总产值63.3亿元，粮食总产53.55万吨，棉花总产1.2万吨，油料总产1.84万吨，水果总产0.84万吨，蔬菜总产29.6万吨，水产品总产0.33万吨。肉类总产6.04万吨，禽蛋总产2.33万吨。奶类总产0.41万吨。新增造林面积2066.67公顷，农田有效灌溉面积5.05万公顷。全县农机总动力111万千瓦。市级以上农业产业化重点龙头企业达66家，省级以上农民专业合作社达22家，发展高效生态农业示范基地10处，新增绿色食品品牌90个。粮食产量稳步提高，实现“十三连丰”。推广“桑蚕鸭种养一体化”模式，建成生态农场142个。高唐县被评为全省现代农业示范区、全省农业机械化先进县、中国锦鲤第一县。

工业　1997年，高唐县工业总量、发展速度和经济效益连续3年列聊城市第一位。全县供电能力1.85亿千瓦时，乡及乡以上工业销售收入完成30.7亿元，实现利税2.9亿元，利润1.7亿元。1998年，全县工业企业达2603家，其中县属工业企业30家，资产总额达25.43亿元。至2002年，全县规模以上工业企业51家，实现销售收入94.97亿元、利税7.41亿元、利润5.43亿元，工业增加值25.57亿元。全县有6家企业建立内部科研机构，并与64家权威科研机构、大专院校、50余名专家教授建立起合作关系。蓝山液晶、风帆电机、化工总厂、神盾公司和鸿运铸造分别被省科委评为“省级高新技术企业”。2005年，全县销售收入过100亿元的工业企业1家，过10亿元的3家，过亿元的15家，过5000万元的21家。利税过亿元的企业3家，过1000万元的14家，过100万元的45家。全县限额以上工业企业105家，实现销售收入229.66亿元、利税16.64亿元、利润12.8亿元，分别比1997年增长7.48倍、5.74倍、7.53倍。2006年，时风集团列中国大企业集团竞争力500强第八位。新增民营规模以上企业89家，完成50万元以上企业固定资产投资26亿元。新增自营进出口企业11家，完成出口创汇9806万元。新增中国名牌1个、山东名牌2个、国家免检产品4个、山东省著名商标2个。2008年，全县规模以上工业企业267家，实现增加值120亿元，主营业务收入487.8亿元、利税33.3亿元、利润24.5亿元。2010年，全县规模以上工业企业达到364家，比2005年增加259家，年均增长幅度全市第一。纳税过百万元以上企业由2005年的15家发展到2015年的43家。专利申请万人比连年稳居全市第一。高新技术产业产值占工业总产值比重达24.25%，比2005年提高21.36个百分点。高唐县被评为全国科技进步先进县、全省产学研合作创新先进县、全省知识产权示范县。2011年，累计完成工业投入330亿元。2014年，汽车及装备制造、造纸及纸制品、纺织服装、棉花加工、平板精密机械、板材加工等八大特色产业集群个数达742家，规模以上工业企业达442家。纺美公司成为聊城市首家境外上市企业。至2015年，全县实现工业增加值232.36亿元，比上年增长10%。规模以上工业企业453家，增长12.82%。实现主营业务收入1743.31亿元，增长9.49%。实现利税152.96亿元，增长4.06%。实现利润107.51亿元，增长1.3%。工业经济效益综合指数为522.67，比上年提高26.94个百分点。2家企业在境外上市，5家企业在“新三板”、齐鲁股权交易中心和上海股交中心挂牌。

商业贸易　1997年6月，县委、县政府印发《关于深化商业、物资系统经济体制改革的意见》，对商业、物资管理体制，经营机制，人事制度，分配制度，进行全面改革，原行政管理职能移交县商办。原物资系统的农业生产资料购销有限责任公司划归县联社，组建农业生产资料企业集团。是年8月起，新建、改建、扩建城区银海市场、迎春市场、金星市场、农机商城、家具商城、福源商城等，新增服务设施7700平方米。是年年底，全县有商贸企业16家，商业经营网点247个，经营总面积为10.64万平方米，其中面积在2000平方米以上的大型商业零售楼7栋。社会商品零售额3.35亿元，城乡集市贸易成交额9亿元，国合商流企业总销售收入实现3.7亿元，实现利税314.7万元，利润151.8万元。1999年后，受大环境影响，流通企业经营十分困难，有60%以上企业停业停产。至2005年年底，全县42家国有流通企业全部实施“国有民营”和“租赁经营”，国有资本全部退出。是年，全系统有干部职工771人，拥有资产总额8230万元，固定资产1625万元，营业网点面积2.5万平方米，社会消费品零售总额实现24.12亿元。全县各类市场97个，形成以天齐庙商城和福源商城为龙头、18个专业市场为骨干、60余处集贸市场为网络的市场体系。2006年后，在信息技术、物流技术、现代化管理技术带动下，连锁经营、电子商务、网上交易、总代理、总经销、品牌专卖等现代化商品流通体系已形成，并成为新的支柱产业和城市化的主要标志。2006年，实现社会消费品零售总额28.2亿元，增长16.2%。新增超市60家、连锁店12家，新建乡镇集贸市场3处。高唐县被列为全国“万村千乡”市场工程示范县。至2009年年底，新建改建“农家店”842家，投入改造资金400余万元，改造和完善配送中心27个。2008年，新增限额以上服务企业9家，引资1600万元改造福源商城，温州商城、东方家具博览中心二期、华银商贸城开工建设。2010年，围绕发展特色物流业、特色商贸业、特色旅游业建设物资能源储运中心等一批重点工程。全县实现服务业增加值43亿元，税收1.83亿元。2012年，全县物流企业达到31家，拥有车辆2200辆。新增限额以上商贸流通企业9家，实现服务业增加值54亿元。至2013年年底，批发零售餐饮业网点7560余个，营业面积38.9万平方米，经营品类80余个，年营业额达30余亿元。限额以上批零贸易餐饮企业87家，物流园区3家，重点物流企业8家。2015年，实施物流业重点项目35个，66家企业完成非核心业务剥离，限额以上商贸流通企业增加53家。双海湖风景区和泉聚苑养生休闲旅游度假区创建为国家AAA级旅游景区，清平森林公园获批国家生态公园试点建设单位。全年实现社会消费品零售总额96.2亿元，比上年增长9.9%。其中，城镇市场零售额76.3亿元，乡村市场零售额19.9亿元。

1997年，全县有出口企业18家，产品涉及机械类、纺织品类、化工类、工艺品类、食品类、农副产品类等六大类上百个品种。全县各类利用外资企业17家，总规模6205万美元，实际利用外资额2272万美元。投资外商主要来自意大利、美国、德国、以色列、澳大利亚、玻利维亚等国家。1998年，4家企业获得自营进出口权，全年出口创汇400万美元，实现高唐县自营出口零的突破。2000年开始，山东嘉邦肥料有限公司、奥士达牧业发展有限公司、时风洋马公司、山东泉林包装有限公司等三资企业相继投产，标志着美国嘉宝肥料有限公司、香港连成集团、日本洋马公司、香港鼎晖投资有限公司等国际知名企业投资高唐县。2005年，全县获进出口经营权企业41家，有出口实绩的企业25家。高唐县最大的利用外资项目——香港丰景集团并购山东泉林包装有限公司，落户高唐县。2001年至2005年，实际利用外资分别为620万美元、907万美元、1002万美元、2077万美元、2108.8万美元。2005年后，全县利用外资质量不断提高，外贸规模不断扩大。2006年，利用外资2251.3万美元。2007年，高唐新金洲针织有限公司在韩国成立世纪梦贸易有限公司，是高唐县首家外经企业，实现外经零的突破。利用外资 86 万美元。2008 年，利用外资 1006 万美元。2009 年，利用外资 2457 万美元。2010 年，利用外资 814 万美元。2011 年，实际利用外资 7 万美元。2012 年，利用外资 448 万美元。2013 年，利用外资 442 万美元。2014 年，利用外资 1.5 万美元。2015 年，利用外资 46 万美元。全县进出口实绩企业 54 家，其中出口实绩企业 51 家，进口实绩企业 14 家。出口百万美元以上企业 19 家，其中出口千万美元以上企业 8 家。

至 2015 年，高唐县共在境外成立外经企业 8 家。2009 年，耀亚控股有限公司独资成立高唐绿荫环保科技有限公司。泉林包装控股方纷美公司在香港上市，成为全市第一家境外上市企业。2013 年，获进出口经营权企业 130 家，实现出口实绩的企业 80 余家。

第三节　社会事业

科技　至 1997 年，全县共承担县级以上各类科技计划项目 66 项，其中，国家重点攻关计划 1 项、国家星火计划 3 项、省级攻关计划 8 项、省火炬计划 3 项、省星火计划 3 项、市级科研计划项目 15 项。2000—2003 年，全县共取得科技成果 11 项，获国家、省、市科技进步奖 23 项，其中泉林集团“重涂高档铜版纸”项目获 2001 年度国家科技进步二等奖，获省级科技进步奖 2 项，市级科技进步奖 20 项。至 2005 年，全县累计申请专利 307 项。已实施专利 100 余项，专利产品创产值 81.6 亿元，实现利税 20.5 亿元。有各类科技人员 7347 人，其中高级职称 361 人、中级职称 2833 人。2005—2013 年，全县共取得科技成果 94 项，获国家、省、市科学技术奖 117 项。共申请专利 2204 项，其中发明专利 441 项。共授权专利 949 项，其中授权发明专利 179 项。2015 年，获国家和省技术发明二等奖 3 项，授权发明专利 152 项。新增蓝山博士后科研工作站等市级以上企业技术创新平台 41 个。

教育　1997 年，高唐县通过“普九”验收。全县有幼儿园 415 所，幼儿教师 478 人，3—6 岁幼儿入园率 68%。有小学 370 所，在校生 51432 人。初中 18 所，专任教师 806 人，在校生 26376 人。高中 3 所，在校生 4581 人。职业中专 1 所，在校生 2310 人。高唐县特殊教育学校（简称“特校”）设立，第三中学与原南镇中学合并为南镇中学。1998 年，第二中学改名清阳高中并于 2002 年和清平镇中学合并为清平中学，2004 年停办高中部。1999 年，在高唐县城新建高唐第二中学。2000 年，通过国家“两基”复验。是年，全县有小学 219 所，小学适龄儿童入学率为 100%，初中适龄少年入学率为 99.2%，接受高中、中等教育和职业教育的比率为 85%。2001 年，民办高唐文汇完全中学兴建。2002 年，全县小学调整为 115 所。2005 年，全县有幼儿园 258 所，其中，省级幼儿园 1 所、市级幼儿园 1 所。公办幼儿园 93 所、个体办幼儿园 165 所。3—6 岁幼儿入园率 87%。有各级各类学校 104 所，在校生 53261 人，教职工 4913 人。其中，高中 2 所，在校生 6891 人；初中 16 所，在校生 15930 人；小学 82 所，在校生 24017 人；职业学校 2 所（职教中心 1 所、职业高中 1 所），在校生 4575 人；特殊教育学校 1 所，在校生 84 人；民办完全中学 1 所，在校生 1753 人。2004—2009 年，全县实施农村中小学危房改造工程，为乡镇中学、乡镇中心小学建设教学办公楼 26 栋，新增校舍面积 10 余万平方米。2009—2013 年，全县加快校舍改造步伐，实施农村小学标准化建设工程，完成农村小学标准化建设 23 所，农村小学调整为 64 所。2010 年，撤销张大屯中学，教师和学生合并到杨屯中学。全面开展幼儿园规范清理工作，将 293 所幼儿园整合为 130 所，制止违规办园，规范办园行为。2012 年，新建高唐县时风中学。2013 年，城区初中、小学划片招生、就近入学，切实解决城区适龄儿童入学难的问题。是年年底，全县有省级规范化学校 3 处，市级规范化学校 19 所，市级教育示范乡镇 5 个。2015 年，全县有幼儿园 242 所

（公办59所、民办183所），在校生21647人。有小学63所（公办62所、民办1所），在校生33087人。初中13所，在校生15370人。高中2所，在校生6622人。职业教育1所，在校生2888人。特校1所，在校生60人。全县小学适龄正常儿童入学率100%，初中适龄正常儿童入学率98%以上，初中毕业生接受高中、中等教育和职业教育的比率90%以上，残疾儿童少年接受义务教育的比例为85%。先后获全国招飞工作先进县、全国中小学英语教育实验基地、全省农村教育工作先进县等称号。

文化 1997年，全县有美术馆、高唐画院、文化馆、图书馆、电影公司、电影院、剧院和乡镇文化站15处。境内有国家级文物保护单位1处，省级文物保护单位5处，市级文物保护单位15处。2002年，县剧院和县电影院人员合并成立金城文化艺术中心。《高唐州报》恢复。2004年，被省委、省政府命名为“山东省社会文化先进县”。自2004年始，每年夏季在金城广场历时3个月，举行消夏文艺晚会近30场。多次举办摄影、书画展览、歌舞演唱会、节目编排、文艺培训等活动。高唐县有书画一条街，美术馆5处，高唐画院1处。2006年，高唐县博物馆、李苦禅艺术馆建成。高唐县非物质文化遗产管理办公室成立，开展非物质文化遗产保护工作，共普查线索100余条，申报市级非物质文化遗产12项，省级非物质文化遗产1项。全县每年放映各类电影200余场，观众人数达10万人次。2011年9月，建立程辛木美术馆。2011年，全县农村区域开始有线电视高清数字电视转换。2012年，高唐画院加挂巩德春美术馆牌子。是年10月，李奇茂美术馆开馆，并荣获首批“海峡两岸文化交流基地”称号。2014年，城区有线电视高清数字电视转换基本完成，电视可传输电视节目46套，实行24小时不间断传输。电视会议实现直播。2015年，高唐县被评为中国民间文化艺术之乡、山东省文化强省建设先进县。

至2015年，全县有乡镇（街道）民舞表演队有高跷、旱船、花车、舞龙舞狮50余支，民乐队10余支，城乡秧歌表演队15支，腰鼓表演队10余支，中老年健身队10余支，中老年合唱团3个，少儿艺术团20余个，京剧社10余个，村级文化大院80余处。近万人常年活动在城乡，每年春节期间组织丰富多彩的民舞民乐调演、灯彩车巡游、文艺联欢会和元宵灯会活动。成功举办十届中国（高唐）书画艺术博览会。博览会以“弘扬书画艺术，打造书画名城”为主题，以群众书画活动为基础，以海峡两岸书画交流为特色，已经成为全国知名的高端书画会展活动。累计开展文艺演出、书画展览、书画笔会、艺术品拍卖、少儿书画电视大赛、书画长卷创作等活动150余项，吸引国内外众多书画名家和爱好者参加。先后与台湾“中国美术协会”“台湾基隆美术协会”“台湾双清文献研究学会”“台南县双清文献研究会”签订友好交流协议。全县拥有国家、省、市、县各级各类艺术会员2000余人。挖掘整理有起源于清康熙年间的“哆嗦旗”舞、起源于清乾隆年间的“扑蝶”舞、“牵象”舞、“摸鱼”舞、“落子”舞，以及起源于民间的木板大鼓、高唐丝调、四根弦、麻庄竹马等一大批民间艺术。

卫生 1997年，全县有医疗卫生单位20所，其中乡镇卫生院15个、县直单位5个，干部职工1021人。有联办、集体办、个人承包等形式村级卫生室553个。2005年，有9个卫生院门诊病房楼投入使用，结束高唐基层卫生院使用平房的历史。是年，有乡镇卫生院14个，防疫保健站1个，县直单位卫生室5个；村级卫生室、站200余处，覆盖率达98%。完善县、乡、村三级卫生服务网，推行乡村一体化，建立三级医疗预防保健网。全县医疗设备投资2000余万元，其中县级医院购置大型医疗设备累计投资1360余万元。爱国卫生工委办公室独立办公。每年结合爱国卫生月活动，在全县开展创建国家、省、市级卫生乡镇、街道、村活动，开展以农村改水改厕，无害化厕所建设，环境卫生综合治理，绿化美化、健康教育，除害灭病等为重点的一系列卫生创建活动。成立县合作医疗办公室，各乡镇、街道办事处成立新农合相应组织，开展新农合试点，当年参合率为86%。2008年起，参合率连续稳定在99%以上。全县强化食品、药品、学校、公共场所卫生监督管理，推进“放心食品”工程，开展预防保健、卫生防疫工作，进行健康查体，疾病发生率逐年下降。天花、鼠疫、狂犬病已绝迹，丝虫病消亡，脊髓灰质炎、白喉等未再发生，麻风、血吸虫病基本消灭，百日咳、流脑、乙脑得到控制，12月龄儿童“四苗”覆盖率99.8%。全县开展婚前查体，孕产妇、婴幼儿保健系统管理和妇女病查治，产妇在医院生养100%；儿童计划免疫建卡率100%。2015年，有卫生机构22个，其中医院、卫生院18个，社区卫生服务中心2个，妇幼保健院1个，疾病预防控制中心1个。各类卫生机构共有床位1642张，卫生技术人员1499人。

体育 1997年后，全县新建、扩建各种综合体育运动场地21座，以及大批标准篮球、排球和小足球场。各居民区、单位配备健身和体育设施，全县学校体育、群众体育等体育运动蓬勃兴起，全民健身运动得到普及。1998—2002年，有3名高唐籍运动员（王磊、张琳琳、申建辉）分别在山东省第十九届运动会、山东省第二十届运动会上获得射击、赛艇金牌。2002年，金兴体校向上级体育部门输送优秀体育后备人才57名。2005年，聊城市首届全民运动会中，高唐县代表团获得金牌61枚、银牌48枚、铜牌85枚、团体总分1172分，金牌、总分均列全市第三。2006年，高唐运动员田学光获跆拳道世青锦标赛冠军。2008年，高唐运动员潘婷婷获全国青年锦标赛帆船比赛冠军。2009—2010年，高唐县运动员李慧在第十届世界武术散打锦标赛、第五届世界杯武术散打锦标赛分别获56公斤级冠军。2010年，动工建设大顺体育馆。2011年，举办聊城市第一届全民健身运动会“大顺杯”足球赛。2012年，为72个村庄各配备室外篮球架1副、室外乒乓球台2个。2013年，在全市第二届运动会上，高唐获得金牌15枚、银牌3枚、铜牌12枚，排名第六。向72个村庄发放室外健身器材。2015年，新增群众体育健身活动场地124处、2.9万平方米。获龙舟项目比赛金牌1枚。高唐县获全民健身“全国先进单位”，尹集镇被评为全国群体工作先进乡镇。

交通邮电 1997年，全县通信、电力和交通事业发展迅速。供电能力1.85亿千瓦时，完成县乡公路34千米。20世纪90年代，高唐县开始加强交通建设资金投入，财政先后拨款987万元，干部群众集资715万元用于县乡公路建设。至1998年年底，梁村镇率先在全市完成了村村通公路建设。邯济铁路、青银高速先后经过定线、施工、通车，分别经过高唐县境4.4千米、2.8千米，设火车站1个，高速公路出入口2个，结束高唐无铁路、无高速公路的历史。2003—2005年，投资2.18亿元用于“村村通”公路工程。至2005年年底，全县656个行政村，全部实现村村通油路，同步实现村村通客车，全县公路通车里程达1952.3千米，在全市率先实现“村村通”工程目标。2006年，聊城市“村村通”公路报捷大会在高唐县召开，并立碑1座，以示纪念。2007年后，争取上级扶持资金，加大地方资金配套力度，对重要县乡公路如火车站路、琉南路、周南路、赵张路、赵康路、清卅路、于张路、赵十路、胥太路、杨张路、固杨路等，共计258.93千米的路段进行升级改造，县乡公路升级改造投资达13022.44万元。2011年，高唐县被确定为全省首批35个农村公路网化工程示范县之一。2012—2013年，实施“老油路改造”“村内通”等“民心工程”“惠民工程”，改善农村环境综合整治。全县共完成投资24053.58万元，建设农村公路328.5千米。至2015年年底，全县公路通车里程2425.6千米，公路密度从2004年年底的每百平方千米152.8千米上升到2015年年底的每百平方千米252.67千米，全县166个行政村和645个自然村100%通油路，全县已形成以高速公路和国、省道为骨架，县乡公路为依托，村级公路为基础，干支相连，四通八达的公路交通网络。

1997年，市话总容量10240门。2000年，发展固话 44000 余部，全市第一个电话县建成。2005 年，移动电话基站总数达 41 个，实现全县城乡无缝覆盖，客户总数 0 万户，比 1999 年增长 12 倍。全县形成网通、电信、移动、联通、铁通等多家电信运营企业共存的现状。1997 年前，高唐县的邮政设备简陋，只限于邮政邮箱、信柜、自行车、磅秤等，有特快专递汽车 1 辆。1997—2005 年，县内支线邮路共 2 条。2005—2015 年，县内 2 条邮路配备专用箱式邮件运输汽车。2005 年，邮政专用汽车达 13 辆，邮政局配备电脑、打印机、终端机、点钞机、自动取款机、监控设备、电子屏等。2008 年，为邮政投递员更换投递工具，取而代之的是电动自行车。2015 年，为全县农村支局配备四轮电瓶汽车。全县完成邮政业务收入 2980 万元，占年计划的 100.14%，同比增长 14.76%。完成全年收支差额 6232 万元，占年计划的 112.55%。邮政储蓄余额达到 10.02 亿元，比上年净增 5355 万元。物流收入 180.8 万元，增长 100.07%。集邮收入完成 125 万元，报刊完成流转额 485 万元，函件完成 118 万元，电子商务完成 119.91 万元，代理保险完成保费额 1.2 亿元。

城乡建设　1997 年，金城路再次拓建红线 40 米，新开南环、卫校街，迎春街重建。实施城区绿化攻坚战，城区规划并建设街头绿地 5 块：西湖园、鹿欣园、石榴园、时风园、动牛园。1998 年，科教路新建，金城路东段拓展。扩建北湖公园，对李逵井、柴府花园等古遗址重新发掘再建。1999 年，展开“一桥三路”大建设，将滨湖路、东兴路、北湖路进行拓展，在北湖上建起九孔玉带桥。创建省级园林城市，开辟街头绿地 26 块，对 11 条主次干道进行绿化改造。1994—1999 年，道路建设总长度 27.8 千米，道路硬化面积 84 万余平方米，总投资 7862.7 万元，是前 8 年平均投入的 9.2 倍。至 2000 年，全城一桥十三路改造一新，形成五纵四横的城区道路框架，供排水、电缆、路灯、花池、护栏等基础设施全部配套。2001—2005 年，城市建设步伐逐渐加大，投入资金 20.69 亿元，城区面积由“九五”期间的 56 平方千米，扩展为 110 平方千米，建成区面积 23 平方千米，先后修建、拓宽、改造城区道路 50 余条。至 2005 年，先后修建湖滨公园、武装部南公园、交通公园、新河公园。至 2014 年，先后建设金城广场、文化广场、纪念广场、人民广场、体育运动中心、文化艺术中心。2006—2015 年，继续加大城区道路的扩建、改建、改造、延展、挖补等工程建设。新修改造城市和乡村道路 660 千米。县城形成“十纵十横”道路主框架。

1998 年，开始在城区大规模建设鱼丘湖风景区，景区内建成文化广场、孙大石美术馆、李苦禅艺术馆、柴府、柴家花园、玉带桥、泉林宾馆、书画一条街等设施。到 2015 年年底，鱼丘湖风景区总面积 2.2 平方千米，其中湖面面积 0.72 平方千米，岸线总长约 10 千米，平均水深 3.2 米，属华北地区最大的县级城湖区。2010 年 12 月开始对双海湖进行景区开发建设，景区占地面积 5.4 平方千米，规划总占地面积 3.6 平方千米。景区内已建成中国书画史馆、李奇茂艺术馆、高唐县植物园、苦禅广场等设施。这些绿地、广场、风景区已成为高唐全民健身、休闲娱乐的活动场所。高唐这座湖中有城，城中有湖，城湖一色，园林式、生态型、现代化的中国书画艺术名城形成。

1997 年，全县有建筑安装企业 27 家，职工 1551 人（含合同制职工），季节工 2606 人，其中，二级施工企业 3 家、三级施工企业 2 家、四级施工企业 5 家、非等级施工企业 17 家。完成竣工面积 12.4 万平方米，在建工程总工程量 15783 万元，完成施工产值 11194 万元。1998 年，建筑安装业企业固定资产 4363.18 万元，完成建筑安装总量 1.8 亿元。2001—2005 年，全县进行建筑企业资质重新就位工作。全县共有建筑、安装、装饰等各类施工企业 13 家，其中，二级资质企业 4 家、三级资质企业 4 家、专业承包资质企业 5 家。在职职工 5880 人，建筑从业人员突破万人，企业总资产 37625 万元。2015 年，全县资质以上建筑企业 20 家，完成建筑业总产值 110571 万元，增长 18.04%。

1997 年，拆迁房屋建筑面积 8884 平方米。1998 年，拆迁房屋建筑面积 19200 平方米。1999 年，拆迁房屋建筑面积 6148 平方米。2000 年，拆迁 459 户，面积 4.98 万平方米。2001 年，拆迁 71 户，面积 5969 平方米。2002 年，拆迁 2475 户，面积 31.47 万平方米。2003 年，拆迁 1128 户，面积 16.72 万平方米。2004 年，拆迁 60 户，面积 5949 平方米，完成公房拆迁 2.2 万平方米。2005 年，拆迁 918 户，面积 19.7 万平方米。2007 年，廉租住房工作启动。至 2013 年，享受廉租住房补贴的家庭累计达到 591 户，发放金额 222 万元。建设回迁安置楼 2733 户，建设面积达 34 万平方米。2007—2010 年，受国家大环境影响，房地产开发进入低迷时期。2011—2013 年，房地产又开始迎来新一轮增长。2014—2015 年，房地产进入稳定期。至 2015 年，一大批高层住宅交付使用，主要有中亦华府、芙蓉苑、华泰缔景苑、华银商贸城、学府景苑、仁恒城市花园等。汇鑫、南湖、春长、天齐、康乐、怡园、丽苑、团结新村、五美、康乐、芳园、华盛园、湖滨花园、大田、华银等一批小区陆续建成。

1997 年后，相继开展省级卫生城、全省园林城市和国家园林县城创建工作。2011 年，高唐被评为全省园林城市。2015 年，高唐被评为国家园林县城；是年，高唐县规划区面积达 173 平方千米，建成区面积达 34 平方千米，常住人口城镇化率达 45.9%。城区绿化覆盖率达 40%。

人民生活　1997，城镇居民人均生活费收入 2680 元。比上年增加 470 元。农民人均纯收入 1903 元，比上年增加 223 元。1998 年，城镇居民年人均工资 5931 元，全县农民人均纯收入 2130 元。退休职工工资率先在全市实现社会化发放。城镇居民最低生活保障制度在全市率先实行。2001 年，全县启动实施城乡职工基本医疗保险制度。1997—2015 年，全县所有乡镇（街道）均建有敬老院，所有五保老人实行集中供养和分散供养两种方式，每人每年不低于 1400 元的生活补助。全面实施农村部分计划生育家庭奖励扶助制度，三级计生服务体系不断完善，计划生育率 99% 以上，高唐被评为计划生育工作“全国优质服务先进县”。对符合安置条件的退役士兵全部安排工作，军地两用人才开发利用率达 80% 以上。2015 年，城镇居民人均可支配收入 21436 元，比上年增长 8.3%。人均消费性支出 13634 元，增长 8.4%。农村居民可支配收入 10693 元，增长 8.7%。人均生活消费支出 6708 元，增长 9.2%。全县城镇基本养老、医疗、失业、工伤和生育保险参保人数分别为 5.9 万人、7.2 万人、4.1 万人、6.2 万人和 3.3 万人。社会保险基金总收入 96232.31 万元，支出 87952.94 万元。新型城乡居民养老保险参保农民 29.3 万人，参加城乡居民医疗保险 42.7 万人。全县城乡最低生活保障救助 14149 人，其中城镇低保 724 人、农村低保 13425 人、农村特困救济 1795 人。收养性社会福利单位 16 个，收养 1640 人。社会福利企业 4 家，安置残疾人员 55 人。

人物

Figures

聊城市志

人物部分由人物传、人物简介和人物名录三部分组成。人物传收录范围为在聊城历史上有重大影响的、已去世的聊城籍副省部（军）级以上领导干部、老红军、中共全国党代表、全国人大代表、全国劳模及在聊城市委、市人大、市政府、市政协等部门任过实职的正厅级以上领导干部（包括非聊城籍人员）等。人物传以卒年先后（卒年相同以出生年月先后）为序排列。人物简介收录范围为在聊城历史上有重大影响的聊城籍副省部（军）级以上领导干部、老红军、有特殊贡献的知名人士及在聊城市委、市人大、市政府、市政协等部门任过实职的正厅级以上领导干部（包括非聊城籍人员）等。人物简介按出生时间先后为序排列。人物名录收录范围为1997—2015年全国五一劳动奖章获得者、国务院特殊津贴获得者及革命烈士，以称号授予时间排序。同一人物符合多个收录标准的，选在一处收录。

由于资料搜集的局限性，入志人物尤其是在外地工作的人物可能有所遗漏，望其本人或家人与编者单位联系并提供资料，以在以后续修市志时补入。

人物传

王筱湖（1910—1997）　原名玉泉，聊城市阳谷县人。1927年5月，在聊城山东省立第二中学读书时加入共青团组织，同年底转入中国共产党。1928年11月，参加中共东昌县委领导的“坡里暴动”，任坡里暴动联络站负责人。暴动失败后，积极从事党的地下工作。1937年七七事变后，历任阳谷县抗日游击总队第一大队副大队长，中共阳谷县委统战部部长兼人武部部长，阳谷县第三区抗日区长，阳谷县抗日基干大队副大队长，聊西抗日办事处主任、聊堂县抗日民主政府县长，冀南邮政第一分局局长，冀鲁豫边区筑先县第一副县长，东阿县副县长，平原省齐禹县县长等职。中华人民共和国成立后，历任山东黄河河务局洛北分局局长，山东黄河河务局清济修防处主任，水利部秘书处副处长，水利部监察室副主任兼参事室主任，水利部国家监察局副局长，内蒙古自治区水利厅副厅长、党组副书记，华北农垦处副处长，国家水电部移民办公室副主任，水利电力部水利建设司副司长，水利部农田水利局副局长、顾问，水利部老战士协会筹委会专职主任委员兼办公室主任等职。1982年，离职休养。享受副部长级待遇。1997年7月在北京逝世。

牟玉田（1920—1997）　山东省栖霞县（今栖霞市）人。1940年3月参加革命工作，同年9月加入中国共产党。抗日战争时期，历任抗日军政大学胶东分校分队长、大队宣传委员、党支部书记，中共栖东县金山区委书记，中共北海地委党校委员会组织委员、书记、校长，中共北海地委组织部负责人等职。解放战争时期，历任中共蓬莱县委书记，中共黄县县委书记，中共莱阳地委委员、宣传部部长，莱阳地委常委、秘书长兼农村工作部部长，中共烟台地委常委、秘书长兼莱阳农学院院长，中共莱阳县委第一书记，中共烟台地委副书记、地区革命委员会副主任、党的核心领导小组副组长，聊城地区革命委员会副主任、党的核心领导小组副组长，中共聊城地委副书记、地区革命委员会副主任，聊城地委书记、地区革命委员会主任，山东农业科学院院长、党委书记等职。1983年任政协山东省委员会常务委员。1990年12月离休。系中共第九届全国代表大会代表，第五届全国人民代表大会代表，第五届山东省人民代表大会代表。1997 年 6 月在烟台病逝。

王西原（1920—1997） 聊城市冠县人。出生于农民家庭。高小毕业后，1936 年考入山东第六专署小学教员训练班学习，毕业后任小学教员。1937 年年底到山东省六区抗日游击司令部第五支队工作。1938 年春在濮县与日军作战，后回到冠县，深入农村，发动群众，成立抗日组织。1939 年 4 月加入中国共产党。任冠县第六区区委书记、十一区区长，冠县独立营营长，八路军第一二九师新八旅二十四团二营营长。1951 年 1 月，任中央军委炮兵司令部科长。1952 年 5 月参加抗美援朝，任中国人民志愿军司令部科长、处长。1955 年回国，任解放军炮兵某师师长。1959 年调中央军委炮兵司令部参加编写炮兵战斗条例和学术研究工作。1964 年 5 月，任武昌炮兵学校校长。1978 年 1 月，任宣化炮兵指挥学院院长。1983 年 6 月离休。1997 年逝世。

张士诚（1921—1998） 聊城市茌平县人。1938 年，加入中国共产党。是年 10 月，参加八路军。历任冀南三分区交通总站政委、第二野战军政治部组织科科长、中国人民志愿军第十二军三十一师九十一团政治委员、步兵第三十五师政治部副主任、步兵第三十一师政治部主任、军事学院训练部政治处主任、陆军第二十军副政治委员、武汉军区政治部副主任，武汉军区政治部正军职顾问。1955 年，中央军委授予三级独立自由勋章、三级解放勋章。1988 年授予中国人民解放军独立功勋章。1998 年逝世。

刘　民（1925—1998） 原名刘元英。聊城市茌平县人。1939 年 9 月，参加八路军，1940 年 2 月，加入中国共产党。曾任八路军一一五师华山工作团及茌平县独立营民运干事、文化教员，鲁西军区第四军分区政治处宣传队队员。1941 年 7 月后，任冀鲁豫军区第三军分区、冀鲁豫军区司令部电台报务员。抗日战争胜利后，任晋冀鲁豫军区第七纵、一纵对司令部电台报务员、报务主任、电台台长。抗日战争和解放战争时期随部队参加了多次重大战役。1949 年后，任解放军第二野战军第十六军军部电台台长、电台队长、通信营营长、通讯科副科长。1950 年，参加贵州剿匪。1951 年，参加抗美援朝。1952 年，任军委通信学校教研室主任、教务处长，通信兵学院训练部教务处处长、副部长，军委通信兵司令部训练处处长，宣化通信学校校长等职。1981 年，任总参通信部纪律检查委员会副军职专职委员。1985 年 10 月离休。1998 年 7 月逝世。

马景汉（1913—1999） 聊城市冠县人。生于农家。自幼读书。1934 年冠县县立师范讲习所毕业，任本村小学教员。1938 年 3 月加入中国共产党，同时参加革命工作。历任冠县县委宣传部部长，第七区战地动员委员会主任、区长。1940 年 5 月，任冠县抗日民主政府县长。其家曾两度被敌抄家，全家 11 口人流落他乡，73 岁的祖父冻饿而死于外地。1946 年 3 月，任中共冠县县委书记。1948 年年初，参加地委整党后任武训县委书记。1949 年 3 月，任中共冀南区第一（临清）地委委员、专署秘书主任。是年 8 月，任聊城地委委员、专署副专员。1952 年，任聊城地委常委、专署专员。1954 年 5 月，任黑龙江省哈尔滨汽轮机厂副厂长。1956 年年初，任河南柴油机厂党委书记兼厂长。1965 年 9 月，任河南省经济委员会副主任兼省机械工业厅厅长。1969 年任省经委副主任兼省电子工业局局长、党委书记。1979 年 10 月，任河南省司法厅厅长、党组书记、河南省法学会会长。领导创办《法制世界》《河南法学》杂志，任编委主任。1983 年，任河南省人大常委会委员、法律委员会副主任委员。1984 年离休后任河南省法学学会名誉会长。1999 年逝世。

姚仲明（1914—1999） 曾名姚梦龄。聊城市东阿县人。1930 年考入山东省立第一乡村师范学校（校址济南北园，简称济南乡师）。在进步师生的影响帮助下，积极参加学生爱国运动。1932年年初加入中国共产党，任中共济南乡师支部成员，积极从事党的秘密工作。1933年中共山东省委机关遭敌破坏后，山东党组织与中共中央失掉联系，同中共济南乡师支部成员 赵健民、王文轩等人积极寻找上级党组织。同年7月，回家乡开展党的工作，发展党员10余名，建立东阿县第一个中共支部。1936年7月，在济南郊区全福庄小学被捕，关押至济南看守所。1937年抗日战争爆发后被释放出狱。当年10月底，受中共山东省委派遣，赴长山县开展抗日武装起义工作。同年12月，与廖容标、赵明新、马耀南等人成功领导了黑铁山抗日武装起义，成立山东人民抗日救国军第五军，任政治委员。1938年6月，第五军改编为八路军山东抗日游击第四支队第四团，任团政治委员。1939年任八路军山东纵队政治部联络部部长、八路军第一纵队联络部部长等职。同年秋当选为中共"七大"代表。1940年至1945年在延安中央马列学院和中央党校学习，并先后任中央党校一部、四部文教主任。1945年4月作为山东代表出席中共"七大"。1946年先后任华东解放区驻联合国鲁青分署代表、军调部驻青岛小组中共代表。同年10月任烟台市市长、中共烟台市委副书记。1948年4月潍县解放后，任潍坊特别市市长，中共潍坊特别市委常委、代理书记。同年12月调任中共济南特别市委常委、济南特别市副市长，主持市政府日常工作。1949年5月任济南市市长。同年12月任中共济南市委第一副书记、济南市市长。1950年2月调至外交部工作，历任中华人民共和国驻缅甸首任大使、驻印度尼西亚大使、外交部条约法律司司长，成为中华人民共和国第一代外交家。1972年任外交部国际问题研究所筹备组组长。1978年7月任文化部副部长，1981年3月任对外文化联络委员会副主任。系第六、七届全国政协委员，全国政协外事委员会委员。曾任中国国际文化交流中心副理事长、中国对外文化交流协会副会长。著有话剧剧本《同志，你走错了路》等。

李汝海（1917—1999） 聊城市高唐县人。1937年，毕业于高唐县立中学。1938年1月，参加地方抗日武装，是年12月加入中国共产党，历任山东第六区抗日游击司令部第二支队政治处政治干事，八路军一二九师范筑先纵队营教导员、骑兵连政治指导员，一二九师新八旅二十二团连政治指导员、营教导员、连长，冀南军区第三军分区司令部作战股股长，三十一团副团长兼参谋长等职。抗日战争胜利后，历任晋冀鲁豫军区二纵四旅十一团副团长兼参谋长，第六纵队十七旅四十九团政治委员、纵队司令部参谋处处长，第二野战军十二军三十五师政治委员等职。中华人民共和国成立后，任解放军某师政委兼川东军区壁山军分区第二政治委员、中共壁山地委副书记。后参加抗美援朝，任中国人民志愿军空军司令部副参谋长。1952年9月，入南京军事学院空军系学习，毕业后留学院任空军系空军合同战术教授会主任、系副主任。1958年9月，调任空军学院指挥系主任。1978年5月，任空军学院副政治委员。1983年5月离休。1955年，被授予空军大校军衔，二级独立自由勋章、二级解放勋章。1988年，获功勋荣誉奖章。1999年2月病逝。

芦振龙（1973—1999） 聊城市茌平县人。中共党员。高考以全县文科第一名的成绩考入西南政法大学。1998年7月，西南政法大学毕业，分配到重庆市高新技术产业区公安处石桥铺派出所当民警。1999年5月27日下午，为保卫人民的利益，捍卫法律的尊严，只身一人，临危不惧，英勇地与7名穷凶极恶的歹徒展开殊死博斗，终因力不敌众，身中27刀，壮烈牺牲，年仅25岁。牺牲后中共重庆市委追认为中共正式党员，重庆市人民政府批准为革命烈士，重庆市公安局追记一等功，公安部授予"全国公安系统一级英雄模范"。

孙大坤（1913—2000） 又名孙超、孙同举。聊城市莘县人。1926年参加西北军当学兵，1927年随军参加北伐战争。北伐战争后，学校解散，改行学医。1931年在江西加入红军，参加了五次反“围剿”。1931年冬在江西瑞金苏区加入反帝拥苏大同盟和抚恤会。1932年加入共青团，1935年加入中国共产党。在第三、四次反“围剿”期间，因募捐和扩大红军工作成绩显著两次被中央《红星中华报》登报表扬。1934年10月参加长征，初在红一军团一师卫生部负责收容和医疗工作。1935年5月强渡大渡河后，调中央军委干部团任卫生队队长。到达陕北后，任红军大学卫生所所长。1936年年初任独立师卫生部部长，同年秋任中央军委卫生科科长，负责中央首长和军委机关的医疗保健工作。抗日战争爆发后，奉命到山东发展敌后武装，任冀鲁边支队司令员。1939年1月，支队升级编入主力部队后，奉命赴冀鲁豫三省交界的朝城县发展党的组织，同年5月建立了中共朝南工委，任工委书记。秋，调任鲁西区地方干部训练队队长。1940年后，历任泰（安）肥（城）国民抗敌自卫团参谋长、冀鲁豫军区武装部组织科科长、反日伪武装工作团副团长、团长等职。解放战争时期，任冀鲁豫第二军分区参谋长兼黄河罗楼渡口指挥及二专区战勤指挥部司令员，曾立一、三等功各一次。1949年随部队渡江南下，先后任江西省上饶军分区、贵州省遵义军分区副司令员。中华人民共和国成立后，历任贵阳警备司令部副司令员兼贵州军事管制委员会贵阳军事法庭审判长。1952年入南京高等军事学院学习，1955年毕业，同年被授予大校军衔。后历任陆军第十三军副军长，昆明军区后勤部副部长、顾问等职。1983年离休。2000年病逝。

吴　肃（1914—2000） 聊城市阳谷县人。师范毕业。1937年10月参加革命工作，1938年8月加入中国共产党。历任聊城军事训练班学员，延安抗大学员。抗日战争时期，历任八路军第一一五师政治部干事，山东寿张县梁山区动委会主任，寿张县动委会主任，冀鲁豫二地委民运部二分区动委会主任，中共鲁西区委民运部科长，冀鲁豫区农救总会组织部部长，中共冀鲁豫二地委联合会民运部主任、民运部部长，中共范县县委书记，中共濮（县）、范（县）、朝（城）、南（乐）、清（丰）、观（城）六县工委组织部部长。解放战争时期，历任中共冀鲁豫区二地委委员、组织部长，江西鹰潭地委副书记。中华人民共和国成立后，历任中共镇远地委副书记、书记、军分区政治委员，贵州省委农委副书记，省委农村工作部部长，省委书记处书记，省革委生产领导小组副组长，省革委农办副主任、党组副书记，省委常委、省革委会副主任，省人大常委会副主任、党组副书记。系中共八大代表，贵州省第七届人民代表大会代表。1985年离休。2000年1月在贵阳逝世。

高文礼（1925—2000） 聊城市冠县人。1940年加入中国共产党，同时参加革命工作。历任冠县第六区青年抗日先锋队指导员、区青救会主任。1945年8月，调清平县（后为永智县）工作，初任第五区抗联主任，后任第六、第三区区委书记。1949年3月，南下湖南省工作，任中共湘乡县城关区、第一区区委书记。1952年10月，调湖南省公安厅工作，历任二处一科科长，二处副处长、处长。1960年，任省公安厅副厅长，曾负责毛泽东在湖南省的警卫工作。1970年后，任湖南省公安厅厅长、省委副秘书长兼省政法领导小组组长。任省公安厅厅长期间，为中共湖南省省委委员。1977年10月，调任国家公安部副部长。1982年，离职待分配。1986年离休。2000年2月在冠县病逝。

王维群（1914—2001） 原名王宪五，又名王献吾。聊城市冠县人。1934 年冬，在寿张山东省立第八乡村师范学校读书时加入中国共产党。翌年春辍学回乡任小学教师。1936年后，历任中共冠县特别支部书记、县工委书记、县委书记、中心县委书记，中共鲁西北特委委员、组织部部长。抗日战争时期，历任中共中央党校中队长，中共中央机关总务处管理科长、总务处长，中共中央直属机关管理局建设科长，西北财经办事处机关筹建责任人等职。解放战争时期，历任中共冀鲁豫区第一地委宣传部部长、组织部部长、地委委员兼阳谷县委书记，中共冀鲁豫区第六地委组织部部长，冀鲁豫区第九地委副书记兼组织部部长、代理书记兼第九行署专员，中共平原省聊城地委书记。中华人民共和国成立后，历任中共聊城地委书记，中共平原省企业党委副书记、工业厅厅长，中共河南省委工业部副部长、省财经委员会副主任、工业厅厅长，河南省委委员，洛阳第一拖拉机厂筹建处主任、厂长，建设工程部洛阳工程局党委书记、局长兼中共洛阳市委第二书记，河南省人民委员会副省长兼省基本建设委员会主任，河南省政府副省长兼省计划委员会第一副主任、省农林水利委员会主任，中共河南省委候补书记，河南省人民委员会党组副书记，河南省革命委员会常委、生产指挥组副组长，河南省委常委、省革命委员会生产指挥部指挥长，河南省革命委员会副主任，中共河南省委副书记等职。1984年离休。1988年被聘为山东省政府咨询顾问。2001年3月在济南市逝世。系中共第七届全国代表大会代表，第四届全国人民代表大会代表。

朱　光（1914—2001） 原名赵金城。聊城市东昌府区人。家境贫寒，七岁时逃荒到吉林省。1932年4月，参加共青团，任团支部书记，不久参加东北抗日救国军，任连文书。后在镜泊湖参加组建抗日武装，任副团长。1935年，所在部队改编为东北抗日联军第一师三团，任副团长，是年6月，到苏联莫斯科东方大学学习。1936年，转为中国共产党党员。1938年回国后，历任新疆新兵营炮兵大队排长，八路军总部炮兵团三营副营长、延安炮兵学校教务处处长，参加了“百团大战”。解放战争时期，历任东满军区炮兵主任兼教育科科长、警卫团团长、炮兵团团长，东北民主联军炮四团团长，东北野战军特种兵第二指挥所副主任、炮兵第二师副师长、四野炮兵主任兼青年干校总校大队长。参加了四平、辽沈、平津等战役。1950年，参加抗美援朝，任中国人民志愿军第二炮师副师长、师长，志愿军炮兵指挥所参谋长。参加了五次战役及上甘岭、金城等战役。1955年回国后，任第三兵团炮兵司令员，解放军炮兵司令部副参谋长、参谋长，国务院兵器工业总局局长，国家三机部、五机部副部长，常规兵器三线建设总指挥，基建工程兵副主任兼霍林河煤矿总指挥、党委书记。系第六、第七届全国政协委员。1955年，授予少将军衔。获二级独立自由勋章，二级解放勋章。2001年1月在北京市病逝。

胡泮生（1917—2001） 原名胡湘芹，字泮生。聊城市茌平县人。在济南育英中学、省立高级中学读书时，参加了九一八、一二九济南学生赴南京请愿团，要求国民党政府抗日。1937年5月加入中国共产党。七七事变后，在敌后鲁西北坚持抗日。历任中共博平县工委委员，八路军一二九师先遣纵队五大队副大队长，一一五师华山工作团团长，冀鲁豫军区运东抗日游击大队政治委员，东阿、阳谷县抗日游击大队政委。抗日战争胜利后，历任冀鲁豫一、六分区六团、二团政治委员，冀鲁豫军区十一团团长兼政治委员，第三教导旅九团政治委员，二野五兵团一五三团政委等。参加了聊博、鲁西南、济南、淮海、渡江等战役。1949年9月，进军贵州后，转业任中共安顺地委组织部部长、地委副书记。1953年1月，任西南行政委员会地方工业局副局长。1954年10月后，任国家地方工业部办公厅副主任、轻工业部办公厅主任。1957年调云南高等院校工作，任昆明工学院、昆明师范学院党委书记，云南大学党委书记、校长。1978年，任云南省计划委员会副主任、党组副书记。1979年，调天津大学，初任党委副书记、常务副校长，后任校党委书记。1983年，当选为中共天津市顾问委员会委员。1989年11月离休，2001年5月在天津病逝。

岳　英（1915—2002）　原名岳喜英。聊城市莘县人。山东省立聊城师范学校毕业后，任文明寨小学代理校长、菏泽游击总队连指导员。1938年6月，入陕北公学和抗大一分校学习，后任队长、副大队长等职。1939年1月加入中国共产党。解放战争时期任吉林省集安县副县长。1947年11月后，任辽东军区和十二兵团司令部作训科副科长、队列科长。中华人民共和国成立后，任海军司令部军务部长、南海舰队司令部副参谋长、海军第七研究院副院长、海军技术装备部副部长等职。1983年8月离休。2002年病逝。

解长林（1917—2002）　曾用名张蔚青。聊城市东昌府区人。1936年，在北平弘达高中读书时参加中华民族解放先锋队，任北平沙滩街头中华民族解放先锋队分队长。1937年5月，赴山西太原抗日武装国民党军官教导一团当兵。1938年春返乡。5月，加入中国共产党。曾任山东省六区抗日游击司令部第十支队连指导员，聊城军事教育团政治部组织科科长。12月，调八路军山东纵队，历任该部队六支队司令部科长、党总支书记兼特务营教导员、团政治处主任、八支队政治部副主任。1940年8月后，任鲁西军区军政干校政治处副主任兼党总支书记，后勤部政治处主任，冀鲁豫军区第三（鲁西北）军三分区政治处主任。1943年1月，任冀鲁豫军区政治部敌工部副部长、生产部长。1945年10月，任冀鲁豫五分区政治部主任。1947年，任副政治委员。参加了定陶、陆房、开封、睢杞、淮海等战役、战斗。1949年1月后，历任华北军区补训八旅副政治委员，旅党委书记，第二野战军军政大学高级研究班政治委员，第二高级步兵学校校务部长，西南军区空军第四预科总队政治委员，空军第一航空学校政治委员，空军雷达兵部主任，武汉军区空军副政治委员等职。1955年9月被授予大校军衔。1964年，晋升少将军衔。荣获二级独立自由勋章、二级解放勋章、一级红星功勋荣誉章。2002年1月在武汉市病逝。

杨亚超（1920—2002）　聊城市阳谷县人。1942年9月，毕业于北京大学医学院，同年考取日本京都大学医学部研修生，1944年9月，回国任山东省立医院医专教师兼山东省立医院儿科医师。1953年任山东省立医院儿科主任。1956年，被山东省人民政府授予“山东省第一届先进工作者”称号。1957年12月加入中国共产党。1960年，因在儿科医学领域做出突出贡献被授予“全国先进工作者”称号。1978年5月晋升为山东医科大学儿科教授。1984年3月被授予儿科主任医师。1986年，被山东省人民政府授予“山东省劳动模范”称号。1990年，被国务院授予“全国劳动模范”称号。1992年起，享受国务院政府特殊津贴，享受厅局级待遇。为中华医学会第七、八、九届委员，第十九届、第二十届理事会理事，中华医学会山东分会第十届理事会会长，山东省儿科学会第一、二、三届主任委员。为第三届全国人民代表大会代表，山东省第五届人民代表大会代表，中国共产党山东省第六次代表大会代表，首届全国科学大会代表。2002年5月病逝。2003年秋，山东省立医院为杨亚超塑立铜像。

王路宾（1913—2003）　曾用名王广义、周毅然。聊城市聊城县王洪木村（今属聊城经济技术开发区）人。1928年，在聊城山东省立第二中学读书。1929年，考入济南山东省立第一乡村师范特科，同年参加共青团。1930年4月，转入中国共产党。是年7月毕业后，到江苏沭阳国民党新编二十七师做兵运工作。1933年，在北平考入青岛国立山东大学生物系，入校不久恢复党的关系。1935年北平，一二九学生爱国运动爆发时，为山东大学和青岛地区主要领导人，遭国民党当局逮捕，1936年4月被押送出境。到北平后，参加“中华民族解放先锋队”，在北大接上党的关系，任沙滩街道党支部书记。同年秋转入四川大学生物系，并任成都“中华民族解放先锋队”总队副总队长。1938年，因开展革命斗争活动被川大开除，旋由党组织委派到名山中学任教导主任，开辟党的工作。又遭国民党镇压，被捕入狱，经党组织营救出狱。1939年秋到延安，被派赴苏联莫斯科学习。1940年回国，先后在中央社会部、陕甘宁边区保安处工作。抗战胜利后，任中共冀鲁豫边区党委社会部办公室主任、副部长，冀鲁豫行署公安处处长。1949年8月，任中共平原省委委员、省政府委员、公安厅厅长。1952年11月起，历任中共中央山东分局委员、政法委副书记、公安厅厅长，中共山东省委常委、秘书长，济南市委第一书记等职。1967年2月，被结合为山东省革命委员会常委，同年受冲击入狱。1975年9月，平反恢复工作，任中共曲阜师范学院党委书记。1979年3月，调北京中共中央党校学习。是年12月，任北京大学党委副书记、常务副校长。1984年，任北大顾问。1989年，创建民办北京建设大学，任校长。系第一届全国人大代表，中国共产党第八次全国代表大会代表，第六届全国政协委员，中央纪律检查委员会特邀检查员等。1990年6月离休后，应邀在聊城创办北京建设大学聊城分校。2003年11月病逝。

陶　明（1914—2003） 原姓严，名正言，又名严树勋，字冬叶。聊城市冠县人。9岁起读私塾、小学、师范、中学，高中肄业。曾任小学教员。1929年冬参加学潮，被开除学籍。1933年到北平精业中学读高中。1935年3月经杨启哲（唐守愚）介绍参加左翼作家联盟。7月12日被捕，先后关押北平公安局、河北省高等法院看守所，判刑2年6个月，经王化云等营救保外就医。10月到泗水县任小学教员，以当教员为掩护，做党的工作。1936年12月加入中国共产党。1937年12月调中共鲁西特委做机关工作。1938年4月到延安抗大、马列学院学习。1940年5月毕业后，历任延安鲁迅艺术学院干部科科长、延安大学干部科科长。1945年9月调东北工作，历任鞍山保安部队政治部科长，辽南军区后勤部政治部主任，辽宁省军区卫生部政治委员，东北军区干部办公室主任、处长，辽宁省军区政治部主任。1967年1月后任《人民日报》党委副书记兼政治部主任、解放军总政治部机关“文化大革命”办公室副主任、军事博物馆军管会主任。1968年调回辽宁省军区工作。1970年6月任旅大警备区政治部副主任。1981年7月离休。曾获二级红星勋章。2003年1月去世。

董荆玉（1916—2003） 原名董传璧。聊城市博平县（今茌平县）人。山东省立师范学校肄业。1938年3月参加革命工作，是年12月加入中国共产党。历任山东省六区抗日游击司令部二十六支队政训员，中共鲁西区运东地委军事部长，八路军十三侦察大队大队长，八路军一二九师先遣纵队和新八旅指导员、党总支书记、团政治部主任。1945年抗日战争胜利后，被派往东北工作，历任洮北办事处主任，富泉县县长，中共醴北工委书记，骑兵师政治部主任，四十五军组织部副部长、直工部长。1949年7月南下江西，转战广东、广西。1952年，任某军后勤部政委，率部参加抗美援朝。1954年回国后，曾代理副军长。1955年，入南京军事学院学习，毕业后历任北京军事学院后方教授会副主任，后勤学院教研室主任、训练部副部长，解放军后方科研所政治委员。1973年9月，任中国人民解放军后勤学院党委副书记等职。1983年离休。2003年10月于北京病逝。

袁　振（1917—2003） 原名袁风彩，又名袁彰武。山东省掖县（今莱州市）人。1936年5月，在曲阜山东省立第二师范学校读书时加入中国共产党。毕业后，在鲁西地区以教书为掩护，秘密从事革命活动。1937年七七事变后，参与开创和发展泰西抗日根据地工作。1938年5月，中共泰西特委建立，先后任特委青年部长、民运部长、保卫部长等职。1939年11月，任中共鲁西区泰西地委书记。1941年7月，任中共冀鲁豫第一（泰西）地委书记兼军分区政治委员。1942年12月，泰西与运东地委合并，任中共冀鲁豫第一（泰运）地委副书记兼军分区副政治委员。1943年6月，任地委书记兼军分区政治委员。1944年7月，调任冀鲁豫水东地委书记兼新四军四师水东独立团政治委员。1946年11月，任冀鲁豫第一（泰西）地委书记兼军分区政治委员。1947年春在国民党军重点进攻山东时，留在泰西地区，活动于泰安、肥城、长清大峰山等地，指挥、协调各指挥部或游击支队，率领军民同国民党军、还乡团展开坚决的斗争。其间，曾任冀鲁豫区党委党校副校长。同年7月，与一批干部随晋冀鲁豫野战军主力南下挺进大别山，任南下干部支队司令员兼政治委员，后任中共江汉区党委副书记兼组织部部长。1949年春，湖北解放后，任中共湖北省委常委、省委宣传部部长兼团省委书记、中南局工业部副部长、中南军政委员会财委副主任等职。带领当地人民开展土地改革、支前、清剿匪特等工作。1953年，直接指挥荆江分洪工程建设。1954年10月，任鞍山钢铁公司党委第一书记兼经理，鞍山市委第二书记同时兼任鞍山钢铁学院首任院长，领导创立被称为“鞍钢宪法”的国有大企业管理经验。1964年5月，调任中共山西省委书记处书记兼太原市委第一书记。1978年12月，调安徽工作，历任省委常委、省革命委员会会副主任、省委副书记等职，1982年4月至1983年3月任中共安徽省委书记（当时设第一、第二书记）。1984 年12月，任中共安徽省顾问委员会主任。1987年5月，离职休养。系中共八大、九大代表。其一生喜书画、擅诗文。离休后长期担任中华炎黄文化研究会顾问、中华徐霞客研究会顾问、中国书画函授大学顾问、中华诗词学会澄霞诗社名誉社长等职。2003年8月在北京病逝。

岳肖峡（1918—2003） 曾用名岳连森。聊城市博平县（今茌平县）人。1937年12月参加革命，翌年6月加入中国共产党。历任中共博平县委委员、宣传部部长、敌工委副书记。1941年11月，任博平县抗日民主政府县长。1941年12月后，历任中共冀鲁豫区委员会组织部干部科长，中共冀鲁豫（平原）分局直属科科长、机关党委书记，中共晋冀鲁豫中央局组织部干部科科长，中共中央华北局组织部干部处副处长等职。1949年2月，南下云南省。历任中共玉溪地委书记，玉溪军分区政治委员，东川矿区党委书记兼政府主席、矿务局长，西南有色金属管理局局长，云锡公司经理。曾在苏联、东德考察冶金工业，回国后任冶金工业部云南有色金属管理局长，云南省冶金工业厅厅长、党组书记。1954年，当选为中共云南省委委员。1964年，任中共云南省委常委、组织部部长。“文化大革命”后，任昆钢基建指挥部副指挥长，中共云南省委常委、工交政治部主任、组织部部长、工交办公室主任。1979年，调河南省工作，历任省国防工办主任、省经委常务副主任；是年9月，任副省长兼秘书长。1983年9月，任常务副省长、党组副书记等职。1985年，被选为河南省第六届人大常委会副主任、党组副书记，中共河南省顾问委员会常委。1991年1月离休。1992年，选为中共十四次代表大会代表。2003年4月去世。

林　彬（1922—2003） 女，回族。原名沙春莲。聊城市冠县人。1938年5月参加革命工作，同年7月加入中国共产党。冠县简易师范毕业。历任冠县妇女抗日救国会宣传部部长、八路军第一一五师三四三旅副指导员、晋冀鲁豫军区第七纵队政治部干事和副科长等职。1949年，转业到地方工作，历任河南开封贸易公司干部科长、贵州省贸易总公司办公室主任兼科长、贵州省百货总公司经理。1953年后，历任国家商业部百货局副处长、国务院财贸办公室组员和副组长、新疆驻京办事处主任和党委书记。1969年，调中央军委办公厅工作，任正师级秘书。1980年后，任中国人民解放军总参谋部法院院长、纪委专职委员、政治部军级顾问等职。1984年离休，2003年1月在北京病逝。

陈　丕（1919—2004） 原名陈子玉。聊城市茌平县人。青少年时期读书。1937年参加革命，1938年5月，加入中国共产党。历任八路军东进纵队连指导员，决死三纵队连长，八路军第一二九师司令部参谋，晋冀鲁豫军政大学军务科长、办公室主任，解放军二纵队军务科科长、独立旅参谋主任。淮海战役后，任二野十一军军务处副处长。中华人民共和国成立后调到海军部队，历任青岛基地防空司令部参谋长、航空兵司令部作战处长、北航司令部参谋长。1970年到贵州省“支左”，曾任中共六盘水地委书记、军代表组长等职。1973年回部队后，任东海航空兵副司令员。系第五届全国人大代表。1982年离休。2004年10月在上海病逝。

王成连（1923—2003） 山东省荣成县（今荣成市）人。1940年7月参加革命。1943年2月加入中国共产党。抗日战争时期，历任八路军山东纵队胶东五支队三团二营班长、副排长、排长，东海军分区教导队区队长、独立团四连连长。1945年4月后，任胶东抗大三分校攻坚班班长、山东军区三〇旅六八团副营长。1946年1月调东北，历任营长、团长。在衡宝战役中作战勇敢，受军区通令嘉奖。中华人民共和国成立后，任四野四五军一三四师四〇二团团长。1952年6月后，先后任总高级步校会同战术教授教员。1953年赴朝参加抗美援朝战例总结工作。1959年2月任中国人民解放军军事学院合成军队指挥系二部二班班主任。1963年1月后，任北长山守备区副司令员。1965年8月任德州军分区副司令员、党委常委。1970年4月任聊城军分区司令员、党委副书记，是年10月，作为军队代表参加聊城地区革命委员会，任地区革命委员会主任、党的核心领导小组副组长。翌年7月，任地区革命委员会主任、党的核心领导小组组长。1972年8月，调回军分区工作。1978年后，任菏泽军分区司令员、党委副书记。1980年12月，任山东省军区副司令员。1960年6月，晋升上校军衔。1983年离休。1988年，被授予中国人民解放军独立功勋荣誉章。2003年在济南病逝。

刘　镜（1928—2003） 曾用名刘明山。聊城市博平县（今茌平县）人。1939年春，参加八路军第一二九师筑先纵队第七团。1940年6月，随部队编入八路军一二九师新八旅，历任宣传员、敌工干事、分队长、团技术书记等职。1943年，加入中国共产党。抗日战争胜利后，任晋冀鲁豫军区第二纵队十二团、补训团和第二野战军三兵团政治部特派员、保卫干事，参加上党、平汉、强渡黄河、鲁西南、挺进大别山、淮海、渡江进军大西南等战役。中华人民共和国成立后，任四川军区公安纵队保卫科科长。1953年，参加抗美援朝，任中国人民志愿军三兵团保卫部科长。1955年回国后，任旅大警备区直属政治处主任，沈阳军区保卫部科长，沈阳军区守备三师政治部主任、师政治委员，沈阳军区政治部保卫部长。1981年，任吉林省军区政治部主任。1983年，任吉林省委常委、吉林省军区政委。1989年离休。2003年2月病逝。

陶东岱（1910—2004） 聊城市茌平县人。1932年聊城山东省立第三师范学校毕业后任小学教员。1938 年春加入中国共产党，同时参加革命工作。曾任本村党支部书记、中共博平二区区委书记、中共博平县委组织部部长。1939年9月，任中共博平县委书记。1940年12月，入中共中央山东分局党校学习。结业后，任中共鲁西区第四（运东）地委组织科科长。1943年2月，任中共清博县委组织部部长，是年7月任中共禹城县委书记。1944年春，任中共筑先县委书记。1945 年8月，入中共晋冀鲁豫中央局党校学习。日本投降后，党校停办，仍回筑先县。1946年，入冀鲁豫区党委党校学习。翌年 9 月结业后，任中共冀鲁豫第六（运动）地委委员、专署副专员。1948 年4月任专员。1949年2月，代地委书记，同年6月，任地委副书记、专员，并主持地委、专署工作。1949年8月，任中共聊城地委副书记、专署专员。1950年9月起，任平原省政府监委会副主任。1952年5月，任华北行政委员会农林办公室副主任。1953年3月，任国家林业部造林司副司长。11月任国家林业部中央林业研究所副所长及党支部书记。1959年2月，任中国林业科学研究院秘书长、副院长。1966年10月，任国家林业部外事司司长。1974年任中国农林科学院、林业科学研究院副院长。1982年12月离休。2004年在北京病逝。

刘　星（1915—2004）　原名刘震，又名刘献忠。江苏省萧县（今属安徽省）人。1934年加入中国共产主义青年团。1935年在北平清华大学读书时，参加了一二九、一二一六学生爱国运动。1936年2月，加入中华民族解放先锋队，并任清华大学民先分队副队长，是年8月加入中国共产党。1937年七七事变后，流亡济南，由山东党组织派往汶上、东平一带发动群众，组建武装，开展抗日。1938年春，任山东省第六区抗日游击司令部第十支队东进梯队政治委员。1939年后，任山东第六支队一团、第八支队、鲁西军区二（运西）军分区政治委员。1942后冬，实行精兵简政和一元化领导，调任冀鲁豫军区三（鲁西北）军分区政委兼任第三地委书记。1943年7月，鲁西北地区划归冀南，遂调任以昆吾、尚和为中心的新的冀鲁豫军区第三军分区政治委员。后任冀鲁豫军区五分区政治委员兼地委书记、第二野战军第十七军参谋长、军政大学五分校副校长、贵阳军管会秘书长。中华人民共和国成立后，任西南军政委员会交通工业部副部长、财委副主任，国家基本建设、计划委员会副主任，中共华北局经委主任，国家六机部副部长，中共新疆维吾尔自治区党委副书记等职。1980年3月，任四川省副省长。1983年2月，任中共四川省顾问委员会常委。1992年离休，享受正省级待遇。2004年3月在成都病逝。

许梦侠（1919—2004）　聊城市冠县人。1935年6月参加革命工作，1935年7月加入中国共产党。1936年，冠县师范讲习所毕业后在冠县东三里庄、临清周马庄小学教书，同时开展党的工作。1937年8月任中共冠县县委委员。1937年，任中共冠县临时工委委员、游击队副队长。1938年2月，在山东省第六区抗日游击司令部任范筑先抗日卫队营中共支部书记，同年5月，任中共冠县县委书记兼组织部部长。1939年春，任中共鲁西区第一（鲁西北）地委组织部部长；同年7月，任中共鲁西区第一（鲁西北）地委书记。1940年春任鲁西区第三（鲁西北）地委书记，11月后，改称鲁西北地委书记。1941年7月任中共冀鲁豫区鲁西北地委副书记，书记。1942年冬，改任地委副书记。1943年7月任中共冀南区第七地委副书记，10月，任中共冀南区第七（鲁西北）地委书记兼军分区政委，参与领导鲁西北抗日根据地的创立、巩固和发展工作。1944年5月任中共冀鲁豫区第七地委书记、军分区政治委员。1945年11月任中共冀南区第一地委书记、晋冀鲁豫军区第七军分区政治委员。1947年春，调任晋冀鲁豫军区第二纵队党委委员、政治部主任。1948年5月任中原野战军第二纵队政治部主任。1949年2月任中国人民解放军第十军政治部主任。中华人民共和国建立后，曾兼任川南军区政治部主任、中共川南区委委员兼组织部部长、川南区委办公室主任、川南区委纪律检查委员会书记、川南区委保密委员会主任。1952年后，历任中共四川省委组织部长、常委、书记处书记、常务书记、省妇委书记、省纪委书记、省纪委第一书记等职。1971年后，任中共四川省委常委、书记（当时设第一书记、第二书记）兼成都市委第一书记、市革委会副主任、主任。1975年10月至1982年12月，任中共四川省委书记（当时设第一书记、第二书记）、省委常务书记兼省纪律检查委员会第一书记、省委常委兼省纪律检查委员会书记。1985年7月起，任中共四川省顾问委员会主任。1994年12月离休。中国共产党第十、十一、十二、十三、十四、十五、十六次全国代表大会代表，中央纪律检查委员会第十一届、十二届委员。2004年11月在成都病逝。

孙绍荣（1920—2004）　聊城市茌平县人。

1937年10月入聊城军训班学习，结业后任聊城六区政干校区队长。1938年，任泰西六支队巡视员、训练队队长。1939年加入中国共产党。后任八路军一一五师教导三旅九团文书股长、侦察排排长。1943年，在反日军“扫荡”中负伤。解放战争时期，初任冀鲁豫军区二十一团参谋，不久，随部队调往东北工作，参加东北保卫战。1948年，任东北野战军十纵队司令部作战参谋，参加辽沈战役、平津战役。北平解放后，随部队南下湖南、四川等地作战。1950年，任解放军四十七军测绘大队大队长、一四〇师作训科科长。1951年，参加抗美援朝，任四二〇团团长。1954年，回国驻防湖南。1956年，任某军副参谋长。1957年，入南京军事学院学习。毕业后任新疆军区司令部作战部部长。1962年，参加中印边界自卫反击战。1966年后，任乌鲁木齐军分区司令员、警备区司令员、东疆军区顾问（副军职）等职。1984年离休。获独立自由勋章、解放勋章。2004年1月在西安逝世。

田维新（1916—2002） 原名田俊卿，曾用名田冲，聊城市东阿县人。14岁考入东阿县立师范讲习所，半年后考入聊城山东省立第二中学。1933年，考入寿张山东省立第八乡村师范学校。1937年七七事变后，10月参加革命工作。是年，加入中华民族解放先锋队，并担任山东第六区抗日游击司令部少校军需。1939年加入中国共产党，3月到抗大一分校学习，9月结业，在山西决死第三纵队七团，任连指导员。后组成游击支队，担任支队政治处主任，参加走马岭战斗和百团大战。1941年1月，到太行军区第三军分区祁县独立营任政治委员。指挥独立营到平川作战23次，毙伤日伪军50名，被上级誉为“独立营之模范者”。后任太行军区第三军分区政治部敌工科科长。1944年，任第三军分区政治部组织科科长。抗战时期，率部取得奇袭鲁村、子洪口伏击战、突袭固县等战斗胜利。解放战争时期，任晋冀鲁豫野战军三纵八旅二十二团政委，参加邯郸战役。1946年，参加羊山战斗。挺进大别山后，任八旅政治部副主任。1949年，任十一军三十二师政治部主任。1951年，任三十二师政治委员。1953年，入朝作战，历任十六军三十二师政治委员，参加朝鲜西海岸反登陆作战准备、1953年夏季进攻战役和金城战役。在朝鲜升任某军政治部副主任、主任，获朝鲜二级自由独立勋章。1958年回国，任某军政治部主任。1961年，任某军副政治委员，毕业于高等军事学院速成系四期。1964年，任沈阳军区政治部副主任。1969年，任沈阳军区副政治委员、总政治部副主任。系第四届全国人民代表大会代表，中国共产党第十届中央委员。2002年8月在北京逝世。

李学智（1923—2005） 聊城市清平县（今属临清市）人。1936年考入临清山东省立第十一中学。1937年七七事变后，参加抗日武装，同年冬编入山东省第六区抗日游击司令部第二十九支队，任班长文书。1938年5月，赴河北南宫县八路军一二九师学习，后任二十九支队连政治指导员。是年秋，参加中华民族抗日先锋队，是年12月加入中国共产党。年底入筑先学院学习。1939年，调鲁西泰西地区后，历任肥城县委青年干事、青救会主任，泰西地委青委委员、副书记，青救会组织部部长、主任，泰西地委抗联主任，平阴县委委员、民运部部长、抗联主任，中共东阿县委书记、县大队政治委员。1939年8月，参加著名的陆房战斗，得到中国共产党山东分局表彰。1945年，复任东阿县委书记。1946年春，任中共济宁市四区区委书记。是年秋，任汶上县委书记、县大队政治委员。1949年，渡江南下，历任浙江建德地委委员、民运部部长，金华地委委员、宣传部部长、民运部部长、农委书记、农会主任，金华地委副书记、书记，监委书记，金华军分区政治委员，省委委员。1960年，陪同毛泽东主席视察金华。文化大革命中受冲击。1971年平反。调宁夏工作。历任宁夏回族自治区党委委员、革委会生产指挥部副主任、农业组组长、农办主任。1976年，任中共宁夏回族自治区委副书记、书记、第一书记、宁夏军区第一政治委员。系中共第十一届中央候补委员、第十二届中央委员、中共第十二届、十三届党代表，第七届、八届全国人大代表，全国人大常委会常委委员，民族委员会副主任委员、代表资格审查委员会副主任委员。2005年病逝。

刘景山（1936—2005） 聊城市高唐县人。1954年7月，毕业于济南第五中学，随即考取海军第五联合学校，参军入伍。1954年11月至1975年12月，在海军青岛基地所属驱逐舰部队工作，历任水兵、班长、分队长、部长、副舰长，期间立三等功若干，晋升中尉军衔。1976—1990年在北海舰队所属驱逐舰部队工作，历任副参谋长、副支队长、支队长。这期间曾先后在大连舰艇学院、南京海军学院学习。1988年，被授予海军大校军衔。1990年7月至1994年3月，任南海舰队副参谋长，1991年8月，晋升海军少将军衔。1994年3月，调北海舰队任副参谋长，1994年8月退休。2005年4月逝世。

杨萱庭（1917—2006） 聊城市聊城县（今聊城市东昌府区）人。六岁即随当地一晚清秀才学习书法，步入少年每天坚持练习400个小字、50个大字。早年在家乡任教。1937年七七事变后，参加范筑先领导的抗日游击队，战斗间隙仍不忘练习书法。1945年后在济南教书，中华人民共和国成立后到北京工作，仍辛勤耕耘、临池不辍书画艺术，颇有建树。曾被聘为国务院参事室参事、中央文史馆馆员、孙子故里书画院名誉院长、山东师范大学兼职教授。从事书法创作和研究几十年，能双手握笔，双管齐挥，既善用23千克重的巨笔书写15米高的大字，又精于蝇头小楷，还可以书写不同书体，博得“百体杨”美誉。其作品多次在国内外展出，不少作品被有关部门作为礼品赠送外宾，很多题字刻石分布于祖国名山大川。1989年5月所书高15米、宽8米的“鳌”字，刻于山东邹县峄山主峰石壁，被称为“当今世界最大的汉字石刻”，此外，聊城市东昌湖边的“龙”字碑，大运河畔的“河魂”，重修光岳楼碑刻，北京卢沟桥宛平城的“威严门”和“顺治门”的匾额等，皆出自他手。1983年1月受中共中央委托，为李大钊烈士书写2300多字的纪念碑文。后又为瞿秋白、路友文等革命烈士纪念碑书写碑文。著有《杨萱庭书法集》《杨萱庭书法挂历》《剑胆书魂》，并拍摄杨萱庭书法艺术电视片，先后在日本和台湾地区播映。2006年1月在北京病逝。

许继善（1929—2006） 又名愚夫。聊城市冠县人。1942年7月，在家务农的同时参与征收、储运公粮等抗日工作。1944年8月，正式参加革命工作。1948年12月加入中国共产党。抗日战争和解放战争时期，历任武训县北小区助征员、甘官屯抗日民主政府财粮委员、区文教助理员。1949年，任武训县人民政府科员。1952年4月，任堂邑县第二区区长、区委委员。1954年7月，调中共聊城地委工作，曾任中共聊城地委办公室干事。1956年3月，任地委办公室秘书。1959年11月，任中共范县县委委员、办公室主任。1962年1月，任中共聊城地委办公室副主任。1965年4月，任中共聊城县委副书记。1970年1月，恢复工作后任聊城县革命委员会副主任、党的核心领导小组副组长。1972年11月，任中共聊城县委副书记、县革命委员会副主任。1975年5月，任聊城地区革命委员会农林水办公室副主任。1976年7月至1980年5月，历任中共聊城地委副秘书长，中央派驻国家第七机械工业部工作组成员，中共阳谷县委书记、革命委员会主任。1980年8月，任中共聊城地委常委、秘书长，兼任地委党史资料征集研究委员会副主任。1983年12月起，历任中共聊城地委委员、秘书长、统战部部长等职。1988年9月，任政协山东省委员会聊城地区工作委员会主任、党组书记。1992年8月，离职休养。系聊城市第十三届、十四届人大代表。2006年9月在聊城病逝。

张彦青（1918—2007） 原名焕。字剑进，号尢愠斋主。聊城市临清县（今临清市）人。1943年，毕业于北平辅仁大学美术专修科。1944年，插班入于重庆中央大学艺术系国画专业，先后从师于臧克家、陈少梅、溥雪斋、江慎生、陈缘督、启功、徐悲鸿、黄君璧、傅抱石、谢稚柳诸位大师。1949年6月参加革命工作，1983年5月加入中国共产党。1939年至1948年6月，先后在北平辅仁大学美术系和重庆中央大学艺术系国画专业学习，期间曾任陕西大荔县三德学校、湖北鸡公山中学教员、四川成都田家半月报编辑。1948年6月至1949年10月，历任中央局城市工作部武汉地下工作组组长、四野十二兵团政治部宣传队文艺组组长。1949年10月至1952年10月，历任湖南军区人民剧院经理、政治部宣传部干事、画报美术编辑。1952年10月至1972年6月，先后任山东省博物馆美术员、山东省艺术专科学校教员、教研室副主任；1972年6月至1978年6月，先后任山东省艺术馆、山东省美术馆美术创作员；1978年6月至1987年4月，任山东艺术学院副教授、教授。1987年4月离职休养。1992年，国务院为其颁发艺术成就表彰证书，享受国务院政府特殊津贴。山东艺术学院教授，山东省文史馆馆员、中国美术家协会会员、山东省政协书画之友社顾问、山东画院艺术顾问，国画家和美术教育家。系第六、七届山东省政协委员。2007年病逝。

魏景山（1928—2007） 山东省陵县人。1939年4月参加工作。1942年4月加入中国共产党。曾任陵县“战委会”勤务员，中共冀鲁边二地委武工队战士，中共陵县县委组织部通讯员，济阳县五区武装部长，中共济阳县城关区委书记、县委宣传部副部长。1949年7月，在青年团中央团校学习。1950年5月，结业后任青年团齐河县委书记。1952年4月，任中共齐河县委副书记。是年7月，任中共齐河县委第二书记。1960年7月，任中共范县县委第二书记。1961年7月，任中共范县县委第一书记。1970年10月，任中共河南省登封县委书记、县革命委员会主任。1973年冬，调聊城地区工作，嗣后任中共冠县县委书记、县革命委员会主任。1976年12月至1978年5月，任中共阳谷县委书记、县革命委员会主任。1978年7月，任中共聊城地委副书记、聊城行署专员、党组书记。1983年12月，任中共聊城地委副书记。1986年9月，任中共聊城地委调研员。1991年2月离休。系中共聊城市第九次代表大会代表、聊城市第十三届人大代表。2007年3月在聊城病逝。

赵长风（1935—2007） 聊城市高唐县人。1952年7月参加工作，1959年6月加入中国共产党。历任山东合作干校、滕县专区干校学员，山东峄县供销社办事员、副科长，枣庄钢铁厂、张范铁矿股长，枣庄市委工业部、组织部干事，枣庄市革委会政治部组织组副组长、市委组织部副部长，枣庄市薛城区委书记。1980年6月任枣庄市委常委、组织部部长，1983年8月任枣庄市委副书记，1986年6月任山东省人民检察院副检察长、党组成员，1988年12月任山东省人民检察院副检察长（正厅级）、党组副书记，1989年5月任山东省委政法委副书记（正厅级），1991年8月任潍坊市委书记，1993年4月任山东省人民检察院检察长、党组书记。2003年12月退休。系中共十四大、十五大代表，第六、七届山东省委委员，山东省第八、九届人大代表。2007年12月在济南逝世。

刘　汉（1916—2008） 原名刘慕蕃，字汉云。山东省文登县（今文登区）人。1931年考入文登初级中学，开始接受新思想。1934年，到济南师范学校读书。一二九运动后积极参加抗日救亡活动。1936年，参加中华民族解放先锋队。1937年，济南师范毕业回到文登任小学教员，文登县立第五小学校长。1938年加入中国共产党；同年2月，参加山东人民抗日救国军第三军，政治部负责宣传工作，9月，任八路军山东纵队第五支队政治部宣传科科长，12月，任胶东军政干部学校副校长。1940 年 4 月，任中国人民抗日军政大学胶东支校校长，是年 8 月，任山东纵队第五旅宣传科科长。1941 年 2 月至 1942 年年初，任鲁西北军分区司令员。1943 年 4 月，任胶东军区政治部宣传科科长；同年 9 月，参加胶东区党委举办的整风班学习。1944 年 6 月，任山东军区政治部宣传部教育科科长。抗日战争胜利后，1945 年 9 月，由胶东渡海到达安东，任辽东军区政治部宣传部副部长。1948 年 5 月，任东北野战军第一兵团政治部秘书长，是年 8 月，任东北野战军政治部秘书处处长。1949 年 4 月，任第四十二军政治部宣传部部长，兼四十二军干部学校政治委员。1950 年 1 月，随军返回东北，是年 7 月，任解放军总政治部秘书处处长。1955 年，任总政治部宣传部学校教育处处长。1956 年 7 月，任总政治部宣传部副部长。1975 年 7 月平反恢复工作，任中国人民革命军事博物馆馆长。1980 年 2 月，任总政治部宣传部副部长。1983 年 9 月，任总政治部宣传部顾问，享受正兵团职待遇。1985 年 2 月离职休养。1955 年 9 月，被授予大校军衔。1964 年，晋升为少将军衔。荣获二级独立自由勋章、二级解放勋章、一级红星功勋荣誉章。第五届全国人大代表。2008 年 8 月在北京病世。

贾鲁峰（1917—2008） 学名书平。聊城市莘县人。1932 年考入堂邑武训中学读书，半年后失学，当小学教员。1934 年夏，考入寿张山东省立第八乡村师范学校学习。1937 年七七事变后，乡师南迁，辍学在乡。1938 年 6 月，参加革命工作。同年 7 月加入中国共产党。历任莘县动委会组织干事，中共鲁西特委干事，八路军第一二九师先遣纵队六大队指导员，莘县游击营、独立营教导员，鲁西第三军分区基干团三营、朝城县独立营教导员，观城县基干大队党总支书记、副政治委员，冀鲁豫军区第八军分区政治部总务科科长。抗日战争胜利后，曾任解放军二十旅组织科科长、第五兵团干部科科长、十六军组织部副部长，参加挺进大别山、淮海、渡江、解放大西南等战役。中华人民共和国成立后，曾任解放军四十七师政治部主任、三十二师政治委员、十六军政治部主任等职。其间，曾率部参加抗美援朝，获朝鲜授予的二级国旗勋章。1955 年，被授予上校军衔。1958 年，获三级独立自由勋章和二级解放勋章。1960 年，晋升大校军衔。1964 年，转业到国家一机部，任政治部副主任。1970 年 5 月后，曾任一机部革委会副主任、国务院政工小组负责人、国务院知识青年上山下乡领导小组副组长、国家农机部副部长等职。1982 年离休。2008 年 2 月病逝。

张赤侠（1920—2007） 原名张廉桂。聊城市临清县（今临清市）人。1938 年 6 月参加革命，10 月加入中国共产党。1938 年夏秋至 1939 年秋，先后在八路军第一二九师工作团、一一五师民运部工作。1939 年秋，任鲁西北地委青委宣传部部长。1940 年 1 月至 1947 年，先后担任朝城县民运部部长，观城县动委会主任、县委书记，临泽县委书记，冀鲁豫二地委组织部组织科科长，郓钜县委书记。1947 年冬，随大军南下。1948 年 1 月至 1949 年春，先后在中原局、豫西区党委、河南省委工作。1949 年春至 1952 年春，先后担任开封县委书记，陈留地委常委、代专员。1952 年春至 1958 年，先后担任中南局组织部办公室主任、秘书长，中组部办公室副主任，财贸部粮食处长。1959—1962 年，任广东省农科院副院长、党组副书记。1962—1967 年，任湖北省委党校党委书记。1973—1979 年，担任湖北财经专科学校（现中南财经政法大学）党委书记。1979 年 5 月至 1984 年 8 月，任中共河南省委常委、组织部部长。1984 年 8 月至 1990 年 10 月，先后任河南省顾委常委、副主任。1985 年 2 月，受省委主要领导同志委托牵头成立了省会老干部关心下一代协会。1991 年 3 月，任河南省老干部关心下一代工作委员会主任。系中国共产党第十二次全国代表大会代表，第七届全国人大代表。2007 年 2 月在郑州病逝。

孙振海（1924—2008） 河北省深泽县人。1939年1月加入中国共产党。抗日战争时期，历任八路军某团政治处宣传员、干事，某营教导员等职。解放战争时期，曾任中国人民解放军某团政治处主任等职。中华人民共和国成立后，历任中国人民解放军第一军第七师十九团政治部主任、政治委员，师政治部干部科科长，山东省军区独立某师副政治委员，山东省军区政治部副主任，聊城军分区政治委员、党委书记，聊城地区革命委员会第一主任、党的核心领导小组第一组长、组长，中共聊城地委书记、地区革命委员会主任。1973年7月，改任中共聊城地委副书记。1975年11月，任临沂军分区政治委员、党委书记、顾问等职。1983年7月离休。2008年逝世。

陈春龙（1978—2008） 聊城市阳谷县人。中共党员。2004年12月参加公安工作。生前系聊城市公安局特警支队民警，三级警司。2005年、2006年两次记个人三等功，受嘉奖1次。2008年3月20日，在处置一场暴力劫持人质案件中，为了保护人质安全，不顾个人安危，与穷凶极恶的歹徒奋勇搏斗，不幸以身殉职，年仅30岁。2008年，中共聊城市直机关工委追授为中共正式党员。2008年3月，被聊城市总工会授予“富民兴聊”劳动奖章，3月26日，被山东省人民政府批准为革命烈士。4月2日，被共青团山东省委、省公安厅追授“山东省杰出青年卫士”称号。7月26日，被国家人力资源和社会保障部、国家公安部追授为“全国公安系统一级英雄模范”。

季羡林（1911—2009） 字希逋，又字齐奘。聊城市清平县官庄村（今属临清市）人。东方学大师、语言学家、文学家、国学家、佛学家、史学家、教育家和社会活动家。6岁以前在清平随马景恭老师识字。1917—1930年，在济南读书至高中毕业。考取清华大学和北京大学。后入清华大学西洋文学系，专修方向是德文。1934年，清华大学毕业，回母校山东省立济南高中任国文教员。1935年，清华大学与德国签订交换研究生的协定，报名应考被录取；同年9月，赴德国入哥廷根大学，主修印度学。1937年，兼任哥廷根大学汉学系讲师。1941年，哥廷根大学毕业，获哲学博士学位。1946年，回国后受聘为北京大学教授兼东方语言文学系主任至1983年（“文化大革命”期间除外）。1956年2月，任中国科学院哲学社会科学部委员。1978年复出，继续担任北京大学东语系系主任，并被任命为北京大学副校长、北京大学南亚研究所所长。当选为第五届全国政协委员，中国外国文学会副会长。1979年，任中国南亚学会会长。1980年，中国民族古文字学会名誉会长。1981年，中国外语教学研究会会长。1983年，当选为第六届全国人大常委，兼任中国语言学会会长、中国敦煌吐鲁番学会副会长。1984年，任北京大学校务委员会副主任，兼任中国史学会常务理事、中国高等教育学会副会长。1985年，任中国作家学会理事、中国比较文学会名誉会长。1988年，任中国文化书院院务委员会主席。1990年，任中国亚非学会会长。曾以中国文化使者的身份先后出访印度、缅甸、民主德国、苏联、伊拉克、埃及、叙利亚等国家，并以学者身份先后出访日本、泰国等国。通英、德、梵、巴利文，能阅俄、法文，尤精于吐火罗文（当代世界上分布区域最广的语系印欧语系中的一种独立语言），是世界上仅有的精于此语言的几位学者之一。为“梵学、佛学、吐火罗文研究并举，中国文学、比较文学、文艺理论研究齐飞”，其著作汇编成《季羡林文集》，共24卷。聊城大学名誉校长、中国社会科学院南亚研究所所长，是北京大学的终身教授。系第二、第三、第四届全国政协委员。2009年7月在北京病逝。

林　放（1918—2009） 聊城市高唐县人。出身于农民家庭。自幼读书，高等师范毕业。1937年12月参加革命，1939年8月，加入中国共产党。抗日战争和解放战争时期，在八路军、东北民主联军和中国人民解放军中，历任随军记者、军报编辑、秘书、师直属队总支部书记、团政治处主任等职。中华人民共和国成立后，调中国人民解放军总参谋部二部工作，曾任中华人民共和国驻外使馆武官、驻联合国代表团军事参谋团团长等职。1983年离休，享受军级待遇。2009年11月逝世。

袁　隆（1918—2009）　原名袁青春。聊城市莘县人。1935年年底，参加革命工作并加入中国共产党。1938年夏，参加山东省第六区抗日游击司令部第五支队。后任八路军第一二九师筑先纵队文书、司务长、排长、训练队队长等职。1941年，担任豫南永肥县武装部部长、抗联主任。1945年6月后，任冀鲁豫书店、冀鲁豫日报社办公室主任、秘书长、党委副书记。1947年，担任冀鲁豫区黄河水利委员会秘书处处长。1949年，担任平原省黄河河务局副局长。中华人民共和国成立初期，先后担任黄河水利委员会办公室主任兼人事处处长，河南省黄河河务局局长，黄河水利委员会委员、党委副书记等职务。1956年，受错误处理被调往河南省水利厅从事秘书工作。错误纠正后，先后担任河南省水利厅农田水利局局长，水利厅副厅长、党组副书记等职务。1980年，调任黄河水利委员会副主任、党委副书记。1982年，任黄河水利委员会主任、党委书记。1984年，任中共河南省委顾问委员会常委。1990年12月离职休养。1999年6月，经中央组织部批准按副部长级待遇。2002年1月，经中央批准享受部长级医疗待遇。2009年11月在郑州逝世。

王春华（1919—2009）　山东省济阳县人。济阳县师范学校毕业。1939年9月参加革命工作。1940年2月加入中国共产党。历任济阳县兰庄高小校长，济阳抗日政府政教科副科长，渤海二专署教育科科长，渤海巡视团工作大队队长兼区长。1946年1月至1952年10月，历任齐河县政府教育科科长、县政府秘书、副县长、代理县长。1947年，参加莱芜战役任渤海二分区运输队大队长，参加孟良崮战役任担架团团长。1952年10月后，历任德州地区保险公司经理，德州地委总党委会副书记，平原师范学校校长兼党委书记。1956年10月至1969年2月，历任聊城地委文教部文教科科长，临清师范学校校长，聊城地委宣传部宣传科科长，聊城地区文教局局长。1969年2月后，历任聊城地委政治部教育组组长，聊城地区教育局局长，聊城地革委文教办公室副主任。1979年5月，任山东师范学院聊城分院院长兼党委副书记。1981年9月，任聊城师范学院院长兼党委副书记。1984年4月至1984年5月，任聊城师范学院党委副书记。2009年2月在济南病逝。

王笑一（1916—2010）　聊城市临清市（今河北省威县）人。自幼读书。1931年在济南山东省立第一中学读书时，即参加了赴南京请愿的抗日救亡活动。在通州潞河高中学习时，继续参加共产党领导的抗日救亡活动。1937年七七事变后，在临清县第十区桑园镇一带发动群众，筹集枪支，组织临清县十区抗日游击队，并任队长。1938年春，任临清县战争动员委员会主任。是年5月后，任中共临清县委宣传部部长、组织部部长、县委书记。1939年6月，八路军卫河支队政治主任。是年10月，任鲁西北行政委员会委员、秘书长。1940年春，任鲁西区第三（鲁西北）地委委员、专署专员。1941年5月，入中共中央北方局党校学习。1942年后，历任冀鲁豫区运西地委委员、专署专员、冀鲁豫行署民政处处长、秘书长。中华人民共和国成立后，历任天津市人民法院院长、天津市政法委员会副主任，中共天津市委委员、市委统战部部长，天津市人民政府副秘书长。1958年，任中共河北省委常委、省委统战部部长、政协河北省委员会副主席、省委秘书长等职。1967年，任北京市革命委员会外事组副组长、组长。1973年，任中共北京市委常委、市委副秘书长，北京市人民政府副市长等职。1983年，任中共北京市顾问委员会常委。1984年，兼任北京市人民对外友好协会会长。2010年7月在北京逝世。

战凯行（1916—2010） 山东省莱阳县（今莱阳市）人。自幼读书。1938年2月参加中华民族解放先锋队。是年4月参加山东人民抗日救国军三军九大队，任中队指导员，7月加入国共产党。嗣后，曾任八路军山东纵队团政处宣传干事、连指导员、营副教导员，胶东军区莱阳、青岛武工队政治委员，胶东军区新五师、华野十三纵队三十七师卫生处副政治委员，济南警备六、七区政治处副主任，昌潍特区独一团政治处主任、供给处政治委员。中华人民共和国成立后，任济南警备区政治部组织科科长、华东军区空军干部管理部科长、某防空师干部部部长。1959年，任济南军区装甲兵干部部副部长。1960年5月，任山东昌潍军分区政治部主任。1962年2月入解放军政治学院学习。1963年毕业，获大专文凭。嗣后，历任惠民军分区政治部主任、副政治委员、政治委员。1975年11月任聊城军分区政治委员、党委书记。1977年11月任泰安军分区顾问。1955年被授予中校军衔。1960年晋升上校军衔。1980年离休。享受副军职待遇。曾获得三级独立自由勋章、三级解放勋章和独立功勋荣誉章。2010年12月在泰安市逝世。

戈　力（1917—2010） 原名路绍围。聊城市东阿县人。出身于农民家庭。1934年6月在寿张山东省立第八乡村师范加入中国共产党。1936年10月被校方开除，遂去北平东北大学南校学习，改名戈力。12月由组织派遣到太原军政干部训练班学习。1937年4月学习结业后，被派往山西祁县军士团九连任政治工作员，10月任山西政治保安总队连指导员、党支部书记，二大队党总支委员。1939年5月任山西新军二〇九旅政治部股长、旅政治部党支部书记、团党总支书记、团政治处主任。1945年12月任晋冀鲁豫军区第四纵队十一旅三十一团政治委员。1947年8月挺进豫西，参加了平汉、洛阳、淮海战役。1949年3月任第二野战军四兵团十四军政治部组织部部长，4月南下江西、广东，参加鄂粤桂边战役，继而挺进云南。1950年5月后，任中央军委总干部部副处长、处长，总干部部特种兵干部部任免部副部长，昆明军区某军副政治委员。1965年8月转业，任中共云南省委组织部常务副部长。1971年5月任中共云南省委委员、省委党校校长、党委书记。1978年3月任政协云南省委员会委员，8月调任中共河南省委组织部副部长。1983年12月离休。1984年9月中央组织部批准为副省级。2000年经组织批准享受省长级医疗待遇。2010年逝世。

王振文（1919—2010） 聊城市茌平县人。七七事变前，任小学教员。七七事变后，在乡参加抗日活动。1938年7月，赴延安抗大学习；是年12月，加入中国共产党。1940年抗大毕业，分配到八路军晋绥军区后勤部工作。历任政治指导员、组织干事、分总支组织股副股长。1946年12月起，历任渤海军区教导旅、中国人民解放军第二军第六师组织科科长、团政治处主任、团副政治委员、团政委兼团长、师政治部主任等职。1948年春，率部与胡宗南部队作战，一举歼灭胡宗南炮兵师，受到西北野战军通令嘉奖，个人也多次受到上级表彰。1949年，率部进军新疆。1950年起，历任焉耆军分区政治委员兼地委副书记，巴音格楞蒙古自治州党委书记兼军分区政委，中共阿克苏地委书记兼军分区政委，中共喀什地委书记等职。1978年，任新疆维吾尔自治区革命委员会副主任。1979年，任自治区人大常委会副主任兼秘书长、党组书记。1981年，任中共新疆维吾尔自治区委常委、秘书长。1985年10月，任中共新疆维吾尔自治区顾问委员会副主任。1992年1月离休。2010年2月在乌齐逝世。

杨立功（1919—2010） 聊城市莘县人。1935年考入莘县师范讲习所。1936年辍学任小学教员。1938年5月参加革命工作，同年7月加入中国共产党。1938年5月起，历任莘县抗日农民协会干事，莘县四区区委书记，鲁西北地委交通员，莘县县委宣传部部长、副书记。1941年5月后，历任莘县、莘朝县、聊唐县、冠县县委书记，冀南南下新兵总队第三团政治委员等职。1948年8月后，历任中共桐柏区委研究室、办公室主任，南阳地委秘书长。1949年3月起，历任河南省南阳地委副书记、书记，南阳军分区政委，第一机械工业部第一拖拉机制造厂党委书记兼厂长，中共河南省委委员。1962年7月起，历任农业机械部副部长，第八机械工业部副部长，农林部副部长，农林部部长兼党组书记，农业机械部部长兼党组书记，机械工业部顾问、党组成员。系中共十二大代表，第五届全国人大代表，第六、七届全国人大常委会委员。2010年12月在北京市逝世。

李杰民（1921—2010） 原名李炳华。聊城市茌平县人。1939年加入中国共产党，同时参加革命工作，任青年游击队副队长。1940年，抗日军政大学学习。1941年后，历任莘县青年游击队中队长、县武委会组织部部长，聊堂县武委会主任、县大队副队长。抗日战争胜利后，历任解放军某部团副政治委员，中国人民志愿军新编某团副政治委员，硇洲岛海军巡防区政治委员，海岸炮兵某团政治委员，海口水警区政治部主任、副政治委员、政治委员，南海舰队政治部副主任，海军榆林基地政治委员（正军级），海军东海舰队政治部副主任等职。1988年7月，被授予独立功勋荣誉章。2010年3月逝世。

张春禄（1945—2010） 聊城市堂邑县（今东昌府区）人。自幼读书。1964年7月高中毕业后被送到中共山东省委党校青年干部班学习。期间，在曲阜县参加农村社教工作。1968年7月，在聊城县梁水镇中学、闫坦中学任教师。1971年4月起，历任聊城县八甲刘公社政工组组织干事、副书记；是年10月加入中国共产党。1980年8月，在山东大学科社系干部专修科学习。1982年7月毕业后，历任聊城县城关镇副镇长、镇党委委员。1984年3月起，任中共原聊城市委常委、企业政治部部长，期间兼经委主任。1987年3月，任中共聊城市委常委、组织部部长。1989年3月，任中共聊城地委组织部副部长。1991年11月，任中共聊城地委组织部副部长兼地区老龄委办公室党组书记。1992年12月，任中共聊城地委委员、地委政法委书记。1994年6月，任中共聊城地委委员、组织部部长。1996年11月，任中共聊城地委委员、地纪委书记。1998年3月聊城撤地设市，任中共聊城市委常委、市纪委书记。2002年2月，任中共聊城市委副书记、市纪委书记。2003年2月至2006年2月，任聊城市人大常委会第一副主任、党组书记（正厅级）。系山东省第七次、第八次党代会代表，第七届、第八届山东省纪委委员，山东省第十届、十一届人民代表大会代表。2010年3月在聊城市病逝。

叶谷霖（1914—2011） 原名郝清源。聊城市冠县人。自幼读书，1934年6月山东省立聊城师范学校毕业后，任高小教员。1937年七七事变后，在济宁、邹县等地参加了抗日活动，当年11月赴延安。翌年秋，入抗大总校第四大队学习。1938年12月加入中国共产党。1939年年底任延安八路军后方留守处秘书。1942年8月调冀鲁豫边区工作，曾任鲁西北专署秘书，冀鲁豫行署办公室秘书、行署民政处干部科长。抗日战争胜利后，任冀鲁豫行署民政处副处长。1946年11月入中共晋冀鲁豫中央局党校学习。1947年8月学习毕业后，任冀鲁豫边区战勤总指挥部河北分指挥部政治部主任、冀鲁豫边区战勤总指挥部河北办事处主任、冀鲁豫边区战勤总指挥部动员部长等职。1949年2月南下江西，任赣东北行署民政处处长兼秘书处处长。是年9月随军进入贵州，任贵阳军管会民政接管部秘书主任兼民政处处长。1950年7月任贵州省人民法院党组书记、副院长。1955年2月至1980年1月任贵州省高级人民法院院长、党组书记。1978年任省委委员、纪委副书记兼省政府政法委秘书长、省委政法党组副书记、省委党群政法办公室主任。1980 年 1 月后任贵州省第五届人大常委会副主任兼秘书长、法制委员会主任，第六届人大副主任兼法律委员会主任。1985 年 1 月离休后担任贵州省法学会、律师协会名誉会长。享受省长级医疗待遇离休干部。系中共第一届贵州省委候补委员、委员，中共第二届、第四届贵州省委委员，中共贵州省第一、二、四次党代会代表，贵州省第一、二、三、五、六届人大代表。2011 年 7 月逝世。

张承先（1915-2011） 曾用名张孝统。山东省高苑县（今高青县）人。1930 年就读于济南山东省立第一中学。1932 年因参加抗日救亡运动被济南省立一中当局开除。次年考入北平师范大学附属中学。1935 年参加党的外围组织中国社会科学家联盟，是年投身抗日救国的一二九学生运动，后加入中华民族解放先锋队。1936 年 3 月，加入中国共产主义青年团，同年 5 月加入中国共产党。是年暑假考入清华大学，任新年级党支部书记。抗日战争全面爆发后，中共鲁西特委为争取团结国民党山东省第六区行政督察专员兼保安司令范筑先抗日，派张承先为鲁西特委联络员，任范筑先的秘书，同时从事高唐、清平、夏津、禹城、平原、武城等地发展武装和恢复党组织的工作，创建敌后抗日根据地。八路军开进鲁西北后，配合津浦支队创建八路军津浦支队军政干部学校，任校长，培养了大批的革命干部。1938 年 6 月，任中共鲁西北特委书记。1939 年 4 月后，任中共鲁西区第三（卫东）地委书记、鲁西区党委委员。是年 9 月任鲁西区党委宣传部部长，1941 年 7 月任冀鲁豫区党委委员、宣传部部长。1942 年 9 月后，任冀鲁豫区第七（鲁西南）、第五（鲁西南）地委书记等职。后任边区工农青妇联合总会主任。解放战争期间，任中共冀鲁豫区第二（运西）地委书记，坚持黄河南岸游击战争，后任区党委政策研究室主任、民运部部长、宣传部部长。中华人民共和国成立后，历任中共平原省委常委、宣传部部长，华北局宣传部副部长，华北行政委员会文教委员会副主任，中共河北省委书记处书记。“文化大革命”初期，任北京大学工作组组长，代行北京大学党委书记职务。“文化大革命”结束后，历任河北省委常委、省革命委员会副主任，国家科委副主任、党组成员，国家教育部常务副部长、党组副书记、党组书记。1988 年后，任第六、七届全国人大常委会委员，教育科学文化卫生委员会副主任委员，主持日常工作，第二、三届中国教育学会会长，中国中小学幼儿教师奖励基金会副理事长，青岛大学、烟台大学名誉校长。其著作有《张承先回忆录——我亲历的党的宣传和教育工作》、《张承先教育文集》等。系中共八大、十二大代表，中共十一届三中全会上当选为中纪委委员，第六届、第七届全国人民代表大会常务委员会委员、全国人大教科文卫委员会副主任委员。2011 年 1 月在北京市逝世。

孟筱澎（1917—2011） 学名宪知，曾用名石磊。聊城市聊城县孟营村（今属聊城经济技术开发区）人。1937 年 7 月，山东省立聊城师范学校毕业，在县立一高任教。1937 年 12 月，参加革命工作。1939 年 8 月加入中国共产党。抗日战争期间，曾历任聊东工委组织部部长、书记，聊城县委书记，运东地委秘书长，范县政民工作队指导员（兼区委书记），冀鲁豫区党委组织部干事。曾在冀鲁豫平原分局党校整风一年。解放战争时期，1945 年 9 月，任聊城县委组织部部长，聊城县委书记。1947 年 8 月南下任干部中队指导员。1947 年 12 月，到湖北省江汉区党委的鄂中地委任中共应城工委副书记、书记。1948 年 5 月，任中共京安应中心县委副书记、书记。1949 年 6 月，中共湖北省委成立，任中共荆州地委宣传部副部长，中共荆门县委书记，中共天门县委书记（均为地委委员）。1952 年 7 月，调任荆州地委秘书长。1952 年冬，任中共荆州地委第一副书记。1953 年 7 月任书记。1960 年 7 月，调任省委农业办公室副主任。1970 年 1 月在省革委会工作，曾任民政卫生局召集人。1971年7月，任湖北生产建设兵团副政治委员。1972年年底兵团撤销后，任省委农村政治部副主任。1977年11月，调任中共武汉市委书记。1982年12月，任中共武汉市顾问委员会主任。1987年12月离职休养。2011年9月在武汉市逝世。

席　一（1920—2011） 原名席建璞。聊城市东昌府区人。1940年8月，加入中国共产党。生于农民家庭。聊城山东省立二中肄业。1938年2月任山东省六区抗日游击司令部青年抗日挺进大队副组长，参加了坡赵庄战斗。同年秋赴延安入抗日军政大学学习。1941年夏抗大参训队毕业，调中央军委情报部专业班学习。1942年曾任西北公学教育干事、八路军前方总部情报处参谋，曾六次深入敌区开展工作，参与了高树勋起义的联络工作。解放战争时期，先后任晋冀鲁豫军区、华北军区情报处派遣科科长。1950年春任中央军委情报部副处长。1951年2月参加抗美援朝，任志愿军政治部俘管处副主任、党委委员。两次获朝鲜二级独立自由勋章。1955年任总参谋部二部美军情研究处处长、党委委员。同年9月，被授予上校军衔，嗣后晋升大校。1975年国防部授予其三级独立自由勋章、二级解放勋章。1958年任中国驻瑞士大使馆武官、党委委员。1963年北京高等军事学院速成系毕业。1964年春任中国驻民主德国大使馆武官、党委委员。1975年春任总参谋部二部副部长（正军级）、党委常委。1978年以中国驻联合国代表团顾问身份出席联大，并先后在中国驻日本、美国、法国、埃及、印度使馆武官处工作。1984年离休。1988年中央军委授予独立功勋荣誉章。1989年被中国国际战略学会聘为高级顾问。2011年2月在北京病逝。

朱法臣（1949—2011） 聊城市茌平县人。1968年3月入伍，1969年8月入党，大学文化程度。1976年5月，任第二炮兵96151部队连长。1986年12月，任第二炮兵96151部队运输处处长。1995年4月，任第二炮兵96151部队副参谋长。1997年3月，任第二炮兵96151部队后勤部部长。2002年7月，晋升少将军衔。2003年11月，任第二炮兵后勤部部长（正军级）。先后入第二炮兵学院、后勤学院、国防大学、中央党校学习。立二奖功1次，三等功4次。2009年12月退役。系第十一届全国人大代表。2011年6月，在北京逝世。

赵健民（1912—2012） 原名赵御垲，曾用名吴培强。聊城市冠县人。1930年考入冠县第一高小。1931年秋考入临清六县联立乡村师范。1932年夏，考入济南省立第一乡村师范学校，同年11月参加中国共产主义青年团，后转入中国共产党，曾在该校任中共支部书记。1933年7月起，任中共济南市委北区巡视员、市委书记。1935年冬起，任中共山东省工委组织部部长、代理书记。1936年5月，任中共山东省委组织部部长兼济南市委书记。同年9月，在济南被国民党当局逮捕坐牢。1937年10月出狱后，被中共山东省委派往鲁西北，先后任中共鲁西特委书记、冠县抗日游击队政治委员、冠县临时工委书记，参与创建鲁西北抗日游击根据地。1939年1月，山东省六区抗日游击司令部第十支队改编为八路军第一二九师筑先纵队，任该纵队三团团长。筑先纵队改编后，任三营营长。1940年5月，筑先纵队和先遣纵队合编为八路军第一二九师新八旅，任二十二团三营营长。1941年赴山西辽县，入中共中央北方局党校学习。1942—1945年，任冀鲁豫军区第三（鲁西北）军分区司令员、冀南军区第七军分区司令员、冀鲁豫军区第七军分区司令员、副司令员，参加了冀鲁豫边区1943年反“扫荡”作战。1944年8月指挥收复莘县战斗，全歼守城伪军，活捉伪“模范县长”兼保安司令刘仙洲。抗日战争胜利后，任中共冀鲁豫区委副书记兼冀鲁豫军区副政委。1947年7月，指挥所部参加了晋冀鲁豫野战军强渡黄河后发起的鲁西南战役。战役结束后任冀鲁豫军区司令员。1948年，率军区主力部队参加睢杞战役，后参加淮海战役。1949 年 2 月，任第二野战军第十七军政委；8 月兼任军长，参加了淮海、渡江等战役。中华人民共和国成立后，曾任贵州省贵阳市军管会副主任、中共贵州省委常委、西南军政委员会交通部部长等职。1950 年 2 月兼任西南铁路工程局局长。1953 年，任中央人民政府铁道部副部长。1955 年，任中共山东省委第三书记、山东省省长等职。1958 年，反“左”遭批，降职为济南钢铁厂党委第二书记、副厂长。1962 年平反后，任云南省委书记处书记、云南省政协副主席。1977 年 12 月，任云南省政协副主席。1978 年 4 月起，任第三机械工业部副部长、党组副书记。1981 年 12 月起，任该部顾问组组长、航空工业部顾问。1956 年，被选为中共第八届中央候补委员，1982 年 9 月、1987 年 11 月在中共十二大、十三大相继当选为中共中央顾问委员会委员。2012 年 4 月在北京病逝。

盛北光（1912—2012） 原名广灿，号北光。聊城市阳谷县人。在中学读书期间担任学生会主席，积极参加抗日救亡活动。1932 年 10 月在聊城山东省立第三师范学校读书时加入中国共产党。1943 年年初，因家境不济休学，在安乐镇阳谷县立二高任教，同年 3 月参加组建中共安乐镇中心支部（后为阳谷县委），任组织委员。翌年初返回师范复学，遂与同学王连级、钱杰东等共产党员恢复建立聊城党组织，并任中共聊城师范支部书记。1936 年春入济宁山东省应届师范毕业生训练班学习，年底训练结束，先后在冠县、濮县乡农学校任教。1937 年七七事变后，由党组织派往山东省第六区抗日游击司令部第五支队任政治部主任。1938 年 11 月聊城失守后，所在部队改编为八路军第一二九师先遣纵队二团，任副团长、政治委员。1939 年冬赴延安，先后在中央马列主义学院、中央社会部特训班学习，1941 年 12 月学习结业，分配到中央社会部工作。抗日战争胜利后，任晋冀鲁豫边区大学保卫部部长，豫皖苏边社会部部长兼军区保卫处处长，中南局社会部情报室主任。中华人民共和国成立后，任广东省公安厅副厅长、海南岛公安总局局长，中南公安干校校长，中央公安学院武汉分院院长兼湖北省公安厅副厅长。1962 年 2 月调贵州省工作，曾任省公安厅副厅长、省人委副秘书长兼政法办公室副主任、贵州省委政法委副书记、贵州省人民检察院检察长。1983 年 8 月当选为中共贵州省顾问委员会委员。1985 年 7 月离休，先后被国家公安部、最高人民检察院聘为咨询委员，并任贵州省社会治安综合治理咨询小组副组长，贵州关心下一代工作委员会副主任。2012 年 10 月在贵阳市去世。

白　云（1917—2012） 原名彭年。山西省洪洞县人。1937 年 10 月参加革命工作并加入中国共产党。抗日战争时期，历任山西新军政治保卫队第一大队大队长，八路军一一五师晋西独立支队第二团副团长。1940 年秋转战到鲁西北，任鲁西军区第三（鲁西北）分区参谋长、司令员。翌年 3 月负伤住院，伤愈出院后，任冀鲁豫军区司令部作战科科长。1945 年夏，任冀鲁豫军区七、冀南军区一（均俗称鲁西北）军分区副司令员、司令员。1948 年后，任华北军区第十四纵队二旅参谋长，第七十军二一〇师参谋长，华北军区司令部作战处副处长。中华人民共和国成立后，历任中国人民解放军空军第八航校参谋长、空军后勤部参谋长，沈阳军区空军司令部副参谋长。1958 年任空军学院训练部长、教育长。1959 年任空军参谋长。1964 年晋升为少将军衔。2012 年 8 月在北京市病逝。

张守常（1921—2012） 聊城市高唐县人。1987 年加入中国共产党，中国民主促进会终身荣誉会员，教育家、历史学家，北京师范大学教授。1940 年入京求学，先后就读于北京山东中学和北京大学，在北大就读的第二年即从英文系转入历史系。求学时即兼教职，毕业后一直从事教育事业。1953 年至北京师范大学历史系工作，在北京师范大学长达 60 余年的教学岗位上，先后从事历史教学法中国近代史和中国近代史料学的教学与研究，为北京师范大学近代史学科、历史教学法学科的建设与发展作出了重要贡献。其主要著作有《太平天国北伐史》《中国农民与近代革命》《中国近世谣谚》《拂晓集》等。他是《中国通史参考资料·近代部分》的编纂者，也是中华书局版《中国近代史》的主要作者。特别是在中国近代史资料丛刊《北洋军阀》尚未问世的情况下，凭借对中国近代史料的宏富掌握和深刻理解，他独自承担了北洋军阀统治阶段的撰写工作，形成了有关北洋军阀统治研究的重要成果。教材出版后受到史学界广泛好评，多次再版发行。2012 年 4 月在北京市逝世。

杨方朋（1919—2013） 聊城市莘县人。出身农民家庭，在家乡读过 8 年书。初中肄业，考入六区政治干部学校学习。11 月分配到山东省第六区抗日游击司令部第十支队当文化教员。后当小学教员。抗日战争全面爆发后，1939 年 2 月加入中国共产党，9 月任筑先纵队第一营第三连排长。1940 年 3 月，任八路军第一二九师新八旅二十二团第一营第四连副连长。1940 年 9 月，任冀南第三军分区永年大队第二连连长。1941 年，任第三军分区司令部通信参谋。1945 年 9 月，任第三军分区交通局局长。1945 年 12 月，任冀南第九军分区司令部通信科科长，1946 年 10 月，任冀南第九军分区基干团（后改为八十六团）第一营营长。1948 年 4 月，任十纵二十九旅八十五团第三营营长。1949 年任该团参谋长。参加过淮海战役、渡江作战。中华人民共和国成立后，先后任湖北省军区某团副团长，湖北省军区孝感军分区参谋科科长，湖北省军区司令部治安科科长，武汉军区司令部军训处组织计划科科长、作战处作战科科长、作训处副处长、作战部副部长、交通部副部长，武汉军区某军司令部副参谋长。1973 年 3 月，任湖北省军区司令部参谋长。1978 年 1 月，任湖北省军区顾问，1981 年离休。2013 年 2 月在武汉市逝世。

袁凤仪（1920—2013） 原名袁本来。聊城市博平县（今茌平县）人。1938 年 8 月，加入中国共产党，任八路军津浦支队政治部宣传、民运队队员。1939 年 11 月，任山东纵队第二支队八大队指导员、三营副教导员、二旅营教导员。1942 年 10 月后，任中共山东干榆县委常委、县大队副政治委员、金山区委书记。1944 年 10 月，中共滨海区委党校学习，结业后留校工作。1946 年 8 月后，历任滨海军分区二团党委委员、政治处副主任，中共莒县县委常委，莒县独立团副政委、党委书记，滨海训练团政治委员、党委书记。1949 年 4 月后，历任华东军区大伞兵总队政委、党委书记，华东军区教导总队党委常委、政治部主任。1951 年 9 月，任华东军区空军政治部组织部部长、空军纪委委员。曾出国抗美援朝，获朝鲜二级国旗勋章。1956 年，任军区空军后勤部政治委员、党委书记、空军党委委员。1959 年 3 月，任解放军空军第八师政治委员、党委书记。1972 年，任空军第十军副政治委员、党委副书记。1980 年，任南京军区空军政治部主任、空军党委常委。1955 年被授予上校军衔，荣获三级独立自由勋章、二级解放勋章。1960 年晋升大校军衔。1983 年离休。1988 年获独立功勋荣誉章。2013 年 2 月在南京市逝世。

朱　先（1920—2013） 原名朱玖成。聊城市茌平县人。七七事变前，在济南济鲁中学读书，曾在本县参加抗日活动。1938 年 8 月，参加聊城山东省第六区政治干部学校学习。聊城失守后到八路军平原纵队工作，不久回乡组织金沙乡抗日自卫团。1939 年秋，自卫团编入茌平县第一常备大队，任政治委员。1940 年，加入中国共产党；同年，任茌平县抗日民主政府科员，县大队技术书记、政治指导员，冀鲁豫军区第一、六军分区政治部、冀鲁豫军区独立第一旅政治部干事。解放战争期间，曾参加淮北战役、淮海战役，被评为一等功臣。1949 年春，任第二野战军五兵团十七军政治部组织部干事，参加渡江战役，到达江西，进军贵州。历任安顺军分区政治部组织科副科长，五兵团政治部组织部干部科科长，贵州省军区军事检察院检察长，贵州省军区政治部保卫处处长，遵义军分区副政委、第二政委，都匀军分区政委、党委书记，中共黔南布依族苗族自治州州委第一书记等。曾在中央政法干校、中国人民解放军军政大学学习。1970年后，任贵州省军区副政委兼政治部主任、党委常委、政治部党委书记等职。曾被授予三级独立自由勋章、三级解放勋章、独立功勋荣誉章、抗战胜利60周年纪念章。1981年12月离休。2013年10月因病逝世。

庞　展（1920—2013） 原名庞凤展。聊城市博平县（今茌平县）人。寿张山东省立第八乡村师范肄业。1938年4月参加革命工作，是年7月加入中国共产党。曾任聊城山东第六区政治干部学校政治辅导员、八路军一二九师筑先纵队机枪营连指导员、一二九师新八旅政治部干事、冀南军区三分区政治部组织科副科长、晋冀鲁豫军区二纵队五旅政治部组织科长等职。1947年7月，在鲁西南羊山集战斗中身负重伤，定为二等残废。1948年10月，任中共中央组织部干部处干事。1950年6月，调中央军委总干部处工作，历任一处科长、二处副处长、处长。1960年，任国防科委第八局局长，在聂荣臻副总理领导下管理国防高等院校工作。1979年，任国防科委第二炮兵二十二基地副政治委员、党委副书记、纪委书记等职（正军职）。1955年，被授予上校军衔。1960年，晋升大校军衔。1957年6月，荣获三级独立自由勋章、二级解放勋章。1982年离休。1988年7月，被中央军委授予独立功勋荣誉章。2013年1月在北京逝世。

陈　庚（1921—2013） 原名陈玉梅。聊城市清平县晁寨村（今临清市）人。教师训练班毕业后，任小学教员。1938年春参加清平县青年抗日救国团，7月赴延安抗日军政大学学习，改名陈庚。1939年4月加入中国共产党。1940年4月毕业，历任晋察冀军区青年支队、雁北支队连指导员，分区直属队、凡峙支队特派员、总支书记兼协理员，军分区政治部科长。1945年在繁代战役中负伤，定为二等残废军人。参加平津战役后，历任北岳军区前线政治部组织科科长，察哈尔军区政治部组织科科长、编练基地政治部副主任，华北装甲兵部队科长、技术部副政治委员，军委第四坦克学校政治部副主任。期间，入解放军政治学院速成系学习。1956年8月后，任坦克某师政治部主任、政治委员。1969年任北京军区装甲兵副政治委员、政治委员。1978年任装甲兵顾问组组长。1983年4月离休。2013年9月在北京病逝。

张　明（1928—2013） 山东省海阳县（今海阳市）人。1945年3月参加革命工作。1946年5月，加入中国共产党。历任部队无线电报务员、报务主任，上海国际电台军代表办公室秘书，南京邮电学校人事股长，邮电部干部司科员，教育司副处长。1957年10月，调入曲阜师范学院工作，历任马列主义教研室主任，政治系党总支书记兼系主任，政史系负责人，中文系党总支书记，党委常委、宣传部部长。1979年晋升教授。1980年2月，任曲阜师范学院副院长。1984年5月，调任聊城师范学院党委委员、副院长。1987年2月，任聊城师范学院院长。1987年4月晋升教授。1991年12月离休。2013年在聊城逝世。

郑校先（1919—2014） 原名郑廷德。聊城市东昌府区人。1937年七七事变后，参加地方抗日武装，任山东省第六区抗日游击司令部青年抗日挺近大队小队长。1938年8月起，先后在延安抗日军政大学、延安军政学院学习。1939年加入中国共产党。1942年毕业后，分配到八路军一二〇师锄奸部任主任科员，是年冬任八路军一二〇师太原阳区情报站站长，并兼任阳曲对敌斗争统一工作团政治委员。1946年任晋绥区晋中情报总站站长。1948年1月，任西北情报工作站站长。1948年6月，任绥蒙公安局情报处处长。1949年绥远起义后，任中共包头市委常委、市政府党组副书记、常务副市长兼公安局局长。1953年3月，任绥远省公安厅常务副厅长。1954年任内蒙古自治区公安部副部长，后任公安厅第一副厅长。1962年后，历任青海省公安厅厅长、党组书记兼省武警总队党委第一书记和第一政治委员，省委委员、省政法领导小组组长、党组书记等职，直到“文革”。1977年7月至1981年3月，历任中共青海省委常委、青海省革委会副主任、青海省副省长。1981年8月，任江西省副省长，中共江西省委政法委员会副书记。1983年4月至1988年1月，任江西省第六届人大常委会副主任。1988年5月至1993年5月，任中共青海省顾问委员会常委。2014年12月，在济南病逝。

赵华青（1919—2014） 原名赵悦荣。山东聊城市茌平县人。平原山东省立第四乡村师范学校肄业。1937年10月，参加中华民族解放先锋队；是年，入山西民族革命大学学习。1938年5月毕业后，分配到山西省开展抗日工作；是年9月，加入中国共产党。历任山西吉县自卫队指导员，山西新军第二一三旅连长、政治教导员，八路军第一二九师三八六旅七七二团营教导员、团政治处主任。参加吕梁、太岳、中条山抗日根据地的创建，白晋线的破袭，百团大战、浮翼反顽等战役、战斗。抗日战争胜利后，历任晋冀鲁豫中原军区第十纵队十旅二十八团政治处主任、副团长、团长，第二野战军四兵团十三军三十七师副师长，十三军随营学校副校长等职。中华人民共和国成立后，任某师副师长、师长兼云南普洱边防分区副司令、司令员。1952年9月，军事学院速成系学习。1954年10月，赴苏联，先后入伏龙芝、伏罗希洛夫军事学院学习。1957年11月毕业回国后，历任军事科学院战争理论研究所研究员，昆明军区副参谋长，福州军区副参谋长、代参谋长、参谋长、军区副司令员等职。1955年被授予大校军衔。964年，晋升少将军衔。1957年6月，荣获二级独立自由勋章、二级解放勋章。1988年，被授予独立功勋荣誉章。2014年1月在福州病逝。

王黎之（1921—2014） 曾用名霍书兰、霍璐清、霍汝清。聊城市冠县人。自幼读书。1937年七七事变后，在乡参加抗日活动。1938年3月参加革命工作。曾任冠县军政干部训练班学员，冠县“民先”队组织委员、冠县青救会主任。是年4月加入中国共产党。1940年后，历任鲁西北青救会主任、中共鲁西北地委青委副书记，冀鲁豫区“青抗先”总部政治教导员，运东专区抗联主任，中共运西地委青委书记、青救会主任等职。1945年任中共濮阳市委委员、区委书记，晋冀鲁豫第七纵队政治部民运部副部长。参加了鲁西南、陇海战役。1947年8月南下大别山，转地方工作，曾任中共光商、白雀县委书记兼支队政委，中共鄂豫区二地委委员、宣传部部长，参加创建大别山根据地的工作。1949年春后，任中共河南省潢川地委宣传部部长组织部部长、地委副书记。1951年秋任中共信阳地委书记。1954年春后，历任中共河南省委委员、洛阳市委书记、市政协主席，中共郑州市委第一书记兼市政协主席等职。1970年任四川省革委农业组组长。1974年11月任中共四川省委书记。1983 年4月任政协四川省委员会副主席。系第五届全国人大代表，第七、八届全国政协常委。1999年11月离休，享受省长级医疗待遇。2014年3月在成都病逝。

吴逢惠（1924—2014） 曾用名吴凤会。聊城市茌平县人。1938年10月，参加革命工作。1944年10月，加入中国共产党。曾在八路军平原纵队当战士，在冀鲁豫行署当警卫员。1942年，到冀鲁豫第一中学学习。1944年毕业后，历任冀鲁豫军区水东军分区文化教员、连指导员、营教导员，第十八军政治部保卫部副科长。1951年，转业到西藏工作，历任中共西藏工委社会部科长、政策研究室研究员、农村工作部处长。1956年后，历任中共山南地委副书记、书记。1979 年 8 月后，历任中共西藏自治区委员会常委、政法组组长、政法委员会副书记。1985 年 3 月离休。2014 年 7 月在郑州逝世。

孙万林（1922—2014） 曾用名孙万灵。聊城市东阿县人。自幼读书。1937 年 9 月加入中国共产党。1938 年 6 月到冀南党校学习，10 月在鲁西北武装工作团工作。后历任八路军第一一五师司令部、黄河支队、冀鲁豫第一军分区、华北军区训练大队队长、机要股长、机要科长等职。参加了梁山、独山、博平、聊城、郓城等战役战斗。中华人民共和国成立后，转入海军任青岛基地机要处副处长。1956 年入海军学院学习。1958 年任海测大队队长。1964 年任青岛水警区副司令员，同年晋升海军上校军衔。1968 年调任国防科委九院三室部主任。1973 年调回海军工作，历任秦皇岛水警区司令员、海军基地参谋长（副军职）。1984 年离休。2014 年逝世。

傅衍鲲（1937—2014） 聊城市聊城县（今东昌府区）人。1955 年参军去云南，1958 年复员后考上大学。毕业后，回到聊城第三中学担任高中语文老师。1993 年在云南养病期间，目睹了那些深受毒品危害的人，千里迢迢，孤身去了金三角，主动和公安部门取得联系，利用自己在边疆的关系，开辟了一个属于公民自己的禁毒战场。为了全面打入金三角高层，曾先后给两个毒枭“司令”当顾问。并首次发现了利用矿石粉藏毒和氧气瓶藏毒的新的贩毒方式。十多年来，向国家公安、安全部门提供重要情报数百件，多次历经险境，九死一生。2004 年年底，退出禁毒战场，返乡著书。2006 年，接受山东电视台采访，并随电视制作组重返金三角。节目播出后，引起巨大社会反响。2007 年年初，入选 2006 中央电视台“感动中国”年度人物。著有《我在金三角卧底十年》一书。2014 年 8 月在济南病逝。

顾延邦（1916—2015） 聊城市聊城县小顾庄（今属聊城经济技术开发区）人。1931 年就读于聊城山东省立第二中学，1932 年考入寿张山东省立第八乡村师范学校。1937 年七七事变后，考入国民党中央军校桂林分校。1939 年毕业后未接受国民党军队的职务，毅然参加了八路军第一一五师三四三旅（教导队），任军事教员。1942 年 12 月，任冀鲁豫第八军分区教导大队军事教员兼区队长。1943 年 7 月，任第八军分区七团作训参谋。同年 8 月加入中国共产党。1945 年 12 月因负伤住院治疗。1946 年 10 月伤愈后，任晋冀鲁豫军区一纵队随营学校军事主任教员。1947 年 7 月，任晋冀鲁豫野战军一纵队一旅司令部作训股股长。1948 年 12 月，任中原野战军十六军司令部作训科科长。1950 年 1 月，任贵州“遵义剿匪指挥部”指挥长。1951 年 2 月，到南京军事学院学习。嗣后，参加抗美援朝，历任志愿军第十六军第四十六师副参谋长、第四十七师炮兵副师长。1955 年 2 月，到南京军事学院炮兵系学习。1957 年 10 月，任第二十三军第六十九师炮兵司令员。1963 年 5 月，任黑龙江省军区合江军分区副司令员。1968 年 12 月，任黑龙江省生产建设兵团后勤部副部长（副军级）。1978 年 9 月离休。2015 年 3 月逝世。

黑伯理（1918—2015） 回族。原名黑映月。聊城市临清县（今临清市）人。临清中学毕业后，于 1933 年考入山东省立聊城师范学校。1936 年毕业后，任清平县乡农学校校长。1937 年 5 月加入中国共产党。任中共清（平）博（平）高（唐）支部委员。1937 年七七事变后，入国民党第三集团军政治工作人员训练班学习，结业后派到济宁、曹县从事抗日活动。1938 年春回聊城，任六区政训处驻朝城办事处干事。1938 年 11 月，被党组织派往临清市，到回民群众中开展抗日救国运动。1939 年，担任八路军第一二九师驻鲁西北（临清）联络处主任，同时任中共鲁西北特委委员、统战部部长。1939 年春后，任八路军第一一五师武装工作团政治委员、青海游击队政治委员、中共鲁西区委秘书长。是年六、七月间，任二地委常委、宣传部部长。同年 11 月，调平阴抗日县政府任秘书。1942年，调冠县工作。1945年日本投降后，任临清市市长。1951年，参与筹办中央政法干部学校，担任校办主任、党组成员、校党委书记。1956年，调任法律出版社社长、总编辑、党委书记。1959年2月，担任宁夏回族自治区党委委员、人民委员会（政府）秘书长、党组成员。1964年，担任中央民族事务委员会委员、民族出版社社长、党委书记兼总编辑。1971年，任民族出版社革委会副主任、党委副书记，民族文化宫革委会主任，中宣部政治部副主任，国家民委委员、秘书长、党组成员、机关党委书记。1982年4月后，任中共宁夏回族自治区委书记（当时设有第一书记），兼自治区委纪委书记、组织部部长，自治区政府代主席、主席，自治区委副书记，自治区人大常委会主任。系第十二届中央候补委员，第六届全国人大代表、民族委员会委员，第七届全国政协常委、经济委员会委员。1995年11月离休。2015年2月在北京市逝世。

张伯达（1920—2015） 原名张丙懿。聊城市高唐县人。1937年，在山东省第四乡村师范加入中华民族解放先锋队。后由乡村师范地下党组织介绍，到山东八路军第一一五师军政干校学习，后分配到民族革命大学学习。1938年5月，在民族革命大学加入中国共产党。是年7月毕业后，分配到决死二纵队政治部宣传科任宣传干事。由八路军一一五师政治部介绍到延安抗日军政大学学习。1940年3月，在抗大参谋训练队毕业后，历任抗大第三分校第五队政治指导员，军委参谋部一局情报处参谋，中央情报部第三室一局副科长，三八五旅司令部侦察科参谋、副科长、科长，九十三旅司令部参谋长，十一师副参谋长、参谋长。中华人民共和国成立后，任第一步兵学校训练部部长等职。1955年2月，调南京军事学院学习。1958年12月毕业后，分配到北京高等军事学院战略教研室任教员、副主任。1955年9月，授予上校军衔，后晋升为大校军衔。“文化大革命”中，在国家七机部执行“三支两军”任务。1972年10月后，任解放军军政大学训练部部长、副教育长、院训练部教育长等职。1983年8月，任军事学院副教育长、训练部顾问。1984年7月离休。2015年6月在北京逝世。

刘海泉（1922—2015） 曾用名刘金河。聊城市莘县人。1940年1月加入中国共产党并参加革命工作，任本村党支部副书记。同年调中共山东省莘县四区区委任宣传委员。1943年后，历任区委书记、县委委员、新兵营教导员、团组织股股长。中华人民共和国成立后，历任中共四川省资中县委副书记、县委书记，内江地委办公室主任、农工部长、地委副书记、地革委副主任，涪陵地革委副主任、主任，涪陵地委第一书记，1977年12月，任四川省革委会副主任。1979年12月，任四川省副省长兼秘书长。1983年4月，任四川省第六届人大常委会副主任。1988年1月至1993年2月，任四川省第七届人大常委会副主任兼秘书长。1994年12月离职休养。享受省长级医疗待遇。2015年4月在成都逝世。

王蓉贞（1931—2015） 女。聊城市临清市人。1948年秋高中毕业考入中法大学生物系，1950年在南开大学就读。1952年毕业于天津南开大学生物系。任中央卫生研究院微生物系实习研究员。同年8月加入中国共产党。1955年赴前苏联全苏抗生素研究所、莫斯科第二制药厂学习，回国后历任石家庄华北制药厂技术员、工程师、实验室副主任、抗生素研究所副所长。1970年开始与科学院合作进行春雷霉素试制，投入生产，后又组织领导试制并扩大生产的抗生素有杆菌肽、万古霉素、争光霉素、红比霉素等。1978年任广西桂林第三制药厂厂长、党委副书记，广西科学院副院长。1983—1993年任广西壮族自治区政府副主席、党组成员、党组副书记，并先后兼任自治区经济委员会主任、自治区经济体制改革委员会副主任，1993—1998年任政府特邀顾问。1998年8月退休。是中共十三大代表，中共广西壮族自治区委员会第五、六届委员。全国工业经济联合会顾问，广西企业家协会顾问，老年基金会会长，老年社会科学工作者协会顾问，老年科学技术协会顾问等。2015年在南宁病世。

人物简介

刘云生 1908年生，曾用名文灿。河南省汲县人。1930年6月毕业于河南省立第五师范学校。后在开封、焦作任小学教师。西安事变后，参加抗日救亡活动。1937年8月，加入中国共产党。1938年1月后，任焦作地区抗日游击队道清支队文化教员。1939年9月后，历任陵川县抗日政府财政科科长，太行区第四专署生产总社社长，工商管理分局局长。1947年8月，任冀南区第一专署（鲁西北）专员。1949年1月，任天津市供销合作总社主任。1955年，任全国手工业生产合作总社生产局局长、国家轻工业部手工业局长、全国手工业合作社总社办公厅主任。1978年，任国家轻工业部生产技术司顾问。1982年12月离休。

徐运北 1914年生，原名徐鸿轩，曾用名徐运何。聊城市堂邑县三奶奶庙村（今属冠县）人。1928年夏，考入聊城山东省立第二中学，后转入济南正谊中学。1931年夏，考入省立济南高中。1934年1月，在济南高中读书时加入中国共产党，并做“学运”工作。1935年2月，与中共山东省临时工委负责人赵健民，在堂邑县城内家中召开聊城、阳谷、临清、冠县、堂邑等地党组织会议，成立了中共鲁西特委，任特委书记。1936年5月，山东省委恢复成立后，以柳林高小教师身份为掩护，在聊城、堂邑等地开展党的工作。1937年11月后，历任中共鲁西特委组织部部长、鲁西特委书记等职，在鲁西北发动群众，组织武装，开展抗日活动，积极开展对国民党山东省第六区专员兼保安司令范筑先的抗日民族统一战线工作。1939年1月，鲁西区党委成立后，任区党委委员、组织部副部长，5月任民运部部长，10月任区党委常委、民运部部长兼青委书记。同年冬，被选为中共七大代表，赴延安参加会议。因七大延期，入马列主义学院学习，1941年调中共中央政策研究室工作。1942年，在中央党校参加整风。1945年，参加中共第七次代表大会。七大结束后，返回冀鲁豫边区工作，历任冀鲁豫区党委常委、宣传部部长兼区党委党校校长、区党委副书记、冀鲁豫军区副政委等职。1949年2月奉命南下，为南下临时区党委书记。同年5月，任江西赣东北区党委副书记。9月随军至贵州。10月任中共贵州省委副书记，兼任省委政策研究室主任、省民族事务委员会主任委员等职。1952年12月后，历任国家卫生部副部长、党组副书记、党组书记。1965年2月，任国家第二轻工业部部长、党组书记。1973年5月，任中共北京市委常委、北京市革命委员会副主任。1980年8月，任国家轻工业部副部长、党组副书记等职。1996年5月离休。系第六、七届全国人大常务委员会委员，第七届全国人大财经委员会委员，中共七大、八大代表，全国人大第二、三、六、七届代表。

周乐亭 1917年生，原名凤翔。聊城市东昌府区人。在聊城省立第三师范学校读书期间，参加一二九学生请愿运动。1936年7月在济宁参加山东应届师范毕业生受训时加入中国共产党。是年年底受训结业后，在馆陶县任乡农学校指导员、秘书，做党的工作。1937年七七事变后，在乡参加抗日活动，10月在山东六区抗日游击司令部政训处任上尉服务员，后到堂邑县办事处工作，12月在堂邑参加鲁西北抗日游击第一大队的组建。1938年5月奉命赴延安抗大学习。10月学习结业后，任八路军第一一五师司令部教育参谋，国民革命军六十九军暂编六师二旅上校参谋长，鲁南支队第四大队参谋长、东进支队后方司令部参谋长兼临滕费峰四边联支队参谋长等职。1945年秋，任山东滨海警备旅三团参谋长，华东野战军三纵队司令部教育科长、第八师参谋处处长。1949年夏任华东军区海军司令部训练处科长、副处长。1953年10月被派往苏联伏罗希洛夫海军学院学习。1955年被授予上校军衔。1957年毕业回国后，任海军司令部军训部副部长、总参谋部军训部海军处处长。1963年晋升大校军衔。1971年任青岛警备区副司令员。1982年离休。

李　坚　1918年生，原名申朝江。山东省鄄城县人。1937年8月在山东省立寿张师范学校读书。1938年2月，任山东鄄城周李庄小学教员，6月参加革命工作，任山东第六区抗日游击司令部第二十七支队政治部宣传干事，9月在山东省第六区政治干校学习，12月加入中国共产党。1939年1月任本村党支部书记，在中共鲁西区委党校学习，任鄄城县区党委副书记。1939年10月，任鄄城民运部部长。1940年4月，任中共鲁西第二地委组织部干部科科长。是年7月，任中共河南濮县县委书记。1942年9月，任濮县委组织部部长。1944年4月，任濮县县委书记。1947年9月，任中共冀鲁豫第九（濮范）地委委员、社会部部长。1948年4月，任冀鲁豫九专署专员；7月，在中共中央华北局党校学习，任党支部书记，中共中央华北局组织部三科副科长。1949年12月在中共中央华北局纪律检查委员会秘书组组长、检查处处长兼办公室主任。1954年11月任中共中央纪律检查委员会农村处副处长。1955年6月任中共中央监察委员会地方处副处长。1956年12月任中共中央监察委员会华北监察组组长，西北、西南监察组组长，地方处处长。1958年任中央监委农村处处长。1975年7月，任中共山东省德州地委常委、德州地区革命委员会副主任。1976年6月，任中共德州地委副书记。1978年10月，任中共中央组织部改正错划右派办公室主任。1979年3月，任中共中央纪委信访室主任。1982年1月，任中共中央纪委第五纪律检查室主任。1984年8月至1987年11月任中共中央纪律检查委员会专职委员。1981年7月起按中央国家机关副部长级待遇。中共十一届三中全会、十二大分别当选为中央纪律检查委员会委员。1987年离休。

崔清福　1919年生，曾用名崔福林。河北省高阳县人。青少年时期读书务农、学工。1938年1月，参加高阳县人民武装自卫队，是年10月加入中国共产党。历任冀中军区第七军分区排长、指导员、营副教导员、支队政治处主任、团政治委员，晋察冀军区第七纵队旅政治部科长、团政治委员，解放军某师干部管理部副部长、炮兵副师长。1951年，赴朝鲜抗美援朝。回国后入军事学院速成系学习。1957年10月，调济南军区，历任守备旅第一副旅长兼参谋长、炮兵某师师长、政治委员。1965年8月，赴越南参加抗美援越作战。1967年9月，在聊城地区执行“三支两军”任务，初为聊城驻军支左领导小组组长。1968年7月，任聊城地区革命委员会主任。1969年8月，任地区革命委员会党的核心领导小组组长。在聊城工作期间，提任济南军区炮兵政治部主任。1970年11月，调回部队后，历任长山要塞区政治部副主任、青岛警备区副政治委员。1955年，被授予上校军衔。1964年，晋升为大校军衔。荣获三级独立自由勋章，三级解放勋章。1988年被授予独立功勋荣誉章。1982年3月离休。

顾　良　1919年生，山东省莱西县（今莱西市）人。自幼读书。1938年6月参加革命工作，翌年2月加入中国共产党。历任胶东抗日军队班长、排长、连指导员、连长，胶东军区司令部一科副科长、科长兼侦察营长。参加孟良崮战役，立三等功。1948年后，历任华野九纵司令部教导团副团长、二十六师参谋主任，九兵团司令部作战处副处长等职。其间曾立三等功。1951年4月，赴朝鲜抗美援朝，任中国人民志愿军九兵团情报处处长。1953年5月回国，任某炮师副参谋长、副师长，济南军区炮兵射击场主任，山东省军区独立师师长。1976年11月，调任聊城军分区司令员、党委副书记、中共聊城地委常委。1979年7月，任山东省军区顾问。1956年4月，被授予上校军衔。1980年10月离休。

衣景清 1919年生，山东省栖霞县（今栖霞市）人。自幼读书。1938年4月参加革命。是年8月进入胶东抗日军政干部学校学习，10月加入中国共产党，11月任山纵五支队二十五旅政治部教育股长。1939年4月后，任八路军山东纵队五支队六十五团一营三连政治指导员，10月任五支队司令部秘书。1941年1月，到延安抗日军政大学学习，并参加了延安整风运动。1944年4月，任山东军区敌工部任敌工干事。1945年12月，任新四军兼山东军区政治部联络部组织干事。1947年4月，任渤海军区政治部联络部组织科副科长、科长。1948年1月，任渤海军区天津办事处主任，8月任渤海军区军官团副政治委员，9月参加济南战役。1949年1月，随同第三野战军南下参加渡江战役，并被授予渡江胜利纪念章。4月后，历任山东军区政治部直属政治处主任，山东军区警卫团政治委员，山东军区政治部直工部副部长，济南军区直属政治部副主任，第一文化干校政治部主任等职。在山东军区政治部工作期间，曾先后被评为军直机关模范共产党员、模范工作者。1962年8月调聊城军分区，任军分区党委常委、政治部主任。1964年8月，任军分区党委常委、副政治委员。1970年11月，任军分区党委书记、政委；其间，1969年上半年到1972年8月奉命作为军队代表参加聊城地革命委员会，任地区革命委员会常、副主任，党的核心领导小组成员及地区革命委员会政治部主任、党的核心领导小组组长。1973年调山东省军区工作。嗣后，任山东省军区政治部副主任、顾问。系中共山东省第三次代表大会代表。1982年7月离休后撰写革命回忆资料。1994年写完《前进，向着延安》一书。

孙大石 1919年生，又名孙瑛。聊城市高唐县人。早年从军，后转战南北，画大量速写。1937年七七事变后，加入抗日队伍，入一〇五师三二七旅在浙江嘉兴参加对日作战。1943年，在敌机轰炸下的防空洞里完成素描系列作品，其间有漫画作品在《抗战文艺》《救亡日报》《全民抗战》《抗战日报》等报刊发表。抗日战争结束后，在武汉结识丰子恺，受其影响，1949年后旅居中国台湾地区、美国等地。1974年8月22日，应美国21世纪画廊及纽约圣约翰大学美术馆之邀，赴美讲学并举办画展，同年定居旧金山。1975年独闯旧金山，重拾西洋画笔画水彩画。1982年7月6日偕夫人回到祖国北京定居，受到国家领导人的亲切接见。同年，被安排到中国画研究院任研究员、专职画家，后任文化部侨联主席、中国画研究院专业画家，中央文史馆研究馆员、中国美术家协会理事等职。1995年8月19日，把一生创作和收藏的书画精品等捐赠给高唐县人民政府（由孙大石美术馆陈列展出）。捐资20万元为高唐一中、高唐二中设立奖学金，创作国画《天山瑶池》。擅长水彩、水墨画，在国内外颇具影响；1958年以来，其曾于中国台湾高雄、中国台湾台北、日本东京、美国举办十余次个展，其中国画代表作《山水通景》为中国美术馆收藏，重要作品还有《壮哉山河》《石骨松格》等。

邢　涛 1920年生，原名邢金岭。聊城市博平县（今茌平县）人。临清山东省立十一中毕业。1937年4月，加入中国共产党，不久因介绍人工作调动，失掉关系。是年10月参加地方武装，翌年5月重新加入中国共产党。曾任八路军一二九师先遣纵队连长、指导员，新八旅特派员、教导员等职，3次立战功，身负重伤，为二等甲级残废军人。1947年10月后，先后任冀南军区供给部教导员，解放军总后勤部协理员。后任冀鲁豫军区供给部教导员、解放军总后勤部协理员，华北军区后勤部、华北军区干部部科长。1956年入解放军政治学院学习，毕业后任华北军区文化学校处长、高等师资培训大队政委，北京步兵学校校务部政委。1970年8月任北京军区装甲兵政治部副主任。曾被授予三级独立自由勋章、三级解放勋章、独立功勋荣誉章。1981年离休。

汪德荣 1920年生，聊城市临清县（今临清市）人。中共党员。幼年读书。1937年七七事变后在第五战区抗敌青年训练班参加“中华民族解放先锋队”，同年底到西安八路军办事处工作。1938年赴延安“抗大”学习。毕业后，被派到山东参加抗日工作，在鲁西军区、冀鲁豫军区、晋冀鲁豫野战军一纵队、第二野战军十六军、昆明军区从事宣传、文化文艺工作。1946年毕业于华北联大文艺学院，曾入高等军事学院学习。历任八路军、解放军教员、队长、科长、处长、文工团长、创作组长，昆明军区政治部文艺科科长、文化部副部长等职。曾当选为贵阳市人大代表、贵州省文联委员，中国作家协会云南分会副主席，云南当代文学研究会名誉会长，中国解放区文学研究会理事等社会职务。主要作品有电影文学剧本《云雾山中》（合作）、歌曲《一切都准备好》、纪实散文集《战地黄花》、《刘邓大军征战记文学篇》《啊、战友》《战争亲历记》《第二野战军老战士诗抄》等。参加《冀鲁豫解放区文艺丛书》《中国解放区文学研究资料丛书》的编辑工作。作品曾获全国群众歌曲创作一等奖、三等奖，西南军区文艺创作二等奖、荣誉奖等。曾被授予自由独立三级勋章、解放三级勋章及功勋荣誉章。

李惠民 1921年生，聊城市茌平县人。1938年参加革命工作，1940年5月，加入中国共产党。历任山东省六区抗日游击司令部第三十二支队班长，八路军一二九师新八旅二十四团排长、连长、连指导员，新八旅二十二团营教导员等职。1947年后，任华北军政大学学员、华北军政大学组织部巡视员。参加百团大战和上党、平汉、鄄南、郓城等战役、战斗，曾4次负伤，系三等甲级残废军人。中华人民共和国成立后，历任青年纵队、绥远学习团政治部组织科副科长、大队政治部主任，解放军第三十二步兵学校大队政治委员、干部科科长、干部部部长、政治部副主任。1965年，任北京军区工程兵第一工区政治委员。1968年，任华北农垦兵团政治部主任。1969年，任内蒙古生产建设兵团副政治委员（副军职）。1975年，任山西省军区顾问。1980年10月离休。1988年，被授予独立功勋荣誉章。

朱永顺 1921年生，山东省寿光县（今寿光市）人。1937年冬参加其兄朱志明领导的“抗日救国团”，1938年任寿光县侯镇前下舟庄抗日自卫团团长。1939年5月加入中国共产党。抗日战争时期，历任寿光县柴庄乡青救会会长，寿光县第十区（侯镇）青救会会长，寿光县青救会会长，县青委书记、县委委员，清东地委青救会（也称清河区青救总会清东地委青救分会）会长，中共清东地委青委书记，清河区青救总会副会长，渤海区青救总会副会长。解放战争时期，历任渤海区青联主任，中共渤海区委青委书记，渤海区党委实验区区委书记，渤海区党委政策研究室科长、组长。中华人民共和国成立后，历任中共盐山县委书记，中共德州地委宣传部部长、德州地委第二书记，中共聊城地委第二书记，聊城地委书记、第一书记兼聊城军分区党委书记、政委，山东省委财贸部副部长，聊城地委第一书记兼聊城军分区党委第一书记、第一政委，聊城地区革委会副主任、党的核心领导小组副组长，聊城地委副书记、地革委副主任，惠民地区革委会主任、中共惠民地委书记，山东黄河河务局局长、党组书记，山东省农委副主任、党组副书记，中共山东省委顾问委员会委员、常委（副省级）。1997年12月离职休养。系中共八大代表、中共山东省第二届委员会候补委员。

刘庭珍　1921年生，曾用名刘树宝，化名赤夫。山东省沂南县人。1938年6月加入中国共产党，是年调部队工作。历任八路军、解放军排长、连指导员、营教导员、营长、团政治处主任等职。1950年11月，赴朝鲜抗美援朝，任中国人民志愿军某团政治委员。回国后继任某团政治委员。1956年4月后，任某师副师长，某军国防工程建筑指挥部主任、军工区主任。1966年10月，任临沂军分区司令员、地委常委、军分区党委书记。1975年10月，任聊城军分区司令员、军分区党委副书记。1979年5月，任军分区顾问。1955年被授予中校军衔。1960年晋升上校军衔。1980年10月离休。

冯长旺　1922年生，聊城市博平县（今茌平县）人。1938年5月，参加山东省六区抗日游击司令部第三十二支队，后编入八路军一二九师先遣纵队当战士、班长。1939年10月，加入中国共产党，任八路军一二九师新八旅宣传员、技术书记，军分区干事，县大队特派员。1943年8月，入陕北抗大总校学习。1945年9月后，任莒县独立营副政委，鲁中第三军分区副科长、副处长，华野后备兵团二师科长。1949年，渡江进军福建，任第三野战军十兵团组织部科长。1952年7月后，历任军委防空军政委办公室科长，北京防空军组织处处长、部长。1958年10月，入解放军政治学院学习。1960年6月，任北京空军雷达兵某部副政治委员。1964年12月，任某高炮师政治委员。1968年12月，任空军第六军政治部主任、副政治委员。曾参加百团大战、淮海战役、渡江战役、抗美援朝战争、抗美援越战争。被授予三级独立自由勋章、三级解放勋章，解放军独立功勋荣誉章。1982年10月离休。

刘海波　1922年生，聊城市临清县（今临清市）人。1938年6月入聊城山东第六区政治干部学校学习。是年9月加入中国共产党，11月参加八路军。后在八路军第一二九师先遣纵队三团一营一连任政治指导员。1939年5月至1964年3月先后在抗日军政大学、东北军政大学吉林分校、中南军政大学、解放军政治学院等单位任政治教员、政治主任教员、政治教育科科长、大队政治委员、干部部副部长、哲学教研室副主任等职。主要从事马克思列宁主义、毛泽东思想等课程的教学工作。1964年4月调中共中央财贸政治部任宣传部部长。“文化大革命”期间任总理联络员2年，下放国务院五七干校3年。1972年后任外贸部政治部副主任，国务院财贸小组副组长，《中国财贸报》社长，1982年主持《经济日报》的筹备和创办工作。1983年1月任经济日报社社长、分党组书记。曾被授予中华人民共和国三级独立自由勋章、二级解放勋章，并被授予大校军衔。

张廉云　1923年生，女。聊城市临清县（今临清市）人。抗日将领张自忠女儿。1948年复旦大学新闻系毕业后，先后在北京自忠小学、北京小学任教师、校长。1949年曾作为中国民主青年代表团成员赴匈牙利参加国际青年联欢节活动。1951年在中共北京市委统战部工作。1957年任海淀九十九中学副校长。1960年在北京市教育局工作。1961年调北京积水潭医院，历任办公室主任，副院长。兼北京第二医学院儿科系副主任。1973年任北京第一传染病医院副院长。1979年调到民革北京市委员会，任民革北京市副主委兼副秘书长。系第七、八届全国政协委员。1993年当选北京市政协副主席。

裴荣富　1924年生，祖籍山东省聊城，出生于河北省秦皇岛。矿床地质与矿产勘查学专家。1948年毕业于清华大学，获理学士学位。历任中国地质科学院矿产资源研究所研究员、所长、中国地质学会矿床专业委员会主任、国际矿床成因协会主席，中日、中美科技合作和世界大一超大型矿床成因图及全球成矿项目首席科学家。致力矿业工程勘查和科学研究55年，在国内外主持五项重大矿产勘查工程和30余矿床地质勘探与矿山开采工程验证对比研究，创新地提出“双控论”和“合理域”固体矿产勘查模型，为指导地质工作做出充分科学论证，并被国际引证。近15年，专攻特大型矿床成矿背景研究，提出“成矿偏在性”和“异常成矿”等新概念，为在全国开展找矿提供理论基础。其成就，除获国家级、部级科学技术进步奖多项和李四光地质科学最高奖外，并以他为首，与多国矿床学家合作执行了国家地质对比计划IGCP-354项目，成果达国际先进水平。因贡献突出，国际矿床成因协会特授他终身荣誉称号。1999年当选为中国工程院院士。

张翠峰　1925年生，山东省平度县（今平度市）人。自幼为农。1941年4月参加中共平度县委宣传队。翌年12月加入中国共产党。历任八路军、解放军通讯员、警卫员、文化教员，连副指导员、指导员，某师政治部宣传干事。期间，在济南战役中荣立二等功1次，淮海战役中被授予“战斗模范”称号，上海战役中获“三级人民英雄”称号。1950年11月，参加抗美援朝战争，任中国人民志愿军营副教导员、教导员。1953年12月回国后，任某部营教导员。1956年2月入解放军政治学院学习。1958年9月结业后，任济南军区政治部组织部干事，济南军区警卫营教导员、政治委员，兖州县人武部副部长。1964年9月任滕县人武部部长（其间，1967年3月至1969年5月，被结合为滕县革命委员会主任）。1970年9任济宁军分区副司令员。1976年4月任聊城军分区副司令员、党委常委。1980年10月任聊城军分区司令员、党委副书记。1954年被授予大尉军衔。1960年晋升少校。1964年晋升中校军衔。1983年6月离休。

崔蕴章　1926年生，河北省雄县人。自幼读书。1937年七七事变后，在乡参加抗日活动。1938年8月参加八路军，任一二〇师二支队宣传员、一二〇师政治部战斗剧社宣传员。1942年8月加入中国共产党。1945年春赴陕北入延安电影团学习，结业后任晋西北军区、晋绥野战军、第三纵队政治部摄影干事。中华人民共和国成立后，曾任军政治部文工团协理员、第一政治干部学校俱乐部主任、洛阳步校三大队政治委员。1964年11月后，任山东省军区独立团政治委员、独立师政治部主任。1977年2月任枣庄市人武部副政治委员。1980年10月调任聊城军分区政治委员、党委书记，为中共聊城地委常委。1983年7月离休。

张国忠　1926年生，祖籍山东省齐河县。7岁时随外祖母在茌平县小杨屯村落户。1947年6月参加革命，并任该村自卫队长。同年7月加入中国共产党，1949年3月任小杨屯村党支部（总支）书记。1953年6月至1954年6月任村初级社社长，1954年7月至1958年2月任东方红高级社社长、大辛信用社主任。1972年10月后历任中共茌平县委委员、常委，中共聊城地委第一届委员会委员，茌平县贫协副主任，聊城地区贫协第一届委员会常委，茌平县贫协主任，茌平县革命委员会委员、常委、副主任，山东省革命委员会委员，茌平县人大常委会委员，茌平县王老公社党委副书记、王老乡党委副书记，政协茌平县委员会常委、副主席等职务。任村支部书记66年来，不论职务怎么变化，始终以共产党员的标准严格要求自己，以甘愿吃亏无私奉献的精神，团结带领全村干部群众“拔穷根，栽富苗”，矢志不渝，艰苦奋斗，在红土涝洼地里闯出了一条勤劳致富、科技致富、共同致富的路子，把一个贫穷落后的小村庄建设成为远近闻名的文明富裕村。联合国粮农组织的官员，中科院的专家、学者等曾多次到小杨官屯村参观考察，并给予很高评价，称赞他创造了“平原农业开发的新模式”。1966年被山东省政府授予“山东省劳动模范”称号，1989年7月被国务院授予“全国劳动模范”称号，被山东省科协授予“科技致富带头人”称号，1997年获国家民政部、团中央等“老有所为奉献奖”，系中共十三、十四、十五大代表，中共山东省第四届党代表，山东省第五、六、七、八届人大代表。

陶毅民　1927年生，原名陶常恩。聊城市东阿县人。1941年7月参加革命工作，1942年7月加入中国共产党。任东阿县抗联工作队组长。1941年后任中共东阿县区委副书记兼抗联主任，东阿县土改工作联合办公室副主任等职。1948年7月调中共华北局党校学习。1949年1月天津解放后，调天津工作，历任天津市公安局十分局分驻所所长、政务秘书、市公安局政治部办公室主任。1955—1960年，任天津市公安局办公室副主任、经保处副处长，新华分局、河东分局局长、政法党组书记，天津市河东区委常委、政法党组书记、第一副区长。1960年5月至1966年5月任天津市广播电台党委书记、副台长。1971年3月至1978年12月天津市广播事业局党委副书记、革委会副主任、电视台台长，市印刷工业局核心组副组长、副局长。1979年2月任天津市公安局副局长。1983年6月任天津市公安局局长、党委副书记、书记兼武警天津市总队党委书记、第一政治委员。1988年5月任天津市人民检察院检察长、党组书记，市政法委副书记。1993年6月不再任职。2004年11月离休。2005年中共中央组织部批准享受市长级医疗待遇。

成师农　1928年生，山东省东营区人。1947年3月参加革命工作，7月加入中国共产党。解放战争时期，历任广饶县第九区青救会干事、主任，广饶县青救会副主任，共青团广饶县委宣传部长，中共广饶县第六区委副书记。中华人民共和国成立后，历任共青团惠民县委书记，共青团惠民地委组织部部长、副书记、书记，中共惠民地委青委书记，共青团淄博地委书记，中共沾化县委书记处书记，中共惠民地委宣传部副部长、地委副秘书长兼办公室主任，中共齐河县委书记、县革命委员会主任，中共德州地委常委兼齐河县委书记，德州地委常委、秘书长，德州地委常委、德州市委书记，德州地委副书记，东营市筹建组副组长，中共东营市委副书记、东营市长，中共聊城地委常务副书记、地委书记兼聊城军分区党委第一书记、第一政委，山东省计划生育委员会主任、党组书记，山东省政协常委、文教委副主任。1993年离职休养。系中共山东省第四届委员会委员。

曹学亮　1928年生，山东省新泰县（今新泰市）人。1944年8月参加革命。1945年8月加入中国共产党。历任新泰县财粮科会计、科员，中共新泰县委宣传部干事，中共泰安地委宣传部副科长、科长，1958年，任中共济南市委高教党委办公室主任，中共山东省委文教部指导员。1961年，任中共莱芜县委书记处书记。1971年，任中共平阴县委副书记。1976年，任中共肥城县委副书记、县革命委员会副主任。1980年3月，任中共肥城县委书记。1983年12月，任中共聊城地委副书记、行署专员。1986年3月，任中共聊城地委书记兼军分区政委。1988年，任山东省人大常委会常委、山东省人大财经委副主任。1990年，任山东省人大农经委副主任。1991年7月离休。系中共山东省第四届委员会委员。

张东里　1929年生，山东省乐陵县人。1937年七七事变后，任当地儿童团指导员、乡教导员。1940年10月，参加革命工作并加入中国共产党。曾任中共靖远县委通讯员、靖远二区儿童团政委、抗联文书、乐陵八区青救会副主任、区中队指导员等职。1946年9月后，曾任解放军连化教员、政治指导员，渤海军区保卫部干事，山东军区政治部保卫部保卫队队长，济南军区政治部保卫部科长，山东省军区政治部保卫处处长，济南警备区副政委、政委。1955年被授予大尉军衔。1960年晋升少校军衔。1964年晋升中校军衔。1978年2月，任聊城军分区政治委员、党委书记。1979年2月后，任解放军高级机械学校一系政委、山东省军区纪委副书记等职。1986年12月离休。

刘绍先 1929年生，曾用名刘祖泽，河北省宝坻县（今天津市宝坻区）人，宝坻县师范肄业后参加抗日活动。1946年，加入中国共产党。1947年，参加解放军，曾任文书、参谋、干事，参加辽沈、平津战役和抗美援朝。历任团政治处主任、师干部科科长、团副政委、军政治部干部处处长、军后勤部副政委等职。1955年，被授予大尉军衔。1976年3月，入中国人民解放军军政大学政治系学习。1979年3月，毕业后，任聊城军分区政委。1980年10月，入中国人民解放军政治学院高级系学习；同年12月后，任山东省军区政治部主任、济南军区内长山要塞区政委、济南军区后勤部政委。1985年9月，入中央高级党校干部培训班学习。1988年10月，被授予少将军衔。离休。

温俊峰 1929年生，祖籍山东省冠县，出生于内蒙古五原县，航空发动机设计专家。1950—1951年，在清华大学航空系学习。1951—1952年，在清华大学航空工程学院学习。1952—1953年，在北京航空学院发动机设计专业学习。1953—1956年，在北京航空学院研究生班学习。1956—1960年，在北京航空学院任助教兼构造研究室主任。1960—1962年，在苏联莫斯科航空学院进修学习。1962—1967年，在北京航空学院任讲师兼强度实验室主任。其间，筹建中国第一个发动机薄壳强度课题研究组及其试验设备，研究薄壳理论对航空发动机结构强度设计的应用，并完成有关论著多部。1967—1987年，任贵州011基地第二设计所设计员、设计科长、总设计师，贵州航空发动机公司科技委副主任、研究员级高级工程师。其间，主持设计研制涡喷7、涡喷13系列多种型别的发动机，这两个系列发动机是目前配装国内歼击机主战机种的动力装置。他还进一步提出涡喷13F、涡喷13B发动机的设计方案，并进行大量试验研究。1987年始，任烟台大学教授、学术委员会主任。1985年和1990年分别获国家科学技术进步奖一等奖，获部级科技进步奖一、二、三等奖各一次。1997年，当选中国工程院院士。在设计研制航空发动机中主持解决发动机高空台“放炮”、性能、重量和寿命等一系列重大技术问题。

于希岭 1931年生，聊城市茌平县人。1947年10月，于东北参加革命工作。1948年11月，加入中国共产党。历任吉林省双辽县郑家屯区第九街人民政府秘书、副街长、区委组织干事等职。中华人民共和国成立后，历任双辽县工会文教委员、组织委员，辽西总工会干事、副科长，中共辽西省委、辽宁省委工业部组长、科长、副处长、办公室主任、部委委员等职。1972年7月，调辽宁省革命委员会计划组工作，任计划委员会调研室、办公室负责人，省邮电管理局副局长，中共辽宁省委办公厅副主任、主任、秘书长、省委常委。1990年3月，任辽宁省人大常委会副主任、党组成员。1993年3月，任辽宁省人大常委会副主任、党组副书记。1998年1月离休。

郑衍柱 1932年生，山东省齐河县人。1947年6月，在高小读书时加入中国共产党；是年10月，任东阿县邵庄小学教师。1949年10月后，历任中共东阿县七区委组织干事，中共东阿县委机要员，中共东阿县四区委组织委员、副书记，中共东阿县陈集、鱼山公社党委副书记，中共东阿县高集区委副书记、书记。1968年4月，任东阿县革命委员会副主任。1971年5月，任东阿县委委员、常委。1978年12月，任中共临清县委副书记、县革命委员会副主任。1980年12月，任中共茌平县委书记。1982年11月，任中共聊城地委副书记。1983年12月，任中共聊城地委副书记、聊城行署副专员、党组副书记。1988年9月，任山东省人大常委会聊城地区工作委员会主任、党组书记。系山东省第八届人民代表大会代表。1993年3月起，不再担任省人大常委会聊城地区工作委员会的党政职务，继续参加聊城地区水利建设的组织领导工作。

李来杜 1932年生，聊城市莘县人。1940年参加革命，任儿童团团长。1943年，参加青年抗日先锋队兼儿童团团长。1944年，为山东莘县二区游击队队员、童子侦察兵。1947年参军，任晋冀鲁豫南下部队三团四营十一连一班班长。1948年加入中国共产党。同年6月，任中原野战军第二总队四旅十一团四连二排副排长兼机枪班班长。1949年2月，任第二野战军十军二十八师八十三团二营四连二排排长。1950年，担任剿匪便衣队长并入随营学校学习。1951年，任某师某团某营某连副政治指导员、代理政治副指导员。1952年，任某团某连政治指导员。1953年，毕业于第六政治干部学校。1955年，任某团某营副政治教导员、上尉军衔。1958年，任某军某师某团某营代理政治教导员、大尉军衔。1960年，任某团某营政治教导员。1961年，毕业于石家庄第二高级步兵学校。1962年晋升少校军衔。1964年任某团参谋长。1966年任某团副团长。1969年任某团团长、某师参谋长。1976年，毕业于中国人民解放军军政大学。1977年，任步兵某师师长。1978年，任北京军区步兵学校副校长。1979年，任北京军区步兵学校副校长兼训练部部长。1982年，代理石家庄陆军学校校长。1983年，任石家庄陆军学校校长。1985年，任北京军区副司令员、环保绿化委员会主任、保密委员会主任、爱国卫生运动委员会主任。1987年，毕业于中央党校。1988年，任全国人大代表、首都绿化委员会副主任、中将军衔。1992年，为第十四届中央委员。1993年12月至1997年11月，任北京军区司令员、党委副书记。1994年晋升为上将军衔。1995年，任北京军区国防动员委员会主任。1997年，任平津战役纪念馆名誉馆长。1998年，任全国人大常委会常委、农业与农村委员会委员、中国与立陶宛友好小组成员、中国与斯洛伐克友好小组主席。2000年，为中国军事科学学会高级研究员。获淮海战役胜利纪念章、渡江胜利纪念章、解放西南胜利纪念章、解放华中南纪念章、华北解放纪念章、独立自由奖章、二级解放勋章、首都卫士纪念章，独立功勋荣誉章，斯洛伐克共和国总统鲁道夫·舒斯特授予总统奖章。中共中央、国务院、中央军委授予中国人民抗日战争胜利60周年纪念章、纪念中国人民抗日战争胜利70周年纪念章。

王子才 1932年生，聊城市聊城县（今聊城市东昌府区）人。自动控制、系统仿真专家。1957年毕业于哈尔滨工业大学。曾任哈尔滨工业大学控制与仿真中心主任。现任中国系统仿真学会副理事长、哈尔滨工业大学控制与仿真中心教授、博士生导师。在自动控制、系统仿真领域，发展了伺服系统理论，提出并实现了复合驱动控制系统、变阻尼及大摩擦系统的控制技术，为开辟研制电动转台新途径和产业化发展做出了重要贡献；提出了建模—算法—评估的系统仿真基础理论新思想、复杂大系统分布式仿真工程设计方法、多种建模方法以及复杂仿真系统评估理论与方法，首次研制成功分布式仿真系统，为我国分布式复杂仿真系统达到工程实用新阶段做出了重要贡献；提出了次时间最优控制理论及设计方法、一类非线性系统建模与最优控制设计方法，为现代控制理论在飞行器控制中应用做出了重要贡献。获国家科技进步二等奖1项、三等奖1项，省部一等奖2项；发表论文110余篇、著作6部；培养博士、硕士60余人。2001年当选为中国工程院院士。

闫廷琛 1933年生，曾用名闫丹心。聊城市临清市（今河北省临西县）人。1947年4月参加工作。1948年12月，考入临清师范学校学习。1949年4月，加入中国新民主主义青年团。1951年12月师范毕业后，先后在临清县东王庄、前堤口、马鸣堂、西张堤、下堡寺等学校任高小教员、教导主任、完小校长。1955年4

月，任下堡寺区联合校校长。1956年3月加入中国共产党。1957年5月，调任临清县文教科科员。1958年后，任中共临清县委宣传部、县委办公室干事、秘书。1965年10月，调任中共临清县大辛庄区委副书记。1967年春，任临清县革命委员会办公室干事、副主任、主任。1971年2月，调任聊城地区革命委员会政治部宣传组副组长。1974年1月，任聊城地区革命委员会政治部副主任、党的核心领导小组成员。1975年3月，聊城地区革命委员会政治部撤销后，调任茌平县革命委员会副主任。1976年7月，任茌平县委常委、县革命委员会副主任。1978年2月，调任中共临清县委常委、县革命委员会副主任。是年11月，任中共莘县县委书记、县革命委员会主任、县人武部第一政治委员。1984年3月，任聊城地区行政干校、地委党校校长、党委书记。1988年9月，任聊城地区行政公署副专员、行署党组成员。1989年9月，任聊城地委副书记、行政公署常务副专员、行署党组副书记。1991年6月，被山东省人民政府授予“山东省重点工程建设先进工作者”称号，并颁发奖牌和证书。1992年7月，任聊城地区政协工委主任、党组书记，兼任京九铁路山东段工程建设副总指挥、聊城地区支铁领导小组副组长、筹建组组长。1995年11月，被国务院京九铁路建设领导小组和中华人民共和国铁道部授予“京九铁路建设先进个人”称号并颁发立功奖章。1997年4月，离休。1998年12月，被中共山东省委组织部、省委老干局、省人事厅授予“山东省离休干部先进个人”称号。系聊城市第十三届、十四届、十五届、十六届人大代表，山东省第七届政协委员。

徐祥之 1933年生，聊城市高唐县人。1948年参加革命工作。1950年4月加入中国共产党。1953年，于高唐县机关干部业余中学毕业。历任办事员、区委组织委员、县委组织部干事。1956年后，任中共高唐县梁村、姜店、尹集、琉璃寺区（乡、公社）委副书记、书记，高唐县水利局局长等职。1958年12月，荣获“全国社会主义建设积极分子”称号，并赴北京出席表彰大会，受到党和国家领导人接见。1971年后，任高唐县革命委员会生产指挥部副主任。1973年7月，任中共高唐县委常委。1975年春，任高唐县委宣传部部长。1978年5月，任中共高唐县委副书记。1979年4月至1981年6月期间，先后兼任县纪委书记、高唐国棉厂（正县级单位）党委书记。1981年6月后，任聊城地区纺织工业局局长、党组书记。1984年5月，任聊城地区供销社主任、党组书记。1986年12月，任中共聊城地委组织部副部长兼地委机关党委书记。1988年3月，任中共聊城地委副书记。期间，编审了《中共山东省聊城地区组织史资料（1926—1987年）》。1989年10月，任中共聊城地委副书记、聊城行署专员、行署党组书记。1992年6月，任中共聊城地委副书记。1993年离休。系中共山东省第五次代表大会代表、山东省第八届人民代表大会代表。

任震宇 1933年生，曾用名任震。聊城市东昌府区人。出生在农民家庭。1954年聊城一中毕业后，考入山东医学院医疗系本科。1959年，医学院毕业，被选拔去白求恩医科大学举办支援边疆建设师质进修班进修。1960年7月结业，自愿报名到青海，任青海医学院附属医院医师。1962年至1964年，连续被评为“五好”干部、先进工作者、劳动模范。1969年，率领医疗队深入蒙古族自治县巡回医疗，被评为“与工农结合好干部”，受到青海省卫生厅嘉奖。1986年，晋升主任医师，同时任外科主任。1991年，破格晋升为教授。长期从事医疗科研工作，取得丰硕成果。1989年，被评为“普通高校优秀教学成果院级先进个人”。在省级以上刊物上发表三十余篇论文，其中9篇获省科技奖、优秀论文奖。专著《老年外科急腹症学》。系中华区学会会员、中华医学会青海分会副主任委员、西北五省区普外学会副主任委员。1986年农工民主党青海省委成立，并当选为青海省委副主任委员兼咨询服务部部长。系政协全国第八、九届委员会委员，政协青海省第六、七届委员会常委，政协青海省第八届副主席，青海省海外联谊会常务理事，青海省统战理论研究会常务理事。

张泽甫 1934年生，曾用名张继恩。聊城市东阿县人。出生农民家庭，自幼读书。1951年6月参加工作。1954年4月加入中国共产党。曾任聊城专区行政干校学员、东阿县五区财经干事、东阿县供销社物价科副科长、东阿县洒庄乡团委书记、寿张县刘集公社团委书记。1961年6月根据国防建设的需要，被选调参加中国人民解放军，任寿张县人武部助理员、参谋。1964年3月，任茌平县人武部干事、秘书。是年10月后，任聊城军分区政治部保卫科干事、副科长、科长。1980年10月，任聊城县（市）人武部政委、部党委书记，中共聊城县（市）委常委。1983年6月调任菏泽军分区政治委员、军分区党委书记、中共菏泽地委委员。1988年3月，任聊城军分区政治委员、军分区党委书记、中共聊城地委委员。1988年10月被授予大校军衔。1990年2月退休。

赵维汉 1934年生，聊城市茌平县人。出身农民家庭，自幼读书。1951年8月参加中国人民解放军。1955年12月加入中国共产党。入伍后任茌平县城关区武装助理，茌平县人武部干事、秘书，聊城军分区政治部宣传科干事。1970年10月，任聊城县人武部副政治委员。1977年3月，任东阿县人武部政治委员、县委常委、人武部党委书记。1980年10月，任聊城军分区政治部主任、军分区党委常委、政治部党委书记。1983年6月，任聊城军分区政治委员、党委书记，同年12月加任中共聊城地委委员。1986年10月，任山东省军区调研员。1991年8月退休。

张新时 1934年生，祖籍山东省高唐县，生于河南省开封市。1955年毕业于北京林学院（现北京林业大学）森林系，获得学士学位，被分配到新疆农学院工作。1979年，到美国康奈尔大学生态学与系统学系攻读博士学位。1985年，毕业于美国康奈尔大学，获得博士学位。1986年回国后，进入中国科学院植物研究所工作。1987年11月16—20日，应国际环境问题科学委员会理事会主席邀请，赴瑞士日内瓦参加联合国核战争对环境影响讨论会。1990年，担任中国科学院植物研究所所长（至1998年）。1991年，当选为中国科学院学部委员（院士）。1992年，中国科学院在北京召开第六次学部委员会议，当选生物学部常务委员会副主任。1995年，担任“中国植被图”的项目负责人。2001年，北京师范大学生态模拟与生态资产评估重点实验室成立，担任实验室主任，该实验室于2007年更名为：北京师范大学生态资产评估与资源优化控制重点实验室。2009年，主持的国家自然科学基金重点项目“天山北坡山盆系统生态重建与可持续发展模式研究”通过了项目结题验收。

李朝琪 1935年生，山东省齐河县（原长清县）人。1946年在该村小学、高小、师范读书。1951年，在平原省立第一师范学校（后为阳谷坡里师范）读书时参加青年团。1953年12月师范毕业后参加工作，在茌平县城关完小任教师。1955年1月加入中国共产党。1956年9月，调任茌平县报社编辑。1959年9月，任聊城日报社编辑。1961年11月，任中共聊城地委办公室、政策研究室干事。1962年11月，任地委农村工作部干事。1967年3月后，在聊城地区革命委员会工作。1971年7月，任聊城地区革命委员会办公室干事。1974年1月，任中共聊城地委办公室任材料组组长。1975年3月，任中共聊城地委办公室主任。1976年9月，任中共聊城地委副秘书长。其间，曾先后兼任地委办公室、政策研究室主任。1984年3月，任中共临清市委书记。1987年1月，中共聊城地委机关工作；同年6月，任中共聊城地委统战部部长兼地区政协工作联络处主任、地区对台工作办公室主任。1988年9月，任中共聊城地区纪律检查委员会书记，1991年3月，任中共聊城地委委员。1992年12月至1996年年底，任山东省人大常委会聊城地区工作委员会主任、党组书记。系政协山东省第六届委员会委员，中共山东省第五届纪律检查委员会委员，山东省第八、九届人民代表大会代表。

王文正　1935年生，聊城市阳谷县人。1960年6月，加入中国共产党。1960年8月，在山东师范学院物理系毕业后，留该系任助教。1968年3月，任山东师范学院半导体厂党支部委员。1975年7月，任山东师范学院聊城分院物理系党总支副书记、主任。1981年4月，任聊城师范学院党委常委、副院长。1983年晋升为副教授。1984年5月，任聊城师范学院党委书记。1992年晋升为教授。1993年享受政府特殊津贴。1998年5月退休。

郑广臣　1935年生，山东省朝城县（今属聊城市莘县）人。1949年5月在高小读书时参加中国新民主主义青年团，同年8月考入平原省卫辉中学读书。1950年10月，考入平原省军区军政干部学校，翌年9月毕业，分配到华北军区独立团任连、营文化教师。其间，曾随部出国参加抗美援朝战争。1956年5月，任某师作训科连职参谋。1962年6月加入中国共产党后，任某师作训科参谋、副科长。1969年后，历任团副参谋长、参谋长、副团长、团长。还因政绩显著，多次受军嘉奖。1980年9月，调任某军司令部副参谋长。1983年5月，任某师师长。1985年1月率全师赴云南参加对越自卫反击战。1986年6月返回，同年4月调任山东省军区副司令员。1988年9月被授予少将军衔。

马仁典　1936年生，聊城市东阿县人。1944年，参加抗日儿童团。1946年，在八里完小读书。1949年，加入中国新民主主义青年团。1958年，北京第二十一中学高中毕业。考入天津南开大学经济学系。1960年，加入中国共产党。1963年，大学毕业后志愿入伍，在青岛海军政治学院任教。1970年，调邯郸海军718所任组织干事兼团工委常务副书记。1973年，调海军7180厂（团级单位）代理副政委、书记。1975年调到北京，在海军军以上干部学习班任教。1977年，回海军政治学院任教，历任教员、副主任、副教授、教授、研究生导师、学科建设指导专家、院学术委员会委员和职称评定委员会委员兼全军政治理论教材编审委员会委员、全国高校系统《资本论》研究会常务理事、被聘为《人民论坛》杂志特约高级编辑。1979年，定为副团。1983年，晋升正团。1987年，晋升副师。1988年，改文职干部。1991年，晋升文职三级、技术六级。1995年，晋升技术五级。1998年，选升文职二级。2000年，晋升技术四级（正军级薪金待遇）。2001年，完成五年的超期服役，光荣退休。从1994年开始始终享受国务院特殊津贴。2005年其全部关系转到大连市军队离退休干部服务管理中心。先后担任大连市老科协常务理事、中心区关工委学习马克思主义中心组组长和讲师团顾问。先后被评为省市老科协先进工作者、市关心下一代先进工作者和特殊贡献奖，省“万名模范进校园”活动先进个人。被授予大连市道德模范称号，入选中国好人榜。

崔惟林　1937年生，山东省莱西市人。在初中读书时参加共青团。1958年8月高中毕业，由学校保送山东曲阜师范学院政治系学习。是年9月加入中国共产党。1962年10月大学毕业后，历任山东省实验中学教师、团委书记、政工组组长、党总支部书记、校革命委员会主任、校长等职。期间，1978年出席全国教育工作大会。1979年，作为全国教育先进单位代表，出席国务院授奖大会。1981年10月，任济南市教育局党委书记。1983年3月至1988年12月，任中共山东省委常委、中共山东省委宣传部部长。1984年7月，任中共聊城地委副书记。1986年3月，任中共聊城地委副书记、行署专员、党组书记。1987年2月，任山东师范大学党委书记。1990 年 5 月，任中共山东省委高等学校工作委员会书记。1993 年 4 月，任政协山东省第七届委员会副主席，兼任省委学校工作委员会书记。是年 5 月，又兼任省教育委员会主任、党组书记。1997 年 10 月后，任政协山东省第七、八届委员会副主席，兼第八届委员会提案委员会主任。

李西林 1937 年生，聊城市高唐县人。自幼读书务农。1949 年 8 月，在甘肃参加中国人民解放军，兰州战役后，进军新疆。1953 年 2 月，加入中国共产党，先后在第一野战军二军连、营、团、师等单位工作。其间，著有电影剧本《昆仑铁骑》，由长春电影制片厂和西安电影制片厂联合摄制成影片。1958 年调新疆军区政治部战胜报社工作，历任记者、编辑、编辑处副处长、处长，报社副社长、社长等职。1985 年，任甘肃省军区副政治委员。1990 年 6 月，任兰州军区后勤部政治委员。1988 年被授予少将军衔。

董凤基 1937 年生，聊城市高唐县人。1960 年 9 月毕业于菏泽农业专科学校，分配到博兴县农业局任技术员，后调桓台县农业局任技术员。1964—1965 年曾参加中共山东省委组织的齐河县、桓台县社教工作队。此后，历任桓台县广播站编辑、站长，县革委报道组长，宣传等职。1975 年任桓台县马桥公社党委书记。1977 年任邹平县委副书记。1978 年任邹平县委书记。1986 年 6 月任惠民地委副书记。1988 年 3 月任中共惠民地委书记。后历任中共山东省委常委、宣传部部长、省精神文明建设委员会副主任，山东省人大常委会副主任。系中共山东第四届、第五届省委委员，第六届省委常委，山东省第八届、第九届人民代表大会代表，中共十五大代表。

赵孝起 1937 年生，聊城市清平县赵回村（今属临清市）人。出生农民家庭。大专文化。1949 年 10 月参加中国新民主主义青年团。1955 年 11 月加入中国共产党，同年 12 月应征入伍，后出国参加抗美援朝战争。1958 年回国后，在山南战役中立三等功。1979 年参加了中越边境自卫反击战。历任解放军某师战士、班长、司务长、排长、干事、正副连指导员、正副营教导员、团副政治委员、师政治部副主任、师政治委员，及营、团、师党委书记，某军政治部主任、政治部党委书记、军党委常委等职。1983 年 7 月入国防大学学习。1985 年 12 月任济南军区后勤部第九分部政治委员、党委书记。1990 年 9 月任济南军区后勤部副政治委员、党委常委兼纪委书记。入伍后先后受嘉奖 7 次。1988 年被授予少将军衔。

薛守唐 1937 年生，曾用名薛满堂。聊城市阳谷县人。1959 年 8 月参军，1960 年 9 月入党。1959 年 8 月起任空军导弹学院学员，1961 年 9 月任酒泉卫星发射中心技术军官，1976 年 5 月任太原卫星发射中心技术室主任（营职）及工程师、雷达站站长（团职）、后勤部部长（师职）、太原卫星发射中心参谋长（副军职），1989 年 7 月任国防科技大学训练部副部长，1991 年 10 月任酒泉卫星发射中心副司令员。1988 年被授予大校军衔，1992 年晋升少将军衔。

刘宝臣 1938 年生，聊城市临清市人。1956 年 3 月参加中国人民解放军。历任排长、干事、指导员、参谋、团副参谋长、团参谋长、总政治部保卫部保卫队队长，中央军委办公厅警卫处三科科长、副处长，总政治部保卫部副部长，解放军军事检察院副检察长。1992 年 11 月任中国人民解放军军事检察院检察长。1996 年 7 月至 2002 年 1 月任成都军区副司令员。第十届全国政协委员。1996 年 7 月晋升为中将军衔。

赵长山 1938 年生，聊城市高唐县人。出生在农民家庭。1955 年高唐县第一中学毕业后，回乡任合作社会计。1956 年 5 月，任河北省邯郸市农产品采购局会计。1957年2月入伍，历任学员、战士、文化教员。1959年4月，加入中国共产党。1960年后，历任团见习助理员，师政治部干事，团政治处组织股长，师政治部组织科长；中国军事科学院政治部组织部副师职干事，组织部副部长、部长，军事科学院政治部副主任、主任。曾先后立三等功2次，受嘉奖10余次。多次出席师和军区积极分子代表大会。1979年对越自卫反击战中，曾深入参战部队调查研究，采写了一大批先进人物事迹和战时思想政治工作经验材料。1992年7月，被授予少将军衔。在军事报纸杂志上发表有关军队思想政治工作的论文数篇。

田润芝　1938年生，聊城市高唐县人。出身于农民家庭。1953年，加入青年团，1956年10月，加入中国共产党。1966年5月，毕业于北京外国语学院。历任国家对外经济联络部翻译、副处长。1971—1976年，在中国驻斯里兰卡大使馆经参处工作。1982年4月，任国家对外经济贸易部对外援助局副处长，1985年，任副局长。1991年3月，任对外援助司司长，是年6月，任对外经济贸易部党组成员、部长助理。1994年3月，任对外贸易经济合作部党组成员、国家商检局局长。1998年，任国务院海关总署副署长、国家出入境检验检疫局局长。2001年，改任调研员。曾主编出版了《对外经济技术援助工作简介》，与他人合编（任主编）出版了《中国的对外经济技术援助》，翻译出版了美国小说《针眼》等著作。

侯继唐　1938年生，聊城市阳谷县人。1952年在本地小学读书时参加青年团。1962年11月，在山东师范学院中文系读书时加入中国共产党。1965年7月大学毕业，分配到聊城专区工作；9月，随中共聊城地委“四清”工作团在茌平县参加农村“四清”运动。1966年6月，“四清”运动结束后，任中共茌平县贾寨区委副书记。1971年2月，任茌平县三十里铺公社革命委员会副主任。是年10月，调聊城地区工作，历任地区革命委员会生产指挥部办公室干事。1977年1月，任地区革命委员会办公室秘书。1978年7月，任聊城行署办公室秘书。1982年4月，任行署办公室副主任。1984年4月，任中共聊城地委组织部副部长。1986年9月，主持地委组织部工作。1987年10月，任中共聊城地委组织部部长。1988年6月，任中共聊城地委委员、组织部部长。1990年8月，任中共聊城地委副书记。1993年2月至1994年6月，兼地委组织部部长。1996年11月，任山东省人大常委会聊城地区工作委员会主任、党组书记。1998年3月，聊城撤地设市，任中共聊城市委委员、聊城市人大常委会主任、党组书记。主编了《乡村管理顾问》，编审了《中国共产党山东省聊城地区组织史资料》等书。系中共山东省第五、第六次代表大会代表，山东省第八、九、十届人大代表。为中国书法家协会山东分会会员，聊城师范学院兼职教授，聊城地区对外文化交流协会会长。

郑义堂　1938年生，山东省潍坊市人。1963年8月，合肥工业大学毕业，同时参加工作，任烟台钟表厂技术员。1966年9月加入中国共产党。是年下半年，任烟台钟表厂聊城分厂副厂长。烟台钟表厂聊城分厂改称为聊城手表厂后，任聊城手表厂革命委员会副主任。1978年10月，任副厂长。1979年5月，任聊城手表厂党委副书记、厂长。1981年，晋升为工程师。1983年10月，任厂党委书记。1983年12月至1987年3月，任中共聊城地委副书记、行署副专员、行署党组副书记。其间，1985年2月至1986年12月，兼任中共聊城市委书记、武装部第一政委。1985年9月至1986年1月，在中共中央党校第一届党政干部训练班学习。1987年3月，任中共聊城地委副书记、行署专员、行署党组书记。1989年3月，主持中共聊城地委工作，同年10月，任中共聊城地委书记、军分区党委第一书记、地委党校校长。1993年2月，任中共山东省纪律检查委员会常务副书记。1998年11月，不再担任该职务。为山东省第九届人民代表大会常务委员会委员、内务司法委员会副主任。系中共十四大代表，第七届全国人大代表，中共山东省委第五、六、七次代表大会代表，山东省第七届人大代表。

魏有志 1938年生，山东省平邑县人。出生农民家庭。1953年2月高小毕业后任小学教师。1954年任县供销社秘书科工作员。1955年12月应征入伍，嗣后加入中国共产党。历任某师侦察连战士、副班长、班长、连文化教员、师直属队干部、数学教师。因工作和教学成绩显著，记三等功1次。1959年月入洛阳步校学习。1960年参加了北京国庆兵训练。1961年7月毕业后，历任长山要塞区某部排长、连长、营长、守备区司令部作训科长、某团副团长。此期间，任排长时训练成绩优异，舍己救人，记三等功2次。1964年率全连参加济南军区大比武。1977年5月入济南军政干校学习一年，结业后任某团团长、守备区副司令员。此期间，毕业于北京军事学院高级速成班。1983年5月任内长山要塞区司令部副参谋长。因对海岛建设有建树，济南军区给个人记三等功1次。1983年任命正师级。1985年任善后办主任。1986年10月调任聊城军分区司令员、党委副书记。1987年11月调任威海军分区司令员，因军民共建成绩突出，被济南军区评为先进工作者。1964年晋升中尉军衔。1988年10月被授予大校军衔。

李继源 1938年生，聊城市高唐县人。1951—1954年，在高唐中学读书。1954—1957年，在临清一中读高中。1957—1963年，考入清华大学无线电电子学系。大学毕业后，先后在总参谋部、总装备部所属研究所工作。主要从事核爆炸与核辐射检测防护方法与装备器材研究。曾多次参加核武器实验及其技术保障；先后参加并主持了装备和核试验现场用核辐射探测器（传感器）的研制。这一代探测器的研制成功填补了国内空白。改革开放以来，主持并参加了第二代核辐射探测器系列的研究、“日军在华遗弃化学武器探查方案”的论证研究。负责完成大亚湾核电站辐射防护设备中探测器的研究，改探测是我国探测和研究太阳爆的主要手段。曾立三等功2次、集体三等功1次，多次受到通令嘉奖和评为先进工作者、优秀共产党员。少将军衔。

杜九西 1939年生，山东省长清县人。1955年在聊城一中上初中时参加共青团。1960年8月，考入天津大学动力工程系内燃机专业学习。1965年8月毕业后，留校人事处工作，任办事员。是年9月，赴河北栾县参加农村社教工作。返校后，调天津内燃机研究所工作，任研究室代主任。曾参与主持具有国际先进水平的“105”系列、“85”系列柴油机的设计、研制工作。1972年6月调聊城工作。先后任聊城内燃机厂技术科长、生产科长，厂生产总调度。1975年10月，在聊城内燃机厂加入中国共产党。1980年12月，任聊城拖拉机厂副厂长。1982年12月，任该厂长、党委副书记等职。1983年12月起，历任中共聊城地委委员、行署副专员，行署党组成员、副书记。1994年6月，任中共聊城地委副书记。1996年12月，任政协山东省委员会聊城地区工委主任、党组书记。1998年3月，聊城撤地设市，任聊城市政协主席、党组书记。2003年3月离职。2013年年底退休。系聊城市第十三届、十四届、十五届、十六届人大代表，山东省政协第九届委员会委员。

范启申 1939年生，聊城市高唐县人。1965年毕业于山东医学院，毕业后入伍分配到山东省潍坊市第八十九医院骨科工作，历任军医、主治军医、主任医师、副主任、主任。现任全军创伤骨科研究所副所长、主任医师、第四军医大学及潍坊医学院兼职教授、硕士研究生导师、技术一级。国家有突出贡献的中青年专家，享受国务院特殊津贴。全军第八届医学科学委员会荣誉委员、军区第八届医学科学委员会荣誉委员、中国康协肢残委员会副主任委员、全军肢体伤残康复专业委员会主任委员、中国康协肢残委员会创伤骨科学组组长、全军手外科专业组委员、山东省科技成果评审专家库成员、潍坊市医学会第二届医疗事故技术鉴定专家库成员。《实用手外科杂志》《中国上肢外科杂志》副主编，《中国矫形外科杂志》《中华现代外科杂志》《中国医学研究杂志》常委编委，《中华手外科杂志》《中华显微外科杂志》《中华临床医学杂志》《美国中华骨科杂志》《解放军医学杂志》《人民军医杂志》《实用医学杂志》等编委。主编《现代骨科显微手术学》《现代手外科显微手术学》《实用显微外科手册》，合编《现代肢体残疾外科治疗学》等16部。发表学术论文224篇，全国及国际学术会议交流论文并列入论文汇编250篇。已参与并获得科技成果奖67项，其中国家科学大会奖2项，国家科学技术进步奖二等3项，国家科学技术进步奖三等3项，军队科技进步奖一等1项，军队医疗成果一等奖1项，军队科技进步二等奖6项、山东省科学技术进步奖二等1项。曾先后立二等功2次、三等功3次。1992年获军区中青年拔尖人才奖二等，1994年获军区中青年拔尖人才奖一等，1996年获“八五”全军重大科技成果奖，2000年获“九五”全军重大医疗成果奖，2001年获军区专业技术突出贡献奖。1999、2001年曾2次赴日本参加学术会议。

王太岚　1939年生，原名王泰蓝。聊城市东阿县人。1949年前在当地担任儿童团团长，参加了中国新民主主义青年团。中学毕业后曾任高级农业生产合作社会计。1955年参加青年垦荒团赴黑龙江省依安县从事农业生产劳动。1957年返回东阿，在黄河修防段、县水局工作。是年12月，参加中国人民解放军。1959年8月加入中国共产党。历任文书、书记、保密员，团司令部作训股参谋、股长，师司令部作训科副科长，济南军区守备师副参谋长，济南军区守备师副师长兼守备团团长。曾先后在解放军洛阳步兵学校、军政大学、国防大学高级军事系学习。1983年，任南京军区守备师师长。1984年，任江苏省军区参谋长。1985年，任江苏省军区副司令员。1987年，任南京军区后勤部副部长。1988年6月，任南京军区后勤部部长。1992年11月，任中国人民解放军总后勤部副部长、党委委员。1988年9月，被中央军委授予少将军衔。1994年7月，晋升为中将军衔。系中共十四大代表，中共第十五届中央候补委员，全国人大常委会农村与农业委员会副主任委员，第十届全国人大常委会委员。

汤洪高　1939年生，聊城市阳谷县人。1972年8月，加入中国共产党。1958年9月，山东大学化学系晶体化学专业学习。1962年9月，中国科学院物理研究所晶体物理专业研究生。1966年9月，中国科学院物理研究所晶体学研究四室实习研究员。1973年9月，中国科学院安徽光学精密机械研究所激光晶体研究室助理研究员、课题组组长（曾赴牛津大学物理系客座研究员）。中国科学院安徽光学精密机械研究所激光晶体研究室副主任、副研究员。1981年9月，中国科学院安徽光学精密机械研究所激光晶体研究室主任、党支部书记。1983年7月，中国科学院安徽光学精密机械研究所党委书记。1985年7月，中国科学院合肥分院党组书记兼安徽光学精密机械研究所党委书记（1987年11月评为研究员）。1988年12月，中国科学院合肥分院党组书记、副院长。1990年5月，中国科学技术大学党委书记、常务副校长、教授。1993年7月，中国科学技术大学党委委员、校长兼研究生院院长。1998年7月，中国科学技术大学党委书记。系中共第十四届中央候补委员，第十五届中央候补委员，2001年9月递补为中央委员。

毕泗振　1940年生，聊城市东阿县人。中国人民解放军南京指挥学院、西安政治学院、国防大学指挥员班毕业，少将。1956年小学毕业后，在高级社务农，兼生产队记工员。1958年夏，考入东阿二中读书。1959年12月，从学校应征入伍。1962年8月，加入中国共产党。

1963年12月，立三等功1次。任营部党支部书记。1964年6月，提拔为排级干部，并授予少尉军衔。1965年9月，到山东省文登县宋村公社徐格庄参加“社会主义教育运动”。1966年年底，任排长。1968年年初，任副连长。1968底，任大学生连代连长。1969年3月，任团司令部军务科参谋。1969年年底，在济南军区司令部军务动员部编制科任参谋。1970年年初，总参军务动员部组织编制处（处为正师单位）任参谋。1985年，抽调参加筹建国防大学，后留国防大学工作，任校务部军务部第一副部长。1988年9月，授大校军衔。1989年2月，任军务部部长。1992年1月，任校务部副部长（副军级）、校务部党委常委。1993年8月，晋升为少将军衔。1998年1月，任国防大学基本一系主任、系党委副书记。2000年1月退休。退休后，主编了《全国优秀复转军人传略》一、二、三卷和《全国铁军风采》《人生智慧》。

仝素勤 1940年生，女。山东省郓城县人。1958年11月，参加工作。1963年7月加入中国共产党。1958年11月，在中科院山东分院自动化研究所工作。1961年10月，在曲阜师范学院数学系读书。1965年8月，任山东教育厅教研员。1970年10月，任曲阜师范学院宣传组干事。1975年8月，历任曲阜师范学院体育系党总支副书记、宣传组副科长、教务处教学科科长、马列室副主任、教务处副处长。1987年10月，任曲阜师范大学党委副书记。1992年2月，任聊城师范学院党委副书记、院长。1993年晋升为教授。1994年5月，任山东教育学院党委副书记、院长。2003年12月退休。

王克玉 1940年生，聊城市茌平县人。1965年7月，毕业于山东师范学院中文系，分配到聊城地区工作；9月，随同中共聊城地委“四清”工作团到茌平参加“四清”运动。1966年1月，加入中国共产党；6月，任高唐县琉璃寺区副区长。1970年6月，任聊城地区革命委员会政治部办公室秘书。1975年3月，任中共聊城地委宣传部理论教育科副科长、宣传科副科长。1978年3月，调中共山东省委组织部干部处。1981年，任党政干部处副处级巡视员。1984年后，任党政干部处副处长、处长。1987年，任中共山东省委组织部副部长。1992年5月，任中共山东省委组织部常务副部长。1994年7月，任中共山东省委组织部部长；同年11月，任中共山东省委常委、组织部部长。1998年，任山东省人大常务委员会副主任兼民族侨务委员会主任。2008年退休。系中共山东省第六届委员会委员，山东省第八届人大常委会委员，中共山东省第八次代表大会代表，中国共产党第十五次全国代表大会代表。

刘义发 1940年生，聊城市高唐县人。中共党员，大专文化程度，高级经济师，享受国务院政府特殊津贴。1958年8月在高唐城关修配社参加工作。1975年5月加入中国共产党。1964年10月至1971年9月在高唐县砖瓦厂担任会计。1971年9月至1973年12月在山东建筑工程学院土木建筑系学习；1973年12月至1982年4月任高唐县建筑公司副经理；1982年4月至1992年2月任高唐县工具厂厂长。1992年2月至1993年5月任高唐县时风机器总厂厂长。1993年5月至1999年12月任山东时风集团公司党委书记、总经理。1999年12月至今担任山东时风（集团）有限责任公司党委书记、董事长，并兼任中国农机协会副会长、中央党校经济研究中心顾问、高唐县工商联合会名誉主席。1990年7月被授予“山东省二轻系统劳动模范”称号，1991年8月被山东省第二轻工业厅授予“优秀厂长”称号，1994年被授予“富民兴鲁”劳动奖章，评为“山东省机械工业优秀企业家”，1995年被授予“山东省劳动模范”称号，1996年被授予三等功奖励、“全国一级星星火炬奖章”，并被评为“山东省机械工业第二届十大优秀企业家”“山东省优秀厂长（经理）”，1998年被授予“全国五一劳动奖章”，1999年被评为“山东省专业技术拔尖人才”，2000年被授予“全国劳动模范”称号。系第九届、十届、十一届、十二届全国人大代表。

马存益 1941年生，回族。山东省曹县人。出身于农民家庭，自幼读书。1959年12月应征入伍并加入中国共产党。历任济南军区守备某团特务连战士、副班长、班长、排长、副连指导员。此期间，获三等功2次。1969年3月后，任济南军区守备某团政治处干事、一营教导员、副政治委员。1976年任济南军区守备某师政治部主任、代理该师某团政治委员。1980年1月至1981年2月在解放军政治学院基干系学习。1983年6月任济南军区守备某师政治委员。1985年11月任山东省军区政治部副主任。1986年12月调任聊城军分区政委、党委书记、中共聊城地委委员。1988年2月调离聊城。曾任菏泽军分区政治委员、党委书记等职。

刘维志 1941年生，山东省荣成市人。中共党员，大学文化程度，高级工程师，应用研究员。1962年毕业于山东地质学院。被分配到东阿县农业局工作，任棉花原种场机修班长。1970年，因技术出色，被调到阿胶厂当电工。1970年起在山东东阿阿胶厂工作。1981年任东阿阿胶厂副厂长。同年加入中国共产党。1985年任山东东阿阿胶厂厂长、党委副书记。1993年至2006年任山东东阿阿胶集团有限责任公司党委书记、董事长兼总经理。1994年1月，任中共东阿县委副书记兼东阿阿胶（集团）股份有限公司董事长、总经理。中华全国总工会授予全国优秀经营管理者称号和“全国五一劳动奖章”。1984年被山东省政府授予“山东省劳动模范”称号。1995年被国务院授予全国劳动模范称号，享受国务院特殊津贴。系第八届全国人大代表，山东省第六届人大代表。山东省专业技术拔尖人才。

李银起 1941年生，聊城市阳谷县人。1957年年初中毕业后参加工作。曾任阳谷县水利局水文检测员、县拖拉机站机耕运输队队长、县良种场场长。1986年创建阳谷电缆厂，任厂长。同年8月加入中国共产党。后任厂长、党支部书记，高级经济师。1992年，创办全县第一个职工子弟小学。1994年1月担任中共阳谷县委副书记（正县级）。该企业先后被各级政府授予“明星企业”“特级信用企业”“省重合同守信用企业”“省级先进企业”“省级文明单位”“特级文明企业”等称号。本人先后荣获山东省“富民兴鲁”劳动奖章、“山东省劳动模范”称号、“全国五一劳动奖章”。1995年5月被国务院授予全国劳动模范称号。系山东省第八届、九届人大代表。

吴承远 1941年生，聊城市东阿县人。1965年7月毕业于山东医学院医疗系，同时分配到山东医学院附属医院工作。1976年10月晋升为主治医师。1976年11月加入中国共产党。1978年考取北京301医院研究生。1982—1984年公派援坦桑尼亚医疗队，协助坦方筹建神经外科。1986年10月晋升为副主任医师。1987—1989年应邀赴美国犹他州大学及佐治亚州医学院访问学者。在美期间，首次证实了“胚胎小脑组织和细胞在受体脑内移植后存活并再生”，这项发现为神经细胞移植提供了理论依据，也为这一世界级的疑难疾病开创了新的途径。为此他先后应邀到哥伦比亚大学、杜克大学、俄亥俄州大学等美国高校访问并作学术报告。1991年享受国务院特殊津贴。1993年5月晋升为主任医师、教授。1994年被山东省委省府评为专业技术拔尖人才。1995年为博士生导师，是山东省神经外科首批博士生导师。2001年被全国总工会授予“全国五一劳动奖章”，在怀仁堂受到中共中央总书记江泽民接见。近年来，获各级科技进步奖和成果奖15项，其中以首位研究者获得国家教委三等奖1项，省科委二等奖3项，省科委三等奖4项，省教委一等奖1项，山医大一、二、三等奖3项，省科协一、三等奖3项，国际优秀发明奖1项，全国发明展览会银牌奖1项。获专利3项。

现为齐鲁医院神经外科教授，博士生导师。兼任中华医学系列等20余学家公或杂志常委、常务编委、编委。

赵润生 1942年生，聊城市阳谷县人。1959年10月，在莘县朝城中学上学时参加中国共产主义青年团。1966年3月，在山东师范学院（今山东师范大学）历史系读书时加入中国共产党。1967年7月，毕业于山东师范学院历史系。根据关于大学生接受再教育的指示，在济南军区长山要塞部队莱西农场劳动锻炼。1970年1月，分配到淄博师范专科学校工作，历任教师、政治处副主任。1978年10月，调山东师范学院聊城分院（今聊城师范学院）工作，曾任政治系团总支书记、党总支副书记、院党委组织部副部长、部长等职。1989年5月，任中共聊城师范学院委员会副书记。1995年8月，任中共聊城师范学院委员会书记。系中共聊城市第九次代表大会代表。主要社会兼职：山东省政协第八、九届委员，聊城市经济发展促进会会长，聊城大学老教授协会会长。长期兼任聊城师范学院历史系教授，主讲中国近代史等课程。工作之余积极从事学术研究，自1994年开始从事北方辛亥革命专题研究，曾出版《辛亥滦州兵谏与滦州起义》《直隶惊雷——辛亥革命在京津冀》等专著，发表论文数十篇。论著获山东省哲学社会科学优秀成果专著二等奖1项，三等奖1项，山东省政协优秀文史书刊一等奖1项等。

申相峰 1942年生，聊城市冠县人。出生在一个贫苦农民家庭。自幼读书，1963年冠县三中高中毕业，同年12月应征入伍，翌年7月加入中国共产党。曾任沈阳军区某炮兵师某团战士、排长、连政治指导员、团政治处干部干事、师政治部干部干事、团政治处主任和团政治委员等职。曾在解放军政治学院学习1年。1982年任某炮兵师副政治委员，1984年任该师政治委员、党委书记。1985年入国防大学学习，1988年毕业后任沈阳军区某集团军政治部副主任和某机械化师政治委员、党委书记。1993年调沈阳军区后勤部工作，初任后勤部政治部主任，此期间主编的《人生观价值观教育讲话》被列入中国当代思想教育艺术精华丛书。后任后勤部副部长、副政治委员、纪委书记。1988年被授予大校军衔，1996年晋升少将军衔。

刘大文 1943年生，湖北省钟祥县人。出生于农民家庭。1965年12月在北京师范大学教育系读书时加入中国共产党。1969年7月，大学毕业并留校任教。1972年起，先后任沈阳四中教师、副校长，沈阳五十三中副校长。1980年12月，调聊城师范学院工作。历任教育系讲师、教研室（部）主任，党委宣传部副部长、部长，兼任《聊城师范学院学报（哲学社会科学版）》主编、聊城地区社联副主席、顾问等职。1987年晋升副教授，1990年5月，任院党委副书记。1993年晋升教授。1994年2月，任聊城师范学院党委副书记、院长。1996年9月，任烟台师范学院党委书记、院长。2000年1月，任烟台师范学院党委书记、院长。现任心理与教育学院教授、硕士生导师，山东高等教育自学考试研究所所长、全国考委暨自学考试委员、山东省师范教育学会会长、山东省心理学会副会长。1986年被评为全国心理学科普先进工作者。1990年被评为省优秀思想政治工作者。1992年被评为聊城师范学院拔尖人才。1993年获“曾宪梓教师奖”。先后发表论文近30篇，其中多篇被《新华文摘》《高等学校文科学报文摘》《人大复印资料》等转载；先后出版《教育学原理》《心理学教程》《心理学》《学校实用心理学》《管理心理学》等专著教材10部，获省级以上科研奖励5项。系中国心理学学会会员、山东教育心理学会副理事长。

孙善友 1943年生，山东省市潍坊市（今潍城区）人。出身于农民家庭，自幼读书。1961年9月应征入伍。1964年4月加入中国共产党。入伍后任昌潍民警大队一中队战士、班长、排长，昌潍、德州军分区独立营副连长，山东省军区某部连长，德州军分区司令部作训科参谋，齐河县人武部作训科科长，宁津县人武部副部长、部长。1980年10月调任德州军分区副司令员。1983年6月调任聊城军分区司令员、党委副书记。其间，1986年9月至1988年7月在北京国防大学学习，获大专文凭。1988年10月被授予大校军衔。1990年1月，任枣庄军分区司令员、党委副书记等职。

李秋宏 1943年生，山东省莱芜县（今莱芜市）人。出身于农民家庭，自幼读书。1961年7月应征入伍。1963年12月，加入中国共产党。入伍后任肥城县民警队战士，泰安公安大队文书、二中队少尉排长、大队政治部政治干事。1970年9月后，任山东省军区政治部组织处干事、副处长、处长。1983年7月毕业于京解放军政治学院。1984年12月任菏泽军分区政治部主任。1988年9月被授予大校军衔。1990年1月，任聊城军分区政治委员、中共聊城地委委员、军分区党委书记。在部队工作期间，曾立三等功3次。1994年10月转业后，任山东省司法厅副厅长、党组成员等职。

王伟华 1942年生，聊城市冠县人。1961年8月应征入伍。1962年3月加入中国共产党。历任空军第十七航空学校学员，空军航空兵第十四师机械员、机械师、队长，师司令部参谋，北京军区空军政治部干部部干事等职。曾荣立三等功。1978年8月转业到《红旗》（现《求是》）杂志社，历任人事处处长、党委办公室主任。1985年11月，任华夏出版社副社长兼华夏书画社总经理。1988年7月，任中共中央文献出版社副社长。1990年2月后，任中共中央宣传部干部局副局长、办公厅主任、副秘书长。1997年3月后，任中共中央党史研究室秘书长、副主任（副部长）。2005年年初退出领导岗位。2009年10月退休。系第十届全国政协委员会委员、全国政协社会和法制专门委员会委员。

张德春 1943年生，女。聊城市茌平县人。1962年，考入北京大学历史系。1965年10月，加入中国共产党。1967年7月大学毕业后，在校参加“文化大革命”一年，翌年历任山西省浑源县人民法院审判员，中共浑源县委常委、县革委副主任，中共浑源县委副书记等职。1978年，调山西日报社工作。历任报社政治处副主任、总编室副主任、人事处处长兼机关党委副书记。1983年，任山西省总工会副主席。1984年，任中共山西省委组织部副部长，后兼省委老干部局局长。1990年11月，调任中共海南省委组织部副部长，省委常委、组织部部长，海南省人大常委会副主任、党组副书记。2008年1月退休。系中共山西省第五届委员会委员、全国妇联第四届执行委员会委员、全国总工会第十届执行委员会委员、中国共产党第十五次全国代表大会代表。

王乐泉 1944年生，山东省寿光县（今寿光市）人。1965年9月，在山东省胶南县搞“社会主义教育运动”工作。1966年3月加入中国共产党，是年8月后，历任寿光县侯镇公社副社长、公社革命委员会常委、公社党委常委，寿光县城关公社党委副书记。1975年4月，任中共寿光县委副书记、县革命委员会副主任。1978年10月，任中共寿光县委书记、县革命委员会主任。1982年3月，任共青团山东省委副书记、党组副书记。1983年9月至1986年7月，在中共中央党校学习，并获中共中央党校研究生学历。1986年9月，任中共聊城地委副书记。1988年3月，任中共聊城地委书记。1989年3月，任山东省人民政府副省长。1991年2月，任中共新疆维吾尔自治区委员会常委、自治区政府常务副主席。1992年，任中共新疆维吾尔自治区党委副书记、自治区政府常务副主席。1994年9月，任新疆维吾尔自治区党委代理书记。1995年12月，任中共新疆维吾尔自治区委员会书记，新疆生产建设兵团第一政委。2002年，任中央政治局委员，新疆维吾尔自治区党委书记，新疆生产建设兵团第一政委。2010年，任中央政治局委员，兼任中央政法委副书记。2013年11月，任中国法学会会长。系中共山东省第五届委员会委员，中共十二大候补代表，中共第十四届中央委员会候补委员，中共第十五届、十六届、十七届中央委员，第十六届、十七届中央政治局委员。

薛新民 1944年生，山东省诸城县（今诸城市）人。1962年7月入伍。1963年8月，加入中国共产党。曾任解放军步兵某部战士、正副班长、排长，某师政治部干部科干事，某团某营副教导员、政治处组织股股长、政治处副主任，某步兵团副政治委员，某炮兵团政治委员等职。1976年，率部参加唐山抗震救灾，受到嘉奖。1985年，在对越防御作战中，与兄弟部队一起，创出“老山精神”，全团有36名干部荣立二等功、306名战士荣立三等功，一名战士荣立一等功，一个连队被成都军区命名为“英雄炮兵连”。1993年2月，任东营军分区政治委员、东营市委常委。1996年5月，任聊城军分区政治委员、中共聊城地委委员。1998年3月，聊城撤地设市，由地委委员改任市委常委。系中共山东省第六次代表大会代表。1999年4月退休。

王文惠 1944年生，聊城市阳谷县人。1964年7月加入中国共产党。1964年6月参加工作。国防大学基本系毕业大专学历。曾任江苏省军区独立第一师步兵第三团副团长、副师长，浙江温州军分区副司令员，金华军分区司令员，浙江省军区副司令员兼参谋长、浙江省军区副司令员。1988年12月被授予少将军衔。1990年6月任陆军某集团军副军长。1995年12月任上海警备区司令员、中共上海市委常委。系第十届全国人大代表。

徐长聚 1944年生，聊城市阳谷县人。1968年9月参加工作，1971年3月加入中国共产党。1964年8月至1968年12月，在北京政法学院法律系法律专业学习。1968年12月至1970年2月，在济南军区后勤部农药厂学员连任副班长。1970年2月至1973年6月，在山东省莘县师范学校当教师，后任县公安机关干事、团支部副书记。1973年6月至1979年7月，任山东省莘县人民法院审判员、党支部副书记、副院长。1979年7月至1980年3月，在山东省高级人民法院、中共山东省委“两案”审理办公室帮助工作，任莘县人民检察院副检察长。1980年3月至1985年2月，任中共山东省纪委科级干事、副处长。后历任青岛市委常委、组织部部长，市委副书记。2003年2月任青岛市人大常委会主任。2008年1月退休。

王曙光 1945年生，聊城市莘县人。1964年4月，在莘县一中高中学习时参加共青团。是年8月考入山东海洋学院水产系。1969年7月毕业。1970年8月，被安排济南军区6094部队昌北农场劳动锻炼。1971年12月，分配到莘县机械厂。1972年年初，任莘县发电厂技术员、县财供组副组长。1977年2月加入中国共产党。是年8月，任莘县政府计划委员会统计科副科长、计委副主任等职。1984年3月，任中共莘县县委副书记、莘县县长。1985年5月，任中共莘县县委书记。1986年12月，任中共聊城市委书记、市人武部党委书记，是年获中共聊城地委、行署记大功奖励1次。1988年6月，任聊城地委委员、聊城市委书记。1990年3月，任聊城行署副专员、党组成员。1991年7月至1992年9月，赴烟台市挂职学习，担任烟台市政府副市长。1992年12月，任中共聊城地委副书记、聊城行署专员、行署党组书记。1995年9月，任山东省海洋与水产厅厅长、党组书记。1997年10月，任国家海洋局副局长、党组副书记。2000年1月至2005年11月任国家海洋局局长、党组书记。2008年3月，任第十一届全国政协人口资源环境委员会副主任。系第八届全国人大代表，中共十六大代表，第十届全国政协委员。

陈延明 1945年生，山东省昌邑县（今昌邑市）人。1964年8月中学毕业，9月参加工作，任海阳县社教工作队队员。1965年5月加入中国共产党。1965年7月至1966年11月，任胶县社教工作队组长。1966年12月，任昌邑县卜庄人民公社党委副书记、革命委员会副主任。1969年11月，任昌邑县柳疃人民公社整党工作组组长。1971年8月，任昌潍地区卫生局干事。1973年1月，任共青团昌潍地委干事、常委、宣传部部长。1978年8月，任昌潍团地委副书记。1980年8月，任中共潍县县委副书记。1983年3月，任省委党校干部专修班学员。1986年6月，山东省委党校干部专修科毕业。1986年6月，任潍坊市寒亭区委副书记。1987年3月，任诸城县（市）委副书记、县（市）长。1988年1月，任诸城市委书记。1991年3月，被中共中央组织部命名为“全国优秀领导干部”。1991年8月，任中共聊城地委委员、行署副专员、党组副书记。1992年6月，任中共聊城地委副书记、行署专员、党组书记。1992年12月，任中共聊城地委书记、军分区党委第一书记。1993年9月，任聊城地委书记兼地委党校校长、军分区党委第一书记。1996年9月至1997年7月，在中央党校中青年干部班学习，1999年7月，中央党校在职研究生毕业。1997年12月，任山东省政府党组成员、省长助理。1998年4月，任山东省副省长、党组成员。1996年9月至2003年4月，任山东省副省长、省政府党组副书记。2006年12月，任山东省人大常委会副主任、党组成员。2012年7月，任山东省老龄事业发展基金会第三届理事会理事长。系中共山东省委第五、六届代表大会代表及中共山东省第六届委员会委员，山东省第八、九届人大代表，中共第十五大代表。山东省关心下一代工作委员会常务副主任。

于福臻 1945年生，山东省恩县（今平原县）人。1964年9月考入曲阜师范学院中文系学习。1968年12月，毕业后到济南军区炮八师农场锻炼。1970年3月入伍，任山东省军区独一师直属工兵连副排长，是年8月加入中国共产党。1971年12月，任聊城军分区军务动员科参谋。1977年8月，任聊城军分区动员科参谋。1979年6月，任聊城军分区动员科副科长。1980年12月，任聊城县人武部副部长。1983年8月，任聊城县人武部部长（其间，1983年9月至1984年3月，入南京高级陆军学校参加人武干部班培训）。1984年12月，任聊城军分区参谋长（其间，1985年3月至1986年1月，入解放军军事学院大专毕业干部专修班学习）。1991年9月，任聊城军分区党委常委、副司令员。1993年2月，任聊城军分区司令员。1988年9月被授予上校军衔。1990年9月晋升大校军衔。系聊城市第十三届人大常委会委员。2003年6月退休。

刘兆山 1945年生，聊城市茌平县人。少将军衔。1961年8月参军，1963年12月，加入中国共产党。历任济南军区某汽车团战士、文书、司务长，团政治处书记。1966年12月起任济南军区后勤部组织科干事、后勤部党委秘书、后勤部政治部组织科副科长、济南军区军械油料仓库政治委员、后勤部政治部干部处长。1984年12月后任济南军区后勤部纪律检查委员会专职委员（副师职）、后勤部政治部副主任、后勤部某分部政治委员、后勤部政治部主任。1995年2月任济南军区后勤部副政治委员。1988年被授予大校军衔。1996年7月晋升少将军衔。

肖　兵 1945年生，原名肖兆海。聊城市东阿县人。1964年9月至1968年9月，在山东财经学院学习。1968年12月，大学毕业后参军入伍。在济南军区农药厂（山东省新汶县）劳动锻炼。1969年10月加入中国共产党。1970年1月，任总后勤部三五三四工厂政治部干事，总后勤部华北物资工厂管理局，北京军区工厂管理局、总后勤部工厂管理部助理员。1988年1月，任总后三五三二工厂代副厂长。1988年8月，授上校军衔。1989年2月，任总后军需生产管理部计划财务处代副处长。1991 年 9 月，任总后军需生产管理部计划财务局副局长，授大校军衔。1993 年 2 月，任总后勤部经济贸易局局长。1995 年 2 月，任总后生产管理部综合计划局局长。1998 年 1 月，任国防大学基本系学员。1999 年 1 月，任总后生产管理部综合计划局局长。1999 年 5 月，任中国人民解放军国防科学技术大学党委常委、校务部部长、党委书记。2000 年 8 月，授少将军衔。2003 年 11 月退休。

徐文彦 1945 年生，聊城市阳谷县人。1965 年 12 月加入中国共产党。1969 年 9 月参加工作，北京航空学院自动控制系航空电气设备专业毕业，大学学历，高级政工师。1969 年 9 月至 1970 年 8 月，在北京航空学院无人驾驶飞机研究所工作。1970 年 8 月至 9 月，为北京空军入伍学习班学员。1970 年 9 月至 1975 年 9 月，为广州军区空军航修厂特设车间学员、特设师。1975 年 9 月至 1982 年 2 月，任广州军区空军航修厂特设车间电气组组长、副教导员、教导员。1982 年 2 月至 1983 年 12 月，任解放军五七一八厂试飞站教导员。1983 年 12 月至 1985 年 2 月，任解放军五七一八厂保卫科科长。1985 年 2 月至 1985 年 7 月，任解放军五七一八厂副厂长。1985 年 7 月至 1993 年 7 月，任解放军五七一八厂党委书记。1993 年 7 月至 1994 年 6 月，任广西南宁市委组织部部长。1994 年 6 月至 1995 年 8 月，任广西南宁市委常委、组织部部长。1995 年 8 月至 1997 年 2 月，任广西南宁市委副书记。1997 年 2 月至 2002 年 1 月，任广西防城港市委书记、市人大常委会主任。2002 年 1 月至 2002 年 2 月，任广西壮族自治区政协副主席。2002 年 2 月至 2004 年 12 月，任广西壮族自治区政协副主席、党组成员。2004 年 12 月至 2008 年 1 月，任广西壮族自治区政协副主席、党组成员，自治区总工会主席。2008 年 1 月至 2009 年 12 月，任广西壮族自治区总工会主席。系中共十五大代表，广西壮族自治区党委第八届委员，广西壮族自治区第九届人大代表，广西壮族自治区政协第八届委员。

辛守庆 1945 年生，聊城市高唐县人。自幼酷爱美术，1964 年参加文化工作，毕业于吉林艺术学院，曾在中央美院、北京画院研修。1992 年任吉林省白山市书画院院长，1993 年任吉林省美协理事，1998 年任青岛城阳画院名誉院长，1999 年任文化部华翰国际文化民展公司艺术总监，2000 年聘为马来西亚时代艺术学院客卿教授。为中国美术家协会会员，中国花鸟画研究会研究员，国家一级美术师。作品曾在法国、德国、美国、日本、加拿大、新加坡、马来西亚、澳大利亚、韩国、菲律宾等国家和地区展出交流。在北京、上海、济南、福州、厦门、郑州、长春、沈阳、南京等城市举办个人展览和联展。作品在国内外展览中多次获奖，作品《八仙沐浴》《参天》《生生不息》《六合同春》《生机勃勃》《长白山杜鹃》《湖平波不起》等在中国美术家协会及国际展览中分别获得金奖、银奖、铜奖等奖项。多幅作品被人民大会堂、中南海、毛主席纪念堂、天安门、美术馆等处收藏。著有《花鸟画技法》《花鸟画特技二十八法》《辛守庆国画作品集》等书，并在《美术》《人民日报》《光明日报》《中国文化报》等报刊上发表作品，作品在国内外大型书画图册中多有入选。

陈功生 1946 年生，聊城市阳谷县人。中共党员。1965 年参加工作。贵州上中学。1965 年参加中国人民解放军，历任参谋、副科长、科长、处长。1983 年任军后勤部副部长、部长，集团军后勤部部长。1998 年任西藏军区副司令员。2002 年任成都军区联勤部副部长。2004 年退休。1999 年 7 月晋升为少将军衔。

王长根 1946 年生，聊城市冠县人。1966 年 7 月聊城一中高中毕业。1968 年 11 月加入中国共产党。1968 年 3 月至 1974 年 12 月，在中国人民解放军某部队服役，历任坦克兵战士、车长、排长、连长，坦克二师作训参谋。1975 年

1月至1990年4月，在济南军区装甲兵和济南军区司令部装甲兵部工作，历任作训处参谋、副处长、处长，其间在解放军装甲兵学院营团队学习一年半，被评为全优学员，荣立三等功一次。1990年5月至1993年12月，任坦克八师副师长，师党委常委。1994年1月至1998年10月，在六十七集团军任副参谋长、装备技术部部长，集团军党委常委。1998年11月至1999年12月，任济南军区装备部车船工化部部长。2000年1月至2005年5月，任济南军区装备部副部长，部党委副书记。1992年授大校军衔，2001年7月授少将军衔。2000年在国防大学学习，2001年在国防科技大学学习军事指挥和军事高科技。2003年7月解放军装备技术学院装备管理专业硕士研究生毕业。2005年5月退休。后经组织批准，曾在山东孙子研究会、山东省革命老区建设促进会、山东省老教授协会任副会长或常务副会长。

郭保林　1946年生，聊城市冠县人。1962年毕业于冠县一中初中班。1965年聊城三中高中班毕业后，考入山东师范大学中文系。1972年就职于聊城地区文化局艺术组、创作组，从事文学创作。1984年调入山东人民出版社《柳泉》文学期刊编辑部。现任山东文艺出版社编审。系中共党员，中国作家协会会员，中国散文学会理事，中国散文与旅游文学研究会副秘书长。在大学读书期间就发表文学作品。多年来主要从事散文、报告文学及小说创作。著有散文集《青春的橄榄树》《有一抹蓝色属于我》《五彩树》《绿色的童话》《郭保林抒情散文选》《春天的蓝方程》《黎明，太阳的风景线》《郭保林游记选》《昨天的地平线》《星斗朔方》《大赋长江》《写在历史拐弯处》《微风皖韵》《冬天，收获夏日阳光》《苍茫岁月》《此情不关风和月》《智者的冷暖人生》《千古墨客》《郭保林经典散文》，小说集《远山的雾》，长篇报告文学《大河息壤》，长篇传记文学《纵横天岸马——傅斯年》等。其作品《高原雪魂——孔繁森》荣获中国传记文学优秀作品奖、全国长篇联播金奖、全国“五个一”工程入选作品奖。散文集《一半是蓝，一半是绿》荣获中国散文旅游文学研究会一等奖。长篇报告文学《塔克拉玛干：红黄黑》荣获全国长篇联播一等奖、首届中华铁人文学奖。《阅读大西北》荣获首届冰心散文奖、首届齐鲁文学奖等。散文《微山湖的旋律》被山东电视台改编为风光音乐片，并被翻译为英语、日语对外介绍；散文《我寄情思与明月》被人民教育出版社选入全日制普通高级中学语文读本第三册（必修），散文《八月的故乡你好》选入小学语文教材。2003年，中央电视台（十频道）在《子午书简》栏目由任志宏朗诵其散文《刘公岛抒怀》《海之月》《我寄情思与明月》。其文学创作成就被载入《中国当代散文史》《山东文学通史》《中国二十世纪传记文学史》《中国二十世纪文学简史》《中国二十世纪文学史》《中国二十世纪散文思潮史》《中国散文通史》《大中华二十世纪文学史》等。

吕绍勤　1947年生，聊城市冠县人。1968年7月，毕业于山东省泰安水利学校，先后在泰安汽车修理厂、莱芜乔店村劳动锻炼。1970年1月结束锻炼，分配临清县水利局任技术员。1976年11月加入中国共产党。1977年10月起，任中共临清县委组织部干事，中共聊城地委组织部组织科干事、副科长、科长。1986年，毕业于山东省高等教育自学考试党政干部基础专业，获大专文凭。1987年2月，任中共临清市委副书记。1988年9月，任中共阳谷县委书记。1991年，被中共山东省委、山东省军区党委授予“武装部模范党委书记”称号。1993年1月，任聊城行署秘书长、党组成员、行署办公室党组书记。1994年5月，任中共聊城地委委员、政法委员会书记、聊城地区社会治安综合治理委员会副主任。1998年3月，聊城撤地设市，任中共聊城市委常委、政法委书记、聊城市社会治安综合治理委员会副主任。2003年2月至2006年2月，任聊城市委副书记、纪委书记。2006年2月至2008年2月，任聊城市人大常委会党组书记、第一副主任（正厅级）。系中共山东省第五次代表大会代表，山东省第十一届人民代表大会代表。

周祝华 1947年生，江苏省如皋县人。出生农民家庭。自幼读书。1968年3月应征入伍。入伍后历任济南军区某守备团战士、班长、团司令部文书、步兵排长，某守备师医院政治部干部科干事，济南军区政治部直属政治处干事、副主任、处长等职。1969年4月加入中国共产党。任处长期间，因政绩显著，被记三等功2次，被评为济南军区计划生育工作先进个人，当选为济南市人大代表。1991年2月任聊城军分区政治部主任、分区党委常委。1994年7月任聊城军分区政治委员、党委书记。是年11月任中共聊城地委委员。1988年、1993年先后毕业于解放军信阳政治学院、南京政治学院经济系本科（函授），并获大学专科、大学本科文凭。1988年9月被授予上校军衔。1992年9月晋升大校军衔。1996年3月调任济南军区济南医学专科学校政治委员、党委书记。

张学信 1947年生，聊城市茌平县人。中共党员，大学学历、高级经济师、高级政工师。1964—1972年，在茌平县拖拉机站工作，历任副站长、站长职务。1972年调入茌平县电厂，历任班长、生产科长、副厂长。1985年，入南京工学院水电工程专业学习。1986年，任茌平县电厂厂长。1991年，任茌平县电厂党委书记兼厂长。1994年1月，任茌平县委副书记（正县级）。1995年，组建以电厂为核心的热电集团，任集团董事长、总经理兼电业公司党委书记、经理。1998年，任信发集团党委书记、董事长。2012年3月至今，任信发集团董事局主席。先后荣获山东省“富民兴鲁”劳动奖章，山东省“电力系统先进工作者”，山东省“优秀经营管理者”“山东省优秀企业家”“思想政治先进工作者”，山东省“劳动模范”、山东省“十大‘鲁商’”等40个荣誉称号，国务院特殊津贴获得者。2000年，被国务院授予“全国劳动模范”荣誉称号。系第十届、十一届、十二届全国人大代表。

赵振兰 1949年生，女，聊城市聊城县（今东昌府区）人。1964年，在聊城二中读初中时加入共青团。1968年9月，在聊城二中高中学习，毕业后任聊城县于集公社孙堂小学任民办教师。1970年12月，在聊城师范学校参加地区教师培训班学习。1971年7月加入中国共产党，8月任聊城县革命委员会政治部群工组干事。1973年，任第九届聊城团县委常委。1977年9月至12月，在山东省团校学习。1978年春，被评选为聊城县模范干部。1978年8月，任共青团聊城县委副书记。1980年9月，在山东省委党校干部专修科学习。1982年7月，任聊城县妇联主任。1983年12月，任聊城地委委员、地区妇联主任。1988年，获全国、山东省“三八红旗手”称号。1988年9月，任聊城地委委员、统战部部长兼地委对台湾工作办公室主任。1989年起，连续3年受地委、行署记大功奖励。1990年7月起，在中央党校函授学院党政干部本科班学习3年。1992年12月，任聊城地委委员、地区纪律检查委员会书记。1996年11月，任聊城地委副书记。1998年3月，任聊城市委副书记。2003年3月，任聊城市政协主席、党组书记。系山东省妇联第七、八届委员会委员，全国第六届妇女代表大会代表。系中共山东省第五、六、七、八次党代会代表，第六届省纪委委员，山东省第六、九、十届政协委员。聊城市十三届、十四届、十五届、十六届人大代表。2014年3月，在聊城市政协退休。

宋益乔 1949年生，聊城市临清市人。1968年9月参加工作，曾任临清市广播局编辑。1980年9月，考入聊城师范学院中文系，攻读硕士研究生。1983年6月，毕业后留校任教。1987年1月，任中文系现代文学研教室主任。2月破格晋升副教授。1992年6月晋升教授。1996年12

月，任中文系主任。1998年5月，任院长助理。1999年10月，任聊城师范学院副院长。2002年7月，任聊城大学校长。2011年3月，任山东省政府参事。主要论文有《思想与激情》《万物皆有它们自己的季节》《论清末维新派与佛教文化》，著作有《徐志摩传》《梁实秋传》《十年心路渺茫》《苏曼殊传》《许地山传》等，多次获山东省优秀科研成果奖。系中国现代文学学会会员、山东省现代文学学会副秘书长、山东省近代文学研究会理事、山东省作家协会会员。1990年，被评为山东省首届中青年学术骨干和学术带头人培养对象，1992年开始享受政府特殊津贴。系第九届全国人大代表，聊城市第十三届人大代表。

谢玉林 1949年生，聊城市茌平县人。大学文化。1965年5月，在茌平县第一中学加入中国共产主义青年团。1968年10月，在茌平县副食品加工厂工作。1970年12月，应征入伍。1972年3月，加入中国共产党。入伍后曾在总字189部队一营二连任副班长、班长、副排长、操纵员、副连长。1975年9月，调任该部作训股参谋。1976年12月，被选派到第二炮兵工程学院，赴上海、北京参加技术培训。1978年11月，回总字189部队技术股做参谋工作。1979年3月，调第二炮兵80304部队作训处。1984年3月，调80413部队任副参谋长。1986年3月，任该部一营营长。1989年9月，任该部参谋长。次年9月，任该部副旅长。1991年6月调80401部队任副旅长，1993年3月，任该部旅长。1994年12月，调80304部队任副参谋长。2000年2月，任该部参谋长。2001年2月，任该部副司令员。2002年7月，授少将军衔。2008年5月退休。

刘希星 1949年生，聊城市高唐县人。出身于农民家庭。1968年3月，应征入伍。1970年，加入中国共产党。1968—1974年，在80407部队一营历任战士、副排长、排长、副连长。1974年，调团司令部作训股任参谋，1978年任股长。1983—1989年，任80411部队参谋长。1986—1988年期间，入二炮西安技术学院大专班学习。1989年后任80411部队副部队长、部队长。入伍后曾3次立三等功，15次受嘉奖。所在部队被二炮授予训练和行政管理先进部队称号。现为80302部队总工程师，少将军衔。

白　云 1949年生，聊城市茌平县人。1968年4月在铁道兵第十四师六十七团历任战士、文书、代理排长、排长。1970年5月加入中国共产党。1979年10月，任茌平县检察院助理检察员。1983年12月，任东昌府区检察院检察员、副科长、副科级检察员。1998年6月，任东昌府区检察院副检察长。2002年12月，起任聊城市检察院副县级检察员。参加工作以后，先后42次立功受奖，曾被授予“全国先进工作者”“全国模范军队转业干部”、第三届“中国十大杰出检察官”“全国模范检察官”“全国民族团结进步模范个人”等称号。系中共十六大代表。

段树义 1949年生，聊城市临清县（今临清市）人。大专文化程度。1970年参加工作。1970年8月，在临清县水利局做物探电探找水工作，先后任农水科副科长、水资源办公室副主任。1985年加入中国共产党。1993年任水利局副局长、水资源办公室主任。1998年9月，任聊城市水利局助理调研员。1994年晋升为高级工程师，2006年晋升为研究员。一直在生产第一线，从事全市的水资源的勘测、研究和管理工作。先后提出合理化建议36条，14项已得到实施，使同类地区成井率提高20%，年节支560多万元。废水综合利用项目实施后，年节水835万立方米，年节煤450吨，年节支334万元。几年来总计节水4260万立方米，节支1686万元，减少污染，节约了水资源，产生了显著的经济、社会及环境效益。共取得科研成果12项，撰写论文25篇。先后荣获“全国优秀科技工作者”、国务院特殊津贴获得者，山东省劳动模范，全国五一劳动奖章、全国先进工作者、全国劳动模范等称号。系中共山东省第六次代表大会代表，山东省第九届、第十届人大代表。

韩连庆 1950年生，聊城市临清市人。1968年3月入伍。1968年7月进入新疆，10月加入中国共产党。1970年2月，提升为部队干部，历任排长、参谋、科长、副处长、团长、军分区参谋长、司令员、新疆军区副参谋长等职。2004年晋升少将。2008年12月退休。

王福臣 1951年生，聊城市临清市人。1963年2月入伍。1964年2月入党。历任某军某师某团通信连战士、班长。1966年7月，调任驻大连港军事代表办事处参谋。1969年10月，调任黑龙江生产建设兵团政治部组织处干事。1971年3月，调回驻大连港军事代表办事处任参谋。1972年1月，调任总后勤部军事交通部助理员。1985年7月，任航运处副处长（副师）。1988年任处长（正师）。1992年10月，任总后勤部军事交通运输部第二运输局局长（正师）。1993年4月至1994年2月，任厦门警备区代职副司令员。1993年7月，任总后勤部军事交通运输部副部长（副军）。1995年7月，授予少将军衔。2000年5月，任天津军事交通学院院长（正军职）。2005年7月退休。

王志刚 1951年生，河北省大名县人。1970年10月，在山东第二轻工机械厂参加工作。1974年12月，任聊城地委工作组工作员。1976年3月，任聊城化工机械厂铆焊车间负责人。1980年10月，于聊城师范学院政治系在职大专学习3年。1981年11月，任鲁西化肥厂安装队长。1982年7月，任聊城啤酒厂筹建处副总指挥。1984年7月，任聊城硫酸厂厂长。1985年4月加入中国共产党。1986年2月，任聊城硫酸厂厂长兼党委书记。1989年2月，任鲁西化肥厂厂长。1991年8月，任鲁西化肥厂厂长兼党委书记。1992年1月，任鲁西化工集团公司董事长、总经理、党委书记。1993年2月，任聊城地区经委主任、党组副书记。1993年11月，任聊城地区经委主任、党组书记。1994年6月，任聊城地区行署党组成员、专员助理、行署秘书长、党组书记兼任地区经委主任、党组书记。1996年11月，任聊城地区行署副专员、经委主任、党组书记。1998年3月，任聊城市人民政府副市长。2008年1月，任聊城市政协主席、党组书记。2014年2月，退休。系山东省第六次党代会代表，聊城市第十三届、十四届、十五届、十六届人大代表，第十届山东省委员会常务委员。

郭兆信 1951年生，山东省平邑县人。1970年10月参加工作，任平邑县柏林村小学民办教师。1972年2月，任东阳公社教育组教师。1973年4月，加入中国共产党。1975年8月，任中共平邑县委宣传部理论教员、秘书。1980年12月，任中共平邑县委委员。1981年9月至1983年7月，在山东大学科社系政治学干部专修科学习，获大专毕业文凭。1983年8月，在平邑县委办公室帮助工作。1984年2月，任中共平邑县委常委、办公室主任。1985年4月起，历任中共山东省委组织部处级巡视员，组织处副处长、处长，副部级巡视员等职。1995年10月至1996年11月，在中共德州市委挂职任副书记。1996年11月，任中共聊城地委副书记兼组织部部长。1997年12月，任中共聊城地委副书记、聊城行署专员、行署党组书记。1998年3月，任中共聊城市委副书记、市长。2001年1月，任中共聊城市委书记。2001年4月，任中共聊城市委书记、市委党校校长。2002年2月，任中共聊城市委书记、市人大常委会主任、市委党校校长。其间，2004年1月，中央党校在职研究生班经济管理专业毕业。2007年3月，任山东省副省长、省政府党组成员。2011年5月，任山东省副省长、省政府党组成员、省政府办公厅党组书记。2011年11月，任省政府党组成员、省政府办公厅党组书记。2012年1月至2014年12月，任省政府特邀咨询、山东省政府党组成员。2012年2月，获全国国防动员建设2011年度人物奖。系中共第十六次全国代表大会代表，山东省第八、九次党代会代表，第九届全国人大代表，山东省第九届、十届、十一届人大代表。

郭兴元　1951年生，山东省曲阜县（今曲阜市）人。1970年12月入伍，在山东省军区独立一师三团任战士、文书、报道员。1972年4月，加入中国共产党。1974年10月，任山东省军区独立一师三团三营九连党支部委员、排长。1977年3月，任山东省军区独立师炮兵团政治处干事。1979年3月，任山东省军区独立师政治部组织科干事。1979年10月，任山东省军区政治部组织处正连职干事。1983年5月，任山东省军区政治部组织处副营职干事（党委秘书）。1985年11月，任山东省军区离退休干部工作办公室副主任（党委秘书）。1988年8月任山东省军区政治部组织处副团职干事（党委秘书）。1990年7月，任山东省军区政治部党委委员、组织处处长。1995年3月，任济南军区内长山要塞区党委委员、常委、政治部主任。1996年3月，任济南军区内长山要塞区党委委员、常委、纪委书记、副政治委员。1999年3月，任山东省军区党委委员、中共聊城市委常委、聊城军分区党委委员、常委、书记、政治委员。1982年、1989年、1993年分别立三等功1次。2004年11月调任山东省烟台警备区政治委员。

路运忠　1951年生，聊城市茌平县人。大学文化。1973年12月，加入中国共产党。1970年12月，应征入伍。历任在沈阳军区后勤部当战士、代理司务长。司务长，汽车队排长，机关助理员，汽车队副队长、队长，管理处副处长、处长。1988年8月，任沈阳军区后勤部军需生产部副部长、部党委常委、部机关党委书记。1989年，任沈阳军区政治部副秘书长、部直属党委常委。1994年3月，被授予大校军衔。1994年4月，任沈阳军区工厂管理局局长，中国松辽企业集团董事长、总经理、高级经济师，世界（多边）贸易组织咨询研究中心、国务院发展研究中心对外研究部研究员。系中华名人协会企业家，北京中华国际名人研究会会员，香港中小企业总会荣誉会长，辽宁省企业管理协会常务理事，沈阳市对外友好协会常务理事。后任中国人民解放军吉林省军区副司令员，2014年晋升少将军衔。

杨立顺　1951年生，聊城市东阿县人。中国人民解放军第二炮兵副政治委员，中将军衔。1968年入伍，曾担任过第二炮兵某基地政治部主任、副政治委员。2002年，任某基地政治委员。2003年，任某基地政治委员等。2009年，任第二炮兵副政治委员。2010年7月，晋升中将军衔。

郭广银　1951年生，女。聊城市临清市人。管理学在职研究生学历、博士学位。教授、博士研究生导师。1970年10月参加工作。1971年2月加入中国共产党。1973年入南京大学哲学系学习，1977年毕业并留校工作；其间，1980—1981学年在北京大学、中国人民大学进修伦理学。1984年始，历任哲学系党总支副书记、书记、南京大学校党委委员、宣传部部长、党委常委。1994年任校党委副书记。2003年任校党委常务副书记（正厅级）。2005年任中共江苏省委组织部副部长，其间，曾兼任省委巡视办副主任、省人才办主任、省干教培训办主任。2011年1月至2015年11月任东南大学党委书记、党委常委。曾获江苏省优秀教育工作者、江苏省高校思想教育研究工作先进个人、江苏省普通高校优秀思想政治工作者等荣誉称号。先后出版了《伦理学原理》《当代中国道德建设》《伦理新论》等11部著作，发表论文70多篇，主持省部级科研项目5项，获各种奖励21项。1991年被中组部等五部委评为“全国普通高等学校优秀思想政治工作者”（享受省部级劳动模范待遇），2000年国务院批准享受政府特殊津贴。系十一届全国人大代表，第十届、十一届、十二届中共江苏省委委员，中共十八大代表。

刘学景 1951年生，聊城市阳谷县人。1986年7月加入中国共产党。高级经济师。1971年8月至1983年9月，阳谷安乐镇刘庙村任植棉技术员、生产队长。1983年9月至1985年2月，任阳谷谷山贸易公司经理。1985年2月至1991年10月，任阳谷植物油加工厂厂长；1991年10月至1994年6月，任阳谷畜牧实业公司经理。1993年晋升为高级经济师。1994年6月至2005年12月，任山东凤祥（集团）有限责任公司董事长兼总裁。2005年12月至2009年10月，任山东凤祥（集团）有限责任公司董事长，阳谷祥光铜业有限公司董事长。2009年10月至2012年12月，任新凤祥控股集团有限责任公司董事局主席。2012年12月至今，任新凤祥控股集团有限责任公司党委书记、董事局主席。全国劳动模范，第九届、十届、十一届、十二届全国人大代表，中国有色金属工业协会副会长，中国食品土畜进出口商会副会长。

侯云春 1952年生，聊城市临清市人。中共中央党校在职研究生班政治学专业毕业，在职研究生学历。1969年12月参加工作。1978年毕业于兰州大学政治经济学专业。1978年至1985年在国家经委生产综合局、办公厅、经济综合局工作。1985年4月任国家经委综合局副处长。1988—1993年在物资部政策研究司、政策体制法规司工作，历任处长、司长助理、副司长。1993—1996年在国内贸易部工作，任行业管理司副司长。1996—2002年在国家经贸委工作，历任办公厅副主任（正司级）、研究室主任兼办公厅副主任、副秘书长兼研究室主任、副秘书长、秘书长。1998—2001年在中共中央党校在职研究生班政治学专业学习。2002年4月任国务院研究室副主任。2008年10月任国务院发展研究中心副主任。

申长海 1952年生，聊城市东阿县人。1969年12月参加工作，历任兰州军区守备三团战士、文书、政治处电影组组长、宣传股干事。1970年7月加入中国共产党。1979年11月起，历任师政治部组织科干事、营教导员、组织科副科长、秘书科科长（其间，1983年6月至1985年6月，在西安陆军学院学习）。1986年3月，历任聊城地区新闻出版局办公室主任、新华书店副经理、经理兼党支部书记。1993年1月，任高唐县委常委、副县长。1995年2月，任高唐县委副书记、副县长（其间，1996年9月至1998年7月，在中国人民大学经济管理学院国民经济管理专业在职研究生班学习）。1997年12月，任高唐县委书记、县委党校校长、县人武部党委第一书记。2000年12月至2001年12月，任聊城市委常委、高唐县委书记、县委党校校长、县人武部党委第一书记（其间，2001年9月，在中央党校学习）。2002年12月，任中共聊城市委常委、政法委书记。2007年4月，任中共聊城市委常委、秘书长。2008年3月，任聊城市人大常委会党组书记、第一副主任（正厅级）、市人大内务司法委员会主任委员。2012年3月，任山东省第十一届人民代表大会农业与农村委员会副主任委员。系山东省第七次、八次党代会代表，山东省第十一届、十二届人民代表大会代表。2001年被评为全国普法先进个人。

胡志明 1952年生，河北省迁安市人。出身于农民家庭。自幼读书。1970年12月应征入伍。1973年5月加入中国共产党。历任解放军某部战士、班长、排长、副连长、连长。1979年2月率部参加对越自卫反击战，立一等功1次，是年7月后，任某部干部教导队队长、某团参谋长。1981年9月调解放军军事学院学习。1983年11月任某团团长。1984年4月至9月率团在者阴山执行防御作战任务。是年9月代理某团团长，在老山前线较好地完成了防御作战任务。1984年10月任某师副师长兼团长。1985年4月任某师师长。1988年1月调任聊城军分区司令员、党委副书记。1988年9月被授予上校军衔。1990年3月晋升大校军衔。1993年2月调离聊城军分区。

步伟利 1952年生，山东省邹城县人。1968年8月在菏泽油泵厂参加工作。1970年12月入伍后在山东省军区警卫连。1972年8月加入中国共产党。1974年5月，任山东省军区警卫连排长。1977年5月，任山东省军区司令部动员处参谋。1985年11月，任山东省军区司令部动员处副处长。1989年2月，任山东省军区司令部动员处处长。1992年12月，任山东省军区装备技术部副部长。1995年12月，任山东省菏泽军分区参谋长。1999年2月，任山东省军区教导大队大队长（副师职）。2000年11月，任山东省聊城军分区司令员。2008年2月退休。

郭晓华 1952年生，聊城市莘县人。1970年1月，为黑龙江省肇州县双发公社双发大队插队知青。1971年2月，黑龙江省肇州县广播站工作。1973年9月，在黑龙江大学哲学系哲学专业学习。1976年9月，任黑龙江省肇州县委宣传部干部。1979年6月，入黑龙江省委党校理论干训班学习。1980年4月，在黑龙江省委党校哲学教研室任助教。1983年6月，任黑龙江省委党校哲学教研室讲师。1986年4月，任黑龙江省委党校领导科学教研室副主任。1987年2月，任黑龙江省领导科学研究所副所长，（1985年9月至1987年7月，在黑龙江省委党校哲学专业研究生班学习）。1988年4月，任黑龙江省委办公厅调研处副处长。1989年5月，任黑龙江省委办公厅调研处处长。1991年4月，任黑龙江省委办公厅综合处处长1992年10月，任黑龙江省委书记秘书。1993年12月，任黑龙江省委办公厅副主任。1997年2月，任黑龙江省绥芬河市委书记（副厅级）。1999年9月，任黑龙江省委副秘书长。2003年5月，任黑龙江省佳木斯市委书记。2007年12月，任黑龙江省省长助理，省政府秘书长、党组成员，省直机关工委副书记，佳木斯市委书记。2008年1月，任黑龙江省省长助理，省政府秘书长、党组成员，省直机关工委副书记。2011年1月，历任黑龙江省政协副主席、党组成员，省长助理，省政府秘书长、党组成员，省直机关工委副书记。2011年4月，任黑龙江省政协副主席、党组成员。

张　运 1952年生，聊城市阳谷县人。心血管疾病专家。1970年8月，聊城标准件厂工人。1973年8月，入山东医学院医疗系学习。1976年12月，任聊城地区新医院内科医师。1978年8月，在山东医学院攻读硕士学位。1981年8月，任山东医学院附属医院心内科医师。1983年8月，在挪威奥斯陆大学国家医院攻读博士学位。1986年1月，任山东医科大学附属医院心内科副教授。1991年10月，任山东医科大学附属医院心内科主任、教授。2000年7月，任山东大学齐鲁医院心内科主任，2004年1月，任山东大学医学院院长；2005年10月，任山东大学党委常委、副校长。2012年8月任山东大学党委常委、副校长，山东大学齐鲁医学部部长。2001年11月当选为中国工程院院士。2008年当选为美国心脏病学院院士。获得国家级有突出贡献的中青年专家、国家“百千万人才工程”首批第一、二层次入选者、全国卫生系统先进工作者、首届中国医师奖等荣誉奖励20余项。获2009年度何梁何利基金科学与技术进步奖。获国家级科技进步二等奖1项、国家科技进步三等奖3项，山东省科学技术最高奖1项，省部级科技进步一等奖5项、二等奖21项、三等奖16项，发表SCI收录论文170余篇，被国内外文献引用3000余次，主编和参编专著23部。多次应邀赴国外讲学和主持国际会议。已指导博士后3人，博士生35人和硕士生25人。现任山东大学校务委员会副主任、山东大学学术委员会副主任、山东大学齐鲁医学部学术委员会主任、教育部和卫生部心血管重构与功能研究重点实验室主任、山东省心血管病临床医学中心主任、山东大学齐鲁医院心内科主任。

张秋波 1953年生，山东省掖县（今莱州市）人。出生于农民家庭。1970年加入共青团。高中毕业后务农，任村团支部书记、民兵连连长、大队会计。1974年参加工作。1977年1月，加入中国共产党。1975年6月至8月，任掖县县委组织部干事。1975年8月至1979年1月，任掖县团县委秘书。1979年1月至1981年8月，任烟台团地委干事。1981年8月至1983年1月，任烟台团地委宣传部部长。1983年1月至12月，任烟台团地委副书记。1983年12月至1984年9月，任烟台团市委副书记。1984年9月至1986年9月，任烟台团市委书记、市青联主席。1986年9月至1988年8月，烟台大学干部专修科学员。1988年8月至1989年12月，任烟台市经委副主任。1989年12月至1990年3月，任烟台市芝罘区委副书记、代区长。1990年3月至1993年1月，任烟台市芝罘区委副书记、区长。1993年1月至1996年6月，任烟台市芝罘区委书记，烟台市高新区工委书记。1996年6月至1997年12月，任山东省政府办公厅副主任、党组成员。1997年12月至2000年6月，任聊城地委副书记兼组织部部长。2000年6月至2001年1月，任聊城市委副书记。2001年1月至2月，任聊城市委副书记、代市长。2001年2月至2006年10月，任聊城市委副书记、市长。2006年10月至2007年1月，任东营市委书记、市委党校校长。2007年1月，任东营市委书记、市人大常委会主任、市委党校校长。2011年12月至2012年2月，任东营市人大常委会主任。2012年2月至3月，任山东省人大常委会委员，东营市人大常委会主任。2012年3月至5月，任山东省人大常委会委员。2012年5月，任山东省人大常委会委员、山东省人民代表大会城乡建设与环境资源保护委员会副主任委员。系第十届全国人大代表，第九届山东省委委员，山东省十一届、十二届人大常委会委员，共青团第十一届中央委员。

李胜庆 1953年生，江苏省江阴县人。1972年12月入伍，在某军某师某团某营任战士。1975年1月，加入中国共产党。1976年6月，任某军某师某团某营通信排排长兼技师。1980年1月，任某军某师某团某营机枪连副政治指导员。1981年5月，任某军某师某团政治处组织股干事。1983年7月，任某军某师某团某迫击炮连政治指导员。1985年3月至1986年6月参加参加对越自卫反击作战。1985年11月，任某军某师某团政治处组织股股长。1989年3月，任某军某师某团政治处副主任。1990年6月，任某军某师某团政治处主任。1990年10月，任济南军区政治部纪检部调研处干事。1992年12月，任济南军区政治部组织部纪检处副处长。1993年6月，任济南军区政治部组织部纪检处正团职干事。1993年9月，任济南军区政治部纪检部调研处处长。1997年12月，任济南军区政治部纪检部副部长。2004年11月，任山东省聊城军分区政治委员。2005年1月，任聊城市委常委、军分区政委。1986年1月，因作战勇敢立二等功1次。1998年被中央军委纪委表彰为优秀纪检干部。2008年12月退休。

汪文耀 1954年生，聊城市临清市人。1970年4月参加工作，任聊城拖内配件厂工人。1976年4月，任聊城市机械局政工科办事员。1980年5月，任聊城市弹簧厂副厂长；期间，1980年10月至1983年12月，在聊城师范学院政治专业学习。1982年12月加入中国共产党。1984年7月，任聊城市弹簧厂厂长。1986年2月，任聊城毛纺厂副厂长。1987年5月，任聊城毛纺厂厂长。1988年11月，任聊城毛纺厂厂长（副县级）。1990年12月，任聊城地区财政贸易办公室副主任、经委党组成员。1992年12月，任聊城地区商贸委副主任、党组成员。1993年3月，任高唐县社教工作队队长（其间，1994年5月至1995年3月，挂职任茌平县委副书记、副县长）。1995年3月，任中共阳谷县委副书记（其间，1995年9月至1997年12月，在山东省委党校业余本科班经济管理专业学习）。1997年12月，任中共茌平县委副书记、副县长、代县长。2001年1月，任中共阳谷县委书记。2005年12月，任中共山东省聊城市委常委。2004年9月至2006年7月，在中央党校在职研究生班经济管理专业学习。2006年11月，任聊城市委常委、政法委书记。2012年3月，任聊城市人大常委会党组书记、第一副主任（正厅级）。2015年3月，任山东省人大内务司委员会副主任委员。系山东省第八次党代会代表，山东省第十二届人民代表大会代表。

程玉海　1954年生，聊城市东昌府区人。1970年12月，在山东师范学院办公室工作。1973年9月，入山东师范学院历史系学习。1976年8月加入中国共产党，毕业后历任山师聊城分院、聊城师范学院政治系教师、世界共运研究所所长。1986年，破格晋升为副教授。1990年9月，任聊城师范学院政治系副主任。1992年10月，破格晋升为教授。1993年7月，任聊城师范学院教务处处长；12月任聊城师范学院党委委员、副院长兼教务处处长。1995年7月，任聊城师范学院党委委员、副院长。1997年6月，任聊城师范学院党委副书记、院长。2002年7月，任聊城大学党委书记。2011年10月至2014年7月，任青岛农业大学党委书记。2014年，被聘为山东省人民政府督学。现任中国国际共运史学会常务理事、副会长，山东省国际政治与国际共运学会名誉会长，山东省世界社会主义共产主义运动研究基地首席专家。主要论文有《论共产国际的左倾路线》《论斯大林与布哈林在共产国际的斗争》等。主要著作有《共产国际历史新编》《青年共产国际史》《独联体各国概览》等。山东省第九届人大代表。先后被评为山东省新长征突击手、“山东省优秀教师”、有突出贡献的中青年专家、“全国优秀教师”，享受国务院政府特殊津贴。系山东省第十一届政协常务委员。

魏凤和　1954年生，聊城市茌平县人。国防大学合同战役指挥专业毕业，大学学历。1970年12月，应征入伍。1972年1月，加入中国共产党。历任中国人民解放军第二炮兵部队战士、班长、排长，作训参谋、作训股长、作训科长、旅副参谋长。1975—1977年，在国防科工委某大型导弹中专训练班学习发动机专业。1982—1984年，在二炮指挥学院指挥系大专班学习。1990年5月，任旅参谋长。1994年4月，任旅长。同年，由上校军衔晋升为大校军衔。1994—1997年，在二炮指挥学院指挥专业学习函授（本科）。1997年3月，国防大学优秀师团职干部本科班培训。曾先后受上级嘉奖12次，立三等功3次。1989年9月，被二炮记二等功1次。任中国人民解放军第二炮兵司令部副参谋长。2004年，任第二炮兵副参谋长，晋升少将军衔（其间，2006年3月至2006年7月，在国防大学战略指挥培训班学习）。2006年，任第二炮兵参谋长。2010年，任解放军副总参谋长。2012年，任第二炮兵司令员，中共中央军事委员会委员。2013年，任中共中央军事委员会委员，中华人民共和国中央军事委员会委员，第二炮兵司令员。2015年，任中共中央军事委员会委员，中华人民共和国中央军事委员会委员，火箭军司令员。

王　求　1954年生，聊城市莘县人。1974年1月参加工作，1974年4月加入中国共产党。1974年1月，在河北省满城县插队。1977年2月，在北京大学中文系新闻专业学习。1980年2月，任北京广播学院学报编辑。1982年9月，任中央人民广播电台台播部编辑。1986年5月，任中央人民广播电台台播部新闻组副组长。1988年6月，任中央人民广播电台台播部副主任。1993年2月至1993年7月，在中央党校中直分校广电部班学习。1995年1月，任中央人民广播电台台播部主任。1997年9月，在北京广播学院研究生进修班学习。1997年11月，任中央人民广播电台台港澳广播中心主任。1999年11月，任中央人民广播电台副台长、分党组成员。2002年3月，在中央党校进修二班学习。2003

年3月至2005年1月，在中央党校在职研究生班学习。2007年，任国家广播电影电视总局党组成员、中央人民广播电台台长、分党组书记。2013年，任国家新闻出版广电总局党组成员、中央人民广播电台分党组书记、台长。

邹宪光 1954年生，聊城市聊城县（今东昌府区）人。1972年5月参加工作，1987年3月加入中国共产党。曾任山东省泰安大河棉纺织厂工人、解放军54835部队战士。1977年3月复员后，分配到中国人民银行聊城地区（今聊城市）分行工作，历任会计、出纳，保卫科干事、副科长、科长、纪律检查委员会副书记。自做保卫工作以来，多次不顾个人安危，保护、抢救国家巨款，保证了聊城地区分行年年安全无事故。1991年、1996年两次被评为全国人行系统保卫专业先进个人。1996年先后被评为全国、全省人行系统先进工作者、优秀职工，全国金融系统劳动模范。1997年获“全国五一劳动奖章”，同年6月被中共中央组织部授予“全国优秀共产党员”。系第九届全国人大代表。

崔秀山 1955年生，聊城市东昌府区人。1974年10月参加工作。中共党员。1980年，聊城师范学院毕业后分配到聊城一中。期间历任化学教师、班主任、教研组长。1990年11月，担任教务处副主任、年级主任。1993年11月，被聘任为副校长分管教学工作。2000年10月，任聊城一中校长。2015年，退休。任业务副校长以来，学校教学质量逐年提高，高考升学率多次获聊城市第一名。亲自制定了《任课教师职务聘任试行条例》和《任课教师评估条例》，从根本上调动了教师的积极性，提出了“以学生发展为本，不仅对学生阶段性发展负责，更要对学生终身发展负责”的办学理念，并大力推进教学研究和教学改革。先后获山东省特级教师、富民兴鲁劳动奖章、山东省劳动模范、山东省先进工作者、全国优秀教育工作者、全国五一劳动奖章、全国师德标兵、全国先进工作者称号。系聊城市人大代表，山东省政协委员，享受国务院特殊津贴。

葛洪元 1955年生，聊城市莘县人。1955年9月出生于河北张家口。1973年12月，为湖南省衡南县知青。1975年10月，任湖南省测绘局第一测量队二中队测工。1977年4月，任湖南省测绘局第一测量队政治处青年干事。1978年3月，任湖南省测绘局第一测量队政治处青年干事、团委副书记。1981年2月，任湖南省测绘局第一测量队四中队副政治指导员。1983年9月，在省广播电视大学衡阳地区分校工业企业经营管理专业学习。1987年3月，任湖南省测绘局第一测绘院副院长。1989年12月，任湖南省测绘局计划财务处副处长。1992年12月，任湖南省测绘局第二测绘院院长。1995年3月，任湖南省国土测绘管理局第三测绘院院长。1996年8月，任湖南省国土测绘管理局生产处处长。1997年1月，任湖南省国土测绘管理局副局长。2000年4月，任湖南省国土资源厅副厅长。2003年2月，任湖南省国土资源厅厅长。2005年6月至2005年9月，在哈佛大学肯尼迪政府学院第四期公共管理高级培训班学习。2006年6月，任湖南省郴州市委书记。2008年8月，任湖南省人民政府党组成员。2008年11月，任湖南省人民政府党组成员，省纪委副书记、监察厅厅长。2010年3月，任湖南省人民政府党组成员，省纪委副书记、监察厅厅长、省预防腐败局局长。2010年9月至2011年1月，在中央党校中青年干部培训班学习。2014年2月，任湖南省政协副主席、党组成员，省纪委副书记、省监察厅厅长、省预防腐败局局长。2014年7月，任湖南省政协副主席、党组成员。

金维民 1955年生，聊城市阳谷县人。出生在革命干部家庭。1974年高中毕业，根据当时中央关于知识青年上山下乡的指示，被安置在聊城县于庙村插队务农，曾任生产队队长。1975年10月由组织推荐，入山东聊城技术工人学校学习，11月加入中国共产党。1977年7月技校毕业，分配到聊城电机厂机修车间当工人。1978年9月考入北京体育学院。1982年7月大学毕业后，任聊城地区体委办事员、中共聊城地委宣传部干事。1984年3月，任共青团聊城地区工作委员会书记、党组书记，此期间先后担任中共莘县县委副书记（挂职），地委驻冠县下派干部大队队长、冠县县委副书记。1990年11月，任中共聊城地委宣传部副部长（正县级）。1992年，被评为山东省政府国防教育先进个人。1993年1月，任中共东阿县委副书记、县人民政府县长、县政府党组书记。1995年、1996年，被评为国家科委科教兴县先进个人。1996年11月，任中共东阿县委书记。1997年10月，任中共聊城地委委员、中共东阿县委书记。1997年12月，任中共聊城地委委员、中共莘县县委书记。1998年3月，任中共聊城市委常委、莘县县委书记。1999年6月，任中共聊城市委常委、宣传部部长兼莘县县委书记。1999年9月，任中共聊城市委常委、宣传部部长。2003年2月，任中共聊城市委副书记。2011年1月，任政协山东省聊城委员会党组书记、主席。系聊城市第十三届、十四届、十五届、十六届人大代表。

许立全　1955年生，聊城市东昌府区人。1976年4月起，在聊城地区水利局农水科工作。1978年2月，考入华东石油学院勘探系。1982年1月，加入中国共产党；同年，大学毕业，留校任教。曾任学校团委常委、团委副书记。1986年，晋升讲师；同年12月，任共青团华东石油学院委员会书记。1989年7月，调中共聊城地委，先在地委组织部帮助工作，后任共青团聊城地委书记、党组书记。1993年12月，任中共聊城地委副秘书长。曾先后挂任中共莘县县委副书记，阳谷县委副书记、政府副县长。1995年3月，任中共茌平县委副书记、茌平县人民政府县长、县政府党组书记。1997年，获“全国科教兴县（市）先进个人”称号。1997年12月，任中共聊城地委委员、茌平县委书记。1998年2月，任中共聊城市委常委、茌平县委书记。1999年8月，任中共长清县委书记（原副厅级不变）。1999年12月，任中共长清县委书记兼县委党校校长。2000年9月，任中共长清县委书记、县委党校校长兼济南经济开发区管委会党委书记。2001年1月，任中共济南市委常委，长清县委书记、县委党校校长兼济南经济开发区管委会党委书记。2002年4月，任中共济南市委常委，长清区委书记、区委党校校长兼济南经济开发区管委会党委书记。2002年12月，任济南市委常委、秘书长兼济南经济开发区管委会党委书记。2003年2月，任中共济南市委常委、秘书长兼市委市直机关工委书记、济南经济开发区管委会党委书记。2006年9月，任中共潍坊市委副书记，代市长。2007年3月，当选潍坊市市长。2011年12月，任潍坊市委书记、市人大常委会党组书记、市委党校校长。2012年2月，任中共潍坊市委书记、市人大常委会主任、党组书记、市委党校校长。2013年1月，任山东省政协副主席，中共潍坊市委书记，市人大常委会主任、党组书记、市委党校校长。2013年3月，任山东省政协副主席。系共青团全国第十三次、山东省第八和九次代表大会代表，省青联常委。

周书奎　1955年生，聊城市东昌府区人。中共党员。武警少将警衔。历任战士、班长、干事、秘书、参谋、副处长。2001年任公安部边防管理局司令部警务训练处处长（正师职）。2003年3月任黑龙江省公安边防总队总队长（正师职）。2009年1月任云南省公安边防总队政治委员（副军职）。2010年1月任公安部边防管理局副局长。2010年7月晋升为武警少将警衔。

刘锡汉　1955年生，聊城市临清市人。硕士研究生学历，高级经济师。1970年参加工作。历任中国人民解放军海航十师指挥所标图员，长航分局拖轮船队团委干事、书记，长航团委宣传部副部长、部长，长江轮船总公司团委副书记、书记，长江轮船总公司经办副主任、主任。1974

年加入中国共产党。1989年，任长江轮船海外旅游总公司总经理。1997年，起任武汉长江轮船总公司党委委员、副总经理，中国长江航运（集团）总公司副总裁、党委委员兼武汉长江轮船公司总经理。2000年12月，任中国长江航运（集团）总公司党委书记、总经理。2008年12月，任中国外运长航集团有限公司党委书记、副董事长。现任中国外运长航集团有限公司总裁、党委副书记。2013年7月，任中海集团副总经理、党组成员。2015年2月，任中央企业专职外部董事。为第十届、第十一届全国人民代表大会代表。

江 岩 1955年生，聊城市临清市人。辽宁大学哲学系毕业。现任国务院侨务办公室党组成员。曾任中央组织部地方干部局副局长，中央企业工委委员、组织部部长，国家电力监管委员会党组成员、纪检组长，国务院侨务办公室党组成员（副部长级）。2014年任国务院侨务办公室党组成员、纪检组组长。2015年，国务院侨务办公室党组成员。

李建军 1955年生，聊城市临清市人。北京大学中文系毕业。1970年12月入伍，在空军第一团当战士、文书、班长、排长、副指导员（其间，1973年9月至1976年9月入北京大学学习）。1973年3月，调入空军后勤部机关，先后任秘书、助理员、处长等职。1994年10月—11月，赴赞比亚参加援建赞比亚机场建设的谈判工作，任机场设施项目组组长。1995年12月，任空军机场管理部副部长。1998年6—9月，参加长江流域抗洪救灾，任抗洪救灾指挥部后勤办公室主任。1999年1—10月，参加中华人民共和国成立50周年国庆阅兵组织工作，任空中梯队指挥部后勤办公室主任。2002年2月，任空后直属供应部部长。2006年8月，任空军后勤部参谋长。2007年8月，任空军后勤部副部长并晋升空军少将军衔。2008年5—9月，参加汶川抗震救灾，任空军前线指挥部副指挥长兼后勤组组长。2008年8月，参加北京奥运安保工作，任空中安保领导小组副组长兼后勤组组长。2010年1—10月，参加上海世博会安保工作，任空中安保领导小组副组长兼后勤组长。

侯廷荣 1955年生，聊城市高唐县人。中共党员，大学文化。研究员。1978年7月毕业于山东农业大学农学专业，毕业后分配到聊城市农业科学研究院工作，一直从事玉米育种栽培技术研究及良繁工作，“十一五”“十二五”期间担任国家玉米产业技术体系聊城综合试验站站长。山东省第四届、五届农作物品种审定委员会玉米专业组委员。先后主持承担国家级、省级农业项目多项，培育出玉米国审品种2个，省审品种7个，有7个品种获得国家植物新品种权保护。获山东省科技进步二等奖2项，三等奖5项，全国农牧渔业丰收奖一、三等奖各1项，市级科技奖励10多项，在核心期刊发表论文40余篇，2011年获聊城市第一届“科技最高奖”。为聊城乃至全国玉米生产的发展做出了突出贡献。2005年8月被授予“全国优秀农业科技工作者”称号，2007年起被评为“山东省有突出贡献的中青年专家”，先后被聊城市委、市政府授予“市优秀共产党员”“市劳动模范”“专业技术拔尖人才”“聊城形象优秀人物”等称号，并给予记三等功奖励。系中共山东省第九次、第十次代表大会代表。

翟惠生 1956年生，聊城市东昌府区人。1990年12月加入中国共产党。北京师范大学物理系物理专业毕业，大学学历，高级记者，享受国务院政府特殊津贴。曾任中国食品报社记者，光明日报社科技部、国内政治部记者，光明日报社国内政治部副主任、主任。1990年12月加入中国共产党。1996年2月，任光明日报社副总编辑。其间，1996年9—11月在中央党校省部级干部进修班学习。2006年5月，任中华全国新闻工作者协会党组书记（副部长级）。2006年10月至今，任中华全国新闻工作者协会党组书记、副主席、书记处书记。

孙华璞 1956年生，聊城市东昌府区人。1977年1月加入中国共产党。二级大法官，第十二届全国人大代表。1980年毕业于华东政法学院法学专业。1984年任最高人民法院书记员。1988年任最高人民法院研究室助理审判员。1992年任最高人民法院经济审判庭审判员，其间，挂职任山东省烟台市中级人民法院副院长。1995年挂职任河南省商丘地区行署副专员。2000年任民事审判庭第二庭副庭长。2002年任最高人民法院民事审判庭第一庭副庭长，其间，在北京大学法学院法律专业学习，获法律硕士学位。2004年任最高人民法院审判监督庭庭长、审判委员会委员。2005年任最高人民法院办公厅主任、审判委员会委员。2007年任贵州省高级人民法院党组书记。2008年任贵州省高级人民法院党组书记、院长。2014—2015年任最高人民法院副部级干部、党组成员、审判委员会委员。

张异宾 1956年生，聊城市茌平县人。哲学博士，南京大学特聘教授，博士生导师。1972年12月参加工作，1974年11月，加入中国共产党。1996年4月起先后任南京大学哲学系系主任、校长助理、副校长、党委副书记。2010年5月任南京大学党委常务副书记。2014年5月任南京大学党委书记。系中共江苏省第十三届委员会委员。

王国生 1956年生，聊城市东阿县人。1974年3月高中毕业后，到东阿县大桥公社麻庄村下乡插队，任知青队队长。1975年6月加入中国共产党。后任村团支部书记、公社团委书记、公社党委副书记。期间，被授予山东省青年社会主义建设积极分子，并出席山东省知识青年代表大会，受到省委表彰。1976年11月起，历任东阿县文教局、聊城地委宣传部、办公室、研究室办事员。1981年9月，考入山东大学科社系政治学专业学习。1983年7月，任山东省冠县机构改革工作队队员、聊城地委办公室正科级秘书。1985年5月，山东省聊城地委组织部副部长兼干部科科长（其间，1990年1月至1991年10月，兼聊城地区老龄委办公室主任）。1991年10月，任山东省聊城地委委员、组织部部长、高唐县委书记。1994年6月，任山东省聊城地委副书记、高唐县委书记。1995年1月，任山东省聊城地委副书记。1997年12月，任山东省劳动厅副厅长、党组副书记。1998年6月，任山东省贸易厅厅长、省政府财贸办公室主任。2000年1月，任江苏省委省级机关工委书记（其间，1997年9月至2000年6月，为山东省委党校政治学专业在读研究生）。2000年8月，任江苏省连云港市委书记。2001年11月，任江苏省委常委、连云港市委书记。2001年12月，任江苏省委常委、宣传部部长。2004年6月，任江苏省委常委、组织部部长。2008年4月，任江苏省委副书记、组织部部长。2008年8月，任江苏省委副书记、组织部部长兼省委党校校长。2010年9月，任江苏省委副书记。2010年12月，任湖北省委副书记、代省长，省政府党组书记。2011年2月，任湖北省委副书记、省长，省政府党组书记。2011年5月，任湖北省委副书记、省长，省政府党组书记，长江流域防汛抗旱指挥部总指挥。系中共十六大、十七大代表，十七届中央候补委员、十八届中央委员，十二届全国人大代表。

王宇田 1956年生，聊城市莘县人。1975年7月，四川省峨眉山市双福知青农场知青。1978年10月，在四川医学院医学系医疗专业学习。1983年7月，任四川医学院（华西医科大学）附属医院神经外科住院医生、主治医师、助教、讲师。1989年6月，任海南省人民医院主治医师。1994年10月，任海南省人民医院神经外科副主任、副主任医师，科主任。其间，1996年10月至1997年2月，在奥地利维也纳大学神经外科学院作高级访问学者。1997年5月，任海南省人民医院副院长，主任医师，教授，硕士生导师。其间，1998年9月至2000年7月，在南京大学领导干部行政管理专业研究生课程班学习。2004年9月，任海南省人民医院院长（副厅级）。2007年8月，任九三学社海南省委会主委，海南省人民医院院长。2009年11月，晋升为正厅级。2010年1月，任中国人民政治协商会议海南省委员会副主席，九三学社海南省委会主委，海南省人民医院院长。2010年8月，任中国人民政治协商会议海南省委员会副主席，九三学社海南省委会主委。

邱学强　1957年生，聊城市莘县人。1975年7月，任青海省玉树州委办公室通讯员、秘书。1978年11月，任青海省玉树州人民检察院干部、助理检察员、副检察长。其间，1986年6月明确为县长级。1987年10月，任青海省委打击经济犯罪办公室副主任。1989年1月，任青海省人民检察院干部、检察员、经济检察处处长、监察委员会委员。其间，1988年8月至1991年7月，在青海省广播电视大学法律〈检察〉专业学习。1991年7月，任青海省委政法委秘书长（副厅级）。其间，1991年9月—11月，在青海省委党校厅局级干部进修班学习。1993年12月，任最高人民检察院贪污贿赂检察厅副厅级干部、副厅长。1995年12月，任最高人民检察院法纪检察厅厅长。1997年5月，任最高人民检察院检察委员会委员、法纪检察厅厅长。其间，1996年12月至1998年11月，在中国社会科学研究生院投资系投资管理专业研究生课程班学习。1999年8月，任最高人民检察院党组成员、检察委员会委员、法纪检察厅厅长。1999年12月，任最高人民检察院党组成员、检察委员会委员。2000年2月，任最高人民检察院党组成员、政治部主任、检察委员会委员。2001年6月，任最高人民检察院副检察长、党组成员、检察委员会委员。2002年9月，任最高人民检察院副检察长、党组副书记、检察委员会委员。其间，2004年3月至2006年1月，在中央党校在职研究生班法学理论专业学习。2007年10月，任最高人民检察院副检察长、党组副书记（2011年11月明确为正部长级）、检察委员会委员，一级大检察官。其间，2010年11月至2011年1月、2013年5月至2013年7月，在中央党校省部级干部进修班学习。系中共十六大、十七大代表，第十六届中央候补委员，第十七届、十八届中央纪委委员、常委。

徐坤侠　1957年生，聊城市莘县人。中共党员。中国人民解放军少将军衔。曾任中国人民解放军第二炮兵装备研究院院长，中国人民解放军第二炮兵指挥学院院长。2015年12月任火箭军指挥学院院长。

刘　雷　1957年生，聊城市茌平县吴家所村（今属聊城经济技术开发区）人。1973年12月参加中国人民解放军，曾在兰州军区服役。1976年4月加入中国共产党。历任陆军某军某师某团战士、文书、卫生班长、团司令部保密员、后勤处参谋、政治处干事、一机炮连指导员等职。此期间，被评为学习雷锋先进个人、立三等功3次。1983年6月，任陆军某军政治部干部处副营职干事、某师炮团加榴炮营教导员。1986年6月，任兰州军区政治部干部部科技干部处副团职干事。1991年3月，任科技干部处处长（其间，入国防大学学习1年）。1994年12月，任兰州军区政治部干部部副部长（其间，入国防大学联合战役指挥专业学习3年）。1999年，任新疆军区步兵某师政治委员，后改任南疆军区政治部主任。2007年年初，任第21集团军担任政治委员。2013年7月，任新疆军区政治委员。是年11月，被任命为新疆维吾尔自治区党委常委。2014年7月，晋升中将军衔。12月，任兰州军区政治委员。2015年12月，任中国人民解放军陆军政治委员。系第十一、十二届全国人大代表。

宋远方　1957年生，河北省隆尧县人。1975年1月，河北省隆尧县魏庄公社、江西省安远县镇岗公社知青。1978年2月，在山东矿业学院矿山建筑系矿山建设专业学习。1982年1月，任煤炭部第一建设公司第三十一工程处、矿井施工组织研究所实习技术员、技术员。1983年5月，任煤炭部第一建设公司矿井施工组织研究所助理工程师。1985年7月加入中国共产党。1987年2月，任河北煤炭建筑工程学院施工组织研究所工程师（其间，1983年9月至1985年7月，在山东矿业学院矿山建筑工程系矿山系统工程研究生班学习，并于 1987年7月获工学硕士学位）。1988年12月，任青岛建筑工程学院管理工程系讲师、副主任、副教授。1992年9月，在西安交通大学管理工程专业读博士研究生。1995年7月，在加拿大多伦多市瑞尔松理工大学作博士后研究工作。1996年8月，任国家民航总局计划司投资处助理调研员。1998年11月，任青岛市计划委员会副主任、党组成员兼空港建设指挥部副指挥、工委副书记。2000年6月，任山东省外经贸厅副厅长、党组成员。2002年1月，任山东省外经贸厅副厅长、党组副书记（正厅级）。2002年3月，任山东省威海市委副书记、市长。2007年3月，任中共聊城市委书记、市委党校校长。2007年4月，任聊城市委书记、市人大常委会主任兼市委党校校长。2013年1月，任山东省人大常委会副主任、党组成员，聊城市委书记、市人大常委会主任。2013年3月，任山东省人大常委会副主任、党组成员。系中共十七大代表，第十届全国人民代表大会代表，中共山东省第九届委员会委员，中共山东省第八届、九届代表大会代表，山东省第十届、第十一届人大代表。

李昌平　1957年生，浙江省温州市人。1973年2月在浙江省温州市双屿胶木厂参加工作。1974年12月入伍后在海军建筑工程兵十团一营三连任战士。1977年4月加入中国共产党。1978年6月，任海军建筑工程兵十团政治处书记。1981年3月，任原济南军区守备十九团二营三连副连长。1983年9月，任某军某师某团某营副营长。1984年3月，任某军某师司令部作训科副营职参谋。1985年2月，任某军某师某团某营营长。是年7月，任某军某师某团副参谋长。1985年8月至1986年6月，参加对越自卫反击作战。1988年5月，任某集团军某师某团副团长。是年7月，任济南军区司令部工程兵部工程人防处副团职参谋。是年10月，任济南军区司令部作战部作战处副团职参谋。1992年6月，任济南军区司令部作战部作战处正团职参谋。是年9月，任济南军区司令部作战部作战二处正团职参谋。1994年1月，任济南军区司令部作战部作战二处处长。1997年12月，任济南军区司令部作战部测绘气象处处长。1998年8月，任济南军区司令部作战部作战四处处长。1999年12月，任济南军区确山合同战术训练基地副司令员。2008年2月，任山东省聊城军分区司令员。2012年4月退休。

刘万龙　1958年生，聊城市茌平县人。1978年2月入伍，1981年5月加入中国共产党，大学学历。入伍后曾任某部战士、技术员、副连长、助理员、参谋、连长、副营长、处长、参谋长、团长、副师长等职。2007年12月任西藏阿里军分区司令员。2011年10月任南疆军区副司令员。2013年6月任新疆生产建设兵团军事部部长。2014年2月任甘肃省军区司令员。曾多次组织部队演训活动，指挥新疆和藏区维稳，甘南森林灭火等行动。先后荣立三等功4次，2007年7月参加联合军演，被中央军委、六国国防部授予“和平勋章”；被解放军原四总部评为“全军优秀指挥军官”。2012年12月，晋升少将。

秦玉峰　1958年生，聊城市东阿县人。大学文化，应用研究员。1974年进入东阿阿胶工作，历任科长、处长，厂长助理，副总经理，常务副总经理，负责质量、研发、技改、采购供应、生产制造、市场营销等工作。2006年至今任公司董事、总裁，国家非物质文化遗产东阿阿胶制作技艺代表性传承人，南京中医药大学兼职教授。申请发明专利118件，授权53件，其中一种动物胶类中药的干燥方法获中国专利优秀奖。主持完成国家及省部级重大科研技改项目10余项，以第一完成人获山东省科技进步一等奖2项，省科技进步二等奖1项，分别为2009年国家一类新药注射用重组人白介素-11（Ⅰ）的研制开发获省科技进步一等奖，2010年重组人组织型纤溶酶原激酶衍生物的研制及产业化获省科技进步一等奖，2014年阿胶生产关键技术创新及应用获省科技进步二等奖。享受国务院特殊津贴。获山东省劳模，全国五一劳动奖章，国家级非遗传承人薪火传承奖等称号。

王　勇　1958年生，安徽省合肥市人。1976年6月，加入中国共产党。1974年12月入伍在某军某师某团特务连任战士。1978年3月在济南陆军学校学习。1979年8月任某军某师某团某营某连排长；同年11月任某军某师某团警通连副政治指导员。1981年5月任某军某师某团某营某连政治指导员。1983年7月任济南军区军械技工训练大队政治处正连职干事。1986年1月任济南军区军械技工训练大队二队副政治教导员；同年3月任济南军区后勤部政治部党史资料征集办公室副营职干事。1988年7月任济南军区后勤部政治部保卫处副营职干事；同年8月任济南军区后勤部政治部老干处副营职干事；同年12月任济南军区后勤部政治部老干处正营职干事。1989年2月济南军区后勤部政治部组织处正营职干事。1991年12月任济南军区军械修理工训练大队政治处主任。1993年2月任济南军区军械器材仓库政治处主任。1996年1月任济南军区济南装甲器材仓库政治委员。2001年3月任某集团军装甲某师副政治委员。2003年10月任山东省聊城军分区副政治委员、军分区党委常委。2010年4月任山东省聊城市委常委、军分区政治委员，军分区党委常委、书记。2013年12月退休。

韩志庆　1958年生，聊城市临清市人。1976年12月入伍。1978年加入中国共产党。俄罗斯总参军事学院联合战役指挥专业毕业，研究生学历，硕士学位。1976年12月任解放军某部战士、班长。1979年2月，任解放军某部排长、连长、营长，团作训参谋、集团军作训参谋，济南军区司令部军训部训练处处长，军区司令部军训部副部长。2006年8月，任济南军区内长山要塞区司令员。2008年3月，入国防大学基本系指挥员班学习。2008年4月，任陆军某集团军参谋长。2009年7月晋升少将军衔。2010年12月，陆军某集团军副军长。2013年3月，海军东海舰队副参谋长（挂职）。2014年3月，任济南军区联勤部部长（正军级）。2015年12月，任中国人民解放军陆军后勤保障部部长。中共山东省第十一届人大代表。

李　喆　1959年生，回族，聊城市莘县人。1985年1月加入中国共产党。1978年9月，入聊城师范学院英语系学习。1982年起，历任聊城师范学院英语系教师、院长办公室副主任、主任兼外事处副处长、党委办公室主任。2003年11月，任聊城大学党委常委、纪委书记。2005年12月，任聊城大学党委常委、副校长。2009年10月，任聊城大学校长、党委常委、党委副书记。2011年10月，任聊城大学党委书记。2014年9月，任临沂大学党委书记。系山东省第十次党代会代表、山东省第十二届人大代表、教育部高校教育学类专业教学指导委员会委员。先后在《高等教育研究》等报刊发表论文30余篇，出版《地方综合性大学核心竞争力论要》等专著6部。

张顺华　1959年生，山东省寿光县人。1978年2月入伍，在炮兵某师某团某营某连任战士。1981年12月加入中国共产党。任炮兵某师某团某营某连排长。1982年6月，任炮兵某师某团政治处组织股干事。1983年3月，任某军政治部组织处干事。1988年3月，任某集团军政治部秘书处干事。1989年8月，任某集团军政治部组织处干事。1994 年 9 月，任某集团军政治部组织处副处长。1996 年 9 月，任某集团军政治部组织处处长。1998 年 9 月，任某集团军装甲八师政治部副主任。1999 年 1 月，任某集团军装甲某师某团政治委员。2002 年 6 月，任某集团军装甲某师政治部主任。2003 年 5 月，任某集团军某旅政治委员。2008 年 12 月，任山东省聊城市委常委、军分区政治委员。2010 年 4 月，调任山东省淄博市委常委、军分区政治委员。

鲁　霞　1959 年生，聊城市冠县人。出生于高唐县城内京剧世家。自幼受京剧艺术熏陶，9 岁登台演出。1975 年 12 月参加工作，历任聊城地区（今聊城市）京剧团学员、主演、艺术顾问、副团长等。1989 年晋升为国家二级演员。1994 年晋升为国家一级演员。1995 年拜京剧表演艺术家张君秋为师。1999 年至今任山东省聊城市京剧院院长。1999 年担任院长以来，率团赴河北、济南、青岛、温州等地演出，每年安全演出近两百场，观众人次达 20 万人次。主演剧目：张派传统剧目：《诗文会》《望江亭》《秦香莲》《状元媒》《玉堂春》《春秋配》等剧目；新编现代京剧：《妈妈的情怀》《孔繁森》《女纪委书记》等。1987 年，荣获山东省“玲珑金杯”奖。1988 年，荣获山东省中青年京剧演员比赛演出奖。1995 年，荣获山东省第五届山东文化艺术节表演二等奖。1998 年，荣获山东省第六届山东文化艺术节表演一等奖。2001 年，荣获山东省第七届山东省文化艺术节表演一等奖。2002 年，被评为聊城市拔尖人才。2004 年、2006 年、2008 年，荣获聊城市文化科技卫生“三下乡”先进个人。2007 年，被评为聊城市水城英才。2009 年，被评为山东省文化系统先进工作者并授予“二等功”奖章。2011 年，被授予山东省女职工建功立业标兵称号。系聊城市第九、十届政协常委会委员，聊城市第十五、十六届人大常委会委员。

刘述明　1960 年生，山东省定陶县人。1979 年 11 月入伍，在炮兵八师后勤部汽车连战士。1983 年 3 月，任炮兵八师教导队司机训练一中队排长兼教员。1984 年 6 月加入中国共产党。1985 年 2 月，任炮兵某师教导队司机训练某中队副队长。1987 年 9 月，任某集团军炮兵八师后勤部汽车营司训某连副连职教员。1988 年 6 月，任某集团军炮兵某师后勤部汽车营司训某连连长。1993 年 2 月，任某集团军炮兵某师某团后勤处运输油料股股长。1994 年 2 月，任某集团军炮兵某师某团后勤处处长。1996 年 3 月，任某集团军炮兵某师后勤部物资油料科科长。1998 年 3 月，任某集团军后勤部物资油料处处长。2004 年 10 月，任某集团军后勤部副部长。2011 年 2 月，任某集团军装甲某师代副师长。2012 年 4 月，任聊城军分区司令员。

丁业现　1960 年生，聊城市阳谷县人。1990 年 8 月加入中国共产党，1978 年 1 月参加工作，在职研究生。1978 年 1—6 月，在西藏自治区山南地区沃卡电厂工作。1978 年 6 月至 1985 年 9 月，在西藏自治区山南地区供电所工作。1985 年 9 月至 1988 年 7 月，入山东省电子工业学校电子计算机专业学习。1988 年 7 月至 1989 年 11 月，在西藏自治区山南地区供电所工作。1989 年 11 月至 1993 年 3 月，在西藏自治区山南地区工业电力局电力调度室任副主任、电力科科长。1993 年 3 月至 1996 年 12 月，任西藏自治区山南地区工业电力局副局长。1996 年 12 月至 1998 年 11 月，任西藏自治区山南地区经济贸易体制改革委员会党组副书记、主任。1997 年 3 月至 7 月，中央党校培训部西藏班学习。1998 年 11 月至 2000 年 4 月，任西藏自治区山南地区财政局党组副书记、局长。2000 年 4 月至 2003 年 1 月，任西藏自治区财政厅党组成员、副厅长。1998 年 8 月至 2001 年 6 月，在中央党校函授学院大专班党政管理专业学习。1999 年 9 月至 2002 年 7 月，任四川省工商管理学院工商管理专业在职研究生学习；2002 年 3 月至 2002 年 6 月，在国家行政学院进修班学习。2003 年 1 月至 2009 年

1月，任西藏自治区财政厅党组副书记、厅长；2008年3月至2008年7月，在中央党校中青年干部培训班学习。2009年1月至2010年9月，任西藏自治区政府党组成员、主席助理。2010年9月至2013年6月，任西藏自治区政府副主席；2006年9月至2012年12月，东北财经大学金融学专业在职研究生学习，获经济学博士学位。2013年6月至2015年1月，任西藏自治区党委常委，区政府党组副书记、常务副主席。2015年1月，任西藏自治区党委常委，区政府党组副书记、常务副主席，区旅游发展委员会党组书记、主任。

余 华 1960年生，祖籍山东省高唐县，生于浙江省杭州市。1973年，小学毕业。1977年，中学毕业后，曾当过牙医，5年后弃医从文，先后进县文化馆和嘉兴文联。曾两度进入北京鲁迅文学院进修深造。1983年，开始创作；同年，进入浙江省海盐县文化馆。1984年，开始发表小说，在20世纪80年代和苏童、格非、孙甘露等的创作形成一股文学潮流，评论界称之为“先锋文学”。其作品被翻译成英文、法文、德文、俄文、意大利文、荷兰文、挪威文、韩文、日文等在国外出版。长篇小说《活着》和《许三观卖血记》同时入选百位批评家和文学编辑评选的“九十年代最具有影响的十部作品”。1994年，长篇小说《活着》由张艺谋执导拍成同名电影。1998年，获意大利格林扎纳·卡佛文学奖。2002年，获澳大利亚悬念句子文学奖。2004年，获法国文学与艺术骑士勋章。2005年，获中华图书特殊贡献奖。2008年，凭借作品《兄弟》，获第一届法国《国际信使》外国小说奖。

马春林 1961年生，聊城市东昌府区人。1981年毕业于昌邑一中。1985年毕业于聊城师范学院化学系，获学士学位。1988年，在兰州大学获硕士学位。1988年7月，到聊城师范学院任教。1996年5月，加入中国共产党。1981年至1985年，在聊城师范学院学习，获得学士学位。1990—1993年，在兰州大学和中国科学院上海有机化学研究所攻读博士学位研究生，获博士学位。1993年破格晋升副教授。1995年，破格晋升为教授。2000年10月，任聊城师范学院党委委员、副院长。2002年7月，历任泰山学院党委副书记、副院长、院长、党委书记。2011年11月，任聊城大学校长、党委副书记。2015年5月，任聊城大学党委书记、校长。主要从事金属有机化学的教学和研究工作。出版专著1部，主持并完成国家、山东省自然科学基金等项目10余项。曾获山东省教育厅科学技术进步一等奖1项、二等奖4项，省教学改革优秀成果一等奖等奖励。

张广智 1961年生，聊城市阳谷县人。1985年5月加入中国共产党。1983年7月参加工作。山东大学物理学系半导体专业大学本科毕业，理学学士。1979年9月至1983年7月，在山东大学物理学系半导体专业学习。1983年7月，任广电部团委干事、副书记。1985年3月，任广电部团委副书记（其间，1985年7月至1986年7月，中央机关讲师团赴安徽省宣城教师进修学校支教；1989年2月至1989年7月，在中央党校中直分校脱产学习）。1989年10月，任广电部总编室编辑。1990年8月，任中共中央宣传部办公厅副处级秘书、正处级秘书（其间，1991年3月至1993年6月，在中央党校函授学院政治经济专业本科班学习）。1993年10月，任中共中央宣传部办公厅值班室主任（正处级）、秘书处处长。1998年7月，任中共中央宣传部办公厅助理巡视员兼秘书处处长。2001年10月，任中共甘肃省天水市委副书记（挂职）。2003年10月，任中共甘肃省天水市委副书记。2004年11月，任中共甘肃省天水市委副书记（正厅级）。2005年1月，任中共甘肃省天水市委副书记、代市长。2005年3月，任中共甘肃省天水市委副书记、市长。2008年2月，任中共甘肃省委组织部常务副部长（正厅级）。2013年1月，任甘肃省副省长。2014年4月，中共任贵州省委常委、宣传部部长。2014年6月，任中共贵州省委常委、宣传部部长，省科协主席。

周松林　1961年生，安徽省祁门县人。中南矿冶学院有色冶金专业毕业，中共党员，1998年晋升为教授级高级工程师，2001年享受国务院政府特殊津贴，2015年入选泰山学者攀登计划专家。1982—2006年，在安徽铜陵有色金属集团公司工作，历任车间主任、熔炼课长、生产部长、处长等职。2006年，历任阳谷祥光铜业有限公司总工程师、总经理。现任山东祥光集团有限公司副总裁。长期从事有色冶炼生产技术管理工作，在铜冶炼方面取得突出业绩。主持完成了中国第一座双闪铜冶炼厂的建设及生产全过程，发明了悬浮冶炼技术、自氧化还原精炼技术，实现了铜冶炼技术重大突破，提升了中国铜冶炼核心竞争力。获国家科技进步二等奖1项（2013年），中国专利金奖1项（2014年），省部级科技进步一等奖6项。获中国专利33项、国际专利18项。在国际学术会议和国家级刊物上宣读和发表论文26篇。系中国有色金属学会常务理事，重冶学委会委员，中国有色标委会委员，中国硫酸工业协会副理事长，中南大学兼职教授。

林峰海　1962年生，山东省栖霞县人。1980年9月，在山东农学院农业经济管理专业学习。1984年7月参加工作，任山东省委农工部体制政策处科员（其间，1984年9月至1985年12月，挂职任陵县边临镇党委秘书）。1985年7月加入中国共产党。1988年12月，任山东省农业委员会调研室科员。1990年7月，任山东省农业委员会调研室主任科员。1992年7月，任山东省农业委员会办公室副主任。1993年7月，任山东省农业委员会生产处副处长。1995年12月，任山东省农业委员会生产处处长。2000年9月，任山东省农业厅发展计划处处长。2001年1月，任山东省农业厅党组成员、副厅长（其间，2001年9月至 2001年12月，在山东省委党校党政干部进修班学习）。2002年12月，任聊城市委副书记、市人民政府副市长。2005年，被评为经济普查先进个人。2006年11月，任聊城市委副书记、市人民政府代市长。2007年1月，任聊城市委副书记，市人民政府党组书记、代市长。2007年3月，任聊城市委副书记，市人民政府党组书记、市长（其间，2008年3月至4月，在中国浦东干部学院市地党政主要领导干部“城市科学发展”专题研究生班学习）。2011年，被评为全国县（市）科技进步考核先进个人。2013年2月，任聊城市委书记，市人民政府市长、市委党校校长。2013年3月，任聊城市委书记、市人大常委会主任、市委党校校长、聊城军分区党委第一书记（其间，2014年9月至2015年1月，在中央党校第三十七期中青年干部培训班学习）。2015年2月，任临沂市委书记、市人大常委会主任。系第十一届、十二届全国人大代表，第九届、十届中共山东省委委员，第十一届、十二届山东省人大代表。

王忠林　1962年生，山东省费县人。1980年9月，在华东政法学院法律系刑法专业学习。1984年6月加入中国共产党。是年7月参加工作，任枣庄市公安局政研室、政治部办事员。1988年12月，任枣庄市公安局政治部干事。1989年12月，任枣庄市公安局政治部副科级侦察员。1990年6月，任枣庄市公安局政治部副主任、正科级侦察员。1994年7月，任枣庄市公安局山亭区分局党委书记、局长。1995年11月，任枣庄市公安局交警支队支队长、政治委员。1996年10月，任枣庄市公安局交警支队支队长。1999年1月，任枣庄市公安局党委委员、交警支队支队长。2000年12月，任枣庄市人民检察院党组成员、副检察长。2001年4月，任枣庄市峄城区委副书记、区人民政府代区长。2002年1月，任枣庄市峄城区委副书记、区人民政府区长。2003年1月，枣庄市市中区委副书记、区人民政府区长（其间，2004年7月至2005年1月，参加山东省中青年干部赴美国培训班学习）。2006年6月，任枣庄市峄城区委书记、区委党校校长。是年12月，任滕州市委书记，市委党校校长。2007年3月，任枣庄市委常委，滕州市委书记、市委党校校长（其间，2008年9月至2011年7月，在中国海洋大学农业经济管理专业学习，获得博士学位）。是年5月，被中共山东省委、山东省人民政府、山东省军区评为关心国防建设十佳个人。2008年6月，被济南军区党委评为党管武装好书记。2011年11月，任枣庄市委常委。2011年12月，任中共聊城市委副书记。2013年3月，任聊城市委副书记，市人民政府党组书记、市长。2015年7月，任山东省发展和改革委员会党组书记、主任兼省委全面深化改革领导小组办公室副主任，8月，任山东省发展和改革委员会主任、党组书记兼省区域发展战略推进办公室（山东半岛蓝色经济区建设办公室、省黄河三角洲高效生态经济区建设办公室）主任，省委全面深化改革领导小组办公室副主任。系山东省第九、十次党代会代表，第十届省人大代表。

温善忠　1962年生，聊城市临清市人。临清第二中学毕业后，1979年考入山东农机学院。1983年7月，山东农机学院毕业后入伍。在天津军事交通学院学习1年。1984年，到青海省格尔木市汽车第一团任职。历任青海省格尔木市汽车第一团副连长、军务股参谋和副股长的职务。1986年6月，调总后司令部军务装备局工作，先后担任参谋、组长、副局长和局长的职务。2013年4月，任武汉后方基地参谋长。2014年7月，授予少将军衔。

宛秋生　1962年生，回族。聊城市临清县（今临清市）人。大学学历，民建成员，临清三和纺织集团有限公司董事长。1979年入职临清市色织厂工作。1988年创办天桥织布厂。1995年，更名为“临清第二色织厂”，成为临清市第一个正式挂牌的民营企业，被评为“全国500家最大私营企业”。2004年新建唐窑新厂区，生产规模居世界第一。2005年，更名为临清三和纺织集团有限公司。2000年被授予富民兴鲁劳动奖章，2002年被评为山东省劳动模范，2010年被评为全国劳动模范。系第十一届、十二届全国人大代表。

徐景颜　1963年生，山东省寿光县（今寿光市）人。1980年9月，山东大学经济系政治经济学专业学习。1984年7月参加工作，任山东大学经济系教师。1986年12月加入中国共产党。1987年9月，在山东大学经济学系政治经济学专业研究生班学习。1990年9月，任山东省计委长期规划处办事员。1991年4月，任山东省计委长期规划处副主任科员。1992年8月，任山东省计委长期规划处主任科员。1994年9月，任山东省计委长期规划处副处长。1997年10月，任山东省计委长期规划处调研员。1997年11月，任山东省委办公厅综合一室调研员（其间，1998年8月至1999年12月，挂职任临沂市市长助理）。2000年7月，任临沂市政府副市长。2000年9月，任临沂市政府副市长兼临沂高新技术产业开发区党委书记。2003年2月，任临沂市委副书记、副市长。2006年12月，任山东省国土资源厅党组副书记、副厅长。2008年2月，任山东省国土资源厅党组书记、厅长。2012年9月，任淄博市委副书记，副市长、代市长。2013年1月，任淄博市委副书记、市人民政府市长。2015年2月，任聊城市委书记、市委党校校长。2015年3月，任聊城市委书记、市人大常委会主任、市委党校校长。系第十届中共山东省委委员。

宋铁平　1963年生，湖北省天门县人。1980年9月，荆州师范学院化学专业学习。1983年9月参加工作，为西安陆军学校步兵专业学员。1984年5月，加入中国共产党；同年8月，任陆军某集团军某部排长。1987年10月，任陆军某集团军某部干事。1989年11月，任陆军某集团军某部政治指导员。1990年2月，任陆军某集团军某部干事。1992年9月，任济南军区政治部组织部青年处干事。1993 年 6 月，任济南军区政治部办公室秘书处秘书。1997 年 7 月，任济南军区政治部办公室秘书处副处长；1996 年 8 月至 1998 年 12 月，在中央党校法律专业学习。2000 年 1 月，任济南军区政治部办公室秘书处处长。2004 年 6 月，任陆军某集团军某部政治部主任（副师职）。2009 年 12 月，任陆军某集团军某部副政治委员（副师职）。2010 年 10 月，任河南省驻马店市委常委，驻马店军分区政治委员。2013 年 6 月，任河南省商丘市委常委，商丘军分区政治委员。2013 年 12 月，任聊城市委常委，聊城军分区政治委员。

许世宏　1963 年生，聊城市东昌府区人。1975 年 9 月至 1979 年 7 月，在聊城第一中学读书。1979 年 9 月，在西安空军工程学院学习。1983 年 7 月，任空军第九航空学校第三训练团无线电技师。1985 年 10 月，任空军第一航空技术专科学校教员。1987 年 9 月，为南京解放军通信工程学院研究生学员。1990 年 2 月，任空军第一航空技术专科学校五系通信导航教研室教员。1991 年 3 月至 1992 年 5 月，任空军第一航空技术专科学校五系通信导航教研室副主任。1995 年 1 月，任空军第一航空学院五系通信导航教研室主任。1996 年 12 月任副教授。2000 年 1 月，任空军第一航空学院五系主任。2001 年 12 月晋升为教授。2004 年 11 月，任空军第一航空学院训练部部长。2005 年 7 月，任空军第一航空学院副院长。2014 年 12 月，任空军第一航空学院院长。享受国务院政府特殊津贴。“军队杰出专业技术人才奖”获得者，立二等功 2 次、三等功 1 次，获国家科技进步一等奖 1 项，国家级教学成果一等奖 1 项，军队科技进步一等奖 2 项、二等奖 5 项。

宋军继　1965 年生，山东省招远市人。1987 年 7 月参加工作。1990 年 7 月加入中国共产党。1987 年 7 月，任烟台大学团委干事。1990 年 9 月，任烟台大学电子系团总支副书记、书记。1992 年 11 月，任山东省烟台市黄金研究所办公室主任。1993 年 7 月，任山东省烟台市黄金研究所办公室主任兼烟台市黄金广场筹建处主任（其间，1991 年 9 月至 1994 年 6 月，复旦大学经济系政治经济学专业学习，获经济学硕士学位）。1995 年 4 月，任山东省海阳市副市长。2000 年 1 月，任山东省蓬莱市委副书记、市长（其间，2000 年 6 月至 2000 年 12 月，山东省中青干部赴美国纽海文大学培训班学习，2004 年 8 月获公共管理专业硕士研究生）。2004 年 11 月，任山东省民政厅副厅长、党组成员（其间，2001 年 9 至 2005 年 7 月，北京大学城市与环境学院学习，获经济学博士学位）。2007 年 2 月，任山东省淄博市委常委、秘书长（其间，2006 年 3 月至 2009 年 8 月，北京大学应用经济学领域博士后研究人员）。2009 年 8 月，任山东省发展和改革委员会员副主任、党组成员，山东半岛蓝色经济区建设办公室副主任。2011 年 5 月，山东省发展和改革委员会员副主任、党组成员，山东半岛蓝色经济区建设办公室、省黄河三角洲高效生态经济区建设办公室常务副主任（正厅级）。2013 年 3 月，任山东省住房和城乡建设厅厅长、党组书记。2015 年 7 月，任聊城市委副书记、市长。系九届、十二届、十三届山东省人大代表，十一届山东省委委员，十三届全国人大代表。

释永悟　1968 年生，字参天，号鱼山上人。安徽省人。人们尊称伏虎罗汉。研究生学历，系当代武术家、少林宗师禅拳道掌门人、国家级非物质文化遗产梵呗传承人。中国佛教协会理事，文化艺术委员，得嵩山少林寺传曹洞正宗第四十五世、永化堂上第三十一代嗣祖沙门德禅大师印可，依止第四十六世、第三十二代嗣祖沙行正、行慈恩师传法，为禅宗（达摩）祖庭少林寺传曹洞正宗第四十七世、永化堂上第三十三代嗣祖沙门入室衣钵传人，释尊八十三代佛子比丘。东阿县佛教协会会长，鱼山梵呗寺住持，鱼山梵呗研究所所长，公益事业中国禅拳道创立人。先后毕业于北京师范大学，进修于中国人民大学研究生院。历任总教头、知客、监院。常住鱼山梵呗寺、净常寺、北京法源寺。

刘成强 1968年生，聊城市高唐县人。教授级高级工程师，泰山学者。1987年在时风集团参加工作，历任技术员、技术科长、科研所所长；1994年11月至1997年11月，任山东时风集团公司副总经理；1997年11月至1999年12月，任山东时风集团公司党委副书记、常务副总经理；1999年12月至2015年年底，任山东时风（集团）有限责任公司总经理、副董事长、党委副书记，兼任国家级企业技术中心主任、时风中央研究院院长，总工程师。1997年9月至1999年12月，在山东省委党校学习，获本科学历；2009年6月，在武汉理工大学获研究生学历和硕士学位。他主持或参与承担了国家863、国家级新产品、“十五”科技攻关、“十一五”、“十二五”科技支撑、省重大专项等30余项，取得专利技术150余项，发表学术论文20余篇。被山东省政府评为“泰山学者特聘专家”，山东省有突出贡献的中青年专家，享受国务院政府特殊津贴，入选国家863新能源汽车领域评审专家，当选电动车辆国家工程实验室理事会理事。2010年被国务院授予“全国劳动模范”。主持完成的“铸铁屑高效熔炼及齿轮铸造关键技术”项目，2013年荣获山东省科技进步三等奖。

王 垒 1981年生，聊城市东昌府区人。中共党员，国家级运动健将，聊城大学皮艇项目教练。1995年，进入聊城市体校进行皮划艇训练，获得第十九届、二十届省运会金牌5枚，并获聊城市劳动模范称号。1997年，进入山东省皮划艇队训练，担任山东省皮艇队队长。2003年，入选国家皮划艇队。同年，参加在印度举办的亚洲皮划艇锦标赛获得500米单人艇冠军。2004年，代表中国参加希腊雅典第二十八届奥运会（男子皮艇项目全国共2名选手参加）并取得较好成绩，受到中共中央总书记胡锦涛等党和国家领导人的接见。同年，在全国皮划艇马拉松冠军赛获单人艇冠军，全国夏季冠军赛1000米双人艇冠军。2005年，参加第十届全国运动会，获得1000米单人艇银牌、1000米四人艇银牌，并被山东省人民政府评为二等功、共青团山东省委授予“新长征突击手”。2006年，参加皮划艇世界杯比赛，获得单人艇第六名。2007年，参加第一届全国水上运动会，获得单人艇500米冠军、四人艇1000米冠军、四人艇500米冠军、四人艇200米冠军，包揽所报4个项目的全部金牌，并获山东省体育系统2007年度优秀运动员称号。2008年，参加全国锦标赛，获得500米双人艇冠军、四人艇1000米冠军、四人艇500米冠军。2010年退役，在聊城大学执教聊城皮划艇队。

徐本禹 1982年生，聊城市东昌府区人。2002年4月加入中国共产党。1999年9月至2003年7月，在华中农业大学经济学专业学习。2003年7月至2004年8月，在贵州省大方县猫场镇狗吊岩村为民小学义务支教。2004年8月至2005年9月，在贵州省大方县大水乡大石小学义务支教。2005年09月至2010年06月，在华中农业大学农业经济管理专业读硕士研究生（其间，2007年1月至2008年1月为津巴布韦管理培训局援外志愿者）。2008年5月至2009年11月，任华中农业大学团委副书记。2009年11月至2010年5月，华中农业大学团委副书记（副处）（其间：2009年11月至2010年5月挂职任省青年志愿者行动指导中心副主任）。2010年5月至2013年2月，任共青团湖北省委学校部副部长兼省青年志愿者行动指导中心副主任（其间，2011年11月—2012年1月参加省直机关处干班学习。2012年9月至2012年11月参加全省年轻干部成长工程2012年第二期中青班培训班学习）。2013年2月至2014年2月，任共青团湖北省委实业发展管理中心主任（正处级）。2014年2月至今，共青团湖北省委学校部部长（其间，2015年1月至2015年12月挂职任恩施经济开发区管委会副主任）。曾获 2004 年中央电视台“感动中国”十大人物，2007 年荣获第十一届“中国青年五四奖章”，2008 年荣获中国第 18 届“十大杰出青年”。2008 年荣获第七届“中国十大杰出志愿者”，2008 年荣获“改革开放 30 年山东十大青年楷模”。系中共十七大代表。

孙昭稳 1985 年生，聊城市阳谷县人。国际级运动健将。2002 年，在聊城市体校被山东省水上运动技术学校选拔正式成为省队队员。2004 年，第一次参加全国青年赛艇锦标赛，获金牌 3 枚。2005 年，参加第十届全运会获得第五名。2006 年，全国赛艇锦标赛，获金牌 2 枚。2006—2009 年，连续 4 年被山东体育系统评为年度优秀运动员。2009 年，第十一届（山东）全运会获赛艇男子四人单桨冠军，被山东省人民政府记一等功。此后进入国家队训练，参加世界性比赛多次。2010 年 4 月，获全国冠军赛金牌 3 枚；6 月，获世界杯第二名；9 月，获全国锦标赛金牌；11 月，获第十六届（广州）亚运会冠军，被山东省政府授予“体育特殊贡献奖”。2012 年，获全国赛艇锦标赛金牌 2 枚。2013 年，获第十二届（辽宁）全运会的双冠王。2014 年修整。2015 年，任山东省水上运动中心教练。

王文涛 1986 年生，聊城市东昌府区人。2003 年，在聊城体校被选入山东省皮划艇队。2007 年，获全国皮艇锦标赛冠军。2008 年，获全国锦标赛冠军。2009 年，第十一届全国运动会上获四人皮艇冠军，被山东省体育局授予一等功，是年入选国家，多次代表中国参加国际性比赛。2012 年，获全国皮艇锦标赛冠军。2013 年，第十二届全国运动会四人皮艇冠军。

杨增鑫 1990 年生，聊城市冠县人。2005 年，入选山东省赛艇队。2006 年，夺得山东省第二十一届运动会赛艇锦标赛男子乙组公开级 2000 米单人艇和 6000 米单人艇两个第三名。2007—2008 年，连续两年夺得山东省青年赛艇锦标赛男子公开级 2000 米单人双桨第一名。2007 年，夺得山东省皮划赛艇锦标赛男子甲组公开级 2000 米单人双桨第一名。2008 年，获全国赛艇锦标赛男子公开级 2000 米单人双桨第五名。2010 年，全国水上运动会暨全国赛艇锦标赛男子 2000 米四人双桨冠军。2012 年，全国赛艇锦标赛 2000 米八人单桨有舵手冠军。2013 年，第十二届辽宁大连全国运动会男子赛艇 2000 米四人单桨无舵手冠军和八人单桨有舵手冠军。2013 年，第十五届安徽六安亚洲锦标赛男子 2000 米四人单桨无舵手冠军和八人单桨有舵手冠军。2014 年，赛艇世界杯澳大利亚站男子 2000 米双人单桨有舵手季军。第十四届韩国仁川亚洲运动会男子 2000 米四人单桨无舵手冠军。第十六届北京顺义亚洲锦标赛男子 2000 米八人单桨有舵手冠军。2015 年，全国赛艇锦标赛暨全国首届大学生赛艇锦标赛 2000 米四人单桨冠军。

人物表

聊城市获“全国劳动模范”一览表

（截至2015年年底）

表 -1

姓名	性别	出生时间	籍贯	工作单位	授予时间（年）
张学信	男	1947年7月	山东茌平县	信发集团	2000
刘义发	男	1940年11月	山东高唐县	山东时风（集团）有限责任公司	2000
刘学景	男	1951年9月	山东阳谷县	新凤祥控股集团	2000
齐炳起	男	1947年	山东冠县	冠县市政工程管理处	2000
刘继军	男	1965年7月	山东茌平县	茌平县电业局华信铝业有限公司	2005
田洪勋	男	1947年3月	山东冠县	冠县东古城镇田马园村党支部	2005
刘庆安	男	1951年12月	山东阳谷县	阳谷县安乐镇刘庙村村委会	2005
黄玉明	男	1954年3月	山东东阿县	山东聊建集团第四建筑工程公司	2005
赵传宏	男	1956年1月	山东东阿县	中国农业银行东阿支行	2005
贾　启	男	1971年8月	山东茌平县	茌平信发华宇氧化铝有限公司	2010
宛秋生	男	1962年10月	山东临清市	临清市三和纺织集团有限公司	2010
刘成强	男	1968年1月	山东高唐县	山东时风（集团）有限责任公司	2010
黄玉忠	男	1968年8月	山东东阿县	山东聊建第四建设有限公司	2015
冯俊奎	男	1965年7月	山东冠县	冠县兰沃乡韩路村党支部	2015
李振月	男	1980年1月	山东东昌府区	山东正泰工业设备安装有限公司	2015

聊城市获“全国五一劳动奖章”一览表

表 -2

姓名	性别	工作单位、职务	获得时间（年）
荣向林	男	聊城地区水利工程总公司总经理	1997
兹留柱	男	山东省聊城地区第四建筑公司总经理	1997
邹宪光	男	中国人民银行聊城地区分行保卫科副科长	1997
刘义发	男	山东时风集团总经理、党委书记	1998
黄玉明	男	聊城地区建筑安装总公司四公司施工队队长	1998
张洪平	男	阳谷县闫楼中心社糕点组特二级厨师	1999
齐炳起	男	冠县市政工程管理处施工队队长	1999

续表 -2

姓名	性别	工作单位、职务	时间（年）
赵永堂	男	山东聊城鲁西化肥厂厂长、党委书记	1999
王朝法	男	山东电信公司聊城市分公司经理	2001
王凤朝	男	冠县棉纺织厂厂长	2001
张树忠	男	冠县粮食局面粉加工厂业务员	2002
刘继军	男	山东信发铝电集团总工办技术员	2003
张建龙	男	冠县公安局政治处主任	2004
贾　启	男	茌平信发华宇氧化铝有限公司技术员	2006
刘成强	男	山东时风（集团）有限责任公司总经理	2007
王　琳	男	聊城市济聊馆高速公路管理处路政大队队长	2008
邴　芹	女	聊城市百货大楼副总经理	2009
张子生	男	冠县总工会主席、党组书记	2009
杜林强	男	聊城电视台新闻导播	2009
胡之彬	男	冠县教育局局长	2011
张　刚	男	山东信发铝电集团有限公司总工办主任	2011
崔秀山	男	聊城第一中学校长	2012
张　曦	女	聊城市人民医院工会主席	2013
黄玉忠	男	山东聊建第四建设有限公司项目经理	2013
秦玉峰	男	山东东阿阿胶股份有限公司总裁	2014

聊城市（地区）享受国务院政府特殊津贴专家一览表

（截至 2015 年年底）

表 -3

姓名	性别	出生日期	获特贴年份	单位及职务	职称
李保珠	男	1942 年 5 月	1992	山东省鑫亚公司　副厂长	高级工程师
沈中兴	男	1938 年 10 月	1992	聊城地区农业局技术站　站长	高级工程师
和德昌	男	1945 年 12 月	1992	山东省东方特种钢钢厂　厂长	高级工程师
刘维志	男	1941 年 6 月	1992	山东东阿阿胶股份有限公司　总经理	高级工程师
温瑞兴	男	1937 年 10 月	1992	山东双力集团有限公司　副厂长	高级工程师
章　兰	女	1952 年 4 月	1992	聊城豫剧团　团长	一级演员
彭玉泉	男	1937 年 6 月	1992	聊城市（县级市）水利局农水科　科长	高级工程师
刘孟林	男	1942 年 2 月	1992	聊城地区机械电子工业局　副局长	高级工程师
马荣建	男	1948 年 10 月	1992	莘县酒厂　厂长	高级工程师
段书义	男	1949 年 8 月	1992	临清市水资源管理委员会　技术干部	高级工程师
张景春	男	1937 年 8 月	1992	聊城地区粮食局　科长	高级工程师
韩忠善	男	1931 年 1 月	1992	聊城地区粮食局　主任	高级工程师

续表 -3

姓名	性别	出生日期	获特贴年份	单位及职务	职称
邱卓英	男	1930 年 11 月	1992	聊城地区农业科学研究所 副所长	研究员
曲仕绅	男	1935 年 12 月	1992	聊城地区农业科学研究所 副所长	研究员
蔡志宏	男	1939 年 11 月	1992	聊城地区农业科学研究所 科长	研究员
单金铨	男	1934 年 12 月	1992	聊城地区农业科学研究所 主任	研究员
刘之平	男	1930 年 9 月	1994	聊城市（县级市）酒厂 厂长	高级工程师
牛大铮	男	1937 年 11 月	1996	聊城第三中学 副校长	高级工程师
章　安	男	1945 年 10 月	1996	山东东阿阿胶股份有限公司 副总经理	高级工程师
刘义发	男	1940 年 11 月	1998	山东高唐时风机械集团总公司 总经理	高级工程师
程玉海	男	1954 年 4 月	1998	聊城师范学院党委副书记、院长	教授
赵永堂	男	1943 年 6 月	1998	鲁西化工集团股份有限公司 厂长	高级工程师
孙占元	男	1945 年 2 月	1998	山东临清银河纸业有限公司 董事长	高级工程师
刘成强	男	1968 年 1 月	2002	山东时风集团有限责任公司 总经理	研究员
张学信	男	1947 年 7 月	2004	山东信发铝电集团 总经理	高级工程师
王文军	男	1962 年 2 月	2004	聊城大学物理科学与信息工程学院 教师	教授
黄富峰	男	1968 年 6 月	2008	聊城大学社会科学处 处长	副教授
石兴泽	男	1954 年 10 月	2010	聊城大学文学院 院长	教授
时洪功	男	1957 年 2 月	2010	中通客车控股股份有限公司 总工程师	研究员
刘继锋	男	1971 年 2 月	2012	聊城大学化学化工学院 教师	教授
秦玉峰	男	1958 年 1 月	2012	山东东阿阿胶股份有限公司技术中心 主任	研究员
白成林	男	1969 年 4 月	2014	聊城大学物理科学与信息工程学院 院长	教授
张　彬	男	1956 年 10 月	2014	聊城市人民医院 院长	教授、主任医师
崔秀山	男	1955 年 3 月	2014	山东省聊城第一中学 校长	中学高级教师

聊城市获批革命烈士一览表

表 -4

姓名	性别	出生年月	籍贯	政治面貌	工作单位	职务	牺牲简况	批准时间与机关
丁玉波	男	1956 年 8 月	阳谷县寿张镇东门村		寿张东门村抗旱防汛基干抢险班	班长	1998 年 8 月在寿张东大洼李皮匠抗洪时不幸牺牲	1999 年 5 月 21 日，山东省民政厅
裴　营	男	1977 年 12 月	聊城市东昌府区新区街道	中共党员	辽宁省朝阳市武警支队二大队八中队	班长	1999 年在执行任务时舍己救人牺牲	1999 年 4 月 28 日，中国人民武装警察部队政治部
芦振龙	男	1973 年 1 月	茌平县洪屯镇小宋村	中共党员	重庆市高新区公安分局	重庆市高新区石桥铺派出所民警	重庆市兰花村擒匪牺牲	1999 年 5 月 31 日，重庆市人民政府

续表 -4

姓名	性别	出生年月	籍贯	政治面貌	工作单位	职务	牺牲简况	批准时间与机关
杨忠军	男	1973 年 3 月	聊城市东昌府区梁水镇杨庄	中共党员	91498 部队	飞行教员	飞行训练	2001 年 9 月 14 日，92742 部队
邹　磊	男	1981 年 6 月	冠县辛集乡邹村		93413 部队	飞行教员	2004 年 5 月 31 日在飞行训练中，飞机发生严重故障，牺牲	2004 年，部队批烈
李金国	男	1977 年 9 月	阳谷县阿城镇义和村	中共党员	中国人民解放军 94710 部队 55 分队	飞行员（副营职）	2006 年 3 月在执行任务中，不幸以身殉职	2006 年 7 月 7 日，解放军总政治部
李　新	男	1979 年 2 月	冠县斜店乡辛庄		92514 部队	连级飞行员	2006 年 6 月 21 日在福建晋江执行飞行任务时，因飞机机械故障牺牲	2006 年，部队批烈
杨庆峰	男	1986 年	东阿县新城街道杨庄村	中共党员	75560 部队	战士，多次获得部队嘉奖	在 2006 年海上训练中不幸牺牲	2006 年，解放军总政治部
杨富伟	男	1976 年 9 月	茌平县杨屯乡潘西村	中共党员	95156 部队	95165 大队长	广西南宁飞行训练中牺牲	2007 年 7 月 11 日，解放军总政治部
陈春龙	男	1978 年 12 月	阳谷县闫楼镇陈堂村		聊城市公安局特警三大队	特警。全国公安战线一级英雄模范	2008 年 3 月 20 日，歹徒劫持人质，陈春龙在与歹徒搏击中，造成大动脉出血，后因伤势过重不幸牺牲	2008 年 3 月 27 日，山东省人民政府
柳德占	男	1980 年 10 月	东昌府区庄堂村	中共党员	71117 部队	代理排长	2008 年 5 月 12 日，执行汶川抗震救灾任务时牺牲	2008 年 7 月 13 日，解放军总政治部
冯思广	男	1982 年 1 月	茌平县肖庄镇冯营村	中共党员	济空某师某团	飞行员	在济南执行战备飞行任务中为免坠机市区错过跳伞机会牺牲	2010 年 5 月 12 日，山东省人民政府
胡东庆	男	1990 年 2 月	冠县东古城温马园		94502 部队	战士	2012 年 5 月 4 日在聊城东昌湖救人时牺牲	2012 年，部队批烈
张文涛	男	1971 年 9 月	陕西省临渭区阎村镇北韩村	中共党员	71901 部队	飞行员	2013 年 5 月 3 日，飞行训练中牺牲	2013 年 5 月 6 日，解放军总政治部
曹务成	男	1980 年 11 月	东平县梯门镇汤庄村	中共党员	71901 部队	参谋	2015 年 8 月 16 日，飞行训练时牺牲	2015 年 8 月 18 日，解放军总政治部
徐继升	男	1981 年 10 月	曹县王庄村	中共党员	71901 部队	飞行员	2015 年 8 月 16 日，飞行训练时牺牲	2015 年 8 月 18 日，解放军总政治部

附录

Appendixes

一、重要文件存目选辑

1997 年

中共聊城地委　聊城地区行署关于切实加强土地管理和耕地保护的通知（聊发〔1997〕22 号）

中共聊城地委　聊城地区行署关于贯彻执行《中共中央、国务院关于党政机关厉行节约制止奢侈浪费行为的若干规定》的实施意见（聊发〔1997〕27 号）

中共聊城地委关于贯彻落实《中共山东省委关于解决当前干部作风十个问题的意见》的实施意见（聊发〔1997〕38 号）

中共聊城地委　聊城地区行署关于加快水利改革、促进水利发展的决定（聊发〔1997〕39 号）

聊城地区行署关于印发《聊城地区村镇建设小康工程实施方案》的通知（聊行发〔1997〕5 号）

聊城地区行署关于 1997 年环境保护工作的意见（聊行发〔1997〕22 号）

聊城地区行署关于加强房地产开发管理的意见（聊行发〔1997〕34 号）

聊城地区行署关于加快全区重点乡镇、企业、村和民营企业发展的意见（聊行发〔1997〕36 号）

聊城地区行署关于加强社会养老保险基金收缴工作的通知（聊行发〔1997〕107 号）

1998 年

中共聊城市委　聊城地区行署 1998 年农业和农村工作意见（聊发〔1998〕4 号）

中共聊城市委关于在市县两级机关开展教育整顿活动的意见（聊发〔1998〕5 号）

中共聊城市委　聊城市人民政府关于 1998 年农民负担继续实行制度化管理的通知（聊发〔1998〕7 号）

中共聊城市委　聊城市人民政府关于做好国有企业下岗职工基本生活保障和再就业工作的通知（聊发〔1998〕11 号）

中共聊城市委　聊城市人民政府印发《关于深化中小企业产权制度改革的试行意见》的通知（聊发〔1998〕13 号）

中共聊城市委　聊城市人民政府印发《关于机关干部职工轮流离岗的试行意见》的通知（聊发〔1998〕14 号）

聊城地区行政公署关于印发《聊城地区加快城镇住房制度改革的实施方案》的通知（聊行发〔1998〕18 号）

聊城市人民政府关于建立农村最低生活保障线制度的通知（聊政发〔1998〕213 号）

聊城市人民政府关于印发《聊城市城乡集市食品卫生监督管理办法》的通知（聊政发〔1998〕223 号）

聊城市人民政府关于创建园林城市的通知（聊政发〔1998〕225 号）

聊政发聊城市人民政府关于印发《聊城市城乡集市食品卫生监督管理办法》的通知（聊政发〔1998〕223 号）

聊城市人民政府关于印发《聊城市高新技术及产业发展计划》的通知（聊政发〔1998〕238 号）

1999 年

中共聊城市委　聊城市人民政府关于进一步加快小城镇建设的意见（聊发〔1999〕1 号）

中共聊城市委　聊城市人民政府关于搞好村民委员会换届选举工作的意见（聊发〔1999〕2 号）

中共聊城市委　聊城市人民政府关于加快发展重点私营工业企业的规定的通知（聊发〔1999〕3 号）

中共聊城市委　聊城市人民政府印发《聊城市进一步发挥科技人员作用的暂行规定》的通知

（聊发〔1999〕13 号）

聊城市人民政府关于实施企业市场化运行工程的意见（聊政发〔1999〕12 号）

聊城市人民政府关于印发《聊城市 1999 年重点办好的 10 件实事》的通知（聊政发〔1999〕18 号）

聊城市人民政府关于加快发展民营科技企业的意见（聊政发〔1999〕83 号）

2000 年

中共聊城市委　聊城市人民政府关于深化国有资产管理体制改革的实施意见（聊发〔2000〕4 号）

中共聊城市委　聊城市人民政府关于加快发展高新技术产业的若干规定（聊发〔2000〕11 号）

中共聊城市委关于今冬明春在全市农村集中开展社会主义民主法治教育活动的意见（聊发〔2000〕18 号）

聊城市人民政府关于治乱减负优化工业发展环境的意见（聊政发〔2000〕8 号）

聊城市人民政府关于印发《聊城市国有土地租赁暂行办法》的通知（聊政发〔2000〕79 号）

聊城市人民政府关于印发《聊城市城镇职工基本医疗保险暂行规定》的通知（聊政发〔2000〕88 号）

聊城市人民政府关于印发《聊城市城镇职工大额医疗救助金筹集使用管理暂行办法》的通知（聊政发〔2000〕89 号）

聊城市人民政府关于印发《聊城市城区房屋拆迁补偿标准》的通知（聊政发〔2000〕94 号）

聊城市人民政府关于公布聊城市城区规划控制区土地级别及基准地价的通知（聊政发〔2000〕103 号）

聊城市人民政府关于搞好今冬明春农田水利基本建设的意见（聊政发〔2000〕123 号）

聊城市人民政府关于加强政府法治建设全面推进依法行政的决定（聊政发〔2000〕126 号）

聊城市人民政府关于支持聊城师范学院建成多科性或综合性大学的通知（聊政发〔2000〕159 号）

2001 年

中共聊城市委　聊城市人民政府关于加快城市化进程的意见（聊发〔2001〕1 号）

中共聊城市委　聊城市人民政府关于大力加强科学技术普及工作的意见（聊发〔2001〕8 号）

中共聊城市委　聊城市人民政府关于切实做好 2001 年减轻农民负担工作的意见（聊发〔2001〕14 号）

中共聊城市委　聊城市人民政府关于印发《聊城市招商引资奖励暂行办法》的通知（聊发〔2001〕19 号）

中共聊城市委　聊城市人民政府关于印发《聊城市农村税费改革（试点）实施方案》的通知（聊发〔2001〕29 号）

聊城市人民政府关于加快工业产品结构调整的意见（聊政发〔2001〕18 号）

聊城市人民政府关于进一步加强我市水污染防治工作的通知（聊政发〔2001〕71 号）

聊城市人民政府关于印发《聊城市招商引资优惠政策》的通知（聊政发〔2001〕125 号）

聊城市人民政府关于深化粮食流通体制改革加强粮食资金管理工作的意见（聊政发〔2001〕166 号）

聊城市人民政府关于加强农业税征收管理工作的意见（试行）（聊政发〔2001〕183 号）

聊城市人民政府关于开展城市房地产开发建设用地清理整顿工作的实施意见（聊政发〔2001〕186 号）

聊城市人民政府关于推动基础教育改革和发展的意见（聊政发〔2001〕187 号）

聊城市人民政府关于印发聊城妇女发展纲要（2001—2010 年）和聊城儿童发展纲要（2001—2010 年）的通知（聊政发〔2001〕189 号）

2002 年

中共聊城市委　聊城市人民政府关于进一步搞好农村税费改革试点工作的意见（聊发〔2002〕3 号）

中共聊城市委关于加强哲学社会科学工作的意见（聊发〔2002〕5号）

中共聊城市委　聊城市人民政府关于规范村级组织设置和精简村级干部职数的意见（聊发〔2002〕6号）

中共聊城市委　聊城市人民政府关于印发《聊城市农村税费改革（试点）实施方案》的通知（聊发〔2002〕11号）

中共聊城市委　聊城市人民政府关于加强城市社区建设的意见（聊发〔2002〕17号）

聊城市人民政府关于印发聊城市生态环境建设与保护规划纲要的通知（聊政发〔2002〕1号）

聊城市人民政府关于印发《聊城市妇幼保健保偿管理暂行规定》的通知（聊政发〔2002〕64号）

聊城市人民政府关于加强农村电网建设改造工程中农民自筹资金管理的通知（聊政发〔2002〕90号）

聊城市人民政府关于公布聊城市城区土地级别与基准地价的通知（聊政发〔2002〕178号）

2003年

中共聊城市委关于加强自身建设的决定（聊发〔2003〕1号）

中共聊城市委　聊城市人民政府关于进一步加快民营工业园区建设的意见中共聊城市委关于加强自身建设的决定（聊发〔2003〕2号）

中共聊城市委　聊城市人民政府关于加快建设旅游主导产业的意见中共聊城市委关于加强自身建设的决定（聊发〔2003〕3号）

中共聊城市委关于深入开展农村基层组织建设“三级联创”活动的实施意见（聊发〔2003〕7号）

中共聊城市委　聊城市人民政府关于在全市深入开展创建文明城市活动的意见（聊发〔2003〕16号）

中共聊城市委　聊城市人民政府关于印发《2003—2007年建设聊城文化大市规划纲要》的通知（聊发〔2003〕17号）

中共聊城市委　聊城市人民政府关于加快经济强乡镇和弱乡镇改革发展的决定（聊发〔2003〕23号）

中共聊城市委　聊城市人民政府关于进一步加强农村卫生工作的决定（聊发〔2003〕27号）

聊城市人民政府关于加快农村公路建设的实施意见（聊政发〔2003〕28号）

聊城市人民政府关于加快全市服务页发展的意见（聊政发〔2003〕42号）

聊城市人民政府关于加强乡镇财政财务管理的意见（聊政发〔2003〕48号）

聊城市人民政府关于实施户籍管理制度改革工作的暂行意见（聊政发〔2003〕64号）

聊城市人民政府关于印发《聊城市城市绿化管理办法》的通知（聊政发〔2003〕95号）

聊城市人民政府关于贯彻鲁政发〔2003〕67号文件清理整顿各类开发区（园区）加强建设用地管理的实施意见（聊政发〔2003〕137号）

2004年

中共聊城市委　聊城市人民政府转发《市委农村工作领导小组关于市直有关部门分解落实促进农民增收措施的意见》的通知（聊发〔2004〕8号）

中共聊城市委　聊城市人民政府关于实施科技特派员工程的意见（聊发〔2004〕10号）

中共聊城市委　聊城市人民政府关于进一步加强和促进未成年人思想道德建设的实施意见（聊发〔2004〕13号）

中共聊城市委　聊城市人民政府关于2004年深化农村税费改革切实做好减轻农民负担工作的通知（聊发〔2004〕15号）

中共聊城市委关于进一步加强全市基层检察院建设的意见（聊发〔2004〕24号）

聊城市人民政府关于鼓励扶持农业产业化发展的决定（聊政发〔2004〕2号）

聊城市人民政府关于组建聊城市工业国有资产经营有限公司的通知（聊政发〔2004〕25号）

聊城市人民政府关于加强文物工作的意见（聊政发〔2004〕59号）

聊城市人民政府关于印发《聊城市招标拍卖挂牌出让国有土地使用权办法》的通知（聊政发〔2004〕104号）

聊城市人民政府关于提高城市居民最低生活保障标准的通知（聊政发〔2004〕155号）

2005年

中共聊城市委　聊城市人民政府关于进一步做好“三农”工作的意见（聊发〔2005〕1号）

中共聊城市委　聊城市人民政府关于加快技术发展建设绿色聊城的决定（聊发〔2005〕7号）

中共聊城市委　聊城市人民政府转发市纪委市监察局《关于2005年全市党风廉政建设和反腐败工作的实施意见》的通知（聊发〔2005〕8号）

中共聊城市委　聊城市人民政府关于进一步做好减轻农民负担工作的通知（聊发〔2005〕10号）

中共聊城市委　聊城市人民政府关于抓好十项民心工程的实施意见（聊发〔2005〕14号）

中共聊城市委　聊城市人民政府关于优化金融生态环境促进经济金融健康发展的意见（聊发〔2005〕17号）

聊城市人民政府关于公布全市最低工资标准的通知（聊政发〔2005〕1号）

聊城市人民政府关于培育发展工业名牌产品的实施意见（聊政发〔2005〕13号）

聊城市人民政府关于印发《聊城市城市集中供热管理暂行办法》的通知（聊政发〔2005〕33号）

聊城市人民政府关于提高城市居民最低生活保障标准的通知（聊政发〔2005〕55号）

聊城市人民政府关于加强村镇规划建设管理工作的意见（聊政发〔2005〕64号）

聊城市人民政府关于印发《聊城市地热资源管理办法》的通知（聊政发〔2005〕67号）

聊城市人民政府关于深化粮食流通体制改革的意见（聊政发〔2005〕68号）

聊城市人民政府关于印发聊城市国土资源管理体制改革实施意见的通知（聊政发〔2005〕99号）

聊城市人民政府关于进一步加强城市生活无着的流浪乞讨人员救助管理工作的通知（聊政发〔2005〕113号）

2006年

中共聊城市委　聊城市人民政府关于积极推进社会主义新农村建设的实施意见（聊发〔2006〕1号）

聊城市人民政府关于印发聊城市中长期科学和技术发展规划纲要（2006—2020年）的通知（聊政发〔2006〕52号）

中共聊城市委　聊城市人民政府关于大力发展职业教育的决定（聊发〔2006〕10号）

聊城市人民政府关于印发聊城市国民经济和社会发展第十一个五年规划纲要的通知（聊政发〔2006〕56号）

中共聊城市委　聊城市人民政府关于贯彻落实科技规划纲要建设创新型城市的意见（聊发〔2006〕14号）

聊城市人民政府关于印发聊城市完善企业职工基本养老保险制度实施意见的通知（聊政发〔2006〕184号）

聊城市人民政府关于公布第一批市级非物质文化遗产名录的通知（聊政发〔2006〕212号）

2007年

中共聊城市委　聊城市人民政府关于加快发展现代农业扎实推进社会主义新农村建设的实施意见（聊发〔2007〕1号）

聊城市人民政府关于进一步加强和改进城市社区工作的意见（聊政发〔2007〕35号）

聊城市人民政府关于印发聊城市节能减排综合性工作实施方案的通知（聊政发〔2007〕74号）

《聊城市住房公积金管理办法》（聊城市人民政府令第21号）

聊城市人民政府关于开展城镇居民基本医疗保险的实施意见（聊政发〔2007〕100号）

中共聊城市委　聊城市人民政府关于加强

聊城市区城市规划管理的意见（聊发〔2007〕19号）

2008年

聊城市人民政府关于调整聊城市城区土地级别与基准地价的通知（聊政发〔2007〕123号）

中共聊城市委　聊城市人民政府关于进一步做好“三农”工作的实施意见（聊发〔2008〕1号）

中共聊城市委　聊城市人民政府关于进一步加强节能减排工作的意见（聊发〔2008〕5号）

中共聊城市委　聊城市人民政府关于促进全市民营经济中小企业又好又快发展的意见（聊发〔2008〕10号）

聊城市人民政府关于印发聊城市城镇居民基本医疗保险实施方案的通知（聊政发〔2008〕29号）

中共聊城市委　聊城市人民政府关于推动文化大发展大繁荣的意见（聊发〔2008〕16号）

中共聊城市委　聊城市人民政府办公室关于印发聊城市文化产业发展专项规划（2008—2015）的通知（聊办发〔2008〕31号）

中共聊城市委　聊城市人民政府关于推进农业产业化经营加快发展现代农业的实施意见（聊发〔2008〕19号）

2009年

聊城市人民政府关于公布第二批市级非物质文化遗产名录的通知（聊政发〔2009〕3号）

中共聊城市委　聊城市人民政府关于进一步加强安全生产工作的意见（聊发〔2009〕7号）

聊城市人民政府办公室关于公布聊城城区桥梁名称的通知（聊政办发〔2009〕31号）

聊城市人民政府关于稳定和促进就业工作的通知（聊政发〔2009〕91号）

聊城市人民政府关于印发《聊城市汽车工业调整振兴规划》的通知（聊政发〔2009〕114号）

聊城市人民政府关于印发《聊城市造纸工业调整振兴规划》的通知（聊政发〔2009〕115号）

聊城市人民政府关于印发《聊城市钢铁加工产业调整振兴规划》的通知（聊政发〔2009〕116号）

聊城市人民政府关于印发《聊城市化工行业调整振兴规划》的通知（聊政发〔2009〕117号）

聊城市人民政府关于印发《聊城市有色金属产业调整振兴规划》的通知（聊政发〔2009〕118号）

聊城市人民政府关于印发聊城市纺织工业调整振兴规划的通知（聊政发〔2009〕131号）

聊城市人民政府关于印发聊城市食品工业调整振兴规划的通知（聊政发〔2009〕132号）

聊城市人民政府关于印发聊城市医药工业调整振兴规划的通知（聊政发〔2009〕133号）

聊城市人民政府关于印发聊城市电子信息产业调整振兴规划的通知（聊政发〔2009〕134号）

2010年

中共聊城市委　聊城市人民政府关于加大统筹城乡力度全面提升农业和农村发展水平的意见（聊发〔2010〕1号）

中共聊城市委　聊城市人民政府关于聊城市人民政府机构改革的实施意见（聊发〔2010〕2号）

中共聊城市委　聊城市人民政府关于县（市区）政府机构改革的意见（聊发〔2010〕3号）

中共聊城市委　聊城市人民政府关于开展“全面提升年”活动的意见（聊发〔2010〕4号）

中共聊城市委　聊城市人民政府关于加快推进聊城经济开发区（高新技术产业开发区）又好又快发展的意见（聊发〔2010〕17号）

聊城市人民政府关于实施“产业提升工程”的意见（聊政发〔2010〕1号）

聊城市人民政府关于印发《聊城市农村公路管理养护暂行办法》的通知（聊政发〔2010〕12号）

聊城市人民政府关于印发《聊城市市长质量奖管理办法》的通知（聊政发〔2010〕21号）

聊城市人民政府关于进一步推进政务公开工作的意见（聊政发〔2010〕26号）

林峰海同志在全市实施农业产业调整振兴计划动员大会上的讲话（2010年4月16日　根

据录音整理）

聊城市人民政府关于实施农业产业调整振兴计划加快城乡一体化发展的意见（聊政发〔2010〕27号）

聊城市人民政府关于印发《聊城市农业产业调整振兴计划（2010年—2012年）》的通知（聊政发〔2010〕28号）

聊城市人民政府关于开展新型农村社会养老保险试点工作的意见（聊政发〔2010〕97号）

中共聊城市委　聊城市人民政府关于印发《聊城市中长期人才发展规划纲要（2010—2020年）》的通知（聊发〔2010〕12号）

聊城市人民政府关于加快战略新兴产业发展的意见（聊政发〔2010〕176号）

聊城市人民政府关于印发《聊城市科学技术奖励办法》的通知（聊政发〔2010〕186号）

聊城市人民政府办公室关于印发《聊城市城区住房建设规划（2010—2012年）的通知》（聊政办发〔2010〕76号）

聊城市人民政府关于印发《聊城市公共租赁住房管理办法》的通知（聊政发〔2010〕268号）

2011年

聊城市人民政府办公室关于进一步做好政府信息公开工作的意见（聊政办发〔2011〕1号）

中共聊城市委　聊城市人民政府关于加快水利改革发展的意见（聊发〔2011〕1号）

聊城市人民政府关于印发《聊城市政府网站管理办法》的通知（聊政发〔2011〕25号）

山东省人民政府关于加快培育和发展战略性新兴产业的实施意见（鲁政发〔2011〕15号）

聊城市人民政府关于印发《聊城市政府信息公开办法》的通知（聊政发〔2011〕30号）

中共聊城市委　聊城市人民政府《关于加快建设“一五二”产业基地的意见》（聊发〔2011〕10号）

聊城市人民政府办公室关于加快推进基层医疗卫生机构综合改革的实施意见（聊政办发〔2011〕30号）

聊城市人民政府关于印发《聊城市妇女发展“十二五”规划》和《聊城市儿童发展“十二五”规划》的通知（聊政发〔2011〕61号）

聊城市人民政府办公室关于印发聊城市十二五金融产业发展规划纲要的通知（聊政办字〔2011〕107号）

中共聊城市委　聊城市人民政府关于加强生态文明乡村建设的意见（聊发〔2011〕15号）

聊城市人民政府关于公布第三批市级非物质文化遗产名录的通知（聊政发〔2011〕91号）

2012年

中共聊城市委　聊城市人民政府关于加快农业科技创新与推广步伐进一步做好农业农村工作的意见（聊发〔2012〕1号）

聊城市人民政府关于印发聊城市残疾人事业“十二五”发展规划（2011—2015年）的通知（聊政发〔2012〕5号）

聊城市人民政府关于印发《聊城市地方史志工作管理办法》的通知（聊政发〔2012〕6号）

《聊城市关于公布市级保留的行政许可事项、非行政许可审批事项和取消、下放的行政审批事项的决定》（聊城市人民政府令第25号）

聊城市人民政府办公室关于印发聊城市节约能源“十二五”规划的通知（聊政办发〔2012〕5号）

聊城市人民政府关于印发聊城市“十二五”节能减排综合性工作实施方案的通知（聊政发〔2012〕15号）

中共聊城市委　聊城市人民政府关于加快推进农产品品牌建设的意见（聊发〔2012〕5号）

聊城市人民政府关于印发聊城市依法行政第五个五年规划（2011—2015年）的通知（聊政发〔2012〕21号）

聊城市人民政府关于印发聊城市突发事件总体应急预案的通知（聊政发〔2012〕29号）

《聊城市人民政府规范性文件制定程序规定》（聊城市人民政府令　第26号）

《聊城市规范性文件备案规定》（聊城市人民政府令　第27号）

聊城市人民政府关于印发《聊城市人民政府

工作规则》的通知（聊政发〔2012〕43号）

聊城市人民政府关于印发聊城市“十二五”期间深化医药卫生体制改革规划暨实施方案的通知（聊政发〔2012〕51号）

聊城市人民政府关于进一步加强金融工作的意见（聊政发〔2012〕54号）

聊城市人民政府关于印发《聊城市人民政府法律顾问管理规定》的通知（聊政发〔2012〕61号）

中共聊城市委　聊城市人民政府关于奋力实现县域经济跨越式发展的实施办法（聊发〔2012〕9号）

聊城市人民政府关于印发《聊城市优待老年人规定》的通知（聊政发〔2012〕76号）

中共聊城市委　聊城市人民政府关于全面加快新型城镇化步伐的意见（聊发〔2012〕10号）

聊城市人民政府办公室关于印发聊城市户籍管理制度改革实施方案的通知（聊政办发〔2011〕44号）

聊城市人民政府关于印发《聊城市人民政府工作规则》的通知（聊政发〔2012〕267号）

2013年

《中共聊城市委　聊城市人民政府关于进一步深化农村改革加快构建现代农业产业体系的意见》（聊发〔2013〕1号）

《聊城市物业管理办法》（聊城市人民政府令第28号）

《聊城市人民政府办公室关于印发聊城市地震应急预案的通知》（聊政办字〔2013〕29号）

《中共聊城市委　聊城市人民政府　关于加强历史文化名城保护工作的意见》（聊发〔2013〕10号）

《聊城市人民政府　关于深化行政审批制度改革　优化经济发展环境的意见》

《聊城市人民政府办公室　关于印发〈聊城市首席技师选拔管理办法〉的通知》（聊政办发〔2013〕27号）

《中共聊城市委　聊城市人民政府　关于加强大气污染防治工作的意见》（聊发〔2013〕11号）

《聊城市人民政府　关于将聊城经济技术开发区聊城高新技术产业开发区分设管理的意见》（聊政发〔2013〕34号）

《聊城市人民政府　关于做好设立凤凰湖旅游度假区有关工作的意见》（聊政发〔2013〕39号）

《中共聊城市委　聊城市人民政府　关于创建全国法治城市保障聊城跨越赶超的意见》（聊发〔2013〕16号）

《聊城市人民政府　关于建设聊城绿色农产品之都的意见》（聊政发〔2013〕70号）

《聊城市人民政府办公室　关于印发聊城市突发环境事件应急预案的通知》（聊政办字发〔2013〕92号）

2014年

《中共聊城市委　聊城市人民政府　关于全面深化农村改革加快推进农业现代化的意见》（聊发〔2014〕1号）

《聊城市人民政府　关于大力推进聊城市绿色建筑行动的实施意见》（聊政发〔2014〕13号）

《聊城市人民政府　关于公布第四批市级文物保护单位名单及市级非物质文化遗产名录的通知（聊政字〔2014〕120号）

《聊城市人民政府　关于印发〈聊城市行政权力清单目录管理办法〉的通知》（聊政发〔2014〕62号）

《聊城市人民政府　关于加快养老业发展的实施意见》（聊政发〔2014〕63号）

《聊城市人民政府办公室　关于印发〈聊城市整合城乡居民基本医疗保险工作实施方案〉的通知》（聊政办发〔2014〕6号）

《聊城市人民政府办公室　关于进一步加快节能环保产业发展的实施意见》（聊政办发〔2014〕17号）

《聊城市人民政府办公室　关于印发〈聊城市市级烈士纪念设施保护管理办法〉的通知》（聊政办发〔2014〕38号）

《聊城市人民政府办公室　关于印发〈聊城

市推进县级公立医院综合改革实施方案〉的通知》（聊政办发〔2014〕41 号）

2015 年

《聊城市人民政府　关于加快电子商务发展的实施意见》（聊政字〔2015〕13 号）

《聊城市人民政府　关子运用政府引导基金促进股权投资加快发展的意见》（聊政发〔2015〕6 号）

《聊城市人民政府　关于贯彻落实鲁政发〔2015〕6 号文件进一步深化行政审批制度改革的实施意见（聊政发〔2015〕10 号）

《聊城市人民政府　关于印发〈聊城市人民政府议事规则〉〈聊城市人民政府重大行政决策程序规定〉的通知》（聊政发〔2015〕12 号）

《聊城市人民政府　关于建立健全临时救助制度的实施意见》（聊政发〔2015〕18 号）

《聊城市人民政府　关于加快推进农村饮水工作的意见》（聊政字〔2015〕99 号）

《聊城市禁止销售使用剧毒高毒农药管理规定》（聊城市人民政府令第 29 号）

中共聊城市委　聊城市人民政府关于加强聊城市区城市规划管理的意见（聊发〔2015〕25 号）

中共聊城市委　聊城市人民政府关于加强聊城市区城市规划管理的意见（聊发〔2015〕26 号）

《关于印发〈聊城市重污染天气监测预警和应急处置预案〉的通知》（聊政办字〔2015〕1 号）

二、历代志书选目

表 -1

年代	书名	版本	卷册	修纂
明万历	东昌府志	明万历二十八年（1600 年）刻本	二十二卷，八册	（明）王命爵、李士登修，王汝训纂
清乾隆	东昌府志	清乾隆四十年（1777 年）刻本	五十卷首一卷，二十四册	（清）胡德琳修，周永年、盛百二纂
清嘉庆	东昌府志	清嘉庆十三年（1808 年）刻本	五十卷首三卷，三十二册	（清）张官五、嵩山修，谢香开、陈可经、张熙先纂
清康熙	聊城县志	清康熙二年（1663 年）刻本	四卷，四册	（清）何一杰纂修
清光绪	聊城县乡土志	清光绪三十四年（1908 年）石印本	一卷，一册	（清）向植纂修
清宣统	聊城县志	稿本	十二卷首一卷	（清）陈庆蕃修，叶锡麟、靳维熙纂
		清宣统二年（1910 年）刻本	—	—
明万历	堂邑县志	明万历三十八年（1610 年）刻，清顺治三年（1646 年）增刻	三卷，四册	（明）王应乾修（清）郭毓秀增修
清康熙	堂邑县志	清康熙七年（1668 年）刻本	共三卷，现存二、三卷，四册	（清）张茂节修，黄图安等纂
		清康熙五十年（1711 年）刻本	二十卷，四册	（清）卢承琰修，刘淇等纂
		清光绪十八年（1892 年）雀城书院重刻本	二十卷，三册	（清）卢承琰修，黄奉璋补纂
		民国石印增补本	—	—
清光绪	堂邑县乡土志	清光绪年间抄本	十五卷	（清）佚名纂修
		抄本	十五卷	—

续表 -1

年代	书名	版本	卷册	修纂
清光绪	堂邑县乡土志	抄本	十五卷，两册	
清康熙	临清州志	清康熙十二年（1673 年）刻本	四卷，四册	（清）于睿明修，胡悉宁纂
		抄本	—	—
清乾隆	临清州志	清乾隆十四年（1750 年）刻本	十二卷，十册	（清）王俊修，李森纂
清乾隆	临清直隶州志	清乾隆五十年（1785 年）刻本	十一卷首一卷，十一册	（清）张度、邓希曾纂修，朱锺纂
民国	临清县志	1935 年铅印本	十六卷首一册，十四册	（民国）张自清、徐子尚修，张树梅、王贵笙纂
明嘉靖	冠县志	明嘉靖二十四年（1545 年）刻本	五卷，两册	（明）姚本纂修
明万历	冠县志	明万历三十七年（1609 年）刻本	六卷，两册	（明）谈自省修，杜华先等纂
		清钱塘味经书屋诸室勋抄本	—	—
		民国杨藻寿松堂抄本，杨藻跋	—	—
		抄本	—	—
清康熙	冠县志	清康熙三十七年（1698 年）原刻本	八卷首一卷	（清）钱霞修，虞际昌增纂修
清道光	冠县志	清道光十一年（1831 年）刻本	十卷	（清）梁永康修，赵锡书纂
		1933 年济南平民日报社铅印本	—	—
		民国抄本	—	—
		抄本	—	—
		清抄本	十卷	（清）韩光鼎修，陈卿云（书五）纂
清光绪	冠县乡土志	稿本	二卷	（清）佚名纂修
民国	冠县志	1934 年刻本	十卷首一卷	（民国）侯光陆修，陈熙雍纂
明正德	莘县志	明正德十年（1515 年）刻本	十卷	（明）王琛修，吴宗器纂
		明嘉靖二十七年（1548 年）增刻本	—	—
清康熙	莘县志	清康熙十一年（1672 年）刻本	八卷	（清）刘维祯纂修
		康熙五十六年（1717 年）刻本	八卷	（清）刘萧纂修
		清光绪十一年（1885 年）阳平郡盛俊德抄本	—	—
		清抄本	—	—
清光绪	莘县志	清光绪十三年（1887 年）刻本。	十卷	（清）张朝玮修，孔广海纂
		1933 年重印本	—	—
		抄本	—	—
清宣统	莘县乡土志	清宣统元年（1909 年）石印本	不分卷	（清）周郑表修，孔广文（翼轩）纂
民国	莘县志	1937 年铅印本	十二卷首一卷	王嘉猷修，严绥之纂
清康熙	观城县志	清康熙十一年（1672 年）刻本	五卷首一卷，四册	（清）沈玑修，张洞宸纂
清道光	观城县志	清道光十九年（1839 年）刻本。	十卷首一卷	（清）孙观纂修
		清抄本	—	—
		1933 年济南平民日报社铅印本	—	—

续表 -1

年代	书名	版本	卷册	修纂
清光绪	观城县乡土志	清光绪末稿本	不分卷［记事至清光绪二十六年（1900 年）］	（清）陈养源修、王培钦纂
		清光绪抄本	—	—
明嘉靖	朝城县志	明嘉靖二十年（1541 年）刻本	八卷，四册	（明）周鲁修，谢注纂
清康熙	朝城县志	清康熙十二年（1673 年）刻本	十卷	（清）祖植桐修，赵昶等纂
		清康熙十二年（1673 年）抄本	—	—
		1920 年刻本	—	—
		抄本	—	—
清光绪	朝城县志略	清光绪十七年（1891 年）稿本	一卷	（清）黄葆年纂修，李煜纂
		清末抄本	—	—
		清末抄本	—	—
清光绪	朝城县乡土志	清光绪三十二年（1906 年）刻本	一卷	（清）袁大启修，吴玉书、吴式基纂
		1920 年刻本	—	—
		抄本	—	—
民国	朝城县续志	1920 年劝学所刻本	二卷，二册	杜子懋修，贾铭恩、谢得所纂
清康熙	阳谷县志	清康熙十二年（1673 年）刻本	八卷首一卷	（清）王天璧纂修
		清康熙五十五年（1716 年）抄本	八卷首一卷	（清）王时来修，杭云龙等纂
		清康熙五十五年（1716 年）刻本	—	—
		1920 年石印本	—	—
		1933 年石印本	—	—
		抄本	—	—
清光绪	阳谷县志	1942 年济南翰墨斋南纸印刷局铅印本	十六卷	（清）孔广海原纂，（民国）董政华督修
民国	增修阳谷县志	民国抄本	现存四十四卷，十六册	民国杨霁峰修，申集盘等纂
清康熙	寿张县志	清康熙元年（1662 年）刻本	八卷	（清）陈璜纂修
		清康熙五十六年（1717 年）刻本	八卷	（清）滕永祯修，马珩纂
清光绪	寿张县志	清光绪二十六年（1900 年）刻本	十卷首一卷	（清）庄洪烈、刘文烬修，王守谦纂
清光绪	寿张县乡土志	清光绪三十三年（1907 年）抄本，藏山东省博物馆	一卷	（清）崔光煦修，孙育德纂
清康熙	张秋志	清康熙九年（1670 年）刻本	十二卷	（清）林芃修，马之骦纂
		清康熙九年刻、清乾隆三十二年（1767 年）补刻本	—	—
		清康熙斌业斋抄本	—	—
		抄本	—	—
		抄本	—	—

续表 -1

年代	书名	版本	卷册	修纂
清康熙	张秋志	民国石印本		—
清康熙	东阿县志	清康熙四年（1665 年）刻本	十二卷	（清）刘沛先修，王吉臣纂
		清康熙五十四年（1715 年）刻本	十二卷，六册	（清）刘沛先原修，郑廷瑾增修，苏日增增纂
清道光	东阿县志略	清道光八年（1828 年）刻本	二卷	（清）吴怡纂修
清道光	东阿县志	清道光九年（1829 年）刻本	二十四卷首一卷，十二册	（清）李贤书修，吴怡纂
		1934 年济南午夜书店铅印本	—	—
清光绪	东阿县乡土志	清光绪三十二年（1906 年）铅印本	八卷	（清）姜汉章纂修
民国	东阿县志	1934 年济南午夜书店铅印本	十八卷首一卷，四册	周竹生修，靳维熙纂
民国	续修东阿县志	1934 年济南午夜书店铅印本	十六卷首一卷，四册	周竹生修，靳维熙纂
清康熙	茌平县志	清康熙二年（1663 年）刻本	四卷，三册	（清）王画一修　张翕纂
		清康熙四十九年（1710 年）刻本	五卷，五册	（清）王世臣修，孙克绪纂
清宣统	茌平县志	清宣统三年（1911 年）修	二十八卷首一卷附编一卷，六册	盛津颐修，张建桢纂
		1912 年刻本	—	—
		1926 年增补重印本	—	赵又扬增修，张寅增补
民国	茌平县志	1935 年铅印本	十二卷	牛占诚修，周之桢纂
明正德	博平县志	明正德十三年（1518 年）刻本	八卷	（明）胡瑾修，葛茂、邓恭纂
清康熙	博平县志	清康熙三年（1664 年）刻本	五卷	（清）堵嶷修，张翕纂
清道光	博平县志	清道光十一年（1831 年）刻本	六卷	（清）杨祖宪修，乌竹芳纂
		清道光十一年（1831 年）刻	—	—
		清道光十五年（1835 年）续修本	—	—
清光绪	博平县续志	清光绪二十六年（1900 年）刻本	十卷	（清）李维诚纂修，王用霖、彭宝铭续纂修
清光绪	博平县乡土志	清光绪三十二年（1906 年）稿本	不分卷	（清）姚先浚编
明嘉靖	高唐州志	明嘉靖三十二年（1553 年）刻本	七卷，两册	（明）胡民表修，金江纂
清康熙	高唐州志	清康熙十二年（1673 年）刻本	十二卷，十册	（清）刘佑纂修
		清康熙三十二年（1693 年）据清康熙十二年（1673 年）刻版增刻	十二卷，六册	—
		清康熙五十一年（1712 年）刻本	十二卷首一卷，十册	（清）龙图跃修，李霖臣纂
清乾隆	高唐州续志	清乾隆七年（1742 年）刻本	二卷首一卷，两册	（清）毕一谦修，耿举贤纂
清道光	高唐州志	清道光十五年（1835 年）刻本	八卷首一卷末一卷，六册	（清）徐宗干纂修
		抄本	—	—
清光绪	高唐州志	清光绪三十三年（1907 年）刻本	八卷首一卷末一卷，六册	（清）周家齐修，鞠建章纂
清光绪	高唐州乡土志	清光绪三十二年（1906 年）刻本	—	（清）周家齐纂修
		抄本	—	—

续表 -1

年代	书名	版本	卷册	修纂
民国	高唐县志稿	1936 年稿本	十六卷，十二册	（民国）赵仁泉修，王静一、张修一纂
清康熙	重修清平县志	清康熙五十六年（1717 年）刻本	二卷，两册	（清）王佐纂修
清嘉庆	清平县志	清嘉庆三年（1798 年）刻本	十七（编）卷，五册	（清）万承绍修，周以勋纂
清光绪	清平县乡土志	清光绪末抄本	（不分卷），一册	（清）佚名编
清宣统	增辑清平县志	清宣统三年（1911 年）刻本	十六卷首一卷，八册	（清）陈巨前修，傅秉鉴等纂
民国年间	清平县志	1936 年济南文雅斋铅印本	十四卷，九册	梁钟亭、张丕堂、路大遵督修，张树梅总纂
清顺治年间	苫羊山志	抄本	不分卷，两册（每半页 10 行，每行 20 字）	里人李濩知之甫
		1923 年东阿县教养工厂排印本	上下两册（缺下册），线装，半页 9 行，行 20 字	—

三、《聊城地区志》简介

《聊城地区志》始修于 1983 年，1996 年年底志稿草成，1997 年 10 月出版。志书上限原则定于 1840 年，部分编章上溯至事物发端，下限一律断至 1996 年，遵照详今略古的原则，重点记述中华人民共和国成立后，特别是中共十一届三中全会以来所取得的各项成就。全志编排顺序为首置概述、大事记，中为专业志，末设人物、附录。专业志部分设：政区、自然环境、人口、农业、水利、工业、交通邮电、城乡建设、商业、财税金融、经济管理、党派群团、政权政协、司法、军事、教育科技、文化、卫生体育、宗教民情共 19 编、101 章、390 节。

《聊城地区志》坚持以马克思列宁主义、毛泽东思想和邓小平理论为指导，坚持辩证唯物主义和历史唯物主义的立场、观点和方法，对聊城地区的历史和现状的各个层面，都作了实事求是地研究与分析，广征博采，去伪存真，秉笔直书。举凡建置沿革、区划变更、河渠变迁、物产名胜、民族迁徙、人口变动、经济兴衰、政治得失、人事更迭、社会风情、文武人才、英模事迹等，无不尽收入志，蔚成大观。《聊城地区志》观点正确，资料翔实，采旧志之精华，弃旧志之糟粕，增旧志之所无，删旧志之所谬。它古今兼叙，厚今薄古，略古详今，古为今用，力求展现历史的联系及其发展规律，为现实与未来服务。其体例完备，特点突出，行文规范，文句畅通，是一部思想性与实用性兼备的志书，也是全区有史以来第一部最为新颖而完备的百科全书。

索引

Indexes

聊城市志

说明

一、本索引采用主题分析索引法，共设要目索引、人物索引、表格索引和图片索引四部分。

二、索引词从正文中提取，要目索引以词题的首字汉语拼音字母（同音字按生调、同调字按笔画）顺序排列；人物索引按姓氏笔画排列；表格索引和图片索引按页码顺序排列；概述、大事记等内容不作索引。

三、相同词题的索引按页码先后顺序集中排列于其下，索引名称后的阿拉伯数字为内容所在页码。

一、要目索引

C

D

E

F

G

H

J

K

L

M

N

P

Q

R

S

T

W

X

Y

Z

二、人物索引

二、表格索引

四、图片索引

主要供稿人名单

（按姓氏笔画排序）

丁广立	丁　骁	丁维平	于召宾	于　栋	于　洋	于晓博	于繁昌	山铁钢	么颖颖	马力英
马　欢	马彦冰	马　琳	马　婷	王小雷	王广甲	王文辉	王世君	王东来	王　生	王立中
王立明	王亚男	王同印	王延飞	王延鑫	王庆彦	王志强	王克胜	王丽新	王利鹏	王　林
王岳进	王泽浩	王宗磊	王建忠	王建群	王树岭	王信颖	王宪苗	王宪林	王　艳	王　莹
王　晓	王晓静	王效文	王　涛	王海磊	王海霞	王继飞	王淑菊	王　瑛	王　琳	王惠峰
王　锐	王　锬	王鹏飞	王慧霞	王　磊	井　扬	方长彬	尹兆斌	尹国良	尹保军	尹彦超
孔国政	孔祥荣	孔　嵩	邓立群	邓保增	卢　璐	申晨光	田凤奎	田红震	田利芳	田淑芬
史珂昕	冉德玉	付彦峰	付　博	付朝光	白兴良	白　雪	冯冠青	司尚营	母凤鸣	曲安福
吕爱红	吕　博	朱贵堂	朱绪祥	朱绪超	朱　琳	朱睿雯	乔广新	延晓阳	任广胜	任家岗
任　晶	任鹏飞	刘　凡	刘　云	刘东安	刘令宏	刘立尊	刘宁宁	刘庆光	刘丽珠	刘　杰
刘　杰	刘国峰	刘金凤	刘学东	刘建喜	刘　玲	刘俊伟	刘俊伟	刘宪鹏	刘　娜	刘晓晖
刘爱军	刘润来	刘　敏	刘　博	刘　雷	刘　鹏	刘　磊	齐　昊	闫振勇	闫　晗	闫福江
许广元	许秀霞	许　柯	许　琨	孙玉惠	孙明学	孙波军	孙建华	孙　勇	孙晓琳	孙　菁
孙敬珮	孙　蕾	杜书源	杜言同	杜忠元	杜　欣	杜　锐	杜燕华	李又君	李凡浩	李广祥
李少娟	李　丹	李玉静	李　永	李永军	李式崇	李式崇	李　刚	李华鹏	李行峰	李　丽
李宏英	李　英	李虎申	李明珠	李泽辉	李树新	李钦军	李香荣	李信英	李俊涛	李振兴
李　莹	李晓娟	李铖铖	李　敏	李　淼	李　锋	李　新	李慎令	李　静	杨玉峰	杨亚男
杨传金	杨庆春	杨　军	杨秀华	杨春建	杨　洁	杨素燕	杨　辉	杨　静	杨德勇	肖　斌
时海香	邱宪勇	何　瑞	何德芳	狄晓鹤	辛　业	汪　伟	汪学甫	汪　辉	沈传贵	沈彦斌
宋士达	宋存东	宋　军	宋金秀	宋首元	宋莹莹	宋鹏飞	张文淼	张冬青	张光会	张兆森
张　军	张秀民	张宏图	张　妍	张忠慧	张学建	张建利	张　茜	张彦敏	张洪星	张桂芹
张　强	张福存	张　群	张　静	张慧丽	张　磊	张黎明	陆诗光	陈井峰	陈长华	陈　平
陈传恒	陈　军	陈纪珍	陈丽华	陈　强	陈　鹏	邵鹏伟	武俊方	武晓亮	范西海	范　峰
尚子峰	和学勇	和洪林	金淑红	周文茹	周发军	周　坤	周雨菡	周莉敏	周朝生	周　鹏
周　慧	周　聪	郑　斌	孟　丽	孟宪亮	赵　一	赵一震	赵方瑞	赵　刚	赵先锋	赵兴娟
赵思宁	赵　勇	赵　艳	赵培培	赵超越	赵鲁波	荣向林	荣　建	柏呈林	段　轶	侯传本
侯华龙	将新民	姜俊丽	姜　莉	姜　峰	贺　兢	秦士华	袁文凯	袁本广	耿冰天	耿红林
贾庆堂	贾　栋	贾淑萍	贾　臻	夏照和	钱振华	钱振宇	钱　锋	候瑞鹏	徐广荣	徐　胤
徐慧莹	殷广国	高曰振	高军涛	高　杉	高素伟	高　超	郭东华	郭　林	郭欣琦	郭瑛琳
郭　超	郭喜军	郭　晶	唐艳红	黄　伟	黄振雨	曹永明	曹振华	曹　淼	盛　杨	常晓梦
常　喆	崔高峰	崔海坡	崔　翔	崔蒙蒙	梁兆坤	梁　辉	尉环环	葛　凤	葛宇婷	葛杨杨
葛　锐	董凤霞	董繁荣	蒋存华	蒋　涛	韩凤军	韩仕信	韩　晓	韩　婷	程恩义	程清远
童金春	温春江	温春红	谢　炜	靳　鑫	楚泽海	雷卫东	雷兴华	路茂兴	靖培建	蔡俊丽
臧利敏	管振芹	翟荣忠	熊永星	潘征宇	潘晓雪	潘晨忱	戴永海	魏立广	魏绍雷	魏恒涛

编后记

《聊城市志（1997—2015）》（以下简称《聊城市志》）是1998年撤地设市以来的第一部志书。整体工作于2015年12月启动，至2020年12月出版，历时5年。其间，编修工作大致经历了四个阶段：

一、筹备启动，征集初稿阶段（2015.12—2016.6）

2015年12月，市地方史志编纂委员会办公室（以下简称史志办）正式启动市志编修筹备工作，更新编委会、制定编修方案，同时着手完善篇目大纲。市委办公室、市政府办公室下发《关于印发〈聊城市志（1997—2015）〉编修工作方案的通知》，召开续修《聊城市志》启动工作会议，市志编纂工作正式启动，市长宋军继亲自致信，2016年1月，制定《〈聊城市志〉编修工作参考资料》《〈聊城市志（1997—2015）〉编纂细则》，明确志书编写标准、篇目及分工。组建修志队伍，人员共分4个小组，由市史志办在职业务骨干与已退休有修志经验的老同志搭对，形成老、中、青相结合的修志模式。组织召开撰稿人员培训会，由省史志办专家李天程为260余名承编单位撰稿人进行培训，并印发培训教材和样稿等材料900余份。会后，在聊城市情网开设专栏，上传所有《聊城年鉴》文本，以供各部门参考。各承编部门（单位）安排专人收集资料、撰写初稿。1—6月，市史志办各分编小组定期召开调度会，对所对接单位撰稿进度进行跟踪调度，帮助解决困难，并指导资料长编和初稿的撰写，保证工作进度及供稿质量。至2016年6月，市史志办修志工作人员分别到各单位调度修志工作80余次，80%的承编单位完成供稿任务。

二、资料完善，初稿编纂阶段（2016.7—2017.12）

2016年下半年，业务人员分组分工、分头编纂。在对各承编单位报送的初稿进行编纂的同时，各位编辑到承编单位进行现场督促、指导。在此过程中，适时对志稿修改工作进行总结，对编纂过程中遇到的难点，集体研讨攻坚克难。至2016年底，除少数单位（部门）存在供稿问题外，其余基本完成供稿任务。2017年3月，召开《聊城市志》编修工作推进会，市史志办对市志编纂工作情况进行了汇报，并明确后续重点抓好初稿工作未完成单位的集中攻坚，已整理好初稿内容的开展补充完善、拾遗补缺等工作。4月，市史志办召开全体会议，对编纂过程中的格式统一、与上轮志书衔接等问题进行集中讨论并确定了解决方案，为后续工作的推进奠定了基础。8月，各责任编辑基本完成初稿编纂任务。至是年底，除极少数编章外，全书初稿基本完成。

三、总纂合成，志稿评议阶段（2018.1—12）

2018年1月，志书总纂工作启动。首先由6名业务科长对所负责编章进行初审，然后由市政府副秘书长、市史志办主任刘延勇主笔总纂，形成《聊城市志》（评议稿）。其间返稿152个单位（次），累计向各部门提出修改意见、建议（批注文字）3.9万余字，并征求市领导及相关专家意见，组织市内专家进行志稿初评。9月，召开《聊城市志》（评议稿）志稿评审会，10位省修志业务专家咨询组成员对志书进行了点评，提出了修改意见。会后，根据评审专家提出的修改意见，各编辑对志稿进行了进一步的调整。同时，将《聊城市志》（评议稿）发放至各承编单位，由各承编单位结合实际情况，对志稿内容进行修订、完善。

四、编目完善，终审出版阶段（2019.1—2020.12）

2019年初，聊城市开展机构改革工作。其中，整合市委党史研究室、市史志办的职责，组建市委党史研究院（市地方史志研究院）。《聊城市志》编修工作由新组建的市委党史研究院（市地方史志研究院）负责继续推进。

2019年7月，对《聊城市志》进行编辑印刷招标，山东黄氏印务有限公司最终中标。7月，邀请2名专家作为总纂、副总纂，负责对志书内容的全面性、表述方式的一致性等进行总体把握；5位特邀编辑分编负责，对各编中内容缺少、表述矛盾、数据缺失等部分进行审核补充；3名编辑助理协助查找资料、搜集图片、整理数据等，对志书作全面的梳理补充。至是年底，主要开展梳理志书表述、删除冗余内容、补充空缺数据、征集入志图片、查找相关材料等工作，并定期召开推进会，调度工作进度。

2020年初，新型冠状病毒肺炎疫情爆发，对志书编纂工作进度造成一定影响。5月，各承编编辑对修改后的志稿进行最后的审核；7月，将志稿反馈至各承编单位进行最后的补充拾遗，形成《聊城市志》最终稿；9月，组织专家对志稿作最后一次审核，随后征集有关领导意见，12月交付出版印刷。

《聊城市志》编纂工作从启动到付梓历时5年，在这过程中，得到了市委、市政府的高度重视和上级业务部门的精心指导，得到了各承编单位的积极配合和社会各界人士的关心。在此，谨向为本志付出辛勤劳动的所有人士，致以衷心的感谢！

编修一部真正具有“存史、资政、教化、育人”功能的志书是我们修志人的共同心愿。《聊城市志》的编纂虽数易其稿，但由于志书横陈百科，涉及面广，资料搜集难度大，难免有遗漏之处；加上编者专业知识不足，水平有限，错误之处在所难免，敬请广大读者批评指正！

编　者

2020年10月

中共聊城市委党史研究院
聊城市地方史志研究院 编

LIAO CHENG SHI ZHI

聊城市志

（1997—2015）

【下卷】

方志出版社
Publishing House of Local Records

下卷目录

第二十七编　人力资源　社会保障

第二十八编　民　政

第二十九编　科学技术

第三十编　教　育

第三十一编 文 化

第三十二编　运河文化

第三十三编　医疗卫生

第三十四编 体 育

第三十五编 社会生活

第三十六编　组织机构

第三十七编　县（市、区）概况

人　物

附　录

索　引

编后记

第二十七编　人力资源　社会保障

Party XXVII Human Resources and Social Security